中華古籍保護計劃

ZHONG HUA GU JI BAO HU JI HUA CHENG GUO

·成果·

浙江圖書館古籍普查登記目録

（一）

全國古籍普查登記目録·浙江

國家圖書館出版社
National Library of China Publishing House

圖書在版編目(CIP)數據

浙江圖書館古籍普查登記目録:全十册/浙江圖書館編. --北京:國家圖書館出版社,2017.9
(全國古籍普查登記目録)
ISBN 978-7-5013-6102-1

Ⅰ.①浙… Ⅱ.①浙… Ⅲ.①公共圖書館—古籍—圖書館目録—浙江 Ⅳ.①Z838

中國版本圖書館CIP數據核字(2017)第100574號

書　　名	浙江圖書館古籍普查登記目録(全十册)
著　　者	浙江圖書館　編
索引編製	苗文葉
責任編輯	宋志英　南江濤　苗文葉

出　　版	國家圖書館出版社(100034　北京市西城區文津街7號) (原書目文獻出版社　北京圖書館出版社)
發　　行	010-66114536　66126153　66151313　66175620 66121706(傳真)　66126156(門市部)
E-mail	nlcpress@ nlc. cn(郵購)
Website	www. nlcpress. com→投稿中心
經　　銷	新華書店
印　　裝	河北三河弘翰印務有限公司
版　　次	2017年9月第1版　2017年9月第1次印刷

開　　本	787×1092(毫米)　1/16
印　　張	338
字　　數	8000千字

書　　號	ISBN 978-7-5013-6102-1
定　　價	2980.00圓

《全國古籍普查登記目録》

工作委員會

《全國古籍普查登記目録》

序　言

全國古籍普查登記工作是“中華古籍保護計劃”的首要任務，是全面開展古籍搶救、保護和利用工作的基礎，也是有史以來第一次由政府組織、參加收藏單位最多的全國性古籍普查登記工作。

2007 年國務院辦公廳發布《關於進一步加强古籍保護工作的意見》（國辦發［2007］6 號），明確了古籍保護工作的首要任務是對全國公共圖書館、博物館和教育、宗教、民族、文物等系統的古籍收藏和保護狀況進行全面普查，建立中華古籍聯合目録和古籍數字資源庫。2011 年 12 月，文化部下發《文化部辦公廳關於加快推進全國古籍普查登記工作的通知》（文辦發［2011］518 號），進一步落實了全國古籍普查登記工作。根據文化部 2011 年 518 號文件精神，國家古籍保護中心擬訂了《全國古籍普查登記工作方案》，進一步規範了古籍普查登記工作的範圍、内容、原則、步驟、辦法、成果和經費。目前進行的全國古籍普查登記工作的中心任務是通過每部古籍的身份證——“古籍普查登記編號”和相關信息，建立古籍總臺賬，全面瞭解全國古籍存藏情況，開展全國古籍保護的基礎性工作，加强各級政府對古籍的管理、保護和利用。

《全國古籍普查登記工作方案》規定了全國古籍普查登記工作的三個主要步驟：一、開展古籍普查登記工作；二、在古籍普查登記基礎上，編纂出版館藏古籍普查登記目録，形成《全國古籍普查登記目録》；三、在古籍普查登記工作基本完成的前提下，由省級古籍保護中心負責編纂出版本省古籍分類聯合目録《中華古籍總目》分省卷，由國家古籍保護中心負責編纂出版《中華古籍總目》統編卷。

在黨和政府領導下，在各地區、各有關部門和全社會共同努力下，古籍普查登記工作得以扎實推進。古籍普查已在除臺、港、澳之外的全國各省級行政區域開展，普查内容除漢文古籍外，還包括各少數民族文字古籍，特别是於 2010 年分别啓動了新疆古籍保護和西藏古籍保護專項，因地制宜，開展古籍普查登記工作；國家古籍保護中心研製的“全國古籍普查登記平臺”已覆蓋到全國各省級古籍保護中心，并進一步研發了“中華古籍索引庫”，爲及時展現古籍普查成果提供有力支持；截至目前，已有 11375 部古籍進入《國家珍貴古籍名録》，浙江、江蘇、山東、河北等省公布了省級《珍貴古籍名録》,古籍分級保護機制初步形成。

《全國古籍普查登記目録》是古籍普查工作的階段性成果,旨在摸清家底,揭示館藏,反映古籍的基本信息。原則上每申報單位獨立成册,館藏量少不能獨立成册者,則在本省範圍内幾個館目合并成册。無論獨立成册還是合并成册,均編製獨立的書名筆畫索引附於書後。著録的必填基本項目有:古籍普查登記編號、索書號、題名卷數、著者(含著作方式)、版本、册數及存缺卷數。其他擴展項目有:分類、批校題跋、版式、裝幀形式、叢書子目、書影、破損狀況等。有條件的收藏單位多著録的一些擴展項目,也反映在《全國古籍普查登記目録》上。目録編排按古籍普查登記編號排序,内在順序給予各古籍收藏單位較大自由度,可按分類排列古籍普查登記編號,也可按排架號、按同書名等排列古籍普查登記編號,以反映各館特色。

此次全國古籍普查登記工作,克服了古籍數量多、普查人員少、普查難度大等各種困難,也得到了全國古籍保護工作者的極大支持。在古籍普查登記過程中,國家古籍保護中心、各省古籍保護中心爲此舉辦了多期古籍普查、古籍鑒定、古籍普查目録審校等培訓班,全國共1600餘家單位參加了培訓,爲古籍普查登記工作培養了大量人才。同時在古籍普查登記工作中,也鍛煉了普查員的實踐能力,爲將來古籍保護事業發展奠定了良好的基礎。

《全國古籍普查登記目録》的出版,將摸清我國古籍家底,爲古籍保護和利用工作提供依據,也將是古籍保護長期工作的一個里程碑。

國家古籍保護中心
2013 年 10 月

《全國古籍普查登記目録》

編纂凡例

一、收録範圍爲我國境内各收藏機構或個人所藏，産生於 1912 年以前，具有文物價值、學術價值和藝術價值的文獻典籍，包括漢文古籍和少數民族文字古籍以及甲骨、簡帛、敦煌遺書、碑帖拓本、古地圖等文獻。其中，部分文獻的收録年限適當延伸。

二、以各收藏機構爲分册依據，篇幅較小者，適當合并出版。

三、一部古籍一條款目，複本亦單獨著録。

四、著録基本要求爲客觀登記、規範描述。

五、著録款目包括古籍普查登記編號、索書號、題名卷數、著者、版本、册數、存缺卷等。古籍普查登記編號的組成方式是：省級行政區劃代碼—單位代碼—古籍普查登記順序號。

六、以古籍普查登記編號順序排序。

《浙江省古籍普查登記目録》

工作委員會

《浙江省古籍普查登記目録》

編纂委員會

主　編: 徐曉軍

副主編: 童聖江　曹海花　褚樹青　莊立臻　徐益波
胡海榮　劉　偉　沈紅梅　王以儉　孫旭霞
占　劍　孫國茂　毛　旭　季彤曦

統校和編纂工作小組組長: 曹海花(浙江圖書館)

統校和編纂工作小組成員: 秦華英(浙江圖書館)
吕　芳(浙江圖書館)
干亦鈴(寧波市圖書館)
劉　雲(寧波市天一閣博物館)
周慧惠(寧波市天一閣博物館)
馬曉紅(餘姚市文物保護管理所)
陳瑾淵(温州市圖書館)
王　昉(温州市圖書館)
沈秋燕(嘉興市圖書館)
丁嫻明(嘉興市圖書館)
唐　微(紹興圖書館)
丁　瑛(紹興圖書館)
毛　慧(衢州市博物館)

《浙江省古籍普查登記目録》

序　言

浙江文化底藴深厚，書籍刻印歷史悠久，前賢留下的著述浩如烟海，藏書雅閣及私人藏書爲數衆多，古籍資源十分豐富，幾乎縣縣有古籍，是全國古籍藏量較多的省份之一，是中華文化中具有獨特地域特色的重要一脉。保護好這些珍貴的古籍，對促進文化傳承、弘揚民族精神、維護國家統一及社會穩定具有重要作用。同時，加强古籍保護工作，也是加快建設文化大省、文化强省，努力推動文化浙江建設和社會主義文化大發展大繁榮的必然要求。

（一）

爲搶救、保護我國的珍貴古籍，繼承和弘揚優秀傳統文化，國務院辦公廳印發了《關於進一步加强古籍保護工作的意見》（國辦發［2007］6 號），全國古籍普查登記工作是全國瞭解古籍存藏情況、建立古籍總臺賬、開展全國古籍保護的基礎性工作。爲認真貫徹落實“國辦發［2007］6 號”文件精神，切實加强全省古籍的搶救、保護，浙江省人民政府辦公廳印發《關於進一步加强古籍保護工作的意見》（浙政辦發［2009］54 號），提出 2009 年起要在全省範圍内開展古籍普查登記工作。2012 年，浙江省古籍保護工作聯席會議下發《關於印發〈浙江省“中華古籍保護計劃”實施方案〉的通知》（浙文社［2012］30 號），提出在“十二五”末基本完成全省古籍普查工作的目標。

試點先行、摸底調查、制定方案，建立制度、統籌指揮、上下齊心，引進人員、有效培訓、壯大隊伍，配置設備、補助經費、保障到位，編製手册、明確款目、統一規則，著録完整、審核到位、保證質量，設立項目、表揚先進、激發熱情，在省委省政府的高度重視及其各部門的大力支持下，在國家古籍保護中心的積極指導和省文化廳的正確領導下，通過以上種種措施，“秉持浙江精神，幹在實處、走在前列、勇立潮頭”，全省公共圖書館、文物、教育、檔案、衛生五大系統共計 95 家公藏單位通力合作，到 2017 年 4 月底基本完成了全省的古籍普查登記工作。

通過普查，摸清了全省古籍文化遺産家底，揭示了全省各地區文化脉絡，形成了統一的古籍信息資料庫，建立了一支遍佈全省的古籍保護隊伍，爲下一步有針對性地開展古籍保護工作奠定堅實的基礎。鑒於全省在古籍普查和其他古籍保護工作中的突出表現，2014 年，浙江圖書館、嘉興市圖書館、雲和縣圖書館獲得“全國古籍保護工作先進單位”稱號，浙江圖書館徐曉軍和曹海花、温州市圖書館王妍、紹興圖書館唐微、平湖市圖書館馬慧、衢州市博物館程勤等6人獲得“全國古籍保護工作先進個人”稱號。

（二）

全國古籍普查登記範圍爲1912年以前產生的文獻典籍。由於近代以來浙江私人藏書相當發達，民國期間也刻印了大量典籍，民國文獻在各藏書單位（尤其是基層單位）所藏歷史文獻中占據了相當大的比重。這些文獻形成了浙江文獻典藏的重要特色，是浙江傳統文化的重要組成部分。爲更加全面地掌握本省歷史文獻文化遺産現狀，浙江省將民國時期傳統裝幀書籍也納入普查範圍。

按照《全國古籍普查登記手册》要求，登記每部古籍的基本項目，必登項目有索書號、題名卷數、著者、版本、册數、存缺卷數，選登項目有分類、批校題跋、版式、裝幀形式、叢書子目、書影、破損狀况等内容。浙江省的古籍普查工作一直高標準、嚴要求，自始至終堅持平臺項目全著録，堅持文字信息和書影信息雙著録，登記每部書的索書號、分類、題名卷數、著者、卷數統計、版本、版式、裝幀、裝具、序跋、刻工、批校題跋、鈐印、叢書子目、定級及書影、定損及書影等16大項74小項的信息。

普查統計顯示，截至2017年4月30日，全省95家單位共藏有中國傳統裝幀書籍337405部2506633册，其中不分卷者計31737部96822册，分卷者計305668部2409811册11433371卷（實存8223803卷）：古籍（含域外本）219862部1754943册，不分卷者15777部54901册，分卷者204085部1700042册7934703卷；民國時期傳統裝幀書籍117543部751690册，不分卷者15960部41921册，分卷者101583部709769册3498668卷。

從版本定級來看，全省四級文獻最多，部數、册數數量占比分别爲84.75%、78.69%。三級次之，部數、册數數量占比13.12%、15.96%。一級、二級文獻共計5689部111722册，量雖不多，極爲珍貴，其破損程度較輕，基本都配置了裝具且裝具狀况良好，這是古籍分級保護體系的有力體現。

從文獻類型來看，古籍普查平臺采用六部分類，在傳統的經、史、子、集四部外加上類叢部、新學。從册數來看，全省文獻類叢部數量最多，占比29.40%，這其中很大一部分原因在於民國時期刊印了不少大型叢書。史部、集部、子部、經部分居第二至五位，數量占比分别爲28.98%、18.00%、13.49%、9.24%。新學數量最少，還不到1%。

從版本類型來看，全省古籍版本類型豐富，數量最多的是刻本，部數占比51.01%、册數占比55.03%。部數排在第二至四位的是鉛印本、石印本、抄本，分别占比17.71%、16.58%、5.19%。册數排在第二至四位的是鉛印本、石印本、影印本，分别占比14.27%、12.40%、11.38%，這與將民國傳統裝幀书籍納入古籍普查範圍有極大關係。稿、抄本部數占比6.9%、册數占比4.04%，總體占比不是很高，但在一、二級文獻中稿、抄本的比率比較高，一級中部數占比 20.49%、册數占比 70.25%，二級中部數占比 13.16%、册數占比 6.57%。

從版本年代來看，全省藏書從南北朝以迄民國，並有部分日本、朝鮮、越南本。其中，元及元以前共計 244 部 3357 册。明、清、民國三代共計 2486788 册，數量占比 99.21%：明代占比 5.95%、清代占比 63.27%、民國占比 29.99%。日本、朝鮮、越南三國本共計 1877 部 14522 册，部數、册數占比分别爲 0.56%、0.58%。

從批校題跋來看，337405 部文獻中有姓名可考的批校題跋共計 15374 部，其中集部批校題跋最多，占全部批校題跋的 38.73%、占集部文獻的 6.16%。稿本的批校題跋在相對應的版本類型中比例最高，爲 16.18%。且稿本中有多人批校題跋的量最多，多者一部稿本中的批校題跋者達 25 人，如浙江圖書館藏沈蕉青稿本《燈青茶嫩草》三卷中有孫麟趾等 25 人的批校題跋。從各館藏書的批校題跋者來看，有鮮明的館域特色，從一個側面體現了各館的文獻來源。

從鈐印來看，337405 部文獻中有 51509 部有收藏鈐印，各級文獻鈐印比例隨級别的增高而加大，一至四級文獻的鈐印占比分别爲 50.67%、49.38%、26.00%、12.90%。收藏鈐印從一個方面體現了某書的遞藏源流，鈐印多於 1 方者有 24840 部，鈐印多者達 54 方，如寧波市天一閣博物館藏清初毛氏汲古閣影宋抄本《集韻》十卷上鈐毛晉、毛扆、段玉裁、朱鼎煦四人共計 54 方印。

在普查的過程中，我們還利用普查成果積極申報《國家珍貴古籍名録》、評選《浙江省珍貴古籍名録》，建立珍貴古籍分級保護體系。截至目前，全省共有 871 部珍貴古籍入選前五批《國家珍貴古籍名録》，有 609 部古籍入選前三批《浙江省珍貴古籍名録》。

（三）

普查登記著録工作結束後，省古籍保護中心於 2016 年 6 月成立由浙江圖書館、寧波市圖書館、寧波市天一閣博物館、餘姚市文物保護管理所、温州市圖書館、嘉興市圖書館、紹興圖書館、衢州市博物館 8 家單位的 14 名普查業務骨幹組成的浙江省古籍普查登記目録統校和編纂工作小組，開始全省普查數據的統校和古籍普查登記目録的編纂工作。

浙江省的普查登記目録是將古籍和民國書籍分開的，全省統一規劃，分别出版《浙江省古籍普查登記目録》和《浙江省民國傳統裝幀書籍普查登記目録》。根據《全國古籍普查登記目録審校要求》《古籍普查登記表格整理規範》的要求，省古籍保護中心制定《浙江省古籍普查登記目録編纂工作方案》《浙江省古籍普查數據統校細則》，用於指導全省的數據統校和登記目録的編纂。統校和編纂工作程序如下：導出普查平臺上的數據，切分爲古籍、民國兩張表，按照設定的普查編號、索書號、分類、題名卷數、著者、版本、批校題跋、册數、存缺卷這幾項登記目録的出版款目對表格進行整理,整理後按照題名進行排列分給各統校員進行統校,統校結束後的數據按行政區域進行彙總交由分區負責人進行覆核,覆核結束後由省古籍保護中心一一寄給各館進行修改確認,經各館確認後由分區負責人進行最後審定。

在統校的過程中,爲了保證全省數據著録的一致,我們積極利用我國古籍整理研究的重大成果《中國古籍總目》(以下簡称《總目》),每條書目一一對核《總目》,《總目》收者即標注《總目》頁碼,《總目》未收某版本者標注"無此版本",《總目》未收者標注"無",《總目》所收即浙江某館所藏者特殊標注,《總目》著録與普查信息有差異或一時無法判斷者標注"存疑"。拿浙江圖書館的近7萬條古籍數據來看,據不完全統計,除去複本,《總目》所收即浙江圖書館所藏者有1100多種,《總目》未收某一明確版本者有3200多種,《總目》未收者有8300多種。

全省95家單位中有93家單位有古籍數據,總條數計22萬條左右。根據分區域出版和達到一定條數可以單獨成書的原則,全省的古籍普查登記目録大致分爲以下19種:浙江圖書館;浙江大學圖書館;浙江省博物館等六家單位;杭州地區杭州圖書館等十家單位;寧波市圖書館;寧波市天一閣博物館;寧波地區餘姚市文物保護管理所等六家單位和舟山地區舟山市圖書館等两家單位;温州市圖書館;温州地區温州大學圖書館等九家單位;嘉興市圖書館;平湖市圖書館;嘉興地區海寧市圖書館等七家單位;紹興圖書館;紹興地區上虞市圖書館等九家單位;衢州地區衢州市博物館等三家單位和湖州地區湖州師範學院圖書館等七家單位;麗水地區麗水市圖書館等八家單位;臨海市圖書館;台州地區台州市黄巖區圖書館等七家單位;金華地區義烏市圖書館等十家單位。目前全省的古籍普查登記目録有多種已進入出版流程(各館數據以原普查編號從低到高的順序進行排列,由於著録時古籍和民國傳統裝幀書籍交替進行,而出版時是將二者分開的,所以會出現普查編號不連貫的現象,特此説明),民國傳統裝幀書籍的統校亦接近尾聲。古籍普查登記工作和普查登記目録的編纂,爲接下來《中華古籍總目·浙江卷》的編纂打下了良好的基礎。

浙江省古籍普查工作得到了各方的關心和支持。感謝各兄弟省份古籍同行的熱情幫助,感謝李致忠、張志清、吳格、陳先行、陳紅彦、陳荔京、羅琳、王清原、唱春蓮、李德生、石洪運、賈秀麗、范邦瑾等專家學者的悉心指導,藉力於此,普查工作才得以順利完成。

條數多,分佈廣,又出於衆手,儘管工作中我們一直争取做到最好,但無論是已經著録的平臺數據還是即將付梓的登記目録,都難免存在紕漏,希望業界同仁不吝賜教,俾臻完善。

浙江省古籍保護中心
2017年7月

《浙江圖書館古籍普查登記目録》

編委會

《浙江圖書館古籍普查登記目録》

前　言

浙江圖書館是我國最早創辦的公共圖書館之一，其前身爲創建於1900年的杭州藏書樓。1903年杭州藏書樓擴充改建爲浙江藏書樓，1909年浙江官書局并入，成立浙江圖書館。1911年接收管理文瀾閣及《四庫全書》。1912年孤山路館舍白樓落成，1913年作爲總館開放。1931年大學路館舍落成，1932年正式開放并定爲總館。1937年抗日戰争爆發，總館遷至南田鎮（今屬温州市文成縣），《文瀾閣四庫全書》遷至貴州地母洞等地。1945年底遷回復館，以孤山館舍爲總館。1951年接收著名藏書家劉承幹捐贈的南潯嘉業藏書樓及藏書。館名幾經變更，1953年確定使用"浙江圖書館"爲館名。1998年曙光路館舍總館開放至今。通過社會各界捐贈，歷代圖書館人採購、交换及傳抄複製等途徑，館藏歷史文獻典籍達82萬多册。其中大型典籍有《文瀾閣四庫全書》等，早期珍品有北魏及唐寫經和宋元精槧，并有大量明清民國官刻私鋟、稿抄批校。

爲搶救、保護我國的珍貴古籍，繼承和弘揚優秀傳統文化，國務院辦公廳印發《關於進一步加强古籍保護工作的意見》（國辦發［2007］6號）。全國古籍普查登記工作是全國瞭解古籍存藏情况、建立古籍總臺賬、開展全國古籍保護的基礎性工作。爲認真貫徹落實"國辦發［2007］6號"文件精神，切實加强我省古籍的搶救、保護，浙江省人民政府辦公廳印發《關於進一步加强古籍保護工作的意見》（浙政辦發［2009］54號），提出2009年起要在全省範圍内開展古籍普查登記工作。2012年，浙江省古籍保護工作聯席會議下發《關於印發〈浙江省"中華古籍保護計劃"實施方案〉的通知》（浙文社［2012］30號），提出在"十二五"末基本完成全省古籍普查工作的目標。浙江圖書館古籍普查工作始於2007年，作爲全國古籍普查與保護試點單位之一，積極開展普查試點工作，并派員參加國家古籍保護中心組織的相關業務培訓。隨後采取有效措施，制訂普查方案，編製普查手册，充實普查隊伍，在普查實踐中摸索和積纍經驗。在館領導的統一指揮、各部門的積極配合、古籍部和嘉業藏書樓管理部業務人員的不懈堅持下，克服既有人員相對短缺、古籍藏地分布不集中、原有基礎工作品質參差不齊、在全新的工作平臺上操作且無成熟的方式可參據等困難，經過幾年的努力，普查工作按時完成，也實現了包括15萬餘册未編書在内的編目數據處理，普查館藏歷史文獻典籍109153部822372册，普查標準爲文字信息和書影信息雙著録，包括索書號、分類、題名卷數、著者、卷數統計、版本、版式、裝幀、裝具、序跋、刻工、批校題跋、鈐印、叢書子目、定級及書影、定損及書影等16大項74小項的信息，全面徹底摸清了館藏歷史文獻典籍家底，從整體上掌握了館藏歷史文獻典籍的品種、數量以及大致的學術價值和文物價值。

在館藏古籍普查的基礎上，浙江圖書館積極申報《國家珍貴古籍名録》和《浙江省珍貴古籍名録》，截至目前，共有340部入選前五批《國家珍貴古籍名録》，其中第一批30部、第二批71部、第三批157部、第四批5部、第五批77部；共有248部入選前三批《浙江省珍貴古籍名録》，其中第一批73部、第二批92部、第三批83部。這些珍貴古籍的申報及入選，建立起了浙江圖書館乃至全省的珍貴古籍分級保護體系，是推進全省古籍保護工作的重要抓手。

《浙江圖書館古籍普查登記目録》是對浙江圖書館古籍普查成果的一次全面展示。是書收録館藏古籍69569部602045册，凡1911年以前的刻本、稿抄本、活字本、套印本、鉛印本、石印本、鈐印本、影印本等皆在收録之列。著録款目有普查編號、索書號、分類、題名卷數、著者、版本、批校題跋、册數、存卷等內容。爲方便讀者使用，本目録後特附書名筆畫索引。本目録的出版，意味着浙江圖書館古籍書目體系建設的基本完成，爲今後目録優化、數據校核、定損修復、電子掃描、文獻整理等工作次第開展提供了堅實平臺，同時也意味着浙江圖書館古籍大數據時代的全面開啓，爲讀者閲讀利用館藏打開了一扇方便大門，爲後續各項專題研究工作奠定了基礎。

本目録歷經數年終得完成。它的問世，凝聚了歷代館員的集體智慧，浙江圖書館歷史上的編目工作從未間斷，并有毛春翔、夏定域、金天游、余子安等專家成果纍積，現今的普查及登記目録編纂，都是在前人的豐碩成果基礎之上開展的。它的問世，更包含了衆位普查員、審校員、書庫管理人員、技術人員等的辛勤汗水。付梓之際，我們要特別感謝爲普查工作付出辛勤勞動的衆位普查員、審校員、書庫管理人員、技術人員，他們是(按姓氏筆畫排序)：王巨安、王敏、王清原、王皓浩、石洪運、吕芳、杜惠芳、杜遠東、李亞、吴爽、沙文婷、沈雅君、范邦瑾、周聿丹、周會會、秦華英、徐曉軍、陳小詩、陳誼、曹海花、唱春蓮、章曉雲、張丹、張素梅、張群、張瑶、董繼紅、童正倫、童聖江、楊帆、賈秀麗、褚均、鄭宗南、樊迪、劉瑛、薛世良、謝凱、謝雷、蘆繼雯、蘇立峰等。其中曹海花、秦華英、吕芳三位同志全程參與了本書的統校工作。另外，寧波市圖書館干亦鈴、寧波市天一閣博物館劉雲和周慧惠、餘姚市文物保護管理所馬曉紅、温州市圖書館陳瑾淵和王昉、嘉興市圖書館沈秋燕和丁嫻明、紹興圖書館唐微和丁瑛、衢州市博物館毛慧參與了此目録前期的統校工作，國家圖書館出版社宋志英、南江濤和苗文葉三位編輯對本目録的編審也付出了大量的心血，謹向各位致以最誠摯的謝意。

數據浩繁，時間倉促，又囿於水平有限，謬誤難免，祈請方家批評指正。

浙江圖書館
2017年7月

目　録

第一册

第二册

第三册

第四册

第五册

第六册

第七册

第八册

第九册

第十册

330000－1701－0000001　善 000445　經部/書類/傳說之屬

書集傳六卷圖一卷　(宋)蔡沈撰　(元)鄒季友音釋　**朱子說書綱領一卷**　(宋)朱熹撰　明正統十二年(1447)內府刻本　六冊

330000－1701－0000002　善 000272　集部/別集類/清別集

黃公度觀察尺素書一卷　(清)黃遵憲撰　稿本　一冊

330000－1701－0000003　善 000335　子部/宗教類/佛教之屬/經

金光明最勝王經十卷　(唐)釋義淨譯　唐比丘釋道斌寫本　一卷　存一卷(四)

330000－1701－0000004　善 000273　集部/詩文評類/詩評之屬

詩苑雅談三卷　(清)羅以智撰　稿本　一冊

330000－1701－0000005　善 003415　類叢部/類書類/通類之屬

太平御覽一千卷目錄十五卷　(宋)李昉等輯　明萬曆二年(1574)周堂等銅活字印本(目錄卷一、卷二百四十、二百八十一至二百八十五、三百六十六、五百八十六、五百九十六至五百九十七配清抄本,卷二百七十二至二百七十五、七百四十一至七百五十、九百一至九百二十、九百三十三至九百五十、九百八十四至九百九十配明刻本)　清周廣業跋　清吳騫批　一百冊

330000－1701－0000006　善 000278　集部/總集類/選集之屬/斷代

小瀛洲十老社詩六卷　(明)錢孺穀　(明)鍾祖述輯　**瀛洲社十老小傳一卷**　(明)錢孺穀撰　**小瀛洲社會圖記一卷**　(明)徐咸等撰　清順治六年(1649)金陵周龍甫刻本　一冊

330000－1701－0000007　善 000342　子部/宗教類/佛教之屬/經

佛說如來相好經一卷　唐寫本　馬敘倫題簽並跋　邵裴子跋　一冊

330000－1701－0000008　善 000235　子部/宗教類/佛教之屬/大藏

普寧藏　元至元杭州路餘杭大普寧寺刻本　九冊　存九種

330000－1701－0000009　善 000415　經部/易類/傳說之屬

周易函書約註十八卷續集十八卷別集十九卷　(清)胡煦撰　清康熙至雍正胡氏葆璞堂刻本　十一冊　缺二十八卷(續集一至十八、別集一至十)

330000－1701－0000010　善 000472　經部/詩類/傳說之屬

詩經四卷小序一卷　(明)鍾惺評點　明吳興凌杜若刻三色套印本　五冊

330000－1701－0000011　善 000275　集部/別集類/清別集

文選樓詩草一卷　(清)阮元撰　稿本　清朱爲弼跋　一冊

330000－1701－0000012　善 000451　經部/書類/傳說之屬

徽郡新刊書經講義二卷　(明)程弘賓撰　明嘉靖四十三年(1564)新安程氏刻本　十二冊

330000－1701－0000013　善 000474　經部/詩類/三家詩之屬

詩外傳十卷　(漢)韓嬰撰　明嘉靖沈辨之野竹齋刻本　二冊

330000－1701－0000015　善 000476　經部/詩類/三家詩之屬

韓詩外傳十卷　(漢)韓嬰撰　明嘉靖十八年(1539)薛來芙蓉泉書屋刻本　五冊

330000－1701－0000016　善 003326　子部/宗教類/佛教之屬/總録

諸佛世尊如來菩薩尊者神僧名經不分卷　(明)成祖朱棣撰　明永樂內府刻本　二冊

330000－1701－0000017　善 003327　子部/宗教類/佛教之屬

諸佛世尊如來菩薩尊者名稱歌曲不分卷感應歌曲二卷　(明)成祖朱棣撰　明永樂內府刻本　二冊

330000－1701－0000018　善000416　經部/易類/傳說之屬

周易函書約註十八卷續集十八卷別集十九卷首四卷　(清)胡煦撰　清康熙至雍正胡氏葆璞堂刻後印本　三十三冊

330000－1701－0000020　善000481　經部/詩類/三家詩之屬

韓魯齊三家詩異字詁三卷　(清)馮登府撰　稿本　清李貽德批校並跋　一冊

330000－1701－0000021　善000350　子部/宗教類/佛教之屬/經

一切如來心秘密全身舍利寶篋印陁羅尼經一卷　(唐)釋不空譯　宋開寶八年(975)吳越國王錢俶刻本　一包

330000－1701－0000022　善000488　經部/詩類/傳說之屬

呂氏家塾讀詩記三十二卷　(宋)呂祖謙撰　明嘉靖十年(1531)傅鳳翱南昌刻本　十四冊

330000－1701－0000023　善000354　經部/叢編

十三經註疏　(明)□□輯　明嘉靖李元陽、江以達刻重修本　一百三十七冊　缺四卷(禮記註疏二十三至二十六)

330000－1701－0000024　善000496　經部/詩類/傳說之屬

新編詩義集說四卷　(明)孫鼎編　(明)徐觀校　明抄本　六冊

330000－1701－0000025　善000500　經部/詩類/傳說之屬

讀風臆評一卷　(明)戴君恩撰　明萬曆四十八年(1620)閔齊伋刻朱墨套印本　王修跋　二冊

330000－1701－0000026　善000433　經部/易類/傳說之屬

六十四卦經解八卷　(清)朱駿聲撰　稿本　朱師轍跋　四冊

330000－1701－0000027　善000526　經部/周禮類/傳說之屬

附釋音周禮註疏四十二卷　(漢)鄭玄注　(唐)賈公彥疏　(唐)陸德明釋文　元刻明印本　二冊　存五卷(十八至二十二)

330000－1701－0000028　善000927　經部/詩類/文字音義之屬

詩本音補正一卷　(清)顧炎武撰　(清)查景綬補正　稿本　文素松題簽並跋　一冊

330000－1701－0000029　善000527　經部/周禮類/傳說之屬

周禮二十卷　(明)陳深批點　明凌杜若刻朱墨套印本　五冊

330000－1701－0000030　善001331　史部/傳記類/總傳之屬/斷代

伊洛淵源錄新增十四卷　(明)楊廉輯　明刻本　六冊　存十卷(一至十)

330000－1701－0000031　善001157　史部/雜史類/斷代之屬

宣靖備史四卷　(明)陳霆撰　清抄本　二冊

330000－1701－0000032　善003449　類叢部/類書類/通類之屬

聯新事備詩學大成三十卷　(元)林楨輯　明正統九年(1444)劉氏翠巖精舍刻景泰三年(1452)重修本　十冊

330000－1701－0000033　善001036　史部/編年類/通代之屬

續資治通鑑綱目二十七卷　(明)商輅等撰　明成化十二年(1476)內府刻本　十四冊

330000－1701－0000034　善001338　史部/傳記類/總傳之屬/儒林

宋元學案補遺一百卷首一卷附三卷　(清)馮雲濠　(清)王梓材輯　稿本　孫峻跋　二十五冊

330000－1701－0000035　善003270　子部/宗教類/佛教之屬/經

金剛般若波羅密經一卷　(後秦)釋鳩摩羅什譯　(唐)釋大鑑註　(明)釋道川頌　明凌毓枬刻朱墨套印本　三冊

330000－1701－0000036　善 000534　經部/周禮類/傳說之屬

周禮傳五卷翼傳二卷圖說二卷　（明）王應電撰　明嘉靖四十二年（1563）吳鳳瑞刻本　八冊　存五卷（周易傳一下、二下、三至五）

330000－1701－0000037　善 000591　經部/三禮總義類/通禮雜禮之屬

四禮彙編　明抄本　八冊　存八種

330000－1701－0000038　善 000548　經部/叢編

三禮　（漢）鄭玄注　明嘉靖徐氏刻本　六冊　存一種

330000－1701－0000039　善 000549　經部/儀禮類/傳說之屬

儀禮注疏十七卷　（漢）鄭玄注　（唐）賈公彥疏　（唐）陸德明釋文　明嘉靖應檟刻本　十四冊

330000－1701－0000040　善 000559　經部/禮記類/傳說之屬

新刊京本禮記纂言三十六卷　（元）吳澄撰　明嘉靖九年（1530）安正書堂刻本　清章貞題簽　三十二冊

330000－1701－0000041　善 003371　子部/宗教類/道教之屬/經文

太上說三官經序一卷太上三元賜福赦罪解厄消災延生保命妙經一卷太上元始天尊說三官寶號一卷　明磁青紙泥金寫本　一冊

330000－1701－0000042　善 000280　集部/別集類/元別集

秋巖詩集二卷　（元）陳宜甫撰　清翰林院抄本（四庫底本）　清丁丙跋　一冊

330000－1701－0000043　善 001383　史部/傳記類/總傳之屬/仕宦

滿漢名臣傳一百二十卷　（清）國史館撰　清抄本　一百二十冊

330000－1701－0000044　善 000279　集部/總集類/選集之屬/通代

廣文字會寶不分卷　（明）朱文治輯　明閩建書林葉見遠刻本　八冊

330000－1701－0000045　善 003433　類叢部/類書類/通類之屬

璧水群英待問會元選要八十二卷　（宋）劉達可輯　（明）沈子淮選　明正德四年（1509）建陽劉弘毅慎獨齋刻本　十冊

330000－1701－0000046　善 000231　類叢部/類書類/通類之屬

玉海二百卷 辭學指南四卷 詩考一卷 詩地理考六卷 漢藝文志考證十卷 通鑑地理通釋十四卷 漢制考四卷 踐阼篇集解一卷 周易鄭康成注一卷 姓氏急就篇二卷 急就篇補注四卷 周書王會補注一卷 小學紺珠十卷 六經天文篇二卷 通鑑答問五卷　（宋）王應麟撰　元後至元六年（1340）慶元路儒學刻本（卷一百八十二配抄本）　一百六十冊　存二百四卷（一至二百、辭學指南一至四）

330000－1701－0000047　善 000562　經部/禮記類/傳說之屬

禮記集說三十卷　（元）陳澔撰　明嘉靖三十年（1551）倪淑刻萬曆二十三年（1595）倪甫英等重修本　二十冊

330000－1701－0000048　善 000561　經部/禮記類/傳說之屬

禮記集說三十卷　（元）陳澔撰　明嘉靖應檟刻本　十冊

330000－1701－0000049　善 000560　經部/禮記類/傳說之屬

禮記集說十六卷　（元）陳澔撰　明正統十二年（1447）司禮監刻本　十六冊

330000－1701－0000050　善 000566　經部/禮記類/傳說之屬

禮記集傳十卷　（元）陳澔撰　明嘉靖九年（1530）張祿、朱廷聲刻五經本　佚名批並圈點　二十冊

330000－1701－0000051　善 003626　經部/春秋左傳類/傳說之屬

春秋詞命三卷　（明）王鏊輯　（明）王徹注

明刻本　三册

330000－1701－0000052　善000288　集部/别集類/明别集
松月軒詩稿不分卷　(清)田嘉生撰　稿本　清魯仁壽跋　四册

330000－1701－0000053　善000289　集部/别集類/清别集
竹笑軒詩鈔一卷　(清)李因撰　清初抄本　一册

330000－1701－0000054　善000240　子部/宗教類/佛教之屬/經
金剛般若波羅蜜經一卷　(後秦)釋鳩摩羅什譯　明萬曆五年(1577)泥金寫本　一册

330000－1701－0000055　善000567　經部/禮記類/分篇之屬
檀弓二卷　(宋)謝枋得評點　(明)楊慎注　明萬曆四十四年(1616)閔齊伋刻朱墨套印本　一册

330000－1701－0000056　善000568　類叢部/叢書類/彙編之屬
三代遺書六種　(明)趙標編　明萬曆二十二年(1594)河東趙標刻本　一册　存一種

330000－1701－0000057　善000570　經部/禮記類/分篇之屬
檀弓論文二卷　(清)孫濩孫評訂　清康熙六十年(1721)林居仁刻本　清柱臣批校　二册

330000－1701－0000058　善000578　經部/禮記類/傳說之屬
禮記說統三十五卷　(清)張之絅輯　清順治十七年(1660)稿本　仇埰題記　十二册

330000－1701－0000059　善000588　經部/三禮總義類/通論之屬
三禮考注六十四卷序録一卷綱領一卷　(元)吴澄撰　明成化九年(1473)謝士元刻本　十二册

330000－1701－0000060　善000611　經部/春秋左傳類/傳說之屬
春秋左傳註疏六十卷　(晉)杜預注　(唐)陸德明音義　(唐)孔穎達疏　明崇禎十一年(1638)毛氏汲古閣刻十三經註疏本　清謝章鋌校並跋　四十册

330000－1701－0000061　善000604　集部/總集類/選集之屬/斷代
萬壽衢歌樂章六卷　(清)彭元瑞輯　清刻朱墨套印本　二册

330000－1701－0000062　善000621　經部/春秋總義類/傳說之屬
春秋集註三十卷首一卷　(宋)胡安國撰　(宋)林堯叟音註　明嘉靖三十年(1551)倪淑刻萬曆二十三年(1595)倪甫英、倪家胤重修本　十六册

330000－1701－0000063　善000627　經部/春秋總義類/傳說之屬
春秋三傳定說十二卷　(清)張甄陶撰　稿本　十一册

330000－1701－0000064　善000632　經部/春秋總義類/傳說之屬
春秋集傳大全三十七卷序論一卷春秋二十國年表一卷諸國興廢說一卷列國東坡圖說一卷　(明)胡廣等撰　明内府刻本　十二册　缺十四卷(二十四至三十七)

330000－1701－0000065　善000618　經部/春秋總義類/傳說之屬
春秋傳三十卷　(宋)胡安國撰　明内府刻本　四册

330000－1701－0000066　善000645　經部/春秋總義類/專著之屬
麟經指月十二卷　(明)馮夢龍撰　明泰昌元年(1620)開美堂刻本　六册

330000－1701－0000067　善000647　經部/春秋左傳類/傳說之屬
春秋旁訓四卷　(元)李恕撰　明萬曆二十三年(1595)鄭汝璧、田疇等刻五經旁訓本　清丁晏批　清丁壽昌跋　四册

330000－1701－0000068　善000640　經部/

春秋左傳類/傳說之屬
左傳評苑八卷 (明)孫鑛批輯 (明)鍾惺詳注 明刻朱墨套印本 十二冊

330000－1701－0000069 善 000649 經部/春秋總義類/傳說之屬
春秋四傳三十八卷綱領一卷提要一卷列國東坡圖說一卷春秋二十國年表一卷諸國興廢說一卷 (宋)胡安國撰 明刻本 清姚元之批校並跋 十六冊

330000－1701－0000070 善 000764 經部/樂類/律呂之屬
樂經元義八卷 (明)劉濂撰 明嘉靖刻本 四冊

330000－1701－0000071 善 000650 經部/春秋總義類/傳說之屬
春秋四傳三十八卷綱領一卷提要一卷列國東坡圖說一卷春秋二十國年表一卷諸國興廢說一卷 (宋)胡安國撰 明嘉靖建寧府書坊刻本 黃元州批 十冊

330000－1701－0000072 善 004071 集部/總集類/彙編之屬
盛唐四名家集 (明)淩濛初輯 明吳興淩濛初刻朱墨套印本 十八冊

330000－1701－0000073 善 000672 經部/春秋總義類/傳說之屬
春秋上律表不分卷 (清)范景福撰 稿本 清丁丙跋 四冊

330000－1701－0000074 善 000674 經部/春秋總義類/傳說之屬
春秋說不分卷 (清)王紹蘭撰 稿本 二冊

330000－1701－0000075 善 000684 經部/叢編
三經評注五卷 (清)閔齊伋輯 明萬曆閔齊伋刻三色套印本 四冊 存二卷(孟子一至二)

330000－1701－0000076 善 000685 經部/四書類/孟子之屬/傳說
孟子二卷 (宋)蘇洵批點 明萬曆四十五年(1617)閔齊伋刻三色套印三經評註本 江漢臣題記 二冊

330000－1701－0000077 善 000698 經部/四書類/總義之屬/傳說
四書集註大全四十三卷 (明)胡廣等輯 明刻本 十九冊 缺二卷(中庸章句大全、讀中庸法)

330000－1701－0000078 善 003591 集部/總集類/選集之屬/通代
文選增定二十三卷 (明)□□輯 明刻本 十二冊

330000－1701－0000079 善 003745 集部/總集類/選集之屬/斷代
西漢文鑑二十一卷東漢文鑑二十卷 (宋)陳鑒輯 明嘉靖二年(1523)劉弘毅慎獨齋刻本 十二冊 存二十一卷(西漢文鑑一至二十一)

330000－1701－0000080 善 000002 經部/易類/傳說之屬
古易世學十七卷 (明)豐坊撰 明范氏天一閣抄本 十一冊 缺二卷(一至二)

330000－1701－0000081 善 003749 集部/總集類/選集之屬/斷代
重校正唐文粹一百卷 (宋)姚鉉輯 明嘉靖六年(1527)東陽張大輪刻本 二十冊

330000－1701－0000082 善 000720 經部/四書類/總義之屬/傳說
呂晚邨先生四書講義四十三卷 (清)呂留良撰 (清)陳鏦編次 清康熙呂氏天蓋樓刻本 八冊

330000－1701－0000083 善 000722 經部/四書類/總義之屬/傳說
天蓋樓四書語錄四十六卷 (清)呂留良評選 (清)周在延編次 清康熙刻本 二十冊

330000－1701－0000084 善 003812 集部/總集類/氏族之屬
三蘇文集七十一卷首一卷 (宋)蘇洵 (宋)蘇軾 (宋)蘇轍撰 明嘉靖十二年(1533)楊

煦刻本　二十四册

330000－1701－0000085　善 000686　經部/四書類/孟子之屬/專傳說

孟子雜記四卷　(明)陳士元撰　明隆慶陳士元浩然堂刻萬曆十一年(1583)重印本　二册

330000－1701－0000086　善 000242　集部/别集類/唐五代别集

增廣註釋音辯唐柳先生集四十三卷别集二卷外集二卷　(唐)柳宗元撰　(宋)童宗説註釋　(宋)張敦頤音辯　(宋)潘緯音義　**附録一卷**　明正統十三年(1448)善敬堂刻本　明黄翼跋並過録明王錫爵批點　十六册

330000－1701－0000087　善 000004　子部/術數類/占卜之屬

筮儀象解不分卷　(清)陳洪綬撰　稿本　清陳紳、清楊棨、沈鶴書、單丕跋　四册

330000－1701－0000088　善 000721　經部/四書類/總義之屬/傳説

吕晚邨先生四書講義四十三卷　(清)吕留良撰　(清)陳鏦編次　清康熙吕氏天蓋樓刻本　六册

330000－1701－0000089　善 003250　子部/術數類/相宅相墓之屬

新鐫徐氏家藏羅經頂門針二卷鄙言一卷　(明)徐之鏌撰　明末潭陽書林陳氏繼善堂刻本　二册

330000－1701－0000090　善 000667　經部/春秋總義類/傳說之屬

春秋附記十五卷　(清)翁方綱撰　稿本　一册　存一卷(九)

330000－1701－0000091　善 000763　經部/樂類/律吕之屬

律吕解註二卷　(明)鄧文憲撰　明刻本　一册　存一卷(上)

330000－1701－0000092　善 000765　經部/樂類/律吕之屬

律吕古義三卷圖一卷　(明)吕懷撰　明嘉靖俞廷琊等刻本　二册

330000－1701－0000093　善 000005　經部/書類/傳說之屬

書傳會選六卷　(明)劉三吾等選　明趙府味經堂刻本　清湯金釗題簽　清蔡名衡、清蔡金相、清王紹蘭跋　清去非觀款　六册

330000－1701－0000094　善 003606　集部/總集類/選集之屬/通代

古樂府十卷　(元)左克明輯　明嘉靖二十三年(1544)蕭一中刻本　二册

330000－1701－0000095　善 000773　類叢部/叢書類/彙編之屬

武英殿聚珍版書一百三十八種　清乾隆三十八年至嘉慶八年(1773－1803)武英殿木活字印本　二十八册　存一種

330000－1701－0000096　善 000813　經部/小學類/文字之屬/說文/專著

説文解字羣經正字二十八卷　(清)邵瑛撰　稿本(卷二十七至二十八配清邵啓賢抄本)　宋育德題簽　邵啓賢、黄大壎跋　陳治題記　六册

330000－1701－0000097　善 003670　集部/總集類/選集之屬/通代

文編六十四卷　(明)唐順之輯　明天啓刻本(四庫底本)　清朱氏結一廬批校　二十四册

330000－1701－0000098　善 003829　集部/總集類/選集之屬/斷代

雅音會編十二卷　(明)康麟輯　明嘉靖二十四年(1545)刻本　九册　存九卷(一至二、四、六至十一)

330000－1701－0000099　善 003759　集部/總集類/選集之屬/斷代

唐李杜詩集十六卷　(唐)李白　(唐)杜甫撰　(明)萬虞愷　(明)邵勳輯　明嘉靖二十一年(1542)萬虞愷刻本　八册

330000－1701－0000100　善 000816　經部/小學類/文字之屬/說文/專著

說文解字攷異十五卷　(清)姚文田　(清)嚴可均撰　(清)姚觐元校補　稿本　八册　存四卷(一至四)

330000－1701－0000101　善 000723　經部/

四書類/總義之屬/傳說

四書朱子語類三十八卷 （清）張履祥 （清）呂留良摘抄 清康熙四十年(1701)呂氏南陽講習堂刻本 八冊

330000－1701－0000102 善000515、善000465、善000625、善000626、善005246 類叢部/叢書類/自著之屬

五千卷書室叢著五種十卷 （清）陶思曾撰 清抄本 清阮元批 四冊

330000－1701－0000103 善000007 經部/周禮類/傳說之屬

附釋音周禮註疏四十二卷 （漢）鄭玄注 （唐）賈公彥疏 （唐）陸德明釋文 元刻明遞修本 章炳麟跋 二十四冊

330000－1701－0000104 善000008 經部/周禮類/分篇之屬

鬳齋考工記解二卷 （宋）林希逸撰 **考工釋音二卷** 宋刻元延祐四年(1317)重修本 明何焯批注並跋 一冊 存二卷(上、釋音上)

330000－1701－0000105 善000013 經部/春秋總義類/傳說之屬

春秋本義三十卷 （元）程端學撰 元刻本 四冊 存七卷(十六至十八、二十七至三十)

330000－1701－0000106 善000819 經部/小學類/文字之屬/說文/專著

說文楬原二卷 （清）張行孚撰 稿本 一冊

330000－1701－0000107 善003296 子部/宗教類/佛教之屬/經疏

大方廣佛華嚴經合論一百二十卷 （唐）釋實叉難陀譯 （唐）李通玄撰論 （唐）釋志寧釐經合論 明隆慶二年至萬曆元年(1568－1573)釋明得刻本 二十四冊

330000－1701－0000108 善000835 經部/小學類/文字之屬/字書/字典

金石韻府五卷 （明）朱雲輯 明俞顯謨刻朱印本 王修跋 五冊

330000－1701－0000109 善003305 子部/宗教類/佛教之屬/經疏

大佛頂如來密因修證了義諸菩薩萬行首楞嚴經十卷 （唐）釋般剌密帝譯 （唐）釋彌伽釋迦譯語 （唐）房融筆受 （元）釋惟則會解 明隆慶六年(1572)釋明曉、真源刻本 五冊

330000－1701－0000110 善003334 子部/宗教類/佛教之屬

永嘉真覺大師證道歌一卷 （唐）釋玄覺撰 （宋）釋彥琪注 明弘治十七年(1504)刻本 二冊

330000－1701－0000111 善002381 子部/叢編

六子書 （明）顧春編 明嘉靖十二年(1533)吳郡顧氏世德堂刻本 十冊 存一種

330000－1701－0000112 善000894 經部/小學類/音韻之屬/古今韻說

古今韻會舉要三十卷禮部韻略七音三十六母通攷一卷 （元）黃公紹撰 （元）熊忠舉要 明嘉靖十五年(1536)秦鉞、李舜臣刻十七年(1538)劉儲秀重修本 十二冊

330000－1701－0000113 善000893 經部/小學類/音韻之屬/韻書

古今韻會舉要三十卷禮部韻畧七音三十六母通攷一卷 （元）黃公紹撰 （元）熊忠舉要 元刻明遞修本 十六冊

330000－1701－0000114 善000896 經部/小學類/音韻之屬/韻書

洪武正韻十六卷 （明）樂韶鳳 （明）宋濂等撰 明正德十年(1515)張淮刻本 五冊

330000－1701－0000115 善000023 史部/編年類/通代之屬

通鑑前編十八卷舉要二卷 （宋）金履祥撰 元刻明成化十二年(1476)南京吏部重修本 六冊 缺九卷(首、一、十二至十八)

330000－1701－0000116 善000032 史部/編年類/斷代之屬

大明神宗顯皇帝實錄不分卷 （明）張惟賢 （明）顧秉謙等纂修 明抄本 二十冊

330000－1701－0000117 善003379 子部/

宗教類/道教之屬

太上黄庭内景玉經一卷外景玉經一卷 (唐)白履忠注 **黄庭内景五臟六腑圖説一卷** (唐)胡悟撰 明萬曆黄鶴樓刻藍印本 一册 存一卷(太上黄庭内景玉經)

330000－1701－0000118 善 003252 子部/術數類/相宅相墓之屬

陽宅大全十一卷 明萬曆新安吴勉學刻懷德堂印本 八册

330000－1701－0000119 善 003380 子部/宗教類/道教之屬

黄庭經攷異一卷 (明)何所子撰 明萬曆三十四年(1606)刻藍印本 一册

330000－1701－0000120 善 000886 經部/小學類/文字之屬

小學識餘五卷説文段注拈誤一卷 (清)朱駿聲撰 稿本 朱師轍題簽、編目録並跋 一册

330000－1701－0000121 善 003546 集部/總集類/彙編之屬

宋元詩六十一種 (明)潘是仁編 明萬曆四十三年(1615)潘是仁刻本 六册 存十四種

330000－1701－0000122 善 004128 集部/總集類/彙編之屬

中唐十二家詩集 (明)蔣孝編 明嘉靖二十九年(1550)武進蔣孝刻本 十二册 存三種

330000－1701－0000123 善 003578 集部/總集類/選集之屬/通代

六家文選六十卷 (南朝梁)蕭統撰 (唐)李善 (唐)吕延濟 (唐)劉良 (唐)張銑 (唐)李周翰 (唐)吕向注 明嘉靖十三年至二十八年(1534－1549)吴郡袁褧嘉趣堂刻本 清蔣節題簽 四十八册 存五十卷(一至四十六、五十七至六十)

330000－1701－0000124 善 003671 集部/總集類/選集之屬/通代

廣文選六十卷 (明)劉節輯 明嘉靖十六年(1537)陳蕙揚州書院刻本 十七册 缺四卷(二十四至二十七)

330000－1701－0000125 善 003674 集部/總集類/選集之屬/通代

廣文選八十二卷目録二卷 (明)劉節輯 明嘉靖十二年(1533)侯秩刻本 十六册 存八十卷(一至七十九、八十一)

330000－1701－0000126 善 000922 經部/小學類/音韻之屬

音學五書二種十三卷 (清)顧炎武撰 清道光林春祺福田書海銅活字印本 十册

330000－1701－0000127 善 000935 史部/紀傳類/正史之屬

史記一百三十卷 (漢)司馬遷撰 (南朝宋)裴駰集解 (唐)司馬貞索隱 (唐)張守節正義 明嘉靖四年(1525)汪諒刻本 八十册

330000－1701－0000128 善 000937 史部/紀傳類/正史之屬

史記一百三十卷 (漢)司馬遷著 (南朝宋)裴駰集解 (唐)司馬貞索隱 (唐)張守節正義 (明)徐孚遠 (明)陳子龍測議 **史記補一卷** (唐)司馬貞撰 (明)徐孚遠 (明)陳子龍測議 明末素位堂刻本 清朱駿聲批校 二十册

330000－1701－0000129 善 000947 史部/紀傳類/正史之屬

南史八十卷 (唐)李延壽撰 元大德十年(1306)刻明嘉靖重修本 二十册

330000－1701－0000130 善 000951 史部/紀傳類/正史之屬

校刊史記集解索隱正義札記五卷 (清)張文虎撰 稿本 三册

330000－1701－0000131 善 000953 史部/紀傳類/正史之屬

北史一百卷 (唐)李延壽撰 元大德信州路儒學刻明嘉靖遞修本 五十六册

330000－1701－0000132 善 000957 史部/紀傳類/正史之屬

五代史記七十四卷 (宋)歐陽修撰 (宋)徐

無黨注　宋慶元刻元明遞修本(卷六十三至七十三配元刻本)　六冊　存二十四卷(一至八、五十八至七十三)

330000－1701－0000133　善 003649　集部/總集類/選集之屬/通代
迂齋先生標註崇古文訣三十五卷　(宋)樓昉輯　明嘉靖十二年(1533)王鴻漸刻本　四冊

330000－1701－0000134　善 003648　集部/總集類/選集之屬/通代
西山先生真文忠公文章正宗二十四卷　(宋)真德秀輯　明正德十五年(1520)馬卿刻本　二十四冊

330000－1701－0000135　善 003654　集部/總集類/選集之屬/通代
西山先生真文忠公文章正宗二十四卷續二十卷　(宋)真德秀輯　明嘉靖四十四年(1565)鍾沂刻本　十六冊　存二十四卷(一至二十四)

330000－1701－0000136　善 003655　集部/總集類/選集之屬/通代
西山先生真文忠公文章正宗二十六卷　(宋)真德秀輯　(明)唐順之批點　明劉志千歸仁齋刻本　十八冊

330000－1701－0000137　善 000958　史部/紀傳類/正史之屬
五代史記七十四卷　(宋)歐陽修撰　(宋)徐無黨注　元宗文書院刻明嘉靖重修本　十冊

330000－1701－0000138　善 003675　集部/總集類/選集之屬/通代
集古文英八卷　(明)顧祖武輯　明嘉靖四十一年(1562)顧祖武武陵家塾刻本　八冊

330000－1701－0000139　善 000966　史部/紀傳類/正史之屬
前漢書一百卷　(漢)班固撰　明嘉靖德藩最樂軒刻本(卷三十一至三十八配清抄本)　四十四冊

330000－1701－0000140　善 000015　經部/樂類/樂理之屬
樂書二百卷目録二十卷　(宋)陳暘撰　元至正七年(1347)福州路儒學刻明修本(目録二十卷、卷一配清抄本)　十二冊

330000－1701－0000141　善 000058　史部/傳記類/別傳之屬/年譜
祁忠敏公[彪佳]年譜一卷　稿本　一冊

330000－1701－0000142　善 000651　經部/春秋總義類/傳說之屬
春秋四傳三十八卷綱領一卷提要一卷列國東坡圖說一卷春秋二十國年表一卷諸國興廢說一卷　(宋)胡安國撰　明杜尊刻本　十冊

330000－1701－0000143　善 000014　經部/四書類/總義之屬/傳說
四書遇不分卷　(清)張岱撰　稿本　周大輔批　馬浮跋　六冊

330000－1701－0000144　善 000060　史部/傳記類/總傳之屬/仕宦
五朝名臣言行録前集十卷後集十四卷　(宋)朱熹輯　**皇朝名臣言行録續集八卷別集二十六卷外集十七卷**　(宋)李幼武輯　元刻本　十九冊　缺十六卷(續集四至八、別集上一至二、外集一至九)

330000－1701－0000145　善 000016　史部/叢編
古金石文字叢著　(清)龔橙撰　稿本　清何紹基觀款並跋　清寶琦觀款　高時顯題簽　二十二冊

330000－1701－0000146　善 000017　經部/小學類/音韻之屬/韻書
古今韻會舉要三十卷禮部韻畧七音三十六母通攷一卷　(元)黄公紹撰　(元)熊忠舉要　元刻遞修本　十冊

330000－1701－0000147　善 000021　史部/紀傳類/正史之屬
晉書一百三十卷　(唐)房玄齡等撰　**晉書音義三卷**　(唐)何超撰　元刻明遞修本(卷六十八至七十四配明抄本)　六十六冊

330000－1701－0000148　善 000022　史部/

紀傳類/正史之屬
元史二百十卷目録二卷　(明)宋濂　(明)王禕等撰　明洪武三年(1370)内府刻重修本　八十冊

330000－1701－0000149　善000025　史部/編年類/斷代之屬
大明宣宗憲天崇道英明神聖欽文昭武寬仁純孝章皇帝實録一百十五卷　(明)張輔　(明)楊士奇等修　明抄本　三十八冊　缺五卷(三十至三十一、四十七至四十九)

330000－1701－0000150　善000026　史部/編年類/斷代之屬
大明憲宗繼天凝道誠明仁敬崇文肅武宏德聖孝純皇帝實録二百九十三卷　(明)張懋　(明)劉吉等修　明抄本　六十七冊　缺二十七卷(九至十二、十八至四十)

330000－1701－0000151　善000029　史部/編年類/斷代之屬
大明世宗欽天履道英毅聖神宣文廣武洪仁大孝肅皇帝實録不分卷　(明)張溶　(明)徐階等纂修　明抄本　十九冊　存嘉靖元年八月至十月、二年四月至六月、三年正月至四月、六年六月至九月、七年八月至十月、九年八月至十月、十三年正月至十二月、十四年正月至六月、十五年正月至九月、十八年五月至十二月、二十年正月至十二月、二十七年正月至十二月、卅一年正月至五月、卅二年正月至十二月,卅六年三月至十二月、卅八年正月至十二月

330000－1701－0000152　善003765　集部/總集類/彙編之屬
李杜詩選十一卷　(明)張含編　(明)楊慎等評　明刻朱墨套印本　四冊

330000－1701－0000153　善000031　史部/編年類/斷代之屬
大明穆宗莊皇帝實録七十卷　(明)張溶　(明)張居正等纂修　明抄本　十二冊

330000－1701－0000154　善000037　史部/紀事本末類/斷代之屬
三朝北盟會編二百五十卷　(宋)徐夢莘撰　明抄本　五十九葉　存二百三十卷(一至十九、二十七至九十八、一百三至二百四十一)

330000－1701－0000155　善000036　史部/紀事本末類/通代之屬
通鑑紀事本末四十二卷　(宋)袁樞撰　宋寶祐五年(1257)湖州趙與簒刻元明遞修本　清張廷濟、清瞿中溶跋　佚名過録清黄丕烈跋　三十五冊　存三十五卷(一、四、六至十八、二十至三十、三十二至三十七、三十九、四十一至四十二)

330000－1701－0000156　善000059　史部/傳記類/總傳之屬/斷代
新刊名臣碑傳琬琰之集上集二十七卷中集五十五卷下集二十五卷　(宋)杜大珪編　宋刻元明遞修本(上集卷十一,中集卷六至十二、二十九至三十六,下集卷一至六、二十至二十五配明抄本)(四庫底本)　清俞樾題記　三十二冊

330000－1701－0000157　善000038　史部/政書類/通制之屬
通志二百卷　(宋)鄭樵撰　元大德三山郡庠刻元明遞修本　一百二十冊

330000－1701－0000158　善000039　史部/史抄類
史記摘麗不分卷　(明)范大澈纂　稿本　黄裳題記　十冊

330000－1701－0000159　善000063　史部/地理類/方志之屬/郡縣志
湖録一百二十卷　(清)鄭元慶撰　稿本　邃盦題簽　清李少青、清丁寶書、清楊峴、張宗祥跋　一冊　存五卷(二十至二十四)

330000－1701－0000160　善000071　史部/地理類/方志之屬/郡縣志
[弘治]蘭谿縣志五卷　(明)王倬　(明)章懋纂修　(明)許完增修　明正德刻本　清鄧鍾玉跋　一冊　存三卷(三至五)

330000－1701－0000161　善000126　史部/

目録類/版本之屬/書影

小百宋一廛書葉不分卷　張宗祥集　合訂宋元刻散葉本　張宗祥題款　一冊

330000－1701－0000162　善 000068　史部/地理類/方志之屬/郡縣志

[嘉靖]寧波府志四十二卷　(明)周希哲　(明)曾鎰修　(明)張時徹等纂　明嘉靖刻本　十六冊

330000－1701－0000163　善 000113　史部/地理類/輿圖之屬/水圖

九省運河水利泉源情形全圖一卷　清彩繪本　一冊

330000－1701－0000164　善 000116　史部/地理類/輿圖之屬/軍事

葛壯節公增輯兩浙海洋圖橅本一卷　清光緒十年(1884)彩繪本　王繼香題簽並跋　一卷

330000－1701－0000165　善 000121　史部/傳記類/職官録之屬/歷朝

殘明百官簿四卷　(清)平步青撰　稿本　雪士題簽　一冊

330000－1701－0000166　善 000122　史部/地理類/山川之屬/水志

歷代河渠考三卷　(清)萬斯同輯　清初抄本　微水軒主人題記　一冊

330000－1701－0000167　善 000125　史部/目録類/總録之屬/私撰

絳雲樓書目不分卷　(清)錢謙益藏並撰　清抄本　佚名過錄清吳翌鳳跋、清陳景雲批　二冊

330000－1701－0000168　善 000127　史部/金石類/石之屬/題跋

石刻鋪敘二卷　(宋)曾宏父撰　清乾隆抄本　佚名過錄清何焯批校並跋　佚名過錄清朱彝尊跋　一冊

330000－1701－0000169　善 000131　子部/儒家類/儒學之屬/性理

慈溪黃氏日抄分類九十七卷　(宋)黃震撰　元刻本　八冊　存三十一卷(二十四至五十四)

330000－1701－0000170　善 000132　子部/兵家類/兵法之屬

虎鈐經二十卷　(宋)許洞撰　**行軍觀象歌注一卷**　(宋)朱宏撰　明抄本　五冊

330000－1701－0000171　善 000133　子部/農家農學類/總論之屬

農書三十六卷　(元)王禎撰　明嘉靖九年(1530)山東布政使司刻本　六冊

330000－1701－0000172　善 000134　子部/醫家類/醫經之屬/内經

重廣補註黃帝内經素問二十四卷　(唐)王冰注　(宋)林億等校正　(宋)孫兆改誤　明嘉靖二十九年(1550)顧從德影宋刻本　十二冊

330000－1701－0000173　善 000137　子部/醫家類/本草之屬/歷代綜合本草

重修政和經史證類備用本草三十卷　(宋)唐慎微撰　(宋)寇宗奭衍義　明成化四年(1468)原傑、雷復等刻本(卷二十三至二十六配明刻本)　二十冊

330000－1701－0000174　善 003766　集部/總集類/選集之屬/斷代

載雲舫詩畊十四卷　(清)閔奕仕輯　清康熙二十年(1681)稿本　清蔡鴻鑑題簽並記　四冊

330000－1701－0000175　善 000138　子部/醫家類/針灸之屬/通論

鍼灸資生經七卷目錄二卷　(宋)王執中編　明正統十二年(1447)葉景逵廣勤書堂刻本　清姚衡批並跋　八冊

330000－1701－0000176　善 000155　子部/醫家類/方書之屬/單方驗方

太醫院經驗奇効良方大全六十九卷　(明)方賢撰　明正德六年(1511)劉氏日新書堂刻本(卷九至十三配清抄本)　十八冊

330000－1701－0000177　善 000162　子部/醫家類/方書之屬/單方驗方

醫方選要十卷　(明)周文采輯　明嘉靖刻本

十册

330000－1701－0000178　善000176　子部/醫家類/針灸之屬/經絡腧穴

考定經穴不分卷　（清）吴超士撰　稿本　清徐大椿題簽並跋　一册

330000－1701－0000179　善000180　子部/術數類/數學之屬

太玄經十卷　（漢）揚雄撰　（晉）范望解贊　**説玄一卷**　（唐）王涯撰　**釋文一卷**　明嘉靖孫沐萬玉堂刻本　清惠棟批校　佚名過録清黄丕烈跋　四册　存十卷（一至十）

330000－1701－0000180　善000181　子部/術數類/陰陽五行之屬

九天明鑑神捷奇書一卷　（宋）陳摶撰　明抄本　鄭道乾跋　一册

330000－1701－0000181　善000184　子部/術數類/陰陽五行之屬

禮緯含文嘉三卷　明王氏鬱岡齋抄本　一册

330000－1701－0000182　善000183　子部/天文曆算類/天文之屬

天文廣志五十二卷　（元）窺天子輯　明抄本　三十一册　存五十卷（一至六、九至五十二）

330000－1701－0000183　善000186　子部/藝術類/書畫之屬/總論

繪事微言四卷　（明）唐志契撰　清初抄本　四册

330000－1701－0000184　善000967　史部/紀傳類/正史之屬

漢書一百卷　（漢）班固撰　（唐）顔師古注　明刻嘉靖十六年（1537）廣東崇正書院重修本　二十四册

330000－1701－0000185　善000976　史部/紀傳類/正史之屬

後漢書九十卷　（南朝宋）范曄撰　（唐）李賢注　**志三十卷**　（晉）司馬彪撰　（南朝梁）劉昭注　明崇禎十六年（1643）毛氏汲古閣刻十七史本　清劉履芬批校、跋並過録清何焯、清錢大昕、清梁曜北等批校　吴南青題記　十二册

330000－1701－0000186　善000989　史部/紀傳類/正史之屬

南齊書五十九卷　（南朝梁）蕭子顯撰　宋刻宋元明遞修本　二十四册

330000－1701－0000187　善000987　史部/紀傳類/正史之屬

宋書一百卷　（南朝梁）沈約撰　宋紹興刻宋元明遞修本　三册　存十三卷（三十一至三十三、四十五至四十九、五十四至五十八）

330000－1701－0000188　善003742　集部/總集類/選集之屬/斷代

唐文粹一百卷　（宋）姚鉉輯　明嘉靖八年（1529）晉府養德書院刻本（卷十四下至十五下配清抄本）　康有爲題記　二十册

330000－1701－0000189　善000994　史部/紀傳類/正史之屬

魏書一百十四卷　（北齊）魏收撰　宋刻宋元明遞修本　二十册　存四十九卷（十三至二十一、二十五至五十三、五十七至五十九、七十七至七十九、一百五至一百十）

330000－1701－0000190　善000997　史部/紀傳類/正史之屬

隋書八十五卷　（唐）魏徵等撰　元大德饒州路儒學刻明正德嘉靖遞修本　十八册　存四十八卷（六至九、十三至四十一、六十一至六十五、七十六至八十五）

330000－1701－0000191　善000998　史部/紀傳類/正史之屬

唐書二百卷　（五代）劉昫等撰　明嘉靖十四年至十八年（1535－1539）餘姚聞人詮刻本　四十册

330000－1701－0000192　善000995　史部/紀傳類/正史之屬

北齊書五十卷　（唐）李百藥撰　宋刻宋元明遞修本　十册

330000－1701－0000193　善000999　史部/

紀傳類/正史之屬

唐書二百二十五卷 (宋)歐陽修 (宋)宋祁等撰 **釋音二十五卷** (宋)董衝撰 元大德九年(1305)建康路儒學刻明成化弘治嘉靖南京國子監遞修本 九冊 存三十四卷(四十四至五十五、七十二至七十五、八十至八十五、八十九至九十五、一百一至一百五)

330000－1701－0000194 善001006 史部/紀傳類/正史之屬

遼史一百六十卷 (元)脫脫等撰 明嘉靖八年(1529)南京國子監刻萬曆四年(1576)重修本 八冊

330000－1701－0000195 善001004 史部/紀傳類/正史之屬

宋史四百九十六卷目錄三卷 (元)脫脫等撰 明成化七年至十六年(1471－1480)朱英刻嘉靖萬曆南京國子監遞修本 二十冊 存七十六卷(五十一、五十六、七十一至七十四、九十三至九十七、一百三至一百十九、一百二十五至一百三十三、一百六十一至一百六十三、一百六十八、一百七十三、一百九十五至一百九十八、二百十至二百十二、二百三十五至二百三十六、二百七十二至二百七十八、四百二十六至四百三十七、四百五十七至四百六十二)

330000－1701－0000196 善001008 史部/紀傳類/正史之屬

金史一百三十五卷目錄二卷 (元)脫脫等撰 明嘉靖八年(1529)南京國子監刻本 二十冊

330000－1701－0000197 善001017 類叢部/叢書類/彙編之屬

范氏奇書 (明)范欽編 明嘉靖四明范氏天一閣刻本 二冊 存一種

330000－1701－0000198 善003904 集部/總集類/選集之屬/通代

駢體文鈔三十一卷 (清)李兆洛輯 清道光元年(1821)合河康氏家塾刻本 張宗祥過錄邵章錄清譚獻批校及跋 張宗祥批校、跋並題簽 十六冊

330000－1701－0000199 善000302 集部/總集類/選集之屬/斷代

國朝文類七十卷目錄三卷 (元)蘇天爵輯 元至元至至正西湖書院刻明修本 三十六冊

330000－1701－0000200 善001045 史部/編年類/通代之屬

資治通鑑綱目發明五十九卷 (宋)尹起莘撰 明內府刻本 十六冊

330000－1701－0000201 善001034 史部/編年類/通代之屬

資治通鑑後編一百八十四卷 (清)徐乾學撰 清徐氏抄本 夏震武校 一百二十冊

330000－1701－0000202 善001022 史部/編年類/通代之屬

資治通鑑二百九十四卷 (宋)司馬光撰 明嘉靖二十三年至二十四年(1544－1545)孔天胤刻本(卷一百五十四、二百三至二百六配抄本) 八十冊

330000－1701－0000203 善003869 集部/總集類/選集之屬/斷代

皇明文衡一百卷目錄二卷 (明)程敏政輯 明嘉靖六年(1527)范震、李文會刻本 二十冊

330000－1701－0000204 善003844 集部/總集類/選集之屬/斷代

振鷺集一卷 (明)陳鎬輯 明正德元年(1506)刻本 一冊

330000－1701－0000205 善001049 史部/編年類/通代之屬

資治通鑑綱目前編十八卷舉要三卷 (宋)金履祥撰 **資治通鑑綱目前編外紀一卷** (明)陳桱撰 明嘉靖十四年(1535)書林清江堂刻本 六冊

330000－1701－0000206 善001072 史部/編年類/斷代之屬

兩漢紀六十卷 (宋)王銍輯 明嘉靖二十七

年(1548)吴郡黄姬水刻本　二十册

330000－1701－0000207　善 001082　史部/編年類/斷代之屬

新刊校正增補皇明資治通紀十四卷　(明)陳建撰　明嘉靖刻本　賀揚靈題簽並記　十册

330000－1701－0000208　善 001110　史部/紀事本末類/通代之屬

蜀鑑十卷　(宋)郭允蹈撰　明嘉靖三十四年(1555)刻本　四册

330000－1701－0000209　善 001143　史部/雜史類/斷代之屬

越絕書十五卷　(漢)袁康撰　明嘉靖二十六年(1547)陳塏刻本　一册

330000－1701－0000210　善 001217　史部/雜史類/斷代之屬

三垣筆記三卷附識二卷　(清)李清撰　清抄本　劉承幹題簽　五册

330000－1701－0000211　善 001218　史部/雜史類/斷代之屬

三垣筆記四卷　(清)李清記　**三垣筆記補一卷**　(清)李清撰　(清)傅以禮輯　清抄本　清傅以禮校並跋　佚名跋　三册

330000－1701－0000212　善 001276　史部/雜史類/斷代之屬

庚癸紀略二卷續編一卷　(清)倦圃野老輯　稿本　一册

330000－1701－0000213　善 001128　史部/雜史類/斷代之屬

戰國策十卷　(明)吴勉學校正　明萬曆吴勉學刻本　明余煌批點　清李廷基觀款並批點　清沈復燦題簽並跋　佚名跋　四册　存五卷(一至三、六至七)

330000－1701－0000214　善 001283　史部/雜史類/斷代之屬

霜猨集二卷　(清)陳興汭撰　稿本　一册

330000－1701－0000215　善 001327　史部/傳記類/總傳之屬/仕宦

五朝名臣言行録前集十卷後集十四卷　(宋)朱熹輯　**五朝名臣言行錄續集八卷別集十三卷外集十七卷**　(宋)李幼武輯　明嘉靖張鰲山刻重修本　三十二册

330000－1701－0000216　善 001285　史部/雜史類/斷代之屬

稗屑一卷　(清)王華齋輯　稿本　一册

330000－1701－0000217　善 001216　史部/雜史類/斷代之屬

三垣筆記三卷補遺一卷附識三卷附識補遺一卷　(清)李清記　(清)王挺閱　清末繆氏藝風堂抄本　二册　缺二卷(三垣筆記上、中)

330000－1701－0000218　善 000001　經部/易類/傳説之屬

蘇氏易傳九卷　(宋)蘇軾撰　明抄本　三册

330000－1701－0000219　善 001280　史部/雜史類/斷代之屬

蠡城被賊記一卷附義民包立身事畧一卷　(清)陳錦撰　稿本　一册

330000－1701－0000220　善 001332　史部/傳記類/總傳之屬/斷代

伊洛淵源録十四卷續錄六卷　(宋)朱熹撰　明嘉靖八年(1529)高賁亨刻本(卷八至十四配明刻藍印本)　四册　存十四卷(一至十四)

330000－1701－0000221　善 003962　集部/總集類/郡邑之屬

婺賢文軌四卷　(明)戚雄輯　明嘉靖三十八年(1559)戚寵刻本　二册　存二卷(一至二)

330000－1701－0000222　善 001334　史部/傳記類/總傳之屬/斷代

考亭淵源録二十四卷　(明)宋端儀撰　(明)薛應旂重輯　明隆慶三年(1569)刻本　二十册

330000－1701－0000223　善 001336　史部/傳記類/總傳之屬/儒林

宋元學案一百卷首一卷備覽不分卷　(清)黄宗羲撰　(清)全祖望補　清道光抄本　清盛

炳校　清王梓材批校　四十五冊

330000－1701－0000224　善001348　史部/傳記類/總傳之屬/斷代
新刊皇明名臣言行錄四卷　(明)楊廉輯　(明)徐咸續輯　明嘉靖二十年(1541)魏有本刻本　四冊

330000－1701－0000225　善000003　經部/易類/傳說之屬
易經纂註四卷　(宋)朱熹集註　(明)李廷機纂輯　明崇禎刻五經纂註本　佚名過錄清勞權批校　八冊

330000－1701－0000226　善001373　史部/傳記類/總傳之屬/郡邑
蛟川耆舊傳不分卷　(清)姚燮輯　稿本　四冊

330000－1701－0000227　善001384　史部/傳記類/總傳之屬/斷代
四王傳四卷附錄一卷　(清)錢名世撰　清抄本　二冊

330000－1701－0000228　善003253　子部/術數類/相宅相墓之屬
新刊重校秘傳四先生通天竅十卷　(明)楊筠松等撰　清初刻本　二冊

330000－1701－0000229　善003254　子部/術數類/相宅相墓之屬
堪輿一得一卷　(清)汪錦撰　清抄本　二冊

330000－1701－0000230　善000035　史部/紀事本末類/通代之屬
通鑑紀事本末四十二卷　(宋)袁樞撰　宋淳熙二年(1175)嚴陵郡庠刻遞修本　七冊　存七卷(二至三、二十八、三十二、三十四、三十七至三十八)

330000－1701－0000231　善003251　子部/術數類/相宅相墓之屬
陽宅珍藏二卷　明刻本　二冊

330000－1701－0000232　善003257　子部/術數類/相宅相墓之屬
合纂真傳羅經消納正宗一卷　(清)儲孝則撰述　清雍正十年(1732)朱世奇裕賢堂抄本　清朱世奇跋、題簽並記　二冊

330000－1701－0000233　善004031　集部/別集類/漢魏六朝別集
箋註陶淵明集十卷　(晉)陶潛撰　(宋)湯漢箋注　**總論一卷**　(元)李公煥輯　元刻本　十冊

330000－1701－0000234　善003905　集部/總集類/郡邑之屬
台詩三錄八卷附刻三卷　(清)宋世犖輯　清咸豐二年(1852)李用儀抄本　四冊

330000－1701－0000235　善003906　集部/總集類/選集之屬/通代
駢體文鈔三十一卷　(清)李兆洛輯　清道光元年(1821)合河康氏家塾刻本　清補廬居士跋　余重耀過錄清譚獻批校並跋　余重耀批校、圈點並跋　七冊

330000－1701－0000236　善003260　子部/術數類/相宅相墓之屬
青囊開皇寶照圖經不分卷　清抄本　二冊

330000－1701－0000237　善003259　子部/術數類/相宅相墓之屬
黃帝周書秘奧十二卷　清抄本　六冊

330000－1701－0000238　善003261　子部/術數類/相宅相墓之屬
地理元機妙訣不分卷　(清)胡昌纂集　清抄本　二冊

330000－1701－0000239　善000188　史部/金石類/璽印之屬/文字
古印選四卷　(明)陳鉅昌輯　明萬曆三十三年(1605)刻鈐印本　四冊

330000－1701－0000240　善000644　經部/春秋總義類/傳說之屬
春秋衡庫三十卷附錄三卷備錄一卷　(明)馮夢龍輯　明天啓五年(1625)刻本　二十四冊　缺一卷(備錄)

330000－1701－0000241　善000321　集部/曲類/曲選之屬

詞林逸響四卷　(明)許宇輯　**崑腔原始一卷**　(明)魏良輔撰　明天啓三年(1623)刻本　八册

330000－1701－0000242　善000210　史部/傳記類/別傳之屬/墓誌

誥授奉直大夫都察院湖廣道監察御史何公墓碑銘一卷何母陳宜人榮壽序一卷　(清)毛奇齡撰　稿本　清沈秉鈺題簽並觀款　一卷

330000－1701－0000243　善003262　子部/術數類/數學之屬

易原不分卷　清抄本　一册

330000－1701－0000244　善003256　子部/術數類/相宅相墓之屬

六字玄機不分卷　清抄本　一册

330000－1701－0000245　善001328　史部/傳記類/總傳之屬/仕宦

五朝名臣言行録前集十卷後集十四卷　(宋)朱熹輯　**五朝名臣言行録續集八卷別集十三卷外集十七卷**　(宋)李幼武輯　明嘉靖張鰲山刻鄭汝璧重修本　四册　存三十卷(續集一至八、別集一至十三、外集九至十七)

330000－1701－0000246　善001378　史部/傳記類/總傳之屬/斷代

勝國遺獻諸人傳不分卷　(清)沈冰壺撰　稿本　清傅以禮題簽　余紹宋跋　王世裕、陳訓慈題記　二册

330000－1701－0000247　善001395　史部/傳記類/總傳之屬/郡邑

吳中人物志十三卷　(明)張昶輯　(明)張獻翼論贊　明隆慶四年(1570)張鳳翼、張燕翼刻本　六册

330000－1701－0000249　善001436　史部/傳記類/別傳之屬/年譜

紫陽文公先生[朱熹]年譜五卷　(宋)李方子原編　(明)李默　(明)朱河重訂　明嘉靖刻本　一册　存二卷(一至二)

330000－1701－0000250　善000697　經部/四書類/總義之屬/傳說

四書集註大全三十八卷　(明)胡廣等輯　明天順二年(1458)黄氏仁和堂刻本　四册　存三卷(大學章句大全、大學或問、中庸或問)

330000－1701－0000251　善000735　經部/群經總義類/傳說之屬

五經蠡測六卷　(明)蔣悌生撰　明嘉靖十七年(1538)蔣世滋刻本　八册

330000－1701－0000252　善000733　經部/四書類/總義之屬傳說

黄四如先生六經四書講藁六卷　(宋)黄仲元撰　(宋)詹清子編　**附録一卷**　(清)黄雯編　明嘉靖黄文炳刻清康熙二十二年(1683)黄雯重修本　四册

330000－1701－0000253　善003255　子部/術數類/相宅相墓之屬

斗首論萃不分卷　清康熙三十三年(1694)史兆麟抄本　清史兆麟跋　四册

330000－1701－0000254　善000756　經部/群經總義類/傳說之屬

經傳攷證八卷　(清)朱彬撰　稿本　清王念孫批校　二册

330000－1701－0000255　善000018　經部/小學類/文字之屬/字書/字體

漢隷分韻七卷　(元)□□撰　明正德十一年(1516)刻本　清張燕昌批校並題記　六册

330000－1701－0000256　善000874　經部/小學類/文字之屬/字書/訓蒙

幼學津梁八卷首一卷末一卷　(清)章鵬飛撰　稿本　三十六册

330000－1701－0000258　善000885　經部/小學類/音韻之屬/韻書

大明成化丁亥重刊改併五音類聚四聲篇十五卷　(金)韓孝彥　(金)韓道昭重編　**大明成化庚寅重刊改併五音集韻十五卷**　(金)韓道昭重編　明成化三年至七年(1467－1471)大隆福寺釋文儒刻正德重修本　十册

330000－1701－0000259　善 001437　史部/傳記類/别傳之屬/年譜

紫陽文公先生[朱熹]年譜五卷　(宋)李方子原編　(明)李默　(明)朱河重訂　明嘉靖刻本　四册

330000－1701－0000260　善 000292　集部/别集類/清别集

松子閣詩集不分卷　(清)笪重光撰　清初抄本　二册

330000－1701－0000261　善 001401　史部/傳記類/總傳之屬/家乘

傳氏先世事實編不分卷　(清)傳以禮輯　稿本　六册

330000－1701－0000262　善 001441　史部/傳記類/别傳之屬/年譜

黄忠端公[尊素]年譜一卷　(清)黄炳垕編　稿本　一册

330000－1701－0000263　善 000386　經部/易類/專著之屬

新刻易旨一覽四卷　(明)蔣時雍撰　明末刻本　六册

330000－1701－0000264　善 001438　史部/傳記類/别傳之屬/年譜

趙松雪[孟頫]年譜一卷附錄一卷　(清)徐元梌編　稿本　一册

330000－1701－0000265　善 001448　史部/傳記類/别傳之屬/年譜

毛西河[奇齡]先生年譜殘藁一卷　(清)韓系同纂　(清)常寓香校輯　(清)平步青校録　稿本　清雪士題簽　一册

330000－1701－0000266　善 001469　史部/傳記類/日記之屬

雲將行録不分卷(清道光二十九年九月十一日至十二月二十二日)　(清)宗稷辰撰　稿本　一册

330000－1701－0000267　善 003264　子部/術數類/相宅相墓之屬

理氣秘訣不分卷　(清)孫麟祉集　清抄本　四册

330000－1701－0000268　善 000441　經部/書類/傳說之屬

書經集傳六卷　(宋)蔡沈撰　明嘉靖刻本　佚名錄清嚴虞惇跋　四册

330000－1701－0000269　善 001470　史部/傳記類/日記之屬

邃翁日記一卷(清同治十三年一月一日至十月三十日)　(清)許乃釗撰　稿本　一册

330000－1701－0000270　善 001471　史部/傳記類/日記之屬

寄園子日記一卷(清咸豐八年三月至十年八月)　(清)錢鍔撰　稿本　冰生校　一册

330000－1701－0000271　善 001473　史部/傳記類/日記之屬

同治壬戌日記一卷(清同治元年一月二十二日至七月二十三日)　(清)吳蘭珍撰　稿本　一册

330000－1701－0000272　善 001475　史部/傳記類/日記之屬

鐵如意館日記不分卷(清光緒二年閏五月初一至三年三月初五)　(清)毛昶熙撰　稿本　二册

330000－1701－0000273　善 001474　史部/傳記類/日記之屬

胡肇智日記不分卷　(清)胡肇智撰　稿本　四册

330000－1701－0000274　善 001477　史部/傳記類/日記之屬

同治三年甲子京師日記一卷(清同治三年九月初一至十二月二十九日)　(清)周壽昌撰　稿本　何維樸、李瑞奇跋　丁傳靖、戴仁題詩　王東培題詩並跋　一册

330000－1701－0000275　善 003908　集部/總集類/氏族之屬

歸安前邱吳氏詩存二十一卷　(清)吳啓褒編　清嘉慶十五年(1810)豐澍堂刻本　馮雄批校、跋並題簽　四册

330000－1701－0000277　善000475　經部/詩類/三家詩之屬

詩外傳十卷　(漢)韓嬰撰　明嘉靖十四年(1535)刻本　一冊　存五卷(一至五)

330000－1701－0000278　善001483　史部/傳記類/日記之屬

何竟山日記四卷　(清)何澂撰　稿本　清何棠、海生跋　三冊

330000－1701－0000279　善000482　經部/詩類/三家詩之屬

三家詩異文釋三卷補遺三卷　(宋)王應麟集攷　(清)馮登府疏證　稿本　清李富孫校　一冊

330000－1701－0000280　善003909　集部/總集類/選集之屬/斷代

詩船隨録不分卷　(清)蔡名衡輯　稿本　一冊

330000－1701－0000281　善000524　經部/周禮類/正文之屬

周禮六卷　明嘉靖刻本　二冊

330000－1701－0000282　善001484　史部/傳記類/日記之屬

寄夢盦日識一卷(光緒二年正月至四月)　(清)瓊蕚閣主人　(醒園、婁江湎子醒緣)撰　稿本　一冊

330000－1701－0000283　善001434　史部/傳記類/別傳之屬/年譜

明道程子[顥]年譜二卷　(清)池生春　(清)諸星杓輯　稿本　二冊

330000－1701－0000284　善000533　經部/周禮類/傳說之屬

周禮全經釋原十二卷周禮通論一卷周禮傳叙論一卷　(明)柯尚遷撰　明隆慶四年(1570)張大忠刻本　十二冊

330000－1701－0000285　善001430　史部/傳記類/別傳之屬/事狀

曾文正公[國藩]傳略一卷　朱孔彰撰　稿本　一冊

330000－1701－0000287　善000529　經部/周禮類/分篇之屬

考工記二卷　(明)郭正域批點　明萬曆閔齊伋刻朱墨套印本　二冊

330000－1701－0000288　善000009　經部/儀禮類/圖說之屬

儀禮圖十七卷旁通圖一卷　(宋)楊復撰　元刻明修本(卷十六至十七、旁通圖配清抄本)　十二冊

330000－1701－0000289　善000010　經部/禮記類/傳說之屬

附釋音禮記註疏六十三卷　(漢)鄭玄注　(唐)孔穎達疏　(唐)陸德明釋文　元刻明修本　三十二冊

330000－1701－0000290　善001487　史部/傳記類/日記之屬

小吉羅庵日紀不分卷(清同治十一年、光緒七年、光緒八年)　(清)蔣芷湘撰　清光緒稿本　馬息廬題記並跋　龔題記　二冊

330000－1701－0000291　善000563　經部/禮記類/傳說之屬

禮記集說三十卷　(元)陳澔撰　明嘉靖三十五年(1556)廣東崇正堂刻本　十六冊

330000－1701－0000292　善001493　史部/傳記類/日記之屬

蘇甘室日記不分卷(清光緒十六年至三十年)　(清)何壽章撰　稿本　徐維則跋　二十七冊

330000－1701－0000293　善001491　史部/傳記類/日記之屬

光緒九年歲次癸未琴詠賡主日記一卷(清光緒九年元月至十二月)　(清)姚景夔撰　稿本　一冊

330000－1701－0000294　善001499　史部/傳記類/日記之屬

復堂日記一卷(清光緒二十二年六月至十月)　(清)譚獻撰　稿本　一冊

330000－1701－0000295　善003911　集部/

總集類/氏族之屬

淵源録三卷　(清)周源編輯　稿本　一冊

330000－1701－0000296　善000585　經部/大戴禮記類/傳說之屬

大戴禮記十三卷　(漢)戴德撰　(北周)盧辯注　清乾隆二十三年(1758)刻本　朱師轍跋並過錄清朱駿聲批校　二冊

330000－1701－0000297　善000648　經部/春秋總義類/傳說之屬

春秋平義十二卷　(清)俞汝言撰　清抄本　二冊

330000－1701－0000298　善000598　經部/三禮總義類/通禮雜禮之屬

文公家禮儀節八卷　(明)丘濬撰　明正德十二年(1517)應天府刻本　八冊

330000－1701－0000299　善001500　史部/傳記類/日記之屬

窳盦日札不分卷(清光緒十年、二十一年至二十二年、二十四年)　(清)周星詒撰　稿本　三冊

330000－1701－0000301　善001501　史部/傳記類/日記之屬

燕趙行記一卷(清光緒十七年六月至七月)附拓盦諸器銘一卷里諺集一卷　(清)許德裕撰　稿本　一冊

330000－1701－0000302　善001502　史部/傳記類/日記之屬

紹興陳孝蘭解元陔旅粵日記一卷　(清)陳陔撰　稿本　一冊

330000－1701－0000303　善001504　史部/傳記類/日記之屬

權富日記不分卷(清光緒二十六年六月十五日至二十八年二月八日)　張光第撰　稿本　三冊

330000－1701－0000304　善001513　史部/傳記類/總傳之屬/家乘

[浙江慈溪]向氏家乘十卷　(明)向洪上等纂修　(明)□□增修　明抄本　一冊　存八卷(一至二、四至七、九至十)

330000－1701－0000305　善000639　經部/春秋左傳類/傳說之屬

春秋左傳十五卷　(明)孫鑛批點　明萬曆四十四年(1616)吳興閔齊伋刻朱墨套印本　十二冊

330000－1701－0000306　善001564　史部/史抄類

史記鈔九十一卷　(明)茅坤輯　明泰昌元年(1620)閔振業刻朱墨套印本　十二冊

330000－1701－0000307　善000012　經部/春秋總義類/專著之屬

劉質夫先生春秋通義十二卷　(宋)劉絢撰　明抄本　明李待問觀款　清丁世楠、清錢馥跋　七冊　缺二卷(一至二)

330000－1701－0000308　善003912　集部/總集類/尺牘之屬

朋舊尺牘不分卷　(清)石韞玉輯　稿本　八冊

330000－1701－0000309　普031.1/1144/5　類叢部/叢書類/彙編之屬

古香齋袖珍十種　清刻本　二百三十八冊　存一種

330000－1701－0000310　善003268　子部/宗教類/佛教之屬/經疏

妙法蓮華經通義七卷　(明)釋德清撰　明刻本　七冊

330000－1701－0000311　善000652　經部/春秋總義類/傳說之屬

春秋四傳三十八卷綱領一卷提要一卷列國東坡圖說一卷春秋二十國年表一卷諸國興廢說一卷　(宋)胡安國撰　明刻本　十冊

330000－1701－0000312　善003913　集部/總集類/選集之屬/斷代

清詩初集十二卷　(清)蔣鑨　(清)翁介眉輯　清康熙二十年(1681)蔣鑨刻四十二年(1703)馬道耕重修本　十二冊

330000－1701－0000314　善 003914　集部/總集類/選集之屬/斷代

擷芳集八十卷　(清)汪啓淑輯　清乾隆五十年(1785)古歙汪啓淑飛鴻堂刻本　二十四册

330000－1701－0000315　善 003276　子部/宗教類/佛教之屬/經疏

維摩詰所説經六卷　(後秦)釋鳩摩羅什譯　(後秦)釋僧肇注　明戚繼光刻本　六册

330000－1701－0000316　善 003277　子部/宗教類/佛教之屬/經疏

佛説阿彌陀經疏鈔四卷　(明)釋袾宏撰　**佛説阿彌陀經一卷**　(後秦)釋鳩摩羅什譯　明崇禎元年(1628)雲棲寺刻本　四册

330000－1701－0000317　善 003271　子部/宗教類/佛教之屬/經疏

金剛經註釋二卷　(清)延陵青山子編　清抄本　一册

330000－1701－0000318　善 000653　經部/春秋總義類/專著之屬

春秋識小録初刻三書十卷　(清)程廷祚撰　清乾隆八年(1743)三近堂刻本　八册

330000－1701－0000319　善 003915　集部/總集類/選集之屬/斷代

國朝兩浙校官詩録不分卷　(清)許正綬輯　清咸豐七年(1857)上虞謝萊抄本　二册

330000－1701－0000320　善 003279　子部/宗教類/佛教之屬/經

金剛波若波羅蜜經一卷　(後秦)釋鳩摩羅什譯　(元)釋道肯集纂　明萬曆四十一年(1613)倪錦刻本　二册

330000－1701－0000321　善 003280　子部/宗教類/佛教之屬/經

摩訶波若波羅蜜多心經一卷　(明)何道全注　明關中華峰居士普濟刻本　二册

330000－1701－0000322　善 000365　經部/易類/傳説之屬

宋明兩蘇先生易説合删六卷　(宋)蘇軾　(明)蘇濬撰　(明)周之謨删　**蘇老泉先生易論一卷**　(宋)蘇洵撰　明萬曆四十四年(1616)吉贇刻本　二册

330000－1701－0000323　善 003278　子部/宗教類/佛教之屬/經疏

佛説阿彌陁經一卷　(元)釋性澄句解　明趙鎰等刻本　一册

330000－1701－0000324　善 003281　子部/宗教類/佛教之屬

大明三藏法數五十卷　(明)釋一如等集註　明萬曆二十一年至二十三年(1593－1595)刻本　三十册

330000－1701－0000325　善 000654　經部/春秋左傳類/傳説之屬

左傳事緯十二卷前書八卷　(清)馬驌撰　清康熙刻本　六册　存十二卷(一至十二)

330000－1701－0000326　善 003272　子部/宗教類/佛教之屬/論

金剛般若波羅蜜經破空論一卷心經釋要一卷波羅蜜經觀心釋一卷　(清)釋智旭撰　清同治十年(1871)如臯刻經處刻本　余重耀批校　一册

330000－1701－0000327　善 001535　史部/傳記類/科舉録之屬

宋紹興十八年戊辰科題名録一卷附録一卷　清乾隆四十八年(1783)康樂官署木活字印本　勵乃驥過録清徐松校及跋並寶祐四年登科録等　葉德輝、周作人、馬裕藻、許壽裳跋　一册

330000－1701－0000328　善 001514　史部/傳記類/總傳之屬/家乘

[浙江慈溪]福聚馮氏宗譜十卷　(明)馮紹功纂修　明天啓抄本　清馮祖憲題記　四册

330000－1701－0000329　善 001556　史部/史抄類

十七史詳節二百七十三卷　(宋)吕祖謙輯　明嘉靖四十五年至隆慶四年(1566－1570)陝西布政司刻本　老饕批　六十册

330000－1701－0000330　善 001576　史部/

史抄類
後漢書隨筆不分卷　管鴻詞輯　稿本　六冊

330000－1701－0000331　善 001587　史部/史抄類
歐陽文忠公五代史抄二十卷　(明)茅坤輯並評　明刻朱墨套印本　十冊

330000－1701－0000332　善 001595　史部/史評類/史論之屬
唐宋名賢歷代確論一百卷　明弘治十七年(1504)錢孟濬刻本　七冊　存五十六卷(一至五十六)

330000－1701－0000333　善 001590　史部/史評類/史論之屬
史通二十卷　(唐)劉知幾撰　明嘉靖十四年(1535)陸深刻本　四冊

330000－1701－0000334　善 003767　集部/總集類/彙編之屬
韓柳合刻八卷　(明)陸夢龍編並評　明崇禎元年(1628)武林顧懋樊刻本　四冊

330000－1701－0000335　善 001609　史部/史評類/考訂之屬
讀鑑述聞六卷　(清)孫德祖撰　清光緒稿本　二冊

330000－1701－0000336　善 001596　史部/史評類/史論之屬
新刊資治通鑑漢唐綱目經史品藻十二卷宋元綱目經史品藻五卷　(明)戴璟著　明嘉靖十五年(1536)清江堂刻本　八冊

330000－1701－0000337　善 001605　史部/史評類/史論之屬
史記末議五卷　(清)楊以貞撰　稿本　金濤題記　一冊

330000－1701－0000338　善 001610　史部/史評類/史論之屬
志遠齋史話三卷　(清)楊以貞撰　稿本　金濤編目　毛春翔題記　一冊

330000－1701－0000339　善 001616　史部/政書類/通制之屬
文獻通考三百四十八卷首一卷　(元)馬端臨撰　明正德十一年至十四年(1516－1519)劉洪慎獨齋刻十六年(1521)重修本　研谿批校　八十五冊

330000－1701－0000340　善 001618　史部/政書類/通制之屬
文獻通考三百四十八卷首一卷　(元)馬端臨撰　明嘉靖馮天馭刻萬曆至崇禎遞修本(卷一至二、二百六十七、二百九十六至二百九十九、三百五至三百十七配清抄本)　一百冊

330000－1701－0000341　善 001614　史部/政書類/通制之屬
杜氏通典二百卷　(唐)杜佑撰　明嘉靖十八年(1539)王德溢、吳鵬刻本(卷二十五至三十配清抄本)　四十冊

330000－1701－0000343　善 001640　史部/史表類/通代之屬
歷代紀元彙考八卷　(清)趙駿烈編　(清)萬斯同重編　**紀元彙考類編一卷**　(清)趙駿烈編　(清)吳騫增訂　**紀元餘論一卷**　(清)吳騫撰　清吳氏拜經樓抄本　二冊

330000－1701－0000344　善 000897　經部/小學類/音韻之屬/韻書
洪武正韻十六卷　(明)樂韶鳳　(明)宋濂等撰　明刻本　五冊

330000－1701－0000345　善 000929　經部/小學類/音韻之屬/古今韻說
六書音均表五卷　(清)段玉裁撰　清乾隆四十一年(1776)富順官廨刻本　清許瀚批校　清費念慈跋　二冊

330000－1701－0000346　善 001648　史部/政書類/儀制之屬/典禮
明倫大典二十四卷　(明)楊一清　(明)熊浹等纂修　明嘉靖七年(1528)內府刻本　十二冊

330000－1701－0000347　善 001652　史部/政書類/儀制之屬/專志/謚法

明諡考四卷 （清）傅以禮撰 稿本 余紹宋跋 一册

330000－1701－0000348 善001661 史部/政書類/軍政之屬/兵制

歷代兵制八卷 （宋）陳傅良撰 明張應文怡顔堂抄本 二册

330000－1701－0000350 善001669 史部/職官類/官制之屬/通志

中書典故彙記八卷 （清）王正功輯 （清）趙輯寧校補 清乾隆稿本 七册

330000－1701－0000351 善000655 經部/春秋左傳類/傳説之屬

春秋左傳補註六卷 （清）惠棟撰 清乾隆三十七年(1772)順德胡亦常刻三十八年(1773)張錦芳續刻本 二册

330000－1701－0000352 善001685 史部/詔令奏議類/詔令之屬

兩漢詔令二十三卷 （宋）洪咨夔輯 元至正九年(1349)蘇天爵刻明修本 六册

330000－1701－0000353 善001653 史部/政書類/儀制之屬/專志/謚法

明諡考略一卷 （清）傅以禮撰 稿本 清李慈銘題簽 一册

330000－1701－0000354 善001691 史部/詔令奏議類/奏議之屬

秦漢書疏十八卷 明隆慶六年(1572)刻本 一册 存三卷(秦書疏一至三)

330000－1701－0000355 善001663 史部/政書類/邦計之屬/鹽法

鹽政志十卷 （明）朱廷立等修 明嘉靖刻本 四册

330000－1701－0000356 善001709 史部/詔令奏議類/奏議之屬

南宮奏牘二卷 （明）高拱撰 明嘉靖刻本 王修跋 二册

330000－1701－0000357 善003916 集部/總集類/選集之屬/斷代

國朝閨秀摛珠集不分卷 （清）黄濬輯 清同治四年(1865)葉祐抄本 一册

330000－1701－0000358 善001722 史部/詔令奏議類/奏議之屬

皇明疏議輯畧三十七卷 （明）張瀚輯 明嘉靖三十年(1551)大名府刻本 十五册 缺二卷(二至三)

330000－1701－0000359 善001698 史部/詔令奏議類/奏議之屬

郊祀奏議二卷 （明）夏言撰 明嘉靖刻本 王修跋 二册

330000－1701－0000360 善000660 經部/春秋總義類/傳説之屬

春秋程傳補二十卷 （清）孫承澤撰 清康熙刻本 四册

330000－1701－0000361 善001031 史部/編年類/通代之屬

新刊憲臺攷正少微通鑑全編二十卷外紀二卷 （宋）江贄輯 **新刊憲臺攷正宋元通鑑全編二十一卷** 明嘉靖三十五年(1556)開州吉澄刻三十八年(1559)樊獻科重修本(少微通鑑全編卷三至四配清抄本) 六十四册

330000－1701－0000362 善003917 集部/總集類/選集之屬/斷代

國朝駢體正聲不分卷 （清）黄金臺編 稿本 五册

330000－1701－0000363 善001695 史部/詔令奏議類/奏議之屬

范忠宣公奏議三卷 （宋）范純仁撰 明嘉靖四十年(1561)浙江嚴州府韓叔陽刻本 二册

330000－1701－0000364 善003918 集部/總集類/氏族之屬

古虞徐氏一家言詩集四卷 （清）徐迪惠編輯 （清）徐松校刊 稿本 許承堯跋 四册 存三卷(一至二、四)

330000－1701－0000365 善000333 子部/宗教類/佛教之屬/經

大般涅槃經四十卷 （晉）釋曇無讖譯 唐永

徽二年(651)吳其仁寫本　一卷　存一卷(四十)

330000－1701－0000366　善001731　史部/詔令奏議類/奏議之屬
直督奏議不分卷(清光緒二十一年四月、閏五月、六月至十一月)　(清)王文韶撰　稿本　八冊

330000－1701－0000367　善001758　史部/地理類/總志之屬
皇輿表十六卷　(清)喇沙里等纂修　(清)揆敘等增修　清康熙四十三年(1704)内府刻本　二十四冊

330000－1701－0000368　善001812　史部/地理類/方志之屬/郡縣志
[嘉慶]鎮海縣志備修不分卷　(清)陳景沛纂　稿本　八冊

330000－1701－0000369　善001827　史部/地理類/方志之屬/郡縣志
[光緒]邑乘管窺拾遺十二卷　管世駿撰　項詠輯　稿本　十二冊

330000－1701－0000370　善001828　史部/地理類/方志之屬/郡縣志
[光緒]邑乘管窺二卷　管世駿纂　稿本　王舟瑤批校　二冊

330000－1701－0000371　善001114　史部/紀事本末類/斷代之屬
鴻猷録十六卷　(明)高岱撰　明嘉靖四十四年(1565)高思誠刻本　六冊

330000－1701－0000372　善001118　史部/雜史類/斷代之屬
周書十卷附周書逸文一卷　(清)朱右曾注　清抄本　清孫詒讓校　清汪宗沂跋　一冊

330000－1701－0000373　善001851　史部/地理類/方志之屬/郡縣志
[嘉靖]雍大記三十六卷　(明)何景明纂修　明嘉靖刻本　十二冊　存二十四卷(一至二十四)

330000－1701－0000374　善001129　史部/雜史類/通代之屬
鮑氏國策十卷　(宋)鮑彪校注　明嘉靖七年(1528)龔雷影宋刻本　四冊

330000－1701－0000375　善001810　史部/地理類/方志之屬/郡縣志
[嘉慶]蛟川備志二十一卷　(清)陳景沛纂　稿本　十九冊　存十九卷(一至四、六至十二、十四至二十一)

330000－1701－0000376　善001952　史部/地理類/專志之屬/寺觀
大善寺志稿不分卷　(清)沈復粲撰　稿本　一冊

330000－1701－0000377　善001811　史部/地理類/方志之屬/郡縣志
蛟川備志舉要不分卷　(清)陳景沛撰　稿本　一冊

330000－1701－0000378　善001955　史部/傳記類/別傳之屬/事狀
新安忠烈廟神紀實十五卷乾集一卷　(元)鄭弘祖輯　(明)汪儀鳳增輯　明天順四年至成化元年(1460－1465)汪儀鳳刻正德重修本　一冊　存十二卷(四至十五)

330000－1701－0000379　善001976　史部/地理類/雜志之屬
杭城坊巷志不分卷　(清)丁丙　孫峻輯　**坊巷志韻編總目不分卷**　清光緒稿本　五十三冊

330000－1701－0000380　善000331　子部/宗教類/佛教之屬/經
妙法蓮華經七卷　(後秦)釋鳩摩羅什譯　唐寫本　一卷　存一卷(三)

330000－1701－0000381　善003768　集部/總集類/選集之屬/斷代
御選唐詩三十二卷目錄三卷　(清)聖祖玄燁輯　(清)陳廷敬等輯注　清康熙五十二年(1713)内府刻朱墨套印本　十五冊

330000－1701－0000382　善001968　史部/

地理類/雜志之屬

中吴紀聞六卷 (宋)龔明之撰 明末毛氏汲古閣刻清康熙毛扆重訂本 清王芑孫批 周士題記 六冊

330000－1701－0000383 善001992 史部/地理類/雜志之屬

黔語二卷 (清)吴振棫撰 稿本 二冊

330000－1701－0000384 善001994 史部/地理類/雜志之屬

北郭叢鈔不分卷 (清)丁丙輯 稿本 一冊

330000－1701－0000385 善001978 史部/地理類/雜志之屬

武林坊巷志不分卷 (清)丁丙輯 稿本 五十四冊

330000－1701－0000386 善001732 史部/詔令奏議類/奏議之屬

退圃老人直督丙申奏議十二卷 (清)王文韶撰 稿本 三冊 存三卷(一、四、八)

330000－1701－0000387 善001318 史部/傳記類/總傳之屬

孝順事實十卷 (明)成祖朱棣撰 明永樂十八年(1420)内府刻本 十冊

330000－1701－0000388 善001335 史部/傳記類/總傳之屬/斷代

朱門授受録十卷 (清)吳鼐撰 清乾隆抄本 四冊

330000－1701－0000389 善002011 史部/地理類/山川之屬/山志

泰山志四卷 (明)汪子卿撰 明嘉靖三十三年(1554)項守禮刻本 四冊

330000－1701－0000390 善003919 集部/總集類/選集之屬/斷代

國朝七律詩鈔十卷 (清)黄金臺輯 稿本 二冊

330000－1701－0000391 善002095 史部/金石類/總志之屬/目録

簠喜廬訪金石錄不分卷 (清)傅雲龍撰 稿本 一冊

330000－1701－0000392 善002096 史部/金石類/總志之屬/文字

金石古文十四卷 (明)楊慎輯 明嘉靖三十四年(1555)孫昭、李懿漢中府刻本 二冊

330000－1701－0000394 善002010 史部/地理類/山川之屬/山志

廬山紀事十二卷 (明)桑喬撰 明嘉靖四十年(1561)刻本 四冊

330000－1701－0000395 善000192 子部/藝術類/篆刻之屬/印論

印史五卷 (明)何通撰 明天啓刻鈐印本 八冊 存四卷(一至四)

330000－1701－0000396 善000062 史部/傳記類/總傳之屬

聞見錄不分卷 (清)顧自俊撰 稿本 六冊

330000－1701－0000397 善002099 史部/金石類/總志之屬

兩漢金石記二十二卷 (清)翁方綱撰 清乾隆五十四年(1789)南昌使院刻蘇齋叢書本 清翁同龢批校並跋 四冊

330000－1701－0000398 善002098 史部/金石類/總志之屬

金石萃編元碑不分卷 (清)朱文藻輯 稿本 復齋題簽 二冊

330000－1701－0000399 善002103 史部/金石類/郡邑之屬

山左金石志碑目不分卷 (清)阮元輯 稿本 一冊

330000－1701－0000400 善001435 史部/傳記類/別傳之屬/年譜

伊川程子[頤]年譜七卷 (清)池生春輯 (清)諸星杓輯 稿本 三冊

330000－1701－0000401 善002140 史部/目録類/總録之屬/官修

欽頒文瀾閣四庫全書書目清冊四卷古今圖書集成書目清冊一卷 (清)吳恒聚等編 清嘉

慶二十五年(1820)稿本　五冊

330000－1701－0000402　善001439　史部/傳記類/别傳之屬/年譜
陽明先生[王守仁]年譜三卷　(明)錢德洪撰　明嘉靖四十三年(1564)周相、毛汝麒刻本　三冊

330000－1701－0000403　善002122　史部/金石類/石之屬/通考
石鼓文正誤四卷　(明)陶滋撰　明嘉靖十二年(1533)錢貢刻本　二冊

330000－1701－0000404　善001468　史部/傳記類/日記之屬
越峴山人日記不分卷(清道光六年至同治二年)　(清)宗稷辰撰　稿本　十五冊

330000－1701－0000405　善002143　類叢部/叢書類/彙編之屬
武英殿聚珍版書一百三十八種　清乾隆武英殿木活字印本　六冊　存一種

330000－1701－0000406　善002149　史部/目録類/總録之屬/私撰
百宋一廛書錄一卷　(清)黄丕烈撰　(清)姚振宗輯　清光緒稿本　清陶方琦、陶濬宣校並跋　清坷夫、陶濬宣題簽　一冊

330000－1701－0000407　善002155　史部/目録類/總録之屬/私撰
也是園藏書目十卷　(清)錢曾藏並撰　清康熙抄本　清蔡鴻鑑題簽並記　二冊

330000－1701－0000408　善001486　史部/傳記類/日記之屬
朵庵日記不分卷(清同治十三年至光緒十四年)　(清)許受頤撰　稿本　十五冊

330000－1701－0000409　善002159　史部/目録類/總録之屬/私撰
天一閣見存書目四卷首一卷末一卷　(清)薛福成撰　稿本　錢恂、范彭壽跋　四冊

330000－1701－0000410　善002161　史部/目録類/總録之屬/私撰
衍芬草堂藏書目録不分卷　(清)蔣光焴藏並撰　稿本　二冊

330000－1701－0000411　善002154　史部/目録類/總録之屬/私撰
五桂樓黄氏書目四卷　(清)黄澄量藏並撰　(清)黄肇震補　(清)黄安瀾續補　清同治稿本　清徐用儀、清榮昌敖跋　清老尹題記　二冊

330000－1701－0000412　善002164　史部/目録類/總録之屬/私撰
絳雲樓書目二卷　(清)錢謙益藏並撰　清沈氏鳴野山房抄本　二冊

330000－1701－0000413　善001530　史部/傳記類/總傳之屬/家乘
[浙江杭州]孫氏梅東家乘一卷　(清)孫彬士纂修　清同治稿本　一冊

330000－1701－0000414　善002173　史部/目録類/總録之屬/私撰
斲研山房藏書目一卷　(清)沈炳垣藏並撰　稿本　一冊

330000－1701－0000415　善004481、善003283、善003289、善003292、善003317　子部/宗教類/佛教之屬/大藏
徑山藏　明萬曆十七年(1589)至清嘉慶五臺、嘉興、徑山等地刻本　十四冊　存五種

330000－1701－0000416　善001557　史部/史抄類
廿二史發凡二卷别傳一卷法象一卷拾遺一卷　(清)陶有容輯　稿本　十冊

330000－1701－0000417　善001759　史部/紀傳類/正史之屬
明史地理志稿不分卷　(清)萬斯同撰　清万氏家抄本　馮貞群跋　四冊

330000－1701－0000420　善002203　史部/目録類/書志之屬/提要
讀書隨筆一卷　清抄本　清俞樾批並跋　徐珂跋　一冊

330000－1701－0000421　善 001863　史部/地理類/方志之屬/通志

[嘉靖]山東通志四十卷　(明)陸釴等纂修　明嘉靖刻本　十一册　存三十七卷(四至四十)

330000－1701－0000422　善 001916　史部/地理類/方志之屬/郡縣志

[光緒]麗江府志八卷首一卷　(清)陳宗海修　(清)李星瑞纂　稿本(卷三配抄本)　十册

330000－1701－0000423　善 002198　史部/目録類/總録之屬/史志

隋經籍志考證十三卷　(清)章宗源撰　清抄本　清孫詒讓校並題記　清傅以禮校　李濟鏘跋　六册

330000－1701－0000424　善 002221　子部/儒家類/儒學之屬

孔子家語十卷　(三國魏)王肅注　明嘉靖三十三年(1554)黄魯曾刻本　十册

330000－1701－0000425　善 001682　史部/地理類/輿圖之屬/軍事

萬里海防圖一卷　清彩繪本　一卷

330000－1701－0000426　善 002032　史部/地理類/山川之屬/水志

西湖遊覽志二十四卷志餘二十六卷　(明)田汝成撰　明嘉靖二十六年(1547)嚴寬刻本　清半樵跋　十六册

330000－1701－0000427　善 000208　史部/地理類/水利之屬

蕭山三江閘議一卷　(清)毛奇齡撰　稿本　一册

330000－1701－0000428　善 000209　史部/地理類/專志之屬/寺觀

越州西山以揆道禪師塔誌銘一卷　(清)毛奇齡撰　稿本　一册

330000－1701－0000429　善 002073　史部/地理類/遊記之屬/紀勝

徐霞客遊記不分卷　(明)徐弘祖撰　清初抄本　四册

330000－1701－0000430　善 002084　史部/地理類/外紀之屬

皇清職貢圖九卷　(清)傅恒等撰　清乾隆武英殿刻本　十二册

330000－1701－0000431　善 002231　子部/儒家類/儒家之屬

荀子二十卷　(唐)楊倞注　明嘉靖十二年(1533)顧春世德堂刻六子書本　清鈕樹玉批校並記　六册

330000－1701－0000432　善 001617　史部/政書類/通制之屬

文獻通考三百四十八卷首一卷　(元)馬端臨撰　明嘉靖馮天馭刻萬曆至崇禎遞修本　四十八册

330000－1701－0000433　善 001649　史部/政書類/儀制之屬/典禮

大明集禮五十三卷　(明)徐一夔　(明)梁寅等撰　明嘉靖九年(1530)内府刻本　三十六册

330000－1701－0000434　善 002243　子部/儒家類/儒學之屬/經濟

鹽鐵論十二卷　(漢)桓寬撰　(明)張之象注　明嘉靖三十三年(1554)張氏猗蘭堂刻本　四册

330000－1701－0000435　善 002262　子部/儒家類/儒學之屬/經濟

申鑒五卷　(漢)荀悦撰　(明)黄省曾注　明正德十四年(1519)吳郡黄氏文始堂刻嘉靖重修本　馬一浮跋　二册

330000－1701－0000436　善 002251　子部/儒家類/儒學之屬/經濟

劉氏二書三十卷　(漢)劉向撰　明嘉靖三十八年(1559)楊美益汾陽刻本　十二册　缺二卷(劉向説苑三至四)

330000－1701－0000437　善 002269　類叢部/叢書類/家集之屬

二程全書六十五卷　(宋)程顥　(宋)程頤撰　(明)康紹宗重編　明弘治十一年(1498)陳

宣河南府刻本　十三冊

330000－1701－0000438　善 002263　子部/儒家類/儒學之屬/經濟
申鑒五卷　(漢)荀悅撰　(明)黄省曾注　明萬曆二十年(1592)程榮刻漢魏叢書本(四庫底本)　王修校並跋　一冊

330000－1701－0000439　善 002273　子部/儒家類/儒學之屬/性理
分類經進近思録集解十四卷　(宋)葉采集進　(明)周公恕類次　明嘉靖十七年(1538)劉仕賢刻本　二冊

330000－1701－0000440　善 002272　子部/儒家類/儒學之屬/性理
晦菴先生語録類要十八卷　(宋)葉士龍輯　明成化六年(1470)覃懷韓儼刻本　四冊

330000－1701－0000441　善 002278　子部/儒家類/儒學之屬/性理
近思録復隅不分卷　(清)黑瑀撰　稿本　二冊

330000－1701－0000442　善 002282　子部/儒家類/儒學之屬/性理
朱子大全私抄十二卷　(明)王宗沐輯　明嘉靖三十二年(1553)王宗沐刻本　六冊

330000－1701－0000443　善 002292　子部/儒家類/儒學之屬/經濟
大學衍義補一百六十卷首一卷　(明)丘濬撰　明弘治元年(1488)建寧府刻本　四十八冊

330000－1701－0000444　善 002192　史部/目録類/總録之屬/地方
海昌經籍志略六卷　(清)管庭芬撰　稿本　一冊　存二卷(五至六)

330000－1701－0000445　善 002301　子部/儒家類/儒學之屬/性理
新刊性理大全七十卷　(明)胡廣等撰　明嘉靖三十一年(1552)雙桂書堂刻本　十二冊

330000－1701－0000446　善 002299　子部/儒家類/儒學之屬/性理
性理大全書七十卷　(明)胡廣等撰　明嘉靖二十二年(1543)應天府學刻本(卷二十二至二十三、三十三至五十一配明樊獻科刻本)　三十二冊

330000－1701－0000447　善 000888　經部/小學類/音韻之屬/韻書
大明正德乙亥重刊改併五音類聚四聲篇十五卷五音集韻十五卷　(金)韓道昭撰　**新編經史正音切韻指南一卷**　(元)劉鑑撰　**新編篇韻貫珠集八卷直指玉鑰匙門法一卷**　(明)釋真空撰　明正德十年至十一年(1515－1516)衍法寺釋覺恒刻本　十冊　存三十卷(一至十五、五音集韻一至十五)

330000－1701－0000448　善 002313　類叢部/叢書類/自著之屬
王浚川所著書九種　(明)王廷相撰　明嘉靖至隆慶刻本　二冊　存一種

330000－1701－0000449　善 003871　集部/總集類/選集之屬/斷代
皇明文教録五卷　(明)婁樞輯　(明)謝守淳校正　明隆慶二年(1568)刻本　十二冊

330000－1701－0000450　善 002297　子部/儒家類/儒學之屬/性理
慈溪黄氏日抄分類八十八卷　(宋)黄震撰　清乾隆木活字印本(卷八十一原缺)　二十四冊　存八十七卷(一至八十、八十二至八十八)

330000－1701－0000451　善 002333　子部/儒家類/儒學之屬/性理
御纂性理精義十二卷　(清)李光地等纂修　清康熙五十六年(1717)内府刻本　清鳳桐跋　清邵孝章題簽並觀款　三冊　存十卷(一至十)

330000－1701－0000452　善 002314　子部/儒家類/儒學之屬/性理
楊子折衷六卷　(明)湛若水撰　明嘉靖葛澗新泉精舍刻本　清翁同龢題款　四冊

330000－1701－0000453　善 002335　史部/

詔令奏議類/詔令之屬

大義覺迷録四卷 （清）世宗胤禛撰 清雍正刻本 四册

330000－1701－0000454 善002337 史部/傳記類/總傳之屬/家乘

貽令堂家告不分卷 （清）陳康祺撰 稿本 陳宗劭記 二册

330000－1701－0000455 善002349 子部/道家類

三子合刊 （清）閔齊伋輯 明閔齊伋刻朱墨套印本 七册

330000－1701－0000456 善002359 子部/道家類

道德經二卷 （宋）蘇轍注 （明）凌以棟批點 **老子考異一卷** 明刻朱墨套印本 四册

330000－1701－0000457 善002382 子部/叢編

中立四子集 （明）朱東光編 （明）張登雲參補 明萬曆七年(1579)刻朱印本 六册 存一種

330000－1701－0000458 善002365 子部/道家類

老子道德經參互二卷 （清）朱敦毅撰 清同治稿本 二册

330000－1701－0000459 善002364 子部/道家類

老子鬳齋口義二卷 （宋）林希逸撰 明嘉靖四年(1525)張士鎬刻三子口義本 王修題記 二册

330000－1701－0000460 善002220 子部/儒家類/儒學之屬

孔子家語十卷 （三國魏）王肅注 明隆慶六年(1572)長洲徐祚錫刻本 四册

330000－1701－0000461 善002242 子部/儒家類/儒學之屬/經濟

鹽鐵論十二卷 （漢）桓寬撰 （明）張之象注 明嘉靖三十三年(1554)張氏猗蘭堂刻本 十二册

330000－1701－0000462 善002373 子部/道家類

三子合刊 （清）閔齊伋輯 明閔齊伋刻朱墨套印本 二册 存一種

330000－1701－0000463 善002375 子部/道家類

沖虚至德真經八卷 （晉）張湛注 （唐）殷敬順釋文 明嘉靖十二年(1533)顧春世德堂刻六子全書本 佚名批 四册

330000－1701－0000464 善003802 類叢部/叢書類/家集之屬

河南程氏全書(二程全書)六種六十六卷 （宋）程顥 （宋）程頤撰 （宋）朱熹編 明刻本 四册 存一種

330000－1701－0000465 善000020 史部/紀傳類/正史之屬

史記一百三十卷 （漢）司馬遷撰 （南朝宋）裴駰集解 （唐）司馬貞索隱 （唐）張守節正義 明刻本(卷一百二十四配清抄本) 二十五册

330000－1701－0000466 善002380 子部/道家類

三子合刊 （清）閔齊伋輯 明閔齊伋刻朱墨套印本 四册 存一種

330000－1701－0000467 善000952 史部/紀傳類/正史之屬

校刊史記集解索隱正義札記五卷 （清）張文虎撰 稿本 四册

330000－1701－0000468 善002352 子部/道家類

老子解二卷 （宋）蘇轍撰 明抄本 一册

330000－1701－0000469 善000950 史部/紀傳類/正史之屬

北史一百卷 （唐）李延壽撰 明初刻本 二册 存五卷(七十一至七十五)

330000－1701－0000470 善002395 子部/道家類

莊子南華經心印不分卷 （清）朱敦毅撰 清

同治三年(1864)稿本　四冊

330000－1701－0000471　善004017　集部/別集類/漢魏六朝別集

曹子建集十卷　(三國魏)曹植撰　**曹集疑字音釋一卷**　明嘉靖二十一年(1542)郭雲鵬刻本　五冊

330000－1701－0000472　善002405　子部/法家類

管子二十四卷　(唐)房玄齡注　(明)張榜等評　明萬曆四十八年(1620)西吳凌汝亨刻朱墨套印本　十冊

330000－1701－0000473　善002386　子部/道家類

三子口義　(宋)林希逸撰　明嘉靖四年(1525)張士鎬刻本　十冊　存一種

330000－1701－0000474　善004059　集部/別集類/唐五代別集

分類補註李太白詩二十五卷　(唐)李白撰　(宋)楊齊賢集註　(元)蕭士贇補註　**唐翰林李太白[白]年譜一卷**　(宋)薛仲邕撰　明嘉靖二十五年(1546)玉几山人刻重修本　二十冊

330000－1701－0000475　善004062　集部/別集類/唐五代別集

分類補註李太白詩二十五卷　(唐)李白撰　(宋)楊齊賢集註　(元)蕭士贇補註　**分類編次李太白文五卷**　(唐)李白撰　(明)郭雲鵬編次　明嘉靖二十二年(1543)吳會郭雲鵬寶善堂刻本　十二冊

330000－1701－0000476　善002407　子部/法家類

管子二十四卷　(唐)房玄齡注　清光緒五年(1879)虞山張瑛影宋刻本　清天覺批校　四冊

330000－1701－0000477　善002399　子部/道家類

莊子通義十卷　(明)朱得之撰　清康熙刻本　十冊

330000－1701－0000478　善004068　集部/別集類/唐五代別集

集千家註分類杜工部詩二十五卷文集二卷　(唐)杜甫撰　(宋)徐居仁編次　(宋)黃鶴補注　**杜工部詩年譜一卷**　(宋)黃鶴撰　明正德十四年(1519)汪諒金臺書院刻嘉靖元年(1522)重修本　十冊

330000－1701－0000479　善002439　子部/兵家類/兵法之屬

孫子集註十三卷　(漢)曹操等撰　明嘉靖三十四年(1555)錫山談愷刻本　五冊

330000－1701－0000480　善002450　子部/術數類/占卜之屬

剋敵武畧熒惑神機十卷　(明)佚名撰　明抄本　四冊

330000－1701－0000481　善003769　集部/總集類/選集之屬/斷代

詳註百家唐詩彙選三十卷　(明)徐充輯並注　明萬曆三十三年(1605)世美堂刻本　五冊

330000－1701－0000482　善002476　子部/兵家類/兵法之屬

百戰篇補評二卷　(清)楊以貞評輯　清光緒九年(1883)稿本　二冊

330000－1701－0000483　善002455　子部/兵家類/兵法之屬

紀效新書十四卷　(明)戚繼光撰　明萬曆二十年(1592)莊氏刻藍印本　十冊

330000－1701－0000484　善002285　子部/儒家類/儒學之屬/性理

淵鑒齋御纂朱子全書六十六卷　(宋)朱熹撰　(清)李光地等輯　清康熙五十三年(1714)武英殿刻本　四十冊

330000－1701－0000485　善002462　子部/兵家類/兵法之屬

武備志二百四十卷　(明)茅元儀輯　明天啓刻本　四十冊

330000－1701－0000486　善002487　子部/農家農學類/總論之屬

御製耕織圖不分卷　(清)聖祖玄燁撰　(清)

焦秉貞繪　清康熙内府刻本　一册

330000－1701－0000487　善 004093　集部/別集類/唐五代別集

杜律單註十卷　(明)單復撰　(明)陳明輯　明嘉靖景姚堂刻本　十册

330000－1701－0000488　善 002443　子部/兵家類/兵法之屬

百戰奇法二卷　明嘉靖七年(1528)李詔德刻本　一册

330000－1701－0000489　善 002480　子部/農家農學類/總論之屬

農書二十二卷　(元)王禎撰　清乾隆武英殿木活字印武英殿聚珍版書本　清陳奐題簽　莫棠跋　四册

330000－1701－0000490　善 003659　集部/總集類/選集之屬/通代

文章辨體五十卷外集五卷總論一卷　(明)吴訥輯　明嘉靖三十四年(1555)徐洛刻本　二十册

330000－1701－0000491　善 002497　子部/醫家類/醫經之屬/内經

補註釋文黄帝内經素問十二卷遺篇一卷　(唐)王冰注　(宋)林億等校正　(宋)孫兆改誤　**黄帝素問靈樞經十二卷**　(宋)史崧音釋　明嘉靖趙府居敬堂刻本　十册

330000－1701－0000492　善 002512　子部/醫家類/本草之屬/歷代綜合本草

重修政和經史證類備用本草三十卷　(宋)唐慎微撰　(宋)寇宗奭衍義　明嘉靖三十一年(1552)周珫、李遷刻本　二十册

330000－1701－0000493　善 003643　集部/總集類/選集之屬/通代

秦漢文鈔六卷　(明)敏日斯選　明萬曆四十八年(1620)閔氏刻朱墨套印本　六册

330000－1701－0000494　善 003734　集部/總集類/選集之屬/通代

古今文致不分卷　(清)陸泓輯　稿本　二册

330000－1701－0000495　善 002513　子部/醫家類/本草之屬/歷代綜合本草

重修政和經史證類備用本草三十卷　(宋)唐慎微撰　(宋)寇宗奭衍義　明嘉靖十六年(1537)楚府崇本書院刻本(卷七至二十六配明刻本重刊經史證類大全本草、卷二十七至三十配明刻本)　二十册

330000－1701－0000496　善 002504　子部/醫家類/類編之屬

汪石山醫書七種　(明)汪機等撰　明嘉靖刻本　二册　存一種

330000－1701－0000497　善 002516　子部/醫家類/本草之屬/食療本草

上醫本草四卷　(明)趙南星輯　明泰昌元年(1620)趙悦學刻天啓印本　四册

330000－1701－0000498　善 002511　子部/醫家類/醫經之屬/内經

發藻堂纂輯靈素類言三卷　稿本　三册

330000－1701－0000499　善 002499　子部/醫家類/醫經之屬/内經

黄帝内經素問十二卷　明嘉靖金谿吴悌刻本　三册

330000－1701－0000500　善 003456　類叢部/類書類/通類之屬

增訂二三場羣書備考四卷　(明)袁黄撰　(明)袁儼注　(明)沈昌世增　明崇禎刻本　四册

330000－1701－0000501　善 002535　子部/醫家類/診法之屬/其他診法

祕傳證治要訣十二卷類方四卷　(明)戴元禮撰　明正統八年(1443)陳嶷刻本　清沈閬崐補鈔目録並跋　一册　存二卷(祕傳證類要訣一至二)

330000－1701－0000502　善 002565　子部/醫家類/傷寒金匱之屬/傷寒論

傷寒摘玄不分卷　(明)楊珣撰　明嘉靖二十七年(1548)黄世顯抄本　一册

330000－1701－0000503　善 002540　子部/

醫家類/方書之屬/單方驗方
丹溪心法附餘二十四卷首一卷 （明）方廣輯　明嘉靖十五年（1536）姚文清、陳講刻公文紙印本　八册

330000－1701－0000504　善002529　子部/醫家類/方書之屬/成方藥目
孫真人備急千金要方九十三卷目錄二卷 （唐）孫思邈撰　明嘉靖二十二年（1543）喬世定小丘山房刻萬曆二十五年（1597）、三十五年（1607）重修本（卷四十四至四十七配明抄本）　三十二册　缺二卷（目錄一至二）

330000－1701－0000505　善002575　子部/醫家類/傷寒金匱之屬/傷寒論
傷寒論原文淺注集解七卷首一卷 （清）陳立觀撰　稿本　三册

330000－1701－0000506　善002585　子部/醫家類/喉科口齒之屬/通論
咽喉指掌一卷 （明）□□撰　**軍中雜詠詩一卷** （清）周萬清撰　清周萬清抄本　清吳廷康題簽並記　清姚紹唐觀款　清周閑、清應寶時、清繆梓、清陳韜、清汪士驤、清施朝幹跋　一册

330000－1701－0000507　善002608　子部/醫家類/方書之屬/歷代方書
衛生寶鑑二十四卷補遺一卷 （元）羅天益撰　明永樂十五年（1417）韓夷刻明重修本　十二册

330000－1701－0000508　善002589　子部/醫家類/眼科之屬
眼科秘本一卷 （清）游心濟輯　稿本　一册

330000－1701－0000509　善002324　子部/儒家類/儒學之屬/性理
性理諸家解三十四卷 （明）楊維聰輯　明嘉靖十五年（1536）楊維聰、高叔嗣等刻本　二十一册　存二十九卷（五至三十二、三十四）

330000－1701－0000510　善002630　子部/醫家類/養生之屬/導引、氣功
十二按摩圖法一卷尊生八牋圖一卷節氣圖一卷 （清）□□輯　清彩繪本　一册

330000－1701－0000511　善002645　子部/天文曆算類/曆法之屬
大明嘉靖十八年歲次己亥大統曆一卷 明嘉靖十八年（1539）刻本　一册

330000－1701－0000512　善002634　子部/天文曆算類/天文之屬
天文圖説不分卷 （明）袁啓輯　明抄本　一册

330000－1701－0000513　善002667　子部/天文曆算類/算書之屬
方田易知一卷 （清）蔣德鋐撰　清同治手稿本　一册

330000－1701－0000514　善002655　子部/天文曆算類/算書之屬
測圓海鏡分類釋術十卷 （元）李冶撰　（明）顧應祥釋術　**測圓筭術四卷勾股筭術二卷弧矢筭術一卷方圓術一卷** （明）顧應祥撰　明嘉靖刻本　四册

330000－1701－0000515　善002429　子部/法家類
折韓一卷 （清）王棻撰　稿本　一册

330000－1701－0000516　善002675　子部/藝術類/書畫之屬/總論
庚子銷夏記八卷 （清）孫承澤撰　清乾隆二十五年至二十六年（1760－1761）鮑廷博、鄭竺刻本　清陳鱣跋　朱建勛節錄鈐岡趙鎬所編石鼓文續集　朱建勛跋、題簽並記　二册

330000－1701－0000517　善002714　子部/藝術類/書畫之屬/題跋
習苦齋畫絮十卷 （清）戴熙撰　清同治戴有恆等抄本　九册

330000－1701－0000518　善002500　子部/醫家類/醫經之屬/内經
新刊補註釋文黄帝内經素問十二卷新刊黄帝内經靈樞十二卷黄帝内經素問遺篇一卷新刊素問入式運氣論奥三卷素問運氣圖括定局立成一卷黄帝内經素問靈樞運氣音釋補遺一卷

(唐)王冰注　(宋)林億等校正　(宋)孫兆改誤　明嘉靖四年(1525)山東布政使司刻本　十册

330000－1701－0000519　善 002502　子部/醫家類/醫經之屬/内經

新刊補註釋文黄帝内經素問十二卷新刊黄帝内經靈樞十二卷　(唐)王冰注　(宋)林億等校正　(宋)孫兆改誤　明嘉靖四年(1525)山東布政使司刻本　四册　存十二卷(新刊黄帝内經靈樞一至十二)

330000－1701－0000520　善 002713　子部/藝術類/書畫之屬/題跋

樂閑枯匏二先生題畫詩一卷　(清)董棨　(清)董耀撰　稿本　董壽慈題記　張元濟跋　曹春涵、高燮觀款　一册

330000－1701－0000521　善 001021　史部/編年類/通代之屬

司馬溫公稽古錄二十卷　(宋)司馬光撰　明范氏天一閣刻本　四册

330000－1701－0000522　善 002721　史部/金石類/璽印之屬

集古印譜六卷　(明)王常輯　明萬曆三年(1575)顧氏芸閣刻鈐印本　四册　存四卷(一至四)

330000－1701－0000523　善 002682　子部/藝術類/書畫之屬/總論

佩文齋書畫譜一百卷　(清)孫岳頒等輯　清康熙内府刻本　六十四册

330000－1701－0000524　善 002718　史部/傳記類/總傳之屬/技藝

宋元以來畫人姓氏續録二十卷首一卷　(清)何澂輯　清光緒稿本　十六册

330000－1701－0000525　善 002723　史部/金石類/璽印之屬

集古印譜五卷　(明)甘暘輯　**印正附説一卷**　(明)甘暘撰　明萬曆二十四年(1596)甘暘刻鈐印本　五册

330000－1701－0000526　善 002726　子部/藝術類/篆刻之屬/印論

續三十五舉一卷　(清)于守緒撰　稿本　一册

330000－1701－0000527　善 002729　史部/金石類/璽印之屬

集古印譜一卷　(明)顧從德輯　明隆慶鈐印本　清巢勝題簽並跋　一册

330000－1701－0000528　善 002762　子部/藝術類/遊藝之屬/捶丸

丸經二卷　(元)□□撰　明抄本　清樂跋　一册

330000－1701－0000529　善 002793　史部/金石類/錢幣之屬/圖像

錢譜不分卷　(清)管庭芬撰並拓　稿本　十二册

330000－1701－0000530　善 002754　子部/藝術類/遊藝之屬/棋弈

玄玄棊經集二卷附采爛柯經勢一卷　(宋)張擬撰　明嘉靖七年(1528)歙汪栻刻本　四册

330000－1701－0000531　善 002792　史部/金石類/錢幣之屬/文字

泉貨珍奇錄八卷　高煥文輯　清光緒三十一年(1905)稿本　清佘德題簽　二册

330000－1701－0000532　善 003920　集部/總集類/選集之屬/斷代

國朝詩的六十二卷　(清)陶煊選　(清)張璨輯　清康熙六十年(1721)陶煊廣陵刻本　二十六册

330000－1701－0000533　善 002812　子部/農家農學類/園藝之屬/花卉

菊譜一卷附老圃新菊一卷詩一卷　(清)吳昇纂　**馬實夫詞一卷**　(清)馬若虛撰　稿本　張宗祥題記　一册

330000－1701－0000534　善 002813　子部/農家農學類/園藝之屬/花卉

九華新譜一卷附錄老圃新菊一卷詩一卷　(清)吳昇撰　**附錄馬實夫詞一卷**　(清)馬若虛撰　稿本　一册

330000－1701－0000535　善 002826　子部/雜著類/雜說之屬

呂氏春秋二十六卷　(漢)高誘注　明嘉靖刻本　十冊

330000－1701－0000536　善 002832　子部/雜著類/雜說之屬

呂氏春秋二十六卷　(漢)高誘注　(宋)陸游評　(明)凌稚隆批　明萬曆四十八年(1620)凌毓枬刻朱墨套印本　八冊

330000－1701－0000537　善 000145　子部/醫家類/方書之屬/歷代方書

聖濟經解義十卷　(宋)吴禔撰　明嗣雅堂抄本　一冊　存一卷(一)

330000－1701－0000538　善 002887　子部/雜著類/雜說之屬

西溪叢語二卷　(宋)姚寬撰　明嘉靖二十七年(1548)錫山俞憲鴸鳴館刻本　一冊　存一卷(上)

330000－1701－0000539　善 000153　子部/醫家類/綜合之屬

心印紺珠經二卷　(明)李湯卿撰　明嘉靖二十一年(1542)邢址刻本　四冊

330000－1701－0000540　善 000157　子部/醫家類/外科之屬

外科理例七卷附方一卷　(明)汪機撰　明嘉靖刻本　八冊

330000－1701－0000541　善 002795　史部/金石類/錢幣之屬/文字

古泉略釋十八卷刀布釋文十卷　(清)金嘉采撰　清光緒稿本　五冊

330000－1701－0000542　善 000160　子部/醫家類/兒科之屬/通論

全幼心鑑八卷　(明)寇平撰　明嘉靖二十六年(1547)張枰刻本　八冊　存六卷(一至六)

330000－1701－0000543　善 000159　子部/醫家類/針灸之屬/經絡腧穴

人體經穴臟腑圖一卷　清五色彩繪本　一冊

330000－1701－0000544　善 002877　子部/雜著類/雜說之屬

東坡先生志林五卷　(宋)蘇軾撰　(明)焦竑評　明刻朱墨套印本　五冊

330000－1701－0000545　善 002650　子部/術數類/占候之屬

閏八月考三卷　(清)王錫祺輯　稿本　一冊

330000－1701－0000546　善 002882　史部/雜史類/斷代之屬

却掃編三卷　(宋)徐度撰　清宣統三年(1911)周大輔影抄宋臨安府尹家書籍鋪本　三冊

330000－1701－0000547　善 002646　子部/天文曆算類/曆法之屬

大明嘉靖十九年歲次庚子大統曆一卷　明嘉靖刻本　一冊

330000－1701－0000548　善 002894　集部/別集類/明別集

誠意伯劉先生文集二十卷　(明)劉基撰　明正德十四年(1519)林富處州刻明修補本　一冊　存三卷(郁離子二至四)

330000－1701－0000549　善 003146　子部/術數類/數學之屬

太玄經十卷　(漢)揚雄撰　(晉)范望解贊　**說玄一卷**　(唐)王涯撰　**釋文一卷**　明嘉靖三年(1524)郝梁刻本　清莫友芝校並跋　清張實校　三冊

330000－1701－0000550　善 003190　子部/術數類/占卜之屬

六壬集要四卷　明抄本　十冊

330000－1701－0000551　善 003158　子部/天文曆算類/曆法之屬

萬年書十二卷　(清)欽天監編　清康熙武英殿刻朱墨套印本　四冊

330000－1701－0000552　善 002885　子部/雜著類/雜說之屬

程氏續攷古編十卷　(宋)程大昌撰　明抄本　一冊　存五卷(一至五)

330000－1701－0000553　善 002687　子部/藝術類/書畫之屬/書法書品

米元章書史一卷　(宋)米芾撰　明弘治無錫華氏刻本　一冊

330000－1701－0000554　善 003400　子部/宗教類/其他宗教之屬/基督教

天主實義二卷　(意大利)利瑪竇撰　明萬曆三十五年(1607)新都汪汝淳燕貽堂刻天啓印本　清劉墉跋　一冊

330000－1701－0000555　善 002886　子部/雜著類/雜說之屬

能改齋漫録十八卷　(宋)吳曾撰　清初錢曾述古堂抄本　清陸芝榮、清陸紉菴跋　八冊　存八卷(一、三至九)

330000－1701－0000556　善 002848　子部/雜著類/雜說之屬

淮南許高二注異同攷二卷　(清)陶方琦撰　稿本　一冊　存一卷(上)

330000－1701－0000557　善 000187　子部/藝術類/篆刻之屬/印譜

印雋四卷　(明)梁袠篆並輯　明萬曆三十八年(1610)刻鈐印本　四冊

330000－1701－0000558　善 003403　類叢部/類書類/通類之屬

藝文類聚一百卷　(唐)歐陽詢輯　明嘉靖九年(1530)鄭氏宗文書堂刻本　何梅垞題簽　十四冊

330000－1701－0000559　善 003423　類叢部/類書類/通類之屬

錦繡萬花谷前集四十卷後集四十卷續集四十卷別集三十卷　明嘉靖十五年(1536)秦汴繡石書堂刻本(後集卷八至十配清抄本)　二十六冊

330000－1701－0000560　善 002834　子部/雜著類/雜說之屬

淮南子二十八卷　(漢)劉安撰　明嘉靖九年(1530)王鎣刻萬曆十一年(1583)甘來學、黄克纘重修本　六冊

330000－1701－0000561　善 002839　子部/雜著類/雜說之屬

淮南鴻烈解二十八卷　(漢)劉安撰　(漢)許慎　(漢)高誘註　(明)朱東光編　明萬曆七年(1579)朱東光刻中立四子集本　清王念孫校　張宗祥跋　六冊

330000－1701－0000562　善 002896　子部/雜著類/雜說之屬

古言二卷　(明)鄭曉撰　明嘉靖四十四年(1565)項篤壽刻本　四冊

330000－1701－0000563　善 002840　子部/雜著類/雜說之屬

淮南鴻烈解二十一卷　(漢)劉安撰　(漢)高誘注　明萬曆十八年(1590)汪一鸞刻本　清朱駿聲、朱師轍校　六冊

330000－1701－0000564　善 002844　子部/雜著類/雜說之屬

淮南鴻烈解二十一卷　(漢)劉安撰　(明)茅坤　(明)張榜評　明刻朱墨套印本　清愛新覺羅焕明跋　十二冊

330000－1701－0000565　善 002923　類叢部/叢書類/自著之屬

豐草庵雜著五種　(明)董說撰　清初抄本　一冊

330000－1701－0000566　善 000216　子部/雜著類/雜說之屬

習學記言序目五十卷　(宋)葉適撰　明抄本　清黄宗羲校點　清安伯題記　四冊　存八卷(五至八、四十七至五十)

330000－1701－0000567　善 002940　子部/雜著類/雜纂之屬

嬰啼記六卷　(清)戴以恒撰　稿本　一冊　存二卷(二至三)

330000－1701－0000568　善 002939　子部/雜著類/雜說之屬

水窓雜説六卷　(清)高鉞撰　稿本　鄭功耀題簽並跋　三冊

330000－1701－0000569　善 002947　子部/

雜著類/雜考之屬
丹鉛總錄二十七卷 (明)楊慎撰 明嘉靖三十三年(1554)滇南梁佐刻藍印本 王修題簽並記 十六冊

330000－1701－0000570 善002966 史部/雜史類/斷代之屬
養吉齋叢錄二十六卷餘錄十卷 (清)吳振棫撰 稿本 十四冊

330000－1701－0000571 善002941 子部/雜著類/雜說之屬
小匏庵隨筆八卷雜箸一卷 (清)吳仰賢撰 稿本 八冊 缺一卷(四)

330000－1701－0000572 善002998 子部/雜著類/雜說之屬
何氏語林三十卷 (明)何良俊撰並注 明嘉靖二十九年(1550)何氏清森閣刻本 十六冊

330000－1701－0000573 善003002 子部/雜著類/雜說之屬
何氏語林三十卷 (明)何良俊撰並注 明嘉靖二十九年(1550)何氏清森閣刻本 十冊 存二十六卷(一至二十六)

330000－1701－0000574 善002216 子部/雜著類/雜纂之屬
百家類纂四十卷 (明)沈津輯 明隆慶元年(1567)含山縣儒學刻本 三十八冊

330000－1701－0000575 善002217 子部/雜著類/雜纂之屬
百家類纂四十卷 (明)沈津輯 明隆慶元年(1567)含山縣儒學刻本 清吳錫麒跋 三十五冊 缺三卷(四、三十二、四十)

330000－1701－0000576 善001028 史部/編年類/通代之屬
少微通鑑節要五十卷外紀四卷 (宋)江贄撰 **資治通鑑節要續編三十卷** (明)張光啓撰 明正德九年(1514)司禮監刻本 七十冊

330000－1701－0000577 善002905 子部/雜著類/雜說之屬
燕泉何先生餘冬序錄六十五卷 (明)何孟春撰 (明)何仲方編輯 明嘉靖七年(1528)何氏郴州家塾刻萬曆黃齊賢、張汝賢重修本 十三冊

330000－1701－0000578 善002967 子部/雜著類/雜考之屬
平津筆記八卷 (清)洪頤煊撰 稿本 四冊

330000－1701－0000579 善002993 子部/雜著類
桯史十五卷附錄一卷 (宋)岳珂撰 明嘉靖四年(1525)錢如京刻本 二冊

330000－1701－0000580 善002968 子部/雜著類/雜考之屬
課餘札記二卷 (清)戴穗孫撰 清同治三年(1864)稿本 一冊

330000－1701－0000581 善002997 子部/雜著類/雜說之屬
震澤紀聞一卷 (明)王鏊撰 明嘉靖吳郡袁氏嘉趣堂刻金聲玉振集本 明佚名批點 一冊

330000－1701－0000582 善003528 類叢部/類書類/專類之屬
韻林獺祭不分卷 (清)姚振宗撰 稿本 二十冊

330000－1701－0000583 善003009 子部/雜著類/雜品之屬
新增格古要論十三卷 (明)曹昭撰 (明)舒敏編 (明)王佐增補 明萬曆新都黃正位尊生館刻清初淑躬堂重修本 清丁壽昌批並跋 四冊

330000－1701－0000584 善003005 子部/藝術類/書畫之屬/書法書品
梁巘書學雜記不分卷 (清)梁巘撰 稿本 一冊

330000－1701－0000585 善000232 史部/傳記類/總傳之屬/姓名
新編排韻增廣事類氏族大全十集 (元)□□撰 元刻本 邵瑞彭跋 一冊 存三集(甲、乙、丙)

330000－1701－0000586　善 003056　史部/史評類/史論之屬

史通會要三卷　(明)陸深撰　明天啓四年(1624)萬泰抄本　清萬泰、清萬學詩跋　一冊

330000－1701－0000587　善 001035　史部/編年類/通代之屬

資治通鑑綱目五十九卷　(宋)朱熹撰　明成化九年(1473)内府刻本　三十冊

330000－1701－0000588　善 001039　史部/編年類/通代之屬

資治通鑑綱目五十九卷　(宋)朱熹撰　明嘉靖三十五年(1556)趙府居敬堂刻本　三十冊

330000－1701－0000589　善 001046　史部/編年類/通代之屬

資治通鑑綱目集覽五十九卷　(元)王幼學撰　(明)陳濟正誤　明内府刻本　十二冊

330000－1701－0000590　善 001037　史部/編年類/通代之屬

資治通鑑綱目集覽五十九卷　(元)王幼學撰　(明)陳濟正誤　明内府刻本　十冊

330000－1701－0000591　善 001044　史部/編年類/通代之屬

資治通鑑綱目集覽五十九卷　(元)王幼學撰　(明)陳濟正誤　明内府刻本　二十四冊

330000－1701－0000592　善 001043　史部/編年類/通代之屬

資治通鑑綱目五十九卷　(宋)朱熹撰　(元)王幼學集覽　明刻本　三十冊

330000－1701－0000593　善 001057　史部/編年類/通代之屬

宋元通鑑一百五十七卷　(明)薛應旂撰　明嘉靖四十五年(1566)薛應旂刻本　三十二冊

330000－1701－0000594　善 001052　史部/編年類/通代之屬

重刊通鑑集要二十八卷通鑑總論一卷　(明)諸燮輯　明嘉靖四十三年(1564)譚潛刻本　清查燕緒題記　七冊

330000－1701－0000595　善 003028　子部/儒家類/儒學之屬/禮教/鑑戒

五倫書六十二卷　(明)宣宗朱瞻基撰　明景泰五年(1454)京兆劉氏翠巖精舍刻本　二十冊

330000－1701－0000596　善 003053　子部/雜著類/雜纂之屬

翰苑叢抄二十卷　明抄本　十冊

330000－1701－0000597　善 003070　子部/雜著類/雜纂之屬

壽世秘典十八卷　(清)丁其譽纂輯　稿本　十六冊　缺三卷(十三、十五至十六)

330000－1701－0000598　善 003420　類叢部/類書類/通類之屬

事物紀原集類十卷目錄二卷　(宋)高承輯　明成化八年(1472)李果刻重修本　十二冊

330000－1701－0000599　善 003027　子部/雜著類/雜纂之屬

大明仁孝皇后勸善書二十卷　(明)仁孝皇后徐氏撰　明刻本　八冊　存十六卷(一至十六)

330000－1701－0000600　善 003026　子部/雜著類/雜纂之屬

大明仁孝皇后勸善書二十卷　(明)仁孝皇后徐氏撰　明永樂内府刻本　六冊　存六卷(一至二、六、十八至二十)

330000－1701－0000601　善 003071　子部/雜著類/雜纂之屬

嗜退庵語存外編十卷　(明)嚴有穀撰　稿本　清張文瑞觀款　企潛跋　四冊

330000－1701－0000602　善 003129　子部/小說家類/雜事之屬

談鯖四卷　(清)孫履元撰　稿本　一冊

330000－1701－0000603　善 003128　子部/小說家類/雜事之屬

見聞記略四卷　(清)楊樹本撰　稿本

一册

330000－1701－0000604　善 003083　子部/雜著類/雜纂之屬
長恩閣叢鈔不分卷　(清)傅以禮輯　稿本　四册

330000－1701－0000605　善 003090　子部/雜著類/雜纂之屬
畊暇堂雜録一卷　(清)鄒淦撰　**陳雲貞寄外書一卷**　(清)陳雲貞撰　(清)鄒淦注　稿本　一册

330000－1701－0000606　善 003077　子部/雜著類/雜纂之屬
論世他山編不分卷　(清)楊醇纂　稿本　清宋思仁跋　四册

330000－1701－0000607　善 003074　子部/雜著類/雜纂之屬
抱膝廬筆乘十二卷首一卷　(清)朱康壽纂　稿本　四册　缺五卷(二、九至十二)

330000－1701－0000608　善 003073　子部/小說家類/雜事之屬
漱霞仙館譚粹五卷首一卷　(清)朱康壽撰　清同治八年(1869)稿本　三册　存四卷(首、一至二、五)

330000－1701－0000609　善 003080　子部/雜著類/雜纂之屬
知止齋得師録二卷　(清)李沆度輯　稿本　六册

330000－1701－0000610　善 002973　子部/小說家類/雜事之屬
世說新語三卷　(南朝宋)劉義慶撰　(南朝梁)劉孝標注　明嘉靖四十五年(1566)太倉曹氏刻本　酈衡叔題款　六册

330000－1701－0000611　善 002954　子部/雜著類/雜考之屬
古今原始十四卷　(明)趙釴撰　明嘉靖四十一年(1562)趙釴刻本　五册

330000－1701－0000612　善 002952　子部/雜著類/雜考之屬
秇林伐山二十卷　(明)楊慎撰　明隆慶六年(1572)凌雲翼刻本　四册

330000－1701－0000613　善 003082　子部/雜著類/雜纂之屬
長留閣隨手叢訂不分卷　(清)戴望輯　稿本　三册

330000－1701－0000614　善 003086　集部/别集類/清别集
閑閑艸堂隨筆不分卷　(清)胡鑁輯　稿本　一册

330000－1701－0000615　善 003095　子部/小說家類/異聞之屬
山海經釋義十八卷　(明)王崇慶撰　明嘉靖七年(1528)高祿刻本　二册　存十二卷(一至四、十一至十八)

330000－1701－0000616　善 003099　子部/小說家類/異聞之屬
述異記二卷　(南朝梁)任昉撰　清末抄本　羅千秋校並題記　一册

330000－1701－0000617　善 003085　子部/雜著類/雜纂之屬
埡進齋雜纂一卷　(清)朱允中輯　清光緒二十一年(1895)稿本　一册

330000－1701－0000618　善 003098　子部/小說家類/異聞之屬
博物志十卷　(晉)張華撰　(宋)周日用等注　明刻本　清陳鱣跋　二册

330000－1701－0000619　善 002776　子部/工藝類/文房四寶之屬/硯
硯箋四卷　(宋)高似孫撰　清影宋抄本　張宗祥跋　一册

330000－1701－0000620　善 002766　子部/藝術類/遊藝之屬/謎語
春燈隱語不分卷　(清)鳳在元輯　稿本　二册

330000－1701－0000621　善 003132　子部/

小說家類/雜事之屬
蕉廊脞錄八卷 吳慶坻撰 稿本 四冊

330000－1701－0000622 善000191 子部/藝術類/篆刻之屬/印譜
叢珠館印譜二卷 （明）曹一鯤篆刻 明萬曆刻鈐印本 一冊

330000－1701－0000623 善003107 子部/小說家類/異聞之屬
杭郡塵談不分卷 （清）王同輯 稿本 王綺跋 四冊

330000－1701－0000624 善000196 子部/藝術類/篆刻之屬/印譜
古今印選二卷續一卷 （明）吳可賀輯 明萬曆刻鈐印本 三冊

330000－1701－0000625 善002715 子部/藝術類/書畫之屬/畫法畫品
學畫捷法一卷 （清）戴以恒撰 稿本 一冊

330000－1701－0000626 善003156 子部/術數類/數學之屬
天原發微五卷圖一卷 （宋）鮑雲龍撰 （明）鮑寧辨正 **篇目名義一卷** （明）鮑寧撰 **問答節要一卷** （明）鮑寧輯 明天順五年（1461）歙西鮑氏耕讀書堂刻本 十二冊

330000－1701－0000627 善003161 子部/術數類/占候之屬
觀象玩占五十卷 題（唐）李淳風撰 明抄本 十冊

330000－1701－0000628 善003133 子部/小說家類/雜事之屬
扢攱居隨筆三卷 （清）董儁撰 稿本 一冊

330000－1701－0000629 善000024 史部/編年類/斷代之屬
大明太祖聖神文武欽明啓運俊德成功統天大孝高皇帝實錄二百五十七卷 （明）胡廣等纂修 明抄本（卷一至四十七配清初抄本） 四十五冊 缺五卷（二百四十九至二百五十三）

330000－1701－0000630 善000027 史部/編年類/斷代之屬
大明武宗承天達道英肅睿哲昭德顯功宏文思孝毅皇帝實錄一百九十七卷 （明）徐光祚 （明）費弘等纂修 明抄本（卷一至八、一百九十五至一百九十七配另一抄本） 四十六冊 存一百九十卷（一至七十六、八十至一百二十八、一百三十三至一百九十七）

330000－1701－0000631 善003178 子部/術數類/占候之屬
渾天秘書二卷 明末明德堂抄本 八冊

330000－1701－0000632 善001121 史部/雜史類/斷代之屬
國語二十一卷 （三國吳）韋昭解 **古文音釋一卷** （明）王鏊撰 明嘉靖四年（1525）許宗魯宜靜書堂刻本 十冊 存二十一卷（一至二十一）

330000－1701－0000633 善001122 史部/雜史類/斷代之屬
國語二十一卷 （三國吳）韋昭注 明嘉靖七年（1528）金李澤遠堂刻本 四冊

330000－1701－0000634 善001120 史部/雜史類/斷代之屬
國語九卷 （明）閔齊伋裁注 明萬曆四十七年（1619）閔齊伋刻三色套印本 六冊

330000－1701－0000635 善001135 史部/雜史類/斷代之屬
戰國策十二卷 （明）閔齊伋裁注 **元本目錄一卷** 明萬曆四十八年（1620）閔齊伋刻三色套印本（七國封爵表配近人抄本） 八冊

330000－1701－0000636 善000054 史部/史抄類
戰國策選二卷 （明）陸隱輯 明刻本 二冊

330000－1701－0000637 善001141 史部/雜史類/斷代之屬
吳越春秋十卷 （漢）趙曄撰 （宋）徐天祜音注 **徐氏補註一卷** （宋）徐天祜撰 明弘治

十四年(1501)鄺廷瑞、馮弋刻本　四册

330000－1701－0000638　善 001192　史部/雜史類/斷代之屬
國初群雄事略十二卷　(清)錢謙益編　清尚志堂抄本　六册

330000－1701－0000639　善 001193　史部/雜史類/斷代之屬
國初群雄事略十四卷　(清)錢謙益撰　清抄本　十二册

330000－1701－0000640　善 001242　史部/雜史類/斷代之屬
平寇志十二卷　(清)彭孫貽輯　清初活字印本　六册

330000－1701－0000641　善 001214　史部/雜史類/斷代之屬
南渡録五卷　(清)李清撰　清抄本　清傳以禮觀款並跋　附清周星詒手劄　五册

330000－1701－0000642　善 001215　史部/雜史類/斷代之屬
南渡録不分卷　(清)李清撰　清抄本　十册

330000－1701－0000643　善 001689　史部/詔令奏議類/奏議之屬
歷代名臣奏議三百五十卷　(明)黄淮　(明)楊士奇等輯　明永樂内府刻本(卷三十五至三十六配抄本)　八十四册　存二百十二卷(一至十六、三十五至三十六、五十五、六十至六十一、六十六、八十三至八十四、八十七至一百三、一百八至一百九、一百二十至一百二十五、一百二十九至一百三十、一百三十五至一百三十八、一百八十四至一百八十六、一百八十八、一百九十一至一百九十二、一百九十七、一百九十九至二百五、二百八至三百五十)

330000－1701－0000644　善 001720　史部/詔令奏議類/奏議之屬
皇明名臣經濟録五十三卷　(明)黄訓輯　明嘉靖三十年(1551)汪雲程刻本　二十四册

330000－1701－0000645　善 001721　史部/詔令奏議類/奏議之屬
皇明名臣經濟録十八卷　(明)陳九德輯　明嘉靖二十八年(1549)常熟羅鴻刻本　九册　存十七卷(一至十七)

330000－1701－0000646　善 001697　史部/詔令奏議類/奏議之屬
宋丞相李忠定公奏議六十九卷附録九卷　(宋)李綱撰　明正德十一年(1516)胡文静、蕭泮刻天啓重修本　八册

330000－1701－0000647　善 001706　史部/詔令奏議類/奏議之屬
南宫疏略八卷　(明)嚴嵩撰　明嘉靖刻本　八册

330000－1701－0000648　善 001704　類叢部/叢書類/自著之屬
王浚川所著書九種　(明)王廷相撰　明嘉靖至隆慶刻本　二册　存一種

330000－1701－0000649　善 001705　類叢部/叢書類/自著之屬
王浚川所著書九種　(明)王廷相撰　明嘉靖至隆慶刻本　一册　存一種

330000－1701－0000650　善 001299　史部/傳記類/總傳之屬/斷代
春秋列傳五卷　(明)劉節撰　明刻本　八册

330000－1701－0000651　善 000053　史部/傳記類/總傳之屬/通代
三史統三十六卷　(明)屠本畯纂輯　明屠氏霞爽閣抄本　三十六册

330000－1701－0000652　善 001300　史部/傳記類/總傳之屬/仕宦
歷代臣鑒三十七卷　(明)宣宗朱瞻基撰　明宣德元年(1426)内府刻本　十册

330000－1701－0000653　善 001337　史部/傳記類/總傳之屬/儒林
宋元學案一百卷首一卷　(清)黄宗羲撰　(清)全祖望訂補　(清)馮雲濠　(清)王梓材校正　清道光十七年至十八年(1837－1838)馮氏醉經閣刻本　清王梓材批校　三

十九册　存八十三卷(十七至九十九)

330000－1701－0000654　善 003173　子部/術數類/占候之屬

天文祥異賦十卷　明彩繪抄本　管元耀批校　九册　缺一卷(三)

330000－1701－0000655　善 000061　史部/傳記類/總傳之屬/斷代

皇明名臣琬琰録二十四卷後集二十二卷　(明)徐紘輯　明抄本　八册

330000－1701－0000656　善 001350　史部/傳記類/總傳之屬/斷代

皇明名臣琬琰録三十二卷　(明)王世貞輯　明抄本　三十二册

330000－1701－0000657　善 001354　史部/傳記類/總傳之屬/列女

明女史八卷　(清)萬言撰　稿本　八册

330000－1701－0000658　善 001356　史部/傳記類/總傳之屬/斷代

明史續編不分卷　(清)傅以禮撰　稿本　六册

330000－1701－0000659　善 001379　史部/傳記類/總傳之屬/斷代

本朝諸公傳二卷　(清)沈冰壺撰　清抄本　清傅以禮題記　四册

330000－1701－0000660　善 001389　史部/傳記類/總傳之屬/斷代

南書房入直諸臣攷略不分卷　(清)平步青撰　稿本　清雪士題簽　一册

330000－1701－0000661　善 001405　史部/傳記類/别傳之屬/事狀

會稽朱太守事實一卷　(清)沈復燦輯　稿本　一册

330000－1701－0000662　善 000056　史部/傳記類/别傳之屬/事狀

鄂國金佗稡編二十八卷續編三十卷　(宋)岳珂編　明嘉靖二十一年(1542)洪富刻三十七年(1558)黄日敬重修本　三十册

330000－1701－0000663　善 001412　史部/傳記類/别傳之屬

宋丞相崔清獻公全録十卷　(宋)崔與之撰　(明)崔子璲輯　(明)崔曉增輯　明嘉靖三十二年(1553)刻本　二册

330000－1701－0000664　善 001432　史部/傳記類/别傳之屬/年譜

許君年表藁一卷附淮南参正殘草一卷説文古讀攷一卷又一卷　(清)陶方琦撰　稿本　清袁天庚題簽　一册

330000－1701－0000665　善 003265　子部/術數類/相宅相墓之屬

楊曾地理元文四卷　(唐)楊益　(唐)曾文遄撰　(清)端木國瑚注　清道光三年(1823)稿本　一册

330000－1701－0000666　善 003307　子部/宗教類/佛教之屬/經

大佛頂如來密因修證了義諸菩薩萬行首楞嚴經十卷　(唐)釋般刺密帝譯　(唐)釋彌伽釋迦譯語　(唐)房融筆受　明凌毓枏刻朱墨套印本　五册

330000－1701－0000667　善 001456　史部/傳記類/别傳之屬/年譜

會稽秦太常公[金鑑]年譜一卷　(清)秦曾熙編　稿本　一册

330000－1701－0000668　善 001460　史部/傳記類/日記之屬

祁忠敏公日記十五卷(明崇禎四年至弘光元年)　(明)祁彪佳撰　清祁氏遠山堂抄本　佚名題記　十五册

330000－1701－0000669　善 001461　史部/傳記類/日記之屬

孫徵君日譜録存三十六卷　(清)孫奇逢撰　稿本(有八卷四册配清抄本)　三十四册　存三十一卷(一至五、七至十五、十七至二十、二十二、二十四至三十五)

330000－1701－0000670　善 000064　史部/傳記類/日記之屬

日譜不分卷(清嘉慶二十年至同治四年) (清)管庭芬述　稿本　四十七冊

330000－1701－0000671　善003275　子部/宗教類/佛教之屬/經
維摩詰所說經十四卷　(後秦)釋鳩摩羅什譯　**釋迦如來成道記一卷**　(唐)王勃撰　明淩濛初刻朱墨套印本　二冊

330000－1701－0000672　善001476　史部/傳記類/日記之屬
西征日記二卷　(清)潘敦田撰　稿本　二冊

330000－1701－0000673　善001479　史部/傳記類/日記之屬
縵雅堂日記不分卷(清同治六年至九年) (清)王詒壽撰　稿本　六冊

330000－1701－0000674　善003269　子部/宗教類/佛教之屬/經疏
注妙法蓮華經二十卷　(宋)釋守倫撰　明抄本　七冊　存十卷(四至七、十一至十六)

330000－1701－0000675　善003314　子部/宗教類/佛教之屬/經
大方廣圓覺修多羅了義經二卷　(唐)釋佛陀多羅譯　明刻朱墨套印本　一冊

330000－1701－0000676　善001492　史部/傳記類/日記之屬
李笙魚先生日記不分卷(清光緒元年至二年) (清)李嘉福撰　稿本　三冊

330000－1701－0000677　善003274　子部/宗教類/佛教之屬/經
滿漢文金剛般若波羅密經一卷摩訶般若波羅密多心經一卷　(清)綿榜譯　清道光稿本　二冊

330000－1701－0000678　善003320　子部/宗教類/佛教之屬/經疏
佛說盂蘭盆經疏孝衡鈔二卷科文一卷　(宋)釋遇榮輯　明嘉靖四十三年(1564)吳興慈恩寺刻本　四冊

330000－1701－0000679　善003365　子部/道家類
古文參同契八卷　明嘉靖刻本　一冊

330000－1701－0000680　善001506　史部/傳記類/日記之屬
入蜀紀程一卷　吳慶坻撰　稿本　吳士鑑跋　二冊

330000－1701－0000681　善001507　史部/傳記類/日記之屬
使滇紀程一卷　吳慶坻撰　稿本　吳士鑑跋　二冊

330000－1701－0000682　善001510　史部/傳記類/總傳之屬/家乘
[安徽]汪氏淵源錄十卷　(元)汪松壽纂修　明刻正德十三年(1518)重修本　二冊

330000－1701－0000683　善001508　史部/傳記類/總傳之屬/家乘
宜興岳氏族譜不分卷　(明)邵珪撰　明抄本　一冊

330000－1701－0000684　善001516　史部/傳記類/總傳之屬/家乘
[安徽休寧]休寧率口程氏本宗譜十卷　(明)程曾纂修　明正德六年(1511)刻本　一冊　存五卷(六至十)

330000－1701－0000685　善003364　子部/宗教類/道教之屬/衆術
周易粲同契解箋三卷　(明)張文龍解　(明)朱長春箋　明萬曆四十年(1612)刻朱印本　三冊

330000－1701－0000686　善001511　史部/傳記類/總傳之屬/家乘
新安名族志二卷　(明)程尚寬撰　明嘉靖刻本　二冊

330000－1701－0000687　善003330　子部/宗教類/佛教之屬
諸佛世尊如來菩薩尊者名稱歌曲不分卷 (明)成祖朱棣撰　明永樂內府刻本　一冊

330000－1701－0000688　善003366　子部/

宗教類/道教之屬

金丹正理大全十一種　(明)□□輯　明嘉靖十七年(1538)周藩刻本　七册　存三種

330000－1701－0000689　善 001762　史部/地理類/方志之屬/通志

[嘉靖]浙江通志七十二卷　(明)胡宗憲修　(明)薛應旂等纂　明嘉靖刻本(卷一至十二、二十二至二十七、四十四至四十七、五十二至五十八配抄本)　二十三册

330000－1701－0000690　善 003421　類叢部/類書類/通類之屬

册府元龜序論三十六卷　(宋)王欽若等撰　(明)王泰徵等輯　明崇禎十七年(1644)余元熹刻本　十四册

330000－1701－0000691　善 003231　子部/術數類/相宅相墓之屬

地理七書七卷　(明)彭好古輯　明抄本　二册

330000－1701－0000692　善 003224　子部/術數類/陰陽五行之屬

欽定選擇曆書十卷　(清)安泰等纂修　清康熙內府刻本　十册

330000－1701－0000693　善 003424　類叢部/類書類/通類之屬

新編古今事文類聚前集六十卷後集五十卷續集二十八卷別集三十二卷　(宋)祝穆編　**新編古今事文類聚新集三十六卷外集十五卷**　(元)富大用編　明內府刻本　一百二十册　缺十五卷(外集一至十五)

330000－1701－0000694　善 001971　史部/地理類/雜志之屬

武林舊事六卷　(宋)周密撰　明正德十三年(1518)宋廷佐刻本　清方穀跋　五册

330000－1701－0000695　善 003388　集部/總集類/郡邑之屬

麻姑集十二卷　(明)陳克昌輯　明嘉靖二十二年(1543)朱廷臣刻本　四册

330000－1701－0000696　善 003390　子部/宗教類/道教之屬/經文

太上玄靈北斗本命延生真經一卷太上靈寶天尊說禳災度厄真經一卷元始天尊說北方真武妙真經一卷太上說平安竈經一卷太上正一天尊說鎮宅消災龍虎妙經一卷　明宣德元年(1426)刻本　王修批　一册

330000－1701－0000697　善 003391　子部/宗教類/道教之屬/表章讚頌

玉音法事三卷　明成化九年(1473)刻本　四册

330000－1701－0000698　善 003345　子部/宗教類/佛教之屬/總録

慈向集十三卷　(明)沈泰鴻纂　明入還堂抄本　六册

330000－1701－0000699　善 002077　史部/地理類/山川之屬/山志

古今游名山記十七卷總錄三卷　(明)何鏜編輯　明嘉靖四十四年(1565)何鏜刻本　九册

330000－1701－0000700　善 003303　子部/宗教類/佛教之屬/經

大佛頂如來密因修證了義諸菩薩萬行首楞嚴經十卷　(唐)釋般刺密帝譯　(唐)釋彌伽釋迦譯語　(唐)房融筆受　明凌毓枏刻朱墨套印本　五册

330000－1701－0000701　善 003417　類叢部/類書類/通類之屬

太平御覽一千卷目錄十五卷　(宋)李昉等輯　清嘉慶十二年至十七年(1807－1812)歙縣鮑崇城刻本　一百二十册

330000－1701－0000702　善 003413　類叢部/類書類/通類之屬

唐宋白孔六帖一百卷目錄二卷　(唐)白居易輯　(宋)孔傳輯　明嘉靖刻本　五十册

330000－1701－0000703　善 003418　類叢部/類書類/通類之屬

册府元龜一千卷目錄十卷　(宋)王欽若等輯　明崇禎十五年(1642)福建建陽黃國琦刻本

（卷四百九十至四百九十四、四百九十六至五百三、五百五至五百六、六百七十二至六百七十五、六百九十五至六百九十六配清抄本）　二百六十册

330000－1701－0000704　善003419　類叢部/類書類/通類之屬
册府元龜一千卷目錄十卷　（宋）王欽若等輯　明崇禎十五年（1642）黄國琦刻清康熙十一年（1672）黄九錫重修本　三百册

330000－1701－0000705　善001615　史部/政書類/通制之屬
文獻通考三百四十八卷　（元）馬端臨撰　明嘉靖三年（1524）司禮監刻本（卷九十至九十二、二百五十二至二百五十五配抄本，卷二百六十八至二百七十、二百七十七、三百二十、三百二十三配明刻本）　九十四册　存三百十卷（一至六、十九至二十六、三十七至一百二十二、一百二十六至一百七十、一百七十二至二百二十八、二百三十至二百七十、二百七十二至二百七十七、二百八十至二百九十四、三百二至三百二十三、三百二十五至三百四十八）

330000－1701－0000706　善003425　類叢部/類書類/通類之屬
新編古今事文類聚前集六十卷後集五十卷續集二十八卷別集三十二卷　（宋）祝穆編　**新編古今事文類聚新集三十六卷外集十五卷**　（元）富大用編　明嘉靖四十年（1561）書林楊歸仁刻本　六十一册　缺三卷（前集三十三至三十五）

330000－1701－0000707　善003426　類叢部/類書類/通類之屬
新編古今事文類聚前集六十卷後集五十卷續集二十八卷別集三十二卷　（宋）祝穆編　**新編古今事文類聚新集三十六卷外集十五卷**　（元）富大用編　明嘉靖四十年（1561）書林楊歸仁刻萬曆三十五年（1607）書林劉雙松安正堂重修本　四十册

330000－1701－0000708　善003427　類叢部/類書類/通類之屬
記纂淵海一百卷　（宋）潘自牧輯　（明）陳文燧等補　明萬曆七年（1579）王嘉賓等刻本　四十一册

330000－1701－0000709　善003442　類叢部/類書類/專類之屬
新鐫幼學備覽註釋青緗對類二十卷首一卷　明萬曆刻本　十六册

330000－1701－0000710　善003428　類叢部/類書類/通類之屬
全芳備祖前集二十七卷後集三十一卷　（宋）陳景沂輯　清初抄本　二十四册

330000－1701－0000711　善003971　史部/目録類/總録之屬/史志
許太微書班史藝文志卷一卷　（漢）班固撰　明嘉靖三十年（1551）許初寫本　萬台題首　清曾儀、清李兆洛、清楊大中觀款　清方來、清馬元錦、清周蘭枝、清鄭祖經、清李沅、清秋家丞、清繡石道人、清胡蘭、清顧晞元題詩　清朱緡、清畢熙曾題詩並跋　清朱綬、清崔錫華、清張澹、清安念祖、清沈城、清周右、清陸宗泰、清王寶仁、清鄭壽彭、清錢襄、清包巽權、清楊書績、清楊喜格跋　一卷

330000－1701－0000712　善003429　類叢部/類書類/通類之屬
群書考索前集六十六卷後集六十五卷續集五十六卷別集二十五卷　（宋）章如愚輯　明正德三年至十三年（1508－1518）劉洪慎獨書齋刻十六年（1521）重修本　六十册

330000－1701－0000713　善002111　史部/金石類/金之屬/通考
至大重修宣和博古圖録三十卷　（宋）王黼等撰　明嘉靖七年（1528）蔣暘刻本　三十册

330000－1701－0000714　善003434　類叢部/類書類/通類之屬
新刊箋註决科古今源流至論前集十卷後集十卷續集十卷　（宋）林駉撰　**別集十卷**　（宋）黄履翁撰　明萬曆十八年（1590）書林鄭世魁宗文堂刻本　十六册

330000－1701－0000715　善 000213　史部/金石類/石之屬/文字

紅崖古刻釋文二卷　(清)莫友芝撰　清咸豐十年(1860)稿本　莫韞華跋　二卷

330000－1701－0000716　善 003431　類叢部/類書類/專類之屬

姬侍類偶一卷　(宋)周守忠撰　清演慎齋抄本　清傅以禮校、跋並過録清黄丕烈、清吴翌鳳跋　吴庠跋　一册

330000－1701－0000717　善 002209　子部/叢編

六子書　(明)顧春編　明嘉靖十二年(1533)吴郡顧氏世德堂刻本　二十册

330000－1701－0000718　善 002208　子部/叢編

重刊京本纂圖互註標題六子全書六十卷　明隆慶五年(1571)陳崑泉積善堂刻本　二十册

330000－1701－0000719　善 002238　子部/儒家類/儒學之屬/經濟

新書十卷　(漢)賈誼撰　明正德九年(1514)陸相刻本　清陸心源跋　四册

330000－1701－0000720　善 002250　子部/儒家類/儒學之屬/經濟

重刻說苑新序三十卷　(漢)劉向撰　明嘉靖二十六年(1547)何良俊刻本　八册

330000－1701－0000721　善 002249　子部/儒家類/儒學之屬/經濟

劉氏二書三十卷　(漢)劉向撰　明嘉靖十四年(1535)楚藩崇本書院刻本　三册　存十二卷(劉向說苑九至二十)

330000－1701－0000722　善 002271　子部/儒家類/儒學之屬/性理

上蔡先生語録三卷　(宋)謝良佐撰　(宋)朱熹輯　明正德八年(1513)汪正刻本　三册

330000－1701－0000723　善 003430　類叢部/類書類/專類之屬

姬侍類偶一卷　(宋)周守忠撰　清抄本　一册

330000－1701－0000724　善 003435　類叢部/類書類/通類之屬

書言故事大全十二卷　(宋)胡繼宗輯　(明)陳玩直注　明萬曆十七年(1589)吴懷保刻本　十二册

330000－1701－0000725　善 003437　類叢部/類書類/通類之屬

鐫書言群玉要删二十卷　(明)屠隆輯　明萬曆二十四年(1596)鄭世豪刻本　六册

330000－1701－0000726　善 003258　子部/術數類/相宅相墓之屬

地理一貫四卷　(清)程瑟撰　清雍正十二年(1734)稿本　四册

330000－1701－0000727　善 003174　子部/術數類/占候之屬

天元玉曆祥異賦不分卷　(明)仁宗朱高熾撰　明抄本　二册

330000－1701－0000728　善 003438　類叢部/類書類/通類之屬

玉海二百卷辭學指南四卷詩攷一卷詩地理攷六卷漢藝文志攷證十卷通鑑地理通釋十四卷踐阼篇集解一卷漢制攷四卷姓氏急就篇二卷急就篇補注四卷小學紺珠十卷六經天文編二卷周書王會補注一卷周易鄭康成注一卷通鑑答問五卷　(宋)王應麟撰　元至元六年(1340)慶元路儒學刻元明遞修本　一百册

330000－1701－0000729　善 002639　子部/天文曆算類/算書之屬

星算補遺一卷　(清)董毓琦撰　稿本　一册

330000－1701－0000730　善 003436　類叢部/類書類/通類之屬

新鍥類編明解正音京板書言故事十卷　(宋)胡繼宗編集　(明)陳玩直明解　明萬曆三十六年(1608)書林鄭雲林刻本　四册

330000－1701－0000731　善 003439　類叢部/類書類/通類之屬

玉海二百卷辭學指南四卷詩攷一卷詩地理攷

六卷漢藝文志攷證十卷通鑑地理通釋十四卷周書王會補注一卷漢制攷四卷踐阼篇集解一卷急就篇補注四卷小學紺珠十卷姓氏急就篇二卷六經天文編二卷周易鄭康成注一卷通鑑答問五卷　(宋)王應麟撰　元至元六年(1340)慶元路儒學刻元明清遞修本　一百二十五冊

330000－1701－0000732　善 003446　類叢部/類書類/通類之屬
群書集事淵海四十七卷　明弘治十八年(1505)賈性刻本(卷七至八、十三至十四、三十二、四十五至四十六配清抄本)　四十八冊

330000－1701－0000733　善 003441　類叢部/類書類/專類之屬
新增說文韻府羣玉二十卷　(元)陰時夫輯　(元)陰中夫注　明萬曆十八年(1590)王元貞刻本　十冊

330000－1701－0000734　善 003440　類叢部/類書類/通類之屬
玉海纂二十二卷　(宋)王應麟輯　(明)劉鴻訓纂　清順治四年(1647)劉孔中刻本　二十四冊

330000－1701－0000735　善 002587　子部/醫家類/婦科之屬/廣嗣
蓮房治譜不分卷　(清)陳立觀撰　稿本　二冊

330000－1701－0000736　善 000129　子部/儒家類/儒學之屬/性理
西山先生真文忠公讀書記甲集三十七卷　(宋)真德秀撰　宋福州學官刻元明遞修本　三十六冊

330000－1701－0000737　善 002291　子部/儒家類/儒學之屬/經濟
大學衍義四十三卷　(宋)真德秀撰　明嘉靖六年(1527)司禮監刻本　二十冊

330000－1701－0000738　善 002304　子部/儒家類/儒學之屬/性理
性理大全書七十卷　(明)胡廣等撰　明嘉靖十二年(1533)葉氏作德書堂刻本(卷一至十九配明刻新刊性理大全本)　四十冊

330000－1701－0000739　善 003443　類叢部/類書類/專類之屬
東萊先生詩律武庫十五卷後集十五卷　(宋)呂祖謙輯　清康熙五十四年(1715)鄭尚忠桃源山莊刻本　二冊

330000－1701－0000740　善 002300　子部/儒家類/儒學之屬/性理
性理大全書七十卷　(明)胡廣等撰　明嘉靖三十八年(1559)樊獻科刻本　三十冊

330000－1701－0000741　善 002316　子部/儒家類/儒學之屬/禮教/鑑戒
監徽錄前編一卷後編一卷附編一卷　(明)殷士儋撰　明隆慶四年(1570)殷氏金輿山房刻本　二冊　缺一卷(前編)

330000－1701－0000742　善 003448　類叢部/類書類/通類之屬
群書集事淵海四十七卷　明正德八年(1513)慎獨齋刻本　七十二冊　缺一卷(五)

330000－1701－0000743　善 003444　類叢部/類書類/通類之屬
聯新事備詩學大成三十卷　(元)林楨輯　明內府刻本　二十冊

330000－1701－0000744　善 003450　類叢部/類書類/專類之屬
新鋟獵古詞章釋字訓解三台對類正宗十九卷首一卷　(明)庚居子編注　明萬曆四十五年(1617)閩建書林余文台雙峰堂刻本　五冊

330000－1701－0000745　善 003445　類叢部/類書類/通類之屬
群書鉤玄十二卷　(元)高恥傳輯　明刻重修本　一冊　存六卷(一至六)

330000－1701－0000746　善 003452　類叢部/類書類/通類之屬
新鍥燕臺校正天下通行文林聚寶萬卷星羅三十九卷　(明)徐會瀛輯　明萬曆書林余獻可刻本　一冊　存七卷(一至七)

330000－1701－0000747　善 003451　類叢部/類書類/專類之屬
對類二十卷　(明)吳勉學考注　明萬曆二十三年(1595)吳勉學刻本　十册

330000－1701－0000748　善 003453　類叢部/類書類/專類之屬
對類二十卷　明刻本　王修跋　十二册

330000－1701－0000750　善 002566　子部/醫家類/傷寒金匱之屬/傷寒論
新刊傷寒撮要六卷　(明)繆存濟撰　明隆慶元年(1567)汪滋刻本　六册

330000－1701－0000751　善 003454　類叢部/類書類/通類之屬
群書備考六卷　(明)袁黄撰　**續二三場群書備考三卷**　(明)袁儼撰　明刻本　十二册

330000－1701－0000752　善 003458　類叢部/類書類/通類之屬
新刊唐荆川先生稗編一百二十卷目録三卷　(明)唐順之輯　明萬曆九年(1581)茅一相文霞閣刻本　三十二册　缺二十卷(一百一至一百二十)

330000－1701－0000753　善 000152　子部/醫家類/傷寒金匱之屬/傷寒論
醫壘元戎十二卷　(元)王好古撰　明嘉靖四十一年(1562)魏尚純刻本　三册

330000－1701－0000754　善 003457　類叢部/類書類/通類之屬
典籍便覽八卷　(明)范泓輯　(明)范涞補注　明萬曆三十一年(1603)范涞刻本　四册

330000－1701－0000755　善 000163　子部/醫家類/方書之屬/成方藥目
魁本袖珍方大全四卷　(明)李恒撰　明嘉靖十八年(1539)熊氏種德書堂刻本　四册

330000－1701－0000756　善 002615　子部/醫家類/綜合之屬/通論
明醫雜著一卷續一卷　(明)王綸撰　明弘治十五年(1502)刻本　二册

330000－1701－0000757　善 002614　子部/醫家類/醫話醫論之屬
醫論問答一卷醫論一卷　(明)王綸撰　明嘉靖刻本　一册

330000－1701－0000758　善 002538　子部/醫家類/方書之屬/歷代方書
攝生眾妙方十一卷急救良方二卷　(明)張時徹輯　明隆慶三年(1569)衡府刻本　十二册

330000－1701－0000759　善 003455　類叢部/類書類/通類之屬
增訂二三場羣書備考四卷　(明)袁黄撰　(明)袁儼注　(明)沈昌世增　明崇禎大觀堂刻本　四册

330000－1701－0000760　善 003459　類叢部/類書類/專類之屬
新刊翰林諸書選粹四卷　(明)張元忭輯　明萬曆二年(1574)李廷楫刻本　四册

330000－1701－0000761　善 000149　子部/醫家類/外科之屬/癰疽、疔瘡
重校宋竇太師瘡瘍經驗全書十二卷　(宋)竇默撰　(明)竇夢齡增輯　明隆慶三年(1569)三衢大酉堂刻本　四册

330000－1701－0000762　善 000150　子部/醫家類/兒科之屬
小兒衛生總微論方二十卷　明弘治二年(1489)李延壽刻本　十二册

330000－1701－0000763　善 003462　類叢部/類書類/通類之屬
新刊增補古今名家詩學大成二十四卷　(明)李攀龍輯　明萬曆六年(1578)劉氏孝友堂刻本　五册

330000－1701－0000764　善 003461　類叢部/類書類/通類之屬
左粹類纂十二卷　(明)施仁編集　(明)孫應鰲批點　明嘉靖王有道等刻本　六册

330000－1701－0000765　善 003464　史部/傳記類/總傳之屬/姓名

古今萬姓統譜一百四十卷歷代帝王姓系統譜六卷氏族博攷十四卷 (明)凌迪知輯 明萬曆刻本 四冊 存十四卷(氏族博攷一至十四)

330000－1701－0000766 善 003463 類叢部/叢書類/彙編之屬

文林綺繡五種 (明)淩迪知編 明萬曆四年至五年(1576－1577)吳興凌氏桂芝館刻本 六冊 存一種

330000－1701－0000767 善 003465 類叢部/類書類/通類之屬

鍥旁註事類捷錄十五卷 (明)鄧志謨輯 明萬曆三十一年(1603)書林余彰德萃慶堂刻本 四冊

330000－1701－0000768 善 003466 類叢部/類書類/通類之屬

卓氏藻林八卷 (明)卓明卿輯 明萬曆八年(1580)卓氏妙香室刻本 四冊

330000－1701－0000769 善 003467 類叢部/類書類/專類之屬

新刻湯太史批點古今捷學舉業要論十卷 (明)湯賓尹撰 明刻本 四冊

330000－1701－0000770 善 002703 史部/傳記類/總傳之屬

圖繪寶鑑五卷補遺一卷 (元)夏文彥撰 **續一卷** (明)韓昂撰 明正德十四年(1519)苗增刻本 三冊

330000－1701－0000771 善 003468 類叢部/類書類/專類之屬

新刊邵翰林評選舉業捷學宇宙文芒十二卷 (明)邵景堯評選 (明)盧效祖輯 明萬曆周時泰博古堂刻本 四冊

330000－1701－0000772 善 003470 類叢部/類書類/通類之屬

唐類函二百卷目錄二卷 (明)俞安期輯 明萬曆三十一年(1603)東吳俞安期刻養正堂重修本 六十冊

330000－1701－0000773 善 003469 子部/農家農學類/鳥獸蟲之屬

蟫史集十一卷 (明)穆希文輯 明萬曆刻本 四冊

330000－1701－0000774 善 003471 類叢部/類書類/通類之屬

檢蠹隨筆三十卷 (明)楊宗吾撰 明萬曆三十三年(1605)王尚修刻本 二冊 存十四卷(一至七、十六至二十二)

330000－1701－0000775 善 003472 類叢部/類書類/通類之屬

枳記二十八卷 (明)呂元啓輯 明萬曆刻本 四冊

330000－1701－0000776 善 003474 類叢部/類書類/通類之屬

喻林一百二十卷 (明)徐元太輯 明萬曆四十三年(1615)宣城徐元太刻本 六十冊

330000－1701－0000777 善 003473 類叢部/類書類/通類之屬

唐類函二百卷目錄二卷 (明)俞安期輯 明萬曆三十一年(1603)東吳俞安期刻本 四十冊

330000－1701－0000778 善 003475 類叢部/類書類/通類之屬

潛確居類書一百二十卷 (明)陳仁錫輯 明崇禎三年至五年(1630－1632)潭城徐觀我刻本 三十四冊

330000－1701－0000779 善 003477 類叢部/類書類/通類之屬

亘史鈔九百八十六卷 (明)潘之恒輯 明刻本 振舒編目並跋 四十冊 存一百十一卷(内紀一至二十、内篇一至十四、外紀一至四十七、外篇一至八、雜紀一至六、雜篇一至十六)

330000－1701－0000780 善 003478 類叢部/類書類/通類之屬

黔類十八卷 (明)郭子章輯 清抄本 十冊

330000－1701－0000781 善 000214 子部/雜著類/雜說之屬

呂氏春秋二十六卷　(漢)高誘注　元至正嘉興路儒學刻本　八册　存二十一卷(一至十四、十七至二十三)

330000－1701－0000782　善 003479　類叢部/類書類/通類之屬

黔類十八卷　(明)郭子章輯　明萬曆刻本　二册

330000－1701－0000783　善 003480　類叢部/類書類/通類之屬

古雋考略六卷　(明)顧充　(明)李承勛輯　明萬曆二十七年(1599)李楨、蕭大亨等刻本　六册

330000－1701－0000784　善 003482　類叢部/類書類/專類之屬

新鐫翰林攷正歷朝故事統宗十卷歷朝人君考實一卷　(明)李廷機攷正　(明)丘宗孔增釋　明萬曆金陵書林周氏大業堂刻本　六册

330000－1701－0000785　善 002850　子部/雜著類/雜説之屬

白虎通德論二卷　(漢)班固撰　明嘉靖元年(1522)傅鑰刻本　四册

330000－1701－0000786　善 003481　類叢部/類書類/專類之屬

經濟類編一百卷　(明)馮琦輯　明萬曆三十二年(1604)周家棟等虎林刻本　一百二十册

330000－1701－0000787　善 003484　子部/雜著類/雜説之屬

槎菴小乘四十一卷　(明)來斯行撰　明崇禎四年(1631)刻本　三十二册

330000－1701－0000788　善 003483　類叢部/類書類/通類之屬

新刊簪纓必用翰苑新書前集十二卷後集七卷續集八卷别集二卷　(宋)□□撰　明萬曆十九年(1591)金陵書肆唐廷仁、周曰校刻本　十六册

330000－1701－0000789　善 003486　類叢部/類書類/通類之屬

朱翼十二卷　(明)江旭奇輯　明萬曆四十四年(1616)刻本　十二册

330000－1701－0000790　善 002958　子部/雜著類/雜説之屬

兩山墨談十八卷　(明)陳霆撰　明嘉靖十八年(1539)李檠刻本　四册

330000－1701－0000791　善 003485　類叢部/類書類/通類之屬

詞林海錯十六卷　(明)夏樹芳輯　明萬曆四十六年(1618)刻本　十六册

330000－1701－0000792　善 002950　子部/雜著類/雜考之屬

丹鉛總録二十七卷　(明)楊慎撰　明嘉靖三十三年(1554)滇南梁佐刻明重修本　明鄧以讃跋　十册

330000－1701－0000793　善 002949　子部/雜著類/雜考之屬

丹鉛續録十二卷　(明)楊慎撰　明嘉靖刻本　六册

330000－1701－0000794　善 003487　類叢部/類書類/通類之屬

蒙養指南四卷　(明)秀水屠釣主人瞻山子輯　明萬曆刻本　六册

330000－1701－0000795　善 003488　類叢部/類書類/通類之屬

仰止子詳考古今名家潤色詩林正宗十二卷韻林正宗六卷　(明)余象斗輯　明萬曆二十八年(1600)書林余文台雙峰堂刻本　八册

330000－1701－0000796　善 003489　類叢部/類書類/通類之屬

劉氏鴻書一百八卷　(明)劉仲達輯　明萬曆陳長卿刻本　二十册

330000－1701－0000797　善 003034　子部/雜著類/雜纂之屬

學范二卷　(明)趙撝謙撰　明嘉靖二十五年(1546)陳塏刻本　二册

330000－1701－0000798　善 003490　類叢部/類書類/通類之屬

山堂肆考二百四十卷　（明）彭大翼撰　（明）張幼學編　明萬曆刻本　一百冊

330000－1701－0000799　善003491　類叢部/類書類/專類之屬
廣博物志五十卷　（明）董斯張輯　明萬曆高暉堂刻本　二十四冊

330000－1701－0000800　善003492　類叢部/類書類/通類之屬
彊識畧四十卷　（明）吳楚材撰　明萬曆十七年（1589）吳楚材陽春園刻本　十冊

330000－1701－0000801　善003493　類叢部/類書類/通類之屬
天中記六十卷　（明）陳耀文輯　明刻本　四十冊

330000－1701－0000802　善003494　類叢部/類書類/通類之屬
劉氏類山十卷　（明）劉胤昌撰　明萬曆三十三年（1605）刻清康熙二十年（1681）劉鴻儀重修本　八冊

330000－1701－0000803　善003495　類叢部/類書類/通類之屬
天中記六十卷　（明）陳耀文輯　明刻本（卷二、二十五、五十五配清康熙抄本）　清蕭五檝編目並跋　可仙批點並觀款　三十九冊　缺二十一卷（三十一至五十一）

330000－1701－0000804　善003496　子部/雜著類/雜纂之屬
規家日益編前集一卷後集一卷　（明）姚體傑輯　明萬曆刻本　六冊

330000－1701－0000805　善003497　類叢部/類書類/通類之屬
新刻何氏類鎔三十五卷　（明）何三畏撰　明萬曆四十七年（1619）刻本　二十四冊

330000－1701－0000806　善003498　類叢部/類書類/通類之屬
彙苑詳註三十六卷　（明）王世貞輯　（明）鄒善長增訂　明萬曆二十三年（1595）刻本　二十冊

330000－1701－0000807　善003499　類叢部/類書類/專類之屬
五車韻瑞一百六十卷洪武正韻一卷　（明）凌稚隆輯　明金閶葉瑤池刻本　三十冊

330000－1701－0000808　善003500　類叢部/類書類/專類之屬
五車韻瑞一百六十卷洪武正韻一卷　（明）凌稚隆輯　明金閶葉瑤池刻本　四十冊

330000－1701－0000809　善003502　子部/雜著類/雜纂之屬
經世奇謀八卷　（明）俞琳輯　明萬曆四十四年（1616）孟楠、柴寅賓刻本　二冊　缺二卷（四、八）

330000－1701－0000810　善003092　子部/小說家類/異聞之屬
山海經十八卷　（晉）郭璞傳　明嘉靖十五年（1536）潘侃前山書屋刻本　清日芙批校並跋　三冊

330000－1701－0000811　善003501　類叢部/類書類/通類之屬
八編類纂二百八十五卷　（明）陳仁錫輯　明天啓刻本　八十冊

330000－1701－0000812　善003503　類叢部/類書類/通類之屬
蓺林尋到源頭八卷　（明）余恒彙輯　明刻本　四冊

330000－1701－0000813　善003406　類叢部/類書類/通類之屬
初學記三十卷　（唐）徐堅等輯　明嘉靖十年（1531）安國桂坡館刻本　王修跋　二十四冊

330000－1701－0000814　善003504　類叢部/類書類/專類之屬
刻精選百家錦繡聯六卷　（明）竹溪主人輯　明末刻本　黃裳題記　二冊

330000－1701－0000815　善003921　集部/總集類/選集之屬/斷代
國朝詩鈔七卷　（清）黃光煦輯　清乾隆五十八年至嘉慶五年（1793－1800）稿本　清黃光

煦題簽　八册

330000－1701－0000816　善 000656　經部/春秋總義類/傳說之屬

春秋補傳二卷　(清)周維棫撰　清乾隆十六年(1751)余兆灝抄本　二册

330000－1701－0000817　善 003922　集部/總集類/選集之屬/斷代

欽定國朝詩别裁集三十二卷　(清)沈德潛纂評　清乾隆刻本　十六册

330000－1701－0000818　善 000624　經部/春秋左傳類/傳說之屬

春秋左翼四十三卷首一卷　(明)王震撰　明萬曆三十一年(1603)刻本　二册　存一卷(首)

330000－1701－0000819　善 000659　類叢部/叢書類/自著之屬

抗希堂十六種(抗希堂全集)　(清)方苞撰　清康熙至嘉慶刻彙印本　二册　存一種

330000－1701－0000820　善 000189　史部/金石類/璽印之屬

古今印則二卷　(明)程遠輯　明萬曆檇李項氏宛委堂刻鈐印本　一册

330000－1701－0000821　善 000658　經部/春秋左傳類/傳說之屬

春秋左傳杜注三十卷首一卷　(清)姚培謙撰　清乾隆十一年(1746)陸閬亭刻本　十二册

330000－1701－0000822　善 003923　集部/總集類/尺牘之屬

賴古堂名賢尺牘新鈔十二卷二選藏弆集十六卷三選結隣集十六卷　(清)周在浚　(清)周在梁　(清)周在延輯　清康熙周氏賴古堂刻本　八册　存十六卷(二選藏弆集一至十六)

330000－1701－0000823　善 000661　經部/春秋總義類/傳說之屬

春秋本義十卷　(清)顧朱撰　清康熙四十九年(1710)顧氏思善堂刻本　一册

330000－1701－0000824　善 000657　經部/春秋左傳類/傳說之屬

讀左補義五十卷首二卷　(清)姜炳璋輯　清乾隆四十七年(1782)同文堂刻本　二十四册

330000－1701－0000825　善 000638　經部/春秋總義類/傳說之屬

春秋貫玉四卷春秋貫玉世系一卷　(明)顔鯨撰　明萬曆三十三年(1605)史繼辰刻本　八册

330000－1701－0000826　善 031.1/2607　類叢部/類書類/通類之屬

建邑書林南陽郡鼎鐫會海對類二十卷　(明)鍾惺校訂　清同治七年(1868)常郡宏文堂刻本　六册

330000－1701－0000827　善 000665　經部/春秋左傳類/傳說之屬

春秋列國卿大夫世系表二卷　(清)顧棟高撰　清刻本　一册

330000－1701－0000828　善 000628　經部/春秋左傳類/釋例之屬

春秋統畧删不分卷　(清)葉煥章撰　清懷冰山房抄本　三册

330000－1701－0000829　善 000663　經部/春秋總義類/傳說之屬

御纂春秋直解十二卷　(清)傅恒等撰　清乾隆刻本　八册

330000－1701－0000830　善 000668　經部/春秋總義類/傳說之屬

春秋長曆十卷　(清)陳厚耀撰　清抄本　十册

330000－1701－0000831　善 000669　經部/春秋左傳類/傳說之屬

春秋左氏古義六卷　(清)臧壽恭撰　清抄本　三册

330000－1701－0000832　善 000287　集部/别集類/明别集

鍾山獻四卷　(明)楊宛撰　明天啓七年(1627)茅元儀玄穡居刻本　二册

330000－1701－0000833　善 000664　經部/春秋總義類/傳說之屬

春秋世族譜一卷　(清)陳厚耀撰　清雍正三年(1725)陳厚耀刻本　一冊

330000－1701－0000834　善 000662　經部/春秋總義類/傳說之屬

欽定春秋傳說彙纂三十八卷首二卷　(清)王掞等撰　清康熙刻本　三十二冊

330000－1701－0000835　善 000635　史部/紀事本末類/斷代之屬

左氏始末十二卷　(明)唐順之撰　(明)徐鑾評　明萬曆四十二年(1614)刻本　四冊

330000－1701－0000836　善 000636　史部/紀事本末類/斷代之屬

左氏始末十二卷　(明)唐順之撰　(明)徐鑾評　明萬曆刻本　四冊

330000－1701－0000837　善 003505　子部/藝術類/遊藝之屬/謎語

新鐫分門定類綺筵雅樂令謎昭華四卷　(明)丘齊山輯　明書林劉氏喬山堂刻本　二冊

330000－1701－0000838　善 000329　集部/總集類/選集之屬/斷代

唐雅同聲五十卷目錄二卷　(明)毛懋宗輯　明崇禎元年(1628)依仁山館刻清順治十八年(1661)重修本　四十冊

330000－1701－0000839　善 000670　經部/春秋左傳類/傳說之屬

春秋左氏傳補注十二卷春秋左氏傳地名補注十二卷　(清)沈欽韓撰　清光緒王頌蔚抄本　清王頌蔚批並記　清葉昌熾校　清王頌蔚過錄清潘錫爵跋　三冊

330000－1701－0000840　善 000675　經部/春秋總義類/專著之屬

春秋繁露十七卷附錄一卷　(漢)董仲舒撰　(明)孫鑛評　明天啓五年(1625)花齋刻本　二冊

330000－1701－0000841　善 000677　經部/春秋總義類/專著之屬

春秋繁露十七卷　(漢)董仲舒撰　明萬曆二十年(1592)程榮刻漢魏叢書本　佚名批　二冊

330000－1701－0000842　善 000671　經部/春秋左傳類/傳說之屬

春秋左氏傳補注十二卷春秋左氏傳地名補注十二卷　(清)沈欽韓撰　清咸豐潘錫爵抄本　清潘錫爵批校　一冊　存六卷(一至六)

330000－1701－0000843　普 031.1/1731　類叢部/類書類/通類之屬

通俗編三十八卷　(清)翟灝撰　清乾隆十六年(1751)仁和翟灝無不宜齋刻本　六冊

330000－1701－0000844　善 000678　經部/春秋總義類/專著之屬

春秋繁露十七卷　(漢)董仲舒撰　清刻本　單丕校　四冊

330000－1701－0000845　善 000290　集部/別集類/清別集

戊寅草不分卷　(清)柳如是撰　明崇禎刻本　一冊

330000－1701－0000846　善 000676　經部/春秋總義類/專著之屬

春秋繁露十七卷附錄一卷　(漢)董仲舒撰　(明)孫鑛評　清康熙董文昌刻本　四冊

330000－1701－0000847　善 000687　經部/叢編

十三經註疏　(明)□□輯　明嘉靖李元陽刻本　八冊　存一種

330000－1701－0000848　善 000673　經部/春秋總義類/傳說之屬

春秋慎行義二卷春秋刑法義一卷春秋使帥義一卷　(清)莊有可撰　清嘉慶抄本　二冊

330000－1701－0000849　善 003924　集部/總集類/郡邑之屬

七十二峰足徵集八十八卷文集十六卷　(清)吳定璋輯　清乾隆十年(1745)吳氏依綠園刻本　二十四冊　缺一卷(文集三)

330000－1701－0000850　善000680　經部/四書類/論語之屬/傳說

論語鄭氏注二卷　(漢)鄭玄撰　(清)宋翔鳳輯　清嘉慶七年(1802)樸學齋刻本　清戴穗孫批並跋　一冊

330000－1701－0000851　善000681　經部/四書類/論語之屬/傳說

論語商二卷　(明)周宗建撰　明萬曆四十五年(1617)刻本　四冊

330000－1701－0000852　善000679　經部/孝經類/傳說之屬

孝經一卷　(唐)玄宗李隆基注　清抄本　一冊

330000－1701－0000853　善000193　子部/藝術類/篆刻之屬/印譜

承清館印譜初集一卷續集一卷　(明)張灝輯　明刻鈐印本　清楊浚觀款　清傅以禮跋　二冊

330000－1701－0000854　善003506　類叢部/類書類/通類之屬

博物典彙二十卷　(明)黃道周纂　明崇禎刻本　八冊

330000－1701－0000855　善000683　經部/四書類/論語之屬/傳說

論語後案二十卷　(清)黃式三撰　清道光二十四年(1844)魯岐峯木活字印本　陳漢章批校　六冊

330000－1701－0000856　善000629　經部/讖緯類/春秋緯之屬

春秋緯元命苞三卷　清抄本　一冊

330000－1701－0000857　善000688　經部/四書類/孟子之屬/傳說

孟子四考四卷　(清)周廣業撰　清乾隆六十年(1795)周氏省吾廬刻本　二冊

330000－1701－0000858　善000691　經部/四書類/總義之屬/傳說

四書集註大全四十三卷　(明)胡廣等輯　明游明刻本　四冊　存三卷(中庸章句大全、中庸或問、讀中庸法)

330000－1701－0000859　善000693　經部/四書類/總義之屬/傳說

四書或問三十九卷(大學或問二卷中庸或問三卷論語或問二十卷孟子或問十四卷)　(宋)朱熹撰　清康熙呂氏寶誥堂刻本　六冊

330000－1701－0000860　善003925　集部/總集類/選集之屬/斷代

呂晚邨先生評選四書文不分卷　(清)呂留良輯並評　清抄本　清丁吉臣題記　四冊

330000－1701－0000861　善003926　集部/總集類/尺牘之屬

昭代名人尺牘目録一卷　(清)吳修審定　清道光稿本　清湯聘伊題簽　一冊

330000－1701－0000862　善003927　集部/總集類/郡邑之屬

歷朝杭郡詩輯四十卷　(清)丁丙輯　清抄本　二十冊

330000－1701－0000863　善000339　子部/宗教類/佛教之屬/經

增一阿含經五十一卷　(晉)釋曇摩難提譯　唐寫本　余紹宋題記　一卷　存一卷(一)

330000－1701－0000864　善000689　經部/四書類/孟子之屬/文字音義

孟子音義補考證二卷　(清)蔣學堅撰　清末抄本　二冊

330000－1701－0000865　善000630　經部/春秋總義類/傳說之屬

春秋集傳大全三十七卷　(明)胡廣等撰　明末刻本　十六冊

330000－1701－0000866　善000690　經部/四書類/中庸之屬/傳說

中庸輯畧二卷　(宋)石𡼖集録　(宋)朱熹刪定　明末刻本　二冊

330000－1701－0000867　善003928　集部/總集類/選集之屬/斷代

二家詩六卷　(清)傅澤洪編　清抄本　一冊

330000－1701－0000868　善 003930　集部/總集類/氏族之屬

詒翼堂集十一卷　(清)金熊士輯　清康熙三十七年(1698)嘉定金望刻本　二册

330000－1701－0000869　善 000695　經部/四書類/總義之屬/傳説

四書待問二十二卷　(元)蕭鎰撰　清抄本　張宗祥跋　二册

330000－1701－0000870　善 000699　經部/四書類/總義之屬/傳説

四書圖史合考二十四卷　(明)蔡清輯　明末金閶擁萬堂刻本　十二册

330000－1701－0000871　善 000631　經部/春秋總義類/傳説之屬

春秋集傳大全三十七卷序論一卷春秋二十國年表一卷諸國興廢説一卷　(明)胡廣等撰　明刻本(卷三十一至三十七配清抄本)　十二册

330000－1701－0000872　善 000692　經部/四書類/總義之屬/傳説

四書章句集註三十一卷　(宋)朱熹撰　明刻本　十册

330000－1701－0000873　善 003931　集部/總集類/郡邑之屬

釣臺集二卷　(明)楊束輯　明萬曆十三年(1585)建安楊束刻本　二册

330000－1701－0000874　善 003932　集部/總集類/郡邑之屬

釣臺集八卷田產附錄一卷　(明)吴希孟編　明嘉靖林應亮刻本　二册　存五卷(一至四、田產附錄)

330000－1701－0000875　善 000642　經部/春秋左傳類/傳説之屬

春秋左傳典略十二卷　(明)陳許廷撰　明崇禎刻本　二册

330000－1701－0000876　善 000700　經部/四書類/總義之屬/傳説

重刊蔡虚齋先生四書蒙引十五卷　(明)蔡清撰　明萬曆十五年(1587)吴同春刻本　十五册

330000－1701－0000877　善 000701　經部/四書類/總義之屬/傳説

新刻七十二朝四書人物考註釋四十卷　(明)薛應旂撰　(明)焦竑注釋　明萬曆三十六年(1608)三衢書林舒承溪刻本　十二册

330000－1701－0000878　善 003934　集部/總集類/郡邑之屬

游西磧探梅倡和詩圖一卷　(清)鄭棟　(清)王昭嗣等撰　(清)奚岡繪圖　稿本　清仙壺題簽　一册

330000－1701－0000879　善 000190　子部/藝術類/篆刻之屬/印譜

印可不分卷　(明)吴正暘篆並輯　明天啓五年(1625)刻鈐印本　一册

330000－1701－0000880　善 003935　集部/總集類/郡邑之屬

國朝杭郡詩輯三十二卷姓氏韻編一卷　(清)吴顥輯　(清)吴振棫重輯　**國朝杭郡詩續輯四十六卷姓氏韻編一卷**　(清)吴振棫輯　稿本　吴士鑑、吴秉潡跋　四册　存九卷(一、八上、十三下,續輯六至十一)

330000－1701－0000881　善 000706　經部/四書類/總義之屬/傳説

四書翼傳三義七卷　(明)劉思誠　(明)王守誠撰　明萬曆十六年(1588)于天經刻本　十六册

330000－1701－0000882　善 003507　史部/政書類/邦計之屬/荒政

康濟譜二十五卷　(明)潘游龍撰　明崇禎十四年(1641)王期昇刻本　二十册

330000－1701－0000883　善 003123　子部/小説家類/雜事之屬

芸窗瑣錄一卷　(清)吴展成撰　稿本　一册

330000－1701－0000884　善 003127　子部/小説家類/雜事之屬

南窗瑣録四卷梅林雜俎一卷　(清)查星路

撰　稿本　一册

330000－1701－0000885　善 003130　子部/小説家類/雜事之屬

借邨消夏録六卷　(清)借村居士撰　稿本　清盧舟跋　六册

330000－1701－0000886　善 003131　子部/小説家類/雜事之屬

消夏雜録四卷　(清)沈寅烈撰　稿本　一册　存三卷(一至三)

330000－1701－0000887　善 003402　類叢部/類書類/通類之屬

藝文類聚一百卷　(唐)歐陽詢輯　明嘉靖六年至七年(1527－1528)胡纘宗、陸采刻本(卷三十九至四十八配抄本)　二十册

330000－1701－0000888　善 003509　類叢部/類書類/通類之屬

新鐫雅俗通用珠璣藪八卷　(明)西湖散人輯　明崇禎刻本　四册

330000－1701－0000889　善 000225　類叢部/類書類/通類之屬

新刊監本册府元龜一千卷　(宋)王欽若等輯　明抄本　三十二册　存一百五十六卷(一至十、七十二至七十四、八十至八十三、一百一至一百十、一百二十一至一百二十五、一百八十六至一百九十五、二百二十六至二百三十、三百八十六至三百九十、三百九十六至四百五、四百十一至四百十四、四百六十六至四百八十、五百一至五百四、五百四十一至五百四十五、五百六十二至五百六十六、五百七十一至五百七十五、五百九十七至六百五、六百三十六至六百四十、六百五十六至六百六十、六百八十一至六百八十六、六百九十二至六百九十五、七百六至七百十、八百五至八百九、八百三十六至八百四十、九百七至九百十一、九百十五至九百二十一)

330000－1701－0000890　善 000223　類叢部/類書類/通類之屬

太平御覽一千卷目錄十五卷　(宋)李昉等輯　明監泉書室抄本　一百九十八册　存九百九十卷(一至六百二十四、六百三十至六百三十九、六百四十五至一千)

330000－1701－0000891　善 003422　類叢部/類書類/通類之屬

海録碎事二十二卷　(宋)葉廷珪輯　明抄本　二十册　存二十一卷(一至九、十下至十一、十三至二十一、二十二下)

330000－1701－0000892　善 000226　類叢部/類書類/專類之屬

聖宋名賢四六叢珠一百卷　(宋)葉蕡輯　明抄本　二十册

330000－1701－0000893　善 003432　類叢部/類書類/通類之屬

古今合璧事類備要前集六十九卷後集八十一卷續集五十六卷　(宋)謝維新輯　**古今合璧事類備要別集九十四卷外集六十六卷**　(宋)虞載輯　明嘉靖三十一年至三十五年(1552－1556)三衢夏相刻本　五十册

330000－1701－0000894　善 003508　類叢部/類書類/通類之屬

新刻註釋故事白眉十卷　(明)許以忠輯　明末書林版築居刻本　八册

330000－1701－0000895　善 003476　類叢部/類書類/通類之屬

策場備覽一百七十三卷　(明)唐周輯　明抄本　費寅跋　十六册

330000－1701－0000896　善 003460　類叢部/類書類/通類之屬

修辭指南二十卷　(明)浦南金輯　明嘉靖三十六年(1557)浦氏五樂堂刻本　四册

330000－1701－0000897　善 003520　類叢部/類書類/專類之屬

子史精華一百六十卷　(清)吴士玉　(清)吴襄等輯　清雍正五年(1727)武英殿刻本　三十二册

330000－1701－0000898　善 003511　子部/雜著類/雜纂之屬

便於蒐檢四卷　(明)朱載壐輯　明衡藩刻本

王存善跋　四冊

330000－1701－0000899　善 003510　類叢部/類書類/專類之屬
麗句集六卷　(明)許之吉輯　明天啓刻本　四冊

330000－1701－0000900　善 003608　集部/總集類/選集之屬/通代
詩歸五十一卷　(明)鍾惺　(明)譚元春輯　明閔振業、閔振聲刻三色套印本　十八冊

330000－1701－0000901　善 003512　類叢部/類書類/專類之屬
新鐫陳太史子史經濟言十二卷　(明)陳子壯纂　**新刻陳太史經制考畧八卷**　(明)陳子壯輯　明天啓刻本　二冊

330000－1701－0000902　善 003637　集部/總集類/選集之屬/通代
古賦辯體十卷　(元)祝堯輯　明嘉靖十一年(1532)熊氏刻本　八冊

330000－1701－0000903　善 003635　集部/總集類/選集之屬/通代
古賦辨體十卷　(元)祝堯輯　明嘉靖十六年(1537)顧可久等刻本　清許潤身、清胡森、王存善跋　十冊

330000－1701－0000904　善 003636　集部/總集類/選集之屬/通代
御定歷代賦彙一百四十卷外集二十卷逸句二卷　(清)陳元龍輯　清康熙四十五年(1706)内府刻本　四十八冊

330000－1701－0000905　善 003652　集部/總集類/選集之屬/通代
西山先生真文忠公文章正宗二十四卷　(宋)真德秀輯　明嘉靖十五年(1536)朱鴻漸刻本　十四冊　缺二卷(十三至十四)

330000－1701－0000906　善 003513　類叢部/類書類/通類之屬
古今經世格要二十八卷　(明)鄒泉輯撰　明刻本　十二冊

330000－1701－0000907　善 003515　類叢部/類書類/通類之屬
三才考畧十二卷　(明)莊元臣輯　明刻清吳興嚴學乾半硯齋重修本　八冊

330000－1701－0000908　善 003514　類叢部/類書類/通類之屬
玉府鉤玄六卷　(明)沈堯中輯　明萬曆海虞陳繩武刻本　十二冊

330000－1701－0000909　善 003516　類叢部/類書類/通類之屬
經史子集合纂類語三十二卷　(明)魯重民輯　明崇禎十七年(1644)武林輝山堂金陵汪復初刻本　十六冊

330000－1701－0000910　善 003517　類叢部/類書類/通類之屬
獺祭録三十卷　(清)李繩遠撰　清乾隆抄本　清李遇孫跋　二十冊

330000－1701－0000911　善 003518　類叢部/類書類/通類之屬
典類四十二卷　(清)劉光亨纂輯　稿本　二十八冊

330000－1701－0000912　善 003519　類叢部/類書類/專類之屬
羣書會元截江網三十五卷　清顧沅藝海樓抄本　八冊

330000－1701－0000913　善 003521　類叢部/類書類/通類之屬
四部類稿六十四卷　(清)陸雲慶輯　清康熙愛日堂抄本　十二冊

330000－1701－0000914　善 003522　類叢部/類書類/通類之屬
讀史所見輯韻編五卷　(清)林慶貽編輯　清末郭氏松南書廬抄本　八冊

330000－1701－0000915　善 003523　類叢部/類書類/通類之屬
蕉窗集要不分卷　(清)馮三華撰　清嘉慶稿本　八冊

330000－1701－0000916　善 003524　類叢部/類書類/專類之屬
韻偶聯珠二卷　（清）楊紹徽輯並註　清光緒十七年(1891)稿本　二冊

330000－1701－0000917　善 003761　集部/總集類/選集之屬/斷代
萬首唐人絶句一百一卷　（宋）洪邁輯　明嘉靖十九年(1540)陳敬學徳星堂刻本　二十冊

330000－1701－0000918　善 003525　類叢部/類書類/通類之屬
類書纂要三十三卷　（清）周魯輯　清康熙三年(1664)無錫侯杲天和堂刻本　四十冊

330000－1701－0000919　善 000156　子部/醫家類/婦科之屬/產科
便產須知二卷　明嘉靖三十九年(1560)張景賢刻本　二冊

330000－1701－0000920　善 003526　類叢部/類書類/專類之屬
宮閨小名録四卷　（清）尤侗纂　清姜宜抄本　二冊

330000－1701－0000921　善 002528　子部/醫家類/方書之屬/單方驗方
重刊孫真人備急千金要方三十卷　（唐）孫思邈撰　明刻本　十二冊

330000－1701－0000922　善 003527　類叢部/類書類/專類之屬
國朝別號録十卷　（清）沈復粲輯　稿本　清王宗炎、清陳鴻熙跋　清樊廷緒、清周喬齡題詞　六冊　缺四卷（五至八）

330000－1701－0000923　善 002517　子部/醫家類/本草之屬/本草雜著
本草注可不分卷　（清）陳立觀撰　稿本　五冊

330000－1701－0000924　善 003529　子部/雜著類/雜品之屬
閒情偶寄十六卷　（清）李漁撰　清康熙翼聖堂刻本　六冊

330000－1701－0000925　善 003531　集部/總集類/彙編之屬
漢魏六朝一百三家集（漢魏六朝百三名家集）　（明）張溥編　明婁東張氏刻本　六十五冊

330000－1701－0000926　善 003530　集部/總集類/彙編之屬
漢魏六朝諸名家集（漢魏六朝二十一名家集）　（明）汪士賢編　明萬曆至天啓新安汪氏刻本　十二冊　存十八種

330000－1701－0000927　善 003532　集部/總集類/彙編之屬
六朝詩集二十四家五十五卷　（明）薛應旂輯　明嘉靖刻本　王修跋　十三冊

330000－1701－0000928　善 000178　子部/醫家類/類編之屬
東垣十書　明嘉靖八年(1529)遼藩朱寵瀼梅南書屋刻本　十三冊　存十卷（内外傷辨惑論一至三、脾胃論一至三、蘭室秘藏一至三、局方發揮）

330000－1701－0000929　善 003533　集部/總集類/彙編之屬
漢魏六朝諸名家集（漢魏六朝二十一名家集）　（明）汪士賢編　明萬曆至天啓新安汪氏刻本　十六冊　存五種

330000－1701－0000930　善 003536　集部/總集類/彙編之屬
韓柳全集一百四卷　（明）蔣之翹編　明崇禎六年(1633)檇李蔣之翹三徑草堂刻本　二十四冊

330000－1701－0000931　善 003535　集部/總集類/選集之屬/通代
唐宋四大家文抄八卷　（明）陸粲編　明隆慶元年(1567)徐時行刻本　六冊

330000－1701－0000932　善 002437　子部/兵家類/兵法之屬
兵垣四編四卷附四卷　（明）閔聲編　明天啓元年(1621)閔氏刻朱墨套印本　十冊

330000－1701－0000933　善 003537　集部/

總集類/彙編之屬

唐宋八大家文鈔 (明)茅坤編 明萬曆七年(1579)茅一桂刻本 十六册

330000－1701－0000934 善 003538 集部/總集類/彙編之屬

唐宋八大家文鈔 (明)茅坤批評 明崇禎元年(1628)方應祥刻本 五十六册

330000－1701－0000935 善 003540 集部/總集類/選集之屬/斷代

前唐十二家詩二十四卷 (明)許自昌編 明鄭能瑯嬛齋刻本 六册

330000－1701－0000936 善 002298 子部/儒家類/儒學之屬/性理

性理大全書七十卷 (明)胡廣等撰 明永樂十三年(1415)内府刻本 三十册

330000－1701－0000937 善 003541 集部/總集類/選集之屬/斷代

唐詩二十六家 (明)黄貫曾編 明嘉靖三十三年(1554)江夏黄氏浮玉山房刻本 子山跋 六册 存二十二種

330000－1701－0000938 善 003539 集部/總集類/彙編之屬

十家唐詩十二卷 (明)畢效欽編 明萬曆三十六年(1608)新安畢懋謙刻本 五册

330000－1701－0000939 善 003542 集部/總集類/選集之屬/斷代

唐百家詩一百七十一卷 (明)朱警編 **唐詩品一卷** (明)徐獻忠撰 明嘉靖十九年(1540)刻本(唐李推官披沙集卷四至六配滬匋抄本) 王修校並跋 滬匋跋 六册 存三種

330000－1701－0000940 善 003543 集部/總集類/彙編之屬

唐宋八大家文鈔 (明)茅坤編 明崇禎金閶黄玉堂刻本 三十五册 缺二十二卷(宋大家歐陽文忠公新唐書抄一至二、五代史抄一至二十)

330000－1701－0000941 善 003544 集部/總集類/彙編之屬

蘇黄題跋十二卷 (明)楊鶴編 明刻本 八册

330000－1701－0000942 善 002225 子部/儒家類/儒學之屬

孔子家語八卷 (明)何孟春注 明嘉靖三十七年(1558)孔弘鐸刻本 八册

330000－1701－0000943 善 003545 集部/總集類/選集之屬/斷代

蘇門六君子文粹七十卷 明崇禎六年(1633)胡潛刻本 八册 缺二十五卷(淮海先生文粹一至十四、濟北先生文粹十一至二十一)

330000－1701－0000944 善 003534 集部/總集類/彙編之屬

陶韋合集二十二卷 (明)凌濛初編 明吴興凌濛初刻朱墨套印本 六册

330000－1701－0000945 善 003547 集部/總集類/選集之屬/斷代

盛明百家詩 (明)俞憲編 明嘉靖四十二年至隆慶五年(1563－1571)俞憲刻本 八十册

330000－1701－0000946 善 003549 集部/總集類/彙編之屬

十二家唐詩二十四卷 (明)張遜業編 明嘉靖三十一年(1552)江都黄埻東壁圖書府刻本 十四册 缺八卷(杜審言集一至二、沈佺期集一至二、孟浩然集一至二、高常侍集一至二)

330000－1701－0000947 善 003548 集部/總集類/氏族之屬

午夢堂集十四種 (明)葉紹袁編 明崇禎刻本 八册 存十三種

330000－1701－0000948 善 003550 集部/總集類/選集之屬/斷代

三異人文集二十二卷 (明)俞允諧編 (明)李贄評 明刻本 十册

330000－1701－0000949 善 003551 集部/總集類/彙編之屬

皇明十大家文選二十五卷 (明)陸弘祚編

明刻本　十八册　缺四卷(空同文選一至四)

330000－1701－0000950　善 003553　集部/總集類/郡邑之屬

虞山四子集四卷　清雍正至乾隆刻本　四册

330000－1701－0000951　善 003554　集部/總集類/郡邑之屬

新安二布衣詩八卷　(清)王士禛輯　清康熙四十三年(1704)新安汪洪度、吴瞻泰等刻本　二册

330000－1701－0000952　善 003552　集部/總集類/選集之屬/通代

文壇列俎十卷　(明)汪廷訥輯　明萬曆三十五年(1607)新都汪氏環翠堂刻本　四十册

330000－1701－0000953　善 002148　史部/目録類/總録之屬/私撰

大梅山館藏書目十六卷　(清)姚燮藏並撰　稿本　二册

330000－1701－0000954　善 003555　集部/總集類/彙編之屬

皇明五先生文雋二百四卷目録五卷　(明)蘇文韓編　明天啓四年(1624)如皋蘇文韓刻本　六十四册

330000－1701－0000955　善 003556　集部/總集類/彙編之屬

皇明十六名家小品三十二卷　(明)丁允和　(明)陸雲龍編　(明)陸雲龍評　明崇禎六年(1633)錢塘陸雲龍崢霄館刻本　十六册

330000－1701－0000956　善 003557　集部/總集類/氏族之屬

三蘇文滙六十卷　(明)茅坤　(明)錢穀　(明)鍾惺評定　(明)張煥如輯評　明崇禎緝柳齋刻本　十六册

330000－1701－0000957　善 003561　集部/總集類/氏族之屬

馮氏五先生集五卷　(明)馮琦編　明萬曆刻本　王修跋　五册

330000－1701－0000958　善 003558　集部/總集類/氏族之屬

三蘇文滙六十卷　(明)茅坤　(明)錢穀　(明)鍾惺評定　(明)張煥如輯評　明崇禎緝柳齋刻本　六十册

330000－1701－0000959　善 000364　經部/易類/傳説之屬

易傳八卷　(宋)蘇軾撰　**王輔嗣論易一卷**　(三國魏)王弼撰　明閔齊伋刻朱墨套印本　六册

330000－1701－0000960　善 003559　集部/總集類/郡邑之屬

毗陵六逸詩鈔二十四卷　(清)孫讜編　清康熙五十六年(1717)山陰孫讜刻本　四册

330000－1701－0000961　善 000378　經部/易類/專著之屬

易學本原啓蒙意見四卷　(明)韓邦奇撰　明正德九年(1514)李滄刻本　四册

330000－1701－0000962　善 000410　經部/易類/專著之屬

硯北易鈔不分卷　(清)黄叔琳輯　清初抄本　清翁方綱簽注　文素松、王禮培跋　姜亮夫觀款　十册

330000－1701－0000963　善 000431　經部/易類/專著之屬

學易劄記三卷　(清)朱駿聲撰　稿本　朱師轍跋　一册

330000－1701－0000964　善 000437　經部/書類/傳説之屬

東坡書傳二十卷　(宋)蘇軾撰　明凌濛初刻朱墨套印本　八册

330000－1701－0000965　善 003560　集部/總集類/氏族之屬

易菴蒲塘二翁詩稿二卷　(明)張諧編　明萬曆八年(1580)張諧刻本　清許默菴跋　二册

330000－1701－0000966　善 000486　經部/詩類/傳説之屬

詩集傳二十卷詩序辯説一卷詩傳綱領一卷詩圖一卷　(宋)朱熹集傳　(元)許謙音釋

(元)羅復纂輯　明正統十二年(1447)司禮監刻本[詩圖一卷配清咸豐五年至七年(1855－1857)海昌蔣氏衍芬草堂刻本]　六冊

330000－1701－0000967　善000489　經部/詩類/傳說之屬
詩緝三十六卷　(宋)嚴粲撰　明嘉靖趙府味經堂刻本　三十二冊

330000－1701－0000968　善000492　經部/詩類/傳說之屬
詩經疏義會通二十卷綱領一卷圖一卷　(元)朱公遷撰　(明)王逢輯　(明)何英增釋　明嘉靖二年(1523)劉氏安正書堂刻本　十冊　存十一卷(十至二十)

330000－1701－0000969　善000494　經部/詩類/傳說之屬
詩傳大全二十卷綱領一卷圖一卷　(明)胡廣等撰　**詩序辨說一卷**　(宋)朱熹撰　明永樂十三年(1415)内府刻本　二十冊

330000－1701－0000970　善003562　集部/總集類/氏族之屬
華氏家集八種十一卷　(元)華幼武　(明)華察等撰　清抄本　十二冊

330000－1701－0000971　善000523　經部/詩類/專著之屬
讀詩記一卷　(清)董燿撰　稿本　一冊

330000－1701－0000972　善000006　經部/詩類/專著之屬
沈氏詩醒八箋二十五卷　(清)沈冰壺撰　稿本　十八冊

330000－1701－0000973　善003563　集部/總集類/選集之屬/通代
文選十二卷　(南朝梁)蕭統輯　**音注十二卷**　(明)吳近仁撰　明萬曆二十三年(1595)吳近仁刻本　清王式金跋並過錄清何焯圈點　清孫淇題記並過錄清何焯批校圈點及跋　四冊

330000－1701－0000974　善000576　經部/禮記類/傳說之屬
禮記省度四卷　(清)彭頤撰　清康熙十一年(1672)金陵抱青閣、文治堂、孝友堂刻朱墨套印本　四冊

330000－1701－0000975　善000528　經部/周禮類/傳說之屬
周禮註疏四十二卷　(漢)鄭玄注　(唐)陸德明音義　(唐)賈公彥疏　明嘉靖常州知府遂昌應檟刻本　二十冊

330000－1701－0000976　善003564　集部/總集類/氏族之屬
惲氏家集十八卷　(明)惲厥初輯　**感懷詩一卷**　(明)惲厥初撰　明崇禎惲氏刻清康熙十六年(1677)惲華增刻本　八冊

330000－1701－0000977　善003566　集部/總集類/選集之屬/通代
文選六十卷　(南朝梁)蕭統輯　(唐)李善注　明成化二十三年(1487)唐藩朱芝址刻本　清莫友芝、莫繩孫跋　二十冊

330000－1701－0000978　善000547　經部/儀禮類/傳說之屬
儀禮十七卷　(漢)鄭玄注　明嘉靖刻本　八冊

330000－1701－0000979　善003565　集部/總集類/選集之屬/通代
文選六十卷　(南朝梁)蕭統輯　(唐)李善注　明末海虞毛氏汲古閣刻清康熙二十五年(1686)錢士謐重修本　劉家立批校　劉錦仁跋　十冊

330000－1701－0000980　善003567　集部/總集類/選集之屬/通代
文選十二卷　(南朝梁)蕭統輯　**音注十二卷**　(明)吳近仁撰　明萬曆二十三年(1595)吳近仁刻本　十六冊

330000－1701－0000981　善003568　集部/總集類/選集之屬/通代
文選纂註評林十二卷　(南朝梁)蕭統輯　(明)張鳳翼纂註　明萬曆刻本　十二冊

330000－1701－0000982　善003570　集部/

總集類/選集之屬/通代

文選六十卷　(南朝梁)蕭統輯　(唐)李善注　明嘉靖四年(1525)晉藩養德書院刻本　三十冊

330000－1701－0000983　善003569　集部/總集類/選集之屬/通代

文選六十卷　(南朝梁)蕭統輯　(唐)李善注　明嘉靖元年(1522)金臺汪諒刻本　二十冊

330000－1701－0000984　善003571　集部/總集類/選集之屬/通代

文選六十卷　(南朝梁)蕭統輯　(唐)李善注　清乾隆二十五年(1760)珠樹堂刻本　清董增儒題記並過錄清何焯批校圈點並跋、清汪由敦批校　酈承銓跋　十冊

330000－1701－0000985　善003572　集部/總集類/選集之屬/通代

文選六十卷　(南朝梁)蕭統輯　(唐)李善注　清刻本　清秋吟過錄明孫鑛、清何焯等諸家評語　三十冊

330000－1701－0000986　善003573　集部/總集類/選集之屬/通代

文選六十卷　(南朝梁)蕭統輯　(唐)李善注　清同治八年(1869)金陵書局刻本　單丕批校　十冊

330000－1701－0000987　善000592　經部/三禮總義類/通禮雜禮之屬

儀禮經傳通解三十七卷　(宋)朱熹撰　**儀禮經傳通解續二十九卷**　(宋)黃榦撰　(宋)楊復訂　明正德十六年(1521)劉瑞、曹山杭州刻本　二十冊

330000－1701－0000988　善000761　經部/樂類/律呂之屬

大樂律呂元聲六卷大樂律呂考註四卷　(明)李文利撰　(明)李元校補　明嘉靖十四年(1535)浙江布政司刻本　五冊

330000－1701－0000989　善000769　經部/樂類/律呂之屬

樂律纂要一卷　(明)季本撰　明嘉靖十八年(1539)宋楫刻本　一冊

330000－1701－0000990　善003574　集部/總集類/選集之屬/通代

文選六十卷　(南朝梁)蕭統輯　(唐)李善　(唐)呂延濟　(唐)劉良　(唐)張銑　(唐)呂向　(唐)李周翰注　清乾隆三十三年(1768)雲林周氏光霽堂刻本　清施安生題簽　佚名過錄清何焯等批校　十六冊

330000－1701－0000991　善003575　集部/總集類/選集之屬/通代

文選六十卷　(南朝梁)蕭統輯　(唐)李善注　明末海虞毛氏汲古閣刻清康熙二十五年(1686)錢士謐重修本　清姚元之過錄清何焯、清俞瑒批校並跋　六冊

330000－1701－0000992　善000610　經部/春秋左傳類/傳說之屬

春秋左傳三十卷　(晉)杜預注　(宋)林堯叟音註　明嘉靖二十四年(1545)書林宗文堂鄭希善刻本　十二冊

330000－1701－0000993　善000011　經部/春秋左傳類/傳說之屬

附釋音春秋左傳註疏六十卷　(晉)杜預注　(唐)孔穎達疏　(唐)陸德明釋文　元刻明修本　章炳麟跋　二十冊

330000－1701－0000994　善000609　經部/春秋左傳類/傳說之屬

附釋音春秋左傳註疏六十卷　(晉)杜預注　(唐)孔穎達疏　(唐)陸德明釋文　元刻本　二冊　存五卷(五十至五十四)

330000－1701－0000995　善000633　經部/春秋左傳類/專著之屬

春秋左傳類解二十卷地譜世系一卷　(明)劉績撰　明嘉靖七年(1528)崇藩刻本　十冊　缺一卷(地譜世系)

330000－1701－0000996　善000634　史部/紀事本末類/斷代之屬

唐荊川先生編纂左氏始末十二卷　(明)唐順之撰　(明)金九皋等編　明嘉靖四十一年

(1562)唐正之刻本　九冊

330000－1701－0000997　善 003576　集部/總集類/選集之屬/通代

文選六十卷　(南朝梁)蕭統輯　(唐)李善注　(清)何焯評　清刻本　清陳堯佐批校、跋並過錄前賢校跋　十冊

330000－1701－0000998　善 003577　集部/總集類/選集之屬/通代

文選六十卷　(南朝梁)蕭統輯　(唐)李善注　清乾隆二十五年(1760)珠樹堂刻本　清金守正過錄清潘來、清孫志祖考異並跋　十二冊

330000－1701－0000999　善 003579　集部/總集類/選集之屬/通代

六臣註文選六十卷　(南朝梁)蕭統撰　(唐)李善　(唐)呂延濟　(唐)劉良　(唐)張銑　(唐)李周翰　(唐)呂向注　明刻本　六十冊

330000－1701－0001000　善 003580　集部/總集類/選集之屬/通代

六臣註文選六十卷　(南朝梁)蕭統撰　(唐)李善　(唐)呂延濟　(唐)劉良　(唐)張銑　(唐)李周翰　(唐)呂向注　明萬曆二年(1574)崔孔昕刻六年(1578)徐成位重修本　四十八冊

330000－1701－0001001　善 003581　集部/總集類/選集之屬/通代

梁昭明文選十二卷　(南朝梁)蕭統輯　(明)張鳳翼纂注　明天啓刻本　十二冊

330000－1701－0001002　善 003582　集部/總集類/選集之屬/通代

梁昭明文選十二卷　(南朝梁)蕭統輯　(明)張鳳翼纂注　明萬曆刻本　十二冊

330000－1701－0001003　善 003583　集部/總集類/選集之屬/通代

昭明文選六十卷　(南朝梁)蕭統輯　清康熙抄本　清郭祚熾跋　佚名過錄清俞瑒評　四冊

330000－1701－0001004　善 003589　集部/總集類/選集之屬/通代

文選尤十四卷　(南朝梁)蕭統輯　(明)鄒思明評　明天啓二年(1622)刻三色套印本　七冊

330000－1701－0001005　善 003810　集部/總集類/選集之屬/斷代

新雕宋朝文鑑一百五十卷目錄三卷　(宋)呂祖謙輯　明天順八年(1464)嚴州府刻重修本　二十四冊

330000－1701－0001006　善 003772　集部/總集類/選集之屬/斷代

唐文呂選四種十三卷　(清)呂留良編　(清)董采評　清康熙四十三年(1704)困學闇刻本　四冊

330000－1701－0001007　善 003584　集部/總集類/選集之屬/通代

六家文選六十卷　(南朝梁)蕭統撰　(唐)李善　(唐)呂延濟　(唐)劉良　(唐)張銑　(唐)李周翰　(唐)呂向注　明嘉靖丁覲刻本　三十冊

330000－1701－0001008　善 003929　集部/總集類/選集之屬/斷代

天台齊氏家藏清代名人詩稿不分卷　(清)齊召南等撰　稿本　清齊毓璜題簽　一冊

330000－1701－0001009　善 003933　集部/總集類/選集之屬/斷代

繡谷啚卷題咏彙鈔一卷　(清)蔣書衙輯　清咸豐二年(1852)吳門蔣氏抄本　一冊

330000－1701－0001010　善 003585　集部/總集類/選集之屬/通代

文選補遺四十卷　(元)陳仁子輯　(元)譚紹烈纂類　明刻本　二十冊

330000－1701－0001011　善 003587　集部/總集類/選集之屬/通代

六臣註文選六十卷　(南朝梁)蕭統撰　(唐)李善　(唐)呂延濟　(唐)劉良　(唐)張銑　(唐)李周翰　(唐)呂向注　明新安吳勉學

刻本　三十二冊

330000－1701－0001012　善 003586　集部/總集類/選集之屬/通代
六臣註文選六十卷　(南朝梁)蕭統撰　(唐)李善　(唐)呂延濟　(唐)劉良　(唐)張銑　(唐)李周翰　(唐)呂向注　明嘉靖潘惟時、潘惟德刻本[卷十三至十四配明刻本，卷十七至三十配明萬曆二年(1574)崔孔昕刻六年(1578)徐成位重修本，卷五十九至六十配另一明刻本]　三十冊

330000－1701－0001013　善 003588　集部/總集類/選集之屬/通代
文選章句二十八卷　(南朝梁)蕭統撰　(唐)李善注　(明)陳與郊編　明萬曆二十五年(1597)刻本　二十四冊

330000－1701－0001014　善 003590　集部/總集類/選集之屬/通代
文選瀹註三十卷　(南朝梁)蕭統輯　(明)孫鑛評　(明)閔齊華注　明末烏程閔齊華刻清康熙二十年(1681)柯維楨重修本　佚名過錄清陸燦跋　二十八冊

330000－1701－0001015　善 003592　集部/總集類/選集之屬/通代
續文選十四卷著作人姓名錄一卷　(明)胡震亨撰　明崇禎刻本　六冊

330000－1701－0001016　善 003593　集部/總集類/選集之屬/通代
續文選三十二卷　(明)湯紹祖輯　明萬曆三十年(1602)希貴堂刻本　鈍生題簽　六冊

330000－1701－0001017　善 003973　集部/總集類/郡邑之屬
雙溪詩匯二十二卷　(清)孔憲采輯　稿本　六冊

330000－1701－0001018　善 003594　集部/總集類/選集之屬/通代
選詩七卷附詩人世次爵里一卷　(南朝梁)蕭統輯　(明)郭正域批點　(明)淩濛初輯評　明吳興淩濛初刻朱墨套印本　六冊

330000－1701－0001019　善 003943　集部/總集類/郡邑之屬
續甬上耆舊詩不分卷　(清)全祖望輯　清全氏雙韭山房抄董氏看雲草堂補抄本　馮貞群跋　四冊

330000－1701－0001020　善 003273　子部/宗教類/佛教之屬/經疏
金剛般若波羅蜜經宗通九卷　(後秦)釋鳩摩羅什譯　(明)曾鳳儀宗通　清光緒十一年(1885)金陵刻經處刻本　余重耀批校　二冊

330000－1701－0001021　善 003972　集部/總集類/郡邑之屬
半山亭詩集不分卷　(明)丁鉷輯　明弘治元年(1488)刻本　二冊

330000－1701－0001022　善 003974　集部/總集類/選集之屬/斷代
新刊名山百詠詩二卷　(明)李瑛等撰　明弘治十三年(1500)崇明院前葉宅刻本　二冊

330000－1701－0001023　善 003991　集部/楚辭類
楚辭十七卷附錄一卷　(漢)王逸注　(宋)洪興祖　(宋)劉鳳補注　(明)陳深批點　明萬曆二十八年(1600)吳興淩毓柟刻朱墨套印本　十冊

330000－1701－0001024　善 003992　集部/楚辭類
楚辭十七卷附錄一卷　(漢)王逸注　(宋)洪興祖　(宋)劉鳳補注　(明)陳深批點　明萬曆二十八年(1600)吳興淩毓柟刻朱墨套印本　四冊

330000－1701－0001025　善 003595　集部/總集類/選集之屬/通代
選賦六卷　(南朝梁)蕭統輯　(明)郭正域評點　**名人世次爵里一卷**　明吳興凌氏鳳笙閣刻朱墨套印本　六冊

330000－1701－0001026　善 004041　集部/總集類/彙編之屬
六朝詩集二十四家五十五卷　(明)薛應旂輯

明嘉靖刻本　一冊　存四卷(江文通集一至四)

330000－1701－0001027　善 004048　集部/別集類/唐五代別集

唐駱先生集八卷附錄一卷　(唐)駱賓王撰　(明)王衡等評釋　明凌毓枏刻朱墨套印本　六冊

330000－1701－0001028　善 000666　經部/春秋總義類/傳說之屬

春秋辨義十二卷　(清)鄭文蘭撰　清乾隆珊街木活字印本　四冊

330000－1701－0001029　善 003596　集部/總集類/選集之屬/通代

文苑英華一千卷　(宋)李昉等輯　明嘉靖抄本　二冊　存五卷(七百八十一至七百八十五)

330000－1701－0001030　善 000682　經部/四書類/論語之屬/傳說

論語古注集箋十卷　(清)潘維城撰　稿本　清潘錫爵校並跋　四冊

330000－1701－0001031　善 003597　集部/總集類/選集之屬/通代

文苑英華一千卷　(宋)李昉等輯　明隆慶元年(1567)胡維新、戚繼光刻本　一百一冊

330000－1701－0001032　善 003598　集部/總集類/選集之屬/通代

玉臺新詠十卷　(南朝陳)徐陵輯　**續玉臺新詠五卷**　(明)鄭玄撫輯　明嘉靖十九年(1540)鄭玄撫刻本　四冊

330000－1701－0001033　善 003599　集部/總集類/選集之屬/通代

玉臺新詠十卷　(南朝陳)徐陵輯　(明)袁宏道評　**續玉臺新詠四卷**　(明)鄭玄撫輯　(明)袁宏道評　明天啓二年(1622)錢塘沈逢春刻本　八冊

330000－1701－0001034　善 000694　經部/四書類/總義之屬/專著

讀四書叢說八卷　(元)許謙撰　明抄本　清馮登府校注　六冊

330000－1701－0001035　善 000696　經部/四書類/總義之屬/傳說

重訂四書輯釋四十四卷　(宋)朱熹章句　(元)倪士毅輯釋　(明)朱公遷約說　(明)王逢訂定通義　明正統五年(1440)詹氏進德書堂刻本　一冊　存一卷(新刊重訂輯釋通義源流本末)

330000－1701－0001036　善 003600　集部/總集類/選集之屬/通代

玉臺新詠十卷　(南朝陳)徐陵輯　明虞山毛氏汲古閣刻本　清東原草堂批　四冊

330000－1701－0001037　善 000725　經部/四書類/總義之屬/傳說

四書疏記四卷　(清)陳鱣撰　稿本　一冊

330000－1701－0001038　善 000787　經部/小學類/訓詁之屬

五雅　(明)畢效欽輯　明嘉靖新安畢氏刻本　四冊　存一種

330000－1701－0001039　善 000802　經部/小學類/文字之屬/說文/專著

重刊許氏説文解字五音韻譜十二卷　(宋)李燾撰　明弘治十四年(1501)車玉刻本　四冊

330000－1701－0001040　善 000837　經部/小學類/文字之屬/說文/專著

六書精蘊六卷　(明)魏校撰　**六書精蘊音釋舉要一卷**　(明)徐官撰　明嘉靖十九年(1540)魏希明刻本　六冊

330000－1701－0001041　善 000834　經部/小學類/文字之屬/字書/字典

金石韻府五卷　(明)朱雲輯　明朱墨抄本　五冊

330000－1701－0001042　善 000860　經部/小學類/文字之屬/字書/字典

廣金石韻府五卷附玉篇字畧一卷　(明)朱時望撰　(清)林尚葵廣輯　(清)李根校正　清康熙大業堂刻朱墨套印本　六冊

330000－1701－0001043　善 000877　經部/小學類/音韻之屬/韻書
同音集釋要四卷　(清)朱一新撰　稿本　四册

330000－1701－0001044　善 000908　經部/小學類/音韻之屬/韻書
新編篇韻貫珠集八卷　(明)釋真空撰　明弘治十一年(1498)刻本　一册

330000－1701－0001045　善 000909　經部/小學類/音韻之屬/韻書
新編篇韻貫珠集八卷　(明)釋真空撰　明隆慶六年(1572)釋子本讚刻本　一册

330000－1701－0001046　善 003601　集部/總集類/選集之屬/通代
玉臺新詠十卷　(南朝陳)徐陵輯　(明)陳垣芳訂正　明刻本　邵瑞彭題簽並跋　四册

330000－1701－0001047　善 000892　經部/小學類/音韻之屬/韻書
新編經史正音切韻指南一卷新增篇韻拾遺并藏經字義一卷　(元)劉鑑撰　**等韻指掌圖一卷**　(明)楊巽編　明弘治九年(1496)釋思宜刻本　一册

330000－1701－0001048　善 000903　經部/小學類/音韻之屬/韻書
詩韻輯略五卷　(明)潘恩撰　明隆慶刻本　十册

330000－1701－0001049　善 000934　史部/紀傳類/正史之屬
史記一百三十卷首一卷　(漢)司馬遷撰　(南朝宋)裴駰集解　(唐)司馬貞索隱　明正德十三年(1518)邵宗周刻本　十六册

330000－1701－0001050　善 003602　集部/總集類/選集之屬/通代
樂府妙聲選十六卷　(清)張梁編　清乾隆十六年(1751)陸文蔚抄本　馮貞群跋　四册

330000－1701－0001051　善 003603　集部/總集類/選集之屬/通代
樂府詩集一百卷目錄二卷　(宋)郭茂倩輯　明崇禎虞山毛氏汲古閣刻清康熙毛扆重訂本　八册

330000－1701－0001052　善 003604　集部/總集類/選集之屬/通代
瀛奎律髓四十九卷　(元)方回輯　清康熙五十年至五十一年(1711－1712)吳寶芝黄葉邨莊刻本　十二册

330000－1701－0001053　善 003605　集部/總集類/選集之屬/通代
古樂府十卷　(元)左克明輯　明嘉靖二十九年(1550)楊巍刻本　四册

330000－1701－0001054　善 000975　史部/紀傳類/正史之屬
後漢書九十卷　(南朝宋)范曄撰　(唐)李賢注　**志三十卷**　(晉)司馬彪撰　(南朝梁)劉昭注　明嘉靖汪文盛等刻本　二十册

330000－1701－0001055　善 003607　集部/總集類/選集之屬/通代
詩歸五十一卷　(明)鍾惺　(明)譚元春輯　明萬曆四十五年(1617)刻本　十二册

330000－1701－0001056　善 000991　史部/紀傳類/正史之屬
梁書五十六卷　(唐)姚思廉撰　宋刻宋元明遞修本　四册　存二十二卷(本紀一至二,列傳一至七、二十三至二十九、三十七至四十二)

330000－1701－0001057　善 003609　集部/總集類/選集之屬/通代
古詩類苑一百三十卷　(明)張之象纂輯　(明)俞顯卿訂補　明萬曆三十年(1602)俞顯謨、王頖、陳甲刻本　十六册　存九十八卷(三十三至一百三十)

330000－1701－0001058　善 003610　集部/總集類/選集之屬/通代
八代詩乘四十五卷吳詩一卷總錄二卷末二卷　(明)梅鼎祚輯　明萬曆十一年(1583)劉文顯、徐象慶等刻三十四年(1606)寧國郡續刻本　十册　存二十二卷(漢魏詩乘一至二十、

吳詩、總錄）

330000－1701－0001059　善003611　集部/總集類/選集之屬/通代

漢魏詩集十四卷　（明）劉成德輯　明萬曆南海陳堂刻本　二册

330000－1701－0001060　善001005　史部/紀傳類/正史之屬

宋史新編二百卷　（明）柯維騏撰　明嘉靖刻本　五十册

330000－1701－0001061　善001040　史部/編年類/通代之屬

新刊紫陽朱子綱目大全五十九卷首一卷　（宋）朱熹撰　（宋）尹起莘發明　（元）劉友益書法　（元）汪克寬考異　（元）王幼學集覽　（元）徐昭文考證　（明）陳濟正誤　（明）馮智舒質實　明嘉靖十年（1531）書林楊氏清江書堂刻本　四十册

330000－1701－0001062　善001038　史部/編年類/通代之屬

資治通鑑綱目發明五十九卷　（宋）尹起莘撰　明内府刻本　六册

330000－1701－0001063　善001069　史部/編年類/通代之屬

大事記續編七十七卷　（明）王禕撰　明成化二十年（1484）陸淵之刻本　四十册

330000－1701－0001064　善001056　史部/編年類/通代之屬

宋元通鑑一百五十七卷　（明）薛應旂撰　明嘉靖四十五年（1566）薛應旂刻本　四十册

330000－1701－0001065　善001054　史部/編年類/通代之屬

歷代通鑑纂要九十二卷　（明）李東陽　（明）劉機等撰　明正德二年（1507）内府刻本　六十册

330000－1701－0001066　善003612　集部/總集類/選集之屬/通代

選詩補註八卷　（元）劉履撰　**選詩補遺二卷**　**續編四卷**　（元）劉履輯　明刻本　十二册

330000－1701－0001067　善001094　史部/編年類/斷代之屬

大明太祖高皇帝實録不分卷　（明）胡廣等纂修　明抄本　四册　存洪武前、洪武元年正月至三月、三年五月至四年八月、九年正月至十年十二月

330000－1701－0001068　善000028　史部/編年類/斷代之屬

大明武宗承天達道英肅睿哲昭德顯功宏文思孝毅皇帝實録一百九十七卷　（明）徐光祚　（明）費弘等纂修　明抄本　十一册　存三十七卷（二至三、二十四至二十七、三十四至三十六、四十至四十二、四十六至四十八、八十七至八十九、一百十四至一百十六、一百二十至一百二十二、一百三十至一百三十二、一百五十一至一百五十七、一百七十三至一百七十五）

330000－1701－0001069　善000030　史部/編年類/斷代之屬

大明穆宗契天隆道淵懿寬仁顯文光武純德弘孝莊皇帝實録七十卷　（明）張溶　（明）張居正等纂修　明抄本　二十册

330000－1701－0001070　善003613　集部/總集類/選集之屬/通代

詩拔十八卷　（清）佚名輯　清康熙寫樣本　五册

330000－1701－0001071　善001142　史部/雜史類

吳越紀餘五卷附雜詠一卷　（明）錢貴撰　清花橋水閣抄本　一册

330000－1701－0001072　善003615　集部/總集類/選集之屬/通代

選詩補註八卷　（元）劉履撰　**選詩補遺二卷**　**續編四卷**　（元）劉履輯　明嘉靖三十一年（1552）顧存仁養吾堂刻本　一册　存四卷（續編一至四）

330000－1701－0001073　善001144　史部/雜史類/通代之屬

華陽國志十二卷　（晉）常璩撰　明嘉靖四

十二年(1563)張佳胤刻本　五冊

330000－1701－0001074　善 001174　史部/雜史類/斷代之屬
今言四卷　(明)鄭曉撰　明嘉靖四十五年(1566)項篤壽刻本　四冊

330000－1701－0001075　善 001171　史部/雜史類/斷代之屬
李侍郎使北録一卷　(明)李實撰　明抄本　一冊

330000－1701－0001076　善 001206　史部/雜史類/斷代之屬
辛巳越中荒紀一卷　(明)祁彪佳撰　**辛巳歲救荒小議一卷**　明末祁氏遠山堂抄本　一冊

330000－1701－0001077　善 001220　史部/雜史類/斷代之屬
甲申日紀八卷附録一卷　(清)李清撰　清抄本　四冊

330000－1701－0001078　善 001230　史部/雜史類/斷代之屬
安龍逸史一卷　(清)屈大均撰　清末周氏鴿峰草堂抄本　二冊

330000－1701－0001079　善 003614　集部/總集類/選集之屬/通代
詩苑天聲二十二卷(應制集四卷應試集三卷朝堂詩七卷館課集六卷歷代樂章二卷)　(清)范與良輯並評　清順治十六年(1659)旋采堂刻本　十二冊

330000－1701－0001080　善 003616　集部/總集類/選集之屬/通代
御定歷代題畫詩類一百二十卷　(清)陳邦彦輯　清康熙四十六年(1707)内府刻本　二十四冊

330000－1701－0001081　善 001692　史部/詔令奏議類/奏議之屬
秦漢書疏十八卷　明嘉靖三十七年(1558)吳國倫刻本　四冊　存十二卷(秦書疏一至三、東漢書疏一至九)

330000－1701－0001082　善 001690　史部/詔令奏議類/奏議之屬
秦漢書疏十八卷　明隆慶六年(1572)刻本　八冊

330000－1701－0001083　善 003617　集部/總集類/選集之屬/通代
詩紀一百三十卷前集十卷附録一卷外集四卷別集十二卷　(明)馮惟訥輯　明嘉靖三十九年(1560)甄敬刻本　三十一冊　存九十九卷(前集一至十、外集一至四、別集一至十二,魏卷一至九、吴卷一、宋卷一至十一、梁卷一至三十四、北魏卷一至二、北齊卷一至二、北周卷一至八、隋卷一至六)

330000－1701－0001084　善 001719　史部/詔令奏議類/奏議之屬
大儒大奏議六卷　(明)邵寶輯　明嘉靖六年(1527)郭韶刻本　二冊

330000－1701－0001085　善 001696　史部/詔令奏議類/奏議之屬
范文正公政府奏議二卷續集二卷書牘一卷　(宋)范仲淹撰　明嘉靖四十年(1561)韓叔陽刻本　四冊

330000－1701－0001086　善 001371　史部/傳記類/總傳之屬/通代
我師録不分卷　(清)葉逢時撰　稿本　十六冊

330000－1701－0001087　善 001306　史部/傳記類/總傳之屬
從祀先聖事蹟録二十四卷　(明)李廷寶撰　明嘉靖四十一年(1562)刻四十五年(1566)印本　敬軒跋　六冊

330000－1701－0001088　善 003618　集部/總集類/選集之屬/通代
詩紀一百三十卷前集十卷附録一卷外集四卷別集十二卷　(明)馮惟訥輯　明萬曆四十一年(1613)黄承玄、馮琦刻本　十二冊　存十九卷(一至十九)

330000－1701－0001089　善 001330　史部/

傳記類/總傳之屬/斷代

伊洛淵源録十四卷　(宋)朱熹撰　明三山街葉氏東橋書舍印刻本　六冊

330000－1701－0001090　善003619　集部/總集類/選集之屬/通代

佩文齋詠物詩選四百八十六卷　(清)汪霦等輯　清康熙四十六年(1707)内府刻本　三十二冊

330000－1701－0001091　善001360　史部/傳記類/總傳之屬/斷代

皇明四朝成仁錄□□卷　(清)屈大均撰　清抄本　一冊　存一卷(一)

330000－1701－0001092　善003703　集部/總集類/尺牘之屬

書記洞詮一百十六卷目錄十卷　(明)梅鼎祚輯　明萬曆二十五年至二十七年(1597－1599)玄白堂刻本　二十八冊

330000－1701－0001093　善001388　史部/傳記類/總傳之屬/郡邑

兩浙耆獻傳略不分卷　稿本　十二冊

330000－1701－0001094　善003620　集部/總集類/選集之屬/通代

詩所五十六卷歷代名氏爵里一卷　(明)臧懋循輯　明萬曆三十一年(1603)雕蟲館刻清康熙臧賡重修本　十六冊

330000－1701－0001095　善003621　集部/總集類/選集之屬/通代

詩紀一百五十六卷目録三十六卷　(明)馮惟訥輯　明萬曆吳琯、謝陛、陸弼、俞策刻方天眷印本　二十冊

330000－1701－0001096　善003693　集部/總集類/選集之屬/通代

四六法海十二卷　(明)王志堅輯　明天啓七年(1627)張我城刻儨孺堂印本　十二冊

330000－1701－0001097　善003694　集部/總集類/尺牘之屬

尺牘清裁六十卷補遺一卷　(明)王世貞輯　明刻本　八冊

330000－1701－0001098　善000057　史部/傳記類/別傳之屬/年譜

祁忠敏公[彪佳]年譜一卷　(明)□□撰　清抄本　一冊

330000－1701－0001100　善001464　史部/傳記類/日記之屬

霍邸日記不分卷(清順治十三年)　(清)莊同生撰　稿本　清莊國楨跋　二冊

330000－1701－0001101　善003622　集部/總集類/選集之屬/通代

詩所五十六卷歷代名氏爵里一卷　(明)臧懋循輯　明萬曆三十一年(1603)雕蟲館刻本　四十冊

330000－1701－0001102　善003623　集部/總集類/選集之屬/通代

詩家全體十四卷　(明)李之用輯　明萬曆二十六年(1598)邵武府學刻本　十冊

330000－1701－0001103　善001472　史部/傳記類/日記之屬

佩韋室日記不分卷　(清)高心夔撰　稿本　五冊

330000－1701－0001104　善003624　集部/總集類/選集之屬/通代

八代詩乘四十五卷吳詩一卷總錄二卷末二卷　(明)梅鼎祚輯　明萬曆十一年(1583)劉文顯、徐象慶等刻三十四年(1606)寧國郡續刻本　十冊

330000－1701－0001105　善001480　史部/傳記類/日記之屬

修得到梅花山館日記不分卷　(清)胡晉牲撰　稿本　三冊

330000－1701－0001106　善003625　集部/總集類/選集之屬/斷代

列朝詩集乾集二卷甲集前編十一卷甲集二十二卷乙集八卷丙集十六卷丁集十六卷閏集六卷　(清)錢謙益輯　清順治刻絳雲樓印本　四十冊

330000－1701－0001107　善001478　史部/

傳記類/日記之屬
南輶紀程二卷(清同治三年至四年)附一卷　(清)平步青撰　稿本　一冊

330000－1701－0001108　善001498　史部/傳記類/日記之屬
王繼香日記不分卷(清同治八年)　王繼香撰　清同治八年(1869)稿本　一冊

330000－1701－0001109　善003691　集部/總集類/選集之屬/通代
映雪樓古文練要正編□□卷　(清)莊仲方輯　稿本　金蓉鏡跋　十六冊　存二十六卷(一至四、九至十二、十五至十六、十九至三十四)

330000－1701－0001110　善001497　史部/傳記類/日記之屬
記事珠一卷　(清)陸懋勳撰　稿本　一冊

330000－1701－0001111　善001496　史部/傳記類/日記之屬
寄龕日記(清光緒二十一年至二十三年)不分卷　(清)孫德祖撰　稿本　四冊

330000－1701－0001112　善003692　集部/總集類/選集之屬/通代
晚邨先生八家古文精選八卷　(清)呂留良輯　(清)呂葆中批點　清康熙四十三年(1704)呂氏家塾刻本　八冊

330000－1701－0001113　善003627　集部/總集類/彙編之屬
翠娛閣評選行笈必攜十種　(明)陸雲龍編　明崇禎陸雲龍翠娛閣刻本　四冊　存一種

330000－1701－0001114　善004732　史部/傳記類/總傳之屬/家乘
林氏雜記一卷　(明)林煜撰　明抄本　清高兆、清林佶、王存善跋　一冊

330000－1701－0001115　善001551　史部/傳記類/科舉録之屬/總録
皇明進士登科考十二卷　(明)俞憲輯　明嘉靖鴸鳴館刻本　二冊　存二卷(八至九)

330000－1701－0001116　善003770　集部/總集類/選集之屬/斷代
御定全唐詩録一百卷詩人年表一卷　(清)徐倬等輯　清康熙四十五年(1706)揚州詩局刻本　三十冊

330000－1701－0001117　善003628　集部/總集類/選集之屬/通代
詩學正宗十六卷　(明)浦南金輯　明嘉靖三十六年(1557)五樂堂刻本　八冊

330000－1701－0001118　善003629　集部/總集類/選集之屬/通代
名媛詩歸三十六卷　(清)鍾惺輯　明二乙堂刻本　十二冊

330000－1701－0001119　善003630　集部/總集類/選集之屬/通代
古學鴻裁十五卷詩學鴻裁二卷　(清)范樫(清)周采輯　清順治十七年(1660)古吳周采泌樂堂刻金閶振鄴堂印本　十冊

330000－1701－0001120　善001815　史部/地理類/方志之屬/郡縣志
[乾隆]紹興府志八十卷首一卷　(清)李亨特修　(清)平恕　(清)徐嵩纂　清乾隆五十七年(1792)刻本　清李慈銘批校　四十六冊

330000－1701－0001121　善003631　集部/總集類/選集之屬/斷代
琬琰清音十二卷　(明)黄鳳翔　(明)詹仰庇輯　(明)朱梧批點　明萬曆刻本　六冊　存六卷(一至六)

330000－1701－0001122　善001848　史部/地理類/方志之屬/通志
[乾隆]欽定盛京通志三十二卷　清乾隆內府刻本　十冊

330000－1701－0001123　善003632　集部/總集類/選集之屬/通代
阮亭選古詩三十二卷　(清)王士禛輯　清康熙天藜閣刻本　八冊

330000－1701－0001124　善003633　集部/總集類/選集之屬/通代

古今女詩選六卷　（明）郭煒輯並評　明天啓刻本　三冊

330000－1701－0001125　善003634　集部/總集類/選集之屬/通代
百梅一韻四卷　（明）汪元英輯　**百花一韻一卷**　（明）汪元英撰　明汪應鼎刻本　四冊

330000－1701－0001126　善001680　史部/政書類/軍政之屬/邊政
皇明九邊考十卷　（明）魏煥撰　明嘉靖四十五年(1566)魏時用刻本　四冊

330000－1701－0001127　善003638　集部/總集類/選集之屬/斷代
周文歸二十卷　（明）鍾惺輯　明崇禎十三年(1640)刻本　十冊

330000－1701－0001128　善003639　集部/總集類/選集之屬/通代
秦漢魏晉文選十卷　（明）佘震啓　（明）鄭玄撫輯　明嘉靖二十四年(1545)新安洪廷論刻本　十冊

330000－1701－0001129　善003640　集部/總集類/選集之屬/通代
文紀十四種　（明）梅鼎祚輯　明崇禎刻本　四冊　存一種

330000－1701－0001130　善003642　集部/總集類/選集之屬/通代
秦漢六朝文十卷　（明）汪道昆選　（明）俞王言批　明萬曆刻本　四冊

330000－1701－0001131　善003641　集部/總集類/選集之屬/通代
秦漢文八卷　（明）胡纘宗輯　明嘉靖二十二年(1543)新安程良錫刻本　八冊

330000－1701－0001132　善001622　史部/政書類/通制之屬
文獻通考補增三卷參補二十六卷　（清）葉濬發撰　清乾隆四十四年(1779)稿本　三十三冊　缺參補二十中、下,二十二下

330000－1701－0001133　善003644　集部/總集類/選集之屬/通代
秦漢鴻文二十五卷　（明）顧錫疇評選　明崇禎刻本　二十八冊

330000－1701－0001134　善000968　史部/紀傳類/正史之屬
二十一史　明刻明清遞修本　二十冊　存一種

330000－1701－0001135　善001047　史部/編年類/通代之屬
續資治通鑑綱目二十七卷　（明）商輅等撰　明成化十二年(1476)內府刻本　十四冊

330000－1701－0001136　善000702　經部/四書類/總義之屬/傳說
四書人物考訂補四十卷　（明）薛應旂撰　（明）朱焯註釋　（明）許胥臣訂補　明天啓七年(1627)刻本　四冊

330000－1701　0001137　善000707　經部/孝經類/傳說之屬
孝經一卷　（明）趙南星訂注　明刻本　一冊

330000－1701－0001138　善000709　經部/四書類/總義之屬/傳說
鼎鐫徐筆洞增補睡菴湯太史四書脈講意六卷　（明）湯賓尹撰　（明）徐奮鵬增　（明）余應虬補　明萬曆四十七年(1619)書林余應虬刻本　十二冊

330000－1701－0001139　善003937　史部/地理類/山川之屬/水志
西湖賦一卷　（清）柴紹炳撰　**西湖賦箋一卷**　（清）柴紹炳撰　（清）柴杰箋　清乾隆三十九年(1774)仁和柴氏洽禮堂刻本　四冊

330000－1701－0001140　善000708　經部/四書類/總義之屬/傳說
大學正說一卷中庸正說二卷　（明）趙南星撰　明末李士劭等刻本　二冊

330000－1701－0001141　善000705　經部/四書類/總義之屬/傳說
重刻內府原板張閣老經筵四書直解指南二十七卷　（明）張居正撰　（明）焦竑增補

(明)湯賓尹訂正　明萬曆閩建書林易齋詹諒刻本　十二册

330000－1701－0001142　善000643　經部/春秋總義類/傳說之屬

公羊穀梁春秋合編附註疏纂十二卷　(明)朱泰禎撰　明末刻本　八册

330000－1701－0001143　善003938　集部/總集類/郡邑之屬

國朝杭郡詩輯十六卷　(清)吴顥輯　清嘉慶五年(1800)錢塘吴氏守惇堂刻本　吴秉澂、張宗祥跋　八册

330000－1701－0001144　善003939　集部/總集類/郡邑之屬

本朝甬上耆舊詩四十卷續甬上耆舊詩四十八卷　(清)全祖望輯　(清)董秉純　(清)盧鎬編　清抄本　清駿浮簽補、題記並批校　清漫翁題記並批校　三十册

330000－1701－0001145　善000641　經部/春秋總義類/傳說之屬

春秋輯傳十三卷　(明)王樵撰　**春秋凡例二卷春秋宗旨一卷**　(明)王樵輯　明萬曆刻本　二十四册

330000－1701－0001146　善000704　經部/四書類/總義之屬/傳說

重刻内府原板張閣老經筵四書直解指南二十七卷　(明)張居正撰　(明)焦竑增補　(明)湯賓尹訂正　明萬曆閩建書林易齋詹諒刻本　十六册

330000－1701－0001147　善000703　經部/四書類/總義之屬/傳說

新刊全補四書存疑十二卷　(明)林希元著　明嘉靖胡椿、卞崍刻本　二册　存五卷(一至三、六至七)

330000－1701－0001148　善003940　集部/總集類/郡邑之屬

續甬東耆舊詩四十卷　(清)全祖望輯　(清)董秉純編　清抄本(卷四、六配清抄本)　十册　缺一卷(二十二)

330000－1701－0001149　善000710　經部/四書類/總義之屬/傳說

四書湖南講九卷　(明)葛寅亮講　明崇禎刻本　清星未題記　八册

330000－1701－0001150　善000711　經部/四書類/總義之屬/傳說

四書說叢十七卷　(明)沈守正撰　明萬曆四十三年(1615)刻本　四册

330000－1701－0001151　善000195　子部/藝術類/篆刻之屬/印譜

印品七卷首一卷　(明)朱簡輯　明萬曆刻鈐印本　五册

330000－1701－0001152　善000637　經部/春秋左傳類/傳說之屬

左紀十一卷　(明)錢應奎編輯　明萬曆三年(1575)華叔陽刻本　十六册

330000－1701－0001153　善000713　經部/四書類/總義之屬/傳說

新鍥皇明百大家總意四書正新錄六卷皇明大家姓氏并書目一卷　(明)郭偉輯　明萬曆二十四年(1596)閩建楊鳴鶡守仁齋刻本　二十册

330000－1701－0001154　善000712　經部/四書類/總義之屬/傳說

四書名物考二十四卷　(明)陳禹謨輯　(明)錢受益　(明)牛斗星補　明末牛斗星刻本　六册

330000－1701－0001155　善000646　經部/春秋總義類/傳說之屬

新鋟李閣老評註左胡纂要四卷　(明)李廷機選注　明書林劉蓮台刻本　四册

330000－1701－0001156　善000716　經部/四書類/總義之屬/傳說

四書經學考十卷補遺一卷　(明)徐邦佐撰　明崇禎元年(1628)刻本　八册

330000－1701－0001157　善003941　集部/總集類/郡邑之屬

續甬上耆舊詩七十五卷　(清)全祖望輯　清

抄本　清佚名批校　十冊　存十六卷(一至十六)

330000－1701－0001158　善000714　經部/四書類/總義之屬/傳說

四書考二十八卷考異一卷備考引用書目一卷　(明)陳仁錫撰　明崇禎七年(1634)陳仁錫刻本　八冊

330000－1701－0001159　善000724　經部/四書類/論語之屬/專著

鄉黨圖考十卷　(清)江永撰　**鄉黨圖考訂訛一卷**　(清)王煥雲等撰　清乾隆三十八年(1773)潛德堂刻本(鄉黨圖考訂訛配抄本)　清鄭文焯校並跋　六冊

330000－1701－0001160　善000715　經部/四書類/總義之屬/傳說

張天如先生彙訂四書人物名物經文合考十二卷　(明)張溥撰　明崇禎刻本　五冊

330000－1701－0001161　善000726　經部/四書類/總義之屬/傳說

四書經註集證十九卷　(清)吳昌宗撰　清嘉慶三年(1798)江都汪廷機刻本　十冊

330000－1701－0001162　善000717　經部/四書類/總義之屬/傳說

合參四書蒙引存疑定解二十卷　(明)吳當撰　明崇禎刻本　十六冊

330000－1701－0001163　善000719　經部/四書類/總義之屬/傳說

四書說約不分卷　(清)顧夢麟　(清)楊彝輯　清初抄本　十二冊

330000－1701－0001164　善000718　經部/四書類/總義之屬/傳說

四書考編脩飾二十三卷　(明)歸學周撰　明末刻本　四冊

330000－1701－0001165　善000328　集部/戲劇類

復莊今樂府選□□種□□卷總目一卷　(清)姚燮編　**復莊今樂府選詳目一卷**　(清)姚燮選　張宗祥編　稿本　清姚景夔校並跋　張宗祥批校並跋　一百十一冊　存二百五十五種

330000－1701－0001166　善000727　經部/四書類/總義之屬/傳說

四書地理考十五卷　(清)王瑬撰　清道光十五年(1835)王氏壑舟園刻本　四冊

330000－1701－0001167　善000728　經部/四書類/總義之屬/傳說

四書拾義五卷　(清)胡紹勳撰　清道光十四年(1834)吟經樓刻本　二冊

330000－1701－0001168　善003942　集部/總集類/郡邑之屬

續甬上耆舊詩七十九卷　(清)全祖望輯　清抄本　馮貞群跋　三十五冊

330000－1701－0001169　善000732　經部/群經總義類/傳說之屬

鄭志三卷　(三國魏)鄭小同撰　清抄本　一冊

330000－1701－0001170　善000736　經部/群經總義類/傳說之屬

泉齋簡端錄十二卷　(明)邵寶撰　明秦榛刻本　四冊

330000－1701－0001171　善000734　經部/群經總義類/文字音義之屬

宋學士夾漈先生六經奥論六卷總文一卷　(宋)鄭樵撰　清彭德一抄本　四冊

330000－1701－0001172　善000730　經部/四書類/總義之屬/傳說

四書所見錄不分卷　(清)王錫命輯　稿本　二十冊

330000－1701－0001173　善000729　經部/四書類/總義之屬/傳說

四書述言不分卷　(清)李福臧撰　稿本　四冊

330000－1701－0001174　善000737　經部/叢編

石齋先生經傳九種　(明)黃道周撰　清康熙

三十二年(1693)晉安鄭開極刻本　三十六册

330000－1701－0001175　善003944　集部/總集類/郡邑之屬
續甬上耆舊詩不分卷　(清)全祖望輯　清尊行堂抄本　一册

330000－1701－0001176　善000293　集部/別集類/清別集
壬申紀遊一卷　(清)查慎行撰　稿本　丁以布題記　一册

330000－1701－0001177　善003945　集部/總集類/郡邑之屬
續甬上耆舊詩□□卷　(清)全祖望輯　清蘭香書屋抄本　四册　存七卷(一至三、東林四先生二、砌里三李一、南冠倡和諸公一、思舊館八子一)

330000－1701－0001178　普031.1/1731/(2)/c1　類叢部/類書類/通類之屬
通俗編三十八卷　(清)翟灝撰　清乾隆十六年(1751)仁和翟灝無不宜齋刻本　章嶔題簽並記　十册

330000－1701－0001179　善000739　經部/叢編
十三經解詁六十四卷　(明)陳深撰　明萬曆刻本　二十八册

330000－1701－0001180　善000291　集部/別集類/清別集
尺牘一卷湖上草一卷　(清)柳隱撰　明汪然明刻本　清林雲鳳、王國維題詩　清徐楙題記　清趙宗建題簽並記　清惠兆壬跋　王仁偶題詩並跋　一册

330000－1701－0001181　善000731　經部/四書類/總義之屬/傳說
四書居閒箋不分卷　(清)謝鵬年撰　清道光二十一年(1841)何兆華等抄本　十四册

330000－1701－0001182　善000741　經部/叢編
六經三註粹抄六卷　(明)許順義輯　明萬曆十八年(1590)建陽萃慶堂余泗泉刻本　六册

330000－1701－0001183　善000738　經部/群經總義類/傳說之屬
新鐫六經纂要不分卷　(明)顏茂猷纂輯　明末刻本　二册

330000－1701－0001184　善000740　經部/群經總義類/傳說之屬
說經劄記十卷　(明)蔡汝楠撰　明天啓三年(1623)蔡武刻本　八册

330000－1701－0001185　善000742　經部/叢編
讀七經畧記九十四卷　(清)朱朝瑛撰　清抄本　清方德驥題記　十六册

330000－1701－0001186　普031.1/1731/(2)/c2　類叢部/類書類/通類之屬
通俗編三十八卷　(清)翟灝撰　清乾隆十六年(1751)仁和翟灝無不宜齋刻本　十册

330000－1701－0001187　善000743　經部/叢編
經言枝指五種　(明)陳禹謨撰　明萬曆刻本　一册　存一種

330000－1701－0001188　善000745　經部/群經總義類/傳說之屬
經學志餘不分卷　(清)□□撰　清初抄本　二十七册

330000－1701－0001189　善000748　經部/群經總義類/傳說之屬
鶴巢經戔二十卷鱔序瑱聞四卷續四卷　(清)宋清壽輯　清道光二十四年(1844)刻本　六册

330000－1701－0001190　善000747　經部/群經總義類/圖說之屬
六經圖六卷　(宋)楊甲撰　(宋)毛邦翰補　(清)王皜輯錄　清乾隆五年(1740)六安王氏向山堂刻本　六册

330000－1701－0001191　善000746　經部/群經總義類/傳說之屬
松源經說四卷　(清)孫之騄撰　清乾隆三十一年(1766)春草園刻本　清孫毓修跋　十册

330000－1701－0001192　善 000754　經部/群經總義類/傳說之屬

讀相臺五經隨筆四卷續筆一卷宋石經記畧一卷　(清)周廣業撰　清嘉慶周氏種松書塾抄本　三冊

330000－1701－0001193　善 000757　經部/群經總義類/石經之屬/通考

石經補攷三卷　(清)馮登府纂　清嘉慶刻本　單丕批　周翰題記　一冊

330000－1701－0001194　善 000749　經部/群經總義類/授受源流之屬

傳經表二卷通經表二卷　(清)畢沅撰　清乾隆四十八年(1783)畢氏靈巖山館刻本　二冊

330000－1701－0001195　善 000753　經部/群經總義類/傳說之屬

易堂問目四卷　(清)吳鼎輯　清乾隆三十七年(1772)鄒容成刻本　一冊

330000－1701－0001196　善 000744　經部/群經總義類/圖說之屬

旭亭氏手摹各經圖譜不分卷　(清)韓是升輯並繪　稿本　清勞格跋　姜亮夫觀款　四冊

330000－1701－0001197　善 000751　經部/群經總義類/傳說之屬

珍蓺先生遺書四種五卷　(清)莊述祖輯　(清)丁杰校　清抄本　一冊

330000－1701－0001198　善 000752　經部/群經總義類/傳說之屬

五經便覽四十卷　清乾隆抄本　王修跋　七冊

330000－1701－0001199　善 000750　經部/叢編

省吾堂四種　(清)蔣光弼輯　清常熟蔣氏省吾堂刻本　七冊

330000－1701－0001200　善 000755　經部/群經總義類/文字音義之屬

九經通借字攷十四卷　(清)錢坫學　清抄本　四冊

330000－1701－0001202　善 000772　經部/樂類/律呂之屬

古樂經傳五卷　(清)李光地撰　清乾隆刻本　六冊

330000－1701－0001203　善 000771　類叢部/叢書類/彙編之屬

律曆淵源三種　(清)聖祖玄燁撰　清雍正至乾隆內府刻本　五冊　存一種

330000－1701－0001204　善 003946　集部/總集類/郡邑之屬

續甬上耆舊詩一百四十卷　(清)全祖望輯　清楊氏抄本　清筠道人跋　清古叔氏、馮貞羣題記　十冊　存一百九卷(十九至二十四、三十二至六十七、七十四至一百四十)

330000－1701－0001205　善 003947　集部/總集類/氏族之屬

甬東薛氏世風刪二卷　(明)薛岡輯　明刻本　一冊

330000－1701－0001206　善 000770　經部/樂類/律呂之屬

律呂圖說二卷　(清)王建常編　(清)王弘撰訂　清康熙王弘撰待菴刻本　清姚景夔題記　一冊

330000－1701－0001207　善 003948　集部/別集類/清別集

江干雜詠不分卷　(清)丁丙撰　稿本　吳士鑑題記　二冊

330000－1701－0001208　善 003949　集部/總集類/郡邑之屬

天台詩徵內編六卷　(清)張廷琛輯　稿本　清陳立樹校並跋　清許樹明題簽並跋　二冊

330000－1701－0001209　善 000767　經部/樂類/律呂之屬

律呂正聲六十卷　(明)王邦直撰　明萬曆三十六年(1608)即墨黃作孚刻本　十二冊

330000－1701－0001210　善 000774　經部/樂類/律呂之屬

黃鍾通韻二卷　(清)都四德撰　清乾隆三餘

堂刻本　一冊

330000－1701－0001211　善 000295　集部/別集類/清別集

南山堂近草一卷詩草一卷　(清)祝定國撰 **松卿詩艸一卷**　(清)祝出東撰　稿本　四冊

330000－1701－0001212　善 000775　經部/樂類/律呂之屬

律話三卷　(清)戴長庚撰　清道光十三年(1833)刻吾愛書屋印本　六冊

330000－1701－0001213　善 000766　經部/樂類/樂理之屬

青宮樂調三卷　(明)李文察撰　清怡素堂抄本　二冊

330000－1701－0001214　善 000762　經部/樂類/律呂之屬

苑洛志樂二十卷　(明)韓邦奇撰　清抄本　十二冊

330000－1701－0001216　善 003951　集部/總集類/郡邑之屬

吳興藝文補七十卷　(明)董斯張彙編　(明)閔元衢糸輯　(明)韓千秋　(明)韓昌箕增定　清抄本　三十四冊

330000－1701－0001217　善 000768　經部/樂類/樂理之屬

樂理全書三十九卷　(明)朱載堉撰　明萬曆鄭藩刻本　四十二冊

330000－1701－0001218　善 000760　經部/樂類/律呂之屬

律呂新書二卷八音考略一卷　(宋)蔡元定撰　(清)羅登選箋義　**集論一卷**　(清)羅登選輯　清乾隆刻本　二冊

330000－1701－0001219　善 000759　經部/樂類/樂理之屬

聖宋皇祐新樂圖記三卷　(宋)阮逸　(宋)胡瑗撰　清抄本　一冊

330000－1701－0001220　善 000776　經部/小學類/訓詁之屬

五雅四十一卷　(明)郎奎金編　明天啓六年(1626)武林郎氏堂策檻刻本　十七冊

330000－1701－0001221　善 000778　經部/小學類/訓詁之屬/爾雅

爾雅正義二十卷　(清)邵晉涵撰　**爾雅釋文三卷**　(唐)陸德明撰　清乾隆五十三年(1788)餘姚邵氏面水層軒刻本　八冊

330000－1701－0001222　善 000034　史部/編年類/斷代之屬

國榷不分卷　(明)談遷撰　清康熙抄本　七十冊

330000－1701－0001223　善 000777　經部/小學類/訓詁之屬/爾雅

爾雅三卷　(晉)郭璞注　清刻本　佚名錄清徐渭仁批校　一冊

330000－1701－0001224　善 000786　經部/小學類/訓詁之屬/群雅

增修埤雅廣要四十二卷　(宋)陸佃撰　(明)牛衷增修　(明)吳從政音釋　明萬曆三十八年(1610)孫洪範刻本　十一冊

330000－1701－0001225　善 000779　經部/小學類/訓詁之屬/爾雅

爾雅註疏十一卷　(晉)郭璞注　(宋)邢昺疏　明崇禎元年(1628)古虞毛氏汲古閣刻十三經註疏本　武慕姚題記　三冊

330000－1701－0001226　善 000789　經部/小學類

澤存堂五種　(清)張士俊輯　清康熙吳郡張士俊澤存堂刻本　四冊　存一種

330000－1701－0001227　善 000785　經部/小學類/訓詁之屬/群雅

新刊埤雅二十卷　(宋)陸佃撰　明刻本　十冊

330000－1701－0001228　善 000783　經部/小學類/訓詁之屬/方言

輶軒使者絕代語釋別國方言十三卷　(漢)揚雄撰　(晉)郭璞注　清嘉慶六年(1801)樊廷緒刻本　清陶方琦校　二冊

330000－1701－0001229　善000781　經部/小學類/訓詁之屬/群雅
釋名四卷　(漢)劉熙撰　明萬曆二十年(1592)何允中刻廣漢魏叢書本　清諸可寶校並跋　一册

330000－1701－0001230　善000780　類叢部/叢書類/彙編之屬
廣漢魏叢書九十六種　(明)何允中編　明刻本　一册　存一種

330000－1701－0001231　善000782　經部/小學類/訓詁之屬/群雅
釋名四卷　(漢)劉熙撰　清嘉慶刻廣漢魏叢書本　清樓藜然校並跋　一册

330000－1701－0001232　善000788　經部/小學類/訓詁之屬/爾雅
爾雅翼三十二卷　(宋)羅願譔　清抄本　八册

330000－1701－0001233　善000784　經部/小學類/文字之屬/字書/字典
桂苑珠叢一卷　(隋)諸葛穎撰　(清)鄒存淦輯　清抄本　一册

330000－1701－0001234　善000791　經部/三禮總義類/名物制度之屬
釋服二卷　(清)宋綿初撰　清嘉慶二十三年(1818)書種堂刻本　二册

330000－1701－0001235　善003952　集部/總集類/郡邑之屬
峽川詩鈔前集四卷正集十二卷外集四卷峽川詞鈔一卷　(清)曹宗載輯　(清)顧瀾校　清東山樓抄本　清許仁杰批校並跋　四册

330000－1701－0001236　善000790　經部/小學類/訓詁之屬/群雅
駢雅七卷　(明)朱謀㙔撰　**音釋一卷**　(明)虞九章輯　明萬曆虞九章刻本　一册

330000－1701－0001237　善000792　經部/小學類/訓詁之屬/字詁
字詁一卷義府二卷　(清)黄生撰　**附承吉兄字説一卷**　(清)黄承吉撰　清道光二十二年(1842)刻本　四册

330000－1701－0001238　善000794　經部/小學類/訓詁之屬/爾雅
爾雅註疏旁訓四卷　(清)周樽輯　(清)馬俊良增訂　**附録釋名一卷**　(漢)劉熙著　清嘉慶元年(1796)刻本　清駱士奎校補、題記並跋　一册

330000－1701－0001239　善000793　經部/小學類/訓詁之屬/字詁
助字辨略五卷　(清)劉淇撰　清乾隆四十四年(1779)國泰刻本　五册

330000－1701－0001241　善000796　經部/小學類/訓詁之屬/群雅
廣雅疏證十卷　(清)王念孫撰　**博雅音十卷**　(隋)曹憲撰　清光緒五年(1879)淮南書局刻本　單丕校、跋並過録王國維跋　八册

330000－1701－0001242　善003963　集部/總集類/郡邑之屬
越風三十卷　(清)商盤輯　清乾隆三十七年(1772)山陰王大治刻嘉慶十六年(1811)徐氏重修本　清李慈銘批注並跋　十册

330000－1701－0001243　善003953　集部/總集類/郡邑之屬
十二家詩稿一卷　(清)鍾賢禄等撰　清抄本　一册

330000－1701－0001244　善000799　經部/小學類/訓詁之屬/譯語
至元譯語一卷　(元)陳元靚撰　清光緒十六年(1890)吳士鑑抄本　吳士鑑題記　張宗祥題記　一册

330000－1701－0001246　善003959　集部/總集類/郡邑之屬
國朝紹興詩録四卷　(清)陶濬宣輯　稿本　清陶濬宣題簽　四册

330000－1701－0001247　善003960　集部/總集類/郡邑之屬
金華正學編十二卷　(明)趙鶴輯　(明)張朝瑞重輯　明萬曆十八年(1590)金華章氏刻本

六册

330000－1701－0001248　善000801　經部/小學類/文字之屬/說文

說文解字十五卷標目一卷　(漢)許慎撰　(宋)徐鉉等校定　清乾隆三十八年(1773)大興朱筠椒華吟舫刻本　清陳壽祺校並跋　清江颿校、跋並過錄清惠士奇、清惠棟校　十六册

330000－1701－0001249　善000798　經部/小學類/訓詁之屬/字詁

埤倉輯本二卷　(三國魏)張揖撰　(清)陶方琦輯　**埤倉輯本考異一卷**　(清)任大椿等撰　**廣倉輯文一卷**　(南朝梁)樊恭撰　(清)陶方琦輯　**廣倉輯本攷異一卷**　(清)任大椿等撰　清末抄本　一册

330000－1701－0001250　善000800　經部/小學類/文字之屬/說文

說文解字十五卷標目一卷　(漢)許慎撰　(宋)徐鉉等校定　清初海虞毛氏汲古閣刻本　清王昶批校　六册

330000－1701－0001251　善000803　經部/小學類/文字之屬/說文

說文解字十二卷　(漢)許慎撰　(宋)李燾重編　明萬曆二十六年(1598)陳大科刻本　十二册

330000－1701－0001252　善003954　集部/總集類/郡邑之屬

會稽掇英總集二十卷　(宋)孔延之輯　清抄本　四册

330000－1701－0001253　善000807　經部/小學類/文字之屬/說文/專著

重刊許氏說文解字五音韻譜十二卷　(宋)李燾撰　明天啓七年(1627)世裕堂刻本　張崟校並跋　夏定域校並跋　十二册

330000－1701－0001254　善000194　子部/藝術類/篆刻之屬/印譜

學山堂印譜八卷附學山記一卷學山紀遊一卷學山題咏一卷　(明)張灝輯　明崇禎刻鈐印本　十册

330000－1701－0001255　善000806　經部/小學類/文字之屬/說文/專著

重刊許氏說文解字五音韻譜十二卷　(宋)李燾撰　明刻本　十二册

330000－1701－0001256　善000804　經部/小學類/文字之屬/說文/專著

重刊許氏說文解字五音韻譜十二卷　(宋)李燾撰　明刻本　八册

330000－1701－0001257　善000805　經部/小學類/文字之屬/說文/專著

重刊許氏說文解字五音韻譜十二卷　(宋)李燾撰　明刻本　十二册

330000－1701－0001258　善000814　經部/小學類/文字之屬/說文

說文統釋自序一卷　(清)錢大昭撰　**音同義異辨一卷**　(清)畢沅撰　清光緒八年(1882)郭傳璞刻金峨山館叢書本　清陶方琦校　一册

330000－1701－0001259　善000808　經部/小學類/文字之屬/說文

說文解字注十五卷附六書音均表五卷　(清)段玉裁撰　**說文部目分韻一卷**　(清)陳煥編　清乾隆至嘉慶段氏經韻樓刻本　十六册

330000－1701－0001261　善000811　經部/小學類/文字之屬/說文/傳說

說文解字籤註一卷　(清)桂馥撰　清歸安姚氏咫進齋抄本　一册

330000－1701－0001262　善000815　經部/小學類/文字之屬/說文

說文考異五卷附錄一卷　(清)顧廣圻撰　清潘錫爵抄本　清潘錫爵校並過錄清孫星衍、管慶祺批校　一册　存四卷(一至四)

330000－1701－0001263　善000817　經部/小學類/文字之屬/說文

說文校議議十五卷　(清)嚴章福撰　清抄本　三册

330000－1701－0001264　善000809　經部/小學類/文字之屬/說文/傳說

說文長箋一百卷首二卷解題一卷六書長箋漢義七卷　(明)趙宧光撰　明崇禎四年(1631)趙均小宛堂刻本(卷三十三至四十九、六十七至六十九配清抄本)　四十冊

330000－1701－0001265　善003955　史部/地理類/專志之屬/古跡

苧羅誌八卷　(明)張夬　(明)路邁纂輯　明崇禎刻本　四冊

330000－1701－0001266　善000812　經部/小學類/文字之屬/說文/傳說

汲古閣說文訂一卷　(清)段玉裁撰　清光緒九年(1883)歸安姚氏刻咫進齋叢書本　清姚覲元校　一冊

330000－1701－0001267　善000820　經部/小學類/文字之屬/說文

繫傳四十卷　(五代)徐鍇撰　(五代)朱翺反切　清嘉慶二年(1797)石門馬氏大酉山房刻本　清梅植之批　八冊

330000－1701－0001268　善000810　經部/小學類/文字之屬/說文/傳說

說文字原集註十六卷附說文字原表一卷說文字原表說一卷　(清)蔣和撰　清乾隆五十三年(1788)刻本　王詠霓校　四冊

330000－1701－0001269　善003956　集部/總集類/郡邑之屬

石門縣各家詩稿一卷　(清)汪寶鼎採訪　清抄本　一冊

330000－1701－0001270　善000823　經部/小學類/文字之屬/說文

說文經字錄三卷　(清)李宗蓮撰　稿本　三冊

330000－1701－0001271　ZKS0038　史部/地理類/遊記之屬/紀勝

西湖百詠二卷　(宋)董嗣杲撰　(明)陳贄和韻　清乾隆四十五年(1780)羅山張廷枚寶墨齋刻本　一冊

330000－1701－0001272　善000822　經部/小學類/文字之屬/字書/字典

玉篇殘四卷　(南朝梁)顧野王撰　清光緒遵義黎氏日本東京使署刻古逸叢書本　楊守敬校　王修跋　五冊

330000－1701－0001273　善003957　集部/總集類/郡邑之屬

赤城後集三十三卷　(明)謝鐸輯　清抄本　六冊

330000－1701－0001274　善000821　經部/小學類/文字之屬/說文

說文諧聲表十七卷　(清)梁紀恩　(清)梁承恩撰　清抄本　九冊

330000－1701－0001275　善000825　經部/小學類/文字之屬/字書/字典

新刊大廣益會玉篇三十卷　(南朝梁)顧野王撰　(唐)孫強增字　(宋)陳彭年等重修　**玉篇廣韻指南一卷**　明萬曆元年(1573)益藩刻本　八冊

330000－1701－0001276　善000826　經部/小學類/文字之屬/字書/字典

大廣益會玉篇三十卷　(南朝梁)顧野王撰　(唐)孫強增字　(宋)陳彭年等重修　**玉篇廣韻指南一卷**　明刻本　七冊

330000－1701－0001277　善000828　經部/小學類/文字之屬/字書/字體

復古編二卷　(宋)張有撰　**復古編校正一卷**　(清)葛鳴陽撰　**復古編附錄一卷**　(清)葛鳴陽輯　清乾隆四十六年(1781)安邑葛鳴陽刻本　清姚景夔、清蔡鴻鑑跋　二冊

330000－1701－0001278　善000833　經部/小學類/音韻之屬/等韻

經史正音切韻指南一卷　(元)劉鑑撰　清歸安姚氏咫進齋抄本　王修跋　一冊

330000－1701－0001279　善000832　經部/

小學類/文字之屬/字書/字典

字鑑五卷 (元)李文仲撰 清道光五年(1825)許槤孚經書塾刻本 二册

330000－1701－0001280 善000836 經部/小學類/文字之屬/字書/字典

金石韻府五卷 (明)朱雲輯 清康熙六十年(1721)祝維垣抄本 二册

330000－1701－0001281 善000829 經部/小學類/文字之屬/字書/字體

漢隸字源五卷碑目一卷附字一卷 (宋)婁機撰 明末毛氏汲古閣刻本 六册

330000－1701－0001282 善000830 經部/小學類/文字之屬/字書/字典

龍龕手鑑四卷 (遼)釋行均撰 清抄本 三册

330000－1701－0001284 善000827 經部/小學類/文字之屬/字書/字體

干祿字書一卷 (唐)顔元孫撰 (唐)顔真卿書 清馬氏叢書樓刻本 一册

330000－1701－0001286 善000838 經部/小學類/音韻之屬/韻書

新編併音連聲韻學集成十三卷直音篇七卷 (明)章黼撰 明成化十七年(1481)刻嘉靖二十四年(1545)張重重修本 六册 存五卷(直音篇一至五)

330000－1701－0001287 善000840 經部/小學類/文字之屬/字書

六書正義十二卷 (明)吴元滿撰 明萬曆三十三年(1605)刻本 十二册

330000－1701－0001288 善000839 經部/小學類/文字之屬/字書/字體

六書賦音義二十卷 (明)張士佩撰 明萬曆三十年(1602)刻本 八册

330000－1701－0001289 善000203 史部/金石類/金之屬/通考

至大重修宣和博古圖錄三十卷 (宋)王黼等撰 元刻明修本 十五册

330000－1701－0001290 善000843 經部/小學類/文字之屬/字書/字典

新校經史海篇直音五卷 (明)□□輯 明刻本 十六册

330000－1701－0001291 善003987 集部/總集類/郡邑之屬

南昌文考二十卷 (清)徐午輯 清乾隆六十年(1795)刻本 十册

330000－1701－0001292 善000845 經部/小學類/文字之屬/字書/字典

新校經史海篇直音五卷 (明)□□輯 明刻本 五册

330000－1701－0001293 善000850 經部/小學類/文字之屬/字書/古文

摭古遺文二卷 (明)李登輯 **摭古遺文又增一卷再增摭古遺文一卷** (明)姚履旋增補 清抄本 四册

330000－1701－0001294 善000842 經部/小學類/文字之屬/字書/字典

新校經史海篇直音五卷 (明)□□輯 明刻本 五册

330000－1701－0001295 善000849 經部/小學類/文字之屬/字書/古文

摭古遺文二卷 (明)李登輯 **再增摭古遺文一卷** (明)姚履旋增補 明萬曆三十一年(1603)海陵李思謙刻本 二册

330000－1701－0001296 善000844 經部/小學類/文字之屬/字書/字典

重校經史海篇直音十卷 (明)□□輯 明刻本 十册

330000－1701－0001297 善000841 經部/小學類/文字之屬/字書/字體

六書總要五卷附正小篆之訛一卷諧聲指南一卷 (明)吴元滿編集 明萬曆十二年(1584)刻本 二册 存五卷(六書總要一至五)

330000－1701－0001298 善000846 經部/小學類/文字之屬/字書/字典

新校經史海篇直音五卷 (明)□□輯 清抄

本　十二册

330000－1701－0001299　善 003958　集部/總集類/郡邑之屬

魏塘詩存三十卷首一卷　(清)唐嘯登輯　清光緒稿本　周梅安跋　二十册　存二十卷(首、一至二、五至七、九、十二至十四、十六、十八至二十、二十四、二十六至三十)

330000－1701－0001300　善 000848　經部/小學類/文字之屬/字書/古文

摭古遺文二卷　(明)李登輯　**再增摭古遺文一卷**　(明)姚履旋增補　明萬曆二十二年(1594)姚履旋等刻本　清王星伯、清吕端、王修跋　清潘隨批　四册

330000－1701－0001301　善 000851　經部/小學類/文字之屬/字書/字典

字彙十二集首一卷末一卷韻法直圖一卷　(明)梅膺祚撰　**韻法横圖一卷**　(明)李世澤撰　明萬曆四十三年(1615)刻本　清雲亭題記　十四册

330000－1701－0001302　善 000847　經部/小學類/文字之屬/字書/字典

重校全補海篇直音十二卷首三卷　(明)蔡爚輯　**附新集背篇列部之字一卷**　明萬曆二十三年(1595)書林鄭世豪刻本　六册

330000－1701－0001303　善 000852　經部/小學類/文字之屬/字書/字典

字彙十二集首一卷末一卷韻法直圖一卷　(明)梅膺祚撰　**韻法横圖一卷**　(明)李世澤撰　清康熙刻本　十二册　存十二卷(一至十二)

330000－1701－0001304　善 000862　經部/小學類/文字之屬/字書/訓蒙

讀書正音四卷　(清)吴震方輯　清康熙刻本　一册

330000－1701－0001305　善 000854　經部/小學類/文字之屬/字書/訓蒙

同文千字文二卷　(明)汪以成輯　清刻本　二册

330000－1701－0001306　善 000853　經部/小學類/文字之屬/字書/字典

字彙數求聲十二卷　(清)梅膺祚撰　(清)虞德升繫聲　清康熙刻本　四册

330000－1701－0001307　善 000863　經部/小學類/文字之屬/字書/字體

篆文纂要全宗四卷目錄二卷　(清)陳策撰　清康熙十一年(1672)刻本　八册　存四卷(一至四)

330000－1701－0001308　善 000861　經部/小學類/文字之屬/字書/字典

康熙字典十二集三十六卷總目一卷檢字一卷辨似一卷等韻一卷補遺一卷備考一卷　(清)張玉書等纂修　清康熙五十五年(1716)武英殿刻本　四十册

330000－1701－0001309　善 000858　經部/小學類/文字之屬/字書/字體

六書通十卷　(清)閔齊伋撰　(清)畢弘述篆訂　清康熙五十九年(1720)基聞堂刻本　五册

330000－1701－0001310　善 000855　經部/小學類/文字之屬/字書/通論

字學三正四卷　(明)郭一經撰　清抄本　四册

330000－1701－0001311　善 003961　集部/總集類/郡邑之屬

金華詩錄六十卷外集六卷别集四卷書後一卷　(清)黄彬　(清)朱琰輯　清乾隆三十八年(1773)金華府學刻本　三十六册

330000－1701－0001312　善 000856　經部/小學類/文字之屬/字書/訓蒙

正穀堂千字文二卷　(明)洪朱祉釋篆　清雍正十年(1732)朱宏文抄本　二册

330000－1701－0001313　善 000864　經部/小學類/文字之屬/字書/字體

篆文纂要全宗四卷目錄二卷　(清)陳策撰　清抄本　一册　存四卷(一至二、目錄一至二)

330000－1701－0001314　善000859　經部/小學類/文字之屬/字書/字典
略彙集類十二卷　清初抄本　十二冊

330000－1701－0001315　善000865　經部/小學類/文字之屬/字書/字體
六書準四卷　(清)馮鼎調撰　清康熙刻本　四冊

330000－1701－0001316　善000857　經部/小學類/文字之屬/字書/通論
俗書刊誤十二卷　(明)焦竑撰　清抄本　一冊

330000－1701－0001318　善000866　經部/小學類/文字之屬/字書/字典
諧聲品字箋十集　(清)虞德升撰　清康熙十六年(1677)陸頎、陸顥刻二十三年(1684)虞嗣集增刻本　十三冊

330000－1701－0001319　善000869　經部/小學類/文字之屬/字書/字體
六書分類十二卷首一卷　(清)傅世垚輯　清康熙四十四年(1705)聽松閣刻燕詒堂印本　七冊

330000－1701－0001320　善000870　經部/小學類/文字之屬/字書/字體
六書分類不分卷首一卷　(清)傅世垚輯　清抄本　八冊

330000－1701－0001321　善000872　經部/小學類/文字之屬/字書/字體
鐘鼎字源五卷附錄一卷　(清)汪立名撰　清康熙五十五年(1716)錢塘汪立名一隅草堂刻本　一冊

330000－1701－0001322　善000871　子部/儒家類/儒學之屬/蒙學
讀書作文譜十二卷父師善誘法二卷　(清)唐彪輯著　清康熙四十七年(1708)刻本　六冊

330000－1701－0001323　善000867　經部/小學類/文字之屬/字書/字體
隸辨八卷　(清)顧藹吉撰　清康熙五十七年(1718)項氏玉淵堂刻本　八冊

330000－1701－0001324　善000875　經部/小學類/訓詁之屬/譯語
清文補彙八卷　(清)宜興撰　清嘉慶七年(1802)法克精額刻本　八冊

330000－1701－0001325　善000868　經部/小學類/文字之屬/字書/字體
篆字彙十二卷　(清)佟世男編　清康熙三十年(1691)多山堂刻本　十二冊

330000－1701－0001326　善000880　經部/小學類/音韻之屬/韻書
廣韻五卷　(宋)陳彭年等重修　明刻本　十冊

330000－1701－0001327　善000876　經部/小學類/文字之屬/字書/字體
名原二卷　(清)孫詒讓撰　清光緒刻本　陳漢章校　一冊

330000－1701－0001328　善000879　經部/小學類/音韻之屬/韻書
廣韻五卷　(宋)陳彭年等重修　明司禮監刻本　五冊

330000－1701－0001329　善000873　經部/小學類/文字之屬/字書
經典文字辨正不分卷　(清)錢大昕撰　清抄本　二冊

330000－1701－0001330　善003965　集部/總集類/郡邑之屬
續會稽掇英集五卷　(宋)黄康弼編次　清抄本　佚名過錄明錢穀、清王芑孫、清程邦憲、清馮舉輝題款及明文震孟跋　二冊

330000－1701－0001331　善000881　經部/小學類/音韻之屬/韻書
廣韻五卷　(宋)陳彭年等重修　清康熙四十三年(1704)張士俊澤存堂刻澤存堂五種本　清胡重批校　三冊

330000－1701－0001332　善003966　史部/地理類/雜志之屬
會稽三賦一卷　(宋)王十朋撰　(明)南逢吉注　(明)尹壇補注　明萬曆三年(1575)滇南

彭富刻本　一冊

330000－1701－0001333　善003967　史部/地理類/雜志之屬

會稽三賦一卷　(宋)王十朋撰　(明)南逢吉注　(明)尹壇補注　明萬曆刻本　一冊

330000－1701－0001334　善000882　經部/小學類

澤存堂五種　(清)張士俊輯　清康熙吴郡張士俊澤存堂刻本　佚名過録清蔣光焴誐兒集詩敘畧　二冊　存一種

330000－1701－0001335　善000878　經部/小學類/音韻之屬/韻書

廣韻五卷　(宋)陳彭年等重修　明刻本　五冊

330000－1701－0001336　善003968　史部/地理類/雜志之屬

會稽三賦四卷　(宋)王十朋撰　(明)南逢吉注　(明)尹壇補注　(明)陶望齡評　明天啓元年(1621)凌弘憲刻朱墨套印本　二冊

330000－1701－0001337　善000883　經部/小學類/音韻之屬/等韻

切韻指掌圖二卷　(宋)司馬光撰　**檢例一卷**　(明)邵光祖撰　清嘉慶抄本　一冊

330000－1701－0001338　善003969　集部/總集類/題詠之屬

烏石寺歷朝題詠文集一卷　(宋)釋大千彙編　(明)釋智尚原訂　(清)釋智通重輯　清道光活字印本　余紹宋跋　一冊

330000－1701－0001339　善003970　集部/總集類/郡邑之屬

鄉賢緘翰記一卷　(清)沈復粲輯　稿本　蔡名衡批校並題記　一冊

330000－1701－0001342　善000895　經部/小學類/音韻之屬/韻書

古今韻會舉要小補三十卷　(明)方日升編輯　明萬曆三十四年(1606)周士顯刻重修本　二十四冊

330000－1701－0001343　善000898　經部/小學類/音韻之屬/韻書

洪武正韻十六卷　(明)樂韶鳳　(明)宋濂等撰　明刻本　五冊

330000－1701－0001344　善000884　經部/小學類/音韻之屬/等韻

切法正指二卷　(明)吕維祺　(明)吕維祜定　清抄本　二冊

330000－1701－0001345　善000899　經部/小學類/音韻之屬/韻書

洪武正韻十六卷　(明)樂韶鳳　(明)宋濂等撰　明刻本　八冊

330000－1701－0001346　善000900　經部/小學類/音韻之屬/韻書

洪武正韻十六卷　(明)樂韶鳳　(明)宋濂等撰　明刻本　十冊

330000－1701－0001347　善000906　經部/小學類/音韻之屬/韻書

元聲韻學大成四卷　(明)濮陽涞撰　明萬曆二十六年(1598)書林鄭雲竹刻本　四冊

330000－1701－0001349　善003978　集部/總集類/郡邑之屬

東甌詩集七卷補遺一卷續集八卷　(明)趙諫輯　明弘治十六年(1503)刻本　二冊　存三卷(續集一至三)

330000－1701－0001350　善000905　經部/小學類/音韻之屬/韻書

併音連聲字學集要四卷　(明)陶承學撰　明萬曆二年(1574)宛陵周恪刻本　四冊

330000－1701－0001351　善000907　經部/小學類/音韻之屬/韻書

韻譜本義十卷　(明)茅溱輯　明萬曆三十二年(1604)丹徒茅溱刻本　十冊

330000－1701－0001352　善000901　經部/小學類/音韻之屬/韻書

洪武正韻彙編四卷　(明)周家棟輯　明萬曆刻本　四冊

330000 - 1701 - 0001353　善 003979　集部/總集類/郡邑之屬

吴都文粹續集五十六卷補遺二卷　(明)錢穀輯　清嘉慶抄本(卷五十三至五十四原缺)　清黄丕烈、清瞿中溶校　五十六册

330000 - 1701 - 0001354　善 000890　經部/小學類/文字之屬/字書/字典

字林考逸八卷　(晉)吕忱撰　(清)任大椿輯　清抄本　二册

330000 - 1701 - 0001355　善 004000　集部/楚辭類

楚辭章句十七卷附録一卷　(漢)王逸撰　明萬曆金陵唐氏益軒刻本　三册

330000 - 1701 - 0001356　善 000891　經部/小學類/音韻之屬/韻書

新編經史正音切韻指南一卷　(元)劉鑑撰　明刻本　一册

330000 - 1701 - 0001357　善 000902　經部/小學類/音韻之屬/韻書

重刊併音連聲韻學集成十三卷　(明)章黼撰　明萬曆六年(1578)維揚資政左室刻本　十三册

330000 - 1701 - 0001358　善 000904　經部/小學類/音韻之屬/韻書

大明萬曆己丑重刊改併五音類聚四聲篇十五卷五音集韻十五卷　(金)韓道昭撰　**新編篇韻貫珠集八卷**　(明)釋真空編　**經史正音切韻指南一卷直指玉鑰匙門法一卷**　(元)劉鑑撰　明崇禎二年至十年(1629 - 1637)金陵圓覺寺釋新仁刻本　十二册

330000 - 1701 - 0001359　善 003980　集部/總集類/郡邑之屬

嘉定四先生集(嘉定四君集)八十七卷　(明)謝三賓輯　明崇禎刻清康熙三十三年(1694)陸廷燦重修本　二十三册

330000 - 1701 - 0001360　善 000889　經部/小學類/音韻之屬/韻書

大明正德乙亥重刊改併五音類聚四聲篇十五卷大明萬曆乙亥重刊改併五音類聚四聲篇十五卷大明萬曆己丑重刊改併五音類聚四聲篇十五卷　(金)韓道昭撰　**新編篇韻貫珠集八卷直指玉鑰匙門法一卷**　(明)釋真空撰　明正德刻萬曆補刻本　八册　存二十三卷(六,大明萬曆乙亥重刊改併五音類聚四聲篇二至三、五、七、十三至十五,大明萬曆己丑重刊改併五音類聚四聲篇四、八至十二,新編篇韻貫珠集一至八,直指玉鑰匙門法)

330000 - 1701 - 0001361　善 003981　集部/總集類/郡邑之屬

吴都文粹十卷　(宋)鄭虎臣輯　清抄本　十册

330000 - 1701 - 0001362　善 003982　集部/總集類/郡邑之屬

吴都文粹十卷　(宋)鄭虎臣輯　清抄本　五册

330000 - 1701 - 0001363　善 003983　集部/總集類/郡邑之屬

新都秀運集二卷　(明)王寅輯　清抄本　四册

330000 - 1701 - 0001364　善 003984　集部/總集類/郡邑之屬

粤西詩載二十五卷文載七十五卷叢載三十卷　(清)汪森輯　清康熙四十四年(1705)汪氏梅雪堂刻本　六册　存二十五卷(粤西詩載二十五卷)

330000 - 1701 - 0001365　善 000916　經部/小學類/音韻之屬/韻書

交泰韻二卷　(明)吕坤撰　明萬曆吕知畏、吕知思刻本　一册

330000 - 1701 - 0001366　善 000914　經部/小學類/音韻之屬/韻書

元音統韻二十八卷　(明)陳藎謨撰　(清)胡邵瑛增纂　(清)吴任臣輯　清康熙五十三年(1714)范廷瑚刻本　二十六册

330000 - 1701 - 0001367　善 000915　經部/小學類/音韻之屬/韻書

音韻闡微十八卷韻譜一卷 (清)李光地等撰 清雍正六年(1728)内府刻本 十册

330000－1701－0001368 善 003985 集部/別集類/清別集

芙蓉池館詩草二卷 (清)羅辰撰 清道光十一年(1831)刻本 二册

330000－1701－0001370 善 000913 經部/小學類/音韻之屬/韻書

音韻日月燈六十四卷 (明)吕維祺撰 (明)吕維祜詮 明崇禎六年(1633)志清堂刻本 十二册 存三十九卷(首一至四、韻母一至五、同文鐸一至三十)

330000－1701－0001371 善 000911 經部/小學類/音韻之屬/韻書

洪武正韻十卷 (明)樂韶鳳 (明)宋濂等撰 (明)楊時偉補箋 明崇禎刻本 六册

330000－1701－0001372 善 003988 集部/總集類/郡邑之屬

墟中十八詠一卷 (清)章大來輯 清抄本 一册

330000－1701－0001373 善 000910 經部/小學類/文字之屬/字書/字體

正韻篆二卷 (明)沈延銓撰 清康熙四十一年(1702)抄本 六册

330000－1701－0001374 善 000917 經部/小學類/音韻之屬/注音

類音八卷 (清)潘耒撰 清康熙五十一年(1712)吴江潘氏遂初堂刻本 四册

330000－1701－0001375 善 003989 集部/楚辭類

楚辭二卷 (戰國)屈原等撰 明萬曆四十八年(1620)烏程閔齊伋刻朱墨套印本 二册

330000－1701－0001376 善 000930 經部/小學類/音韻之屬/韻書

江氏音學十書七種附一種 (清)江有誥撰 清嘉慶至道光刻本(漢魏韻讀一卷原缺) 八册

330000－1701－0001377 善 000919 經部/小學類/音韻之屬/韻書

韻雅五卷雜論一卷識餘一卷 (清)施何牧撰 清康熙刻本 五册

330000－1701－0001378 善 000925 經部/小學類/音韻之屬/韻書

樂善堂音韻清濁鑑三卷首一卷 (清)王祚禎輯 清康熙六十年(1721)王祚禎樂善堂刻本 四册

330000－1701－0001379 善 000918 經部/小學類/音韻之屬/韻書

康熙甲子史館新刊古今通韻十二卷 (清)毛奇齡撰 清康熙二十四年(1685)刻本 四册

330000－1701－0001380 善 000926 經部/詩類/文字音義之屬

詩經叶音辨譌八卷首一卷 (清)劉維謙編次 (清)張卿雲 (清)張景星校 清乾隆三年(1738)壽峯書屋刻本 徐行恭題簽 六册

330000－1701－0001381 善 003990 集部/楚辭類

楚辭二卷 (戰國)屈原等撰 明萬曆四十八年(1620)烏程閔齊伋刻三色套印本 一册

330000－1701－0001382 善 003993 集部/楚辭類

山帶閣註楚辭六卷首一卷餘論二卷說韻一卷 (清)蔣驥撰 清雍正五年(1727)武進蔣驥山帶閣刻本 八册

330000－1701－0001383 善 000924 經部/小學類/音韻之屬/韻書

韻切指歸二卷 (清)吴遐齡纂輯 清康熙四十九年(1710)吴之玠刻本 八册

330000－1701－0001384 善 000928 經部/小學類/音韻之屬/古今韻說

漢魏音四卷 (清)洪亮吉撰 清光緒三年(1877)洪用懃授經堂刻洪北江全集本 陳漢章批校 一册

330000－1701－0001385 善 000921 經部/小學類/音韻之屬

音學五書五種 (清)顧炎武撰 清康熙刻本 二十四册

330000－1701－0001386 善000923 經部/小學類/音韻之屬/韻書

吴才老韻補正二卷 (清)顧炎武撰 清康熙抄本 一册

330000－1701－0001387 善003994 集部/楚辭類

楚辭疏十九卷讀楚辭語一卷附楚辭雜論一卷 (明)陸時雍撰 **屈原傳一卷** (漢)司馬遷撰 明末緝柳齋刻本 四册

330000－1701－0001388 善000931 經部/小學類/音韻之屬/韻書

音韻校正四卷例説一卷 (清)來景風輯 稿本 二册

330000－1701－0001389 善000936 史部/紀傳類/正史之屬

史記一百三十卷 (漢)司馬遷撰 (南朝宋)裴駰集解 (唐)司馬貞索隱 (唐)張守節正義 **三皇本紀一卷** (唐)司馬貞補撰並註 明萬曆張守約刻本 三十册

330000－1701－0001390 善000938 史部/紀傳類/正史之屬

史記一百三十卷 (漢)司馬遷撰 (南朝宋)裴駰集解 (唐)司馬貞索隱 (唐)張守節正義 (明)鍾人傑輯評 (明)章斐然校 **首一卷** (明)鍾人傑輯 明鍾人傑刻本 四十册

330000－1701－0001391 善003995 集部/楚辭類

楚辭集註八卷辯證二卷後語六卷 (宋)朱熹撰 **反離騷一卷** (漢)揚雄撰 明嘉靖十四年(1535)袁褧刻本 六册

330000－1701－0001392 善003996 集部/楚辭類

楚辭集註八卷辯證二卷後語六卷 (宋)朱熹撰 明萬曆刻本 六册

330000－1701－0001393 善000920 經部/小學類/音韻之屬/古今韻説

古今韻略五卷 (清)邵長蘅撰 清康熙三十五年(1696)商丘宋犖刻本 八册

330000－1701－0001394 善000912 經部/小學類/音韻之屬/韻書

五車韻府十卷 (明)陳藎謨訂 (清)胡邵瑛纂 **古韻疏二卷唐韻疏二卷** (明)陳藎謨疏 清康熙刻本 十二册

330000－1701－0001395 善000933 史部/紀傳類/正史之屬

二十一史 明萬曆二十三年至三十四年(1595－1606)北京國子監刻本 五百三十八册 缺二卷(金史目録一至二)

330000－1701－0001397 善000932 史部/紀傳類/正史之屬

十七史 (明)毛晉編 明崇禎元年至十七年(1628－1644)毛氏汲古閣刻清順治五年至十三年(1648－1656)補刻本 一百八十二册

330000－1701－0001398 善000939 史部/紀傳類/正史之屬

史記一百三十卷 (漢)司馬遷撰 (宋)裴駰集解 (唐)司馬貞索隱 (唐)張守節正義 (明)陳繼儒點定 (明)黄嘉惠輯評 明黄嘉惠刻本 清李焱勳批 十六册 存一百二十九卷(一至十七、十九至一百三十)

330000－1701－0001399 善000942 史部/紀傳類/正史之屬

史記二十四卷 (漢)司馬遷撰 (明)鄧以讚輯評 (明)陳祖苞參補 明萬曆四十六年(1618)陳祖苞刻本 十二册

330000－1701－0001400 善000941 史部/紀傳類/正史之屬

史漢評林二百三十卷 (明)凌稚隆輯 明萬曆烏程凌稚隆刻本 三十二册 存一百三十卷(史記評林一至一百三十)

330000－1701－0001401 善000940 史部/紀傳類/正史之屬

史記一百三十卷 (漢)司馬遷撰 (明)鍾惺批評 明天啓五年(1625)沈國元大來堂刻本

(卷十二、二十二至二十三、五十九至六十、九十八、一百二十七至一百二十八原缺)　十二册

330000－1701－0001402　善 000943　史部/紀傳類/正史之屬
孫月峰先生批評史記一百三十卷褚先生附餘一卷　(漢)司馬遷撰　(明)孫鑛評　明崇禎九年(1636)刻本　三十二册

330000－1701－0001403　善 000945　史部/紀傳類/正史之屬
史記校勘記不分卷　(清)錢泰吉撰　清抄本　清唐嘉登題記　五册

330000－1701－0001405　善 000949　史部/紀傳類/正史之屬
南史八十卷　(唐)李延壽撰　清同治十一年(1872)金陵書局刻二十四史本　余紹宋校　十二册

330000－1701－0001406　善 000954　史部/紀傳類/正史之屬
北史一百卷　(唐)李延壽撰　清同治十一年(1872)金陵書局刻二十四史本　余紹宋校　二十册

330000－1701－0001407　善 000948　史部/紀傳類/別史之屬
重訂古史全本六十卷　(宋)蘇轍撰　**史拾不分卷**　(明)吳弘基輯　明刻本　十二册

330000－1701－0001408　善 000955　史部/紀傳類/正史之屬
二十一史　明刻明清遞修本　三十册　存一種

330000－1701－0001410　善 000959　史部/紀傳類/正史之屬
五代史記七十四卷　(宋)歐陽修撰　(宋)徐無黨注　明萬曆四年(1576)南京國子監刻本　十册

330000－1701－0001411　善 000963　史部/紀傳類/別史之屬
李氏藏書六十八卷續藏書二十七卷　(明)李贄撰　明萬曆刻本　三十六册

330000－1701－0001412　善 000961　史部/政書類/通制之屬
通志略五十二卷　(宋)鄭樵撰　清乾隆十三年(1748)于敏中金匱山房刻本　賀揚靈題記　二十四册

330000－1701－0001413　善 000960　史部/紀傳類/正史之屬
五代史七十四卷　(宋)歐陽修撰　(宋)徐無黨注　清刻本　鄭言批　獨槃老人觀款　八册

330000－1701－0001414　善 000962　史部/政書類/通制之屬
通志略五十二卷　(宋)鄭樵撰　清乾隆十四年(1749)汪啓淑飛鴻堂刻本(藝文略卷五配清抄本)　留菴跋　二十四册

330000－1701－0001415　善 000971　史部/紀傳類/正史之屬
漢書一百卷　(漢)班固撰　(唐)顔師古注　清同治八年(1869)金陵書局刻二十四史本　葛樹人題記　葛樹人過録清錢泰吉校並跋　十六册

330000－1701－0001416　善 000965　史部/紀傳類/別史之屬
函史上編八十二卷下編二十一卷　(明)鄧元錫撰　明萬曆金陵刻本　六十册

330000－1701－0001417　善 003997　集部/楚辭類
刪註楚辭不分卷　(漢)王逸通註　(唐)李善等選註　(明)張京元刪註　明萬曆四十六年(1618)淮南張京元淮陽刻本　佚名過録清盧文弨、清戴震跋　二册

330000－1701－0001418　善 003998　集部/楚辭類
楚辭章句十七卷附録一卷　(漢)王逸撰　明萬曆十四年(1586)武林馮紹祖觀妙齋刻本　四册

330000－1701－0001419　善 000970　史部/

紀傳類/别史之屬

諸史夷語音義四卷 （明）陳士元撰　明萬曆十八年(1590)祝以豳刻本　二册

330000－1701－0001420　善 003999　集部/楚辭類

楚辭句解評林十七卷附録一卷 （漢）劉向集（漢）王逸章句　（明）馮紹祖校　明萬曆刻本　六册

330000－1701－0001421　善 004001　集部/楚辭類

楚辭章句十七卷 （漢）王逸撰　（宋）洪興祖補注　清同治十一年(1872)金陵書局刻本　清譚獻題簽、校並跋　四册

330000－1701－0001422　善 000964　史部/紀傳類/别史之屬

藏書六十八卷續藏書二十七卷 （明）李贄撰（明）陳仁錫評　明天啓刻本(藏書卷六十四至六十八配清抄本)　三十六册

330000－1701－0001423　善 000969　史部/紀傳類/正史之屬

前漢書一百卷 （漢）班固撰　（唐）顔師古注（明）陳仁錫評　**漢書字例一卷** （明）凌稚隆輯　明崇禎刻本　二十册

330000－1701－0001424　善 000972　史部/紀傳類/正史之屬

漢書評林一百卷 （明）凌稚隆輯　**字例一卷姓氏一卷** （明）凌稚隆編　明刻本　二十册

330000－1701－0001425　善 000973　史部/紀傳類/正史之屬

漢書評林一百卷 （明）凌稚隆輯　**字例一卷姓氏一卷** （明）凌稚隆編　明書林余彰德刻本　二十四册

330000－1701－0001426　善 000974　史部/紀傳類/正史之屬

史漢方駕三十五卷 （明）許相卿撰　明萬曆十三年(1585)徐禾刻本　四册

330000－1701－0001427　善 000977　史部/紀傳類/正史之屬

後漢書九十卷 （南朝宋）范曄撰　（唐）李賢注　（明）陳祖苞訂　**志三十卷** （晉）司馬彪撰　（南朝梁）劉昭注　明陳祖苞刻本　二十四册

330000－1701－0001428　善 000978　史部/紀傳類/正史之屬

後漢書九十卷 （南朝宋）范曄撰　（唐）李賢注　**志三十卷** （晉）司馬彪撰　（南朝梁）劉昭注　清乾隆四年(1739)武英殿刻二十四史附考證本　單丕批校　二十二册

330000－1701－0001429　善 000979　史部/紀傳類/别史之屬

續後漢書九十卷 （元）郝經撰　清抄本　六十四册

330000－1701－0001430　善 000985　史部/紀傳類/正史之屬

晉書一百三十卷 （唐）房玄齡等撰　（唐）何超音義　明吳氏西爽堂刻本　四十册

330000－1701－0001431　善 000980　史部/紀傳類/别史之屬

季漢書六十卷正論一卷答問一卷 （明）謝陛撰　（明）臧懋循訂　明萬曆刻本　二十四册

330000－1701－0001433　善 004003　集部/楚辭類

楚辭集註八卷辯證二卷後語六卷 （宋）朱熹撰　**反離騷一卷** （漢）揚雄撰　明嘉靖十四年(1535)袁褧刻本　二册　存六卷(後語一至六)

330000－1701－0001435　善 000984　史部/紀傳類/正史之屬

三國志注補六十五卷 （清）趙一清撰　清光緒廣雅書局刻本　單丕批校　十四册

330000－1701－0001436　善 000983　史部/紀傳類/正史之屬

三國志六十五卷 （晉）陳壽撰　（南朝宋）裴松之注　明萬曆二十四年(1596)南京國子監刻本　十四册

330000－1701－0001437　善 000986　史部/

紀傳類/正史之屬

晉書一百三十卷　(唐)房玄齡等撰　(唐)何超音義　(明)鍾人傑輯評　明鍾人傑刻本　三十冊

330000－1701－0001438　善000982　史部/紀傳類/正史之屬

謝氏後漢書補逸六卷　(清)姚之駰輯　(清)孫志祖增訂　孫峻補輯　清抄本　孫峻校　二冊

330000－1701－0001439　善000993　史部/紀傳類/正史之屬

梁書五十六卷　(唐)姚思廉撰　明崇禎六年(1633)毛氏汲古閣刻十七史本　單丕校　五冊

330000－1701－0001440　善000996　史部/紀傳類/正史之屬

北齊書五十卷　(唐)李百藥撰　明萬曆十六年至十七年(1588－1589)南京國子監刻本　十冊

330000－1701－0001442　善001000　史部/紀傳類/正史之屬

唐書二百二十五卷　(宋)歐陽修　(宋)宋祁等撰　**釋音二十五卷**　(宋)董衝撰　元大德九年(1305)建康路儒學刻明清遞修本(地理志卷二十七至三十、宗室世系表卷十、列傳卷一百三十七至一百四十一配元刻明遞修本)　四十八冊

330000－1701－0001443　善000990、善000992　史部/紀傳類/正史之屬

二十一史　明刻明清遞修本　十八冊　存二種

330000－1701－0001444　ZKS0001　集部/別集類/清別集

堯峰文鈔五十卷　(清)汪琬撰　(清)林佶編　清康熙三十二年(1693)林佶刻本　六冊

330000－1701－0001445　ZKS0002　集部/別集類/明別集

泰泉集六十卷　(明)黄佐撰　清康熙二十一年(1682)黄達卿等刻本　十冊　存五十二卷(七至五十八)

330000－1701－0001446　ZKS0003　集部/別集類/清別集

賴古堂集二十四卷附錄一卷　(清)周亮工撰　清康熙十四年(1675)周在浚刻本　六冊

330000－1701－0001447　善001001　史部/紀傳類/別史之屬

南唐書十八卷　(宋)陸游撰　**音釋一卷**　(元)戚光撰　明萬曆刻祕冊彙函本　王修批校並跋　朱承潔跋　四冊

330000－1701－0001448　善001007　史部/紀傳類/正史之屬

遼史拾遺二十四卷　(清)厲鶚撰　**遼史拾遺續三卷**　(清)楊復吉輯　清沈氏鳴野山房抄本　十二冊

330000－1701－0001450　善001010　史部/紀傳類/別史之屬

續弘簡錄元史類編四十二卷　(清)邵遠平撰　清康熙三十八年(1699)邵遠平刻本　二十冊

330000－1701－0001451　善001011　史部/史表類/斷代之屬

元史氏族表三卷　(清)錢大昕撰　清江蘇書局刻本　陳漢章校　一冊

330000－1701－0001452　ZKS0004　集部/總集類/彙編之屬

唐三高僧詩集四十七卷　(明)毛晉編　明末毛氏汲古閣刻本　三冊　存七卷(白蓮集一至四、八至十)

330000－1701－0001453　ZKS0005　子部/雜著類/雜說之屬

此木軒雜著八卷　(清)焦袁熹撰　清嘉慶九年(1804)焦晉此木軒刻本　三冊

330000－1701－0001454　善001002　類叢部/叢書類/彙編之屬

祕冊彙函二十八種　(明)沈士龍　(明)胡震亨編　明萬曆刻本　二冊　存一種

330000－1701－0001455　善 001003　史部/紀傳類/別史之屬

南唐書十八卷　(宋)陸游撰　(清)周在浚箋注　**南唐書音釋一卷**　(元)戚光輯　清抄本　四册

330000－1701－0001456　善 000988　史部/紀傳類/正史之屬

二十一史　明刻明清遞修本　二十八册　存一種

330000－1701－0001457　善 001012　史部/紀傳類/正史之屬

明史藁三百十三卷目録四卷　(清)王鴻緒撰　清抄本　三十三册

330000－1701－0001458　善 001013　史部/傳記類/總傳之屬

昭代明良録二十卷　(明)童時明撰　明萬曆四十年(1612)童文龍刻本　二十册

330000－1701－0001459　善 001018　史部/編年類/通代之屬

元經薛氏傳十卷　(隋)王通撰　(唐)薛收傳　(宋)阮逸註　明刻本　三册

330000－1701－0001460　善 001016　史部/紀傳類/別史之屬

南天痕二十六卷　(清)凌雪撰　清抄本　十四册

330000－1701－0001461　善 001014　史部/紀傳類/別史之屬

南疆逸史五十六卷　(清)溫睿臨撰　清抄本　九册

330000－1701－0001462　善 001020　史部/編年類/通代之屬

資治通鑑外紀十卷目録五卷　(宋)劉恕撰　明刻本　四册

330000－1701－0001463　善 000222　子部/叢編

六子書　(明)顧春編　明嘉靖十二年(1533)吴郡顧氏世德堂刻本　清姚世鈺校、跋並過録清何焯校　二十册

330000－1701－0001464　善 001015　史部/紀傳類/別史之屬

南疆逸史跋不分卷　(清)楊鳳苞撰　清抄本　一册

330000－1701－0001465　善 001019　史部/編年類/通代之屬

通曆十五卷　(唐)馬總撰　(宋)孫光憲續　清抄本　六册　存十卷(一至十)

330000－1701－0001466　善 001024　史部/編年類/通代之屬

資治通鑑二百九十四卷　(宋)司馬光撰　(元)胡三省音注　明崇禎刻清初含經堂印本　七十九册

330000－1701－0001467　善 001023　史部/編年類/通代之屬

資治通鑑二百九十四卷　(宋)司馬光撰　(元)胡三省音注　(明)陳仁錫評　**通鑑釋文辯誤十二卷**　(元)胡三省撰　明天啓五年(1625)長洲陳仁錫刻本　九十二册

330000－1701－0001469　善 001025　史部/編年類/通代之屬

資治通鑑目録三十卷　(宋)司馬光編集　**資治通鑑問疑一卷**　(宋)劉羲仲纂集　明崇禎二年(1629)陳仁錫刻本　十二册

330000－1701－0001470　善 001027　史部/編年類/通代之屬

資治通鑑考異三十卷　(宋)司馬光撰　明萬曆十四年(1586)刻本　十六册

330000－1701－0001471　善 001026　史部/編年類/通代之屬

資治通鑑二百九十四卷　(宋)司馬光撰　(元)胡三省音注　**通鑑釋文辯誤十二卷**　(元)胡三省撰　清同治十年(1871)湖北崇文書局刻本　陳漢章批校　一百册　缺十二卷(通鑑釋文辯誤一至十二)

330000－1701－0001472　善 001029　史部/編年類/通代之屬

資治通鑑節要續編三十卷　(明)張光啓撰

明刻本　四十八冊

330000－1701－0001473　善001030　史部/編年類/通代之屬
新刊憲臺攷正少微通鑑全編二十卷外紀二卷總論一卷　(宋)江贄輯　明萬曆徐元太等刻本　二十冊

330000－1701－0001474　善001032　史部/編年類/通代之屬
新刊高明大字少微先生資治通鑑節要二十卷外紀五卷首二卷　(宋)江贄撰　**續資治通鑑節要二十卷**　(明)張光啓撰　(明)劉剡輯　明萬曆九年(1581)黄氏興正書堂刻本　三十二冊

330000－1701－0001475　善001041　史部/編年類/通代之屬
資治通鑑綱目五十九卷　(宋)朱熹撰　(宋)尹起莘發明　(元)劉友益書法　(元)汪克寬考異　(元)徐昭文考證　(元)王幼學集覽　(明)陳濟正誤　(明)馮智舒質實　明萬曆刻本　四十九冊　存五十八卷(二至五十九)

330000－1701－0001476　善001033　史部/編年類/通代之屬
資治通鑑後編一百八十四卷　(清)徐乾學撰　清康熙抄本　六十冊

330000－1701－0001477　善001042　史部/編年類/通代之屬
文公先生資治通鑑綱目五十九卷　(宋)朱熹撰　(宋)尹起莘發明　(元)汪克寬考異　(元)王幼學集覽　(明)陳濟正誤　明建安劉寬裕刻本　六十冊

330000－1701－0001478　善001048　史部/編年類/通代之屬
通鑑前編十八卷舉要二卷　(宋)金履祥撰　**首一卷**　(明)陳桱撰　明末刻本　十冊

330000－1701－0001479　善001050　史部/編年類/通代之屬
訂正通鑑綱目前編二十五卷　(明)南軒撰　明萬曆刻本　十冊

330000－1701－0001480　善001051　史部/編年類/通代之屬
新刻論策標題古今三十三朝史綱紀要七十二卷外紀七卷　(宋)金履祥編輯　(明)許國纂畧　(明)黄洪憲參補　(明)王應選考訂　明萬曆書林詹氏刻本　十八冊　缺七卷(四十三至四十九)

330000－1701－0001481　善001059　史部/編年類/通代之屬
宋元通鑑目錄二十卷三史國語校勘表一卷閏考一卷朔考一卷　(清)朱修之撰　清抄本　十二冊

330000－1701－0001482　善001053　史部/編年類/通代之屬
天運紹統二卷　(明)朱權撰　明天啓元年(1621)梁鼎賢刻本　四冊

330000－1701－0001483　善001055　史部/編年類/通代之屬
新刻世史類編四十五卷首一卷　(明)李純卿草創　(明)謝遷補遺　(明)王守仁覆詳　(明)王世貞會纂　(明)李槃增修　明書林張起鵬刻本　二十冊

330000－1701－0001484　善001058　史部/編年類/通代之屬
宋元通鑑一百五十七卷　(明)薛應旂撰　明嘉靖四十五年(1566)薛應旂刻本　四十冊

330000－1701－0001485　善001061　史部/編年類/通代之屬
刻王鳳洲先生家藏通考綱鑑旁訓二十卷　(明)何喬遠撰　明刻本　八冊

330000－1701－0001486　善001060　史部/編年類
資治通鑑大全八種　(明)陳仁錫輯　明崇禎刻本　二冊　存一種

330000－1701－0001487　善001063　史部/編年類/通代之屬
鼎鍥葉太史彙纂玉堂鑑綱七十二卷　(明)葉向高彙纂　(明)李京訂義　明萬曆三十年

(1602)書林熊體忠等刻本　二十四冊

330000－1701－0001488　善001065　史部/編年類/通代之屬

鼎鍥趙田了凡袁先生編纂古本歷史大方綱鑑補三十九卷首一卷　(明)袁黄纂　明萬曆三十八年(1610)余象斗雙峰堂刻本　二十冊

330000－1701－0001489　善001062　史部/編年類/通代之屬

通鑑直解二十五卷　(明)張居正撰　明萬曆刻本　十六冊

330000－1701－0001490　善001064　史部/編年類/通代之屬

資治歷朝紀政綱目前編八卷正編四十卷續編二十六卷　(明)黄洪憲編纂　(明)許順義註補　明萬曆建陽余彰德刻本　二十四冊　存四十八卷(前編一至六、正編一至四十、續編一至二)

330000－1701－0001491　善001066　史部/編年類/通代之屬

中興綱目十卷　(明)徐樹丕撰　清抄本　十二冊

330000－1701－0001492　善001068　史部/編年類/通代之屬

續資治通鑑二百二十卷　(清)畢沅撰　清乾隆鎮洋畢氏刻嘉慶六年(1801)桐鄉馮氏德裕堂續刻同治六年(1867)永康應氏補刻本　陳漢章批校　六十冊

330000－1701－0001493　善001071　史部/史表類/通代之屬

帝王廟謚年諱譜一卷　(清)陸費墀撰　清徐氏述史樓抄本　一冊

330000－1701－0001494　善001070　類叢部/叢書類/彙編之屬

訓纂堂叢書六種　(清)楊調元輯　清光緒貴筑楊氏刻本　陳漢章批校　一冊　存三種

330000－1701－0001495　善001067　史部/紀事本末類/通代之屬

通鑑本末紀要八十一卷首三卷　(清)蔡毓榮輯　(清)林子卿注　清康熙二十四年(1685)刻本　八十六冊

330000－1701－0001496　善001075　史部/編年類/斷代之屬

皇朝編年備要三十卷　(宋)陳均撰　清抄本　二十四冊

330000－1701－0001497　善001073　史部/編年類/斷代之屬

五代春秋二卷　(宋)尹洙撰　清初抄本　一冊

330000－1701－0001498　善001076　史部/紀事本末類/斷代之屬

三朝北盟會編二百五十卷　(宋)徐夢莘撰　清敦詩書閣抄本　四十八冊

330000－1701－0001499　善001080　史部/編年類/斷代之屬

昭代典則二十八卷　(明)黄光昇撰　明萬曆二十八年(1600)周曰校萬卷樓刻本　二十四冊

330000－1701－0001500　善001077　史部/紀事本末類/斷代之屬

三朝北盟會編二百五十卷　(宋)徐夢莘撰　清抄本　三十二冊

330000－1701－0001501　善001083　史部/編年類/斷代之屬

皇明二祖十四宗增補標題評斷通紀二十七卷　(明)陳建　(明)陳龍可撰　明末刻本　三十冊

330000－1701－0001502　善001081　史部/編年類/斷代之屬

國史紀聞十二卷　(明)張銓撰　明天啓刻本　六冊　存八卷(一、三、五至十)

330000－1701－0001503　善001079　史部/編年類/斷代之屬

皇明資治通紀三十卷　(明)陳建輯撰　(明)岳元聲訂　明萬曆刻本　十二冊

330000－1701－0001504　善001087　史部/

編年類/斷代之屬

皇明從信錄四十卷 (明)陳建撰 (明)沈國元訂補 明末刻本(卷二十三至二十四配抄本) 四十六册

330000－1701－0001505 善001085 史部/編年類/斷代之屬

列國史補十八卷 (明)魏顯國輯撰 明萬曆刻本 六册

330000－1701－0001506 ZKS0006 集部/總集類/氏族之屬

義門鄭氏奕葉吟集四卷 (明)鄭允宣輯 (明)鄭崇岳補輯 明崇禎三年(1630)鄭崇岳刻本 一册

330000－1701－0001507 善001078 史部/編年類/斷代之屬

皇宋十朝綱要二十五卷 (宋)李𡌴撰 清抄本 十六册

330000－1701－0001508 善001084 史部/編年類/斷代之屬

皇明通紀法傳全錄二十八卷 (明)陳建撰 (明)高汝栻訂 (明)吳楨增刪 **皇明法傳錄嘉隆紀六卷皇明續紀三朝法傳全錄十六卷** (明)高汝栻輯 明崇禎九年(1636)刻本 四十九册 存四十九卷(一至二十五、二十七至二十八,皇明法傳錄嘉隆紀一至六,皇明續紀三朝法傳全錄一至十六)

330000－1701－0001509 善001074 史部/編年類/斷代之屬

皇朝通鑑政要十八卷 (宋)崔遵度撰 清初抄本 十一册 存十七卷(二至十八)

330000－1701－0001510 ZKS0007、ZKS0008 集部/别集類/清别集

大雲山房文稾初集四卷二集四卷言事二卷 (清)惲敬撰 清同治二年(1863)惲世臨刻本 八册

330000－1701－0001511 善001086 史部/編年類/斷代之屬

憲章錄四十六卷 (明)薛應旂撰 明萬曆二年(1574)陸光宅刻本 十册

330000－1701－0001512 善001089 史部/編年類/斷代之屬

通紀直解十四卷附一卷 (明)張嘉和輯 明崇禎刻本(卷三至四配抄本) 十四册

330000－1701－0001513 ZKS0018 類叢部/叢書類/自著之屬

有恆心齋集六種附一種 (清)程鴻詔撰 清同治刻本 十册 存三種

330000－1701－0001514 善001088 史部/編年類/斷代之屬

兩朝從信錄三十五卷 (明)沈國元撰 明崇禎刻本 十六册

330000－1701－0001515 善001093 史部/編年類/斷代之屬

太宗皇帝實錄八十卷 (宋)錢若水等纂修 清抄本 四册 存八卷(二十六至三十、七十六、七十九至八十)

330000－1701－0001517 善001092 史部/編年類/斷代之屬

春秋通鑑中續三卷 (清)朱修之纂 清抄本 三册

330000－1701－0001518 善001095 史部/雜史類/斷代之屬

聖安皇帝本紀二卷 (清)顧炎武撰 清抄本 二册

330000－1701－0001519 ZKS0009 集部/别集類/清别集

東井詩鈔四卷文鈔二卷 (清)黄定文撰 清道光元年(1821)康紹鏞刻本 四册

330000－1701－0001520 善001097 史部/編年類/斷代之屬

大清太祖承天廣運聖德神功肇基立極仁孝睿武弘文定業高皇帝實錄十卷 (清)勒德洪 (清)明珠等纂修 清抄本 四册

330000－1701－0001521 善001098 史部/編年類/斷代之屬

大清太祖高皇帝實録不分卷　(清)勒德洪　(清)明珠等纂修　清抄本　二册

330000－1701－0001522　善 001096　史部/編年類/斷代之屬

弘光實録抄四卷大臣月表一卷　(清)黄宗羲撰　清光緒三年(1877)大興傅氏長恩閣抄本　清傅以禮題簽並跋　一册

330000－1701－0001523　善 001102　史部/紀事本末類/通代之屬

通鑑紀事本末四十二卷　(宋)袁樞撰　明萬曆二年(1574)李栻刻本　四十二册

330000－1701－0001524　善 001099　史部/編年類/斷代之屬

大清世祖章皇帝實録八卷　(清)巴泰等纂修　清抄本　十二册

330000－1701－0001525　善 000019　史部/史抄類

史記抄不分卷　(漢)司馬遷撰　明抄本　四册

330000－1701－0001526　善 000033　史部/編年類/通代之屬

續資治通鑑六十四卷　(明)王宗沐編　明抄本　六册

330000－1701－0001527　善 000040　史部/紀傳類/别史之屬

南疆逸史跋不分卷　(清)楊鳳苞撰　清抄本　清傅以禮批校　一册

330000－1701－0001528　善 000041　史部/雜史類/斷代之屬

魯之春秋二十四卷首一卷　(清)李聿求撰　**朱希祖校勘記一卷**　朱希祖撰　**徐益之校勘記一卷**　徐益之撰　清咸豐刻本(卷首至二配寫樣稿本及抄本)　李開福、朱希祖題記　八册

330000－1701－0001529　善 000048　史部/雜史類/斷代之屬

明末滇南紀略一卷　(清)□□撰　清鄒存淦抄本　清鄒存淦校　一册

330000－1701－0001530　善 000044　史部/雜史類/斷代之屬

甲申朝事小紀初編八卷二編八卷三編八卷四編八卷五編八卷　(清)抱陽生輯　清抄本　十六册　缺八卷(三編一至八)

330000－1701－0001531　善 000047　史部/雜史類/斷代之屬

臺陽剿匪事略一卷　(清)朱珏編輯　清抄本　一册

330000－1701－0001532　善 000045　史部/雜史類/斷代之屬

狩緬紀事一卷　清抄本　一册

330000－1701－0001533　善 000046　史部/雜史類/斷代之屬

閩海紀録二卷　(清)夏琳撰　清抄本　與330000－1701－0001532 合册　存一卷(下)

330000－1701－0001534　善 000042　史部/雜史類/斷代之屬

瀨江紀事本末一卷　(明)一明道人撰　清抄本　一册

330000－1701－0001535　善 000043　史部/雜史類/斷代之屬

流寇志十四卷　(清)彭孫貽撰　清抄本　八册

330000－1701－0001536　善 000049　史部/雜史類/斷代之屬

平夷録十六卷　清抄本　十六册

330000－1701－0001537　善 000050　史部/雜史類/斷代之屬

道光洋艘征撫記二卷　清抄本　一册

330000－1701－0001538　善 000051　史部/雜史類/斷代之屬

清光緒間江山農民暴動史料一卷　(清)劉朝鎔輯　清末抄本　一册

330000－1701－0001539　善 000066　史部/地理類/輿圖之屬/郡縣

浙江省地圖附説明不分卷　(清)□□繪　清

彩繪絹本　一冊

330000－1701－0001540　善000052　史部/傳記類/日記之屬

西征日記一卷(清康熙五十九年)　(清)杜昌丁撰　清抄本　一冊

330000－1701－0001541　善000065　史部/地理類/輿圖之屬/全國

中國地圖一卷　(清)□□繪　清彩繪本　一冊

330000－1701－0001542　善000055　史部/雜史類/斷代之屬

東江疏揭塘報節抄八卷　(明)毛文龍撰　(明)毛承斗輯　**東江客問一卷**　(明)吳惟英撰　明崇禎張應魁刻本　二冊

330000－1701－0001544　善000067　史部/地理類/方志之屬/郡縣志

成化杭州府志六十三卷首一卷　(明)陳讓等修　(明)夏時正等纂　清影抄明成化刻本　三十冊

330000－1701－0001545　善000072　史部/地理類/方志之屬/郡縣志

[萬曆]義烏縣志二十卷　(明)周士英修　(明)吳從周等纂　明萬曆刻本　四冊　存十三卷(一至八、十一至十四、二十)

330000－1701－0001546　善000069　史部/地理類/方志之屬/郡縣志

[萬曆]紹興府志五十卷　(明)蕭良榦修　(明)張元忭　(明)孫鑛纂　明萬曆十五年(1587)刻本(卷二十四、二十九至三十二、四十至四十一配清影抄本)　四十冊

330000－1701－0001547　善000070　史部/地理類/方志之屬/郡縣志

[萬曆]新修上虞縣志二十卷首一卷　(明)徐待聘修　(明)馬明瑞等纂　明萬曆三十四年(1606)刻本(卷五至二十配清抄本)　八冊

330000－1701－0001548　善000075　史部/地理類/方志之屬/郡縣志

[萬曆]龍游縣誌十卷圖一卷　(明)萬廷謙修　(明)鍾相業　(明)曹聞禮纂　明萬曆刻本　六冊

330000－1701－0001549　善000079　史部/地理類/方志之屬/郡縣志

[正統]重修富春誌六卷　(明)吳堂纂修　清初抄本　三冊

330000－1701－0001550　善000074　史部/地理類/方志之屬/郡縣志

[天啓]衢州府志十六卷　(明)林應翔修　(明)葉秉敬等纂　明天啓三年(1623)刻崇禎五年(1632)丁明登增補刻本　十六冊

330000－1701－0001551　善000076　史部/地理類/方志之屬/郡縣志

[萬曆]續修嚴州府志二十四卷　(明)呂昌期修　(明)俞炳然纂　明萬曆刻本　二冊　存四卷(一至二、十一至十二)

330000－1701－0001552　善000073　史部/地理類/方志之屬/郡縣志

[隆慶]東陽縣誌十七卷　(明)鄭準纂修　明隆慶六年(1572)刻萬曆貢修齡補刻本　一冊　存二卷(六至七)

330000－1701－0001553　善000077　史部/地理類/方志之屬/郡縣志

[萬曆]朔方新志五卷　(明)楊應聘　(明)楊壽纂修　明萬曆四十五年(1617)刻清順治十六年(1659)增刻本　五冊

330000－1701－0001554　善000078　史部/地理類/方志之屬/郡縣志

[萬曆]滄州志八卷　(明)李夢熊修　(明)顧震宇等纂　明萬曆三十一年(1603)刻本　四冊

330000－1701－0001556　善000083　史部/地理類/方志之屬/郡縣志

[康熙]德清縣誌十卷　(清)侯元棐修　(清)王振孫等纂　清康熙刻本　十冊

330000－1701－0001557　善000084　史部/地理類/方志之屬/郡縣志

[康熙]象山縣志十六卷　(清)胡祚遠修

(清)姚廷傑纂　清康熙三十七年(1698)刻重修本　四册

330000－1701－0001558　善000081　史部/地理類/方志之屬/郡縣志

[乾隆]昌化縣志二十卷首一卷　(清)甘文蔚　(清)王元音修　(清)王守矩　(清)章起龍纂　清乾隆十三年(1748)刻本　十六册

330000－1701－0001559　善000082　史部/地理類/方志之屬/郡縣志

[萬曆]崇德縣志十二卷　(明)靳一派修　(明)李太沖　(明)張洪儒纂　清抄本　十册

330000－1701－0001560　善000087　史部/地理類/方志之屬/郡縣志

[乾隆]諸暨縣志三十五卷首一卷末一卷　(清)沈椿齡修　(清)樓卜瀍等纂　清乾隆三十八年(1773)刻本　十册

330000－1701－0001561　善000085　史部/地理類/方志之屬/郡縣志

[康熙]定海縣志□□卷　(清)王元士修　(清)郝良桐等纂　清康熙抄本　七册　存十三卷(五至十七)

330000－1701－0001562　善000086　史部/地理類/方志之屬/郡縣志

[康熙]續定海縣志不分卷　(清)邵似歐撰　清康熙抄本　二册

330000－1701－0001563　善000088　史部/地理類/方志之屬/郡縣志

[康熙]新昌縣志十八卷　(清)劉作樑修　(清)呂曾柟等纂　清康熙十年(1671)刻本　四册

330000－1701－0001564　善000089　史部/地理類/方志之屬/郡縣志

[康熙]天台縣志十五卷圖考一卷　(清)李德燿　(清)黄執中纂修　清康熙二十三年(1684)刻本　六册

330000－1701－0001565　善000091　史部/地理類/方志之屬/郡縣志

[康熙]江山縣志十四卷首一卷附錄一卷　(清)汪浩修　(清)宋俊等纂　清康熙刻本　十四册

330000－1701－0001566　善000092　史部/地理類/方志之屬/郡縣志

[康熙]桐廬縣志四卷　(清)童煒等修　(清)吳文煒　(清)王僉吉等纂　清康熙刻本(卷二配清抄本)　十册

330000－1701－0001567　善000090　史部/地理類/方志之屬/郡縣志

[康熙]金華府志三十卷　(清)張藎修　(清)沈麟趾等纂　清康熙二十二年(1683)刻雍正七年(1729)補刻本　二十四册

330000－1701－0001568　善000095　史部/地理類/方志之屬/郡縣志

[康熙]鎮平縣志三卷　(清)張琮纂修　清康熙三十四年(1695)刻本　四册

330000－1701－0001569　善000093　史部/地理類/方志之屬/郡縣志

[康熙]長樂縣志八卷　(清)孫蕙修　(清)孔元體等纂　清康熙刻乾隆重修本　五册

330000－1701－0001570　善000094　史部/地理類/方志之屬/郡縣志

[道光]漵陰志畧一卷　(清)管庭芬纂　清道光十一年(1831)管嗣許抄本　一册

330000－1701－0001571　善000096　史部/地理類/輿圖之屬/全國

大清中外壹統輿圖(皇朝中外壹統輿圖)三十一卷首一卷　(清)鄒世詒　(清)晏啓鎮編　(清)李廷簫　(清)汪士鐸增訂　清刻本　陳漢章批校　九册　存三十卷(南一至十、北一至二十)

330000－1701－0001572　善000099　史部/地理類/方志之屬/郡縣志

[康熙]餘杭縣志八卷圖考一卷　(清)張思齊纂修　清康熙刻本　十册

330000－1701－0001573　善000098　史部/政書類/邦計之屬/貿易

北新關志抄不分卷　清抄本　一册

330000－1701－0001575　善000097　史部/地理類/總志之屬
皇輿統志十四卷　(清)錢霑撰　稿本　清翁同龢跋　三冊

330000－1701－0001576　善000101　史部/地理類/方志之屬/郡縣志
[康熙]於潛縣志八卷圖考一卷　(清)趙之珩修　(清)章國佐　(清)何爾彬纂　清康熙刻本　六冊

330000－1701－0001577　善000104　史部/政書類/軍政之屬/邊政
粵省沿海洋面錄不分卷　清抄本　一冊

330000－1701－0001578　善000103　史部/地理類/方志之屬/郡縣志
[康熙]西安縣志十二卷首一卷　(清)陳鵬年修　(清)徐之凱等纂　清康熙三十九年(1700)刻乾隆重修本　十冊

330000－1701－0001580　善000105　史部/地理類/輿圖之屬/郡縣
滇省輿地圖說不分卷　(清)伯麟撰　清彩繪本　二冊

330000－1701－0001581　善000106　史部/地理類/雜志之屬
滇省夷人圖說不分卷　清彩繪本　二冊

330000－1701－0001582　善000107　史部/地理類/方志之屬/郡縣志
銀川小志一卷　(清)汪繹辰撰　清抄本　一冊

330000－1701－0001584　善000109　史部/地理類/方志之屬/郡縣志
[乾隆]伊江滙覽不分卷　(清)格琫額纂　清抄本　二冊

330000－1701－0001585　善000110　史部/地理類/方志之屬/郡縣志
竹里述略十二卷　(清)徐士燕纂　**篁里竹枝詞三十首一卷**　(清)徐士燕撰　清同治三年(1864)稿本(篁里竹枝詞三十首一卷爲清同治抄本)　一冊

330000－1701－0001587　善000111　史部/地理類/方志之屬/郡縣志
晟舍鎮志八卷首一卷　(清)閔寶樑輯　清末抄本　六冊

330000－1701－0001589　善000115　史部/政書類/軍政之屬/邊政
溫處海防圖略一卷　(明)蔡逢時撰　清抄本　一冊

330000－1701－0001590　善000112　史部/地理類/輿圖之屬/水圖
浙江江海塘工各工字號丈尺分晰七汎全圖一卷　清宣統彩繪本　一冊

330000－1701－0001591　善000117　史部/政書類/軍政之屬/邊政
浙東鎮海得勝全圖一卷　清光緒刻彩印本　一冊

330000－1701－0001592　善000119　子部/藝術類/書畫之屬/畫譜
古歙山川圖一卷　(清)吳逸繪　清乾隆阮溪水香園刻本　一冊

330000－1701－0001593　善000118　史部/地理類/輿圖之屬/軍事
粵省海防圖說二卷　清光緒九年(1883)抄本　二冊

330000－1701－0001594　善000120　史部/地理類/輿圖之屬/水圖
金沙江全圖一卷　清刻本　一冊

330000－1701－0001595　善000123　史部/地理類/雜志之屬
西吳枝乘二卷　(明)謝肇淛撰　明萬曆三十六年(1608)謝肇淛刻本　一冊

330000－1701－0001596　善000124　史部/地理類/雜志之屬
城東雜錄二卷　(清)厲鶚撰　清乾隆抄本　清盧文弨批校並跋　一冊

330000－1701－0001597　善000128　子部/儒家類/儒學之屬/性理

潛室陳先生木鍾集十一卷 （宋）陳埴撰　明刻明重修本　四册

330000－1701－0001598　善 000135　子部/醫家類/醫經之屬/内經

京本校正註釋音文黃帝内經素問十二卷 （唐）王冰注　（宋）林億等校正　（宋）孫兆改誤　**京本黃帝内經素問遺篇一卷** （宋）劉温舒撰　明福州書林詹林所刻本　六册

330000－1701－0001599　善 000136　子部/醫家類/醫經之屬/内經

京本校正註釋音文黃帝内經素問十二卷 （唐）王冰注　（宋）林億等校正　（宋）孫兆改誤　**京本黃帝内經素問遺篇一卷** （宋）劉温舒撰　明福州書林詹林所刻本　十册

330000－1701－0001600　善 000130　子部/儒家類/儒學之屬

真西山讀書記乙集上大學衍義四十三卷 （宋）真德秀撰　明刻本　十册

330000－1701－0001601　善 000142　子部/醫家類/醫案之屬

兩都醫案二卷 （明）倪士奇撰　明崇禎刻本　二册

330000－1701－0001602　善 000139、善 000140　子部/醫家類/類編之屬

東垣十書　明刻本　八册　存二種

330000－1701－0001603　善 000141　子部/醫家類/本草之屬/歷代綜合本草

本草綱目五十二卷圖二卷瀕湖脈學一卷脈訣攷證一卷奇經八脈攷一卷 （明）李時珍撰　明萬曆三十一年(1603)張鼎思刻本　二十册

330000－1701－0001604　善 000146　子部/醫家類/針灸之屬/通論

鍼灸大成十卷 （明）楊繼洲撰　明刻明清遞修本　二十册

330000－1701－0001605　善 000143　子部/醫家類/醫經之屬/内經

刻黃帝内經素問鈔七卷 （元）滑壽撰　（明）汪機續註　明萬曆四十年(1612)閩建劉大易喬木山房刻本　二册

330000－1701－0001606　善 000144　子部/醫家類/婦科之屬/通論

女科問答要旨三卷 （宋）薛辛撰　清乾隆三十七年(1772)查氏硯秋書屋抄本　清查濟眉跋　六册

330000－1701－0001607　善 000151　子部/醫家類/針灸之屬/通論

銅人腧穴鍼灸圖經三卷附穴腧都數一卷 （宋）王惟一撰　清康熙姜希轍刻本　四册

330000－1701－0001608　善 000147　子部/醫家類/方書之屬/單方驗方

新刊仁齋直指附遺方論二十六卷小兒附遺方論五卷醫脈真經二卷傷寒類書活人總括七卷 （宋）楊士瀛撰　（明）朱崇正補遺　明刻本　一册　存四卷（小兒附遺方論一至四）

330000－1701－0001609　善 000154　子部/醫家類/傷寒金匱之屬/傷寒論

傷寒紀玄妙用集十卷目錄一卷 （明）尚從善編　**仲景藥性論治一卷** （明）尚從善撰　清抄本　六册

330000－1701－0001610　善 000148　子部/醫家類/類編之屬

平陽府所刻醫書六種　明正德十年(1515)山西平陽府刻本　四册　存二種（新刊銅人鍼灸經七卷、新編西方子明堂灸經八卷）

330000－1701－0001611　善 000161　子部/醫家類/婦科之屬/產科

濟生產寶論方二卷　明嘉靖十四年(1535)金陵書林雷鳴刻本　二册

330000－1701－0001612　善 000165　子部/醫家類/本草之屬/歷代綜合本草

本草原始十二卷 （明）李中立撰　明萬曆刻本　八册

330000－1701－0001613　善 000164　子部/醫家類/方書之屬/單方驗方

新刊丹溪先生心法五卷附錄一卷 （元）朱震亨撰　（明）楊珣類集　（明）程充重訂　明刻

本　十二册

330000－1701－0001614　善000158　子部/醫家類/方書之屬/單方驗方
奚囊便方十卷　（明）陳朝堦輯　明天啓五年（1625）陳鍾盛刻本　八册　存八卷（一至八）

330000－1701－0001615　善000170　子部/醫家類/本草之屬/歷代綜合本草
本草便二卷　（明）張懋辰輯　明刻本　二册

330000－1701－0001616　善000168　子部/醫家類/綜合之屬/通論
新刻醫滙十二卷　（明）徐爾貞輯　明崇禎刻本　二十四册

330000－1701－0001617　善000166　子部/醫家類/診法之屬/歷代脈學
脉語二卷　（明）吳崑撰　明萬曆刻本　一册

330000－1701－0001618　善000167　子部/醫家類/診法之屬/脈經脈訣
臟腑證治圖說人鏡經八卷　附録二卷　（明）錢雷撰　（明）錢選　（明）錢世忠輯　明萬曆三十四年（1606）洪啓睿刻本　六册

330000－1701－0001619　善000169　子部/醫家類/診法之屬/歷代脈學
脉便二卷本草便二卷　（明）張懋辰撰　明刻本　四册

330000－1701－0001620　善000171　子部/醫家類/方書之屬/明一般性方書
雪潭居醫約八卷　（明）陳澈編輯　明崇禎十四年（1641）陳澈刻本　十册

330000－1701－0001621　善000172　子部/醫家類/綜合之屬/通論
新刊簡明醫彀八卷要言一卷　（明）孫志宏撰　明崇禎九如堂刻本　十册

330000－1701－0001622　善000173　子部/醫家類/類編之屬
芷園醫種四種　（明）盧復編　明天啓刻本　四册　存二種

330000－1701－0001623　善000174　子部/醫家類/醫話醫論之屬
醫學精言不分卷　清抄本　四册

330000－1701－0001624　善000177　子部/醫家類/喉科口齒之屬/通論
喉科杓指四卷附集驗良方一卷　（清）包永泰撰　清光緒二十五年（1899）姜菘瀛抄本　四册

330000－1701－0001625　善000179　史部/傳記類/日記之屬
賜研齋日記不分卷（道光二十五年至二十六年）賜研齋畫賸□□卷　（清）戴熙撰　清道光稿本　一册　存日記及畫賸卷二

330000－1701－0001627　善000175　子部/醫家類/養生之屬/導引、氣功
養生圖說二卷　（明）陳淩雲編　明萬曆建邑書林陳淩雲刻本　一册

330000－1701－0001628　善000182　子部/藝術類/書畫之屬/題跋
書畫題跋記十二卷　（明）郁逢慶輯　清抄本　清趙宗建題簽　黃裳記　四册

330000－1701－0001629　善000197　子部/藝術類/篆刻之屬/印譜
古今印選一卷　（明）張夢錫輯　明刻朱印本　一册

330000－1701－0001630　善000185　子部/藝術類/書畫之屬
鐵網珊瑚書品十卷畫品六卷　（明）朱存理輯　清抄本　三十二册

330000－1701－0001631　善000198　子部/藝術類/篆刻之屬/印譜
印存初集四卷　（明）胡正言篆　清順治四年（1647）胡氏十竹齋刻鈐印本　四册

330000－1701－0001632　善000199　子部/藝術類/篆刻之屬/印譜
韞光樓印譜二卷　（清）許容篆刻　清康熙二十八年（1689）胡兆鳳半漚堂刻鈐印本　二册

330000－1701－0001633　善000200　子部/

藝術類/篆刻之屬/印譜

谷園印譜四卷 （清）許容篆刻 （清）胡介祉輯 清康熙二十五年(1686)刻鈐印本 起元題簽 四冊

330000－1701－0001634 善000202 子部/工藝類/文房四寶之屬/墨

程氏墨苑□□卷 （明）程大約撰 明萬曆程氏滋蘭堂刻本 十二冊 存六卷(一至六)

330000－1701－0001635 善000201 子部/工藝類/文房四寶之屬/墨

方氏墨譜六卷附錄一卷 （明）方于魯撰 明萬曆方氏美蔭堂刻本 清蔡鴻鑑題簽 二冊

330000－1701－0001636 善000207 集部/總集類/題詠之屬

巨川先生清照長卷一卷 （清）汪由敦 （清）張廷玉等撰 清乾隆寫本 一軸

330000－1701－0001637 善000204 子部/藝術類/書畫之屬/畫譜

博古葉子一卷 （明）陳洪綬繪 清初黃子立刻本 一冊

330000－1701－0001638 善000206 集部/別集類/明別集

明徐勿齋自書贈倪鴻寶詩卷一卷 （明）徐汧撰 稿本 清王宗炎、余紹宋跋 清戴聰觀款 金梁引首 一卷

330000－1701－0001639 善000205 集部/總集類/郡邑之屬

重建淨名寺疏一卷 （明）何白 （明）李光春 （明）陳仁錫撰 明寫本 清馮甦、蔣希召跋 郎伯龍題記 清從炯、清李鑾宣、清沈鶯彝、清李佐賢、清劉斯恒、清胡化鵬觀款 一卷

330000－1701－0001640 善000215 子部/雜著類/雜説之屬

淮南鴻烈解二十一卷 （漢）劉安撰 （漢）高誘注 明萬曆十八年(1590)汪一鸞刻本 十二冊

330000－1701－0001641 善000211 集部/總集類/題詠之屬

三老會圖題詠一卷 （清）胡九思繪圖 （清）錢儀吉題記 （清）潘世恩等題詠 （清）曾燠輯 清道光十年(1830)稿本 清端方觀款 一軸

330000－1701－0001642 善000218 類叢部/叢書類/彙編之屬

説郛一百卷五百三十五種 （明）陶宗儀編 明抄本 二十六冊 存四十六種

330000－1701－0001643 善000219 類叢部/叢書類/彙編之屬

欣賞編十種 （明）沈津編 明萬曆八年(1580)茅一相刻本 五冊

330000－1701－0001644 善000220 類叢部/叢書類/彙編之屬

欣賞續編十種 （明）茅一相編 明萬曆八年(1580)茅一相刻本 七冊

330000－1701－0001645 善000221 子部/叢編

六子全書 （明）顧春編 明刻本 十二冊

330000－1701－0001646 善000229 類叢部/類書類/通類之屬

新編古今事文類聚前集六十卷後集五十卷續集二十八卷別集三十二卷 （宋）祝穆編 **新編古今事文類聚新集三十六卷外集十五卷** （元）富大用編 明書林明實堂刻本 清碻士題記 八十冊

330000－1701－0001647 善000233 集部/小説類/長篇之屬

新鐫全像通俗演義隋煬帝豔史八卷四十回 （明）齊東野人撰 （清）不經先生評 明崇禎人瑞堂刻本 二十四冊

330000－1701－0001648 善000238 集部/楚辭類

離騷圖不分卷 （清）蕭雲從繪並注 清初刻本 清曹峋觀款 清蔡名衡、清姚燮跋 一冊 存天問圖

330000－1701－0001649 善000234 集部/

小說類/長篇之屬
鐫于少保萃忠傳十卷七十回 （明）孫高亮撰 （明）沈國元評 明刻本 十二冊

330000－1701－0001650 善000239 集部/別集類/漢魏六朝別集
箋註陶淵明集十卷 （晉）陶潛撰 （宋）湯漢箋注 **總論一卷** （元）李公煥輯 明刻本（卷十集聖賢羣輔錄下配抄本） 八冊

330000－1701－0001651 善000244 集部/別集類/唐五代別集
劉賓客文集三十卷補遺一卷 （唐）劉禹錫撰 明抄本 清顧之逵跋 清姜渭題記 八冊

330000－1701－0001652 善000246 集部/別集類/宋別集
王黄州小畜集三十卷 （宋）王禹偁撰 明抄本 張宗祥批校並跋 三冊

330000－1701－0001653 善000245 集部/別集類/唐五代別集
王建詩集十卷 （唐）王建撰 明末抄本 清馮調軒、清屠重巽校並跋 清整菴跋 一冊

330000－1701－0001654 善000248 集部/別集類/宋別集
增刊校正王狀元集註分類東坡先生詩二十五卷 （宋）蘇軾撰 （宋）王十朋纂集 （宋）劉辰翁批點 **東坡紀年錄一卷** （宋）傅藻編纂 明汪氏誠意齋集書堂刻本 十一冊 缺三卷（十三至十五）

330000－1701－0001655 善000247 集部/別集類/宋別集
司馬文正公集略三十一卷詩集七卷 （宋）司馬光撰 明嘉靖十八年（1539）俞文峰刻本 何宰夔校 十六冊 缺七卷（詩集一至七）

330000－1701－0001656 善000249 集部/別集類/宋別集
朱子大全一百卷目錄二卷續集十卷別集十卷 （宋）朱熹撰 明天順四年（1460）賀沈、胡緝刻本（目錄二卷、卷一配清抄本） 八十六冊 存一百八卷（目錄一至二、一至二十一、二十四至三十一、三十七至六十四、七十二至一百、續集一至十、別集一至十）

330000－1701－0001657 善000250 集部/別集類/宋別集
宋蘇文忠公居儋錄五卷 （宋）蘇軾撰 （明）陳榮選輯 明萬曆二十三年（1595）儋州陳榮選刻清順治十八年（1661）王昌嗣重修本 二冊

330000－1701－0001658 善000251 集部/別集類/宋別集
劉給諫文集五卷劉給諫詩集二卷 （宋）劉安上撰 清沈氏鳴野山房抄本 清張紹仁校 二冊

330000－1701－0001659 善000252 集部/別集類/宋別集
劉給事文集五卷附錄一卷 （宋）劉安上撰 清知不足齋抄本 二冊

330000－1701－0001660 善000253 集部/別集類/宋別集
劉左史文集四卷附錄一卷 （宋）劉安節撰 清鳴野山房藍抄本 清張紹仁校 二冊

330000－1701－0001661 善000254 集部/別集類/宋別集
莆陽知稼翁文集十一卷詞一卷附錄一卷 （宋）黄公度撰 （宋）黄沃編 清乾隆三十八年（1773）孔繼涵抄本 清孔繼涵校並跋 二冊

330000－1701－0001662 善000255 集部/別集類/宋別集
梅溪先生廷試策一卷奏議四卷詩文前集二十卷詩文後集二十九卷 （宋）王十朋撰 **附錄宋龍圖閣學士王公[十朋]墓志銘一卷** （宋）汪應辰撰 明正統五年（1440）劉謙、何濮刻天順六年（1462）重修本 二十冊

330000－1701－0001663 善000260 集部/別集類/明別集
恭愍公遺稿不分卷 （明）陳選撰 清抄本 二冊

330000－1701－0001664　善 000261　集部/別集類/明別集

碧梧潘先生遺稿四卷續刻遺稿五卷讀易偶見二卷外集二卷平五寨兵事始末一卷附錄一卷　(明)潘鳴時撰　明萬曆潘庭禮、潘英懋刻本　四冊

330000－1701－0001665　善 000259　集部/別集類/明別集

項襄毅公遺稾一卷　(明)項忠撰　(明)項德楨彙　**項襄毅公實紀四卷項襄毅公[忠]年譜五卷附錄一卷**　(明)項德楨編　明萬曆二十五年(1597)項皋謨刻本　八冊　缺四卷(年譜一至四)

330000－1701－0001666　善 000258　集部/別集類/元別集

巴西文集不分卷　(元)鄧文原撰　清抄本　清鮑廷博跋　王修題簽並跋　王修過錄四庫全書總目巴西文集提要、鄧文原懷素小草千字文跋　六冊

330000－1701－0001667　善 000257　集部/別集類/金別集

閑閑老人滏水文集二十卷附錄一卷　(金)趙秉文撰　清康熙抄本　清朱澂校　四冊

330000－1701－0001668　善 000256　集部/別集類/宋別集

梅亭先生四六標準四十卷　(宋)李劉撰　明四明范大澈臥雲山房抄本　四冊　存十卷(一至十)

330000－1701－0001669　善 000262　集部/別集類/明別集

陶菴集不分卷　(明)黃淳燿撰　稿本　一冊

330000－1701－0001670　善 000263　集部/別集類/清別集

歛齋存稿二十二卷　(清)王孫芸撰　稿本　六冊

330000－1701－0001672　善 000265　集部/別集類/清別集

御製避暑山莊詩二卷　(清)聖祖玄燁撰　(清)揆敘等注　清康熙五十一年(1712)內府刻朱墨套印本　八冊

330000－1701－0001673　善 000268　集部/別集類/清別集

錢文端公手寫進呈詩副本一卷　(清)錢陳羣撰　稿本　清許承堯題簽並跋　清錢陳羣、清許承堯跋　一冊

330000－1701－0001674　善 000266　集部/別集類/清別集

碧瀾堂集七卷　(清)喬寅撰　清康熙刻本　清汪士鍾題簽　一冊

330000－1701－0001675　善 000267　集部/別集類/清別集

疎影樓題畫詩不分卷　(清)童鈺撰　清宣統三年(1911)管元耀抄本　管元耀跋　一冊

330000－1701－0001676　善 000269　集部/別集類/清別集

龍莊先生詩稿不分卷　(清)汪輝祖撰　清乾隆五十一年(1786)手稿本　清王暐昌跋　二冊

330000－1701－0001677　善 000270　集部/別集類/清別集

雲左山房文鈔原稿五卷　(清)林則徐撰　稿本　五冊

330000－1701－0001678　善 000276　集部/別集類/清別集

全韻梅花詩一卷　(清)杭世駿撰　稿本　一冊

330000－1701－0001679　善 000271　集部/別集類/清別集

詩問稾□□卷　(清)姚燮撰　稿本　清傅濂題簽、圈點並批校　清葉廷枚跋　一冊　存一卷(二十五)

330000－1701－0001680　善 000284　集部/別集類/明別集

東橋集文十九卷詩二十三卷詞一卷　(明)顧璘撰　明抄本　十四冊

330000－1701－0001681　善 000283　集部/

别集類/明别集
楊文懿公文集三十卷 (明)楊守陳撰　明弘治十二年(1499)楊茂仁刻本　明劉發題記　十册

330000－1701－0001682　善000285　集部/别集類/明别集
綠蘿堂詩草不分卷 (明)岳凌霄撰　稿本　二册

330000－1701－0001683　善000286　集部/别集類/明别集
王氏書稿不分卷 (明)王思任撰　稿本　清復生氏題記　二册

330000－1701－0001684　善000282　集部/别集類/明别集
南齋先生魏文靖公摘藁前集四卷後集六卷附録一卷 (明)魏驥撰　(明)魏完編次　(明)洪鐘校摘　明弘治十一年(1498)洪鐘刻清康熙八年(1669)王余高重修本　魏頌唐題記　張宗祥跋　二册

330000－1701－0001685　善000281　集部/别集類/元别集
重刊黄文獻公文集十卷 (元)黄溍撰　(明)張維樞輯　明萬曆刻清康熙三十年(1691)王廷曾重修本　清宋賓王記　馮雄批校　八册

330000－1701－0001686　善000296　集部/别集類/清别集
愛吾廬文集一卷 (清)張曾裕撰　稿本　一册

330000－1701－0001687　善000294　集部/别集類/清别集
南村居士集十卷 (清)王煐撰　稿本　二册

330000－1701－0001688　善000297　集部/别集類/清别集
受書堂稿五十卷 (清)周召撰　稿本　六册　存八卷(六、九至十、二十三、二十五至二十八)

330000－1701－0001689　善000299　集部/别集類/清别集
梧園詩文集不分卷 (清)吴農祥撰　稿本(梧園編年詩集爲清蘭里蔣氏印山樓抄本)　清丁丙跋並撰提要　吴慶坻跋　三十四册

330000－1701－0001690　善000309　集部/戲劇類/傳奇之屬
玉茗堂批評紅梅記二卷三十四齣 (明)周朝俊撰　(明)湯顯祖評　明刻本　一册

330000－1701－0001691　善000307　集部/總集類/氏族之屬
嘉定侯氏三忠集不分卷　清初抄本　金蓉鏡、施維藩跋　賈景侃觀款　二十八册

330000－1701－0001692　善000305　集部/總集類/選集之屬/斷代
摘豔集十五卷 (明)黄德良選　清抄本　清黎貴惇跋　一册　存六卷(一至六)

330000－1701－0001693　善000308　集部/戲劇類/雜劇之屬
張深之先生正北西廂祕本五卷 (元)王實甫　(元)關漢卿編　(明)張深之正　明崇禎刻本　清姚夑跋　二册

330000－1701－0001694　善000310　集部/戲劇類/傳奇之屬
新刻出像音註管鮑分金記四卷三十八齣 (明)葉良表撰　明萬曆二十二年(1594)金陵三山富春堂刻本　二册

330000－1701－0001695　善000311　集部/戲劇類/傳奇之屬
新編目連救母勸善戲文三卷一百齣 (明)鄭之珍編　明萬曆十年(1582)鄭氏高石山房刻本　三册

330000－1701－0001696　善000312　集部/戲劇類/總集之屬/傳奇
詅癡符四種 (明)陳與郊編　明萬曆四十四年(1616)海昌陳氏刻本　清姚夑圈點並跋　清姚景夔跋　二册　存二卷(櫻桃夢上、下)

330000－1701－0001697　善000313　集部/戲劇類/傳奇之屬
新編孔夫子周遊列國大成麒麟記二卷三十九

齣 (明)寰宇顯聖公撰　明長庚館刻本　二册

330000－1701－0001698　善000315　集部/戲劇類/總集之屬/傳奇

笠翁傳奇十種　(清)李漁撰　清翼聖堂刻本　二十册

330000－1701－0001699　善000314　集部/戲劇類/傳奇之屬

劍嘯閣鷫鸘裘記二卷　(清)袁于令撰　清初劍嘯閣刻本　一册

330000－1701－0001700　善000318　集部/戲劇類/傳奇之屬

紅情言二卷四十八齣　(清)王翃撰　清初刻本　二册

330000－1701－0001701　善000320　集部/曲類/散曲之屬

白雪齋選訂樂府吴騷合編四卷　(明)張楚叔　(明)張旭初輯　**衡曲麈譚一卷**　(明)張楚叔撰　**曲律一卷**　(明)魏良輔撰　明崇禎十年(1637)張師齡刻本　四册

330000－1701－0001702　善000316　集部/戲劇類/傳奇之屬

天宫寶傳奇二卷三十一折　清初太原王氏曲局抄本　清姚燮跋　一册

330000－1701－0001703　善000319　集部/戲劇類/總集之屬/雜劇

盛明雜劇二集三十種　(明)沈泰編　明崇禎刻本　十二册

330000－1701－0001704　善000317　集部/戲劇類/傳奇之屬

情中義傳奇二卷二十六折　清初太原王氏曲局抄本　一册

330000－1701－0001705　善000322　集部/戲劇類/總集之屬/傳奇

新鐫歌林拾翠六卷　(明)吴炳選輯　(明)西湖漫史點評　明崇禎刻本　六册

330000－1701－0001706　善000325　集部/戲劇類/傳奇之屬

琵琶記四卷四十四折附録一卷　(元)高明撰　明淩濛初刻朱墨套印本　四册

330000－1701－0001707　善000324　集部/别集類/明别集

薛文清公全録四十七卷(敬軒薛先生文集二十四卷薛文清公讀書録十一卷讀書續録十二卷)　(明)薛瑄撰　明嘉靖三十五年(1556)趙府味經堂刻萬曆趙府思訓樓重修本　十二册　存二十四卷(敬軒薛先生文集一至二十四)

330000－1701－0001708　善000326　集部/戲劇類/傳奇之屬

筆耒齋訂定二奇緣傳奇二卷三十八齣　(明)許恒撰　明崇禎十六年(1643)筆耒齋刻本　二册

330000－1701－0001709　善000327　集部/戲劇類/傳奇之屬

弄珠樓二卷三十二齣　(明)王異撰　明武林凝瑞堂刻本　一册

330000－1701－0001710　善000352　經部/叢編

九經五十一卷附四卷　(明)秦鏷訂正　清觀成堂刻本　清王麟跋　二十一册　缺二卷(大學、中庸)

330000－1701－0001711　善000353　經部/叢編

仿宋相臺五經附考證　清乾隆四十八年(1783)武英殿刻本　清周廣業校並跋　五十四册

330000－1701－0001712　善000355　經部/叢編

十三經註疏　(明)□□輯　明萬曆十四年至二十一年(1586－1593)北京國子監刻本　九十五册

330000－1701－0001713　善000357　經部/叢編

兩蘇經解六十四卷　(宋)蘇軾　(宋)蘇轍撰

（明）焦竑輯　明萬曆二十五年(1597)金陵畢氏刻本　三十四冊　缺二卷(論語拾遺、孟子解)

330000－1701－0001714　善000358　經部/叢編

兩蘇經解六十四卷　(宋)蘇軾　(宋)蘇轍撰　(明)焦竑輯　明萬曆三十九年(1611)顧氏刻本　八冊

330000－1701－0001715　善000359　經部/叢編

續經解二十四種四百七卷　清顧氏藝海樓抄本　一百二十冊

330000－1701－0001716　善000356　經部/叢編

十三經古注　(明)葛鼒　(明)金蟠校　明崇禎十二年(1639)金蟠刻本　四十冊

330000－1701－0001717　善000360　經部/易類/傳說之屬

周易鄭注十二卷敘錄一卷　(漢)鄭玄撰　(宋)王應麟輯　(清)丁杰後定　(清)張惠言訂正　(清)臧庸續錄　清嘉慶陳春刻湖海樓叢書本　陳漢章批校圈點　一冊　存七卷(一至七)

330000－1701－0001718　善000361　經部/易類/傳說之屬

鄭氏周易三卷　(漢)鄭玄注　(宋)王應麟輯　(清)惠棟補輯　清乾隆二十一年(1756)盧見曾刻雅雨堂叢書本　單丕校並過錄諸家批校　二冊

330000－1701－0001719　善000362　經部/易類/傳說之屬

蘇氏易解八卷　(宋)蘇軾撰　明萬曆二十二年(1594)冰玉堂刻本　四冊

330000－1701－0001720　善000369　經部/易類/傳說之屬

周易程朱傳義二十四卷　(宋)程頤　(宋)朱熹撰　**程子上下篇義一卷**　(宋)程頤撰　**周易朱子圖說一卷周易五贊一卷筮儀一卷**　(宋)朱熹撰　明崇禎四年(1631)汪應魁貽經堂刻本　六冊

330000－1701－0001721　善000363　經部/易類/傳說之屬

蘇長公易解八卷　(宋)蘇軾撰　(明)吳之鯨　(明)馮賁重校　明萬曆二十四年(1596)吳之鯨刻本　二冊　存六卷(一至六)

330000－1701－0001722　善000366　經部/易類/傳說之屬

易經纂註四卷　(宋)朱熹集註　(明)李廷機纂輯　明崇禎刻五經纂註本　佚名批　二冊

330000－1701－0001723　善000368　經部/易類/傳說之屬

周易程朱傳義二十四卷　(宋)程頤　(宋)朱熹撰　**程子上下篇義一卷**　(宋)程頤撰　**周易朱子圖說一卷周易五贊一卷筮儀一卷**　(宋)朱熹撰　明萬曆崑山陳允升刻本　六冊

330000－1701－0001724　善000370　經部/易類/傳說之屬

周易經傳集解三十六卷　(宋)林栗撰　清抄本　三十冊

330000－1701－0001725　善000374　經部/易類/傳說之屬

周會魁校正易經大全二十卷首一卷　(明)胡廣等纂修　(明)周士顯校正　明萬曆三十三年(1605)書林余氏刻本　十冊

330000－1701－0001726　善000372　經部/易類/傳說之屬

楊氏易傳二十卷　(宋)楊簡撰　明萬曆二十三年(1595)劉日升、陳道亨刻本　四冊

330000－1701－0001727　善000373　經部/易類/傳說之屬

誠齋易傳二十卷　(宋)楊萬里撰　清道光十一年(1831)慈溪葉元堦鶴麓山房刻本　六冊

330000－1701－0001728　善000375　經部/易類/傳說之屬

周易傳義大全二十四卷上下篇義一卷朱子圖說一卷五贊一卷筮儀一卷易說綱領一卷

（明）胡廣等纂　明刻本　十二冊

330000－1701－0001729　善 000376　經部/易類/傳說之屬

蔡虛齋先生易經蒙引二十四卷　（明）蔡清撰　（明）葛寅亮評定　明末虎林施長庚刻本（卷二十一至二十二配抄本）　六冊

330000－1701－0001730　善 000371　經部/叢編

五經四書讀本九種　清康熙紫陽朱氏崇道堂刻本　二冊　存一種

330000－1701－0001731　善 000377　經部/易類/傳說之屬

重訂蔡虛齋先生易經蒙引十二卷　（明）蔡清撰　（明）宋兆禴重訂　明末刻本　十二冊

330000－1701－0001732　善 000379　經部/易類/傳說之屬

周易象義四卷　（明）唐鶴徵撰　明萬曆三十五年（1607）純白齋刻本　四冊

330000－1701－0001733　善 000380　經部/易類/傳說之屬

生生篇七卷　（明）蘇濬撰　明萬曆刻本　十冊

330000－1701－0001734　善 000383　經部/易類/傳說之屬

周易初談講意六卷　（明）方應祥撰　清抄本　余紹宋題記　六冊

330000－1701－0001735　善 000381　經部/易類/傳說之屬

重鐫蘇紫溪先生易經兒說八卷　（明）蘇濬撰　清乾隆五十五年（1790）禹杭陳氏師儉堂木活字印本　二十四冊

330000－1701－0001736　善 000384　經部/易類/專著之屬

四聖一心錄六卷　（明）錢一本撰　清錢濟世蘭雪堂刻本　五冊

330000－1701－0001737　善 000385　經部/易類/傳說之屬

易解露研不分卷　清初抄本　余紹宋題記　四冊

330000－1701－0001738　善 000382　經部/易類/傳說之屬

像象管見九卷　（明）錢一本撰　明萬曆刻本　四冊　存四卷（一至四）

330000－1701－0001739　善 000387　經部/叢編

郝氏九經解一百七十五卷　（明）郝敬撰　明萬曆四十三年至四十七年（1615－1619）京山郝千秋、郝千石刻本　十冊　存二十一卷（周易正解一至二十、讀易）

330000－1701－0001740　善 000389　經部/叢編

重訂五經疑問　（明）姚舜牧撰　明萬曆六經堂刻清順治十四年（1657）重修本　三十二冊　存三種

330000－1701－0001741　善 000388　經部/易類/傳說之屬

周易像象述六卷像象金針一卷　（明）吴桂森撰　**上下篇義一卷**　（宋）程頤撰　**周易本義卦歌一卷周易朱子圖說一卷筮儀一卷易學啓蒙補畧一卷**　（宋）朱熹撰　清抄本　六冊

330000－1701－0001743　善 000390　經部/易類/傳說之屬

周易宗義十二卷　（明）程汝繼輯　明萬曆三十七年（1609）程汝繼刻本　六冊

330000－1701－0001744　善 000392　經部/易類/專著之屬

新鐫易經玄備十五卷周易圖說一卷　（明）江之寶撰　（明）林欲楫評並校　（明）江禹襄等輯　明崇禎五年（1632）林氏環竟齋刻本　十五冊

330000－1701－0001745　善 000393　經部/易類/傳說之屬

石鏡山房周易說統十二卷　（明）張振淵輯　明萬曆四十三年（1615）仁和張氏石鏡山房刻本　六冊

330000－1701－0001746　善000391　經部/易類/傳說之屬
喬家心易九卷　（明）喬之文撰　清抄本　四冊

330000－1701－0001747　善000394　經部/叢編
五經旁訓　（明）王安舜編　明天啓元年（1621）王安舜刻本　四冊　存一種

330000－1701－0001748　善000395　經部/易類/古易之屬
古周易訂詁十六卷　（清）何楷撰　明崇禎刻本　十六冊

330000－1701－0001749　善000398　經部/易類/傳說之屬
易疏五卷圖說一卷　（明）黄端伯撰　明崇禎刻本　六冊

330000－1701－0001750　善000397　經部/易類/傳說之屬
兒易内儀以六卷兒易外儀十五卷　（明）倪元璐撰　明崇禎刻本　六冊

330000－1701－0001751　善000399　經部/易類/傳說之屬
周易揆十二卷　（明）錢士升撰　明末賜餘堂刻本　四冊

330000－1701－0001752　善000400　經部/易類/傳說之屬
周易露研四卷　（明）潘貞撰　明崇禎九年（1636）俞贊等刻本　清張慶法題記　一冊

330000－1701－0001753　善000401　經部/易類/傳說之屬
易解大旨一卷易解二集六卷　（明）張伯樞撰　明崇禎四年（1631）刻本　六冊

330000－1701－0001754　善000402　經部/易類/傳說之屬
學易誌一卷　（明）馬權奇撰　明崇禎尺木堂刻本　一冊

330000－1701－0001755　善000403　經部/易類/傳說之屬
讀易隅通二卷　（清）來集之撰　明崇禎十七年（1644）黄正色刻本　二冊

330000－1701－0001756　善000404　經部/易類/專著之屬
蕭山來元成先生讀易隅通二卷　（清）來集之撰　清雍正元年（1723）張文炳等刻本　一冊

330000－1701－0001757　善000405　經部/叢編
來子談經十八卷　（清）來集之撰　清順治九年（1652）蕭山來氏倘湖小築刻本　四冊　存一卷（易圖親見）

330000－1701－0001758　善000406　經部/易類/傳說之屬
易憲四卷卦歌一卷圖說一卷　（清）沈泓撰　清乾隆八年至九年（1743－1744）補堂刻本　三冊

330000－1701－0001759　善000407　經部/易類/傳說之屬
周易直解十二卷　（清）陳枚輯　**易經衷旨原本不分卷**　（清）汪士魁輯　清順治文治堂刻本　四冊

330000－1701－0001760　善000409　經部/易類/傳說之屬
易存一卷　（清）蕭雲從撰　清抄本　一冊

330000－1701－0001761　善000411　經部/易類/傳說之屬
日講易經解義十八卷卦圖一卷筮儀一卷　（清）牛鈕等編　清康熙刻本　清馬汝淵觀款　十八冊

330000－1701－0001762　善000408　經部/易類/傳說之屬
周易粹義十卷　（清）薛雪撰　清抄本　十冊

330000－1701－0001763　善000412　經部/易類/傳說之屬
易義輯要綴言八卷　（清）陸成周編述　稿本　八冊

330000－1701－0001764　善 000413　經部/易類/圖說之屬

易學内編不分卷　清抄本　四册

330000－1701－0001766　善 000417　經部/易類/傳說之屬

周易本義讀四卷　（清）毛以煦撰　清抄本　四册

330000－1701－0001767　善 000419　經部/易類/傳說之屬

大易辯志說約二十四卷　（清）張習孔撰　清康熙元年（1662）梅墅石渠閣刻本　十册

330000－1701－0001768　善 000418　經部/易類/傳說之屬

周易拾義不分卷　（清）樓春撰　清抄本　一册

330000－1701－0001769　善 000420　經部/易類/傳說之屬

周易原意二卷　（清）張世犖撰　清抄本　二册

330000－1701－0001770　善 000421　經部/易類/傳說之屬

周易洗心十卷讀法一卷　（清）任啓運撰　清乾隆三十四年（1769）任氏清芬堂刻本　清予蒲圈點批校　四册

330000－1701－0001771　善 000422　經部/易類/傳說之屬

周易象理淺言十卷　（清）張圻撰　清乾隆三十三年（1768）永譽堂刻本　十册

330000－1701－0001772　善 000423　經部/易類/傳說之屬

易守八卷　（清）葉佩蓀撰　稿本　八册

330000－1701－0001773　善 000426　經部/易類/傳說之屬

周易讀本四卷　（清）凌棻撰　稿本　四册

330000－1701－0001774　善 000427　經部/易類/傳說之屬

鄭易小學一卷　（清）陶方琦撰　稿本　清陶方琯題記　一册

330000－1701－0001775　善 000424　經部/易類/傳說之屬

周易觀象不分卷周易觀變二卷　（清）茅式周撰　稿本　三册

330000－1701－0001776　善 000428　經部/易類/傳說之屬

周易讀本一卷　（清）張奕光纂註　稿本　一册

330000－1701－0001777　善 000429　經部/易類/傳說之屬

易鄭氏爻辰廣義一卷易經傳互卦卮言一卷易章句異同一卷　（清）朱駿聲撰　稿本　一册

330000－1701－0001778　善 000425　經部/易類/傳說之屬

平湖柯春塘先生易說三十九卷　（清）柯汝霖撰　稿本　金兆蕃跋　二十四册

330000－1701－0001781　善 000434　經部/易類/傳說之屬

周易不分卷　清初抄本　三册

330000－1701－0001782　善 000435　經部/易類/傳說之屬

易象準物八卷總論一卷　（清）方忠軾述　（清）方良寅補述　清抄本　三册

330000－1701－0001783　善 000438　經部/叢編

兩蘇經解六十四卷　（宋）蘇軾　（宋）蘇轍撰　（明）焦竑輯　明萬曆三十九年（1611）顧氏刻本　二册　存二十卷（東坡先生書傳一至二十）

330000－1701－0001784　善 000436　經部/叢編

易學六種二十九卷　清蕭山汪氏環碧山房抄本　清汪繼培校　七册

330000－1701－0001785　善 000439　經部/叢編

兩蘇經解六十四卷　（宋）蘇軾　（宋）蘇轍撰

(明)焦竑輯　明萬曆二十五年(1597)金陵畢氏刻本　六冊　存二十卷(東坡先生書傳一至二十)

330000－1701－0001786　善000442　經部/書類/傳說之屬
書經集註六卷書序一卷　(宋)蔡沈撰　明刻本　四冊

330000－1701－0001787　善000446　經部/書類/傳說之屬
書集傳六卷　(宋)蔡沈撰　明崇禎元年(1628)閔齊伋刻本　清祁日徵觀款　六冊

330000－1701－0001788　善000443　經部/書類/傳說之屬
書經集註六卷　(宋)蔡沈撰　明書林新賢堂張閩岳刻本　六冊

330000－1701－0001789　善000448　經部/書類/傳說之屬
申學士校正古本官板書經大全十卷　(明)申時行撰　明閩芝城建邑書林余氏刻本　十冊

330000－1701－0001790　善000447　經部/書類/傳說之屬
書傳會選六卷　(明)劉三吾等選　明趙府味經堂刻本(卷一配清抄本)　四冊　存四卷(一、四至六)

330000－1701－0001791　善000449　經部/書類/專著之屬
尚書日記十六卷　(明)王樵撰　明萬曆刻本　二十冊

330000－1701－0001792　善000450　經部/書類/傳說之屬
新鍥書經講義會編十二卷　(明)申時行著　(明)李鴻編輯　(明)申用懋　(明)申用嘉校訂　明刻本　十二冊

330000－1701－0001793　善000452　經部/書類/傳說之屬
尚書註考一卷　(明)陳泰交撰　清抄本　一冊

330000－1701－0001794　善000454　經部/書類/傳說之屬
尚書會解六卷　(明)張治具輯　明萬曆十五年(1587)刻本　十二冊

330000－1701－0001795　善000453　經部/書類/傳說之屬
尚書要旨三十六卷　(明)王肯堂撰　明刻本　八冊

330000－1701－0001796　善000455　經部/書類/傳說之屬
書經直解十三卷　(明)張居正等撰　明萬曆元年(1573)刻本　十冊　存十卷(三至十二)

330000－1701－0001797　善000456　經部/書類/傳說之屬
尚書葦籥五十八卷　(明)潘士遴撰　明崇禎刻本　二十四冊

330000－1701－0001798　善000457　經部/書類/分篇之屬
洪範明義四卷　(明)黃道周撰　清康熙三十二年(1693)晉安鄭肇刻道光二十八年(1848)長洲彭蘊章補刻印本　二冊

330000－1701－0001799　善000458　經部/書類/分篇之屬
禹貢滙疏十二卷禹貢考畧一卷圖經二卷神禹別錄一卷　(明)茅瑞徵撰　明崇禎五年(1632)刻本　五冊

330000－1701－0001800　善000460　經部/書類/分篇之屬
禹貢錐指二十卷略例一卷圖一卷　(清)胡渭撰　清康熙四十四年(1705)漱六軒刻本　十二冊

330000－1701－0001801　善000459　經部/書類/分篇之屬
禹貢古今合註五卷圖一卷　(明)夏允彝撰　明末刻本　二冊

330000－1701－0001802　善000462　經部/書類/分篇之屬
禹貢彙覽四卷總論一卷　(清)夏之芳撰　清

乾隆十二年(1747)夏杏春刻積翠軒印本　四冊

330000－1701－0001803　善000463　類叢部/叢書類/自著之屬

徐位山先生六種　(清)徐文靖撰　清雍正至乾隆刻志寧堂彙印本　四冊　存一種

330000－1701－0001804　善000461　經部/書類/傳說之屬

尚書古文疏證八卷　(清)閻若璩撰　**朱子古文書疑一卷**　(清)閻詠輯　清乾隆刻本(卷三原缺)　十冊

330000－1701－0001805　善000464　經部/書類/分篇之屬

禹貢述畧六卷首一卷　(清)李臧撰　稿本　四冊

330000－1701－0001806　善000467　經部/書類/傳說之屬

書經述六卷　(清)許祖京撰　清同治十三年(1874)許延敎刻本　余重耀批校　二冊

330000－1701－0001807　善000466　經部/書類/傳說之屬

書傳鹽梅二十卷　(清)黄文蓮撰　清乾隆五十二年(1787)刻本　八冊

330000－1701－0001808　善000487　經部/詩類/傳說之屬

詩經集註二十卷　(宋)朱熹撰　明刻本　六冊

330000－1701－0001809　善000469　經部/書類/傳說之屬

尚書大傳四卷　(漢)鄭玄注　**尚書大傳補遺一卷**　(清)盧見曾撰　**尚書大傳考異一卷續補遺一卷**　(清)盧文弨撰　清嘉慶五年(1800)山陰沈氏刻愛日艸廬印本　清顧觀光批校　一冊

330000－1701－0001810　善000468　經部/書類/傳說之屬

書經成語不分卷　清抄本　四冊

330000－1701－0001811　善000473　類叢部/叢書類/彙編之屬

合刻周秦經書十種　(明)盧之頤編　明溪香書屋刻本　三冊　存一種

330000－1701－0001812　善000478　經部/詩類/三家詩之屬

韓詩内傳并薛君章句考四卷附錄一卷二雨堂筆談一卷附編一卷　(清)錢玫撰　(清)錢世敘輯　**敘錄一卷**　清抄本　四冊

330000－1701－0001814　善000479　經部/詩類/三家詩之屬

韓詩内傳攷不分卷　(清)邵晋涵撰　清沈氏鳴野山房抄本　一冊

330000－1701－0001815　善000477　經部/詩類/三家詩之屬

韓詩内傳徵四卷補遺一卷疑義一卷　(漢)韓嬰撰　(清)宋綿初輯　**韓詩敘錄二卷**　(清)宋綿初撰　清乾隆六十年(1795)志學堂刻本　一冊

330000－1701－0001816　善000484　經部/詩類/傳說之屬

毛詩故訓傳三十卷　(漢)毛亨傳　(漢)毛萇撰　(漢)鄭玄箋　**鄭氏詩譜一卷**　(漢)鄭玄撰　清嘉慶二十一年(1816)木瀆周氏枕經樓刻本　清福卿題記　屈彊批校並跋　四冊

330000－1701－0001818　善000483　經部/詩類/傳說之屬

毛詩傳箋七卷　(漢)毛亨傳　(漢)毛萇撰　(漢)鄭玄箋　(唐)陸德明音釋　明刻本　六冊

330000－1701－0001819　善000485　經部/詩類/傳說之屬

歐陽文忠公毛詩本義十六卷　(宋)歐陽修撰　明刻本　四冊

330000－1701－0001820　善000480　經部/詩類/三家詩之屬

韓詩遺說補一卷　(清)陶方琦撰　清歸安姚氏咫進齋抄本　一冊

330000－1701－0001821　善 000490　經部/詩類/傳說之屬
嚴氏詩緝三十五卷　(宋)嚴粲撰　清畲經書屋抄本　十冊

330000－1701－0001822　善 000491　經部/詩類/傳說之屬
詩緝三十六卷附圖一卷並錄諸家評語　(宋)嚴粲撰　清顧棟高傳抄明嘉靖居敬堂刻本　勵乃驥跋　十四冊　缺十二卷(二至三、六至七、十四至十六、二十二、三十二至三十五)

330000－1701－0001823　善 000498　經部/詩類/傳說之屬
六家詩名物疏五十五卷　(明)馮復京撰　明萬曆刻本　十冊

330000－1701－0001824　善 000493　類叢部/叢書類/彙編之屬
快閣藏書十一種　(明)唐琳編　明天啓唐氏快閣刻本　四冊　存一種

330000－1701－0001825　善 000497　經部/詩類/傳說之屬
毛詩鄭箋纂疏補協二十卷　(明)屠本畯撰　**詩譜一卷**　(漢)鄭玄撰　明萬曆二十二年(1594)玄鑒室刻本　十冊

330000－1701－0001826　善 000495　經部/詩類/傳說之屬
詩經大全二十卷綱領一卷圖一卷　(明)胡廣等輯　**詩序辨說一卷**　(宋)朱熹撰　明嘉靖元年(1522)建寧書戶劉輝刻本　八冊

330000－1701－0001827　善 000499　經部/詩類/傳說之屬
詩志二十六卷　(明)范王孫撰　明末刻本　十冊

330000－1701－0001828　善 000501　經部/詩類/傳說之屬
爾雅堂家藏詩說二卷　(明)顧起元撰　(明)顧起鳳等輯　清康熙抄本　四冊

330000－1701－0001829　善 000504　經部/詩類/傳說之屬
毛詩日箋六卷　(清)秦松齡撰　清康熙挺秀堂刻尊賢堂印本　二冊

330000－1701－0001830　善 000502　經部/詩類/傳說之屬
聖門傳詩嫡冢十六卷　(明)凌濛初撰　**申公詩說一卷**　(漢)申培撰　明崇禎刻本　六冊

330000－1701－0001831　善 000503　經部/詩類/傳說之屬
詩經註疏大全合纂三十四卷　(明)張溥纂　明崇禎刻本　二十二冊

330000－1701－0001832　善 000505　經部/詩類/傳說之屬
詩傳名物集覽十二卷　(清)陳大章撰錄　清康熙刻本　八冊

330000－1701－0001834　善 000507　經部/叢編
陸堂經學叢書四十三卷　(清)陸奎勳撰　清康熙五十三年至五十四年(1714－1715)陸氏小瀛山閣刻本　六冊　存十三卷(陸堂詩學一至十二、讀詩總論)

330000－1701－0001835　善 000506　經部/詩類/傳說之屬
讀詩質疑三十一卷首十五卷　(清)嚴虞惇撰　**末一卷**　(清)嚴有禧輯　清乾隆繩武堂刻本　十二冊　缺一卷(末)

330000－1701－0001836　善 000509　經部/詩類/傳說之屬
詩貫十四卷首三卷　(清)張敘撰　清乾隆刻本　五冊　存十四卷(一至十四)

330000－1701－0001837　善 000511　類叢部/叢書類/自著之屬
范氏三種　(清)范家相撰　清乾隆至嘉慶會稽范氏古趣亭刻本　四冊　存一種

330000－1701－0001838　善 000510　經部/詩類/傳說之屬
虞東學詩十二卷首一卷　(清)顧鎮撰　清乾隆三十三年(1768)誦芬堂刻道光重修本　五冊

330000－1701－0001839　善 000512　經部/詩類/專著之屬

毛詩天文考一卷　(清)洪亮吉撰　清咸豐元年(1851)刻本　一冊

330000－1701－0001840　善 000513　經部/詩類/傳說之屬

毛詩明辨錄十卷　(清)沈青崖撰　清乾隆十三年(1748)古吳毛德基刻本　八冊

330000－1701－0001841　善 000514　經部/詩類/文字音義之屬

風雅遺音二卷　(清)史榮輯　清乾隆十四年(1749)一灣齋刻本　二冊

330000－1701－0001842　善 000518　經部/詩類/傳說之屬

毛鄭異同考十卷　(清)程晉芳撰　清抄本　十冊

330000－1701－0001843　善 000516　經部/詩類/傳說之屬

毛詩故訓傳三十卷　(漢)毛亨傳　(漢)毛萇撰　(漢)鄭玄箋　清道光九年(1829)廣東學海堂刻皇清經解本　朱孔彰批校　三冊

330000－1701－0001844　善 000517　類叢部/叢書類/自著之屬

經韻樓叢書九種　(清)段玉裁撰　清乾隆至道光金壇段氏刻本　三冊　存一種

330000－1701－0001845　善 000519　經部/詩類/專著之屬

詩攷補遺一卷　(清)丁晏著　清抄本　一冊

330000－1701－0001846　善 000520　經部/詩類/傳說之屬

毛詩說二卷首一卷　(清)諸錦撰　清硤川費氏抄本　一冊

330000－1701－0001848　善 000521　經部/詩類/傳說之屬

詩經集說不分卷　(清)陸元輔輯　清抄本　四冊

330000－1701－0001849　善 000525　經部/周禮類/傳說之屬

周禮六卷　(漢)鄭玄注　(唐)陸德明音義　清嘉慶十一年(1806)張青選清芬閣刻本　清查耀承題跋　三冊

330000－1701－0001850　善 000530　經部/周禮類/分篇之屬

批點考工記二卷　(明)周夢暘輯評　明趙標刻本　二冊

330000－1701－0001851　善 000531　經部/周禮類/分篇之屬

考工記圖解二卷　(宋)林希逸撰　(明)張鼎思補圖　(明)屠本畯補釋　明萬曆二十六年(1598)屠本畯刻本　二冊

330000－1701－0001852　善 000532　經部/周禮類/傳說之屬

周禮訓雋二十卷　(明)陳深撰　明萬曆刻本　王修跋　八冊

330000－1701－0001853　善 000537　經部/周禮類/傳說之屬

周禮註疏刪翼三十卷　(明)王志長撰　明崇禎天德堂刻本　八冊

330000－1701－0001854　善 000535　經部/周禮類/傳說之屬

周禮述註六卷周禮二氏改官改文議一卷　(明)金瑤撰　明萬曆七年(1579)瑠溪金氏一經堂刻本　八冊

330000－1701－0001855　善 000541　經部/周禮類/傳說之屬

周禮輯義十二卷　(清)姜兆錫撰　清康熙聯墨堂刻本　十二冊

330000－1701－0001856　善 001100　史部/編年類/斷代之屬

大清太宗應天興國弘德彰武寬溫仁聖睿孝隆道顯功文皇帝實錄六十五卷　(清)圖海　(清)勒德洪等纂修　清抄本　二十二冊

330000－1701－0001857　善 001101　史部/編年類/斷代之屬

大清世祖體天隆運英睿欽文大德弘功至仁純

孝章皇帝實錄一百四十四卷 (清)巴泰 (清)圖海等纂修 清康熙抄本 三十二册

330000－1701－0001858 善000536 經部/周禮類/傳說之屬
周禮說十二卷 (明)徐即登撰 明萬曆刻本 八册

330000－1701－0001859 善000538 經部/周禮類/傳說之屬
重校古周禮六卷 (明)陳仁錫注釋 明末刻本 三册

330000－1701－0001860 善000539 經部/周禮類/傳說之屬
注釋古周禮五卷考工記一卷 (明)郎兆玉撰 明天啓郎氏堂策檻刻本 八册

330000－1701－0001861 善000546 經部/周禮類/專著之屬
井田圖解不分卷 (清)徐興霖撰 清道光乃賡書屋木活字印本 四册

330000－1701－0001862 善000540 類叢部/叢書類/自著之屬
果堂全集三種附二種 (清)沈彤撰 清乾隆吴江沈氏果堂刻本 一册 存一種

330000－1701－0001863 善000543 經部/周禮類/傳說之屬
周禮軍賦說四卷 (清)王鳴盛撰 清嘉慶三年(1798)嘉定秦氏汗筠齋刻頤志堂重修本 四册

330000－1701－0001864 善000542 經部/三禮總義類/通論之屬
三禮述註七十一卷 (清)李光坡撰 清乾隆八年(1743)、三十二年(1767)清白堂刻本 六册

330000－1701－0001865 善000544 經部/周禮類/傳說之屬
周官精義十二卷 (清)連斗山輯 清乾隆四十一年(1776)安徽官署刻本 四册

330000－1701－0001866 善000545 經部/周禮類/傳說之屬
周官精義十二卷 (清)連斗山輯 清道光七年(1827)刻本 六册

330000－1701－0001867 善000551 經部/儀禮類/分篇之屬
雙峯先生内外服制通釋九卷 (宋)車垓撰 清抄本 一册 存七卷(一至七)

330000－1701－0001868 善000553 經部/三禮總義類/通禮雜禮之屬
禮樂通考三十卷 (清)胡掄輯 清乾隆十四年(1749)藜照軒刻本 十册

330000－1701－0001869 善000555 經部/群經總義類/文字音義之屬
六經正義□□卷 (明)□□輯 明萬曆二十四年(1596)宋廷訓、李登刻本 六册 存七卷(禮記一至七)

330000－1701－0001870 善000550 經部/三禮總義類/名物制度之屬
儀禮釋宫一卷 (宋)李如圭撰 清十年讀書室抄本 一册

330000－1701－0001871 善000552 經部/儀禮類/傳說之屬
儀禮管見三卷附一卷 (清)褚寅亮撰 清乾隆刻本 二册

330000－1701－0001872 善000556 經部/禮記類/傳說之屬
禮記二十卷 (漢)鄭玄注 **撫本禮記鄭注考異二卷** (清)張敦仁撰 **禮記釋文四卷** (唐)陸德明撰 清嘉慶十年至十一年(1805－1806)陽城張氏影刻宋撫州本 十册

330000－1701－0001873 善000554 經部/儀禮類/傳說之屬
儀禮經注疏正譌十七卷 (清)金曰追撰 清乾隆五十三年(1788)肅齋家塾刻本 二册

330000－1701－0001874 善000557 經部/禮記類/傳說之屬
附釋音禮記註疏六十三卷 (漢)鄭玄注 (唐)孔穎達疏 (唐)陸德明釋文 清乾隆六

十年(1795)和珅影宋刻本　二十四冊

330000－1701－0001875　善 000564　經部/叢編

五經八十二卷　(明)□□輯　明正統十二年(1447)司禮監刻本　三十二冊　存十六卷(禮記集說一至十六)

330000－1701－0001876　善 000558　經部/禮記類/傳說之屬

禮記註疏六十三卷　(漢)鄭玄注　(唐)陸德明音義　(唐)孔穎達疏　明崇禎十二年(1639)毛氏汲古閣刻十三經註疏本　清謝章鋌批校並跋　四十冊

330000－1701－0001877　善 000565　經部/禮記類/傳說之屬

禮記集說十卷　(元)陳澔撰　明刻本　十冊

330000－1701－0001878　善 000569　經部/周禮類/分篇之屬

檀弓輯註二卷考工記輯註二卷　(明)陳與郊輯　明萬曆三十二年(1604)刻本　四冊

330000－1701－0001879　善 000571　經部/禮記類/傳說之屬

張翰林校正禮記大全三十卷　(明)胡廣撰　(明)張瑞圖　(明)沈正宗校正　明刻本　十六冊

330000－1701－0001880　善 000572　經部/禮記類/傳說之屬

說禮約十七卷　(明)許兆金撰　明末郎九齡等刻本　四冊

330000－1701－0001881　善 000575　經部/大戴禮記類/傳說之屬

戴禮緒言四卷　(清)陸奎勳撰　清康熙陸氏小瀛山閣刻本　清張綸之觀款　二冊

330000－1701－0001882　善 000577　經部/三禮總義類/名物制度之屬

四禘通釋三卷　崔適撰　清光緒二十年(1894)刻本　錢季中題簽　一冊

330000－1701－0001883　善 000573　經部/禮記類/傳說之屬

禮經貫四卷　(明)堵景濂撰　明崇禎刻本　四冊

330000－1701－0001884　善 000574　經部/禮記類/分篇之屬

儒行集傳二卷　(清)黃道周輯　明崇禎十五年(1642)王繼廉刻本　清曹序批點並跋　二冊

330000－1701－0001885　善 000583　經部/大戴禮記類/傳說之屬

大戴禮記十三卷　(漢)戴德撰　(北周)盧辯注　明刻本　二冊

330000－1701－0001886　善 000584　經部/大戴禮記類/傳說之屬

大戴禮記十三卷　(漢)戴德撰　(北周)盧辯注　明崇禎沈泰刻本　一冊

330000－1701－0001889　善 000581　經部/禮記類/文字音義之屬

禮記衍脫錯考一卷　(清)吳灜撰　清抄本　一冊

330000－1701－0001890　善 000586　經部/大戴禮記類/分篇之屬

夏小正集說一卷　(清)程鴻詔輯並釋文　清抄本　一冊

330000－1701－0001891　善 000587　經部/叢編

通志堂經解一百四十種　(清)納蘭成德輯　清康熙十九年(1680)納蘭成德刻本　四冊　存一種

330000－1701－0001892　善 000582　經部/禮記類/傳說之屬

續禮記集說一百卷　(清)杭世駿撰　清抄本　一百二十七冊　存九十九卷(一至九十九)

330000－1701－0001893　善 000589　經部/三禮總義類/通論之屬

三禮考注十卷序錄一卷綱領一卷　(元)吳澄撰　明萬曆三十八年(1610)董應舉刻本

十冊

330000－1701－0001894　善000596　經部/儀禮類/分篇之屬
昏禮通考二十四卷首一卷　（清）曹庭棟輯　清乾隆刻本　四冊

330000－1701－0001895　善000593　經部/三禮總義類/通禮雜禮之屬
五禮備考一百八十卷　（清）徐乾學撰　清抄本　五十四冊　缺七卷（二十八、三十四、五十五、七十七、八十三至八十四、一百二十三）

330000－1701－0001896　善000590　經部/三禮總義類/通論之屬
三禮纂註四十九卷　（明）貢汝成撰　明萬曆三年（1575）陳俊刻本　十四冊

330000－1701－0001897　善000594　經部/三禮總義類/通論之屬
參讀禮志疑二卷　（清）汪紱撰　清乾隆三十六年（1771）洪氏栖碧山房刻本　二冊

330000－1701－0001898　善000595　類叢部/叢書類/彙編之屬
經訓堂叢書二十一種　（清）畢沅編　清乾隆至嘉慶鎮洋畢氏刻本　二冊　存一種

330000－1701－0001899　善000602　經部/三禮總義類/通禮雜禮之屬
朱子禮纂五卷　（清）李光地編　清雍正十一年（1733）李氏教忠堂刻本　一冊

330000－1701－0001900　善000606　經部/春秋左傳類/傳說之屬
春秋經傳集解三十卷　（晉）杜預撰　（唐）陸德明音義　明刻本　十五冊

330000－1701－0001902　善000600　史部/政書類/儀制之屬/雜禮
四禮翼八卷　（明）呂坤撰　明萬曆刻本　一冊

330000－1701－0001903　善000601　史部/政書類/儀制之屬/雜禮
四禮疑五卷喪禮餘言一卷　（明）呂坤撰　明萬曆呂知思刻本　二冊

330000－1701－0001904　善000599　經部/三禮總義類/通禮雜禮之屬
文公家禮儀節八卷　（明）丘濬撰　明萬曆三十六年（1608）錢時刻本　九冊

330000－1701－0001905　善000603　史部/傳記類/總傳之屬/家乘
［安徽休寧］茗洲吴氏家典八卷　（清）吴翟輯　清雍正十三年（1735）吴氏刻本　五冊

330000－1701－0001906　善000605　經部/春秋左傳類/傳說之屬
春秋經傳集解三十卷　（晉）杜預撰　（唐）陸德明音義　明刻本　十六冊

330000－1701－0001907　善000607　經部/春秋左傳類/傳說之屬
春秋經傳集解三十卷　（晉）杜預撰　（唐）陸德明音義　明刻本　三十冊

330000－1701－0001908　善000612　經部/春秋左傳類/傳說之屬
春秋左傳杜林合註五十卷　（晉）杜預　（宋）林堯叟註釋　（唐）陸德明音義　（明）閔光德　（明）閔夢得　（明）閔宗德編輯　明萬曆刻本　二十冊

330000－1701－0001909　善000613　經部/春秋左傳類/傳說之屬
春秋左傳（增訂春秋左傳杜林全解）五十卷　（晉）杜預　（宋）林堯叟註釋　（唐）陸德明音義　（明）鍾惺評閱　明崇禎實翰樓刻本　十六冊

330000－1701－0001910　善000608　經部/春秋左傳類/傳說之屬
春秋左氏經傳集解三十卷　（晉）杜預撰　（唐）陸德明音義　**春秋名號歸一圖二卷**　（五代）馮繼先撰　**春秋提要一卷**　明萬曆八年（1580）金陵親仁堂刻本　十六冊

330000－1701－0001911　善000614　經部/春秋左傳類/傳說之屬
春秋左傳五十卷　（晉）杜預　（宋）林堯叟註

釋　(唐)陸德明音義　(明)孫鑛　(明)鍾惺批點　清康熙刻本　清唐仁壽批校　二十四册

330000－1701－0001912　善 000615　經部/春秋左傳類/傳說之屬
春秋左傳三十卷首一卷　(晉)杜預注　(明)鍾惺批評　明崇禎四年(1631)毛氏汲古閣刻本　三十册

330000－1701－0001913　善 000616　經部/春秋總義類/傳說之屬
春秋集傳辯疑十卷　(唐)陸淳纂　明刻本　四册

330000－1701－0001914　善 000617　經部/春秋總義類/傳說之屬
春秋胡傳三十卷綱領一卷提要一卷列國東坡圖說一卷諸國興廢說一卷　(宋)胡安國撰　(宋)林堯叟音注　明崇禎六年(1633)烏程閔齊伋刻本　六册

330000－1701－0001915　善 000620　經部/春秋總義類/傳說之屬
春秋集註三十卷首一卷　(宋)胡安國撰　(宋)林堯叟音註　明萬曆元年(1573)金陵唐廷仁刻本　四册

330000－1701－0001916　善 000619　經部/春秋總義類/傳說之屬
春秋胡傳三十卷綱領一卷提要一卷列國東坡圖說一卷諸國興廢說一卷　(宋)胡安國撰　(宋)林堯叟音注　清乾隆怡府明善堂刻本　八册

330000－1701－0001917　善 000623　經部/春秋總義類/傳說之屬
春秋集傳二十六卷綱領一卷　(宋)張洽撰　清抄本　清張鑑跋　四册　缺七卷(十八至二十、二十三至二十六)

330000－1701－0001918　善 000622　經部/春秋總義類/傳說之屬
春秋三傳三十八卷　明吳勉學刻本　八册

330000－1701－0001919　善 001103　史部/紀事本末類/通代之屬
通鑑紀事本末四十二卷　(宋)袁樞撰　明萬曆三十四年(1606)黄吉士刻本　四十二册

330000－1701－0001920　善 001091　史部/編年類/斷代之屬
國榷十卷　(明)談遷撰　清抄本　二十四册

330000－1701－0001921　善 001105　史部/紀事本末類/斷代之屬
左傳分國紀事本末二十二卷　(明)孫范輯　明崇禎十一年(1638)刻本　六册

330000－1701－0001922　善 001104　史部/紀事本末類/通代之屬
通鑑紀事本末前編十二卷　(明)沈朝陽撰　明萬曆四十五年(1617)唐世濟刻本　清湯滏觀款　六册

330000－1701－0001923　善 001106　史部/紀事本末類/通代之屬
繹史一百六十卷世系圖一卷年表一卷　(清)馬驌撰　清康熙刻本　二十四册

330000－1701－0001924　善 001107　史部/紀事本末類/斷代之屬
皇朝通鑑長編紀事本末一百五十卷　(宋)楊仲良撰　清嘉慶抄本　六十四册

330000－1701－0001925　善 001108　史部/紀事本末類/斷代之屬
宋史紀事本末十卷　(明)馮琦撰　(明)陳邦瞻補　明萬曆三十三年(1605)劉曰梧、徐申刻本　十册

330000－1701－0001926　善 001109　史部/紀事本末類/斷代之屬
宋史紀事本末二十八卷　(明)馮琦撰　(明)陳邦瞻補　明萬曆刻本　十册

330000－1701－0001927　善 001113　史部/紀事本末類/斷代之屬
明史紀事本末補遺六卷　清光緒三年(1877)大興傅氏長恩閣抄本　清傅以禮跋　一册

330000－1701－0001928　善 001119　史部/

雜史類/斷代之屬
國語八卷　明刻本　三冊

330000－1701－0001929　善001111　史部/編年類/斷代之屬
皇朝中興紀事本末七十六卷　清抄本　清宋筠跋並過錄清朱彝尊跋　十二冊

330000－1701－0001930　善001123　史部/雜史類/斷代之屬
國語二十一卷　明吳勉學刻本　二冊

330000－1701－0001931　善001124　史部/雜史類/斷代之屬
國語二十一卷　（三國吳）韋昭注　（宋）宋庠補音　明萬曆十三年（1585）吳汝紀刻本　四冊

330000－1701－0001932　善001125　史部/雜史類/斷代之屬
國語二十一卷　（三國吳）韋昭注　（宋）宋庠補音　明萬曆張一鯤刻本　十冊

330000－1701－0001933　善001126　史部/雜史類/斷代之屬
國語髓析二十一卷　（明）公鼐　（明）呂邦燿撰　明唐暉刻本　四冊

330000－1701－0001934　善001112　史部/紀事本末類/斷代之屬
元史紀事本末六卷　（明）陳邦瞻編　（明）臧懋循補　明萬曆刻本　四冊

330000－1701－0001935　善001127　史部/雜史類/斷代之屬
戰國策十卷　（明）吳勉學校正　明萬曆吳勉學刻本　四冊

330000－1701－0001936　善001116　史部/雜史類/斷代之屬
靖逆記六卷　（清）盛大士撰　清嘉慶二十五年（1820）刻本　二冊

330000－1701－0001937　善001115　史部/紀事本末類/斷代之屬
交山平寇本末三卷　（清）夏駰述　（清）陸慶臻評　清康熙十一年（1672）擁青閣刻本　三冊

330000－1701－0001938　善001130　史部/雜史類/斷代之屬
戰國策十卷　（宋）鮑彪校注　（元）吳師道補正　明萬曆九年（1581）張一鯤刻本　八冊

330000－1701－0001939　善001131　史部/雜史類/斷代之屬
戰國策十卷　（宋）鮑彪校注　（元）吳師道補正　（明）穆文熙輯評　明萬曆劉懷恕刻春秋戰國評苑本　八冊

330000－1701－0001940　善001117　史部/紀事本末類/斷代之屬
三藩紀事本末四卷　（清）楊陸榮撰　清康熙五十六年（1717）刻本　清孫廷璋跋　清傅以禮題簽並觀款　五冊

330000－1701－0001941　善001132　史部/雜史類/斷代之屬
戰國策十卷　（宋）鮑彪校注　（元）吳師道補正　明刻本　明戴士章題評　八冊

330000－1701－0001942　善001133　史部/雜史類/斷代之屬
重刊鮑氏戰國策十二卷　（宋）鮑彪校注　明刻本　十冊

330000－1701－0001943　善001134　史部/雜史類/斷代之屬
戰國策譚棷十卷　（宋）鮑彪校注　（元）吳師道補正　（明）張文爟集評　**附錄一卷**　（明）張文爟輯　明萬曆刻本　十四冊

330000－1701－0001944　善001136　史部/雜史類/斷代之屬
戰國策考證十卷　（明）葛鼒撰　明末葛氏永懷堂刻本　四冊

330000－1701－0001945　善001137　史部/雜史類/斷代之屬
戰國策十二卷　（明）陳仁錫　（明）鍾惺評　明末刻本　四冊

330000－1701－0001946　善001138　史部/史抄類
戰國策選四卷　(明)李贄輯　明末刻本　四冊

330000－1701－0001947　善001145　史部/雜史類
十六國春秋一百卷　(北魏)崔鴻撰　明萬曆三十七年(1609)屠氏蘭暉堂刻本　十六冊

330000－1701－0001949　善001147　史部/載記類
江南野史十卷　(宋)龍袞撰　清抄本　二冊

330000－1701－0001950　善001149　史部/載記類
藩鎮指掌編一卷唐末諸王一卷　(明)陳繼儒輯　明天啓刻本　一冊

330000－1701－0001951　善001152　史部/雜史類/斷代之屬
五代史補五卷　(宋)陶岳撰　清抄本　二冊

330000－1701－0001952　善001139　史部/雜史類/斷代之屬
七雄筴纂八卷　(明)穆文熙纂輯　明萬曆十六年(1588)陳禹謨刻本　八冊

330000－1701－0001953　善001150　史部/雜史類/斷代之屬
五胡十六國考鏡一卷　(宋)石延年撰　清抄本　一冊

330000－1701－0001954　善001151　史部/雜史類/斷代之屬
五代史補五卷　(宋)陶岳撰　清抄本　一冊

330000－1701－0001955　善001146　史部/紀傳類/正史之屬
晉書一百三十卷　(唐)房玄齡等撰　(唐)何超音義　(明)鍾人傑輯評　明鍾人傑刻本　六冊　存三十卷(載記一至三十)

330000－1701－0001956　善001140　史部/雜史類/通代之屬
重訂路史全本四十七卷　(宋)羅泌撰　(宋)羅苹注　(明)吴弘基等重編　**賦秋山覽史隨筆一卷**　明末仁和吴弘基刻本　十六冊

330000－1701－0001957　善001153　史部/雜史類/斷代之屬
大金國志四十卷　(宋)宇文懋昭撰　清抄本　八冊　缺一卷(三十一)

330000－1701－0001958　善001155　史部/雜史類/斷代之屬
宣靖備史四卷　(明)陳霆撰　清末周氏鴿峰草堂抄本　周大輔題記　二冊

330000－1701－0001959　善001154　史部/雜史類/斷代之屬
吴越備史五卷　題(宋)范坰　(宋)林禹撰
吴越備史補遺一卷雜考一卷　(明)錢受徵輯　清影抄明萬曆二十七年(1599)錢達道刻本　四冊

330000－1701－0001960　善001156　史部/雜史類/斷代之屬
宣靖備史四卷　(明)陳霆撰　清抄本　二冊

330000－1701－0001961　善001159　史部/雜史類/斷代之屬
南燼紀聞録二卷南渡録大略一卷竊憤録一卷續録一卷阿計替傳一卷　(宋)辛棄疾撰　清環玉艸堂抄本　四冊

330000－1701－0001962　善001158　史部/雜史類/斷代之屬
靖康孤臣泣血錄一卷　題(宋)丁特起撰　清抄本　四冊

330000－1701－0001963　普031.1/1731/(2)/c3　類叢部/類書類/通類之屬
通俗編三十八卷　(清)翟灝撰　清武林竹簡齋刻本　清戴穗孫跋　十二冊

330000－1701－0001964　善001163　史部/雜史類/斷代之屬
金國南遷録一卷　(金)張師顔撰　清抄本　三冊

330000－1701－0001965　善001167　史部/

雜史類/斷代之屬
皇元聖武親征記一卷故宫遺録一卷 (明)蕭洵輯 清抄本 一册

330000－1701－0001966 善001161 史部/雜史類/斷代之屬
辛巳泣蘄録一卷 (宋)趙與褰編 **附録一卷** 清抄本 二册

330000－1701－0001967 善001162 史部/雜史類/斷代之屬
燼餘録甲編一卷乙編一卷 (元)徐大焯撰 清末周氏鴿峯草堂抄本 一册

330000－1701－0001968 善001164 史部/雜史類/斷代之屬
遼小史一卷 (明)楊循吉撰 清戴氏秋樹山房抄本 一册

330000－1701－0001969 善001166 史部/雜史類
黑韃事略一卷 (宋)彭大雅撰 (宋)徐霆疏證 **承華事略一卷** (元)王惲撰 清抄本 一册

330000－1701－0001970 善001168 史部/雜史類/斷代之屬
燉煌新録一卷 清抄本 一册

330000－1701－0001971 善001165 史部/雜史類/斷代之屬
金小史八卷 (明)楊循吉撰 清戴氏秋樹山房抄本 二册

330000－1701－0001973 善001172 史部/雜史類/斷代之屬
楚紀六十卷 (明)廖道南撰 明萬曆二十四年(1596)刻本 二十四册

330000－1701－0001974 善001173 史部/雜史類/斷代之屬
吾學編六十九卷 (明)鄭曉撰 明萬曆二十七年(1599)鄭心材刻本 二十四册

330000－1701－0001975 善001160 史部/雜史類/斷代之屬
中興禦侮録二卷 清抄本 一册

330000－1701－0001976 善001169 史部/雜史類/斷代之屬
保越録一卷 (元)徐勉之撰 清蔣鳳藻心矩齋寫樣本 清傅以禮校並跋 清蔣鳳藻題記 一册

330000－1701－0001977 善001180 史部/雜史類/斷代之屬
皇明典故紀聞十八卷 (明)余繼登輯 明萬曆周曰校刻本 六册

330000－1701－0001978 善001181 史部/雜史類/斷代之屬
皇明典故紀聞十八卷 (明)余繼登輯 明萬曆王象乾刻本 六册

330000－1701－0001979 善001175 史部/雜史類/斷代之屬
今言四卷 (明)鄭曉撰 明萬曆四十二年(1614)彭宗孟刻本 四册

330000－1701－0001980 善001179 史部/雜史類/斷代之屬
弇山堂别集一百卷 (明)王世貞撰 明萬曆十八年(1590)金陵刻本 十六册

330000－1701－0001981 善001178 史部/雜史類/斷代之屬
弇州史料前集三十卷後集七十卷 (明)王世貞撰 (明)董復表輯 明萬曆四十二年(1614)楊鶴等刻本 二十八册 缺六卷(前集一至四、後集六十九至七十)

330000－1701－0001982 善001182 史部/雜史類/斷代之屬
皇祖四大法十二卷 (明)何棟如輯 明萬曆四十二年(1614)刻本 十二册

330000－1701－0001983 善001176 史部/雜史類/斷代之屬
弇州史料前集三十卷後集七十卷 (明)王世貞撰 (明)董復表輯 明萬曆刻本 三十册

330000－1701－0001984 善001177 史部/

雜史類/斷代之屬

弇州史料前集三十卷後集七十卷　(明)王世貞撰　(明)董復表輯　明萬曆四十二年(1614)楊鶴等刻本　六冊　存三十卷(前集一至三十)

330000－1701－0001985　善 001183　史部/紀傳類/別史之屬

名山藏一百九卷　(明)何喬遠輯　明崇禎福建沈猶龍等刻本　四十冊

330000－1701－0001986　善 001185　史部/雜史類/斷代之屬

皇明史概一百二十一卷　(明)朱國楨輯　明崇禎刻本　十六冊　存十六卷(皇明大訓記一至十六)

330000－1701－0001987　善 001188　史部/雜史類/斷代之屬

明朝小史十八卷　(明)呂毖輯　清初刻本　六冊　存十六卷(一、四至十八)

330000－1701－0001988　善 001186　史部/雜史類/斷代之屬

皇明史概一百二十一卷　(明)朱國楨輯　明崇禎刻本　四十冊　存九十九卷(皇明大事記一至四十二、四十四、四十六至四十七、四十九至五十,皇明大訓記一至十六,皇明大政記一至三十六)

330000－1701－0001990　善 001189　史部/雜史類/斷代之屬

勝國小史十八卷　(明)呂毖撰　清抄本　一冊

330000－1701－0001991　善 001187　史部/雜史類/斷代之屬

皇明史概一百二十一卷　(明)朱國楨輯　明崇禎刻本　四十一冊　存九十六卷(皇明大政記一至三十六,皇明大事記一至十一、十五至四十二、四十四、四十六至四十七、四十九至五十,皇明大訓記一至十六)

330000－1701－0001993　善 001190　史部/雜史類/斷代之屬

建文朝野彙編二十卷　(明)屠叔方撰　明萬曆刻本　十六冊

330000－1701－0001994　善 001196　史部/雜史類/斷代之屬

頌天臚筆二十四卷　(明)金日升輯　明崇禎刻本　十二冊

330000－1701－0001995　善 001191　史部/雜史類/斷代之屬

建文書法儗前編一卷正編二卷坿編二卷　(明)朱鷺撰　明萬曆刻本　四冊

330000－1701－0001996　善 001194　史部/雜史類/斷代之屬

三朝遼事實錄十七卷總略一卷　(明)王在晉編　清抄本　十冊

330000－1701－0001997　善 001198　史部/雜史類/斷代之屬

甲乙事案二卷　(明)文秉撰　清初崇本堂抄本　六冊

330000－1701－0001998　善 001197　史部/雜史類/斷代之屬

武林紀畧二卷　(明)黃鳴俊撰　明崇禎刻本　二冊

330000－1701－0001999　善 001200　史部/雜史類/斷代之屬

遺事瑣談六卷附紀一卷　(清)沈壽世撰　清初抄本　六冊

330000－1701－0002000　善 001199　史部/雜史類/斷代之屬

守鄖紀畧一卷　(明)高斗樞撰　清抄本　一冊

330000－1701－0002001　善 001203　史部/雜史類/斷代之屬

酌中志六卷　(明)劉若愚撰　清任邱金象豫抄本　二冊　存五卷(一至三、五至六)

330000－1701－0002003　善 001202　史部/雜史類/斷代之屬

酌中志六卷　(明)劉若愚撰　清別有軒抄本

六冊

330000－1701－0002005　善001207　史部/雜史類/斷代之屬

崇禎遺録一卷　（明）王世德撰　清周氏鄀公鍾室抄本　一册

330000－1701－0002007　善001212　史部/雜史類/斷代之屬

嘉定紀事一卷　（明）趙鼎勳撰　**松江紀事一卷**　清末周氏鴿峰草堂抄本　周大輔校　一册

330000－1701－0002008　善001209　史部/雜史類/斷代之屬

三朝野記七卷　（清）李遜之輯　清初抄本　三册

330000－1701－0002009　善001211　史部/雜史類/斷代之屬

大哀賦一卷　（明）夏完淳撰　**江變紀略一卷**　（清）徐世溥撰　清末周氏鴿峰草堂抄本　周大輔跋　一册

330000－1701－0002012　善001213　史部/雜史類/斷代之屬

平妖紀事一卷圍城日録一卷　（明）徐從治撰　清末抄本　一册

330000－1701－0002013　善001222　史部/雜史類/斷代之屬

熹朝奄黨禍國録一卷　（清）江右遺民撰　清末張氏小清儀閣抄本　一册

330000－1701－0002014　善001219　史部/雜史類/斷代之屬

山書十八卷　（清）孫承澤輯　清抄本　二十册

330000－1701－0002015　善001224　史部/雜史類/斷代之屬

燕都誌變一卷　（清）聾道人撰　清抄本　一册

330000－1701－0002017　善001221　史部/雜史類/斷代之屬

明黨禍始末記二卷　（清）俞嘉言原録　（清）吳騫校訂　清末張氏小清儀閣抄本　清張光第校並跋　二册

330000－1701－0002018　善001225　史部/雜史類/斷代之屬

閩幕紀畧二卷　（清）許旭撰　清抄本　一册

330000－1701－0002020　善001231　史部/雜史類/斷代之屬

社事本末一卷　（清）杜登春撰　清抄本　一册

330000－1701－0002021　善001226　史部/雜史類/斷代之屬

北征紀畧一卷　（清）張鵬翮撰　清抄本　與330000－1701－0002018合册

330000－1701－0002022　善001228　史部/雜史類/斷代之屬

天南逸史一卷　（明）瞿共美撰　清抄本　二册

330000－1701－0002023　善001234　史部/雜史類/斷代之屬

明史南都大畧三卷　（清）沈嗚撰　清周氏鄀公鍾室抄本　周大輔跋　二册　存二卷（中、下）

330000－1701－0002024　善001232　史部/雜史類/斷代之屬

明季遺聞四卷　（清）鄒漪輯　清抄本　四册

330000－1701－0002025　善001233　史部/雜史類/斷代之屬

明史南都紀畧二卷　（清）沈嗚撰　清抄本　二册

330000－1701－0002026　善001236　史部/雜史類/斷代之屬

甲申朝事小紀十卷續編八卷　（清）抱陽生輯　清抄本　十八册

330000－1701－0002027　善001235　史部/雜史類/斷代之屬

甲申朝事小紀不分卷二編一卷　（清）抱陽生

輯　清抄本　三冊

330000－1701－0002028　善 001227　史部/雜史類/斷代之屬

金陵野鈔十四卷附南都死難紀畧一卷　(清)顧苓撰　清抄本　清莊士敏、清傅以禮校並跋　一冊

330000－1701－0002029　善 001237　史部/雜史類/斷代之屬

甲申朝事小紀十卷　(清)抱陽生輯　清抄本　十冊

330000－1701－0002032　善 001240　史部/雜史類/斷代之屬

甲申朝事小紀八卷二編八卷三編八卷四編八卷五編八卷　(清)抱陽生輯　清抄本　十二冊　存二十四卷(二編一至八、三編一至八、四編一至八)

330000－1701－0002034　善 001241　史部/雜史類/斷代之屬

明末遺事不分卷　清抄本　一冊

330000－1701－0002035　善 001247　史部/雜史類/斷代之屬

野録八卷　清抄本　十九冊

330000－1701－0002036　善 001245　史部/雜史類/斷代之屬

三異詞録三種三卷　清末周氏鄦公鍾室抄本　三冊

330000－1701－0002037　善 001243　史部/雜史類/斷代之屬

甲申傳信録十卷　(明)錢䎙撰　清抄本　四冊

330000－1701－0002038　善 001249　史部/雜史類/斷代之屬

劫灰録不分卷　(清)珠江寓舫撰　清末周氏鄦公鍾室抄本　周大輔校　二冊

330000－1701－0002039　善 001246　史部/雜史類/斷代之屬

甲申野史彙鈔十一種　(清)顧炎武輯　清抄本　三十二冊

330000－1701－0002040　善 001250　史部/雜史類/斷代之屬

行朝録十一卷　(清)黄宗羲撰　**江右紀變一卷**　(清)陸世儀撰　清抄本　清傅以禮校並跋　一冊

330000－1701－0002041　善 001260　史部/雜史類/斷代之屬

莊氏史案本末二卷　(清)傅以禮輯　清抄本　清周星詒跋　二冊

330000－1701－0002042　善 001258　類叢部/叢書類/家集之屬

陳氏家集七種附二種　清康熙彊善堂恚立堂刻本　一冊　存三種

330000－1701－0002043　善 001248　史部/雜史類/斷代之屬

劫灰録三卷　(清)珠江寓舫撰　清抄本　曾熙跋　一冊

330000－1701－0002044　善 001251　史部/雜史類/斷代之屬

行朝録三卷　(清)黄宗羲撰　**甲申核真畧一卷南行日記一卷**　(清)楊士聰述　**賀宿紀聞一卷**　(清)賀宿撰　(清)楊士聰輯　**江右紀變一卷**　(清)陸世儀撰　清抄本　四冊

330000－1701－0002045　善 001252　史部/雜史類/斷代之屬

行朝録十一卷　(清)黄宗羲撰　**江右紀變一卷**　(清)陸世儀撰　清抄本　四冊

330000－1701－0002046　善 001257　史部/雜史類/斷代之屬

庭聞録六卷　(清)劉健撰　清大興傅氏長恩閣抄本　一冊

330000－1701－0002047　善 001256　史部/雜史類/斷代之屬

野變憐史一卷附野史九種一卷東林紀事一卷　(清)齊心祖撰　清抄本　一冊

330000－1701－0002048　善 001255　史部/

雜史類/斷代之屬
平叛記二卷　(清)毛霦撰　清康熙五十五年(1716)刻本　二册

330000－1701－0002049　善001259　史部/雜史類/斷代之屬
豫變紀畧八卷　(清)鄭廉撰　**虎口餘生記一卷**　(清)邊大綬撰　**燕都志變一卷**　(清)徐應芬撰　**紀事本末辨訛一卷明季遺聞辨訛一卷白愚濕襟録摘語一卷**　清抄本　三册

330000－1701－0002050　善001254　類叢部/叢書類/自著之屬
晴川八識　(清)孫之騄撰　清刻本　四册　存一種

330000－1701－0002051　善001253　類叢部/叢書類/自著之屬
晴川八識　(清)孫之騄撰　清刻本　二册　存八卷(二申野録一至八)

330000－1701－0002052　善001263　史部/雜史類/斷代之屬
海濱外史三卷　(清)陳維安撰　**少保兵部尚書姚公[啓聖]傳一卷**　(清)林義儒撰　清抄本　一册

330000－1701－0002053　善001261　史部/雜史類/斷代之屬
嶺表紀年四卷　(明)魯可藻撰　清傅氏長恩閣抄本　二册

330000－1701－0002054　善001262　史部/雜史類/斷代之屬
螳臂録四卷附録一卷　(清)丁業撰　清抄本　一册

330000－1701－0002055　善001265　史部/雜史類/斷代之屬
寧海將軍固山貝子恢復溫郡並台處事實一卷　(清)周聲炣記　清抄本　一册

330000－1701－0002056　善001268　史部/雜史類/斷代之屬
粵匪始末紀略二卷　(清)杏花樵子輯　清抄本　二册

330000－1701－0002058　善001270　史部/雜史類/斷代之屬
咸豐象山粵氛紀實一卷　(清)王蒔蕙撰　清光緒抄本　一册

330000－1701－0002059　善001271　史部/雜史類/斷代之屬
辛壬胜録一卷　(清)王蒔蕙撰　清抄本　一册

330000－1701－0002060　善001269　史部/雜史類/斷代之屬
錫金團練始末記一卷　(清)華翼綸撰　清抄本　一册

330000－1701－0002061　善001279　史部/雜史類/斷代之屬
寇難紀畧一卷附詩文一卷　清評花館抄本　一册

330000－1701－0002062　善001272　史部/雜史類/斷代之屬
滬城浩劫録一卷　清末抄本　一册

330000－1701－0002063　善001267　史部/雜史類/斷代之屬
紀華事夷言不分卷　(清)笠華輯　清道光二十年(1840)韓應陛長青館抄本　清韓應陛校並跋　一册

330000－1701－0002064　善001275　史部/雜史類/斷代之屬
避寇日記不分卷　(清)沈梓撰　清抄本　四册

330000－1701－0002065　善001273　史部/雜史類/斷代之屬
遂安歷劫記一卷　(清)王其信撰　清末抄本　余紹宋題記　一册

330000－1701－0002066　善001277　史部/雜史類/斷代之屬
古越東安義軍畧節一卷　清末抄本　一册

330000－1701－0002067　善001274　史部/雜史類/斷代之屬

蒙難日記一卷　(清)林鶴年撰　清末抄本　一册

330000－1701－0002068　善 001281　史部/雜史類/斷代之屬

杭城辛酉紀事詩一卷　(清)東郭子　(清)蒿目生撰　清抄本　一册

330000－1701－0002069　善 001282　史部/雜史類/斷代之屬

杭城辛酉紀事詩一卷　(清)東郭子　(清)蒿目生撰　清同治六年(1867)潁川星榆氏抄本　一册

330000－1701－0002070　善 001284　史部/雜史類/斷代之屬

劫餘紀事詩一卷　(清)張麗生撰　稿本　一册

330000－1701－0002071　善 001278　史部/雜史類/斷代之屬

古越東安義軍畧節一卷　清光緒三十年(1904)抄本　一册

330000－1701－0002072　善 001286　史部/雜史類/斷代之屬

粤逆陷海寧始末記一卷　(清)陳錫麒撰　清光緒十九年(1893)張氏小清儀閣抄本　張光第跋　一册

330000－1701－0002073　善 001266　史部/雜史類/斷代之屬

甲申朝事小紀抄不分卷　(清)抱陽生輯　清抄本　一册

330000－1701－0002074　善 001287　史部/雜史類/斷代之屬

髪亂紀畧不分卷　清抄本　二册

330000－1701－0002075　善 001288　史部/雜史類/斷代之屬

武塘野史一卷　清末抄本　一册

330000－1701－0002076　善 001289　史部/雜史類/斷代之屬

江表遺事二卷　清抄本　一册

330000－1701－0002077　善 001290　史部/雜史類/斷代之屬

出圍城記一卷　(清)楊棨撰　清抄本　一册

330000－1701－0002078　善 001291　史部/雜史類/斷代之屬

京津拳匪紀一卷附上諭一卷　(清)許子屏編　**大英國君主紀一卷大英國君后紀一卷**　(美國)林樂知述　清末次蕃抄本　一册

330000－1701－0002079　善 001302　史部/傳記類/總傳之屬/通代

鹽梅志二十卷　(明)李茂春輯　明萬曆三十七年(1609)刻本　十六册

330000－1701－0002080　善 001292　史部/史評類/考訂之屬

東周列國攷畧二卷　(清)朱元炅輯　清光緒十三年(1887)朱文治抄本　清朱文治跋　一册

330000－1701－0002081　善 001303　史部/傳記類/總傳之屬/通代

名世述三卷　(清)王川撰　清初不昧齋抄本　六册

330000－1701－0002082　善 001293　史部/雜史類/斷代之屬

庚申北畧一卷　清抄本　清子高題記　一册

330000－1701－0002083　善 001296　史部/雜史類/斷代之屬

陸麗京雪罪雲游記(秋思草堂遺集雲遊始末記)一卷　(清)陸莘行撰　清抄本　一册

330000－1701－0002084　善 001304　史部/傳記類/總傳之屬

聖學嫡派四卷　(明)過庭訓撰　明天啓元年(1621)賈克忠刻本　四册

330000－1701－0002085　善 001294　史部/雜史類/斷代之屬

辛酉都城紀事一卷　清抄本　一册

330000－1701－0002086　善 001305　史部/傳記類/總傳之屬/儒林

聖學宗傳十八卷 （明）周汝登撰　明萬曆三十三年（1605）王世韜等刻本　十六册

330000－1701－0002087　善 001295　史部/雜史類/外紀之屬
越南朝貢過楚紀事一卷南遊紀勝一卷 （清）張福鑛撰　清末抄本　一册

330000－1701－0002088　善 001309　史部/傳記類/總傳之屬/通代
文廟從祀賢儒表八卷 （清）羅以智纂　清抄本　一册

330000－1701－0002089　善 001297　史部/雜史類/外紀之屬
越史略三卷附陳朝紀年一卷　清抄四庫全書本　四册

330000－1701－0002091　善 001298　史部/雜史類/外紀之屬
琉球入學見聞録四卷 （清）潘相輯　清抄本　四册

330000－1701－0002092　善 001313　史部/傳記類/總傳之屬/通代
古今義烈傳八卷 （清）張岱撰　清鳳嬉堂抄本　四册

330000－1701－0002093　善 001311　史部/傳記類/總傳之屬/列女
列女傳十六卷 （漢）劉向撰　（明）汪道昆輯　（明）仇英繪圖　明萬曆刻清乾隆四十四年（1779）鮑氏知不足齋印本　十六册

330000－1701－0002094　善 001310　史部/傳記類/總傳之屬/列女
新刊古列女傳七卷續一卷 （漢）劉向編撰　（晉）顧凱之繪　**列女傳攷證一卷** （清）顧廣圻撰　清道光五年（1825）阮福文選樓影宋刻本（列女傳考證配清抄本）　清朱航跋　二册

330000－1701－0002095　善 001312　史部/傳記類/總傳之屬/通代
古今列女傳三卷 （明）解縉撰　明永樂元年（1403）内府刻本　二册　存二卷（一至二）

330000－1701－0002096　善 001307　史部/傳記類/總傳之屬/儒林
鹽邑志林四十種附一種 （明）樊維城編　明天啓三年（1623）樊維城刻本　七册　存附一種

330000－1701－0002097　善 001308　史部/傳記類/總傳之屬/儒林
聖門志考畧二卷 （清）沈德渻撰　**熙朝盛事一卷歷代幸臨闕里致祭考一卷** （清）沈德渻録　**臨雍紀事一卷** （明）南居仁撰　清康熙二十四年（1685）衢州刻本　八册

330000－1701－0002098　善 001315　史部/傳記類/總傳之屬/仕宦
廉吏傳十四卷żh附一卷 （清）黄汝亨輯　清雍正十一年（1733）新安汪元貞明善堂刻本　十册

330000－1701－0002099　善 001316　史部/傳記類/總傳之屬/隱逸
逸民史二十二卷 （明）陳繼儒撰　明萬曆刻本　八册

330000－1701－0002100　善 001314　史部/傳記類/總傳之屬/通代
古今廉鑑八卷 （明）喬懋敬撰　明萬曆六年（1578）刻本　王修跋　四册

330000－1701－0002101　善 001320　史部/傳記類/總傳之屬/通代
壺天玉露四卷又一卷 （明）錢陛撰　明天啓五年（1625）錢陛刻本　四册　存四卷（一至四）

330000－1701－0002102　善 001319　經部/四書類/總義之屬/傳說
新鍥評林旁訓薛湯二先生家藏酉陽搜古人物奇編十八卷首一卷 （明）薛應旂輯　（明）朱焯注釋　（明）湯賓尹評　明萬曆四十四年（1616）閩書林鄭名相刻本　十二册

330000－1701－0002103　善 001321　史部/傳記類/總傳之屬/斷代
疑年録四續稿一卷 （清）許增輯　清宣統二

年(1910)葉舟抄本　楊宗鏞批校並跋　一册

330000－1701－0002104　善001322　史部/傳記類/總傳之屬/通代

古懽録八卷　(清)王士禛撰　清康熙朱從延快宜堂刻本　一册

330000－1701－0002105　善001317　史部/傳記類/總傳之屬/仕宦

古今名堂記六卷　(明)黄景昉撰　清抄本　鄭道乾跋　六册

330000－1701－0002106　善001323　史部/傳記類/總傳之屬/通代

蒐集羣書紀載萬年壽録□□卷　清抄本　二册　存一卷(二)

330000－1701－0002107　善001324　類叢部/類書類/專類之屬

齊名紀數十二卷　(清)王承烈輯　清嘉慶十八年(1813)環山樓刻本　四册

330000－1701－0002108　善001329　史部/傳記類/總傳之屬/仕宦

宋名臣言行録前集十卷後集十四卷續集八卷別集二十六卷外集十七卷　(宋)□□輯　明崇禎十一年(1638)刻本　十四册

330000－1701－0002109　善001333　史部/傳記類/總傳之屬/斷代

伊洛淵源續録六卷　(明)謝鐸撰　清抄本　二册

330000－1701－0002111　善001326　史部/傳記類/總傳之屬/仕宦

五朝宋名臣言行録前集十卷後集十四卷　(宋)朱熹輯　**宋名臣言行録續集八卷別集二十六卷外集十七卷**　(宋)李幼武輯　明萬曆三十五年(1607)黄吉士等刻本　十二册

330000－1701－0002112　善001325　史部/傳記類/總傳之屬/文苑

唐詩人姓氏六卷補一卷見聞文録一卷　清抄本　四册

330000－1701－0002114　善001340　史部/傳記類/總傳之屬/儒林

元儒攷略四卷　(明)馮從吾撰　清蝳園抄本　佚名過録清毛嶽生、清李兆洛跋　一册

330000－1701－0002115　善001344　史部/傳記類/總傳之屬/斷代

國朝名世類苑四十六卷　(明)凌迪知輯　明萬曆四年(1576)刻本　十二册

330000－1701－0002116　善001343　史部/傳記類/總傳之屬/儒林

明儒學案六十二卷師説一卷　(清)黄宗羲撰　清康熙三十二年(1693)賈樸刻本[卷三配清刻本,卷四至八、十四至十七、三十一至三十三配清道光元年(1821)會稽莫晋、莫階刻本]　三十二册

330000－1701－0002117　善001341　史部/傳記類/總傳之屬/仕宦

元朝名臣事略十五卷　(元)蘇天爵撰　清經鉏堂抄本　八册

330000－1701－0002118　善001352　史部/傳記類/總傳之屬/斷代

本朝京省人物考一百十五卷　(明)過庭訓撰　明天啓二年(1622)刻本(卷一百十配清抄本)　四十八册

330000－1701－0002119　善001346　史部/傳記類/總傳之屬/斷代

焦太史編輯國朝獻徵録一百二十卷　(明)焦竑輯　明萬曆四十四年(1616)徐象橒曼山館刻本　一百二十册

330000－1701－0002120　善001347　史部/傳記類/總傳之屬/仕宦

内閣行實八卷　(明)雷禮輯　明刻本　二册　存四卷(一至四)

330000－1701－0002121　善001349　史部/傳記類/總傳之屬/斷代

明名臣琬琰録二十四卷續録二十二卷　(明)徐紘輯　清顧氏藝海樓抄本　七册　缺九卷(續録十四至二十二)

330000－1701－0002122　善001351　史部/

傳記類/總傳之屬/仕宦

國朝名臣言行畧四卷　(明)劉廷元輯　明萬曆刻本　四冊

330000－1701－0002124　善 001345　史部/傳記類/總傳之屬/仕宦

今獻備遺四十二卷　(明)項篤壽撰　明萬曆十一年(1583)項氏萬卷堂刻本　八冊

330000－1701－0002125　善 001358　史部/傳記類/總傳之屬/斷代

皇朝文苑傳三卷皇朝儒林傳三卷　(清)□□撰　清抄本　四冊　缺二卷(文苑傳下、儒林傳上)

330000－1701－0002126　善 001353　史部/傳記類/總傳之屬/仕宦

皇明表忠紀十卷首一卷　(明)錢士升撰　**附錄一卷**　(明)汪宗伊等撰　明崇禎刻本　四冊

330000－1701－0002127　善 001355　史部/傳記類/總傳之屬/斷代

近代名臣言行錄十卷　(明)徐咸撰　明萬曆十六年(1588)張程刻本　二冊

330000－1701－0002128　善 001359　史部/傳記類/總傳之屬/斷代

明史閣本諸傳不分卷　清雍正抄本　清沈炳震批校並跋　一冊

330000－1701－0002129　善 001361　史部/傳記類/總傳之屬/忠孝

忠義録不分卷　(清)朱溶撰　清抄本　六冊

330000－1701－0002130　善 001363　史部/傳記類/總傳之屬/斷代

明末忠烈紀實二十卷　(清)徐秉義撰　清嚴氏書福樓抄本　張美翊批校並跋　四冊

330000－1701－0002131　善 001362　史部/傳記類/總傳之屬/斷代

明末忠烈紀實二十卷　(清)徐秉義撰　清抄本　十冊

330000－1701－0002132　善 001365　史部/傳記類/總傳之屬/列女

婦人集一卷　(清)陳維崧撰　(清)陳履端輯　(清)冒褒注　(清)王士祿評　**婦人集補一卷**　(清)冒丹書撰　清嘉慶十一年(1806)孫灝元抄本　清丁丙、孫峻跋　一冊

330000－1701－0002134　善 001367　史部/傳記類/總傳之屬/忠孝

續表忠記八卷　(清)趙吉士纂編　(清)盧宜彙輯　清康熙三十七年(1698)趙吉士寄園刻本　四冊

330000－1701－0002135　善 001368　史部/傳記類/總傳之屬/斷代

復社姓氏傳略十卷首一卷續輯一卷　(清)吳山嘉纂輯　清道光十一年(1831)吳氏南陔堂刻十九年(1839)續刻本　清繆佑孫批校　劉承幹題記　三冊

330000－1701－0002136　善 001370　史部/傳記類/總傳之屬/列女

彤芳彙錄十二卷　(清)王學粲輯　清乾隆抄本　四冊

330000－1701－0002137　善 001366　史部/傳記類/總傳之屬/斷代

東林同難錄一卷　(明)楊坤等輯　**東林同難列傳一卷附傳一卷**　(清)繆敬持輯　清雍正五年(1727)江陰繆氏耕學草堂刻道光五年(1825)葉氏水心齋重修本　清周星詒跋　清傅以禮校並記　一冊

330000－1701－0002139　善 001375　史部/傳記類/總傳之屬/通代

人壽金鑑七卷　(清)程得齡輯　清抄本　六冊

330000－1701－0002140　善 001376　史部/傳記類/總傳之屬/郡邑

紫峽文獻録二卷　(清)曹宗載撰　清小清儀閣抄本　二冊

330000－1701－0002141　善 001377　史部/傳記類/總傳之屬/郡邑

重泮紀聞一卷　(清)魯燮光輯　稿本　一冊

330000－1701－0002142　善 001374　史部/傳記類/總傳之屬/家乘

先芬錄不分卷　（清）湯元裕輯　清嘉慶蒙養山房抄本　王修跋　一冊

330000－1701－0002143　善 001369　史部/傳記類/總傳之屬/斷代

庚辛之間亡友列傳一卷　（清）章學誠撰　清末虞山周氏鴿峰草堂抄本　一冊

330000－1701－0002144　善 001382　史部/紀傳類/正史之屬

國朝功臣傳一百二十卷　清抄本　三十冊

330000－1701－0002146　善 001386　史部/紀傳類/正史之屬

二臣傳十二卷　東華錄四卷　（清）蔣良騏撰　清抄本　五冊

330000－1701－0002147　善 001385　史部/傳記類/總傳之屬/仕宦

貳臣傳不分卷　（清）國史館撰　清抄本　四冊

330000－1701－0002149　善 001398　史部/傳記類/別傳之屬/事狀

贈言錄一卷　（明）樊王家輯　明萬曆潘文楚刻天啓四年(1624)續刻本　一冊

330000－1701－0002150　善 001399　史部/傳記類/總傳之屬/郡邑

金壇十生事略一卷　（清）姚文田撰　清大興傅氏抄本　清傅以禮題記　一冊

330000－1701－0002151　善 001393　史部/傳記類/總傳之屬/郡邑

婺學志二卷　（清）張祖年撰　清康熙五十五年(1716)刻本　一冊

330000－1701－0002152　善 001392　史部/傳記類/總傳之屬/郡邑

有明於越三不朽名賢圖贊一卷　（清）張岱撰　清光緒十四年(1888)山陰陳錦刻本　清楊越校並跋　一冊

330000－1701－0002153　善 001397　史部/傳記類/總傳之屬/儒林

閩學宗傳不分卷　（明）劉廷焜撰　**浙學宗傳不分卷推豪別錄一卷**　（明）劉鱗長撰　明崇禎十一年(1638)劉鱗長刻本　六冊

330000－1701－0002154　善 001391　史部/傳記類/總傳之屬/郡邑

錢塘汪氏東軒吟社小傳一卷題詞一卷　（清）諸可寶撰　清抄本　一冊

330000－1701－0002155　善 001396　史部/傳記類/總傳之屬/郡邑

婁東耆舊傳八卷　（清）程穆衡撰　清杏香廬抄本　四冊

330000－1701－0002156　善 001394　史部/傳記類/總傳之屬/斷代

續吳先賢讚十五卷　（明）劉鳳撰　明萬曆刻本　三冊

330000－1701－0002157　善 001390　史部/傳記類/總傳之屬/郡邑

清代杭人小傳三十二卷續集不分卷三集不分卷　（清）□□輯　清抄本　十三冊

330000－1701－0002158　善 001400　史部/傳記類/總傳之屬/郡邑

敬鄉錄十四卷　（元）吳師道撰　清抄本　八冊

330000－1701－0002159　善 001387　史部/傳記類/總傳之屬/儒林

召試博學鴻儒攷畧一卷召試博學鴻詞攷畧一卷薦舉經學攷畧一卷　（清）平步青纂　清平氏安越堂抄本　一冊

330000－1701－0002160　善 001402　史部/傳記類/別傳之屬/事狀

曾誌四卷首一卷末一卷　（明）李天植纂修　（明）張居仁纂　**曾氏祖廟永思碑銘一卷**　（明）曾繼祖撰　明萬曆二十三年(1595)曾承業刻二十六年(1598)增修本　二冊

330000－1701－0002161　善 001404　史部/傳記類/別傳之屬

晏子春秋六卷　明末刻本　一冊

330000－1701－0002162　善 001403　史部/地理類/專志之屬/古跡
卞里志六卷　（明）呂兆祥撰　明崇禎二年(1629)呂聖符刻本　二冊

330000－1701－0002163　善 001406　史部/傳記類/別傳之屬/事狀
關聖類編六卷　（明）黄希聲輯　**補一卷**　（清）沈無懷輯　清順治刻本　八冊

330000－1701－0002164　善 001407　史部/傳記類/別傳之屬/事狀
魏鄭公[徵]諫錄五卷　（唐）王方慶輯　清康熙顧氏秀野草堂刻閭丘辯囿本　清韓□題記　一冊

330000－1701－0002165　善 001409　史部/詔令奏議類/奏議之屬
李相國論事集六卷　（唐）李絳撰　（唐）蔣偕編　清顧氏藝海樓抄本　一冊

330000－1701－0002166　善 001410　史部/傳記類/別傳之屬/事狀
忠獻韓魏王君臣相遇傳十卷別錄三卷　（宋）王巖叟撰　**忠獻韓魏王君臣相遇遺事一卷**　（宋）強至撰　明萬曆四十二年(1614)徐縉芳刻本　四冊

330000－1701－0002167　善 001411　史部/傳記類/別傳之屬/事狀
岳忠武王[飛]事畧八卷首一卷　清抄本　一冊

330000－1701－0002168　善 001419　史部/傳記類/別傳之屬/事狀
尚書倪文正公傳一卷　（明）蔣平階撰　清康熙刻本　一冊

330000－1701－0002169　善 001413　史部/傳記類/總傳之屬/通代
草莽私乘一卷　（明）陶宗儀輯　清抄本　一冊

330000－1701－0002170　善 001418　史部/傳記類/別傳之屬/事狀
荆溪盧司馬九台公殉忠實録一卷　（明）許德士撰　清周氏鴿峯草堂抄本　一冊

330000－1701－0002171　善 001417　史部/傳記類/別傳之屬/事狀
見田公[余一龍]行述一卷　（明）余同光撰　清抄本　一冊

330000－1701－0002172　善 001414　史部/傳記類/別傳之屬/事狀
謝臯羽西臺慟哭記一卷　（宋）謝翺撰　（明）張孟兼注　清抄本　與 330000－1701－0002169 合冊

330000－1701－0002173　善 001416　史部/傳記類/別傳之屬/事狀
明故戸部右侍郎贈尚書一川游公[應乾]行狀一卷　（明）焦竑撰　**大司徒游公[應乾]傳一卷**　（明）韓仲雍撰　**先考少司徒一川府君[游應乾]行述一卷**　（明）游元潤撰　（明）游漢龍填諱　明萬曆刻本　一冊

330000－1701－0002174　善 001420　史部/編年類/斷代之屬
攝政睿忠親王起居注不分卷　（清）李若琳等記　清末劉啓瑞食舊悳齋抄本　劉承幹題記　一冊

330000－1701－0002175　善 001421　史部/傳記類/別傳之屬/事狀
呂晚村先生行畧一卷　清抄本　清君肅題簽　一冊

330000－1701－0002176　善 001415　史部/傳記類/別傳之屬
兵部尚書恭敏薛公[三才]傳一卷　（清）方象瑛撰　**明兵部尚書贈太子太保謚恭敏青雷薛公[三才]傳一卷**　（明）賀逢聖撰　**故兵部尚書贈太子太保謚恭敏伯兄青雷公[三才]行狀一卷**　（明）薛三省撰　**明兵部尚書贈太子太保謚恭敏青雷薛公[三才]墓誌銘一卷**　（明）鄭以偉撰　**文武官員祭恭敏公奠稿一卷**　清抄本　二冊

330000－1701－0002177　善001422　史部/傳記類/别傳之屬/事狀

温文簡公遺像題詞六卷　(清)王掞等撰　清康熙五十六年(1717)刻本　四册

330000－1701－0002178　善001423　史部/傳記類/别傳之屬/事狀

皇清誥授光禄大夫經筵講官文淵閣大學士禮部尚書太倉王公[掞]傳略一卷　(清)楊繩武撰　清乾隆抄本　清程穆衡跋　一册

330000－1701－0002179　善001424　史部/傳記類/别傳之屬/事狀

查伊璜東山外紀二卷　(清)劉振麟　(清)周驤輯　清光緒十九年(1893)抄本　張光第跋　二册

330000－1701－0002180　善001425　史部/傳記類/别傳之屬/事狀

童烈女實錄一卷　(明)馮元仲等撰　清抄本　一册

330000－1701－0002181　善001426　史部/傳記類/别傳之屬/事狀

曼殊留視圖册一卷　(清)毛奇齡等撰　清魯氏壺隱居抄本　清魯燮光跋並過錄清王宗炎跋　一册

330000－1701－0002182　善001428　史部/傳記類/别傳之屬/事狀

彭城尋骸記一卷　(清)楊以貞撰　清抄本　一册

330000－1701－0002183　善001431　史部/傳記類/别傳之屬/事狀

羽琌逸事三卷　(清)陳元禄撰　清武林葉氏抄本　一册

330000－1701－0002185　善001440　史部/傳記類/别傳之屬/年譜

大司徒一川游公[應乾]年譜一卷　(明)游悦易編　明萬曆聚順堂刻本　一册

330000－1701－0002186　善001429　史部/傳記類/别傳之屬/事狀

皇清卹贈中議大夫太僕寺卿原任廣西泗城府知府顯考蓉裳鄧公府君[雲襄]行述一卷　(清)鄧樹榮等撰　清抄本　一册

330000－1701－0002187　善001442　史部/傳記類/别傳之屬/年譜

吴忠節公[應箕]年譜三卷　(清)吳蕃昌編　清抄本　張宗祥跋　三册

330000－1701－0002190　善001445　史部/傳記類/别傳之屬/年譜

李文襄公[之芳]年譜一卷　(清)程光裓編　清康熙四十一年(1702)刻本　一册

330000－1701－0002191　善001446　史部/傳記類/别傳之屬/年譜

查東山先生[繼佐]年譜一卷　(清)沈起撰　(清)張濤　(清)查穀注　**書湖州莊氏史獄一卷**　(清)翁廣平撰　清咸豐二年(1852)管庭芬抄本　清管庭芬跋　二册

330000－1701－0002192　善001443　史部/傳記類/别傳之屬/年譜

安道公[陳瑚]年譜二卷　(清)陳溥編　清抄本　繆朝荃校　一册

330000－1701－0002194　善001450　史部/傳記類/别傳之屬/年譜

楊園張先生[履祥]年譜四卷　(清)崔悳華　(清)崔以學撰　清蔣氏别下齋抄本　二册　存二卷(一至二)

330000－1701－0002195　善001449　史部/傳記類/别傳之屬/年譜

楊園張先生[履祥]年譜四卷　(清)崔悳華　(清)崔以學撰　清光緒二十三年(1897)翠薇山房抄本　清費寅校並跋　一册

330000－1701－0002196　善001451　史部/傳記類/别傳之屬/年譜

厲樊榭先生[鶚]年譜一卷　(清)朱文藻撰　清末繆氏藕香簃抄本　一册

330000－1701－0002198　善001453　史部/傳記類/别傳之屬/年譜

無墨公[何經文]年譜一卷　(清)何經方撰　清何澂抄本　何杶跋　一册

330000－1701－0002199　善 001455　史部/傳記類/別傳之屬/年譜

贛郡太守濮院李介繁先生[枝昌]自定年譜草稾一卷　(清)李枝昌撰　清光緒七年(1881)戴以恒抄本　清戴以恒跋　一册

330000－1701－0002200　善 001454　史部/傳記類/別傳之屬/年譜

言舊錄一卷　(清)張金吾撰　清抄本　高叔荃跋　一册

330000－1701－0002201　善 001462　史部/傳記類/日記之屬

北游日記一卷(清順治十四年四月初九日至六月二十二日)　(清)陸嘉淑撰　清管庭芬抄本　清管庭芬批校並跋　一册

330000－1701－0002203　善 001458　史部/傳記類/日記之屬

雲山日記不分卷(元至大元年八月至二年十月)　(元)郭畀撰　清抄本　佚名過錄清宋葆淳、清趙輯寧、清鮑廷博、清周倫、清趙魏跋　一册

330000－1701－0002204　善 001485　史部/傳記類/日記之屬

姚覲元日記一卷(清光緒元年正月初一日至十二月二十九日)　(清)姚覲元撰　稿本　一册

330000－1701－0002205　善 001463　史部/傳記類/日記之屬

燕程日記一卷(清乾隆二年正月至二月)　(清)程穆衡撰　清末繆氏杏香廬抄本　一册

330000－1701－0002206　善 001465　史部/傳記類/日記之屬

味水軒日記八卷(明萬曆三十七年正月至四十四年十二月)　(明)李日華撰　清嘉慶十八年(1813)抄本　清戴光曾跋　清蔡鴻鑑題記　八册

330000－1701－0002207　善 001459　史部/傳記類/日記之屬

郭天錫客長日記不分卷(元至大元年十一月初五至閏十一月十五)　(元)郭畀撰　清抄本　一册

330000－1701－0002208　善 001466　史部/地理類/遊記之屬/紀行

冬集紀程一卷(清乾隆四十八年十二月十八日至四十九年二月十五日)附詩一卷　(清)周廣業撰　清周氏種松書屋抄本　清周廣業跋　一册

330000－1701－0002209　善 001467　史部/傳記類/日記之屬

黔行紀程一卷(道光二十一年)　(清)吳振棫撰　清紅樹山莊抄本　一册

330000－1701－0002210　善 001488　史部/傳記類/日記之屬

日記稿不分卷(清同治十三年二月二十一日至光緒十四年十月二十九日)　(清)邵漁訪撰　稿本　四册

330000－1701－0002212　善 001494　史部/傳記類/日記之屬

微蟲世界一卷(清光緒十九年四月六日至二十三日)　清抄本　一册

330000－1701－0002214　善 001481　史部/傳記類/別傳之屬/年譜

陳文節公[傅良]年譜一卷　(清)孫鏘鳴編　清抄本　一册

330000－1701－0002215　善 001503　史部/傳記類/日記之屬

請纓日記十卷(清光緒八年七月九日至光緒十一年十一月)　(清)唐景崧撰　清抄本　六册

330000－1701－0002216　善 001509　史部/傳記類/總傳之屬/家乘

[浙江浦江]浦江鄭氏旌義編二卷　(元)鄭大和纂　(明)鄭楷重纂　明萬曆三十一年(1603)浦江鄭元善刻本　一册

330000－1701－0002217　善 001505　史部/傳記類/日記之屬

譚宗庚日記一卷(清同治十年七月廿九日至

光緒三年六月十四日) (清)譚宗庚撰 稿本 一冊

330000－1701－0002219 善001515 史部/傳記類/總傳之屬/家乘
[浙江海寧]郜氏家譜二卷 (明)郜然纂修 (清)□□續修 清初刻本 一冊

330000－1701－0002220 善001517 史部/傳記類/總傳之屬/家乘
[浙江紹興]水澄劉氏家譜一卷 (明)劉宗周纂修 明崇禎刻本 一冊

330000－1701－0002221 善001512 史部/傳記類/總傳之屬/家乘
[浙江慈溪]秦氏宗譜不分卷 (明)秦應鸞纂修 明萬曆刻本 四冊

330000－1701－0002222 善001518 史部/傳記類/總傳之屬/家乘
水澄劉氏傳詠不分卷 (清)劉世洙撰 清康熙三十年(1691)劉世洙刻本 一冊

330000－1701－0002223 善001519 史部/傳記類/總傳之屬/家乘
[安徽祁門]王源謝氏孟宗譜十卷 (明)謝顒纂修 明萬曆三十年(1602)刻本 二冊 存四卷(七至十)

330000－1701－0002224 善001521 史部/傳記類/總傳之屬/家乘
[安徽歙縣]重修濟陽江氏族譜不分卷 (明)江來岷 (明)江中淮纂修 明萬曆刻本(隱德、遷移、產業、派譜字號配明刻本) 三冊 存世系、祠圖紀、墓圖紀、祠規、隱德、遷移、產業、派譜字號

330000－1701－0002225 善001523 史部/傳記類/總傳之屬/家乘
[浙江海寧]朱氏花園支家乘□□卷 (清)朱一是纂修 清順治奕載堂刻本 二冊 存四卷(世系一、述畧一至三)

330000－1701－0002226 善001522 史部/傳記類/總傳之屬/家乘
[安徽休寧]隆阜戴氏荆墩門家譜不分卷 (清)戴秉清等纂修 稿本 五冊

330000－1701－0002227 善001524 史部/傳記類/總傳之屬/家乘
[浙江紹興]張氏宗譜不分卷 (清)張廷楠等纂修 清雍正抄乾隆增補本 一冊

330000－1701－0002228 善001526 史部/傳記類/總傳之屬/家乘
[浙江慈溪]沈氏宗譜不分卷 (清)沈汝魁纂修 (清)沈景旋續修 清光緒抄本 二冊

330000－1701－0002229 善001525 史部/傳記類/總傳之屬/家乘
[浙江紹興]續修張氏家譜一卷 (清)張賚庵纂修 清抄本 一冊

330000－1701－0002230 善001527 史部/傳記類/總傳之屬/家乘
[浙江紹興]山陰蕭氏家乘三卷 (清)蕭翀纂修 清抄本 一冊

330000－1701－0002231 善001528 史部/傳記類/總傳之屬/家乘
[浙江紹興]越州裘氏本源攷一卷附義門盛衰紀畧一卷 (清)裘象埅纂修 清抄本 一冊

330000－1701－0002232 善001520 史部/傳記類/總傳之屬/家乘
[安徽休寧]休寧戴氏族譜十五卷首一卷 (明)戴堯天纂修 明崇禎五年(1632)刻本 一冊 存一卷(一)

330000－1701－0002233 善001531 史部/傳記類/總傳之屬/家乘
[浙江杭州]武林蔣氏族譜不分卷 (清)蔣壽齡纂修 清光緒抄本 二冊

330000－1701－0002234 善001529 史部/傳記類/總傳之屬/家乘
[浙江紹興]會稽陶氏五修族譜不分卷附陶堰記勝詩一卷 (清)陶元藻纂修 清乾隆留畊草堂抄本 二冊

330000－1701－0002235 善001532 史部/傳記類/總傳之屬/家乘

[浙江錢塘]丁氏譜牒一卷 清丁氏嘉惠堂抄本 一册

330000－1701－0002236 善 001533 史部/傳記類/總傳之屬/家乘

關氏文獻録一卷 (清)關槐著 清光緒抄本 一册

330000－1701－0002237 善 001534 史部/傳記類/總傳之屬/家乘

[浙江平湖]張氏三修家乘五卷 (清)張顯周纂修 清抄本 一册

330000－1701－0002238 善 001537 史部/傳記類/科舉録之屬/歷科登科録

寶祐四年同年錄一卷 清抄本 一册

330000－1701－0002239 善 001536 史部/傳記類/科舉録之屬/總録

紹興十八年同年小録一卷 清抄本 一册

330000－1701－0002240 善 001538 史部/傳記類/科舉録之屬/歷科登科録

萬曆二年甲戌科會試小録一卷附錄一卷 清抄本 王修校並題記 一册

330000－1701－0002241 善 001541 史部/傳記類/科舉録之屬/歷科鄉試録

乾嘉道咸四朝鄉會試題名録不分卷 清抄本 四册

330000－1701－0002242 善 001544 史部/傳記類/科舉録之屬/歷科鄉試録

道光庚子科直省同年譜六卷 清抄本 二册

330000－1701－0002243 善 001545 史部/傳記類/科舉録之屬/歷科登科録

道光二十四年甲辰科進士同年録一卷 清松竹齋抄本 一册

330000－1701－0002244 善 001546 史部/傳記類/科舉録之屬/歷科鄉試録

道光丙午科直省鄉試題名全録不分卷 清抄本 佚名過録清徐時棟批並跋 二册

330000－1701－0002245 善 001539 史部/傳記類/科舉録之屬/歷科登科録

[萬曆二十九年]進士登科錄一卷 清抄本 一册

330000－1701－0002246 善 001543 史部/傳記類/科舉録之屬/總録

道光十五年乙未恩科各省鄉試題名録不分卷附丙申戊戌庚子辛丑甲辰乙巳六科進士題名録一卷副榜中式丁酉己亥庚子癸卯甲辰五科舉人題名録一卷 清抄本 一册

330000－1701－0002247 善 001547 史部/傳記類/科舉録之屬/歷科鄉試録

咸豐元年辛亥科直省鄉試同年錄一卷 清抄本 一册

330000－1701－0002249 善 001548 史部/傳記類/科舉録之屬/歷科鄉試録

咸豐九年己未恩科浙江鄉試題名録一卷 清抄本 清丁立誠題簽 丁玨跋 一册

330000－1701－0002250 善 001542 史部/傳記類/科舉録之屬/歷科鄉試録

[道光十四年甲午科]浙江鄉試錄一卷 清道光刻本 王修批 一册

330000－1701－0002251 善 001549 史部/傳記類/科舉録之屬/武試録

同治六年浙江武鄉試錄一卷 清許振中抄本 一册

330000－1701－0002252 善 001552 史部/傳記類/科舉録之屬/總録

南國賢書五卷 (明)張朝瑞輯 明萬曆應天府刻本 枕湛觀款 王修題簽 四册

330000－1701－0002253 善 001553 史部/傳記類/職官録之屬/歷朝

殘明百官簿四卷 (清)平步青撰 清抄本 佚名過錄清嶰濵漫士跋 一册

330000－1701－0002254 善 001550 史部/傳記類/科舉録之屬/諸貢録

明狀元圖考五卷 (明)顧鼎臣撰 (明)吳承恩補 明萬曆三十五年(1607)吳承恩、黄文德刻本 一册 存一卷(五)

330000－1701－0002255　善001558　史部/史抄類

歷代史纂左編一百四十二卷　(明)唐順之撰　明萬曆三十九年(1611)吴用先等刻本　六十冊

330000－1701－0002256　善001554　史部/傳記類/職官録之屬/總録

順治九年司道職名冊不分卷　清劉啓瑞食舊悳齋抄本　劉承幹題簽並記　劉啟瑞跋　一冊

330000－1701－0002257　善001555　史部/傳記類/别傳之屬/事狀

素王紀事不分卷　(明)黄瓚輯　(明)傅汝楫校刊　清初抄本　一冊

330000－1701－0002258　善001560　史部/史抄類

漢雋十卷　(宋)林鉞輯　清乾隆刻本　六冊

330000－1701－0002259　善001561　史部/史抄類

通鑑總類二十卷　(宋)沈樞輯　明萬曆二十三年(1595)三河孫隆刻本　二十冊

330000－1701－0002260　善001559　史部/史抄類

唐荆川先生批選史記十二卷批選漢書四卷　(明)唐順之輯　明天啓三年(1623)沈琇卿刻本　八冊

330000－1701－0002261　善001567　史部/史抄類

史記纂不分卷　(明)凌稚隆輯　明萬曆七年(1579)凌稚隆刻本　十二冊

330000－1701－0002262　善001565　史部/史抄類

史記抄九十一卷首一卷　(明)茅坤輯　明萬曆三年(1575)茅坤刻本　十二冊

330000－1701－0002263　善001566　史部/史抄類

史記鈔二十卷　(明)沈科輯　明嘉靖三十六年(1557)沈科刻本　十二冊

330000－1701－0002264　善001568　史部/史抄類

東萊先生校正三國志詳節二十卷　(宋)吕祖謙輯　清抄本　王修題記　八冊

330000－1701－0002265　善001563　史部/史抄類

漢雋十卷　(宋)林鉞輯　明崇禎十二年(1639)新安程揚刻本　二冊

330000－1701－0002266　善001562　史部/史抄類

漢雋十卷　(宋)林鉞輯　明萬曆十二年(1584)吕元刻公文紙印本　四冊

330000－1701－0002267　善001570　史部/史抄類

荆川先生批點精選漢書六卷　(明)唐順之輯　明萬曆刻本　清曾紀綱觀款　五冊

330000－1701－0002268　善001571　史部/史抄類

諸史異彙二十四卷　(清)李清輯　清初抄本　四冊

330000－1701－0002269　善001569　史部/史抄類

漢書鈔九十三卷　(明)茅坤輯　明萬曆十七年(1589)茅坤刻本　二十冊

330000－1701－0002270　善001572　史部/史抄類

史書纂略二百二十卷目録二卷孱提生傳一卷　(明)馬維銘輯　明萬曆四十三年(1615)馬維銘刻本　三十六冊

330000－1701－0002271　善001573　史部/史抄類

鹿門先生批點漢書鈔九十三卷　(明)茅坤輯並批點　明崇禎八年(1635)茅琛徵刻本　十二冊　存九十二卷(一至五十二、五十四至九十三)

330000－1701－0002272　善001575　史部/史抄類

後漢書纂十二卷　(南朝宋)范曄撰　(明)凌

濛初輯　明萬曆三十四年(1606)金陵周氏刻本　八册

330000－1701－0002273　善001574　史部/史抄類
史觿十七卷　(明)謝肇淛撰　明崇禎三年(1630)建安黄氏景晉齋刻本　五册

330000－1701－0002274　善001579　史部/史抄類
雪廬讀史快編六十卷　(明)趙維寰輯　明末刻本　六十册

330000－1701－0002275　善001578　史部/史抄類
兩晉南北史合纂四十卷　(明)錢岱輯　明萬曆刻本　四十册

330000－1701－0002276　善001577　史部/史抄類
二十一史文鈔三百三十二卷　(明)戴羲輯　明崇禎刻本　八册　存十八卷(魏書文鈔一至十八)

330000－1701－0002277　善001581　史部/史抄類
南朝史精語十卷　(宋)洪邁輯　**札記一卷**　(清)繆荃孫撰　清光緒三十一年(1905)江陰繆氏刻朱印本　王存善校　一册

330000－1701－0002278　善001580　史部/史抄類
漢書雋不分卷　(明)陳許廷輯並評　明崇禎刻本　五册

330000－1701－0002279　善001582　史部/史抄類
南史刪三十一卷　(唐)李延壽撰　(明)茅國縉刪次　明刻本　二十册

330000－1701－0002280　善001584　史部/史抄類
十七史蒙求節録一卷　(宋)王令撰　(清)□□輯　清雍正二年(1724)抄本　王修題記　一册

330000－1701－0002281　善001583　史部/史抄類
讀史偶鈔不分卷　清抄本　四册

330000－1701－0002282　善001585　史部/史抄類
二十一史文鈔三百三十二卷　(明)戴羲輯　明崇禎刻本　十八册　存三十六卷(唐書文鈔一至三十六)

330000－1701－0002283　善001586　史部/史抄類
歐陽文忠公新唐書抄二卷五代史抄二十卷　(明)茅坤輯並評　明天啓刻本　清潘奕雋過録清顧有孝批注並跋　清彭年跋　王修批　四册

330000－1701－0002284　善001588　史部/史抄類
歐陽文忠公新唐書抄二卷五代史抄二十卷　(明)茅坤輯並評　明萬曆七年(1579)歸安茅一桂刻本　四册

330000－1701－0002285　善001589　史部/史評類/史論之屬
隋書論贊二卷　(唐)魏徵撰　(明)項篤壽輯　明嘉禾項氏萬卷堂刻本　一册

330000－1701－0002286　善001591　史部/史評類/史論之屬
史通二十卷　(唐)劉知幾撰　明刻本　五册

330000－1701－0002287　善001592　史部/史評類/史論之屬
史通註二十卷　(明)陳繼儒撰　明末刻本　四册

330000－1701－0002288　善001593　史部/史評類/史論之屬
六朝通鑑博議十卷　(宋)李燾撰　清抄本　清陳守吾題記　二册

330000－1701－0002289　善001597　史部/史評類/史論之屬
顧氏詩史十五卷　(明)顧正誼撰　明萬曆二十八年(1600)顧正誼刻本　六册

330000－1701－0002290　善001598　史部/史評類/史論之屬
新刊陳眉公先生精選古今人物論三十六卷　(明)陳繼儒輯　明萬曆刻本　十册

330000－1701－0002291　善001599　史部/史評類/史論之屬
楊旭菴史衡八卷　(明)楊汝昇著　(明)佚名編　稿本　四册　存七卷(一、三至八)

330000－1701－0002292　善001600　史部/史評類/史論之屬
刻歷朝捷錄大成二卷　(明)顧充撰　明萬曆張國璽刻本　四册

330000－1701－0002293　善001602　史部/史評類/史論之屬
史評小品二十二卷　(明)江用世撰　明崇禎九年(1636)刻婁東萃雅堂印本　十六册

330000－1701－0002294　善001594　史部/史評類/史論之屬
通鑑博論三卷　(明)朱權撰　明萬曆十四年(1586)内府刻本　六册

330000－1701－0002295　善001601　史部/史評類/史論之屬
刻歷朝捷錄大成二卷　(明)顧充撰　明萬曆十二年(1584)餘姚王述甫等定海學宫刻本　二册

330000－1701－0002296　善001604　史部/史抄類
二十一史論贊三十六卷　(明)沈國元輯　明崇禎十年(1637)大來堂刻本　二十四册

330000－1701－0002297　善001603　史部/史評類/史論之屬
史懷十七卷　(明)鍾惺撰　(明)陶珽評　明崇禎刻本　十二册

330000－1701－0002298　善001607　史部/史評類/史論之屬
史評十卷　(明)范光宙撰　清順治十五年(1658)何如教等刻本　十六册

330000－1701－0002299　善001613　史部/史評類/史論之屬
歷代人物論一卷　清抄本　一册

330000－1701－0002300　善001606　史部/史評類/史論之屬
史記榷參三卷漢書榷參三卷　(清)王治皞撰　(清)徐峻均輯　清抄本　二册

330000－1701－0002301　善001612　史部/史抄類
歷代史腴二卷　(清)周金壇輯　清雍正三年(1725)墨香堂刻本　四册

330000－1701－0002302　善001608　史部/史評類/考訂之屬
諸史考異十八卷　(清)洪頤煊撰　清末抄本　三册

330000－1701－0002303　善001619　史部/政書類/通制之屬
文獻通考三百四十八卷首一卷　(元)馬端臨撰　明刻本　一百四册

330000－1701－0002304　善001611　史部/史評類/史論之屬
史論二卷　(清)彭孫貽纂　(清)黄振堃校録　清抄本　九册

330000－1701－0002305　善001620　史部/政書類/通制之屬
續文獻通考二百五十四卷　(明)王圻撰　明萬曆三十一年(1603)曹時聘、許維新刻本　六十册

330000－1701－0002306　善001621　史部/政書類/通制之屬
文獻通考纂二十四卷　(元)馬端臨撰　(明)胡震亨輯　明萬曆駱駸曾刻本　八册

330000－1701－0002307　善001623　史部/政書類/通制之屬
西漢會要七十卷　(宋)徐天麟撰　清抄本(序、目錄、卷一配清末抄本)　二十四册

330000－1701－0002308　善001626　史部/

政書類/通制之屬

建炎以來朝野雜記甲集二十卷乙集二十卷 (宋)李心傳撰　清抄本　六冊　缺一卷(甲集一)

330000－1701－0002309　善001624　史部/政書類/通制之屬

唐會要一百卷 (宋)王溥撰　清抄本　佚名過錄清吳城題記　二十冊

330000－1701－0002311　善001628　史部/政書類/通制之屬

大明會典一百八十卷 (明)徐溥等纂修　明刻本　四十九冊　缺五卷(五十三至五十七)

330000－1701－0002312　善001630　史部/政書類/通制之屬

大明會典二百二十八卷 (明)申時行　(明)趙用賢等纂修　明萬曆十五年(1587)内府刻本　六十冊　存二百二十五卷(一至二百二十五)

330000－1701－0002313　善001629　史部/政書類/通制之屬

大明會典二百二十八卷 (明)申時行　(明)趙用賢等纂修　明天啓元年(1621)張京元等南昌刻本　二十四冊

330000－1701－0002314　善001627　史部/政書類/通制之屬

建炎以來朝野雜記甲集二十卷乙集二十卷 (宋)李心傳撰　清錢氏萃古齋抄本　五冊　存二十卷(乙集一至二十)

330000－1701－0002315　善001631　史部/政書類/通制之屬

大明會典二百二十八卷 (明)申時行　(明)趙用賢等纂修　明天啓元年(1621)張京元等南昌刻本　十二冊

330000－1701－0002316　善001633　史部/政書類/通制之屬

古今治平畧三十三卷 (明)朱健撰　明崇禎十一年(1638)鍾鉉刻本　二十八冊

330000－1701－0002317　善001632　史部/政書類/通制之屬

皇明世法錄九十二卷 (明)陳仁錫撰　明崇禎刻本　四十冊

330000－1701－0002318　善001634　史部/政書類/通制之屬

憲章類編四十二卷 (明)勞堪撰　明萬曆六年(1578)勞堪刻本　二十一冊　缺五卷(一至三、三十一至三十二)

330000－1701－0002319　善001635　史部/政書類/儀制之屬/典禮

明内廷規制考三卷　清抄本　一冊

330000－1701－0002320　善001642　史部/政書類/儀制之屬/典禮

大唐郊祀錄十卷 (唐)王涇撰　清抄本　四冊

330000－1701－0002321　善001644　史部/政書類/儀制之屬/典禮

太常因革禮一百卷 (宋)歐陽修等編　清抄本　六冊　缺十七卷(五十一至六十七)

330000－1701－0002322　善001643　史部/政書類/儀制之屬/典禮

大唐郊祀錄十卷末一卷附錄一卷 (唐)王涇撰　清抄本　佚名過錄清汪曰楨跋、清張文虎評　四冊

330000－1701－0002323　善001645　史部/政書類/儀制之屬/典禮

太常因革禮一百卷 (宋)歐陽修等編　清抄本　十六冊　缺十七卷(五十一至六十七)

330000－1701－0002324　善001636　史部/詔令奏議類/奏議之屬

撫豫宣化録四卷 (清)田文鏡撰　清正誼堂抄本　八冊

330000－1701－0002325　善001637　史部/政書類/通制之屬

講經口授一卷 (清)萬斯同講　(清)溫睿臨筆記　清抄本　馮貞群題記　一冊

330000－1701－0002326　善001638　史部/

編年類/通代之屬
歷代正閏考十二卷 (明)沈德符撰 清抄本 八册

330000－1701－0002327 善001639 史部/編年類/通代之屬
歷代正閏考十二卷 (明)沈德符撰 清抄本 清蔡鴻鑑題簽並記 五册

330000－1701－0002328 善001641 史部/政書類/通制之屬
歷代封建考二十卷 明刻本 七册

330000－1701－0002329 善001647 史部/政書類/儀制之屬/典禮
皇明典禮不分卷 清光緒二年(1876)抄本 二册

330000－1701－0002330 善001651 史部/政書類/儀制之屬/專志/謚法
皇明謚法攷一卷 明萬曆四明范氏抄本 一册

330000－1701－0002331 善001646 史部/政書類/儀制之屬/典禮
大金集禮四十卷 (金)張瑋等撰 清抄本(卷一至二配另一清抄本) 清佚名過録清吳焯跋 十六册 缺七卷(十三至十七、二十六、三十三)

330000－1701－0002332 善001650 史部/政書類/儀制之屬/典禮
皇明典禮志二十卷 (明)郭正域撰 明萬曆四十一年(1613)刻本 四册

330000－1701－0002333 善001657 史部/政書類/儀制之屬/典禮
朝會行禮圖一卷 清内府抄本 一册

330000－1701－0002334 善001659 史部/職官類/官制之屬/專志
秘書志十一卷 (元)王士點 (元)商企翁編次 清初抄本 二册

330000－1701－0002335 善001658 史部/傳記類/科舉録之屬
皇明三元考十四卷 (明)張弘道 (明)張凝道撰 明刻本 二册

330000－1701－0002337 善001654 史部/政書類/儀制之屬/專志/謚法
皇朝謚法考五卷續編一卷補編一卷 (清)鮑康輯 **皇朝謚法考續補編一卷** (清)徐士鑾輯 清抄本 一册

330000－1701－0002338 善001662 史部/政書類/邦計之屬/鹽法
敕修兩浙鹽法新志二十四卷首一卷 (清)延豐纂修 清嘉慶抄本 二十六册

330000－1701－0002339 善001655 史部/政書類/儀制之屬/專志/科舉校規
皇明歷科會試錄典要五卷 (明)劉萬春輯 明崇禎十四年(1641)劉萬春刻本 二册

330000－1701－0002340 善001656 史部/政書類/儀制之屬/典禮
文廟祀典考畧二卷 清傅氏長恩閣抄本 二册

330000－1701－0002341 善001664 史部/政書類/邦計之屬/鹽法
兩浙訂正鹺規四卷 (明)楊鶴撰 (明)胡繼升 (明)傅宗龍等輯 明萬曆刻天啓三年(1623)重修本 一册 存一卷(一)

330000－1701－0002342 善001665 史部/政書類/邦計之屬/荒政
先憂叢鈔不分卷 (清)陳芳生輯 清康熙刻本 十六册

330000－1701－0002343 善001666 史部/政書類/考工之屬/雜志
江西省陶政志一卷 清抄本 一册

330000－1701－0002344 善001667 史部/政書類/邦計之屬
滇南礦廠圖畧二卷 (清)吳其濬撰 (清)徐金生輯 清道光刻本 二册

330000－1701－0002345 善001694 史部/詔令奏議類/奏議之屬

疊山批點陸宣公奏議十五卷　（唐）陸贄撰　（宋）謝枋得批點　明嘉靖刻本　八冊

330000－1701－0002346　善 001672　史部/職官類/官制之屬/專志

職官述二卷　（清）莊仲芳撰　清秀水莊氏秀文齋抄本　一冊

330000－1701－0002347　善 001668　史部/職官類/官制之屬/專志

南臺舊聞十六卷　（清）黃叔璥撰　清乾隆刻本　六冊

330000－1701－0002348　善 001670　類叢部/叢書類/自著之屬

四六全書五種　（明）李日華撰　明崇禎武林魯重民刻本　二冊　存一種

330000－1701－0002349　善 001671　子部/雜著類/雜記之屬

松月堂目下舊見不分卷　（清）弘旺撰　清抄本　張崟跋並過錄毛春翔題記　六冊

330000－1701－0002350　善 001673　史部/職官類/官箴之屬

實政録七卷　（明）呂坤撰　明萬曆二十六年（1598）趙文炳刻本　七冊

330000－1701－0002351　善 001674　史部/政書類/律令之屬/律例

唐律疏義三十卷　（唐）長孫無忌等撰　清抄本　八冊

330000－1701－0002352　善 001675　史部/政書類/律令之屬/律例

大明律附例三十卷附一卷圖一卷　（明）舒化（明）耿定向纂修　（明）王樵箋　（明）王肯堂集釋　**慎刑說一卷**　（明）王肯堂撰　明萬曆四十年（1612）王肯堂刻本　十冊

330000－1701－0002353　善 001676　史部/政書類/律令之屬/律例

鼎鐫六科奏准御製新頒分類註釋刑臺法律十八卷首一卷附卷一卷副卷一卷　（明）蕭近高注釋　明熊氏種德堂刻本　八冊

330000－1701－0002354　善 001684　史部/地理類/方志之屬/郡縣志

[萬曆]四鎮三關誌十卷　（明）劉應節（明）楊兆修　（明）劉效祖纂　明萬曆刻本　四十二冊

330000－1701－0002355　善 001687　史部/詔令奏議類/詔令之屬

代言選五卷　（明）倪元璐撰　（明）文震孟（明）王鐸評　清影抄明末楊廷麟等刻本　三冊

330000－1701－0002357　善 001679　史部/政書類/軍政之屬/邊政

籌海圖編十三卷　（明）鄭若曾撰　明天啓四年（1624）胡維極刻本　八冊

330000－1701－0002358　善 001681　史部/政書類/軍政之屬/邊政

浙東鎮海得勝全圖一卷　清光緒刻彩印本　一冊

330000－1701－0002359　善 001686　史部/詔令奏議類/詔令之屬

平南恩詔一卷　清劉啓瑞食舊惪齋抄本　劉承幹題記　一冊

330000－1701－0002360　善 001678　史部/政書類/軍政之屬/邊政

籌海圖編十三卷　（明）鄭若曾撰　清康熙三十二年（1693）鄭起泓刻本　十冊

330000－1701－0002361　善 001683　史部/地理類/防務之屬/海防

海防緊要十卷　（清）薛傳源撰　清抄本　八冊

330000－1701－0002362　善 001688　史部/詔令奏議類/詔令之屬

唐大詔令集一百三十卷　（宋）宋敏求輯　清初抄本　三十二冊　缺二十三卷（十四至二十四、八十七至九十八）

330000－1701－0002363　善 001699　史部/詔令奏議類/奏議之屬

水西諫疏二卷　（明）沈漢撰　**宏所諫疏一卷**

(明)沈珣撰　清康熙六十一年(1722)沈氏刻本　一册

330000－1701－0002364　善 001693　史部/詔令奏議類/奏議之屬
西漢書疏六卷東漢書疏七卷　(明)李琯輯　明刻本　十二册

330000－1701－0002365　善 001701　史部/詔令奏議類/奏議之屬
馬端肅公奏議十四卷恩命錄一卷　(明)馬文升撰　清馬氏刻本　八册　存十三卷(馬端肅公奏議一至十二、恩命錄)

330000－1701－0002366　善 001703　史部/詔令奏議類/奏議之屬
南征疏稿六卷　(明)于謙撰　清抄本　六册

330000－1701－0002367　善 001702　史部/詔令奏議類/奏議之屬
表約不分卷　(明)王宇輯　明末刻本　六册

330000－1701－0002368　善 001707　史部/詔令奏議類/奏議之屬
粤西奏議五卷　(明)吳文華撰　明萬曆十五年(1587)桂林府刻本　五册

330000－1701－0002369　善 001700　史部/詔令奏議類/奏議之屬
楊襄毅公本兵疏議二十四卷　(明)楊博撰　明萬曆十四年(1586)楊氏師貞堂刻本　二十四册

330000－1701－0002370　善 001711　史部/詔令奏議類/奏議之屬
兩臺奏議十卷　(明)邵陛撰　明萬曆刻本　十册

330000－1701－0002371　善 001708　史部/詔令奏議類/奏議之屬
文肅王公奏草二十三卷　(明)王錫爵撰　(明)王衡彙輯　明萬曆王時敏刻本　十二册

330000－1701－0002372　善 001723　史部/詔令奏議類/奏議之屬
皇明奏疏類鈔六十一卷　(明)汪宗伊輯　(明)孫維城　(明)方萬山等重輯　明萬曆十六年(1588)王用汲等刻本　三十二册

330000－1701－0002373　善 001713　史部/詔令奏議類/奏議之屬
周忠毅公奏議四卷　(明)周宗建撰　**行實一卷**　(明)周廷祚撰　明崇禎熊開元刻本　四册

330000－1701－0002374　善 001710　史部/詔令奏議類/奏議之屬
綸扉奏稿六卷　(明)沈鯉撰　明萬曆三十六年(1608)王肯堂刻本　六册

330000－1701－0002375　善 001724　史部/詔令奏議類/奏議之屬
楊黄門奏疏不分卷　(清)楊雍建撰　清康熙刻本　二册

330000－1701－0002376　善 001718　史部/詔令奏議類/奏議之屬
周給諫文一卷　(明)周洪謨撰　清末會稽徐氏鑄學齋抄本　一册

330000－1701－0002377　善 001715　史部/詔令奏議類/奏議之屬
楚臺疏畧十卷　(明)彭宗孟撰　明刻本　五册

330000－1701－0002378　善 001716　史部/詔令奏議類/奏議之屬
海防奏疏二卷撫畿奏疏十卷　(明)汪應蛟撰　明萬曆三十二年(1604)鄭三俊刻本　十二册

330000－1701－0002379　善 001714　史部/傳記類/别傳之屬/事狀
陳直卿行狀傳略一卷　(清)徐學炳等撰　**疏草家書一卷**　(明)陳于陛撰　清抄本　一册

330000－1701－0002380　善 001725　史部/詔令奏議類/奏議之屬
康紹鏞奏稿二十三卷(清嘉慶二十一年至道光十年)　(清)康紹鏞撰　清抄本　二十三册

330000－1701－0002381　善 001712　史部/詔令奏議類/奏議之屬

西臺疏草一卷北畿疏草一卷東粤疏草五卷南國疏草一卷　（明）王以寧撰　明萬曆刻本　八冊

330000－1701－0002382　善 001726　史部/詔令奏議類/奏議之屬

西藏奏疏十卷西藏碑文一卷首一卷　（清）孟保　（清）文慶等撰　清道光刻本　六冊

330000－1701－0002383　善 001727　史部/詔令奏議類/奏議之屬

閔鶚元奏稿不分卷　（清）閔鶚元撰　清抄本　三冊　存清乾隆五十年正月二十五日至五十一年七月二十一日

330000－1701－0002384　善 001729　史部/詔令奏議類/奏議之屬

沈葆楨奏稿不分卷（清同治元年二月初五日至四月二十九日）　（清）沈葆楨撰　清抄本　一冊

330000－1701－0002385　善 001728　史部/詔令奏議類/奏議之屬

吴振棫奏稿不分卷（咸豐元年至八年）　（清）吴振棫撰　清抄本　十二冊

330000－1701－0002386　善 001717　史部/詔令奏議類/奏議之屬

周中丞疏稿十六卷救荒事宜一卷　（明）周孔教撰　明萬曆刻本　二冊　存五卷（中州疏稿一至五）

330000－1701－0002387　善 001730　史部/詔令奏議類/奏議之屬

丁中丞六條覆議一卷　（清）丁日昌撰　清青山白雲廬抄本　一冊

330000－1701－0002388　善 001736　史部/詔令奏議類/奏議之屬

繕摺奏式一卷　清抄本　一冊

330000－1701－0002389　善 001733　史部/詔令奏議類/奏議之屬

奏稿録要十卷　吳慶坻輯　稿本　吳濟民跋　十冊

330000－1701－0002391　善 001737　史部/詔令奏議類/奏議之屬

繕摺欵式一卷　清末抄本　一冊

330000－1701－0002392　善 001740　史部/政書類/考工之屬/營造

新編魯班營造正式六卷　清抄本　一冊

330000－1701－0002393　善 001742　史部/時令類

月令廣義二十四卷首一卷統紀一卷附録一卷　（明）馮應京輯　（明）戴任增釋　明萬曆陳邦泰刻清增修本　十六冊

330000－1701－0002394　善 001741　史部/時令類

歲時廣記四卷首一卷　（宋）陳元靚撰　清抄本　一冊

330000－1701－0002395　善 001743　史部/時令類

日涉編十二卷　（明）陳堦輯　明萬曆三十九年（1611）徐養量刻本　十二冊

330000－1701－0002396　善 001738　史部/政書類/考工之屬/營造

新鐫京板工師雕斵正式魯班經匠家鏡三卷　（明）午榮編　（明）章嚴集　（明）周言校正　明末刻本　二冊

330000－1701－0002397　善 001746　史部/時令類

養餘月令三十卷　（明）戴羲輯　明崇禎刻本　八冊

330000－1701－0002398　善 001739　史部/政書類/考工之屬/營造

新鐫工師雕斵正式魯班木經匠家鏡三卷靈驅解法洞明真言秘書一卷　（明）午榮　（明）章嚴撰　明末刻本　二冊

330000－1701－0002399　善 001735　史部/詔令奏議類/奏議之屬

三朝廷臣奏表不分卷時務判式一卷　（清）

□□輯　清康熙抄本　清毛瑞題記　六冊

330000－1701－0002400　善 001744　史部/時令類

唐明皇御刊定禮記月令一卷　（唐）李林甫等撰　（清）茆泮林輯　**唐月令考一卷**　（清）茆泮林撰　清陶濬宣抄本　陶濬宣校並跋　一冊

330000－1701－0002401　善 001747　史部/地理類/總志之屬/斷代

太平寰宇記二百卷目錄二卷　（宋）樂史撰　清酌雅軒抄本（卷四、一百十三至一百十九原缺）　佚名過錄清朱彝尊跋　三十二冊

330000－1701－0002402　善 001749　史部/時令類

歲時碎金四卷　清抄本　諸茂棠題記　四冊

330000－1701－0002403　善 001754　史部/地理類/總志之屬/斷代

大明一統志九十卷　（明）李賢等纂修　明萬壽堂刻清初印本　四十八冊

330000－1701－0002404　善 001748　史部/地理類/總志之屬/斷代

元和郡縣圖志四十卷　（唐）李吉甫撰　清抄本（（卷十九至二十、二十三至二十四、三十五至三十六原缺））　十五冊　存三十二卷（一至四、七至十八、二十一至二十二、二十五至三十四、三十七至四十）

330000－1701－0002405　善 001745　史部/時令類

日涉編十二卷　（明）陳堦輯　（清）白輝補輯　明萬曆三十九年（1611）徐養量刻清康熙六年（1667）白輝、二十七年（1688）紀元遞修本　十二冊

330000－1701－0002406　善 001750　史部/地理類/總志之屬/通代

歷代地理指掌圖不分卷　題（宋）蘇軾撰　明刻本　四冊

330000－1701－0002407　善 001751　史部/地理類/總志之屬/通代

古今州域輿地圖說一卷　（明）□□撰　清初求志軒抄本　一冊

330000－1701－0002408　善 001752　史部/地理類/總志之屬/斷代

廣輿記二十四卷圖一卷　（明）陸應陽輯　（明）汪明際點閱　明末鍾人傑刻本　佚名過錄清李兆洛批校　十冊

330000－1701－0002409　善 001753　史部/地理類/總志之屬/斷代

廣輿記二十四卷圖一卷　（明）陸應陽輯　（清）蔡方炳增輯　清初刻本　六冊

330000－1701－0002410　善 001755　史部/地理類/雜志之屬

大明一統名勝志二百八卷　（明）曹學佺撰　明崇禎三年（1630）曹學佺刻本　清愚庵老人校並跋　四十冊　存一百三十七卷（直隸一至十二、廣西一至十、浙江一至十一、陝西一至十三、江南一至二十、山東一至九、山西一至八、江西一至十三、湖廣一至十七、雲南一至二十四）

330000－1701－0002411　善 001757　史部/地理類/總志之屬/通代

讀史方輿紀要圖說不分卷　（清）顧祖禹撰　清抄本　汪西洚跋　四冊

330000－1701－0002412　善 001760　史部/地理類/總志之屬/斷代

皇明職方兩京十三省地圖表二卷或問一卷　（明）陳組綬撰　明崇禎九年（1636）刻本　二冊　存二卷（地圖表上、下）

330000－1701－0002413　善 001765　史部/地理類/方志之屬/郡縣志

乾道臨安志十五卷　（宋）周淙纂　清抄本（卷四至十五原缺）　佚名過錄清杭世駿、清厲鶚跋　二冊

330000－1701－0002414　善 001756　史部/地理類/雜志之屬

大明一統名勝志二百八卷　（明）曹學佺撰　明崇禎三年（1630）曹學佺刻本　十七冊　存

六十二卷（直隸二至十二、江南一至十、江西十至十三、福建五至十、湖廣一至九、四川一至九、陝西一至十三）

330000－1701－0002415　善 001764　史部/地理類/總志之屬/通代
輿圖攷略不分卷　（清）謝超倫撰　清抄本　一冊

330000－1701－0002416　善 001763　類叢部/類書類/專類之屬
新鐫士商要覽二卷　（明）儋漪子輯定　清抄本　二冊

330000－1701－0002418　善 001768　史部/地理類/方志之屬/郡縣志
［崇禎］臨平記三卷　（清）沈謙纂　清抄本　馮雲翼校並跋　費寅題記　一冊

330000－1701－0002419　善 001766　史部/地理類/方志之屬/郡縣志
咸淳臨安志一百卷　（宋）潛說友纂　清海寧馬錦碧蘿館抄本（卷六十四、九十、九十八至一百原缺）　佚名過錄清吳騫咸淳臨安志跋　生白過錄清錢泰吉跋　三十六冊

330000－1701－0002420　善 001770　史部/地理類/雜志之屬
棲里景物略十二卷補遺一卷　（清）張之鼐編　清末抄本　佚名過錄清張迎煦跋　八冊

330000－1701－0002422　善 001767　史部/地理類/雜志之屬
錢塘紀畧不分卷　（明）陳泓撰　清抄本　八冊

330000－1701－0002423　善 001776　史部/地理類/方志之屬/郡縣志
［同治］修川小志二卷　（清）鄒存淦纂　清光緒靜得樓抄本　一冊

330000－1701－0002424　善 003771　集部/總集類/選集之屬/斷代
唐人選唐詩八種　（明）毛晉編　明崇禎元年（1628）海虞毛氏汲古閣刻嘉會堂印本　十冊

330000－1701－0002425　善 001775　史部/地理類/方志之屬/郡縣志
［同治］修川小志二卷　（清）鄒存淦纂　清光緒三十二年（1906）張氏小清儀閣抄本　張光第跋並校　二冊

330000－1701－0002426　善 001772　史部/地理類/方志之屬/郡縣志
［崇禎］海昌外志八卷　（明）談遷纂　清道光海昌陳氏抄本　清陳恭溥題記　十冊

330000－1701－0002427　善 001777　史部/地理類/方志之屬/郡縣志
［光緒］富陽縣新舊志校記二卷　（清）朱壽保纂　清末抄本　一冊

330000－1701－0002428　善 001773　史部/地理類/方志之屬/郡縣志
［崇禎］海昌外志八卷　（明）談遷纂　清抄本　管元耀跋　三冊　存六卷（輿地志、食貨志、職官志、人物志、叢談志、藝文志）

330000－1701－0002429　善 001761　史部/地理類/輿圖之屬/全國
廣輿圖不分卷　（元）朱思本撰　（明）羅洪先（明）胡松增補　清初抄本　二冊

330000－1701－0002430　善 001779　史部/地理類/方志之屬/郡縣志
［嘉慶］於潛縣志十六卷首一卷末一卷　（清）蔣光弼修　（清）張燮　（清）李江纂　清嘉慶十七年（1812）刻本　八冊

330000－1701－0002431　善 001778　史部/地理類/方志之屬/郡縣志
［康熙］重修富陽縣志十卷　（清）錢晉錫纂修　清末抄本　八冊

330000－1701－0002432　善 003773　類叢部/叢書類/自著之屬
山草堂集二十八種一百五十三卷　（明）郝敬撰　明萬曆至崇禎郝洪範刻本　二冊　存二卷（批選唐詩一至二）

330000－1701－0002433　善 001771　史部/政書類/邦計之屬/貿易

北新關志十六卷首一卷附船式圖一卷 （清）許夢閎纂 清雍正九年(1731)刻本(卷首、一至三配清抄本) 六册

330000－1701－0002434 善001785 史部/地理類/方志之屬/郡縣志

[乾隆]濮院瑣志八卷 （清）楊樹本纂 清抄本 四册

330000－1701－0002435 善001783 史部/地理類/方志之屬/郡縣志

梅里志稿不分卷 清馮氏研經廬抄本 清鍪題記 清劉翰題詩 清汪渏觀款 一册

330000－1701－0002436 善001781 史部/地理類/方志之屬/郡縣志

[康熙]新城縣志八卷首一卷 （清）張瓚修 （清）張戩 （清）袁澣纂 清康熙刻乾隆印本 汪采庭題簽 二册 存四卷(五至八)

330000－1701－0002437 善001782 史部/地理類/方志之屬/郡縣志

[正德]嘉興府志補十二卷 （明）于鳳喈修 （明）鄒衡纂 清抄本 一册

330000－1701－0002439 善001788 史部/地理類/方志之屬/郡縣志

[天啓]海鹽縣圖經十六卷 （明）樊維城修 （明）胡震亨 （明）姚士粦纂 明天啓四年(1624)刻清乾隆十二年(1747)補刻本 九册

330000－1701－0002440 善001780 史部/地理類/方志之屬/郡縣志

[萬曆]新城縣志四卷 （明）溫朝祚修 （明）方廉纂 明萬曆三年(1575)溫朝祚刻本 汪采廷批校 夏定域觀款 四册

330000－1701－0002444 善001789 史部/地理類/方志之屬/郡縣志

[嘉靖]海鹽縣志五卷 （明）夏浚修 （明）徐泰纂 清抄本 二册

330000－1701－0002445 善001784 史部/地理類/方志之屬/郡縣志

[康熙]濮川誌畧十四卷 （明）濮孟清纂 （清）濮佀莊訂補 （清）濮龍錫增訂 （清）濮潤淞重增 清抄本 六册

330000－1701－0002446 善001790 史部/地理類/方志之屬/郡縣志

[康熙]海鹽縣志不分卷 （清）張素仁修 （清）彭孫貽 （清）童申祉纂 清抄本 三册

330000－1701－0002447 善001786 史部/地理類/方志之屬/郡縣志

[正德]嘉善縣志六卷 （明）倪璣修 （明）孫璧等纂 清抄本 六册

330000－1701－0002448 善001795 史部/地理類/方志之屬/郡縣志

[嘉靖]續澉水志九卷 （明）董穀纂修 清抄本 四册

330000－1701－0002449 善001867 史部/地理類/方志之屬/郡縣志

[康熙]重修宜興縣志十卷圖考一卷 （清）李先榮修 （清）徐喈鳳纂 清康熙二十五年(1686)李先榮刻本 清蔣學培批並跋 八册

330000－1701－0002450 善001799 史部/地理類/方志之屬/郡縣志

[天啓]吳興備志三十二卷 （明）董斯張纂 清康熙四十八年(1709)董朝柱抄本(卷二至十、十五至十八、二十一、二十三至二十八配清乾隆抄本) 清董熜跋 清吳昌綬校 三十二册

330000－1701－0002452 善001787 史部/地理類/方志之屬/郡縣志

[康熙]重修嘉善縣志十二卷 （清）楊廉修 （清）郁之章等纂 清康熙十六年(1677)刻本 五册 存五卷(四至八)

330000－1701－0002453 善003774 集部/總集類/選集之屬/斷代

唐詩選七卷 （明）李攀龍輯 明萬曆三年(1575)吳興凌氏盟鷗館刻本 墨愚題簽 四册

330000－1701－0002454 善001796 史部/地理類/方志之屬/郡縣志

[道光]澉水新誌十二卷 （清）方溶纂修

(清)萬亞蘭補遺　清抄本　四冊

330000－1701－0002455　善001801　史部/地理類/方志之屬/郡縣志
[康熙]武康縣志八卷　(清)馮聖澤修　(清)駱維恭纂　清抄本　八冊

330000－1701－0002457　善001803　史部/地理類/方志之屬/郡縣志
延祐四明志二十卷　(元)馬澤修　(元)袁桷纂　清道光二年(1822)抄本(卷九至十一原缺)　清嗇庵校　清王師竹批校　清鹿園居士題記　十冊

330000－1701－0002458　善001797　史部/地理類/方志之屬/郡縣志
[乾隆]花溪志補遺一卷　(清)許良謨纂　稿本　馮翼雲校並跋　一冊

330000－1701－0002459　善001798　史部/地理類/方志之屬/郡縣志
[乾隆]花溪志補遺一卷　(清)許良謨纂　清光緒張氏小清儀閣抄本　張光第、王國維跋　一冊

330000－1701－0002460　善001807　史部/地理類/方志之屬/郡縣志
[大德]昌國州圖志七卷　(元)馮福京等撰　清抄本　四冊

330000－1701－0002461　善001806　史部/地理類/方志之屬/郡縣志
[康熙]鄞縣誌二十四卷首一卷末一卷　(清)汪源澤修　(清)聞性道纂　清康熙二十九年(1690)刻本　十二冊

330000－1701－0002462　善001804　史部/地理類/方志之屬/郡縣志
[成化]寧波郡誌十卷　(明)張瓚修　(明)楊寔纂　清抄本　十四冊

330000－1701－0002463　善001809　史部/地理類/方志之屬/郡縣志
慈谿縣天啓誌十六卷　(明)李逢申修　(明)姚宗文等纂　清慈谿馮氏畊餘樓抄本　八冊

330000－1701－0002464　善001805　史部/地理類/方志之屬/郡縣志
[雍正]寧波府志三十六卷首一卷　(清)曹秉仁等修　(清)萬經等纂　清雍正十一年(1733)刻乾隆六年(1741)補刻本　十冊

330000－1701－0002465　善001814　史部/地理類/方志之屬/郡縣志
[康熙]紹興府志五十八卷　(清)李鐸修　(清)王風采纂　清康熙刻本　四十六冊

330000－1701－0002466　善001813　史部/地理類/方志之屬/郡縣志
[康熙]紹興府志六十卷　(清)俞卿修　(清)周徐彩纂　清康熙五十八年(1719)刻本　二十八冊

330000－1701－0002468　善001816　史部/地理類/方志之屬/郡縣志
[康熙]山陰縣志三十八卷　(清)高登先修　(清)沈麟趾等纂　清康熙十年(1671)刻本　十二冊

330000－1701－0002469　善001808　史部/地理類/方志之屬/郡縣志
[順治]敬止錄不分卷　(清)高宇泰纂　(清)徐時棟輯　清抄本　馮貞群校並跋　十六冊

330000－1701－0002470　善001818　史部/地理類/方志之屬/郡縣志
[萬曆]會稽縣志十六卷　(明)楊維新修　(明)張元忭　(明)徐渭纂　明萬曆三年(1575)刻本　三冊　存八卷(一至八)

330000－1701－0002472　善001824　史部/地理類/方志之屬/郡縣志
[乾隆]嵊縣志十八卷首一卷末一卷　(清)李以琰修　(清)田實秬等纂　清乾隆七年(1742)刻本(卷二配抄本)　十二冊

330000－1701－0002473　善001822　史部/地理類/方志之屬/郡縣志
[嘉定]剡錄十卷　(宋)史安之修　(宋)高似孫纂　清抄四庫全書本　二冊

330000－1701－0002474　善001820　史部/地理類/方志之屬/郡縣志

[康熙]上虞縣志二十卷首一卷　(清)鄭僑修　(清)唐徵麟等纂　清康熙十年(1671)刻本　六冊　存十七卷(首、一至二、五至七、十至二十)

330000－1701－0002475　善001825　史部/地理類/方志之屬/郡縣志

[光緒]黃巖縣志四十卷首一卷黃巖集三十二卷首一卷　(清)陳寶善　(清)孫憙修　(清)王棻纂　(清)陳鍾英　(清)鄭錫滜續修　(清)王詠霓續纂　**黃巖志校議二卷**　(清)王棻撰　清光緒三年(1877)刻六年(1880)校補刻本　管世駿批校　三十冊　缺二卷(黃巖志校議一至二)

330000－1701－0002476　善001826　史部/地理類/方志之屬/郡縣志

[康熙]天台縣志十五卷　(清)李德燿　(清)黃執中纂修　清康熙二十三年(1684)黃執中刻本　十二冊

330000－1701－0002477　善001819　史部/地理類/方志之屬/郡縣志

[乾隆]諸暨縣志四十四卷首一卷末一卷　(清)沈椿齡修　(清)樓卜瀍纂　清抄本(卷首、五至九、十二至十五、二十五至三十一配抄本)　十一冊　存四十一卷(首、一至三十五、四十至四十四)

330000－1701－0002478　善001829　史部/地理類/方志之屬/郡縣志

南田記略一卷　(清)楊殿材撰　清末抄本　一冊

330000－1701－0002479　善001830　史部/地理類/方志之屬/郡縣志

[康熙]金華府志三十卷　(清)張藎修　(清)沈麟趾等纂　清康熙二十二年(1683)刻本　十二冊

330000－1701－0002480　善001821　史部/地理類/方志之屬/郡縣志

[咸豐]上虞志備稿不分卷　(清)王振綱撰　稿本　十三冊

330000－1701－0002481　善001831　史部/地理類/方志之屬/郡縣志

[康熙]新修東陽縣志二十二卷首一卷末一卷　(清)胡啓甲　(清)俞允撰修　(清)趙衍等纂　清康熙二十年(1681)刻本　八冊

330000－1701－0002484　善001839　史部/地理類/方志之屬/郡縣志

景定嚴州續志十卷　(宋)錢可則修　(宋)鄭瑤　(宋)方仁榮纂　清抄本　清朱澂校　一冊

330000－1701－0002485　善001833　史部/地理類/方志之屬/郡縣志

[康熙]衢州府志四十卷　(清)楊廷望　(清)金玉衡纂修　清康熙五十年(1711)刻乾隆修補本　十二冊

330000－1701－0002488　善001838　史部/地理類/方志之屬/郡縣志

[萬曆]續修嚴州府志二十四卷　(明)呂昌期修　(明)俞炳然纂　明萬曆四十一年(1613)刻清順治六年(1649)增刻本　十四冊

330000－1701－0002489　善001842　史部/地理類/方志之屬/郡縣志

[嘉靖]瑞安縣志十卷　(明)劉畿修　(明)朱綽等纂　清抄本　清孫詒讓批校　林慶雲校　四冊

330000－1701－0002491　善001841　史部/地理類/方志之屬/郡縣志

[乾隆]桐廬縣志十六卷　(清)嚴正身　(清)王德讓修　(清)金嘉琰等纂　清乾隆二十一年(1756)刻本　十冊

330000－1701－0002492　善001845　史部/地理類/方志之屬/郡縣志

黑龍江外紀八卷　(清)西清撰　清光緒十九年(1893)吳慶坻抄本　吳慶坻跋並過錄清袁昶批校　二冊

330000－1701－0002493　善001843　史部/地理類/方志之屬/郡縣志

[康熙]慶元縣志十卷 (清)程維伊修 (清)吳運光等纂 清康熙十一年(1672)刻本 二冊 存五卷(一至五)

330000-1701-0002495 善001846 史部/地理類/方志之屬/郡縣志
[雍正]續唐縣志畧十卷 (清)王恪等纂修 清雍正刻本 二冊

330000-1701-0002496 善001847 史部/地理類/方志之屬/郡縣志
[康熙]平陸縣誌八卷 (清)柴應辰纂修 (清)潘鐵增纂 清康熙十八年(1679)刻五十二年(1713)增刻本 四冊

330000-1701-0002498 善001856 史部/地理類/方志之屬
[乾隆]西域聞見錄八卷 (清)七十一撰 清抄本 四冊

330000-1701-0002499 善001859 史部/地理類/方志之屬/郡縣志
欽定皇輿西域圖志四十八卷首四卷 (清)傅恒 (清)褚廷璋等纂修 清抄本 四十八冊

330000-1701-0002500 善001852 史部/地理類/方志之屬/郡縣志
[正德]朝邑縣志二卷 (明)王道修 (明)韓邦靖纂 清康熙五十一年(1712)王兆鼇刻本 一冊

330000-1701-0002502 善001849 史部/地理類/方志之屬/郡縣志
[同治]續天津縣志二十卷首一卷 (清)吳惠元修 (清)蔣玉虹 (清)俞樾纂 稿本 六冊 存六卷(首、一至二、十三、十九至二十)

330000-1701-0002503 善001854 史部/地理類/方志之屬/郡縣志
[正德]武功縣志三卷首一卷 (明)康海纂 (清)孫景烈評註 清乾隆二十六年(1761)長白瑪星阿刻本 二冊

330000-1701-0002504 善001855 史部/地理類/方志之屬/郡縣志
[嘉慶]玉門縣志不分卷 (清)□□纂 清末抄本 一冊

330000-1701-0002505 善001857 集部/別集類/清別集
西北域記一卷戇子記一卷居業集一卷 (清)謝濟世撰 清抄本 一冊

330000-1701-0002506 善001861 史部/地理類/方志之屬/郡縣志
金陵古今圖考一卷 (明)陳沂撰 清抄本 一冊

330000-1701-0002507 善001860 史部/地理類/方志之屬
[乾隆]西域聞見錄八卷 (清)七十一撰 清抄本 二冊

330000-1701-0002508 善001853 史部/地理類/方志之屬/郡縣志
[正德]武功縣志三卷 (明)康海纂 清雍正十二年(1734)沈華刻本 四冊

330000-1701-0002509 善001862 史部/地理類/方志之屬/郡縣志
[嘉靖]吳邑志十六卷 (明)蘇祐 (明)楊循吉纂修 **圖說一卷** (明)曹自守撰 清抄本 六冊

330000-1701-0002510 善001858 史部/地理類/方志之屬/郡縣志
[隆慶]長洲縣志十四卷 (明)張德夫修 (明)皇甫汸等纂 **長洲縣藝文志十卷** (明)張鳳翼等纂修 明隆慶五年(1571)刻萬曆二十六年(1598)續修本 八冊 存十四卷(一至三、十一至十四、藝文志四至十)

330000-1701-0002511 善001865 史部/地理類/方志之屬/郡縣志
[康熙]滸墅關志二十卷 (清)孫珮纂 清康熙十二年(1673)陳常夏刻本 四冊

330000-1701-0002512 善001864 史部/地理類/方志之屬/郡縣志
[乾隆]元和縣志三十六卷 (清)許治修 (清)顧詒祿 (清)沈德潛纂 清抄本 十二冊

330000－1701－0002513　善 001868　史部/地理類/方志之屬/郡縣志

嘉慶揚州府圖經八卷　(清)阮元修　(清)江藩　(清)焦循纂　清嘉慶十一年(1806)刻本　四册

330000－1701－0002514　善 001875　史部/地理類/方志之屬/郡縣志

[嘉慶]海門廳志四卷　(清)章廷楓等修　(清)董日申纂　清抄本　三册　存三卷(一至二、四)

330000－1701－0002515　善 001866　史部/地理類/方志之屬/郡縣志

[寶祐]重修琴川志十五卷　(宋)孫應時纂修　(宋)鮑廉　(宋)鍾秀實續修　(元)盧鎮增修　清末虞山周氏鴿峰草堂抄本　八册

330000－1701－0002517　善 001872　史部/地理類/方志之屬/郡縣志

[乾隆]銅山志十卷　(清)陳振藻纂　清光緒七年(1881)抄本　清楊浚校並跋　四册

330000－1701－0002518　善 001869　史部/地理類/方志之屬/郡縣志

[嘉慶]南翔鎮志十二卷首一卷　(清)張承先纂　(清)程攸熙訂正　清嘉慶十二年(1807)程攸熙尋樂草堂刻本　四册

330000－1701－0002519　善 001874　史部/地理類/方志之屬/郡縣志

[光緒]重修寶山縣志稿不分卷　(清)陳如升纂　清抄本　清鵠題記　十二册

330000－1701－0002520　善 001870　史部/地理類/方志之屬/郡縣志

[道光]泰州志三十六卷首一卷　(清)王有慶等修　(清)陳世鎔等纂　**[道光]泰州新志刊謬二卷首一卷**　(清)任鈺等纂輯　清道光七年(1827)刻本[泰州新志刊謬二卷首一卷爲清道光十年(1830)刻本]　十二册

330000－1701－0002522　善 001879　史部/地理類/方志之屬/郡縣志

[順治]青陽縣志六卷　(清)楊夢鯉纂修　清順治十四年(1657)刻康熙增刻本　二册

330000－1701－0002523　善 001877　史部/地理類/方志之屬/郡縣志

[淳熙]新安志十卷　(宋)羅願纂　清末寫刻樣本　十册

330000－1701－0002524　善 001878　史部/地理類/方志之屬/郡縣志

[康熙]貴池縣志略八卷圖一卷　(清)李愈昌原修　(清)梁國標重輯　清康熙三十一年(1692)刻乾隆九年(1744)增修本　六册

330000－1701－0002525　善 001880　史部/地理類/方志之屬/郡縣志

[康熙]廬州府志四十七卷　(清)張純修修　(清)顧梁汾纂　清康熙刻本　十四册

330000－1701－0002526　善 001881　史部/地理類/方志之屬/郡縣志

[乾隆]鳳臺縣志四卷　(清)亢愫纂修　清乾隆三十八年(1773)刻本　四册

330000－1701－0002527　善 001871　史部/地理類/方志之屬/郡縣志

[順治]徐州志八卷　(清)余志明修　(清)李向陽纂　清順治刻本　八册

330000－1701－0002528　善 001873　史部/地理類/方志之屬/郡縣志

[嘉慶]邳州志十八卷首一卷　(清)丁觀堂修　(清)陳燮纂　清嘉慶十七年(1812)刻本　四册

330000－1701－0002529　善 001882　史部/地理類/方志之屬/郡縣志

[乾隆]潁上縣志十二卷首一卷　(清)許晉修　(清)胡其焕　(清)蔡書升纂　清乾隆十八年(1753)刻本　四册

330000－1701－0002531　善 001883　史部/地理類/方志之屬/郡縣志

[康熙]和州志三十卷　(清)夏瑋修　(清)楊九思纂　(清)王瑄續修　清康熙刻本　四册　缺四卷(九至十、二十一、二十九)

330000－1701－0002532　善001885　史部/地理類/方志之屬/郡縣志
[康熙]長樂縣志八卷　(清)孫胤光修　(清)溫如璠　(清)屈宋纂　清康熙刻本　五册

330000－1701－0002533　善001891　史部/地理類/方志之屬/郡縣志
[乾隆]重修嘉魚縣志八卷續增一卷　(清)張其維修　(清)李懋泗纂　清乾隆二年(1737)刻本　四册

330000－1701－0002534　善001890　史部/地理類/方志之屬/郡縣志
[乾隆]重修伊陽縣志四卷首一卷　(清)李章堉修　(清)張施仁　(清)趙先第纂　清乾隆三十一年(1766)刻本　四册

330000－1701－0002535　善001892　史部/地理類/方志之屬/郡縣志
[康熙]通城縣志九卷　(清)盛治纂修　(清)丁克揚增修　清順治九年(1652)刻康熙十一年(1672)增修本　四册

330000－1701－0002537　善001894　史部/地理類/方志之屬/郡縣志
[乾隆]英山縣志二十六卷首一卷　(清)張海修　(清)姚之琅纂　清乾隆二十一年(1756)刻本　五册

330000－1701－0002538　善001887　史部/地理類/方志之屬/郡縣志
[雍正]河南府續志四卷　(清)張漢等纂修　清雍正六年(1728)刻本　四册

330000－1701－0002539　善001893　史部/地理類/方志之屬/郡縣志
[康熙]孝感縣志二十四卷　(清)梁鳳翔修　(清)李湘　(清)程維祉纂　清康熙刻本　十册

330000－1701－0002540　善001895　史部/地理類/方志之屬/郡縣志
[嘉慶]恩施縣志四卷首一卷　(清)張家檙修　(清)朱寅贊纂　清嘉慶十三年(1808)刻本　四册

330000－1701－0002541　善001888　史部/地理類/方志之屬/郡縣志
[康熙]柘城縣志四卷　(清)史鑑纂修　清康熙刻本　四册

330000－1701－0002542　善001889　史部/地理類/方志之屬/郡縣志
[順治]洛陽縣誌十二卷首一卷　(清)武攀龍等纂修　清順治十五年(1658)刻康熙十年(1671)吳源起等增刻本　六册

330000－1701－0002543　善001897　史部/地理類/方志之屬/郡縣志
[康熙]鉛山縣志八卷　(清)潘士瑞修　(清)詹兆泰等纂　清康熙刻本　八册

330000－1701－0002544　善001898　史部/地理類/方志之屬/郡縣志
[康熙]樂安縣志十卷　(清)方湛修　(清)詹相廷等纂　清康熙二十三年(1684)刻本　七册

330000－1701－0002545　善001896　史部/地理類/方志之屬/郡縣志
[咸豐]弋陽縣志十四卷首一卷　(清)陳喬樅等纂修　清咸豐元年(1851)刻本　十册

330000－1701－0002546　善001900　史部/地理類/方志之屬/郡縣志
[乾隆]上猶縣志二十卷　(清)賈文召　(清)黃宗祝修　(清)蔡泰均纂　清乾隆刻本　四册　存十三卷(一至十三)

330000－1701－0002547　善001899　史部/地理類/方志之屬/郡縣志
[乾隆]龍南縣志二十六卷　(清)永祿修　(清)廖運芳等纂　清乾隆十七年(1752)刻本　十册

330000－1701－0002548　善001901　史部/地理類/方志之屬/郡縣志
[康熙]遂溪縣志四卷　(清)宋國用修　(清)洪泮洙纂　清康熙二十六年(1687)刻本　四册

330000－1701－0002549　善001902　史部/地理類/方志之屬/郡縣志
[乾隆]潮州府志四十二卷首一卷　(清)周碩勳纂修　清乾隆二十八年(1763)珠蘭書屋刻本　二十四册

330000－1701－0002550　善001903　史部/地理類/方志之屬/郡縣志
[康熙]文昌縣志十卷　(清)馬日炳纂修　清康熙刻乾隆重修本　二册

330000－1701－0002551　善001905　史部/地理類/方志之屬/郡縣志
[康熙]肇慶府志三十二卷　(清)史樹駿修　(清)區簡臣纂　(清)宋志益增纂　清康熙十二年(1673)刻五十八年(1719)增刻本　十八册

330000－1701－0002552　善001904　史部/地理類/方志之屬/郡縣志
[乾隆]新興縣志三十卷　(清)劉芳纂修　清乾隆刻本　四册　缺一卷(二)

330000－1701－0002553　善001907　史部/地理類/方志之屬/郡縣志
[乾隆]河源縣志十五卷　(明)陳張翼　(明)尹報遠等纂修　清乾隆十一年(1746)刻本　六册

330000－1701－0002554　善001906　史部/地理類/方志之屬/郡縣志
[康熙]西寧縣志十卷　(清)趙震陽修　(清)鍾光斗纂　清康熙六年(1667)刻本　二册

330000－1701－0002555　善001909　史部/地理類/方志之屬/郡縣志
[乾隆]鎮安府志八卷　(清)傅墾纂修　清乾隆二十一年(1756)刻本　二册

330000－1701－0002556　善001908　史部/地理類/方志之屬/郡縣志
[乾隆]廣西府志二十六卷　(清)周埰修　(清)李綬等纂　清乾隆四年(1739)刻重修本　五册　存二十五卷(一至二十五)

330000－1701－0002557　善001912　史部/地理類/方志之屬/郡縣志
[雍正]建水州志十六卷　(清)祝宏修　(清)趙節等纂　清雍正九年(1731)刻本　十二册

330000－1701－0002558　善001910　史部/地理類/方志之屬/郡縣志
[乾隆]直隷達州志四卷　(清)陳慶門纂修　(清)宋名立增纂　清乾隆七年(1742)刻十二年(1747)增修本　四册

330000－1701－0002559　善001914　史部/地理類/方志之屬/郡縣志
[康熙]羅平州志四卷　(清)黄德巽修　(清)胡承灝等纂　清康熙五十七年(1718)刻本　四册

330000－1701－0002560　善001911　史部/地理類/方志之屬/郡縣志
[乾隆]雲南騰越州志十三卷　(清)屠述濂纂修　清乾隆五十五年(1790)刻道光十八年(1838)重修本　五册

330000－1701－0002561　善001913　史部/地理類/方志之屬/郡縣志
[嘉慶]楚雄縣志十卷首一卷　(清)蘇鳴鶴修　(清)陳璜等纂　清嘉慶二十三年(1818)刻本　十册

330000－1701－0002562　善001917　史部/地理類/專志之屬/古跡
汴京遺蹟志二十四卷　(明)李濂撰　清抄本　六册

330000－1701－0002563　善001915　史部/地理類/方志之屬/郡縣志
[乾隆]彌勒州志二十七卷首一卷　(清)秦仁　(清)王緯修　(清)伍士瑎纂　(清)傅騰蛟等增訂　清乾隆四年(1739)刻本　五册

330000－1701－0002564　善001918　史部/地理類/專志之屬/寺觀
重修曹溪通志五卷　(明)釋德清撰　明萬曆刻明崇禎清順治增修本　八册

330000－1701－0002565　善 001920　史部/地理類/專志之屬/寺觀
龍華八志八卷　(清)釋道淵纂　(清)張宸重輯　清乾隆抄本　四冊

330000－1701－0002566　善 001921　史部/地理類/專志之屬/書院
東林書院志二十二卷　(清)高廷珍等撰　清光緒七年(1881)刻本　十六冊

330000－1701－0002567　善 001919　史部/地理類/專志之屬/寺觀
古杭崇聖院紀事一卷　(明)釋行素撰　明崇禎十七年(1644)刻本　一冊

330000－1701－0002568　善 001923　史部/地理類/雜志之屬
宋東京考二十卷　(清)周城撰　清抄本　八冊

330000－1701－0002569　善 001922　史部/地理類/雜志之屬
宋東京考二十卷　(清)周城撰　清乾隆刻本　十冊

330000－1701－0002570　善 001926　史部/地理類/專志之屬/古跡
武林遊拾遺四十八圖一卷　清嘉慶二十年(1815)臥遊室刻本　一冊

330000－1701－0002571　善 001927　史部/地理類/專志之屬/寺觀
洞霄宮志六卷　(清)聞人儒撰　清抄本　四冊

330000－1701－0002572　善 001928　史部/地理類/專志之屬/古跡
南巡勝蹟圖說不分卷　清乾隆刻本　復齋題簽並記　四冊

330000－1701－0002573　善 001924　史部/地理類/雜志之屬
宋東京考二十卷　(清)周城撰　清乾隆刻本　四冊

330000－1701－0002574　善 001925　史部/地理類/山川之屬/山志
新鐫海内奇觀十卷　(明)楊爾曾輯　明萬曆三十七年(1609)夷白堂刻本　十冊

330000－1701－0002575　善 001930　史部/地理類/雜志之屬
日下舊聞四十二卷　(清)朱彝尊輯　(清)朱昆田補遺　清康熙二十六年至二十七年(1687－1688)刻本　十六冊

330000－1701－0002576　善 001929　史部/地理類/方志之屬/郡縣志
吴地記一卷　(唐)陸廣微撰　**吴地記後集一卷**　(宋)□□輯　清同治十二年(1873)江蘇書局刻本　鄭文焯批校　二冊

330000－1701－0002577　善 001931　史部/地理類/專志之屬/古跡
陋巷志八卷　(明)顔胤祚撰　(明)吕兆祥重修　明萬曆二十九年(1601)長沙周氏刻明末清初遞修本　四冊

330000－1701－0002578　善 001935　史部/地理類/專志之屬/寺觀
白馬神廟小志一卷　(清)釋達受撰　清光緒張氏小清儀閣抄本　張光第跋　一冊

330000－1701－0002579　善 001933　史部/地理類/專志之屬/古跡
西湖勝蹟圖一卷　清彩繪本　二冊

330000－1701－0002580　善 001934　史部/地理類/專志之屬/古跡
西湖名勝圖一卷　清彩繪絹本　一冊

330000－1701－0002581　善 001932　史部/地理類/專志之屬/古跡
闕里誌二十四卷　(明)陳鎬撰　(清)孔胤植重修　明崇禎刻清雍正修補本　十冊

330000－1701－0002582　善 001936　史部/地理類/專志之屬/祠墓
篁墩程朱闕里祠志八卷　(清)徐光文等撰　清抄本　八冊

330000－1701－0002583　善 001937　史部/

地理類/專志之屬/書院
杭州三書院紀畧四卷末一卷 （清）王同撰 清抄本 清朱思誠批 十冊

330000－1701－0002584 善001939 史部/地理類/方志之屬/郡縣志
［乾隆］海昌勝覽二十卷 （清）周春纂 清光緒三十三年（1907）張氏小清儀閣抄本 佚名過錄清管庭芬批跋 張光第跋 十冊

330000－1701－0002585 善001938 史部/地理類/專志之屬/書院
學校志二卷續編一卷 （清）張祖年撰 清康熙至雍正刻道驛全書五種本 楊寶鏞題記並跋 一冊

330000－1701－0002589 善001954 史部/地理類/專志之屬/寺觀
武林梵志十二卷記略一卷 （明）吳之鯨撰 明萬曆刻本 十二冊

330000－1701－0002590 善001957 史部/地理類/專志之屬/古跡
湯陰精忠廟志十卷 （明）張應登 （明）鄭懋洵輯 （清）楊世達續輯 明萬曆十三年（1585）張應登刻本 六冊

330000－1701－0002591 善001944 史部/地理類/專志之屬/宮殿
三輔黃圖六卷 （漢）□□撰 明萬曆刻本 二冊

330000－1701－0002592 善001943 史部/地理類/總志之屬/通代
歷代帝都考一卷歷代留都考一卷 （清）閔鐄撰 清抄本 一冊

330000－1701－0002594 善001949 史部/地理類/專志之屬/寺觀
金陵梵剎志五十三卷 （明）葛寅亮撰 明萬曆三十五年（1607）南京僧錄司刻天啓七年（1627）印本 八冊

330000－1701－0002595 善001948 史部/地理類/專志之屬/寺觀
洛陽伽藍記五卷 （北魏）楊衒之撰 明末毛氏綠君亭刻本 五冊

330000－1701－0002597 善001947 史部/地理類/專志之屬/寺觀
洛陽伽藍記五卷 （北魏）楊衒之撰 清嘉慶刻廣漢魏叢書本 清鄭文焯題記 二冊

330000－1701－0002599 善001958 史部/地理類/專志之屬/寺觀
齊雲山桃源洞天誌一卷 （明）魯點撰 清刻本 一冊

330000－1701－0002600 善001959 史部/地理類/專志之屬/寺觀
靈衛廟志一卷 （明）夏寘撰 （明）楊廷筠增輯 明隆慶四年（1570）沈友儒刻萬曆三十五年（1607）楊廷筠重修本 一冊

330000－1701－0002601 善001940 類叢部/叢書類/彙編之屬
楝亭藏書十二種 （清）曹寅編 清康熙四十五年（1706）揚州詩局刻本 五冊 存一種

330000－1701－0002602 善001951 史部/地理類/專志之屬/寺觀
明州福泉山法海禪寺志十二卷首一卷 （清）釋性標撰 清康熙二十八年（1689）刻本 四冊

330000－1701－0002603 善001956 史部/地理類/專志之屬/寺觀
金山龍遊禪寺志畧四卷首一卷 （清）釋行海撰 清康熙刻本 四冊

330000－1701－0002604 善001990 史部/地理類/雜志之屬
榕海舊聞不分卷 （清）林正青輯 清抄本 清鄭杰批校並題記 六冊

330000－1701－0002605 善001961 史部/地理類/專志之屬/古跡
考亭誌四卷 明刻本 二冊

330000－1701－0002606 善001960 史部/地理類/專志之屬/祠墓
曹江孝女廟誌九卷首一卷末一卷 （清）金廷

楝輯　清嘉慶十三年(1808)深柳書屋刻本　六册

330000－1701－0002607　善001962　史部/地理類/專志之屬/寺觀
師子林紀勝二卷　(明)釋道恂輯　清抄本　一册

330000－1701－0002608　善001964　史部/地理類/專志之屬/書院
白鹿洞書院志十二卷　(明)周偉　(明)戴策獻等撰　明萬曆二十年(1592)田琯刻三十一年(1603)何端表增刻重修本　四册

330000－1701－0002609　善001967　史部/地理類/雜志之屬
吴興掌故紀要不分卷　清抄本　二册

330000－1701－0002610　善001970　史部/地理類/雜志之屬
遼東行部志一卷　(金)王寂撰　清光緒二十八年(1902)周氏鴿峰草堂抄本　一册

330000－1701－0002611　善001965　史部/地理類/專志之屬/書院
南溪書院志四卷　(明)葉廷祥等撰　明萬曆刻本　二册

330000－1701－0002612　善001966　史部/地理類/雜志之屬
吴興掌故集十七卷　(明)徐獻忠撰　明萬曆四十三年(1615)茅獻徵刻本　十册

330000－1701－0002613　善001969　史部/地理類/雜志之屬
夢粱録二十卷　(宋)吴自牧撰　清抄本　佚名過録清吴翌鳳批校並跋　清王雲批校並跋　一册　存六卷(十五至二十)

330000－1701－0002614　善001982　史部/地理類/雜志之屬
西湖老人繁勝録不分卷　(宋)西湖老人撰　清抄本　吴慶坻、孫峻跋　一册

330000－1701－0002615　善001972　史部/地理類/雜志之屬
增補武林舊事八卷　(元)周密撰　(明)朱廷焕增補　清康熙四十三年(1704)單父朱氏寧澹堂刻本　八册

330000－1701－0002616　善001973　史部/地理類/雜志之屬
京師五城坊巷衚衕集一卷　(明)張爵撰　清抄本　一册

330000－1701－0002617　善001974　子部/雜著類/雜記之屬
蓬山清話十八卷　(清)倪象占撰　清抄本　七册

330000－1701－0002620　善001988　史部/雜史類/瑣記之屬
隨鑾紀恩一卷　(清)汪灝撰　清抄本　清丁謙批　一册

330000－1701－0002621　善001977　史部/地理類/雜志之屬
杭城坊巷志不分卷　(清)丁丙　孫峻輯　清末抄本　十七册

330000－1701－0002622　善001980　史部/地理類/雜志之屬
杭武林坊巷志目稿一卷　(清)丁丙　孫峻輯　清抄本　一册

330000－1701－0002623　善001981　史部/地理類/雜志之屬
武林坊巷總志一卷　孫峻輯　清抄本　一册

330000－1701－0002624　善001983　史部/地理類/雜志之屬
東城雜記二卷　(清)厲鶚撰　清抄本　一册

330000－1701－0002625　善001985　史部/地理類/雜志之屬
嘉府典故纂要八卷　(清)王惟梅輯　清乾隆五十四年(1789)環翠書屋刻本　二册

330000－1701－0002626　善001987　史部/地理類/方志之屬/郡縣志
[乾隆]寧志餘聞八卷　(清)周廣業纂　清光緒三十二年(1906)張氏小清儀閣抄本　張光

第題記　八冊

330000－1701－0002627　善 001984　史部/地理類/雜志之屬

嘉府典故纂要八卷　(清)王惟梅輯　清乾隆五十四年(1789)環翠書屋刻本　六冊

330000－1701－0002628　善 001989　史部/地理類/雜志之屬

劉總戎南巡紀略不分卷　(清)張用修撰　清末抄本　二冊

330000－1701－0002629　善 001986　史部/地理類/雜志之屬

嘉府典故纂要續編八卷　(清)王惟梅輯　清嘉慶四年(1799)環翠書屋刻本　六冊

330000－1701－0002630　善 001963　史部/地理類/專志之屬/書院

虞山書院志十卷　(明)張鼐等撰　**耿令公學記五卷**　(明)陸化熙輯録　(明)孫森編次　明萬曆嚴栴刻本　六冊

330000－1701－0002631　善 001995　史部/地理類/方志之屬/郡縣志

[乾隆]錫金識小錄二卷　(清)黄印纂　清養修齋抄本　二冊

330000－1701－0002632　善 001997　史部/地理類/雜志之屬

台州札記十二卷　(清)洪頤煊撰　清抄本　四冊

330000－1701－0002633　善 001996　史部/地理類/雜志之屬

金川諸番圖説一卷　清抄本　一冊

330000－1701－0002634　善 001991　史部/地理類/雜志之屬

黔書二卷　(清)田雯撰　清康熙刻本　清顧沅批校並跋　二冊

330000－1701－0002635　善 002017　史部/地理類/山川之屬/山志

岳紀六卷　(明)陳士元撰　明萬曆二十年(1592)羅紳刻本　四冊

330000－1701－0002636　善 002001　史部/地理類/雜志之屬

歷代史台州約鈔二卷　管世駿輯　稿本　二冊

330000－1701－0002637　善 002002　史部/地理類/雜志之屬

羣書述台二卷　管世駿輯　稿本　二冊

330000－1701－0002638　善 002003　史部/地理類/雜志之屬

古今圖書集成摘鈔二卷　管世駿輯　稿本　二冊

330000－1701－0002639　善 001999　史部/地理類/雜志之屬

一統志台州約鈔二卷　管世駿輯　稿本　二冊

330000－1701－0002640　善 002004　史部/地理類/雜志之屬

杭州進京水程里次一卷　(清)宗聖垣撰　清乾隆三十九年(1774)稿本　清宗稷辰跋　一冊

330000－1701－0002641　善 002005　史部/地理類/雜志之屬

句章摭逸十卷句章土物志一卷　(清)鄭辰撰　清末抄本　四冊

330000－1701－0002642　善 002016　史部/地理類/山川之屬/山志

寓山志不分卷　(明)祁彪佳撰　明崇禎刻本　四冊

330000－1701－0002643　善 002000　史部/地理類/雜志之屬

方志涉台一卷　管世駿輯　稿本　一冊

330000－1701－0002646　善 002007　史部/地理類/輿圖之屬/道里

浙江郡邑道里圖一卷　(清)伊靖阿繪　清乾隆二十年(1755)刻本　一冊

330000－1701－0002648　善 002013　史部/地理類/山川之屬/山志

齊雲山志五卷　(明)魯點撰　明萬曆二十七年(1599)刻清重修本　五冊

330000－1701－0002649　善 002014　史部/地理類/山川之屬/山志

武夷志畧四卷　(明)徐表然撰　明萬曆四十七年(1619)孫世昌刻本　四冊

330000－1701－0002650　善 002015　史部/地理類/山川之屬/山志

岱史十八卷　(明)查志隆撰　明萬曆戴相堯刻本　七冊

330000－1701－0002651　善 001993　史部/地理類/雜志之屬

四明談助四十六卷首一卷　(清)徐兆昺撰　清道光八年(1828)木活字印本　二十冊

330000－1701－0002652　善 002021　史部/地理類/山川之屬/山志

說嵩三十二卷　(清)景日昣撰　清康熙六十年(1721)嶽生堂刻本　十冊

330000－1701－0002653　善 002022　史部/地理類/山川之屬/山志

黃山志定本七卷首一卷　(清)閔麟嗣撰　清康熙十八年(1679)刻本　六冊

330000－1701－0002654　善 002018　史部/地理類/山川之屬/山志

陽山志三卷　(明)岳岱撰　清虞山周氏文房學佛盦抄本　周大輔校並跋　一冊

330000－1701－0002655　善 002024　史部/地理類/山川之屬/山志

九疑山志四卷　(清)詹惟聖纂　清康熙刻本　四冊

330000－1701－0002656　善 002020　史部/地理類/山川之屬/山志

岱史十八卷　(明)查志隆撰　(清)張縉彥刪補　明萬曆十五年(1587)戴相堯刻清順治康熙增修本　四冊

330000－1701－0002657　善 002025　史部/地理類/山川之屬/山志

仙霞志略不分卷　(清)楊正龍撰　清康熙刻本　三冊

330000－1701－0002658　善 002026　史部/地理類/山川之屬/山志

盤山志十卷首一卷補遺四卷　(清)釋智朴撰　(清)王士禛　(清)朱彝尊訂　清康熙三十年(1691)青溝禪院刻本　四冊

330000－1701－0002659　善 002023　史部/地理類/山川之屬/山志

黃山圖一卷　(清)釋雪莊繪　清康熙吳荃刻本　一冊

330000－1701－0002661　善 002012　史部/地理類/山川之屬/山志

普陀山志六卷　(明)周應賓撰　明萬曆三十五年(1607)張隨刻本　二冊

330000－1701－0002662　善 002030　史部/地理類/山川之屬/水志

震澤編八卷　(明)蔡昇撰　(明)王鏊修　明萬曆四十五年(1617)刻本(卷一至四配清抄本)　六冊

330000－1701－0002663　善 002027　史部/地理類/山川之屬/山志

四明山志九卷　(清)黃宗羲撰　清康熙黃仲簡刻本　二冊

330000－1701－0002664　善 002019　史部/地理類/山川之屬/山志

赤松山志一卷　(宋)倪守約撰　清抄本　一冊

330000－1701－0002665　善 002028　史部/地理類/山川之屬/山志

四明鶴嶺志畧五卷首一卷　(清)張僊之撰　清閑閑軒抄本　二冊

330000－1701－0002666　善 002036　史部/地理類/山川之屬/水志

西湖志八卷志餘十八卷　(明)田汝成撰　(清)姚靖增刪　清康熙二十八年(1689)姚靖三鑒堂刻本　四冊　存八卷(一至八)

330000－1701－0002667　善002033　史部/地理類/山川之屬/水志

西湖遊覽志二十四卷志餘二十六卷　(明)田汝成撰　明萬曆刻本　十册

330000－1701－0002668　善002037　史部/地理類/山川之屬/水志

西湖覽勝詩志八卷　(清)夏基撰　清順治十二年(1655)刻乾隆三十七年(1772)陳愷重修本　六册

330000－1701－0002669　善002040　史部/地理類/山川之屬/水志

水經注四十卷　(北魏)酈道元撰　清康熙五十三年至五十四年(1714－1715)歙縣項絪群玉書堂刻本　十册

330000－1701－0002670　善002043　史部/地理類/山川之屬/水志

水經注四十卷　(北魏)酈道元撰　清乾隆浙江刻武英殿聚珍版書本　佚名批　二十三册　存三十八卷(二至三十九)

330000－1701－0002671　善002031　史部/地理類/山川之屬/水志

震澤編八卷　(明)蔡昇撰　(明)王鏊修　清初抄本　二册

330000－1701－0002672　善002038　史部/地理類/山川之屬/水志

西湖志纂十二卷首一卷末一卷　(清)沈德潛　(清)傅王露輯　(清)梁詩正合纂　清乾隆二十年(1755)賜經堂刻本　五册

330000－1701－0002673　善002041　史部/地理類/山川之屬/水志

水經注四十卷　(北魏)酈道元撰　明崇禎二年(1629)嚴忍公等刻本　王存善校　八册

330000－1701－0002674　善002044　史部/地理類/山川之屬/水志

水經注四十卷　(北魏)酈道元撰　清乾隆十八年(1753)黄晟槐蔭草堂刻山水二經合刻本　張宗祥跋並過録清孫星衍、清顧廣圻、清劉履芬、朱宗萊等校及跋　十四册

330000－1701－0002675　善002039　史部/地理類/山川之屬/水志

水經注四十卷　(北魏)酈道元撰　明萬曆十三年(1585)吳琯刻合刻山海經水經二種本　佚名過録明趙琦美、清孫潛批校並跋　八册

330000－1701－0002676　善002034　史部/地理類/山川之屬/水志

西湖遊覽志二十四卷志餘二十六卷　(明)田汝成撰　明萬曆二十五年(1597)季東魯刻本　六册

330000－1701－0002678　善002047　史部/地理類/山川之屬/水志

全謝山七校水經注四十卷附録一卷　(北魏)酈道元注　(清)全祖望校　**後樂園時課一卷**　(清)王楚材輯　(清)王龍光校　清道光二十九年(1849)王梓材抄本　清楊泰亨題簽並記　八册

330000－1701－0002679　善002042　史部/地理類/山川之屬/水志

水經注箋四十卷　(明)朱謀㙔撰　明萬曆四十三年(1615)李長庚刻本　六册

330000－1701－0002680　善002045　史部/地理類/山川之屬/水志

水經注四十卷首一卷　(北魏)酈道元撰　王先謙校　**水經注附録二卷**　(清)趙一清輯　清光緒十八年(1892)思賢講舍刻本　陳漢章批　十六册　缺一卷(首)

330000－1701－0002681　善002035　史部/地理類/山川之屬/水志

西湖志類鈔三卷首一卷　(明)俞思冲撰　明萬曆刻本　六册

330000－1701－0002682　善002048　史部/地理類/山川之屬/水志

水經注釋四十卷首一卷附録二卷水經注箋刊誤十二卷　(清)趙一清撰　清乾隆五十一年(1786)趙氏小山堂刻五十九年(1794)重修本　張琴宜録趙世暹《讀初刻本水經注釋小識》　趙世暹跋　十六册　缺十二卷(水經注箋刊誤一至十二)

330000－1701－0002683　善002052　史部/地理類/山川之屬/水志
南河全考二卷　（明）朱國盛編輯　（明）徐標續纂　明崇禎六年（1633）刻本　二冊

330000－1701－0002684　善002049　史部/地理類/水利之屬
河防一覽十四卷　（明）潘季馴撰　明萬曆十八年（1590）潘季馴刻明修本　八冊

330000－1701－0002685　善002053　史部/地理類/山川之屬/水志
南河志十四卷　（明）朱國盛編輯　（明）徐標續纂　明天啓刻崇禎增修本　八冊

330000－1701－0002687　善002050　史部/地理類/水利之屬
河防一覽十四卷　（明）潘季馴撰　清抄本　王修跋　五冊

330000－1701－0002688　善002051　史部/地理類/水利之屬
河防一覽榷十二卷　（明）潘季馴　（明）潘大復撰　明刻本　十二冊

330000－1701－0002689　善002056　史部/地理類/山川之屬/水志
水道提綱二十八卷　（清）齊召南撰　清乾隆四十年至四十一年（1775－1776）浦江戴殿海刻本　王存善題記並過錄清陳澧批注　八冊

330000－1701－0002690　善002055　史部/地理類/水利之屬
三吳水利條議一卷　（清）錢中諧著　清嘉定應廷桂抄本　一冊

330000－1701－0002691　善002058　史部/地理類/水利之屬
蕭山水利二卷　（明）富玹纂　（清）來鴻雯輯　**蕭山水利續刻一卷**　（明）張文瑞撰　清康熙五十八年（1719）張氏孝友堂刻本　二冊

330000－1701－0002692　善002062　史部/地理類/水利之屬
治河前策二卷後策二卷　（清）馮祚泰撰　清抄本　四冊

330000－1701－0002693　善002061　史部/地理類/水利之屬
湘湖攷略一卷附錄一卷　（清）於士達撰　清嘉慶六年（1801）汪輝祖學忍堂刻本　一冊

330000－1701－0002694　善001408　史部/傳記類/別傳之屬/事狀
魏鄭公［徵］諫續錄二卷　（元）翟思忠輯　清乾隆刻本　一冊

330000－1701－0002695　善002059　史部/地理類/水利之屬
蕭山水利二卷　（明）富玹纂　（清）來鴻雯輯　**蕭山水利續刻一卷三刻三卷**　（明）張文瑞撰　清康熙五十八年（1719）張氏孝友堂刻雍正十三年（1735）續刻本　二冊　存四卷（續刻一、三刻一至三）

330000－1701－0002696　善002060　史部/地理類/水利之屬
三吳水利集說不分卷　（清）錢汝駜撰　清抄本　二冊

330000－1701－0002697　善002054　史部/地理類/水利之屬
四明它山水利備覽二卷　（宋）魏峴撰　清抄本　一冊

330000－1701－0002698　善002063　史部/地理類/水利之屬
迴瀾紀要不分卷　（清）徐端撰　清抄本　清龔穉校並跋　二冊

330000－1701－0002699　善002057　史部/地理類/山川之屬/水志
具區志十六卷　（清）翁澍撰　清康熙二十八年（1689）刻本　八冊

330000－1701－0002700　善002067　史部/地理類/山川之屬/水志
河工考不分卷　稿本　二十八冊

330000－1701－0002701　善002075　史部/地理類/山川之屬/合志
名山諸勝一覽記十六卷　（明）慎蒙輯　明萬曆四年（1576）慎蒙刻本　一冊　存二卷（二

至三)

330000－1701－0002702　善002064　史部/地理類/水利之屬
下河集要備考不分卷　(清)朱楹輯　清抄本　四册

330000－1701－0002703　善002065　史部/地理類/水利之屬
塘工紀畧二卷續一卷三續一卷　(清)連仲愚撰　稿本　四册

330000－1701－0002704　善002068　史部/地理類/水利之屬
閘務全書續刻四卷　(清)平衡撰　稿本　二册

330000－1701－0002705　善002076　史部/地理類/遊記之屬/紀勝
遊名山記六卷　(明)都穆撰　明閔元衢刻本　四册

330000－1701－0002706　善002069　史部/地理類/輿圖之屬/水圖
六省黃河工程埽壩情形全圖一卷　清彩繪本　一册

330000－1701－0002707　善002070　史部/地理類/輿圖之屬/水圖
清代錢塘江營汛圖一卷　清彩繪本　一册

330000－1701－0002708　善002072　史部/地理類/輿圖之屬/水圖
浙江江海塘工統塘柴埽石塘簍坦盤頭裏頭各工形勢字號丈尺里堡地名全圖一卷　清光緒彩繪本　一册

330000－1701－0002709　善002074　史部/地理類/遊記之屬/紀勝
王太初先生五岳遊草十卷　(明)王士性撰　(清)馮甦輯　清康熙三十年(1691)臨海馮甦刻安雅堂洪氏補板本　清李克勤題記　四册

330000－1701－0002710　善002078　史部/地理類/山川之屬/山志
名山勝槩記四十六卷附録一卷　明崇禎刻本　四十册

330000－1701－0002711　善002071　史部/地理類/水利之屬
敕修兩浙海塘通志二十卷首一卷　(清)方觀承　(清)永貴修　(清)查祥　(清)杭世駿纂　清抄本　十二册

330000－1701－0002712　善002066　史部/政書類/邦計之屬/漕運
運河紀畧一卷　清抄本　一册

330000－1701－0002713　善002079　史部/地理類/山川之屬/山志
名山勝槩記四十六卷附録一卷　明崇禎刻本　四十五册　存四十五卷(一至二十三、二十五至四十六)

330000－1701－0002714　善002081　史部/地理類/遊記之屬/紀行
裨海紀游畧一卷附録一卷　(清)郁永河撰　清同治十年(1871)抄本　一册

330000－1701－0002715　善002080　史部/地理類/遊記之屬/紀勝
冰玉集二卷　(清)王協和輯録　稿本　清王協和題記並題詞　清王協和過録浣雲老子題記　一册

330000－1701－0002716　善002085　史部/地理類/外紀之屬
吾妻鏡補二十八卷　(清)翁廣平撰　清抄本　八册

330000－1701－0002717　善002082　史部/地理類/遊記之屬/紀行
乘槎筆記一卷　(清)斌椿撰　清抄本　一册

330000－1701－0002718　善002083　史部/地理類/外紀之屬
瀛涯勝覽一卷海道全圖一卷　(明)馬歡撰　清道光二十年(1840)徐大奎抄本　清徐大奎跋　一册

330000－1701－0002719　善002086　史部/地理類/外紀之屬

中山傳信錄六卷 (清)徐葆光撰　清康熙六十年(1721)二友齋刻本　六冊

330000－1701－0002720　善002088　史部/金石類/總志之屬
金石錄三十卷 (宋)趙明誠撰　清抄本　清俞方穀跋　佚名過錄清何焯跋　二冊　存十五卷(一至十五)

330000－1701－0002721　善002087　史部/金石類/總志之屬/題跋
集古録十卷 (宋)歐陽脩撰　清順治謝啓光刻本　四冊

330000－1701－0002723　善002090　史部/金石類/總志之屬/目録
竹崦盦金石目録六卷 (清)趙魏藏并撰　清抄本　清汪大鈞批校並跋　吳慶坻校　吳士鑑批　五冊

330000－1701－0002725　善002101　史部/金石類/總志之屬/題跋
月齋金石跋一卷 (清)張穆撰　清光緒凌霞抄本　清凌霞跋　一冊

330000－1701－0002727　善002093　史部/金石類/郡邑之屬/目録
台州金石錄一卷甎錄一卷金石甎文闕訪目一卷 清抄本　一冊

330000－1701－0002728　善002104　史部/金石類/郡邑之屬/文字
咸陽金石遺文一卷 (清)王家瑞撰　明刻本　清朱錫庚題簽並記　一冊

330000－1701－0002729　善002100　史部/金石類/總志之屬/通考
海東金石存攷一卷 (清)劉喜海撰　清抄本　佚名過錄清陳宗彝跋　一冊

330000－1701－0002730　善002094　史部/金石類/總志之屬
金石存十五卷 (清)吳玉搢撰　清抄本　八冊

330000－1701－0002731　善002097　史部/金石類/總志之屬/通考
閩中金石志十四卷 (清)馮登府撰　清抄本　劉承幹校　十冊

330000－1701－0002732　善002102　史部/金石類/總志之屬/題跋
歸樸龕金石跋一卷 (清)彭蘊章撰　清凌霞抄本　一冊

330000－1701－0002733　善002107　史部/金石類/石之屬/目録
倦舫碑目六卷 (清)洪頤煊藏並撰　清黃氏秋籟閣抄本　一冊

330000－1701－0002735　善002105　史部/金石類/總志之屬/通考
金石綜例四卷 (清)馮登府撰　**金石例補二卷** (清)郭麐撰　清光緒七年至八年(1881－1882)吳仰賢抄本　清吳仰賢批校、題款並跋　一冊

330000－1701－0002736　善002108　史部/金石類/石之屬/義例
觀古碑法一卷 楊寶鏞撰　稿本　楊寶鏞題簽　一冊

330000－1701－0002737　善002109　史部/金石類/金之屬/圖像
寶古堂重修宣和博古圖錄三十卷 (宋)王黼等撰　明萬曆三十一年(1603)吳萬化刻本　三十冊

330000－1701－0002738　善002110　史部/金石類/金之屬/圖像
泊如齋重修宣和博古圖錄三十卷 (宋)王黼等撰　明萬曆十六年(1588)泊如齋刻本　賀天健、王蓝英跋　三十冊

330000－1701－0002739　善002113　史部/金石類/金之屬
重修宣和博古圖錄三十卷 (宋)王黼等撰　明萬曆二十七年(1599)于承祖刻本　十二冊

330000－1701－0002740　善002114　史部/金石類/金之屬/圖像
博古圖錄考正三十卷 (宋)王黼等撰　(明)

鄭樸考正　明萬曆二十四年(1596)鄭樸刻本　十六册

330000－1701－0002741　善 002120　史部/金石類/石之屬/通考
古今碑帖攷不分卷　(明)□□撰　清抄本　六册

330000－1701－0002742　善 002112　史部/金石類/金之屬/圖像
亦政堂重修宣和博古圖録三十卷　(宋)王黼等撰　(清)黄晟輯　**亦政堂重修考古圖十卷**　(宋)吕大臨撰　**亦政堂重考古玉圖二卷**　(元)朱德潤撰　明萬曆三十一年(1603)吴萬化刻清乾隆十八年(1753)天都黄晟重修本　二十四册

330000－1701－0002743　善 002115　史部/金石類/金之屬/文字
積古齋鐘鼎彝器款識十卷　(清)阮元　(清)朱爲弼撰　清嘉慶九年(1804)阮元刻文選樓叢書本　崔駿聲批校並跋　四册

330000－1701－0002744　善 002121　史部/金石類/石之屬/目録
古今碑目一卷　(清)□□撰　清抄本　清華農題記　一册

330000－1701－0002745　善 002123　史部/金石類/石之屬/題跋
石刻鋪敘二卷　(宋)曾宏父撰　清乾隆抄本　清雪漁跋並過録清何焯校　一册

330000－1701－0002746　善 002117　史部/金石類/金之屬/題跋
吴侃叔吉金跋不分卷　(清)吴東發撰　清嘉慶二十年(1815)徐同柏抄本　清阮元、清徐同柏跋　一册

330000－1701－0002747　善 002116　史部/金石類/金之屬/文字
積古齋鐘鼎彝器款識十卷　(清)阮元　(清)朱爲弼撰　清光緒九年(1883)常熟鮑氏後知不足齋刻後知不足齋叢書本　趙時棡跋並過録清吴大澂批校及跋　四册

330000－1701－0002749　善 002119　史部/金石類/石之屬
石墨鐫華八卷　(明)趙崡撰　明萬曆四十六年(1618)盩厔趙崡刻本　四册

330000－1701－0002751　善 002124　史部/金石類/石之屬/目録
南北朝存石目八卷　(清)王懿榮撰　清末抄本　莫棠批校　潘景鄭題簽　二册

330000－1701－0002752　善 002125　史部/金石類/石之屬/題跋
蒼潤軒碑帖跋紀一卷　(明)盛時泰撰　清抄本　一册

330000－1701－0002753　善 002127　史部/金石類/石之屬/通考
國山碑攷一卷　(清)吴騫撰　清魏錫曾抄本　潛庵題簽並記　清羅以智校　清魏錫曾跋並過録清翁方綱校　沈倬章跋　一册

330000－1701－0002754　善 002126　史部/金石類/石之屬/雜著
古碑古拓説明一卷附古碑孤本一卷　楊寶鏞撰　稿本　楊寶鏞題簽並記　一册

330000－1701－0002755　善 002129　史部/金石類/郡邑之屬
墨妙亭碑目攷二卷附攷一卷　(清)張鑑撰　清抄本　一册

330000－1701－0002756　善 002128　史部/金石類/石之屬/題跋
紅厓刻石釋文題詠一卷　(清)鄒漢勛撰　清光緒十二年(1886)王繼香抄本　一册

330000－1701－0002757　善 002131　史部/金石類/石之屬/目録
葉氏菉竹堂碑目六卷　(明)葉盛著　清抄本　一册

330000－1701－0002758　善 002137　史部/目録類/總録之屬/官修
内閣藏書目録八卷　(明)張萱等撰　清抄本　四册

330000－1701－0002759　善 002134　史部/金石類/石之屬/通考

補瘞鶴銘考二卷　(清)汪鋆撰　稿本　一冊

330000－1701－0002760　善 002136　史部/目録類/總録之屬/官修

秘閣書目不分卷　(明)錢溥撰　清抄本　四冊

330000－1701－0002762　善 002132　史部/金石類/郡邑之屬/目録

山右訪碑録一卷　(清)魯燮光輯　清末抄本　一冊

330000－1701－0002763　善 002135　史部/目録類/總録之屬/官修

四庫闕書一卷　(清)徐松輯　清抄本　一冊

330000－1701－0002764　善 002130　史部/金石類/郡邑之屬

墨妙亭碑目攷二卷附攷一卷　(清)張鑑撰　清抄本　一冊

330000－1701－0002765　善 002139　史部/目録類/總録之屬/官修

四庫全書簡明目錄札本附記不分卷　(清)朱元炅輯　清光緒抄本　清朱士恒跋　六冊

330000－1701－0002766　善 002141　史部/目録類/總録之屬/官修

欽定天祿琳琅書目十卷　(清)于敏中等撰　清嘉慶五年(1800)抄本　清松坪、王修跋　十冊

330000－1701－0002767　善 002142　史部/目録類/書志之屬/提要

昭德先生郡齋讀書志二十卷　(宋)晁公武撰　(宋)姚應績編　清嘉慶二十四年(1819)吳門汪氏藝芸書舍刻本　六冊

330000－1701－0002768　善 002144　史部/目録類/總録之屬/私撰

尤氏遂初堂書目一卷　(宋)尤袤藏並撰　清乾隆二十八年(1763)汪景龍抄本　清汪景龍跋　二冊

330000－1701－0002769　善 002138　史部/目録類/總録之屬/官修

欽定四庫全書簡明目錄二十卷　(清)紀昀等撰　清乾隆六十年(1795)浙江刻本　六冊

330000－1701－0002770　善 002152　史部/目録類/書志之屬/題跋

題跋二卷　(明)毛晉撰　清道光二十一年(1841)鳴野山房抄本　清沈復粲校並跋　周大輔跋　四冊

330000－1701－0002773　善 002153　史部/目録類/書志之屬/提要

文瑞樓藏書志不分卷　(清)金檀藏並撰　**藏書記要一卷**　(清)孫從添撰　清抄本　十二冊

330000－1701－0002775　善 002151　類叢部/叢書類/彙編之屬

士禮居叢書二十種　(清)黄丕烈編　清嘉慶至道光黄氏士禮居刻本　一冊　存一種

330000－1701－0002777　善 002145　史部/目録類/總録之屬/私撰

遂初堂書目一卷　(宋)尤袤撰　清抄本　二冊

330000－1701－0002778　善 002150　史部/目録類/總録之屬/私撰

秦漢十印齋藏書目四卷　(清)蔣鳳藻藏並撰　清抄本　二冊

330000－1701－0002781　善 002167　史部/目録類/總録之屬/私撰

讀書敏求記四卷　(清)錢曾撰　清末抄本　費寅校　佚名過錄蔣廷黻跋　一冊　存一卷(一)

330000－1701－0002782　善 002147　史部/目録類/通論之屬/藏書約

淡生堂藏書訓略二卷　(明)祁承㸁撰　清末周氏郡公鍾室抄本　一冊

330000－1701－0002784　善 002169　史部/目録類/總録之屬/私撰

培林堂書目不分卷　(清)徐秉義藏並撰　清

顧氏藝海樓抄本　三冊

330000－1701－0002785　善 002166　史部/目録類/總録之屬/私撰
讀書敏求記四卷　(清)錢曾撰　清雍正四年(1726)吳興趙孟升松雪齋刻乾隆十年(1745)沈尚傑雙桂草堂剜版六十年(1795)沈炎耆英堂重修本　單丕批校並過録清吳焯、清吳騫、清陳鱣、清黄丕烈等批校　四冊

330000－1701－0002786　善 002170　史部/目録類/總録之屬/私撰
文選樓藏書記六卷　(清)阮元撰　清抄本　六冊

330000－1701－0002787　善 002174　史部/目録類/總録之屬/私撰
皕宋樓藏書目四卷　(清)陸心源藏　清末周氏鴿峯草堂抄本　一冊

330000－1701－0002790　善 002176　史部/目録類/總録之屬/私撰
希古堂書目四卷　(清)譚宗浚藏　清抄本　清溫俊卿題記　二冊

330000－1701－0002798　善 002182　史部/目録類/總録之屬/私撰
郘亭知見傳本書目十六卷　(清)莫友芝撰　清光緒三十年(1904)徐氏靈芬閣抄本　王存善批校並跋　十二冊

330000－1701－0002799　善 002183　史部/目録類/總録之屬
彙刻歷代史志凡例一卷　清姚氏咫進齋抄本　王修跋　一冊

330000－1701－0002803　善 002190　史部/目録類/總録之屬/地方
溫州經籍志三十三卷外編二卷辨誤一卷　(清)孫詒讓撰　清抄本　章見伊跋　二十四冊

330000－1701－0002805　善 002191　史部/地理類/方志之屬/郡縣志
兩浙地志錄一卷　(清)周廣業撰　清種松書塾抄本　一冊

330000－1701－0002806　善 002194　史部/目録類/總録之屬/私撰
國朝著述未栞書目一卷　鄭文焯輯　**國朝海寧著述未刊書目略一卷**　(清)鄒存淦輯　清抄本　清鄒壽祺批　一冊

330000－1701－0002807　善 002196　史部/目録類/總録之屬/史志
隋經籍志考證十三卷　(清)章宗源撰　清光緒三年(1877)湖北崇文書局刻崇文書局彙刻書本　陳漢章批校　三冊　存九卷(五至十三)

330000－1701－0002809　善 002195　史部/目録類/總録之屬/禁燬
禁書總目一卷　清乾隆浙江刻本　管元耀批　一冊

330000－1701－0002810　善 002200　史部/目録類/總録之屬/史志
國史經籍志六卷　(明)焦竑輯　清初抄本　五冊

330000－1701－0002811　善 002201　史部/目録類/書志之屬/題跋
潛研堂書跋鈔三卷　(清)錢大昕撰　清抄本　一冊

330000－1701－0002814　善 002202　史部/目録類/總録之屬/私撰
楹書隅錄四卷續編四卷　(清)楊紹和藏並撰　清抄本　七冊

330000－1701－0002815　善 002204　史部/目録類/書志之屬/題跋
南濠居士文跋不分卷　(明)都穆撰　清光緒九年(1883)抄本　清晚青批並跋　二冊

330000－1701－0002816　善 002206　史部/目録類/通論之屬/掌故瑣記
小眠齋讀書日札一卷　(清)汪沅撰　清抄本　一冊

330000－1701－0002818　善 002211　子部/叢編
二十子全書一百六十九卷　(明)吳勉學編

明萬曆吳勉學刻本　清朱駿聲校　朱師轍跋　二十册　缺一卷(莊子南華真經難字音義一)

330000－1701－0002819　善 002212　子部/雜著類/雜纂之屬
諸子品節五十卷　(明)陳深輯　明刻本　四十册

330000－1701－0002820　善 002210　子部/雜著類/雜纂之屬
六子要語不分卷　(明)桂天祥編　明萬曆四年(1576)桂天祥刻本　二册

330000－1701－0002821　善 002215　子部/雜著類/雜纂之屬
諸子奇賞前集五十一卷後集六十卷　(明)陳仁錫輯評　明天啓三徑齋刻本　三十册

330000－1701－0002822　善 002213　子部/雜著類/雜纂之屬
諸子品節五十卷　(明)陳深輯　明萬曆刻本　十册　缺二卷(十至十一)

330000－1701－0002823　善 002214　子部/叢編
諸子彙函二十六卷　(明)歸有光編　明天啓刻本　十四册

330000－1701－0002824　善 002219　子部/叢編
諸子褎異集十六卷　(明)汪定國輯　明末刻本　六册

330000－1701－0002825　善 002218　類叢部/類書類/專類之屬
新鐫分類評註文武合編百子金丹十卷　(明)郭偉選注　(明)郭中吉編　(明)王星聚校訂　明末金陵白下書林傅夢龍刻本　六册

330000－1701－0002826　善 002223　子部/儒家類/儒家之屬
家語十卷　(三國魏)王肅注　(明)何棠評　明末刻本　二册

330000－1701－0002827　善 002222　子部/儒家類/儒學之屬
孔子家語十卷　(三國魏)王肅注　明萬曆吳勉學刻本　八册

330000－1701－0002828　善 002224　子部/儒家類/儒學之屬
孔氏家語十卷　(三國魏)王肅注　明崇禎毛氏汲古閣刻本　四册

330000－1701－0002829　善 002226　子部/儒家類/儒學之屬
孔子家語八卷　(明)何孟春注　明永明書院刻本　八册

330000－1701－0002830　善 002229　子部/儒家類/儒學之屬
新刻註釋孔子家語憲四卷　(明)陳際泰釋　明末劉舜臣刻本　王修跋　四册

330000－1701－0002831　善 002227　子部/儒家類/儒學之屬
孔子家語四卷　(三國魏)王肅注　(明)金蟠訂　清康熙刻本　四册

330000－1701－0002832　善 002228　子部/儒家類/儒家之屬
孔聖家語圖十一卷　(明)吳嘉謨輯　明萬曆十七年(1589)武林吳嘉謨刻本　五册

330000－1701－0002834　善 002232　子部/儒家類/儒家之屬
荀子二十卷　(唐)楊倞注　明刻本　四册

330000－1701－0002835　善 002233　子部/儒家類/儒家之屬
荀子二十卷　(唐)楊倞注　明刻本　四册

330000－1701－0002836　善 002230　子部/儒家類/儒家之屬
集語二卷　(宋)薛據纂　(明)何棠評　明刻唐宋叢書本　佚名批　一册

330000－1701－0002837　善 002237　子部/儒家類/儒家之屬
新語二卷　(漢)陸賈撰　明萬曆二十年(1592)程榮刻漢魏叢書本　王修校　一册

330000－1701－0002838　善 002234　子部/儒家類/儒家之屬

荀子二十卷　(唐)楊倞注　(明)虞九章　(明)王震亨訂正　明刻本　六冊

330000－1701－0002839　善 002235　子部/儒家類/儒家之屬

荀子二十卷　(唐)楊倞注　明刻本　六冊

330000－1701－0002840　善 002236　子部/儒家類/儒家之屬

新語二卷　(漢)陸賈撰　(明)鍾惺評　明刻秘書九種本　單丕過錄清俞樾、清孫詒讓批校　一冊

330000－1701－0002841　善 002240　子部/儒家類/儒學之屬/經濟

新書十卷　(漢)賈誼撰　清光緒元年(1875)浙江書局刻二十二子本　單丕校　二冊

330000－1701－0002842　善 002241　子部/儒家類/儒家之屬

董子二卷　(漢)董仲舒撰　(清)譚獻集校　稿本　清陳壽祺校　一冊　存一卷(上)

330000－1701－0002843　善 002247　子部/儒家類/儒學之屬/經濟

鹽鐵論二卷　(漢)桓寬撰　清光緒元年(1875)湖北崇文書局刻子書百家本　陳漢章批校　二冊

330000－1701－0002844　善 002244　類叢部/叢書類/彙編之屬

兩京遺編十二種　(明)胡維新　(明)原一魁編　明萬曆十年(1582)原一魁刻本　四冊　存一種

330000－1701－0002845　善 002248　子部/儒家類/儒學之屬/經濟

鹽鐵論十卷　(漢)桓寬撰　**校勘小識一卷**　王先謙撰　清光緒十七年(1891)思賢講舍刻本　陳漢章批校　一冊　存六卷(一至六)

330000－1701－0002846　善 002245　子部/儒家類/儒學之屬/經濟

鹽鐵論十二卷　(漢)桓寬撰　(明)張之象注　明萬曆二十年(1592)刻廣漢魏叢書本　單丕校並過錄諸家批校　二冊

330000－1701－0002847　善 002246　子部/儒家類/儒學之屬/經濟

鹽鐵論十二卷　(漢)桓寬撰　(明)張之象注　(明)鍾惺評　明刻秘書九種本　單丕批校　三冊

330000－1701－0002848　善 002257　子部/儒家類/儒學之屬/經濟

說苑二十卷　(漢)劉向撰　清光緒元年(1875)湖北崇文書局刻子書百家本　清譚獻校、跋並過錄清繆荃孫校　潘景鄭題簽並記奇繼跋　四冊

330000－1701－0002849　善 002258　子部/儒家類/儒學之屬/經濟

新纂門目五臣音註揚子法言十卷　(漢)揚雄撰　(晉)李軌　(唐)柳宗元　(宋)宋咸　(宋)吳祕　(宋)司馬光注　明刻本　佚名過錄清顧廣圻批校　六冊

330000－1701－0002850　善 002239　子部/儒家類/儒學之屬/經濟

賈太傅新書十卷附錄二卷　(漢)賈誼撰　(明)孟稱堯評　明天啓六年(1626)孟稱堯刻本　六冊

330000－1701－0002851　善 002259　子部/儒家類/儒學之屬/經濟

新纂門目五臣音註揚子法言十卷　(漢)揚雄撰　(晉)李軌　(唐)柳宗元　(宋)宋咸　(宋)吳祕　(宋)司馬光注　清抄本　四冊

330000－1701－0002852　善 002253　子部/儒家類/儒學之屬/經濟

劉向說苑二十卷　(漢)劉向撰　明刻本　六冊

330000－1701－0002853　善 002252　子部/儒家類/儒學之屬/經濟

劉氏二書三十卷　(漢)劉向撰　明萬曆吳勉學刻本　六冊

330000－1701－0002854　善 002256　子部/

儒家類/儒學之屬/經濟

説苑二十卷 (漢)劉向撰 明末刻廣漢魏叢書本 單丕過録清陳鱣、清黄丕烈校並跋 四册

330000－1701－0002855 善 002254 子部/儒家類/儒學之屬/經濟

説苑二十卷 (漢)劉向撰 明末刻廣漢魏叢書本 佚名過録清清姚覲元校並跋 佚名過録清黄丕烈、清孫志祖、清吴騫跋 二册

330000－1701－0002856 善 002261 子部/儒家類/儒學之屬/經濟

潛夫論十卷 (漢)王符撰 (清)汪繼培箋 清嘉慶二十二年(1817)陳氏刻湖海樓叢書本 陳漢章批校 二册 存七卷(一至二、六至十)

330000－1701－0002857 善 002260 子部/儒家類/儒學之屬/經濟

潛夫論十卷 (漢)王符撰 明刻本 四册

330000－1701－0002858 善 002255 子部/儒家類/儒學之屬/經濟

説苑二十卷 (漢)劉向撰 明萬曆二十年(1592)程榮刻漢魏叢書本 單丕過録清黄丕烈校並跋 四册

330000－1701－0002859 善 002264 子部/儒家類/儒學之屬/經濟

申鑒五卷 (漢)荀悦撰 (明)黄省曾注 明末刻本 一册

330000－1701－0002860 善 002265 子部/叢編

子書百家 (清)崇文書局編 清光緒元年(1875)湖北崇文書局刻本 陳漢章批校 一册 存二種

330000－1701－0002861 善 002266 子部/儒家類/儒學之屬/經濟

傅子三卷 (晉)傅玄撰 清抄本 一册

330000－1701－0002862 善 002268 子部/叢編

六子書 (明)許宗魯編 明嘉靖芸窗書院刻本 二册 存一種

330000－1701－0002863 善 002267 子部/儒家類/儒學之屬/經濟

傅子拾遺二卷 (晉)傅玄撰 清抄本 一册

330000－1701－0002864 善 002270 子部/儒家類/儒學之屬/性理

遺書編一卷 (宋)程顥 (宋)程頤撰 明聶鋐刻本 一册

330000－1701－0002865 善 002274 子部/儒家類/儒學之屬/性理

新刊分類近思録十四卷 (宋)葉采編集 (明)周公恕類次 明建陽坊刻本 四册

330000－1701－0002866 善 002275 子部/儒家類/儒學之屬/性理

近思録十四卷 (宋)朱熹 (宋)吕祖謙撰 清康熙禦兒吕氏寶誥堂刻朱子遺書本 一册

330000－1701－0002867 善 002276 子部/儒家類/儒學之屬/性理

近思録集注十四卷首一卷 (清)茅星來撰 清抄本 十册

330000－1701－0002868 善 002283 子部/儒家類/儒學之屬/性理

朱子語類一百四十卷 (宋)朱熹撰 (宋)黎靖德輯 明萬曆三十二年(1604)朱崇沐刻本 四十册

330000－1701－0002869 善 002280 子部/儒家類/儒學之屬/性理

朱子文語纂編十四卷 (清)嚴鴻逵編 清初抄本 十册

330000－1701－0002870 善 002277 子部/儒家類/儒學之屬

五子近思録十四卷 (明)錢士升輯 明崇禎刻本 六册

330000－1701－0002871 善 002279 類叢部/叢書類/自著之屬

朱子遺書初刻八種二刻七種 (宋)朱熹撰 清康熙禦兒吕氏寶誥堂刻本 十册

330000－1701－0002872　善002286　子部/儒家類/儒學之屬/性理

朱子節要十四卷　(明)高攀龍節要　清雍正九年(1731)刻本　二冊

330000－1701－0002873　善002284　子部/儒家類/儒學之屬/性理

朱子語類一百四十卷　(宋)朱熹撰　(宋)黎靖德輯　明萬曆三十二年(1604)朱崇沐刻崇禎六年(1633)劉澇重修本(卷九十六至九十七配抄本)　三十冊

330000－1701－0002874　善002281　子部/儒家類/儒學之屬/性理

朱子讀書法四卷　(宋)朱熹撰　(宋)張洪(宋)齊熙編　清王氏重論文齋抄本　四冊

330000－1701－0002875　善002287　子部/儒家類/儒學之屬/性理

先聖大訓六卷　(宋)楊簡撰　明萬曆四十三年(1615)張翼軫等刻本　六冊

330000－1701－0002876　善002288　子部/儒家類/儒學之屬/性理

先聖大訓六卷　(宋)楊簡撰　明刻本　五冊　存五卷(一至三、五至六)

330000－1701－0002877　善002289　子部/儒家類/儒學之屬/性理

潛室陳先生木鍾集十二卷　(宋)陳埴撰　清抄本　四冊

330000－1701－0002878　善002293　子部/儒家類/儒學之屬/經濟

大學衍義補一百六十卷首一卷　(明)丘濬撰　明崇禎陳仁錫刻梅墅石渠閣印本　三十冊

330000－1701－0002879　善002290　子部/儒家類/儒學之屬/經濟

大學衍義四十三卷　(宋)真德秀撰　明崇禎陳仁錫刻本　日本裳題記　十一冊

330000－1701－0002880　善002294　子部/儒家類/儒學之屬/經濟

大學衍義補纂要六卷　(明)徐栻輯　明萬曆元年(1573)嘉禾張應治等九江府刻本　六冊

330000－1701－0002881　善002302　子部/儒家類/儒學之屬/性理

新刊性理大全七十卷　(明)胡廣等撰　明刻本　三十二冊

330000－1701－0002882　善002295　子部/儒家類/儒學之屬/禮教/鑑戒

東宮備覽六卷　(宋)陳模撰　清王氏重論文齋抄本　清王氏重論文齋過錄清朱彝尊跋　二冊

330000－1701－0002883　善002303　子部/儒家類/儒學之屬/性理

新鐫性理節要八卷　(明)蘇文韓輯　明萬曆刻本　八冊

330000－1701－0002884　善002305　子部/儒家類/儒學之屬/性理

性理群書集覽七十卷　題玉峰道人輯　明書林劉氏日新堂刻本　三十八冊　存五十五卷(四至五十八)

330000－1701－0002885　善002311　子部/儒家類/儒學之屬/性理

讀書錄十一卷　(明)薛瑄撰　明萬曆二年(1574)湖廣布政司刻本　八冊

330000－1701－0002886　善002306　子部/儒家類/儒學之屬/性理

新刊性理集要八卷　(明)詹淮輯　明李廷海刻本　八冊

330000－1701－0002887　善002307　子部/儒家類/儒學之屬/性理

性理標題綜要二十二卷　(明)詹淮撰　(明)陳仁錫訂正　明崇禎刻本　八冊

330000－1701－0002888　善002310　子部/儒家類/儒學之屬/性理

薛文清公讀書全録類編二十卷　(明)薛瑄撰　(明)侯鶴齡輯　明萬曆二十四年(1596)刻本　十冊

330000－1701－0002889　善002309　子部/儒家類/儒學之屬/性理

薛文清公讀書全録類編二十卷　(明)薛瑄撰

（明）侯鶴齡輯　明萬曆二十四年（1596）刻本　八冊

330000－1701－0002890　善002308　子部/儒家類/儒學之屬/性理
性理會通七十卷續編四十二卷　（明）鍾人傑輯　明崇禎鍾人傑刻本　二十四冊

330000－1701－0002891　善002315　子部/儒家類/儒學之屬/性理
唐荆川先生編纂諸儒語要十卷　（明）唐順之輯　明萬曆三十年（1602）吴達可刻本　六冊

330000－1701－0002892　善002296　子部/儒家類/儒學之屬/勸學
程氏家塾讀書分年日程三卷綱領一卷　（元）程端禮撰　明刻本　三冊　存三卷（一至二、綱領）

330000－1701－0002893　善002312　子部/儒家類/儒學之屬/性理
程氏遺書分類三十一卷外書分類十卷　（宋）程顥　（宋）程頤撰　（明）楊廉輯　明刻本　二十冊

330000－1701－0002894　善002317　子部/儒家類/儒學之屬/性理
陸王二先生要語類抄六卷　（明）蕭廩輯　明萬曆二年（1574）刻本　一冊　存三卷（陽明先生要語一至三）

330000－1701－0002895　善002319　子部/儒家類/儒學之屬/蒙學
小學新編摘畧三卷　（明）劉元卿輯　明萬曆二十五年（1597）賀應甲刻本　一冊

330000－1701－0002896　善002320　子部/儒家類/儒學之屬/性理
䵷記四卷　（明）錢一本撰　明萬曆四十一年（1613）錢一本日啓新齋刻本　四冊

330000－1701－0002897　善002318　子部/儒家類/儒學之屬/性理
汪子中詮六卷　（明）汪應蛟撰　清康熙刻本　六冊

330000－1701－0002898　善002322　子部/儒家類/儒學之屬/經濟
衡門芹一卷　（明）辛全撰　明晉淑健等刻本　一冊

330000－1701－0002899　善002321　子部/儒家類/儒學之屬/性理
南皋鄒先生會語合編二卷講義合編二卷　（明）鄒元標撰　明萬曆四十七年（1619）龍遇奇刻本　四冊

330000－1701－0002900　善002323　子部/儒家類/儒學之屬/性理
理學雜著不分卷　（明）黄守拙撰　（明）歐陽東註集　清抄本　二冊

330000－1701－0002901　善002328　子部/儒家類/儒學之屬/性理
理學録九卷　（清）姜希轍輯　清抄本　四冊

330000－1701－0002902　善002331　子部/儒家類/儒學之屬/性理
榕壇問答一卷　（清）蔣堂徽輯　稿本　一冊

330000－1701－0002903　善002330　子部/儒家類/儒學之屬/經濟
崔寔政論一卷　（漢）崔寔撰　（清）嚴可均輯　清陶濬宣抄本　陶濬宣校並跋　一冊

330000－1701－0002904　善002332　子部/儒家類/儒學之屬/經濟
王學質疑五卷　（清）張烈撰　**附録一卷**　（清）陸隴其輯　清抄本　一冊

330000－1701－0002906　善002325　子部/儒家類/儒學之屬/性理
新鐫性理奧十卷首一卷　（明）丁進撰　明天啓六年（1626）刻本　三冊

330000－1701－0002907　善002336　子部/儒家類/儒學之屬/性理
漱經齋座右銘類編一卷　（清）汪汲撰　清嘉慶九年（1804）漱經齋抄本　一冊

330000－1701－0002908　善002327　子部/儒家類/儒學之屬/性理

王門宗旨十四卷 (明)周汝登輯 明萬曆余懋孳刻本 十一冊 存十一卷(一至四、六至十、十三至十四)

330000－1701－0002909 善002338 子部/儒家類/儒學之屬

大意尊聞三卷 (清)方東樹撰 **儀衛先生[方東樹]行狀一卷** (清)方宗誠撰 **附錄一卷** (清)方宗誠輯 清抄本 鍾山批並跋 鍾山過錄伯遠批 一冊

330000－1701－0002910 善002340 子部/儒家類/儒學之屬/性理

儒史略一卷 (清)余炳文撰 清光緒三十二年(1906)京師學務處官書局鉛印本 陳漢章批校並跋 一冊

330000－1701－0002911 善002341 子部/儒家類/儒學之屬/性理

求艾錄十卷 (清)楊以貞撰 稿本 二冊

330000－1701－0002912 善002339 子部/儒家類/儒學之屬/性理

師友言行記四卷 (清)方宗誠輯 清宣統三年(1911)周氏鴿峰草堂抄本 周大輔校並跋 二冊

330000－1701－0002913 善002329 類叢部/叢書類/彙編之屬

正誼堂叢書三十二種 (清)張伯行編 清康熙四十六年(1707)刻本 三冊 存一種

330000－1701－0002914 善002342 子部/儒家類/儒學之屬/勸學

勸學篇末議一卷 (清)楊以貞撰 稿本 一冊

330000－1701－0002915 善002326 子部/儒家類/儒學之屬/禮教/鑑戒

帝祖萬年金鑑録三卷 (明)汪循撰 清乾隆四十四年(1779)汪家相抄本 賀揚靈觀款 三冊

330000－1701－0002916 善002343 子部/儒家類/儒學之屬/性理

習是編二卷 (清)屈成霖輯 清乾隆十三年(1748)屈氏豫簪堂刻本 十冊

330000－1701－0002917 善002344 子部/儒家類/儒學之屬/蒙學

養正圖解不分卷 (明)焦竑撰 (明)丁雲鵬繪 明萬曆二十二年(1594)吴懷讓刻本 二冊

330000－1701－0002918 善002345 子部/儒家類/儒學之屬/蒙學

養正圖解不分卷 (明)焦竑撰 (明)丁雲鵬繪 明萬曆鄭氏金陵奎壁齋刻本 四冊

330000－1701－0002919 善002350 子部/道家類

鬳齋三子口義三種 (宋)林希逸撰 明萬曆二年(1574)施觀民刻本 四冊

330000－1701－0002921 善002351 子部/道家類

四子全書九卷 (明)董逢元編 明萬曆二十三年(1595)董氏秋聲閣刻緑筠堂印本 四冊

330000－1701－0002922 善002347 子部/道家類

道德南華二經評註合刻十二卷 (明)歸有光輯 (明)文震孟訂 明天啓四年(1624)文震孟竺塢刻本 十二冊

330000－1701－0002923 善002348 子部/道家類

玉堂校傳如崗陳先生二經精解全編九卷 (明)陳懿典撰 明萬曆二十二年(1594)熊雲濱刻本 九冊

330000－1701－0002924 善002353 子部/道家類

四子全書九卷 (明)董逢元編 明萬曆二十三年(1595)董氏秋聲閣刻緑筠堂印本 一冊 存一種

330000－1701－0002925 善002354 子部/道家類

老子道德真經二卷 (三國魏)王弼註 **道德經古今本攷正一卷** 明刻本 單丕過錄清洪頤煊、清俞樾批校 三冊

330000－1701－0002926　善 002356　子部/道家類

道德真經註四卷　(三國魏)王弼撰　明抄本　一冊

330000－1701－0002927　善 002355　子部/道家類

老子道德真經二卷　(三國魏)王弼註　**道德經古今本攷正一卷**　明刻本　二冊

330000－1701－0002928　善 002360　子部/道家類

劉須溪先生批註三子　明末刻本　一冊　存一種

330000－1701－0002929　善 002358　子部/道家類

道德真經註疏八卷　(齊)顧歡撰　清丁氏遲雲樓抄本　一冊

330000－1701－0002930　善 002357　子部/道家類

老子道德經二卷　(三國魏)王弼注　清乾隆四十二年(1777)浙江刻武英殿聚珍版書本　清丁晏批校並跋　二冊

330000－1701－0002931　善 002363　子部/道家類

老莊翼十一卷　(明)焦竑撰　明萬曆十六年(1588)王元貞刻本　三冊　存三卷(老子翼一至三)

330000－1701－0002932　善 002361　子部/道家類

道德真經集註十八卷雜說二卷釋文一卷　(宋)彭耜撰　清抄本　二冊　存三卷(雜說一至二、釋文)

330000－1701－0002934　善 002362　子部/道家類

老莊通十四卷　(明)沈一貫撰　明萬曆十五年至十六年(1587－1588)蔡貴易刻本　二冊　存三卷(老子通一至二、讀老槩辨)

330000－1701－0002935　善 002366　子部/道家類

老莊解七卷　(明)陶望齡撰　明萬曆四十三年(1615)劉廷元刻本　三冊

330000－1701－0002936　善 002368　子部/叢編

合諸名家批點諸子全書三十三種　(明)□□編　明天啓武林刻本　五冊　存七種

330000－1701－0002937　善 002369　子部/道家類

四子書二十三卷　明萬曆九年(1581)陳楠刻本　一冊　存一種

330000－1701－0002938　善 002370　子部/道家類

四經　(明)王一清編　明萬曆刻本　王修跋　四冊　存一種

330000－1701－0002939　善 002372　子部/道家類

四子書二十三卷　明萬曆九年(1581)陳楠刻本　四冊　存一種

330000－1701－0002940　善 002371　子部/道家類

沖虛真經八卷　明萬曆九年(1581)陳楠刻四子書本　清又新批　一冊

330000－1701－0002941　善 002374　子部/道家類

四子全書九卷　(明)董逢元編　明萬曆二十三年(1595)董氏秋聲閣刻本　二冊　存一種

330000－1701－0002942　善 002377　子部/道家類

三子口義　(宋)林希逸撰　明萬曆二年(1574)敬義堂刻本　二冊　存一種

330000－1701－0002943　善 002378　子部/道家類

莊子十卷　(晉)郭象注　(唐)陸德明音義　清光緒二年(1876)浙江書局刻二十二子本　清蕭志漢跋並過錄清譚獻、孫仲華批校　四冊

330000－1701－0002944　善 002376　子部/

道家類

沖虛至德真經八卷　（晉）張湛注　明刻重刊京本纂圖互註標題六子全書本　王修校並題記　三冊

330000－1701－0002945　善 002379　子部/道家類

莊子郭註十卷　（晉）郭象撰　（唐）陸德明音義　明萬曆三十三年（1605）鄒之嶧刻重修本　四冊

330000－1701－0002946　善 002383　子部/道家類

南華經注疏三十五卷　（晉）郭象注　（唐）成玄英疏　清宜銘金室抄本　十冊

330000－1701－0002947　善 002384　子部/道家類

老莊郭注會解九卷　（明）潘基慶撰　明萬曆刻本　四冊　存七卷（南華經一至七）

330000－1701－0002948　善 002385　子部/道家類

南華真經副墨八卷讀南華真經雜說一卷　（明）陸西星撰　明萬曆十三年（1585）孫大綬刻本　八冊

330000－1701－0002949　善 002388　子部/道家類

南華真經旁注五卷　（明）方虛名撰　明萬曆二十二年（1594）刻本　五冊

330000－1701－0002950　善 002387　子部/道家類

南華真經副墨八卷讀南華經雜說一卷　（明）陸西星撰　明刻本　清王梓材跋　毛春翔題記　二十冊

330000－1701－0002951　善 002389　子部/道家類

南華經薈解三十三卷　（明）郭良翰輯　明萬曆四十六年（1618）郭良翰萬卷堂刻本　六冊

330000－1701－0002952　善 002390　子部/道家類

鍥南華真經三註大全二十一卷　（明）陳懿典輯　明萬曆二十一年（1593）閩書林余氏自新齋刻本　十冊

330000－1701－0002953　善 002391　子部/道家類

南華發覆八卷　（明）釋性涵撰　清乾隆十四年（1749）雲林懷德堂刻本　六冊

330000－1701－0002954　善 002392　子部/道家類

南華簡鈔（南華經）四卷　（清）徐廷槐輯注　清乾隆六年（1741）刻本　清曹景高批點　六冊

330000－1701－0002955　善 002393　子部/道家類

南華真經本義十六卷附録八卷　（明）陳治安撰　明崇禎五年（1632）存義堂刻本　十冊

330000－1701－0002956　善 002397　子部/道家類

老莊翼十一卷　（明）焦竑撰　明萬曆十六年（1588）王元貞刻本　四冊　存八卷（莊子翼一至八）

330000－1701－0002957　善 002394　子部/道家類

南華發覆八卷　（明）釋性涵撰　清乾隆十四年（1749）雲林懷德堂刻本　六冊

330000－1701－0002958　善 002400　子部/道家類

莊子解十二卷　（清）吳世尚註評　清雍正四年（1726）吳世尚易老莊書屋刻本　八冊

330000－1701－0002959　善 002396　子部/道家類

古蒙莊子四卷　（明）吳宗儀校釋　明萬曆三十九年（1611）西吳王繼賢蒙城縣學刻本　四冊

330000－1701－0002960　善 002401　子部/道家類

莊子釋意三卷　（清）高秋月撰　清康熙二十九年（1690）曹同春文粹堂刻曹家擁重修莊騷合刻本　清管庭芬批校並跋　三冊

330000－1701－0002961　善 002402　子部/法家類
管韓合刻四十四卷　(明)趙用賢編　明萬曆十年(1582)趙用賢刻本　十册

330000－1701－0002962　善 002403　子部/叢編
中立四子集　(明)朱東光編　(明)張登雲參補　明萬曆七年(1579)臨川朱東光刻本　六册　存一種

330000－1701－0002963　善 002404　子部/法家類
管子二十四卷　(唐)房玄齡注　(明)劉績補注　(明)張榜等評　明天啓五年(1625)朱養純花齋刻本　十册

330000－1701－0002964　善 002409　子部/法家類
管韓合纂四卷　(明)張榜纂　明末刻本　二册

330000－1701－0002965　善 002408　子部/法家類
管韓合纂四卷春秋公羊穀梁傳合纂二卷　(明)張榜纂　明萬曆三十九年(1611)刻本　六册

330000－1701－0002966　善 002398　子部/道家類
莊子膏肓四卷　(明)葉秉敬註　明萬曆刻本　四册

330000－1701－0002967　善 002411　子部/法家類
管子榷二十四卷　(明)朱長春撰　明萬曆四十年(1612)張維樞刻本　二十册

330000－1701－0002968　善 002410　子部/法家類
管韓合纂四卷　(明)張榜纂　明刻本　二册　存二卷(管子纂一至二)

330000－1701－0002970　善 002413　子部/法家類
商子五卷　明末刻本　朱師轍校　一册

330000－1701－0002971　善 002412　子部/法家類
鄧析子一卷　清抄本　單丕過錄清孫詒讓、清俞樾等批校　一册

330000－1701－0002972　善 002414　子部/法家類
商君書五卷　(清)嚴可均校　**商君書附考一卷**　(清)嚴可均輯　清光緒二年(1876)浙江書局刻二十二子本　朱師轍校並跋　一册

330000－1701－0002973　善 002415　子部/法家類
韓子二十卷附錄一卷　明天啓五年(1625)趙如源刻本　四册

330000－1701－0002974　善 002416　子部/法家類
管韓合刻四十四卷　(明)趙用賢編　明萬曆十年(1582)趙用賢刻本　六册　存二十卷(韓非子一至二十)

330000－1701－0002975　善 002417　子部/法家類
韓非子二十卷　(明)凌瀛初訂注　明萬曆凌瀛初刻本　六册

330000－1701－0002976　善 002418　子部/法家類
韓非子二十卷　明刻本　八册

330000－1701－0002977　善 002419　子部/法家類
韓子二十卷附錄一卷　明萬曆十八年(1590)張壽朋刻本　八册

330000－1701－0002978　善 002424　子部/法家類
管韓合纂四卷　(明)張榜纂　明刻本　一册　存二卷(韓非子纂一至二)

330000－1701－0002979　善 002420　子部/法家類
韓子迂評二十卷　(明)門無子撰　**附錄一卷**　明萬曆六年(1578)門無子刻本　八册

330000－1701－0002980　善 002425　子部/法家類
韓非子二十卷　識誤三卷　（清）顧廣圻撰　清嘉慶二十三年（1818）全椒吳鼒刻本　守齋校　四冊

330000－1701－0002981　善 002427　子部/法家類
韓非子集解二十卷首一卷　（清）王先慎撰　清光緒二十二年（1896）刻本　單丕過錄清盧文弨校　六冊

330000－1701－0002982　善 002428　子部/法家類
韓非子集解二十卷首一卷　（清）王先慎撰　清光緒二十二年（1896）刻本　陳漢章校　六冊

330000－1701－0002983　善 002421　子部/法家類
韓子迂評二十卷　（明）門無子撰　**附錄一卷**　明萬曆刻本　八冊

330000－1701－0002984　善 002430　史部/政書類/律令之屬/刑制
刑統賦二卷　（宋）傅霖撰　清宣統三年（1911）周氏鴿峰草堂影寫士禮居仿宋樣本　一冊

330000－1701－0002985　善 002433　子部/兵家類/兵法之屬
重鐫武經七書集註八卷　（明）李清撰　明天啓四年（1624）李逢申刻本　四冊

330000－1701－0002986　善 002431　史部/政書類/律令之屬/治獄
鍥評釋勝蕭曹遺筆四卷　（明）西吳空洞主人彙輯　明萬曆二十九年（1601）吳西漱玉軒刻本　四冊

330000－1701－0002987　善 002423　子部/法家類
韓子迂評二十卷　（明）門無子撰　明萬曆刻本　八冊

330000－1701－0002988　善 002432　子部/兵家類/兵法之屬
新鐫增補標題武經七書七卷　（明）陳玖學等訂　明萬曆四十二年（1614）金閶十乘樓刻本　六冊

330000－1701－0002989　善 002434　子部/兵家類/兵法之屬
七書參同七卷　（明）李贄推釋　（明）范方評次　明末東壁齋刻重修本　二冊

330000－1701－0002990　善 002422　子部/法家類
韓子迂評二十卷　（明）門無子撰　**附錄一卷**　明刻本　六冊

330000－1701－0002991　善 002426　史部/政書類/律令之屬/刑制
敬由編十二卷　（明）竇子偁撰　明萬曆三十九年（1611）浙江按察司刻本　六冊

330000－1701－0002993　善 002436　子部/兵家類/兵法之屬
新鐫五經標題七書十卷　（明）謝弘儀輯　明末刻本　四冊　存九卷（一至四、六至十）

330000－1701－0002994　善 002438　子部/兵家類/兵法之屬
兵垣四編四卷附四卷　（明）閔聲編　清抄本　王修跋　四冊

330000－1701－0002995　善 002440　子部/兵家類/兵法之屬
孫子書三卷　（明）趙本學解　明萬曆七年（1579）梁夢龍刻本　王修跋　三冊

330000－1701－0002996　善 002442　子部/兵家類/兵法之屬
神機制敵太白陰經十卷　（唐）李筌撰　清抄本　佚名過錄清王芑孫跋　四冊

330000－1701－0002997　善 002445　子部/兵家類/兵法之屬
新刊官板批評正百將傳十卷　（宋）張預撰　（明）趙光裕評　**續百將傳四卷**　（明）何喬新輯　（明）趙光裕評　明萬曆十七年（1589）金陵周曰校刻本　二冊　存四卷（續百將傳一

至四)

330000－1701－0002998　善 002441　子部/兵家類/兵法之屬
孫子參同三卷　(明)李贄撰　明萬曆刻本　三冊

330000－1701－0002999　善 002444　子部/兵家類/兵法之屬
新刊官板批評正百將傳十卷　(宋)張預撰　(明)趙光裕評　**新刊官板續百將傳四卷**　(明)何喬新輯　(明)趙光裕評　明余元長萃慶堂刻重修本　八冊

330000－1701－0003000　善 002446　史部/傳記類/總傳之屬
古今將畧四卷　(明)馮孜輯　明萬曆十八年(1590)刻本　一冊　存一卷(一)

330000－1701－0003001　善 002447　史部/傳記類/總傳之屬
註釋評點古今名將傳十七卷附録一卷　(明)陳元素評點　明天啓刻本　八冊

330000－1701－0003002　善 002453　子部/兵家類/操練之屬
陣紀四卷　(明)何良臣撰　清抄本　一冊

330000－1701－0003003　善 002449　史部/傳記類/總傳之屬/通代
近花樓纂釋分類合法百將全傳二卷　(明)陳裕精輯　清康熙俞大縉刻本　二冊

330000－1701－0003004　善 002451　子部/兵家類/兵法之屬
唐荆川先生纂輯武編前六卷後六卷　(明)唐順之編　明萬曆四十六年(1618)武林徐象橒曼山館刻重修本　十二冊

330000－1701－0003005　善 002452　子部/兵家類/兵法之屬
唐荆川先生纂輯武編前六卷後六卷　(明)唐順之編　明萬曆四十六年(1618)武林徐象橒曼山館刻重修本　十二冊

330000－1701－0003006　善 002448　史部/傳記類/總傳之屬
新鐫旁批詳註總斷廣名將譜二十卷　(明)黄道周註斷　明崇禎十六年(1643)刻清康熙重修本　八冊

330000－1701－0003007　善 002454　子部/兵家類/兵法之屬
握機經三卷　(明)文彭輯　(明)曹胤儒集註　清初抄本　一冊

330000－1701－0003008　善 002461　子部/兵家類/兵法之屬
登壇必究四十卷　(明)王鳴鶴編輯　明萬曆刻本　三十冊

330000－1701－0003009　善 002456　子部/兵家類/兵法之屬
紀效新書十四卷　(明)戚繼光撰　清抄本　六冊

330000－1701－0003010　善 002457　子部/兵家類/兵法之屬
握機經二卷　(明)程道生輯　明末刻本　三冊

330000－1701－0003011　善 002459　子部/兵家類/兵法之屬
武德全書十五卷　(明)李槃輯　(明)李名世集註　(明)李贇世補註　(明)李匡世訂證　明萬曆十八年(1590)汪一鸞刻本　一冊　存六卷(一至六)

330000－1701－0003012　善 002458　子部/兵家類/兵法之屬
握機經二卷　(明)程道生輯　清抄本　二冊

330000－1701－0003013　善 002463　子部/兵家類/兵法之屬
師律十六卷　(明)范景文輯　明崇禎刻本　八冊　存十四卷(一至五、八至十六)

330000－1701－0003014　善 002460　子部/兵家類/兵法之屬
金湯借箸十二籌十二卷　(明)李盤等撰　清抄本　十冊

330000－1701－0003015　善002464　子部/兵家類
安民實務不分卷　(明)呂坤撰　清抄本　二册

330000－1701－0003016　善002466　子部/兵家類/兵法之屬
左氏兵法測要二十卷首二卷　(明)宋徵璧撰　明崇禎十年(1637)劍閒齋刻龔氏石經樓印本　二十册

330000－1701－0003017　善002465　子部/兵家類/兵法之屬
兵錄十四卷　(明)何汝賓輯　清抄本　五册　存四卷(一至四)

330000－1701－0003018　善002467　子部/兵家類/兵法之屬
兵書八種　清抄本　八册

330000－1701－0003019　善002469　子部/兵家類/兵法之屬
古今紆籌十卷　(明)朱錦輯　(明)朱豫淳等評正　明崇禎十二年(1639)朱泌之刻本　錢南揚題記並跋　四册

330000－1701－0003020　善002468　子部/兵家類
武經數目全題正解一卷　清抄本　一册

330000－1701－0003021　善002472　子部/兵家類/操練之屬
車營百八叩不分卷附錄二卷　(明)孫承宗撰　清同治八年(1869)傅氏長恩閣抄本　清傅以禮跋　二册

330000－1701－0003022　善002470　子部/術數類/陰陽五行之屬
講武全書兵占二十七卷　(明)丁繼嗣輯　明崇禎十二年(1639)脩德堂刻本　二十册

330000－1701－0003023　善002471　子部/術數類/陰陽五行之屬
講武全書兵占二十七卷　(明)丁繼嗣輯　明崇禎十二年(1639)脩德堂刻本　十六册

330000－1701－0003024　善002473　子部/兵家類/兵法之屬
火攻玄機十卷　清抄本　二册

330000－1701－0003025　善002474　子部/術數類/陰陽五行之屬
百傳神方一卷　清抄本　一册

330000－1701－0003026　善002475　子部/兵家類/兵法之屬
水師輯要一卷　(清)陳良弼撰　**太湖用兵紀畧一卷防湖論畧二卷**　清抄本　一册

330000－1701－0003027　善002478　史部/時令類
四民月令一卷　(漢)崔寔撰　(清)嚴可均輯　清光緒三年(1877)唐嘉登抄本　清唐嘉登批校並跋　一册

330000－1701－0003028　善002477　子部/兵家類/兵法之屬
洴澼百金方十四卷　(清)袁宫桂撰　清抄本　六册

330000－1701－0003029　善002481　子部/農家農學類/農藝之屬
新刻增集紀驗田家五行三卷　(元)婁元禮撰　**田家五行拾遺一卷**　明萬曆四十年(1612)茅樗刻本　一册

330000－1701－0003030　善002484　子部/農家農學類/園藝之屬/花卉
秘傳花鏡六卷　(清)陳淏子撰　清康熙金閶書業堂刻本　四册

330000－1701－0003031　善002482　子部/農家農學類/蠶桑之屬
廣蠶桑説一卷　(清)沈練撰　清末抄本　一册

330000－1701－0003032　善002483　子部/農家農學類/蠶桑之屬
橡繭圖説二卷　(清)劉祖憲撰　清道光七年(1827)劉祖憲刻本　一册

330000－1701－0003033　善002485　子部/

農家農學類/總論之屬
雙谿物產疏十五卷 (清)陳經撰 清嘉慶二十一年(1816)稚春堂刻本 十二冊

330000－1701－0003034 善002479 類叢部/叢書類/彙編之屬
祕冊彙函二十四種 (明)沈士龍 (明)胡震亨編 明萬曆刻本 八冊 存一種

330000－1701－0003036 善002488 子部/醫家類/類編之屬
東垣十書 明末刻本 孫峻跋 三冊 存三種

330000－1701－0003037 善002490 子部/醫家類/傷寒金匱之屬/傷寒論
劉河間傷寒六書附二種 (金)劉完素等撰 明萬曆二十九年(1601)吳勉學刻清步月樓印本 八冊

330000－1701－0003038 善002493 子部/醫家類/醫經之屬/內經
黃帝內經素問二十四卷 (明)吳崑注 明萬曆三十七年(1609)刻本 十冊

330000－1701－0003039 善002491 子部/醫家類/類編之屬
古今醫統正脈全書四十四種 (明)王肯堂編 明萬曆二十九年(1601)新安吳勉學刻本 六十六冊 缺一卷(重廣補註黃帝內經素問遺篇)

330000－1701－0003040 善002489 子部/醫家類/類編之屬
薛氏醫按二十四種 (明)吳琯編 明萬曆刻本 四十冊

330000－1701－0003041 善002492 子部/醫家類/類編之屬
醫學六要十九卷 (明)張三錫撰 明萬曆刻崇禎十七年(1644)張維藩等重修本 四十八冊

330000－1701－0003042 善002495 子部/醫家類/綜合之屬
古今醫統大全一百卷 (明)徐春甫輯 明刻本(卷十三、二十四、三十四、九十一、九十三、九十六至九十七配清抄本) 六十四冊

330000－1701－0003043 善002494 子部/醫家類/類編之屬
證治準繩六種(醫書六種) (明)王肯堂撰 明萬曆三十年至三十六年(1602－1608)刻清康熙三十一年(1692)金壇虞氏重修本 四十四冊

330000－1701－0003044 善002498 子部/醫家類/醫經之屬/內經
黃帝內經素問二十四卷 清有餘師齋抄本 四冊

330000－1701－0003045 善002503 子部/醫家類/醫經之屬/內經
新刊黃帝內經靈樞二十四卷 (宋)史崧音釋 明萬曆刻本 六冊

330000－1701－0003046 善002496 子部/醫家類/醫經之屬/內經
重廣補註黃帝內經素問二十四卷 (唐)王冰注 (宋)林億等校正 (宋)孫兆改誤 **新刊黃帝內經靈樞二十四卷** (宋)史崧音釋 明書林周曰校刻本 七冊

330000－1701－0003047 善002505 子部/醫家類/醫經之屬/內經
類經三十二卷 (明)張介賓類注 **類經圖翼十一卷附翼四卷** (明)張介賓撰 明天啓四年(1624)會稽張介賓刻金閶萬賢樓印本 二十四冊

330000－1701－0003048 善002501 子部/醫家類/醫經之屬/內經
黃帝內經素問節文註釋十卷 (明)黃俅撰 明末武林卓觀堂刻本 八冊

330000－1701－0003049 善002507 子部/醫家類/醫經之屬/難經
難經二卷 清有餘師齋抄本 一冊

330000－1701－0003050 善002506 子部/醫家類/醫經之屬/難經
古本難經四卷 題(戰國)扁鵲撰 清抄本

四冊

330000－1701－0003051　善 002510　子部/醫家類/醫經之屬/内經

類經三十二卷　(明)張介賓類注　**類經附翼**

新方八法一卷　(明)張介賓撰　清抄本　十六冊

330000－1701－0003052　善 002509　子部/醫家類/醫經之屬/難經

圖註八十一難經辨真四卷　(明)張世賢撰　清乾隆十六年(1751)玉樹堂刻本　清薛雪批校　二冊　存二卷(一至二)

330000－1701－0003053　善 002508　子部/醫家類/醫經之屬/難經

難經廣説一卷　(清)王三重撰　(清)郁宦元刪補　清抄本　二冊

330000－1701－0003054　善 002514　子部/醫家類/本草之屬/歷代綜合本草

本草發明六卷　(明)皇甫嵩　(明)皇甫相撰　明萬曆刻本　六冊

330000－1701－0003055　善 002519　子部/醫家類/本草之屬/歷代綜合本草

本草綱目五十二卷首一卷圖三卷奇經八脉攷一卷脉訣攷證一卷瀕湖脈學一卷　(明)李時珍撰　**本草萬方鍼線八卷藥品總目一卷**　(清)蔡烈先輯　**本草綱目拾遺十卷首一卷**　(清)趙學敏輯　清光緒十一年至十三年(1885－1887)合肥張紹棠味古齋刻本　陳漢章批校　三十六冊　缺十卷(十七、二十八至三十,瀕湖脈學,奇經八脈攷,脈訣攷證,萬方鍼線六至八)

330000－1701－0003056　善 002515　子部/醫家類/本草之屬/神農本草經

神農本草經疏三十卷　(明)繆希雍撰　明天啓五年(1625)毛晉綠君亭刻本　十四冊

330000－1701－0003057　善 002524　子部/醫家類/本草之屬/本草藥性

鐫補雷公炮製藥性解六卷　(明)李中梓撰　明末唐鯉飛刻本　四冊

330000－1701－0003058　善 002518　子部/醫家類/本草之屬/歷代綜合本草

本草綱目五十二卷圖三卷脉訣攷證一卷奇經八脉攷一卷瀕湖脉學一卷　(明)李時珍撰　清順治十二年(1655)吴毓昌刻太和堂重修本　三十二冊

330000－1701－0003059　善 002520　子部/醫家類/本草之屬/歷代綜合本草

本草乘雅半偈十卷　(明)盧之頤撰　清抄本　十冊

330000－1701－0003060　善 002522　子部/醫家類/類編之屬

張氏醫書七種　(清)張璐等撰　清康熙金閶寶翰樓刻本　四冊　存一種

330000－1701－0003061　善 002521　子部/醫家類/本草之屬/歷代綜合本草

本草桴應一卷　(清)陳立觀集記　(清)陳基傳錄存　稿本　一冊

330000－1701－0003062　善 002530　子部/醫家類/診法之屬/脈經脈訣

家傳太素脉秘訣二卷　(明)張太素撰　(明)劉伯詳注　明周文煒刻清致和堂重修本　二冊

330000－1701－0003063　善 002527　子部/醫家類/診法之屬/脈經脈訣

醫燈續焰二十一卷　(宋)崔嘉彦撰　(明)李言聞刪補　(清)潘楫註　(清)王佑賢評　清順治九年(1652)陸地舟刻本　二十二冊

330000－1701－0003065　善 002532　子部/醫家類/方書之屬/歷代方書

千金翼方三十卷　(唐)孫思邈撰　明萬曆三十三年(1605)王肯堂刻本　十冊

330000－1701－0003066　善 002531　子部/醫家類/診法之屬/歷代脈學

脉貫九卷　(清)王賢撰　清康熙五十年(1711)王賢盛德堂刻本　六冊

330000－1701－0003067　善 002533　子部/醫家類/方書之屬/單方驗方

類症普濟本事方十卷　(宋)許叔微撰　清王陳梁刻本　三冊

330000－1701－0003068　善 002534　子部/醫家類/方書之屬/歷代方書
衛生易簡方三卷　(明)胡濙撰　(清)無思子録　清初抄本　三冊

330000－1701－0003069　善 002539　子部/醫家類/方書之屬/單方驗方
丹溪心法附餘二十四卷首一卷　(明)方廣輯　明葉覲刻本　十六冊

330000－1701－0003070　善 002537　子部/醫家類/綜合之屬/通論
醫學綱目三十九卷首一卷　(明)樓英撰　清初抄本　二十四冊

330000－1701－0003071　善 002536　子部/醫家類/綜合之屬/通論
醫學引彀一卷附方前卷一卷附方後卷一卷　(元)滑壽著　(明)吳崧校刻　**附録一卷**　(明)朱右著　明吳崧刻滑氏方脉本　佚名題記　五冊

330000－1701－0003072　善 002523　子部/醫家類/本草之屬/本草雜著
本草詩三百首一卷　(清)蘋香居士撰　(清)江誠增補　清余子和五之軒抄本　余紹宋跋　一冊

330000－1701－0003073　善 002541　子部/醫家類/綜合之屬/通論
編註醫學入門七卷首一卷　(明)李梴撰　明萬曆刻崇禎遞修本　八冊

330000－1701－0003074　善 002526　子部/醫家類/診法之屬/脈經脈訣
刪正脉訣理玄一卷　(宋)劉開撰　(清)范龍刪正　清抄本　一冊

330000－1701－0003075　善 002542　子部/醫家類/方書之屬/歷代方書
新編醫學正傳八卷　(明)虞摶編　(明)虞守愚校　明萬曆六年(1578)邊有猷刻本　八冊

330000－1701－0003076　善 002543　子部/醫家類/方書之屬/歷代方書
刻醫無閭子醫貫六卷　(明)趙獻可撰　明末書林張起鵬刻本　一冊　存五卷(一至五)

330000－1701－0003077　善 002544　子部/醫家類/方書之屬/歷代方書
樹滋堂秘傳醫要二十四方一卷方脈便覽四卷　(清)劉佐臨　(清)劉壯國校定　清康熙抄本　二冊

330000－1701－0003079　善 002546　子部/醫家類/方書之屬/歷代方書
古今名方摘要歌不分卷　(清)許栽撰　清同治七年(1868)陳德滋抄本　清陳德滋跋　六冊

330000－1701－0003080　善 002549　子部/醫家類/醫案之屬
寓意草一卷　(明)喻昌撰　明崇禎十六年(1643)刻本　四冊

330000－1701－0003081　善 002547　子部/醫家類/方書之屬/歷代方書
秘授驗過良方不分卷　清抄本　四冊

330000－1701－0003082　善 002548　子部/醫家類/本草之屬/本草雜著
羣芳備藥録一卷　(清)朱錦琮輯　清抄本　一冊

330000－1701－0003083　善 002550　子部/醫家類/醫案之屬
臨證指南醫案十卷　(清)葉桂撰　(清)徐大椿評　清乾隆三十三年(1768)衛生堂刻本　佚名跋並過録清徐大椿、清王陳梁批校　二十冊

330000－1701－0003084　善 002551　子部/醫家類/醫案之屬
臨證指南醫案十卷　(清)葉桂撰　(清)徐大椿評　清乾隆三十三年(1768)衛生堂刻本　清程文囿校並過録清徐大椿批　二十冊

330000－1701－0003085　善 002553　子部/醫家類/醫案之屬

靜香樓醫案一卷　（清）尤怡撰　（清）柳寶詒輯評　清徐家樹抄本　清徐家樹跋　一冊

330000－1701－0003086　善 002552　子部/醫家類/醫案之屬

臨證指南醫案續編四卷　（清）葉桂撰　（清）秦炳奎編　清抄本　八冊

330000－1701－0003087　善 002554　子部/醫家類/方書之屬/歷代方書

心太平軒醫案一卷　（清）徐錦撰　（清）徐珊編次　清徐子瑜抄本　清徐元亮跋　清徐康批校並跋　清秦鳳釗題記　二冊

330000－1701－0003088　善 002555　子部/醫家類/醫案之屬

馮載陽先生治案二卷雜症論治方一卷　清陳應亨抄本　姚天農題記　四冊

330000－1701－0003089　善 002556　子部/醫家類/醫案之屬

王氏醫案三編三卷　（清）王士雄撰　（清）徐然石輯　清抄本　三冊

330000－1701－0003090　善 002559　子部/醫家類/傷寒金匱之屬/金匱要略

金匱要畧一卷　（漢）張機撰　清有餘師齋抄本　一冊

330000－1701－0003092　善 002558　子部/醫家類/傷寒金匱之屬/金匱要略

金匱玉函經二註二十二卷補方一卷　（宋）趙良仁衍義　（清）周揚俊補注　**十藥神書一卷**　（元）葛乾孫撰　清道光十三年（1833）元和李清俊養恬齋刻本　八冊

330000－1701－0003093　善 002561　子部/醫家類/傷寒金匱之屬/傷寒論

傷寒論十卷　（漢）張機撰　（晉）王叔和輯　清有餘師齋抄本　一冊

330000－1701－0003094　善 002560　子部/醫家類/傷寒金匱之屬/傷寒論

傷寒明理論三卷方論一卷　（金）成無己撰　清有餘師齋抄本　一冊

330000－1701－0003095　善 002563　子部/醫家類/傷寒金匱之屬/傷寒論

陶節菴傷寒全生集四卷　（明）陶華撰　明崇禎十三年（1640）蔡懋德刻本　四冊

330000－1701－0003096　善 002564　子部/醫家類/類編之屬

古今醫統正脈全書四十四種　（明）王肯堂編　明萬曆二十九年（1601）新安吳勉學刻本　六冊　存六種

330000－1701－0003097　善 002562　子部/醫家類/傷寒金匱之屬/傷寒論

新鐫陶節菴家藏傷寒六書六卷　（明）陶華撰　明何景道刻本　六冊

330000－1701－0003098　善 002567　子部/醫家類/傷寒金匱之屬/傷寒論

傷寒論條辨八卷或問一卷本草鈔一卷痙書一卷痙書或問一卷　（明）方有執撰　明萬曆二十年至二十六年（1592－1598）歙縣方氏刻本　二冊

330000－1701－0003099　善 002569　子部/醫家類/傷寒金匱之屬/傷寒論

新刻活人指掌補註辯疑三卷　（明）童養學輯　清文華軒抄本　一冊

330000－1701－0003100　善 002570　子部/醫家類/傷寒金匱之屬/傷寒論

新刻傷寒六書纂要辯疑四卷　（明）童養學纂輯　清文華軒抄本　二冊

330000－1701－0003101　善 002568　子部/醫家類/傷寒金匱之屬/傷寒論

新刻陳養晦先生傷寒五法五卷　（明）陳志明撰　（清）石楷輯　清康熙六年（1667）陳維坤刻本　八冊

330000－1701－0003102　善 002572　子部/醫家類/傷寒金匱之屬/傷寒論

傷寒論翼註二卷　（清）柯琴撰　稿本　清楊士昌批校　四冊

330000－1701－0003103　善 002574　子部/醫家類/傷寒金匱之屬/傷寒論

傷寒來蘇集三種 (清)柯琴撰 清乾隆二十年(1755)崑山馬中驊綏福堂刻本 二冊 存一種

330000－1701－0003104 善 002573 子部/醫家類/傷寒金匱之屬/傷寒論
傷寒來蘇集三種 (清)柯琴撰 清乾隆三十一年(1766)博古堂刻本 六冊

330000－1701－0003105 善 002577 子部/醫家類/溫病之屬/痧症
痧症度鍼二卷 (清)胡鳳昌輯 清抄本 一冊

330000－1701－0003106 善 002571 子部/醫家類/傷寒金匱之屬/傷寒論
傷寒論六卷附傷寒論本義一卷 (漢)張機撰 (清)張志聰註釋 (清)高世栻纂集 清刻本 清李慈銘批 六冊

330000－1701－0003107 善 002576 子部/醫家類/類編之屬
喻氏醫書三種 (清)喻昌撰 清乾隆陳守誠刻本 清壺隱山人批校並跋 六冊 存二種

330000－1701－0003108 善 002578 子部/醫家類/方書之屬/單方驗方
家藏症治百問時尚心書不分卷 (清)吳龢輯 清抄本 三冊

330000－1701－0003109 善 002581 子部/醫家類/外科之屬/外科方
新刊外科正宗四卷 (明)陳實功撰 明萬曆四十五年(1617)陳實功刻本 四冊

330000－1701－0003110 善 002580 子部/醫家類/外科之屬/瘋症、黴瘡
立齋外科發揮八卷 (明)薛己撰 明木活字印本 四冊

330000－1701－0003111 善 002579 子部/醫家類/外科之屬/癰疽、疔瘡
瘡瘍經驗全書十三卷 (宋)竇默撰 (明)竇夢麟增輯 清康熙五十六年(1717)陳廷桂浩然樓刻本 十二冊

330000－1701－0003112 善 002582 子部/醫家類/外科之屬/外科方
外科寶珍集一卷醫方一卷內外科經驗奇方一卷 (清)任雍錄 清抄本 六冊

330000－1701－0003113 善 002584 子部/醫家類/外科之屬
瘍科選粹八卷 (明)陳文治撰 (清)徐大椿批 清抄本 八冊

330000－1701－0003114 善 002583 子部/醫家類/外科之屬/通論
秘傳內府經驗外科一卷 清抄本 一冊

330000－1701－0003115 善 002590 子部/醫家類/婦科之屬/通論
三刻太醫院補註婦人良方大全二十四卷首一卷 (宋)陳自明輯 (明)薛己補註 明楊軫飛四知舘刻本 七冊

330000－1701－0003116 善 002588 子部/醫家類/眼科之屬
秘傳眼科龍木醫書總論十卷附葆光道人秘傳眼科一卷 (明)葆光道人撰 明萬曆三年(1575)刻本 六冊

330000－1701－0003117 善 002593 子部/醫家類/婦科之屬/產科
家傳秘集女科寶藏神書二卷崑山鄭氏校定薛醫胎產女科經驗方一卷秘錄廣陵季氏參補女科簡便良方一卷 (清)吳龢輯 清抄本 一冊

330000－1701－0003118 善 002592 子部/醫家類/婦科之屬/通論
女科二卷產後編一卷 (清)傅山撰 清仁和王斯恩抄本 清虎生批並跋 三冊

330000－1701－0003119 善 002591 子部/醫家類/婦科之屬/通論
女科經綸四卷 (清)蕭壎撰 清抄本 四冊

330000－1701－0003120 善 002586 子部/醫家類/喉科口齒之屬/通論
疫喉淺論一卷補遺一卷新補會厭論一卷 (清)夏雲撰 清抄本 一冊

330000－1701－0003121　善 002594　子部/醫家類/婦科之屬/通論

鄭氏女科秘訣不分卷首一卷　清抄本　四册

330000－1701－0003122　善 002595　子部/醫家類/兒科之屬/通論

錢氏小兒直訣四卷　(宋)錢乙撰　(宋)閻孝忠輯　(明)薛鎧註　明崇禎元年(1628)梁忠刻本　一册　存二卷(一至二)

330000－1701－0003123　善 002597　子部/醫家類/兒科之屬/通論

新校慱愛心鑑發明全書三卷　(明)魏直著　(明)朱惠民發明　明萬曆三十年(1602)朱惠民刻本　一册　存一卷(一)

330000－1701－0003124　善 002596　子部/醫家類/兒科之屬/通論

嬰童百問十卷　(明)魯伯嗣撰　明末聚錦堂刻本　八册

330000－1701－0003125　善 002598　子部/醫家類/兒科之屬/痘疹

痘疹世醫心法十二卷格致要論十一卷碎金賦二卷　(明)萬全撰　明萬曆二十九年(1601)秦大夔刻本　八册

330000－1701－0003126　善 002604　子部/醫家類/兒科之屬/痘疹

天花心鏡法秘二卷　清抄本　一册

330000－1701－0003127　善 002599　子部/醫家類/兒科之屬/痘疹

痘疹世醫心法十二卷格致要論十一卷碎金賦二卷　(明)萬全撰　明萬曆十一年(1583)陳允升刻本　十册

330000－1701－0003128　善 002605　子部/醫家類/兒科之屬/通論

秘授男女小兒推拏一卷秘傳海陽丁氏家傳小兒科湯頭一卷　(明)周于蕃簒釋訂　清抄本　二册

330000－1701－0003129　善 002602　子部/醫家類/兒科之屬/痘疹

痘學真傳八卷　(清)葉大椿撰　清康熙金閶書林刻本　六册

330000－1701－0003130　善 002603　子部/醫家類/兒科之屬/痘疹

痘科扼要一卷　(清)陳奇生撰　清道光二年(1822)周震宇抄本　清周震宇題記　一册

330000－1701－0003131　善 002601　子部/醫家類/兒科之屬/痘疹

新刊補遺秘傳痘疹全嬰金鏡録三卷　(明)翁仲仁撰　(明)陸道元補遺　(明)陸道光参補　**新刊小兒雜症秘傳便蒙捷法一卷**　(明)陸金輯　明刻本　二册

330000－1701－0003132　善 002607　子部/宗教類/道教之屬

祝由科秘書二卷擇要二卷續集二卷　清抄本　四册

330000－1701－0003133　善 002606　子部/醫家類/針灸之屬/經絡腧穴

銅人腧穴分寸圖一卷　清衛氏九千卷樓抄本　衛吟風批並跋　一册

330000－1701－0003134　善 002609　子部/醫家類

古今醫史七卷續增二卷附案一卷　(清)王宏翰撰　清抄本　四册

330000－1701－0003135　善 002600　子部/醫家類/兒科之屬/痘疹

袁氏痘疹叢書五卷　(明)袁顥撰　(明)袁祥增修　明書林雙峰堂刻本　二册

330000－1701－0003136　善 002610　子部/醫家類/綜合之屬/通論

新刻聶久吾先生醫學彙函十三卷首一卷　(明)聶尚恒撰　明崇禎躍劍山房刻本　二十四册　缺二卷(十二至十三)

330000－1701－0003137　善 002611　子部/醫家類/綜合之屬/通論

赤水玄珠三十卷醫案五卷醫旨緒餘二卷　(明)孫一奎撰　明萬曆二十四年(1596)孫泰來、孫朋來刻清康熙吳氏重修本　二十四册

330000－1701－0003138　善 002612　子部/醫家類/綜合之屬/通論

明醫指掌圖前集五卷後集五卷　(明)皇甫中撰　明萬曆七年(1579)書林劉氏安正堂刻本　六册

330000－1701－0003139　善 002616　子部/醫家類/方書之屬/歷代方書

原病集六卷　(明)唐椿撰　明崇禎六年(1633)唐敏學刻本　十二册　缺一卷(元類要法下)

330000－1701－0003140　善 002613　子部/醫家類/綜合之屬/通論

醫説十卷　(宋)張杲撰　(明)王肯堂續輯

續醫説十卷　(明)王肯堂撰　明萬曆刻本　八册

330000－1701－0003141　善 002618　子部/醫家類/綜合之屬/通論

先醒齋筆記三卷　(明)繆希雍撰　(明)丁元薦輯　明崇禎十五年(1642)海虞李枝刻重修本　三册

330000－1701－0003142　善 002617　子部/醫家類/綜合之屬/雜著

增定便攷萬病回春善本八卷　(明)龔廷賢撰　(清)汪淇重定　清康熙元年(1662)汪淇刻本　三册

330000－1701－0003143　善 002619　子部/醫家類/綜合之屬/通論

醫宗粹言十四卷總論一卷　(明)羅周彥撰　明萬曆四十年(1612)何敬塘刻本　十二册

330000－1701－0003144　善 002620　子部/醫家類/綜合之屬/通論

醫貫六卷　(明)趙獻可撰　(明)呂留良評　清康熙天蓋樓刻本　六册

330000－1701－0003145　善 002623　子部/醫家類/綜合之屬/雜著

葉天士景岳全書發揮摘要一卷　清抄本　一册

330000－1701－0003146　善 002624　子部/醫家類/醫理之屬/綜合

醫學讀書記三卷續記一卷　(清)尤怡撰　清抄本　二册

330000－1701－0003147　善 002622　子部/醫家類/綜合之屬/通論

褚氏遺書一卷　(齊)褚澄編　清有餘師齋抄本　一册

330000－1701－0003148　善 002625　子部/醫家類/綜合之屬/通論

紅爐點雪十八卷　(明)王奇㛘撰　清抄本　四册

330000－1701－0003149　善 002626　子部/醫家類/綜合之屬/雜著

醫腋不分卷　(清)張方泌輯　清抄本　一册

330000－1701－0003150　善 002628　子部/醫家類/綜合之屬/雜著

回生録一卷　清抄本　一册

330000－1701－0003151　善 002627　子部/醫家類/方書之屬/成方藥目

兒科丸散丹方一卷　清抄本　一册

330000－1701－0003152　善 002629　子部/醫家類/養生之屬/導引、氣功

易筋經一卷　(西竺)般剌密諦譯義　(元)海岱遊人訂正　清抄本　一册

330000－1701－0003153　善 002631　史部/目録類/專録之屬

醫藏目錄一卷　(明)殷仲春輯　清抄本　二册

330000－1701－0003154　善 002632　子部/術數類/占候之屬

天文鬼料竅五卷　清彭氏知聖道齋抄本　清陳介祺校並跋　二册

330000－1701－0003155　善 002633　子部/天文曆算類/天文之屬

天象淵機八卷　(明)姚廣孝編　(明)徐有貞重訂　清雍正三年(1725)瑤草山房抄本　二册

330000－1701－0003156　善002621　子部/醫家類/綜合之屬/通論

醫貫六卷　(明)趙獻可撰　(明)呂留良評　清康熙天蓋樓刻本　六册

330000－1701－0003157　善002635　子部/天文曆算類/天文之屬

天學初函理編十種器編十一種　明萬曆至天啓刻本　一册　存一種

330000－1701－0003158　善002636　子部/天文曆算類/天文之屬

渾蓋通憲圖説二卷首一卷　(明)李之藻撰　明萬曆三十五年(1607)樊良樞刻本　二册

330000－1701－0003159　善002638　子部/天文曆算類/天文之屬

萬青樓經星譜一卷　(清)邵昂霄撰　清抄本　一册

330000－1701－0003160　善002637　子部/天文曆算類/天文之屬

周天星位經緯宿度考不分卷　抱玄子纂輯　清抄本　十六册

330000－1701－0003161　善002643　子部/天文曆算類/天文之屬

新製靈臺儀象志十六卷　(比利時)南懷仁著　(清)劉蘊德筆受　(清)孫有本　(清)徐瑚詳受　清康熙刻本　十六册　缺二卷(十五至十六)

330000－1701－0003162　善002641　子部/天文曆算類/天文之屬

三才實義二十卷　(清)周于漆撰　清乾隆二十年(1755)湯溇家抄本　清湯溇跋　毛春翔題簽　八册

330000－1701－0003163　善002642　子部/天文曆算類/天文之屬

管窺輯要八十卷　(清)黄鼎撰　清順治十二年(1655)刻本　清扁舟子觀款　二十四册

330000－1701－0003164　善002647　子部/天文曆算類/曆法之屬

兩漢月日考三卷　(清)鍾汪傑撰　清抄本　三册

330000－1701－0003165　善002644　子部/天文曆算類/天文之屬

觀星要纂一卷　(清)羅士琳撰　清抄本　一册

330000－1701－0003166　善002648　子部/天文曆算類/曆法之屬/總論

古今律曆考七十二卷　(明)邢雲路撰　明萬曆二十七年(1599)徐安刻本　二十四册

330000－1701－0003167　善002651　子部/天文曆算類/曆法之屬

曆書序説一卷　清抄本　一册

330000－1701－0003168　善002653　子部/天文曆算類/算書之屬

周髀算經二卷　(漢)趙君卿注　(北周)甄鸞重述　(唐)李淳風等注釋　**數術記遺一卷**　(漢)徐岳撰　(北周)甄鸞注　明趙開美刻本　二册　存二卷(周髀算經上、下)

330000－1701－0003169　善002640　子部/天文曆算類/天文之屬

天官圖不分卷　(明)張汝璧撰　清咸豐三年(1853)來憲伊抄本　清來憲伊跋　一册

330000－1701－0003170　善002654　子部/天文曆算類/算書之屬

新編算學啓蒙三卷總括一卷　(元)朱世傑編撰　(清)羅士琳附釋　(清)鄒祖蔭注　稿本　清陸懋勛跋　四册

330000－1701－0003171　善002649、善002652　子部/天文曆算類

西洋新法曆書　(明)徐光啓　(明)李天經編　明崇禎刻清順治至康熙續刻本　三册　存二種

330000－1701－0003172　善002656　子部/天文曆算類/算書之屬

測圓海鏡分類釋術十卷　(元)李治撰　(明)顧應祥釋術　**測圓算術四卷勾股算術二卷弧矢算術一卷方圓術一卷**　(明)顧應祥撰　清抄本　四册

330000－1701－0003173　善 002657　子部/天文曆算類/天文之屬
重刊革象新書二卷　(元)趙友欽撰　清抄本　一册

330000－1701－0003174　善 002658　子部/天文曆算類/算書之屬
同文算指前編二卷通編八卷　(意大利)利瑪竇授　(明)李之藻演　明萬曆四十二年(1614)王嗣虞、汪汝淳、葉一元刻本　八册　缺二卷(通編七至八)

330000－1701－0003175　善 002659　子部/天文曆算類/算書之屬
直指筭法統宗九卷首一卷終一卷　(明)程大位編集　清抄本　二册

330000－1701－0003176　善 002660　子部/天文曆算類/算書之屬
測圓圖解不分卷　(清)戴源撰　清抄本　九册

330000－1701－0003178　善 002662　子部/天文曆算類
兼濟堂纂刻梅勿庵先生曆算全書二十八種　(清)梅文鼎撰　(清)魏荔彤輯　(清)楊作枚訂補　清抄本　二册　存五種

330000－1701－0003179　善 002665　子部/天文曆算類/曆法之屬
五星日月交食坤輿圖視差全分算法圖解八卷　清抄本　八册

330000－1701－0003180　善 002663　子部/天文曆算類/算書之屬
推算要略一卷　(清)祁敬撰　清抄本　清楊緍題簽　一册

330000－1701－0003181　善 002666　子部/天文曆算類/算書之屬
如積引蒙八卷　(清)汪曰楨撰　清抄本　八册

330000－1701－0003182　善 002664　子部/天文曆算類/曆法之屬
授時術增解一卷　清抄本　一册

330000－1701－0003183　善 002669　子部/天文曆算類/算書之屬
皇朝輿地北極高度表一卷　(清)劉其暉撰　清抄本　一册

330000－1701－0003184　善 002668　子部/天文曆算類/算書之屬
數學舉要十四卷　(清)陳世明撰　清抄本　十四册

330000－1701－0003185　善 002673　子部/藝術類/書畫之屬
鐵網珊瑚二十卷　(明)都穆撰　清抄本　四册

330000－1701－0003186　善 002672　子部/藝術類/書畫之屬/題跋
珊瑚木難八卷　(明)朱存理輯　清經鉏堂抄本　八册

330000－1701－0003187　善 002670　子部/藝術類/書畫之屬
鐵網珊瑚書品十卷畫品六卷　(明)朱存理輯　清雍正六年(1728)年希堯澄鑒堂刻本　十六册

330000－1701－0003188　善 002674　子部/藝術類/書畫之屬/題跋
書畫題跋記十二卷續十二卷　(明)郁逢慶輯　清抄本　王存善批校並跋　八册

330000－1701－0003189　善 002671　子部/藝術類/書畫之屬
鐵網珊瑚書品十卷畫品六卷　(明)朱存理輯　清雍正六年(1728)年希堯澄鑒堂刻本　清蔡鴻鑑題簽　八册

330000－1701－0003190　善 002676　子部/藝術類/書畫之屬/題跋
書畫題跋記十二卷　(明)郁逢慶輯　清漢南葉氏抄本　四册

330000－1701－0003191　善 002677　子部/藝術類/書畫之屬/題跋
汪氏珊瑚綱名畫題跋二十四卷　(明)汪砢玉輯　清抄本　十册

330000－1701－0003192　善002679　子部/藝術類/書畫之屬/總論

清河書畫舫十二卷　(明)張丑輯　清初六順堂抄本　清陸僎跋　六册

330000－1701－0003193　善002678　子部/藝術類/總論之屬

清秘藏二卷　(明)張應文撰　**法書名畫見聞表一卷　南陽法書表一卷**　(明)張丑纂　**清河秘篋書畫表一卷　南陽名畫表一卷**　清抄本　二册

330000－1701－0003194　善002683　子部/藝術類/書畫之屬/題跋

婁東陸時化吴越所見書畫録六卷　(清)陸時化撰　清抄本　四册

330000－1701－0003195　善002684　子部/藝術類/書畫之屬/題跋

所見書畫録摘要不分卷　(清)陸時化撰　清頌南抄本　一册

330000－1701－0003196　善002685　子部/藝術類/書畫之屬/總論

别下齋書畫録七卷補闕一卷　(清)蔣光煦輯　**南屏行篋録一卷**　(清)釋達受輯　清抄本　管氏過録清管庭芬題記　偉之跋　二册

330000－1701－0003197　善002680　子部/藝術類/書畫之屬/總論

元書畫考二卷　(清)高士奇撰　清嘉慶四年(1799)戴光曾抄本　清戴光曾跋　清羅以智校並跋　二册

330000－1701－0003199　善002686　子部/藝術類/書畫之屬/書法書品

墨池編二十卷　(宋)朱長文撰　清雍正十一年(1733)吴郡朱氏刻本　十六册

330000－1701－0003200　善002688　子部/藝術類/書畫之屬/法帖

蘭亭考十二卷附群公帖跋一卷　(宋)桑世昌輯　明萬曆項德弘刻本　四册

330000－1701－0003201　善002689　子部/藝術類/書畫之屬/法帖

蘭亭廣義三卷　清抄本　三册

330000－1701－0003202　善002690　史部/傳記類/總傳之屬

書史會要九卷補遺一卷　(明)陶宗儀撰　**續編一卷**　(明)朱謀垔撰　明崇禎二年(1629)朱謀垔寒玉館刻清順治十五年(1658)朱統鉷重修本　十二册

330000－1701－0003203　善002694　子部/藝術類/書畫之屬/書法書品

草韻辨體五卷　(明)郭諶輯　明崇禎六年(1633)閔齊伋刻三色套印本　五册

330000－1701－0003204　善002692　子部/藝術類/書畫之屬/書法書品

兩論書家二卷　清抄本　二册

330000－1701－0003205　善002695　子部/藝術類/書畫之屬/法帖

絳帖平六卷　(宋)姜夔撰　清光緒二十五年(1899)廣雅書局刻武英殿聚珍版書本　趙萬里、張宗祥校並跋　一册

330000－1701－0003206　善002693　子部/藝術類/書畫之屬/題跋

名跡雜録不分卷　清抄本　一册

330000－1701－0003207　善002696　子部/藝術類/書畫之屬/法帖

淳化帖釋文十卷　(明)黄道周撰　清嘉慶十年(1805)任以治家抄本　清任以治批並跋　一册

330000－1701－0003208　善002691　子部/藝術類/書畫之屬/書法書品

書學捷要二卷　(清)朱履貞撰　**書學捷要補一卷**　陶濬宣輯　清同治十年(1871)陶濬宣抄本(補一卷爲陶濬宣稿本)　陶濬宣跋　一册

330000－1701－0003209　善002697　子部/藝術類/書畫之屬/法帖

歷代帝王法帖釋文十卷　(宋)劉次莊撰　(清)羅森　(清)孫際昌訂　清康熙八年(1669)西楚戴旹選、三韓胡獻瑤刻本　四册

330000－1701－0003212　善 002700　子部/藝術類/書畫之屬/畫法畫品

王氏畫苑十卷　(明)王世貞輯　明萬曆十八年(1590)王元貞淮南書院刻本　十六冊

330000－1701－0003213　善 002702　史部/傳記類/總傳之屬/技藝

宣和畫譜二十卷　(宋)□□撰　明刻本　六冊

330000－1701－0003214　善 002699　子部/藝術類/書畫之屬/書法書品

大瓢偶筆八卷　(清)楊賓撰　清抄本　四冊

330000－1701－0003215　善 002704　子部/藝術類/書畫之屬/法帖

鳴野山房彙刻帖目四卷　(清)沈復粲輯　清沈錫卿抄本　八冊

330000－1701－0003216　善 002701　子部/藝術類/書畫之屬/畫法畫品

畫苑補益二卷　(明)詹景鳳　(明)王元貞校　明萬曆刻本　二冊

330000－1701－0003217　善 002705　史部/金石類/石之屬

碑帖賸話不分卷　(清)張煌曾撰　清抄本　一冊

330000－1701－0003218　善 002706　子部/藝術類/書畫之屬/畫法畫品

秘殿珠林二十四卷　(清)張照等撰　清抄本　八冊

330000－1701－0003219　善 002707　集部/別集類/明別集

唐伯虎先生集二卷外編五卷續刻十二卷　(明)唐寅撰　(明)何大成輯　**六如唐先生畫譜三卷**　(明)唐寅輯　明萬曆二十年至四十二年(1592－1614)吳郡何大成刻本　二冊　存三卷(唐六如先生畫譜一至三)

330000－1701－0003220　善 002708　史部/傳記類/總傳之屬/技藝

繪事備考八卷　(清)王毓賢撰　清康熙三十年(1691)刻本　八冊

330000－1701－0003221　善 002710　子部/藝術類/書畫之屬/題跋

冬心先生雜著六卷　(清)金農撰　清陳鴻壽種榆仙館刻本　清傅以禮跋　一冊

330000－1701－0003222　善 002709　子部/藝術類/書畫之屬/畫譜

劉雪湖梅譜二卷　(明)劉世儒撰　**像贊評林贈言二卷**　(明)王思任輯　明萬曆二十三年(1595)刻清墨妙山房印本　四冊

330000－1701－0003223　善 002712　子部/藝術類/書畫之屬/畫録

笪江上畫筌一卷　(清)笪重光撰　(清)查人渶注　清抄本　一冊

330000－1701－0003224　善 002711　子部/藝術類/書畫之屬/題跋

冬心先生畫竹題記一卷　(清)金農撰　清乾隆刻本　邵章題簽　一冊

330000－1701－0003225　善 002716　子部/藝術類/書畫之屬/總論

家傳藝學三卷　(清)笪重光撰　(清)笪世基輯　清抄本　清笪烜題簽並跋　一冊

330000－1701－0003226　善 002717　子部/藝術類/書畫之屬/畫録

味梅室題畫隨録不分卷　(清)朱熊輯　稿本　十一冊

330000－1701－0003227　善 002722　史部/金石類/璽印之屬

集古印譜六卷　(明)王常輯　明萬曆三年(1575)顧氏芸閣刻朱印本　一冊　存一卷(二)

330000－1701－0003228　善 002719　子部/藝術類/書畫之屬/畫譜

十竹齋書畫譜八卷　(明)胡正言輯　清嘉慶二十二年(1817)芥子園刻本　八冊

330000－1701－0003229　善 002724　子部/藝術類/篆刻之屬/印譜

師古堂印譜三卷附印文輯畧二卷　(清)劉紹藜篆刻並輯　清嘉慶二十四年(1819)劉紹藜

萬花閣刻鈐印本　六冊

330000－1701－0003230　善 002725　子部/藝術類/篆刻之屬/印論
就懦齋言印一卷　(清)管希寧撰　(清)李家駒録　清抄本　一冊

330000－1701－0003231　善 002727　史部/金石類/璽印之屬
訒葊集古印存三十二卷　(清)汪啓淑輯　清乾隆二十五年(1760)新安汪啓淑開萬樓刻鈐印本　三十二冊

330000－1701－0003232　善 002720　子部/藝術類/書畫之屬/畫譜
列仙酒牌一卷　(清)任熊繪　清咸豐四年(1854)蔡照初刻本　清蔡鴻鑑題簽　一冊

330000－1701－0003233　善 002732　子部/藝術類/篆刻之屬/印譜
西泠八家印選三十卷　丁仁輯　清光緒三十一年(1905)丁仁鈐拓藍印本　三十冊

330000－1701－0003234　善 002728　史部/金石類/璽印之屬
集古印譜不分卷　(清)瞿鏞輯　清咸豐八年(1858)瞿氏鐵琴銅劍樓鈐印本　八冊

330000－1701－0003236　善 002730　史部/金石類/璽印之屬
師讓庵漢銅印存不分卷　(清)丁丙輯　清光緒二十七年(1901)丁氏師讓庵刻鈐印本　四冊

330000－1701－0003237　善 002731　史部/金石類/璽印之屬
十六金符齋印存不分卷　(清)吳大澂輯　清光緒刻鈐印本　清徐康跋　嘘雲道人觀款　一冊

330000－1701－0003240　善 002738　子部/藝術類/篆刻之屬/印譜
二金蝶堂癸亥以後印稾一卷　(清)趙之謙篆刻　(清)朱志復編次　清同治四年(1865)鈐印本　一冊

330000－1701－0003241　善 002737　子部/藝術類/篆刻之屬/印譜
二金蝶堂印譜不分卷　(清)趙之謙篆刻　(清)傅栻輯　清光緒三年(1877)傅氏有萬憙齋刻鈐印本　二冊

330000－1701－0003242　善 002735　史部/金石類/璽印之屬
四香堂印餘八卷　(清)巴慰祖篆刻　清刻鈐印本　八冊

330000－1701－0003243　善 002739　子部/藝術類/音樂之屬/琴學
重修正文對音捷要真傳琴譜大全十卷　(明)楊表正撰　明萬曆十三年(1585)金陵富春堂刻翼聖堂印本　十冊

330000－1701－0003244　善 002740　子部/藝術類/音樂之屬/琴學
新刊正文對音捷要琴譜真傳六卷　(明)楊表正撰　明萬曆元年(1573)唐富春刻本　六冊

330000－1701－0003245　善 002741　子部/藝術類/音樂之屬/樂譜
太古遺音四卷　(明)楊掄輯　明萬曆三十七年(1609)金陵楊掄桐梓軒刻李嘉遇重修本　四冊

330000－1701－0003246　善 002742　子部/藝術類/音樂之屬/樂譜
新傳理性元雅四卷　(明)張廷玉輯　明萬曆刻本　四冊　存二卷(一至二)

330000－1701－0003247　善 002743　子部/藝術類/音樂之屬/樂譜
萬峰閣指法閟箋一卷　(清)徐谼撰　清初刻本　一冊

330000－1701－0003248　善 002746　子部/藝術類/音樂之屬/樂譜
德音堂琴譜十卷　(清)汪天榮輯　清康熙三十年(1691)刻本　三冊　存八卷(一至八)

330000－1701－0003249　善 002744　子部/藝術類/音樂之屬/樂譜
大還閣琴譜六卷谿山琴况一卷萬峰閣指法閟

箋一卷　(清)徐祺撰　清初、康熙十二年(1673)蔡毓榮刻本　八册

330000－1701－0003250　善 002745　子部/藝術類/音樂之屬/樂譜
琴譜指法二卷　(清)徐常遇輯　清康熙四十一年(1702)響山堂刻本　二册

330000－1701－0003251　善 002747　子部/藝術類/音樂之屬/樂譜
琹旨二卷　(清)王坦撰　清抄本　一册

330000－1701－0003252　善 002750　子部/藝術類/音樂之屬/樂譜
碧鮮山房指法字母匯參確解一卷指法附考一卷碧鮮山房琴牕隨筆一卷直指審音法一卷古樂譜俗字附考一卷外調和絃法一卷琴譜一卷　(清)王仲舒撰　清抄本　六册

330000－1701－0003253　善 002749　子部/藝術類/音樂之屬/琴學
琴音標準四卷首一卷　(清)戴大昌輯　清嘉慶十九年(1814)戴大昌補餘堂刻本　二册

330000－1701－0003254　善 002751　子部/藝術類/音樂之屬/樂譜
太古遺音一卷　清抄本　一册

330000－1701－0003255　善 002752　子部/藝術類/音樂之屬/樂譜
虞山琴譜二卷　清抄本　清淞溪樵子題簽　二册

330000－1701－0003256　善 002753　子部/藝術類/音樂之屬/琴學
字母源流一卷　清抄本　一册

330000－1701－0003257　善 002748　子部/藝術類/音樂之屬/樂譜
五知齋琴譜八卷　(清)徐祺撰　(清)周魯封輯　清抄本　四册

330000－1701－0003258　善 002755　子部/藝術類/遊藝之屬/棋弈
玄玄碁經六卷　(宋)張擬撰　明刻本　清鮑時基題記　五册　存五卷(禮、樂、御、書、數)

330000－1701－0003259　善 002756　子部/藝術類/遊藝之屬/棋弈
桃花泉奕譜二卷　(清)范世勳撰　清乾隆三十年(1765)進道堂刻本　二册

330000－1701－0003260　善 002757　子部/藝術類/遊藝之屬/棋弈
殘局類選二卷　(清)錢長澤撰　清乾隆三十五年(1770)暗香書屋刻笙雅堂印本　四册

330000－1701－0003261　善 002759　子部/藝術類/遊藝之屬/棋弈
仙機纂要四卷　清抄本　四册

330000－1701－0003262　善 002763　子部/藝術類/遊藝之屬/雜藝
鬥弔大全不分卷　(清)臨瀧遊藝生輯　清嘉慶十六年(1811)吳楷吟翠居抄本　清吳楷跋　四册

330000－1701－0003263　善 002758　子部/藝術類/遊藝之屬/棋弈
竹香齋象戲譜初集一卷二集一卷三集二卷　(清)張喬棟撰　清刻本　王修跋　四册

330000－1701－0003264　善 002764　子部/藝術類/遊藝之屬/謎語
燈謎二卷　清文苑閣抄本　二册

330000－1701－0003265　善 002773　子部/農家農學類/農藝之屬/茶酒
茶董二卷　(明)夏樹芳輯　明萬曆夏氏清遠樓刻本　清王蜺題簽　二册

330000－1701－0003266　善 002765　子部/藝術類/遊藝之屬/謎語
繪影集新詠一卷　(清)朱生山撰　清抄本　一册

330000－1701－0003267　善 002760　子部/兵家類/武術技巧之屬
少林棍法闡宗一卷　(明)程沖斗撰　清抄本　二册

330000－1701－0003269　善 002771　子部/農家農學類/農藝之屬/茶酒

麯志七卷 （明）蘇化雨輯　明萬曆三十八年(1610)刻本　王修跋　一册

330000－1701－0003270　善 002772　子部/農家農學類/農藝之屬/茶酒

觴政一卷 （清）袁宏道撰　明萬曆三十八年(1610)刻本　王修跋　與 330000－1701－0003269 合册

330000－1701－0003271　善 002761　子部/兵家類/武術技巧之屬

射義新書二卷雜記一卷 （明）程道生撰　明崇禎刻本　四册

330000－1701－0003272　善 002770　子部/農家農學類/農藝之屬/茶酒

酒顛二卷 （明）夏樹芳輯　明萬曆夏氏清遠樓刻本　清王蜺題簽　二册

330000－1701－0003273　善 002769　子部/農家農學類/農藝之屬/茶酒

酒史二卷 （明）馮時化撰　明隆慶四年(1570)獨醒居士刻萬曆印本　一册

330000－1701－0003275　善 002774　子部/農家農學類/農藝之屬/茶酒

醯略四卷 （清）趙信撰　清抄本　一册

330000－1701－0003276　善 002767　類叢部/叢書類/彙編之屬

說郛一百二十弓 （明）陶宗儀編　（明）陶珽等重編　明末刻清順治三年(1646)兩浙督學周南李際期宛委山堂印本　一册　存二種

330000－1701－0003277　善 002777　子部/工藝類/文房四寶之屬/硯

醉龕硯銘一卷枕湖樓藏硯銘一卷 王繼香撰　稿本　清徐樹銘題簽　一册

330000－1701－0003278　善 002775　子部/工藝類/日用器物之屬/几案

燕几圖一卷 （宋）黄長睿撰　清嘉慶十四年(1809)姚椿抄本　清姚椿記　一册

330000－1701－0003279　善 002778　子部/工藝類/文房四寶之屬/硯

寶硯堂硯辨一卷 （清）何傳瑤撰　（清）黄培芳繪圖　清抄本　一册

330000－1701－0003280　善 002780　子部/工藝類/日用器物之屬/器具

宣德彝器譜三卷 （明）吕棠等撰　清道光五年(1825)馬宗默抄本　清張青選題簽　一册

330000－1701－0003281　善 002779　子部/工藝類/文房四寶之屬/硯

端溪硯譜考證辨說一卷 （清）陳符清輯　清咸豐十年(1860)曹蘭、夏容若抄本　清曹蘭、清夏容若題記　一册

330000－1701－0003282　善 002783　子部/工藝類/觀賞之屬/奇石

雲林石譜一卷 （宋）杜綰撰　清畫名山館抄本　一册

330000－1701－0003283　善 002784　子部/工藝類/日用器物之屬/陶瓷

歷代陶瓷器古玩譜□□卷 清末抄本　一册　存三卷（說器唐器、說今五、陶錄餘論四）

330000－1701－0003284　善 002781　子部/工藝類/日用器物之屬/器具

宣德彝器譜三卷 （明）吕棠等撰　清烏程沈兆熊萬卷樓抄本　一册

330000－1701－0003285　善 002785　子部/工藝類/日用器物之屬/陶瓷

景德鎮陶錄十卷 （清）藍浦撰　（清）鄭廷桂補輯　清匏龕抄本　四册

330000－1701－0003286　善 002782　子部/工藝類/文房四寶之屬/墨

鑑古齋墨藪不分卷 （清）汪惟高輯　清乾隆刻本　六册

330000－1701－0003287　善 002786　子部/工藝類/日用器物之屬/陶瓷

窑考摘錄一卷玉紀一卷茶紀一卷 （清）學餘居士撰　清抄本　一册

330000－1701－0003288　善 002787　子部/工藝類/觀賞之屬/古玩

古器辨譌一卷　清抄本　清錦仁題記　清佁儗居士編目　一冊

330000－1701－0003289　善002789　史部/政書類/考工之屬/營造
開成紀要不分卷　(意大利)利瑪竇傳　(明)徐光啓校　清咸豐七年(1857)韓應陛抄本　清韓應陛校並跋　清韓熙、姚鵷雛跋　一冊

330000－1701－0003290　善002788　子部/工藝類/文房四寶之屬/裝潢
裝潢志一卷　(清)周嘉胄撰　清末沈兆熊萬卷樓抄本　沈兆熊題簽　一冊

330000－1701－0003291　善002790　史部/金石類/錢幣之屬
泉志十五卷　(宋)洪遵撰　清抄本　二冊

330000－1701－0003292　善002791　史部/金石類/錢幣之屬
泉志十五卷　(宋)洪遵撰　清抄本　佚名過録清翁樹培校並跋　一冊

330000－1701－0003293　善002802、善002803　類叢部/叢書類/彙編之屬
亦政堂鐫陳眉公家藏廣秘笈五十四種　(明)陳繼儒編　明萬曆沈氏亦政堂刻本　一冊　存二種

330000－1701－0003295　善002796　史部/金石類/錢幣之屬/圖像
錢譜不分卷　(清)許兼穌輯　清拓本　二冊

330000－1701－0003296　善002804　子部/農家農學類/鳥獸蟲之屬
新刊蟲異賦二卷　(明)林朝儀著　明刻本　二冊

330000－1701－0003297　善002805　子部/農家農學類/鳥獸蟲之屬
蟲天志十卷　(明)沈弘正撰　明暢閣刻本　四冊

330000－1701－0003298　善002801　類叢部/叢書類/彙編之屬
養和堂叢書八種　(清)陳維申編　清乾隆刻本　王修跋　四冊　存一種

330000－1701－0003300　善002797　史部/金石類/錢幣之屬/圖像
壽松堂錢録不分卷　清光緒二十二年(1896)孫氏壽松堂拓本　八冊

330000－1701－0003302　善002806　子部/農家農學類/鳥獸蟲之屬
鼎新像圖蟲經二卷　(宋)賈似道輯　清抄本　王修校並跋　二冊

330000－1701－0003303　善002807　子部/農家農學類/鳥獸蟲之屬
鼎新像圖蟲經一卷　(宋)賈似道輯　清抄本　一冊

330000－1701－0003304　善002809　子部/農家農學類/水產之屬
異魚圖贊四卷　(明)楊慎撰　明萬曆三十六年(1608)范允臨刻本　一冊

330000－1701－0003305　善002798　史部/金石類/錢幣之屬/文字
蒙古錢譜一卷　清抄本　吳士鑑批校　一冊

330000－1701－0003306　善002808　子部/農家農學類/鳥獸蟲之屬
銜蟬小録八卷　(清)孫蓀意撰　清嘉慶二十四年(1819)高槃等刻本　四冊

330000－1701－0003307　善002810　子部/農家農學類/園藝之屬/花卉
蘭易一卷　(宋)鹿亭翁撰　**蘭易十二翼一卷**　**蘭史一卷**　(明)馮京第輯　清蔣氏別下齋抄本　一冊

330000－1701－0003308　善002811　子部/農家農學類/園藝之屬/花卉
蘭言述畧四卷首一卷蘭蕙真傳一卷　(清)袁世俊撰　清末抄本　一冊

330000－1701－0003309　善002815　子部/農家農學類/園藝之屬/花卉
花史十卷　(明)吳彥匡撰　清抄本　十冊

330000－1701－0003310　善002814　子部/

農家農學類/園藝之屬/花卉
百花評一卷 (清)傅元愷撰 清抄本 一冊

330000－1701－0003311 善002816 子部/農家農學類/園藝之屬/花卉
華夷花木鳥獸珍玩考十二卷 (明)慎懋官撰 清抄本 六冊

330000－1701－0003312 善002819 子部/墨家類
墨子十五卷 清末周氏鴿峰草堂影抄士禮居抄本 周大輔過錄清黃丕烈跋 一冊 存十卷(六至十五)

330000－1701－0003313 善002817 子部/墨家類
墨子十五卷 (明)李贄輯 (明)郎兆玉評 明天啓郎兆玉堂策檻刻本 六冊

330000－1701－0003314 善002818 子部/墨家類
墨子十五卷 (明)李贄輯 (明)郎兆玉評 明天啓郎兆玉堂策檻刻本 二冊

330000－1701－0003315 善002820 子部/墨家類
墨子十六卷篇目考一卷 (清)畢沅校注 清光緒二年(1876)浙江書局刻二十二子本 佚名錄清孫詒讓、俞樾等諸家批校並跋 四冊

330000－1701－0003316 善002821 子部/雜著類/雜說之屬
墨子閒詁十五卷目錄一卷附錄一卷後語二卷 (清)孫詒讓撰 清光緒二十一年(1895)蘇州毛上珍木活字印本 陳漢章批校並過錄清孫詒讓跋 八冊

330000－1701－0003317 善002822 子部/雜著類/雜說之屬
鶡冠子三卷 (宋)陸佃注 (明)王宇等評 明天啓五年(1625)朱氏花齋刻本 一冊

330000－1701－0003318 善002824 子部/叢編
楊升菴先生評注先秦五子全書 (明)張懋寀編 明天啓五年(1625)張懋寀橫秋閣刻本 一冊 存二種

330000－1701－0003319 善002827 子部/雜著類/雜說之屬
呂氏春秋二十六卷 (漢)高誘注 明萬曆宋邦乂等校刻本 八冊

330000－1701－0003320 善002823 子部/雜著類/雜說之屬
鶡冠子三卷 (宋)陸佃注 (明)王宇等評 明天啓五年(1625)朱氏花齋刻本 單丕過錄清孫詒讓、清俞樾批校 二冊

330000－1701－0003322 善002828 子部/雜著類/雜說之屬
呂氏春秋二十六卷 (漢)高誘注 明刻本 八冊

330000－1701－0003323 善002831 子部/雜著類/雜說之屬
呂氏春秋二十六卷 (漢)高誘注 明萬曆三十三年(1605)汪一鸞刻本 六冊

330000－1701－0003324 善002829 子部/雜著類/雜說之屬
呂氏春秋二十六卷 (漢)高誘注 (明)李鳴春評 明天啓七年(1627)李鳴春刻本 王修跋 四冊

330000－1701－0003325 善002833 子部/雜著類/雜說之屬
呂氏春秋二十六卷 (漢)高誘注 **呂氏春秋附攷一卷** (清)畢沅輯 清乾隆五十三年(1788)畢氏靈巖山館刻經訓堂叢書本 清昌齊批校 余重耀校、跋並過錄清陶方琦批校 六冊

330000－1701－0003326 善002830 子部/雜著類/雜說之屬
呂氏春秋二十六卷 (漢)高誘注 明末朱夢龍刻本 四冊

330000－1701－0003327 善002835 子部/雜著類/雜說之屬
淮南子二十一卷 (漢)劉安撰 明萬曆吳勉學刻二十子本 佚名批校 四冊

330000－1701－0003328　善 002838　子部/雜著類/雜説之屬
淮南子二十一卷　(漢)劉安撰　(漢)高誘注　清光緒二年(1876)浙江書局刻二十二子本　清佚名批校並跋　六冊

330000－1701－0003329　善 002836　子部/雜著類/雜説之屬
淮南子二十一卷　(漢)劉安撰　(漢)高誘注　(清)莊逵吉校　清乾隆五十三年(1788)莊逵吉刻本　張宗祥跋並過録清黄丕烈校及跋　六冊

330000－1701－0003330　善 002837　子部/雜著類/雜説之屬
淮南子二十一卷　(漢)劉安撰　(漢)高誘注　清光緒二年(1876)浙江書局刻二十二子本　單丕校、跋並過録清黄丕烈等校及跋　六冊

330000－1701－0003331　善 002841　子部/雜著類/雜説之屬
淮南鴻烈解二十一卷　(漢)劉安撰　(漢)高誘注　明萬曆八年(1580)茅一桂刻本　六冊

330000－1701－0003332　善 002842　子部/雜著類/雜説之屬
淮南鴻烈解二十一卷　(漢)劉安撰　(漢)高誘注　明萬曆八年(1580)茅一桂刻本　八冊　缺二卷(三至四)

330000－1701－0003333　善 002846　子部/雜著類/雜説之屬
淮南鴻烈解輯畧二卷　明)張榜芟輯　明刻本　一冊

330000－1701－0003334　善 002845　子部/雜著類/雜説之屬
淮南子二十一卷　(漢)劉安撰　(漢)高誘注　(清)莊逵吉校　清乾隆五十三年(1788)莊逵吉刻本　清陶方琦校、跋並過録清陳奂批校　清蒯瑩校並跋　清譚獻校、跋並過録清陳奂跋　八冊

330000－1701－0003335　善 002847　子部/雜著類/雜説之屬
淮南鴻烈閒詁二十一卷　(漢)許慎撰　清末抄本　清胡念修、楊鍾羲、王大隆題記　徐恕校並題記　一冊

330000－1701－0003336　善 002843　子部/雜著類/雜説之屬
淮南鴻烈解二十一卷　(漢)劉安撰　(漢)高誘注　(明)茅坤等評　明天啓武林張烒如刻本　四冊

330000－1701－0003337　善 002849　子部/雜著類/雜説之屬
淮南許注異同詁續補一卷　(清)陶方琦撰　稿本　一冊

330000－1701－0003338　善 002851　子部/雜著類/雜説之屬
白虎通德論四卷　(漢)班固撰　明天啓六年(1626)郎壁金堂策檻刻本　二冊

330000－1701－0003339　善 002852　子部/雜著類/雜説之屬
白虎通德論二卷　(漢)班固撰　明萬曆新都俞元符刻本　四冊

330000－1701－0003340　善 002854　子部/雜著類/雜説之屬
論衡三十卷　(漢)王充撰　(明)劉光斗評　明天啓六年(1626)錢塘閻光表刻本　三冊

330000－1701－0003341　善 002853　類叢部/叢書類/彙編之屬
祕書九種　(清)汪士漢編　明刻本　四冊

330000－1701－0003342　善 002855　子部/雜著類/雜説之屬
論衡三十卷　(漢)王充撰　清刻本　張宗祥校、跋並過録楊守敬校、章鈺跋　八冊

330000－1701－0003343　善 002856　子部/雜著類/雜説之屬
論衡三十卷　(漢)王充撰　清光緒元年(1875)湖北崇文書局刻子書百家本　陳漢章批校　五冊　存二十四卷(一至二十四)

330000－1701－0003344　善 002861　子部/雜著類/雜說之屬
風俗通義十卷　（漢）應劭撰　明天啓六年(1626)郎壁金堂策檻刻本　一冊

330000－1701－0003345　善 002857　子部/雜著類/雜說之屬
論衡三十卷　（漢）王充撰　清刻本　筱蓮題記　十冊

330000－1701－0003346　善 002859　子部/雜著類/雜說之屬
風俗通義十卷　（漢）應劭撰　明刻本　二冊

330000－1701－0003347　普 951.077/1114/c2　史部/雜史類/斷代之屬
兩淮戡亂記一卷附中興樂府二十八首一卷（清）張瑞墀撰　清宣統元年(1909)北京國學萃編社鉛印本　一冊

330000－1701－0003348　善 002864　子部/雜著類/雜說之屬
牟子一卷　（漢）牟融撰　清光緒元年(1875)湖北崇文書局刻子書百家本　陳漢章批校　一冊

330000－1701－0003349　善 002860　子部/雜著類/雜說之屬
風俗通義十卷　（漢）應劭撰　明刻本　六冊

330000－1701－0003350　善 002865　子部/雜著類/雜說之屬
人物志三卷　（三國魏）劉邵撰　（北魏）劉昞注　明萬曆刻兩京遺編本　清李棠階、張繼批並跋　三冊

330000－1701－0003351　善 002863　子部/雜著類/雜說之屬
秘傳天禄閣寓言外史八卷　題（漢）黃憲撰　明刻本　六冊

330000－1701－0003352　善 002866　子部/雜著類/雜說之屬
劉子二卷　（北齊）劉晝撰　清光緒元年(1875)湖北崇文書局刻子書百家本　陳漢章批校　一冊

330000－1701－0003353　善 002862　子部/雜著類/雜說之屬
秘傳天禄閣寓言外史八卷　題（漢）黃憲撰　明天啓朱養純花齋刻本　六冊

330000－1701－0003354　善 002867　子部/雜著類/雜說之屬
新刊劉子書抄一卷　（北齊）劉晝撰　明刻本　陳腳青題簽　一冊

330000－1701－0003355　善 002868　子部/儒家類/儒學之屬/禮教/家訓
顏氏家訓二卷　（北齊）顏之推撰　明萬曆三年(1575)顏嗣慎刻本　二冊

330000－1701－0003356　善 002869　子部/儒家類/儒學之屬/禮教/家訓
顏氏家訓二卷　（北齊）顏之推撰　明萬曆二十年(1592)程榮刻漢魏叢書本　明歸莊、清蕭然、清盧文弨跋　二冊

330000－1701－0003357　善 002871　子部/雜著類/雜說之屬
封氏聞見記十卷　（唐）封演撰　清抄本　清佚名過錄明吳岫、清錢曾跋　二冊

330000－1701－0003358　善 002870　子部/儒家類/儒學之屬/禮教/家訓
顏氏家訓二卷　（北齊）顏之推撰　清光緒元年(1875)湖北崇文書局刻子書百家本　陳漢章批校　一冊

330000－1701－0003359　善 002872　子部/雜著類/雜說之屬
近事會元五卷　（宋）李上交撰　清抄本　佚名過錄清黃丕烈跋　沈兆熊跋　二冊

330000－1701－0003360　善 002874　子部/雜著類/雜說之屬
夢溪筆談二十六卷補筆談一卷　（宋）沈括撰　明萬曆商濬半埜堂刻稗海四十六種續稗海二十四種本（補筆談配明萬曆商濬半埜堂刻清康熙振鷺堂重編補刻本）　清吳笏批校並跋　五冊

330000－1701－0003361　善 002878　集部/

別集類/宋別集
重刊横浦先生文集二十卷　(宋)張九成撰　**無垢先生横浦心傳録三卷横浦日新一卷**　(宋)于恕編　**重刊横浦先生家傳一卷**　(宋)張榕撰　**重刊施先生孟子發題一卷**　(宋)施德操撰　明萬曆四十三年(1615)方士騏刻本　乘雲批　四册　存五卷(横浦心傳録一至三、横浦日新、重刊施先生孟子發題)

330000－1701－0003362　善002873　子部/小説家類/雜事之屬
續墨客揮犀十卷拾遺三卷　(宋)彭乘撰　清抄本　七册　缺一卷(一)

330000－1701－0003363　善002875　子部/雜著類/雜説之屬
夢溪筆談二十六卷補筆談三卷續筆談一卷　(宋)沈括撰　明崇禎四年(1631)馬元調刻本　四册

330000－1701　0003364　善002876　子部/雜著類/雜説之屬
東坡先生志林五卷　(宋)蘇軾撰　明萬曆二十三年(1595)趙開美刻本　二册

330000－1701－0003365　善002879　子部/雜著類/雜説之屬
元城語録三卷　(宋)馬永卿撰　**行録一卷**　(明)崔銑輯　明萬曆十八年(1590)于文熙、徐成楚刻本　一册

330000－1701－0003367　善002883　子部/雜著類/雜説之屬
北窗炙輠録二卷　(宋)施德操撰　清抄本　二册

330000－1701－0003368　善002881　子部/雜著類/雜説之屬
猗覺寮雜記二卷　(宋)朱翌撰　清抄本　單丕過録張宗祥校　佚名過録清何焯跋　一册

330000－1701－0003369　善002884　子部/雜著類/雜説之屬
容齋隨筆十六卷續筆十六卷三筆十六卷四筆十六卷五筆十卷　(宋)洪邁撰　明崇禎三年(1630)嘉定馬元調刻本　二十二册

330000－1701－0003370　善002888　子部/雜著類/雜説之屬
老學庵筆記十卷　(宋)陸游撰　清嘉慶十年(1805)張氏照曠閣刻學津討原本　佚名過録清顧廣圻批校並跋　四册

330000－1701－0003372　善002891　子部/雜著類/雜説之屬
南村輟耕録三十卷　(明)陶宗儀撰　明刻遞修本　一册　存六卷(五至十)

330000－1701－0003373　善002892　子部/雜著類/雜説之屬
南村輟耕録三十卷　(明)陶宗儀撰　明玉蘭草堂刻本　四册

330000－1701－0003374　善002890　子部/雜著類/雜説之屬
鶴林玉露十六卷　(宋)羅大經撰　明刻本(卷五至十二配清抄本)　王修批校　八册

330000－1701－0003375　善002893　子部/叢編
括蒼二子六卷　(明)楊瑞編　明萬曆楊瑞刻本　四册　存四卷(重刊草木子一至四)

330000－1701－0003376　善002895　子部/雜著類/雜説之屬
五雜組十六卷　(明)謝肇淛撰　明吳航寶樹堂刻本　十六册

330000－1701－0003377　善002897　子部/雜著類/雜説之屬
金罍子上篇二十卷中篇十二卷下篇十二卷　(明)陳絳撰　(明)陳昱輯　明萬曆三十四年(1606)陳昱刻本　二十册

330000－1701－0003378　善002898　子部/雜著類/雜説之屬
金罍子上篇二十卷中篇十二卷下篇十二卷　(明)陳絳撰　(明)陳昱等輯　明萬曆刻本　八册

330000－1701－0003379　善002899　子部/

雜著類/雜說之屬

文雅社約二卷 （明）沈鯉撰　明萬曆三十年(1602)李三才刻本　一冊

330000－1701－0003380　善002900　子部/雜著類/雜說之屬

學道紀言五卷補遺一卷附錄一卷 （明）周思兼撰　明萬曆二十三年(1595)徐汝晉刻本　四冊

330000－1701－0003381　善002901　集部/別集類/明別集

鴻苞集四十八卷 （明）屠隆撰　（明）李嘉言校　（明）茅元儀選　明萬曆三十八年(1610)茅氏刻本　二十冊　缺一卷(二十一)

330000－1701－0003382　善002902　子部/雜著類/雜說之屬

穀山筆麈十八卷 （明）于慎行撰　明萬曆四十一年(1613)東阿于緯刻本　十冊

330000－1701－0003383　善002903　子部/宗教類/其他宗教之屬/其他

林子全集四部 （明）林兆恩撰　明崇禎四年(1631)涂文輔、劉永昌等刻本(三教原編卷二十五至三十一、寤言錄二卷、林子書札一卷原缺)　四十冊

330000－1701－0003384　善002906　子部/雜著類/雜說之屬

餘冬序錄二卷 （明）何孟春撰　（明）楊慎輯　明刻本　二冊

330000－1701－0003385　善002904　子部/雜著類/雜纂之屬

真如子醒言九卷 （明）王化隆撰　明萬曆二十九年(1601)王化遠、王烈光刻本　六冊

330000－1701－0003386　善002907　子部/雜著類/雜說之屬

震澤長語二卷 （明）王鏊撰　明刻本　一冊

330000－1701－0003387　善002908　子部/雜著類/雜說之屬

覺山先生緒言二卷 （明）洪垣撰　（明）洪允温輯　明萬曆刻本　四冊

330000－1701－0003388　善002911　子部/雜著類/雜說之屬

認字測三卷 （明）周宇撰　明萬曆三十九年(1611)周傳誦刻本　四冊

330000－1701－0003389　善002912　子部/雜著類/雜說之屬

湧幢小品三十二卷 （明）朱國禎輯　明天啓二年(1622)清美堂刻本　三十二冊

330000－1701－0003390　善002913　子部/雜著類/雜說之屬

留青日札三十九卷 （明）田藝蘅撰　明萬曆三十七年(1609)徐懋升刻本　二十冊

330000－1701－0003391　善002917　子部/雜家類

宙合編八卷 （明）林兆珂撰　明萬曆刻本　一冊　存一卷(泰真測徽崇字集)

330000－1701－0003392　善002909　子部/雜著類/雜說之屬

焦氏筆乘六卷續集八卷 （明）焦竑撰　明萬曆三十四年(1606)謝與棟刻本　十四冊

330000－1701－0003393　善002918　子部/雜著類/雜說之屬

吹景集十四卷 （明）董斯張撰　（明）韓昌箕訂　清抄本　清姚燮跋　一冊　存九卷(一至九)

330000－1701－0003394　善002910　子部/雜著類/雜說之屬

焦氏筆乘六卷續集八卷 （明）焦竑撰　明萬曆三十四年(1606)謝與棟刻本　四冊

330000－1701－0003395　善002916　子部/雜著類/雜說之屬

梅花渡異林十卷 （明）支允堅纂　明崇禎刻本　八冊

330000－1701－0003396　善002914　子部/雜著類/雜說之屬

讀書拙言一卷 （明）陳第著　（明）凌鳴喈訂誤　清抄本　一冊

330000－1701－0003397　善 002919　子部/雜著類/雜纂之屬

千一疏二十二卷　（明）程涓撰　明萬曆三十七年（1609）陳所學、范榭刻本　十六册

330000－1701－0003398　善 002915　經部/易類/傳說之屬

易大義一卷　（清）惠棟撰　清抄本　與 330000－1701－0003396 合册

330000－1701－0003399　善 002920　子部/雜著類/雜考之屬

徐氏筆精八卷　（明）徐𤊹撰　明崇禎五年（1632）邵捷春刻清康熙四十五年（1706）孫鋰咸修補本　六册

330000－1701－0003400　善 002921　子部/雜著類/雜說之屬

說儲八卷二集八卷　（明）陳禹謨撰　明萬曆三十七年（1609）徐騰芳刻本　四册

330000－1701－0003401　善 002922　子部/雜著類/雜纂之屬

祝子小言一卷　（明）祝世祿撰　明萬曆二十一年（1593）刻環碧齋集本　清佚名批　一册

330000－1701－0003402　善 002924　子部/雜著類/雜纂之屬

物理小識十二卷首一卷　（清）方以智撰　清康熙三年（1664）于藻刻本　四册

330000－1701－0003403　善 002928　子部/雜著類/雜說之屬

昌江性學述筆貫珠十二卷　（清）鄧逢光述筆　（清）徐謙約編　**昌江偶吟一卷**　（清）鄧逢光撰　清同治十年（1871）學睡齋抄本　十二册

330000－1701－0003404　善 002927　子部/雜著類/雜說之屬

棗林外索二卷　（明）談遷撰　清抄本　二册

330000－1701－0003407　善 002926　子部/雜著類/雜說之屬

棗林雜俎六卷　（明）談遷撰　清抄本　六册

330000－1701－0003408　善 002930　子部/雜著類/雜考之屬

潛邱劄記六卷　（清）閻若璩撰　**左汾近槀一卷**　（清）閻詠撰　清乾隆九年（1744）閻學林眷西堂刻本　單丕校　錢恂批校並跋　六册

330000－1701－0003409　善 002931　子部/雜著類/雜考之屬

潛邱劄記六卷　（清）閻若璩撰　**左汾近槀一卷**　（清）閻詠撰　清乾隆九年（1744）閻學林眷西堂刻大成齋印本　單丕校　六册

330000－1701－0003410　善 002933　子部/雜著類/雜說之屬

諤崖脞說五卷　（清）章楹撰　清乾隆三十六年（1771）浣雪堂刻本　四册

330000－1701－0003411　善 002932　子部/雜著類/雜說之屬

蓉槎蠡說十二卷　（清）程哲撰　清康熙五十年（1711）歙縣程氏七略書堂刻本　二册

330000－1701－0003412　善 002934　子部/儒家類/儒學之屬

待訪録一卷　（清）黄宗羲撰　清抄本　清朱步沆、王繼香校並跋　一册

330000－1701－0003413　善 002937　子部/雜著類/雜說之屬

書隱叢說十九卷　（清）袁棟撰　清乾隆袁棟鋤經樓刻本　十册

330000－1701－0003414　善 002935　類叢部/叢書類/彙編之屬

說鈴前集三十三種後集十九種續集七種　（清）吳震方編　清康熙刻本　二册　存二種

330000－1701－0003416　善 002936　子部/雜著類/雜說之屬

片刻餘閒集二卷　（清）劉埥撰　清乾隆十九年（1754）劉埥刻本　二册

330000－1701－0003417　善 002942　子部/雜著類/雜考之屬

古今注三卷　（晉）崔豹撰　清光緒元年（1875）湖北崇文書局刻子書百家本　陳漢章

批校　一册

330000－1701－0003418　善 002946　子部/雜著類/雜考之屬

識遺十卷　(宋)羅璧撰　清抄本　二册

330000－1701－0003419　善 002945　子部/雜著類/雜考之屬

東觀餘論二卷　(宋)黄伯思撰　明萬曆十二年(1584)秀水項篤壽萬卷堂刻本　清蔡鴻鑑跋　四册

330000－1701－0003420　善 002948　子部/雜著類/雜考之屬

丹鉛餘録十七卷　(明)楊慎撰　明刻本　十册

330000－1701－0003421　善 002943　子部/雜著類/雜考之屬

資暇集三卷　(唐)李匡乂撰　清嘉慶謝寶樹授經圖屋抄本　清謝寶樹跋　王修跋　一册

330000－1701－0003422　善 002953　子部/雜著類/雜考之屬

秇林伐山二十卷　(明)楊慎撰　明萬曆三十五年(1607)孫居相刻本　二册

330000－1701－0003423　善 002944　子部/小説家類/瑣語之屬

雜纂一卷　(唐)李商隱撰　清嘉慶謝寶樹授經圖屋抄本　清謝寶樹跋　與 330000－1701－0003421 合册

330000－1701－0003424　善 002951　子部/雜著類/雜考之屬

丹鉛總録二十七卷　(明)楊慎撰　明萬曆新安汪宗尼刻本　八册

330000－1701－0003425　善 002955　子部/雜著類/雜考之屬

增定雅俗稽言十七卷　(明)張存紳編著　(明)吴炳選　清初抄本　十二册

330000－1701－0003426　善 002956　子部/雜著類/雜考之屬

青藤山人路史二卷　(明)徐渭撰　明刻本　一册

330000－1701－0003427　善 002957　類叢部/叢書類/彙編之屬

稗乘四十二種　(明)黄昌齡輯　明萬曆黄氏刻本　二册

330000－1701－0003428　善 002959　子部/雜著類/雜考之屬

通雅五十二卷首三卷　(清)方以智撰　清琴書閣刻本　十六册

330000－1701－0003429　善 002960　子部/雜著類/雜考之屬

日知録三十二卷　(清)顧炎武撰　清康熙三十四年(1695)潘耒遂初堂刻本　十四册

330000－1701－0003430　善 002961　子部/雜著類/雜考之屬

日知録三十二卷　(清)顧炎武撰　清康熙三十四年(1695)潘耒遂初堂刻本　清忻寶華批校　八册

330000－1701－0003431　善 002962　子部/雜著類/雜考之屬

焠掌録二卷　(清)汪啓淑撰　清汪啓淑開萬樓刻本　二册

330000－1701－0003432　善 002963　子部/雜著類/雜考之屬

畏壘筆記四卷　(清)徐昂發撰　清桂風堂刻本　一册

330000－1701－0003433　善 002964　子部/雜著類/雜考之屬

南江札記四卷　(清)邵晉涵撰　清同治六年(1867)戴采孫抄光緒十六年(1890)戴穗孫補抄本　清戴采孫跋　二册

330000－1701－0003434　善 002965　子部/雜著類/雜考之屬

南江札記四卷　(清)邵晉涵撰　清鷗雪唫舫抄本　一册

330000－1701－0003437　善 002971　子部/雜著類/雜考之屬

樸學齋筆記八卷　(清)盛大士撰　清抄本　清沈端批校並跋　二冊

330000－1701－0003438　善002972　史部/史評類/詠史之屬
二十一都懷古詩一卷　(朝鮮)柳得恭撰　**勇盧閒詰一卷**　(清)趙之謙撰　清光緒會稽趙氏刻仰視千七百二丨九鶴齋叢書本　鄭文焯批　一冊

330000－1701－0003439　善002974　子部/小說家類/雜事之屬
世說新語三卷　(南朝宋)劉義慶撰　(南朝梁)劉孝標注　明萬曆三十七年(1609)周氏博古堂刻本　三冊

330000－1701－0003440　善002975　子部/小說家類/雜事之屬
世說新語三卷　(南朝宋)劉義慶撰　(南朝梁)劉孝標注　明刻本　六冊

330000－1701－0003441　善002976　子部/小說家類/雜事之屬
世說新語三卷　(南朝宋)劉義慶撰　(南朝梁)劉孝標注　明刻本　清馬學乾過錄清理寒石、清張庚批校並跋　清馬學乾批校並跋　六冊

330000－1701－0003442　善002977　子部/小說家類/雜事之屬
世說新語六卷　(南朝宋)劉義慶撰　(南朝梁)劉孝標注　明吳勉學刻本　賀揚靈題簽並記　六冊

330000－1701－0003443　善002978　子部/小說家類/雜事之屬
世說新語三卷　(南朝宋)劉義慶撰　(南朝梁)劉孝標注　(明)王世懋批點　明萬曆九年(1581)喬懋敬刻本　五冊　缺一卷(卷上之上)

330000－1701－0003444　善000344　子部/宗教類/佛教之屬/經
一切如來心秘密全身舍利寶篋印陁羅尼經一卷　(唐)釋不空譯　宋開寶八年(975)吳越國王錢俶刻本　陳錫鈞題簽　鄒安跋　一卷

330000－1701－0003445　善002982　子部/小說家類/雜事之屬
世說新語補二十卷　(南朝宋)劉義慶撰　(南朝梁)劉孝標注　(明)何良俊增補　(明)王世貞刪定　(明)王世懋批釋　(明)張文柱校注　明萬曆刻本　六冊

330000－1701－0003447　善002981　子部/小說家類/雜事之屬
世說新語三卷釋名一卷佚文一卷攷證一卷　(南朝宋)劉義慶撰　(南朝梁)劉孝標注　**引用書目一卷**　葉德輝輯　**校勘小識二卷**　王先謙撰　清光緒十七年(1891)王先謙思賢講舍刻本　屈彊校補、跋並過錄沈寶研、李詳、劉盼遂等校語　七冊

330000－1701－0003448　善002983　子部/小說家類/雜事之屬
世說新語補二十卷　(南朝宋)劉義慶撰　(南朝梁)劉孝標注　(明)何良俊增補　(明)王世貞刪定　(明)王世懋批釋　(明)張文柱校注　明萬曆刻本　二十冊

330000－1701－0003449　善002984　子部/小說家類/雜事之屬
世說新語補四卷名字異稱一卷　(明)何良俊撰　明萬曆刻本　四冊

330000－1701－0003450　善002986　子部/小說家類/雜事之屬
李卓吾批點世說新語補二十卷　(南朝宋)劉義慶撰　(南朝梁)劉孝標注　(宋)劉辰翁批　(明)何良俊增　(明)王世貞刪定　(明)王世懋批釋　(明)李贄批點　(明)張文柱校注　**附釋名一卷**　明萬曆刻本　十冊

330000－1701－0003451　善002985　子部/小說家類/雜事之屬
世說新語補二十卷附釋名一卷　(南朝宋)劉義慶撰　(南朝梁)劉孝標注　(明)何良俊增補　(明)王世貞刪定　(明)王世懋批釋　(明)張文柱校注　明萬曆十三年(1585)張文柱刻本　十冊

330000－1701－0003452　善 002987　子部/小說家類/雜事之屬
刻大唐新語十三卷　(唐)劉肅撰　明萬曆刻本　三册

330000－1701－0003453　善 002988　子部/小說家類/雜事之屬
唐世説新語十三卷　(唐)劉肅撰　明萬曆刻明末印本　二册

330000－1701－0003454　善 002989　子部/小說家類/雜事之屬
唐世説新語十三卷　(唐)劉肅撰　明萬曆三十七年(1609)俞安期刻本　四册

330000－1701－0003455　善 002990　子部/小說家類/雜事之屬
大唐新語十三卷　(唐)劉肅撰　明萬曆商濬半埜堂刻稗海本　佚名批　四册

330000－1701－0003456　善 002991　子部/小說家類/雜事之屬
開元天寶遺事二卷　(五代)王仁裕撰　清末虞山周氏鴿峰草堂抄建業張氏銅活字本　周大輔過録清黄丕烈跋　一册

330000－1701－0003457　善 002995　子部/雜著類/雜考之屬
愧郯録十五卷　(宋)岳珂撰　清抄本　二册

330000－1701－0003458　善 002996　子部/小說家類/瑣語之屬
吟室霏談一卷　(宋)周密撰　清末常熟周氏郁公鍾室抄本　一册

330000－1701－0003459　善 002992　子部/雜著類/雜説之屬
金華子二卷　(五代)劉崇遠撰　清文珍樓抄本　一册

330000－1701－0003460　善 002999　子部/雜著類/雜纂之屬
西山日記二卷　(明)丁元薦撰　清抄本　清莫棠跋　二册

330000－1701－0003461　善 003000　子部/雜著類/雜纂之屬
蕊亭隨筆摘要八卷　(清)王孫驂撰　清王近思抄本　清王近思批　十册

330000－1701－0003462　善 003003　子部/雜著類/雜説之屬
菰中隨筆三卷　(清)顧炎武撰　清嘉慶十六年(1811)金森抄本　一册

330000－1701－0003463　善 002994　子部/雜著類
桯史十五卷附録一卷　(宋)岳珂撰　明崇禎毛氏汲古閣刻津逮秘書本　清湯淦觀款　五册

330000－1701－0003464　善 003001　子部/小說家類/異聞之屬
見聞紀訓二卷　(明)陳良謨撰　**附董漢陽碧里雜存六事一卷**　(明)董穀撰　明萬曆七年(1579)葉日新、徐琳刻本　王修跋　二册

330000－1701－0003465　善 003004　子部/雜著類/雜纂之屬
東軒晚語三卷　(清)吳震方輯　清抄本　一册

330000－1701－0003466　善 003006　子部/雜著類/雜考之屬
燕在閣知新録三十二卷　(清)王棠撰　清康熙豐山王氏燕在閣刻本　八册

330000－1701－0003467　善 003007　子部/雜著類/雜纂之屬
鼎公雜録不分卷　(清)鼎泰輯　稿本　樊增祥題簽　四册

330000－1701－0003468　善 003010　子部/雜著類/雜品之屬
雅尚齋遵生八牋十九卷目録一卷　(明)高濂撰　明萬曆十九年(1591)高濂刻本(卷十配清抄本,卷九、十五至十七配明刻弦雪居重訂本)　三十六册

330000－1701－0003469　善 003008　子部/雜著類/雜纂之屬
憶書三卷　(清)焦循撰　清趙之謙抄本　清

趙之謙校　張宗祥、任銘善跋　二册

330000－1701－0003470　善003011　子部/雜著類/雜品之屬

弦雪居重訂遵生八牋十九卷目錄一卷　(明)高濂撰　明末刻本［卷八至九、十一、十六配清道光十一年(1831)抄本］　清顧昇跋　三十六册

330000－1701－0003471　善003012　子部/雜著類/雜品之屬

雅尚齋遵生八牋十九卷　(明)高濂撰　明萬曆刻明清遞修本　八册

330000－1701－0003472　善003013　子部/雜著類/雜說之屬

菜根譚前集一卷後集一卷　(明)洪應明撰　明刻本　一册

330000－1701－0003473　善003014　子部/雜著類/雜品之屬

司典要書一卷　(清)毓和主人撰　清嘉慶十七年(1812)海陽黄逸羣悦和堂刻本　一册

330000－1701－0003474　善003015　子部/雜著類/雜纂之屬

意林五卷　(唐)馬總撰　(清)周廣業注　**意林補一卷**　(唐)馬總編　**錄畧一卷**　(清)周廣業撰　**附錄一卷**　**意林闕目一卷**　(清)嚴可均撰　**意林逸文一卷**　陶濬宣撰　清陶濬宣抄本　王仁俊題記　陶濬宣校並跋　二册

330000－1701－0003475　善003016　子部/雜著類/雜纂之屬

意林五卷　(唐)馬總撰　**意林補遺一卷**　(清)張海鵬增訂　清光緒三年(1877)湖北崇文書局刻崇文書局彙刻書本　單丕批校　三册

330000－1701－0003476　善003022　子部/雜著類/雜纂之屬

雲仙散錄一卷　題(唐)馮贄輯　明刻本　王修校並跋　一册

330000－1701－0003477　善003017　子部/雜著類/雜纂之屬

意林五卷補一卷　(唐)馬總撰　**意林補遺一卷**　(清)張海鵬增訂　**意林闕目一卷**　(清)嚴可均撰　清光緒元年至三年(1875－1877)湖北崇文書局刻民國元年(1912)鄂官書處重印崇文書局彙刻書本(補一卷配張宗祥抄本)　張宗祥校並跋　張宗祥過錄清譚獻校、清楊調元跋　單丕、徐恕跋　二册

330000－1701－0003478　善003024　子部/雜著類/雜纂之屬

仕學規範八卷　(宋)張鎡次輯　(明)范汝梓刪訂　明天啓五年(1625)范廷鳳、范廷駿刻本　三册

330000－1701－0003479　善003018　子部/雜著類/雜纂之屬

意林五卷　(唐)馬總撰　**意林補遺一卷**　(清)張海鵬增訂　清光緒三年(1877)湖北崇文書局刻崇文書局彙刻書本(補遺一卷配民國錢珍抄本)　陳漢章校並跋　二册

330000－1701－0003480　善003019　子部/雜著類/雜纂之屬

意林五卷　(唐)馬總撰　**意林補遺一卷**　(清)張海鵬增訂　清光緒三年(1877)湖北崇文書局刻崇文書局彙刻書本　單丕校並過錄清譚獻校　二册

330000－1701－0003481　善003020　子部/雜著類/雜纂之屬

意林五卷　(唐)馬總撰　(清)周廣業附注　**逸文一卷附編一卷**　(清)周廣業輯　清抄本　清莫友芝批校並跋　繆荃孫批校　四册

330000－1701－0003482　善003025　子部/雜著類/雜纂之屬

自警編九卷　(宋)趙善璙輯　明萬曆四年(1576)徐栻壯猷堂刻本(卷三至九配清抄本)　十册

330000－1701－0003483　善003023　子部/雜著類/雜纂之屬

紺珠集十三卷　清抄本　四册

330000－1701－0003484　善003021　子部/

雜著類/雜纂之屬

意林逸文一卷附編一卷 （清）周廣業輯 清抄本 清趙偉如記 一册

330000－1701－0003485 善003031 子部/雜著類/雜纂之屬

初潭集十二卷 （明）李贄撰 明末刻本 十二册

330000－1701－0003486 善003029 子部/雜著類/雜纂之屬

談資三卷 （明）秦鳴雷輯 明萬曆元年(1573)臨海秦鳴雷刻本 三册

330000－1701－0003487 善003030 子部/雜著類/雜纂之屬

學圃薑蘇六卷 （明）陳耀文輯 明萬曆三十四年(1606)長洲張寬然刻本 六册

330000－1701－0003488 善003035 子部/雜著類/雜纂之屬

續自警編十六卷 （明）黄希憲纂集 明萬曆五年(1577)嘉興府刻本 十五册 缺一卷(十六)

330000－1701－0003489 善003032 子部/雜著類/雜纂之屬

初潭集三十卷 （明）李贄撰 明刻本 六册

330000－1701－0003490 善003036 子部/雜著類/雜纂之屬

灼艾集二卷續集二卷別集二卷餘集二卷新集二卷 （明）萬表輯 明萬曆二十九年(1601)四明萬邦孚刻本 四册 缺三卷(別集一、新集一至二)

330000－1701－0003491 善003033 子部/雜著類/雜纂之屬

初潭集三十卷 （明）李贄撰 明萬曆刻本 四册

330000－1701－0003492 善003037 子部/雜著類/雜纂之屬

新刻熙朝内閣評選六子纂要十二卷 （明）張位 （明）趙志皋輯 明萬曆二十一年(1593)書林余成章刻本 十六册

330000－1701－0003493 善003038 子部/雜著類/雜纂之屬

焦氏類林八卷 （明）焦竑輯 明萬曆十五年(1587)建業王元貞刻本 四册

330000－1701－0003494 善003039 子部/雜著類/雜纂之屬

琅邪代醉編四十卷 （明）張鼎思輯 明萬曆二十五年(1597)陳性學刻本 十册

330000－1701－0003495 善003042 子部/雜著類/雜纂之屬

新鍥焦狀元彙選註釋續九子全書十卷 （明）焦竑撰 明詹霖宇静觀室刻本 六册

330000－1701－0003496 善003041 子部/道家類/道教之屬/雜著

新鍥二太史彙選註釋九子全書評林十五卷首一卷 （明）焦竑注 （明）翁正春評 明萬曆書林詹聖澤刻本 五册

330000－1701－0003497 善003040 子部/叢編

新鍥翰林三狀元會選二十九子品彙釋評二十卷首一卷 （明）焦竑等編 明萬曆四十四年(1616)寶善堂刻本 二十册

330000－1701－0003498 善003043 子部/雜著類/雜説之屬

玉堂叢語八卷 （明）焦竑輯 明萬曆四十六年(1618)錢塘徐象橒曼山館刻本 八册

330000－1701－0003499 善003044 子部/雜著類/雜纂之屬

智品十三卷 （明）樊玉衝撰 （明）於倫增補 明萬曆四十二年(1614)於斯行刻本 十七册

330000－1701－0003500 善003046 子部/雜著類/雜纂之屬

經世環應編八卷 （明）錢繼登輯 明刻本 四册

330000－1701－0003501 善003045 子部/雜著類/雜纂之屬

智囊二十八卷 （明）馮夢龍輯 明崇禎刻本

八册

330000－1701－0003502　善003048　子部/雜著類/雜纂之屬
福壽全書六卷　(明)陳繼儒輯　明崇禎張叔籟刻本　十六册

330000－1701－0003503　善003047　子部/雜著類/雜纂之屬
智囊補二十八卷　(明)馮夢龍輯　明崇禎刻本　十六册

330000－1701－0003504　善003049　子部/雜著類/雜纂之屬
舌華録九卷　(明)曹臣纂著　(明)吳苑参定　(明)袁中道批評　明萬曆刻本　清旌夫居士題簽並記　二册

330000－1701－0003505　善003050　子部/雜著類/雜纂之屬
昨非菴日纂二十卷二集二十卷三集二十卷　(明)鄭瑄輯　明崇禎刻本　二十册

330000－1701－0003506　善003051　子部/雜著類/雜纂之屬
玉芝堂談薈三十六卷　(明)徐應秋輯　明崇禎刻本　十二册

330000－1701－0003507　善003052　子部/雜著類/雜纂之屬
玉芝堂談薈三十六卷　(明)徐應秋輯　明崇禎刻清乾隆重修本　三十册

330000－1701－0003508　善003054　集部/總集類/彙編之屬
翠娛閣評選行笈必攜十種　(明)陸雲龍編　明末刻本　二册　存二種

330000－1701－0003509　善003058　子部/雜著類/雜纂之屬
四不如類鈔四卷　(明)艾庵居士輯　明萬曆四十一年(1613)吳亮刻本　十二册

330000－1701－0003510　善003059　子部/雜著類/雜説之屬
間署日抄二十二卷　(明)舒榮都輯　明天啓二年(1622)刻本　四十二册　缺一卷(八)

330000－1701－0003511　善003057　子部/雜著類/雜纂之屬
省身集要四卷　(明)胡宗洵輯　明崇禎六年(1633)刻本　八册

330000－1701－0003512　善003060　子部/小説家類/雜事之屬
龍輔女紅餘志二卷　(元)龍輔輯　明天啓至崇禎虞山毛氏汲古閣刻詩詞雜俎本　周大輔題簽並記　一册

330000－1701－0003513　善003055　子部/雜著類/雜纂之屬
同異録二卷　(明)陸深撰　明天啓四年(1624)萬泰百一齋抄本　清萬泰、萬學詩跋　與330000－1701－0000586合册

330000－1701－0003514　善003061　子部/雜著類/雜纂之屬
割榮集不分卷　(明)朱倫撰　清抄本　清周廣業跋　六册

330000－1701－0003515　善003062　子部/雜著類/雜纂之屬
可如三卷　(明)董德鏞撰　清抄本　三册

330000－1701－0003516　善003063　子部/雜著類/雜纂之屬
可如三卷　(明)董德鏞撰　清抄本　三册

330000－1701－0003517　善003064　子部/雜著類/雜纂之屬
澹園醒語八卷　(明)金嘉貞輯　明崇禎刻本　朱遂翔題簽　一册

330000－1701－0003518　善003065　子部/雜著類/雜纂之屬
成蘧弇杵鍼第三場不分卷　明末抄本　錫卿跋　一册

330000－1701－0003519　善003066　子部/儒家類/儒學之屬
章子一卷　(明)章世純撰　清道光十九年(1839)韓應陛抄本　清韓應陛跋　一册

330000－1701－0003520　善 003069　子部/雜著類/雜纂之屬

倘湖樵書初編六卷二編六卷　(清)來集之撰　清康熙二十二年(1683)蕭山來氏倘湖小築刻本(卷三、十配清抄本)　十二册

330000－1701－0003521　善 003067　子部/雜著類/雜纂之屬

湘煙錄十六卷　(明)閔元京　(明)凌義渠輯　清抄本　一册　存七卷(一至七)

330000－1701－0003522　善 003072　子部/儒家類/儒學之屬/性理

密證録一卷姚江釋毀録一卷　(清)彭定求撰　清乾隆五十二年(1787)吳卓信抄本　清翁同龢題記　清吳卓信批校並跋　一册

330000－1701－0003525　善 003076　子部/雜著類/雜説之屬

日録裏言一卷論文一卷　(清)魏禧撰　清朱衍廬抄本　清朱衍廬題記　清蒼雨批　一册

330000－1701－0003526　善 003068　子部/儒家類/儒學之屬/禮教/女範

呂新吾先生閨範圖説四卷　(明)呂坤輯並注　清初呂應菊刻本　二十册

330000－1701－0003527　善 003079　類叢部/類書類/專類之屬

香閨鞋韈典略二卷　(清)蘇馥編　清光緒五年(1879)鄒存淦抄本　清鄒存淦跋　一册

330000－1701－0003528　善 003084　子部/雜著類/雜纂之屬

嘉蔭簃叢鈔　(清)劉喜海輯　清劉氏嘉蔭簃抄本　三册　存三種

330000－1701－0003529　善 003087　類叢部/叢書類/彙編之屬

消遣法七十八卷　清咸豐童葉庚抄本　二十二册

330000－1701－0003530　善 003081　子部/雜著類/雜纂之屬

雜抄一卷　(清)陶方琦撰　稿本　一册

330000－1701－0003531　善 003088　史部/地理類/雜志之屬

查浦輯聞二卷　(清)查嗣瑮輯　清抄本　二册

330000－1701－0003532　善 003089　子部/小説家類/諧謔之屬

解頤新録一卷　(清)鄒淦輯　稿本　一册

330000－1701－0003533　善 003093　子部/小説家類/異聞之屬

山海經十八卷　(晉)郭璞傳　清康熙五十三年至五十四年(1714－1715)歙縣項絪群玉書堂刻本　二册

330000－1701－0003534　善 003094　子部/小説家類/異聞之屬

山海經箋疏十八卷圖讚一卷訂譌一卷敘錄一卷　(清)郝懿行撰　清光緒十二年(1886)上海還讀樓刻本　陳漢章批並評點　四册

330000－1701－0003535　善 003091　子部/藝術類/遊藝之屬/酒令

酒籌新編二卷　(清)鄒淦輯　稿本　一册

330000－1701－0003536　善 003096　子部/小説家類/異聞之屬

山海經釋義十八卷圖一卷　(明)王崇慶撰　明萬曆二十五年(1597)蔣一葵堯山堂刻本　六册

330000－1701－0003537　善 003101　子部/小説家類/異聞之屬

太平廣記五百卷目錄十卷　(宋)李昉等輯　明許自昌刻本　六十四册

330000－1701－0003538　善 003102　子部/小説家類/異聞之屬

獪園十六卷　(明)錢希言撰　明萬曆四十一年(1613)馬之駿刻明末重修本　無　十六册

330000－1701－0003539　善 003103　子部/小説家類/異聞之屬

芙蓉鏡寓言一集一卷二集一卷三集一卷四集一卷　(明)江東偉撰　明末刻本　十册

330000－1701－0003540　善 003097　子部/小說家類/異聞之屬

穆天子傳六卷　（晉）郭璞注　清抄本　一册

330000－1701－0003541　善 003100　子部/小說家類/異聞之屬

閒窻括異志一卷　（宋）魯應龍撰　清雍正抄本　王修跋　一册

330000－1701－0003542　善 003104　子部/小說家類/異聞之屬

脞録不分卷　（清）章孝基撰　稿本　二册

330000－1701－0003543　善 003105　史部/傳記類/日記之屬

翏莫子雜識一卷（清嘉慶二十二年至二十四年）　（清）俞興瑞撰　清咸豐六年（1856）海昌俞氏刻本　一册

330000－1701－0003544　善 003106　子部/小說家類/異聞之屬

高辛硯齋雜著二卷　（清）俞承德撰　清咸豐六年（1856）刻海昌俞氏叢刻本　佚名批　與330000－1701－0003543 合册

330000－1701－0003546　善 003109　子部/小說家類/異聞之屬

譚賓録十卷　（唐）胡璩撰　清光緒二十七年（1901）周氏鴿峰草堂抄本　周大輔校並跋　二册

330000－1701－0003547　善 003110　類叢部/叢書類/彙編之屬

雅雨堂藏書十三種　（清）盧見曾編　清乾隆二十一年至二十五年（1756－1760）盧氏雅雨堂刻本　二册　存一種

330000－1701－0003548　善 003111　子部/小說家類/雜事之屬

澠水燕譚九卷　（宋）王闢之撰　**澠水燕譚校譌一卷**　周大輔撰　清末虞山周氏鴿峰草堂抄本　周大輔校、題記並過録明貢大章、清黄丕烈跋　一册

330000－1701－0003549　善 003113　史部/地理類/雜志之屬

金陵瑣事四卷續二卷二續二卷　（明）周暉撰　明萬曆刻本　八册

330000－1701－0003550　善 003112　子部/小說家類/雜事之屬

客座贅語十卷　（明）顧起元撰　明萬曆四十六年（1618）顧起元刻本　五册

330000－1701－0003551　善 003115　子部/小說家類/異聞之屬

情史類畧二十四卷　（明）馮夢龍輯　清康熙刻本　十四册

330000－1701－0003552　善 003114　子部/小說家類/雜事之屬

剪桐載筆一卷　（明）王象晉纂　明崇禎毛晉汲古閣刻本　一册

330000－1701－0003554　善 003117　子部/雜著類/雜說之屬

三岡識畧十卷　（清）董含撰　清抄本　五册

330000－1701－0003555　善 003118　子部/雜著類/雜纂之屬

汪氏説鈴一卷　（清）汪琬撰　清雍正十二年（1734）鮑鈐刻本　傅以禮題簽、校並跋　一册

330000－1701－0003556　善 003119　子部/雜著類/雜說之屬

竹影軒經營摘要三卷　（清）夏元成著釋（清）喬賀錄　稿本　二册

330000－1701－0003557　善 003120　子部/小說家類/雜事之屬

鵲南雜錄一卷熙怡錄一卷　（清）戴束撰　清宣統虞山周氏鴿峰草堂抄本　周大輔校　一册

330000－1701－0003558　善 003121　子部/小說家類/雜事之屬

過墟志感一卷　（清）墅西逸叟撰　**潮災紀畧一卷　過墟志感校訛潮災紀略校訛一卷**　周大輔撰　清光緒周氏鴿峰草堂抄本　周大輔校並題記　一册

330000－1701－0003559　善003124　子部/小說家類/雜事之屬

回頭再想四卷回頭再想想四卷　(清)戚學標撰　清抄本　李子竺校並跋　三册　缺二卷(再想一至二)

330000－1701－0003560　善003122　史部/地理類/雜志之屬

五茸志逸六卷　(清)吳履震采輯　清抄本　十二册

330000－1701－0003561　善003125　子部/雜著類/雜說之屬

循陔纂聞五卷　(清)周廣業撰　清抄本　管偉校並記　四册

330000－1701－0003562　善003126　子部/小說家類/異聞之屬

影談八卷　(清)管世灝撰　稿本(卷三至四配清管煦抄本)　清管鴻詞題詞　清管煦校並跋　四册

330000－1701－0003563　善003134　子部/小說家類/雜事之屬

警睡集四卷　(清)凌筠編輯　清抄本　四册

330000－1701－0003564　善003136　子部/雜著類/雜說之屬

麈餘四卷　(明)謝肇淛輯　明萬曆刻本　清姚燮觀款　二册

330000－1701－0003565　善003137　子部/雜著類/雜說之屬

蘇米志林三卷　(明)毛晉編　明天啓元年(1621)毛氏緑君亭刻本　一册

330000－1701－0003567　善003138　子部/小說家類/雜事之屬

玉塵新譚三十四卷　(明)鄭仲夔撰　明刻本　三册　存十八卷(清言一至十、雋區一至八)

330000－1701－0003568　善003143　史部/傳記類/總傳之屬/釋道

月旦堂仙佛奇踪合刻八卷　(明)洪應明輯　明萬曆刻本　八册

330000－1701－0003569　善003139　子部/小說家類/雜事之屬

清言一卷　(明)鄭仲夔撰　清抄本　一册

330000－1701－0003570　善003140　子部/小說家類/雜事之屬

耳譚一卷　(明)王同軌撰　清抄本　一册

330000－1701－0003571　善003141　子部/雜著類/雜說之屬

野獲編三十七卷續編四卷　(明)沈德符撰　清康熙抄本　清沈修誠跋　十册

330000－1701－0003572　善003142　子部/雜著類/雜纂之屬

小窗四紀四種(小窗自紀四卷別紀四卷艷紀不分卷清紀不分卷)　(明)吳從先輯　明萬曆刻本(清紀配另一明萬曆刻本)　十一册　缺四卷(自紀一至四)

330000－1701－0003573　善003144　子部/小說家類/瑣語之屬

梨雲館廣清紀四卷　(明)吳從先等輯　明梨雲館刻本　二册　存一卷(一)

330000－1701－0003574　善003145　子部/雜著類/雜纂之屬

醉古堂劍掃十二卷　(明)陸紹珩輯　清初抄本　清怡齋題記　二册　存五卷(五至六、十至十二)

330000－1701－0003575　善003149　子部/術數類/數學之屬

太玄經集注十卷　(宋)司馬光撰　清嘉慶三年(1798)吳門陶氏五柳居刻道光二十四年(1844)印本　陳漢章批校並過録清俞樾、清孫詒讓批校　四册

330000－1701－0003576　善003147　子部/術數類/數學之屬

揚子太玄經十卷　(漢)揚雄撰　**說玄一卷**　(宋)司馬光述　明天啓六年(1626)武林書坊趙世楷刻本　二册

330000－1701－0003577　善003148　子部/術數類/數學之屬

揚子太玄經十卷 （漢）揚雄撰 **說玄一卷** （宋）司馬光述 明天啓六年（1626）武林書坊趙世楷刻本 清陳撰批校 八册

330000－1701－0003578 善 003151 子部/術數類/數學之屬
元包經傳五卷 （北周）衛元嵩撰 （唐）蘇源明傳 （唐）李江注 **元包數總義二卷** （宋）張行成撰 明天啓六年（1626）吕茂良蔭芳園刻本 一册

330000－1701－0003579 善 003150 子部/術數類/數學之屬
元包經傳五卷 （北周）衛元嵩撰 （唐）蘇源明傳 （明）李江注 **元包數總義二卷** （宋）張行成撰 明嘉靖刻重修本 四册

330000－1701－0003580 善 003152 子部/術數類/數學之屬
皇極經世書十二卷觀物外篇二卷 （宋）邵雍撰 明刻重修本 三十二册

330000－1701－0003581 善 003154 子部/術數類/數學之屬
皇極經世索隱二卷 （宋）張行成撰 清顧氏藝海樓抄本 一册

330000－1701－0003582 善 003155 子部/術數類/數學之屬
大衍索隱三卷 （宋）丁易東撰 清長洲顧氏藝海樓抄本 一册

330000－1701－0003583 善 003153 子部/術數類/數學之屬
皇極經世書十二卷觀物外篇二卷 （宋）邵雍撰 明刻本 十二册

330000－1701－0003584 善 003160 子部/術數類/占候之屬
觀象玩占五十卷目録十卷 題（唐）李淳風撰 清初抄本 二十四册

330000－1701－0003585 善 003157 子部/術數類/數學之屬
範衍十卷 （明）錢一本撰 明萬曆刻本 八册

330000－1701－0003586 善 003159 子部/術數類/占候之屬
玉曆通政經一卷 （唐）李淳風撰 清抄本 二册

330000－1701－0003587 善 003162 子部/術數類/占候之屬
觀象玩占五十卷 題（唐）李淳風撰 清抄本 十册

330000－1701－0003588 善 003163 子部/術數類/占候之屬
觀象玩占五十卷目録十卷 題（唐）李淳風撰 清康熙抄本 二十册

330000－1701－0003589 善 003165 子部/術數類/占候之屬
觀象玩占四十二卷目録十卷補遺三卷續補遺一卷 （明）劉基纂 （清）年羹堯重輯 清抄本（目録十卷、卷三十八至四十配另一清抄本） 三十二册

330000－1701－0003590 善 003164 子部/術數類/占候之屬
觀象玩占五十卷拾遺二卷 題（唐）李淳風撰 （清）彭申錫參補 **觀象玩占備考六卷** （清）彭申錫輯録 清抄本 十二册 缺二卷（四十九至五十）

330000－1701－0003591 善 003166 子部/術數類/占候之屬
觀象玩占十卷 題（唐）李淳風撰 （明）□□輯補 清文綺閣抄本 八册

330000－1701－0003592 善 003175 子部/術數類/占候之屬
天機玉扎一卷 **天機玉札一卷** 月鼎魚真人、本無汪真人、無爲鄧真人、旡隱貴真人撰 **九星尅應一卷** **四季四七天禽風雨歌一卷** 清抄本 一册

330000－1701－0003593 善 003168 子部/術數類/陰陽五行之屬
素問六氣玄珠密語十卷 （唐）王冰撰 清初抄本 二册

330000－1701－0003594　善 003177　子部/天文曆算類/天文之屬

象學十四卷　(明)錦里山人撰　清抄本　八冊

330000－1701－0003595　善 003167　子部/術數類/占候之屬

白猿奇書日月風雲占候圖說一卷李衛公天象占候秘訣歌一卷　題(唐)李靖撰　(明)蘇茂相訂　(明)嚴之偉補　明末刻本　二冊

330000－1701－0003596　善 003169　子部/術數類/陰陽五行之屬

素問六氣玄珠密語十卷　(唐)王冰撰　清抄本　清何煌觀款　鄭道乾跋　四冊　存五卷(一至五)

330000－1701－0003598　善 003171　子部/術數類/占候之屬

觀天知兵圖說三卷　(明)劉基撰　清抄本　六冊

330000－1701－0003599　善 003172　子部/術數類/占候之屬

天文秘旨五卷　清道光二十二年(1842)愛新覺羅豐烈抄本　清愛新覺羅豐烈跋　四冊

330000－1701－0003600　善 003170　子部/術數類/占候之屬

天元玉曆七卷　(明)劉基撰　清初抄本　二冊

330000－1701－0003601　善 003179　子部/術數類/占候之屬

風占一卷　(清)江永著　清光緒三十四年(1908)管元耀抄本　管元耀校並跋　一冊

330000－1701－0003602　善 003176　子部/術數類/占候之屬

參籌秘書十卷　(明)汪三益　(明)張拱端輯注　明崇禎十二年(1639)楊廷樞刻清康熙重修本　八冊　存八卷(一至八)

330000－1701－0003603　善 003180　子部/術數類/占候之屬

天象源委二十卷　(清)張永祚輯　清抄本　四冊

330000－1701－0003604　善 003182　子部/術數類/占候之屬

耶律天文輯略一卷　(元)耶律楚材撰　清抄本　清天乙道人批校並跋　一冊

330000－1701－0003605　善 003183　經部/易類/易占之屬

易林四卷　(漢)焦贛撰　清抄本　二冊

330000－1701－0003606　善 003184　經部/易類/易占之屬

焦氏易林四卷筮儀一卷　(漢)焦贛撰　清初抄本　二冊

330000－1701－0003607　善 003185　經部/易類/易占之屬

焦氏易林十六卷　(漢)焦贛撰　清嘉慶十三年(1808)黃氏士禮居刻士禮居叢書本　清王芑孫題簽並跋　二冊

330000－1701－0003609　普 951.077/1114/c1　史部/雜史類/斷代之屬

兩淮戡亂記一卷附中興樂府二十八首一卷　(清)張瑞墀撰　清宣統元年(1909)北京國學萃編社鉛印本　一冊

330000－1701－0003611　善 003189　類叢部/叢書類/彙編之屬

范氏奇書　(明)范欽編　明嘉靖四明范氏天一閣刻本　一冊　存一種

330000－1701－0003612　善 003191　子部/術數類/占卜之屬

景祐大六壬神定經十卷　(宋)楊維德撰　清乾隆抄本　十冊

330000－1701－0003613　善 003192　子部/術數類/占卜之屬

靈棋經二卷　(晉)顏幼明　(南朝宋)何承天　(元)陳師凱　(明)劉基注解　清抄本　高時顯題簽並跋　四冊

330000－1701－0003614　善 003193　子部/術數類/占卜之屬

六壬雜占一卷　清初抄本　二冊

330000－1701－0003615　善003194　子部/術數類/占卜之屬

六壬苗公鬼撮脚二卷　清抄本　一冊

330000－1701－0003616　善003195　子部/術數類/陰陽五行之屬

太乙真數二卷　（明）成諧撰　清抄本　二冊

330000－1701－0003617　善003197　子部/術數類/占卜之屬

壬式兵詮解義一卷　清抄本　一冊

330000－1701－0003618　善003196　子部/術數類/占卜之屬

大六壬集成稿十卷　（清）萬業輯　稿本　十冊

330000－1701－0003619　善003198　子部/術數類/占卜之屬

卜筮全書十四卷　（明）姚際隆删補　明崇禎金閶翁少麓刻本　日本志毛井延清批校　三冊

330000－1701－0003620　善003200　子部/術數類/占卜之屬

易冒十卷　（清）程良玉撰　清康熙三年(1664)新安程氏蟾溪草堂刻本　四冊

330000－1701－0003621　善003202　子部/術數類/占卜之屬

龜經大全六卷　（清）聞廷綸輯　清乾隆四十四年(1779)南潯恒元堂刻本　四冊

330000－1701－0003622　善003201　子部/術數類/占卜之屬

易冒十卷　（清）程良玉撰　清抄本　四冊

330000－1701－0003623　善003203　子部/術數類/占卜之屬

龜經集成四卷　（清）慎旃輯　清抄本　四冊

330000－1701－0003624　善003199　經部/易類/傳說之屬

雲莊程先生易學六種　（明）程智撰　（清）湯濳等述　清朱榦等抄本　一冊

330000－1701－0003625　善003204　子部/術數類/占卜之屬

龜經纂要不分卷　清抄本　四冊

330000－1701－0003626　善003207　子部/術數類/命書相書之屬

玉照定真經一卷　題(晉)郭璞撰　（明）張顒註　清光緒十八年(1892)龍鳳鑣知服齋抄本　清朱一新題記　一冊

330000－1701－0003627　善003208　子部/術數類/相宅相墓之屬

石室金匱陰符陽契玄澍經三卷　（唐）李筌撰　明萬曆四十年(1612)抄本　一冊

330000－1701－0003629　善003210　子部/術數類/命書相書之屬

星命總括三卷　（遼）耶律純撰　清顧氏藝海樓抄本　一冊

330000－1701－0003630　善003211　子部/術數類/陰陽五行之屬

太乙統宗寶鑑二十卷　（元）曉山老人撰　清鋤月軒抄本　八冊

330000－1701－0003631　善003205　子部/術數類/陰陽五行之屬

青錢書一卷　（宋）趙清夫撰　清抄本　一冊

330000－1701－0003632　善003212　子部/術數類/陰陽五行之屬

太乙統宗寶鑑二十卷　（元）曉山老人撰　清抄本　十冊

330000－1701－0003633　善003213　子部/術數類/陰陽五行之屬

太咸龜書不分卷　（明）黃道周撰　清初唐維柄朱墨抄本　四冊

330000－1701－0003634　善003209　子部/術數類/陰陽五行之屬

重刻萬奇門遁甲句解烟波釣叟歌一卷　（宋）趙普譔歌　（明）羅通遁法　（明）池紀解編　明刻本　四冊

330000－1701－0003635　善003215　子部/

術數類/陰陽五行之屬

重訂選擇集要七卷 (明)黄一鳳編 明刻本 一冊

330000－1701－0003636 善003216 子部/術數類

選擇叢書集要五種二十九卷 (明)江之棟輯 明崇禎五年(1632)吳公遂尚白齋刻清康熙印本 十冊

330000－1701－0003637 善003218 子部/術數類/命書相書之屬

太齡六卷 (明)馬績華撰 明末刻本 四冊

330000－1701－0003638 善003214 子部/術數類

五種秘竅全書十七卷附一卷 (明)甘霖撰 明唐鯉耀文林閣刻本 二冊 存一種

330000－1701－0003639 善003219 子部/術數類/陰陽五行之屬

大統皇曆經世三卷 (明)胡獻忠編 明萬曆刻本 一冊

330000－1701－0003640 善003217 子部/術數類

五種秘竅全書十七卷附一卷 (明)甘霖撰 明末刻清郁郁堂重修本 十四冊

330000－1701－0003641 善003221 子部/術數類/陰陽五行之屬

諏擇秘典二卷諏擇曆眼十二卷 (明)黄汝和撰 明末醉畊堂刻本 十八冊

330000－1701－0003642 善003223 子部/術數類/陰陽五行之屬

禽書大成五卷 清抄本 五冊

330000－1701－0003643 善003225 子部/術數類/命書相書之屬

神相全編十二卷首一卷 (宋)陳傅撰 (明)袁忠徹訂 明刻本(卷六配清刻本) 十二冊

330000－1701－0003644 善003228 子部/術數類/命書相書之屬

三命通會十二卷 (明)萬民英撰 清初刻重修本 十二冊

330000－1701－0003645 善003220 子部/天文曆算類/曆法之屬

新鐫臺監曆法增補應福通書三十七卷首三卷 明建邑書林熊沖宇種德堂刻本 二冊 存五卷(三十三至三十七)

330000－1701－0003646 善003226 子部/術數類/命書相書之屬

御定子平四卷石田山人命理微言一卷 清抄本 十冊

330000－1701－0003647 善003229 子部/術數類/相宅相墓之屬

管氏指蒙二卷 題(三國魏)管輅撰 (宋)王伋注 (明)汪尚賡補注 明萬曆刻本 一冊

330000－1701－0003648 善003222 子部/術數類/陰陽五行之屬

奇門統宗大全十二卷 (清)連曾編 清玉笥山房抄本 四冊

330000－1701－0003649 善003230 子部/術數類/相宅相墓之屬

重鐫官板地理天機會元三十五卷 (明)顧乃德輯 (明)徐之鏌重編 明萬曆書林陳孫賢刻本 十二冊

330000－1701－0003650 善003233 子部/術數類/相宅相墓之屬

金精廖公秘授地學心法正傳畫筴扒砂經四卷補遺一卷 (宋)廖禹撰 (宋)彭大雄輯 明萬曆四十二年(1614)江氏刻本 十二冊 缺一卷(補遺)

330000－1701－0003651 善003227 子部/術數類/命書相書之屬

乾元秘旨全集不分卷 (清)舒繼英撰 清抄本 四冊

330000－1701－0003652 善003234 子部/術數類/相宅相墓之屬

新鍥京本句解消砂經節圖雪心賦四卷新增地理秘傳尋龍經訣法一卷 (唐)卜則巍撰 (明)謝志道注 明萬曆二十九年(1601)三建

書林劉龍田刻本　二册

330000－1701－0003653　善 003235　子部/術數類/相宅相墓之屬

催官篇二卷　(宋)賴文俊撰　清抄本　一册

330000－1701－0003654　善 003236　子部/術數類/相宅相墓之屬

鐫地理參補評林圖訣全備平沙玉尺經二卷附錄一卷　(元)劉秉忠撰　(明)劉基注　(明)賴從謙增釋　(明)徐之鏌參補　明建邑書林陳賢刻本　三册　缺一卷(附錄)

330000－1701－0003655　善 003237　子部/術數類/相宅相墓之屬

鐫地理參補評林圖訣全備平沙玉尺經二卷附錄一卷　(元)劉秉忠撰　(明)劉基注　(明)賴從謙增釋　(明)徐之鏌參補　明建邑書林陳賢刻重修本　四册

330000－1701－0003656　善 003232　子部/術數類/相宅相墓之屬

新刻仲祥吳景鸞先生解議秘訣一卷新刻吳公秘傳佑子心法後集一卷　題(宋)吳景鸞撰　(宋)廖瑀註　明萬曆三十六年(1608)江世資刻本　四册

330000－1701－0003657　善 003240　子部/術數類/相宅相墓之屬

祝氏神龍天機人倫妙選一卷　(明)陸士賢輯補　清初抄本　清顧情齋題記　一册

330000－1701－0003658　善 003241　子部/術數類/相宅相墓之屬

新刻萬天官四世孫家傳平學洞微寶鏡五卷　(明)萬育水修傳　明萬曆十六年(1588)余文台刻本　六册

330000－1701－0003659　善 003238　子部/術數類/相宅相墓之屬

元運秘旨一卷　(元)釋無著著　(明)江之棟編　(明)吳國仕輯　清光緒二十八年(1902)稿本　一册

330000－1701－0003660　善 003242　子部/術數類/相宅相墓之屬

新鐫甬東王先生陽宅大全十卷　(明)王元鼎著　明萬曆刻本　二册

330000－1701－0003661　善 003243　子部/術數類/相宅相墓之屬

地理啓玄訂誤粹裘編二卷　(明)范有學輯撰　明萬曆十七年(1589)陳汝元得一齋刻本　一册

330000－1701－0003662　善 003239　子部/術數類/相宅相墓之屬

石函平砂玉尺經六卷石函平砂玉尺經全書後集四卷　(元)劉秉忠撰　(明)劉基解　(明)賴從謙發揮　明刻本　六册

330000－1701－0003663　善 003244　子部/術數類/相宅相墓之屬

新編秘傳堪輿類纂人天共寶十二卷　(明)黃慎編　明崇禎六年(1633)刻清乾隆三十七年(1772)木堂印本　十二册

330000－1701－0003664　善 003245　子部/術數類/相宅相墓之屬

勾餘諸南侯地理精義雪心賦註四卷　(宋)朱熹撰　(清)諸敷政注　(清)張鳳藻增評　**河圖洛書羲文八卦說一卷天干地支之原說一卷江陰劉培榮錄呈一卷**　(清)張鳳藻撰　**賴公實紹興作大鉗八小記三十六一卷**　清抄本　四册

330000－1701－0003665　善 003246　子部/術數類/相宅相墓之屬

鈎傢論一卷　(明)郝鎔量撰　清初抄本　二册

330000－1701－0003666　善 003247　子部/術數類/相宅相墓之屬

重刊人子須知資孝地理心學統宗三十九卷　(明)徐善繼　(明)徐善述撰　明刻本　八册　存八卷(一至八)

330000－1701－0003667　善 003249　子部/術數類/相宅相墓之屬

新鐫徐氏家藏羅經頂門針二卷鄙言一卷　(明)徐之鏌撰　明天啓金陵書林唐錦池集賢

堂刻本　六冊

330000－1701－0003668　善 003248　子部/術數類/相宅相墓之屬

地理辨正五卷　(清)蔣平階補傳　(清)姜垚辨正　清康熙刻本　二冊　存三卷(一至三)

330000－1701－0003669　善 003266、善 003267、善 003282、善 003284、善 003285、善 003286、善 003287、善 003288、善 003290、善 003291、善 003342、善 003343　子部/宗教類/佛教之屬/大藏

徑山藏　明萬曆十七年(1589)至清嘉慶五臺、嘉興、徑山等地刻本　七十二冊　存十二種

330000－1701－0003670　HJL3252　集部/別集類/清別集

御製詩初集二十四卷目錄三卷　(清)宣宗旻寧撰　清道光九年(1829)內府刻本　十六冊

330000－1701－0003672　普 031.1/2129/c1　類叢部/類書類/通類之屬

省軒考古類編十二卷　(清)柴紹炳撰　(清)姚廷謙評　清雍正四年(1726)鐵嶺高氏雲間刻本　四冊

330000－1701－0003673　普 031.1/2129/c2　類叢部/類書類/通類之屬

省軒考古類編十二卷　(清)柴紹炳撰　(清)姚廷謙評　清雍正四年(1726)鐵嶺高氏雲間刻本　四冊

330000－1701－0003674　普 031.1/2129/c3　類叢部/類書類/通類之屬

省軒考古類編十二卷　(清)柴紹炳撰　(清)姚廷謙評　清雍正四年(1726)鐵嶺高氏雲間刻本　四冊

330000－1701－0003675　善 003293　子部/宗教類/佛教之屬/論疏

肇論新疏三卷　(元)釋文才撰　明刻本　一冊

330000－1701－0003676　善 003294　子部/宗教類/佛教之屬/諸宗

禪宗頌古聯珠通集四十卷　(宋)釋法應輯　(元)釋普會續輯　明萬曆二十四年至二十五年(1596－1597)刻本　二十冊

330000－1701－0003677　善 003297　子部/宗教類/佛教之屬

大乘起信論一卷　(天竺)馬鳴菩薩造　(南朝陳)釋真諦譯　清光緒二十四年(1898)江寧釋慧寬刻本　余重耀批校並題簽　一冊

330000－1701－0003678　善 003298　子部/宗教類/佛教之屬

大乘起信論一卷　(天竺)馬鳴菩薩造　(南朝陳)釋真諦譯　清光緒三十年(1904)武昌廬陵黄氏刻本　余重耀批校　二冊

330000－1701－0003679　善 003299　子部/宗教類/佛教之屬/經疏

楞伽阿跋多羅寶經条訂疏四卷　(南朝宋)求那跋陀羅譯　(明)釋廣莫条訂　明萬曆三十四年(1606)袁黄等刻本　二冊

330000－1701－0003680　善 003300　子部/宗教類/佛教之屬/經疏

妙法蓮華經玄義十卷　(隋)釋智顗說　(唐)釋灌頂記　明萬曆刻本　五冊

330000－1701－0003681　善 003301　子部/宗教類/佛教之屬/諸宗

修習止觀坐禪法要一卷六妙法門一卷　(隋)釋智顗撰　清咸豐、光緒長洲管氏抄本　清陳蔭棠校　清管花宜、清管昌題記　一冊

330000－1701－0003682　善 003302　子部/宗教類/佛教之屬/諸宗

修習止觀坐禪法要二卷六妙法門一卷　(隋)釋智顗撰　清光緒蜀釋竹禪等刻本　余重耀批校　一冊

330000－1701－0003683　善 003295　子部/宗教類/佛教之屬/經

大方廣佛華嚴經八十卷　(唐)釋實叉難陀譯　明萬曆二十九年至三十年(1601－1602)刻本　四十冊

330000－1701－0003684　善 003306　子部/

宗教類/佛教之屬/經

大佛頂如來密因修證了義諸菩薩萬行首楞嚴經十卷 (唐)釋般剌密帝譯 (唐)釋彌伽釋迦譯語 (唐)房融筆受 明萬曆三十年(1602)朱應元刻本 四冊

330000－1701－0003685 善003304 子部/宗教類/佛教之屬/經

大佛頂如來密因修證了義諸菩薩萬行首楞嚴經十卷 (唐)釋般剌密帝譯 **節錄妙法蓮華經譬喻品一卷 金剛般若波羅蜜經一卷** (後秦)釋鳩摩羅什譯 **大方廣圓覺修多羅了義經一卷** (唐)釋佛陀多羅譯 **六祖大師法寶壇經一卷** (唐)釋法海等集 明刻本 四冊

330000－1701－0003686 善003308 子部/宗教類/佛教之屬/經疏

大佛頂如來密因修證了義諸菩薩萬行首楞嚴經講錄十卷 (唐)釋般剌密諦譯 (唐)釋彌伽釋迦譯語 (唐)房融筆受 (明)釋乘旹講錄 明天啓二年(1622)新安汪益源刻本 五冊

330000－1701－0003687 善003309 子部/宗教類/佛教之屬/經

大佛頂如來密因修證了義諸菩薩萬行首楞嚴經十卷 (唐)釋般剌密帝譯 (唐)釋彌伽釋伽譯語 (唐)房融筆受 (元)釋惟則會解 明初刻明重修本 十冊

330000－1701－0003688 善003310 子部/宗教類/佛教之屬/經疏

大佛頂如來密因修證了義諸菩薩萬行首楞嚴經如說十卷 (明)鍾惺參輯 (明)賀中男標定 明天啓弘覺山房刻本 五冊

330000－1701－0003689 善003311 子部/宗教類/佛教之屬/經疏

楞伽阿跋多羅寶經合轍八卷大佛頂如來密因修證了義諸菩薩萬行首楞嚴經合轍十卷 (明)釋通潤撰 明天啓元年(1621)刻本 十冊 存十卷(大佛頂如來密因修證了義諸菩薩萬行首楞嚴經合轍一至十)

330000－1701－0003690 善003312 子部/宗教類/佛教之屬/經疏

大佛頂如來密因修證了義諸菩薩萬行首楞嚴經合轍十卷 (明)釋通潤撰 明天啓元年(1621)釋通潤金陵天界寺刻本 十冊

330000－1701－0003691 善003315 子部/宗教類/佛教之屬/經疏

大方廣圓覺修多羅了義經集要一卷 (唐)釋佛陀多羅譯 (明)釋智朗集註 明戚繼光刻本 甄夏題簽 一冊

330000－1701－0003692 善003313 子部/宗教類/佛教之屬/經

大佛頂如來密因修證了義諸菩薩萬行首楞嚴經十卷 (唐)釋般剌密帝譯 (唐)釋彌伽釋迦譯語 (唐)房融筆授 清順治十四年(1657)邵陵隆中古天台山梅樹寺刻本 清釋端然、清釋性慧題記 五冊

330000－1701－0003693 善003316 子部/宗教類/佛教之屬/經疏

大方廣圓覺修多羅了義經略疏二卷 (唐)釋宗密撰 清光緒三十年(1904)揚州藏經院刻本 余重耀批 二冊

330000－1701－0003694 普031.1/2129/c4 類叢部/類書類/通類之屬

省軒考古類編十二卷 (清)柴紹炳撰 (清)姚廷謙評 清雍正四年(1726)鐵嶺高氏雲間刻本 四冊

330000－1701－0003695 善003319 子部/宗教類/佛教之屬/諸宗

六祖大師法寶壇經一卷 (唐)釋慧能撰 (唐)釋法海等輯 清康熙三十四年(1695)廣州海幢寺刻本 二冊

330000－1701－0003696 善003318 子部/宗教類/佛教之屬/經疏

大方廣圓覺修多羅了義經直解二卷 (唐)釋佛陀多羅譯 (明)釋德清解 清乾隆四十七年(1782)錢塘吳寶林杭州刻本 余重耀批校並題簽 一冊

330000－1701－0003697 善003323 子部/宗教類/佛教之屬/經疏

佛説阿彌陀經疏鈔四卷 (明)釋袾宏撰 明萬曆二十五年(1597)刻清乾隆十四年(1749)釋來琳重修本 四册

330000－1701－0003699 善003325 子部/宗教類/佛教之屬/經疏

楞嚴正脉十卷懸示一卷科畧一卷 (明)釋真鑑撰 清乾隆五十七年(1792)廣州海幢寺刻本 清李曾融跋 清姚燮題簽 六册

330000－1701－0003700 善003322 子部/宗教類/佛教之屬/諸宗

脩習止觀坐禪法要一卷 (隋)釋智顗撰 明刻本 二册

330000－1701－0003701 善003328 子部/宗教類/佛教之屬/總録

翻譯名義集十四卷 (宋)釋法雲編 明刻嘉靖公文紙印本 清尊古自牧居士、日本釋徹定跋 四册 缺四卷(八至十一)

330000－1701－0003702 善003329 子部/宗教類/佛教之屬

天地冥陽水陸儀文三卷 (宋)楊諤撰 明刻本 三册

330000－1701－0003703 善003321 子部/宗教類/佛教之屬/總録

南京禮部編定印藏經號簿一卷大藏經目錄號數一卷續入藏經目錄號數一卷 (明)南京禮部編定 明萬曆刻本 清釋也聞題記 一册

330000－1701－0003704 善003331 子部/宗教類/佛教之屬/論

大智度論一百卷 (天竺)龍樹菩薩造 (後秦)釋鳩摩羅什譯 清乾隆三十年至三十五年(1765－1770)會稽趙文炌抄本 清趙文炌校並跋 二十册

330000－1701－0003705 善003332 子部/宗教類/佛教之屬/總録

儀註備簡十卷 (明)釋大惠撰 明崇禎九年(1636)聞啓祥刻本 六册

330000－1701－0003706 善003333 子部/宗教類/佛教之屬/論

成唯識論十卷 (天竺)護法等菩薩造 (唐)釋玄奘譯 明萬曆四十年至四十二年(1612－1614)海寧陳瓛刻本 十册

330000－1701－0003707 善003335 子部/宗教類/佛教之屬/諸宗

禪宗永嘉集一卷 (唐)釋玄覺撰 (宋)釋行靖注 **永嘉證道歌一卷** (唐)釋玄覺撰 (宋)釋法泉頌 明刻本 一册

330000－1701－0003708 善003338 子部/宗教類/佛教之屬/大藏

徑山藏 明萬曆十七年(1589)至清嘉慶五臺、嘉興、徑山等地刻本(指月録卷三十一至三十二配明刻本) 十二册 存一種

330000－1701－0003709 善003336 子部/宗教類/佛教之屬/經疏

觀音玄義記四卷義疏記四卷 (宋)釋知禮撰 明崇禎四年(1631)玉溪菩提菴刻本 四册

330000－1701－0003710 善003339 子部/宗教類/佛教之屬/總録

了心録二卷 (明)池上客輯 明萬曆二十五年(1597)刻本 四册

330000－1701－0003711 善003337 子部/宗教類/佛教之屬/經疏

觀經義疏妙宗鈔證義二卷 (明)釋廣承撰 明崇禎二年(1629)蘇州王時敏刻本 一册

330000－1701－0003712 善003340 子部/宗教類/佛教之屬/諸宗

弁山久默音禪師語錄四卷 (明)釋大音撰 (明)釋道眉等輯 明崇禎釋成慈刻本 一册

330000－1701－0003714 善003344 子部/宗教類/佛教之屬/論

天台教觀別錄五卷 (明)釋受汰編 明崇禎八年(1635)釋受汰刻本 四册 存四卷(一至二、四至五)

330000－1701－0003715 善003341 子部/宗教類/佛教之屬/總録

翻譯名義集二十卷　(宋)釋法雲編　明萬曆二十九年至三十一年(1601－1603)刻本　四册

330000－1701－0003716　普 031.1/2337/c2　類叢部/類書類/專類之屬

子史精華一百六十卷　(清)吳士玉　(清)吳襄等輯　清乾隆五十五年(1790)張松孫刻本　三十二册

330000－1701－0003717　善 003346　子部/宗教類/佛教之屬/論疏

大乘起信論直解二卷　(明)釋德清撰　清光緒十六年(1890)金陵刻經處刻本　余重耀批　一册

330000－1701－0003718　善 003347　子部/宗教類/佛教之屬/論疏

大乘百法明門論一卷八識規矩頌一卷　(明)釋廣益纂釋　清咸豐八年(1858)杭州西湖昭慶寺、光緒四年(1878)釋蓮寶刻本　余重耀批校　一册

330000－1701－0003719　善 003349　子部/宗教類/佛教之屬/總録

釋氏要覽二卷　(宋)釋道誠輯　明刻本　二册

330000－1701－0003720　善 003350　子部/宗教類/佛教之屬/總録

教乘法數十二卷　(明)釋圓瀞撰　明崇禎九年(1636)錢塘昭慶貝葉齋釋妙燈刻本　六册

330000－1701－0003721　善 003348　子部/宗教類/佛教之屬/諸宗

新刻禪髓一卷禪考一卷禪警一卷禪學一卷禪偈一卷　(明)釋袾宏輯　清光緒杭州龍興寺釋宏意眠雲精舍抄本　清丁丙題記　二册

330000－1701－0003722　善 003351　子部/宗教類/佛教之屬/諸宗

禪門鍛鍊説一卷　(清)釋戒顯撰　清順治十八年(1661)杭州靈隱寺刻本　一册

330000－1701－0003723　善 003352　子部/宗教類/佛教之屬/論疏

成唯識論隨疏十卷　(清)釋明善隨注　(清)釋慧善繼述　**唯識隨疏翼二卷**　(清)錢伊菴撰　清道光十七年至二十一年(1837－1841)吳氏鋤經堂刻本　余重耀批校　八册

330000－1701－0003724　善 003354　史部/傳記類/總傳之屬/釋道

古清涼傳二卷　(唐)釋慧祥撰　**續清涼傳二卷**　(宋)張商英撰　**廣清凉傳二卷**　(宋)釋延一撰　**釋迦如來成道記一卷**　(唐)王勃撰　**補陀洛迦山傳一卷**　(元)盛熙明撰　清抄本　二册

330000－1701－0003725　善 003355　子部/宗教類/佛教之屬/總録

萬僧問答景德傳燈全錄三十卷　(宋)釋道原撰　明新安汪士賢刻本　十二册

330000－1701－0003726　善 003356　史部/傳記類/總傳之屬/釋道

禪林僧寶傳三十卷目錄三卷臨濟宗旨一卷　(宋)釋惠洪撰　**補禪林僧寶傳一卷**　(宋)釋慶老撰　明刻本　三册　缺一卷(目錄上)

330000－1701－0003727　善 003353　子部/宗教類/佛教之屬/諸宗

圓悟禪師評唱雪竇和尚頌古碧巖錄十卷　(宋)釋重顯頌古　(宋)釋克勤評唱　明徐大蒞等刻本　四册

330000－1701－0003728　善 003357　史部/傳記類/總傳之屬/釋道

神僧傳九卷　(明)成祖朱棣撰　明西天竺青河髮僧刻本　八册

330000－1701－0003729　善 003358　子部/宗教類/佛教之屬/總録

寂光境三卷　(明)洪應明撰　明刻本　清汪遠孫、毛春翔跋　六册

330000－1701－0003731　善 003360　子部/宗教類/佛教之屬/總録

蜀中高僧記十卷　(明)曹學佺撰　明刻本　一册　存四卷(一至四)

330000－1701－0003732　善 003361　史部/

傳記類/總傳之屬/釋道

佛法金湯編十六卷 (明)釋心泰撰 明蜀郡釋圓鎟刻本 四冊 存五卷(六至十)

330000－1701－0003733 善 003362 子部/宗教類/佛教之屬/總録

大清三藏聖教目録五卷 清乾隆四十六年(1781)抄本 清阮太經、清裴峰題簽 五冊

330000－1701－0003734 善 003363 子部/叢編

李晦卿真人道書四種九卷 (明)李文燭撰 清初抄本 四冊

330000－1701－0003735 善 003367 子部/宗教類/道教之屬

金丹正理大全十一種 (明)□□輯 明刻本 六冊 存四種

330000－1701－0003736 善 003369 子部/宗教類/道教之屬

一化元宗五十種 (明)高時明編 明天啓四年(1624)刻本 十六冊

330000－1701－0003737 善 003370 子部/宗教類/道教之屬

道書全集二十四種 (明)閻鶴洲編 明萬曆十九年(1591)刻本 一冊 存一種

330000－1701－0003738 善 003368 子部/宗教類/道教之屬/方法

金丹正理大全金丹大要八卷 (元)陳致虛撰 明刻本 明赤一子、明含素子、明子溪子、明彭在份、明從野逸人跋 一冊 存一卷(一)

330000－1701－0003739 善 003373 子部/宗教類/道教之屬

方壺外史八卷 (明)陸西星撰 明末孩堂刻本 一冊 存一卷(周易參同契測疏)

330000－1701－0003740 善 003374 子部/宗教類/道教之屬

黄庭内景經一卷 清抄本 湯壽潛題記 一冊

330000－1701－0003741 善 003372 類叢部/叢書類/自著之屬

安溪李文貞公解義(安溪先生解義三種)三種 (清)李光地撰 清康熙五十八年(1719)清謹軒刻本 清潘霨批校、題簽、觀款並跋 一冊 存二種

330000－1701－0003742 善 003376 史部/傳記類/總傳之屬/釋道

神仙傳十卷 (晉)葛洪撰 清抄本 一冊

330000－1701－0003743 善 003377 類叢部/叢書類/彙編之屬

廣漢魏叢書九十六種 (明)何允中編 明刻本 四冊 存一種

330000－1701－0003744 善 003378 子部/宗教類/道教之屬/雜著

真誥二十卷 (南朝梁)陶弘景撰 明萬曆二十八年(1600)刻三十二年(1604)俞安期重修本 清吴騫跋 清盧文弨校 四冊

330000－1701－0003745 善 003382 子部/宗教類/道教之屬/雜著

雲笈七籤一百二十二卷 (宋)張君房撰 明萬曆張萱清真館刻遞修本 十六冊

330000－1701－0003746 善 003383 子部/雜著類/雜説之屬

席上腐談二卷 (元)俞琰撰 清抄本 張鋆批校並跋 一冊

330000－1701－0003747 善 003375 子部/宗教類/道教之屬/雜著

新鍥葛稚川内篇四卷外篇四卷 (晉)葛洪撰 (明)盧舜治評 明萬曆二十七年(1599)翁天霽刻張可大重修本 八冊

330000－1701－0003748 善 003384 子部/宗教類/道教之屬/方法

太極祭鍊内法議畧三卷 (宋)鄭所南編集 清初抄本 二冊 缺一卷(一)

330000－1701－0003749 善 003385 子部/宗教類/道教之屬/方法

真詮三卷 (明)陽道生輯 (明)桑喬校 雲

窩問道篇一卷 (明)陽道生撰 清抄本 清愛新覺羅永忠批並跋 二冊

330000－1701－0003750 善003381 子部/宗教類/道教之屬/經文
新刊道書全集 (明)閻鶴洲編 明萬曆楊良弼刻本 二冊 存一種

330000－1701－0003751 善003386 史部/傳記類/總傳之屬/釋道
有象列仙全傳九卷 (明)王世貞撰 (明)汪雲鵬補 明萬曆二十八年(1600)新都汪雲鵬玩虎軒刻本 八冊

330000－1701－0003752 善003392 子部/宗教類/道教之屬
道言内外六卷 (明)彭好古輯 明萬曆吳勉學刻黄之寀重修清康熙文錦堂印本 十冊

330000－1701－0003753 善003389 史部/傳記類/總傳之屬/釋道
漢天師世家不分卷 (明)張國祥纂修 明萬曆刻清康熙重修本 一冊

330000－1701－0003754 善003387 史部/傳記類/總傳之屬/釋道
廣列仙傳七卷 (明)張文介輯 明萬曆十年(1582)張文介刻本 四冊

330000－1701－0003755 善003393 子部/宗教類/道教之屬
性命雙脩萬神圭旨四卷 清康熙八年(1669)潘水臣刻本 四冊

330000－1701－0003756 善003775 集部/總集類/選集之屬/斷代
峁庵重訂李于鱗唐詩選七卷 (明)李攀龍輯 (明)蔣一葵箋釋 **峁庵增訂唐詩評一卷** (明)黄家鼎輯 明崇禎元年(1628)海上黄家鼎刻本 四冊

330000－1701－0003757 善003394 子部/宗教類/道教之屬/雜著
忠孝全書八卷 (清)粘本盛輯著 清康熙六年(1667)清源石室刻本 八冊

330000－1701－0003758 善003397 史部/目録類/專録之屬
大明道藏經目録四卷 清乾隆妙吉祥室抄本 清王蜺題簽、批校並跋 清妙吉祥室題簽並記 一冊

330000－1701－0003759 善003395 子部/宗教類/道教之屬/戒律
陰騭文圖證不分卷 (清)費丹旭繪圖 (清)許光清集證 清道光二十四年(1844)海昌蔣光煦别下齋刻本 清姚燮題簽並記 二冊

330000－1701－0003760 善003396 子部/宗教類/道教之屬/經文
陰符經一卷 (宋)劉辰翁評 (明)湯顯祖解 明唐瑜刻本 一冊

330000－1701－0003761 善003398 子部/宗教類/道教之屬/雜著
抱朴子内篇二十卷外篇五十卷 (晉)葛洪撰 清光緒十一年(1885)朱記榮槐廬刻新斠平津館叢書本 陳漢章批校 四冊

330000－1701－0003763 善003401 子部/宗教類/其他宗教之屬/伊斯蘭教
天方典禮擇要解二十卷後編一卷 (清)劉智撰 清康熙楊斐菉大椿樓刻本 六冊

330000－1701－0003764 善003404 類叢部/類書類/通類之屬
藝文類聚一百卷 (唐)歐陽詢輯 明萬曆十五年(1587)秣陵王元貞刻本 二十冊

330000－1701－0003765 善003405 類叢部/類書類/通類之屬
北堂書鈔一百六十卷 (唐)虞世南撰 (明)陳禹謨補注 明萬曆二十八年(1600)陳禹謨刻本 十二冊

330000－1701－0003766 善003407 類叢部/類書類/通類之屬
初學記三十卷 (唐)徐堅等輯 明晉陵楊鑨九洲書屋刻重修本 三十冊

330000－1701－0003767 善003408 類叢部/類書類/通類之屬

初學記三十卷 (唐)徐堅等輯 明晉陵楊鑨九洲書屋刻重修本 十冊

330000－1701－0003768 善003410 類叢部/類書類/通類之屬

初學記三十卷 (唐)徐堅等輯 明萬曆十五年(1587)徐守銘寧壽堂刻本 二十冊

330000－1701－0003769 善003411 類叢部/類書類/通類之屬

初學記三十二卷 (唐)徐堅等輯 明萬曆三十四年(1606)西河沈宗培刻本 六十冊

330000－1701－0003770 善003409 類叢部/類書類/通類之屬

初學記三十卷 (唐)徐堅等輯 明刻本 余紹宋題簽 十二冊

330000－1701－0003771 善003412 類叢部/類書類/通類之屬

初學記三十卷 (唐)徐堅等輯 明萬曆二十五年至二十六年(1597－1598)維揚陳大科刻清初宮偉鏐岱雲樓重修本 十二冊

330000－1701－0003772 善003416 類叢部/類書類/通類之屬

太平御覽一千卷目錄十卷 (宋)李昉等輯 明萬曆元年(1573)倪炳等刻明補修本(卷六百一至六百三十配清抄本) 一百一冊 缺十一卷(八百二十一至八百三十、一千)

330000－1701－0003773 善003414 類叢部/類書類/通類之屬

事類賦三十卷 (宋)吳淑撰並注 明萬曆東海俞安期刻本 六冊

330000－1701－0003774 善000224 類叢部/類書類/通類之屬

新刊監本冊府元龜一千卷目錄十卷 (宋)王欽若等輯 明抄本(目錄卷一,卷四百四十一至四百四十五、四百九十六至五百配清抄本) 一百八十一冊 存九百十五卷(目錄一至十、一至五百八十二、六百十一至九百三十三)

330000－1701－0003775 善000212 集部/別集類/清別集

固哉草亭詩一卷答陳撫臺書一卷 (清)高斌撰 稿本 二卷

330000－1701－0003776 善003776 集部/總集類/選集之屬/斷代

晚唐十二家詩集二十一卷 (明)朱之蕃編 明萬曆刻本 王修題簽並跋 四冊 存二卷(二至三)

330000－1701－0003777 善000217 子部/藝術類/書畫之屬/總論

董太史畫禪室隨筆二卷 (明)董其昌撰 清初抄本 清孫從添跋 清仲藝校並跋 清儀克中觀款 一冊

330000－1701－0003778 善000227 類叢部/類書類/通類之屬

古今合璧事類備要前集六十九卷後集八十一卷續集五十六卷 (宋)謝維新輯 **古今合璧事類備要別集九十四卷外集六十六卷** (宋)虞載輯 宋刻本 佚名跋 二十四冊 存七十六卷(一、四至十二、二十一至二十四、三十五、四十一至五十二、五十六至六十二、六十六至六十九,後集一至十二、四十三至四十七、六十二至六十三、六十五至七十四、七十七至七十八、八十至八十一,續集三十六至四十)

330000－1701－0003779 善000228 類叢部/類書類/通類之屬

新編古今事文類聚前集六十卷後集五十卷續集二十八卷別集三十二卷 (宋)祝穆編 **新編古今事文類聚新集三十六卷外集十五卷** (元)富大用編 元泰定三年(1326)廬陵武溪書院刻本(後集配元建安雲莊書院劉氏刻本) 四十冊 缺十六卷(別集十三、外集一至十五)

330000－1701－0003780 善000236 子部/宗教類/道教之屬/經文

高上玉皇本行集經三卷 明嘉靖三十四年(1555)王頂泥金寫本 蘇東跋 三冊

330000－1701－0003781 善000230 類叢

部/類書類/通類之屬

新編事文類聚翰墨全書甲集十二卷乙集九卷丙集五卷丁集五卷戊集五卷己集七卷庚集二十四卷辛集十卷壬集十二卷癸集十一卷後甲集八卷後乙集三卷後丙集六卷後丁集八卷後戊集九卷 (元)劉應李輯 明初刻本 清蔡鴻鑑題簽並記 六十四册 缺三卷(癸集九至十一)

330000－1701－0003782 善000237 子部/雜著類/雜纂之屬

倘湖樵書不分卷 (清)來集之輯 稿本 三册

330000－1701－0003783 善000241 集部/別集類/唐五代別集

分類補註李太白詩二十五卷 (唐)李白撰 (宋)楊齊賢集註 (元)蕭士贇補註 **唐翰林李太白[白]年譜一卷** (宋)薛仲邕撰 元至大三年(1310)建安余志安勤有書堂刻本 十二册 缺一卷(六)

330000－1701－0003784 善000277 集部/總集類/選集之屬/斷代

唐詩鼓吹十卷 (金)元好問輯 (元)郝天挺注 元冲和書堂刻本 三册

330000－1701－0003785 善000298 集部/總集類/選集之屬/通代

文苑英華一千卷 (宋)李昉等輯 明抄本 二册 存十卷(三十一至四十)

330000－1701－0003786 善000301 集部/總集類/選集之屬/通代

樂府詩集一百卷目錄二卷 (宋)郭茂倩輯 元至正元年(1341)集慶路儒學刻明遞修本 四十册

330000－1701－0003787 善000303 集部/總集類/選集之屬/通代

古樂府十卷 (元)左克明輯 明刻本(卷一至二配抄本) 四册

330000－1701－0003788 善000304 集部/總集類/氏族之屬

三蘇先生文粹七十卷 (宋)蘇洵 (宋)蘇軾 (宋)蘇轍撰 明嘉靖十年(1531)金鰲刻本 十册

330000－1701－0003789 善000243 集部/別集類/唐五代別集

增廣註釋音辯唐柳先生集四十三卷別集二卷外集二卷 (唐)柳宗元撰 (宋)童宗說註釋 (宋)張敦頤音辯 (宋)潘緯音義 **附錄一卷** 明初刻本 十六册

330000－1701－0003790 善000300 集部/總集類/選集之屬/通代

樂府詩集一百卷目錄二卷 (宋)郭茂倩輯 元至正元年(1341)集慶路儒學刻明遞修本(目錄二卷配清抄本) 二十册

330000－1701－0003791 善000306 集部/總集類/郡邑之屬

寓山題詠不分卷 清初抄本 二册

330000－1701－0003792 善000323 集部/別集類/宋別集

伊川擊壤集二十卷集外詩一卷 (宋)邵雍撰 明成化畢亨刻十六年(1480)劉尚文重修本 十二册

330000－1701－0003793 善000334 子部/宗教類/佛教之屬/經

大乘入楞伽經七卷 (唐)釋實叉難陀譯 唐寫本 一卷 存一卷(三)

330000－1701－0003794 善000274 集部/總集類/郡邑之屬

續甬上耆舊詩不分卷 (清)全祖望輯 稿本 馮貞羣題記 二册

330000－1701－0003795 善000330 子部/宗教類/佛教之屬/經

妙法蓮華經七卷 (後秦)釋鳩摩羅什譯 唐寫本 一卷 存一卷(五)

330000－1701－0003796 善000332 子部/宗教類/佛教之屬/經

妙法蓮華經七卷 (後秦)釋鳩摩羅什譯 唐寫本 一卷 存一卷(四)

330000－1701－0003797　善000340　子部/宗教類/佛教之屬/經

大乘無量壽經一卷　唐寫本　一卷

330000－1701－0003798　善000336　子部/宗教類/佛教之屬/經

金剛般若波羅蜜經一卷　(後秦)釋鳩摩羅什譯　唐寫本　釋曇昉題記　一卷

330000－1701－0003799　善000341　子部/宗教類/佛教之屬/論

大智度論一百卷　(天竺)護法等菩薩造　(唐)釋玄奘譯　南北朝寫本　一卷　存一卷(六)

330000－1701－0003800　善000338　子部/宗教類/佛教之屬/經

大方廣佛華嚴經六十卷　(南朝宋)釋佛陀跋陀羅譯　北魏高弼寫本　一卷　存一卷(三十四)

330000－1701－0003801　善000337　子部/宗教類/佛教之屬/經

金剛般若波羅蜜經一卷　(後秦)釋鳩摩羅什譯　唐寫本　一冊

330000－1701－0003802　善003645　集部/總集類/選集之屬/通代

新刊彙編秦漢精華十四卷　(明)汪道昆　(明)詹惟修輯　明萬曆刻本　四冊

330000－1701－0003803　善000343　子部/宗教類/佛教之屬/經

唐人寫經殘帙不分卷　唐寫本　二冊

330000－1701－0003804　善000345　子部/宗教類/佛教之屬/經

一切如來心秘密全身舍利寶篋印陁羅尼經一卷　(唐)釋不空譯　宋開寶八年(975)吳越國王錢俶刻本　一卷

330000－1701－0003805　善000347　子部/宗教類/佛教之屬/經

一切如來心秘密全身舍利寶篋印陁羅尼經一卷　(唐)釋不空譯　宋開寶八年(975)吳越國王錢俶刻本　一卷

330000－1701－0003806　善000348　子部/宗教類/佛教之屬/經

一切如來心秘密全身舍利寶篋印陁羅尼經一卷　(唐)釋不空譯　宋開寶八年(975)吳越國王錢俶刻本　一卷

330000－1701－0003807　善000367　經部/易類/傳說之屬

周易程朱傳義二十四卷　(宋)程頤　(宋)朱熹撰　**程子上下篇義一卷**　(宋)程頤撰　**周易朱子圖說一卷周易五贊一卷筮儀一卷**　(宋)朱熹撰　明嘉靖刻本　四冊

330000－1701－0003808　善000351　經部/叢編

五經五卷　(明)陳儒校刊　明廣陽陳儒刻本　八冊

330000－1701－0003809　善000396　經部/易類/古易之屬

古周易訂詁十六卷　(清)何楷撰　清乾隆十七年(1752)刻溪邑文林堂朱墨套印本　六冊

330000－1701－0003810　善000444　經部/書類/傳說之屬

書經集註十卷　(宋)蔡沈撰　明刻本　八冊

330000－1701－0003811　善000440　經部/書類/傳說之屬

書經集傳六卷　(宋)蔡沈撰　明刻本　六冊

330000－1701－0003812　善003646　集部/總集類/選集之屬/通代

秦漢文尤十二卷　(明)倪元璐輯　明末書林來儀堂刻本　二十冊

330000－1701－0003813　善003647　集部/總集類/選集之屬/通代

御選唐宋文醇五十八卷　(清)高宗弘曆輯　清乾隆三年(1738)武英殿刻四色套印本　二十冊

330000－1701－0003814　善003650　集部/總集類/選集之屬/通代

集錄真西山文章正宗三十卷　(宋)真德秀輯　明嘉靖二十三年(1544)太原孔天胤刻本

三十二冊

330000－1701－0003815　善003651　集部/總集類/選集之屬/通代

西山先生真文忠公文章正宗二十四卷續二十卷　（宋）真德秀輯　明嘉靖四十三年（1564）杜陵蔣氏家塾刻本　二十二冊

330000－1701－0003816　善003653　集部/總集類/選集之屬/通代

西山先生真文忠公文章正宗二十四卷續二十卷　（宋）真德秀輯　明嘉靖四十三年（1564）杜陵蔣氏家塾刻本　項士元批校並跋　十四冊　存二十四卷（一至二十四）

330000－1701－0003817　善003656　集部/詩文評類/文評之屬

文章軌範七卷　（宋）謝枋得輯　清康熙三十三年（1694）戴許光刻本　一冊

330000－1701－0003818　善003657　集部/總集類/選集之屬/通代

文章辨體五十卷外集五卷總論一卷　（明）吳訥輯　明嘉靖刻本　二十冊

330000－1701－0003819　善003658　集部/詩文評類/文評之屬

文章軌範七卷　（宋）謝枋得輯　清康熙五十七年（1718）姚培謙澹成堂刻本　清羅以智批校、圈點並題記　四冊

330000－1701－0003820　善003660　集部/總集類/選集之屬/通代

古文精粹十卷　（明）□□撰　明成化十一年（1475）刻本　四冊

330000－1701－0003821　善003661　集部/總集類/選集之屬/通代

古文備體奇鈔十二卷　（明）鍾惺輯　（明）黃道周評　明崇禎閶門兼善堂刻本　十六冊

330000－1701－0003822　善003662　集部/總集類/選集之屬/通代

文章辨體彙選七百八十卷　（明）賀復徵編　清顧氏藝海樓抄本　九十五冊　存五百十一卷（一百三十九至一百九十六、二百五十四至六百十、六百七十五至七百七十）

330000－1701－0003823　善003663　集部/總集類/選集之屬/斷代

天下同文前甲集不分卷　（元）周南瑞輯　清抄本　二冊

330000－1701－0003824　善003664　集部/總集類/選集之屬/通代

古文雋十六卷　（明）趙燿輯　明萬曆六年（1578）吳興徐中行刻本　四冊　存四卷（一至二、九、十三）

330000－1701－0003825　善003665　集部/總集類/選集之屬/通代

古文類選十八卷　（明）鄭旻輯　明隆慶六年（1572）顧知類、徐宏刻本　十四冊

330000－1701－0003826　善003666　集部/總集類/選集之屬/通代

刪補古今文致十卷　（明）劉士鏻輯　（明）王宇增補　明天啓刻本　四冊

330000－1701－0003827　善003667　集部/總集類/尺牘之屬

赤牘清裁十一卷　（明）楊慎輯　**補遺四卷**（明）吳勉學輯　明萬曆新安吳勉學刻本　四冊

330000－1701－0003828　善003668　集部/總集類/選集之屬/通代

古文淵鑒六十四卷　（清）徐乾學等輯注　清康熙內府刻五色套印本　二十四冊

330000－1701－0003829　善003669　集部/總集類/選集之屬/通代

乾坤清氣十五卷　（明）偶桓輯　清抄本　十冊

330000－1701－0003830　善003672　集部/總集類/課藝之屬

新刊舉業明儒論宗八卷　（明）薛應旂輯並批點　明隆慶元年（1567）金陵三山書坊刻本　四冊

330000－1701－0003831　善003777　集部/

總集類/選集之屬/斷代
欽定全唐文一千卷目錄三卷 (清)董誥等輯 清嘉慶十九年(1814)内府刻本(卷一百四十一至一百四十三配清抄本) 二百六十册

330000－1701－0003832 善 003673 集部/總集類/選集之屬/通代
古彙集不分卷 (明)□□輯 明抄本 四册

330000－1701－0003833 善 003676 集部/總集類/選集之屬/通代
歷代文選十四卷 (明)凌雲翼輯 明嘉靖四十年(1561)宋守志等刻本 二十二册

330000－1701－0003834 善 003677 集部/總集類/選集之屬/通代
新刊李九我先生編纂大方萬文一統内外集二十二卷 (明)李廷機輯 明萬曆閩建邑書林余象斗刻本 十册

330000－1701－0003835 善 003678 集部/總集類/選集之屬/通代
文體明辯六十一卷首一卷目錄六卷附錄十四卷附錄目錄二卷 (明)徐師曾輯 明萬曆十九年(1591)吴江趙夢麟刻本 二十六册 存七十七卷(一至六十一、附錄一至十四、附錄目錄一至二)

330000－1701－0003836 善 003679 集部/總集類/選集之屬/通代
衡門集十五卷 (明)鄭履淳輯 (明)鄭心材續輯 明隆慶三年至萬曆十三年(1569－1585)刻本 十册 缺二卷(一、十)

330000－1701－0003837 善 003680 集部/總集類/選集之屬/通代
滑耀編四卷 (明)賈三近輯 明萬曆刻本 八册

330000－1701－0003838 善 003681 集部/總集類/選集之屬/通代
批點崇正文選十二卷 (明)施策輯 (明)朱之蕃批點 明萬曆四十二年(1614)金陵王世茂車書樓刻本 十二册

330000－1701－0003839 善 003682 集部/總集類/尺牘之屬
古今振雅雲箋十卷 (明)徐渭輯 明刻本 三册

330000－1701－0003840 善 003683 集部/總集類/選集之屬/通代
蘭雪齋增訂文致八卷 (明)劉士鏻輯 明崇禎元年(1628)刻本 二十册

330000－1701－0003841 善 003684 集部/總集類/選集之屬/通代
文致不分卷 (明)劉士鏻輯 (明)閔無頗 (明)閔昭明集評 明天啓元年(1621)閔元衢刻朱墨套印本 十二册

330000－1701－0003842 善 003685 集部/總集類/選集之屬/通代
文致不分卷 (明)劉士鏻輯 (明)閔無頗 (明)閔昭明集評 明天啓元年(1621)閔元衢刻朱墨套印本 十二册

330000－1701－0003843 善 003686 集部/總集類/選集之屬/通代
古樂苑五十二卷前卷一卷衍錄四卷總目二卷 (明)梅鼎祚輯 明萬曆十九年(1591)東越呂胤昌刻本 八册

330000－1701－0003844 善 003687 集部/總集類/選集之屬/通代
文浦玄珠六卷 (明)穆文熙輯 明萬曆十四年(1586)岳陽沈榜刻本 十二册

330000－1701－0003845 善 003688 集部/總集類/選集之屬/通代
古文選要四卷 (明)傅振商輯 明萬曆刻本 四册

330000－1701－0003846 善 003689 集部/總集類/選集之屬/通代
必讀古文正宗十卷 (明)張鼐輯 明末刻本 五册

330000－1701－0003847 善 003690 集部/總集類/選集之屬/通代
新刻註釋雲龍翰東大成六卷稱呼一卷活套一卷 (明)謝天祐輯 明萬曆七年(1579)金陵

對溪富春堂刻本　八冊

330000－1701－0003848　善 003695　集部/總集類/選集之屬/通代
四六法海十二卷　(明)王志堅輯　明天啓七年(1627)張我城刻本　十二冊

330000－1701－0003849　善 003696　集部/總集類/選集之屬/通代
四六法海十二卷　(明)王志堅輯　明天啓七年(1627)張我城刻清乾隆二十三年(1758)王鶚槐蔭堂重修載德堂印本　十二冊

330000－1701－0003850　善 003697　史部/金石類/石之屬/文字
歷朝寺碑記不分卷　清康熙抄本　十冊

330000－1701－0003851　善 003698　子部/叢編
合諸名家批點諸子全書三十三種　(明)□□編　明天啓武林刻本　一冊　存一種

330000－1701－0003852　善 003699　集部/詩文評類/文評之屬
文章正論二十卷　(明)劉祜輯　明萬曆刻本　二十四冊

330000－1701－0003853　善 003700　集部/總集類/選集之屬/斷代
多師集□□卷　清康熙抄本　二冊　存一卷(上)

330000－1701－0003854　善 003701　集部/總集類/選集之屬/通代
四六法海十二卷　(明)王志堅輯　明天啓七年(1627)張我城刻本　十二冊

330000－1701－0003855　善 003702　集部/總集類/選集之屬/斷代
岳石帆先生鑒定四六宙函三十卷　(明)李自榮輯　(明)王世茂釋　(明)曹可明選　明天啓五年(1625)華陽蔣時機刻本　三十二冊　存二十七卷(一至九、十一至二十八)

330000－1701－0003856　善 003704　集部/總集類/選集之屬/通代
文儷十八卷　(明)陳翼飛輯　明萬曆三十八年(1610)刻本　十八冊

330000－1701－0003857　善 003705　集部/總集類/氏族之屬
選輯諸名家評註批點蘇文八卷　(宋)蘇洵　(宋)蘇軾　(宋)蘇轍撰　(明)詹奎光輯　明萬曆六年(1578)詹斗光、吳元禮刻本　小品批評　十六冊

330000－1701－0003858　善 003706　子部/宗教類/佛教之屬/總録
釋文紀四十五卷　(明)梅鼎祚輯　清乾隆抄本　二十冊

330000－1701－0003859　善 003707　集部/總集類/選集之屬/通代
文府滑稽十二卷　(明)鄒迪光輯　明萬曆三十七年(1609)梁谿鄒同光刻本　六冊

330000－1701－0003860　善 003708　集部/總集類/選集之屬/通代
古逸書三十卷首一卷末一卷　(明)潘基慶輯　明萬曆刻本　八冊

330000－1701－0003861　善 003709　經部/群經總義類/傳說之屬
十三經歷代名文鈔五十四卷　(清)吳珩輯　清海寧楊文蓀述鄭齋抄本　清楊文蓀過録清吳騫等批校　十六冊

330000－1701－0003862　善 003710　集部/總集類/選集之屬/通代
古今濡削選章四十卷　(明)李國祥撰　明萬曆刻本　十冊

330000－1701－0003863　善 003711　類叢部/類書類/專類之屬
四六鴛鴦譜十二卷　(明)陰化陽輯　**新集十二卷**　(明)蘇紫蓋輯　明崇禎書林呂太如刻本　十二冊

330000－1701－0003864　善 003712　集部/總集類/選集之屬/通代
名世文宗三十卷談藪一卷　(明)胡時化輯　(明)陳仁錫訂　明崇禎元年(1628)刻書林翁

少麓印本　二十四册

330000－1701－0003865　善 003713　集部/總集類/選集之屬/通代

古今寓言十二卷　(明)陳世寶　(明)詹景鳳輯　(明)車大任批點　明刻本　十二册

330000－1701－0003866　善 003714　集部/總集類/選集之屬/通代

新鍥溫陵鄭孩如先生約選古文四如編四卷　(明)鄭維嶽輯　(明)李光縉評　明末書林仙源堂刻本　二册

330000－1701－0003867　善 003715　集部/總集類/選集之屬/通代

名媛璣囊二卷　(明)池上客輯　明萬曆刻本　二册

330000－1701－0003868　善 003716　集部/總集類/選集之屬/通代

古今議論參五十五卷　(明)林德謀輯　明崇禎刻本　日本伊藤蘭嵎注音並句讀　日本猪川子題記並跋　二十册

330000－1701－0003869　善 003717　集部/總集類/選集之屬/通代

精刻古今女史十二卷詩集八卷姓氏字里詳節一卷　(明)趙世杰　(明)朱錫綸輯　明崇禎武林趙世杰問奇閣刻本　十四册

330000－1701－0003870　善 003718　集部/總集類/選集之屬/通代

花鏡雋聲十二卷　(明)馬嘉松輯　明天啓四年(1624)鵝湖馬氏摩霄閣刻本　六册

330000－1701－0003871　善 003719　集部/總集類/選集之屬/通代

八表停雲錄三十卷　(清)嚴長明輯　清抄本　八册

330000－1701－0003872　善 003725　集部/總集類/選集之屬/斷代

明文奇賞四十卷　(明)陳仁錫輯　明天啓三年(1623)刻本　四十册

330000－1701－0003873　善 003720　集部/總集類/尺牘之屬

翰海十二卷　(明)沈佳胤輯　明崇禎刻本　八册

330000－1701－0003874　善 003721　集部/總集類/選集之屬/通代

古文品外錄二十四卷　(明)陳繼儒輯並評　明萬曆刻本　十册

330000－1701－0003875　善 003722　集部/總集類/選集之屬/通代

古文品外錄十二卷　(明)陳繼儒輯並評　明天啓五年(1625)朱蔚然刻本　五册　存十卷(一至十)

330000－1701－0003876　善 003723　集部/總集類/選集之屬/通代

奇賞齋古文彙編二百三十六卷　(明)陳仁錫評選　明崇禎七年(1634)刻本　一百二册

330000－1701－0003877　善 003724　集部/總集類/選集之屬/通代

古文奇賞二十二卷續古文奇賞三十四卷奇賞齋廣文苑英華二十六卷四續古文奇賞五十三卷　(明)陳仁錫輯　明萬曆四十六年(1618)至天啓刻本　一百二十册

330000－1701－0003878　善 003726　集部/總集類/選集之屬/通代

古文奇艷八卷　(明)徐應秋輯　明萬卷樓刻本　六册

330000－1701－0003879　善 003727　集部/總集類/選集之屬/通代

文津二卷　(清)王晫輯　清光緒四年(1878)桃林野史悟真鋤經書屋抄本　清悟真跋　黄子煥批並跋　二册

330000－1701－0003880　善 003728　集部/總集類/選集之屬/通代

駢體文鈔三十一卷　(清)李兆洛輯　清道光元年(1821)合河康氏家塾刻本　清汪履荃、清陳澧、清楊榮緒評　王存善題記　八册

330000－1701－0003881　善 003733　集部/總集類/選集之屬/通代

三家詠物詩三卷　（清）賀光烈編　清抄本　二冊

330000－1701－0003882　善 003729　集部/總集類/選集之屬/通代
駢體文鈔三十一卷　（清）李兆洛輯　清道光元年(1821)合河康氏家塾刻同治六年(1867)婁江徐氏補刻本　清平楝山批校圈點並題記　穆生跋　八冊

330000－1701－0003883　善 003730　集部/總集類/郡邑之屬
湖山靈秀集十六卷　（清）席玕輯　清乾隆二十一年(1756)席芬凝和堂刻本　二冊

330000－1701－0003884　善 003731　史部/地理類/專志之屬/古跡
青藤古意不分卷　（清）陳鴻達輯　清嘉慶十年(1805)刻本　孟康批　一冊

330000－1701－0003885　善 003732　集部/總集類/選集之屬/通代
慧眼山房原本古今文小品八卷　（明）陳天定輯並評　清抄本　八冊

330000－1701－0003886　善 003735　集部/總集類/氏族之屬
張氏一家言三卷　（清）張遺輯　稿本　清伍福題詩並記　清李方滋觀款　一冊

330000－1701－0003887　善 003736　集部/總集類/選集之屬/通代
擷秀編一卷歷朝賦三卷國朝賦鈔一卷國朝古體詩鈔一卷國朝近體詩鈔四卷吟窗香草二卷　（清）喆壽生錄　清抄本　清烏顯光校　十二冊

330000－1701－0003888　善 003737　集部/總集類/選集之屬/通代
會心集不分卷　（清）管應祥輯　稿本　清管庭芬跋　一冊

330000－1701－0003889　善 003738　集部/總集類/選集之屬/通代
歷代古文國瑋集一百四十一卷　（明）方岳貢輯　明末刻本　十二冊　存二十七卷(一至二十七)

330000－1701－0003890　善 003739　集部/總集類/選集之屬/斷代
西漢文二十卷東漢文二十卷　（明）張采輯　明崇禎六年(1633)刻本　徐敏惠題簽　二十冊

330000－1701－0003891　善 003740　史部/史抄類
新鍥鄭孩如先生精選先秦兩漢旁訓便讀六卷　（明）鄭維嶽撰　明楊九經刻本　三冊

330000－1701－0003892　善 003741　集部/總集類/選集之屬/斷代
西晉文二十卷東晉文三十八卷　（明）張采輯　明崇禎刻本　三十冊

330000－1701－0003893　善 003743　集部/總集類/選集之屬/斷代
兩漢文選不分卷　（明）衛勳輯　明萬曆三十七年(1609)衛拱宸刻本　八冊

330000－1701－0003894　善 003744　集部/總集類/選集之屬/斷代
文粹一百卷　（宋）姚鉉輯　明初刻本　一冊　存三卷(十二至十四)

330000－1701－0003895　善 003746　集部/總集類/選集之屬/斷代
漢文鈔本不分卷　（清）曼殊輯　清抄本　清張之萬跋　四冊

330000－1701－0003896　善 003747　集部/總集類/選集之屬/斷代
才調集十卷　（五代）韋縠輯　清初刻本　陳去病過錄清馮舒、清馮班批校　二冊

330000－1701－0003897　善 003748　集部/總集類/選集之屬/斷代
文粹一百卷　（宋）姚鉉輯　**文粹補遺二十六卷**　（清）郭麐輯　清光緒十六年(1890)杭州許增榆園刻本　清許增批校並句讀圈點　四冊　存十一卷(一至十一)

330000－1701－0003898　善 003750　集部/

總集類/選集之屬/斷代

重校正唐文粹一百卷 (宋)姚鉉輯 明嘉靖三年(1524)姑蘇徐焴刻本 佚名過録清王芑孫校並跋 二十四册 存七十四卷(一至七十四)

330000－1701－0003899 善 003751 集部/總集類/選集之屬/斷代

重校正唐文粹一百卷 (宋)姚鉉輯 明嘉靖三年(1524)姑蘇徐焴刻本 二十册

330000－1701－0003900 善 003752 集部/總集類/選集之屬/斷代

重校正唐文粹一百卷 (宋)姚鉉輯 明嘉靖三年(1524)姑蘇徐焴刻萬曆二十六年(1598)金應祥重修本 二十册

330000－1701－0003901 善 003753 集部/總集類/選集之屬/斷代

重校正唐文粹一百卷 (宋)姚鉉輯 明萬曆四十六年(1618)建武鄧渼刻本 二十册

330000－1701－0003902 善 003754 集部/總集類/選集之屬/斷代

河嶽英靈集三卷 (唐)殷璠輯 明萬曆三十一年(1603)張世才刻唐詩六集本 二册

330000－1701－0003903 善 003755 集部/總集類/選集之屬/斷代

國秀集三卷 (唐)芮挺章輯 明刻本 清姜渭校並題記 一册

330000－1701－0003904 善 003788 集部/總集類/選集之屬/斷代

唐雅二十六卷 (明)張之象輯 明嘉靖二十年(1541)清河張之象長水書院刻本 四册 存二十卷(一至二十)

330000－1701－0003905 善 003756 集部/總集類/選集之屬/斷代

松陵集十卷 (唐)皮日休 (唐)陸龜蒙撰 明弘治十五年(1502)劉濟民刻本 清蔡鴻鑑題簽並記 五册

330000－1701－0003906 善 003757 集部/總集類/選集之屬/斷代

松陵集十卷 (唐)皮日休 (唐)陸龜蒙撰 明末虞山毛晉汲古閣刻清初毛扆重修本 六册

330000－1701－0003908 善 003760 集部/總集類/選集之屬/斷代

寒瘦集一卷 (唐)孟郊 (唐)賈島撰 (清)岳端選評 清康熙三十八年(1699)岳端紅蘭室刻朱墨套印本 一册

330000－1701－0003909 善 003762 集部/總集類/選集之屬/斷代

宋洪魏公進萬首唐人絶句四十卷目錄四卷 (宋)洪邁輯 (明)趙宧光 (明)黄習遠補 明萬曆三十四年(1606)吳郡趙宧光寒山小宛堂刻本 十四册

330000－1701－0003910 善 003763 集部/總集類/選集之屬/斷代

唐十二家詩四十九卷 (明)□□輯 明刻本 十六册 存三十二卷(王摩詰集一至十、孟浩然集一至四、高常侍集一至十、岑嘉州集一至八)

330000－1701－0003911 善 003764 集部/總集類/選集之屬/斷代

盛唐彙詩一百二十四卷詩人氏系履歷一卷目錄二十二卷 (明)吳勉學輯 明萬曆三十年(1602)吳勉學刻四唐彙詩本 二十四册

330000－1701－0003912 善 003778 集部/總集類/選集之屬/斷代

揅經室全唐文補遺不分卷 (清)阮元輯 清抄本 二册

330000－1701－0003913 善 003779 集部/總集類/選集之屬/斷代

唐音十五卷 (元)楊士弘輯 (明)顧璘批點 明嘉靖二十年(1541)溫秀山房刻本 八册 缺一卷(遺響)

330000－1701－0003914 善 003780 集部/總集類/選集之屬/斷代

唐詩品彙九十卷拾遺十卷詩人爵里詳節一卷 (明)高棅輯 明弘治六年(1493)滇南張璁

刻本(唐詩品彙卷八十二至九十、拾遺卷五至十配明抄本)　四十八册

330000－1701－0003915　善003781　集部/總集類/選集之屬/斷代
唐詩品彙九十卷拾遺十卷詩人爵里詳節一卷　(明)高棅輯　明嘉靖十八年(1539)山陽牛斗刻本(唐詩品彙卷一至十一配明刻本)　四十册

330000－1701－0003916　善003782　集部/總集類/選集之屬/斷代
唐詩品彙九十卷拾遺十卷詩人爵里詳節一卷　(明)高棅輯　明嘉靖十八年(1539)山陽牛斗刻本　十六册

330000－1701－0003917　善003783　集部/總集類/選集之屬/斷代
唐詩品彙九十卷拾遺十卷詩人爵里詳節一卷　(明)高棅輯　(明)汪宗尼訂　明刻本　四十册

330000－1701－0003918　善003784　集部/總集類/選集之屬/斷代
唐雅二十六卷　(明)張之象輯　明嘉靖二十年(1541)清河張之象長水書院刻本　十册

330000－1701－0003919　善003785　集部/總集類/選集之屬/斷代
唐詩正聲二十二卷　(明)高棅輯　明書林熊冲宇種德堂刻本　二册

330000－1701－0003920　善003786　集部/總集類/選集之屬/斷代
唐詩正聲二十二卷　(明)高棅輯　明延陵吴氏西爽堂刻本　六册

330000－1701－0003921　善003787　集部/總集類/選集之屬/斷代
唐詩品彙九十卷拾遺十卷詩人爵里詳節一卷　(明)高棅輯　明屠隆刻本　六册　存十卷(拾遺一至十)

330000－1701－0003922　善003789　集部/總集類/選集之屬/斷代
唐詩類鈔八卷　(明)顧應祥輯　明嘉靖三十一年(1552)吴興顧應祥刻本　清博陵逸人題簽　八册

330000－1701－0003923　善003790　集部/總集類/選集之屬/斷代
唐詩類苑二百卷　(明)張之象輯　明萬曆二十九年(1601)梁谿曹仁孫刻本(卷九十五至九十六、一百六十二至一百六十四原缺)　一百册

330000－1701－0003924　善003791　集部/總集類/選集之屬/斷代
唐詩紀一百七十卷目録三十四卷　(明)黄德水　(明)吴琯輯　明萬曆十三年(1585)吴琯刻本　二十八册　存一百十卷(六十一至一百七十)

330000－1701－0003925　善003792　集部/總集類/選集之屬/斷代
唐詩豔逸品四卷　(明)楊肇祉編　明天啓元年(1621)烏程閔一栻刻朱墨套印本　四册

330000－1701－0003926　善003793　集部/總集類/選集之屬/斷代
唐詩所四十七卷　(明)臧懋循輯　明萬曆刻清康熙印本　二十二册

330000－1701－0003927　善003794　集部/總集類/選集之屬/斷代
唐詩豔逸品四卷　(明)楊肇祉編　明萬曆四十六年(1618)盛芸閣李乾宇刻本　四册

330000－1701－0003928　善003795　集部/總集類/選集之屬/斷代
唐詩愜當集三十卷　(清)何西堰選　清康熙抄本　姚瑩俊跋　六册

330000－1701－0003929　善003796　集部/總集類/選集之屬/斷代
唐詩三集合編七十四卷首一卷　(明)沈子來輯　明天啓四年(1624)吴興沈氏寧遠山房刻本　八册　缺一卷(三十六)

330000－1701－0003930　善003797　集部/總集類/選集之屬/通代
詩歸五十一卷(古詩歸十五卷唐詩歸三十六

卷）（明）鍾惺 （明）譚元春輯 明閔振業、閔振聲刻三色套印本 十二冊 存二十四卷（唐詩歸一至二十四）

330000－1701－0003931 善003798 集部/總集類/選集之屬/斷代
重訂唐詩別裁集二十卷 （清）沈德潛輯 清乾隆二十八年（1763）長洲沈德潛教忠堂刻本 八冊

330000－1701－0003932 善003799 集部/總集類/選集之屬/斷代
唐詩解五十卷 （明）唐汝詢輯 清順治十六年（1659）趙孟龍萬笈堂刻本［卷四十四至四十六配明萬曆四十三年（1615）楊鶴刻本］ 四十冊

330000－1701－0003933 善003800 集部/總集類/選集之屬/斷代
唐詩意一卷 （清）葉蓁選解 稿本 一冊

330000－1701－0003934 善003801 集部/總集類/選集之屬/斷代
唐名家文鈔不分卷 （清）溫睿臨輯 清墨妙樓抄本 清溫純批校並句讀圈點 十六冊

330000－1701－0003935 善003803 集部/總集類/選集之屬/通代
歲時雜詠今集二卷 （宋）蒲積中輯 清抄本 四冊

330000－1701－0003936 善003804 集部/總集類/氏族之屬
沈氏三先生文集六十一卷 （宋）□□輯 明刻本（長興集卷一至十二、三十一、三十三至四十一原缺） 四冊

330000－1701－0003937 善003805 集部/總集類/氏族之屬
三孔先生清江文集三十卷 （宋）孔文仲 （宋）孔武仲 （宋）孔平仲撰 清抄本 十六冊

330000－1701－0003938 善003806 集部/總集類/選集之屬/斷代
南宋羣賢詩選十二卷 （清）陸鍾輝輯 清雍正九年（1731）江都陸氏水雲漁屋刻本 六冊

330000－1701－0003939 善003807 集部/總集類/彙編之屬
南宋羣賢小集補遺十五卷 清抄本 四冊

330000－1701－0003940 善003808 集部/總集類/氏族之屬
謹依眉陽正本大宋真儒三賢文宗二十卷 （宋）蘇洵 （宋）蘇軾 （宋）蘇轍撰 明刻本 二十八冊

330000－1701－0003941 善003809 集部/總集類/選集之屬/斷代
聖宋名賢五百家播芳大全文粹一百十卷目錄七卷 （宋）魏齊賢 （宋）葉棐輯 清康熙四十二年（1703）呂無隱抄本 清呂無隱跋 四十二冊

330000－1701－0003942 善003811 集部/總集類/選集之屬/斷代
大宋文鑑一百五十卷目錄三卷 （宋）呂祖謙輯 明正德十三年（1518）慎獨齋刻本（卷二十二至二十八配清抄本） 三十二冊

330000－1701－0003943 善003813 集部/總集類/氏族之屬
三蘇先生文集七十卷 （宋）蘇洵 （宋）蘇軾 （宋）蘇轍撰 明刻本 二十四冊

330000－1701－0003944 善003814 集部/總集類/氏族之屬
鐫李相國九我先生評選蘇文彙精六卷 （宋）蘇洵 （宋）蘇軾 （宋）蘇轍撰 （明）李廷機評選 明書林師儉堂蕭少衢刻本 六冊

330000－1701－0003945 善003815 集部/總集類/選集之屬/斷代
南宋四家律選五卷 （清）彭元瑞輯 清抄本 王存善跋 一冊

330000－1701－0003946 善003816 集部/總集類/選集之屬/斷代
論學統宗二卷 （明）郭邦藩輯 明嘉靖東吳實善堂刻本 二冊

330000－1701－0003947　善003817　集部/總集類/選集之屬/通代

真文忠公續文章正宗二十卷　(宋)真德秀輯　明嘉靖二十一年(1542)晉藩刻本　二十册

330000－1701－0003948　善003818　集部/總集類/選集之屬/斷代

大雅集八卷　(元)賴良編輯　(元)楊維楨評點　清抄本　清洪頤煊校並跋　佚名過録清黄丕烈跋　二册

330000－1701－0003949　善003819　集部/總集類/選集之屬/斷代

中州集十卷首一卷中州樂府一卷　(金)元好問輯　明末海虞毛氏汲古閣刻本　清趙利濬題簽　十一册

330000－1701－0003950　善003820　集部/總集類/選集之屬/斷代

元文類七十卷目録三卷　(元)蘇天爵輯　明嘉靖十六年(1537)晉藩虚益堂刻本　二十册

330000－1701－0003951　善003821　集部/總集類/選集之屬/斷代

二妙集八卷　(金)段克己　(金)段成己撰　清抄本　四册

330000－1701－0003952　善003822　集部/總集類/選集之屬/斷代

大雅集八卷　(元)賴良編輯　(元)楊維楨評點　清抄本　清王棻校並跋　清劉喜海題記　佚名過録清黄丕烈跋　二册

330000－1701－0003953　善003823　集部/總集類/選集之屬/斷代

元詩崇雅三十卷　(清)汪諴録　清抄本　十册

330000－1701－0003954　善003824　集部/總集類/選集之屬/斷代

草堂雅集十三卷　(元)顧瑛類輯　清抄本　十册

330000－1701－0003955　善003825　集部/總集類/選集之屬/斷代

元人近體不分卷　清康熙抄本　一册

330000－1701－0003956　善003826　集部/總集類/彙編之屬

詩詞雜俎十二種　(明)毛晉輯　明天啓至崇禎海虞毛氏汲古閣刻本　一册　存五種

330000－1701－0003957　善003827　集部/總集類/選集之屬/斷代

谷音二卷　(元)杜本輯　清抄本　一册

330000－1701－0003958　善003828　集部/總集類/選集之屬/通代

朱絃集八卷　(清)宋犖輯　清抄本　二册

330000－1701－0003959　善003830　集部/總集類/選集之屬/斷代

皇明四大家文選五卷　(明)孫慎行輯　明萬曆白氏長慶堂刻本　八册

330000－1701－0003960　善003831　集部/總集類/選集之屬/斷代

敦交集一卷　(元)魏壽延輯　**韋觀集一卷**　(明)佚名輯　清抄本　清佚名過録清朱彝尊跋　一册

330000－1701－0003961　善003832　史部/傳記類/别傳之屬

瀛海長春録六卷　(明)劉元霖　(明)劉元震輯　明萬曆刻本　三册

330000－1701－0003962　善003833　集部/總集類/選集之屬/通代

舟枕山欣賞古文辭六卷　(明)鄭之惠輯　明童子儁、朱大章等刻本　二册　存一卷(唐詩一)

330000－1701－0003963　善003834　集部/總集類/氏族之屬

閤巷陳氏清潁一源集二卷附崇儒高氏家編一卷　(元)裴庾選集　(明)吴論續選　清抄本　陳北復題簽　二册

330000－1701－0003964　善003835　集部/總集類/氏族之屬

柴氏四隱集三卷　(宋)柴望等撰　(明)柴復貞輯　清抄本　一册

330000－1701－0003965　善 003836　集部/總集類/氏族之屬

柴氏四隱集三卷　(宋)柴望等撰　(明)柴復貞輯　清抄本　二冊

330000－1701－0003966　善 003837　集部/總集類/選集之屬/斷代

彙刻瑞花詩集二卷　(明)馮孚之輯　明崇禎元年(1628)會稽馮孚之起瑞堂刻本　一冊

330000－1701－0003967　善 003838　集部/總集類/選集之屬/斷代

經世名編二十三卷　(明)沈懋允輯　明天啓刻本　十二冊

330000－1701－0003968　善 003839　集部/總集類/選集之屬/通代

辭賦標義十八卷　(明)俞王言輯　明萬曆二十九年(1601)海陽金溥刻本　清梅一枝批校並跋　十六冊

330000－1701－0003969　善 003840　集部/總集類/選集之屬/斷代

萍社詩選八卷　(明)徐郙臣輯　明崇禎十年(1637)刻本　一冊

330000－1701－0003971　善 003842　集部/總集類/選集之屬/斷代

國雅二十卷續四卷　(明)顧起綸輯　**國雅品一卷**　(明)顧起綸撰　明萬曆元年(1573)勾吳顧氏奇字齋刻本　八冊

330000－1701－0003972　善 003843　類叢部/類書類/通類之屬

四六霞肆十六卷　(明)何偉然輯　明末海陽胡正言十竹齋刻本　十冊

330000－1701－0003973　善 003845　集部/總集類/選集之屬/斷代

唐人選唐詩八種　(明)毛晉編　明崇禎元年(1628)海虞毛氏汲古閣刻本　一冊　存一種

330000－1701－0003974　善 003846　集部/總集類/選集之屬/斷代

明人詩鈔正集十四卷續集十四卷　(清)朱琰輯　清乾隆二十五年(1760)樊桐山房刻本　十冊

330000－1701－0003975　善 003847　集部/總集類/選集之屬/斷代

明詩選十二卷首一卷　(明)李攀龍輯　(明)陳子龍增刪　明崇禎豹變齋刻本　六冊

330000－1701－0003976　善 003848　集部/總集類/選集之屬/斷代

明四家文選十四卷　(明)孫鑛　(明)卜世昌　(明)陳懿典編　明天啓刻本　四冊

330000－1701－0003977　善 003849　集部/總集類/選集之屬/斷代

浣竹山堂選註四六排沙集十七卷　(明)王焞輯註　明浣竹山堂刻本　八冊

330000－1701－0003978　善 003850　集部/總集類/選集之屬/斷代

四六類編十三卷　(明)李日華輯　(明)魯重民補訂　明崇禎十三年(1640)魯重民、錢蔚起刻本　七冊

330000－1701－0003979　善 003851　集部/總集類/選集之屬/斷代

明文海四百八十二卷　(清)黃宗羲輯　清抄本　一百二十五冊　缺九卷(一百八十四至一百八十七、四百六十一至四百六十四、四百八十二)

330000－1701－0003980　善 003852　集部/總集類/選集之屬/斷代

明詩正聲六十卷　(明)盧純學輯　明萬曆十九年(1591)廣陵江一夔刻本　十二冊

330000－1701－0003981　善 003853　集部/總集類/選集之屬/斷代

明文案□□卷　(清)黃宗羲輯　稿本　七冊　存七卷(十七至十八、二十二至二十四、四十一、四十五)

330000－1701－0003982　善 003854　集部/總集類/尺牘之屬

尺牘爭奇八卷　(明)張一中輯　明刻本　八冊

330000－1701－0003983　善 003855　集部/總集類/選集之屬/斷代

明文海目錄四卷　(清)諸如綬輯　清末抄本　四冊

330000－1701－0003984　善 003856　集部/總集類/選集之屬/斷代

明文案二百十七卷　(清)黄宗羲輯　清抄本　四十八冊　存二百七卷(一至一百十四、一百二十五至二百十七)

330000－1701－0003985　善 003857　集部/總集類/選集之屬/斷代

明文霱二十卷　(明)劉士鏻輯並評　明崇禎刻本　十冊

330000－1701－0003986　善 003858　集部/總集類/尺牘之屬

尺牘清裁六十卷補遺一卷　(明)王世貞輯　明隆慶五年(1571)吳郡王世貞刻本　二十冊

330000－1701－0003987　善 003859　集部/總集類/選集之屬/斷代

懷舊集二卷　(清)馮舒輯　清初抄本　二冊

330000－1701－0003988　善 003860　集部/總集類/氏族之屬

郭氏聯珠集二十二卷　(明)郭登編　清抄本　十二冊

330000－1701－0003989　善 003861　集部/總集類/選集之屬/斷代

車書樓彙輯各名公四六爭奇八卷　(明)許以忠輯　明萬曆四十八年(1620)王世茂刻本　八冊

330000－1701－0003990　善 003862　集部/總集類/選集之屬/斷代

車書樓彙輯各名公四六爭奇八卷　(明)許以忠輯　明天啓三年(1623)秣陵蔣時機刻本　四冊

330000－1701－0003991　善 003863　集部/總集類/選集之屬/斷代

媚幽閣文娱八卷　(明)鄭元勳輯　明崇禎三年(1630)鄭元化刻本　六冊

330000－1701－0003992　善 003864　集部/總集類/氏族之屬

陶氏世吟草七卷　(明)陶銓等撰　清初抄本　二冊

330000－1701－0003993　善 003865　集部/總集類/選集之屬/斷代

新刻經世館課玉堂椽筆録十四卷　(明)陸翀之輯　(明)馮琦評選　明萬曆書林周曰校刻本　六冊

330000－1701－0003994　善 003866　集部/總集類/選集之屬/斷代

新刻學餘園類選名公四六鳳采四卷附録一卷　(明)丘兆麟輯並注　明萬曆潭陽劉大易刻本　四冊

330000－1701－0003995　善 003867　集部/總集類/選集之屬/斷代

明僧弘秀集十三卷　(明)毛晉輯　清眠雲精舍抄本　六冊

330000－1701－0003996　善 003868　集部/總集類/選集之屬/斷代

明詩正選八卷續選七卷　(明)周詩雅輯　明崇禎謍齋刻本　六冊

330000－1701－0003997　善 003870　集部/總集類/選集之屬/斷代

鐫昭代名公四六類編二十四卷補遺一卷　(明)汪時躍輯　明萬曆四十二年(1614)汪尚寬刻本　十六冊

330000－1701－0003998　善 003872　集部/總集類/選集之屬/斷代

皇明文徵七十四卷　(明)何喬遠輯　明崇禎四年(1631)溫陵何喬遠刻本　十四冊　存三十六卷(一至三十六)

330000－1701－0003999　善 003873　集部/總集類/選集之屬/斷代

詞致錄十六卷　(明)李天麟輯　明萬曆刻本　六冊

330000－1701－0004000　善 003874　集部/總集類/選集之屬/斷代

明詩十二家十二卷 (明)李心學輯 明勞堪刻本 三冊 存十卷(三至十二)

330000－1701－0004001 善 003875 集部/總集類/選集之屬/斷代

盛明十二家詩選十二卷 (明)朱翊鈏輯並批點 明萬曆十三年(1585)益藩刻本 六冊

330000－1701－0004002 善 003876 集部/總集類/尺牘之屬

國朝七名公尺牘八卷 (明)屠隆輯 明萬曆三十一年(1603)新安項伯達文斐堂刻本 十六冊

330000－1701－0004003 善 003877 集部/別集類/清別集

念脩堂七言詩選不分卷 清抄本 清丁丙句讀圈點 六冊

330000－1701－0004004 善 003878 集部/總集類/選集之屬/通代

扶輪集十四卷 (清)黄傳祖輯 明崇禎十五年(1642)刻本 六冊

330000－1701－0004005 善 003879 集部/總集類/選集之屬/斷代

遺民詩十二卷 (清)卓爾堪選輯 **近青堂詩一卷** (清)卓爾堪撰 清康熙卓氏近青堂刻本 十二冊

330000－1701－0004006 善 003880 集部/總集類/選集之屬/斷代

九僧詩一卷 (宋)釋希晝等撰 清抄本 佚名過錄清毛扆跋 一冊

330000－1701－0004007 善 003881 集部/總集類/選集之屬/斷代

大司寇新城王公載書圖詩不分卷 (清)張起麟等撰 (清)禹之鼎繪圖 **贈行詩一卷** (清)陳廷敬等撰 **賜沐紀程一卷** (清)王士禛撰 **池北書庫記一卷** (清)朱彝尊撰 清康熙刻本 一冊

330000－1701－0004008 善 003882 集部/總集類/選集之屬/斷代

紀事詩鈔十卷 (清)顧有孝輯 清初抄本 十冊

330000－1701－0004009 善 003883 集部/總集類/彙編之屬

印止錄不分卷 (清)吴昂駒輯 清光緒二十六年(1900)抄本 清崔以學過錄清管廷芬校跋 一冊

330000－1701－0004010 善 003884 集部/總集類/郡邑之屬

綏安二布衣詩抄二卷 (清)朱霞輯 清康熙何梅刻本 一冊

330000－1701－0004011 善 003885 集部/總集類/選集之屬/斷代

愛珍詩選集八卷 (清)查淞鎣輯 稿本 八冊

330000－1701－0004012 善 003886 集部/總集類/氏族之屬

歸安前邱吴氏詩存六卷 (清)吴開泰輯 稿本 六冊

330000－1701－0004013 善 003887 集部/總集類/郡邑之屬

鴛湖詩文錄不分卷 清抄本 一冊

330000－1701－0004014 善 003888 集部/總集類/選集之屬/斷代

詩詞錄不分卷 (清)戴醇士 (戴熙)輯 清咸豐二年(1852)手稿本 清鉢菴居士題簽 清戴熙題記 三冊

330000－1701－0004015 善 003889 集部/總集類/酬唱之屬

聽荷閣倡和詩一卷 (清)汪雲任輯 清抄本 一冊

330000－1701－0004016 善 003890 集部/總集類/選集之屬/斷代

鴨言小室偶鈔一卷 (清)黄金臺輯 稿本 一冊

330000－1701－0004017 善 003891 集部/總集類/選集之屬/斷代

脫免書屋雜抄一卷 (清)黄金臺輯 稿本

一册

330000－1701－0004018　善 003892　集部/總集類/氏族之屬
吴興孫氏二妙詩詞合鈔二卷　(清)施懋常輯　清末澹圃居士抄本　一册

330000－1701－0004019　善 003893　集部/總集類/尺牘之屬
胡文忠公左文襄公尺牘合册不分卷　(清)胡林翼　(清)左宗棠撰　稿本　徐元甫題簽並記　二册

330000－1701－0004021　善 003895　集部/總集類/氏族之屬
家學遺芳二卷贈詩一卷　(清)任渠輯　清抄本　四册

330000－1701－0004024　善 003898　集部/總集類/選集之屬/斷代
汪訒庵先生蒲團晏坐圖題詠一卷　(清)吴廷華等撰　清光緒三十四年(1908)丁立誠抄本　丁立誠跋　一册

330000－1701－0004025　善 003899　集部/總集類/氏族之屬
桐城麻溪姚氏詩鈔四卷　(清)姚思慶輯　清抄本　四册

330000－1701－0004026　善 003900　集部/總集類/選集之屬/斷代
旗下閨秀詩選一卷　清抄本　一册

330000－1701－0004028　善 003902　集部/總集類/酬唱之屬
稻香唱和集一卷　(清)許禾輯　稿本　莫潤華題簽、題詩、題記並跋　莫潤華過録清許禾原韻並記　一册

330000－1701－0004029　善 003903　集部/總集類/郡邑之屬
映紅樓師友手札不分卷　(清)王定祥等撰　稿本　二册

330000－1701－0004030　ZKS0010　集部/別集類/明別集
吴忠節公遺集四卷　(明)吴麟徵撰　(明)吴繁昌輯　南明弘光刻本　二册

330000－1701－0004031　ZKS0011　子部/儒家類/儒學之屬/經濟
張子全書十五卷　(宋)張載撰　(宋)朱熹注　清康熙五十八年(1719)朱軾陜右刻本　十册

330000－1701－0004032　ZKS0012　類叢部/叢書類/彙編之屬
武英殿聚珍版書五十三種　清同治十三年(1874)江西書局刻本　八册　存一種

330000－1701－0004033　ZKS0013　史部/政書類/邦計之屬
理財攷鏡十卷　孫德全撰　清宣統二年(1910)鉛印本　四册

330000－1701－0004034　ZKS0014　集部/總集類/選集之屬/通代
詩比興箋四卷　(清)陳沆輯　清光緒九年(1883)長洲彭祖賢武昌刻本　二册

330000－1701－0004035　ZKS0015　史部/地理類/方志之屬/郡縣志
[道光]南宫縣志十六卷　(清)周栻修　(清)陳柱纂　清道光十一年(1831)刻本　八册

330000－1701－0004036　ZKS0016　集部/別集類/清別集
中隱堂詩鈔一卷　(清)董廷英撰　稿本　清王家振批校並題記　清王元浩詩評並題名　一册

330000－1701－0004037　ZKS0017　類叢部/叢書類/彙編之屬
岱南閣叢書二十種　(清)孫星衍編　清乾隆五十年至嘉慶十四年(1785－1809)蘭陵孫氏刻本　六册　存一種

330000－1701－0004038　ZKS0019　類叢部/叢書類/彙編之屬
玉海堂景宋元本叢書　劉世珩編　清光緒至民國貴池劉氏玉海堂影刻本　十二册　存

一種

330000－1701－0004039　ZKS0020　史部/政書類/律令之屬/法驗

補註洗冤錄集證四卷檢骨圖格一卷　(清)王又槐輯　(清)李觀瀾補輯　(清)阮其新補注　(清)童濂刪　**作吏要言一卷**　(清)葉鎮撰　(清)朱椿增　清刻朱墨套印本　一冊　存二卷(檢骨圖格、作吏要言)

330000－1701－0004040　ZKS0021　子部/天文曆算類/曆法之屬

御纂歷代三元甲子編年一卷御定萬年書一卷　(清)欽天監編　清乾隆刻本　張美翊增補、題簽並跋　二冊

330000－1701－0004041　ZKS0022　史部/地理類/方志之屬/郡縣志

剡錄十二卷　(宋)高似孫撰　清抄本　三冊　存九卷(三至十一)

330000－1701－0004042　ZKS0023　集部/別集類/清別集

姜先生全集三十三卷首一卷附錄二卷　(清)姜宸英撰　(清)馮保燮　(清)王定祥重編　清光緒十五年(1889)慈谿馮氏毋自欺齋刻本(附錄二卷原缺)　田間八十叟批並過錄錢澄之書　十冊

330000－1701－0004043　ZKS0024　集部/別集類/明別集

高子遺書十二卷附錄一卷　(明)高攀龍撰　(明)陳龍正輯　**高忠憲公[攀龍]年譜一卷**　(明)華允誠編　清光緒二年(1876)周士錦無錫東林書院刻本　十三冊

330000－1701－0004044　ZKS0025　子部/儒家類/儒學之屬/性理

西山先生真文忠公讀書記四十卷　(宋)真德秀撰　清乾隆四年(1739)浦城真氏祠堂刻同治三年(1864)印本　十四冊　存十九卷(一至十九)

330000－1701－0004045　ZKS0039　史部/地理類/水利之屬

海塘新志六卷　(清)琅玕撰　清乾隆刻本　二冊　存四卷(一至四)

330000－1701－0004046　ZKS0026　集部/詞類/類編之屬

詞苑英華八種　(明)毛晉編　明末毛氏汲古閣刻本　十冊　存二種

330000－1701－0004047　ZKS0027　子部/兵家類/兵法之屬

三書寶鑑　(清)□□輯　清道光至咸豐來鹿堂刻本　四冊　存一種

330000－1701－0004048　ZKS0028　史部/地理類/山川之屬/山志

明州阿育王山志十卷　(明)郭子章撰　**明州阿育王山續志六卷**　(清)釋畹荃撰　明萬曆刻清乾隆續刻本　六冊

330000－1701－0004049　ZKS0029　集部/別集類/清別集

南谿偶刊三種　(清)鄭性撰　清乾隆七年(1742)刻本　張美翊跋　二冊　存二種

330000－1701－0004050　ZKS0030　集部/別集類/清別集

隅園詩存不分卷　(清)裘曰和撰　清末抄本　一冊

330000－1701－0004051　ZKS0031　集部/別集類/清別集

補園賸藁二卷　(清)包履吉撰　(清)湯嗣新輯　清光緒三十一年(1905)讀我書廬刻本　二冊

330000－1701－0004052　ZKS0032　子部/農家農學類/園藝之屬/總志

二如亭群芳譜四十二卷　(明)王象晉撰　明末刻清康熙重修本　十三冊

330000－1701－0004053　ZKS0033　集部/總集類/選集之屬/斷代

國朝駢體正宗初箋十二卷　(清)曾燠輯　(清)馮可鏞箋注　稿本　十六冊

330000－1701－0004054　ZKS0034　類叢部/

叢書類/自著之屬
龍莊遺書四種　(清)汪輝祖撰　清光緒江蘇書局刻本　三冊　存一種

330000－1701－0004055　ZKS0035　類叢部/叢書類/彙編之屬
十萬卷樓叢書五十一種　(清)陸心源編　清光緒歸安陸氏刻本(歲時廣記卷六原缺)　三冊　存一種

330000－1701－0004056　ZKS0036　集部/別集類/清別集
和李西涯先生擬古樂府一卷　(清)胡亦堂撰　(清)張瑤芝評　清康熙刻本　清味琴主人批校　一冊

330000－1701－0004057　ZKS0037　子部/雜著類/雜說之屬
輟耕錄三十卷　(明)陶宗儀撰　明刻清初廣文堂印本　八冊

330000－1701－0004058　ZKS0040　史部/傳記類/總傳之屬/通代
守令垂範儒牧二卷守令垂範循牧十二卷　(清)屈天成訂　(清)馮錕粲　(清)屈學溥輯　(清)屈樹棨校　清乾隆二十二年(1757)刻本　十冊

330000－1701－0004059　ZKS0041　史部/政書類
政藝叢書甲辰全書十六種乙巳全書十六種　鄧實編　清光緒三十年(1904)、三十一年(1905)政藝通報館鉛印本　十四冊　存二十種(甲辰十六種、乙巳四種)

330000－1701－0004060　ZKS0062　經部/群經總義類/傳說之屬
匏瓜錄十卷附校勘記一卷　(清)芮長恤撰　清光緒十三年(1887)刻本　六冊

330000－1701－0004061　ZKS0063　集部/別集類/清別集
惜抱軒文集十六卷後集十卷　(清)姚鼐撰　清光緒九年(1883)桐城徐宗亮刻本　四冊

330000－1701－0004062　ZKS0064　集部/別集類/清別集
鄭板橋全集五種　(清)鄭燮撰　清宣統元年(1909)席氏埽葉山房石印本　四冊

330000－1701－0004063　ZKS0065　集部/詩文評類/文評之屬
葉氏睿吾樓文話十六卷　(清)葉元塏撰　清道光十三年(1833)鶴皋葉氏睿吾樓刻本　清王仲邕批並跋　四冊

330000－1701－0004064　ZKS0066　集部/總集類/郡邑之屬
四明四友詩六卷　(清)鄭梁輯　清康熙四十八年(1709)刻本　張美翊批　二冊

330000－1701－0004065　ZKS0068　集部/別集類/清別集
萬山草堂詩集六卷　李登雲撰　清光緒三十三年(1907)武林刻本　二冊

330000－1701－0004066　ZKS0067　集部/總集類/郡邑之屬
三台名媛詩輯五卷續一卷詞輯一卷　(清)黄瑞編　清光緒元年(1875)臨海周翰清刻本　清朱驥跋　一冊

330000－1701－0004067　ZKS0069　集部/詞類/總集之屬
絕妙好詞箋七卷　(宋)周密輯　(清)查爲仁　(清)厲鶚箋　**絕妙好詞續鈔一卷**　(清)余集輯　**絕妙好詞又續鈔一卷**　(清)徐楙補錄　清同治十一年(1872)會稽章氏刻本　三冊

330000－1701－0004068　ZKS0070　史部/詔令奏議類/奏議之屬
石林奏議十五卷　(宋)葉夢得撰　清光緒十一年(1885)吳興陸氏皕宋樓影宋刻本　四冊

330000－1701－0004069　ZKS0071　類叢部/叢書類/彙編之屬
榆園叢刻十五種附一種　(清)許增編　清同治至光緒刻本　八冊　存一種

330000－1701－0004070　ZKS0072　史部/傳記類/總傳之屬/儒林
儒林宗派十六卷　(清)萬斯同撰　清抄本

四冊

330000－1701－0004071　ZKS0073　集部/別集類/清別集

璇璣碎錦不分卷　（清）萬樹撰　清康熙錫山侯文燦于野堂刻雍正四年（1726）金匱朱廷鍾印本　二冊

330000－1701－0004072　ZKS0074　集部/別集類/清別集

板橋集五種　（清）鄭燮撰　清末影印本　二冊

330000－1701－0004073　ZKS0075　新學/工藝/汽機總

製機理法八卷圖一卷　（英國）覺顯祿斯撰（英國）傅蘭雅口譯　（清）華備鈺筆述　清光緒二十五年（1899）江南製造局刻本（圖爲石印本）　四冊

330000－1701－0004074　ZKS0076　集部/別集類/清別集

樊榭山房集十卷續集十卷　（清）厲鶚撰　清乾隆武林刻本　六冊

330000－1701－0004075　ZKS0077　集部/別集類/清別集

靈芬館集二十六卷　（清）郭麐撰　清嘉慶刻本（懺餘綺語二卷原缺）　六冊

330000－1701－0004076　ZKS0078　史部/政書類/軍政之屬/邊政

籌海圖編十三卷　（明）鄭若曾撰　明天啓四年（1624）胡維極刻本　三冊　存三卷（一、十一至十二）

330000－1701－0004077　ZKS0079　經部/小學類/文字之屬/字書

篆因二十八卷首一卷末一卷　（清）王植槐撰　稿本　二冊　存二卷（首、二十八）

330000－1701－0004078　ZKS0080　類叢部/叢書類/自著之屬

正誼堂全集八種　（清）董沛撰　清同治至光緒刻本　二十二冊

330000－1701－0004079　ZKS0081　史部/傳記類/別傳之屬/事狀

孀評初編四卷首一卷　（清）何梁器輯　清木活字印本　一冊

330000－1701－0004080　ZKS0082　經部/四書類/總義之屬/傳説

四書反身錄六卷二孟續補二卷　（清）李顒撰（清）王心敬錄輯　清康熙二十五年（1686）許孫荃思硯齋刻四十一年（1702）張正續刻本　四冊

330000－1701－0004081　ZKS0083　經部/詩類/文字音義之屬

毛詩古音攷五卷　（明）陳第編輯　**屈宋古音義三卷**　（明）陳第撰　清光緒六年（1880）武昌張裕釗刻本　張美翊題記　二冊　存四卷（毛詩古音攷三至五、屈宋古音義一）

330000－1701－0004082　ZKS0084　集部/別集類/明別集

滄溟先生文抄九卷　（明）李攀龍撰　明萬曆刻本　二冊

330000－1701－0004083　ZKS0085　史部/傳記類/雜傳之屬

牧齋晚年家乘文一卷　（清）錢謙益撰　**錢牧翁先生［謙益］年譜一卷**　（清）彭城退士撰　清宣統三年（1911）上海國學扶輪社鉛印本　張美翊批校　一冊

330000－1701－0004084　ZKS0086　集部/別集類/清別集

夢樓詩集二十四卷　（清）王文治撰　清乾隆六十年（1795）丹徒王氏食舊堂刻本　四冊

330000－1701－0004085　ZKS0087　類叢部/叢書類/自著之屬

陸桴亭先生遺書二十二種　（清）陸世儀撰（清）唐受祺編　**尊道先生［陸世儀］年譜一卷**　（清）淩錫祺編輯　**桴亭先生［陸世儀］行狀行實一卷**　（清）陳瑚　（清）陸允正撰　清光緒二十五年至二十六年（1899－1900）太倉唐受祺京師刻本　五冊　缺二十一種

330000－1701－0004086　ZKS0089　集部/別集類/唐五代別集

杜詩詳註二十五卷　(唐)杜甫撰　(清)仇兆鰲輯註　**首一卷附編二卷**　(清)仇兆鰲輯　清康熙刻本　二十冊

330000－1701－0004087　ZKS0088　集部/總集類/彙編之屬

唐四家詩集四種附二種　(清)胡鳳丹輯　清同治九年(1870)永康胡氏退補齋刻本　四冊　存三種

330000－1701－0004088　ZKS0090　類叢部/叢書類/自著之屬

春在堂全書(德清俞蔭甫所著書)三十六種　(清)俞樾撰　清同治至光緒刻光緒末彙印本　一百十九冊　存三十一種

330000－1701－0004089　ZKS0091　類叢部/叢書類/自著之屬

庸盦全集十二種　(清)薛福成撰　清光緒無錫薛氏刻本　四十四冊　存十種

330000－1701－0004090　ZKS0092　集部/別集類/宋別集

司馬溫公文集八十卷目錄二卷　(宋)司馬光撰　明崇禎元年(1628)吳時亮等刻清康熙四十七年(1708)蔣起龍等重修本　二十四冊

330000－1701－0004091　ZKS0093　新學/工藝/汽機總

汽機大成　清光緒二十三年(1897)石印本　四冊

330000－1701－0004092　ZKS0094　史部/政書類/律令之屬/治獄

駁案新編三十二卷續編七卷　(清)全士潮等輯　清乾隆刻嘉慶續刻本　三十冊

330000－1701－0004093　ZKS0095　類叢部/叢書類/自著之屬

清吟堂全集十四種　(清)高士奇撰　清康熙刻本　二冊　存一種

330000－1701－0004094　ZKS0096　史部/地理類/雜志之屬

欽定日下舊聞考一百六十卷譯語總目一卷　(清)于敏中　(清)竇光鼐等纂修　清乾隆武英殿刻本　四十五冊　缺十一卷(一百七至一百十七)

330000－1701－0004095　ZKS0097　類叢部/叢書類/自著之屬

徐位山先生六種　(清)徐文靖撰　清雍正至乾隆刻志寧堂彙印本　二十四冊

330000－1701－0004096　ZKS0098　集部/別集類/明別集

太師誠意伯劉文成公集二十卷首一卷　(明)劉基撰　清康熙四十六年(1707)劉元奇刻雍正八年(1730)萬里補刻乾隆南田劉氏果育堂印本　八冊

330000－1701－0004097　ZKS0099　史部/地理類/方志之屬/郡縣志

[光緒]上虞縣志校續五十卷首一卷末一卷　(清)儲家藻修　(清)徐致靖纂　清光緒二十四年至二十五年(1898－1899)刻本　一冊　存三卷(三十三至三十五)

330000－1701－0004098　ZKS0100　史部/目録類/總録之屬/地方

杭州藝文志十卷　吳慶坻編　清光緒三十四年(1908)錢塘吳慶坻長沙刻朱印本　四冊

330000－1701－0004099　ZKS0101　史部/地理類/方志之屬/郡縣志

[同治]泰順分疆錄十二卷首一卷　(清)林鶚纂　(清)林用霖續纂　清光緒五年(1879)林氏望山堂刻本　六冊

330000－1701－0004100　ZKS0102　史部/紀傳類/正史之屬

明史稿三百十卷目錄三卷　(清)王鴻緒撰　清雍正敬慎堂刻本　三十冊　存一百五十九卷(目錄上中下,列傳一至一百九、一百六十二至二百八)

330000－1701－0004101　ZKS0103　史部/紀事本末類/斷代之屬

三藩紀事本末四卷　(清)楊陸榮撰　清康熙

五十六年(1717)刻本　張美翊批並跋　二冊

330000－1701－0004102　ZKS0044　經部/叢編

十三經註疏　(明)□□輯　明崇禎元年至十二年(1628－1639)毛氏汲古閣刻本　二十八冊　存十一種

330000－1701－0004103　ZKS0042　經部/孝經類/傳說之屬

孝經一卷　(清)章乃純輯　清光緒二十五年(1899)刻本　一冊

330000－1701－0004104　ZKS0043　集部/總集類/氏族之屬

范文正公忠宣公全集七十三卷　(宋)范仲淹　(宋)范純仁撰　清康熙四十六年(1707)吳郡范氏歲寒堂刻本　十冊　存四十八卷(范文正公全集一至四十八)

330000－1701－0004105　ZKS0045　史部/編年類/斷代之屬

皇宋十朝綱要二十五卷　(宋)李𡌴撰　清抄本　十五冊　存二十三卷(一至二十三)

330000－1701－0004106　ZKS0046　子部/儒家類/儒學之屬/禮教/鑑戒

臣鑒錄二十卷　(清)蔣伊輯　清康熙十四年(1675)刻乾隆重修本　十冊

330000－1701－0004107　ZKS0047　類叢部/叢書類/自著之屬

沈歸愚詩文全集十四種　(清)沈德潛撰　清乾隆教忠堂刻本　二十四冊

330000－1701－0004108　ZKS0048　集部/別集類/清別集

張美翊信札不分卷　張美翊撰　清光緒稿本　一冊

330000－1701－0004109　ZKS0049　史部/詔令奏議類/奏議之屬

出使奏疏二卷　(清)薛福成撰　清光緒影印本　張美翊校並跋　二冊

330000－1701－0004110　ZKS0050　子部/叢編

二十二子(二十二子彙函)　(清)浙江書局編　清光緒元年至三年(1875－1877)浙江書局刻本　四冊　存一種

330000－1701－0004111　ZKS0051　子部/道家類

道德經轉語二卷　(元)陳致虛撰　**道德經古今本考正二卷**　(清)牟目源撰　**道德經釋義二卷金玉經一卷**　(唐)呂喦撰　(清)牟目源訂　**常清靜經一卷**　(清)牟目源訂　清嘉慶十四年(1809)鄒學鯤羊城刻本　二冊

330000－1701－0004112　ZKS0233　史部/史表類/通代之屬

四裔編年表四卷　(清)李鳳苞輯　清光緒江南製造總局刻本　四冊

330000－1701－0004113　ZKS0053　類叢部/類書類/通類之屬

初學記三十卷　(唐)徐堅等輯　明萬曆二十五年至二十六年(1597－1598)維揚陳大科刻本　十六冊

330000－1701－0004114　普 031.1/2337/c3　類叢部/類書類/專類之屬

子史精華一百六十卷　(清)吳士玉　(清)吳襄等輯　清乾隆五十五年(1790)張松孫刻蘇城亦西齋印本　四十八冊

330000－1701－0004115　ZKS0104、ZKS0105　史部/紀事本末類/斷代之屬

遼史紀事本末四十卷首一卷末一卷金史紀事本末五十二卷首一卷末一卷　(清)李有棠撰　清光緒二十九年(1903)李氏移鄂樓刻本　二十冊

330000－1701－0004116　ZKS0054　集部/別集類/宋別集

歐陽文忠公全集一百五十三卷附錄五卷　(宋)歐陽修撰　清乾隆十一年(1746)歐陽安世孝思堂刻本　二十四冊

330000－1701－0004117　ZKS0055　史部/紀傳類/別史之屬

函史上編八十二卷下編二十一卷　（明）鄧元錫撰　明萬曆刻明崇禎、清順治康熙遞修本　六十冊

330000－1701－0004118　ZKS0056　類叢部/叢書類/彙編之屬
連筠簃叢書十二種　（清）楊尚文編　清道光二十七年至二十九年（1847－1849）靈石楊氏刻本（羣書治要卷四、十三、二十原缺）　二十四冊　存八種

330000－1701－0004119　ZKS0057　史部/金石類/石之屬/通考
語石十卷　葉昌熾撰　清宣統元年（1909）刻本　二冊　存六卷（五至十）

330000－1701－0004120　ZKS0058　集部/總集類/郡邑之屬
西泠五布衣遺箸五種　（清）丁丙輯　清同治至光緒錢塘丁氏當歸草堂刻本　三冊　存一種

330000－1701－0004121　ZKS0059　史部/傳記類/總傳之屬/斷代
樂琴書屋雜抄不分卷　（清）□□輯　清嘉慶抄本　二冊

330000－1701－0004122　ZKS0060　集部/總集類/氏族之屬
黃氏家集三編五種　（清）黃家鼎編　清光緒四明黃氏補不足齋刻本　六冊

330000－1701－0004123　ZKS0061　類叢部/叢書類/家集之屬
項城袁氏家集六種　丁振鐸編　清宣統三年（1911）清芬閣鉛印本　三冊　存一種

330000－1701－0004124　ZKS0106　類叢部/叢書類/自著之屬
番禺陳氏東塾叢書初函四種附一種　（清）陳澧撰　清咸豐至光緒刻本　九冊

330000－1701－0004125　ZKS0107　經部/小學類/文字之屬/字書/字典
康熙字典十二集三十六卷總目一卷檢字一卷辨似一卷等韻一卷補遺一卷備考一卷　（清）張玉書等纂修　清康熙刻本　三十九冊　缺一卷（卯集上）

330000－1701－0004126　ZKS0108　史部/地理類/方志之屬/郡縣志
［光緒］平湖縣志二十五卷首一卷末一卷　（清）彭潤章等修　（清）葉廉鍔等纂　**平湖殉難録一卷**　（清）彭潤章輯　清光緒十二年（1886）刻本　十三冊

330000－1701－0004127　ZKS0109　類叢部/叢書類/彙編之屬
榆園叢刻十五種附一種　（清）許增編　清同治至光緒刻本　十六冊

330000－1701－0004128　ZKS0110　集部/別集類/元別集
清容居士集五十卷　（元）袁桷撰　清抄本　六冊　存二十九卷（一至十、十五至十九、二十六至三十、三十六至四十一、四十八至五十）

330000－1701－0004129　ZKS0111　集部/別集類/金別集
滹南遺老集四十五卷續附一卷　（金）王若虛撰　清抄本　五冊　存三十九卷（一至三十九）

330000－1701－0004130　HJL2177　集部/總集類/氏族之屬
寶善堂彙藁十二種　清道光刻本　八冊

330000－1701－0004131　ZKS0112　經部/春秋總義類/傳說之屬
三傳辨疑二十卷　（元）程端學撰　清抄本　二十八冊

330000－1701－0004132　ZKS0113　集部/別集類/清別集
道古堂文集四十八卷詩集二十六卷　（清）杭世駿撰　清乾隆四十年至四十一年（1775－1776）刻本　二十冊

330000－1701－0004133　ZKS0114　集部/戲劇類/傳奇之屬
藏園九種曲　（清）蔣士銓撰　清乾隆煥乎堂

刻本　十二册　缺一卷(冬青樹二)

330000－1701－0004134　ZKS0115　類叢部/叢書類/郡邑之屬

武林掌故叢編一百八十七種　(清)丁丙編　清光緒三年至二十六年(1877－1900)錢塘丁氏嘉惠堂刻本　六册　存一種

330000－1701－0004135　ZKS0116　類叢部/叢書類/彙編之屬

文選樓叢書三十三種　(清)阮亨編　清嘉慶至道光阮元刻道光二十二年(1842)阮亨彙印本　一册　存一種

330000－1701－0004136　ZKS0117　集部/別集類/清別集

頻羅庵遺集十六卷　(清)梁同書撰　清嘉慶二十二年(1817)仁和陸貞一杭州刻本　五册

330000－1701－0004137　ZKS0118　史部/地理類/方志之屬/郡縣志

[宣統]續修楓涇小志十卷首一卷　(清)程兼善纂　清宣統三年(1911)鉛印本　四册

330000－1701－0004138　ZKS0119　集部/別集類/清別集

蓮漪文鈔八卷　(清)汪曰楨輯　清咸豐九年至同治二年(1859－1863)刻本　一册　存四卷(一至四)

330000－1701－0004139　ZKS0120　集部/詞類/總集之屬

四明近體樂府十四卷　(清)袁鈞輯　**附一卷**　(清)周世緒撰　清嘉慶二十三年(1818)慈谿鄭喬遷藏密廬刻本　二册　存十卷(一至十)

330000－1701－0004140　ZKS0121　集部/別集類/清別集

蘭雪集八卷　(清)柯振嶽撰　清嘉慶二十三年(1818)藏修齋刻本　七三老人題記　四册

330000－1701－0004141　ZKS0122　子部/宗教類/佛教之屬/總録

重訂教乘法數十二卷　(清)釋超海等輯　清光緒三十四年(1908)常州天寧寺刻本　六册

330000－1701－0004142　ZKS0123　史部/雜史類/斷代之屬

明季稗史彙編十六種　(清)留雲居士輯　清都城琉璃廠刻本　八册　存十三種

330000－1701－0004143　ZKS0124　史部/詔令奏議類/奏議之屬

張靖達公奏議八卷首一卷　(清)張樹聲撰　(清)何嗣焜編　繆荃孫　劉世珩訂正　清光緒二十五年(1899)刻本　四册

330000－1701－0004144　ZKS0125　經部/小學類/訓詁之屬/方言

越言釋一卷　(清)茹敦和撰　清道光二十九年(1849)周氏刻本　一册

330000－1701－0004145　ZKS0126　類叢部/叢書類/自著之屬

儆居遺書十一種　(清)黃式三撰　清同治至光緒刻本　三册　存一種

330000－1701－0004146　ZKS0127　經部/小學類/訓詁之屬/方言

越諺三卷越諺賸語二卷　(清)范寅輯　清光緒八年(1882)谷應山房刻本　一册

330000－1701－0004147　ZKS0128　史部/詔令奏議類/奏議之屬

孝肅包公奏議十卷　(宋)包拯撰　(清)張純修輯　清同治九年(1870)四明包芳國天禄閣刻本　四册

330000　－　1701　－　0004148　ZKS0130、ZKS0131、ZKS0198、ZKS0199　類叢部/叢書類/自著之屬

清吟堂全集十四種　(清)高士奇撰　清康熙刻本　五册　存五種

330000－1701－0004149　ZKS0129　類叢部/叢書類/彙編之屬

求我齋甕譯　章宗元輯譯　清光緒章宗元求我齋刻本　二册　存一種

330000－1701－0004150　ZKS0141　史部/詔令奏議類/詔令之屬

硃批諭旨不分卷　(清)鄂爾泰等輯　清乾隆

刻朱墨套印本　三十五册

330000－1701－0004151　ZKS0132　集部/别集類/清别集

虛白齋存藁十三卷　(清)吳壽昌撰　清乾隆五十五年(1790)刻本　六册

330000－1701－0004152　ZKS0133　史部/雜史類/斷代之屬

十國春秋一百十四卷　(清)吳任臣撰　**十國春秋拾遺一卷備考一卷拾遺備考補一卷**　(清)周昂輯　清乾隆五十八年(1793)昭文周氏此宜閣刻本　八册　存六十六卷(一至六十六)

330000－1701－0004153　ZKS0134　史部/地理類/方志之屬/郡縣志

[乾隆]溫州府志三十卷首一卷　(清)李琬修　(清)齊召南　(清)汪沆纂　清乾隆二十七年(1762)刻同治四年(1865)修版印本　二十册

330000－1701－0004154　ZKS0135　史部/地理類/山川之屬/水志

水經注四十卷補遺一卷附錄二卷　(北魏)酈道元撰　(清)全祖望校　清光緒十四年(1888)薛福成寧波崇實書院刻本　十二册

330000－1701－0004155　ZKS0136　史部/地理類/方志之屬/郡縣志

[咸豐]南潯鎮志四十卷首一卷　(清)汪曰楨纂　清咸豐九年至同治二年(1859－1863)刻本　九册　存三十七卷(四至四十)

330000－1701－0004156　ZKS0137　史部/地理類/外紀之屬

日本國志四十卷首一卷　(清)黃遵憲輯　清光緒十六年(1890)羊城富文齋刻二十二年(1896)重修本　十四册

330000－1701－0004157　ZKS0138　新學/地學/地志學

海道圖說十五卷附長江圖說一卷　(英國)金約翰輯　(英國)傅蘭雅　(美國)金楷理口譯　(清)王德均筆述　清光緒江南機器製造總局刻本　九册　存十四卷(一至十四)

330000－1701－0004158　ZKS0139　史部/地理類/山川之屬/山志

金蓋山志四卷首一卷　(清)李宗蓮輯　**金蓋山志略一卷**　(清)閔苕敷撰　清光緒二十二年(1896)烏程潘錫春古書隱樓刻本　二册

330000－1701－0004159　ZKS0140　史部/地理類/雜志之屬

浙江全省輿圖並水陸道里記不分卷　(清)宗源瀚等纂　清光緒二十年(1894)石印本　二十册

330000－1701－0004160　ZKS0142　史部/詔令奏議類/奏議之屬

歷代名臣奏議三百十九卷　(明)黃淮　(明)楊士奇輯　(明)張溥删正　明崇禎刻清菁華樓修補印本　七十二册

330000－1701－0004161　ZKS0143　史部/地理類/總志之屬/通代

讀史方輿紀要一百三十卷輿圖要覽四卷　(清)顧祖禹撰　清敷文閣刻本　六十四册

330000－1701－0004162　ZKS0144　史部/目録類/總録之屬/史志

補晉書藝文志六卷　(清)文廷式撰　清宣統元年(1909)長沙鉛印本　六册

330000－1701－0004163　ZKS0145　史部/地理類/方志之屬/郡縣志

[康熙]臨海縣志十五卷首一卷　(清)洪若皋纂　清康熙二十二年(1683)刻同治至光緒重印本　七册　缺二卷(十至十一)

330000－1701－0004164　ZKS0146　類叢部/叢書類/自著之屬

亭林遺書十種　(清)顧炎武撰　清康熙吳江潘氏遂初堂刻本(金石文字記卷六、韻補正、亭林文集卷六、亭林詩集卷一至二配清抄本)　八册　缺一卷(昌平山水記上)

330000－1701－0004165　ZKS0147　類叢部/叢書類/彙編之屬

湖海樓叢書十二種　(清)陳春編　清嘉慶蕭

山陳氏湖海樓刻二十四年(1819)彙印本　一冊　存一種

330000－1701－0004168　ZKS0149　集部/小說類/長篇之屬
繡像東周列國志二十七卷首一卷一百八回　(清)蔡奡評點　清光緒三十年(1904)上海商務印書館鉛印本　何育光題記　八冊

330000－1701－0004169　ZKS0150　集部/小說類/長篇之屬
增像全圖東周列國志二十七卷首一卷一百八回　(清)蔡奡評點　清光緒二十七年(1901)上海公興書局鉛印本　八冊

330000－1701－0004170　ZKS0151　集部/小說類/長篇之屬
繪圖說唐全傳□□卷　清末上海沈鶴記書莊石印本　一冊　存四卷(前傳一至四)

330000－1701－0004171　ZKS0152　集部/小說類/長篇之屬
品花寶鑑六十回　(清)陳森撰　清刻本　二十冊

330000－1701－0004172　ZKS0153　史部/地理類/山川之屬/山志
爛柯山志十三卷　(清)鄭永禧輯　清光緒三十三年(1907)不其山館刻本　四冊

330000－1701－0004173　ZKS0154　史部/政書類/公牘檔冊之屬
撫吳公牘五十卷　(清)丁日昌撰　(清)沈葆楨評選　清光緒三年(1877)鉛印本　一冊　存十二卷(六至十七)

330000－1701－0004174　ZKS0155　新學/游記
滿洲旅行記二卷　(日本)小越平隆撰　(清)克齋譯　清光緒二十八年(1902)上海廣智書局鉛印本　二冊

330000－1701－0004175　ZKS0156　史部/地理類/遊記之屬/紀勝
湖山便覽十二卷　(清)翟灝等撰　清光緒元年(1875)杭州王維翰槐蔭堂刻本　六冊

330000－1701－0004176　ZKS0157　子部/雜著類/雜纂之屬
嘯亭雜錄十卷續錄三卷　(清)昭槤撰　清宣統元年(1909)中國圖書公司鉛印本　張美翊批並跋　三冊　存十卷(一至十)

330000－1701－0004177　ZKS0158　集部/別集類/唐五代別集
杜工部集二十卷　(唐)杜甫撰　(清)錢謙益箋注　(清)何焯評點　**諸家詩話一卷唱酬題詠附錄一卷附錄一卷**　清宣統二年(1910)上海國學扶輪社、神州國光社鉛印本　八冊

330000－1701－0004178　ZKS0159　子部/儒家類/儒學之屬/經濟
皇朝經濟文編一百二十八卷　(清)求自彊齋主人編輯　清光緒二十七年(1901)慎記書莊石印本　八冊　存二十二卷(二十二至四十三)

330000－1701－0004179　ZKS0160　子部/儒家類/儒學之屬/經濟
皇朝經世文三編八十卷　(清)陳忠倚輯　清光緒二十四年(1898)上海寶文書局石印本　十冊　缺三十卷(四十一至七十)

330000－1701－0004180　ZKS0161　史部/政書類/律令之屬/刑制
大清現行刑律三十六卷首一卷附禁煙條例一卷秋審條款一卷　沈家本等編　清宣統二年(1910)鉛印本　十六冊　缺二卷(一、禁煙條例)

330000－1701－0004181　ZKS0162　史部/詔令奏議類/詔令之屬
硃批諭旨不分卷　(清)鄂爾泰等輯　清光緒十三年(1887)上海點石齋石印本　六十冊

330000－1701－0004182　ZKS0163　類叢部/叢書類/彙編之屬
花雨樓叢鈔十一種續鈔十一種附一種　(清)張壽榮編　清光緒八年至十四年(1882－1888)蛟川張氏花雨樓刻本　二十冊　存四種續鈔八種附一種

330000－1701－0004183　ZKS0164　經部/叢編

重刊宋本十三經注疏四百十六卷　附十三經注疏校勘記四百十六卷　（清）阮元撰　（清）盧宣旬摘錄　**校勘記識語四卷**　（清）汪文臺撰　清光緒十三年（1887）上海脈望仙館石印本　三十二冊

330000－1701－0004184　ZKS0165　類叢部/叢書類/彙編之屬

海山仙館叢書五十六種　（清）潘仕成編　清道光二十五年至咸豐元年（1845－1851）番禺潘氏刻光緒十一年（1885）增刻彙印本　三十三冊　存十四種

330000－1701－0004185　ZKS0166　類叢部/叢書類/彙編之屬

唐代叢書一百六十四種　（清）王文誥編　清刻本　二十四冊

330000－1701－0004186　ZKS0167　類叢部/叢書類/彙編之屬

龍威秘書十集　（清）馬俊良編　清乾隆五十九年至嘉慶元年（1794－1796）浙江石門馬氏大酉山房刻本　八十冊

330000－1701－0004187　ZKS0168　類叢部/叢書類/彙編之屬

說鈴前集三十七種後集十六種　（清）吳震方編　清嘉慶八年（1803）刻本　三十冊　存五十種

330000－1701－0004188　ZKS0169　集部/別集類/清別集

煙霞萬古樓文集六卷　（清）王曇撰　清道光二十年（1840）刻本　二冊

330000－1701－0004189　ZKS0170　類叢部/叢書類/彙編之屬

讀畫齋叢書四十六種　（清）顧修編　清嘉慶四年至十六年（1799－1811）桐川顧氏刻本（學治臆說二卷、續說、說贅、蕉窗日記二卷配現代復製本）　六十四冊

330000－1701－0004191　ZKS0172　集部/總集類/選集之屬/通代

紫陽方先生瀛奎律髓四十九卷　（元）方回編　清抄本　一冊　存四卷（一至四）

330000－1701－0004192　ZKS0173　集部/小說類/長篇之屬

紅樓夢一百二十卷一百二十回　（清）曹霑　（清）高鶚撰　（清）王希廉評　清道光十二年（1832）吳縣王氏刻本　二十四冊

330000－1701－0004193　ZKS0174　史部/地理類/輿圖之屬/全國

大清中外壹統輿圖（皇朝中外壹統輿圖）十六卷　（清）鄒世詒　（清）晏啓鎮編　（清）李廷簫　（清）汪士鐸增訂　清光緒二十二年（1896）上海書局石印本　六冊

330000－1701－0004194　ZKS0175　類叢部/類書類/專類之屬

格致鏡原一百卷　（清）陳元龍撰　清康熙五十六年（1717）陳元龍刻雍正十三年（1735）印本　十二冊

330000－1701－0004195　ZKS0618　類叢部/叢書類/彙編之屬

嘯園叢書五十七種　（清）葛元煦編　清光緒二年至七年（1876－1881）仁和葛氏刻本　三十九冊　存四十一種

330000－1701－0004197　ZKS0176　史部/地理類/雜志之屬

谿上遺聞集錄十卷別錄二卷　（清）尹元煒撰　**谿上詩輯續編二卷補編一卷**　（清）尹元煒　（清）馮本懷訂　清道光二十八年（1848）慈谿馮本懷抱珠樓刻咸豐三年（1853）補刻本　六冊

330000－1701－0004198　ZKS0177　集部/別集類/明別集

梨雲館類定袁中郎全集二十四卷　（明）袁宏道撰　明末南雍周文煒大業堂刻清康熙周亮工重印本　十冊

330000－1701－0004199　ZKS0178　集部/總集類/郡邑之屬

金華文畧二十卷　(清)王崇炳輯　清康熙四十八年(1709)蘭谿唐屺菴刻乾隆七年(1742)金華夏氏補刻咸豐至同治學耨堂印本　張美翊題記並跋　八册

330000－1701－0004200　ZKS0179　史部/傳記類/總傳之屬/仕宦
歷代名臣言行錄二十四卷　(清)朱桓輯　清光緒十八年(1892)務本書局刻本　三十二册

330000－1701－0004201　ZKS0180　類叢部/叢書類/彙編之屬
高安朱文端公校輯藏書(朱文端公藏書)十三種　(清)朱軾撰輯　清光緒二十三年(1897)朱衡等刻本　十八册　存一種

330000－1701－0004202　ZKS0181　史部/金石類/郡邑之屬/文字
兩浙金石志十八卷補遺一卷　(清)阮元撰　清光緒十六年(1890)浙江書局刻本　張美翊校並跋　八册　存十四卷(一至八、十至十一、十四至十七)

330000－1701－0004203　ZKS0182　史部/地理類/方志之屬/郡縣志
[雍正]寧波府志三十六卷首一卷　(清)曹秉仁等修　(清)萬經等纂　清道光二十六年(1846)刻本[卷首、一至六、十六至十七配清雍正十一年(1733)刻乾隆六年(1741)補刻本]　二十册

330000－1701－0004204　ZKS0183　史部/地理類/方志之屬/郡縣志
[光緒]嘉興府志八十八卷首二卷　(清)許瑤光修　(清)吳仰賢等纂　清光緒三年至四年(1877－1878)嘉興鴛湖書院刻五年(1879)重印本　四十八册

330000－1701－0004205　ZKS0184　史部/雜史類/外紀之屬
東方兵事紀略五卷　(清)姚錫光撰　清光緒二十三年(1897)刻本　四册　缺一卷(一)

330000－1701－0004206　ZKS0185　史部/傳記類/別傳之屬/年譜
張忠烈公年譜一卷　(清)趙之謙編　清光緒二十二年(1896)慈谿童賡年刻本　一册

330000－1701－0004207　ZKS0186　史部/政書類/邦交之屬
乙巳年交涉要覽上篇二卷下篇三卷丙午年交涉要覽上篇一卷中篇二卷下篇三卷　(清)北洋洋務局纂輯　清光緒鉛印本　九册　缺一卷(丙午交涉要覽中篇二)

330000－1701－0004208　ZKS0187　史部/傳記類/日記之屬
曾文正公手書日記不分卷(清道光二十一年正月初一日至同治十一年二月初三日)　(清)曾國藩撰　清宣統元年(1909)上海中國圖書公司石印本　三十六册

330000－1701－0004209　ZKS0188　史部/政書類/邦交之屬
各國立約始末記三十卷首二卷　(清)陸元鼎編　清光緒三十二年(1906)上海商務印書館鉛印本　十九册　缺四卷(三、十五、二十七至二十八)

330000－1701－0004210　ZKS0189　集部/別集類/明別集
王陽明先生全集二十二卷首一卷　(明)王守仁撰　(清)俞嶙輯　清康熙十二年(1673)餘姚俞嶙自公堂刻是政堂印本　十二册

330000－1701－0004211　ZKS0190　集部/別集類/明別集
王陽明先生全集二十二卷首一卷　(明)王守仁撰　(清)俞嶙輯　清康熙十二年(1673)餘姚俞嶙自公堂刻餘姚黄氏敦厚堂印本　清一泉錄讀書十八則　二十册

330000－1701－0004212　ZKS0191　史部/地理類/雜志之屬
瀛壖雜志六卷　(清)王韜撰　清光緒元年(1875)刻本　二册

330000－1701－0004213　ZKS0192　類叢部/叢書類/彙編之屬
漸西村舍彙刊(漸西村舍叢刻)四十四種

（清）袁昶編　清光緒十六年至二十四年（1890－1898）桐廬袁氏刻本　七冊　存一種

330000－1701－0004214　ZKS0193　類叢部/叢書類/自著之屬
中復堂全集九種附一種　（清）姚瑩撰　清同治六年（1867）姚濬昌安福縣署刻本　八冊　存一種

330000－1701－0004215　ZKS0194　集部/別集類/唐五代別集
杜工部集二十卷　（唐）杜甫撰　（清）錢謙益箋註　**少陵先生［杜甫］年譜一卷諸家詩話一卷唱酬題詠附錄一卷附錄一卷**　清康熙六年（1667）泰興季振宜靜思堂刻本　六冊

330000－1701－0004216　ZKS0195　子部/雜著類/雜說之屬
能改齋漫錄十八卷　（宋）吳曾撰　清嘉慶臨嘯書屋木活字印本　八冊

330000－1701－0004217　ZKS0196　集部/別集類/宋別集
白石詩集一卷詞集一卷諸家評論一卷　（宋）姜夔撰　清雍正五年（1727）歙縣洪正治刻本　一冊

330000－1701－0004218　ZKS0197　類叢部/叢書類/自著之屬
船山遺書五十八種　（清）王夫之撰　清同治四年（1865）湘鄉曾國荃金陵刻本　一冊　存六種

330000－1701－0004219　ZKS0200　子部/雜著類/雜纂之屬
寄園寄所寄十二卷　（清）趙吉士輯　清康熙三十五年（1696）刻本　八冊

330000－1701－0004220　ZKS0201　集部/別集類/清別集
壯悔堂文集十卷遺稿一卷　（清）侯方域撰（清）賈開宗　（清）徐作肅選　（清）徐隣唐（清）宋犖閱　清順治十三年（1656）刻本六冊

330000－1701－0004221　ZKS0202　集部/別集類/清別集
松厓詩鈔二十四卷　（清）管榦珍撰　清乾隆大觀樓刻本　八冊

330000－1701－0004222　ZKS0203　類叢部/叢書類/彙編之屬
湖海樓叢書十二種　（清）陳春編　清嘉慶蕭山陳氏湖海樓刻二十四年（1819）彙印本　三十二冊

330000－1701－0004223　ZKS0204　類叢部/叢書類/自著之屬
西堂全集十七種　（清）尤侗撰　清康熙刻本　十六冊

330000－1701－0004224　ZKS0205　類叢部/叢書類/自著之屬
北江全集七種　（清）洪亮吉撰　清乾隆至嘉慶刻彙印本　三十六冊　缺四卷（漢魏音一至四）

330000－1701－0004225　ZKS0206　新學/兵制/海軍
水師章程十四卷續編六卷　（英國）水師兵部撰　（美國）林樂知口譯　（清）鄭昌棪筆述　清光緒江南製造總局刻本　十四冊　存十七卷（二至十四、續編一至四）

330000－1701－0004226　ZKS0207　類叢部/叢書類/彙編之屬
隨盦徐氏叢書十種續編十種　徐乃昌編　清光緒至民國南陵徐氏刻本　十二冊　存十種

330000－1701－0004227　ZKS0208　集部/別集類/宋別集
絜齋集二十四卷　（宋）袁燮撰　**宋儒袁正獻公從祀錄六卷**　清同治十一年至光緒二年（1872－1876）浙江四明袁氏進修堂刻本六冊

330000－1701－0004228　ZKS0210　集部/別集類/清別集
絳跗閣詩稿十一卷　（清）諸錦撰　（清）管樂編　清乾隆二十七年（1762）諸氏刻本　四冊

330000－1701－0004229　ZKS0209　集部/別

集類/宋別集

水心先生別集十六卷 (宋)葉適撰 清同治九年(1870)瑞安孫氏金陵刻本 三冊 缺二卷(十五至十六)

330000-1701-0004230 ZKS0211 史部/傳記類/總傳之屬/列女

廣列女傳二十卷附錄一卷 (清)劉開輯 清光緒十年(1884)皖城刻本 八冊

330000-1701-0004231 ZKS0212 類叢部/叢書類/自著之屬

顧亭林先生遺書十種補遺十一種 (清)顧炎武撰 (清)席威 (清)朱記榮編 清蓬瀛閣刻吳縣朱記榮增刻光緒三十二年(1906)彙印本(韻補正、顧氏譜系考、亭林文集、亭林詩集配清刻本) 七冊 存十一種

330000-1701-0004232 ZKS0213 集部/別集類/清別集

陋軒詩六卷 (清)吳嘉紀撰 清道光十年(1830)秀水王氏信芳閣木活字印國初十家詩鈔本 清佚名批點並題記 六冊

330000-1701-0004233 ZKS0214 類叢部/叢書類/自著之屬

雙節堂襍錄六種 (清)汪輝祖撰 清乾隆至嘉慶雙節堂刻本 一冊 存三種

330000-1701-0004234 ZKS0215 子部/雜著類/雜考之屬

義門讀書記五十八卷 (清)何焯撰 (清)蔣維鈞輯 清乾隆三十四年(1769)石香齋刻本 十二冊

330000-1701-0004235 ZKS0216 集部/別集類/清別集

甘泉鄉人稿二十四卷 (清)錢泰吉撰 **皇清敕授修職郎誥封朝議大夫顯考警石府君[錢泰吉]年譜一卷** (清)錢應溥編 **邠農偶吟稿一卷** (清)錢炳森撰 清同治七年(1868)、十一年(1872)鍾氏刻本 三冊 缺十五卷(十至二十四)

330000-1701-0004236 ZKS0217 史部/地理類/方志之屬/郡縣志

[光緒]常山縣志六十八卷首一卷末一卷 (清)李瑞鍾修 (清)朱昌泰等纂 清光緒十二年(1886)刻本 十二冊

330000-1701-0004237 ZKS0218 類叢部/叢書類/彙編之屬

昭代叢書甲集五十種乙集四十種丙集五十六種 (清)張潮 (清)張漸輯 清康熙三十六年至四十二年(1697-1703)刻本 二十八冊

330000-1701-0004238 ZKS0220、ZKS0052 類叢部/叢書類/自著之屬

汪雙池先生叢書二十種附浙刻雙池遺書十二種 (清)汪紱撰 清道光至光緒刻光緒二十三年(1897)長安趙舒翹等彙印本 十六冊 存五種

330000-1701-0004239 ZKS0221 集部/小說類/長篇之屬

東周列國全志二十三卷一百八回 (清)蔡奡評點 清光緒十九年(1893)澹雅書局刻本 二十四冊

330000-1701-0004240 ZKS0219 史部/地理類/方志之屬/郡縣志

[光緒]重修嘉善縣志三十六卷首一卷 (清)江峯青修 (清)顧福仁纂 **[民國]校勘光緒嘉善縣志劄記一卷** 孫傳樞 唐步雲等纂 清光緒二十年(1894)刻民國七年(1918)印本[校勘光緒嘉善縣志劄記爲民國八年(1919)鉛印本] 十七冊

330000-1701-0004241 ZKS0222 子部/宗教類/佛教之屬/總録

御選語錄十九卷 (清)世宗胤禛輯 清雍正十一年(1733)内府刻本 十四冊

330000-1701-0004242 ZKS0223 史部/地理類/方志之屬/郡縣志

[同治]龍泉縣志十八卷首一卷末一卷 (清)王肇渭等修 (清)郭崇煇等纂 清同治十二年(1873)刻本 十二冊

330000-1701-0004243 ZKS0224 類叢部/

叢書類/彙編之屬
藕香零拾三十九種 繆荃孫編 清光緒二十二年至宣統二年(1896－1910)刻本 二十六冊 存三十一種

330000－1701－0004244 ZKS0225 類叢部/叢書類/彙編之屬
十萬卷樓叢書五十一種 (清)陸心源編 清光緒歸安陸氏刻本(歲時廣記卷六原缺) 四十八冊 存十六種

330000－1701－0004245 ZKS0226 類叢部/叢書類/自著之屬
陽明先生集要四種 (明)王守仁撰 (明)施邦曜編 清乾隆五十二年(1787)朱培行濟美堂刻本 十冊

330000－1701－0004246 ZKS0227 集部/總集類/選集之屬/斷代
明文授讀六十二卷 (清)黄宗羲輯 清康熙三十八年(1699)四明張錫琨味芹堂刻本 十五冊 存三十七卷(一至十七、二十一至二十九、三十二至三十三、三十六至三十七、五十三至五十九)

330000－1701－0004247 ZKS0228 史部/地理類/方志之屬/郡縣志
[光緒]縉雲縣志十六卷首一卷末一卷 (清)何乃容 (清)葛華修 (清)潘樹棠纂 清光緒二年至七年(1876－1881)刻本 十二冊

330000－1701－0004248 ZKS0230 類叢部/叢書類/家集之屬
項城袁氏家集六種 丁振鐸編 清宣統三年(1911)清芬閣鉛印本 四十四冊 存五種

330000－1701－0004249 ZKS0229 類叢部/叢書類/彙編之屬
滂喜齋叢書五十種 (清)潘祖蔭編 清同治至光緒吳縣潘氏京師刻本 三十冊 缺三卷(吳郡金石目、稽瑞樓書目一至二)

330000－1701－0004250 ZKS0231 類叢部/叢書類/自著之屬
甌北全集八種 (清)趙翼撰 清乾隆至嘉慶湛貽堂刻本 二十八冊 存四種

330000－1701－0004251 ZKS0232 史部/史表類/通代之屬
二十四史三表三種二十卷 (清)段長基撰 (清)段搢書編注 清嘉慶二十二年(1817)小西山房刻本 十八冊 存 種

330000－1701－0004252 ZKS0234 史部/地理類/總志之屬/通代
讀史方輿紀要一百三十卷 (清)顧祖禹撰 清抄本 八十冊

330000－1701－0004253 ZKS0235 類叢部/叢書類/彙編之屬
雅雨堂藏書十三種 (清)盧見曾編 清乾隆二十一年至二十五年(1756－1760)德州盧氏雅雨堂刻本(匡謬正俗八卷配現代復製本) 清趙輯寧跋 二十六冊

330000－1701－0004254 ZKS0236、ZKS0253 類叢部/叢書類/自著之屬
曾文正公全集十六種 (清)曾國藩撰 清同治至光緒傳忠書局刻本 三十六冊 存二種

330000－1701－0004255 ZKS0237 集部/總集類/選集之屬/通代
古文淵鑒六十四卷 (清)徐乾學等輯注 清康熙内府刻四色套印本 二十四冊

330000－1701－0004256 ZKS0238 類叢部/叢書類/彙編之屬
經訓堂叢書二十一種 (清)畢沅編 清乾隆至嘉慶鎮洋畢氏刻本 二十四冊

330000－1701－0004257 ZKS0239 類叢部/叢書類/自著之屬
經韻樓叢書九種 (清)段玉裁撰 清乾隆至道光金壇段氏刻本 二十冊 存六種

330000－1701－0004258 ZKS0240 類叢部/叢書類/彙編之屬
積學齋叢書二十種 徐乃昌編 清光緒南陵徐乃昌刻本 十六冊

330000－1701－0004259 ZKS0241 類叢部/

叢書類/自著之屬
隨園三十種 (清)袁枚撰 清乾隆至嘉慶刻本 四十八册 存十八種

330000－1701－0004260 ZKS0242 類叢部/叢書類/家集之屬
如皋冒氏叢書三十四種附二種 冒廣生輯 清光緒至民國如皋冒氏刻本 張美翊題記 二十二册 存二十五種

330000－1701－0004261 ZKS0243 集部/別集類/清別集
賜書堂詩鈔八卷 (清)周長發撰 清乾隆刻本 四册

330000－1701－0004262 ZKS0244 子部/雜著類/雜考之屬
湛園札記四卷 (清)姜宸英撰 清光緒四年(1878)張麟洲見山樓刻七年(1881)王定祥續刻本 一册 存二卷(一至二)

330000－1701－0004263 ZKS0245 集部/總集類/彙編之屬
六朝四家全集 (清)胡鳳丹輯 清同治九年(1870)永康胡氏退補齋刻本 一册 存一種

330000－1701－0004264 ZKS0246 集部/總集類/氏族之屬
[浙江寧波]四明水氏留碩稿不分卷 (清)水寶璐輯 清光緒十八年(1892)四明水嘉穀刻本 三册

330000－1701－0004265 ZKS0247 集部/小説類/長篇之屬
結水滸全傳一百四十回七十卷末一卷 (清)俞萬春撰 (清)范辛來 (清)邵祖恩評 清同治十年(1871)玉屏山館刻本 三十六册

330000－1701－0004266 ZKS0248 史部/地理類/總志之屬/斷代
方輿類纂二十八卷首一卷 (清)顧祖禹撰 (清)溫汝能輯 清嘉慶十三年(1808)文畬堂刻本 三十二册

330000－1701－0004267 ZKS0249 經部/叢編
十三經注疏附考證 (清)□□輯 清乾隆四年(1739)武英殿刻本 三十八册 存七種

330000－1701－0004268 ZKS0250 經部/叢編
十三經注疏附考證 (清)□□輯 清同治十年(1871)廣東書局刻本 六册 存四種

330000－1701－0004269 ZKS0251 類叢部/類書類/通類之屬
類書一百三卷 清乾隆抄本 二十二册 缺六卷(九十三至九十八)

330000－1701－0004270 ZKS0252 類叢部/叢書類/自著之屬
王漁洋遺書三十八種 (清)王士禛撰 清刻本 二十六册 存十三種

330000－1701－0004271 ZKS0254 集部/總集類/選集之屬/通代
佩文齋詠物詩選四百八十六卷 (清)汪霦等輯 清康熙四十六年(1707)內府刻本 二十六册 存三百九十二卷(一至六十九、九十八至四百二十)

330000－1701－0004272 ZKS0255 集部/詩文評類/郡邑之屬
全浙詩話五十四卷 (清)陶元藻輯 (清)陶廷珍 (清)陶廷琡編 清乾隆五十九年至嘉慶元年(1794－1796)怡雲閣刻本 張美翊題記 二十册

330000－1701－0004273 ZKS0256 集部/總集類/選集之屬/斷代
全唐詩九百卷目錄十二卷 (清)曹寅 (清)彭定求等輯 清康熙四十四年至四十六年(1705－1707)揚州詩局刻本 一百十九册 缺九卷(五十五至六十三)

330000－1701－0004274 ZKS0257 類叢部/叢書類/彙編之屬
漢魏叢書九十四種 明末刻本(京氏易傳一卷、關氏易傳一卷、周易略例一卷配明萬曆刻本,詰墨一卷、山海經圖讚二卷補遺一卷、周髀算經二卷音義一卷、數術雜記一卷配明刻

本）　七十八册　存九十二種

330000－1701－0004275　ZKS0258　類叢部/類書類/通類之屬

玉海二百卷辭學指南四卷詩攷一卷詩地理攷六卷漢藝文志攷證十卷通鑑地理通釋十四卷漢制攷四卷踐阼篇集解一卷急就篇補注四卷姓氏急就篇二卷小學紺珠十卷六經天文編二卷周易鄭康成注一卷周書王會補注一卷通鑑答問五卷　（宋）王應麟撰　**校補玉海瑣記二卷王深寧先生［應麟］年譜一卷**　（清）張大昌撰　清光緒九年至十六年（1883－1890）浙江書局刻本　一百二十二册

330000－1701－0004276　ZKS0259　類叢部/叢書類/自著之屬

上湖遺集八種　（清）汪師韓撰　清乾隆刻本　六册

330000－1701－0004277　ZKS0260　集部/總集類/彙編之屬

國初十大家詩鈔　（清）王相編　清道光十年（1830）秀水王氏信芳閣木活字印本　二册　存一種

330000－1701－0004278　ZKS0261　集部/別集類/宋別集

梁谿先生文集一百八十卷附錄一卷年譜一卷行狀三卷　（宋）李綱撰　清抄本（卷七十至七十六、一百二十九至一百三十九、一百四十四至一百四十六、行狀上配另一清抄本）　三十五册　存一百一卷（七十至七十六、七十九至一百十八、一百二十九至一百七十七、附錄、年譜、行狀上中下）

330000－1701－0004279　ZKS0262　集部/總集類/選集之屬/通代

御定歷代賦彙一百四十卷外集二十卷逸句二卷補遺二十二卷目錄三卷　（清）陳元龍輯　清康熙四十五年（1706）內府刻本　五十册　缺二十二卷（補遺一至二十二）

330000－1701－0004280　ZKS0263　史部/編年類/通代之屬

資治通鑑後編一百八十四卷　（清）徐乾學撰　清乾隆抄本　一百九册　存一百七十一卷（三至五十六、六十二至八十二、八十六至九十九、一百三至一百八十四）

330000－1701－0004281　ZKS0264　經部/詩類/詩序之屬

詩序廣義二十四卷總論一卷　（清）姜炳璋撰　清嘉慶二十年（1815）四明姜人寬尊行堂刻本　八册

330000－1701－0004282　ZKS0265　史部/紀傳類/正史之屬

二十四史附考證　清乾隆武英殿刻本　五百三十四册　缺一百四十五卷（魏書十三至一百十一、宋史九十一至一百三十六）

330000－1701－0004283　ZKS0266　經部/儀禮類/傳說之屬

儀禮要義五十卷　（宋）魏了翁撰　清抄本　十二册

330000－1701－0004284　ZKS0267　經部/三禮總義類/通禮雜禮之屬

五禮通考二百六十二卷首四卷總目二卷　（清）秦蕙田撰　**讀禮通考一百二十卷**　（清）徐乾學撰　清乾隆金匱秦蕙田味經窩刻本　八十三册　缺五卷（讀禮通考九十三至九十七）

330000－1701－0004285　ZKS0268　史部/紀傳類/別史之屬

尚史七十二卷　（清）李鍇撰　清嘉慶十九年（1814）晚香艸堂刻本　二十四册

330000－1701－0004286　ZKS0269　經部/書類/傳說之屬

尚書後案三十卷附後辨一卷　（清）王鳴盛撰　清乾隆四十五年（1780）東吳王鳴盛刻本　八册

330000－1701－0004287　ZKS0270　經部/樂類/律呂之屬

御製律呂正義後編一百二十卷上論奏議二卷　（清）允祿　（清）張照等纂修　清乾隆十一年（1746）武英殿刻朱墨套印本　四十三册

缺十卷(十二至二十一)

330000－1701－0004288　ZKS0271　史部/傳記類/總傳之屬/仕宦

滿洲名臣傳一百二十卷　(清)□□編　清抄本　六十冊

330000－1701－0004289　ZKS0272　史部/傳記類/總傳之屬/仕宦

滿漢列臣傳八十卷　(清)國史館撰　清抄本　三十九冊　缺二卷(四十七至四十八)

330000－1701－0004290　ZKS0273　史部/傳記類/總傳之屬/仕宦

滿洲列臣傳三十六卷　(清)□□編　清抄本　十八冊

330000－1701－0004291　ZKS0274　經部/叢編

通志堂經解一百四十種　(清)納蘭成德輯　清康熙十九年(1680)納蘭成德刻本　四百七十八冊　存一百三十一種

330000－1701－0004292　ZKS0275　經部/禮記類/傳說之屬

續禮記集說一百卷　(清)杭世駿撰　清抄本　九十九冊　缺一卷(八)

330000－1701－0004293　ZKS0276　集部/別集類/宋別集

蘇魏公文集七十二卷目録二卷　(宋)蘇頌撰　清抄本　二十冊　存四十七卷(一至六、三十四至七十二、目録一至二)

330000－1701－0004294　ZKS0277　子部/雜著類/雜說之屬

湧幢小品三十二卷　(明)朱國禎輯　明天啓二年(1622)清美堂刻本　十六冊

330000－1701－0004295　ZKS0278　類叢部/叢書類/彙編之屬

五朝小說五百二十三種　(明)□□編　明刻本　四十冊　存四百六十四種

330000－1701－0004296　ZKS0279　類叢部/叢書類/自著之屬

陸放翁全集六種　(宋)陸游撰　明末清初毛氏汲古閣刻楚澴李氏森寶齋印本　四十八冊

330000－1701－0004297　ZKS0280　類叢部/叢書類/彙編之屬

津逮祕書十五集一百四十種　(明)毛晉編　明崇禎虞山毛氏汲古閣刻本[周易集解卷一至四配民國十一年(1922)上海博古齋據明汲古閣影印本,齊民要術十卷雜說一卷、益部方物畧記一卷、歲華紀麗四卷、泉志十五卷、靈寶真靈位業圖一卷、東京夢華録十卷、佛國記一卷、大唐創業起居注三卷、漢雜事秘辛一卷、搜神記二十卷、搜神後記十卷、周氏冥通記四卷、異苑十卷、録異記八卷配明萬曆胡震亨刻祕冊彙函本]　二百冊

330000－1701－0004298　ZKS0281　集部/別集類/清別集

望溪集不分卷　(清)方苞撰　(清)王兆符　(清)程崟輯　清乾隆十一年(1746)歙縣程崟刻本　六冊

330000－1701－0004299　ZKS0282　集部/總集類/彙編之屬

詩詞雜俎十二種　(明)毛晉輯　明天啓至崇禎海虞毛氏汲古閣刻本　六冊　存十一種

330000－1701－0004300　ZKS0283　史部/地理類/總志之屬/斷代

乾隆府廳州縣圖志五十卷　(清)洪亮吉撰　清光緒二十三年(1897)新化三味書室刻本　十三冊　存四十二卷(一至三十八、四十七至五十)

330000－1701－0004303　ZKS0286　史部/政書類/邦交之屬

十九世紀外交史不分卷　(日本)平田久撰　(清)張相譯　清光緒二十八年(1902)杭州史學齋刻本　四冊

330000－1701－0004304　ZKS0287　史部/傳記類/科舉録之屬/總録

國朝兩浙科名録不分卷(清順治三年丙戌科至光緒二年丙子科)　(清)黃安綬輯　清咸豐七年(1857)至光緒遞刻本　二冊

330000－1701－0004305　ZKS0288　史部/雜史類/斷代之屬

談浙四卷　(清)許瑤光撰　清光緒十四年(1888)刻本　二册

330000－1701－0004320　ZKS0303　史部/傳記類/總傳之屬/列女

古列女傳八卷　(漢)劉向撰　(明)黄魯曾贊　清光緒元年至三年(1875－1877)湖北崇文書局刻民國元年(1912)鄂官書處重印崇文書局彙刻書本　錢罕批校　一册

330000－1701－0004321　ZKS0305　史部/雜史類/斷代之屬

海東逸史十八卷　(清)翁洲老民撰　清光緒十年(1884)慈谿楊泰亨經畬塾刻民國二十一年(1932)慈谿張英望雲草堂重印本　一册

330000－1701－0004328　ZKS0314　集部/别集類/清别集

見山樓詩稿四卷　(清)張翊儁撰　王仲邕輯　稿本　王仲邕題簽、批校並跋　六册

330000－1701－0004360　ZKS0347　類叢部/叢書類/自著之屬

石遺室叢書十九種　陳衍撰　清光緒至民國刻本　一册　存一種

330000－1701－0004365　ZKS0352　史部/地理類/方志之屬/郡縣志

[嘉慶]西安縣志四十八卷首一卷　(清)姚寶煃修　(清)范崇楷等纂　清嘉慶十六年(1811)刻民國六年(1917)蘄春桂鑄西重修本　十二册

330000－1701－0004397　ZKS0393　子部/小説家類/雜事之屬

豔史叢鈔十二種　(清)王韜編　清光緒四年(1878)弢園鉛印本　二册　存一種

330000－1701－0004421　ZKS0417　史部/地理類/山川之屬/山志

重修南海普陀山志二十卷首一卷　(清)秦耀曾輯　清道光十二年(1832)刻民國四年(1915)趙希伊補刻南海普陀永記經房印本　四册

330000－1701－0004426　ZKS0421　史部/政書類/公牘檔册之屬

經辦城隍廟各項工程支銷不分卷　(清)□□編　稿本　一册

330000－1701－0004434　ZKS0616　類叢部/叢書類/彙編之屬

邵武徐氏叢書初刻十四種　(清)徐榦編　清光緒邵武徐氏刻本　二十册

330000－1701－0004435　ZKS0614　類叢部/叢書類/彙編之屬

當歸草堂叢書八種　(清)丁丙編　清同治二年至五年(1863－1866)錢塘丁氏刻本　八册

330000－1701－0004436　ZKS0615　類叢部/叢書類/彙編之屬

式訓堂叢書四十一種　(清)章壽康編　清光緒會稽章氏刻本　十二册　存十二種

330000－1701－0004437　ZKS0617　類叢部/叢書類/彙編之屬

半厂叢書初編十種　(清)譚獻編　清同治至光緒仁和譚氏刻本　十五册

330000－1701－0004439　ZKS0621　集部/曲類/散曲之屬

蘇隄漁唱一卷附錄一卷　(元)張可久撰　清光緒二十七年(1901)錢塘丁氏嘉惠堂刻本　一册

330000－1701－0004440　ZKS0622　類叢部/叢書類/自著之屬

儆季雜著五種附二種　(清)黄以周撰　清光緒二十年至二十一年(1894－1895)江蘇南菁講舍刻本　十册

330000－1701－0004441　ZKS0623　類叢部/類書類/通類之屬

增補事類統編九十三卷首一卷　(清)黄葆真輯　清道光二十九年(1849)丹陽黄葆真粤東敦好堂刻本[卷五十七至五十九、六十三至七十一配清道光二十四年(1844)存古堂刻事類統編本]　四十一册　缺四卷(五十三至五十

六）

330000－1701－0004443　ZKS0625　史部/地理類

李氏五種　（清）李兆洛撰　清光緒十四年（1888）掃葉山房刻本　十二冊

330000－1701－0004445　善004004　集部/楚辭類

楚辭集註八卷辯證二卷後語六卷　（宋）朱熹撰　明萬曆楊鶴刻本　五冊

330000－1701－0004446　普081.241/0025.2　類叢部/叢書類/郡邑之屬

武林往哲遺箸五十二種後編十種　（清）丁丙編　清光緒二十年至二十六年（1894－1900）錢塘丁氏嘉惠堂刻本　六十五冊　缺後編十種

330000－1701－0004447　善004005　集部/楚辭類

楚辭集註八卷辯證二卷後語六卷　（宋）朱熹撰　明萬曆朱崇沐刻本　六冊

330000－1701－0004448　善004006　集部/楚辭類

楚辭集註八卷辯證二卷後語八卷　（宋）朱熹撰　（明）蔣之翹補輯並評校　**楚辭附覽二卷總評一卷**　（明）蔣之翹輯　明天啓六年（1626）檇李蔣之翹刻本　八冊

330000－1701－0004449　善004007　集部/楚辭類

楚辭集解十六卷蒙引二卷考異一卷大序一卷小序一卷　（明）汪瑗撰輯　明萬曆四十三年（1615）新安汪文英刻本　六冊

330000－1701－0004450　善004008　集部/楚辭類

楚辭聽直八卷合論一卷　（明）黄文煥撰　明崇禎十六年（1643）刻清順治十四年（1657）續刻本　八冊

330000－1701－0004451　善004009　集部/楚辭類

離騷草木史九卷離騷拾細一卷　（清）周拱辰撰　清初檇李周氏聖雨齋刻本　二冊

330000－1701－0004452　善004010　集部/楚辭類

離騷經訂註一卷　（明）趙南星撰　**屈原傳一卷**　（漢）司馬遷撰　明萬曆四十一年（1613）高邑趙南星刻本　清梁清适批校並題記　王修題記　一冊

330000－1701－0004453　善004011　集部/楚辭類

離騷集傳一卷　（宋）錢杲之撰　清光緒三年（1877）湖北崇文書局刻本　單丕批校並句讀　一冊

330000－1701－0004454　善004012　集部/楚辭類

楚辭述註五卷　（明）來欽之撰　**九歌圖一卷**　（明）陳洪綬繪　明崇禎刻本　清侯敞題簽　一冊　缺三卷（三至五）

330000－1701－0004455　善004013　集部/別集類/漢魏六朝別集

蔡中郎文集十卷外傳一卷　（漢）蔡邕撰　明萬曆二年（1574）東陽徐子器刻本（卷九配清抄本）　楊復跋　四冊

330000－1701－0004456　善004014　集部/別集類/漢魏六朝別集

蔡中郎文集十卷外傳一卷　（漢）蔡邕撰　清順治劉嗣美刻本　四冊

330000－1701－0004457　善004015　集部/別集類/漢魏六朝別集

漢諸葛武侯全集四卷　題（三國蜀）諸葛亮撰　（明）諸清臣輯　明天啓元年（1621）諸清臣刻本　四冊

330000－1701－0004458　善004016　集部/別集類/漢魏六朝別集

曹子建文集十卷　（三國魏）曹植撰　清影宋抄本　清張泰梁跋　四冊

330000－1701－0004459　善004018　集部/別集類/漢魏六朝別集

曹子建集十卷　（三國魏）曹植撰　明刻本

倪福保批校　四冊

330000－1701－0004460　善004019　集部/總集類/選集之屬/通代
七十二家集三百四十六卷附錄七十二卷　(明)張燮編　明天啓至崇禎刻本　六冊　存一種

330000－1701－0004461　善004020　集部/別集類/漢魏六朝別集
詠懷詩一卷　(三國魏)阮籍撰　(明)耿志煒訂　明崇禎刻本　王修跋　一冊

330000－1701－0004462　善004021　集部/別集類/明別集
詠懷詩次阮韻一卷　(明)耿志煒撰　明崇禎刻本　王修跋　與330000－1701－0004461合冊

330000－1701－0004463　善004022　集部/別集類/漢魏六朝別集
嵇中散集十卷　(晉)嵇康撰　明萬曆新安汪氏刻漢魏六朝二十一名家集本　清顧沅批校、跋並過錄清張燕昌、清黃丕烈跋　一冊

330000－1701－0004464　善004023　集部/別集類/漢魏六朝別集
陶靖節集十卷總論一卷　(晉)陶潛撰　(宋)湯漢箋注　明萬曆十五年(1587)休陽程氏刻本　清邱嘉穗批　八冊

330000－1701－0004465　善004024　集部/總集類/彙編之屬
陶韋合集二十卷　(明)凌濛初編　明吳興凌濛初刻朱墨套印本　一冊　存八卷(陶靖節集一至八)

330000－1701－0004466　善004025　集部/別集類/漢魏六朝別集
陶靖節集十卷總論一卷　(晉)陶潛撰　(宋)湯漢箋注　明萬曆十五年(1587)休陽程氏刻本　四冊

330000－1701－0004467　善004026　集部/別集類/漢魏六朝別集
陶靖節集十卷總論一卷附錄一卷　(晉)陶潛撰　(宋)湯漢箋注　明刻本　四冊

330000－1701－0004468　善004027　集部/別集類/漢魏六朝別集
陶靖節集十卷總論一卷　(晉)陶潛撰　(宋)湯漢箋注　明嘉靖二十五年(1546)晉陵蔣孝刻本　四冊

330000－1701－0004469　善004028　集部/別集類/漢魏六朝別集
陶靖節集十卷　(晉)陶潛撰　(明)何孟春注　明緜眇閣刻本　清秋田鴻校並跋　四冊

330000－1701－0004470　善004029　集部/別集類/漢魏六朝別集
靖節先生詩一卷　(晉)陶潛撰　清懷古田舍徐榮抄本　清葉慶垣校並題記　梁鼎芬跋　一冊

330000－1701－0004471　善004030　集部/別集類/漢魏六朝別集
箋註陶淵明集六卷　(晉)陶潛撰　(宋)楊漢箋注　(明)張自烈評　**總論一卷**　(明)張自烈輯　**和陶一卷**　(宋)蘇軾撰　**律陶一卷**　(明)王思任撰　**敦好齊律陶纂一卷**　(明)黃槐開輯　明崇禎五年(1632)刻本　祝廷錫題簽並跋　二冊

330000－1701－0004472　善004032　集部/別集類/漢魏六朝別集
鮑氏集十卷　(南朝宋)鮑照撰　清抄本　二冊

330000－1701－0004473　善004033　集部/別集類/漢魏六朝別集
鮑氏集十卷　(南朝宋)鮑照撰　清抄本　清李瑤安跋　二冊　存四卷(七至十)

330000－1701－0004474　善004034　集部/別集類/漢魏六朝別集
傅中丞集不分卷　(晉)傅咸撰　清抄本　二冊

330000－1701－0004475　善004035　集部/別集類/漢魏六朝別集
陶淵明集十卷附錄二卷　(晉)陶潛撰　清抄

本　四册

330000－1701－0004476　善 004036　集部/總集類/選集之屬/通代

屈陶合刻三種　（明）毛晉編　明萬曆四十六年至天啓五年（1618－1625）毛氏綠君亭刻本　一册　存一種

330000－1701－0004477　善 004037　集部/别集類/漢魏六朝别集

謝康樂集四卷　（南朝宋）謝靈運撰　明萬曆十一年（1583）秣陵焦竑刻本　四册

330000－1701－0004478　善 004038　集部/别集類/漢魏六朝别集

謝宣城集五卷首一卷　（齊）謝朓撰　明萬曆七年（1579）史元熙覽翠亭刻本　二册

330000－1701－0004479　善 004039　集部/總集類/彙編之屬

劉沈合集　（明）阮元聲編　明崇禎五年（1632）刻本　四册　存一種

330000－1701－0004480　善 004040　集部/總集類/氏族之屬

蕭梁文苑五種　（明）閻光世編　（明）葉紹泰重訂　明天啓刻本　一册　存一種

330000－1701－0004481　善 004042　集部/别集類/漢魏六朝别集

江文通集四卷　（南朝梁）江淹撰　（清）梁賓輯　清乾隆二十四年（1759）崑山金允高考城安愚堂刻本　八册

330000－1701－0004482　善 004043　集部/别集類/漢魏六朝别集

吳朝請集一卷　（南朝梁）吳均撰　**陳後主集一卷**　（南朝陳）陳叔寶撰　清長興王氏述廬抄本　一册

330000－1701－0004483　善 004044、善 004045　集部/别集類/漢魏六朝别集

陰常侍詩集一卷　（南朝梁）陰鏗撰　**何水部詩集一卷**　（南朝梁）何遜撰　清初抄本　陳訓慈記　一册

330000－1701－0004484　善 004050　集部/别集類/唐五代别集

靈隱子六卷　（唐）駱賓王撰　（明）陳魁士注　明萬曆二十四年（1596）維揚陳大科刻本　三册

330000－1701－0004485　善 004046　子部/工藝類/觀賞之屬/雜賞

籟紀三卷　（南朝陳）陳叔齊撰　胡森校　清嘉慶十八年（1813）山壽齋刻本　一册

330000－1701－0004486　善 004047　集部/别集類/漢魏六朝别集

庾子山集十六卷　（北周）庾信撰　（明）屠隆評　明天啓刻本　四册

330000－1701－0004487　善 004049　集部/别集類/唐五代别集

唐駱先生文集六卷　（唐）駱賓王撰　（明）虞九章等注釋　明萬曆十九年（1591）仁和虞九章刻本　六册

330000－1701－0004488　善 004051　集部/别集類/唐五代别集

類選註釋駱丞全集四卷　（唐）駱賓王撰　（明）顧從敬輯　（明）陳繼儒釋　明萬曆刻本　清項士端題記　二册

330000－1701－0004489　善 004052　集部/别集類/唐五代别集

陳拾遺文集十卷　（唐）陳子昂撰　清抄本　六册

330000－1701－0004490　善 004053　集部/别集類/唐五代别集

駱丞集註四卷　（唐）駱賓王撰　（明）顔文選補註　明萬曆四十三年（1615）顔氏刻本　王詠霓跋　四册

330000－1701－0004491　善 004054　集部/别集類/唐五代别集

新刊駱子集註四卷　（唐）駱賓王撰　（明）陳魁士注　明萬曆七年（1579）麗水劉大烈等刻本　清邵仁基批　三册　存三卷（二至四）

330000－1701－0004492　善 004055　集部/

别集類/唐五代別集

子昂集十卷　(唐)陳子昂撰　**附録一卷**　清抄本　清陳濟源批點並題簽　四冊

330000－1701－0004493　善 004056　集部/總集類/彙編之屬

韋孟全集七卷　(宋)劉辰翁批點　(明)袁宏道評　明刻本　七冊

330000－1701－0004494　善 004057　集部/别集類/唐五代別集

浩然詩集二卷　(唐)孟浩然撰　清抄本　二冊

330000－1701－0004495　善 004058　集部/别集類/唐五代別集

孟襄陽集三卷　(唐)孟浩然撰　明崇禎海虞毛晉汲古閣刻五唐人詩集本　佚名批並句讀圈點　一冊

330000－1701－0004496　善 004060　集部/别集類/唐五代別集

李翰林集二十五卷　(唐)李白撰　(宋)楊齊賢集注　(元)蕭士贇補注　**李翰林集年譜一卷**　(宋)薛仲邕撰　明刻崇禎三年(1630)海虞毛氏汲古閣重修本　八冊

330000－1701－0004497　善 004061　集部/别集類/唐五代別集

李太白詩集二十二卷　(唐)李白撰　(宋)嚴羽評點　明崇禎二年(1629)閵啓祥刻李杜全集本　佚名批校並圈點　四冊

330000－1701－0004498　善 004063　集部/别集類/唐五代別集

李翰林集十卷　(唐)李白撰　(宋)樂史編　明正德十四年(1519)陸元大刻清嘉慶八年(1803)長洲王芑孫淵雅堂重修本　鄭文焯批、跋並題款　二冊

330000－1701－0004499　善 004064　集部/别集類/唐五代別集

李太白文集三十卷　(唐)李白撰　清康熙五十六年(1717)吳門繆曰芑雙泉草堂刻本　四冊

330000－1701－0004500　善 004065　集部/别集類/唐五代別集

類箋唐王右丞詩集十卷文集四卷集外編一卷　(唐)王維撰　(明)顧起經輯　**唐王右丞[維]年譜一卷**　(明)顧起經撰　**唐諸家同詠集一卷贈題集一卷唐宋諸家評王右丞詩畫鈔一卷**　(明)顧起經輯　明嘉靖三十五年(1556)無錫顧氏奇字齋刻本　五冊

330000－1701－0004501　善 004066　集部/别集類/唐五代別集

顔魯公文集二十卷　(唐)顔真卿撰　(明)顔欲章編　明萬曆顔欲章刻本　六冊

330000－1701－0004502　善 004067　集部/别集類/唐五代別集

杜工部全集六十六卷目録六卷　(唐)杜甫撰　(明)劉世教輯　**杜工部[甫]年譜一卷**　(宋)黄鶴撰　明萬曆四十年(1612)刻合刻分體李杜全集本　佚名批　十冊

330000－1701－0004503　善 004069　集部/别集類/唐五代別集

常建詩集不分卷　(唐)常建撰　清抄本　一冊

330000－1701－0004504　善 004070　集部/總集類/彙編之屬

李杜全集　(明)許自昌編　明萬曆三十年(1602)長洲許自昌刻本　四十四冊

330000－1701－0004505　善 004072　集部/别集類/唐五代別集

集千家註杜工部詩集二十卷文集二卷　(唐)杜甫撰　(宋)黄鶴補注　**附録一卷**　明嘉靖十五年(1536)玉几山人刻本　十二冊

330000－1701－0004506　善 004073　集部/别集類/唐五代別集

集千家註杜工部詩集二十卷文集二卷　(唐)杜甫撰　(宋)黄鶴補注　(明)黄陞校　**年譜一卷附録一卷**　明萬曆睢陽黄陞刻本　二十四冊

330000－1701－0004507　善 004074　集部/

别集類/唐五代别集

集千家註杜工部詩集二十卷文集二卷 （唐）杜甫撰 明萬曆三十年(1602)長洲許自昌刻李杜全集本 七册 缺二卷(文集一至二)

330000－1701－0004508 善 004075 集部/别集類/唐五代别集

重刊千家註杜詩全集二十卷杜工部文集二卷 （唐）杜甫撰 （宋）黄鶴補注 **重刊杜工部[甫]年譜一卷附録一卷** 明萬曆九年(1581)隴西金鸞刻本 六册

330000－1701－0004509 善 004076 集部/别集類/唐五代别集

須溪批點選注杜工部詩二十二卷 （唐）杜甫撰 （宋）劉辰翁批點 （元）虞集注解 （元）趙汸批評 **增趙東山類選杜工部詩一卷** （元）趙訪選註批點 **增虞伯生注杜工部詩一卷** （元）虞集選註批點 明正德四年(1509)東川黎堯卿雲根書屋刻本 清蔣光焴批校 十四册

330000－1701－0004510 善 004077 集部/别集類/唐五代别集

杜工部集二十卷 （唐）杜甫撰 （清）錢謙益箋註 **少陵先生[杜甫]年譜一卷諸家詩話一卷唱酬題詠附録一卷附録一卷** 清康熙六年(1667)泰興季振宜静思堂刻本 清倪象占批 六册 缺一卷(年譜)

330000－1701－0004511 善 004078 集部/别集類/唐五代别集

杜詩分類全集五卷 （唐）杜甫撰 （明）傅振商輯 （清）張縉彦 （清）谷應泰 （清）汪憺漪輯定 清順治十六年(1659)還讀齋刻本 六册

330000－1701－0004512 善 004079 集部/别集類/唐五代别集

集千家註批點杜工部詩集二十卷 （唐）杜甫撰 （宋）黄鶴補注 （宋）劉辰翁評點 **杜工部[甫]年譜一卷** 明嘉靖八年(1529)靖江王府懋德堂刻本 十册

330000－1701－0004513 善 004080 集部/别集類/唐五代别集

杜詩分類五卷 （唐）杜甫撰 （明）傅振商輯 明萬曆四十一年(1613)汝南傅振商刻本 五册

330000－1701－0004514 善 004081 集部/别集類/唐五代别集

杜工部集二十卷 （唐）杜甫撰 （清）錢謙益箋註 **少陵先生[杜甫]年譜一卷諸家詩話一卷唱酬題詠附録一卷附録一卷** 清康熙六年(1667)泰興季振宜静思堂刻本 清朱爲弼批校 張伯英跋 六册

330000－1701－0004515 善 004082 集部/别集類/唐五代别集

杜工部集二十卷 （唐）杜甫撰 （清）錢謙益箋註 **少陵先生[杜甫]年譜一卷諸家詩話一卷唱酬題詠附録一卷附録一卷** 清康熙六年(1667)泰興季振宜静思堂刻本 十六册 缺一卷(年譜)

330000－1701－0004516 善 004083 集部/别集類/唐五代别集

杜律五言註解三卷 （唐）杜甫撰 （元）趙汸注 明萬曆十六年(1588)新安吳懷保七松居刻本 一册 缺一卷(下)

330000－1701－0004517 善 004084 集部/别集類/唐五代别集

杜工部文集二卷 （唐）杜甫撰 明嘉靖刻本 佚名過録明徐階跋 二册

330000－1701－0004518 善 004085 集部/别集類/唐五代别集

杜工部七言律詩二卷 （唐）杜甫撰 （元）虞集注 明嘉靖刻本 一册 存一卷(一)

330000－1701－0004519 善 004086 集部/别集類/唐五代别集

杜工部五言律詩□□卷 （唐）杜甫撰 （元）趙汸註 明刻本 一册 存一卷(下)

330000－1701－0004520 善 004087 集部/别集類/唐五代别集

杜工部集二十卷 （唐）杜甫撰 （清）錢謙益

箋註　**少陵先生[杜甫]年譜一卷諸家詩話一卷唱酬題詠附録一卷附録一卷**　清康熙六年(1667)泰興季振宜靜思堂刻本　王季芳跋並過録清朱彝尊、清何焯、清王西樵、清汪琬、清顧炎武、清片石批　四冊

330000－1701－0004521　善 004088　集部/別集類/唐五代別集
杜工部集二十卷　(唐)杜甫撰　(清)錢謙益箋註　**少陵先生[杜甫]年譜一卷諸家詩話一卷唱酬題詠附録一卷附録一卷**　清康熙六年(1667)泰興季振宜靜思堂刻本　清旅養老人批並題記　十二冊　缺一卷(年譜)

330000－1701－0004522　善 004089　集部/別集類/唐五代別集
讀書堂杜工部詩集註解二十卷文集註解二卷編年詩史譜目一卷　(唐)杜甫撰　(清)張溍評註　**[杜甫]年譜一卷**　清康熙三十七年(1698)張氏讀書堂刻本[年譜配清康熙二十七年(1688)刻杜詩會粹本]　十冊　缺三卷(文集註解一至二、編年詩史譜目)

330000－1701－0004523　善 004090　集部/別集類/唐五代別集
杜律演義不分卷　(元)張性撰　明嘉靖十六年(1537)王齊刻本　一冊

330000－1701－0004524　善 004091　集部/別集類/唐五代別集
杜工部集二十卷　(唐)杜甫撰　(清)錢謙益箋註　**年譜一卷諸家詩話一卷唱酬題詠附録一卷附録一卷**　清宣統三年(1911)時中書局石印本　余重耀跋並過録清屈復評　四冊

330000－1701－0004525　善 004092　集部/別集類/唐五代別集
工部五七古一卷　(唐)杜甫撰　(清)劉大櫆選　清同治十一年(1872)悟雲氏抄本　清悟雲題簽並批　一冊

330000－1701－0004526　善 004094　集部/別集類/唐五代別集
杜詩鈔□□卷　(唐)杜甫撰　清抄本　二冊　存二卷(七古二、七律四)

330000－1701－0004527　善 004095　集部/別集類/唐五代別集
杜詩讀本四卷補遺二卷　(唐)杜甫撰　清抄本　二冊

330000－1701－0004528　善 004096　集部/別集類/唐五代別集
杜律註解二卷　(唐)杜甫撰　(明)黄光昇注　明萬曆十一年(1583)夏鏜洮陽公署刻本　四冊

330000－1701－0004529　善 004097　集部/別集類/唐五代別集
杜律詹言二卷　(明)謝杰撰　明刻本　一冊

330000－1701－0004530　善 004098　集部/別集類/唐五代別集
杜詩通四十卷　(明)胡震亨撰　清順治七年(1650)秀水朱茂時刻李杜詩通本　佚名批　十二冊

330000－1701－0004531　善 004099　集部/別集類/唐五代別集
韋蘇州集十卷拾遺一卷　(唐)韋應物撰　明刻本　四冊

330000－1701－0004532　善 004100　集部/別集類/唐五代別集
韋蘇州集十卷　(唐)韋應物撰　明萬曆四十年(1612)東海董伯起刻本　六冊

330000－1701－0004533　善 004101　集部/別集類/唐五代別集
韋蘇州集十卷拾遺一卷　(唐)韋應物撰　明末余懷刻本(拾遺配清抄本)　清盧文弨批校並記　六冊

330000－1701－0004534　善 004102　集部/別集類/唐五代別集
韋蘇州詩集二卷　(唐)韋應物撰　清康熙三十四年(1695)天都汪立名刻唐四家詩本　清陶方琦題簽、批並跋　張天漢題記　賀揚靈跋　八冊

330000－1701－0004535　善 004103　集部/別集類/唐五代別集

唐元次山文集十卷拾遺一卷　(唐)元結撰　明正德十二年(1517)郭勛刻本　四冊

330000－1701－0004536　善 004104　集部/別集類/唐五代別集

耿湋詩集一卷　(唐)耿湋撰　清抄本　一冊

330000－1701－0004537　善 004105　集部/別集類/唐五代別集

岑嘉州集八卷　(唐)岑參撰　明刻本　清佚名過錄唐人詩、宋明諸名家評語　清邵晉涵批　四冊

330000－1701－0004538　善 004106　集部/別集類/唐五代別集

唐陸宣公集二十四卷　(唐)陸贄撰　明嘉靖刻本　十二冊　存十七卷(制誥一至十、奏議一至七)

330000－1701－0004539　善 004107　集部/別集類/唐五代別集

唐陸宣公集二十二卷　(唐)陸贄撰　明萬曆九年(1581)古姚葉逢春刻本　四冊

330000－1701－0004540　善 004108　集部/別集類/唐五代別集

唐陸宣公集二十二卷　(唐)陸贄撰　明萬曆三十四年(1606)吴繼武光裕堂刻本　清吴鴻文批　八冊

330000－1701－0004541　善 004109　集部/別集類/唐五代別集

唐陸宣公全集二十四卷　(唐)陸贄撰　(明)湯賓尹評　明崇禎元年(1628)刻本　十二冊

330000－1701－0004542　善 004110　集部/別集類/唐五代別集

翰苑集廣義十四卷　(唐)陸贄撰　(清)王元吉輯並廣義　稿本　清李慎傳批　五冊　存十卷(一至四、九至十四)

330000－1701－0004543　善 004111　集部/別集類/唐五代別集

翰苑集廣義十四卷　(唐)陸贄撰　(清)王元吉輯並廣義　稿本　九冊　存十一卷(一至二、四、七至十四)

330000－1701－0004544　善 004112　集部/別集類/唐五代別集

唐李元賓文集三卷附錄一卷　(唐)李觀撰　明抄本　一冊

330000－1701－0004545　善 004113　集部/別集類/唐五代別集

李元賓文編三卷外編二卷　(唐)李觀撰　(唐)陸希聲編　清抄本　二冊　存三卷(文編三)

330000－1701－0004546　善 004114　集部/總集類/彙編之屬

韓柳文一百卷　(明)游居敬編　明嘉靖三十五年(1556)沙賓莫如士刻本　四冊　存五十二卷(韓文一至四十、外集一至十、遺集、集傳)

330000－1701－0004547　善 004115　集部/別集類/唐五代別集

唐陸宣公集二十四卷　(唐)陸贄撰　(明)鍾惺　(明)沈九如評　明末文萃堂刻本　四冊

330000－1701－0004548　善 004116　集部/別集類/唐五代別集

韓文一得二卷　(唐)韓愈撰　(清)單爲鏓述　(清)單祐范校録　稿本　沈瑾觀款、題記並批　周大輔題記　金叔遠跋　二冊

330000－1701－0004549　善 004117　集部/別集類/唐五代別集

韓文選四卷　(唐)韓愈撰　(明)樊王家　(明)陳臣忠選　明天啓二年(1622)樊王家、陳臣忠刻本　四冊

330000－1701－0004550　善 004118　集部/別集類/唐五代別集

朱文公校昌黎先生文集四十卷外集十卷遺文一卷　(唐)韓愈撰　(唐)李漢編集　(宋)朱熹考異　(宋)王伯大音釋　**朱文公校昌黎先生集傳一卷**　明正統十三年(1448)書林王宗玉刻本　十六冊

330000－1701－0004551　善 004119　集部/別集類/唐五代別集

昌黎先生集四十卷外集十卷遺文一卷 (唐)韓愈撰 (宋)廖瑩中校正 **朱子校昌黎先生集傳一卷** (宋)朱熹撰 明東吳徐氏東雅堂刻本 二十冊

330000－1701－0004552 善 004120 集部/別集類/唐五代別集
韓文公文抄十六卷 (唐)韓愈撰 (明)茅坤評 明閔氏刻朱墨套印本 八冊

330000－1701－0004553 善 004121 集部/別集類/唐五代別集
昌黎先生集四十卷外集十卷遺文一卷 (唐)韓愈撰 (宋)廖瑩中校正 **朱子校昌黎先生集傳一卷** (宋)朱熹撰 明東吳徐氏東雅堂刻清冠山堂重修本 宛書過録清陳景雲批並跋 十二冊

330000－1701－0004554 善 004122 集部/別集類/唐五代別集
朱文公校昌黎先生文集四十卷外集十卷遺文一卷 (唐)韓愈撰 (宋)朱熹考異 (宋)王伯大音釋 (明)朱吾弼重編 **朱文公校昌黎先生集傳一卷** 明萬曆新安朱崇沐刻本 十六冊

330000－1701－0004555 善 004123 集部/別集類/唐五代別集
昌黎先生全集四十卷外集十卷遺文一卷 (唐)韓愈撰 (唐)李漢編 (明)葛鼒校 **昌黎先生集傳一卷** 明末東吳葛鼒永懷堂刻清乾隆葛正笏重修本 十二冊

330000－1701－0004556 善 004124 集部/別集類/唐五代別集
韓文四十卷外集十卷遺集一卷集傳一卷 (唐)韓愈撰 明嘉靖十六年(1537)南平游居敬刻韓柳文本 佚名批校 六冊

330000－1701－0004557 善 004125 集部/別集類/唐五代別集
朱文公校昌黎先生文集四十卷外集十卷遺文一卷 (唐)韓愈撰 (宋)朱熹考異 (宋)王伯大音釋 **朱文公校昌黎先生集傳一卷** 明初刻重修本 六冊 缺四十卷(一至四十)

330000－1701－0004558 善 004126 集部/別集類/唐五代別集
昌黎先生集四十卷外集十卷遺文一卷 (唐)韓愈撰 (宋)廖瑩中校正 **朱子校昌黎先生集傳一卷** (宋)朱熹撰 明東吳徐氏東雅堂刻清冠山堂重修本 清沈闇峴批校 六冊

330000－1701－0004559 善 004127 集部/別集類/唐五代別集
孟東野詩集十卷 (唐)孟郊撰 明弘治十二年(1499)楊一清、于睿刻本 佚名過録清毛晉跋 六冊

330000－1701－0004560 善 004129 集部/總集類/彙編之屬
韓柳全集一百四卷 (明)蔣之翹編 明崇禎六年(1633)檇李蔣之翹三徑草堂刻本 二十二冊

330000－1701－0004561 善 004130 集部/別集類/唐五代別集
新刊五百家註音辯昌黎先生文集四十卷 (唐)韓愈撰 (宋)魏仲舉輯注 清乾隆四十九年(1784)刻本 清方成珪批校句讀圈點 十九冊 存三十五卷(一至三十五)

330000－1701－0004562 善 004131 集部/別集類/唐五代別集
朱文公校昌黎先生文集四十卷外集十卷遺文一卷 (唐)韓愈撰 (唐)李漢編集 (宋)朱熹考異 (宋)王伯大音釋 **京本朱文公校昌黎先生集傳** 明嘉靖十三年(1534)安正書堂刻本 八冊

330000－1701－0004563 善 004132 集部/別集類/唐五代別集
韓文不分卷 (唐)韓愈撰 (明)郭正域評 明萬曆四十五年(1617)烏程閔齊伋刻朱墨套印本 二冊

330000－1701－0004564 善 004133 集部/別集類/唐五代別集
唐樊紹述遺文一卷 (唐)樊宗師撰 (清)張庚輯注 清乾隆四年(1739)秀水張庚強恕齋刻本 鄭功懋、顧柏年、戴振聲、許濟棻、孫

峻、顧頡剛、胡宗楙、陳訓正跋　一册

330000－1701－0004565　善 004134　集部/別集類/唐五代別集

朱文公校昌黎先生文集四十卷外集十卷遺文一卷　（唐）韓愈撰　（宋）朱熹考異　（宋）王伯大音釋　（明）朱吾弼重編　**朱文公校昌黎先生集傳一卷**　明萬曆新安朱崇沐刻本　清梵門批點並過錄清何焯、俞瑒批註　七册　存四十卷（一至四十）

330000－1701－0004567　善 004136　集部/別集類/唐五代別集

昌黎先生詩集注十一卷年譜一卷　（唐）韓愈撰　（清）顧嗣立删補　清康熙三十八年（1699）長洲顧嗣立秀野艸堂刻本　清張問陶批校　六册

330000－1701－0004568　善 004137　集部/別集類/唐五代別集

白氏文集七十一卷　（唐）白居易撰　明嘉靖十七年（1538）吳郡伍忠光龍池草堂刻本　十六册

330000－1701－0004569　善 004138　集部/別集類/唐五代別集

白氏文集七十一卷　（唐）白居易撰　明嘉靖十七年（1538）吳郡伍忠光龍池草堂刻姑蘇錢應龍重修本　二十册

330000－1701－0004570　善 004139　集部/別集類/唐五代別集

增廣註釋音辯唐柳先生集四十三卷別集二卷外集二卷　（唐）柳宗元撰　（宋）童宗說註釋　（宋）張敦頤音辯　（宋）潘緯音義　**附錄一卷**　明正統十三年（1448）善敬堂刻遞修本　十册

330000－1701－0004571　善 004140　集部/別集類/唐五代別集

增廣註釋音辯唐柳先生集四十三卷別集二卷外集二卷　（唐）柳宗元撰　（宋）童宗說註釋　（宋）張敦頤音辯　（宋）潘緯音義　**附錄一卷**　明正統十三年（1448）善敬堂刻遞修本　二十四册

330000－1701－0004572　善 004141　集部/別集類/唐五代別集

唐柳先生外集一卷　（唐）柳宗元撰　清影抄宋乾道元年（1165）零陵郡庠刻本　一册

330000－1701－0004573　善 004142　集部/別集類/唐五代別集

河東先生外集二卷　（唐）柳宗元撰　清影抄明嘉靖東吳郭雲鵬濟美堂本　二册

330000－1701－0004574　善 004143　集部/別集類/唐五代別集

河東先生集四十五卷外集二卷龍城錄二卷　（唐）柳宗元撰　（唐）劉禹錫編　（宋）廖瑩中校正　**河東先生集附錄二卷集傳一卷**　明嘉靖東吳郭雲鵬濟美堂刻本　二十册

330000－1701－0004575　善 004144　集部/總集類/彙編之屬

韓柳文一百卷　（明）游居敬編　明嘉靖十六年（1537）南平游居敬刻本　十六册　存四十八卷（柳文一至四十三、別集上下、外集上下、附錄）

330000－1701－0004576　善 004145　集部/別集類/唐五代別集

京本校正音釋唐柳先生集四十三卷別集一卷外集一卷附錄一卷　（唐）柳宗元撰　（宋）童宗說音注　（宋）張敦頤音辯　（宋）潘緯音義　明刻本　清蔡鴻鑑題記　十六册

330000－1701－0004577　善 004146　集部/別集類/唐五代別集

沈下賢文集十二卷　（唐）沈亞之撰　清宣統二年（1910）虞山周大輔鴿峰草堂抄本　周大輔校　二册

330000－1701－0004578　善 004147　集部/別集類/唐五代別集

唐李長吉詩集四卷外詩集一卷　（唐）李賀撰　（明）徐渭　（明）董懋策批注　明萬曆四十一年（1613）刻本　清何堪題簽　五册

330000－1701－0004579　善 004148　集部/別集類/唐五代別集

唐李長吉詩集四卷　（唐）李賀撰　明王家瑞刻本　二册

330000－1701－0004580　善004149　集部/總集類/彙編之屬

元白長慶集一百四十一卷　（明）馬元調編　明萬曆松江馬元調魚樂軒刻本　十四册

330000－1701－0004581　善004150　集部/總集類/彙編之屬

元白長慶集一百四十一卷　（明）馬元調編　明萬曆松江馬元調魚樂軒刻本　十六册　存六十七卷（元氏長慶集一至六十、補遺一至六、附錄）

330000－1701－0004582　善004151　集部/總集類/彙編之屬

元白長慶集一百四十一卷　（明）馬元調編　明萬曆三十二年至三十四年（1604－1606）松江馬元調寶儉堂刻崇禎重修本　天涯放蕩生題簽　二十册

330000－1701－0004583　善004152　集部/總集類/彙編之屬

盛唐四名家集　（明）淩濛初輯　明吳興淩濛初刻朱墨套印本　一册　存五卷（李長吉歌詩一至四、外詩集）

330000－1701－0004584　善004153　集部/別集類/唐五代別集

李長吉歌詩四卷外詩集一卷　（唐）李賀撰（宋）劉辰翁評　明吳興淩濛初刻朱墨套印盛唐四名家集本　佚名題記　二册

330000－1701－0004585　善004154　類叢部/叢書類/彙編之屬

合刻宋劉須溪點校書九種附一種　（宋）劉辰翁評　（明）楊人駒編　明天啓四年（1624）楊人駒刻本　一册　存一種

330000－1701－0004586　善004155　集部/別集類/唐五代別集

昌谷集四卷　（唐）李賀撰　（明）曾益釋　明末刻本　王修跋　二册

330000－1701－0004587　善004156　集部/別集類/唐五代別集

王荆石先生批評韓柳文二十二卷　（明）□□編　明刻本　二十四册　存十二卷（柳文一至十二）

330000－1701－0004588　善004157　集部/別集類/唐五代別集

樊川文集二十卷別集一卷外集一卷　（唐）杜牧撰　明刻本　八册

330000－1701－0004589　善004158　集部/總集類/彙編之屬

唐人六集六種　（明）毛晉編　明末毛晉汲古閣刻清洪振珂因樹樓印本　一册　存一種

330000－1701－0004590　善004159　集部/別集類/唐五代別集

杜樊川集十七卷　（唐）杜牧撰　（明）朱一是（明）吳瑱評　明末吳氏西爽堂刻本　四册

330000－1701－0004591　善004160　集部/別集類/唐五代別集

樊川文集十六卷　（唐）杜牧撰　清許槤古韻閣抄本　三册

330000－1701－0004592　善004161　集部/別集類/唐五代別集

李義山詩集三卷　（唐）李商隱撰　（清）朱鶴齡箋注　**李義山詩譜一卷附錄諸家詩評一卷**　清順治十六年（1659）刻本　佚名過錄清何焯批校　八册

330000－1701－0004593　善004162　集部/別集類/唐五代別集

李義山詩集三卷　（唐）李商隱撰　清抄本　佚名過錄清馮班、清朱彝尊等批　一册

330000－1701－0004594　善004163　集部/別集類/唐五代別集

選玉溪生詩二卷　（唐）李商隱撰　（清）姜炳璋輯注　清抄本　周退密題記並跋　二册

330000－1701－0004595　善004164　集部/別集類/唐五代別集

李義山文集十卷　（唐）李商隱撰　（清）徐樹穀箋　（清）徐炯注　清康熙四十七年（1708）

崑山徐氏花谿草堂刻本　六册

330000－1701－0004596　善 004165　集部/别集類/唐五代别集

溫庭筠詩集七卷别集一卷　（唐）溫庭筠撰　明弘治十二年（1499）建業李熙刻本　二册　存七卷（一至七）

330000－1701－0004597　善 004166　集部/别集類/唐五代别集

重刊校正笠澤藂書四卷補遺詩一卷續補遺一卷　（唐）陸龜蒙撰　清雍正顧楗碧筠草堂刻本　黄裳題記　四册

330000－1701－0004598　善 004167　集部/别集類/唐五代别集

溫飛卿詩集七卷别集一卷集外詩一卷附錄諸家詩評一卷　（唐）溫庭筠撰　（明）曾益注　（清）顧予咸補注　（清）顧嗣立續注　清康熙三十六年（1697）長洲顧氏秀野草堂刻本　清張勳跋　清張勳過錄馮氏等諸家批校　四册

330000－1701－0004600　善 004169　集部/别集類/唐五代别集

唐皮日休文藪十卷　（唐）皮日休撰　明正德十五年（1520）袁表刻本　四册

330000－1701－0004601　善 004170　集部/别集類/唐五代别集

唐皮日休文藪十卷　（唐）皮日休撰　清抄本　四册

330000－1701－0004603　善 004172　集部/别集類/唐五代别集

桂苑筆耕集二十卷　（朝鮮）崔致遠撰　清仁和趙氏古歡仙館抄本　十六册

330000－1701－0004604　善 004173　集部/别集類/唐五代别集

丁卯集二卷　（唐）許渾撰　明崇禎十二年（1639）毛氏汲古閣刻唐人八家詩本　董增儒批校並跋　二册

330000－1701－0004605　善 004174　集部/别集類/唐五代别集

李文十八卷　（唐）李翱撰　明成化十一年（1475）馮孜刻嘉靖四年（1525）舒瑞重修本　四册

330000－1701－0004606　善 004175　集部/别集類/唐五代别集

司空表聖一鳴集十卷　（唐）司空圖撰　清抄本　四册

330000－1701－0004607　善 004176　集部/别集類/唐五代别集

劉隨州詩集十卷　（唐）劉長卿撰　明刻本　一册

330000－1701－0004608　善 004177　集部/别集類/唐五代别集

李員外遺集二卷　（唐）李華撰　清抄本　二册

330000－1701－0004613　善 004182　集部/别集類/唐五代别集

孫可之文集二卷　（唐）孫樵撰　清宣統二年（1910）守政書局木活字印本　王修校並跋　二册

330000－1701－0004614　善 004183　史部/傳記類/别傳之屬

誠應武肅王集摘錄一卷　（五代）錢鏐撰　清抄本　一册

330000－1701－0004615　善 004184　集部/别集類/宋别集

河東柳仲塗先生文集十五卷　（宋）柳開撰　（宋）張景編　**附錄一卷**　清康熙抄本（四庫底本）　清徐松跋　王修校並跋　四册　缺六卷（十一至十五、附錄）

330000－1701－0004616　善 004185　集部/别集類/宋别集

楊大年先生武夷新集二十卷　（宋）楊億撰　清康熙四十四年（1705）陳璋刻本　十六册

330000－1701－0004617　善 004186　集部/别集類/宋别集

宋林和靖先生詩集四卷補遺一卷省心錄一卷　（宋）林逋撰　**附錄一卷**　（明）何養純　（明）諸時寶等輯　明萬曆四十一年（1613）錢

塘何養純、諸時寶刻本　一冊　存四卷(詩集一至四)

330000－1701－0004618　善 004187　集部/別集類/宋別集

林和靖先生詩集四卷林集詩話一卷　(宋)林逋撰　**省心録一卷**　(宋)李邦獻撰　清康熙四十七年(1708)吳調元辨義堂刻本　朱孔彰批校　一冊

330000－1701－0004619　善 004188　集部/別集類/宋別集

河南穆公集三卷　(宋)穆修撰　**穆参軍遺事一卷**　清抄本　二冊

330000－1701－0004620　善 004189　集部/別集類/宋別集

穆参軍集三卷　(宋)穆修撰　(宋)祖無擇編　**河南穆公集遺事一卷**　(宋)蘇舜欽撰　清抄本　一冊

330000－1701－0004621　善 004190　集部/別集類/宋別集

春卿遺稿一卷續編一卷　(宋)蔣堂撰　清抄本　一冊

330000－1701－0004622　善 004191　集部/別集類/宋別集

鉅鹿東觀集十卷　(宋)魏野撰　清抄本　二冊

330000－1701－0004623　善 004192　集部/別集類/宋別集

安陽集五十卷　(宋)韓琦撰　**忠獻韓魏王別録三卷**　(宋)王巖叟撰　**忠獻韓魏王遺事一卷**　(宋)強至撰　**忠獻韓魏王家傳十卷**　(明)郭璞校　明金陵浦鏞建寧府刻本　十二冊　缺二十六卷(一至十、三十五至五十)

330000－1701－0004624　善 004193　集部/總集類/選集之屬/斷代

宋兩名相集　(明)康丕揚編　明萬曆三十六年(1608)康丕揚刻三十七年(1609)重修本　十二冊　存一種

330000－1701－0004625　善 004194　集部/別集類/宋別集

河南先生文集二十七卷附録一卷　(宋)尹洙撰　清初抄本　三冊

330000－1701－0004626　善 004195　集部/別集類/宋別集

河南先生文集二十七卷附録一卷　(宋)尹洙撰　清抄本　四冊

330000－1701－0004627　善 004196　集部/別集類/宋別集

徂徠石先生全集二十卷　(宋)石介撰　**附録一卷**　清康熙五十六年(1717)燕山石鍵刻本　四冊

330000－1701－0004628　善 004197　集部/別集類/宋別集

宋蔡忠惠文集三十六卷別紀十卷　(宋)蔡襄撰　明萬曆四十四年(1616)吳興蔡善繼雙甕齋刻本　二十冊

330000－1701－0004629　善 004198　集部/別集類/宋別集

重刻伐檀集二卷　(宋)黄庶撰　明萬曆三十一年(1603)、四十二年(1614)方沆、周希令、李友梅刻本　王修跋　二冊

330000－1701－0004630　善 004199　集部/別集類/宋別集

宋端明殿學士蔡忠惠公文集四十卷別紀十卷　(宋)蔡襄撰　(明)徐㶿輯　明萬曆陳一元刻四十三年(1615)朱謀㙔重修本　六冊

330000－1701－0004631　善 004200　集部/別集類/宋別集

蘇魏公文集七十二卷目録二卷　(宋)蘇頌撰　清抄本(卷三十六至五十三配另一清抄本)　二十八冊

330000－1701－0004632　善 004201　集部/別集類/宋別集

趙清獻公文集十卷附録一卷　(宋)趙抃撰　明嘉靖四十一年(1562)汪旦刻本　王修跋　四冊　存五卷(一至五)

330000－1701－0004633　善 004202　集部/

別集類/宋别集

鐔津文集二十二卷　(宋)釋契嵩撰　明弘治十二年(1499)釋如巹刻本　七册　存十六卷(七至二十二)

330000－1701－0004634　善004203　集部/别集類/宋别集

司馬文正公集略三十一卷詩集七卷　(宋)司馬光撰　明嘉靖四年(1525)呂柟刻本　六册　缺七卷(詩集一至七)

330000－1701－0004635　善004204　集部/别集類/宋别集

趙清獻公集十卷目録二卷　(宋)趙抃撰　明萬曆十六年(1588)詹思謙刻本　四册

330000－1701－0004636　善004205　集部/别集類/宋别集

陳眉公先生訂正丹淵集四十卷　(宋)文同撰　明萬曆三十八年(1610)吴一標刻崇禎四年(1631)海虞毛晉重修本　六册　存三十四卷(一至三十四)

330000－1701－0004637　善004206　集部/别集類/宋别集

安岳馮公太師文集三十卷　(宋)馮山撰　清抄本　二册　存十二卷(一至十二)

330000－1701－0004638　善004207　集部/别集類/宋别集

南豐先生元豐類藁五十卷　(宋)曾鞏撰　續附**南豐先生[曾鞏]行狀碑誌哀挽一卷**　明成化八年(1472)南豐縣刻遞修本　十六册

330000－1701－0004639　善004208　集部/别集類/宋别集

南豐先生元豐類藁五十卷　(宋)曾鞏撰　續附**南豐先生[曾鞏]行狀碑誌哀挽一卷**　明成化八年(1472)南豐縣學刻遞修本　清諸錦批校並跋　八册

330000－1701－0004640　善004209　集部/别集類/宋别集

文潞公文集四十卷　(宋)文彦博撰　明嘉靖五年(1526)王溱刻本　六册　存二十四卷(九至二十八、三十三至三十六)

330000－1701－0004641　善004210　集部/别集類/宋别集

南豐先生元豐類藁五十卷　(宋)曾鞏撰　續附**南豐先生[曾鞏]行狀碑誌哀挽一卷**　明隆慶五年(1571)南豐邵廉刻本　八册

330000－1701－0004642　善004211　集部/别集類/宋别集

南豐先生元豐類藁五十卷　(宋)曾鞏撰　續附**南豐先生[曾鞏]行狀碑誌哀挽一卷**　明萬曆二十五年(1597)查溪曾敏才、曾敏行等刻本　二十册

330000－1701－0004643　善004212　集部/别集類/宋别集

南豐先生元豐類稿五十一卷　(宋)曾鞏撰　明天啓南豐譚錯、譚涓刻本　十二册

330000－1701－0004644　善004213　集部/别集類/宋别集

南豐先生元豐類藁五十卷　(宋)曾鞏撰　續附**南豐先生[曾鞏]行狀碑誌哀挽一卷**　明崇禎十一年(1638)曾懋爵、曾以居刻本　十二册

330000－1701－0004645　善004214　集部/别集類/宋别集

南豐曾先生文粹十卷　(宋)曾鞏撰　明嘉靖二十八年(1549)無錫安如石刻本　四册

330000－1701－0004646　善004215　集部/别集類/宋别集

文潞公文集四十卷　(宋)文彦博撰　清抄本　六册

330000－1701－0004647　善004216　集部/别集類/宋别集

宛陵先生文集六十卷拾遺一卷附録一卷　(宋)梅堯臣撰　明正統四年(1439)袁旭刻本　王修跋　五册　存十卷(四十一至五十)

330000－1701－0004648　善004217　集部/别集類/宋别集

太史范文公集五十五卷　(宋)范祖禹撰　清

山陰杜氏知聖教齋抄本　六冊

330000－1701－0004649　善 004218　集部/別集類/宋別集
太史范公文集鈔十七卷附錄一卷　(宋)范祖禹撰　(明)程敏政輯　清抄本　二冊

330000－1701－0004650　善 004219　類叢部/叢書類/彙編之屬
武英殿聚珍版書一百三十八種　清乾隆武英殿木活字印本　二十冊　存一種

330000－1701－0004651　善 004220　集部/別集類/宋別集
歐陽文忠公全集一百五十三卷附錄五卷　(宋)歐陽修撰　**廬陵歐陽文忠公[修]年譜一卷**　(宋)胡柯編　明天順六年(1462)海虞程宗吉州刻弘治五年(1492)顧天錫、歐陽允直重修本　四十八冊

330000－1701－0004652　善 004221　集部/別集類/宋別集
宋濂溪周元公先生集十卷　(宋)周敦頤撰　清康熙三十年(1691)周之翰刻本　六冊

330000－1701－0004653　善 004222　集部/別集類/宋別集
歐陽文忠公全集一百五十三卷附錄六卷　(宋)歐陽修撰　**廬陵歐陽文忠公[修]年譜一卷**　(宋)胡柯編　明正德七年(1512)劉喬刻嘉靖十六年(1537)季本、詹治重修三十九年(1560)何遷遞修本　二十三冊　存一百五十九卷(一至一百五十三、附錄一至六)

330000－1701－0004654　善 004223　集部/別集類/宋別集
歐陽文忠公全集一百三十五卷　(宋)歐陽修撰　明嘉靖三十四年(1555)陳珊刻本　四十冊

330000－1701－0004655　善 004224　集部/別集類/宋別集
居士集五十卷　(宋)歐陽修撰　明洪武六年(1373)永豐縣學刻嘉靖二十四年(1545)重修本　十六冊

330000－1701－0004656　善 004225　集部/別集類/宋別集
歐陽文忠公文抄十卷　(宋)歐陽修撰　(明)茅坤評　明刻朱墨套印本　五冊

330000－1701－0004657　HJL4947　集部/別集類/唐五代別集
杜工部草堂詩箋二十二卷　(唐)杜甫撰　(宋)魯訔編次　(宋)蔡夢弼會箋　**杜工部草堂詩年譜二卷**　(宋)趙子櫟　(宋)魯訔撰　**杜工部草堂詩話二卷**　(宋)蔡夢弼輯　清光緒元年(1875)巴陵方氏碧琳琅館刻本　四冊

330000－1701－0004660　善 004226　集部/別集類/宋別集
宋大家歐陽文忠公文抄三十二卷　(宋)歐陽修撰　(明)茅坤批評　明萬曆七年(1579)茅一桂刻唐宋八大家文鈔本　八冊

330000－1701－0004661　普 915.1231/5035.2/c2　史部/地理類/方志之屬/郡縣志
[光緒]續纂句容縣志二十卷首一卷末一卷　(清)張紹棠修　(清)蕭穆纂　清光緒三十年(1904)刻本　二十冊

330000－1701－0004662　善 004227　集部/別集類/宋別集
宋大家歐陽文忠公文抄三十二卷　(宋)歐陽修撰　(明)茅坤批評　明崇禎四年(1631)茅著刻唐宋八大家文鈔本　沈兆熊、余紹宋批點　十六冊

330000－1701－0004663　善 004228　集部/別集類/宋別集
范忠宣公文集二十卷　(宋)范純仁撰　明嘉靖范惟元等刻本　四冊

330000－1701－0004664　善 004229　集部/別集類/宋別集
范忠宣公集十卷　(宋)范純仁撰　(明)毛一鷺輯　明萬曆三十六年(1608)嚴陵毛一鷺刻本　六冊

330000－1701－0004665　善 004230　集部/別集類/宋別集

蘇老泉先生全集二十卷 （宋）蘇洵撰 **附錄二卷** （宋）沈斐輯 清康熙三十七年（1698）吳郡邵仁泓安樂居刻本［卷五至九配清乾隆四十八年（1783）湯滏抄本］ 清湯滏批點、觀款並過錄明茅坤等諸家批 八冊

330000－1701－0004666 善004231 集部/別集類/宋別集

臨川先生文集一百卷目錄二卷 （宋）王安石撰 明嘉靖三十九年（1560）何遷撫州刻本 二十冊

330000－1701－0004667 善004232 集部/別集類/宋別集

臨川先生文集一百卷 （宋）王安石撰 明嘉靖刻本（卷九十四至一百配影抄本） 十冊

330000－1701－0004668 善004233 集部/別集類/宋別集

新刻臨川王介甫先生詩文集一百卷目錄二卷 （宋）王安石撰 明萬曆四十年（1612）王鳳翔金陵光啓堂刻本 十六冊

330000－1701－0004669 善004234 集部/別集類/宋別集

王文公集彙選六卷 （宋）王安石撰 明萬曆十六年（1588）陳文燧等刻本 四冊

330000－1701－0004670 善004235 集部/別集類/宋別集

王荆文公詩五十卷補遺一卷 （宋）王安石撰 （宋）李壁箋注 清乾隆五年至六年（1740－1741）武原張宗松清綺齋刻本 十六冊

330000－1701－0004672 善004237 集部/別集類/宋別集

廣陵先生文集十二卷 （宋）王令撰 （宋）吳說編次 清初抄本 二冊

330000－1701－0004673 善004238 集部/別集類/宋別集

東坡先生全集七十五卷 （宋）蘇軾撰 **東坡先生年譜一卷** （宋）王宗稷編 明萬曆三十四年（1606）吳興茅維刻本 二十冊

330000－1701－0004674 善004239 集部/別集類/宋別集

高峰先生文集十七卷 （宋）廖剛撰 清抄本 十冊

330000－1701－0004675 善004240 集部/別集類/宋別集

東坡集選五十卷集餘一卷 （宋）蘇軾撰 （明）陳夢槐選 （明）陳繼儒定 **蘇文忠公［軾］年譜一卷** （宋）王宗稷編 **蘇文忠公外紀二卷** （明）王世貞撰 **外紀逸編一卷** （明）璩之璞撰 明刻本 十二冊

330000－1701－0004676 善004241 集部/別集類/宋別集

坡仙集十六卷 （宋）蘇軾撰 （明）李贄評輯 明萬曆二十八年（1600）瑯琊焦竑刻本 二十四冊

330000－1701－0004677 善004242、善004262 集部/總集類/彙編之屬

唐宋八大家文鈔 （明）茅坤編 明萬曆七年（1579）茅一桂刻本 七冊 存二種

330000－1701－0004678 善004243 集部/別集類/宋別集

重編東坡先生外集八十六卷 （宋）蘇軾撰 **附東坡先生［蘇軾］年譜一卷** （宋）王宗稷編 明萬曆三十六年（1608）康丕揚維揚府署刻本 四十冊 缺一卷（年譜）

330000－1701－0004679 善004244 集部/別集類/宋別集

蘇文忠公全集一百十一卷 （宋）蘇軾撰 **東坡先生［蘇軾］年譜一卷** （宋）王宗稷撰 **東坡先生［蘇軾］墓誌銘一卷** （宋）蘇轍撰 明嘉靖十三年（1534）江西布政司刻公文紙印本 十三冊 存二十六卷（東坡外制集上中下、東坡應詔集一至十、東坡續集二至十二、年譜、墓誌銘）

330000－1701－0004680 善004245 集部/別集類/宋別集

坡仙集十六卷 （宋）蘇軾撰 （明）李贄評輯 明萬曆刻本 八冊

330000－1701－0004681　善 004246　集部/別集類/宋别集

蘇長公小品四卷　(宋)蘇軾撰　(明)王納諫輯並評　明凌啓康刻朱墨套印本　八冊

330000－1701－0004682　善 004253　集部/別集類/宋别集

東坡養生集十二卷　(宋)蘇軾撰　(明)王如錫編　明崇禎八年(1635)白下王如錫箬庵刻本　十二冊

330000－1701－0004683　善 004248　集部/別集類/宋别集

蘇長公小品二卷　(宋)蘇軾撰　(明)王納諫輯並評　明萬曆四十一年(1613)盱江游義齋刻本　吳敦義跋　二冊

330000－1701－0004684　善 004249　集部/別集類/宋别集

蘇長公合作八卷補二卷附錄一卷　(宋)蘇軾撰　(明)高啓等批點　(明)淩啓康輯　明萬曆四十八年(1620)淩啓康刻三色套印本　十六冊　缺二卷(補一至二)

330000－1701－0004685　善 004250　集部/別集類/宋别集

蘇長公密語十六卷首一卷　(宋)蘇軾撰　(明)李一公輯　明天啓元年(1621)姑孰李一公刻朱墨套印本　八冊

330000－1701－0004686　善 004251　集部/別集類/宋别集

東坡先生詩集註三十二卷　(宋)蘇軾撰　(宋)王十朋集註　**東坡紀年錄一卷**　(宋)傅藻編纂　明萬曆吳興茅維刻本　十二冊

330000－1701－0004687　善 004252　集部/別集類/宋别集

蘇文奇賞五十卷　(宋)蘇軾撰　(明)陳仁錫選評　明崇禎四年(1631)長洲陳仁錫刻本(卷四十四原缺)　十六冊

330000－1701－0004688　善 004247　集部/別集類/宋别集

蘇長公小品四卷　(宋)蘇軾撰　(明)王納諫輯並評　明凌啓康刻朱墨套印本　四冊

330000－1701－0004689　善 004254　集部/別集類/宋别集

東坡文選二十卷　(宋)蘇軾撰　(明)鍾惺評選　明萬曆刻朱墨套印本　清華嵒題記　八冊

330000－1701－0004690　善 004255　集部/別集類/宋别集

東坡禪喜集十四卷　(宋)蘇軾撰　(明)馮夢禎批點　(明)凌濛初增輯　明天啓元年(1621)吳興凌濛初刻朱墨套印本　清惰叟跋　六冊

330000－1701－0004691　善 004256　集部/別集類/宋别集

蘇文忠公詩編註集成四十六卷集成總案四十五卷諸家雜綴酌存一卷蘇海識餘四卷牋詩圖一卷　(宋)蘇軾撰　(清)王文誥輯注　清光緒十四年(1888)浙江書局刻本　清孫詒讓批校並跋　二十四冊

330000－1701－0004692　善 004257　集部/別集類/宋别集

蘇長公合作內外篇不分卷　(宋)蘇軾撰　(明)鄭圭輯　明書林余憲成刻本　四冊

330000－1701－0004693　善 004258　集部/別集類/宋别集

東坡詩選二卷　(宋)蘇軾撰　(明)沈白選　(明)陳鑾訂　明刻本　二冊

330000－1701－0004694　善 004259　集部/別集類/宋别集

東坡詩鈔十八卷　(宋)蘇軾撰　(清)姚廷謙訂　清康熙六十年(1721)華亭姚廷謙遂安堂刻本　十冊

330000－1701－0004695　善 004260　集部/別集類/宋别集

豫章黃先生文集三十卷外集十四卷別集二十卷簡尺二卷詞一卷　(宋)黃庭堅撰　**伐檀集二卷**　(宋)黃庶撰　**山谷先生[黃庭堅]年譜三十卷**　(宋)黃㽦撰　明弘治十八年(1505)

葉天爵刻嘉靖六年(1527)喬遷、余載仕重修本　二十四冊

330000－1701－0004696　善 004261　集部/別集類/宋別集

欒城集五十卷目錄二卷後集二十四卷第三集十卷　(宋)蘇轍撰　明木活字印本(目錄二卷、卷一、第三集卷四至十配清抄本)　二十冊

330000－1701－0004697　善 004311　集部/別集類/宋別集

朱子論定文抄二十卷補編一卷　(宋)朱熹撰　(清)吳震方輯　清康熙四十四年(1705)刻本　十冊　缺一卷(補編)

330000－1701－0004699　善 004264　集部/別集類/宋別集

山谷詩内集一卷外集一卷別集一卷　(宋)黄庭堅撰　清末抄本　朱祖謀批並題簽　二冊

330000－1701－0004700　善 004265　集部/別集類/宋別集

山谷内集詩註二十卷外集詩註十七卷別集詩註二卷　(宋)黄庭堅撰　(宋)任淵　(宋)史容　(宋)史季溫注　明弘治九年(1496)陳沛刻本　二十冊　缺二卷(別集詩註一至二)

330000－1701－0004701　善 004266　集部/別集類/宋別集

后山詩十二卷　(宋)陳師道撰　(宋)任淵注　清嘉慶抄本　四冊

330000－1701－0004702　善 004267　集部/別集類/宋別集

石門文字禪三十卷　(宋)釋德洪撰　明萬曆二十五年(1597)刻徑山藏本　十六冊

330000－1701－0004703　善 004268　集部/別集類/宋別集

淮海集四十卷後集六卷長短句三卷　(宋)秦觀撰　明嘉靖二十四年(1545)胡民表刻本　三冊　存六卷(後集一至六)

330000－1701－0004704　善 004269　集部/別集類/宋別集

山谷老人刀筆二十卷　(宋)黄庭堅撰　明刻本　四冊

330000－1701－0004705　善 004270　集部/別集類/宋別集

淮海集四十卷後集六卷長短句三卷　(宋)秦觀撰　明萬曆四十六年(1618)仁和李之藻刻本　六冊

330000－1701－0004706　善 004271　集部/別集類/宋別集

嵩山集二十卷　(宋)晁說之撰　清抄本　二十冊

330000－1701－0004707　善 004272　集部/別集類/宋別集

淮海集四十卷後集六卷長短句三卷　(宋)秦觀撰　(明)徐渭評　**詩餘一卷**　(宋)秦觀撰　(明)鄧章漢輯　明天啓武林段之錦刻本　五冊

330000－1701－0004708　善 004273　集部/別集類/宋別集

具茨先生晁沖之叔用詩集注抄一卷　(宋)晁沖之撰　清初抄本　翔批　王修跋　一冊

330000－1701－0004709　善 004274　集部/別集類/宋別集

北湖集五卷　(宋)吳則禮撰　清抄本　五冊

330000－1701－0004710　善 004275　集部/別集類/宋別集

濟北晁先生雞肋集七十卷　(宋)晁補之撰　清初抄本　姜亮夫觀款　十六冊

330000－1701－0004711　善 004276　集部/別集類/宋別集

吴郡樂圃朱先生餘藁十卷　(宋)朱長文撰　(宋)朱思裒次　**集外附録一卷**　清抄本　四冊

330000－1701－0004712　善 004277　集部/別集類/宋別集

吴郡樂圃朱先生餘藁十卷　(宋)朱長文撰　(宋)朱思裒次　**附編一卷**　清抄本　二冊

330000－1701－0004713　善004278　集部/別集類/宋別集

唐先生文集二十卷　（宋）唐庚撰　清宣統三年（1911）常熟周氏鴿峰草堂抄本　周大輔校並跋　六冊

330000－1701－0004714　善004279　集部/別集類/宋別集

斜川集六卷　（宋）蘇過撰　清尚卿居抄本　六冊

330000－1701－0004715　善004280　集部/別集類/宋別集

東萊呂太史文集十五卷別集十六卷外集五卷　（宋）呂祖謙撰　**東萊呂太史文集附錄三卷附錄拾遺一卷　麗澤論說集錄十卷**　（宋）呂祖儉輯　清抄本　十二冊

330000－1701－0004716　善004281　集部/別集類/宋別集

東萊呂太史文集十五卷別集十六卷外集五卷　（宋）呂祖謙撰　**麗澤論說集錄十卷**　（宋）呂祖儉撰　**東萊呂太史文集附錄三卷附錄拾遺一卷**　宋嘉泰四年（1204）呂喬年刻元明遞修本　二冊　存十卷（別集十一至十六、麗澤論說集錄七至十）

330000－1701－0004717　善004282　集部/別集類/宋別集

柳塘外集六卷　（宋）釋道璨撰　清四古堂抄本　二冊

330000－1701－0004718　善004283　集部/別集類/宋別集

東堂集十卷　（宋）毛滂撰　清道光長洲顧氏藝海樓抄本　三冊

330000－1701－0004719　善004284　集部/別集類/宋別集

傅忠肅公文集三卷　（宋）傅察撰　清光緒二十七年（1901）虞山周大輔鴿峰草堂抄本　周大輔校並跋　三冊

330000－1701－0004720　善004285　集部/別集類/宋別集

傅忠肅公文集三卷首一卷末一卷　（宋）傅察撰　（宋）傅伯壽編　（清）傅以禮校刊　稿本　三冊

330000－1701－0004721　善004286　集部/別集類/宋別集

宋宗忠簡公全集十二卷首一卷末一卷　（宋）宗澤撰　（清）宗文燦輯　清康熙四十三年至四十五年（1704－1706）宗文燦等刻本　四冊　存十一卷（一至九、十二、末）

330000－1701－0004722　善004287　集部/別集類/宋別集

宋李忠定公奏議選十五卷文集選二十九卷首四卷目錄二卷　（宋）李綱撰　（明）左光先等選　明崇禎十二年（1639）李氏刻清康熙四十四年（1705）李榮芳、乾隆二十七年（1762）徐時作遞修本　十六冊

330000－1701－0004723　善004288　集部/別集類/宋別集

宋李忠定公奏議選十五卷文集選二十九卷首四卷目錄二卷　（宋）李綱撰　（明）左光先等選　明崇禎十二年（1639）李氏刻本　十四冊

330000－1701－0004724　善004289　集部/別集類/宋別集

宋忠敏公龜谿集十二卷　（宋）沈與求撰　清康熙抄本　四冊

330000－1701－0004725　善004290　集部/別集類/宋別集

梁溪先生文集一百八十卷附錄三卷　（宋）李綱撰　清抄本　二十九冊　缺一卷（一百三十二）

330000－1701－0004726　善004291　集部/別集類/宋別集

石林居士建康集八卷　（宋）葉夢得撰　清嘉慶十九年（1814）嘉興戴光曾抄本　清戴光曾校並跋　四冊

330000－1701－0004727　善004292　集部/別集類/宋別集

松隱文集四十卷　（宋）曹勛撰　清抄本　四

册　缺一卷(十四)

330000－1701－0004728　善004293　集部/别集類/宋别集

松隱文集四十卷　(宋)曹勛撰　清抄本　十二册

330000－1701－0004729　善004294　集部/别集類/宋别集

石林居士建康集八卷　(宋)葉夢得撰　清抄本　清樊柯校並跋　四册

330000－1701－0004730　善004295　集部/别集類/宋别集

浮溪文粹十五卷　(宋)汪藻撰　**浮溪文粹附錄一卷**　明嘉靖九年(1530)汪栻刻本　王正感題記　三册　存十三卷(一至九、十三至十五、附錄)

330000－1701－0004731　善004296　集部/别集類/宋别集

韋齋集十二卷　(宋)朱松撰　**玉瀾集一卷**　(宋)朱槔撰　明弘治十六年(1503)任丘鄺璠刻本　二册

330000－1701－0004732　善004297　集部/别集類/宋别集

陵陽先生詩四卷　(宋)韓駒撰　清初抄本　一册

330000－1701－0004733　善004298　集部/别集類/宋别集

苕溪集五十五卷目錄三卷　(宋)劉一止撰　清初抄本　十四册

330000－1701－0004734　善004299　集部/别集類/宋别集

苕溪集五十五卷目錄三卷　(宋)劉一止撰　清抄本　四册

330000－1701－0004735　善004300　集部/别集類/宋别集

南蘭陵孫尚書大全文集七十卷　(宋)孫覿撰　清抄本　十九册　存六十六卷(一至十五、二十至七十)

330000－1701－0004736　善004301　集部/别集類/宋别集

屏山集二十卷　(宋)劉子翬撰　明弘治十七年(1504)建寧刻本　十册

330000－1701－0004737　善004302　集部/别集類/宋别集

盧溪先生文集五十卷　(宋)王庭珪撰　清抄本(卷三十四原缺)　十二册

330000－1701－0004738　善004303　集部/别集類/宋别集

和靜先生文集三卷　(宋)尹焞撰　明隆慶三年(1569)蔡國熙刻本　二册

330000－1701－0004739　善004304　集部/别集類/宋别集

和靖尹先生文集十卷　(宋)尹焞撰　**和靖尹先生祠附錄一卷**　清刻本　王修跋　四册

330000－1701－0004740　善004305　集部/别集類/宋别集

和靖尹先生文集八卷　(宋)尹焞撰　**附集二卷**　清抄本　四册

330000－1701－0004742　善004307　集部/别集類/宋别集

東萊先生詩集二十卷　(宋)吕本中撰　清抄本　八册

330000－1701－0004744　善004309　集部/别集類/宋别集

太倉稊米集七十卷　(宋)周紫芝撰　清抄本　清嗇廑題記　八册

330000－1701－0004745　善004310　集部/别集類/宋别集

茶山集八卷　(宋)曾幾撰　清乾隆浙江刻武英殿聚珍版書本　清盧文弨批校並跋　二册　存四卷(一至四)

330000－1701－0004746　善004312　集部/别集類/宋别集

吴文肅公文集二十卷　(宋)吴儆撰　**棣華雜著一卷**　(宋)吴俯撰　**附錄一卷**　明萬曆七年(1579)吴瀛刻三十二年(1604)吴繼京重修

本　四冊

330000－1701－0004747　善 004313　集部/别集類/宋别集
吴文肅公文集二十卷　(宋)吴儆撰　**棣華雜著一卷**　(宋)吴俯撰　**附録一卷**　明萬曆七年(1579)吴瀛刻三十二年(1604)吴繼京重修本　三冊　缺三卷(一至三)

330000－1701－0004748　善 004314　集部/别集類/宋别集
默堂先生文集二十二卷　(宋)陳淵撰　(遼)沈度編　清抄本　十二冊

330000－1701－0004749　善 004315　集部/别集類/宋别集
范香溪先生文集二十二卷　(宋)范浚撰　**范蒙齋先生遺文一卷**　(宋)范端臣撰　**范楊溪先生遺文一卷**　(宋)范端杲撰　清乾隆七年(1742)范文煥刻本　六冊　存二十二卷(一至二十二)

330000－1701－0004750　善 004316　集部/别集類/宋别集
竹洲文集一卷　(宋)吴儆撰　清抄本　一冊

330000－1701－0004751　善 004317　集部/别集類/宋别集
羅鄂州小集五卷　(宋)羅願撰　**羅郢州遺文一卷**　(宋)羅頌撰　明洪武二年(1369)羅宣明刻天啓六年(1626)羅朗重修本　四冊

330000－1701－0004752　善 004318　集部/别集類/宋别集
羅鄂州小集六卷　(宋)羅願撰　**羅郢州遺文一卷**　(宋)羅頌撰　清康熙五十二年(1713)歙程哲七略書堂刻本　四冊

330000－1701－0004753　善 004319　集部/别集類/宋别集
艾軒先生文集十卷　(宋)林光朝撰　明正德十六年(1521)鄭岳刻本　二冊

330000－1701－0004754　善 004320　集部/别集類/宋别集
艾軒先生文集十卷　(宋)林光朝撰　清抄本　一冊

330000－1701－0004755　善 004321　集部/别集類/宋别集
林艾軒先生文鈔不分卷　(宋)林光朝撰　明萬曆二十八年(1600)林兆珂刻本　二冊

330000－1701－0004756　善 004322　集部/别集類/宋别集
晦庵先生朱文公文集一百卷續集十一卷别集十卷目録二卷　(宋)朱熹撰　明嘉靖十一年(1532)閩中張大輪、胡岳等刻本　六冊　存二十一卷(續集一至十一、别集一至十)

330000－1701－0004757　善 004323　集部/别集類/宋别集
晦庵文抄七卷詩抄一卷　(宋)朱熹撰　(明)吴訥輯　明成化十八年(1482)周鳳等刻本　四冊　存七卷(一至七)

330000－1701－0004758　善 004324　集部/别集類/宋别集
止齋先生文集五十二卷附録一卷　(宋)陳傅良撰　明正德元年(1506)莆田林長繁刻本　二冊　缺三十八卷(六至四十三)

330000－1701－0004759　善 004325　集部/别集類/宋别集
止齋先生奥論七卷首一卷　(宋)陳傅良撰　明崇禎八年(1635)刻本　四冊

330000－1701－0004760　善 004326　集部/别集類/宋别集
東塘集二十卷　(宋)袁説友撰　清抄本　十二冊

330000－1701－0004761　善 004327　集部/别集類/宋别集
蠹齋先生鉛刀編三十二卷　(宋)周孚撰　清末周大輔鄀公鍾室抄本　周大輔批校　四冊

330000－1701－0004762　善 004328　集部/别集類/宋别集
象山先生全集三十六卷　(宋)陸九淵撰　**附録少湖徐先生學則辯一卷**　(明)徐階撰　明活字印本(卷二十四至二十六、三十六上配清

抄本）　三十六冊

330000－1701－0004763　善004329　集部/別集類/宋別集
象山先生全集三十六卷　(宋)陸九淵撰　**附錄少湖徐先生學則辯一卷**　(明)徐階撰　明嘉靖四十年(1561)何遷刻本　十四冊

330000－1701－0004764　善004330　集部/別集類/宋別集
慈湖遺書十八卷續集二卷　(宋)楊簡撰　清抄本　單丕批校　八冊

330000－1701－0004765　善004331　集部/別集類/宋別集
盤洲集十卷　(宋)洪适撰　清乾隆四十二年(1777)吳長元抄本　清吳長元校並跋　二冊

330000－1701－0004766　善004332　集部/別集類/宋別集
批點分類誠齋先生文膾前集十二卷後集十二卷　(宋)楊萬里撰　(宋)李誠父輯　明刻本　吳士鑑跋　四冊　存十二卷(後集一至十二)

330000－1701－0004767　善004333　集部/別集類/宋別集
艮齋先生薛常州浪語集三十五卷　(宋)薛季宣撰　清抄本　二十四冊

330000－1701－0004768　善004334　集部/別集類/宋別集
石湖居士詩集三十五卷　(宋)范成大撰　(清)顧嗣臯等重訂　清康熙二十七年(1688)姑蘇顧氏依園刻本(卷三十五原缺)　十冊

330000－1701－0004769　善004336　集部/別集類/宋別集
誠齋集一百三十三卷目錄二卷　(宋)楊萬里撰　(宋)楊長孺編　清道光十年(1830)沈復粲鳴野山房抄本　清沈復粲校並跋　三十九冊　缺一卷(目錄上)

330000－1701－0004770　善004335　集部/別集類/宋別集
菊磵小集一卷　(宋)高翥撰　清抄本　王存善題記　一冊

330000－1701－0004771　善004337　集部/別集類/宋別集
批點分類誠齋先生文膾前集十二卷後集十二卷　(宋)楊萬里撰　(宋)李誠父輯　明隆慶六年(1572)杭城翁文溪刻本　十八冊

330000－1701－0004772　善004338　集部/別集類/宋別集
渭南文集五十二卷　(宋)陸游撰　明正德八年(1513)上杭梁喬刻本　十一冊

330000－1701－0004773　善004339　集部/別集類/宋別集
誠齋詩鈔不分卷　(宋)楊萬里撰　清抄本　一冊

330000－1701－0004774　善004340　集部/別集類/宋別集
陸詩鈔二卷　(宋)陸游撰　清漫堂抄本　清張仁黼題簽並記　二冊

330000－1701－0004775　善004341　集部/別集類/宋別集
水心先生別集十六卷　(宋)葉適撰　清抄本　四冊

330000－1701－0004776　善004342　集部/別集類/宋別集
水心先生文集二十九卷補遺一卷　(宋)葉適撰　清光緒八年(1882)瑞安孫氏詒善祠塾刻永嘉叢書本　清怡耕廬主人琴軒氏題記並過錄張震軒批　八冊

330000－1701－0004777　善004343　集部/別集類/宋別集
江湖長翁文集四十卷　(宋)陳造撰　明萬曆四十六年(1618)仁和李之藻刻本　十冊

330000－1701－0004778　善004344　集部/別集類/宋別集
校注橘山四六二十卷　(宋)李廷忠著　(明)孫雲翼注　明刻本　四冊

330000－1701－0004779　善004345　集部/

別集類/宋別集

校注橘山四六二十卷 (宋)李廷忠著 (明)孫雲翼注 明萬曆三十五年(1607)刻本 十二册

330000－1701－0004780 善004348 集部/別集類/宋別集

信天巢遺稿二卷首一卷末一卷 (宋)高翥撰 (清)高敬璋纂注 清乾隆五十一年(1786)高敬璋稿本 二册

330000－1701－0004781 善004346 集部/別集類/宋別集

平菴悔稿十四卷丙辰悔稿一卷悔稿後編六卷 (宋)項安世撰 清抄本 佚名過錄清吳長元、清趙魏跋 四册

330000－1701－0004782 善004347 集部/別集類/宋別集

梅山續稿十七卷雜文一卷長短句一卷 (宋)姜特立撰 清抄本 三册

330000－1701－0004783 善004349 集部/別集類/宋別集

篔窗集十卷 (宋)陳耆卿撰 清末抄本 二册

330000－1701－0004784 善004351 集部/別集類/宋別集

龍川文集三十卷 (宋)陳亮撰 明崇禎六年(1633)錢塘鄒質士刻本 八册

330000－1701－0004785 善004350 集部/別集類/宋別集

程洺水先生集三十卷附錄一卷 (宋)程珌撰 明崇禎元年(1628)雲溪程至遠刻本 六册

330000－1701－0004786 善004352 集部/別集類/宋別集

陳同甫集三十卷 (宋)陳亮撰 清嶺南壽經堂錫活字印本 八册

330000－1701－0004787 善004353 集部/別集類/宋別集

西山先生真文忠公文集五十五卷目錄二卷 (宋)真德秀撰 明萬曆二十六年(1598)金學曾景賢堂刻崇禎十一年至清康熙四年(1638－1665)遞修本 十六册

330000－1701－0004788 善004354 集部/別集類/宋別集

姜白石集八卷 (宋)姜夔撰 **附錄諸賢酬贈詩一卷** 清鮑氏知不足齋刻本 二册

330000－1701－0004789 善004355 集部/別集類/宋別集

海瓊玉蟾先生文集六卷續集二卷 (宋)葛長庚撰 (明)朱權重輯 明萬曆新安劉懋賢等刻本 九册

330000－1701－0004790 善004357 集部/別集類/宋別集

潛齋先生文集十一卷目錄二卷 (宋)何夢桂撰 明萬曆檇李岳元聲刻本 四册

330000－1701－0004791 善004358 集部/別集類/宋別集

吾汶藁十卷 (宋)王炎午撰 清初抄本 一册

330000－1701－0004792 善004356 集部/別集類/宋別集

海瓊玉蟾先生文集六卷續集二卷 (宋)葛長庚撰 (明)朱權重輯 明萬曆新安劉懋賢等刻本 十六册

330000－1701－0004793 善004359 集部/別集類/宋別集

新刻瓊琯白先生集十四卷 (宋)葛長庚撰 明萬曆安正堂劉雙松刻本 十册

330000－1701－0004794 善004360 集部/別集類/宋別集

宋杜清獻公集十九卷別錄一卷 (宋)杜範撰 清抄本 九册 缺二卷(十七至十八)

330000－1701－0004795 善004362 集部/別集類/宋別集

本堂先生文集九十六卷 (宋)陳著撰 清漱石山房抄本(卷九十五至九十六原缺) 八册

330000－1701－0004796 善004363 史部/

地理類/遊記之屬/紀勝

西湖百詠二卷 （宋）董嗣杲撰 （明）陳贄和韻 清乾隆三十一年(1766)稼芰抄本 清稼芰校、跋並過錄清鮑廷博跋 一冊

330000－1701－0004797 善004364 集部/別集類/宋別集

百正集三卷 （宋）連文鳳撰 清抄本 一冊

330000－1701－0004798 善004365 集部/別集類/宋別集

友林乙藁一卷 （宋）史彌寧撰 清十萬卷樓抄本 一冊

330000－1701－0004799 善004366 集部/別集類/宋別集

滄浪先生吟卷二卷 （宋）嚴羽撰 明嘉靖十年(1531)鄭絅刻本 二冊

330000－1701－0004800 善004367 集部/別集類/宋別集

後村居士集五十卷目錄二卷 （宋）劉克莊撰 清抄本 八冊 缺二卷(十九至二十)

330000－1701－0004801 善004368 集部/別集類/宋別集

宋學士徐文惠公存稿五卷附錄一卷 （宋）徐經孫撰 清影抄明萬曆四十二年(1614)徐鑒刻本 一冊

330000－1701－0004802 善004369 集部/別集類/宋別集

宋宗伯徐清正公存稿六卷附錄一卷 （宋）徐鹿卿撰 清影抄明萬曆四十二年(1614)徐鑒刻本 三冊

330000－1701－0004803 善004370 集部/別集類/宋別集

文山先生文集十七卷別集六卷附錄三卷 （宋）文天祥撰 明景泰六年(1455)韓雍、陳价刻張里瑞重修本 夏定域批 六冊 存十卷(文集一至十)

330000－1701－0004804 善004371 集部/別集類/宋別集

宋文文山先生全集二十一卷 （宋）文天祥撰 （明）鍾越輯並評 明崇禎二年(1629)武林鍾越刻本 六冊

330000－1701－0004805 善004372 集部/別集類/宋別集

玉楮詩藁八卷 （宋）岳珂撰 清抄本 一冊 存四卷(五至八)

330000－1701－0004806 善004373 集部/別集類/宋別集

文山先生全集二十卷 （宋）文天祥撰 明嘉靖三十九年(1560)浦江張元諭刻本 十冊

330000－1701－0004807 善004361 集部/別集類/宋別集

箋釋梅亭先生四六標準四十卷 （宋）李劉撰 （明）孫雲翼箋釋 明萬曆四十四年(1616)金陵唐鯉飛刻清古吳聚錦堂重修本 三十冊

330000－1701－0004808 善004374 集部/別集類/宋別集

秋崖先生小藁三十八卷 （宋）方岳撰 清抄本 三冊

330000－1701－0004809 善004377 集部/別集類/宋別集

劉須溪先生集畧四卷 （宋）劉辰翁撰 **附養吾先生集畧一卷** （元）劉將孫撰 清抄本 二冊

330000－1701－0004810 善004378 集部/別集類/宋別集

水雲集一卷附錄三卷 （宋）汪元量撰 清乾隆三十年(1765)錢塘鮑廷博知不足齋刻本 清傅以禮題簽並批 一冊

330000－1701－0004811 善004375 集部/別集類/宋別集

魯齋王文憲公文集二十卷 （宋）王柏撰 明正統八年(1443)劉同、劉傑刻本 二冊 存四卷(九至十、十三至十四)

330000－1701－0004812 善004376 集部/別集類/宋別集

劉須溪先生記鈔八卷 （宋）劉辰翁撰 明天啓三年(1623)楊讖西刻本 二冊

330000－1701－0004813　善004379　集部/別集類/宋别集
陵陽先生集二十四卷　(宋)牟巘撰　(宋)牟應復編　清抄本　十册

330000－1701－0004814　善004380　集部/别集類/宋别集
晞髪集十卷遺集二卷遺集補一卷　(宋)謝翱撰　**天地間集一卷**　(宋)謝翱錄　**登西臺慟哭記註一卷冬青樹引註一卷**　(宋)謝翱撰　(明)張丁注　清康熙四十一年(1702)平湖陸大業刻本　二册　缺一卷(年譜)

330000－1701－0004815　善004381　集部/别集類/宋别集
晞髪遺集二卷補一卷　(宋)謝翱撰　**天地間集一卷**　(宋)謝翱輯　清抄本　一册

330000－1701－0004816　善004382　集部/别集類/宋别集
登西臺慟哭記註一卷附錄一卷冬青樹引註一卷附錄一卷　(宋)謝翱撰　(明)張丁註　**冬青樹引重註一卷**　(明)藍水漁人註　清抄本　一册

330000－1701－0004817　善004383　集部/别集類/宋别集
勿軒先生文集八卷春秋五論五卷易學啓蒙圖傳通義七卷　(宋)熊禾撰　**勿軒先生補遺本傳一卷**　清抄本　六册

330000－1701－0004818　善004384　集部/别集類/宋别集
熊勿軒先生文集六卷詩一卷　(宋)熊禾撰　清抄本　三册

330000－1701－0004819　善004385　集部/别集類/宋别集
熊勿軒先生文集四卷　(宋)熊禾撰　**附録一卷**　清抄本　劉承幹題簽　一册

330000－1701－0004820　善004386　集部/别集類/宋别集
古梅遺藁六卷　(宋)吴龍翰撰　清抄本　清勞權校並跋　一册

330000－1701－0004821　善004387　集部/别集類/宋别集
真山民集一卷逸詩一卷　(宋)真山民撰　清嘉慶抄文瀾閣本　清祖之望題簽並跋　一册

330000－1701－0004822　善004388　集部/别集類/宋别集
吾汶藁十卷　(宋)王炎午撰　清抄本　一册

330000－1701－0004823　善004389　集部/别集類/宋别集
仁山金先生文集四卷　(宋)金履祥撰　清抄本　單丕校　二册

330000－1701－0004824　善004390　集部/别集類/宋别集
閬風集十二卷　(宋)舒岳祥撰　清抄本　二册

330000－1701－0004825　善004391　集部/别集類/金别集
閒閒老人滏水集二十卷附錄一卷　(金)趙秉文撰　清抄本　四册

330000－1701－0004826　善004392　集部/總集類/彙編之屬
元人集十種　(明)毛晉編　明崇禎十一年(1638)海虞毛氏汲古閣刻本　四册　存一種

330000－1701－0004827　善004393　集部/别集類/金别集
遺山先生詩集二十卷　(金)元好問撰　清抄本　二册

330000－1701－0004828　善004394　集部/别集類/金别集
拙軒集六卷　(金)王寂撰　清乾隆浙江刻武英殿聚珍版書本　清盧文弨批校　一册　存二卷(一至二)

330000－1701－0004829　善004395　集部/别集類/元别集
郝文忠公陵川文集三十九卷　(元)郝經撰　(清)王鏐編　**附錄一卷**　**郝文忠公[經]年譜一卷**　(清)王鏐編　清乾隆三年(1738)高都王鏐刻嘉慶三年(1798)高都張大紱印本　十

二册　缺一卷(年譜)

330000－1701－0004830　善004396　集部/別集類/金別集

元遺山詩十卷首一卷　(金)元好問撰　清竹北亭抄本　四册

330000－1701－0004831　善004397　集部/別集類/元別集

方虛谷桐江集四卷　(元)方回撰　清抄本　佚名過録清鮑廷博批校並跋　八册

330000－1701－0004832　善004398　集部/別集類/元別集

虛谷桐江續集四十八卷　(元)方回撰　清抄本　八册

330000－1701－0004833　善004400　集部/別集類/元別集

月屋樵吟四卷　(元)黄庚撰　清嘉慶十三年(1808)鮑氏知不足齋抄本　清鮑廷博校補　一册

330000－1701－0004834　善004401　集部/別集類/元別集

玉斗山人文集三卷附録一卷　(元)王奕撰　(明)陳中州編　清抄本　二册

330000－1701－0004835　善004402　集部/別集類/元別集

谷響集不分卷　(元)釋善住撰　清抄本　一册

330000－1701－0004836　善004399　集部/別集類/元別集

方虛谷桐江集四卷　(元)方回撰　清抄本　四册

330000－1701－0004837　善004403　集部/別集類/元別集

竹素山房詩集三卷補遺一卷　(元)吾丘衍撰　附録一卷　清末抄本　一册

330000－1701－0004839　善004405　集部/別集類/元別集

趙文敏公松雪齋全集十卷外集一卷續集一卷　(元)趙孟頫撰　清康熙五十二年(1713)海上曹培廉城書室刻本　四册

330000－1701－0004840　善004406　集部/別集類/元別集

仇山村遺集一卷　(元)仇遠撰　**仇山村遺集附録一卷紅蕉山館題畫詩一卷**　(清)項夢昶輯　**續和題畫詩一卷**　(清)項鸞輯　清乾隆刻本　二册

330000－1701－0004841　善004407　集部/別集類/元別集

松鄉先生文集十卷　(元)任士林撰　清抄本　四册

330000－1701－0004842　善004408　集部/別集類/元別集

魯齋遺書十四卷　(元)許衡撰　(明)江學詩等輯　明萬曆二十四年(1596)怡愉、江學詩刻本　四册

330000－1701－0004843　善004409　集部/別集類/元別集

魯齋遺書十四卷　(元)許衡撰　(明)江學詩等輯　明萬曆二十四年(1596)怡愉、江學詩刻清雍正增刻本　四册

330000－1701－0004844　善004410　集部/別集類/元別集

靜脩先生文集十卷　(元)劉因撰　明萬曆十六年(1588)進賢方義壯刻本　四册

330000－1701－0004845　善004411　集部/別集類/元別集

養吾齋集三十二卷　(元)劉將孫撰　清孔氏壽雲簃抄本　五册

330000－1701－0004846　善004412　集部/別集類/元別集

許白雲先生文集四卷　(元)許謙撰　清抄本　二册

330000－1701－0004847　善004413　集部/別集類/元別集

白雲集四卷　(元)許謙撰　清抄本　四册

330000－1701－0004848　善 004414　集部/別集類/元別集

牧庵集三十六卷　(元)姚燧撰　**牧庵集附錄一卷**　(元)劉致編類　清抄本　九冊　存三十四卷(四至三十六、附錄)

330000－1701－0004849　善 004416　集部/別集類/元別集

漢泉曹文貞公詩集十卷後錄一卷　(元)曹伯啓撰　(元)曹復亨輯　(元)胡益編　清抄本　三冊　存八卷(一至八)

330000－1701－0004850　善 004417　集部/別集類/元別集

周此山先生詩集十卷　(元)周權撰　(元)陳旅選　清抄本　一冊　存三卷(一至三)

330000－1701－0004852　善 004415　集部/別集類/元別集

楚國文憲公雪樓程先生文集三十卷附錄一卷　(元)程鉅夫撰　(元)程大本輯　**楚國文憲公雪樓程先生[鉅夫]年譜一卷**　(元)程世京編　清抄本　十二冊　缺一卷(十五)

330000－1701－0004853　善 004418　集部/別集類/元別集

此山先生詩集十卷　(元)周權撰　清宣統二年(1910)吳興沈氏萬卷樓抄本　沈兆熊題簽並記　沈兆熊跋並過錄清錢曾校　一冊

330000－1701－0004854　善 004420　集部/總集類/彙編之屬

元詩四大家(元四大家詩集)二十七卷　(明)毛晉編　明崇禎海虞毛氏汲古閣刻本　二冊　存八卷(楊仲弘詩一至八)

330000－1701－0004855　善 004421　集部/別集類/元別集

揭文安公集十卷　(元)揭傒斯撰　清長洲顧氏藝海樓抄本　二冊

330000－1701－0004856　善 004422　集部/別集類/元別集

吳淵穎先生集十二卷　(元)吳萊撰　(清)王邦采　(清)王繩曾箋　清康熙六十年(1721)錫山王邦采、王繩曾裕昆堂刻本　五冊

330000－1701－0004857　善 004423　集部/別集類/元別集

圭齋文集十六卷　(元)歐陽玄撰　(明)歐陽銘　(明)歐陽鏞編　明成化七年(1471)劉釪刻本　一冊　存九卷(一至九)

330000－1701－0004858　善 004425　集部/別集類/元別集

柳待制文集二十卷附錄一卷　(元)柳貫撰　(清)柳寅東等校　清順治十一年(1654)馮如京、范養民等刻康熙五十年(1711)傅旭元重修本　六冊

330000－1701－0004859　善 004424　集部/別集類/元別集

薩天錫詩集三卷　(元)薩都剌撰　明崇禎十一年(1638)毛氏汲古閣刻元人集十種本　蔡汝龍批校　二冊

330000－1701－0004861　善 004427　集部/別集類/元別集

滋溪文稾三十卷　(元)蘇天爵撰　清抄本　六冊

330000－1701－0004862　善 004429　集部/別集類/元別集

周翰林近光集三卷補遺二卷　(元)周伯琦撰　清抄本　清顧沅跋　一冊

330000－1701－0004863　善 004428　集部/別集類/元別集

周翰林近光集三卷扈從集一卷　(元)周伯琦撰　清抄本　二冊

330000－1701－0004864　善 004430　集部/別集類/元別集

李五峰集六卷　(元)李孝光撰　清抄本　二冊

330000－1701－0004865　善 004431　集部/別集類/元別集

蟻術詩選八卷　(元)邵亨貞撰　明隆慶六年(1572)新都汪稷好德軒刻本　四冊

330000－1701－0004866　善 004432　集部/別集類/元別集

葯房樵唱三卷　(元)吳景奎著　(元)黃琪編輯　**附録一卷**　清抄本　一册

330000－1701－0004867　善 004433　集部/別集類/元別集

貢禮部玩齋集十二卷拾遺一卷　(元)貢師泰撰　**玩齋先生紀年録一卷**　(元)朱鐩編纂　清抄本　十二册

330000－1701－0004868　善 004434　集部/別集類/元別集

羽庭集六卷　(元)劉仁本撰　清抄本　二册

330000－1701－0004869　善 004435　集部/別集類/元別集

不繫舟漁集十六卷　(元)陳高撰　清康熙抄本　四册

330000－1701－0004870　善 004436　集部/別集類/元別集

句曲外史詩集二卷集外詩一卷　(元)張雨撰　清抄本　佚名過録清錢大昕題記、清黃丕烈跋　清程恩澤題記　清邵淵耀、清方若蘅跋　二册

330000－1701－0004871　善 004439　集部/別集類/元別集

詠物詩二卷　(元)謝宗可撰　清抄本　一册

330000－1701－0004872　善 004437　集部/別集類/元別集

師山先生文集八卷遺文五卷附録一卷　(元)鄭玉撰　**濟美録四卷**　(明)鄭燭輯　明嘉靖十四年(1535)刻遞修本　二册　缺四卷(濟美録一至四)

330000－1701－0004874　善 004438　集部/別集類/元別集

北郭詩集六卷補遺一卷　(元)許恕撰　清抄本　二册

330000－1701－0004875　善 004441　集部/別集類/元別集

玉笥集十卷　(元)張憲撰　清抄本　四册

330000－1701－0004876　善 004442　集部/別集類/元別集

丁鶴年先生詩集一卷　(元)丁鶴年撰　**附録一卷**　清抄本　一册

330000－1701－0004877　善 004443　集部/別集類/元別集

海巢集三卷　(元)丁鶴年撰　**附録一卷**　(元)吉雅謨丁　(元)愛理沙　(元)吳惟善撰　清乾隆四十一年(1776)抄本　一册

330000－1701－0004878　善 004444　集部/別集類/元別集

華陽貞素文集七卷附録一卷　(元)舒頔撰　清抄本　二册

330000－1701－0004879　善 004445　集部/別集類/元別集

龜巢藁二十卷　(元)謝應芳撰　清抄本　十册

330000－1701－0004880　善 004446　集部/別集類/元別集

九靈山房集三十卷　(元)戴良撰　清趙昱小山堂抄本　二册　存十四卷(一至十四)

330000－1701－0004881　善 004447　集部/總集類/彙編之屬

元人集十種　(明)毛晉編　明崇禎十一年(1638)毛氏汲古閣刻清初增刻本　四册　存一種

330000－1701－0004882　善 004448　集部/別集類/元別集

樗隱集六卷　(元)胡行簡撰　清抄本　一册

330000－1701－0004883　善 004449　集部/別集類/元別集

趙徵君東山先生存稿七卷附録一卷　(元)趙汸撰　清康熙二十年(1681)新安趙吉士等刻本　八册

330000－1701－0004884　善 004450　集部/別集類/元別集

楊鐵崖文集五卷史義拾遺二卷　(元)楊維楨撰　**西湖竹枝集一卷**　(元)楊維楨輯　**香奩**

集一卷　(元)楊維楨　(元)王德璉撰　明諸暨陳于京刻清乾隆萬卷樓印本　四冊

330000－1701－0004885　善 004451　集部/別集類/元別集

鐵崖文集五卷　(元)楊維楨撰　清抄本　清胡惠孚校　四冊

330000－1701－0004886　善 004452　集部/別集類/元別集

楊鐵崖文集五卷史義拾遺二卷　(元)楊維楨撰　**校對存疑一卷**　(清)傅汝礪撰　清抄本(校對存疑爲稿本)　清孫鳴鏘校　三冊

330000－1701－0004887　善 004453　集部/別集類/元別集

夷白齋稿三十五卷外集二卷　(元)陳基撰(元)戴良編　清抄本　四冊　存三十四卷(一至十一、十五至三十五、外集一至二)

330000－1701－0004888　善 004454　集部/別集類/元別集

麗則遺音四卷　(元)楊維楨撰　**附錄一卷**　清抄本　一冊

330000－1701－0004889　善 004455　集部/別集類/元別集

東維子文集三十卷　(元)楊維楨撰　**附錄一卷**　清抄本　十六冊

330000－1701－0004890　善 004456　集部/別集類/元別集

鐵崖先生古樂府十卷補六卷復古詩集六卷麗則遺音四卷　(元)楊維楨撰　**附錄一卷**(元)謝一魯等撰　明末海虞毛氏汲古閣刻本　八冊

330000－1701－0004892　善 004458　集部/別集類/明別集

高皇帝御製文集二十卷　(明)太祖朱元璋撰　明萬曆刻本　十二冊

330000－1701－0004893　善 004459　集部/別集類/元別集

夷白齋稿三十五卷外集二卷　(元)陳基撰(元)戴良編　清小輞川抄本　四冊

330000－1701－0004894　善 004460　集部/別集類/明別集

高皇帝御製文集二十卷　(明)太祖朱元璋撰　明嘉靖十四年(1535)徐九臯、王惟賢江都刻本　十冊

330000－1701－0004895　善 004461　集部/別集類/元別集

庸庵詩集十四卷　(元)宋禧撰　清抄本　清東甌山人跋　二冊　存十卷(一至十)

330000－1701－0004896　善 004462　集部/別集類/明別集

新刊宋學士全集三十三卷　(明)宋濂撰　**附錄補遺一卷**　(明)韓叔陽輯　明嘉靖三十年(1551)高淳韓叔陽刻本　三十二冊

330000－1701－0004897　善 004463　集部/別集類/明別集

新刊宋學士全集三十三卷　(明)宋濂撰　**附錄補遺一卷**　(明)韓叔陽輯　明嘉靖三十年(1551)韓叔陽等刻清初周日燦重修本　十八冊

330000－1701－0004898　善 004464　集部/別集類/明別集

太師誠意伯劉文成公集十八卷　(明)劉基撰(明)樊獻科編　明嘉靖三十五年(1556)樊獻科、于德昌刻本　八冊

330000－1701－0004899　善 004465　集部/別集類/明別集

潛溪集八卷附錄一卷　(明)宋濂撰　明嘉靖十五年(1536)海陵徐嵩、溫秀刻本　清莫友芝批並跋　二冊

330000－1701－0004900　善 004466　集部/別集類/明別集

太師誠意伯劉文成公集二十卷首一卷　(明)劉基撰　清光緒二十六年(1900)浙江書局刻本　清鄒存淦校並跋　十冊

330000－1701－0004901　善 004467　集部/別集類/明別集

陶學士先生文集二十卷　(明)陶安撰　(明)

張祐校編　**陶學士先生事蹟一卷**　(明)費宏輯　明弘治十三年(1500)嘉興項經刻遞修本　六冊

330000－1701－0004902　善 004468　集部/別集類/明別集

王忠文公文集二十四卷　(明)王褘撰　(明)劉傑編　明嘉靖元年至三年(1522－1524)張齊金華府刻十八年(1539)印本　十冊　存十九卷(一、五至二十、二十三至二十四)

330000－1701－0004903　善 004469　集部/別集類/明別集

坦齋劉先生文集二卷　(明)劉三吾撰　明萬曆六年(1578)韓城賈緣刻清重修本　二冊

330000－1701－0004904　善 004470　集部/別集類/明別集

王忠文公文集二十五卷　(明)王褘撰　清康熙三十年(1691)王廷曾刻本　十冊

330000－1701－0004905　善 004471　集部/別集類/明別集

翠屏詩集四卷　(明)張以寧撰　(明)石光霽編　(明)張淮續編　清抄本　四冊

330000－1701－0004906　善 004472　集部/別集類/明別集

劉槎翁先生詩選十二卷　(明)劉崧撰　清抄本　五冊

330000－1701－0004907　善 004473　集部/別集類/明別集

朱楓林集十卷　(明)朱升撰　明萬曆四十四年(1616)歙邑朱氏刻本　二冊

330000－1701－0004908　善 004474　集部/別集類/明別集

白雲稾十一卷　(明)朱右撰　清末抄本　三冊

330000－1701－0004910　善 004476　集部/別集類/明別集

白雲稿十一卷　(明)朱右撰　清抄本　劉詩孫校補並跋　章梫校並跋　四冊

330000－1701－0004912　善 004478　集部/別集類/明別集

元豐文集四卷　(明)徐一夔撰　清初抄本　二冊

330000－1701－0004913　善 004479　集部/別集類/明別集

始豐藁六卷　(明)徐一夔撰　清抄本　二冊

330000－1701－0004914　善 004480　集部/別集類/明別集

青邱高季迪先生詩集十八卷遺詩一卷扣舷集一卷鳧藻集五卷附錄一卷　(明)高啓撰　(清)金檀輯注　**青邱高季迪先生[啓]年譜一卷**　(清)金檀編　清雍正六年至七年(1728－1729)金氏文瑞樓刻乾隆墨華池館印本　清李富孫批並題記　十二冊

330000－1701－0004916　善 004482　集部/別集類/明別集

王靜學先生文集二卷　(明)王叔英撰　清抄本　金嗣獻題簽並校　二冊

330000－1701－0004917　善 004483　集部/別集類/明別集

虞山人詩四卷　(明)虞堪撰　清抄本　二冊

330000－1701－0004918　善 004485　集部/別集類/明別集

春草齋詩集五卷文集六卷　(明)烏斯道撰　**附名公讚春草集歌詠一卷**　(明)烏獻明輯　明崇禎二年(1629)泰和蕭基浙江刻本　三冊　缺四卷(二至五)

330000－1701－0004919　善 004484　集部/別集類/明別集

春草齋文集選六卷詩集選一卷詩集選附錄一卷　(明)烏斯道撰　(清)熊伯龍選　(清)黃敬修評　**附名公贊春草集歌詠一卷**　清康熙慈谿烏震刻本　二冊

330000－1701－0004920　善 004486　集部/別集類/明別集

永嘉集十二卷　(明)張著撰　清抄本　四冊

330000－1701－0004921　善 004487　集部/

別集類/明别集

蒲菴詩三卷 (明)釋來復撰 清抄本 四册

330000-1701-0004922 善004488 集部/別集類/明别集

練公文集二卷首一卷 (明)練安撰 (明)王佐輯 (明)練綺增輯 **練公手蹟一卷** (明)練安書 (明)練綺模 **練中丞遺事一卷** (明)郭子章輯 (明)練綺增輯 **崇祀實紀一卷** (清)練綺彙次 明萬曆三十九年(1611)刻清重修本 四册

330000-1701-0004923 善004489 集部/別集類/明别集

遜志齋集二十四卷附録一卷 (明)方孝孺撰 明正德十五年(1520)顧璘刻本 三十二册

330000-1701-0004924 善004490 集部/別集類/明别集

遜志齋集二十四卷附録一卷 (明)方孝孺撰 (明)范惟一輯 明嘉靖四十年(1561)吴郡王可大刻萬曆四年(1576)重修本 十册

330000-1701-0004925 善004491 集部/別集類/明别集

遜志齋集二十四卷附録一卷 (明)方孝孺撰 (明)范惟一輯 明嘉靖四十年(1561)王可大刻萬曆四年(1576)重修本 章梫跋 十册

330000-1701-0004926 善004492 集部/別集類/明别集

方正學先生遜志齋集二十四卷外紀二卷續集一卷 (明)方孝孺撰 (明)姚履旋輯 明萬曆四十年(1612)丁賓等刻清康熙三十八年(1699)方忠祁重修本 章梫批並跋 十四册

330000-1701-0004927 善004493 集部/別集類/明别集

方正學先生遜志齋集二十四卷拾補一卷外紀一卷 (明)方孝孺撰 (明)張紹謙纂 (清)盧演輯訂 明崇禎十六年(1643)張紹謙刻清康熙三十七年至四十四年(1698-1705)俞化鵬重修本 十六册

330000-1701-0004928 善004494 集部/別集類/明别集

芻蕘集六卷 (明)周德撰 (明)郭子章等選 明萬曆十八年(1590)泰和周應鰲刻清康熙三十七年(1698)周君鎔重修本 四册

330000-1701-0004929 善004496 集部/別集類/明别集

方正學先生遜志齋集二十四卷拾補一卷外紀一卷 (明)方孝孺撰 (明)張紹謙纂 (清)盧演輯訂 明崇禎十六年(1643)張紹謙刻清康熙俞化鵬重修本 章梫批並跋 二十册

330000-1701-0004930 善004495 集部/總集類/彙編之屬

文瑞樓彙刻書三種 (清)金檀編 清康熙至雍正桐鄉金氏文瑞樓燕翼堂刻本 二十四册

330000-1701-0004931 善004497 集部/別集類/明别集

李卓吾評選方正學文集十一卷首一卷 (明)方孝孺撰 (明)李贄評選 明刻三異人文集本 章梫批並跋 四册

330000-1701-0004932 善004498 集部/別集類/明别集

天台林公輔先生文集不分卷 (明)林右撰 清抄本 三册

330000-1701-0004934 善004500 集部/別集類/明别集

松月集一卷 (明)釋睿略撰 清抄本 二册

330000-1701-0004937 善004503 集部/別集類/明别集

雪溪漁唱集八卷 (明)蘇平撰 (明)晏鐸編選 (明)王貞慶批點 清抄本 四册

330000-1701-0004938 善004504 集部/別集類/明别集

雪溪漁唱集十卷 (明)蘇平撰 (明)晏鐸編選 清光緒海昌張氏小清儀閣抄本 張光第校並跋 五册

330000-1701-0004939 善004505 集部/別集類/明别集

勿齋詩稿一卷勿齋遺稿一卷　(明)陳員韜撰　清抄本　一冊

330000－1701－0004940　善004506　集部/別集類/明別集

畏齋存稿二卷　(明)林鶚撰　清抄本　一冊

330000－1701－0004941　善004507　集部/別集類/明別集

桃溪集四卷　(明)謝鐸撰　清末抄本　四冊

330000－1701－0004942　善004508　集部/別集類/明別集

砥菴集五卷　(明)邵廉撰　(明)邵祥編次　明正統十年(1445)邵祥刻本　清王峴題簽並批　一冊

330000－1701－0004943　善004509　集部/別集類/明別集

章質菴先生集四卷　(明)章敞撰　清抄本　四冊

330000－1701－0004944　善004510　集部/別集類/明別集

重刻質庵章公文集不分卷　(明)章敞著　明永樂甲申會魁禮部左侍郎會稽質庵章公附錄一卷　清抄本　四冊

330000－1701－0004945　善004511　集部/別集類/明別集

慎獨齋詩集十六卷　(明)趙文撰　(明)趙宗禮編　清抄本　四冊

330000－1701－0004946　善004512　集部/別集類/明別集

澹然先生文集六卷　(明)陳敬宗撰　(明)陳其柱輯　清抄本　六冊

330000－1701－0004947　善004513　集部/別集類/明別集

河汾詩集八卷　(明)薛瑄撰　明成化五年(1469)謝庭桂刻本　三冊　缺二卷(三至四)

330000－1701－0004948　善004514　集部/別集類/明別集

東里文集二十五卷　(明)楊士奇撰　明萬曆四十六年(1618)刻清康熙十七年(1678)褒功祠重修本　六冊

330000－1701－0004949　善004515　集部/別集類/明別集

思菴先生文粹十一卷　(明)吳訥撰　清抄本　六冊

330000－1701－0004950　善004516　集部/別集類/明別集

黃忠宣公文集十三卷　(明)黃福撰　**黃忠宣公別集六卷**　(明)馮時雍輯　明嘉靖交河馮時雍刻本　八冊　存九卷(七至十、十二至十三,別集一、五至六)

330000－1701－0004951　善004517　集部/別集類/明別集

土苴集二卷附錄一卷　(明)周鼎撰　清初抄本　二冊

330000－1701－0004952　善004518　集部/別集類/明別集

土苴集二卷集外詩一卷續集六卷附錄一卷　(明)周鼎撰　清抄本　張天方題簽並過錄清孫毓修校補及跋　一冊

330000－1701－0004954　善004520　集部/別集類/明別集

柳莊先生詩集一卷　(明)袁珙撰　(明)袁忠徹輯　清抄本　一冊

330000－1701－0004955　善004524　集部/別集類/明別集

西崖先生擬古樂府二卷　(明)李東陽撰　(明)謝鐸　(明)潘辰評點　(明)何孟春音註　明釋袾宏刻本　一冊

330000－1701－0004956　善004521、善004675　集部/總集類/郡邑之屬

合刻武康四先生集　明萬曆四十一年(1613)張時震刻本　六冊　存二種

330000－1701－0004957　善004522　集部/別集類/明別集

充然子詩文集一卷　(明)顧懿撰　**左春坊司諫氷壺顧先生詩集一卷**　(明)顧氷壺撰　清

初抄本　清舸月批校　一冊

330000－1701－0004958　善004523　集部/別集類/明别集

于忠肅詩集一卷　(明)于謙撰　**太傅于忠肅公一卷**　清抄本　一冊

330000－1701－0004959　善004525　集部/別集類/明别集

白沙子全集九卷附錄一卷　(明)陳獻章撰　明萬曆四十年(1612)何上新刻本　十冊

330000－1701－0004960　善004526　集部/別集類/明别集

白沙子全集九卷附錄一卷　(明)陳獻章撰　清順治十二年(1655)黄之正等刻本　十冊

330000－1701－0004961　善004527　集部/別集類/明别集

瓊臺會稿十二卷　(明)丘濬撰　明嘉靖三十二年(1553)鄭廷鵠刻本　二冊　存四卷(五至八)

330000－1701－0004962　善004528　集部/別集類/明别集

瓊臺會稿十二卷　(明)丘濬撰　明萬曆八年(1580)劉倬、馬千乘刻本　六冊

330000－1701－0004963　善004529　集部/別集類/明别集

一峰先生文集十四卷　(明)羅倫撰　明嘉靖二十八年(1549)臨桂張言刻重修本　四冊

330000－1701－0004964　善004530　集部/別集類/明别集

懷麓堂詩藁二十卷文藁三十卷詩後藁十卷文後藁三十卷南行藁一卷北上錄一卷講讀錄一卷東祀錄三卷集句錄一卷集句後錄一卷哭子錄一卷求退錄三卷　(明)李東陽撰　明正德十一年(1516)熊桂刻本　十冊　存五十二卷(文藁一至三十、文後藁一至二十、南行藁、北上錄)

330000－1701－0004965　善004531　集部/別集類/明别集

滄洲詩集十卷續集二卷附錄一卷　(明)張泰撰　清初抄本　三冊

330000－1701－0004966　善004532　集部/別集類/明别集

楓山章先生文集九卷　(明)章懋撰　(明)章沛輯　明嘉靖九年(1530)張大綸刻章翰重修本　清章世臣題記　十二冊

330000－1701－0004967　善004533　集部/別集類/明别集

劉文安公策對不分卷　(明)劉定之撰　清初抄本　三冊

330000－1701－0004969　善004534　集部/別集類/明别集

風樹亭稾十二卷　(明)姚福撰　清康熙金氏文瑞樓抄本　四冊

330000－1701－0004970　善004536　集部/別集類/明别集

龍皋文藁十九卷　(明)陸簡撰　明嘉靖元年(1522)楊鑨刻本　二冊

330000－1701－0004971　善004537　集部/別集類/明别集

盧黄州泖粟稿六卷　(明)盧濬撰　(清)張廷琛重訂　清宣統二年(1910)張廷琛稿本　一冊

330000－1701－0004973　善004539　集部/別集類/明别集

倪小野先生全集八卷　(明)倪宗正撰　(明)倪繼宗編次　清康熙四十九年(1710)倪繼宗刻本　十二冊

330000－1701－0004974　善004540　集部/別集類/明别集

定山先生集十卷　(明)莊昶撰　清初抄本　四冊

330000－1701－0004976　善004542　集部/別集類/明别集

王文恪公集三十六卷　(明)王鏊撰　**鶡音一卷白社詩草一卷**　(明)王禹聲撰　**名公筆記一卷**　明萬曆震澤王氏三槐堂刻清重修本　十二冊

330000－1701－0004977　善 004543　集部/別集類/明別集

見素集二十八卷奏議七卷素翁續集十二卷　(明)林俊撰　明萬曆十三年(1585)林及祖、林大黼刻本　六册　存二十八卷(見素集一至二十八)

330000－1701－0004978　善 004544　集部/總集類/彙編之屬

陳沈兩先生稿　(明)陳仁錫編　明萬曆四十三年(1615)陳仁錫刻本　四册　存十一卷(石田先生集一至十一)

330000－1701－0004979　善 004545　集部/別集類/明別集

崆峒集二十一卷　(明)李夢陽撰　明閻讓刻本　八册

330000－1701－0004981　善 004547　集部/別集類/明別集

草窻梅花集句三卷附錄紅梅集句一卷　(明)章琥撰　明崇禎七年(1634)新安汪戴德刻本　三册

330000－1701－0004982　善 004548　集部/別集類/明別集

李氏弘德集三十二卷　(明)李夢陽撰　明嘉靖四年(1525)張元學刻本　四册

330000－1701－0004985　善 004551　集部/別集類/明別集

空同先生集六十三卷　(明)李夢陽撰　明萬曆七年(1579)浙江思山堂徐應瑞刻本　十册

330000－1701－0004986　善 004552　集部/別集類/明別集

懷星堂全集三十卷　(明)祝允明撰　明萬曆三十九年(1611)陳以聞刻本　四册

330000－1701－0004987　善 004553　集部/別集類/明別集

篁墩程先生文集九十三卷拾遺一卷　(明)程敏政撰　明正德二年(1507)何歆刻本　十四册　存六十六卷(二十五至三十三、三十七至八十六、八十八至九十三、拾遺)

330000－1701－0004988　善 004554　集部/別集類/明別集

空同詩選一卷　(明)李夢陽撰　(明)楊慎選評　明烏程閔齊伋刻朱墨套印本　二册

330000－1701－0004989　善 004555　集部/別集類/明別集

空同子集六十六卷目錄三卷　(明)李夢陽撰　**附錄二卷**　(明)鄧雲霄　(明)潘之恒輯　明萬曆三十年(1602)東莞鄧雲霄刻本　奕喜批校並圈點　十二册

330000－1701－0004990　善 004556　集部/別集類/明別集

華泉先生集選四卷　(明)邊貢撰　(清)王士禛選　**附錄一卷**　清康熙刻本　一册

330000－1701－0004991　善 004557　集部/別集類/明別集

陶莊敏公文集八卷附錄一卷　(明)陶諧撰　**蘭渚先生遺藁一卷**　(明)陶允淳譔　清陶塏賢奕書樓抄本　清陶塏題簽　四册

330000－1701－0004992　善 004558　集部/別集類/明別集

唐伯虎先生集二卷外編五卷續刻十二卷　(明)唐寅撰　(明)何大成輯　**六如唐先生畫譜三卷**　(明)唐寅輯　明萬曆二十年至四十二年(1592－1614)吳郡何大成刻本　三册　缺三卷(唐六如先生畫譜一至三)

330000－1701－0004993　善 004561　集部/別集類/明別集

陽明先生文錄五卷外集九卷別錄十四卷　(明)王守仁撰　明嘉靖二十九年(1550)閭東刻本　二十册

330000－1701－0004994　善 004562　集部/別集類/明別集

文成先生文要四卷　(明)王守仁撰　明萬曆三十一年(1603)陸典等刻本　四册

330000－1701－0004995　善 004559　集部/別集類/明別集

袁中郎先生批評唐伯虎彙集四卷　(明)唐寅

撰　(明)袁宏道評　**唐六如先生畫譜三卷**　(明)唐寅輯　**袁中郎先生批評唐伯虎外集一卷**　(明)祝允明撰　**袁中郎先生批評唐伯虎傳贊一卷袁中郎先生批評唐伯虎紀事一卷**　明萬曆刻白玉堂印本　八冊

330000－1701－0004996　善 004560　集部/别集類/明别集
袁中郎先生批評唐伯虎彙集四卷　(明)唐寅撰　(明)袁宏道評　**唐六如先生畫譜三卷**　(明)唐寅輯　**袁中郎先生批評唐伯虎外集一卷**　(明)祝允明撰　**袁中郎先生批評唐伯虎傳贊一卷袁中郎先生批評唐伯虎紀事一卷**　明萬曆刻白玉堂印本　四冊　存九卷(二至四、外集、紀事、傳贊、畫譜一至三)

330000－1701－0004997　HJL2580　集部/别集類/清别集
大俞山房文藁六卷楊龜山先生[時]年譜考證一卷　(清)黄璋撰　清刻本　六冊

330000－1701－0004999　善 004563　集部/别集類/明别集
定齋先生詩集二卷　(明)王應鵬撰　清抄本　二冊

330000－1701－0005000　善 000887　經部/小學類/音韻之屬/韻書
大明成化丁亥重刊改併五音類聚四聲篇十五卷　(金)韓孝彦　(金)韓道昭重編　**大明成化庚寅重刊改併五音集韻十五卷**　(金)韓道昭重編　明成化三年至七年(1467－1471)大隆福寺釋文儒刻本　栞衕人題記　五冊　存十五卷(五音集韻一至十五)

330000－1701－0005001　善 004564　集部/别集類/明别集
閔午塘先生集一卷　(明)閔如霖撰　清光緒抄本　一冊

330000－1701－0005002　善 004565　集部/别集類/明别集
王文成公全書三十八卷　(明)王守仁撰　明隆慶六年(1572)豫章謝廷傑刻本　三十冊

330000－1701－0005003　善 004566　集部/别集類/明别集
陽明先生文録十四卷　(明)王守仁撰　**陽明先生語録三卷**　(明)徐愛　(明)陸澄　(明)薛侃録　明嘉靖十五年(1536)錢德洪刻二十六年(1547)豐城范慶重修本　六冊

330000－1701－0005004　善 004567　集部/别集類/明别集
陽明先生文粹十一卷　(明)王守仁撰　(明)宋儀望輯　明隆慶六年(1572)廬陵宋儀望閩中正學書院刻本　八冊

330000－1701－0005005　善 004568　集部/别集類/明别集
明聶雙江先生文集(雙江聶先生文集)十四卷　(明)聶豹著　(明)徐階彙輯　(明)聶靜編訂　清康熙四十年(1701)雲丘書院刻本　十二冊

330000－1701－0005006　善 004569　集部/别集類/明别集
鶴田草堂集十卷　(明)蔡雲程撰　清抄本　單士元批校　三冊

330000－1701－0005007　善 004570　集部/别集類/明别集
陽明先生正録五卷外録九卷别録十四卷　(明)王守仁撰　明嘉靖三十六年(1557)董聰刻本　二十二冊

330000－1701－0005008　善 004571　集部/别集類/明别集
甌東私録十卷　(明)項喬撰　清抄本　九冊　存九卷(一至六、八至十)

330000－1701－0005011　善 004574　集部/别集類/明别集
葛端肅公文集十八卷　(明)葛守禮撰　明萬曆十年(1582)刻清乾隆五十六年(1791)閩中鍾大受重修本　八冊

330000－1701－0005013　HJL4998　集部/别集類/唐五代别集
杜工部集二十卷　(唐)杜甫撰　(清)錢謙益

箋註　(清)何焯評點　**諸家詩話一卷唱酬題詠附録一卷附録一卷**　清宣統二年(1910)上海國學扶輪社、神州國光社鉛印本　八册

330000－1701－0005014　善 004576　集部/别集類/明别集
周恭肅公集十六卷附録一卷　(明)周用撰　明嘉靖二十八年(1549)周國南川上草堂刻本　六册

330000－1701－0005015　善 004577　集部/别集類/明别集
凌谿先生集十八卷　(明)朱應登撰　明嘉靖三十三年(1554)朱曰藩刻本　王修跋　四册

330000－1701－0005016　善 004578　類叢部/叢書類/自著之屬
王氏家藏集五種　(明)王廷相撰　明嘉靖刻本　十六册

330000－1701－0005017　善 004579　集部/别集類/明别集
何氏集二十六卷　(明)何景明撰　明嘉靖吴郡沈氏野竹齋刻本　王咏霓批校並觀款　四册

330000－1701－0005019　善 004581　集部/别集類/明别集
何文定公文集十一卷　(明)何瑭撰　**何文定公[瑭]傳一卷**　(明)張鹵撰　明萬曆四年(1576)賈待問等刻本　六册

330000－1701－0005020　善 004582　集部/别集類/明别集
何大復先生集三十八卷　(明)何景明撰　**附録一卷**　明萬曆五年(1577)陳堂、胡秉性刻本　十册

330000－1701－0005021　善 004583　集部/别集類/明别集
顧文康公疏草十卷詩草六卷續稿六卷三集四卷首一卷　(明)顧鼎臣撰　明崇禎十三年至清順治二年(1640－1645)顧氏桂雲堂刻本　六册　存十七卷(一至十、續稿一至六、首)

330000－1701－0005023　善 004585　集部/别集類/明别集
儼山文集一百卷目録二卷外集四十卷續集十卷　(明)陸深撰　(明)黄標校編　明嘉靖二十五年至三十年(1546－1551)陸楫刻本　二十二册　缺四十卷(外集一至四十)

330000－1701－0005024　善 004586　集部/别集類/明别集
丹峰先生文集十三卷　(明)徐子熙撰　清影抄明萬曆二十年(1592)徐啓東刻本　八册

330000－1701－0005025　善 004587　集部/别集類/明别集
張文定公觀光樓集十卷紆玉樓集十卷靡悔軒集十二卷環碧堂集十八卷養心亭集八卷四友亭集二十卷　(明)張邦奇撰　明萬曆刻本　四册　存十卷(張文定公觀光樓集一至十)

330000－1701－0005026　善 004588　集部/别集類/明别集
趙氏家藏集八卷　(明)趙文華撰　(明)徐階選　清抄本　二册

330000－1701－0005028　善 004590　集部/别集類/明别集
趙氏家藏集八卷　(明)趙文華撰　(明)徐階選　清初抄本　蟄广題簽並跋　王修跋　四册

330000－1701－0005029　善 004593　集部/别集類/明别集
洹詞十二卷　(明)崔銑撰　明嘉靖二十八年(1549)趙府味經堂刻本　康有爲題簽並記　十二册

330000－1701－0005031　善 004594　集部/别集類/明别集
董中峰先生文選十一卷又一卷　(明)董玘撰　(明)唐順之選　明嘉靖四十年(1561)山陰王國楨福建藩署刻隆慶補修本　二册

330000－1701－0005032　善 004591　集部/别集類/明别集
渼陂集十六卷　(明)王九思撰　明嘉靖十二年(1533)王獻等刻本　八册

330000－1701－0005033　善004595　集部/别集類/明别集

楊忠烈公文集三卷補遺一卷　(明)楊漣著　(明)王延世評　(明)甘和森編次　清順治十八年(1661)楊苞刻本　十四冊

330000－1701－0005034　善004596　集部/别集類/明别集

楊忠愍公全集四卷　(明)楊繼盛撰　清康熙三十七年(1698)蕭山章鈺敬一齋刻本　毛春翔跋　二冊

330000－1701－0005035　善004597　集部/别集類/明别集

直廬稿十卷　(明)嚴嵩撰　明嘉靖三十一年(1552)嚴嵩鈐山堂刻本　四冊

330000－1701－0005036　善004598　集部/别集類/明别集

甘泉先生文集内編二十八卷外編十二卷　(明)湛若水撰　明嘉靖十五年(1536)江都火增刻本　十二冊　存二十六卷(内編二至十三、十五至二十八)

330000－1701－0005037　善004599　集部/别集類/明别集

甘泉先生兩都風詠四卷　(明)湛若水撰　明嘉靖十四年(1535)朱敬之刻本　四冊

330000－1701－0005038　善004600　集部/别集類/明别集

甘泉湛子古詩選五卷　(明)湛若水撰　(明)謝錫命等輯　明嘉靖三十一年(1552)南海謝錫命刻本　二冊

330000－1701－0005039　善004601　集部/别集類/明别集

誠齋先生詩集四卷　(明)汪鋐撰　**四世一品恩命録一卷**　清抄本　一冊

330000－1701－0005040　善004602　集部/别集類/明别集

張龍湖先生文集十五卷　(明)張治撰　(清)彭思眷編　清雍正四年(1726)彭思眷刻墨香閣印本　四冊

330000－1701－0005041　善004603　集部/别集類/明别集

寶綸樓集六卷　(明)傅冠撰　明崇禎十七年(1644)傅練刻本　八冊　存五卷(一至五)

330000－1701－0005042　善004604　集部/别集類/明别集

西原全集十卷遺集一卷　(明)薛蕙撰　清抄本　八冊

330000－1701－0005043　善004605　集部/别集類/明别集

徐廸功集六卷談藝録一卷　(明)徐禎卿撰　明嘉靖二十九年(1550)姑蘇袁氏刻本　三冊

330000－1701－0005044　善004606　集部/别集類/明别集

徐廸功集六卷談藝録一卷重選徐廸功外集四卷　(明)徐禎卿撰　明萬曆十二年(1584)傅光宅刻本　二冊　存四卷(重選徐廸功外集一至四)

330000－1701－0005045　善004607　集部/别集類/明别集

太白山人詩五卷　(明)孫一元撰　明嘉靖刻本　二冊

330000－1701－0005046　善004608　集部/别集類/明别集

東畬先生詩選一卷　(明)錢琦撰　(明)俞憲輯　明隆慶五年(1571)刻本　清趙蓮跋　一冊

330000－1701－0005048　善004610　集部/别集類/明别集

升庵先生文集八十一卷目錄四卷　(明)楊慎撰　(明)焦竑輯　明萬曆二十九年(1601)江陽王藩臣、内江蕭如松刻本　十六冊

330000－1701－0005049　善004611　集部/别集類/明别集

太史升菴文集八十一卷目録四卷　(明)楊慎撰　(明)楊有仁輯　明萬曆十年(1582)張士佩等刻本　十冊

330000－1701－0005050　善004612　集部/

別集類/明別集

穉玉文集八卷附摘鈔詩賦一卷 (明)王亮撰 清末抄本 一册

330000－1701－0005051 善 004613 子部/雜著類/雜考之屬

升菴外集一百卷 (明)楊慎撰 (明)焦竑輯 明萬曆四十五年(1617)吳郡顧起元刻本 二十四册

330000－1701－0005052 善 004614 集部/別集類/明別集

吳繼疎先生遺集十三卷首一卷 (明)吳仁度撰 (清)吳廷相等編輯 清乾隆吳尚絅刻本 四册

330000－1701－0005053 善 004615 集部/別集類/明別集

知我軒近說二卷正志稿六卷 (明)林貴兆撰 清末抄本 四册

330000－1701－0005055 善 004617 集部/別集類/明別集

夏桂洲先生文集十八卷 (明)夏言撰 (明)林日瑞編 **夏桂洲先生[言]年譜一卷** (明)林日瑞編 明崇禎十一年(1638)吳一璘刻清康熙五十八年(1719)吳橋重修本 十二册

330000－1701－0005056 善 004618 集部/別集類/明別集

李卓吾先生讀升菴集二十卷 (明)楊慎撰 (明)李贄輯並評 明刻本 四册

330000－1701－0005057 善 004619 集部/別集類/明別集

谿田文集十一卷 (明)馬理撰 明萬曆十七年(1589)張泮刻清乾隆修補本 四册

330000－1701－0005060 善 004622 集部/總集類/氏族之屬

合刻屠氏家藏二集十二卷 (明)□□輯 清初刻本 二十二册

330000－1701－0005061 善 004623 集部/別集類/明別集

陽峯家藏集三十六卷 (明)張璧撰 明嘉靖二十四年(1545)世恩堂刻本 十四册 存三十一卷(一至二、八至三十六)

330000－1701－0005062 善 004624 集部/別集類/明別集

方塘汪先生文粹五卷 (明)汪思撰 明萬曆三年(1575)汪知易刻本 一册

330000－1701－0005063 善 004625 集部/別集類/明別集

梓溪文集五卷 (明)舒芬撰 明嘉靖三十年(1551)張希舉刻本 王修跋 四册

330000－1701－0005064 善 004626 類叢部/叢書類/自著之屬

梓溪文鈔二種 (明)舒芬撰 明萬曆四十八年(1620)舒璉刻本 十册

330000－1701－0005065 善 004627 集部/別集類/明別集

黃門集十二卷 (明)許相卿撰 **雲邨先生[許相卿]年譜一卷附錄一卷品藻一卷** (明)許聞造等編 明萬曆二十五年(1597)陳與郊浙江刻本 十册

330000－1701－0005066 善 004628 集部/別集類/明別集

少華山人文集十五卷詩集四卷前集十三卷後集九卷續集十五卷 (明)許宗魯著 明嘉靖二十六年(1547)關中刻本 四册 存四卷(詩集一至四)

330000－1701－0005067 善 004629 集部/別集類/明別集

玩鹿亭稿八卷附錄一卷 (明)萬表撰 明萬曆鄞縣萬邦孚刻本 六册

330000－1701－0005068 善 004630 集部/別集類/明別集

羣玉樓稿七卷困亨別稿一卷 (明)李默撰 **附錄一卷** 明萬曆元年(1573)李培刻本 八册

330000－1701－0005069 善 004631 集部/別集類/明別集

太師張文忠公集十九卷 (明)張孚敬撰 明

萬曆四十三年(1615)張汝綱、張汝紀等刻本　七册　缺六卷(文稿一至六)

330000－1701－0005070　善004632　集部/別集類/明別集
弘藝錄三十二卷首一卷　(明)邵經邦撰　清康熙二十四年(1685)邵遠平刻本　四册

330000－1701－0005071　善004633　集部/別集類/明別集
樸溪潘公文集九卷　(明)潘潢撰　明潘文星刻本　四册

330000－1701－0005072　善004634　集部/別集類/明別集
甫田集三十六卷　(明)文徵明撰　明嘉靖刻清修本　眉海批　二册

330000－1701－0005073　善004635　集部/別集類/明別集
世經堂集二十六卷　(明)徐階撰　明萬曆徐氏刻本(卷二十至二十一、二十四至二十六配清抄本)　十二册

330000－1701－0005074　善004636　集部/別集類/明別集
西村詩集二卷補遺一卷　(明)朱朴撰　明嘉靖三十一年(1552)海鹽朱朴刻萬曆二十九年(1601)朱紱續刻本　二册

330000－1701－0005075　善004637　集部/別集類/明別集
容菴集七卷周易傳義存疑一卷　(明)應大猷撰　明萬曆二年(1574)刻本　三册

330000－1701－0005076　善004638　集部/別集類/明別集
容菴集十卷　(明)應大猷撰　清抄本　五册

330000－1701－0005078　善004640　集部/別集類/明別集
王青屏先生詩集二卷　(明)王蓋撰　明萬曆刻本　王修批並跋　椿跋　一册

330000－1701－0005079　善004641　集部/別集類/明別集
湖海集三卷　(明)董澐撰　清抄本　二册

330000－1701－0005081　善004643　集部/別集類/明別集
芝園集三十六卷　(明)張時徹撰　明嘉靖二十三年(1544)莆田鄒守愚刻本　王修跋　八册　存二十二卷(一至二十二)

330000－1701－0005082　善004644　集部/別集類/明別集
田叔禾小集十二卷　(明)田汝成撰　明嘉靖四十二年(1563)錢塘田藝蘅刻本　四册

330000－1701－0005084　善004646　集部/別集類/明別集
趙浚谷文集十卷詩集六卷疏案一卷　(明)趙時春撰　**永思錄一卷**　(明)□□撰　明萬曆八年(1580)周鑑刻清順治十六年(1659)葉正蓁重修本　二十册　存十四卷(文集一至八、詩集一至六)

330000－1701－0005085　善004647　集部/別集類/明別集
蘇門集八卷　(明)高叔嗣撰　明嘉靖十六年(1537)陳束刻本　四册

330000－1701－0005086　善004648　集部/別集類/明別集
雲山堂集六卷　(明)魏裳撰　明萬曆七年(1579)魏文可刻本　六册

330000－1701－0005087　善004649　集部/別集類/明別集
少泉詩集十卷　(明)王格撰　明嘉靖刻本　五册

330000－1701－0005088　善004650　集部/別集類/明別集
遵巖先生文集二十五卷　(明)王慎中撰　明隆慶五年(1571)嚴鎡刻公文紙印本　清林佶題記　六册　存十一卷(一至十一)

330000－1701－0005089　善004651　集部/別集類/明別集
王遵巖先生文選一卷　(明)王慎中撰　(清)魯仕驥輯並評　稿本　一册

330000－1701－0005090　善 004652　集部/別集類/明別集

環溪集二十六卷　(明)沈愷撰　明隆慶五年至萬曆二年(1571－1574)沈紹祖刻本　六冊

330000－1701－0005091　善 004653　集部/別集類/明別集

重刊校正唐荆川先生文集十二卷　(明)唐順之撰　明嘉靖三十二年(1553)書林葉氏寶山堂刻本　九冊　存九卷(二、四至五、七至十二)

330000－1701－0005092　善 004654　集部/別集類/明別集

唐荆川先生續文集六卷奉使集二卷　(明)唐順之撰　明唐鶴徵刻本　三冊　存六卷(續文集一至六)

330000－1701－0005093　善 004655　集部/別集類/明別集

唐荆川先生文集十八卷　(明)唐順之撰　(清)唐執玉勘校　清康熙五十一年(1712)武進唐執玉刻本　八冊

330000－1701－0005094　善 004656　集部/總集類/彙編之屬

明八大家集　(清)張汝瑚編　清康熙二十一年(1682)溫陵書林、郢雪書林刻本　四冊　存一種

330000－1701－0005095　善 004657　集部/別集類/明別集

程文恭公遺稿三十二卷　(明)程文德撰　明萬曆十二年(1584)永康程光裕刻本　八冊

330000－1701－0005096　善 004658　集部/別集類/明別集

菲泉先生存稿八卷　(明)來汝賢撰　明崇禎七年(1634)何汝敷刻本　二冊　存四卷(一至四)

330000－1701－0005097　善 004659　集部/別集類/明別集

海石先生詩集六卷　(明)錢薇撰　明萬曆刻本　一冊

330000－1701－0005098　善 004660　集部/別集類/明別集

海石先生文集二十八卷目錄二卷　(明)錢薇撰　明萬曆四十一年至四十二年(1613－1614)海鹽錢氏刻本　十冊

330000－1701－0005099　善 004661　集部/別集類/明別集

龍谿王先生全集二十二卷　(明)王畿撰　(明)丁賓編　明萬曆四十三年(1615)嘉善丁賓、山陰張汝霖刻本　十二冊　存二十卷(一至二十)

330000－1701－0005100　善 004662　子部/儒家類/儒學之屬/性理

呻吟語六卷　(明)吕坤撰　明萬曆二十一年(1593)刻本　五冊　存五卷(一至四、六)

330000－1701－0005101　善 004663　子部/儒家類/儒學之屬/性理

卓吾先生批評龍谿王先生語録鈔八卷　(明)王畿撰　(明)李贄評　明萬曆刻本　八冊

330000－1701－0005102　善 004664　子部/儒家類/儒學之屬/性理

卓吾先生批評龍谿王先生語録鈔八卷　(明)王畿撰　(明)李贄評　明萬曆刻本　八冊

330000－1701－0005103　善 004665　集部/別集類/明別集

皇甫少玄集二十六卷外集十卷　(明)皇甫涍撰　明嘉靖三十年至四十五年(1551－1566)皇甫秦、皇甫樞刻本　八冊

330000－1701－0005104　善 004666　集部/總集類/選集之屬/通代

九代樂章二十三卷　(明)劉濂撰　明嘉靖二十九年(1550)刻本　四冊

330000－1701－0005105　善 004667　集部/別集類/明別集

瑤石山人詩稿十六卷　(明)黎民表撰　明萬曆十六年(1588)黎君華刻本(四庫底本)(卷九至十一配清抄本)　六冊

330000－1701－0005106　善 004668　集部/

别集類/明别集

方山先生文錄二十二卷　(明)薛應旂撰　明嘉靖三十三年(1554)東吴書林刻本　四册

330000－1701－0005107　善 004669　集部/别集類/明别集

方山薛先生全集六十八卷　(明)薛應旂撰　明嘉靖刻本　二十册　存六十三卷(一至二十九、三十二至三十六、四十至六十八)

330000－1701－0005108　善 004670　集部/别集類/明别集

孫文恪公集二十卷　(明)孫陞撰　**夫人楊氏詩稿一卷**　(明)楊文儷撰　明嘉靖袁洪愈、徐栻刻本　六册

330000－1701－0005109　善 004671　集部/别集類/明别集

偲菴詩集十卷文集十卷　(明)楊旦撰　**附録一卷**　明嘉靖三十九年(1560)楊襄刻本　默菴題詩　六册

330000－1701－0005110　善 004672　集部/别集類/明别集

王氏存笥稿二十卷　(明)王維楨撰　明嘉靖三十七年(1558)趙忻姑蘇刻本　八册

330000－1701－0005111　善 004673　集部/别集類/明别集

王氏存笥稿二十卷　(明)王維楨撰　明嘉靖三十六年(1557)鄭本立關中刻本　六册

330000－1701－0005112　善 004674　集部/别集類/明别集

高光州詩選二卷　(明)高應冕撰　(明)茅坤輯　明嘉靖刻本　四册

330000－1701－0005113　善 004682　集部/别集類/明别集

少村漫稿四卷　(明)黄廷用撰　明萬曆刻清修本　二册

330000－1701－0005114　善 004676　集部/别集類/明别集

玉芝山房稿二十二卷　(明)茅坤撰　明萬曆十六年(1588)歸安茅氏家刻本　四册　存十六卷(一至十六)

330000－1701－0005115　善 004677　集部/别集類/明别集

茅鹿門先生文集三十六卷　(明)茅坤撰　明萬曆刻本　十二册

330000－1701－0005116　善 004678　集部/總集類/彙編之屬/斷代

茅鹿門集八卷　(明)茅坤撰　清康熙郢雪書林刻明八大家集本　粟叟題詩　四册

330000－1701－0005117　善 004679　集部/别集類/明别集

王仲山先生詩選八卷文選一卷　(明)王問撰　(明)殷邦靖校選　(明)鄭伯興編輯　明萬曆刻本　四册

330000－1701－0005118　善 004680　集部/别集類/明别集

黄竹山人集十卷　(明)黄九臯撰　(明)黄九川編　明嘉靖刻本　二册　存九卷(一至七、九至十)

330000－1701－0005119　善 004681　集部/别集類/明别集

白華樓藏稿十一卷續稿十五卷吟稿十卷　(明)茅坤撰　(明)姚翼輯　明萬曆刻本　十册

330000－1701－0005120　善 004683　集部/别集類/明别集

振文堂集十三卷　(明)范惟一撰　明萬曆十三年至十六年(1585－1588)范允豫刻本　六册

330000－1701－0005121　善 004684　集部/别集類/明别集

劉子威集五十二卷　(明)劉鳳撰　明萬曆刻本　六册　存十六卷(一至十六)

330000－1701－0005122　善 004685　集部/别集類/明别集

適園雜著一卷　(明)陸樹聲撰　清道光十八年(1838)郭柏蒼懷璞齋抄本　清郭柏蒼校並跋　王修跋　一册

330000－1701－0005123　善 004686　集部/別集類/明別集

新岑詩艸一卷文艸一卷制義遺艸一卷　(明)陶大年撰　清抄本　一冊

330000－1701－0005124　善 004687　集部/別集類/明別集

客建集四卷　(明)劉鳳撰　明嘉靖刻補修本　一冊

330000－1701－0005125　善 004688　集部/別集類/明別集

滄溟先生集三十卷附録一卷　(明)李攀龍撰　明隆慶刻本　八冊

330000－1701－0005126　善 004689　集部/別集類/明別集

滄溟先生集三十卷附録一卷　(明)李攀龍撰　明刻本　六冊

330000－1701－0005127　善 004690　集部/別集類/明別集

滄溟先生集三十二卷　(明)李攀龍撰　明萬曆二年(1574)吳興徐中行刻本　六冊

330000－1701－0005128　善 004691　集部/別集類/明別集

滄溟先生集三十一卷附録一卷補遺一卷　(明)李攀龍撰　明萬曆二十六年(1598)刻重修本　六冊

330000－1701－0005129　善 004692　集部/別集類/明別集

滄溟先生集三十卷附録一卷　(明)李攀龍撰　明萬曆三年(1575)胡來貢刻本　二十冊

330000－1701－0005130　善 004693　集部/別集類/明別集

白雪樓詩集十卷　(明)李攀龍撰　明嘉靖四十二年(1563)魏裳刻本　六冊

330000－1701－0005131　善 004694　集部/別集類/明別集

卯洞集四卷　(明)徐珊撰　明嘉靖二十四年(1545)刻本　二冊

330000－1701－0005132　善 004695　集部/別集類/明別集

王元美先生文選二十六卷　(明)王世貞撰　(明)喬時敏輯　明萬曆四十三年(1615)新安吳德聚刻本　六冊

330000－1701－0005133　善 004696　集部/別集類/明別集

刻註釋李滄溟先生文選狐白四卷　(明)李攀龍撰　(明)楊九經注釋　明萬曆閩建書林刻本　八冊

330000－1701－0005134　善 004697　集部/別集類/明別集

弇州山人文抄十二卷　(明)王世貞撰　明萬曆刻本　四冊

330000－1701－0005135　善 004698　集部/總集類/彙編之屬

王郭兩先生崇論十五卷　(明)王世貞　(明)郭子章撰　(明)李衷純輯　明天啓四年(1624)刻本　二冊　存七卷(王弇州先生崇論一至七)

330000－1701－0005136　善 004699　集部/別集類/明別集

弇州山人讀書後八卷　(明)王世貞撰　明刻本　二冊

330000－1701－0005137　善 004700　集部/別集類/明別集

弇州山人續稿選三十八卷　(明)王世貞撰　(明)顧起元輯　明刻本　四十冊

330000－1701－0005138　善 004701　集部/別集類/明別集

弇州山人四部稿一百七十四卷目録十二卷　(明)王世貞撰　明萬曆五年(1577)吳郡王氏世經堂刻本　六十四冊

330000－1701－0005139　善 004702　集部/別集類/明別集

弇州山人續稿二百七卷目録十卷附十一卷　(明)王世貞撰　明刻本(卷一百四十一至一百四十二配清抄本)　七十八冊　存二百二

十二卷(一至五十、五十四至五十五、五十九至二百七,目錄一至十,附一至十一)

330000－1701－0005140　善 004703　集部/別集類/明別集

太函集一百二十卷目錄六卷　(明)汪道昆撰　明萬曆刻本　二十四册

330000－1701－0005141　善 004704　集部/別集類/明別集

副墨一卷　(明)汪道昆撰　明刻本　二册

330000－1701－0005142　善 004705　集部/別集類/明別集

新刻張太岳先生詩文集四十七卷　(明)張居正撰　明萬曆四十年(1612)繡谷唐國達刻本　十二册

330000－1701－0005143　善 004706　集部/別集類/明別集

李文定公貽安堂集十卷附錄一卷　(明)李春芳撰　明萬曆十七年(1589)李戴刻本　十册

330000－1701－0005144　善 004707　集部/別集類/明別集

新鍥會元湯先生批評南明文選四卷　(明)汪道昆著　(明)湯賓尹評　明萬曆二十五年(1597)書林詹聖澤刻本　四册

330000－1701－0005145　善 004708　集部/別集類/明別集

夢山存家詩稿八卷　(明)楊巍撰　明萬曆三十年(1602)楊岑維揚刻本　四册

330000－1701－0005146　善 004709　集部/別集類/明別集

甑甀洞藁五十四卷目錄二卷　(明)吳國倫撰　明萬曆刻本　二十册

330000－1701－0005147　善 004710　集部/別集類/明別集

甑甀續藁詩部十二卷文部十五卷目錄二卷　(明)吳國倫撰　明萬曆三十一年(1603)吳士良刻本　十六册

330000－1701－0005148　善 004711　集部/別集類/明別集

青蘿館詩六卷　(明)徐中行撰　明刻本　清張度、王修題記　二册

330000－1701－0005149　善 004712　集部/別集類/明別集

鈍菴先生文集十八卷　(明)劉錫撰　(明)劉孟源　(明)劉孟池編　**附錄一卷**　明萬曆四十三年(1615)康應乾刻本　八册

330000－1701－0005150　善 004713　集部/別集類/明別集

宗子相集十五卷　(明)宗臣撰　**附録一卷**　明萬曆刻本　八册　存十二卷(一至十一、附録)

330000－1701－0005151　善 004714　集部/別集類/明別集

宗子相先生集二十五卷　(明)宗臣撰　明常郡葉氏天華閣刻本　八册

330000－1701－0005152　善 004715　集部/別集類/明別集

曹太史含齋先生文集十六卷　(明)曹大章撰　明萬曆二十八年(1600)曹祖鶴刻增修本　六册

330000－1701－0005153　善 004716　集部/別集類/明別集

歸有園稿詩編七卷文編二十二卷　(明)徐學謨撰　明萬曆二十一年(1593)張汝濟刻四十年(1612)嘉定徐元嘏重修本　陳灝題記　十六册　存十八卷(文編一至十八)

330000－1701－0005154　善 004717　集部/別集類/明別集

天目先生集二十一卷　(明)徐中行撰　明萬曆十二年(1584)銅梁張佳胤浙江刻本　十二册

330000－1701－0005155　善 004718　集部/別集類/明別集

衡廬精舍藏稿三十卷續稿十一卷　(明)胡直撰　明萬曆十二年(1584)郭子章刻二十三年(1595)莊誠補刻本(卷一至八、十九至二十配

清抄本）　清王坦修、清李安國等校　十六冊　缺四卷（二十三至二十六）

330000－1701－0005156　善004719　集部/別集類/明別集

徐氏海隅集詩編二十二卷文編四十三卷外編十四卷　（明）徐學謨撰　明萬曆五年（1577）刻四十年（1612）徐元暇重修本　二十六冊　缺一卷（詩編一）

330000－1701－0005157　善004720　集部/別集類/明別集

王奉常集詩十五卷目錄三卷文五十四卷目錄二卷　（明）王世懋撰　明萬曆刻本　二十六冊

330000－1701－0005158　善004721　集部/別集類/明別集

石泉山房文集十三卷　（明）郭汝霖撰　明萬曆二十五年（1597）郭氏家刻本　五冊

330000－1701－0005159　善004722　集部/別集類/明別集

亦玉堂稿十卷　（明）沈鯉撰　清康熙二十九年（1690）劉榛刻本　四冊

330000－1701－0005160　善004723　集部/別集類/明別集

許文穆公集六卷　（明）許國撰　（明）葉向高（明）方從哲纂輯　明萬曆許立言、許立禮刻許氏後印本　六冊

330000－1701－0005161　善004724　集部/別集類/明別集

震川先生文集二十卷　（明）歸有光撰　（明）歸道傳編　明萬曆二年（1574）常熟歸氏刻本　十六冊

330000－1701－0005162　善004725　集部/別集類/明別集

五嶽山人後集十一卷　（明）陳文燭撰　明萬曆刻本　二冊

330000－1701－0005163　善004726　集部/別集類/明別集

屠先生評釋謀野集註解評林四卷　（明）王穉登撰　（明）屠隆評釋　明刻本　二冊

330000－1701－0005164　善004727　集部/別集類/明別集

王文肅公全集五十五卷（王文肅公奏草二十三卷文草十四卷牘草十八卷）　（明）王錫爵撰　明天啓二年（1622）王時敏刻本　三十冊

330000－1701－0005165　善004728　集部/別集類/明別集

賜閒堂集四十卷　（明）申時行撰　明萬曆四十四年（1616）申用懋等刻本　十八冊

330000－1701－0005166　善004729　集部/別集類/明別集

萬一樓集五十六卷續集六卷外集十卷　（明）駱問禮撰　明萬曆三十九年（1611）諸暨駱先行、駱中行刻本　十冊　存四十六卷（一至四十六）

330000－1701－0005167　善004730　集部/別集類/明別集

適晉稿六卷　（明）謝榛撰　明刻本　二冊

330000－1701－0005169　善004743　集部/別集類/明別集

大鄣山人集五十三卷　（明）吳子玉撰　明萬曆十六年（1588）黃正蒙刻本　十四冊

330000－1701－0005170　善004733　集部/別集類/明別集

蠛蠓集五卷　（明）盧柟撰　明萬曆三年（1575）穆文熙刻本　八冊

330000－1701－0005171　善004734　集部/別集類/明別集

蠛蠓集五卷　（明）盧柟撰　明萬曆三十年（1602）長清張其忠刻清乾隆十五年（1750）劉暐補修本　六冊

330000－1701－0005172　善004735　集部/別集類/明別集

蠛蠓集五卷　（明）盧柟撰　明萬曆三十年（1602）長清張其忠刻清乾隆十五年（1750）劉暐補修本　五冊

330000－1701－0005174　善 004737　集部/别集類/明别集

徐文長三集二十九卷四聲猿一卷　(明)徐渭撰　明萬曆二十八年(1600)商濬刻本　十册

330000－1701－0005175　善 004738　集部/别集類/明别集

徐文長文集三十卷四聲猿一卷　(明)徐渭撰　(明)袁宏道評點　明萬曆四十二年(1614)鍾人傑刻本　七册　缺一卷(四聲猿)

330000－1701－0005176　善 004739　集部/别集類/明别集

徐文長文集三十卷　(明)徐渭撰　(明)袁宏道評點　明刻本　四册

330000－1701－0005177　善 004740　集部/别集類/明别集

徐文長逸稿二十四卷自著畸譜一卷　(明)徐渭撰　(明)張汝霖　(明)王思任評選　(明)張維城較輯　明天啓三年(1623)張維城刻本　十六册

330000－1701－0005178　善 004742　集部/别集類/明别集

竹箭編二卷　(明)王穉登撰　明萬曆八年(1580)屠隆青浦縣齋刻本　二册

330000－1701－0005179　善 004744　集部/别集類/明别集

豐對樓詩選四十三卷　(明)沈明臣撰　(明)沈九疇選　明萬曆二十四年(1596)陳大科、陳堯佐粤中刻本　十二册

330000－1701－0005180　善 004741　集部/别集類/明别集

徐文長逸稿二十四卷自著畸譜一卷　(明)徐渭撰　(明)張汝霖　(明)王思任評選　(明)張維城較輯　明天啓三年(1623)張維城刻本　四册

330000－1701－0005181　善 004745　集部/别集類/明别集

平山先生詩集五卷　(明)徐應豐撰　清抄本　四册

330000－1701－0005184　善 004748　集部/别集類/明别集

嚴石谿詩稿六卷　(明)嚴怡著　(明)黎堯勳等選　明萬曆五年(1577)劉效祖刻本　嚴啓豐、王修跋　六册

330000－1701－0005188　善 004752　集部/别集類/明别集

皆非集二卷　(明)萬達甫撰　**一枝軒吟草一卷**　(明)萬邦孚撰　清萬世標刻本　二册

330000－1701－0005190　善 004754　集部/别集類/明别集

大泌山房集一百三十四卷目録二卷　(明)李維楨撰　明萬曆刻本　四十八册

330000－1701－0005192　善 004756　集部/别集類/明别集

復宿山房集四十卷　(明)王家屏撰　明萬曆魏養蒙等刻本　毛春翔題簽　二册　存二卷(一至二)

330000－1701－0005193　善 004757　集部/别集類/明别集

玉恩堂集十卷　(明)林景暘撰　明萬曆三十五年(1607)林有麟刻本　十册

330000－1701－0005194　善 004758　集部/别集類/明别集

朱文懿公文集十二卷　(明)朱賡撰　明天啓刻本　十六册

330000－1701－0005195　善 004759　集部/别集類/明别集

張陽和先生不二齋稿十六卷　(明)張元忭撰　(明)羅萬化　(明)朱賡輯　明萬曆山陰張汝霖、張汝懋刻本　十册　缺二卷(五至六)

330000－1701－0005196　善 004760　集部/别集類/明别集

張陽和先生不二齋文選七卷　(明)張元忭撰　(明)鄒元標選　明萬曆三十年(1602)山陰張汝霖、張汝懋刻本　六册

330000－1701－0005197　善 004761　集部/别集類/明别集

碧山學士集二十一卷別集四卷　(明)黄洪憲撰　明萬曆刻本　清趙曾祺跋　四冊　存四卷(一至四)

330000－1701－0005198　善 004762　集部/別集類/明別集

呂新吾先生去僞齋文集十卷　(明)呂坤撰　清康熙十三年(1674)呂氏繩其居刻本　六冊　存六卷(一至六)

330000－1701－0005199　善 004763　集部/別集類/明別集

淡然軒集八卷　(明)余繼登撰　明萬曆三十一年(1603)吴達可、李開芳等刻本　六冊

330000－1701－0005200　善 004764　集部/別集類/明別集

叶韻而已不分卷　(明)顧充撰　清初抄本　一冊

330000－1701－0005201　善 004765　集部/別集類/明別集

來禽館集二十九卷　(明)邢侗撰　明萬曆四十六年(1618)刻清康熙十九年(1680)鄭雍重修本　十二冊

330000－1701－0005202　善 004766　集部/別集類/明別集

趙進士文論不分卷　(明)趙南星撰　明萬曆八年(1580)刻本　二冊

330000－1701－0005203　善 004767　集部/別集類/明別集

宗伯集八十一卷　(明)馮琦撰　明萬曆三十五年(1607)康氏刻本　康有爲跋　二十八冊

330000－1701－0005204　善 004768　集部/別集類/明別集

快雪堂集六十四卷　(明)馮夢禎撰　明萬曆四十四年(1616)黄汝亨、朱之蕃刻本　二十冊

330000－1701－0005205　善 004769　集部/別集類/明別集

紫園草二十二卷　(明)曾朝節撰　明萬曆二十五年(1597)吴楷等河東刻本　六冊　存十二卷(一至十二)

330000－1701－0005206　善 004770　集部/別集類/明別集

馮用韞先生北海集四十六卷　(明)馮琦撰　明萬曆林有麟刻本　十冊

330000－1701－0005207　善 004771　集部/別集類/明別集

東越証學錄十六卷　(明)周汝登撰　明萬曆刻本　十六冊

330000－1701－0005208　善 004772　集部/別集類/明別集

馮用韞先生書牘四卷　(明)馮琦撰　清乾隆三年(1738)南陂程崟刻本　二冊

330000－1701－0005209　善 004773　集部/別集類/明別集

由拳集二十三卷　(明)屠隆撰　明萬曆八年(1580)馮夢禎刻本　清蔡鴻鑑跋　八冊

330000－1701－0005210　善 004774　集部/別集類/明別集

由拳集二十三卷　(明)屠隆撰　明萬曆余碧泉克勤齋刻本　十冊

330000－1701－0005211　善 004775　集部/別集類/明別集

由拳集二十三卷　(明)屠隆撰　明刻本　四冊

330000－1701－0005212　善 004776　集部/別集類/明別集

栖真館集三十一卷　(明)屠隆撰　(明)呂胤基輯　明萬曆十八年(1590)姚江呂氏栖真館刻本　十一冊

330000－1701－0005213　善 004777　集部/別集類/明別集

南征集二卷　(明)章嘉楨撰　明萬曆刻本　二冊

330000－1701－0005214　善 004778　集部/別集類/明別集

止止堂集五卷(橫槊稿三卷愚愚稿二卷)

(明)戚繼光撰　明萬曆刻本　一冊　存一卷(橫槊稿上)

330000－1701－0005215　善004779　集部/别集類/明别集
白榆集二十八卷　(明)屠隆撰　明萬曆太末龔堯惠刻本　六冊

330000－1701－0005216　善004780　集部/别集類/明别集
太平山房詩集選五卷　(明)鄒元標撰　明萬曆四十八年(1620)張瑀等刻本　八冊

330000－1701－0005217　善004781　集部/别集類/明别集
農丈人詩集八卷文集二十卷　(明)余寅撰　明萬曆刻本　清蔡鴻鑑批點並記　十八冊　存十八卷(文集一至十八)

330000－1701－0005218　善004782　集部/别集類/明别集
北闈蕢言二卷　(明)茅維撰　明萬曆四十五年(1617)吳興茅氏十賚堂刻本　二冊

330000－1701－0005219　善004783　集部/别集類/明别集
玉茗堂全集四十六卷　(明)湯顯祖撰　清康熙三十三年(1694)阮峴刻本　二十六冊　存三十六卷(文一至十六、詩一至十四、尺牘一至六)

330000－1701－0005220　善004784　集部/别集類/明别集
鄒大史文集八卷　(明)鄒德溥撰　明刻清安成紹恩堂印本　清鄒道沂題記並跋　六冊

330000－1701－0005221　善004785　集部/别集類/明别集
玉茗堂全集四十六卷　(明)湯顯祖撰　明天啓刻本　十六冊

330000－1701－0005222　善004786　集部/别集類/明别集
獨深居點定玉茗堂集三十卷　(明)湯顯祖撰　(明)沈際飛輯　明崇禎九年(1636)沈際飛刻本　八冊

330000－1701－0005223　善004787　集部/别集類/明别集
湯海若問棘郵草二卷　(明)湯顯祖撰　(明)徐渭批釋　明刻本　一冊

330000－1701－0005224　善004788　集部/别集類/明别集
汪大呂先生近稿七卷　(明)汪元英撰　清抄本　一冊

330000－1701－0005226　善004790　集部/别集類/明别集
鐫蒼霞草十二卷　(明)葉向高撰　明萬曆三十四年(1606)陳邦瞻等刻本　十冊

330000－1701－0005227　善004791　集部/别集類/明别集
朱太復乙集三十八卷目録四卷　(明)朱長春撰　明萬曆刻本　八冊

330000－1701－0005228　善004792　集部/别集類/明别集
陳學士先生初集三十六卷　(明)陳懿典撰　明萬曆四十八年(1620)秀水曹憲來刻本　十冊　存十六卷(一至十六)

330000－1701－0005229　善004793　集部/别集類/明别集
焦氏澹園集四十九卷　(明)焦竑撰　明萬曆三十四年(1606)黄雲蛟欣賞齋刻本　八冊

330000－1701－0005230　善004794　集部/别集類/明别集
歇菴集十六卷　(明)陶望齡撰　明萬曆三十九年(1611)山陰王應遴刻本　八冊

330000－1701－0005231　善004795　集部/别集類/明别集
歇菴集十六卷　(明)陶望齡撰　明萬曆三十九年(1611)真如齋刻本　十三冊　存八卷(一至三、五至六、八至十)

330000－1701－0005232　善004796　集部/别集類/明别集
馮少墟集二十二卷　(明)馮從吾撰　明萬曆刻本[卷四至七配民國十九年(1930)馮貞羣

抄本］　馮貞羣跋　十二册

330000－1701－0005233　善 004797　集部/別集類/明別集

容臺文集九卷詩集四卷別集四卷　（明）董其昌撰　（明）董庭輯　明崇禎三年(1630)華亭董庭刻本　十三册

330000－1701－0005234　善 004798　集部/別集類/明別集

容臺文集十卷詩集四卷別集六卷　（明）董其昌撰　（明）董祖和　（明）董庭輯　明崇禎八年(1635)余昌會、余昌年建寧刻本　十四册

330000－1701－0005235　善 004799　集部/別集類/明別集

梨雲館類定袁中郎全集二十四卷　（明）袁宏道撰　明萬曆四十五年(1617)仁和何偉然刻本　十二册

330000－1701－0005236　善 004800　集部/別集類/明別集

袁中郎全集四十卷　（明）袁宏道撰　明崇禎二年(1629)武林佩蘭居刻本　八册

330000－1701－0005237　善 004801　集部/別集類/明別集

瀟碧堂集二十卷　（明）袁宏道撰　明萬曆三十六年(1608)勾吳袁叔度書種堂刻本　八册

330000－1701－0005238　善 004802　集部/別集類/明別集

瀟碧堂集二十卷瓶花齋集十卷瓶史一卷解脱集四卷錦帆集四卷去吳七牘一卷廣莊一卷　（明）袁宏道撰　明萬曆三十年(1602)、三十六年至三十八年(1608－1610)勾吳袁叔度書種堂刻本　六册　存二十五卷（瀟碧堂集一至二十、錦帆集一至四、去吳七牘）

330000－1701－0005239　善 004803　集部/別集類/明別集

雪濤閣集十四卷　（明）江盈科撰　（明）江禹疏　（明）江東相　（明）江盈岳輯　明萬曆二十八年(1600)江盈科北京刻本　十六册

330000－1701－0005240　善 004804　集部/別集類/明別集

走越卮言不分卷　（明）劉啓元撰　（明）林廷奎評　明萬曆刻本　一册

330000－1701－0005241　善 004805　集部/別集類/明別集

嵊山集十二卷　（明）趙秉忠撰　明萬曆刻本　八册

330000－1701－0005242　善 004806　集部/別集類/明別集

喻中卿稿八卷　（明）喻安性撰　明崇禎刻本　六册

330000－1701－0005243　善 004807　集部/別集類/明別集

緱山先生集二十七卷　（明）王衡撰　明萬曆太倉王氏刻本　六册

330000－1701－0005244　善 004808　集部/別集類/明別集

白蘇齋類集二十二卷　（明）袁宗道撰　明刻本　八册

330000－1701－0005245　善 004809　集部/別集類/明別集

叢青軒集六卷　（明）許獬撰　明崇禎十三年(1640)許鏞刻本　二册

330000－1701－0005246　善 004810　集部/別集類/明別集

蕺山劉子詩集不分卷　（明）劉宗周撰　清抄本　二册

330000－1701－0005247　善 004811　集部/別集類/明別集

紫薇堂集八卷　（明）陸明揚撰　**附録一卷**　清抄本　二册

330000－1701－0005248　善 004812　集部/別集類/明別集

寶日堂初集三十二卷　（明）張鼐撰　明崇禎二年(1629)汪維寬、汪維信等刻本（卷三十配清抄本）　二十册

330000－1701－0005249　善 004813　集部/

别集類/明别集

霞繼亭集三卷　(明)謝廷讃撰　明萬曆刻本　六册

330000－1701－0005250　善 004814　集部/别集類/明别集

梅中丞遺稿八卷　(明)梅之熉撰　**西州淚一卷**　(清)萬延撰　清順治泊水衛貞元刻本　四册

330000－1701－0005251　善 004815　集部/别集類/明别集

徐檀燕先生詩鈔不分卷　(明)徐如翰撰　清會稽董氏行餘講舍抄本　一册

330000－1701－0005252　善 004816　集部/别集類/明别集

[萬曆]甲午科鄉試硃卷一卷　(明)王象晉撰　明萬曆刻本　一册

330000－1701－0005253　善 004817　集部/别集類/明别集

隱秀軒詩集三十三卷　(明)鍾惺撰　明末刻本　九册

330000－1701－0005254　善 004818　集部/别集類/明别集

隱秀軒詩集三十三卷　(明)鍾惺撰　明天啓二年(1622)海虞沈春澤刻本　四册　存十三卷(天、地、黄、宇、宙、洪、荒、日、月、昃、辰、宿、列)

330000－1701－0005255　善 004819　集部/别集類/明别集

掃餘之餘三卷　(明)劉錫玄撰　明刻本(四庫底本)　一册

330000－1701－0005256　善 004820　集部/别集類/明别集

文太青先生全集五十三卷　(明)文翔鳳撰　明萬曆刻本　八册　存二十二卷(南極篇一至二十二)

330000－1701－0005257　善 004821　集部/别集類/明别集

鍾伯敬先生遺稿四卷　(明)鍾惺撰　明崇禎刻本　二册

330000－1701－0005258　善 004822　集部/别集類/明别集

天全堂集四卷續編一卷　(明)安希范撰　**附錄一卷**　(清)安經傳輯　清乾隆安吉刻本　四册　缺一卷(續編)

330000－1701－0005259　善 004823　集部/别集類/明别集

玉書庭全集三十二卷　(明)丘兆麟撰　明崇禎丘子旦、丘子晝等刻清康熙雍正重修本　二册　存二卷(一、十二)

330000－1701－0005260　善 004824　集部/别集類/明别集

東館缶音九卷　(明)朱常漣撰　明萬曆刻本　四册

330000－1701－0005261　善 004825　集部/别集類/明别集

逸園新詩一卷　(明)耿志煒撰　明崇禎刻本　王修跋　一册

330000－1701－0005262　善 004826　集部/别集類/明别集

文園文集不分卷　(明)黄可師撰　清抄本　毛春翔題記　二册

330000－1701－0005263　善 004827　集部/别集類/明别集

藍亞中文集十八卷　(明)藍近任撰　(明)李悦心評選　明崇禎九年(1636)藍庚生紫芝館刻本　五册

330000－1701－0005264　普 915.1231/5052/3　史部/地理類/山川之屬/山志

茅山志十四卷道秩考一卷　(清)笪蟾光編　清光緒三年(1877)刻二十四年(1898)錢塘金氏懶雲草堂印本　六册

330000－1701－0005265　善 004828　集部/别集類/明别集

初陽臺燕集聽琵琶贈歌者詩一卷　(明)徐象梅撰　稿本　一册

330000－1701－0005266　善004829　集部/別集類/明別集
藏密齋集二十四卷　(明)魏大中撰　明崇禎魏學濂刻清嘉慶二十三年(1818)魏行湜重修本　十册

330000－1701－0005267　善004830　集部/別集類/明別集
汲古堂集二十八卷　(明)何白撰　明萬曆刻清康熙三十年(1691)重修本　清周銘鼎跋　十册

330000－1701－0005268　善004831　集部/別集類/明別集
北征小草十二卷　(明)張泰階撰　明崇禎刻本　六册

330000－1701－0005269　善004832　集部/別集類/明別集
謝耳伯先生初集十六卷全集八卷　(明)謝兆申撰　(明)謝元輯　明崇禎綏安謝氏玉樹軒刻本　六册

330000－1701－0005270　善004833　集部/別集類/明別集
水月軒漫唫稿四卷　(明)徐月汀撰　明萬曆刻本　一册

330000－1701－0005271　善004834　集部/別集類/明別集
西林全集二十卷　(明)安紹芳撰　明萬曆四十七年(1619)刻本　清安璿批校並跋　十册

330000－1701－0005272　善004835　集部/別集類/明別集
程仲權先生詩集十卷文集十六卷　(明)程可中撰　明新都程胤萬、程胤兆刻本　四册

330000－1701－0005273　善004836　集部/別集類/明別集
一哂齋漫稿十卷　(明)葛臬撰　明萬曆刻本　八册

330000－1701－0005274　善004837　集部/別集類/明別集
絡緯吟十二卷　(明)徐媛撰　明萬曆四十一年(1613)吳郡范允臨刻本　一册

330000－1701－0005275　善004838　集部/別集類/明別集
蘭雪堂集八卷　(明)王心一撰　清乾隆刻本　四册

330000－1701－0005276　善004839　集部/別集類/明別集
酉陽山人編蓬集十卷後集十五卷　(明)唐汝詢撰　明萬曆刻本　一册　存七卷(四至十)

330000－1701－0005277　善004840　子部/雜著類/雜説之屬
沈氏弋説六卷　(明)沈長卿撰　(明)黄可師等評　明萬曆刻本　六册

330000－1701－0005278　善004841　集部/別集類/明別集
鴻寶應本十七卷　(明)倪元璐撰　明崇禎十五年(1642)刻本　十六册

330000－1701－0005279　善004842　集部/別集類/明別集
屠田叔小品七種九卷附二種二卷　(明)屠本畯撰　明萬曆刻本　清姚燮題簽　一册

330000－1701－0005280　善004843　集部/別集類/明別集
碣石編二卷　(明)楊承鯤撰　明萬曆鄞縣楊氏桓溪山房刻本　一册

330000－1701－0005282　善004845　集部/別集類/明別集
吹劍藁二卷　(明)王野撰　明萬曆十六年(1588)海虞嚴濟刻本　一册

330000－1701－0005285　善004848　集部/總集類/彙編之屬
皇明十六名家小品三十二卷　(明)丁允和(明)陸雲龍編　(明)陸雲龍評　明崇禎六年(1633)錢塘陸雲龍崢霄館刻本　二册　存二卷(陳明卿先生小品一至二)

330000－1701－0005286　善004849　集部/別集類/明別集

倪鴻寶先生三刻十三卷附一卷 （明）倪元璐撰 （明）文震孟 （明）王鐸選評 明崇禎山陰王貽栻刻本 四冊 存九卷（代言選一至五，講編一至二，奏牘一、三）

330000－1701－0005287 善004850 集部/別集類/明別集
倪鴻寶先生三刻十三卷附一卷 （明）倪元璐撰 （明）文震孟 （明）王鐸選評 明崇禎山陰王貽栻刻本 一冊 存五卷（講編一至二、奏牘一至三）

330000－1701－0005289 善004852 集部/別集類/明別集
梨雲館集十二卷別論二卷 （明）何偉然撰 明末梨雲館刻本 六冊

330000－1701－0005290 善004853 集部/別集類/明別集
簡堂集十二卷 （明）馬元調撰 清初抄本 十冊 存六卷（一至二、八至九、十一至十二）

330000－1701－0005291 善004854 集部/別集類/明別集
瑞陽阿集十卷 （明）江東之撰 清乾隆八年（1743）江洪刻本 八冊

330000－1701－0005292 善004855 集部/別集類/明別集
心遠堂遺集二十卷 （明）王永積撰 清康熙刻本 六冊

330000－1701－0005294 善004857 集部/別集類/明別集
刻金進士臨場近義不分卷 （明）金蘭撰 明天啓六年（1626）程元梧、江元氣刻藍印本 一冊

330000－1701－0005295 善004858 類叢部/叢書類/自著之屬
王季重先生集九種 （明）王思任撰 明末清暉閣刻本 二冊 存一種

330000－1701－0005296 善004859 集部/別集類/明別集
陳布衣集句二卷 （明）陳言撰 明刻本 一冊

330000－1701－0005297 善004860 集部/別集類/明別集
寤歌室詩稿不分卷 （明）彭宗因著 清抄本 四冊

330000－1701－0005298 善004861 集部/別集類/明別集
可也居集五卷續集一卷 （明）高鶴撰 明萬曆十九年（1591）陳汝元刻二十四年（1596）續刻本 一冊

330000－1701－0005299 善004862 集部/別集類/明別集
崟陽草堂詩集八卷 （明）鄭鄤撰 明崇禎刻本 二冊

330000－1701－0005300 善004863 集部/別集類/明別集
林居尺牘不分卷 （明）祁彪佳撰 明祁氏遠山堂抄本 四冊

330000－1701－0005301 善004864 集部/別集類/明別集
駢枝別集二卷 （明）黃道周撰 明刻本 一冊

330000－1701－0005302 善004865 集部/別集類/明別集
駢枝別集二十卷 （明）黃道周撰 明末大來堂刻本 四冊

330000－1701－0005303 善004866 集部/別集類/明別集
新刻譚友夏合集二十三卷 （明）譚元春撰 （明）徐汧 （明）張澤等評 明崇禎六年（1633）古吳張澤刻本 六冊

330000－1701－0005304 善004867 史部/詔令奏議類/奏議之屬
宜焚小疏二種五卷 （明）祁彪佳撰 明崇禎祁氏遠山堂刻本 二冊 存二卷（西臺疏草上、按吳疏草三）

330000－1701－0005305 善004868 史部/

詔令奏議類/奏議之屬

祁忠敏公揭帖不分卷 （明）祁彪佳撰　明崇禎抄本　九册

330000－1701－0005306　善 004869　史部/詔令奏議類/奏議之屬

忠敏公西臺疏草抄一卷未上疏揭稿抄一卷召對恭紀呈院陳議合抄一卷巡城疏抄一卷附告示未上疏一卷 （明）祁彪佳撰　清初祁氏遠山堂抄本　清祁理孫批校句讀圈點　祁允跋　四册

330000－1701－0005307　善 004870　集部/別集類/明別集

祁忠敏公稿五種五卷 （明）祁彪佳撰　明崇禎稿本　祁允題簽並跋　五册

330000－1701－0005309　善 004872　集部/別集類/明別集

拙存堂逸稿四卷文賸六卷 （明）冒起宗撰　清順治刻本　四册　存四卷（拙存堂逸稿一至四）

330000－1701－0005310　善 004873　集部/別集類/明別集

七録齋詩文合集十六卷 （明）張溥撰　明崇禎九年（1636）刻本　六册

330000－1701－0005311　善 004874　集部/別集類/明別集

羅紋山先生全集十六卷 （明）羅明祖撰　**羅紋山先生［明祖］傳一卷** （清）李世熊撰　清初古處齋刻本　四册　存五卷（一至四、傳）

330000－1701－0005312　善 004875　集部/別集類/明別集

已吾集十四卷 （明）陳際泰撰　**壺山集三卷** （清）陳孝威撰　**癡山集六卷** （清）陳孝逸撰　清順治臨川李來泰白下刻本　六册

330000－1701－0005313　善 004876　集部/別集類/明別集

已吾集十四卷 （明）陳際泰撰　**壺山集三卷** （清）陳孝威撰　**癡山集六卷** （清）陳孝逸撰　清順治臨川李來泰白下刻本　九册　缺三卷（壺山集一至三）

330000－1701－0005314　善 004877　集部/別集類/明別集

史忠正公集四卷 （明）史可法撰　**末一卷** （清）史山清輯　清抄本　四册

330000－1701－0005315　善 004878　集部/別集類/明別集

明閣部史公道鄰全集四卷 （明）史可法撰　**首一卷末一卷**　清末抄本　孫詒題詩　六册

330000－1701－0005316　善 004879　集部/別集類/明別集

吳吏部文集十二卷 （明）吳本泰撰　清順治十年（1653）北平夏之中刻本　四册　存八卷（一至八）

330000－1701－0005317　善 004880　集部/別集類/明別集

新刻天傭子全集十卷 （明）艾南英撰　（清）艾爲珖　（清）艾曰芬輯　清康熙三十八年（1699）艾爲珖刻本　十册

330000－1701－0005318　善 004881　集部/別集類/明別集

晃巘集二十二卷 （明）池顯方撰　明崇禎十四年（1641）池顯方刻本　五册　存十五卷（一至十五）

330000－1701－0005319　善 004882　集部/別集類/明別集

黄陶菴先生全稿六卷 （明）黄淳耀撰　（清）呂留良評點　清康熙呂氏天蓋樓刻本　一册　存一卷（上論）

330000－1701－0005320　善 004883　集部/別集類/明別集

轉情集二卷 （明）費元禄撰　明刻本　二册

330000－1701－0005321　善 004884　集部/別集類/明別集

緒言四卷 （明）董斯張撰　清抄本　一册

330000－1701－0005322　善 004885　集部/別集類/明別集

羅高君集四卷 （明）羅廩撰　明刻本　一册

330000－1701－0005323　善 004886　集部/別集類/明别集

留碩稿十一卷　(明)水佳胤撰　(清)水寶璐輯　明末刻清康熙水寶璐重修本　二册　存三卷(詩集一、文集二至三)

330000－1701－0005324　善 004887　集部/別集類/明别集

劉文烈公全集十二卷　(明)劉理順撰　清順治十七年(1660)刻康熙四十六年(1707)覺于軒重修本　四册

330000－1701－0005325　善 004888　集部/別集類/明别集

彭節愍公圍城家書一卷　(明)彭期生撰　清嘉慶七年(1802)彭世喆抄本　一册

330000－1701－0005326　善 004889　集部/別集類/明别集

奇零草敘論書記一卷　(明)張煌言撰　清抄本　一册

330000－1701－0005327　善 004890　集部/別集類/明别集

奇零草不分卷北征録一卷浙江壬午科鄉試硃卷一卷　(明)張煌言撰　**張忠烈公[煌言]年譜一卷**　(清)全祖望輯　清光緒十三年(1887)傅子樾抄本　清傅以禮批校並跋　清周星詒跋　二册

330000－1701－0005328　善 004891　集部/別集類/明别集

張閣學文集二卷　(明)張煌言撰　(清)傅以禮編集　清同治十二年(1873)抄本　一册

330000－1701－0005329　善 004892　集部/別集類/明别集

奇零草二卷　(明)張煌言撰　清抄本　陳漢章批校並跋　一册

330000－1701－0005330　善 004893　集部/別集類/明别集

奇零文草一卷詩草一卷　(明)張煌言撰　清抄本　一册

330000－1701－0005331　善 004894　集部/別集類/明别集

張忠烈公采薇吟殘稟一卷　(明)張煌言撰　清抄本　一册

330000－1701－0005332　善 004895　集部/別集類/明别集

耦耕堂集詩三卷文二卷　(明)程嘉燧撰　**松圓詩老小傳一卷**　(清)錢謙益撰　清順治十二年(1655)金獻士、金望等刻本　二册

330000－1701－0005333　善 004896　集部/別集類/明别集

雲臥齋詩藁一卷詩餘一卷　(明)黃媛貞撰　清抄本　四册

330000－1701－0005334　善 004897　集部/別集類/明别集

祝子遺書六卷　(明)祝淵撰　(清)陳確編　清抄本　蔣欽項跋並過録鍾文烝、沈善登、沈善經校　二册

330000－1701－0005335　善 004898　集部/別集類/明别集

正誼堂文集四卷詩集五卷　(清)朱朝瑛撰　清抄本　四册

330000－1701－0005336　善 004899　集部/別集類/明别集

江止庵遺集八卷首一卷　(明)江天一撰　清康熙洪源祭書艸堂刻本　四册

330000－1701－0005337　善 004900　集部/別集類/明别集

婺源余子疇先生詩艸一卷　(明)余紹祉撰　清初抄本　一册

330000－1701－0005338　善 004901　集部/別集類/明别集

息賢堂詩集八卷　(明)魏耕撰　清抄本　二册

330000－1701－0005339　善 004902　集部/總集類/氏族之屬

午夢堂集十四種　(明)葉紹袁編　明崇禎刻本　一册　存二種

330000－1701－0005340　善 004903　集部/別集類/明別集

淮南社草三卷　(明)鄧文明撰　清末抄本　一册

330000－1701－0005343　善 004906　集部/別集類/明別集

蘆槎詩稿不分卷　(明)沈潛撰　清抄本　徐敏惠題簽　二册

330000－1701－0005346　善 004909　集部/別集類/清別集

小隱堂文稿一卷　(清)祁熊佳著　清初抄本　一册

330000－1701－0005347　善 004910　集部/別集類/清別集

白榆山人詩不分卷　(清)徐貞木撰　清抄本　一册

330000－1701－0005348　善 004911　集部/別集類/清別集

倘湖遺稿不分卷　(清)來集之撰　稿本　清來菊潭跋　六册

330000－1701－0005349　善 004912　集部/別集類/清別集

田間藏山閣集二十卷　(清)錢澄之撰　清抄本　徐敏惠跋　六册

330000－1701－0005350　善 004913　集部/別集類/清別集

陋艸一卷　(清)羅萬象撰　清順治三年(1646)河濱李楷刻本　王修跋　一册

330000－1701－0005351　善 004914　集部/別集類/清別集

隱囊一卷　(清)羅萬象撰　清初刻本　一册

330000－1701－0005352　善 004915　集部/別集類/清別集

艸草一卷　(清)羅萬象撰　清初刻本　一册

330000－1701－0005353　善 004916　集部/別集類/清別集

射山詩鈔三卷拾遺一卷　(清)陸嘉淑撰　清道光二年(1822)陶所菴抄四年(1824)管氏續抄本　清管庭芬校並跋　二册

330000－1701－0005354　善 004917　集部/別集類/清別集

辛齋稿一卷　(清)陸嘉淑撰　(清)張綱孫　(清)陳祚明評　清抄本　一册

330000－1701－0005355　善 004918　集部/別集類/明別集

愚囊彙稿二卷補遺一卷　(明)宗誼撰　清抄本　一册

330000－1701－0005356　善 004919　集部/別集類/清別集

陸射山七律鈔一卷　(清)陸嘉淑撰　(清)查六其選　清抄本　一册

330000－1701－0005357　善 004920　子部/宗教類/道教之屬/威儀

祈神奏格四卷祀先祝文二卷　明萬曆三十八年(1610)劉君信刻本　四册　存四卷(一至三、祀先祝文一)

330000－1701－0005358　善 004921　集部/別集類/清別集

十峯草堂集　(清)錢肅潤撰　清康熙五年(1666)刻本　一册　存七卷(十峯詩選一至七)

330000－1701－0005359　善 004922　集部/別集類/清別集

姑山遺集三十卷　(清)沈壽民撰　清康熙有本堂刻本　八册

330000－1701－0005360　善 004923　集部/別集類/清別集

杲堂文續鈔四卷附録一卷　(清)李鄴嗣撰　清抄本　馮貞群校補並跋　周岐隱跋　五册

330000－1701－0005361　善 004924　集部/別集類/明別集

棲雲館集二十卷　(明)李昭祥撰　明刻本　五册　存十七卷(一至十四、十八至二十)

330000－1701－0005362　善 004925　集部/

別集類/明別集
趙谿叔詩一卷　(明)趙崇禮撰　稿本　劉慎旃題簽　一卷

330000－1701－0005363　善004926　集部/別集類/清別集
街南文集二十卷　(清)吳肅公撰　清康熙二十八年(1689)吳承勵貞隱堂刻本　六冊　存六卷(一至六)

330000－1701－0005364　善004927　集部/別集類/明別集
天啓宮中詞百詠一卷　(明)陳悰撰　**擬故宮詞一卷**　(明)唐宇昭撰　清抄本　二冊

330000－1701－0005365　善004928　集部/別集類/清別集
牧齋初學集一百十卷目錄二卷　(清)錢謙益撰　明崇禎十六年(1643)海虞瞿式耜刻本　二十冊　存一百十一卷(目錄一至二、一至二十五、二十七至一百十)

330000－1701－0005366　善004929　集部/別集類/清別集
牧齋初學集詩註二十卷有學集詩註十四卷　(清)錢謙益撰　(清)錢曾箋注　清康熙刻玉詔堂印本　莫棠題簽並過錄清嚴可均評點及跋　六冊　存十四卷(有學集詩註一至十四)

330000－1701－0005367　善004930　集部/別集類/清別集
投筆詩集一卷　(清)東澗老人(錢謙益)撰　清同治九年(1870)大興傅以禮長恩閣抄本　清傅以禮題簽、校並跋　一冊

330000－1701－0005368　善004931　集部/別集類/清別集
棗林詩選二卷　(明)談遷撰　清吳昂駒抄本　一冊

330000－1701－0005369　善004932　集部/別集類/清別集
棗林詩稿二卷　(明)談遷撰　清抄本　佚名過錄吳昂駒跋　費寅批校並題記　一冊

330000－1701－0005371　善004934　子部/雜著類/雜說之屬
棗林藝簣一卷　(明)談遷撰　清康熙抄本　興觀校　一冊

330000－1701－0005372　善004935　集部/別集類/明別集
慎修堂集二十卷　(明)亢思謙撰　明萬曆三十二年(1604)刻清康熙十五年(1676)河汾亢宗瑗重修本　十冊

330000－1701－0005373　善004936　集部/別集類/明別集
羅司勳文集八卷外集一卷　(明)羅虞臣撰　清康熙五十年(1711)羅氏刻本　八冊

330000－1701－0005374　善004937　集部/別集類/清別集
壯悔堂文集十卷侯朝宗古文逸稿一卷四憶堂詩集六卷　(清)侯方域撰　(清)賈開宗　(清)徐作肅選　(清)徐鄰唐　(清)宋犖閱　清順治侯氏刻本　十六冊

330000－1701－0005375　善004938　集部/別集類/清別集
依水園文集前集二卷後集二卷　(清)張縉彥撰　清順治敘倫堂刻本　四冊

330000－1701－0005376　善004939　集部/別集類/清別集
東江集鈔九卷別集五卷　(清)沈謙撰　**附錄一卷**　清康熙十五年(1676)仁和沈聖昭、沈聖暉刻本　二冊　缺五卷(別集一至五)

330000－1701－0005377　善004940　集部/別集類/清別集
紅藥壇集十五卷(紅藥壇五言律五卷七言律五卷五言絶句一卷七言絶句一卷擬牡丹亭一卷雙蝶夢二卷)　(清)王鑨撰　**附牡丹亭一卷**　(明)湯顯祖撰　清順治十年(1653)孟津王鑨擬山園刻本　八冊　存十卷(五言律一至五、七言律一至五)

330000－1701－0005378　善004941　集部/別集類/清別集
爲可堂初集十六卷　(清)朱一是著　(清)王

庭　（清）屠爌評　清順治十四年(1657)海寧朱氏刻本　五冊

330000－1701－0005379　善 004942　集部/別集類/清別集

柳潭遺集六卷　（清）王自超撰　（清）平遠（清）顧予咸輯選　清初平遠刻本　一冊

330000－1701－0005380　善 004943　集部/別集類/清別集

薪齋二集八卷　（清）呂陽撰　（清）黃家舒評　清順治刻本　四冊

330000－1701－0005381　善 004944　集部/別集類/清別集

毛馳黃集八卷　（清）毛先舒撰　清初毛先舒刻本　二冊

330000－1701－0005382　善 004945　集部/別集類/清別集

安序堂文鈔二十卷　（清）毛際可撰　（清）林雲銘　（清）嚴允肇評　清康熙刻本　清鄭杰跋　六冊

330000－1701－0005383　善 004946　集部/別集類/清別集

寒松大師拈來草不分卷　（清）釋智操撰　（清）方拱乾選　清初刻本　二冊

330000－1701－0005384　善 004947　集部/別集類/清別集

華黍莊詩稾二卷　（清）孫炌撰　清康熙刻本　一冊

330000－1701－0005385　善 004948　集部/別集類/清別集

我詩藁六卷　（清）傅眉撰　（清）張耀先編輯　清康熙抄本　二冊

330000－1701－0005386　善 004949　集部/別集類/清別集

謝天懷聾歌雜著一卷　（清）謝泰履撰　**謝起臣燕遊二十詠一卷**　（清）謝賡昌著　清初刻本　一冊

330000－1701－0005387　善 004950　集部/別集類/清別集

遙擲稾二十卷　（清）馮武撰　清康熙寶稼堂刻本　二冊　缺二卷(問天集、向隅集)

330000－1701－0005388　善 004951　集部/別集類/清別集

爲可堂初集四十二卷又論十卷外集二卷集選十卷梅里詞三卷　（清）朱一是撰　清順治至康熙朱願愚、朱願爲刻本(卷十六至二十配清抄本)　十七冊

330000－1701－0005389　善 004952　集部/別集類/清別集

南堂詩鈔十二卷詞賦一卷　（清）施世綸撰　清雍正四年(1726)施廷翰刻本　八冊　存八卷(詩鈔一至八)

330000－1701－0005390　善 004953　集部/別集類/清別集

青峯集不分卷　（清）章世法撰　稿本　清毛奇齡題簽並記　十一冊

330000－1701－0005391　善 004954　類叢部/叢書類/自著之屬

悔齋集八種　（清）汪楫撰　清康熙至雍正刻彙印本　四冊　存六種

330000－1701－0005392　善 004955　集部/別集類/清別集

白漊集十二卷　（清）沈受宏撰　清康熙四十四年(1705)學易堂刻增修本　二冊

330000－1701－0005393　善 004956　集部/別集類/清別集

聰山集(聰山詩選)八卷　（清）申涵光撰　清康熙二年(1663)曲周劉佑刻本　一冊

330000－1701－0005394　善 004957　集部/別集類/清別集

施玉符二賦二卷　（清）施麟瑞撰　清康熙抄本　一冊

330000－1701－0005395　善 004958　集部/別集類/清別集

儲遯菴文集十二卷　（清）儲方慶撰　**附錄一卷**　（清）魏象樞撰　清康熙四十一年(1702)

儲右文等刻本　四冊

330000－1701－0005396　善 004959　集部/别集類/清别集
大觀堂文集二十二卷首一卷　(清)余縉撰　清康熙三十八年(1699)余氏刻本　張美翊跋　余重耀題記　六冊

330000－1701－0005397　善 004960　集部/别集類/清别集
憺園文集三十六卷　(清)徐乾學撰　清康熙三十六年(1697)冠山堂刻本　二十冊

330000－1701－0005399　善 004962　集部/别集類/清别集
春酒堂文鈔二卷别錄一卷存稿一卷　(清)周容撰　清光緒十六年(1890)王庸音抄本　王庸音跋　一冊

330000－1701－0005400　善 004963　集部/别集類/清别集
古古詩三卷　(清)閻爾梅撰　(清)汪觀選　清康熙五十二年(1713)休寧汪觀靜遠堂刻本　一冊

330000－1701－0005401　善 004964　集部/别集類/清别集
呂東莊先生文集八卷　(清)呂留良撰　**呂東莊先生行略附錄一卷**　(清)呂公忠撰　清抄本　興觀批　八冊

330000－1701－0005402　善 004965　集部/别集類/清别集
呂晚村先生古文二卷　(清)呂留良撰　清康熙五十九年(1720)桐城孫學顔小濂溪山房刻本　二冊

330000－1701－0005403　善 004966　集部/别集類/清别集
天蓋樓吟稿不分卷　(清)呂留良撰　清抄本　四冊

330000－1701－0005404　善 004967　集部/别集類/清别集
何求老人詩一卷　(清)呂留良撰　清抄本　一冊

330000－1701－0005405　善 004968　子部/儒家類/儒學之屬/禮教/家訓
晚邨先生家訓真蹟五卷　(清)呂留良撰　清康熙四十二年(1703)呂无黨刻本[卷三至五配清影抄清康熙四十二年(1703)呂无黨刻本]　余紹宋題簽　二冊

330000－1701－0005406　善 004969　子部/儒家類/儒學之屬/禮教/家訓
晚邨先生家訓真蹟五卷　(清)呂留良撰　清康熙四十二年(1703)呂无黨刻本　二冊

330000－1701－0005407　善 004970　集部/别集類/清别集
天蓋樓雜著不分卷　(清)呂留良撰　清抄本　清梅修題詩並題簽　一冊

330000－1701－0005408　善 004971　集部/别集類/清别集
翁山詩鈔不分卷　(清)屈大均撰　清抄本　四冊

330000－1701－0005409　善 004972　集部/别集類/清别集
翁山詩外十八卷　(清)屈大均撰　清康熙刻本　二十冊　存十三卷(五律一至四、七律一至二、五排、五絕、七絕一至二、雜體、詞一至二)

330000－1701－0005410　善 004973　集部/别集類/清别集
道援堂詩集十三卷　(清)屈大均撰　清康熙鴛湖徐氏刻本　十六冊

330000－1701－0005411　善 004974　集部/曲類/散曲之屬
歸元恭先生萬古愁曲一卷　(清)歸莊撰　(清)湖東居士(程霖)評輯　清道光十九年(1839)稿本　清程霖題記　清洪錫麟、清張父山人、清黄瑞、劉耀東觀款　一冊

330000－1701－0005412　善 004975　集部/别集類/清别集
橛菴草一卷　(清)釋通荷撰　清抄本　三冊

330000－1701－0005413　善 004976　集部/

别集類/清别集

吴梅村先生詩集十二卷詩餘小令一卷梅村詩話一卷 (清)吳偉業撰 (清)程穆衡箋 (清)楊學沆補注 清抄本 佚名過録清戴光曾批校及跋 佚名過録清黄丕烈跋 四册

330000-1701-0005414 善004977 集部/别集類/清别集

梅村集四十卷目録二卷 (清)吳偉業撰 清康熙八年(1669)顧湄等刻本 八册

330000-1701-0005415 善004978 類叢部/叢書類/自著之屬

鈍吟老人遺藁九種二十三卷 (清)馮班撰 清初刻彙印本(馮氏小集、鈍吟集、鈍吟别集、鈍吟餘集配虞山周氏鴿峰草堂抄本) 二册 存八種

330000-1701-0005417 善004980 集部/别集類/清别集

御製文集四十卷總目五卷第二集五十卷總目六卷第三集五十卷總目六卷 (清)聖祖玄燁撰 (清)張英等輯 清康熙五十三年(1714)内府刻本 七十八册

330000-1701-0005418 善004981 集部/别集類/清别集

御製詩集十卷第二集十卷 (清)聖祖玄燁撰 (清)高士奇輯 清康熙四十二年(1703)刻本 十册

330000-1701-0005419 善004982 集部/别集類/清别集

梅花百詠一卷 (清)李確撰 清抄本 清姚燮題簽並記 一册

330000-1701-0005420 善004983 集部/别集類/清别集

張楊園先生遺集十六卷 (清)張履祥撰 (清)姚璉原輯 (清)應寶時補録 清同治八年(1869)永康應氏抄本 清應寶時校點並跋 十二册

330000-1701-0005422 善004985 集部/别集類/清别集

陋軒詩六卷 (清)吳嘉紀撰 清康熙十八年(1679)方鴻達刻本 毛春翔題簽 十二册

330000-1701-0005423 善004986 集部/别集類/清别集

茗齋雜著不分卷 (清)彭孫貽撰 清抄本 費寅校並題記 二册

330000-1701-0005424 善004987 集部/别集類/清别集

蜀中草一卷 (清)朱昇撰 清抄本 一册

330000-1701-0005425 善004988 集部/别集類/清别集

思可堂詩稿一卷 (清)徐南珍撰 稿本 費寅跋 一册

330000-1701-0005426 善004989 集部/别集類/清别集

柯庭餘習十二卷 (清)汪文柏撰 清康熙四十四年(1705)汪氏古香樓刻本 八册

330000-1701-0005427 善004990 集部/别集類/清别集

鏡菴詩稿五卷 (清)劉翼明撰 清乾隆六十年(1795)劉克綬抄本 清劉克綬跋 周大輔題記 四册 存四卷(二至五)

330000-1701-0005428 善004991 集部/别集類/清别集

思古堂集四卷 (清)毛先舒撰 清抄本 四册

330000-1701-0005429 善004992 集部/别集類/清别集

觀瀾堂文集八卷詩集九卷 (清)曹章撰 清康熙四十六年(1707)曹豐吉刻本 二册

330000-1701-0005430 善004993 集部/别集類/清别集

蓬莊詩集五卷 (清)沈虹撰 清雍正刻本 二册

330000-1701-0005431 善004994 集部/别集類/清别集

有涯文集二卷 (清)徐任師撰 清錢塘羅氏

恬養齋抄本　清蔡鴻鑑題簽並記　二冊

330000－1701－0005432　善 004995　集部/別集類/清別集

絳雪詩集二卷　(清)吴宗愛著　清抄本　一冊

330000－1701－0005433　善 004996　集部/別集類/清別集

東臯山房集一卷咏史詩一卷　(清)詹氏撰　清抄本　一冊

330000－1701－0005434　善 004997　集部/別集類/清別集

寒村詩文選三十六卷　(清)鄭梁撰　清康熙紫蟾山房刻本　十一冊　缺十卷(白雲軒集一至二、南行雜録、高州詩集一至二、半生亭集、息尚編一至四)

330000－1701－0005435　善 004998　集部/別集類/清別集

陸雪莊詩稿不分卷　(清)陸榮科撰　稿本　陸維坤跋並題簽　二冊

330000－1701－0005437　善 005000　集部/別集類/清別集

頤齋居士蜀道集一卷　(清)胡期恒撰　清康熙刻本　一冊

330000－1701－0005438　善 005001　集部/別集類/清別集

紅雪軒稿六卷　(清)高景芳撰　(清)高欽評輯　清康熙五十八年(1719)高欽刻本　二冊　存一卷(一)

330000－1701－0005439　善 005002　集部/別集類/清別集

碩薖集不分卷吾園遺草一卷　(清)王雨謙撰　清康熙抄本　清俞忠孫批並跋　二冊

330000－1701－0005440　善 005003　集部/別集類/清別集

老竹軒詩不分卷　(清)趙沈壎撰　稿本　清毛奇齡批並跋　二冊

330000－1701－0005441　善 005004　集部/別集類/清別集

岭老編年詩鈔九卷續鈔四卷　(清)金張撰　清康熙刻本　二冊

330000－1701－0005442　善 005005　集部/別集類/清別集

觀文堂詩鈔賸稿八卷　(清)金烺撰　清嘉慶十一年(1806)金氏抄本　清金照跋　朱幼溪題詩、校並跋　一冊

330000－1701－0005443　善 005006　集部/別集類/清別集

黄山紀游詩不分卷　(清)程瑞祊撰　清康熙刻本　一冊

330000－1701－0005445　善 005009　集部/別集類/清別集

渠亭山人半部稾四種　(清)張貞撰　清康熙刻本　四冊

330000－1701－0005446　善 005008　集部/別集類/清別集

渠亭山人半部稾四種　(清)張貞撰　清康熙刻本　八冊　存二種

330000－1701－0005447　善 005010　集部/別集類/清別集

徐都講詩一卷　(清)徐昭華撰　清光緒十年(1884)王氏抄本　王繼香校並跋　一冊

330000－1701－0005448　善 005011　集部/別集類/清別集

心廬集一卷　(清)董欽德撰　稿本　一冊

330000－1701－0005449　善 005012　集部/別集類/清別集

筠厂詩艸擬存十一卷文艸擬存二十三卷　(清)陶及申撰　稿本　夢翁跋　三冊

330000－1701－0005450　善 005013　集部/別集類/清別集

集虛齋學古文十二卷附離騷經解畧一卷　(清)方楘如撰　清方昇抄本　清方昇題記　三冊

330000－1701－0005452　善 005015　集部/

别集類/清别集

鷗塘詩集一卷　(清)周篁撰　清抄本　一册

330000－1701－0005454　善 005017　集部/别集類/清别集

南疑詩集十一卷　(清)王奪標撰　清康熙十二年(1673)刻本　四册

330000－1701－0005455　善 005018　集部/别集類/清别集

休休吟五卷　(清)莊歆撰　清嘉慶十一年(1806)莊仲方刻本　二册

330000－1701－0005456　善 005019　集部/别集類/清别集

綠天亭詩集一卷文集一卷　(清)林之松撰　清抄本　楊晨、仁疇、王詠霓校並記　蕖城、璧人、玖伯校　叔子雯題記　一册

330000－1701－0005457　善 005020　史部/政書類/公牘檔册之屬

于清端公政書八卷外集一卷首編一卷　(清)于成龍撰　(清)蔡方炳　(清)諸匡鼎編　清康熙四十六年(1707)于準刻本　十册

330000－1701－0005458　善 005021　集部/别集類/清别集

玉池生稿五卷　(清)岳端撰　**雲笥詩一卷**(清)顧卓撰　**織字軒詩一卷**　(清)朱襄撰　清康熙三十五年(1696)岳氏紅蘭室刻本　四册

330000－1701－0005459　善 005022　集部/别集類/清别集

玉池生稿十卷　(清)岳端撰　清康熙三十五年(1696)岳氏紅蘭室刻四十三年(1704)德普增刻本　四册　存五卷(就樹堂集、松間草堂集一至二、題畫絶句、桃坂詩餘)

330000－1701－0005460　善 005023　集部/别集類/清别集

秋錦山房集十卷　(清)李良年撰　(清)李潮偕編　**徵士李君[良年]行狀一卷**　(清)朱彝尊輯　清康熙三十五年(1696)李潮偕刻本　四册

330000－1701－0005461　善 005024　集部/别集類/明别集

許冠婁詩草不分卷　(清)許奎撰　清抄本　一册

330000－1701－0005462　善 005025　集部/别集類/清别集

抱經齋詩集十四卷文集不分卷　(清)徐嘉炎撰　**焚餘草一卷**　(清)徐肇森撰　清康熙三十八年(1699)刻本　四册

330000－1701－0005463　善 005026　集部/别集類/清别集

二十四泉草堂集十二卷　(清)王苹撰　清嘉慶九年(1804)濼泉氏樂雪山房抄本　濼泉題簽　清管繩萊觀款　清馬履泰題詩　二册

330000－1701－0005464　善 005027　集部/别集類/清别集

思復堂文集十卷附載一卷　(清)邵廷寀撰　清康熙五十年(1711)刻本　清傅以禮校並跋　六册

330000－1701－0005465　善 005028　集部/别集類/清别集

鹿峰艸一卷　(清)釋□□撰　清抄本　一册

330000－1701－0005466　善 005029　集部/别集類/清别集

秋水集十卷　(清)嚴繩孫撰　清康熙勾吳嚴繩孫雨青草堂刻本　二册

330000－1701－0005467　善 005030　集部/别集類/清别集

白石山房集二十七卷　(清)李振裕撰　清康熙三十三年(1694)顧圖河邗上刻本　六册

330000－1701－0005468　善 005031　集部/别集類/清别集

葦間詩集五卷　(清)姜宸英撰　(清)唐執玉輯　清康熙五十二年(1713)唐執玉刻二南堂印本　四册

330000－1701－0005469　善 005032　集部/别集類/清别集

定園詩集十一卷文集一卷　(清)戴明說撰

清康熙戴氏平山在東閣刻本　一册　缺一卷(文集)

330000－1701－0005470　善 005033　集部/別集類/清別集

客遊紀草不分卷　(清)徐洪嶧撰　清康熙抄本　一册

330000－1701－0005471　善 005034　集部/別集類/清別集

蘭雪堂詩藁七卷　(清)王廣心撰　清康熙刻本　一册　存四卷(四至七)

330000－1701－0005472　善 005035　集部/別集類/清別集

葯園詩藁二卷　(清)吳焯撰　清康熙五十年(1711)刻本　二册

330000－1701－0005473　善 005036　集部/別集類/清別集

倘湖手稿二十二卷　(清)來集之撰　稿本　十四册　存十四卷(一至十、十九至二十二)

330000－1701－0005474　善 005037　集部/別集類/清別集

繡虎軒尺牘初集八卷二集八卷三集八卷　(清)曹煜撰　清康熙書林許氏傳萬堂刻本　六册

330000－1701－0005475　善 005038　集部/別集類/清別集

紺寒亭詩集十卷文集四卷　(清)趙俞撰　清康熙刻本　十二册

330000－1701－0005476　善 005039　集部/別集類/清別集

古愚心言八卷　(清)彭鵬撰　清康熙三十四年(1695)愚齋刻本　六册　存六卷(一至六)

330000－1701－0005477　善 005040　集部/別集類/清別集

清風堂文集二十三卷　(清)曾王孫撰　清康熙四十五年(1706)秀水曾安世刻本　四册

330000－1701－0005478　善 005041　集部/別集類/清別集

石園全集三十卷　(清)李元鼎　(清)朱中楣撰　清康熙四十二年(1703)李振祺、李振裕香雪堂刻本　六册

330000－1701－0005479　善 005042　集部/別集類/清別集

雪川詩稾十卷　(清)陳萇撰　清康熙五十一年(1712)陳沂震刻本　四册　存八卷(一至八)

330000－1701－0005480　善 005043　集部/別集類/清別集

埜耕集三卷　(清)許士佐撰　清乾隆刻本　一册

330000－1701－0005481　善 005044　集部/別集類/清別集

古雪堂詩集十六卷　(清)金露撰　清康熙四十三年(1704)沈日瑛刻本　四册

330000－1701－0005482　善 005045　集部/別集類/清別集

雪聲軒詩集十二卷　(清)高綱撰　清雍正十一年(1733)刻本　八册

330000－1701－0005483　善 005046　集部/別集類/清別集

寤硯齋集二卷　(清)戴晟撰　清乾隆七年(1742)戴有光刻本　二册

330000－1701－0005484　善 005047　集部/別集類/清別集

若菴集五卷　(清)程庭撰　清康熙刻本　六册

330000－1701－0005485　善 005048　集部/別集類/清別集

鳳池園詩集八卷文集八卷　(清)顧汧撰　清康熙五十年(1711)長洲顧見南刻本　四册

330000－1701－0005486　善 005049　集部/別集類/清別集

完玉堂詩集十卷　(清)釋元璟撰　清雍正刻本　六册

330000－1701－0005487　善 005050　集部/

別集類/清別集

南州草堂集三十卷首一卷 (清)徐釚撰 **楓江漁父圖題詞一卷青門集一卷** (清)徐釚輯 清康熙三十四年(1695)菊莊刻本 四冊

330000－1701－0005488 善 005051 集部/別集類/清別集

栗亭詩集六卷 (清)汪士鋐撰 清康熙阮溪汪士鋐刻本 四冊

330000－1701－0005489 善 005052 集部/別集類/清別集

春雨詩鈔四卷 (清)黄大齡撰 清乾隆三十年(1765)日昇堂刻本 四冊

330000－1701－0005490 善 005053 集部/別集類/清別集

柳村詩集十二卷 (清)董訥撰 清康熙五十年(1711)刻本 二冊

330000－1701－0005491 善 005054 集部/別集類/清別集

春鳬小稿十二卷 (清)符曾撰 清乾隆刻本 徐行恭題簽 三冊 存七卷(一至七)

330000－1701－0005492 善 005055 集部/別集類/清別集

居易堂集二十卷 (清)徐枋撰 清康熙刻本 十冊

330000－1701－0005493 善 005056 集部/別集類/清別集

託素齋詩集四卷文集六卷 (清)黎士弘撰 **皇清誥授中大夫整飭寧夏河西河東道督理糧儲鹽法山西承宣布政使司參政享八十壽顯考媿曾府君[黎士弘]行述一卷** (清)黎文遠等撰 清康熙刻雍正二年(1724)黎致遠增刻本 十冊

330000－1701－0005494 善 005057 集部/別集類/清別集

大愚集二十七卷 (清)王鑨撰 (清)王鐸選 (清)傅而師注 **諸同人尺牘一卷** 清康熙四年(1665)金閶王允明刻本 十冊

330000－1701－0005495 善 005058 集部/別集類/清別集

北黟山人詩十卷 (清)吴苑撰 清康熙四十一年(1702)新安吴氏刻本 四冊

330000－1701－0005496 善 005059 集部/別集類/清別集

秀濯堂詩初集七卷二集七卷三集七卷四集四卷 (清)吴啓元撰 清康熙刻本 四冊 存十四卷(初集一至七、二集一至七)

330000－1701－0005497 善 005060 集部/別集類/清別集

叢碧山房詩初集十四卷二集六卷三集十一卷四集十卷五集五卷和陶詩集一卷文集八卷雜集三卷 (清)龐塏撰 清康熙刻本 三冊 存二十卷(一至十四、二集一至六)

330000－1701－0005498 善 005061 集部/別集類/清別集

桐野詩集一卷 (清)周起渭撰 清康熙五十五年(1716)汪漋刻本 二冊

330000－1701－0005499 善 005062 集部/別集類/清別集

閑存堂文集十四卷賦一卷詩集八卷 (清)張永銓撰 清康熙刻本 六冊

330000－1701－0005500 善 005063 集部/別集類/清別集

與梅堂遺集十二卷耳書一卷鮓話一卷 (清)佟世思撰 清康熙四十年(1701)佟世集刻本 四冊

330000－1701－0005501 善 005064 集部/別集類/清別集

説安堂集八卷 (清)盧震撰 清康熙刻本 四冊

330000－1701－0005502 善 005065 集部/別集類/清別集

志壑堂詩集十二卷文集十二卷 (清)唐夢賚撰 清康熙刻本 八冊 存十四卷(詩集七至八、文集一至十二)

330000－1701－0005503 善 005066 集部/別集類/清別集

葛莊分類詩鈔十二卷補遺一卷　(清)劉廷璣撰　清康熙五十三年(1714)劉廷璣刻本　六冊

330000－1701－0005504　善 005067　集部/別集類/清別集
靜觀堂詩集三十卷文集二卷　(清)勞之辨撰　清康熙四十年(1701)石門勞之辨刻本　四冊

330000－1701－0005505　善 005068　集部/別集類/清別集
清芬堂存稾八卷詩餘一卷　(清)胡會恩撰　清康熙刻本　二冊

330000－1701－0005506　善 005069　集部/別集類/清別集
抱犢山房集六卷　(清)嵇永仁撰　清雍正梁谿嵇曾筠刻本　二冊

330000－1701－0005507　善 005071　集部/別集類/清別集
蠹窗詩集十四卷　(清)張令儀撰　清雍正二年(1724)姚仲芝刻張令儀澄碧樓印本　八冊

330000－1701－0005508　善 005072　集部/別集類/清別集
樓邨詩集二十五卷　(清)王式丹撰　清雍正四年(1726)王懋訥刻本　四冊

330000－1701－0005509　善 005070　集部/別集類/清別集
徧行堂集四十九卷目錄二卷續集十六卷　(清)釋今釋撰　清康熙丹霞釋今辯刻本　二十八冊

330000－1701－0005510　善 005073　集部/別集類/清別集
弢甫五嶽集五種　(清)桑調元撰　清乾隆二十一年(1756)修汲堂刻本　十六冊

330000－1701－0005511　善 005074　集部/別集類/清別集
冬心先生集四卷　(清)金農撰　清雍正十一年(1733)廣陵般若庵刻本　二冊

330000－1701－0005512　善 005076　集部/別集類/清別集
一一齋詩十卷　(清)沈德潛撰　清長洲沈德潛刻本　四冊

330000－1701－0005513　善 005075　集部/別集類/清別集
離垢集不分卷　(清)華嵒撰　稿本　清趙之琛題簽　吳慶坻跋　二冊

330000－1701－0005514　善 005077　集部/別集類/清別集
弢甫集十四卷附旌門錄一卷墓表一卷　(清)桑調元撰　清乾隆七年(1742)蘭陔草堂刻本　七冊　存十四卷(一至十四)

330000－1701－0005515　善 005078　集部/別集類/清別集
秋水齋詩十五卷　(清)張映斗撰　清乾隆十八年(1753)烏程張守約等刻本　四冊

330000－1701－0005516　善 005079　集部/別集類/清別集
半舫齋古文八卷　(清)夏之蓉撰　清乾隆三十六年(1771)夏味堂等刻本　二冊

330000－1701－0005517　善 005080　集部/別集類/清別集
小山詩初藁二卷續藁四卷後稿二卷詩餘四卷文稿八卷(小山詩文全稿二十卷)　(清)王時翔填　清乾隆十一年(1746)王景元刻本　二冊　存四卷(小山詩餘一至四)

330000－1701－0005518　善 005081　集部/別集類/清別集
百一草堂集唐初刻二卷二刻二卷三刻二卷　(清)柴才撰　(清)顧大本　(清)邱甸編　清乾隆二十五年(1760)百一草堂刻本　五冊　缺一卷(三刻下)

330000－1701－0005519　善 005082　集部/別集類/清別集
笛漁小稾十卷　(清)朱昆田撰　清康熙五十三年(1714)秀水朱稻孫刻本　清文海批　四冊

330000－1701－0005520　善 005083　集部/別集類/清別集

餘園詩鈔六卷　(清)繆沅撰　(清)沈德潛(清)金志章編輯　清乾隆十年(1745)亭間繆集等刻本　八冊

330000－1701－0005521　善 005084　集部/別集類/清別集

青立軒詩稾八卷　(清)宋華金撰　清乾隆十六年(1751)商邱宋齋保蘇州刻本　四冊

330000－1701－0005522　善 005085　集部/別集類/清別集

懷清堂集二十卷首一卷　(清)湯右曾撰　清乾隆十一年(1746)湯氏刻本　八冊

330000－1701－0005523　善 005086　集部/別集類/清別集

大雅堂初稾詩六卷文八卷補編一卷　(清)鄒方鍔撰　清乾隆二十七年(1762)刻本　四冊

330000－1701－0005524　善 005087　類叢部/叢書類/自著之屬

陳司業集二種十一卷　(清)陳祖范撰　清乾隆刻二十九年(1764)陳鎣彙印本　八冊　存一種

330000－1701－0005525　善 005088　集部/別集類/清別集

凌雪軒詩六卷外集一卷　(清)徐夔撰　清乾隆九年(1744)徐氏刻本　二冊　存六卷(詩一至六)

330000－1701－0005526　善 005089　集部/別集類/清別集

駪征集三卷　(清)夏之蓉撰　清乾隆十五年(1750)刻本　三冊

330000－1701－0005527　善 005090　集部/別集類/清別集

與我周旋集詩十二卷文二卷四六一卷雜體一卷附刻一卷　(清)魏元樞撰　清乾隆五十八年(1793)清祐堂刻本　十六冊

330000－1701－0005528　善 005091　集部/別集類/清別集

江聲草堂詩集八卷　(清)金志章撰　清乾隆十九年(1754)刻本　清葉慶垣跋　二冊

330000－1701－0005529　善 005092　集部/別集類/清別集

播琴堂詩集十二卷文集六卷　(清)金學詩撰　清乾隆刻本　四冊　存十卷(詩集一至十)

330000－1701－0005530　善 005093　集部/別集類/清別集

研堂詩十卷續藁二卷晚稾二卷拾遺一卷花外散吟一卷贈言三卷　(清)楊維坤撰　清乾隆刻本　八冊

330000－1701－0005531　善 005094　集部/別集類/清別集

惜分軒詩鈔四卷　(清)顧葵撰　清乾隆五十八年(1793)元和顧受祉刻本　二冊

330000－1701－0005532　善 005095　集部/別集類/清別集

秋水集十六卷　(清)馮如京撰　清乾隆五年(1740)清暉堂刻本　六冊

330000－1701－0005533　善 005096　集部/別集類/清別集

映日堂詩六卷　(清)王令樹撰　清康熙刻本　五冊

330000－1701－0005534　善 005097　集部/別集類/清別集

青嶁遺稿二卷　(清)盛錦撰　(清)沈德潛評　清抄本　一冊

330000－1701－0005535　善 005098　集部/別集類/清別集

窺園吟藁二卷江上吟一卷　(清)喬億撰　清乾隆刻本　一冊

330000－1701－0005536　善 005099　集部/別集類/清別集

春暉堂詩鈔四卷賦鈔一卷　(清)王丕烈撰

存樸齋詩鈔二卷　(清)王芳撰　清乾隆刻本　二冊　存四卷(一至四)

330000－1701－0005537　善 005100　集部/

別集類/清別集
翼堂詩集二卷 (清)邱迵撰 清乾隆十四年(1749)刻本 二冊

330000－1701－0005538 善005101 集部/別集類/清別集
西原草堂文集四卷 (清)蔣恭棐撰 清乾隆長洲蔣氏刻本 四冊

330000－1701－0005539 善005102 集部/別集類/清別集
浣青詩草八卷續艸一卷 (清)錢孟鈿撰 清乾隆刻本 一冊 存四卷(一至四)

330000－1701－0005540 善005103 集部/別集類/清別集
浣青詩草八卷續艸一卷 (清)錢孟鈿撰 清乾隆刻本 清王友亮批點 黄裳跋 四冊

330000－1701－0005541 善005104 集部/別集類/清別集
丹橘林詩二卷 (清)吴楷撰 清乾隆刻本二冊

330000－1701－0005542 善005105 集部/別集類/清別集
橘巢小藁四卷 (清)王世琛撰 清乾隆二十三年(1758)長洲王愷伯刻本 一冊

330000－1701－0005543 善005110 集部/別集類/清別集
王艮齋詩集十卷文集四卷 (清)王峻撰 清乾隆十八年(1753)長洲蔣榮玉照堂刻本 四冊 存十卷(詩集一至十)

330000－1701－0005544 善005106 集部/總集類/選集之屬/斷代
國朝海上詩鈔八卷首一卷末一卷初續集二卷 (清)曹錫辰輯 清乾隆三十三年(1768)刻四十一年(1776)續刻本 六冊

330000－1701－0005545 善005107 集部/總集類/氏族之屬
吴江沈氏詩集十二卷 (清)沈祖禹輯 清乾隆五年(1740)吴江沈祖禹刻本 六冊

330000－1701－0005546 善005108 集部/別集類/清別集
詠歸亭詩鈔八卷 (清)李果撰 清乾隆十七年(1752)養雲亭刻本 四冊

330000－1701－0005547 善005109 集部/別集類/清別集
木鳶集五卷 (清)朱受新撰 清乾隆刻本二冊

330000－1701－0005549 善005111 類叢部/叢書類/自著之屬
筠園全集十種 (清)朱仕玠撰 清乾隆刻本 四冊 存一種

330000－1701－0005550 善005112 集部/總集類/選集之屬/斷代
所知集初編十二卷二編八卷三編十二卷 (清)陳毅選輯 清乾隆三十二年(1767)、三十八年(1773)、五十六年(1791)眠雲閣刻本 二十八冊 缺四卷(二編五至八)

330000－1701－0005551 善005113 集部/別集類/清別集
南坪詩鈔十四卷 (清)張學舉撰 清乾隆二十二年(1757)希賢堂刻本 八冊

330000－1701－0005552 善005114 集部/別集類/清別集
二希堂文集十一卷首一卷 (清)蔡世遠撰 清乾隆二十二年(1757)蔡臣源刻本 六冊

330000－1701－0005553 善005115 集部/總集類/氏族之屬
石倉世纂三十三卷 (清)曹錫黼編 清乾隆十四年(1749)曹氏五畝園刻本 六冊 存八卷(四焉齋文集一至八)

330000－1701－0005554 善005116 集部/別集類/清別集
圭美堂集二十六卷 (清)徐用錫撰 清乾隆十三年(1748)徐楓亭、周毓崙刻本 八冊

330000－1701－0005555 善005117 集部/別集類/清別集
耕煙草廬全集十卷 (清)王翬撰 清抄本

徐敏惠題簽　五冊

330000－1701－0005556　善 005118　集部/別集類/清別集
馮孟亭文集五卷　(清)馮浩撰　清抄本　四冊

330000－1701－0005557　善 005119　集部/別集類/清別集
貢雲樓遺稿一卷　(清)蔡詒來撰　清抄本　一冊

330000－1701－0005558　善 005120　集部/別集類/清別集
東坪詩集八卷　(清)胡慶豫撰　(清)馬恒錫編次　清雪廬抄本　四冊

330000－1701－0005559　善 005121　集部/別集類/清別集
寄亭詩稿一卷　(清)岑霙撰　稿本　散木題記　一冊

330000－1701－0005560　善 005122　集部/別集類/清別集
也園草二集不分卷　(清)葉菁撰　清末抄本　二冊

330000－1701－0005561　善 005123　集部/別集類/清別集
素園詩草一卷　(清)詹嘉瑞撰　稿本　一冊

330000－1701－0005562　善 005124　集部/別集類/清別集
楷瘦齋遺稿不分卷　(清)黄樹穀撰　(清)汪觀選　**附錄一卷**　(清)黄庭　(清)黄易撰　清常熟周氏郜公鍾室抄本　一冊

330000－1701－0005563　善 005125　集部/別集類/清別集
泊如軒草一卷　(清)丁甡撰　清抄本　一冊

330000－1701－0005565　善 005127　集部/別集類/清別集
遊仙百詠註三卷　(清)厲鶚撰　(清)汪鉽注　稿本　管元耀題簽、跋並過錄清管庭芬跋　一冊

330000－1701－0005566　善 005128　集部/別集類/清別集
邱至山古近體詩一卷　(清)邱學勄撰　清乾隆五十八年(1793)稿本　一冊

330000－1701－0005567　善 005129　集部/別集類/清別集
句餘土音三十二卷　(清)全祖望撰　(清)陳銘海增注　清抄本　十冊

330000－1701－0005568　善 005130　集部/別集類/清別集
句餘土音三卷　(清)全祖望撰　(清)董秉純重編　清末抄本　三冊

330000－1701－0005569　善 005131　集部/別集類/清別集
長谷詩鈔五卷石庵樵唱一卷　(清)柯煜撰　清抄本　壺長題簽　一冊

330000－1701－0005570　善 005132　集部/別集類/清別集
夢華集一卷　(清)沈無咎撰　**蕉雲詩稿一卷補辛卯前詩一卷**　(清)湯朝撰　清刻本　王修題簽　一冊

330000－1701－0005571　善 005133　集部/別集類/清別集
客牕雜詠二卷　(清)朱森昌稿　稿本　徐敏惠題簽、批並跋　三昧軒題記　二冊

330000－1701－0005572　善 005134　集部/別集類/清別集
淥湖山莊詩艸五卷　(清)徐務本撰　稿本　一冊

330000－1701－0005573　善 005135　集部/別集類/清別集
陳太僕詩草一卷　(清)陳兆崙撰　稿本　清陳桂生跋　一冊

330000－1701－0005574　善 005136　集部/別集類/清別集
應聘閶闔集一卷　(清)□□撰　稿本　徐敏惠題簽　一冊

330000－1701－0005575　善005137　集部/別集類/清別集

芙蓉山館詩一卷　(清)楊芳燦撰　清嘉慶十年(1805)稿本　高野侯題簽　一册

330000－1701－0005576　善005138　集部/別集類/清別集

御製文二集四十四卷目録二卷三集十六卷目録二卷　(清)高宗弘曆撰　清抄本　三十二册

330000－1701－0005577　善005139　集部/別集類/清別集

小獨秀齋詩二卷補遺一卷附録一卷　(清)喬億撰　清乾隆六年(1741)刻本　一册

330000－1701－0005578　善005140　集部/別集類/清別集

遠邨唫藁一卷　(清)陳鑑撰　清乾隆刻本　清丁丙跋　丁宣之觀款　一册

330000－1701－0005579　善005141　集部/別集類/清別集

綺巖詩鈔一卷將麞集一卷廡傭集一卷懸匏詞一卷　(清)陸蕙綢撰　清乾隆硯雲書屋抄本　錢綏槃跋　一册

330000－1701－0005580　善005142　集部/別集類/清別集

鮚埼亭集三十八卷經史問答十卷鮚埼亭集外編五十卷　(清)全祖望撰　**全氏世譜一卷年譜一卷**　(清)董秉純撰　清嘉慶九年(1804)餘姚史夢蛟借樹山房刻同治十一年(1872)印本[經史問答十卷爲清乾隆三十年(1765)董秉純刻本]　清光緒二十年移莽仲子跋並過錄録清嚴元照批校並跋、清趙彦偁跋、清章鈺批校　張宗祥跋並過錄清嚴元照、清孫志祖、清李宗蓮批校並跋　二十四册

330000－1701－0005581　善005143　集部/別集類/清別集

鮚埼亭集三十八卷經史問答十卷鮚埼亭集外編五十卷　(清)全祖望撰　**全氏世譜一卷年譜一卷**　(清)董秉純撰　清嘉慶九年(1804)餘姚史夢蛟借樹山房刻同治十一年(1872)印本[經史問答十卷爲清乾隆三十年(1765)董秉純刻本]　余嘉錫跋　余嘉錫過錄清嚴元照、清章鈺批校並跋　余嘉錫過錄清趙彦偁、清孫志祖、清李宗蓮跋　余嘉錫過錄清唐翰題、清蕭穆、清方東樹題記　余嘉錫過錄清吳騫題記、評、校並跋　余嘉錫過錄清戴鈞衡批校　余嘉錫過錄劉國鈞批　三十二册

330000－1701－0005582　善005144　集部/別集類/清別集

沙河逸老小稿六卷嶰谷詞一卷　(清)馬曰琯撰　清乾隆二十三年(1758)祁門馬曰璐刻本　二册

330000－1701－0005583　善005145　集部/別集類/清別集

斫桂山房詩存六卷抱珠軒詩存六卷一瓢齋詩存六卷詩話一卷　(清)薛雪撰　清雍正至乾隆河津薛雪埽葉村莊刻本　四册

330000－1701－0005584　善005146　集部/別集類/清別集

文六詩一卷　(清)汪□□撰　稿本　一册

330000－1701－0005585　善005147　集部/別集類/清別集

硯林詩集四卷　(清)丁敬撰　清嘉慶杭州愛日軒陸貞一刻本　丁輔之批校並跋　一册

330000－1701－0005586　善005148　集部/別集類/清別集

北墅金先生遺集一卷　(清)金淳撰　清嘉慶十二年(1807)刻本　清潘萩坡題記　清荔紅跋　與330000－1701－0005585合册

330000－1701－0005587　善005149　集部/別集類/清別集

香葉草堂詩存一卷　(清)羅聘撰　清抄本　一册

330000－1701－0005588　善005150　集部/別集類/清別集

聽鐘山房集二十卷　(清)謝墉撰　清抄本　十二册

330000－1701－0005589　善005151　集部/

别集類/清别集
應絃集一卷 (清)沈榮錯撰 清抄本 清宗稷辰、清濟園跋 一冊

330000－1701－0005590 善005152 集部/别集類/清别集
紀曉嵐先生試帖詩抄二卷 (清)紀昀撰 (清)郭斌評註 清抄本 慕沂題記 一冊

330000－1701－0005591 善005153 集部/别集類/清别集
松崖漫稿不分卷 (清)宋松崖撰 稿本 清方桂跋 二冊

330000－1701－0005593 善005155 集部/别集類/清别集
復初齋文集三十五卷翁氏家事略記一卷 (清)翁方綱撰 清抄本 十四冊

330000－1701－0005594 善005156 集部/别集類/清别集
復初齋集外詩二十四卷 (清)翁方綱撰 清末江陰繆氏雲自在龕抄本 繆九疇校 六冊

330000－1701－0005595 善005157 集部/别集類/清别集
東潛文稿二卷 (清)趙一清撰 清乾隆五十九年(1794)仁和趙氏小山堂刻本(卷下配抄本) 吳慶坻跋 二冊

330000－1701－0005596 善005158 史部/傳記類/日記之屬
癸卯入闈記一卷(清乾隆四十八年)附書畫詩夢石研屏歌一卷 (清)翁方綱撰 稿本 李平書題簽 佚名題簽並跋 一冊

330000－1701－0005597 善005159 集部/别集類/清别集
經韻樓文稿不分卷 (清)段玉裁撰 清抄本 二冊

330000－1701－0005598 善005160 集部/别集類/清别集
蘭韻堂詩集八卷 (清)沈初撰 清乾隆刻本 四冊

330000－1701－0005599 善005161 集部/别集類/清别集
慈雲閣詩存一卷 (清)朱逵撰 **附武原女史陳筠齋詩一卷** (清)陳品閨撰 清乾隆海昌陳克鋐刻本 一冊

330000－1701－0005600 善005162 集部/别集類/清别集
雨香小草一卷 (清)蕭應魁撰 清抄本 一冊

330000－1701－0005601 善005163 集部/别集類/清别集
古調自彈集十卷 (清)沈冰壺撰 清抄本 四冊

330000－1701－0005602 善005164 集部/别集類/清别集
彝門詩存四卷文存一卷 (清)侯嘉繙撰 (清)李用儀編 **附錄一卷** 清末抄本 劉燿東題記 四冊

330000－1701－0005603 善005165 集部/别集類/清别集
蠡塘漁乃一卷續一卷 (清)吳騫撰 清抄本 二冊

330000－1701－0005604 善005166 集部/别集類/清别集
述學三卷 (清)汪中撰 清嘉慶江都汪中刻本 葉德輝跋 一冊

330000－1701－0005605 善005167 集部/别集類/清别集
述學内篇三卷外篇一卷 (清)汪中撰 (清)汪喜孫編 清嘉慶二十年(1815)江都汪喜孫問禮堂刻本 葉德輝跋 二冊

330000－1701－0005606 善005168 集部/别集類/清别集
絳巖詩稿一卷 (清)張廷琮撰 清抄本 一冊

330000－1701－0005607 善005169 集部/别集類/清别集
題畫詩一卷 (清)宗聖垣撰 清乾隆五十二

年(1787)宗霈抄本　宗能述題簽並跋　一冊

330000－1701－0005608　善005170　集部/別集類/清別集

秋籟閣詩藁四卷　(清)朱珏撰　稿本　二冊

330000－1701－0005609　善005171　集部/別集類/清別集

烟霞萬古樓文集注六卷　(清)王曇撰　(清)□□注　稿本　三冊

330000－1701－0005610　善005172　集部/別集類/清別集

晦堂詩稿二卷　(清)許燦撰　稿本　一冊

330000－1701－0005611　善005173　集部/別集類/清別集

小通津山房詩稿一卷文稿一卷　(清)周錫瓚撰　(清)周世敬輯　**羣公投贈詩文一卷**　(清)周世敬輯　稿本　一冊

330000－1701－0005612　善005174　集部/別集類/清別集

古趣亭文集(古趣亭未定稿)十四卷　(清)范家相撰　稿本　寅跋　詩潘題記　二冊　存八卷(一至二、六至八、十、十三至十四)

330000－1701－0005613　善005175　集部/別集類/清別集

友古堂詩鈔一卷續一卷　(清)馮紹樞撰　清馮氏抄本　一冊

330000－1701－0005614　善005176　集部/別集類/清別集

樵經閣近抄一卷芥舟二集一卷鳧舟三集一卷　(清)秦行澧著　稿本　一冊

330000－1701－0005615　善005177　集部/別集類/清別集

碧山樓詩稿不分卷　(清)孫傳曾撰　稿本　清丁丙跋　二冊

330000－1701－0005616　善005178　集部/別集類/清別集

石幢居士吟稿二卷　(清)梁肯堂撰　**皇清誥授榮祿大夫兵部尚書都察院右都御史漕運總督梁公[肯堂]墓誌銘一卷**　(清)吳錫麒譔　清嘉慶紅格寫刻樣本　一冊

330000－1701－0005617　善005179　集部/別集類/清別集

自怡軒稿二卷　(清)陳春宇撰　清道光十六年(1836)稿本　清吳奕傳、清岳洙傳跋　清岳樹音、清李枝升題記　一冊

330000－1701－0005618　善005180　集部/別集類/清別集

有正味齋駢體箋註九卷　(清)吳錫麒撰　(清)趙炳煃箋註　稿本　九冊

330000－1701－0005619　善005181　集部/別集類/清別集

蘆艇詩存一卷　(清)程昌期撰　清乾隆五十四年(1789)稿本　許承堯跋並題簽　李珮秋跋　一冊

330000－1701－0005620　善005182　集部/別集類/清別集

蘭陔詩集四卷　(清)周大業撰　清嘉慶抄本　夏定域校、題記並過錄清周廣業校點　四冊

330000－1701－0005621　善005183　集部/別集類/清別集

蓬廬文鈔八卷　(清)周廣業撰　清嘉慶抄本(卷五配清海寧管氏靜得樓抄本)　六冊

330000－1701－0005622　善005184　集部/別集類/清別集

説巖詩鈔一卷詞鈔一卷　(清)朱承弼撰　清抄本　二冊

330000－1701－0005623　善005185　集部/別集類/清別集

説巖古文殘稿一卷　(清)朱承弼撰　稿本　一冊

330000－1701－0005624　善005186　集部/別集類/清別集

遊仙詩一卷　(清)吳顥撰　**題詞一卷**　(清)程尚濂等撰　清光緒元年(1875)錢唐戴穗孫抄本　清戴穗孫跋　一冊

330000－1701－0005625　善 005187　集部/別集類/清別集

凝香詩鈔一卷　(清)徐瑟撰　**徐修貞女士詞一卷**　(清)徐琴撰　清宣統三年(1911)海昌管元耀抄本　管元耀圈點並跋　一冊

330000－1701－0005626　善 005188　集部/別集類/清別集

秋園小草一卷詞調附録一卷雜聯附録一卷桓臺偶紀一卷　(清)□□撰　稿本　一冊

330000－1701－0005627　善 005189　集部/別集類/清別集

玆泉公古文稿一卷　(清)朱兆熊著　清抄本　一冊

330000－1701－0005628　善 005190　集部/別集類/清別集

玆泉詩鈔一卷　(清)朱兆熊撰　清抄本　一冊

330000－1701－0005629　善 005191　集部/別集類/清別集

笠芸詩瓢十二卷　(清)周昱撰　清嘉慶十七年(1812)歙鮑廷博知不足齋刻本　王修跋　六冊

330000－1701－0005630　善 005192　集部/別集類/清別集

東齋詩存一卷　(清)□□撰　稿本　一冊

330000－1701－0005631　善 005193　集部/別集類/清別集

蒼山詩草一卷　(清)毛雲孫撰　稿本　一冊

330000－1701－0005632　善 005194　集部/別集類/清別集

湞江行草一卷　(清)毛雲孫撰　稿本　一冊

330000－1701－0005633　善 005195　集部/別集類/清別集

越俗蛩音二卷　(清)范季存撰　清抄本　二冊

330000－1701－0005634　善 005196　集部/別集類/清別集

學吟草二卷　(清)馮勉齋撰　稿本　二冊

330000－1701－0005635　善 005197　集部/別集類/清別集

錦江集一卷　(清)李萬青撰　清單廉泉抄本　清單廉泉題簽　一冊

330000－1701－0005636　善 005198　集部/別集類/清別集

新脩城隍廟碑記一卷　(清)鄭燮撰　清抄本　童大年題簽　一冊

330000－1701－0005637　善 005199　集部/別集類/清別集

樓居小草一卷　(清)袁杍撰　清抄本　一冊

330000－1701－0005638　善 005200　集部/別集類/清別集

一笑了然齋詩鈔不分卷　(清)茹蘗撰　稿本　三冊

330000－1701－0005639　善 005201　集部/別集類/清別集

修拙齋稿□□卷　(清)祝懋正撰　稿本　一冊　存二卷(五至六)

330000－1701－0005640　善 005202　集部/別集類/清別集

半茶山人詩鈔一卷　(清)方體撰　清績溪胡氏抄本　清胡鏐題簽並跋　一冊

330000－1701－0005643　善 005205　集部/別集類/清別集

初步草詩文全集四卷　(清)倪祖喜撰　(清)倪承謙訂　清乾隆三十七年(1772)海昌倪承謙抄本　清倪承謙跋　一冊

330000－1701－0005644　善 005206　集部/別集類/清別集

凝香集一卷鴛水集一卷餘霞集一卷　(清)董彬撰　稿本　一冊

330000－1701－0005645　善 005207　集部/別集類/清別集

澹圃詩詞稿一卷　(清)許樹棠撰　清抄本　偉子題簽、校並記　一冊

330000－1701－0005646　善 005208　集部/別集類/清別集

遊楚吴吟不分卷　(清)張雲璈撰　稿本　王修跋　二冊

330000－1701－0005647　善 005209　集部/別集類/清別集

邁堂詩存十六卷　(清)李祖陶撰　稿本　清李祖文跋　六冊

330000－1701－0005648　善 005210　集部/別集類/清別集

進士杜公詩稿一卷　(清)杜堮撰　清鴻遠書屋抄本　一冊

330000－1701－0005649　善 005211　集部/別集類/清別集

楚遊草一卷　(清)潘朗撰　清光緒四年(1878)胡傑人抄本　清張鍾芳題簽　清胡傑人跋　陶濬宣觀款並校　一冊

330000－1701－0005650　善 005212　集部/別集類/清別集

碧琅館詩草二卷　(清)陳鶴撰　稿本　清張澹、清陳敏、清沈紹先、清陳治題記　清蔡之廖、清章安行、清魏謙升、清俞德懋觀款　清顧書升、清靜涵批　一冊

330000－1701－0005651　善 005213　集部/別集類/清別集

是程堂集十四卷二集四卷耶溪漁隱詞二卷　(清)屠倬撰　清嘉慶十九年至二十五年(1814－1820)真州官舍、道光元年(1821)屠氏潛園刻本　徐行恭題簽　六冊　存十四卷(一至十四)

330000－1701－0005652　善 005214　集部/別集類/清別集

滇遊草一卷廻風草一卷　(清)張賓和撰　清嘉慶抄本　二冊

330000－1701－0005653　善 005215　集部/別集類/清別集

菽原堂初集一卷　(清)查揆撰　稿本　一冊

330000－1701－0005654　善 005216　集部/別集類/清別集

古槐書屋詩文稿□□種□□卷　(清)王樹英撰　稿本　清王武錫、清王存義跋　十三冊　存七種十四卷(古槐書屋古今體詩一、三,古槐書屋詩鈔一至四,雲邑山水諸咏,麗水山水諸咏,桂一樓詩集一至四,删詩存草,烟霞嘯客少時賦)

330000－1701－0005655　善 005217　集部/別集類/清別集

半硯閣詩存一卷　(清)程鎔撰　稿本　清金世福、清張濼批並跋　清蔡任、清郎福延、清邦彦、清徐墿、清章玲跋　清高習之、清曹楙堅、清曹均、清慶齡、清沈慰曾、清朱霈觀款　清子瀾批　一冊

330000－1701－0005656　善 005218　集部/別集類/清別集

搴香吟館遺稿二卷　(清)姚偁撰　清抄本　一冊

330000－1701－0005657　善 005219　集部/別集類/清別集

三至軒吟草一卷　(清)吴晟撰　稿本　清鄭心一句讀並跋　一冊

330000－1701－0005658　善 005220　集部/別集類/清別集

秋室遺文一卷南疆逸史跋一卷　(清)楊鳳苞撰　清末大興傅以禮長恩閣抄本　一冊

330000－1701－0005659　善 005221　集部/別集類/清別集

隨園詩稿不分卷　(清)袁枚撰　稿本　一冊

330000－1701－0005660　善 005222　集部/別集類/清別集

姚姬傳詩一卷　(清)姚鼐撰　稿本　清貴徵跋並觀款　清吴鼒題詩並觀款　清薛時雨跋並題詩　清吴椿、清清恒、清汪端光、清熊方受、清阮亨、清悟成、清余鑒、清陳寶善、清趙龍元跋　一冊

330000－1701－0005661　善 005223　集部/

別集類/清別集

四松堂集五卷　(清)敦誠撰　清嘉慶元年(1796)宗室宜興刻本　二册

330000－1701－0005662　善005224　集部/別集類/清別集

長洲楞伽山人手題雜帖詩一卷附感舊題畫雜詩一卷　(清)王芑孫撰　清乾隆五十七年(1792)稿本　一册

330000－1701－0005663　善005225　集部/別集類/清別集

陶篁村稿不分卷　(清)陶元藻撰　清乾隆五十八年(1793)稿本　清徐鏡清、清樊增祥跋　一册

330000－1701－0005664　善005226　集部/別集類/清別集

内自訟齋古文稾十一卷　(清)周凱撰　稿本　十一册

330000－1701－0005665　善005227　集部/別集類/清別集

梁山舟詩二卷　(清)梁同書撰　清乾隆四十七年(1782)稿本　清陸士題款　二册

330000－1701－0005668　善005230　集部/別集類/清別集

富曉山公詩稿一卷　(清)富曉山撰　稿本　一册

330000－1701－0005669　善005231　集部/別集類/清別集

一芒鞋一卷　(清)釋智光撰　清抄本　一册

330000－1701－0005670　善005232　集部/別集類/清別集

若水再存集一卷　(清)陳□□撰　稿本　汪采廷跋並題簽　一册

330000－1701－0005671　善005233　集部/別集類/清別集

瑤華閣詩草一卷詞草一卷　(清)袁壽撰　稿本　一册

330000－1701－0005672　善005234　集部/別集類/清別集

藝香詩草略存一卷　(清)倪灃撰　稿本　清倪繼寬校補　王修題簽並跋　一册

330000－1701－0005673　善005235　集部/別集類/清別集

環龍居詩稿一卷　(清)施恩普撰　清末抄本　王修跋　與330000－1701－0005672合册

330000－1701－0005674　善005236　集部/別集類/清別集

怡山集二十四卷　(清)任以治撰　清嘉慶八年(1803)稿本　二册　存十卷(一至十)

330000－1701－0005675　善005237　集部/別集類/清別集

小信天巢詩草一卷　(清)陳石麟撰　清嘉慶十八年(1813)稿本　清宗聖垣跋　一册

330000－1701－0005677　善005239　集部/別集類/清別集

落颿樓文稿三卷外稿一卷　(清)沈垚撰　清抄本　一册

330000－1701－0005678　善005240　集部/別集類/清別集

啣薑集一卷後咏懷一卷　(清)曹大經撰　稿本　二册

330000－1701－0005679　善005241　集部/別集類/清別集

樂蓮裳詩册一卷　(清)樂鈞撰　稿本　高野侯題簽　一册

330000－1701－0005680　善005242　集部/別集類/清別集

柳東先生賸稿十二卷　(清)馮登府撰　稿本　清馮登府題簽　清錢泳觀款　寄園、沂、魯南批　篪軒批點　清許淳齋過錄佚名批校　七册

330000－1701－0005681　善005243　集部/別集類/清別集

花宜館詩續鈔一卷　(清)吳振棫撰　稿本　一册

330000－1701－0005682　善 005244　集部/別集類/清別集

花宜館文略一卷　（清）吳振棫撰　稿本　一册

330000－1701－0005683　善 005245　集部/別集類/清別集

南陔雜記□□卷　（清）王紹蘭撰　稿本　一册　存一卷（四）

330000－1701－0005684　善 005281　集部/別集類/清別集

枕琴軒詩草不分卷　（清）覺羅崇恩撰　稿本　清陳森跋　一册

330000－1701－0005685　善 005247　集部/別集類/清別集

不櫛吟三卷續刻三卷　（清）潘素心撰　清抄本　二册

330000－1701－0005686　善 005248　集部/別集類/清別集

半梧樓吟草一卷　（清）蔣蔄撰　稿本　清郭文瑞批並跋　清高崧題詩　一册

330000－1701－0005687　善 005249　集部/別集類/清別集

嶺南游草一卷　（清）姚承憲撰　清抄本　清汪曾唯跋　清秋舲批　項士元題簽並跋　一册

330000－1701－0005688　善 005250　集部/別集類/清別集

帚珍齋詩存二十卷　（清）沈奎撰　清抄本　二册

330000－1701－0005689　善 005251　集部/別集類/清別集

東山樓詩集八卷　（清）曹宗載撰　清抄本　二册

330000－1701－0005690　善 005252　集部/別集類/清別集

忍默恕退之齋詩鈔不分卷賦草一卷試律鈔一卷　（清）沈寶禾撰　稿本　清張肇辰批並跋　清潘曾瑋、清周清、清金安瀾跋　六册

330000－1701－0005691　善 005253　集部/別集類/明別集

友雲詩一卷　（清）臧吉康撰　清抄本　王修跋　一册

330000－1701－0005692　善 005254　集部/別集類/清別集

友雲詩鈔十二卷　（清）臧吉康撰　清道光二十五年（1845）長興臧氏留餘堂刻本　四册

330000－1701－0005693　善 005255　集部/別集類/清別集

晉遊草一卷　（清）馬汾撰　清抄本　清馬熊跋　一册

330000－1701－0005694　善 005256　集部/別集類/清別集

點易軒詩鈔六卷　（清）葉樹滋撰　稿本　清陳庚子跋　清陳梅題詩　四册

330000－1701－0005695　善 005257　集部/別集類/清別集

抱璞亭詩集二十六卷　（清）張湘任撰　清同治元年（1862）張毓達等抄本　清張毓達跋　八册

330000－1701－0005696　善 005258　集部/別集類/清別集

四悔草堂詩鈔別存一卷　（清）朱漱芳撰　清丁氏聽松聲樓抄本　蔭長題簽並記　一册

330000－1701－0005697　善 005259　集部/詞類/別集之屬

棲碧詞一卷　（清）丁文蔚撰　稿本　一册

330000－1701－0005698　善 005260　集部/別集類/清別集

難易居詩鈔一卷　（清）饒應坤撰　清道光二十三年（1843）稿本　一册

330000－1701－0005699　善 005261　集部/別集類/清別集

苕溪詹丹林先生詩稿一卷　（清）詹丹林撰　稿本　清陳玉堂、清許鎾、清石雲衢、清徐庚陽、清何灝、清李經道跋　一册

330000－1701－0005700　善005262　集部/别集類/清别集

燈青茶嫩草三卷　(清)沈蕉青撰　稿本　清孫麟趾題詩並跋　清徐青照、清王泳、清春樵、清嚴城、清費丹旭、清葉申薌、清章荃、清趙元林、清卞勲、清童珂、清陳麒、清孫瓚、清舒化民、清沈鳳飛觀款　清嚴儀韶、清陳淇、清陳經、清王相鎏、清王宗慶、清沈雲槎、清胡光戊跋　清吕耀鈐、清琴生、清馬燮堂題詩　一册

330000－1701－0005701　善005263　集部/别集類/清别集

玉尺堂雜著不分卷　(清)殷兆鏞撰　稿本　二册

330000－1701－0005702　善005264　集部/别集類/清别集

槐蔭小庭詩艸一卷鏡蓮賸筆一卷　(清)朱敦毅撰　稿本　清陳梅穫、清吴受申、清崔子屋觀款　清竹臞、清徐訒、清子望、清郝銘、清竹林耐堂氏跋　清夢潮、清聶氏批　清康存濟批並跋　三册

330000－1701－0005703　善005265　集部/别集類/清别集

唾餘吟館遺集二卷　(清)何鼎勳撰　稿本　清陸承繩題簽並跋　清何慶墉校　一册

330000－1701－0005704　善005266　集部/别集類/清别集

一鑑軒詩鈔一卷　(清)董以謙撰　清抄本　一册

330000－1701－0005705　善005267　集部/别集類/清别集

定盦文集一卷餘集一卷續集一卷　(清)龔自珍撰　清同治七年(1868)金嘉穗抄本　清金嘉穗題簽並跋　清蔡鴻鑑題記　一册

330000－1701－0005706　善005268　集部/别集類/清别集

雲悦山房偶存稿六卷紅樓夢戲詠一卷　(清)楊維屏撰　清抄本　四册

330000－1701－0005707　善005269　集部/别集類/清别集

卓廬初草十八卷　(清)陳墉撰　清抄本　四册

330000－1701－0005708　善005270　集部/别集類/清别集

寄廬吟一卷晴窓雜詠一卷　(清)時樞撰　稿本　二册

330000－1701－0005709　善005271　集部/别集類/清别集

紅芙吟館詩鈔一卷詩餘一卷　(清)嚴麗正撰　稿本　一册

330000－1701－0005710　善005272　集部/别集類/清别集

敬承堂删存二卷　(清)鍾峻撰　稿本　一册

330000－1701－0005711　善005273　集部/别集類/清别集

雞牕續稾四卷　(清)宋樋撰　稿本　二册

330000－1701－0005712　善005274　集部/别集類/清别集

積石齋詩初集八卷　(清)金聘撰　稿本　清朱槐、清李問官、清李恩樹、清方兆熊、清曹澐、清李致芳題詩　一册

330000－1701－0005713　善005275　集部/别集類/清别集

夢琴哭子詩一卷　(清)陳希恕撰　清道光四年(1824)稿本　清張澮、清沈烜、清楊澥觀款　一册

330000－1701－0005714　善005276　集部/别集類/清别集

寶芸齋詩草一卷五言詩錄一卷　(清)葉名澧撰　稿本　三册

330000－1701－0005715　善005277　集部/别集類/清别集

西澗詩鈔一卷　(清)陳志源著　稿本　一册

330000－1701－0005716　善005278　集部/別集類/清別集

荔園詩續鈔四卷　(清)張駿撰　清抄本　一冊

330000－1701－0005717　善005279　集部/別集類/清別集

耦秦樓初存稿一卷　(清)□□撰　清飛雲閣抄本　一冊

330000－1701－0005718　善005280　集部/別集類/清別集

東崦草堂雜著一卷　(清)徐傅撰　清道光稿本　一冊

330000－1701－0005719　善005282　集部/別集類/清別集

梯雲山館初稿二卷　(清)周毓芳撰　稿本　清徐朝彝、清峨生、清盛襄、清邵開來、清許乃普、清杜啓昆、清諶瑤、清沈允椿、清詹雅節、清宗績辰、清儷青跋　清蔣煇、清唐開韶、清危熷、清李聯璧批並跋　清李石梧題簽並跋　清張家榘題記並批　清鄧顯鶴題記並跋　二冊

330000－1701－0005720　善005283　集部/別集類/清別集

紅雪山房詩存七卷　(清)劉暄之撰　稿本　清金墀跋　一冊

330000－1701－0005721　善005284　集部/別集類/清別集

然松閣詩鈔四卷　(清)顧槐三撰　(清)魯一同選訂　稿本　一冊

330000－1701－0005722　善005285　集部/別集類/清別集

梁茝林滄浪詩一卷　(清)梁章鉅撰　稿本　清陳雲、清清遠道人、清梁雲題詩　一冊

330000－1701－0005723　善005286　集部/別集類/清別集

笠舫詩文集十二種　(清)王衍梅撰　稿本　清沈宗信、清諸刜、清陳石麟觀款　余重耀題簽　九冊　存小楞嚴齋集、小楞嚴齋詩鈔、癸酉詩鈔、綠雪堂詩鈔(小竹齋集)、己卯詩鈔、笠舫詩鈔、海南憐香集、乙丑詩抄(乙丑詩稿)、丙寅詩鈔、笠舫隨筆、笠舫四六文十一種,庚午草稿佚

330000－1701－0005724　善005287　集部/別集類/清別集

餐花室詩稿五卷　(清)嚴錫康撰　稿本　一冊

330000－1701－0005725　善005288　集部/別集類/清別集

對花餘韻一卷　(清)周介玉撰　稿本　清楊蓉鏡批並跋　一冊

330000－1701－0005727　善005290　集部/別集類/清別集

心亨書屋存稿三卷　(清)管徵麐撰　稿本　清管庭芬跋　一冊

330000－1701－0005728　善005291　集部/別集類/清別集

楓江草堂詩藁三卷楓江漁唱一卷清湘瑤瑟譜一卷　(清)朱紫貴撰　清光緒元年(1875)長興朱叔倫抄本　清朱叔倫題記　清孫德祖校並跋　五冊

330000－1701－0005731　善005294　集部/別集類/清別集

知畏齋文稿一卷　(清)查人漢撰　清抄本　一冊

330000－1701－0005732　善005295　集部/別集類/清別集

等閒集詩鈔一卷　(清)張敬謂撰　清光緒六年(1880)錢塘張預抄本　清張預題記並過錄清張道跋　一冊

330000－1701－0005733　善005296　集部/別集類/清別集

芷湘吟稿六卷附錄一卷 （清）管庭芬撰 稿本 一冊

330000－1701－0005734 善 005297 集部/別集類/清別集

渟溪老屋題畫詩不分卷 （清）管庭芬撰 管元耀輯 稿本 一冊

330000－1701－0005735 善 005298 集部/總集類/彙編之屬

遼金元宮詞三卷 （清）陸長春撰 清抄本 一冊

330000－1701－0005736 善 005299 集部/別集類/清別集

南牕唫草一卷 （清）何晉槐撰 稿本 一冊

330000－1701－0005737 善 005300 集部/別集類/清別集

祥止室詩鈔四卷 （清）沈炳垣撰 稿本 清朱綬批校並跋 清顧翃觀款 二冊

330000－1701－0005738 善 005301 集部/別集類/清別集

蟠實松貞齋詩課一卷 （清）沈炳垣撰 稿本 清胡元照、清胡肇秋跋 清朱昌頤觀款 一冊

330000－1701－0005739 善 005302 集部/別集類/清別集

長吟手稿不分卷 （清）沈炳垣撰 稿本 清光型、清張肇辰、清沈咸熙、清朱方增題記 十冊

330000－1701－0005740 善 005303 集部/別集類/清別集

脂雪軒詩鈔四卷 （清）胡玠撰 清抄本 二冊

330000－1701－0005741 善 005304 集部/別集類/清別集

暖春書屋詩刪三卷 （清）方俊撰 清建水縣儒學抄本 清楊誠虛跋 一冊

330000－1701－0005742 善 005305 集部/別集類/清別集

松寥山人詩集不分卷 （清）張際亮撰 清抄本 一冊

330000－1701－0005743 善 005306 集部/別集類/清別集

邵位西遺文一卷 （清）邵懿辰撰 清抄本 一冊

330000－1701－0005744 善 005307 集部/別集類/清別集

竹里詩存八卷 （清）王惠撰 清同治會稽王介臣、王枚臣貴州刻本 二冊

330000－1701－0005745 善 005308 集部/別集類/清別集

恬養齋詩一卷 （清）張保衡撰 稿本 清朱壽康觀款並跋 清蒯德權、清褚二梅跋 清亢梅滋觀款 一冊

330000－1701－0005746 善 005309 集部/別集類/清別集

燼餘詩存一卷文存一卷 （清）謝寶鼎撰 稿本 清夏獻綸、清王凱秦跋 二冊

330000－1701－0005747 善 005310 集部/別集類/清別集

佑啓堂詩稿十五卷 （清）景星撰 稿本 清經、清龍汝霖跋 六冊

330000－1701－0005748 善 005311 集部/別集類/清別集

體親樓初稿二卷 （清）張保祉撰 清抄本 清余楙、清許仁杰、清查昇、清張濤跋 清竹存批校 一冊

330000－1701－0005749 善 005312 集部/別集類/清別集

鑑湖逸客吟稿一卷 （清）高驪雲撰 稿本 一冊

330000－1701－0005750 善 005313 集部/別集類/清別集

鑑湖逸客吟稿一卷補遺一卷 （清）高驪雲撰 清咸豐十年(1860)浭水孫孝先抄本 清孫孝先跋 一冊

330000－1701－0005751　善 005314　集部/別集類/清別集

蔡詩船先生詩稿一卷　(清)蔡名衡撰　稿本　清王曼壽評　一册

330000－1701－0005752　善 005315　集部/別集類/清別集

小柯亭詩集二十四卷　(清)蔡名衡撰　清丁氏聽松聲樓抄本　三册　存九卷(一至三、十三至十八)

330000－1701－0005753　善 005316　集部/別集類/清別集

治經堂集一卷　(清)朱錦琮撰　稿本　清吴山錫批校並題記　清朱有虔題簽　清阮文藻、清侯亭評　一册

330000－1701－0005754　善 005317　集部/別集類/清別集

補琴山房吟草十三卷　(清)陳錦撰　稿本　清楊福祺跋　清孫文川題記　七册　存七卷(過庭草一至二、陔養集、海角行吟、東南壬申、閒居遣興一至二)

330000－1701－0005755　善 005318　集部/別集類/清別集

補勤詩存續編五卷懷歸集二卷　(清)陳錦撰　稿本　四册

330000－1701－0005756　善 005319　集部/別集類/清別集

補勤詩存二十四卷　(清)陳錦撰　清末抄本　四册

330000－1701－0005757　善 005320　集部/別集類/清別集

訪粤續集一卷　(清)戴熙撰　稿本　清張維屏批並跋　清龍啟瑞題詩　一册

330000－1701－0005758　善 005321　集部/別集類/清別集

先文節公度歲百詠遺稿二卷　(清)戴熙撰　清戴穗孫抄本　清戴穗孫題簽並記　一册

330000－1701－0005759　善 005322　集部/別集類/清別集

絨石集一卷　(清)胡濱撰　清木活字印本　子敬題記　一册

330000－1701－0005760　善 005323　集部/別集類/清別集

暴麥亭稿六卷　(清)高頌禾撰　稿本　清董嘻題記並跋　清吴世培、清張宗緒跋　清汪元方、清吴國俊、清趙一本題記　清陳似爍、清楊宇凝、清曹悳馨、清黄慶銓批並跋　五册

330000－1701－0005761　善 005324　集部/別集類/清別集

晟溪漁唱一卷　(清)凌介禧撰　清抄本　一册

330000－1701－0005762　善 005325　集部/別集類/清別集

儀宋齋詩初稿二卷　(清)王采藻撰　稿本　清張仲遠批點並跋　一册

330000－1701－0005763　善 005326　集部/別集類/清別集

聲遠堂文鈔四卷　(清)王翼鳳撰　清末隱秀堂抄本　二册

330000－1701－0005764　善 005327　集部/別集類/清別集

姚光憲詩稿一卷　(清)姚光憲撰　稿本　霞舲題記　一册

330000－1701－0005765　善 005328　集部/別集類/清別集

檗淵漁唱自怡集一卷哀絲集一卷孤憤集一卷　(清)馮芳草　稿本　清泮橋、清葉倬雲批校　三册

330000－1701－0005766　善 005329　集部/別集類/清別集

鳴秋小草二卷　(清)鄭子愚撰　清吴春煊抄本　清吴春煊跋　一册

330000－1701－0005767　善 005330　集部/別集類/清別集

衎香居詩草三卷　(清)陳仁蔭撰　稿本　清張翊仍、清張翊儁批並跋　清錢其鋐題記　清莤艇批　一册

330000－1701－0005768　善005331　集部/別集類/清別集

越吟草一卷越中吟一卷　(清)張均撰　稿本　清陳涵輝跋　二册

330000－1701－0005769　善005332　集部/別集類/清別集

正氣齋詩稿不分卷　(清)李棰撰　稿本　二册

330000－1701－0005770　善005333　集部/別集類/清別集

聊復聞吟一卷　(清)管鴻儒撰　稿本　清管庭芬跋　二册

330000－1701－0005771　善005334　集部/別集類/清別集

鐵石亭詩鈔一卷　(清)時慶萊撰　稿本　一册

330000－1701－0005772　善005335　集部/別集類/清別集

函稿不分卷　(清)劉傳祺撰　稿本　一册

330000－1701－0005774　善005337　集部/別集類/清別集

嘯古堂文集四卷　(清)蔣敦復撰　稿本　清齊學裘批並校　二册

330000－1701－0005775　善005338　集部/別集類/清別集

就正草一卷　(清)吳龍曾撰　稿本　一册

330000－1701－0005776　善005339　集部/別集類/清別集

小�山館詩賸一卷　(清)小�山人撰　稿本　一册

330000－1701－0005777　善005340　集部/別集類/清別集

秋江漁隱詩草一卷　(清)章湘雲撰　稿本　一册

330000－1701－0005778　善005341　集部/別集類/清別集

芝秀軒詩藁一卷　(清)芝秀軒主人撰　稿本　清陸增祥觀款　清麻維緒題簽、批校並記　一册

330000－1701－0005779　善005342　集部/別集類/清別集

香坡詩草四卷　(清)□□撰　清壽石山房抄本　清祖彝題簽　二册

330000－1701－0005780　善005343　集部/別集類/清別集

春暉堂詩鈔一卷　(清)徐福辰撰　稿本　一册

330000－1701－0005781　善005344　集部/別集類/清別集

武烈公遺墨不分卷　(清)繆梓撰　稿本　一册

330000－1701－0005782　善005345　集部/別集類/清別集

更生詩存四卷　(清)沈更生編　稿本　四册

330000－1701－0005784　善005347　集部/別集類/清別集

秋心廢藁一卷皐廡偶存一卷淮浦閒草一卷　(清)劉履芬撰　稿本　清江湜跋　一册

330000－1701－0005785　善005348　集部/別集類/清別集

亢藝堂遺集摘抄一卷　(清)孫廷璋撰　清蟾華堂抄本　清陳若臣題簽　一册

330000－1701－0005786　善005349　集部/別集類/清別集

會稽山齋文十二卷　(清)謝應芝撰　清抄本　一册　存六卷(一至六)

330000－1701－0005787　善005350　集部/別集類/清別集

谿北詩藁十六卷　(清)戎金銘撰　稿本　一册　存八卷(九至十六)

330000－1701－0005788　善005351　集部/別集類/清別集

存素堂古今體詩藁四卷駢體文藁四卷駢體續藁二卷　(清)葉如圭撰　清葉策彥抄本　清

吳存義觀款　葉心柏題記　五冊

330000－1701－0005790　善 005353　集部/別集類/清別集

鏡海樓詩稿四卷文稿一卷　(清)楊鳳翰撰　稿本　清錢保塘、孫峻題記　五冊

330000－1701－0005791　善 005354　集部/別集類/清別集

枚卿詩稿不分卷　(清)許賡藻撰　清抄本　萬德懿批校並跋　五冊

330000－1701－0005792　善 005355　集部/別集類/清別集

劍龍吟館雜存一卷　(清)汪子清撰　稿本　清楊燮和、清袁振蟾跋　一冊

330000－1701－0005793　善 005356　集部/別集類/清別集

古愚堂詩鈔十五卷　(清)王樂胥撰　稿本　二冊

330000－1701－0005794　善 005357　集部/別集類/清別集

桐華舸詩稿一卷褒忠詞一卷　(清)鮑瑞駿撰　稿本　清管晏、清周士澄、清宋祖駿觀款　清方朔批點並跋　清鮑康批點　二冊

330000－1701－0005795　善 005358　集部/別集類/清別集

桐華舸詩稿五卷殘明詠史詩一卷秋窗夜雨詞一卷　(清)鮑瑞駿撰　稿本　清朱蓀批並跋　二冊

330000－1701－0005796　善 005359　集部/別集類/清別集

青芙館全集十六卷　(清)金鍾彥撰　稿本　六冊

330000－1701－0005797　善 005360　集部/別集類/清別集

白雲集不分卷　(清)張淮撰　稿本　清秦楨、清許祖昱題詩　清李承模觀款　二冊

330000－1701－0005798　善 005361　集部/別集類/清別集

環翠軒南遊寄草一卷蟄居閒草一卷可芰艸堂再南遊草一卷　(清)平焜撰　稿本　一冊

330000－1701－0005799　善 005362　集部/別集類/清別集

桂辛山人詩稿一卷書學雅言一卷　(清)楊鼎撰　稿本　一冊

330000－1701－0005800　善 005363　集部/別集類/清別集

重遠齋吟稿三卷　(清)楊鼎撰　清抄本　一冊

330000－1701－0005801　善 005364　集部/別集類/清別集

退思軒吟草一卷　(清)囊傳琳撰　稿本　清許傳沐題簽　一冊

330000－1701－0005802　善 005365　集部/別集類/清別集

會稽山人詩存一卷　(清)唐福履撰　清同治稿本　清陳昌沂、清沈百墉、清童壽祺跋　一冊

330000－1701－0005803　善 005366　集部/別集類/清別集

雙桂軒詩草一卷繡餘小草一卷　(清)沈玫撰　稿本　清笪世基跋　清沈星煒、清德寬、清梁永緒題詩　二冊

330000－1701－0005804　善 005367　集部/別集類/清別集

梅影龕詩稿一卷　(清)浣雲學吟　稿本　一冊

330000－1701－0005805　善 005368　集部/別集類/清別集

一芝草堂初稿不分卷雜稿一卷　(清)吳懋祺撰　稿本　二冊

330000－1701－0005806　善 005369　集部/別集類/清別集

拙吾詩草不分卷　(清)高鼎撰　稿本　胡劍吟批並跋　一冊

330000－1701－0005807　善 005370　集部/

別集類/清別集

香雪廬稿一卷 (清)□□撰 稿本 清管庭芬、清福培、清姚仁瑛跋 一冊

330000－1701－0005808 善005371 集部/別集類/清別集

浮塵集一卷刻樗集一卷 (清)王寶書撰 稿本 一冊

330000－1701－0005809 善005372 集部/別集類/清別集

聽秋聲館遺詩一卷 (清)吳恩埰撰 稿本 一冊

330000－1701－0005810 善005373 集部/別集類/清別集

寄龕遺稿一卷 (清)吳文堮撰 稿本 吳慶坻題簽並跋 一冊

330000－1701－0005811 善005374 集部/別集類/清別集

詩傭詩存一卷 (清)傅雲龍撰 稿本 一冊

330000－1701－0005812 善005375 集部/別集類/清別集

嵩少山人詩草三卷 (清)吳淞撰 稿本 一冊

330000－1701－0005813 善005376 集部/別集類/清別集

嵩少山人詩草本一卷 (清)吳淞撰 稿本 一冊

330000－1701－0005814 善005377 集部/別集類/清別集

課餘小草一卷 (清)張秉銓撰 稿本 清笠亭批 清韻璜圈點 清榆村 一冊

330000－1701－0005815 善005378 集部/別集類/清別集

披荆集一卷飄蓬集一卷寄籬集一卷守株集一卷擬古樂府一卷 (清)毛以南撰 稿本 清毛英頌、清李爲申、張宗祥題簽 清朱家麒、清郭炳儀、毛春翔跋 清吳樹芳題詩並跋 一冊

330000－1701－0005816 善005379 集部/別集類/清別集

松夢寮文集三卷 (清)丁丙撰 清光緒抄本 三冊

330000－1701－0005817 善005380 集部/別集類/清別集

安遇齋古近體詩二卷蜀輶吟草一卷 (清)李德儀撰 **乾清宫朝賀和詩一卷** (清)惇親王等撰 清抄本 四冊

330000－1701－0005818 善005381 集部/別集類/清別集

泳素齋古今體詩初草一卷 (清)高文瑍撰 稿本 一冊

330000－1701－0005819 善005382 集部/別集類/清別集

埽雲仙館詩鈔四卷 (清)詹嗣曾撰 清同治元年(1862)三衢詹嗣曾木活字印本 四冊

330000－1701－0005820 善005383 集部/別集類/清別集

夢吟詩艸一卷 (清)鄭思聰撰 稿本 清葛夢樸題簽並記 清唐迺勤、清韓柳文、清王治基、清陳錫爵跋 清顧壽豐、清魏辰朗題詩 一冊

330000－1701－0005821 善005384 集部/別集類/清別集

澤雅堂集一卷 (清)施補華撰 稿本 樊增祥跋 一冊

330000－1701－0005822 善005385 集部/別集類/清別集

澤雅堂詩集四卷 (清)施補華撰 稿本 一冊

330000－1701－0005823 善005386 集部/別集類/清別集

見山樓詩草四卷 (清)張翊儁著 稿本 陸廷黻、潘景鄭跋 八冊

330000－1701－0005824 善005387 集部/別集類/清別集

潠廬初稿四卷 (清)陶方琦撰 稿本 清孫

德祖題簽並記　清馬賡良、清孫德祖、清陶在銘、清陶在新題記　一册

330000－1701－0005825　善 005388　集部/别集類/清别集

陶湘麋學使詩文遺稿不分卷　(清)陶方琦撰　稿本　椰梅閣題簽　陳慶均題簽並跋　一册

330000－1701－0005826　善 005389　集部/别集類/清别集

湘麋館遺墨粹存一卷　(清)陶方琦撰　稿本　椰梅閣題簽　陳慶均題簽並記　樊增祥批點　一册

330000－1701－0005827　善 005390　集部/别集類/清别集

武林紀游一卷　(清)徐士燕撰　稿本　清張煦題記　一册

330000－1701－0005828　善 005391　集部/别集類/清别集

沈景修函牘一卷　(清)沈景修撰　手稿本　一册

330000－1701－0005829　善 005392　集部/别集類/清别集

台蕩游草一卷　(清)項霽撰　清丁立誠抄本　一册

330000－1701－0005830　善 005393　集部/别集類/清别集

讀唐史雜詠一卷　(清)張振夔撰　清丁立誠抄本　一册

330000－1701－0005831　善 005394　集部/别集類/清别集

適園叢藁四卷　(清)袁學瀾撰　稿本　清亢樹滋、清雷浚、清潘鍾瑞、清潘曾懷跋　一册

330000－1701－0005832　善 005395　集部/别集類/清别集

越吟殘草一卷　(清)平步青撰　清抄本　一册

330000－1701－0005833　善 005396　集部/别集類/清别集

霞外山人書翰一卷郵筒存檢一卷　(清)平步青撰　稿本　一册　存一卷(郵筒存檢)

330000－1701－0005834　善 005397　集部/别集類/清别集

芝竹山房詩集二卷　(清)沈青于撰　稿本　清亦菴、清顔海洲跋　二册

330000－1701－0005835　善 005398　集部/别集類/清别集

癡蟲吟稿兩種　(清)鮑存曉撰　稿本　清俞廷颺批並跋　清鄭錫田批校　清馮寶昌、清鄭錫田跋　二册

330000－1701－0005836　善 005399　集部/别集類/清别集

退思齋文藁一卷　(清)陸元鼎撰　稿本　一册

330000－1701－0005837　善 005400　集部/别集類/清别集

怡怡堂集一卷　(清)戴以恒撰　稿本　一册

330000－1701－0005838　善 005401　集部/别集類/清别集

風雨對吟齋焚餘草一卷味閒詩詞偶存一卷也安雜著偶鈔一卷　(清)任端良撰　清抄本　王永源校並題記　三册

330000－1701－0005839　善 005402　集部/别集類/清别集

吴熙唫艸一卷　(清)吴熙撰　稿本　一册

330000－1701－0005840　善 005403　集部/别集類/清别集

悔無聞寓廬詩聽九卷　(清)褚維培撰　稿本　二册　缺一卷(海壖鷗寄集二)

330000－1701－0005841　善 005404　集部/别集類/清别集

詒硯齋草稿一卷　(清)陳政鍾撰　稿本　一册

330000－1701－0005842　善 005405　集部/别集類/清别集

紀行詩草五卷　(清)恒林撰　稿本　徐紹植跋　二册

330000－1701－0005843　善 005406　集部/別集類/清別集

南遊剩草一卷　(清)平邦佐撰　稿本　一册

330000－1701－0005844　善 005407　集部/別集類/清別集

欲寡過齋詩存四卷　(清)鄒澤撰　稿本　一册

330000－1701－0005845　善 005408　集部/別集類/清別集

山子詩鈔十一卷　(清)方燾撰　清抄本　二册

330000－1701－0005846　善 005409　集部/別集類/清別集

筍嵒詩剩二卷　(清)方燾撰　清抄本　一册

330000－1701－0005847　善 005410　子部/工藝類/日用器物之屬/陶瓷

曼殊沙龕三十六壺盧銘一卷　(清)葉金壽撰　(清)郭傳璞注　清抄本　一册

330000－1701－0005848　善 005411　集部/別集類/清別集

華齋詩草一卷　(清)王華齋撰　稿本　一册

330000－1701－0005849　善 005412　集部/別集類/清別集

井字山人詩存四卷　(清)夏葆彝撰　清末抄本　佚名校並過錄張紹江評　二册

330000－1701－0005850　善 005413　集部/別集類/清別集

石屋文藁二卷石屋文字一卷石屋雜著一卷　(清)曹籀撰　稿本　二册

330000－1701－0005851　善 005414　集部/別集類/清別集

龕園詩存二卷　(清)陶在新撰　稿本　陶濬宣批校並跋　一册

330000－1701－0005852　善 005415　集部/別集類/清別集

歸安凌霞手稿六卷　(清)凌霞撰　稿本　桑俞題簽　六册

330000－1701－0005853　善 005416　集部/別集類/清別集

停雲詩稿二卷　(清)高如陵撰　清同治稿本　清章鴻森、清高同雲、清侯梅跋　二册

330000－1701－0005855　善 005418　集部/別集類/清別集

笏谿草堂詩稿一卷　(清)胡公藩撰　稿本　一册

330000－1701－0005856　善 005419　集部/別集類/清別集

學錦駢文□□卷　(清)高同雲撰　稿本　一册　存一卷(二)

330000－1701－0005857　善 005420　集部/別集類/清別集

春到廬詩鈔六卷　(清)戴穗孫撰　稿本　清夏曾傳跋　二册

330000－1701－0005858　善 005421　集部/別集類/清別集

繡餘吟一卷　(清)張桂芬撰　稿本　偉曾題簽並記　一册

330000－1701－0005859　善 005422　集部/別集類/清別集

雙瑞竹館吟鈔一卷　(清)許傳霈撰　稿本　清宗源瀚、清維城跋　清陳昆題詩　清宗得福、清張岱年題記　一册

330000－1701－0005860　善 005423　集部/別集類/清別集

仙屏書屋初集詩錄十六卷後錄二卷　(清)黄爵滋撰　清道光二十六年(1846)涇縣翟金生泥活字印本　二册

330000－1701－0005861　善 005424　集部/別集類/清別集

倚琴閣詩草一卷詞一卷　(清)吴麟珠撰　**倚琴女史[吴麟珠]事略一卷**　(清)傅以綬撰　清抄本　高仁偶校、題記並跋　一册

330000－1701－0005862　善 005425　集部/別集類/清別集
青小樓詩一卷　(清)佚名撰　稿本　清阮望跋　一册

330000－1701－0005863　善 005426　集部/別集類/清別集
寄傲樓詩稿二卷　(清)馮澍撰　稿本　一册

330000－1701－0005864　善 005427　集部/別集類/清別集
漏甕稿不分卷　(清)胡埅壽撰　稿本　二册

330000－1701－0005865　善 005428　集部/別集類/清別集
省齋詩稿一卷　(清)沈兆奎定　稿本　蛛猨題簽並評　一册

330000－1701－0005866　善 005429　集部/別集類/清別集
青拜廬詩一卷　(清)吳淦撰　稿本　一册

330000－1701－0005867　善 005430　集部/別集類/清別集
春星草堂詩二卷　(清)吳鍾奇撰　稿本　一册

330000－1701－0005869　善 005432　集部/別集類/清別集
蓬萊唱和艸不分卷　(清)□□輯　稿本　清陳昌沂題簽並記　一册

330000－1701－0005870　善 005433　集部/別集類/清別集
補盦文鈔五卷　(清)高鵬年撰　稿本　清胡芸谷圈點　清毛鳳儀評　一册

330000－1701－0005871　善 005434　集部/別集類/清別集
夏子松先生函牘一卷　(清)夏同善撰　稿本　一册

330000－1701－0005873　善 005436　集部/別集類/清別集
孯雅堂詩鈔一卷　(清)張景祁撰　清光緒二十年(1894)手稿本　一册

330000－1701－0005874　善 005437　集部/別集類/清別集
吟陸草堂詩四卷　(清)吳寶儉撰　清抄本　二册

330000－1701－0005876　善 005439　集部/別集類/清別集
補松廬詩錄一卷　吳慶坻撰　稿本　羅孩樵批、題簽並記　一册

330000－1701－0005877　普 915.1231/7035/c4　史部/地理類/方志之屬/郡縣志
[光緒]高淳縣志二十八卷首一卷　(清)楊福鼎修　(清)陳嘉謀纂　清光緒七年(1881)學山書院刻本　十册

330000－1701－0005878　善 005440　集部/別集類/清別集
補松廬詩錄六卷　吳慶坻撰　稿本　清柯劭忞批　清楊葆光批校、觀款並題詩　王先謙批並跋　五册

330000－1701－0005879　善 005441　集部/別集類/清別集
愛影齋詩稿一卷　(清)陳憲撰　稿本　一册

330000－1701－0005881　善 005443　集部/別集類/清別集
茜紅吟館詩存一卷　(清)沈甲芳著　稿本　一册

330000－1701－0005882　善 005444　集部/別集類/清別集
王風一卷　丁立誠撰　清抄本　清俞樾跋　一册

330000－1701－0005883　善 005445　集部/別集類/清別集
琴仙女史吟稿一卷詞稿一卷　(清)顧玉英撰　稿本　一册

330000－1701－0005884　善 005446　集部/別集類/清別集
來青軒詩鈔十卷　(清)沈閬崐撰　清末抄本　清蔣照跋　二册　存一卷(一)

330000－1701－0005885　善005447　集部/別集類/清別集
來青軒詩鈔三卷　（清）沈閬崐撰　稿本　清楊葆光跋　清汪曰楨觀款　六册

330000－1701－0005886　善005448　集部/別集類/清別集
綺窗吟草一卷　（清）申志廉撰　清胡元之等抄本　一册

330000－1701－0005887　善005449　集部/別集類/清別集
養餘蘐稿不分卷　（清）張大昌撰　稿本　五册

330000－1701－0005889　善005451　集部/別集類/清別集
琴詠詩文稿一卷　（清）姚景夔撰　稿本　一册

330000－1701－0005890　善005452　集部/別集類/清別集
正誼堂文集二十四卷　（清）董沛撰　稿本　十九册　缺六卷（一至三、十二、十九至二十）

330000－1701－0005891　善005453　集部/別集類/清別集
止軒集不分卷　王繼香撰　稿本　清沈景修跋　清王繼穀校補　十一册

330000－1701－0005892　善005454　集部/別集類/清別集
百悔辭不分卷　王繼香撰　稿本　一册

330000－1701－0005893　善005455　集部/別集類/清別集
醉吟草　王繼香撰　稿本　清陶方琦、□寶批　清陳璚、清翁同龢題簽　六册　存十八種

330000－1701－0005894　善005456　集部/別集類/清別集
止軒文習初草四卷文蛻初草一卷　王繼香撰　稿本　清鮑臨、清沈景修、清陳璚、陶濬宣題簽　五册

330000－1701－0005895　善005457　集部/別集類/清別集
師竹齋主人信札一卷　（清）徐用儀撰　稿本　一册

330000－1701－0005896　善005458　集部/別集類/清別集
吾悔集一卷　（清）郭傳璞撰　稿本　一册

330000－1701－0005897　善005459　集部/別集類/清別集
繡餘吟草一卷　（清）陳織僊撰　清抄本　一册

330000－1701－0005898　善005460　集部/別集類/清別集
芝仙賸草一卷　（清）陸蒨撰　清抄本　與330000－1701－0005897合册

330000－1701－0005899　善005461　集部/別集類/清別集
寄通齋詩草一卷　（清）王儀鄭撰　稿本　一册

330000－1701－0005900　HJL5679　集部/詞類/別集之屬
茂陵秋雨詞四卷　（清）王錫振撰　清同治三年（1864）刻本　一册

330000－1701－0005901　善005462　集部/別集類/清別集
殷李堯詩稿十二集十二卷　（清）殷李堯撰　稿本　十四册

330000－1701－0005902　善005463　集部/別集類/清別集
餐花仙館詩草四卷　沈祖壽撰　稿本　清俞璨題簽並評點　一册

330000－1701－0005903　善005464　集部/別集類/清別集
公餘百咏一卷　（清）嚴本撰　稿本　一册

330000－1701－0005904　善005465　集部/別集類/清別集
澹泊軒劫餘吟艸一卷　（清）汪皐撰　稿本　清周麐題簽　一册

330000－1701－0005905　善005466　集部/別集類/清別集

錦霞閣詩集一卷　(清)包蘭瑛撰　清宣統抄本　亞光題簽並記　一册

330000－1701－0005906　善005467　集部/別集類/清別集

眠緑館雜集八卷　(清)卜國賓撰　稿本　清小髯仙、清俞廷輔、清履瀛題簽　清卜國光繪圖並題記　清程思洛、清孫興第跋　一册

330000－1701－0005907　善005468　集部/別集類/清別集

西湖詩存一卷　(清)杜聯撰　清末抄本　一册

330000－1701－0005908　善005469　集部/別集類/清別集

雁魚偶録不分卷　(清)笪世基撰　稿本　四册

330000－1701－0005909　善005470　集部/別集類/清別集

琴曹詩存一卷　(清)黄治撰　稿本　一册

330000－1701－0005910　善005471　集部/別集類/清別集

越縵堂雜著不分卷　(清)李慈銘撰　清末抄本　五册

330000－1701－0005911　善005472　集部/別集類/清別集

越縵堂駢體文四卷散體文一卷　(清)李慈銘撰　清光緒二十三年(1897)刻虛霩居叢書本　王積文批校並題記　四册

330000－1701－0005912　善005473　集部/別集類/清別集

李慈銘未刊稿不分卷　(清)李慈銘撰　清末抄本　二册

330000－1701－0005914　善005475　集部/別集類/清別集

遲鴻軒詩續一卷文續一卷　(清)楊峴撰　稿本　二册

330000－1701－0005915　善005476　集部/別集類/清別集

柔橋三集十六卷　(清)王棻　稿本　四册

330000－1701－0005916　善005477　集部/別集類/清別集

訥齋未定稿二卷　(清)平世增撰　稿本　一册

330000－1701－0005917　善005478　集部/別集類/清別集

九思堂詩稿續編七卷　(清)奕譞撰　清抄本　八册

330000－1701－0005918　善005479　集部/別集類/清別集

草莽閒吟四卷五石瓠齋文鈔一卷　(清)林孔哲撰　稿本　王幼圻題簽並記　一册

330000－1701－0005919　善005480　集部/別集類/清別集

慈佩軒遺稿□□卷　(清)許德裕撰　稿本　二册　存八卷(課餘詩、後北游詩、過夏詩、豫章詩、秀江詩、豫章後詩、虔州詩、破戒詩)

330000－1701－0005920　善005481　集部/別集類/清別集

歲暮懷人截句一卷　(清)陳laughing撰　稿本　一册

330000－1701－0005921　善005482　集部/別集類/清別集

紹興陳孝蘭解元陔蜀游詩卅一卷　(清)陳陔撰　稿本　清鍾兆麟跋　一册

330000－1701－0005922　善005483　集部/別集類/清別集

娱園老人代撰書函手稿不分卷　(清)許增撰　稿本　一册

330000－1701－0005923　善005484　集部/別集類/清別集

問桃花館詩鈔二卷　(清)鄒在衡撰　稿本　清洪樹珊、馬敘倫跋　清胡稚楓評注　清樸甫、清潘榮福、清鄒志章題記　四册

330000－1701－0005924　善 005485　集部/別集類/清別集

金石聲閣文集十六卷　（清）孫恩詒撰　稿本　清姚延禧、清靳裕昆、清陸恒修、清孫傳辰、清俞恒溥跋　二冊

330000－1701－0005925　善 005486　集部/別集類/清別集

匏廬吟草二卷詞藳一卷　（清）吳敬襄撰　稿本　清胡念修觀款並跋　清胡義衢、清許劍青觀款　清張炘批並觀款　清楊振鎬跋　清顧西藩批　盾叔題簽　四冊

330000－1701－0005926　善 005487　史部/地理類/雜志之屬

西藏賦一卷　（清）和寧撰　清嘉慶抄本　二冊

330000－1701－0005927　善 005488　集部/別集類/清別集

寄龕文賡一卷　（清）孫德祖撰　稿本　一冊

330000－1701－0005928　善 005489　集部/別集類/清別集

慕陔堂詩鈔一卷　（清）王麟書撰　稿本　清張鳴珂題簽並記　一冊

330000－1701－0005929　善 005490　集部/別集類/清別集

抱潛詩藳一卷　（清）陳元祿撰　稿本　清王鴻題簽並跋　清沈兆麟跋　清征南題詩　清孫衣言、清王拯評並跋　一冊

330000－1701－0005930　善 005491　集部/別集類/清別集

甄花舍詩草二卷　（清）張世政撰　稿本　一冊

330000－1701－0005931　善 005492　集部/別集類/清別集

洛思吟一卷　（清）沈金麒撰　稿本　清沈履祥評點並題簽　清高儉貞題詩　一冊

330000－1701－0005933　善 005494　集部/別集類/清別集

遠香閣詩鈔一卷　（清）仲耀政撰　稿本　一冊

330000－1701－0005934　善 005495　集部/別集類/清別集

紫荆花館詩詞合鈔一卷香葉舊艸堂詩餘一卷　（清）沈兆琛撰　稿本　一冊

330000－1701－0005935　善 005496　集部/別集類/清別集

梅里雜咏一百首一卷　（清）王徵撰　稿本　一冊

330000－1701－0005936　善 005497　集部/別集類/清別集

七十以外吟一卷　鄒存淦撰　稿本　一冊

330000－1701－0005937　善 005498　集部/別集類/清別集

刦餘賸稿不分卷　（清）沈人俊撰　稿本　清曹楞、清王棻觀款　清嵇紹敏、清讓卿、清汪鳴皋、清蒲華、清孫家楨、清季培跋　清瘦生、清曉峯題簽　三冊

330000－1701－0005938　善 005499　集部/別集類/清別集

附鈔雜體存稾二卷閒窗破睡五言八韻附鈔一卷　（清）菩蔭撰　清光緒二十三年（1897）稿本　清寶鋆題簽並記　一冊

330000－1701－0005939　善 005500　集部/別集類/清別集

松月軒詩草二卷　（清）俞梅撰　稿本　清趙汝霖、清翁春批校並題記　清愛吾跋　二冊

330000－1701－0005940　善 005501　集部/別集類/清別集

止塵廬詩鈔一卷　（清）許劍青撰　稿本　一冊

330000－1701－0005941　善 005502　集部/別集類/清別集

小補蘿屋唫稿一卷　（清）王綺撰　稿本　孫峻、沈家璠跋　一冊

330000－1701－0005942　善 005503　集部/別集類/清別集

蓮峯吟藁一卷　(清)楊源撰　稿本　朱聖基批並跋　一冊

330000－1701－0005943　善005504　集部/別集類/清別集

嘯夢軒吟箋一卷　(清)劉翬漫稿　稿本　清醉花詩人跋　一冊

330000－1701－0005944　善005505　集部/別集類/清別集

寒碧山房吟草一卷　(清)范慧蓮撰　清抄本　一冊

330000－1701－0005945　善005506　集部/別集類/清別集

尺蠖庵七言律詩偶存一卷　(清)程升草撰　稿本　一冊

330000－1701－0005946　善005507　集部/別集類/清別集

天香樓初集九卷　(清)蔡濤撰　稿本　一冊　存三卷(一至三)

330000－1701－0005947　善005508　集部/別集類/清別集

蒔花小築待刪草□卷　江峯青撰　稿本　五冊　存五卷(四至八)

330000－1701－0005948　善005509　集部/別集類/清別集

我醒子未定稿二卷　(清)崔鳳鳴撰　稿本　一冊

330000－1701－0005949　善005510　集部/別集類/漢魏六朝別集

蔡中郎集舉正不分卷　(清)羅以智撰　清光緒五年(1879)朱桂模抄本　清朱桂模跋　王欣夫觀款　楊復批　三冊

330000－1701－0005950　善005511　集部/總集類/選集之屬/斷代

漢鐃歌十八曲集解一卷　(清)譚儀　(譚獻)纂　清同治十二年(1873)稿本　陳漢章題簽　一冊

330000－1701－0005951　善005512　集部/別集類/清別集

梅花唫三百首一卷　(清)孏孏道人　(□爀)撰　稿本　一冊

330000－1701－0005952　善005513　集部/別集類/清別集

樂壽堂詩鈔九卷　(清)施山撰　稿本　清王子壽評　一冊　存五卷(五至九)

330000－1701－0005953　善005514　集部/別集類/清別集

小窗香雪詩鈔七卷　(清)曹學詩撰　稿本　清許承堯批、跋並題簽　舟屋題記　四冊

330000－1701－0005954　善005515　集部/別集類/清別集

有餘地遺詩六卷有餘地韵語一卷　(清)邱孫錦撰　稿本　清悼秋題記　清邱曾詒跋　清沈釋題詩　三冊

330000－1701－0005955　善005516　集部/別集類/清別集

萬吹樓詩稿不分卷　(清)胡蔚撰　稿本　二冊

330000－1701－0005956　善005517　集部/別集類/清別集

安蔬齋詩詞一卷　(清)黄恩綬撰　稿本　駱履安題簽並跋　一冊

330000－1701－0005957　善005518　集部/別集類/清別集

蘊珠室詩稿不分卷　(清)吳崇俊撰　稿本　清吳鳴岐、清吳松英、清丁丙、清龔自閎跋　清解友仁題簽　清阮祖棠觀款　一冊

330000－1701－0005958　善005519　集部/別集類/清別集

章鋆詩文稿不分卷　(清)章鋆撰　稿本　二冊

330000－1701－0005959　善005520　集部/別集類/清別集

健修堂詩集(沽上趨庭始存藁)□□卷　(清)邊浴禮撰　稿本　清湯璥、清李槎仙跋　清鍾毓奇觀款並跋　清李嘉黻、清葆香、清樊

彬、清宗佑、清鄒鳴鶴、清方廷瑚、清蔣昌雅、清申屠世寶、清鄧祥麟、清潘霨、清蔣湘南觀款　清景皋題簽並評　江彤侯、楊蓮卿題簽　二册　存二卷(三、六)

330000－1701－0005960　善005521　集部/別集類/清別集

筆峰吟草不分卷　(清)邱岡撰　稿本　一册

330000－1701－0005961　善005522　集部/別集類/清別集

吟香室詩二卷　(清)陸擷湘撰　稿本　清俞錦、清李萬秋、清王文鎔跋　一册

330000－1701－0005962　善005523　集部/別集類/清別集

誦芬書屋小藁六卷　(清)黄杞孫撰　稿本　清姚燮、清秦光第、清淡庵、清于源、清李萬秋、清吳希庸、清桐孫、清左景康、清王文鎔、清程步雲、清孫汝成、清樊風雷、清□其培、清柯堯植、清□裘橋、清雷葆廉、清張凱、清韓儀凫、清郭枏、清戴德堅、清子□、清□保庸、清金安瀾、清周作鎔、清錢□等題記並跋　六册

330000－1701－0005963　善005524　集部/別集類/清別集

鏡池樓吟稿四卷　(清)陳文藻撰　稿本　四册

330000－1701－0005964　善005525　集部/別集類/清別集

花信樓文草選一卷詩草一卷策論一卷外集三卷　(清)洪炳文撰　清抄本　六册

330000－1701－0005965　善005526　集部/別集類/清別集

三湖詩稿一卷　(清)笪世基撰　稿本　王綺跋　一册

330000－1701－0005966　善005527　集部/別集類/清別集

夢若山房詩稿十二卷　(清)朱棪撰　稿本　清鄭鈴題記　六册

330000－1701－0005967　善005528　集部/別集類/清別集

補刻摘句圖詩一卷　(清)童鈺稿　(清)盧世昌批點　(清)團昇　(清)袁樹參評　清蕭山魯燮光壺隱居抄本　一册

330000－1701－0005968　善005529　集部/別集類/清別集

師經室詩存一卷　(清)蔣仁榮撰　清光緒二十四年(1898)刻本　陳從周批並題記　一册

330000－1701－0005969　善005530　集部/別集類/清別集

勉益齋偶存稿不分卷　(清)裕謙撰　清文范閣抄本　一册

330000－1701－0005970　善005531　集部/別集類/清別集

雪交亭集十一卷　(清)高宇泰撰　清光緒八年(1882)湯鴻九抄本　清澗石批校　清湯鴻九校點並過録清何樹崙跋　張美翊跋　四册

330000－1701－0005971　善005532　集部/別集類/清別集

荔龕詩存一卷　(清)岑應麟撰　稿本　清陶方琦題記　陶濬宣批並跋　一册

330000－1701－0005972　善005533　集部/別集類/清別集

雨春軒經進詩一卷詩草十卷　(清)姚頤撰　清乾隆五十二年(1787)刻本　十畝園主人題詩　四册

330000－1701－0005973　善005534　集部/別集類/清別集

漱六山房全集十一卷　(清)吳昆田撰　清光緒刻本　六册

330000－1701－0005974　善005535　集部/別集類/清別集

湯憲詩一卷　(清)湯憲撰　稿本　一册

330000－1701－0005975　善005536　集部/別集類/清別集

古民雜識不分卷　(清)陳梓撰　稿本　二册

330000－1701－0005976　善005537　集部/別集類/清別集

申改翁詩稿一卷　(清)申發祥撰　稿本　清董炆、清朱光伏跋　一幅

330000－1701－0005977　善005538　集部/別集類/清別集

金庭散人賦梅花詩一卷　(清)湯擴祖撰　稿本　清白螺道人跋　一冊

330000－1701－0005978　善005539　集部/別集類/清別集

簡侯詩一卷　(清)楊能格撰　稿本　清夏慶紱跋　章保世題簽　一冊

330000－1701－0005980　善005541　集部/詞類/類編之屬

詞學叢書六種　(清)秦恩復編　清嘉慶至道光江都秦恩復享帚精舍刻本　清錢薑過録清朱彝尊批　十冊

330000－1701－0005981　善005542　集部/詞類/類編之屬

彊邨所刻詞甲編七種　朱祖謀撰　清宣統至民國朱氏刻本　朱祖謀批校並題簽　三冊　存四種

330000－1701－0005982　善005543　集部/詞類/總集之屬

花間集四卷　(五代)趙崇祚輯　(明)湯顯祖評　明刻朱墨套印本　四冊

330000－1701－0005983　善005544　集部/詞類/總集之屬

花間集四卷　(五代)趙崇祚輯　(明)湯顯祖評　明刻本　四冊

330000－1701－0005984　善005545　集部/詞類/總集之屬

樂府雅詞三卷拾遺二卷　(宋)曾慥編　清嘉慶二十一年(1816)江都秦氏享帚精舍刻詞學叢書本　朱祖謀過録清朱彝尊跋、曹元忠校跋　三冊

330000－1701－0005985　善005546　集部/詞類/別集之屬

蓮社詞一卷　(宋)張掄撰　清抄本　朱祖謀校並題簽　一冊

330000－1701－0005987　善005548　集部/詞類/類編之屬

四印齋所刻詞三十一種　(清)王鵬運編　清光緒臨桂王氏家塾四印齋刻本　朱祖謀校並跋　二冊　存五種

330000－1701－0005990　善005551　集部/詞類/總集之屬

草堂詩餘五卷　(明)楊慎批點　明刻詞壇合璧本　賀揚靈題簽並記　四冊

330000－1701－0005991　善005552　集部/詞類/總集之屬

類選箋釋草堂詩餘六卷　(明)顧從敬輯　(明)陳繼儒校　(明)陳仁錫參訂　**類編箋釋續選草堂詩餘二卷**　(明)錢允治箋釋　**類編箋釋國朝詩餘五卷**　(明)錢允治編　(明)陳仁錫釋　明萬曆四十二年(1614)翁少麓刻本　六冊

330000－1701－0005992　善005553　集部/詞類/別集之屬

香月亭詩餘不分卷　(清)錢孫鐘撰　稿本　張天方題簽並跋　二冊

330000－1701－0005993　善005554　集部/詞類/總集之屬

古香岑草堂詩餘四集十七卷　(明)沈際飛輯　明末刻吳門童湧泉印本　十六冊

330000－1701－0005994　善005556　集部/詞類/總集之屬

古今詞統十六卷雜說一卷　(明)卓人月輯　**徐卓晤歌一卷**　(明)徐士俊　(明)卓人月撰　明崇禎刻本　六冊　存十三卷(一至八、十三至十六,雜說)

330000－1701－0005995　善005555　集部/詞類/總集之屬

古香岑草堂詩餘四集十七卷　(明)沈際飛輯　明末刻翁少麓印本　十六冊

330000－1701－0005996　善005557　集部/詞類/類編之屬

詞集八種十二卷　清初抄本　四冊

330000－1701－0005997　善 005558　集部/詞類/總集之屬

絶妙好詞箋七卷　(宋)周密輯　(清)查爲仁　(清)厲鶚箋　**絶妙好詞續鈔一卷**　(清)余集輯　**絶妙好詞又續鈔一卷**　(清)徐楙補錄　清道光八年(1828)徐楙杭州愛日軒刻本　清信甫批並題記　三冊

330000－1701－0005998　善 005559　集部/詞類/總集之屬

梅里詞輯八卷　(清)薛廷文輯　(清)馮登府重編　清道光稿本　四冊

330000－1701－0005999　善 005560　集部/詞類/總集之屬

宋詞三百首不分卷　朱祖謀編　稿本　陳曾壽、張宗祥跋　一冊

330000－1701－0006000　善 005561　集部/詞類/總集之屬

四金人詞四卷　朱祖謀編　稿本　一冊

330000－1701－0006002　善 005563　集部/別集類/清別集

金奩集一卷補一卷　(宋)溫庭筠撰　清抄本　佚名過錄清齊召南校並跋　一冊

330000－1701－0006003　善 005564　集部/詞類/類編之屬

茶夢盦詞腋□□卷　(清)高望曾編　清同治六年(1867)稿本　高仁偶跋　一冊　存十五卷(傳硯堂詞錄、翠峰詞、錦瑟詞、纑蜨庵詞鈔、萍遊詞鈔、池上巢隱詞、賦秋聲館詞錄一至二、百不如人室詞草、桐花館詞、江湖風雨樓詞、鷗夢詞、閑味軒詞、芬陁利室詞選、蒻梅詞)

330000－1701－0006006　善 005567　集部/詞類/別集之屬

剪燈集十四卷後集六卷　(清)郭鳳沼輯　稿本　余重耀跋　六冊

330000－1701－0006007　善 005568　集部/詞類/別集之屬

珠玉詞一卷　(宋)晏殊撰　清光緒十四年(1888)錢唐汪氏刻宋名家詞本　朱祖謀校　一冊

330000－1701－0006008　善 005569　集部/詞類/別集之屬

樂章集一卷　(宋)柳永撰　清光緒十四年(1888)錢塘汪氏刻宋名家詞本　朱祖謀校　夬翁題記並過錄朱祖謀校　一冊

330000－1701－0006009　善 005570　集部/別集類/宋別集

淮海集四十卷後集六卷長短句三卷　(宋)秦觀撰　明嘉靖刻本　一冊　存三卷(長短句一至三)

330000－1701－0006010　善 005571　集部/詞類/別集之屬

無住詞一卷　(宋)陳與義撰　清抄本　王修跋　一冊

330000－1701－0006011　善 005572　集部/詞類/總集之屬

歷代選詞彙函十二種七十二卷　清抄本　二十二冊

330000－1701－0006012　善 005573　集部/詞類/別集之屬

玉田詞一卷　(宋)張炎撰　清抄本　一冊

330000－1701－0006013　善 005574　集部/詞類/別集之屬

小山詞一卷　(宋)晏幾道撰　清抄本　朱祖謀批校　一冊

330000－1701－0006014　善 005575　集部/詞類/別集之屬

小山詞一卷　(宋)晏幾道撰　清光緒十四年(1888)錢塘汪氏刻宋名家詞本　朱祖謀題簽並校　一冊

330000－1701－0006015　善 005576　集部/詞類/別集之屬

清真詞二卷補遺一卷　(宋)周邦彥撰　朱祖謀校訂　清末稿本　一冊

330000－1701－0006016　善 005577　集部/

詞類/别集之屬

清真集二卷附集外詞一卷 (宋)周邦彦撰 (清)李樹屏校 清光緒二十二年(1896)臨桂王鵬運四印齋刻本 朱祖謀批校 一册

330000－1701－0006017 善005578 集部/詞類/别集之屬

華陽長短句一卷 (宋)張綱撰 清抄本 朱祖謀、況周頤校 一册

330000－1701－0006018 善005579 集部/詞類/别集之屬

樵歌三卷 (宋)朱敦儒撰 清光緒二十六年(1900)臨桂王鵬運四印齋刻本 清李希聖校並題記 王修題簽並記 三册

330000－1701－0006022 善005583 集部/詞類/别集之屬

稼軒長短句十二卷 (宋)辛棄疾撰 清光緒十四年(1888)臨桂王氏家塾刻四印齋所刻詞本 朱祖謀校並跋 佚名過錄清周濟評 二册

330000－1701－0006023 善005584 集部/詞類/别集之屬

稼軒長短句十二卷 (宋)辛棄疾撰 清光緒十四年(1888)臨桂王氏家塾刻四印齋所刻詞本 龍榆生題簽並跋 沈熲題記 沈曾植題簽並批 二册

330000－1701－0006024 善005585、善005586 集部/詞類/類編之屬

宋名家詞六十一種 (明)毛晉編 明崇禎虞山毛氏汲古閣刻本 二册 存二種

330000－1701－0006025 善005587 集部/詞類/别集之屬

楊升菴先生長短句四卷 (明)楊慎撰 **楊升菴先生夫人樂府詞餘五卷** (明)黄峨撰 明刻本 四册

330000－1701－0006026 善005588 集部/詞類/别集之屬

瓊靡集詞選一卷 (明)唐世濟撰 明崇禎十四年(1641)新都程尚刻本 一册

330000－1701－0006027 善005589 史部/詔令奏議類/奏議之屬

獻瑞詞一卷 (明)嚴嵩等撰 明抄本 一册

330000－1701－0006028 善005590 集部/詞類/别集之屬

片玉詞攷異一卷補一卷 (清)譚獻撰 手稿本 一册

330000－1701－0006029 善005591 集部/曲類/散曲之屬

秋水菴花影集五卷 (明)施紹莘撰 明末刻本 八册

330000－1701－0006030 善005592 集部/詞類/别集之屬

茗齋詩餘三卷補遺一卷 (清)彭孫貽撰 清嘉慶二十五年(1820)吴昂駒抄本 清吴昂駒、清吴衡照、安上跋 徐鴻熙批 一册

330000－1701－0006031 善005593 集部/詞類/别集之屬

延露詞三卷 (清)彭孫遹撰 (清)鄒祗謨 (清)王士禛選 清抄本 一册

330000－1701－0006032 善005594 集部/詞類/别集之屬

延露詞三卷 (清)彭孫遹撰 清康熙抄本 清譚獻題簽並校 一册

330000－1701－0006033 善005595 集部/詞類/别集之屬

衍波詞二卷 (清)王士禛撰 清抄本 與330000－1701－0006032合册

330000－1701－0006034 善005596 集部/詞類/别集之屬

二鄉亭詞不分卷 (清)宋琬撰 清抄本 一册

330000－1701－0006035 善005597 集部/詞類/别集之屬

夢隱詞不分卷酒邊花外詞一卷 (清)倪稻孫撰 清嘉慶二十三年(1818)沈鎡抄本 清沈鎡跋 一册

330000－1701－0006036　善 005598　集部/詞類/别集之屬

海漚賸詞不分卷　（清）倪稻孫撰　清嘉慶沈鎡抄本　清沈鎡題記　一册

330000－1701－0006037　善 005599　集部/詞類/别集之屬

蘆中秋瑟譜二卷　（清）倪稻孫撰　清嘉慶二十三年(1818)東畇沈鎡抄本　清沈鎡題記　一册

330000－1701－0006038　善 005600　集部/詞類/總集之屬

思讀誤書室鈔校詞五種五卷　（清）翁之潤輯　稿本　清翁之繕、清夢白題記　一册

330000－1701－0006039　善 005601　集部/詞類/别集之屬

蘇甘廊詞集二卷　（清）杜煦撰　稿本　二册

330000－1701－0006040　善 005602　集部/詞類/别集之屬

菉庵詩餘存一卷　（清）吳斐撰　清抄本　一册

330000－1701－0006041　善 005603　集部/詞類/别集之屬

石舫園詞鈔不分卷　（清）梁齡增撰　清道光三年(1823)稿本　一册

330000－1701－0006042　善 005604　集部/詞類/别集之屬

醉盦詞别集二卷　王繼香撰　稿本　清陳璚題簽　清李慈銘、清文悌、清賡良、清孫德祖、清譚獻、桂坫跋　清馬賓瑛觀款　清沈景修、清陸詒經、清陶方琦、伊立勳題記　清應寶時批並跋　一册

330000－1701－0006043　善 005605　集部/詞類/别集之屬

柯家山館詞三卷　（清）嚴元照撰　清光緒九年(1883)仁和許增娱園抄本　清許增校並跋　子安題記　一册

330000－1701－0006044　善 005606　集部/詞類/别集之屬

求心館遺集一卷　（清）黄承勳撰　清道光二十五年(1845)稿本　清陳穆堂校　一册

330000－1701－0006045　善 005607　集部/詞類/别集之屬

伴月香廬詞一卷　（清）□□撰　稿本　一册

330000－1701－0006046　善 005608　集部/詞類/别集之屬

紫鴛詞一卷　（清）蔣敦復撰　稿本　清吳嘉洤題詩　清陳中、清朱燾、清汪曰楨跋　清王瀚跋並記　一册

330000－1701－0006047　善 005609　集部/詞類/别集之屬

鏡海樓詞稿一卷　（清）楊鳳翰撰　稿本　清黄牧甫、清錢保塘觀款　一册

330000－1701－0006048　善 005610　集部/詞類/别集之屬

東武絜音不分卷　（清）賈敦艮撰　稿本　清張鴻卓批校並跋　清魏謙升校並記　清潘遵璈、清志沂、清劉觀藻、清潘鍾瑞、清戴綬曾校並跋　清王叔釗校並題記　一册

330000－1701－0006049　善 005611　集部/詞類/别集之屬

淨綠軒詞六卷　（清）王起撰　稿本　清金繩武批校並記　清魏謙升批校　清高望曾、清張鴻卓、清張景祁批　清潘鍾瑞批並記　鄭道乾校　唐詠裳跋　二册

330000－1701－0006050　善 005612　集部/詞類/别集之屬

花間小集樂府□□卷　（清）王起撰　稿本　清金繩武、清潘鍾瑞、清張景祁批並跋　清高望曾批　一册　存一卷(三)

330000－1701－0006051　善 005613　集部/詞類/别集之屬

氷蠶詞一卷　（清）承齡撰　清抄本　瘦玉詞人題記　一册

330000－1701－0006052　善 005614　集部/詞類/别集之屬

蝶影詞不分卷　（清）□□撰　稿本　清陶方

琦批、題簽並記　三冊

330000－1701－0006053　善 005615　集部/詞類/别集之屬

秋影樓囈語一卷　（清）汪熙敬撰　稿本　朱傳元題詩　郭樹榕跋　一冊

330000－1701－0006054　善 005616　集部/詞類/别集之屬

蠡龕遺稿不分卷　（清）岑應麐撰　稿本　清陶方琦跋　一冊

330000－1701－0006055　善 005617　集部/詞類/别集之屬

百尺樓詩餘集句三卷　（清）陳源世撰　稿本　二冊

330000－1701－0006056　善 005618　集部/詞類/别集之屬

量月虔詞初存一卷　（清）張預著　清末抄本　一冊

330000－1701－0006057　善 005619　集部/詞類/别集之屬

華簾詞一卷　（清）吳藻撰　清仁和高保康抄本　楊志濂跋　一冊

330000－1701－0006058　善 005620　集部/詞類/詞譜之屬

詞韻一卷　（清）鄭元慶輯　清二研齋抄本　清湘雲跋　一冊

330000－1701－0006060　善 005622　集部/詞類/别集之屬

原上草二卷　（清）李裕撰　**焚餘草一卷**　（清）李均撰　清抄本　一冊

330000－1701－0006061　善 005623　集部/詞類/詞話之屬

詞苑叢談十二卷　（清）徐釚撰　清康熙二十七年（1688）溜陵丁煒刻本　八冊

330000－1701－0006062　善 005624　集部/詞類/别集之屬

醉盦詞不分卷　王繼香撰　稿本　清潘祖蔭、清陳璚題簽　一冊

330000－1701－0006063　善 005625　集部/詞類/詞韻之屬

詞源約指不分卷　（清）任以治撰　**詞韻二卷**　（清）仲恒編　**古韻通畧一卷**　（清）柴紹炳撰　（清）毛先舒括畧並注　稿本（詞韻二卷、古韻通畧配清任以治抄本）　費寅跋　三冊

330000－1701－0006064　善 005626　集部/曲類/諸宮調之屬

董解元西廂記三卷　明末刻會真六幻本　倚南題簽並記　子鴻題記　一冊　存一卷（下）

330000－1701－0006065　善 005627　集部/曲類/諸宮調之屬

董解元西廂四卷　（明）湯顯祖評　明刻朱墨套印本　清姚燮題簽並記　清徐時棟題記　二冊

330000－1701－0006066　善 005628　集部/詞類/詞譜之屬

詞譜四十卷　（清）王奕清等撰　清康熙五十四年（1715）内府刻朱墨套印本　二十冊

330000－1701－0006067　善 005629　集部/曲類/曲韻曲譜曲律之屬

一笠菴北詞廣正譜十八卷附南戲北詞正謬一卷　（明）徐廣卿撰　（清）鈕少雅樂句　（清）李玉更定　清康熙青蓮書屋刻文靖書院印本（卷十二至十三、十五原缺）　八冊

330000－1701－0006068　善 005630　集部/戲劇類/雜劇之屬

第六才子書八卷　（元）王德信　（元）關漢卿撰　（清）金人瑞評　清刻本　伯明批並跋　二冊

330000－1701－0006069　善 005631　集部/戲劇類/雜劇之屬

李卓吾先生批點西廂記真本二卷二十齣　（元）王德信撰　（明）李贄批點　明刻本　二冊

330000－1701－0006070　善 005632　集部/戲劇類/雜劇之屬

四聲猿四卷　（明）徐渭撰　明刻本　孫伯辰

題簽並記　一册

330000－1701－0006071　善 005633　集部/戲劇類/傳奇之屬

琵琶記三卷四十二齣　(元)高明撰　明刻本　三册

330000－1701－0006072　善 005634　集部/戲劇類/傳奇之屬

琵琶記三卷四十二齣　(元)高明撰　**釋義一卷**　(明)羅懋登撰　明刻本　一册　存二卷(上、釋義)

330000－1701－0006073　善 005635　集部/戲劇類/傳奇之屬

湯義仍先生紫釵記二卷五十三齣　(明)湯顯祖撰　明末刻玉茗堂四種傳奇本　佚名批　四册

330000－1701－0006074　善 005636　集部/戲劇類/傳奇之屬

牡丹亭還魂記二卷五十五齣　(明)湯顯祖撰　明刻本　四册

330000－1701－0006075　善 005637　集部/戲劇類/傳奇之屬

還魂記二卷五十五齣　(明)湯顯祖撰　(明)臧懋循訂　明萬曆刻本　四册

330000－1701－0006076　善 005638　集部/戲劇類/傳奇之屬

清暉閣批點玉茗堂還魂記二卷五十五齣　(明)湯顯祖撰　(明)王思任批點　明末張氏著壇刻清修本　二册

330000－1701－0006077　善 005639　集部/戲劇類/傳奇之屬

吴吴山三婦合評牡丹亭還魂記二卷五十五齣　(明)湯顯祖撰　(清)陳同　(清)談則　(清)錢宜批點　**還魂記或問一卷**　(清)吴儀一撰　清康熙三十三年(1694)吴氏夢園刻本　八册

330000－1701－0006078　善 005640　集部/戲劇類/傳奇之屬

南柯記二卷四十四齣　(明)湯顯祖撰　(明)臧懋循訂　明萬曆刻本　二册

330000－1701－0006079　善 005641　集部/戲劇類/傳奇之屬

邯鄲記二卷二十八折　(明)湯顯祖撰　明萬曆刻本　清姚燮題簽並記　二册

330000－1701－0006080　善 005642　集部/戲劇類/雜劇之屬

昆侖奴一卷　(明)梅鼎祚撰　(明)王驥德訂　(明)徐渭潤色　明萬曆四十三年(1615)山陰劉雲龍刻本　一册

330000－1701－0006081　善 005643　集部/戲劇類/傳奇之屬

情郵傳奇二卷　(明)吴炳撰　明崇禎刻本　二册

330000－1701－0006082　善 005644　集部/戲劇類/總集之屬/傳奇

粲花齋新樂府四種八卷　(明)吴炳撰　明末金陵兩衡堂刻本　南邨評　八册

330000－1701－0006083　善 005645　集部/戲劇類/總集之屬/傳奇

粲花齋新樂府四種八卷　(明)吴炳撰　明末金陵兩衡堂刻本　八册　存二種

330000－1701－0006084　善 005646　集部/戲劇類/傳奇之屬

重校投筆記四卷三十九齣　(明)丘濬撰　明刻清重修本　四册

330000－1701－0006085　善 005647　集部/戲劇類/傳奇之屬

張玉娘閨房三清鸚鵡墓貞文記二卷三十五齣　(明)孟稱舜撰　明崇禎刻本　二册

330000－1701－0006086　善 005648　集部/戲劇類/傳奇之屬

石巢傳奇四種八卷　(明)阮大鋮撰　明末刻本　二册　存一種

330000－1701－0006087　善 005649　集部/戲劇類/雜劇之屬

西來意四卷十六折前一卷後一卷　(元)王德

信　(元)關漢卿撰　(清)潘廷章評　清康熙刻本　二册

330000－1701－0006089　善005651　集部/戲劇類/傳奇之屬
一笠庵新編永團圓傳奇二卷二十八齣　(清)李玉撰　清初刻本　一册

330000－1701－0006090　善005652　集部/戲劇類/傳奇之屬
墨憨齋訂定人獸關傳奇(一笠庵重定人獸關傳奇)二卷三十齣　(清)李玉撰　(明)馮夢龍重訂　清初刻本　二册

330000－1701－0006091　善005653　集部/戲劇類/傳奇之屬
繡刻演劇十本六十種　(明)毛晉編　明末毛氏汲古閣刻本　九十五册　缺十九卷(還魂記一至二、綵毫記一至二、運甓記上、金蓮記一至二、弘梨記一至二、青衫記一至二、紫簫記一至二、玉玦記一至二、雙烈記一至二、玉環記一至二)

330000－1701－0006092　善005654　集部/戲劇類/總集之屬/傳奇
笠翁十種曲　(清)李漁撰　清康熙刻本　二十册

330000－1701－0006093　善005655　集部/戲劇類/傳奇之屬
巧團圓傳奇二卷三十三齣　(清)李漁撰　清翼聖堂刻本　一册

330000－1701－0006094　善005656　集部/戲劇類/傳奇之屬
曲波園傳奇二種　(清)徐沁撰　清康熙徐氏曲波園刻本　二册　存一種

330000－1701－0006095　善005657　集部/戲劇類/總集之屬/傳奇
傳奇十一種　(清)范希哲撰　清康熙刻本　二册　存一種

330000－1701－0006096　善005658　集部/戲劇類/總集之屬/傳奇
傳奇十一種　(清)范希哲撰　清康熙刻本　十册　存五種

330000－1701－0006097　善005659　集部/戲劇類/傳奇之屬
雙報應二卷三十齣　(清)嵇永仁撰　清刻本　一册

330000－1701－0006099　善005661　集部/戲劇類/總集之屬/傳奇
擁雙艷三種六卷　(清)萬樹撰　清康熙二十五年(1686)粲花別墅刻本　吳梅題簽並跋　六册

330000－1701－0006100　善005662　集部/戲劇類/傳奇之屬
太平樂府十三種傳奇　(清)吳震生撰　清乾隆武林田翠舍刻後印本　四册　存一種

330000－1701－0006101　善005663　集部/戲劇類/總集之屬/傳奇
容居堂三種曲六卷　(清)周穉廉撰　清錢塘鄭江書帶艸堂刻本　六册

330000－1701－0006102　善005664　集部/戲劇類/傳奇之屬
八寶箱傳奇二卷三十齣　(清)夏秉衡填詞　清乾隆華亭夏秉衡清綺軒刻本　二册

330000－1701－0006103　善005665　集部/戲劇類/傳奇之屬
看山閣樂府四卷　(清)黄圖珌填詞　清乾隆黄氏看山閣刻本　二册　存二卷(棲雲石一至二)

330000－1701－0006104　善005666　集部/戲劇類/傳奇之屬
七子圓二卷三十五齣　清凝輝堂抄本　一册

330000－1701－0006105　善005667　集部/戲劇類/總集之屬/傳奇
惺齋新曲六種　(清)夏綸撰　(清)徐夢元評　清乾隆十八年(1753)夏氏世光堂刻本　六册　存三種

330000－1701－0006106　善005668　集部/戲劇類/傳奇之屬

潛莊删訂增補紫玉記二卷四十齣　（清）玉麈山人　（蔡應龍）筆　清乾隆四年(1739)清夢山房刻本　二册

330000－1701－0006107　善005669　集部/戲劇類/傳奇之屬

砭真記二卷六齣　（清）少微山人戲筆　清抄本　二册

330000－1701－0006108　善005670　集部/戲劇類/傳奇之屬

三星圓初集二卷二集二卷三集二卷四集二卷　（清）王懋昭撰　清嘉慶十五年(1810)尺木堂刻本　清姚景夔題簽並記　八册

330000－1701－0006109　善005671　集部/戲劇類/雜劇之屬

補天石傳奇八種八卷　（清）周樂清撰　（清）譚光祜訂譜　清抄本　清九九山樵評　清危熽批　清杜啓昆跋　佚名過録清邱開來題記　八册

330000－1701－0006110　善005672　集部/戲劇類/傳奇之屬

勸善金科十本二十卷二百四十齣首一卷　（清）張照等撰　清四色抄本　二十一册

330000－1701－0006111　善005673　集部/戲劇類/傳奇之屬

拯西廂二十四齣　（清）周塤改定　清雲坡氏抄本　清雲坡氏題簽、題記、批校並評點　一册

330000－1701－0006112　善005674　集部/戲劇類/傳奇之屬

富貴神仙二卷　（清）鄭含成填詞　清抄本　四册

330000－1701－0006113　善005675　集部/戲劇類/傳奇之屬

桃谿雪二卷　（清）黄燮清撰　（清）李光溥評文　清咸豐二年(1852)刻本　清姚景夔題簽並記　毛宗藩觀款並題詩　一册

330000－1701－0006114　善005676　集部/戲劇類/傳奇之屬

鏡圓記一卷八齣　（清）章慶恩撰　稿本　一册

330000－1701－0006116　善005678　集部/戲劇類/傳奇之屬

樊榭記傳奇一卷十八齣　清抄本　清臥虹子題詩　一册

330000－1701－0006117　善005679　集部/戲劇類/雜劇之屬

照膽鏡一卷　（清）□□撰　清抄本　優優題簽並記　一册

330000－1701－0006118　善005680　集部/戲劇類/傳奇之屬

孤山夢詞不分卷　清抄本　二册

330000－1701－0006119　善005681　集部/戲劇類/傳奇之屬

水巖宫樂府二卷二十二齣　（清）洪炳文撰　稿本　子籌題簽　二册

330000－1701－0006120　善005682　集部/戲劇類/傳奇之屬

五福壽爲先二卷三十二齣　清抄本　一册

330000－1701－0006121　善005683　集部/戲劇類/雜劇之屬

吟風閣四卷譜二卷　（清）楊潮觀撰　清乾隆二十九年(1764)楊氏恰好處刻本　清姚燮批並跋　四册　存四卷（吟風閣一至四）

330000－1701－0006122　善005684　集部/戲劇類/傳奇之屬

某心雪傳奇不分卷　（清）姚燮撰　稿本　馮貞羣題記　一册

330000－1701－0006123　善005685　集部/曲類/散曲之屬

朝野新聲太平樂府九卷　（元）楊朝英輯　清抄本　四册　存八卷（一至八）

330000－1701－0006124　善005686　集部/曲類/散曲之屬

碧山樂府二卷拾遺一卷　（明）王九思撰　明正德刻本　一册

330000－1701－0006125　善005687　集部/曲類/散曲之屬

二太史樂府聯璧四卷　(明)綠野山人輯　明末刻本　一册　存二卷(沜東樂府一至二)

330000－1701－0006126　善005688　集部/曲類/散曲之屬

江東白苧二卷續二卷　(明)梁辰魚撰　明末刻本　二册

330000－1701－0006127　善005689　集部/戲劇類/傳奇之屬

旗亭記二卷三十六齣　(清)金兆燕撰　清乾隆二十四年(1759)刻本　二册

330000－1701－0006128　善005690　集部/曲類/散曲之屬

案頭餘事不分卷　清抄本　一册

330000－1701－0006129　善005691　集部/曲類/散曲之屬

留有餘興不分卷　清抄本　四册

330000－1701－0006130　善005692　集部/戲劇類/傳奇之屬

錄本花情集十二卷首一卷一百二回　(清)還春主人輯　清同治十三年(1874)張葆顯抄本　清張葆顯校點並跋　十二册

330000－1701－0006131　善005693　集部/曲類/曲選之屬

摘錄小令一卷　(清)崔永安輯　稿本　一册

330000－1701－0006132　善005694　集部/戲劇類/雜劇之屬

桃花聖解盦樂府二種　(清)李慈銘撰　稿本　一册

330000－1701－0006133　善005695　集部/戲劇類/總集之屬/雜劇

元曲選十集　(明)臧懋循編　**論曲一卷**　(明)陶宗儀等撰　**元曲論一卷**　明萬曆刻本　一百四册

330000－1701－0006134　善005696　集部/曲類/散曲之屬

新鐫古今大雅南宮詞紀六卷北宮詞紀六卷　(明)陳所聞選　(明)陳邦泰輯　明萬曆三十二年至三十三年(1604－1605)秣陵陳所聞繼志齋刻本　二十册

330000－1701－0006135　善005697　集部/曲類/曲選之屬

雍熙樂府二十卷　(明)郭勛輯　明嘉靖四十五年(1566)荊聚刻明清遞修本　二十册

330000－1701－0006136　善005698　集部/曲類/曲韻曲譜曲律之屬

審音鑑古錄不分卷六十六折　清道光十四年(1834)東鄉王繼善刻本　八册

330000－1701－0006137　善005699　集部/曲類/曲韻曲譜曲律之屬

南北宮雜劇曲譜不分卷　(清)佚名撰　清朗軒抄本　清煦堂校　三十二册

330000－1701－0006138　善005700　集部/曲類/曲韻曲譜曲律之屬

太和正音譜十二卷　(明)朱權撰　明萬曆二十二年(1594)海虞何鈁刻本　清朱苗孫批校並題記　三册

330000－1701－0006139　善005701　集部/曲類/曲韻曲譜曲律之屬

增定南九宮曲譜二十一卷附錄一卷　(明)沈璟撰　明刻三樂齋印本　六册

330000－1701－0006140　善005702　集部/曲類/諸宮調之屬

北詞韻選□□卷　(明)沈璟撰　(明)沈自晉編　明祁氏遠山堂抄本　四册　存七卷(八至九、十二、十四、十七至十九)

330000－1701－0006141　善005703　集部/曲類/曲韻曲譜曲律之屬

廣緝詞隱先生增定南九宮詞譜二十六卷　(明)沈璟撰　(明)沈自晉重定　清順治十二年(1655)沈氏不殊堂刻本　八册

330000－1701－0006142　善005704　集部/詞類/詞譜之屬

嘯餘譜十卷　(明)程明善撰　明萬曆四十七

年(1619)程明善刻天啓元年(1621)程明善補印本　十冊

330000－1701－0006143　善005705　集部/曲類/曲韻曲譜曲律之屬

曲譜十二卷首一卷末一卷　(清)王奕清等撰　清康熙内府刻朱墨套印本　十二冊

330000－1701－0006145　善005707　集部/曲類/曲韻曲譜曲律之屬

納書楹西廂記全譜三卷　(清)葉堂撰　清抄本　二冊

330000－1701－0006147　善005709　集部/曲類/曲韻曲譜曲律之屬

新定九宫大成南北詞宫譜八十一卷閏一卷總目三卷　(清)周祥鈺　(清)鄒金生等輯　清乾隆十一年(1746)内府樂部刻朱墨套印本(總目卷中下配清抄本)　五十冊　缺一卷(閏集)

330000－1701－0006148　善005710　集部/曲類/曲韻曲譜曲律之屬

惠迪堂曲譜四卷　(清)徐璪輯　清抄本　四冊

330000－1701－0006151　善005713　集部/曲類/曲韻曲譜曲律之屬

宫調譜一卷　(清)蔣敦復撰　稿本　一冊

330000－1701－0006152　善005714　集部/曲類/曲韻曲譜曲律之屬

工尺曲譜不分卷　清抄本　二冊

330000－1701－0006153　善005715　集部/曲類/曲韻曲譜曲律之屬

度曲須知二卷絃索辨訛三卷　(明)沈寵綏撰　明崇禎十二年(1639)松陵沈寵綏刻清順治六年(1649)沈標重修本　三冊

330000－1701－0006154　善005716　集部/曲類/曲韻曲譜曲律之屬

樂府傳聲一卷　(清)徐大椿撰　清乾隆十三年(1748)豐草亭刻本　一冊

330000－1701－0006155　善005717　集部/詞類/别集之屬

冬心先生自度曲一卷　(清)金農撰　清道光四年(1824)陳唫秋抄本　清陳希恕跋　一冊

330000－1701－0006156　善005718　集部/曲類/曲韻曲譜曲律之屬

詞格脩攷二卷　(清)張心其彙訂　清抄本　一冊

330000－1701－0006157　善005719　集部/小説類/長篇之屬

第五才子書施耐菴水滸傳七十五卷七十回　(元)施耐庵撰　(清)金人瑞評　明末刻本　五十六冊

330000－1701－0006158　善005720　集部/小説類/長篇之屬

水滸後傳八卷四十回論略一卷　(明)陳忱撰　清紹裕堂刻本　十六冊

330000－1701－0006159　善005721　集部/小説類/長篇之屬

李卓吾先生批評三國志一百二十回　(明)羅本撰　(明)李贄評　明刻清康熙重印本　嚴大椿題詩　三十一冊　缺一回(一)

330000－1701－0006160　善005722　集部/小説類/長篇之屬

四大奇書第一種三國志六十卷一百二十回讀三國志法一卷　(明)羅本撰　(清)毛宗崗評　(清)杭永年評定　清雍正嵩山書屋刻本　十六冊

330000－1701－0006161　善005723　集部/小説類/長篇之屬

新刻全像三寶太監西洋記通俗演義二十卷一百回　(明)羅懋登撰　明三山道人刻清初步月樓重修本　二十冊

330000－1701－0006162　善005724　集部/小説類/長篇之屬

鐫出像楊家府世代忠勇演義志傳八卷　(明)紀振倫校　(明)烟波釣叟叅訂　明萬曆三十四年(1606)卧松閣刻本　八冊

330000－1701－0006163　善005725　集部/

小說類/長篇之屬

新鐫全像通俗演義隋煬帝豔史八卷四十回 (明)齊東野人撰 (清)不經先生評 明崇禎刻本[卷六配清乾隆五十三年(1788)刻本] 十二冊 缺二卷(七至八)

330000－1701－0006164 善005726 集部/小說類/長篇之屬

四雪草堂重訂通俗隋唐演義二十卷一百回 (清)褚人穫撰 清康熙文盛堂刻本 二十四冊

330000－1701－0006165 善005727 集部/小說類/長篇之屬

新鐫全像通俗演義隋煬帝豔史八卷四十回 (明)齊東野人撰 (清)不經先生評 清乾隆五十三年(1788)刻本 十二冊

330000－1701－0006166 善005728 集部/小說類/短篇之屬

新評龍圖神斷公案十卷 (明)李贄評 清乾隆四十年(1775)書業堂刻本 六冊

330000－1701－0006167 善005729 集部/小說類/長篇之屬

新刻鍾伯敬先生批評封神演義十九卷一百回 (明)許仲琳撰 (明)鍾惺批評 清康熙四雪草堂刻學庫山房印本 二十冊

330000－1701－0006168 善005730 集部/小說類/長篇之屬

新刻按鑑編纂開闢衍繹通俗志傳六卷八十回 (明)周游撰 (明)王黌釋 明崇禎八年(1635)刻清書林古吳麟瑞堂重修本 六冊

330000－1701－0006169 善005731 集部/小說類/長篇之屬

于少保萃忠全傳十卷四十四回 (明)孫高亮撰 明末刻本 五冊

330000－1701－0006170 善005732 集部/小說類/長篇之屬

醉醒石十四回 (明)魯東古狂生撰 明末刻本 八冊

330000－1701－0006171 善005733 集部/小說類/長篇之屬

新鐫批評出像通俗奇俠禪真逸史八集四十回 (明)方汝浩撰 明末古杭夏履先爽閣刻本 王□□題簽 十六冊

330000－1701－0006172 善005734 集部/小說類/長篇之屬

新鐫批評出像通俗演義禪真後史十集六十回 (明)方汝浩撰 (明)沖和居士評 明末錢塘金衙刻本 十六冊

330000－1701－0006173 善005735 集部/小說類/長篇之屬

新鐫批評出相韓湘子三十回 (明)楊爾曾撰 明天啓刻清金陵九如堂印本(第二十五至三十回配清抄本) 六冊

330000－1701－0006174 善005736 集部/小說類/短篇之屬

聊齋誌異十八卷 (清)蒲松齡撰 (清)王金範刪定 清乾隆三十二年(1767)金壇王金範刻本 十六冊

330000－1701－0006175 善005737 集部/小說類/短篇之屬

覺世名言十二卷三十八回 (清)李漁撰 (清)杜濬評 清順治刻本 八冊

330000－1701－0006176 善005738 集部/小說類/長篇之屬

東周列國全志十八卷八十四回 (清)蔡奡評點 清乾隆五十年(1785)武林三餘堂刻本 清陳煋餘批校 二十冊

330000－1701－0006177 善005739 集部/小說類/長篇之屬

皋鶴堂批評第一奇書金瓶梅一百回 (明)蘭陵笑笑生撰 (清)張竹坡評 清康熙影松軒刻本 四十八冊

330000－1701－0006178 善005740 集部/小說類/長篇之屬

新刻逸田叟女仙外史大奇書一百回 (清)呂熊撰 清康熙五十年(1711)釣璜軒刻本 二十四冊

330000－1701－0006179　善 005741　集部/小說類/長篇之屬

雪月梅傳十卷五十四回　(清)陳朗撰　(清)董孟汾評釋　清光緒三十三年(1907)析津□宸抄本　清□宸題記並跋　十册

330000－1701－0006180　善 005742　集部/小說類/長篇之屬

新鐫古本批評繡像三世報隔簾花影四十八卷四十八回　(清)□□撰　清康熙刻本　曹大鐵跋　六册

330000－1701－0006181　善 005743　集部/小說類/長篇之屬

岳武穆精忠傳六卷六十八回　(明)□□刪訂　(明)鄒元標編訂　清乾隆四十一年(1776)文光堂刻本　六册

330000－1701－0006182　善 005744　集部/小說類/長篇之屬

續紅樓夢三十卷　(清)秦子忱撰　清嘉慶四年(1799)抱甕軒刻本　十二册

330000－1701－0006183　善 005745　集部/小說類/長篇之屬

紅樓夢一百二十卷一百二十回　(清)曹霑　(清)高鶚撰　(清)王希廉評　清道光十二年(1832)吳縣王氏刻本　佚名過錄清徐傳經等批點　四十册

330000－1701－0006184　善 005746　集部/小說類/長篇之屬

紅樓夢一百二十卷一百二十回　(清)曹霑　(清)高鶚撰　(清)王希廉評　清道光十二年(1832)吳縣王氏刻本　佚名過錄清徐傳經批校　四十八册

330000－1701－0006186　善 005748　集部/小說類/長篇之屬

歧路燈二十卷一百八回　(清)李觀海撰　清抄本　吳仁政校點並過錄蔣瑞藻考證　二十册

330000－1701－0006187　善 005749　集部/小說類/長篇之屬

水石緣五卷　(清)李春榮撰　清抄本　三册　缺二卷(二至三)

330000－1701－0006188　善 005750　集部/小說類/長篇之屬

儒林外史五十六回　(清)吳敬梓撰　清嘉慶二十一年(1816)藝古堂刻本　十六册

330000－1701－0006189　善 005751　集部/小說類/短篇之屬

美人書四卷　(清)徐震撰　清順治刻本　二册　存二卷(上下)

330000－1701－0006190　善 005752　集部/詩文評類/文評之屬

增補儒林外史眉評不分卷　(清)童叶庚撰　清末抄本　三册

330000－1701－0006191　善 005753　集部/小說類/短篇之屬

蜆斗薖樂府本事二卷　(清)□□撰　清光緒二年(1876)會稽楊越抄本　一册

330000－1701－0006192　善 005754　集部/小說類/長篇之屬

詮解封神演義一百回補遺一卷　(清)俞景詮解　稿本　四册

330000－1701－0006194　善 005756　集部/小說類/短篇之屬

蟫史二十卷蟫史繡像二卷　(清)屠紳撰　清嘉慶刻本　劉承幹過錄雷瑨跋　十二册

330000－1701－0006195　善 005757　集部/詩文評類/文評之屬

文心雕龍二卷　(南朝梁)劉勰撰　清抄本　二册

330000－1701－0006196　善 005758　集部/詩文評類/文評之屬

楊升菴先生批點文心雕龍十卷　(南朝梁)劉勰撰　(明)楊慎批點　(明)梅慶生音注　明萬曆三十七年(1609)豫章梅慶生刻本　六册

330000－1701－0006197　善 005759　集部/詩文評類/文評之屬

詩文評類/詩評之屬

楊升菴先生批點文心雕龍十卷　(南朝梁)劉勰撰　(明)楊慎批點　(明)梅慶生音注　明天啓六年(1626)刻本　八册

330000－1701－0006198　善005760　集部/詩文評類/文評之屬

文心雕龍十卷　(南朝梁)劉勰撰　(清)黄叔琳輯注　清乾隆六年(1741)黄氏養素堂刻本　清古香題簽並記　清古香過録清紀昀、汪桂等批校並跋　單丕校　二册

330000－1701－0006199　善005761　集部/詩文評類/詩評之屬

增修詩話總龜四十八卷百家詩話總龜後集五十卷　(宋)阮閲撰　清穀玉堂抄本　清施念曾校點並題記　十册

330000－1701－0006200　善005762　集部/詩文評類/詩評之屬

增修詩話總龜十二卷　(宋)阮閲撰　清初抄本　四册

330000－1701－0006201　善005763　集部/詩文評類/類編之屬

增修詩話總龜四十八卷百家詩話總龜後集五十卷　(宋)阮閲撰　明嘉靖二十四年(1545)月窓道人刻本　二十册

330000－1701－0006202　善005764　集部/詩文評類/詩評之屬

全唐詩話三卷　(宋)尤袤撰　明正德二年(1507)秦昂刻本　三册

330000－1701－0006203　善005765　類叢部/叢書類/彙編之屬

津逮祕書十五集一百四十種　(明)毛晉編　明崇禎虞山毛氏汲古閣刻本　六册　存一種

330000－1701－0006204　HJL5383　集部/别集類/唐五代别集

高密李氏孟詩評選一卷　(唐)孟郊撰　(清)李憲喬注　**孟詩補遺一卷**　(唐)孟郊撰　(清)董文渙輯　清同治七年(1868)洪洞董氏刻本　一册　存一卷(孟詩補遺)

330000－1701－0006205　善005766　集部/詩文評類/詩評之屬

唐詩紀事八十一卷　(宋)計有功撰　明嘉靖二十四年(1545)錢塘洪楩清平山堂刻本　二十册

330000－1701－0006206　善005767　集部/詩文評類/詩評之屬

林下偶談四卷　(宋)吴子良撰　清長洲顧氏藝海樓抄本　一册

330000－1701－0006207　善005768　集部/詩文評類/詩評之屬

精選詩林廣記四卷　(宋)蔡正孫輯　明刻本　四册

330000－1701－0006208　善005769　集部/詩文評類/詩評之屬

砮溪詩話十卷　(宋)黄徹撰　清乾隆抄本　清吴城跋並過録清朱彝尊跋　一册

330000－1701－0006210　善005771　子部/小説家類

顧氏明朝四十家小説四十種　(明)顧元慶編　明正德至嘉靖陽山顧氏刻本　一册　存一種

330000－1701－0006211　善005772　集部/詩文評類/詩評之屬

詩人玉屑二十卷　(宋)魏慶之撰　明武林謝天瑞刻本　清紀煐逯批點並題記　八册

330000－1701－0006212　善005773　集部/詩文評類/詩評之屬

詩人玉屑二十卷　(宋)魏慶之撰　清古松堂刻本　清蔡鴻鑑題簽並記　八册

330000－1701－0006213　善005774　集部/詩文評類/詩評之屬

詩人玉屑二十卷　(宋)魏慶之撰　清刻本　四册

330000－1701－0006214　善005775　集部/詩文評類/詩評之屬

漁隱叢話前集六十卷後集四十卷　(宋)胡仔撰　清乾隆五年至六年(1740－1741)海鹽楊佑啓耘經樓刻本　二十册

330000－1701－0006215　善005776　集部/詩文評類/詩評之屬

蓉塘詩話二十卷　(明)姜南撰　清初抄本　一冊　存六卷(一至六)

330000－1701－0006216　善005777　集部/詩文評類/詩評之屬

冰川詩式十卷　(明)梁橋撰　明刻本　四冊

330000－1701－0006217　善005778　集部/詩文評類/詩評之屬

冰川詩式十卷　(明)梁橋撰　明萬曆刻本　四冊

330000－1701－0006218　善005779　集部/詩文評類/詩評之屬

詩藪内編六卷外編六卷雜編六卷續編二卷　(明)胡應麟撰　明萬曆刻天啓印本　六冊

330000－1701－0006219　善005780　集部/詩文評類/詩評之屬

詩藪内編六卷外編六卷雜編六卷續編二卷　(明)胡應麟撰　明刻本　六冊

330000－1701－0006220　善005781　類叢部/叢書類/自著之屬

少室山房全稿四種　(明)胡應麟撰　(明)江湛然編　明萬曆四十六年(1618)新都江湛然刻本　八冊　存一種

330000－1701－0006221　善005782　集部/詩文評類/詩評之屬

詩藪内編六卷外編六卷雜編六卷續編二卷　(明)胡應麟撰　清抄本　六冊　缺四卷(外編五至六、續編一至二)

330000－1701－0006222　善005783　子部/雜著類/雜纂之屬

合諸名家點評諸子鴻藻十二卷　(明)姜思睿編　(明)趙景和等訂　明天啓六年(1626)武林黄士京、趙景和、謝廷謨刻本　四冊

330000－1701－0006223　善005784　集部/詞類/詞話之屬

楊升菴辭品四卷　(明)楊慎撰　明萬曆四十六年(1618)越州周懋宗刻本　一冊　存二卷(一至二)

330000－1701－0006224　善005785　集部/詩文評類/詩評之屬

新刊全相萬家詩法六卷　(明)汪彪撰　(明)汪廷祖繪圖　明書林翠坡刻本　余元科句讀並圈點　二冊

330000－1701－0006225　善005786　集部/詩文評類/詩評之屬

圍爐詩話六卷　(清)吳喬撰　清康熙抄本　丁福保批校並記　夏敬觀、瞿鴻禨跋　宋公威題記　六冊

330000－1701－0006226　善005787　集部/詩文評類/詩評之屬

唐音癸籤三十三卷　(明)胡震亨輯　清順治雙與堂刻本　六冊

330000－1701－0006227　善005788　集部/詩文評類/詩評之屬

來集之先生詩話稿不分卷　(清)來集之撰　稿本　四冊

330000－1701－0006228　善005789　集部/詩文評類/文評之屬

酌雅堂駢體文評語不分卷　(清)龔樵襟等評　稿本　一冊

330000－1701－0006229　善005790　集部/詩文評類/文評之屬

吕晚邨先生論文彙鈔不分卷　(清)吕留良撰　清康熙五十三年(1714)吕氏家塾刻本　二冊

330000－1701－0006230　善005791　集部/詩文評類/詩評之屬

載酒園詩話五卷皺水軒詞荃一卷　(清)賀裳撰　清初賀氏載酒園皺水軒刻本　六冊　存四卷(一至四)

330000－1701－0006232　善005809　集部/詩文評類/詩評之屬

聽雨樓隨筆一卷　稿本　一冊

330000－1701－0006233　善005793　集部/

總集類/選集之屬/通代
本事詩十二卷 （清）徐釚輯　清乾隆二十二年（1757）桐鄉汪氏肯堂刻本　四冊

330000－1701－0006234　善 005794　集部/詩文評類/詩評之屬
靜志居詩話不分卷 （清）朱彝尊撰　清康熙抄本　四冊

330000－1701－0006235　善 005795　集部/詩文評類/詩評之屬
拜經樓詩話四卷 （清）吳騫撰　清末周大輔鴿峰草堂抄本　二冊

330000－1701－0006238　善 005798　集部/詩文評類/詩評之屬
遼詩話二卷 （清）周春撰　清抄本　一冊

330000－1701－0006239　善 005799　集部/詩文評類/詩評之屬
倚劍詩譚不分卷 （清）黃濬撰　稿本　一冊

330000－1701－0006240　善 005800　集部/詩文評類/詩評之屬
蛟川詩話四卷 （清）張懋延撰　清抄本　二冊

330000－1701－0006241　善 005801　子部/雜著類/雜說之屬
炙硯瑣談一卷 （清）湯大奎撰　**國朝詩別裁集選錄一卷** （清）沈德潛撰　清抄本　一冊

330000－1701－0006242　善 005802　集部/詩文評類/詩評之屬
復莊詩評不分卷 （清）陶方琦撰　稿本　一冊

330000－1701－0006243　善 005803　集部/詩文評類/詩評之屬
蘇亭詩話六卷 （清）張道撰　清光緒錢塘張預抄本　二冊

330000－1701－0006244　善 005804　集部/詩文評類/詩評之屬
歷代詩話十集八十卷 （清）吳景旭撰　清抄本　十冊

330000－1701－0006245　善 005805　集部/詩文評類/詩評之屬
全閩詩話十二卷 （清）鄭方坤輯　稿本（卷六配清乾隆晉安鄭方坤詩話軒刻本）　十冊

330000－1701－0006246　善 005806　集部/詩文評類/詩評之屬
松兆堂讀詩隨筆九卷 （清）丁紹恩撰　清抄本　九冊

330000－1701－0006247　善 005807　集部/詩文評類/詩評之屬
城西褉記二卷 （清）蔣坦撰　清抄本　許蔭長校、題簽並記　一冊

330000－1701－0006248　善 005808　集部/詩文評類/詩評之屬
清籟閣雜録一卷 （清）鄭熊光輯　清道光稿本　一冊

330000－1701－0006250　善 005810　集部/詩文評類/詩評之屬
緝雅堂詩話二卷 （清）潘衍桐撰　清光緒十七年（1891）杭州刻本　王存善批　一冊

330000－1701－0006251　HJH5081　類叢部/叢書類/彙編之屬
武英殿聚珍版書一百四十八種 清乾隆四十二年（1777）福建刻道光至同治遞修光緒二十一年（1895）增刻本　四冊　存一種

330000－1701－0006252　善 005811　類叢部/叢書類/彙編之屬
百川學海一百種一百七十九卷 （宋）左圭編　明弘治十四年（1501）無錫華珵刻本　清包秉德、清朱筠跋　三冊　存二種

330000－1701－0006253　善 005812　類叢部/叢書類/彙編之屬
百川學海一百十二種一百四十三卷 （宋）左圭編　（明）□□重編　明末刻本　二十四冊

330000－1701－0006254　善 005813　類叢部/叢書類/彙編之屬
正說郛脫本不分卷 （明）陶宗儀撰　清抄本　二冊

330000－1701－0006255　善 005814　類叢部/叢書類/彙編之屬

續説郛脱本不分卷　(明)陶珽輯　清抄本　三冊

330000－1701－0006257　善 005816　類叢部/叢書類/彙編之屬

説郛小品十二種十二卷　(明)陶宗儀撰　單丕重輯　稿本　一冊

330000－1701－0006258　善 005817　類叢部/叢書類/彙編之屬

古書十八卷　(清)閔鏔輯　稿本　二冊

330000－1701－0006259　善 005818　類叢部/叢書類/彙編之屬

五朝小説五百二十三種　(明)□□編　明末刻清順治三年(1646)宛委山堂彙印褱青閣重印本　六十一冊　存四百四十五種

330000－1701－0006260　善 005819　類叢部/叢書類/彙編之屬

五朝小説五百二十三種　(明)□□編　明末刻清初彙印本　二十四冊　存一百九種

330000－1701－0006261　善 005820　類叢部/叢書類/彙編之屬

文林綺繡五種五十九卷　(明)淩迪知編　明萬曆四年至五年(1576－1577)吴興淩氏桂芝館刻本　二十二冊

330000－1701－0006263　善 005822　類叢部/叢書類/彙編之屬

金聲玉振集五十種　(明)袁褧編　明嘉靖吴郡袁氏嘉趣堂刻本　三十二冊　存三十七種

330000－1701－0006264　善 005823　類叢部/叢書類/彙編之屬

夷門廣牘一百七種　(明)周履靖編　明萬曆二十五年(1597)金陵荆山書林刻本　九冊　存四十一種

330000－1701－0006265　善 005824　類叢部/叢書類/彙編之屬

漢魏叢書三十八種　(明)程榮編　明萬曆二十年(1592)新安程氏刻本　四十冊　存三十七種

330000－1701－0006266　善 005825　類叢部/叢書類/彙編之屬

古今逸史五十五種二百二十三卷　(明)吴琯編　明萬曆新安吴琯刻吴中珩增刻本(廣雅卷一至十、小爾雅、雍録卷七至十、越絕書卷一至十五、華陽國志卷五至七配抄本)　六十四冊

330000－1701－0006267　善 005826　子部/雜著類/雜纂之屬

歷代小史摘編六卷　(明)唐世延輯　明萬曆三十二年(1604)朱東光、唐世延刻本　六冊

330000－1701－0006268　善 005827　類叢部/叢書類/彙編之屬

格致叢書　(明)胡文煥編　明萬曆虎林胡氏文會堂刻本　沈伯循、管元耀、王修批校　張宗祥題簽並跋　七十冊　存六十五種

330000－1701－0006269　善 005828　類叢部/叢書類/彙編之屬

壽養叢書三十五種　(明)胡文煥編　明萬曆錢塘胡文煥刻本　十二冊　存八種

330000－1701－0006270　善 005829　史部/政書類

重刻合併官常政要全書二十九種五十卷　明崇禎金陵書坊唐錦池、唐惠疇刻增修本　十二冊　缺一卷(重刻孔部法題四六条語二)

330000－1701－0006271　善 005830　類叢部/叢書類/彙編之屬

津逮祕書十五集一百四十種　(明)毛晉編　明崇禎虞山毛氏汲古閣刻清蘇州振鄴堂印本　清王鵬運跋　三百冊

330000－1701－0006272　善 005831　類叢部/叢書類/彙編之屬

三注鈔十六卷　(明)鍾惺編　明萬曆四十五年(1617)刻本　六冊

330000－1701－0006273　善 005832　類叢部/叢書類/彙編之屬

薹古介書前集十六種後集九種　(明)邵闇生

編　明天啓七年(1627)刻本　八冊　存十三種

330000－1701－0006274　善005833　類叢部/叢書類/彙編之屬

羣芳清玩十二種十六卷　(明)李嶼編　明末毛氏汲古閣刻李嶼彙印本　八冊

330000－1701－0006275　善005834　類叢部/叢書類/彙編之屬

楝亭藏書十二種　(清)曹寅編　清康熙四十五年(1706)揚州詩局刻乾隆重印本　清陳錫麒題簽並記　二十四冊

330000－1701－0006276　善005835　類叢部/叢書類/彙編之屬

奇晉齋叢書十六種　(清)陸烜編　清乾隆三十四年(1769)平湖陸烜奇晉齋刻本　四冊

330000－1701－0006277　善005836　類叢部/叢書類/彙編之屬

石經閣叢書七種七卷　(清)馮登府編　稿本二冊

330000－1701－0006278　善005837　史部/雜史類/斷代之屬

國朝稗乘八種八卷　(清)丁紹儀編　清抄本二冊

330000－1701－0006279　善005838　類叢部/叢書類/彙編之屬

課餘隨錄十一種　(清)亢樹滋編　稿本六冊

330000－1701－0006280　善005839　類叢部/叢書類/自著之屬

藤溪叢書　(清)朱濂撰　稿本　二十五冊存十種

330000－1701－0006281　善005840　類叢部/叢書類/自著之屬

邵子全書二十四卷　(宋)邵雍撰　(明)徐必達編　明萬曆三十四年(1606)嘉興徐必達刻本　三十冊

330000－1701－0006282　善005841　類叢部/叢書類/自著之屬

陸放翁全集六種　(宋)陸游撰　明末海虞毛氏汲古閣刻清毛扆增刻張氏詩禮堂印本　五十冊

330000－1701－0006283　善005842　類叢部/叢書類/自著之屬

李氏全書二種　(明)李贄撰　(明)湯顯祖批點　明信著齋刻本　十四冊

330000－1701－0006284　善005843　類叢部/叢書類/自著之屬

大雅堂訂正枕中十書十卷　(明)李贄輯　明刻本　十冊

330000－1701－0006285　善005844　類叢部/叢書類/自著之屬

一齋集十二種　(明)陳第撰　明萬曆二十三年至四十五年(1595－1617)陳氏會山樓刻清彙印本　十二冊　存七種

330000－1701－0006286　善005845　類叢部/叢書類/自著之屬

元敏天池集　(明)馮時可撰　明萬曆十七年(1589)刻本　八冊　存四種

330000－1701－0006287　善005846　類叢部/叢書類/自著之屬

顧端文公遺書十二種附一種　(明)顧憲成撰　清康熙刻本　四冊　存四種

330000－1701－0006288　善005847　類叢部/叢書類/自著之屬

少室山房四集四種　(明)胡應麟撰　(明)江湛然輯　明萬曆四十六年(1618)新都江湛然刻本　八冊　存二種

330000－1701－0006289　善005848　集部/別集類/明別集

袁中郎十集十六卷　(明)袁宏道撰　(明)周應麐編　明周應麐刻本(廣莊一卷配明萬曆袁叔度書種堂刻本)　七冊

330000－1701－0006290　善005849　類叢部/叢書類/自著之屬

幾亭初集四種再集四種　(明)陳龍正撰　明

崇禎潔梁堂刻本　十二册

330000－1701－0006291　善 005850　類叢部/叢書類/自著之屬

幾亭全書六十二卷附録二卷　(明)陳龍正撰　清康熙四年(1665)雲書閣刻本　十六册

330000－1701－0006292　善 005851　類叢部/叢書類/自著之屬

夏爲堂别集九種十卷　(清)黄周星撰　清康熙二十七年(1688)朱日荃、張燕孫刻本　二册　存七種

330000－1701－0006293　善 005852　類叢部/叢書類/自著之屬

李君實先生雜著八種　(明)李日華撰　明天啓六年(1626)至崇禎刻清康熙二十四年(1685)李氏、乾隆三十三年(1768)曹秉鈞重修本　清潘祖蔭題記　十二册

330000－1701－0006294　善 005853　集部/别集類/明别集

袁中郎集十種　(明)袁宏道撰　明刻本　十二册　存七種

330000－1701－0006295　善 005854　類叢部/叢書類/自著之屬

晴川八識八種　(清)孫之騄撰　清康熙刻本　孫峻校並跋　二十四册

330000－1701－0006296　善 005855　類叢部/叢書類/自著之屬

陸雲士雜著九種　(清)陸次雲撰　清康熙刻本　六册

330000－1701－0006297　善 005856　類叢部/叢書類/自著之屬

雙溪集四種三十六卷　(清)張英撰　清刻本　八册

330000－1701－0006298　善 005857　類叢部/叢書類/自著之屬

安溪李文貞公解義(安溪先生解義三種)三種　(清)李光地撰　清康熙六十一年(1722)李馥居業堂刻本　一册

330000－1701－0006299　善 005858　類叢部/叢書類/自著之屬

安溪李文貞公解義(安溪先生解義三種)三種　(清)李光地撰　清康熙五十八年(1719)清謹軒刻本　一册

330000－1701－0006300　善 005859　類叢部/叢書類/自著之屬

介石堂集三種　(清)郭起元撰　清乾隆刻本　四册　存二種

330000－1701－0006301　善 005860　類叢部/叢書類/自著之屬

張皋文著述十一卷　(清)張惠言撰　清抄本　五册

330000－1701－0006302　善 005861　類叢部/叢書類/自著之屬

守閒齋隨筆八種　(清)蔡錫崑撰　稿本　八册

330000－1701－0006303　善 005862　類叢部/叢書類/自著之屬

蒻園叢書　(清)平步青撰　稿本　一册　存三種

330000－1701－0006304　善 005863　類叢部/叢書類/自著之屬

姚海壽人叢著不分卷　(清)胡傑人撰　稿本　清周星詒跋　清胡德輝批　王繼香題簽並跋　三十册

330000－1701－0006305　善 005864　類叢部/叢書類/自著之屬

静泊軒所著書九種　(清)費繼章撰　稿本　四十一册

330000－1701－0006306　善 005865　類叢部/叢書類/自著之屬

章氏遺書十二種二十四卷　(清)章學誠撰　清徐氏鑄學齋抄本　徐維則校　二十册

330000－1701－0006307　善 005866　類叢部/叢書類/彙編之屬

稗海四十八種續集二十二種　(明)商濬編　明萬曆商氏半埜堂刻清康熙振鷺堂重編補刻

本　清盧文弨批校並題記　六十六册

330000－1701－0006309　善005868　史部/地理類/方志之屬/郡縣志

[光緒]修川志餘二卷　(清)鍾兆彬纂　清光緒二十九年(1903)抄本　一册

330000－1701－0006310　善005869　史部/地理類/方志之屬/郡縣志

光緒仁和縣志不分卷　(清)蕭治輝　孫峻纂修　稿本　一册

330000－1701－0006311　善005870　史部/編年類/通代之屬

資治通鑑綱目發明五十九卷　(宋)尹起莘撰　明洪武二十一年(1388)建安書市刻本　一册　存三卷(四十至四十二)

330000－1701－0006312　善005873　子部/小說家類/雜事之屬

漱霞仙館譚粹不分卷　(清)朱康壽撰　稿本　清亢樹滋批校並觀款　清潘鍾瑞批校　二册

330000－1701－0006313　善005871　史部/目録類/總録之屬/官修

浙江採集遺書總錄十一卷　(清)沈初等輯　清翠薇山房抄本　一册　存一卷(閏集)

330000－1701－0006315　善005874　集部/別集類/清別集

鹿干草堂集十一卷　(清)屠廷楫撰　清康熙刻本　二册

330000－1701－0006316　善005875　子部/藝術類/書畫之屬/題跋

聽松閣筆記不分卷　清彩雲齋抄本　二册

330000－1701－0006317　善005876　集部/總集類/彙編之屬

宋元詩六十一種　(明)潘是仁編　明萬曆四十三年(1615)潘是仁刻天啓二年(1622)重修本　十册　存三十一種

330000－1701－0006318　善005877　集部/總集類/選集之屬/通代

名文寶符二十卷　(明)黃澍　(明)葉紹泰輯　明崇禎香谷山房刻本　十九册　存十九卷(一至十一、十三至二十)

330000－1701－0006319　善005878　集部/總集類/選集之屬/斷代

明文類體(今文類體)不分卷　(清)黃澄量輯　稿本　一百三十八册

330000－1701－0006321　善005879　經部/易類/傳說之屬

周易程朱傳義十卷易說綱領一卷　(宋)程頤　(宋)朱熹撰　**上下篇義一卷**　(宋)程頤撰　**易圖集錄一卷易五贊一卷筮儀一卷**　(宋)朱熹撰　明正統十二年(1447)司禮監刻本　十册

330000－1701－0006322　善005880　經部/詩類/三家詩之屬

新刻韓詩外傳十卷　(漢)韓嬰著　明萬曆胡氏文會堂刻百家名書本　清曹先達校並跋　王修跋　四册

330000－1701－0006323　善005881　經部/禮記類/傳說之屬

檀弓辨誣三卷　(清)夏炘撰　稿本　三册

330000－1701－0006324　善005882　經部/四書類/總義之屬/傳說

四書集註四十一卷　(宋)朱熹撰　明刻本　八册

330000－1701－0006325　善005883　經部/四書類/總義之屬/傳說

四書集註大全四十三卷　(明)胡廣等輯　明內府刻本　七册　存十五卷(孟子一至十四、序說)

330000－1701－0006326　善005884　經部/四書類/總義之屬/傳說

四書集註大全四十三卷　(明)胡廣等輯　明刻本　三十六册　缺五卷(孟子五、九至十二)

330000－1701－0006327　普811.1087/4497　類叢部/叢書類/自著之屬

留書種閣集九種 （清）黄炳垕撰　清同治六年至光緒二十年（1867－1894）餘姚黄氏留書種閣刻本　一册　存一種

330000－1701－0006328　普 618.2/1007/10c2　子部/醫家類/婦科之屬/產科
達生編三卷 （清）□□輯　清光緒十三年（1887）紹城許顯記刻十九年（1893）謝福慶補刻重印本　一册

330000－1701－0006329　普 617/1022/9　子部/醫家類/外科之屬
王洪緒先生外科證治全生不分卷 （清）王維德撰　清道光二十五年（1845）瓶花書屋刻本　一册

330000－1701－0006330　普 618.2/3144/6　子部/醫家類/婦科之屬/產科
重刻產科心法二卷 （清）汪喆撰　**福幼編摘刻一卷** （清）莊一夔撰　清同治八年（1869）刻本　一册

330000－1701－0006331　普 610.94/8027/2　新學/醫學
西醫略論三卷 （英國）合信氏撰　（清）管茂材譯　清咸豐七年（1857）江蘇上海仁濟醫館刻本　二册

330000－1701－0006332　普 610.95115/2844　子部/醫家類/類編之屬
徐氏醫書八種 （清）徐大椿撰　清光緒四年（1878）掃葉山房刻本　一册　存一種

330000－1701－0006333　普 610.9517/8047　子部/醫家類/類編之屬
古歡室醫書三種 （清）曾懿撰　清光緒三十三年（1907）長沙刻本　二册　存一種

330000－1701－0006334　普 615.1/7722　子部/醫家類/本草之屬/歷代綜合本草
本草思辨錄四卷首一卷 （清）周巖撰　清光緒三十年（1904）山陰周氏微尚室刻本　四册

330000－1701－0006335　普 610.9517/7583.2　子部/醫家類/綜合之屬/雜著
醫學三字經四卷 （清）陳念祖撰　清光緒二十七年（1901）新化三味書局刻本　一册

330000－1701－0006337　普 615.52/3727　子部/醫家類/養生之屬
衛生雜錄一卷 （清）澹然居士輯　清光緒九年（1883）新安余氏刻本　一册

330000－1701－0006338　普 610.94/1704　新學/醫學/内科
醫理略述二卷 （清）尹端模譯　清光緒十八年（1892）羊城博濟醫局刻本　二册

330000－1701－0006339　普 615.51/1044　子部/醫家類/醫案之屬
潛齋醫書三種 （清）王士雄撰　清咸豐元年（1851）吟香書屋刻本　三册

330000－1701－0006341　普 618.9/4418/4　子部/醫家類/兒科之屬/通論
莊在田先生保赤全編三卷 （清）莊一夔撰　清同治八年（1869）雙白燕堂刻本　一册

330000－1701－0006342　普 615.1/4440　子部/醫家類/本草之屬/神農本草經
神農本草經贊三卷 （三國魏）吳普等述　（清）葉志詵撰　清道光三十年（1850）粤東撫署刻本　三册

330000－1701－0006343　普 610.44/4734　新學/醫學/衛生學
俟醫淺説一卷 （清）杭州廣濟醫院輯　清光緒二十九年（1903）上海美華館鉛印本　一册

330000－1701－0006344　普 618.9/7740　子部/醫家類/推拿按摩外治之屬
推拿秘書五卷 （清）駱如龍撰　（清）駱民新抄訂　清乾隆五十年（1785）金陵四教堂刻本　二册

330000－1701－0006345　普 616.93/1217　子部/醫家類/溫病之屬/痧症
痧證匯要四卷 （清）孫玘輯　**痧證指微三卷** （清）釋普淨撰　清光緒五年（1879）虞陽強氏刻本　二册

330000－1701－0006348　普 610.9517/7773.

2　子部/醫家類/類編之屬
周氏醫學叢書(周澂之評注醫書、周氏彙刻醫學叢書)初集十二種二集十一種三集六種　(清)周學海編　清光緒至宣統池陽周氏刻宣統三年(1911)福慧雙修館彙印本　四冊　存二集一種

330000－1701－0006349　普 615.52/5524.2/4　子部/醫家類/綜合之屬/通論
醫醇賸義四卷醫方論四卷　(清)費伯雄撰　清光緒三年(1877)刻本　四冊　存四卷(醫醇賸義一至四)

330000－1701－0006350　普 615.2/7729/c2　子部/醫家類/方書之屬/成方藥目
同仁堂藥目不分卷　(清)同仁堂編　清光緒十九年(1893)京都同仁堂刻本　一冊

330000－1701－0006351　普 615.51/2844　子部/醫家類/醫案之屬
洄溪醫案一卷　(清)徐大椿撰　清光緒十七年(1891)湖北官書處刻朱印本　一冊

330000－1701－0006352　普 615.52/44121　子部/醫家類/内科之屬/虚勞
十藥神書一卷　(元)葛乾孫撰　清光緒十一年(1885)胡氏刻本　一冊

330000－1701－0006353　普 615.1/0934　子部/醫家類/綜合之屬/合刻、合抄
筆花醫鏡藥要便蒙合刻　(清)延清編　清光緒十八年(1892)京都龍光齋刻本　一冊　存一種

330000－1701－0006354　普 612.6/2703　子部/醫家類/婦科之屬/廣嗣
廣生編一卷附十劑表二卷　(清)包誠編　清同治七年(1868)藴璞齋刻本　一冊

330000－1701－0006355　普 610.95111/4084　子部/醫家類/醫經之屬/内經
内經知要二卷　(清)李中梓輯並注　清光緒九年(1883)上洋江左書林刻本　二冊

330000－1701－0006356　普 811.14/8080　類叢部/叢書類/彙編之屬
榆園叢刻十五種附一種　(清)許增編　清同治至光緒刻本　一冊　存一種

330000－1701－0006357　普 610.95123/1142.2014/2　子部/醫家類/傷寒金匱之屬/金匱要略
金匱心典三卷　(清)尤怡撰　清同治八年(1869)陸氏雙白燕堂刻本　三冊

330000－1701－0006358　普 811.1087/2741　集部/總集類/選集之屬/斷代
雪鴻偶钞詩四卷詞一卷　(清)倪世珍錄　清光緒四年(1878)吳縣倪氏刻本　四冊

330000－1701－0006359　普 610.44/4906/2　子部/醫家類/醫話醫論之屬
存存齋醫話藁二卷　(清)趙彥暉撰　清光緒七年(1881)刻本　一冊

330000－1701－0006360　普 610.9517/3745　子部/醫家類/類編之屬
治咽喉發背對口外科醫書三卷附雲台膏方一卷　清光緒八年(1882)狀元第莊刻本　一冊

330000－1701－0006361　普 615.1/3160 /2　子部/醫家類/類編之屬
瓶花書屋醫書五種　(清)包松溪等編　清道光二十五年至二十七年(1845－1847)瓶花書屋刻本　二冊　存一種

330000－1701－0006362　普 610.9517/2668/2　子部/醫家類/綜合之屬/雜著
醫家四要四卷　(清)江誠　(清)程曦　(清)雷大震纂　清光緒十二年(1886)養鶴山房刻本　四冊

330000－1701－0006363　普 915.1231/5029/(2)/c1　史部/地理類/方志之屬/郡縣志
[乾隆]句容縣志十卷首一卷末一卷　(清)曹襲先纂修　清光緒二十六年(1900)楊世沅刻本　八冊

330000－1701－0006364　普 811.1087/4442　集部/總集類/酬唱之屬
雲薲酬唱集一卷　(清)葉蘭生　(清)伊佐圻撰　清道光二十八年(1848)刻本　一冊

330000－1701－0006365　普 921.512/0010.2　史部/傳記類/總傳之屬/家乘

［湖南瀏陽］瀏西童氏族譜四卷　（清）童上拔等纂修　清道光二十四年（1844）雁門堂木活字印本　四冊

330000－1701－0006366　普 811.304/2626　集部/詞類/詞話之屬

蓮子居詞話四卷　（清）吳衡照輯　清道光十二年（1832）錢唐汪氏振綺堂刻同治六年（1867）重修本　二冊

330000－1701－0006367　普 811.1087/2726　集部/總集類/酬唱之屬

語溪驪唱集一卷　（清）伊象昂編　清光緒三十四年（1908）武林刻本　一冊

330000－1701－0006368　普 811.308/7730　集部/詞類/詞話之屬

詞辨二卷　（清）周濟輯　**介存齋論詞雜著一卷**　（清）周濟撰　清光緒四年（1878）刻本　一冊

330000－1701－0006369　普 811.15/2546　集部/別集類/元別集

雲松巢詩集五卷　（元）朱希晦撰　（明）朱諫輯　清同治十年（1871）樂邑瑤川朱熙廷刻本　一冊

330000－1701－0006370　普 811.14/4454.4　類叢部/叢書類/彙編之屬

廣雅書局叢書一百五十九種　徐紹棨編　清光緒廣雅書局刻民國九年（1920）番禺徐紹棨彙編重印本　一冊　存一種

330000－1701－0006371　普 811.16/2505　集部/別集類/明別集

蕩南集四卷　（明）朱諫撰　**蕩南李詩註摭遺一卷**　（明）朱諫注　清同治十三年（1874）樂邑瑤川朱熙廷刻本　二冊

330000－1701－0006372　普 811.3036/5343/2　集部/詞類/詞韻之屬

詞林正韻三卷發凡一卷　（清）戈載撰　清光緒十七年（1891）思賢講舍刻本　二冊

330000－1701－0006373　普 811.15/8398、普 811.16/4060　類叢部/叢書類/郡邑之屬

武林往哲遺箸五十二種後編十種　（清）丁丙編　清光緒二十年至二十六年（1894－1900）錢塘丁氏嘉惠堂刻本　三冊　存二種

330000－1701－0006374　普 811.1087/2561　類叢部/叢書類/郡邑之屬

武林掌故叢編一百八十七種　（清）丁丙編　清光緒三年至二十六年（1877－1900）錢塘丁氏嘉惠堂刻本　一冊　存一種

330000－1701－0006375　普 811.37/1163　集部/詞類/別集之屬

新蘅詞六卷外集一卷　（清）張景祁撰　清光緒九年（1883）百億梅花仙館刻本　二冊

330000－1701－0006376　普 811.308/4034　集部/詞類/總集之屬

淮海秋笳集一卷　（清）李肇增輯　清咸豐十年（1860）遲雲山館刻本　一冊

330000－1701－0006378　普 811.37/1153　集部/詞類/別集之屬

橫經堂詩餘二卷　（清）張泰初撰　清光緒二年（1876）刻本　二冊

330000－1701－0006379　普 814.6/0021　集部/別集類/明別集

醉經樓集六卷附刻一卷　（明）唐伯元撰　清光緒二年（1876）潮州金山書院刻本　三冊

330000－1701－0006380　普 811.14/4433　集部/別集類/宋別集

林和靖詩集四卷拾遺一卷　（宋）林逋撰　清同治十二年（1873）長洲朱氏刻本　二冊

330000－1701－0006381　普 811.37/0700/c5　集部/詞類/別集之屬

靈芬館詞七卷　（清）郭麐撰　清光緒五年（1879）刻榆園叢刻本　清譚獻題簽　二冊

330000－1701－0006382　普 811.37/2133　集部/詞類/別集之屬

心盦詞存四卷　（清）何兆瀛撰　清同治十二年（1873）江寧何氏武林刻本　二冊

330000－1701－0006383　普 811.1087/4444　集部/總集類/酬唱之屬
四明酬倡集二卷　(清)黄大華輯　清光緒二十九年(1903)句東譯書局鉛印本　二册

330000－1701－0006384　普 814.6/2171　集部/别集類/明别集
熊魚山先生文集二卷首一卷末一卷　(明)熊開元撰　(清)黄秩柄編次　清光緒二十一年(1895)泠然閣刻本　二册

330000－1701－0006386　普 811.37/2449　集部/詞類/别集之屬
納蘭詞五卷補遺一卷　(清)納蘭成德撰　清光緒六年(1880)刻榆園叢刻本　程茜觀款　二册

330000－1701－0006387　普 811.14/4427　集部/别集類/宋别集
東山詩選二卷　(宋)葛紹體撰　清光緒二十七年(1901)太平陳樹鈞刻本　一册

330000－1701－0006388　普 811.15/7550/c2　集部/别集類/元别集
所安遺集一卷附錄一卷　(元)陳泰撰　清光緒六年(1880)武林節署刻本　一册

330000－1701－0006389　普 811.16/3414　類叢部/叢書類/郡邑之屬
武林往哲遺箸五十二種後編十種　(清)丁丙編　清光緒二十年至二十六年(1894－1900)錢塘丁氏嘉惠堂刻本　二册　存一種

330000－1701－0006390　普 811.1087/10201.2　集部/總集類/選集之屬/斷代
師竹吟館詩存二卷　(清)藤陰居士編　清光緒五年(1879)刻本　二册

330000－1701－0006391　普 811.3023/8744.01/5　類叢部/叢書類/彙編之屬
半厂叢書初編十種　(清)譚獻編　清同治至光緒仁和譚氏刻本　二册　存一種

330000－1701－0006392　普 811.1087/2818　類叢部/叢書類/自著之屬
煙嶼樓集四種　(清)徐時棟撰　清同治至光緒刻彙印本　一册　存一種

330000－1701－0006393　普 811.1087/7482　集部/别集類/清别集
孝貞詩集不分卷　(清)陸金崙輯　清嘉慶四年(1799)刻本　二册

330000－1701－0006396　普 921.512/00401.6　史部/傳記類/總傳之屬/家乘
[浙江上虞]古虞章氏宗譜四卷　(清)章克升等纂修　清光緒十四年(1888)聚桂堂木活字印本　四册

330000－1701－0006397　普 921.512/1024.2/c2　史部/傳記類/總傳之屬/家乘
[浙江上虞]上虞桂林夏氏松夏支系七卷首一卷末一卷　(清)夏亦書等纂修　清光緒三十三年(1907)怡壽堂木活字印本　一册

330000－1701－0006399　善 005885　經部/四書類/總義之屬/傳説
四書章句集註二十九卷　(宋)朱熹撰　清康熙內府影元刻本　九册

330000－1701－0006401　善 005886　經部/樂類/律吕之屬
樂律全書十五種　(明)朱載堉撰　明萬曆鄭藩刻增修本　十九册

330000－1701－0006402　善 005887　經部/群經總義類/圖説之屬
七經圖七卷　(明)吴繼仕輯　明萬曆四十三年(1615)新安吴氏熙春樓刻本　九册

330000－1701－0006403　善 005888　經部/群經總義類/圖説之屬
五經圖六卷　(明)章達　(明)盧謙編輯　明萬曆四十二年(1614)楚人章達刻本　一册

330000－1701－0006404　善 005889　史部/傳記類/總傳之屬/家乘
萬曆丙午年越南泒脩顧氏族譜不分卷　(明)顧兑編　明抄本　二册

330000－1701－0006405　善 005890　史部/傳記類/總傳之屬/家乘

萬曆丙午歲重修越南顧氏宗譜不分卷　(明)顧兌編　明萬曆三十四年(1606)抄本　四冊

330000－1701－0006406　善005891　史部/傳記類/總傳之屬/仕宦

凌煙閣功臣圖一卷　(清)劉源繪　清康熙七年(1668)吳門朱圭柱笏堂刻本　清周春跋　一冊

330000－1701－0006409　善005894　史部/傳記類/別傳之屬/墓誌

例封文林郎王君介軒[士春]墓志銘一卷　(清)謝章鋌撰　清光緒王仁堪寫本　一冊

330000－1701－0006410　善005895　史部/傳記類/總傳之屬/家乘

[安徽休寧]休寧邑前劉氏族譜六卷附錄一卷　(明)劉堯錫　(明)劉齊禮纂修　(明)陳有守修訂　明嘉靖三十六年(1557)刻本　三冊　存五卷(一至三、五至六)

330000－1701－0006411　善005896　史部/傳記類/總傳之屬/家乘

[安徽休寧]會里程氏慶源家乘二十卷　(明)游輪　(明)程有亮纂修　明嘉靖三十一年(1552)刻本　三冊　缺三卷(一至三)

330000－1701－0006412　善005897　史部/傳記類/總傳之屬/家乘

滎陽鄭氏統宗譜不分卷　(明)鄭莊修　(明)鄭仲　(明)鄭綺續修　明嘉靖抄本　一冊

330000－1701－0006413　善005898　史部/傳記類/總傳之屬/家乘

[安徽]丹陽洪氏宗譜不分卷　(明)洪中正纂修　明崇禎刻本　二冊

330000－1701－0006414　善005899　史部/傳記類/總傳之屬/家乘

[浙江紹興]吳興世家分隸德清再遷山陰沈氏族譜不分卷　(明)沈級纂修　明萬曆七年(1579)抄本　四冊

330000－1701－0006415　善005900　史部/傳記類/總傳之屬/家乘

[石砿]劉氏四修族譜不分卷　(明)劉仕朝(明)劉日惺纂修　明天啓抄本　四冊

330000－1701－0006416　善005901　史部/傳記類/別傳之屬/墓誌

皇清勅授登仕郎國子監學録勅贈承德郎翰林院脩撰鄧府君[基哲]墓表一卷　(清)王澍撰　清雍正七年(1729)稿本　清張之洞題簽並觀款　清安竟居士、清吳廣霈跋　清文悌、清俞廉三觀款　李葆恂、楊鍾羲跋　一冊

330000－1701－0006417　善005902　史部/傳記類/總傳之屬/家乘

[安徽歙縣]新安程氏家譜七卷　(明)程克榮等纂修　明成化七年(1471)程氏刻本　二冊

330000－1701－0006418　善005903　史部/傳記類/總傳之屬/家乘

[浙江東陽]張氏宗譜不分卷　(明)張思宰修　(明)呂澹如纂　明崇禎十年(1637)木活字印本　三冊

330000－1701－0006419　善005904　史部/傳記類/總傳之屬/家乘

[江西婺源]新安俞氏統宗譜十九卷　(明)俞肇光纂修　明嘉靖活字印萬曆四十四年(1616)增修本　三冊　存六卷(一至三、七至九)

330000－1701－0006420　善005905　史部/傳記類/總傳之屬/家乘

[浙江紹興]浚儀趙氏慶源譜不分卷　(清)趙霈霖纂修　清道光抄本　四冊

330000－1701－0006421　善005906　史部/金石類/金之屬/通考

宋王復亝鐘鼎款識一卷　(宋)王厚之輯　清嘉慶七年(1802)揚州阮元積古齋影刻宋拓本　一冊

330000－1701－0006422　善005907　史部/金石類/總志之屬/目録

金石經眼録一卷　(清)褚峻摹　(清)牛運震說　清乾隆六年(1741)刻本暨拓本　一冊

330000－1701－0006423　善005908　子部/儒家類/儒學之屬/禮教/鑑戒

欽定元承華事略補圖六卷　(元)王惲撰　(清)徐郙等補圖　清光緒二十二年(1896)武英殿刻本　一冊

330000－1701－0006424　善005909　子部/宗教類/佛教之屬/總録

重修屠山大雄寺分派富桐二縣沙門釋氏宗譜一卷　(清)趙嘉良纂修　清乾隆寫本　一冊

330000－1701－0006425　善005910　史部/地理類/輿圖之屬/全國

廣輿圖不分卷　(元)朱思本撰　(明)羅洪先　(明)胡松增補　明嘉靖四十三年(1564)吳季源刻本　一冊

330000－1701－0006426　善005911　史部/政書類/通制之屬

通志二百卷　(宋)鄭樵撰　元大德三山郡庠刻本　六冊　存三卷(六、十七至十八)

330000－1701－0006427　善005912　史部/傳記類/別傳之屬/事狀

孔子聖跡圖不分卷　明刻本　劉慎旃題簽　徐敏惠題簽並跋　一冊

330000－1701－0006428　善005913　史部/傳記類/總傳之屬/家乘

[浙江紹興]會稽吳氏家譜一卷　(明)吳鐩　(明)林喬纂修　明抄本　一冊

330000－1701－0006429　善005914　集部/別集類/明別集

南禺外史詩一卷　(明)豐坊撰　明嘉靖二十七年(1548)手稿本　一卷

330000－1701－0006430　善005915　史部/傳記類/總傳之屬/家乘

[浙江紹興]山陰樊氏南陽族譜不分卷　(清)樊士斌纂修　清嘉慶抄本　一冊

330000－1701－0006431　善005916　史部/金石類/金之屬

西清古鑑四十卷錢錄十六卷　(清)梁詩正　(清)蔣溥等纂修　清光緒十四年(1888)邁宋書館日本銅版印本　十二冊

330000－1701－0006433　善005918　史部/傳記類/總傳之屬/家乘

明魏忠節公大中孝子學洢畫像傳贊一卷　(清)魏儒勳輯　稿本　一冊

330000－1701－0006434　善005919　史部/傳記類/總傳之屬/家乘

朱氏統宗譜九卷　(明)朱邦相等纂修　明天啓至崇禎刻本　二十四冊

330000－1701－0006435　善005920　子部/宗教類/佛教之屬/經

妙法蓮華經七卷　(後秦)釋鳩摩羅什譯　元刻本　余紹宋題簽並記　一冊　存殘片八片

330000－1701－0006436　善005921　史部/政書類/通制之屬

通志二百卷　(宋)鄭樵撰　元大德三山郡庠刻元修本　二十六冊　存二十六卷(十九、二十一至二十四、五十一至五十七、六十三至七十、一百一、一百二十二至一百二十三、一百二十六、一百九十四至一百九十五)

330000－1701－0006437　善005922　史部/政書類/通制之屬

通志二百卷　(宋)鄭樵撰　元大德三山郡庠刻元明遞修本(卷十五上、十九至三十、五十一至五十七、六十三至七十、八十四、一百一、一百三、一百二十二至一百二十三、一百八十六配抄本)　一百二十二冊　存一百八十二卷(一至三十、三十六至三十七、四十至七十八、八十至九十六、九十八至一百六十、一百六十三至一百九十三)

330000－1701－0006438　善005923　經部/易類/傳說之屬

周易傳義大全二十四卷上下篇義一卷朱子圖說一卷五贊一卷筮儀一卷易說綱領一卷　(明)胡廣等纂　明刻本　十二冊

330000－1701－0006439　善005924　經部/易類/傳說之屬

石鏡山房周易說統十二卷　(明)張振淵輯　明萬曆四十三年(1615)仁和張氏石鏡山房刻本　六冊

330000－1701－0006440　善 005925　經部/易類/傳說之屬

讀易隅通二卷　(清)來集之撰　明崇禎十七年(1644)黄正色刻本　二冊

330000－1701－0006441　善 005926　經部/易類/傳說之屬

易憲四卷卦歌一卷圖說一卷　(清)沈泓撰　清乾隆八年至九年(1743－1744)補堂刻本　三冊

330000－1701－0006442　善 005927　經部/叢編

兩蘇經解六十四卷　(宋)蘇軾　(宋)蘇轍撰　(明)焦竑輯　明萬曆二十五年(1597)金陵畢氏刻本　三冊　存二十卷(東坡先生書傳一至二十)

330000－1701－0006443　善 005928　經部/書類/傳說之屬

書集傳六卷圖一卷　(宋)蔡沈撰　(元)鄒季友音釋　**朱子說書綱領一卷**　(宋)朱熹撰　明正統十二年(1447)内府刻本　七冊

330000－1701－0006444　善 005929　經部/書類/分篇之屬

禹貢古今合註五卷圖一卷　(明)夏允彝撰　明末刻本　五冊　存五卷(一至三、五、圖)

330000－1701－0006445　善 005930　經部/詩類/傳說之屬

詩經四卷小序一卷　(明)鍾惺評點　明吳興凌杜若刻朱墨套印本　二冊

330000－1701－0006446　善 005931　經部/詩類/傳說之屬

呂氏家塾讀詩記三十二卷　(宋)呂祖謙撰　明嘉靖十年(1531)傅鳳翱南昌刻本　二十冊

330000－1701－0006447　善 005932　經部/詩類/傳說之屬

毛詩傳箋七卷　(漢)毛亨傳　(漢)毛萇撰　(漢)鄭玄箋　(唐)陸德明音釋　明刻本　五冊

330000－1701－0006448　善 005933　經部/詩類/傳說之屬

詩經四卷小序一卷　(明)鍾惺評點　明吳興凌杜若刻三色套印本　四冊

330000－1701－0006449　善 005934　經部/書類/傳說之屬

申學士校正古本官板書經大全十卷首一卷　(明)申時行撰　明閩芝城建邑書林余氏刻本　十二冊

330000－1701－0006450　善 005935　經部/詩類/傳說之屬

詩經四卷小序一卷　(明)鍾惺評點　明吳興凌杜若刻三色套印本　五冊

330000－1701－0006451　善 005936　經部/詩類/傳說之屬

毛詩明辨録十卷　(清)沈青崖撰　清乾隆十三年(1748)古吳毛德基刻本　八冊

330000－1701－0006452　善 005937　經部/詩類/三家詩之屬

韓詩外傳十卷　(漢)韓嬰撰　明嘉靖十八年(1539)薛來芙蓉泉書屋刻本　四冊　缺四卷(六至九)

330000－1701－0006453　善 005938　經部/周禮類/傳說之屬

周禮註疏四十二卷　(漢)鄭玄注　(唐)陸德明音義　(唐)賈公彥疏　明嘉靖常州知府遂昌應檟刻本　十六冊

330000－1701－0006454　善 005939　經部/周禮類/傳說之屬

周禮二十卷　(明)陳深批點　明凌杜若刻朱墨套印本　五冊

330000－1701－0006455　善 005940　經部/周禮類/傳說之屬

重校古周禮六卷　(明)陳仁錫注釋　明末刻本　四冊

330000－1701－0006456　善 005941　經部/叢編

三經評注五卷　(清)閔齊伋輯　明萬曆閔齊伋刻三色套印本　一冊　存二卷(考工記一

至二）

330000－1701－0006457　善 005942、善 005943、善 005953　經部/叢編

三經評注五卷　（清）閔齊伋輯　明萬曆閔齊伋刻三色套印本　五册

330000－1701－0006458　善 005947　經部/樂類/律呂之屬

樂經元義八卷　（明）劉濂撰　明嘉靖刻本　四册

330000－1701－0006459　善 005944　經部/三禮總義類/通論之屬

三禮考注十卷序錄一卷綱領一卷　（元）吳澄撰　明萬曆三十八年（1610）董應舉刻本　六册

330000－1701－0006460　善 005945　經部/三禮總義類/通禮雜禮之屬

儀禮經傳通解三十七卷　（宋）朱熹撰　**儀禮經傳通解續二十九卷**　（宋）黄榦撰　（宋）楊復訂　明正德十六年（1521）劉瑞、曹山杭州刻本　三十六册

330000－1701－0006461　善 005946　經部/禮記類/傳說之屬

禮記二十卷　（漢）鄭玄注　**撫本禮記鄭注考異二卷**　（清）張敦仁撰　**禮記釋文四卷**　（唐）陸德明撰　清嘉慶十年至十一年（1805－1806）陽城張氏影刻宋撫州本二十五年（1820）重修本　十二册

330000－1701－0006462　善 005948　經部/春秋左傳類/傳說之屬

左傳評苑八卷　（明）孫鑛批輯　（明）鍾惺詳注　明刻朱墨套印本　六册

330000－1701－0006463　善 005949　經部/春秋總義類/專著之屬

春秋繁露十七卷附錄一卷　（漢）董仲舒撰　（明）孫鑛評　明天啓五年（1625）花齋刻本　六册

330000－1701－0006464　善 005950　經部/樂類/律呂之屬

樂律全書十五種　（明）朱載堉撰　明萬曆鄭藩刻增修本　十九册

330000－1701－0006465　善 005951　經部/春秋左傳類/傳說之屬

春秋左傳十五卷　（明）孫鑛批點　明萬曆四十四年（1616）吳興閔齊伋刻朱墨套印本　十六册

330000－1701－0006466　善 005952　經部/春秋左傳類/傳說之屬

春秋左傳十五卷　（明）孫鑛批點　明萬曆四十四年（1616）吳興閔齊伋刻朱墨套印本　清王芑孫題記　六册

330000－1701－0006467　善 005954　經部/四書類/總義之屬/傳說

四書拾義五卷　（清）胡紹勳撰　清道光十四年（1834）吟經樓刻本　二册

330000－1701－0006468　善 005955　經部/春秋左傳類/傳說之屬

春秋左傳十五卷　（明）孫鑛批點　明萬曆四十四年（1616）吳興閔齊伋刻朱墨套印本　二十册

330000－1701－0006469　善 005956　經部/春秋總義類/傳說之屬

春秋四傳三十八卷綱領一卷提要一卷列國東坡圖說一卷春秋二十國年表一卷諸國興廢說一卷　（宋）胡安國撰　明嘉靖建寧府書坊刻本　二十册

330000－1701－0006470　善 005957　經部/春秋總義類/傳說之屬

春秋胡傳三十卷綱領一卷提要一卷列國東坡圖說一卷諸國興廢說一卷　（宋）胡安國撰　（宋）林堯叟音注　明崇禎六年（1633）烏程閔齊伋刻本　四册

330000－1701－0006471　善 005958　經部/春秋左傳類/傳說之屬

春秋經傳集解三十卷　（晉）杜預撰　（唐）陸德明音義　明刻本　十六册

330000－1701－0006472　善 005959　經部/

四書類/總義之屬/傳說

四書翼傳三義七卷 （明）劉思誠 （明）王守誠撰 明萬曆十六年(1588)于天經刻明修補重印本 十六册

330000－1701－0006473 善 005960 經部/四書類/總義之屬/傳說

四書考二十八卷考異一卷 （明）陳仁錫撰 明崇禎七年(1634)陳仁錫刻本 十二册

330000－1701－0006474 善 005961 經部/四書類/總義之屬/傳說

四書章句集註三十一卷 （宋）朱熹撰 明刻本 十六册

330000－1701－0006475 善 005962 經部/四書類/總義之屬/傳說

四書考二十八卷考異一卷 （明）陳仁錫撰 明崇禎七年(1634)陳仁錫刻本 十六册

330000－1701－0006476 善 005963 經部/小學類/音韻之屬/韻書

古今韻會舉要小補三十卷 （明）方日升編輯 明萬曆三十四年(1606)周士顯建陽刻本 二十二册

330000－1701－0006477 善 005964 經部/小學類/音韻之屬/韻書

古今韻會舉要小補三十卷 （明）方日升編輯 明萬曆三十四年(1606)周士顯建陽刻本 十四册

330000－1701－0006478 善 005965 經部/樂類/律呂之屬

律呂正聲六十卷 （明）王邦直撰 明萬曆三十六年(1608)即墨黃作孚刻本 十二册

330000－1701－0006479 善 005966 經部/小學類

澤存堂五種 （清）張士俊輯 清康熙吳郡張士俊澤存堂刻本 二册 存一種

330000－1701－0006480 善 005967 經部/小學類/文字之屬/字書/字典

新校經史海篇直音五卷 （明）□□輯 明刻本 十册

330000－1701－0006481 善 005968 經部/小學類/文字之屬/字書/訓蒙

同文千字文二卷 （明）汪以成輯 明萬曆十年(1582)婺源汪氏經義齋刻本 清施俊校並題記 四册

330000－1701－0006482 善 005969 經部/小學類/文字之屬/字書/字典

諧聲品字箋十集 （清）虞德升撰 清康熙十六年(1677)陸頎、陸顥刻二十三年(1684)虞嗣集增刻本 十册

330000－1701－0006483 善 005970 經部/小學類/音韻之屬/古今韻說

古今韻會舉要三十卷禮部韻略七音三十六母通攷一卷 （元）黃公紹撰 （元）熊忠舉要 明嘉靖十五年(1536)秦鉞、李舜臣刻十七年(1538)劉儲秀重修本 九册 存二十八卷(三至三十)

330000－1701－0006484 善 005971 經部/小學類/音韻之屬/韻書

洪武正韻十六卷 （明）樂韶鳳 （明）宋濂等撰 明直隸監察御史劉以節刻本 八册

330000－1701－0006485 善 005972 經部/小學類/文字之屬/字書/字體

隸辨八卷 （清）顧藹吉撰 清乾隆八年(1743)天都黃晟刻本 八册

330000－1701－0006486 善 005973 經部/小學類/音韻之屬/韻書

重刊併音連聲韻學集成十三卷 （明）章黼撰 明萬曆六年(1578)維揚資政左室刻本 十三册

330000－1701－0006487 善 005974 經部/小學類/音韻之屬/韻書

詩韻輯略五卷 （明）潘恩撰 明隆慶刻本 十册

330000－1701－0006488 善 005975 經部/小學類/音韻之屬/韻書

併音連聲字學集要四卷 （明）陶承學撰 明萬曆二年(1574)宛陵周恪刻本 四册

330000－1701－0006489　善005976　經部/小學類/音韻之屬/韻書
韻譜本義十卷　(明)茅溱輯　明萬曆三十二年(1604)丹徒茅溱刻本　五冊

330000－1701－0006490　善005977　經部/小學類/音韻之屬/韻書
音韻日月燈六十四卷　(明)呂維祺撰　(明)呂維祜詮　明崇禎六年(1633)志清堂刻本　六冊　存三十九卷(首一至四、韻母一至五、同文鐸一至三十)

330000－1701－0006491　善005978　經部/小學類/音韻之屬/韻書
音韻日月燈六十四卷　(明)呂維祺撰　(明)呂維祜詮　明崇禎六年(1633)志清堂刻本　九冊　存五十五卷(同文鐸一至三十、韻鑰一至二十五)

330000－1701－0006492　善005979　經部/小學類/音韻之屬
音學五書五種　(清)顧炎武撰　清康熙刻本　十冊

330000－1701－0006493　善005980　經部/小學類/音韻之屬/韻書
韻雅五卷雜論一卷識餘一卷　(清)施何牧撰　清康熙刻本　五冊

330000－1701－0006494　善005981　經部/小學類/音韻之屬/韻書
音韻闡微十八卷韻譜一卷　(清)李光地等撰　清雍正六年(1728)內府刻本　五冊

330000－1701－0006495　善005982　經部/小學類/音韻之屬/古今韻說
古今韻略五卷　(清)邵長蘅撰　清康熙三十五年(1696)商丘宋犖刻本　五冊

330000－1701－0006496　善005983　史部/紀傳類/正史之屬
唐書二百卷　(五代)劉昫等撰　明嘉靖十四年至十八年(1535－1539)餘姚聞人詮刻本　四十冊

330000－1701－0006497　善005984　史部/紀傳類/正史之屬
唐書二百卷　(五代)劉昫等撰　明嘉靖十四年至十八年(1535－1539)餘姚聞人銓刻本(本紀二十卷、列傳卷一百二十五至一百二十九、一百三十三至一百三十七、一百四十一至一百四十五配清抄本)　清王芑孫校並跋　四十冊

330000－1701－0006498　善005985　史部/紀傳類/正史之屬
南史八十卷　(唐)李延壽撰　元大德十年(1306)刻明嘉靖重修本　三十四冊

330000－1701－0006499　善005986　史部/紀傳類/正史之屬
南史八十卷　(唐)李延壽撰　元大德十年(1306)刻明嘉靖重修本　清仲廷機題記　二十四冊　存五十五卷(一至三十九、五十四至六十二、六十七至七十、七十八至八十)

330000－1701－0006500　善005987　史部/紀傳類/正史之屬
晉書一百三十卷　(唐)房玄齡等撰　(唐)何超音義　明吳氏西爽堂刻本　四十冊

330000－1701－0006501　善005988　史部/紀傳類/正史之屬
遼史一百十六卷　(元)脫脫等撰　明嘉靖八年(1529)南京國子監刻萬曆四年(1576)重修本　二十冊

330000－1701－0006502　善005989　史部/紀傳類/正史之屬
二十一史　明刻明清遞修本　二十冊　存一種

330000－1701－0006503　善005990　史部/紀傳類/正史之屬
二十一史　明萬曆二十三年至三十四年(1595－1606)北京國子監刻本　十冊　存一種

330000－1701－0006504　善005991　史部/編年類/斷代之屬
兩漢紀六十卷　(宋)王銍輯　明嘉靖二十七

年(1548)吴郡黄姬水刻本　十册　存三十卷(後漢紀一至三十)

330000－1701－0006505　善005992　史部/編年類/通代之屬
宋元通鑑一百五十七卷　(明)薛應旂撰　(明)陳仁錫評　明天啓六年(1626)長洲陳仁錫刻本　三十二册

330000－1701－0006506　善005993　史部/編年類
資治通鑑大全八種　(明)陳仁錫輯　明崇禎刻本(卷一配清抄本)　八册　存一種

330000－1701－0006507　善005994　史部/編年類
資治通鑑大全八種　(明)陳仁錫輯　明崇禎刻本　四册　存一種

330000－1701－0006508　善005995　史部/編年類/斷代之屬
皇明從信録四十卷　(明)陳建撰　(明)沈國元訂補　明末刻本　十册

330000－1701－0006509　善005996　史部/編年類/斷代之屬
皇明從信録四十卷　(明)陳建撰　(明)沈國元訂補　明末刻本　十六册

330000－1701－0006510　善005997　史部/編年類/斷代之屬
皇明從信録四十卷　(明)陳建撰　(明)沈國元訂補　明末刻本　二十三册　缺一卷(一)

330000－1701－0006511　善005998　史部/編年類/斷代之屬
兩朝從信録三十五卷　(明)沈國元撰　明崇禎刻本　二十三册

330000－1701－0006512　善005999　史部/紀事本末類/斷代之屬
宋史紀事本末十卷　(明)馮琦撰　(明)陳邦瞻補　明萬曆三十三年(1605)劉曰梧、徐申刻本　十册

330000－1701－0006513　善006000　史部/紀事本末類/斷代之屬
元史紀事本末六卷　(明)陳邦瞻編　(明)臧懋循補　明萬曆刻本　四册

330000－1701－0006514　善006001　史部/編年類/通代之屬
續資治通鑑綱目二十七卷　(明)商輅等撰　明成化十二年(1476)内府刻本　十四册

330000－1701－0006515　善006002　史部/紀傳類/正史之屬
前漢書一百卷　(漢)班固撰　明嘉靖德藩最樂軒刻本　二十九册

330000－1701－0006516　善006003　史部/雜史類/斷代之屬
今言四卷　(明)鄭曉撰　明嘉靖四十五年(1566)項篤壽刻本　五册

330000－1701－0006517　善006004　史部/雜史類/斷代之屬
今言四卷　(明)鄭曉撰　明嘉靖四十五年(1566)項篤壽刻本　西培題簽　四册

330000－1701－0006518　善006005　史部/雜史類/斷代之屬
戰國策譚棷十卷　(宋)鮑彪校注　(元)吴師道補正　(明)張文爟集評　**附録一卷**　(明)張文爟輯　明萬曆刻本　十六册

330000－1701－0006519　善006006　史部/雜史類/斷代之屬
戰國策譚棷十卷　(宋)鮑彪校注　(元)吴師道補正　(明)張文爟集評　**附録一卷**　(明)張文爟輯　明萬曆刻本　十四册

330000－1701－0006520　善006007　史部/紀事本末類/通代之屬
通鑑紀事本末四十二卷　(宋)袁樞撰　明萬曆三十四年(1606)黄吉士刻本　清錢泰吉批校、句讀圈點並跋　四十二册

330000－1701－0006521　善006008　史部/雜史類/斷代之屬
建文朝野彙編二十卷　(明)屠叔方撰　明萬曆刻本　十册

330000－1701－0006522　善 006009　史部/雜史類/斷代之屬
建文朝野彙編二十卷　(明)屠叔方撰　明萬曆刻本　八册

330000－1701－0006523　善 006010　史部/詔令奏議類/奏議之屬
宋丞相李忠定公奏議六十九卷附録九卷　(宋)李綱撰　明正德十一年(1516)胡文静、蕭泮刻天啓重修本　八册　存九卷(附録一至九)

330000－1701－0006524　善 006011　史部/雜史類/斷代之屬
皇明典故紀聞十八卷　(明)余繼登輯　明萬曆刻本　六册

330000－1701－0006525　善 006012　史部/傳記類/總傳之屬/儒林
聖學宗傳十八卷　(明)周汝登撰　明萬曆三十三年(1605)王世韜等刻本　八册

330000－1701－0006526　善 006013　史部/政書類/通制之屬
大明會典二百二十八卷　(明)申時行　(明)趙用賢等纂修　明天啓元年(1621)刻本　二十四册

330000－1701－0006527　善 006014　史部/地理類/總志之屬/斷代
大明一統志九十卷　(明)李賢等纂修　明萬壽堂刻本　四十册

330000－1701－0006528　善 006015　史部/史抄類
歷代史纂左編一百四十二卷　(明)唐順之撰　明萬曆三十九年(1611)吴用先等刻本[卷八十四至八十五、一百二十七配明嘉靖四十年(1561)胡宗憲刻本]　六十册

330000－1701－0006529　善 006016　史部/史抄類
雪廬讀史快編六十卷　(明)趙維寰輯　明天啓四年(1624)當湖趙氏刻本　二十册

330000－1701－0006530　善 006017　史部/地理類/專志之屬/古跡
陋巷志八卷　(明)顔胤祚撰　(明)吕兆祥重修　明萬曆二十九年(1601)長沙周氏刻明末清初遞修本　四册

330000－1701－0006531　善 006018　史部/傳記類/總傳之屬/家乘
[浙江浦江]浦江鄭氏旌義編二卷　(元)鄭大和纂　(明)鄭楷重纂　明萬曆三十一年(1603)浦江鄭元善刻本　二册

330000－1701－0006532　善 006019　史部/紀傳類/正史之屬
史漢評林二百三十卷　(明)凌稚隆輯　明萬曆烏程凌稚隆刻本　四十册　存一百三十卷(史記評林一至一百三十)

330000－1701－0006533　善 006020　史部/時令類
月令廣義二十四卷首一卷統紀一卷附録一卷　(明)馮應京輯　(明)戴任增釋　明萬曆陳邦泰刻本　二十四册

330000－1701－0006534　善 006021　史部/時令類
月令廣義二十四卷首一卷統紀一卷附録一卷　(明)馮應京輯　(明)戴任增釋　明萬曆陳邦泰刻清增修本　八册　存二十六卷(月令廣義一至二十四、首、統紀)

330000－1701－0006535　善 006022　類叢部/叢書類/彙編之屬
合刻山海經水經五十八卷　(明)吴琯編　明萬曆十三年(1585)吴琯刻本　二十册　存四十卷(水經注一至四十)

330000－1701－0006536　善 006023　史部/史評類/史論之屬
刻歷朝捷録大成二卷　(明)顧充撰　明萬曆古虞張國璽刻本　四册

330000－1701－0006537　善 006024　史部/政書類/通制之屬
皇明世法録九十二卷　(明)陳仁錫撰　明崇禎刻本　六十册

330000－1701－0006538　善006025　史部/地理類/雜志之屬
海昌勝覽二十卷　(清)周春撰　清光緒二十三年(1897)孫氏抄本　清孫清批並跋　清孫梁批校　管振志校　六冊

330000－1701－0006539　善006026　史部/地理類/方志之屬
[乾隆]西域記八卷　(清)七十一撰　清抄本　二冊

330000－1701－0006540　善006027　史部/金石類/石之屬
石墨鐫華八卷　(明)趙崡撰　明萬曆四十六年(1618)盩厔趙崡刻本　四冊

330000－1701－0006541　善006028　史部/地理類/水利之屬
河防一覽十四卷　(明)潘季馴撰　明萬曆十八年(1590)潘季馴刻明修本　十冊

330000－1701－0006542　善006029　子部/兵家類/兵法之屬
唐荊川先生纂輯武編前六卷後六卷　(明)唐順之編　明萬曆四十六年(1618)武林徐象橒曼山館刻重修本　十二冊

330000－1701－0006543　善006030　子部/兵家類/兵法之屬
唐荊川先生纂輯武編前六卷後六卷　(明)唐順之編　明萬曆四十六年(1618)武林徐象橒曼山館刻重修本　十二冊

330000－1701－0006544　善006031　史部/地理類/總志之屬/斷代
大明一統志九十卷　(明)李賢等纂修　明萬壽堂刻清初印本　一百冊

330000－1701－0006545　善006032　子部/儒家類/儒學之屬
孔子家語十卷　(三國魏)王肅注　明嘉靖三十三年(1554)黃魯曾刻本　四冊

330000－1701－0006546　善006033　子部/藝術類/書畫之屬/畫譜
劉雪湖梅譜二卷　(明)劉世儒撰　**像贊評林贈言二卷**　(明)王思任輯　明萬曆二十三年(1595)刻清墨妙山房印本　二冊

330000－1701－0006547　善006034　子部/藝術類/音樂之屬/樂譜
太古遺音四卷　(明)楊掄輯　明萬曆三十二年(1604)金陵楊掄桐梓軒刻本　二冊　存三卷(一至三)

330000－1701－0006548　善006035　子部/儒家類/儒學之屬/經濟
大學衍義補一百六十卷首一卷　(明)丘濬撰　明弘治元年(1488)建寧府刻本　四十八冊

330000－1701－0006549　善006036　子部/儒家類/儒學之屬/性理
性理大全書七十卷　(明)胡廣等撰　明嘉靖二十二年(1543)應天府學刻本　三十二冊　存三十二卷(一至三十二)

330000－1701－0006550　善006037　子部/醫家類/診法之屬/脈經脈訣
醫燈續焰二十一卷　(宋)崔嘉彥撰　(明)李言聞刪補　(清)潘楫註　(清)王佑賢評　清順治九年(1652)陸地舟刻本　清沈氏題簽、批校、圈點句讀　十三冊　存十七卷(三至十九)

330000－1701－0006551　善006038　子部/醫家類/醫經之屬/內經
補註釋文黃帝內經素問十二卷遺篇一卷　(唐)王冰注　(宋)林億等校正　(宋)孫兆改誤　**黃帝素問靈樞經十二卷**　(宋)史崧音釋　明嘉靖趙府居敬堂刻本　九冊

330000－1701－0006552　善006039　子部/兵家類/兵法之屬
兵垣四編四卷附四卷　(明)閔聲編　明天啓元年(1621)閔氏刻朱墨套印本　五冊

330000－1701－0006553　善006040　子部/儒家類/儒學之屬/性理
汪子中詮六卷　(明)汪應蛟撰　清康熙刻本　三冊

330000－1701－0006554　善006041　史部/

金石類/金之屬/圖像
泊如齋重修宣和博古圖錄三十卷 （宋）王黼等撰　明萬曆十六年(1588)泊如齋刻本　十五冊

330000－1701－0006555　善006042　子部/雜著類/雜說之屬
容齋隨筆十六卷續筆十六卷三筆十六卷四筆十六卷五筆十卷 （宋）洪邁撰　明崇禎三年(1630)嘉定馬元調刻本　十四冊

330000－1701－0006556　善006043　子部/雜著類/雜說之屬
容齋隨筆十六卷續筆十六卷三筆十六卷四筆十六卷五筆十卷 （宋）洪邁撰　明崇禎三年(1630)嘉定馬元調刻清康熙洪璟重修本　二十八冊

330000－1701－0006557　善006044　子部/儒家類/儒學之屬/性理
薛文清公讀書全録類編二十卷 （明）薛瑄撰（明）侯鶴齡輯　明萬曆二十四年(1596)刻本　八冊

330000－1701－0006558　善006045　子部/醫家類/綜合之屬/通論
先醒齋筆記三卷 （明）繆希雍撰　（明）丁元薦輯　明崇禎十五年(1642)海虞李枝刻本　王修題簽　六冊

330000－1701－0006559　善006046　子部/雜著類/雜纂之屬
新刻熙朝內閣評選六子纂要十二卷 （明）張位　（明）趙志臯輯　明萬曆二十一年(1593)書林余成章刻本　十一冊

330000－1701－0006560　善006047　子部/雜著類/雜考之屬
丹鉛總録二十七卷 （明）楊慎撰　明嘉靖三十三年(1554)滇南梁佐刻明重修本　五冊

330000－1701－0006561　善006048　子部/雜著類/雜纂之屬
千一疏二十二卷 （明）程涓撰　明萬曆三十七年(1609)陳所學、范櫛刻本　六冊

330000－1701－0006562　善006049　子部/叢編
諸子彙函二十六卷 （明）歸有光編　明天啓刻本　六十三冊

330000－1701－0006563　善006050　子部/雜著類/雜纂之屬
瑯邪代醉編四十卷 （明）張鼎思輯　明萬曆二十五年(1597)陳性學刻本　八冊

330000－1701－0006564　善006051　類叢部/叢書類/自著之屬
少室山房全稿四種 （明）胡應麟撰　明刻本　六冊　存一種

330000－1701－0006565　善006052　類叢部/叢書類/彙編之屬
增定古今逸史五十五種 （明）吳琯編　明萬曆新安吳琯刻吳中珩增刻本(拾遺記配明商濬刻稗海本)　五十冊　存五十四種

330000－1701－0006566　善006053　史部/職官類/官箴之屬
實政録七卷 （明）呂坤撰　明萬曆二十六年(1598)趙文炳刻本　十六冊

330000－1701－0006567　善006054　類叢部/類書類/通類之屬
藝文類聚一百卷 （唐）歐陽詢輯　明嘉靖六年至七年(1527－1528)胡纘宗、陸采刻本　十六冊

330000－1701－0006568　善006055　類叢部/類書類/通類之屬
藝文類聚一百卷 （唐）歐陽詢輯　明嘉靖六年至七年(1527－1528)胡纘宗、陸采刻本　十六冊

330000－1701－0006569　善006056　類叢部/類書類/通類之屬
藝文類聚一百卷 （唐）歐陽詢輯　明萬曆十五年(1587)秣陵王元貞刻本　二十四冊

330000－1701－0006570　善006057　類叢部/類書類/專類之屬
新鐫分類評註文武合編百子金丹十卷 （明）

郭偉選注　(明)郭中吉編　(明)王星聚校訂　明末金陵白下書林傅夢龍刻本　五冊

330000－1701－0006571　善 006058　子部/叢編

二十子全書　(明)吳勉學編　明萬曆新安吳勉學刻本　二冊　存一種

330000－1701－0006572　善 006059　類叢部/叢書類/彙編之屬

漢魏叢書三十八種　(明)程榮編　明萬曆二十年(1592)新安程氏刻本　三十二冊

330000－1701－0006573　善 006060　子部/雜著類/雜說之屬

古言二卷　(明)鄭曉撰　明嘉靖四十四年(1565)項篤壽刻本　二冊

330000－1701－0006574　善 006061　子部/雜著類/雜說之屬

穀山筆麈十八卷　(明)于慎行撰　明萬曆四十一年(1613)東阿于緯刻本　四冊　存十卷(一至十)

330000－1701－0006575　善 006062　子部/雜著類/雜考之屬

秇林伐山二十卷　(明)楊慎撰　明萬曆三十五年(1607)孫居相刻本　二冊

330000－1701－0006576　善 006063　子部/道家類

南華真經十卷　(晉)郭象註　(唐)陸德明音義　明嘉靖十二年(1533)顧春世德堂刻六子書本　佚名過錄清陸蘿臨清夏大霖錄清何焯批校　佚名過錄夏大霖校跋　佚名過錄清佚名過錄顧千里題記　六冊

330000－1701－0006577　善 006064　類叢部/類書類/通類之屬

唐宋白孔六帖一百卷目錄二卷　(唐)白居易輯　(宋)孔傳輯　明嘉靖刻本(卷二至三、六十至六十一配清抄本)　四十冊

330000－1701－0006578　善 006065　類叢部/類書類/通類之屬

唐宋白孔六帖一百卷目錄二卷　(唐)白居易輯　(宋)孔傳輯　明嘉靖刻明清遞修本(卷一配清抄本)　四十冊

330000－1701－0006579　善 006066　類叢部/類書類/通類之屬

唐宋白孔六帖一百卷目錄二卷　(唐)白居易輯　(宋)孔傳輯　明嘉靖刻明清遞修本　二十冊

330000－1701－0006580　善 006067　類叢部/類書類/通類之屬

唐宋白孔六帖一百卷目錄二卷　(唐)白居易輯　(宋)孔傳輯　明嘉靖刻明清遞修本　五十冊

330000－1701－0006581　善 006068　類叢部/類書類/專類之屬

新增說文韻府羣玉二十卷　(元)陰時夫輯　(元)陰中夫注　明萬曆十八年(1590)秣陵王元貞刻重修本　十冊

330000－1701－0006582　善 006069　經部/樂類/律呂之屬

樂律全書十五種　(明)朱載堉撰　明萬曆鄭藩刻增修本　二十一冊　存八種

330000－1701－0006583　善 006070　類叢部/類書類/通類之屬

錦繡萬花谷前集四十卷後集四十卷續集四十卷　明嘉靖刻本　二十八冊

330000－1701－0006584　善 006071　類叢部/類書類/通類之屬

藝文類聚一百卷　(唐)歐陽詢輯　明嘉靖六年至七年(1527－1528)胡纘宗、陸采刻本　二十冊

330000－1701－0006585　善 006072　類叢部/類書類/通類之屬

彊識畧四十卷　(明)吳楚材撰　明萬曆十七年(1589)吳楚材陽春園刻本　十二冊

330000－1701－0006586　善 006073　子部/道家類

南華真經旁注五卷　(明)方虛名撰　明萬曆刻本　漁溪題簽　三冊

330000－1701－0006587　善006074　子部/宗教類/道教之屬/雜著
新鍥葛稚川内篇四卷外篇四卷　(晉)葛洪撰　(明)盧舜治評　明萬曆二十七年(1599)翁天霽刻張可大重修本　四冊

330000－1701－0006588　善006075　類叢部/類書類/專類之屬
經濟類編一百卷　(明)馮琦輯　明萬曆三十二年(1604)周家棟等虎林刻本　一百冊

330000－1701－0006589　善006076　類叢部/類書類/通類之屬
新編古今事文類聚前集六十卷後集五十卷續集二十八卷別集三十二卷　(宋)祝穆編　**新編古今事文類聚新集三十六卷外集十五卷**　(元)富大用編　明書林明實堂刻本　六十冊　存一百八十七卷(前集一至六十,後集一至五十,續集一至十二、二十一至二十八,別集一至三十二,新集一至十五、二十一至三十)

330000－1701－0006590　善006077　類叢部/類書類/通類之屬
新編古今事文類聚前集六十卷後集五十卷續集二十八卷別集三十二卷　(宋)祝穆編　**新編古今事文類聚新集三十六卷外集十五卷**　(元)富大用編　明書林明實堂刻本　十八冊　存一百四十八卷(前集一至六十,後集一至二十、四十三至五十,續集一至二十八,別集一至三十二)

330000－1701－0006591　善006078　類叢部/類書類/通類之屬
古今合璧事類備要前集六十九卷後集八十一卷續集五十六卷　(宋)謝維新輯　**古今合璧事類備要別集九十四卷外集六十六卷**　(宋)虞載輯　明嘉靖三十一年至三十五年(1552－1556)三衢夏相刻本(外集卷十一至十六配抄本)　五十冊

330000－1701－0006592　善006079　類叢部/類書類/通類之屬
喻林一百二十卷　(明)徐元太輯　明萬曆四十三年(1615)宣城徐元太刻本　二十六冊

330000－1701－0006593　善006080　類叢部/類書類/通類之屬
太平御覽一千卷目錄十卷　(宋)李昉等輯　明刻本　九十八冊　缺三十卷(一百十一至一百二十、八百八十一至八百九十、九百二十一至九百三十)

330000－1701－0006594　善006081　類叢部/類書類/通類之屬
新刊唐荊川先生稗編一百二十卷目錄三卷　(明)唐順之輯　明萬曆九年(1581)茅一相文霞閣刻本　三十六冊

330000－1701－0006595　善006082　類叢部/類書類/通類之屬
唐類函二百卷目錄二卷　(明)俞安期輯　明萬曆三十一年(1603)東吳俞安期刻本　四十冊

330000－1701－0006596　善006083　集部/別集類/唐五代別集
河東先生集四十五卷外集二卷龍城錄二卷　(唐)柳宗元撰　(唐)劉禹錫編　(宋)廖瑩中校正　**河東先生集附錄二卷集傳一卷**　明嘉靖東吳郭雲鵬濟美堂刻本　二十冊

330000－1701－0006597　善006084　集部/別集類/唐五代別集
河東先生集四十五卷外集二卷龍城錄二卷　(唐)柳宗元撰　(唐)劉禹錫編　(宋)廖瑩中校正　**河東先生集附錄二卷集傳一卷**　明嘉靖東吳郭雲鵬濟美堂刻本　佚名過錄鹿門批　二十冊

330000－1701－0006598　善006085　子部/雜著類/雜說之屬
呂氏春秋二十六卷　(漢)高誘注　明萬曆宋邦乂等校刻本　八冊

330000－1701－0006599　善006086　子部/雜著類/雜說之屬
呂氏春秋二十六卷　(漢)高誘注　明末朱夢龍刻本　六冊

330000－1701－0006600　善006087　集部/

別集類/唐五代別集

分類補註李太白詩二十五卷 (唐)李白撰 (宋)楊齊賢集注 (元)蕭士贇補注 **分類編次李太白文五卷** (唐)李白撰 (明)郭雲鵬編次 明嘉靖二十二年(1543)吳會郭雲鵬寶善堂刻本 二十六册

330000－1701－0006601 善 006088 集部/別集類/唐五代別集

集千家註杜工部詩集二十卷文集二卷 (唐)杜甫撰 明萬曆三十年(1602)長洲許自昌刻李杜全集本 章嶔題記 八册

330000－1701－0006602 善 006089 集部/別集類/唐五代別集

靈隱子六卷 (唐)駱賓王撰 (明)陳魁士注 明萬曆二十四年(1596)維揚陳大科刻本 三册 存三卷(一至三)

330000－1701－0006603 善 006090 集部/別集類/唐五代別集

集千家註杜工部詩集二十卷文集二卷 (唐)杜甫撰 (宋)黃鶴補注 **附錄一卷** 明嘉靖十五年(1536)玉几山人刻本 十二册

330000－1701－0006604 善 006091 集部/別集類/宋別集

豫章黃先生文集三十卷外集十四卷別集二十卷簡尺二卷詞一卷 (宋)黃庭堅撰 **伐檀集二卷** (宋)黃庶撰 **山谷先生[黃庭堅]年譜三十卷** (宋)黃㽦撰 明弘治十八年(1505)葉天爵刻嘉靖六年(1527)喬遷、余載仕重修本 四册 存七卷(別集一至五、簡尺一至二)

330000－1701－0006605 善 006092 集部/別集類/唐五代別集

集千家註杜工部詩集二十卷文集二卷 (唐)杜甫撰 (宋)黃鶴補注 **附錄一卷** 明嘉靖十五年(1536)玉几山人刻本 八册

330000－1701－0006606 善 006093 集部/別集類/唐五代別集

增廣註釋音辯唐柳先生集四十三卷別集二卷外集二卷 (唐)柳宗元撰 (宋)童宗說註釋 (宋)張敦頤音辯 (宋)潘緯音義 **附錄一卷** 明刻遞修本 毛春翔題記 十二册 存四十三卷(一至四十三)

330000－1701－0006607 善 006094 集部/總集類/彙編之屬

元白長慶集一百四十一卷 (明)馬元調編 明萬曆松江馬元調魚樂軒刻本 十册 存六十七卷(元氏長慶集一至六十、補遺一至六、附錄)

330000－1701－0006608 善 006095 集部/總集類/彙編之屬

元白長慶集一百四十一卷 (明)馬元調編 明萬曆松江馬元調魚樂軒刻本 六册 存六十七卷(元氏長慶集一至六十、補遺一至六、附錄)

330000－1701－0006609 善 006096 集部/總集類/彙編之屬

元白長慶集一百四十一卷 (明)馬元調編 明萬曆松江馬元調魚樂軒刻本 三十四册 存七十四卷(白氏長慶集一至七十一、目錄一至二、附錄)

330000－1701－0006610 善 006097 集部/別集類/宋別集

東坡先生全集七十五卷 (宋)蘇軾撰 **東坡先生年譜一卷** (明)王宗稷編 明萬曆三十四年(1606)吳興茅維刻本 二十四册

330000－1701－0006611 善 006098 集部/別集類/宋別集

新刻臨川王介甫先生詩文集一百卷目錄二卷 (宋)王安石撰 明萬曆四十年(1612)王鳳翔金陵光啓堂刻本 十二册

330000－1701－0006612 善 006099 子部/法家類

韓子迂評二十卷 (明)門無子撰 **附錄一卷** 明萬曆六年(1578)門無子刻本 八册

330000－1701－0006613 善 006100 集部/總集類/彙編之屬

韓文杜律二卷 (明)郭正域編 明烏程閔齊

仮刻朱墨套印本　二冊　存一卷(韓文)

330000－1701－0006614　善006101　集部/別集類/宋別集
淮海集四十卷後集六卷長短句三卷　(宋)秦觀撰　明萬曆四十六年(1618)仁和李之藻刻本　頑石批點　九冊　缺六卷(四至九)

330000－1701－0006615　善006102　集部/別集類/唐五代別集
昌黎先生集四十卷外集十卷遺文一卷　(唐)韓愈撰　(宋)廖瑩中校正　**朱子校昌黎先生集傳一卷**　(宋)朱熹撰　明東吳徐氏東雅堂刻本　十六冊

330000－1701－0006616　善006103　集部/總集類/選集之屬/斷代
唐韓昌黎集四十卷外集十卷遺文一卷　(唐)韓愈撰　**唐韓昌黎集附錄一卷**　(明)蔣之翹校輯　明崇禎六年(1633)檇李蔣之翹三徑艸堂刻豹變齋重印韓柳全集本　章嶔題記　十二冊

330000－1701－0006617　善006104　集部/別集類/宋別集
文山先生全集十六卷　(宋)文天祥撰　明嘉靖三十九年(1560)浦江張元諭刻本　十六冊

330000－1701－0006618　善006105　集部/別集類/明別集
李卓吾先生讀升菴集二十卷　(明)楊慎撰　(明)李贄輯並評　明刻本　十四冊

330000－1701－0006619　善006106　集部/別集類/明別集
空同詩選一卷　(明)李夢陽撰　(明)楊慎選評　明烏程閔齊仮刻朱墨套印本　一冊

330000－1701－0006620　善006107　集部/別集類/明別集
空同子集六十六卷目錄三卷　(明)李夢陽撰　**附錄二卷**　(明)鄧雲霄　(明)潘之恒輯　明萬曆三十年(1602)東莞鄧雲霄刻本　十冊

330000－1701－0006621　善006108　集部/別集類/明別集
陶學士先生文集二十卷　(明)陶安撰　(明)張祐校編　**陶學士先生事蹟一卷**　(明)費宏輯　明弘治十三年(1500)嘉興項經刻遞修本　十二冊

330000－1701－0006622　善006109　集部/別集類/明別集
太史升菴文集八十一卷目錄四卷　(明)楊慎撰　(明)楊有仁輯　明萬曆十年(1582)張士佩等刻本　十冊

330000－1701－0006623　善006110　集部/別集類/明別集
王氏存笥稿二十卷　(明)王維楨撰　明嘉靖三十七年(1558)趙忻姑蘇刻本　八冊

330000－1701－0006624　善006111　集部/別集類/明別集
黃門集十二卷　(明)許相卿撰　**雲邨先生[許相卿]年譜一卷附錄一卷品藻一卷**　(明)許聞造等編　明萬曆二十五年(1597)陳與郊浙江刻本　十六冊　缺一卷(品藻)

330000－1701－0006625　善006112　集部/別集類/明別集
滄溟先生集三十二卷　(明)李攀龍撰　明萬曆二年(1574)吳興徐中行刻本　十二冊

330000－1701－0006626　善006113　集部/別集類/明別集
白華樓藏稿十一卷續稿十五卷吟稿十卷　(明)茅坤撰　(明)姚翼輯　明萬曆刻本　清戈培題簽、校並跋　二十冊　缺十卷(吟稿一至十)

330000－1701－0006627　善006114　集部/別集類/明別集
陽峯家藏集三十六卷　(明)張璧撰　明嘉靖二十四年(1545)世恩堂刻本　八冊

330000－1701－0006628　善006115　集部/別集類/明別集
田叔禾小集十二卷　(明)田汝成撰　明嘉靖四十二年(1563)錢塘田藝蘅刻本　六冊

330000－1701－0006629　善006116　集部/

別集類/明别集
太函集一百二十卷目錄六卷　(明)汪道昆撰　明萬曆刻本　三十二册

330000－1701－0006630　善 006117　類叢部/類書類/通類之屬
唐類函二百卷目錄二卷　(明)俞安期輯　明萬曆三十一年(1603)東吳俞安期刻本　四十八册

330000－1701－0006632　善 006118　類叢部/類書類/通類之屬
天中記六十卷　(明)陳耀文輯　明刻本(卷一至二配清抄本)　三十册

330000－1701－0006633　善 006119　類叢部/類書類/通類之屬
天中記六十卷　(明)陳耀文輯　明刻本　三十册

330000－1701－0006634　善 006120　子部/小説家類/雜事之屬
世説新語補二十卷附釋名一卷　(南朝宋)劉義慶撰　(南朝梁)劉孝標注　(明)何良俊增補　(明)王世貞删定　(明)王世懋批釋　(明)張文柱校注　明萬曆刻本　十册

330000－1701－0006635　善 006121　類叢部/類書類/通類之屬
卓氏藻林八卷　(明)卓明卿輯　明萬曆八年(1580)卓氏妙香室刻本　十六册

330000－1701－0006636　善 006122　類叢部/類書類/通類之屬
卓氏藻林八卷　(明)卓明卿輯　明萬曆八年(1580)卓氏妙香室刻本　十六册

330000－1701－0006637　善 006123　類叢部/類書類/通類之屬
劉氏鴻書一百八卷　(明)劉仲達輯　明萬曆陳長卿刻本　二十册

330000－1701－0006638　善 006124　子部/道家類
三子通義　(明)朱得之撰　明萬曆二年(1574)敬義堂刻本　四册

330000－1701－0006639　善 006125　子部/道家類
老莊翼十一卷　(明)焦竑撰　明萬曆古吳陳長卿刻本　二册　存三卷(老子翼一至三)

330000－1701－0006640　善 006126　類叢部/類書類/通類之屬
彙苑詳註三十六卷　(明)王世貞輯　(明)鄒善長增訂　明萬曆二十三年(1595)刻本　十四册

330000－1701－0006641　善 006127　集部/楚辭類
楚辭章句十七卷附錄一卷　(漢)王逸撰　明萬曆十四年(1586)武林馮紹祖觀妙齋刻本　四册

330000－1701－0006642　善 006128　集部/楚辭類
楚辭章句十七卷附錄一卷　(漢)王逸撰　明萬曆十四年(1586)武林馮紹祖觀妙齋刻本　八册

330000－1701－0006643　善 006129　集部/楚辭類
楚辭十七卷附錄一卷　(漢)王逸注　(宋)洪興祖　(宋)劉鳳補注　(明)陳深批點　明萬曆二十八年(1600)吳興凌毓枏刻朱墨套印本　四册

330000－1701－0006644　善 006130　集部/楚辭類
楚辭集註八卷辯證二卷後語八卷　(宋)朱熹撰　(明)蔣之翹補輯並評校　**楚辭附覽二卷總評一卷**　(明)蔣之翹輯　明天啓六年(1626)檇李蔣之翹刻本　二册　缺二卷(附覽一至二)

330000－1701－0006645　善 006131　集部/楚辭類
楚辭疏十九卷讀楚辭語一卷附楚辭雜論一卷　(明)陸時雍撰　**屈原傳一卷**　(漢)司馬遷撰　明末緝柳齋刻本　三册

330000－1701－0006646　善 006132　集部/

別集類/明别集

太函集一百二十卷目録六卷 （明）汪道昆撰　明萬曆刻本　二十一册　缺十八卷（三十六至四十一、五十三至五十八、目録一至六）

330000－1701－0006647　善006133　集部/別集類/明别集

瀟碧堂集二十卷 （明）袁宏道撰　明萬曆三十六年（1608）勾吴袁叔度書種堂刻本　四册

330000－1701－0006648　善006134　集部/別集類/明别集

歇菴集十六卷 （明）陶望齡撰　明萬曆刻本［卷四配明萬曆三十九年（1611）真如齋刻本］　二十册

330000－1701－0006649　善006135　集部/總集類/選集之屬/通代

玉臺新詠十卷 （南朝陳）徐陵輯　（明）袁宏道評　**續玉臺新詠四卷** （明）鄭玄撫輯　（明）袁宏道評　明天啓二年（1622）錢塘沈逢春刻本　八册　缺三卷（續二至四）

330000－1701－0006650　善006136　集部/別集類/明别集

夢山存家詩稿八卷 （明）楊巍撰　明萬曆三十年（1602）楊岑維揚刻本（卷一至三配抄本）　二册

330000－1701－0006651　善006137　集部/別集類/宋别集

屏山集二十卷 （宋）劉子翬撰　明弘治十七年（1504）建寧刻本　六册

330000－1701－0006652　善006138　集部/別集類/明别集

徐文長三集二十九卷四聲猿一卷 （明）徐渭撰　明萬曆刻本［卷一至三配明萬曆二十八年（1600）商濬刻本］　八册　缺一卷（四聲猿）

330000－1701－0006653　善006139　集部/別集類/宋别集

程洺水先生集三十卷附録一卷 （宋）程珌撰　明崇禎元年（1628）雲溪程至遠刻本　六册　缺一卷（附録）

330000－1701－0006654　善006140　集部/別集類/明别集

程文恭公遺稿三十二卷 （明）程文德撰　明萬曆十二年（1584）永康程光裕刻本　六册

330000－1701－0006655　善006141　集部/別集類/清别集

牧齋初學集一百十卷目録二卷 （清）錢謙益撰　明崇禎十六年（1643）海虞瞿式耜刻本　二十四册

330000－1701－0006656　善006142　集部/總集類/郡邑之屬

嘉定四先生集（嘉定四君集）八十七卷 （明）謝三賓輯　明崇禎刻清康熙三十三年（1694）陸廷燦重修本　四册　存十八卷（松圓浪淘集一至十八）

330000－1701－0006657　善006143　類叢部/類書類/通類之屬

潛確居類書一百二十卷 （明）陳仁錫輯　明崇禎三年至五年（1630－1632）潭城徐觀我刻本　六十四册

330000－1701－0006658　善006144　子部/道家類

三子合刊 （清）閔齊伋輯　明閔齊伋刻朱墨套印本　六册　存一種

330000－1701－0006659　善006145　史部/傳記類/總傳之屬/斷代

國朝名世類苑四十六卷 （明）凌迪知輯　明萬曆四年（1576）刻本　十册

330000－1701－0006660　善006146　子部/道家類

古蒙莊子四卷 （明）吴宗儀校釋　明萬曆三十九年（1611）西吴王繼賢蒙城縣學刻本　王修題記　八册

330000－1701－0006661　善006147　子部/道家類

南華真經副墨八卷讀南華真經雜說一卷 （明）陸西星撰　明萬曆十三年（1585）孫大綬

刻本　四册

330000－1701－0006662　善006148　子部/小説家類/雜事之屬

世説新語三卷　(南朝宋)劉義慶撰　(南朝梁)劉孝標注　明嘉靖四十五年(1566)太倉曹氏刻本　王彬華題記　六册

330000－1701－0006663　善006149　集部/别集類/明别集

王奉常集詩十五卷目錄三卷文五十四卷目錄二卷　(明)王世懋撰　明萬曆刻本　十二册

330000－1701－0006664　善006150　集部/别集類/明别集

白蘇齋類集二十二卷　(明)袁宗道撰　明萬曆三衢書林舒承溪刻本　六册

330000－1701－0006665　善006151　集部/别集類/明别集

白蘇齋類集二十二卷　(明)袁宗道撰　明刻本　四册

330000－1701－0006666　善006152　集部/别集類/明别集

徐文長文集三十卷四聲猿一卷　(明)徐渭撰　(明)袁宏道評點　明萬曆四十二年(1614)鍾人傑刻本　六册　缺一卷(四聲猿)

330000－1701－0006667　善006153　集部/别集類/明别集

徐文長文集三十卷　(明)徐渭撰　(明)袁宏道評點　明刻本　十二册

330000－1701－0006668　善006154　集部/别集類/明别集

徐文長逸稿二十四卷畸譜一卷　(明)徐渭撰　(明)張汝霖　(明)王思任評選　(明)張維城　(張岱)較輯　明天啓三年(1623)山陰張維城刻本　五册　缺一卷(畸譜)

330000－1701－0006669　善006155　集部/别集類/明别集

蠛蠓集五卷　(明)盧柟撰　明萬曆三十年(1602)長清張其忠刻清乾隆十五年(1750)劉暭補修本　四册　存四卷(二至五)

330000－1701－0006670　善006156　類叢部/類書類/通類之屬

新鐫雅俗通用珠璣藪八卷　(明)西湖散人輯　明崇禎刻本　四册

330000－1701－0006671　善006157　集部/總集類/選集之屬/通代

精刻古今女史十二卷詩集八卷姓氏字里詳節一卷　(明)趙世杰　(明)朱錫綸輯　明崇禎武林趙世杰問奇閣刻本　四册　存十二卷(一至十二)

330000－1701－0006672　善006158　集部/别集類/明别集

甔甀洞藁五十四卷目錄二卷　(明)吴國倫撰　明萬曆刻本　三十二册

330000－1701－0006673　善006159　集部/别集類/明别集

王文肅公文草十四卷　(明)王錫爵撰　明萬曆四十三年(1615)王時敏刻本　八册

330000－1701－0006674　善006160　子部/儒家類/儒學之屬/經濟

大學衍義補纂要六卷　(明)徐栻輯　明萬曆元年(1573)嘉禾張應治等九江府刻本　十二册

330000－1701－0006675　善006161　類叢部/叢書類/自著之屬

朱子遺書初刻八種二刻七種　(宋)朱熹撰　清康熙禦兒吕氏寳誥堂刻本　十六册

330000－1701－0006676　善006162　子部/道家類

玉堂校傳如崗陳先生二經精解全編九卷　(明)陳懿典撰　明萬曆二十二年(1594)熊雲濱刻本　三册

330000－1701－0006677　善006163　集部/别集類/明别集

震川先生文集二十卷　(明)歸有光撰　(明)歸道傳編　明萬曆二年(1574)常熟歸氏刻瀟灑樓印本　六册

330000－1701－0006678　善006164　集部/

總集類/選集之屬/通代
六家文選六十卷　(南朝梁)蕭統撰　(唐)李善　(唐)呂延濟　(唐)劉良　(唐)張銑　(唐)李周翰　(唐)呂向注　明嘉靖十三年至二十八年(1534－1549)吳郡袁褧嘉趣堂刻本　五十一册　存五十一卷(一至三十九、四十六、五十至六十)

330000－1701－0006679　善006165　集部/別集類/清別集
爲可堂初集十六卷　(清)朱一是著　(清)王庭　(清)屠爌評　清順治十四年(1657)海寧朱氏刻本　四册

330000－1701－0006680　善006166　集部/總集類/彙編之屬
十二家唐詩二十四卷　(明)張遜業編　明嘉靖三十一年(1552)江都黄埻東壁圖書府刻本　一册　存二卷(宋之問集上、下)

330000－1701－0006681　善006167　集部/總集類/選集之屬/通代
文苑英華一千卷　(宋)李昉等輯　明隆慶元年(1567)胡維新、戚繼光刻隆慶至萬曆遞修本　一百一册

330000－1701－0006682　善006168　集部/總集類/選集之屬/通代
文苑英華一千卷　(宋)李昉等輯　明隆慶元年(1567)胡維新、戚繼光刻本　一百二册

330000－1701－0006683　善006169　集部/總集類/選集之屬/通代
文苑英華一千卷　(宋)李昉等輯　明隆慶元年(1567)胡維新、戚繼光刻本(卷五百六十八、五百八十五、六百九十一至七百配抄本)　一百一册

330000－1701－0006684　善006170　集部/總集類/選集之屬/通代
文苑英華一千卷　(宋)李昉等輯　明隆慶元年(1567)胡維新、戚繼光刻隆慶至萬曆遞修本　八十册

330000－1701－0006685　善006171　集部/總集類/選集之屬/通代
文苑英華一千卷　(宋)李昉等輯　明隆慶元年(1567)胡維新、戚繼光刻隆慶至萬曆遞修本(卷三十一至四十配清抄本)　清李子如題記並批點　一百册

330000－1701－0006686　善006172　集部/總集類/選集之屬/斷代
重校正唐文粹一百卷　(宋)姚鉉輯　明嘉靖三年(1524)姑蘇徐焴萬竹山房刻六年(1527)重修本　十六册

330000－1701－0006687　善006173　集部/總集類/選集之屬/斷代
唐雅二十六卷　(明)張之象輯　明嘉靖二十年(1541)清河張之象長水書院刻三十一年(1552)無錫縣重修本　十六册　存二十卷(一至二十)

330000－1701－0006688　善006174　集部/總集類/選集之屬/通代
文選章句二十八卷　(南朝梁)蕭統撰　(唐)李善注　(明)陳與郊編　明萬曆二十五年(1597)刻本　二十册

330000－1701－0006689　善006175　集部/別集類/唐五代別集
唐李長吉詩集四卷外詩集一卷　(唐)李賀撰　(明)徐渭　(明)董懋策批注　明萬曆四十一年(1613)刻本　四册

330000－1701－0006690　善006176　集部/總集類/選集之屬/通代
新刊彙編秦漢精華十四卷　(明)汪道昆　(明)詹惟修輯　明萬曆刻本　八册

330000－1701－0006691　善006177　集部/總集類/選集之屬/通代
文選六十卷　(南朝梁)蕭統輯　(唐)李善注　明嘉靖元年(1522)金臺汪諒刻本　三十二册

330000－1701－0006692　善006178　集部/總集類/選集之屬/斷代
新雕宋朝文鑑一百五十卷目録三卷　(宋)

呂祖謙輯　明天順八年(1464)嚴州府刻重修本(卷一、四至七配清抄本)　六十四冊

330000－1701－0006693　善006179　集部/總集類/選集之屬/通代

文編六十四卷　(明)唐順之輯　明天啓刻本　二十冊

330000－1701－0006694　善006180　集部/總集類/尺牘之屬

國朝七名公尺牘八卷　(明)屠隆輯　明萬曆三十一年(1603)新安項伯達文斐堂刻本　六冊

330000－1701－0006695　善006181　集部/總集類/尺牘之屬

尺牘清裁六十卷補遺一卷　(明)王世貞輯　明隆慶五年(1571)吳郡王世貞刻本　四冊

330000－1701－0006696　善006182　集部/總集類/選集之屬/通代

西山先生真文忠公文章正宗二十四卷　(宋)真德秀輯　明正德十五年(1520)馬卿刻本　十二冊　缺一卷(一)

330000－1701－0006697　善006183　集部/總集類/選集之屬/通代

詩家全體十四卷　(明)李之用輯　明萬曆二十六年(1598)邵武府學刻清康熙重修本　九冊　存十三卷(一至十三)

330000－1701－0006698　善006184　集部/總集類/選集之屬/斷代

車書樓彙輯各名公四六爭奇八卷　(明)許以忠輯　明刻本　八冊

330000－1701－0006699　善006185　集部/總集類/選集之屬/斷代

唐詩所四十七卷歷朝名氏爵里一卷　(明)臧懋循輯　明萬曆刻本　三十八冊

330000－1701－0006700　善006186　集部/總集類/尺牘之屬

翰海十二卷　(明)沈佳胤輯　明崇禎刻本　四冊

330000－1701－0006701　善006187　集部/總集類/氏族之屬

選輯諸名家評註批點蘇文八卷　(宋)蘇洵(宋)蘇軾　(宋)蘇轍撰　(明)詹奎光輯　明萬曆六年(1578)詹斗光、吳元禮刻本　清沈閬昆批點　十冊

330000－1701－0006702　善006188　集部/戲劇類/傳奇之屬

南柯記二卷三十五折　(明)湯顯祖撰　(明)臧懋循訂　明刻清乾隆二十六年(1761)書業堂重修玉茗堂四種傳奇本　清苗生題簽並記　一冊

330000－1701－0006703　善006189　集部/總集類/選集之屬/通代

四六法海十二卷　(明)王志堅輯　明天啓七年(1627)張我城刻養正堂印本　四十冊

330000－1701－0006704　善006190　集部/總集類/彙編之屬

唐宋八大家文鈔　(明)茅坤編　明崇禎金閶黃玉堂刻本　二十四冊　缺二十二卷(宋大家歐陽文忠公新唐書抄一至二、五代史抄一至二十)

330000－1701－0006705　善006191　集部/總集類/選集之屬/斷代

萬首唐人絕句一百一卷　(宋)洪邁輯　明嘉靖十九年(1540)陳敬學德星堂刻本　十六冊　存七十五卷(七言一至七十五)

330000－1701－0006706　善006192　集部/詞類/總集之屬

花間集四卷　(五代)趙崇祚輯　(明)湯顯祖評　明刻朱墨套印本　四冊

330000－1701－0006707　善006193　集部/詞類/總集之屬

花間集四卷　(五代)趙崇祚輯　(明)湯顯祖評　明刻本　佚名過錄清張惠言批　四冊

330000－1701－0006708　善006194　集部/詩文評類/文評之屬

楊升菴先生批點文心雕龍十卷　(南朝梁)劉

緦撰　(明)楊慎批點　(明)梅慶生音注　明萬曆三十七年(1609)豫章梅慶生刻本　四冊

330000－1701－0006709　善006195　集部/總集類/選集之屬/斷代

唐雅二十六卷　(明)張之象輯　明嘉靖二十年(1541)清河張之象長水書院刻本　八冊　存二十卷(一至二十)

330000－1701－0006710　善006196　集部/總集類/選集之屬/通代

詩所五十六卷歷代名氏爵里一卷　(明)臧懋循輯　明萬曆三十一年(1603)雕蟲館刻本　十八冊

330000－1701－0006711　善006197　集部/曲類/曲韻曲譜曲律之屬

增定南九宮曲譜二十一卷附錄一卷　(明)沈璟撰　明末永新龍驤刻三樂齋印本　八冊

330000－1701－0006712　善006198　集部/總集類/選集之屬/斷代

振鷺集一卷　(明)陳鎬輯　明正德元年(1506)刻本　一冊

330000－1701－0006713　善006199　經部/小學類/文字之屬/說文

說文解字十五卷標目一卷　(漢)許慎撰　(宋)徐鉉等校定　清初海虞毛氏汲古閣刻本　六冊

330000－1701－0006714　善006200　經部/小學類/文字之屬/字書/字體

漢隸字源五卷碑目一卷附字一卷　(宋)婁機撰　明末毛氏汲古閣刻本　六冊

330000－1701－0006715　善006201　經部/小學類

澤存堂五種　(清)張士俊輯　清康熙吳郡張士俊澤存堂刻本　三冊　存一種

330000－1701－0006716　善006202　經部/小學類

澤存堂五種　(清)張士俊輯　清康熙吳郡張士俊澤存堂刻本　二冊　存一種

330000－1701－0006717　善006203　子部/藝術類/書畫之屬/題跋

吳越所見書畫錄六卷書畫說鈴一卷　(清)陸時化輯並撰　清抄本　清蔡鴻鑑題記　六冊

330000－1701－0006719　善006205　史部/地理類/水利之屬

敕修兩浙海塘通志二十卷首一卷　(清)方觀承　(清)永貴修　(清)查祥　(清)杭世駿纂　清江授、江鑑抄本　六冊

330000－1701－0006720　善006206　史部/政書類/儀制之屬/典禮

大金集禮四十卷　(金)張瑋等撰　清初抄本　十六冊　缺二卷(二十六、三十三)

330000－1701－0006721　善006207　史部/地理類/山川之屬/水志

水經注四十卷　(北魏)酈道元撰　**山海經十八卷**　(晉)郭璞傳　清康熙五十三年至五十四年(1714－1715)歙縣項絪群玉書堂刻本　十冊

330000－1701－0006722　善006208　史部/金石類/石之屬/文字

歷朝寺碑記不分卷　清抄本　十冊

330000－1701－0006724　善006210　子部/術數類/陰陽五行之屬

太乙統宗寶鑑二十卷　(元)曉山老人撰　清抄本　四十八冊

330000－1701－0006725　善006211　史部/目錄類/總錄之屬/官修

欽定天祿琳琅書目十卷　(清)于敏中等撰　清抄本　十冊

330000－1701－0006726　善006212　史部/編年類/斷代之屬

東華錄十六卷　(清)蔣良騏撰　清抄本　十六冊

330000－1701－0006727　善006213　史部/雜史類/斷代之屬

靖康孤臣泣血錄不分卷　題(宋)丁特起撰　清抄本　佚名過錄清黃丕烈跋　四冊

330000－1701－0006728　善006214　史部/地理類/方志之屬/郡縣志
[乾隆]花溪志補遺一卷　(清)許良謨纂　清末抄本　佚名過録張光第跋　二册

330000－1701－0006730　善006216　子部/藝術類/書畫之屬/書法書品
大瓢偶筆八卷　(清)楊賓撰　清抄本　四册

330000－1701－0006731　善006217　子部/醫家類/方書之屬/單方驗方
串雅外編四卷　(清)趙學敏輯　清抄本　四册

330000－1701－0006732　善006218　子部/兵家類/兵法之屬
治平勝筭全書二十八卷　(清)年羹堯編　清抄本　吳樸堂批校並題簽　十二册

330000－1701－0006733　善006219　史部/地理類/方志之屬/郡縣志
長安鎮志一卷　(清)鄒存淦輯　清末抄本　一册

330000－1701－0006735　善006221　史部/金石類/郡邑之屬/目録
越中金石録一卷　(清)沈復燦撰　清抄本　一册

330000－1701－0006738　善006224　史部/紀傳類/正史之屬
漢書校勘一卷　(清)惠士奇　(清)惠棟撰　清末抄本　佚名過録清錢泰吉、清勞格跋　一册

330000－1701－0006739　善006225　子部/宗教類/佛教之屬/經
大方廣佛華嚴經八十卷　(唐)釋實叉難陀譯　明永樂十七年(1419)奉佛弟子福賢刻本　明廷瑞、馬駿題記　八十册

330000－1701－0006740　善006226　史部/地理類/總志之屬/斷代
大清一統志三百五十六卷　(清)蔣廷錫　(清)王安國等纂修　清乾隆九年(1744)武英殿刻本　七十册　缺一百十六卷(二十八至三十六、七十一至七十三、九十六至一百十一、一百四十四至一百七十一、一百八十七至二百四、二百二十一至二百四十二、二百六十至二百七十三、二百八十四至二百八十九)

330000－1701－0006741　善006227　集部/别集類/清别集
葦間詩集五卷　(清)姜宸英撰　(清)唐執玉輯　清康熙五十二年(1713)唐執玉刻本　四册

330000－1701－0006742　善006228　史部/紀傳類/正史之屬
史記評林一百三十卷　(漢)司馬遷撰　(南朝宋)裴駰集解　(唐)司馬貞索隱　(唐)張守節正義　(明)凌稚隆輯校　明萬曆二年至四年(1574－1576)烏程凌稚隆刻史漢評林本　蔣肖鱔題簽　三十册

330000－1701－0006743　善006229　史部/紀傳類/正史之屬
史漢評林二百三十卷　(明)凌稚隆輯　明萬曆烏程凌稚隆刻本　四十册　存一百三十卷(史記評林一至一百三十)

330000－1701－0006744　善006230　集部/别集類/明别集
荆川文集十八卷　(明)唐順之撰　(清)唐執玉勘校　清康熙五十一年(1712)武進唐執玉刻本　八册

330000－1701－0006745　善006231　子部/藝術類/書畫之屬/書法書品
草韻辨體五卷　(明)郭諶輯　明崇禎六年(1633)閔齊伋刻三色套印本　六册

330000－1701－0006747　善006233　子部/儒家類/儒學之屬
新刻註釋孔子家語憲四卷　(明)陳際泰釋　明末潭陽劉舜臣刻本　一册

330000－1701－0006749　善006235　集部/總集類/選集之屬/斷代
唐詩品彙九十卷拾遺十卷詩人爵里詳節一卷

（明）高棅輯　明嘉靖十八年（1539）山陽牛斗刻本　十六册

330000－1701－0006750　善006236　集部/小說類/長篇之屬

臯鶴堂批評第一奇書金瓶梅一百回　（明）蘭陵笑笑生撰　（清）張竹坡評　清康熙影松軒刻重修本　四十册　缺十二回（六十八至七十九）

330000－1701－0006751　善006237　集部/總集類/選集之屬/斷代

唐詩品彙九十卷拾遺十卷詩人爵里詳節一卷　（明）高棅輯　（清）張恂訂　明末關中張恂刻本　十四册　缺十卷（拾遺一至十）

330000－1701－0006752　善006238　集部/總集類/選集之屬/通代

晚邨先生八家古文精選八卷　（清）呂留良輯　（清）呂葆中批點　清康熙四十三年（1704）呂氏家塾刻本　四册

330000－1701－0006753　善006239　集部/總集類/選集之屬/通代

晚邨先生八家古文精選八卷　（清）呂留良輯　（清）呂葆中批點　清康熙四十三年（1704）呂氏家塾刻本　四册

330000－1701－0006754　善006240　集部/總集類/選集之屬/斷代

大宋文鑑一百五十卷目録三卷　（宋）呂祖謙輯　明正德十三年（1518）慎獨齋刻本　六十四册

330000－1701－0006755　善006241　集部/總集類/選集之屬/斷代

新雕宋朝文鑑一百五十卷目録三卷　（宋）呂祖謙輯　明天順八年（1464）嚴州府刻重修本　四十八册

330000－1701－0006756　善006242　集部/總集類/選集之屬/斷代

元文類七十卷目録三卷　（元）蘇天爵輯　明嘉靖十六年（1537）晉藩虛益堂刻遞修本　二十四册　缺九卷（七至十一、四十九至五十二）

330000－1701－0006757　善006243　集部/總集類/選集之屬/斷代

元文類七十卷目録三卷　（元）蘇天爵輯　明嘉靖十六年（1537）晉藩虛益堂刻遞修本　三十二册

330000－1701－0006758　善006244　集部/別集類/唐五代別集

集千家註杜工部詩集二十卷文集二卷　（唐）杜甫撰　（宋）黄鶴補注　**附録一卷**　明嘉靖十五年（1536）玉几山人刻本　十二册　缺一卷（附録）

330000－1701－0006759　善006245　集部/總集類/選集之屬/通代

古文淵鑒六十四卷　（清）徐乾學等輯注　清康熙内府刻四色套印本　二十四册

330000－1701－0006760　善006246　經部/叢編

十三經註疏　（明）□□輯　明萬曆十四年至二十一年（1586－1593）北京國子監刻本　一百二十册

330000－1701－0006761　善006247　史部/紀傳類/正史之屬

史記一百三十卷　（漢）司馬遷撰　（南朝宋）裴駰集解　（唐）司馬貞索隱　（唐）張守節正義　（明）鍾人傑輯評　明錢塘鍾人傑刻本　二十册

330000－1701－0006762　善006248　子部/雜著類/雜説之屬

淮南鴻烈解二十一卷　（漢）劉安撰　（漢）高誘注　明萬曆八年（1580）茅一桂刻本　十六册

330000－1701－0006763　善006249　集部/別集類/明別集

陶學士先生文集二十卷　（明）陶安撰　（明）張祐校編　**陶學士先生事蹟一卷**　（明）費宏輯　明弘治十三年（1500）嘉興項經刻遞修本　六册

330000－1701－0006764　善 006250　集部/別集類/宋別集

坡仙集十六卷　（宋）蘇軾撰　（明）李贄評輯　明萬曆二十八年(1600)陳氏繼志齋刻本　八冊

330000－1701－0006765　善 006251　子部/儒家類/儒學之屬/性理

晦菴先生語錄類要十八卷　（宋）葉士龍輯　明成化六年(1470)覃懷韓儼刻本　十冊　存十四卷(一至十四)

330000－1701－0006766　善 006252　史部/傳記類/別傳之屬/年譜

紫陽文公先生[朱熹]年譜五卷　（宋）李方子原編　（明）李默　（明）朱河重訂　明嘉靖刻本　三冊

330000－1701－0006767　善 006253　史部/編年類/通代之屬

資治通鑑二百九十四卷　（宋）司馬光撰　（元）胡三省音注　（明）陳仁錫評　**通鑑釋文辯誤十二卷**　（元）胡三省撰　明天啓五年(1625)長洲陳仁錫刻本　八十八冊　缺十二卷(通鑑釋文辯誤一至十二)

330000－1701－0006768　善 006254　史部/編年類/通代之屬

資治通鑑二百九十四卷　（宋）司馬光撰　（元）胡三省音注　（明）陳仁錫評　**通鑑釋文辯誤十二卷**　（元）胡三省撰　明天啓五年(1625)長洲陳仁錫刻本　二冊　存十二卷(通鑑釋文辯誤一至十二)

330000－1701－0006769　善 006255　集部/別集類/宋別集

坡仙集十六卷　（宋）蘇軾撰　（明）李贄評輯　明萬曆二十八年(1600)瑯琊焦竑刻重修本　十六冊

330000－1701－0006770　善 006256　類叢部/類書類/專類之屬

新增說文韻府羣玉二十卷　（元）陰時夫輯　（元）陰中夫注　明刻本　十六冊

330000－1701－0006771　善 006257　類叢部/叢書類/彙編之屬

士禮居黃氏叢書十九種附四種　（清）黃丕烈編　清嘉慶至道光黃氏士禮居刻本　一冊　存二種

330000－1701－0006772　善 006258　史部/紀傳類/正史之屬

漢書評林一百卷　（明）凌稚隆輯　明萬曆九年(1581)吳興凌稚隆刻重修本　清盛百二、清王元啓批校並跋　二十冊

330000－1701－0006773　善 006259　史部/紀傳類/正史之屬

史記評林一百三十卷　（明）凌稚隆輯　明萬曆二年至四年(1574－1576)烏程凌稚隆刻重修本　二十四冊

330000－1701－0006774　善 006260　史部/編年類/通代之屬

新刊紫陽朱子綱目大全五十九卷首一卷　（宋）朱熹撰　（宋）尹起莘發明　（元）劉友益書法　（元）汪克寬考異　（元）王幼學集覽　（元）徐昭文考證　（明）陳濟正誤　（明）馮智舒質實　明嘉靖十年(1531)書林楊氏清江書堂刻本　六十冊

330000－1701－0006775　善 006261　史部/紀傳類/正史之屬

後漢書九十卷　（南朝宋）范曄撰　（唐）李賢注　**志三十卷**　（晉）司馬彪撰　（南朝梁）劉昭注　明嘉靖汪文盛等刻本(志卷三配清抄本)　二十冊

330000－1701－0006776　善 006262　史部/史抄類

後漢書纂十二卷　（南朝宋）范曄撰　（明）凌濛初輯　明萬曆三十四年(1606)金陵周氏刻本　八冊

330000－1701－0006777　善 006263　集部/別集類/宋別集

蘇長公密語十六卷首一卷　（宋）蘇軾撰　（明）李一公輯　明天啓元年(1621)姑孰李一公刻四年(1624)新安吳京重修朱墨套印本

八冊

330000－1701－0006778　善006264　集部/曲類/散曲之屬
新鐫古今大雅南宮詞紀六卷北宮詞紀六卷　(明)陳所聞選　(明)陳邦泰輯　明萬曆三十二年至三十三年(1604－1605)秣陵陳所聞繼志齋刻天香樓印本　十冊

330000－1701－0006779　善006265　類叢部/類書類/通類之屬
仰止子詳考古今名家潤色詩林正宗十二卷韻林正宗六卷　(明)余象斗輯　明萬曆二十八年(1600)書林余文台雙峰堂刻本　四冊　存十二卷(詩林正宗一至十二)

330000－1701－0006780　善006266　子部/儒家類/儒學之屬/經濟
大學衍義補一百六十卷首一卷　(明)丘濬撰　明崇禎陳仁錫刻本　三十六冊

330000－1701－0006781　善006267　集部/總集類/郡邑之屬
台詩三録八卷附刻三卷　(清)宋世犖輯　清抄本　四冊

330000－1701－0006782　善006268　集部/別集類/清別集
還桂山房詩稿一卷　(清)□□撰　清咸豐抄本　一冊

330000－1701－0006783　善006269　類叢部/類書類/通類之屬
藝文類聚一百卷　(唐)歐陽詢輯　明萬曆十五年(1587)秣陵王元貞刻本　三十二冊

330000－1701－0006784　善006270　子部/雜著類/雜說之屬
三岡識畧十卷續一卷　(清)董含撰　清抄本　五冊

330000－1701－0006785　善006271　集部/別集類/明別集
奇零草二卷　(明)張煌言撰　清抄本　二冊

330000－1701－0006786　善006272　子部/小說家類/異聞之屬
譚賓録十卷　(唐)胡璩撰　清末抄本　一冊

330000－1701－0006787　善006273　子部/儒家類/儒家之屬
孔聖家語圖十一卷　(明)吳嘉謨輯　明萬曆十七年(1589)武林吳嘉謨刻清名山聚印本　四冊

330000－1701－0006788　善006274　集部/別集類/清別集
東江集鈔九卷別集五卷　(清)沈謙撰　**附錄一卷**　清康熙十五年(1676)仁和沈聖昭、沈聖暉刻本　二冊　缺五卷(別集一至五)

330000－1701－0006789　善006275　史部/傳記類/總傳之屬/姓名
姓氏急就篇二卷　(宋)王應麟撰　元至元六年(1340)慶元路儒學刻玉海附刻本　趙伯蘇題記　二冊　存一卷(上)

330000－1701－0006790　善006276　集部/總集類/選集之屬/斷代
唐文粹一百卷　(宋)姚鉉輯　明嘉靖五年至八年(1526－1529)晉府養德書院刻本　二十冊

330000－1701－0006791　善006277　集部/別集類/明別集
王元美先生文選二十六卷　(明)王世貞撰　(明)喬時敏輯　明萬曆四十三年(1615)新安吳德聚刻本　六冊

330000－1701－0006792　善006278　集部/總集類/彙編之屬
韓柳文一百卷　(明)游居敬編　明嘉靖十六年(1537)南平游居敬刻本　十二冊　存四十八卷(柳文一至四十三、別集上下、外集上下、附錄)

330000－1701－0006793　善006279　集部/總集類/彙編之屬
韓柳文一百卷　(明)游居敬編　明嘉靖十六年(1537)南平游居敬刻本　十二冊　存四十八卷(柳文一至四十三、別集上下、外集上下、

附錄)

330000－1701－0006794　善 006280　集部/別集類/元別集

梧溪集七卷　(元)王逢撰　清抄本　六册

330000－1701－0006795　善 006281　集部/別集類/唐五代別集

分類補註李太白詩二十五卷　(唐)李白撰　(宋)楊齊賢集註　(元)蕭士贇補註　**分類編次李太白文五卷**　(唐)李白撰　(明)郭雲鵬編次　明嘉靖二十二年(1543)吴會郭雲鵬寶善堂刻本　十册

330000－1701－0006796　善 006282　集部/別集類/元別集

羽庭集六卷　(元)劉仁本撰　清抄本　六册

330000－1701－0006797　善 006283　集部/別集類/宋別集

梅溪先生廷試策一卷奏議四卷詩文前集二十卷詩文後集二十九卷　(宋)王十朋撰　**附録宋龍圖閣學士王公[十朋]墓志銘一卷**　(宋)汪應辰撰　明正統五年(1440)劉謙、何瀵刻天順六年(1462)等遞修本　清葛鼐跋　十册

330000－1701－0006799　善 006285　集部/別集類/清別集

句餘土音三十二卷　(清)全祖望撰　(清)陳銘海增注　清抄本　二十四册

330000－1701－0006800　善 006286　集部/別集類/唐五代別集

唐陸宣公集二十二卷　(唐)陸贄撰　明萬曆九年(1581)古姚葉逢春刻錢唐徐必進重修本　四册

330000－1701－0006801　善 006287　集部/別集類/宋別集

真山民集一卷逸詩一卷　(宋)真山民撰　清抄本　一册

330000－1701－0006803　善 006289　集部/別集類/宋別集

新刻臨川王介甫先生詩文集一百卷目錄二卷　(宋)王安石撰　明萬曆四十年(1612)王鳳翔金陵光啓堂刻本　季梅觀款　十四册　缺一卷(詩集目錄)

330000－1701－0006804　善 006290　集部/別集類/明別集

東里文集二十五卷　(明)楊士奇撰　明萬曆刻清遞修本　八册

330000－1701－0006805　善 006291　集部/戲劇類/傳奇之屬

曲波園傳奇二種　(清)徐沁撰　清康熙徐氏曲波園刻本　一册　存一種

330000－1701－0006807　善 006293　集部/別集類/唐五代別集

孟浩然詩集二卷　(唐)孟浩然撰　(宋)劉辰翁　(明)李夢陽評　明吴興凌濛初刻朱墨套印本　二册

330000－1701－0006808　善 006294　集部/別集類/宋別集

晁具茨先生詩集十五卷　(宋)晁沖之撰　清乾隆刻本　陶濬宣題簽並記　二册

330000－1701－0006809　HJH4364　集部/別集類/清別集

雙清閣袖中詩本二卷擁翠詞稿一卷　(清)朱福清撰　清光緒十九年(1893)江蘇書局刻本　二册

330000－1701－0006810　善 006295　類叢部/類書類/通類之屬

初學記三十卷　(唐)徐堅等輯　明晉陵楊鑨九洲書屋刻本[卷二配明嘉靖十年(1531)安國桂坡館刻本、卷三配明萬曆十五年(1587)徐守銘寧壽堂刻本、卷十八至十九配明刻本]　二十四册

330000－1701－0006811　善 006296　史部/傳記類/總傳之屬/儒林

聖學宗傳十八卷　(明)周汝登撰　明萬曆三十三年(1605)王世韜等刻本　八册

330000－1701－0006812　善 006297　經部/詩類/三家詩之屬

韓詩内傳并薛君章句考四卷附録一卷二雨堂筆談一卷附編一卷 (清)錢玫撰 (清)錢世敘輯 **敘録一卷** 清抄本 四冊

330000－1701－0006813 善006298 集部/別集類/宋別集

南豐先生元豐類藁五十卷 (宋)曾鞏撰 **續附南豐先生[曾鞏]行狀碑誌哀挽一卷** 明萬曆二十五年(1597)查溪曾敏才、曾敏行等刻本 八冊

330000－1701－0006814 善006299 集部/詞類/詞譜之屬

嘯餘譜十卷 (明)程明善撰 明萬曆刻本 八冊

330000－1701－0006815 善006300 史部/金石類/璽印之屬

訒葊集古印存三十二卷 (清)汪啓淑輯 清乾隆二十五年(1760)新安汪啓淑開萬樓刻鈐印本 四冊 存八卷(一至八)

330000－1701－0006816 善006301 集部/楚辭類

離騷草木史九卷離騷拾細一卷 (清)周拱辰撰 清初檇李周氏聖雨齋刻本 二冊

330000－1701－0006817 善006302 史部/史抄類

通鑑總類二十卷 (宋)沈樞輯 明萬曆二十三年(1595)三河孫隆刻天啓重修本 二十冊

330000－1701－0006818 善006303 集部/別集類/明別集

馮少墟集二十卷 (明)馮從吾撰 明萬曆刻本 十二冊

330000－1701－0006819 善006304 子部/醫家類/醫經之屬/内經

黄帝内經素問二十四卷 (明)吳崑注 明萬曆三十七年(1609)刻本 十冊

330000－1701－0006820 善006305 史部/地理類/水利之屬

河防一覽榷十二卷 (明)潘季馴 (明)潘大復撰 明刻清康熙印本 六冊

330000－1701－0006821 善006306 集部/別集類/明別集

西村詩集二卷補遺一卷 (明)朱朴撰 明嘉靖三十一年(1552)海鹽朱朴刻萬曆二十九年(1601)朱綵續刻本 清魯頌題記並圈點 一冊 存二卷(詩集一至二)

330000－1701－0006822 善006307 集部/總集類/選集之屬/通代

詩紀一百五十六卷目録三十六卷 (明)馮惟訥輯 明萬曆吳琯、謝陛、陸弼、俞策刻方天眷印本 三十六冊 缺三十六卷(目録一至三十六)

330000－1701－0006823 善006308 集部/別集類/元別集

楊鐵崖文集五卷史義拾遺二卷 (元)楊維楨撰 **西湖竹枝集一卷** (元)楊維楨輯 **香奩集一卷** (元)楊維楨 (元)王德璉撰 明諸暨陳于京刻清漱雲樓印本 三冊 存七卷(一至五、史義拾遺一至二)

330000－1701－0006824 善006309 集部/別集類/元別集

楊鐵崖文集五卷史義拾遺二卷 (元)楊維楨撰 **西湖竹枝集一卷** (元)楊維楨輯 **香奩集一卷** (元)楊維楨 (元)王德璉撰 明諸暨陳于京刻清漱雲樓印本 三冊 缺一卷(西湖竹枝集)

330000－1701－0006825 善006310 類叢部/叢書類/自著之屬

王氏家藏集五種 (明)王廷相撰 明嘉靖刻本 二冊 存一種

330000－1701－0006826 善006311 集部/總集類/彙編之屬

李杜詩選十一卷 (明)張含編 (明)楊慎等評 明刻朱墨套印本 二冊 存五卷(李詩選一至五)

330000－1701－0006827 善006312 集部/別集類/明別集

楊忠愍公全集四卷 (明)楊繼盛撰 清康熙三十七年(1698)蕭山章鈺敬一齋刻重修本

二冊

330000－1701－0006828　善006313　集部/別集類/宋別集
臨川先生文集一百卷目錄二卷　（宋）王安石撰　明嘉靖三十九年（1560）何遷撫州刻本（目錄二卷、卷十五至二十八、卷八十四配清抄本）　十二冊

330000－1701－0006829　善006314　集部/別集類/宋別集
東坡先生詩集註三十二卷　（宋）蘇軾撰（宋）王十朋集註　**東坡紀年錄一卷**　（宋）傅藻編纂　明萬曆吳興茅維刻本　十二冊

330000－1701－0006830　善006315　集部/總集類/彙編之屬
十二家唐詩二十四卷　（明）張遜業編　明嘉靖三十一年（1552）江都黃埻東壁圖書府刻本　三冊　存三卷（盧照鄰集上下、駱賓王集下）

330000－1701－0006831　善006316　子部/兵家類/兵法之屬
孫子集註十三卷　（漢）曹操等撰　明嘉靖三十四年（1555）錫山談愷刻本（卷十一至十三配抄本）　十冊

330000－1701－0006832　善006317　集部/總集類/彙編之屬
李杜全集　（明）許自昌編　明萬曆三十年（1602）長洲許自昌刻本　八冊　存一種

330000－1701－0006833　善006318　集部/別集類/明別集
來禽館集二十九卷　（明）邢侗撰　明萬曆四十六年（1618）刻清康熙十九年（1680）鄭雍重修本　六冊　存十二卷（一至十二）

330000－1701－0006834　善006319　集部/別集類/明別集
許文穆公集六卷　（明）許國撰　明萬曆許立言刻本　六冊

330000－1701－0006835　善006320　集部/別集類/明別集
遜志齋集二十四卷附錄一卷　（明）方孝孺撰（明）范惟一輯　明嘉靖四十年（1561）吳郡王可大刻本（卷二十三至二十四、附録配明刻本）　二十冊

330000－1701－0006836　善006321　集部/別集類/唐五代別集
韓文公文抄十六卷　（唐）韓愈撰　（明）茅坤評　明閔氏刻朱墨套印本　八冊

330000－1701－0006837　善006322　集部/別集類/明別集
甔甀洞藁五十四卷目錄二卷　（明）吳國倫撰　明萬曆刻本　三十二冊

330000－1701－0006838　善006323　集部/別集類/唐五代別集
陸宣公全集二十四卷　（唐）陸贄撰　（明）湯賓尹評　明崇禎元年（1628）刻本　佚名過錄明黃貞父批　十二冊

330000－1701－0006839　善006324　集部/別集類/明別集
白沙先生詩教解十卷詩教外傳五卷　（明）陳獻章撰　（明）王安舜定　明刻本　二冊　缺九卷（一至八、十）

330000－1701－0006840　善006325　史部/紀傳類/正史之屬
史記一百三十卷　（漢）司馬遷撰　（南朝宋）裴駰集解　（唐）司馬貞索隱　（唐）張守節正義　明萬曆二年至三年（1574－1575）南京國子監刻本（卷七十九至八十六、一百二十六至一百三十配清抄本）　清張錫瑜題記並校　二十四冊

330000－1701－0006841　善006326　史部/紀傳類/正史之屬
史記一百三十卷　（漢）司馬遷撰　（南朝宋）裴駰集解　（唐）司馬貞索隱　（唐）張守節正義　明萬曆二年至三年（1574－1575）南京國子監刻十年（1582）重修本　清董說批校並圈點　二十四冊

330000－1701－0006842　善006327　集部/

別集類/元别集
鐵崖先生古樂府十卷補六卷復古詩集六卷麗則遺音四卷 (元)楊維楨撰 **附録一卷** (元)謝一魯等撰 明末海虞毛氏汲古閣刻本 三册 缺五卷(麗則遺音一至四、附録)

330000－1701－0006843 善 006328 子部/醫家類/類編之屬
醫學六要十九卷 (明)張三錫撰 明萬曆刻崇禎十七年(1644)張維藩等重修本 二十七册 缺一卷(治法彙八)

330000－1701－0006844 善 006329 史部/傳記類/總傳之屬/列女
列女傳十六卷 (漢)劉向撰 (明)汪道昆輯 (明)仇英繪圖 明萬曆刻清乾隆四十四年(1779)鮑氏知不足齋印本 八册

330000－1701－0006845 善 006330 集部/别集類/漢魏六朝别集
蔡中郎文集十卷外傳一卷 (漢)蔡邕撰 明萬曆二年(1574)東陽徐子器刻本 二册

330000－1701－0006846 善 006331 類叢部/類書類/通類之屬
玉海二百卷辭學指南四卷詩攷一卷詩地理攷六卷漢藝文志攷證十卷通鑑地理通釋十四卷周書王會補注一卷漢制攷四卷踐阼篇集解一卷急就篇補注四卷小學紺珠十卷姓氏急就篇二卷六經天文編二卷周易鄭康成注一卷通鑑答問五卷 (宋)王應麟撰 元至元六年(1340)慶元路儒學刻元明清遞修本 一百九十九册 缺一卷(姓氏急就篇)

330000－1701－0006847 善 006332 史部/政書類/通制之屬
大明會典二百二十八卷 (明)申時行 (明)趙用賢等纂修 明萬曆十五年(1587)内府刻本 一百十一册 缺十六卷(二十八、五十五至五十六、九十八至一百、一百二十七至一百二十九、一百三十二至一百三十七、一百三十九)

330000－1701－0006848 善 006333 史部/政書類/通制之屬
大明會典二百二十八卷 (明)申時行 (明)趙用賢等纂修 明萬曆十五年(1587)内府刻本 趙伯蘇題記 八十七册 存一百四十七卷(一至八、十至十二、三十三至四十二、六十、六十三至七十一、八十二至九十、九十二至一百五十八、一百八十一至一百九十五、一百九十八至二百八、二百十二至二百十三、二百十六至二百二十五、二百二十七至二百二十八)

330000－1701－0006849 善 006334 史部/紀傳類/正史之屬
史漢評林二百三十卷 (明)凌稚隆輯 明萬曆烏程凌稚隆刻本 三十二册 存一百三十卷(史記評林一至一百三十)

330000－1701－0006850 善 006335 史部/紀事本末類/通代之屬
通鑑紀事本末四十二卷 (宋)袁樞撰 宋寶祐五年(1257)湖州趙與□刻元明遞修本 八册 存五卷(一、三十三至三十四、三十七、四十)

330000－1701－0006851 善 006336 集部/總集類/選集之屬/斷代
重校正唐文粹一百卷 (宋)姚鉉輯 明嘉靖六年(1527)東陽張大輪刻重修本 三十二册

330000－1701－0006852 善 006337 經部/樂類/律吕之屬
樂律全書十五種 (明)朱載堉撰 明萬曆鄭藩刻增修本 十八册 存十種

330000－1701－0006853 善 006338 史部/編年類/通代之屬
資治通鑑綱目五十九卷 (宋)朱熹撰 明成化九年(1473)内府刻本 三十一册

330000－1701－0006854 善 006339 史部/紀傳類/正史之屬
十七史 (明)毛晉編 明崇禎元年至十七年(1628－1644)毛氏汲古閣刻清順治五年至十三年(1648－1656)補刻本 章嶔題記 二百五十一册

330000－1701－0006855　善 006340　類叢部/叢書類/彙編之屬
文林綺繡五種　(明)淩迪知編　明萬曆四年至五年(1576－1577)吴興凌氏桂芝館刻本　二十八册　存四種

330000－1701－0006856　善 006341　集部/小説類/長篇之屬
第五才子書施耐菴水滸傳七十五卷七十回　(元)施耐庵撰　(清)金人瑞評　明崇禎葉瑶池刻本　二十册

330000－1701－0006857　善 006342　類叢部/叢書類/自著之屬
幾亭全書六十四卷　(明)陳龍正撰　清康熙四年(1665)雲書閣刻本　十六册

330000－1701－0006858　善 006343　史部/政書類/儀制之屬/典禮
明倫大典二十四卷　(明)楊一清　(明)熊浹等纂修　明嘉靖七年(1528)内府刻本　二十四册　存二十三卷(二至二十四)

330000－1701－0006859　善 006344　類叢部/叢書類/彙編之屬
津逮祕書十五集一百四十種　(明)毛晉編　明崇禎虞山毛氏汲古閣刻本　一百六十册

330000－1701－0006860　善 006345　類叢部/叢書類/彙編之屬
津逮祕書十五集一百四十種　(明)毛晉編　明崇禎虞山毛氏汲古閣刻本　一百六十册

330000－1701－0006861　善 006346　集部/别集類/清别集
歸愚文鈔十二卷文續十二卷詩鈔十四卷黄山遊草一卷台山遊草一卷南巡詩一卷　(清)沈德潛撰　清乾隆刻本　二十四册

330000－1701－0006862　善 006347　集部/别集類/唐五代别集
杜詩提要十四卷　(唐)杜甫撰　(清)吴瞻泰評　清乾隆山雨樓刻本　四册

330000－1701－0006863　善 006348　集部/别集類/清别集
緝齋文集八卷首一卷附録二卷詩稿八卷首一卷　(清)蔡新撰　清乾隆五十年(1785)刻本　八册

330000－1701－0006864　善 006349　集部/别集類/清别集
白華前稿六十卷　(清)吴省欽撰　清乾隆四十八年(1783)刻本　二十册　存五十卷(一至三十七、四十六至五十三、五十六至六十)

330000－1701－0006865　善 006350　集部/别集類/清别集
渠亭山人半部稾四種　(清)張貞撰　清康熙刻雍正印本　四册　存一種

330000－1701－0006866　善 006351　集部/總集類/彙編之屬
盍簪集十二卷　(清)雷國楫選　清乾隆蒲城雷國楫刻本　二册

330000－1701－0006867　善 006352　集部/别集類/清别集
甘莊恪公全集十六卷　(清)甘汝來撰　清乾隆五十六年(1791)奉新甘氏賜福堂刻本　六册

330000－1701－0006868　善 006353　集部/别集類/清别集
鹿山老屋詩集十六卷　(清)錢世錫撰　清乾隆刻本　二册

330000－1701－0006869　善 006354　類叢部/叢書類/自著之屬
空明子全集九種附一種　(清)張榮撰　清康熙至雍正謙益堂刻彙印本　六册　存三種

330000－1701－0006870　善 006355　集部/别集類/清别集
容齋詩集二十八卷補遺一卷古香詞一卷文鈔十卷　(清)茹綸常撰　清乾隆三十五年(1770)、五十二年(1787)、嘉慶四年(1799)、十三年(1808)刻本　十册

330000－1701－0006871　善 006356　集部/别集類/清别集
三魚堂文集十二卷外集六卷附録一卷　(清)

陸隴其撰　清康熙四十年(1701)琴川書屋刻重修本　六册

330000－1701－0006872　善006357　集部/別集類/清別集

健松齋集二十四卷續集十卷　(清)方象瑛撰　清康熙世美堂刻本　四册　存十六卷(一至十六)

330000－1701－0006873　善006358　集部/別集類/清別集

寶閒堂集四卷末一卷　(清)張四科撰　清乾隆二十四年(1759)臨潼張四科刻本　四册

330000－1701－0006874　善006359　類叢部/叢書類/自著之屬

峋嶁叢書九種　(清)曠敏本撰　清乾隆刻彙印本　十六册

330000－1701－0006875　善006360　類叢部/叢書類/自著之屬

西堂全集十七種　(清)尤侗撰　清康熙刻本　二十四册　缺一卷(西堂雜組一集一)

330000－1701－0006876　善006361　集部/總集類/選集之屬/斷代

山左詩課四卷　(清)阮元輯　清乾隆五十八年(1793)儀徵阮元七錄書閣刻本　二册

330000－1701－0006877　善006362　集部/別集類/清別集

淇竹山房集十卷　(清)吳應蓮撰　清乾隆六年(1741)新安吳正均刻本　四册

330000－1701－0006878　善006363　集部/別集類/清別集

海門初集十卷首一卷　(清)鲍皋著　清乾隆四年(1739)刻本　二册

330000－1701－0006879　善006364　集部/別集類/清別集

弢甫五嶽集五種　(清)桑調元撰　清乾隆二十一年(1756)修汲堂刻本　四册　存四種

330000－1701－0006880　善006365　經部/四書類/總義之屬/傳說

四書改錯二十二卷　(清)毛奇齡撰　清嘉慶十六年(1811)金孝柏學圃刻本　四册

330000－1701－0006881　善006366　經部/易類/傳說之屬

易憲四卷卦歌一卷圖說一卷　(清)沈泓撰　清乾隆八年至九年(1743－1744)補堂刻本　三册

330000－1701－0006882　善006367　集部/詩文評類/詩評之屬

諧聲別部六卷　(清)王士禛撰　(清)喻端士等編　清乾隆刻本　四册

330000－1701－0006883　善006368　子部/儒家類/儒家之屬

逸語十卷　(清)曹廷棟輯注　清乾隆十二年(1747)刻本　二册

330000－1701－0006884　善006369　經部/小學類/文字之屬/字書/古文

五經文字三卷　(唐)張參撰　**新加九經字樣一卷**　(唐)唐玄度撰　清康熙五十四年(1715)歙縣項絪刻本　一册

330000－1701－0006885　善006370　集部/總集類/彙編/斷代

王韋合刻二種十六卷　(清)項絪編　清康熙項氏玉淵堂刻本　四册

330000－1701－0006886　善006371　集部/別集類/清別集

黃儀逋詩三卷　(清)黃逵撰　清康熙桂谿項澹齋刻本　一册

330000－1701－0006887　善006372　經部/叢編

省吾堂四種　(清)蔣光弼輯　清常熟蔣氏省吾堂刻本　八册

330000－1701－0006888　善006373　子部/儒家類/儒學之屬

困知記二卷續二卷三續一卷四續一卷附錄一卷續補一卷　(明)羅欽順撰　明程弘傳刻清嘉慶十三年(1808)華亭盛灝元等補刻本　八册

330000－1701－0006890　善006375　史部/職官類/官箴之屬
新編吏治懸鏡八卷　(清)徐文弼輯　清乾隆三十年(1765)宏道堂刻本　八册

330000－1701－0006891　善006376　經部/易類/傳說之屬
周易述四十卷　(清)惠棟集注並疏　清乾隆二十五年(1760)德州盧見曾雅雨堂刻本(卷八、二十一、二十四至四十原缺)　二册　存十二卷(一至七、九至十三)

330000－1701－0006892　善006377　經部/易類/傳說之屬
易說六卷　(清)惠士奇撰　清嘉慶十五年(1810)璜川吳氏真意堂刻本　二册

330000－1701－0006893　善006378　經部/春秋總義類/傳說之屬
此木軒春秋闕如編八卷　(清)焦袁熹撰　清嘉慶十二年(1807)錢熙彥、錢熙載世春堂刻本　三册

330000－1701－0006894　善006379　經部/三禮總義類/名物制度之屬
求古錄禮說十六卷　(清)金鶚撰　清道光三十年(1850)木犀香館刻本　八册

330000－1701－0006895　善006380　集部/別集類/清別集
蒿菴集三卷　(清)張爾岐撰　**附錄一卷**　清乾隆三十八年(1773)桂林胡德琳聽泉齋刻本　三册

330000－1701－0006896　善006381　子部/儒家類/儒學之屬/性理
志學後錄八卷附湯露篇一卷　(清)向璿撰　(清)高知遜編　清乾隆十年(1745)山陰向宏運刻本　劉承幹題簽　二册

330000－1701－0006897　善006382　經部/小學類/文字之屬/字書/古文
新集古文四聲韻五卷附錄一卷　(宋)夏竦撰　清乾隆四十四年(1779)古歙汪啓淑刻本　二册

330000－1701－0006898　善006383　集部/別集類/唐五代別集
麟角集一卷附錄一卷　(唐)王棨撰　清嘉慶十七年(1812)福鼎王遐春麟後山房刻本　一册

330000－1701－0006899　善006384　集部/總集類/選集之屬/斷代
明文在一百卷首一卷　(清)薛熙輯　清康熙三十二年(1693)錢大鏞、金彬刻三十五年(1696)古滁水園印本　十册

330000－1701－0006900　善006385　集部/別集類/清別集
盒山集十二卷續集四卷再續集五卷　(清)方文撰　清康熙刻本　清趙彥修題記　四册

330000－1701－0006901　善006386　史部/政書類/律令之屬/律例
行簡錄不分卷成規拾遺不分卷刑錢指南三卷　(清)萬維翰輯　清乾隆三十九年(1774)芸暉堂刻本　八册

330000－1701－0006902　善006387　集部/別集類/清別集
秋笳集八卷　(清)吳兆騫撰　清康熙徐乾學刻雍正四年(1726)吳振臣增刻衍厚堂印本　四册

330000－1701－0006903　善006388　集部/別集類/明別集
胡繩集詩鈔三卷　(明)范壺貞撰　清乾隆三十年(1765)天游閣刻光緒五年(1879)印本　二册

330000－1701－0006904　善006389　集部/總集類/選集之屬/斷代
全唐詩九百卷目錄十二卷　(清)曹寅　(清)彭定求等輯　清康熙四十四年至四十六年(1705－1707)揚州詩局刻本　一百二十册

330000－1701－0006905　善006390　集部/別集類/清別集
增訂今雨堂詩墨注四卷　(清)金甡撰　(清)洪鐘注　清乾隆三十四年(1769)金氏刻本

四冊

330000－1701－0006906　善006391　集部/別集類/清別集

荷塘詩集十二卷　(清)張五典撰　清乾隆刻本　四冊

330000－1701－0006907　善006392　集部/別集類/清別集

鳳池園詩集八卷文集八卷　(清)顧汧撰　清康熙五十年(1711)長洲顧見南刻本　八冊　存八卷(文集一至八)

330000－1701－0006908　善006393　集部/別集類/清別集

問山文集八卷詩集十卷　(清)丁煒撰　(清)黄與堅等選　清康熙希鄴堂刻本　十二冊

330000－1701－0006909　善006394　類叢部/叢書類/自著之屬

王漁洋遺書三十八種　(清)王士禛撰　清刻本　二冊　存一種

330000－1701－0006910　善006395　集部/別集類/清別集

十笏齋詩八卷　(清)沈世楓撰　清乾隆沈氏刻本　四冊

330000－1701－0006911　善006396　類叢部/叢書類/彙編之屬

拜經樓叢書(愚谷叢書)二十三種　(清)吴騫編　清乾隆至嘉慶海昌吴氏刻彙印本　八冊　存一種

330000－1701－0006912　善006397　集部/別集類/清別集

思元齋全集七卷　(清)裕瑞撰　清嘉慶七年至十七年(1802－1812)裕瑞刻本　八冊

330000－1701－0006913　善006398　史部/地理類/遊記之屬/紀行

使粤集一卷使粤日記一卷　(清)喬萊撰　**使粤贈言一卷**　(清)馮溥等撰　(清)喬萊編　清康熙刻本　一冊

330000－1701－0006914　善006399　集部/別集類/清別集

雲溪文集五卷首一卷　(清)儲掌文撰　(清)潘永季　(清)任道南評　(清)程徵棨編次　清乾隆三十六年(1771)宜興儲掌文在陸草堂刻本　五冊

330000－1701－0006915　善006400　集部/別集類/清別集

竹嘯軒詩鈔十八卷　(清)沈德潛撰　清雍正刻本　六冊

330000－1701－0006916　善006401　集部/別集類/清別集

謹齋詩稿六卷　(清)許志進撰　清康熙刻本　六冊

330000－1701－0006917　善006402　集部/別集類/清別集

嗚春小草七卷茶山詩鈔十一卷文鈔十二卷(錢文敏公全集三十卷)　(清)錢維城撰　(清)錢維屏　(清)錢維喬編次　清乾隆四十一年(1776)眉壽堂刻本　五冊　缺十二卷(茶山文鈔一至十二)

330000－1701－0006918　善006403　集部/別集類/清別集

嶺南集八卷　(清)杭世駿撰　清乾隆刻本　四冊

330000－1701－0006919　善006404　集部/詩文評類/詩評之屬

一瓢齋詩話一卷　(清)薛雪撰　清雍正至乾隆掃葉村莊刻本　一冊

330000－1701－0006920　善006405　集部/別集類/清別集

味雪樓詩草一卷別稿一卷　(清)宋鳴瓊撰　清乾隆刻本　一冊

330000－1701－0006921　善006406　集部/別集類/清別集

笏山詩集十卷　(清)申甫撰　清乾隆刻本　四冊

330000－1701－0006922　善006407　集部/別集類/清別集

喟亭文集三卷　(清)臧眉錫撰　清康熙刻本　二冊

330000－1701－0006923　善 006408　集部/別集類/清別集

改堂先生文鈔二卷　(清)唐紹祖撰　清乾隆四十年(1775)唐華國刻本　一冊

330000－1701－0006924　善 006409　集部/別集類/清別集

牧齋有學集五十一卷　(清)錢謙益撰　清康熙二十四年(1685)金匱山房刻本(卷一至二配抄本)　八冊

330000－1701－0006925　善 006410　集部/別集類/清別集

說安堂集八卷　(清)盧震撰　清康熙刻本　八冊

330000－1701－0006926　善 006411　集部/別集類/清別集

夢月巖詩集二十卷詩餘一卷　(清)呂履恒撰　清雍正三年(1725)呂憲曾、呂宣曾昆山刻本　五冊　存十八卷(四至二十、詩餘)

330000－1701－0006927　善 006412　集部/別集類/清別集

迂齋學古編四卷　(清)法坤宏撰　清乾隆三十九年(1774)安丘辛宜岷等海上廬刻本　四冊

330000－1701－0006928　善 006413　集部/別集類/清別集

閑存堂文集十四卷詩集九卷　(清)張永銓撰　清康熙張永銓閑存堂刻本　十冊

330000－1701－0006929　善 006414　集部/別集類/清別集

餘園詩鈔六卷　(清)繆沅撰　(清)沈德潛　(清)金志章編輯　清乾隆十年(1745)亭間繆集等刻本　四冊

330000－1701－0006930　善 006415　集部/別集類/清別集

瓠息齋前集二十四卷　(清)凌樹屏撰　清乾隆二十四年(1759)烏程凌樹屏刻本　八冊

330000－1701－0006931　善 006416　集部/別集類/清別集

石堂集十卷　(清)釋元玉撰　清康熙五十二年(1713)普照寺刻本　二冊

330000－1701－0006932　善 006417　集部/別集類/清別集

翡翠蘭苕集五卷排悶集四卷　(清)金惟駿撰　清乾隆刻本　二冊

330000－1701－0006933　善 006418　集部/別集類/清別集

虛直堂文集二十四卷首一卷　(清)劉榛撰　清康熙刻本　二十四冊

330000－1701－0006934　善 006419　集部/別集類/清別集

葛莊分體詩鈔十二卷補遺一卷　(清)劉廷璣撰　清康熙五十三年(1714)遼海劉廷璣刻本　四冊

330000－1701－0006935　善 006420　集部/別集類/唐五代別集

李長吉集四卷外卷一卷　(唐)李賀撰　(明)黃淳耀評點　(清)黎簡批點　清雍正九年(1731)金惟駿漁書樓刻本　二冊

330000－1701－0006936　善 006421　集部/別集類/清別集

愛日堂文集八卷詩集二卷外集一卷　(清)孫宗彝撰　(清)孫弓安輯　清乾隆三十五年(1770)高郵孫仝邵刻本　六冊　缺一卷(外集)

330000－1701－0006937　善 006422　集部/別集類/清別集

松溪文集一卷　(清)汪梧鳳撰　(清)汪灼輯　清刻本　一冊

330000－1701－0006938　善 006423　集部/別集類/元別集

重刻吳淵穎集十二卷　(元)吳萊撰　(明)宋濂編　(清)查遴輯　**附錄一卷**　清康熙四十九年(1710)浦江吳氏豹文堂刻雍正元年(1723)重修本　八冊

330000－1701－0006939　善 006424　集部/别集類/清别集
雪聲軒詩集十二卷　(清)高綱撰　清雍正十一年(1733)刻本　十册

330000－1701－0006940　善 006425　集部/别集類/清别集
樂善堂全集定本三十卷　(清)高宗弘曆撰　清乾隆二十四年(1759)内府刻本　六册

330000－1701－0006941　善 006426　集部/别集類/清别集
陳檢討四六二十卷　(清)陳維崧撰　(清)程師恭注　清乾隆三十五年(1770)武進陳明善亦園刻本　六册

330000－1701－0006942　善 006427　集部/别集類/清别集
香樹齋詩續集三十六卷　(清)錢陳羣撰　清乾隆十九年(1754)刻本　四册　存十二卷(一至十二)

330000－1701－0006943　善 006428　集部/别集類/明别集
峴泉集六卷　(明)張宇初撰　清乾隆十九年(1754)張昭麟刻本　六册

330000－1701－0006944　善 006429　集部/别集類/清别集
受祺堂詩三十五卷　(清)李因篤撰　清康熙三十八年(1699)田少華粵東刻本　十二册　存三十四卷(一至三、五至三十五)

330000－1701－0006945　善 006430　集部/總集類/郡邑之屬
國朝松陵詩徵二十卷　(清)袁景輅輯　清乾隆三十二年(1767)吳江袁氏愛吟齋刻本　四册

330000－1701－0006946　善 006431　集部/别集類/清别集
微泉閣文集十六卷詩集十四卷　(清)董文驥撰　清康熙二十五年至二十六年(1686－1687)武進董元起刻本　八册

330000－1701－0006947　善 006432　集部/别集類/清别集
香亭文稿十二卷續編一卷詩稿六卷　(清)吳玉綸撰　清乾隆六十年(1795)滋德堂刻本　四册　存十二卷(一至十二)

330000－1701－0006948　善 006433　集部/别集類/清别集
香樹齋文集二十八卷續鈔五卷　(清)錢陳羣撰　清乾隆刻本　九册

330000－1701－0006949　善 006434　集部/别集類/清别集
香樹齋詩集十八卷　(清)錢陳羣撰　清乾隆十六年(1751)刻本　四册

330000－1701－0006950　善 006435　集部/總集類/彙編/斷代
王韋合刻二種十六卷　(清)項絪編　清康熙項氏玉淵堂刻本　二册　存一種

330000－1701－0006951　善 006436　集部/總集類/選集之屬/通代
唐宋八大家古文讀本八卷　(清)江承詩選評　(清)江三錫訂　清康熙四十三年(1704)吳郡江承詩學古堂刻本　八册

330000－1701－0006952　善 006437　類叢部/叢書類/自著之屬
楊氏全書八種三十六卷　(清)楊名時撰　清乾隆五十九年(1794)江陰葉廷甲水心草堂刻本　二十册

330000－1701－0006953　善 006438　集部/别集類/元别集
木訥齋文集五卷附錄一卷　(元)王毅撰　清乾隆二十七年(1762)蘇遇龍刻本　一册

330000－1701－0006954　善 006439　集部/總集類/選集之屬/斷代
九大家詩選十二卷　(清)陳莢　(清)李昂枝評選　清順治十七年(1660)古吳李德舜刻本　四册

330000－1701－0006955　善 006440　集部/别集類/清别集
樓邨詩集二十五卷　(清)王式丹撰　清雍正

四年(1726)王懋訥刻本　六冊　存十二卷(一至十二)

330000－1701－0006956　善006441　集部/別集類/清別集
夢樓詩集二十四卷　(清)王文治撰　清乾隆六十年(1795)丹徒王氏食舊堂刻本　四冊　存二十一卷(一至二十一)

330000－1701－0006957　善006442　集部/別集類/清別集
邵子湘全集三十卷　(清)邵長蘅撰　**邵氏家錄二卷**　(清)邵璿　(清)邵衷赤輯　清康熙三十二年至三十八年(1693－1699)宋犖青門艸堂刻光緒二十二年(1896)合江李超瓊印本　六冊　缺二卷(邵氏家錄上、下)

330000－1701－0006958　善006443　集部/別集類/明別集
賜餘堂集十四卷補遺一卷　(明)吳中行撰　清乾隆五十八年(1793)武進吳珙立刻本　八冊

330000－1701－0006959　善006444　集部/別集類/清別集
橫山詩文鈔二十四卷　(清)裘璉撰　清康熙裘氏絳雲居刻雍正增刻本　四冊

330000－1701－0006960　善006445　集部/別集類/清別集
敬業堂詩集五十卷　(清)查慎行撰　清康熙五十八年(1719)刻雍正增刻本　七冊　存四十五卷(一至四十五)

330000－1701－0006961　善006446　集部/別集類/清別集
漁洋山人詩集二十二卷　(清)王士禛撰　清康熙八年(1669)吳郡沂詠堂刻後印本　五冊

330000－1701－0006962　善006447　集部/別集類/清別集
力本文集十三卷　(清)馬榮祖撰　清乾隆十七年(1752)江都馬榮祖石蓮堂刻本(卷一至六配清抄本)　二冊

330000－1701－0006963　善006448　集部/別集類/清別集
味和堂詩集六卷　(清)高其倬撰　清乾隆五年(1740)高恪等刻本　二冊

330000－1701－0006964　善006449　集部/別集類/清別集
秋錦山房集十卷　(清)李良年撰　(清)李潮偕編　**徵士李君[良年]行狀一卷**　(清)朱彝尊輯　清康熙三十五年(1696)李潮偕刻本　二冊

330000－1701－0006965　善006450　集部/別集類/清別集
二希堂文集十一卷首一卷　(清)蔡世遠撰　清雍正十年(1732)刻重修本　六冊

330000－1701－0006966　善006451　集部/別集類/清別集
聽雨齋詩集十二卷　(清)吳照撰　清乾隆五十九年(1794)南昌刻本　六冊

330000－1701－0006967　善006452　集部/別集類/宋別集
元豐類稿五十卷　(宋)曾鞏撰　清乾隆二十八年(1763)查溪刻本　十二冊

330000－1701－0006968　善006453　集部/別集類/清別集
南陔堂詩集十二卷　(清)徐以升撰　清乾隆二十六年(1761)德清徐天柱刻本　四冊

330000－1701－0006969　善006454　集部/別集類/清別集
漁洋山人精華錄箋注十二卷補一卷年譜一卷附錄一卷　(清)王士禛撰　(清)金榮箋注　(清)徐淮纂輯　清康熙五十一年(1712)鳳翽堂刻本　六冊　缺一卷(附錄)

330000－1701－0006970　善006455　集部/別集類/宋別集
王荊文公詩五十卷補遺一卷　(宋)王安石撰　(宋)李壁箋注　清乾隆五年至六年(1740－1741)武原張宗松清綺齋刻本　十二冊

330000－1701－0006971　善006456　集部/別集類/清別集

牧齋初學集詩註二十卷有學集詩註十四卷 (清)錢謙益撰 (清)錢曾箋注 清康熙刻玉詔堂印本 谷神養拙齋題簽並記 八冊 存二十卷(牧齋初學集詩註一至二十)

330000－1701－0006972 善006457 集部/別集類/清別集

據梧詩集十五卷萬里小遊僊集一卷 (清)管棆撰 清康熙刻嘉慶管學洛補修本 四冊

330000－1701－0006973 善006458 集部/別集類/明別集

瀟碧堂集二十卷 (明)袁宏道撰 明萬曆三十六年(1608)勾吳袁叔度書種堂刻本 五冊

330000－1701－0006974 善006459 集部/別集類/清別集

敬業堂詩續集六卷 (清)查慎行撰 清乾隆查學、查開刻本 清忻寶華校、補詩並記 二冊

330000－1701－0006975 善006460 集部/別集類/清別集

西陂類稿五十卷 (清)宋犖撰 (清)周龍藻 (清)宋之舉編次 清康熙毛扆、宋懷金、高岑刻本 十二冊

330000－1701－0006976 善006461 集部/別集類/清別集

御製文第四集三十六卷總目四卷 (清)聖祖玄燁撰 清雍正內府刻本 十冊

330000－1701－0006977 善006462 集部/別集類/明別集

達觀樓集二十四卷 (明)鄒維璉撰 清乾隆三十一年(1766)龍岡鄒氏刻本 八冊

330000－1701－0006978 善006463 集部/別集類/清別集

御製文集四十卷總目五卷第二集五十卷總目六卷第三集五十卷總目六卷 (清)聖祖玄燁撰 (清)張英等輯 清康熙五十三年(1714)內府刻本 七十八冊

330000－1701－0006979 善006464 集部/別集類/清別集

四照堂文集五卷詩集二卷 (清)王猷定撰 清康熙二十二年(1683)王犖刻本 三冊 存四卷(文集一至四)

330000－1701－0006980 善006465 集部/別集類/清別集

帶經堂集九十二卷 (清)王士禛撰 (清)程哲編 清康熙四十九年至五十一年(1710－1712)程哲七略書堂刻本 四十八冊

330000－1701－0006981 善006466 集部/別集類/清別集

道古堂文集四十八卷詩集二十六卷 (清)杭世駿撰 清乾隆四十年至四十一年(1775－1776)刻本 六冊 存二十六卷(詩集一至二十六)

330000－1701－0006982 善006467 集部/別集類/清別集

旭華堂文集十四卷補遺一卷續編一卷 (清)王奐曾撰 (清)何百可輯 清乾隆十六年(1751)趙熟典刻本 十二冊 存十二卷(一至十二)

330000－1701－0006983 善006468 集部/別集類/清別集

澄秋閣集四卷二集四卷三集四卷 (清)閔華撰 清乾隆十七年(1752)江都閔華刻本 十二冊

330000－1701－0006984 善006469 集部/別集類/清別集

陶人心語五卷續選二卷可姬小傳一卷 (清)唐英撰 清乾隆武陵古柏堂刻本 四冊

330000－1701－0006985 善006470 集部/別集類/明別集

江止庵遺集八卷首一卷 (明)江天一撰 清康熙洪源祭書艸堂刻本 四冊

330000－1701－0006986 善006471 集部/別集類/清別集

竹葉庵文集三十三卷 (清)張塤撰 清乾隆五十一年(1786)吳縣張塤刻本 四冊

330000－1701－0006987 善006472 集部/

別集類/清別集

讀書堂綵衣全集四十六卷 （清）趙士麟撰 （清）梁永淳等輯 （清）趙宸黼編 清康熙三十五年(1696)刻本 二十冊 存四十二卷（一至四十二）

330000－1701－0006988 善 006473 集部/別集類/清別集

滄洲近詩十卷 （清）陳鵬年撰 清乾隆二十七年(1762)陳樹芝刻本 十冊

330000－1701－0006989 善 006474 集部/別集類/清別集

御製詩集十卷第二集十卷 （清）聖祖玄燁撰 （清）高士奇輯 清康熙四十二年(1703)刻本 二冊 存十卷(第二集一至十)

330000－1701－0006990 善 006475 集部/別集類/清別集

璇璣碎錦二卷 （清）萬樹撰 清乾隆五年(1740)揚州江氏柏香堂刻本 二冊

330000－1701－0006991 善 006476 集部/別集類/清別集

玉芝堂文集六卷詩集三卷 （清）邵齊燾撰 清乾隆刻本 六冊 存六卷(文集一至六)

330000－1701－0006992 善 006477 集部/別集類/清別集

石園全集三十卷 （清）李元鼎 （清）朱中楣撰 清康熙四十二年(1703)李振祺、李振裕香雪堂刻雍正印本 六冊

330000－1701－0006993 善 006478 集部/別集類/清別集

生香書屋文集四卷詩集七卷恩光集三卷 （清）陳浩撰 清乾隆刻本 十二冊

330000－1701－0006994 善 006479 集部/別集類/清別集

朱文端公集四卷 （清）朱軾撰 清乾隆二年(1737)刻本 四冊

330000－1701－0006995 善 006480 集部/別集類/清別集

集虛齋學古文十卷附離騷經解畧一卷 （清）方楘如撰 清乾隆方超然刻本 六冊 缺一卷(七)

330000－1701－0006996 善 006481 子部/雜著類/雜說之屬

容膝居雜錄六卷 （清）葛芝撰 清刻本 四冊

330000－1701－0006997 善 006482 集部/別集類/清別集

道貴堂類稿十二種 （清）徐倬撰 清康熙刻本 二冊 存一種

330000－1701－0006998 善 006483 集部/別集類/清別集

卓山詩集十六卷 （清）帥家相撰 清嘉慶二年(1797)賜書堂刻本 八冊

330000－1701－0006999 善 006484 集部/別集類/清別集

柳南詩鈔十卷文鈔六卷 （清）王應奎撰 清乾隆十七年(1752)刻本 六冊

330000－1701－0007000 善 006485 集部/別集類/明別集

慎修堂集二十卷 （明）亢思謙撰 明萬曆三十二年(1604)刻清康熙十五年(1676)河汾亢宗瑗重修本 十冊

330000－1701－0007001 善 006486 集部/別集類/清別集

安雅堂全集七種 （清）宋琬撰 清順治至乾隆刻本 五冊 存六種

330000－1701－0007002 善 006497 類叢部/叢書類/自著之屬

杭大宗七種叢書 （清）杭世駿撰 清乾隆杭賓仁羊城刻本 二冊

330000－1701－0007003 善 006498 類叢部/叢書類/自著之屬

王漁洋遺書三十八種 （清）王士禛撰 清刻本 十二冊 存十種

330000－1701－0007004 善 006499 集部/別集類/清別集

與我周旋集詩十二卷文二卷四六一卷雜體一卷附寧武府志序一卷 (清)魏元樞撰 清乾隆五十八年(1793)清祜堂刻本 八册 缺一卷(附寧武府志序)

330000－1701－0007005 善 006500 集部/別集類/清別集
柳村詩集十二卷 (清)董訥撰 清康熙五十年(1711)刻本 六册

330000－1701－0007006 善 006491 集部/別集類/清別集
華海堂詩八卷 (清)張熙純撰 清刻本 四册

330000－1701－0007007 善 006492 集部/別集類/清別集
擇石齋詩集五十卷 (清)錢載撰 清乾隆刻本 六册

330000－1701－0007008 善 006493 集部/別集類/清別集
孱守齋遺稾四卷 (清)姚世鈺撰 清乾隆十八年(1753)張四科刻本 四册

330000－1701－0007009 善 006494 經部/叢編
李氏成書五種 (清)李文炤撰 清四爲堂刻本 六册 存一種

330000－1701－0007010 善 006495 集部/別集類/清別集
尋樂齋詩集八卷 (清)戴有祺撰 清刻本 一册 存四卷(一至四)

330000－1701－0007011 善 006496 集部/楚辭類
山帶閣註楚辭六卷首一卷餘論二卷説韻一卷 (清)蔣驥撰 清雍正五年(1727)武進蔣驥山帶閣刻本 四册

330000－1701－0007012 善 006501 集部/總集類/郡邑之屬
影園瑤華集三卷 (明)鄭元勳輯 清乾隆二十七年(1762)鄭開基刻本 二册

330000－1701－0007013 善 006502 類叢部/叢書類/自著之屬
亭林遺書十種 (清)顧炎武撰 清康熙吳江潘氏遂初堂刻本 清趙彦修題簽並記 六册

330000－1701－0007014 善 006503 集部/別集類/清別集
紺寒亭詩集七卷文集四卷 (清)趙俞撰 清康熙嘉定趙俞刻本 八册

330000－1701－0007015 善 006504 集部/別集類/清別集
西原草堂文集四卷 (清)蔣恭棐撰 清乾隆長洲蔣氏刻本 四册

330000－1701－0007016 善 006505 集部/別集類/宋別集
宋端明殿學士蔡忠惠公文集三十六卷首一卷 (宋)蔡襄撰 **宋蔡忠惠公別紀補遺二卷** (明)徐𤊹編 (明)宋珏增補 清雍正十二年至乾隆五年(1734－1740)蔡仕舢、蔡廷魁遜敏齋刻本 二十三册

330000－1701－0007017 善 006506 集部/別集類/宋別集
施註蘇詩四十二卷總目二卷 (宋)蘇軾撰 (宋)施元之 (宋)顧禧注 (清)顧嗣立 (清)邵長蘅 (清)宋至刪補 **蘇詩續補遺二卷** (清)馮景補註 **王註正譌一卷** (清)邵長蘅撰 **東坡先生[蘇軾]年譜一卷** (宋)王宗稷編 清康熙三十八年(1699)商丘宋犖宛委堂刻本 清麐仙題記並批點 十册

330000－1701－0007018 善 006507 集部/總集類/選集之屬/斷代
二家詩鈔二十卷 (清)邵長蘅編 清康熙三十四年(1695)刻本 八册

330000－1701－0007019 善 006508 集部/總集類/郡邑之屬
練川十二家詩十二卷 (清)王鳴盛編 清乾隆二十九年(1764)嘉定王鳴盛刻本 二册

330000－1701－0007020 善 006509 集部/別集類/明別集

紫峯陳先生文集十三卷 (明)陳琛撰 (清)張岳選 **陳紫峯先生[琛]年譜三卷** (明)陳敦履 (明)陳敦豫編 清乾隆三十三年(1768)陳氏刻本 八册

330000－1701－0007021 善006510 集部/別集類/明別集

青邱高季迪先生詩集十八卷首一卷遺詩一卷扣舷集一卷鳧藻集五卷附錄一卷 (明)高啓撰 (清)金檀輯注 清雍正六年至七年(1728－1729)金氏文瑞樓刻乾隆墨華池館印本 十册

330000－1701－0007022 善006511 集部/別集類/清別集

蕉林詩集十八卷 (清)梁清標撰 清康熙十七年(1678)梁允植武林刻本 八册

330000－1701－0007023 善006512 類叢部/叢書類/自著之屬

陸雲士雜著九種 (清)陸次雲撰 清康熙刻本 十六册 缺一卷(北墅緒言一)

330000－1701－0007024 善006513 集部/總集類/選集之屬/斷代

擷芳集八十卷 (清)汪啓淑輯 清乾隆五十年(1785)古歙汪啓淑飛鴻堂刻本 二十册 存四十卷(一至四十)

330000－1701－0007025 善006514 集部/總集類/選集之屬/通代

御定歷代賦彙一百四十卷外集二十卷逸句二卷補遺二十二卷目錄三卷 (清)陳元龍輯 清康熙四十五年(1706)內府刻本 五十册 缺二十二卷(補遺一至二十二)

330000－1701－0007026 善006515 類叢部/叢書類/自著之屬

徐位山先生六種 (清)徐文靖撰 清雍正至乾隆刻志寧堂彙印本 二十二册 缺五卷(天下山河兩戒考一、圖,管城碩記六至八)

330000－1701－0007027 善006516 集部/總集類/選集之屬/通代

唐宋八大家文分體讀本第一集八卷第二集八卷第三集八卷附錄一卷 (清)汪份定 清康熙五十八年(1719)遄喜齋刻本 二十八册

330000－1701－0007028 HJL2637 集部/別集類/清別集

松壽堂詩鈔十卷 陳夔龍撰 清宣統三年(1911)京師刻本 四册

330000－1701－0007029 善006517 集部/別集類/清別集

御製避暑山莊詩二卷 (清)聖祖玄燁撰 (清)揆敘等注 清康熙五十一年(1712)內府刻朱墨套印本 二册

330000－1701－0007030 善006518 集部/總集類/選集之屬/斷代

唐省試詩十卷丁丑會試詩一卷 (清)陳訏箋評 清乾隆刻本 二册

330000－1701－0007031 善006519 集部/別集類/唐五代別集

王右丞集二十八卷首一卷末一卷 (唐)王維撰 (清)趙殿成箋注 清乾隆仁和趙殿成刻本 十二册

330000－1701－0007032 善006520 集部/別集類/清別集

退菴文集不分卷 (清)陶貞一撰 清乾隆貽清堂刻本 一册

330000－1701－0007033 善006521 集部/別集類/清別集

思綺堂文集十卷 (清)章藻功撰 清康熙六十一年(1722)聚錦堂刻本 十册

330000－1701－0007034 善006522 集部/別集類/清別集

王艮齋詩集十卷文集四卷 (清)王峻撰 清乾隆十八年(1753)長洲蔣棨玉照堂刻本 三册

330000－1701－0007035 善006523 集部/別集類/清別集

含谿詩草二十卷 (清)王秉韜撰 清嘉慶元年(1796)刻本 六册

330000－1701－0007036　善 006524　集部/別集類/清別集

世宗憲皇帝御製文集三十卷總目四卷　（清）世宗胤禛撰　**交輝園遺稿一卷**　（清）胤祥撰　清乾隆三年（1738）内府刻本　十七册

330000－1701－0007037　善 006525　集部/別集類/清別集

澹仙詩鈔四卷詞鈔四卷賦鈔一卷文鈔一卷（清）熊璉撰　清嘉慶二年（1797）曹龍樹刻本　四册

330000－1701－0007038　善 006526　集部/別集類/明別集

賜餘堂集十卷　（明）錢士升撰　（清）陸奎勳編次　**［錢士升］年譜一卷**　（明）許重熙編　清乾隆四年至五年（1739－1740）嘉善錢佳刻本　六册

330000－1701－0007039　善 006527　集部/別集類/清別集

畫舫齋詩集□□卷　（清）王頊齡撰　清康熙刻本　八册　存十三卷（詩集一至二、二集一至二、三集二、四集一至二、五集一至二、六集一至二、七集一至二）

330000－1701－0007040　善 006528　集部/別集類/清別集

思誠堂集二卷　（清）吴璵撰　清乾隆三十四年（1769）太平趙熟典刻本　二册

330000－1701－0007041　善 006529　集部/總集類/選集之屬/斷代

驪珠集六卷詩二卷　（清）靈璧子等撰　清康熙儼思堂刻本　五册

330000－1701－0007042　善 006530　集部/別集類/明別集

弘藝錄三十二卷首一卷　（明）邵經邦撰　清康熙二十四年（1685）邵遠平刻本　五册

330000－1701－0007043　善 006531　集部/別集類/清別集

最樂堂文集六卷　（清）喬光烈撰　（清）牛運震評　清乾隆十九年（1754）上海喬光烈刻本　四册

330000－1701－0007044　善 006532　集部/別集類/清別集

梅崖居士文集三十卷首一卷外集八卷　（清）朱仕琇撰　清乾隆四十七年（1782）新城魯仕驥刻道光重修本　十册　缺八卷（外集一至八）

330000－1701－0007045　善 006533　集部/別集類/明別集

讀書後八卷　（明）王世貞撰　清乾隆二十七年（1762）天隨堂刻本　二册

330000－1701－0007046　善 006534　集部/總集類/氏族之屬

述本堂詩集十六卷龍沙紀畧一卷　（清）方式濟撰　清乾隆桐城方氏述本堂刻本　八册

330000－1701－0007047　善 006535　集部/別集類/清別集

林臥遙集二卷千疊波餘一卷　（清）趙吉士撰　清康熙萬青閣刻本　四册

330000－1701－0007048　善 006536　子部/藝術類/遊藝之屬/棋弈

弈萃一卷官子一卷　（清）卞文恆輯　清嘉慶二十一年（1816）邗江卞氏味書齋刻本　四册

330000－1701－0007049　善 006537　類叢部/類書類/通類之屬

讀書紀數略五十四卷　（清）宫夢仁輯　清康熙四十六年（1707）宫夢仁刻本　十六册

330000－1701－0007050　善 006538　集部/別集類/清別集

沈氏羣峯集五卷外集一卷韓詩故二卷　（清）沈清瑞撰　清嘉慶元年（1796）鶴壽山堂刻本　六册

330000－1701－0007051　善 006539　集部/別集類/清別集

唐宋舊經樓詩稿七卷　（清）孔璐華撰　清嘉慶刻道光續刻本　二册

330000－1701－0007052　善 006540　集部/

別集類/清別集

嚴逸山先生文集十三卷 (明)嚴書開著 清康熙刻本(卷十二原缺) 四冊

330000-1701-0007053 善006541 子部/藝術類/遊藝之屬/雜藝

七巧八分圖十六卷補遺一卷 (清)錢芸吉撰 (清)王念慈編繪 清同治十三年至光緒元年(1874-1875)廬陵王氏求是齋刻藍印本 八冊

330000-1701-0007054 善006542 子部/藝術類/書畫之屬

桐陰論畫二卷首一卷附錄一卷畫訣一卷續桐陰論畫一卷二編二卷三編二卷 (清)秦祖永撰 清同治三年至光緒八年(1864-1882)刻朱墨套印本 八冊

330000-1701-0007055 善006543 子部/宗教類/佛教之屬/總録

御錄經海一滴六卷 (清)世宗胤禛輯 清雍正十三年(1735)内府刻本 六冊

330000-1701-0007056 善006544 子部/宗教類/佛教之屬

二十八經同函一百四十四卷 (清)世宗胤禛敕編 清雍正十三年(1735)内府刻本 一冊 存一種

330000-1701-0007057 善006545 集部/總集類/選集之屬/斷代

御選唐詩三十二卷目錄三卷 (清)聖祖玄燁輯 (清)陳廷敬等輯注 清康熙五十二年(1713)内府刻朱墨套印本 六十四冊

330000-1701-0007058 善006546 集部/總集類/選集之屬/斷代

御定全唐詩錄一百卷詩人年表一卷 (清)徐倬等輯 清康熙四十五年(1706)揚州詩局刻本 二十冊

330000-1701-0007059 善006547 集部/總集類/選集之屬/斷代

元詩選初集一百十四卷二集一百三卷三集一百三卷首一卷 (清)顧嗣立輯 清康熙長洲顧嗣立秀野草堂刻本 三十四冊 缺一百三卷(三集一至一百三)

330000-1701-0007060 善006548 類叢部/叢書類/自著之屬

西堂全集四種附一種 (清)尤侗撰 清康熙刻本 十六冊 存一種

330000-1701-0007061 善006549 集部/總集類/選集之屬/通代

樂府正義十五卷首一卷 (清)朱乾撰 清乾隆五十四年(1789)秬香堂刻本 十二冊

330000-1701-0007062 善006550 集部/別集類/清別集

曝書亭集八十卷附錄一卷 (清)朱彝尊撰 **笛漁小稾十卷** (清)朱昆田撰 清康熙五十三年(1714)朱稻孫刻雍正重修本 十二冊

330000-1701-0007063 善006551 集部/別集類/宋別集

韋齋集十二卷 (宋)朱松撰 **玉瀾集一卷** (宋)朱槔撰 **蜀中草一卷** (清)朱昪撰 清康熙四十九年(1710)新安朱昌辰刻本 八冊

330000-1701-0007064 善006552 集部/別集類/唐五代別集

溫飛卿詩集七卷別集一卷集外詩一卷附錄諸家詩評一卷 (唐)溫庭筠撰 (明)曾益注 (清)顧予咸補注 (清)顧嗣立續注 清刻本 二冊

330000-1701-0007065 善006553 集部/別集類/宋別集

趙清獻公集十卷目錄二卷 (宋)趙抃撰 明萬曆十六年(1588)詹思謙刻南陽趙用楝後印本 六冊

330000-1701-0007066 善006554 類叢部/叢書類/自著之屬

西澗草堂全集四種附一種 (清)閻循觀撰 清乾隆三十八年(1773)樹滋堂刻本 八冊 存四種

330000-1701-0007067 善006555 史部/政書類/公牘檔冊之屬

于清端公政書八卷外集一卷首編一卷　(清)于成龍撰　(清)蔡方炳　(清)諸匡鼎編　清康熙四十六年(1707)于準刻本　十二冊　存八卷(一至八)

330000－1701－0007068　善 006556　子部/儒家類/儒學之屬/性理
語餘謾錄十九卷　(清)汪璲撰　**附集二卷**　(清)汪鈞編　清康熙四十七年(1708)新安書院刻本　十二冊

330000－1701－0007069　善 006557　子部/小說家類/異聞之屬
閱微草堂筆記二十四卷　(清)紀昀撰　清刻本　十二冊

330000－1701－0007070　善 006558　類叢部/叢書類/彙編之屬
武英殿聚珍版書一百三十八種　清乾隆武英殿木活字印本　三冊　存一種

330000－1701－0007071　善 006559　子部/雜著類/雜說之屬
陶廬雜錄六卷　(清)法式善撰　清嘉慶二十二年(1817)北平陳預刻本　六冊

330000－1701－0007072　善 006560　類叢部/叢書類/自著之屬
潛研堂全書十六種　(清)錢大昕撰　清乾隆至嘉慶刻本　八冊　存一種

330000－1701－0007073　善 006561　集部/總集類/選集之屬/通代
歷朝名媛詩詞十二卷　(清)陸昶輯　清乾隆三十八年(1773)吳門陸昶紅樹樓刻本　四冊

330000－1701－0007074　善 006562　集部/別集類/唐五代別集
李太白文集三十卷　(唐)李白撰　清康熙五十六年(1717)吳門繆曰芑雙泉草堂刻本　十二冊

330000－1701－0007075　善 006563　子部/藝術類/書畫之屬/畫譜
列仙酒牌一卷　(清)任熊繪　清咸豐四年(1854)蔡照初刻本　二冊

330000－1701－0007076　善 006575　類叢部/叢書類/彙編之屬
祕書廿一種　(清)汪士漢編　清刻本　十六冊　缺一卷(汲冢周書十)

330000－1701－0007077　善 006565　子部/藝術類/書畫之屬/題跋
鴻雪齋題畫小品六卷　(清)汪卓撰　清嘉慶餘古堂刻本　四冊

330000－1701－0007078　善 006566　類叢部/類書類/通類之屬
類書纂要三十三卷　(清)周魯輯　清康熙三年(1664)無錫侯杲天和堂刻本　十冊

330000－1701－0007079　善 006567　類叢部/叢書類/彙編之屬
檀几叢書五十種二集五十種餘集四十七種附政十種　(清)王晫　(清)張潮編　清康熙三十四年至三十六年(1695－1697)新安張氏霞舉堂刻本　十冊

330000－1701－0007080　善 006568　子部/天文曆算類/天文之屬
琅嬛天文集四卷　(清)陳太初撰　清嘉慶八年(1803)雲門抱蘭軒木活字印本　四冊

330000－1701－0007081　善 006569　集部/別集類/宋別集
南軒先生文集四十四卷　(宋)張栻撰　清康熙四十五年(1706)華氏劍光書屋刻本　十六冊

330000－1701－0007082　善 006570　類叢部/類書類/通類之屬
廣事類賦四十卷　(清)華希閔撰　清乾隆二十五年(1760)錫山華氏劍光閣刻本　七冊　缺六卷(二十九至三十四)

330000－1701－0007083　善 006571　子部/道家類
清微黃籙大齋科儀十二卷　(清)婁近垣輯　清乾隆十五年(1750)和親王弘晝刻本　八冊

330000－1701－0007085　普 915.12198/0032/c1　史部/地理類/方志之屬/郡縣志

[道光]直隸定州志二十二卷首一卷　(清)寶琳　(清)勞沅恩纂修　清道光二十九年(1849)刻本　十二册

330000－1701－0007086　善 006573　子部/術數類/占卜之屬

河洛精蘊九卷　(清)江永撰　清乾隆三十九年(1774)旌德黄聖謙藴真書屋刻五十年(1785)印本　四册

330000－1701－0007087　善 006574　史部/傳記類/總傳之屬/仕宦

滿漢名臣傳二百二十卷　(清)國史館撰　清抄本　清黄彭年校　清趙子玉批並跋　一百册

330000－1701－0007088　善 006564　子部/藝術類/書畫之屬/畫譜

卅三劍客圖一卷　(清)任熊繪　清咸豐六年(1856)蔡照初刻本　二册

330000－1701－0007089　善 006576　子部/雜著類/雜説之屬

黄嬭餘話八卷　(清)陳錫路撰　清乾隆三十七年(1772)芸香窩刻本　四册

330000－1701－0007090　善 006577　子部/雜著類/雜説之屬

隱居通議三十一卷　(元)劉壎撰　(清)劉冠寰輯　清嘉慶六年(1801)愛餘堂刻本　八册

330000－1701－0007091　善 006578　史部/政書類/律令之屬/判牘

刑部比照加減成案續編三十二卷首一卷　(清)許梿訂　清道光十四年(1834)杭州許梿刻本　十六册

330000－1701－0007092　善 006579　類叢部/叢書類/自著之屬

王漁洋遺書三十八種　(清)王士禛撰　清刻本　三册　存一種

330000－1701－0007093　SY00001　史部/金石類/璽印之屬

漢銅印叢十二卷　(清)汪啓淑輯　清乾隆十七年(1752)刻鈐印本　二册　存二卷(一至二)

330000－1701－0007094　SY00002　史部/金石類/璽印之屬

續古印式二卷　(清)黄錫蕃述　清乾隆六十年(1795)刻鈐印本　二册

330000－1701－0007095　SY00003　子部/藝術類/篆刻之屬/印譜

印譜不分卷　清鈐印本　二册

330000－1701－0007096　SY00004　史部/金石類/璽印之屬

吉金齋古銅印譜六卷續一卷　(清)何昆玉輯　清同治八年(1869)刻鈐印本　七册

330000－1701－0007097　SY00005　子部/藝術類/篆刻之屬/印譜

樂石齋印譜一卷　(清)何昆玉篆刻　清同治刻鈐印本　一册

330000－1701－0007098　SY00006　史部/金石類/璽印之屬

古銅印譜不分卷　清鈐印本　邵裴子題簽並記　十二册

330000－1701－0007099　SY00007　史部/金石類/璽印之屬

秦漢銅章攟集四卷　(清)潘正煒藏並輯　清道光十二年(1832)番禺潘氏汲古齋刻鈐印本　四册

330000－1701－0007100　SY00008　史部/金石類/璽印之屬/通考

二百蘭亭齋古印攷藏六卷　(清)吳雲輯　清同治三年(1864)刻鈐印本　二册

330000－1701－0007101　SY00009　史部/金石類/璽印之屬

十六金符齋印存不分卷　(清)吳大澂輯　清鈐印本　十二册

330000－1701－0007103　SY00011　史部/金石類/璽印之屬

漢印偶存一卷姚氏印存一卷　(清)姚觀元藏並撰　清光緒元年(1875)歸安姚氏咫進齋刻

鈐印本　三冊

330000－1701－0007105　SY00013　史部/金石類/璽印之屬/雜著

瞻麓齋古印徵不分卷　龔心釗輯　清光緒十九年(1893)合肥龔心釗刻鈐印本　八冊

330000－1701－0007106　SY00014　史部/金石類/璽印之屬

龔懷西藏印不分卷　(清)龔心釗藏　(清)王秀仁拓　清末鈐拓剪貼本　高時顯題簽並記　二冊

330000－1701－0007107　SY00015　史部/金石類/璽印之屬

漱芳書屋集古四卷　(清)孫思敬輯　清光緒十九年(1893)刻鈐印本　陶濬宣題簽　四冊

330000－1701－0007108　SY00016　子部/藝術類/篆刻之屬/印譜

鳴玉山房印存不分卷　(清)王同烈輯　清末鈐印本　三十六冊

330000－1701－0007110　SY00018　史部/金石類/璽印之屬

漢印過眼本一卷　童大年輯　清光緒二十七年(1901)鈐印本　童大年題簽並記　一冊

330000－1701－0007121　SY00029　史部/金石類/璽印之屬

古印輯存一卷　清光緒鈐拓剪貼本　清趙元禮題詩　清徐樹鈞引首　清張立勳繪圖並記　一冊

330000－1701－0007125　SY00033　史部/金石類/璽印之屬

南海馮氏小竟山堂藏印不分卷　(清)馮□□輯　清末鈐印本　二冊

330000－1701－0007130　SY00038　子部/藝術類/篆刻之屬/印譜

退齋印類十卷　(清)汪啓淑輯　清乾隆三十二年(1767)刻鈐印本　四冊　存六卷(一至二、五至七、十)

330000－1701－0007131　SY00039　子部/藝術類/篆刻之屬/印譜

高氏家藏印章一卷　(清)高積厚藏　(清)高師謙輯　清高師謙刻鈐印本　一冊

330000－1701－0007132　SY00040　子部/藝術類/篆刻之屬/印譜

松筠桐蔭館印譜四卷　(清)郭偉勣等篆刻　清乾隆四十三年(1778)鈐印本　四冊

330000－1701－0007133　SY00041　子部/藝術類/篆刻之屬/印譜

松筠桐蔭館印譜四卷　(清)郭偉勣等篆刻　清乾隆四十三年(1778)鈐印本　一冊　存一卷(三)

330000－1701－0007135　SY00043　史部/金石類/璽印之屬

靈芬館印存二卷　(清)郭麐篆刻　清光緒二十年(1894)昌羊室刻鈐拓本　一冊　存一卷(上)

330000－1701－0007136　SY00044　子部/藝術類/篆刻之屬/印譜

寶史齋古印存不分卷　陸樹基輯　清光緒鈐拓本　八冊

330000－1701－0007137　SY00045　子部/藝術類/篆刻之屬/印譜

印鑑不分卷　(清)胡槿編　清末鈐印本　二冊

330000－1701－0007138　SY00046　子部/藝術類/篆刻之屬/印譜

二弩精舍印賞不分卷　趙時棡輯　清光緒二十三年(1897)刻鈐印本　八冊

330000－1701－0007139　SY00047　子部/藝術類/篆刻之屬/印譜

吳廷康印譜不分卷　(清)吳廷康藏　清鈐拓本　四冊

330000－1701－0007140　SY00048　子部/藝術類/篆刻之屬/印譜

福盦藏印初集不分卷二集不分卷　王禔藏　清光緒三十二年(1906)鈐拓本　八冊

330000－1701－0007141　SY00049　子部/藝術類/篆刻之屬/印譜

福盦藏印十六卷　王禔藏　清末西泠印社刻鈐拓本　十六册

330000－1701－0007143　SY00051　子部/藝術類/篆刻之屬/印譜

西泠四家印譜　(清)□□輯　清末鈐印本　四册

330000－1701－0007144　SY00052　子部/藝術類/篆刻之屬/印譜

西泠四家印譜　(清)□□輯　清光緒鈐印本　四册

330000－1701－0007145　SY00053　子部/藝術類/篆刻之屬/印譜

西泠四家印譜附存三家　(清)丁丙輯　清光緒十一年(1885)鈐印本　八册

330000－1701－0007146　SY00054　子部/藝術類/篆刻之屬/印譜

杭八大家印譜不分卷　(清)吳頌其　(清)謝鏞輯並拓　清末鈐拓剪貼本　清謝鏞跋　六册

330000－1701－0007147　SY00055　子部/藝術類/篆刻之屬/印譜

秋蘅池館印存不分卷　(清)王薌泉輯　清光緒鈐拓本　二册

330000－1701－0007154　SY00062　子部/藝術類/篆刻之屬/印譜

松舫集名人印譜一卷　(清)胡宗姚收藏　清道光十五年(1835)鈐印本　清任壽祺題簽　一册

330000－1701－0007162　SY00070　子部/藝術類/篆刻之屬/印譜

立雪齋印譜四卷　(清)程大年篆刻　清康熙呂顯標刻鈐印本　四册

330000－1701－0007163　SY00071　子部/藝術類/篆刻之屬/印譜

寶硯齋印譜一卷　(清)林臯篆　(清)趙虹訂　清康熙刻鈐印本　童大年題記　一册

330000－1701－0007164　SY00072　子部/藝術類/篆刻之屬/印譜

寶硯齋印譜一卷　(清)林臯篆　(清)趙虹訂　清康熙刻鈐印本　一册

330000－1701－0007165　SY00073　子部/藝術類/篆刻之屬/印譜

存古齋印譜一卷　(清)衛承芳篆　清康熙存古齋刻鈐印本　一册

330000－1701－0007166　SY00074　子部/藝術類/篆刻之屬/印譜

斯翼堂印譜四卷　(清)吳青震篆　清檇李吳青震斯翼堂刻鈐印本　二册　存二卷(一至二)

330000－1701－0007167　SY00075　子部/藝術類/篆刻之屬/印論

印證一卷　(清)吳先聲篆　**敦好堂論印一卷**　(清)吳先聲撰　清康熙三十四年(1695)柏鄉魏勷刻鈐印本　一册

330000－1701－0007168　SY00076　子部/藝術類/篆刻之屬/印譜

目耕堂印譜一卷　(清)姚弘倜篆　(清)陳守揚藏　清康熙刻鈐印本　一册

330000－1701－0007169　SY00077　子部/藝術類/篆刻之屬/印譜

謙齋印譜二卷　(清)沈鳳篆刻　清鈐印本　二册

330000－1701－0007170　SY00078　子部/藝術類/篆刻之屬/印譜

印香閣印譜二卷　(清)趙錫綬篆　(清)趙清遠輯　(清)杜瑗釋文　清刻鈐印本　四册

330000－1701－0007171　SY00079　子部/藝術類/篆刻之屬/印譜

文昌帝君陰騭文一卷　(清)俞元龍篆勒　清乾隆三年(1738)楚鄂崔應階研露樓刻鈐印本　胡宗然題記　一册

330000－1701－0007172　SY00080　子部/藝術類/篆刻之屬/印譜

松園印譜不分卷　(清)賈永篆刻　清乾隆四

十八年(1783)福壽堂刻鈐印本　二册

330000－1701－0007173　SY00081　子部/藝術類/篆刻之屬/印譜
蒼谷印譜一卷　(清)楊晦篆　(清)王峸藏　清乾隆三十年(1765)刻鈐印本　一册

330000－1701－0007174　SY00082　子部/藝術類/篆刻之屬/印譜
小隱山房印譜不分卷　(清)程沅篆刻　清乾隆鈐印本　二册

330000－1701－0007175　SY00083　子部/藝術類/篆刻之屬/印譜
松雪堂印萃四卷　(清)郭啓翼篆刻　清乾隆五十年(1785)鈐印本　四册

330000－1701－0007176　SY00084　子部/藝術類/篆刻之屬/印譜
我娱齋摹印一卷　(清)高積厚篆刻　**印述一卷印辨一卷**　(清)高積厚撰　清乾隆二十一年(1756)武林高氏我娱齋刻藍印鈐印本　一册

330000－1701－0007177　SY00085　子部/藝術類/篆刻之屬/印譜
西廂篆草一卷南華篆刻一卷　(清)饒師清篆刻　清乾隆鈐印本　二册

330000－1701－0007178　SY00086　子部/藝術類/篆刻之屬/印譜
澄懷堂印譜四卷　(清)王玉如篆　(清)葉錦藏　清乾隆十一年(1746)刻鈐印本　九册

330000－1701－0007179　SY00087　子部/藝術類/篆刻之屬/印譜
研山印草六卷　(清)王玉如手鐫　(清)鞠履厚珍藏　(清)嚴煜校釋　(清)鞠履恭同訂
坤皋鐵筆二卷　(清)鞠履厚篆刻　(清)嚴煜釋文　(清)吴彭年校對　(清)徐觀海考訂
印文考畧一卷補一卷附漢隸辨異歌一卷　(清)鞠履厚輯　(清)鞠履德校　清乾隆刻鈐印本　四册

330000－1701－0007180　SY00088　子部/藝術類/篆刻之屬/印譜
古鉢印文傳二卷　(清)陳佩綱摹刻　清鈐印本　周大輔題簽並記　金石壽題簽並跋　一册

330000－1701－0007181　SY00089　子部/藝術類/篆刻之屬/印譜
澡雪老人印譜一卷　(清)徐堅篆刻　(清)盛杲手印　清鈐印本　一册

330000－1701－0007182　SY00090　子部/藝術類/篆刻之屬/印譜
黄山印藪一卷　(清)項懷述篆　清乾隆四十一年(1776)古歙項懷述伊蔚齋鈐印本　一册

330000－1701－0007183　SY00091　子部/藝術類/篆刻之屬/印譜
醉愛居印賞二卷又一卷　(清)王睿章篆　清乾隆刻鈐印本　二册　存一卷(又一卷)

330000－1701－0007184　SY00092　子部/藝術類/篆刻之屬/印譜
友石軒印譜不分卷　(清)錢廷棟篆刻　清乾隆蓉江錢廷棟友石軒鈐印本　四册

330000－1701－0007185　SY00093　子部/藝術類/篆刻之屬/印譜
文亭二集印草二卷　(清)畢以繡篆　清嘉慶二十年(1815)鈐印本　二册

330000－1701－0007186　SY00094　子部/藝術類/篆刻之屬/印譜
南薌印存不分卷續印存不分卷　(清)吴文徵篆刻　清鈐印本　清殷長福、清張振□、清孔昭虔、清洪範跋　清郭汝礪、清張問陶、清陳文述觀款　六册

330000－1701－0007187　SY00095　子部/藝術類/篆刻之屬/印論
映雪堂印譜二卷　(清)孫履仁篆　(清)孫汝舟輯　清嘉慶刻鈐印本　二册

330000－1701－0007188　SY00096　子部/藝術類/篆刻之屬/印譜
印商二卷　(清)林霔篆　清嘉慶吴大振刻鈐印本　二册

330000－1701－0007189　SY00097　子部/藝術類/篆刻之屬/印譜
清承堂印賞初集一卷二集一卷　(清)張孝孚鑒藏　清嘉慶十九年(1814)刻鈐印本　二冊

330000－1701－0007190　SY00098　子部/藝術類/篆刻之屬/印譜
是亦樓印學不分卷　(清)施庭佩篆　清嘉慶二十二年(1817)鈐印本　夢生(陽明夢客)題簽　四冊

330000－1701－0007191　SY00099　子部/藝術類/篆刻之屬/印譜
種榆仙館摹印不分卷　(清)陳鴻壽篆刻　清道光元年(1821)刻鈐印本　沈倬章跋　五冊

330000－1701－0007192　SY00100　子部/藝術類/篆刻之屬/印譜
簠齋印譜一卷　(清)陳介祺藏　清鈐印本　一冊

330000－1701－0007193　SY00101　子部/藝術類/篆刻之屬/印譜
補羅迦室印譜不分卷　(清)趙之琛篆刻　清道光八年(1828)鈐印本　四冊

330000－1701－0007194　SY00102　子部/藝術類/篆刻之屬/印譜
古蝸篆居印述四卷　(清)程邃等篆　(清)程芝華摹刻　清道光刻鈐印本　二冊

330000－1701－0007195　SY00103　子部/藝術類/篆刻之屬/印譜
古蝸篆居印述四卷　(清)程邃等篆　(清)程芝華摹刻　清道光刻鈐印本　四冊

330000－1701－0007196　SY00104　子部/藝術類/篆刻之屬/印譜
桂山印賸一卷　(清)孫三錫篆　(清)孫振麟集拓　清平湖孫氏雪映廬鈐拓本　二冊

330000－1701－0007197　SY00105　子部/藝術類/篆刻之屬/印譜
百美印譜不分卷　(清)楊廷紀篆刻　清道光七年(1827)滇榆楊廷紀四知堂刻鈐印本　二冊

330000－1701－0007198　SY00106　子部/藝術類/篆刻之屬/印譜
西清書院圖章不分卷　清鈐印本　二冊

330000－1701－0007199　SY00107　子部/藝術類/篆刻之屬/印譜
具茨山房印稿一卷　(清)李有兆篆　清道光五年(1825)鈐印本　清余俊懋釋文　一冊

330000－1701－0007200　SY00108　子部/藝術類/篆刻之屬/印譜
漱石軒印存四卷印集四卷　(清)鍾權篆刻　清光緒二年(1876)鈐印本　八冊

330000－1701－0007203　SY00111　子部/藝術類/篆刻之屬/印譜
槐廬印譜一卷　(清)吴熙載篆刻　清鈐印本　蔚園題記　一冊

330000－1701－0007204　SY00112　子部/藝術類/篆刻之屬/印譜
二金蜨堂印譜不分卷　(清)趙之謙篆刻　(清)傅栻輯　清末鈐印本　一冊

330000－1701－0007205　SY00113　子部/藝術類/篆刻之屬/印譜
聊自娱齋印存不分卷　(清)趙之謙篆刻　清光緒二十九年(1903)鈐拓本　二冊

330000－1701－0007207　SY00115　子部/藝術類/篆刻之屬/印譜
晚翠亭印意不分卷　(清)胡钁篆　清同治鈐印本　清吴滔、清章綬銜、清李嘉福題簽　清石鶴批　清玉牀題簽並記　清蔣確題記　清楊复觀款　四冊

330000－1701－0007208　SY00116　子部/藝術類/篆刻之屬/印譜
晚翠亭長治印不分卷　(清)胡钁篆　清末鈐印本　清沈景修題詩　二十二冊

330000－1701－0007209　SY00117　子部/藝術類/篆刻之屬/印譜
匏庵印稿一卷　(清)訂頑篆刻　清光緒鈐印本　一冊

330000－1701－0007210　SY00118　子部/藝術類/篆刻之屬/印譜

希呂印存不分卷　李經畬篆刻　清鈐印本　二册

330000－1701－0007211　SY00119　史部/金石類/陶之屬/圖像

瓦當文縮譜不分卷　(清)劉維善輯　清光緒二十五年(1899)刻鈐印本　一册

330000－1701－0007212　SY00120　子部/藝術類/篆刻之屬/印譜

七十二候印譜不分卷　(清)童晏篆刻　清光緒十二年(1886)刻鈐印本　二册

330000－1701－0007213　SY00121　史部/金石類/璽印之屬

兩罍軒印考漫存九卷　(清)吳雲藏並輯　清光緒七年(1881)刻鈐印本　四册

330000－1701－0007214　SY00122　子部/藝術類/篆刻之屬/印譜

古梅閣仿完白山人印賸一卷續編一卷　(清)鄧石如篆　(清)王爾度摹印　(清)張嶼摹邊款　清光緒刻鈐印本　二册

330000－1701－0007215　SY00123　子部/藝術類/篆刻之屬/印譜

梅鶴山房印譜不分卷　(清)王大炘刻　(清)顧榮輯　清末鈐拓本　四册

330000－1701－0007216　SY00124　子部/藝術類/篆刻之屬/印譜

石琴吟館印存一卷　伊立勳篆刻　清光緒鈐印本　一册

330000－1701－0007231　SY00139　子部/藝術類/篆刻之屬/印譜

書中屋印稿□□卷　清刻鈐印本　清曹椿題簽並記　清李朗如題記　二册　存二卷(三至四)

330000－1701－0007232　SY00140　子部/藝術類/篆刻之屬/印譜

彊勉齋印存不分卷　(清)曹世模篆刻　清道光五年(1825)鈐印本　二册

330000－1701－0007233　SY00141　子部/藝術類/篆刻之屬/印譜

西泉印存一卷　王石經篆刻　清鈐印本　一册

330000－1701－0007234　SY00142　子部/藝術類/篆刻之屬/印譜

七家名人印譜　(清)丁敬等篆　清鈐拓本　一册

330000－1701－0007235　SY00143　史部/金石類/璽印之屬

觀自得齋秦漢官私銅印譜不分卷　(清)徐士愷藏並撰　清光緒鈐印本　杰人題簽　四册

330000－1701－0007236　SY00144　子部/藝術類/篆刻之屬/印譜

遯盦印存不分卷　吳隱篆刻　清光緒二十一年(1895)鈐印本　一册

330000－1701－0007237　SY00145　子部/藝術類/篆刻之屬/印譜

西泠印存不分卷　(清)丁敬等篆　清同治鈐拓剪貼本　六册

330000－1701－0007238　SY00146　子部/藝術類/篆刻之屬/印譜

寶史齋古印存不分卷　陸樹基輯　清宣統二年(1910)鈐拓本　六册

330000－1701－0007243　SY00151　子部/藝術類/篆刻之屬/印譜

馬氏印譜不分卷　清鈐印本　清蔡鴻鑑題簽並記　四册

330000－1701－0007244　SY00152　史部/金石類/璽印之屬

古銅印選不分卷　(清)姚觀光輯　清鈐印本　清姚夔題簽並記　王詠霓觀款、題簽並記　二册

330000－1701－0007246　SY00154　子部/藝術類/篆刻之屬/印譜

遂高園額印章二卷　(清)王興堯輯　清乾隆四十九年(1784)刻鈐印本　沈吟鉢題記　二册

330000－1701－0007247　SY00155　子部/藝術類/篆刻之屬/印譜
蘇氏印畧一卷　(明)蘇宣篆刻並輯　明刻鈐印本　一册

330000－1701－0007248　SY00156　史部/金石類/璽印之屬
齊魯古印攈四卷　(清)高慶齡　(清)高嘉鈺輯　清光緒七年至九年(1881－1883)濰縣高氏古雪書莊鈐印本　清周鑾詒跋　趙士權跋並觀款　四册

330000－1701－0007250　SY00158　子部/藝術類/篆刻之屬/印譜
山陰何澂印存一卷　清鈐印本　一册

330000－1701－0007251　SY00159　史部/金石類/璽印之屬
秦漢銅印不分卷　(清)汪彥份鑒賞　清咸豐八年(1858)鈐印本　壹厽題簽　一册

330000－1701－0007253　SY00161　子部/藝術類/篆刻之屬/印譜
慎密齋印正一卷　(清)陸台篆　(清)楊嗣燮等編　清雍正五年(1727)刻鈐印本　一册

330000－1701－0007256　SY00164　史部/金石類/璽印之屬
集古印譜五卷　(明)甘暘輯　**印正附說一卷**　(明)甘暘撰　明萬曆二十四年(1596)甘暘刻鈐印本　四册　存四卷(一至四)

330000－1701－0007257　SY00165　子部/藝術類/篆刻之屬/印譜
文三橋先生印譜一卷　清榮譽得月簃鈐印本　一册

330000－1701－0007259　SY00167　史部/金石類/璽印之屬/通考
二百蘭亭齋古印攷藏六卷　(清)吴雲輯　清同治三年(1864)刻鈐印本　二册

330000－1701－0007261　善 006487　子部/雜著類/雜纂之屬
芝菴雜記四卷　(清)陸雲錦撰　清嘉慶八年(1803)刻本　四册

330000－1701－0007262　善 006488　史部/地理類/專志之屬/古跡
續山東考古錄三十二卷首一卷　(清)葉圭綬撰　清咸豐元年(1851)葉氏蝸角尖廬濟南刻本　六册

330000－1701－0007263　善 006489　類叢部/叢書類/自著之屬
徐位山先生六種　(清)徐文靖撰　清雍正至乾隆刻志寧堂彙印本　十二册　存一種

330000－1701－0007264　善 006490　子部/雜著類/雜說之屬
丞相魏公譚訓十卷　(宋)蘇象先撰　清道光十年(1830)蘇廷玉蘇州刻本　四册

330000－1701－0007267　SY00171　子部/藝術類/篆刻之屬/印譜
秋水園印譜二卷　(清)陳鍊篆　(清)張維霑校　**印說一卷**　(清)陳鍊撰　清乾隆二十五年(1760)雲間張維霑聽流軒刻鈐印本　二册

330000－1701－0007268　SY00172　史部/金石類/璽印之屬/目録
無棣吴氏陶嘉書屋藏印不分卷　(清)吴式芬藏　清道光鈐印本　清陳介祺題記　一册

330000－1701－0007274　SY00178　子部/藝術類/篆刻之屬/印譜
澡雪老人印譜一卷　(清)徐堅篆刻　(清)盛杲手印　清鈐印本　二册

330000－1701－0007275　SY00179　史部/金石類/璽印之屬
匽齋藏古封泥(簠齋藏古封泥)不分卷　(清)陳介祺藏　清末拓剪貼本　一册

330000－1701－0007276　SY00180　子部/藝術類/篆刻之屬/印譜
古松陵七十三老龍石審定印譜不分卷　(清)李錦鴻輯拓　清鈐拓本　清楊澥題簽並記　一册

330000－1701－0007278　SY00182　子部/藝術類/篆刻之屬/印譜
觀自得厽徐氏所藏印存不分卷　吴昌碩篆刻

（清）徐士愷藏　吳隱拓　清末鈐拓本　八册

330000－1701－0007282　普 010. 1021/3734　史部/目録類/專録之屬

西學書目表三卷附一卷讀西學書法一卷　梁啓超撰　盧靖增補並覆校　清光緒二十三年（1897）沔陽盧靖慎始基齋刻本　一册

330000－1701－0007283　普 010. 1021/4217　類叢部/叢書類/自著之屬

惜抱軒遺書三種　（清）姚鼐撰　清光緒五年（1879）桐城徐宗亮刻本　張崟批　二册　存一種

330000－1701－0007289　普 010. 10449/0070/2　類叢部/叢書類/自著之屬

章氏遺書二種　（清）章學誠撰　清道光十二年至十三年（1832－1833）會稽章華紱刻浙江書局補刻本　一册　存一種

330000－1701－0007290　普 010. 10449/2101/c1　子部/雜著類/雜考之屬

羣書拾補三十八種　（清）盧文弨撰　清光緒十三年（1887）上海蜚英館石印本　八册

330000－1701－0007291　普 010. 10449/2101/c2　子部/雜著類/雜考之屬

羣書拾補三十八種　（清）盧文弨撰　清光緒十三年（1887）上海蜚英館石印本　八册

330000－1701－0007292　普 010. 10449/2101/c3　子部/雜著類/雜考之屬

羣書拾補三十八種　（清）盧文弨撰　清光緒十三年（1887）上海蜚英館石印本　八册　缺一卷（春渚紀聞補闕）

330000－1701－0007297　普 010. 10449/4660/2　子部/雜著類/雜考之屬

敦書咫聞二卷附瀛洲咫聞一卷　楊晨撰　清宣統石印本　費寅批並題記　一册

330000－1701－0007298　普 010. 10449/7433/c1　類叢部/叢書類/自著之屬

潛園總集十七種　（清）陸心源撰　清同治至光緒刻本　二十四册　存一種

330000－1701－0007299　普 010. 10449/7433/c2　子部/雜著類/雜考之屬

羣書校補一百卷　（清）陸心源輯　清同治至光緒刻潛園總集本（卷十七、二十七至三十三原缺）　單丕批校　二十四册

330000－1701－0007303　SY00185　子部/藝術類/篆刻之屬/印譜

晚翠亭印稿一卷　（清）胡匊鄰（胡钁）篆刻（清）胡傑人拓　清末鈐印本　清姚孟起題簽並跋　一册

330000－1701－0007305　SY00187　史部/金石類/璽印之屬

集古印藪四卷　（明）王常輯　明萬曆三年（1575）武陵顧從德芸閣刻朱印本　四册

330000－1701－0007306　SY00188　史部/金石類/璽印之屬

漢銅印叢不分卷　（清）汪啓淑輯　清乾隆十七年（1752）汪啓淑刻鈐印本　八册

330000－1701－0007307　SY00189　史部/金石類/璽印之屬

吉金齋古銅印譜六卷續一卷　（清）何昆玉輯　清同治八年（1869）刻鈐印本　七册

330000－1701－0007308　SY00190　史部/金石類/璽印之屬

吉金齋古銅印譜不分卷　（清）何昆玉輯　清鈐印本　四册

330000－1701－0007309　SY00191　史部/金石類/璽印之屬

吉金齋古銅印譜不分卷　（清）何昆玉輯　清鈐印本　二册

330000－1701－0007310　SY00192　史部/金石類/璽印之屬

吉金齋古銅印譜八卷　（清）何昆玉輯　清鈐印本　八册

330000－1701－0007311　SY00193　史部/金石類/璽印之屬

二百蘭亭齋古銅存印十二卷　（清）吳雲輯　清鈐印本　十二册

330000－1701－0007312　SY00194　史部/金石類/璽印之屬
二百蘭亭齋古銅存印十二卷　(清)吳雲輯　清同治鈐印本　清徐康跋　六冊

330000－1701－0007313　SY00195　子部/藝術類/篆刻之屬/印譜
鳴玉山房印存不分卷　(清)王同烈輯　清光緒二十五年(1899)鈐印本　二十冊

330000－1701－0007314　SY00196　史部/金石類/璽印之屬
津西堂初選印券二卷　李濬之輯　清光緒鈐印本　二冊

330000－1701－0007318　SY00200　史部/金石類/璽印之屬
遯盦集古印存十六卷　吳隱輯　清光緒三十四年(1908)西泠印社刻鈐拓印本　四冊　存四卷(初集一至四)

330000－1701－0007328　SY00210　子部/藝術類/篆刻之屬/印譜
名印選存不分卷　(清)章驫輯　清光緒二十五年(1899)鈐印剪貼本　一冊

330000－1701－0007329　SY00211　子部/藝術類/篆刻之屬/印譜
印選□□卷　(明)方元孚篆　明萬曆刻朱印本　一冊　存一卷(一)

330000－1701－0007336　SY00218　子部/藝術類/篆刻之屬/印譜
池上石契集四卷　(清)周孝坤　(清)徐保　(清)徐份　(清)許兆熊篆刻　(清)許兆熊輯　**池上印稾三卷**　(清)徐保　(清)徐份　(清)許兆熊篆刻　(清)許兆熊輯　清鈐印本　六冊

330000－1701－0007337　SY00219　子部/藝術類/篆刻之屬/印譜
池上石契集四卷　(清)周孝坤　(清)徐保　(清)徐份　(清)許兆熊篆刻　(清)許兆熊輯　清嘉慶十八年(1813)鈐印本　二冊　存三卷(周孝坤刻、徐份刻、許兆熊刻)

330000－1701－0007338　SY00220　子部/藝術類/篆刻之屬/印譜
昌羊室印鑑四卷　(清)張廷濟藏　清鈐拓本　四冊

330000－1701－0007342　普 010.10449/9000　子部/雜著類/雜考之屬
羣書斠識九種　(清)平步青撰　清光緒二年至八年(1876－1882)會稽平氏刻本　一冊　存四種

330000－1701－0007343　SY00221　子部/藝術類/篆刻之屬/印譜
小石山房印譜四卷歸去來辭一卷　(清)顧湘　(清)顧浩輯　清道光海虞顧氏小石山房刻鈐印本　五冊

330000－1701－0007344　SY00222　子部/藝術類/篆刻之屬/印譜
五梅花館印賞二卷　(清)嚴熙豫藏　清道光刻藍印鈐印本　二冊

330000－1701－0007345　SY00223　子部/藝術類/篆刻之屬/印譜
延綠簃藏明人百壽印不分卷　(清)倭什洪額輯　清光緒二十一年(1895)鐵嶺倭什洪額刻鈐印本　清蔚園題簽並記　四冊

330000－1701－0007346　SY00224　子部/藝術類/篆刻之屬/印譜
寶史齋古印存不分卷　陸樹基輯　清光緒鈐拓本　二冊

330000－1701－0007347　普 010.10464/1004　史部/目録類/總録之屬
讀書引十二卷　(清)王謨輯　清乾隆四十八年(1783)金谿王謨刻本　六冊

330000－1701－0007348　普 010.10464/1043　史部/目録類/書志之屬/題跋
漁洋書籍跋尾二卷　(清)王士禛撰　(清)劉堅類敘　清乾隆十三年(1748)刻本　二冊

330000－1701－0007351　普 010.10464/2323/c1　史部/目録類/總録之屬/私撰
華延年室題跋二卷殘明大統曆一卷殘明宰輔年表一卷　(清)傅以禮撰　**適廬題跋一卷**

(清)傅栻撰　清宣統元年(1909)餘杭俞人蔚鉛印本　三册

330000 - 1701 - 0007352　普 010. 10464/2323/c2　史部/目録類/總録之屬/私撰
華延年室題跋二卷殘明大統曆一卷殘明宰輔年表一卷　(清)傅以禮撰　**藹廬題跋一卷**　(清)傅栻撰　清宣統元年(1909)餘杭俞人蔚鉛印本　三册

330000 - 1701 - 0007353　普 010. 10464/2323/c3　史部/目録類/總録之屬/私撰
華延年室題跋二卷殘明大統曆一卷殘明宰輔年表一卷　(清)傅以禮撰　**藹廬題跋一卷**　(清)傅栻撰　清宣統元年(1909)餘杭俞人蔚鉛印本　三册

330000 - 1701 - 0007354　SY00225　子部/藝術類/篆刻之屬/印譜
玉蟬庵古今印賸不分卷　陳望雲輯　清光緒三十二年(1906)晉安陳望雲刻鈐拓本　二册

330000 - 1701 - 0007355　SY00226　子部/藝術類/篆刻之屬/印譜
聽泉樓印譜不分卷　(清)朱鼎文輯　清光緒六年(1880)刻鈐印本　一册

330000 - 1701 - 0007357　SY00228　子部/藝術類/篆刻之屬/印譜
琴鶴堂印譜不分卷　(清)繼良輯　清光緒二十七年(1901)刻鈐印本　八册

330000 - 1701 - 0007358　SY00229　子部/藝術類/篆刻之屬/印譜
琴鶴堂印譜不分卷　(清)繼良輯　清光緒二十七年(1901)刻鈐印本　八册

330000 - 1701 - 0007359　SY00230　子部/藝術類/篆刻之屬/印譜
蒼莽獨立樓印選不分卷　(清)孫思敬篆刻　清光緒二十四年(1898)蒼莽樓刻鈐拓本　二册

330000 - 1701 - 0007367　普 010. 10464/2528/c1、普 913. 0464/2528　史部/目録類/總録之屬/私撰
開有益齋讀書志六卷續志一卷金石文字記一卷　(清)朱緒曾撰　清光緒六年(1880)金陵翁氏茹古閣刻本　五册

330000 - 1701 - 0007368　普 010. 10464/2528/c2、普 913. 0464/2528/c2　史部/目録類/總録之屬/私撰
開有益齋讀書志六卷續志一卷金石文字記一卷　(清)朱緒曾撰　清光緒六年(1880)金陵翁氏茹古閣刻本　六册

330000 - 1701 - 0007369　普 010. 10464/2528/c3　史部/目録類/總録之屬/私撰
開有益齋讀書志六卷續志一卷金石文字記一卷　(清)朱緒曾撰　清光緒六年(1880)金陵翁氏茹古閣刻本　四册

330000 - 1701 - 0007371　普 010. 10464/2646/2　類叢部/叢書類/彙編之屬
式訓堂叢書四十一種　(清)章壽康編　清光緒會稽章氏刻本　三册　存一種

330000 - 1701 - 0007372　普 010. 10464/2688/c1　類叢部/叢書類/自著之屬
魏稼孫先生全集三種　(清)魏錫曾撰　清光緒九年(1883)羊城刻本　一册　存一種

330000 - 1701 - 0007373　普 010. 10464/2688/c2　類叢部/叢書類/自著之屬
魏稼孫先生全集三種　(清)魏錫曾撰　清光緒九年(1883)羊城刻本　一册　存一種

330000 - 1701 - 0007378　普 010. 10464/2821　集部/詩文評類
雪舫齋讀書書後二卷　(清)徐熊飛撰　清嘉慶刻本　一册　存一卷(一)

330000 - 1701 - 0007379　普 010. 10464/2894　類叢部/叢書類/彙編之屬
峭帆樓叢書十八種　趙詒琛編　清宣統三年至民國八年(1911 - 1919)新陽趙氏峭帆樓刻本　一册　存一種

330000 - 1701 - 0007385　SY00231　子部/藝術類/篆刻之屬/印譜
雪廬百印二卷續二卷　(清)王琛輯並注　清

光緒刻鈐印本　邇庵題簽並記　四冊

330000－1701－0007386　SY00232　子部/藝術類/篆刻之屬/印譜

雪廬百印二卷　(清)王琛輯並注　清光緒二十五年(1899)刻鈐印本　二冊

330000－1701－0007387　SY00233　子部/藝術類/篆刻之屬/印譜

讀畫軒印存四卷　(清)王俊藏　(清)朱容編　(清)朱俶釋　清光緒七年(1881)如臯王俊刻鈐印本　二冊

330000－1701－0007388　SY00234　子部/藝術類/篆刻之屬/印譜

亦愛廬印存不分卷　(清)朱錕輯　清光緒三十二年(1906)鈐印本　四冊

330000－1701－0007389　SY00235　子部/藝術類/篆刻之屬/印譜

逸園印輯不分卷　西泠印學社輯　清光緒三十一年(1905)西泠印社鈐拓本　慰題記　四冊

330000－1701－0007395　SY00241　子部/藝術類/篆刻之屬/印譜

名印褋存不分卷　(清)章鱻輯　清末鈐印本　一冊

330000－1701－0007397　SY00243　子部/藝術類/篆刻之屬/印譜

甲午歲緘三氏篆稿不分卷　(清)緘三篆稿　清光緒二十年(1894)鈐印本　二冊

330000－1701－0007400　普010.10464/4411/(2)c1　史部/目録類/書志之屬/題跋

士禮居藏書題跋記六卷　(清)黄丕烈撰　清光緒十年(1884)吳縣潘祖蔭滂喜齋刻本　四冊

330000－1701－0007401　普010.10464/4411/(2)c3　史部/目録類/書志之屬/題跋

士禮居藏書題跋記六卷　(清)黄丕烈撰　清光緒十年(1884)吳縣潘祖蔭滂喜齋刻本　四冊

330000－1701－0007403　普010.10464/4411/2/c1　史部/目録類/書志之屬/題跋

士禮居藏書題跋記六卷　(清)黄丕烈撰　清末石印本　二冊

330000－1701－0007404　普010.10464/4411/2/c2　史部/目録類/書志之屬/題跋

士禮居藏書題跋記六卷　(清)黄丕烈撰　清末石印本　孫峻題記　二冊

330000－1701－0007405　SY00247　子部/藝術類/篆刻之屬/印譜

浙西四家印譜四卷　吳隱輯　清宣統二年(1910)西泠印社鈐拓本　四冊

330000－1701－0007406　普010.10464/4411/3　史部/目録類/書志之屬/題跋

士禮居藏書題跋記六卷　(清)黄丕烈撰　**士禮居藏書題跋記續二卷**　(清)黄丕烈撰　繆荃孫輯　清光緒十年(1884)吳縣潘祖蔭滂喜齋刻本　十二冊

330000－1701－0007422　SY00255　子部/藝術類/篆刻之屬/印譜

友石山房印存不分卷　(清)張燦　(清)何沅篆刻　(清)崔英文輯　清光緒八年(1882)鈐印本　八冊

330000－1701－0007432　普010.10464/7433　類叢部/叢書類/自著之屬

潛園總集十七種　(清)陸心源撰　清同治至光緒刻本　六冊　存一種

330000－1701－0007433　普010.10464/7433(2)/c1、普010.10464/7433.2/c1　史部/目録類/書志之屬/題跋

儀顧堂題跋十六卷續跋十六卷　(清)陸心源撰　清光緒十六年(1890)、十八年(1892)刻潛園總集本　佚名批校　八冊

330000－1701－0007434　普010.10464/7433(2)/c2　類叢部/叢書類/自著之屬

潛園總集十七種　(清)陸心源撰　清同治至光緒刻本　四冊　存一種

330000－1701－0007435　普010.10464/7433

(2)/c3、普 010. 10464/7433. 2/c2　史部/目録類/書志之屬/題跋

儀顧堂題跋十六卷續跋十六卷　(清)陸心源撰　清光緒十六年(1890)、十八年(1892)刻潛園總集本　佚名批校　八冊

330000－1701－0007436　SY00260　子部/藝術類/篆刻之屬/印譜

七十二候印譜不分卷　(明)何震篆刻　(清)李渡輯　清嘉慶十二年(1807)建業李渡盟山草閣刻鈐印本　一冊

330000－1701－0007437　普 010. 10464/7433/2　類叢部/叢書類/自著之屬

潛園總集十七種　(清)陸心源撰　清同治至光緒刻本　八冊　存一種

330000－1701－0007438　普 010. 10464/7551/c1　史部/目録類/書志之屬/提要

直齋書録解題二十二卷　(宋)陳振孫撰　清光緒九年(1883)江蘇書局刻本　鄭文焯題簽、題記、批校並跋　王修批　六冊

330000－1701－0007439　普 010. 10464/7551/c2　史部/目録類/書志之屬/提要

直齋書録解題二十二卷　(宋)陳振孫撰　清光緒九年(1883)江蘇書局刻本　六冊

330000－1701－0007440　SY00261　子部/藝術類/篆刻之屬/印譜

丁龍泓印存不分卷　(清)丁敬篆刻　清末西泠印社鈐拓本　五冊

330000－1701－0007441　SY00262　子部/藝術類/篆刻之屬/印譜

西泠四家印譜　(清)□□輯　清末鈐印本　四冊

330000－1701－0007442　普 010. 10464/7551/2/c1　史部/目録類/書志之屬/提要

直齋書録解題二十二卷　(宋)陳振孫撰　清刻本　八冊

330000－1701－0007443　SY00263　子部/藝術類/篆刻之屬/印譜

丁龍泓刻印不分卷　(清)丁敬篆刻　清光緒鈐拓本　金石壽跋、題簽並記　一冊

330000－1701－0007444　普 010. 10464/7551/2/c2　史部/目録類/書志之屬/提要

直齋書録解題二十二卷　(宋)陳振孫撰　清刻本　八冊

330000－1701－0007445　普 010. 10464/8354/c1　集部/別集類/清別集

甘泉鄉人稿二十四卷　(清)錢泰吉撰　**皇清敕授修職郎誥封朝議大夫顯考警石府君[錢泰吉]年譜一卷**　(清)錢應溥編　**邠農偶吟稿一卷**　(清)錢炳森撰　清同治七年(1868)、十一年(1872)鍾氏刻本　一冊　存三卷(七至九)

330000－1701－0007446　普 010. 10464/8354/c2　集部/別集類/清別集

甘泉鄉人稿二十四卷　(清)錢泰吉撰　**皇清敕授修職郎誥封朝議大夫顯考警石府君[錢泰吉]年譜一卷**　(清)錢應溥編　**邠農偶吟稿一卷**　(清)錢炳森撰　清同治七年(1868)、十一年(1872)鍾氏刻本　一冊　存三卷(七至九)

330000－1701－0007447　普 010. 10464/9927/c1　史部/目録類/書志之屬/題跋

勞氏碎金三卷　(清)勞經原　(清)勞權　(清)勞格撰　吳昌綬輯　**附録一卷**　王大隆　瞿熙邦補輯　清宣統元年(1909)仁和吳昌綬雙照樓鉛印本　一冊

330000－1701－0007448　普 010. 10464/9927/c2　史部/目録類/書志之屬/題跋

勞氏碎金三卷　(清)勞經原　(清)勞權　(清)勞格撰　吳昌綬輯　**附録一卷**　王大隆　瞿熙邦補輯　清宣統元年(1909)仁和吳昌綬雙照樓鉛印本　一冊

330000－1701－0007449　SY00264　子部/藝術類/篆刻之屬/印譜

龍泓山人印譜不分卷　(清)丁敬篆刻　清末鈐印本　八冊

330000－1701－0007450　SY00265　子部/藝

術類/篆刻之屬/印譜

萬卷樓印賞一卷 (清)項士松篆刻 清乾隆海陽項士松刻鈐印本 一册

330000 - 1701 - 0007451 SY00266 子部/藝術類/篆刻之屬/印譜

吉羅居士印譜不分卷 (清)蔣仁篆刻 清末鈐拓本 二册

330000 - 1701 - 0007452 SY00267 子部/藝術類/篆刻之屬/印譜

秋景盦主印譜不分卷 (清)黄易篆刻 清末鈐拓本 四册

330000 - 1701 - 0007454 普 010. 10766/0054/3 史部/目録類/通論之屬/義例

書林揚觶二卷 (清)方東樹撰 清同治十年(1871)望三益齋刻本 二册

330000 - 1701 - 0007456 普 010. 3/4279/c1 史部/目録類/通論之屬/考訂

古今僞書考一卷 (清)姚際恒撰 清光緒沔陽盧靖慎始基齋刻本 章嶔題簽並校 一册

330000 - 1701 - 0007457 普 010. 3/4279/c2 史部/目録類/通論之屬/考訂

古今僞書考一卷 (清)姚際恒撰 清光緒沔陽盧靖慎始基齋刻本 一册

330000 - 1701 - 0007458 SY00268 子部/藝術類/篆刻之屬/印譜

松園印譜不分卷 (清)賈永篆刻 清乾隆四十八年(1783)福壽堂刻鈐印本 四册

330000 - 1701 - 0007461 SY00269 子部/藝術類/篆刻之屬/印譜

我娱齋摹印一卷 印述一卷印辨一卷 (清)高積厚篆刻 (清)高積厚撰 清乾隆二十一年(1756)武林高氏我娱齋刻藍印鈐印本 一册

330000 - 1701 - 0007464 SY00270 子部/藝術類/篆刻之屬/印譜

求是齋印存不分卷 (清)陳豫鍾篆刻 清光緒三十四年(1908)西泠印社鈐拓本 四册

330000 - 1701 - 0007467 SY00271 子部/藝術類/篆刻之屬/印譜

求是齋印存不分卷 (清)陳豫鍾篆刻 清光緒三十四年(1908)西泠印社鈐拓本 四册

330000 - 1701 - 0007469 SY00273 子部/藝術類/篆刻之屬/印譜

孔書艇先生七十二候印一卷 (清)孔傳勳摹刻 清嘉慶二十一年(1816)鈐印稿本 一册

330000 - 1701 - 0007470 SY00274 子部/藝術類/篆刻之屬/印譜

池上印稾四卷 (清)徐保 (清)周孝坤 (清)許兆熊 (清)徐份篆刻 (清)許兆熊輯 清鈐印本 許臺題簽 四册

330000 - 1701 - 0007475 普 010. 4/4634/c1 類叢部/叢書類/彙編之屬

蟫隱廬叢書十八種 羅振常編 清宣統二年至民國二十五年(1910 - 1936)上虞羅氏謄寫及鉛印本三十三年(1944)吳興周延年彙印本 一册 存一種

330000 - 1701 - 0007476 普 010. 4/4634/c2 類叢部/叢書類/彙編之屬

蟫隱廬叢書十八種 羅振常編 清宣統二年至民國二十五年(1910 - 1936)上虞羅氏謄寫及鉛印本三十三年(1944)吳興周延年彙印本 一册 存一種

330000 - 1701 - 0007478 SY00275 子部/藝術類/篆刻之屬/印譜

陳曼生印存不分卷 (清)陳鴻壽篆刻 吳隱輯 清光緒三十四年(1908)西泠印社鈐拓本 四册

330000 - 1701 - 0007480 SY00279 子部/藝術類/篆刻之屬/印譜

對山印稿不分卷 (清)楊燮篆 (清)楊令旭 (清)楊令暐注 (清)楊森編輯 清道光六年(1826)成都楊森嗜鈔書齋刻鈐印本 一册

330000 - 1701 - 0007481 SY00280 子部/藝術類/篆刻之屬/印譜

玉芬館印存不分卷 (清)劉淑媛鐫 清咸豐

三年(1853)浙江張澐鈐印本　二冊

330000－1701－0007483　SY00277　子部/藝術類/篆刻之屬/印譜

具茨山房印稿二卷　(清)李有兆篆　清鈐印本　一冊

330000－1701－0007484　普010.5/0124　類叢部/叢書類/彙編之屬

古逸叢書二十六種　(清)黎庶昌編　清光緒八年至十年(1882－1884)黎庶昌日本東京使署影刻本　一冊　存一種

330000－1701－0007485　SY00278　子部/藝術類/篆刻之屬/印譜

對山印稿不分卷　(清)楊燮篆　(清)楊令旭　(清)楊令暭注　(清)楊森編輯　清道光六年(1826)成都楊森嗜鈔書齋刻鈐印本　三冊

330000－1701－0007486　SY00281　子部/藝術類/篆刻之屬/印譜

聽秋山館印譜不分卷　(清)張澐篆刻　清鈐印本　四冊

330000－1701－0007487　SY00282　子部/藝術類/篆刻之屬/印譜

月潭勝景印志不分卷　(清)朱霞篆刻　清咸豐八年(1858)鈐印稿本　朱欽伯題記　一冊

330000－1701－0007489　GP13679　類叢部/叢書類/自著之屬

潛園總集十七種　(清)陸心源撰　清同治至光緒刻本　三冊　存一種

330000－1701－0007490　SY00283　子部/藝術類/篆刻之屬/印譜

文昌陰騭文印譜一卷　清咸豐十年(1860)滇南段永源刻鈐印本　一冊

330000－1701－0007499　SY00284　子部/藝術類/篆刻之屬/印譜

養自然齋印存不分卷　(清)陳雷篆刻　吳隱輯　清宣統二年(1910)西泠印社鈐拓本　二冊

330000－1701－0007500　SY00285　子部/藝術類/篆刻之屬/印譜

文秘閣印稿二卷　(清)楊心源篆刻　清道光三年(1823)金山楊氏刻鈐印本　清王鑫題簽　二冊

330000－1701－0007504　SY00286　子部/藝術類/篆刻之屬/印譜

孫氏養正樓印存六卷　(清)孟介臣鐫篆　(清)孫阜昌鑑藏　清道光十九年(1839)太谷孫阜昌養正樓刻鈐印本　六冊

330000－1701－0007506　普010.67/6634/c1　類叢部/叢書類/彙編之屬

鐵琴銅劍樓叢書十三種　瞿啓甲編　清光緒至民國刻本暨影印本　九冊　存一種

330000－1701－0007507　普010.67/6634/c2　類叢部/叢書類/彙編之屬

鐵琴銅劍樓叢書十三種　瞿啓甲編　清光緒至民國刻本暨影印本　九冊　存一種

330000－1701－0007508　普010.67/6634/c3　類叢部/叢書類/彙編之屬

鐵琴銅劍樓叢書十三種　瞿啓甲編　清光緒至民國刻本暨影印本　九冊　存一種

330000－1701－0007511　SY00287　子部/藝術類/篆刻之屬/印譜

梅雪堂印譜不分卷　(清)駱杓垣篆刻　清鈐印本　蔚園題記　六冊

330000－1701－0007512　SY00288　子部/藝術類/篆刻之屬/印譜

閒雲閣印譜不分卷　(清)方若徽鐫　清道光鈐印本　二十冊

330000－1701－0007513　SY00289　子部/藝術類/篆刻之屬/印譜

鐵廬印譜四卷　(清)錢松篆刻　清宣統元年(1909)杭州西泠印社鈐印本　四冊

330000－1701－0007514　SY00290　子部/藝術類/篆刻之屬/印譜

冷淡盦印譜四卷　(清)李望之篆刻　清咸豐七年(1857)刻鈐印本　四冊

330000－1701－0007515　SY00291　子部/藝術類/篆刻之屬/印譜
紅杏書屋印稿四卷　(清)鄭修爵篆　清咸豐鈐印本　四册

330000－1701－0007516　SY00292　子部/藝術類/篆刻之屬/印譜
漱石軒印集不分卷　(清)鍾權篆刻　清光緒鈐印本　五册

330000－1701－0007519　SY00293　子部/藝術類/篆刻之屬/印譜
漱石軒印存四卷印集四卷　(清)鍾權篆刻　清光緒鈐印本　八册

330000－1701－0007520　普 012/4742　史部/目録類/總録之屬/氏族
績溪金紫胡氏所箸書目二卷　(清)胡培系輯　清光緒十年(1884)績溪胡廷楨世澤樓刻民國二十二年(1933)重印本　胡不歸題記　一册

330000－1701－0007521　SY00294　子部/藝術類/篆刻之屬/印譜
漱石軒印存四卷印集四卷　(清)鍾權篆刻　清光緒鈐印本　四册

330000－1701－0007522　普 012.16/4437　史部/目録類/專録之屬
漳浦先生全書目錄一卷　清末抄本　一册

330000－1701－0007523　SY00295　子部/藝術類/篆刻之屬/印譜
吳讓之印存不分卷　(清)吳熙載篆刻　(清)西泠印社輯　清光緒西泠印社鈐拓本　二册

330000－1701－0007524　SY00296　子部/藝術類/篆刻之屬/印譜
二金蜨堂印譜初集不分卷二集不分卷　(清)趙之謙篆刻　清光緒鈐拓本　八册

330000－1701－0007525　普 012.17/1042　史部/目録類/專録之屬
丁松生先生刊書表一卷丁松生先生箸述表一卷　(清)浙江圖書館附設印行所輯　清宣統抄本　陳訓慈批校　一册

330000－1701－0007528　SY00297　子部/藝術類/篆刻之屬/印譜
二金蜨堂印譜不分卷　(清)趙之謙篆刻　(清)徐士愷輯　清光緒鈐拓本　八册

330000－1701－0007535　SY00302　子部/藝術類/篆刻之屬/印譜
陳鑽思印存不分卷　(清)陳祖望篆刻　吳隱輯　清宣統二年(1910)西泠印社鈐拓本　二册

330000－1701－0007536　SY00303　子部/藝術類/篆刻之屬/印譜
胡鼻山人印譜不分卷　(清)胡震篆刻　清宣統元年(1909)西泠印社鈐拓本　二册

330000－1701－0007537　SY00304　子部/藝術類/篆刻之屬/印譜
胡鼻山人印譜不分卷　(清)胡震篆刻　清末西泠印社鈐拓本　二册

330000－1701－0007543　SY00305　子部/藝術類/篆刻之屬/印譜
新心別館印存不分卷　(清)王肇基篆刻並輯　清同治刻鈐印本　二册

330000－1701－0007544　SY00306　子部/藝術類/篆刻之屬/印譜
百將百美合璧印譜不分卷　(清)趙穆篆刻　清光緒鈐印本　八册

330000－1701－0007545　SY00307　子部/藝術類/篆刻之屬/印譜
聖廟祀典爵里姓氏印譜不分卷　(清)趙穆篆刻　清鈐印本　六册

330000－1701－0007550　SY00311　子部/藝術類/篆刻之屬/印譜
栞銘餘韻二卷　(清)胡竹漁製　清咸豐九年(1859)胡氏墨花居刻鈐印本　二册

330000－1701－0007551　普 014.3/4712　史部/目録類/總録之屬/私撰
楹書隅錄五卷續編四卷　(清)楊紹和藏並撰　清光緒二十年(1894)聊城楊氏海源閣刻宣統三年(1911)武進董康補刻本　八册

330000－1701－0007552　普 016.197/3140/c2、普 014.3/5521/c1　史部/目録類/總録之屬/彙刻
江刻書目三種　（清）江標輯　清光緒元和江氏師鄦室刻蘇州振新書社印本　三冊　存二種

330000－1701－0007553　普 016.197/3140/c3、普 014.3/5521/c2、普 016.197/3837/c2　史部/目録類/總録之屬/彙刻
江刻書目三種　（清）江標輯　清光緒元和江氏師鄦室刻蘇州振新書社印本　四冊

330000－1701－0007554　普 014.3/5521/c3　史部/目録類/總録之屬/彙刻
江刻書目三種　（清）江標輯　清光緒元和江氏師鄦室刻蘇州振新書社印本　一冊　存一種

330000－1701－0007556　普 014.37/4445/c2、普 016.197/2410、普 016.197/3040.2　類叢部/叢書類/彙編之屬
晨風閣叢書二十二種　沈宗畸編　清宣統元年（1909）番禺沈氏刻本　三冊　存三種

330000－1701－0007557　SY00312　子部/藝術類/篆刻之屬/印譜
山農印存不分卷　（清）陳榕篆刻　清末鈐拓剪貼本　俞煜題簽並跋　四冊

330000－1701－0007558　普 014.4/3437/c2　史部/目録類/總録之屬/官修
浙江採集遺書總錄十一卷　（清）沈初等輯　清乾隆三十九年（1774）浙江布政使王亶望刻本（閏集原缺）　十冊

330000－1701－0007559　普 014.4/3437/c3　史部/目録類/總録之屬/官修
浙江採集遺書總錄十一卷　（清）沈初等輯　清乾隆三十九年（1774）浙江布政使王亶望刻本（閏集原缺）　十冊

330000－1701－0007561　SY00314　子部/藝術類/篆刻之屬/印譜
石隱山房印叢初集不分卷二集不分卷三集不分卷四集不分卷　（清）廣玉篆刻　清光緒二十四年（1898）古香閣鈐印本　十六冊

330000－1701－0007562　SY00315　子部/藝術類/篆刻之屬/印譜
鉏月軒印譜不分卷　（清）鉏月山農蔭南氏篆刻　清光緒十二年（1886）鈐印本　二冊

330000－1701－0007563　普 014.4/3437/（2）/c1　史部/目録類/總録之屬/官修
浙江採集遺書總錄十一卷　（清）沈初等輯　清乾隆三十九年（1774）浙江布政使王亶望刻本（閏集原缺）　八冊

330000－1701－0007564　普 014.4/3437/（2）/c2　史部/目録類/總録之屬/官修
浙江採集遺書總錄十一卷　（清）沈初等輯　清乾隆三十九年（1774）浙江布政使王亶望刻本（閏集原缺）（甲集配抄本）　八冊

330000－1701－0007565　普 014.4/3437/（3）　史部/目録類/總録之屬/官修
浙江採集遺書總錄十一卷　（清）沈初等輯　清乾隆三十九年（1774）浙江布政使王亶望刻本（閏集原缺）　六冊

330000－1701－0007566　SY00316　子部/藝術類/篆刻之屬/印譜
聖諭十六條印譜一卷　（清）孫思敬篆刻　清光緒十九年（1893）會稽孫氏漱芳書屋鈐印本　一冊

330000－1701－0007567　SY00317　子部/藝術類/篆刻之屬/印譜
丁二仲印存一卷　丁尚庚篆刻　清光緒鈐拓剪貼本　守如題簽　一冊

330000－1701－0007568　SY00318　子部/藝術類/篆刻之屬/印譜
饋石齋印譜不分卷　（清）丁可鈞篆刻　清光緒二十七年（1901）長沙周氏匜園鈐印本　一冊

330000－1701－0007569　SY00319　子部/藝術類/篆刻之屬/印譜
柏葉龕印存二卷　（清）戈履徵篆刻　浮芥亭

印存一卷　俞廉三篆刻　清宣統二年(1910)鈐印本　二册　缺一卷(浮芥亭印存)

330000－1701－0007570　SY00320　子部/藝術類/篆刻之屬/印譜

柏葉盦印存二卷　(清)戈履徵篆刻　**浮芥亭印存一卷**　俞廉三篆刻　清宣統二年(1910)鈐印本　沈福疇跋　一册　存一卷(柏葉盦印存上)

330000－1701－0007571　SY00321　子部/藝術類/篆刻之屬/印譜

匏庵印稿一卷　(清)訂頑篆刻　清光緒鈐印本　一册

330000－1701－0007573　普 014.4/3738/c1　史部/目録類/總録之屬

經籍訪古志六卷補遺一卷　(日本)澁江全善　(日本)森立之撰　清光緒十一年(1885)六合徐承祖日本鉛印本　八册

330000－1701－0007574　普 014.4/3738/c2　史部/目録類/總録之屬

經籍訪古志六卷補遺一卷　(日本)澁江全善　(日本)森立之撰　清光緒十一年(1885)六合徐承祖日本鉛印本　八册

330000－1701－0007575　普 014.4/3738/c3　史部/目録類/總録之屬

經籍訪古志六卷補遺一卷　(日本)澁江全善　(日本)森立之撰　清光緒十一年(1885)六合徐承祖日本鉛印本　七册

330000－1701－0007576　SY00322　子部/藝術類/篆刻之屬/印譜

希呂印存不分卷　李經畬篆刻　清光緒十一年(1885)刻鈐印本　二册

330000－1701－0007577　普 014.4/3738/c4　史部/目録類/總録之屬

經籍訪古志六卷補遺一卷　(日本)澁江全善　(日本)森立之撰　清光緒十一年(1885)六合徐承祖日本鉛印本　七册

330000－1701－0007578　SY00323　子部/藝術類/篆刻之屬/印譜

希呂印存不分卷　李經畬篆刻　清鈐印本　二册

330000－1701－0007579　SY00324　子部/藝術類/篆刻之屬/印譜

李新吾印譜不分卷　李經畬篆刻　清鈐印本　一册

330000－1701－0007582　SY00327　子部/藝術類/篆刻之屬/印譜

郭氏金石譜錄一卷　清光緒二十三年(1897)鈐印本　一册

330000－1701－0007585　SY00328　子部/藝術類/篆刻之屬/印譜

百美印存不分卷　(清)查稚篆刻　清光緒二十一年(1895)鈐印本　三册

330000－1701－0007586　SY00329　子部/藝術類/篆刻之屬/印譜

七十二候印譜不分卷　(清)童晏篆刻　清光緒十二年(1886)刻鈐印本　二册

330000－1701－0007587　SY00330　子部/藝術類/篆刻之屬/印譜

七十二候印譜不分卷　(清)童晏篆刻　清光緒十二年(1886)刻鈐印本　二册

330000－1701－0007589　SY00332　子部/藝術類/篆刻之屬/印譜

石華館紅廋花景印集四卷　(清)蔣霞倩篆刻　清光緒二十六年(1900)鈐印本　四册

330000－1701－0007590　SY00333　子部/藝術類/篆刻之屬/印譜

斆讓生印存不分卷　(清)方鎬篆刻　清光緒鈐拓本　一册

330000－1701－0007591　SY00334　子部/藝術類/篆刻之屬/印譜

古梅閣仿完白山人印賸一卷續編一卷　(清)鄧石如篆　(清)王爾度摹印　(清)張嶼摹邊款　清光緒刻鈐印本　二册

330000－1701－0007592　SY00335　子部/藝術類/篆刻之屬/印譜

鐵如意齋印存不分卷 （清）張學瀛篆刻 清光緒二十二年（1896）鈐印本 四冊

330000－1701－0007593 SY00336 子部/藝術類/篆刻之屬/印譜
金石因緣印譜不分卷 俞雲篆刻 清光緒二十八年（1902）鈐印本 四冊

330000－1701－0007595 SY00338 子部/藝術類/篆刻之屬/印譜
逸園印譜不分卷 （清）楊蕉孫篆刻 清光緒二十九年（1903）鈐拓本 一冊

330000－1701－0007596 SY00339 子部/藝術類/篆刻之屬/印譜
逸園印譜不分卷 西泠印學社輯 清光緒三十一年（1905）西泠印社鈐拓本 一冊

330000－1701－0007598 SY00345 子部/藝術類/篆刻之屬/印譜
閩中賴氏印譜四卷印正附錄一卷 （清）賴熙朝篆 （清）徐汝守等編次 清刻鈐印本 三冊

330000－1701－0007599 普 014.4/4429 史部/目録類/總録之屬/彙刻
觀古堂書目叢刻十五種 葉德輝編 清光緒二十八年（1902）至民國湘潭葉氏刻本 一冊 存一種

330000－1701－0007600 SY00346 子部/藝術類/篆刻之屬/印譜
詩品印譜四卷 （清）翁壽虞篆 清宣統元年（1909）鈐印本 四冊

330000－1701－0007607 普 014.6/1747/(2) 史部/目録類/總録之屬/私撰
四庫簡明目錄標注二十卷附錄一卷 （清）邵懿辰撰 佚名校 清宣統三年（1911）仁和邵章刻半巖廬所箸書本 十冊

330000－1701－0007609 SY00341 子部/藝術類/篆刻之屬/印譜
夏小正印譜一卷 （清）金在恒篆 （清）封有祺鐫 清石印鈐印本 一冊

330000－1701－0007610 SY00342 子部/藝術類/篆刻之屬/印譜
柳舫集印二卷 （清）許容篆 （清）封保琪 （清）羅維善摹 清嘉慶二十二年（1817）刻鈐印本 一冊

330000－1701－0007611 SY00343 子部/藝術類/篆刻之屬/印譜
華月令印譜一卷 （清）封保祺篆 （清）阿敦保釋 清刻鈐印本 與 330000－1701－0007610 合冊

330000－1701－0007612 SY00344 子部/藝術類/篆刻之屬/印譜
語石軒集印二卷 （清）李文沐 （清）封保祺摹刻 清鈐印本 與 330000－1701－0007610 合冊

330000－1701－0007615 SY00351 子部/藝術類/篆刻之屬/印譜
楊嘯村印集不分卷 （清）楊大受篆刻 清宣統元年（1909）西泠印社鈐拓本 二冊

330000－1701－0007622 SY00356 子部/藝術類/篆刻之屬/印譜
石湖漁隱印稿不分卷 陳壽柏篆刻 清宣統三年（1911）鈐拓本 三冊

330000－1701－0007631 普 014.6/4444.2/(2)/c1 類叢部/叢書類/家集之屬
影山草堂六種 （清）莫與儔 （清）莫友芝撰 清咸豐至光緒刻本 二冊 存一種

330000－1701－0007632 普 014.6/4444.2/(2)/c2 史部/目録類/總録之屬/私撰
宋元舊本書經眼錄三卷附錄二卷 （清）莫友芝撰 清同治十二年（1873）獨山莫繩孫刻本 二冊

330000－1701－0007633 普 014.6/4444.2/(2)/c3 類叢部/叢書類/家集之屬
影山草堂六種 （清）莫與儔 （清）莫友芝撰 清咸豐至光緒刻本 二冊 存一種

330000－1701－0007634 普 014.6/4444.2/(2)/c4 史部/目録類/總録之屬/私撰

宋元舊本書經眼録三卷附録二卷　(清)莫友芝撰　清同治十二年(1873)獨山莫繩孫刻本　一册

330000－1701－0007640　SY00364　子部/藝術類/篆刻之屬/印譜

缶廬印存初集不分卷　吴昌碩篆刻　清末西泠印社鈐拓本　四册

330000－1701－0007641　普 015.1025/1068/2　史部/叢編

常熟丁氏叢書二種　丁國鈞撰　清光緒木活字印本　二册　存一種

330000－1701－0007642　普 015.1025/2648/c2　史部/目録類/總録之屬/史志

補晉書經籍志四卷　吴士鑑撰　清光緒二十一年(1895)刻本　一册

330000－1701－0007643　普 015.1025/2648/c3　史部/目録類/總録之屬/史志

補晉書經籍志四卷　吴士鑑撰　清光緒刻本　一册

330000－1701－0007644　普 015.1025/0014/c4　史部/目録類/總録之屬/史志

補晉書藝文志六卷　(清)文廷式撰　清宣統元年(1909)長沙鉛印本　六册

330000－1701－0007645　普 015.105/8346/2　類叢部/叢書類/彙編之屬

廣雅書局叢書一百五十九種　徐紹棨編　清光緒廣雅書局刻民國九年(1920)番禺徐紹棨彙編重印本　一册　存一種

330000－1701－0007646　普 015.1025/1068　史部/目録類/總録之屬/史志

補晉書藝文志四卷附録一卷補遺一卷　丁國鈞撰　**補晉書藝文志刊誤一卷**　丁辰撰　清光緒廣雅書局刻廣雅書局叢書本　章鈺題簽並記　二册

330000－1701－0007647　普 015.105/8346/3/c1　史部/目録類/總録之屬/史志

元史藝文志四卷　(清)錢大昕撰　清嘉慶五年(1800)吴縣黄丕烈刻本　一册

330000－1701－0007649　普 015.1027/0033/2　類叢部/叢書類/彙編之屬

崇文書局彙刻書三十一種　(清)崇文書局編　清光緒元年至三年(1875－1877)湖北崇文書局刻民國元年(1912)鄂官書處重印本　四册　存一種

330000－1701－0007650　普 015.1025/2648/c5　史部/目録類/總録之屬/史志

補晉書經籍志四卷　吴士鑑撰　清光緒刻本　一册

330000－1701－0007651　普 015.1025/2648/c4　史部/目録類/總録之屬/史志

補晉書經籍志四卷　吴士鑑撰　清光緒刻本　一册

330000－1701－0007653　普 015.105/8346/c1　史部/目録類/總録之屬/史志

元史藝文志四卷　(清)錢大昕撰　清末江蘇書局刻本　一册

330000－1701－0007654　SY00374　子部/藝術類/篆刻之屬/印譜

壽石山房摹秦范漢印存不分卷　(清)童葉庚　(清)童晏篆刻　清光緒鈐印本　四册

330000－1701－0007655　普 015.1027/0033/c4　類叢部/叢書類/彙編之屬

崇文書局彙刻書三十一種　(清)崇文書局編　清光緒元年至三年(1875－1877)湖北崇文書局刻本　四册　存一種

330000－1701－0007656　普 015.1027/0033/c3　類叢部/叢書類/彙編之屬

崇文書局彙刻書三十一種　(清)崇文書局編　清光緒元年至三年(1875－1877)湖北崇文書局刻本　四册　存一種

330000－1701－0007657　普 015.1048/2797　類叢部/叢書類/彙編之屬

廣雅書局叢書一百五十九種　徐紹棨編　清光緒廣雅書局刻民國九年(1920)番禺徐紹棨彙編重印本　一册　存一種

330000－1701－0007658　普 015.105/8346/

3/c2　史部/目録類/總録之屬/史志
元史蓺文志四卷　(清)錢大昕撰　清嘉慶五年(1800)吳縣黄丕烈刻本　二册

330000－1701－0007659　普 015.1025/0014/c3　史部/目録類/總録之屬/史志
補晉書藝文志六卷　(清)文廷式撰　清宣統元年(1909)長沙鉛印本　六册

330000－1701－0007660　普 015.1025/0014/c2　史部/目録類/總録之屬/史志
補晉書藝文志六卷　(清)文廷式撰　清宣統元年(1909)長沙鉛印本　六册

330000－1701－0007662　普 015.1027/0033/c2　史部/目録類/總録之屬/史志
隋經籍志考證十三卷　(清)章宗源撰　清光緒三年(1877)湖北崇文書局刻崇文書局彙刻書本　章嶔題簽　四册

330000－1701－0007663　普 015.105/8346/c2　史部/目録類/總録之屬/史志
元史藝文志四卷　(清)錢大昕撰　清末江蘇書局刻本　一册

330000－1701－0007667　普 015.105/8346/c3　史部/目録類/總録之屬/史志
元史藝文志四卷　(清)錢大昕撰　清末江蘇書局刻本　一册

330000－1701－0007668　HJL5211　類叢部/叢書類/家集之屬
丹徒戴氏叢刻七種　(清)戴肇辰編　清同治至光緒刻本　四册　存一種

330000－1701－0007672　普 015.1025/2648/c1　史部/目録類/總録之屬/史志
補晉書經籍志四卷　吳士鑑撰　清光緒刻本　一册

330000－1701－0007674　普 015.105/8346/c4　史部/目録類/總録之屬/史志
元史藝文志四卷　(清)錢大昕撰　清末江蘇書局刻本　一册

330000－1701－0007677　普 015.1027/0033/c1　類叢部/叢書類/彙編之屬
崇文書局彙刻書三十一種　(清)崇文書局編　清光緒元年至三年(1875－1877)湖北崇文書局刻本　四册　存一種

330000－1701－0007681　SY00373　子部/藝術類/篆刻之屬/印譜
遊戲三昧四卷　(清)釋竹禪篆刻　清光緒元年(1875)西蜀竹禪刻鈐印本　四册

330000－1701－0007682　普 915.1111/3531　史部/地理類/方志之屬/郡縣志
[嘉慶]洧川縣志八卷首一卷　(清)何文明修　(清)李紳纂　清嘉慶二十三年(1818)刻本　四册

330000－1701－0007684　SY00376　子部/藝術類/篆刻之屬/印譜
友華盦印存不分卷　清鈐印本　一册

330000－1701－0007686　普 015.101/7713/c1　類叢部/叢書類/彙編之屬
觀古堂所刊書二十一種　葉德輝編　清光緒二十一年至三十三年(1895－1907)長沙葉氏刻本　二册　存一種

330000－1701－0007689　普 015.101/7713/c2　類叢部/叢書類/彙編之屬
觀古堂所刊書二十一種　葉德輝編　清光緒二十一年至三十三年(1895－1907)長沙葉氏刻本　二册　存一種

330000－1701－0007692　SY00381　子部/藝術類/篆刻之屬/印譜
紅樓夢人名西廂記詞句印玩不分卷　(清)趙穆篆　葉爲銘續　(清)季悲曇輯　清光緒三十年(1904)鈐印本　四册

330000－1701－0007693　SY00382　子部/藝術類/篆刻之屬/印譜
雙桐艸堂印存四卷　(清)雙桐草堂主人輯　清光緒十九年(1893)鈐印本　四册

330000－1701－0007695　SY00385　子部/藝術類/篆刻之屬/印譜
印選三卷　(明)劉光祖摹選　明刻鈐印本

趙石跋　三冊

330000－1701－0007696　SY00386　子部/藝術類/篆刻之屬/印譜

雲留小住印譜一卷　(清)徐學乾輯　清末鈐印剪貼本　一冊

330000－1701－0007697　普 015.101/8052/c1　史部/目録類/總録之屬/史志

八史經籍志十種三十卷　(日本)□□輯　清光緒八年至九年(1882－1883)鎮海張壽榮刻本　十六冊

330000－1701－0007698　普 015.101/8052/c2　史部/目録類/總録之屬/史志

八史經籍志十種三十卷　(日本)□□輯　清光緒八年至九年(1882－1883)鎮海張壽榮刻本　十六冊

330000－1701－0007700　普 015.101/8052/(2)　史部/目録類/總録之屬/史志

八史經籍志十種三十卷　(日本)□□輯　清光緒八年至九年(1882－1883)鎮海張壽榮刻本　十二冊

330000－1701－0007701　普 015.101/8052/(3)　史部/目録類/總録之屬/史志

八史經籍志十種三十卷　(日本)□□輯　清光緒八年至九年(1882－1883)鎮海張壽榮刻本　十二冊

330000－1701－0007704　SY00388　子部/藝術類/篆刻之屬/印譜

玉連環室印存不分卷　(清)徐氏輯　清光緒九年(1883)崇川葛氏學古齋鈐印本　四冊

330000－1701－0007707　SY00391　子部/藝術類/篆刻之屬/印譜

花神印玩不分卷　鍾以敬篆刻　清光緒三十年(1904)鈐拓本　二冊

330000－1701－0007710　普 951.077/4391/c1　類叢部/叢書類/家集之屬

丹徒戴氏叢刻七種　(清)戴肇辰編　清同治至光緒刻本　一冊　存一種

330000－1701－0007711　普 915.111/2810/c2　史部/地理類/方志之屬/通志

[雍正]河南通志八十卷　(清)田文鏡等修　(清)孫灝等纂　清雍正十三年(1735)刻道光六年(1826)補刻同治八年(1869)再補刻光緒十八年(1892)、二十八年(1902)續補刻民國三年(1914)河南教育司印本　四十冊

330000－1701－0007712　普 915.111/2971/2/c1　史部/地理類/方志之屬/通志

[乾隆]續河南通志八十卷首四卷　(清)阿思哈　(清)嵩貴纂修　清乾隆三十二年(1767)刻本　三十二冊

330000－1701－0007713　普 915.111/2971/c1　史部/地理類/方志之屬/通志

[乾隆]續河南通志八十卷首四卷　(清)阿思哈　(清)嵩貴纂修　清乾隆三十二年(1767)刻道光六年(1826)補刻同治八年(1869)再補刻光緒十八年(1892)、二十八年(1902)續補刻民國三年(1914)河南教育司印本　二十四冊

330000－1701－0007714　普 915.111/2971/2/c2　史部/地理類/方志之屬/通志

[乾隆]續河南通志八十卷首四卷　(清)阿思哈　(清)嵩貴纂修　清乾隆三十二年(1767)刻本　三十二冊

330000－1701－0007715　普 915.111/2810/2/c1　史部/地理類/方志之屬/通志

[雍正]河南通志八十卷　(清)田文鏡等修　(清)孫灝等纂　清雍正十三年(1735)刻道光六年(1826)補刻本　四十冊

330000－1701－0007716　普 915.111/2810/3　史部/地理類/方志之屬/通志

[雍正]河南通志八十卷　(清)田文鏡等修　(清)孫灝等纂　清雍正十三年(1735)刻道光六年(1826)補刻同治八年(1869)再補刻光緒十八年(1892)續補刻本　三十二冊

330000－1701－0007717　普 915.111/2971/c2　史部/地理類/方志之屬/通志

[乾隆]續河南通志八十卷首四卷　(清)阿思

哈　(清)嵩貴纂修　清乾隆三十二年(1767)刻道光六年(1826)補刻同治八年(1869)再補刻光緒十八年(1892)、二十八年(1902)續補刻民國三年(1914)河南教育司印本　二十四册

330000－1701－0007721　普 915.1111/1051/c1　類叢部/叢書類/郡邑之屬

三怡堂叢書二十種　張鳳臺編　清光緒三十二年至民國十二年(1906－1923)河南官書局刻本　六册　存一種

330000－1701－0007722　普 915.1111/1029　史部/地理類/方志之屬/郡縣志

[乾隆]祥符縣志二十二卷　(清)張淑載修　(清)魯曾煜纂　清乾隆四年(1739)刻本　十二册

330000－1701－0007723　普 915.1111/1051/c3　類叢部/叢書類/郡邑之屬

三怡堂叢書二十種　張鳳臺編　清光緒三十二年至民國十二年(1906－1923)河南官書局刻本　六册　存一種

330000－1701－0007724　普 915.1111/1051/c2　類叢部/叢書類/郡邑之屬

三怡堂叢書二十種　張鳳臺編　清光緒三十二年至民國十二年(1906－1923)河南官書局刻本　六册　存一種

330000－1701－0007726　普 915.111/2810/2/c2　史部/地理類/方志之屬/通志

[雍正]河南通志八十卷　(清)田文鏡等修　(清)孫灝等纂　清雍正十三年(1735)刻本　四十一册

330000－1701－0007727　普 915.1111/0027/2　史部/地理類/方志之屬/郡縣志

[康熙]開封府志四十卷　(清)管竭忠修　(清)張沐等纂　清康熙三十四年(1695)刻同治二年(1863)補刻本　十六册

330000－1701－0007728　普 915.1111/2529　史部/地理類/方志之屬/郡縣志

[乾隆]通許縣志十卷　(清)阮龍光修　(清)邵自祐纂　清乾隆三十五年(1770)刻本　六册

330000－1701－0007729　普 915.1111/3032　史部/地理類/方志之屬/郡縣志

[道光]尉氏縣志二十卷首一卷　(清)劉厚滋　(清)沈溎修　(清)王觀潮纂　清道光十一年(1831)刻本　八册

330000－1701－0007730　普 915.1111/0027　史部/地理類/方志之屬/郡縣志

[康熙]開封府志四十卷　(清)管竭忠修　(清)張沐等纂　清康熙三十四年(1695)刻本　二十四册

330000－1701－0007731　普 016.17/3013/c1　史部/目録類/總録之屬/官修

欽定四庫全書總目二百卷首一卷　(清)紀昀等撰　清同治七年(1868)廣東書局刻本　一百二十册

330000－1701－0007733　普 915.1111/1035　史部/地理類/方志之屬/郡縣志

[光緒]祥符縣志二十四卷　(清)沈傳義　(清)俞紀瑞修　(清)黄舒昺纂　清光緒二十四年(1898)刻本　十二册　存十六卷(八至十四、十六至二十四)

330000－1701－0007734　普 915.1111/4029　史部/地理類/方志之屬/郡縣志

[乾隆]鄢陵縣志二十一卷首一卷　(清)施誠纂修　清乾隆三十七年(1772)刻本　八册

330000－1701－0007735　普 915.1111/1051/c4、普 915.1111/1342　類叢部/叢書類/郡邑之屬

三怡堂叢書二十種　張鳳臺編　清光緒三十二年至民國十二年(1906－1923)河南官書局刻本　七册　存二種

330000－1701－0007736　普 915.1111/5029/c1　史部/地理類/方志之屬/郡縣志

[乾隆]陽武縣志十二卷　(清)談諟曾修　(清)楊仲震纂　清乾隆十年(1745)刻本　六册

330000－1701－0007737　普 915.1111/4019　史部/地理類/方志之屬/郡縣志

[同治]鄢陵文獻志四十卷補遺一卷　(清)蘇源生纂　清同治元年至二年(1862－1863)鄢陵蘇源生刻本　二十册

330000－1701－0007738　普 915.111/2810/c1　史部/地理類/方志之屬/通志

[雍正]河南通志八十卷　(清)田文鏡等修　(清)孫灝等纂　清雍正十三年(1735)刻道光六年(1826)補刻同治八年(1869)再補刻光緒十八年(1892)、二十八年(1902)續補刻民國三年(1914)河南教育司印本　四十册

330000－1701－0007739　普 915.1111/4534　史部/地理類/方志之屬/郡縣志

[同治]中牟縣志十二卷首一卷末一卷　(清)吳若烺修　(清)焦子蕃纂　清同治九年(1870)刻本　六册

330000－1701－0007740　普 915.111/2971/3　史部/地理類/方志之屬/通志

[乾隆]續河南通志八十卷首四卷　(清)阿思哈　(清)嵩貴纂修　清乾隆三十二年(1767)刻道光六年(1826)、同治八年(1869)、光緒十八年(1892)、光緒二十八年(1902)遞修本　二十册

330000－1701－0007741　普 915.1111/5029/c2　史部/地理類/方志之屬/郡縣志

[乾隆]陽武縣志十二卷　(清)談諟曾修　(清)楊仲震纂　清乾隆十年(1745)刻本　十册

330000－1701－0007743　普 921.512/0026.3　史部/傳記類/總傳之屬/家乘

[浙江金華]輔倉晉昌郡唐氏三修宗譜四卷　(清)唐盛虞　(清)唐高謨纂修　清同治十二年(1873)木活字印本　一册

330000－1701－0007746　普 921.512/00401/c2　史部/地理類/專志之屬/祠墓

[浙江上虞]偁章前宅宗祠誌一卷義田誌一卷　(清)章天明等輯　清道光元年(1821)刻光緒二十三年至二十七年(1897－1901)續刻本　二册

330000－1701－0007747　普 921.512/00401.1　史部/傳記類/總傳之屬/家乘

[浙江會稽]偁山章氏智九公分祠支譜六卷　(清)章貽賢編纂　清光緒二十二年(1896)世德堂木活字印本　清章貽賢批校並跋　六册

330000－1701－0007749　普 921.512/00222.2　史部/傳記類/總傳之屬/家乘

[江西萬載]萬邑潭溪廖氏族譜二十一卷首二卷　(清)廖福浪修　(清)廖瑞祥纂　清光緒九年(1883)集源堂木活字印本　十一册　存十一卷(首上,一至二、六至九、十四至十六、十九)

330000－1701－0007750　普 921.512/00221　史部/傳記類/總傳之屬/家乘

[浙江海寧]海寧巖門高氏六修家譜三十三卷首一卷餘一卷　(清)高克勤修　(清)高敬恩纂　清光緒三年(1877)報本堂木活字印本[卷一、九、三十至三十一配清乾隆二十年(1755)海寧高氏刻光緒後印本]　二十六册

330000－1701－0007751　普 921.512/0022.6　史部/傳記類/總傳之屬/家乘

[安徽徽州]新安方氏宗譜□□卷　清木活字印本　一册　存聖諭、舊序、序贊、譜說、凡例、像、圖、像跋、後跋

330000－1701－0007753　普 921.512/00222　史部/傳記類/總傳之屬/家乘

[湖南安化]十三都三甲廖氏族譜不分卷　(清)廖異勳修　(清)廖孔訓纂　清道光四年(1824)忠孝堂木活字印本　三册

330000－1701－0007756　SY00395　子部/藝術類/篆刻之屬/印譜

西泠四家印譜附存四家　(清)丁丙輯　清光緒百石齋刻鈐印本　十二册

330000－1701－0007757　普 921.512/00221.2　史部/傳記類/總傳之屬/家乘

[湖南安化]高氏五修族譜十三卷首二卷　(清)高茂林等修　(清)高屬何　(清)高稼

軒纂　清光緒二十一年(1895)南平堂木活字印本　十一冊　缺四卷(一至二、十、十二)

330000－1701－0007758　普 921.512/0026.2　史部/傳記類/總傳之屬/家乘

[湖南長沙]桐木橋晉昌唐氏三修族譜十二卷　(清)唐文裕等纂修　清宣統二年(1910)桐圭堂木活字印本　九冊　存九卷(一、三至九、十二)

330000－1701－0007759　普 921.512/0026　史部/傳記類/總傳之屬/家乘

[浙江餘姚]姚江唐氏家譜八卷首一卷　(清)唐澐等纂修　清咸豐元年(1851)敦本堂木活字印本　四冊

330000－1701－0007761　普 921.512/00401/c1　史部/地理類/專志之屬/祠墓

[浙江上虞]偁章前宅宗祠誌一卷義田誌一卷　(清)章天明等輯　清道光元年(1821)刻光緒二十三年至二十七年(1897－1901)續刻本　二冊

330000－1701－0007763　普 921.512/0022.5　史部/傳記類/總傳之屬/家乘

[湖南平江]方氏族譜□□卷　(清)方訓高修　(清)方宗俊　(清)方宗漢纂　清同治十三年(1874)河南堂木活字印本　四冊　存四卷(一至四)

330000－1701－0007765　普 921.512/0023　史部/傳記類/總傳之屬/家乘

[江西永新]康氏族譜不分卷　(清)康文煌等纂　清道光抄本　三冊

330000－1701－0007766　普 921.512/0010　史部/傳記類/總傳之屬/家乘

[浙江紹興]舍浦童氏宗譜二十三卷　(清)童文高修　(清)童寶善　(清)童英纂　清光緒十八年(1892)居善堂木活字印本　二十三冊

330000－1701－0007770　普 921.512/0026.12　史部/傳記類/總傳之屬/家乘

[湖南東安]晉昌唐氏族譜□□卷首一卷　(清)唐仁廉倡修　(清)唐德高　(清)唐重祿　(清)唐世柳纂修　清光緒十三年(1887)敦睦堂木活字印本　十冊　存十二卷(思通公派下一至二、四至九、□,思海公派下首、一至二)

330000－1701－0007772　SY00418　子部/藝術類/篆刻之屬/印譜

五鳳顓齋玉印一卷　(清)姚觀光藏　(清)姚燮輯拓　清道光十七年(1837)鈐印本　清姚燮題簽並記　一冊

330000－1701－0007773　普 921.512/00222.3　史部/傳記類/總傳之屬/家乘

[江西萬載]廖氏重修族譜十六卷首一卷　(清)廖德成等修　(清)廖連城纂　清道光三十年(1850)萬載潭溪祠木活字印本　十二冊　缺五卷(一至二、五、八、十二)

330000－1701－0007774　普 921.512/0022.2　史部/傳記類/總傳之屬/家乘

[浙江鎮海]鎮海柏墅方氏族譜二十卷首四卷　(清)張壽榮纂修　清光緒六年(1880)六桂堂木活字印本　二冊　存六卷(首一至三、三至五)

330000－1701－0007776　普 015.1021/1000/c1　類叢部/類書類/通類之屬

玉海二百卷辭學指南四卷詩攷一卷詩地理攷六卷漢蓺文志攷證十卷通鑑地理通釋十四卷周書王會補注一卷漢制攷四卷踐阼篇集解一卷急就篇補注四卷姓氏急就篇二卷小學紺珠十卷六經天文編二卷周易鄭康成注一卷通鑑答問五卷　(宋)王應麟撰　**校補玉海瑣記二卷王深寧先生[應麟]年譜一卷**　(清)張大昌撰　清光緒九年至十六年(1883－1890)浙江書局刻本　二冊　存十卷(漢蓺文志攷證一至十)

330000－1701－0007777　普 015.1021/1000/c2　類叢部/類書類/通類之屬

玉海二百卷辭學指南四卷詩考一卷詩地理考六卷漢藝文志考證十卷通鑑地理通釋十四卷漢制考四卷踐阼篇集解一卷周易鄭康成注一卷姓氏急就篇二卷急就篇補注四卷周書王會

補注一卷小學紺珠十卷六經天文篇二卷通鑑答問五卷　（宋）王應麟撰　清嘉慶十一年（1806）江寧藩署刻本　二册　存十卷（漢藝文志考證一至十）

330000－1701－0007778　普 015.1021/1000/c3　類叢部/類書類/通類之屬

玉海二百卷辭學指南四卷詩攷一卷詩地理攷六卷漢蓺文志攷證十卷通鑑地理通釋十四卷周書王會補注一卷漢制攷四卷踐阼篇集解一卷急就篇補注四卷姓氏急就篇二卷小學紺珠十卷六經天文編二卷周易鄭康成注一卷通鑑答問五卷　（宋）王應麟撰　校補玉海瑣記二卷王深寧先生［應麟］年譜一卷　（清）張大昌撰　清光緒九年至十六年（1883－1890）浙江書局刻本　二册　存十卷（漢蓺文志攷證一至十）

330000－1701－0007779　普 015.1021/1000/c4　類叢部/類書類/通類之屬

玉海二百卷辭學指南四卷詩攷一卷詩地理攷六卷漢蓺文志攷證十卷通鑑地理通釋十四卷周書王會補注一卷漢制攷四卷踐阼篇集解一卷急就篇補注四卷姓氏急就篇二卷小學紺珠十卷六經天文編二卷周易鄭康成注一卷通鑑答問五卷　（宋）王應麟撰　校補玉海瑣記二卷王深寧先生［應麟］年譜一卷　（清）張大昌撰　清光緒九年至十六年（1883－1890）浙江書局刻本　二册　存十卷（漢蓺文志攷證一至十）

330000－1701－0007780　普 015.1021/1000/c5　類叢部/類書類/通類之屬

玉海二百卷辭學指南四卷詩攷一卷詩地理攷六卷漢蓺文志攷證十卷通鑑地理通釋十四卷周書王會補注一卷漢制攷四卷踐阼篇集解一卷急就篇補注四卷姓氏急就篇二卷小學紺珠十卷六經天文編二卷周易鄭康成注一卷通鑑答問五卷　（宋）王應麟撰　校補玉海瑣記二卷王深寧先生［應麟］年譜一卷　（清）張大昌撰　清光緒九年至十六年（1883－1890）浙江書局刻本　二册　存十卷（漢蓺文志攷證一至十）

330000－1701－0007781　普 015.1021/1000/c6　類叢部/類書類/通類之屬

玉海二百卷辭學指南四卷詩攷一卷詩地理攷六卷漢蓺文志攷證十卷通鑑地理通釋十四卷周書王會補注一卷漢制攷四卷踐阼篇集解一卷急就篇補注四卷姓氏急就篇二卷小學紺珠十卷六經天文編二卷周易鄭康成注一卷通鑑答問五卷　（宋）王應麟撰　校補玉海瑣記二卷王深寧先生［應麟］年譜一卷　（清）張大昌撰　清光緒九年至十六年（1883－1890）浙江書局刻本　二册　存十卷（漢蓺文志攷證一至十）

330000－1701－0007782　SY00397　子部/藝術類/篆刻之屬/印譜

鐵華盦印集不分卷　葉爲銘輯　清光緒三十年（1904）鈐拓本　一册

330000－1701－0007783　SY00398　子部/藝術類/篆刻之屬/印譜

十瓶齋書畫印存一卷　（清）孫鑄篆　清鈐印本　一册

330000－1701－0007787　SY00403　子部/藝術類/篆刻之屬/印譜

古梅閣仿完白山人印賸一卷續編一卷　（清）鄧石如篆　（清）王爾度摹印　（清）張嶼摹邊款　清光緒刻鈐印本　清孫點題簽並記　二册

330000－1701－0007788　SY00404　子部/藝術類/篆刻之屬/印譜

松雪廬藏印一卷　（清）葉希明輯拓　清鈐拓本　一册

330000－1701－0007789　SY00401　子部/藝術類/篆刻之屬/印譜

史印一卷　（清）童昌齡篆刻　題詞一卷　清康熙香溪童氏刻鈐印本　一册

330000－1701－0007791　SY00406　子部/藝術類/篆刻之屬/印譜

金石印存一卷　（清）俞遜篆刻　清光緒鈐印本　子善題簽並記　一册

330000－1701－0007794　SY00409　子部/藝術類/篆刻之屬/印譜
印林一卷　(清)何澂集　清末鈐拓剪貼本　一冊

330000－1701－0007796　SY00411　子部/藝術類/篆刻之屬/印譜
大鶴山房印譜不分卷　吳昌碩　王大炘篆刻　鄭文焯輯　清末鈐拓本　二冊

330000－1701－0007797　SY00412　子部/藝術類/篆刻之屬/印譜
師慎軒印存不分卷　(清)吳熙載篆刻　林樹臣輯　清宣統三年(1911)鈐拓本　八冊

330000－1701－0007798　SY00414　子部/藝術類/篆刻之屬/印譜
石廬印賞不分卷　林樹臣輯　清宣統二年(1910)侯官林樹臣鈐拓本　二冊

330000－1701－0007805　SY00421　史部/金石類/璽印之屬/雜著
瞻麓齋古印徵不分卷　龔心釗輯　清光緒十九年(1893)合肥龔心釗刻鈐印本　八冊

330000－1701－0007807　SY00423　史部/金石類/璽印之屬
琴硯齋漢銅印譜不分卷　(清)汪谷藏　(清)汪桐生輯　清道光鈐印本　丁仁題簽並記　二冊

330000－1701－0007808　普951.0739/9911.2/c1　史部/詔令奏議類/詔令之屬
世宗憲皇帝上諭内閣一百五十九卷　(清)允祿等編　(清)弘晝等續輯　清末浙江書局刻本　三十二冊

330000－1701－0007811　SY00427　子部/藝術類/篆刻之屬/印譜
碧玉壺集古印存不分卷　(清)蔡鴻鑑輯　清光緒元年(1875)鈐印本　一冊

330000－1701－0007812　SY00428　子部/藝術類/篆刻之屬/印譜
碧玉壺印存不分卷　(清)蔡鴻鑑輯　清鈐印本　清蔡和霽跋　二冊

330000－1701－0007815　SY00430　子部/藝術類/篆刻之屬/印譜
觀自得齋徐氏所藏印存不分卷　吳昌碩篆刻　(清)徐士愷輯　清光緒鈐拓本　清凌波題記　八冊

330000－1701－0007819　SY00434　子部/藝術類/篆刻之屬/印譜
龢天倪齋印存二卷　(清)郭鍾岳篆刻　清光緒二十二年(1896)郭鍾岳龢天倪齋鈐印本　二冊

330000－1701－0007821　HJL4968　類叢部/叢書類/自著之屬
晴川八識　(清)孫之騄撰　清康熙刻本　五冊　存五卷(玉川子詩註一至五)

330000－1701－0007822　SY00436　子部/藝術類/篆刻之屬/印譜
印品七卷印章要論一卷　(明)朱簡摹輯　明萬曆三十九年(1611)刻鈐印本　二冊　存三卷(一、六至七)

330000－1701－0007823　SY00437　子部/藝術類/篆刻之屬/印譜
後飛鴻堂印輯四卷　汪厚昌輯並注　清光緒三十年(1904)鈐印稿本　四冊

330000－1701－0007824　SY00439　史部/金石類
來青山館金石商一卷　(清)□□輯　清光緒鈐拓本　清汪渭題記　一冊

330000－1701－0007825　SY00440　子部/藝術類/篆刻之屬/印譜
嘯溪印存一卷　(清)西湖嘯溪篆　清道光十年(1830)鈐印本　一冊

330000－1701－0007827　SY00442　子部/藝術類/篆刻之屬/印譜
秦漢銅印譜二卷七家名人印譜十卷　(清)嚴信厚輯拓　清光緒二十七年(1901)小長蘆館鈐拓本　十二冊

330000－1701－0007829　SY00444　子部/藝術類/篆刻之屬/印譜

西泠四家印譜附存四家　(清)丁丙輯　清光緒百石齋刻鈐印本　徐行恭題簽並記　五冊

330000－1701－0007831　SY00446　子部/藝術類/篆刻之屬/印譜

補羅迦室印譜不分卷　(清)趙之琛篆刻　清鈐拓本　五冊

330000－1701－0007833　SY00448　史部/金石類/璽印之屬

明宋懋澄集漢玉印百方一卷　(明)宋懋澄輯　明萬曆二十九年(1601)鈐印本　明宋懋澄跋　寂菴題簽並記　一冊

330000－1701－0007834　SY00449　子部/藝術類/篆刻之屬/印譜

怡雲齋印書不分卷　(清)怡雲齋主人藏　清鈐印本　二冊

330000－1701－0007835　SY00450　子部/藝術類/篆刻之屬/印譜

泉香印譜□□卷　(清)陳夢鯤篆　清鈐印本　一冊　存一卷(上)

330000－1701－0007837　SY00452　子部/藝術類/篆刻之屬/印譜

印拙不分卷　(清)鍾沈霖篆　清鈐印本　二冊

330000－1701－0007838　SY00453　史部/金石類/璽印之屬

集古印譜六卷　(明)王常輯　明萬曆刻鈐印本　三冊　存三卷(一至二、六)

330000－1701－0007839　SY00454　子部/藝術類/篆刻之屬/印譜

飛鴻堂印譜三集八卷　(清)汪啓淑輯　清乾隆刻鈐印本　四冊

330000－1701－0007840　SY00455　史部/金石類/璽印之屬

西京職官印錄二卷　(清)徐堅輯　清乾隆十九年(1754)鄧尉徐氏褱新館刻鈐印本　二冊

330000－1701－0007841　SY00456　子部/藝術類/篆刻之屬/印譜

古蝸篆居印述四卷　(清)程邃等篆　(清)程芝華摹刻　清道光刻鈐印本　張邕圭跋　四冊

330000－1701－0007842　SY00457　史部/金石類/璽印之屬

觀自得齋印集不分卷　(清)趙之謙篆刻　(清)徐士愷輯　清光緒十五年(1889)石埭徐氏鈐印本　八冊

330000－1701－0007843　SY00458　子部/藝術類/篆刻之屬/印譜

承霤居印稿不分卷　(清)陳湯奏篆刻　清光緒二十五年(1899)鈐印本　四冊

330000－1701－0007846　SY00461　子部/藝術類/篆刻之屬/印譜

玩月草堂印存不分卷　(清)馮士塽篆刻　清光緒十六年(1890)刻鈐印本　六冊

330000－1701－0007847　SY00462　史部/金石類/璽印之屬

吉金齋古銅印譜六卷　(清)何昆玉輯　清同治八年(1869)刻鈐印本　六冊

330000－1701－0007848　SY00463　子部/藝術類/篆刻之屬/印譜

雪廬百印二卷　(清)王琛輯並注　清光緒二十五年(1899)刻鈐印本　二冊

330000－1701－0007849　SY00464　子部/藝術類/篆刻之屬/印譜

印雋四卷　(明)梁袠篆並輯　明萬曆三十八年(1610)刻鈐印本　清薛令聞題記　清顧海跋　清李蕙、清周星詒、周熹寅觀款　許榮勳題簽、題記並過錄周櫟園跋　二冊

330000－1701－0007850　HJL5494　集部/詞類/別集之屬

鵲泉山館詞一卷　(清)潘觀保撰　清光緒十五年(1889)復始堂刻本　一冊

330000－1701－0007857　普 015.1127/0025　史部/地理類

襄陽四略　(清)吳慶燾撰　清光緒刻本　二冊　存一種

330000－1701－0007860　普 015.1234/7080/c1　類叢部/叢書類/郡邑之屬

江陰叢書三十二種　金武祥編　清光緒至宣統江陰金氏粟香室嶺南刻本　一册　存一種

330000－1701－0007861　普 015.1234/7080/c2　類叢部/叢書類/郡邑之屬

江陰叢書三十二種　金武祥編　清光緒至宣統江陰金氏粟香室嶺南刻本　一册　存一種

330000－1701－0007862　SY00469　史部/金石類/璽印之屬

秦漢印型二卷　（清）陸元珪　（清）翁大年摹　清道光十七年（1837）鈐印本　一册

330000－1701－0007863　SY00470　子部/藝術類/篆刻之屬/印譜

俞廉三印存一卷　（清）俞廉三篆刻　清末鈐印本　一册

330000－1701－0007864　SY00471　子部/藝術類/篆刻之屬/印譜

樂石齋印譜一卷　（清）何昆玉篆刻　清同治刻鈐印本　一册

330000－1701－0007865　SY00472　子部/藝術類/篆刻之屬/印譜

印留不分卷　（清）胡義贊輯藏　清鈐印本　清蔚園跋　四册

330000－1701－0007866　SY00473　史部/金石類/璽印之屬

集古銅印十集　（清）金惟駿輯　清鈐印本　八册　缺二集（甲、己）

330000－1701－0007868　SY00475　子部/藝術類/篆刻之屬/印譜

金罍山民印存一卷　（清）徐三庚篆刻　清末鈐印本　清天放題簽並記　一册

330000－1701－0007870　SY00476　子部/藝術類/篆刻之屬/印譜

百璽齋印存不分卷　（清）胡養元篆刻　清光緒二十一年（1905）鈐印本　二册

330000－1701－0007871　普 015.1241/0025/c1　史部/目録類/總録之屬/地方

杭州藝文志十卷　吳慶坻編　清光緒三十四年（1908）錢塘吳慶坻長沙刻本　五册

330000－1701－0007872　普 015.1241/0025/c2　史部/目録類/總録之屬/地方

杭州藝文志十卷　吳慶坻編　清光緒三十四年（1908）錢塘吳慶坻長沙刻本　四册

330000－1701－0007873　普 015.1241/0025/（2）/c2　史部/目録類/總録之屬/地方

杭州藝文志十卷　吳慶坻編　清光緒三十四年（1908）錢塘吳慶坻長沙刻本　四册

330000－1701－0007874　普 015.1241/0025/（2）/c3　史部/目録類/總録之屬/地方

杭州藝文志十卷　吳慶坻編　清光緒三十四年（1908）錢塘吳慶坻長沙刻本　孫峻批校、題簽並記　四册

330000－1701－0007875　普 015.1241/0025/（2）/c4　史部/目録類/總録之屬/地方

杭州藝文志十卷　吳慶坻編　清光緒三十四年（1908）錢塘吳慶坻長沙刻本　六册

330000－1701－0007879　SY00480　子部/藝術類/篆刻之屬/印譜

西泠四家印譜附存四家　（清）丁丙輯　清光緒百石齋刻鈐印本　十册　存七種

330000－1701－0007884　SY00481　子部/藝術類/篆刻之屬/印論

印史五卷　（明）何通撰　明天啓刻鈐印本　承錫題簽並記　二册　存二卷（一至二）

330000－1701－0007885　SY00482　子部/藝術類/篆刻之屬/印譜

雙虞壺齋印存八卷　（清）吳式芬攷藏　清鈐印本　八册

330000－1701－0007886　SY00483　子部/藝術類/篆刻之屬/印譜

彥齋印譜不分卷　（清）儲家達篆刻　清光緒鈐拓本　四册

330000－1701－0007888　SY00484　子部/藝

術類/篆刻之屬/印譜

地山印稿不分卷 (清)金鏐篆刻 清乾隆二十八年(1763)鈐印本 二冊

330000－1701－0007889 SY00485 子部/藝術類/篆刻之屬/印譜

補羅迦室印譜不分卷 (清)趙之琛篆刻 清鈐拓本 二冊

330000－1701－0007890 SY00486 子部/藝術類/篆刻之屬/印譜

缶廬印存不分卷 吳昌碩篆刻 清光緒十五年(1889)鈐拓本 二冊

330000－1701－0007895 SY00489 子部/藝術類/篆刻之屬/印譜

味天倪齋印存一卷 (清)郭鍾岳篆刻 清末鈐印本 一冊

330000－1701－0007899 SY00492 史部/金石類/璽印之屬

撝叔考藏秦漢印存不分卷 (清)趙之謙輯 清光緒十五年(1889)鈐印本 一冊

330000－1701－0007900 SY00493 子部/藝術類/篆刻之屬/印譜

二金蜨堂印譜不分卷 (清)趙之謙篆刻 (清)徐士愷輯 清光緒鈐拓本 八冊

330000－1701－0007904 普 015.1246/0037.2 史部/目録類/總録之屬/地方

台獻徵目録初編一卷 金嗣獻編 清宣統三年(1911)浙太平金氏鴻遠書屋木活字印本 一冊

330000－1701－0007907 SY00497 子部/藝術類/篆刻之屬/印譜

邵氏藏近人印集一卷 清末鈐印本 一冊

330000－1701－0007913 SY00499 子部/藝術類/篆刻之屬/印譜

松筠桐蔭館印譜三卷附集印一卷 (清)郭偉勣等篆刻 清乾隆四十三年(1778)鈐印本 二冊 存二卷(二、集印)

330000－1701－0007914 SY00500 子部/藝術類/篆刻之屬/印譜

匏庵印稿一卷 (清)訂頑篆刻 清光緒鈐印本 用侯題簽並記 一冊

330000－1701－0007925 SY00503 子部/藝術類/篆刻之屬/印譜

集古印存不分卷 (清)趙之琛等篆刻 清末鈐拓剪貼本 葉舟題簽並記 一冊

330000－1701－0007926 SY00504 子部/藝術類/篆刻之屬/印譜

名人印集不分卷 (清)□□編 清鈐拓剪貼本 六冊

330000－1701－0007927 SY00505 史部/金石類/璽印之屬

十六金符齋印存不分卷 (清)吳大澂輯 清宣統元年(1909)西泠印社鈐印本 三十冊

330000－1701－0007928 SY00506 子部/藝術類/篆刻之屬/印譜

侶梅居藏印一卷 王雲輯藏 清末鈐印本 一冊

330000－1701－0007929 SY00507 史部/金石類/璽印之屬

秦漢三十體印證二卷 (清)李陽輯 清道光二十年(1840)李氏寶籀齋刻鈐印本 四冊

330000－1701－0007930 SY00508 史部/金石類/璽印之屬

古今印則十一卷 (明)程遠輯 明萬曆檇李項氏宛委堂刻鈐印本 四冊

330000－1701－0007931 SY00509 子部/藝術類/篆刻之屬/印譜

西泠八家印選八卷 丁仁輯 清末鈐拓本 八冊

330000－1701－0007932 SY00510 史部/金石類/璽印之屬

集古印譜六卷 (明)王常輯 明萬曆三年(1575)顧氏芸閣刻朱印本 清章栽題記 六冊 缺一卷(二)

330000－1701－0007934 普 016/4429 史

部/目録類/總録之屬/彙刻

觀古堂書目叢刻十五種 葉德輝編 清光緒二十八年(1902)至民國湘潭葉氏刻本 二十冊

330000－1701－0007936 SY00511 史部/金石類/璽印之屬

寶古印攷一卷 (清)張氏藏錄 清同治三年(1864)抄鈐印剪貼本 一冊

330000－1701－0007939 SY00514 子部/藝術類/篆刻之屬/印譜

印雋四卷 (明)梁袠篆並輯 明萬曆三十八年(1610)刻鈐印本 天放題簽並記 一冊 存一卷(一)

330000－1701－0007940 SY00515 子部/藝術類/篆刻之屬/印譜

印選五卷 (明)方用光篆 明萬曆三十一年(1603)朱印本 五冊

330000－1701－0007942 SY00516 子部/藝術類/篆刻之屬/印譜

學古退齋印存二卷 (清)孟超然輯 清光緒九年(1883)鈐印本 二冊

330000－1701－0007943 SY00517 子部/藝術類/篆刻之屬/印譜

扺鵲印賞一卷 清光緒鈐印剪貼本 一冊

330000－1701－0007946 SY00519 子部/藝術類/篆刻之屬/印譜

行素草堂集古印譜不分卷 (清)朱記榮輯 清光緒稿本 三冊

330000－1701－0007950 SY00521 子部/藝術類/篆刻之屬/印譜

百壽圖印章屏不分卷 (明)文彭 (明)何震 (明)程邃篆刻 (清)丁敬 (清)黄易 (清)陳鴻壽摹補 清鈐印本 清張廷濟題簽並跋 四軸

330000－1701－0007951 SY00522 子部/藝術類/篆刻之屬/印譜

蜀漢諸葛武侯玉印 清咸豐六年(1856)鈐印本 清仲湘、清鄭淇、清賈芝房、清瑞清、童大年跋 韓登安題簽並記 一軸

330000－1701－0007954 普 915.12191/9532 史部/地理類/方志之屬/郡縣志

[道光]保安州志八卷首一卷 (清)楊桂森纂修 清道光十五年(1835)刻本 八冊

330000－1701－0007956 普 016.17/3013/c2 史部/目録類/總録之屬/官修

欽定四庫全書總目二百卷首一卷 (清)紀昀等撰 清同治七年(1868)廣東書局刻本 一百十九冊 缺一卷(一百九十七)

330000－1701－0007957 普 016.17/3013/c4 史部/目録類/總録之屬/官修

欽定四庫全書總目二百卷首一卷 (清)紀昀等撰 清同治七年(1868)廣東書局刻本 一百二十冊

330000－1701－0007959 普 016.17/3013/(3) 史部/目録類/總録之屬/官修

欽定四庫全書總目二百卷首一卷 (清)紀昀等撰 清同治七年(1868)廣東書局刻本 一百七冊 缺二卷(七十五至七十六)

330000－1701－0007960 普 016.17/3013/2 史部/目録類/總録之屬/官修

欽定四庫全書總目二百卷首四卷 (清)紀昀等撰 清宣統二年(1910)存古齋石印本 三十二冊

330000－1701－0007961 普 016.17/3013/5 史部/目録類/總録之屬/官修

欽定四庫全書總目二百卷首一卷 (清)紀昀等撰 清乾隆刻嘉慶印本 清陳昌治圈點句讀 一百冊

330000－1701－0007966 普 016.17/3013/6 史部/目録類/總録之屬/官修

欽定四庫全書總目二百卷首一卷簡明目錄二十卷 (清)紀昀等撰 清光緒二十年(1894)上海點石齋石印本 二十三冊 缺六卷(一百七十二至一百七十七)

330000－1701－0007969 普 016.17/3013.03 史部/目録類/通論之屬/義例

四庫全書敘一卷　姚彥長觀書例一卷　（清）姚晉圻撰　**田曨初觀書後例一卷**　（清）田明昶撰　清光緒二十三年（1897）沔陽盧靖慎始基齋刻本　一冊

330000－1701－0007979　普 016.17/3013.05　史部/目録類/總録之屬

四庫書目略二十卷首一卷附錄一卷　（清）費莫文良輯　清同治九年（1870）刻本　十二冊

330000－1701－0007986　普 016.17/3013.09/2/c1　史部/目録類/總録之屬/官修

四庫未收書目提要五卷　（清）阮元撰　清光緒四年（1878）上海淞隱閣鉛印本　一冊

330000－1701－0007987　普 016.17/3013.09/2/c2　史部/目録類/總録之屬/官修

四庫未收書目提要五卷　（清）阮元撰　清光緒四年（1878）上海淞隱閣鉛印本　一冊

330000－1701－0007990　普 016.17/3013.09/3/c2　史部/目録類/總録之屬/官修

四庫未收書目提要五卷　（清）阮元撰　清光緒九年（1883）成都御風樓刻本　三冊

330000－1701－0007995　普 016.17/3013.2/（2）/c1　史部/目録類/總録之屬/官修

欽定四庫全書附存目錄十卷　（清）胡虔輯　清乾隆五十八年（1793）刻本　四冊

330000－1701－0007996　普 016.17/3013.2/（2）/c2　史部/目録類/總録之屬/官修

欽定四庫全書附存目錄十卷　（清）胡虔輯　清乾隆五十八年（1793）刻本　四冊

330000－1701－0007999　普 016.17/3013.2/2/c1　史部/目録類/總録之屬/官修

欽定四庫全書附存目錄十卷　（清）胡虔輯　清光緒十年（1884）學海堂刻本　六冊

330000－1701－0008000　普 016.17/3013.2/2/c2　史部/目録類/總録之屬/官修

欽定四庫全書附存目錄十卷　（清）胡虔輯　清光緒十年（1884）學海堂刻本　六冊

330000－1701－0008003　普 016.17/3013.3/c1　史部/目録類/總録之屬/官修

欽定四庫全書簡明目錄二十卷首一卷　（清）紀昀等撰　清同治七年（1868）廣東書局刻本　十六冊

330000－1701－0008004　普 016.17/3013.3/c2　史部/目録類/總録之屬/官修

欽定四庫全書簡明目錄二十卷首一卷　（清）紀昀等撰　清同治七年（1868）廣東書局刻本　十六冊

330000－1701－0008005　普 016.17/3013.3/c3　史部/目録類/總録之屬/官修

欽定四庫全書簡明目錄二十卷首一卷　（清）紀昀等撰　清同治七年（1868）廣東書局刻本　十六冊

330000－1701－0008008　普 016.17/3013.3/2　史部/目録類/總録之屬/官修

欽定四庫全書簡明目錄二十卷　（清）紀昀等撰　清刻本　四冊

330000－1701－0008009　普 016.17/3013.3/2（2）/c1　史部/目録類/總録之屬/官修

欽定四庫全書簡明目錄二十卷　（清）紀昀等撰　清末刻本　八冊

330000－1701－0008010　普 016.17/3013.3/2（2）/c2　史部/目録類/總録之屬/官修

欽定四庫全書簡明目錄二十卷　（清）紀昀等撰　清乾隆刻本　十二冊

330000－1701－0008011　普 016.17/3013.3/2（2）/c3　史部/目録類/總録之屬/官修

欽定四庫全書簡明目錄二十卷　（清）紀昀等撰　清光緒五年（1879）會稽徐友蘭墨潤堂鉛印本　十二冊

330000－1701－0008012　普 016.17/3013.3/3　史部/目録類/總録之屬/官修

欽定四庫全書簡明目錄二十卷　（清）紀昀等撰　清光緒五年（1879）會稽徐友蘭墨潤堂鉛印本　十冊

330000－1701－0008013　普 016.17/3013.3/3（2）/c1　史部/目録類/總録之屬/官修

欽定四庫全書簡明目録二十卷　(清)紀昀等撰　清光緒五年(1879)會稽徐友蘭墨潤堂鉛印本　十二冊

330000－1701－0008014　普 016.17/3013.3/3(2)/c2　史部/目録類/總録之屬/官修
欽定四庫全書簡明目錄二十卷　(清)紀昀等撰　清光緒五年(1879)會稽徐友蘭墨潤堂鉛印本　朱榮璪題簽並記　十二冊

330000－1701－0008020　普 915.12492/9529　史部/地理類/方志之屬/郡縣志
[乾隆]重修景寧縣志十二卷首一卷　(清)張九華修　(清)吳嗣範纂　清乾隆四十三年(1778)刻本　四冊

330000－1701－0008023　HJL5365　集部/別集類/唐五代別集
唐丞相曲江張文獻公集十二卷附錄一卷千秋金鑑錄五卷　(唐)張九齡撰　清光緒十八年(1892)張曉如刻本　六冊

330000－1701－0008030　普 016.17/3013.3/4　史部/目録類/總録之屬/官修
欽定四庫全書簡明目錄二十卷　(清)紀昀等撰　清光緒十四年(1888)暢懷書屋鉛印本　四冊

330000－1701－0008033　普 016.17/3013.3/6　史部/目録類/總録之屬/官修
欽定四庫全書簡明目錄二十卷　(清)紀昀等撰　清乾隆刻本　十二冊

330000－1701－0008034　普 016.17/3013.301　類叢部/叢書類/自著之屬
半巖廬所箸書九種　(清)邵懿辰撰　清宣統三年至民國二十年(1911－1931)仁和邵氏家祠刻本　六冊　存一種

330000－1701－0008039　普 016.177/0014　史部/目録類/總録之屬/地方
廣雅書院藏書目錄七卷附廣雅書院督署發存書籍目錄一卷　(清)朱一新編　(清)廖廷相重編　清光緒二十七年(1901)廣雅書局刻本　溫丹銘題簽　四冊

330000－1701－0008042　HJH3797　類叢部/叢書類/自著之屬
瘦羊錄十四種　(清)熊士鵬撰　清嘉慶至道光刻本　四冊　存一種

330000－1701－0008066　普 016.179/1085/c1　史部/目録類/總録之屬/官修
欽定天祿琳琅書目十卷　(清)于敏中等撰
欽定天祿琳琅書目後編二十卷　(清)彭元瑞等撰　清光緒十年(1884)長沙王氏刻本　十冊

330000－1701－0008067　普 016.179/1085/c2、G007921　史部/目録類/總録之屬/官修
欽定天祿琳琅書目十卷　(清)于敏中等撰
欽定天祿琳琅書目後編二十卷　(清)彭元瑞等撰　清光緒十年(1884)長沙王氏刻本　十冊

330000－1701－0008068　普 016.179/1085/c3　史部/目録類/總録之屬/官修
欽定天祿琳琅書目十卷　(清)于敏中等撰
欽定天祿琳琅書目後編二十卷　(清)彭元瑞等撰　清光緒十年(1884)長沙王氏刻本　十冊

330000－1701－0008069　普 016.194/1700　史部/目録類/書志之屬/提要
昭德先生郡齋讀書志二十卷　(宋)晁公武撰　(宋)姚應績編　清嘉慶二十四年(1819)吳門汪氏藝芸書舍刻本　八冊

330000－1701－0008075　普 016.194/1700/2/c1　史部/目録類/書志之屬/提要
昭德先生郡齋讀書志二十卷　(宋)晁公武撰　(宋)姚應績編　**附志二卷**　(宋)趙希弁撰　**考證一卷考異一卷校補一卷**　王先謙撰　清光緒十年(1884)長沙王先謙刻本　十冊

330000－1701－0008076　普 016.194/1700/2/c3　史部/目録類/書志之屬/提要
昭德先生郡齋讀書志二十卷　(宋)晁公武撰　(宋)姚應績編　**附志二卷**　(宋)趙希弁撰　**考證一卷考異一卷校補一卷**　王先謙撰　清光緒十年(1884)長沙王先謙刻本　十冊

330000－1701－0008077　普 016.196/1017/c1　史部/目録類/總録之屬/私撰

天一閣書目四卷　（清）阮元、范邦甸等編　**附碑目一卷續增一卷**　（清）錢大昕編　（清）范懋敏續編　清嘉慶十三年（1808）揚州阮元文選樓刻本　九册

330000－1701－0008078　普 016.196/1017/c2　史部/目録類/總録之屬/私撰

天一閣書目四卷　（清）阮元、范邦甸等編　**附碑目一卷續增一卷**　（清）錢大昕編　（清）范懋敏續編　清嘉慶十三年（1808）揚州阮元文選樓刻本　八册

330000－1701－0008080　普 016.196/1017.5　史部/目録類/總録之屬/私撰

天一閣見存書目四卷首一卷末一卷　（清）薛福成撰　清光緒十五年（1889）無錫薛福成甬上崇實書院刻本　四册

330000－1701－0008082　HJL3409　集部/別集類/清別集

石船居古今體詩賸稿十六卷　（清）李超瓊撰　清光緒刻本　四册

330000－1701－0008087　普 016.17/3013.3/(2)　史部/目録類/總録之屬/官修

欽定四庫全書簡明目録二十卷首一卷　（清）紀昀等撰　清同治廣州經韻樓刻本　一册

330000－1701－0008094　普 016.196/4439　史部/目録類/總録之屬/彙刻

觀古堂書目叢刻十五種　葉德輝編　清光緒二十八年（1902）至民國湘潭葉氏刻本　一册　存一種

330000－1701－0008096　普 016.197/1044　史部/目録類/總録之屬/私撰

五桂樓書目四卷　（清）黄澄量撰　清光緒二十一年（1895）姚江黄安瀾刻本　二册

330000－1701－0008100　普 016.197/1134/c1　史部/目録類/總録之屬/私撰

皕宋樓藏書志一百二十卷續志四卷　（清）陸心源撰　清光緒八年（1882）歸安陸心源十萬卷樓刻潛園總集本　佚名批　三十二册

330000－1701－0008101　普 016.197/1134/c2　史部/目録類/總録之屬/私撰

皕宋樓藏書志一百二十卷續志四卷　（清）陸心源撰　清光緒八年（1882）歸安陸心源十萬卷樓刻潛園總集本　佚名校　三十二册

330000－1701－0008102　普 016.197/1134/(2)/c1　史部/目録類/總録之屬/私撰

皕宋樓藏書志一百二十卷續志四卷　（清）陸心源撰　清光緒八年（1882）歸安陸心源十萬卷樓刻潛園總集本　陸祖谷批　三十二册　缺四卷（續志一至四）

330000－1701－0008103　普 016.197/1134/(2)/c2　類叢部/叢書類/自著之屬

潛園總集十七種　（清）陸心源撰　清同治至光緒刻本　三十册　存一種

330000－1701－0008104　普 016.197/1134/(3)/c1　史部/目録類/總録之屬/私撰

皕宋樓藏書志一百二十卷續志四卷　（清）陸心源撰　清光緒八年（1882）歸安陸心源十萬卷樓刻潛園總集本　佚名題簽　四十册　缺四卷（續志一至四）

330000－1701－0008105　普 016.197/1134/(3)/c2　史部/目録類/總録之屬/私撰

皕宋樓藏書志一百二十卷續志四卷　（清）陸心源撰　清光緒八年（1882）歸安陸心源十萬卷樓刻潛園總集本　佚名批校　四十册　缺四卷（續志一至四）

330000－1701－0008109　普 016.197/1181/c1　史部/目録類/書志之屬/提要

愛日精廬藏書志三十六卷續志四卷　（清）張金吾藏並撰　清道光七年（1827）昭文張氏愛日精廬刻本（卷二十九至三十配清末抄本）　翔批　十册

330000－1701－0008110　普 016.197/1181/c2　史部/目録類/書志之屬/提要

愛日精廬藏書志三十六卷續志四卷　（清）張金吾藏並撰　清道光七年（1827）昭文張氏愛

日精廬刻本　十冊

330000－1701－0008113　普 016.197/1181/2/c1　史部/目録類/書志之屬/提要

愛日精廬藏書志三十六卷續志四卷　(清)張金吾藏並撰　清光緒十三年(1887)吳縣徐氏靈芬閣木活字印本　二十冊

330000－1701－0008114　普 016.197/1181/2/c2　史部/目録類/書志之屬/提要

愛日精廬藏書志三十六卷續志四卷　(清)張金吾藏並撰　清光緒十三年(1887)吳縣徐氏靈芬閣木活字印本　十冊

330000－1701－0008161　普 016.197/2741/c1　史部/目録類/書志之屬/提要

藝風藏書記八卷續記八卷　繆荃孫撰　清光緒二十六年至二十七年(1900－1901)江陰繆荃孫刻民國元年至二年(1912－1913)續刻本　五冊

330000－1701－0008162　普 016.197/2741/c2　史部/目録類/書志之屬/提要

藝風藏書記八卷續記八卷　繆荃孫撰　清光緒二十六年至二十七年(1900－1901)江陰繆荃孫刻民國元年至二年(1912－1913)續刻本　五冊

330000－1701－0008175　普 016.197/3140/c1　史部/目録類/總録之屬/彙刻

江刻書目三種　(清)江標輯　清光緒元和江氏師鄦室刻本　三冊

330000－1701－0008176　普 016.197/3837/c1　史部/目録類/總録之屬/私撰

海源閣藏書目一卷　(清)楊紹和撰　清末刻本　一冊

330000－1701－0008177　普 016.197/3837/c3　史部/目録類/總録之屬/私撰

海源閣藏書目一卷　(清)楊紹和撰　清末刻本　一冊

330000－1701－0008178　普 016.197/8318/2/c1　史部/目録類/總録之屬/私撰

鐵琴銅劍樓藏書目錄二十四卷　(清)瞿鏞撰　清光緒二十三年(1897)武進董氏誦芬室刻本　十冊

330000－1701－0008179　普 016.197/8318/2/c2　史部/目録類/總録之屬/私撰

鐵琴銅劍樓藏書目錄二十四卷　(清)瞿鏞撰　清光緒二十三年(1897)武進董氏誦芬室刻本　十冊

330000－1701－0008180　普 016.197/8318/2/c3　史部/目録類/總録之屬/私撰

鐵琴銅劍樓藏書目錄二十四卷　(清)瞿鏞撰　清光緒二十三年(1897)武進董氏誦芬室刻本　十冊

330000－1701－0008187　普 016.197/4070　史部/目録類/總録之屬/官修

關中書院志學齋藏書總目一卷　(清)關中書院編　清光緒十七年(1891)關中書院刻本　一冊

330000－1701－0008195　普 016.197/44291　史部/目録類/總録之屬/私撰

帶經堂書目四卷　(清)陳徵芝鑒藏　(清)陳樹杓編次　(清)周星詒　(清)陸心源批訂　清宣統順德鄧氏鉛印風雨樓叢書本　佚名題簽並批　三冊

330000－1701－0008204　普 016.197/8055/c1　史部/目録類/書志之屬/提要

善本書室藏書志四十卷附錄一卷　(清)丁丙輯　清光緒二十五年至二十七年(1899－1901)錢唐丁立中鄂中刻本　十六冊

330000－1701－0008205　普 016.197/8055/c2　史部/目録類/書志之屬/提要

善本書室藏書志四十卷附錄一卷　(清)丁丙輯　清光緒二十五年至二十七年(1899－1901)錢唐丁立中鄂中刻本　十六冊

330000－1701－0008206　普 016.197/8055/c3　史部/目録類/書志之屬/提要

善本書室藏書志四十卷附錄一卷　(清)丁丙輯　清光緒二十五年至二十七年(1899－1901)錢唐丁立中鄂中刻本　十六冊

330000－1701－0008207　普016.197/8055/c4　史部/目録類/書志之屬/提要

善本書室藏書志四十卷附錄一卷　(清)丁丙輯　清光緒二十五年至二十七年(1899－1901)錢唐丁立中鄂中刻本　十六册

330000－1701－0008208　普016.197/8055/c5　史部/目録類/書志之屬/提要

善本書室藏書志四十卷附錄一卷　(清)丁丙輯　清光緒二十五年至二十七年(1899－1901)錢唐丁立中鄂中刻本　十六册

330000－1701－0008234　普017.45/2844/c1　史部/目録類/總録之屬/私撰

古越藏書樓書目二十卷首一卷　(清)徐樹蘭撰　清光緒三十年(1904)崇實書局石印本　八册

330000－1701－0008235　普017.45/2844/c2　史部/目録類/總録之屬/私撰

古越藏書樓書目二十卷首一卷　(清)徐樹蘭撰　清光緒三十年(1904)崇實書局石印本　八册

330000－1701－0008240　普017.43/3239.2/c1　史部/目録類/總録之屬/官修

浙江藏書樓甲編書目不分卷乙編書目不分卷　楊復編　清光緒三十三年(1907)鉛印本　三册

330000－1701－0008241　普017.43/3239.2/c2　史部/目録類/總録之屬/官修

浙江藏書樓甲編書目不分卷乙編書目不分卷　楊復編　清光緒三十三年(1907)鉛印本　三册

330000－1701－0008242　普017.43/3239.2/c4　史部/目録類/總録之屬/官修

浙江藏書樓甲編書目不分卷乙編書目不分卷　楊復編　清光緒三十三年(1907)鉛印本　二册

330000－1701－0008249　普018/3442　史部/目録類/專録之屬

東西學書錄總敘二卷　沈桐生撰　清光緒二十三年(1897)讀有用書齋刻本　二册

330000－1701－0008255　普018.07/7749/c1　史部/目録類/總録之屬

學古堂藏書目不分卷捐藏書目一卷　(清)□□撰　清光緒刻本　一册

330000－1701－0008256　普018.07/7749/c2　史部/目録類/總録之屬

學古堂藏書目不分卷捐藏書目一卷　(清)□□撰　清光緒刻本　一册

330000－1701－0008257　普018.07/7749/c3　史部/目録類/總録之屬

學古堂藏書目不分卷捐藏書目一卷　(清)□□撰　清光緒刻本　習盦題簽　一册

330000－1701－0008264　普026.041/4469/c1　史部/目録類/通論之屬/掌故瑣記

藏書紀事詩七卷　葉昌熾撰　清宣統二年(1910)長洲葉昌熾刻本　六册

330000－1701－0008265　普026.041/4469/c2　史部/目録類/通論之屬/掌故瑣記

藏書紀事詩七卷　葉昌熾撰　清宣統二年(1910)長洲葉昌熾刻本　六册

330000－1701－0008266　普026.041/4469/c3　史部/目録類/通論之屬/掌故瑣記

藏書紀事詩七卷　葉昌熾撰　清宣統二年(1910)長洲葉昌熾刻本　六册

330000－1701－0008267　普026.041/4469/c4　史部/目録類/通論之屬/掌故瑣記

藏書紀事詩七卷　葉昌熾撰　清宣統二年(1910)長洲葉昌熾刻朱印本　六册

330000－1701－0008270　普026.041/4469/2　類叢部/叢書類/彙編之屬

靈鶼閣叢書五十六種　(清)江標編　清光緒元和江氏湖南使院刻蘇州振新書社印本　十二册　存一種

330000－1701－0008271　普026.044/3719/2　類叢部/叢書類/彙編之屬

藕香零拾三十九種　繆荃孫編　清光緒二十

二年至宣統二年(1896－1910)刻民國元年(1912)印本　一册　存四種

330000－1701－0008275　普 026.14/4429　史部/目録類/總録之屬/彙刻
觀古堂書目叢刻十五種　葉德輝編　清光緒二十八年(1902)至民國湘潭葉氏刻本　二册　存一種

330000－1701－0008279　普 026.17/1047　史部/目録類/通論之屬/考訂
欽定四庫全書考證一百卷　(清)王太岳(清)曹錫寶等撰　清刻本　六十册

330000－1701－0008284　普 026.177/1243/c1　類叢部/叢書類/郡邑之屬
武林掌故叢編一百八十七種　(清)丁丙編　清光緒三年至二十六年(1877－1900)錢塘丁氏嘉惠堂刻本　三册　存一種

330000－1701－0008285　普 026.177/1243/c2　類叢部/叢書類/郡邑之屬
武林掌故叢編一百八十七種　(清)丁丙編　清光緒三年至二十六年(1877－1900)錢塘丁氏嘉惠堂刻本　三册　存一種

330000－1701－0008286　普 026.177/1243/(2)、普 026.224/1050/3/c2　類叢部/叢書類/郡邑之屬
武林掌故叢編一百八十七種　(清)丁丙編　清光緒三年至二十六年(1877－1900)錢塘丁氏嘉惠堂刻本　四册　存二種

330000－1701－0008287　普 026.177/1243/(3)/c1、普 026.224/1050/2/c1　類叢部/叢書類/郡邑之屬
武林掌故叢編一百八十七種　(清)丁丙編　清光緒三年至二十六年(1877－1900)錢塘丁氏嘉惠堂刻本　三册　存二種

330000－1701－0008288　普 026.177/1243/(3)/c2　類叢部/叢書類/郡邑之屬
武林掌故叢編一百八十七種　(清)丁丙編　清光緒三年至二十六年(1877－1900)錢塘丁氏嘉惠堂刻本　一册　存一種

330000－1701－0008289　普 026.177/1243/(3)/c3　類叢部/叢書類/郡邑之屬
武林掌故叢編一百八十七種　(清)丁丙編　清光緒三年至二十六年(1877－1900)錢塘丁氏嘉惠堂刻本　一册　存一種

330000－1701－0008290　普 026.177/1243/(3)/c4　類叢部/叢書類/郡邑之屬
武林掌故叢編一百八十七種　(清)丁丙編　清光緒三年至二十六年(1877－1900)錢塘丁氏嘉惠堂刻本　一册　存一種

330000－1701－0008291　普 026.177/1243/(3)/c5　類叢部/叢書類/郡邑之屬
武林掌故叢編一百八十七種　(清)丁丙編　清光緒三年至二十六年(1877－1900)錢塘丁氏嘉惠堂刻本　一册　存一種

330000－1701－0008292　普 026.177/1243/(4)/c1　類叢部/叢書類/郡邑之屬
武林掌故叢編一百八十七種　(清)丁丙編　清光緒三年至二十六年(1877－1900)錢塘丁氏嘉惠堂刻本　三册　存一種

330000－1701－0008293　普 026.177/1243/(4)/c2　類叢部/叢書類/郡邑之屬
武林掌故叢編一百八十七種　(清)丁丙編　清光緒三年至二十六年(1877－1900)錢塘丁氏嘉惠堂刻本　二册　存一種

330000－1701－0008295　普 026.197/1134　史部/目録類/通論之屬/掌故瑣記
皕宋樓藏書源流攷一卷　(日本)島田翰撰　清光緒三十三年(1907)武進董康京師刻朱印本　一册

330000－1701－0008296　普 026.197/1239　史部/目録類/總録之屬/私撰
孫氏祠堂書目内編四卷外編三卷　(清)孫星衍撰　清光緒九年(1883)德化李氏木犀軒刻木犀軒叢書本　一册

330000－1701－0008302　普 026.224/1050/2/c2　史部/目録類/通論之屬/掌故瑣記
武林藏書錄三卷首一卷末一卷　(清)丁申撰

清光緒二十六年(1900)錢塘丁氏嘉惠堂刻武林掌故叢編本　余紹宋題簽並記　二冊

330000－1701－0008303　普 026.224/1050/3/c1　類叢部/叢書類/郡邑之屬

武林掌故叢編一百八十七種　(清)丁丙編　清光緒三年至二十六年(1877－1900)錢塘丁氏嘉惠堂刻本　二冊　存一種

330000－1701－0008309　普 026.52/0043/c1　史部/目録類/書志之屬/提要

日本書目志十五卷　康有爲輯　清光緒二十三年(1897)上海大同譯書局石印本　八冊

330000－1701－0008310　普 026.52/0043/c2　史部/目録類/書志之屬/提要

日本書目志十五卷　康有爲輯　清光緒二十三年(1897)上海大同譯書局石印本　八冊

330000－1701－0008311　普 027.41/3146/c1　史部/目録類/總録之屬/地方

江南圖書舘書目九卷　(清)江南圖書館編　清末鉛印本　八冊

330000－1701－0008312　普 027.41/3146/c2　史部/目録類/總録之屬/地方

江南圖書舘書目九卷　(清)江南圖書館編　清末鉛印本　八冊

330000－1701－0008313　普 027.41/3146/c3　史部/目録類/總録之屬/地方

江南圖書舘書目九卷　(清)江南圖書館編　清末鉛印本　八冊

330000－1701－0008317　普 029.1/2540　子部/儒家類/儒學之屬/性理

朱子讀書法四卷　(宋)朱熹撰　(宋)張洪(宋)齊煕編　清光緒二十三年(1897)八旗書院刻本　章嶔題記　四冊

330000－1701－0008326　普 029.1/4440　集部/别集類/清别集

莫宧草文一卷詩一卷課兒詠一卷　黄壽衮撰　清光緒二十五年(1899)刻本　一冊　存一卷(課兒詠)

330000－1701－0008327　普 029.3/0141/c1　類叢部/叢書類/彙編之屬

漸西村舍彙刊(漸西村舍叢刻)四十四種　(清)袁昶編　清光緒十六年至二十四年(1890－1898)桐廬袁氏刻本　一冊　存四種

330000－1701－0008328　普 029.3/0141/c2　類叢部/叢書類/彙編之屬

漸西村舍彙刊(漸西村舍叢刻)四十四種　(清)袁昶編　清光緒十六年至二十四年(1890－1898)桐廬袁氏刻本　一冊　存一種

330000－1701－0008329　普 029.3/0141/c3　類叢部/叢書類/彙編之屬

漸西村舍彙刊(漸西村舍叢刻)四十四種　(清)袁昶編　清光緒十六年至二十四年(1890－1898)桐廬袁氏刻本　一冊　存一種

330000－1701－0008330　普 029.3/0141/c4　類叢部/叢書類/彙編之屬

漸西村舍彙刊(漸西村舍叢刻)四十四種　(清)袁昶編　清光緒十六年至二十四年(1890－1898)桐廬袁氏刻本　一冊　存一種

330000－1701－0008331　普 029.3/0141/c5　類叢部/叢書類/彙編之屬

漸西村舍彙刊(漸西村舍叢刻)四十四種　(清)袁昶編　清光緒十六年至二十四年(1890－1898)桐廬袁氏刻本　一冊　存一種

330000－1701－0008332　普 029.3/1133/3/c1　史部/目録類/總録之屬/私撰

書目答問四卷　(清)張之洞撰　清光緒四年(1878)上海淞隱閣鉛印本　四冊

330000－1701－0008334　普 029.3/1133/4　史部/目録類/總録之屬/私撰

書目答問五卷别錄一卷國朝著述諸家姓名略一卷輶軒錄一卷　(清)張之洞撰　**求在我齋示弟子帖一卷**　(清)成毅撰　清光緒五年(1879)湘鄉成邦幹刻本　三冊

330000－1701－0008335　普 029.3/1133/3/c2　史部/目録類/總録之屬/私撰

書目答問五卷别錄一卷國朝著述諸家姓名略

一卷　(清)張之洞撰　清光緒四年(1878)上海淞隱閣鉛印本　四册

330000－1701－0008337　普 029.3/1133/6　史部/目録類/總録之屬/私撰

書目答問四卷　(清)張之洞撰　清光緒十四年(1888)上海蜚英館石印本　二册

330000－1701－0008338　普 029.3/1133/7　類叢部/叢書類/彙編之屬

慎始基齋叢書十一種　盧靖編　清光緒沔陽盧氏刻民國十二年(1923)彙印本　二册　存一種

330000－1701－0008339　普 029.3/1133/8/c1　史部/目録類/總録之屬/私撰

書目答問不分卷　(清)張之洞撰　清末存古學堂刻民國三十一年(1942)成都國立四川大學重印本　一册

330000－1701－0008340　普 029.3/1133/8/c2　史部/目録類/總録之屬/私撰

書目答問不分卷　(清)張之洞撰　清末存古學堂刻民國三十一年(1942)成都國立四川大學重印本　一册

330000－1701－0008341　普 029.3/1133.01　史部/目録類/總録之屬/私撰

書目答問箋補四卷　(清)江人度撰　清光緒三十年(1904)漢川江氏刻本　四册

330000－1701－0008350　普 029.3/4403　史部/目録類/總録之屬/私撰

普通學書錄四卷　(清)黄慶澄撰　清光緒二十七年(1901)杭州小學堂刻本　一册

330000－1701－0008353　普 030.1/3121　類叢部/類書類/通類之屬

和名類聚鈔十卷　(日本)源順撰　清光緒三十二年(1906)攸縣龍璋刻本　馬衡題記　四册

330000－1701－0008360　普 031.1/1000/c1、普 031.1/1000.06/c2　類叢部/類書類/通類之屬

玉海二百卷辭學指南四卷詩攷一卷詩地理攷六卷漢藝文志攷證十卷通鑑地理通釋十四卷漢制攷四卷踐阼篇集解一卷急就篇補注四卷小學紺珠十卷姓氏急就篇二卷六經天文編二卷周易鄭康成注一卷周書王會補注一卷通鑑答問五卷　(宋)王應麟撰　**校補玉海瑣記二卷王深寧先生[應麟]年譜一卷**　(清)張大昌撰　清光緒九年至十六年(1883－1890)浙江書局刻本(姓氏急就篇配清嘉慶刻本)　一百十六册　缺九卷(八十八至九十四、一百至一百一)

330000－1701－0008361　普 031.1/1000/c2、普 031.1/1000.06/c3　類叢部/類書類/通類之屬

玉海二百卷辭學指南四卷詩攷一卷詩地理攷六卷漢藝文志攷證十卷通鑑地理通釋十四卷周書王會補注一卷漢制攷四卷踐阼篇集解一卷急就篇補注四卷小學紺珠十卷姓氏急就篇二卷六經天文編二卷周易鄭康成注一卷通鑑答問五卷　(宋)王應麟撰　**校補玉海瑣記二卷王深寧先生[應麟]年譜一卷**　(清)張大昌撰　清光緒九年至十六年(1883－1890)浙江書局刻本[通鑑地理通釋卷一至六、姓氏急就篇二卷、六經天文編二卷配元至元六年(1340)慶元路儒學刻元明清遞修本,通鑑地理通釋卷七至十四配清嘉慶十一年(1806)江寧藩署刻本刻本]　一百二十一册

330000－1701－0008362　普 031.1/1000/2/c1、普 031.1/1000.2/3　類叢部/類書類/通類之屬

玉海二百卷辭學指南四卷詩攷一卷詩地理攷六卷漢藝文志攷證十卷通鑑地理通釋十四卷周書王會補注一卷漢制攷四卷踐阼篇一卷急就篇四卷小學紺珠十卷姓氏急就篇二卷六經天文編二卷周易鄭康成注一卷通鑑荅問五卷　(宋)王應麟撰　元至元六年(1340)慶元路儒學刻元明清遞修本　九十四册　缺十五卷(踐阼篇、急就篇一至四、姓氏急就篇一至二、六經天文編一至二、周易鄭康成注、通鑑荅問一至五)

330000－1701－0008363　普 031.1/1000/2/

c2　類叢部/類書類/通類之屬

玉海二百卷辭學指南四卷詩攷一卷詩地理攷六卷漢藝文志攷證十卷通鑑地理通釋十四卷周書王會補注一卷漢制攷四卷踐阼篇一卷急就篇四卷小學紺珠十卷姓氏急就篇二卷六經天文編二卷周易鄭康成注一卷通鑑荅問五卷　(宋)王應麟撰　元至元六年(1340)慶元路儒學刻元明清遞修本　八十八冊　存一百八十六卷(一至一百四十八、一百六十七至二百,辭學指南一至四)

330000－1701－0008364　普 031.1/1000/2/c3　類叢部/類書類/通類之屬

玉海二百卷辭學指南四卷詩考一卷詩地理考六卷漢藝文志考證十卷通鑑地理通釋十四卷漢制考四卷踐阼篇集解一卷周易鄭康成注一卷姓氏急就篇二卷急就篇補注四卷周書王會補注一卷小學紺珠十卷六經天文篇二卷通鑑答問五卷　(宋)王應麟撰　清嘉慶十一年(1806)江寧藩署刻本　九十冊　存一百九十二卷(一至一百六十六、一百六十八至一百九十三)

330000－1701－0008365　普 031.1/1000/2/c3/1　類叢部/類書類/通類之屬

玉海二百卷辭學指南四卷詩攷一卷詩地理攷六卷漢蓺文志攷證十卷通鑑地理通釋十四卷周書王會補注一卷漢制攷四卷踐阼篇集解一卷急就篇補注四卷姓氏急就篇二卷小學紺珠十卷六經天文編二卷周易鄭康成注一卷通鑑答問五卷　(宋)王應麟撰　**校補玉海瑣記二卷王深寧先生[應麟]年譜一卷**　(清)張大昌撰　清光緒九年至十六年(1883－1890)浙江書局刻本　二十一冊　缺二百四卷(一至二百、辭學指南一至四)

330000－1701－0008369　普 031.1/1000.04　類叢部/類書類/通類之屬

玉海摘要二十一卷　(清)方維翰撰　清道光十五年(1835)刻本　八冊

330000－1701－0008371　普 031.1/1000/3　類叢部/類書類/通類之屬

玉海二百卷辭學指南四卷詩考一卷詩地理考六卷漢藝文志考證十卷通鑑地理通釋十四卷漢制考四卷踐阼篇集解一卷周易鄭康成注一卷姓氏急就篇二卷急就篇補注四卷周書王會補注一卷小學紺珠十卷六經天文篇二卷通鑑答問五卷　(宋)王應麟撰　清嘉慶十一年(1806)江寧藩署刻本　八十冊　存二百四卷(一至二百、辭學指南一至四)

330000－1701－0008375　普 031.1/1000.04/(2)　類叢部/類書類/通類之屬

玉海摘要二十一卷　(清)方維翰撰　清道光十五年(1835)刻本　六冊

330000－1701－0008385　普 031.1/1000.2/2/c2、普 031.1/1000.06/c1　類叢部/類書類/通類之屬

玉海二百卷辭學指南四卷詩攷一卷詩地理攷六卷漢藝文志攷證十卷通鑑地理通釋十四卷漢制攷四卷踐阼篇集解一卷急就篇補注四卷姓氏急就篇二卷小學紺珠十卷六經天文編二卷周易鄭康成注一卷周書王會補注一卷通鑑答問五卷　(宋)王應麟撰　**校補玉海瑣記二卷王深寧先生[應麟]年譜一卷**　(清)張大昌撰　清光緒九年至十六年(1883－1890)浙江書局刻本　五冊　存十二卷(小學紺珠一至十、校補玉海瑣記一至二)

330000－1701－0008387　普 031.1/1000.2/2/c4、普 031.1/1000.6/c4　類叢部/類書類/通類之屬

玉海二百卷辭學指南四卷詩攷一卷詩地理攷六卷漢藝文志攷證十卷通鑑地理通釋十四卷漢制攷四卷踐阼篇集解一卷急就篇補注四卷姓氏急就篇二卷小學紺珠十卷六經天文編二卷周易鄭康成注一卷周書王會補注一卷通鑑答問五卷　(宋)王應麟撰　**校補玉海瑣記二卷王深寧先生[應麟]年譜一卷**　(清)張大昌撰　清光緒九年至十六年(1883－1890)浙江書局刻本　五冊　存十二卷(小學紺珠一至十、校補玉海瑣記一至二)

330000－1701－0008388　普 031.1/1000.2　類叢部/類書類/通類之屬

小學紺珠十卷　(宋)王應麟輯　清乾隆十七

年(1752)新城陳守誠恕堂刻本　八册

330000－1701－0008389　普 031.1/1000.2/2/c1　類叢部/類書類/通類之屬

玉海二百卷辭學指南四卷詩攷一卷詩地理攷六卷漢藝文志攷證十卷通鑑地理通釋十四卷漢制攷四卷踐阼篇集解一卷急就篇補注四卷姓氏急就篇二卷小學紺珠十卷六經天文編二卷周易鄭康成注一卷周書王會補注一卷通鑑答問五卷　(宋)王應麟撰　**校補玉海瑣記二卷王深寧先生[應麟]年譜一卷**　(清)張大昌撰　清光緒九年至十六年(1883－1890)浙江書局刻民國浙江圖書館補刻印本　四册　存十卷(小學紺珠一至十)

330000－1701－0008390　普 031.1/1000.2/2/c3　類叢部/類書類/通類之屬

玉海二百卷辭學指南四卷詩攷一卷詩地理攷六卷漢藝文志攷證十卷通鑑地理通釋十四卷漢制攷四卷踐阼篇集解一卷急就篇補注四卷姓氏急就篇二卷小學紺珠十卷六經天文編二卷周易鄭康成注一卷周書王會補注一卷通鑑答問五卷　(宋)王應麟撰　**校補玉海瑣記二卷王深寧先生[應麟]年譜一卷**　(清)張大昌撰　清光緒九年至十六年(1883－1890)浙江書局刻民國浙江圖書館補刻印本　四册　存十卷(小學紺珠一至十)

330000－1701－0008392　普 031.1/1044　類叢部/類書類/通類之屬

識小類編八卷　(清)夏大觀編輯　(清)李大琦校刊　清嘉慶四年(1799)巴陵李大琦刻本　十二册

330000－1701－0008393　普 031.1/1047　類叢部/類書類/通類之屬

名句文身表異錄二十卷　(明)王志堅輯　清康熙四十七年(1708)鹽官陳世修漱六閣刻本　四册

330000－1701－0008399　普 031.1/1108/c1　類叢部/類書類/專類之屬

龍筋鳳髓判四卷　(唐)張鷟撰　(明)劉允鵬注　清嘉慶蕭山陳氏刻本　二册

330000－1701－0008401　普 031.1/1108/c2、普 041.4/1046　類叢部/叢書類/彙編之屬

湖海樓叢書十二種　(清)陳春編　清嘉慶蕭山陳氏湖海樓刻二十四年(1819)彙印本　六册　存二種

330000－1701－0008402　普 031.1/1108/(2)、普 041.4/1046/(2)/c2　類叢部/叢書類/彙編之屬

湖海樓叢書十二種　(清)陳春編　清嘉慶蕭山陳氏湖海樓刻二十四年(1819)彙印本　九册　存二種

330000－1701－0008404　普 031.1/1111/c1　類叢部/類書類/專類之屬

分類字錦六十四卷　(清)何焯等纂　清刻本　六十四册

330000－1701－0008405　普 031.1/1111/c2　類叢部/類書類/專類之屬

分類字錦六十四卷　(清)何焯等纂　清刻本　六十四册

330000－1701－0008406　普 031.1/1111/c3　類叢部/類書類/專類之屬

分類字錦六十四卷　(清)何焯等纂　清刻本　六十四册

330000－1701－0008407　普 031.1/1111/(2)　類叢部/類書類/專類之屬

分類字錦六十四卷　(清)何焯等纂　清刻本　三十二册

330000－1701－0008409　HJL4906　集部/別集類/清別集

錢牧齋文鈔不分卷　(清)錢謙益撰　清宣統元年(1909)國學扶輪社鉛印本　四册

330000－1701－0008413　普 031.1/1120/c1　類叢部/類書類/通類之屬

記事珠十卷　(清)張以謙輯　清光緒八年(1882)掃葉山房刻本　十册

330000－1701－0008414　普 031.1/1120/c2　類叢部/類書類/通類之屬

記事珠十卷　(清)張以謙輯　清嘉慶二十一

年(1816)雲間王剛知不足軒刻本　十冊

330000－1701－0008415　普 031. 1/1120/c3　類叢部/類書類/通類之屬
記事珠十卷　(清)張以謙輯　清嘉慶二十一年(1816)雲間王剛知不足軒刻本　十冊

330000－1701－0008416　普 031. 1/1120/2　類叢部/類書類/通類之屬
記事珠十卷　(清)張以謙輯　清道光七年(1827)刻本　十冊

330000－1701－0008417　普 031. 1/1120/3　類叢部/類書類/通類之屬
記事珠十卷　(清)張以謙輯　清光緒八年(1882)掃葉山房刻本　十冊

330000－1701－0008419　HJL5379　集部/別集類/宋別集
鐔津文集十九卷首一卷　(宋)釋契嵩撰　清光緒二十八年(1902)揚州藏經院刻本　四冊

330000－1701－0008425　普 031. 1/1144　類叢部/類書類/通類之屬
淵鑑類函四百五十卷目録四卷　(清)張英　(清)王士禛等纂　清康熙四十九年(1710)刻本　二百冊

330000－1701－0008426　普 031. 1/1144/(3)　類叢部/類書類/通類之屬
淵鑑類函四百五十卷目録四卷　(清)張英　(清)王士禛等纂　清康熙四十九年(1710)刻本　一百四十冊

330000－1701－0008431　普 031. 1/1144/2/c1　類叢部/類書類/通類之屬
淵鑑類函四十五卷　(清)張英　(清)王士禛等纂　清光緒二十三年(1897)上海點石齋石印本　十冊

330000－1701－0008432　普 031. 1/1144/2/c2　類叢部/類書類/通類之屬
淵鑑類函四十五卷　(清)張英　(清)王士禛等纂　清光緒二十一年(1895)上海點石齋石印本　十冊

330000－1701－0008437　普 031. 1/1144/3　類叢部/叢書類/彙編之屬
古香齋袖珍十種　清同治至光緒南海孔氏刻本　一百六十冊　存一種

330000－1701－0008447　普 031. 1/1715　類叢部/類書類/通類之屬
精選黃眉故事十卷　(明)鄧志謨輯　清康熙三十九年(1700)三槐堂刻本　四冊

330000－1701－0008452　HJL4672　集部/別集類/宋別集
蘇學士文集十六卷　(宋)蘇舜欽撰　清宣統三年(1911)北京龍文閣書局石印本　六冊

330000－1701－0008453　HJL4996　集部/別集類/清別集
投筆集箋註二卷　(清)錢謙益撰　(清)錢曾注　清宣統二年(1910)順德鄧氏風雨樓鉛印本　一冊

330000－1701－0008460　普 031. 1/2337/2/c1　類叢部/類書類/專類之屬
子史精華一百六十卷　(清)吴士玉　(清)吴襄等輯　清道光十八年(1838)刻本　四十冊

330000－1701－0008461　普 031. 1/2337/2/c2　類叢部/類書類/專類之屬
子史精華一百六十卷　(清)吴士玉　(清)吴襄等輯　清雍正五年(1727)武英殿刻本　六十四冊

330000－1701－0008462　普 031. 1/2337/2/c3　類叢部/類書類/專類之屬
子史精華一百六十卷　(清)吴士玉　(清)吴襄等輯　清道光十八年(1838)刻本　六十四冊

330000－1701－0008463　普 031. 1/2337/2(2)　類叢部/類書類/專類之屬
子史精華一百六十卷　(清)吴士玉　(清)吴襄等輯　清刻本　二十四冊

330000－1701－0008464　普 031. 1/2337/3　類叢部/類書類/專類之屬
子史精華一百六十卷　(清)吴士玉　(清)吴

襄等輯　清刻本　二十四册　存七十六卷（五十五至一百三十）

330000－1701－0008467　普031.1/2337/4　類叢部/類書類/專類之屬
子史精華一百六十卷　（清）吴士玉　（清）吴襄等輯　清光緒二十三年（1897）上海順成書局石印本　八册

330000－1701－0008468　普031.1/2337/5/c1　類叢部/類書類/專類之屬
子史精華三十卷　（清）吴士玉　（清）吴襄等輯　清光緒九年（1883）上海點石齋石印本　二册

330000－1701－0008469　普031.1/2337/5/c2　類叢部/類書類/專類之屬
子史精華三十卷　（清）吴士玉　（清）吴襄等輯　清光緒九年（1883）上海點石齋石印本　二册

330000－1701－0008471　善006580　子部/雜著類/雜考之屬
松崖筆記三卷　（清）惠棟撰　清道光二年（1822）吴門玉照堂刻本　二册

330000－1701－0008472　善006581　子部/醫家類/醫經之屬/難經
難經經釋二卷　（清）徐大椿撰　清雍正五年（1727）刻本　二册

330000－1701－0008473　普031.1/2337/7　類叢部/類書類/專類之屬
子史精華一百六十卷　（清）吴士玉　（清）吴襄等輯　清道光十八年（1838）刻本　三十四册

330000－1701－0008474　善006582　史部/政書類/通制之屬
治平類纂三十卷　（明）朱健撰　（明）朱徽訂　清康熙二年（1663）刻本　十册

330000－1701－0008475　善006583　子部/雜著類/雜考之屬
西圃叢辨三十二卷　（清）田同之撰　清乾隆十九年（1754）李世垣刻本　六册

330000－1701－0008476　善006584　子部/雜著類/雜説之屬
蓉槎蠡説十二卷　（清）程哲撰　清康熙五十年（1711）歙縣程氏七略書堂刻本　二册

330000－1701－0008477　善006585　子部/雜著類/雜説之屬
賓退録十卷　（宋）趙與旹撰　清乾隆十七年（1752）存恕堂刻本　十册

330000－1701－0008478　普031.1/2337/8/c1　類叢部/類書類/專類之屬
子史精華一百六十卷　（清）吴士玉　（清）吴襄等輯　清雍正五年（1727）武英殿刻本　五十七册　缺十七卷（一至二、三十九至四十一、五十一至五十五、六十五至七十一）

330000－1701－0008479　普031.1/2337/8/c2　類叢部/類書類/專類之屬
子史精華一百六十卷　（清）吴士玉　（清）吴襄等輯　清刻本（卷三十七至四十四配另一清刻本）　五十册

330000－1701－0008480　善006586　史部/紀傳類/正史之屬
十七史　（明）毛晉編　明崇禎元年至十七年（1628－1644）毛氏汲古閣刻清順治五年至十三年（1648－1656）補刻本　四百四十八册

330000－1701－0008481　善006587　史部/政書類/儀制之屬/典禮
幸魯盛典四十卷　（清）孔毓圻等纂修　清康熙五十年（1711）刻本　二十册

330000－1701－0008482　普031.1/2337/9　類叢部/類書類/專類之屬
子史精華一百六十卷　（清）吴士玉　（清）吴襄等輯　清光緒十五年（1889）上海蜚英館石印本　八册

330000－1701－0008483　普031.1/2337/10　類叢部/類書類/專類之屬
子史精華一百六十卷　（清）吴士玉　（清）吴襄等輯　清光緒十三年（1887）上海積山書局石印本　八册

330000－1701－0008484　普 031.1/2337/11　類叢部/類書類/專類之屬
子史精華一百六十卷　(清)吳士玉　(清)吳襄等輯　清光緒十年(1884)上海同文書局石印本　八冊

330000－1701－0008485　善 006588　史部/政書類/儀制之屬/典禮
幸魯盛典四十卷　(清)孔毓圻等纂修　清康熙五十年(1711)刻本　十二冊

330000－1701－0008486　普 031.1/2634　類叢部/類書類/專類之屬
人鏡類纂四十六卷　(清)程之楨輯　清同治十二年(1873)江夏程氏确園刻本　十六冊

330000－1701－0008487　善 006589　史部/政書類/儀制之屬/典禮
西巡盛典二十四卷首一卷　(清)董誥等纂修　清嘉慶十七年(1812)武英殿活字印本　二十二冊

330000－1701－0008488　普 031.1/26341　類叢部/類書類/通類之屬
宋人小説類編四卷補鈔一卷　(清)吳爲楫輯　清同治十年(1871)刻本　五冊

330000－1701－0008489　善 006590　史部/傳記類/別傳之屬/年譜
中議公[楊炳堃]自訂年譜八卷吹蘆小草一卷　(清)楊炳堃撰　清光緒十一年(1885)歸安楊氏刻本　八冊

330000－1701－0008490　普 031.1/2637/c1　類叢部/類書類/通類之屬
事類賦三十卷　(宋)吳淑撰並注　清刻本　六冊

330000－1701－0008491　普 031.1/2637/c2　類叢部/類書類/通類之屬
事類賦三十卷　(宋)吳淑撰並注　清刻本　六冊

330000－1701－0008492　普 031.1/2637/c3　類叢部/類書類/通類之屬
事類賦三十卷　(宋)吳淑撰並注　清康熙華氏劍光閣刻本(卷七配清刻本,卷八至十二配另一清刻本,卷二十二至二十四配另一清刻本,卷二十五至三十配另一清刻本)　四冊

330000－1701－0008493　普 031.1/2637/c4　類叢部/類書類/通類之屬
事類賦三十卷　(宋)吳淑撰並注　清康熙華氏劍光閣刻本　四冊

330000－1701－0008494　普 031.1/2637/c5　類叢部/類書類/通類之屬
事類賦三十卷　(宋)吳淑撰並注　清刻本　四冊

330000－1701－0008495　普 031.1/2637/2/c1　類叢部/類書類/通類之屬
重訂事類賦三十卷　(宋)吳淑撰並注　清三讓堂刻本　六冊

330000－1701－0008496　善 006591　史部/編年類/通代之屬
綱鑑會編九十八卷歷代統系表略三卷歷代郡國考畧三卷歷代官制考畧二卷　(清)葉澐輯　清康熙四十二年(1703)貴德里南陽刻本　三十六冊

330000－1701－0008497　普 031.1/2637/2/c2　類叢部/類書類/通類之屬
廣廣事類賦三十二卷　(清)吳世旃撰　清嘉慶三讓堂刻本　八冊

330000－1701－0008498　普 031.1/2637/3　類叢部/類書類/通類之屬
事類賦三十卷　(宋)吳淑撰並注　清嘉慶陶氏五柳居刻本　六冊

330000－1701－0008499　善 006592　史部/傳記類/別傳之屬/年譜
敬亭公[沈起元]自訂年譜二卷　(清)沈起元撰　**敬亭公[沈起元]年譜首一卷末一卷**　(清)沈宗約補纂　清道光二十七年(1847)太倉沈氏刻本　一冊

330000－1701－0008500　善 006593　史部/傳記類/別傳之屬/年譜
弇山畢公[沅]年譜一卷　(清)史善長編　清

同治十一年(1872)畢長慶等刻本　二冊

330000－1701－0008501　普 031.1/2637/4　類叢部/類書類/通類之屬
事類賦三十卷　(宋)吴淑撰並注　清乾隆五十四年(1789)刻本　二冊

330000－1701－0008502　普 031.1/2637.02　類叢部/類書類/通類之屬
事類賦補遺十四卷　(清)張均編　清嘉慶三讓堂刻本　六冊

330000－1701－0008503　普 031.1/3042/c1　類叢部/類書類/通類之屬
讀書紀數略五十四卷　(清)宫夢仁輯　清康熙四十六年至四十七年(1707－1708)維揚宫夢仁刻本　十二冊

330000－1701－0008504　善 006594　史部/金石類/總志之屬/圖像
求古精舍金石圖四卷　(清)陳經撰　清嘉慶十八年至二十二年(1813－1817)烏程陳經說劍樓刻本　二冊

330000－1701－0008505　普 031.1/3042/c2　類叢部/類書類/通類之屬
讀書紀數略五十四卷　(清)宫夢仁輯　清康熙四十六年至四十七年(1707－1708)維揚宫夢仁刻本　十二冊

330000－1701－0008506　善 006596　史部/金石類/石之屬/通考
國山碑攷一卷　(清)吴騫撰　清乾隆五十一年(1786)海昌吴騫刻拜經樓叢書本　沈兆熊題簽　一冊

330000－1701－0008507　善 006595　史部/金石類/總志之屬/圖像
求古精舍金石圖初集四卷　(清)陳經撰　清嘉慶十八年至二十二年(1813－1817)烏程陳經說劍樓刻本　四冊

330000－1701－0008508　普 031.1/3042/2/c1　類叢部/類書類/通類之屬
讀書紀數略五十四卷　(清)宫夢仁輯　清光緒六年(1880)山陰宋澤元懺花盦刻本　十二冊

330000－1701－0008509　普 031.1/3042/2/c2　類叢部/叢書類/彙編之屬
懺花盦叢書三十種　(清)宋澤元編　清光緒山陰宋氏刻十三年(1887)彙印本　二十冊　存一種

330000－1701－0008510　普 031.1/3042/(2)　類叢部/類書類/通類之屬
讀書紀數略五十四卷　(清)宫夢仁輯　清刻本　十六冊

330000－1701－0008511　善 006597　史部/傳記類/總傳之屬/郡邑
南湖舊話六卷　(清)李延罡撰　(清)李尚絅補　(清)李漢徵釋　清嘉慶二十二年(1817)雲間張應時書三味樓刻本　二冊

330000－1701－0008512　善 006598　史部/傳記類/別傳之屬/年譜
潘文恭公[世恩]自訂年譜一卷　(清)潘世恩撰　清同治二年(1863)潘氏刻本　一冊

330000－1701－0008513　普 031.1/3138/c1　類叢部/類書類/通類之屬
穀玉類編五十卷　(清)汪兆舒輯　清乾隆二十二年至二十三年(1757－1758)休寧汪質資履堂刻本　十冊

330000－1701－0008514　普 031.1/3138/c2　類叢部/類書類/通類之屬
穀玉類編五十卷　(清)汪兆舒輯　清乾隆二十二年至二十三年(1757－1758)休寧汪質資履堂刻本　十冊

330000－1701－0008515　普 031.1/3138/c4　類叢部/類書類/通類之屬
穀玉類編五十卷　(清)汪兆舒輯　清乾隆二十二年至二十三年(1757－1758)休寧汪質資履堂刻本　十冊

330000－1701－0008516　善 006599　類叢部/叢書類/自著之屬
文道十書四種十二卷　(清)陳景雲撰　清乾隆十九年(1754)蔣良騏刻本　六冊

330000－1701－0008517　善 006600　史部/傳記類/總傳之屬/姓名

八旗滿洲氏族通譜八十卷目錄二卷　(清)呂熾等纂　清乾隆九年(1744)武英殿刻本　二十六冊

330000－1701－0008518　普 031.1/3236/c1　子部/雜著類/雜纂之屬

宋稗類鈔八卷　(清)潘永因輯　清乾隆刻本　八冊

330000－1701－0008519　普 031.1/3236/c2　子部/雜著類/雜纂之屬

宋稗類鈔八卷　(清)潘永因輯　清乾隆刻本　四冊

330000－1701－0008520　善 006601　史部/史評類/史論之屬

評鑑闡要十二卷　(清)劉統勳等撰　清乾隆三十六年(1771)武英殿刻本　六冊

330000－1701－0008521　善 006602　史部/目録類/總録之屬/私撰

讀書敏求記四卷　(清)錢曾撰　清雍正四年(1726)吳興趙孟升松雪齋刻本　四冊

330000－1701－0008522　普 031.1/3236/2/c1　子部/雜著類/雜纂之屬

宋稗類鈔八卷　(清)潘永因輯　清宣統元年(1909)上海有正書局鉛印本　八冊

330000－1701－0008523　普 031.1/3236/2/c2　子部/雜著類/雜纂之屬

宋稗類鈔八卷　(清)潘永因輯　清宣統元年(1909)上海有正書局鉛印本　八冊

330000－1701－0008524　善 006603　史部/傳記類/總傳之屬

鶴徵錄八卷首一卷　(清)李集輯　(清)李富孫　(清)李遇孫續輯　**鶴徵後錄十二卷首一卷**　(清)李富孫輯　清嘉慶漾葭老屋刻同治十一年(1872)補刻本　六冊

330000－1701－0008525　善 006604　史部/傳記類/總傳之屬

鶴徵錄八卷首一卷　(清)李集輯　(清)李富孫　(清)李遇孫續輯　**鶴徵後錄十二卷首一卷**　(清)李富孫輯　清嘉慶漾葭老屋刻同治十一年(1872)補刻本　六冊

330000－1701－0008526　善 006605　史部/傳記類/科舉録之屬/總録

[道光元年]辛巳各省同年全錄不分卷　(清)史致蕃輯　清道光十年(1830)史致蕃刻本　四冊

330000－1701－0008528　普 031.1/3448　類叢部/類書類/通類之屬

純是比喻四卷　(清)泉唐吳興慕𥂕氏　(沈慕𥂕)輯　清末石印本　一冊

330000－1701－0008529　普 031.1/3507/c1　類叢部/類書類/通類之屬

御定駢字類編二百四十卷　(清)吳士玉　(清)沈宗敬等奉敕輯　清光緒十三年(1887)上海同文書局石印本　四十八冊

330000－1701－0008530　普 031.1/3507/c2　類叢部/類書類/通類之屬

御定駢字類編二百四十卷　(清)吳士玉　(清)沈宗敬等奉敕輯　清光緒十三年(1887)上海同文書局石印本　四十八冊

330000－1701－0008531　普 031.1/3507/2　類叢部/類書類/通類之屬

御定駢字類編二百四十卷　(清)吳士玉　(清)沈宗敬等奉敕輯　清雍正六年(1728)內府刻重修本　一百二十冊

330000－1701－0008532　善 006606　史部/史評類/史論之屬

史通二十卷　(唐)劉知幾撰　明刻本　清張紹仁批校並題記　六冊

330000－1701－0008533　普 031.1/4054　類叢部/類書類/通類之屬

古事萃覽不分卷　(清)□□撰　稿本　八冊

330000－1701－0008534　普 031.1/4060　類叢部/類書類/通類之屬

太平御覽一千卷目錄十五卷　(宋)李昉等輯　清南海李氏刻本　一百冊

330000－1701－0008535　普 031.1/4060(2)　類叢部/類書類/通類之屬
太平御覽一千卷目錄十五卷　(宋)李昉等輯　清嘉慶十二年至十七年(1807－1812)歙縣鮑崇城刻本　一百二十冊

330000－1701－0008536　普 006607　史部/傳記類/别傳之屬/事狀
關聖帝君聖蹟圖誌全集五卷　(清)盧湛輯　清康熙三十二年(1693)刻嘉慶二年(1797)吉州蘭第錫重修本　十八冊

330000－1701－0008537　普 031.1/4060/(3)　類叢部/類書類/通類之屬
太平御覽一千卷目錄十五卷　(宋)李昉等輯　清南海李氏刻本　一百十一冊

330000－1701－0008538　普 031.1/4060/2　類叢部/類書類/通類之屬
太平御覽一千卷目錄十五卷　(宋)李昉等輯　清光緒二十年(1894)上海積山書局石印本　三十二冊

330000－1701－0008539　普 031.1/4060/4　類叢部/類書類/通類之屬
太平御覽一千卷目錄十卷　(宋)李昉等輯　清嘉慶十一年(1806)揚州汪氏木活字印本　八十冊　存六百五十一卷(四十五至一百二、一百五十二至三百四十四、五百三十七至六百、六百六十五至一千)

330000－1701－0008540　普 031.1/4060/5　類叢部/類書類/通類之屬
太平御覽一千卷目錄十卷　(宋)李昉等輯　清嘉慶十一年(1806)揚州汪氏木活字印本　一百十九冊　缺九卷(五百五十四至五百六十二)

330000－1701－0008541　善 006608　史部/傳記類/總傳之屬/儒林
闕里文獻考一百卷首一卷末一卷　(清)孔繼汾撰　清乾隆二十七年(1762)孔昭煥刻本　十六冊

330000－1701－0008542　善 006609　史部/傳記類/科舉録之屬/歷科登科録
道光甲午科直省同年録不分卷　(清)徐有孚輯　清道光二十年(1840)刻本　十冊

330000－1701－0008543　善 006610　史部/傳記類/科舉録之屬/歷科登科録
道光甲午科直省同年録不分卷　(清)徐有孚輯　清道光二十年(1840)刻本　十冊

330000－1701－0008544　善 006611　史部/傳記類/總傳之屬/儒林
儒林錄十九卷　(清)張恒輯　清康熙四十七年(1708)長興錢明高廣志堂刻本　八冊

330000－1701－0008545　善 006612　史部/金石類/總志之屬
金石存十五卷　(清)吳玉搢撰　清嘉慶二十四年(1819)山陽李氏聞妙香室刻本　四冊

330000－1701－0008546　HJL4588　類叢部/叢書類/家集之屬
陸氏傳家集十六種附一種　(清)陸迺普編　清同治十一年(1872)羲經堂刻本　四冊　缺附一種

330000－1701－0008547　善 006613　史部/金石類/總志之屬
金石存十五卷金石存目錄原稿一卷　(清)吳玉搢撰　清乾隆刻本　七冊

330000－1701－0008548　善 006614　史部/編年類/通代之屬
讀通鑑綱目條記二十卷首一卷　(清)李述來撰　清嘉慶刻本　四冊

330000－1701－0008550　善 006615　史部/傳記類/總傳之屬/儒林
闕里文獻考一百卷首一卷末一卷　(清)孔繼汾撰　清乾隆二十七年(1762)孔昭煥刻本　八冊

330000－1701－0008551　普 031.1/4237/c1　類叢部/類書類/通類之屬
類林新咏三十六卷　(清)姚之駰撰　清刻本　十六冊

330000－1701－0008552　善 006616　史部/詔令奏議類/詔令之屬

大清五朝聖訓一百十二卷　清乾隆四年至六年(1739－1741)武英殿刻本(卷一配清抄本)　一百十二册

330000－1701－0008553　善 006617　類叢部/叢書類/自著之屬

古墨齋集十二種　(清)趙紹祖撰　清嘉慶元年至道光十四年(1796－1834)涇縣趙氏古墨齋刻本　四册　存一種

330000－1701－0008554　善 006618　史部/紀傳類/正史之屬

後漢書補注二十四卷　(清)惠棟撰　清嘉慶九年(1804)桐鄉馮集梧德裕堂刻本　八册

330000－1701－0008555　普 031.1/4237/c2　類叢部/類書類/通類之屬

類林新咏三十六卷　(清)姚之駰撰　清刻本　十册

330000－1701－0008556　普 031.1/4237/c3　類叢部/類書類/通類之屬

類林新咏三十六卷　(清)姚之駰撰　清刻本　十六册

330000－1701－0008557　善 006619　史部/史評類/考訂之屬

攷史拾遺十卷　(清)錢大昕撰　清嘉慶十二年(1807)嘉興李賡芸稻香吟館刻本　六册

330000－1701－0008558　普 031.1/4237/c4　類叢部/類書類/通類之屬

類林新咏三十六卷　(清)姚之駰撰　清刻本　十六册

330000－1701－0008559　普 031.1/4237/2　類叢部/類書類/通類之屬

類林新咏三十六卷　(清)姚之駰撰　清文暎書屋刻本　十二册

330000－1701－0008560　普 031.1/4240　類叢部/類書類/通類之屬

類腋五十五卷　(清)姚培謙　(清)張卿雲輯　**類腋補遺一卷**　(清)張隆孫輯　清乾隆聚業堂刻本　十六册

330000－1701－0008561　普 031.1/4240/2　類叢部/類書類/通類之屬

類腋五十五卷　(清)姚培謙　(清)張卿雲輯　清乾隆雲間姚培謙清妙軒刻本　三十二册

330000－1701－0008562　普 031.1/4240/3　類叢部/類書類/通類之屬

角山樓增補類腋六十七卷　(清)姚培謙輯　(清)趙克宜增輯　清咸豐七年(1857)丹徒趙克宜角山樓刻十年(1860)重修本(人部十五卷配清刻本)　十五册　缺二十卷(物部一至二十)

330000－1701－0008564　善 006620　史部/傳記類/總傳之屬/忠孝

欽定勝朝殉節諸臣録十二卷首一卷　(清)高宗弘曆敕撰　清嘉慶二年(1797)謝啓昆刻本　五册

330000－1701－0008565　善 006621　類叢部/叢書類/自著之屬

古墨齋集十二種　(清)趙紹祖撰　清嘉慶元年至道光十四年(1796－1834)涇縣趙氏古墨齋刻本　十册　存一種

330000－1701－0008566　善 006622　史部/編年類/通代之屬

通鑑注商十八卷　(清)趙紹祖撰　清嘉慶二十四年(1819)涇縣趙氏古墨齋刻古墨齋集本　清莫友芝校、題簽並跋　八册

330000－1701－0008567　善 006623　史部/傳記類/別傳之屬/年譜

懋亭[薩爾圖克長齡]自定年譜四卷　(清)薩爾圖克長齡撰　清道光二十一年(1841)桂叢堂刻本　四册

330000－1701－0008568　普 031.1/4400　類叢部/類書類/通類之屬

事類統編九十三卷首一卷　(清)林意誠輯　清刻本　四十八册

330000－1701－0008569　善 006624　史部/政書類/儀制之屬/典禮

南巡盛典一百二十卷 （清）高晉等纂修 清乾隆三十六年（1771）武英殿刻本 四十八册

330000－1701－0008570 善 006625 史部/政書類/軍政之屬

欽定軍器則例二十四卷 （清）董誥等修（清）特通保等纂 清嘉慶二十一年（1816）刻本 二十四册

330000－1701－0008571 普 031.1/4400/2 類叢部/類書類/通類之屬

事類統編九十三卷首一卷 （清）林意誠輯 清道光二十四年（1844）刻本 三十二册

330000－1701－0008572 善 006626 史部/政書類/軍政之屬

欽定軍器則例二十四卷 （清）董誥等修（清）特通保等纂 清嘉慶二十一年（1816）刻本 二十四册

330000－1701－0008573 善 006627 史部/紀傳類/别史之屬

續弘簡錄元史類編四十二卷 （清）邵遠平撰 清康熙刻本 十三册

330000－1701－0008574 善 006628 類叢部/叢書類/自著之屬

授堂遺書七種附錄二卷 （清）武億撰 清乾隆至嘉慶偃師武穆淳刻本 八册 存一種

330000－1701－0008575 普 031.1/4400.02/c1 類叢部/類書類/通類之屬

增補事類統編九十三卷首一卷 （清）黄葆真輯 清道光二十九年（1849）丹陽黄葆真粤東敦好堂刻本 四十七册 缺三卷（八十八至九十）

330000－1701－0008576 普 031.1/4400.02/c2 類叢部/類書類/通類之屬

增補事類統編九十三卷首一卷 （清）黄葆真輯 清全福堂刻本 四十八册

330000－1701－0008577 普 031.1/4400.02/c3 類叢部/類書類/通類之屬

增補事類統編九十三卷首一卷 （清）黄葆真輯 清道光二十九年（1849）丹陽黄葆真粤東敦好堂刻本 四十八册

330000－1701－0008578 善 006629 史部/金石類/郡邑之屬

越中金石記十卷越中金石目二卷 （清）杜春生撰 清道光十年（1830）山陰杜春生詹波館刻本 六册

330000－1701－0008579 善 006630 史部/金石類/陶之屬

浙江磚錄四卷 （清）馮登府撰 清道光十六年（1836）鄞縣鄭淳刻本 六册

330000－1701－0008580 善 006631 史部/傳記類/科舉録之屬

詞科掌錄十七卷姓氏爵里一卷餘話七卷 （清）杭世駿輯 清乾隆仁和杭氏道古堂刻本 八册

330000－1701－0008581 普 031.1/4400.02/2/c1 類叢部/類書類/通類之屬

增補事類統編九十三卷首一卷 （清）黄葆真輯 清光緒十四年（1888）上海積山書局石印本 十二册

330000－1701－0008583 善 006632 史部/地理類/總志之屬/通代

天下郡國利病書一百二十卷 （清）顧炎武撰 清抄本 清詩庭題記並批點 三十六册

330000－1701－0008584 善 006633 史部/雜史類

宋遼金元别史五種 （清）席世臣輯 清乾隆至嘉慶南沙席氏掃葉山房刻本 二十四册 存二種

330000－1701－0008588 善 006634 史部/政書類/律令之屬/律例

欽定國子監則例四十四卷首六卷 （清）劉墉等修 （清）承光等纂 清嘉慶二年（1797）刻本 八册

330000－1701－0008589 善 006635 史部/政書類/律令之屬/律例

欽定國子監則例四十四卷首六卷 （清）劉墉等修 （清）承光等纂 清嘉慶二年（1797）刻

本　八册

330000－1701－0008590　善 006636　史部/地理類/總志之屬/通代
讀史方輿紀要一百三十卷　（清）顧祖禹撰　清抄本　五十八册　存六十一卷（三至六十三）

330000－1701－0008592　普 031.1/4400.02/6　類叢部/類書類/通類之屬
增補事類統編九十三卷首一卷　（清）黄葆真輯　清刻本　四十册

330000－1701－0008593　普 031.1/4400.02/7/c1　類叢部/類書類/通類之屬
事類統編九十三卷首一卷　（清）林意誠輯　清道光十九年（1839）柏溪林氏味經堂刻本　三十一册　缺三卷（八十八至九十）

330000－1701－0008594　普 031.1/4400.02/7/c2　類叢部/類書類/通類之屬
事類統編九十三卷首一卷　（清）林意誠輯　清刻本　三十六册

330000－1701－0008595　善 006637　史部/紀傳類/正史之屬
元史本證五十卷　（清）汪輝祖學　（清）汪繼培補　清嘉慶七年（1802）汪氏刻本　八册

330000－1701－0008596　善 006638　史部/金石類/總志之屬/文字
觀妙齋藏金石文攷略十六卷　（清）李光暎撰　清雍正七年（1729）嘉興李光暎刻本　六册

330000－1701－0008597　善 006639　類叢部/叢書類/自著之屬
古墨齋集十二種　（清）趙紹祖撰　清嘉慶元年至道光十四年（1796－1834）涇縣趙氏古墨齋刻本　十册　存一種

330000－1701－0008598　普 031./4400.02/7/c1/1　類叢部/類書類/通類之屬
增補事類統編九十三卷首一卷　（清）黄葆真輯　清道光二十九年（1849）丹陽黄葆真粤東敦好堂刻本　三册　存四卷（八十七至九十）

330000－1701－0008599　普 031.1/4400.02/8　類叢部/類書類/通類之屬
增補事類統編九十三卷首一卷　（清）黄葆真輯　清光緒十年（1884）滋德山房刻本　四十七册　存九十一卷（一至三十六、四十至九十三、首）

330000－1701－0008601　善 006640　史部/紀傳類/正史之屬
晉書一百三十卷　（唐）房玄齡等撰　（唐）何超音義　（明）鍾人傑輯評　明鍾人傑刻本　二十五册

330000－1701－0008602　善 006641　類叢部/叢書類/自著之屬
傳經堂叢書十二種　（清）洪頤煊撰　清嘉慶至道光臨海洪氏刻本　十册　存一種

330000－1701－0008604　善 006649　史部/叢編
四史疑年錄七卷　（清）阮劉文如撰　清嘉慶二十三年（1818）刻本　二册

330000－1701－0008606　普 031.1/4418/2　類叢部/類書類/通類之屬
欽定古今圖書集成一萬卷目錄三十二卷　（清）蔣廷錫　（清）陳夢雷等輯　清光緒十年（1884）上海圖書集成書局鉛印本　一千六百二十八册

330000－1701－0008607　普 031.1/4418/(2)　類叢部/類書類/通類之屬
欽定古今圖書集成一萬卷目錄四十卷　（清）蔣廷錫　（清）陳夢雷等輯　清光緒十年（1884）上海圖書集成印書局鉛印本［目錄四十卷配清光緒十年（1884）上海同文書局石印本］　三百三十册　存一千九百四十七卷（目錄一至四十，曆法典三十六至五十，庶徵典一至三十七、四十四至四十九、六十一至六十七、一百五十一至一百八十八，邊裔典一至四十六，官常典四百一至六百十八、七百九十六至八百，交誼典一至十九、六十一至一百二十，氏族典一至七、一百十四至一百二十、一百五十二至一百七十四、四百四十九至六百四十,藝術典五十一至五十五、五百六十三至六百二十六、七百三十七至七百三十九,草木典一至一百六、一百十九至二百五十二、二百五十九至三百二十,學行典一至十二、十八至二十一、五十一至五十五、八十一至八十六、九十八至一百二十一、一百四十三至一百四十八、二百七十三至二百八十、二百九十五至三百,文學典一至二百六十,銓衡典一至一百二十,禮儀典一百十五至一百二十七、一百六十四至一百六十七、一百八十一至一百九十二、三百十一至三百三十四、三百四十二至三百四十八,祥刑典一至九十,考工典一至二百五十二)

330000－1701－0008609　普 031.1/4418.08/c1　類叢部/類書類/通類之屬
欽定古今圖書集成一萬卷目錄四十卷　(清)蔣廷錫　(清)陳夢雷等輯　**古今圖書集成考證二十四卷**　清光緒十年(1884)上海同文書局石印本　二十冊　存四十卷(目錄一至四十)

330000－1701－0008610　普 031.1/4418.08/c2　類叢部/類書類/通類之屬
欽定古今圖書集成一萬卷目錄四十卷　(清)蔣廷錫　(清)陳夢雷等輯　**古今圖書集成考證二十四卷**　清光緒十年(1884)上海同文書局石印本　二十冊　存四十卷(目錄一至四十)

330000－1701－0008611　善 006642　史部/紀傳類/正史之屬
舊五代史一百五十卷目錄二卷　(宋)薛居正等撰　清乾隆四十九年(1784)武英殿刻二十四史本　佚名校　二十四冊

330000－1701－0008612　善 006643　史部/紀傳類/別史之屬
金源劄記二卷又劄一卷史論五答一卷吉貝居暇唱一卷　(清)施國祁撰　清嘉慶十七年(1812)、二十一年(1816)潯溪施國祁吉貝居刻本　一冊

330000－1701－0008613　善 006644　史部/金石類/總志之屬/文字
觀妙齋藏金石文攷略十六卷　(清)李光暎撰　清雍正七年(1729)嘉興李光暎刻本　十二冊

330000－1701－0008614　普 031.1/1000/2/c4　類叢部/類書類/通類之屬
玉海二百卷辭學指南四卷詩攷一卷詩地理攷六卷漢藝文志攷證十卷通鑑地理通釋十四卷周書王會補注一卷漢制攷四卷踐阼篇集解一卷急就篇補注四卷小學紺珠十卷姓氏急就篇二卷六經天文編二卷周易鄭康成注一卷通鑑答問五卷　(宋)王應麟撰　元至元六年(1340)慶元路儒學刻元明清遞修本　一百冊

330000－1701－0008615　善 006645　史部/詔令奏議類/奏議之屬
重訂周恭肅公奏疏一卷　(明)周用撰　**重訂周忠毅公奏議二卷**　(明)周宗建撰　清嘉慶十四年(1809)鳳陽周鶴立綠滿書窗刻本　三冊

330000－1701－0008616　普 031.1/4441/c1　類叢部/類書類/專類之屬
廣博物志五十卷　(明)董斯張輯　明萬曆高暉堂刻清乾隆二十六年(1761)重修本　二十四冊

330000－1701－0008617　普 031.1/4441/c2　類叢部/類書類/專類之屬
廣博物志五十卷　(明)董斯張輯　明萬曆高暉堂刻清乾隆二十六年(1761)重修本　三十冊

330000－1701－0008618　善 006646　經部/四書類/總義之屬/傳說
四書補考二卷　(清)鳳韶撰　清嘉慶十三年(1808)一得齋刻本　二冊

330000－1701－0008619　善 006647　類叢部/叢書類/自著之屬
崔東壁先生遺書八種附一種　(清)崔述撰　清嘉慶至道光陳履和刻本　四冊　存一種

330000－1701－0008620　普 031.1/4447/c1

類叢部/類書類/通類之屬

廣事類賦四十卷　(清)華希閔撰　清刻本　十册

330000－1701－0008621　善 006648　經部/小學類/文字之屬/字書/字典

金石韻府五卷　(明)朱雲輯　清康熙四十四年(1705)黄海程其武抄本　清程其武跋　五册

330000－1701－0008622　善 006680　集部/别集類/清别集

漁洋山人精華錄訓纂十卷目録二卷自撰年譜二卷　(清)王士禛撰　(清)惠棟注補　**金氏精華錄箋註辯訛一卷**　(清)惠棟撰　清乾隆惠氏紅豆齋刻本　劉承幹題簽　一册　存二卷(年譜一至二)

330000－1701－0008623　善 006650　類叢部/叢書類/彙編之屬

學津討原一百七十三種　(清)張海鵬編　清嘉慶十年(1805)虞山張氏照曠閣刻本　八册　存一種

330000－1701－0008624　普 031.1/4447/c2　類叢部/類書類/通類之屬

廣事類賦四十卷　(清)華希閔撰　清刻本　十册

330000－1701－0008625　普 031.1/4447/2/c1　類叢部/類書類/通類之屬

廣事類賦四十卷　(清)華希閔撰　清刻本　五册　缺六卷(六至十一)

330000－1701－0008626　普 031.1/4447/2/c2　類叢部/類書類/通類之屬

廣事類賦四十卷　(清)華希閔撰　清乾隆二十九年(1764)錫山華氏劍光閣刻本　八册

330000－1701－0008627　普 031.1/4447/2/c3　類叢部/類書類/通類之屬

廣事類賦四十卷　(清)華希閔撰　清乾隆二十九年(1764)錫山華氏劍光閣刻本　五册

330000－1701－0008628　善 006651　史部/金石類/總志之屬/目録

東巡金石錄八卷　(清)崔應階　(清)梁翥鴻輯　清乾隆刻本　四册

330000－1701－0008629　善 006652　史部/金石類/陶之屬/字書

竹里秦漢瓦當文存不分卷　(清)王福田撰　清咸豐二年(1852)嘉興竹田里王氏七橋草堂刻本　四册

330000－1701－0008630　普 031.1/4447/3　類叢部/類書類/通類之屬

重訂廣事類賦四十卷　(清)華希閔撰　清三讓堂刻本　十册

330000－1701－0008631　善 006653　史部/編年類/斷代之屬

西漢年紀三十卷　(宋)王益之撰　清嘉慶四年(1799)南沙席氏掃葉山房刻本　清孫星衍題簽並記　六册

330000－1701－0008632　普 031.1/4447.02　類叢部/類書類/通類之屬

續廣事類賦三十卷　(清)王鳳喈撰並注　清三讓堂刻本　十六册

330000－1701－0008633　普 031.1/5541　類叢部/類書類/專類之屬

典林瑯環二十四卷續典林瑯環三十卷　(清)□□撰　清光緒二年(1876)武林湛蘭書屋刻本　十二册

330000－1701－0008634　善 006654　史部/金石類/石之屬/義例

碑版文廣例十卷　(清)王芑孫撰　清道光二十一年(1841)長洲王氏刻本　六册

330000－1701－0008635　善 006655　類叢部/叢書類/彙編之屬

武英殿聚珍版書一百三十八種　清乾隆武英殿木活字印本　三册　存一種

330000－1701－0008636　善 006656　史部/紀傳類/正史之屬

後漢書補注二十四卷　(清)惠棟撰　清嘉慶九年(1804)桐鄉馮集梧德裕堂刻本　六册

330000－1701－0008637　善 006657　史部/傳記類/總傳之屬/姓名

姓氏尋源四十五卷姓氏辯誤三十卷　(清)張澍撰　清道光十八年(1838)棗花書屋刻本　二十三册

330000－1701－0008638　普 031.1/6030.2　類叢部/類書類/專類之屬

東萊先生詩律武庫十五卷後集十五卷　(宋)吕祖謙輯　清康熙五十四年(1715)鄭尚忠桃源山莊刻本　二册　存六卷(後集一至六)

330000－1701－0008639　普 031.1/7144/c1　類叢部/類書類/專類之屬

事物異名錄四十卷　(清)厲荃輯　(清)關槐增輯　清乾隆四十一年(1776)四明古歡堂望江縣署刻本　十二册

330000－1701－0008640　普 031.1/7144/c2　類叢部/類書類/專類之屬

事物異名錄四十卷　(清)厲荃輯　(清)關槐增輯　清乾隆四十一年(1776)四明古歡堂望江縣署刻本　十二册

330000－1701－0008641　善 006658　史部/金石類/石之屬/文字

金薤琳琅二十卷　(明)都穆撰　**金薤琳琅補遺一卷**　(清)宋振譽撰　清乾隆四十三年(1778)汪荻洲刻本　二册

330000－1701－0008642　普 031.1/7144.02/c1　類叢部/類書類/專類之屬

事物異名錄四十卷　(清)厲荃輯　(清)關槐增輯　清乾隆五十三年(1788)粤東刻本　十册

330000－1701－0008643　普 031.1/7144.02/c2　類叢部/類書類/專類之屬

事物異名錄四十卷　(清)厲荃輯　(清)關槐增輯　清乾隆五十三年(1788)粤東刻本　十二册

330000－1701－0008644　普 031.1/7144.02/c3　類叢部/類書類/專類之屬

事物異名錄四十卷　(清)厲荃輯　(清)關槐增輯　清乾隆五十三年(1788)粤東刻本　十二册

330000－1701－0008645　普 031.1/7474　類叢部/類書類/通類之屬

小知錄十二卷　(清)陸鳳藻輯　清嘉慶九年(1804)羣玉山房刻本　十二册

330000－1701－0008646　善 006659　史部/傳記類/别傳之屬/年譜

孔子編年五卷　(宋)胡仔編　清嘉慶二十三年(1818)績溪胡氏家祠刻本　四册

330000－1701－0008647　善 006660　史部/傳記類/總傳之屬/儒林

國朝漢學師承記八卷經師經義目錄一卷　(清)江藩撰　清嘉慶二十三年(1818)刻本　八册

330000－1701－0008648　善 006661　史部/雜史類

宋遼金元别史五種　(清)席世臣輯　清乾隆至嘉慶南沙席氏掃葉山房刻本　三十六册　存一種

330000－1701－0008649　善 006662　史部/傳記類/總傳之屬/儒林

國朝漢學師承記八卷經師經義目錄一卷　(清)江藩撰　清嘉慶二十三年(1818)刻本　四册

330000－1701－0008650　善 006663　史部/傳記類/别傳之屬/年譜

阿文成公[桂]年譜三十四卷　(清)那彦成編　(清)王昶勘定　(清)盧蔭溥增修　清嘉慶十八年(1813)刻本　三十二册

330000－1701－0008651　善 006664　史部/傳記類/總傳之屬/通代

錢牧齋先生列朝詩集小傳十卷　(清)錢謙益撰　(清)錢陸燦輯　清康熙三十七年(1698)黄錫紱誦芬堂刻本　十二册

330000－1701－0008652　善 006665　史部/傳記類/科舉録之屬/歷科登科録

道光三年進士登科錄一卷　清道光刻本　清

董衍秀題簽、批並跋　一冊

330000－1701－0008653　善 006666　史部/傳記類/科舉録之屬/歷科登科録

嘉慶六年進士登科錄一卷　清嘉慶刻本　清董衍秀題簽並跋　一冊

330000－1701－0008654　善 006667　史部/傳記類/科舉録之屬/歷科登科録

乾隆五十四年進士登科錄一卷　清乾隆刻本　清董衍秀題簽、批並跋　一冊

330000－1701－0008655　善 006668　史部/政書類/通制之屬

欽定工部則例九十八卷　(清)福長安等修　(清)多隆阿等纂　清嘉慶三年(1798)武英殿刻本　十六冊

330000－1701－0008656　善 006669　史部/政書類/通制之屬

欽定工部則例九十八卷　(清)福長安等修　(清)多隆阿等纂　清嘉慶三年(1798)武英殿刻本　十六冊

330000－1701－0008657　善 006670　史部/傳記類/科舉録之屬/歷科登科録

道光戊子科直省同年錄不分卷　(清)徐有壬輯　清道光十六年(1836)刻本　四冊

330000－1701－0008658　善 006671　史部/傳記類/科舉録之屬/歷科鄉試録

道光十二年直省同年錄不分卷　清道光二十六年(1846)北京龍文齋刻本　五冊

330000－1701－0008659　善 006672　史部/傳記類/科舉録之屬/諸貢録

道光乙酉科選拔明經通譜不分卷　清道光六年(1826)刻本　八冊

330000－1701－0008660　普 031.1/7474/(2)/c1　類叢部/類書類/通類之屬

小知錄十二卷　(清)陸鳳藻輯　清刻本　六冊　存十一卷(一至十一)

330000－1701－0008661　普 031.1/7474/(2)/c2　類叢部/類書類/通類之屬

小知錄十二卷　(清)陸鳳藻輯　清嘉慶九年(1804)羣玉山房刻本　六冊

330000－1701－0008662　普 031.1/7474/2/c1　類叢部/類書類/通類之屬

小知錄十二卷　(清)陸鳳藻輯　清同治十二年(1873)淮南書局刻本　四冊

330000－1701－0008663　善 006673　史部/傳記類/科舉録之屬

己未詞科錄十二卷首一卷　(清)秦瀛輯　清嘉慶十二年(1807)刻本　六冊

330000－1701－0008664　普 031.1/7474/2/c2　類叢部/類書類/通類之屬

小知錄十二卷　(清)陸鳳藻輯　清同治十二年(1873)淮南書局刻本　四冊

330000－1701－0008665　普 031.1/7474/2/c3　類叢部/類書類/通類之屬

小知錄十二卷　(清)陸鳳藻輯　清同治十二年(1873)淮南書局刻本　四冊

330000－1701－0008666　普 031.1/7510/c1　類叢部/類書類/專類之屬

格致鏡原一百卷　(清)陳元龍撰　清康熙五十六年(1717)陳元龍刻雍正十三年(1735)印本　二十四冊

330000－1701－0008667　普 031.1/7510/c2　類叢部/類書類/專類之屬

格致鏡原一百卷　(清)陳元龍撰　清康熙五十六年(1717)陳元龍刻雍正十三年(1735)印本　二十四冊

330000－1701－0008668　普 031.1/7510/c4　類叢部/類書類/專類之屬

格致鏡原一百卷　(清)陳元龍撰　清乾隆刻本　三十二冊

330000－1701－0008669　善 006674　史部/傳記類/科舉録之屬/諸貢録

壬辰同年齒錄不分卷　清道光二十五年(1845)刻本　二冊

330000－1701－0008670　善 006675　史部/

傳記類/别傳之屬/年譜

宮傅楊果勇侯[芳]自編年譜五卷 (清)楊芳撰 清道光二十年(1840)南海傅祥麟寶和堂刻本 五册

330000－1701－0008671 善 006676 史部/紀事本末類/斷代之屬

欽定勦捕臨清逆匪紀略十六卷 (清)舒赫德等撰 清乾隆四十六年(1781)武英殿刻本 六册

330000－1701－0008672 善 006677 史部/紀事本末類/斷代之屬

欽定勦捕臨清逆匪紀略十六卷 (清)舒赫德等撰 清乾隆四十六年(1781)武英殿刻本 八册

330000－1701－0008673 善 006678 史部/傳記類/科舉録之屬/諸貢録

國朝歷科館選錄不分卷 (清)沈廷芳輯 (清)陸費墀 (清)沈世緯重訂 清刻本 二册

330000－1701－0008674 普 031.1/7510/2 類叢部/類書類/專類之屬

格致鏡原一百卷 (清)陳元龍撰 清光緒十四年(1888)上海大同書局石印本 十六册

330000－1701－0008675 善 006679 史部/傳記類/别傳之屬/年譜

懋亭[薩爾圖克長齡]自定年譜四卷 (清)薩爾圖克長齡撰 清道光二十一年(1841)桂叢堂刻本 四册

330000－1701－0008676 善 006681 史部/傳記類/别傳之屬/年譜

閻潛丘先生[若璩]年譜一卷 (清)張穆編 清道光二十七年(1847)祁氏刻本 一册

330000－1701－0008677 普 031.1/7590 類叢部/類書類/通類之屬

天中記六十卷 (明)陳耀文輯 清光緒四年(1878)新化聽雨山房刻本 六十册

330000－1701－0008678 善 006682 史部/傳記類/别傳之屬/年譜

孱守齋所編年譜五種 (清)錢大昕撰 清嘉慶嘉興郡齋刻本 一册

330000－1701－0008679 善 006683 史部/傳記類/别傳之屬/年譜

陸稼書先生[隴其]年譜定本二卷附錄一卷 (清)吳光酉編 清雍正三年(1725)清風堂刻乾隆六年(1741)增刻本 四册

330000－1701－0008680 普 031.1/7727 類叢部/類書類/通類之屬

類書纂要三十三卷 (清)周魯輯 清康熙三年(1664)無錫侯杲天和堂刻本 二十四册

330000－1701－0008681 善 006685 經部/三禮總義類/通禮雜禮之屬

禮書一百五十卷 (宋)陳祥道撰 清嘉慶九年(1804)福清詔溪郭龍光校經堂刻本 十六册

330000－1701－0008682 善 006684 史部/傳記類/科舉録之屬/總録

國朝虞陽科名錄四卷首一卷 (清)王元鍾等輯 清道光三十年(1850)古虞王元鍾清暉書屋刻本 四册

330000－1701－0008683 善 006686 經部/三禮總義類/通禮雜禮之屬

讀禮通考一百二十卷 (清)徐乾學撰 清康熙三十五年(1696)徐乾學刻秦蕙田味經窩印本 三十册

330000－1701－0008684 普 031.1/7770/2/c1 類叢部/類書類/通類之屬

藝文類聚一百卷 (唐)歐陽詢輯 清光緒五年(1879)華陽宏達堂刻本 章嶔題簽 四十册

330000－1701－0008685 普 031.1/7770/2/c2 類叢部/類書類/通類之屬

藝文類聚一百卷 (唐)歐陽詢輯 清光緒五年(1879)華陽宏達堂刻本 四十册

330000－1701－0008686 善 006687 經部/三禮總義類/通禮雜禮之屬

五禮通考二百六十二卷首四卷總目二卷

(清)秦蕙田撰　清乾隆二十六年(1761)金匱秦蕙田味經窩刻本　九十册

330000－1701－0008687　普031.1/8034　類叢部/類書類/通類之屬

唐類函二百卷目錄二卷　(明)俞安期輯　明萬曆三十一年(1603)東吳俞安期刻本　一百册

330000－1701－0008688　普031.17/7227　類叢部/類書類/通類之屬

文家稽古編十卷首一卷　(清)劉旂錫　(清)程夢元輯　清乾隆慎詒堂刻本　十册

330000－1701－0008689　善006688　經部/叢編

通藝錄十九種附二種　(清)程瑤田撰　清嘉慶刻本　十册

330000－1701－0008690　善006689　經部/詩類/詩序之屬

詩序廣義二十四卷總論一卷　(清)姜炳璋撰　清嘉慶二十年(1815)四明姜人寬尊行堂刻本　六册

330000－1701－0008691　普031.2/1115　類叢部/類書類/專類之屬

佩文韻府一百六卷　(清)張玉書　(清)蔡升元等輯　**韻府拾遺一百六卷**　(清)汪灝　(清)何焯等輯　清嶺南潘氏海山仙館刻本　一百六十册

330000－1701－0008692　普031.2/1115/2、普031.2/1115.02/2　類叢部/類書類/專類之屬

佩文韻府一百六卷　(清)張玉書　(清)蔡升元等輯　**韻府拾遺一百六卷**　(清)汪灝　(清)何焯等輯　清刻本　一百五册

330000－1701－0008693　普031.2/1115/4/c1、普031.2/1115.02/4/c2　類叢部/類書類/專類之屬

佩文韻府一百六卷　(清)張玉書　(清)蔡升元等輯　**韻府拾遺一百六卷**　(清)汪灝　(清)何焯等輯　清光緒十五年(1889)上海點石齋石印本　二十四册

330000－1701－0008694　普031.2/1115/4/c2　類叢部/類書類/專類之屬

佩文韻府一百六卷　(清)張玉書　(清)蔡升元等輯　**韻府拾遺一百六卷**　(清)汪灝　(清)何焯等輯　清光緒十五年(1889)上海點石齋石印本　二十四册

330000－1701－0008695　普031.2/1115/4/c3　類叢部/類書類/專類之屬

佩文韻府一百六卷　(清)張玉書　(清)蔡升元等輯　**韻府拾遺一百六卷**　(清)汪灝　(清)何焯等輯　清光緒十九年(1893)上海點石齋石印本　二十二册　存一百六卷(佩文韻府一至一百六)

330000－1701－0008696　善006690　經部/群經總義類/傳說之屬

古經解鉤沉三十卷　(清)余蕭客撰　清乾隆刻本　八册　缺二卷(六至七)

330000－1701－0008697　善006691　經部/三禮總義類/通禮雜禮之屬

禮書綱目八十五卷首三卷　(清)江永編　清嘉慶十五年(1810)婺源俞氏刻本　二十四册

330000－1701－0008698　普031.2/1115/5　類叢部/類書類/專類之屬

佩文韻府一百六卷　(清)張玉書　(清)蔡升元等輯　**韻府拾遺一百六卷**　(清)汪灝　(清)何焯等輯　清刻本　一百二十册　存一百六卷(佩文韻府一至一百六)

330000－1701－0008699　善006692　經部/群經總義類/圖說之屬

六經圖六卷　(宋)楊甲撰　(宋)毛邦翰補　(清)王皜輯錄　清乾隆五年(1740)六安王氏向山堂刻本　五册　存五種

330000－1701－0008700　善006694　經部/小學類/訓詁之屬/群雅

廣雅疏證十卷　(清)王念孫撰　**博雅音十卷**　(隋)曹憲撰　清嘉慶刻本　八册

330000－1701－0008701　善006693　經部/

春秋左傳類/傳說之屬

左傳經世鈔二十三卷 （清）魏禧評點 （清）彭家屏參訂 清乾隆十三年(1748)夏邑彭家屏刻本 二十冊

330000－1701－0008702 普 031.2/1115/7/c1 類叢部/類書類/專類之屬

佩文韻府一百六卷 （清）張玉書 （清）蔡升元等輯 **韻府拾遺一百六卷** （清）汪灝（清）何焯等輯 清刻本 九十五冊 存一百六卷(佩文韻府一至一百六)

330000－1701－0008703 善 006695 經部/小學類/音韻之屬/韻書

欽定同文韻統六卷 （清）允祿等輯 清乾隆十五年(1750)武英殿刻朱墨套印本 四冊

330000－1701－0008704 普 031.2/1115/7/c2 類叢部/類書類/專類之屬

佩文韻府一百六卷 （清）張玉書 （清）蔡升元等輯 **韻府拾遺一百六卷** （清）汪灝（清）何焯等輯 清刻本 九十五冊 存一百六卷(佩文韻府一至一百六)

330000－1701－0008705 普 031.2/1115/7/c3 類叢部/類書類/專類之屬

佩文韻府一百六卷 （清）張玉書 （清）蔡升元等輯 **韻府拾遺一百六卷** （清）汪灝（清）何焯等輯 清刻本 九十三冊 存一百五卷(佩文韻府一至二十、二十二至一百六)

330000－1701－0008706 善 006696 經部/讖緯類/總義之屬

古微書三十六卷 （明）孫瑴輯 清嘉慶二十一年(1816)禹航陳世望對山問月樓刻本 八冊

330000－1701－0008707 普 031.2/1115/8/c1、普 031.2/1115.02/6 類叢部/類書類/專類之屬

佩文韻府一百六卷 （清）張玉書 （清）蔡升元等輯 **韻府拾遺一百六卷** （清）汪灝（清）何焯等輯 清光緒十八年(1892)上海鴻寶齋石印本 一百九十八冊 缺一卷(佩文韻府一百五)

330000－1701－0008708 普 031.2/1115/8/c2 類叢部/類書類/專類之屬

佩文韻府一百六卷 （清）張玉書 （清）蔡升元等輯 **韻府拾遺一百六卷** （清）汪灝（清）何焯等輯 清光緒十八年(1892)上海鴻寶齋石印本 九十五冊 存六十三卷(佩文韻府一至六十三)

330000－1701－0008709 善 006697 經部/群經總義類/文字音義之屬

相臺書塾刊正九經三傳沿革例一卷 （宋）岳珂撰 清嘉慶十九年(1814)揚州汪紹成藤花榭影宋刻本 二冊

330000－1701－0008710 普 031.2/1115/9、普 031.2/1115.02/5/c2 類叢部/類書類/專類之屬

佩文韻府一百六卷 （清）張玉書 （清）蔡升元等輯 **韻府拾遺一百六卷** （清）汪灝（清）何焯等輯 清刻本(佩文韻府卷八十六至九十配清嶺南潘氏海山仙館刻本) 一百九十六冊 缺二卷(佩文韻府十八至十九)

330000－1701－0008711 普 031.2/1115/10 類叢部/類書類/專類之屬

佩文韻府一百六卷 （清）張玉書 （清）蔡升元等輯 **韻府拾遺一百六卷** （清）汪灝（清）何焯等輯 清康熙五十年(1711)內府刻本 二百五十三冊 存一百六卷(佩文韻府一至一百六)

330000－1701－0008712 善 006698 經部/小學類/訓詁之屬/爾雅

爾雅註疏十一卷 （晉）郭璞註 （宋）邢昺疏 清乾隆五十一年(1786)金閶書業堂刻本 四冊

330000－1701－0008713 善 006699 經部/小學類/文字之屬/字書/字典

六書會原十卷首一卷 （清）潘肇豐撰 清嘉慶六年(1801)刻本 四冊

330000－1701－0008714 善 006700 經部/詩類/三家詩之屬

齊詩翼氏學四卷 （清）迮鶴壽撰 清嘉慶十

七年(1812)蓬萊山房刻道光印本　一册

330000－1701－0008715　善 006701　經部/周禮類/傳說之屬

周禮經注節鈔七卷　(清)許珩輯　**周禮注疏獻疑七卷**　(清)許珩撰　清嘉慶十六年(1811)儀徵許珩刻本　六册

330000－1701－0008716　普 031.2/1115.02/4/c1　類叢部/類書類/專類之屬

佩文韻府一百六卷　(清)張玉書　(清)蔡升元等輯　**韻府拾遺一百六卷**　(清)汪灝　(清)何焯等輯　清光緒十五年(1889)上海點石齋石印本　二册　存一百六卷(韻府拾遺一至一百六)

330000－1701－0008717　善 006702　類叢部/叢書類/自著之屬

經韻樓叢書九種　(清)段玉裁撰　清乾隆至道光金壇段氏刻本　劉承幹題簽並記　四册　存二種

330000－1701－0008718　普 031.2/1115.02/c1　類叢部/類書類/專類之屬

佩文韻府一百六卷　(清)張玉書　(清)蔡升元等輯　**韻府拾遺一百六卷**　(清)汪灝　(清)何焯等輯　清嶺南潘氏海山仙館刻本　十六册　存一百六卷(韻府拾遺一至一百六)

330000－1701－0008719　善 006703　經部/小學類/訓詁之屬/譯語

清文補彙八卷　(清)宜興撰　清嘉慶七年(1802)法克精額刻本　八册

330000－1701－0008720　善 006704　類叢部/叢書類/自著之屬

達洤就正編四種　(清)王朝榘輯　清嘉慶五年至八年(1800－1803)寧州學署刻本　四册　存一種

330000－1701－0008721　善 006705　經部/易類/傳說之屬

喬氏易俟十八卷圖一卷　(清)喬萊撰　清康熙寶應喬氏竹深荷淨之堂刻本　四册

330000－1701－0008722　普 031.2/1115.02/4/c3　類叢部/類書類/專類之屬

佩文韻府一百六卷　(清)張玉書　(清)蔡升元等輯　**韻府拾遺一百六卷**　(清)汪灝　(清)何焯等輯　清光緒十五年(1889)上海點石齋石印本　二册　存一百六卷(韻府拾遺一至一百六)

330000－1701－0008723　普 031.2/1115.02/c2　類叢部/類書類/專類之屬

佩文韻府一百六卷　(清)張玉書　(清)蔡升元等輯　**韻府拾遺一百六卷**　(清)汪灝　(清)何焯等輯　清刻本　二十册　存一百六卷(韻府拾遺一至一百六)

330000－1701－0008724　普 031.2/1115.02/3/c3　類叢部/類書類/專類之屬

佩文韻府一百六卷　(清)張玉書　(清)蔡升元等輯　**韻府拾遺一百六卷**　(清)汪灝　(清)何焯等輯　清刻本　二十册　存一百六卷(韻府拾遺一至一百六)

330000－1701－0008725　普 031.2/1115.02/5/c1　類叢部/類書類/專類之屬

佩文韻府一百六卷　(清)張玉書　(清)蔡升元等輯　**韻府拾遺一百六卷**　(清)汪灝　(清)何焯等輯　清刻本　二十册　存一百六卷(韻府拾遺一至一百六)

330000－1701－0008726　普 031.2/1792/c1　類叢部/類書類/專類之屬

韻府約編二十四卷　(清)鄧愷輯　清刻本　二十四册

330000－1701－0008727　普 031.2/1792/c2　類叢部/類書類/專類之屬

韻府約編二十四卷　(清)鄧愷輯　清乾隆二十四年(1759)刻本(卷五、十四配清刻本)　二十四册

330000－1701－0008728　普 031.2/1792/c3　類叢部/類書類/專類之屬

韻府約編二十四卷　(清)鄧愷輯　清刻本　二十二册　存二十二卷(三至二十四)

330000－1701－0008729　普 031.2/2133　經

部/小學類/音韻之屬/韻書

新刊韻學會海三十二卷 （清）盧宏啓 （清）徐作林輯 清乾隆二十六年（1761）刻本（卷十七至三十二原缺） 十六冊

330000－1701－0008734 普 031.2/3427 類叢部/類書類/專類之屬

五車韻瑞一百六十卷洪武正韻一卷 （明）淩稚隆輯 明金閶葉瑤池刻本 二十冊

330000－1701－0008735 普 031.2/7865 類叢部/類書類/專類之屬

新增說文韻府羣玉二十卷 （元）陰時夫輯 （元）陰中夫注 清道光十一年（1831）刻本 二十冊

330000－1701－0008736 善 006706 經部/小學類/文字之屬/說文

苗氏說文四種 （清）苗夔撰 清道光至咸豐壽陽祁氏漢專亭刻本 二冊 存一種

330000－1701－0008737 普 031.2/7865/2 類叢部/類書類/專類之屬

新增說文韻府羣玉二十卷 （元）陰時夫輯 （元）陰中夫注 清刻本 十六冊

330000－1701－0008738 善 006707 經部/易類/傳說之屬

周易說略四卷 （清）張爾岐撰 清嘉慶刻本 衛氏題簽並記 八冊

330000－1701－0008739 善 006708 經部/小學類/訓詁之屬/爾雅

爾雅音圖三卷 （晉）郭璞注 （清）姚之麟摹圖 清嘉慶六年（1801）南城曾燠藝學軒刻道光印本 三冊

330000－1701－0008740 普 031.2/7865/3 類叢部/類書類/專類之屬

新增說文韻府羣玉二十卷 （元）陰時夫輯 （元）陰中夫注 清康熙五十五年（1716）文盛堂、天德堂刻本 十二冊

330000－1701－0008741 善 006709 類叢部/叢書類/彙編之屬

平津館叢書六集三十五種 （清）孫星衍編 清嘉慶蘭陵孫氏刻本 三冊 存一種

330000－1701－0008742 善 006710 經部/易類

春水船易學四種七卷 （清）方本恭撰 清嘉慶三年（1798）刻本 二冊

330000－1701－0008743 善 006711 經部/三禮總義類/通禮雜禮之屬

禮箋三卷 （清）金榜撰 清乾隆五十九年（1794）方起泰、胡國輔刻嘉慶三年（1798）印本 二冊

330000－1701－0008744 普 031.3/3626 類叢部/類書類/通類之屬

新編古今事文類聚前集六十卷後集五十卷續集二十八卷別集三十二卷 （宋）祝穆編 **新編古今事文類聚新集三十六卷外集十五卷** （元）富大用編 **新編古今事文類聚遺集十五卷** （元）祝淵編 清乾隆二十八年（1763）積秀堂刻本 八十冊

330000－1701－0008745 善 006713 經部/儀禮類/傳說之屬

儀禮經注疏正譌十七卷 （清）金曰追撰 清乾隆五十三年（1788）肅齋家塾刻本 四冊

330000－1701－0008746 善 006712 經部/儀禮類/傳說之屬

檀氏儀禮韻言塾課藏本二卷 （清）檀萃纂 清嘉慶四年（1799）嘉樹堂刻本 二冊

330000－1701－0008747 普 031.3/1042 類叢部/類書類/專類之屬

新刻重校增補圓機活法詩學全書二十四卷 （明）王世貞校正 明刻重修本 十二冊

330000－1701－0008748 普 031.3/4444/c2 史部/時令類

古今類傳歲時類四卷 （清）董穀士 （清）董炳文輯 清康熙三十一年（1692）未學齋刻本 四冊

330000－1701－0008749 普 031.3/4444/c1 史部/時令類

古今類傳歲時類四卷 （清）董穀士 （清）董

炳文輯　清康熙三十一年(1692)未學齋刻本　四册

330000－1701－0008750　善 006714　經部/詩類/三家詩之屬
韓詩外傳十卷序説一卷　(漢)韓嬰撰　(清)趙懷玉校　**補逸一卷**　(清)趙懷玉輯　清乾隆五十五年(1790)武進趙懷玉亦有生齋刻本　清張問陶題記並批校　四册

330000－1701－0008751　善 006715　史部/地理類/總志之屬/通代
天下郡國利病書一百二十卷　(清)顧炎武撰　清抄本　一百册

330000－1701－0008752　普 031.7/1084/c1　類叢部/類書類/通類之屬
册府元龜一千卷目録十卷　(宋)王欽若等輯　明崇禎十五年(1642)福建建陽黄國琦刻清康熙十一年(1672)南京黄九錫、乾隆十九年(1754)丁序賢重修本(卷六百七十一配清抄本)　二百四十册

330000－1701－0008753　普 031.7/1084/c2　類叢部/類書類/通類之屬
册府元龜一千卷目録十卷　(宋)王欽若等輯　明崇禎十五年(1642)福建建陽黄國琦刻清康熙十一年(1672)南京黄九錫、乾隆十九年(1754)丁序賢、嘉慶鮑崇城重修本(卷五十五、六十二至六十三配清抄本)　一百五十四册　存七百四十九卷(三十六至一百一、一百六至一百十、一百十四至一百九十、二百十六至二百二十五、二百四十一至三百八十七、三百九十三、三百九十七至四百十、四百七十一至四百九十五、五百一至五百二十二、五百三十七至五百八十、六百一至六百三十四、六百三十九至六百四十四、六百五十九至六百六十二、六百六十六至六百八十八、七百二十至八百六十、八百七十一至一千)

330000－1701－0008754　善 006716　史部/地理類/雜志之屬
揚州畫舫録十八卷　(清)李斗撰　清乾隆六十年(1795)自然盦刻同治十一年(1872)重修本　四册

330000－1701－0008755　善 006717　子部/工藝類/日用器物之屬/陶瓷
景德鎮陶録十卷　(清)藍浦撰　(清)鄭廷桂補輯　清嘉慶二十年(1815)翼經堂刻本　四册

330000－1701－0008756　善 006718　類叢部/叢書類/自著之屬
王漁洋遺書三十八種　(清)王士禛撰　清刻本　四册　存一種

330000－1701－0008757　普 031.91/3187　類叢部/類書類/通類之屬
增廣留青新集二十四卷　(清)伊□□重編　(清)沈鼎銘　(清)馮善長校讎　清光緒二十五年(1899)石印本　十二册

330000－1701－0008758　普 031.91/3187/2/c1　類叢部/類書類/通類之屬
重編留青新集二十四卷　(清)馮善長輯　清光緒十四年(1888)上海宏文閣鍚活字印本　十二册

330000－1701－0008759　善 006719　史部/政書類/軍政之屬/兵制
欽定户部軍需則例九卷續纂一卷兵部軍需則例五卷工部軍需則例一卷　(清)阿桂等纂　清乾隆五十三年(1788)武英殿刻本　四册

330000－1701－0008761　善 006726　經部/叢編
五經四書讀本九種　清康熙紫陽朱錫旂崇道堂刻本　三十二册

330000－1701－0008762　普 031.91/3187/2/c2　類叢部/類書類/通類之屬
重編留青新集二十四卷　(清)馮善長輯　清光緒十四年(1888)上海宏文閣鍚活字印本　六册

330000－1701－0008763　善 006720　史部/傳記類/總傳之屬/通代
人壽金鑑二十二卷　(清)程得齡輯　清嘉慶二十四年至二十五年(1819－1820)安東程氏

柳衣園刻本　八冊

330000－1701－0008764　善 006721　史部/雜史類

路史四十七卷　(宋)羅泌撰　(宋)羅苹注　明萬曆三十九年(1611)廣陵喬可傳刻本　十二冊

330000－1701－0008765　普 031.91/3187/3/c1　類叢部/類書類/通類之屬

增廣留青新集二十四卷　(清)伊□□重編　(清)沈鼎銘　(清)馮善長校讎　清末上海源記書局石印本　十二冊

330000－1701－0008766　普 031.91/3187/3/c2　類叢部/類書類/通類之屬

增廣留青新集二十四卷　(清)伊□□重編　(清)沈鼎銘　(清)馮善長校讎　清末上海源記書局石印本　十二冊

330000－1701－0008767　普 031.91/3187/3/c3　類叢部/類書類/通類之屬

增廣留青新集二十四卷　(清)伊□□重編　(清)沈鼎銘　(清)馮善長校讎　清末上海源記書局石印本　十二冊

330000－1701－0008769　善 006722　經部/易類

漢魏二十一家易注三十三卷　(清)孫堂輯　清嘉慶四年(1799)平湖孫堂映雪草堂刻本　五冊

330000－1701－0008770　善 006727　經部/叢編

通志堂經解一百四十種　(清)納蘭成德輯　清康熙十九年(1680)納蘭成德刻後印本(俞氏易集說卷一、三至十配清刻本)　五百十八冊　存一百三十九種

330000－1701－0008771　普 040.44/4050/c1　新學/雜著

時事新論十二卷圖說一卷　(英國)李提摩太撰　清光緒二十年(1894)上海廣學會鉛印本　三冊

330000－1701－0008772　普 040.44/4050/c2　新學/雜著

時事新論十二卷圖說一卷　(英國)李提摩太撰　清光緒二十年(1894)上海廣學會鉛印本　二冊　缺一卷(圖說)

330000－1701－0008773　普 040.44/4050/c3　新學/雜著

時事新論十二卷圖說一卷　(英國)李提摩太撰　清光緒二十四年(1898)上海廣學會鉛印本　二冊　缺一卷(圖說)

330000－1701－0008774　普 040.44/4050/c4　新學/雜著

時事新論十二卷圖說一卷　(英國)李提摩太撰　清光緒二十四年(1898)上海廣學會鉛印本　二冊　缺一卷(圖說)

330000－1701－0008775　善 006723　史部/傳記類/總傳之屬/通代

俎豆集三十卷　(清)潘承焯編　清乾隆四十三年(1778)刻本　六冊

330000－1701－0008776　普 041.05/7580/1　類叢部/叢書類/彙編之屬

津逮祕書十五集一百四十種　(明)毛晉編　明崇禎虞山毛氏汲古閣刻本　六冊　存一種

330000－1701－0008777　普 040.84/2244　子部/雜著類/雜纂之屬

聞見叢抄三十四卷　(清)種蕉藝蘭生輯　清光緒二十四年(1898)鉛印本　八冊

330000－1701－0008780　善 006724　史部/傳記類/科舉録之屬/歷科登科録

辛未科齒錄二卷　(清)谷善禾輯　清道光八年(1828)刻本　二冊

330000－1701－0008785　善 006725　經部/叢編

九經五十一卷附四卷　(明)秦鏷訂正　明崇禎十三年(1640)錫山秦鏷求古齋刻本　四冊　存三十二卷(周易一至三、圖說,書經一至四,詩經一至四,周禮一至六,孝經、小學一至二,論語一至二,大學,中庸,孟子一至七)

330000－1701－0008786　普 041.2/1779/c1

類叢部/叢書類/彙編之屬
崇文書局彙刻書三十一種　(清)崇文書局編　清光緒元年至三年(1875－1877)湖北崇文書局刻本　四冊　存一種

330000－1701－0008787　普 041.2/1779/c2　子部/雜著類/雜記之屬
涑水記聞十六卷補遺一卷　(宋)司馬光撰　清光緒元年(1875)湖北崇文書局刻崇文書局彙刻本　邱震題記　四冊

330000－1701－0008790　普 041.2/5014　子部/小説家類/雜事之屬
重訂西青散記八卷　(清)史震林撰　清刻本　四冊

330000－1701－0008792　普 041.2/1779/c3　類叢部/叢書類/彙編之屬
崇文書局彙刻書三十一種　(清)崇文書局編　清光緒元年至三年(1875－1877)湖北崇文書局刻本　二冊　存一種

330000－1701－0008793　善 006728　經部/叢編
公是遺書三十七卷　(宋)劉敞撰　清乾隆十六年(1751)水西劉氏刻本　九冊

330000－1701－0008794　普 041.2/5014/2/c1　子部/小説家類/雜事之屬
西青散記四卷　(清)史震林撰　清乾隆二年(1737)三餘堂刻本　四冊

330000－1701－0008796　普 041.2/7242　類叢部/叢書類/彙編之屬
海山仙館叢書五十六種　(清)潘仕成編　清道光二十五年至咸豐元年(1845－1851)番禺潘氏刻光緒十一年(1885)增刻彙印本　五冊　存一種

330000－1701－0008797　善 006729　經部/叢編
萬充宗先生經學五書　(清)萬斯大撰　清乾隆二十四年至二十六年(1759－1761)辨志堂刻本　六冊

330000－1701－0008798　普 041.2/8030/c2　集部/別集類/清別集
鮚埼亭集三十八卷外編五十卷全謝山先生經史問答十卷　(清)全祖望撰　**全氏世譜一卷年譜一卷**　(清)董秉純撰　清嘉慶九年(1804)餘姚史夢蛟借樹山房刻同治十一年(1872)印本　二冊　存十卷(經史問答一至十)

330000－1701－0008799　普 041.2/8030/c3　集部/別集類/清別集
鮚埼亭集三十八卷外編五十卷全謝山先生經史問答十卷　(清)全祖望撰　**全氏世譜一卷年譜一卷**　(清)董秉純撰　清嘉慶九年(1804)餘姚史夢蛟借樹山房刻同治十一年(1872)印本　二冊　存十卷(經史問答一至十)

330000－1701－0008800　普 811.608/4448/2　集部/總集類/選集之屬/通代
忠雅堂評選四六法海八卷　(清)蔣士銓評選　清光緒十年(1884)深柳讀書堂刻朱墨套印本　八冊

330000－1701－0008801　普 811.108/0044　集部/總集類/選集之屬/通代
歷朝詩選簡金集六卷　(清)章薇輯　清乾隆二十三年(1758)會稽章薇滃雲山房刻本　子靜批並跋　十二冊

330000－1701－0008802　普 915.1134/2051.2　史部/地理類/專志之屬/古跡
桃花源志二十四卷首一卷　(清)胡鳳丹輯　清光緒三年(1877)永康胡氏退補齋刻本　十冊

330000－1701－0008803　善 006730　經部/叢編
九經補注八十八卷附八卷　(清)姜兆錫撰　清雍正元年至乾隆十四年(1723－1749)丹陽姜兆錫寅清樓刻本　四十冊　缺六卷(爾雅註疏參義一至六)

330000－1701－0008804　善 006731　經部/叢編
錢氏四種八卷附十經文字通正書十四卷

(清)錢坫撰　清乾隆四十二年至四十九年(1777－1784)刻嘉慶二年(1797)文章大吉樓增刻本　三冊

330000－1701－0008805　普 041.2/8030/2　集部/别集類/清别集
鮚埼亭集三十八卷外編五十卷全謝山先生經史問答十卷　(清)全祖望撰　**全氏世譜一卷年譜一卷**　(清)董秉純撰　清嘉慶九年(1804)餘姚史夢蛟借樹山房刻本　二冊　存十卷(經史問答一至十)

330000－1701－0008806　普 041.2/8030/2(2)　集部/别集類/清别集
鮚埼亭集三十八卷外編五十卷全謝山先生經史問答十卷　(清)全祖望撰　**全氏世譜一卷年譜一卷**　(清)董秉純撰　清嘉慶九年(1804)餘姚史夢蛟借樹山房刻本　三冊　存十卷(經史問答一至十)

330000－1701－0008807　善 006732　經部/叢編
西夏經義十四卷　(清)何志高撰　清道光十八年(1838)刻光緒南浦三塗邱印本　十二冊

330000－1701－0008808　普 041.22/8043/3　類叢部/叢書類/自著之屬
春在堂全書三十六種　(清)俞樾撰　清同治至光緒刻光緒末彙印本　六冊　存一種

330000－1701－0008809　善 006733　經部/群經總義類/傳說之屬
七經精義　(清)黄淦撰　清嘉慶七年至十二年(1802－1807)尊德堂刻本　十四冊

330000－1701－0008811　善 006734　經部/叢編
關氏經學五書十二卷　(清)關涵輯　清嘉慶十三年(1808)仁和關炳刻本　五冊

330000－1701－0008816　普 041.3/0027/c1　類叢部/叢書類/郡邑之屬
金華叢書六十八種　(清)胡鳳丹編　清同治七年至光緒八年(1868－1882)永康胡氏退補齋刻民國補刻本　一冊　存二種

330000－1701－0008817　普 041.3/0027/c2　類叢部/叢書類/郡邑之屬
金華叢書六十八種　(清)胡鳳丹編　清同治七年至光緒八年(1868－1882)永康胡氏退補齋刻民國補刻本　一冊　存二種

330000－1701－0008818　普 041.3/1081/2/c1　子部/雜著類/雜考之屬
讀書雜志八十二卷餘編二卷　(清)王念孫撰　清光緒二十年(1894)石印本　八冊

330000－1701－0008819　普 041.3/1081/2/c2　子部/雜著類/雜考之屬
讀書雜志八十二卷餘編二卷　(清)王念孫撰　清光緒二十年(1894)石印本　六冊　缺二十六卷(淮南内篇雜志一至二十二、補遺,漢隸拾遺,讀書雜志餘編一至二)

330000－1701－0008820　普 041.3/1081/3/c1　子部/雜著類/雜考之屬
讀書雜志八十二卷餘編二卷　(清)王念孫撰　清同治九年(1870)金陵書局刻本　二十四冊

330000－1701－0008821　普 041.3/1081/3/c2　子部/雜著類/雜考之屬
讀書雜志八十二卷餘編二卷　(清)王念孫撰　清同治九年(1870)金陵書局刻本　二十四冊

330000－1701－0008822　普 041.3/1081/3/c3　子部/雜著類/雜考之屬
讀書雜志八十二卷餘編二卷　(清)王念孫撰　清同治九年(1870)金陵書局刻本　二十二冊　缺二卷(餘編一至二)

330000－1701－0008823　普 041.3/1081/3/c4　子部/雜著類/雜考之屬
讀書雜志八十二卷餘編二卷　(清)王念孫撰　清同治九年(1870)金陵書局刻本　二十四冊

330000－1701－0008824　善 006735　經部/易類/傳說之屬
周易本義十二卷易學啓蒙四卷首一卷　(宋)

朱熹撰　清雍正十二年(1734)榮寶堂刻本　四册

330000－1701－0008825　普 041.3/1081/5/c1　子部/雜著類/雜考之屬
讀書雜志八十二卷餘編二卷　(清)王念孫撰　清刻本　二十四册　缺一卷(淮南內篇補遺)

330000－1701－0008826　普 041.3/1081/5/c2　子部/雜著類/雜考之屬
讀書雜志八十二卷餘編二卷　(清)王念孫撰　清刻本　二十四册　缺一卷(淮南內篇補遺)

330000－1701－0008827　善 006736　經部/易類/文字音義之屬
古易音訓三卷　(宋)呂祖謙撰　(清)宋咸熙輯　清嘉慶七年(1802)仁和宋咸熙刻本　二册

330000－1701－0008829　善 006737　經部/易類/傳説之屬
梁山來知德先生易經來註十五卷末一卷上下經篇義一卷易説雜説諸圖一卷易學六十四卦啓蒙一卷　(明)來知德撰　(清)崔華重訂　清康熙二十七年(1688)平山崔華刻同德堂印本　十册

330000－1701－0008830　善 006738　經部/易類/傳説之屬
周易集註十二卷圖解一卷啓蒙一考訂繫辭上下傳一卷補定説卦傳一卷　(明)來知德集註　(清)高晅重訂　清康熙稷山高晅願學堂刻本　六册

330000－1701－0008831　普 041.3/1243/c1　子部/雜著類/雜考之屬
讀書脞錄七卷　(清)孫志祖撰　清光緒十三年(1887)醉六堂刻本　四册

330000－1701－0008832　普 041.3/1243/c2　子部/雜著類/雜考之屬
讀書脞錄七卷　(清)孫志祖撰　清光緒十三年(1887)醉六堂刻本　三册

330000－1701－0008833　普 041.3/1243/(2)/c1　子部/雜著類/雜考之屬
讀書脞錄七卷　(清)孫志祖撰　清光緒十三年(1887)醉六堂刻本　二册

330000－1701－0008834　普 041.3/1243/(2)/c2　子部/雜著類/雜考之屬
讀書脞錄七卷　(清)孫志祖撰　清光緒十三年(1887)醉六堂刻本　二册

330000－1701－0008835　普 041.3/1243/2　子部/雜著類/雜考之屬
讀書脞錄七卷續編四卷　(清)孫志祖撰　清嘉慶四年(1799)仁和孫志祖刻七年(1802)孫同元續刻本　孫峻題記　三册

330000－1701－0008836　普 041.3/1243/3　子部/雜著類/雜考之屬
讀書脞錄七卷續編四卷　(清)孫志祖撰　清嘉慶四年(1799)仁和孫志祖刻七年(1802)孫同元續刻本　三册

330000－1701－0008837　善 006739　經部/易類/傳説之屬
周易闡要四卷　(清)吳尚默撰　清嘉慶八年(1803)涇川吳台等橋東書塾刻本　五册

330000－1701－0008838　善 006740　經部/易類/傳説之屬
周易廣義四卷圖一卷　(清)鄭敷教撰　清康熙二十三年(1684)松月樓刻本　四册

330000－1701－0008839　普 041.3/2191/c1　子部/雜著類/雜考之屬
義門讀書記五十八卷　(清)何焯撰　(清)蔣維鈞輯　清乾隆三十四年(1769)蔣維鈞刻光緒六年(1880)苕溪吳氏重修本　十六册

330000－1701－0008840　普 041.3/2191/c2　子部/雜著類/雜考之屬
義門讀書記五十八卷　(清)何焯撰　(清)蔣維鈞輯　清乾隆三十四年(1769)蔣維鈞刻光緒六年(1880)苕溪吳氏重修本　十六册

330000－1701－0008841　普 041.3/2191/(2)　子部/雜著類/雜考之屬

義門讀書記五十八卷　(清)何焯撰　(清)蔣維鈞輯　清乾隆三十四年(1769)蔣維鈞刻光緒六年(1880)苕溪吳氏重修本　十二冊

330000 - 1701 - 0008842　善 006741　經部/易類/傳說之屬
易發八卷　(明)董說撰　清初刻本　四冊

330000 - 1701 - 0008843　普 041.3/2191/(4)　子部/雜著類/雜考之屬
義門讀書記五十八卷　(清)何焯撰　(清)蔣維鈞輯　清乾隆三十四年(1769)石香齋刻本　十二冊

330000 - 1701 - 0008844　普 041.3/2763　子部/雜著類/雜考之屬
二初齋讀書記十卷　(清)倪思寬撰　清乾隆華亭倪元坦涵和堂刻本　八冊

330000 - 1701 - 0008845　善 006742　經部/易類/圖說之屬
易圖解一卷　(清)德沛撰　清乾隆元年(1736)刻本　一冊

330000 - 1701 - 0008846　善 006743　經部/易類/圖說之屬
易圖解一卷　(清)德沛撰　清乾隆元年(1736)刻本　一冊

330000 - 1701 - 0008847　善 006744　經部/易類/傳說之屬
易說六卷　(清)惠士奇撰　清嘉慶十五年(1810)璜川吳氏真意堂刻本　二冊

330000 - 1701 - 0008848　善 006745　經部/易類/圖說之屬
周易圖說述四卷首一卷　(清)王弘撰　清乾隆刻本　四冊

330000 - 1701 - 0008852　善 006746　經部/易類/傳說之屬
易通論二卷前一卷　(清)姚際恒撰　清康熙刻本　一冊

330000 - 1701 - 0008853　善 006747　經部/易類/傳說之屬
周易本義引蒙十二卷首一卷　(清)姚章輯　清刻本　三冊

330000 - 1701 - 0008854　普 041.3/3404　子部/雜著類/雜考之屬
曉讀書齋初錄二卷二錄二卷三錄二卷四錄二卷　(清)洪亮吉著　清光緒十三年(1887)抄本　清戴采孫校並跋　三冊

330000 - 1701 - 0008855　善 006748　經部/易類/圖說之屬
易學圖說會通八卷　(清)楊方達撰　清乾隆復初堂刻本　五冊

330000 - 1701 - 0008856　普 041.3/3479　子部/雜著類/雜考之屬
讀書叢錄二十四卷　(清)洪頤煊撰　清刻本　六冊

330000 - 1701 - 0008857　普 041.3/3479/(2)/c1　子部/雜著類/雜考之屬
讀書叢錄二十四卷　(清)洪頤煊撰　清光緒十三年(1887)吳氏醉六堂刻本　八冊

330000 - 1701 - 0008858　普 041.3/3479/(2)/c2　子部/雜著類/雜考之屬
讀書叢錄二十四卷　(清)洪頤煊撰　清光緒十三年(1887)吳氏醉六堂刻本　八冊

330000 - 1701 - 0008859　普 041.3/3479/(2)/c3　子部/雜著類/雜考之屬
讀書叢錄二十四卷　(清)洪頤煊撰　清光緒十三年(1887)吳氏醉六堂刻本　章嶔題簽　七冊　缺三卷(十六至十八)

330000 - 1701 - 0008860　普 041.3/3479/2　子部/雜著類/雜考之屬
讀書叢錄二十四卷　(清)洪頤煊撰　清道光二年(1822)廣東富文齋刻四年(1824)印本　六冊

330000 - 1701 - 0008861　普 041.3/3479/3　子部/雜著類/雜考之屬
讀書叢錄七卷　(清)洪頤煊撰　清光緒廣雅書局刻本　二冊

330000－1701－0008862　普 041.3/3479/4/c1　子部/雜著類/雜考之屬

讀書叢錄二十四卷　(清)洪頤煊撰　清光緒十三年(1887)吳氏醉六堂刻本　六冊

330000－1701－0008863　普 041.3/3479/4/c2　子部/雜著類/雜考之屬

讀書叢錄二十四卷　(清)洪頤煊撰　清道光二年(1822)廣東富文齋刻十五年(1835)印本　六冊

330000－1701－0008864　普 041.3/8064/c1　類叢部/叢書類/自著之屬

曾文正公全集十六種　(清)曾國藩撰　清同治至光緒傳忠書局刻本　四冊　存一種

330000－1701－0008865　普 041.3/8064/c2　類叢部/叢書類/自著之屬

曾文正公全集十六種　(清)曾國藩撰　清同治至光緒傳忠書局刻本　四冊　存一種

330000－1701－0008866　普 041.4/0028/c2　子部/雜著類/雜考之屬

通雅五十二卷首三卷　(清)方以智撰　清康熙五年(1666)龍眠姚文燮浮山此藏軒刻本　二十四冊

330000－1701－0008867　普 041.4/0028/c3　子部/雜著類/雜考之屬

通雅五十二卷首三卷　(清)方以智撰　清康熙五年(1666)龍眠姚文燮浮山此藏軒刻本　十六冊

330000－1701－0008868　普 041.4/0028/(2)/c1　子部/雜著類/雜考之屬

通雅五十二卷首三卷　(清)方以智撰　清康熙五年(1666)龍眠姚文燮浮山此藏軒刻本　二十冊

330000－1701－0008869　普 041.4/0028/(2)/c3　子部/雜著類/雜考之屬

通雅五十二卷首三卷　(清)方以智撰　清嘉慶刻本　三十二冊

330000－1701－0008871　善 006749　經部/易類/傳說之屬

周易述四十卷　(清)惠棟集注並疏　清乾隆二十五年(1760)德州盧見曾雅雨堂刻本(卷八、二十一、二十四至四十原缺)　八冊

330000－1701－0008872　善 006750　經部/易類/傳說之屬

周易辨畫四十卷　(清)連斗山撰　清乾隆刻本　八冊

330000－1701－0008873　普 041.4/1000　子部/雜著類/雜考之屬

困學紀聞二十卷　(宋)王應麟撰　(清)閻若璩箋　(清)何焯評　清嘉慶吳興潘大有刻本　六冊

330000－1701－0008874　善 006751　經部/易類/傳說之屬

易聞十二卷首一卷　(清)歸起先注　清乾隆六十年(1795)歸朝煦玉鑰堂刻本　四冊

330000－1701－0008875　善 006752　經部/易類/傳說之屬

周易索詁十二卷首一卷　(清)倪象占撰　清嘉慶六年(1801)回浦倪氏順受堂刻本　六冊

330000－1701－0008876　普 041.4/1000/2　子部/雜著類/雜考之屬

困學紀聞二十卷　(宋)王應麟撰　(清)閻若璩箋　(清)何焯評　清乾隆桐鄉汪垕桐華書塾刻本　八冊

330000－1701－0008877　普 041.4/1000/3　子部/雜著類/雜考之屬

困學紀聞二十卷　(宋)王應麟撰　(清)閻若璩箋　清乾隆三年(1738)馬氏叢書樓刻本　清朱學勤跋　四冊

330000－1701－0008878　普 041.4/1000/3(2)　子部/雜著類/雜考之屬

困學紀聞二十卷　(宋)王應麟撰　(清)閻若璩箋　清刻本　六冊

330000－1701－0008879　善 006753　經部/易類/傳說之屬

周易纂註二十卷　(清)吳顥撰　清嘉慶三年(1798)錢塘吳氏守惇堂刻本　二冊

330000－1701－0008880　善 006754　經部/書類/傳說之屬
尚書說七卷　(宋)黄度撰　**宣獻公[黄度]行狀一卷**　(宋)袁燮撰　清道光九年(1829)沃州黄氏家塾刻本　六册

330000－1701－0008881　善 006755　經部/書類/傳說之屬
書經註疏大全合纂五十九卷首一卷　(明)張溥撰　明崇禎刻本　十二册

330000－1701－0008882　普 041.4/1000/4/c1　子部/雜著類/雜考之屬
困學紀聞二十卷　(宋)王應麟撰　(清)閻若璩箋　清同治九年(1870)揚州書局刻本　余紹宋過録清盛百二過録清全祖望批及清盛百二跋　六册

330000－1701－0008883　普 041.4/1000/4/c2　子部/雜著類/雜考之屬
困學紀聞二十卷　(宋)王應麟撰　(清)閻若璩箋　清同治九年(1870)揚州書局刻本　六册

330000－1701－0008884　普 041.4/1000/5　子部/雜著類/雜考之屬
校訂困學紀聞三箋二十卷　(宋)王應麟撰　(清)閻若璩等箋　(清)屠繼序校補　清嘉慶十二年(1807)刻本　六册

330000－1701－0008885　善 006756　經部/書類/傳說之屬
書經近指六卷　(清)孫奇逢撰　清康熙十五年(1676)孤竹趙纘刻後印本　四册

330000－1701－0008886　善 006757　經部/書類/傳說之屬
尚書離句六卷　(清)錢在培輯解　清雍正厚野草堂刻本　二册

330000－1701－0008887　善 006758　經部/書類/傳說之屬
尚書私學四卷　(清)江昱撰　清乾隆刻本　二册

330000－1701－0008889　善 006759　經部/書類/傳說之屬
尚書後案三十卷附後辨一卷　(清)王鳴盛撰　清乾隆四十五年(1780)東吴王鳴盛刻本　清吴仰賢題簽並記　八册

330000－1701－0008890　普 041.4/1000.01/c1　子部/雜著類/雜考之屬
校訂困學紀聞集證二十卷　(宋)王應麟撰　(清)閻若璩等箋　(清)屠繼序較補　(清)萬希槐集證　清咸豐二年(1852)金閶小西山房刻本　十册

330000－1701－0008891　普 041.4/1000.01/c2　子部/雜著類/雜考之屬
校訂困學紀聞集證二十卷　(宋)王應麟撰　(清)閻若璩等箋　(清)屠繼序較補　(清)萬希槐集證　清咸豐二年(1852)金閶小西山房刻本　十二册

330000－1701－0008892　普 041.4/1000.01/(2)　子部/雜著類/雜考之屬
校訂困學紀聞集證二十卷　(宋)王應麟撰　(清)閻若璩等箋　(清)屠繼序較補　(清)萬希槐集證　清咸豐二年(1852)金閶小西山房刻本　八册

330000－1701－0008893　善 006760　經部/書類/文字音義之屬
尚書今注音疏十二卷末一卷外編一卷　(清)江聲撰　清乾隆五十八年(1793)江氏近市居刻篆文本　十二册

330000－1701－0008894　普 041.4/1000.01/2/c1　子部/雜著類/雜考之屬
校訂困學紀聞集證二十卷　(宋)王應麟撰　(清)閻若璩等箋　(清)屠繼序　(清)黄濬較補　(清)萬希槐集證　清嘉慶十六年(1811)刻本　十二册

330000－1701－0008895　普 041.4/1000.01/2/c2　子部/雜著類/雜考之屬
校訂困學紀聞集證二十卷　(宋)王應麟撰　(清)閻若璩等箋　(清)屠繼序較補　(清)萬希槐集證　清嘉慶十八年(1813)南城胡香海山壽齋刻二十四年(1819)印本　十二册

330000－1701－0008896　普 041.4/1000.01/2/c3　子部/雜著類/雜考之屬
校訂困學紀聞集證二十卷　(宋)王應麟撰　(清)閻若璩等箋　(清)屠繼序較補　(清)萬希槐集證　清嘉慶十八年(1813)南城胡香海山壽齋刻本　十二册

330000－1701－0008897　普 041.4/1000.011　子部/雜著類/雜考之屬
校訂困學紀聞三箋二十卷　(宋)王應麟撰　(清)閻若璩等箋　(清)屠繼序校補　清嘉慶十二年(1807)刻本　守拙居士跋　六册

330000－1701－0008898　普 041.4/1000.011/2/c1　子部/雜著類/雜考之屬
校訂困學紀聞三箋二十卷　(宋)王應麟撰　(清)閻若璩等箋　(清)屠繼序校補　清嘉慶十二年(1807)刻本　八册

330000－1701－0008899　普 041.4/1000.011/2/c2　子部/雜著類/雜考之屬
校訂困學紀聞三箋二十卷　(宋)王應麟撰　(清)閻若璩等箋　(清)屠繼序校補　清嘉慶十二年(1807)刻本　清查燕緒觀款　四册

330000－1701－0008900　普 041.4/1000.012/c1　子部/雜著類/雜考之屬
困學紀聞注二十卷　(清)翁元圻撰　清道光五年(1825)餘姚翁氏守福堂刻本　十二册

330000－1701－0008901　普 041.4/1000.012/c2　子部/雜著類/雜考之屬
困學紀聞注二十卷　(清)翁元圻撰　清道光五年(1825)餘姚翁氏守福堂刻本　十二册

330000－1701－0008902　善 006761　經部/書類/傳說之屬
書經述六卷　(清)許祖京撰　清嘉慶十七年(1812)陔華堂刻本　二册

330000－1701－0008903　善 006762　經部/書類/傳說之屬
尚書攷辨四卷　(清)宋鑒撰　清嘉慶四年(1799)刻本　二册

330000－1701－0008904　善 006763　經部/書類/傳說之屬
尚書證義二十八卷　(清)周用錫述　清嘉慶友伏齋刻本　三册

330000－1701－0008905　善 006764　經部/書類/分篇之屬
禹貢錐指二十卷略例一卷圖一卷　(清)胡渭撰　清康熙四十四年(1705)漱六軒刻雍正印本　十二册

330000－1701－0008906　善 006765　經部/書類/分篇之屬
禹貢註節讀一卷　(清)馬俊良撰　清乾隆五十四年(1789)端溪書院刻本　一册

330000－1701－0008907　善 006766　經部/書類/分篇之屬
禹貢今釋二卷　(清)芮日松撰　清道光八年(1828)涇縣潘錫恩求是齋刻本　一册

330000－1701－0008908　善 006767　經部/書類/分篇之屬
洪範正論五卷　(清)胡渭撰　清乾隆四年(1739)胡紹芬刻本　一册

330000－1701－0008909　普 041.4/1000.012/c3　子部/雜著類/雜考之屬
困學紀聞注二十卷　(清)翁元圻撰　清道光五年(1825)餘姚翁氏守福堂刻本　十二册

330000－1701－0008910　普 041.4/1000.012/c4　子部/雜著類/雜考之屬
困學紀聞注二十卷　(清)翁元圻撰　清道光五年(1825)餘姚翁氏守福堂刻本　十二册

330000－1701－0008911　普 041.4/1000.012/c5　子部/雜著類/雜考之屬
困學紀聞注二十卷　(清)翁元圻撰　清道光五年(1825)餘姚翁氏守福堂刻本　清翁葆驥題簽　二十册

330000－1701－0008912　普 041.4/1000.012/(2)　子部/雜著類/雜考之屬
困學紀聞注二十卷　(清)翁元圻撰　清道光五年(1825)餘姚翁氏守福堂刻本　十六册

330000－1701－0008913　普 041.4/1000.012/(3)/c1　子部/雜著類/雜考之屬

困學紀聞注二十卷　(清)翁元圻撰　清道光五年(1825)餘姚翁氏守福堂刻本　十四冊

330000－1701－0008914　普 041.4/1000.012/(3)/c2　子部/雜著類/雜考之屬

困學紀聞注二十卷　(清)翁元圻撰　清道光五年(1825)餘姚翁氏守福堂刻本　十四冊

330000－1701－0008915　普 041.4/1000.012/3　子部/雜著類/雜考之屬

困學紀聞注二十卷　(清)翁元圻撰　清咸豐元年(1851)小嫏嬛山館刻本　十六冊

330000－1701－0008916　普 041.4/1000.012/5　子部/雜著類/雜考之屬

困學紀聞注二十卷　(清)翁元圻撰　清道光五年(1825)餘姚翁氏守福堂刻本　十二冊

330000－1701－0008917　善 006768　經部/書類/傳說之屬

尚書大傳考纂三卷附錄一卷備考一卷源委一卷補遺一卷　(清)董豐垣撰　清乾隆九年(1744)董氏槐古齋刻重修本　二冊

330000－1701－0008918　善 006769　經部/詩類/傳說之屬

詩緝三十六卷　(宋)嚴粲撰　清嘉慶十五年(1810)谿上聽彝堂刻本　十二冊

330000－1701－0008921　善 006770　經部/詩類/傳說之屬

嚴氏詩緝補義八卷　(清)劉燦編　清嘉慶十六年(1811)鎮海劉氏墨莊刻本　四冊

330000－1701－0008922　善 006771　經部/詩類/傳說之屬

詩說十二卷總說一卷　(宋)劉克撰　清道光八年(1828)長洲汪士鐘藝雲書舍蘇州影宋刻本(卷九至十原缺)　四冊

330000－1701－0008925　善 006772　經部/叢編

陸堂經學叢書四十三卷　(清)陸奎勳撰　清康熙五十三年至五十四年(1714－1715)陸氏小瀛山閣刻本　十冊　存十三卷(陸堂詩學一至十二、讀詩總論)

330000－1701－0008926　普 041.4/1033/c1　類叢部/叢書類/彙編之屬

學古堂日記四十種　(清)雷浚　(清)汪之昌編　清光緒十六年(1890)刻二十二年(1896)續刻本　二十六冊

330000－1701－0008927　普 041.4/1033/c2　類叢部/叢書類/彙編之屬

學古堂日記四十種　(清)雷浚　(清)汪之昌編　清光緒十六年(1890)刻二十二年(1896)續刻本　十三冊　存十九種

330000－1701－0008928　善 006773　經部/詩類/傳說之屬

詩瀋二十卷　(清)范家相撰　清乾隆三十九年(1774)古趣亭刻本　五冊

330000－1701－0008929　普 041.4/1037/c1　子部/雜著類/雜考之屬

芸簏偶存二卷　(清)王汝璧撰　清嘉慶二年(1797)刻本　一冊

330000－1701－0008930　普 041.4/1037/c2　集部/别集類/清别集

銅梁山人詩集二十五卷詞四卷芸簏偶存二卷　(清)王汝璧撰　清光緒二十年(1894)京師刻本　一冊　存二卷(芸簏偶存一至二)

330000－1701－0008931　普 041.4/1000.012/7　子部/雜著類/雜考之屬

困學紀聞注二十卷　(清)翁元圻撰　清咸豐元年(1851)刻本　十冊

330000－1701－0008934　普 041.4/1022　子部/雜著類/雜考之屬

格致古微五卷表一卷　王仁俊撰　清光緒二十二年(1896)吳縣王氏籀鄦誃刻本　二冊

330000－1701－0008935　普 041.4/1046/(2)/c1　類叢部/叢書類/彙編之屬

湖海樓叢書十二種　(清)陳春編　清嘉慶蕭山陳氏湖海樓刻二十四年(1819)彙印本　五冊　存一種

330000－1701－0008936　善 006776　經部/詩類/傳說之屬
詩序闡真八卷　(清)楊有慶纂輯　清嘉慶十一年(1806)譚經草堂刻本　四冊

330000－1701－0008937　善 006774　類叢部/叢書類/自著之屬
清獻堂全編八種　(清)趙佑撰　清乾隆刻本　六冊　存一種

330000－1701－0008938　善 006775　經部/詩類/傳說之屬
詩經正譌八卷字攷一卷　(清)王隼撰　清康熙二十三年(1684)嶺南王隼大樗堂刻本　四冊

330000－1701－0008939　善 006777　經部/詩類/傳說之屬
讀詩知柄二卷　(清)蔣紹宗撰　清嘉慶刻本　二冊

330000－1701－0008940　普 041.4/1065　子部/雜著類/雜考之屬
蛾術編八十二卷　(清)王鳴盛撰　清道光二十一年(1841)吳江沈楙悳世楷堂刻本　十六冊

330000－1701－0008941　普 041.4/1065/(2)　子部/雜著類/雜考之屬
蛾術編八十二卷　(清)王鳴盛撰　清道光二十一年(1841)吳江沈楙悳世楷堂刻本　章嶔題簽並記　二十冊

330000－1701－0008942　普 041.4/1088　類叢部/叢書類/自著之屬
王葉友著述九種　(清)王筠撰　清道光至咸豐刻本　二冊　存一種

330000－1701－0008943　普 041.4/1090/c1　子部/雜著類/雜考之屬
燕在閣知新錄三十二卷感懷百首一卷　(清)王棠撰　清康熙豐山王氏燕在閣刻本　十二冊

330000－1701－0008944　普 041.4/1090/c2　子部/雜著類/雜考之屬
燕在閣知新錄三十二卷　(清)王棠撰　清康熙豐山王氏燕在閣刻本　清周調梅校點並跋　十二冊

330000－1701－0008945　普 041.4/1090/c3　子部/雜著類/雜考之屬
燕在閣知新錄三十二卷　(清)王棠撰　清康熙豐山王氏燕在閣刻本　十六冊

330000－1701－0008946　善 006778　經部/詩類/傳說之屬
毛詩說三十卷　(清)孫燾撰　清嘉慶二十年(1815)平湖孫氏世德堂刻本　四冊

330000－1701－0008947　普 041.4/1103　類叢部/叢書類/自著之屬
覆瓿集十三種附一種　(清)張文虎撰　清同治至光緒刻本　二冊　存一種

330000－1701－0008948　普 041.4/1106　集部/别集類/清别集
寄庵雜著二卷　(清)張應昌撰　清同治二年(1863)刻本　一冊

330000－1701－0008949　普 041.4/1136/c1　子部/雜著類/雜說之屬
雲谷雜記四卷首一卷末一卷　(宋)張淏撰　清刻本　一冊

330000－1701－0008950　普 041.4/1136/c2　子部/雜著類/雜說之屬
雲谷雜記四卷首一卷末一卷　(宋)張淏撰　清刻本　二冊

330000－1701－0008951　普 041.4/1140　子部/小說家類/雜事之屬
息影偶錄八卷　(清)張埏輯　清嘉慶九年(1804)刻本　八冊

330000－1701－0008952　普 041.4/1200/c1　子部/雜著類/雜考之屬
札迻十二卷　(清)孫詒讓撰　清光緒二十年(1894)籀膏刻二十一年(1895)重修本　四冊

330000－1701－0008953　普 041.4/1200/c2　子部/雜著類/雜考之屬

札迻十二卷　(清)孫詒讓撰　清光緒二十年(1894)籀高刻二十一年(1895)重修本　四册

330000－1701－0008954　普 041.4/1200/c3　子部/雜著類/雜考之屬
札迻十二卷　(清)孫詒讓撰　清光緒二十年(1894)籀高刻二十一年(1895)重修本　四册

330000－1701－0008955　普 041.4/1200/c5　子部/雜著類/雜考之屬
札迻十二卷　(清)孫詒讓撰　清光緒二十年(1894)籀高刻二十一年(1895)重修本　四册

330000－1701－0008960　善 006779　經部/詩類/傳說之屬
毛詩稽古編三十卷　(清)陳啓源撰　(清)龐佑清校　清嘉慶十八年(1813)吳江龐佑清刻本　四册

330000－1701－0008961　普 041.4/12001/c1　類叢部/叢書類/彙編之屬
知不足齋叢書一百九十五種　(清)鮑廷博編　(清)鮑士恭續編　清乾隆三十七年至道光三年(1772－1823)長塘鮑氏刻彙印本　十二册　存一種

330000－1701－0008962　普 041.4/12001/c2　類叢部/叢書類/彙編之屬
知不足齋叢書一百九十五種　(清)鮑廷博編　(清)鮑士恭續編　清乾隆三十七年至道光三年(1772－1823)長塘鮑氏刻彙印本　六册　存一種

330000－1701－0008963　善 006780　經部/詩類/傳說之屬
二南訓女解四卷　(清)王純撰　(清)王策繪圖　清嘉慶二十一年(1816)海鹽王純刻本　二册

330000－1701－0008964　善 006781　經部/詩類/文字音義之屬
毛詩古音攷五卷　(明)陳第編輯　明末金閶五雅堂刻本　四册

330000－1701－0008965　普 041.4/1222/c1　子部/雜著類/雜說之屬
剡溪漫筆六卷　(明)孫能傳輯　清光緒十七年(1891)、民國九年(1920)刻本　無相題記　二册

330000－1701－0008966　普 041.4/1222/c2　子部/雜著類/雜說之屬
剡溪漫筆六卷　(明)孫能傳輯　清光緒十七年(1891)、民國九年(1920)刻本　二册

330000－1701－0008967　普 041.4/1222/c3　子部/雜著類/雜說之屬
剡溪漫筆六卷　(明)孫能傳輯　清光緒十七年(1891)、民國九年(1920)刻本　二册

330000－1701－0008968　普 041.4/1222/c4　子部/雜著類/雜說之屬
剡溪漫筆六卷　(明)孫能傳輯　清光緒十七年(1891)、民國九年(1920)刻本　二册

330000－1701－0008969　善 006782　經部/周禮類/傳說之屬
宋葉文康公禮經會元四卷　(宋)葉時撰　(清)屈學溥重訂　清金閶刻乾隆十三年(1748)平湖屈學溥刻本　四册

330000－1701－0008970　善 006783　經部/周禮類/傳說之屬
宋葉文康公禮經會元節本四卷　(宋)葉時撰　(清)陸隴其點定　(清)許元淮刪節並評　清乾隆五十年(1785)桐柏山房刻本　四册

330000－1701－0008971　普 041.4/1227/c1　子部/雜著類/雜考之屬
洨民叢稿一卷　(清)孫傳鳳撰　清光緒二十二年(1896)孫氏味經廬刻本　一册

330000－1701－0008972　普 041.4/1227/c2　子部/雜著類/雜考之屬
洨民叢稿一卷　(清)孫傳鳳撰　清光緒二十二年(1896)孫氏味經廬刻本　一册

330000－1701－0008973　善 006784　經部/周禮類/傳說之屬
周禮貫珠二卷　(清)胡必相輯　清嘉慶九年(1804)鋤經書屋刻本　陳憲題簽　一册

330000－1701－0008974　善 006785　經部/周禮類/傳說之屬

周禮補注六卷　（清）呂飛鵬撰　清道光二十九年(1849)旌德呂氏立誠軒刻本　四冊

330000－1701－0008975　普 041.4/1713　類叢部/叢書類/自著之屬

南江邵氏遺書十四種　（清）邵晉涵撰　清乾隆至嘉慶邵氏家刻本　二冊　存一種

330000－1701－0008976　普 041.4/1713/(2)　類叢部/叢書類/自著之屬

南江邵氏遺書十四種　（清）邵晉涵撰　清乾隆至嘉慶邵氏家刻本　一冊　存一種

330000－1701－0008977　普 041.4/1270　類叢部/類書類/通類之屬

新義錄一百卷　（清）孫璧文撰　清光緒二十七年(1901)兩湖書院刻本　四十八冊

330000－1701－0008978　善 006786　經部/周禮類/分篇之屬

考工記車制圖解二卷　（清）阮元撰　清乾隆七錄書館刻本　一冊

330000－1701－0008979　普 041.4/1714　子部/雜著類/雜考之屬

雙硯齋筆記五卷　（清）鄧廷楨撰　清光緒刻本　四冊　存四卷(一至四)

330000－1701－0008980　善 006787　經部/儀禮類/傳說之屬

儀禮鄭注句讀十七卷附監本正誤一卷石本誤字一卷　（清）張爾岐撰　清乾隆八年(1743)濟陽高廷樞和衷堂刻本　清掌文題記　四冊

330000－1701－0008981　普 041.4/2048　子部/雜著類/雜考之屬

蘿藦亭札記八卷　（清）喬松年撰　清同治十二年(1873)刻本　四冊

330000－1701－0008982　普 041.4/2101、普 041.4/2101.2　類叢部/叢書類/彙編之屬

抱經堂叢書十六種　（清）盧文弨編　清乾隆至嘉慶刻彙印本　五冊　存二種

330000－1701－0008983　普 041.4/2510/c1　子部/雜著類/雜考之屬

無邪堂答問五卷　（清）朱一新撰　清光緒二十一年(1895)廣東順德龍氏葆真堂刻本　五冊

330000－1701－0008984　普 041.4/2504　經部/群經總義類/傳說之屬

十三經札記二十二卷附十六卷　（清）朱亦棟撰　清光緒四年(1878)武林竹簡齋刻本　六冊

330000－1701－0008985　普 041.4/2504/(2)　經部/群經總義類/傳說之屬

十三經札記二十二卷附十六卷　（清）朱亦棟撰　清光緒四年(1878)武林竹簡齋刻本　七冊　存十六卷(羣書札記一至十六)

330000－1701－0008986　普 041.4/2504/(3)/c1　經部/群經總義類/傳說之屬

十三經札記二十二卷附十六卷　（清）朱亦棟撰　清光緒四年(1878)武林竹簡齋刻本　八冊　存十六卷(羣書札記一至十六)

330000－1701－0008987　普 041.4/2504/(3)/c2　經部/群經總義類/傳說之屬

十三經札記二十二卷附十六卷　（清）朱亦棟撰　清光緒四年(1878)武林竹簡齋刻本　八冊　存十六卷(羣書札記一至十六)

330000－1701－0008988　普 041.4/2504/(4)　經部/群經總義類/傳說之屬

十三經札記二十二卷附十六卷　（清）朱亦棟撰　清光緒四年(1878)武林竹簡齋刻本　四冊　存十卷(羣書札記一至十)

330000－1701－0008989　HJH5455　集部/別集類/宋別集

盱江先生全集三十七卷　（宋）李覯撰　清光緒十九年(1893)盱江書院刻本　十冊

330000－1701－0008990　普 041.4/2510/c2　子部/雜著類/雜考之屬

無邪堂答問五卷　（清）朱一新撰　清光緒二十一年(1895)廣東順德龍氏葆真堂刻本

五冊

330000－1701－0008991　善 006790　經部/儀禮類/傳說之屬
儀禮章句十七卷　(清)吳廷華撰　清乾隆五十九年(1794)金閶書業堂刻本　四冊

330000－1701－0008992　普 041.4/2510/c3　子部/雜著類/雜考之屬
無邪堂答問五卷　(清)朱一新撰　清光緒二十一年(1895)廣東順德龍氏葆真堂刻本　章欵題簽　五冊

330000－1701－0008993　普 041.4/2510/c4　子部/雜著類/雜考之屬
無邪堂答問五卷　(清)朱一新撰　清光緒二十一年(1895)廣東順德龍氏葆真堂刻本　五冊

330000－1701－0008994　善 006788　經部/儀禮類/傳說之屬
儀禮易讀十七卷　(清)馬駉撰　清乾隆四十一年(1776)山陰縣學刻本　四冊

330000－1701－0008995　善 006789　經部/儀禮類/傳說之屬
儀禮章句十七卷　(清)吳廷華撰　清乾隆二十二年(1757)刻本　二冊

330000－1701－0008996　普 041.4/2510/2/c1　子部/雜著類/雜考之屬
無邪堂答問五卷　(清)朱一新撰　清光緒二十二年(1896)上海鴻寶齋石印本　五冊

330000－1701－0008997　普 041.4/2510/2/c2　子部/雜著類/雜考之屬
無邪堂答問五卷　(清)朱一新撰　清光緒二十二年(1896)上海鴻寶齋石印本　五冊

330000－1701－0008998　善 006791　經部/儀禮類/傳說之屬
儀禮石經校勘記四卷　(清)阮元撰　清乾隆六十年(1795)七錄書閣刻本　三冊

330000－1701－0008999　善 006792　經部/儀禮類/傳說之屬
儀禮石經校勘記四卷　(清)阮元撰　清乾隆六十年(1795)七錄書閣刻本　一冊

330000－1701－0009000　善 006793　經部/三禮總義類/名物制度之屬
弁服釋例八卷表一卷　(清)任大椿撰　清嘉慶元年(1796)蕭山王宗炎望賢家塾刻本　二冊

330000－1701－0009001　普 041.4/2510/3　類叢部/叢書類/彙編之屬
廣雅書局叢書一百五十九種　徐紹棨編　清光緒廣雅書局刻民國九年(1920)番禺徐紹棨彙編重印本　五冊　存一種

330000－1701－0009002　善 006794　經部/儀禮類/傳說之屬
儀禮釋官九卷首一卷　(清)胡匡衷撰　清嘉慶二十一年(1816)績溪胡培翬研六閣刻本　二冊

330000－1701－0009003　善 006795　經部/儀禮類/圖說之屬
儀禮圖六卷　(清)張惠言撰　清嘉慶十年(1805)揚州阮元刻本　二冊

330000－1701－0009004　善 006796　經部/禮記類/傳說之屬
禮記省度四卷　(清)彭頤撰　清乾隆五十七年(1792)集腋樓刻朱墨套印本　四冊

330000－1701－0009005　善 006797　類叢部/叢書類/自著之屬
范氏三種　(清)范家相撰　清乾隆至嘉慶會稽范氏古趣亭刻本　一冊　存一種

330000－1701－0009006　善 006798　經部/三禮總義類/圖說之屬
韓氏三禮圖說二卷　(元)韓信同撰　清嘉慶十八年(1813)福鼎王遐春麟後山房刻本　二冊

330000－1701－0009008　普 041.4/2646　類叢部/叢書類/彙編之屬
函海一百五十二種　(清)李調元編　清乾隆綿州李氏萬卷樓刻嘉慶十四年(1809)李鼎

元、道光五年(1825)李朝夔重校補刻本　一冊　存一種

330000－1701－0009009　普 041.4/2673　經部/小學類/文字之屬/字書/字體
辨訛一得二十卷　(清)吳巨禮輯　(清)吳占魁　(清)吳占春注　清道光七年(1827)刻本　六冊

330000－1701－0009010　善 006799　經部/三禮總義類/通論之屬
吳文正公三禮攷註六十四卷首一卷　(元)吳澄考定　(明)羅倫校正　(清)吳伯禧等閱稿　清乾隆二年(1737)吳越華等刻本　十四冊

330000－1701－0009011　普 041.4/2800/c1　子部/雜著類/雜考之屬
管城碩記三十卷　(清)徐文靖撰　清乾隆九年(1744)毛大鵬刻重修本　九冊

330000－1701－0009012　普 041.4/2088/c2　子部/雜著類/雜考之屬
管城碩記三十卷　(清)徐文靖撰　清乾隆九年(1744)毛大鵬刻重修本　九冊

330000－1701－0009013　普 041.4/2800/c3　類叢部/叢書類/自著之屬
徐位山先生六種　(清)徐文靖撰　清雍正至乾隆刻志寧堂彙印本　十一冊　存一種

330000－1701－0009014　普 041.4/2800/c4　類叢部/叢書類/自著之屬
徐位山先生六種　(清)徐文靖撰　清雍正至乾隆刻志寧堂彙印本　十四冊　存一種

330000－1701－0009018　普 041.4/3191/c3　子部/雜著類/雜考之屬
日知錄三十二卷　(清)顧炎武撰　清康熙三十四年(1695)潘耒遂初堂刻本　清作山主人、敬堂批校並句讀圈點　十冊

330000－1701－0009019　普 041.4/3191/c4　子部/雜著類/雜考之屬
日知錄三十二卷　(清)顧炎武撰　清乾隆刻本　十冊

330000－1701－0009020　普 041.4/3191/(2)　子部/雜著類/雜考之屬
日知錄三十二卷　(清)顧炎武撰　清康熙三十四年(1695)潘耒遂初堂刻本　十六冊

330000－1701－0009021　善 006800　經部/三禮總義類/通論之屬
讀禮志疑不分卷　(清)陸隴其撰　清嘉慶二十一年(1816)華亭張應時刻本　六冊

330000－1701－0009022　普 041.4/3191/2、普 041.4/3191.3/c1　子部/雜著類/雜考之屬
日知錄三十二卷日知錄之餘四卷菰中隨筆一卷　(清)顧炎武撰　清道光十二年(1832)長白鄂山刻本　十五冊　存三十三卷(一至三十二、菰中隨筆)

330000－1701－0009023　普 041.4/3191.01/c1　子部/雜著類/雜考之屬
日知錄集釋三十二卷刊誤二卷續刊誤二卷　(清)黃汝成撰　清道光十四年(1834)、十五年(1835)、十八年(1838)嘉定黃氏西谿草廬刻本　十四冊

330000－1701－0009024　普 041.4/3191.01/c2　子部/雜著類/雜考之屬
日知錄集釋三十二卷刊誤二卷續刊誤二卷　(清)黃汝成撰　清道光十四年(1834)、十五年(1835)、十八年(1838)嘉定黃氏西谿草廬刻本　十六冊

330000－1701－0009025　普 041.4/3191.01/(2)　子部/雜著類/雜考之屬
日知錄集釋三十二卷刊誤二卷續刊誤二卷　(清)黃汝成撰　清道光十四年(1834)、十五年(1835)、十八年(1838)嘉定黃氏西谿草廬刻本　二十五冊

330000－1701－0009026　善 006801　經部/三禮總義類/通論之屬
三禮陳數求義三十卷　(清)林喬蔭撰　清嘉慶八年(1803)誦芬堂刻本　十二冊

330000－1701－0009027　善 006802　經部/

三禮總義類/通論之屬

三禮陳數求義三十卷 (清)林喬蔭撰 清嘉慶八年(1803)誦芬堂刻本 十四册

330000－1701－0009028 善006803 經部/三禮總義類/通論之屬

禮制異同攷二卷總目一卷 (清)徐佩鉞輯 清嘉慶十五年(1810)南白艸堂刻本 二冊

330000－1701－0009029 善006804 經部/三禮總義類/名物制度之屬

求古錄禮說十六卷 (清)金鶚撰 清道光三十年(1850)木犀香館刻本 八册

330000－1701－0009030 善006805 經部/三禮總義類/通禮雜禮之屬

禮書附錄十二卷 (清)陳寶泉輯 清嘉慶二十五年(1820)馬超宗含暉閣刻本 六册

330000－1701－0009031 普031.4/5040 子部/天文曆算類/曆法之屬

干支集錦二十四卷 (清)秦嘉謨輯 清嘉慶二十三年(1818)芸香堂刻本 一册

330000－1701－0009032 普041.4/3191.01/2/c1 子部/雜著類/雜考之屬

日知錄集釋三十二卷刊誤二卷續刊誤二卷 (清)黄汝成撰 清光緒三年(1877)刻本 十六册

330000－1701－0009033 普041.4/3191.01/2/c2 子部/雜著類/雜考之屬

日知錄集釋三十二卷刊誤二卷續刊誤二卷 (清)黄汝成撰 清光緒三年(1877)刻本 十六册

330000－1701－0009034 普041.4/3191.01/2/c3 子部/雜著類/雜考之屬

日知錄集釋三十二卷刊誤二卷續刊誤二卷 (清)黄汝成撰 清光緒三年(1877)刻本 八册 缺十六卷(一至十六)

330000－1701－0009035 普041.4/3191.01/3/c1 子部/雜著類/雜考之屬

日知錄集釋三十二卷刊誤二卷續刊誤二卷 (清)黄汝成撰 清同治八年(1869)廣州述古堂刻本 十六册

330000－1701－0009036 普041.4/3191.01/3/c2 子部/雜著類/雜考之屬

日知錄集釋三十二卷刊誤二卷續刊誤二卷 (清)黄汝成撰 清同治八年(1869)廣州述古堂刻本 十六册

330000－1701－0009037 普041.4/3191.01/5/c1 子部/雜著類/雜考之屬

日知錄集釋三十二卷刊誤二卷續刊誤二卷 (清)黄汝成撰 清光緒二十一年(1895)上海點石齋石印本 六册

330000－1701－0009038 普041.4/3191.01/5/c2 子部/雜著類/雜考之屬

日知錄集釋三十二卷刊誤二卷續刊誤二卷 (清)黄汝成撰 清光緒二十一年(1895)上海點石齋石印本 六册

330000－1701－0009039 善006806 經部/三禮總義類/名物制度之屬

四禘通釋三卷 崔適撰 清光緒二十年(1894)刻本 一册

330000－1701－0009040 善006807 經部/儀禮類/分篇之屬

昏禮通考二十四卷首一卷 (清)曹庭棟輯 清乾隆刻本 四册

330000－1701－0009041 普041.4/3191.01/6/c1 子部/雜著類/雜考之屬

日知錄集釋三十二卷刊誤二卷續刊誤二卷 (清)黄汝成撰 清同治八年(1869)廣州述古堂刻本 十六册

330000－1701－0009042 普041.4/3191.01/6/c2 子部/雜著類/雜考之屬

日知錄集釋三十二卷刊誤二卷續刊誤二卷 (清)黄汝成撰 清同治八年(1869)廣州述古堂刻本 十六册

330000－1701－0009044 普041.4/3191.01/8 子部/雜著類/雜考之屬

日知錄集釋三十二卷刊誤二卷續刊誤二卷 (清)黄汝成撰 清光緒二十五年(1899)京都

琉璃廠刻本　二十冊

330000－1701－0009045　善 006808　經部/三禮總義類/通禮雜禮之屬

朱子家禮八卷首一卷　(宋)朱熹撰　(明)丘濬輯　(明)楊廷筠補　**四禮初稿四卷**　(明)宋纁輯　**四禮約言四卷**　(明)吕維祺撰　清康熙四十年(1701)新安汪鑑刻本　六冊

330000－1701－0009049　善 006809　經部/儀禮類/分篇之屬

讀禮小事記前編一卷後編一卷　(清)唐鑑撰　清咸豐五年(1855)湘西黄誠刻本　二冊

330000－1701－0009050　善 006810　經部/樂類/律吕之屬

重刻恭簡公志樂二十卷　(明)韓邦奇圖解　清乾隆十一年(1746)鏞川薛宗泗式古堂刻本　十二冊

330000－1701－0009051　普 041.4/3414/c1　子部/雜著類/雜考之屬

灤源問答十二卷　(清)沈可培撰　清嘉慶二十年(1815)嘉興沈銘彝雪浪齋刻本　六冊

330000－1701－0009052　普 041.4/3191.3/c2　類叢部/叢書類/自著之屬

顧亭林先生遺書十種補遺十一種　(清)顧炎武撰　(清)席威　(清)朱記榮編　清蓬瀛閣刻吳縣朱記榮增刻光緒三十二年(1906)彙印本　一冊　存補遺一種

330000－1701－0009053　普 041.4/3191.3/2　類叢部/叢書類/自著之屬

顧亭林先生遺書十種補遺十一種　(清)顧炎武撰　(清)席威　(清)朱記榮編　清蓬瀛閣刻吳縣朱記榮增刻光緒三十二年(1906)彙印本　一冊　存補遺一種

330000－1701－0009054　普 041.4/3308/c1　類叢部/類書類/專類之屬

稱謂錄三十二卷　(清)梁章鉅撰　清光緒元年至十年(1875－1884)福州梁恭辰刻本　八冊

330000－1701－0009055　普 041.4/3308/c2　類叢部/類書類/專類之屬

稱謂錄三十二卷　(清)梁章鉅撰　清光緒元年至十年(1875－1884)福州梁恭辰刻本　八冊

330000－1701－0009056　普 041.4/3308/c3　類叢部/類書類/專類之屬

稱謂錄三十二卷　(清)梁章鉅撰　清光緒元年至十年(1875－1884)福州梁恭辰刻本　八冊

330000－1701－0009057　善 006811　經部/樂類/律吕之屬

律學攷辯畧一卷　(清)曹裕嗣撰　清乾隆六年(1741)凝瑞堂刻本　一冊

330000－1701－0009058　普 041.4/3308/c4　類叢部/類書類/專類之屬

稱謂錄三十二卷　(清)梁章鉅撰　清光緒元年至十年(1875－1884)福州梁恭辰刻本　八冊

330000－1701－0009059　普 041.4/3376　類叢部/叢書類/自著之屬

清白士集六種附一種　(清)梁玉繩撰　清嘉慶至道光刻本　二冊　存附一種

330000－1701－0009060　善 006812　經部/樂類/律吕之屬

樂律表微八卷　(清)胡彦昇撰　清乾隆二十八年(1763)耆學齋刻本　六冊

330000－1701－0009061　普 041.4/3414/c2　子部/雜著類/雜考之屬

灤源問答十二卷　(清)沈可培撰　清嘉慶二十年(1815)嘉興沈銘彝雪浪齋刻本　四冊

330000－1701－0009062　普 041.4/3434/c1　子部/雜著類/雜説之屬

容齋隨筆十六卷續筆十六卷三筆十六卷四筆十六卷五筆十卷　(宋)洪邁撰　明崇禎三年(1630)嘉定馬元調刻清康熙洪璟重修本　清黄鉞批校並題記　十冊

330000－1701－0009063　普 041.4/3434/c2　子部/雜著類/雜説之屬

容齋隨筆十六卷續筆十六卷三筆十六卷四筆十六卷五筆十卷 (宋)洪邁撰　清乾隆五十九年(1794)掃葉山房刻本　二十八冊

330000－1701－0009064　普041.4/3434/c3　子部/雜著類/雜說之屬
容齋隨筆十六卷續筆十六卷三筆十六卷四筆十六卷五筆十卷 (宋)洪邁撰　清乾隆五十九年(1794)掃葉山房刻本　十冊

330000－1701－0009065　普041.4/3434/c4　子部/雜著類/雜說之屬
容齋隨筆十六卷續筆十六卷三筆十六卷四筆十六卷五筆十卷 (宋)洪邁撰　明崇禎三年(1630)嘉定馬元調刻本　七冊　存三十七卷(隨筆一至十六、續筆一至十六、五筆六至十)

330000－1701－0009066　普041.4/3434/4/c1　子部/雜著類/雜說之屬
容齋隨筆十六卷續筆十六卷三筆十六卷四筆十六卷五筆十卷 (宋)洪邁撰　清乾隆五十九年(1794)掃葉山房刻本　十六冊

330000－1701－0009067　善006813　類叢部/叢書類/自著之屬
紀慎齋先生全集十二種續集七種 (清)紀大奎撰　清嘉慶十三年至咸豐二年(1808－1852)刻本　二冊　存一種

330000－1701－0009068　善006814　經部/春秋左傳類/傳說之屬
春秋左傳類對賦一卷 (宋)徐晉卿撰　(清)高士奇補注　清康熙三十年(1691)刻本　一冊

330000－1701－0009069　善006815　經部/春秋左傳類/傳說之屬
左傳事緯十二卷左傳字釋一卷 (清)馬驌撰　清乾隆四十九年(1784)仁和黃暹懷澄堂刻本　十二冊

330000－1701－0009070　善006816　經部/春秋左傳類/傳說之屬
左傳選十四卷 (清)儲欣評選　清福省萬卷樓刻本　六冊

330000－1701－0009071　普041.4/3434/4/c2　子部/雜著類/雜說之屬
容齋隨筆十六卷續筆十六卷三筆十六卷四筆十六卷五筆十卷 (宋)洪邁撰　清乾隆五十九年(1794)掃葉山房刻本　十六冊

330000－1701－0009072　普041.4/3434/5　子部/雜著類/雜說之屬
容齋隨筆十六卷續筆十六卷三筆十六卷四筆十六卷五筆十卷 (宋)洪邁撰　清光緒九年(1883)刻本　十四冊

330000－1701－0009074　普041.4/3434/7　子部/雜著類/雜說之屬
容齋隨筆十六卷續筆十六卷三筆十六卷四筆十六卷五筆十卷 (宋)洪邁撰　清乾隆五十九年(1794)掃葉山房刻本　十六冊

330000－1701－0009075　善006817　經部/春秋總義類/傳說之屬
春秋指掌三十卷前二卷附二卷 (清)儲欣(清)蔣景祁輯　清康熙二十七年(1688)天藜閣刻本　十二冊

330000－1701－0009076　普041.4/3448/c1　史部/職官類/官制之屬
槐廳載筆二十卷 (清)法式善撰　清嘉慶刻本　三冊

330000－1701－0009077　普041.4/3448/c2　史部/職官類/官制之屬
槐廳載筆二十卷 (清)法式善撰　清嘉慶刻本　六冊

330000－1701－0009078　普041.4/3448/(2)　史部/職官類/官制之屬
槐廳載筆二十卷 (清)法式善撰　清嘉慶刻本　四冊

330000－1701－0009079　普041.4/3448/(3)　史部/職官類/官制之屬
槐廳載筆二十卷 (清)法式善撰　清嘉慶刻本　六冊

330000－1701－0009080　善006818　經部/春秋左傳類/傳說之屬

讀左補義五十卷首二卷　(清)姜炳璋輯　清乾隆三十七年至三十八年(1772－1773)尊行堂刻本　十二册

330000－1701－0009081　普 041.4/4004　類叢部/叢書類/彙編之屬

宏達堂叢書　清光緒四年(1878)四川宏達堂刻本　二册　存一種

330000－1701－0009084　HJH2782　集部/別集類/宋别集

趙清獻公集十卷目録二卷　(宋)趙抃撰　明萬曆十六年(1588)詹思謙刻本　四册

330000－1701－0009085　普 041.4/4020　集部/别集類/清别集

願學齋文鈔十四卷　(清)李集撰　清嘉慶二十四年(1819)刻本　六册

330000－1701－0009087　普 041.4/4428/c1　子部/雜著類/雜考之屬

札樸十卷　(清)桂馥撰　清嘉慶十八年(1813)山陰李宏信小李山房刻本　四册

330000－1701－0009088　普 041.4/4428/c2　類叢部/叢書類/彙編之屬

心矩齋叢書十一種　(清)蔣鳳藻編　清光緒長洲蔣氏刻本　五册　存一種

330000－1701－0009089　普 041.4/4428/c3　子部/雜著類/雜考之屬

札樸十卷　(清)桂馥撰　清光緒七年(1881)刻本　胡氏校　五册

330000－1701－0009090　普 041.4/4428/c4　子部/雜著類/雜考之屬

札樸十卷　(清)桂馥撰　清嘉慶十八年(1813)山陰李宏信小李山房刻本　五册

330000－1701－0009091　善 006819　經部/春秋左傳類/傳説之屬

讀左補義五十卷首二卷　(清)姜炳璋輯　清乾隆醉經樓刻本　十四册

330000－1701－0009092　普 041.4/4428/2/c2　類叢部/叢書類/彙編之屬

心矩齋叢書十一種　(清)蔣鳳藻編　清光緒長洲蔣氏刻本　五册　存一種

330000－1701－0009093　普 041.4/4428/2/c3　類叢部/叢書類/彙編之屬

心矩齋叢書十一種　(清)蔣鳳藻編　清光緒長洲蔣氏刻本　五册　存一種

330000－1701－0009094　普 041.4/4428/2/c4　類叢部/叢書類/彙編之屬

心矩齋叢書十一種　(清)蔣鳳藻編　清光緒長洲蔣氏刻本　八册　存一種

330000－1701－0009095　善 006820　經部/春秋總義類/傳説之屬

春秋論略四卷　(清)薛宫撰　清乾隆四十二年(1777)薛霖溥樹滋堂刻本　一册

330000－1701－0009096　普 041.4/4430　子部/雜著類/雜説之屬

澗泉日記三卷　(宋)韓淲撰　清乾隆刻本　章嶔題簽　一册

330000－1701－0009097　善 006821　經部/春秋左傳類/傳説之屬

春秋左傳彙輯四十卷　(清)吴炳文摘録　清乾隆四十八年(1783)南麓軒刻本　二十册　存三十卷(一至三十)

330000－1701－0009098　普 041.4/4431/c1　類叢部/叢書類/自著之屬

儆居遺書十一種　(清)黄式三撰　清同治至光緒刻本　一册　存一種

330000－1701－0009099　善 006822　經部/春秋左傳類/傳説之屬

春秋左傳釋人十二卷附録一卷世系一卷年表一卷　(清)范照藜撰　清嘉慶八年(1803)如不及齋刻本(卷二至六配清光緒芷汀抄本)　清芷汀批　十册

330000－1701－0009100　普 041.4/4431/c2　類叢部/叢書類/自著之屬

儆居遺書十一種　(清)黄式三撰　清同治至光緒刻本　一册　存一種

330000－1701－0009101　普 041.4/4433/c1
子部/雜著類/雜考之屬
攷辨隨筆二卷　(清)黄定宜撰　清道光二十七年(1847)萍鄉文晟刻本(卷二配抄本)　一册

330000－1701－0009102　普 041.4/4433/c2
子部/雜著類/雜考之屬
攷辨隨筆二卷　(清)黄定宜撰　清道光二十七年(1847)萍鄉文晟刻本　一册

330000－1701－0009103　普 041.4/4433/c3
子部/雜著類/雜考之屬
攷辨隨筆二卷　(清)黄定宜撰　清道光二十七年(1847)萍鄉文晟刻本　一册

330000－1701－0009104　普 041.4/4442/c1
子部/雜著類/雜考之屬
南漘楛語八卷　(清)蔣超伯輯　清同治十年(1871)兩廬山房刻本　八册

330000－1701－0009105　普 041.4/4442/c2
子部/雜著類/雜考之屬
南漘楛語八卷　(清)蔣超伯輯　清同治十年(1871)兩廬山房刻本　四册

330000－1701－0009106　普 041.4/4442/c3
子部/雜著類/雜考之屬
南漘楛語八卷　(清)蔣超伯輯　清同治十年(1871)兩廬山房刻本　二册

330000－1701－0009107　普 041.4/4442.2　子部/雜著類/雜纂之屬
窺豹集二卷　(清)蔣超伯輯　清刻本　一册

330000－1701－0009108　善 006823　經部/春秋左傳類/傳說之屬
劉炫規杜持平六卷　(清)邵瑛撰　清嘉慶二十二年(1817)餘姚邵瑛桂隱書屋刻本　一册

330000－1701－0009109　善 006824　經部/春秋公羊傳類/傳說之屬
春秋公羊傳十二卷攷一卷　(漢)何休注　(明)閔齊伋裁注並撰攷　清尺木堂刻本　一册　存四卷(一至三、攷)

330000－1701－0009110　普 041.4/4462/c1
子部/雜著類/雜考之屬
硯桂緒錄十六卷　(清)林昌彝撰　清同治五年(1866)廣州刻本　八册

330000－1701－0009111　普 041.4/4462/c2
子部/雜著類/雜考之屬
硯桂緒錄十六卷　(清)林昌彝撰　清同治五年(1866)廣州刻本　八册

330000－1701－0009112　善 006825　經部/春秋穀梁傳類/傳說之屬
春秋穀梁傳十二卷攷一卷　(明)閔齊伋裁注並撰攷　清刻本　三册　存九卷(四至十二)

330000－1701－0009113　普 041.4/4477/c2
子部/雜著類/雜纂之屬
翼教叢編六卷附一卷　蘇輿輯　清光緒二十四年(1898)武昌刻本　三册

330000－1701－0009114　善 006826　經部/春秋總義類/傳說之屬
春秋胡傳三十卷綱領一卷提要一卷列國東坡圖說一卷諸國興廢說一卷　(宋)胡安國撰　(宋)林堯叟音注　清乾隆十五年(1750)天都黄晟槐蔭艸堂刻本　六册

330000－1701－0009115　普 041.4/4477/c1
子部/雜著類/雜纂之屬
翼教叢編六卷附一卷　蘇輿輯　清光緒二十四年(1898)武昌刻本　三册

330000－1701－0009116　善 006827　經部/春秋總義類/傳說之屬
春秋胡傳三十卷綱領一卷提要一卷列國東坡圖說一卷諸國興廢說一卷　(宋)胡安國撰　(宋)林堯叟音注　清乾隆五十一年(1786)金閶寶翰樓刻本[卷二十六至三十配清康熙四十七年(1708)雲間華氏敬業堂刻本]　八册

330000－1701－0009117　善 006828　經部/春秋總義類/傳說之屬
春秋四家五傳平文四十一卷首一卷五傳綱領一卷諸國興廢說一卷筆削發微圖一卷名號歸一圖二卷二十國年表一卷　(明)張岐然輯

春秋提要二卷 （明）虞宗瑤輯 明崇禎十四年（1641）君山堂刻朱墨套印本 三十册

330000－1701－0009118 普 041.4/4482 子部/雜著類/雜説之屬

經史慧解六卷 （清）蔡含生撰 清康熙刻本 十二册

330000－1701－0009119 普 041.4/4683 子部/雜著類/雜考之屬

楊慈湖先生石魚偶記一卷 （宋）楊簡撰 清抄本 一册

330000－1701－0009120 普 041.4/4694/c1 子部/雜著類/雜考之屬

升庵外集一百卷 （明）楊慎撰 （明）焦竑輯 清道光二十四年（1844）蜀中刻本 二十四册

330000－1701－0009121 普 041.4/4694/c2 子部/雜著類/雜考之屬

升庵外集一百卷 （明）楊慎撰 （明）焦竑輯 清道光二十四年（1844）蜀中刻本 二十四册

330000－1701－0009122 普 041.4/4700/2 類叢部/叢書類/彙編之屬

廣雅書局叢書一百五十九種 徐紹棨編 清光緒廣雅書局刻民國九年（1920）番禺徐紹棨彙編重印本 十册 存一種

330000－1701－0009123 普 041.4/4700/2(2) 類叢部/叢書類/彙編之屬

廣雅書局叢書一百五十九種 徐紹棨編 清光緒廣雅書局刻民國九年（1920）番禺徐紹棨彙編重印本 八册 存一種

330000－1701－0009124 普 041.4/4700/2(3) 類叢部/叢書類/彙編之屬

廣雅書局叢書一百五十九種 徐紹棨編 清光緒廣雅書局刻民國九年（1920）番禺徐紹棨彙編重印本 六册 存一種

330000－1701－0009125 善 006829 類叢部/叢書類/彙編之屬

貸園叢書初集十二種四十九卷 （清）周永年編 清乾隆五十四年（1789）歷城周氏竹西書屋重編印益都李文藻等刻本 二册 存一種

330000－1701－0009128 善 006830 經部/叢編

來子談經十八卷 （清）來集之撰 清順治九年（1652）蕭山來氏倘湖小築刻本 四册 存十二卷（春秋志在一至十二）

330000－1701－0009130 普 041.4/4761/2/c1 子部/雜著類/雜考之屬

訂譌雜錄十卷 （清）胡鳴玉撰 清乾隆二十三年（1758）青浦胡鳴玉戢箴書屋刻本 二册

330000－1701－0009131 普 041.4/4761/2/c2 子部/雜著類/雜考之屬

訂譌雜錄十卷 （清）胡鳴玉撰 清乾隆二十三年（1758）青浦胡鳴玉戢箴書屋刻本 二册

330000－1701－0009132 普 041.5/8033、普 041.5/4480、普 041.4/4761/3、普 041.5/7211、普 041.5/7746 類叢部/叢書類/彙編之屬

申報館叢書正集五十七種附錄三種續集一百四十二種 （清）尊聞閣主編 蔡爾康編續集 清同治至光緒上海申報館鉛印本 十八册 存五種

330000－1701－0009133 善 006831 經部/春秋左傳類/傳説之屬

春秋傳彙十二卷首一卷 （清）董漢策評 清順治刻本 十一册

330000－1701－0009134 善 006832 經部/春秋左傳類/傳説之屬

春秋地名攷略十四卷 （清）高士奇撰 **春秋左傳姓名同異考四卷** （清）高士奇輯註 清康熙刻本 四册

330000－1701－0009135 善 006833 經部/春秋總義類/傳説之屬

春秋不傳十二卷 （清）湯啓祚撰 清嘉慶二十四年（1819）湯士瀛、湯籲刻本 四册

330000－1701－0009136 善 006834 經部/春秋左傳類/傳説之屬

春秋經傳類求十二卷　(清)孫從添　(清)過臨汾撰　(清)吳禧祖校定　清乾隆二十四年(1759)歙縣吳禧祖舊名堂刻本　十二冊

330000－1701－0009137　普 041.4/4917/c1　子部/雜著類/雜考之屬
陔餘叢考四十三卷　(清)趙翼撰　清乾隆五十五年(1790)湛貽堂刻甌北全集本　十二冊

330000－1701－0009138　善 006835　經部/春秋左傳類/傳說之屬
春秋大事表五十卷輿圖一卷附錄一卷　(清)顧棟高輯　清乾隆十三年至十四年(1748－1749)萬卷樓刻本　十六冊

330000－1701－0009139　善 006836　經部/春秋左傳類/傳說之屬
研經堂春秋事義合註十二卷　(清)單鐸著　清乾隆刻本　四冊

330000－1701－0009140　普 041.4/4917/c2　類叢部/叢書類/自著之屬
甌北全集八種　(清)趙翼撰　清光緒三年(1877)滇南唐氏刻本　六冊　存一種

330000－1701－0009141　普 041.4/4917/(2)/c1　子部/雜著類/雜考之屬
陔餘叢考四十三卷　(清)趙翼撰　清乾隆五十五年(1790)湛貽堂刻甌北全集本　二十冊

330000－1701－0009142　普 041.4/4917/(2)/c2　類叢部/叢書類/自著之屬
甌北全集八種　(清)趙翼撰　清乾隆至嘉慶湛貽堂刻本　十冊　存一種

330000－1701－0009145　普 041.4/5045/c1、普 041.41/3434　類叢部/叢書類/彙編之屬
聚學軒叢書六十種　劉世珩編　清光緒貴池劉氏刻本　四冊　存二種

330000－1701－0009146　普 041.4/5045/c2　類叢部/叢書類/彙編之屬
聚學軒叢書六十種　劉世珩編　清光緒貴池劉氏刻本　二冊　存一種

330000－1701－0009147　普 041.4/5045.2　子部/雜著類/雜考之屬
松崖筆記三卷　(清)惠棟撰　清道光二年(1822)吳門玉照堂刻本　二冊

330000－1701－0009148　善 006837　經部/春秋總義類/傳說之屬
此木軒春秋闕如編八卷　(清)焦袁熹撰　清嘉慶十二年(1807)錢熙彥、錢熙載世春堂刻本　四冊

330000－1701－0009149　善 006838　經部/春秋總義類/傳說之屬
春秋講義衷一二卷　(清)團維墉輯　清嘉慶刻本　二冊

330000－1701－0009150　普 041.4/5567　子部/雜著類/雜品之屬
新增格古要論十三卷　(明)曹昭撰　(明)舒敏編　(明)王佐增補　明萬曆新都黄正位尊生館刻清初淑船堂重修本　四冊

330000－1701－0009151　善 006839　經部/春秋總義類/專著之屬
春秋繁露十七卷附錄一卷　(漢)董仲舒撰　(明)孫鑛評　明天啓五年(1625)花齋刻本　六冊

330000－1701－0009152　普 041.4/7120　類叢部/叢書類/彙編之屬
古今逸史四十二種　(明)吳琯編　明萬曆新安吳琯刻吳中珩增刻本　一冊　存二種

330000－1701－0009156　普 041.4/7474/c1　子部/儒家類/儒學之屬/性理
三魚堂賸言十二卷　(清)陸隴其撰　(清)陳濟編　清同治七年(1868)武林薇署刻本　一冊

330000－1701－0009157　普 041.4/7474/c2　子部/儒家類/儒學之屬/性理
三魚堂賸言十二卷　(清)陸隴其撰　(清)陳濟編　清同治七年(1868)武林薇署刻本　一冊

330000－1701－0009158　普 041.4/7474/2

子部/儒家類/儒學之屬/性理

三魚堂賸言十二卷 (清)陸隴其撰 (清)陳濟編 清乾隆八年(1743)金山陳濟刻十五年(1750)陳寶麟重修本 二册

330000－1701－0009159 普 041.4/7500 集部/别集類/清别集

句溪雜箸五卷 (清)陳立撰 清道光二十三年(1843)揚州刻同治三年(1864)增修本 清戴穗孫跋 同仰校並題記 二册

330000－1701－0009161 善 006840 經部/孝經類/傳說之屬

孝經大全二十八卷首一卷附孝經詩一卷 (明)吕維祺撰 清康熙二年(1663)新安吕氏刻本 十册

330000－1701－0009162 普 041.4/7521 類叢部/叢書類/郡邑之屬

金陵叢刻十五種 (清)傅春官輯 清光緒二十三年至三十一年(1897－1905)江寧傅氏晦齋刻本 一册 存一種

330000－1701－0009163 善 006841 經部/孝經類/傳說之屬

孝經内傳一卷外傳四卷孝經正文一卷 (清)李之素輯 清康熙六十年(1721)李煥實田山莊刻本 四册

330000－1701－0009164 善 006842 經部/孝經類/傳說之屬

孝經類解十八卷 (清)吴之騄撰 清康熙三十二年(1693)寶翰樓刻本 二册

330000－1701－0009165 普 041.4/8014 子部/雜著類/雜考之屬

香墅漫鈔四卷續四卷又續四卷 (清)曾廷枚撰 清抄本 九册

330000－1701－0009166 普 041.4/8014/2 子部/雜著類/雜考之屬

香墅漫鈔四卷續四卷又續六卷 (清)曾廷枚撰 清乾隆五十二年(1787)南城曾氏家塾刻嘉慶十七年(1812)增刻本 八册

330000－1701－0009167 善 006843 經部/四書類/論語之屬/傳說

論語集註十卷 (宋)朱熹撰 明末琴川毛氏汲古閣刻本 劉承幹題簽並記 二册

330000－1701－0009168 普 041.4/8019/c2 子部/雜著類/雜考之屬

癸巳類稿十五卷 (清)俞正燮撰 清道光十三年(1833)王藻求日益齋刻本 八册

330000－1701－0009169 普 041.4/8019/c3 子部/雜著類/雜考之屬

癸巳類稿十五卷 (清)俞正燮撰 清道光十三年(1833)王藻求日益齋刻本 八册

330000－1701－0009170 普 041.4/8019/(2)/c1 子部/雜著類/雜考之屬

癸巳類稿十五卷 (清)俞正燮撰 清道光十三年(1833)王藻求日益齋刻本 六册

330000－1701－0009171 普 041.4/8019/(2)/c2 子部/雜著類/雜考之屬

癸巳類稿十五卷 (清)俞正燮撰 清道光十三年(1833)王藻求日益齋刻本 清龔橙批 莫棠跋 四册

330000－1701－0009172 普 041.4/8019/2 子部/雜著類/雜考之屬

癸巳類稿十五卷 (清)俞正燮撰 清光緒五年(1879)會稽章氏刻本 十二册

330000－1701－0009173 普 041.4/8019.2/(2)/c1 子部/雜著類/雜考之屬

癸巳存稿十五卷 (清)俞正燮撰 清光緒十年(1884)李宗焻武林刻本 六册

330000－1701－0009174 普 041.4/8019.2/(2)/c2 子部/雜著類/雜考之屬

癸巳存稿十五卷 (清)俞正燮撰 清光緒十年(1884)李宗焻武林刻本 六册

330000－1701－0009175 普 041.4/8019.2/(2)/c3 子部/雜著類/雜考之屬

癸巳存稿十五卷 (清)俞正燮撰 清光緒十年(1884)李宗焻武林刻本 八册

330000－1701－0009176 普 041.4/8034/c1

子部/雜著類/雜考之屬

湛園札記四卷　(清)姜宸英撰　清嘉慶葉元塏鶴麓山房刻本　清馮登府題記並批　四册

330000－1701－0009177　普041.4/8034/c2　子部/雜著類/雜考之屬

湛園札記四卷　(清)姜宸英撰　清嘉慶葉元塏鶴麓山房刻本　二册

330000－1701－0009178　普041.4/8034/c3　子部/雜著類/雜考之屬

湛園札記四卷　(清)姜宸英撰　清嘉慶葉元塏鶴麓山房刻本　四册

330000－1701－0009179　普041.4/8034/(2)　子部/雜著類/雜考之屬

湛園札記四卷　(清)姜宸英撰　清嘉慶葉元塏鶴麓山房刻本　二册

330000－1701－0009180　普041.4/8034/2　子部/雜著類/雜考之屬

湛園札記四卷　(清)姜宸英撰　清光緒四年(1878)張麟洲見山樓刻七年(1881)王定祥續刻本　章嶔題簽　二册

330000－1701－0009183　普041.4/8340　類叢部/叢書類/彙編之屬

小琅嬛僊館敍錄書三種　(清)阮元輯　清嘉慶三年(1798)儀徵阮氏刻本　二册　存一種

330000－1701－0009184　普041.4/8346/c1　子部/雜著類/雜考之屬

十駕齋養新錄二十卷餘錄三卷　(清)錢大昕撰　**錢辛楣先生年譜一卷**　(清)錢大昕編　(清)錢慶曾校注　**竹汀居士[大昕]年譜續編一卷**　(清)錢慶曾撰　清光緒二年(1876)浙江書局刻本　八册

330000－1701－0009185　普041.4/8346/c2　子部/雜著類/雜考之屬

十駕齋養新錄二十卷餘錄三卷　(清)錢大昕撰　**錢辛楣先生年譜一卷**　(清)錢大昕編　(清)錢慶曾校注　**竹汀居士[大昕]年譜續編一卷**　(清)錢慶曾撰　清光緒二年(1876)浙江書局刻本　八册

330000－1701－0009186　普041.4/8346/c4　子部/雜著類/雜考之屬

十駕齋養新錄二十卷餘錄三卷　(清)錢大昕撰　**錢辛楣先生年譜一卷**　(清)錢大昕編　(清)錢慶曾校注　**竹汀居士「大昕」年譜續編一卷**　(清)錢慶曾撰　清光緒二年(1876)浙江書局刻本　八册

330000－1701－0009187　普041.4/8346/c5　子部/雜著類/雜考之屬

十駕齋養新錄二十卷餘錄三卷　(清)錢大昕撰　**錢辛楣先生年譜一卷**　(清)錢大昕編　(清)錢慶曾校注　**竹汀居士[大昕]年譜續編一卷**　(清)錢慶曾撰　清光緒二年(1876)浙江書局刻本　八册

330000－1701－0009188　普041.4/8346/3/c1　子部/雜著類/雜考之屬

十駕齋養新錄二十卷　(清)錢大昕撰　清嘉慶九年(1804)揚州阮元刻本　四册

330000－1701－0009189　普041.4/8346/3/c2　類叢部/類書類/自著之屬

潛研堂全書十六種　(清)錢大昕撰　清乾隆至嘉慶刻本　六册　存一種

330000－1701－0009190　普041.4/8346/4　類叢部/叢書類/自著之屬

潛研堂全書十六種　(清)錢大昕撰　清乾隆至嘉慶刻本　六册　存一種

330000－1701－0009191　善006844　經部/四書類/論語之屬/傳說

論語古訓十卷附一卷　(清)陳鱣撰　清刻本　二册

330000－1701－0009192　普041.4/8346/5　類叢部/叢書類/自著之屬

嘉定錢氏潛研堂全書二十一種　(清)錢大昕撰　清光緒十年(1884)長沙龍氏家塾刻本　八册　存一種

330000－1701－0009193　善006845　經部/四書類/論語之屬/傳說

論語廣注二卷　(清)畢憲曾撰　清嘉慶刻本　二冊

330000－1701－0009195　普 041.47/8081　類叢部/叢書類/自著之屬
聖嘆秘書七種七卷　(清)金人瑞撰　清光緒三十一年(1905)證鄦社鉛印本　清亞瑜題記　清伯彥題記並跋　一冊

330000－1701－0009196　善 006846　經部/四書類/孟子之屬/傳說
增補蘇批孟子二卷　(宋)蘇洵撰　(清)趙大浣增補　清嘉慶刻朱墨套印本　一冊

330000－1701－0009197　普 041.5/0014　類叢部/叢書類/彙編之屬
雅雨堂藏書十三種　(清)盧見曾編　清乾隆二十一年(1756)德州盧氏雅雨堂刻增修本　四冊　存一種

330000－1701－0009198　善 006847　經部/四書類/總義之屬/傳說
四書集註闡微直解二十七卷　(宋)朱熹集注　(明)張居正直解　(明)顧宗孟閱　**纂序四書說約合參大全二十七卷**　(清)顧夢麟　(清)楊彝輯　清康熙十六年(1677)刻本　十四冊

330000－1701－0009199　普 041.5/0028/c1　子部/雜著類/雜纂之屬
物理小識十二卷首一卷　(清)方以智撰　清光緒十年(1884)寧靜堂刻本　六冊

330000－1701－0009200　普 041.5/0028/c2　子部/雜著類/雜纂之屬
物理小識十二卷首一卷　(清)方以智撰　清光緒十年(1884)寧靜堂刻本　六冊

330000－1701－0009201　普 041.5/0032　子部/小說家類/雜事之屬
蕉軒隨錄十二卷　(清)方濬師撰　清同治十一年(1872)退一步齋刻本　十二冊

330000－1701－0009202　普 041.5/0070　類叢部/叢書類/自著之屬
靈芬館集十種　(清)郭麐撰　清嘉慶至道光刻本　一冊　存一種

330000－1701－0009203　普 0415/0078/c1　子部/小說家類/雜事之屬
劇談錄二卷逸文一卷　(唐)康駢撰　清光緒三十年(1904)貴池劉氏唐石簃刻本　一冊

330000－1701－0009204　普 0415/0078/c2　子部/小說家類/雜事之屬
劇談錄二卷逸文一卷　(唐)康駢撰　清光緒三十年(1904)貴池劉氏唐石簃刻藍印本　一冊

330000－1701－0009205　普 0415/0078/c3　子部/小說家類/雜事之屬
劇談錄二卷逸文一卷　(唐)康駢撰　清光緒三十年(1904)貴池劉氏唐石簃刻藍印本　一冊

330000－1701－0009206　善 006848　經部/四書類/總義之屬/傳說
古今道脈四十五卷　(明)徐奮鵬輯　明萬曆四十三年至四十六年(1615－1618)金陵書坊鄭大經奎壁堂刻本　二十四冊　缺十二卷(論語上一至十、下一至二)

330000－1701－0009207　普 041.5/0645　子部/小說家類/雜事之屬
韻鶴軒雜著二卷筆談二卷　(清)□□撰　清光緒三年(1877)上海機器書局鉛印本　二冊

330000－1701－0009208　善 006849　經部/四書類/總義之屬/傳說
四書經學考十卷補遺一卷　(明)徐邦佐撰　清乾隆十八年(1753)刻本　四冊

330000－1701－0009210　普 041.5/1004　子部/雜著類/雜說之屬
柳南隨筆六卷　(清)王應奎撰　清乾隆五年(1740)虞山顧氏親仁堂刻本　二冊

330000－1701－0009211　善 006850　經部/四書類/總義之屬/傳說
四書近指二十卷　(清)孫奇逢撰　清康熙元年(1662)刻本　八冊

330000－1701－0009213　普 041.5/1007　子部/雜著類/雜說之屬
重論文齋筆錄十二卷　(清)王端履撰　清道光二十六年(1846)受宜堂刻本　四冊

330000－1701－0009214　普 041.5/1035　子部/雜著類/雜說之屬
椒生隨筆八卷詩草六卷續草六卷　(清)王之春撰　清光緒七年(1881)上海文藝齋刻本　四冊　存八卷(隨筆一至八)

330000－1701－0009217　普 041.5/1043/(2)/c1　子部/雜著類/雜說之屬
池北偶談二十六卷　(清)王士禛撰　清文粹堂刻本　十二冊

330000－1701－0009218　普 041.5/1043/(2)/c3　子部/雜著類/雜說之屬
池北偶談二十六卷　(清)王士禛撰　清康熙三十九年(1700)臨汀郡署刻本　八冊

330000－1701－0009219　普 041.5/1043/(2)/c4　子部/雜著類/雜說之屬
池北偶談二十六卷　(清)王士禛撰　清康熙三十九年(1700)臨汀郡署刻本　七冊　缺四卷(二十三至二十六)

330000－1701－0009220　普 041.5/1043/2　子部/雜著類/雜說之屬
池北偶談二十六卷　(清)王士禛撰　清光緒二十二年(1896)上海慎記書莊石印本　六冊

330000－1701－0009222　善 006851　經部/四書類/總義之屬/傳說
四書想六卷　(清)毛念恃撰　清順治十年(1653)刻本　五冊

330000－1701－0009223　普 041.5/1043.2/c1　子部/雜著類/雜說之屬
居易錄三十四卷　(清)王士禛撰　清康熙刻本　十二冊

330000－1701－0009224　普 041.5/1043.2/c2　子部/雜著類/雜說之屬
居易錄三十四卷　(清)王士禛撰　清康熙刻本　八冊

330000－1701－0009225　普 041.5/1043.2/2　子部/雜著類/雜說之屬
居易錄三十四卷　(清)王士禛撰　清雍正刻本　八冊

330000－1701－0009226　普 041.5/1043.2/3　子部/雜著類/雜說之屬
居易錄三十四卷　(清)王士禛撰　清康熙刻本　六冊

330000－1701－0009227　善 006852　經部/四書類/總義之屬/傳說
四書朱子異同條辨四十卷　(清)李沛霖　(清)李禎訂　清朱文堂刻本　四十冊

330000－1701－0009228　善 006853　經部/四書類/總義之屬/傳說
四書朱子異同條辨四十卷　(清)李沛霖　(清)李禎訂　清康熙刻本　二十四冊

330000－1701－0009229　普 041.5/1043.3/c1　子部/雜著類/雜說之屬
香祖筆記十二卷　(清)王士禛撰　清康熙刻本　二冊

330000－1701－0009230　普 041.5/1043.3/c2　子部/雜著類/雜說之屬
香祖筆記十二卷　(清)王士禛撰　清康熙刻本　十二冊

330000－1701－0009231　普 041.5/1043.3/c3　子部/雜著類/雜說之屬
香祖筆記十二卷　(清)王士禛撰　清康熙刻本　四冊

330000－1701－0009232　普 041.5/1043.3/c4　子部/雜著類/雜說之屬
香祖筆記十二卷　(清)王士禛撰　清康熙刻本　四冊

330000－1701－0009233　善 006854　經部/四書類/總義之屬/傳說
增訂四書集註大全四十七卷附錄一卷　(明)胡廣等輯　(清)汪份增訂　清康熙長洲汪份遄喜齋刻本　二十三冊　缺二卷(論語七至八)

330000－1701－0009234　普 041.5/1043.3/(2)/c1　子部/雜著類/雜說之屬
香祖筆記十二卷　(清)王士禛撰　清康熙刻本　清瘦羊批　六冊

330000－1701－0009235　普 041.5/1043.3/(2)/c2　子部/雜著類/雜說之屬
香祖筆記十二卷　(清)王士禛撰　清康熙刻本　四冊

330000－1701－0009236　普 041.5/1043.3/(2)/c3　子部/雜著類/雜說之屬
香祖筆記十二卷　(清)王士禛撰　清康熙刻本　八冊

330000－1701－0009237　善 006855　子部/儒家類/儒學之屬/性理
朱子語類五十二卷　(宋)朱熹撰　清康熙十七年(1678)刻本　八冊

330000－1701－0009238　善 006856　經部/四書類/總義之屬/傳說
松陽講義十二卷　(清)陸隴其撰　清康熙二十九年(1690)刻本　二冊

330000－1701－0009239　善 006857　經部/四書類/總義之屬/傳說
松陽講義十二卷　(清)陸隴其撰　清康熙二十九年(1690)刻本　四冊

330000－1701－0009240　善 006858　經部/四書類/總義之屬/傳說
三魚堂四書大全四十六卷　(清)陸隴其輯　清康熙三十七年(1698)席永恂、王前席刻本　二十四冊

330000－1701－0009241　普 041.5/1043.3/2　子部/雜著類/雜說之屬
香祖筆記十二卷　(清)王士禛撰　清光緒上海申報館鉛印申報館叢書本　佚名批校、句讀、圈點並記　四冊

330000－1701－0009242　善 006859　經部/四書類/總義之屬/傳說
四書講義困勉錄三十七卷續困勉錄六卷附錄一卷　(清)陸隴其撰　(清)陸公鏐編　清乾隆四年(1739)嘉會堂刻本　十六冊

330000－1701－0009243　普 041.5/1044　子部/雜著類/雜纂之屬
聽雨樓隨筆八卷　(清)王培荀撰　清道光二十五年(1845)刻本　八冊

330000－1701－0009244　善 006860　經部/四書類/總義之屬/傳說
四書釋地一卷續一卷又續二卷三續一卷附孟子生卒年月考一卷　(清)閻若璩撰　清乾隆八年(1743)刻本　四冊

330000－1701－0009245　善 006861　經部/四書類/總義之屬/傳說
四書講四十卷　(清)金松撰　清康熙刻乾隆五年(1740)朱邦椿求志堂重修本　十六冊

330000－1701－0009246　普 041.5/10441　類叢部/叢書類/彙編之屬
稗海四十八種續集二十二種　(明)商濬編　明萬曆商氏半埜堂刻清康熙振鷺堂重編補刻本　六冊　存一種

330000－1701－0009247　普 041.5/1063　類叢部/叢書類/彙編之屬
津逮祕書十五集一百四十種　(明)毛晉編　明崇禎虞山毛氏汲古閣刻本　十五冊　存一種

330000－1701－0009248　普 041.5/1100　經部/易類/傳說之屬
客中一得三卷　(清)張堃撰　(清)張燦然輯　清光緒二十三年(1897)梯雲山人書屋刻本　一冊

330000－1701－0009249　普 041.5/1104　子部/雜著類/雜考之屬
螺江日記八卷續編四卷　(清)張文虎撰　清光緒八年(1882)會稽徐氏八杉齋刻融經館叢書本　阿佩題簽並記　二冊　缺六卷(三至八)

330000－1701－0009250　普 041.5/1104/2/c1　類叢部/叢書類/彙編之屬
融經館叢書十一種　(清)徐友蘭編　清光緒

六年至十一年(1880－1885)會稽徐氏八杉齋刻本　四冊　存一種

330000－1701－0009251　普041.5/1104/2/c2　類叢部/叢書類/彙編之屬
融經館叢書十一種　(清)徐友蘭編　清光緒六年至十一年(1880－1885)會稽徐氏八杉齋刻本　三冊　存一種

330000－1701－0009253　善006862　經部/四書類/總義之屬/傳說
駁呂留良四書講義八卷　(清)朱軾　(清)吳襄等撰　清雍正刻本　四冊

330000－1701－0009254　普041.5/1133　子部/雜著類/雜說之屬
關隴輿中偶憶編不分卷　(清)張祥河撰　清刻本　一冊

330000－1701－0009255　普041.5/1164　子部/雜著類/雜說之屬
寓廬日記十卷　(清)張景燾撰　張福鎬編訂　清宣統三年(1911)鉛印本　二冊

330000－1701－0009256　普041.5/1233/c1　子部/雜著類/雜纂之屬
片玉山房花箋錄二十卷　(清)孫兆溎輯　清咸豐二年(1852)景福堂刻本　十六冊

330000－1701－0009257　普041.5/1233/c2　子部/雜著類/雜纂之屬
片玉山房花箋錄二十卷　(清)孫兆溎輯　清咸豐二年(1852)景福堂刻本　十六冊

330000－1701－0009258　善006863　經部/四書類/總義之屬/文字音義
四書正韻十九卷　(清)何始昇撰　(清)何言校　清乾隆九年(1744)亦樂堂刻本　十四冊

330000－1701－0009259　普041.5/1779/2　類叢部/叢書類/彙編之屬
武英殿聚珍版書一百三十八種　清乾隆武英殿木活字印本　四冊　存一種

330000－1701－0009260　善006864　經部/四書類/總義之屬/傳說
四書類典賦二十四卷　(清)甘紱撰　**四書年譜二卷**　(明)包大爟撰　清乾隆四十一年(1776)廣益堂刻本　十冊

330000－1701－0009261　善006865　經部/四書類/總義之屬/傳說
四書朱子本義匯參四十三卷首四卷　(清)王步青輯　清乾隆十年(1745)敦復堂刻本　十六冊

330000－1701－0009263　善006866　經部/四書類/總義之屬/傳說
四書朱子本義匯參四十三卷首四卷　(清)王步青輯　清乾隆刻本　三十一冊

330000－1701－0009264　普041.5/2044　子部/雜著類/雜說之屬
此木軒雜著八卷　(清)焦袁熹撰　清光緒八年(1882)南海席氏掃葉山房刻本　四冊

330000－1701－0009265　普041.5/2115/c1　子部/雜著類/雜纂之屬
餘冬錄六十一卷　(明)何孟春輯　清同治三年(1864)大興邵綬名恭壽堂刻本　十六冊

330000－1701－0009266　普041.5/2115/c2　子部/雜著類/雜纂之屬
餘冬錄六十一卷　(明)何孟春輯　清同治三年(1864)大興邵綬名恭壽堂刻本　十二冊

330000－1701－0009267　普041.5/2115/c3　子部/雜著類/雜纂之屬
餘冬錄六十一卷　(明)何孟春輯　清同治三年(1864)大興邵綬名恭壽堂刻本　十二冊

330000－1701－0009268　善006867　經部/四書類/總義之屬/傳說
四書考異七十二卷　(清)翟灝撰　清乾隆三十四年(1769)無不宜齋刻本　十二冊

330000－1701－0009269　善006868　經部/四書類/總義之屬/傳說
四書左國輯要四卷　(清)周龍官輯　清乾隆二十三年(1758)山陽周龍官刻本　四冊

330000－1701－0009270　普041.5/2115/2

類叢部/叢書類/自著之屬
何燕泉三種 (明)何孟春撰 清乾隆刻光緒六年(1880)修補印本 十二册 存一種

330000－1701－0009271 普 041.5/2115.2 類叢部/叢書類/自著之屬
何燕泉三種 (明)何孟春撰 清乾隆刻光緒六年(1880)修補印本 十三册 存一種

330000－1701－0009274 普 041.5/2617 類叢部/叢書類/彙編之屬
槐廬叢書四十六種 (清)朱記榮編 清光緒吴縣朱氏槐廬家塾刻本 四册 存一種

330000－1701－0009275 善 006870 經部/四書類/總義之屬/傳説
四書講義日孜錄十二卷 (清)李求齡撰 清乾隆山陰李罍芝刻嘉慶豫順堂印本 十二册

330000－1701－0009278 普 041.5/2302 子部/小説家類/雜事之屬
談徵五卷 (清)段長基撰 清同治元年(1862)青雲樓刻本 五册

330000－1701－0009279 普 041.5/2302/2 子部/小説家類/雜事之屬
談徵五卷 (清)段長基撰 清同治元年(1862)青雲樓刻本 六册

330000－1701－0009280 善 006869 經部/書類/傳説之屬
尚書攷辨四卷 (清)宋鑒撰 清嘉慶四年(1799)刻本 二册

330000－1701－0009281 善 006871 經部/四書類/總義之屬/傳説
集虚齋四書口義十卷 (清)方棨如撰 (清)于光華編 清乾隆五十三年(1788)新安姚一桂務本堂刻大文堂印本 十册

330000－1701－0009282 善 006872 經部/四書類/總義之屬/傳説
學庸説文十二卷 (清)李凱撰 清乾隆十八年(1753)寒香亭刻本 六册

330000－1701－0009283 普 041.5/2637 子部/雜著類/雜説之屬
桐陰清話八卷 (清)倪鴻撰 清咸豐八年(1858)刻本 四册

330000－1701－0009285 普 041.5/2645/c1 史部/雜史類/斷代之屬
養吉齋叢錄二十六卷餘錄十卷 (清)吴振棫撰 清光緒二十二年(1896)刻本 八册

330000－1701－0009286 普 041.5/2645/c2 史部/雜史類/斷代之屬
養吉齋叢錄二十六卷餘錄十卷 (清)吴振棫撰 清光緒二十二年(1896)刻本 王存善批校 吴慶坻校 八册

330000－1701－0009287 普 041.5/2645/c3 史部/雜史類/斷代之屬
養吉齋叢錄二十六卷餘錄十卷 (清)吴振棫撰 清光緒二十二年(1896)刻本 八册

330000－1701－0009288 普 041.5/2645/c4 史部/雜史類/斷代之屬
養吉齋叢錄二十六卷餘錄十卷 (清)吴振棫撰 清光緒二十二年(1896)刻本 八册

330000－1701－0009289 善 006873 經部/四書類/總義之屬/傳説
四書講義自得錄十卷 (清)何如漋輯 清乾隆二十五年(1760)南海何如漋刻本 五册

330000－1701－0009290 善 006874 經部/四書類/總義之屬/傳説
四書疏註撮言大全三十七卷 (清)胡斐才輯 清乾隆二十八年(1763)刻本 十六册

330000－1701－0009291 普 041.5/2672 類叢部/叢書類/彙編之屬
尚白齋鐫陳眉公家藏秘笈續函(寶顔堂續祕笈)五十種 (明)陳繼儒編 明萬曆沈氏尚白齋刻本 一册 存一種

330000－1701－0009292 普 041.5/2696/c1 子部/小説家類/瑣語之屬
客窗閒話八卷 (清)吴熾昌撰 清光緒元年(1875)刻本 四册

330000－1701－0009293　普 041.5/2696/c2　子部/小說家類/瑣語之屬
客窗閒話八卷　(清)吳熾昌撰　清光緒元年(1875)刻本　四册

330000－1701－0009294　善 006875　經部/四書類/總義之屬/傳說
四書約旨二十卷　(清)任啓運撰　清乾隆三十六年(1771)任氏清芬堂刻本　八册

330000－1701－0009298　普 041.5/5500　類叢部/叢書類/彙編之屬
知不足齋叢書一百九十五種　(清)鮑廷博編　(清)鮑士恭續編　清乾隆三十七年至道光三年(1772－1823)長塘鮑氏刻彙印本　四册　存一種

330000－1701－0009299　普 041.5/3099/c1　集部/別集類/清別集
筠廊偶筆二卷二筆二卷怪石贊一卷漫堂墨品一卷　(清)宋犖撰　**雪堂墨品一卷**　(清)張仁熙撰　清康熙刻本　二册

330000－1701－0009300　普 041.5/3099/c2　集部/別集類/清別集
筠廊偶筆二卷　(清)宋犖撰　清康熙刻本　一册

330000－1701－0009305　普 041.5/3246　子部/雜著類/雜說之屬
思補齋筆記八卷　(清)潘世恩撰　清會文齋刻本　清戴穗孫校、跋並題簽　一册

330000－1701－0009306　普 041.5/3308　類叢部/叢書類/自著之屬
二思堂叢書六種五十一卷　(清)梁章鉅撰　清同治十二年至光緒元年(1873－1875)福州梁氏刻本　八册　存二種

330000－1701－0009307　普 041.5/3322/2/c1　子部/雜著類/雜纂之屬
兩般秋雨盦隨筆八卷　(清)梁紹壬撰　清光緒十年(1884)錢唐許之璡吉華室刻本　八册

330000－1701－0009308　普 041.5/3322/2/c2　子部/雜著類/雜纂之屬
兩般秋雨盦隨筆八卷　(清)梁紹壬撰　清光緒十年(1884)錢唐許之璡吉華室刻本　八册

330000－1701－0009309　普 041.5/3322/3/c1　子部/雜著類/雜纂之屬
兩般秋雨盦隨筆八卷　(清)梁紹壬撰　清宣統二年(1910)上海掃葉山房石印本　四册

330000－1701－0009310　普 041.5/3322/3/c2　子部/雜著類/雜纂之屬
兩般秋雨盦隨筆八卷　(清)梁紹壬撰　清宣統二年(1910)上海掃葉山房石印本　四册

330000－1701－0009311　普 041.5/3322/4/c1　子部/雜著類/雜纂之屬
兩般秋雨盦隨筆八卷　(清)梁紹壬撰　清如皋義林堂刻本　八册

330000－1701－0009312　普 041.5/3322/4/c2　子部/雜著類/雜纂之屬
兩般秋雨盦隨筆八卷　(清)梁紹壬撰　清道光十七年(1837)錢唐汪氏振綺堂刻本　八册

330000－1701－0009313　普 041.5/3322/4/c3　子部/雜著類/雜纂之屬
兩般秋雨盦隨筆八卷　(清)梁紹壬撰　清同文堂刻本　八册

330000－1701－0009314　善 006876　經部/四書類/總義之屬/傳說
四書摭餘說七卷　(清)曹之升撰　清嘉慶刻本　六册

330000－1701－0009316　善 006877　經部/四書類/總義之屬/傳說
四書語錄五卷　(明)艾南英撰　清嘉慶十八年(1813)金谿黃鐘奏夢筠山房刻本　四册

330000－1701－0009317　普 041.5/3452/4　子部/雜著類/雜說之屬
夢溪筆談二十六卷　(宋)沈括撰　清詅癡簃刻朱印本　四册

330000－1701－0009318　普 041.5/3468　類叢部/叢書類/彙編之屬
會稽徐氏鑄學齋叢書十三種　徐維則編　清

咸豐至光緒會稽徐氏刻光緒二十六年(1900)彙印本　一冊　存一種

330000－1701－0009319　善 006878　經部/四書類/總義之屬/傳說

四書解疑十七卷補典三卷　(清)黄梅峰撰　清嘉慶刻本　十二冊

330000－1701－0009320　普 041.5/3644　子部/雜著類/雜說之屬

炙硯瑣談三卷　(清)湯大奎撰　清乾隆五十七年(1792)趙氏亦有生齋刻本　一冊

330000－1701－0009321　普 041.5/3714/c1　子部/雜著類/雜說之屬

七修類藁五十一卷續藁七卷　(明)郎瑛撰　清光緒六年(1880)廣州翰墨園刻本　十六冊

330000－1701－0009322　普 041.5/3714/c2　子部/雜著類/雜說之屬

七修類藁五十一卷續藁七卷　(明)郎瑛撰　清光緒六年(1880)廣州翰墨園刻本　十六冊

330000－1701－0009323　普 041.5/3714/c3　子部/雜著類/雜說之屬

七修類藁五十一卷續藁七卷　(明)郎瑛撰　清乾隆四十年(1775)耕烟草堂刻本　十冊

330000－1701－0009324　普 041.5/3714/c4　子部/雜著類/雜說之屬

七修類藁五十一卷續藁七卷　(明)郎瑛撰　清光緒六年(1880)廣州翰墨園刻本　十二冊

330000－1701－0009327　善 006879　經部/四書類/總義之屬/傳說

四書解二十卷　(清)蘇珥撰　清嘉慶十九年(1814)種德堂刻本　八冊

330000－1701－0009328　善 006880　類叢部/叢書類/彙編之屬

汗筠齋叢書第一集(蘭芬齋叢書初集)四種　(清)秦鑑編　清嘉慶三年至四年(1798－1799)嘉定秦氏刻本　二冊　存一種

330000－1701－0009329　普 041.5/4007　類叢部/叢書類/郡邑之屬

常州先哲遺書七十二種　盛宣懷編　清光緒二十一年至三十三年(1895－1907)武進盛氏思惠齋刻宣統彙印本　二冊　存一種

330000－1701－0009330　普 041.5/4048　子部/雜著類/雜說之屬

隨園隨筆二十八卷　(清)袁枚撰　清嘉慶十三年(1808)小倉山房刻本　李次九跋　八冊

330000－1701－0009331　善 006881　經部/小學類/文字之屬/字書/古文

五經文字三卷　(唐)張參撰　**新加九經字樣一卷**　(唐)唐玄度撰　清乾隆揚州馬曰璐叢書樓刻本　六冊

330000－1701－0009332　普 041.5/4048(2)　子部/雜著類/雜說之屬

隨園隨筆二十八卷　(清)袁枚撰　清嘉慶十三年(1808)小倉山房刻本　六冊

330000－1701－0009333　善 006882　經部/群經總義類/圖說之屬

六經圖二十四卷　(清)鄭之僑編輯　清乾隆九年(1744)潮陽鄭之僑述堂刻本　六冊

330000－1701－0009334　善 006883　經部/群經總義類/圖說之屬

六經圖十二卷　(清)鄭之僑編輯　清乾隆八年(1743)潮陽鄭之僑述堂刻本　六冊

330000－1701－0009335　善 006884　經部/群經總義類/傳說之屬

松源經說四卷　(清)孫之騄撰　清乾隆三十一年(1766)春草園刻本　四冊

330000－1701－0009336　善 006885　經部/叢編

讀書隨筆二種十二卷　(清)江永撰　清乾隆五十七年(1792)江起泰等刻書業堂印本　三冊　存一種

330000－1701－0009337　善 006887　經部/群經總義類/傳說之屬

稽古日鈔八卷　(清)郁文等輯　清乾隆三十年(1765)秋曉山房刻本　二冊

330000－1701－0009338　善006888　經部/群經總義類/傳說之屬
說經二十六卷說莊三卷說騷一卷說文一卷　（清）韓泰青撰　清乾隆四十四年（1779）蕭山韓泰青省能齋刻本　七冊

330000－1701－0009339　善006889　經部/群經總義類/傳說之屬
說經二十卷說騷一卷說文一卷　（清）韓泰青撰　清乾隆刻本　六冊

330000－1701－0009340　善006890　類叢部/叢書類/自著之屬
周松靄先生遺書八種　（清）周春撰　清乾隆至嘉慶刻本　二冊　存一種

330000－1701－0009341　善006886　類叢部/叢書類/自著之屬
授堂遺書七種附錄二卷　（清）武億撰　清乾隆至嘉慶偃師武穆淳刻本　四冊　存一種

330000－1701－0009342　善006891　類叢部/叢書類/自著之屬
周松靄先生遺書八種　（清）周春撰　清乾隆至嘉慶刻本　二冊　存一種

330000－1701－0009343　善006892　經部/群經總義類/傳說之屬
經傳繹義五十卷　（清）陳煒撰　清嘉慶九年（1804）校字齋刻本　二十四冊

330000－1701－0009344　普041.5/4048/2/c1　子部/雜著類/雜說之屬
隨園隨筆二十八卷　（清）袁枚撰　清刻本　八冊

330000－1701－0009345　普041.5/4048/2/c2　子部/雜著類/雜說之屬
隨園隨筆二十八卷　（清）袁枚撰　清刻本　八冊

330000－1701－0009349　普041.5/4071　子部/雜著類/雜說之屬
萍海墨雨四卷　（清）李匡濟撰　清光緒二年（1876）朱夢蘭刻本　二冊

330000－1701－0009350　善006893　經部/群經總義類/傳說之屬
鳳氏經說三卷　（清）鳳韶撰　清嘉慶二十五年（1820）粵東刻本　二冊

330000－1701－0009354　善006894　經部/叢編
曹楝亭五種六十五卷　（清）曹寅輯　清康熙四十五年（1706）揚州使院刻本　三十二冊

330000－1701－0009359　善006895　經部/小學類
字學三書　（清）張士俊原輯　清道光二十年（1840）楊霈四川刻十芝堂印本　六冊

330000－1701－0009360　善006896　類叢部/叢書類/輯佚之屬
漢學堂叢書二百十一種　（清）黄奭輯　清道光甘泉黄氏刻光緒印本　十二冊　存一種

330000－1701－0009361　普041.5/4220　類叢部/叢書類/彙編之屬
說郛一百二十弓　（明）陶宗儀編　（明）陶珽等重編　明末刻清順治三年（1646）兩浙督學周南李際期宛委山堂印本　一冊　存二種

330000－1701－0009363　普041.5/4411.2/2（2）、普041.5/4411　子部/雜著類/雜說之屬
鷗陂漁話六卷吹網錄六卷　（清）葉廷琯撰　清同治八年至九年（1869－1870）刻本　六冊

330000－1701－0009364　普041.5/4411/（2）/c1　子部/雜著類/雜說之屬
鷗陂漁話六卷吹網錄六卷　（清）葉廷琯撰　清同治八年至九年（1869－1870）刻本　二冊　存六卷（吹網錄一至六）

330000－1701－0009365　普041.5/4411.2/2、普041.5/4411/（2）/c2　子部/雜著類/雜說之屬
鷗陂漁話六卷吹網錄六卷　（清）葉廷琯撰　清同治八年至九年（1869－1870）刻本　四冊

330000－1701－0009368　普041.5/7535/2/c3　子部/雜著類/雜考之屬

東塾讀書記二十五卷　(清)陳澧撰　清光緒刻本(卷十四、十七至二十、二十二至二十五原缺)　四册

330000－1701－0009369　普041.5/7537　類叢部/叢書類/自著之屬

番禺陳氏東塾叢書初函四種附一種　(清)陳澧撰　清咸豐至光緒刻本　二册　存一種

330000－1701－0009370　普041.5/7540　類叢部/叢書類/自著之屬

陳一齋全集五種　(清)陳梓撰　清嘉慶二十年至二十一年(1815－1816)胡氏敬義堂刻本　三册　存一種

330000－1701－0009371　普041.5/7584　子部/儒家類/儒學之屬/禮教/鑑戒

梅窗碎錄六卷　(清)陳會芳撰　清同治七年(1868)刻本　六册

330000－1701－0009372　善006897　經部/小學類/訓詁之屬/爾雅

爾雅三卷　(晉)郭璞注　(唐)陸德明音義　清嘉慶二十二年(1817)順德張青選清芬閣刻本　三册

330000－1701－0009373　普041.5/4420　子部/雜著類/雜説之屬

恩福堂筆記二卷　(清)英和撰　清道光十七年(1837)刻本　二册

330000－1701－0009374　善006899　經部/小學類/訓詁之屬/爾雅

爾雅新義二十卷　(宋)陸佃撰　**爾雅新義敘錄一卷**　(清)宋大樽輯　清嘉慶十三年(1808)陸芝榮三間草堂刻本　三册

330000－1701－0009375　善006898　經部/小學類/訓詁之屬/爾雅

爾雅注疏十一卷　(晉)郭璞注　(唐)陸德明音義　(宋)邢昺疏　清乾隆六十年(1795)敦化堂刻本　六册

330000－1701－0009378　善006900　經部/小學類/訓詁之屬/爾雅

爾雅郭註補正九卷　(清)戴鎣撰　清乾隆刻本　三册　缺二卷(七至八)

330000－1701－0009381　普041.5/4451　類叢部/叢書類/彙編之屬

稗海四十八種續集二十二種　(明)商濬編　明萬曆商氏半埜堂刻清康熙振鷺堂重編補刻本　二册　存一種

330000－1701－0009382　普041.5/4477　史部/地理類/雜志之屬

白下瑣言十卷　(清)甘熙撰　清光緒十六年(1890)築野堂刻本　迅甫題簽並記　一册　存三卷(一至三)

330000－1701－0009383　普041.5/4483　子部/小説家類/雜事之屬

山居閒談五卷　(清)蕭智漢輯　(清)蕭秉信註　清嘉慶七年(1802)涉園刻本　清楊誠虛題簽並記　三册　存三卷(一至三)

330000－1701－0009384　善006901　經部/小學類/訓詁之屬/爾雅

爾雅匡名二十卷　(清)嚴元照撰　清嘉慶二十五年(1820)仁和勞經原震無咎齋刻本　四册

330000－1701－0009385　普041.5/4748　子部/雜著類/雜説之屬

賣存四卷　(清)胡式鈺撰　清道光二十一年(1841)刻本　吴逵卿題簽、批校並跋　二册

330000－1701－0009386　普041.5/5014　子部/小説家類/雜事之屬

重訂西青散記八卷　(清)史震林撰　清嘉慶十年(1805)句容裴玠刻本　王質園題簽並記　王存善題記　二册

330000－1701－0009387　普041.5/5034　子部/雜著類/雜纂之屬

冷齋夜話十卷　(宋)釋惠洪撰　明萬曆商濬刻清康熙振鷺堂重編補刻稗海本　清沈文藻過錄清陳鱣校並跋　二册

330000－1701－0009390　善006902　經部/小學類/訓詁之屬/群雅

小爾雅疏八卷　(清)王煦撰集　清嘉慶五年

(1800)鬘翠山莊刻本　二册

330000－1701－0009391　善 006903　經部/小學類/訓詁之屬/方言
吴下方言考十二卷　(清)胡文英輯　清乾隆四十八年(1783)武進胡文英刻本　二册

330000－1701－0009392　善 006904　經部/小學類/訓詁之屬/群雅
埤雅二十卷　(宋)陸佃撰　清康熙刻本　四册

330000－1701－0009393　善 006905　經部/小學類/訓詁之屬/群雅
新刻爾雅翼三十二卷　(宋)羅願撰　清刻本　六册

330000－1701－0009394　善 006906　經部/小學類/訓詁之屬/群雅
別雅五卷　(清)吴玉搢撰　清乾隆刻本　五册

330000－1701－0009395　普 041.5/6070　子部/雜著類/雜說之屬
讒書五卷　(唐)羅隱撰　清光緒十一年(1885)會稽章氏鶚渚刻重刊拜經樓叢書七種本　二册

330000－1701－0009396　善 006907　子部/農家農學類/總論之屬
農雅六卷　(清)倪倬撰　清嘉慶十九年(1814)青浦倪倬我我書屋刻本　二册

330000－1701－0009397　善 006908　經部/小學類/文字之屬/說文
說文解字注十五卷附六書音均表五卷　(清)段玉裁撰　**說文部目分韻一卷**　(清)陳焕編　清乾隆至嘉慶段氏經韻樓刻本　十六册

330000－1701－0009398　善 006909　經部/小學類/文字之屬/說文/傳說
汲古閣說文訂一卷　(清)段玉裁撰　清嘉慶二年(1797)吴縣袁廷檮五硯樓刻本　一册

330000－1701－0009399　善 006910　經部/小學類/文字之屬/說文/專著
說文字原韻表二卷　(清)胡重撰　清嘉慶十六年(1811)秀水金氏月香書屋刻本　一册

330000－1701－0009400　善 006911　經部/小學類/文字之屬/說文
說文凝錦錄一卷　(清)萬光泰撰　清嘉慶二年(1797)澤經堂刻本　一册

330000－1701－0009401　普 041.5/6402　子部/雜著類/雜說之屬
嗇菴隨筆六卷末一卷　(清)陸文衡撰　清光緒二十三年(1897)吴江陸同壽木活字印本　二册

330000－1701－0009402　普 041.5/6616　類叢部/叢書類/彙編之屬
新陽趙氏叢刊(高齋叢刻)十四種　(清)趙元益編　清光緒十一年至二十八年(1885－1902)新陽趙氏刻本　一册　存一種

330000－1701－0009403　善 006912　經部/小學類/文字之屬/說文
說文疑疑二卷　(清)孔廣居撰　**附一卷**　(清)孔昭孔撰　清嘉慶七年(1802)詩禮堂刻本　二册

330000－1701－0009404　普 041.5/6745/c1　子部/雜著類/雜纂之屬
嘯亭雜錄十卷續錄三卷　(清)昭槤撰　清宣統元年(1909)中國圖書公司鉛印本　四册

330000－1701－0009405　普 041.5/6745/c2　子部/雜著類/雜纂之屬
嘯亭雜錄十卷續錄三卷　(清)昭槤撰　清宣統元年(1909)中國圖書公司鉛印本　四册

330000－1701－0009406　普 041.5/6745/3　類叢部/叢書類/彙編之屬
申報館叢書正集五十七種附錄三種續集一百四十二種　(清)尊聞閣主編　蔡爾康編續集　清同治至光緒上海申報館鉛印本　十册

330000－1701－0009407　普 041.5/6745/4　類叢部/叢書類/彙編之屬
掌故叢編七種　掃葉山房編　清光緒掃葉山房石印本　六册　存一種

330000－1701－0009408　善 006914　經部/小學類/文字之屬/說文/專著
說文解字羣經正字二十八卷　(清)邵瑛撰　清嘉慶二十一年(1816)桂隱書屋刻本　十四冊

330000－1701－0009409　善 006913　經部/小學類/文字之屬/說文/傳說
說文解字斠詮十四卷　(清)錢坫撰　清嘉慶十二年(1807)嘉定錢氏吉金樂石齋刻十六年(1811)印本　十二冊

330000－1701－0009410　普 041.5/6745/5　類叢部/叢書類/彙編之屬
掌故叢編七種　掃葉山房編　清光緒掃葉山房石印本　六冊　存一種

330000－1701－0009411　普 041.5/7100　子部/雜著類/雜說之屬
瀛舟筆談十二卷首一卷　(清)阮亨撰　清嘉慶二十五年(1820)刻本　六冊

330000－1701－0009412　普 041.5/7110/c1　子部/雜著類/雜說之屬
定香亭筆談四卷　(清)阮元撰　清光緒二十五年(1899)浙江書局刻本　四冊

330000－1701－0009413　普 041.5/7110/c2　子部/雜著類/雜說之屬
定香亭筆談四卷　(清)阮元撰　清光緒二十五年(1899)浙江書局刻本　四冊

330000－1701－0009414　善 006916　經部/小學類/文字之屬/說文
說文新附攷六卷續攷一卷　(清)鈕樹玉撰　清嘉慶六年(1801)非石居刻同治七年(1868)碧螺山館補刻本　二冊

330000－1701－0009415　善 006915　經部/小學類/文字之屬/說文
說文蠡箋十四卷　(清)潘奕雋撰　清乾隆刻本　一冊

330000－1701－0009416　善 006917　經部/小學類/文字之屬/說文/傳說
段氏說文注訂八卷　(清)鈕樹玉撰　清道光三年(1823)吳縣鈕樹玉非石居刻本　二冊

330000－1701－0009417　普 041.5/7110/c3　子部/雜著類/雜說之屬
定香亭筆談四卷　(清)阮元撰　清光緒二十五年(1899)浙江書局刻本　四冊

330000－1701－0009418　普 041.5/7110/c5　子部/雜著類/雜說之屬
定香亭筆談四卷　(清)阮元撰　清光緒二十五年(1899)浙江書局刻本　四冊

330000－1701－0009419　普 041.5/7110/2/c1　類叢部/叢書類/彙編之屬
文選樓叢書三十三種　(清)阮亨編　清嘉慶至道光阮元刻道光二十二年(1842)阮亨彙印本　四冊　存一種

330000－1701－0009420　普 041.5/7110/2/c2　類叢部/叢書類/彙編之屬
文選樓叢書三十三種　(清)阮亨編　清嘉慶至道光阮元刻道光二十二年(1842)阮亨彙印本　四冊　存一種

330000－1701－0009421　普 041.5/7110/2/c3　類叢部/叢書類/彙編之屬
文選樓叢書三十三種　(清)阮亨編　清嘉慶至道光阮元刻道光二十二年(1842)阮亨彙印本　二冊　存一種

330000－1701－0009422　普 041.5/7130　子部/雜著類/雜說之屬
聽潮居存業十卷　(清)原良撰　清初刻本　十冊

330000－1701－0009423　普 041.5/7242　子部/雜著類/雜考之屬
三冬識餘二卷　(清)劉希向撰　清咸豐八年(1858)山陽劉氏刻本　一冊

330000－1701－0009424　普 041.5/7402　子部/雜著類/雜說之屬
嗇庵隨筆六卷末一卷　(清)陸文衡撰　清光緒二十三年(1897)吳江陸同壽木活字印本　二冊

330000－1701－0009425　普 041.5/7425　子部/雜著類/雜考之屬
合肥學舍札記十二卷　(清)陸繼輅撰　清道光十六年(1836)刻本　二冊

330000－1701－0009426　普 041.5/7425/2/c1　子部/雜著類/雜考之屬
合肥學舍札記十二卷　(清)陸繼輅撰　清光緒四年(1878)興國州署刻本　四冊

330000－1701－0009427　普 041.5/7425/2/c2　子部/雜著類/雜考之屬
合肥學舍札記十二卷　(清)陸繼輅撰　清光緒四年(1878)興國州署刻本　四冊

330000－1701－0009428　普 041.5/7425/2/c3　子部/雜著類/雜考之屬
合肥學舍札記十二卷　(清)陸繼輅撰　清光緒四年(1878)興國州署刻本　四冊

330000－1701－0009429　善 006918　類叢部/叢書類/自著之屬
四錄堂類集九種　(清)嚴可均撰　清嘉慶至道光刻本　四冊　存一種

330000－1701－0009430　普 041.5/7503/c1　子部/雜著類/雜說之屬
郎潛紀聞初筆七卷二筆八卷三筆六卷　(清)陳康祺撰　清宣統二年(1910)上海掃葉山房石印本　十冊

330000－1701－0009431　普 041.5/7503/c2　子部/雜著類/雜說之屬
郎潛紀聞初筆七卷二筆八卷三筆六卷　(清)陳康祺撰　清宣統二年(1910)上海掃葉山房石印本　十冊

330000－1701－0009432　普 041.5/7503/c3　子部/雜著類/雜說之屬
郎潛紀聞初筆七卷二筆八卷三筆六卷　(清)陳康祺撰　清宣統二年(1910)上海掃葉山房石印本　四冊

330000－1701－0009433　普 041.5/7503/2　類叢部/叢書類/自著之屬
舊雨草堂叢書　清光緒刻本　十二冊　存三種

330000－1701－0009434　普 041.5/7503.2　子部/雜著類/雜說之屬
燕下鄉脞錄十六卷　(清)陳康祺撰　清光緒十一年(1885)鄞縣陳康祺暨陽刻本　五冊

330000－1701－0009435　善 006919　經部/小學類/文字之屬/說文
說文聲系十四卷首一卷末一卷　(清)姚文田撰　清嘉慶九年(1804)粵東督學使者署刻光緒七年(1881)歸安姚覲元重修本　王存善題記　二冊

330000－1701－0009436　善 006920　經部/小學類/文字之屬/說文/專著
說文辨字正俗八卷　(清)李富孫撰　清嘉慶二十三年(1818)嘉興李富孫校經廎刻本　四冊

330000－1701－0009437　善 006921　經部/小學類/文字之屬/說文
說文五翼八卷　(清)王煦撰　清嘉慶十三年(1808)上虞王煦芮鞠山莊刻本　二冊

330000－1701－0009438　善 006922　經部/小學類/文字之屬/說文
說文引經異字三卷　(清)吳雲蒸撰　清道光六年(1826)山海棠軒刻本　一冊

330000－1701－0009439　善 006923　經部/小學類/文字之屬/字書/字體
汗簡七卷　(宋)郭忠恕撰　清康熙四十二年(1703)錢唐汪立名一隅草堂刻本　一冊

330000－1701－0009440　善 006924　經部/小學類/文字之屬/字書/古文
新集古文四聲韻五卷附錄一卷　(宋)夏竦撰　清乾隆四十四年(1779)古歙汪啓淑刻本　四冊

330000－1701－0009441　普 041.5/7535　子部/雜著類/雜考之屬
東塾讀書記十五卷　(清)陳澧撰　清光緒二十四年(1898)上海江左書林刻本　四冊

330000－1701－0009442　普 041.5/7535/2/c1　子部/雜著類/雜考之屬

東塾讀書記二十五卷　(清)陳澧撰　清光緒刻本(卷十三至十四、十七至二十、二十二至二十五原缺)　四冊

330000－1701－0009443　普 041.5/7535/2/c2　子部/雜著類/雜考之屬

東塾讀書記二十五卷　(清)陳澧撰　清光緒刻本(卷十三至十四、十七至二十、二十二至二十五原缺)　六冊

330000－1701－0009444　普 041.5/7701/2　子部/雜著類/雜說之屬

因樹屋書影十卷　(清)周亮工撰　清嘉慶十九年(1814)周恒福刻本　十二冊

330000－1701－0009445　普 041.5/7535/3　子部/雜著類/雜考之屬

東塾讀書記十五卷　(清)陳澧撰　清末石印本　四冊

330000－1701－0009446　善 006925　經部/小學類/文字之屬/字書/字體

復古編二卷　(宋)張有撰　**復古編校正一卷**　(清)葛鳴陽撰　**復古編附錄一卷**　(清)葛鳴陽輯　**曾樂軒稿一卷**　(宋)張維撰　**安陸集一卷**　(宋)張先撰　清乾隆四十五年至四十六年(1780－1781)安邑葛鳴陽刻本　五冊　缺二卷(曾樂軒稿、安陸集)

330000－1701－0009447　善 006926　經部/小學類/文字之屬/字書/字體

隸韻十卷碑目一卷　(宋)劉球撰　**碑目攷證一卷隸韻攷證二卷**　(清)翁方綱撰　清嘉慶十五年(1810)秦恩復刻本　六冊

330000－1701－0009448　善 006927　經部/小學類/訓詁之屬/字詁

增訂金壺字考十九卷　(宋)釋適之編　(清)田朝恒增訂　**金壺字考二集二十一卷補錄一卷補註一卷**　(清)田朝恒編　清乾隆二十四年至二十七年(1759－1762)貽安堂刻本　二冊

330000－1701－0009449　善 006928　經部/小學類/文字之屬/字書/字典

六書故三十三卷六書通釋一卷　(宋)戴侗撰　清乾隆四十九年(1784)西蜀李鼎元師竹齋刻本　十六冊

330000－1701－0009450　善 006929　經部/小學類/文字之屬/字書/字典

六書故三十三卷六書通釋一卷　(宋)戴侗撰　清乾隆四十九年(1784)西蜀李鼎元師竹齋刻本　十六冊

330000－1701－0009451　善 006930　經部/小學類/文字之屬/字書/通論

六書正譌五卷　(元)周伯琦撰　清乾隆平湖陸氏古香閣覆明胡氏十竹齋刻本　五冊

330000－1701－0009452　普 041.5/7730/2　子部/雜著類/雜說之屬

齊東野語二十卷　(宋)周密撰　明刻本　十冊

330000－1701－0009454　善 006931　經部/小學類/文字之屬/字書/通論

集漢隸分韻七卷　(元)□□撰　清乾隆三十七年(1772)九沙萬氏辨志堂刻本　六冊

330000－1701－0009455　善 006932　經部/小學類/文字之屬/字書/字典

廣金石韻府五卷附玉篇字畧一卷　(明)朱時望撰　(清)林尚葵廣輯　(清)李根校正　清康熙九年(1670)周亮工賴古堂刻大業堂朱墨套印本　六冊

330000－1701－0009456　普 041.5/7742　子部/雜著類/雜說之屬

東山草堂邇言六卷　(清)邱嘉穗撰　清光緒七年(1881)漢陽邱步洲耕餘堂刻本　二冊

330000－1701－0009457　普 041.5/7794　類叢部/叢書類/自著之屬

菽園著書五種　(清)邱煒萲撰　清光緒二十七年(1901)上海鉛印本　二冊　存一種

330000－1701－0009458　普 041.5/7797/c1　類叢部/叢書類/彙編之屬

知不足齋叢書一百九十五種　(清)鮑廷博編　(清)鮑士恭續編　清乾隆三十七年至道光三年(1772－1823)長塘鮑氏刻彙印本　三冊　存一種

330000－1701－0009459　普 041.5/7797/2　類叢部/叢書類/彙編之屬
稗海四十八種續集二十二種　(明)商濬編　明萬曆商氏半埜堂刻清康熙振鷺堂重編補刻本　三冊　存一種

330000－1701－0009460　善 006933　經部/小學類/音韻之屬/古今韻說
古今韻略五卷　(清)邵長蘅撰　清康熙三十五年(1696)商丘宋犖刻本　四冊

330000－1701－0009466　普 041.5/80471　類叢部/叢書類/家集之屬
海昌俞氏叢刻四種　(清)俞承德輯　清咸豐六年(1856)平江三德堂刻本　二冊　存一種

330000－1701－0009467　普 041.5/8333/c1　子部/雜著類/雜說之屬
履園叢話二十四卷　(清)錢泳撰　清道光刻同治九年(1870)錢曰壽補刻本　十二冊

330000－1701－0009468　善 006934　經部/小學類/音韻之屬/古今韻說
古今韻略五卷　(清)邵長蘅撰　清刻本　五冊

330000－1701－0009469　善 006935　經部/小學類/文字之屬/字書/字典
正字通十二卷　(明)張自烈撰　(清)廖文英輯　**字彙舊本首一卷**　(明)梅膺祚音釋　清康熙刻本　三十六冊

330000－1701－0009470　普 041.5/8333/c2　子部/雜著類/雜說之屬
履園叢話二十四卷　(清)錢泳撰　清道光刻同治九年(1870)錢曰壽補刻本　八冊

330000－1701－0009471　普 041.5/8741　類叢部/叢書類/彙編之屬
滂喜齋叢書五十種　(清)潘祖蔭編　清同治至光緒吳縣潘氏京師刻本　一冊　存一種

330000－1701－0009472　普 041.6/0030/c1　子部/雜著類/雜品之屬
弦雪居重訂遵生八牋十九卷目錄一卷　(明)高濂撰　清光緒十年(1884)刻本　老年題簽　二十冊

330000－1701－0009473　普 041.6/0030/c2　子部/雜著類/雜品之屬
弦雪居重訂遵生八牋十九卷目錄一卷　(明)高濂撰　清光緒十年(1884)刻本　二十冊

330000－1701－0009474　普 041.6/0033　子部/雜著類/雜說之屬
萃福堂瑣語不分卷　唐潤之撰　清末木活字印本　一冊

330000－1701－0009477　普 041.6/4726/2　子部/藝術類/書畫之屬
鐵網珊瑚二十卷　(明)都穆撰　清乾隆二十三年(1758)吳郡都肇斌刻本　六冊

330000－1701－0009478　普 041.7/1047/c1　類叢部/類書類/通類之屬
名句文身表異錄二十卷　(明)王志堅輯　清康熙四十七年(1708)鹽官陳世修漱六閣刻本(卷九配抄本)　二冊　存九卷(一至九)

330000－1701－0009479　普 041.6/4726　子部/藝術類/書畫之屬
鐵網珊瑚二十卷　(明)都穆撰　清乾隆二十三年(1758)吳郡都肇斌刻本　十二冊

330000－1701－0009480　普 041.7/1047/c2　類叢部/類書類/通類之屬
名句文身表異錄二十卷　(明)王志堅輯　清康熙四十七年(1708)鹽官陳世修漱六閣刻本　二冊

330000－1701－0009481　普 041.6/4726/(2)　子部/藝術類/書畫之屬
鐵網珊瑚二十卷　(明)都穆撰　清乾隆二十三年(1758)吳郡都肇斌刻本　六冊

330000－1701－0009482　普 041.6/4726/3　子部/藝術類/書畫之屬
鐵網珊瑚書品十卷畫品六卷　(明)朱存理輯

清雍正六年（1728）年希堯澄鑒堂刻本　八册

330000－1701－0009483　善006936　經部/小學類/文字之屬/字書/訓蒙
讀書正音四卷　（清）吴震方輯　（清）孫湄重訂　清康熙刻乾隆二十四年（1759）石門孫濤重修本　四册

330000－1701－0009484　善006937　經部/小學類/文字之屬/字書/字體
篆字彙十二卷　（清）佟世男編　清康熙刻本　十二册

330000－1701－0009485　善006938　經部/小學類/文字之屬/字書/字體
六書分類十二卷首一卷　（清）傅世垚輯　清康熙四十四年（1705）聽松閣刻嘉慶寶仁堂印本　十二册

330000－1701－0009487　善006939　經部/小學類/文字之屬/字書/字體
鐘鼎字源五卷附錄一卷　（清）汪立名撰　清光緒二年至五年（1876－1879）洞庭秦氏麟慶堂刻本　四册

330000－1701－0009488　普041.7/1047/c3　類叢部/類書類/通類之屬
名句文身表異錄二十卷　（明）王志堅輯　清康熙四十七年（1708）鹽官陳世修漱六閣刻本　二册

330000－1701－0009489　善006940　經部/小學類/文字之屬/字書/字體
隸辨八卷　（清）顧藹吉撰　清刻本　八册

330000－1701－0009490　善006941　經部/小學類/文字之屬/字書/字體
隸辨八卷　（清）顧藹吉撰　清乾隆八年（1743）天都黄晟刻本　八册

330000－1701－0009491　普041.7/1047/2/c1、普041.7/7747　子部/雜著類/雜纂之屬
清異錄二卷　（宋）陶穀撰　**表異錄二十卷**　（明）王志堅輯　清康熙四十七年（1708）鹽官陳世修漱六閣刻乾隆最宜草堂印本　二册

330000－1701－0009492　普041.7/1047/2/c2　類叢部/類書類/通類之屬
名句文身表異錄二十卷　（明）王志堅輯　清康熙四十七年（1708）鹽官陳世修漱六閣刻本　二册

330000－1701－0009496　普041.7/1074　類叢部/叢書類/自著之屬
詩禮堂全集十八種　（清）王又樸撰　清刻本　二册　存一種

330000－1701－0009497　普041.7/1094　子部/雜著類/雜編之屬
增訂集錄十二卷　（清）于光華編　清乾隆刻本　十二册

330000－1701－0009498　普041.7/1124　子部/儒家類/儒學之屬/蒙學
課子隨筆鈔□□卷　（清）張師載輯　清刻本　二册　存四卷（一至四）

330000－1701－0009499　普041.5/7797/c2　類叢部/叢書類/彙編之屬
知不足齋叢書一百九十五種　（清）鮑廷博編　（清）鮑士恭續編　清乾隆三十七年至道光三年（1772－1823）長塘鮑氏刻彙印本　三册　存一種

330000－1701－0009500　善006942　經部/小學類/文字之屬/字書/通論
佩韻示斯二卷　（清）吴清藻輯　清乾隆二十七年（1762）敬脩堂刻本　一册

330000－1701－0009501　善006943　子部/藝術類/書畫之屬/法帖
草字彙十二卷　（清）石梁輯　清乾隆五十二年（1787）刻本　三册

330000－1701－0009502　普041.7/1740　類叢部/類書類/通類之屬
蘭雪堂古事苑定本十二卷　（清）鄧志謨輯　清乾隆十四年（1749）文翰樓刻本　六册

330000－1701－0009503　普041.7/2230/c1　類叢部/叢書類/彙編之屬
述記三十四種　（清）任兆麟編　清乾隆五十

三年(1788)震澤任氏忠敏家塾刻映雪草堂印本　六册

330000－1701－0009504　普 041.7/2230/c2　類叢部/叢書類/彙編之屬
述記三十四種　(清)任兆麟編　清乾隆五十三年(1788)震澤任氏忠敏家塾刻映雪草堂印本　六册

330000－1701－0009505　普 041.7/2230/c3　類叢部/叢書類/彙編之屬
述記三十四種　(清)任兆麟編　清乾隆五十三年(1788)震澤任氏忠敏家塾刻映雪草堂印本　三册

330000－1701－0009507　普 915.1231/6035/c1　史部/地理類/方志之屬/郡縣志
[光緒]溧水縣志二十二卷首一卷　(清)傅觀光　(清)施春膏修　(清)丁維誠纂　清光緒九年(1883)刻本　十二册

330000－1701－0009508　善 006944　經部/小學類/文字之屬/字書/字體
六書通摭遺十卷　(清)畢星海輯　清嘉慶六年(1801)海鹽畢星海基聞堂刻本　四册

330000－1701－0009510　善 006945　經部/小學類/文字之屬/字書/字體
選集漢印分韻二卷　(清)袁日省輯　(清)謝雲生臨摹　**續集漢印分韻二卷**　(清)謝景卿輯並臨摹　清嘉慶二年(1797)潄藝堂刻本　四册　存二卷(一至二)

330000－1701－0009511　普 041.7/2802/c1　子部/雜著類/雜纂之屬
玉芝堂談薈三十六卷　(明)徐應秋輯　明崇禎刻清乾隆重修本　三十四册　存三十五卷(一至三十五)

330000－1701－0009512　普 041.7/2802/c2　子部/雜著類/雜纂之屬
玉芝堂談薈三十六卷　(明)徐應秋輯　明崇禎刻清乾隆重修本　十六册

330000－1701－0009513　普 041.7/2802/(2)/c1　子部/雜著類/雜纂之屬
玉芝堂談薈三十六卷　(明)徐應秋輯　明崇禎刻清康熙四十二年(1703)、乾隆三十八年(1773)、道光二十九年(1849)、光緒元年(1875)遞修本　三十二册

330000－1701－0009514　普 041.7/2802/(2)/c2　子部/雜著類/雜纂之屬
玉芝堂談薈三十六卷　(明)徐應秋輯　明崇禎刻清康熙四十二年(1703)、乾隆三十八年(1773)、道光二十九年(1849)、光緒元年(1875)遞修本　三十二册

330000－1701－0009515　善 006946　經部/小學類/文字之屬/字書/字體
藝文備覽十二集一百二十卷補詳字義十四卷　(清)沙木輯　清嘉慶十一年(1806)刻本　四十册

330000－1701－0009516　善 006947　經部/小學類/音韻之屬/古今韻說
漢學諧聲二十四卷說文補考一卷說文又考一卷　(清)戚學標撰　清嘉慶九年(1804)涉縣官署刻本　八册

330000－1701－0009517　普 041.7/2802/2/c1　子部/雜著類/雜纂之屬
玉芝堂談薈三十六卷　(明)徐應秋輯　明崇禎刻清康熙四十二年(1703)、乾隆三十八年(1773)、道光二十九年(1849)、光緒元年(1875)遞修本　三十四册

330000－1701－0009518　普 041.7/2802/2/c2　子部/雜著類/雜纂之屬
玉芝堂談薈三十六卷　(明)徐應秋輯　明崇禎刻清康熙四十二年(1703)、乾隆三十八年(1773)、道光二十九年(1849)、光緒元年(1875)遞修本　三十四册

330000－1701－0009519　普 041.7/2802/3　子部/雜著類/雜纂之屬
玉芝堂談薈三十六卷　(明)徐應秋輯　明崇禎刻清乾隆重修本　二十八册

330000－1701－0009520　普 041.7/3140.02　子部/雜著類/雜纂之屬

智囊補二十八卷　(明)馮夢龍輯　清刻本　八冊

330000－1701－0009521　普 041.7/3140.02/(2)　子部/雜著類/雜纂之屬
智囊補二十八卷　(明)馮夢龍輯　明崇禎刻本　十四冊

330000－1701－0009522　普 041.7/3140.02/3　子部/雜著類/雜纂之屬
智囊補二十八卷　(明)馮夢龍輯　清乾隆同文堂刻本　八冊

330000－1701－0009523　善 006948　經部/群經總義類/文字意義之屬
羣經字攷十卷　(清)吳東發撰　清嘉慶十一年(1806)吳本履刻本　三冊

330000－1701－0009524　普 041.7/3192/c1　類叢部/叢書類/彙編之屬
誦芬室叢刊二十二種　董康編　清光緒三十四年至民國十四年(1908－1925)武進董氏刻本　十二冊　存一種

330000－1701－0009525　普 041.7/3192/c2　類叢部/叢書類/彙編之屬
誦芬室叢刊二十二種　董康編　清光緒三十四年至民國十四年(1908－1925)武進董氏刻本　十六冊　存一種

330000－1701－0009526　普 041.7/3414　類叢部/叢書類/彙編之屬
五朝小説五百二十三種　(明)□□編　明刻後印本　九冊　存一百六種

330000－1701－0009530　善 006949　經部/小學類/文字之屬/字書/字體
問奇典註六卷　(清)唐英撰　清嘉慶二十三年(1818)張晒武昌雄楚樓刻本　六冊

330000－1701－0009531　善 006950　經部/小學類/音韻之屬/韻書
續韻補五卷　(宋)吳棫韻補　(清)凌萬才續　清乾隆刻本　五冊

330000－1701－0009532　普 041.7/4944　子部/雜著類/雜纂之屬
寄園寄所寄十二卷　(清)趙吉士輯　清康熙三十五年(1696)刻本　十二冊

330000－1701－0009533　普 041.7/4944/(2)　子部/雜著類/雜纂之屬
寄園寄所寄十二卷　(清)趙吉士輯　清康熙三十五年(1696)刻本　七冊　缺一卷(十)

330000－1701－0009534　普 041.7/4944/2/c1　子部/雜著類/雜纂之屬
寄園寄所寄十二卷　(清)趙吉士輯　清姑蘇文秀堂刻本　十二冊

330000－1701－0009535　普 041.7/4922/2/c2　子部/雜著類/雜纂之屬
寄園寄所寄十二卷　(清)趙吉士輯　清姑蘇文秀堂刻本　十三冊

330000－1701－0009536　善 006951　經部/小學類/音韻之屬/等韻
等切元聲十卷　(清)熊士伯撰　清康熙刻乾隆尚友堂印本　二冊　缺四卷(三至六)

330000－1701－0009537　普 041.7/6413/c1　新學/格致總
時務通考三十一卷　(清)王奇英等編　清光緒二十三年(1897)點石齋石印本　二十四冊

330000－1701－0009538　普 041.7/6413/c2　新學/格致總
時務通考三十一卷　(清)王奇英等編　清光緒二十三年(1897)點石齋石印本　二十四冊

330000－1701－0009539　普 041.7/6413.02/c1　新學/格致總
時務通考續編三十一卷　(清)王奇英等編　清光緒二十七年(1901)上海點石齋石印本　十六冊

330000－1701－0009540　普 041.7/6413.02/c2　新學/格致總
時務通考續編三十一卷　(清)王奇英等編　清光緒二十七年(1901)上海點石齋石印本　十五冊　缺二卷(一至二)

330000－1701－0009541　善 006952　經部/小學類/音韻之屬/韻書

詩詞通韻五卷首一卷反切定譜一卷　(清)樸隱子撰　清康熙二十四年(1685)刻本　二册

330000－1701－0009542　善 006953　經部/小學類/音韻之屬/古今韻說

古今韻表新編四卷後編一卷　(清)仇廷模撰　清乾隆刻本　二册

330000－1701－0009543　善 006954　經部/小學類/音韻之屬/古今韻說

古韻標準四卷詩韻舉例一卷　(清)江永編　(清)戴震參定　清乾隆三十六年(1771)潮陽縣衙刻本　二册

330000－1701－0009544　善 006955　經部/小學類/音韻之屬/等韻

四聲切韻表一卷凡例一卷　(清)江永編　清乾隆三十六年(1771)恩平縣衙刻本　一册

330000－1701－0009545　善 006956　經部/小學類/音韻之屬/等韻

韻律四卷　(清)陳本撰　清乾隆英雨書屋刻本　二册

330000－1701－0009546　善 006957　經部/小學類/音韻之屬/韻書

韻岐五卷　(清)江昱撰　清乾隆湘東署齋刻本　一册

330000－1701－0009547　善 006958　經部/小學類/音韻之屬/韻書

音韻輯要二十一卷　(清)王鵕撰　清乾隆四十九年(1784)崑山載德堂刻本　二册

330000－1701－0009548　善 006959　經部/小學類/文字之屬

問奇一覽二卷音韻須知二卷　(清)李書雲撰　清乾隆三十一年(1766)汪燾刻本　四册

330000－1701－0009549　善 006960　經部/小學類/音韻之屬/注音

方音正誤五卷　(清)左伯溪編　清乾隆五十七年(1792)刻本　一册

330000－1701－0009550　善 006961　經部/小學類/音韻之屬/注音

音切譜二十卷　(清)李元撰　清嘉慶元年(1796)刻本　十册

330000－1701－0009551　善 006962　經部/小學類/文字之屬/字書/字體

繆篆分韻五卷補一卷　(清)桂馥輯　清光緒歸安姚氏咫進齋刻本　馬浮題簽並記　二册

330000－1701－0009552　善 006963　經部/小學類/音韻之屬/等韻

音韻同異辨八卷　(清)單可琪撰　清嘉慶八年(1803)高密單可琪刻本　四册

330000－1701－0009556　善 006964　史部/紀傳類/正史之屬

史記半解六十八卷　(清)湯諧評注　清康熙五十四年(1715)刻本　十六册

330000－1701－0009557　善 006965　史部/紀傳類/正史之屬

史記志疑三十六卷　(清)梁玉繩撰　清乾隆仁和梁玉繩刻本　十册

330000－1701－0009558　善 006967　史部/紀傳類/正史之屬

漢書一百卷　(漢)班固撰　(明)葛錫璠彙評　明崇禎十二年(1639)古吳葛鼎刻本　二十四册

330000－1701－0009559　善 006966　史部/政書類/通制之屬

通志略五十二卷　(宋)鄭樵撰　明嘉靖二十九年(1550)陳宗夔等刻清乾隆十三年(1748)于敏中金匱山房印本　二十册

330000－1701－0009561　普 041.7/7747/(2)　子部/雜著類/雜纂之屬

清異錄二卷　(宋)陶穀撰　清康熙四十七年(1708)鹽官陳世修漱六閣刻本　四册

330000－1701－0009562　普 041.7/7747/2　子部/雜著類/雜纂之屬

清異錄二卷　(宋)陶穀撰　清光緒元年(1875)陳其元庸閒齋刻陳刻二種本　一册

330000－1701－0009563　普 041.7/7753　類叢部/叢書類/彙編之屬
津逮祕書十五集一百四十種　(明)毛晉編　明崇禎虞山毛氏汲古閣刻本　四冊　存一種

330000－1701－0009564　普 041.7/7753/2/c1　類叢部/叢書類/彙編之屬
崇文書局彙刻書三十一種　(清)崇文書局編　清光緒元年至三年(1875－1877)湖北崇文書局刻本　六冊　存一種

330000－1701－0009565　普 041.7/7753/2/c2　子部/小說家類/異聞之屬
酉陽雜俎二十卷續集十卷　(唐)段成式撰　清光緒三年(1877)湖北崇文書局刻崇文書局彙刻書本　清佚名題記　六冊

330000－1701－0009566　普 041.7/7753/2/c3　類叢部/叢書類/彙編之屬
崇文書局彙刻書三十一種　(清)崇文書局編　清光緒元年至三年(1875－1877)湖北崇文書局刻本　四冊　存一種

330000－1701－0009567　普 041.7/7753/3　類叢部/叢書類/彙編之屬
稗海四十六種續稗海二十四種　(明)商濬編　明萬曆商氏半埜堂刻本　六冊　存一種

330000－1701－0009568　普 041.7/7753/4　子部/小說家類/異聞之屬
酉陽雜俎二十卷續集十卷　(唐)段成式撰　清道光二十九年(1849)小嫏嬛山館刻本　傅雲岑題記　六冊

330000－1701－0009573　善 006968　史部/紀傳類/正史之屬
班馬異同三十五卷　(宋)倪思撰　(宋)劉辰翁評　明萬曆刻本　八冊

330000－1701－0009574　善 006969　史部/紀傳類/正史之屬
漢書評林一百卷　(明)凌稚隆輯　明刻本　三十冊

330000－1701－0009575　善 006970　史部/紀傳類/正史之屬
東觀漢記二十四卷　(漢)劉珍等撰　清乾隆六十年(1795)掃葉山房刻本　二冊

330000－1701－0009577　普 080.211/2509/c1　史部/目録類/總録之屬/私撰
行素堂目睹書錄十卷　(清)朱記榮編　**汲古閣珍藏秘本書目一卷**　(清)毛扆輯　清光緒十年至十一年(1884－1885)吳縣朱記榮槐廬刻本　十冊

330000－1701－0009578　普 080.211/2509/c2　史部/目録類/總録之屬/私撰
行素堂目睹書錄十卷　(清)朱記榮編　**汲古閣珍藏秘本書目一卷**　(清)毛扆輯　清光緒十年至十一年(1884－1885)吳縣朱記榮槐廬刻本　十冊

330000－1701－0009579　普 080.211/2509/c3　史部/目録類/總録之屬/私撰
行素堂目睹書錄十卷　(清)朱記榮編　**汲古閣珍藏秘本書目一卷**　(清)毛扆輯　清光緒十年至十一年(1884－1885)吳縣朱記榮槐廬刻本　十冊

330000－1701－0009580　善 006971　史部/紀傳類/別史之屬
宋遼金元別史(四朝別史)五種　(清)席世臣輯　清嘉慶至嘉慶南沙席氏掃葉山房刻本　十二冊　存一種

330000－1701－0009581　善 006972　史部/編年類/通代之屬
資治通鑑二百九十四卷　(宋)司馬光撰　(元)胡三省音注　**通鑑釋文辯誤十二卷**　(元)胡三省撰　明萬曆二十年(1592)新安吳勉學刻本　三冊　存十二卷(通鑑釋文辯誤一至十二)

330000－1701－0009582　普 080.211/3127　史部/目録類/總録之屬/彙刻
彙刻書目初編十卷續編二卷　(清)顧修輯　清同治九年(1870)崇雅堂木活字印本　十二冊

330000－1701－0009583　普 080.211/3127/

2/c1　史部/目録類/總録之屬/彙刻
彙刻書目初編十卷補編一卷　(清)顧修輯　清同治九年(1870)羣玉齋木活字印本　十冊

330000－1701－0009584　普 080.211/3127/2/c2　史部/目録類/總録之屬/彙刻
彙刻書目初編十卷補編一卷　(清)顧修輯　清同治九年(1870)羣玉齋木活字印本　十冊

330000－1701－0009585　普 080.211/3127/3　史部/目録類/總録之屬/彙刻
彙刻書目初編十卷補編一卷　(清)顧修輯　清嘉慶四年(1799)刻本　十冊

330000－1701－0009586　普 080.211/3127/4　史部/目録類/總録之屬/彙刻
彙刻書目初編十卷　(清)顧修輯　**彙刻書目續編五卷新編一卷補編一卷**　(清)陳光照輯　清光緒元年(1875)長洲陳氏無夢園刻本　十冊　存十卷(一至十)

330000－1701－0009593　善 006973　史部/紀傳類/別史之屬
金源劄記二卷又劄一卷史論五答一卷吉貝居暇唱一卷　(清)施國祁撰　清嘉慶十七年(1812)、二十一年(1816)潯溪施國祁吉貝居刻本　一冊　缺一卷(吉貝居暇唱)

330000－1701－0009594　普 081/0015/c1　類叢部/叢書類/彙編之屬
碧琳琅館叢書四十四種　(清)方功惠編　清光緒十年(1884)巴陵方氏廣東刻宣統元年(1909)印本　一百十九冊　缺二卷(徐氏筆精四至五)

330000－1701－0009595　普 081/0015/c2　類叢部/叢書類/彙編之屬
碧琳琅館叢書四十四種　(清)方功惠編　清光緒十年(1884)巴陵方氏廣東刻宣統元年(1909)印本　一百二十冊

330000－1701－0009596　普 081/0015/(2)　類叢部/叢書類/彙編之屬
碧琳琅館叢書四十四種　(清)方功惠編　清光緒十年(1884)巴陵方氏廣東刻宣統元年(1909)印本　一百二十七冊　缺二卷(春秋會意四至五)

330000－1701－0009597　善 006974　史部/編年類/通代之屬
通鑑前編十八卷舉要二卷　(宋)金履祥撰　**首一卷**　(明)陳桱撰　明末刻本(卷十一配清抄本)　九冊　存二卷(舉要一至二)

330000－1701－0009598　善 006975　史部/編年類/通代之屬
通鑑綱目分注補遺四卷書法存疑一卷　(清)芮長恤撰　清康熙二十年(1681)留餘堂刻道光二十八年(1848)休寧方德箠重修本　二冊　存四卷(拾遺一至四)

330000－1701－0009599　善 006976　史部/編年類/通代之屬
新刻陳眉公重訂通鑑會纂二十八卷通鑑總論一卷　(明)諸燮纂輯　(明)陳繼儒訂正　清順治十二年(1655)刻本　三十二冊

330000－1701－0009600　善 006977　史部/編年類/斷代之屬
兩漢紀六十卷　(宋)王銍輯　**兩漢紀字句異同考一卷**　(清)蔣國祚撰　清康熙三十五年(1696)襄平蔣氏刻本　十六冊

330000－1701－0009601　善 006978　史部/紀事本末類/通代之屬
繹史一百六十卷世系圖一卷年表一卷　(清)馬驌撰　清康熙刻本　四十八冊

330000－1701－0009602　善 006979　史部/雜史類/通代之屬
重訂路史全本四十七卷　(宋)羅泌撰　(宋)羅苹注　(明)吳弘基等重編　**賦秋山覽史隨筆一卷**　明末仁和吳弘基刻本　十六冊

330000－1701－0009603　善 006980　史部/雜史類/通代之屬
重訂路史全本四十七卷　(宋)羅泌撰　(宋)羅苹注　(明)吳弘基等重編　清乾隆元年(1736)進修書院刻本　二十冊

330000－1701－0009604　普 081/0031/c2

類叢部/叢書類/彙編之屬
稗海四十八種續集二十二種　（明）商濬編　明萬曆商氏半埜堂刻清康熙至乾隆修補重訂本（齊東野語卷十三配抄本）　一百冊

330000－1701－0009607　普 080.211/3127.02/c1　史部/目録類/總録之屬/彙刻
彙刻書目二十卷　（清）顧修輯　（清）朱學勤補　清光緒十二年至十五年（1886－1889）上海福瀛書局刻本　二十冊

330000－1701－0009608　普 080.211/3127.02/c2　史部/目録類/總録之屬/彙刻
彙刻書目二十卷　（清）顧修輯　（清）朱學勤補　清光緒十二年至十五年（1886－1889）上海福瀛書局刻本　十八冊

330000－1701－0009609　普 080.211/3127.02/c3　史部/目録類/總録之屬/彙刻
彙刻書目二十卷　（清）顧修輯　（清）朱學勤補　清光緒十二年至十五年（1886－1889）上海福瀛書局刻本　二十冊

330000－1701－0009610　善 006981　史部/雜史類
路史四十七卷　（宋）羅泌撰　（宋）羅苹注　明刻本　八冊　存二十三卷（前紀一至九、後紀一至十三、國名紀信）

330000－1701－0009611　普 081/0031/（3）　類叢部/叢書類/彙編之屬
稗海四十八種續集二十二種　（明）商濬編　明萬曆商氏半埜堂刻清康熙至乾隆修補重訂本　九十八冊

330000－1701－0009615　善 006982　史部/雜史類/通代之屬
國語評苑六卷　（明）穆文熙輯　明萬曆光裕堂刻本　二冊

330000－1701－0009616　善 006983　史部/雜史類/通代之屬
增補註釋史歌大成二卷　（明）唐體元編輯　明崇禎三年（1630）刻本　二冊

330000－1701－0009617　善 006984　史部/紀傳類/正史之屬
後漢書補逸二十一卷　（清）姚之駰輯　清康熙五十二年（1713）錢唐姚之駰露滌齋刻嘉慶栢筠書屋印本　八冊

330000－1701－0009618　善 006985　史部/雜史類
十六國春秋一百卷　（北魏）崔鴻撰　清乾隆三十九年（1774）汪氏欣託山房刻四十一年（1776）印本　江孝海批　十六冊

330000－1701－0009619　善 006986　史部/雜史類/斷代之屬
十國春秋一百十四卷　（清）吴任臣撰　清康熙十七年（1678）彙賢齋刻本　十六冊

330000－1701－0009620　普 081/0178/c1　類叢部/叢書類/彙編之屬
知服齋叢書二十九種　（清）龍鳳鑣編　清光緒順德龍氏刻本　二十八冊

330000－1701－0009621　普 081/0178/c2　類叢部/叢書類/彙編之屬
知服齋叢書二十九種　（清）龍鳳鑣編　清光緒順德龍氏刻本　二十三冊　存二十四種

330000－1701－0009622　善 006987　史部/雜史類/斷代之屬
十國春秋一百十四卷　（清）吴任臣撰　**拾遺一卷備考一卷　拾遺備考補**　（清）周昂輯　清乾隆五十八年（1793）昭文周氏此宜閣刻本　十六冊

330000－1701－0009623　善 006988　史部/載記類
契丹國志二十七卷　（宋）葉隆禮撰　清乾隆五十八年（1793）承恩堂刻本　四冊

330000－1701－0009624　善 006989　史部/雜史類/斷代之屬
平閩紀十三卷　（清）楊捷撰　清康熙二十二年（1683）世澤堂刻本　六冊

330000－1701－0009625　善 006990　史部/詔令奏議類/詔令之屬
硃批諭旨不分卷　（清）鄂爾泰等輯　清乾隆

三年(1738)刻朱墨套印本　一百十二冊

330000－1701－0009626　善 006991　史部/詔令奏議類/奏議之屬

歷代名臣奏議三百二十卷　(明)黄淮　(明)楊士奇等輯　(明)張溥刪正　明崇禎刻聚英堂修補本　六十四冊

330000－1701－0009627　善 006992　史部/詔令奏議類/奏議之屬

包孝肅公奏議十卷　(宋)包拯撰　清嘉慶八年(1803)鑑湖亭刻本　二冊

330000－1701－0009628　善 006993　史部/詔令奏議類/奏議之屬

朱文懿公奏疏十二卷　(明)朱賡著　清乾隆至嘉慶刻本　十二冊

330000－1701－0009629　善 006994　類叢部/叢書類/自著之屬

李文襄公文集二種附一種　(清)李之芳撰　(清)李鍾麟編　清康熙刻彤錫堂彙印本　十二冊　存一種附一種

330000－1701－0009630　善 006995　史部/詔令奏議類/奏議之屬

心政錄八卷　(清)雅爾圖撰　清乾隆刻本　十二冊

330000－1701－0009631　普 081/0721　類叢部/叢書類/彙編之屬

金峨山館叢書(望三益齋叢書)十一種　(清)郭傳璞編　清光緒八年至十六年(1882－1890)鄞郭氏刻二十年(1894)鎮海邵氏彙印本　十冊

330000－1701－0009632　普 081/0848　類叢部/叢書類/彙編之屬

榆園叢刻十五種附一種　(清)許增編　清同治至光緒刻本　十六冊

330000－1701－0009633　普 081/0848/(2)/c2　類叢部/叢書類/彙編之屬

榆園叢刻十五種附一種　(清)許增編　清同治至光緒刻本　十六冊

330000－1701－0009634　善 006996　史部/詔令奏議類/奏議之屬

健餘奏議十卷首一卷　(清)尹會一撰　清乾隆敦崇堂刻本　五冊

330000－1701－0009635　善 006997　類叢部/叢書類/自著之屬

王漁洋遺書三十八種　(清)王士禛撰　清刻本　四冊　存一種

330000－1701－0009636　善 006998　史部/傳記類/總傳之屬/郡邑

雒閩源流錄十七卷　(清)張夏撰　清康熙二十一年(1682)婺源黄昌衢彝敘堂刻本　六冊

330000－1701－0009637　善 006999　史部/傳記類/總傳之屬/忠孝

續表忠記八卷　(清)趙吉士纂編　(清)盧宜彙輯　清康熙三十七年(1698)趙吉士寄園刻雍正印本　四冊

330000－1701－0009638　善 007000　史部/傳記類/總傳之屬/郡邑

三不朽圖贊不分卷　(清)張岱輯　清康熙十九年(1680)鳳嬉堂刻乾隆五年(1740)陳氏南澗恒德堂續刻印本　趙恩樾題簽　二冊

330000－1701－0009641　善 007001　史部/傳記類/總傳之屬/家乘

[浙江紹興]史氏譜錄合編八卷　(清)史在鑛纂修　清康熙三十一年(1692)刻本　八冊

330000－1701－0009642　善 007002　史部/傳記類/總傳之屬/家乘

[江西婺源]濟溪游氏宗譜二十八卷首一卷　(清)游永等纂修　清乾隆三十一年(1766)敘倫堂木活字印本　十二冊

330000－1701－0009643　善 007003　史部/傳記類/總傳之屬/家乘

安陽韓氏湘南小譜四卷　(清)韓綸　(清)韓人驥　(清)韓紹修輯　清乾隆五十七年(1792)木活字印本　二冊

330000－1701－0009644　善 007004　史部/史抄類

廿一史識餘三十七卷　(明)張墉輯　明崇禎十七年(1644)刻本　八册

330000－1701－0009645　普081/1003.2/c1、普081/1003.22、普081/1003.23/c1、普081/1003.24、普081/1003.25　類叢部/叢書類/彙編之屬

古今説部叢書二百七十二種　國學扶輪社編　清宣統二年至民國二年(1910－1913)上海國學扶輪社鉛印本　三十册　存二百十一種

330000－1701－0009646　普081/1003.26、普081/1003.27、普081/1003.28、普081/1003.29、普081/1003.291　類叢部/叢書類/彙編之屬

古今説部叢書二百七十二種　國學扶輪社編　清宣統二年至民國二年(1910－1913)上海國學扶輪社鉛印本　三十册　存六十種

330000－1701－0009647　善007005　史部/史抄類

廿二史紀事提要八卷　(清)吴綏撰　清乾隆十一年(1746)吴培源刻本　十二册

330000－1701－0009648　善007006　集部/總集類/選集之屬/斷代

兩漢策要十二卷　(宋)陶叔獻輯　清乾隆五十六年(1791)如皋張朝樂刻本(卷三原缺)　八册

330000－1701－0009649　善007007　史部/史抄類

諸史提要十五卷　(宋)錢端禮著　(清)張英補　清康熙五十二年(1713)内府刻本　十册

330000－1701－0009650　善007008　史部/地理類/方志之屬/郡縣志

[康熙]杭州府志四十卷圖一卷　(清)馬如龍修　(清)楊鼐等纂　清康熙二十五年(1686)刻本　二十册

330000－1701－0009651　善007009　史部/地理類/方志之屬/郡縣志

[康熙]杭州府志四十卷圖一卷　(清)馬如龍修　(清)楊鼐等纂　清康熙二十五年(1686)刻三十三年(1694)李鐸增刻本　二十册

330000－1701－0009652　善007010　史部/地理類/方志之屬/郡縣志

[康熙]仁和縣志二十八卷　(清)趙世安修　(清)顧豹文　(清)邵遠平纂　清康熙二十六年(1687)刻乾隆重修本　十二册

330000－1701－0009653　善007011　史部/地理類/方志之屬/郡縣志

[雍正]續修嘉善縣志十二卷　(清)戈鳴岐修　(清)錢元佑等纂　清雍正十二年(1734)刻本　四册

330000－1701－0009654　善007012　史部/地理類/方志之屬/郡縣志

[乾隆]平湖縣志十卷首一卷末一卷　(清)王恒修　(清)張誠等纂　清乾隆五十五年(1790)刻本　十册

330000－1701－0009655　善007013　史部/地理類/方志之屬/郡縣志

[乾隆]乍浦志六卷首一卷　(清)宋景關纂修　清乾隆二十二年(1757)刻本　二册

330000－1701－0009656　善007014　史部/地理類/方志之屬/郡縣志

[正德]新市鎮誌八卷　(明)陳霆纂修　清嘉慶十六年(1811)刻本　二册

330000－1701－0009657　善007015　史部/地理類/方志之屬/郡縣志

[崇禎]仙潭後志不分卷　(明)胡道傳　(清)沈戢穀纂修　清光緒二十八年(1902)仙潭周衡抄本　一册

330000－1701－0009658　善007016　史部/地理類/方志之屬/郡縣志

[康熙]長興縣誌八卷圖一卷　(清)韓應恒修　(清)金鏡　(清)朱升纂　清康熙十二年(1673)刻本　六册

330000－1701－0009663　善007017　史部/地理類/方志之屬/郡縣志

[康熙]鄞縣誌二十四卷首一卷　(清)汪源澤修　(清)聞性道纂　清康熙二十五年(1686)

刻本(卷二十一配清抄本)　十二册

330000－1701－0009664　善 007018　史部/地理類/方志之屬/郡縣志
[康熙]僊居縣志三十卷圖一卷　(清)鄭錄勳修　(清)張明焜　(清)張徽謨纂　清康熙十九年(1680)刻本　五册

330000－1701－0009665　善 007019　史部/地理類/方志之屬/郡縣志
[乾隆]黄巖縣志十二卷首一卷　(清)王憕修　(清)李汪度　(清)阮培元纂　清乾隆三十五年(1770)刻道光十八年(1838)印本　十四册

330000－1701－0009666　普 081/1049　類叢部/叢書類/彙編之屬
天壤閣叢書二十種增刊六種　(清)王祖源　(清)王懿榮編　清同治至光緒福山王氏刻民國十六年(1927)姚氏一雲精舍彙印本　二十四册

330000－1701－0009667　善 007020　史部/地理類/方志之屬/郡縣志
[康熙]寧海縣志十二卷首一卷　(清)崔秉鏡修　(清)華大琰纂　清康熙十七年(1678)刻本　八册

330000－1701－0009671　善 007021　史部/地理類/方志之屬/郡縣志
[康熙]龍游縣誌十二卷首一卷　(清)盧燦修　(清)余恂纂　清光緒八年(1882)刻本　六册

330000－1701－0009672　善 007022　史部/地理類/方志之屬/郡縣志
[康熙]溫州府志三十二卷圖一卷　(清)汪爌修　(清)李璋　(清)金大起　(清)胡爗纂　清康熙二十四年(1685)刻本　十册

330000－1701－0009673　善 007023　史部/地理類/方志之屬/郡縣志
[乾隆]建德縣志十卷首一卷　(清)王賓修　(清)應德廣等纂　清乾隆十九年(1754)刻本　五册

330000－1701－0009674　善 007024　史部/地理類/方志之屬/郡縣志
[乾隆]淳安縣志十六卷首一卷　(清)劉世寧修　(清)方粲如纂　清乾隆二十一年(1756)刻本　八册

330000－1701－0009675　善 007025　史部/地理類/方志之屬/郡縣志
[康熙]遂安縣志十卷　(清)劉從龍修　(清)方象璜　(清)方象瑛纂　(清)劉闳儒　(清)毛升芳續修　清康熙十二年至十三年(1673－1674)刻二十四年(1685)增修本　四册

330000－1701－0009677　善 007026　史部/地理類/方志之屬/郡縣志
[康熙]增補盧龍縣志六卷首一卷　(清)李士模纂修　(清)衛立鼎續補　清順治十七年(1660)刻康熙十九年(1680)增刻本　四册

330000－1701－0009678　普 081/1074/c3　類叢部/叢書類/彙編之屬
正覺樓叢刻(正覺樓叢書)二十九種　(清)崇文書局編　清光緒崇文書局刻本　三十六册

330000－1701－0009679　普 081/1074/c4　類叢部/叢書類/彙編之屬
正覺樓叢刻(正覺樓叢書)二十九種　(清)崇文書局編　清光緒崇文書局刻本　三十一册　存二十六種

330000－1701－0009680　善 007027　史部/地理類/方志之屬/郡縣志
[康熙]撫寧縣志十二卷　(清)趙端修　(清)徐廷璟纂　清康熙二十一年(1682)刻本　五册

330000－1701－0009681　善 007028　史部/地理類/方志之屬/郡縣志
[乾隆]東安縣志二十二卷圖一卷　(清)李光昭修　(清)周琰纂　清乾隆十四年(1749)刻本　六册

330000－1701－0009682　善 007029　史部/地理類/方志之屬/郡縣志

[順治]潞安府志二十卷　(清)楊晙修　(清)李中白　(清)周再勳纂　清順治十六年(1659)刻本　十六册

330000－1701－0009683　善 007030　史部/地理類/方志之屬/郡縣志
[康熙]潞城縣志八卷　(清)張士浩修　(清)申伯等纂　清康熙四十五年(1706)刻重修本　三册

330000－1701－0009684　善 007031　史部/地理類/方志之屬/郡縣志
[乾隆]翼城縣志二十八卷　(清)李居頤纂修　清乾隆二年(1737)刻本　六册

330000－1701－0009685　善 007032　史部/地理類/方志之屬/郡縣志
[康熙]蘭谿縣志七卷　(清)劉芳喆修　(清)郭若繹　(清)章允奇纂　清康熙十一年(1672)刻重修本　四册

330000－1701－0009686　善 007033　史部/地理類/方志之屬/通志
[康熙]陝西通志三十二卷首一卷圖一卷　(清)賈漢復修　(清)李楷等纂　(清)韓奕續修　(清)王功成等續纂　清康熙五十年(1711)刻本　三十册

330000－1701－0009687　善 007034　史部/地理類/方志之屬/郡縣志
[乾隆]富平縣志八卷　(清)喬履信纂修　清乾隆五年(1740)刻本　五册

330000－1701－0009688　善 007035　史部/地理類/方志之屬/郡縣志
[嘉慶]耀州志十卷　(清)陳仕林等纂修　清嘉慶七年(1802)刻本　六册

330000－1701－0009690　普 081/1003.23/c2　類叢部/叢書類/彙編之屬
古今説部叢書二百七十二種　國學扶輪社編　清宣統二年至民國二年(1910－1913)上海國學扶輪社鉛印本　六册　存三十七種

330000－1701－0009691　善 007036　史部/地理類/方志之屬/郡縣志
[康熙]武功縣重校續志三卷　(清)張文熙纂修　(清)康呂賜校補　清康熙元年(1662)刻雍正十二年(1734)補刻本　二册

330000－1701－0009692　善 007037　史部/地理類/方志之屬/郡縣志
[雍正]武功縣後志四卷　(清)沈華修　(清)崔昭等纂　清雍正十一年(1733)刻本　二册

330000－1701－0009693　善 007038　史部/地理類/方志之屬/郡縣志
[康熙]郯城縣志十卷　(清)張三俊修　(清)馮可參纂　清康熙十二年(1673)刻本　三册　缺三卷(六至八)

330000－1701－0009694　善 007039　史部/地理類/方志之屬/郡縣志
[乾隆]濮州志六卷　(清)邵世昌修　(清)柴揆纂　清乾隆二十年(1755)刻本　六册

330000－1701－0009695　善 007040　史部/地理類/方志之屬/郡縣志
[乾隆]吳郡甫里志二十四卷首一卷　(清)彭方周修　(清)顧時鴻　(清)王立禮纂　清乾隆三十年(1765)刻本　五册

330000－1701－0009697　普 081/1134/c2　類叢部/叢書類/彙編之屬
二酉堂叢書(張氏叢書)二十一種　(清)張澍輯　清道光元年(1821)武威張氏二酉堂刻本　十二册

330000－1701－0009698　普 081/1134/c3　類叢部/叢書類/彙編之屬
二酉堂叢書(張氏叢書)二十一種　(清)張澍輯　清道光元年(1821)武威張氏二酉堂刻本　十册

330000－1701－0009700　善 007041　史部/地理類/方志之屬/郡縣志
[乾隆]上海縣志十二卷首一卷　(清)李文耀修　(清)談起行　(清)葉承纂　清乾隆十五年(1750)刻本　十二册

330000－1701－0009701　善 007042　史部/

地理類/方志之屬/郡縣志
[康熙]廬州府志四十七卷 （清）張純修修 （清）顧梁汾纂 清康熙三十五年(1696)刻本 十二册

330000－1701－0009702 善 007043 史部/地理類/方志之屬/郡縣志
[康熙]巢縣志二十卷 （清）于覺世修 （清）陸龍騰等纂 清康熙十二年(1673)刻本 六册

330000－1701－0009704 普 081/1137/2 類叢部/叢書類/彙編之屬
借月山房彙鈔十六集一百三十四種 （清）張海鵬編 清嘉慶十一年至十七年(1806－1812)虞山張氏刻增修本 四册 存十三種

330000－1701－0009706 普 081/1137.2/2(2) 類叢部/叢書類/彙編之屬
學津討原一百七十三種 （清）張海鵬編 清嘉慶十年(1805)虞山張氏照曠閣刻本(韓詩外傳配清抄本) 二百四十册

330000－1701－0009708 善 007044 史部/地理類/方志之屬/郡縣志
[乾隆]含山縣志十六卷 （清）梁棟修 （清）唐焯等纂 清乾隆十三年(1748)刻本 五册 存十四卷(一至十四)

330000－1701－0009709 善 007045 史部/地理類/方志之屬/郡縣志
[嘉慶]舒城縣志三十六卷 （清）熊載陞 （清）杜茂材修 （清）孔繼序纂 清嘉慶十一年(1806)刻本 十册

330000－1701－0009710 善 007046 史部/地理類/方志之屬/郡縣志
[順治]亳州志四卷 （清）劉澤溥修 （清）高搏九纂 清順治十三年(1656)刻本 四册

330000－1701－0009711 善 007047 史部/地理類/方志之屬/郡縣志
[乾隆]亳州志十二卷首一卷 （清）鄭交泰修 （清）王雲萬纂 清乾隆三十九年(1774)刻本 七册 存十一卷(二至十二)

330000－1701－0009712 善 007048 史部/地理類/方志之屬/郡縣志
[道光]亳州志四十三卷首一卷 （清）任壽世修 （清）劉開 （清）陳恩德纂 清道光五年(1825)古譙官舍刻本 十六册

330000－1701－0009713 善 007049 史部/地理類/方志之屬/郡縣志
[康熙]虹縣志二卷 （清）龔起暈纂修 （清）彭翼宸增補 清康熙十一年(1672)龔起暈心水堂刻十七年(1678)增刻重修本 二册

330000－1701－0009714 善 007050 史部/地理類/方志之屬/郡縣志
[雍正]來安縣志十二卷首一卷 （清）伍斯瓆修 （清）張瑀等纂 清雍正十三年(1735)刻本 四册

330000－1701－0009715 普 081/1182/c1 類叢部/叢書類/彙編之屬
張氏適園叢書初集七種 張鈞衡編 清宣統三年(1911)上海國學扶輪社鉛印本 十册

330000－1701－0009716 善 007051 史部/地理類/方志之屬/郡縣志
[康熙]太平府志四十卷 （清）黄桂修 （清）宋驤等纂 （清）李敏迪 （清）曹守謙增修 清康熙十二年(1673)刻四十六年(1707)增修本 十四册

330000－1701－0009717 善 007052 史部/地理類/方志之屬/郡縣志
[乾隆]廣德州志三十卷輿圖一卷 （清）李國相等纂修 清乾隆四年(1739)刻本 八册

330000－1701－0009718 善 007053 史部/地理類/方志之屬/郡縣志
[淳熙]新安志十卷附一卷 （宋）羅願纂 清康熙四十六年(1707)刻乾隆印本 八册

330000－1701－0009719 善 007054 史部/地理類/方志之屬/郡縣志
[康熙]祁門縣志八卷 （清）張瑗纂修 清康熙刻本 八册

330000－1701－0009720 善 007055 史部/

地理類/方志之屬/郡縣志

[康熙]石埭縣志八卷圖一卷 (清)姚子莊修 (清)周體元纂 清康熙十四年(1675)刻乾隆印本 六册

330000－1701－0009721 善007056 史部/地理類/方志之屬/郡縣志

[乾隆]南昌縣志七十卷首一卷 (清)顧錫鬯修 (清)蔡正笏等纂 清乾隆十六年(1751)刻本 二十册

330000－1701－0009722 善007057 史部/地理類/方志之屬/郡縣志

[康熙]萍鄉縣志八卷 (清)尚崇年修 (清)譚詮 (清)李六謙纂 清康熙二十二年(1683)刻重修本 四册

330000－1701－0009723 善007058 史部/地理類/方志之屬/郡縣志

[乾隆]彭澤縣志十六卷圖一卷 (清)吳會川修 (清)何炳奎纂 清乾隆二十一年(1756)刻本 八册

330000－1701－0009724 善007059 史部/地理類/方志之屬/郡縣志

[乾隆]貴溪縣志二十四卷 (清)華西植修 (清)黃炎等纂 清乾隆十六年(1751)刻本(卷一至二配清抄本) 清小厓題記 十二册

330000－1701－0009725 普081/1182/c2 類叢部/叢書類/彙編之屬

張氏適園叢書初集七種 張鈞衡編 清宣統三年(1911)上海國學扶輪社鉛印本 十册

330000－1701－0009726 普081/1182.2 類叢部/叢書類/彙編之屬

張氏適園叢書第二集十四種 張鈞衡編 清宣統三年(1911)上海國學扶輪社鉛印本 十二册

330000－1701－0009728 善007060 史部/地理類/方志之屬/郡縣志

[康熙]南豐縣志十六卷 (清)鄭釴修 (清)劉凝等纂 清康熙二十四年(1685)刻本 十册

330000－1701－0009729 善007061 史部/地理類/方志之屬/郡縣志

[順治]吉安府志三十六卷 (清)李興元修 (清)歐陽主生等纂 清順治十七年(1660)刻本 三十二册

330000－1701－0009730 善007062 史部/地理類/方志之屬/郡縣志

[乾隆]瑞金縣志八卷首一卷 (清)郭燦修 (清)黃天策 (清)楊于位纂 清乾隆十八年(1753)刻本 七册

330000－1701－0009733 普081/1262.3 類叢部/叢書類/彙編之屬

岱南閣叢書五種 (清)孫星衍編 清嘉慶三年(1798)蘭陵孫氏沇州刻本 十二册 存四種

330000－1701－0009734 普081/1182.5/(2) 類叢部/叢書類/彙編之屬

擇是居叢書初集十九種 張鈞衡輯 清光緒至民國刻民國十五年(1926)吳興張氏彙印本 二十六册 存十三種

330000－1701－0009735 善007063 史部/地理類/方志之屬/郡縣志

[康熙]建陽縣誌八卷首一卷 (清)柳正芳修 (清)王維文等纂 清康熙四十二年(1703)刻本 六册

330000－1701－0009736 善007064 史部/地理類/方志之屬/郡縣志

[康熙]南安縣志二十卷 (清)劉佑修 (清)葉獻論等纂 清康熙十一年(1672)刻本 六册

330000－1701－0009737 善007065 史部/地理類/方志之屬/郡縣志

[康熙]漳州府志三十四卷首一卷 (清)魏荔彤修 (清)蔡世遠 (清)陳元麟等纂 清康熙五十四年(1715)刻雍正印本 二十册

330000－1701－0009738 善007066 史部/地理類/方志之屬/郡縣志

[乾隆]南靖縣志十卷首一卷 (清)姚循義修

(清)李正曜等纂　清乾隆八年(1743)刻本　四册

330000－1701－0009739　善007067　史部/地理類/方志之屬/郡縣志
[乾隆]順昌縣志十卷　(清)陳鍈修　(清)呂天芹　(清)葉銘等纂　清乾隆三十年(1765)刻本　四册

330000－1701－0009740　善007068　史部/地理類/方志之屬/郡縣志
[乾隆]連城縣志十卷　(清)徐尚忠修　(清)李龍官纂　清乾隆十六年(1751)刻本　八册

330000－1701－0009741　善007069　史部/地理類/方志之屬/郡縣志
[康熙]臺灣府志十卷　(清)高拱乾等纂修　(清)周元文　(清)宋永清增修　清康熙三十五年(1696)刻四十九年(1710)增修本　六册

330000－1701－0009742　善007070　史部/地理類/方志之屬/郡縣志
[乾隆]杞縣志二十卷首一卷　(清)王之衛修　(清)潘均等纂　清乾隆十二年(1747)刻本　七册

330000－1701－0009743　善007071　史部/地理類/方志之屬/郡縣志
[康熙]登封縣志十卷　(清)張聖誥修　(清)焦欽寵纂　清康熙三十五年(1696)刻本　六册

330000－1701－0009744　善007072　史部/地理類/方志之屬/郡縣志
[乾隆]太康縣志八卷　(清)武國昌修　(清)胡彥昇　(清)宋銓纂　清乾隆二十六年(1761)刻本　八册

330000－1701－0009745　善007073　史部/地理類/方志之屬/郡縣志
[乾隆]魯山縣全志九卷　(清)徐若階　(清)馬慧姿修　(清)傅爾英　(清)宋足發纂　清乾隆八年(1743)刻本　五册

330000－1701－0009746　善007074　史部/地理類/方志之屬/郡縣志
[乾隆]禹州志十四卷　(清)邵大業修　(清)孫廣生纂　清乾隆十二年(1747)刻本　十二册

330000－1701－0009747　善007075　史部/地理類/方志之屬/郡縣志
[康熙]鎮平縣志三卷　(清)張琮纂修　清康熙三十四年(1695)刻本　三册

330000－1701－0009748　善007076　史部/地理類/方志之屬/郡縣志
[康熙]河南府志二十八卷　(清)張聖業修　(清)董正纂　清康熙三十四年(1695)刻雍正重修本　二十册　存二十二卷(一至二十二)

330000－1701－0009749　善007077　史部/地理類/方志之屬/郡縣志
[康熙]黃陂縣志十五卷　(清)楊廷蘊纂修　清康熙五年(1666)刻本　七册　存十四卷(二至十五)

330000－1701－0009750　善007078　史部/地理類/方志之屬/郡縣志
[康熙]天門縣志十二卷　(清)錢永續修　(清)蔡壽生參補　(清)戴祁編著　清康熙三十一年(1692)刻重修本　八册

330000－1701－0009751　善007079　史部/地理類/方志之屬/郡縣志
[乾隆]鄢縣志二十三卷首一卷　(清)林愈蕃等修　(清)段維翰等纂　清乾隆三十一年(1766)刻本　八册

330000－1701－0009752　善007080　史部/地理類/方志之屬/郡縣志
[康熙]武岡州志十二卷首一卷　(清)吳從謙修　(清)潘應斗　(清)潘應星等纂　清康熙二年(1663)刻本　四册

330000－1701－0009753　善007081　史部/地理類/方志之屬/郡縣志
[乾隆]永順縣志四卷首一卷　(清)黃德基修　(清)關天申纂　清乾隆五十八年(1793)刻本　四册

330000－1701－0009754　善007082　史部/地理類/方志之屬/郡縣志
[康熙]花縣志四卷　(清)王永名修　(清)黄士龍　(清)黄虞纂　清康熙二十六年(1687)刻本　四冊

330000－1701－0009755　善007083　史部/地理類/方志之屬/郡縣志
[雍正]從化縣新志五卷　(清)郭遇熙纂修　(清)蔡廷鏕續修　(清)張經綸續纂　清雍正八年(1730)刻本　五冊

330000－1701－0009756　善007084　史部/地理類/方志之屬/郡縣志
[雍正]連平州志十卷　(清)盧廷俊修　(清)顔希瑾　(清)何深纂　清雍正九年(1731)刻本　四冊

330000－1701－0009757　善007085　史部/地理類/方志之屬/郡縣志
[康熙]高明縣志十八卷首一卷　(清)于學修　(清)黄之璧等纂　清康熙二十九年(1690)刻本　四冊

330000－1701－0009758　善007086　史部/地理類/方志之屬/通志
[康熙]廣西通志四十卷　(清)吴興祚　(清)郝浴修　(清)廖必強等纂　清康熙二十二年(1683)刻本　三十冊

330000－1701－0009759　善007087　史部/地理類/方志之屬/郡縣志
[康熙]西充縣志十二卷　(清)李棠等修　(清)李昭治等纂　清康熙六十一年(1722)刻本　四冊

330000－1701－0009760　善007088　史部/地理類/方志之屬/郡縣志
[乾隆]夔州府志十卷　(清)崔邑俊修　(清)楊崇　(清)焦懋熙纂　清乾隆十一年(1746)刻本　十冊

330000－1701－0009761　善007089　史部/地理類/雜志之屬
龍井見聞録十卷附宋僧元淨外傳二卷　(清)汪孟鋗纂　清乾隆刻本　四冊

330000－1701－0009762　善007090　史部/地理類/雜志之屬
吴興合璧四卷首一卷　(清)陳文煜撰　清光緒四年(1878)聚珍齋木活字印本　四冊

330000－1701－0009763　善007091　史部/地理類/雜志之屬
南田縣風土記二卷　(清)杜冠英撰　清末抄本　二冊

330000－1701－0009764　善007092　史部/地理類/雜志之屬
宸垣識畧十六卷　(清)吴長元撰　清乾隆五十三年(1788)池北草堂刻本　八冊

330000－1701－0009765　善007093　史部/地理類/雜志之屬
顔山雜記四卷　(清)孫廷銓撰　清康熙五年(1666)刻本　二冊

330000－1701－0009766　善007094　史部/地理類/專志之屬/古跡
嶺海見聞四卷　(清)錢以塏撰　清康熙刻本　四冊

330000－1701－0009767　善007095　史部/地理類/雜志之屬
廣東新語二十八卷　(清)屈大均撰　清康熙刻本　十冊

330000－1701－0009768　善007096　史部/地理類/雜志之屬
廣東新語二十八卷　(清)屈大均撰　清文匯堂刻本　八冊

330000－1701－0009769　善007097　史部/地理類/方志之屬/郡縣志
澳門記畧二卷　(清)印光任　(清)張汝霖纂　清傅以禮長恩閣抄本　清沈純、賀揚靈題記　一冊

330000－1701－0009770　善007098　史部/地理類/山川之屬/水志
惠陽山水紀勝二卷　(清)吴騫輯　清吴本

涵、吳本厚刻本　六册

330000－1701－0009771　善 007099　史部/地理類/山川之屬/山志
東山志十卷　(清)謝起龍撰　清雍正十三年(1735)謝氏蕉雨軒刻本　二册

330000－1701－0009772　善 007100　史部/地理類/山川之屬/山志
四明山志九卷　(清)黄宗羲撰　清康熙黄仲簡刻本　清楊偉鴻批點並題記　二册

330000－1701－0009773　善 007101　史部/地理類/山川之屬/山志
明州阿育王山志十卷　(明)郭子章撰　**明州阿育王山續志六卷**　(清)釋畹荃撰　明萬曆刻清乾隆續刻本　六册

330000－1701－0009774　善 007102　史部/地理類/山川之屬/山志
重修南海普陀山志二十卷首一卷　(清)許琰撰　清乾隆五年(1740)刻本　六册

330000－1701－0009775　善 007103　史部/地理類/山川之屬/山志
天台山全志十八卷　(清)張聯元輯　清康熙五十六年(1717)刻本　六册

330000－1701－0009776　善 007104　史部/地理類/山川之屬/山志
天台山方外志要十卷　(清)齊召南纂　清乾隆三十二梁溪諸檀越刻本　四册

330000－1701－0009777　善 007105　史部/地理類/山川之屬/山志
委羽山志六卷　(明)胡昌賢撰　清咸豐元年(1851)王棻影抄明萬曆三十年(1602)海虞張仲孝刻本　清王棻批校並跋　三册

330000－1701－0009778　善 007106　史部/地理類/山川之屬/山志
鴈山志一卷　(清)釋實行撰　清乾隆十九年(1754)刻本　一册

330000－1701－0009779　善 007107　史部/地理類/山川之屬/山志
廣雁蕩山誌二十八卷首一卷末一卷　(清)曾唯輯　清乾隆五十五年(1790)曾唯依綠園刻本　八册

330000－1701－0009780　善 007108　史部/地理類/山川之屬/山志
盤山志十卷首一卷補遺四卷　(清)釋智朴撰　(清)王士禛　(清)朱彝尊訂　清康熙刻本　四册

330000－1701－0009781　善 007109　史部/地理類/山川之屬/山志
盤山志十六卷首五卷　(清)蔣溥等纂修　清乾隆二十年(1755)武英殿刻本　六册

330000－1701－0009782　善 007110　史部/地理類/山川之屬/山志
恒山志五卷圖一卷　(清)桂敬順纂修　清乾隆刻嘉慶印本　五册

330000－1701－0009783　善 007111　史部/地理類/山川之屬/山志
清涼山志十卷　(明)釋秋厓原纂　(明)釋鎮澄編　(清)釋阿王老藏修正　清乾隆二十年(1755)釋聚用刻本　九册

330000－1701－0009784　善 007112　史部/地理類/山川之屬/山志
華嶽志十二卷首一卷　(清)姚遠翿纂　清乾隆二十七年(1762)鶴樹軒刻本　十册

330000－1701－0009785　善 007113　史部/地理類/山川之屬/山志
靈巖志六卷　(清)李興祖　(清)馬大相撰　清康熙刻乾隆增修本　四册

330000－1701－0009786　善 007114　史部/地理類/山川之屬/山志
泰山小史一卷　(明)蕭協中撰　清乾隆五十四年(1789)刻本　二册

330000－1701－0009787　善 007115　史部/地理類/山川之屬/山志
五蓮山志五卷　(清)釋海霆編集　(清)王咸炤批選　(清)張侗訂正　清康熙二十年(1681)萬松禪林刻乾隆增修本　二册

330000－1701－0009788　善007116　史部/地理類/山川之屬/山志
博山志四卷　(清)釋傳鵬撰　清康熙釋一選刻本　三冊

330000－1701－0009789　善007117　史部/地理類/山川之屬/山志
虎丘山志十卷首一卷　(清)顧湄撰　清康熙四十一年(1702)刻吳門懷嵩堂印本　二冊

330000－1701－0009790　善007118　史部/地理類/山川之屬/山志
虎阜志十卷首一卷　(清)陸肇域　(清)任兆麟撰　清乾隆五十七年(1792)西溪別墅刻本　十冊

330000－1701－0009791　善007119　史部/地理類/山川之屬/山志
攝山志八卷首一卷　(清)陳毅撰　(清)汪志伊刪補　清乾隆五十五年(1790)蘇州府署刻本　八冊

330000－1701－0009792　善007120　史部/地理類/山川之屬/山志
寶華山志十五卷首一卷　(清)釋德基輯　(清)劉名芳纂　清同治釋印宗刻本　四冊

330000－1701－0009793　善007121　史部/地理類/山川之屬/山志
茅山志十四卷道秩考一卷　(清)笪蟾光編　清康熙刻本　四冊

330000－1701－0009794　善007122　史部/地理類/山川之屬/山志
黃山志定本七卷首一卷　(清)閔麟嗣撰　清康熙十八年(1679)刻本　八冊

330000－1701－0009795　善007123　史部/地理類/山川之屬/山志
黃山十奇一卷　(清)傅大業撰　(清)程鉉時　(清)謝起秀評　清康熙刻本　一冊

330000－1701－0009796　善007124　史部/地理類/山川之屬/山志
黃山志二卷　(清)張佩芳撰　清乾隆三十六年(1771)刻本　一冊

330000－1701－0009797　善007125　史部/地理類/山川之屬/山志
九華山志十二卷　(清)喻成龍　(清)李燦輯　清康熙刻乾隆十四年(1749)補修本　四冊

330000－1701－0009798　善007126　史部/地理類/山川之屬/山志
龍虎山志十六卷　(清)婁近垣輯　清乾隆五年(1740)棲碧堂刻乾隆至道光增刻本　十四冊

330000－1701－0009799　善007127　史部/地理類/山川之屬/山志
廬山志十五卷首一卷　(清)毛德琦撰　清康熙五十九年(1720)順德堂刻乾隆道光同治遞修本　八冊

330000－1701－0009800　善007128　史部/地理類/山川之屬/山志
青原志略十三卷首一卷末一卷　(清)釋大然編　(清)施閏章補　清康熙八年(1669)刻本　四冊　缺一卷(十)

330000－1701－0009801　善007129　史部/地理類/山川之屬/山志
武夷九曲志十六卷首一卷　(清)王復禮撰　清康熙五十七年(1718)刻本　二冊

330000－1701－0009802　普081/1223　類叢部/叢書類/彙編之屬
微波榭叢書十一種　(清)孔繼涵編　清孔氏刻彙印本　六冊　存七種

330000－1701－0009803　善007130　史部/地理類/山川之屬/山志
武夷山志二十四卷首一卷　(清)董天工撰　清乾隆十六年(1751)武夷董氏刻本　二十四冊

330000－1701－0009804　善007131　史部/地理類/山川之屬/山志
玉華洞志六卷附一卷玉華紀遊詩一卷　(清)廖鶴齡修　清康熙六十一年(1722)刻乾隆增刻本　四冊

330000－1701－0009805　善007132　史部/

地理類/山川之屬/山志
嵩山志二十卷首一卷 (清)葉封 (清)焦賁亨纂 清康熙十五年至十八年(1676-1679)刻本 八册

330000-1701-0009806 普081/1231 類叢部/叢書類/彙編之屬
問經堂叢書二十七種 (清)孫馮翼編 清嘉慶承德孫氏刻本 十二册 存七種

330000-1701-0009807 善007133 史部/地理類/山川之屬/山志
説嵩三十二卷 (清)景日昣撰 清康熙六十年(1721)嶽生堂刻本 二十册

330000-1701-0009808 善007134 史部/地理類/山川之屬/山志
大嶽太和山紀畧八卷 (清)王槩等輯 清乾隆九年(1744)下荆南道署刻本 八册

330000-1701-0009809 善007135 史部/地理類/山川之屬/山志
衡岳志八卷 (清)朱衮 (清)袁奂纂 清康熙三年(1664)刻三十六年(1697)重修本 八册

330000-1701-0009810 善007136 史部/地理類/山川之屬/山志
南嶽志八卷 (清)高自位編 (清)曠敏本纂 清乾隆十八年(1753)開雲樓刻本 六册

330000-1701-0009811 善007137 史部/地理類/山川之屬/山志
禺峽山志四卷 (清)孫繩祖纂 清康熙五十九年(1720)刻本 謝伯殳題記 四册

330000-1701-0009812 善007138 史部/地理類/山川之屬/山志
羅浮野乘六卷 (明)韓晃輯 清康熙深竹間園刻本 六册

330000-1701-0009813 善007139 史部/地理類/山川之屬/山志
羅浮山志會編二十卷首一卷 (清)宋廣業輯 清康熙五十五年(1716)長洲宋志益刻本 趙萬里跋 六册 存十三卷(首、一至六、十至十五)

330000-1701-0009814 善007140 史部/地理類/山川之屬/山志
纂集通覽湘山志一卷 (清)張澹烟撰 (清)李開重刪 清乾隆五十九年(1794)劉首文刻本 一册

330000-1701-0009815 善007141 史部/地理類/山川之屬/山志
峨眉山志十八卷 (清)蔣超纂 清康熙二十八年(1689)刻增修本 十册

330000-1701-0009816 善007142 史部/地理類/山川之屬/山志
雞足山志十卷首一卷 (清)范承勳纂 清康熙三十一年(1692)刻本 七册

330000-1701-0009817 普081/1262 類叢部/叢書類/彙編之屬
新斠平津館叢書十集三十四種 (清)孫星衍編 清光緒十年至十一年(1884-1885)吴縣朱氏槐廬家塾刻十五年至十七年(1889-1891)補刻本 章嶔題簽並記 四十八册

330000-1701-0009818 普081/1262/(2)/c2 類叢部/叢書類/彙編之屬
新斠平津館叢書十集三十四種 (清)孫星衍編 清光緒十年至十一年(1884-1885)吴縣朱氏槐廬家塾刻十五年至十七年(1889-1891)補刻本 四十四册 缺十六卷(尚書今古文注疏一至十六)

330000-1701-0009820 善007143 史部/地理類/山川之屬/水志
水經注四十卷 (北魏)酈道元撰 清康熙五十三年至五十四年(1714-1715)歙縣項絪群玉書堂刻本 十册

330000-1701-0009821 善007144 史部/地理類/山川之屬/合志
山水二經合刻 清乾隆天都黄晟槐蔭草堂刻本 二十册 存一種

330000-1701-0009822 善007145 史部/地理類/山川之屬/水志

水經注四十卷 （北魏）酈道元撰　清乾隆張惟聲勵志書屋刻本　十册

330000－1701－0009823　善 007146　史部/地理類/山川之屬/水志

水經注不分卷 （北魏）酈道元撰　（清）戴震校訂　清乾隆刻本　十二册

330000－1701－0009824　善 007147　史部/地理類/山川之屬/水志

水經注釋四十卷首一卷附錄二卷水經注箋刊誤十二卷 （清）趙一清撰　清乾隆五十一年(1786)趙氏小山堂刻本　二十册

330000－1701－0009825　善 007148　史部/地理類/山川之屬/水志

水經注圖一卷附錄一卷 （清）汪士鐸撰　清咸豐十一年(1861)刻本　一册

330000－1701－0009826　善 007149　史部/地理類/山川之屬/水志

水道提綱二十八卷 （清）齊召南撰　清乾隆四十年至四十一年(1775－1776)浦江戴殿海刻本　四册

330000－1701－0009827　善 007150　史部/地理類/輿圖之屬/水圖

息園先生水道全圖一卷　清繪本　一册

330000－1701－0009828　善 007151　史部/地理類/水利之屬

行水金鑑一百七十五卷首一卷 （清）傅澤洪撰　清雍正三年(1725)淮揚官署刻本　三十三册　缺十一卷(首、一百五十一至一百五十五、一百七十一至一百七十五)

330000－1701－0009829　善 007152　史部/地理類/水利之屬

行水金鑑一百七十五卷首一卷 （清）傅澤洪撰　清雍正三年(1725)淮揚官署刻本　三十六册

330000－1701－0009830　善 007153　史部/地理類/山川之屬/水志

西湖覽勝詩志八卷 （清）夏基撰　清順治十二年(1655)刻乾隆三十七年(1772)陳愷重修本　十册

330000－1701－0009831　善 007154　史部/地理類/山川之屬/水志

西湖志四十八卷 （清）李衛　（清）程元章修　（清）傅王露纂　清雍正十二年(1734)刻本　十八册　缺四卷(一至四)

330000－1701－0009832　善 007155　史部/地理類/山川之屬/水志

西湖志纂十五卷首一卷末一卷 （清）沈德潛　（清）傅王露輯　（清）梁詩正合纂　清乾隆二十年(1755)賜經堂刻二十七年(1762)增修本　六册

330000－1701－0009833　善 007156　史部/地理類/遊記之屬/紀勝

湖山便覽十二卷圖説一卷 （清）翟灝等撰　清乾隆三十年(1765)刻本　八册

330000－1701－0009834　善 007157　史部/地理類/遊記之屬/紀勝

湖山便覽十二卷圖説一卷 （清）翟灝等撰　清乾隆三十年(1765)刻本　清朱士恒題簽並記　六册

330000－1701－0009835　善 007158　史部/地理類/山川之屬/水志

太湖備考十六卷首一卷 （清）金友理撰　**湖程紀略一卷** （清）吴曾撰　清乾隆十五年(1750)藝蘭圃刻本　八册

330000－1701－0009836　善 007159　史部/地理類/山川之屬/水志

太湖備考十六卷首一卷 （清）金友理撰　**湖程紀略一卷** （清）吴曾撰　清乾隆十五年(1750)藝蘭圃刻本　八册

330000－1701－0009840　善 007161　史部/地理類/水利之屬

南河成案五十四卷首二卷　清乾隆刻本(卷十五至十六配清抄本)　二十八册　存五十四卷(一至五十四)

330000－1701－0009841　善 007160　史部/地理類/水利之屬

河防志十二卷　(清)張希良纂　清雍正三年(1725)刻本　十二冊

330000－1701－0009842　善 007163　史部/地理類/山川之屬/山志
蜀水經十六卷　(清)李元撰　清乾隆五十九刻本　八冊

330000－1701－0009845　善 007162　史部/地理類/水利之屬
山東運河備覽十二卷圖說一卷　(清)陸耀纂　清乾隆四十一年(1776)吳江陸耀切問齋刻本　六冊

330000－1701－0009846　善 007164　史部/地理類/水利之屬
治修河渠農田書三卷　(清)俞集撰　清乾隆五十一年(1786)蘭仁書屋刻本　五冊

330000－1701－0009847　善 007165　史部/地理類/水利之屬
三江水利紀略四卷　(清)莊有恭等撰　清乾隆刻本　四冊

330000－1701－0009848　善 007166　史部/地理類/水利之屬
吳江水考五卷圖一卷　(明)沈啓撰　清雍正十二年(1734)沈守義刻嘉慶二十一年(1816)沈寶樹重修本　四冊

330000－1701－0009849　善 007167　史部/地理類/水利之屬
三江閘務全書二卷　(清)程鶴翥撰　(清)程式昭編　**附湯神事實錄一卷**　清康熙漱玉齋刻本　四冊

330000－1701－0009850　善 007168　史部/地理類/水利之屬
皂李湖水利事實不分卷　(明)羅朋撰　(清)曹雲慶輯　清康熙刻重修本　二冊

330000－1701－0009851　善 007169　史部/地理類/水利之屬
海塘紀畧四卷　(清)宋楚望撰　清乾隆十九年(1754)婁東書院刻本　四冊

330000－1701－0009852　普 081/1367　新學
質學叢書初集三十種　(清)武昌質學會編　清光緒二十二年至二十三年(1896－1897)武昌質學會刻本　十二冊

330000－1701－0009853　普 081/1712　類叢部/叢書類/自著之屬
五經歲徧齋校書三種　(清)翟云升輯　清道光東萊翟氏刻本　五冊

330000－1701－0009854　善 007170　史部/地理類/水利之屬
海塘新志六卷　(清)琅玕撰　清乾隆刻本　四冊

330000－1701－0009855　善 007171　史部/地理類/專志之屬/古蹟
古蹟類編八卷　(清)宋必選纂輯　清康熙宋氏滋息軒刻本　四冊

330000－1701－0009857　善 007172　史部/地理類/專志之屬/古跡
石柱記箋釋五卷　(清)鄭元慶撰　清康熙四十一年(1702)鄭元慶魚計亭刻本　二冊

330000－1701－0009858　善 007173　史部/地理類/專志之屬/古跡
蘭亭志十一卷首一卷　(清)吳高增輯　清乾隆十七年(1752)凝秀堂刻本　四冊

330000－1701－0009859　善 007174　史部/地理類/專志之屬/古跡
平山堂圖志十卷首一卷　(清)趙之壁纂　清乾隆三十年(1765)刻本　三冊　存十卷(一至十)

330000－1701－0009860　善 007175　史部/地理類/專志之屬/古跡
臥龍崗志二卷　(清)羅景輯　清康熙五十一年(1712)襄平羅氏刻本　二冊

330000－1701－0009861　善 007176　史部/地理類/山川之屬/山志
桃源洞天志不分卷　(清)釋一休輯　清乾隆十九年(1754)花源刻本　二冊

330000－1701－0009862　普 081/1730. 5/c1　類叢部/叢書類/彙編之屬
風雨樓叢書二十三種　鄧實編　清宣統順德鄧氏鉛印本　五十册　存二十二種

330000－1701－0009863　普 081/1730. 5/c2　類叢部/叢書類/彙編之屬
風雨樓叢書二十三種　鄧實編　清宣統順德鄧氏鉛印本　五十四册

330000－1701－0009864　善 007177　類叢部/叢書類/彙編之屬
經訓堂叢書二十一種　(清)畢沅編　清乾隆至嘉慶鎮洋畢氏刻本　二册　存一種

330000－1701－0009865　善 007178　史部/地理類/專志之屬/寺觀
溫州瑞安縣仙巖寺誌十卷　(清)釋佛彥撰　(清)釋佛皋增輯　清康熙刻增修本　四册

330000－1701－0009866　善 007179　史部/地理類/專志之屬/寺觀
嵩嶽廟史十卷　(清)景日昣輯　清康熙三十五年(1696)刻太壹園印本　四册

330000－1701－0009868　普 081/2030　類叢部/叢書類/彙編之屬
佞漢齋叢書三種　(清)馬佳氏輯　清光緒二十二年(1896)長白馬佳氏佞漢齋刻本　章嶔題簽並記　五册

330000－1701－0009869　善 007180　史部/地理類/專志之屬/寺觀
洞霄宮志五卷　(清)聞人儒撰　清乾隆十八年(1753)貝本恒刻三十六年(1771)增修本　五册

330000－1701－0009872　善 007181　史部/地理類/專志之屬/寺觀
龍山清道觀志八卷首一卷　(清)劉天相編　清乾隆十二年(1747)刻本　二册

330000－1701－0009873　普 081/2126/c1　類叢部/叢書類/彙編之屬
粵雅堂叢書二十集一百二十三種　(清)伍崇曜編　清道光至咸豐南海伍氏刻本　二百六十四册　存一百二十二種

330000－1701－0009874　普 081/2126/c2　類叢部/叢書類/彙編之屬
粵雅堂叢書二十集一百二十三種　(清)伍崇曜編　清道光至咸豐南海伍氏刻本　二百六十一册　存一百二十二種

330000－1701－0009875　普 081/2126/(2)　類叢部/叢書類/彙編之屬
粵雅堂叢書二十集一百二十三種　(清)伍崇曜編　清道光至咸豐南海伍氏刻本　三百五十三册　存一百二十二種

330000－1701－0009876　普 081/2126/(3)/c2　類叢部/叢書類/彙編之屬
粵雅堂叢書二十集一百二十三種　(清)伍崇曜編　清道光至咸豐南海伍氏刻本　二百四十册　存一百二十二種

330000－1701－0009877　普 081/2126. 2/c1　類叢部/叢書類/彙編之屬
粵雅堂叢書續集四十八種　(清)伍崇曜編　清咸豐至光緒南海伍氏刻本　七十册　存四十二種

330000－1701－0009878　普 081/2126. 2/c2　類叢部/叢書類/彙編之屬
粵雅堂叢書續集四十八種　(清)伍崇曜編　清咸豐至光緒南海伍氏刻本　八十册

330000－1701－0009879　善 007182　史部/地理類/專志之屬/寺觀
廬山寺志九卷　(清)釋宗尚撰　清康熙刻本　一册

330000－1701－0009880　善 007183　史部/地理類/專志之屬/寺觀
廬山寺志九卷　(清)釋宗尚撰　清抄本　一册

330000－1701－0009881　普 081/2010/2　類叢部/叢書類/彙編之屬
津逮祕書十五集一百四十種　(明)毛晉編　明崇禎虞山毛氏汲古閣刻本　一百十八册　存八十五種

330000－1701－0009882　善 007184　史部/地理類/專志之屬/寺觀

蘆山寺志九卷　（清）釋宗尚撰　清抄本　謝伯殳批校並題記　一冊

330000－1701－0009883　善 007185　史部/地理類/專志之屬/寺觀

延福寺志略二卷　（清）聞性道撰　（清）釋正葦續　清康熙刻本　一冊

330000－1701－0009884　善 007186　史部/地理類/專志之屬/寺觀

大慈寺志畧二卷　（清）聞性道撰　清康熙刻本　一冊

330000－1701－0009885　善 007187　史部/地理類/專志之屬/寺觀

東壽昌寺志略二卷　清康熙刻本　一冊

330000－1701－0009886　善 007188　史部/地理類/專志之屬/寺觀

天井寺志畧六卷　（清）釋通新撰　清康熙釋超曙刻乾隆嘉慶遞修本　一冊

330000－1701－0009887　善 007189　史部/地理類/專志之屬/寺觀

雲門顯聖寺志十六卷　（清）趙甸編輯　清順治十六年（1659）釋淨斯刻乾隆增修本　十二冊

330000－1701－0009888　善 007190　史部/地理類/專志之屬/祠墓

清聖祠志六卷　（清）張聯元輯　清康熙六十一年（1722）刻本　二冊

330000－1701－0009889　善 007192　史部/地理類/專志之屬/寺觀

鼎湖山慶雲寺志八卷首一卷　（清）丁易總修　（清）釋成鷲纂述　清康熙四十九年（1710）刻本　四冊

330000－1701－0009890　善 007191　史部/地理類/專志之屬/寺觀

明恩寺誌八卷首一卷　（清）林友王輯　清康熙刻本　二冊

330000－1701－0009891　善 007193　史部/地理類/專志之屬/寺觀

曹谿通志八卷首一卷　（清）馬元　（清）釋真樸纂修　清康熙十一年（1672）刻本　四冊

330000－1701－0009892　善 007194　史部/地理類/山川之屬/山志

桃源洞天集一卷　明崇禎刻本　一冊

330000－1701－0009893　善 007195　史部/地理類/專志之屬/祠墓

會稽錢武肅王祠堂志三卷　（清）錢泳輯　清乾隆五十八年（1793）刻本　一冊

330000－1701－0009894　善 007196　史部/地理類/專志之屬/書院

姚江書院志畧二卷　（清）董瑒　（清）邵廷采輯　清乾隆五十九年（1794）刻本　二冊

330000－1701－0009895　善 007197　史部/地理類/專志之屬/書院

白鹿書院志十九卷　（清）毛德琦纂　清康熙五十七年（1718）刻本　六冊

330000－1701－0009896　普 081/2168/c3　類叢部/叢書類/彙編之屬

雅雨堂藏書十三種　（清）盧見曾編　清乾隆二十一年（1756）德州盧氏雅雨堂刻增修本　二十冊

330000－1701－0009897　普 081/2168/（2）　類叢部/叢書類/彙編之屬

雅雨堂藏書十三種　（清）盧見曾編　清乾隆二十一年（1756）德州盧氏雅雨堂刻增修本　二十二冊

330000－1701－0009898　善 007198　史部/地理類/專志之屬/書院

重修南溪書院志四卷首一卷　（清）楊毓健等撰　清康熙五十六年（1717）刻本　四冊

330000－1701－0009899　善 007199　史部/地理類/遊記之屬/紀勝

南谿西遊記一卷詩一卷　（清）鄭性撰　清康熙刻本　一冊

330000－1701－0009900　善 007200　史部/傳記類/日記之屬

南征紀略二卷(清順治八年)　(清)孫廷銓纂　清康熙刻本　二冊

330000－1701－0009901　善 007201　史部/政書類/通制之屬

古今治平彙要十四卷　(清)楊潮觀纂　清雍正七年(1729)文聚樓刻本　張士載題記　二冊

330000－1701－0009902　善 007202　類叢部/類書類/專類之屬

經濟類考約編二卷　(清)顧九錫輯　清康熙七年(1668)廣陵顧氏文雪堂刻本　四冊

330000－1701－0009903　善 007203　史部/政書類/通制之屬

廣治平略四十四卷　(清)蔡方炳撰　清康熙金閶沈寧宇刻本　十二冊

330000－1701－0009904　善 007204　史部/政書類/儀制之屬/典禮

文廟禮樂考二卷　(清)金之植　(清)宋鉊編輯　清刻本　一冊　存一卷(樂部)

330000－1701－0009905　善 007205　史部/政書類/儀制之屬/典禮

皇朝禮器圖式十八卷　(清)允祿等撰　清乾隆三十一年(1766)武英殿刻本　十六冊

330000－1701－0009906　普 081/2310　類叢部/叢書類/彙編之屬

饗喜廬叢書五種　(清)傅雲龍編　清光緒十五年(1889)德清傅氏日本東京刻本　莫棠題記並批　七冊　存四種

330000－1701－0009907　普 081/2324　類叢部/叢書類/彙編之屬

端溪叢書十九種　梁鼎芬等編　清光緒二十五年(1899)番禺端溪書院刻本　二十二冊

330000－1701－0009908　善 007206　史部/政書類/儀制之屬/典禮

釁祀備考二卷　(清)林清標纂　清乾隆三十二年(1767)刻本　二冊

330000－1701－0009909　善 007207　史部/政書類/邦計之屬/賦稅

淮關統志十四卷　(清)伊齡阿等纂修　清乾隆四十三年(1778)淮關刻本　六冊

330000－1701－0009910　普 081/2341/(2)　類叢部/叢書類/彙編之屬

益雅堂叢書十八種　清光緒九年(1883)文選樓刻本　二十冊

330000－1701－0009912　善 007208　史部/政書類/邦計之屬/鹽法

鹽政通考四卷　(清)胡文學輯　清康熙元年(1662)刻本　十二冊

330000－1701－0009913　善 007209　史部/政書類/邦計之屬/鹽法

淮鹺本論二卷　(清)胡文學撰　清康熙元年(1662)刻本　二冊

330000－1701－0009914　善 007210　史部/政書類/邦計之屬/鹽法

敕修兩浙鹽法志十六卷首一卷　(清)李衛等纂修　清雍正六年(1728)刻本　二十四冊

330000－1701－0009915　善 007211　史部/政書類/邦計之屬/鹽法

山東鹽法志十四卷　(清)莽鵠立等纂修　清雍正刻本　十冊

330000－1701－0009917　善 007212　史部/政書類/邦計之屬/鹽法

敕修兩淮鹽法志十六卷圖一卷　(清)噶爾泰等監修　(清)程夢星彙纂　清雍正刻本　十六冊

330000－1701－0009918　普 081/2509/c2　類叢部/叢書類/彙編之屬

槐廬叢書四十六種　(清)朱記榮編　清光緒三年至十五年(1877－1889)吳縣朱氏槐廬家塾刻本　八十冊

330000－1701－0009919　普 081/2509/c3　類叢部/叢書類/彙編之屬

槐廬叢書四十六種　(清)朱記榮編　清光緒三年至十五年(1877－1889)吳縣朱氏槐廬家

塾刻本　三十三册　存二十二種

330000－1701－0009920　普 081/2530　類叢部/叢書類/彙編之屬
結一廬朱氏賸餘叢書四種　(清)朱澂編　清光緒三十年至三十一年(1904－1905)仁和朱氏刻三十二年(1906)印本　十七册

330000－1701－0009921　普 081/2538　類叢部/叢書類/彙編之屬
抱經堂叢書七種　朱遂翔編　清刻民國杭州朱氏抱經堂補刻印本　二十四册

330000－1701－0009922　善 007213　史部/政書類/邦計之屬/鹽法
敕修河東鹽法志十二卷圖考一卷　(清)覺羅石麟等修　(清)朱一鳳等纂　清雍正刻本　十二册

330000－1701－0009923　普 181/2553　類叢部/叢書類/彙編之屬
高安朱文端公校輯藏書(朱文端公藏書)十三種　(清)朱軾撰輯　清光緒二十三年(1897)朱衡等刻本　八十册

330000－1701－0009924　善 007214　史部/政書類/邦計之屬/鹽法
兩廣鹽法志二十四卷首一卷　(清)李侍堯等纂修　清乾隆二十七年(1762)刻本　十八册

330000－1701－0009925　善 007215　史部/政書類/邦計之屬
畿輔義倉圖不分卷　(清)方觀承纂　清乾隆十八年(1753)刻本　六册

330000－1701－0009926　善 007216　史部/政書類/軍政之屬/兵制
八旗通志初集二百五十卷目録二卷　(清)鄂爾泰　(清)涂天相等纂修　清乾隆四年(1739)武英殿刻本　八十册

330000－1701－0009927　善 007217　史部/政書類/律令之屬/律例
大清律集解附例三十卷圖一卷服制一卷律例總類六卷　(清)朱軾　(清)常鼐等纂修　清雍正刻本　二十册

330000－1701－0009928　善 007218　史部/政書類/律令之屬
錢穀刑名便覽二卷　(清)董公振撰　清雍正十二年(1734)刻本　二册

330000－1701－0009929　善 007219　史部/政書類/儀制之屬/專志/科舉校規
欽定學政全書八卷續增學政全書四卷　清乾隆刻本　六册

330000－1701－0009932　善 007220　史部/政書類/儀制之屬/專志/科舉校規
欽定科場條例五十四卷首五卷　(清)德保等修　(清)李翩等纂　清乾隆四十四年(1779)刻本　十二册

330000－1701－0009933　善 007221　史部/政書類/公牘檔册之屬
天台治畧十卷　(清)戴兆佳撰　清嘉慶九年(1804)陽羨潘春暉等木活字印本　六册

330000－1701－0009934　善 007222　史部/目録類/總録之屬/官修
欽定四庫全書附存目錄十卷　(清)胡虔輯　清乾隆五十八年(1793)刻本　六册

330000－1701－0009935　善 007223　史部/目録類/總録之屬/官修
浙江採集遺書總錄十一卷　(清)沈初等輯　清乾隆三十九年(1774)浙江布政使王亶望刻本(閏集原缺)　十册

330000－1701－0009936　善 007224　類叢部/叢書類/自著之屬
授堂遺書七種附錄二卷　(清)武億撰　清乾隆至嘉慶偃師武穆淳刻本　六册　存一種

330000－1701－0009937　善 007225　史部/金石類/總志之屬/通考
二百蘭亭齋收藏金石記不分卷　(清)吳雲撰　清咸豐六年(1856)歸安吳雲刻本　四册

330000－1701－0009941　普 081/2630/2　類叢部/叢書類/彙編之屬
重校拜經樓叢書(重定拜經樓叢書)十種　(清)吳騫原編　(清)朱記榮補輯　清光緒二

十年(1894)吳縣朱氏校經堂補刻本　十冊

330000－1701－0009942　普081/2630/3　類叢部/叢書類/彙編之屬
重栞拜經樓叢書七種　(清)吳騫原編　清光緒十一年(1885)會稽章氏鄂渚刻本　六冊

330000－1701－0009944　善007227　史部/金石類/石之屬/通考
瘞鶴銘考一卷　(清)汪士鋐撰　清康熙五十三年(1714)吳郡汪士鋐松南書屋刻後印本　高顯題簽並記　一冊

330000－1701－0009945　善007228　史部/金石類/總志之屬/題跋
竹雲題跋四卷　(清)王澍撰　清乾隆三十二年(1767)苕上錢人龍晝雲閣刻本　二冊

330000－1701－0009946　普081/2694　類叢部/叢書類/彙編之屬
藝海珠塵一百六十四種　(清)吳省蘭輯　清嘉慶南匯吳氏聽彝堂刻本　三十一冊　存一百五十六種

330000－1701－0009947　普081/2694/(3)　類叢部/叢書類/彙編之屬
藝海珠塵一百六十四種　(清)吳省蘭輯　清嘉慶南匯吳氏聽彝堂刻本　五十四冊　存一百三十七種

330000－1701－0009948　善007229　史部/金石類/陶之屬/文字
秦漢瓦當文字一卷續一卷　(清)程敦撰　清乾隆五十二年(1787)橫渠書院刻五十九年(1794)續刻本　三冊

330000－1701－0009949　善007230　史部/史評類/史論之屬
東萊先生音註唐鑑二十四卷　(宋)范祖禹撰　(宋)呂祖謙注　明刻本　四冊

330000－1701－0009951　普081/2699/2　類叢部/叢書類/彙編之屬
增訂漢魏叢書八十六種　(清)王謨編　清乾隆五十六年(1791)金谿王氏刻本　七十六冊　存八十五種

330000－1701－0009952　普081/2699/3　類叢部/叢書類/彙編之屬
廣漢魏叢書八十種　(明)何允中編　清嘉慶刻本　二十四冊　存二十三種

330000－1701－0009953　普081/2699/4　類叢部/叢書類/彙編之屬
增訂漢魏叢書九十六種　(清)王謨編　清宣統三年(1911)上海大通書局石印本　三十一冊　存九十五種

330000－1701－0009954　普081/2699.02　類叢部/叢書類/彙編之屬
廣漢魏叢書八十種　(明)何允中編　清嘉慶刻本　清莊兆鈞跋　八十冊

330000－1701－0009955　普081/2699.02/(2)　類叢部/叢書類/彙編之屬
廣漢魏叢書八十種　(明)何允中編　清嘉慶刻本　二十三冊　存二十五種

330000－1701－0009956　善007231　史部/史評類/詠史之屬
增定二十一史韻四卷首一卷末一卷　(明)趙南星撰　(清)仲弘道續　清康熙刻本　六冊

330000－1701－0009957　普081/2706/c1　類叢部/叢書類/彙編之屬
古逸叢書二十六種　(清)黎庶昌編　清光緒八年至十年(1882－1884)黎庶昌日本東京使署影刻本　四十九冊

330000－1701－0009958　普081/2706/c4　類叢部/叢書類/彙編之屬
古逸叢書二十六種　(清)黎庶昌編　清光緒八年至十年(1882－1884)黎庶昌日本東京使署影刻本　四十四冊　存二十四種

330000－1701－0009959　善007232　類叢部/叢書類/自著之屬
潛研堂全書十六種　(清)錢大昕撰　清乾隆至嘉慶刻本　二十冊　存一種

330000－1701－0009960　善007233　子部/儒家類/儒學之屬/性理
朱子語類八十卷　(清)程川輯　清雍正刻本

十二冊

330000－1701－0009961　善 007234　子部/儒家類/儒學之屬/性理

潘子求仁錄輯要十卷　(清)潘平格撰　清康熙五十六年(1717)四明毛文強、鄭性刻本　二冊

330000－1701－0009962　善 007235　經部/孝經類/傳說之屬

孝經衍義一百卷首二卷　(清)聖祖玄燁敕撰　(清)葉方藹　(清)張英監修　(清)韓菼編纂　清康熙三十年(1691)浙江刻本　二十五冊　缺二十卷(三十五至五十、九十七至一百)

330000－1701－0009963　善 007236　子部/儒家類/儒學之屬/性理

弘道錄二十五卷　(明)邵經邦撰　(清)邵遠平案　清康熙繼善堂刻本(卷二至三、九至十配清抄本)　六冊

330000－1701－0009964　善 007237　子部/術數類/相宅相墓之屬

陽宅合法全書二卷　(清)雷行撰　清乾隆二十八年(1763)雙溪雷行刻本　二冊

330000－1701－0009965　善 007238　子部/術數類/陰陽五行之屬

燃犀集十卷　(清)王醇業撰　清康熙五十九年(1720)武塘王醇業白溪草廬刻本　二冊

330000－1701－0009966　善 007239　子部/藝術類/書畫之屬/總論

庚子銷夏記八卷閒者軒帖考一卷　(清)孫承澤撰　清乾隆二十五年至二十六年(1760－1761)鮑廷博、鄭竺刻本　四冊

330000－1701－0009967　善 007240　子部/宗教類/其他宗教之屬/伊斯蘭教

天方典禮擇要解二十卷後編一卷　(清)劉智撰　清乾隆五年(1740)京江童氏刻本　八冊

330000－1701－0009968　善 007241　子部/雜著類/雜説之屬

經史慧解六卷　(清)蔡含生撰　清康熙刻本　六冊

330000－1701－0009969　善 007242　子部/雜著類/雜纂之屬

清異錄二卷　(宋)陶穀撰　清康熙四十七年(1708)鹽官陳世修漱六閣刻本　二冊

330000－1701－0009970　普 081/2706.03　史部/目録類/書志之屬/題跋

古逸叢書敘目書影不分卷　(清)黎庶昌編　清末刻本　四冊

330000－1701－0009971　善 007243　子部/雜著類/雜纂之屬

迪吉錄八卷首一卷　(明)顔茂猷纂著　(明)嚴武順增訂　清康熙元年(1662)嚴沆刻本　八冊

330000－1701－0009972　善 007244　子部/雜著類/雜纂之屬

倘湖樵書初編六卷二編六卷　(清)來集之撰　清乾隆五十三年(1788)來廷楫等倘湖小築刻本　十二冊

330000－1701－0009975　善 007245　子部/雜著類/雜纂之屬

古雋考略四卷　(明)顧充　(明)李承勛輯　明萬曆十四年(1586)刻本　四冊

330000－1701－0009976　善 007246　子部/道家類

莊子旁注五卷　(清)吴承漸輯注　清康熙三十八年(1699)思訓堂刻本　五冊

330000－1701－0009977　善 007247　集部/總集類/選集之屬/通代

文選音義八卷　(清)余蕭客撰　清乾隆靜勝堂刻本　佚名過録清何焯批　二冊

330000－1701－0009978　普 081/2714/c3　類叢部/叢書類/彙編之屬

知不足齋叢書一百九十五種　(清)鮑廷博編　(清)鮑士恭續編　清乾隆三十七年至道光三年(1772－1823)長塘鮑氏刻彙印本　二百四十冊

330000－1701－0009979　普 081/2714/(2)　類叢部/叢書類/彙編之屬

知不足齋叢書一百九十五種　(清)鮑廷博編　(清)鮑士恭續編　清乾隆三十七年至道光三年(1772－1823)長塘鮑氏刻彙印本　二百十六冊　存一百八十一種

330000－1701－0009980　普 081/2714/(3)　類叢部/叢書類/彙編之屬

知不足齋叢書一百九十五種　(清)鮑廷博編　(清)鮑士恭續編　清乾隆三十七年至道光三年(1772－1823)長塘鮑氏刻彙印本　一百六十六冊　存一百四十六種

330000－1701－0009981　善 007248　集部/總集類/選集之屬/通代

歷代名媛雜詠三卷　(清)邵颿撰　清乾隆五十七年(1792)刻本　四冊

330000－1701－0009982　善 007249　集部/總集類/選集之屬/通代

八代詩淘四十一卷目錄一卷　(清)張守輯　清康熙秣陵王允求致遠堂刻本　十冊

330000－1701－0009983　普 081/2714.2　類叢部/叢書類/彙編之屬

續知不足齋叢書(續鮑叢書)十七種　(清)高承勳編　清渤海高氏刻本　十六冊

330000－1701－0009984　善 007250　集部/總集類/選集之屬/通代

文章鼻祖六卷　(清)楊繩武評選　清乾隆刻本　二冊

330000－1701－0009985　善 007251　集部/總集類/選集之屬/通代

慧眼山房原本古今文小品八卷　(明)陳天定輯並評　清雍正三年(1725)刻本　二十冊

330000－1701－0009986　普 081/2714.3、普 081/2714.4　類叢部/叢書類/彙編之屬

後知不足齋叢書四十七種　(清)鮑廷爵編　清同治至光緒常熟鮑氏刻本　四十八冊

330000－1701－0009987　善 007252　集部/總集類/選集之屬/通代

古文未曾有集八卷　(清)王復禮評選　清康熙刻本　十四冊

330000－1701－0009988　善 007253　集部/總集類/選集之屬/通代

古文斲十六卷　(清)姚亭謙評注　清雍正刻本　八冊

330000－1701－0009989　善 007254　集部/總集類/選集之屬/通代

古文約編十卷　(清)倪承茂訂　**歷朝文一卷**　(清)潘大鈉訂　清雍正十年(1732)天都潘大鈉懷古堂刻本　十冊

330000－1701－0009990　善 007255　類叢部/叢書類/自著之屬

高梅亭讀書叢鈔十一種　(清)高嵣集評　清乾隆五十三年(1788)廣郡永邑培遠堂楊氏刻本　八冊　存一種

330000－1701－0009991　善 007257　集部/總集類/選集之屬/斷代

唐文歸二十四卷　(明)朱棟觀纂選　明末古香齋刻本　十二冊

330000－1701－0009992　善 007256　集部/總集類/選集之屬/斷代

兩漢文删二十四卷　(清)宗元豫輯　清康熙刻本　鈍生(遯菴)點讀、題簽並記　四冊

330000－1701－0009993　善 007258　集部/總集類/選集之屬/斷代

辟疆園宋文選三十卷　(清)顧宸輯　清順治十八年(1661)梁谿顧宸辟疆園刻本　三十冊

330000－1701－0009994　普 081/2714.3/(2)　類叢部/叢書類/彙編之屬

後知不足齋叢書四十七種　(清)鮑廷爵編　清同治至光緒常熟鮑氏刻本　三十一冊　存十六種

330000－1701－0009995　善 007259　集部/總集類/選集之屬/斷代

明文授讀六十二卷　(清)黃宗羲輯　清康熙三十八年(1699)四明張錫琨味芹堂刻本　二十八冊

330000－1701－0009996　善 007260　集部/總集類/選集之屬/斷代
明文在一百卷　(清)薛熙輯　清康熙三十二年(1693)錢大鏞、金彬刻本　十二册

330000－1701－0009998　善 007261　集部/總集類/選集之屬/斷代
明詩別裁集十二卷　(清)沈德潛　(清)周準輯　清乾隆四年(1739)刻本　四册

330000－1701－0009999　善 007262　集部/總集類/郡邑之屬
南邦黎獻集十六卷　(清)鄂爾泰輯　**南國清風集二卷**　(清)鄂容　(清)鄂忞等輯　清雍正三年(1725)慎時哉軒刻本　六册　存十二卷(一至十二)

330000－1701－0010000　善 007263　集部/總集類/題詠之屬
連枝圖題詠初集一卷次集一卷　(清)許承基輯　清乾隆三十一年(1766)武林許承基刻本　四册

330000－1701－0010001　普 081/2733　類叢部/叢書類/彙編之屬
鮑紅葉叢書十七種　(清)鮑祖祥輯　清光緒三十三年(1907)古香女子北京鉛印本　一册

330000－1701－0010002　善 007264　集部/總集類/選集之屬/斷代
同人集十二卷　(清)冒襄輯　清乾隆十八年(1753)如皋冒氏水繪庵刻本　十二册

330000－1701－0010003　普 081/2741/c1　類叢部/叢書類/彙編之屬
藕香零拾三十九種　繆荃孫編　清光緒二十二年至宣統二年(1896－1910)刻本　三十二册

330000－1701－0010004　普 081/2741/c3　類叢部/叢書類/彙編之屬
藕香零拾三十九種　繆荃孫編　清光緒二十二年至宣統二年(1896－1910)刻本　三十一册　存三十六種

330000－1701－0010007　普 081/2741.2　類叢部/叢書類/彙編之屬
雲自在龕叢書五集十九種　繆荃孫輯　清光緒江陰繆氏刻本　二十六册

330000－1701－0010008　善 007265　集部/總集類/題詠之屬
望湖亭集四卷　(清)徐聯奎輯　清乾隆四十年(1775)刻本　六册

330000－1701－0010009　善 007266　集部/楚辭類
屈騷心印五卷首一卷　(清)夏大霖撰　清雍正十二年(1734)一本堂刻乾隆三十九年(1774)印本　一册

330000－1701－0010010　善 007267　集部/楚辭類
離騷節解一卷離騷正音一卷離騷本韻一卷離騷節指一卷　(清)張德純撰　清乾隆五十年(1785)吳門張松孫梓州郡署刻朱墨套印本　四册

330000－1701－0010011　善 007268　集部/別集類/漢魏六朝別集
陶淵明集十卷附錄二卷　(晉)陶潛撰　明刻清修本　四册

330000－1701－0010012　善 007269　集部/別集類/唐五代別集
李太白文集三十卷　(唐)李白撰　清康熙五十六年(1717)吳門繆曰芑雙泉草堂刻本　四册

330000－1701－0010014　普 081/2714.4/c1　類叢部/叢書類/彙編之屬
對雨樓叢書五種　繆荃孫編　清光緒江陰繆氏影刻本　十册

330000－1701－0010015　普 081/2714.4/c2　類叢部/叢書類/彙編之屬
對雨樓叢書五種　繆荃孫編　清光緒江陰繆氏影刻本　九册　缺四卷(南朝史精語一至四)

330000－1701－0010021　善 007270　集部/別集類/唐五代別集

唐陸宣公集二十二卷　(唐)陸贄撰　清雍正元年(1723)年龔堯刻本　八冊

330000－1701－0010022　善 007271　集部/別集類/唐五代別集
韓文公文抄十六卷　(唐)韓愈撰　(明)茅坤評　明閔氏刻朱墨套印本　十六冊

330000－1701－0010023　善 007272　集部/總集類/彙編之屬
韓柳全集一百四卷　(明)蔣之翹編　明崇禎六年(1633)檇李蔣之翹三徑草堂刻本　十三冊　存五十二卷(唐韓昌黎集一至四十、外集一至十、遺文、附錄)

330000－1701－0010024　善 007273　集部/別集類/唐五代別集
李義山文集十卷　(唐)李商隱撰　(清)徐樹穀箋　(清)徐炯注　清康熙四十七年(1708)崑山徐氏花谿草堂刻本　四冊

330000－1701－0010025　善 007274　集部/別集類/唐五代別集
重刊校正笠澤藂書四卷補遺詩一卷續補遺一卷　(唐)陸龜蒙撰　清大疊山房刻本　一冊

330000－1701－0010026　善 007275　集部/別集類/宋別集
林和靖詩集三卷　(宋)林逋撰　(清)陳梓纂輯　清乾隆十年(1745)深柳讀書堂刻本　二冊

330000－1701－0010027　善 007276　集部/別集類/宋別集
蘇學士文集十六卷　(宋)蘇舜欽撰　清康熙三十七年(1698)震澤徐惇孝、徐惇復白華書屋刻本　三冊

330000－1701－0010030　善 007277　集部/別集類/宋別集
東坡先生全集七十五卷　(宋)蘇軾撰　東坡詩選十二卷　(宋)蘇軾撰　(明)譚元春選　東坡先生[蘇軾]年譜一卷　(明)王宗稷編　明末文盛堂刻本　三十冊

330000－1701－0010031　善 007278　集部/別集類/宋別集
莆陽知稼翁集二卷　(宋)黃公度撰　(宋)黃沃編　明天啓五年(1625)黃崇翰刻清道光九年(1829)重修本　二冊

330000－1701－0010032　普 081/2816/c2　類叢部/叢書類/彙編之屬
隨盦徐氏叢書十種續編十種　徐乃昌編　清光緒至民國南陵徐氏刻本　十二冊　存十種

330000－1701－0010033　普 081/2816/c3　類叢部/叢書類/彙編之屬
隨盦徐氏叢書十種續編十種　徐乃昌編　清光緒至民國南陵徐氏刻本　十二冊　存十種

330000－1701－0010034　普 081/2816/(2)　類叢部/叢書類/彙編之屬
隨盦徐氏叢書十種續編十種　徐乃昌編　清光緒至民國南陵徐氏刻本　十九冊　存九種

330000－1701－0010035　普 081/2816.2/c2　類叢部/叢書類/彙編之屬
鄦齋叢書二十種　徐乃昌編　清光緒二十六年(1900)南陵徐氏刻本　十六冊

330000－1701－0010036　普 007279　集部/別集類/宋別集
羅鄂州小集六卷　(宋)羅願撰　羅郢州遺文一卷　(宋)羅頌撰　清康熙五十二年(1713)歙程哲七略書堂刻本　二冊

330000－1701－0010037　普 081/2848/c1　類叢部/叢書類/彙編之屬
邵武徐氏叢書初刻十四種　(清)徐榦編　清光緒邵武徐氏刻本　二十冊

330000－1701－0010038　普 081/2848/c3　類叢部/叢書類/彙編之屬
邵武徐氏叢書初刻十四種　(清)徐榦編　清光緒邵武徐氏刻本　二十冊　缺二卷(海東逸史十七至十八)

330000－1701－0010039　普 081/2848.2/c2　類叢部/叢書類/彙編之屬
邵武徐氏叢書二集八種　(清)徐榦編　清光緒邵武徐氏刻本　二十冊

330000－1701－0010040　普 081/2848.2/c3　類叢部/叢書類/彙編之屬

邵武徐氏叢書二集八種　(清)徐榦編　清光緒邵武徐氏刻本　二十冊

330000－1701－0010041　善 007280　集部/別集類/宋別集

朱子論定文抄二十卷補編一卷　(宋)朱熹撰　(清)吳震方輯　清康熙四十四年(1705)刻本　八冊

330000－1701－0010042　普 081/2849/(2)/c1　類叢部/叢書類/彙編之屬

觀自得齋叢書二十三種別集六種　(清)徐士愷編　清光緒十三年至二十年(1887－1894)石埭徐氏刻本　二冊　存別集六種

330000－1701－0010043　普 081/2849/(2)/c2　類叢部/叢書類/彙編之屬

觀自得齋叢書二十三種別集六種　(清)徐士愷編　清光緒十三年至二十年(1887－1894)石埭徐氏刻本　二冊　存別集六種

330000－1701－0010044　普 081/2849.2　類叢部/叢書類/彙編之屬

觀自得齋叢書二十三種別集六種　(清)徐士愷編　清光緒十三年至二十年(1887－1894)石埭徐氏刻本　五十七冊　缺別集六種

330000－1701－0010045　普 081/2849.2/(2)　類叢部/叢書類/彙編之屬

觀自得齋叢書二十三種別集六種　(清)徐士愷編　清光緒十三年至二十年(1887－1894)石埭徐氏刻本　二十一冊　存二十二種

330000－1701－0010046　善 007281　集部/別集類/宋別集

宋儒文肅公黃勉齋先生文集四十卷　(宋)黃榦撰　清康熙四十三年(1704)刻五十年(1711)黃鉞重修本　十冊

330000－1701－0010047　善 007282　集部/別集類/宋別集

陳同甫集三十卷　(宋)陳亮撰　清嶺南壽經堂錫活字印本　八冊

330000－1701－0010048　善 007283　集部/別集類/元別集

元張文忠公歸田類稿二十卷附錄一卷　(元)張養浩撰　清乾隆五十五年(1790)歷城周永年、毛堃刻本　四冊

330000－1701－0010049　善 007284　集部/別集類/元別集

仇山村遺集一卷　(元)仇遠撰　**仇山村遺集附錄一卷**　(清)項夢昶輯　清乾隆五年(1740)古歙項夢昶古香書屋刻本　一冊

330000－1701－0010050　善 007285　集部/別集類/元別集

吳淵穎先生集十二卷　(元)吳萊撰　(清)王邦采　(清)王繩曾箋　清康熙六十年(1721)錫山王邦采、王繩曾裕昆堂刻本　五冊

330000－1701－0010051　善 007286　集部/別集類/元別集

重刻吳淵潁集十二卷　(元)吳萊撰　(明)宋濂編　(清)查遴輯　**附錄一卷**　清康熙四十九年(1710)浦江吳氏豹文堂刻雍正元年(1723)重修本　三冊

330000－1701－0010052　善 007287　集部/別集類/元別集

木訥齋文集五卷附錄一卷　(元)王毅撰　清乾隆二十七年(1762)蘇遇龍刻本　二冊

330000－1701－0010053　善 007288　集部/別集類/明別集

解文毅公集十六卷後集六卷首一卷附錄一卷　(明)解縉撰　清乾隆三十二年(1767)解氏敦仁堂刻本　十六冊　缺六卷(後集一至六)

330000－1701－0010056　善 007289　集部/別集類/明別集

白沙子全集六卷首一卷　(明)陳獻章撰　(清)何九疇重編　清康熙四十九年(1710)何九疇、顧嗣協刻本　五冊　缺一卷(首)

330000－1701－0010057　善 007290　子部/儒家類/儒學之屬/性理

卓吾先生批評龍谿王先生語録鈔八卷　(明)

王畿撰　(明)李贄評　明萬曆刻本　四册

330000－1701－0010058　普 081/3127　類叢部/叢書類/彙編之屬

讀畫齋叢書四十六種　(清)顧修編　清嘉慶四年至十六年(1799－1811)桐川顧氏刻本　六十四册

330000－1701－0010059　普 081/3127/(2)/c2　類叢部/叢書類/彙編之屬

讀畫齋叢書四十六種　(清)顧修編　清嘉慶四年至十六年(1799－1811)桐川顧氏刻本　六十四册

330000－1701－0010060　善 007291　集部/别集類/明别集

汲古堂集二十八卷　(明)何白撰　清道光十六年(1836)東甌梅嶼守直堂刻本　十二册

330000－1701－0010061　善 007669　類叢部/叢書類/自著之屬

邵子全書二十四卷　(宋)邵雍撰　(明)徐必達編　清抄本　六十四册

330000－1701－0010062　普 081/3133　類叢部/叢書類/彙編之屬

藝苑捃華四十八種　(清)顧之逵編　清同治七年(1868)刻本　二十二册

330000－1701－0010063　普 081/3133/(4)　類叢部/叢書類/彙編之屬

藝苑捃華四十八種　(清)顧之逵編　清同治七年(1868)刻本　二十六册　缺二卷(國朝麗體金膏一至二)

330000－1701－0010064　善 007292　集部/别集類/明别集

張待軒先生遺集十二卷　(明)張次仲撰　清康熙三十五年(1696)張訒刻本　六册

330000－1701－0010065　普 081/3136　類叢部/叢書類/彙編之屬

小石山房叢書三十八種　(清)顧湘編　清道光刻同治十三年(1874)虞山顧氏補刻本　十六册

330000－1701－0010066　普 081/3136/(3)　類叢部/叢書類/彙編之屬

小石山房叢書三十八種　(清)顧湘編　清道光刻同治十三年(1874)虞山顧氏補刻本　十四册

330000－1701－0010067　善 007293　集部/别集類/明别集

陶菴文集七卷陶菴詩集八卷補遺三卷吾師錄一卷陶菴自監錄四卷首一卷末一卷　(明)黃淳燿撰　(清)陶應鯤輯　清乾隆二十六年(1761)刻本　清朱佺題簽、批校並跋　五册

330000－1701－0010070　普 081/3143　類叢部/叢書類/彙編之屬

祕書廿一種　(清)汪士漢編　清康熙七年(1668)新安汪氏重編印古今逸史本　二十册

330000－1701－0010071　普 081/3143/2　類叢部/叢書類/彙編之屬

祕書廿一種　(清)汪士漢編　清嘉慶九年(1804)敬書堂刻本　十八册　存十八種

330000－1701－0010072　善 007294　集部/别集類/明别集

金正希先生文集輯略九卷　(明)金聲撰　明末新安邵鵬程刻本　四册

330000－1701－0010074　善 007295　集部/别集類/清别集

石園全集三十卷　(清)李元鼎　(清)朱中楣撰　清康熙四十二年(1703)李振祺、李振裕香雪堂刻雍正印本　四册

330000－1701－0010075　普 081/3225　類叢部/叢書類/彙編之屬

海山仙館叢書五十六種　(清)潘仕成編　清道光二十五年至咸豐元年(1845－1851)番禺潘氏刻光緒十一年(1885)增刻彙印本　一百册

330000－1701－0010076　普 081/3225/(3)　類叢部/叢書類/彙編之屬

海山仙館叢書五十六種　(清)潘仕成編　清道光二十五年至咸豐元年(1845－1851)番禺

潘氏刻光緒十一年(1885)增刻彙印本　一百十冊　存五十四種

330000－1701－0010077　普 081/3225/(5)　類叢部/叢書類/彙編之屬
海山仙館叢書五十六種　(清)潘仕成編　清道光二十五年至咸豐元年(1845－1851)番禺潘氏刻光緒十一年(1885)增刻彙印本　一冊　存一種

330000－1701－0010078　普 081/3234/(3)　類叢部/叢書類/彙編之屬
功順堂叢書十八種　(清)潘祖蔭編　清光緒吳縣潘氏刻本　十二冊　存十一種

330000－1701－0010079　普 081/3234/(5)　類叢部/叢書類/彙編之屬
功順堂叢書十八種　(清)潘祖蔭編　清光緒吳縣潘氏刻本　十四冊　存十一種

330000－1701－0010080　善 007296　集部/別集類/清別集
東江集鈔九卷別集五卷　(清)沈謙撰　**附錄一卷**　清康熙十五年(1676)仁和沈聖昭、沈聖暉刻本　八冊　缺五卷(別集一至五)

330000－1701－0010081　善 007297　集部/別集類/清別集
白茅堂集四十六卷　(清)顧景星撰　清康熙四十三年(1704)曹寅刻乾隆重修本　十九冊

330000－1701－0010082　善 007298　集部/別集類/清別集
青巖集十二卷　(清)許楚撰　清康熙五十四年(1715)新安許象縉白華堂刻本　四冊

330000－1701－0010083　善 007299　集部/別集類/清別集
寒松堂全集十二卷　(清)魏象樞撰　清康熙四十七年(1708)刻本　十二冊

330000－1701－0010084　善 007300　集部/別集類/清別集
愛日堂文集八卷外集一卷詩集二卷　(清)孫宗彝撰　(清)孫弓安輯　清乾隆三十五年(1770)高郵孫仝邵刻本　六冊

330000－1701－0010085　普 081/3234.2　類叢部/叢書類/彙編之屬
滂喜齋叢書五十種　(清)潘祖蔭編　清同治至光緒吳縣潘氏京師刻本　三十二冊

330000－1701－0010086　普 081/3234.2/(3)　類叢部/叢書類/彙編之屬
滂喜齋叢書五十種　(清)潘祖蔭編　清同治至光緒吳縣潘氏京師刻本　十八冊

330000－1701－0010087　善 007301　集部/別集類/清別集
蔣慎齋遇集五卷蒞楚學記一卷日懷堂奏疏四卷　(清)蔣永修著　(清)蔣庠復　(清)蔣景祁輯　清康熙天藜閣刻本　八冊

330000－1701－0010090　普 081/4082/(2)/c1　類叢部/叢書類/彙編之屬
惜陰軒叢書三十四種續編一種　(清)李錫齡編　清光緒二十二年(1896)長沙刻本　七十五冊　存三十四種

330000－1701－0010091　善 007668　子部/雜著類/雜編之屬
聊以備忘四卷　(清)查慎行撰　清敬業堂抄本　三冊　存一卷(三)

330000－1701－0010092　善 007302　集部/別集類/清別集
湯潛庵先生文集節要八卷　(清)湯斌撰　(清)彭定求輯　清康熙三十七年(1698)刻本　一冊

330000－1701－0010094　善 007303　集部/別集類/清別集
安序堂文鈔三十卷　(清)毛際可撰　(清)林雲銘　(清)嚴允肇評　清康熙刻本　肖大批　六冊

330000－1701－0010095　普 915.1241/7052.5/4/c4　史部/地理類/山川之屬/山志
西天目祖山志八卷首一卷末一卷補遺一卷　(明)釋廣賓撰　(清)釋際界增訂　清光緒二年(1876)刻本　四冊

330000－1701－0010096　普 081/4082/(2)/

c2　類叢部/叢書類/彙編之屬

惜陰軒叢書三十四種續編一種　(清)李錫齡編　清光緒二十二年(1896)長沙刻本　四十八冊　存二十二種

330000－1701－0010097　普 081/3435　類叢部/叢書類/彙編之屬

枕碧樓叢書十二種　沈家本編　清宣統元年至民國二年(1909－1913)歸安沈氏刻本　十八冊

330000－1701－0010098　善 007304　集部/別集類/清別集

孫宇台集四十卷　(清)孫治撰　清康熙二十三年(1684)孫孝楨刻本　清復蜚批點　清樊山鮮民題記　六冊

330000－1701－0010099　善 007305　集部/別集類/清別集

秋笳集八卷　(清)吳兆騫撰　清康熙徐乾學刻雍正四年(1726)吳棖臣增刻衎厚堂印本　四冊

330000－1701－0010100　普 081/34351　類叢部/叢書類/彙編之屬

欣賞編十種　(明)沈津編　明萬曆八年(1580)茅一相刻本　清童葉庚題簽並跋　六冊

330000－1701－0010101　普 081/34351.02　類叢部/叢書類/彙編之屬

欣賞續編十種　(明)茅一相編　明萬曆八年(1580)茅一相刻本　清童葉庚題簽並跋　六冊

330000－1701－0010102　HJL5324　集部/別集類/宋別集

栟櫚先生文集二十五卷　(宋)鄧肅撰　清道光三年(1823)江寧鄧廷楨萬竹園刻本　八冊

330000－1701－0010103　善 007306　集部/別集類/清別集

撰書八卷首一卷附刻一卷　(清)毛先舒撰　清康熙刻本　八冊

330000－1701－0010104　善 007307　集部/別集類/清別集

思古堂集四卷首一卷　(清)毛先舒撰　清康熙刻本　四冊

330000－1701－0010105　善 007308　集部/別集類/清別集

有懷堂文集四卷　(清)王道寧撰　清康熙五十年(1711)刻本　二冊

330000－1701－0010106　善 007309　集部/別集類/清別集

小方壺文鈔六卷　(清)汪森撰　清康熙刻本　二冊

330000－1701－0010107　善 007310　集部/別集類/清別集

白石山房集二十六卷　(清)李振裕撰　清康熙香雪堂刻本　六冊

330000－1701－0010108　善 007311　集部/別集類/清別集

松桂堂全集三十七卷南泩集三卷延露詞三卷　(清)彭孫遹撰　清乾隆八年(1743)彭景曾等刻本　十二冊　存三十七卷(一至三十七)

330000－1701－0010109　善 007312　集部/別集類/清別集

有懷堂詩藁六卷文藁二十二卷　(清)韓菼撰　清康熙四十二年(1703)韓氏有懷堂刻本　六冊

330000－1701－0010110　善 007313　集部/別集類/清別集

賜書樓嶢山集四卷補刻一卷詩集一卷　(清)田從典撰　清雍正九年(1731)三晉田氏賜書樓刻本　四冊

330000－1701－0010111　善 007314　集部/別集類/清別集

曝書亭集八十卷附錄一卷　(清)朱彝尊撰

笛漁小稾十卷　(清)朱昆田撰　清康熙五十三年(1714)朱稻孫刻本　十二冊　存八十一卷(曝書亭集一至八十、附錄)

330000－1701－0010112　善 007315　類叢部/叢書類/自著之屬

高文恪公集十一種 (清)高士奇撰 清康熙刻本 九冊 存六種

330000－1701－0010113 善 007316 集部/別集類/清別集

依歸草二卷二刻二卷 (清)張符驤撰 清康熙刻本 二冊

330000－1701－0010114 善 007317 集部/別集類/清別集

蓄齋集十六卷 (清)黃中堅撰 清康熙四十八年至五十年(1709－1711)吳門黃氏棣華堂刻五十三年(1714)增刻本 十六冊

330000－1701－0010115 善 007318 集部/別集類/清別集

治古堂文集五卷首一卷末一卷 (清)呂履恒撰 清乾隆十五年(1750)呂宣曾刻本 五冊

330000－1701－0010116 善 007319 集部/別集類/清別集

拙齋集五卷 (清)朱奇齡撰 清康熙介堂刻本 二冊 缺一卷(五)

330000－1701－0010117 善 007320 集部/別集類/清別集

在陸草堂文集六卷 (清)儲欣撰 (清)吳之彥 (清)邢維信編 清雍正元年(1723)真州吳之彥、邢維信刻本 四冊

330000－1701－0010118 善 007321 集部/別集類/清別集

槐塘詩稿十六卷文稿四卷 (清)汪沆撰 清乾隆五十一年(1786)刻本 六冊

330000－1701－0010119 普 081/3436/c2 類叢部/叢書類/彙編之屬

晨風閣叢書二十二種 沈宗畸編 清宣統元年(1909)番禺沈氏刻本 章嶔題記 十六冊

330000－1701－0010120 普 081/3436/c4 類叢部/叢書類/彙編之屬

晨風閣叢書二十二種 沈宗畸編 清宣統元年(1909)番禺沈氏刻本 十六冊

330000－1701－0010121 善 007322 集部/別集類/清別集

白漊集十二卷 (清)沈受宏撰 清康熙四十四年(1705)學易堂刻增修本 二冊 存八卷(一至八)

330000－1701－0010122 善 007323 集部/別集類/清別集

後甲集二卷 (清)章大來撰 清康熙五十六年(1717)山陰章大來百可堂刻本 四冊

330000－1701－0010123 善 007324 集部/別集類/清別集

今是園文存二卷 (清)李遙撰 清康熙刻本 二冊

330000－1701－0010124 善 007325 集部/別集類/清別集

秋錦山房集二十二卷 (清)李良年撰 (清)李潮偕編 清康熙三十五年(1696)嘉興李潮偕刻乾隆二十四年(1759)續刻本 五冊

330000－1701－0010125 善 007326 集部/別集類/清別集

曹江集十卷 (清)曹恒吉撰 清康熙刻本 曹氏批 四冊

330000－1701－0010126 善 007327 集部/別集類/清別集

趣陶園集十五卷 (清)魯之裕撰 清康熙至雍正刻式馨堂全集本 清匪夷主人批點 四冊

330000－1701－0010127 普 081/3436.2 類叢部/叢書類/彙編之屬

晨風閣叢書第一集(國學粹編)五十二種 沈宗畸等編 清光緒三十四年至宣統三年(1908－1911)國學萃編社鉛印本 章嶔題記 二十四冊 存四十九種

330000－1701－0010128 善 007328 史部/史評類/詠史之屬

明史雜詠四卷 (清)嚴遂成撰 清乾隆刻本 二冊

330000－1701－0010131 善 007329 集部/別集類/清別集

秋塍文鈔十二卷　(清)魯曾煜撰　清乾隆九年(1744)鳴野山房刻本　八册

330000－1701－0010132　善 007330　類叢部/叢書類/自著之屬

果堂全集三種附二種　(清)沈彤撰　清乾隆吴江沈氏果堂刻本　二册　存一種

330000－1701－0010135　普 081/3547　類叢部/叢書類/彙編之屬

武英殿聚珍版書五十三種　清同治十三年(1874)江西書局刻本　一百二十八册　存五十四種

330000－1701－0010136　善 007331　集部/别集類/清别集

已山先生文集十卷别集四卷　(清)王步青撰　**傳一卷**　清乾隆敦復堂刻本　四册

330000－1701－0010137　善 007332　集部/别集類/清别集

南莊類稿八卷　(清)黄永年撰　清乾隆集思堂刻本　六册

330000－1701－0010138　善 007333　集部/别集類/清别集

樂善堂全集定本三十卷　(清)高宗弘曆撰　清乾隆刻本　十册

330000－1701－0010139　普 081/3547/2(2)、普 081/3547.09/c3　類叢部/叢書類/彙編之屬

武英殿聚珍版書一百四十八種　清乾隆四十二年(1777)福建刻道光至同治遞修光緒二十一年(1895)增刻本　八百六十一册　存一百三十五種

330000－1701－0010140　普 081/3547.09/c1　類叢部/叢書類/彙編之屬

武英殿聚珍版書一百四十八種　清乾隆四十二年(1777)福建刻道光至同治遞修光緒二十一年(1895)增刻本　一册　存職名、新舊跋、例言、總目、價單

330000－1701－0010141　普 081/3547.09/c2　類叢部/叢書類/彙編之屬

武英殿聚珍版書一百四十八種　清乾隆四十二年(1777)福建刻道光至同治遞修光緒二十一年(1895)增刻本　一册　存職名、新舊跋、例言、總目、價單

330000－1701－0010142　普 081/4429.3/(2)　類叢部/叢書類/彙編之屬

觀古堂彙刻書十九種　葉德輝編　清光緒長沙葉氏刻三十四年(1908)重編印本　十册

330000－1701－0010143　善 007334　集部/别集類/清别集

梅崖居士文集三十八卷外集二卷　(清)朱仕琇撰　清乾隆二十四年(1759)刻本　六册

330000－1701－0010144　善 007335　集部/别集類/清别集

握蘭主人詩草四卷文集一卷　(清)周金紳撰　清乾隆二十一年(1756)含清草堂刻本　一册

330000－1701－0010145　善 007336　集部/别集類/清别集

積山先生遺集十卷　(清)汪惟憲撰　清乾隆三十八年(1773)汪新閩南學署刻本　二册

330000－1701－0010146　善 007337　集部/别集類/清别集

秋槎詩鈔五卷　(清)孫大濩撰　清乾隆六十年(1795)刻本　二册

330000－1701－0010147　善 007338　集部/詞類/類編之屬

百名家詞鈔　(清)聶先　(清)曾王孫編　清康熙刻本　十二册　存五十三種

330000－1701－0010148　普 081/4001/2　類叢部/叢書類/彙編之屬

函海一百五十二種　(清)李調元編　清乾隆綿州李氏萬卷樓刻嘉慶十四年(1809)李鼎元、道光五年(1825)李朝夔重校補刻本　一百六十册

330000－1701－0010149　普 081/4001/3　類叢部/叢書類/彙編之屬

函海一百五十九種　(清)李調元編　清光緒

七年至八年(1881－1882)廣漢鍾登甲樂道齋刻本　一百六十冊

330000－1701－0010150　普081/4001/4　類叢部/叢書類/彙編之屬
函海拾零　清抄本　五冊

330000－1701－0010151　善007339　集部/詞類/類編之屬
百名家詞鈔　(清)聶先　(清)曾王孫編　清康熙刻本　七冊　存四十七種

330000－1701－0010152　普081/4004/c1　類叢部/叢書類/彙編之屬
貸園叢書初集十二種四十九卷　(清)周永年編　清乾隆五十四年(1789)歷城周氏竹西書屋重編印益都李文藻等刻本　十六冊

330000－1701－0010153　普081/4004/c2　類叢部/叢書類/彙編之屬
貸園叢書初集十二種四十九卷　(清)周永年編　清乾隆五十四年(1789)歷城周氏竹西書屋重編印益都李文藻等刻本　十六冊

330000－1701－0010154　普081/4004/c4　類叢部/叢書類/彙編之屬
貸園叢書初集十二種四十九卷　(清)周永年編　清乾隆五十四年(1789)歷城周氏竹西書屋重編印益都李文藻等刻本　十六冊

330000－1701－0010155　善007340　集部/詞類/別集之屬
情田詞三卷附試院懷舊詩一卷　(清)邵瓊撰　清乾隆十七年(1752)大興邵氏石帆花屋刻本　二冊

330000－1701－0010156　善007341　集部/別集類/清別集
改亭集十六卷　(清)計東撰　清康熙刻本　八冊

330000－1701－0010157　普915.1231/5052/c3　史部/地理類/山川之屬/山志
茅山志十四卷道秩考一卷　(清)笪蟾光編　清光緒四年(1878)眭定生刻本　六冊

330000－1701－0010158　善007342　集部/別集類/清別集
雙雲堂文稿六卷詩稿六卷行述一卷　(清)范光陽撰　清康熙四十六年(1707)鄭風刻本　四冊　缺六卷(文稿一至六)

330000－1701－0010159　善007343　集部/別集類/清別集
嚴太僕先生集十二卷　(清)嚴虞惇撰　清乾隆元年(1736)常熟嚴有禧繩武堂刻本　四冊

330000－1701－0010163　善007345　經部/易類/傳說之屬
周易象義四卷　(明)唐鶴徵撰　清初抄本　乘雲氏題簽並記　四冊

330000－1701－0010164　善007344　經部/叢編
十三經註疏　(明)□□輯　明嘉靖李元陽刻本　十冊　存一種

330000－1701－0010166　善007346　經部/叢編
十三經註疏　(明)□□輯　明嘉靖李元陽刻本　六冊　存一種

330000－1701－0010167　善007347　經部/小學類/文字之屬/字書/字體
佩觿三卷　(宋)郭忠恕撰　清抄本　三冊

330000－1701－0010168　善007348　史部/紀傳類/正史之屬
史記一百三十卷　(漢)司馬遷撰　(南朝宋)裴駰集解　(唐)司馬貞索隱　(唐)張守節正義　**三皇本紀一卷**　(唐)司馬貞補撰並註　明萬曆二年至三年(1574－1575)南京國子監刻本　二十四冊

330000－1701－0010169　善007349　史部/紀傳類/正史之屬
史記一百三十卷　(漢)司馬遷撰　(南朝宋)裴駰集解　(唐)司馬貞索隱　(唐)張守節正義　**三皇本紀一卷**　(唐)司馬貞補撰並註　明萬曆二十四年(1596)南京國子監刻本(卷四配清抄本)　五十六冊

浙江圖書館古籍普查登記目録

（二）

國家圖書館出版社
National Library of China Publishing House

全國古籍普查登記目録·浙江

330000－1701－0010188　普 814.7/2528/2
集部/別集類/清別集
曝書亭集八十卷附錄一卷　(清)朱彝尊撰
笛漁小稾十卷　(清)朱昆田撰　清康熙刻本　章鋆題簽　二十冊

330000－1701－0010189　善 007360　經部/樂類/律吕之屬
樂律全書十五種　(明)朱載堉撰　明萬曆鄭藩刻增修本　六冊　存三種

330000－1701－0010191　善 007611　子部/術數類/占卜之屬
卜易經驗集一卷　清抄本　一冊

330000－1701－0010192　善 007361　子部/術數類
選擇叢書集要五種二十九卷　(明)江之棟輯　明崇禎五年(1632)吳公遂尚白齋刻本　二冊　存一種

330000－1701－0010193　善 007362　子部/叢編
子彙　(明)周子義編　明萬曆四年至五年(1576－1577)南京國子監刻本　一冊　存一種

330000－1701－0010194　善 007363　子部/叢編
中立四子集　(明)朱東光編　(明)張登雲參補　明萬曆七年(1579)臨川朱東光刻本　四冊　存一種

330000－1701－0010195　善 007364　子部/雜著類/雜説之屬
夢溪筆談二十六卷補筆談三卷續筆談一卷　(宋)沈括撰　明崇禎四年(1631)馬元調刻本　二冊　存四卷(補筆談一至三、續筆談)

330000－1701－0010196　善 007365　類叢部/叢書類/彙編之屬
古今説海一百三十五種　(明)陸楫等編　明嘉靖二十三年(1544)陸楫儼山書院雲山書院刻本　王修跋　二十五冊　存六十種

330000－1701－0010197　善 007366　史部/雜史類/斷代之屬
吾學編六十九卷　(明)鄭曉撰　明隆慶元年(1567)鄭履淳刻本(卷五十二至五十九配明刻本)　十四冊　存三十二卷(一至十、十五至二十一、五十二至六十二、六十五至六十八)

330000－1701－0010198　善 007367　類叢部/叢書類/彙編之屬
金聲玉振集五十種　(明)袁褧編　明嘉靖吳郡袁氏嘉趣堂刻本　六冊　存十二種

330000－1701－0010199　普 081/4241/c1　類叢部/叢書類/彙編之屬
咫進齋叢書三十七種　(清)姚覲元編　清光緒九年(1883)歸安姚氏刻本　章鋆題簽　二十三冊　存三十五種

330000－1701－0010201　普 915.1231/50521/c2　史部/地理類/山川之屬/山志
寶華山志十五卷首一卷　(清)釋德基輯　(清)劉名芳纂　清同治釋印宗刻本　四冊

330000－1701－0010202　普 915.1231/7035/c1　史部/地理類/方志之屬/郡縣志
[光緒]高淳縣志二十八卷首一卷　(清)楊福鼎修　(清)陳嘉謀纂　清光緒七年(1881)學山書院刻本　八冊　缺五卷(八至十、十七至十八)

330000－1701－0010203　普 081/4241/c2　類叢部/叢書類/彙編之屬
咫進齋叢書三十七種　(清)姚覲元編　清光緒九年(1883)歸安姚氏刻本　二十四冊

330000－1701－0010204　普 081/4241/(3)　類叢部/叢書類/彙編之屬
咫進齋叢書二十種　(清)姚覲元編　清光緒九年(1883)歸安姚氏刻本　十六冊

330000－1701－0010206　善 007368　集部/總集類/彙編之屬
十家唐詩十二卷　(明)畢效欽編　明萬曆三十六年(1608)新安畢懋謙刻本　一冊　存一卷(盛唐儲光羲詩集)

330000－1701－0010207　善 007369　集部/別集類/唐五代別集

集千家註杜工部詩集二十卷文集二卷　(唐)杜甫撰　(宋)黄鶴補注　**附錄一卷**　明嘉靖十五年(1536)玉几山人刻本　二十冊　缺一卷(附錄)

330000－1701－0010208　普 081/4403　類叢部/叢書類/彙編之屬

曼陀羅華閣叢書十六種　(清)杜文瀾編　清咸豐至光緒秀水杜氏刻光緒十八年(1892)上海掃葉山房修補印本　章嵚題簽　三十九冊　存十四種

330000－1701－0010209　善 007370　集部/別集類/唐五代別集

陸宣公全集二十四卷　(唐)陸贄撰　(明)湯賓尹評　明崇禎元年(1628)刻本　四冊

330000－1701－0010210　善 007371　集部/別集類/明別集

徐氏海隅集詩編二十二卷文編四十三卷外編十四卷續三卷　(明)徐學謨撰　(明)徐元嘏輯　明萬曆五年(1577)刻四十年(1612)徐元嘏重修本　二冊　存六卷(外編經說一至六)

330000－1701－0010211　善 007372　集部/別集類/明別集

王文肅公文草十四卷　(明)王錫爵撰　明萬曆四十三年(1615)王時敏刻本　四冊

330000－1701－0010212　善 007373　集部/別集類/明別集

白榆集二十八卷　(明)屠隆撰　明萬曆二十二年(1594)程元方刻本　八冊　存二十卷(一至二十)

330000－1701－0010213　善 007374　集部/總集類/選集之屬/通代

玉臺新詠十卷　(南朝陳)徐陵輯　明崇禎六年(1633)吳郡趙均刻本　二冊

330000－1701－0010214　普 081/4403/(2)　類叢部/叢書類/彙編之屬

曼陀羅華閣叢書十六種　(清)杜文瀾編　清咸豐至光緒秀水杜氏刻光緒十八年(1892)上海掃葉山房修補印本　二十六冊

330000－1701－0010215　善 007375　集部/總集類/選集之屬/斷代

二妙集八卷　(金)段克己　(金)段成已撰　清抄本　二冊

330000－1701－0010216　善 007376　集部/總集類/選集之屬/斷代

天下同文前甲集五十卷　(元)周南瑞輯　清長興徐氏各夢山房抄本　王修跋　四冊　存四十三卷(一至十六、十九至二十九、三十二至三十三、三十六至四十、四十二至五十)

330000－1701－0010219　善 007377　集部/總集類/選集之屬/通代

文體明辯六十一卷首一卷目錄六卷附錄十四卷附錄目錄二卷　(明)徐師曾輯　明萬曆十九年(1591)吳江趙夢麟刻本　五十三冊　存六十五卷(首、一至十六、二十二至二十三、二十六至六十一,目錄一至六,附錄五至六、十一至十二)

330000－1701－0010220　普 081/4416　類叢部/叢書類/彙編之屬

嘯園叢書五十八種　(清)葛元煦編　清光緒二年至七年(1876－1881)仁和葛氏刻本　七十二冊

330000－1701－0010221　普 081/4416/(2)　類叢部/叢書類/彙編之屬

嘯園叢書五十七種　(清)葛元煦編　清光緒二年至七年(1876－1881)仁和葛氏刻本　五十冊

330000－1701－0010222　普 081/4420/c1　類叢部/叢書類/彙編之屬

遜敏堂叢書三十二種　(清)黄秩模輯　清道光至咸豐宜黄黄氏木活字印本　四冊

330000－1701－0010223　普 081/4420/c2　類叢部/叢書類/彙編之屬

遜敏堂叢書三十二種　(清)黄秩模輯　清道光至咸豐宜黄黄氏木活字印本　六冊

330000－1701－0010224　善 007378　集部/總集類/選集之屬/通代
名媛詩歸三十六卷　（清）鍾惺輯　明刻本　廉甫題簽　十二册

330000－1701－0010225　善 007379　經部/易類/傳說之屬
周易口訣義六卷　（唐）史徵撰　清抄本　五册

330000－1701－0010227　善 007381　經部/易類/傳說之屬
周易審鵠要解四卷　（清）林錫齡輯　清仲勤抄本　清仲勤題記　三册

330000－1701－0010228　善 007382　經部/易類/傳說之屬
周易觀象管輯二卷首一卷　（清）趙輔臨輯　清抄本　二册　存二卷（首、下之上）

330000－1701－0010229　善 007383　經部/易類/專著之屬
周易捷錄六卷　清抄本　六册

330000－1701－0010232　普 081/4428/c2　類叢部/叢書類/彙編之屬
求實齋叢書十五種　（清）蔣德鈞編　清光緒湘鄉蔣氏龍安郡署刻本　章嶔題簽　八册

330000－1701－0010233　普 081/4428/（2）　類叢部/叢書類/彙編之屬
求實齋叢書十五種　（清）蔣德鈞編　清光緒湘鄉蔣氏龍安郡署刻本　十册

330000－1701－0010234　普 081/4429　類叢部/叢書類/彙編之屬
郋園先生全書一百二十九種　葉啓倬編　清光緒至民國刻民國二十四年（1935）長沙中國古書刻印社彙印本　二百册

330000－1701－0010235　普 081/4429.2/c2　類叢部/叢書類/彙編之屬
雙楳景闇叢書十六種　葉德輝編　清光緒至宣統長沙葉氏郋園刻本　四册　存十一種

330000－1701－0010237　善 007386　經部/書類/傳說之屬
尚書考異五卷　（明）梅鷟撰　清抄本　二册

330000－1701－0010239　善 007388　經部/書類/傳說之屬
書經解纂不分卷　清抄本　二册

330000－1701－0010240　善 007389　經部/詩類/詩譜之屬
鄭氏詩譜一卷　（漢）鄭玄撰　清抄本　一册

330000－1701－0010241　善 007390　經部/詩類/傳說之屬
毛詩本義十六卷　（宋）歐陽修撰　清道光抄本　清朱澔題記　六册

330000－1701－0010243　普 081/4430/（2）/c1　類叢部/叢書類/彙編之屬
長恩書室叢書甲集十種乙集十種　（清）莊肇麟編　清咸豐四年（1854）新昌莊氏過客軒刻本（荒政叢書十卷原缺）　十二册

330000－1701－0010244　普 081/4430/（2）/c2　類叢部/叢書類/彙編之屬
長恩書室叢書甲集十種乙集十種　（清）莊肇麟編　清咸豐四年（1854）新昌莊氏過客軒刻本（荒政叢書十卷原缺）　十一册　存十八種

330000－1701－0010245　善 007391　經部/周禮類/傳說之屬
周禮學一卷購洫圖一卷書五省溝洫圖說後一卷　（清）沈夢蘭撰　清寫刻樣本　一册

330000－1701－0010246　善 007392　經部/周禮類/傳說之屬
周禮三註六卷　清抄本　六册

330000－1701－0010247　普 081/4440　類叢部/叢書類/輯佚之屬
漢學堂叢書二百十一種　（清）黃奭輯　清道光甘泉黃氏刻光緒印本　六十三册　存一百九十八種

330000－1701－0010248　普 081/4440/（2）　類叢部/叢書類/輯佚之屬
漢學堂叢書二百十一種　（清）黃奭輯　清道

光甘泉黄氏刻光緒印本　八十册　存二百六種

330000－1701－0010249　善 007393　經部/三禮總義類/通禮雜禮之屬

讀禮漫錄十卷　(清)黄紹昌撰　清末抄本　清平遠題簽並跋　三册

330000－1701－0010250　善 007394　經部/春秋左傳類/傳說之屬

春秋年表一卷　(宋)□□撰　清抄本　一册

330000－1701－0010251　善 007395　經部/春秋總義類/傳說之屬

春秋長曆十卷　(清)陳厚耀撰　清抄本　十册

330000－1701－0010254　善 007398　經部/群經總義類/傳說之屬

羣經得寸錄一卷周禮集說一卷課兒隨筆一卷　(清)朱兆熊撰　清末朱純熙、朱士恆抄本　朱士恆跋　一册

330000－1701－0010255　善 007399　經部/群經總義類/文字音義之屬

經傳釋詞十卷　(清)王引之撰　清抄本　四册

330000－1701－0010256　普 081/4457　類叢部/叢書類/彙編之屬

三長物齋叢書二十五種　(清)黄本驥編　清道光二十二年至二十八年(1842－1848)湘陰蔣環刻光緒四年(1878)古香書閣印本　六十四册　缺五卷(集古錄目一至五)

330000－1701－0010257　普 081/4457/(2)　類叢部/叢書類/彙編之屬

三長物齋叢書二十五種　(清)黄本驥編　清道光二十二年至二十八年(1842－1848)湘陰蔣環刻光緒四年(1878)古香書閣印本　六十四册　存二十四種

330000－1701－0010258　普 081/4474　類叢部/叢書類/彙編之屬

鐵華館叢書六種　(清)蔣鳳藻編　清光緒九年至十年(1883－1884)長洲蔣氏刻本　六册

330000－1701－0010259　普 081/4474/(2)　類叢部/叢書類/彙編之屬

鐵華館叢書六種　(清)蔣鳳藻編　清光緒九年至十年(1883－1884)長洲蔣氏刻本　五册

330000－1701－0010260　善 007400　經部/群經總義類/傳說之屬

經義聚辨不分卷　(清)閔鏆編　清抄本　余重耀題簽　十册

330000－1701－0010261　善 007401　經部/四書類/論語之屬/傳說

古三疾齋論語直旨四卷　(清)何綸錦撰　清抄本　二册

330000－1701－0010263　善 007406　經部/小學類/文字之屬/字書/字典

大廣益會玉篇三十卷　(南朝梁)顧野王撰　(唐)孫強增字　(宋)陳彭年等重修　清康熙四十三年(1704)吴郡張士俊澤存堂刻澤存堂五種本　清蔣光焴跋　三册

330000－1701－0010264　普 915.1231/6035/c2　史部/地理類/方志之屬/郡縣志

[光緒]溧水縣志二十二卷首一卷　(清)傅觀光　(清)施春膏修　(清)丁維誠纂　清光緒九年(1883)刻本　十二册

330000－1701－0010265　HJL3501　集部/别集類/清别集

樗寮先生全集七種四十三卷　(清)姚椿撰　清道光至咸豐刻本　十二册

330000－1701－0010266　善 007403　經部/四書類/總義之屬/傳說

四書統宗會元不分卷　(清)沈栻撰　清樂志軒抄本　十六册　存十九卷(大學一至二,中庸一至四,論語一至十,孟子一、五至六)

330000－1701－0010268　善 007405　經部/小學類/文字之屬/說文

說文解字注匡謬十五卷　(清)徐承慶撰　清抄本　丙孫校　四册

330000－1701－0010269　普 081/4484　史部/金石類

學古齋金石叢書四集十二種　(清)葛元煦輯　清光緒崇川葛氏學古齋刻本　十六册

330000－1701－0010270　善 007407　經部/小學類/文字之屬
小學鉤沈十九卷　(清)任大椿撰　(清)王念孫校　清三百堂陳氏抄本　二册

330000－1701－0010272　善 007410　經部/群經總義類/文字音義之屬
九經補韻一卷　(宋)楊伯嵒集　(清)張海鵬訂　清抄本　一册

330000－1701－0010275　善 007412　類叢部/類書類/專類之屬
杜韓詩句集韻三卷　(清)汪文柏輯　清康熙四十五年至四十六年(1706－1707)練江汪氏古香樓刻本　三册

330000－1701－0010276　普 081/4488　類叢部/叢書類/家集之屬
董氏叢書十六種　(清)董金鑑編　清光緒三十二年(1906)會稽董氏取斯家塾刻本　十二册

330000－1701－0010285　普 081/4496.3　類叢部/叢書類/彙編之屬
別下齋叢書初集二十三種　(清)蔣光煦編　清道光海昌蔣氏別下齋刻本　十六册　存十一種

330000－1701－0010287　善 007417　史部/紀傳類/正史之屬
史記一百三十卷　(漢)司馬遷撰　(南朝宋)裴駰集解　(唐)司馬貞索隱　(唐)張守節正義　**三皇本紀一卷**　(唐)司馬貞補撰並註　明萬曆二十六年(1598)北京國子監刻本[卷二十六配明萬曆二十六年(1598)北京國子監刻清康熙重修本,卷二十七至二十八配明毛氏汲古閣刻本]　二十四册

330000－1701－0010289　普 081/4601　類叢部/叢書類/彙編之屬
訓纂堂叢書六種　(清)楊調元輯　清光緒貴筑楊氏刻本　章嶔題簽並記　六册

330000－1701－0010291　善 007419　史部/紀傳類/正史之屬
元史本證五十卷　(清)汪輝祖學　(清)汪繼培補　清抄本　四册　存十二卷(一至十二)

330000－1701－0010292　普 081/4712　類叢部/叢書類/彙編之屬
琳琅秘室叢書三十種　(清)胡珽編　清光緒十四年(1888)會稽董氏取斯家塾木活字印本　二十四册

330000－1701－0010293　普 081/4712/2　類叢部/叢書類/彙編之屬
琳琅秘室叢書三十種　(清)胡珽編　清光緒十四年(1888)會稽董氏取斯家塾木活字印本　二十四册

330000－1701－0010294　普 081/4748　類叢部/叢書類/彙編之屬
宜稼堂叢書七種　(清)郁松年編　清道光二十年至二十二年(1840－1842)上海郁氏刻本　六十四册

330000－1701－0010295　普 081/4748/(2)　類叢部/叢書類/彙編之屬
宜稼堂叢書七種　(清)郁松年編　清道光二十年至二十二年(1840－1842)上海郁氏刻本　六十八册

330000－1701－0010298　善 007420　史部/編年類/斷代之屬
宋史全文三十六卷　清抄本　六十四册

330000－1701－0010301　普 081/4901/c1　類叢部/叢書類/彙編之屬
峭帆樓叢書十八種　趙詒琛編　清宣統三年至民國八年(1911－1919)新陽趙氏峭帆樓刻本　章嶔題簽　二十四册

330000－1701－0010302　普 081/4901/c2　類叢部/叢書類/彙編之屬
峭帆樓叢書十八種　趙詒琛編　清宣統三年至民國八年(1911－1919)新陽趙氏峭帆樓刻本　二十四册

330000－1701－0010304　善 007422　史部/

編年類/斷代之屬
東華録十六卷 (清)蔣良騏撰 清抄本 十六册

330000－1701－0010308 善007427 史部/雜史類/斷代之屬
汝南遺事四卷 (元)王鶚撰 清抄本 一册

330000－1701－0010309 善007425 史部/紀傳類/别史之屬
南疆逸史二十八卷 (清)溫睿臨撰 清抄本 四册

330000－1701－0010310 善007426 史部/雜史類/斷代之屬
保越録一卷 (元)徐勉之撰 清王埼抄本 一册

330000－1701－0010314 善007428 史部/雜史類/斷代之屬
酌中志四卷 (明)劉若愚撰 清抄本 二册

330000－1701－0010317 善007429 史部/雜史類/斷代之屬
酌中志四卷 (明)劉若愚撰 清抄本 三册

330000－1701－0010320 善007430 史部/雜史類/斷代之屬
明季遺聞四卷 (清)鄒漪輯 清抄本 四册

330000－1701－0010321 善007431 史部/雜史類/斷代之屬
欽定蒙古源流八卷 清抄本 八册

330000－1701－0010324 普081/4930/c3、普081/4930.2 類叢部/叢書類/彙編之屬
仰視千七百二十九鶴齋叢書四十種 (清)趙之謙編 清光緒會稽趙氏刻本 二十九册 存三十六種

330000－1701－0010325 普081/4930/(2) 類叢部/叢書類/彙編之屬
仰視千七百二十九鶴齋叢書四十種 (清)趙之謙編 清光緒會稽趙氏刻本 二十六册 存三十一種

330000－1701－0010333 善007434 史部/詔令奏議類/奏議之屬
諭奏恭録不分卷 清末抄本 八册

330000－1701－0010336 善007435 史部/詔令奏議類/奏議之屬
滇中奏議不分卷 (清)彰寶撰 清抄本 四册

330000－1701－0010338 HJL5458 集部/别集類/唐五代别集
藏雲山房杜律詳解八卷 (清)石閭居士評點 清道光八年(1828)刻本 八册

330000－1701－0010339 善007436 史部/詔令奏議類/奏議之屬
醇王使德奏稿三卷 (清)載灃撰 清抄本 三册

330000－1701－0010340 普081/6031/c2 類叢部/叢書類/彙編之屬
經訓堂叢書二十一種 (清)畢沅編 清光緒十三年(1887)上海大同書局石印本 二十册

330000－1701－0010341 普081/6031/2 類叢部/叢書類/彙編之屬
經訓堂叢書二十一種 (清)畢沅編 清乾隆至嘉慶鎮洋畢氏刻本 二十八册 存十九種

330000－1701－0010343 善007439 史部/傳記類/别傳之屬/事狀
魏鄭公[徵]諫録五卷 (唐)王方慶輯 清抄本 一册

330000－1701－0010347 善007443 史部/傳記類/總傳之屬/郡邑
敬鄉録十四卷 (元)吳師道撰 清抄本 四册

330000－1701－0010349 善007445 史部/傳記類/總傳之屬/斷代
黃梨洲先生思舊録一卷 (清)黃宗羲撰 清抄本 一册

330000－1701－0010351 善007451 史部/傳記類/總傳之屬/斷代
逆臣傳不分卷 清抄本 二册

330000－1701－0010352　善 007446　史部/傳記類/總傳之屬/斷代

崇禎五十宰相傳初藁一卷宰相年表一卷五十宰相列傳六卷　(清)曹溶撰　清抄本　一冊

330000－1701－0010359　善 007449　史部/傳記類/總傳之屬/斷代

逆臣傳不分卷　清抄本　二冊

330000－1701－0010360　善 007450　史部/傳記類/總傳之屬/斷代

逆臣傳四卷　(清)國史館撰　清抄本　二冊

330000－1701－0010362　善 007452　史部/傳記類/總傳之屬/仕宦

欽定國史逆臣傳四卷　(清)國史館撰　清抄本　四冊

330000－1701－0010367　普 081/6051.21/c1　類叢部/叢書類/彙編之屬

國學叢刊　國學叢刊社編　清宣統三年(1911)石印本　一冊　存六種

330000－1701－0010368　普 081/6051.21/c2、普 081/6051.22　類叢部/叢書類/彙編之屬

國學叢刊　國學叢刊社編　清宣統三年(1911)石印本　陳訓慈題記　二冊　存十一種

330000－1701－0010370　善 007453　史部/傳記類/總傳之屬/斷代

清名人傳不分卷　(清)汪琬等撰　清康熙抄本　六冊

330000－1701－0010371　善 007454　史部/傳記類/總傳之屬/郡邑

無錫人物志不分卷　清抄本　一冊

330000－1701－0010374　HJL5292　集部/別集類/清別集

崧浦草堂詩集六卷　(清)陸我嵩撰　清咸豐元年(1851)刻本　二冊

330000－1701－0010375　HJL3425　類叢部/叢書類/自著之屬

緣督廬遺書六種　葉昌熾撰　清末至民國初遞刻蘇州文學山房印本　一冊　存一種

330000－1701－0010376　普 915.1232/3099/c1　史部/地理類/方志之屬/郡縣志

[光緒]周莊鎮志六卷首一卷附貞豐里庚申見聞錄二卷　(清)陶煦纂　清光緒八年(1882)元和陶氏儀一堂刻本　謝伯殳題記　五冊　缺二卷(貞豐里庚申見聞錄一至二)

330000－1701－0010378　HJL6477　集部/別集類/清別集

賜龍堂詩稿八卷　(清)彭瑞毓撰　清同治十年(1871)戎州刻本　四冊

330000－1701－0010379　HJH3106　類叢部/叢書類/自著之屬

養餘齋全集四種附三種　(清)柳樹芳撰　清道光勝溪草堂刻本　四冊　存一種

330000－1701－0010380　善 007456　史部/傳記類/總傳之屬/家乘

海虞錢氏家乘不分卷　(清)錢謙益纂修　清抄本　二冊

330000－1701－0010381　善 007457　史部/傳記類/總傳之屬/家乘

[浙江杭州]項氏家譜不分卷　(清)項燾纂修　清抄本　一冊

330000－1701－0010382　HJH5260　集部/別集類/清別集

通藝閣集四十卷　(清)姚椿撰　清道光二十年至咸豐三年(1840－1853)刻本　十冊　缺四卷(通藝閣詩錄一至四)

330000－1701－0010383　善 007458　史部/傳記類/總傳之屬/家乘

[江西南昌]南昌武陽曹氏宗譜不分卷　(清)曹文安　(清)曹文遠等纂修　清康熙三十二年(1693)抄本　一冊

330000－1701－0010384　善 007460　史部/紀傳類

南唐書合刻二種　(清)蔣國祥　(清)蔣國祚校　清抄本　十四冊

330000－1701－0010385　HJL5374　集部/别集類/唐五代別集
元次山集十二卷　（唐）元結撰　清天都黃氏槐蔭草堂刻本　六册

330000－1701－0010389　普 915.1232/3542　集部/詞類/别集之屬
太湖竹枝詞二卷　（清）葉承桂撰　清咸豐三年（1853）石林園刻本　葉藜仙批點、題簽並記　丁濤題簽並記　一册

330000－1701－0010390　HJL5364　類叢部/叢書類/自著之屬
庸庵全集六種　（清）薛福成撰　清光緒二十三年（1897）醉六堂石印本　十二册

330000－1701－0010391　善 007459　史部/傳記類/别傳之屬/事狀
安禄山事跡不分卷　（宋）□□編輯　清抄本　二册

330000－1701－0010392　HJL5860　集部/總集類/郡邑之屬
青山詩選六卷　（清）姚瀚等撰　（清）桂超萬等輯　清同治十三年至光緒元年（1874－1875）皖城刻本　二册

330000－1701－0010395　善 007462　史部/地理類/總志之屬/斷代
影宋本太平寰宇記補闕六卷　（宋）樂史撰　清光緒九年（1883）遵義黎庶昌日本東京使署影宋刻本　一册

330000－1701－0010400　善 007467　史部/地理類/方志之屬/郡縣志
[道光]澥陰志畧一卷　（清）管庭芬纂　清宣統元年（1909）海昌張光第小清儀閣抄本　張光第跋並過錄朱尚甫批校　一册

330000－1701－0010402　普 081/6051.3/c1　類叢部/叢書類/彙編之屬
宸翰樓叢書五種十八卷　羅振玉編　清宣統三年（1911）上虞羅氏刻本　五册

330000－1701－0010403　普 081/6051.3/c2　類叢部/叢書類/彙編之屬
宸翰樓叢書五種十八卷　羅振玉編　清宣統三年（1911）上虞羅氏刻本　四册　存四種

330000－1701－0010404　善 007777　集部/總集類
莊靖先生遺集十卷　（金）李俊民撰　清抄本　六册

330000－1701－0010405　善 007468　史部/地理類/方志之屬/郡縣志
校正朝邑志一卷　（明）韓邦靖著　（清）王元啓覈訂　清抄本　清劉鏗跋　清周銘鼎校　一册

330000－1701－0010412　善 007474　史部/政書類/軍政之屬/邊政
東南防守利便三卷　（宋）陳克　（宋）吳若撰　清抄本　一册

330000－1701－0010418　善 007476　史部/地理類/專志之屬/祠墓
曹江孝女廟誌八卷末一卷　（清）金廷棟輯　清末抄本　一册

330000－1701－0010419　普 081/7123/c2　類叢部/叢書類/彙編之屬
龍威秘書十集　（清）馬俊良編　清乾隆五十九年至嘉慶元年（1794－1796）浙江石門馬氏大酉山房刻本　八十册

330000－1701－0010420　普 081/7123/c3　類叢部/叢書類/彙編之屬
龍威秘書十集　（清）馬俊良編　清乾隆五十九年至嘉慶元年（1794－1796）浙江石門馬氏大酉山房刻本　七十八册　缺十七卷（說文解字繫傳二十五至四十、附錄）

330000－1701－0010422　普 081/7164　類叢部/叢書類/輯佚之屬
玉函山房輯佚書五百九十三種附一種　（清）馬國翰輯　清同治十年（1871）濟南皇華館書局補刻本　八十册

330000－1701－0010423　普 081/7164/2/c2　類叢部/叢書類/輯佚之屬
玉函山房輯佚書五百九十三種附一種　（清）

馬國翰輯　清光緒九年(1883)長沙嫏嬛館刻本　七十二册　存五百三十二種

330000－1701－0010424　普 081/7164/3　類叢部/叢書類/輯佚之屬
玉函山房輯佚書五百九十三種附一種　(清)馬國翰輯　清光緒十年(1884)楚南湘遠堂刻本　八十册

330000－1701－0010427　善 007480　史部/地理類/總志之屬/通代
歷代宅京記二十卷　(清)顧炎武撰　清抄本　清芸楣題記　六册

330000－1701－0010428　善 007481　史部/地理類/雜志之屬
柳邊紀畧二卷　(清)楊賓撰　清抄本　一册

330000－1701－0010430　善 007482　史部/地理類/雜志之屬
黔中風土志三十二卷　清抄本　六册

330000－1701－0010431　善 007483　史部/地理類/方志之屬/郡縣志
[乾隆]寧志餘聞八卷　(清)周廣業纂　清抄本　振之校　三册

330000－1701－0010433　善 007485　史部/地理類/遊記之屬/紀行
遊記一卷附江源考一卷　(明)徐弘祖撰　清同治十二年(1873)賈湰抄本　清賈湰題記　一册

330000－1701－0010434　善 007486　史部/傳記類/日記之屬
客皖紀行不分卷　(清)周廣業撰　清抄本　一册

330000－1701－0010436　普 915.1231/7054　史部/地理類/專志之屬/寺觀
高淳縣城隍白府君廟志六卷首一卷末一卷　(清)夏文源等編　清光緒十四年(1888)木活字印本　二册

330000－1701－0010438　善 007488　史部/地理類/遊記之屬/紀行
南游記一卷　(清)孫嘉淦撰　清抄本　清貞廬、清復廬題記　三册

330000－1701－0010439　善 007489　史部/地理類/輿圖之屬/坤輿
坤輿圖說一卷　(比利時)南懷仁撰　清抄本　一册

330000－1701－0010442　善 007492　史部/職官類/官制之屬/專志
唐浙中郡縣長官考一卷州縣官職考一卷　(清)張道撰　清末抄本　一册

330000－1701－0010444　善 007493　史部/職官類/官箴之屬
官幕須知不分卷　清梅花閣抄本　清冰在主人題簽並記　一册

330000－1701－0010445　普 081/7269　類叢部/叢書類/彙編之屬
藏修堂叢書三十六種　(清)劉晚榮編　清光緒十六年(1890)新會劉氏藏修書屋刻本　六十二册

330000－1701－0010446　善 007494　史部/職官類/官箴之屬
爲政準則三卷　清抄本　一册

330000－1701－0010447　善 007495　史部/政書類/通制之屬
大清會典二百五十卷　(清)尹泰　(清)張廷玉　(清)蔣廷錫總裁　(清)兆華等纂修　清抄本　一百册

330000－1701－0010448　普 081/7269.2　類叢部/叢書類/彙編之屬
述古叢鈔二十八種　(清)劉晚榮編　清同治至光緒古岡劉氏藏修書屋刻本　三十七册　存二十三種

330000－1701－0010449　普 081/7269.2/(2)　類叢部/叢書類/彙編之屬
述古叢鈔二十八種　(清)劉晚榮編　清同治至光緒古岡劉氏藏修書屋刻本　二十册　存十三種

330000－1701－0010453　善 007498　史部/目録類/總録之屬/官修

欽定四庫全書總目二百卷首一卷　(清)紀昀等撰　清同治七年(1868)廣東書局刻本　張宗祥批並跋　一百十二册

330000－1701－0010455　善 007500　史部/目録類/總録之屬/私撰

菉竹堂書目不分卷　(明)葉盛編　清初抄本　一册

330000－1701－0010457　善 007502　史部/目録類/總録之屬/私撰

玄賞齋書目八卷　(明)董其昌藏並撰　清抄本　二册

330000－1701－0010460　普 081/7491/2　類叢部/叢書類/彙編之屬

奇晉齋叢書十六種　(清)陸烜編　清乾隆三十四年(1769)平湖陸烜奇晉齋刻本　十六册

330000－1701－0010463　普 081/7433. 2/(3)　類叢部/叢書類/彙編之屬

十萬卷樓叢書五十一種　(清)陸心源編　清光緒歸安陸氏刻本(歲時廣記卷六原缺)　三十册　存十八種

330000－1701－0010464　普 081/7433. 2/(4)　類叢部/叢書類/彙編之屬

十萬卷樓叢書五十一種　(清)陸心源編　清光緒歸安陸氏刻本(歲時廣記卷六原缺)　二十六册　存十八種

330000－1701－0010468　善 007506　史部/目録類/總録之屬/私撰

述史樓書目不分卷　徐維則撰　稿本　一册

330000－1701－0010470　善 007509　史部/目録類/總録之屬/地方

江蘇採輯遺書目録四卷　(清)黄烈編　清抄本　清黄鈖跋　六册

330000－1701－0010471　善 007510　史部/目録類/總録之屬/私撰

百宋一廛賦一卷　(清)顧廣圻撰　(清)黄丕烈注　清末抄本　一册

330000－1701－0010473　善 007512　史部/目録類/書志之屬/題跋

漁洋題跋一卷補遺一卷　(清)王士禛撰　清抄本　一册

330000－1701－0010474　善 007513　史部/目録類/書志之屬/題跋

汪鈍翁題跋一卷　(清)汪琬撰　清抄本　一册

330000－1701－0010475　善 007514　史部/目録類/書志之屬/提要

目治偶抄四卷　(清)周廣業撰　清抄本　金濤批校並跋　四册

330000－1701－0010476　善 007516　子部/藝術類/書畫之屬/法帖

歷代帝王法帖釋文考異十卷　(明)顧從義編並書　清抄本　五册

330000－1701－0010477　善 007515　子部/藝術類/書畫之屬/法帖

蘭亭考十二卷　(宋)桑世昌輯　清抄本　二册

330000－1701－0010478　普 081/7446/(2)　類叢部/叢書類/彙編之屬

古今説海一百三十五種　(明)陸楫等編　清道光元年(1821)苕溪邵氏酉山堂刻本　二十四册

330000－1701－0010479　普 081/7446/2　類叢部/叢書類/彙編之屬

古今説海一百三十五種　(明)陸楫等編　清宣統元年(1909)上海集成圖書公司鉛印本　八册

330000－1701－0010482　善 007517　史部/金石類/石之屬/目録

古今碑目不分卷　清抄本　二册

330000－1701－0010484　善 007519　史部/職官類/官制之屬/專志

御史臺精舍碑題名一卷郎官石柱題名一卷　(清)趙魏錄　清抄本　一册

330000－1701－0010486　善 007521　史部/金石類/總志之屬/目録

天一閣碑目一卷附續增一卷　(清)范懋敏編　清南白齋抄本　一冊

330000－1701－0010497　善 007530　史部/金石類/總志之屬/圖像

簠齋石墨一卷　(清)陳介祺輯　清拓本　楊天驥題簽並記　童大年題記　一冊

330000－1701－0010501　普 081/7433　類叢部/叢書類/彙編之屬

十萬卷樓叢書五十一種　(清)陸心源編　清光緒歸安陸氏刻本(歲時廣記卷六原缺)　四十冊　存十六種

330000－1701－0010504　善 007538　子部/儒家類/儒學之屬/性理

朱子節要十四卷　(明)高攀龍節要　**近思録原本集解十四卷**　(宋)葉采集解　(清)朱之弼詮正　清雍正九年(1731)刻本　二冊　存十四卷(近思録原本集解一至十四)

330000－1701－0010505　善 007539　子部/儒家類/儒學之屬/禮教/鑑戒

東宮備覽六卷　(宋)陳模撰　清抄本　一冊

330000－1701－0010506　善 007540　子部/儒家類/儒學之屬/勸學

先正讀書訣一卷　(清)周永年輯　清抄本　一冊

330000－1701－0010507　善 007541　子部/兵家類/兵法之屬

神機制敵太白陰經十卷　(唐)李筌撰　清抄本　二冊

330000－1701－0010508　善 007542　子部/兵家類/兵法之屬

治平勝算全書十二卷　(清)年羹堯編　清抄本　十八冊

330000－1701－0010512　普 081/7550　類叢部/叢書類/彙編之屬

湖海樓叢書十二種　(清)陳春編　清嘉慶蕭山陳氏湖海樓刻二十四年(1819)彙印本　二十四冊

330000－1701－0010513　普 081/7550/(2)　類叢部/叢書類/彙編之屬

湖海樓叢書十二種　(清)陳春編　清嘉慶蕭山陳氏湖海樓刻二十四年(1819)彙印本　三十二冊

330000－1701－0010514　普 081/7550. 02　類叢部/叢書類/彙編之屬

湖海樓叢書續編十四種　(清)張之洞編　清光緒九年(1883)刻本　二十冊　存十三種

330000－1701－0010515　善 007544　史部/政書類/律令之屬/治獄

折獄龜鑑二卷　(宋)鄭克撰　清抄本　二冊

330000－1701－0010516　善 007670　子部/天文曆算類/算書之屬

董方立遺書九種十六卷　(清)董祐誠撰　清抄本　三冊

330000－1701－0010518　善 007546　子部/農家農學類/總論之屬

節候考驗法一卷　清抄本　一冊

330000－1701－0010519　善 007547　子部/醫家類/醫經之屬/難經

黃帝八十一難經纂圖句解七卷　(宋)李駉撰　清抄本　二冊

330000－1701－0010522　普 081/7732/2　類叢部/叢書類/彙編之屬

說郛一百二十弓　(明)陶宗儀編　(明)陶珽等重編　明末刻清順治三年(1646)兩浙督學周南李際期宛委山堂印本　一百二十二冊　存一千一百六十六種

330000－1701－0010523　普 081/7732. 02/2　類叢部/叢書類/彙編之屬

說郛續四十六弓　(明)陶宗儀編　(明)陶珽等重編　明末刻清順治三年(1646)兩浙督學周南李際期宛委山堂印本　四十七冊　存四百八十五種

330000－1701－0010526　善 007548　子部/

醫家類/兒科之屬/通論
顱顖經二卷　清抄本　清丁丙題簽、跋並過錄清陳鱣跋　一冊

330000－1701－0010527　善 007549　子部/醫家類/養生之屬
壽親養老新書四卷　(宋)陳直撰　(元)鄒鉉續撰　清抄本　清胡增彬批並跋　三冊

330000－1701－0010528　善 007551　子部/醫家類/綜合之屬/通論
醫學心傳一卷　清抄本　一冊

330000－1701－0010529　善 007550　子部/醫家類/方書之屬/歷代方書
千金寶要六卷　(宋)郭思輯　清抄本　二冊

330000－1701－0010530　善 007553　子部/醫家類/綜合之屬/通論
醫家要訣不分卷　(清)黄以德輯　(清)黄希文補遺　清抄本　一冊

330000－1701－0010532　善 007555　子部/醫家類/醫理之屬/綜合
醫學讀書記三卷續記一卷附靜香樓醫案一卷　(清)尤怡撰　清抄本　二冊

330000－1701－0010533　善 007556　子部/醫家類/綜合之屬/通論
奇症匯八卷　(清)沈源輯　清抄本　二冊

330000－1701－0010534　善 007557　子部/醫家類/傷寒金匱之屬/傷寒論
傷寒指掌四卷　(清)吳貞撰　清抄本　八冊

330000－1701－0010535　善 007558　子部/醫家類/傷寒金匱之屬/傷寒論
傷寒論註補餘不分卷　(清)朱夢元編　稿本　五冊

330000－1701－0010537　善 007560　子部/醫家類/醫理之屬/病源病機
病症源流一卷　清抄本　乘雲題簽並記　一冊

330000－1701－0010539　善 007562　子部/醫家類/方書之屬/單方驗方
醫家湯方一卷　清抄本　一冊

330000－1701－0010540　善 007563　子部/醫家類/綜合之屬/通論
臨證條目三卷　清抄本　三冊

330000－1701－0010541　善 007564　子部/醫家類/本草之屬/歷代綜合本草
本草精華十六卷首一卷　(清)周紀常輯　清抄本　六冊

330000－1701－0010543　善 007565　子部/醫家類/綜合之屬/雜著
藥規不分卷　清抄本　普濟道人題簽並記　一冊

330000－1701－0010544　普 081/7740　類叢部/叢書類/彙編之屬
秘書廿八種　(清)汪士漢編　清嘉慶十年(1805)刻本　二十冊

330000－1701－0010553　善 007671　類叢部/類書類/通類之屬
事物紀原十卷　(宋)高承纂　清抄本　四冊

330000－1701－0010561　善 007577　子部/醫家類/綜合之屬/通論
醫學提要不分卷　清抄本　四冊

330000－1701－0010562　善 007578　子部/天文曆算類/天文之屬
日晷圖法一卷　(清)朱確校訂　清朱墨抄本　一冊

330000－1701－0010563　善 007579　子部/天文曆算類/天文之屬
經天訣一卷　清抄本　一冊

330000－1701－0010564　善 007580　子部/天文曆算類/天文之屬
高厚蒙求一卷　(清)徐朝俊撰　清抄本　一冊

330000－1701－0010565　善 007581　子部/天文曆算類/算書之屬
割圜密率捷法四卷　(清)明安圖撰　(清)陳際新等續　清抄本　二冊

330000－1701－0010566　善 007582　子部/兵家類/兵法之屬

李衛公天象占候秘訣歌一卷　（唐）李靖撰

白猿奇書日月風雲占候圖説一卷　（唐）李靖撰　（明）蘇茂相訂　（明）嚴之偉補　清抄本　五册

330000－1701－0010567　善 007583　子部/術數類/占候之屬

歷代玉曆賦占不分卷　清抄本　侍臣批並記　六册

330000－1701－0010568　善 007584　子部/天文曆算類/曆法之屬

管窺輯要三十二卷　（清）黄鼎撰　清樹德堂抄本　三十二册

330000－1701－0010569　善 007585　子部/術數類/占候之屬

白猿圖二卷　題（明）劉基撰　（清）宏化真人續補　清抄本　二册

330000－1701－0010570　普 081/8013　類叢部/叢書類/郡邑之屬

粟香室叢書五十九種　金武祥編　清光緒至民國江陰金氏刻本　十三册　存十七種

330000－1701－0010571　普 081/8013/（2）類叢部/叢書類/郡邑之屬

粟香室叢書五十九種　金武祥編　清光緒至民國江陰金氏刻本　八册　存二十種

330000－1701－0010572　普 081/8013/（3）類叢部/叢書類/郡邑之屬

粟香室叢書五十九種　金武祥編　清光緒至民國江陰金氏刻本　十一册　存十七種

330000－1701－0010573　善 007586　子部/術數類/占候之屬

觀天文太白氣書二卷外附出軍朔風雜集一卷　題（□）李大蘭述　清抄本　一册

330000－1701－0010574　善 007587　子部/術數類/相宅相墓之屬

催官篇訂註二卷各式圖形一卷　（宋）賴文俊撰　清抄本　趙增瑛題簽並記　山民批　一册

330000－1701－0010575　善 007672　史部/傳記類/總傳之屬/姓名

影北宋本姓解三卷　（宋）邵思撰　清光緒遵義黎氏日本東京使署影宋刻本　一册

330000－1701－0010576　善 007588　子部/術數類/相宅相墓之屬

地理索隱四卷　（元）無着禪師撰　清晴雪山房抄本　一册

330000－1701－0010577　HJL2349　集部/別集類/清別集

石雲山人詩集二十三卷　（清）吴榮光撰　清道光二十一年（1841）南海吴氏筠清館刻本　十二册

330000－1701－0010586　善 007594　子部/術數類/相宅相墓之屬

堪輿摘錄二卷　清抄本　二册

330000－1701－0010587　善 007595　子部/術數類/相宅相墓之屬

宅門秘訣一卷　清抄本　二册

330000－1701－0010589　善 007597　子部/術數類/占卜之屬

管輅神書一卷　（三國魏）管輅撰　清抄本　一册

330000－1701－0010590　善 007599　子部/術數類/占卜之屬

靈棋經解一卷首一卷　（明）劉基撰　清抄本　一册

330000－1701－0010591　善 007598　子部/術數類/占卜之屬

靈棋經一卷　（晉）顔幼明　（南朝宋）何承天　（元）陳師凱　（明）劉基注解　清抄本　一册

330000－1701－0010592　善 007600　子部/術數類/占卜之屬

靈棋經解一卷　（明）劉基撰　清抄本　沈兆熊録提要並題記　一册

330000－1701－0010593　善 007601　子部/術數類/占卜之屬

周易衍辭不分卷　(清)常有聲撰　清道光稿本　清常有聲題簽並記　二册

330000－1701－0010594　善 007602　子部/術數類/占卜之屬

苗邵二先生六壬針見血十六卷　清抄本　十二册

330000－1701－0010595　善 007603　子部/術數類/占卜之屬

大六壬鬼撮脚二卷　清抄本　二册

330000－1701－0010596　民 013.3233/3235　史部/目録類/總録之屬/官修

浙江書局價目一卷　(清)浙江書局編　清光緒七年(1881)刻本　張宗祥題記　一册

330000－1701－0010597　善 007604　子部/術數類/占卜之屬

大六壬心鏡集註三卷　清抄本　八册

330000－1701－0010598　善 007605　子部/術數類/占候之屬

大六壬中黄經不分卷　(清)松石山人串了子述　清抄本　二册

330000－1701－0010599　善 007606　子部/術數類/占卜之屬

六壬畢法一卷　清嘉慶十四年(1809)鄭振浩抄本　清鄭振浩跋　一册

330000－1701－0010600　善 007607　子部/術數類/雜術之屬

六壬雜鈔不分卷　清抄本　四册

330000－1701－0010603　善 007610　子部/術數類/占卜之屬

六壬課格一卷　清抄本　一册

330000－1701－0010604　普 915.1231/7035/c3　史部/地理類/方志之屬/郡縣志

[光緒]高淳縣志二十八卷首一卷　(清)楊福鼎修　(清)陳嘉謀纂　清光緒七年(1881)學山書院刻本　十册　缺一卷(十六)

330000－1701－0010605　善 007612　子部/術數類/雜術之屬

御定子平四卷　清抄本　四册

330000－1701－0010608　善 007609　子部/術數類/占卜之屬

六壬軍帳神機不分卷　清抄本　十册

330000－1701－0010610　善 007613　子部/術數類/命書相書之屬

星命溯源五卷　清抄本　二册

330000－1701－0010611　普 081/8025/c2　類叢部/叢書類/自著之屬

宋金仁山先生遺書八種附六種　(宋)金履祥撰　清雍正至乾隆金華金氏刻光緒十三年(1887)鎮海謝駿德補刻本　二十四册　存十二種

330000－1701－0010612　善 007614　子部/術數類/命書相書之屬

太乙命書八卷　(清)潘元焯撰　清抄本　二册

330000－1701－0010614　善 007615　子部/術數類/占卜之屬

周易定命十四卷　清朱墨抄本　十四册

330000－1701－0010615　善 007616　子部/術數類/陰陽五行之屬

丙丁龜鑑五卷續錄二卷　(宋)柴望撰　清抄本　四册

330000－1701－0010617　善 007617　子部/術數類/占卜之屬

禽宿混元圖經不分卷　(明)章潢編　清抄本　四册

330000－1701－0010619　善 007619　子部/術數類/陰陽五行之屬

陽遁九局一卷陰遁九局一卷　清抄本　二册

330000－1701－0010620　善 007620　子部/術數類/陰陽五行之屬

奇門大全十二卷　清抄本　王準跋　四册

330000－1701－0010621　普 081/8025/c1

類叢部/叢書類/自著之屬

宋金仁山先生遺書八種附六種 （宋）金履祥撰　清雍正至乾隆金華金氏刻光緒十三年(1887)鎮海謝駿德補刻本　三十六册

330000－1701－0010622　善 007621　子部/術數類/陰陽五行之屬

奇門遁甲總説一卷　清抄本　一册

330000－1701－0010623　善 007622　子部/術數類/陰陽五行之屬

奇門寶鑑不分卷　清抄本　二册

330000－1701－0010626　善 007625　子部/術數類/陰陽五行之屬

擇日通書一卷　清光緒二十四年(1898)抄本　一册

330000－1701－0010627　善 007626　子部/藝術類/書畫之屬/書法書品

金壺記三卷　（宋）釋適之撰　清抄本　佚名過録清朱彝尊題記　一册

330000－1701－0010629　善 007627　子部/藝術類/書畫之屬/總論

繪事微言一卷　（明）唐志契撰　清抄本　一册

330000－1701－0010632　善 007629　子部/藝術類/書畫之屬/題跋

汪氏珊瑚綱法書題跋二十四卷　（明）汪砢玉輯　清抄本　十册

330000－1701－0010633　HJL4997　集部/別集類/清別集

錢牧齋尺牘三卷補遺一卷　（清）錢謙益撰　清宣統二年(1910)順德鄧氏風雨樓鉛印本　三册

330000－1701－0010637　善 007674　類叢部/類書類/專類之屬

氏族大全二十二卷　清抄本　八册

330000－1701－0010639　HJL2704　集部/別集類/清別集

吉堂文稿十二卷詩稿八卷　（清）欽善撰　清嘉慶二十五年(1820)鶴堂刻本　三册

330000－1701－0010642　善 007631　子部/藝術類/書畫之屬/總論

西畇寓目編不分卷　（清）陳墫輯　清抄本　清周星詒題記　十一册

330000－1701－0010644　善 007633　子部/藝術類/音樂之屬/樂譜

癸丑彙鈔不分卷　清光緒七年(1881)陳梅仙抄本　清陳梅仙題記　三册

330000－1701－0010646　HJL2425　集部/別集類/清別集

天真閣集五十四卷外集六卷　（清）孫原湘撰　**長真閣集七卷詩餘一卷**　（清）席佩蘭撰　清光緒十七年(1891)強至善南阜草廬刻本　二十册

330000－1701－0010648　善 007634　子部/藝術類/遊藝之屬/博戲

漢官儀三卷　（宋）劉攽撰　清抄本　清莊祖基題簽並記　一册

330000－1701－0010649　HJL4958　集部/別集類/唐五代別集

高密李氏孟詩評選一卷　（唐）孟郊撰　（清）李憲喬注　清同治七年(1868)洪洞董氏刻本　一册

330000－1701－0010651　善 007636　子部/工藝類/觀賞之屬/雜賞

選青從新録二卷　清光緒十年(1884)抄本　一册

330000－1701－0010652　善 007635　史部/金石類/玉之屬

古玉圖譜三十二卷　（宋）龍大淵等編纂　（宋）李存忠　（宋）王偉等寫圖　清影抄余文儀刻本　十册

330000－1701－0010653　善 007637　子部/農家農學類/園藝之屬/總志

北墅抱瓮録一卷　（清）高士奇撰　清抄本　一册

330000－1701－0010654　善 007638　類叢部/叢書類/彙編之屬

尚白齋鐫陳眉公訂正祕笈二十一種　(明)陳繼儒編　明萬曆沈氏尚白齋刻本　十二冊　存一種

330000－1701－0010656　善 007639　子部/雜著類/雜考之屬

肎綮錄一卷　(宋)趙叔向撰　清抄本　一冊

330000－1701－0010660　善 007642　子部/雜著類/雜說之屬

風俗通議佚文六卷　(漢)應劭撰　佚名輯　清末抄本　二冊

330000－1701－0010661　善 007643　子部/雜著類/雜說之屬

東坡先生仇池筆記二卷　(宋)東坡先生(蘇軾)撰　清影抄明趙開美刻本　清李適公題記　一冊

330000－1701－0010662　普 915.1231/50521/c3　史部/地理類/山川之屬/山志

寶華山志十五卷首一卷　(清)釋德基輯　(清)劉名芳纂　清乾隆刻本　四冊

330000－1701－0010666　善 007645　子部/雜著類/雜說之屬

紫微雜說一卷　(宋)呂本中撰　清長洲顧氏藝海樓抄本　一冊

330000－1701－0010668　善 007646　子部/雜著類/雜說之屬

雲麓漫抄十五卷　(宋)趙彥衛撰　清抄本　八冊

330000－1701－0010671　普 081/7433/(2)　類叢部/叢書類/彙編之屬

十萬卷樓叢書五十一種　(清)陸心源編　清光緒歸安陸氏刻本(歲時廣記卷六原缺)　二十七冊　存十六種

330000－1701－0010672　善 007648　子部/雜著類/雜說之屬

辨言一卷　(宋)員興宗撰　清長洲顧氏藝海樓抄本　一冊

330000－1701－0010675　普 081/7433.2、普 081/7433.3/c2　類叢部/叢書類/彙編之屬

十萬卷樓叢書五十一種　(清)陸心源編　清光緒歸安陸氏刻本(歲時廣記卷六原缺)　七十二冊　存三十五種

330000－1701－0010676　善 007651　子部/雜著類/雜纂之屬

日聞錄一卷　(元)李翀撰　清抄本　一冊

330000－1701－0010677　善 007650　子部/雜著類/雜說之屬

密齋筆記五卷續筆記一卷　(宋)謝采伯撰　清抄本　二冊

330000－1701－0010684　善 007654　子部/雜著類/雜說之屬

萬曆野獲編三十卷補遺六卷　(明)沈德符撰　清抄本　十二冊

330000－1701－0010685　善 007655　子部/雜著類/雜說之屬

南圃筆談四卷　(清)高晙撰　清抄本　四冊

330000－1701－0010687　普 081/8324　類叢部/叢書類/彙編之屬

清風室叢書二十種　(清)錢保塘編　清同治十年至民國二十五年(1871－1936)海寧錢氏清風室刻本　二十七冊　存十六種

330000－1701－0010688　善 007656　子部/雜著類/雜說之屬

退庵筆記十二卷　(清)夏荃纂　清末抄本　六冊

330000－1701－0010689　善 007657　子部/雜著類/雜說之屬

莧園雜說二卷　(清)沈起濳撰　清抄本　佚名過錄濮錦孫題記　四冊

330000－1701－0010690　善 007658　子部/雜著類/雜說之屬

塔影軒筆談十二卷　(清)吳士堅撰　清抄本　四冊

330000－1701－0010693　善 007659　子部/

藝術類/遊藝之屬

睫巢鏡影二卷 （清）童叶庚撰　稿本　二册

330000－1701－0010694　善007660　子部/雜著類/雜纂之屬

多能鄙事十二卷 （明）劉基撰　清抄本　十册

330000－1701－0010697　善007662　子部/雜著類/雜纂之屬

意林注五卷 （清）周廣業輯　（清）譚獻　（清）許增斠補　清末抄本　二册　存二卷（一至二）

330000－1701－0010699　善007663　子部/雜著類/雜纂之屬

皇朝事實類苑六十三卷 （宋）江少虞輯　清抄本　二十四册

330000－1701－0010701　善007665　子部/雜著類/雜纂之屬

皇朝類苑六卷 （宋）李遜之撰　清抄本　清荄盦批並跋　二册

330000－1701－0010702　善007666　子部/雜著類/雜纂之屬

賦魚齋穢鈔一卷 （清）徐汾撰　清抄本　一册

330000－1701－0010703　善007667　子部/雜著類/雜編之屬

客牕雜録一卷 清抄本　一册

330000－1701－0010704　善007675　類叢部/類書類/專類之屬

分類字錦六十四卷 （清）何焯等纂　清康熙六十一年（1722）内府刻本　四十册

330000－1701－0010705　善007676　類叢部/類書類/通類之屬

紅豆莊雜録不分卷 （清）汪繹撰　清宣統元年（1909）吳興沈兆熊萬卷樓抄本　沈兆熊跋　二册

330000－1701－0010708　善007677　類叢部/類書類/專類之屬

兩漢紬編八卷 清抄本　四册

330000－1701－0010713　善007679　經部/小學類/訓詁之屬

恒言録補註六卷 （清）陳鱣纂　清抄本　二册

330000－1701－0010714　善007678　類叢部/類書類/專類之屬

經史避名彙考四十六卷 （清）周廣業撰　清光緒二十三年（1897）周紹基抄本　清周紹基題記並過録清周勳懋校及跋　十二册

330000－1701－0010716　善007680　類叢部/類書類/通類之屬

博古精華録八十五卷 （清）嚴一青纂輯　清抄本　八册　存三十五卷（一至三十五）

330000－1701－0010719　善007682　類叢部/類書類/通類之屬

聖製詩注合編七十三卷 清抄本　四十八册

330000－1701－0010721　善007683　史部/傳記類/總傳之屬/姓名

姓氏考不分卷 清抄本　二册

330000－1701－0010723　善007684　類叢部/類書類/通類之屬

通俗編三十八卷 （清）翟灝撰　清抄本　二册　存十六卷（武功、文學、政治、仕進、身體、性情、境遇、交際、數目、語辭、狀貌、聲音、釋道、藝術、婦女、貨財）

330000－1701－0010726　善007686　子部/藝術類/遊藝之屬/聯語

分類楹聯不分卷 清抄本　二册

330000－1701－0010727　善007687　類叢部/類書類/專類之屬

四聯韻典不分卷 清抄本　四册

330000－1701－0010728　善007688　子部/小說家類/雜事之屬

醴泉筆録二卷 （宋）江休復撰　清抄本　一册

330000－1701－0010729　善007689　子部/

小說家類/雜事之屬

青箱雜記十卷　(宋)吴處厚撰　清宣統元年(1909)抄本　復翁跋　一冊

330000－1701－0010731　善 007691　子部/小說家類/雜事之屬

靜齋至正直記四卷　(元)孔齊撰　清抄本　四冊

330000－1701－0010733　善 007692　子部/小說家類/異聞之屬

金姬傳一卷別記一卷　(明)楊儀撰　清抄本　一冊

330000－1701－0010735　善 007694　史部/雜史類/斷代之屬

虞山妖亂志二卷　清抄本　莫棠題記　一冊

330000－1701－0010737　善 007695　史部/地理類/雜志之屬

箕城雜綴三卷　(清)程穆衡撰　清末繆氏杏香廬抄本　一冊

330000－1701－0010742　善 007697　子部/小說家類/雜事之屬

竹影樓筆叢□□卷　清抄本　一冊　存二卷(三至四)

330000－1701－0010743　善 007698　子部/小說家類/雜事之屬

養拙軒筆記一卷　(清)沈梓撰　清末抄本　一冊

330000－1701－0010748　善 007700　集部/小說類/長篇之屬

紅樓夢論贊一卷　(清)涂瀛撰　清抄本　一冊

330000－1701－0010750　善 007701　子部/宗教類/佛教之屬/經疏

大方廣圓覺修多羅了義經直解二卷　(唐)釋佛陀多羅譯　(明)釋德清解　清乾隆四十七年(1782)錢塘吴寶林杭州刻本　余重耀批校　二冊

330000－1701－0010751　TWF0001　類叢部/類書類/通類之屬

欽定古今圖書集成一萬卷目錄四十卷　(清)蔣廷錫　(清)陳夢雷等輯　清雍正四年(1726)內府銅活字印本(乾象典卷一至一百、庶徵典卷三十七至三十八,坤輿典卷一百三至一百六、一百十一至一百十二、一百十七至一百十八、一百二十九至一百三十、一百二十三至一百三十四,職方典卷七至八、十五至十六、二十七至二十八、三十七至三十八、六十五至七十、七十五至七十八、一百九至一百十二、一百六十五至一百七十二、二百十一至二百十二、二百五十三至二百五十四、二百六十三至二百六十四、四百一至四百四、四百七至四百十二、四百十五至四百十六、四百十九至四百二十、四百二十三至四百三十四、四百三十七至四百三十八、四百四十一至四百四十六、四百四十九至四百五十六、四百五十九至四百六十、四百六十三至四百六十六、四百六十九至四百九十、四百九十五至四百九十六、四百九十九至五百九十二、五百九十七至六百、七百五十三至七百五十四、七百六十五至七百六十六、七百七十九至七百八十、七百九十一至七百九十四、八百十七至八百十八配清光緒抄本)　五千二十冊

330000－1701－0010753　善 007702　子部/宗教類/佛教之屬/論疏

三論玄義二卷　(隋)釋吉藏撰　清光緒二十五年(1899)金陵刻經處刻本　余重耀批　一冊

330000－1701－0010754　善 007703　子部/宗教類/佛教之屬/論疏

唯識開蒙問答二卷　(元)釋雲峰集　清抄本　一冊

330000－1701－0010756　善 007705　子部/宗教類/佛教之屬/諸宗

大乘止觀法門釋要六卷　(清)釋智旭撰　清光緒二十二年(1896)揚州藏經禪院刻本　余重耀題簽並批　二冊

330000－1701－0010757　善 007706　子部/宗教類/佛教之屬/諸宗

相宗八要直解八卷 （清）釋智旭撰 清同治九年（1870）金陵刻經處刻本 余重耀批 二冊

330000－1701－0010759 善 007707 子部/宗教類/佛教之屬/諸宗

性相通說一卷 （明）釋德清撰 清同治十二年（1873）金陵刻經處刻本 余重耀批 一冊

330000－1701－0010763 善 007708 子部/宗教類/佛教之屬/諸宗

永嘉禪宗集註二卷 （明）釋傳燈重編並註 清同治十年（1871）刻本 余重耀題簽並批 一冊

330000－1701－0010764 善 007709 子部/宗教類/佛教之屬/論

唐玄奘法師八識規矩母頌一卷 （唐）釋玄奘撰頌 （清）釋性起論釋 （清）釋善漳等錄 清光緒三年（1877）刻本 余重耀批 一冊

330000－1701－0010765 善 007710 子部/宗教類/佛教之屬/大藏

徑山藏 明萬曆十七年（1589）至清嘉慶五臺、嘉興、徑山等地刻本 十二冊 存一種

330000－1701－0010772 善 007713 子部/宗教類/佛教之屬/諸宗

天童密雲和尚闢妄七書一卷後錄一卷 （明）釋圓悟撰 （明）釋真忞等輯 清末眠雲精舍抄本 一冊

330000－1701－0010773 善 007714 子部/宗教類/佛教之屬/諸宗

南山天愚寶禪師語錄四卷 （清）釋淨寶撰 （清）釋智普錄 清末眠雲精舍抄本 一冊

330000－1701－0010775 善 007716 子部/宗教類/佛教之屬/諸宗

蛩音錄□□卷 清抄本 一冊 存七卷（一至七）

330000－1701－0010777 善 007718 子部/宗教類/道教之屬/衆術

古本周易叅同契二卷 （漢）魏伯陽譔 （元）陳致虛註 （清）程陽春批 **補遺一卷** （漢）淳于叔通撰 （元）陳致虛註 （清）程陽春批 清抄本 一冊

330000－1701－0010780 善 007722 子部/宗教類/道教之屬/經文

太上黃庭經發微二卷黃帝陰符經本義二卷 （清）董德寧註 清抄本 經軒題記 四冊

330000－1701－0010781 善 007721 子部/宗教類/道教之屬

悟真刪僞集三卷 （宋）張伯端著 （宋）薛道光等註 剝蕉居士刪僞 清掃葉莊抄本 四冊

330000－1701－0010785 善 007724 子部/宗教類/道教之屬

天仙正理直論增註一卷 （明）伍守陽撰並注 （明）伍守虛同注 清抄本 一冊

330000－1701－0010787 民 917.3/7544 史部/政書類/邦交之屬

使美記略一卷 （清）陳蘭彬撰 清末鉛印本 一冊

330000－1701－0010788 善 007725 子部/宗教類/道教之屬

太上金谷歌註一卷 （清）西冷麓原丹一子撰 **崔公入藥鏡一卷** 青城老人註 清抄本 一冊

330000－1701－0010789 善 007726 子部/宗教類/道教之屬

奉真集一卷 清姚江戴鶴汀抄本 一冊

330000－1701－0010794 善 007728 子部/宗教類/道教之屬/經文

興行妙道天尊如如經前八品八卷前品隨相朝天寶懺一卷中八品八卷中品隨相朝天寶懺一卷後八品八卷 （唐）呂純陽撰 清抄本 六冊 缺二卷（後八品七至八）

330000－1701－0010797 善 007729 子部/宗教類/道教之屬

覺源壇訓不分卷 清抄本 四冊

330000－1701－0010799 普 081/8342/c1

類叢部/叢書類/彙編之屬
小萬卷樓叢書十七種 (清)錢培名輯 清光緒四年(1878)金山錢氏刻本 章嶔題記 二十冊

330000－1701－0010801 善 007730 子部/宗教類/道教之屬/威儀
上清靈寶濟度大成金書四卷 (明)周思得輯 清同治九年(1870)璣衡壇抄本 八冊

330000－1701－0010802 善 007731 集部/別集類/漢魏六朝別集
曹子建集十卷 (三國魏)曹植撰 **敘錄一卷** (清)朱緒曾輯 **[曹植]年譜一卷** 清末抄本 三冊

330000－1701－0010804 善 007733 集部/別集類/漢魏六朝別集
陳後主詩集一卷 (南朝陳)陳叔寶撰 清抄本 一冊

330000－1701－0010805 善 007734 集部/別集類/唐五代別集
唐太宗詩集一卷文集八卷 (唐)太宗李世民撰 (清)董年棻輯 清末抄本 劉承幹跋 四冊

330000－1701－0010806 善 007735 集部/別集類/唐五代別集
高常侍集十卷 (唐)高適撰 清抄本 二冊

330000－1701－0010807 普 081/8342/c2 類叢部/叢書類/彙編之屬
小萬卷樓叢書十七種 (清)錢培名輯 清光緒四年(1878)金山錢氏刻本 十九冊 缺一卷(左傳博議拾遺上)

330000－1701－0010810 善 007737 集部/別集類/唐五代別集
杜詩選讀一卷 (唐)杜甫撰 (清)王蘭選 清末長興王蘭希杜齋抄本 王修題簽並記 二冊

330000－1701－0010811 普 081/8373/c2 類叢部/叢書類/彙編之屬
守山閣叢書一百十二種 (清)錢熙祚編 清光緒十五年(1889)上海鴻文書局據清道光二十四年(1844)金山錢氏重編增刻墨海金壺本影印本(籀史卷二原缺) 一百冊

330000－1701－0010812 善 007738 集部/別集類/唐五代別集
錢考功詩集十卷首一卷末一卷 (唐)錢起撰 (清)錢經藩註並校補 稿本 一冊

330000－1701－0010816 善 007739 集部/別集類/唐五代別集
讀韓記疑七卷首一卷附錄一卷 (清)王元啓撰 清抄本 六冊

330000－1701－0010819 善 007740 集部/別集類/唐五代別集
唐皮日休文藪十卷 (唐)皮日休撰 清刻本 四冊

330000－1701－0010821 善 007741 集部/別集類/唐五代別集
重刊校正笠澤蘩書四卷補遺詩一卷續補遺一卷 (唐)陸龜蒙撰 清雍正顧楗碧筠草堂刻本 清如嵩題記 吳士鑑跋 二冊

330000－1701－0010823 善 007742 集部/別集類/唐五代別集
唐黃御史集八卷附錄一卷 (唐)黃滔撰 明刻清修本 四冊

330000－1701－0010825 善 007743 集部/別集類/唐五代別集
薛濤詩一卷 (唐)薛濤撰 清光緒二十一年(1895)烏程沈兆熊抄本 沈兆熊題簽並記 一冊

330000－1701－0010829 善 007745 集部/別集類/宋別集
司馬文正公傳家集八十卷目錄二卷 (宋)司馬光撰 **司馬文正公傳家集附錄一卷** (清)陳弘謀編 清乾隆六年(1741)桂林陳氏培遠堂刻本 十二冊

330000－1701－0010832 善 007746 集部/別集類/宋別集
趙清獻公文集十卷附錄一卷 (宋)趙抃撰

宋趙清獻公[趙抃]年譜一卷　詹熙編次　清刻民國八年至九年(1919－1920)增修本(附錄配余紹宋抄本)　葉渭清校並跋　余紹宋批校　四冊

330000－1701－0010834　善007747　集部/別集類/宋別集
金氏文集二卷　(宋)金君卿撰　清抄本　一冊

330000－1701－0010836　善007748　集部/別集類/宋別集
無爲集十五卷　(宋)楊傑撰　清抄本　四冊

330000－1701－0010838　善007749　集部/別集類/宋別集
王魏公集八卷　(宋)王安禮撰　清抄本　二冊

330000－1701－0010841　善007750　集部/別集類/宋別集
文潞公文集四十卷　(宋)文彦博撰　清抄本　清□□主人題記　十六冊

330000－1701－0010842　善007753　類叢部/叢書類/家集之屬
河南二程全書七種六十七卷　(宋)程顥(宋)程頤撰　清康熙呂氏寶誥堂刻本　四冊　存一種

330000－1701－0010845　善007755　集部/別集類/宋別集
東坡先生編年詩五十卷　(宋)蘇軾撰　(清)查慎行補註　**東坡先生年表一卷**　清乾隆二十六年(1761)查開香雨齋刻本　佚名過錄清紀昀批校並跋　十二冊

330000－1701－0010846　善007756　集部/別集類/宋別集
斜川集六卷　(宋)蘇過撰　(清)周永年輯　清抄本　四冊

330000－1701－0010847　善007757　集部/別集類/宋別集
張右史文集八十二卷　(宋)張耒撰　清抄本　二十四冊

330000－1701－0010848　善007758　集部/別集類/宋別集
濟南集八卷文粹二卷補遺一卷　(宋)李廌撰　清末常熟周大輔鄀公鍾室抄本　四冊

330000－1701－0010850　善007760　集部/別集類/宋別集
晁具茨先生詩集十五卷　(宋)晁沖之撰　清乾隆刻本　四冊

330000－1701－0010851　善007761　集部/別集類/宋別集
寶晉山林集拾遺八卷　(宋)米芾撰　清末抄本　二冊

330000－1701－0010852　普081/8795　類叢部/叢書類/彙編之屬
二老閣叢書四十一種　(清)鄭風編　清康熙至嘉慶刻本　四十八冊

330000－1701－0010853　善007762　集部/別集類/宋別集
寶晉英光集八卷補遺一卷　(宋)米芾撰　清抄本　四冊

330000－1701－0010854　TZL0000　子部/宗教類/佛教之屬/大藏
乾隆大藏經　清雍正十三年至乾隆三年(1735－1738)刻本(開元釋教錄略出四卷、辯僞錄六卷、大明仁孝皇后夢感佛說第一希有大功德經一卷、大明太宗文皇帝御製序讚文一卷、大佛頂首楞嚴經疏解蒙鈔十卷首二卷卷末五錄十五卷原缺)　七千一百七十二冊　缺一卷(大般若波羅蜜多經一百一)

330000－1701－0010856　善007764　集部/別集類/宋別集
相山集三十卷補遺一卷　(宋)王之道撰　**簫臺公餘詞一卷**　(宋)姚述堯撰　清抄本　六冊

330000－1701－0010858　善007765　集部/別集類/宋別集
三餘集四卷　(宋)黃彦平撰　清抄本　一冊

330000－1701－0010859　善007766　集部/

别集類/宋别集
沈忠敏公龜谿集十二卷 (宋)沈與求撰 清抄本 六册

330000－1701－0010861 善 007768 集部/别集類/宋别集
雪溪詩五卷 (宋)王銍撰 清抄本 一册

330000－1701－0010862 善 007769 集部/别集類/宋别集
斐然集三十卷 (宋)胡寅撰 清抄本 十二册

330000－1701－0010864 善 007770 集部/别集類/宋别集
鄭忠愍公北山文集三十卷附錄一卷題跋一卷 (宋)鄭剛中撰 清抄本 十四册

330000－1701－0010865 普 081.03/7537 類叢部/叢書類/彙編之屬
唐人説薈一百六十五種 (清)陳世熙編 清同治三年(1864)緯文堂刻本 二十册

330000－1701－0010867 善 007772 集部/别集類/宋别集
正獻公遺文鈔二卷 (宋)袁燮撰 (清)袁士杰輯 清煙嶼樓抄本 清徐時棟校並跋 一册

330000－1701－0010869 善 007773 類叢部/叢書類/自著之屬
陸放翁全集六種 (宋)陸游撰 明末海虞毛氏汲古閣刻清初毛扆增刻彙印本 十六册 存二種

330000－1701－0010872 善 007774 集部/别集類/宋别集
簀窗集十卷 (宋)陳耆卿撰 清抄本 二册

330000－1701－0010873 善 007775 集部/别集類/宋别集
丘釣磯集一卷 (宋)丘葵撰 清抄本 一册

330000－1701－0010874 善 007776 集部/别集類/宋别集
自堂存稿四卷 (宋)陳杰撰 清抄本 一册

330000－1701－0010878 普 921.512/0128/c1 史部/傳記類/總傳之屬/家乘
[浙江紹興]會稽横溪顔氏宗譜三卷 (清)顔永淮等纂修 清光緒三十年(1904)復聖堂木活字印本 二册

330000－1701－0010879 普 921.512/0128/c2 史部/傳記類/總傳之屬/家乘
[浙江紹興]會稽横溪顔氏宗譜三卷 (清)顔永淮等纂修 清光緒三十年(1904)復聖堂木活字印本 二册

330000－1701－0010884 普 921.512/0164.2 史部/傳記類/總傳之屬/家乘
[湖南安化]譚氏重修族譜九卷首一卷 (清)譚仁魁主修 (清)譚仁武等編輯 清嘉慶十三年(1808)鼎盛局木活字印本 一册 存三卷(首、仲瑚房圖號紀一至二)

330000－1701－0010885 普 081.04/8075 類叢部/叢書類/彙編之屬
詒經堂藏書七種 (清)金長春輯 清嘉慶十八年(1813)當塗金氏刻本 六册

330000－1701－0010886 普 921.512/0164.3 史部/傳記類/總傳之屬/家乘
[湖南湘潭]錦石譚氏續修家譜十六卷 (清)譚系均 (清)譚系瑩纂修 清光緒十年(1884)敦本堂木活字印本 十三册 缺四卷(三、六、十二、十六)

330000－1701－0010887 善 007778 集部/别集類/元别集
藏春詩集六卷 (元)劉秉忠撰 (元)商挺類輯 清抄本 一册

330000－1701－0010889 普 921.512/0180.2 史部/傳記類/總傳之屬/家乘
[湖南新化]龔氏十修族譜□□卷 (清)龔春樽等纂修 清末木活字印本 一册 存三卷(六十九至七十一)

330000－1701－0010892 善 007779 集部/别集類/元别集
古逸民先生集二卷 (宋)汪炎昶撰 **附錄一**

卷　清抄本　一冊

330000－1701－0010893　善 007780　集部/別集類/元別集
剩語二卷　(元)艾性夫譔　清抄本　一冊

330000－1701－0010895　善 007781　集部/別集類/元別集
養蒙先生文集十卷　(元)張伯淳撰　清抄本　一冊

330000－1701－0010896　善 007782　集部/別集類/元別集
桂隱文集四卷詩集四卷　(元)劉詵撰　清抄本　四冊

330000－1701－0010897　善 007783　集部/別集類/元別集
屏巖小稿一卷　(元)張觀光撰　清抄本　一冊

330000－1701－0010898　善 007784　集部/別集類/元別集
谷響集三卷　(元)釋善住撰　清抄本　三冊

330000－1701－0010903　普 921.512/0460.11/c1　史部/傳記類/總傳之屬/家乘
[江西萬載]謝敬愛祠二修牌位冊一卷　清光緒五年(1879)謝敬愛祠木活字印本　一冊

330000－1701－0010904　善 007785　集部/別集類/元別集
趙待制遺稿一卷　(元)趙雍撰　清抄本　一冊

330000－1701－0010907　普 921.512/0460.11/c2　史部/傳記類/總傳之屬/家乘
[江西萬載]謝敬愛祠二修牌位冊一卷　清光緒五年(1879)謝敬愛祠木活字印本　一冊

330000－1701－0010913　普 921.512/0460.13　史部/傳記類/總傳之屬/家乘
[江西贛州]興贛塘石大都謝氏重修族譜內紀一卷外紀一卷首一卷末一卷　(清)謝月臺等纂修　清道光二十年(1840)肇慶堂木活字印本　七冊

330000－1701－0010918　普 807.64/7572/c3　類叢部/叢書類/郡邑之屬
台州叢書(名山堂叢書)九種　(清)宋世犖編　清嘉慶至道光臨海宋氏刻本　一冊　存一種

330000－1701－0010919　普 921.512/0460.17　史部/傳記類/總傳之屬/家乘
[江西宜春]袁郡謝公祠牌位冊一卷　(清)謝歷科等纂修　清光緒十五年(1889)袁郡謝公祠木活字印本　一冊

330000－1701－0010920　普 921.512/0460.18　史部/傳記類/總傳之屬/家乘
[湖南湘鄉]洪山謝氏四修族譜十五卷首二卷末二卷　(清)謝祿葵　(清)謝振綉　(清)謝先謀修　(清)謝光伯　(清)謝振煌　(清)謝啓炤纂　清光緒六年(1880)印泉堂木活字印本　十六冊　缺三卷(七、十一、末下)

330000－1701－0010922　善 007788　集部/別集類/元別集
文忠集六卷　(元)王結撰　清抄本　一冊

330000－1701－0010923　善 007789　集部/別集類/元別集
惟實集八卷　(元)劉鶚撰　清抄本　二冊

330000－1701－0010924　善 007790　集部/別集類/元別集
金華黃先生文集四十三卷　(元)黃溍撰　(明)危素編次　清寫刻樣本　八冊

330000－1701－0010925　善 007791　集部/別集類/元別集
所安遺集一卷　(元)陳泰撰　清抄本　一冊

330000－1701－0010929　善 007793　集部/別集類/元別集
至正集八十一卷　(元)許有壬撰　清長洲顧氏藝海樓抄本　十二冊

330000－1701－0010930　善 007794　集部/別集類/元別集
吳禮部文集二十卷附錄一卷　(元)吳師道撰　清抄本　三冊　存十五卷(一至十五)

330000－1701－0010931　善 007795　集部/別集類/元別集

謝龜巢先生集不分卷懷古録三卷思賢録一卷辨惑編四卷景賢録二卷　(元)謝應芳撰並編　清抄本　十册

330000－1701－0010936　善 007796　集部/別集類/元別集

梧溪集七卷　(元)王逢撰　清抄本　三册

330000－1701－0010938　善 007797　集部/別集類/元別集

梧溪集七卷　(元)王逢撰　清抄本　十二册

330000－1701－0010946　普 810.1/7246.016/2/c2　集部/詩文評類/文評之屬

文心雕龍十卷　(南朝梁)劉勰撰　(清)黄叔琳輯注　清乾隆六年(1741)黄氏養素堂刻本　二册

330000－1701－0010947　普 810.1/7246/c3　集部/詩文評類/文評之屬

文心雕龍十卷　(南朝梁)劉勰撰　(清)黄叔琳輯注　(清)紀昀評　清道光十三年(1833)盧坤兩廣節署刻朱墨套印本　一册

330000－1701－0010950　普 810.1/7246/2/c3　類叢部/叢書類/彙編之屬

崇文書局彙刻書三十一種　(清)崇文書局編　清光緒元年至三年(1875－1877)湖北崇文書局刻本　二册　存一種

330000－1701－0010951　普 810.1/7246/c1　集部/詩文評類/文評之屬

文心雕龍十卷　(南朝梁)劉勰撰　(清)黄叔琳輯注　(清)紀昀評　清道光十三年(1833)盧坤兩廣節署刻朱墨套印本　章嵚題記　四册

330000－1701－0010952　普 810.1/7246/c4　集部/詩文評類/文評之屬

文心雕龍十卷　(南朝梁)劉勰撰　(清)黄叔琳輯注　(清)紀昀評　清道光十三年(1833)盧坤兩廣節署刻朱墨套印本　四册

330000－1701－0010953　善 007798　集部/別集類/元別集

經濟文集六卷附録一卷　(元)李士瞻撰　(明)李侃編　清抄本　三册

330000－1701－0010954　善 007823　集部/別集類/明別集

金正希先生文集輯畧纂録一卷　(明)金聲撰　清抄本　二册

330000－1701－0010955　普 810.4/7274/4　集部/詩文評類

藝槩六卷　(清)劉熙載撰　清光緒三年(1877)領南刻本　二册

330000－1701－0010956　普 810.1/7246/2/c1　類叢部/叢書類/彙編之屬

崇文書局彙刻書三十一種　(清)崇文書局編　清光緒元年至三年(1875－1877)湖北崇文書局刻本　一册　存一種

330000－1701－0010957　善 007799　集部/別集類/元別集

楚石大師北遊詩一卷　(元)釋梵琦撰　(明)釋明秀拾遺　清抄本　二册

330000－1701－0010960　普 810.1/7246.016/2/c3　集部/詩文評類/文評之屬

文心雕龍十卷　(南朝梁)劉勰撰　(清)黄叔琳輯注　清乾隆六年(1741)黄氏養素堂刻本　建勛跋　二册

330000－1701－0010961　普 810.1/7246.012　集部/詩文評類/文評之屬

文心雕龍十卷　(南朝梁)劉勰撰　(明)楊慎批　(明)張松孫輯注　清乾隆五十六年(1791)刻本　四册

330000－1701－0010962　普 810.1/7246/c1/1　集部/詩文評類/文評之屬

文心雕龍十卷　(南朝梁)劉勰撰　(清)黄叔琳輯注　(清)紀昀評　清道光十三年(1833)盧坤兩廣節署刻朱墨套印本　四册

330000－1701－0010965　普 807.64/7572/c1　類叢部/叢書類/郡邑之屬

台州叢書(名山堂叢書)九種　(清)宋世犖編

清嘉慶至道光臨海宋氏刻本　一冊　存一種

330000－1701－0010966　普810.1/0020　集部/詩文評類/文法之屬

論文集鈔二卷　(清)高塘輯　清乾隆五十一年(1786)刻本　二冊

330000－1701－0010968　普810.1/7246/(2)/c2　集部/詩文評類/文評之屬

文心雕龍十卷　(南朝梁)劉勰撰　(清)黄叔琳輯注　(清)紀昀評　清道光十三年(1833)盧坤兩廣節署刻朱墨套印本　張宗祥題記並過錄清顧廣圻、譚獻評校　四冊

330000－1701－0010969　普807.64/7572/c4　類叢部/叢書類/郡邑之屬

台州叢書(名山堂叢書)九種　(清)宋世犖編　清嘉慶至道光臨海宋氏刻本　一冊　存一種

330000－1701－0010971　普810.1/7246/3　集部/詩文評類/文評之屬

文心雕龍十卷　(南朝梁)劉勰撰　清乾隆刻本　佚名過錄清何焯批　四冊

330000－1701－0010972　普810.1/7246/2/c2　集部/詩文評類/文評之屬

文心雕龍十卷　(南朝梁)劉勰撰　清光緒三年(1877)湖北崇文書局刻本　一冊

330000－1701－0010975　普810.1/7246/(2)/cl　集部/詩文評類/文評之屬

文心雕龍十卷　(南朝梁)劉勰撰　(清)黄叔琳輯注　(清)紀昀評　清道光十三年(1833)盧坤兩廣節署刻朱墨套印本　二冊

330000－1701－0010976　普810.1/7246.016/2/c4　集部/詩文評類/文評之屬

文心雕龍十卷　(南朝梁)劉勰撰　(清)黄叔琳輯注　清乾隆六年(1741)黄氏養素堂刻本　六冊

330000－1701－0010977　普810.1/7246/c2　集部/詩文評類/文評之屬

文心雕龍十卷　(南朝梁)劉勰撰　(清)黄叔琳輯注　(清)紀昀評　清道光十三年(1833)盧坤兩廣節署刻朱墨套印本　四冊

330000－1701－0010978　普810.1/7246.016/2/c1　集部/詩文評類/文評之屬

文心雕龍十卷　(南朝梁)劉勰撰　(清)黄叔琳輯注　清乾隆六年(1741)黄氏養素堂刻本　二冊

330000－1701－0010979　普810.1/7246/6　集部/詩文評類/文評之屬

文心雕龍十卷　(南朝梁)劉勰撰　(清)黄叔琳輯注　清刻本　佚名過錄清紀昀批點　四冊

330000－1701－0010980　善007824　集部/別集類/明別集

申忠湣詩集六卷　(明)申佳允撰　清長洲顧氏藝海樓抄本　一冊

330000－1701－0010984　普807.64/7572/c2　類叢部/叢書類/郡邑之屬

台州叢書(名山堂叢書)九種　(清)宋世犖編　清嘉慶至道光臨海宋氏刻本　一冊　存一種

330000－1701－0010986　普810.1/7246.012/2　集部/詩文評類/文評之屬

文心雕龍十卷　(南朝梁)劉勰撰　(明)楊慎批　(明)張松孫輯注　清同治七年(1868)杭城文元堂刻本　二冊

330000－1701－0010987　普810.1/1032　集部/詩文評類/文評之屬

鐵立文起前編十二卷後編十卷首一卷　(清)王之績撰　清康熙刻本　二冊

330000－1701－0010990　善007800　集部/別集類/元別集

全歸集七卷　(元)張庸撰　(明)張琳編次　清抄本　一冊

330000－1701－0011000　普810.4/7274/2/c2　類叢部/叢書類/自著之屬

古桐書屋六種　(清)劉熙載撰　清同治至光緒刻本　二冊　存一種

330000－1701－0011002　普 007802　集部/別集類/明別集

翠屏詩集四卷　(明)張以寧撰　(明)石光霽編　(明)張淮續編　清抄本　六冊

330000－1701－0011003　普 810.4/7274/2/c3　類叢部/叢書類/自著之屬

古桐書屋六種　(清)劉熙載撰　清同治至光緒刻本　二冊　存一種

330000－1701－0011004　普 810.4/7274/2/c1　類叢部/叢書類/自著之屬

古桐書屋六種　(清)劉熙載撰　清同治至光緒刻本　二冊　存一種

330000－1701－0011007　普 810.8/4416　子部/藝術類/遊藝之屬

閒情小錄初集八種　(清)葛元煦輯　清光緒三年(1877)葛氏嘯園刻本　六冊

330000－1701－0011011　普 811.103/2137　集部/總集類/彙編之屬

增廣詩句題解彙編四卷姓氏考一卷　(清)同文書局編　清光緒上海同文書局石印本　四冊

330000－1701－0011014　普 810.8/3542/c1　類叢部/叢書類/彙編之屬

國朝名人著述叢編十三種　(清)□□編　清光緒五年(1879)上海淞隱閣鉛印本　六冊

330000－1701－0011019　普 810.7/0022　子部/儒家類/儒學之屬/蒙學

父師善誘法二卷讀書作文譜十二卷　(清)唐彪撰　清刻本　四冊

330000－1701－0011020　普 811.103/2627　集部/總集類/選集之屬/通代

佳句錄二十卷附錄一卷　(清)吳修輯　清道光七年(1827)海鹽吳修青霞館刻本　四冊

330000－1701－0011021　普 811.103/4342　集部/別集類/清別集

采百集二卷　(清)戴錫鈞撰　清光緒十三年(1887)鉛印本　二冊

330000－1701－0011022　普 810.4/7274/2/c4　類叢部/叢書類/自著之屬

古桐書屋六種　(清)劉熙載撰　清同治至光緒刻本　二冊　存一種

330000－1701－0011024　普 811.103/3491/c2　類叢部/叢書類/彙編之屬

融經館叢書十一種　(清)徐友蘭編　清光緒六年至十一年(1880－1885)會稽徐氏八杉齋刻本　六冊　存一種

330000－1701－0011025　普 081.06/3110/c1　子部/小說家類

顧氏明朝四十家小說四十種　(明)顧元慶編　清宣統三年(1911)上海國學扶輪社鉛印本　八冊　存三十八種

330000－1701－0011026　普 811.108/3172　集部/總集類/選集之屬/通代

歷朝七言排律遠春集三卷　(清)汪賢衢編　清乾隆五十二年(1787)錢塘汪氏刻本　一冊

330000－1701－0011027　善 007804　集部/別集類/明別集

白雲稾五卷　(明)朱右撰　清抄本　一冊

330000－1701－0011029　普 811.103/3491/c3　類叢部/叢書類/彙編之屬

融經館叢書十一種　(清)徐友蘭編　清光緒六年至十一年(1880－1885)會稽徐氏八杉齋刻本　六冊　存一種

330000－1701－0011030　普 811.103/7204/2　類叢部/類書類/專類之屬

詩學含英十四卷　(清)劉文蔚輯　清刻本　二冊

330000－1701－0011031　普 810.8/3542/c2　類叢部/叢書類/彙編之屬

國朝名人著述叢編十三種　(清)□□編　清光緒五年(1879)上海淞隱閣鉛印本　六冊

330000－1701－0011032　普 811.103/3152　史部/地理類/雜志之屬

新安景物約編五卷補遺一卷　(清)江忠儁　(清)江正心纂　清道光十年(1830)青雲堂刻

本　二册

330000－1701－0011035　普 081.06/3110/又c1　子部/小説家類

顧氏明朝四十家小説四十種　(明)顧元慶編　清宣統三年(1911)上海國學扶輪社鉛印本　八册

330000－1701－0011036　普 811.103/3491/cl　類叢部/叢書類/彙編之屬

融經館叢書十一種　(清)徐友蘭編　清光緒六年至十一年(1880－1885)會稽徐氏八杉齋刻本　六册　存一種

330000－1701－0011037　普 081.06/3110/c2　子部/小説家類

顧氏明朝四十家小説四十種　(明)顧元慶編　清宣統三年(1911)上海國學扶輪社鉛印本　八册

330000－1701－0011046　普 811.103/7204　類叢部/類書類/專類之屬

詩學含英增韻十九卷　(清)劉文蔚輯　清刻本　四册

330000－1701－0011047　普 811.104/0013.2　類叢部/叢書類/自著之屬

伯山全集四種　(清)康發祥撰　清道光至同治泰州康氏刻本　四册　存一種

330000－1701－0011048　普 811.104/0054/3　集部/詩文評類/詩評之屬

昭昧詹言十卷續八卷續錄二卷坿錄一卷坿攷一卷　(清)方東樹撰　清宣統元年(1909)安徽官紙印刷局鉛印本　張美翊跋　四册

330000－1701－0011050　普 810.9/2516　史部/史評類/考訂之屬

東周列國攷畧二卷　(清)朱元炅輯　清光緒十三年(1887)刻本　二册

330000－1701－0011051　普 811.103/4423　集部/詩文評類/詩評之屬

李詩選句分韻十卷杜詩選句分韻十卷韓詩選句分韻十卷蘇詩選句分韻十卷　(清)黄位清編輯　清道光十二年(1832)刻本　十册

330000－1701－0011052　普 811.104/0445/2　集部/詩文評類/詩評之屬

四溟詩話四卷　(明)謝榛撰　(清)胡曾校訂　清乾隆十九年(1754)繡水胡氏耘雅堂刻本　二册

330000－1701－0011053　普 811.1082/8022　集部/總集類/選集之屬/通代

古詩十九首繹一卷　(清)姜任修撰　清刻本　一册

330000－1701－0011056　善 007807　集部/别集類/明别集

北郭集不分卷　(明)徐賁撰　清抄本　四册

330000－1701－0011059　普 811.104/0874　集部/詩文評類/詩評之屬

詩法萃編十五卷　(清)許印芳選抄　清光緒二十一年(1895)樸學齋刻民國三十四年(1945)印本　十册

330000－1701－0011060　普 811.104/1037/c2　集部/詩文評類/類編之屬

談藝珠叢二十七種　(清)王啓原編　清光緒十一年(1885)長沙玉尺山房刻本　章嶔題記　十二册

330000－1701－0011061　善 007808　集部/别集類/明别集

樗菴類稿二卷　(明)鄭潛撰　清抄本　一册

330000－1701－0011063　普 811.104/1037/c1　集部/詩文評類/類編之屬

談藝珠叢二十七種　(清)王啓原編　清光緒十一年(1885)長沙玉尺山房刻本　十二册

330000－1701－0011064　普 811.104/1031　集部/詩文評類

鐙窗瑣話八卷　(清)于源撰　清道光二十七年(1847)刻本　二册

330000－1701－0011065　普 081.07/0040　類叢部/叢書類/彙編之屬

式訓堂叢書四十一種　(清)章壽康編　清光緒會稽章氏刻本　三十二册　存二十八種

330000 - 1701 - 0011067　普 081.07/0040/(2)　類叢部/叢書類/彙編之屬

式訓堂叢書四十一種　(清)章壽康編　清光緒會稽章氏刻本　十四冊　存十五種

330000 - 1701 - 0011069　普 811.104/1043/(2)/c2　集部/詩文評類/詩評之屬

帶經堂詩話三十卷首一卷　(清)王士禛撰　(清)張宗柟輯　清同治十二年(1873)廣州藏修堂刻本　十冊

330000 - 1701 - 0011070　普 811.104/1043/(2)/c1　集部/詩文評類/詩評之屬

帶經堂詩話三十卷首一卷　(清)王士禛撰　(清)張宗柟輯　清同治十二年(1873)廣州藏修堂刻本　十冊

330000 - 1701 - 0011073　普 811.104/1037/(2)　集部/詩文評類/類編之屬

談藝珠叢二十七種　(清)王啓原編　清光緒十一年(1885)長沙玉尺山房刻本　十冊

330000 - 1701 - 0011074　善 007810　集部/別集類/清別集

穀園集二卷　(清)楊彝撰　清末抄本　一冊

330000 - 1701 - 0011076　普 811.104/1037/c4　集部/詩文評類/類編之屬

談藝珠叢二十七種　(清)王啓原編　清光緒十一年(1885)長沙玉尺山房刻本　十二冊

330000 - 1701 - 0011078　普 081.07/0040/(3)　類叢部/叢書類/彙編之屬

式訓堂叢書四十一種　(清)章壽康編　清光緒會稽章氏刻本　十冊　存十一種

330000 - 1701 - 0011080　善 007811　集部/別集類/明別集

光菴集不分卷　(明)王賔撰　清抄本　四冊

330000 - 1701 - 0011082　普 081.07/0040/2　類叢部/叢書類/彙編之屬

式訓堂叢書四十一種　(清)章壽康編　清光緒會稽章氏刻本　六冊　存十一種

330000 - 1701 - 0011084　普 081.07/0123/c3　類叢部/叢書類/彙編之屬

半厂叢書初編十種　(清)譚獻編　清同治至光緒仁和譚氏刻本　二十冊

330000 - 1701 - 0011088　善 007813　集部/別集類/明別集

文溫州集十二卷　(明)文林撰　清抄本　四冊

330000 - 1701 - 0011089　普 081.07/0123/(3)/c1　類叢部/叢書類/彙編之屬

半厂叢書初編十種　(清)譚獻編　清同治至光緒仁和譚氏刻本　二十一冊

330000 - 1701 - 0011091　普 081.07/0123/(3)/c2　類叢部/叢書類/彙編之屬

半厂叢書初編十種　(清)譚獻編　清同治至光緒仁和譚氏刻本　二十冊

330000 - 1701 - 0011095　普 921.512/0460.81　史部/傳記類/總傳之屬/家乘

[江西萬載]潭溪謝仲清祠丁會冊不分卷　(清)謝錦樹等纂修　清光緒十八年(1892)萬載潭溪寶樹堂木活字印本　一冊

330000 - 1701 - 0011097　普 921.512/0742.1　史部/傳記類/總傳之屬/家乘

[江西宜春]袁郡郭氏牌譜二卷　(清)郭嘉會修　清光緒十三年(1887)親睦堂木活字印本　一冊　存一卷(二)

330000 - 1701 - 0011100　善 007815　集部/別集類/明別集

楊忠介集十三卷附錄五卷　(明)楊爵撰　清抄本　四冊

330000 - 1701 - 0011101　普 921.512/0821.1　史部/傳記類/總傳之屬/家乘

[浙江蕭山]蕭邑航塢山北施氏宗譜八卷　(清)施文信纂修　清同治八年(1869)餘慶堂木活字印本　八冊

330000 - 1701 - 0011103　普 921.512/0742.3　史部/傳記類/總傳之屬/家乘

[江西吉安]萬泰郭氏族譜二卷　(清)郭鳳儀　(清)郭邦俊纂修　清道光二十一年(1841)

崇本堂木活字印本　三冊

330000－1701－0011104　善007816　集部/別集類/明別集

燕石集五卷　（明）趙大佑著　（清）趙宗蕃輯　清抄本　二冊

330000－1701－0011105　普081.07/0848　類叢部/叢書類/彙編之屬

榆園叢刻十五種附一種　（清）許增編　清同治至光緒刻本　四冊　存十種

330000－1701－0011108　普921.512/0742.2　史部/傳記類/總傳之屬/家乘

[湖南湘潭]湘潭泉田郭氏六修家乘□□卷　（清）郭壽諼修　清宣統三年(1911)太原堂木活字印本　十六冊　存二十四卷(三、十至十一、十六至十九、二十一至二十五、二十八、三十、五十五至五十九、六十九至七十、七十二至七十四)

330000－1701－0011109　普921.512/0821.4　史部/傳記類/總傳之屬/家乘

[浙江紹興]山陰江墅施氏宗譜不分卷　清末抄本　一冊

330000－1701－0011112　普921.512/0460.5　史部/傳記類/總傳之屬/家乘

[浙江餘姚]四門謝氏族譜不分卷　（清）□□纂修　清寶樹堂抄本　三冊

330000－1701－0011117　普921.512/0460.7　史部/傳記類/總傳之屬/家乘

[浙江江山]江左謝氏族譜不分卷　（清）□□纂修　清道光二十九年(1849)木活字印本　一冊

330000－1701－0011118　普081.07/0848/(2)　類叢部/叢書類/彙編之屬

榆園叢刻十五種附一種　（清）許增編　清同治至光緒刻本　二冊　存十種

330000－1701－0011119　普921.512/0864.1　史部/傳記類/總傳之屬/家乘

[安徽歙縣]古歙昉溪許氏世譜二卷　（清）許一績纂修　清乾隆五十年(1785)刻本　二冊

330000－1701－0011120　善007817　集部/別集類/明別集

弇園雜箸三卷　（明）王世貞撰　清王景洵抄本　一冊

330000－1701－0011123　普081.07/1020　類叢部/叢書類/彙編之屬

南菁書院叢書四十一種　王先謙　繆荃孫編　清光緒十四年(1888)江陰南菁書院刻本　四十冊

330000－1701－0011126　善007818　集部/別集類/明別集

金粟齋漫藁二卷　（明）釋斯德撰　清抄本　一冊

330000－1701－0011127　善007819　集部/別集類/明別集

幔亭集十五卷　（明）徐熥撰　清抄本　馮貞羣題簽並記　四冊

330000－1701－0011128　普921.512/0460.6　史部/傳記類/總傳之屬/家乘

[浙江江山]江左謝氏族譜二卷　（清）□□纂修　清嘉慶十三年(1808)木活字印本　一冊

330000－1701－0011131　善007820　集部/別集類/明別集

周忠介公燼餘集三卷　（明）周順昌撰　**周吏部[順昌]年譜一卷**　（明）殷獻臣編　**末一卷**　清抄本　四冊

330000－1701－0011134　善007821　集部/別集類/明別集

黄忠端公文畧三卷詩畧二卷説畧一卷　（明）黄尊素撰　清抄本　一冊

330000－1701－0011135　普921.512/0460.3　史部/傳記類/總傳之屬/家乘

[浙江紹興]會稽孟葑謝氏宗乘六卷東山世系圖一卷校補一卷　（清）謝金蘭纂輯　（清）謝家福編錄　清光緒十年(1884)刻本　四冊

330000－1701－0011136　普921.512/0864.11　史部/傳記類/總傳之屬/家乘

[浙江杭州]錢塘許氏支譜不分卷　（清）許惇

詩纂修　清同治八年(1869)刻本　二冊

330000－1701－0011139　普 921.512/0460.8
　史部/傳記類/總傳之屬/家乘
[江西萬載]潭溪謝仲清祠牌位冊不分卷
(清)謝志崇纂修　清光緒十八年(1892)萬載潭溪謝清公祠木活字印本　一冊

330000－1701－0011140　普 081.07/1020/(2)　類叢部/叢書類/彙編之屬
南菁書院叢書四十一種　王先謙　繆荃孫編
　清光緒十四年(1888)江陰南菁書院刻本
三十六冊

330000－1701－0011144　民 118/0090/2/c1
　子部/雜著類/雜說之屬
訄書不分卷　章炳麟撰　清光緒刻本　一冊

330000－1701－0011147　普 921.512/0864.4
　史部/傳記類/總傳之屬/家乘
[浙江紹興]山陰碧山許氏宗譜二十三卷首一卷附譜四卷　(清)許在衡等纂修　清光緒十四年(1888)希范堂木活字印本　十冊

330000－1701－0011151　普 915.1111/6829
　史部/地理類/方志之屬/郡縣志
[乾隆]鄭州志十二卷首一卷　(清)張鉞修
(清)毛汝詵纂　清乾隆十三年(1748)刻本
六冊

330000－1701－0011152　普 081.07/1035
類叢部/叢書類/彙編之屬
月河精舍叢鈔五種　(清)丁寶書編　清光緒苕溪丁氏刻本　十冊　存四種

330000－1701－0011153　普 921.512/0864.6
　史部/傳記類/總傳之屬/家乘
[浙江海寧]海昌洛塘許氏宗譜十二卷　(清)許廷墀纂修　清道光二年(1822)刻光緒九年(1883)增刻本　八冊

330000－1701－0011156　普 081.07/1035/(2)　類叢部/叢書類/彙編之屬
月河精舍叢鈔五種　(清)丁寶書編　清光緒苕溪丁氏刻本　七冊　存四種

330000－1701－0011157　民 118/0090/2/c2
　子部/雜著類/雜說之屬
訄書不分卷　章炳麟撰　清光緒刻本　一冊

330000－1701－0011158　普 081.07/1035/(4)　類叢部/叢書類/彙編之屬
月河精舍叢鈔五種　(清)丁寶書編　清光緒苕溪丁氏刻本　二十四冊

330000－1701－0011160　善 007826　集部/別集類/清別集
倘湖遺稿十一卷　(清)來集之撰　清抄本
巨源題簽並記　四冊

330000－1701－0011162　普 081.07/1061
類叢部/叢書類/彙編之屬
檀几叢書五十種二集五十種餘集四十七種附政十種　(清)王晫　(清)張潮編　清康熙三十四年至三十六年(1695－1697)新安張氏霞舉堂刻本　十六冊　存一百五十六種

330000－1701－0011163　善 007828　集部/別集類/明別集
鍾竟陵先生五言律詩選二卷　(明)鍾惺撰
詞調纂要一卷　清抄本　一冊

330000－1701－0011165　普 915.1112/1035
　史部/地理類/方志之屬/郡縣志
[康熙]商丘縣志二十卷首一卷　(清)劉德昌修　(清)葉澐纂　清光緒十一年(1885)刻本
　六冊

330000－1701－0011166　普 915.1112/3035
　史部/地理類/方志之屬/郡縣志
光緒鹿邑縣志十六卷首一卷　(清)于滄瀾
(清)馬家彥修　(清)蔣師轍纂　清光緒二十二年(1896)刻本　六冊

330000－1701－0011167　普 915.1111/7529
　史部/地理類/方志之屬/郡縣志
[乾隆]滎澤縣志十四卷　(清)崔淇修
(清)王博　(清)李維壔纂　清乾隆十三年(1748)刻本　四冊

330000－1701－0011168　普 915.11112/1027
　史部/地理類/方志之屬/郡縣志

[康熙]商丘縣志二十卷首一卷 （清）劉德昌修 （清）葉澐纂 清康熙四十四年(1705)刻嘉慶重修本 六冊

330000－1701－0011169 普 915.1111/8831/c2 史部/地理類/方志之屬/郡縣志
[嘉慶]密縣志十六卷首一卷 （清）景綸修（清）謝增纂 清嘉慶二十二年(1817)刻本四冊

330000－1701－0011170 普 915.1111/8831/c1 史部/地理類/方志之屬/郡縣志
[嘉慶]密縣志十六卷首一卷 （清）景綸修（清）謝增纂 清嘉慶二十二年(1817)刻本四冊

330000－1701－0011171 善 007829 集部/別集類/清別集
牧齋初學集詩註二十卷 （清）錢謙益撰（清）錢曾箋注 清抄本 八冊

330000－1701－0011172 普 915.1113/1031/c1 史部/地理類/方志之屬/郡縣志
[嘉慶]安陽縣志二十八卷首一卷 （清）貴泰修 （清）武穆淳纂 **金石錄十二卷** （清）武穆淳撰 清嘉慶二十四年(1819)刻本 十冊

330000－1701－0011173 普 915.1113/0029/c2 史部/地理類/方志之屬/郡縣志
[乾隆]彰德府志三十二卷首一卷 （清）盧崧修 （清）江大鍵 （清）程煥纂 清乾隆五十二年(1787)刻本 二十冊 存二十卷(首、一至二、四、六至七、九至十、十三上、十四、十六、十八、二十上、二十二、二十四至二十六、二十八至三十)

330000－1701－0011174 善 007830 集部/別集類/清別集
投筆集一卷 （清）錢謙益撰 清抄本 一冊

330000－1701－0011175 普 915.1112/6027 史部/地理類/方志之屬/郡縣志
[康熙]永城縣志八卷 （清）周正紀修（清）侯良弼纂 清康熙三十六年(1697)刻本 六冊

330000－1701－0011176 普 915.1113/1031/c2 史部/地理類/方志之屬/郡縣志
[嘉慶]安陽縣志二十八卷首一卷 （清）貴泰修 （清）武穆淳纂 **金石錄十二卷** （清）武穆淳撰 清嘉慶二十四年(1819)刻本 十冊 缺十二卷(金石錄一至十二)

330000－1701－0011178 普 915.1113/0029/c1 史部/地理類/方志之屬/郡縣志
[乾隆]彰德府志三十二卷首一卷 （清）盧崧修 （清）江大鍵 （清）程煥纂 清乾隆五十二年(1787)刻本 三十二冊

330000－1701－0011180 普 921.512/0864.7 史部/傳記類/總傳之屬/家乘
[浙江天台]天台坡街許氏族譜三十六卷 （清）許傳考等纂修 清乾隆二十八年(1763)木活字印本 四冊

330000－1701－0011184 普 915.1113/2035/c2 史部/地理類/方志之屬/郡縣志
[光緒]臨漳縣志十八卷首一卷 （清）周秉彝修 （清）周壽梓 （清）李燿中纂 清光緒三十一年(1905)刻本 十二冊

330000－1701－0011186 普 081.07/1061/(4) 類叢部/叢書類/彙編之屬
檀几叢書五十種二集五十種餘集四十七種附政十種 （清）王晫 （清）張潮編 清康熙三十四年至三十六年(1695－1697)新安張氏霞舉堂刻本 十冊 存一百種

330000－1701－0011188 普 915.1113/2035/c1 史部/地理類/方志之屬/郡縣志
[光緒]臨漳縣志十八卷首一卷 （清）周秉彝修 （清）周壽梓 （清）李燿中纂 清光緒三十年(1904)刻本 十二冊

330000－1701－0011191 善 007833 集部/別集類/清別集
天問閣文集不分卷 （清）李長祥撰 **海棠居初集一卷** （清）姚淑撰 清末抄本 劉承幹校 四冊

330000－1701－0011192 善 007834 集部/

別集類/清别集

白田文集二十卷 （清）王巖撰　清抄本　十二册

330000－1701－0011194　普915.1113/1031/c3　史部/地理類/方志之屬/郡縣志

［嘉慶］安陽縣志二十八卷首一卷 （清）貴泰修（清）武穆淳纂　**金石錄十二卷** （清）武穆淳撰　清嘉慶二十四年（1819）刻本　十册

330000－1701－0011195　善007837　集部/别集類/清别集

翁山詩選一卷 （清）屈大均撰　清抄本　清賀思章題簽並記　一册

330000－1701－0011196　善007835　集部/别集類/明别集

王陽明先生文集一卷 （明）王守仁撰　清抄本　一册

330000－1701－0011200　普081.07/1061.04　類叢部/叢書類/彙編之屬

檀几叢書錄要七種 （清）何思鈞輯　清同治十一年（1872）何福奎刻本　一册

330000－1701－0011201　普081.07/1123/c1　類叢部/叢書類/彙編之屬

花雨樓叢鈔十一種續鈔十一種附一種 （清）張壽榮編　清光緒八年至十四年（1882－1888）蛟川張氏花雨樓刻本　四十六册　存十一種續鈔十一種

330000－1701－0011203　善007840　集部/别集類/清别集

紫薇軒詩草一卷 （清）朱願爲撰　清抄本　一册

330000－1701－0011211　普081.07/1123/c2　類叢部/叢書類/彙編之屬

花雨樓叢鈔十一種續鈔十一種附一種 （清）張壽榮編　清光緒八年至十四年（1882－1888）蛟川張氏花雨樓刻本　四十二册　存七種續鈔八種

330000－1701－0011213　善007845　集部/别集類/清别集

蜜香樓草四卷 （清）陸棫撰　清抄本　張宗祥跋　三册

330000－1701－0011218　民170.1/7237/5　子部/儒家類/儒學之屬/俗訓

人譜一卷人譜類記二卷 （明）劉宗周撰　清光緒三十年（1904）上海支那新書局石印本　三册

330000－1701－0011219　善007849　集部/别集類/清别集

臨野堂文集七卷 （清）鈕琇撰　清抄本　六册

330000－1701－0011223　善007851　集部/别集類/清别集

南雷文定四集四卷 （清）黄宗羲撰　清抄本　二册

330000－1701－0011224　善007852　集部/别集類/清别集

顑頷集八卷 （清）吴騏撰　清末虞山周大輔鴿峰草堂抄本　周大輔校　四册

330000－1701－0011225　普081.07/1137/c3、普081.07/1137.2/c2　類叢部/叢書類/彙編之屬

昭代叢書甲集五十種乙集四十種丙集五十六種 （清）張潮（清）張漸輯　清康熙三十六年至四十二年（1697－1703）刻本　十二册　存甲集四十八種乙集三十九種

330000－1701－0011226　善007853　集部/别集類/清别集

顑頷集不分卷 （清）吴騏撰　清抄本　四册

330000－1701－0011227　普081.07/1137.02、普081.07/1137.2/2、普081.07/1137.202/c1、普081.07/1137.3/c2、普081.07/1137.302/c2等　類叢部/叢書類/彙編之屬

昭代叢書合刻十集五百六十種附一種 （清）張潮（清）張漸編（清）楊復吉（清）沈楙悳續編　清道光吴江沈氏世楷堂刻本　一百五十八册　存五百二十九種附一種

330000－1701－0011228　善007854　集部/

別集類/清別集
遯庵逸稿不分卷　清抄本　一冊

330000－1701－0011230　善 007855　史部/史評類/詠史之屬
詩史一卷　（清）胡介祉撰　清道光十五年（1835）紅葯山房抄本　一冊

330000－1701－0011232　善 007856　集部/別集類/清別集
余漢泉詩稿一卷　（清）余杲撰　清抄本　一冊

330000－1701－0011235　善 007857　集部/別集類/清別集
雷陽陳清端詩文集不分卷　（清）陳瓊撰　**政蹟不分卷**　清抄本　四冊

330000－1701－0011236　善 007858　集部/別集類/清別集
太史方堅雲公文集一卷　（清）方韓撰　清抄本　一冊

330000－1701－0011240　善 007859　集部/別集類/清別集
賦日堂詩稿一卷拘幽草一卷羈旅詩一卷　（清）黃濤撰　清抄本　一冊

330000－1701－0011244　善 007860　集部/別集類/清別集
寧忍堂詩草一卷適安集一卷醒省錄一卷　（清）沈湘撰　**洛思吟草一卷**　（明）沈履祥撰　清道光沈金麒寧忍堂抄本　清沈金麒題記　一冊

330000－1701－0011245　善 007861　集部/別集類/清別集
黃葉山房詩稿一卷　清抄本　一冊

330000－1701－0011247　善 007862　集部/別集類/清別集
綠天亭詩集一卷　（清）林之松撰　清抄本　王詠霓、王舟瑤批校　一冊

330000－1701－0011250　善 007863　集部/詞類/別集之屬
新樂府詞一卷　（清）萬斯同撰　清抄本　一冊

330000－1701－0011253　善 007864　集部/別集類/清別集
真定集三卷　（清）劉中柱撰　清抄本　一冊

330000－1701－0011254　普 811.104/2122/c1　集部/詩文評類/詩評之屬
古今詩話選雋二卷　（清）盧衍仁輯　清乾隆刻本　二冊

330000－1701－0011255　普 081.07/1144/（2）　類叢部/叢書類/彙編之屬
暢園叢書甲函六種　（清）張邁編　清光緒二十年（1894）始豐張氏四明刻本　四冊

330000－1701－0011256　善 007865　集部/別集類/清別集
鹿沙集三卷　（清）劉家珍撰　清抄本　一冊

330000－1701－0011258　善 007866　集部/別集類/清別集
愛日堂文鈔二卷　（清）陳啓源撰　清抄本　一冊

330000－1701－0011259　善 007867　史部/目録類/專録之屬
亭林先生著書目一卷遺集附錄一卷　（清）陳敬璋編　**亭林先生神道表一卷**　（清）全祖望撰　清抄本　一冊

330000－1701－0011262　善 007870　集部/別集類/清別集
沈甸華先生文二卷　（清）沈昀撰　清抄本　一冊

330000－1701－0011266　普 081.07/2105　類叢部/叢書類/彙編之屬
愼始基齋叢書十一種　盧靖編　清光緒沔陽盧氏刻民國十二年（1923）彙印本　六冊

330000－1701－0011267　善 007874　集部/別集類/清別集
漸江詩集十二卷　（清）查容撰　清抄本　一冊　存二卷（五至六）

330000－1701－0011269　善 007876　史部/史評類/詠史之屬

擬明史樂府一卷　(清)尤侗撰　(清)尤珍注　清抄本　一册

330000－1701－0011271　善 007878　集部/别集類/清别集

一溉堂詩集不分卷　(清)余光耿撰　清抄本　二册

330000－1701－0011274　善 007880　集部/别集類/清别集

儀逋先生遺稿一卷　(清)黄逵撰　清抄本　一册

330000－1701－0011276　普 081.07/2234　類叢部/叢書類/家集之屬

黄氏家集十一種　(清)黄喬松編　清嘉慶十五年至二十五年(1810－1820)番禺黄氏嶺海樓刻本　十三册

330000－1701－0011280　善 007885　集部/别集類/清别集

全謝山先生鮚埼亭集文外五十卷　(清)全祖望撰　(清)董秉純編　清抄本　十册

330000－1701－0011282　善 007887　集部/别集類/清别集

梅花百詠一卷　(清)童鈺撰　清光緒十年(1884)餘姚胡氏抄本　一册

330000－1701－0011283　善 007888　集部/别集類/清别集

考槃雜組十五卷　(清)杜應譽撰　清抄本　一册　存七卷(一至七)

330000－1701－0011284　善 007889　集部/别集類/清别集

雲山老人詩集一卷　清抄本　一册

330000－1701－0011285　善 007890　集部/别集類/清别集

海愚詩鈔不分卷　(清)朱孝純撰　清抄本　一册

330000－1701－0011286　善 007891　集部/别集類/清别集

蘇門草一卷緘齋詩一卷　(清)孫用正撰　清抄本　二册

330000－1701－0011287　普 081.07/2509　類叢部/叢書類/彙編之屬

校經山房叢書二十七種　(清)朱記榮編　清光緒三十年(1904)孫谿朱氏槐廬家塾重編印式訓堂叢書本　三十一册　存二十六種

330000－1701－0011289　善 007893　集部/别集類/清别集

來鵲山房詩集二卷　(清)張炳撰　清同治九年(1870)錢塘張蔭樾抄本　清張蔭樾題記　一册

330000－1701－0011290　善 007894　集部/别集類/清别集

侯夷門詩一卷　(清)侯嘉繙撰　清末抄本　清許庠、清黄瑞、清李用儀題記　一册

330000－1701－0011291　善 007895　集部/别集類/清别集

迎鑾小集二卷　(清)洪榜撰　清抄本　一册

330000－1701－0011292　善 007896　集部/别集類/清别集

青崖詩稿二卷　(清)朱兆琦撰　清抄本　一册

330000－1701－0011296　普 081.07/1137.202/c3　類叢部/叢書類/彙編之屬

昭代叢書合刻十集五百六十種附一種　(清)張潮　(清)張漸編　(清)楊復吉　(清)沈楙悳續編　清道光吴江沈氏世楷堂刻本　一册　存乙集補六種

330000－1701－0011297　善 007900　史部/史評類/詠史之屬

今樂府(九九樂府)一卷　(清)陳梓撰　(清)鄭亦亭評　清抄本　一册

330000－1701－0011298　普 081.07/2610　類叢部/叢書類/彙編之屬

說鈴前集三十三種後集十九種續集七種　(清)吴震方編　清康熙刻本　胡默莊批　十

六册　存四十七種

330000－1701－0011299　普 081.07/2610/(2)　類叢部/叢書類/彙編之屬
說鈴前集三十七種後集十六種　(清)吳震方編　清刻本　一册　存二種

330000－1701－0011300　普 081.07/2610/3　類叢部/叢書類/彙編之屬
說鈴前集三十三種後集十九種續集七種　(清)吳震方編　清道光五年(1825)聚秀堂刻本　三十二册　存五十三種

330000－1701－0011301　普 081.07/2610/4　類叢部/叢書類/彙編之屬
說鈴前集三十七種後集十六種　(清)吳震方編　清刻本(隴蜀餘聞配另一清刻本)　二十四册　存五十種

330000－1701－0011302　善 007901　集部/别集類/清别集
棣鄂齋詩鈔一卷　(清)蔣大椿著　清抄本　一册

330000－1701－0011304　善 007903　集部/别集類/清别集
咎甫文稿一卷　(清)毛雲孫撰　清抄本　一册

330000－1701－0011305　善 007904　集部/别集類/清别集
金臺草一卷　(清)何承錕撰　清抄本　一册

330000－1701－0011306　善 007905　集部/别集類/清别集
還雲堂山臞公詩草不分卷　(清)姚杰撰　(清)姚玉垣編次　清抄本　二册

330000－1701－0011307　普 081.07/2613/c1　類叢部/叢書類/彙編之屬
傳硯齋叢書十種　(清)吳丙湘編　清光緒十一年(1885)儀徵吳氏孱守山莊刻本　八册

330000－1701－0011308　善 007906　集部/别集類/清别集
北園詩集三卷　(清)陳允恭撰　清抄本　三册

330000－1701－0011309　普 081.07/2613/c2　類叢部/叢書類/彙編之屬
傳硯齋叢書十種　(清)吳丙湘編　清光緒十一年(1885)儀徵吳氏孱守山莊刻本(紅薇翠竹詞、仲軒詞配抄本)　七册

330000－1701－0011311　善 007908　集部/别集類/清别集
質園詩集一卷　(清)商盤撰　**二樹山人畫意詩鈔一卷**　(清)童鈺撰　**江南冒巢民香奩諸體一卷**　(清)冒襄撰　清末抄本　一册

330000－1701－0011314　善 007909　集部/别集類/清别集
二研齋遺藁二卷　(清)諸重光撰　清抄本　一册

330000－1701－0011316　善 007910　集部/别集類/清别集
留香閣詩稿一卷　(清)范震莘撰　稿本　惠民題簽並記　一册

330000－1701－0011318　普 081.07/2816　類叢部/叢書類/彙編之屬
積學齋叢書二十種　徐乃昌編　清光緒南陵徐乃昌刻本　十六册

330000－1701－0011321　善 007914　集部/别集類/清别集
瀛山寄興一卷　(清)周湘撰　(清)周駡評　清抄本　管偉題簽並記　一册

330000－1701－0011323　普 081.07/2816/(2)/c2　類叢部/叢書類/彙編之屬
積學齋叢書二十種　徐乃昌編　清光緒南陵徐乃昌刻本　二十册

330000－1701－0011325　善 007917　集部/别集類/清别集
柳南今體詩存二卷　(清)陸唫撰　清抄本　清陸熊祥題記　一册

330000－1701－0011326　普 081.07/2816.2　類叢部/叢書類/彙編之屬

懷豳雜俎十二種　徐乃昌編　清光緒至宣統南陵徐氏刻本　八冊

330000－1701－0011327　普 081.07/2816.2/(2)　類叢部/叢書類/彙編之屬
懷豳雜俎十二種　徐乃昌編　清光緒至宣統南陵徐氏刻本　六冊　存十一種

330000－1701－0011328　善 007918　集部/別集類/清別集
方通甫先生遺詩四卷　(清)方元泰撰　清抄本　一冊

330000－1701－0011329　普 081.07/2832/(2)　類叢部/叢書類/彙編之屬
春暉堂叢書十二種　(清)徐渭仁編　清道光至咸豐上海徐渭仁刻同治九年至十年(1870－1871)徐允臨補刻彙印本　章鈺題記　十六冊

330000－1701－0011332　善 007921　集部/別集類/清別集
鮑益齋詩草一卷　(清)鮑謙撰　清抄本　一冊

330000－1701－0011334　善 007923　集部/別集類/明別集
流麥山房詩稿一卷　(明)高克謙撰　(清)高正倫輯　清抄本　一冊

330000－1701－0011335　普 081.07/2832/2/c2　類叢部/叢書類/彙編之屬
春暉堂叢書十二種　(清)徐渭仁編　清道光至咸豐上海徐渭仁刻同治九年至十年(1870－1871)徐允臨補刻彙印本　十二冊

330000－1701－0011337　善 007925　集部/別集類/清別集
西樵詩草一卷紀遊草一卷風木唫一卷　(清)鍾錫圭著　清抄本　佚名過錄清吳嵩渠、清邵緯題記並批　一冊

330000－1701－0011339　善 007926　史部/史評類/詠史之屬
樹經堂詠史詩八卷　(清)謝啓昆撰　清抄本　二冊

330000－1701－0011340　普 081.07/3108/c1、普 081.07/3108.2/(2)　類叢部/叢書類/彙編之屬
振綺堂叢書初集十種二集十二種　(清)□□輯　清光緒二十年(1894)、宣統二年(1910)泉唐汪氏刻本暨鉛印本　十三冊　存初集十種二集八種

330000－1701－0011341　善 007927　集部/別集類/清別集
委蛇雜俎一卷　(清)劉珊撰　清抄本　一冊

330000－1701－0011342　善 007928　集部/別集類/清別集
吉祥止止齋詩稿三卷　(清)朱恭壽撰　清抄本　一冊

330000－1701－0011343　普 081.07/3108/c2　類叢部/叢書類/彙編之屬
振綺堂叢書初集十種二集十二種　(清)□□輯　清光緒二十年(1894)、宣統二年(1910)泉唐汪氏刻本暨鉛印本　章鈺題記　六冊　存初集十種

330000－1701－0011344　善 007929　集部/別集類/清別集
思詒堂詩稿□□卷　(清)金衍宗撰　清末抄本　一冊　存一卷(豫順堂集)

330000－1701－0011345　普 081.07/3108.2/c2　類叢部/叢書類/彙編之屬
振綺堂叢書初集十種二集十二種　(清)□□輯　清光緒二十年(1894)、宣統二年(1910)泉唐汪氏刻朱印本暨鉛印本　八冊　存二集十種

330000－1701－0011346　善 007930　集部/別集類/清別集
來雲閣小藁一卷　(清)潘鴻撰　清抄本　一冊

330000－1701－0011347　善 007931　集部/別集類/清別集
之黔集一卷留黔集一卷　(清)沈毓蓀撰　清抄本　一冊

330000－1701－0011348　善007932　集部/別集類/清別集
藝香詩草一卷　(清)倪灃撰　清倪繼寬抄本　金濤跋　一冊

330000－1701－0011349　普081.07/3131　類叢部/叢書類/彙編之屬
賜硯堂叢書新編四十種　(清)顧沅編　清道光十年(1830)長洲顧氏刻本　十二冊

330000－1701－0011350　普081.07/3141/c2　類叢部/叢書類/彙編之屬
元和江氏靈鶼閣叢書五十六種　(清)江標編　清光緒元和江氏湖南使院刻蘇州振新書社印本　四十八冊

330000－1701－0011353　善007935　集部/別集類/清別集
聊存鈔七卷　(清)王兆森著　清抄本　錢綏槃題記　一冊

330000－1701－0011354　普081.07/3141/(2)　類叢部/叢書類/彙編之屬
元和江氏靈鶼閣叢書五十六種　(清)江標編　清光緒元和江氏湖南使院刻蘇州振新書社印本　四十六冊　存五十五種

330000－1701－0011355　善007936　集部/別集類/清別集
星滄吟稿三卷　(清)許懋堇撰　清抄本　一冊

330000－1701－0011358　善007939　集部/別集類/清別集
吟壇學步一卷　稿本　一冊

330000－1701－0011360　善007941　集部/別集類/清別集
樸谷齋文藁不分卷詩稿不分卷　(清)陳希曾撰　清抄本　六冊

330000－1701－0011361　善007942　集部/別集類/清別集
籛史遺詩二卷　(清)曹壽先撰　**哭子詩一卷**　(清)曹以采撰　清抄本　一冊

330000－1701－0011362　善007943　集部/別集類/清別集
燒不盡草三卷　(清)包嘻功撰　清抄本　一冊

330000－1701－0011365　善007947　集部/別集類/清別集
小空同山房詩鈔三卷　(清)余應松撰　清抄本　余重耀題簽並記　一冊

330000－1701－0011366　善007948　集部/別集類/清別集
紅樓夢賦一卷　(清)沈謙撰　清抄本　一冊

330000－1701－0011368　善007949　集部/別集類/清別集
秋水山房小草一卷　(清)唐庚撰　清抄本　清馬彥森題簽並記　項士元跋　一冊

330000－1701－0011369　善007950　集部/別集類/清別集
橫溪十二詠一卷　(清)馬慕蘭著　清抄本　清翁燾跋　一冊

330000－1701－0011371　善007952　集部/別集類/清別集
古芬山館遺稿一卷　(清)周芝沅撰　清抄本　一冊

330000－1701－0011373　善007954　集部/別集類/清別集
紅蘭山館詩稿三卷　(清)□鏡撰　稿本　一冊

330000－1701－0011376　善007957　集部/別集類/清別集
應笠湖先生詩稿一卷　(清)應時良撰　清抄本　清元鼎題記　一冊

330000－1701－0011377　普081.07/3164/(2)　類叢部/叢書類/彙編之屬
荔牆叢刻十三種　(清)汪曰楨編　清同治至光緒烏程汪氏刻本　二十四冊

330000－1701－0011378　善007958　集部/別集類/清別集

惟適草堂唫稿一卷 (清)李王熊撰 **清暉書屋詩存一卷** (清)李豫康撰 清抄本 一冊

330000－1701－0011379 善 007959 集部/別集類/清別集
因寄軒文初集十卷二集六卷補遺一卷 (清)管同撰 清抄本 二冊

330000－1701－0011380 普 081.07/3270 類叢部/叢書類/彙編之屬
漸學廬叢書第一集十五種 (清)胡祥鑅編 清光緒元和胡氏石印本 十一冊

330000－1701－0011383 善 007961 集部/別集類/清別集
海雲客草二卷 (清)葉廷英撰 **題葉雨香先生海雲客草後一卷** 清抄本 清楚卿題記 一冊

330000－1701－0011384 善 007962 集部/別集類/清別集
卓廬初草詩五卷 (清)陳墉撰 清抄本 一冊

330000－1701－0011385 普 081.07/4048 類叢部/叢書類/自著之屬
隨園三十八種 (清)袁枚撰 清光緒十八年(1892)勤裕堂鉛印本 三十一冊 存三十七種

330000－1701－0011387 善 007963 集部/別集類/清別集
紅藕書廊詩存一卷 (清)顧玘撰 清抄本 一冊

330000－1701－0011388 普 081.07/4063 類叢部/叢書類
南園叢書八種 清光緒至宣統鉛印本暨刻本 一冊

330000－1701－0011389 善 007965 集部/別集類/清別集
枕上吟草一卷補遺一卷 (清)汪雲撰 清抄本 一冊

330000－1701－0011390 善 007966 集部/別集類/清別集
介然先生文稿不分卷 (清)周砎撰 清抄本 一冊

330000－1701－0011391 普 081.07/4064 類叢部/叢書類/彙編之屬
集虛草堂叢書甲集九種 李國松編 清光緒三十年至三十二年(1904－1906)合肥李氏刻本 章嶔題記 二十四冊

330000－1701－0011392 普 081.07/4075 類叢部/叢書類/彙編之屬
木犀軒叢書二十七種 李盛鐸編 清光緒德化李氏木犀軒刻本 四十冊

330000－1701－0011393 善 007967 集部/別集類/清別集
桂馨堂集一卷感逝詩一卷石刻詩錄目一卷 (清)張廷濟撰 清光緒二十七年(1901)杭州鄒安抄本 鄒安跋 一冊

330000－1701－0011395 善 007968 集部/別集類/清別集
且過居刪後詩存十九卷 (清)施烺著 清末胡氏賽竹樓抄本 清胡傑人跋 一冊

330000－1701－0011396 普 081.07/4440 類叢部/叢書類/彙編之屬
清頌堂叢書八種 (清)黃奭編 清道光甘泉黃氏刻本 十六冊

330000－1701－0011397 善 007969 集部/別集類/清別集
小滄洲詩草二卷 (清)朱湘撰 **題辭一卷** 清抄本 朱潤南跋 二冊

330000－1701－0011398 普 081.07/4474 類叢部/叢書類/彙編之屬
心矩齋叢書五種 (清)蔣鳳藻編 清光緒長洲蔣氏刻本 十冊

330000－1701－0011400 善 007971 集部/別集類/清別集
羅氏詩稿一卷 (清)羅士琳撰 清抄本 一冊

330000－1701－0011401　普 081.07/4642　類叢部/叢書類/彙編之屬
大亭山館叢書十三種　(清)楊葆彝編　清光緒陽湖楊氏刻本　四冊　缺一卷(春雨樓詩鈔)

330000－1701－0011402　普 081.07/4782　類叢部/叢書類/彙編之屬
刻鵠齋叢書十種　(清)胡念修編　清光緒二十三年至二十六年(1897－1900)刻鵠齋刻本　二十六冊

330000－1701－0011403　普 081.07/4642/(2)　類叢部/叢書類/彙編之屬
大亭山館叢書十三種　(清)楊葆彝編　清光緒陽湖楊氏刻本　十冊　缺一卷(春雨樓詩鈔)

330000－1701－0011404　善 007972　集部/別集類/清別集
五十學詩齋初稿一卷味詩草堂稿一卷　(清)張兆棻撰　清抄本　清徐鳳銜題記　一冊

330000－1701－0011406　普 081.07/4984　子部/儒家類/儒學之屬
沈余遺書三種　(清)趙舒翹編　清光緒二十二年(1896)江蘇書局刻本　四冊

330000－1701－0011407　普 081.07/5048.02　類叢部/叢書類/彙編之屬
申報館叢書正集五十七種附錄三種續集一百四十二種　(清)尊聞閣主編　蔡爾康編續集　清同治至光緒上海申報館鉛印本　四冊　存一種

330000－1701－0011408　普 811.17/2649　集部/別集類/清別集
素修堂詩集二十四卷後集六卷補遺一卷　(清)吳蔚光撰　清嘉慶十六年(1811)古金石齋刻本　八冊

330000－1701－0011409　善 007974　集部/別集類/清別集
漆吏閒吟一卷　清抄本　一冊

330000－1701－0011412　善 007975　集部/別集類/清別集
眉月樓詩鈔六卷　(清)陸長春撰　清末陸熊祥抄本　陸熊祥題記　二冊

330000－1701－0011414　善 007976　集部/別集類/清別集
歐餘山房文集一卷　(清)丁桂撰　清抄本　一冊

330000－1701－0011415　普 081.07/7241　類叢部/叢書類/彙編之屬
檵盦叢刻八種附刻一種　劉世珩編　清光緒貴池劉氏刻朱印本　三十二冊

330000－1701－0011417　善 007977　集部/別集類/清別集
浮峯詩草一卷　(清)周大榜撰　稿本　一冊

330000－1701－0011420　善 007978　集部/別集類/清別集
松寥山人詩集不分卷　(清)張際亮撰　清咸豐六年(1856)臥松抄本　清臥松題記　一冊

330000－1701－0011421　普 081.07/7241.2/c2　類叢部/叢書類/彙編之屬
聚學軒叢書六十種　劉世珩編　清光緒貴池劉氏刻本　一百冊

330000－1701－0011426　善 007982　集部/別集類/清別集
積石文稿六卷詩存四卷　(清)張履撰　清抄本　七冊

330000－1701－0011427　善 007983　集部/別集類/清別集
蘭汀詩稿一卷　(清)王家齊撰　清抄本　一冊

330000－1701－0011428　善 007985　集部/別集類/清別集
紫薇花館雜作一卷　(清)胡清江著　清胡傑人家抄本　一冊

330000－1701－0011429　善 007984　集部/別集類/清別集
娛萱閣詩集一卷　(清)陳二璋撰　清抄本

一册

330000－1701－0011431　善 007987　集部/別集類/清別集

梵隱堂詩存五卷　(清)釋祖觀撰　清抄本　二册

330000－1701－0011432　善 007988　集部/別集類/清別集

習苦齋遺文録存不分卷　(清)戴熙撰　清抄本　二册

330000－1701－0011437　普 081.07/7241.2/(2)/c1　類叢部/叢書類/彙編之屬

聚學軒叢書六十種　劉世珩編　清光緒貴池劉氏刻本　二十册　存第一集八種

330000－1701－0011438　善 007989　集部/別集類/清別集

蘅香館雜箸二卷　(清)水仙子稿　清霽月風光主人抄本　一册

330000－1701－0011439　善 007990　集部/別集類/清別集

越江草一卷滬上草一卷峴湖草一卷潞河草一卷　稿本　一册

330000－1701－0011440　普 081.07/7241.2/(2)/c2　類叢部/叢書類/彙編之屬

聚學軒叢書六十種　劉世珩編　清光緒貴池劉氏刻本　二十册

330000－1701－0011444　善 007993　集部/別集類/清別集

淡月踈窓學吟甫稿一卷　(清)朱子方撰　稿本　清楊增繪圖、題詠並記　清鄭澐繪圖並題詠　清徐秀謙題詠　清卓廷題詠並記　一册

330000－1701－0011446　善 007994　集部/別集類/清別集

炳燭齋詩草一卷拾遺一卷　(清)王樂雝撰　**炳燭齋詩草附録一卷**　(清)王樂胥輯　清抄本　一册

330000－1701－0011449　善 007995　集部/別集類/清別集

怡然談一卷　(清)管廷鏗撰　稿本　一册

330000－1701－0011453　善 007997　集部/別集類/清別集

碧梧軒詩鈔一卷　(清)馬傳朱撰　清抄本　一册

330000－1701－0011455　善 007998　集部/別集類/清別集

綠杉野屋文集不分卷詩集六卷　(清)朱元佑撰　清抄本　四册

330000－1701－0011462　普 081.08/1011　類叢部/叢書類/家集之屬

富陽夏氏叢刻七種　夏震武　夏鼎武撰　清光緒至民國刻民國九年(1920)彙印本　四册

330000－1701－0011463　善 008002　集部/別集類/清別集

風雨樓詩集二卷　(清)紀磊撰　清抄本　一册

330000－1701－0011467　普 081.08/2824　類叢部/叢書類/家集之屬

學壽堂叢書十二種　徐紹楨編　清咸豐至光緒番禺徐氏梧州刻本　二十六册

330000－1701－0011470　善 008007　集部/別集類/清別集

芷雲閣遺草一卷　清抄本　一册

330000－1701－0011471　善 008008　集部/別集類/清別集

師經室稾一卷　(清)蔣仁榮撰　稿本　一册

330000－1701－0011473　民 229.3/2746/c2　子部/宗教類/佛教之屬/總録

三國佛教畧史三卷　(日本)島地墨　(日本)生田得能撰　(清)釋聽雲　(清)釋海秋譯　清宣統三年(1911)京師龍泉孤兒院石印本　一册

330000－1701－0011476　善 008010　集部/別集類/清別集

藝蘭軒初稾二卷　(清)婁詩品撰　清抄本

清郁汝駿、清郁壽庚題詩　一册

330000－1701－0011477　善 008011　集部/別集類/清別集

燭湖詩鈔一卷　（清）孫樹雲著　清光緒胡傑人家抄本　清胡傑人題詞並跋　陶濬宣題簽、批並題記　一册

330000－1701－0011478　善 008012　集部/別集類/清別集

享金齋詩選一卷　（清）周士清撰　清同治元年（1862）趙大子抄本　清閻鎮珩跋　子頌題簽　一册

330000－1701－0011480　善 008009　集部/別集類/清別集

巢溪詩草四卷　（清）江紹華撰　清抄本　清吳存義題詩　四册

330000－1701－0011482　善 008013　集部/別集類/清別集

還桂山房詩稿一卷　（清）□□撰　清抄本　一册

330000－1701－0011485　善 008015　集部/別集類/清別集

不必存詩集一卷　（清）黄葉道人撰　清抄本　一册

330000－1701－0011486　善 008018　集部/別集類/清別集

里居漫草一卷　（清）吳敦撰　清倪又田抄本　一册

330000－1701－0011495　善 008016　集部/別集類/清別集

白雲草堂續集不分卷　（清）鄒錫秬撰　清抄本　二册

330000－1701－0011501　善 008022　集部/別集類/清別集

聽秋閣詩草□□卷　（清）徐芝淦撰　清抄本　一册　存一卷（二）

330000－1701－0011502　善 008023　集部/別集類/清別集

通隱堂詩存三卷　（清）張京度撰　清抄本　一册

330000－1701－0011510　善 008027　集部/別集類/清別集

效顰艸二卷　（清）樊開周撰　清抄本　一册

330000－1701－0011514　善 008029　集部/別集類/清別集

唫花室詩存一卷　（清）孫兆麟撰　清抄本　一册

330000－1701－0011515　善 008030　集部/別集類/清別集

嵩少山人詩草□□卷　（清）吳淞撰　清抄本（卷六下配謄清稿本）　四册　存五卷（一至四、六）

330000－1701－0011519　善 008031　集部/別集類/清別集

見山樓詩稿四卷　（清）張翊儁撰　清抄本　四册

330000－1701－0011522　善 008032　集部/別集類/清別集

銘雲史詩集一卷　（清）孫琥銘撰　清抄本　謙光題簽並記　一册

330000－1701－0011523　善 008033　集部/別集類/清別集

甘涼遊艸一卷　（清）沈青于撰　清同治十年（1871）沈維誠抄本　清沈維誠題記　一册

330000－1701－0011530　善 008035　類叢部/叢書類/彙編之屬

賽竹樓書鈔六種七卷　（清）胡傑人編　清胡氏賽竹樓抄本　清胡傑人題簽、題詩並批　陶濬宣批並跋　一册

330000－1701－0011531　善 008036　集部/別集類/清別集

有不爲齋存稿一卷　（清）倪鎔撰　清光緒十七年（1891）倪慶藻抄本　一册

330000－1701－0011535　善 008039　集部/別集類/清別集

止焚稾一卷　(清)楊以貞撰　稿本　清鄧心茂題簽並記　一册

330000－1701－0011536　普 081.12/3713/c2　類叢部/叢書類/郡邑之屬
湖北叢書三十種　(清)趙尚輔編　清光緒十七年(1891)三餘草堂刻本　一百册

330000－1701－0011537　善 008040　集部/别集類/清别集
燹餘稾不分卷　(清)戴穗孫撰　清抄本　二册

330000－1701－0011540　善 008041　集部/别集類/清别集
知味軒小草一卷　(清)諸成撰　清玶田抄本　馮根芝跋　一册

330000－1701－0011546　善 008043　集部/别集類/清别集
荻廬唫草一卷求木唫草一卷關中遊草一卷聽風證月樓詩餘一卷　(清)沈應奎撰　清末抄本　二册

330000－1701－0011549　善 008045　集部/别集類/清别集
西泠漁唱一卷鄂渚吟一卷辛辛雜詠一卷施州三十韻一卷　清抄本　一册

330000－1701－0011553　善 008046　集部/别集類/清别集
蠡龕遺藁一卷　(清)岑應麟撰　清光緒四年(1878)伯聲氏抄本　清伯聲氏題簽並記　劉邦杰跋　一册

330000－1701－0011558　善 008049　集部/别集類/清别集
百尺樓文鈔一卷　(清)陳鍾英撰　清抄本　一册

330000－1701－0011563　善 008054　集部/别集類/清别集
步梅詩鈔續編十三卷　(清)宋夢良撰　清胡傑人賽竹樓抄本　鄭涌題簽　三册

330000－1701－0011564　善 008055　集部/别集類/清别集
姚州竹枝詞百詠一卷補遺一卷續補遺一卷　(清)宋夢良撰　清胡傑人家抄本　清胡傑人題簽並題詞　一册

330000－1701－0011565　善 008056　集部/别集類/清别集
白華絳跗閣詩集六卷　(清)李慈銘撰　清抄本　陳濬題簽　一册

330000－1701－0011570　善 008059　集部/别集類/清别集
培煌詩文集不分卷　(清)錢培煌撰　稿本　七册

330000－1701－0011571　民 252.033/4424　子部/宗教類/其他宗教之屬/基督教
聖經典林不分卷　(美國)范約翰譯　(清)徐維繪等譯　清宣統二年(1910)中國聖教書會上海鉛印本　一册

330000－1701－0011572　善 008060　集部/别集類/清别集
餘香閣吟草一卷　(清)高瑞雲撰　稿本　一册

330000－1701－0011573　善 008061　集部/别集類/清别集
仰峯集一卷　稿本　一册

330000－1701－0011574　善 008062　集部/别集類/清别集
月波子新編二卷　(清)屠端撰　清抄本　二册

330000－1701－0011579　善 008063　集部/别集類/清别集
松筠小草七卷　(清)侯承恩撰　清抄本　一册

330000－1701－0011583　善 008066　集部/别集類/清别集
林泉雜興一卷　(清)范廣譽撰　稿本　一册

330000－1701－0011586　普 081.21/1031　類叢部/叢書類/郡邑之屬

畿輔叢書一百二十二種　(清)王灝編　清光緒五年至十八年(1879－1892)定州王氏謙德堂刻三十二年(1906)彙印本(元和郡縣圖志卷十九至二十、二十三至二十四、三十五至三十六原缺)　四百三十九冊

330000－1701－0011587　善 008069　集部/總集類/選集之屬/斷代

浮峯紀遊詩一卷　(明)釋道雲編　清末抄本　一冊

330000－1701－0011589　善 008071　集部/總集類/選集之屬/斷代

全唐詩逸三卷　(日本)河世寧纂輯　清嘉慶十九年(1814)李宏信抄本　清李宏信校並跋　清仲和題簽並記　一冊

330000－1701－0011591　善 008073　集部/總集類/選集之屬/斷代

二難集□□卷　(清)周由厚　(清)周由恭撰　清抄本　一冊　存二卷(三至四)

330000－1701－0011592　善 008074　集部/總集類/選集之屬/通代

分體詩鈔四卷　(清)任以治輯　稿本　四冊

330000－1701－0011595　善 008077　集部/總集類/彙編之屬

劍氣集五卷　(清)朱康壽錄　稿本　一冊

330000－1701－0011596　善 008078　集部/總集類/彙編之屬

今舊雨集二卷　(清)朱康壽輯　稿本　二冊

330000－1701－0011597　善 008079　集部/總集類/氏族之屬

竹溪沈氏詩遺十卷　(清)沈謙三輯　清光緒六年(1880)抄本　清朱彤書跋　三冊

330000－1701－0011599　善 008081　集部/總集類/選集之屬/通代

古文精選四卷唐宋六大家古文精選不分卷晋唐宋元明古文精選不分卷　清抄本　十二冊

330000－1701－0011600　善 008082　集部/總集類/郡邑之屬

國朝姚江先正遺詩不分卷　清抄本　二冊

330000－1701－0011602　普 081.23/0433/c1　史部/地理類

望炊樓叢書五種附二種　(清)謝家福輯　清光緒吳縣謝氏刻本　四冊

330000－1701－0011603　善 008083　集部/總集類/郡邑之屬

梅涇詩錄不分卷　(清)董念棻輯　清末抄本　董壽慈題簽並記　三冊

330000－1701－0011604　善 008084　集部/總集類/彙編之屬

樂有此盧叢鈔五卷　清抄本　莫壽筌題簽　一冊

330000－1701－0011606　善 008085　類叢部/叢書類/彙編之屬

津逮祕書十五集一百四十種　(明)毛晉編　明崇禎虞山毛氏汲古閣刻本　一冊　存二種

330000－1701－0011607　善 008087　集部/詩文評類/詩評之屬

水月談詩記二卷　(清)煦辰手錄　清抄本　小梧題簽　一冊

330000－1701－0011609　善 008089　集部/詞類/別集之屬

片玉詞二卷補遺一卷　(宋)周邦彥撰　清抄本　二冊

330000－1701－0011610　普 081.23/0433/c2　史部/地理類

望炊樓叢書五種附二種　(清)謝家福輯　清光緒吳縣謝氏刻本　八冊

330000－1701－0011612　普 081.231/4023　類叢部/叢書類/郡邑之屬

金陵叢刻十五種　(清)傅春官輯　清光緒二十三年至三十一年(1897－1905)江寧傅氏晦齋刻本　十二冊

330000－1701－0011617　善 008094　集部/詞類/別集之屬

半山園詞一卷　(清)羅文頡填詞　清抄本

一册

330000－1701－0011619　善008095　集部/詞類/别集之屬
節霞詞存三卷　(清)俞忠孫撰　清古越陳龍翰抄本　清陳龍翰題簽並跋　一册

330000－1701－0011620　善008096　集部/詞類/别集之屬
享帚詞一卷　(清)秦恩復撰　清抄本　一册

330000－1701－0011621　善008097　集部/詩文評類/類編之屬
冶春詞一卷　(清)葉恕撰　**題詞一卷**　(清)黄徵乂等撰　**薇史吟鈔一卷**　(清)胡薇史撰　清胡傑人家抄本　清胡傑人題簽　陶濬宣跋　一册

330000－1701－0011622　善008098　集部/詞類/别集之屬
銅絃詞一卷　(清)蔣士銓撰　清抄本　一册

330000－1701－0011623　善008099　集部/詞類/别集之屬
未免有情集一卷　(清)倪象占撰　清抄本　一册

330000－1701－0011626　善008101　集部/詞類/别集之屬
紫藤花館詞一卷　(清)徐達源撰　清抄本　一册

330000－1701－0011627　善008103　集部/詞類/别集之屬
半林詩餘一卷　(清)姚宗木撰　清抄本　一册

330000－1701－0011628　善008104　集部/詞類/别集之屬
硯香詞四卷補鈔一卷　(清)王起撰　清南林書屋抄本　二册

330000－1701－0011629　善008105　集部/詞類/别集之屬
蘭當詞二卷補遺一卷　(清)陶方琦撰　清甘大昕困學菴抄本　一册

330000－1701－0011633　善008108　集部/詞類/别集之屬
蜨花仙館詞稿一卷　(清)崔永安撰　稿本　清崔永安題簽並記　一册

330000－1701－0011635　普081.234/0035、普081.234/0035.2　類叢部/叢書類/郡邑之屬
常州先哲遺書七十二種　盛宣懷編　清光緒二十一年至三十三年(1895－1907)武進盛氏思惠齋刻宣統彙印本　一百四册　缺八卷(鴻慶居士集補遺十一至十八)

330000－1701－0011637　善008111　集部/詞類/别集之屬
渚山堂詞話三卷　(明)陳霆撰　清末繆氏藕香簃抄本　一册

330000－1701－0011638　善008112　集部/詞類/詞韻之屬
學宋齋詞韻一卷　(清)吴烺等輯　清道光二十年(1840)隆秉鑑抄本　一册

330000－1701－0011639　善008113　集部/戲劇類/傳奇之屬
琵琶記不分卷　(元)高明撰　清抄本　一册

330000－1701－0011641　善008115　經部/小學類/文字之屬/字書/字體
佩觽三卷　(宋)郭忠恕撰　清光緒十四年(1888)上海蜚英館據清康熙張士俊刻澤存堂五種本影印本　單丕校並過録清吴騫跋及清翁方綱、清桂馥、清吴騫、清吴壽照等批校　一册

330000－1701－0011643　普082.6/7757/2　類叢部/叢書類/自著之屬
周孟侯先生全書五種附録一卷　(明)周拱辰撰　清道光二十七年(1847)刻光緒元年(1875)補刻本　十二册

330000－1701－0011645　善008117　子部/雜著類/雜纂之屬
堯山堂外紀一百卷　(明)蔣一葵撰　明萬曆舒一泉刻本　十四册　存七十三卷(五至三

十六、四十八至六十一、六十八至七十三、八十至一百）

330000－1701－0011646　善008118　經部/易類/易例之屬
周易澹窩因指八卷　（明）張汝霖撰　明刻本　一册　存二卷（上經一至二）

330000－1701－0011647　普811.104/2122/c2　集部/詩文評類/詩評之屬
古今詩話選雋二卷　（清）盧衍仁輯　清乾隆刻本　二册

330000－1701－0011649　善008120　經部/小學類/訓詁之屬/群雅
新刻爾雅翼三十二卷　（宋）羅願撰　清刻本　三册

330000－1701－0011650　善008119　類叢部/叢書類/彙編之屬
漢魏叢書三十八種　（明）程榮編　明萬曆二十年（1592）新安程氏刻本　六册　存一種

330000－1701－0011651　普081.241/0025/c1　類叢部/叢書類/郡邑之屬
武林掌故叢編一百八十七種　（清）丁丙編　清光緒三年至二十六年（1877－1900）錢塘丁氏嘉惠堂刻本　章嶔題記　二百四册　存一百七十九種

330000－1701－0011652　善008121　類叢部/叢書類/彙編之屬
古今逸史四十二種　（明）吳琯編　明萬曆新安吳琯刻本　十册　存三種

330000－1701－0011653　善008122　經部/小學類/訓詁之屬
五雅四十一卷　（明）郎奎金編　明天啓六年（1626）武林郎氏堂策檻刻本　六册

330000－1701－0011654　善008123　經部/小學類/訓詁之屬
五雅四十一卷　（明）郎奎金編　明天啓六年（1626）武林郎氏堂策檻刻本　十册

330000－1701－0011655　善008125　經部/小學類/音韻之屬/韻書
洪武正韻十六卷　（明）樂韶鳳　（明）宋濂等撰　明刻清修本　五册

330000－1701－0011656　善008124　經部/小學類/音韻之屬/韻書
五音集韻十五卷　（金）韓道昭撰　明刻本　十三册

330000－1701－0011657　普081.241/0025.3/c1　類叢部/叢書類/郡邑之屬
武林往哲遺箸五十二種後編十種　（清）丁丙編　清光緒二十年至二十六年（1894－1900）錢塘丁氏嘉惠堂刻本　三十二册　存後編十種

330000－1701－0011658　善008126　史部/紀傳類/正史之屬
史記一百三十卷　（漢）司馬遷撰　（明）鍾惺批評　明天啓五年（1625）沈國元大來堂刻本（卷十二、二十二至二十三、五十九至六十、九十八、一百二十七至一百二十八原缺）　四十册

330000－1701－0011659　善008127　史部/紀傳類/正史之屬
前漢書一百卷　（漢）班固撰　（唐）顔師古注　（明）陳仁錫評　明崇禎刻本（卷九十七至一百配抄本）　二十册

330000－1701－0011660　善008128　史部/紀傳類/正史之屬
史漢方駕三十五卷　（明）許相卿撰　明刻本　八册

330000－1701－0011661　普081.241/0025.3/c2　類叢部/叢書類/郡邑之屬
武林往哲遺箸五十二種後編十種　（清）丁丙編　清光緒二十年至二十六年（1894－1900）錢塘丁氏嘉惠堂刻本　三十二册　存後編十種

330000－1701－0011662　善008130　史部/編年類/通代之屬
元經薛氏傳十卷　（隋）王通撰　（唐）薛收傳

（宋）阮逸註　明刻本　王修跋　八册

330000－1701－0011663　善 008129　史部/編年類/斷代之屬
竹書紀年二卷　（南朝梁）沈約注　明刻本　二册

330000－1701－0011668　善 008132　史部/編年類/通代之屬
資治通鑑二百九十四卷　（宋）司馬光撰　（元）胡三省音注　（明）陳仁錫評　**通鑑釋文辯誤十二卷**　（元）胡三省撰　明天啓五年（1625）長洲陳仁錫刻本　一百册　缺十二卷（通鑑釋文辯誤一至十二）

330000－1701－0011669　善 008133　史部/編年類/通代之屬
資治通鑑二百九十四卷　（宋）司馬光撰　（元）胡三省音注　（明）陳仁錫評　**通鑑釋文辯誤十二卷**　（元）胡三省撰　明天啓五年（1625）長洲陳仁錫刻本（卷七十九至二百六十四配明刻本）　一百册

330000－1701－0011670　善 008134　史部/編年類/通代之屬
資治通鑑考異三十卷　（宋）司馬光撰　明萬曆十四年（1586）刻本　六册

330000－1701－0011671　普 013.3233/3233　史部/目録類/總録之屬/官修
浙江官書局減價書目一卷　清光緒二十七年（1901）刻本　一册

330000－1701－0011673　HJL3440　集部/別集類/清別集
歸愚文續十二卷黃山遊草一卷台山遊草一卷南巡詩一卷説詩晬語二卷浙江通省志圖説一卷歸田集一卷　（清）沈德潛撰　清乾隆刻本　六册

330000－1701－0011674　善 008135　史部/編年類/通代之屬
資治通鑑綱目五十九卷　（宋）朱熹撰　（明）陳仁錫評　**續編一卷**　（明）陳桱撰　（明）陳仁錫評　**續資治通鑑綱目二十七卷**　（明）商輅等撰　（明）陳仁錫評　**資治通鑑綱目前編二十五卷**　（明）南軒撰　（明）陳仁錫評　明崇禎三年（1630）陳仁錫刻本　一百二十册　缺一卷（續編）

330000－1701－0011679　普 081.241/0025/c3　類叢部/叢書類/郡邑之屬
武林掌故叢編一百八十七種　（清）丁丙編　清光緒三年至二十六年（1877－1900）錢塘丁氏嘉惠堂刻本　二百二册　存一百八十一種

330000－1701－0011680　善 008136　史部/編年類/通代之屬
資治通鑑綱目五十九卷　（宋）朱熹撰　（明）陳仁錫評　**續編一卷**　（明）陳桱撰　（明）陳仁錫評　**續資治通鑑綱目二十七卷**　（明）商輅等撰　（明）陳仁錫評　**資治通鑑綱目前編二十五卷**　（明）南軒撰　（明）陳仁錫評　明崇禎三年（1630）陳仁錫刻本　一百二十册

330000－1701－0011682　普 811.104/2528　集部/詩文評類/詩評之屬
靜志居詩話二十四卷　（清）朱彝尊撰　（清）姚祖恩輯　清嘉慶二十四年（1819）錢塘姚祖恩扶荔山房刻本　十二册

330000－1701－0011683　普 081.241/0025/c5　類叢部/叢書類/郡邑之屬
武林掌故叢編一百八十七種　（清）丁丙編　清光緒三年至二十六年（1877－1900）錢塘丁氏嘉惠堂刻本　二百六册　存一百八十三種

330000－1701－0011684　善 008137　史部/編年類/斷代之屬
皇明資治通紀三十卷　（明）陳建輯撰　（明）岳元聲訂　明刻本　十四册

330000－1701－0011685　普 081.242/0025　類叢部/叢書類/郡邑之屬
檇李遺書二十種　（清）孫福清編　清光緒秀水孫氏望雲仙館刻本　二十册

330000－1701－0011686　善 008138　史部/雜史類
路史四十七卷　（宋）羅泌撰　（宋）羅苹注

明萬曆三十九年(1611)廣陵喬可傳刻清重修本　六冊

330000－1701－0011687　善 008139　史部/雜史類/通代之屬
重訂路史全本四十七卷　(宋)羅泌撰　(宋)羅苹注　(明)吳弘基等重編　**賦秋山覽史隨筆一卷**　明末仁和吳弘基刻本　十六冊　存四十一卷(前紀一至九,後紀一至十四,國名紀一至二、四至八,發揮一至六,餘論一至五)

330000－1701－0011688　善 008142　史部/雜史類/斷代之屬
戰國策十卷　(宋)鮑彪校注　(元)吳師道補正　明萬曆刻本　六冊

330000－1701－0011689　善 008140　史部/紀傳類/別史之屬
藏書六十八卷續藏書二十七卷　(明)李贄撰　(明)陳仁錫評　明末刻本(藏書卷一、七配清抄本)　三十四冊

330000－1701－0011690　善 008141　史部/紀傳類/別史之屬
藏書六十八卷　(明)李贄撰　(明)陳仁錫評　明天啓元年(1621)刻本　四十冊

330000－1701－0011694　善 008145　類叢部/叢書類/彙編之屬
文林綺繡五種　(明)淩迪知編　明萬曆四年至五年(1576－1577)吳興淩氏桂芝館刻本　六冊　存一種

330000－1701－0011695　善 008144　史部/史抄類
歐陽文忠公新唐書抄二卷五代史抄二十卷　(明)茅坤輯並評　明天啓刻本　二十冊

330000－1701－0011696　普 081.243/0025　類叢部/叢書類/郡邑之屬
湖州叢書十二種　(清)陸心源編　清光緒湖城義塾刻本　二十四冊

330000－1701－0011697　普 082.7/0030　類叢部/叢書類/自著之屬
柏堂遺書(方柏堂全集)八種附一種　(清)方宗誠撰　清光緒元年至十二年(1875－1886)桐城方氏刻本　十三冊　存四種

330000－1701－0011698　善 008146　類叢部/叢書類/彙編之屬
文林綺繡五種　(明)淩迪知編　明萬曆四年至五年(1576－1577)吳興淩氏桂芝館刻本　八冊　存一種

330000－1701－0011700　HJL2739　集部/總集類/氏族之屬
長白英額三先生詩集三種　(清)□□編　清嘉慶十六年(1811)刻本　一冊　存一種

330000－1701－0011701　善 008147　史部/史抄類
兩晉南北史合纂四十卷　(明)錢岱輯　明萬曆刻本　十七冊　缺一卷(北隋纂一)

330000－1701－0011702　普 081.243/0025/c2　類叢部/叢書類/郡邑之屬
湖州叢書十二種　(清)陸心源編　清光緒湖城義塾刻本　二十一冊　存七種

330000－1701－0011704　善 008131　史部/金石類/石之屬
石墨鐫華八卷　(明)趙崡撰　明萬曆四十六年(1618)盩厔趙崡刻本　三冊

330000－1701－0011705　善 008148　集部/別集類/宋別集
重刻會稽三賦四卷　(宋)王十朋撰　明朱啓元刻本　四冊

330000－1701－0011706　善 008149　史部/時令類
月令廣義二十四卷首一卷統紀一卷附錄一卷　(明)馮應京輯　(明)戴任增釋　明萬曆陳邦泰刻清增修本　十六冊

330000－1701－0011707　善 008151　史部/地理類/山川之屬/水志
水經注四十卷　(北魏)酈道元撰　明崇禎二年(1629)嚴忍公等刻本　十冊

330000－1701－0011708　善 008152　史部/

地理類/雜志之屬

會稽三賦四卷　(宋)王十朋撰　(明)南逢吉注　(明)尹壇補注　明刻本　四冊

330000－1701－0011710　善 008150　史部/時令類

月令廣義二十四卷首一卷統紀一卷附錄一卷　(明)馮應京輯　(明)戴任增釋　明萬曆陳邦泰刻清增修本　十二冊　缺一卷(附錄)

330000－1701－0011711　普 081.245/0025/c1　類叢部/叢書類/郡邑之屬

紹興先正遺書十五種　(清)徐友蘭輯　清光緒會稽徐氏鑄學齋刻本　三十六冊　存十一種

330000－1701－0011712　善 008156　子部/儒家類/儒學之屬/經濟

鹽鐵論十二卷　(漢)桓寬撰　(明)張之象注　明嘉靖三十三年(1554)張氏猗蘭堂刻本　二冊　存四卷(一至四)

330000－1701－0011713　善 008153　類叢部/叢書類/彙編之屬

古今說海一百三十五種　(明)陸楫等編　明嘉靖二十三年(1544)陸楫儼山書院雲山書院刻本　二冊　存一種

330000－1701－0011714　善 008154　子部/儒家類/儒家之屬

荀子二十卷　(唐)楊倞注　明末刻本　四冊

330000－1701－0011715　善 008155　子部/儒家類/儒家之屬

荀子二十卷　(唐)楊倞注　明末刻本　四冊

330000－1701－0011716　善 008157　子部/叢編

六子書　(明)顧春編　明桐陰書屋刻本　八冊　存一種

330000－1701－0011717　普 081.245/0025/c3　類叢部/叢書類/郡邑之屬

紹興先正遺書十五種　(清)徐友蘭輯　清光緒會稽徐氏鑄學齋刻本　四十八冊

330000－1701－0011718　HJL4962　集部/別集類/宋別集

曾樂軒稿一卷　(宋)張維撰　清乾隆四十六年(1781)安邑葛鳴陽刻本　一冊

330000－1701－0011719　善 008158　子部/儒家類/儒學之屬/經濟

大學衍義四十三卷　(宋)真德秀撰　明崇禎陳仁錫刻本　十冊

330000－1701－0011721　善 008159　子部/儒家類/儒學之屬/經濟

大學衍義補一百六十卷首一卷　(明)丘濬撰　明崇禎陳仁錫刻本　三十冊

330000－1701－0011723　普 081.246/0025/c2　類叢部/叢書類/郡邑之屬

台州叢書(名山堂叢書)九種　(清)宋世犖編　清嘉慶至道光臨海宋氏刻本　十七冊　存七種

330000－1701－0011724　善 008161　子部/儒家類/儒學之屬/性理

性理標題綜要二十二卷　(明)詹淮撰　(明)陳仁錫訂正　明崇禎刻本　十二冊

330000－1701－0011725　善 008160　子部/儒家類/儒學之屬/經濟

大學衍義補一百六十卷首一卷　(明)丘濬撰　明崇禎陳仁錫刻梅墅石渠閣印本　三十二冊

330000－1701－0011726　普 081.246/0025/(2)　類叢部/叢書類/郡邑之屬

台州叢書(名山堂叢書)九種　(清)宋世犖編　清嘉慶至道光臨海宋氏刻本　三十六冊　存七種

330000－1701－0011727　普 081.246/0025.2　類叢部/叢書類/郡邑之屬

台州叢書續編十三種　(清)王棻等編　清光緒王棻等刻本　三十一冊

330000－1701－0011734　善 008162　子部/儒家類/儒學之屬/性理

呻吟語六卷　(明)呂坤撰　明萬曆刻本

十冊

330000－1701－0011735　善008163　子部/儒家類/儒學之屬/性理

性理會通七十卷續編四十二卷　（明）鍾人傑輯　明崇禎鍾人傑刻本　三十四冊　缺二卷（續編二十九至三十）

330000－1701－0011736　善008164　子部/法家類

管子二十四卷　（唐）房玄齡注　（明）劉績補注　（明）張榜等評　明刻本　四冊

330000－1701－0011737　善008165　子部/法家類

管子二十四卷　（唐）房玄齡注　（明）劉績補注　（明）張榜等評　明天啓五年（1625）朱養純花齋刻本　四冊

330000－1701－0011739　善008166　子部/法家類

管子二十四卷　（唐）房玄齡注　（明）劉績補注　（明）張榜等評　明天啓五年（1625）朱養純花齋刻本（卷二十一至二十三配清抄本）　六冊

330000－1701－0011740　善008167　子部/法家類

管子二十四卷　（唐）房玄齡注　（明）劉績補注　（明）張榜等評　明末刻本　十六冊

330000－1701－0011741　善008168　子部/法家類

韓子二十卷附錄一卷　明天啓五年（1625）趙如源刻本　八冊

330000－1701－0011742　普081.247/0025.2/c1　類叢部/叢書類/郡邑之屬

金華叢書六十八種　（清）胡鳳丹編　清同治七年至光緒八年（1868－1882）永康胡氏退補齋刻民國補刻本　二百五十八冊　存六十四種

330000－1701－0011743　普081.247/0025　類叢部/叢書類/郡邑之屬

金華文萃　（清）胡鳳丹編　清同治七年至光緒八年（1868－1882）永康胡氏退補齋刻民國補刻本　六十九冊　存二十四種

330000－1701－0011744　善008169　子部/醫家類/類編之屬

古今醫統正脈全書四十四種　（明）王肯堂編　明萬曆二十九年（1601）新安吳勉學刻清重修本　五十七冊　存四十二種

330000－1701－0011745　善008170　子部/醫家類/兒科之屬/痘疹

疹科真傳一卷　（明）呂坤輯　明萬曆奎照樓刻本　二冊

330000－1701－0011746　善008171　史部/金石類/金之屬/圖像

亦政堂重修宣和博古圖録三十卷　（宋）王黼等撰　（清）黃晟輯　**亦政堂重修考古圖十卷**　（宋）呂大臨撰　**亦政堂重考古玉圖二卷**　（元）朱德潤撰　明萬曆三十一年（1603）吳萬化刻清乾隆十八年（1753）天都黃晟重修本　十八冊　存三十卷（博古圖一至三十）

330000－1701－0011747　善008172　子部/雜著類/雜說之屬

子華子二卷　（明）郎兆玉點評　明天啓郎氏堂策檻刻本　一冊

330000－1701－0011748　善008173　子部/雜著類/雜說之屬

鶡冠子三卷　（宋）陸佃注　（明）王宇等評　明天啓五年（1625）朱氏花齋刻本　二冊

330000－1701－0011749　善008174　子部/雜著類/雜說之屬

天祿閣外史八卷　題（漢）黃憲撰　明刻本　二冊

330000－1701－0011750　善008175　子部/雜著類/雜說之屬

湧幢小品三十二卷　（明）朱國禎輯　明天啓二年（1622）清美堂刻本　李孫題記　三十二冊

330000－1701－0011751　普081.247/0025.2/c2　類叢部/叢書類/郡邑之屬

金華叢書六十八種 （清）胡鳳丹編 清同治七年至光緒八年（1868－1882）永康胡氏退補齋刻民國補刻本 二百七十五冊

330000－1701－0011752 善 008176 子部/叢編

諸子彙函二十六卷 （明）歸有光編 明天啓刻本 二十八冊

330000－1701－0011753 善 008177 子部/雜著類/雜纂之屬

焦氏類林八卷 （明）焦竑輯 明萬曆十五年（1587）建業王元貞刻本 四冊

330000－1701－0011754 善 008178 子部/雜著類/雜纂之屬

焦氏類林八卷 （明）焦竑輯 明萬曆刻本 八冊

330000－1701－0011755 善 008179 子部/雜著類/雜纂之屬

焦氏類林八卷 （明）焦竑輯 明萬曆刻本 七冊

330000－1701－0011756 善 008180 類叢部/叢書類/彙編之屬

祕書廿一種 （清）汪士漢編 清康熙七年（1668）新安汪氏重編印古今逸史本 十冊

330000－1701－0011757 普 081.247/0025.2/（2）、G612369 類叢部/叢書類/郡邑之屬

金華叢書六十八種 （清）胡鳳丹編 清同治七年至光緒八年（1868－1882）永康胡氏退補齋刻民國補刻本 二百五十七冊 存六十二種

330000－1701－0011759 善 008181 類叢部/類書類/通類之屬

北堂書鈔一百六十卷 （唐）虞世南撰 （明）陳禹謨補注 明萬曆二十八年（1600）陳禹謨刻本 十六冊

330000－1701－0011760 善 008182 類叢部/類書類/專類之屬

五車韻瑞一百六十卷洪武正韻一卷 （明）淩稚隆輯 明金閶葉瑤池刻本 二十四冊

330000－1701－0011761 善 008183 類叢部/類書類/通類之屬

詞林海錯十六卷 （明）夏樹芳輯 明萬曆四十六年（1618）刻本 六冊 存十二卷（一至十二）

330000－1701－0011762 善 008184 類叢部/類書類/通類之屬

唐類函二百卷目錄二卷 （明）俞安期輯 明萬曆三十一年（1603）東吳俞安期刻本 八十冊

330000－1701－0011764 善 008185 類叢部/類書類/通類之屬

山堂肆考二百四十卷 （明）彭大翼撰 （明）張幼學編 明末刻本 三十冊

330000－1701－0011766 善 008186 類叢部/類書類/通類之屬

潛確居類書一百二十卷 （明）陳仁錫輯 明崇禎三年至五年（1630－1632）潭城徐觀我刻本 四十六冊

330000－1701－0011768 善 008187 子部/雜著類/雜說之屬

五雜組十六卷 （明）謝肇淛撰 明刻本 八冊

330000－1701－0011770 善 008188 子部/道家類

老莊翼十一卷 （明）焦竑撰 明萬曆十六年（1588）王元貞刻本 六冊

330000－1701－0011771 善 008189 子部/道家類

南華真經旁注五卷 （明）方虛名撰 明萬曆刻本 四冊

330000－1701－0011772 善 008191 集部/別集類/明別集

鴻寶應本十七卷 （明）倪元璐撰 明崇禎十五年（1642）刻本 六冊

330000－1701－0011773 善 008190 集部/總集類/彙編之屬

元白長慶集一百四十一卷 （明）馬元調編

明萬曆松江馬元調寶儉堂刻崇禎重修本　十六冊

330000－1701－0011774　民 320/4882　新學/政治法律/政治

政治一斑四卷　(日本)檜前保人　(日本)上野岩太郎　(日本)池本吉治　(日本)緒方直清撰　(清)出洋學生編輯所譯述　清光緒二十八年(1902)上海商務印書館鉛印本　二冊

330000－1701－0011775　善 008192　集部/別集類/明別集

甑甄洞藁五十四卷目錄二卷　(明)吳國倫撰　明萬曆刻本　十冊

330000－1701－0011776　善 008193　集部/別集類/宋別集

坡仙集十六卷　(宋)蘇軾撰　(明)李贄評輯　明萬曆刻本　十六冊

330000－1701－0011778　善 008194　集部/別集類/明別集

容臺文集九卷詩集四卷別集四卷　(明)董其昌撰　(明)董庭輯　明崇禎三年(1630)華亭董庭刻本　十冊　缺四卷(別集一至四)

330000－1701－0011779　民 320.1/7044　新學/政治法律/政治

路索民約論不分卷　(法國)路索撰　楊廷棟譯　清光緒二十八年(1902)吳縣楊廷棟鉛印本　二冊

330000－1701－0011780　善 008195　集部/總集類/選集之屬/通代

六臣註文選六十卷　(南朝梁)蕭統撰　(唐)李善　(唐)呂延濟　(唐)劉良　(唐)張銑　(唐)李周翰　(唐)呂向注　明萬曆二年(1574)崔孔昕刻六年(1578)徐成位重修本(卷一配清刻本)　三十二冊

330000－1701－0011781　善 008196　集部/總集類/選集之屬/通代

六臣註文選六十卷　(南朝梁)蕭統撰　(唐)李善　(唐)呂延濟　(唐)劉良　(唐)張銑　(唐)李周翰　(唐)呂向注　明嘉靖潘惟時、潘惟德刻本　日本龜田興跋並注音　日本櫟庵校並題記　三十冊

330000－1701－0011786　善 008197　集部/總集類/選集之屬/通代

文選纂註評林十二卷　(南朝梁)蕭統輯　(明)張鳳翼纂註　明萬曆刻本　十二冊

330000－1701－0011788　善 008198　集部/總集類/尺牘之屬

古今振雅雲箋十卷　(明)徐渭輯　明末刻本　十冊

330000－1701－0011789　善 008199　集部/總集類/尺牘之屬

古今振雅雲箋十卷　(明)徐渭輯　明末刻本　五冊

330000－1701－0011790　善 008200　集部/總集類/尺牘之屬

古今振雅雲箋十卷　(明)徐渭輯　明末刻本　五冊

330000－1701－0011792　善 008201　集部/總集類/氏族之屬

三蘇文滙六十卷　(明)茅坤　(明)錢穀　(明)鍾惺評定　(明)張煥如輯評　明崇禎緝柳齋刻本(東坡文滙卷一至二、二十五至二十七配抄本)　四十冊

330000－1701－0011794　善 008202　集部/總集類/選集之屬/通代

名世文宗三十卷談藪一卷　(明)胡時化輯　(明)陳仁錫訂　明崇禎元年(1628)刻本　四十冊　存二十六卷(一至二十六)

330000－1701－0011795　善 008203　集部/總集類/選集之屬/通代

名世文宗三十卷談藪一卷　(明)胡時化輯　(明)陳仁錫訂　明崇禎元年(1628)刻本　十五冊　存三十卷(一至三十)

330000－1701－0011796　善 008204　集部/總集類/選集之屬/通代

詩所五十六卷歷代名氏爵里一卷　(明)臧懋循輯　明萬曆三十一年(1603)雕蟲館刻本

十二冊

330000－1701－0011797　普 081.2491/0025/(3)　類叢部/叢書類/郡邑之屬

永嘉叢書十三種　(清)孫衣言編　清同治至光緒瑞安孫氏詒善祠塾刻本　四十二冊　存十種

330000－1701－0011798　善 008205　集部/總集類/選集之屬/通代

古逸書三十卷首一卷末一卷　(明)潘基慶輯　明萬曆刻本　八冊

330000－1701－0011800　普 081.2491/0025/(4)/c2　類叢部/叢書類/郡邑之屬

永嘉叢書十三種　(清)孫衣言編　清同治至光緒瑞安孫氏詒善祠塾刻本　五十二冊　存十一種

330000－1701－0011802　善 008206　集部/總集類/選集之屬/通代

文府滑稽十二卷　(明)鄒迪光輯　明萬曆三十七年(1609)梁谿鄒同光刻本　清姚燮題記　六冊

330000－1701－0011805　善 008207　集部/總集類/彙編之屬

漢魏名文乘(漢魏六十名家)　(明)張運泰　(明)余元熹輯　明末刻本　六十冊　存五十八種

330000－1701－0011809　善 008208　集部/總集類/選集之屬/斷代

四大家文選　(明)孫鑛評選　明末刻本　五冊

330000－1701－0011811　善 008209　集部/總集類/選集之屬/通代

詩歸五十一卷(古詩歸十五卷唐詩歸三十六卷)　(明)鍾惺　(明)譚元春輯　明末刻本［古詩歸卷十三至十五配明萬曆四十五年(1617)刻本］　十冊　存十五卷(古詩歸一至十五)

330000－1701－0011812　善 008210　集部/總集類/選集之屬/通代

古文奇賞二十二卷　(明)陳仁錫輯　明萬曆四十六年(1618)刻本　二十四冊

330000－1701－0011813　善 008211　集部/總集類/彙編之屬

皇明十六名家小品三十二卷　(明)丁允和　(明)陸雲龍編　(明)陸雲龍評　明崇禎六年(1633)錢塘陸雲龍崢霄館刻本　清灌園跋　十六冊

330000－1701－0011814　善 008212　集部/總集類/彙編之屬

皇明十六名家小品三十二卷　(明)丁允和　(明)陸雲龍編　(明)陸雲龍評　明崇禎六年(1633)錢塘陸雲龍崢霄館刻本　十六冊　缺二卷(袁中郎先生小品一至二)

330000－1701－0011815　善 008213　集部/總集類/選集之屬/斷代

媚幽閣文娛八卷　(明)鄭元勳輯　明崇禎三年(1630)鄭元化刻本　四冊

330000－1701－0011817　善 008214　集部/詞類/總集之屬

古香岑草堂詩餘四集十七卷　(明)沈際飛輯　明末刻吳門童湧泉印本　六冊

330000－1701－0011818　民 323.5061/3012　史部/政書類/公牘檔冊之屬

憲政編查館諮議局章程及選舉章程解釋彙鈔不分卷　(清)奕劻等撰　清宣統元年(1909)鉛印本　一冊

330000－1701－0011819　善 008215　集部/曲類/散曲之屬

新鐫古今大雅南宮詞紀六卷北宮詞紀六卷　(明)陳所聞選　(明)陳邦泰輯　明萬曆三十二年至三十三年(1604－1605)秣陵陳所聞繼志齋刻本　八冊　缺一卷(北宮詞紀三)

330000－1701－0011820　善 008218　集部/總集類/選集之屬/通代

四家宮詞二卷　(明)林志尹輯　(明)楊慎評　明刻本　二冊

330000－1701－0011822　善 008219　子部/

醫家類/綜合之屬
心印紺珠經二卷 (明)李湯卿撰 明刻本 二册

330000－1701－0011823 善008216 集部/曲類/散曲之屬
新鐫古今大雅南宫詞紀六卷北宫詞紀六卷 (明)陳所聞選 (明)陳邦泰輯 明萬曆三十二年至三十三年(1604－1605)秣陵陳所聞繼志齋刻本 八册

330000－1701－0011826 善008217 集部/曲類/散曲之屬
新鐫古今大雅南宫詞紀六卷 (明)陳所聞選 (明)陳邦泰輯 明萬曆三十三年(1605)秣陵陳所聞繼志齋刻本 五册

330000－1701－0011827 民324.525/1041/2 新學/政治法律/政治
日本議會史不分卷 (日本)工藤武重撰 汪有齡譯 清光緒三十年至三十一年(1904－1905)江蘇翰墨林編譯書局鉛印本 五册

330000－1701－0011828 民325.20928/3029 史部/傳記類/職官録之屬/總録
安徽省城各學堂局所員紳職名表不分卷 清光緒鉛印本 一册

330000－1701－0011854 民325.393/0074 史部/政書類/通制之屬
城鎮鄉地方自治章程并選舉章程不分卷 清浙江諮議局籌辦處鉛印本 一册

330000－1701－0011882 普081.8/7528 類叢部/叢書類/彙編之屬
房山山房叢書十種十卷 陳洙編 清宣統至民國江浦陳氏刻民國九年(1920)彙印本 二册

330000－1701－0011886 普081.92/2126/c1 類叢部/叢書類/郡邑之屬
嶺南遺書五十九種 (清)伍元薇 (崇曜)編 清道光十一年至同治二年(1831－1863)南海伍氏粤雅堂文字歡娱室刻光緒三十三年(1907)彙印本 八十册

330000－1701－0011887 民325.5124/3230/c1 史部/政書類/公牘檔册之屬
浙江諮議局第二屆第一次臨時會議決案不分卷 (清)浙江諮議局編 清宣統三年(1911)鉛印本 二册

330000－1701－0011888 民325.5124/3230/c2 史部/政書類/公牘檔册之屬
浙江諮議局第二屆第一次臨時會議決案不分卷 (清)浙江諮議局編 清宣統三年(1911)鉛印本 一册

330000－1701－0011889 民325.5124/3230.01/c1、民325.5124/3230.01/c2 史部/政書類/公牘檔册之屬
浙江諮議局第一屆常年會議事錄不分卷 (清)浙江諮議局編 清宣統鉛印本 二册

330000－1701－0011891 民325.5124/3230.2/c1 史部/政書類/公牘檔册之屬
浙江諮議局第二屆常年會議決案不分卷 (清)浙江諮議局輯 清宣統三年(1911)鉛印本 一册

330000－1701－0011893 民325.5124/3230.2/c2 史部/政書類/公牘檔册之屬
浙江諮議局第二屆常年會議決案不分卷 (清)浙江諮議局輯 清宣統三年(1911)鉛印本 王佩劍題簽 一册

330000－1701－0011894 民325.5124/3230.3 史部/政書類/公牘檔册之屬
浙江諮議局議員質問書不分卷 (清)浙江諮議局編 清宣統二年(1910)浙江諮議局鉛印本 二册 存第一屆乙編、第二屆甲編、第一屆乙編補遺

330000－1701－0011895 普081.92/2126/(2) 類叢部/叢書類/郡邑之屬
嶺南遺書五十九種 (清)伍元薇 (崇曜)編 清道光十一年至同治二年(1831－1863)南海伍氏粤雅堂文字歡娱室刻光緒三十三年(1907)彙印本 三十二册 存十七種

330000－1701－0011896 民325.5124/3230.

5　史部/政書類/公牘檔冊之屬

浙江諮議局議決案不分卷　（清）浙江諮議局編　清宣統鉛印本　一冊

330000－1701－0011897　民 325.5124/3230.6　史部/政書類/公牘檔冊之屬

浙江諮議局第二屆常年會議事錄二卷　（清）浙江諮議局編　清宣統鉛印本　一冊　存一卷(下)

330000－1701－0011903　普 081.99/1010　類叢部/叢書類/家集之屬

王氏四種　（清）王念孫　（清）王引之撰　清光緒二十一年(1895)上海鴻文書局石印本　十四冊

330000－1701－0011904　普 081.92/2126/c3　類叢部/叢書類/郡邑之屬

嶺南遺書五十九種　（清）伍元薇　（崇曜）編　清道光十一年至同治二年(1831－1863)南海伍氏粤雅堂文字歡娛室刻光緒三十三年(1907)彙印本　五十九冊　存四十七種

330000－1701－0011910　普 081.99/3111　類叢部/叢書類/家集之屬

叢睦汪氏遺書十九種　（清）汪篤編　清光緒十二年(1886)錢唐汪氏長沙刻本　三十二冊

330000－1701－0011911　普 081.99/1123/c1　集部/總集類/氏族之屬

海鹽張氏涉園叢刻七種　張元濟輯　清宣統三年(1911)海鹽張氏鉛印本　八冊

330000－1701－0011916　普 081.99/1123/c2　集部/總集類/氏族之屬

海鹽張氏涉園叢刻七種　張元濟輯　清宣統三年(1911)海鹽張氏鉛印本　八冊

330000－1701－0011921　普 081.99/6060　類叢部/叢書類/家集之屬

如皋冒氏叢書三十四種附二種　冒廣生輯　清光緒至民國如皋冒氏刻本　且移居士跋　二十二冊　存二十五種

330000－1701－0011925　普 082.4/0442/c2　類叢部/叢書類/自著之屬

謝疊山先生評注四種合刻　（宋）謝枋得撰　清光緒八年(1882)京都豫章別業刻本　四冊

330000－1701－0011927　普 082.4/4442　類叢部/叢書類/自著之屬

先少保公石林遺書十三種　（宋）葉夢得撰　清光緒三十年至宣統三年(1904－1911)葉氏觀古堂刻本　十三冊　缺五卷(石林居士建康集四至八)

330000－1701－0011928　普 082.6/1205/c2　類叢部/叢書類/自著之屬

孫文恭公遺書七種　（明）孫應鼇撰　清光緒六年(1880)獨山莫氏刻本　六冊

330000－1701－0011929　普 082.6/4694　集部/別集類/明別集

總纂升菴合集二百四十卷　（明）楊慎著　（清）鄭寶琛纂輯　（清）王文林編次　清光緒八年(1882)新都王鴻文堂刻本　八十冊

330000－1701－0011940　普 082.6/7541/c2　類叢部/叢書類/自著之屬

歸雲別集十種　（明）陳士元撰　清道光十三年(1833)應城吳毓梅刻本　二十冊

330000－1701－0011949　普 082.6/7588　類叢部/叢書類/自著之屬

一齋集十五種　（明）陳第撰　明萬曆二十三年至四十五年(1595－1617)陳氏會山樓刻清道光二十八年(1848)陳斗初補修彙印本　二十四冊

330000－1701－0011953　普 082.7/0044/(3)　類叢部/叢書類/自著之屬

抗希堂十六種(抗希堂全集)　（清）方苞撰　清康熙至嘉慶刻彙印本　三十五冊　存十種

330000－1701－0011955　普 082.7/0030/(2)　類叢部/叢書類/自著之屬

柏堂遺書(方柏堂全集)八種附一種　（清）方宗誠撰　清光緒元年至十二年(1875－1886)桐城方氏刻本　二十一冊　存五種

330000－1701－0011958　普 082.7/0044/2　類叢部/叢書類/自著之屬

抗希堂十六種(抗希堂全集)　(清)方苞撰　清光緒二十四年(1898)嫏嬛閣刻本　六十四冊

330000－1701－0011960　普 082.7/0047　類叢部/叢書類/自著之屬
方學博全集五種　(清)方埛撰　清光緒元年(1875)王大經武昌藩署刻本　二冊　存三種

330000－1701－0011962　普 082.7/0047/(2)　類叢部/叢書類/自著之屬
生齋全集六種　(清)方埛撰　清道光至咸豐當湖方氏刻同治彙印本　六冊

330000－1701－0011964　普 082.7/0071　集部/别集類/清别集
漱琴室存稾八卷　(清)高驤雲撰　清時術堂刻本　三冊

330000－1701－0011965　普 082.7/0047/2/c3　類叢部/叢書類/自著之屬
方學博全集五種　(清)方埛撰　清光緒元年(1875)王大經武昌藩署刻本　八冊

330000－1701－0011966　普 082.7/0400　類叢部/叢書類/自著之屬
春草堂集(春草堂叢書)十三種　(清)謝堃撰　清道光二十年(1840)曲邑奎文齋刻二十五年(1845)印本　二十四冊

330000－1701－0011967　普 082.7/0047/2/c5　類叢部/叢書類/自著之屬
方學博全集五種　(清)方埛撰　清光緒元年(1875)王大經武昌藩署刻本　八冊

330000－1701－0011968　普 082.7/0442　類叢部/叢書類/自著之屬
歸查叢刻七種　(清)謝希傅撰　清光緒二十四年(1898)東山草堂鉛印本　四冊

330000－1701－0011969　普 082.7/0773　類叢部/叢書類/自著之屬
種樹軒遺集三種　(清)郭長清撰　清光緒二十三年(1897)杭州刻本　二冊

330000－1701－0011970　普 082.7/1018/c1　類叢部/叢書類/自著之屬
如諫果室叢刻四種　(清)王延釗撰　清宣統二年(1910)京師益森書館鉛印本(庚辛之際月表原缺)　一冊

330000－1701－0011971　普 082.7/1012　類叢部/叢書類/自著之屬
紫薇花館集七種　(清)王廷鼎撰　清光緒十七年(1891)刻本　十冊

330000－1701－0011972　普 082.7/1018/c2　類叢部/叢書類/自著之屬
如諫果室叢刻四種　(清)王延釗撰　清宣統二年(1910)京師益森書館鉛印本(庚辛之際月表原缺)　一冊

330000－1701－0011973　普 082.7/0887　集部/戲劇類/傳奇之屬
碧聲吟館叢書六種　(清)許善長撰　清光緒仁和許善長碧聲吟館刻本　十二冊

330000－1701－0011977　普 082.7/1044　類叢部/叢書類/自著之屬
來寋堂全書三種　(清)丁大椿撰　清道光二十年(1840)金陵刻本　二十冊

330000－1701－0011980　普 082.7/1053　類叢部/叢書類/自著之屬
船山遺書六十三種　(清)王夫之撰　清同治四年(1865)湘鄉曾國荃金陵刻本　一百二十八冊　存五十六種

330000－1701－0011982　普 082.7/1060/c2　類叢部/叢書類/自著之屬
頤志齋叢書二十二種　(清)丁晏撰　清道光至同治山陽丁氏六蓺堂刻同治元年(1862)彙印本　二十冊

330000－1701－0011991　普 082.7/1053/(5)　類叢部/叢書類/自著之屬
船山遺書五十八種　(清)王夫之撰　清同治四年(1865)湘鄉曾國荃金陵刻本　九十五冊　存四十八種

330000－1701－0011993　普 082.7/1067　類叢部/叢書類/自著之屬

羲停山館集六種　(清)王景賢撰　清同治十三年(1874)三山王氏刻本　十册

330000－1701－0011997　普 082.7/1092　類叢部/叢書類/自著之屬

景紫堂全書十一種　(清)夏炘撰　清咸豐至同治刻同治元年(1862)王光甲等彙印本　二十册

330000－1701－0012008　普 082.7/1173/c3　集部/别集類/清别集

楊園先生全集五十四卷　(清)張履祥撰　(清)姚璉　(清)陳敬璋輯　(清)萬斛泉編次　**張楊園先生[履]年譜一卷**　(清)蘇惇元編　清同治十年(1871)江蘇書局刻本　十六册

330000－1701－0012009　普 082.7/1161　類叢部/叢書類/自著之屬

寒松閣集五種　(清)張鳴珂撰　清光緒十年至二十四年(1884－1898)嘉興張氏刻本　六册

330000－1701－0012010　普 082.7/1053/(2)/c2、普 082.7/1053/(4)/c2　類叢部/叢書類/自著之屬

船山遺書五十八種　(清)王夫之撰　清同治四年(1865)湘鄉曾國荃金陵刻本　九册　存十七種

330000－1701－0012011　普 082.7/1742　類叢部/叢書類/自著之屬

亦園亭全集五種　(清)孟超然撰　清嘉慶二十年(1815)刻本　八册　存一種

330000－1701－0012012　普 082.7/1320　類叢部/叢書類/自著之屬

授堂遺書七種附錄二卷　(清)武億撰　清道光二十三年(1843)偃師武氏刻本　十六册

330000－1701－0012014　普 082.7/1630　類叢部/叢書類/自著之屬

求益齋全集五種　(清)強汝詢撰　清光緒二十四年(1898)江蘇書局刻本　八册

330000－1701－0012015　普 082.7/1747　類叢部/叢書類/自著之屬

半巖廬所箸書九種　(清)邵懿辰撰　清宣統三年至民國二十年(1911－1931)仁和邵氏家祠刻本　十二册

330000－1701－0012017　普 082.7/2022　類叢部/叢書類/自著之屬

焦氏遺書 十種附一種　(清)焦循撰　清嘉慶至道光江都焦氏雕菰樓刻光緒二年(1876)衡陽魏氏補刻本　六十册

330000－1701－0012018　普 082.7/2028　類叢部/叢書類/自著之屬

思古堂十二種書　(清)毛先舒撰　清康熙崇道堂刻本　二十四册

330000－1701－0012019　普 082.7/2042　類叢部/叢書類/自著之屬

西河合集一百十九種　(清)毛奇齡撰　清康熙李塨等刻本　七十九册　存一百九種

330000－1701－0012020　普 082.7/2221　集部/别集類/清别集

倭文端公遺書　(清)倭仁撰　清同治刻本　二册　存四種

330000－1701－0012021　普 082.7/2221/2　集部/别集類/清别集

倭文端公遺書八卷首二卷末一卷續刊三卷　(清)倭仁撰　清光緒元年(1875)六安涂氏求我齋刻本　清周炳琦、清楊以貞批跋　清王餘慶批並記　四册

330000－1701－0012022　普 082.7/2230/c1　類叢部/叢書類/自著之屬

心齋十種　(清)任兆麟撰　清乾隆五十年至五十五年(1785－1790)震澤任氏忠敏家塾刻本　三册　存五種

330000－1701－0012024　普 082.7/1742(2)　類叢部/叢書類/自著之屬

亦園亭全集五種　(清)孟超然撰　清嘉慶二十年(1815)刻本　四册　存一種

330000－1701－0012025　普 082.7/2347　類叢部/叢書類/自著之屬

澹勤室全集五種　(清)傅壽彤撰　清光緒三年(1877)武昌刻本　六册

330000－1701－0012027　普 082.7/2230/c2　類叢部/叢書類/自著之屬

心齋十種　(清)任兆麟撰　清乾隆五十年至五十五年(1785－1790)震澤任氏忠敏家塾刻本　六册

330000－1701－0012030　TZB0000　子部/宗教類/佛教之屬/大藏

永樂北藏　明永樂十九年至正統五年(1421－1440)刻萬曆十二年(1584)續刻本　六千三百四十七册　北藏存一千五百三十九種續藏存三十九種

330000－1701－0012032　普 082.7/2540　類叢部/叢書類/自著之屬

春雨樓叢書六種　(清)朱士端撰　清同治元年至四年(1862－1865)寶應朱氏刻本　六册

330000－1701－0012034　普 082.7/2510/c1　類叢部/叢書類/自著之屬

拙盦叢稿五種　(清)朱一新撰　清光緒二十二年(1896)順德龍氏葆真堂刻本　朱世芬題記　十六册

330000－1701－0012035　普 082.7/2546/c1　類叢部/叢書類/自著之屬

多識錄四卷附後一卷　(清)練恕撰　清道光十八年(1838)連平練氏上海官舍刻本　二册

330000－1701－0012036　普 082.7/2510/c2　類叢部/叢書類/自著之屬

拙盦叢稿五種　(清)朱一新撰　清光緒二十二年(1896)順德龍氏葆真堂刻本　十六册

330000－1701－0012037　普 082.7/2546/c2　類叢部/叢書類/自著之屬

多識錄四卷附後一卷　(清)練恕撰　清道光十八年(1838)連平練氏上海官舍刻本　二册

330000－1701－0012038　普 082.7/2574　類叢部/叢書類/自著之屬

朱氏羣書六種　(清)朱駿聲撰　清光緒八年(1882)臨嘯閣刻本　六册

330000－1701－0012039　普 082.7/2623　類叢部/叢書類/自著之屬

香蘇山館全集十五種　(清)吴嵩梁撰　清道光二十三年(1843)石溪舫刻本　十四册

330000－1701－0012040　普 082.7/2688　類叢部/叢書類/自著之屬

魏稼孫先生全集三種　(清)魏錫曾撰　清光緒九年(1883)羊城刻本　十四册

330000－1701－0012041　普 082.7/2714　類叢部/叢書類/自著之屬

經韻樓叢書九種　(清)段玉裁撰　清乾隆至道光金壇段氏刻本　二十五册

330000－1701－0012042　普 082.7/2736/(2)　類叢部/叢書類/自著之屬

新化鄒氏斅藝齋遺書五種　(清)鄒漢勛撰　清光緒四年(1878)攸縣龍汝霖南昌刻本　四册

330000－1701－0012043　普 082.7/2042/2(2)/c2　類叢部/叢書類/自著之屬

西河合集一百十九種　(清)毛奇齡撰　清康熙李塨等刻本　九十六册　存一百十四種

330000－1701－0012044　普 082.7/2747/c2　類叢部/叢書類/自著之屬

安吴四種　(清)包世臣撰　清同治十一年(1872)湖北包誠注經堂刻光緒十四年(1888)重印本　十六册

330000－1701－0012048　普 082.7/2747/c3　類叢部/叢書類/自著之屬

安吴四種　(清)包世臣撰　清同治十一年(1872)湖北包誠注經堂刻光緒十四年(1888)重印本　十六册

330000－1701－0012049　普 082.7/2800/c3　類叢部/叢書類/自著之屬

徐位山先生六種　(清)徐文靖撰　清雍正至乾隆刻志寧堂彙印本　二十四册

330000－1701－0012052　普 082.7/2844　類叢部/叢書類/自著之屬

徐氏雜著四種　(清)徐大椿撰　清光緒二十

二年(1896)珍藝書局鉛印本　二册

330000－1701－0012055　普 082.7/2844/2
類叢部/叢書類/自著之屬
徐氏雜著四種　(清)徐大椿撰　清光緒著易堂書局鉛印本　一册

330000－1701－0012058　普 082.7/28441
類叢部/叢書類/自著之屬
志學齋集七種　(清)徐壽基撰　清光緒武進徐氏刻本　十二册

330000－1701－0012059　民 327.29/4062
史部/政書類/邦交之屬
十九世紀外交史不分卷　(日本)平田久撰　(清)張相譯　清光緒二十八年(1902)杭州史學齋刻本　四册

330000－1701－0012060　民 327.51/2237
新學/雜著/叢編
帝國叢書五種　(清)出洋學生編輯所編　清光緒二十八年(1902)上海商務印書館鉛印本　一册　存一種

330000－1701－0012061　民 327.51/6002
史部/史評類/史論之屬
中國國恥史淺説不分卷　(清)思痛生編纂　清宣統三年(1911)新華公司等鉛印本　一册

330000－1701－0012064　普 082.7/3137　類叢部/叢書類/自著之屬
古愚老人消夏錄十七種　(清)汪汲撰輯　清乾隆至嘉慶古愚山房刻本　十二册

330000－1701－0012065　民 327.51181/9913　史部/政書類/邦交之屬
各國約章纂要六卷首一卷附錄一卷　勞乃宣等輯　清光緒二十三年(1897)湖南善後局刻本　四册

330000－1701－0012067　普 082.7/3141　類叢部/叢書類/自著之屬
振綺堂遺書五種　(清)汪遠孫撰　清道光刻民國十一年(1922)錢唐汪氏彙印本　十二册

330000－1701－0012072　普 082.7/3144/(2)　子部/天文曆算類/算書之屬
衡齋算學遺書合刻　(清)汪萊撰　清光緒十八年(1892)汪廷楝聞梅舊塾刻本　一册　存一種

330000－1701－0012074　普 082.7/3149/c1
類叢部/叢書類/自著之屬
武陵山人遺書十種續刊二種　(清)顧觀光撰　清光緒九年(1883)獨山莫祥芝上海刻高桂等續刻民國四年(1915)金山高煌修補彙印本　八册　缺續刊二種

330000－1701－0012076　普 082.7/3149/c2
類叢部/叢書類/自著之屬
武陵山人遺書十種續刊二種　(清)顧觀光撰　清光緒九年(1883)獨山莫祥芝上海刻高桂等續刻民國四年(1915)金山高煌修補彙印本　八册　缺續刊二種

330000－1701－0012077　普 082.7/3149/(2)　類叢部/叢書類/自著之屬
武陵山人遺書十種　(清)顧觀光撰　清光緒九年(1883)獨山莫祥芝上海刻本(算賸續編配抄本)　六册　存六種

330000－1701－0012081　民 327.5147/8280　史部/政書類/邦交之屬
西畺交涉志要六卷　鍾鏞撰　清宣統三年(1911)鉛印本　二册

330000－1701－0012084　普 082.7/3191　類叢部/叢書類/自著之屬
汪雙池先生叢書二十種附浙刻雙池遺書十二種　(清)汪紱撰　清道光至光緒刻光緒二十三年(1897)長安趙舒翹等彙印本　一百六十册　存二十九種

330000－1701－0012088　普 082.7/31911
類叢部/叢書類/自著之屬
顧亭林先生遺書十種　(清)顧炎武撰　清蓬瀛閣刻本　八册

330000－1701－0012091　普 082.7/31911/(3)　類叢部/叢書類/自著之屬
亭林遺書十種　(清)顧炎武撰　清康熙吴江

潘氏遂初堂刻本　十六册

330000－1701－0012093　普 082.7/31911.2　類叢部/叢書類/自著之屬
亭林先生遺書彙輯二十三種附錄三種　(清)顧炎武撰　(清)席威　(清)朱記榮編　清光緒十一年至三十二年(1885－1906)吳縣朱氏槐廬家塾刻本　二十册

330000－1701－0012103　普 082.7/31911.2/(2)　類叢部/叢書類/自著之屬
亭林先生遺書彙輯二十三種附錄三種　(清)顧炎武撰　(清)席威　(清)朱記榮編　清光緒十一年至三十二年(1885－1906)吳縣朱氏槐廬家塾刻本　章鈺題簽　二十四册

330000－1701－0012104　普 082.7/3193/2　類叢部/叢書類/自著之屬
龍莊遺書四種　(清)汪輝祖撰　清光緒江蘇書局刻本　六册

330000－1701－0012105　普 082.7/3222　經部/叢編
希鄭堂叢書第一集(虞山潘氏叢書)七種　(清)潘任撰　清光緒二十年(1894)木活字印本　四册

330000－1701－0012107　普 082.7/3308　類叢部/叢書類/自著之屬
二思堂叢書六種五十一卷　(清)梁章鉅撰　清同治十二年至光緒元年(1873－1875)福州梁氏刻本　十四册

330000－1701－0012108　普 082.7/3308/(2)/c2　類叢部/叢書類/自著之屬
二思堂叢書六種五十一卷　(清)梁章鉅撰　清同治十二年至光緒元年(1873－1875)福州梁氏刻本　十六册

330000－1701－0012109　普 082.7/3312　類叢部/叢書類/自著之屬
清白士集六種　(清)梁玉繩撰　清嘉慶至道光刻本(誌銘廣例二卷、蛻稾四卷配清抄本)　十册

330000－1701－0012110　普 082.7/31911.3/(2)　類叢部/叢書類/自著之屬
顧亭林先生遺書十種補遺十一種　(清)顧炎武撰　(清)席威　(清)朱記榮編　清蓬瀛閣刻吳縣朱記榮增刻光緒三十二年(1906)彙印本　八册　存補遺十一種

330000－1701－0012112　普 082.7/3312/(3)　類叢部/叢書類/自著之屬
清白士集六種　(清)梁玉繩撰　清嘉慶至道光刻本　三册　存三種

330000－1701－0012116　普 082.7/3404　類叢部/叢書類/自著之屬
北江全集七種　(清)洪亮吉撰　清乾隆至嘉慶刻彙印本　四十八册

330000－1701－0012117　民 332/1228　史部/政書類/邦計之屬
理財攷鏡十卷　孫德全撰　清宣統二年(1910)鉛印本　一册　存四卷(一至四)

330000－1701－0012121　民 332.0951/3218　新學/商務/商學
中國之金融不分卷　潘承鍔編譯　清光緒三十四年(1908)中國圖書公司鉛印本　二册

330000－1701－0012124　民 330/9803/3/c1　新學/商務/商學
原富八卷　(英國)斯密亞丹撰　嚴復譯　清光緒二十八年(1902)上海南洋公學譯書院鉛印本　八册

330000－1701－0012125　民 330/9803/3/c2　新學/商務/商學
原富八卷　(英國)斯密亞丹撰　嚴復譯　清光緒二十八年(1902)上海南洋公學譯書院鉛印本　四册

330000－1701－0012127　民 332.11/3238/c1　史部/政書類/公牘檔册之屬
浙江銀行章程不分卷　清宣統元年(1909)浙江官報兼印刷局鉛印本　一册

330000－1701－0012128　民 332.11/3238/c2　史部/政書類/公牘檔册之屬
浙江銀行章程不分卷　清宣統元年(1909)浙

江官報兼印刷局鉛印本　一册

330000－1701－0012129　民 332.11/3238/c3　史部/政書類/公牘檔册之屬

浙江銀行章程不分卷　清宣統元年(1909)浙江官報兼印刷局鉛印本　一册

330000－1701－0012130　民 330.74/2664　新學/學校

經濟教科書不分卷　(日本)和田垣謙三撰　清光緒二十八年(1902)上海廣智書局鉛印本　一册

330000－1701－0012133　普 082.7/3404/(2)　類叢部/叢書類/自著之屬

北江全集七種　(清)洪亮吉撰　清乾隆至嘉慶刻彙印本　三十七册　缺二卷(乾隆府廳州縣圖志一至二)

330000－1701－0012138　普 082.7/3404.2/2/c4　類叢部/叢書類/自著之屬

洪北江全集二十一種　(清)洪亮吉撰　清光緒三年至五年(1877－1879)洪用懃授經堂刻本　六十四册

330000－1701－0012152　民 336.8911/3146、民 336.8911/31461、G010367　史部/政書類/邦計之屬

河南財政說明書八卷　清宣統石印本　八册

330000－1701－0012156　民 336.42/1034　史部/政書類/邦計之屬/鹽法

鹽法議畧二卷　(清)王守基撰　清光緒十二年(1886)粵東刻本　二册

330000－1701－0012164　民 336.89115/3147　史部/政書類/邦計之屬/賦税

河南廳州縣契税明細表四卷　清宣統石印本　四册

330000－1701－0012167　民 336.8914/3026　史部/政書類/邦計之屬/賦税

安徽財政沿革利弊說明書不分卷　(清)安徽財政局編　清宣統二年(1910)安徽官紙印刷局鉛印本　二册

330000－1701－0012172　民 336.8915/3112　史部/政書類/邦計之屬

江西各項財政說明書不分卷　(清)江西清理財政局編　清宣統鉛印本　四册

330000－1701－0012173　民 336.8951/2213、民 336.8951/2213.2、民 336.8951/2213.21/c1、民 336.8951/2213.3/c1、民 336.8951/2213.4/c1 等　史部/政書類/邦計之屬/通紀

山西全省財政各種說明書　(清)山西清理財政局編　清宣統山西清理財政局鉛印本　九册　存七種

330000－1701－0012174　民 336.8921/4043　史部/政書類/邦計之屬

直隸清理財政局說明書七編不分卷　(清)直隸清理財政局編　清宣統鉛印本　四册

330000－1701－0012175　民 336.8951/2213.21/c2、民 336.8951/2213.3/c2、民 336.8951/2213.4/c2、民 336.8951/2213.5/c2、民 336.8951/2213.6/c2　史部/政書類/邦計之屬/通紀

山西全省財政各種說明書　(清)山西清理財政局編　清宣統山西清理財政局鉛印本　六册　存六種

330000－1701－0012176　民 336.8922/2253　史部/政書類/邦計之屬

山東清理財政局編訂全省財政說明書不分卷　(清)清山東清理財政局編　清宣統山東清理財政局鉛印本　十册

330000－1701－0012177　民 336.8991/3116　史部/政書類/邦計之屬/通紀

福建財政沿革利弊說明書不分卷　清宣統鉛印本　十册

330000－1701－0012180　普 082.7/4047/2　類叢部/叢書類/自著之屬

杭大宗七種叢書　(清)杭世駿撰　清咸豐元年(1851)長沙小嫏嬛山館刻本　六册

330000－1701－0012181　民 342/7734　新學/政治法律/律例

憲法精理二卷　周逵編譯　清光緒二十八年(1902)上海廣智書局鉛印本　一册

330000－1701－0012184　民 342.1/711.9　新學/政治法律
萬國憲法比較不分卷　(日本)辰已小二郎著　(清)戢翼翬譯　(清)出洋學生編輯所編　清光緒二十八年(1902)上海商務印書館鉛印本　一册

330000－1701－0012187　民 342.1/7734/c1　史部/政書類/律令之屬/律例
萬國憲法志三卷　(清)周逵撰　清光緒二十八年(1902)上海廣智書局鉛印本　一册

330000－1701－0012188　民 342.1/7734/c2　史部/政書類/律令之屬/律例
萬國憲法志三卷　(清)周逵撰　清光緒二十八年(1902)上海廣智書局鉛印本　一册

330000－1701－0012189　民 342.42/4810　新學/政治法律/律例
英國憲法史不分卷　(日本)松平康國編　麥孟華譯　清光緒二十八年(1902)上海廣智書局鉛印本　二册

330000－1701－0012195　普 082.7/3417　類叢部/叢書類/自著之屬
蛾術堂集十四種　(清)沈豫撰　清道光十八年(1838)蕭山沈氏漢讀齋刻本　四册

330000－1701－0012196　普 082.7/3417/(3)　類叢部/叢書類/自著之屬
蛾術堂集十四種　(清)沈豫撰　清道光十八年(1838)蕭山沈氏漢讀齋刻本　八册

330000－1701－0012199　普 082.7/4048　類叢部/叢書類/自著之屬
隨園三十六種　(清)袁枚撰　清光緒十九年(1893)倉山舊主石印本　二十册　存三十三種

330000－1701－0012203　普 082.7/4048/2　類叢部/叢書類/自著之屬
隨園三十八種　(清)袁枚撰　清光緒十八年(1892)勤裕堂鉛印本　四十册

330000－1701－0012212　民 360/2252/c2　新學
社會學二卷　(日本)岸本能武太撰　章炳麟譯　清光緒二十八年(1902)上海廣智書局鉛印本　一册

330000－1701－0012213　民 359/4440/c1　新學/兵制
東西國軍志譯要三卷　黄壽衮纂輯　清光緒三十二年(1906)鉛印本　二册

330000－1701－0012214　民 359/4440/c2　新學/兵制
東西國軍志譯要三卷　黄壽衮纂輯　清光緒三十二年(1906)鉛印本　二册

330000－1701－0012215　民 353.5113/1046/c2　子部/兵家類/兵法之屬
孫子選註不分卷　夏壽田選注　清末影印本　一册

330000－1701－0012216　民 360/91042/c1　新學/議論/通論
羣學肄言不分卷　(英國)斯賓塞爾撰　嚴復譯　清光緒二十九年(1903)上海文明書局鉛印本　四册

330000－1701－0012217　民 360/91042/c2　新學/議論/通論
羣學肄言不分卷　(英國)斯賓塞爾撰　嚴復譯　清光緒二十九年(1903)上海文明書局鉛印本　四册

330000－1701－0012220　普 082.7/4094　類叢部/叢書類/自著之屬
榕村全書三十二種附十種　(清)李光地撰　清道光九年(1829)安溪李維迪刻本　九十八册　存三十七種

330000－1701－0012224　普 811.104/1736.011/3　集部/詩文評類/詩評之屬
司空詩品註釋一卷　(唐)司空圖撰　清光緒元年(1875)掃葉山房刻本　一册

330000－1701－0012225　普 811.104/1736.011　集部/詩文評類/詩評之屬

司空詩品註釋一卷　（唐）司空圖撰　清末南京李光明莊刻本　一冊

330000－1701－0012227　普 811.104/1043.2/2/c2　集部/詩文評類/詩評之屬
五代詩話十二卷　（清）王士禛輯　清乾隆十三年（1748）北平黃叔琳養素堂刻本　六冊

330000－1701－0012230　普 811.104/1191　集部/詩文評類/詩評之屬
小滄浪詩話四卷　（清）張燮承輯　清咸豐九年（1859）古汲郡賀氏藏真壽室刻本　四冊

330000－1701－0012231　普 811.104/2109/2/c1　集部/詩文評類/詩評之屬
歷代詩話二十七種　（清）何文煥編　**歷代詩話考索一卷**　（清）何文煥撰　清乾隆三十五年（1770）何氏刻本　十六冊

330000－1701－0012232　普 811.104/2020　集部/别集類/清别集
喬劍溪遺集十九卷　（清）喬億撰　清乾隆至嘉慶刻本　一冊

330000－1701－0012234　普 811.104/1043.3　集部/詩文評類/詩評之屬
漁洋詩話二卷　（清）王士禛撰　清嘉慶三年（1798）刻本　二冊

330000－1701－0012235　民 376.7/3235　新學/學校
浙江農業教員講習所講義不分卷　清宣統鉛印本　一冊

330000－1701－0012237　普 811.104/1138　集部/詩文評類/詩評之屬
蘇亭詩話六卷　（清）張道撰　清光緒十九年（1893）錢塘張鴻儀長沙學院刻本　六冊

330000－1701－0012238　民 369.45/2747　史部/政書類/公牘檔冊之屬
紹城民團局徵信錄不分卷　清宣統三年（1911）鉛印本　一冊

330000－1701－0012239　普 811.104/1043.3/3/c1　集部/詩文評類/詩評之屬
漁洋詩話二卷　（清）王士禛撰　清同治九年（1870）許灣立文堂刻本　二冊

330000－1701－0012240　民 371.52/4802　新學/學校
教育統計表式解說二卷　清末鉛印本　一冊

330000－1701－0012242　普 811.104/2042/2/c2　集部/詩文評類/詩評之屬
西河詩話一卷詞話一卷褉籛一卷　（清）毛奇齡撰　清宣統三年（1911）上海文瑞樓石印本　二冊

330000－1701－0012245　普 082.7/4094/(3)　類叢部/叢書類/自著之屬
榕村全書三十二種附十種　（清）李光地撰　清道光九年（1829）安溪李維迪刻本　五十九冊　存三十一種

330000－1701－0012246　普 811.104/1043.3/3/c2　集部/詩文評類/詩評之屬
漁洋詩話二卷　（清）王士禛撰　清同治九年（1870）許灣立文堂刻本　二冊

330000－1701－0012248　普 811.104/1153/c2　集部/詩文評類/詩評之屬
歲寒堂詩話二卷　（宋）張戒撰　清刻本　一冊

330000－1701－0012253　普 811.104/1144　集部/詩文評類/詩評之屬
初白菴詩評三卷詞綜偶評一卷　（清）查慎行撰　（清）張載華輯　清末上海六藝書局石印本　六冊

330000－1701－0012255　普 811.104/1736.01　集部/詩文評類/詩評之屬
二十四詩品淺解一卷　（清）楊廷芝撰　清光緒二十一年（1895）泠然閣鉛印本　一冊

330000－1701－0012257　普 811.104/2519　集部/詩文評類/類編之屬
詩觸十六種十九卷　（清）朱琰編　清乾隆至嘉慶刻本　二冊

330000－1701－0012260　民 369.3/1014　史

部/傳記類/日記之屬
丁未年浙江警察日記不分卷 (清)王廷樑撰 清光緒三十四年(1908)鉛印本 一册

330000－1701－0012261 普 811.104/2109/2/c2 集部/詩文評類/詩評之屬
歷代詩話二十七種 (清)何文煥編 **歷代詩話考索一卷** (清)何文煥撰 清乾隆三十五年(1770)何氏刻本 十六册

330000－1701－0012264 普 811.104/1241/2 集部/詩文評類/詩評之屬
餘墨偶談八卷續集八卷 (清)孫樗編 清光緒七年(1881)刻本 八册

330000－1701－0012265 普 811.104/1153/cl 集部/詩文評類/詩評之屬
歲寒堂詩話二卷 (宋)張戒撰 清刻本 一册

330000－1701－0012266 普 811.104/1736.011/2 集部/詩文評類/詩評之屬
司空詩品註釋一卷 (唐)司空圖撰 清同治九年(1870)寶文書局刻本 一册

330000－1701－0012267 普 811.104/2020/(2) 集部/詩文評類/詩評之屬
劍谿說詩二卷附録一卷 (清)喬億撰 清乾隆十七年(1752)刻本 二册

330000－1701－0012269 民 341/4486 史部/政書類/邦交之屬
國際公法志一卷 蔡鍔編譯 清光緒二十九年(1903)上海廣智書局鉛印本 一册

330000－1701－0012274 民 950/7777 新學/史志/別國史
東洋史要二卷 (日本)桑元隲藏撰 樊炳清譯 清光緒二十五年(1899)東文學社石印本 二册

330000－1701－0012275 民 374.1/8165 新學/學校
修學篇不分卷 (日本)飯泉規矩三撰 蔣震方譯 清光緒二十八年(1902)上海廣智書局鉛印本 一册

330000－1701－0012276 普 811.104/2042/2/cl 集部/詩文評類/詩評之屬
西河詩話一卷詞話一卷襍箋一卷 (清)毛奇齡撰 清宣統上海文瑞樓石印本 二册

330000－1701－0012277 民 377.309/32349 史部/傳記類/總傳之屬
杭州府中學堂同學錄不分卷 清光緒三十三年(1907)鉛印本 一册

330000－1701－0012279 普 811.104/1240 類叢部/叢書類/彙編之屬
晨風閣叢書第一集(國學粹編)五十二種 沈宗畸等編 清光緒三十四年至宣統三年(1908－1911)國學萃編社鉛印本 一册 存一種

330000－1701－0012287 普 811.104/1043.2/2/c1 集部/詩文評類/詩評之屬
五代詩話十二卷 (清)王士禛輯 清乾隆十三年(1748)北平黃叔琳養素堂刻本 三册

330000－1701－0012295 普 811.104/2501 集部/詩文評類/詩評之屬
筱園詩話四卷 (清)朱庭珍撰 清光緒十年(1884)滇省王氏務本堂刻本 清段世清批並跋 四册

330000－1701－0012301 普 811.104/26202/c1 集部/詩文評類/詩評之屬
峴傭說詩一卷 (清)施補華撰 清末石印本 一册

330000－1701－0012303 普 811.104/2528(2) 集部/詩文評類/詩評之屬
靜志居詩話二十四卷 (清)朱彝尊撰 (清)姚祖恩輯 清嘉慶二十四年(1819)錢塘姚祖恩扶荔山房刻本 二十四册

330000－1701－0012304 普 811.104/26031/c2 集部/詩文評類
南野堂筆記十二卷 (清)吳文溥撰 清嘉慶元年(1796)刻南野堂全集本 少芸題簽 四册

330000－1701－0012305 普 811.104/2610

集部/詩文評類/詩評之屬
圍爐詩話六卷 (清)吴喬撰 清道光四年(1824)刻本 四册

330000-1701-0012306 普 811.104/26031/c1 類叢部/叢書類/自著之屬
南野堂全集三種 (清)吴文溥撰 清乾隆至嘉慶刻本 四册 存一種

330000-1701-0012307 普 811.104/2603/2 集部/詩文評類/詩評之屬
詩人玉屑二十卷 (宋)魏慶之撰 清古松堂刻本 四册

330000-1701-0012309 普 811.104/26202/c2 集部/詩文評類/詩評之屬
峴傭説詩一卷 (清)施補華撰 清末石印本 一册

330000-1701-0012311 普 811.104/2627 集部/詩文評類/詩評之屬
小匏庵詩話十卷 (清)吴仰賢輯 清光緒八年(1882)刻本 二册

330000-1701-0012313 普 811.104/2720 類叢部/叢書類/家集之屬
鄔家初集十種 鄔慶時編 清光緒三十四年至民國十七年(1908-1928)刻二十年(1931)廣州鄔氏彙印本 一册 存一種

330000-1701-0012314 普 811.104/2733 類叢部/叢書類/家集之屬
鄔家初集十種 鄔慶時編 清光緒三十四年至民國十七年(1908-1928)刻二十年(1931)廣州鄔氏彙印本 一册 存一種

330000-1701-0012316 普 811.104/1043.2 集部/詩文評類/詩評之屬
五代詩話十卷 (清)王士禛輯 (清)鄭方坤删補 清乾隆十九年(1754)杞菊軒刻本 四册

330000-1701-0012319 普 811.104/1043/(2)/c3 集部/詩文評類/詩評之屬
帶經堂詩話三十卷首一卷 (清)王士禛撰 (清)張宗柟輯 清同治十二年(1873)廣州藏修堂刻本 十二册

330000-1701-0012321 普 811.104/2820 類叢部/叢書類/彙編之屬
峭帆樓叢書十八種 趙詒琛編 清宣統三年至民國八年(1911-1919)新陽趙氏峭帆樓刻本 一册 存一種

330000-1701-0012322 普 915.1114/1029 史部/地理類/方志之屬/郡縣志
[乾隆]汲縣志十四卷首一卷末一卷 (清)徐汝瓚修 (清)杜崐纂 清乾隆二十年(1755)刻本 六册

330000-1701-0012323 普 915.1113/6031 史部/地理類/方志之屬/郡縣志
[嘉慶]涉縣志八卷 (清)戚學標纂修 清嘉慶四年(1799)刻本 四册

330000-1701-0012324 普 915.1113/3054 史部/地理類/專志之屬/古跡
湯陰精忠廟志十卷 (明)張應登 (明)鄭懋洵輯 (清)楊世達續輯 清刻本 六册

330000-1701-0012325 普 915.1114/2029/c1 史部/地理類/方志之屬/郡縣志
[乾隆]新鄉縣志三十四卷首一卷 (清)趙開元修 (清)暢俊纂 清乾隆十二年(1747)刻民國十年(1921)補修本 六册

330000-1701-0012326 普 915.1114/3029/c2 史部/地理類/方志之屬/郡縣志
[乾隆]獲嘉縣志十六卷首一卷 (清)吴喬齡修 (清)李棟纂 清乾隆二十一年(1756)刻本 六册

330000-1701-0012327 普 915.1114/3029/c1 史部/地理類/方志之屬/郡縣志
[乾隆]獲嘉縣志十六卷首一卷 (清)吴喬齡修 (清)李棟纂 清乾隆二十一年(1756)刻本 六册

330000-1701-0012328 普 915.1114/2029/c2 史部/地理類/方志之屬/郡縣志
[乾隆]新鄉縣志三十四卷首一卷 (清)趙開元修 (清)暢俊纂 清乾隆十二年(1747)

刻本　十冊

330000－1701－0012330　普 915.1113/7029　史部/地理類/方志之屬/郡縣志
[乾隆]內黄縣志十八卷首一卷　(清)李湞修　(清)黄之徵纂　清乾隆四年(1739)刻本　六冊

330000－1701－0012331　普 915.1114/5032/c2　史部/地理類/方志之屬/郡縣志
[道光]輝縣志二十卷首一卷末一卷　(清)周際華修　(清)戴銘纂　清道光十五年(1835)百泉書院刻本　八冊

330000－1701－0012332　普 915.1114/5032/c1　史部/地理類/方志之屬/郡縣志
[道光]輝縣志二十卷首一卷末一卷　(清)周際華修　(清)戴銘纂　清道光十五年(1835)百泉書院刻二十一年(1841)補刻光緒十四年(1888)郭藻、二十一年(1895)易釗續補刻本　八冊

330000－1701－0012334　普 915.1113/3029　史部/地理類/方志之屬/郡縣志
[乾隆]湯陰縣志十卷　(清)楊世達纂修　清乾隆三年(1738)刻本　八冊

330000－1701－0012335　普 915.1113/4029　史部/地理類/方志之屬/郡縣志
[乾隆]林縣志十卷首一卷末一卷　(清)楊潮觀纂修　清乾隆十六年(1751)刻本　五冊

330000－1701－0012336　普 915.1114/7031　史部/地理類/方志之屬/郡縣志
[嘉慶]濬縣志二十二卷補遺一卷金石錄別編二卷　(清)熊象階修　(清)武穆淳纂　清嘉慶六年(1801)刻本　清八詠樓主人題簽並記　六冊

330000－1701－0012337　普 915.1114/4026/c1　史部/地理類/方志之屬/郡縣志
[順治]淇縣志十卷圖考一卷　(清)王謙吉　(清)王南國修　(清)白龍躍　(清)葛漢忠纂　清順治十七年(1660)刻本　二冊

330000－1701－0012339　普 915.1113/7031　史部/地理類/方志之屬/郡縣志
[光緒]內黄縣志十九卷首一卷　(清)董慶恩等修　(清)陳熙春纂　清光緒十八年(1892)刻本　八冊

330000－1701－0012340　普 915.1114/4026/c2　史部/地理類/方志之屬/郡縣志
[順治]淇縣志十卷圖考一卷　(清)王謙吉　(清)王南國修　(清)白龍躍　(清)葛漢忠纂　清順治十七年(1660)刻本　一冊　缺三卷(八至十)

330000－1701－0012341　普 811.104/2833　集部/詩文評類/詩評之屬
閒遊詩話三卷　(清)徐祚永輯　清乾隆刻本　一冊

330000－1701－0012342　普 915.1115/4032/c1　史部/地理類/方志之屬/郡縣志
[道光]修武縣志十卷首一卷　(清)馮繼照修　(清)金皋　(清)袁俊　(清)張宗泰纂　清道光二十年(1840)刻本　十冊

330000－1701－0012343　普 915.1115/1027　史部/地理類/方志之屬/郡縣志
[康熙]河內縣志五卷　(清)李橒等修　(清)蕭家蕙　(清)史璉　(清)蕭健纂　清康熙三十三年(1694)刻本　五冊

330000－1701－0012346　普 915.1114/9527　史部/地理類/方志之屬/郡縣志
[康熙]考城縣志四卷　(清)陳德敏修　(清)王貫三纂　清康熙三十七年(1698)刻本　四冊

330000－1701－0012347　普 915.1115/30291/c1　史部/地理類/方志之屬/郡縣志
[乾隆]濟源縣志十六卷首一卷末一卷　(清)蕭應植纂修　清乾隆二十六年(1761)刻本　六冊

330000－1701－0012348　普 915.1115/30291/c3　史部/地理類/方志之屬/郡縣志
[乾隆]濟源縣志十六卷首一卷末一卷　(清)蕭應植纂修　清乾隆二十六年(1761)刻本

十三册

330000－1701－0012349　普 915.1115/3031/c1　史部/地理類/方志之屬/郡縣志

[嘉慶]續濟源縣志十二卷　(清)何荇芳修　(清)劉大觀纂　清嘉慶十八年(1813)刻本　四册

330000－1701－0012353　普 915.1115/30291/c2　史部/地理類/方志之屬/郡縣志

[乾隆]濟源縣志十六卷首一卷末一卷　(清)蕭應植纂修　清乾隆二十六年(1761)刻本　六册

330000－1701－0012355　普 082.7/4441/c1　類叢部/叢書類/自著之屬

儆居遺書十一種　(清)黄式三撰　清同治至光緒刻本　八册　存一種

330000－1701－0012358　普 915.1115/4032/c2　史部/地理類/方志之屬/郡縣志

[道光]修武縣志十卷首一卷　(清)馮繼照修　(清)金皋　(清)袁俊　(清)張宗泰纂　清道光二十年(1840)刻本　十册

330000－1701－0012359　普 915.1115/3031/c2　史部/地理類/方志之屬/郡縣志

[嘉慶]續濟源縣志十二卷　(清)何荇芳修　(清)劉大觀纂　清嘉慶十八年(1813)刻本　七册

330000－1701－0012360　普 921.512/1010.23　史部/傳記類/總傳之屬/家乘

[浙江紹興]山陰天樂三泉王氏宗譜八卷　(清)王夢庚　(清)王雪舫纂修　清同治八年(1869)木活字印本　九册　存七卷(二至八)

330000－1701－0012362　普 921.512/1010.25　史部/傳記類/總傳之屬/家乘

[浙江紹興]王氏宗族分支世譜不分卷　清抄本　一册

330000－1701－0012363　普 915.1115/3031/c3　史部/地理類/方志之屬/郡縣志

[嘉慶]續濟源縣志十二卷　(清)何荇芳修　(清)劉大觀纂　清嘉慶十八年(1813)刻本　七册

330000－1701－0012365　普 921.512/0864.8　史部/傳記類/總傳之屬/家乘

[浙江海寧]靈泉許氏重纂家譜十二卷首一卷末一卷　(清)許克勤等纂修　清光緒十六年(1890)刻本　五册

330000－1701－0012366　普 921.512/0864.9　史部/傳記類/總傳之屬/家乘

[浙江海寧]許氏歷代宗譜四卷　(清)許承祖纂修　清乾隆二十二年(1757)刻本　一册

330000－1701－0012369　民 379.473/2262.3　新學/學校

嵊縣愛華女學校章程不分卷　清嵊縣愛華女學校鉛印本　一册

330000－1701－0012370　普 921.512/1010.18　史部/傳記類/總傳之屬/家乘

[江蘇無錫]錫山王氏宗譜二卷　竇鎮纂修　清宣統三年(1911)敬修堂木活字印本　二册

330000－1701－0012371　普 921.512/1010.19　史部/傳記類/總傳之屬/家乘

[上海華亭]瑯琊世譜不分卷　(清)王鎬　(清)王廷槐修　(清)陸于鄖纂　清抄本　一册

330000－1701－0012374　普 921.512/1010.13　史部/傳記類/總傳之屬/家乘

[浙江紹興]山陰天樂三泉王氏宗譜八卷首一卷　(清)王炳儒　(清)王廣熙纂修　清道光十八年(1838)三槐堂木活字印本　八册

330000－1701－0012376　普 921.512/1010.14　史部/傳記類/總傳之屬/家乘

[浙江紹興]王氏家譜不分卷　清末抄本　一册

330000－1701－0012377　普 921.512/1010.12　史部/傳記類/總傳之屬/家乘

[浙江黄巖]南隅花廳王氏宗譜十卷首一卷　(清)王笠舟修　(清)王鶯橋纂　清光緒十六年(1890)敦睦堂木活字印本　十册

330000－1701－0012384　普 921. 512/1010. 22　史部/傳記類/總傳之屬/家乘

[浙江紹興]山陰廣陵楞里王氏宗譜七卷首一卷　(清)王揚昭　(清)王揚載纂修　清咸豐三年(1853)木活字印本　五冊　缺一卷(六)

330000－1701－0012385　普 082.7/4094/2　類叢部/叢書類/自著之屬

榕村全書三十二種附十種　(清)李光地撰　清道光九年(1829)安溪李維迪刻本　二十一冊　存八種

330000－1701－0012387　普 811.104/3025　集部/詩文評類/詩評之屬

詩家標目四卷補遺一卷　(清)宗廷輔集訂　清光緒刻本　一冊

330000－1701－0012388　普 921. 512/1010. 34　史部/傳記類/總傳之屬/家乘

[浙江蕭山]王氏家乘不分卷　(清)□□纂修　清抄本　三冊

330000－1701－0012390　普 921. 512/1010. 20　史部/傳記類/總傳之屬/家乘

[浙江嵊州]王氏宗譜不分卷　(清)王堯功　(清)王堯德纂修　清末抄本　一冊

330000－1701－0012392　普 921. 512/1010. 31　史部/傳記類/總傳之屬/家乘

[浙江餘姚]姚江雙雁鄉王氏宗譜不分卷　(清)王聿觀等纂修　清同治四年(1865)抄本　一冊

330000－1701－0012393　普 082. 7/4217/c2　類叢部/叢書類/自著之屬

惜抱軒全集十種　(清)姚鼐撰　清同治五年(1866)省心閣刻本　十六冊

330000－1701－0012396　普 082. 7/4217/2/c1　類叢部/叢書類/自著之屬

惜抱軒全集十種　(清)姚鼐撰　清嘉慶至道光刻本　十冊　存三種

330000－1701－0012398　普 082.7/4299　類叢部/叢書類/自著之屬

中復堂全集九種附一種　(清)姚瑩撰　清道光刻本　三十二冊

330000－1701－0012399　民 381.061/2720　史部/政書類/公牘檔冊之屬

郵傳部第一次電政統計表二卷郵政統計表一卷路政統計表二卷　(清)郵傳部輯　清光緒三十三年(1907)鉛印本　五冊

330000－1701－0012400　普 082. 7/4217/2/c2　類叢部/叢書類/自著之屬

惜抱軒全集十種　(清)姚鼐撰　清嘉慶至道光刻本　六冊　存七種

330000－1701－0012401　普 082. 7/4217. 2　類叢部/叢書類/自著之屬

惜抱軒遺書三種　(清)姚鼐撰　清光緒五年(1879)桐城徐宗亮刻本　四冊

330000－1701－0012402　普 082. 7/4310/c1　類叢部/叢書類/彙編之屬

微波榭叢書十一種　(清)孔繼涵編　清孔氏刻彙印本　十冊　存一種

330000－1701－0012403　民 381. 061/2720. 2　史部/政書類/公牘檔冊之屬

郵傳部第二次交通統計表八卷　(清)郵傳部輯　清光緒三十四年(1908)鉛印本　八冊

330000－1701－0012404　普 082. 7/4310/c2　類叢部/叢書類/彙編之屬

微波榭叢書十一種　(清)孔繼涵編　清孔氏刻彙印本　十四冊　存一種

330000－1701－0012405　普 082. 7/4299/2　類叢部/叢書類/自著之屬

中復堂全集九種附一種　(清)姚瑩撰　清同治六年(1867)姚濬昌安福縣署刻本　十八冊　存七種

330000－1701－0012406　普 082.7/4421　類叢部/叢書類/自著之屬

鹿洲全集八種　(清)藍鼎元撰　清雍正十年(1732)刻光緒五年(1879)藍謙修補刻本　二十四冊

330000－1701－0012409　普 082.7/4424　類

叢部/叢書類/自著之屬

脩本堂叢書十種　(清)林伯桐撰　清道光二十四年(1844)番禺林世懋刻本　十二册

330000－1701－0012411　普082.7/4427/c1　類叢部/叢書類/自著之屬

儆季雜著五種附二種　(清)黄以周撰　清光緒二十年至二十一年(1894－1895)江蘇南菁講舍刻本　十册

330000－1701－0012412　民386.8/5019　史部/政書類/軍政之屬/邊政

東省與韓俄交界道路表一卷　清光緒石印本　一册

330000－1701－0012413　普082.7/4427/c3　類叢部/叢書類/自著之屬

儆季雜著五種附二種　(清)黄以周撰　清光緒二十年至二十一年(1894－1895)江蘇南菁講舍刻本　林宗澤題記　十册

330000－1701－0012414　普082.7/4430　類叢部/叢書類/自著之屬

正誼堂全集八種　(清)董沛撰　清同治至光緒刻本　二十二册

330000－1701－0012415　普082.7/4429　類叢部/叢書類/自著之屬

觀古堂所著書二十種　葉德輝撰　清光緒長沙葉氏刻本　十六册

330000－1701－0012416　普082.7/4435　類叢部/叢書類/自著之屬

庸盦全集六種　(清)薛福成撰　清光緒二十三年(1897)上海醉六堂石印本　十二册

330000－1701－0012420　普082.7/4438　類叢部/叢書類/自著之屬

黄梨洲遺書十種　(清)黄宗羲撰　清光緒三十一年(1905)杭州羣學社石印本　十二册

330000－1701－0012422　普082.7/4438/(2)　類叢部/叢書類/自著之屬

黄梨洲遺書十種　(清)黄宗羲撰　清光緒三十一年(1905)杭州羣學社石印本　十四册

330000－1701－0012423　普082.7/4438.2/(2)　類叢部/叢書類/自著之屬

梨洲遺著彙刊二十七種首一卷　(清)黄宗羲撰　薛鳳昌編次　清宣統二年(1910)上海時中書局鉛印本　二十册

330000－1701－0012425　普082.7/4441/c2　類叢部/叢書類/自著之屬

儆居遺書十一種　(清)黄式三撰　清同治至光緒刻本　八册　存一種

330000－1701－0012427　普082.7/4453　類叢部/叢書類/自著之屬

竹柏山房十五種附刻八種　(清)林春溥撰　清嘉慶至咸豐竹柏山房刻本　三十二册　存十五種

330000－1701－0012429　普082.7/4480　類叢部/叢書類/自著之屬

海嶽軒叢刻十種　杜俞撰　清光緒二十六年(1900)申江鉛印本　十册

330000－1701－0012430　普082.7/4711　類叢部/叢書類/自著之屬

鏡珠齋彙刻八種　(清)胡元玉撰　清光緒長沙梁益智書局刻本　十册

330000－1701－0012431　普082.7/4742　類叢部/叢書類/自著之屬

郝氏遺書三十三種　(清)郝懿行撰　清嘉慶至光緒刻彙印本　五十六册

330000－1701－0012432　普082.7/4453/(4)　類叢部/叢書類/自著之屬

竹柏山房十五種附刻八種　(清)林春溥撰　清嘉慶至咸豐竹柏山房刻本　三十九册　存十三種

330000－1701－0012433　普082.7/4902　類叢部/叢書類/自著之屬

還硯齋全集五種　(清)趙新撰　清光緒八年(1882)黄樓刻本　十三册

330000－1701－0012434　普082.7/4917　類叢部/叢書類/自著之屬

甌北全集八種　(清)趙翼撰　清乾隆至嘉慶

湛貽堂刻本　四十八冊

330000－1701－0012435　普 082.7/4940　類叢部/叢書類/自著之屬
趙太史竹岡齋九種附二種　(清)趙敬襄撰　清嘉慶至道光刻本　十二冊

330000－1701－0012436　普 082.7/5340　類叢部/叢書類/自著之屬
盛于埜遺著五種　(清)盛大謨撰　清同治五年(1866)刻本　三冊

330000－1701－0012437　普 082.7/4217/2/c3　類叢部/叢書類/自著之屬
惜抱軒全集十種　(清)姚鼐撰　清嘉慶至道光刻本　四冊　存一種

330000－1701－0012438　普 082.7/6020　類叢部/叢書類/自著之屬
觀象廬叢書十八種　(清)呂調陽撰　清光緒十四年(1888)葉長高刻本　四冊　存一種

330000－1701－0012439　普 082.7/6022　類叢部/叢書類/自著之屬
琴志樓叢書　易順鼎撰　清光緒刻本　三冊　存七種

330000－1701－0012441　普 082.7/7224　類叢部/叢書類/彙編之屬
廣雅書局叢書一百五十九種　徐紹棨編　清光緒廣雅書局刻民國九年(1920)番禺徐紹棨彙編重印本　二冊　存一種

330000－1701－0012442　普 082.7/7231　類叢部/叢書類/自著之屬
槐軒全書 二十二種　(清)劉沅撰　清道光至民國刻本　一百七冊

330000－1701－0012443　普 082.7/7224/2　類叢部/叢書類/自著之屬
劉端臨先生遺書八種　(清)劉台拱撰　清道光十四年(1834)揚州阮恩海刻本　二冊

330000－1701－0012445　普 082.7/7474/c2　類叢部/叢書類/自著之屬
陸子全書九種　(清)陸隴其撰　清光緒許仁沐刻本　十二冊

330000－1701－0012447　普 082.7/7474/2/c1　類叢部/叢書類/自著之屬
陸子全書十八種　(清)陸隴其撰　清光緒許仁沐刻本　三十六冊

330000－1701－0012448　民 387.72/0008/c1　史部/政書類/邦計之屬
商辦全浙鐵路有限公司報告不分卷　(清)商辦全浙鐵路有限公司編　清宣統元年至三年(1909－1911)上海商務印書館鉛印本　三冊

330000－1701－0012449　民 387.72/0008/c2、民 387.83/3286　史部/政書類/邦計之屬
商辦全浙鐵路有限公司報告不分卷　(清)商辦全浙鐵路有限公司編　清宣統二年至三年(1910－1911)上海商務印書館鉛印本　二冊

330000－1701－0012450　普 082.7/7521　類叢部/叢書類/自著之屬
石遺室叢書十九種　陳衍撰　清光緒至民國刻本　二十二冊　存十五種

330000－1701－0012451　普 082.7/7474/2/c4　類叢部/叢書類/自著之屬
陸子全書十八種　(清)陸隴其撰　清光緒許仁沐刻本[三魚堂日記卷一至三、六至八配清同治九年(1870)浙江書局刻本]　三十五冊　缺四卷(三魚堂日記四至五、九至十)

330000－1701－0012452　民 387.8/3262　史部/政書類/公牘檔冊之屬
全浙鐵路代表旅津浙省紳商陳請資政院說帖一卷　朱衍泰等撰　清宣統京師京華印書局鉛印本　一冊

330000－1701－0012453　普 082.7/7543　類叢部/叢書類/自著之屬
三山陳氏家刻左海全集十種　(清)陳壽祺撰　清嘉慶至道光刻本　二十冊

330000－1701－0012454　民 387.8/3262.2　史部/政書類/公牘檔冊之屬
浙路代表旅津紳商廢章保律公牘一卷　朱福詵等編　清宣統二年(1910)鉛印本　一冊

330000－1701－0012455　民 387.8/3262.3　史部/政書類/公牘檔冊之屬

浙路代表朱福詵等呈復郵傳部文一卷　朱福詵等撰　清宣統鉛印本　一冊

330000－1701－0012456　普 082.7/7535/c2　類叢部/叢書類/自著之屬

番禺陳氏東塾叢書初函四種附一種　(清)陳澧撰　清咸豐至光緒刻本　十冊

330000－1701－0012457　普 082.7/7700/c1　子部/小說家類

香豔小品五種　沈宗畸輯　清宣統元年(1909)番禺沈氏石印本　一冊　存一種

330000－1701－0012459　普 082.7/7535/(2)/c2　類叢部/叢書類/自著之屬

番禺陳氏東塾叢書初函四種附一種　(清)陳澧撰　清咸豐至光緒刻本　九冊

330000－1701－0012460　普 082.7/7700/c2　類叢部/叢書類/家集之屬

如臯冒氏叢書三十四種附二種　冒廣生輯　清光緒至民國如臯冒氏刻本　雨郇批　一冊　存四種

330000－1701－0012461　普 082.7/7741　類叢部/叢書類/自著之屬

周松靄先生遺書八種　(清)周春撰　清乾隆至嘉慶刻本　十六冊

330000－1701－0012462　普 082.7/8034/c3　集部/別集類/清別集

姜先生全集三十三卷首一卷附錄二卷　(清)姜宸英撰　(清)馮保燮　(清)王定祥重編　清光緒十五年(1889)慈谿馮氏毋自欺齋刻本(附錄二卷原缺)　十六冊

330000－1701－0012463　普 082.7/7453.2　類叢部/叢書類/家集之屬

左海續集十一種　(清)陳壽祺　(清)陳喬樅撰　清道光至同治刻本　四十冊

330000－1701－0012464　普 082.7/8043　類叢部/叢書類/自著之屬

春在堂全書二十三種　(清)俞樾撰　清同治至光緒刻光緒九年(1883)彙印本　八十冊　存二十一種

330000－1701－0012465　普 082.7/8346/c1　類叢部/叢書類/自著之屬

嘉定錢氏潛研堂全書二十一種　(清)錢大昕撰　清光緒十年(1884)長沙龍氏家塾刻本　六十四冊

330000－1701－0012466　民 387.83/3286.2　史部/政書類/邦計之屬

商辦浙江全省鐵路有限公司股東會第一次議事錄一卷　清末中合印書公司鉛印本　一冊

330000－1701－0012467　普 082.7/8043/2　類叢部/叢書類/自著之屬

春在堂全書(德清俞蔭甫所著書)三十六種　(清)俞樾撰　清同治至光緒刻光緒末彙印本　一百二十九冊　存三十一種

330000－1701－0012468　普 082.7/8346/c2　類叢部/叢書類/自著之屬

嘉定錢氏潛研堂全書二十一種　(清)錢大昕撰　清光緒十年(1884)長沙龍氏家塾刻本　六十三冊　存十一種

330000－1701－0012472　民 387.86/4441.9　史部/政書類/公牘檔冊之屬

蘇杭甬鐵路始末記一卷　陳毅編　清宣統二年(1910)郵傳部圖書通譯局鉛印本　一冊

330000－1701－0012473　普 082.7/8346/2　類叢部/叢書類/自著之屬

潛研堂全書十六種　(清)錢大昕撰　清乾隆至嘉慶刻本　四十八冊

330000－1701－0012474　普 082.7/8043/3(2)　類叢部/叢書類/自著之屬

春在堂全書三十種　(清)俞樾撰　清光緒二十三年(1897)石印本　二十六冊　存二十三種

330000－1701－0012475　民 387.86/5030.3　史部/政書類

奏准商辦浙江全省鐵路有限公司章程十四卷　湯壽潛編　清光緒三十四年(1908)鉛印本

一冊

330000－1701－0012479　普 082.7/9083　類叢部/叢書類/自著之屬

持雅堂全集五種　(清)尚鎔撰　清同治七年(1868)高安蕭凌蘭成都刻本　十冊

330000－1701－0012480　普 082.7/9753　類叢部/叢書類/自著之屬

鄦冰壑先生全書十三種　(清)?成撰　清光緒十一年(1885)東雍書院刻本　二冊

330000－1701－0012484　普 082.8/0010/c1　類叢部/叢書類/自著之屬

六譯館叢書七十三種　廖平撰　清光緒至民國刻民國十年(1921)四川存古書局彙印本　六十四冊　存六十四種

330000－1701－0012492　普 082.8/0010/c2　類叢部/叢書類/自著之屬

六譯館叢書七十三種　廖平撰　清光緒至民國刻民國十年(1921)四川存古書局彙印本　五十冊　存五十五種

330000－1701－0012500　民 399/3237　子部/雜著類/雜說之屬

浙江風俗改良淺說第一編一卷　浙江勸學所教育會編　清宣統二年(1910)浙江官報兼印刷局鉛印本　一冊

330000－1701－0012532　民 511/8832　子部/天文曆算類/算書之屬

算術條目及教授法不分卷　(日本)籐澤利喜太郎撰　(清)趙秉良譯述　清光緒三十四年(1908)上海南洋官書局等石印本　一冊

330000－1701－0012544　民 581.5/3235　新學/動植物學/植物學

植物病理學不分卷　(清)浙江農業教員講習所撰　清宣統官報兼印刷局鉛印本　一冊

330000－1701－0012545　民 580/3235/2　新學/動植物學/植物學

植物學講義不分卷　(清)陳沅蓀編　清宣統浙江官報兼印刷局鉛印本　一冊

330000－1701－0012547　民 583.31/3235　子部/農家農學類/總論之屬

農業黴菌學大意不分卷家禽學大意不分卷　(清)浙江農業教員講習所撰　清宣統浙江官報兼印刷局鉛印本　一冊

330000－1701－0012584　普 082.8/3474　集部/別集類

萬物炊累室類稿四種十八卷　沈同芳撰　清宣統三年(1911)上海中國圖書公司鉛印本　五冊

330000－1701－0012586　普 082.8/4741　類叢部/叢書類/自著之屬

玉津閣叢書甲集十二種乙集十二種　(清)胡薇元撰　清光緒至民國刻本　十二冊　存甲集十二種

330000－1701－0012599　民 612/6058/c2　新學/醫學/衛生學

生理衛生新教科書不分卷　(日本)日本繁雄　(日本)高橋本吉撰　董康譯　清光緒三十三年(1907)杭州學校用品店鉛印本　一冊

330000－1701－0012611　民 612.63/2262　子部/醫家類/養生之屬

攝生總要四種　(明)洪基撰　清刻本　一冊　存一種

330000－1701－0012643　普 087.7/1144　類叢部/叢書類/彙編之屬

敦懷堂洋務叢鈔十一種十九卷　(清)張樹聲編　清光緒十年(1884)敦懷書屋刻本　十六冊

330000－1701－0012646　普 089/1143　新學/雜著/叢編

西學富强叢書七十七種　(清)張蔭桓編　清光緒二十二年(1896)上海鴻文書局石印本　六十冊

330000－1701－0012657　民 574.2/3410　新學/雜著/叢編

少年中國新叢書四種　(清)少年中國學會編　清光緒二十九年(1903)鉛印本　一冊　存

一種

330000－1701－0012666　普 090.111/4081/2/c1、普 090.111/8700.301/c2、普 090.9/4081.2/2/c1　類叢部/叢書類/自著之屬

師伏堂叢書十五種　(清)皮錫瑞撰　清光緒十九年至三十三年(1893－1907)善化皮氏刻本　章嶔題簽並記　七冊　存三種

330000－1701－0012667　普 090.111/4081/2/c2　類叢部/叢書類/自著之屬

師伏堂叢書十五種　(清)皮錫瑞撰　清光緒十九年至三十三年(1893－1907)善化皮氏刻本　五冊　存一種

330000－1701－0012674　普 090.111/8700.301/c1　經部/群經總義類/傳說之屬

六藝論疏證一卷　(清)皮錫瑞撰　清光緒二十五年(1899)刻師伏堂叢書本　錢玄同題記　單丕校並跋　一冊

330000－1701－0012688　民 617.7/4678/c1　子部/醫家類/傷科之屬

臨陣傷科捷要四卷　(英國)帕脱編　舒高第(清)鄭昌棪譯　清江南機器製造總局鉛印本　四冊

330000－1701－0012689　普 090.21/2528/c1　史部/目録類/專録之屬

經義考三百卷　(清)朱彝尊撰　**經義考總目二卷**　(清)盧見曾編　清康熙秀水朱氏曝書亭刻乾隆十九年至二十年(1754－1755)德州盧見曾續刻本(卷二八六、二九九至三百原缺)　五十冊

330000－1701－0012691　普 090.21/2528/c2　史部/目録類/專録之屬

經義考三百卷　(清)朱彝尊撰　**經義考總目二卷**　(清)盧見曾編　清康熙秀水朱氏曝書亭刻乾隆十九年至二十年(1754－1755)德州盧見曾續刻本(卷二八六、二九九至三百原缺)　四十八冊

330000－1701－0012692　普 090.21/2528/(2)/c1　史部/目録類/專録之屬

經義考三百卷　(清)朱彝尊撰　**經義考總目二卷**　(清)盧見曾編　清康熙秀水朱氏曝書亭刻乾隆十九年至二十年(1754－1755)德州盧見曾續刻本(卷二八六、二九九至三百原缺)　四十冊

330000－1701－0012695　民 617.1/4678/c2　子部/醫家類/傷科之屬

臨陣傷科捷要四卷　(英國)帕脱編　舒高第(清)鄭昌棪譯　清江南機器製造總局鉛印本　四冊

330000－1701－0012702　民 621.63/3231　史部/政書類/公牘檔冊之屬

浙江建造新軍協司令部房屋尺寸做品材料規條一卷　清光緒浙江石印本　一冊

330000－1701－0012749　普 090.21/3543　史部/目録類/專録之屬

國朝漢學經師書目不分卷　(清)巢經巢小主人(鄭珍)撰　稿本　一冊

330000－1701－0012751　普 090.22/7544/c1　子部/儒家類/儒學之屬/性理

潛室陳先生木鍾集十一卷　(宋)陳埴撰　清同治六年(1867)陳思燏東甌郡齋刻本　四冊

330000－1701－0012759　普 090.21/2528/(2)/c3　史部/目録類/專録之屬

經義考三百卷　(清)朱彝尊撰　**經義考總目二卷**　(清)盧見曾編　清康熙秀水朱氏曝書亭刻乾隆十九年至二十年(1754－1755)德州盧見曾續刻乾隆四十二年(1777)汪汝瑮重印本(卷二八六、二九九至三百原缺)　三十五冊

330000－1701－0012760　普 090.22/8700/2　類叢部/叢書類/彙編之屬

粵雅堂叢書一百八十四種　(清)伍崇曜編　清道光二十九年至光緒十一年(1849－1885)南海伍氏刻彙印本　一冊　存一種

330000－1701－0012761　普 090.22/7544/c2　子部/儒家類/儒學之屬/性理

潛室陳先生木鍾集十一卷　(宋)陳埴撰　清

同治六年(1867)陳思𤇯東甌郡齋刻本　單丕批並過録清孫詒讓批　四冊

330000－1701－0012764　普 090.21/2528/2/c1　史部/目録類/專録之屬

經義考三百卷　(清)朱彝尊撰　**經義考總目二卷**　(清)盧見曾編　清光緒二十三年(1897)浙江書局刻本(卷二八六、二九九至三百原缺)　五十冊

330000－1701－0012765　民 631/7530　子部/農家農學類/總論之屬

農話一卷　(清)陳啓謙撰　清光緒二十八年(1902)上海商務印書館鉛印本　一冊

330000－1701－0012766　民 630.7/4063　子部/農家農學類/總論之屬

小學農書二卷　(日本)吉田永二郎著　(清)上海普通學書室譯　清光緒二十九年(1903)上海普通學書室石印本　一冊

330000－1701－0012767　普 090.21/2528/2/c2　史部/目録類/專録之屬

經義考三百卷　(清)朱彝尊撰　**經義考總目二卷**　(清)盧見曾編　清光緒二十三年(1897)浙江書局刻本(卷二八六、二九九至三百原缺)　五十冊

330000－1701－0012768　普 090.23/2630/c1　經部/群經總義類/圖說之屬

經義圖說八卷　(清)吳寶謨輯　清嘉慶二十四年(1819)江都陳逢衡刻本　八冊

330000－1701－0012769　普 090.03/2022/c1　經部/群經總義類/圖說之屬

羣經宮室圖二卷　(清)焦循撰　清乾隆揚州焦循半九書塾刻本　二冊

330000－1701－0012770　普 090.21/2528/2/c3　史部/目録類/專録之屬

經義考三百卷　(清)朱彝尊撰　**經義考總目二卷**　(清)盧見曾編　清光緒二十三年(1897)浙江書局刻本(卷二八六、二九九至三百原缺)　四十八冊　缺十二卷(一百四十五至一百五十、二百八十九至二百九十四)

330000－1701－0012772　普 090.23/2630/c2　經部/群經總義類/圖說之屬

經義圖說八卷　(清)吳寶謨輯　清嘉慶二十四年(1819)江都陳逢衡刻本　八冊

330000－1701－0012773　普 090.23/2022/c2　經部/群經總義類/圖說之屬

羣經宮室圖二卷　(清)焦循撰　清刻本　四冊

330000－1701－0012774　民 631.1/3235　新學/農政

農政學概論不分卷　(清)浙江農業教員講習所撰　清宣統鉛印本　一冊

330000－1701－0012775　普 090.23/2022/2　經部/群經總義類/圖說之屬

羣經宮室圖二卷　(清)焦循撰　清光緒十一年(1885)無錫朱鑑章小暴書亭刻本　二冊

330000－1701－0012776　民 630/3140　史部/政書類/公牘檔冊之屬

河南商務農工總局擬呈農務十條詳稿一卷　(清)河南商務農工總局編　清末鉛印本　一冊

330000－1701－0012777　民 631.1/4043　史部/政書類/邦計之屬/通紀

杭嘉湖經濟資料一卷　(清)□□輯　清抄本　一冊

330000－1701－0012782　普 090.32/1013/2/c2　經部/群經總義類/文字音義之屬

經傳釋詞十卷　(清)王引之撰　清嘉慶二十四年(1819)高郵王氏刻本　四冊

330000－1701－0012784　普 090.32/1013.021/c1　經部/群經總義類/文字音義之屬

經詞衍釋十卷補遺一卷　(清)吳昌瑩撰　清光緒三年(1877)南豐吳氏得一齋刻本　三冊

330000－1701－0012786　普 090.32/7426/c1　經部/群經總義類/文字音義之屬

經典釋文三十卷　(唐)陸德明撰　**經典釋文攷證三十卷**　(清)盧文弨撰　清同治八年(1869)湖北崇文書局刻本　十二冊

330000－1701－0012790　普 090.32/7426/c2
經部/群經總義類/文字音義之屬
經典釋文三十卷　(唐)陸德明撰　**經典釋文攷證三十卷**　(清)盧文弨撰　清同治八年(1869)湖北崇文書局刻本　十二册

330000－1701－0012792　普 090.32/7426/c3
經部/群經總義類/文字音義之屬
經典釋文三十卷　(唐)陸德明撰　**經典釋文攷證三十卷**　(清)盧文弨撰　清同治八年(1869)湖北崇文書局刻本　十六册

330000－1701－0012793　普 090.32/1013/2/c1　經部/群經總義類/文字音義之屬
經傳釋詞十卷　(清)王引之撰　清嘉慶二十四年(1819)高郵王氏刻本　二册

330000－1701－0012795　普 090.32/7426/2/c1　類叢部/叢書類/彙編之屬
抱經堂叢書十六種　(清)盧文弨編　清乾隆至嘉慶刻彙印本　十二册　存一種

330000－1701－0012796　普 090.32/1013/3
類叢部/叢書類/家集之屬
王氏四種　(清)王念孫　(清)王引之撰　清光緒二十一年(1895)上海鴻文書局石印本　一册　存一種

330000－1701－0012800　普 090.32/7426/2/c2　類叢部/叢書類/彙編之屬
抱經堂叢書十六種　(清)盧文弨編　清乾隆至嘉慶刻彙印本　十二册　存一種

330000－1701－0012803　普 090.32/7426/2/c3　類叢部/叢書類/彙編之屬
抱經堂叢書十六種　(清)盧文弨編　清乾隆至嘉慶刻彙印本　十二册　存一種

330000－1701－0012804　普 090.32/7426/3
經部/群經總義類/文字音義之屬
經典釋文三十卷　(唐)陸德明撰　**經典釋文攷證三十卷**　(清)盧文弨撰　清同治十年(1871)粤秀山文瀾閣刻本[卷十八至三十、攷證三十卷配清乾隆五十六年(1791)刻抱經堂叢書本]　十二册　缺三卷(十五至十七)

330000－1701－0012808　普 090.32/1013.02
經部/群經總義類/文字音義之屬
經傳釋詞補一卷再補一卷　(清)孫經世撰　清光緒十一年(1885)、十四年(1888)長洲蔣氏心矩齋刻本　二册

330000－1701－0012810　普 090.32/7426/4
經部/群經總義類/文字音義之屬
經典釋文三十卷　(唐)陸德明撰　**經典釋文攷證三十卷**　(清)盧文弨撰　清同治九年(1870)廣州書局刻本　十一册　存五十六卷(三至三十、攷證三至三十)

330000－1701－0012812　普 090.33/4419
經部/群經總義類/傳說之屬
經學提要十五卷　(清)蔡孔炘撰　清道光七年(1827)刻本　六册

330000－1701－0012813　普 090.32/7426/5/c1　經部/群經總義類/文字音義之屬
經典釋文三十卷　(唐)陸德明撰　**經典釋文攷證三十卷**　(清)盧文弨撰　清光緒十五年(1889)湘南書局刻本　十二册

330000－1701－0012815　普 090.32/7426/5/c2　經部/群經總義類/文字音義之屬
經典釋文三十卷　(唐)陸德明撰　**經典釋文攷證三十卷**　(清)盧文弨撰　清光緒十五年(1889)湘南書局刻本　十四册

330000－1701－0012816　普 090.32/7426/5/c3　經部/群經總義類/文字音義之屬
經典釋文三十卷　(唐)陸德明撰　**經典釋文攷證三十卷**　(清)盧文弨撰　清光緒十五年(1889)湘南書局刻本　二十二册　缺四卷(二十七至二十八、攷證二十七至二十八)

330000－1701－0012817　普 090.32/7426/6
經部/叢編
通志堂經解一百四十種　(清)納蘭成德輯　清康熙十九年(1680)納蘭成德刻本　十二册　存一種

330000－1701－0012818　普 090.34/1127
經部/群經總義類/文字音義之屬

經字異同四十八卷 (清)張維屏輯 清光緒五年(1879)清泉精舍刻本 六冊

330000－1701－0012819 普 090.32/1013.02(2) 類叢部/叢書類/彙編之屬
心矩齋叢書十一種 (清)蔣鳳藻編 清光緒長洲蔣氏刻本 一冊 存一種

330000－1701－0012820 普 090.36/1061 經部/小學類/音韻之屬
丁酉圃叢書三種十九卷 (清)丁顯撰 清光緒刻本 五冊 存一種

330000－1701－0012821 普 090.36/1064/c1 經部/小學類
澤存堂五種 (清)張士俊輯 清光緒十四年(1888)上海蜚英館石印本 一冊 存一種

330000－1701－0012822 普 090.36/1064/c2 經部/小學類
澤存堂五種 (清)張士俊輯 清康熙吳郡張士俊澤存堂刻本 一冊 存一種

330000－1701－0012823 普 090.36/1064/2 經部/群經總義類/文字音義之屬
羣經音辨七卷 (宋)賈昌朝撰 清康熙五十三年(1714)張氏澤存堂刻澤存堂五種本 清王仁堪題記 二冊

330000－1701－0012826 普 090.381/2629/c1 類叢部/叢書類/彙編之屬
經策通纂二種 (清)吳潁炎 (清)陳通聲等纂 清光緒十四年(1888)上海點石齋石印本 三十二冊 存一種

330000－1701－0012830 普 090.36/4627/c1 經部/群經總義類/文字音義之屬
經書字音辨要九卷 (清)楊名颺輯 清道光二十七年(1847)長白崇綸令德堂刻本 二冊

330000－1701－0012831 普 090.381/2629/c2 類叢部/叢書類/彙編之屬
經策通纂二種 (清)吳潁炎 (清)陳通聲等纂 清光緒十四年(1888)上海點石齋石印本 三十二冊 存一種

330000－1701－0012832 普 090.381/2645 經部/叢編
璜川吳氏經學叢書十五種 (清)吳志忠等輯 清道光十年(1830)璜川吳氏寶仁堂刻本(詩說三卷附錄一卷、疑辯錄三卷、章水經流考一卷、有竹石軒經句說卷二十三至二十四配清抄本) 五十冊

330000－1701－0012833 普 090.381/2629/c3 類叢部/叢書類/彙編之屬
經策通纂二種 (清)吳潁炎 (清)陳通聲等纂 清光緒十四年(1888)上海點石齋石印本 三十二冊 存一種

330000－1701－0012834 普 090.381/2847 經部/叢編
通志堂經解一百三十九種 (清)納蘭成德輯 清同治十二年(1873)粵東書局刻本 四百二十八冊

330000－1701－0012835 普 090.36/4627/c2 經部/群經總義類/文字音義之屬
經書字音辨要九卷 (清)楊名颺輯 清道光二十七年(1847)長白崇綸令德堂刻本 二冊

330000－1701－0012836 民 631.229/3235 子部/農家農學類/總論之屬
農業氣象學不分卷 清宣統浙江官報兼印刷局鉛印本 有章題簽 一冊

330000－1701－0012844 民 635.31/6763 子部/農家農學類/畜牧之屬
馬學一卷 (日本)野口次郎三編 (清)郰仲共譯 清末鉛印本 一冊

330000－1701－0012845 民 636/3027 子部/農家農學類/蠶桑之屬
蠶桑簡法二卷 (清)呂吉甫等輯 清宣統三年(1911)安徽蠶業講習所鉛印本 一冊

330000－1701－0012847 民 636/5008 子部/農家農學類/蠶桑之屬
推廣全省蠶桑議案不分卷 (清)浙江諮議局撰 清宣統元年(1909)鉛印本 一冊

330000－1701－0012857　民638/4403　史部/政書類/邦計之屬/鹽法

淮鹽紀略一卷　(清)杜文瀾撰　清光緒二十九年(1903)通州翰墨林書局鉛印本　一冊

330000－1701－0012862　民636.25/6055　子部/農家農學類/蠶桑之屬

試驗蠶病成蹟報第一不分卷　(日本)農商務省編　(日本)藤田豐八譯　(清)杭州蠶學館譯　清光緒二十六年(1900)上海務農會石印本　一冊

330000－1701－0012867　民638/7842　史部/政書類/邦計之屬/鹽法

鹽場利弊說一卷　(清)毓昌撰　清末石印本　一冊

330000－1701－0012876　民669.92/3478　新學/礦務

漢陽鐵廠調查本末不分卷購辦路礦各機大略不分卷萍鄉煤礦調查情形不分卷　李維格撰　清光緒鉛印本　一冊

330000－1701－0012878　民636.491/3024　子部/農家農學類/蠶桑之屬

安徽勸辦柞蠶案不分卷　(清)安徽勸業道署編　清宣統二年(1910)安徽勸業道署鉛印本　一冊

330000－1701－0012927　普090.381/2847/(2)　經部/叢編

通志堂經解一百三十九種　(清)納蘭成德輯　清同治十二年(1873)粵東書局刻本　四百八十冊

330000－1701－0012929　普090.3827/7110.081/c1　史部/目録類/專録之屬

皇清經解檢目八卷通用表一卷　(清)蔡啓盛編　清光緒十二年(1886)武林刻本　二冊

330000－1701－0012956　普090.381/2847.08　類叢部/叢書類/自著之屬

蘇齋叢書十八種　(清)翁方綱撰　清乾隆至嘉慶刻彙印本　六冊　存二種

330000－1701－0012957　普090.381/80431/2　經部/群經總義類/傳說之屬

古經解鉤沉三十卷　(清)余蕭客撰　清乾隆六十年(1795)刻道光二十年(1840)丹徒魯慶恩補刻本　六冊

330000－1701－0012958　普090.381/80431/c1　經部/群經總義類/傳說之屬

古經解鉤沉三十卷　(清)余蕭客撰　清光緒二十一年(1895)杭州竹簡齋石印本　十一冊　缺二卷(三至四)

330000－1701－0012959　普090.381/8208　經部/叢編

古經解彙函十六種附小學彙函十四種　(清)鍾謙鈞等輯　清同治十二年(1873)粵東書局刻本　六十四冊

330000－1701－0012960　普090.381/80431/c2　經部/群經總義類/傳說之屬

古經解鉤沉三十卷　(清)余蕭客撰　清光緒二十一年(1895)杭州竹簡齋石印本　章炳麟題記　十二冊

330000－1701－0012961　普090.381/8208/2/c1　經部/叢編

古經解彙函十六種附小學彙函十四種續附十種　(清)鍾謙鈞等輯　清光緒十四年(1888)上海蜚英館石印本　十一冊　存古經解彙函十六種、續附十種

330000－1701－0012962　普090.381/8324　經部/叢編

經苑二十五種　(清)錢儀吉輯　清道光至咸豐大梁書院刻同治七年(1868)王儒行等印本　八十冊

330000－1701－0012963　普090.381/80431/c3　經部/群經總義類/傳說之屬

古經解鉤沉三十卷　(清)余蕭客撰　清光緒二十一年(1895)杭州竹簡齋石印本　十二冊

330000－1701－0012964　普090.381/2847/2(2)　經部/叢編

通志堂經解一百四十種　(清)納蘭成德輯　清康熙十九年(1680)納蘭成德刻本(三山拙

齋林先生尚書全解卷三十四配清刻本） 四百十六册 存一百七種

330000－1701－0012965 普 090.381/8208/(2) 經部/叢編

古經解彙函十六種附小學彙函十四種 （清）鍾謙鈞等輯 清同治十二年(1873)粵東書局刻本 四十册 存古經解彙函十六種

330000－1701－0012966 普 090.381/8349 子部/雜著類/雜纂之屬

經餘必讀八卷 （清）雷琳 （清）錢樹棠 （清）錢樹立輯 清嘉慶八年(1803)大中堂刻本 四册

330000－1701－0012967 普 090.381/8208/2/c2、G611999 經部/叢編

古經解彙函十六種附小學彙函十四種續附十種 （清）鍾謙鈞等輯 清光緒十四年(1888)上海蜚英館石印本 十册 存古經解彙函十四種、續附十種

330000－1701－0012968 普 090.381/8208/2/c3 經部/叢編

古經解彙函十六種附小學彙函十四種續附十種 （清）鍾謙鈞等輯 清光緒十四年(1888)上海蜚英館石印本 十一册 存古經解彙函十六種、續附十種

330000－1701－0012969 普 090.3827/2509 經部/叢編

孫谿朱氏經學叢書初編三十八卷 （清）朱記榮輯 清光緒吳縣朱氏槐廬刻本 十二册

330000－1701－0012970 普 090.381/8208/(3)/c1 經部/叢編

古經解彙函十六種附小學彙函十四種 （清）鍾謙鈞等輯 清同治十二年(1873)粵東書局刻本 六十六册

330000－1701－0012971 普 090.3827/7110 經部/叢編

皇清經解一千四百卷首一卷 （清）阮元輯 清道光九年(1829)廣東學海堂刻本 一百七十一册 存六百二十三卷（三百五十五至五百十八、六百五十五至八百九十三、一千一百二十六至一千三百四十五）

330000－1701－0012972 普 090.382/2701 經部/叢編

五經合纂大成四十四卷首五卷 （清）同文書局主人輯 清光緒十一年(1885)上海同文書局石印本 二十册

330000－1701－0012973 普 090.381/8208/(3)/c2 經部/叢編

古經解彙函十六種附小學彙函十四種 （清）鍾謙鈞等輯 清同治十二年(1873)粵東書局刻本 六十六册

330000－1701－0012974 普 090.3827/7110/2/c2 經部/叢編

皇清經解一千四百八卷首一卷 （清）阮元輯 清道光九年(1829)廣東學海堂刻咸豐十一年(1861)補刻本 三百六十册

330000－1701－0012975 普 090.3827/7110/3 經部/叢編

皇清經解一千四百十二卷首一卷 （清）阮元輯 清道光九年(1829)廣東學海堂刻咸豐十一年(1861)補刻同治九年(1870)續刻本 三百五十八册 缺六卷（四十八至四十九、五百四十八至五百五十一）

330000－1701－0012980 普 090.3827/7110/4 經部/叢編

皇清經解一百九十卷首一卷正訛記一卷 （清）阮元輯 清光緒十七年(1891)上洋鴻寶齋石印本 二十四册

330000－1701－0012983 普 090.3827/7110/5/c1 經部/叢編

皇清經解一千四百二十一卷 （清）阮元輯 清光緒十三年(1887)上海書局石印本 六十四册

330000－1701－0012984 普 090.3827/7110/5/c2 經部/叢編

皇清經解一千四百二十一卷 （清）阮元輯 清光緒十三年(1887)上海書局石印本 六十

四冊

330000－1701－0012986　普 090.3827/7110/2/c3　經部/叢編
皇清經解一千四百八卷首一卷　(清)阮元輯　清道光九年(1829)廣東學海堂刻咸豐十一年(1861)補刻本　二百八十八冊　存一千一百二十五卷(一百二十六至四百四十八、五百六十八至六百八十七、七百二十七至一千四百八)

330000－1701－0012987　民 793.1/6040　子部/藝術類/遊藝之屬/棋弈
文瑞樓新印弈譜　清末至民國上海文瑞樓石印本　二十四冊　存十八種

330000－1701－0012989　HJL2714　集部/別集類/清別集
雅安書屋文集二卷詩集四卷附贈言錄一卷　(清)汪鋆撰　清道光二十四年(1844)刻本　五冊

330000－1701－0012992　普 090.3827/7110.081/c2　史部/目録類/專録之屬
皇清經解檢目八卷通用表一卷　(清)蔡啓盛編　清光緒十二年(1886)武林刻本　二冊

330000－1701－0012993　普 090.3827/7110.2/c2　經部/叢編
皇清經解續編一千四百三十卷　王先謙輯　清光緒十五年(1889)上海蜚英館石印本(卷三十原缺)　三十二冊

330000－1701－0012994　普 090.3827/7110.084　史部/目録類/專録之屬
皇清經解橫縮直縮編目十六卷　(清)淩忠照編　(清)張紹銘分輯　清光緒十八年(1892)上海古香閣石印本　四冊

330000－1701－0012995　普 090.3827/7110.082/c1　史部/目録類/專録之屬
皇清經解敬修堂編目十六卷　(清)陶治元編　清光緒十二年(1886)石印本　四冊

330000－1701－0012997　普 090.3827/7110.082/c2　史部/目録類/專録之屬
皇清經解敬修堂編目十六卷　(清)陶治元編　清光緒十二年(1886)石印本　四冊

330000－1701－0012998　普 090.3827/7110.2/c3　經部/叢編
皇清經解續編一千四百三十卷　王先謙輯　清光緒十五年(1889)上海蜚英館石印本(卷三十原缺)　三十二冊

330000－1701－0012999　普 090.3827/7110.083/c1　史部/目録類/專録之屬
皇清經解縮版編目十六卷　(清)陶治元編　清光緒十七年(1891)上海鴻寶齋石印本　二冊

330000－1701－0013000　普 090.3827/7110.083/c2　史部/目録類/專録之屬
皇清經解縮版編目十六卷　(清)陶治元編　清光緒十七年(1891)上海鴻寶齋石印本　二冊

330000－1701－0013001　普 090.3827/7110.2/2/c1　經部/叢編
皇清經解續編一千四百三十卷　王先謙輯　清光緒十四年(1888)江陰南菁書院刻本(卷三十原缺)　三百十七冊　缺九卷(三十一、一千一百十九至一千一百二十二、一千一百六十七至一千一百七十)

330000－1701－0013002　普 090.3827/7110/2/c4　經部/叢編
皇清經解一千四百八卷首一卷　(清)阮元輯　清道光九年(1829)廣東學海堂刻咸豐十一年(1861)補刻本　三百五十七冊　缺四卷(六百六十九至六百七十一、九百三十四)

330000－1701－0013003　普 090.3827/7110.2/(2)　經部/叢編
皇清經解續編一千四百三十卷　王先謙輯　清光緒十五年(1889)上海蜚英館石印本(卷三十原缺)　二十冊

330000－1701－0013004　普 090.3827/7110.208/c1　史部/目録類/總録之屬/私撰
式古堂目錄十七卷　(清)尤瑩編　清光緒十

九年(1893)石印本　二册

330000－1701－0013005　普 090.3827/7110.208/c2　史部/目録類/總録之屬/私撰
式古堂目錄十七卷　(清)尤瑩編　清光緒十九年(1893)石印本　二册

330000－1701－0013006　普 090.3827/7110.208/c3　史部/目録類/總録之屬/私撰
式古堂目錄十七卷　(清)尤瑩編　清光緒十九年(1893)石印本　二册

330000－1701－0013008　普 090.3827/7110.3　經部/叢編
清經解分經合纂一千五百二十五卷　(清)阮元輯　王先謙輯　清光緒十四年(1888)上海石印本　四十五册　缺七卷(詩書古訓一至七)

330000－1701－0013009　普 090.3827/7110.5　集部/總集類/課藝之屬
浙江詩課九卷浙江考卷一卷浙士解經録四卷　(清)阮元訂　清嘉慶再到亭刻本　一册　存四卷(浙士解經録一至四)

330000－1701－0013010　普 090.3827/7110.2081　史部/目録類/專録之屬
皇清經解續編目錄十七卷　(清)蜚英館編　清光緒二十三年(1897)上海蜚英書局石印本　四册

330000－1701－0013011　普 090.3827/7514　經部/群經總義類/傳說之屬
近科經解粹編四卷　(清)陳元圻輯　清嘉慶十六年(1811)刻本　三册

330000－1701－0013012　普 915.1115/4032/c3　史部/地理類/方志之屬/郡縣志
[道光]修武縣志十二卷首一卷　(清)馮繼照修　(清)金皋　(清)袁俊　(清)張宗泰纂　(清)孔繼中增纂　清道光二十年(1840)刻同治七年(1868)增刻本　十二册

330000－1701－0013013　普 090.3832/1160/c1　子部/叢編
子書百家　(清)崇文書局編　清光緒元年(1875)湖北崇文書局刻本　二册　存一種

330000－1701－0013014　普 090.3832/1160/c2　子部/叢編
子書百家　(清)崇文書局編　清光緒元年(1875)湖北崇文書局刻本　二册　存一種

330000－1701－0013015　普 090.3827/7110/2/(3)　經部/叢編
皇清經解一千四百十二卷首一卷　(清)阮元輯　清道光九年(1829)廣東學海堂刻咸豐十一年(1861)補刻同治九年(1870)續刻本　三百二十册

330000－1701－0013016　普 090.3832/1160/c3　子部/叢編
子書百家　(清)崇文書局編　清光緒元年(1875)湖北崇文書局刻本　二册　存一種

330000－1701－0013017　普 090.3832/1160/c4　子部/叢編
子書百家　(清)崇文書局編　清光緒元年(1875)湖北崇文書局刻本　二册　存一種

330000－1701－0013018　普 915.1115/6029　史部/地理類/方志之屬/郡縣志
[乾隆]孟縣志十卷　(清)仇汝瑚修　(清)馮敏昌纂　清乾隆五十五年(1790)刻本　十册

330000－1701－0013019　普 090.3827/7110.2/2/c2　經部/叢編
皇清經解續編一千四百三十卷　王先謙輯　清光緒十四年(1888)江陰南菁書院刻本(卷三十原缺)　三百十七册　缺九卷(三十一、一千一百十九至一千一百二十二、一千一百六十七至一千一百七十)

330000－1701－0013020　普 090.3832/1160.01/(2)　子部/雜著類/雜說之屬
白虎通疏證十二卷　(清)陳立撰　清光緒元年(1875)淮南書局刻本　六册

330000－1701－0013021　普 090.3832/1160.07　子部/雜著類/雜說之屬
白虎通義攷一卷　(清)莊述祖撰　**白虎通目**

録一卷闕文一卷　(清)莊述祖輯　清刻珍埶宧遺書本　莊先識題記　一冊

330000－1701－0013022　普 090.3832/8700/c1　經部/叢編
鄭氏佚書二十三種　(漢)鄭玄撰　(清)袁鈞輯　清光緒十四年(1888)浙江書局刻本　單丕批校並跋　十冊

330000－1701－0013023　普 090.3832/8700/c2　經部/叢編
鄭氏佚書二十三種　(漢)鄭玄撰　(清)袁鈞輯　清光緒十四年(1888)浙江書局刻本　章嶔題簽並記　十冊

330000－1701－0013025　普 090.3832/8700.2　類叢部/叢書類/彙編之屬
問經堂叢書二十七種　(清)孫馮翼編　清嘉慶承德孫氏刻本　三冊　存一種

330000－1701－0013026　普 090.3832/1160.01/c1　子部/雜著類/雜說之屬
白虎通疏證十二卷　(清)陳立撰　清光緒元年(1875)淮南書局刻本　四冊

330000－1701－0013027　普 090.3832/8700.2/(2)　類叢部/叢書類/彙編之屬
問經堂叢書二十七種　(清)孫馮翼編　清嘉慶承德孫氏刻本　一冊　存一種

330000－1701－0013028　普 090.3832/8700.2/2　類叢部/叢書類/彙編之屬
後知不足齋叢書四十七種　(清)鮑廷爵編　清同治至光緒常熟鮑氏刻本　五冊　存一種

330000－1701－0013029　普 090.3832/1160.01/c2　子部/雜著類/雜說之屬
白虎通疏證十二卷　(清)陳立撰　清光緒元年(1875)淮南書局刻本　四冊

330000－1701－0013030　普 090.3832/1160.01/c3　子部/雜著類/雜說之屬
白虎通疏證十二卷　(清)陳立撰　清光緒元年(1875)淮南書局刻本　四冊

330000－1701－0013031　普 090.3832/1160/2/c1　類叢部/叢書類/彙編之屬
抱經堂叢書十六種　(清)盧文弨編　清乾隆至嘉慶刻彙印本　二冊　存一種

330000－1701－0013032　普 090.3832/8700.3　類叢部/叢書類/輯佚之屬
漢學堂叢書二百十一種　(清)黃奭輯　清道光甘泉黃氏刻光緒印本　十二冊　存一種

330000－1701－0013033　普 090.3823/1160/2/c2　類叢部/叢書類/彙編之屬
抱經堂叢書十六種　(清)盧文弨編　清乾隆至嘉慶刻彙印本　二冊　存一種

330000－1701－0013034　普 090.3837/0043　經部/群經總義類/傳說之屬
新學僞經考十四卷　康有爲撰　清光緒十七年(1891)武林望雲樓石印本　八冊

330000－1701－0013035　普 090.3837/0043/3　經部/群經總義類/傳說之屬
新學僞經考十四卷　康有爲撰　清光緒十七年(1891)廣州康氏萬木草堂刻本　八冊

330000－1701－0013036　普 090.3837/0043/3(2)　經部/群經總義類/傳說之屬
新學僞經考十四卷　康有爲撰　清光緒十七年(1891)廣州康氏萬木草堂刻本　六冊

330000－1701－0013039　普 090.3823/1160/2/c3　子部/雜著類/雜說之屬
白虎通德論四卷　(漢)班固撰　明末刻本　二冊

330000－1701－0013040　普 090.3837/1013/2　經部/群經總義類/傳說之屬
經義述聞三十二卷　(清)王引之撰　清道光七年(1827)京師西江米巷壽藤書屋刻本　十六冊

330000－1701－0013041　普 090.3823/1160/2/(2)　類叢部/叢書類/彙編之屬
抱經堂叢書十六種　(清)盧文弨編　清乾隆至嘉慶刻彙印本　四冊　存一種

330000－1701－0013042　普 090.3837/1013/

2/(2)　經部/群經總義類/傳說之屬
經義述聞三十二卷　(清)王引之撰　清道光七年(1827)京師西江米巷壽藤書屋刻本　二十册

330000－1701－0013045　普090.3837/1013　經部/群經總義類/傳說之屬
經義述聞三十二卷　(清)王引之撰　清光緒七年(1881)上海文瑞樓鉛印本　十六册

330000－1701－0013049　民794.9/4473　子部/藝術類/遊藝之屬
蘭閨清玩一卷　清光緒上海同文書局石印本　一册

330000－1701－0013055　民807.64/4234.2　集部/詩文評類/文評之屬
國文學四卷　姚永樸編　清宣統二年(1910)京師法政學堂鉛印本　一册

330000－1701－0013105　民811.1088/10031　集部/總集類/酬唱之屬
池陽唱和集二卷　王詠霓輯　清光緒三十三年(1907)鉛印本　一册

330000－1701－0013130　民811.1088/1125　集部/總集類/酬唱之屬
天台仙子歌不分卷　(清)麗生訂　清末刻本　一册

330000－1701－0013185　普090.3837/1012/4　經部/群經總義類/傳說之屬
經義述聞十五卷　(清)王引之撰　清嘉慶二十二年(1817)刻本　十册

330000－1701－0013186　普090.3837/1013/4/(2)　經部/群經總義類/傳說之屬
經義述聞三十二卷　(清)王引之撰　清道光七年(1827)京師西江米巷壽藤書屋刻本　二十册

330000－1701－0013187　普090.3837/2123/c1　集部/别集類/清别集
一鐙精舍甲部藁五卷　(清)何秋濤撰　清光緒五年(1879)淮南書局刻本　一册

330000－1701－0013188　普090.3837/1053　類叢部/叢書類/自著之屬
王船山先生經史論八種　(清)王夫之撰　清光緒二十七年(1901)簡青書局石印本　八册　存六種

330000－1701－0013189　普090.3827/1024/c1　類叢部/叢書類/彙編之屬
功順堂叢書十八種　(清)潘祖蔭編　清光緒吳縣潘氏刻本　一册　存一種

330000－1701－0013191　普090.3827/1024/c2　類叢部/叢書類/彙編之屬
功順堂叢書十八種　(清)潘祖蔭編　清光緒吳縣潘氏刻本　一册　存一種

330000－1701－0013192　普090.3837/1013/5　經部/群經總義類/傳說之屬
經義述聞三十二卷　(清)王引之撰　清道光七年(1827)京師西江米巷壽藤書屋刻本　九册　存十五卷(一至十五)

330000－1701－0013195　普090.3837/1080　類叢部/叢書類/自著之屬
田園雜著八種　(清)丁午撰　清光緒錢唐丁氏刻本　二册　存一種

330000－1701－0013196　普090.3837/2123/c2　集部/别集類/清别集
一鐙精舍甲部藁五卷　(清)何秋濤撰　清光緒五年(1879)淮南書局刻本　一册

330000－1701－0013197　普090.3837/2123/c3　集部/别集類/清别集
一鐙精舍甲部藁五卷　(清)何秋濤撰　清光緒五年(1879)淮南書局刻本　一册

330000－1701－0013198　普090.3837/2123/c4　集部/别集類/清别集
一鐙精舍甲部藁五卷　(清)何秋濤撰　清光緒五年(1879)淮南書局刻本　一册

330000－1701－0013199　普090.3837/1237/c2　經部/群經總義類/傳說之屬
松源經說四卷　(清)孫之騄撰　清乾隆三十一年(1766)春草園刻本　四册

330000－1701－0013202　普 090.3837/2314　經部/叢編

拜經堂叢書十種　(清)臧琳　(清)臧庸撰　清乾隆至嘉慶武進臧氏同述觀刻本　十六册　存一種

330000－1701－0013203　普 090.3837/2622/c1　經部/群經總義類/傳說之屬

易堂問目四卷　(清)吳鼎輯　清乾隆三十七年(1772)鄒容成刻本　二册

330000－1701－0013204　普 090.3837/2641　類叢部/叢書類/彙編之屬

廣雅書局叢書一百五十九種　徐紹棨編　清光緒廣雅書局刻民國九年(1920)番禺徐紹棨彙編重印本　二册　存一種

330000－1701－0013206　普 090.3837/2644/c1　經部/群經總義類/傳說之屬

有竹石軒經句說二十四卷　(清)吳英撰　清嘉慶十八年至二十三年(1813－1818)有竹石軒刻本　十二册

330000－1701－0013207　普 090.3837/2622/c2　經部/群經總義類/傳說之屬

易堂問目四卷　(清)吳鼎輯　清乾隆三十七年(1772)鄒容成刻本　二册

330000－1701－0013209　普 090.3837/2622/c3　經部/群經總義類/傳說之屬

易堂問目四卷　(清)吳鼎輯　清乾隆刻本　二册

330000－1701－0013211　普 090.3837/2644/c2　經部/群經總義類/傳說之屬

有竹石軒經句說二十四卷　(清)吳英撰　清嘉慶十八年至二十三年(1813－1818)有竹石軒刻本　十二册　存十三卷(一至十三)

330000－1701－0013212　普 090.3837/2542/c1　經部/群經總義類/傳說之屬

經傳攷證八卷　(清)朱彬撰　清道光二年(1822)朱氏遊道堂刻本　二册

330000－1701－0013213　普 090.3837/3113　經部/群經總義類/傳說之屬

隸經雜箸甲編二卷乙編二卷　顧震福撰　清光緒十八年(1892)刻本　四册

330000－1701－0013214　普 090.3837/3130/2/c1　經部/群經總義類/傳說之屬

羣經補義五卷　(清)江永撰　(清)江鴻緒編　清刻本　一册

330000－1701－0013217　普 090.3837/2542/c2　經部/群經總義類/傳說之屬

經傳攷證八卷　(清)朱彬撰　清道光二年(1822)朱氏遊道堂刻本　二册

330000－1701－0013219　普 090.3837/3130/2/c2　經部/群經總義類/傳說之屬

羣經補義五卷　(清)江永撰　(清)江鴻緒編　清乾隆三十八年(1773)刻本　一册

330000－1701－0013221　普 090.3837/4090/(2)　經部/群經總義類/傳說之屬

羣經識小五卷附錄二卷補遺一卷　(清)李惇撰　清道光六年(1826)高郵李培紫安愚堂刻本　二册

330000－1701－0013222　普 090.3837/3143　經部/群經總義類/傳說之屬

雪樵經解三十卷附錄三卷　(清)馮世瀛輯　清光緒八年(1882)刻本　三十二册

330000－1701－0013223　普 090.3837/4232/c1　經部/群經總義類/傳說之屬

稽古日鈔八卷　(清)郁文等輯　清乾隆三十年(1765)秋曉山房刻本　二册

330000－1701－0013224　普 090.3837/2743　經部/群經總義類/傳說之屬

朋壽室經說六卷策問一卷　(清)鄒壽祺撰　清光緒二十七年(1901)鄒壽祺刻本　四册

330000－1701－0013225　普 090.3837/4232/c3　經部/群經總義類/傳說之屬

稽古日鈔八卷　(清)郁文等輯　清乾隆三十年(1765)秋曉山房刻本　四册

330000－1701－0013226　普 090.3837/4232/c4　經部/群經總義類/傳說之屬

稽古日鈔八卷　(清)郁文等輯　清乾隆三十年(1765)秋曉山房刻本　二冊

330000－1701－0013227　普 090. 3837/4409　經部/叢編

南海桂氏經學叢書十三種附二種　(清)桂文燦撰　清咸豐至光緒刻本　十四冊　存七種

330000－1701－0013231　普 090. 3837/4427/c1　經部/群經總義類/傳說之屬

經訓比義三卷　(清)黄以周撰　清光緒二十二年(1896)南菁講舍刻本　三冊

330000－1701－0013234　普 090. 3837/2831　經部/群經總義類/傳說之屬

通介堂經說十二卷　(清)徐灝撰　清刻本　五冊

330000－1701－0013235　普 090. 3837/4427/c2　經部/群經總義類/傳說之屬

經訓比義三卷　(清)黄以周撰　清光緒二十二年(1896)南菁講舍刻本　三冊

330000－1701－0013236　普 090. 3837/4435/c1　經部/群經總義類/傳說之屬

經窺十六卷　(清)蔡啓盛撰　清光緒十七年(1891)諸暨蔡氏刻本　四冊

330000－1701－0013237　普 090. 3837/4427/c3　經部/群經總義類/傳說之屬

經訓比義三卷　(清)黄以周撰　清光緒二十二年(1896)南菁講舍刻本　三冊

330000－1701－0013238　普 090. 3837/4427/c5　經部/群經總義類/傳說之屬

經訓比義三卷　(清)黄以周撰　清光緒二十二年(1896)南菁講舍刻本　章鈺題簽　三冊

330000－1701－0013239　普 090. 3837/4435/c2　經部/群經總義類/傳說之屬

經窺十六卷　(清)蔡啓盛撰　清光緒十七年(1891)諸暨蔡氏刻本　四冊

330000－1701－0013240　普 090. 3837/4437/(2)　經部/叢編

石齋先生經傳九種　(明)黄道周撰　清康熙三十二年(1693)晉安鄭開極刻本　三十二冊　存八種

330000－1701－0013241　普 090. 3837/44471/c1　經部/叢編

味經齋遺書十二種　(清)莊存與撰　清光緒八年至十二年(1882－1886)陽湖莊氏刻本　十冊　存八種

330000－1701－0013242　普 090. 3837/4444/c1　經部/叢編

萬充宗先生經學五書　(清)萬斯大撰　清嘉慶元年(1796)辨志堂刻道光十一年(1831)同文堂補刻本　六冊

330000－1701－0013243　普 090. 3837/44471/c2　經部/叢編

味經齋遺書十二種　(清)莊存與撰　清光緒八年至十二年(1882－1886)陽湖莊氏刻本　十冊　存八種

330000－1701－0013244　普 090. 3837/4444/c3　經部/叢編

萬充宗先生經學五書　(清)萬斯大撰　清嘉慶元年(1796)辨志堂刻道光十一年(1831)同文堂補刻本　六冊

330000－1701－0013245　普 090. 3837/4437/(3)　經部/叢編

石齋先生經傳九種　(明)黄道周撰　清康熙三十二年(1693)晉安鄭開極刻本　二十九冊　存七種

330000－1701－0013246　普 090. 3837/4462　經部/群經總義類

溫經日記六卷　(清)林昌彝撰　清光緒十六年(1890)侯官林氏小石渠閣刻本　六冊

330000－1701－0013247　普 090. 3837/4444/(2)　經部/叢編

萬充宗先生經學五書　(清)萬斯大撰　清乾隆二十四年至二十六年(1759－1761)辨志堂刻本　四冊

330000－1701－0013248　普 090. 3837/7521/c1　經部/群經總義類/傳說之屬

斁經筆記一卷　(清)陳倬撰　清刻本　一冊

330000－1701－0013249　普 090.3837/4619　經部/群經總義類/傳說之屬

經義尋中十二卷　(清)楊琪光撰　清光緒刻本　十二冊

330000－1701－0013250　普 090.3837/7524/c1　經部/群經總義類/傳說之屬

羣經質二卷　(清)陳僅撰　清光緒十一年(1885)四明文則樓陳氏木活字印本　二冊

330000－1701－0013251　普 090.3837/7524/c2　經部/群經總義類/傳說之屬

羣經質二卷　(清)陳僅撰　清光緒十一年(1885)四明文則樓陳氏木活字印本　二冊

330000－1701－0013252　普 090.3837/7521/c2　經部/群經總義類/傳說之屬

斁經筆記一卷　(清)陳倬撰　清刻本　一冊

330000－1701－0013253　普 090.3837/7524/c3　經部/群經總義類/傳說之屬

羣經質二卷　(清)陳僅撰　清光緒十一年(1885)四明文則樓陳氏木活字印本　二冊

330000－1701－0013254　普 090.3837/7548　經部/叢編

求志居全集十種附一種　(清)陳世鎔撰　清道光至光緒獨秀山莊刻本　一冊　存一種

330000－1701－0013255　普 090.3837/7594/c2　經部/群經總義類/傳說之屬

經傳繹義五十卷　(清)陳煒撰　清嘉慶九年(1804)校字齋刻本　二十冊

330000－1701－0013256　普 090.3837/8043/3　類叢部/叢書類/自著之屬

春在堂全書三十種　(清)俞樾撰　清光緒二十三年(1897)石印本　四冊　存一種

330000－1701－0013257　普 090.3837/80431　經部/群經總義類/傳說之屬

古經解鉤沉三十卷　(清)余蕭客撰　清乾隆六十年(1795)刻道光二十年(1840)丹徒魯慶恩補刻本　十二冊

330000－1701－0013258　普 090.3837/8043/c4　類叢部/叢書類/自著之屬

春在堂全書二十三種　(清)俞樾撰　清同治至光緒刻光緒九年(1883)彙印本　十二冊　存一種

330000－1701－0013259　普 090.3838/0047　子部/雜家類/雜說之屬

一山經說二卷雜文一卷　章梫撰　清宣統元年(1909)京華印書局鉛印本　一冊　存二卷(經說一至二)

330000－1701－0013262　普 090.4493/6638　類叢部/叢書類/自著之屬

單氏全書(單徵君全集、奉萱草堂全集)七種　(清)單爲鏓撰　清同治六年(1867)刻本　二冊　存一種

330000－1701－0013263　普 090.3837/80431/2　經部/群經總義類/傳說之屬

古經解鉤沉三十卷　(清)余蕭客撰　清乾隆六十年(1795)刻本　八冊

330000－1701－0013264　普 090.449/2256　類叢部/叢書類/彙編之屬

文選樓叢書三十三種　(清)阮亨編　清嘉慶至道光阮元刻道光二十二年(1842)阮亨彙印本　二十四冊　存一種

330000－1701－0013265　普 090.3837/80431/3　經部/群經總義類/傳說之屬

古經解鉤沉三十卷　(清)余蕭客撰　清乾隆六十年(1795)刻本　十冊

330000－1701－0013269　普 090.3837/8043/2　類叢部/叢書類/自著之屬

春在堂全書(德清俞蔭甫所著書)三十六種　(清)俞樾撰　清同治至光緒刻光緒末彙印本　十冊　存一種

330000－1701－0013271　普 090.4499/1247/c1　經部/讖緯類/總義之屬

古微書三十六卷　(明)孫瑴輯　清光緒十四年(1888)刻本　六冊

330000－1701－0013272　普 090.762/3144/2

經部/群經總義類/傳說之屬
經解入門八卷 (清)江藩撰 清光緒十六年(1890)上海淩雲閣石印本 二册

330000－1701－0013273 普 090.3837/8043/c1 類叢部/叢書類/自著之屬
春在堂全書(德清俞蔭甫所著書)三十六種 (清)俞樾撰 清同治至光緒刻光緒末彙印本 十二册 存一種

330000－1701－0013274 普 090.8/4094/c1 經部/叢編
欽定篆文六經四書十種 (清)李光地等輯 清光緒九年(1883)上海同文書局石印本 十册

330000－1701－0013275 普 090.762/3144/3 經部/群經總義類/傳說之屬
經解入門八卷 (清)江藩撰 清光緒二十年(1894)上海文林書局石印本 二册

330000－1701－0013276 普 090.449/2256/(2) 類叢部/叢書類/彙編之屬
文選樓叢書三十三種 (清)阮亨編 清嘉慶至道光阮元刻道光二十二年(1842)阮亨彙印本 十六册 存一種

330000－1701－0013277 普 090.815/1024 類叢部/叢書類/彙編之屬
古香齋袖珍十種 清康熙至乾隆刻本 十三册 存二種

330000－1701－0013278 普 090.8/4094/c2 經部/叢編
欽定篆文六經四書十種 (清)李光地等輯 清光緒九年(1883)上海同文書局石印本 十册

330000－1701－0013280 普 090.4499/1247/c2 經部/讖緯類/總義之屬
古微書三十六卷 (明)孫瑴輯 清嘉慶二十一年(1816)禹航陳世望對山問月樓刻本 四册

330000－1701－0013281 普 090.81532/4433 經部/群經總義類/文字音義之屬
五經小學述二卷 (清)莊述祖撰 清光緒九年(1883)刻本 一册

330000－1701－0013282 普 090.3837/8043/c2 類叢部/叢書類/自著之屬
春在堂全書(德清俞蔭甫所著書)三十六種 (清)俞樾撰 清同治至光緒刻光緒末彙印本 十二册 存一種

330000－1701－0013283 普 090.81533/2148 類叢部/類書類/通類之屬
五經典林五十四卷五經古人典林六卷 (清)何松編 清光緒元年(1875)慈谿何氏刻本 十册

330000－1701－0013284 普 090.81532/4433/2 經部/群經總義類/文字音義之屬
五經小學述二卷 (清)莊述祖撰 清光緒八年(1882)刻本 一册

330000－1701－0013285 普 090.81533/7744/c1 類叢部/類書類/專類之屬
五經類編二十八卷 (清)周世樟撰 清刻本 十册

330000－1701－0013286 普 090.815381/1021 經部/叢編
五經四書讀本九種 清嘉慶十年(1805)揚州鮑氏樗園刻本 三十六册 存五種

330000－1701－0013287 普 090.81511/2679 經部/群經總義類/傳說之屬
五經今文古文考一卷 (清)吳陳琰撰 清道光十年(1830)長洲顧氏刻賜硯堂叢書新編本 章嶔題簽 一册

330000－1701－0013288 普 090.81533/7744/c2 類叢部/類書類/專類之屬
五經類編二十八卷 (清)周世樟撰 清雍正二年(1724)穀詒堂刻本 十册

330000－1701－0013291 普 090.81533/7744/c3 類叢部/類書類/專類之屬
五經類編二十八卷 (清)周世樟撰 清刻本 九册

330000 - 1701 - 0013294　普 090. 81533/7744/c4　類叢部/類書類/專類之屬
五經類編二十八卷　(清)周世樟撰　清刻本　十冊

330000 - 1701 - 0013302　普 090. 81533/7744/2　類叢部/類書類/專類之屬
五經類編二十八卷　(清)周世樟撰　清乾隆五十年(1785)刻本　十冊

330000 - 1701 - 0013308　普 090. 81533/7744/3/c1　類叢部/類書類/專類之屬
五經類編二十八卷　(清)周世樟撰　清雍正二年(1724)穀詒堂刻本　十冊

330000 - 1701 - 0013311　普 090. 81533/7744/3/c2　類叢部/類書類/專類之屬
五經類編二十八卷　(清)周世樟撰　清雍正二年(1724)穀詒堂刻本　十冊

330000 - 1701 - 0013322　民 811. 1088/4444/c1　集部/總集類/酬唱之屬
臺江驪唱集一卷天南鴻爪集一卷　黃鼎瑞輯　清光緒三十四年(1908)永嘉刻本　一冊

330000 - 1701 - 0013323　普 090. 81533/7744/3/c3　類叢部/類書類/專類之屬
五經類編二十八卷　(清)周世樟撰　清刻本　十冊

330000 - 1701 - 0013324　民 811. 1088/4444/c2　集部/總集類/酬唱之屬
臺江驪唱集一卷天南鴻爪集一卷　黃鼎瑞輯　清光緒三十四年(1908)永嘉刻本　一冊

330000 - 1701 - 0013327　普 090. 81533/7744/4　類叢部/類書類/專類之屬
五經類編二十八卷　(清)周世樟撰　清乾隆四十六年(1781)友益齋刻本　十二冊

330000 - 1701 - 0013340　普 090. 81533/7744/5/c1　類叢部/類書類/專類之屬
五經類編二十八卷　(清)周世樟撰　清康熙刻本　十二冊

330000 - 1701 - 0013344　普 090. 81533/7744/5/c2　類叢部/類書類/通類之屬
五經彙編二十八卷　(清)周世樟編輯　清刻本　十二冊

330000 - 1701 - 0013383　民 811. 1088/7580　集部/總集類/酬唱之屬
茂苑吟秋集一卷　羅長裿等撰　清光緒三十二年(1906)刻本　一冊

330000 - 1701 - 0013386　民 811. 1088/7580. 2　集部/總集類/酬唱之屬
蘇臺留別唱和集一卷　陳夔龍等撰　清末鉛印本　一冊

330000 - 1701 - 0013392　民 811. 1088/7580. 4/c1　集部/總集類/酬唱之屬
藏海園酬倡集一卷　陳夔龍等撰　清末鉛印本　一冊

330000 - 1701 - 0013393　民 811. 1088/7580. 4/c2　集部/總集類/酬唱之屬
藏海園酬倡集一卷　陳夔龍等撰　清末鉛印本　一冊

330000 - 1701 - 0013404　普 921. 512/4762. 7　史部/傳記類/總傳之屬/家乘
[湖南]胡氏八修族譜四十六卷首三卷　胡祖榮等纂修　清光緒三十二年(1906)安定堂木活字印本　五十二冊

330000 - 1701 - 0013405　普 921. 512/5560　史部/傳記類/總傳之屬/家乘
[浙江餘姚]餘姚道塘曹氏宗譜十八卷首一卷附錄一卷　曹大梁等修　曹仰欽纂　清宣統元年(1909)清慎堂木活字印本　十二冊

330000 - 1701 - 0013408　普 090. 815381/10211　經部/叢編
仿宋相臺五經附考證　清刻本　二十八冊

330000 - 1701 - 0013415　普 090. 815381/7211/2/c1　經部/叢編
仿宋相臺五經附考證　清光緒二年(1876)江南書局刻本　三十二冊

330000 - 1701 - 0013417　普 090. 815381/

6051/2　經部/叢編
四書五經九種　(清)鮑氏輯　清同治三年(1864)浙江撫署刻本　四十册

330000－1701－0013418　普 090.815381/7211/2/c2　經部/叢編
仿宋相臺五經附考證　清光緒二年(1876)江南書局刻本　三十一册　缺三卷(春秋年表、春秋名號歸一圖一至二)

330000－1701－0013419　普 090.8153837/3477/c1　經部/群經總義類/傳說之屬
皇朝五經彙解二百七十卷　(清)朱鏡清輯　清光緒十四年(1888)鴻文書局石印本　三十二册

330000－1701－0013423　普 090.815381/7211/2/c3　經部/叢編
仿宋相臺五經附考證　清光緒二年(1876)江南書局刻本　三十二册

330000－1701－0013424　普 090.8153837/3191/c1、普 090.843837/5045/c2　經部/叢編
省吾堂四種　(清)蔣光弼輯　清常熟蔣氏省吾堂刻本　七册　存二種

330000－1701－0013425　普 090.815381/7211/3　經部/叢編
仿宋相臺五經附考證　清同治三年(1864)南海鄺九我堂刻本　三十八册　缺六卷(周易一至六)

330000－1701－0013426　普 090.8153836/4492　經部/叢編
通志堂經解一百四十種　(清)納蘭成德輯　清康熙十九年(1680)納蘭成德刻本　二册　存一種

330000－1701－0013427　普 090.8153837/3191/c2　經部/叢編
省吾堂四種　(清)蔣光弼輯　清常熟蔣氏省吾堂刻本　二册　存一種

330000－1701－0013428　普 090.815381/7211/4　經部/叢編
仿宋相臺五經附考證　清乾隆四十八年(1783)武英殿刻本　二十四册

330000－1701－0013429　普 090.8153837/3191/c3、普 090.843837/5045/c1　經部/叢編
省吾堂四種　(清)蔣光弼輯　清刻本　六册　存二種

330000－1701－0013430　普 090.8153837/3477/2/c1　經部/群經總義類/傳說之屬
皇朝五經彙解二百七十卷　(清)朱鏡清輯　清光緒十九年(1893)同文書局石印本　三十二册

330000－1701－0013431　普 090.8223/8732　經部/群經總義類/圖說之屬
六經圖十二卷　(清)鄭之僑編輯　清乾隆八年(1743)潮陽鄭之僑述堂刻本　六册

330000－1701－0013432　普 090.833827/3507　經部/叢編
御纂七經五種　(清)李光地等撰　清光緒二十年(1894)上海書局石印本　二十册　存四種

330000－1701－0013433　普 090.833827/3507/2　經部/叢編
御纂七經五種　(清)李光地等撰　清同治六年至九年(1867－1870)浙江書局刻本　一百四十二册

330000－1701－0013434　普 090.8223/2611　經部/群經總義類/圖說之屬
六經圖六卷　(宋)楊甲撰　(宋)毛邦翰補　清刻本　六册

330000－1701－0013435　普 090.833827/3507/3　經部/叢編
御纂七經五種　(清)李光地等撰　清同治十年(1871)湖北崇文書局刻本　一百二十九册　缺六十九卷(御纂周易折中一至二,欽定書經傳說彙纂八至二十一、書序一,欽定詩經傳說彙纂首一至二,欽定周官義疏一至四十九、首)

330000－1701－0013436　普 090.833837/3128　經部/群經總義類/傳說之屬

七經偶記十四卷四一居士文鈔六卷 (清)汪德鉞撰 清誠意堂家塾刻本 六冊

330000－1701－0013437 普 090.8153837/3477/2/c2 經部/群經總義類/傳說之屬

皇朝五經彙解二百七十卷 (清)朱鏡清輯 清光緒十九年(1893)同文書局石印本 三十二冊

330000－1701－0013438 普 090.8153837/3477/3 經部/群經總義類/傳說之屬

皇朝五經彙解二百七十卷附五經正文五卷 (清)朱鏡清輯 **經解入門一卷** (清)江藩纂 清光緒二十二年(1896)上海書局石印本[經解入門一卷配清光緒十九年(1893)上海蜚英館石印本] 三十二冊

330000－1701－0013439 普 090.88381/4012/3 經部/叢編

重刊宋本十三經注疏四百十六卷 附十三經注疏校勘記四百十六卷 (清)阮元撰 (清)盧宣旬摘錄 清嘉慶二十年(1815)南昌府學刻道光六年(1826)盱江朱華臨重校同治十二年(1873)江西書局重修本 一百四十八冊

330000－1701－0013441 普 090.833837/3128/2 經部/群經總義類/傳說之屬

七經偶記十四卷 (清)汪德鉞撰 清道光十二年(1832)汪時漣長汀木活字印本 四冊

330000－1701－0013442 普 090.851/2864/(2) 類叢部/叢書類/自著之屬

煙嶼樓集四種 (清)徐時棟撰 清同治至光緒刻彙印本 二冊 存一種

330000－1701－0013443 普 090.833837/4438/c2 經部/群經總義類/傳說之屬

七經精義 (清)黃淦撰 清嘉慶七年至十二年(1802－1807)尊德堂刻本 十四冊

330000－1701－0013444 普 090.8636/4664/c1 經部/叢編

十一經音訓 (清)楊國楨等編 清光緒三年(1877)湖北崇文書局刻本 二十六冊

330000－1701－0013445 普 090.8434/0000/c1 類叢部/叢書類/彙編之屬

後知不足齋叢書四十七種 (清)鮑廷爵編 清同治至光緒常熟鮑氏刻本 一冊 存二種

330000－1701－0013446 普 090.8434/0000/c2 類叢部/叢書類/彙編之屬

後知不足齋叢書四十七種 (清)鮑廷爵編 清同治至光緒常熟鮑氏刻本 一冊 存一種

330000－1701－0013447 普 090.8153837/3477/c2 經部/群經總義類/傳說之屬

皇朝五經彙解二百七十卷 (清)朱鏡清輯 清光緒十四年(1888)鴻文書局石印本 三十二冊

330000－1701－0013448 普 090.8622/2161 經部/叢編

通志堂經解一百四十種 (清)納蘭成德輯 清康熙十九年(1680)納蘭成德刻本 一冊 存一種

330000－1701－0013449 普 090.8636/4664/c2 經部/叢編

十一經音訓 (清)楊國楨等編 清光緒三年(1877)湖北崇文書局刻本 二十六冊

330000－1701－0013450 普 090.8153837/3477/c3 經部/群經總義類/傳說之屬

皇朝五經彙解二百七十卷 (清)朱鏡清輯 清光緒十四年(1888)鴻文書局石印本 三十二冊

330000－1701－0013451 普 090.8153837/3477/c4 經部/群經總義類/傳說之屬

皇朝五經彙解二百七十卷附五經正文五卷 (清)朱鏡清輯 **經解入門一卷** (清)江藩纂 清光緒二十二年(1896)上海書局石印本[經解入門一卷配清光緒十九年(1893)上海蜚英館石印本] 三十二冊

330000－1701－0013452 普 090.88381/4012/c1 經部/叢編

十三經注疏三百三十三卷 (明)□□輯 清嘉慶蘇州書坊刻本 一百二十冊

330000－1701－0013453 普 090.88381/

4012/2　經部/叢編

重刊宋本十三經注疏四百十六卷　附十三經注疏校勘記四百十六卷　(清)阮元撰　(清)盧宣旬摘錄　清嘉慶二十年(1815)南昌府學刻道光六年(1826)盱江朱華臨重校印本　一百二十八册

330000－1701－0013454　普 090. 88381/1004/2　經部/群經總義類/傳說之屬

十三經策案二十二卷首一卷　(清)王謨輯　清刻本　十二册

330000－1701－0013455　普 090. 88381/1004　經部/群經總義類/傳說之屬

十三經策案二十二卷　(清)王謨輯　清光緒十三年(1887)上海積山書局石印本　四册

330000－1701－0013456　普 090. 88381/4012/4　經部/叢編

十三經注疏附考證　(清)□□輯　清同治十年(1871)廣東書局刻本　一百二十册

330000－1701－0013459　普 090. 88381/4012/5/c1　經部/叢編

重刊宋本十三經注疏四百十六卷　附十三經注疏校勘記四百十六卷　(清)阮元撰　(清)盧宣旬摘錄　清嘉慶二十年(1815)南昌府學刻道光六年(1826)盱江朱華臨重校印本　一百三十八册　缺十八卷(監本春秋公羊注疏二十一至二十四、附校勘記二十一至二十四，論語注疏解經一至五、附校勘記一至五)

330000－1701－0013460　普 090. 88381/4012/7/c1　經部/叢編

重刊宋本十三經注疏四百十六卷　附十三經注疏校勘記四百十六卷　(清)阮元撰　(清)盧宣旬摘錄　**校勘記識語四卷**　(清)汪文臺撰　清光緒十三年(1887)上海脈望仙館石印本　三十二册

330000－1701－0013461　普 090. 88381/4012/6　經部/叢編

遵阮本重校印十三經注疏并校勘記　(清)阮元撰校勘記　(清)盧宣旬摘錄校勘記　清光緒二十四年(1898)點石齋石印本　三十二册

330000－1701－0013462　普 090. 88381/4012/6(2)　經部/叢編

遵阮本重校印十三經注疏并校勘記　(清)阮元撰校勘記　(清)盧宣旬摘錄校勘記　清光緒二十九年(1903)點石齋石印本　三十三册

330000－1701－0013463　普 090. 88381/4012.06　經部/叢編

宋本十三經註疏併經典釋文校勘記　(清)阮元撰　清嘉慶二十一年(1816)揚州阮氏文選樓刻本　二十册

330000－1701－0013464　普 090. 88381/4012/5/c2　經部/叢編

重刊宋本十三經注疏四百十六卷　附十三經注疏校勘記四百十六卷　(清)阮元撰　(清)盧宣旬摘錄　清嘉慶二十年(1815)南昌府學刻道光六年(1826)盱江朱華臨重校印本　一百四十册

330000－1701－0013465　普 090. 88381/4012.06/(2)　經部/叢編

宋本十三經註疏併經典釋文校勘記　(清)阮元撰　清嘉慶二十一年(1816)揚州阮氏文選樓刻本　十七册　存六種

330000－1701－0013466　普 090. 88381/4012/7/c2　經部/叢編

重刊宋本十三經注疏四百十六卷　附十三經注疏校勘記四百十六卷　(清)阮元撰　(清)盧宣旬摘錄　**校勘記識語四卷**　(清)汪文臺撰　清光緒十三年(1887)上海脈望仙館石印本　三十四册

330000－1701－0013467　普 090. 88381/4012/c3　經部/叢編

十三經注疏三百三十三卷　(明)□□輯　清嘉慶蘇州書坊刻本　一百五十五册

330000－1701－0013468　普 090. 88381/4012/7/c3　經部/叢編

重刊宋本十三經注疏四百十六卷　附十三經注疏校勘記四百十六卷　(清)阮元撰　(清)盧宣旬摘錄　**校勘記識語四卷**　(清)汪文臺撰　清光緒十三年(1887)上海脈望仙館石印

本　三十二册

330000 - 1701 - 0013469　普 090. 88381/4012.06/(3)　經部/叢編
宋本十三經註疏併經典釋文校勘記　(清)阮元撰　清嘉慶二十一年(1816)揚州阮氏文選樓刻本　四十八册

330000 - 1701 - 0013470　普 090. 88381/4012.06/(4)　經部/叢編
宋本十三經註疏併經典釋文校勘記　(清)阮元撰　清嘉慶二十一年(1816)揚州阮氏文選樓刻本　六十四册

330000 - 1701 - 0013471　普 090. 883837/2623/c1　類叢部/叢書類/自著之屬
薌蒔山莊遺著四種　(清)吴修祜撰　清光緒十年至十五年(1884 - 1889)木活字印本　一册　存一種

330000 - 1701 - 0013472　普 090. 88381/4012.062　經部/群經總義類/文字音義之屬
十三經注疏校勘記識語四卷　(清)汪文臺撰　清光緒三年(1877)江西書局刻本　二册

330000 - 1701 - 0013473　普 090. 88381/40121/c1　經部/叢編
十三經古注　(明)葛鼒　(明)金蟠校　明崇禎十二年(1639)金蟠刻清同治八年(1869)浙江書局重修本　章嶔題記　四十八册

330000 - 1701 - 0013474　普 090. 88381/40121/2/c1　經部/叢編
十三經古注　(明)葛鼒　(明)金蟠校　明崇禎十二年(1639)金蟠刻清同治八年(1869)浙江書局重修本　四十七册　缺十五卷(詩經一至十五)

330000 - 1701 - 0013475　普 090. 883837/2623/c2　類叢部/叢書類/自著之屬
薌蒔山莊遺著四種　(清)吴修祜撰　清光緒十年至十五年(1884 - 1889)木活字印本　一册　存一種

330000 - 1701 - 0013476　普 090. 883837/2623/c3　類叢部/叢書類/自著之屬
薌蒔山莊遺著四種　(清)吴修祜撰　清光緒十年至十五年(1884 - 1889)木活字印本　一册　存一種

330000 - 1701 - 0013477　普 090. 88381/4012.062/2　經部/叢編
遵阮本重校印十三經注疏并校勘記　(清)阮元撰校勘記　(清)盧宣旬摘錄校勘記　清光緒二十三年(1897)點石齋石印本　三十册　缺六卷(附釋音春秋左傳注疏一至六)

330000 - 1701 - 0013478　普 090. 884493/2504/(2)/c3　經部/群經總義類/傳說之屬
十三經札記　(清)朱亦棟撰　清光緒四年(1878)武林竹簡齋刻本　八册

330000 - 1701 - 0013479　普 090. 883837/4010　經部/群經總義類/傳說之屬
十三經西學通義十四卷　(清)李元音撰　清光緒刻本　六册

330000 - 1701 - 0013480　普 090. 9/4081. 2/2/c1　經部/群經總義類/傳說之屬
經學歷史一卷　(清)皮錫瑞撰　清光緒二十三年(1897)師伏堂刻本　問天廔主人題簽　一册

330000 - 1701 - 0013481　普 090. 88381/40121/2/c2　經部/叢編
十三經古注　(明)葛鼒　(明)金蟠校　明崇禎十二年(1639)金蟠刻清同治八年(1869)浙江書局重修本　四十九册

330000 - 1701 - 0013482　普 090. 884493/2504/(3)　經部/群經總義類/傳說之屬
十三經札記二十二卷附十六卷　(清)朱亦棟撰　清光緒四年(1878)武林竹簡齋刻本　四册　存九種

330000 - 1701 - 0013485　普 090. 88381/40121/2/c3　經部/叢編
十三經古注　(明)葛鼒　(明)金蟠校　明崇禎十二年(1639)金蟠刻清同治八年(1869)浙江書局重修本　四十九册

330000 - 1701 - 0013486　普 090. 884493/

2504　經部/群經總義類/傳說之屬
十三經札記　(清)朱亦棟撰　清光緒四年(1878)武林竹簡齋刻本　七冊

330000－1701－0013487　普 090.92/3144/2(2)　史部/傳記類/總傳之屬/儒林
國朝漢學師承記八卷經師經義目錄一卷宋學淵源記二卷附記一卷　(清)江藩撰　清末刻本　六冊

330000－1701－0013488　普 090.884493/2504(2)/c1　經部/群經總義類/傳說之屬
十三經札記　(清)朱亦棟撰　清光緒四年(1878)武林竹簡齋刻本　八冊

330000－1701－0013489　普 090.884493/2504/(2)/c2　經部/群經總義類/傳說之屬
十三經札記　(清)朱亦棟撰　清光緒四年(1878)武林竹簡齋刻本　八冊

330000－1701－0013490　普 090.88381/40121/c2　經部/叢編
十三經古注　(明)葛鼒　(明)金蟠校　明崇禎十二年(1639)金蟠刻本　五十冊

330000－1701－0013492　普 091.381/1150　類叢部/叢書類/自著之屬
張皐文箋易詮全集十六種　(清)張惠言撰　清嘉慶八年至道光十年(1803－1830)刻本　三十二冊　存十五種

330000－1701－0013493　普 090.92/3144/3　史部/傳記類/總傳之屬/儒林
國朝漢學師承記八卷經師經義目錄一卷宋學淵源記二卷附記一卷　(清)江藩撰　清光緒十一年(1885)掃葉山房刻本　四冊　存九卷(一至八、經義目錄)

330000－1701－0013494　普 091.0837/4493　經部/易類/傳說之屬
讀易傳心十二卷圖說三卷　(清)韓怡撰　清嘉慶十三年(1808)木存堂刻本　五冊

330000－1701－0013495　普 091.36/4441/c1　經部/易類/傳說之屬
周易傳義音訓八卷首一卷　(宋)呂祖謙撰　**易學啓蒙一卷**　(宋)朱熹撰　清咸豐六年(1856)浦城與古齋祝鳳喈金陵刻本　四冊

330000－1701－0013496　普 091.33836/4437　經部/叢編
石齋先生經傳九種　(明)黃道周撰　清康熙三十二年(1693)晉安鄭開極刻本　十冊　存四種

330000－1701－0013497　普 091.36/4441/c2　經部/易類/傳說之屬
周易傳義音訓八卷首一卷　(宋)呂祖謙撰　**易學啓蒙一卷**　(宋)朱熹撰　清咸豐六年(1856)浦城與古齋祝鳳喈金陵刻本　七冊　缺一卷(易學啓蒙)

330000－1701－0013498　普 090.92/3144/4　史部/傳記類/總傳之屬/儒林
國朝漢學師承記八卷國朝經師經義目錄一卷國朝宋學淵源記二卷附記一卷　(清)江藩纂　清光緒九年(1883)山西書局刻本　四冊

330000－1701－0013499　普 091.36/4441/(3)/c2　經部/易類/傳說之屬
周易傳義音訓八卷首一卷　(宋)呂祖謙撰　**易學啓蒙一卷**　(宋)朱熹撰　清咸豐六年(1856)浦城與古齋祝鳳喈金陵刻本　八冊

330000－1701－0013500　普 091.36/4441/(3)/c3　經部/易類/傳說之屬
周易傳義音訓八卷首一卷　(宋)呂祖謙撰　**易學啓蒙一卷**　(宋)朱熹撰　清咸豐六年(1856)浦城與古齋祝鳳喈金陵刻本　鴻潤題簽　八冊

330000－1701－0013501　普 091.381/2840　經部/易類/傳說之屬
周易舊注十二卷　(清)徐鼒撰　清光緒十二年(1886)六合徐承祖扶桑使廨刻本　六冊

330000－1701－0013502　普 091.36/4441/(4)　經部/易類/傳說之屬
周易傳義音訓八卷首一卷　(宋)呂祖謙撰　**易學啓蒙一卷**　(宋)朱熹撰　清咸豐六年(1856)浦城與古齋祝鳳喈金陵刻本　九冊

330000－1701－0013503　普 091.381/3441/c1　經部/易類/傳說之屬
周易孔義集說二十卷　(清)沈起元撰　清光緒八年(1882)江蘇書局刻本　八册

330000－1701－0013504　普 091.381/4023　經部/易類/傳說之屬
周易集解十七卷　(唐)李鼎祚撰　清同治十二年(1873)成都敦怡堂刻本　二册

330000－1701－0013505　普 091.381/3441/c2　經部/易類/傳說之屬
周易孔義集說二十卷　(清)沈起元撰　清光緒八年(1882)江蘇書局刻本　八册

330000－1701－0013506　普 091.381/4023.01　類叢部/叢書類/自著之屬
愛梅樓襍箸八種附二種　(清)林慶炳撰輯　清光緒八年至十五年(1882－1889)刻本　八册　存一種

330000－1701－0013507　普 091.381/1150.2　類叢部/叢書類/自著之屬
張臯文箋易詮全集十六種　(清)張惠言撰　清嘉慶八年至道光十年(1803－1830)刻本　一册　存一種

330000－1701－0013508　普 091.381/4094　經部/易類/傳說之屬
御纂周易折中二十二卷首一卷　(清)李光地等纂　清刻本　十八册

330000－1701－0013509　普 091.381/2141　經部/易類/古易之屬
古周易訂詁十六卷　(清)何楷撰　清乾隆刻本　六册

330000－1701－0013510　普 090.9/4081.2/2/c2　類叢部/叢書類/自著之屬
師伏堂叢書十五種　(清)皮錫瑞撰　清光緒十九年至三十三年(1893－1907)善化皮氏刻本　一册　存一種

330000－1701－0013523　普 921.512/1010.8　史部/傳記類/總傳之屬/家乘
[浙江蕭山]蕭山新發王氏家譜八卷首一卷　(清)王錫祺等纂修　稿本　八册

330000－1701－0013531　普 921.512/1010.85　史部/傳記類/總傳之屬/家乘
[江西崇義]王氏重修族譜不分卷　清道光木活字印本　四册

330000－1701－0013532　普 921.512/1010.83　史部/傳記類/總傳之屬/家乘
[浙江金華]太原王氏宗譜□□卷　(清)□□纂修　清光緒二十四年(1898)三槐堂木活字印本　一册　存三卷(一至三)

330000－1701－0013537　普 921.512/1010.95　史部/傳記類/總傳之屬/家乘
[江西萬載]萬載李家園王氏族譜八卷首一卷末一卷　(清)王春畬主修　(清)王春沂等編纂　清光緒三十二年(1906)木活字印本　八册　缺二卷(二、四)

330000－1701－0013541　普 921.512/1010.99　史部/傳記類/總傳之屬/家乘
[浙江江山]須江藍田王氏宗譜□□卷　(清)□□纂修　清光緒十七年(1891)木活字印本　九册　存十卷(二、五至七、九、十一至十二、二十四、二十九、三十三)

330000－1701－0013542　普 921.512/1010.991　史部/傳記類/總傳之屬/家乘
[江西萬載]萬載株潭王氏族譜十卷首一卷末一卷　(清)王壽春纂修　清光緒二十一年(1895)三槐堂木活字印本　四册　存三卷(首、三至四)

330000－1701－0013544　普 921.512/1010.98　史部/傳記類/總傳之屬/家乘
[江西泰和]灉江王氏族譜不分卷　(清)王凌霄等纂修　清乾隆四十年(1775)木活字印本　三册

330000－1701－0013547　普 921.512/1010.32　史部/傳記類/總傳之屬/家乘
[湖南益陽]王氏紫羅支譜□□卷首三卷　(清)王鍾健纂修　清光緒二十四年(1898)太原堂木活字印本　三十五册　存四十九卷

(首一至三,二至十六、二十至五十)

330000－1701－0013548　普 921.512/1010.993　史部/傳記類/總傳之屬/家乘

[湖南益陽]王氏五修族譜十九卷　(清)王綱齡纂修　清咸豐七年(1857)三槐堂木活字印本　十九冊　缺一卷(三)

330000－1701－0013549　普 921.512/1010.93　史部/傳記類/總傳之屬/家乘

[江蘇丹徒]潤州開沙王氏重修族譜八卷　王德智等纂修　清光緒二十八年(1902)斯美堂木活字印本　八冊

330000－1701－0013551　普 921.512/1020　史部/傳記類/總傳之屬/家乘

[浙江上虞]上虞夏湖溪丁氏宗譜十六卷首一卷　(清)丁達先修　(清)丁燿南纂　清光緒二十三年(1897)瑞松堂木活字印本　十六冊

330000－1701－0013556　普 921.512/1080/c1　史部/傳記類/總傳之屬/家乘

[河南商丘][浙江海寧]賈氏家乘十卷　(清)賈春泉　(清)賈復庵彙修　清道光二十六年(1846)刻本　十冊

330000－1701－0013557　普 921.512/1123　史部/傳記類/總傳之屬/家乘

[河北南皮]南皮張氏族譜十二卷　(清)張卿子　(清)張受長纂修　清乾隆二十九年(1764)刻本　十冊　缺四卷(二至四、八)

330000－1701－0013559　普 921.512/1026　史部/傳記類/總傳之屬/家乘

[浙江諸暨]暨陽附二都石氏宗譜不分卷　(清)石順厚等纂修　清同治十一年(1872)峻德齋木活字印本　四冊

330000－1701－0013561　普 921.512/1024.2/c1　史部/傳記類/總傳之屬/家乘

[浙江上虞]上虞桂林夏氏松夏支系七卷首一卷末一卷　(清)夏翼舒纂修　清光緒三十三年(1907)怡壽堂木活字印本　一冊

330000－1701－0013562　普 921.512/1123.11　史部/傳記類/總傳之屬/家乘

[陝西興平]張氏宗譜二卷　張元勳纂修　清宣統三年(1911)尊經堂刻本　二冊

330000－1701－0013564　普 921.512/1080/c2　史部/傳記類/總傳之屬/家乘

[河南商丘][浙江海寧]賈氏家乘十卷　(清)賈震行　(清)賈曰驥等彙修　清嘉慶十一年(1806)刻本　十冊

330000－1701－0013565　普 921.512/1024.3　史部/傳記類/總傳之屬/家乘

[浙江上虞]上虞桂林夏氏宗譜十卷　(清)夏錦秀主修　(清)夏僖編纂　清咸豐二年(1852)明德堂木活字印本　十冊

330000－1701－0013570　普 921.512/1026.1　史部/傳記類/總傳之屬/家乘

[浙江諸暨]暨陽石氏宗譜不分卷　(清)石玉光修　(清)石浙清等纂　清同治十三年(1874)思親堂木活字印本　二冊

330000－1701－0013571　普 921.512/1123.17　史部/傳記類/總傳之屬/家乘

[浙江上虞]清河張氏貽穀堂支譜不分卷　(清)張其昆纂修　清同治十三年(1874)貽穀堂刻本　二冊

330000－1701－0013572　普 921.512/1060　史部/傳記類/總傳之屬/家乘

[湖南永州]雷氏族譜十卷首一卷　(清)雷鳴遠主修　(清)雷樹義　(清)雷杞發　(清)雷樹芳纂修　清光緒七年(1881)敦睦堂木活字印本　二冊　存一卷(首)

330000－1701－0013573　普 921.512/1123.19　史部/傳記類/總傳之屬/家乘

張氏族譜不分卷　清末抄本　二冊

330000－1701－0013574　普 921.512/1123.18　史部/傳記類/總傳之屬/家乘

[浙江杭州]錢塘張氏新舊墳墓圖記一卷　(清)張曜輯錄　清同治六年(1867)貽穀堂刻本　一冊

330000－1701－0013575　普 921.512/1123.16　史部/傳記類/總傳之屬/家乘

[浙江嵊州]剡西雅堂張氏續修宗譜三卷 (清)張義方等纂修 清同治八年(1869)履厚堂木活字印本 六册

330000－1701－0013576 普921.512/1123.15 史部/傳記類/總傳之屬/家乘

[浙江金華]蘭溪張氏重修族譜四卷 (清)張逢祚等纂修 清乾隆六十年(1795)孝友堂木活字印本 四册

330000－1701－0013578 普921.512/1123.3 史部/傳記類/總傳之屬/家乘

[浙江餘姚]雲柯張氏宗譜十集十二卷首一卷 (清)張守淏纂修 清光緒二十年(1894)存著堂木活字印本 十册

330000－1701－0013582 普921.512/1123.4 史部/傳記類/總傳之屬/家乘

[浙江寧波]清池張氏宗譜五卷首一卷 (清)張肇治纂修 清道光十九年(1839)思本堂木活字印本 四册

330000－1701－0013584 普921.512/1123.54 史部/傳記類/總傳之屬/家乘

[湖南長沙]星沙張氏支譜三卷首二卷 (清)張清鑾纂修 清光緒三十二年(1906)鳴珂堂木活字印本 三册 存三卷(一至三)

330000－1701－0013585 普921.512/1123.21 史部/傳記類/總傳之屬/家乘

[浙江嵊州]珏芝續修張氏宗譜□□卷 (清)張宗校等纂修 清雍正木活字印本 一册 存三卷(一至三)

330000－1701－0013588 普921.512/1123.51 史部/傳記類/總傳之屬/家乘

[浙江餘姚]張氏家譜七卷首一卷末一卷 (清)張國dian纂修 清乾隆五十九年(1794)裕裔堂木活字印本 六册

330000－1701－0013590 普921.512/1123.64 史部/傳記類/總傳之屬/家乘

[江西][湖南]張氏合修族譜八卷首一卷 (清)張淩漢纂修 清同治十二年(1873)孝友堂木活字印本 十册

330000－1701－0013592 普921.512/1123.6 史部/傳記類/總傳之屬/家乘

[浙江蕭山]蕭山孔湖張氏宗譜四卷 (清)張漢殷等纂修 清光緒十五年(1889)孝友堂木活字印本 四册

330000－1701－0013593 普921.512/1123.66 史部/傳記類/總傳之屬/家乘

[湖南瀏陽]張氏八修族譜十卷 (清)張聲揚等纂修 清嘉慶二十四年(1819)孝友堂木活字印本 十册

330000－1701－0013594 普921.512/1123.61 史部/傳記類/總傳之屬/家乘

[江西][湖南]張氏合譜不分卷 清咸豐三年(1853)孝友堂木活字印本 十一册

330000－1701－0013595 普921.512/1123.75/c1 史部/傳記類/總傳之屬/家乘

[湖南瀏陽]瀏邑張祠牌位譜五卷首一卷 (清)張震英主修 (清)張解英纂修 清同治十年(1871)孝友堂木活字印本 六册

330000－1701－0013597 普921.512/1123.7 史部/傳記類/總傳之屬/家乘

[浙江杭州]張氏族譜五卷首一卷附一卷 (清)張景雲等纂修 清光緒二十六年至二十七年(1900－1901)世美堂刻本 五册

330000－1701－0013599 普921.512/1123.75/c2 史部/傳記類/總傳之屬/家乘

[湖南瀏陽]瀏邑張祠牌位譜五卷首一卷 (清)張震英主修 (清)張解英纂修 清同治十年(1871)孝友堂木活字印本 六册

330000－1701－0013601 普921.512/1173 史部/傳記類/總傳之屬/家乘

[浙江常山]裴氏族譜□□卷 清光緒二十三年(1897)木活字印本 一册 存二卷(五至六)

330000－1701－0013604 普921.512/1123.75/c3 史部/傳記類/總傳之屬/家乘

[湖南瀏陽]瀏邑張祠牌位譜五卷首一卷 (清)張震英主修 (清)張解英纂修 清同治

十年(1871)孝友堂木活字印本　六册

330000－1701－0013606　普 921.512/1249　史部/傳記類/總傳之屬/家乘
[浙江紹興]山陰浦陽孫氏宗譜二卷　(清)孫福超　(清)孫大圭纂修　清光緒二十五年(1899)奉思堂木活字印本　二册

330000－1701－0013607　普 921.512/1249.1　史部/傳記類/總傳之屬/家乘
[浙江紹興]陽川孫氏宗譜三十卷　(清)孫循誠等纂修　清道光十年(1830)敦彝堂木活字印本　十册

330000－1701－0013610　普 921.512/1249.6　史部/傳記類/總傳之屬/家乘
[浙江杭州]姚江孫氏遷杭族譜不分卷　(清)孫允元纂修　清光緒十八年(1892)抄本　孫峻跋　五册

330000－1701－0013614　普 921.512/1249.7/c1　史部/傳記類/總傳之屬/家乘
[浙江象山]中沙孫氏宗譜不分卷　清末抄本　一册

330000－1701－0013619　普 921.512/1712.1　史部/傳記類/總傳之屬/家乘
[四川西昌]西昌鄧氏五修族譜不分卷　(清)鄧德俊纂修　清光緒木活字印本　四册

330000－1701－0013620　普 921.512/1249.7/c2　史部/傳記類/總傳之屬/家乘
[浙江象山]中沙孫氏宗譜不分卷　清末抄本　一册

330000－1701－0013621　普 921.512/1762.1/c1　史部/傳記類/總傳之屬/家乘
[浙江餘姚]餘姚邵氏宗譜十六卷首一卷貽編七卷　(清)邵曰濂　(清)邵友濂纂修　清光緒十四年(1888)木活字印本　二十四册

330000－1701－0013622　普 921.512/1123.68　史部/傳記類/總傳之屬/家乘
[江西萬載]萬邑潭溪張氏祭儀牌册二卷　(清)張星煥纂修　清光緒七年(1881)萬邑黄茅黄泉源堂木活字印本　二册

330000－1701－0013623　普 921.512/2071　史部/傳記類/總傳之屬/家乘
[湖南韶山]中湘韶山毛氏房譜五卷首二卷　(清)毛際霖等纂修　清咸豐五年(1855)西河堂木活字印本　六册

330000－1701－0013625　普 921.512/1762.1/c2　史部/傳記類/總傳之屬/家乘
[浙江餘姚]餘姚邵氏宗譜十六卷首一卷貽編七卷　(清)邵曰濂　(清)邵友濂纂修　清光緒十四年(1888)木活字印本　二十四册

330000－1701－0013629　普 921.512/1123.69　史部/傳記類/總傳之屬/家乘
[江西萬載]潭溪張氏續修牌册三卷　(清)張星煥纂修　清光緒十三年(1887)萬邑黄茅黄泉源堂木活字印本　一册

330000－1701－0013634　普 921.512/1762　史部/傳記類/總傳之屬/家乘
[浙江餘姚]餘姚邵氏宗譜十六卷首一卷貽編七卷　(清)邵曰濂　(清)邵友濂纂修　清光緒十四年(1888)木活字印本　二十四册

330000－1701－0013636　普 921.512/21211　史部/傳記類/總傳之屬/家乘
[浙江紹興]山陰何氏私乘不分卷　清抄本　一册

330000－1701－0013637　普 921.512/2121.3/c1　史部/傳記類/總傳之屬/家乘
[浙江天台]天台義里盧氏宗譜七卷首一卷　(清)盧箎年修　(清)盧家錦　(清)盧宗植等纂　清光緒五年(1879)木活字印本　三册

330000－1701－0013638　普 921.512/2122.3　史部/傳記類/總傳之屬/家乘
[湖南安化]何氏族譜不分卷　(清)何祿禧等纂修　清道光四年(1824)何松勁抄本　一册

330000－1701－0013639　普 921.512/2121.2　史部/傳記類/總傳之屬/家乘
[浙江黄巖]黄邑烏巖盧氏宗譜二十四卷　(清)盧長孺纂修　清光緒三十一年(1905)木活字印本　二十四册　缺二卷(世傳十三至

十四)

330000－1701－0013641　普 921.512/2122.2　史部/傳記類/總傳之屬/家乘
[浙江富陽]富春橫槎何氏宗譜八卷　(清)何以侃　(清)壽明景纂修　清同治九年(1870)木活字印本　十册　缺一卷(八)

330000－1701－0013643　普 921.512/2123　史部/傳記類/總傳之屬/家乘
[浙江金華]湯溪虞氏宗譜□□卷　(清)虞繼翻纂修　清咸豐四年(1854)木活字印本　一册　存二卷(一至二)

330000－1701－0013644　普 921.512/2121.3/c2　史部/傳記類/總傳之屬/家乘
[浙江天台]天台義里盧氏宗譜七卷首一卷　(清)盧篪年修　(清)盧家錦　(清)盧宗植等纂　清光緒五年(1879)木活字印本　三册

330000－1701－0013645　普 921.512/2123.1　史部/傳記類/總傳之屬/家乘
[浙江金華]湯溪虞氏宗譜□□卷　(清)□□纂修　清木活字印本　一册　存一卷(三)

330000－1701－0013646　普 921.512/2123.2　史部/傳記類/總傳之屬/家乘
[浙江金華]湯溪虞氏宗譜□□卷　(清)□□纂修　清光緒四年(1878)木活字印本　一册　存一卷(三)

330000－1701－0013649　普 921.512/2130　史部/傳記類/總傳之屬/家乘
[江西寧都]寧都州南郊上官氏重修族譜不分卷　(清)□□纂修　清木活字印本　三册

330000－1701－0013650　普 921.512/2123.3　史部/傳記類/總傳之屬/家乘
[浙江金華]湯溪虞氏宗譜□□卷　(清)□□纂修　清嘉慶二年(1797)木活字印本　一册　存二卷(一至二)

330000－1701－0013651　普 921.512/2123.4　史部/傳記類/總傳之屬/家乘
[浙江金華]湯溪虞氏宗譜□□卷　(清)□□纂修　清乾隆木活字印本　一册　存一卷(三)

330000－1701－0013653　普 921.512/2190　史部/傳記類/總傳之屬/家乘
[浙江衢州]浙衢柴氏宗譜□□卷　(清)鄭大謨纂修　清光緒三十四年(1908)木活字印本　四册　存五卷(一至五)

330000－1701－0013660　普 921.512/2350　史部/傳記類/總傳之屬/家乘
[浙江黃巖]畬川牟氏族譜四十五卷首五卷　(清)牟阜雲等纂修　清道光二十七年(1847)木活字印本　六册　存二卷(一、四)

330000－1701－0013663　普 921.512/2590.1　史部/傳記類/總傳之屬/家乘
[浙江蕭山]蕭山朱家壇朱氏宗譜文集五卷系圖七卷行傳八卷　(清)朱望林等纂修　清道光二十五年(1845)敦倫堂木活字印本　十八册

330000－1701－0013664　普 921.512/2590.12　史部/傳記類/總傳之屬/家乘
[浙江鄞州]四明藕橋朱氏宗譜四卷首一卷　(清)朱學宜　(清)朱允熾纂修　清光緒二十五年(1899)繼述堂木活字印本　五册

330000－1701－0013665　普 921.512/2590.11　史部/傳記類/總傳之屬/家乘
[浙江紹興]山陰嵩臨朱氏世譜不分卷　(清)朱光庭纂修　清抄本　一册

330000－1701－0013667　普 921.512/2590.13　史部/傳記類/總傳之屬/家乘
[浙江海寧]海寧花園朱氏宗譜二十四卷首一卷末一卷　(清)朱恩綬纂修　清光緒二年(1876)奕載堂刻本　二十四册　存二十五卷(首、一至九、十一至二十四、末)

330000－1701－0013668　普 921.512/2324.1　史部/傳記類/總傳之屬/家乘
[浙江蕭山]蕭山馬湖傅氏宗譜不分卷　(清)傅鼎乾等纂修　清同治十三年(1874)敦裕堂木活字印本　六册

330000－1701－0013670　普 921.512/2590.

15　史部/傳記類/總傳之屬/家乘

[湖北宜昌][湖北荆州]宜荆朱氏宗譜不分卷　(清)朱人鑑續編　清光緒樹滋堂木活字印本　一册

330000－1701－0013671　普 921.512/2590.14　史部/傳記類/總傳之屬/家乘

[浙江杭州]紫陽朱氏武林派宗譜十二卷首一卷　(清)朱封纂修　清嘉慶八年(1803)西湖祠刻本　三册　缺四卷(五至八)

330000－1701－0013673　普 921.512/2590.3/c1　史部/傳記類/總傳之屬/家乘

[浙江紹興]山陰白洋朱氏宗譜三十二卷首一卷　(清)朱增等纂修　清光緒二十一年(1895)玉泉堂木活字印本　二十八册

330000－1701－0013675　普 921.512/2590.16　史部/傳記類/總傳之屬/家乘

[浙江海寧]朱氏小桃源宗譜八卷　(清)朱祥等纂修　清康熙五十九年(1720)哲延堂刻本　二册　存二卷(一至二)

330000－1701－0013676　普 921.512/2590.31/c1　史部/傳記類/總傳之屬/家乘

[浙江紹興]山陰柯山朱氏本支宗譜不分卷　(清)朱偉軒纂修　清光緒十六年(1890)木活字印本　二册

330000－1701－0013677　普 921.512/2590.4　史部/傳記類/總傳之屬/家乘

[浙江上虞]虞邑賨堰朱氏宗譜六卷　(清)朱鼎華等纂修　清道光二十三年(1843)垂裕堂木活字印本　六册

330000－1701－0013678　普 921.512/2590.17　史部/傳記類/總傳之屬/家乘

朱氏宗譜不分卷　清末抄本　一册

330000－1701－0013680　普 921.512/2590.31/c2　史部/傳記類/總傳之屬/家乘

[浙江紹興]山陰柯山朱氏本支宗譜不分卷　(清)朱偉軒纂修　清光緒十六年(1890)木活字印本　二册

330000－1701－0013681　普 921.512/2590.31/c3　史部/傳記類/總傳之屬/家乘

[浙江紹興]山陰柯山朱氏本支宗譜不分卷　(清)朱偉軒纂修　清光緒十六年(1890)木活字印本　二册

330000－1701－0013684　普 921.512/2590.43　史部/地理類/專志之屬/祠墓

[湖南醴陵]朱子祠崇哲祀譜八卷首一卷末一卷　(清)崇哲祀同人合修　清光緒六年(1880)博文約禮齋木活字印本　三册　存八卷(首、一至二、五至八、末)

330000－1701－0013689　普 921.512/2641　史部/傳記類/總傳之屬/家乘

[浙江餘姚]蘭風魏氏宗譜十卷　(清)魏琛等纂修　清光緒三十二年(1906)洽禮堂木活字印本　十册

330000－1701－0013690　普 921.512/2590.92　史部/傳記類/總傳之屬/家乘

[安徽休寧]朱氏支譜不分卷　(清)朱光勳纂修　清抄本　一册

330000－1701－0013691　普 921.512/2641.1　史部/傳記類/總傳之屬/家乘

[浙江諸暨]魏氏太廉堂進主册不分卷　(清)魏樹樫　(清)魏彭年纂修　清光緒十年(1884)太廉堂木活字印本　一册

330000－1701－0013692　普 921.512/2590.9　史部/傳記類/總傳之屬/家乘

[浙江海鹽]澉川朱氏家乘六卷　(清)朱毓文等纂修　清道光二十二年(1842)思成堂刻本　一册　存一卷(一)

330000－1701－0013693　普 921.512/2590.91　史部/傳記類/總傳之屬/家乘

[浙江海寧]海寧朱氏宗譜二十卷首一卷末一卷附七里松支三卷　(清)朱昌燕等纂修　清光緒十年(1884)海寧朱氏哲延堂刻本　十二册　存十三卷(十中下至二十、末、七里松支下)

330000－1701－0013694　普 921.512/2641.2　史部/傳記類/總傳之屬/家乘

[浙江紹興]山陰吴塘魏氏宗譜十卷 (清)魏大裕等纂修 清光緒五年(1879)崇本堂木活字印本 十册

330000-1701-0013699 普921.512/2643.11 史部/傳記類/總傳之屬/家乘

[浙江常山]延陵郡吴氏續譜四卷首一卷末一卷 (清)方殿鼇纂修 清光緒三十一年(1905)壽永堂木活字印本 二册

330000-1701-0013701 普921.512/2643.15 史部/傳記類/總傳之屬/家乘

吴氏家譜□□卷 清末木活字印本 一册 存一卷(下)

330000-1701-0013702 普921.512/2643.2 史部/傳記類/總傳之屬/家乘

[江蘇吴江]曹吴合譜十四卷首一卷 (清)曹磊纂修 清乾隆四十二年(1777)湖山秀聚堂刻本 六册

330000-1701-0013703 普921.512/2643.13 史部/傳記類/總傳之屬/家乘

[浙江開化][浙江象山]嘉慶戊辰年吴氏續修統宗譜十卷 (清)吴彭佑主修 (清)吴掄元 (清)吴慶祥編纂 清嘉慶十三年(1808)岐山堂木活字印本 四册

330000-1701-0013706 普921.512/2643.23 史部/傳記類/總傳之屬/家乘

[湖南醴陵]三門南江吴氏六修族譜五十卷 (清)吴鴻儀等纂修 清光緒二十九年(1903)世讓堂木活字印本 四十五册 缺五卷(四、十八、二十四、三十三、五十)

330000-1701-0013708 普921.512/2643.3 史部/傳記類/總傳之屬/家乘

[浙江湖州]苕溪吴氏宗譜不分卷 (清)吴孝誠等纂修 清光緒三十二年(1906)刻本 六册

330000-1701-0013709 普921.512/2643.22 史部/傳記類/總傳之屬/家乘

[湖南醴陵]三門南江吴氏五修族譜四十四卷 (清)吴登鏞等纂修 清咸豐九年(1859)世讓堂木活字印本 三册 存三卷(四、二十四、三十三)

330000-1701-0013710 普921.512/2643.5 史部/傳記類/總傳之屬/家乘

[浙江海寧]吴氏宗譜六卷 (清)吴昌年等纂修 清光緒二十二年(1896)刻本 二册

330000-1701-0013713 普921.512/2643.8 史部/傳記類/總傳之屬/家乘

[浙江海寧]藍湖吴氏支譜一卷 (清)吴懋泰纂修 清抄本 一册

330000-1701-0013714 普921.512/2643.6 史部/傳記類/總傳之屬/家乘

[浙江嵊州]嵊城吴氏宗譜三卷 (清)吴聲潮修 (清)吴在中纂 清光緒三十一年(1905)仁德堂木活字印本 二册

330000-1701-0013715 普921.512/2691 史部/傳記類/總傳之屬/家乘

[安徽歙縣]新安程氏世譜徵文錄十卷本生世系表二卷首一卷 (清)程左衡纂修 清光緒十九年(1893)無爲嘉會堂目耕樓木活字印本 九册

330000-1701-0013716 普921.512/2643.9 史部/傳記類/總傳之屬/家乘

[安徽歙縣]歙南吴氏族譜不分卷 (清)□□纂修 清抄本 一册

330000-1701-0013717 普921.512/2691.2 史部/傳記類/總傳之屬/家乘

[安徽績溪]績溪璜上程承啓堂世系譜十五卷首一卷末一卷 (清)程步雲等編纂 清宣統三年(1911)木活字印本 三册

330000-1701-0013718 普921.512/2691.1 史部/傳記類/總傳之屬/家乘

[浙江餘杭]程氏廣平開宗譜不分卷 (清)程兆蕃纂修 稿本 一册

330000-1701-0013720 普921.512/2691.3 史部/傳記類/總傳之屬/家乘

[浙江淳安]遂安中洲程氏宗譜十六卷首一卷 (清)程肇修編纂 清乾隆崇本堂刻本 四

冊　存十三卷（首、一至五、七至十、十四至十六）

330000－1701－0013721　普 921.512/2691.4　史部/傳記類/總傳之屬/家乘
[湖南平江]若嶺程氏宗譜□□卷　（清）□□纂修　清木活字印本　八冊　存八卷（六、九至十二、十五至十七）

330000－1701－0013726　普 921.512/2723　史部/傳記類/總傳之屬/家乘
[浙江平陽]上谷郡侯氏宗譜不分卷　（清）胡朝翰　（清）王世昌纂修　清嘉慶十年（1805）木活字印本　二冊

330000－1701－0013734　普 921.512/2731/2　史部/傳記類/總傳之屬/家乘
[浙江紹興]會稽高車頭鮑氏宗譜八卷　鮑德福纂修　清光緒二十七年（1901）五思堂木活字印本　六冊

330000－1701－0013739　普 921.512/2829.15　史部/傳記類/總傳之屬/家乘
[浙江常山]塘沿徐氏宗譜三卷　（清）□□纂修　清惇敘堂木活字印本　一冊　缺一卷（三）

330000－1701－0013740　普 921.512/2742　史部/傳記類/總傳之屬/家乘
[江蘇鎮江]潤州鄒氏宗譜六卷　（清）鄒寶霖等纂修　清光緒二十六年（1900）肇禋堂木活字印本　四冊

330000－1701－0013743　普 921.512/2829.5　史部/傳記類/總傳之屬/家乘
[浙江蕭山]蕭山塘灣井亭徐氏宗譜十卷　（清）徐以烜等纂修　清光緒二十一年（1895）南州草堂木活字印本　十冊　缺一卷（二）

330000－1701－0013746　普 921.512/2771.2　史部/傳記類/總傳之屬/家乘
[浙江臨海]台臨大芝山包氏宗譜□□卷　（清）□□纂修　清光緒三十三年（1907）木活字印本　一冊　存一卷（末一）

330000－1701－0013753　普 921.512/3090.2　史部/傳記類/總傳之屬/家乘
[浙江紹興]會稽宋氏宗譜四卷本支世系十卷　（清）宋家璨纂修　清宣統元年（1909）忠孝堂刻本　四冊

330000－1701－0013757　普 921.512/3111/c1　史部/傳記類/總傳之屬/家乘
[浙江杭州]平陽汪氏九十一世支譜二卷　（清）汪曾立纂修　清同治六年（1867）刻本　二冊

330000－1701－0013758　普 921.512/2829.6　史部/傳記類/總傳之屬/家乘
[浙江紹興]山陰安昌徐氏宗譜六卷　（清）徐澍咸等纂修　清光緒十年（1884）持敬堂木活字印本　六冊

330000－1701－0013759　普 921.512/3010　史部/傳記類/總傳之屬/家乘
[浙江諸暨]宣氏宗譜□□卷　（清）宣漢雲等修　（清）周國選纂　清乾隆元年（1736）永思堂木活字印本　一冊　存三卷（一至三）

330000－1701－0013761　普 921.512/3111.10　史部/傳記類/總傳之屬/家乘
[安徽]汪氏統宗譜八卷　清乾隆刻本　一冊

330000－1701－0013762　普 921.512/3111.12　史部/傳記類/總傳之屬/家乘
[安徽歙縣]汪氏分遷大里支譜六卷　（清）□□纂修　清抄本　六冊

330000－1701－0013763　普 921.512/3111/c2　史部/傳記類/總傳之屬/家乘
[浙江杭州]平陽汪氏九十一世支譜二卷　（清）汪曾立纂修　清同治六年（1867）刻本　一冊　存一卷（下）

330000－1701－0013767　普 921.512/3111.13　史部/傳記類/總傳之屬/家乘
[安徽]汪氏宗譜纂要四卷首一卷末一卷　（清）汪敷政纂修　清抄本　四冊

330000－1701－0013768　普 921.512/3111.14　史部/傳記類/總傳之屬/家乘
[安徽][江西]汪氏統宗正脈□□卷　（明）

汪蓉峰等編修　(明)汪進等纂輯　明刻朱墨套印本　三册　存三卷(八、十一、七十七)

330000-1701-0013769　普 921.512/3111.2　史部/傳記類/總傳之屬/家乘

[浙江杭州]汪氏第九十二世小宗譜六卷　(清)汪曾立纂修　清光緒六年(1880)刻本　二册

330000-1701-0013770　普 921.512/3111.3　史部/傳記類/總傳之屬/家乘

[浙江杭州]汪氏小宗譜六卷　(清)汪曾立纂修　清光緒十六年(1890)刻本　二册

330000-1701-0013774　普 921.512/3111.6　史部/傳記類/總傳之屬/家乘

[江蘇蘇州]吴趨汪氏支譜十集二十卷首一卷　(清)汪體椿等纂修　清光緒二十三年(1897)耕蔭莊木活字印本　十册

330000-1701-0013776　普 921.512/31110.2/c1　史部/傳記類/總傳之屬/家乘

[江西萬載]浩石江氏三修族譜□□卷　(清)江潤龍等纂修　清道光三年(1823)濟陽堂木活字印本　四册　存四卷(一至二、六、□)

330000-1701-0013777　普 921.512/31110.3　史部/傳記類/總傳之屬/家乘

[江西萬載]萬邑江氏捐册□□卷　(清)樂宗會纂修　清光緒十六年(1890)木活字印本　一册　存一卷(一)

330000-1701-0013779　普 921.512/31110/c1　史部/傳記類/總傳之屬/家乘

[江西萬載]濟陽堂江氏四修族譜二十二卷　(清)江肇岷纂修　清宣統元年(1909)濟陽堂木活字印本　五十一册

330000-1701-0013780　普 921.512/3111.7　史部/傳記類/總傳之屬/家乘

[浙江杭州]平陽汪氏九十一世支譜二卷　(清)汪曾立纂修　清同治六年(1867)刻本　二册

330000-1701-0013781　普 921.512/31110/c2　史部/傳記類/總傳之屬/家乘

[江西萬載]濟陽堂江氏四修族譜二十二卷　(清)江肇岷纂修　清宣統元年(1909)濟陽堂木活字印本　五册　存四卷(六、十八、二十一至二十二)

330000-1701-0013782　普 921.512/31110.4　史部/傳記類/總傳之屬/家乘

[江西寧都][江西永豐]江氏初修族譜一卷　(清)江澤和修　(清)江啓球纂　清乾隆十年(1745)隆德堂木活字印本　一册

330000-1701-0013783　普 921.512/31110.5　史部/傳記類/總傳之屬/家乘

[福建邵武]江氏五修族譜三十一卷首一卷末一卷　(清)江上峯修　(清)江曉春等纂　清同治七年(1868)木活字印本　十八册　缺二卷(八至九)

330000-1701-0013786　普 921.512/3111.9　史部/傳記類/總傳之屬/家乘

[浙江杭州]平陽汪氏九十一世支譜二卷　(清)汪曾立纂修　清同治六年(1867)刻本　二册

330000-1701-0013788　普 921.512/3112.2　史部/傳記類/總傳之屬/家乘

[浙江紹興]山陰馮氏家譜不分卷　(清)馮廣文纂修　稿本　一册

330000-1701-0013789　普 921.512/3112.1　史部/傳記類/總傳之屬/家乘

[浙江蕭山]赭山馮氏家譜二十二卷　(清)馮奕瑞等纂修　清宣統元年(1909)樹德堂木活字印本　二十二册

330000-1701-0013790　普 621.512/3112.3　史部/傳記類/總傳之屬/家乘

[浙江紹興]會稽馮氏宗譜四卷　(清)馮焕　(清)馮樹春纂修　清光緒十八年(1892)永思堂木活字印本　四册　缺一卷(四)

330000-1701-0013791　普 921.512/31110.6　史部/傳記類/總傳之屬/家乘

[福建邵武]江氏六修族譜三十三卷末一卷　(清)江昭炬等纂修　清光緒二十三年(1897)

木活字印本　二十四冊

330000－1701－0013795　普 921.512/3390.1　史部/傳記類/總傳之屬/家乘
[浙江新昌][浙江天台]彩烟梁氏宗譜□□卷　(清)□□纂修　清咸豐五年(1855)木活字印本　二冊　存二卷(十二、二十一)

330000－1701－0013796　普 921.512/3128.2　史部/傳記類/總傳之屬/家乘
[浙江上虞]顧氏越南譜槀不分卷　(清)顧一元纂修　清末抄本　二十四冊

330000－1701－0013799　普 921.512/3216.4　史部/傳記類/總傳之屬/家乘
[浙江景寧]景寧潘氏家譜十三卷　(清)潘鈺與等纂修　清咸豐元年(1851)刻本　十七冊　存七卷(二、六至九、十一、十三)

330000－1701－0013800　普 921.512/3216　史部/傳記類/總傳之屬/家乘
[浙江蕭山]蕭山錢清北祠潘氏宗譜六卷　(清)潘元禮纂修　清光緒二十一年(1895)永言堂木活字印本　六冊

330000－1701－0013802　普 921.512/3126.5/c1　史部/傳記類/總傳之屬/家乘
[浙江景寧]景寧潘氏家譜十三卷　(清)潘蕃等纂修　清光緒十二年(1886)刻本　十六冊　存九卷(一、四至七、十至十三)

330000－1701－0013803　普 921.512/3411.11　史部/傳記類/總傳之屬/家乘
[浙江桐鄉]柞溪沈氏家乘四卷　(清)□□纂修　稿本　一冊

330000－1701－0013804　普 921.512/3411.1/c1　史部/傳記類/總傳之屬/家乘
[浙江平湖]清溪沈氏六修家乘二十卷　(清)沈應奎纂修　清光緒十年至十二年(1884－1886)追遠堂刻本　二十冊

330000－1701－0013805　普 921.512/3411.2　史部/傳記類/總傳之屬/家乘
[浙江蕭山]蕭山長巷沈氏續修宗譜三十二卷首一卷　(清)沈豫等纂修　清道光二十一年(1841)承裕堂木活字印本　十九冊　缺二卷(一至二)

330000－1701－0013806　普 921.512/34111　史部/傳記類/總傳之屬/家乘
[浙江黃巖]宣統重修黃巖西街池氏宗譜六卷　(清)池鏡澄編纂　清宣統二年(1910)木活字印本　池太承跋　三冊

330000－1701－0013807　普 921.512/3216.5/c2　史部/傳記類/總傳之屬/家乘
[浙江景寧]景寧潘氏家譜十三卷　(清)潘蕃等纂修　清光緒十二年(1886)刻本　六冊　存四卷(六、八、十、十三)

330000－1701－0013808　普 921.512/3411.3　史部/傳記類/總傳之屬/家乘
[浙江餘姚]續修蘭風沈氏宗譜十三卷首一卷　(清)沈起仁　(清)沈克賢修　(清)沈德滄纂　清光緒二十四年(1898)肅雝堂木活字印本　十四冊

330000－1701－0013809　普 921.512/3418　史部/傳記類/總傳之屬/家乘
[浙江餘姚]餘姚洪氏宗譜十卷首一卷貽編二卷附編二卷齒錄一卷　(清)洪大本修　(清)洪嘉桂　(清)洪樹猷纂　清光緒二十九年(1903)續古堂木活字印本　九冊

330000－1701－0013810　普 921.512/3411.8　史部/傳記類/總傳之屬/家乘
[浙江上虞]古虞童郭沈氏宗譜六卷　(清)沈崙源　(清)沈怡桂纂修　清咸豐十一年(1861)蘭輝堂木活字印本　五冊

330000－1701－0013811　普 921.512/3216.3　史部/傳記類/總傳之屬/家乘
[全國]潘氏族譜五卷首一卷　(清)潘子濬修　(清)潘桃華　(清)潘鳳藻纂　清光緒二十六年(1900)木活字印本　四冊

330000－1701－0013813　普 921.512/3411.9　史部/傳記類/總傳之屬/家乘
[浙江湖州]吳興竹溪沈氏家乘二卷首一卷　(清)沈汝泰等纂修　清光緒十三年(1887)刻

本　二册

330000－1701－0013814　普 921.512/3411.1/c2　史部/傳記類/總傳之屬/家乘
[浙江平湖]清溪沈氏六修家乘二十卷　(清)沈應奎纂修　清光緒十年至十二年(1884－1886)追遠堂刻本　十六册　缺四卷(二、七、十二、十八)

330000－1701－0013815　普 921.512/3418.1　史部/傳記類/總傳之屬/家乘
[安徽歙縣]洪源洪氏宗譜三卷　(明)洪瀾　(明)洪濬編　(明)洪良志等修　清抄本　一册

330000－1701－0013816　普 921.512/3411.19　史部/傳記類/總傳之屬/家乘
[浙江紹興]山陰浦陽沈氏西分宗譜十二卷首一卷　(清)沈福灝等纂修　清光緒二十三年(1897)木活字印本　十二册

330000－1701－0013818　普 921.512/3418.2　史部/傳記類/總傳之屬/家乘
[安徽歙縣]歙西東源洪氏統宗譜不分卷　(清)□□纂修　清抄本　一册

330000－1701－0013823　普 921.512/3418.3　史部/傳記類/總傳之屬/家乘
[浙江淳安]銀塘洪氏宗譜不分卷　(清)□□纂修　清抄本　二册

330000－1701－0013828　普 921.512/3621　史部/傳記類/總傳之屬/家乘
[浙江海寧]海昌祝氏宗譜十六卷首一卷　(清)祝光綬等纂修　清光緒七年(1881)西塋清淑堂刻本　十六册

330000－1701－0013830　普 921.512/3912　史部/傳記類/總傳之屬/家乘
[江蘇武進]毘陵沙氏族譜二十卷首一卷末一卷　(清)沙仲沅纂修　清光緒十一年(1885)百壽堂木活字印本　十一册

330000－1701－0013831　普 921.512/4010　史部/傳記類/總傳之屬/家乘
[浙江海寧]海寧查氏族譜十五卷世系四卷　(清)查元偁纂修　清道光八年(1828)刻本　二十册

330000－1701－0013832　普 921.512/36121.1　史部/傳記類/總傳之屬/家乘
[浙江蕭山]蕭山夏孝湯氏家譜不分卷　(清)湯克敬修　(清)毛觀齡纂　清雍正元年(1723)稿本　一册

330000－1701－0013833　普 921.512/3912.1　史部/傳記類/總傳之屬/家乘
[浙江鎮海]蛟川沙氏宗譜二卷　(清)盛贊堯　(清)沙厚滋纂修　清光緒十三年(1887)留餘堂木活字印本　二册

330000－1701－0013834　普 921.512/3621.4　史部/傳記類/總傳之屬/家乘
[浙江海寧]海昌祝氏宗譜十六卷首一卷　(清)祝光綬等纂修　清光緒七年(1881)西塋清淑堂刻本　二十册

330000－1701－0013835　普 921.512/4023.1　史部/傳記類/總傳之屬/家乘
[江西萬載]白良袁氏寬房譜八卷首一卷　(清)袁浩纂修　清宣統元年(1909)汝南堂木活字印本　六册

330000－1701－0013837　普 921.512/4023　史部/傳記類/總傳之屬/家乘
[浙江上虞]上虞小越袁氏宗譜八卷　(清)袁聲揚等纂修　清光緒元年(1875)介祉堂木活字印本　八册

330000－1701－0013839　普 921.512/4040　史部/傳記類/總傳之屬/家乘
[浙江蕭山]蕭山石板衖李氏宗譜不分卷　(清)李兆璜等纂修　清嘉慶十八年(1813)致和堂木活字印本　四册

330000－1701－0013840　普 921.512/4040.15　史部/傳記類/總傳之屬/家乘
[浙江][江西]李氏二修宗譜四十卷首一卷末一卷　(清)李士業修　(清)蘇大成纂　清光緒三十年(1904)懷德堂木活字印本　十五册

330000－1701－0013841　普 921.512/4023.2

史部/傳記類/總傳之屬/家乘

[江西萬載]寬房季常公垂裕堂冊不分卷 (清)袁卓編 清宣統元年(1909)木活字印本 一冊

330000－1701－0013842 普 921512/4040.14 史部/傳記類/總傳之屬/家乘

[湖南瀏陽]李氏宗譜二十九卷 (清)李青丈等纂修 清光緒三十二年(1906)木活字印本 六十八冊 缺四卷(一至四)

330000－1701－0013848 普 921.512/4040.11 史部/傳記類/總傳之屬/家乘

[江西][湖南瀏陽]隴西李氏族譜三十二卷首一卷 (清)李真實修 (清)李炅陽等纂 清光緒十四年(1888)篤慶祠木活字印本 一冊 存一卷(首)

330000－1701－0013849 普 921.512/3621.2 史部/傳記類/總傳之屬/家乘

[浙江海寧]海昌祝氏宗譜十六卷首一卷 (清)祝萬青 (清)祝葆慈纂修 清道光二十九年(1849)西瑩清淑堂刻本 十六冊

330000－1701－0013850 普 921.512/4040.2 史部/傳記類/總傳之屬/家乘

[浙江紹興]山陰天樂李氏宗譜二十四卷首一卷 (清)李其鰲主修 (清)王雪舲等編纂 清同治九年(1870)芳慶堂木活字印本 二十四冊

330000－1701－0013851 普 921.512/3621.3 史部/傳記類/總傳之屬/家乘

[浙江諸暨]暨陽楓江祝氏宗譜四卷 (清)祝春來 (清)祝金生纂修 清光緒三十二年(1906)松茂堂木活字印本 四冊

330000－1701－0013852 普 921.512/4040.5 史部/傳記類/總傳之屬/家乘

[浙江紹興]山陰李氏家譜殘稿不分卷 清抄本 一冊

330000－1701－0013854 普 921.512/4040.4 史部/傳記類/總傳之屬/家乘

[浙江紹興]山陰李氏家譜八卷首一卷 (清)李世法等纂修 清光緒元年(1875)永思堂木活字印本 四冊

330000－1701－0013860 普 921.512/4040.65 史部/傳記類/總傳之屬/家乘

[江蘇南通]六甲李氏三修族譜□□卷 清光緒二十五年(1899)隴西堂木活字印本 十七冊 存十八卷(二至三、五、七、九至十、十二至二十三)

330000－1701－0013863 普 921.512/4040.7 史部/傳記類/總傳之屬/家乘

[江西婺源]嚴田李氏宗譜□□卷 (清)□□纂修 清木活字印本 一冊 存一卷(七)

330000－1701－0013864 普 921.512/4040.8 史部/傳記類/總傳之屬/家乘

[江西浮梁]星江嚴田李氏宗譜十六卷首一卷 (清)李元瑞纂修 清光緒七年(1881)木活字印本 十六冊

330000－1701－0013865 普 921.512/4040.91 史部/傳記類/總傳之屬/家乘

[江西泰和]泰和前程李氏八修族譜□□卷 (清)□□纂修 清刻本 一冊

330000－1701－0013869 普 921.512/4090 史部/傳記類/總傳之屬/家乘

[浙江杭州]蕭山來氏家譜世系圖二卷首一卷世系紀九卷首一卷 清光緒會宗堂木活字印本 十冊

330000－1701－0013875 普 921.512/4091 史部/傳記類/總傳之屬/家乘

[浙江上虞]虞邑杭氏宗譜二卷 (清)杭華封等纂修 清道光二十九年(1849)餘慶堂木活字印本 清杭慎修跋 二冊

330000－1701－0013878 普 921.512/4241 史部/傳記類/總傳之屬/家乘

[浙江湖州]吳興姚氏家乘六卷 (清)姚淳龍 (清)姚淳屏 (清)姚淳鴻輯 清抄本 十二冊

330000－1701－0013885 普 921.512/4301.2 史部/傳記類/總傳之屬/家乘

[江西玉山]懷玉尤氏宗譜系圖六卷紀實二十卷首一卷　(清)尤元培等纂修　清道光五年(1825)木活字印本　一册　存六卷(系圖一至二、紀實四至七)

330000－1701－0013887　普 921.512/4241.2　史部/傳記類/總傳之屬/家乘

[浙江湖州]吴興姚氏家乘二十卷首一卷　(清)姚學邃纂修　清光緒二十三年(1897)刻本　十二册

330000－1701－0013888　普 921.512/4301　史部/傳記類/總傳之屬/家乘

[江西玉山]懷玉尤氏宗譜系圖六卷紀實二十卷首一卷　(清)尤元培等纂修　清道光五年(1825)木活字印本　六册　存十八卷(首、系圖一至六、紀實十至二十)

330000－1701－0013889　普 921.512/4385　史部/傳記類/總傳之屬/家乘

[江蘇鎮江]潤州黄甸戴氏支譜不分卷　清抄本　一册

330000－1701－0013890　普 921.512/4358.1　史部/傳記類/總傳之屬/家乘

[湖南瀏陽]戴氏三修通譜不分卷　(清)戴禮纂修　清嘉慶五年(1800)譙國堂木活字印本　四册

330000－1701－0013891　普 921.512/4385.10　史部/傳記類/總傳之屬/家乘

[湖南]戴氏通譜十五卷首一卷　(清)戴鍾靈修　(清)戴蘭友等纂　清同治二年(1863)譙國堂木活字印本　十三册　存十二卷(首、二至九、十一至十二、十四)

330000－1701－0013892　普 921.512/4385.11　史部/傳記類/總傳之屬/家乘

[湖南]戴氏通譜世系四卷世編三十九卷　(清)□□纂修　清光緒十八年(1892)譙國堂木活字印本　四十册　存四十一卷(世系二至四,世編一至二十八、三十至三十九)

330000－1701－0013897　普 921.512/4410.1　史部/傳記類/總傳之屬/家乘

[浙江上虞]會稽董氏宗譜十二卷　(清)董樹琪監修　(清)董樹珊等纂修　清光緒三十年(1904)三策堂木活字印本　十二册

330000－1701－0013898　普 921.512/4410.4　史部/傳記類/總傳之屬/家乘

董氏宗譜十卷末一卷　清光緒十三年(1887)木活字印本　二册　存五卷(六、八至十、末)

330000－1701－0013899　普 921.512/4411.1/c1　史部/傳記類/總傳之屬/家乘

[浙江上虞]古虞金罍范氏宗譜十四卷　(清)范德峻等纂修　清光緒十年(1884)芝本堂木活字印本　十四册

330000－1701－0013900　普 921.512/4411.2　史部/傳記類/總傳之屬/家乘

范氏遷虞譜稿不分卷　清抄本　二册

330000－1701－0013902　普 921.512/4411.1/c2　史部/傳記類/總傳之屬/家乘

[浙江上虞]古虞金罍范氏宗譜十四卷　(清)范德峻等纂修　清光緒十年(1884)芝本堂木活字印本　十四册

330000－1701－0013903　普 921.512/4411.3　史部/傳記類/總傳之屬/家乘

范氏像譜不分卷　清抄本　一册

330000－1701－0013904　普 921.512/4424.4　史部/傳記類/總傳之屬/家乘

[浙江嘉興]聞湖蔣氏家乘不分卷　(清)蔣長齡纂修　清抄本　一册

330000－1701－0013909　普 921.512/4422.3　史部/傳記類/總傳之屬/家乘

[江西宜春]蕭氏族譜□□卷　(清)蕭如蘭纂修　清同治三年(1864)河南堂木活字印本　一册

330000－1701－0013912　普 921.512/4422.4　史部/傳記類/總傳之屬/家乘

[江西吉水]螺陂蕭氏族譜不分卷　(清)□□纂修　清同治十二年(1873)木活字印本　四册

330000－1701－0013922　普 921.512/4439　史部/傳記類/總傳之屬/家乘

［浙江慈溪］蘇氏族譜四卷首一卷　(清)蘇時鑑纂修　清光緒七年(1881)永思堂木活字印本　五冊

330000－1701－0013923　普 921.512/4442.1　史部/傳記類/總傳之屬/家乘

［浙江上虞］古虞萬氏三汊港支家譜八卷　(清)萬士奎等纂修　清光緒二年(1876)世德堂木活字印本　三冊

330000－1701－0013927　普 921.512/4442.3　史部/傳記類/總傳之屬/家乘

［湖南長沙］長沙萬氏三修譜十卷首二卷　(清)萬杰賢等纂修　清末敦倫堂木活字印本　八冊　缺一卷(首上)

330000－1701－0013928　普 921.512/4442　史部/傳記類/總傳之屬/家乘

［浙江上虞］古虞萬氏三汊港支家譜八卷　(清)萬文焯等纂修　清道光十八年(1838)世德堂木活字印本　四冊

330000－1701－0013933　普 921.512/4445　史部/傳記類/總傳之屬/家乘

［浙江餘姚］餘姚韓氏東喦支宗譜七卷　(清)韓明和等纂修　清光緒三十一年(1905)木活字印本　八冊

330000－1701－0013940　普 921.512/4480.13　史部/傳記類/總傳之屬/家乘

［浙江嵊州］剡西崇安蔡墅黃氏宗譜三卷　(清)黃超輝修　(清)錢蓮峰纂　清道光十九年(1839)五桂堂木活字印本　三冊

330000－1701－0013943　普 921.512/4480　史部/傳記類/總傳之屬/家乘

［浙江紹興］陡亹黃氏宗譜不分卷　(清)黃善經纂修　清光緒二十年(1894)追遠堂木活字印本　四冊

330000－1701－0013947　普 921.512/44901.2　史部/傳記類/總傳之屬/家乘

［浙江嵊州］嵊縣蔡氏宗譜五卷　(清)蔡應鳳　(清)蔡思德纂修　清乾隆十四年(1749)奉先堂木活字印本　一冊

330000－1701－0013951　普 921.512/4480.2　史部/傳記類/總傳之屬/家乘

［浙江慈溪］姚江黃氏宗譜三卷首一卷　(清)黃豫等纂修　清光緒六年(1880)永思堂木活字印本　四冊

330000－1701－0013954　普 921.512/4480.14　史部/傳記類/總傳之屬/家乘

［安徽歙縣］潭渡黃氏族譜十卷首一卷末一卷　(明)黃玄豹重編　(清)黃景琯參補　(清)黃臣槐等補注　清雍正九年(1731)刻本　八冊　缺二卷(十、末)

330000－1701－0013955　普 921.512/4480.21　史部/傳記類/總傳之屬/家乘

［湖南醴陵］黃氏三修族譜三十三卷藝文十三卷首一卷　(清)黃國鎮修　(清)黃運鎔等纂　清光緒二十七年(1901)湖南醴陵敦本堂木活字印本　一冊　存一卷(藝文十三)

330000－1701－0013960　普 921.512/4480.11　史部/傳記類/總傳之屬/家乘

［浙江蕭山］蕭山埭上黃氏家譜三十卷首一卷續錄一卷搜遺錄一卷　(清)黃憲等纂修　**黃氏詞翰錄四卷詞翰續錄二卷備遺錄二卷昭潛錄一卷附一卷**　(清)黃春林纂　清光緒二十一年(1895)萃渙堂木活字印本　四冊　存十卷(詞翰錄一至四,詞翰續錄一至二,備遺錄一至二,昭潛錄、附)

330000－1701－0013961　普 921.512/4480.27　史部/傳記類/總傳之屬/家乘

［湖南瀏陽］江夏黃氏族譜十一卷首一卷　(清)黃逢昶纂修　清光緒六年(1880)江夏堂木活字印本　十二冊　缺一卷(六)

330000－1701－0013963　普 921.512/4480.8　史部/傳記類/總傳之屬/家乘

［浙江諸暨］黃氏家譜四十卷　(清)黃其本等纂修　清光緒二十五年(1899)聚斯堂木活字印本　四十一冊

330000－1701－0013966　普 921.512/4480.84　史部/傳記類/總傳之屬/家乘
[江西樟樹]清江黄氏族譜二十八卷首二卷（清）黄凌皐等纂修　清同治九年（1870）清江敘倫堂木活字印本　二十九册　缺三卷（十三、十八、二十二）

330000－1701－0013967　普 921.512/4480.9　史部/傳記類/總傳之屬/家乘
[浙江蕭山]蕭山埭上黄氏家譜三十卷首一卷續録一卷搜遺録一卷　（清）黄憲等纂修　**黄氏詞翰録四卷詞翰續録二卷備遺録二卷昭潛録一卷附一卷**　（清）黄春林纂　清光緒二十一年（1895）萃涣堂木活字印本　二十八册　存三十三卷（首、一至三十、續録、搜遺録）

330000－1701－0013969　普 921.512/4480.7　史部/傳記類/總傳之屬/家乘
[浙江蕭山]蕭山埭上黄氏家譜三十卷首一卷（清）黄尊纂修　清道光六年（1826）萃涣堂木活字印本　二十一册　缺四卷（二至三、五至六）

330000－1701－0013970　普 921.512/4490.11　史部/傳記類/總傳之屬/家乘
[全國]葉氏宗譜六卷　（清）葉興仁等纂修　清嘉慶二十三年（1818）南陽堂木活字印本　六册

330000－1701－0013973　普 921.512/4490.12　史部/傳記類/總傳之屬/家乘
[江西吉安]廬陵夏逕葉氏九修族譜不分卷（清）□□纂修　清光緒十四年（1888）木活字印本　四册

330000－1701－0013974　普 921.512/4490　史部/傳記類/總傳之屬/家乘
[安徽歙縣]新州葉氏家譜不分卷　（清）葉以英等纂修　清乾隆三十三年（1768）刻本　七册

330000－1701－0013975　普 921.512/4490.6　史部/傳記類/總傳之屬/家乘
[江西]葉氏三修宗譜不分卷　（清）葉世禮等纂修　清嘉慶二十四年（1819）南陽堂木活字印本　一册

330000－1701－0013976　普 921.512/4490.4　史部/傳記類/總傳之屬/家乘
[浙江上虞][浙江平湖]虞平葉氏合譜二卷（清）葉存養纂修　清宣統三年（1911）樹德堂鉛印本　二册

330000－1701－0013979　普 921.512/44901.3　史部/傳記類/總傳之屬/家乘
[山東濟陽]蔡氏宗譜不分卷　清抄本　一册

330000－1701－0013982　普 921.512/44901.6　史部/傳記類/總傳之屬/家乘
[福建浦城]浦城後山蔡氏宗譜八卷　（清）蔡錫候纂修　清光緒二十四年（1898）木活字印本　八册

330000－1701－0013983　普 921.512/44901.7　史部/傳記類/總傳之屬/家乘
[浙江蕭山]蕭山蔡氏匠門支譜不分卷　（清）蔡震甲等纂修　清道光二十二年（1842）木活字印本　一册

330000－1701－0013984　普 921.512/4490.7　史部/傳記類/總傳之屬/家乘
[江西吉安]廬陵夏逕葉氏七修宗譜不分卷（清）葉方伯等纂修　清乾隆三十八年（1773）木活字印本　二册

330000－1701－0013987　普 921.512/4490.8　史部/傳記類/總傳之屬/家乘
[江西吉安]夏逕葉氏八修族譜不分卷　（清）□□纂修　清道光十四年（1834）木活字印本　一册

330000－1701－0013989　普 921.512/4491　史部/傳記類/總傳之屬/家乘
[浙江紹興]會稽東浦前村杜氏家譜十二卷首一卷　（清）杜錫泰主修　（清）杜立夫編纂　清光緒二十五年（1899）永言堂木活字印本　十二册

330000－1701－0013991　普 921.512/4490.9　史部/傳記類/總傳之屬/家乘
[江西定南]葉氏三修宗譜□□卷　（清）葉祖

禎等纂修　清嘉慶二十三年(1818)南陽堂木活字印本　二册　存誥敕、世系圖

330000－1701－0013993　普921.5124499.5　史部/傳記類/總傳之屬/家乘

[湖南辰溪]栗木坪林氏纂修族譜二十五卷首一卷　(清)□□纂修　清光緒二十九年(1903)木活字印本　二十册　存十八卷(首、一至二、五、八至十八、二十三至二十五)

330000－1701－0013994　普921.512/44901　史部/傳記類/總傳之屬/家乘

蔡氏族譜十卷　(清)朱久皋纂輯　清光緒十五年(1889)九賢堂木活字印本　十册

330000－1701－0013995　普921.512/4499.6　史部/傳記類/總傳之屬/家乘

[湖南辰溪]林氏纂修族譜七卷首□□卷　(清)□□纂修　清道光西河堂木活字印本　六册　存五卷(三至七)

330000－1701－0013998　普921.512/4499.9　史部/傳記類/總傳之屬/家乘

[湖南辰溪]栗木坪林氏纂修族譜□□卷　(清)□□纂修　清同治西河堂木活字印本　十九册　存十九卷(大房二、二房一、三房一、四房一至十、五房一、六房一至五)

330000－1701－0013999　普921.512/4594　史部/傳記類/總傳之屬/家乘

[浙江嵊州]樓氏四修宗譜三卷　(清)樓丙照纂修　清同治十三年(1874)因公堂木活字印本　一册

330000－1701－0014000　普921.512/4594.1/c1　史部/傳記類/總傳之屬/家乘

[浙江義烏]義烏梅溪夏演樓氏宗譜二十三卷　(清)樓鴻纂修　清光緒二十四年(1898)木活字印本　十八册　存十六卷(一至三、六至十、十三至十四、十六至二十一)

330000－1701－0014004　普921.512/4692.1　史部/傳記類/總傳之屬/家乘

[浙江餘姚]姚江雲柯楊氏宗譜四卷首一卷　(清)楊寶金修　(明)楊水渠纂　清宣統二年(1910)詒清堂木活字印本　五册

330000－1701－0014009　普921.512/4499.3　史部/傳記類/總傳之屬/家乘

[浙江象山]林氏宗譜不分卷　(清)林竹汀修　(清)蕭善鳴纂　清抄本　一册

330000－1701－0014010　普921.512/4692.13　史部/傳記類/總傳之屬/家乘

[湖南湘陰]楊氏四修支譜□□卷　(清)楊賢志　(清)楊貴榮纂修　清同治四年(1865)啓先堂木活字印本　一册　存一卷(首)

330000－1701－0014011　普921.512/4692.17　史部/傳記類/總傳之屬/家乘

[浙江縉雲]宏農郡楊氏宗譜四卷　(清)楊作傳修　清光緒四年(1878)木活字印本　一册　存二卷(一至二)

330000－1701－0014012　普921.512/4692.16　史部/傳記類/總傳之屬/家乘

[江西興國]小獲楊氏六修房譜不分卷　(清)楊聚奎等纂修　清光緒三十三年(1907)彥清堂木活字印本　四册

330000－1701－0014013　普921.512/4692.21　史部/傳記類/總傳之屬/家乘

[浙江松陽]弘農楊氏宗譜不分卷　(清)楊增昌纂修　清同治九年(1870)四知堂木活字印本　二册

330000－1701－0014017　普921.512/4692.3　史部/傳記類/總傳之屬/家乘

[江西興國]興國縣北楊氏八修族譜不分卷　(清)楊逢恩主修　(清)楊性善纂修　清光緒十七年(1891)木活字印本　二册

330000－1701－0014019　普921.512/4692.22　史部/傳記類/總傳之屬/家乘

[浙江松陽]弘農楊氏宗譜不分卷　(清)陳嘉遠修　(清)陳學寬等纂　清光緒二十二年(1896)四知堂木活字印本　一册

330000－1701－0014025　普921.512/4692.19　史部/傳記類/總傳之屬/家乘

[浙江新昌]楊氏家譜不分卷　清末抄本

一冊

330000－1701－0014026　普 921.512/4692.7　史部/傳記類/總傳之屬/家乘

[浙江富陽]富春楊氏宗譜八卷首一卷　(清)楊鳳珠修　(清)楊明齋等纂　清同治十一年(1872)四知堂木活字印本　八冊　缺一卷(首)

330000－1701－0014027　普 921.512/4692.4　史部/傳記類/總傳之屬/家乘

[浙江餘姚]餘姚雲樓楊氏宗譜二卷　(清)楊福基纂修　清光緒二十五年(1899)四知堂木活字印本　二冊

330000－1701－0014028　普 921.512/4692.2　史部/傳記類/總傳之屬/家乘

[浙江紹興]山陰安城楊氏宗譜七卷　(清)楊學韓纂修　清光緒十八年(1892)四知堂木活字印本　范福康題記　五冊

330000－1701－0014031　普 921.512/4692.8　史部/傳記類/總傳之屬/家乘

[浙江餘姚]姚江楊氏宗譜二卷　(清)楊春芳　(清)楊慶豐纂修　清光緒十三年(1887)紹先堂木活字印本　二冊

330000－1701－0014035　普 921.512/4692.94　史部/傳記類/總傳之屬/家乘

[江西萬載]楊氏族譜十卷首一卷　(清)楊步甲纂修　清同治五年(1866)清白堂木活字印本　一冊　存二卷(首、一)

330000－1701－0014036　普 921.512/4692.6/c1　史部/傳記類/總傳之屬/家乘

[浙江紹興]山陰天樂楊氏宗譜十四卷　(清)楊秩銓修　(清)楊廣熙等纂　清光緒八年(1882)四知堂木活字印本　十五冊

330000－1701－0014037　普 921.512/4692.9　史部/傳記類/總傳之屬/家乘

楊氏家譜不分卷　清抄本　一冊

330000－1701－0014039　普 921.512/4762.1　史部/傳記類/總傳之屬/家乘

[浙江諸暨]上金胡氏宗譜不分卷　(清)周鈞纂修　清乾隆九年(1744)清潤堂木活字印本　一冊

330000－1701－0014040　普 921.512/4692.81　史部/傳記類/總傳之屬/家乘

[江西吉安]廬陵楊氏重修族譜不分卷　清道光二十五年(1845)抄本　一冊

330000－1701－0014042　普 921.512/4762　史部/傳記類/總傳之屬/家乘

[浙江上虞]古虞胡氏長者山支宗譜十卷首一卷末一卷　(清)胡增祥等纂修　清宣統三年(1911)思成堂木活字印本　十冊

330000－1701－0014043　普 921.512/4762.2　史部/傳記類/總傳之屬/家乘

[安徽桐城]胡氏宗譜十四卷　(清)胡豫桐　(清)胡浚源纂修　清光緒四年(1878)崇德堂木活字印本　十四冊

330000－1701－0014044　普 921.512/4762.3　史部/傳記類/總傳之屬/家乘

[江西泰和]灘江凍溪匡溪胡氏續修族譜不分卷　清木活字印本　二冊　存葉八十二至二百二十四

330000－1701－0014045　普 921.512/4692.6/c2　史部/傳記類/總傳之屬/家乘

[浙江紹興]山陰天樂楊氏宗譜十四卷　(清)楊秩銓修　(清)楊廣熙等纂　清光緒八年(1882)四知堂木活字印本　十四冊

330000－1701－0014046　普 921.512/4762.4　史部/傳記類/總傳之屬/家乘

[江西興國]興邑嚴溪胡氏四修族譜不分卷　(清)胡世晟等編纂　(清)胡魯源編輯　清乾隆七年(1742)祀先堂木活字印本　二冊

330000－1701－0014049　普 921.512/4792.1　史部/傳記類/總傳之屬/家乘

[浙江紹興]會稽張家瀝柳氏宗譜二卷　(清)柳文焆纂修　清咸豐七年(1857)餘慶堂木活字印本　二冊

330000－1701－0014052　普 921.512/4840　史部/傳記類/總傳之屬/家乘

[浙江紹興]姒氏世譜不分卷　(清)姒佐清纂修　清光緒木活字印本　二册

330000－1701－0014053　普 921.512/4980.2　史部/傳記類/總傳之屬/家乘

[浙江餘姚]趙氏宗譜二十二卷　(清)趙炳綱纂修　清道光二十七年(1847)敦本堂木活字印本　十六册

330000－1701－0014057　普 921.512/4792.1/1　史部/傳記類/總傳之屬/家乘

[浙江紹興]會稽張家瀝柳氏宗譜二卷　(清)柳文朮纂修　清光緒二十四年(1898)餘慶堂木活字印本　二册

330000－1701－0014062　普 921.512/4980.3　史部/傳記類/總傳之屬/家乘

[浙江餘姚]長泠濬儀重修趙氏宗譜二十八卷　(清)趙東林纂修　清光緒二十二年(1896)敦本堂木活字印本　二十册　缺二卷(三、二十八)

330000－1701－0014067　普 921.512/4980.4　史部/傳記類/總傳之屬/家乘

[浙江蕭山]蕭山趙氏宗譜八卷　(清)趙維善纂修　清道光十年(1830)孝思堂抄本　二册　存二卷(一、七)

330000－1701－0014068　普 921.512/5090.2/c1　史部/傳記類/總傳之屬/家乘

[浙江紹興]會稽秦氏宗譜不分卷　(清)秦基纂修　清宣統三年(1911)石印本　二册

330000－1701－0014069　普 921.512/5560.2　史部/傳記類/總傳之屬/家乘

[浙江遂安]桐川曹氏宗譜八卷首一卷　(清)楊昌彝纂修　清光緒九年(1883)敦義堂木活字印本　四册

330000－1701－0014070　普 921.512/5320.1　史部/傳記類/總傳之屬/家乘

[浙江餘姚]餘姚戚氏宗譜十六卷首一卷末一卷　(清)戚維高修　(清)戚炳輝等纂　清光緒二十五年(1899)惇倫堂木活字印本　十六册

330000－1701－0014075　普 921.512/5090.2/c2　史部/傳記類/總傳之屬/家乘

[浙江紹興]會稽秦氏宗譜不分卷　(清)秦基纂修　清宣統三年(1911)石印本　二册

330000－1701－0014079　普 921.512/6040.1　史部/傳記類/總傳之屬/家乘

[浙江蕭山]蕭山田氏宗譜六卷　(清)田廷耀等纂修　清道光十七年(1837)紫荆堂木活字印本　六册

330000－1701－0014080　普 921.512/6022　史部/傳記類/總傳之屬/家乘

[湖南醴陵]醴南鹿步易氏族譜十一卷首三卷垂絲圖三卷　(清)易超流纂修　清光緒十五年(1889)純孝堂木活字印本　十三册　存十二卷(首一至三,四至六、八至十一,垂絲圖一、三)

330000－1701－0014081　普 921.512/5033　史部/傳記類/總傳之屬/家乘

[浙江諸暨]暨陽惠氏宗譜六卷　(清)惠高元等纂修　清光緒十年(1884)餘慶堂木活字印本　五册　缺一卷(二)

330000－1701－0014084　普 921.512/6060　史部/傳記類/總傳之屬/家乘

栖溪吕氏家譜不分卷　清抄本　二册

330000－1701－0014090　普 921.512/6091.3　史部/傳記類/總傳之屬/家乘

[湖南邵陽]邵西羅氏二修族譜□□卷　(清)羅光琛等纂修　清同治豫章堂木活字印本　二册　存貴公派下大花塘葉一百零四至二百五十、車公派下葉二百五一至權公派下大花塘三百二

330000－1701－0014091　普 921.512/6091.5　史部/傳記類/總傳之屬/家乘

[湖南瀏陽]瀏東磚街羅氏族譜七卷首一卷　(清)羅遵周等纂修　清光緒三十三年(1907)敦本堂木活字印本　一册　存一卷(一)

330000－1701－0014092　普 921.512/6091.4　史部/傳記類/總傳之屬/家乘

[湖南邵陽]邵陽羅氏族譜四卷首一卷　(清)羅朝揚　(清)羅煜纂修　清嘉慶二十二年(1817)敦本堂木活字印本　四冊　缺一卷(一)

330000－1701－0014097　普 921.512/6091.7　史部/傳記類/總傳之屬/家乘

[湖南漢壽]羅氏三修族譜七卷首一卷　(清)羅振琠　(清)羅潤之修　(清)羅永祚　(清)羅金畲纂　清光緒二十年(1894)文甡堂木活字印本　七冊　缺一卷(二)

330000－1701－0014100　普 921.512/7210/c1　史部/傳記類/總傳之屬/家乘

[安徽歙縣]歙縣敬興劉氏世譜十二卷首一卷　(清)劉存坊纂修　清乾隆四十一年(1776)惇典堂木活字印本　二冊

330000－1701－0014101　普 921.512/7122　史部/傳記類/總傳之屬/家乘

[浙江紹興]山陰江塘厲氏宗譜四卷　(清)厲松林纂修　清道光十五年(1835)中種堂木活字印本　四冊

330000－1701－0014103　普 921.512/7132　史部/傳記類/總傳之屬/家乘

[浙江臨海]台臨馬氏宗譜不分卷　(清)馬人駿續輯　清道光八年(1828)木活字印本　一冊

330000－1701－0014105　普 921.512/7210/c2　史部/傳記類/總傳之屬/家乘

[安徽歙縣]歙縣敬興劉氏世譜十二卷首一卷　(清)劉存坊纂修　清乾隆四十一年(1776)惇典堂木活字印本　二冊

330000－1701－0014106　普 921.512/6091.2　史部/傳記類/總傳之屬/家乘

[江西]羅氏宗譜□□卷首一卷　(清)羅亨烱等纂修　清同治六年(1867)豫章堂木活字印本　五冊　存四卷(首、一至二、四)

330000－1701－0014107　普 921.512/7210.13/c1　史部/傳記類/總傳之屬/家乘

[江西宜春]袁郡劉氏族譜□□卷　(清)□□纂修　清光緒彭城堂木活字印本　五十九冊　存二十五卷(三至五、七、九至十、十二至二十一、二十三至二十八、三十一至三十二、三十四)

330000－1701－0014109　普 921.512/7210.14　史部/傳記類/總傳之屬/家乘

[江西宜春]袁郡劉氏族譜二十七卷　(清)劉義中　(清)劉士魁纂修　清嘉慶二十二年(1817)彭城堂木活字印本　三十七冊　存十七卷(五、七至十一、十五至十六、十八至二十三、二十五至二十七)

330000－1701－0014111　普 921.512/7210.11　史部/傳記類/總傳之屬/家乘

[湖南瀏陽]瀏陽鍾甲塘劉氏宗譜□□卷　(清)□□纂修　清光緒三十四年至宣統元年(1908－1909)親睦堂木活字印本　二十四冊　存五卷(二至六)

330000－1701－0014117　普 921.512/7210.2　史部/傳記類/總傳之屬/家乘

[浙江富陽]富春環路劉氏宗譜六卷　(清)樓鶴年纂修　清光緒八年(1882)五忠堂木活字印本　六冊

330000－1701－0014120　普 921.512/7210.6/c1　史部/傳記類/總傳之屬/家乘

[江西宜春]袁郡衛前劉祠主譜□□卷　(清)劉碩甫等纂修　清光緒十一年(1885)木活字印本　一冊　存二卷(首、二)

330000－1701－0014121　普 921.512/7210.94　史部/傳記類/總傳之屬/家乘

[江西萬載]劉日廷壽亨堂田冊不分卷　清光緒木活字印本　一冊

330000－1701－0014122　普 921.512/7210.8　史部/傳記類/總傳之屬/家乘

[江西萬載]萬載龍田劉氏族譜五卷首一卷　(清)劉德陞纂修　清光緒二十九年(1903)彭城堂木活字印本　四冊　存四卷(首、二、四至五)

330000－1701－0014123　普 921.512/7210.4

史部/傳記類/總傳之屬/家乘
[浙江紹興]**水澄劉氏家譜不分卷**　(清)劉大申等纂修　清乾隆忠樂堂刻本(册11配抄本)　十三册

330000－1701－0014124　普921.512/7210.13/c2　史部/傳記類/總傳之屬/家乘
[江西宜春]**袁郡劉氏族譜□□卷**　(清)□□纂修　清光緒彭城堂木活字印本　二册　存一卷(二十)

330000－1701－0014127　普921.512/7210.95　史部/傳記類/總傳之屬/家乘
彭城劉氏族譜□□卷　清木活字印本　十四册　存五卷(四至八)

330000－1701－0014129　普921.512/7210.96　史部/傳記類/總傳之屬/家乘
[湖南瀏陽]**瀏西劉氏族譜□□卷**　(清)□□纂修　清同治三年(1864)木活字印本　五册　存五卷(十一至十五)

330000－1701－0014130　普921.512/7421.1　史部/傳記類/總傳之屬/家乘
[浙江平湖]**當湖陸氏義門家譜不分卷**　(清)陸元勳纂修　清同治抄本　一册

330000－1701－0014132　普921.512/7529.11/c1　史部/傳記類/總傳之屬/家乘
[江蘇吴江]**潁川陳氏近譜不分卷**　(清)陳堦琛等纂修　清嘉慶七年(1802)陳氏禊湖刻本　四册

330000－1701－0014135　普921.512/7529.12　史部/傳記類/總傳之屬/家乘
[浙江慈溪]**慈谿陳氏宗譜不分卷**　(清)陳夢蘭纂修　清末世德堂抄本　十册

330000－1701－0014137　普921.512/7529.16　史部/傳記類/總傳之屬/家乘
[浙江蕭山]**蕭山唐里陳氏宗譜不分卷**　(清)陳應元　(清)陳應春纂修　清同治八年(1869)六望堂木活字印本　十册

330000－1701－0014138　普921.512/7529.15　史部/傳記類/總傳之屬/家乘
[浙江上虞]**陳氏西墻門支宗譜五卷**　(清)陳世英修　(清)陳樹蘐等纂　清光緒十三年(1887)名賢祠木活字印本　四册

330000－1701－0014140　普921.512/7210.93/c1　史部/傳記類/總傳之屬/家乘
[江西萬載]**黄茅劉房祖祠主譜不分卷**　清光緒二十三年(1897)彭城堂木活字印本　一册

330000－1701－0014141　普921.512/7529.11/c2　史部/傳記類/總傳之屬/家乘
[江蘇吴江]**潁川陳氏近譜不分卷**　(清)陳堦琛等纂修　清嘉慶七年(1802)陳氏禊湖刻本　四册

330000－1701－0014143　普921.512/7529.191　史部/傳記類/總傳之屬/家乘
[浙江嵊州]**剡西陳氏宗譜四卷**　(清)陳虎文纂修　清乾隆四十二年(1777)木活字印本　一册

330000－1701－0014144　普921.512/7210.93/c2　史部/傳記類/總傳之屬/家乘
[江西萬載]**黄茅劉房祖祠主譜不分卷**　清光緒二十三年(1897)彭城堂木活字印本　一册

330000－1701－0014145　普921.512/7529.2　史部/傳記類/總傳之屬/家乘
[浙江上虞]**湖塘陳氏族譜六卷**　(清)陳鴻謨纂修　清光緒二十四年(1898)德星堂木活字印本　六册

330000－1701－0014147　普921.512/7210.93/c3　史部/傳記類/總傳之屬/家乘
[江西萬載]**黄茅劉房祖祠主譜不分卷**　清光緒二十三年(1897)彭城堂木活字印本　一册

330000－1701－0014148　普921.512/7529.19　史部/傳記類/總傳之屬/家乘
[浙江諸暨]**暨陽唐谷陳氏宗譜□□卷**　(清)章占禮纂修　清乾隆四十八年(1783)永睦堂木活字印本　四册　存四卷(一至四)

330000－1701－0014150　普921.512/7210.93/c4　史部/傳記類/總傳之屬/家乘
[江西萬載]**黄茅劉房祖祠主譜不分卷**　清光

緒二十三年(1897)彭城堂木活字印本　一冊

330000－1701－0014151　普 921.512/7210.6/c2　史部/傳記類/總傳之屬/家乘

[江西宜春]袁郡衛前劉祠主譜□□卷　(清)劉碩甫等纂修　清光緒十一年(1885)木活字印本　一冊　存二卷(首、二)

330000－1701－0014152　普 921.512/7210.93/c5　史部/傳記類/總傳之屬/家乘

[江西萬載]黃茅劉房祖祠主譜不分卷　清光緒二十三年(1897)彭城堂木活字印本　一冊

330000－1701－0014153　普 921.512/7529.17　史部/傳記類/總傳之屬/家乘

[浙江餘姚]鸚山陳氏宗譜□□卷　(清)陳久牧等輯　(清)陳德光續修　清嘉慶十年(1805)德星堂木活字印本　十冊　存譜序、凡例、藏譜字號、統族行名圖、誥命、墓志銘、哀辭、詩、系圖、行傳一至二

330000－1701－0014154　普 921.512/7529.26　史部/傳記類/總傳之屬/家乘

[浙江新昌]山陰天樂安山陳氏宗譜□□卷　(清)陳庚纂修　清光緒三年(1877)抄本　二冊　存二卷(一至二)

330000－1701－0014155　普 921.512/7210.93/c6　史部/傳記類/總傳之屬/家乘

[江西萬載]黃茅劉房祖祠主譜不分卷　清光緒二十三年(1897)彭城堂木活字印本　一冊

330000－1701－0014156　普 921.512/7210.6/c3　史部/傳記類/總傳之屬/家乘

[江西宜春]袁郡衛前劉祠主譜□□卷　(清)劉碩甫等纂修　清光緒十一年(1885)木活字印本　一冊　存二卷(首、二)

330000－1701－0014157　普 921.512/7210.6/c4　史部/傳記類/總傳之屬/家乘

[江西宜春]袁郡衛前劉祠主譜□□卷　(清)劉碩甫等纂修　清光緒十一年(1885)木活字印本　一冊　存二卷(首、二)

330000－1701－0014158　普 921.512/7529.29　史部/傳記類/總傳之屬/家乘

[浙江紹興]山陰湖塘陳氏宗譜五卷　(清)陳蓉江等編纂　清同治十三年(1874)心一堂木活字印本　五冊

330000－1701－0014159　普 921.512/7210.93/c7　史部/傳記類/總傳之屬/家乘

[江西萬載]黃茅劉房祖祠主譜不分卷　清光緒二十三年(1897)彭城堂木活字印本　一冊

330000－1701－0014160　普 921.512/7210.6/c5　史部/傳記類/總傳之屬/家乘

[江西宜春]袁郡衛前劉祠主譜□□卷　(清)劉碩甫等纂修　清光緒十一年(1885)木活字印本　一冊　存二卷(首、二)

330000－1701－0014161　普 921.512/7529.34　史部/傳記類/總傳之屬/家乘

[浙江浦江]重修蘭浦西方陳氏宗譜□□卷　陳賢麟等纂修　清宣統三年(1911)木活字印本　三冊　存三卷(六至八)

330000－1701－0014163　普 921.512/7529.22　史部/傳記類/總傳之屬/家乘

[浙江溫嶺]峨山陳氏宗譜八卷　(清)池吉人纂修　清道光三十年(1850)木活字印本　一冊　存二卷(一至二)

330000－1701－0014170　普 921.512/7529.32　史部/傳記類/總傳之屬/家乘

[浙江浦江]蘭浦桂源西方陳氏宗譜八卷　(清)徐宗栢纂修　清光緒六年(1880)木活字印本　三冊　存三卷(一、五至六)

330000－1701－0014173　普 921.512/7529.81/c1　史部/傳記類/總傳之屬/家乘

[湖南永興]永興陳氏五修族譜不分卷　(清)陳淦鏡纂修　清同治元年(1862)木活字印本　三冊　存葉七百五十一至九百三十一、杜溪國幹公夫婦壽序、銀龍陳輔友公墓誌銘等

330000－1701－0014174　普 921.512/7529.82　史部/傳記類/總傳之屬/家乘

[湖南長沙]義門陳氏支譜二十四卷首一卷末一卷　(清)陳漢斌纂修　清咸豐九年(1859)德星堂木活字印本　一冊　存三卷(十三至

十五）

330000－1701－0014177　普 921.512/7529.87　史部/傳記類/總傳之屬/家乘

[江西宜春]陳氏族譜□□卷　(清)陳復朝等纂修　清道光二十三年(1843)德盛堂木活字印本　二册　存二卷(一至二)

330000－1701－0014178　普 921.512/7529.88/c1　史部/傳記類/總傳之屬/家乘

[湖南寧鄉]寧邑陳氏續修族譜十五卷　(清)陳明上等修　(清)陳家瑓　(清)陳聲德纂　清光緒九年(1883)光裕堂木活字印本　五册　存八卷(一至六、十二至十三)

330000－1701－0014179　普 921.512/7529.86　史部/傳記類/總傳之屬/家乘

[湖南瀏陽]陳氏重修族譜不分卷　(清)□□纂修　清末穎川堂木活字印本　一册

330000－1701－0014182　普 921.512/7529.88/c2　史部/傳記類/總傳之屬/家乘

[湖南寧鄉]寧邑陳氏續修族譜十五卷　(清)陳明上等修　(清)陳家瑓　(清)陳聲德纂　清光緒九年(1883)光裕堂木活字印本　三册　存四卷(一至二、十二至十三)

330000－1701－0014183　普 921.512/7529.92、G009353　史部/傳記類/總傳之屬/家乘

陳氏宗譜不分卷　(清)陳國治修　(清)陳國賢續修　(清)陳宏裕續修　清光緒二十八年(1902)繩德堂木活字印本　四册

330000－1701－0014184　普 921.512/7529.88/c3　史部/傳記類/總傳之屬/家乘

[湖南寧鄉]寧邑陳氏續修族譜十五卷　(清)陳明上等修　(清)陳家瑓　(清)陳聲德纂　清光緒九年(1883)光裕堂木活字印本　二册　存二卷(十二至十三)

330000－1701－0014186　普 921.512/7529.9　史部/傳記類/總傳之屬/家乘

[浙江德清]西園陳氏家譜不分卷　(清)陳龍光　(清)陳兆豐纂修　清刻本　一册

330000－1701－0014187　普 921.512/7529.88/c4　史部/傳記類/總傳之屬/家乘

[湖南寧鄉]寧邑陳氏續修族譜十五卷　(清)陳明上等修　(清)陳家瑓　(清)陳聲德纂　清光緒九年(1883)光裕堂木活字印本　二册　存二卷(十二至十三)

330000－1701－0014188　普 921.512/7529.88/c5　史部/傳記類/總傳之屬/家乘

[湖南寧鄉]寧邑陳氏續修族譜十五卷　(清)陳明上等修　(清)陳家瑓　(清)陳聲德纂　清光緒九年(1883)光裕堂木活字印本　一册　存一卷(十二)

330000－1701－0014190　普 921.512/7529.88/c6　史部/傳記類/總傳之屬/家乘

[湖南寧鄉]寧邑陳氏續修族譜十五卷　(清)陳明上等修　(清)陳家瑓　(清)陳聲德纂　清光緒九年(1883)光裕堂木活字印本　一册　存一卷(十二)

330000－1701－0014191　普 921.512/7529.88/c7　史部/傳記類/總傳之屬/家乘

[湖南寧鄉]寧邑陳氏續修族譜十五卷　(清)陳明上等修　(清)陳家瑓　(清)陳聲德纂　清光緒九年(1883)光裕堂木活字印本　一册　存一卷(十二)

330000－1701－0014192　普 921.512/7529.88/c8　史部/傳記類/總傳之屬/家乘

[湖南寧鄉]寧邑陳氏續修族譜十五卷　(清)陳明上等修　(清)陳家瑓　(清)陳聲德纂　清光緒九年(1883)光裕堂木活字印本　一册　存一卷(十二)

330000－1701－0014193　普 921.512/7529.88/c9　史部/傳記類/總傳之屬/家乘

[湖南寧鄉]寧邑陳氏續修族譜十五卷　(清)陳明上等修　(清)陳家瑓　(清)陳聲德纂　清光緒九年(1883)光裕堂木活字印本　一册　存一卷(十二)

330000－1701－0014194　普 921.512/7529.93　史部/傳記類/總傳之屬/家乘

[湖南新寧]夫彝長湖村雙江灘陳氏族譜□□卷　清光緒三十三年(1907)光裕堂木活字印

本　十一册　存十一卷(二至十二)

330000－1701－0014201　普921.512/7712.2　史部/傳記類/總傳之屬/家乘

[浙江金華]河南邱氏宗譜三卷　(清)邱樟根　(清)邱樟發纂修　清光緒元年(1875)懷德堂木活字印本　一册

330000－1701－0014204　普921.512/7712.5　史部/傳記類/總傳之屬/家乘

[湖南瀏陽]瀏邑邱從祥祠族譜□□卷　(清)邱風清等纂修　清光緒三十年(1904)河南堂木活字印本　九册　存九卷(一至九)

330000－1701－0014205　普921.512/7712.7　史部/傳記類/總傳之屬/家乘

邱氏族譜□□卷　清木活字印本　三册

330000－1701－0014206　普921.512/7712.3　史部/傳記類/總傳之屬/家乘

[江西萬載]邱氏四修族譜六卷　邱家傑纂修　清宣統三年(1911)河南堂木活字印本　三册　存三卷(一至三)

330000－1701－0014207　普921.512/7712.8　史部/傳記類/總傳之屬/家乘

[全國]邱氏大成族譜不分卷　(清)□□纂修　清木活字印本　四册

330000－1701－0014208　普921.512/7722.11　史部/傳記類/總傳之屬/家乘

[浙江蕭山]蕭山新林周氏宗譜十六卷首二卷　(清)周法等纂修　清咸豐七年(1857)蕭山敬思堂木活字印本　十五册　存十六卷(一至十六)

330000－1701－0014210　普921.512/7722.12　史部/傳記類/總傳之屬/家乘

[浙江餘姚]餘邑周氏三修宗譜三卷　(清)周元英主修　(清)周士章等纂修　清道光七年(1827)繼述堂木活字印本　二册

330000－1701－0014212　普921.512/7722.13/c1　史部/傳記類/總傳之屬/家乘

[浙江海寧]洛塘周氏家乘十二卷首一卷續修四卷首一卷　(清)周鶴慶等纂修　(清)周榮棣等續修　清道光七年(1827)硤川清白堂刻光緒十四年(1888)增刻本　十册　存十五卷(首、一至二、五至十二,續修首、一至三)

330000－1701－0014215　普921.512/7722.3　史部/傳記類/總傳之屬/家乘

[浙江紹興]周氏宗譜十四卷　(清)周襄緒纂修　清康熙十七年(1678)木活字印本　十四册

330000－1701－0014216　普921.512/7722.5　史部/傳記類/總傳之屬/家乘

[浙江紹興]會稽周氏二修家譜不分卷　(清)周起鳳等纂修　清乾隆五十五年(1790)永思堂木活字印本　四册

330000－1701－0014218　普921.512/7722.4　史部/傳記類/總傳之屬/家乘

[浙江諸暨]周橋周氏宗譜四卷　(清)周思敏　(清)周思元纂修　清道光二十七年(1847)木活字印本　四册

330000－1701－0014219　普921.512/7722.9　史部/傳記類/總傳之屬/家乘

[浙江紹興]山陰前梅周氏宗譜三十四卷　(清)周鼎等纂修　清光緒二十年(1894)木活字印本　十八册

330000－1701－0014221　普921.512/7722.13/c2　史部/傳記類/總傳之屬/家乘

[浙江海寧]洛塘周氏家乘十二卷首一卷續修四卷首一卷　(清)周鶴慶等纂修　(清)周榮棣等續修　清道光七年(1827)硤川清白堂刻光緒十四年(1888)增刻本　一册　存二卷(七至八)

330000－1701－0014222　普921.512/7722.91　史部/傳記類/總傳之屬/家乘

[浙江紹興]後邨周氏淵源錄十三卷　(清)周源纂修　清道光十二年(1832)引碧齋刻本　四册

330000－1701－0014223　普921.512/7722.92　史部/傳記類/總傳之屬/家乘

[浙江]周氏統宗譜上集六卷下集一卷　(清)

周寅等纂修　清道光十八年(1838)木活字印本　四冊

330000－1701－0014226　普921.512/7722.95　史部/傳記類/總傳之屬/家乘

[浙江江山]鳳林新坦周氏宗譜七卷首一卷　(清)周啓景等纂修　清乾隆四十四年(1779)木活字印本　一冊　存三卷(首、一至二)

330000－1701－0014227　普921.512/7722.13/c3　史部/傳記類/總傳之屬/家乘

[浙江海寧]洛塘周氏家乘十二卷首一卷續修四卷首一卷　(清)周鶴慶等纂修　(清)周榮棣等續修　清道光七年(1827)硤川清白堂刻光緒十四年(1888)增刻本　一冊　存二卷(七至八)

330000－1701－0014228　普921.512/7722.8　史部/傳記類/總傳之屬/家乘

[浙江蕭山]來蘇周氏家譜十四卷　(清)周瓚等纂修　清道光二十年(1840)木活字印本　十四冊

330000－1701－0014235　普921.512/7529.81/c2　史部/傳記類/總傳之屬/家乘

[湖南永興]永興陳氏五修族譜不分卷　(清)陳淦鏡纂修　清同治元年(1862)木活字印本　一冊　存葉七百五十六至九百二十一

330000－1701－0014239　普921.512/77221.2　史部/傳記類/總傳之屬/家乘

[浙江紹興]會稽陶氏族譜三十二卷附文節公殉難事蹟一卷　(清)陶在銘等纂修　清光緒二十九年(1903)刻本　七冊　存七卷(一、八、二十六至三十)

330000－1701－0014240　普921.512/77221　史部/傳記類/總傳之屬/家乘

[浙江紹興]會稽陶氏東長房分譜不分卷　(清)陶傳堯纂修　清末抄本　四冊

330000－1701－0014241　普921.512/7722.2/c1　史部/傳記類/總傳之屬/家乘

[浙江湖州]續修南潯周氏家譜八卷首一卷　周慶雲纂修　清宣統三年(1911)鉛印本　二冊

330000－1701－0014244　普921.512/7726.2　史部/傳記類/總傳之屬/家乘

[浙江嵊州]鹿山屠氏重修宗譜四卷　(清)屠玉書等纂修　清光緒二十六年(1900)報本堂木活字印本　四冊

330000－1701－0014245　普921.512/7726.3　史部/傳記類/總傳之屬/家乘

[浙江嵊州]剡邑屠氏宗譜四卷　(清)屠鳳書修　(清)屠方瀅纂　清咸豐十年(1860)報本堂木活字印本　一冊　存二卷(二至三)

330000－1701－0014246　普921.512/7722.2/c2　史部/傳記類/總傳之屬/家乘

[浙江湖州]續修南潯周氏家譜八卷首一卷　周慶雲纂修　清宣統三年(1911)鉛印本　二冊

330000－1701－0014247　普921.512/7722.2/c3　史部/傳記類/總傳之屬/家乘

[浙江湖州]續修南潯周氏家譜八卷首一卷　周慶雲纂修　清宣統三年(1911)鉛印本　二冊

330000－1701－0014248　普921.512/7722.2/c4　史部/傳記類/總傳之屬/家乘

[浙江湖州]續修南潯周氏家譜八卷首一卷　周慶雲纂修　清宣統三年(1911)鉛印本　二冊

330000－1701－0014249　普921.512/7722.2/c5　史部/傳記類/總傳之屬/家乘

[浙江湖州]續修南潯周氏家譜八卷首一卷　周慶雲纂修　清宣統三年(1911)鉛印本　二冊

330000－1701－0014251　普921.512/7722.2/c6　史部/傳記類/總傳之屬/家乘

[浙江湖州]續修南潯周氏家譜八卷首一卷　周慶雲纂修　清宣統三年(1911)鉛印本　二冊

330000－1701－0014252　普921.512/7722.2/c7　史部/傳記類/總傳之屬/家乘

[浙江湖州]**續修南潯周氏家譜八卷首一卷** 周慶雲纂修　清宣統三年(1911)鉛印本　二冊

330000－1701－0014253　普921.512/7722.2/c8　史部/傳記類/總傳之屬/家乘
[浙江湖州]**續修南潯周氏家譜八卷首一卷** 周慶雲纂修　清宣統三年(1911)鉛印本　二冊

330000－1701－0014254　普921.512/7722.2/c9　史部/傳記類/總傳之屬/家乘
[浙江湖州]**續修南潯周氏家譜八卷首一卷** 周慶雲纂修　清宣統三年(1911)鉛印本　二冊

330000－1701－0014255　普921.512/7722.2/c10　史部/傳記類/總傳之屬/家乘
[浙江湖州]**續修南潯周氏家譜八卷首一卷** 周慶雲纂修　清宣統三年(1911)鉛印本　二冊

330000－1701－0014256　普921.512/7722.2/c11　史部/傳記類/總傳之屬/家乘
[浙江湖州]**續修南潯周氏家譜八卷首一卷** 周慶雲纂修　清宣統三年(1911)鉛印本　一冊　存五卷(四至八)

330000－1701－0014257　普921.512/7722.2/c12　史部/傳記類/總傳之屬/家乘
[浙江湖州]**續修南潯周氏家譜八卷首一卷** 周慶雲纂修　清宣統三年(1911)鉛印本　一冊　存五卷(四至八)

330000－1701－0014259　普921.512/7736　史部/傳記類/總傳之屬/家乘
[浙江諸暨]**暨陽浣東駱氏七修宗譜四卷** (清)駱廷燦　(清)駱廷標纂修　清光緒三十四年(1908)寶善堂木活字印本　四冊

330000－1701－0014260　普921.512/7744.1　史部/傳記類/總傳之屬/家乘
[全國]**段氏族譜□□卷**　(清)段國基修　(清)段輝南等纂　清光緒十四年(1888)木活字印本　九冊　存忠部天本,宗部元本、宇本、宙本、洪本、日本、月本、宿本、張本

330000－1701－0014261　普921.512/7778.3　史部/傳記類/總傳之屬/家乘
[湖南寧鄉]**寧鄉歐陽氏族譜□□卷**　(清)□□纂修　清末渤海堂木活字印本　一冊　存一卷(七)

330000－1701－0014266　普921.512/8010.2　史部/傳記類/總傳之屬/家乘
[浙江杭州]**金氏宗譜一卷**　(清)金日修纂修　清光緒十三年(1887)刻本　一冊

330000－1701－0014271　普921.512/8010.7　史部/傳記類/總傳之屬/家乘
[浙江紹興]**山陰賢莊金氏家譜不分卷**　(清)金烺纂修　清康熙觀巷敬愛堂刻本　四冊

330000－1701－0014275　普921.512/8010.5　史部/傳記類/總傳之屬/家乘
[浙江上虞]**前江金氏宗譜六集十八卷**　(清)金學魁　(清)金桂遠修　(清)金鼎等纂　清光緒二十九年(1903)舊德堂木活字印本　六冊

330000－1701－0014277　普921.512/8010.6　史部/傳記類/總傳之屬/家乘
[浙江紹興]**山陰湖塘金氏宗譜六卷**　(清)金宗孝增修　(清)金炳烜增輯　清道光九年(1829)仁山堂木活字印本　六冊

330000－1701－0014279　普921.512/8010.9　史部/傳記類/總傳之屬/家乘
[浙江臨海]**臨邑塗下橋蟾洋金氏宗譜四卷** (清)金在鎔　(清)金世凱纂修　清道光二十五年(1845)木活字印本　二冊

330000－1701－0014281　普921.512/8022　史部/傳記類/總傳之屬/家乘
[浙江紹興]**山陰巖川俞氏宗譜不分卷**　(清)余顯謨纂修　清光緒二年(1876)九思堂木活字印本　二冊

330000－1701－0014283　普921.512/8022.2　史部/傳記類/總傳之屬/家乘
[浙江上虞]**上虞崧城俞氏家乘八集八卷首一**

卷附三卷末一卷　(清)俞光法　(清)俞杭德主修　(清)俞彦彬等編纂　清光緒二十九年(1903)孝思堂木活字印本　八册

330000－1701－0014286　普 921.512/8022.4　史部/傳記類/總傳之屬/家乘

[江西婺源]河間郡西谷俞氏張翁公支宗譜四卷首一卷　(清)張培格修　(清)李文彬等纂　清光緒二十三年(1897)敘倫堂木活字印本　三册　存四卷(首、一、三至四)

330000－1701－0014287　普 921.512/8022.5　史部/傳記類/總傳之屬/家乘

[江西婺源]龍騰俞福湧公房支譜四卷末一卷　清道光睦倫堂木活字印本　四册

330000－1701－0014289　普 921.512/8060.1　史部/傳記類/總傳之屬/家乘

[浙江餘姚]餘姚谷氏宗譜四卷　(清)谷維豐等纂修　清光緒二十一年(1895)木活字印本　四册

330000－1701－0014290　普 921.512/8040　史部/傳記類/總傳之屬/家乘

[浙江象山]姜氏四修宗譜八卷首一卷末一卷　(清)姜桂成修　(清)姜森等纂　清乾隆二十二年(1757)稿本　二册

330000－1701－0014293　普 921.512/8040.2　史部/傳記類/總傳之屬/家乘

[浙江餘姚]姜氏五修世譜十五集六卷首一卷　(清)姜之瓏等纂修　清乾隆十一年(1746)刻本　六册

330000－1701－0014294　普 921.512/80221　史部/傳記類/總傳之屬/家乘

[浙江新昌]俞氏西宅世德祠十四修宗譜三卷首一卷末一卷　(清)俞亘　(清)俞大光纂修　清雍正八年(1730)木活字印本　八册

330000－1701－0014295　普 921.512/80606　史部/傳記類/總傳之屬/家乘

[湖南寧鄉]武城曾氏重修族譜□□卷　(清)□□纂修　清光緒三十四年(1908)木活字印本　一册　存一卷(首三)

330000－1701－0014297　普 921.512/80606.3　史部/傳記類/總傳之屬/家乘

[浙江常山]續修曾文定公族譜不分卷　(清)□□纂修　清光緒二十四年(1898)木活字印本　一册

330000－1701－0014298　普 921.512/80606.1　史部/傳記類/總傳之屬/家乘

[湖南寧鄉]武城曾氏重修族譜不分卷　(清)□□纂修　清木活字印本　一册

330000－1701－0014299　普 921.512/80606.4　史部/傳記類/總傳之屬/家乘

[江西泰和]上模曾氏家譜□□卷　(清)□□纂修　清末抄本　二册　存新芫世系、慶可公房世系

330000－1701－0014301　普 921.512/80606.2　史部/傳記類/總傳之屬/家乘

[湖南寧鄉]武城曾氏重修族譜不分卷　(清)□□纂修　清同治十年(1871)木活字印本　一册

330000－1701－0014302　普 921.512/8090.3　史部/傳記類/總傳之屬/家乘

[福建永定]余氏族譜□□卷　(清)□□纂修　清宣統元年(1909)木活字印本　一册　存念七郎公世系葉一至一百七十四

330000－1701－0014308　普 921.512/8090.4　史部/傳記類/總傳之屬/家乘

[湖南平江]余氏族譜十九卷首九卷附譜四卷　(清)余家源等纂修　清光緒二十四年(1898)新安堂木活字印本　二十五册　缺七卷(首一至七)

330000－1701－0014310　普 921.512/8211.3　史部/傳記類/總傳之屬/家乘

[江西萬載]萬載昌田鍾氏壽房支譜□□卷　(清)□□纂修　清末孝思堂木活字印本　十三册　存七卷(一至四、六至八)

330000－1701－0014313　普 921.512/8211.4　史部/傳記類/總傳之屬/家乘

[江西萬載]萬載昌田鍾祠族譜十六卷首五卷

（清）鍾國英纂修　清道光十九年（1839）孝思堂木活字印本　十五册　存十五卷（首二至三，一至十、十二、十五至十六）

330000－1701－0014314　普 921.512/8211.5　史部/傳記類/總傳之屬/家乘

［江西萬載］萬載昌田鍾祠福房支譜十二卷首二卷　（清）鍾玉麟纂修　清同治九年（1870）思孝堂木活字印本　二册　存一卷（首一）

330000－1701－0014316　普 921.512/8211.51　史部/傳記類/總傳之屬/家乘

［江西萬載］昌田鍾祠牌譜不分卷　（清）鍾末等修訂　清光緒三十三年（1907）思孝堂木活字印本　一册

330000－1701－0014317　普 921.512/8211.61　史部/傳記類/總傳之屬/家乘

［江西興國］興國嶮口鍾氏三修族譜不分卷（清）鍾世連纂修　清道光十年（1830）木活字印本　一册

330000－1701－0014327　普 921.512/8315.4　史部/傳記類/總傳之屬/家乘

［浙江紹興］山陰項里錢氏宗譜九卷首一卷末一卷　（清）錢桂芳等纂修　清光緒三十二年（1906）忠孝堂木活字印本　十一册

330000－1701－0014330　普 921.512/8742.1　史部/傳記類/總傳之屬/家乘

［浙江上虞］鄭氏宗譜四卷　（清）鄭春茂主修（明）鄭恒生等修　清光緒三十一年（1905）孝義堂木活字印本　四册

330000－1701－0014334　普 921.512/8742.2　史部/傳記類/總傳之屬/家乘

［浙江嵊州］江南珠溪義門鄭氏宗譜五卷（清）鄭士楨編纂　清道光二十二年（1842）賚思堂木活字印本　五册

330000－1701－0014340　普 921.512/8762.2　史部/傳記類/總傳之屬/家乘

［湖南］舒氏大房續修族譜五卷　（清）舒學易等纂修　清道光七年（1827）京兆郡木活字印本　五册

330000－1701－0014341　普 921.512/8762　史部/傳記類/總傳之屬/家乘

［安徽績溪］華陽舒氏統宗譜十九卷首一卷（清）舒安仁纂修　清同治九年（1870）敘倫堂木活字印本　六册

330000－1701－0014343　普 921.512/8810　史部/傳記類/總傳之屬/家乘

［浙江嵊州］竺氏宗譜六卷首三卷末一卷（清）竺光涵　（清）竺祖賡纂修　清光緒十一年（1885）敦本堂木活字印本　五册　缺一卷（三）

330000－1701－0014347　普 921.512/8742.8/c1　史部/傳記類/總傳之屬/家乘

［浙江江山］鄭村鄭氏宗譜六卷　（清）□□纂修　清道光木活字印本　六册

330000－1701－0014348　普 921.513/3193/c1、普 921.513/3193.2　類叢部/叢書類/彙編之屬

廣雅書局叢書一百五十九種　徐紹棨編　清光緒廣雅書局刻民國九年（1920）番禺徐紹棨彙編重印本　二十二册　存二種

330000－1701－0014349　普 921.512/8742.8/c2　史部/傳記類/總傳之屬/家乘

［浙江江山］鄭村鄭氏宗譜六卷　（清）□□纂修　清道光木活字印本　二册　存三卷（一至三）

330000－1701－0014350　普 921.514/1000　類叢部/類書類/通類之屬

玉海二百卷辭學指南四卷詩考一卷詩地理考六卷漢藝文志考證十卷通鑑地理通釋十四卷漢制考四卷踐阼篇集解一卷周易鄭康成注一卷姓氏急就篇二卷急就篇補注四卷周書王會補注一卷小學紺珠十卷六經天文篇二卷通鑑答問五卷　（宋）王應麟撰　清嘉慶十一年（1806）江寧藩署刻本　一册　存二卷（姓氏急就篇一至二）

330000－1701－0014351　普 921.513/3193/c2　類叢部/叢書類/彙編之屬

廣雅書局叢書一百五十九種　徐紹棨編　清

光緒廣雅書局刻民國九年(1920)番禺徐紹棨彙編重印本　十二冊　存一種

330000－1701－0014352　普921.514/1724　類叢部/叢書類/彙編之屬
岱南閣叢書二十種　(清)孫星衍編　清乾隆五十年至嘉慶十四年(1785－1809)蘭陵孫氏刻本　六冊　存一種

330000－1701－0014353　普921.512/4430/2　史部/傳記類/總傳之屬/姓名
元和姓纂十卷　(唐)林寶撰　(清)孫星衍　(清)洪瑩補　清嘉慶七年(1802)古歙洪瑩刻本　八冊

330000－1701－0014354　普921.514/1034.01　史部/傳記類/總傳之屬/姓名
百家姓類音正聲一卷　(清)胡湞輯　清刻本　一冊

330000－1701－0014355　普921.514/4430/c1　史部/傳記類/總傳之屬/姓名
元和姓纂十卷　(唐)林寶撰　(清)孫星衍　(清)洪瑩補　清光緒六年(1880)金陵書局刻本　四冊

330000－1701－0014356　普921.514/4430/c2　史部/傳記類/總傳之屬/姓名
元和姓纂十卷　(唐)林寶撰　(清)孫星衍　(清)洪瑩補　清光緒六年(1880)金陵書局刻本　章嶔題簽　四冊

330000－1701－0014359　普921.514/4430/3　史部/傳記類/總傳之屬/姓名
元和姓纂十卷　(唐)林寶撰　(清)孫星衍　(清)洪瑩補　清嘉慶七年(1802)古歙洪瑩刻本　二冊

330000－1701－0014360　普921.514/7704　史部/傳記類/總傳之屬/姓名
增補姓氏四六八卷　(清)周謨著　(清)葉騰驤補　清道光二十年(1840)品石山房木活字印本　四冊

330000－1701－0014361　普915.1115/5032　史部/地理類/方志之屬/郡縣志
[道光]武陟縣志三十六卷　(清)王榮陛修　(清)方履籛纂　清道光九年(1829)刻本　八冊

330000－1701－0014362　普921.514/7740/c1　類叢部/叢書類/彙編之屬
邵武徐氏叢書二集八種　(清)徐榦編　清光緒邵武徐氏刻本　一冊　存一種

330000－1701－0014363　普921.513/3310　史部/傳記類/總傳之屬/姓名
古今同姓名錄二卷　(南朝梁)元帝蕭繹撰　(唐)陸善經續　(元)葉森補　清刻本　二冊

330000－1701－0014364　普915.1115/8029/c1　史部/地理類/方志之屬/郡縣志
[乾隆]原武縣志十卷　(清)吳文炘修　(清)何遠等纂　清乾隆十二年(1747)刻本　五冊

330000－1701－0014365　普921.514/7740/c2　類叢部/叢書類/彙編之屬
邵武徐氏叢書二集八種　(清)徐榦編　清光緒邵武徐氏刻本　一冊　存一種

330000－1701－0014366　普915.1115/7029/c1　史部/地理類/方志之屬/郡縣志
[乾隆]溫縣志十二卷首一卷　(清)王其華修　(清)苗于京纂　清乾隆二十四年(1759)刻本　四冊　缺一卷(五)

330000－1701－0014368　普915.1115/8029/c2　史部/地理類/方志之屬/郡縣志
[乾隆]原武縣志十卷　(清)吳文炘修　(清)何遠等纂　清乾隆十二年(1747)刻本　六冊

330000－1701－0014369　普915.1115/7029/c2　史部/地理類/方志之屬/郡縣志
[乾隆]溫縣志十二卷首一卷　(清)王其華修　(清)苗于京纂　清乾隆二十四年(1759)刻本　四冊　缺一卷(五)

330000－1701－0014370　普915.1116/0029/c1　史部/地理類/方志之屬/郡縣志
[乾隆]河南府志一百十六卷首四卷　(清)施

誠修 (清)童鈺 (清)裴希純纂 清乾隆四十四年(1779)刻同治六年(1867)陳肇鏞補刻本 三十二册

330000－1701－0014371 普 921.514/1000/2/c3 類叢部/類書類/通類之屬

玉海二百卷辭學指南四卷詩攷一卷詩地理攷六卷漢藝文志攷證十卷通鑑地理通釋十四卷周書王會補注一卷漢制攷四卷踐阼篇集解一卷急就篇補注四卷姓氏急就篇二卷小學紺珠十卷六經天文編二卷周易鄭康成注一卷通鑑答問五卷 (宋)王應麟撰 **校補玉海瑣記二卷王深寧先生[應麟]年譜一卷** (清)張大昌撰 清光緒九年至十六年(1883－1890)浙江書局刻本 一册 存二卷(姓氏急就篇一至二)

330000－1701－0014372 普 915.1116/1054 類叢部/叢書類/彙編之屬

真意堂三種 (清)吳志忠編 清嘉慶十六年(1811)璜川吳氏木活字印本 二册 存一種

330000－1701－0014373 普 915.1116/1054/5 史部/地理類/專志之屬/寺觀

洛陽伽藍記五卷 (北魏)楊衒之撰 **洛陽伽藍記集證一卷** (清)吳若準撰 清道光十四年(1834)吳若準刻本 潘承弼題記 二册

330000－1701－0014375 普 915.1116/1054/2 史部/地理類/專志之屬/寺觀

洛陽伽藍記五卷 (北魏)楊衒之撰 **洛陽伽藍記集證一卷** (清)吳若準撰 清光緒二十九年(1903)說劍齋刻本 章鈺題簽 二册

330000－1701－0014377 普 915.1116/6027/c1 史部/地理類/方志之屬/郡縣志

[康熙]孟津縣志四卷 (清)孟常裕纂修 (清)徐元璨增補 清順治十六年(1659)刻康熙四十七年(1708)增刻本 四册

330000－1701－0014378 普 915.1116/6529/c1 史部/地理類/方志之屬/郡縣志

[乾隆]登封縣志三十二卷 (清)陸繼蕚修 (清)洪亮吉纂 清乾隆五十二年(1787)刻本 八册

330000－1701－0014379 普 915.1116/6568/c1 史部/地理類/山川之屬/山志

說嵩三十二卷 (清)景日昣撰 清康熙六十年(1721)嶽生堂刻本 十册

330000－1701－0014381 普 915.1116/0029/c2 史部/地理類/方志之屬/郡縣志

[乾隆]河南府志一百十六卷首四卷 (清)施誠修 (清)童鈺 (清)裴希純纂 清乾隆四十四年(1779)刻同治六年(1867)陳肇鏞補刻本 三十二册

330000－1701－0014382 普 915.1116/6529/c2 史部/地理類/方志之屬/郡縣志

[乾隆]登封縣志三十二卷 (清)陸繼蕚修 (清)洪亮吉纂 清乾隆五十二年(1787)刻本 八册

330000－1701－0014383 普 915.1116/2029/c1 史部/地理類/方志之屬/郡縣志

[乾隆]偃師縣志三十卷首一卷 (清)湯毓倬 (清)孫星衍纂 清乾隆五十三年(1788)刻本 十六册

330000－1701－0014384 普 915.1116/8531/c1 史部/地理類/方志之屬/郡縣志

[嘉慶]澠池縣志十六卷 (清)甘揚聲修 (清)劉文運等纂 清嘉慶十五年(1810)刻本 八册

330000－1701－0014385 普 915.1116/8531/c2 史部/地理類/方志之屬/郡縣志

[嘉慶]澠池縣志十六卷 (清)甘揚聲修 (清)劉文運等纂 清嘉慶十五年(1810)刻本 八册

330000－1701－0014386 普 915.1116/9029/c1 史部/地理類/方志之屬/郡縣志

[乾隆]嵩縣志三十卷首一卷 (清)康基淵纂修 清乾隆三十二年(1767)刻本 八册

330000－1701－0014387 普 915.1116/2029/c2 史部/地理類/方志之屬/郡縣志

[乾隆]偃師縣志三十卷首一卷 (清)湯毓倬 (清)孫星衍纂 清乾隆五十三年(1788)刻

本　十六册

330000－1701－0014388　普915.1117/0031　史部/地理類/方志之屬/郡縣志

[嘉慶]南陽府志六卷　(清)孔傳金纂修　清嘉慶十二年(1807)刻本　十二册

330000－1701－0014390　普915.1117/1027　史部/地理類/方志之屬/郡縣志

[康熙]南陽縣志六卷首一卷　(清)張光祖修　(清)宋景愈　(清)徐永芝纂　清康熙三十二年(1693)刻本　六册

330000－1701－0014391　普915.1116/2029/c3　史部/地理類/方志之屬/郡縣志

[乾隆]偃師縣志三十卷首一卷　(清)湯毓倬　(清)孫星衍纂　清乾隆五十三年(1788)刻本　十二册

330000－1701－0014393　普915.1116/6027/c2　史部/地理類/方志之屬/郡縣志

[康熙]孟津縣志四卷　(清)孟常裕纂修　(清)徐元璨增補　清順治十六年(1659)刻康熙四十七年(1708)增刻本　四册

330000－1701－0014394　普915.1116/9026/c2　史部/地理類/方志之屬/郡縣志

[乾隆]嵩縣志三十卷首一卷　(清)康基淵纂修　清乾隆三十二年(1767)刻本　四册

330000－1701－0014396　普915.1117/1035/c1　史部/地理類/方志之屬/郡縣志

[光緒]南陽縣志十二卷首一卷　(清)潘守廉修　(清)張鳳崗等纂　清光緒三十年(1904)刻本　八册

330000－1701－0014397　普915.1117/3029/c1　史部/地理類/方志之屬/郡縣志

[乾隆]唐縣志十卷　(清)黄文蓮修　(清)吴泰來纂　清乾隆五十二年(1787)刻本　四册

330000－1701－0014398　普915.1117/5535/c1　史部/地理類/方志之屬/郡縣志

[光緒]鎮平縣志六卷　(清)吴聯元修　(清)王翊運等纂　清光緒二年(1876)刻本　四册

330000－1701－0014399　普915.1117/1051/c2　史部/地理類/專志之屬/古跡

臥龍崗志二卷　(清)羅景輯　清康熙五十一年(1712)襄平羅氏刻木　二册

330000－1701－0014401　普921.1117/6533　史部/地理類/方志之屬/郡縣志

[咸豐]淅川廳志四卷　(清)徐光第纂修　清咸豐十一年(1861)刻本　四册

330000－1701－0014402　普915.1117/3029/c2　史部/地理類/方志之屬/郡縣志

[乾隆]唐縣志十卷　(清)黄文蓮修　(清)吴泰來纂　清乾隆五十二年(1787)刻本　四册

330000－1701－0014403　普915.1118/0031　史部/地理類/方志之屬/郡縣志

[嘉慶]汝寧府志三十卷　(清)德昌修　(清)王增纂　清嘉慶元年(1796)刻本　十二册

330000－1701－0014404　普915.1117/5535/c2　史部/地理類/方志之屬/郡縣志

[光緒]鎮平縣志六卷　(清)吴聯元修　(清)王翊運等纂　清光緒二年(1876)刻本　四册

330000－1701－0014405　普921.1117/9029　史部/地理類/方志之屬/郡縣志

[乾隆]葉縣志八卷首一卷　(清)石其灝等修　(清)程沭纂　清乾隆十一年(1746)刻本　六册

330000－1701－0014406　普915.1117/7527/c1　史部/地理類/方志之屬/郡縣志

[康熙]内鄉縣志十二卷　(清)竇鼎望等修　(清)高佑釲纂　(清)張福永增修　清康熙三十二年(1693)刻五十一年(1712)增刻本　四册

330000－1701－0014407　普915.1117/9034　史部/地理類/方志之屬/郡縣志

[同治]葉縣志十卷首一卷　(清)歐陽霖

(清)張佩訓修　(清)倉景恬　(清)胡廷楨纂　清同治十一年(1872)刻光緒二十二年(1896)印本　八冊

330000－1701－0014409　普 915.1118/1027　史部/地理類/方志之屬/郡縣志

[康熙]汝陽縣志十卷　(清)邱天英修　(清)李根茂纂　清康熙二十九年(1690)刻本　八冊

330000－1701－0014410　普 915.1117/7527/c2　史部/地理類/方志之屬/郡縣志

[康熙]內鄉縣志十二卷　(清)竇鼎望等修　(清)高佑釲纂　(清)張福永增修　清康熙三十二年(1693)刻五十一年(1712)增刻本　八冊

330000－1701－0014411　普 915.1117/1035/c2　史部/地理類/方志之屬/郡縣志

[光緒]南陽縣志十二卷首一卷　(清)潘守廉修　(清)張鳳崗等纂　清光緒三十年(1904)刻本　八冊

330000－1701－0014414　普 915.1118/3027　史部/地理類/方志之屬/郡縣志

[康熙]上蔡縣志十五卷　(清)楊廷望修　(清)張沐纂　清康熙二十九年(1690)刻本　八冊

330000－1701－0014415　普 915.1116/6568/c2　史部/地理類/山川之屬/山志

說嵩三十二卷　(清)景日昣撰　清康熙六十年(1721)嶽生堂刻本　九冊

330000－1701－0014416　普 915.1118/6029　史部/地理類/方志之屬/郡縣志

[乾隆]遂平縣志十六卷首一卷　(清)金忠濟修　(清)祝暘　(清)魏弘謨纂　清乾隆二十四年(1759)刻本　四冊

330000－1701－0014417　普 915.1116/6568/(2)/c2　史部/地理類/山川之屬/山志

說嵩三十二卷　(清)景日昣撰　清康熙六十年(1721)嶽生堂刻本　十二冊

330000－1701－0014418　普 915.1119/3029　史部/地理類/方志之屬/郡縣志

[乾隆]西華縣志十四卷首一卷　(清)宋恂修　(清)于大猷纂　清乾隆十九年(1754)刻本　六冊

330000－1701－0014419　普 915.1119.4029/c1　史部/地理類/方志之屬/郡縣志

[乾隆]項城縣志十卷首一卷　(清)韓儀修　(清)張廷福纂　清乾隆十一年(1746)刻本　六冊

330000－1701－0014420　普 915.1119/6032　史部/地理類/方志之屬/郡縣志

[道光]太康縣志八卷　(清)戴鳳翔修　(清)高崧　(清)江練纂　清道光八年(1828)刻本　八冊

330000－1701－0014421　普 915.11191/0032　史部/地理類/方志之屬/郡縣志

[道光]許州志十六卷首一卷　(清)蕭元吉修　(清)李堯觀纂　清道光十八年(1838)刻本　六冊　缺十卷(七至十六)

330000－1701－0014424　普 915.1119/4029/c2　史部/地理類/方志之屬/郡縣志

[乾隆]項城縣志十卷首一卷　(清)韓儀修　(清)張廷福纂　清乾隆十一年(1746)刻本　七冊

330000－1701－0014427　普 915.11191/1026　史部/地理類/方志之屬/郡縣志

[順治]臨潁縣志八卷　(清)李馥先修　(清)吳中奇纂　清順治十七年(1660)刻本　四冊

330000－1701－0014428　普 915.11191/2029/c1　史部/地理類/方志之屬/郡縣志

[乾隆]襄城縣志十四卷　(清)汪運正纂修　清乾隆十一年(1746)刻本　十冊

330000－1701－0014429　普 915.11191/5029　史部/地理類/方志之屬/郡縣志

[乾隆]長葛縣志十卷　(清)阮景咸修　(清)李秀生等纂　清乾隆十二年(1747)刻本　四冊

330000－1701－0014430　普915.11192/0032　史部/地理類/方志之屬/郡縣志

[道光]汝州全志十卷首一卷　(清)白明義修　(清)趙林成纂　清道光二十年(1840)刻本　十冊

330000－1701－0014432　普915.11192/5032　史部/地理類/方志之屬/郡縣志

[道光]重修伊陽縣志六卷首一卷末一卷　(清)張道超修　(清)馬九功纂　清道光十八年(1838)刻本　六冊

330000－1701－0014433　普915.11191/2029/c2　史部/地理類/方志之屬/郡縣志

[乾隆]襄城縣志十四卷　(清)汪運正纂修　清乾隆十一年(1746)刻本　十冊

330000－1701－0014434　普915.11192/1031　史部/地理類/方志之屬/郡縣志

[嘉慶]魯山縣志二十六卷　(清)董作棟修　(清)武儀纂　清嘉慶元年(1796)刻本　六冊

330000－1701－0014436　普915.11193/1035　史部/地理類/方志之屬/郡縣志

[光緒]重修靈寶縣志八卷　(清)周淦　(清)方胙勳修　(清)高錦榮　(清)李鏡江纂　清光緒二年(1876)刻本　八冊

330000－1701－0014437　普915.11194/0035　史部/地理類/方志之屬/郡縣志

[光緒]光州志十二卷首一卷忠節志四卷　(清)楊修田修　(清)馬佩玖等纂　清光緒十三年(1887)刻本　十四冊　缺二卷(七至八)

330000－1701－0014438　普915.1118/8029　史部/地理類/方志之屬/郡縣志

[乾隆]信陽州志十二卷首一卷　(清)張鉞修　(清)萬侯纂　清乾隆十四年(1749)刻本　八冊

330000－1701－0014439　普915.11191/2029/(2)　史部/地理類/方志之屬/郡縣志

[乾隆]襄城縣志十四卷　(清)汪運正纂修　清乾隆十一年(1746)刻本　九冊　缺一卷(十)

330000－1701－0014440　普915.11194/1029　史部/地理類/方志之屬/郡縣志

[乾隆]光山縣志三十二卷首一卷　(清)楊殿梓修　(清)錢時雍纂　清乾隆五十一年(1786)刻光緒十五年(1889)補刻本　十二冊

330000－1701－0014442　普915.11194/4031　史部/地理類/方志之屬/郡縣志

[嘉慶]商城縣志十四卷首一卷末一卷　(清)武開吉修　(清)周之騄纂　清嘉慶八年(1803)刻本　十二冊

330000－1701－0014443　普915.112/2834　史部/地理類/方志之屬/通志

[雍正]湖廣通志一百二十卷首一卷　(清)邁柱修　(清)夏力恕等纂　清雍正十一年(1733)刻本　四十八冊

330000－1701－0014444　普915.112/2728　史部/地理類/方志之屬/通志

[康熙]湖廣通志八十卷圖考一卷　(清)徐國相等修　(清)宮夢仁　(清)姚淳燾纂　清康熙二十三年(1684)刻本　二十四冊

330000－1701－0014446　普915.1118/9029　史部/地理類/方志之屬/郡縣志

[乾隆]羅山縣志八卷　(清)葛荃修　(清)李之杜　(清)謝寶樹纂　清乾隆十一年(1746)刻本　六冊

330000－1701－0014447　普915.112/3126/c1　史部/地理類/方志之屬/通志

[嘉慶]湖北通志一百卷首五卷　(清)吳熊光等修　(清)陳詩等纂　清嘉慶九年(1804)刻本　六十四冊

330000－1701－0014449　普915.112/4237　史部/地理類/方志之屬/通志

光緒湖北輿地記二十四卷　(清)湖北輿圖局輯　清光緒二十年(1894)湖北輿圖局刻本　二十四冊

330000－1701－0014450　普915.112/4632　類叢部/叢書類/家集之屬

臥園四種　(清)潘煥龍編　清道光羅田潘氏

刻本　一冊　存一種

330000－1701－0014451　普 915.1121/0027
史部/地理類/方志之屬/郡縣志
[康熙]湖廣武昌府志十二卷　(清)裴天賜修　(清)羅人龍纂　清康熙二十六年(1687)刻本　十冊

330000－1701－0014452　普 915.112/3126/c2　史部/地理類/方志之屬/通志
[嘉慶]湖北通志一百卷首五卷　(清)吳熊光等修　(清)陳詩等纂　清嘉慶九年(1804)刻本　六十四冊

330000－1701－0014453　普 915.11194/3031
史部/地理類/方志之屬/郡縣志
[嘉慶]息縣志八卷首一卷　(清)劉光輝修　(清)任鎮及纂　清嘉慶四年(1799)刻本　八冊

330000－1701－0014454　普 915.1121/1052/c1　史部/地理類/山川之屬/山志
黃鵠山志十二卷首一卷　(清)胡鳳丹撰　清同治十三年(1874)胡氏退補齋刻本　六冊

330000－1701－0014455　普 915.1121/1034
史部/地理類/方志之屬/郡縣志
[同治]江夏縣志八卷首一卷　(清)王庭楨修　(清)彭崧毓纂　清同治八年(1869)刻光緒七年(1881)增補本　九冊

330000－1701－0014456　普 915.1121/2029
史部/地理類/方志之屬/郡縣志
[乾隆]武昌縣志十卷首一卷　(清)邵遐齡修　(清)談有典纂　清乾隆二十八年(1763)刻本　六冊

330000－1701－0014457　普 915.1121/2035
史部/地理類/方志之屬/郡縣志
[光緒]武昌縣志二十六卷首一卷末一卷　(清)鍾桐山修　(清)柯逢時纂　清光緒十一年(1885)刻本　十冊

330000－1701－0014458　普 915.1121/1052/c2　史部/地理類/山川之屬/山志
黃鵠山志十二卷首一卷　(清)胡鳳丹撰　清同治十三年(1874)胡氏退補齋刻本　六冊

330000－1701－0014459　普 915.1121/1052/c3　史部/地理類/山川之屬/山志
黃鵠山志十二卷首一卷　(清)胡鳳丹撰　清同治十三年(1874)胡氏退補齋刻本　六冊

330000－1701－0014462　普 915.1121/1051/c1　史部/地理類/專志之屬/古跡
[同治]鸚鵡洲小志四卷首一卷　(清)胡鳳丹纂　清同治十三年(1874)退補齋刻本　二冊

330000－1701－0014463　普 915.1121/6034
史部/地理類/方志之屬/郡縣志
[同治]崇陽縣志十二卷首一卷　(清)高佐廷修　(清)傅燮鼎纂　清同治五年(1866)木活字印本　十二冊

330000－1701－0014464　普 915.1121/4032
史部/地理類/方志之屬/郡縣志
[道光]蒲圻縣志十卷　(清)勞光泰修　(清)但傳熺纂　清道光十六年(1836)刻本　五冊　存九卷(一至九)

330000－1701－0014466　普 915.1121/3034
史部/地理類/方志之屬/郡縣志
[同治]重修嘉魚縣志十二卷　(清)鍾傳益修　(清)俞焜纂　清同治五年(1866)刻本　十二冊

330000－1701－0014467　普 915.1121/4034
史部/地理類/方志之屬/郡縣志
[同治]蒲圻縣志八卷　(清)顧際熙等修　(清)文元音　(清)張承齡等纂　清同治五年(1866)刻本　八冊

330000－1701－0014468　普 915.1121/3079
史部/地理類/水利之屬
嘉魚縣續修隄志四卷　(清)方瀚修　(清)周秉心等纂　清光緒十一年(1885)淨堡孔國玉木活字印本　四冊

330000－1701－0014469　普 915.1121/1051/c2　史部/地理類/專志之屬/古跡
[同治]鸚鵡洲小志四卷首一卷　(清)胡鳳丹纂　清同治十三年(1874)退補齋刻本　二冊

330000－1701－0014470　普 915.1121/9034　史部/地理類/方志之屬/郡縣志
[同治]大冶縣志十八卷首一卷　(清)胡復初修　(清)黄昺杰纂　清同治六年(1867)刻本　十二册

330000－1701－0014471　普 915.1121/8034　史部/地理類/方志之屬/郡縣志
[光緒]興國州志三十六卷首一卷　(清)吳大訓修　(清)陳光亨纂　(清)劉鳳綸　(清)王鳳池續纂　清光緒十五年(1889)富川書院刻本　十二册

330000－1701－0014472　普 915.1122/1029　史部/地理類/方志之屬/郡縣志
[乾隆]漢陽縣志三十二卷　(清)劉嗣孔修　(清)劉湘煃纂　清乾隆十三年(1748)刻本　十六册

330000－1701－0014473　普 915.1122/1031　史部/地理類/方志之屬/郡縣志
[嘉慶]漢陽縣志三十六卷　(清)裘行恕修　(清)邵翔等纂　清嘉慶二十三年(1818)刻本　十二册

330000－1701－0014474　普 915.1121/9534　史部/地理類/方志之屬/郡縣志
[同治]通山縣志八卷首一卷　(清)羅登瀛　(清)胡昌銘修　(清)朱美燮　(清)樂純青纂　清同治六年(1867)心田局木活字印本　八册

330000－1701－0014475　普 915.1122/1035　史部/地理類/方志之屬/郡縣志
[光緒]漢陽縣識十卷首一卷　(清)濮文昶修　(清)張行簡纂　清光緒十年(1884)景賢書塾刻十五年(1889)重修本(卷四至七、九至十原缺)　六册

330000－1701－0014476　普 915.1122/1052/c1　史部/地理類/山川之屬/山志
大别山志十卷首一卷　(清)胡鳳丹編纂　清同治十三年(1874)退補齋刻本　四册

330000－1701－0014477　普 915.1122/4034　史部/地理類/方志之屬/郡縣志
[同治]漢川縣志二十二卷首一卷　(清)德廉　(清)袁鳴珂修　(清)林祥瑗纂　清同治十二年(1873)刻本　十六册

330000－1701－0014478　普 915.1122/1052/c3　史部/地理類/山川之屬/山志
大别山志十卷首一卷　(清)胡鳳丹編纂　清同治十三年(1874)退補齋刻本　四册

330000－1701－0014480　普 915.1122/1052/c2　史部/地理類/山川之屬/山志
大别山志十卷首一卷　(清)胡鳳丹編纂　清同治十三年(1874)退補齋刻本　四册

330000－1701－0014481　普 915.1122/4079　史部/地理類/水利之屬
黄公垸記畧一卷　清光緒二十五年(1899)刻本　一册

330000－1701－0014482　普 915.1122/8035　史部/地理類/方志之屬/郡縣志
[光緒]沔陽州志十二卷首一卷　(清)葛振元修　(清)楊鉅纂　清光緒二十年(1894)刻本　十六册

330000－1701－0014483　普 915.1122/1034　史部/地理類/方志之屬/郡縣志
[同治]續輯漢陽縣志二十八卷　(清)黄式度　(清)王庭楨修　(清)王柏心纂　清同治七年(1868)刻本　二十册

330000－1701－0014484　普 915.1121/1051/c3　史部/地理類/專志之屬/古跡
[同治]鸚鵡洲小志四卷首一卷　(清)胡鳳丹纂　清同治十三年(1874)退補齋刻本　王張威題記　二册

330000－1701－0014485　普 915.1122/8055　史部/地理類/專志之屬/祠墓
忠武祠墓志七卷首一卷末一卷　(清)李復心編　清同治五年至六年(1866－1867)山陰莫增奎沔署刻本　四册

330000－1701－0014486　普 915.1121/1051/c4　史部/地理類/專志之屬/古跡

[同治]鸚鵡洲小志四卷首一卷　(清)胡鳳丹纂　清同治十三年(1874)退補齋刻本　二冊

330000－1701－0014487　普 915.1122/5035/c1　史部/地理類/方志之屬/郡縣志

[光緒]孝感縣志二十四卷續補志一卷　(清)朱希白修　(清)沈用增纂　清光緒九年(1883)刻本　十二冊

330000－1701－0014488　普 915.1122/5035/c2　史部/地理類/方志之屬/郡縣志

[光緒]孝感縣志二十四卷續補志一卷　(清)朱希白修　(清)沈用增纂　清光緒九年(1883)刻本　十冊　存二十一卷(一至二十一)

330000－1701－0014489　普 915.1123/0035/c1　史部/地理類/方志之屬/郡縣志

[光緒]黄州府志四十卷首一卷　(清)英啓修　(清)鄧琛等纂　清光緒十年(1884)刻本　四十冊

330000－1701－0014490　普 915.1123/1035　史部/地理類/方志之屬/郡縣志

[光緒]黄岡縣志二十四卷首一卷　(清)戴昌言修　(清)劉恭冕纂　清光緒八年(1882)刻本　二十四冊

330000－1701－0014492　普 915.1123/1059　史部/地理類/專志之屬/書院

問津院志六卷首一卷末一卷　(清)王會釐等輯　清光緒三十一年(1905)刻本　五冊

330000－1701－0014493　普 915.1121/9035　史部/地理類/方志之屬/郡縣志

[光緒]大冶縣志續編七卷首一卷末一卷　(清)林佐修　(清)陳鼇纂　清光緒十年(1884)金湖書院刻本　三冊

330000－1701－0014494　普 915.1123/2035　史部/地理類/方志之屬/郡縣志

[光緒]蘄水縣志二十二卷首一卷末一卷　(清)多祺纂修　清光緒六年(1880)刻本　二十冊

330000－1701－0014495　普 915.1123/0036/c1　史部/地理類/方志之屬/郡縣志

[宣統]黄州府志拾遺六卷　沈致堅纂　清宣統二年(1910)鉛印本　二冊

330000－1701－0014496　普 915.1123/0036/c2　史部/地理類/方志之屬/郡縣志

[宣統]黄州府志拾遺六卷　沈致堅纂　清宣統二年(1910)鉛印本　二冊

330000－1701－0014497　普 915.1123/0035/c2　史部/地理類/方志之屬/郡縣志

[光緒]黄州府志四十卷首一卷　(清)英啓修　(清)鄧琛等纂　清光緒十年(1884)刻本　三十二冊

330000－1701－0014498　普 915.1123/3035/c1　史部/地理類/方志之屬/郡縣志

[光緒]羅田縣志八卷首一卷　(清)管貽葵修　(清)陳錦纂　清光緒二年(1876)刻本　二十冊

330000－1701－0014499　普 915.1123/0029　史部/地理類/方志之屬/郡縣志

[乾隆]黄州府志二十卷　(清)王勍修　(清)靖道謨纂　清乾隆十四年(1749)刻本　十四冊

330000－1701－0014500　普 915.1123/7034　史部/地理類/方志之屬/郡縣志

[同治]廣濟縣志十六卷首一卷　(清)劉宗元　(清)朱榮實修　(清)劉燡纂　清同治十一年(1872)木活字印本　十二冊

330000－1701－0014501　普 915.1123/5035　史部/地理類/方志之屬/郡縣志

[光緒]黄安縣志十卷首一卷　(清)陳瑞瀾　(清)陶大夏修　(清)吳言昌　(清)王儀吉纂　清光緒八年(1882)刻本　十七冊

330000－1701－0014502　普 915.1123/4035/c1　史部/地理類/方志之屬/郡縣志

[光緒]麻城縣志四十卷首一卷末一卷　(清)陸祐勤　(清)朱榮椿修　(清)余士珩纂　清光緒八年(1882)刻本　二十二冊

330000－1701－0014503　普 915.1123/8035

史部/地理類/方志之屬/郡縣志
[光緒]黃梅縣志四十卷首一卷 (清)覃瀚元 (清)袁瓚修 (清)宛名昌等纂 清光緒二年(1876)刻本 十二册

330000－1701－0014504 普 915.1124/1029 史部/地理類/方志之屬/郡縣志
[乾隆]鍾祥縣志二十卷 (清)張琴修 (清)杜光德纂 清乾隆六十年(1795)刻本 十册

330000－1701－0014505 普 915.1121/9035.2 史部/地理類/方志之屬/郡縣志
[光緒]大冶縣志後編二卷 (清)陳鼇纂修 清光緒二十三年(1897)江陵學舍刻本 一册

330000－1701－0014506 普 915.1123/3035/c2 史部/地理類/方志之屬/郡縣志
[光緒]羅田縣志八卷首一卷 (清)管貽葵修 (清)陳錦纂 清光緒二年(1876)刻本 十六册

330000－1701－0014507 普 915.1123/4035/c2 史部/地理類/方志之屬/郡縣志
[光緒]麻城縣志四十卷首一卷末一卷 (清)陸祐勤 (清)朱榮椿修 (清)余士珩纂 清光緒八年(1882)刻本 二十二册 缺一卷(十九)

330000－1701－0014508 普 915.1124/0029 史部/地理類/方志之屬/郡縣志
[乾隆]湖北下荆南道志二十八卷 (清)魯之裕修 (清)靖道謨纂 清乾隆五年(1740)刻本 十六册

330000－1701－0014509 普 915.1124/5031 史部/地理類/方志之屬/郡縣志
[嘉慶]荆門直隸州志三十六卷 (清)王樹勳修 (清)廖士琳纂 清嘉慶十四年(1809)刻本 十二册

330000－1701－0014510 普 915.1124/4029 史部/地理類/方志之屬/郡縣志
[乾隆]天門縣志二十四卷首一卷 (清)胡翼修 (清)章鑣 (清)章學誠纂 清乾隆三十年(1765)刻本 十二册

330000－1701－0014511 普 915.1124/5034 史部/地理類/方志之屬/郡縣志
[同治]荆門直隸州志十二卷首一卷 (清)恩榮修 (清)張圻纂 清同治七年(1868)明倫堂刻本 十六册

330000－1701－0014512 普 915.1124/2035 史部/地理類/方志之屬/郡縣志
[光緒]京山縣志二十七卷首一卷 (清)沈星標等修 (清)曾憲德 (清)秦有鍠纂 清光緒八年(1882)刻本 十六册

330000－1701－0014513 普 915.1124/3027 史部/地理類/方志之屬/郡縣志
[康熙]潛江縣志二十卷首一卷 (清)劉煥修 (清)朱載震纂 清光緒五年(1879)傳經書院刻本 十册

330000－1701－0014514 普 915.1124/1034/c1 史部/地理類/方志之屬/郡縣志
[同治]鍾祥縣志二十卷 (清)孫福海等纂修 清同治六年(1867)刻本 十册

330000－1701－0014515 普 915.1125/1032 史部/地理類/方志之屬/郡縣志
[道光]安陸縣志四十卷首一卷 (清)蔣炯等纂修 (清)李廷錫增纂 清道光二十三年(1843)刻本 十二册

330000－1701－0014516 普 915.1125/0035 史部/地理類/方志之屬/郡縣志
[光緒]德安府志二十卷首一卷末一卷 (清)賡音布修 (清)劉國光等纂 清光緒十四年(1888)刻本 二十册

330000－1701－0014517 普 915.1124/6034 史部/地理類/方志之屬/郡縣志
[同治]當陽縣志十八卷首一卷末一卷 (清)阮恩光修 (清)王柏心纂 清同治五年(1866)刻本 十册

330000－1701－0014518 普 915.1124/6035 史部/地理類/方志之屬/郡縣志
[光緒]當陽縣補續志四卷首一卷 (清)李元

才等修　(清)李葆貞纂　清光緒十五年(1889)刻本　四册

330000－1701－0014519　普 915.1124/50521.2　史部/地理類/山川之屬/山志

黄山志續集八卷　(清)汪士鋐等撰　清康熙刻本　六册

330000－1701－0014520　普 915.1125/2035/c1　史部/地理類/方志之屬/郡縣志

[光緒]續雲夢縣志略十卷首一卷末一卷　(清)吳念椿修　(清)程壽昌　(清)曾廣浚纂　清光緒九年(1883)刻本　四册

330000－1701－0014521　普 915.1125/2032/c1　史部/地理類/方志之屬/郡縣志

[道光]雲夢縣志略十二卷首一卷末一卷　(清)吕錫麟修　(清)程懷璟纂　清道光二十年(1840)刻本　六册

330000－1701－0014522　普 915.1125/3035　史部/地理類/方志之屬/郡縣志

光緒應城志十四卷首一卷　(清)羅緗　(清)陳豪修　(清)王承禧纂　清光緒八年(1882)蒲陽書院刻本　八册

330000－1701－0014523　普 915.1125/2032/c2　史部/地理類/方志之屬/郡縣志

[道光]雲夢縣志略十二卷首一卷末一卷　(清)吕錫麟修　(清)程懷璟纂　清道光二十年(1840)刻本　六册

330000－1701－0014524　普 915.1125/4034　史部/地理類/方志之屬/郡縣志

[同治]隨州志三十二卷首一卷　(清)文齡等修　(清)史策先纂　清同治八年(1869)刻本　十六册

330000－1701－0014525　普 915.1126/00191　史部/地理類/防務之屬/陸防

守荆略記一卷　(清)徐家幹撰　清光緒十三年(1887)鉛印本　一册

330000－1701－0014526　普 915.1125/2035/c2　史部/地理類/方志之屬/郡縣志

[光緒]續雲夢縣志略十卷首一卷末一卷　(清)吳念椿修　(清)程壽昌　(清)曾廣浚纂　清光緒九年(1883)刻本　四册

330000－1701－0014527　普 915.1125/5034　史部/地理類/方志之屬/郡縣志

[同治]應山縣志三十六卷首一卷　(清)劉宗元等修　(清)吳天錫纂　清同治十年(1871)刻本　十五册

330000－1701－0014528　普 915.1126/0019/2/c1　類叢部/叢書類/自著之屬

箋經室叢書三種　曹元忠撰輯　清光緒十九年至二十七年(1893－1901)曹氏箋經室刻本　一册　存一種

330000－1701－0014529　普 915.1126/0029　史部/地理類/方志之屬/郡縣志

[乾隆]荆州府志五十八卷首一卷　(清)葉仰高修　(清)施廷樞纂　清乾隆二十二年(1757)刻本　十六册　缺八卷(五十一至五十八)

330000－1701－0014530　普 915.1126/0035/c1　史部/地理類/方志之屬/郡縣志

[光緒]荆州府志八十卷首一卷　(清)倪文蔚　(清)蔣銘勳修　(清)顧嘉蘅　(清)李廷鉽纂　清光緒六年(1880)刻本　三十二册

330000－1701－0014531　普 915.1124/1034/c2　史部/地理類/方志之屬/郡縣志

[同治]鍾祥縣志二十卷補編二卷　(清)孫福海等纂修　清同治六年(1867)刻本　十四册

330000－1701－0014532　普 915.1126/1035/c1　史部/地理類/方志之屬/郡縣志

[光緒]江陵縣志六十五卷首一卷　(清)蒯正昌　(清)吳耀斗修　(清)胡九皋　(清)劉長謙纂　清光緒二年(1876)刻本　二十四册

330000－1701－0014533　普 915.1126/0019/2/c2　史部/地理類/雜志之屬

荆州記三卷　(南朝宋)盛弘之撰　曹元忠輯　清光緒十九年(1893)曹氏箋經室刻朱印本　一册

330000－1701－0014534　普 915.1126/1029/

c1　史部/地理類/方志之屬/郡縣志

[乾隆]江陵縣志五十八卷首一卷　(清)崔龍見修　(清)魏耀　(清)黄義尊纂　清乾隆五十九年(1794)刻本　二十册

330000－1701－0014535　普 915.1126/0019/c1　史部/地理類/雜志之屬

荆州記三卷　(南朝宋)盛弘之撰　曹元忠輯　清光緒二十七年(1901)荆州田氏移山堂刻朱印本　一册

330000－1701－0014536　普 915.1124/1034/c3　史部/地理類/方志之屬/郡縣志

[同治]鍾祥縣志二十卷補編二卷　(清)孫福海等纂修　清同治六年(1867)刻本　十四册

330000－1701－0014537　普 915.1126/2034　史部/地理類/方志之屬/郡縣志

[同治]公安縣志八卷首一卷　(清)周承弼　(清)袁鳴珂修　(清)王慰纂　清同治十三年(1874)刻本　十册

330000－1701－0014538　普 915.1126/1029/c2　史部/地理類/方志之屬/郡縣志

[乾隆]江陵縣志五十八卷首一卷　(清)崔龍見修　(清)魏耀　(清)黄義尊纂　清乾隆五十九年(1794)刻本　二十册

330000－1701－0014539　普 915.1126/3034　史部/地理類/方志之屬/郡縣志

[同治]石首縣志八卷　(清)朱榮實修　(清)傅如筠等纂　清同治五年(1866)刻本　十册

330000－1701－0014540　普 915.1126/0035/c2　史部/地理類/方志之屬/郡縣志

[光緒]荆州府志八十卷首一卷　(清)倪文蔚　(清)蔣銘勳修　(清)顧嘉蘅　(清)李廷鉽纂　清光緒六年(1880)刻本　三十二册

330000－1701－0014541　普 915.1126/0019/c2　史部/地理類/雜志之屬

荆州記三卷　(南朝宋)盛弘之撰　曹元忠輯　清光緒二十七年(1901)荆州田氏移山堂刻朱印本　一册

330000－1701－0014542　普 915.1124/1034/c4　史部/地理類/方志之屬/郡縣志

[同治]鍾祥縣志二十卷　(清)孫福海等纂修　清同治六年(1867)刻本　十册

330000－1701－0014543　普 915.1126/5034　史部/地理類/方志之屬/郡縣志

[同治]松滋縣志十二卷首一卷　(清)吕縉雲　(清)李勗修　(清)羅有文　(清)朱美爕纂　清同治八年(1869)刻本　十册

330000－1701－0014544　普 915.1126/4034　史部/地理類/方志之屬/郡縣志

[同治]監利縣志十二卷首一卷　(清)徐兆英　(清)林瑞枝修　(清)王柏心纂　清同治十一年(1872)刻本　十册

330000－1701－0014545　普 915.1126/1035/c2　史部/地理類/方志之屬/郡縣志

[光緒]江陵縣志六十五卷首一卷　(清)蒯正昌　(清)吴耀斗修　(清)胡九臯　(清)劉長謙纂　清光緒二年(1876)刻本　二十四册

330000－1701－0014546　普 915.1126/0035/c3　史部/地理類/方志之屬/郡縣志

[光緒]荆州府志八十卷首一卷　(清)倪文蔚　(清)蔣銘勳修　(清)顧嘉蘅　(清)李廷鉽纂　清光緒六年(1880)刻本　三十二册

330000－1701－0014547　普 915.1126/6034/c1　史部/地理類/方志之屬/郡縣志

[同治]枝江縣志二十卷首一卷　(清)查子庚修　(清)熊文瀾纂　清同治五年(1866)刻本　八册

330000－1701－0014548　普 915.1126/7034/c1　史部/地理類/方志之屬/郡縣志

[同治]宜都縣志四卷首一卷末一卷　(清)崔培元　(清)朱甘霖修　(清)龔紹仁纂　清同治五年(1866)刻本　四册

330000－1701－0014549　普 915.1126/0019/c3　史部/地理類/雜志之屬

荆州記三卷　(南朝宋)盛弘之撰　曹元忠輯　清刻本　一册

330000－1701－0014550　普 915.1126/8034　史部/地理類/方志之屬/郡縣志

[同治]遠安縣志八卷首一卷　(清)鄭熚林修　(清)周葆恩纂　清同治五年(1866)刻本　八冊

330000－1701－0014551　普 915.1126/6034/c2　史部/地理類/方志之屬/郡縣志

[同治]枝江縣志二十卷首一卷　(清)查子庚修　(清)熊文瀾纂　清同治五年(1866)刻本　八冊

330000－1701－0014552　普 915.1126/0035/c4　史部/地理類/方志之屬/郡縣志

[光緒]荆州府志八十卷首一卷　(清)倪文蔚　(清)蔣銘勳修　(清)顧嘉蘅　(清)李廷鉽纂　清光緒六年(1880)刻本　三十二冊

330000－1701－0014553　普 915.1126/6034/(2)　史部/地理類/方志之屬/郡縣志

[同治]枝江縣志二十卷首一卷黌宫禮樂器圖一卷　(清)查子庚修　(清)熊文瀾纂　清同治五年(1866)刻本　一冊　缺一卷(二十)

330000－1701－0014554　普 915.1126/7034/c2　史部/地理類/方志之屬/郡縣志

[同治]宜都縣志四卷首一卷末一卷　(清)崔培元　(清)朱甘霖修　(清)龔紹仁纂　清同治五年(1866)刻本　四冊

330000－1701－0014555　普 915.1127/1034/c1　史部/地理類/方志之屬/郡縣志

[同治]襄陽縣志七卷首一卷　(清)楊宗時修　(清)崔淦纂　(清)吳耀斗續修　(清)李士彬續纂　清同治十三年(1874)刻本　十二冊

330000－1701－0014556　普 915.1126/1035/c3　史部/地理類/方志之屬/郡縣志

[光緒]江陵縣志六十五卷首一卷　(清)蒯正昌　(清)吳耀斗修　(清)胡九皋　(清)劉長謙纂　清光緒二年(1876)刻本　二十四冊

330000－1701－0014557　普 915.1126/1035/c4　史部/地理類/方志之屬/郡縣志

[光緒]江陵縣志六十五卷首一卷　(清)蒯正昌　(清)吳耀斗修　(清)胡九皋　(清)劉長謙纂　清光緒二年(1876)刻本　二十四冊

330000－1701－0014558　普 915.1127/1034/2　史部/地理類/方志之屬/郡縣志

[同治]襄陽縣志七卷首一卷　(清)楊宗時修　(清)崔淦纂　(清)吳耀斗續修　(清)李士彬續纂　清同治十三年(1874)刻民國十九年(1930)印本　八冊

330000－1701－0014559　普 915.1127/2034　史部/地理類/方志之屬/郡縣志

[同治]宜城縣志十卷　(清)程啓安修　(清)張炳鐘等纂　清同治五年(1866)刻本　八冊

330000－1701－0014560　普 915.1127/2035　史部/地理類/方志之屬/郡縣志

[光緒]宜城縣續志二卷　(清)李連騎修　(清)姚德華等纂　清光緒八年(1882)刻本　一冊

330000－1701－0014561　普 915.1127/2042　史部/地理類/方志之屬/郡縣志

[光緒]湖北省襄陽府宜城縣鄉土志四卷　(清)楊文勳修　(清)望炳麟纂　清光緒三十二年(1906)刻本　一冊

330000－1701－0014562　普 915.1127/1034/c2　史部/地理類/方志之屬/郡縣志

[同治]襄陽縣志七卷首一卷　(清)楊宗時修　(清)崔淦纂　(清)吳耀斗續修　(清)李士彬續纂　清同治十三年(1874)刻本　八冊

330000－1701－0014563　普 915.1127/0029/c1　史部/地理類/方志之屬/郡縣志

[乾隆]襄陽府志四十卷首一卷　(清)陳鍔纂修　清乾隆二十五年(1760)刻本　十六冊

330000－1701－0014564　普 915.1127/1034/c3　史部/地理類/方志之屬/郡縣志

[同治]襄陽縣志七卷首一卷　(清)楊宗時修　(清)崔淦纂　(清)吳耀斗續修　(清)

李士彬續纂　清同治十三年(1874)刻本　八册

330000－1701－0014565　普915.1127/2042.2　史部/地理類/方志之屬/郡縣志
[光緒]湖北襄陽府宜城縣鄉土志便讀一卷　(清)楊文勳撰　清光緒三十二年(1906)刻本　一册

330000　1701　0014566　普915.1127/1034/c4　史部/地理類/方志之屬/郡縣志
[同治]襄陽縣志七卷首一卷　(清)楊宗時修　(清)崔淦纂　(清)吳耀斗續修　(清)李士彬續纂　清同治十三年(1874)刻本　十二册

330000－1701－0014567　普915.1127/3034/c1　史部/地理類/方志之屬/郡縣志
[同治]南漳縣志集鈔二十六卷首一卷　(清)沈兆元修　(清)胡正楷纂　(清)胡心悦增纂　清嘉慶二十年(1815)刻同治四年(1865)東鶴山堂增刻本　八册

330000－1701－0014568　普915.1127/4034　史部/地理類/方志之屬/郡縣志
[同治]棗陽縣志三十卷首一卷末一卷　(清)張聲正修　(清)史策先纂　清同治四年(1865)刻本　八册

330000－1701－0014569　普915.1127/5034　史部/地理類/方志之屬/郡縣志
[同治]穀城縣志八卷　(清)承印修　(清)蔣海澄　(清)黄定鏞纂　清同治六年(1867)刻本　八册

330000－1701－0014570　普915.1127/6035　史部/地理類/方志之屬/郡縣志
[光緒]光化縣志八卷首一卷　(清)鍾桐山　(清)葉樹南修　(清)段映斗等纂　清光緒十年(1884)刻本　八册

330000－1701－0014571　普915.1127/7035/c1　史部/地理類/方志之屬/郡縣志
[光緒]續輯均州志十六卷首一卷　(清)馬雲龍　(清)湯炳堃修　(清)賈洪詔纂　清光緒十年(1884)均州志局刻本　八册

330000－1701－0014572　普915.1127/3034/c2　史部/地理類/方志之屬/郡縣志
[同治]南漳縣志集鈔二十六卷首一卷　(清)沈兆元修　(清)胡正楷纂　(清)胡心悦增纂　清嘉慶二十年(1815)刻同治四年(1865)東鶴山堂增刻本　十册

330000－1701－0014573　普915.1127/3034/c3　史部/地理類/方志之屬/郡縣志
[同治]南漳縣志集鈔二十六卷首一卷　(清)沈兆元修　(清)胡正楷纂　(清)胡心悦增纂　清嘉慶二十年(1815)刻同治四年(1865)東鶴山堂增刻本　八册

330000－1701－0014574　普921.514/1000/2/c4　類叢部/類書類/通類之屬
玉海二百卷辭學指南四卷詩攷一卷詩地理攷六卷漢藝文志攷證十卷通鑑地理通釋十四卷周書王會補注一卷漢制攷四卷踐阼篇集解一卷急就篇補注四卷姓氏急就篇二卷小學紺珠十卷六經天文編二卷周易鄭康成注一卷通鑑答問五卷　(宋)王應麟撰　**校補玉海瑣記二卷王深寧先生[應麟]年譜一卷**　(清)張大昌撰　清光緒九年至十六年(1883－1890)浙江書局刻本　一册　存二卷(玉海姓氏急就篇一至二)

330000－1701－0014575　普915.1128/0031　史部/地理類/方志之屬/郡縣志
[嘉慶]鄖陽志十卷首一卷　(清)王正常修　(清)謝攀雲纂　清嘉慶二年(1797)刻本　六册　缺五卷(六至十)

330000－1701－0014576　普915.1127/7052/c2　史部/地理類/山川之屬/山志
大嶽太和山紀畧八卷　(清)王槩等輯　清乾隆九年(1744)下荆南道署刻本　八册

330000－1701－0014577　普915.1128/1034/c1　史部/地理類/方志之屬/郡縣志
[同治]鄖縣志十卷首一卷　(清)周瑞　(清)定熙修　(清)金瀠廷　(清)崔誥纂　清同治五年(1866)刻本　八册

330000－1701－0014578　普 915.1128/0034/c1　史部/地理類/方志之屬/郡縣志
[同治]鄖陽志八卷首一卷　(清)吳葆儀修　(清)王嚴恭纂　清同治九年(1870)鄖山書院刻本　十二册

330000－1701－0014579　普 915.1128/2034　史部/地理類/方志之屬/郡縣志
[同治]房縣志十二卷首一卷　(清)楊延烈修　(清)郁方董　(清)劉元棟纂　清同治五年(1866)刻本　六册

330000－1701－0014580　普 915.1127/0029/c2　史部/地理類/方志之屬/郡縣志
[乾隆]襄陽府志四十卷首一卷　(清)陳鍔纂修　清乾隆二十五年(1760)刻本　十六册

330000－1701－0014581　普 915.1128/1034/c2　史部/地理類/方志之屬/郡縣志
[同治]鄖縣志十卷首一卷　(清)周瑞　(清)定熙修　(清)金瀣廷　(清)崔誥纂　清同治五年(1866)刻本　十册

330000－1701－0014582　普 915.1127/0029/c3　史部/地理類/方志之屬/郡縣志
[乾隆]襄陽府志四十卷首一卷　(清)陳鍔纂修　清乾隆二十五年(1760)刻本　十六册

330000－1701－0014583　普 915.1127/7052/c3　史部/地理類/山川之屬/山志
大嶽太和山紀畧八卷　(清)王槩等輯　清乾隆九年(1744)下荆南道署刻本　八册

330000－1701－0014584　普 915.1128/0034/c2　史部/地理類/方志之屬/郡縣志
[同治]鄖陽志八卷首一卷　(清)吳葆儀修　(清)王嚴恭纂　清同治九年(1870)鄖山書院刻本　傅鏡清跋　十二册

330000－1701－0014585　普 915.1128/4034　史部/地理類/方志之屬/郡縣志
[同治]竹谿縣志十六卷首一卷　(清)陶壽嵩修　(清)楊兆熊等纂　清同治六年(1867)刻本　八册

330000－1701－0014586　普 915.1127/7035/c3　史部/地理類/方志之屬/郡縣志
[光緒]續輯均州志十六卷首一卷　(清)馬雲龍　(清)湯炳堃修　(清)賈洪詔纂　清光緒十年(1884)均州志局刻本　十二册

330000－1701－0014587　普 915.1127/7052(2)　史部/地理類/山川之屬/山志
大嶽太和山紀畧八卷　(清)王槩等輯　清乾隆九年(1744)下荆南道署刻本　四册

330000－1701－0014588　普 915.1127/7035/c4　史部/地理類/方志之屬/郡縣志
[光緒]續輯均州志十六卷首一卷　(清)馬雲龍　(清)湯炳堃修　(清)賈洪詔纂　清光緒十年(1884)均州志局刻本　八册

330000－1701－0014589　普 915.1127/3034/c4　史部/地理類/方志之屬/郡縣志
[同治]南漳縣志集鈔二十六卷首一卷　(清)沈兆元修　(清)胡正楷纂　(清)胡心悅增纂　清嘉慶二十年(1815)刻同治四年(1865)東鶴山堂增刻本　九册　缺二卷(二十五至二十六)

330000－1701－0014590　普 915.1128/0034/c3　史部/地理類/方志之屬/郡縣志
[同治]鄖陽志八卷首一卷　(清)吳葆儀修　(清)王嚴恭纂　清同治九年(1870)鄖山書院刻本　十二册

330000－1701－0014591　普 915.1128/6034　史部/地理類/方志之屬/郡縣志
[同治]保康縣志七卷首一卷末一卷　(清)林讓昆　(清)宋熙曾修　(清)楊世霖纂　清同治五年(1866)刻十年(1871)補刻本　二册

330000－1701－0014592　普 915.1128/5034　史部/地理類/方志之屬/郡縣志
[同治]鄖西縣志二十卷首一卷　(清)程光第修　(清)葉年棻等纂　清同治五年(1866)刻本　十二册

330000－1701－0014593　普 915.1127/7035/c2　史部/地理類/方志之屬/郡縣志
[光緒]續輯均州志十六卷首一卷　(清)馬雲

龍　(清)湯炳堃修　(清)賈洪詔纂　清光緒十年(1884)均州志局刻本　八册

330000－1701－0014594　普 915.1129/0034　史部/地理類/方志之屬/郡縣志
[同治]宜昌府志十六卷首一卷　(清)聶光鑾修　(清)王柏心　(清)雷春沼纂　清同治四年(1865)刻本　十六册

330000－1701－0014595　普 915.1127/7035/(2)　史部/地理類/方志之屬/郡縣志
[光緒]續輯均州志十六卷首一卷　(清)馬雲龍　(清)湯炳堃修　(清)賈洪詔纂　清光緒十年(1884)均州志局刻本　一册

330000－1701－0014596　普 915.1129/1029/c1　史部/地理類/方志之屬/郡縣志
[乾隆]東湖縣志三十卷首一卷　(清)林有席修　(清)嚴思濬　(清)林有彬纂　清乾隆二十八年(1763)刻本　十六册

330000－1701－0014597　普 915.1129/1034　史部/地理類/方志之屬/郡縣志
[同治]續修東湖縣志三十卷首一卷續補藝文一卷　(清)金大鏞修　(清)王柏心纂　清同治三年(1864)刻本　十册

330000－1701－0014598　普 915.1129/4034　史部/地理類/方志之屬/郡縣志
[同治]興山縣志十卷首一卷　(清)伍繼勛修　(清)范昌棣　(清)吳翰章纂　清同治四年(1865)刻本　六册

330000－1701－0014599　普 915.1129/3034　史部/地理類/方志之屬/郡縣志
[同治]長陽縣志七卷首一卷　(清)陳惟模修　(清)譚大勳纂　清同治五年(1866)刻本　六册

330000－1701－0014600　普 915.1128/3034　史部/地理類/方志之屬/郡縣志
[同治]竹山縣志二十九卷首一卷　(清)周士楨修　(清)黄子遂纂　清同治四年(1865)刻本　六册

330000－1701－0014601　普 915.1129/4035　史部/地理類/方志之屬/郡縣志
[光緒]興山縣志二十二卷　(清)黄世崇纂修　清光緒十年(1884)經心書院刻本　四册

330000－1701－0014602　普 915.1129/1029/c2　史部/地理類/方志之屬/郡縣志
[乾隆]東湖縣志三十卷首一卷　(清)林有席修　(清)嚴思濬　(清)林有彬纂　清乾隆二十八年(1763)刻本　六册

330000－1701－0014603　普 915.1129/5034　史部/地理類/方志之屬/郡縣志
[同治]巴東縣志十六卷首一卷　(清)廖恩樹修　(清)蕭佩聲纂　清同治五年(1866)刻本　六册

330000－1701－0014604　普 915.1129/7035　史部/地理類/方志之屬/郡縣志
[光緒]長樂縣志十六卷首一卷末一卷　(清)李煥春修　(清)龍兆霖等增補　(清)鄭敦祜續增　清咸豐二年(1852)刻同治九年(1870)增刻光緒元年(1875)續增刻本　八册

330000－1701－0014605　普 915.1129/7033/c1　史部/地理類/方志之屬/郡縣志
[咸豐]長樂縣志十六卷首一卷末一卷　(清)李煥春修　(清)賴榮光等纂　清咸豐二年(1852)刻本　八册

330000－1701－0014606　普 915.1129/5034/2　史部/地理類/方志之屬/郡縣志
[同治]巴東縣志十六卷首一卷　(清)廖恩樹修　(清)蕭佩聲纂　清光緒六年(1880)刻本　六册

330000－1701－0014607　普 915.11291/0035　史部/地理類/方志之屬/郡縣志
[光緒]施南府志續編十卷　(清)王庭楨　(清)李謙修　(清)雷春沼　(清)尹壽衡纂　清光緒十一年(1885)刻本　四册

330000－1701－0014608　普 915.11291/0034　史部/地理類/方志之屬/郡縣志
[同治]增修施南府志三十卷首一卷　(清)松林　(清)周慶榕修　(清)何遠鑒等纂　清同

治十年(1871)刻本　十四册

330000－1701－0014609　普 915.11291/1034/c1　史部/地理類/方志之屬/郡縣志
[同治]恩施縣志十二卷首一卷　(清)多壽修　(清)羅凌漢纂　清同治七年(1868)刻本　六册

330000－1701－0014610　普 915.1129/7033/c2　史部/地理類/方志之屬/郡縣志
[咸豐]長樂縣志十六卷首一卷末一卷　(清)李煥春修　(清)賴榮光等纂　清咸豐二年(1852)刻本　八册

330000－1701－0014611　普 915.11291/5034　史部/地理類/方志之屬/郡縣志
[同治]利川縣志稿十卷首一卷　(清)何蕙馨修　(清)吳江纂　清同治四年(1865)刻本　六册

330000－1701－0014612　普 915.11291/1034/c12　史部/地理類/方志之屬/郡縣志
[同治]恩施縣志十二卷首一卷　(清)多壽修　(清)羅凌漢纂　清同治七年(1868)刻本　六册

330000－1701－0014613　普 915.11291/3034/c1　史部/地理類/方志之屬/郡縣志
[同治]來鳳縣志三十二卷首一卷末一卷　(清)李勗修　(清)何遠鑒　(清)張鈞纂　清同治五年(1866)刻本　八册

330000－1701－0014615　普 915.11291/6034　史部/地理類/方志之屬/郡縣志
[同治]建始縣志八卷首一卷　(清)熊啓詠纂修　清同治五年(1866)刻本　四册

330000－1701－0014616　普 915.113/3500　史部/地理類/方志之屬/通志
[光緒]湖南通志二百八十八卷首八卷末十九卷　(清)李瀚章等修　(清)曾國荃等纂　清光緒十一年(1885)刻本　一百六十八册

330000－1701－0014617　普 915.113/1977　史部/地理類/雜志之屬
楚寶四十卷外編五卷　(明)周聖楷撰　(清)鄧顯鶴增補　清道光九年(1829)刻本　二十六册

330000－1701－0014619　普 915.11291/3034/c2　史部/地理類/方志之屬/郡縣志
[同治]來鳳縣志三十二卷首一卷末一卷　(清)李勗修　(清)何遠鑒　(清)張鈞纂　清同治五年(1866)刻本　八册　缺一卷(末)

330000－1701－0014622　普 915.1131/0052　史部/地理類/專志之屬/書院
新修長沙府嶽麓志八卷首一卷　(清)趙寧纂修　清康熙二十七年(1688)鏡水堂刻本　八册

330000－1701－0014623　普 915.1129/2035　史部/地理類/方志之屬/郡縣志
[光緒]歸州志十卷首一卷　(清)沈雲駿修　(清)劉玉森纂　清光緒八年(1882)刻本　六册

330000－1701－0014624　普 915.1129/2035/(2)　史部/地理類/方志之屬/郡縣志
[光緒]歸州志十卷首一卷　(清)沈雲駿修　(清)劉玉森纂　清光緒八年(1882)刻本　十二册

330000－1701－0014626　普 915.1131/3034/c1　史部/地理類/方志之屬/郡縣志
[同治]長沙縣志三十六卷首一卷　(清)劉采邦等修　(清)張延珂等纂　清同治十年(1871)刻本　二十册

330000－1701－0014627　普 915.113/4337　史部/地理類/雜志之屬
新湖南一卷　(清)楊毓麟撰　清光緒二十九年(1903)上海新湖南社鉛印本　一册

330000－1701－0014628　普 915.1131/30521　史部/地理類/山川之屬/山志
龍潭山志八卷首一卷末一卷　(清)康阜纂　清光緒五年(1879)刻本　十六册

330000－1701－0014629　普 915.1131/4035　史部/地理類/方志之屬/郡縣志
[光緒]湘潭縣志十二卷　(清)陳嘉榆等修

(清)王闓運等纂　清光緒十五年(1889)刻本　十冊

330000－1701－0014630　普915.1131/2035/c1　史部/地理類/方志之屬/郡縣志
[光緒]善化縣志三十四卷首一卷　(清)吳兆熙　(清)冒沅修　(清)張先掄　(清)韓炳章纂　清光緒三年(1877)刻本　二十冊

330000－1701－0014631　普915.1131/3034/c2　史部/地理類/方志之屬/郡縣志
[同治]長沙縣志三十六卷首一卷　(清)劉采邦等修　(清)張延珂等纂　清同治十年(1871)刻本　十四冊

330000－1701－0014632　普915.1131/5534　史部/地理類/方志之屬/郡縣志
[同治]湘鄉縣志二十三卷首一卷末一卷　(清)齊德五等修　(清)黃楷盛纂　清同治十三年(1874)刻本　二十四冊

330000－1701－0014633　普915.1131/2035/c2　史部/地理類/方志之屬/郡縣志
[光緒]善化縣志三十四卷首一卷　(清)吳兆熙　(清)冒沅修　(清)張先掄　(清)韓炳章纂　清光緒三年(1877)刻本　十三冊　缺一卷(三十一)

330000－1701－0014634　普915.113/4430　史部/地理類/雜志之屬
荊楚歲時記一卷　(晉)宗懍撰　清刻本　一冊

330000－1701－0014635　普915.1131/2035/c3　史部/地理類/方志之屬/郡縣志
[光緒]善化縣志三十四卷首一卷　(清)吳兆熙　(清)冒沅修　(清)張先掄　(清)韓炳章纂　清光緒三年(1877)刻本　二十冊

330000－1701－0014636　普915.1131/6534　史部/地理類/方志之屬/郡縣志
[同治]益陽縣志二十五卷首一卷　(清)姚念楊　(清)呂懋恒修　(清)趙裴哲纂　清同治十三年(1874)刻本　十六冊

330000－1701－0014637　普915.1131/5035/c1　史部/地理類/方志之屬/郡縣志
[光緒]湘陰縣圖志三十四卷首一卷末一卷　(清)郭嵩燾纂修　清光緒六年(1880)湘陰縣志局刻本　十四冊

330000－1701－0014639　普915.1131/5035/c2　史部/地理類/方志之屬/郡縣志
[光緒]湘陰縣圖志三十四卷首一卷末一卷　(清)郭嵩燾纂修　清光緒六年(1880)湘陰縣志局刻本　十四冊

330000－1701－0014640　普915.1131/7034　史部/地理類/方志之屬/郡縣志
[同治]瀏陽縣志二十四卷　(清)王汝惺等修　(清)鄒焌杰等纂　清同治十二年(1873)刻本　十二冊

330000－1701－0014641　普915.1131/7534　史部/地理類/方志之屬/郡縣志
[同治]安化縣志三十四卷首五卷末一卷　(清)邱育泉修　(清)何才煥等纂　清同治十一年(1872)刻本　二十冊

330000－1701－0014642　普915.1131/5035/c3　史部/地理類/方志之屬/郡縣志
[光緒]湘陰縣圖志三十四卷首一卷末一卷　(清)郭嵩燾纂修　清光緒六年(1880)湘陰縣志局刻本　二十冊

330000－1701－0014643　普915.1131/8034　史部/地理類/方志之屬/郡縣志
[同治]醴陵縣志十四卷首一卷末一卷　(清)徐淦等修　(清)江普光等纂　清同治九年(1870)刻本　六冊

330000－1701－0014646　普915.1131/9034/c1　史部/地理類/方志之屬/郡縣志
[同治]茶陵州志二十四卷　(清)福昌修　(清)譚鍾麟等纂　清同治十年(1871)刻民國二十二年(1933)何培基增刻本　八冊

330000－1701－0014649　普915.1132/1035　史部/地理類/方志之屬/郡縣志
[光緒]邵陽縣志十卷　(清)諸垣修　(清)黃文琛等纂　清光緒二年至三年(1876－

1877)刻本　六册

330000－1701－0014650　普 915.1132/2034　史部/地理類/方志之屬/郡縣志

[同治]新化縣志三十五卷首二卷　(清)關培鈞等修　(清)劉洪澤等纂　清同治十一年(1872)刻本　十五册

330000－1701－0014651　普 915.1132/0032/2　史部/地理類/方志之屬/郡縣志

[道光]寶慶府志一百四十三卷首二卷末三卷　(清)黄宅中等修　(清)鄭顯鶴等纂　清道光二十九年(1849)刻本　七十册

330000－1701－0014652　普 915.1131/9034/c2　史部/地理類/方志之屬/郡縣志

[同治]茶陵州志二十四卷　(清)福昌修　(清)譚鍾麟等纂　清同治十年(1871)刻本　八册

330000－1701－0014653　普 915.1131/6034　史部/地理類/方志之屬/郡縣志

[同治]續修寧鄉縣志四十四卷首一卷　(清)郭慶颺修　(清)童秀春纂　清同治六年(1867)刻本　十八册

330000－1701－0014654　普 915.1133/1034/c1　史部/地理類/方志之屬/郡縣志

[同治]巴陵縣志三十卷首一卷　(清)嚴鳴琦　(清)潘兆奎修　(清)吳敏樹　(清)方功渤纂　清同治十一年(1872)刻本　十册

330000－1701－0014655　普 915.1132/5035　史部/地理類/方志之屬/郡縣志

[光緒]新寧縣志二十六卷首一卷　(清)張葆連修　(清)劉長佑　(清)劉坤一　(清)歐陽俌纂　清光緒十九年(1893)金城書院刻本　十册

330000－1701－0014656　普 915.1133/1042　史部/地理類/雜志之屬

岳陽風土記一卷　(宋)范致明輯　清光緒七年(1881)方敦福堂刻本　一册

330000－1701－0014657　普 915.1133/2034　史部/地理類/方志之屬/郡縣志

[同治]臨湘縣志十三卷末一卷　(清)盛慶紱　(清)恩榮修　(清)熊興傑　(清)朱俊彦　(清)歐陽恩霖纂　清同治十一年(1872)刻本　四册

330000－1701－0014658　普 915.1133/1034/c2　史部/地理類/方志之屬/郡縣志

[同治]巴陵縣志三十卷首一卷　(清)嚴鳴琦　(清)潘兆奎修　(清)吳敏樹　(清)方功渤纂　清同治十一年(1872)刻本　十册

330000－1701－0014659　普 915.1133/3034/c1　史部/地理類/方志之屬/郡縣志

[同治]平江縣志五十五卷首二卷末一卷　(清)張培仁等修　(清)李元度等纂　清同治十三年至光緒元年(1874－1875)刻本　十六册

330000－1701－0014660　普 915.1133/3034/c2　史部/地理類/方志之屬/郡縣志

[同治]平江縣志五十五卷首二卷末一卷　(清)張培仁等修　(清)李元度等纂　清同治十三年至光緒元年(1874－1875)刻本　十六册

330000－1701－0014661　普 915.1132/4031　史部/地理類/方志之屬/郡縣志

[嘉慶]武岡州志三十卷首一卷　(清)許紹宗修　(清)鄧顯鶴纂　清嘉慶二十二年(1817)刻本　十册

330000－1701－0014662　普 915.1134/1034.2　史部/地理類/方志之屬/郡縣志

[同治]武陵縣志三十二卷首一卷附詩徵二卷文徵二卷　(清)歐陽烈等修　(清)楊丕復纂　(清)楊彝珍續纂　清同治七年(1868)刻本　十册

330000－1701－0014663　普 915.1134/0031　史部/地理類/方志之屬/郡縣志

[嘉慶]常德府志四十八卷　(清)應先烈修　(清)陳楷禮纂　清嘉慶十八年(1813)刻本　十八册

330000－1701－0014664　普 915.1132/4034

史部/地理類/方志之屬/郡縣志
[同治]武岡州志五十四卷首一卷 (清)黄維瓚 (清)潘清修 (清)鄧繹纂 清同治十二年(1873)刻本 十八册

330000-1701-0014665 普 915.1134/1034/c1 史部/地理類/方志之屬/郡縣志
[同治]武陵縣志四十八卷 (清)惲世臨 (清)孫翹澤修 (清)陳啓邁纂 清同治二年(1863)刻本 十六册

330000-1701-0014666 普 915.1133/107/c1 史部/地理類/山川之屬/水志
洞庭湖志十四卷 (清)綦世基撰 (清)夏大觀補輯 (清)萬年淳再訂 清道光八年(1828)六安直隸州州丞署刻本 十册

330000-1701-0014667 普 915.1134/2034 史部/地理類/方志之屬/郡縣志
[同治]桃源縣志二十卷首一卷 (清)羅行楷修 (清)沙明焯 (清)郭世嶔纂 清同治八年(1869)刻本 十六册

330000-1701-0014668 普 915.1133/4035 史部/地理類/方志之屬/郡縣志
[光緒]華容縣志十五卷首一卷 (清)孫炳煜 (清)汪文煥 (清)龍起濤修 (清)熊紹庚 (清)劉乙燃纂 清光緒八年(1882)刻紫印本 八册

330000-1701-0014669 普 915.1134/1034/c2 史部/地理類/方志之屬/郡縣志
[同治]武陵縣志四十八卷 (清)惲世臨 (清)孫翹澤修 (清)陳啓邁纂 清同治二年(1863)刻本 十二册

330000-1701-0014670 普 915.1134/2051 史部/地理類/專志之屬/古跡
桃花源志略十三卷首一卷 (清)胡鳳丹輯 清道光二十六年(1846)刻光緒十七年(1891)胡氏研經堂補刻本 六册

330000-1701-0014671 普 915.1133/1076/c2 史部/地理類/山川之屬/水志
洞庭湖志十四卷 (清)綦世基撰 (清)夏大觀補輯 (清)萬年淳再訂 清道光八年(1828)六安直隸州州丞署刻本 十册

330000-1701-0014672 普 915.1133/1076/c3 史部/地理類/山川之屬/水志
洞庭湖志十四卷 (清)綦世基撰 (清)夏大觀補輯 (清)萬年淳再訂 清道光八年(1828)六安直隸州州丞署刻本 十册

330000-1701-0014673 普 915.1133/1076/c4 史部/地理類/山川之屬/水志
洞庭湖志十四卷 (清)綦世基撰 (清)夏大觀補輯 (清)萬年淳再訂 清道光八年(1828)六安直隸州州丞署刻本 十册

330000-1701-0014674 普 915.1134/2051/(2) 史部/地理類/專志之屬/古跡
桃花源志略十三卷首一卷 (清)胡鳳丹輯 清道光二十六年(1846)刻光緒十七年(1891)胡氏研經堂補刻本 四册

330000-1701-0014675 普 915.1134/2051.2/c1 史部/地理類/專志之屬/古跡
桃花源志二十四卷首一卷 (清)胡鳳丹輯 清光緒三年(1877)永康胡氏退補齋刻本 十册

330000-1701-0014676 普 915.1135/1029 史部/地理類/方志之屬/郡縣志
[乾隆]衡陽縣志十四卷首一卷 (清)陶易修 (清)李德等纂 清乾隆二十六年(1761)刻本 十三册

330000-1701-0014677 普 915.1134/2051.2/c2 史部/地理類/專志之屬/古跡
桃花源志二十四卷首一卷 (清)胡鳳丹輯 清光緒三年(1877)永康胡氏退補齋刻本 十册

330000-1701-0014678 普 915.1135/0029 史部/地理類/方志之屬/郡縣志
[乾隆]衡州府志三十三卷首一卷 (清)饒佺修 (清)曠敏本纂 清乾隆二十八年(1763)刻本 二十册

330000-1701-0014679 普 915.1135/2034

史部/地理類/方志之屬/郡縣志

[同治]清泉縣志十卷首一卷末一卷 (清)王開運修 (清)張修府纂 清同治八年(1869)刻民國二十三年(1934)衡陽圖書館增刻本 二冊

330000-1701-0014680 普915.1135/2029 史部/地理類/方志之屬/郡縣志

[乾隆]清泉縣志三十六卷首一卷 (清)江恂修 (清)江昱纂 清乾隆二十八年(1763)刻民國二十三年(1934)衡陽圖書館增刻本 十冊

330000-1701-0014681 普915.1135/1034/c1 史部/地理類/方志之屬/郡縣志

[同治]衡陽縣志十二卷 (清)羅慶薌修 (清)彭玉麟等纂 清同治十三年(1874)刻本 七冊

330000-1701-0014682 普915.1135/4035 史部/地理類/方志之屬/郡縣志

[光緒]衡山縣志四十五卷首一卷 (清)李惟丙 (清)勞銘勳修 (清)文嶽英 (清)胡伯第等纂 清光緒元年(1875)刻本 十八冊

330000-1701-0014683 普915.1135/4055 史部/地理類/專志之屬/祠墓

南岳二賢祠志八卷 (清)尹繼隆編輯 清咸豐三年(1853)刻本 四冊

330000-1701-0014685 普915.1135/3052 類叢部/叢書類/自著之屬

船山遺書五十八種 (清)王夫之撰 清同治四年(1865)湘鄉曾國荃金陵刻本 一冊 存一種

330000-1701-0014686 普915.1135/4066/2 史部/地理類/山川之屬/山志

重修南嶽志二十六卷 (清)李元度纂 清光緒六年至九年(1880-1883)朱陵洞天精舍刻本 十二冊

330000-1701-0014687 普915.1135/1034/c2 史部/地理類/方志之屬/郡縣志

[同治]衡陽縣志十二卷 (清)羅慶薌修 (清)彭玉麟等纂 清同治十三年(1874)刻本 七冊

330000-1701-0014688 普915.1135/1034/(2) 史部/地理類/方志之屬/郡縣志

[同治]衡陽縣志十二卷 (清)羅慶薌修 (清)彭玉麟等纂 清同治十三年(1874)刻本 十二冊

330000-1701-0014689 普915.1135/4066.2/c2 史部/地理類/山川之屬/山志

南嶽志八卷 (清)高自位編 (清)曠敏本纂 清乾隆十八年(1753)開雲樓刻本 六冊

330000-1701-0014690 普915.1135/4066.3 類叢部/叢書類/彙編之屬

知服齋叢書二十九種 (清)龍鳳鑣編 清光緒順德龍氏刻本 一冊 存一種

330000-1701-0014691 普915.1135/4066.2/c3 史部/地理類/山川之屬/山志

南嶽志八卷 (清)高自位編 (清)曠敏本纂 清乾隆十八年(1753)開雲樓刻本 六冊

330000-1701-0014692 普915.1135/4066.2/c4 史部/地理類/山川之屬/山志

南嶽志八卷 (清)高自位編 (清)曠敏本纂 清乾隆十八年(1753)開雲樓刻本 六冊

330000-1701-0014693 普915.1135/2034/2/c1 史部/地理類/方志之屬/郡縣志

[同治]清泉縣志十卷首一卷末一卷 (清)王開運修 (清)張修府纂 清同治八年(1869)刻本 二冊

330000-1701-0014694 普915.1135/2034/2/c2 史部/地理類/方志之屬/郡縣志

[同治]清泉縣志十卷首一卷末一卷 (清)王開運修 (清)張修府纂 清同治八年(1869)刻本 二冊

330000-1701-0014695 普915.1135/4066.4 史部/地理類/山川之屬/山志

南嶽志輯要四卷 (清)許知璣輯 清道光十四年(1834)刻本 四冊

330000－1701－0014696　普 915.1135/5035
史部/地理類/方志之屬/郡縣志
[光緒]耒陽縣志八卷首一卷　(清)於學琴　(清)周至德修　(清)宋世煦纂　清光緒十一年(1885)刻本　十册

330000－1701－0014697　普 915.1135/7034
史部/地理類/方志之屬/郡縣志
[同治]安仁縣志十六卷首一卷　(清)張景垣修　(清)張鵬　(清)侯材驥纂　清同治八年(1869)刻本　十册

330000－1701－0014698　普 915.1135/8034
史部/地理類/方志之屬/郡縣志
[同治]酃縣志二十卷首一卷　(清)唐榮邦修　(清)楊嶽方　(清)譚培滋纂　清同治十二年(1873)刻本　八册

330000－1701－0014700　普 915.1135/6034
史部/地理類/方志之屬/郡縣志
同治常寧志十六卷首一卷　(清)玉山修　(清)李孝經等撰　清同治九年(1870)右文軒刻本　四册

330000－1701－0014701　HJL5861　類叢部/叢書類/自著之屬
許松濱先生全集四十三卷首一卷末一卷　(清)許錫祺撰　清光緒十九年(1893)劉汝錫等刻本　八册

330000－1701－0014702　普 915.1136/1035
史部/地理類/方志之屬/郡縣志
[光緒]零陵縣志十五卷補遺一卷　(清)嵇有慶　(清)徐保齡修　(清)劉沛纂　清光緒二年(1876)刻本　八册

330000－1701－0014703　普 915.1135/8059
史部/地理類/專志之屬/祠墓
炎陵志十卷首一卷　(清)王開琸等纂　清道光八年(1828)刻本　四册

330000－1701－0014704　普 915.1136/2031
史部/地理類/方志之屬/郡縣志
[嘉慶]祁陽縣志二十四卷首一卷　(清)萬在衡修　(清)甘慶增纂　清嘉慶十七年(1812)刻本　二十册

330000－1701－0014705　普 915.1136/0032
史部/地理類/方志之屬/郡縣志
[道光]永州府志十八卷首一卷　(清)呂恩湛修　(清)宗績辰纂　清道光八年(1828)刻同治六年(1867)重校刻本　二十四册

330000－1701－0014706　普 915.1136/8034
史部/地理類/方志之屬/郡縣志
[同治]江華縣志十二卷首一卷　(清)劉華邦修　(清)唐爲煌等纂　清同治九年(1870)刻本　六册

330000－1701－0014707　HJL0758　類叢部/叢書類/彙編之屬
郋園先生全書一百二十九種　葉啓倬編　清光緒至民國刻民國二十四年(1935)長沙中國古書刻印社彙印本　二百册

330000－1701－0014708　普 915.1136/2034
史部/地理類/方志之屬/郡縣志
[同治]祁陽縣志二十四卷首一卷　(清)陳玉祥修　(清)劉希關等纂　清同治九年(1870)刻本　十六册

330000－1701－0014709　普 915.1136/4031
史部/地理類/方志之屬/郡縣志
[嘉慶]道州志十二卷　(清)張元惠修　(清)黄如穀纂　清嘉慶二十五年(1820)刻本　四册

330000－1701－0014710　普 915.1136/3035
史部/地理類/方志之屬/郡縣志
[光緒]東安縣志八卷　(清)黄心菊修　(清)席寶田　(清)謝蘭階等纂　清光緒元年至二年(1875－1876)刻本　四册

330000－1701－0014711　普 915.1136/4035
史部/地理類/方志之屬/郡縣志
[光緒]道州志十二卷首一卷　(清)李鏡蓉　(清)盛賡修　(清)許清源　(清)洪廷揆纂　清光緒四年(1878)刻本　八册

330000－1701－0014713　普 915.1137/1034
史部/地理類/方志之屬/郡縣志

[同治]沅陵縣志五十卷首一卷　(清)守忠等修　(清)許光曙等纂　清同治十二年(1873)刻本　十二册

330000－1701－0014714　普 915.1136/5031　史部/地理類/方志之屬/郡縣志
[嘉慶]寧遠縣志十卷首一卷　(清)曾鈺纂修　清嘉慶十六年(1811)刻本　六册

330000－1701－0014715　普 915.1137/0029/c1　史部/地理類/方志之屬/郡縣志
[乾隆]辰州府志五十卷首一卷　(清)席紹葆等修　(清)謝鳴謙　(清)謝鳴盛纂　清乾隆三十年(1765)刻本　二十四册

330000－1701－0014716　HJL1007　類叢部/叢書類/彙編之屬
功順堂叢書十八種　(清)潘祖蔭編　清光緒吳縣潘氏刻本　二十四册

330000－1701－0014717　普 915.1136/0032/(2)/c1　史部/地理類/方志之屬/郡縣志
[道光]永州府志十八卷首一卷　(清)吕恩湛修　(清)宗績辰纂　清道光八年(1828)刻同治六年(1867)重校刻本　三十二册

330000－1701－0014718　普 915.1137/0029/c2　史部/地理類/方志之屬/郡縣志
[乾隆]辰州府志五十卷首一卷　(清)席紹葆等修　(清)謝鳴謙　(清)謝鳴盛纂　清乾隆三十年(1765)刻本　二十四册

330000－1701－0014719　普 915.1136/5052/c1　史部/地理類/山川之屬/山志
九疑山志四卷　(清)吳繩祖編　(清)樊在廷纂　清嘉慶元年(1796)吳氏退思齋刻本　四册

330000－1701－0014720　HJL5668　集部/别集類/清别集
天韻堂詩存八卷賦鈔一卷　(清)徐維城撰　清光緒四年(1878)貴陽刻本　三册

330000－1701－0014722　HJL2858　集部/别集類/清别集
花嶼讀書堂詩鈔八卷文鈔二卷詞鈔二卷　(清)李福撰　清道光二十四年(1844)蘭室刻本　六册

330000－1701－0014723　普 915.1137/3032　史部/地理類/方志之屬/郡縣志
[道光]辰谿縣志四十卷首一卷　(清)徐會雲等修　(清)劉家傳等纂　清道光元年(1821)刻本　十册

330000－1701－0014724　HJL0987　類叢部/叢書類/彙編之屬
槐廬叢書四十六種　(清)朱記榮編　清光緒三年至十五年(1877－1889)吳縣朱氏槐廬家塾刻本　八十册

330000－1701－0014725　普 915.1137/4034/c1　史部/地理類/方志之屬/郡縣志
[同治]溆浦縣志二十四卷首一卷　(清)齊德五修　(清)舒其錦纂　清同治十二年(1873)刻本　八册

330000－1701－0014726　普 915.1136/5052/c2　史部/地理類/山川之屬/山志
九疑山志四卷　(清)吳繩祖編　(清)樊在廷纂　清嘉慶元年(1796)吳氏退思齋刻本　二册

330000－1701－0014727　普 915.1137/5035　史部/地理類/方志之屬/郡縣志
[光緒]乾州廳志十六卷首一卷　(清)蔣琦溥原本　(清)林書勳續修　(清)張先達續纂　清同治十一年(1872)刻光緒三年(1877)續刻本　十册

330000－1701－0014728　普 915.1136/5052/c3　史部/地理類/山川之屬/山志
九疑山志四卷　(清)吳繩祖編　(清)樊在廷纂　清嘉慶元年(1796)吳氏退思齋刻本　二册

330000－1701－0014729　普 915.1136/0032/(2)/c2　史部/地理類/方志之屬/郡縣志
[道光]永州府志十八卷首一卷　(清)吕恩湛修　(清)宗績辰纂　清道光八年(1828)刻同治六年(1867)重校刻本　二十四册

330000－1701－0014730　普 915.1137/6032　史部/地理類/方志之屬/郡縣志

[道光]鳳凰廳志二十卷首一卷　(清)黄應培修　(清)孫均銓　(清)黄元復纂　清道光四年(1824)刻本　十二册

330000－1701－0014731　普 915.1137/4034/c2　史部/地理類/方志之屬/郡縣志

[同治]溆浦縣志二十四卷首一卷　(清)齊德五修　(清)舒其錦纂　清同治十二年(1873)刻本　八册

330000－1701－0014732　普 915.1137/6035　史部/地理類/方志之屬/郡縣志

[光緒]鳳凰廳志續纂十六卷首一卷　(清)侯晟　(清)耿維中修　(清)黄河清纂　清光緒十八年(1892)刻本　八册

330000－1701－0014733　普 915.1137/7034　史部/地理類/方志之屬/郡縣志

[同治]永綏直隸廳志六卷　(清)周玉衡等修　(清)楊瑞珍纂　清同治七年(1868)刻本　四册　存四卷(一至四)

330000－1701－0014734　HJL0808　類叢部/叢書類/彙編之屬

靈峯草堂叢書十一種　陳矩編　清光緒貴陽陳氏刻本　八册　存七種

330000－1701－0014735　普 915.1138/0029　史部/地理類/方志之屬/郡縣志

[乾隆]沅州府志四十卷首一卷　(清)張官五　(清)岳興阿　(清)孟牲康纂修　清乾隆五十五年(1790)刻本　十六册

330000－1701－0014736　普 915.1137/7036　史部/地理類/方志之屬/郡縣志

[宣統]永綏廳志三十卷首一卷　(清)董鴻勳纂修　清宣統元年(1909)鉛印本　十二册

330000－1701－0014737　普 915.1138/1034　史部/地理類/方志之屬/郡縣志

[同治]芷江縣志六十四卷首一卷　(清)盛慶紱　(清)吴秉慈修　(清)盛一林纂　清同治九年(1870)刻本　十二册

330000－1701－0014738　普 915.1138/3029　史部/地理類/方志之屬/郡縣志

[乾隆]黔陽縣志四十二卷首一卷　(清)姚文起修　(清)危元福　(清)唐廷佐　(清)潘尚清纂　清乾隆五十四年(1789)刻本　八册

330000－1701－0014739　HJL0788　類叢部/叢書類/彙編之屬

聚學軒叢書六十種　劉世珩編　清光緒貴池劉氏刻本　一百册

330000－1701－0014740　普 915.1138/3034　史部/地理類/方志之屬/郡縣志

[同治]黔陽縣志六十卷首一卷　(清)陳鴻作等修　(清)楊大誦　(清)易燮堯纂　清同治十三年(1874)刻本　十二册

330000－1701－0014741　普 915.1138/4034　史部/地理類/方志之屬/郡縣志

[同治]新修麻陽縣志十四卷首一卷　(清)姜鍾琇等修　(清)劉士先　(清)王振玉纂　清同治十二年(1873)刻本　十册

330000－1701－0014742　HJL0769　類叢部/叢書類/彙編之屬

積學齋叢書二十種　徐乃昌編　清光緒南陵徐乃昌刻本　十六册

330000－1701－0014743　普 915.1139/0029　史部/地理類/方志之屬/郡縣志

[同治]永順府志十二卷首一卷　(清)張天如纂輯　(清)魏式曾增修　(清)郭鑑襄增纂　清乾隆二十八年(1763)刻同治十二年(1873)增刻本　十二册

330000－1701－0014744　HJL0760　類叢部/叢書類/彙編之屬

鄦齋叢書二十種　徐乃昌編　清光緒二十六年(1900)南陵徐氏刻本　十六册

330000－1701－0014745　普 915.1139/1034　史部/地理類/方志之屬/郡縣志

[同治]永順縣志八卷首一卷末一卷　(清)魏式曾　(清)唐賡修　(清)李龍章纂　清同治十三年(1874)刻本　八册

330000－1701－0014747　普 915.1139/3035　史部/地理類/方志之屬/郡縣志

[光緒]龍山縣志十六卷首一卷補刻一卷　(清)符爲霖修　(清)呂懋恒纂　(清)謝寶文續修　(清)劉沛續纂　清光緒四年(1878)刻本　六册　缺一卷(補刻)

330000－1701－0014748　HJL0651　類叢部/叢書類/彙編之屬

說郛一百二十弓　(明)陶宗儀編　(明)陶珽等重編　明末刻清順治三年(1646)兩浙督學周南李際期宛委山堂印本　一百二十册　存一千一百九十八種

330000－1701－0014749　普 915.1139/4034　史部/地理類/方志之屬/郡縣志

[同治]保靖縣志十二卷首一卷　(清)林繼欽　(清)龔南金修　(清)袁祖綬纂　清同治十年(1871)刻本　八册

330000－1701－0014750　普 915.11391/0034　史部/地理類/方志之屬/郡縣志

[同治]直隸澧州志二十六卷首三卷　(清)何玉棻等修　(清)魏式曾等　清同治八年(1869)刻十三年(1874)黄維瓚增刻本　二十册

330000－1701－0014752　普 915.11391/0032　史部/地理類/方志之屬/郡縣志

[道光]直隸澧州志二十八卷首三卷　(清)安佩蓮修　(清)孫祚泰　(清)陳融觀等纂　清道光元年(1821)刻本　二十四册

330000－1701－0014753　普 915.11391/2035　史部/地理類/方志之屬/郡縣志

[光緒]石門縣志六卷　(清)閻鎮珩纂修　清光緒十五年(1889)慈利鄭壽民刻本　二册

330000－1701－0014754　普 915.11391/1029　史部/地理類/方志之屬/郡縣志

[乾隆]安鄉縣志八卷　(清)張綽修　(清)曾之亨等纂　清乾隆十三年(1748)木活字印光緒六年(1880)盛賡補刻本　六册

330000－1701－0014755　HJL0762　類叢部/叢書類/彙編之屬

隨盦徐氏叢書十種續編十種　徐乃昌編　清光緒至民國南陵徐氏刻本　二十册

330000－1701－0014756　HJL0661　類叢部/叢書類/彙編之屬

說郛續四十六弓　(明)陶宗儀編　(明)陶珽等重編　明末刻清順治三年(1646)兩浙督學周南李際期宛委山堂印本　四十四册　存四百九十四卷

330000－1701－0014757　HJL0971　類叢部/叢書類/彙編之屬

士禮居黄氏叢書十九種附四種　(清)黄丕烈編　清光緒十三年(1887)上海蜚英館石印本　三十册

330000－1701－0014758　普 915.1142/0032　史部/地理類/方志之屬/郡縣志

[道光]徽州府志十六卷首一卷　(清)馬步蟾纂修　清道光七年(1827)刻本　三十册

330000－1701－0014759　普 915.11391/3034/c1　史部/地理類/方志之屬/郡縣志

[同治]續修慈利縣志十四卷首一卷　(清)嵇有慶　(清)蔣恩澍修　(清)魏湘纂　清同治八年(1869)刻本　十四册

330000－1701－0014762　普 915.11391/5034　史部/地理類/方志之屬/郡縣志

[同治]續修永定縣志十二卷　(清)萬修廉　(清)龍恩湛修　(清)張序枝等纂　清同治九年(1870)刻本　十二册

330000－1701－0014763　普 915.11391/3034/c2　史部/地理類/方志之屬/郡縣志

[同治]續修慈利縣志十四卷首一卷　(清)嵇有慶　(清)蔣恩澍修　(清)魏湘纂　清同治八年(1869)刻本　十四册

330000－1701－0014764　普 915.11391/3035　史部/地理類/方志之屬/郡縣志

[光緒]慈利縣志十卷首一卷　(清)吳恭亨纂修　清光緒二十二年(1896)刻本　二册

330000－1701－0014766　普 915.11392/5034

史部/地理類/方志之屬/郡縣志
[同治]桂東縣志二十卷首一卷 (清)劉華邦修 (清)郭岐勳等纂 清同治五年(1866)刻本 八冊

330000－1701－0014767 普 915.11393/0042 史部/地理類/方志之屬/郡縣志
[光緒]靖州鄉土志四卷首一卷 金蓉鏡纂 清光緒三十四年(1908)刻本 二冊

330000－1701－0014768 普 915.11393/3035 史部/地理類/方志之屬/郡縣志
[光緒]重修會同縣志十四卷首一卷 (清)孫炳煜等修 (清)黃世昌等纂 清光緒二年(1876)刻本 六冊

330000－1701－0014769 普 915.11392/0031 史部/地理類/方志之屬/郡縣志
[嘉慶]直隸郴州總志四十三卷首一卷末一卷 (清)朱偓等修 (清)陳昭謀纂 清光緒十九年(1893)木活字印本 二十八冊

330000－1701－0014770 普 915.11394/0034/c1 史部/地理類/方志之屬/郡縣志
[同治]桂陽直隸州志二十七卷首一卷 (清)汪斅灝修 王闓運纂 清同治七年(1868)刻本 十三冊

330000－1701－0014771 普 915.11392/1035 史部/地理類/方志之屬/郡縣志
[光緒]永興縣志五十五卷首一卷 (清)呂鳳藻修 (清)李獻君纂 清光緒九年(1883)刻本 十冊

330000－1701－0014772 普 915.11394/2034 史部/地理類/方志之屬/郡縣志
[同治]藍山縣志十六卷末一卷 (清)胡鶚薦 (清)洪錫綬修 (清)鍾範纂 清同治六年(1867)刻本 十冊

330000－1701－0014774 HJL0844 類叢部/叢書類/彙編之屬
海山仙館叢書五十六種 (清)潘仕成編 清道光二十五年至咸豐元年(1845－1851)番禺潘氏刻光緒十一年(1885)增刻彙印本 一百二十八冊

330000－1701－0014775 普 915.11393/0035 史部/地理類/方志之屬/郡縣志
[光緒]靖州直隸州志十二卷首一卷末一卷 (清)吳起鳳 (清)勞銘勛修 (清)唐際虞 (清)李廷森纂 清光緒五年(1879)刻本 六冊

330000－1701－0014776 HJL0975 類叢部/叢書類/彙編之屬
湖海樓叢書十二種 (清)陳春編 清嘉慶蕭山陳氏湖海樓刻二十四年(1819)彙印本 三十二冊

330000－1701－0014777 普 915.114/3217/c1 史部/地理類/方志之屬/通志
[道光]安徽通志二百六十卷首六卷 (清)陶澍 (清)鄧廷楨等修 (清)李振庸 (清)韓玖纂 清道光十年(1830)刻本 一百冊

330000－1701－0014778 普 915.114/3526/c1 史部/地理類/方志之屬/通志
[光緒]重修安徽通志三百五十卷補遺十卷 (清)吳坤修等修 (清)何紹基等纂 清光緒四年(1878)刻本 一百二十冊

330000－1701－0014779 普 915.114/5128/c2 類叢部/叢書類/自著之屬
隨盦所著書四種 徐乃昌撰 清光緒刻民國四年(1915)南陵徐氏積學齋彙印本 一冊 存一種

330000－1701－0014780 HJL0846 類叢部/叢書類/彙編之屬
琳琅秘室叢書三十種 (清)胡珽編 清光緒十四年(1888)會稽董氏取斯家塾木活字印本 二十六冊

330000－1701－0014782 普 915.11394/0034/c2 史部/地理類/方志之屬/郡縣志
[同治]桂陽直隸州志二十七卷首一卷 (清)汪斅灝修 王闓運纂 清同治七年(1868)刻本 十三冊

330000－1701－0014783 普 915.114/3217/

c2　史部/地理類/方志之屬/通志
[道光]安徽通志二百六十卷首六卷　(清)陶澍　(清)鄧廷楨等修　(清)李振庸　(清)韓玖纂　清道光十年(1830)刻本　一百冊

330000－1701－0014784　普 915.114/4240/c1　史部/地理類/方志之屬/通志
[光緒]皖志便覽六卷　(清)李應珏撰　清光緒二十四年(1898)刻本　六冊

330000－1701－0014785　普 915.114/4240/c2　史部/地理類/方志之屬/通志
[光緒]皖志便覽六卷　(清)李應珏撰　清光緒二十四年(1898)刻本　二冊

330000－1701－0014786　HJL0827　類叢部/叢書類/彙編之屬
長恩書室叢書甲集十種乙集十種　(清)莊肇麟編　清咸豐四年(1854)新昌莊氏過客軒刻本(荒政叢書十卷原缺)　清棱伽山民題記　十八冊

330000－1701－0014787　普 915.114/4240/c3　史部/地理類/方志之屬/通志
[光緒]皖志便覽六卷　(清)李應珏撰　清光緒二十四年(1898)鉛印本　二冊

330000－1701－0014789　普 915.114/5128/c1　史部/地理類/專志之屬/古跡
皖詞紀勝一卷　徐乃昌輯　清光緒南陵徐氏小檀欒室刻朱印本　一冊

330000－1701－0014790　HJL0838　類叢部/叢書類/彙編之屬
曼陀羅華閣叢書十六種　(清)杜文瀾編　清咸豐至光緒秀水杜氏刻光緒十八年(1892)上海掃葉山房修補印本　四十冊

330000－1701－0014792　普 915.1141/2032　史部/地理類/方志之屬/郡縣志
[道光]桐城續修縣志二十四卷首一卷　(清)廖大聞等修　(清)金鼎壽纂　清道光十四年(1834)刻本　十二冊

330000－1701－0014793　HJL0834　類叢部/叢書類/彙編之屬
榕園叢書六十二種續刻三種　(清)張丙炎編　(清)張允青重編　清同治真州張氏廣東刻民國二年(1913)重修印本　六十冊

330000－1701－0014794　HJL6385　集部/別集類/清別集
衣讔山房詩集八卷　(清)林昌彝撰　清同治二年(1863)廣州刻本　四冊

330000－1701－0014796　普 915.1141/4034　史部/地理類/方志之屬/郡縣志
[同治]太湖縣志四十六卷首一卷末一卷　(清)符兆鵬修　(清)趙繼元纂　清同治十一年(1872)熙湖書院刻本　十一冊　缺六卷(首、一至五)

330000－1701－0014797　普 915.1142/0022/c1　史部/地理類/方志之屬/郡縣志
[淳熙]新安志十卷　(宋)羅願纂　清光緒十四年(1888)黟邑李宗煝刻本　四冊

330000－1701－0014798　普 915.1142/0022/c2　史部/地理類/方志之屬/郡縣志
[淳熙]新安志十卷　(宋)羅願纂　清光緒十四年(1888)黟邑李宗煝刻本　四冊

330000－1701－0014799　普 915.1141/1057/c1　史部/地理類/專志之屬/古跡
大觀亭志二卷　李丙榮纂　清宣統三年(1911)皖城衙齋鉛印本　一冊

330000－1701－0014800　普 915.11425/1029　史部/地理類/方志之屬/郡縣志
[乾隆]歙縣志二十卷首一卷　(清)張佩芳修　(清)劉大櫆等纂　清乾隆三十六年(1771)刻本　七冊　缺四卷(首、一至三)

330000－1701－0014803　普 915.1142/0027/c1　史部/地理類/方志之屬/郡縣志
[康熙]徽州府志十八卷　(清)丁廷楗　(清)范惟霖　(清)盧詢修　(清)趙吉士等纂　清康熙三十八年(1699)萬青閣刻本　十冊

330000－1701－0014804　HJH0714　類叢部/叢書類/郡邑之屬

橫山草堂叢書二十二種附三種 陳慶年編 清宣統二年至民國八年(1910－1919)丹徒陳氏刻本 二十二册 缺附三種

330000－1701－0014805 普915.1142/1052.2 類叢部/叢書類/彙編之屬

知不足齋叢書一百九十五種 (清)鮑廷博編 (清)鮑士恭續編 清乾隆三十七年至道光三年(1772－1823)長塘鮑氏刻彙印本 一册 存一種

330000－1701－0014806 普915.1142/2027/c1 史部/地理類/方志之屬/郡縣志

[康熙]休寧縣志八卷 (清)廖騰煃修 (清)汪晉徵等纂 清康熙三十二年(1693)刻本 五册

330000－1701－0014807 普915.1142/0027/c2 史部/地理類/方志之屬/郡縣志

[康熙]徽州府志十八卷 (清)丁廷楗 (清)范惟霖 (清)盧詢修 (清)趙吉士等纂 清康熙三十八年(1699)萬青閣刻本 十册

330000－1701－0014809 普915.1142/2059 史部/地理類/專志之屬/書院

還古書院志二十一卷 (清)施璜輯 清道光二十三年(1843)刻本 十册

330000－1701－0014810 HJL0893 集部/總集類/彙編之屬

南宋羣賢小集七十四種 (宋)陳起編 (清)顧修重輯 清嘉慶六年(1801)石門顧氏讀畫齋刻本 三十六册

330000－1701－0014812 普915.1142/2027/c2 史部/地理類/方志之屬/郡縣志

[康熙]休寧縣志八卷 (清)廖騰煃修 (清)汪晉徵等纂 清康熙三十二年(1693)刻本 六册

330000－1701－0014814 普915.1142/3028 史部/地理類/方志之屬/郡縣志

[乾隆]婺源縣志三十九卷首一卷 (清)俞雲耕等修 (清)潘繼善等纂 清乾隆二十二年(1757)刻本 十二册

330000－1701－0014815 普915.1142/5032/c1 史部/地理類/方志之屬/郡縣志

[道光]黟縣續志十六卷首一卷 (清)吕子珏修 (清)詹錫齡纂 清道光五年(1825)刻本 十四册

330000－1701－0014816 普915.1142/5035 史部/地理類/方志之屬/郡縣志

[同治]黟縣三志十六卷首一卷末一卷 (清)謝永泰修 (清)程鴻詔等纂 清同治十年(1871)刻本 十六册 缺五卷(首、一至四)

330000－1701－0014817 普915.1141/1057/c2 史部/地理類/專志之屬/古跡

大觀亭志二卷 李丙榮纂 清宣統三年(1911)皖城衙齋鉛印本 一册

330000－1701－0014819 HJL0831 類叢部/叢書類/彙編之屬

半畝園叢書三十種 (清)吳坤修編 清同治新建吳氏皖城刻本 六十六册

330000－1701－0014820 普915.1142/50521.1 史部/地理類/山川之屬/山志

黃山志二卷 (清)張佩芳撰 清乾隆三十六年(1771)刻本 二册

330000－1701－0014821 普915.1142/4034/c1 史部/地理類/方志之屬/郡縣志

[同治]祁門縣志三十六卷首一卷 (清)周溶修 (清)汪韻珊纂 清同治十二年(1873)刻本 十二册

330000－1701－0014822 普915.1142/5032/c2 史部/地理類/方志之屬/郡縣志

[道光]黟縣續志十六卷首一卷 (清)吕子珏修 (清)詹錫齡纂 清道光五年(1825)刻本 十四册 存十五卷(二至十六)

330000－1701－0014824 普915.1142/3035/c1 史部/地理類/方志之屬/郡縣志

[光緒]婺源縣志六十四卷首一卷 (清)吳鶚修 (清)汪正元等纂 清光緒八年(1882)刻本 二十四册

330000 - 1701 - 0014826　普 915.1142/6019　集部/别集類/清别集
績谿雜感詩一卷附錄一卷　(清)高孝本撰　(清)汪澤注釋　清同治九年(1870)刻本　一册

330000 - 1701 - 0014827　普 915.1142/4034/c2　史部/地理類/方志之屬/郡縣志
[同治]祁門縣志三十六卷首一卷　(清)周溶修　(清)汪韻珊纂　清同治十二年(1873)刻本　二十一册　缺一卷(首)

330000 - 1701 - 0014829　普 915.1143/1019　史部/地理類/專志之屬/古跡
二樓小志四卷　(清)程元愈輯　(清)汪越　(清)沈廷璐補輯　**二樓紀畧四卷**　(清)佟賦偉撰　清康熙五十九年(1720)刻本　二册　存二卷(二樓紀畧一至二)

330000 - 1701 - 0014831　普 915.1143/1057　史部/地理類/專志之屬/古跡
二樓小志四卷　(清)程元愈輯　(清)汪越　(清)沈廷璐補輯　**二樓紀畧四卷**　(清)佟賦偉撰　清康熙五十九年(1720)刻乾隆十五年(1750)寧陽胡啓榛修補印本　二册　缺四卷(二樓紀畧一至四)

330000 - 1701 - 0014832　HJL5821　集部/總集類/郡邑之屬
龍泉園集(龍泉師友遺稿合編)　李樹屏輯　清光緒二十年(1894)刻民國七年(1918)印本　十四册　存六種

330000 - 1701 - 0014834　普 915.1143/1035　史部/地理類/方志之屬/郡縣志
[光緒]宣城縣志四十卷首一卷志餘二卷　(清)李應泰等修　(清)章綬纂　清光緒十四年(1888)木活字印本　二十七册　缺一卷(首)

330000 - 1701 - 0014835　普 915.1143/1062　史部/地理類/山川之屬/山志
九蓮山志一卷　(清)王恕撰　清光緒三十年(1904)刻本　一册

330000 - 1701 - 0014836　普 915.1142/3035/c2　史部/地理類/方志之屬/郡縣志
[光緒]婺源縣志六十四卷首一卷　(清)吳鶚修　(清)汪正元等纂　清光緒八年(1882)刻本　二十四册

330000 - 1701 - 0014838　普 915.1142/3035/c3　史部/地理類/方志之屬/郡縣志
[光緒]婺源縣志六十四卷首一卷　(清)吳鶚修　(清)汪正元等纂　清光緒八年(1882)刻本　四十八册

330000 - 1701 - 0014842　普 915.1134/3035　史部/地理類/方志之屬/郡縣志
[光緒]南陵小志四卷首一卷　(清)宗能徵纂修　清光緒二十五年(1899)木活字印本　六册

330000 - 1701 - 0014844　HJL0837　類叢部/叢書類/彙編之屬
滂喜齋叢書五十種　(清)潘祖蔭編　清同治至光緒吳縣潘氏京師刻本　三十二册

330000 - 1701 - 0014846　普 915.1144/0052/c2　史部/地理類/山川之屬/山志
九華山志十二卷　(清)喻成龍　(清)李燦輯　清康熙刻乾隆十四年(1749)補修本　六册

330000 - 1701 - 0014847　HJL0833　類叢部/叢書類/彙編之屬
守約篇三集六十三種　(清)李光廷編　清同治廣東李氏刻本　四十八册

330000 - 1701 - 0014848　HJL0871　類叢部/叢書類/郡邑之屬
涇川叢書四十四種續七種　(清)趙紹祖　(清)趙繩祖編　清嘉慶至道光涇縣趙氏古墨齋刻本　二十四册　存四十四種

330000 - 1701 - 0014849　普 915.1144/0052.3　史部/地理類/山川之屬/山志
九華山志十卷首一卷末一卷　(清)謝維喈　(清)周贇纂修　清光緒二十六年(1900)刻本　八册

330000 - 1701 - 0014850　普 915.1143/3059

類叢部/叢書類/彙編之屬
積學齋叢書二十種 徐乃昌編 清光緒南陵徐乃昌刻本 一册 存一種

330000－1701－0014852 HJL0644 類叢部/叢書類/郡邑之屬
金華叢書六十八種 （清）胡鳳丹編 清同治七年至光緒八年（1868－1882）永康胡氏退補齋刻民國補刻本 二百六十三册 存六十一種

330000－1701－0014855 HJH0919 類叢部/叢書類/彙編之屬
守約篇三集六十三種 （清）李光廷編 清同治廣東李氏刻本 三十八册 存四十九種

330000－1701－0014857 HJL0741 類叢部/叢書類/彙編之屬
滂喜齋叢書五十種 （清）潘祖蔭編 清同治至光緒吳縣潘氏京師刻本 十八册 存二十四種

330000－1701－0014859 普915.1144/0052.4/c1 史部/地理類/山川之屬/山志
九華紀勝二十三卷首一卷 （清）陳蔚撰 清道光元年（1821）梅緣書屋刻本 四册

330000－1701－0014860 普915.1144/1058 史部/地理類/山川之屬/山志
齊山巖洞志二十六卷首一卷 （清）陳蔚撰 清嘉慶十年（1805）玩月樓刻朱印本 十二册

330000－1701－0014861 普915.1144/0052.4/c2 史部/地理類/山川之屬/山志
九華紀勝二十三卷首一卷 （清）陳蔚撰 清道光元年（1821）梅緣書屋刻本 四册

330000－1701－0014862 HJL0797 類叢部/叢書類/彙編之屬
十萬卷樓叢書五十一種 （清）陸心源編 清光緒歸安陸氏刻本（歲時廣記卷六原缺） 一百十册

330000－1701－0014864 普915.1144/1086/c1 史部/地理類/方志之屬/郡縣志
［光緒］貴池縣沿革表一卷 劉世珩撰 清光緒二十三年（1897）刻朱印本 一册

330000－1701－0014866 普915.1144/5036 史部/地理類/方志之屬/郡縣志
［宣統］建德縣志二十卷首一卷 張贊巽 張翊六修 （清）周學銘等纂 清宣統二年（1910）湖北官刷印局鉛印本 十册

330000－1701－0014867 普915.1144/5032 史部/地理類/方志之屬/郡縣志
［道光］建德縣志二十卷首一卷 （清）陳葵修 （清）管森 （清）呂星燕纂 清道光五年（1825）刻本 十册

330000－1701－0014868 普915.1145/0027 史部/地理類/方志之屬/郡縣志
［康熙］太平府志四十卷 （清）黄桂修 （清）宋驤等纂 清光緒二十九年（1903）木活字印本 二十册

330000－1701－0014870 普915.1144/1086/c2 史部/叢編
堅瓠叢書 清光緒刻本 一册 存一種

330000－1701－0014873 普915.1144/2035/c1 史部/地理類/方志之屬/郡縣志
［光緒］青陽縣志十二卷 （清）華椿等修 （清）周贇纂 清光緒十七年（1891）木活字印本 十二册

330000－1701－0014874 善008672 集部/總集類/氏族之屬
海寧朱氏詩鈔不分卷 清抄本 一册

330000－1701－0014875 普915.1146/0031 史部/地理類/方志之屬/郡縣志
［嘉慶］廬州府志五十四卷 （清）張祥雲修 （清）孫星衍纂 清嘉慶八年（1803）刻本 十六册

330000－1701－0014876 普915.1146/0035/c1 史部/地理類/方志之屬/郡縣志
［光緒］續修廬州府志一百卷首一卷末一卷 （清）黄雲修 （清）林之望等纂 清光緒十一年（1885）刻本 四十八册

330000－1701－0014878　普 915.1145/2035　史部/地理類/方志之屬/郡縣志

[光緒]廬江縣志十六卷首一卷　(清)錢鑅修　(清)盧鈺　(清)俞燮奎纂　清光緒十一年(1885)木活字印本　十五册　存十五卷(二至十六)

330000－1701－0014879　HJL0955　類叢部/叢書類/彙編之屬

十萬卷樓叢書五十一種　(清)陸心源編　清光緒歸安陸氏刻本(歲時廣記卷六原缺)　一百十二册

330000－1701－0014881　普 915.1145/1051/c1　集部/總集類/題詠之屬

李翰林姑孰遺蹟題詠類鈔六卷首二卷　(清)曹笙南輯　清光緒八年(1882)退藏道院木活字印本　二册

330000－1701－0014882　HJL0843　類叢部/叢書類/彙編之屬

仰視千七百二十九鶴齋叢書四十種　(清)趙之謙編　清光緒會稽趙氏刻本　三十六册　存三十一種

330000－1701－0014884　普 915.1146/5032　史部/地理類/方志之屬/郡縣志

[道光]巢縣志二十卷首一卷　(清)舒夢齡纂修　清道光八年(1828)刻本　六册

330000－1701－0014887　HJL0803　類叢部/叢書類/彙編之屬

月河精舍叢鈔五種　(清)丁寶書編　清光緒苕溪丁氏刻本　二十四册

330000－1701－0014888　普 915.1145/1051/c2　集部/總集類/題詠之屬

李翰林姑孰遺蹟題詠類鈔六卷首二卷　(清)曹笙南輯　清光緒八年(1882)退藏道院木活字印本　二册

330000－1701－0014889　HJL0935　類叢部/叢書類/彙編之屬

月河精舍叢鈔五種　(清)丁寶書編　清光緒苕溪丁氏刻本　二十四册

330000－1701－0014890　普 915.1147/0035　史部/地理類/方志之屬/郡縣志

光緒鳳陽府志二十一卷　馮煦修　魏家驊等纂　張德霈續纂　清光緒三十四年(1908)木活字印本　二十四册

330000－1701－0014891　普 915.1145/1051/c3　集部/總集類/題詠之屬

李翰林姑孰遺蹟題詠類鈔六卷首二卷　(清)曹笙南輯　清光緒八年(1882)退藏道院木活字印本　二册

330000－1701－0014892　普 915.1146/4042　史部/地理類/方志之屬/郡縣志

[光緒]無爲州鄉土志一卷　清末鉛印本　林傳甲題記　一册

330000－1701－0014893　HJL0829　類叢部/叢書類/彙編之屬

文選樓叢書十五種　(清)萩林山房編　清光緒七年(1881)萩林山房刻本　二十四册

330000－1701－0014894　普 915.1145/1051/c4　集部/總集類/題詠之屬

李翰林姑孰遺蹟題詠類鈔六卷首二卷　(清)曹笙南輯　清光緒八年(1882)退藏道院木活字印本　二册

330000－1701－0014895　普 915.1147/1029/c1　史部/地理類/方志之屬/郡縣志

[乾隆]鳳陽縣志十六卷首一卷　(清)于萬培纂修　清乾隆四十年(1775)刻本　八册

330000－1701－0014896　HJL0858　類叢部/叢書類/彙編之屬

校經山房叢書二十七種　(清)朱記榮編　清光緒三十年(1904)孫谿朱氏槐廬家塾重編印式訓堂叢書本　三十二册

330000－1701－0014897　HJL0853　類叢部/叢書類/彙編之屬

求實齋叢書十五種　(清)蔣德鈞編　清光緒湘鄉蔣氏龍安郡署刻本　十二册

330000－1701－0014898　普 915.1147/1035/c1　史部/地理類/方志之屬/郡縣志

［光緒］**鳳陽縣志十六卷首一卷**　（清）于萬培纂修　（清）謝永泰續修　（清）王汝琛等續纂　清光緒十三年（1887）刻本　十二册

330000－1701－0014899　HJL0812　類叢部/叢書類/彙編之屬
借月山房彙鈔十六集一百三十四種　（清）張海鵬編　清嘉慶十一年至十七年（1806－1812）虞山張氏刻增修本　八十册

330000－1701－0014900　HJL0745　類叢部/叢書類/郡邑之屬
豫章叢書二十六種　（清）陶福履編　清光緒新建陶氏刻本　十二册　存二十二種

330000－1701－0014901　普915.1147/1029/c2　史部/地理類/方志之屬/郡縣志
［乾隆］**鳳陽縣志十六卷首一卷**　（清）于萬培纂修　清乾隆四十年（1775）刻本　八册

330000－1701－0014903　普915.1146/0035/c2　史部/地理類/方志之屬/郡縣志
［光緒］**續修廬州府志一百卷首一卷末一卷**　（清）黄雲修　（清）林之望等纂　清光緒十一年（1885）刻本　四十八册

330000－1701－0014904　普915.1144/2035/c2　史部/地理類/方志之屬/郡縣志
［光緒］**青陽縣志十二卷**　（清）華椿等修　（清）周贇纂　清光緒十七年（1891）木活字印本　十二册

330000－1701－0014905　HJL0900　類叢部/叢書類/彙編之屬
古逸叢書二十六種　（清）黎庶昌編　清光緒八年至十年（1882－1884）黎庶昌日本東京使署影刻本　四十五册

330000－1701－0014906　HJL0821　類叢部/叢書類/彙編之屬
大亭山館叢書十種　（清）楊葆彝編　清光緒陽湖楊氏刻本（春雨樓詩鈔原缺）　四册

330000－1701－0014907　普915.1146/0035/c3　史部/地理類/方志之屬/郡縣志
［光緒］**續修廬州府志一百卷首一卷末一卷**　（清）黄雲修　（清）林之望等纂　清光緒十一年（1885）刻本　四十八册

330000－1701－0014908　普915.1147/4035/c1　史部/地理類/方志之屬/郡縣志
［光緒］**壽州志三十六卷首一卷末一卷**　（清）曾道唯等修　（清）葛蔭南等纂　清光緒十六年（1890）木活字印本　十六册

330000－1701－0014909　普915.1147/1035/c2　史部/地理類/方志之屬/郡縣志
［光緒］**鳳陽縣志十六卷首一卷**　（清）于萬培纂修　（清）謝永泰續修　（清）王汝琛等續纂　清光緒十三年（1887）刻本　十五册　缺二卷（首、一）

330000－1701－0014910　普915.1147/2037　史部/地理類/方志之屬/郡縣志
［嘉慶］**懷遠縣志二十八卷首一卷**　（清）孫讓修　（清）李兆洛纂　清嘉慶二十四年（1819）刻本　十一册　缺二卷（首、一）

330000－1701－0014911　普915.1144/2035/c3　史部/地理類/方志之屬/郡縣志
［光緒］**青陽縣志十二卷**　（清）華椿等修　（清）周贇纂　清光緒十七年（1891）木活字印本　十二册

330000－1701－0014912　普915.1147/5031　史部/地理類/方志之屬/郡縣志
［嘉慶］**鳳臺縣志十二卷**　（清）李兆洛纂修　清嘉慶十九年（1814）刻本　六册　存十卷（一至十）

330000－1701－0014913　HJL0798　類叢部/叢書類/彙編之屬
邵武徐氏叢書初刻十四種　（清）徐榦編　清光緒邵武徐氏刻本　十四册　存十一種

330000－1701－0014914　HJL0691　類叢部/叢書類/彙編之屬
古逸叢書二十六種　（清）黎庶昌編　清光緒八年至十年（1882－1884）黎庶昌日本東京使署影刻本　五十九册

330000－1701－0014915　HJH0690　類叢

部/叢書類/彙編之屬

古逸叢書二十六種 (清)黎庶昌編 清光緒八年至十年(1882-1884)黎庶昌日本東京使署影刻本 四十九册

330000-1701-0014921 HJL0720 類叢部/叢書類/家集之屬

賈氏叢書甲集十種 (清)賈臻編 清道光至咸豐賈氏躬自厚齋刻本 二十册 存九種

330000-1701-0014922 普915.1147/5035 史部/地理類/方志之屬/郡縣志

[光緒]鳳臺縣志二十五卷首一卷 (清)李師沆 (清)石成之修 (清)葛蔭南 (清)周爾儀纂 清光緒十八年(1892)木活字印本 十九册

330000-1701-0014923 普915.1148/1029 史部/地理類/方志之屬/郡縣志

[乾隆]阜陽縣志二十卷首一卷 (清)潘世仁修 (清)王麟徵纂 清乾隆二十年(1755)刻本 十册

330000-1701-0014924 普915.1148/1129/c1 史部/地理類/方志之屬/郡縣志

[乾隆]潁州府志十卷 (清)王歛福修 (清)潘遇莘纂 清乾隆十七年(1752)刻本 二十册

330000-1701-0014926 HJL0883 類叢部/叢書類/郡邑之屬

學海堂叢刻十二種 (清)□□編 清光緒三年(1877)、十二年(1886)刻本 十四册

330000-1701-0014928 HJL0655 類叢部/叢書類/彙編之屬

元和江氏靈鶼閣叢書五十六種 (清)江標編 清光緒元和江氏湖南使院刻蘇州振新書社印本 四十四册

330000-1701-0014929 普915.1147/4035/c2 史部/地理類/方志之屬/郡縣志

[光緒]壽州志三十六卷首一卷末一卷 (清)曾道唯等修 (清)葛蔭南等纂 清光緒十六年(1890)木活字印本 十六册

330000-1701-0014930 普915.124/2823.1 史部/地理類/水利

浙江通志水利海防十四卷 (清)李衛 (清)嵇曾筠等修 (清)沈翼機 (清)傅王露等纂 清光緒五年(1879)墨潤堂刻本 六册

330000-1701-0014931 HJL0662 類叢部/叢書類/彙編之屬

晨風閣叢書二十二種 沈宗畸編 清宣統元年(1909)番禺沈氏刻本 十六册

330000-1701-0014932 HJH0790 類叢部/叢書類/彙編之屬

晨風閣叢書二十二種 沈宗畸編 清宣統元年(1909)番禺沈氏刻本 十六册

330000-1701-0014933 普811.16/4040/2 集部/别集類/明别集

滄溟先生集三十卷附錄一卷 (明)李攀龍撰 清道光二十七年(1847)濟南李氏刻景福堂印本 七册 存二十八卷(一至二十八)

330000-1701-0014934 HJL0916 類叢部/叢書類/彙編之屬

藏修堂叢書三十六種 (清)劉晚榮編 清光緒十六年(1890)新會劉氏藏修書屋刻本 六十二册

330000-1701-0014935 HJL0723 類叢部/叢書類/彙編之屬

風雨樓叢書二十三種 鄧實編 清宣統順德鄧氏鉛印本 四十九册 存二十二種

330000-1701-0014938 HJL0887 類叢部/叢書類/彙編之屬

重校拜經樓叢書(重定拜經樓叢書)十種 (清)吳騫原編 (清)朱記榮補輯 清光緒二十年(1894)吳縣朱氏校經堂補刻本 十册

330000-1701-0014939 HJH0895 類叢部/叢書類/彙編之屬

龍威秘書十集 (清)馬俊良編 清刻本 八十册 存一百五十八種

330000-1701-0014940 普915.124/2710 史部/地理類/方志之屬/通志

[康熙]浙江通志五十卷首一卷 (清)王國安等修 (清)黄宗羲等纂 清康熙二十三年(1684)刻本(卷首、一、二十八、四十九至五十配抄本) 五十册 存四十四卷(首、一至三十三、四十一至五十)

330000-1701-0014941 HJL0816 類叢部/叢書類/彙編之屬
融經館叢書十一種 (清)徐友蘭編 清光緒六年至十一年(1880-1885)會稽徐氏八杉齋刻本 三十二册

330000-1701-0014943 普915.1148/2034 史部/地理類/方志之屬/郡縣志
[同治]潁上縣志十二卷首一卷 (清)都寵錫等修 (清)李道章 (清)鄭以莊纂 清同治九年(1870)刻光緒四年(1878)補刻本 法元題記 八册

330000-1701-0014944 普915.124/2823/c1 史部/地理類/方志之屬/通志
[雍正]敕修浙江通志二百八十卷首三卷 (清)李衛 (清)嵇曾筠等修 (清)沈翼機 (清)傅王露等纂 清乾隆元年(1736)刻本 一百十九册 缺四卷(一百七十一至一百七十四)

330000-1701-0014945 普915.124/2823/2/c1 史部/地理類/方志之屬/通志
[雍正]敕修浙江通志二百八十卷首三卷 (清)李衛 (清)嵇曾筠等修 (清)沈翼機 (清)傅王露等纂 清光緒二十五年(1899)浙江書局刻本 一百二十册

330000-1701-0014946 普915.1148/3034 史部/地理類/方志之屬/郡縣志
[同治]霍邱縣志十六卷首一卷 (清)陸鼎敩 (清)王寅清纂修 清同治九年(1870)木活字印本 十五册 缺一卷(首)

330000-1701-0014947 普915.124/2823/2/c4 史部/地理類/方志之屬/通志
[雍正]敕修浙江通志二百八十卷首三卷 (清)李衛 (清)嵇曾筠等修 (清)沈翼機 (清)傅王露等纂 清光緒二十五年(1899)浙江書局刻本 一百二十册

330000-1701-0014950 HJL0832 類叢部/叢書類/彙編之屬
如不及齋彙鈔 (清)陳坤編 清同治至光緒刻本 三十二册 存十五種

330000-1701-0014952 普915.124/2710/(2) 史部/地理類/方志之屬/通志
[康熙]浙江通志五十卷首一卷 (清)王國安等修 (清)黄宗羲等纂 清康熙二十三年(1684)刻本 清方駕題記 四十册

330000-1701-0014953 HJL0820 類叢部/叢書類/彙編之屬
津河廣仁堂叢書八十四種 (清)□□編 清光緒津河廣仁堂刻本 十八册 存十三種

330000-1701-0014954 普915.124/2823/2/c5 史部/地理類/方志之屬/通志
[雍正]敕修浙江通志二百八十卷首三卷 (清)李衛 (清)嵇曾筠等修 (清)沈翼機 (清)傅王露等纂 清光緒二十五年(1899)浙江書局刻本 一百二十册

330000-1701-0014955 普915.124/2823/2/c2 史部/地理類/方志之屬/通志
[雍正]敕修浙江通志二百八十卷首三卷 (清)李衛 (清)嵇曾筠等修 (清)沈翼機 (清)傅王露等纂 清光緒二十五年(1899)浙江書局刻本 一百十九册 缺一卷(首一)

330000-1701-0014956 普915.124/2823/2/c3 史部/地理類/方志之屬/通志
[雍正]敕修浙江通志二百八十卷首三卷 (清)李衛 (清)嵇曾筠等修 (清)沈翼機 (清)傅王露纂 清光緒二十五年(1899)浙江書局刻本 一百二十册

330000-1701-0014957 普915.1149/0035 史部/地理類/方志之屬/郡縣志
[光緒]滁州志十卷首一卷末一卷 (清)熊祖詒纂修 清光緒二十二年(1896)木活字印本 九册 缺二卷(首、一)

330000-1701-0014958 HJL0807 類叢部/

叢書類/彙編之屬

半厂叢書初編十種　(清)譚獻編　清同治至光緒仁和譚氏刻本　二十册

330000－1701－0014959　普915.1148/5029　史部/地理類/方志之屬/郡縣志

[乾隆]太和縣志八卷　(清)成兆豫修　(清)吳中最　(清)洪朝元纂　清乾隆十七年(1752)刻本　四册

330000－1701－0014960　普915.11491/0031　史部/地理類/方志之屬/郡縣志

[嘉慶]歷陽典録三十四卷補六卷　(清)陳廷桂纂　清同治六年(1867)新化游智開和州官舍刻光緒十二年(1886)武陵吳廷選印本　十二册

330000－1701－0014963　HJL0840　類叢部/叢書類/彙編之屬

心矩齋叢書十一種　(清)蔣鳳藻編　清光緒長洲蔣氏刻本　二十册　存七種

330000－1701－0014964　普915.1148/0029/c2　史部/地理類/方志之屬/郡縣志

[乾隆]潁州府志十卷　(清)王斂福修　(清)潘遇莘纂　清乾隆十七年(1752)刻本　十二册

330000－1701－0014965　普915.11491/0035/c1　史部/地理類/方志之屬/郡縣志

[光緒]直隸和州志四十卷首一卷補遺一卷　(清)朱大紳修　(清)高照纂　清光緒二十七年(1901)木活字印本　二十四册

330000－1701－0014966　HJL0822　類叢部/叢書類/彙編之屬

鐵華館叢書六種　(清)蔣鳳藻編　清光緒九年至十年(1883－1884)長洲蔣氏刻本　十六册

330000－1701－0014968　普915.1146/0035/(2)　史部/地理類/方志之屬/郡縣志

[光緒]續修廬州府志一百卷首一卷末一卷　(清)黄雲修　(清)林之望等纂　清光緒十一年(1885)刻本　二十三册　缺四十八卷(十七、二十五至二十九、三十二至五十六、六十二至六十九、七十一至七十五、九十至九十二、末)

330000－1701－0014970　普915.11491/0036/c1　史部/地理類/方志之屬/郡縣志

[嘉慶]歷陽典録三十四卷補六卷　(清)陳廷桂纂　清同治六年(1867)新化游智開和州官舍刻光緒十二年(1886)武陵吳廷選印本　十二册

330000－1701－0014971　HJL0809　類叢部/叢書類/彙編之屬

埽葉山房叢鈔二十六種　(清)席威編　清同治至光緒刻光緒九年(1883)彙印本　一百册

330000－1701－0014972　普915.11492/0035/c1　史部/地理類/方志之屬/郡縣志

[光緒]廣德州志六十二卷　(清)胡有誠修　(清)丁寶書纂　清光緒七年(1881)刻本　二十册

330000－1701－0014974　普915.11491/0035/c2　史部/地理類/方志之屬/郡縣志

[光緒]直隸和州志四十卷首一卷補遺一卷　(清)朱大紳修　(清)高照纂　清光緒二十七年(1901)木活字印本　十五册　缺一卷(首)

330000－1701－0014975　普915.11492/0035/c2　史部/地理類/方志之屬/郡縣志

[光緒]廣德州志六十二卷　(清)胡有誠修　(清)丁寶書纂　清光緒七年(1881)刻本　十九册　缺三卷(三十四至三十六)

330000－1701－0014976　HJL0856　類叢部/叢書類/彙編之屬

新斠平津館叢書十集三十三種　(清)孫星衍編　清光緒十年至十一年(1884－1885)吳縣朱氏槐廬家塾刻本　四十八册

330000－1701－0014977　普915.124/3110　集部/別集類/清別集

揅經室文集□□卷　(清)阮元撰　清嘉慶七年(1802)刻本　二册　存一卷(浙江圖攷一)

330000－1701－0014979　普915.11494/0035

史部/地理類/方志之屬/郡縣志
[光緒]泗虹合志十九卷　(清)方瑞蘭修　(清)江殿颺　(清)許湘甲纂　清光緒十四年(1888)刻本　八册

330000－1701－0014983　HJL0892　類叢部/叢書類/彙編之屬
讀畫齋叢書四十六種　(清)顧修編　清嘉慶四年至十六年(1799－1811)桐川顧氏刻本　六十四册

330000－1701－0014984　HJL0839　類叢部/叢書類/彙編之屬
玲瓏山館叢書七十種　(清)□□編　清光緒十五年(1889)文選樓刻本　六十册　存六十八種

330000－1701－0014985　HJL0941　類叢部/叢書類/彙編之屬
讀畫齋叢書四十六種　(清)顧修編　清嘉慶四年至十六年(1799－1811)桐川顧氏刻本　六十四册

330000－1701－0014986　普915.11491/0036/c2　史部/地理類/方志之屬/郡縣志
[嘉慶]歷陽典錄三十四卷補六卷　(清)陳廷桂纂　清同治六年(1867)新化游智開和州官舍刻光緒十二年(1886)武陵吳廷選印本　十二册

330000－1701－0014987　HJH0687　類叢部/叢書類/彙編之屬
讀畫齋叢書四十六種　(清)顧修編　清嘉慶四年至十六年(1799－1811)桐川顧氏刻本　八册　存四種

330000－1701－0014988　普915.11492/0052/c1　史部/地理類/山川之屬/山志
祠山志十卷首一卷　(宋)周秉秀輯　(明)周憲敬重輯　清光緒十二年(1886)朱立襄刻本　四册

330000－1701－0014989　普915.11493/0029　史部/地理類/方志之屬/郡縣志
[乾隆]六安州志二十五卷　(清)金弘勳修　(清)陳步青　(清)吳學山纂　清乾隆十六年(1751)刻本　十二册

330000－1701－0014991　普915.124/3120　史部/地理類/雜志之屬
兩浙輿圖一卷　(清)周人驥　(清)伊靖阿撰　清乾隆二十年(1755)刻本　一册

330000－1701－0014992　HJL0848　類叢部/叢書類/郡邑之屬
酌古準今十五種　清道光至光緒刻本　十六册　存九種

330000－1701－0014993　普915.124/3610/c1　類叢部/叢書類/彙編之屬
觀自得齋叢書二十三種別集六種　(清)徐士愷編　清光緒十三年至二十年(1887－1894)石埭徐氏刻本　二册　存一種

330000－1701－0014994　普915.11492/0052/c2　史部/地理類/山川之屬/山志
祠山志十卷首一卷　(宋)周秉秀輯　(明)周憲敬重輯　清光緒十二年(1886)朱立襄刻本　四册

330000－1701－0014995　普915.11494/1029/c1　史部/地理類/方志之屬/郡縣志
[乾隆]盱眙縣志二十四卷首一卷　(清)郭起元修　(清)秦懋紳　(清)徐方高纂　清乾隆十二年(1747)刻本　六册

330000－1701－0014997　普915.11493/2035/c1　史部/地理類/方志之屬/郡縣志
[光緒]霍山縣志十五卷首一卷　(清)秦達章修　(清)何國祐等纂　清光緒三十一年(1905)木活字印本　六册

330000－1701－0014998　HJL0842　類叢部/叢書類/彙編之屬
振綺堂叢書初集十種二集十二種　(清)□□輯　清光緒二十年(1894)、宣統二年(1910)泉唐汪氏刻本暨鉛印本　十四册

330000－1701－0014999　普915.11493/2035/c2　史部/地理類/方志之屬/郡縣志
[光緒]霍山縣志十五卷首一卷　(清)秦達章

修 （清）何國祐等纂 清光緒三十一年(1905)木活字印本 六冊

330000－1701－0015000 普915.11494/1035 史部/地理類/方志之屬/郡縣志
[光緒]盱眙縣志稿十七卷首一卷續補遺一卷 （清）王錫元修 （清）高延第等纂 清光緒十七年(1891)刻本 九冊

330000－1701－0015001 普915.11494/3031 史部/地理類/方志之屬/郡縣志
[嘉慶]五河縣志十二卷首一卷 （清）王啓聰修 （清）言尚煒 （清）陳瑜纂 清嘉慶八年(1803)刻本 六冊

330000－1701－0015002 普915.124/3610/c2 類叢部/叢書類/彙編之屬
觀自得齋叢書二十三種別集六種 （清）徐士愷編 清光緒十三年至二十年(1887－1894)石埭徐氏刻本 二冊 存一種

330000－1701－0015003 普915.11494/3035 史部/地理類/方志之屬/郡縣志
[光緒]重修五河縣志二十卷首一卷 （清）賴同晏 （清）孫玉銘修 （清）俞宗誠等纂 清光緒二十年(1894)刻本 八冊

330000－1701－0015004 普915.124/3640/c1 史部/地理類/方志之屬/通志
浙志便覽七卷 （清）李應珏撰 清光緒十七年(1891)杭城吏隱齋刻本 四冊

330000－1701－0015007 普915.11494/1029/c2 史部/地理類/方志之屬/郡縣志
[乾隆]盱眙縣志二十四卷首一卷 （清）郭起元修 （清）秦懋紳 （清）徐方高纂 清乾隆十二年(1747)刻本 六冊

330000－1701－0015008 HJL0811 類叢部/叢書類/輯佚之屬
漢學堂叢書二百十一種 （清）黄奭輯 清道光甘泉黄氏刻光緒印本 八十冊 存二百六種

330000－1701－0015009 普915.115/3114 史部/地理類/雜志之屬
江西南贛稟帖不分卷 清末刻本 一冊

330000－1701－0015010 HJL0880 類叢部/叢書類/郡邑之屬
京口掌故叢編初集七種 （清）陶駿保編 清光緒三十四年(1908)丹徒陶氏刻本 劉承幹題記 二冊

330000－1701－0015011 普915.124/3640/c2 史部/地理類/方志之屬/通志
浙志便覽七卷 （清）李應珏撰 清光緒十七年(1891)杭城吏隱齋刻本 四冊

330000－1701－0015012 普915.115/2804 史部/地理類/方志之屬/通志
[雍正]江西通志一百六十二卷首三卷 （清）謝旻等修 （清）陶成 （清）惲鶴生纂 清雍正十年(1732)刻本 八十冊

330000－1701－0015013 普915.124/3640/c3 史部/地理類/方志之屬/通志
浙志便覽七卷 （清）李應珏撰 清光緒十七年(1891)杭城吏隱齋刻本 四冊

330000－1701－0015014 普915.124/3640/c4 史部/地理類/方志之屬/通志
浙志便覽七卷 （清）李應珏撰 清光緒十七年(1891)杭城吏隱齋刻本 四冊

330000－1701－0015016 普915.124/3640/c5 史部/地理類/方志之屬/通志
浙志便覽十卷 （清）李應珏撰 清光緒十七年(1891)杭城吏隱齋刻二十二年(1896)增刻本 四冊

330000－1701－0015017 普915.124/3640/2/c1 史部/地理類/方志之屬/通志
浙志便覽十卷 （清）李應珏撰 清光緒十七年(1891)杭城吏隱齋刻二十二年(1896)增刻本 四冊

330000－1701－0015018 普915.124/2823/c2 史部/地理類/方志之屬/通志
[雍正]敕修浙江通志二百八十卷首三卷 （清）李衛 （清）嵇曾筠等修 （清）沈翼機 （清）傅王露等纂 清乾隆元年(1736)刻本

一百册

330000－1701－0015019　HJL0876　類叢部/叢書類/郡邑之屬

檇李遺書二十六種　(清)孫福清編　清光緒四年至五年(1878－1879)秀水孫氏望雲仙館刻本　二十四册

330000－1701－0015021　普915.115/3540/c1　史部/地理類/方志之屬/通志

[光緒]江西通志一百八十卷首五卷　(清)劉坤一等修　(清)劉繹等纂　清光緒六年至七年(1880－1881)刻本　一百二十册

330000－1701－0015022　普915.124/3640/2/c2　史部/地理類/方志之屬/通志

浙志便覽十卷　(清)李應珏撰　清光緒十七年(1891)杭城吏隱齋刻二十二年(1896)增刻本　四册

330000－1701－0015023　HJL0804　類叢部/叢書類/自著之屬

歸查叢刻七種　(清)謝希傅撰　清光緒二十四年(1898)東山草堂鉛印本　四册

330000－1701－0015027　HJL0799　類叢部/叢書類/彙編之屬

望三益齋叢書十八種　(清)吴棠編　清咸豐至光緒吴氏望三益齋刻本　八十册

330000－1701－0015028　普915.115/3540/c2　史部/地理類/方志之屬/通志

[光緒]江西通志一百八十卷首五卷　(清)劉坤一等修　(清)劉繹等纂　清光緒六年至七年(1880－1881)刻本　一百二十册

330000－1701－0015029　普915.115/4225　集部/別集類/清別集

古唐九芝僊館外集　清道光朱氏刻本　八册　存一種

330000－1701－0015030　普915.1151/0034/c1　史部/地理類/方志之屬/郡縣志

[同治]南昌府志六十六卷首一卷末一卷　(清)許應鑅　(清)王之藩修　(清)曾作舟　(清)杜防纂　清同治十二年(1873)刻本　四十册

330000－1701－0015032　普915.1151/1034　史部/地理類/方志之屬/郡縣志

[同治]南昌縣志三十六卷首一卷末一卷　(清)陳紀麟　(清)汪世澤修　(清)劉于潯　(清)曾作舟纂　清同治九年(1870)刻本　三十四册

330000－1701－0015035　普915.171/7123　史部/地理類/山川之屬/水志

峽江救生船志一卷圖攷一卷　(清)程以輔等編　**行川必要一卷**　(清)羅縉紳輯　清光緒三年至五年(1877－1879)水師新副中營刻二十八年(1902)昌邑傅廷臣增刻本　二册

330000－1701－0015036　HJL0903　類叢部/叢書類/彙編之屬

范氏叢書(范白舫所刊書)十九種　(清)范鍇編　清道光十年至二十四年(1830－1844)烏程范氏刻本　十二册

330000－1701－0015037　普915.1151/0052/c1　史部/地理類/專志之屬/寺觀

逍遙山萬壽宫志二十二卷首一卷　(清)金桂馨　(清)漆逢源撰　清光緒四年(1878)刻本　十册

330000－1701－0015041　HJL0845　類叢部/叢書類/家集之屬

觀古閣叢刻十五種　(清)鮑康編　清嘉慶十一年至光緒二十一年(1806－1895)歙縣鮑氏刻本　七册　存六種

330000－1701－0015043　HJL0905　類叢部/叢書類/彙編之屬

惜陰軒叢書三十四種續編一種　(清)李錫齡編　清光緒二十二年(1896)長沙刻本　八十册

330000－1701－0015044　普915.1151/0052/c2　史部/地理類/專志之屬/寺觀

逍遙山萬壽宫志二十二卷首一卷　(清)金桂馨　(清)漆逢源撰　清光緒四年(1878)刻本　十册

330000－1701－0015045　普 915.124/2823/c3　史部/地理類/方志之屬/通志
[雍正]敕修浙江通志二百八十卷首三卷　(清)李衛　(清)嵇曾筠等修　(清)沈翼機　(清)傅王露等纂　清乾隆元年(1736)刻本　一百二十册

330000－1701－0015047　普 915.1151/3034/c1　史部/地理類/方志之屬/郡縣志
[同治]豐城縣志二十八卷首一卷　(清)王家傑等修　(清)周文鳳　(清)李庚纂　清同治十二年(1873)刻本　十六册

330000－1701－0015049　普 915.1151/2034　史部/地理類/方志之屬/郡縣志
[同治]新建縣志九十九卷首一卷末一卷　(清)承霈修　(清)杜友棠　(清)楊兆崧纂　清同治十年(1871)刻本　四十册

330000－1701－0015050　HJL0909　類叢部/叢書類/彙編之屬
宜稼堂叢書七種　(清)郁松年編　清道光二十年至二十二年(1840－1842)上海郁氏刻本　六十四册

330000－1701－0015051　HJH0825　類叢部/叢書類/自著之屬
籛園叢書九種　(清)張慎儀撰　清光緒至民國刻本　十六册

330000－1701－0015052　普 915.1151/0034/c2　史部/地理類/方志之屬/郡縣志
[同治]南昌府志六十六卷首一卷末一卷　(清)許應鑅　(清)王之藩修　(清)曾作舟　(清)杜防纂　清同治十二年(1873)刻本　四十册

330000－1701－0015053　HJL0960　類叢部/叢書類/彙編之屬
宜稼堂叢書七種　(清)郁松年編　清道光二十年至二十二年(1840－1842)上海郁氏刻本　六十四册

330000－1701－0015055　HJL0917　類叢部/叢書類/彙編之屬
瓶花書屋叢書十四種　(清)童和豫編　清道光刻二十八年(1848)彙印本　二十四册　存十三種

330000－1701－0015056　HJL0995　類叢部/叢書類/彙編之屬
增訂漢魏叢書八十六種　(清)王謨編　清乾隆五十六年(1791)金谿王氏刻本　八十册　存七十六種

330000－1701－0015057　普 915.124/4443　史部/政書類/邦計之屬
兩浙宦游紀畧四種　(清)戴槃撰　清同治七年(1868)刻本　一册　存三種

330000－1701－0015058　普 915.1151/3034/c2　史部/地理類/方志之屬/郡縣志
[同治]豐城縣志二十八卷首一卷　(清)王家傑等修　(清)周文鳳　(清)李庚纂　清同治十二年(1873)刻本　十五册　缺一卷(首)

330000－1701－0015060　HJL0977　類叢部/叢書類/彙編之屬
瓶花書屋叢書十四種　(清)童和豫編　清道光刻二十八年(1848)彙印本　十一册　存十三種

330000－1701－0015061　HJL0796　類叢部/叢書類/彙編之屬
武英殿聚珍版書一百四十八種　清光緒二十五年(1899)廣雅書局刻本　七百八十三册　存一百四十六種

330000－1701－0015062　普 915.124/2823/(2)　史部/地理類/方志之屬/通志
[雍正]敕修浙江通志二百八十卷首三卷　(清)李衛　(清)嵇曾筠等修　(清)沈翼機　(清)傅王露等纂　清乾隆元年(1736)刻本　一百册

330000－1701－0015063　HJL0860　類叢部/叢書類/彙編之屬
天壤閣叢書二十種　(清)王祖源　(清)王懿榮編　清同治至光緒福山王氏刻彙印本　十四册

330000－1701－0015064　普 915.1151/0034/c3　史部/地理類/方志之屬/郡縣志

[同治]南昌府志六十六卷首一卷末一卷　(清)許應鑅　(清)王之藩修　(清)曾作舟　(清)杜防纂　清同治十二年(1873)刻本　三十九册　缺一卷(首)

330000－1701－0015065　HJL0891　類叢部/叢書類/彙編之屬

荔牆叢刻十三種　(清)汪曰楨編　清同治至光緒烏程汪氏刻本　十六册

330000－1701－0015066　HJL0859　類叢部/叢書類/彙編之屬

挹秀山房叢書十一種　(清)朱克敬編　清同治至光緒刻光緒十年(1884)挹秀山房湘南彙印本　二十四册

330000－1701－0015067　普 915.1248/1031/c1　史部/地理類/方志之屬/郡縣志

[嘉慶]西安縣志四十八卷首一卷　(清)姚寶煃修　(清)范崇楷等纂　清嘉慶十六年(1811)刻本　十册

330000－1701－0015068　HJL0934　類叢部/叢書類/彙編之屬

荔牆叢刻十三種　(清)汪曰楨編　清同治至光緒烏程汪氏刻本　十六册　存十二種

330000－1701－0015069　HJL0973　類叢部/叢書類/彙編之屬

平津館叢書六集三十五種　(清)孫星衍編　清嘉慶蘭陵孫氏刻本　二十八册　存二十六種

330000－1701－0015070　HJL0861　類叢部/叢書類/彙編之屬

式訓堂叢書四十一種　(清)章壽康編　清光緒會稽章氏刻本　四十册　存二十五種

330000－1701－0015071　普 915.1151/4034/c1　史部/地理類/方志之屬/郡縣志

[同治]進賢縣志二十五卷首一卷　(清)江璧等修　(清)胡景辰等纂　清同治十年(1871)刻本　十六册

330000－1701－0015072　普 915.1151/5034/c1　史部/地理類/方志之屬/郡縣志

[同治]奉新縣志十六卷首一卷末一卷　(清)呂懋先修　(清)師方蔚纂　清同治十一年(1872)刻本　十二册

330000－1701－0015073　HJL0932　類叢部/叢書類/郡邑之屬

金陵叢刻十五種　(清)傅春官輯　清光緒二十三年至三十一年(1897－1905)江寧傅氏晦齋刻本　八册　存十一種

330000－1701－0015074　HJL0918　類叢部/叢書類/彙編之屬

花雨樓叢鈔十一種續鈔十一種附一種　(清)張壽榮編　清光緒八年至十四年(1882－1888)蛟川張氏花雨樓刻本　四十八册　存十種續鈔十一種

330000－1701－0015076　普 915.1151/4034/c2　史部/地理類/方志之屬/郡縣志

[同治]進賢縣志二十五卷首一卷　(清)江璧等修　(清)胡景辰等纂　清同治十年(1871)刻光緒二十四年(1898)補刻本　十五册　缺三卷(首、一至二)

330000－1701－0015078　HJL0748　類叢部/叢書類/彙編之屬

花雨樓叢鈔十一種續鈔十一種附一種　(清)張壽榮編　清光緒八年至十四年(1882－1888)蛟川張氏花雨樓刻本　八册　存六種

330000－1701－0015079　普 915.1151/5034/c2　史部/地理類/方志之屬/郡縣志

[同治]奉新縣志十六卷首一卷末一卷　(清)呂懋先修　(清)師方蔚纂　清同治十一年(1872)刻本　十一册　缺二卷(首、一)

330000－1701－0015080　普 915.1151/8034　史部/地理類/方志之屬/郡縣志

[同治]義寧州志四十卷首一卷　(清)王維新等修　(清)涂家杰等纂　清同治十二年(1873)刻本　二十六册

330000－1701－0015081　普 915.124/5571/

c1　史部/地理類/專志之屬/祠墓
兩浙防護陵寢祠墓錄不分卷　(清)阮元輯　清光緒十五年(1889)浙江書局刻本　二册

330000－1701－0015082　HJL0867　類叢部/叢書類/彙編之屬
榆園叢刻十五種附一種　(清)許增編　清同治至光緒刻本　五十二册

330000－1701－0015083　HJL0800　類叢部/叢書類/彙編之屬
知不足齋叢書一百九十五種　(清)鮑廷博編　(清)鮑士恭續編　清乾隆三十七年至道光三年(1772－1823)長塘鮑氏刻光緒八年(1882)嶺南雲林仙館重印本　二百四十册　缺一卷(示兒編覆校宋本條錄)

330000－1701－0015084　普915.124/5975　史部/地理類/雜志之屬
雲南浙江會館志一卷　(清)陳鷗輯　清光緒二十二年(1896)集翠軒刻本　一册

330000－1701－0015085　普915.124/46442　類叢部/叢書類/自著之屬
黃勤敏公全集九種附一種　(清)黃鉞撰　清咸豐至同治刻本　一册　存二種

330000－1701－0015086　HJL0945　類叢部/叢書類/郡邑之屬
武林掌故叢編一百八十七種　(清)丁丙編　清光緒三年至二十六年(1877－1900)錢塘丁氏嘉惠堂刻本　二百八册

330000－1701－0015087　普915.1151/7034　史部/地理類/方志之屬/郡縣志
[同治]武寧縣志四十四卷首一卷末一卷　(清)何慶朝纂修　清同治九年(1870)刻本　二十册

330000－1701－0015088　普915.1152/0034/c1　史部/地理類/方志之屬/郡縣志
[同治]饒州府志三十二卷首一卷　(清)錫德修　(清)石景芬等纂　清同治十一年(1872)刻本　三十二册

330000－1701－0015089　普915.1152/1034/c1　史部/地理類/方志之屬/郡縣志
[同治]鄱陽縣志二十四卷首一卷末一卷忠烈錄三卷　(清)項珂　(清)陳志培修　(清)王廷鑑等纂　清同治十年(1871)刻本　十二册

330000－1701－0015091　普915.1152/0034/c2　史部/地理類/方志之屬/郡縣志
[同治]饒州府志三十二卷首一卷　(清)錫德修　(清)石景芬等纂　清同治十一年(1872)刻本　十五册　缺一卷(首)

330000－1701－0015092　普915.124/5571/c2　史部/地理類/專志之屬/祠墓
兩浙防護陵寢祠墓錄不分卷　(清)阮元輯　清光緒十五年(1889)浙江書局刻本　二册

330000－1701－0015093　普915.124/5571/c3　史部/地理類/專志之屬/祠墓
兩浙防護陵寢祠墓錄不分卷　(清)阮元輯　清光緒十五年(1889)浙江書局刻本　二册

330000－1701－0015094　普915.11492/0035/c3　史部/地理類/方志之屬/郡縣志
[光緒]廣德州志六十二卷　(清)胡有誠修　(清)丁寶書纂　清光緒七年(1881)刻本　十九册

330000－1701－0015095　普915.1152/2034/c1　史部/地理類/方志之屬/郡縣志
[同治]餘干縣志二十卷首一卷末一卷　(清)區作霖　(清)馮蘭森修　(清)曾福善等纂　清同治十一年(1872)東山書院刻本　八册

330000－1701－0015097　普915.124/5571/c4　史部/地理類/專志之屬/祠墓
兩浙防護陵寢祠墓錄不分卷　(清)阮元輯　清光緒十五年(1889)浙江書局刻本　二册

330000－1701－0015098　HJL0683　類叢部/叢書類/彙編之屬
宸翰樓叢書五種十八卷　羅振玉編　清宣統三年(1911)上虞羅氏刻本　五册

330000－1701－0015100　HJL0864　類叢部/叢書類/彙編之屬

懺花盦叢書三十種 (清)宋澤元編 清光緒山陰宋氏刻十三年(1887)彙印本 六十四冊

330000－1701－0015101 普 915.124/5571/c5 史部/地理類/專志之屬/祠墓

兩浙防護陵寢祠墓錄不分卷 (清)阮元輯 清光緒十五年(1889)浙江書局刻本 二冊

330000－1701－0015102 普 915.1152/3032 史部/地理類/方志之屬/郡縣志

[道光]樂平縣志十二卷首一卷末一卷 (清)孫爾修修 (清)黃華璧 (清)汪葆泰纂 清道光七年(1827)刻本 二十冊 缺一卷(末)

330000－1701－0015103 普 915.124/8125/c2/1 史部/地理類/雜志之屬

浙江沿海圖說一卷附海島表一卷 (清)朱正元撰 清光緒二十五年(1899)上海鉛印本 張美翊題記 一冊

330000－1701－0015104 普 915.124/5571/2/c1 史部/地理類/專志之屬/祠墓

兩浙防護陵寢祠墓錄不分卷 (清)阮元輯 清嘉慶七年(1802)刻本 二冊

330000－1701－0015105 普 915.124/8170/c1 史部/政書類/邦計之屬/漕運

浙江海運全案重編初編八卷續編四卷新編八卷 (清)馬新貽修 (清)蔣益澧等纂 清同治六年(1867)糧儲道庫刻本 十二冊

330000－1701－0015106 普 915.1152/2034/c2 史部/地理類/方志之屬/郡縣志

[同治]餘干縣志二十卷首一卷末一卷 (清)區作霖 (清)馮蘭森修 (清)曾福善等纂 清同治十一年(1872)東山書院刻本 八冊

330000－1701－0015107 普 915.1152/1034/c2 史部/地理類/方志之屬/郡縣志

[同治]鄱陽縣志二十四卷首一卷末一卷忠烈錄三卷 (清)項珂 (清)陳志培修 (清)王廷鑑等纂 清同治十年(1871)刻本 十二冊

330000－1701－0015108 HJL0841 類叢部/叢書類/家集之屬

毘陵謝氏叢書十六種 (清)謝蘭生撰並編 清光緒毘陵謝氏瑞雲堂刻本暨鉛印本 十二冊 存九種

330000－1701－0015111 普 915.1152/3034/c1 史部/地理類/方志之屬/郡縣志

[同治]樂平縣志十卷首一卷 (清)董萼榮 (清)梅毓翰修 (清)汪元祥 (清)陳謨纂 清同治九年(1870)翥山書院刻本 十二冊

330000－1701－0015112 普 915.1151/6032 史部/地理類/方志之屬/郡縣志

[道光]靖安縣志十六卷首一卷末一卷 (清)張國鈞等修 (清)舒懋官纂 清道光五年(1825)刻本 八冊

330000－1701－0015114 HJL0993 類叢部/叢書類/郡邑之屬

永嘉叢書十三種 (清)孫衣言編 清同治至光緒瑞安孫氏詒善祠塾刻本 二十冊 存十種

330000－1701－0015115 普 915.124/5571/2/c2 史部/地理類/專志之屬/祠墓

兩浙防護陵寢祠墓錄不分卷 (清)阮元輯 清嘉慶七年(1802)刻本 三冊

330000－1701－0015116 HJL0862 類叢部/叢書類/彙編之屬

雲自在龕叢書五集十九種 繆荃孫輯 清光緒江陰繆氏刻本 六十四冊

330000－1701－0015117 普 915.1152/3034/c2 史部/地理類/方志之屬/郡縣志

[同治]樂平縣志十卷首一卷 (清)董萼榮 (清)梅毓翰修 (清)汪元祥 (清)陳謨纂 清同治九年(1870)翥山書院刻本 十二冊

330000－1701－0015119 普 915.1152/3034/c3 史部/地理類/方志之屬/郡縣志

[同治]樂平縣志十卷首一卷 (清)董萼榮 (清)梅毓翰修 (清)汪元祥 (清)陳謨纂 清同治九年(1870)翥山書院刻本 十一冊 缺一卷(首)

330000－1701－0015120 普 915.1152/5034/

c1　史部/地理類/方志之屬/郡縣志

[同治]德興縣志十卷首一卷末一卷　(清)孟慶雲修　(清)楊重雅等纂　清同治十一年(1872)興賢書院刻本　十二冊

330000-1701-0015121　普 915.1152/1034/c3　史部/地理類/方志之屬/郡縣志

[同治]鄱陽縣志二十四卷首一卷末一卷忠烈錄三卷　(清)項珂　(清)陳志培修　(清)王廷鑑等纂　清同治十年(1871)刻本　十一冊　缺二卷(首、一)

330000-1701-0015123　HJL0854　類叢部/叢書類/彙編之屬

藕香零拾三十九種　繆荃孫編　清光緒二十二年至宣統二年(1896-1910)刻本　三十二冊

330000-1701-0015124　普 915.1241/0022/c1　史部/地理類/方志之屬/郡縣志

咸淳臨安志一百卷　(宋)潛說友纂　**校栞咸淳臨安志札記三卷**　(清)黃士珣撰　清道光十年(1830)錢塘汪氏振綺堂刻本(卷九十、九十八至一百原缺)　二十四冊

330000-1701-0015125　普 915.1152/4029　史部/地理類/方志之屬/郡縣志

[乾隆]浮梁縣志十二卷首一卷　(清)程廷濟修　(清)凌汝錦纂　清乾隆四十八年(1783)刻本　十四冊

330000-1701-0015126　普 915.124/8170/c2　史部/政書類/邦計之屬/漕運

浙江海運全案初編十卷續編四卷　(清)黃宗漢修　(清)椿壽等纂　**浙江海運全案重編初編八卷續編四卷新編八卷**　(清)馬新貽修　(清)蔣益澧等纂　清咸豐三年至同治六年(1853-1867)浙江糧道庫刻本　二十冊　缺十二卷(重編初編一至八、重編續編一至四)

330000-1701-0015127　普 915.1152/5034/c2　史部/地理類/方志之屬/郡縣志

[同治]德興縣志十卷首一卷末一卷　(清)孟慶雲修　(清)楊重雅等纂　清同治十一年(1872)興賢書院刻本　十二冊

330000-1701-0015128　HJL0855　類叢部/叢書類/彙編之屬

對雨樓叢書五種　繆荃孫編　清光緒江陰繆氏影刻本　十冊　存四種

330000-1701-0015129　普 915.1152/5034/c3　史部/地理類/方志之屬/郡縣志

[同治]德興縣志十卷首一卷末一卷　(清)孟慶雲修　(清)楊重雅等纂　清同治十一年(1872)興賢書院刻本　十二冊

330000-1701-0015131　普 915.1152/5034/c4　史部/地理類/方志之屬/郡縣志

[同治]德興縣志十卷首一卷末一卷　(清)孟慶雲修　(清)楊重雅等纂　清同治十一年(1872)興賢書院刻本　十一冊　缺一卷(首)

330000-1701-0015132　HJL0915　類叢部/叢書類/彙編之屬

廣雅書局叢書一百五十九種　徐紹棨編　清光緒廣雅書局刻民國九年(1920)番禺徐紹棨彙編重印本　三百六十四冊　存一百二十五種

330000-1701-0015133　HJL0786　類叢部/叢書類/彙編之屬

粵雅堂叢書二十集一百二十三種續刻四十八種　(清)伍崇曜編　清道光二十九年至光緒十一年(1849-1885)南海伍氏刻彙印本　三百三十六冊

330000-1701-0015134　普 915.1152/6034/c1　史部/地理類/方志之屬/郡縣志

[同治]安仁縣志三十六卷首一卷末一卷　(清)朱潼修　(清)徐彥楠　(清)劉兆杰纂　清同治十一年(1872)刻本　十冊

330000-1701-0015136　HJL0998　類叢部/叢書類/郡邑之屬

嶺南遺書五十九種　(清)伍元薇　(崇曜)編　清道光十一年至同治二年(1831-1863)南海伍氏粵雅堂文字歡娛室刻光緒三十三年(1907)彙印本　八十八冊　存四十七種

330000-1701-0015137　普 915.1152/7034/

c1　史部/地理類/方志之屬/郡縣志
[同治]萬年縣志十二卷首一卷　(清)項珂修　(清)劉馥桂等纂　清同治十年(1871)刻本　十二册

330000－1701－0015138　普 915.1153/0034/c1　史部/地理類/方志之屬/郡縣志
[同治]廣信府志十二卷首一卷　(清)蔣繼洙修　(清)李樹藩等纂　清同治十二年(1873)刻本　二十九册

330000－1701－0015140　HJL0763　類叢部/叢書類/彙編之屬
張氏適園叢書　張鈞衡編　清宣統三年(1911)上海國學扶輪社鉛印本　五册　存五種

330000－1701－0015142　普 915.124/8125/c2　史部/地理類/雜志之屬
浙江沿海圖説一卷附海島表一卷　(清)朱正元撰　清光緒二十五年(1899)上海鉛印本　一册

330000－1701－0015143　普 915.1152/6034/c2　史部/地理類/方志之屬/郡縣志
[同治]安仁縣志三十六卷首一卷末一卷　(清)朱潼修　(清)徐彦楠　(清)劉兆杰纂　清同治十一年(1872)刻本　十册

330000－1701－0015144　普 915.1153/2034　史部/地理類/方志之屬/郡縣志
[同治]玉山縣志十卷首一卷補遺一卷　(清)黄壽祺修　(清)吴華辰　(清)任廷槐纂　清同治十二年(1873)刻本　九册　缺一卷(首)

330000－1701－0015145　普 915.1152/7034/c3　史部/地理類/方志之屬/郡縣志
[同治]萬年縣志十二卷首一卷　(清)項珂修　(清)劉馥桂等纂　清同治十年(1871)刻本　十一册　存十一卷(二至十二)

330000－1701－0015146　普 915.1152/6034/c3　史部/地理類/方志之屬/郡縣志
[同治]安仁縣志三十六卷首一卷末一卷　(清)朱潼修　(清)徐彦楠　(清)劉兆杰纂　清同治十一年(1872)刻本　九册　缺一卷(首)

330000－1701－0015147　普 915.1241/0022/c2　史部/地理類/方志之屬/郡縣志
咸淳臨安志一百卷　(宋)潛説友纂　**校栞咸淳臨安志札記三卷**　(清)黄士珣撰　清道光十年(1830)錢塘汪氏振綺堂刻同治六年(1867)、光緒十六年(1890)補刻本(卷九十、九十八至一百原缺)　二十四册

330000－1701－0015148　普 915.124/8170/c3　史部/政書類/邦計之屬/漕運
浙江海運全案重編初編八卷續編四卷新編八卷　(清)馬新貽修　(清)蔣益澧等纂　清同治六年(1867)糧儲道庫刻本　六册　存八卷(新編一至八)

330000－1701－0015150　普 915.1241/0022.2/c1　史部/地理類/方志之屬/郡縣志
乾道臨安志十五卷　(宋)周淙纂　清光緒二十年(1894)孫氏壽松堂刻本(卷四至十五原缺)　一册

330000－1701－0015151　HJL0924　類叢部/叢書類/家集之屬
董氏叢書十六種　(清)董金鑑編　清光緒三十二年(1906)會稽董氏取斯家塾刻本　十二册

330000－1701－0015153　HJL0991　類叢部/叢書類/彙編之屬
張氏適園叢書初集七種　張鈞衡編　清宣統三年(1911)上海國學扶輪社鉛印本　十册

330000－1701－0015154　HJL1005　類叢部/叢書類/彙編之屬
玉簡齋叢書十種　羅振玉輯　清宣統二年(1910)上虞羅氏刻本　八册

330000－1701－0015155　普 915.1153/0034/c2　史部/地理類/方志之屬/郡縣志
[同治]廣信府志十二卷首一卷　(清)蔣繼洙修　(清)李樹藩等纂　清同治十二年(1873)刻本　二十九册　缺一卷(首)

330000－1701－0015156　HJL0980　類叢部/叢書類/彙編之屬
懷豳雜俎十二種　徐乃昌編　清光緒至宣統南陵徐氏刻本　七册

330000－1701－0015157　HJL1002　類叢部/叢書類/彙編之屬
拜鴛樓校刻(拜鴛樓校刻小品)五種　沈宗畸編　清光緒至宣統番禺沈氏刻本　三册

330000－1701－0015158　HJL0962　類叢部/叢書類/彙編之屬
漸西村舍彙刊(漸西村舍叢刻)四十四種　(清)袁昶編　清光緒十六年至二十四年(1890－1898)桐廬袁氏刻本　五十八册　存二十五種

330000－1701－0015159　普915.1153/0034/(2)　史部/地理類/方志之屬/郡縣志
[同治]廣信府志十二卷首一卷　(清)蔣繼洙修　(清)李樹藩等纂　清同治十二年(1873)刻本　三十册

330000－1701－0015160　普915.1153/1034/c1　史部/地理類/方志之屬/郡縣志
[同治]上饒縣志二十六卷首一卷　(清)王恩溥　(清)邢德裕修　(清)李樹藩等纂　清同治十一年(1872)刻本　二十册

330000－1701－0015164　普915.1153/4034/c1　史部/地理類/方志之屬/郡縣志
[同治]貴溪縣志十卷首一卷　(清)楊長杰等修　(清)黄聯珏等纂　清同治十年(1871)刻本　十四册

330000－1701－0015165　HJL0697　類叢部/叢書類/彙編之屬
擇是居叢書初集十九種　張鈞衡編　清光緒至民國刻民國十五年(1926)吴興張氏彙印本　十一册　存五種

330000－1701－0015166　普915.1153/3034/c1　史部/地理類/方志之屬/郡縣志
[同治]弋陽縣志十四卷首一卷　(清)俞致中修　(清)汪炳熊等纂　清同治十年(1871)刻本　十册

330000－1701－0015168　普915.1153/3034/c2　史部/地理類/方志之屬/郡縣志
[同治]弋陽縣志十四卷首一卷　(清)俞致中修　(清)汪炳熊等纂　清同治十年(1871)刻本　九册　缺一卷(首)

330000－1701－0015169　HJH0967　類叢部/叢書類/彙編之屬
崇文書局彙刻書三十一種　(清)崇文書局編　清光緒元年至三年(1875－1877)湖北崇文書局刻本　三十五册　存十四種

330000－1701－0015170　普915.1241/0022/(2)　史部/地理類/方志之屬/郡縣志
咸淳臨安志一百卷　(宋)潛説友纂　**校栞咸淳臨安志札記三卷**　(清)黄士珣撰　清道光十年(1830)錢塘汪氏振綺堂刻同治六年(1867)補刻本(卷九十、九十八至一百原缺)　二十三册　缺四卷(八十二至八十五)

330000－1701－0015171　普915.1241/0022/c3　史部/地理類/方志之屬/郡縣志
咸淳臨安志一百卷　(宋)潛説友纂　**校栞咸淳臨安志札記三卷**　(清)黄士珣撰　清道光十年(1830)錢塘汪氏振綺堂刻同治六年(1867)補刻本(卷九十、九十八至一百原缺)　二十四册

330000－1701－0015172　普915.1153/7034/c1　史部/地理類/方志之屬/郡縣志
[同治]興安縣志十六卷首一卷　(清)李賓暘修　(清)趙桂林纂　清同治十年(1871)刻民國六年(1917)印本　六册

330000－1701－0015174　普915.1153/6034/c1　史部/地理類/方志之屬/郡縣志
[同治]廣豐縣志十卷首一卷　(清)雙全等修　(清)顧蘭生等纂　清光緒元年(1875)刻本　十册

330000－1701－0015175　普915.1153/5034/c1　史部/地理類/方志之屬/郡縣志
[同治]鉛山縣志三十卷　(清)張廷珩修

(清)華祝三纂　清同治十二年(1873)刻本　十九册

330000－1701－0015177　普915.1241/0022/c4　史部/地理類/方志之屬/郡縣志
咸淳臨安志一百卷　(宋)潛說友纂　**校栞咸淳臨安志札記三卷**　(清)黄士珣撰　清道光十年(1830)錢塘汪氏振綺堂刻同治六年(1867)、光緒十六年(1890)補刻本(卷九十、九十八至一百原缺)　二十四册

330000－1701－0015178　HJL0966　類叢部/叢書類/彙編之屬
崇文書局彙刻書三十一種　(清)崇文書局編　清光緒元年至三年(1875－1877)湖北崇文書局刻本　六十三册　存二十三種

330000－1701－0015179　HJL0954　類叢部/叢書類/彙編之屬
木犀軒叢書二十七種　李盛鐸編　清光緒德化李氏木犀軒刻本　四十册

330000－1701－0015181　HJL0732　類叢部/叢書類/彙編之屬
木犀軒叢書二十七種　李盛鐸編　清光緒德化李氏木犀軒刻本　四十册

330000－1701－0015182　普915.1153/4052/(2)/c1　史部/地理類/山川之屬/山志
龍虎山志十六卷　(清)婁近垣輯　清乾隆五年(1740)棲碧堂刻本　六册

330000－1701－0015183　普915.1153/4034/c2　史部/地理類/方志之屬/郡縣志
[同治]貴溪縣志十卷首一卷　(清)楊長杰等修　(清)黄聯珏等纂　清同治十年(1871)刻本　十四册

330000－1701－0015184　普915.1154/0034/c1　史部/地理類/方志之屬/郡縣志
[同治]南康府志二十四卷首一卷　(清)盛元等纂修　清同治十一年(1872)刻本　十二册

330000－1701－0015185　普915.1154/1034/c1　史部/地理類/方志之屬/郡縣志
[同治]星子縣志十四卷首一卷　(清)藍煦　(清)徐鳴皋修　(清)曹徵甲等纂　清同治十年(1871)刻本　十一册　缺一卷(十四)

330000－1701－0015186　普915.1153/6034/c2　史部/地理類/方志之屬/郡縣志
[同治]廣豐縣志十卷首一卷　(清)雙全等修　(清)顧蘭生等纂　清光緒元年(1875)刻本　九册

330000－1701－0015187　HJL0920　類叢部/叢書類/彙編之屬
碧琳琅館叢書四十四種　(清)方功惠編　清光緒十年(1884)巴陵方氏廣東刻宣統元年(1909)印本　一百二十册

330000－1701－0015188　普915.1153/1034/c2　史部/地理類/方志之屬/郡縣志
[同治]上饒縣志二十六卷首一卷　(清)王恩溥　(清)邢德裕修　(清)李樹藩等纂　清同治十一年(1872)刻本　十九册　缺二卷(首、一)

330000－1701－0015189　普915.1241/0022.302/c1、普915.1241/1024/c2、普915.1241/2024/c1、普915.1241/3043/c3、普915.1241/3043.4/c2　類叢部/叢書類/郡邑之屬
武林掌故叢編一百八十七種　(清)丁丙編　清光緒三年至二十六年(1877－1900)錢塘丁氏嘉惠堂刻本　四十九册　存二十二種

330000－1701－0015190　普915.1241/0022.2/c2　史部/地理類/方志之屬/郡縣志
乾道臨安志十五卷　(宋)周淙纂　清光緒二十年(1894)孫氏壽松堂刻本(卷四至十五原缺)　一册

330000－1701－0015191　普915.1154/0034/c2　史部/地理類/方志之屬/郡縣志
[同治]南康府志二十四卷首一卷　(清)盛元等纂修　清同治十一年(1872)刻本　十一册　缺一卷(十二)

330000－1701－0015192　HJL0968　類叢部/叢書類/彙編之屬
嘯園叢書五十八種　(清)葛元煦編　清光緒

二年至七年(1876－1881)仁和葛氏刻本　七十冊

330000－1701－0015193　普 915.1154/0034/c3　史部/地理類/方志之屬/郡縣志
[同治]南康府志二十四卷首一卷　(清)盛元等纂修　清同治十一年(1872)刻本　十五冊　缺三卷(首、一至二)

330000－1701－0015194　普 915.1241/0022.2/c3　史部/地理類/方志之屬/郡縣志
乾道臨安志十五卷　(宋)周淙纂　清光緒二十年(1894)孫氏壽松堂刻本(卷四至十五原缺)　陳訓慈跋　一冊

330000－1701－0015195　HJL0706　類叢部/叢書類/彙編之屬
房山山房叢書十一種十八卷　陳洙編　清宣統至民國江浦陳氏刻民國九年(1920)彙印本　四冊

330000－1701－0015196　普 915.1241/0022/(3)　史部/地理類/方志之屬/郡縣志
咸淳臨安志一百卷　(宋)潛說友纂　**校栞咸淳臨安志札記三卷**　(清)黃士珣撰　清道光十年(1830)錢塘汪氏振綺堂刻同治六年(1867)補刻本(卷九十、九十八至一百原缺)　二十六冊

330000－1701－0015197　普 915.1154/0034/(2)　史部/地理類/方志之屬/郡縣志
[同治]南康府志二十四卷首一卷　(清)盛元等纂修　清同治十一年(1872)刻本　十一冊　缺三卷(首、一至二)

330000－1701－0015199　HJL0981　類叢部/叢書類/彙編之屬
金峨山館叢書(望三益齋叢書)十一種　(清)郭傳璞編　清光緒八年至十六年(1882－1890)鄞郭氏刻二十年(1894)鎮海邵氏彙印本　十六冊　存十種

330000－1701－0015200　普 915.1154/1052/2/c1　史部/地理類/山川之屬/山志
廬山志十五卷首一卷　(清)毛德琦撰　清康熙五十九年(1720)順德堂刻乾隆道光同治遞修本　十六冊

330000－1701－0015201　普 915.1241/0022/c6　史部/地理類/方志之屬/郡縣志
咸淳臨安志一百卷　(宋)潛說友纂　**校栞咸淳臨安志札記三卷**　(清)黃士珣撰　清道光十年(1830)錢塘汪氏振綺堂刻同治六年(1867)補刻本(卷九十、九十八至一百原缺)　二十四冊

330000－1701－0015202　普 915.1154/1034/c2　史部/地理類/方志之屬/郡縣志
[同治]星子縣志十四卷首一卷　(清)藍煦　(清)徐鳴皋修　(清)曹徵甲等纂　清同治十年(1871)刻本　十一冊　缺一卷(四)

330000－1701－0015205　HJL0850　類叢部/叢書類/彙編之屬
觀古堂彙刻書二十二種　葉德輝編　清光緒二十一年至三十年(1895－1904)長沙葉氏刻三十三年(1907)彙印本　二十四冊　存十七種

330000－1701－0015206　普 915.1241/0022.302/c2、普 915.1241/1024/c3、普 915.1241/2024/(2)、普 915.1241/3043.6/c2　類叢部/叢書類/郡邑之屬
武林掌故叢編一百八十七種　(清)丁丙編　清光緒三年至二十六年(1877－1900)錢塘丁氏嘉惠堂刻本　十二冊　存四種

330000－1701－0015207　普 915.1241/0022/c7　史部/地理類/方志之屬/郡縣志
咸淳臨安志一百卷　(宋)潛說友纂　**校栞咸淳臨安志札記三卷**　(清)黃士珣撰　清道光十年(1830)錢塘汪氏振綺堂刻本(卷九十、九十八至一百原缺)　二十四冊

330000－1701－0015209　普 915.1153/4052/(2)/c2　史部/地理類/山川之屬/山志
龍虎山志十六卷　(清)婁近垣輯　清乾隆五年(1740)棲碧堂刻本　六冊

330000－1701－0015210　普 915.1241/0022.

302/c3、普 915.1241/1024/c6、普 915.1241/2024/c3　類叢部/叢書類/郡邑之屬

武林掌故叢編一百八十七種　(清)丁丙編　清光緒三年至二十六年(1877－1900)錢塘丁氏嘉惠堂刻本　十六册　存三種

330000－1701－0015211　普 915.1241/0022/c8　史部/地理類/方志之屬/郡縣志

咸淳臨安志一百卷　(宋)潛說友纂　**校栞咸淳臨安志札記三卷**　(清)黃士珣撰　清道光十年(1830)錢塘汪氏振綺堂刻本(卷九十、九十八至一百原缺)　二十四册

330000－1701－0015212　普 915.1154/1034/(2)　史部/地理類/方志之屬/郡縣志

[同治]星子縣志十四卷首一卷　(清)藍煦　(清)徐鳴皋修　(清)曹徵甲等纂　清同治十年(1871)刻本　十二册

330000－1701－0015213　普 915.1153/4034/c3　史部/地理類/方志之屬/郡縣志

[同治]貴溪縣志十卷首一卷　(清)楊長杰等修　(清)黃聯珏等纂　清同治十年(1871)刻本　十三册　存十卷(一至十)

330000－1701－0015214　HJL0851　類叢部/叢書類/彙編之屬

雙楳景闇叢書十六種　葉德輝編　清光緒至宣統長沙葉氏郎園刻本　四册　存十五種

330000－1701－0015215　普 915.1241/0022.302/c4、普 915.1241/1024/c5　類叢部/叢書類/郡邑之屬

武林掌故叢編一百八十七種　(清)丁丙編　清光緒三年至二十六年(1877－1900)錢塘丁氏嘉惠堂刻本　十册　存二種

330000－1701－0015217　普 915.1154/1052/2/c2　史部/地理類/山川之屬/山志

廬山志十五卷首一卷　(清)毛德琦撰　清康熙五十九年(1720)順德堂刻乾隆道光同治遞修本　十六册

330000－1701－0015218　普 915.1153/7034/c2　史部/地理類/方志之屬/郡縣志

[同治]興安縣志十六卷首一卷　(清)李賓暘修　(清)趙桂林纂　清同治十年(1871)刻本　四册

330000－1701－0015219　HJL0970　類叢部/叢書類/彙編之屬

後知不足齋叢書四十七種　(清)鮑廷爵編　清同治至光緒常熟鮑氏刻本　六十四册　存十六種

330000－1701－0015220　HJL0847　類叢部/叢書類/彙編之屬

暢園叢書甲函六種　(清)張邁編　清光緒二十年(1894)始豐張氏四明刻本　四册

330000－1701－0015221　HJL0904　類叢部/叢書類/彙編之屬

集虛草堂叢書甲集九種　李國松編　清光緒三十年至三十二年(1904－1906)合肥李氏刻本　二十四册

330000－1701－0015222　普 915.1241/0027/c2　史部/地理類/方志之屬/郡縣志

[康熙]杭州府志四十卷圖一卷　(清)馬如龍修　(清)楊鼐等纂　清康熙二十五年(1686)刻本　二十册

330000－1701－0015223　HJL0957　類叢部/叢書類/彙編之屬

集虛草堂叢書甲集九種　李國松編　清光緒三十年至三十二年(1904－1906)合肥李氏刻本　二十四册

330000－1701－0015224　普 915.1241/0022.2/2/c1　類叢部/叢書類/彙編之屬

式訓堂叢書四十一種　(清)章壽康編　清光緒會稽章氏刻本　一册　存一種

330000－1701－0015225　HJH0795　類叢部/叢書類/彙編之屬

粵雅堂叢書一百八十五種　(清)伍崇曜編　清道光二十九年至光緒十一年(1849－1885)南海伍氏刻彙印本　二百二十二册　存一百一十二種

330000－1701－0015226　普 915.1154/1052/

4/c2　史部/地理類/山川之屬/山志

廬山志十五卷首一卷　(清)毛德琦撰　清康熙五十九年(1720)順德堂刻乾隆五十八年(1793)龔琰重修本　十二冊

330000－1701－0015227　HJL0959　類叢部/叢書類/彙編之屬

粵雅堂叢書二十集一百二十三種續刻四十八種　(清)伍崇曜編　清道光二十九年至光緒十一年(1849－1885)南海伍氏刻彙印本　三百四十冊

330000－1701－0015228　普 915.1154/1052/3　史部/地理類/山川之屬/山志

廬山志十五卷首一卷　(清)毛德琦撰　清康熙五十九年(1720)順德堂刻乾隆至民國遞修本　十四冊　存十四卷(首、一至七、九至十、十二至十五)

330000－1701－0015229　普 915.1241/0022.2/2/c2　類叢部/叢書類/彙編之屬

式訓堂叢書四十一種　(清)章壽康編　清光緒會稽章氏刻本　一冊　存一種

330000－1701－0015230　HJL0810　類叢部/叢書類/彙編之屬

正覺樓叢刻(正覺樓叢書)二十九種　(清)崇文書局編　清光緒崇文書局刻本　三十五冊

330000－1701－0015231　HJL0888　類叢部/叢書類/自著之屬

頤志齋叢書二十一種　(清)丁晏撰　清道光至同治山陽丁氏六蓺堂刻同治元年(1862)彙印本　二十冊

330000－1701－0015234　普 915.1153/5034/c2　史部/地理類/方志之屬/郡縣志

[同治]鉛山縣志三十卷　(清)張廷珩修　(清)華祝三纂　清同治十二年(1873)刻本　二十冊

330000－1701－0015235　G005056　經部/四書類/總義之屬/傳說

四書題鏡□□卷　(清)汪鯉翔撰　清乾隆刻本　七冊

330000－1701－0015236　HJL0819　類叢部/叢書類/彙編之屬

南菁書院叢書四十一種　王先謙　繆荃孫編　清光緒十四年(1888)江陰南菁書院刻本　三十二冊

330000－1701－0015238　普 915.1241/0029.2/c1　史部/地理類/方志之屬/郡縣志

[乾隆]杭州府志一百十卷首六卷　(清)鄭澐修　(清)邵晉涵等纂　清乾隆四十九年(1784)刻本　四十冊

330000－1701－0015240　HJL0936　類叢部/叢書類/彙編之屬

南菁書院叢書四十一種　王先謙　繆荃孫編　清光緒十四年(1888)江陰南菁書院刻本　三十二冊

330000－1701－0015241　普 915.1153/5034/c3　史部/地理類/方志之屬/郡縣志

[同治]鉛山縣志三十卷　(清)張廷珩修　(清)華祝三纂　清同治十二年(1873)刻本　十五冊　缺二卷(一至二)

330000－1701－0015242　HJL0764　類叢部/叢書類/彙編之屬

二酉堂叢書(張氏叢書)二十一種　(清)張澍輯　清道光元年(1821)武威張氏二酉堂刻本　十二冊

330000－1701－0015243　普 915.1154/1052.21/c1　史部/地理類/山川之屬/山志

廬山小志二十四卷首一卷　(清)蔡瀛纂　清道光四年(1824)蔡瀛娜嬛別館刻本　六冊

330000－1701－0015244　普 915.1154/1052/4/c1　史部/地理類/山川之屬/山志

廬山志十五卷首一卷　(清)毛德琦撰　清康熙五十九年(1720)順德堂刻乾隆五十八年(1793)龔琰重修本　十冊

330000－1701－0015245　HJL0689　類叢部/叢書類/輯佚之屬

十種古逸書三十卷　(清)茆泮林輯　清道光十四年(1834)梅瑞軒刻二十二年(1842)重印

本　六册

330000－1701－0015246　HJL0950　類叢部/叢書類/彙編之屬
續知不足齋叢書(續鮑叢書)十七種　(清)高承勳編　清渤海高氏刻本　三十二册

330000－1701－0015247　HJL0985　類叢部/叢書類/彙編之屬
文選樓叢書三十一種　(清)阮亨編　清嘉慶至道光阮元刻道光二十二年(1842)阮亨彙印本　二百二册

330000－1701－0015248　普 915.1154/1052/3(2)/c1　史部/地理類/山川之屬/山志
廬山志十五卷首一卷　(清)毛德琦撰　清康熙五十九年(1720)順德堂刻乾隆至宣統遞修本　十六册　存十五卷(首、一至十、十二至十五)

330000－1701－0015250　HJL0781　類叢部/叢書類/彙編之屬
玉海堂景宋元本叢書　劉世珩編　清光緒至民國貴池劉氏玉海堂影刻本　一百二十一册　存十八種

330000－1701－0015251　HJL0908　類叢部/叢書類/自著之屬
春雨樓叢書六種　(清)朱士端撰　清同治元年至四年(1862－1865)寶應朱氏刻本　十二册

330000－1701－0015252　HJL1009　類叢部/叢書類/彙編之屬
聚學軒叢書六十種　劉世珩編　清光緒貴池劉氏刻本　二十三册　存七種

330000－1701－0015253　普 915.1154/1052/3(2)/c2　史部/地理類/山川之屬/山志
廬山志十五卷首一卷　(清)毛德琦撰　清康熙五十九年(1720)順德堂刻乾隆至民國遞修本　十六册　缺一卷(十一)

330000－1701－0015255　普 915.1154/1052.6　類叢部/叢書類/自著之屬
天香全集十一種附一種　(清)舒夢蘭撰　清乾隆至道光刻彙印本　一册　存一種

330000－1701－0015256　HJL0899　類叢部/叢書類/彙編之屬
隨盦徐氏叢書十種續編十種　徐乃昌編　清光緒至民國南陵徐氏刻本　十二册　存十種

330000－1701－0015257　HJH0863　類叢部/叢書類/自著之屬
陶廬叢刻二十種二集十種　王樹枏撰　清光緒至民國新城王氏刻本暨鉛印本　六十六册　存二十四種

330000－1701－0015259　普 915.1154/1052.21/c2　史部/地理類/山川之屬/山志
廬山小志二十四卷首一卷　(清)蔡瀛纂　清道光四年(1824)蔡瀛娜嬛别館刻本　六册

330000－1701－0015260　普 915.1154/1052/3(2)/c3　史部/地理類/山川之屬/山志
廬山志十五卷首一卷　(清)毛德琦撰　清康熙五十九年(1720)順德堂刻乾隆至民國遞修本　十六册

330000－1701－0015261　HJL0774　類叢部/叢書類/彙編之屬
圖書府　劉承幹編　清刻本　八十四册　存二十三種

330000－1701－0015263　HJL0815　類叢部/叢書類/彙編之屬
唐代叢書一百六十四種　(清)王文誥編　清嘉慶十一年(1806)弁山樓刻本　三十六册

330000－1701－0015267　普 915.1154/1058　史部/地理類/專志之屬/書院
白鹿書院志十九卷　(清)毛德琦原訂　(清)周兆蘭重修　清康熙五十七年(1718)刻乾隆道光同治光緒遞修本　八册

330000－1701－0015268　普 915.1241/0029　史部/地理類/方志之屬/郡縣志
[乾隆]杭州府志一百十卷首五卷　(清)邵齊然修　(清)汪沆等纂　清乾隆四十四年(1779)刻本　六十四册　存七十七卷(首一至五,一至六、四十四至六十二、六十四至一

百十）

330000－1701－0015269　HJL0881　類叢部/叢書類/郡邑之屬
海昌叢載三十二種　（清）羊復禮編　清光緒海昌羊氏傳卷樓粤東刻本　四冊　存六種

330000－1701－0015270　普915.1154/1058/2/c2　史部/地理類/專志之屬/書院
白鹿書院志十九卷　（清）毛德琦纂　清康熙五十七年(1718)刻本　六冊

330000－1701－0015271　HJL0806　集部/詩文評類/類編之屬
談藝珠叢二十七種　（清）王啓原編　清光緒十一年(1885)長沙玉尺山房刻本　十二冊

330000－1701－0015272　HJL0849　類叢部/叢書類/彙編之屬
湖海樓叢書續編十四種　（清）張之洞編　清光緒九年(1883)刻本　二十四冊

330000－1701－0015273　HJL0992　類叢部/叢書類/輯佚之屬
玉函山房輯佚書五百九十三種附一種　（清）馬國翰輯　清光緒九年(1883)長沙嫏嬛館刻本　九十八冊　存五百三十二種

330000－1701－0015274　普915.1241/0029.2/c2　史部/地理類/方志之屬/郡縣志
[乾隆]杭州府志一百十卷首六卷　（清）鄭澐修　（清）邵晉涵等纂　清乾隆四十九年(1784)刻本　四十冊

330000－1701－0015275　HJL0835　類叢部/叢書類/輯佚之屬
玉函山房輯佚書五百九十三種附一種　（清）馬國翰輯　清光緒九年(1883)長沙嫏嬛館刻本　一百冊　存五百三十二種

330000－1701－0015276　HJL0787　類叢部/叢書類/輯佚之屬
玉函山房輯佚書五百九十三種附一種　（清）馬國翰輯　清光緒九年(1883)長沙嫏嬛館刻本　五十六冊　存五百三十一種

330000－1701－0015277　HJL0882　類叢部/叢書類/自著之屬
不遠復齋遺書六種　（清）潘士璜輯　清光緒六年(1880)潘遵祁刻本　六冊

330000－1701－0015279　普915.1154/2034/c1　史部/地理類/方志之屬/郡縣志
[同治]都昌縣志十六卷首一卷　（清）狄學耕修　（清）劉庭煇　（清）黄昌蕃纂　清同治十一年(1872)刻本　十冊

330000－1701－0015280　普915.1154/3034/c1　史部/地理類/方志之屬/郡縣志
[同治]建昌縣志十二卷首一卷　（清）陳惟清修　（清）閔芳言　（清）王士彬纂　清同治十年(1871)刻本　十冊

330000－1701－0015281　HJL0952　類叢部/叢書類/彙編之屬
古棠書屋叢書十八種　（清）孫澍　（清）孫錤編　清道光鵝溪孫氏刻本　二十四冊　存十五種

330000－1701－0015282　HJL0650　新學
江南製造局叢刊(江南製造局譯書)　（清）江南製造局編　清光緒江南製造局刻本暨鉛印本　九冊　存三種

330000－1701－0015283　HJL0805　史部/金石類
學古齋金石叢書四集十二種　（清）葛元煦輯　清光緒崇川葛氏學古齋刻本　三十二冊

330000－1701－0015284　HJH0817　史部/金石類
學古齋金石叢書四集十二種　（清）葛元煦輯　清光緒崇川葛氏學古齋刻本　十六冊

330000－1701－0015285　HJH0953　類叢部/叢書類/彙編之屬
武英殿聚珍版書三十九種　清乾隆浙江刻本　一百三冊　存三十七種

330000－1701－0015286　HJL0983　類叢部/叢書類/彙編之屬
武英殿聚珍版書三十九種　清乾隆浙江刻本

一百十四册　存四十四種

330000－1701－0015287　HJL0793　類叢部/叢書類/彙編之屬

三長物齋叢書二十五種　（清）黄本驥編　清道光二十二年至二十八年（1842－1848）湘陰蔣瓌刻本　六十册

330000－1701－0015288　HJL0659　新學

江南製造局叢刊（江南製造局譯書）　（清）江南製造局編　清光緒江南製造局刻本暨鉛印本　一百二十六册　存六十一種

330000－1701－0015289　普915.1154/3034/c2　史部/地理類/方志之屬/郡縣志

［同治］建昌縣志十二卷首一卷　（清）陳惟清修　（清）閔芳言　（清）王士彬纂　清同治十年（1871）刻本　九册　缺一卷（首）

330000－1701－0015291　HJL0994　類叢部/叢書類/彙編之屬

文選樓叢書十種　（清）阮亨編　清嘉慶至道光阮元刻道光二十二年（1842）阮亨彙印本　二十册

330000－1701－0015293　普915.1248/1031/c3　史部/地理類/方志之屬/郡縣志

［嘉慶］西安縣志四十八卷首一卷　（清）姚寶煃修　（清）范崇楷等纂　清嘉慶十六年（1811）刻本　十册

330000－1701－0015294　HJL0965　類叢部/叢書類/彙編之屬

貸園叢書初集十二種四十九卷　（清）周永年編　清乾隆五十四年（1789）歷城周氏竹西書屋重編印益都李文藻等刻本　十六册

330000－1701－0015295　HJL0789　類叢部/叢書類/彙編之屬

述古叢鈔二十八種　（清）劉晚榮編　清同治至光緒古岡劉氏藏修書屋刻本　二十册　存十三種

330000－1701－0015298　普915.1241/0041　史部/地理類/雜志之屬

杭州鄉土地理一卷　清宣統元年（1909）仁和學堂石印本　一册

330000－1701－0015299　HJL0772　類叢部/叢書類/彙編之屬

知服齋叢書二十九種　（清）龍鳳鑣編　清光緒順德龍氏刻本　四十册

330000－1701－0015300　普915.1241/0029.2/c3　史部/地理類/方志之屬/郡縣志

［乾隆］杭州府志一百十卷首六卷　（清）鄭澐修　（清）邵晉涵等纂　清乾隆四十九年（1784）刻本　五十八册　缺五卷（七十二至七十三、八十三至八十五）

330000－1701－0015301　普915.1154/2034/c2　史部/地理類/方志之屬/郡縣志

［同治］都昌縣志十六卷首一卷　（清）狄學耕修　（清）劉庭煇　（清）黄昌蕃纂　清同治十一年（1872）刻本　十册

330000－1701－0015302　普915.1154/1058/(2)　史部/地理類/專志之屬/書院

白鹿書院志十九卷　（清）毛德琦原訂　（清）周兆蘭重修　清康熙刻乾隆道光同治光緒遞修本　五册　存十卷（四至七、十一至十五、十九）

330000－1701－0015304　HJL0976　類叢部/叢書類/彙編之屬

指海一百四十種　（清）錢熙祚編　（清）錢培讓　（清）錢培杰續編　清道光十六年至二十二年（1836－1842）金山錢氏重編增刻借月山房彙鈔本　九十八册　存八十八種

330000－1701－0015306　HJL0951　類叢部/叢書類/彙編之屬

得月簃叢書初刻十種次刻十種五十二卷　（清）榮譽編　清道光九年至十一年（1829－1831）長白榮氏刻本　二十册

330000－1701－0015307　普915.1154/3042　史部/地理類/方志之屬/郡縣志

［光緒］建昌縣鄉土志十二卷首一卷　（清）譚鴻基修　（清）吳士仁纂　清光緒三十三年（1907）刻本　四册

330000－1701－0015309　HJL0947　類叢部/叢書類/彙編之屬

西京清麓叢書正編三十二種續編二十七種外編二十四種　(清)賀瑞麟編　清同治至民國傳經堂刻本　一百三十册　存十四種

330000－1701－0015310　普915.1154/1058/2/(2)　史部/地理類/專志之屬/書院

白鹿書院志十九卷　(清)毛德琦纂　清康熙五十七年(1718)刻本　八册

330000－1701－0015311　普915.1154/2034/c3　史部/地理類/方志之屬/郡縣志

[同治]都昌縣志十六卷首一卷　(清)狄學耕修　(清)劉庭煇　(清)黄昌蕃纂　清同治十一年(1872)刻本　十册

330000－1701－0015312　普915.1154/3052　史部/地理類/山川之屬/山志

雲居山志二十卷　(清)釋元鵬編輯　清抄本　三册

330000－1701－0015314　HJL0755　類叢部/叢書類/彙編之屬

佚存叢書十七種　(日本)林衡編　清光緒八年(1882)上海黄氏木活字印本　三十六册

330000－1701－0015315　普915.1154/1058/3　史部/地理類/專志之屬/書院

白鹿書院志十九卷　(清)毛德琦原訂　(清)周兆蘭重修　清康熙刻乾隆道光同治光緒遞修本　八册

330000－1701－0015316　HJL0894　類叢部/叢書類/彙編之屬

藝海珠塵一百六十四種　(清)吴省蘭輯　清嘉慶南匯吴氏聽彝堂刻本　六十四册

330000－1701－0015317　普915.1241/0085/c1　史部/政書類/軍政之屬/兵制

杭州八旗駐防營志略二十五卷　(清)張大昌輯　清光緒十九年(1893)浙江書局刻本　章嶔題簽　六册

330000－1701－0015319　HJL1011　類叢部/叢書類/彙編之屬

峭帆樓叢書十八種　趙詒琛編　清宣統三年至民國八年(1911－1919)新陽趙氏峭帆樓刻本　十一册　存八種

330000－1701－0015322　HJH0775　類叢部/叢書類/郡邑之屬

貴池先哲遺書(唐石簃叢書、唐石簃彙刻貴池先哲遺書)十七種附刻一種續刊一種附一種　劉世珩編　清光緒二十四年至民國九年(1898－1920)貴池劉氏唐石簃刻民國十五年(1926)續刻彙印本　六十八册

330000－1701－0015323　普915.1154/2034/2　史部/地理類/方志之屬/郡縣志

[同治]都昌縣志十六卷首一卷　(清)狄學耕修　(清)劉庭煇　(清)黄昌蕃纂　清同治十一年(1872)刻光緒二年(1876)補刻本　十册

330000－1701－0015324　普915.1154/4034/c1　史部/地理類/方志之屬/郡縣志

[同治]安義縣志十六卷首一卷末一卷　(清)杜林修　(清)彭斗山　(清)熊寶善纂　清同治十年(1871)木活字印本　八册

330000－1701－0015325　普915.1155/0031　史部/地理類/方志之屬/郡縣志

[嘉慶]九江府志三十卷首一卷　(清)朱榮等修　(清)曹芸細纂　清嘉慶二十三年(1818)刻本　二十册

330000－1701－0015326　普915.1248/1031/(2)　史部/地理類/方志之屬/郡縣志

[嘉慶]西安縣志四十八卷首一卷　(清)姚寶煃修　(清)范崇楷等纂　清嘉慶十六年(1811)刻本　十二册

330000－1701－0015327　HJL1003　新學/雜著/叢編

西政叢書三十二種　梁啓超編　清光緒二十三年(1897)上海慎記書莊石印本　三十二册

330000－1701－0015329　HJL0657　類叢部/叢書類/彙編之屬

咫進齋叢書三十七種　(清)姚覲元編　清光緒九年(1883)歸安姚氏刻本　三十册　存三

十五種

330000－1701－0015330　HJL0979　史部/政書類/邦計之屬

財政叢書二十一種　(清)昌言報館輯　清光緒二十九年(1903)上海會文學社石印本　十二册

330000－1701－0015332　HJL0658　類叢部/叢書類/彙編之屬

觀自得齋叢書二十三種别集六種　(清)徐士愷編　清光緒十三年至二十年(1887－1894)石埭徐氏刻本　二十四册

330000－1701－0015333　HJL0705　類叢部/叢書類/彙編之屬

藝苑捃華四十八種　(清)顧之逵編　清同治刻本　三十二册

330000－1701－0015334　HJL0718　類叢部/叢書類/彙編之屬

正誼齋叢書十種　(清)汪昌序編　清康熙至道光二十年(1840)汪氏刻彙印本　三十六册

330000－1701－0015335　普915.1155/1034/c1　史部/地理類/方志之屬/郡縣志

[同治]德化縣志五十四卷首一卷　(清)陳鼒修　(清)吳彬等纂　清同治十一年(1872)刻本　十六册

330000－1701－0015336　普915.1156/5034　史部/地理類/方志之屬/郡縣志

[同治]瀘谿縣志十四卷首一卷　(清)楊松兆　(清)孫毓秀修　(清)彭鍾華等纂　清同治九年(1870)刻本　八册

330000－1701－0015337　普915.1155/0034/c1　史部/地理類/方志之屬/郡縣志

[同治]九江府志五十四卷首一卷末一卷　(清)達春布修　(清)黄鳳樓　(清)歐陽燾纂　清同治十三年(1874)刻本　二十二册

330000－1701－0015338　普915.1154/4034/c2　史部/地理類/方志之屬/郡縣志

[同治]安義縣志十六卷首一卷末一卷　(清)杜林修　(清)彭斗山　(清)熊寶善纂　清同治十年(1871)木活字印本　八册

330000－1701－0015339　普915.1155/1034/c3　史部/地理類/方志之屬/郡縣志

[同治]德化縣志五十四卷首一卷　(清)陳鼒修　(清)吳彬等纂　清同治十一年(1872)刻本　二十七册　缺四卷(首、一至三)

330000－1701－0015340　普915.1155/1051　集部/總集類/郡邑之屬

輯刻琵琶亭詩不分卷　(清)唐英輯　清乾隆十一年(1746)唐氏古柏堂刻本　一册

330000－1701－0015341　普811.17/10012　集部/别集類/清别集

韻篁樓吟稾二卷　(清)王文瑞撰　清末刻本　二册

330000－1701－0015342　普915.1155/1034/c2　史部/地理類/方志之屬/郡縣志

[同治]德化縣志五十四卷首一卷　(清)陳鼒修　(清)吳彬等纂　清同治十一年(1872)刻本　十五册　缺五卷(三十二至三十六)

330000－1701－0015343　HJH0648　類叢部/叢書類/彙編之屬

清頌堂叢書八種　(清)黄奭輯　清道光甘泉黄氏刻本　二十册　存七種

330000－1701－0015344　普915.1155/3034　史部/地理類/方志之屬/郡縣志

[同治]瑞昌縣志十卷首一卷　(清)姚暹修　(清)馮士傑等纂　清同治十年(1871)瀼溪試院刻本　十二册

330000－1701－0015345　HJL0727　類叢部/叢書類/彙編之屬

春暉堂叢書十二種　(清)徐渭仁編　清道光至咸豐上海徐渭仁刻同治九年至十年(1870－1871)徐允臨補刻彙印本　十册　存九種

330000－1701－0015346　HJL0722　類叢部/叢書類/彙編之屬

連筠簃叢書十二種　(清)楊尚文編　清道光二十七年至二十九年(1847－1849)靈石楊氏刻本(羣書治要卷四、十三、二十原缺)　三十

六册

330000－1701－0015347 HJH0721 類叢部/叢書類/郡邑之屬

貴池先哲遺書(唐石簃叢書、唐石簃彙刻貴池先哲遺書)十七種附刻一種續刊一種附一種 劉世珩編 清光緒二十四年至民國九年(1898－1920)貴池劉氏唐石簃刻民國十五年(1926)續刻彙印本 六十三册 缺附一種

330000－1701－0015349 HJL0726 類叢部/叢書類/彙編之屬

敏果齋七種 (清)許乃釗編 清道光十二年至二十九年(1832－1849)錢塘許氏刻彙印本 十五册

330000－1701－0015350 HJL0663 類叢部/叢書類/郡邑之屬

貴池先哲遺書(唐石簃叢書、唐石簃彙刻貴池先哲遺書)十七種附刻一種續刊一種附一種 劉世珩編 清光緒二十四年至民國九年(1898－1920)貴池劉氏唐石簃刻民國十五年(1926)續刻彙印本 六十四册

330000－1701－0015351 普 915.1241/00851/c1 集部/别集類/清别集

可園外集四卷 三多撰 清末石印本 一册 存一卷(柳營謠)

330000－1701－0015352 HJL0712 類叢部/叢書類/彙編之屬

當歸草堂叢書八種 (清)丁丙編 清同治二年至五年(1863－1866)錢塘丁氏刻本 六册

330000－1701－0015354 HJL0780 類叢部/叢書類/郡邑之屬

湖北叢書三十種 (清)趙尚輔編 清光緒十七年(1891)三餘草堂刻本 一百册

330000－1701－0015355 HJL1000 類叢部/叢書類/自著之屬

徐位山先生六種 (清)徐文靖撰 清雍正至乾隆刻志寧堂彙印本 十五册 存四種

330000－1701－0015356 普 915.1241/00851/c2 集部/别集類/清别集

可園外集四卷 三多撰 清末石印本 一册 存一卷(柳營謠)

330000－1701－0015357 HJL0702 類叢部/叢書類/彙編之屬

明辨齋叢書三十二種 (清)余肇鈞編 清同治元年至九年(1862－1870)長沙余氏刻本 六册 存七種

330000－1701－0015358 HJL0813 類叢部/叢書類/郡邑之屬

湖北叢書三十種 (清)趙尚輔編 清光緒十七年(1891)三餘草堂刻本 八十册

330000－1701－0015359 普 915.1154/4034/c3 史部/地理類/方志之屬/郡縣志

[同治]安義縣志十六卷首一卷末一卷 (清)杜林修 (清)彭斗山 (清)熊寶善纂 清同治十年(1871)木活字印本 八册

330000－1701－0015360 普 915.1155/2034/c1 史部/地理類/方志之屬/郡縣志

[同治]德安縣志十五卷 (清)沈建勳修 (清)程景周等纂 清同治十年(1871)刻本 八册

330000－1701－0015361 普 915.1155/2034/c2 史部/地理類/方志之屬/郡縣志

[同治]德安縣志十五卷 (清)沈建勳修 (清)程景周等纂 清同治十年(1871)刻本 九册 缺一卷(一)

330000－1701－0015362 普 915.1155/0034/c2 史部/地理類/方志之屬/郡縣志

[同治]九江府志五十四卷首一卷末一卷 (清)達春布修 (清)黄鳳樓 (清)歐陽燾纂 清同治十三年(1874)刻本 二十三册 缺四卷(首、一至三)

330000－1701－0015363 HJL0765 類叢部/叢書類/郡邑之屬

湖州叢書十二種 (清)陸心源編 清光緒湖城義塾刻本 二十四册

330000－1701－0015364 HJL0719 類叢部/叢書類/彙編之屬

小石山房叢書三十八種 (清)顧湘編 清道光刻同治十三年(1874)虞山顧氏補刻本 十六册

330000－1701－0015365 HJL0754 類叢部/叢書類/自著之屬
竹柏山房十五種附刻八種 (清)林春溥撰 清嘉慶至咸豐竹柏山房刻本 四十册 存十四種

330000－1701－0015366 普915.1241/0085/c2 史部/政書類/軍政之屬/兵制
杭州八旗駐防營志略二十五卷 (清)張大昌輯 清光緒十九年(1893)浙江書局刻本 六册

330000－1701－0015367 普915.1155/4052/c1 史部/地理類/山川之屬/山志
石鐘山志十六卷首一卷 (清)李成謀 (清)丁義方撰 清光緒九年(1883)聽濤眺雨軒刻本 八册

330000－1701－0015368 HJL0779 類叢部/叢書類/郡邑之屬
畿輔叢書一百三十種 (清)王灝編 清光緒五年至十八年(1879－1892)定州王氏謙德堂刻三十二年(1906)彙印本(元和郡縣圖志卷十九至二十、二十三至二十四、三十五至三十六原缺) 四百三十二册

330000－1701－0015369 普915.1156/0034/c1 史部/地理類/方志之屬/郡縣志
[同治]建昌府志十卷首一卷 (清)邵子彝修 (清)魯琪光纂 清同治十一年(1872)刻光緒五年(1879)重印本 二十八册

330000－1701－0015370 普175.3/2845.07/c1 史部/職官類/官箴之屬
牧令書輯要十卷 (清)徐棟輯 (清)丁日昌重編 清同治七年(1868)江蘇書局刻朱印本 十册

330000－1701－0015371 HJL0734 類叢部/叢書類/家集之屬
學壽堂叢書十二種 徐紹楨編 清咸豐至光緒番禺徐氏梧州刻本 二十六册

330000－1701－0015372 HJH0972 類叢部/叢書類/家集之屬
學壽堂叢書十二種 徐紹楨編 清咸豐至光緒番禺徐氏梧州刻本 二十五册

330000－1701－0015374 HJL0884 經部/叢編
江都淩氏蜚雲閣叢書 六種 (清)淩曙撰 清嘉慶至道光江都淩氏蜚雲閣刻本 十六册

330000－1701－0015375 普915.1156/1034/c1 史部/地理類/方志之屬/郡縣志
[同治]南城縣志十卷首一卷 (清)李人鏡修 (清)梅體萱纂 清同治十二年(1873)刻本 二十四册

330000－1701－0015376 HJL0733 類叢部/叢書類/彙編之屬
二餘堂叢書二十二種 (清)師範編 清嘉慶八年至九年(1803－1804)小停雲館刻本 二十册

330000－1701－0015377 HJL0768 類叢部/叢書類/自著之屬
寂園叢書 陳瀏撰 清宣統至民國鉛印本 二十八册

330000－1701－0015378 普915.1155/4052/c3 史部/地理類/山川之屬/山志
石鐘山志十六卷首一卷 (清)李成謀 (清)丁義方撰 清光緒九年(1883)聽濤眺雨軒刻本 八册

330000－1701－0015379 HJL0654 類叢部/叢書類/自著之屬
楊氏全書八種三十七卷 (清)楊名時撰 清光緒三十四年至宣統元年(1908－1909)南菁高等學堂刻本 十册

330000－1701－0015380 普915.1156/1052/c1 史部/地理類/山川之屬/山志
重刊麻姑山志十二卷 (清)黃家駒輯 清同治五年(1866)黃家駒洞天書屋刻本 六册

330000－1701－0015381　普 915.1156/0034/c2　史部/地理類/方志之屬/郡縣志

[同治]建昌府志十卷首一卷　(清)邵子彝修　(清)魯琪光纂　清同治十一年(1872)刻本　四十冊　缺一卷(首)

330000－1701－0015382　普 915.1241/0085/c3　史部/政書類/軍政之屬/兵制

杭州八旗駐防營志略二十五卷　(清)張大昌輯　清光緒十九年(1893)浙江書局刻本　六冊

330000－1701－0015383　普 915.1156/2034/c1　史部/地理類/方志之屬/郡縣志

[同治]江西新城縣志十二卷首一卷末一卷　(清)劉昌嶽　(清)金時宣修　(清)鄧家祺等纂　清同治十年(1871)刻本　十六冊

330000－1701－0015384　普 915.1155/5034　史部/地理類/方志之屬/郡縣志

[同治]彭澤縣志十八卷　(清)趙宗耀　(清)陳文慶修　(清)歐陽燾等纂　清同治十二年(1873)刻本　十五冊

330000－1701－0015385　普 915.1155/4052/c4　史部/地理類/山川之屬/山志

石鐘山志十六卷首一卷　(清)李成謀　(清)丁義方撰　清光緒九年(1883)聽濤眺雨軒刻本　八冊

330000－1701－0015387　HJH0756　類叢部/叢書類/自著之屬

六譯館叢書七十三種　廖平撰　清光緒至民國刻民國十年(1921)四川存古書局彙印本　七十六冊　存七十種

330000－1701－0015388　普 915.1156/1034/c2　史部/地理類/方志之屬/郡縣志

[同治]南城縣志十卷首一卷　(清)李人鏡修　(清)梅體萱纂　清同治十二年(1873)刻本　二十三冊　缺二卷(首、一)

330000－1701－0015389　普 915.1241/0085/c4　史部/政書類/軍政之屬/兵制

杭州八旗駐防營志略二十五卷　(清)張大昌輯　清光緒十九年(1893)浙江書局刻本　六冊

330000－1701－0015390　HJL0766　類叢部/叢書類/郡邑之屬

台州叢書(名山堂叢書)九種　(清)宋世犖編　清嘉慶至道光臨海宋氏刻本　二十冊　存七種

330000－1701－0015391　HJL0759　類叢部/叢書類/家集之屬

如皋冒氏叢書三十四種附二種　冒廣生輯　清光緒至民國如皋冒氏刻本　二十冊　存二十五種

330000－1701－0015392　普 915.1155/4052/c5　史部/地理類/山川之屬/山志

石鐘山志十六卷首一卷　(清)李成謀　(清)丁義方撰　清光緒九年(1883)聽濤眺雨軒刻本　八冊

330000－1701－0015393　HJL0751　類叢部/叢書類/家集之屬

馬氏叢刻(關西馬氏叢書、馬氏家集)二十四種附三種　(清)馬先登編　清同治關中馬氏敦倫堂刻本　十一冊　存七種

330000－1701－0015394　HJH0696　類叢部/叢書類/家集之屬

如皋冒氏叢書三十四種附二種　冒廣生輯　清光緒至民國如皋冒氏刻本　二十三冊　存二十八種

330000－1701－0015395　HJL0931　類叢部/叢書類/家集之屬

如皋冒氏叢書三十四種附二種　冒廣生輯　清光緒至民國如皋冒氏刻本　二十四冊　存二十六種

330000－1701－0015396　HJL0792　類叢部/叢書類/家集之屬

雷氏叢書六種　(清)雷學淇編　清道光刻本　十冊

330000－1701－0015397　普 951.1155/4034/c1　史部/地理類/方志之屬/郡縣志

[同治]湖口縣志十卷首一卷 (清)殷禮 (清)張興言修 (清)周謨等纂 清同治十三年(1874)刻本 十二册

330000－1701－0015398 普915.1156/1052/c2 史部/地理類/山川之屬/山志

重刊麻姑山志十二卷 (清)黄家駒輯 清同治五年(1866)黄家駒洞天書屋刻本 六册

330000－1701－0015399 普915.1156/4034/c1 史部/地理類/方志之屬/郡縣志

[同治]廣昌縣志十卷首一卷 (清)曾毓璋纂修 清同治六年(1867)刻本 十册

330000－1701－0015400 HJL0653 類叢部/叢書類/自著之屬

春在堂全書三十六種 (清)俞樾撰 清同治至光緒刻光緒末彙印本 一百六十册

330000－1701－0015403 普915.1156/2034/c2 史部/地理類/方志之屬/郡縣志

[同治]江西新城縣志十二卷首一卷末一卷 (清)劉昌嶽 (清)金時宣修 (清)鄧家祺等纂 清同治十年(1871)刻本 十五册 缺二卷(首、一)

330000－1701－0015405 HJL1006 集部/戲劇類/傳奇之屬

碧聲吟館叢書六種 (清)許善長撰 清光緒仁和許善長碧聲吟館刻本 十二册

330000－1701－0015406 HJL0777 集部/詞類/類編之屬

詞學叢書六種 (清)秦恩復編 清嘉慶至道光江都秦恩復享帚精舍刻本 十册

330000－1701－0015408 普915.1157/0035 史部/地理類/方志之屬/郡縣志

[光緒]撫州府志八十六卷首一卷 (清)許應鑅 (清)陳增 (清)朱澄瀾修 (清)謝煌等纂 清光緒二年(1876)刻本 三十一册 缺十卷(一至二、四十一至四十四、五十四至五十五、六十一至六十二)

330000－1701－0015409 普915.1156/3034/c1 史部/地理類/方志之屬/郡縣志

[同治]南豐縣志四十六卷首一卷末一卷 (清)柏春修 (清)魯琪光等纂 清同治十年(1871)刻本 二十八册

330000－1701－0015410 普915.1157/0035/(2)/c1 史部/地理類/方志之屬/郡縣志

[光緒]撫州府志八十六卷首一卷 (清)許應鑅 (清)陳增 (清)朱澄瀾修 (清)謝煌等纂 清光緒二年(1876)刻本 四十册

330000－1701－0015411 HJH0826 類叢部/叢書類/彙編之屬

清頌堂叢書九種附一種 (清)黄奭編 (清)潘世恩重編 清道光潘氏刻本 十九册 存六種

330000－1701－0015412 普915.1156/3034/c2 史部/地理類/方志之屬/郡縣志

[同治]南豐縣志四十六卷首一卷末一卷 (清)柏春修 (清)魯琪光等纂 清同治十年(1871)刻本 二十七册 缺一卷(首)

330000－1701－0015413 普915.1157/1034/c1 史部/地理類/方志之屬/郡縣志

[同治]臨川縣志五十四卷首一卷末一卷 (清)童範儼修 (清)陳慶齡等纂 清同治九年(1870)刻本 二十四册

330000－1701－0015414 HJH0649 類叢部/叢書類/彙編之屬

清頌堂叢書八種 (清)黄奭編 清道光甘泉黄氏刻本 十九册 存六種

330000－1701－0015415 普915.1156/4034/c2 史部/地理類/方志之屬/郡縣志

[同治]廣昌縣志十卷首一卷 (清)曾毓璋纂修 清同治六年(1867)刻本 九册 缺二卷(首、一)

330000－1701－0015416 HJL0964 類叢部/叢書類/彙編之屬

清頌堂叢書八種 (清)黄奭編 清道光甘泉黄氏刻本 十四册

330000－1701－0015417 普915.1241/1027/c1 史部/地理類/方志之屬/郡縣志

[康熙]錢塘縣志三十六卷首一卷 （清）魏𡺸修 （清）裘璉等纂 清康熙五十七年(1718)刻本 十册

330000－1701－0015418 HJH0652 類叢部/叢書類/彙編之屬

正誼堂全書六十三種續刻五種 （清）張伯行編 （清）楊浚重編 清同治五年(1866)福州正誼書院刻同治八年至光緒十三年(1869－1887)續刻本 一百六十册

330000－1701－0015419 普 915.1157/3034/c1 史部/地理類/方志之屬/郡縣志

[同治]金谿縣志三十六卷首一卷末一卷 （清）程芳修 （清）鄭浴修等纂 清同治九年(1870)刻本 十六册

330000－1701－0015420 普 915.1157/1056.2 史部/地理類/專志之屬/古跡

續修文昌橋志畧四卷附一卷 （清）何元熙纂修 清道光二十四年(1844)刻本 二册

330000－1701－0015421 普 915.1157/1034/c2 史部/地理類/方志之屬/郡縣志

[同治]臨川縣志五十四卷首一卷末一卷 （清）童範儼修 （清）陳慶齡等纂 清同治九年(1870)刻本 二十四册

330000－1701－0015422 普 915.1157/1034/c3 史部/地理類/方志之屬/郡縣志

[同治]臨川縣志五十四卷首一卷末一卷 （清）童範儼修 （清）陳慶齡等纂 清同治九年(1870)刻本 二十三册 缺一卷(首)

330000－1701－0015423 HJL0830 經部/叢編

四益館經學叢書 廖平撰 清光緒廖氏成都刻本 十四册 存十三種

330000－1701－0015424 普 915.1157/1056 史部/地理類/專志之屬/古跡

重修文昌橋志八卷附錄一卷 （清）秦沅撰 清光緒八年(1882)刻本 三册

330000－1701－0015425 普 915.1157/0035/(2)/c2 史部/地理類/方志之屬/郡縣志

[光緒]撫州府志八十六卷首一卷 （清）許應鑅 （清）陳增 （清）朱澄瀾修 （清）謝煌等纂 清光緒二年(1876)刻三十二年(1906)增刻本 四十册

330000－1701－0015426 普 915.1157/2034/c1 史部/地理類/方志之屬/郡縣志

[同治]崇仁縣志十卷首一卷附編二卷 （清）盛銓等修 （清）黃炳奎等纂 清同治十二年(1873)刻本 二十册 缺二卷(附編一至二)

330000－1701－0015427 普 915.1157/3032 史部/地理類/方志之屬/郡縣志

[道光]金谿縣志二十六卷首一卷 （清）松安等纂修 清道光六年(1826)刻本 九册 缺二卷(首、一)

330000－1701－0015428 HJL0911 史部/金石類

學古齋金石叢書四集十二種 （清）葛元煦輯 清光緒崇川葛氏學古齋刻本 十六册

330000－1701－0015429 普 915.1157/2034/c2 史部/地理類/方志之屬/郡縣志

[同治]崇仁縣志十卷首一卷附編二卷 （清）盛銓等修 （清）黃炳奎等纂 清同治十二年(1873)刻本 二十一册 缺一卷(首)

330000－1701－0015430 HJL0753 經部/叢編

孫谿朱氏經學叢書初編三十八卷 （清）朱記榮輯 清光緒吳縣朱氏槐廬刻本 十二册

330000－1701－0015431 普 915.1241/1027/c2 史部/地理類/方志之屬/郡縣志

[康熙]錢塘縣志三十六卷首一卷 （清）魏𡺸修 （清）裘璉等纂 清康熙五十七年(1718)刻本 十二册

330000－1701－0015432 普 915.1157/5034 史部/地理類/方志之屬/郡縣志

[同治]樂安縣志十一卷首一卷附二卷 （清）朱奎章修 （清）胡芳杏纂 清同治十年(1871)刻本 八册

330000－1701－0015434 普 915.1157/4034/

c1　史部/地理類/方志之屬/郡縣志

[同治]宜黄縣志五十卷首一卷　(清)張興言等修　(清)謝煌等纂　清同治十年(1871)刻本　二十四册

330000－1701－0015435　普915.1157/3034/c2　史部/地理類/方志之屬/郡縣志

[同治]金谿縣志三十六卷首一卷末一卷　(清)程芳修　(清)鄭浴修等纂　清同治九年(1870)刻本　十六册

330000－1701－0015436　普915.1241/3042　集部/曲類/散曲之屬

駢枝生踏歌二卷旨一卷　(清)卜曙編　清光緒二十六年(1900)聯理枝館刻本　二册

330000－1701－0015437　普915.1157/6034/c1　史部/地理類/方志之屬/郡縣志

[同治]江西東鄉縣志十六卷首一卷末一卷　(清)李士棻　(清)王維新修　(清)胡業恒纂　清同治八年(1869)刻本　十册

330000－1701－0015439　HJL0680　類叢部/叢書類/郡邑之屬

武林往哲遺箸五十二種後編十種　(清)丁丙編　清光緒二十年至二十六年(1894－1900)錢塘丁氏嘉惠堂刻本　六十四册　存四十九種

330000－1701－0015441　普915.1157/3034/c3　史部/地理類/方志之屬/郡縣志

[同治]金谿縣志三十六卷首一卷末一卷　(清)程芳修　(清)鄭浴修等纂　清同治九年(1870)刻本　十五册　缺四卷(首、一至三)

330000－1701－0015444　普915.1157/4034/c2　史部/地理類/方志之屬/郡縣志

[同治]宜黄縣志五十卷首一卷　(清)張興言等修　(清)謝煌等纂　清同治十年(1871)刻本　二十四册

330000－1701－0015445　普915.1157/5027　史部/地理類/方志之屬/郡縣志

[康熙]樂安縣志十卷　(清)方湛修　(清)詹相廷等纂　清康熙二十三年(1684)刻本　六册

330000－1701－0015446　普915.1157/4034/c3　史部/地理類/方志之屬/郡縣志

[同治]宜黄縣志五十卷首一卷　(清)張興言等修　(清)謝煌等纂　清同治十年(1871)刻本　二十四册

330000－1701－0015447　HJL0641　類叢部/叢書類/自著之屬

率祖堂叢書(金仁山先生遺書、婺學十四種)八種附六種　(宋)金履祥撰　清雍正至乾隆金華金氏刻光緒十三年(1887)鎮海謝駿德補刻本　二十册　存八種附二種

330000－1701－0015448　普915.1241/1042　集部/總集類/謠諺之屬

集杭諺詩一卷　(清)邵懿辰輯　清光緒二年(1876)仁和葛氏刻民國二十五年(1936)重印本　一册

330000－1701－0015449　普915.1157/4034/c4　史部/地理類/方志之屬/郡縣志

[同治]宜黄縣志五十卷首一卷　(清)張興言等修　(清)謝煌等纂　清同治十年(1871)刻本　二十三册　缺一卷(首)

330000－1701－0015450　普915.1157/6034/c2　史部/地理類/方志之屬/郡縣志

[同治]江西東鄉縣志十六卷首一卷末一卷　(清)李士棻　(清)王維新修　(清)胡業恒纂　清同治八年(1869)刻本　九册　缺三卷(首、一至二)

330000－1701－0015452　普915.1158/0034/c1　史部/地理類/方志之屬/郡縣志

[同治]臨江府志三十二卷首一卷　(清)德馨　(清)鮑孝光修　(清)朱孫詒　(清)陳錫麟纂　清同治十年(1871)刻本　六册

330000－1701－0015453　普915.1158/3034/c1　史部/地理類/方志之屬/郡縣志

[同治]新喻縣志十六卷首一卷　(清)文聚奎　(清)祥安修　(清)吳增逵纂　清同治十二年(1873)刻本　十二册

330000－1701－0015455　普 915.1158/4034/c1　史部/地理類/方志之屬/郡縣志
[同治]峽江縣志十卷首一卷　(清)暴大儒等修　(清)廖其觀纂　清同治十年(1871)刻本　八冊

330000－1701－0015457　HJL0757　類叢部/叢書類/彙編之屬
稗海四十六種續稗海二十四種　(明)商濬編　明萬曆商氏半埜堂刻清康熙重編補刻本　六十冊　缺一卷(儲莘谷祛疑說纂)

330000－1701－0015459　普 915.1158/3034/c2　史部/地理類/方志之屬/郡縣志
[同治]新喻縣志十六卷首一卷　(清)文聚奎　(清)祥安修　(清)吳增逵纂　清同治十二年(1873)刻本　十二冊

330000－1701－0015460　普 915.1158/2034/c1　史部/地理類/方志之屬/郡縣志
[同治]新淦縣志十卷首一卷　(清)王肇賜　(清)徐道昌修　(清)陳錫麟纂　清同治十二年(1873)木活字印本　十六冊

330000－1701－0015461　普 915.1158/0034/c2　史部/地理類/方志之屬/郡縣志
[同治]臨江府志三十二卷首一卷　(清)德馨　(清)鮑孝光修　(清)朱孫詒　(清)陳錫麟纂　清同治十年(1871)刻本　六冊

330000－1701－0015462　普 915.1158/1034/c1　史部/地理類/方志之屬/郡縣志
[同治]清江縣志十卷首一卷　(清)潘懿　(清)胡湛修　(清)朱孫詒纂　清同治九年(1870)刻本　十冊

330000－1701－0015463　普 915.1158/3034/c3　史部/地理類/方志之屬/郡縣志
[同治]新喻縣志十六卷首一卷　(清)文聚奎　(清)祥安修　(清)吳增逵纂　清同治十二年(1873)刻本　十二冊

330000－1701－0015464　普 915.1155/4034/c2　史部/地理類/方志之屬/郡縣志
[同治]湖口縣志十卷首一卷　(清)殷禮　(清)張興言修　(清)周謨等纂　清同治十三年(1874)刻本　十一冊　缺二卷(首、一)

330000－1701－0015465　普 915.1158/2034/c2　史部/地理類/方志之屬/郡縣志
[同治]新淦縣志十卷首一卷　(清)王肇賜　(清)徐道昌修　(清)陳錫麟纂　清同治十二年(1873)木活字印本　十五冊　缺一卷(首)

330000－1701－0015467　普 915.1159/0029/c1　史部/地理類/方志之屬/郡縣志
[乾隆]吉安府志七十四卷首一卷　(清)盧崧修　(清)朱承煦　(清)林有席纂　清乾隆四十一年(1776)刻道光二十二年(1842)李鎔經補刻本　四十冊

330000－1701－0015468　普 915.1158/1034/c2　史部/地理類/方志之屬/郡縣志
[同治]清江縣志十卷首一卷　(清)潘懿　(清)胡湛修　(清)朱孫詒纂　清同治九年(1870)刻本　十冊

330000－1701－0015469　普 915.1158/3034/c4　史部/地理類/方志之屬/郡縣志
[同治]新喻縣志十六卷首一卷　(清)文聚奎　(清)祥安修　(清)吳增逵纂　清同治十二年(1873)刻本　十二冊

330000－1701－0015470　普 915.1158/1034/c3　史部/地理類/方志之屬/郡縣志
[同治]清江縣志十卷首一卷　(清)潘懿　(清)胡湛修　(清)朱孫詒纂　清同治九年(1870)刻本　十冊

330000－1701－0015471　HJL0910　類叢部/叢書類/彙編之屬
晨風閣叢書二十二種　沈宗畸編　清宣統元年(1909)番禺沈氏刻本　十六冊

330000－1701－0015472　普 915.1158/0034/c3　史部/地理類/方志之屬/郡縣志
[同治]臨江府志三十二卷首一卷　(清)德馨　(清)鮑孝光修　(清)朱孫詒　(清)陳錫麟纂　清同治十年(1871)刻本　十五冊　存三十二卷(一至三十二)

330000－1701－0015473　HJL0725　史部/雜史類
叢書十二種　(清)葉騰驤編　清道光二十四年(1844)品石山房木活字印本　十二册

330000－1701－0015474　普 915.1159/0035/c1　史部/地理類/方志之屬/郡縣志
[光緒]吉安府志五十三卷首一卷　(清)定祥　(清)特克紳布修　(清)劉繹　(清)周立瀛纂　清光緒二年(1876)刻本　四十册

330000－1701－0015476　普 915.1159/1034/c1　史部/地理類/方志之屬/郡縣志
[同治]廬陵縣志五十六卷首一卷補編一卷　(清)陳汝禎等修　(清)匡汝諧等纂　清同治十二年(1873)刻本　三十二册

330000－1701－0015477　普 915.1158/4034/c2　史部/地理類/方志之屬/郡縣志
[同治]峽江縣志十卷首一卷　(清)暴大儒等修　(清)廖其觀纂　清同治十年(1871)刻本　八册

330000－1701－0015480　普 915.1159/0035/c2　史部/地理類/方志之屬/郡縣志
[光緒]吉安府志五十三卷首一卷　(清)定祥　(清)特克紳布修　(清)劉繹　(清)周立瀛纂　清光緒二年(1876)刻本　四十册

330000－1701－0015483　普 915.1159/1034/c2　史部/地理類/方志之屬/郡縣志
[同治]廬陵縣志五十六卷首一卷補編一卷　(清)陳汝禎等修　(清)匡汝諧等纂　清同治十二年(1873)刻本　三十一册

330000－1701－0015485　普 915.1159/0035/c3　史部/地理類/方志之屬/郡縣志
[光緒]吉安府志五十三卷首一卷　(清)定祥　(清)特克紳布修　(清)劉繹　(清)周立瀛纂　清光緒二年(1876)刻本　四十七册

330000－1701－0015487　普 915.1159/0029/c2　史部/地理類/方志之屬/郡縣志
[乾隆]吉安府志七十四卷首一卷　(清)盧崧修　(清)朱承煦　(清)林有席纂　清乾隆四十一年(1776)刻道光二十二年(1842)李鎔經補刻本　四十册

330000－1701－0015488　普 915.1159/2035/c1　史部/地理類/方志之屬/郡縣志
[同治]泰和縣志三十卷首一卷　(清)宋瑛等修　(清)彭啓瑞等纂　(清)周之鏞續纂修　清光緒四年(1878)刻本　十四册　缺三卷(一至二、二十二)

330000－1701－0015491　普 915.1241/1024/c1、普 915.1241/2024/c5　類叢部/叢書類/郡邑之屬
武林掌故叢編一百八十七種　(清)丁丙編　清光緒三年至二十六年(1877－1900)錢塘丁氏嘉惠堂刻本　十二册　存二種

330000－1701－0015492　普 915.1158/4034/c3　史部/地理類/方志之屬/郡縣志
[同治]峽江縣志十卷首一卷　(清)暴大儒等修　(清)廖其觀纂　清同治十年(1871)刻本　八册

330000－1701－0015493　普 915.1159/1052/c2　史部/地理類/山川之屬/山志
青原志略十三卷首一卷　(清)釋大然編　(清)施閏章補　清康熙八年(1669)刻本　三册　缺三卷(十一至十三)

330000－1701－0015496　HJL1066　子部/藝術類/書畫之屬/畫譜
蘭石書譜四卷　(清)吳煥采繪　清光緒二十年(1894)石印本　四册

330000－1701－0015498　普 915.1159/2035/c2　史部/地理類/方志之屬/郡縣志
[同治]泰和縣志三十卷首一卷　(清)宋瑛等修　(清)彭啓瑞等纂　(清)周之鏞續纂修　清光緒四年(1878)刻本　十四册　缺三卷(首、一至二)

330000－1701－0015500　普 915.1241/1024/c4　類叢部/叢書類/郡邑之屬
武林掌故叢編一百八十七種　(清)丁丙編　清光緒三年至二十六年(1877－1900)錢塘丁

氏嘉惠堂刻本　六冊　存一種

330000－1701－0015501　普 915.1159/2035/c3　史部/地理類/方志之屬/郡縣志
[同治]泰和縣志三十卷首一卷　(清)宋瑛等修　(清)彭啓瑞等纂　(清)周之鏞續纂修　清光緒四年(1878)刻本　十五冊　缺一卷(首)

330000－1701－0015502　普 915.1159/3035/c1　史部/地理類/方志之屬/郡縣志
[光緒]吉水縣志六十六卷首一卷　(清)彭際盛等修　(清)胡宗元纂　清光緒元年(1875)刻三年(1877)增修本　二十冊

330000－1701－0015503　普 915.1159/5034/c1　史部/地理類/方志之屬/郡縣志
[同治]安福縣志十八卷首一卷末一卷　(清)姚濬昌修　(清)周立瀛等纂　清同治十一年(1872)刻本　二十冊

330000－1701－0015504　普 915.1159/4034　史部/地理類/方志之屬/郡縣志
[同治]永豐縣志四十卷　(清)雙貴　(清)王建中修　(清)劉繹等纂　清同治十三年(1874)刻本　二十冊

330000－1701－0015505　普 915.1159/2035/(2)　史部/地理類/方志之屬/郡縣志
[同治]泰和縣志三十卷首一卷　(清)宋瑛等修　(清)彭啓瑞等纂　(清)周之鏞續纂修　清光緒四年(1878)刻本　十六冊

330000－1701－0015506　HJL1058　子部/藝術類/書畫之屬/法帖
草訣百韻歌一卷王右軍十七帖文一卷　清刻本　一冊

330000－1701－0015507　普 915.1241/1024/(2)　類叢部/叢書類/郡邑之屬
武林掌故叢編一百八十七種　(清)丁丙編　清光緒三年至二十六年(1877－1900)錢塘丁氏嘉惠堂刻本　一冊　存一種

330000－1701－0015508　普 915.1159/5034/c2　史部/地理類/方志之屬/郡縣志
[同治]安福縣志十八卷首一卷末一卷　(清)姚濬昌修　(清)周立瀛等纂　清同治十一年(1872)刻本　十二冊

330000－1701－0015509　HJL1078　子部/藝術類/書畫之屬/畫法畫品
松壺畫贅二卷畫憶二卷　(清)錢杜撰　清光緒六年(1880)吳縣潘祖蔭八喜齋刻本　二冊

330000－1701－0015510　普 915.1241/1024/(3)、普 915.1241/2024/c2　類叢部/叢書類/郡邑之屬
武林掌故叢編一百八十七種　(清)丁丙編　清光緒三年至二十六年(1877－1900)錢塘丁氏嘉惠堂刻本　十冊　存二種

330000－1701－0015511　普 915.1159/7034/c1　史部/地理類/方志之屬/郡縣志
[同治]萬安縣志二十卷首一卷末一卷　(清)歐陽駿修　(清)周之鏞纂　清同治十二年(1873)刻本　十二冊

330000－1701－0015512　普 915.1159/8034/c1　史部/地理類/方志之屬/郡縣志
[同治]永新縣志二十六卷首一卷　(清)蕭玉春　(清)陳恩浩修　(清)李煒　(清)段夢龍纂　清同治十三年(1874)刻本　十二冊

330000－1701－0015513　HJL1166　子部/藝術類/書畫之屬/畫譜
任渭長四種　(清)任熊繪　清咸豐至光緒蕭山王氏養龢堂刻本　八冊

330000－1701－0015515　HJL1147　史部/傳記類/總傳之屬
圖繪寶鑑八卷　(元)夏文彥撰　(明)毛大倫增補　清康熙借綠草堂刻本　四冊

330000－1701－0015516　普 915.1159/9034　史部/地理類/方志之屬/郡縣志
[同治]永寧縣志十卷首一卷　(清)楊輔宜等修　(清)蕭應乾等纂　清同治十三年(1874)刻本　八冊

330000－1701－0015517　普 915.1159/5034/c3　史部/地理類/方志之屬/郡縣志

［同治］**安福縣志十八卷首一卷末一卷**　（清）姚濬昌修　（清）周立瀛等纂　清同治十一年（1872）刻本　十二册

330000－1701－0015518　HJL1137　子部/藝術類/音樂之屬/琴學
琴音記二卷　（清）程瑤田撰　清乾隆刻本　一册

330000－1701－0015520　普 915.11591/0034/c1　史部/地理類/方志之屬/郡縣志
［同治］**瑞州府志二十四卷首一卷**　（清）黄廷金修　（清）蕭浚蘭等纂　清同治十二年（1873）刻本　十四册

330000－1701－0015521　HJL1157　子部/藝術類/音樂之屬/樂譜
梅花庵二香琴譜十卷首一卷　（清）蔣文勳撰　清道光十三年（1833）蔣文勳梅花庵刻本　四册

330000－1701－0015522　普 915.1159/9532　史部/地理類/方志之屬/郡縣志
［同治］**蓮花廳志八卷首一卷末一卷**　（清）李其昌原本　（清）張樹煊增訂　清乾隆二十五年（1760）刻同治四年（1865）增刻本　十册

330000－1701－0015524　普 915.1159/8034/c2　史部/地理類/方志之屬/郡縣志
［同治］**永新縣志二十六卷首一卷**　（清）蕭玉春　（清）陳恩浩修　（清）李煒　（清）段夢龍纂　清同治十三年（1874）刻本　十一册　缺一卷（首）

330000－1701－0015526　普 915.1241/1024/（4）　類叢部/叢書類/郡邑之屬
武林掌故叢編一百八十七種　（清）丁丙編　清光緒三年至二十六年（1877－1900）錢塘丁氏嘉惠堂刻本　五册　存一種

330000－1701－0015527　普 915.1159/3035/c2　史部/地理類/方志之屬/郡縣志
［光緒］**吉水縣志六十六卷首一卷**　（清）彭際盛等修　（清）胡宗元纂　清光緒元年（1875）刻三年（1877）增修本　十九册　存六十四卷（三至六十六）

330000－1701－0015528　HJL1159　子部/藝術類/遊藝之屬/棋弈
餐菊齋棋評一卷　（清）周鼎撰　清同治十一年（1872）刻本　一册

330000－1701－0015529　HJL1160　子部/藝術類/遊藝之屬/棋弈
寄青霞館弈選八卷續刻弈選二卷　王存善編　清光緒二十一年（1895）刻本　八册　缺二卷（續刻一至二）

330000－1701－0015530　普 915.11591/0034/c2　史部/地理類/方志之屬/郡縣志
［同治］**瑞州府志二十四卷首一卷**　（清）黄廷金修　（清）蕭浚蘭等纂　清同治十二年（1873）刻本　十四册

330000－1701－0015531　普 915.11591/1034/c1　史部/地理類/方志之屬/郡縣志
［同治］**高安縣志二十八卷首一卷**　（清）夏燮等修　（清）熊松之等纂　清同治十年（1871）刻本　二十册

330000－1701－0015532　普 915.11591/0034/c3　史部/地理類/方志之屬/郡縣志
［同治］**瑞州府志二十四卷首一卷**　（清）黄廷金修　（清）蕭浚蘭等纂　清同治十二年（1873）刻本　十四册

330000－1701－0015533　普 915.11591/2034/c1　史部/地理類/方志之屬/郡縣志
［同治］**重修上高縣志十四卷首一卷末一卷**　（清）馮蘭森修　（清）陳卿雲等纂　清同治九年（1870）刻本　十四册　缺一卷（末）

330000－1701－0015535　HJH1111　類叢部/類書類/通類之屬
唐類函二百卷目錄二卷　（明）俞安期輯　清刻本　十册　存五十卷（六至十、十六至二十、二十六至三十、三十六至七十）

330000－1701－0015536　普 915.11593/4034/c1　史部/地理類/方志之屬/郡縣志
［同治］**興國縣志四十六卷首一卷**　（清）崔國

榜修 (清)金益謙 (清)藍拔奇纂 清同治十一年(1872)刻本 十二册

330000－1701－0015538 普 915.11591/3034/c1 史部/地理類/方志之屬/郡縣志

[同治]新昌縣志三十二卷首一卷末一卷 (清)朱慶萼等纂修 清同治十一年(1872)木活字印本 二十册

330000－1701－0015540 普 915.11591/1034/c2 史部/地理類/方志之屬/郡縣志

[同治]高安縣志二十八卷首一卷 (清)夏燮等修 (清)熊松之等纂 清同治十年(1871)刻本 二十册

330000－1701－0015541 HJL1107 子部/宗教類/道教之屬/戒律

太上感應篇圖說(太上寶筏圖說)八卷 (清)黄正元輯 (清)毛金蘭補 清光緒十五年(1889)上海施善昌仁濟堂刻本 八册

330000－1701－0015543 普 915.1159/7034/c2 史部/地理類/方志之屬/郡縣志

[同治]萬安縣志二十卷首一卷末一卷 (清)歐陽駿修 (清)周之鏞纂 清同治十二年(1873)刻本 九册 缺一卷(首)

330000－1701－0015544 HJL1014 子部/小說家類/雜事之屬

世説新語三卷釋名一卷佚文一卷攷證一卷 (南朝宋)劉義慶撰 (南朝梁)劉孝標注 **引用書目一卷** 葉德輝輯 **校勘小識二卷** 王先謙撰 清光緒十七年(1891)王先謙思賢講舍刻本 四册

330000－1701－0015545 普 915.11591/1034/c3 史部/地理類/方志之屬/郡縣志

[同治]高安縣志二十八卷首一卷 (清)夏燮等修 (清)熊松之等纂 清同治十年(1871)刻本 十九册 缺二卷(首、一)

330000－1701－0015546 普 915.11591/2034/c2 史部/地理類/方志之屬/郡縣志

[同治]重修上高縣志十四卷首一卷末一卷 (清)馮蘭森修 (清)陳卿雲等纂 清同治九年(1870)刻本 十三册 缺二卷(首、一)

330000－1701－0015547 普 915.1159/7034/(2) 史部/地理類/方志之屬/郡縣志

[同治]萬安縣志二十卷首一卷末一卷 (清)歐陽駿修 (清)周之鏞纂 清同治十二年(1873)刻光緒三年(1877)重校本 十册

330000－1701－0015548 普 915.11592/1034/c1 史部/地理類/方志之屬/郡縣志

[同治]宜春縣志十卷首一卷 (清)路青雲修 (清)李佩琳 (清)陳瑜纂 清同治十年(1871)刻本 十二册

330000－1701－0015549 HJL1015 史部/史評類/史學之屬

史學薪傳八卷 清同治二年(1863)刻本 八册

330000－1701－0015550 普 915.11591/0034/c4 史部/地理類/方志之屬/郡縣志

[同治]瑞州府志二十四卷首一卷 (清)黄廷金修 (清)蕭浚蘭等纂 清同治十二年(1873)刻本 二十一册 缺一卷(首)

330000－1701－0015551 HJL1088 子部/小說家類/雜事之屬

覺覺菴筆記七卷哭朝記畧一卷 再生記畧二卷 陳濟生撰 清嘉慶二十四年(1819)白鹿山房刻本 十册

330000－1701－0015552 HJL1143 類叢部/類書類/通類之屬

奩史一百卷拾遺一卷 (清)王初桐輯 清嘉慶二年(1797)古香堂刻本 三十六册

330000－1701－0015553 HJL1048 子部/宗教類/道教之屬

性理精華十九卷 (清)無量刦佛輯 清宣統二年(1910)刻本 四册

330000－1701－0015554 普 915.11592/3034/c1 史部/地理類/方志之屬/郡縣志

[同治]萍鄉縣志十卷首一卷 (清)錫榮 (清)王明璠纂修 清同治十一年(1872)尊經堂刻本 八册

330000－1701－0015555　普 915.11592/2034/c1　史部/地理類/方志之屬/郡縣志
[同治]分宜縣志十卷首一卷　(清)李寅清 (清)夏琮鼎修　(清)嚴升偉等纂　清同治十年(1871)刻本　十四冊

330000－1701－0015556　HJL1080　子部/小說家類/雜事之屬
蕉軒隨錄十二卷　(清)方濬師撰　清同治十一年(1872)退一步齋刻本　十二冊

330000－1701－0015557　普 915.11592/4034/c1　史部/地理類/方志之屬/郡縣志
[同治]萬載縣志三十卷首一卷　(清)金第 (清)杜紹斌纂修　清同治十一年(1872)刻本　十二冊

330000－1701－0015558　HJL0923　類叢部/叢書類/彙編之屬
後知不足齋叢書四十七種　(清)鮑廷爵編　清同治至光緒常熟鮑氏刻本　三十二冊　存十六種

330000－1701－0015561　HJH1120　類叢部/叢書類/彙編之屬
隨盦徐氏叢書十種續編十種　徐乃昌編　清光緒至民國南陵徐氏刻本　一冊　存一種

330000－1701－0015562　普 915.1241/2027/c1　史部/地理類/方志之屬/郡縣志
[康熙]仁和縣志二十八卷　(清)趙世安修 (清)顧豹文　(清)邵遠平纂　清康熙二十六年(1687)刻本(卷六至八配抄本)　十冊

330000－1701－0015564　普 915.11592/4034/c2　史部/地理類/方志之屬/郡縣志
[同治]萬載縣志三十卷首一卷　(清)金第 (清)杜紹斌纂修　清同治十一年(1872)刻本　十六冊

330000－1701－0015565　普 915.11592/3034/c2　史部/地理類/方志之屬/郡縣志
[同治]萍鄉縣志十卷首一卷　(清)錫榮 (清)王明璠纂修　清同治十一年(1872)尊經堂刻本　八冊

330000－1701－0015566　普 915.11592/2034/c2　史部/地理類/方志之屬/郡縣志
[同治]分宜縣志十卷首一卷　(清)李寅清 (清)夏琮鼎修　(清)嚴升偉等纂　清同治十年(1871)刻本　十四冊

330000－1701－0015568　普 915.11592/2034/c3　史部/地理類/方志之屬/郡縣志
[同治]分宜縣志十卷首一卷　(清)李寅清 (清)夏琮鼎修　(清)嚴升偉等纂　清同治十年(1871)刻本　十四冊

330000－1701－0015569　普 915.11592/2034/c4　史部/地理類/方志之屬/郡縣志
[同治]分宜縣志十卷首一卷　(清)李寅清 (清)夏琮鼎修　(清)嚴升偉等纂　清同治十年(1871)刻本　十三冊　缺一卷(首)

330000－1701－0015570　普 915.11592/0034/c1　史部/地理類/方志之屬/郡縣志
[同治]袁州府志十卷首一卷　(清)駱敏 (清)黄恩浩修　(清)蕭玉銓等纂　清同治十三年(1874)刻本　二十冊

330000－1701－0015571　HJL1168　子部/術數類/陰陽五行之屬
欽定協紀辨方書三十六卷　(清)允祿　(清)張照等纂修　清乾隆六年(1741)武英殿刻朱墨套印本　十六冊

330000－1701－0015572　HJL0996　類叢部/叢書類/輯佚之屬
玉函山房輯佚書五百九十三種附一種　(清)馬國翰輯　清光緒十年(1884)楚南湘遠堂刻本　六十四冊

330000－1701－0015573　普 915.11592/1034/c2　史部/地理類/方志之屬/郡縣志
[同治]宜春縣志十卷首一卷　(清)路青雲修 (清)李佩琳　(清)陳瑜纂　清同治十年(1871)刻本　十一冊　存十卷(一至十)

330000－1701－0015574　普 915.11593/0032　史部/地理類/方志之屬/郡縣志
[道光]贛州府志七十八卷首一卷　(清)李本

仁修　(清)陳觀酉纂　清道光二十八年(1848)刻本　二十四冊

330000－1701－0015579　普 915.11591/3034/c2　史部/地理類/方志之屬/郡縣志
[同治]新昌縣志三十二卷首一卷末一卷　(清)朱慶萼等纂修　清同治十一年(1872)木活字印本　十九冊　缺三卷(首、一至二)

330000－1701－0015581　HJL1154　子部/術數類/相宅相墓之屬
菊逸山房地理正書三種　(清)寇宗編　清京都琉璃廠刻本　二冊　存二種

330000－1701－0015582　普 915.11593/2034　史部/地理類/方志之屬/郡縣志
[同治]雩都縣志十六卷首一卷　(清)顏壽芝　(清)王穎修　(清)何戴仁　(清)洪霖纂　清同治十三年(1874)雩陽書院刻光緒二十九年(1903)仁和許金策補刻本　十二冊

330000－1701－0015583　普 915.11593/0034/c1　史部/地理類/方志之屬/郡縣志
[同治]贛州府志七十八卷首一卷　(清)魏瀛修　(清)魯琪光　(清)鍾音鴻纂　清同治十二年(1873)刻本　四十冊

330000－1701－0015585　普 915.11593/1034/c1　史部/地理類/方志之屬/郡縣志
[同治]贛縣志五十四卷首一卷　(清)黃德溥　(清)崔國榜修　(清)褚景昕纂　清同治十一年(1872)刻本　十八冊

330000－1701－0015586　HJL1139　類叢部/叢書類/彙編之屬
月河精舍叢鈔五種　(清)丁寶書編　清光緒四年至十二年(1878－1886)苕溪丁氏刻本　一冊　存一種

330000－1701－0015589　普 915.11593/2034/2/c1　史部/地理類/方志之屬/郡縣志
[同治]雩都縣志十六卷首一卷　(清)顏壽芝　(清)王穎修　(清)何戴仁　(清)洪霖纂　清同治十三年(1874)雩陽書院刻本　十冊

330000－1701－0015590　HJL0925　類叢部/叢書類/家集之屬
董氏叢書十六種　(清)董金鑑編　清光緒三十二年(1906)會稽董氏取斯家塾刻本　十四冊

330000－1701－0015591　HJL1110　史部/傳記類/總傳之屬/釋道
金蓋心燈八卷　(清)閔苕旉撰　(清)鮑廷博注　(清)鮑錕評　清嘉慶二十二年(1817)刻本　十冊

330000－1701－0015592　HJH1153　子部/雜著類/雜纂之屬
勸戒近錄六卷續錄六卷三錄六卷四錄六卷五錄六卷六錄六卷七錄六卷八錄六卷九錄六卷　(清)梁恭辰撰　清光緒十四年(1888)許問山館刻本　二十冊

330000－1701－0015593　普 915.11593/1034/c2　史部/地理類/方志之屬/郡縣志
[同治]贛縣志五十四卷首一卷　(清)黃德溥　(清)崔國榜修　(清)褚景昕纂　清同治十一年(1872)刻本　十七冊　缺四卷(首、一至三)

330000－1701－0015595　HJL1079　子部/小說家類/雜事之屬
蟾宮第一枝繡像全書四卷首一卷　(清)王真勤輯　清光緒三年(1877)姑蘇吳溫恒刻本　四冊

330000－1701－0015596　HJL1162　子部/雜著類/雜纂之屬
迪吉錄八卷首一卷　(明)顏茂猷輯　清光緒八年(1882)長沙遐齡精舍刻本　八冊

330000－1701－0015597　普 915.11593/2034/2/c2　史部/地理類/方志之屬/郡縣志
[同治]雩都縣志十六卷首一卷　(清)顏壽芝　(清)王穎修　(清)何戴仁　(清)洪霖纂　清同治十三年(1874)雩陽書院刻本　九冊　缺三卷(首、一至二)

330000－1701－0015598　HJL1068　子部/宗教類/道教之屬/雜著

心學三卷 （清）傅金銓撰　清道光二十四年（1844）傅氏流雲山館刻本　清朱口華題記　一冊

330000－1701－0015602　HJL1020　子部/宗教類/佛教之屬/經疏
妙法蓮華經台宗會義十六卷 （清）釋智旭撰　清刻本　十四冊

330000－1701－0015603　普915.11593/0034/c2　史部/地理類/方志之屬/郡縣志
［同治］贛州府志七十八卷首一卷 （清）魏瀛修　（清）魯琪光　（清）鍾音鴻纂　清同治十二年（1873）刻本　二十四冊

330000－1701－0015604　普915.11593/3029　史部/地理類/方志之屬/郡縣志
［道光］信豐縣志續編十六卷 （清）許夔修　（清）謝肇漣　（清）張伊纂　清道光四年（1824）刻民國十年（1921）補刻本　楊明題記　六冊

330000－1701－0015607　普915.11593/3034　史部/地理類/方志之屬/郡縣志
［同治］信豐縣志續編八卷 （清）李大觀修　（清）劉杰光等纂　清同治九年（1870）刻民國十年（1921）補刻本　楊明題記　一冊

330000－1701－0015608　HJL1018　子部/宗教類/佛教之屬/諸宗
教觀綱宗一卷教觀綱宗釋義一卷 （清）釋智旭撰　清刻本　二冊　存一卷（教觀綱宗釋義）

330000－1701－0015609　HJL1019　子部/宗教類/佛教之屬/諸宗
教觀綱宗一卷教觀綱宗釋義一卷 （清）釋智旭撰　清刻本　一冊　存一卷（教觀綱宗）

330000－1701－0015610　普915.11593/3032　史部/地理類/方志之屬/郡縣志
［道光］信豐縣志續編十六卷 （清）許夔修　（清）謝肇漣　（清）張伊纂　清道光四年（1824）刻同治六年（1867）周之鏞補刻本　六冊

330000－1701－0015612　普915.11593/0034/c3　史部/地理類/方志之屬/郡縣志
［同治］贛州府志七十八卷首一卷 （清）魏瀛修　（清）魯琪光　（清）鍾音鴻纂　清同治十二年（1873）刻本　三十一冊　缺五卷（首、四十二至四十五）

330000－1701－0015613　普915.11593/5034　史部/地理類/方志之屬/郡縣志
［同治］會昌縣志三十二卷首一卷 （清）劉長景修　（清）陳良棟　（清）王驥纂　清同治十一年（1872）刻本　十二冊

330000－1701－0015614　HJL1022　子部/儒家類/儒學之屬/禮教/家訓
義門規範一卷 （元）鄭太和　（元）鄭欽　（元）鄭鉉撰　清宣統二年（1910）成都文倫書局鉛印本　一冊

330000－1701－0015616　普915.11593/4034/c2　史部/地理類/方志之屬/郡縣志
［同治］興國縣志四十六卷首一卷 （清）崔國榜修　（清）金益謙　（清）藍拔奇纂　清同治十一年（1872）刻本　十一冊　存四十二卷（五至四十六）

330000－1701－0015617　HJL0686　類叢部/叢書類/彙編之屬
掌故叢編七種 掃葉山房編　清光緒掃葉山房石印本　十四冊

330000－1701－0015619　普915.11593/6034/c1　史部/地理類/方志之屬/郡縣志
［同治］安遠縣志十卷首一卷 （清）黄瑞圖等修　（清）歐陽鐸纂　清同治十一年（1872）刻本　八冊

330000－1701－0015620　普915.1241/3044/2/c1　史部/地理類/雜志之屬
杭俗遺風一卷 （清）范祖述撰　清同治六年（1867）刻本　一冊

330000－1701－0015621　HJL0694　類叢部/叢書類/自著之屬
王氏叢書十四種 （宋）王應麟撰　清光緒十

年(1884)成都志古堂刻本　三十冊

330000－1701－0015622　HJH0660　類叢部/叢書類/自著之屬
安吳四種　(清)包世臣撰　清道光二十六年(1846)白門倦游閣木活字印本　十五冊　缺二卷(十二至十三)

330000－1701－0015623　普915.11592/0034/c2　史部/地理類/方志之屬/郡縣志
[同治]袁州府志十卷首一卷　(清)駱敏(清)黃恩浩修　(清)蕭玉銓等纂　清同治十三年(1874)刻本　十九冊　缺一卷(首)

330000－1701－0015624　普915.1241/3043.94　史部/地理類/雜志之屬
杭州鄉土地理二卷　清宣統元年(1909)仁和學堂石印本　一冊　存一卷(上編)

330000－1701－0015625　普915.1241/3044/2/c2　史部/地理類/雜志之屬
杭俗遺風一卷　(清)范祖述撰　清同治六年(1867)刻本　一冊

330000－1701－0015627　普915.11593/6034/c2　史部/地理類/方志之屬/郡縣志
[同治]安遠縣志十卷首一卷　(清)黃瑞圖等修　(清)歐陽鐸纂　清同治十一年(1872)刻本　八冊

330000－1701－0015628　普915.1241/3044.2　史部/地理類/雜志之屬
夢粱錄二十卷　(宋)吳自牧撰　清沈德鴻介石樓刻本　四冊

330000－1701－0015630　HJL1071　子部/醫家類/類編之屬
本草醫方合編　(清)汪昂編　清道光二十五年(1845)瓶花書屋刻本　六冊

330000－1701－0015632　普915.1241/3044.9/c1　集部/總集類/謠諺之屬
杭諺詩一卷　(清)邵懿辰輯　清光緒三十四年(1908)刻本　一冊

330000－1701－0015634　普915.1241/3044.9/c2　集部/總集類/謠諺之屬
杭諺詩一卷　(清)邵懿辰輯　清光緒三十四年(1908)刻本　樂齋題簽　一冊

330000－1701－0015635　HJH0643　類叢部/叢書類/自著之屬
船山遺書六十三種　(清)王夫之撰　清同治四年(1865)湘鄉曾國荃金陵刻民國十八年(1929)重印本　九十六冊　存五十八種

330000－1701－0015639　HJL1095　子部/醫家類/婦科之屬/產科
經效產寶三卷續編一卷　(唐)昝殷撰　清光緒十四年(1888)影宋刻本　四冊

330000－1701－0015641　HJL0664　類叢部/叢書類/彙編之屬
昭代叢書甲集五十種乙集四十種丙集五十六種　(清)張潮　(清)張漸輯　清康熙三十六年至四十二年(1697－1703)刻本　十二冊　存甲集四十八種乙集三十九種

330000－1701－0015642　HJL1070　子部/醫家類/兒科之屬/痘疹
摘星樓治痘全書十八卷　(明)朱一麟撰　清道光六年(1826)耕樂堂刻本　十冊

330000－1701－0015643　普915.1241/3045/c1　類叢部/叢書類/郡邑之屬
名家西湖遊記十四種　清光緒錢塘丁氏刻本　四冊

330000－1701－0015644　善008610　子部/工藝類/文房四寶之屬/硯
說硯雜錄一卷　清抄本　一冊

330000－1701－0015645　普915.1241/3045.2　史部/地理類/遊記之屬/紀行
湖游小識一卷　(清)潘履祥撰　清光緒三十二年(1906)刻本　單丕題記　一冊

330000－1701－0015648　HJL1090　經部/群經總義類/傳說之屬
四書五經義策論初編不分卷　韓韋編　清光緒二十七年(1901)文彙書局鉛印本　六冊

330000－1701－0015651　SBC0131　集部/戲劇類/總集之屬/雜劇
元曲選十集　(明)臧懋循編　明萬曆刻本　十二册　存六十三種

330000－1701－0015652　普915.1241/3045/c2　類叢部/叢書類/郡邑之屬
名家西湖遊記十四種　清光緒錢塘丁氏刻本　四册

330000－1701－0015654　普915.1241/3045/c3　類叢部/叢書類/郡邑之屬
名家西湖遊記十四種　清光緒錢塘丁氏刻本　四册

330000－1701－0015655　普915.1241/3045/c4　類叢部/叢書類/郡邑之屬
名家西湖遊記十四種　清光緒錢塘丁氏刻本　四册

330000－1701－0015663　普915.1241/3051/c1　類叢部/叢書類/郡邑之屬
武林掌故叢編一百八十七種　(清)丁丙編　清光緒三年至二十六年(1877－1900)錢塘丁氏嘉惠堂刻本　一册　存一種

330000－1701－0015666　HJL0710　集部/總集類/氏族之屬
海鹽張氏涉園叢刻七種續編六種　張元濟輯　清宣統三年至民國十七年(1911－1928)海鹽張氏鉛印本　十六册

330000－1701－0015672　普915.1241/30522/c2　史部/地理類/雜志之屬
龍井見聞錄十卷附宋僧元淨外傳二卷　(清)汪孟鋗纂　清乾隆刻本　二册

330000－1701－0015674　普915.1241/3051.1　史部/地理類/專志之屬/寺觀
流香一覽一卷　(清)釋明開撰　清末刻本　弹山居士題記　一册

330000－1701－0015677　HJL1069　子部/雜著類/雜考之屬
湛園札記四卷　(清)姜宸英撰　清嘉慶葉元堺鶴麓山房刻本　四册

330000－1701－0015679　HJL1067　類叢部/叢書類/彙編之屬
檇李沈氏銅熨斗齋叢書　(清)沈氏輯　清咸豐七年(1857)檇李沈氏刻本　四册　存一種

330000－1701－0015681　普915.1241/30522/(2)　史部/地理類/雜志之屬
龍井見聞錄十卷附宋僧元淨外傳二卷　(清)汪孟鋗纂　清乾隆刻本　六册

330000－1701－0015682　HJL0927　經部/叢編
璜川吳氏經學叢書十五種　(清)吳志忠等輯　清道光十年(1830)璜川吳氏寶仁堂刻本　三十六册

330000－1701－0015686　HJL0933　類叢部/叢書類/彙編之屬
琳琅秘室叢書三十種　(清)胡珽編　清光緒十四年(1888)會稽董氏取斯家塾木活字印本　十八册　存二十種

330000－1701－0015687　普915.1241/3051/c2　類叢部/叢書類/郡邑之屬
武林掌故叢編一百八十七種　(清)丁丙編　清光緒三年至二十六年(1877－1900)錢塘丁氏嘉惠堂刻本　一册　存一種

330000－1701－0015689　HJL1118　類叢部/叢書類/彙編之屬
對雨樓叢書五種　繆荃孫編　清光緒江陰繆氏影刻本　四册　存一種

330000－1701－0015691　HJL1146　子部/雜著類/雜說之屬
讀書雜述十卷　(清)李鎧撰　清同治三年(1864)恪素堂刻本　六册

330000－1701－0015692　HJL1131　子部/雜著類/雜說之屬
佔畢叢談六卷勸學巵言一卷時文蠡測一卷　(清)袁守定撰　清光緒十二年(1886)刻本　四册

330000－1701－0015693　HJL0685　史部/雜史類/斷代之屬

皇朝掌故彙編内編六十卷首一卷外編四十卷首一卷　張壽鏞等輯　清光緒二十八年(1902)求實書社鉛印本　六十冊

330000－1701－0015695　HJH1084　類叢部/叢書類/彙編之屬
文選樓叢書三十三種　(清)阮亨編　清嘉慶至道光阮元刻道光二十二年(1842)阮亨彙印本　二冊　存一種

330000－1701－0015696　HJL1109　類叢部/叢書類/彙編之屬
新陽趙氏叢刊十四種　(清)趙元益編　清光緒十一年至二十八年(1885－1902)新陽趙氏刻本　一冊　存一種

330000－1701－0015697　HJL1144　子部/雜著類/雜説之屬
吹網録六卷　(清)葉廷琯撰　清同治八年(1869)嘉興刻本　二冊

330000－1701－0015698　HJL1148　子部/雜著類/雜説之屬
夢園叢書内篇八卷外篇八卷　(清)方濬頤撰　清同治十三年(1874)揚州刻本　四冊

330000－1701－0015699　HJH1141　子部/雜著類/雜説之屬
夢園叢書内篇八卷外篇八卷附夢園聯語　(清)方濬頤撰　清同治十三年(1874)揚州刻本　四冊

330000－1701－0015700　普 915.1241/30522/2/c1　類叢部/叢書類/郡邑之屬
武林掌故叢編一百八十七種　(清)丁丙編　清光緒三年至二十六年(1877－1900)錢塘丁氏嘉惠堂刻本　三冊　存一種

330000－1701－0015701　普 915.1241/3051/c3　史部/地理類/專志之屬/寺觀
流香一覽一卷　(清)釋明開撰　清末鉛印本　一冊

330000－1701－0015702　HJH0701　類叢部/叢書類/郡邑之屬
粟香室叢書五十九種　金武祥編　清光緒至民國江陰金氏刻本　三十七冊　存五十五種

330000－1701－0015704　普 915.1241/30524/2/c1　史部/地理類/專志之屬/寺觀
玉皇山廟誌不分卷　(清)卓炳森輯　清光緒七年(1881)刻本　一冊

330000－1701－0015705　普 915.1241/30522/2/c2　類叢部/叢書類/郡邑之屬
武林掌故叢編一百八十七種　(清)丁丙編　清光緒三年至二十六年(1877－1900)錢塘丁氏嘉惠堂刻本　三冊　存一種

330000－1701－0015708　普 915.11593/7035　史部/地理類/方志之屬/郡縣志
[光緒]長寧縣志四卷首一卷末一卷　(清)沈鎔經　(清)黄光祥修　(清)劉德姚　(清)劉丕誠等纂　清光緒二年(1876)刻本　七冊

330000－1701－0015709　普 915.1241/30522/2/c3　類叢部/叢書類/郡邑之屬
武林掌故叢編一百八十七種　(清)丁丙編　清光緒三年至二十六年(1877－1900)錢塘丁氏嘉惠堂刻本　三冊　存一種

330000－1701－0015710　HJH1126　子部/宗教類/佛教之屬/經
大佛頂如來密因修證了義諸菩薩萬行首楞嚴經十卷　(唐)釋般刺密帝譯　(唐)釋彌伽釋迦譯語　**楞伽阿跋多羅寶經四卷**　(宋)釋求那跋陀羅譯　清雍正十三年(1735)刻本　四冊

330000－1701－0015711　普 915.11593/7035/2　史部/地理類/方志之屬/郡縣志
[光緒]長寧縣志四卷首一卷末一卷　(清)沈鎔經　(清)黄光祥修　(清)劉德姚　(清)劉丕誠等纂　清光緒七年(1881)刻本　八冊

330000－1701－0015713　普 915.1241/30524/2/c2　史部/地理類/專志之屬/寺觀
玉皇山廟誌不分卷　(清)卓炳森輯　清光緒七年(1881)刻本　一冊

330000－1701－0015714　HJL1101　子部/宗教類/佛教之屬/經疏

大佛頂如來密因修證了義諸菩薩萬行首楞嚴經文句十卷　(清)釋智旭撰　清刻本　十册

330000－1701－0015715　HJL1100　子部/宗教類/佛教之屬/經疏

大佛頂如來密因修證了義諸菩薩萬行首楞嚴經玄義二卷　(清)釋智旭撰　清刻本　四册

330000－1701－0015716　HJH1128　子部/宗教類/佛教之屬

一切經音義二十五卷　(唐)釋玄應撰　**補訂新譯大方廣佛華嚴經音義二卷**　(唐)釋慧苑撰　**華嚴經音義敘錄一卷**　(清)臧庸輯　**刻華嚴經音義校勘記一卷**　(清)曹籀撰　清同治八年(1869)武林張氏寶晉齋刻本　四册

330000－1701－0015717　HJL1106　子部/宗教類/佛教之屬

大乘起信論一卷　(天竺)馬鳴菩薩造　(南朝陳)釋真諦譯　清光緒三十年(1904)武昌廬陵黄氏刻本　一册

330000－1701－0015718　普 915.1241/30526/c1　史部/地理類/山川之屬/山志

天竺山志十二卷首一卷　(清)管庭芬撰　(清)曹籀刪訂　清光緒元年(1875)上天竺法喜寺刻本　十册

330000－1701－0015719　普 915.11593/7035.2　史部/地理類/方志之屬/郡縣志

[光緒]長寧縣志十六卷首一卷　(清)徐清來修　(清)劉鳳翥等纂　清光緒二十七年(1901)木活字印本　八册

330000－1701－0015720　HJL1104　子部/宗教類/佛教之屬/論

成唯識論十卷　(天竺)護法等菩薩造　(唐)釋玄奘譯　清光緒二十二年(1896)金陵刻經處刻本　二册

330000－1701－0015721　普 915.1241/30524/2/c3　史部/地理類/專志之屬/寺觀

玉皇山廟誌不分卷　(清)卓炳森輯　清光緒七年(1881)刻本　一册

330000－1701－0015722　HJL1105　子部/宗教類/佛教之屬/經疏

因明入正理論疏八卷　(唐)釋窺基撰　清光緒二十二年(1896)金陵刻經處刻本　二册

330000－1701－0015723　HJL1098　子部/宗教類/佛教之屬/大藏

徑山藏　明萬曆十七年(1589)至清嘉慶五臺、嘉興、徑山等地刻本　一册　存一種

330000－1701－0015724　HJL0693　類叢部/叢書類/郡邑之屬

粟香室叢書五十九種　金武祥編　清光緒至民國江陰金氏刻本　二十三册　存三十六種

330000－1701－0015725　普 915.1241/30524/2/c4　史部/地理類/專志之屬/寺觀

玉皇山廟誌不分卷　(清)卓炳森輯　清光緒七年(1881)刻本　一册

330000－1701－0015726　HJL1124　子部/儒家類/儒學之屬/性理

淵鑒齋御纂朱子全書六十六卷　(宋)朱熹撰　(清)李光地等輯　清刻本　六册　存十五卷(一至十、十五至十九)

330000－1701－0015728　普 915.11593/7035.3　史部/地理類/方志之屬/郡縣志

[光緒]長寧縣志十六卷首一卷　(清)金福保　(清)梅奇蕚修　(清)鍾材權等纂　清光緒二十五年(1899)木活字印本　八册

330000－1701－0015729　HJL5714　集部/别集類/清别集

筠心堂存稿八卷　(清)張孝時撰　清光緒五年(1879)刻本　四册

330000－1701－0015730　普 915.1241/30526/c2　史部/地理類/山川之屬/山志

天竺山志十二卷首一卷　(清)管庭芬撰　(清)曹籀刪訂　清光緒元年(1875)上天竺法喜寺刻本　六册

330000－1701－0015731　HJL1114　子部/儒家類/儒學之屬

正學編八卷　(清)潘世恩輯　(清)潘曾瑋疏解　清同治六年(1867)刻本　四册

330000－1701－0015732　普 915.1241/30524/2/c5　史部/地理類/專志之屬/寺觀

玉皇山廟誌不分卷　(清)卓炳森輯　清光緒七年(1881)刻本　一冊

330000－1701－0015733　HJL0717　類叢部/叢書類/家集之屬

崇川劉氏叢書四種　(清)劉長華編　清同治至光緒崇川劉氏刻民國十五年(1926)海寧陳氏慎初堂印本　十六冊　存二種

330000－1701－0015734　HJH1145　子部/儒家類/儒學之屬/性理

習是編二卷　(清)屈成霖輯　**屈肖巖[成霖]年譜一卷**　(清)屈成霖撰　清光緒二年(1876)刻本　四冊

330000－1701－0015735　HJL1074　子部/儒家類/儒學之屬/性理

庸言四卷　(清)余光遴撰　清咸豐二年(1852)露蕭草堂刻光緒十八年(1892)重修本　二冊

330000－1701－0015736　普 915.1241/30524/2/c6　史部/地理類/專志之屬/寺觀

玉皇山廟誌不分卷　(清)卓炳森輯　清光緒七年(1881)刻本　一冊

330000－1701－0015737　HJL1165　子部/雜著類/雜說之屬

蠹言四卷　(清)李詒經撰　清嘉慶二十四年(1819)信芳閣刻本　二冊

330000－1701－0015738　HJL1091　子部/儒家類/儒學之屬

補蕉叢訓八卷　(清)王鴻春輯　清道光十八年(1838)必自樓刻本　八冊

330000－1701－0015739　普 915.11593/8032　史部/地理類/方志之屬/郡縣志

[光緒]龍南縣志八卷首一卷　(清)孫瑞徵　(清)胡鴻澤修　(清)鍾益馭等纂　清光緒二年(1876)刻本　八冊

330000－1701－0015741　普 915.11594/3035/2　史部/地理類/方志之屬/郡縣志

[光緒]上猶縣志十八卷首一卷　(清)葉滋瀾修　(清)李臨馴纂　清光緒七年(1881)刻本　八冊

330000－1701－0015742　普 811.17/0455　集部/別集類/清別集

愈愚齋詩文集四卷　(清)謝青揚撰　(清)朱瑄　(清)吳一峯輯　**紅餘詩詞稿一卷**　(清)謝香塘撰　清光緒十年(1884)刻本　四冊

330000－1701－0015743　普 915.11594/3035/c1　史部/地理類/方志之屬/郡縣志

[光緒]上猶縣志十八卷首一卷　(清)葉滋瀾修　(清)李臨馴纂　清光緒十九年(1893)刻本　八冊

330000－1701－0015744　普 915.11594/3035/c2　史部/地理類/方志之屬/郡縣志

[光緒]上猶縣志十八卷首一卷　(清)葉滋瀾修　(清)李臨馴纂　清光緒十九年(1893)刻本　八冊

330000－1701－0015746　普 915.1241/3053.18/4/c1　史部/地理類/山川之屬/水志

西湖志四十八卷　(清)李衛　(清)程元章修　(清)傅王露纂　清乾隆吳家龍刻本　二十四冊

330000－1701－0015747　HJL0771　類叢部/叢書類/彙編之屬

集虛草堂叢書甲集九種　李國松編　清光緒三十年至三十二年(1904－1906)合肥李氏刻本　二十四冊

330000－1701－0015748　HJL0776　子部/雜著類/雜說之屬

定香亭筆談四卷　(清)阮元撰　清光緒二十五年(1899)浙江書局刻本　四冊

330000－1701－0015749　HJL1170　類叢部/叢書類/彙編之屬

玉海堂景宋元本叢書　劉世珩編　清光緒至民國貴池劉氏玉海堂影刻本　四冊　存一種

330000－1701－0015750　HJL0676　史部/地理類

小方壺齋輿地叢鈔十二帙補編十二帙再補編十二帙　（清）王錫祺輯　清光緒十七年（1891）、二十年（1894）、二十三年（1897）上海著易堂鉛印本　八十四册

330000－1701－0015752　普 915.11593/9032　史部/地理類/方志之屬/郡縣志

［同治］定南廳志八卷　（清）王大枚　（清）王言綸　（清）楊邦棟修　（清）黄正琅　（清）黄正紱纂　清同治刻本　十册

330000－1701－0015753　HJL1129　子部/雜著類/雜説之屬

鴻苞節録十卷　（明）屠隆撰　（清）屠繼烈輯　清咸豐七年（1857）章丘保硯齋刻本　十册

330000－1701－0015754　HJL2363　類叢部/叢書類/自著之屬

安吴四種　（清）包世臣撰　清同治十一年（1872）湖北包誠注經堂刻光緒十四年（1888）重印本　十六册

330000－1701－0015755　HJH1136　子部/儒家類/儒學之屬/經濟

御製資政要覽三卷　（清）世祖福臨輯　**資政要覽後序一卷**　（清）宋之繩撰　清刻本　四册

330000－1701－0015756　普 915.1241/30421　史部/地理類/雜志之屬

東郊土物詩一卷　（清）朱點輯　清光緒八年（1882）錢塘丁氏刻武林掌故叢編本　清戴采孫跋　一册

330000－1701－0015758　普 915.11594/1034/c1　史部/地理類/方志之屬/郡縣志

［同治］大庾縣志二十六卷首一卷　（清）陳蔭昌修　（清）石景芬纂　清同治十三年（1874）刻本　十六册

330000－1701－0015759　HJL1017　子部/儒家類/儒學之屬/禮教/家訓

誡子書一卷　（清）聶繼模撰　清光緒二十三年（1897）趙舒翹刻本　一册

330000－1701－0015761　普 915.11594/0034/c1　史部/地理類/方志之屬/郡縣志

［同治］南安府志三十二卷首一卷　（清）黄鳴珂修　（清）石景芬　（清）徐福炘纂　清同治七年（1868）刻光緒十二年（1886）補刻本　十六册

330000－1701－0015762　HJH1116　集部/總集類/選集之屬/通代

六朝唐賦讀本不分卷　（清）馬傳庚選注　清光緒二年（1876）京都松竹齋刻本　一册

330000－1701－0015763　普 915.11594/1034/c2　史部/地理類/方志之屬/郡縣志

［同治］大庾縣志二十六卷首一卷　（清）陳蔭昌修　（清）石景芬纂　清同治十三年（1874）刻本　十五册　缺一卷（首）

330000－1701－0015764　普 915.11594/0035/c1　史部/地理類/方志之屬/郡縣志

［光緒］南安府志補正十二卷首一卷　（清）楊錞纂修　清光緒元年（1875）刻本　六册

330000－1701－0015767　普 915.1241/3043/3/c1　類叢部/叢書類/彙編之屬

知不足齋叢書一百九十五種　（清）鮑廷博編　（清）鮑士恭續編　清乾隆三十七年至道光三年（1772－1823）長塘鮑氏刻彙印本　四册　存二種

330000－1701－0015768　普 915.1241/3043/c1　類叢部/叢書類/郡邑之屬

武林掌故叢編一百八十七種　（清）丁丙編　清光緒三年至二十六年（1877－1900）錢塘丁氏嘉惠堂刻本　三册　存一種

330000－1701－0015769　普 915.11594/0034/c2　史部/地理類/方志之屬/郡縣志

［同治］南安府志三十二卷首一卷　（清）黄鳴珂修　（清）石景芬　（清）徐福炘纂　清同治七年（1868）刻本　二十册

330000－1701－0015770　普 915.11594/0034/c3　史部/地理類/方志之屬/郡縣志

［同治］南安府志三十二卷首一卷　（清）黄鳴珂修　（清）石景芬　（清）徐福炘纂　清同治

七年(1868)刻本　二十册

330000－1701－0015771　普 915.11594/2034/2/c2　史部/地理類/方志之屬/郡縣志
[同治]南康縣志十四卷首一卷　(清)沈恩華修　(清)盧鼎峋纂　清同治十一年(1872)刻本　十一册　缺一卷(首)

330000－1701－0015773　普 915.11594/4035　史部/地理類/方志之屬/郡縣志
[光緒]崇義縣志九卷　(清)廖鼎璋纂修　清光緒二十一年(1895)刻本　八册

330000－1701－0015774　普 915.11594/4034/c1　史部/地理類/方志之屬/郡縣志
[同治]崇義縣志十二卷附殉難錄三卷　(清)汪寶樹　(清)馮寶山修　(清)胡友梅等纂　清同治六年(1867)刻本　五册

330000－1701－0015776　HJL2681　類叢部/叢書類/自著之屬
湘綺樓全書二十種　王闓運撰　清光緒至民國刻本　一百册

330000－1701－0015777　普 915.1241/3043.9/3　類叢部/叢書類/彙編之屬
嘯園叢書五十七種　(清)葛元煦編　清光緒二年至七年(1876－1881)仁和葛氏刻本　二册　存二種

330000－1701－0015778　普 915.11594/4034/c2　史部/地理類/方志之屬/郡縣志
[同治]崇義縣志十二卷附殉難錄三卷　(清)汪寶樹　(清)馮寶山修　(清)胡友梅等纂　清同治六年(1867)刻本　五册

330000－1701－0015779　HJL2158　類叢部/叢書類/自著之屬
陽明先生集要三編十五卷　(明)王守仁撰　(明)施邦曜編　清光緒三十二年(1906)鉛印本　十二册

330000－1701－0015781　HJL2628　類叢部/叢書類/自著之屬
孫文恭公遺書七種　(明)孫應鼇撰　清光緒六年(1880)獨山莫氏刻本　六册

330000－1701－0015782　HJL3249　類叢部/叢書類/家集之屬
陸氏傳家集十六種附一種　(清)陸迺普編　清同治十一年(1872)羲經堂刻本　四册

330000－1701－0015783　普 915.1232/8027　史部/地理類/方志之屬/郡縣志
[康熙]吴江縣志四十六卷首一卷　(清)郭琇修　(清)葉燮等纂　清康熙二十三年(1684)刻本　六册

330000－1701－0015784　HJL0939　子部/儒家類/儒家之屬
雲臥山莊家訓二卷　(清)郭崑燾撰　清光緒十一年(1885)郭氏岵瞻堂刻本　一册

330000－1701－0015785　普 915.11595/0032/c1　史部/地理類/方志之屬/郡縣志
[道光]寧都直隸州志三十二卷首一卷　(清)黄永綸修　(清)楊錫齡等纂　清道光四年(1824)刻本　二十册

330000－1701－0015787　SBC0121　集部/詞類/總集之屬
古香岑草堂詩餘四集十七卷　(明)沈際飛輯　明末刻本　四册　存四卷(新集二至五)

330000－1701－0015788　普 915.11595/1035　史部/地理類/方志之屬/郡縣志
[光緒]瑞金縣志十六卷首一卷　(清)張國英等修　(清)陳芳等纂　清光緒元年(1875)刻本　十六册

330000－1701－0015789　HJL2183　類叢部/叢書類/自著之屬
龍莊遺書四種　(清)汪輝祖撰　清光緒江蘇書局刻本　六册

330000－1701－0015790　HJL4325　類叢部/叢書類/自著之屬
龍莊遺書四種　(清)汪輝祖撰　清光緒江蘇書局刻本　六册

330000－1701－0015791　普 610.44/0041/3/c1　子部/醫家類/醫案之屬
吴醫彙講十一卷　(清)唐大烈輯　清乾隆五

十七年(1792)刻嘉慶校經山房印本　四冊

330000－1701－0015792　普915.1241/3043.4/c1、普915.1241/3043.5、普915.1241/3043.7/c1、普915.1241/3051.3/c1　類叢部/叢書類/郡邑之屬

武林掌故叢編一百八十七種　(清)丁丙編　清光緒三年至二十六年(1877－1900)錢塘丁氏嘉惠堂刻本　十一冊　存十種

330000－1701－0015794　HJL0988　類叢部/叢書類/彙編之屬

古香齋袖珍十種　清同治至光緒南海孔氏刻本　一百五十七冊　存一種

330000－1701－0015797　HJL2767　類叢部/叢書類/自著之屬

小謨觴館全集三種　(清)彭兆蓀撰　(清)孫元培　(清)孫長熙注　清光緒鎮洋繆朝荃刻三十二年(1906)彙印本　二十冊

330000－1701－0015798　普915.1245/1031/c5　史部/地理類/方志之屬/郡縣志

[嘉慶]山陰縣志三十卷首一卷　(清)徐元梅修　(清)朱文翰等纂　清嘉慶八年(1803)刻本　八冊

330000－1701－0015799　HJL3343　類叢部/叢書類/自著之屬

真西山全集(西山真文忠公全集、真文忠公全集)七種　(宋)真德秀撰　清康熙真氏家祠刻乾隆至同治三年(1864)遞修本　一百冊

330000－1701－0015800　普915.1241/3043/4/c1　史部/地理類/雜志之屬

武林舊事六卷後集四卷　(宋)周密撰　清乾隆四十二年(1777)汪日茭夙夜齋刻本　八冊

330000－1701－0015801　普915.11595/0032/c2　史部/地理類/方志之屬/郡縣志

[道光]寧都直隸州志三十二卷首一卷　(清)黄永綸修　(清)楊錫齡等纂　清道光四年(1824)刻本　劉承幹批校　十九冊　缺一卷(首)

330000－1701－0015802　HJL2329、HJL2928　類叢部/叢書類/自著之屬

真西山全集(西山真文忠公全集、真文忠公全集)七種　(宋)真德秀撰　清康熙真氏家祠刻乾隆至同治三年(1864)遞修本　一百冊

330000－1701－0015803　普915.11595/2032　史部/地理類/方志之屬/郡縣志

[道光]石城縣志八卷　(清)朱一慊修　(清)許瓊等纂　清道光四年(1824)刻本　八冊

330000－1701－0015804　HJH4850　類叢部/叢書類/彙編之屬

武英殿聚珍版書一百四十八種　清乾隆四十二年(1777)福建刻道光至同治遞修光緒二十一年(1895)增刻本　十冊　存一種

330000－1701－0015805　HJL3313　類叢部/叢書類/自著之屬

元遺山先生全集七種　(金)元好問撰　清光緒七年(1881)讀書山房刻本　十七冊

330000－1701－0015806　普915.11594/0035/c2　史部/地理類/方志之屬/郡縣志

[光緒]南安府志補正十二卷首一卷　(清)楊錞纂修　清光緒元年(1875)刻本　六冊

330000－1701－0015808　普915.1241/3053.18/c1　史部/地理類/山川之屬/水志

西湖志四十八卷　(清)李衛　(清)程元章修　(清)傅王露纂　清光緒四年(1878)浙江書局刻本　二十冊

330000－1701－0015810　普915.12/4612　類叢部/叢書類/彙編之屬

暢園叢書甲函六種　(清)張邁編　清光緒二十年(1894)始豐張氏四明刻本　一冊　存一種

330000－1701－0015811　普915.121/2800/c1　史部/地理類/方志之屬/通志

[雍正]畿輔通志一百二十卷　(清)唐執玉　(清)李衛修　(清)陳儀　(清)田易纂　清雍正十三年(1735)刻本　六十冊

330000－1701－0015812　HJL3184　類叢部/

叢書類/自著之屬
呂新吾全集二十二種 (明)呂坤撰 明萬曆刻清同治至光緒修補印本 三十六冊

330000－1701－0015813 HJH3872 類叢部/叢書類/自著之屬
梨洲遺著彙刊二十七種首一卷 (清)黄宗羲撰 薛鳳昌編次 清宣統二年(1910)上海時中書局鉛印本 二十冊 存二十六種首一卷

330000－1701－0015814 普915.121/2210 類叢部/叢書類/彙編之屬
守山閣叢書一百十二種 (清)錢熙祚編 清道光二十四年(1844)金山錢氏重編增刻墨海金壺本(籀史卷二原缺) 一冊 存一種

330000－1701－0015815 普915.1241/3043/4/c2 史部/地理類/雜志之屬
武林舊事六卷後集四卷 (宋)周密撰 清乾隆四十二年(1777)汪日荄夙夜齋刻本 三冊

330000－1701－0015816 普915.1241/3053.18/2/c1 史部/地理類/山川之屬/水志
西湖志四十八卷 (清)李衛 (清)程元章修 (清)傅王露纂 清雍正十三年(1735)兩浙鹽驛道庫刻乾隆印本 二十冊

330000－1701－0015817 普915.1241/3053.18/2(2) 史部/地理類/山川之屬/水志
西湖志四十八卷 (清)李衛 (清)程元章修 (清)傅王露纂 清雍正十三年(1735)兩浙鹽驛道庫刻乾隆印本 二十二冊

330000－1701－0015818 普915.121/3540/c1 史部/地理類/方志之屬/通志
[同治]畿輔通志三百卷首一卷 (清)李鴻章等修 (清)黄彭年等纂 清宣統二年(1910)北洋官報兼印刷局石印本 二百四十冊

330000－1701－0015819 HJH4913 集部/別集類/宋別集
歐陽文忠公全集一百五十三卷首一卷附錄五卷 (宋)歐陽修撰 清光緒十九年(1893)澹雅書局刻本 四十冊

330000－1701－0015820 HJL3212 類叢部/叢書類/自著之屬
一齋集十五種 (明)陳第撰 明萬曆二十三年至四十五年(1595－1617)陳氏會山樓刻清道光二十八年(1848)陳斗初補修彙印本 二十四冊

330000－1701－0015821 普915.11594/0035/c3 史部/地理類/方志之屬/郡縣志
[光緒]南安府志補正十二卷首一卷 (清)楊錞纂修 清光緒元年(1875)刻本 六冊

330000－1701－0015822 HJL2225 類叢部/叢書類/自著之屬
海嶽軒叢刻九種 杜俞撰 清光緒三十三年(1907)蘇省刷印總局鉛印本 八冊

330000－1701－0015823 HJL4921 類叢部/叢書類/自著之屬
梨洲遺著彙刊二十七種首一卷 (清)黄宗羲撰 薛鳳昌編次 清宣統二年(1910)上海時中書局鉛印本 十冊 存三種首一卷

330000－1701－0015825 HJL2463 類叢部/叢書類/自著之屬
香禪精舍集十種附一種另附四種 (清)潘鍾瑞撰 清光緒長洲潘氏香禪精舍刻本 八冊 存七種

330000－1701－0015826 普811.17/08881/c2 集部/別集類/清別集
夢鷗閣詩鈔一卷 (清)許銓撰 **夢鷗閣題詞一卷** (清)吴家騏等撰 清道光二十六年(1846)刻民國九年(1920)印本 一冊

330000－1701－0015827 普915.121/3540/c2 史部/地理類/方志之屬/通志
[同治]畿輔通志三百卷首一卷 (清)李鴻章等修 (清)黄彭年等纂 清宣統二年(1910)北洋官報兼印刷局石印本 二百四十冊

330000－1701－0015828 普915.121/2800/c2 史部/地理類/方志之屬/通志
[雍正]畿輔通志一百二十卷 (清)唐執玉 (清)李衛修 (清)陳儀 (清)田易纂 清雍正十三年(1735)刻本 三十四冊

330000－1701－0015829　HJL3669　類叢部/叢書類/自著之屬
陸子全書十八種　(清)陸隴其撰　清光緒許仁沐刻本　三十六册

330000－1701－0015830　HJH3567　類叢部/叢書類/自著之屬
楊園先生全集十四種　(清)張履祥撰　清道光二十一年(1841)莧氏影山草堂刻同治十一年(1872)補刻本　六册

330000－1701－0015831　HJL4871　類叢部/叢書類/自著之屬
孫夏峰全集十二種附一種　(清)孫奇逢撰　清康熙刻道光至光緒遞刻重印本　九十册

330000－1701－0015833　普 811.17/2287　集部/别集類/清别集
青芝山館詩集二十二卷　(清)樂鈞撰　清嘉慶二十二年(1817)陳鴻壽刻本　六册

330000－1701－0015834　TW50001－TW50003　類叢部/叢書類/彙編之屬
文瀾閣四庫全書目録考證三種三百二十四卷　(清)永瑢　(清)紀昀等纂修　清乾隆内府寫本(清光緒補抄二百七十六卷)　二百三十六册

330000－1701－0015835　SBC0105　集部/總集類/選集之屬/通代
文苑英華一千卷　(宋)李昉等輯　明隆慶元年(1567)胡維新、戚繼光刻六年(1572)重修本　一百九十九册　缺十五卷(六百九十六至七百、七百三十六至七百四十、七百四十六至七百五十)

330000－1701－0015836　普 915.1241/3053.18/2/c2　史部/地理類/山川之屬/水志
西湖志四十八卷　(清)李衛　(清)程元章修　(清)傅王露纂　清雍正十三年(1735)兩浙鹽驛道庫刻乾隆印本　二十册

330000－1701－0015837　HJH3868　類叢部/叢書類/自著之屬
隨園三十八種　(清)袁枚撰　清光緒十八年(1892)勤裕堂鉛印本　三十七册　存三十種

330000－1701－0015839　HJL3334　類叢部/叢書類/自著之屬
榕村全書四十一種　(清)李光地撰　清道光九年(1829)安溪李維迪刻光緒二十二年(1896)重修本　一百二十册

330000－1701－0015840　HJL4403　類叢部/叢書類/自著之屬
坦園全集八種　(清)楊恩壽撰　清光緒長沙楊氏刻本　十六册　存五種

330000－1701－0015841　HJL2236　類叢部/叢書類/家集之屬
項城袁氏家集六種　丁振鐸編　清宣統三年(1911)清芬閣鉛印本　五十六册

330000－1701－0015842　HJH2845　類叢部/叢書類/自著之屬
坦園全集八種　(清)楊恩壽撰　清光緒長沙楊氏刻本　三十册　存六種

330000－1701－0015843　普 915.1241/3053.18/4/c4　史部/地理類/山川之屬/水志
西湖志四十八卷　(清)李衛　(清)程元章修　(清)傅王露纂　清乾隆吳家龍刻本　二十四册

330000－1701－0015844　HJL4915　類叢部/叢書類/自著之屬
惜抱軒全集十種　(清)姚鼐撰　清同治五年(1866)省心閣刻本　二十册

330000－1701－0015845　普 915.1241/3053.18/2/c3　史部/地理類/山川之屬/水志
西湖志四十八卷　(清)李衛　(清)程元章修　(清)傅王露纂　清雍正十三年(1735)兩浙鹽驛道庫刻乾隆印本　二十册

330000－1701－0015847　HJL4965　類叢部/叢書類/自著之屬
紀慎齋先生全集十二種續集七種　(清)紀大奎撰　清嘉慶十三年至咸豐二年(1808－1852)刻本　三十六册　缺續集二種

330000－1701－0015850　HJL3137　類叢部/叢書類/自著之屬

隨園三十種　(清)袁枚撰　清乾隆至嘉慶刻本　一百十二冊　存二十三種

330000－1701－0015851　HJL3890　類叢部/叢書類/自著之屬

所願學齋書鈔四種附一種　(清)沈夢蘭撰　清光緒五年至八年(1879－1882)刻本　六冊

330000－1701－0015852　HJL3476　類叢部/叢書類/自著之屬

顨軒孔氏所著書七種　(清)孔廣森撰　清乾隆嘉慶刻嘉慶二十二年(1817)曲阜孔氏儀鄭堂彙印本　三十冊

330000－1701－0015853　HJL2680　類叢部/叢書類/自著之屬

三山陳氏家刻左海全集十種　(清)陳壽祺撰　清嘉慶至道光刻本　三十二冊

330000－1701－0015854　HJL3126　類叢部/叢書類/自著之屬

槐軒全書 二十二種　(清)劉沅撰　清道光至民國刻本　一百五冊

330000－1701－0015856　HJL2328　類叢部/叢書類/彙編之屬

西京清麓叢書正編三十二種續編二十七種外編二十四種　(清)賀瑞麟編　清同治至民國刻本　二十冊　存一種

330000－1701－0015857　普915.121/3540/(2)　史部/地理類/方志之屬/通志

[同治]畿輔通志三百卷首一卷　(清)李鴻章等修　(清)黃彭年等纂　清宣統二年(1910)北洋官報兼印刷局石印本　六十冊　存八十一卷(一百四十二至二百二十二)

330000－1701－0015858　HJL4327　類叢部/叢書類/自著之屬

潛廬全集五種附一種　金蓉鏡撰　清光緒三十四年(1908)、宣統二年(1910)刻本　劉承幹題記　四冊

330000－1701－0015859　HJL3225　類叢部/叢書類/自著之屬

中復堂全集九種附一種　(清)姚瑩撰　清同治六年(1867)姚濬昌安福縣署刻本　三十二冊

330000－1701－0015860　HJH4893　類叢部/叢書類/自著之屬

洪北江全集二十一種　(清)洪亮吉撰　清光緒三年至五年(1877－1879)洪用懃授經堂刻本　八十四冊

330000－1701－0015862　HJL2420　集部/總集類/選集之屬/通代

文選六十卷　(南朝梁)蕭統輯　(唐)李善注　**文選考異十卷**　(清)胡克家撰　清同治八年(1869)湖北崇文書局刻本　二十四冊

330000－1701－0015863　HJL3355　集部/總集類/選集之屬/通代

文選六十卷　(南朝梁)蕭統輯　(唐)李善注　**文選考異十卷**　(清)胡克家撰　清同治八年(1869)湖北崇文書局刻本　二十四冊

330000－1701－0015864　HJH4872　集部/總集類/選集之屬/通代

文選六十卷　(南朝梁)蕭統輯　(唐)李善注　**文選考異十卷**　(清)胡克家撰　清同治八年(1869)湖北崇文書局刻本　二十四冊

330000－1701－0015865　HJL3412　類叢部/叢書類/自著之屬

寶章齋類稿八種　(清)李桓撰　清光緒六年(1880)武林趙寶墨齋、十三年至十七年(1887－1891)長沙芋園刻本　三十八冊

330000－1701－0015866　普915.1241/3053.19/c1　史部/地理類/遊記之屬/紀勝

湖山便覽十二卷　(清)翟灝等撰　清光緒元年(1875)杭州王維翰槐蔭堂刻本　六冊

330000－1701－0015867　HJL3330　類叢部/叢書類/自著之屬

賭棋山莊所著書八種　(清)謝章鋌撰　清光緒十年至三十年(1884－1904)刻民國十四年(1925)增刻彙印本　三十三冊

330000－1701－0015869　HJH2558　集部/總集類/選集之屬/通代

文選六十卷　(南朝梁)蕭統輯　(唐)李善注　**文選考異十卷**　(清)胡克家撰　清同治八年(1869)湖北崇文書局刻本　十六冊　缺二十三卷(十二至十四、二十一至三十五、五十八至六十,考異三至四)

330000－1701－0015871　普915.1241/3053.18/4/c2　史部/地理類/山川之屬/水志

西湖志四十八卷　(清)李衛　(清)程元章修　(清)傅王露纂　清乾隆吳家龍刻本　二十一冊

330000－1701－0015872　普915.1241/3053.181/c2　史部/地理類/山川之屬/水志

西湖志纂十五卷首一卷末一卷　(清)沈德潛　(清)傅王露輯　(清)梁詩正合纂　清乾隆二十年(1755)賜經堂刻二十七年(1762)增刻本　六冊

330000－1701－0015873　普915.1241/3053.19/c2　史部/地理類/遊記之屬/紀勝

湖山便覽十二卷　(清)翟灝等撰　清光緒元年(1875)杭州王維翰槐蔭堂刻本　六冊

330000－1701－0015874　HJL2762　類叢部/叢書類/家集之屬

績溪胡氏叢書十種　(清)胡培系編　清同治十年至光緒二年(1871－1876)世澤樓刻本暨木活字印本　十冊　存一種

330000－1701－0015875　HJL2377　集部/總集類/選集之屬/通代

文選旁證四十六卷　(清)梁章鉅撰　清道光十八年(1838)刻本　十二冊

330000－1701－0015876　HJL5005　類叢部/叢書類/自著之屬

珍埶宧遺書十一種　(清)莊述祖撰　清嘉慶道光武進莊氏脊令舫刻本　十三冊　缺四卷(明堂陰陽夏小正經傳考釋一至四)

330000－1701－0015877　普915.1241/3053.18/4/c3　史部/地理類/山川之屬/水志

西湖志四十八卷　(清)李衛　(清)程元章修　(清)傅王露纂　清乾隆吳家龍刻本　二十四冊

330000－1701－0015878　HJL2761　集部/總集類/選集之屬/通代

重訂文選集評十五卷首一卷末一卷　(清)于光華輯　清同治十一年(1872)江蘇書局刻本　十六冊

330000－1701－0015880　HJL2464　集部/總集類/選集之屬/通代

玉臺新詠十卷　(南朝陳)徐陵輯　(清)吳兆宜注　(清)程琰刪補　清光緒五年(1879)宏達堂刻本　六冊

330000－1701－0015882　HJL3489　類叢部/叢書類/家集之屬

桐城方氏七代遺書二十種　(清)方昌翰輯　清光緒十四年(1888)刻本　十冊

330000－1701－0015883　HJH3192　類叢部/叢書類/彙編之屬

正誼堂全書六十三種續刻五種　(清)張伯行編　(清)楊浚重編　清同治五年(1866)福州正誼書院刻同治八年至光緒十三年(1869－1887)續刻本　一百八十冊

330000－1701－0015884　HJL2417　集部/總集類/選集之屬/通代

回文類聚四卷首一卷　(宋)桑世昌輯　**織錦回文圖一卷回文類聚續編十卷首一卷**　(清)朱象賢輯並繪　清鶴松堂刻本　八冊

330000－1701－0015885　HJL2312　集部/總集類/選集之屬/通代

御選唐宋詩醇四十七卷目錄二卷　(清)高宗弘曆輯　清光緒七年(1881)江蘇書局刻本　二十冊

330000－1701－0015887　HJL2255　集部/總集類/選集之屬/通代

古詩賞析二十二卷　(清)張玉穀輯　清乾隆三十七年(1772)刻民國四年(1915)重印本　六冊

330000－1701－0015888　HJH3968　集部/總集類/選集之屬/通代

古詩賞析二十二卷　(清)張玉穀輯　清乾隆三十七年(1772)刻民國四年(1915)重印本　六册

330000－1701－0015889　HJL4887　集部/總集類/選集之屬/通代

古詩賞析二十二卷　(清)張玉穀輯　清乾隆三十七年(1772)刻民國十四年(1925)蘇州振新書社印本　六册

330000－1701－0015890　HJL4753　類叢部/叢書類/自著之屬

珍埶宧遺書十一種　(清)莊述祖撰　清嘉慶道光武進莊氏脊令舫刻本　二十册

330000－1701－0015893　HJL2787　集部/總集類/氏族之屬

紫陽家塾詩鈔二十四卷　(清)朱琦輯　清光緒十八年(1892)刻本　六册

330000－1701－0015895　HJH2599　集部/總集類/選集之屬/通代

古謠諺一百卷　(清)杜文瀾輯　清咸豐十一年(1861)曼陀羅華閣刻本　二十册

330000－1701－0015896　HJL5367　類叢部/叢書類/彙編之屬

洪刻五種　清刻道光二十七年(1847)洪氏至德堂重修印本　十册

330000－1701－0015897　HJH2358　集部/總集類/選集之屬/通代

古文苑二十一卷　(宋)章樵注　清光緒十二年(1886)江蘇書局刻本　四册

330000－1701－0015898　普915.1241/3053.222　史部/地理類/山川之屬/水志

御製西湖勝景圖詩一卷　(清)高宗弘曆撰　清浙商刻本　一册

330000－1701－0015899　HJL2756　集部/總集類/選集之屬/通代

東萊集註類編觀瀾文集甲集二十五卷乙集二十五卷丙集二十卷　(宋)林之奇編　(宋)呂祖謙注　**東萊集註古文觀瀾文集甲集附攷一卷乙集附攷一卷丙集附攷一卷續攷一卷**　(清)方功惠撰　清光緒十年(1884)方氏碧琳琅館刻本　十二册

330000－1701－0015900　普915.1241/3053.181/c3　史部/地理類/山川之屬/水志

西湖志纂十五卷首一卷末一卷　(清)沈德潛　(清)傅王露輯　(清)梁詩正合纂　清乾隆二十年(1755)賜經堂刻二十七年(1762)增刻本　六册

330000－1701－0015901　HJL2557　集部/總集類/選集之屬/通代

續古文苑二十卷　(清)孫星衍輯　清光緒九年(1883)江蘇書局刻本　六册

330000－1701－0015902　HJH5048　集部/總集類/選集之屬/通代

續古文苑二十卷　(清)孫星衍輯　清光緒九年(1883)江蘇書局刻本　六册

330000－1701－0015903　HJL2485　集部/總集類/選集之屬/通代

古文辭類纂七十四卷　(清)姚鼐輯　清道光元年(1821)合河康氏家塾刻本　十二册

330000－1701－0015904　HJL2386　集部/總集類/選集之屬/通代

古文辭類纂七十四卷　(清)姚鼐輯　清同治八年(1869)江蘇書局刻本　十二册

330000－1701－0015905　HJL2309　集部/總集類/選集之屬/通代

古文辭類纂七十五卷附錄一卷　(清)姚鼐輯　**古文辭類纂校勘記一卷補刊一卷**　(清)李承淵撰　清光緒二十七年(1901)滁州李氏求要堂刻三十二年(1906)補刻本　十二册

330000－1701－0015906　普915.1241/3053.235/c2　史部/地理類/山川之屬/水志

西湖覽勝詩志八卷　(清)夏基撰　清順治十二年(1655)刻乾隆三十七年(1772)陳愷重修本　五册　缺一卷(二)

330000－1701－0015907　普915.1241/3053.

236/2/c1　類叢部/叢書類/郡邑之屬
武林掌故叢編一百八十七種　(清)丁丙編　清光緒三年至二十六年(1877－1900)錢塘丁氏嘉惠堂刻本　一册　存一種

330000－1701－0015908　HJL2252　集部/總集類/選集之屬/通代
續古文辭類纂二十八卷　(清)黎庶昌輯　清光緒十六年(1890)金陵書局刻本　十二册

330000－1701－0015909　HJL5475　類叢部/叢書類/自著之屬
先少保公石林遺書十三種　(宋)葉夢得撰　清光緒三十年至宣統三年(1904－1911)葉氏觀古堂刻本　十六册

330000－1701－0015910　HJL2399　集部/總集類/選集之屬/通代
古文觀止十二卷　(清)吳乘權　(清)吳大職輯　清光緒六年(1880)上洋醉六堂刻本　六册

330000－1701－0015911　HJL2238　集部/總集類/選集之屬/通代
駢體文鈔三十一卷　(清)李兆洛輯　清道光元年(1821)合河康氏家塾刻本　四册

330000－1701－0015912　HJH2576　集部/總集類/選集之屬/通代
駢體文鈔三十一卷　(清)李兆洛輯　清道光元年(1821)合河康氏家塾刻同治六年(1867)婁江徐氏補刻本　八册

330000－1701－0015913　普 915.1241/3053.236/2/c2　類叢部/叢書類/郡邑之屬
武林掌故叢編一百八十七種　(清)丁丙編　清光緒三年至二十六年(1877－1900)錢塘丁氏嘉惠堂刻本　一册　存一種

330000－1701－0015914　HJL2180　類叢部/類書類/專類之屬
駢文類纂四十六卷　王先謙輯　清光緒二十八年(1902)思賢書局刻本　三十二册

330000－1701－0015915　HJL3616　類叢部/叢書類/自著之屬
甌北全集八種　(清)趙翼撰　清乾隆至嘉慶湛貽堂刻本　五十六册

330000－1701－0015916　普 915.1241/3053.236/2/c3　類叢部/叢書類/郡邑之屬
武林掌故叢編一百八十七種　(清)丁丙編　清光緒三年至二十六年(1877－1900)錢塘丁氏嘉惠堂刻本　一册　存一種

330000－1701－0015917　HJL5127　類叢部/叢書類/自著之屬
海雅堂集五種　(清)凌揚藻撰　清道光刻同治續刻本　九册

330000－1701－0015918　HJL2378　集部/總集類/選集之屬/斷代
才調集十卷　(五代)韋縠輯　清康熙四十三年(1704)汪氏垂雲堂刻本　四册

330000－1701－0015919　普 915.1241/3053.181/c4　史部/地理類/山川之屬/水志
西湖志纂十五卷首一卷末一卷　(清)沈德潛　(清)傅王露輯　(清)梁詩正合纂　清乾隆二十年(1755)賜經堂刻二十七年(1762)增刻本　四册　缺一卷(首)

330000－1701－0015920　HJL2174　集部/總集類/選集之屬/斷代
唐詩三百首六卷　(清)孫洙編　清光緒十八年(1892)刻本　二册

330000－1701－0015921　HJL2648　集部/總集類/選集之屬/斷代
唐文粹一百卷　(宋)姚鉉輯　清光緒九年(1883)江蘇書局刻本　十六册

330000－1701－0015922　HJL3633　類叢部/叢書類/自著之屬
松心居士全集十一種　(清)聶鎬敏撰　清道光刻本　二十册

330000－1701－0015923　HJL2189　集部/總集類/選集之屬/斷代
唐文粹補遺二十六卷　(清)郭麐輯　清嘉慶二十四年(1819)金勇刻本　八册

330000－1701－0015924　HJL3556　類叢部/叢書類/自著之屬
覆瓿集十三種附一種　(清)張文虎撰　清同治至光緒刻本　八冊　存三種

330000－1701－0015925　HJL2379　集部/總集類/選集之屬/斷代
唐文粹補遺二十六卷　(清)郭麐輯　清光緒十一年(1885)江蘇書局刻本　四冊

330000－1701－0015926　普915.1241/3053.18/c6　史部/地理類/山川之屬/水志
西湖志四十八卷　(清)李衛　(清)程元章修　(清)傅王露纂　清光緒四年(1878)浙江書局刻本　二十冊

330000－1701－0015928　普915.1241/3053.181/(2)　史部/地理類/山川之屬/水志
西湖志纂十五卷首一卷末一卷　(清)沈德潛　(清)傅王露輯　(清)梁詩正合纂　清乾隆二十年(1755)賜經堂刻二十七年(1762)增刻本　八冊

330000－1701－0015929　HJL2148　類叢部/叢書類/自著之屬
潛園總集十七種　(清)陸心源撰　清同治至光緒刻本　二十冊　存一種

330000－1701－0015930　HJL4837　類叢部/叢書類/自著之屬
瘦羊錄十四種　(清)熊士鵬撰　清嘉慶至道光刻本　二十四冊

330000－1701－0015931　HJH2771　集部/總集類/選集之屬/斷代
唐駢體文鈔十七卷　(清)陳均纂　清嘉慶二十五年(1820)海昌陳氏刻本　四冊

330000－1701－0015932　HJH3680　類叢部/叢書類/自著之屬
方學博全集五種　(清)方坰撰　清光緒元年(1875)王大經武昌藩署刻本　六冊

330000－1701－0015933　普915.1241/3053.18/c7　史部/地理類/山川之屬/水志
西湖志四十八卷　(清)李衛　(清)程元章修　(清)傅王露纂　清光緒四年(1878)浙江書局刻本　二十冊

330000－1701－0015934　HJH2539　集部/總集類/選集之屬/斷代
宋四六選二十四卷　(清)彭元瑞　(清)曹振鏞輯　清刻本　六冊　存十二卷(一至十二)

330000－1701－0015935　HJL3748　類叢部/叢書類/自著之屬
方學博全集五種　(清)方坰撰　清光緒元年(1875)王大經武昌藩署刻本　六冊

330000－1701－0015936　HJL5006　類叢部/叢書類/自著之屬
方學博全集五種　(清)方坰撰　清光緒元年(1875)王大經武昌藩署刻本　六冊

330000－1701－0015937　HJL2649　集部/總集類/選集之屬/斷代
宋文鑑一百五十卷目錄三卷　(宋)呂祖謙輯　清光緒十二年(1886)江蘇書局刻本　二十四冊

330000－1701－0015938　HJL2418　集部/總集類/選集之屬/斷代
聖宋文選全集三十二卷　(宋)□□輯　清嘉慶刻本　十冊

330000－1701－0015939　普915.1241/3053.241　集部/別集類/清別集
夢西湖詞一百首一卷　(清)曹金籀撰　清末刻本　孫峻跋　一冊

330000－1701－0015940　普915.1241/3053.18/c2　史部/地理類/山川之屬/水志
西湖志四十八卷　(清)李衛　(清)程元章修　(清)傅王露纂　清光緒四年(1878)浙江書局刻本　二十冊

330000－1701－0015941　HJL2488　集部/總集類/選集之屬/斷代
南宋文錄錄二十四卷　(清)董兆熊輯　清光緒十七年(1891)蘇州書局刻本　六冊

330000－1701－0015942　普915.1241/3053.

18/c8　史部/地理類/山川之屬/水志
西湖志四十八卷　(清)李衛　(清)程元章修　(清)傅王露纂　清光緒四年(1878)浙江書局刻本　二十冊

330000－1701－0015943　HJL2487　集部/總集類/選集之屬/斷代
南宋文範七十卷外編四卷作者考二卷　(清)莊仲方輯　清光緒十四年(1888)江蘇書局刻本　十六冊

330000－1701－0015944　HJL3624　類叢部/叢書類/自著之屬
新化鄒氏斆蓺齋遺書五種　(清)鄒漢勛撰　清光緒四年(1878)攸縣龍汝霖南昌刻本　六冊

330000－1701－0015945　HJL4844　類叢部/叢書類/自著之屬
景紫堂全書十一種　(清)夏炘撰　清咸豐至同治刻同治元年(1862)王光甲等彙印本　三十二冊

330000－1701－0015946　普915.1241/3053.6、普915.1241/3053.61、普915.1241/3053.7/c1、普915.1241/305441/c1、普915.1241/305411　類叢部/叢書類/郡邑之屬
武林掌故叢編一百八十七種　(清)丁丙編　清光緒三年至二十六年(1877－1900)錢塘丁氏嘉惠堂刻本　七冊　存六種

330000－1701－0015947　HJL2492　集部/總集類/選集之屬/斷代
金文最六十卷首一卷　(清)張金吾輯　清光緒二十一年(1895)蘇州書局刻本　十六冊

330000－1701－0015948　普915.1241/3053.238/2　史部/地理類/遊記之屬/紀勝
西湖百詠一卷　(清)柴杰撰　清末洽禮堂刻本　一冊

330000－1701－0015949　HJL2493　集部/總集類/選集之屬/斷代
金文雅十六卷作者考一卷　(清)莊仲方輯　清光緒十七年(1891)江蘇書局刻本　四冊

330000－1701－0015950　HJL4114　類叢部/叢書類/家集之屬
影山草堂六種　(清)莫與儔　(清)莫友芝撰　清咸豐至光緒刻本　六冊

330000－1701－0015951　HJL2409　集部/總集類/選集之屬/斷代
忠義集十卷首一卷　(元)趙景良輯　清道光十三年(1833)南通州徐宗幹刻本　四冊

330000－1701－0015952　HJL5219　類叢部/叢書類/自著之屬
藤花亭合刻十種　(清)梁廷枏撰　清道光八年至十年(1828－1830)刻本　十二冊

330000－1701－0015953　HJL2258　類叢部/叢書類/彙編之屬
誦芬室叢刊二十二種　董康編　清光緒三十四年至民國十四年(1908－1925)武進董氏刻本　四冊　存一種

330000－1701－0015957　HJL3236　集部/詩文評類/詩評之屬
帶經堂詩話三十卷首一卷　(清)王士禛撰　(清)張宗枏輯　清同治十二年(1873)廣州藏修堂刻本　十二冊

330000－1701－0015958　普915.1241/3053.18/c3　史部/地理類/山川之屬/水志
西湖志四十八卷　(清)李衛　(清)程元章修　(清)傅王露纂　清光緒四年(1878)浙江書局刻本　二十冊

330000－1701－0015959　普915.1241/3053.19/c3　史部/地理類/遊記之屬/紀勝
湖山便覽十二卷　(清)翟灝等撰　清光緒元年(1875)杭州王維翰槐蔭堂刻本　六冊

330000－1701－0015960　HJL5166　類叢部/叢書類/自著之屬
蛾術堂集十四種　(清)沈豫撰　清道光十八年(1838)蕭山沈氏漢讀齋刻本　四冊

330000－1701－0015961　HJL3179　集部/詩文評類/郡邑之屬
全浙詩話五十四卷　(清)陶元藻輯　(清)陶

廷珍　(清)陶廷琡編　清乾隆五十九年至嘉慶元年(1794－1796)怡雲閣刻本　十六册

330000－1701－0015962　HJL5621　集部/詩文評類/郡邑之屬
全浙詩話五十四卷　(清)陶元藻輯　(清)陶廷珍　(清)陶廷琡編　清乾隆五十九年至嘉慶元年(1794－1796)怡雲閣刻本　二十册

330000－1701－0015963　普 915.1241/3053.18/c4　史部/地理類/山川之屬/水志
西湖志四十八卷　(清)李衛　(清)程元章修　(清)傅王露纂　清光緒四年(1878)浙江書局刻本　二十册

330000－1701－0015964　普 915.1241/3053.19/c4　史部/地理類/遊記之屬/紀勝
湖山便覽十二卷　(清)翟灝等撰　清光緒元年(1875)杭州王維翰槐蔭堂刻本　六册

330000－1701－0015965　HJL3183　集部/詩文評類/詩評之屬
宋詩紀事一百卷　(清)厲鶚　(清)馬曰琯輯　清乾隆十一年(1746)厲氏樊榭山房刻本　二十册

330000－1701－0015966　HJL3325　集部/詩文評類/詩評之屬
宋詩紀事一百卷　(清)厲鶚　(清)馬曰琯輯　清乾隆十一年(1746)厲氏樊榭山房刻本　清毛慶善跋　三十二册

330000－1701－0015967　HJL3427　類叢部/叢書類/自著之屬
杭大宗七種叢書　(清)杭世駿撰　清乾隆杭賓仁羊城刻本　八册

330000－1701－0015968　HJL3012　子部/藝術類/書畫之屬/畫譜
紅樓夢圖詠不分卷　(清)改琦繪　清光緒五年(1879)淮浦居士刻本　四册

330000－1701－0015969　HJL3946　子部/藝術類/書畫之屬/畫譜
紅樓夢圖詠不分卷　(清)改琦繪　清光緒五年(1879)刻民國十年(1921)浙江文元堂楊氏印本　四册

330000－1701－0015970　普 915.1211/0035/2/c1　史部/地理類/方志之屬/郡縣志
光緒順天府志一百三十卷附錄一卷　(清)萬青藜　(清)周家楣修　(清)張之洞　繆荃孫纂　清光緒十二年(1886)刻十五年(1889)海昌查光泰重修本　六十四册

330000－1701－0015971　HJL5157　類叢部/叢書類/自著之屬
許松濱先生全集四十三卷首一卷末一卷　(清)許錫祺撰　清光緒十八年至十九年(1892－1893)劉汝錫等刻民國二十二年(1933)重修本　八册

330000－1701－0015972　普 915.121/5938　史部/地理類/遊記之屬/紀行
東道圖説便覽一卷　(清)裕長撰　清光緒十六年(1890)刻本　陳鵬題記　一册

330000－1701－0015973　HJL3246　類叢部/叢書類/自著之屬
潛園總集十七種　(清)陸心源撰　清同治至光緒刻本　三十二册　存一種

330000－1701－0015974　HJL2663　集部/總集類/選集之屬/通代
樂府詩集一百卷目錄二卷　(宋)郭茂倩輯　清同治十三年(1874)湖北崇文書局刻本　十六册

330000－1701－0015975　HJL5632　類叢部/叢書類/自著之屬
潛園總集十七種　(清)陸心源撰　清同治至光緒刻本　二十四册　存一種

330000－1701－0015976　普 915.1211/0035/2/c3　史部/地理類/方志之屬/郡縣志
光緒順天府志一百三十卷附錄一卷　(清)萬青藜　(清)周家楣修　(清)張之洞　繆荃孫纂　清光緒十二年(1886)刻十五年(1889)海昌查光泰重修本　六十四册

330000－1701－0015977　HJH3430　集部/詩文評類/詩評之屬

養自然齋詩話十卷　(清)鍾駿聲撰　清同治十三年(1874)仁和鍾氏京師刻本　十册

330000－1701－0015978　HJL5108　類叢部/叢書類/自著之屬
澹勤室著述六種　(清)傅壽彤撰　清道光至光緒刻彙印本　四册　存五種

330000－1701－0015979　HJH2253　集部/總集類/選集之屬/斷代
元詩選癸集十卷　(清)顧嗣立輯　(清)席世臣補輯　清嘉慶三年(1798)南沙席氏刻光緒十四年(1888)補刻本　十六册

330000－1701－0015981　HJL3177　集部/詞類/類編之屬
蒙香室叢書四種　馮煦輯　清光緒刻本　四册　存一種

330000－1701－0015983　HJL2155　類叢部/叢書類/自著之屬
澹勤室全集五種　(清)傅壽彤撰　清光緒三年(1877)武昌刻本　六册

330000－1701－0015987　HJH3185　集部/詞類/別集之屬
山中白雲詞八卷　(宋)張炎撰　清康熙六十一年(1722)曹炳曾城書室刻本　二册

330000－1701－0015988　HJL5667　類叢部/叢書類/自著之屬
種樹軒遺集三種　(清)郭長清撰　清光緒二十三年(1897)杭州刻本　二册

330000－1701－0015989　普915.1211/0035/2/c4　史部/地理類/方志之屬/郡縣志
[光緒]順天府志一百三十卷附錄一卷　(清)萬青藜　(清)周家楣修　(清)張之洞　繆荃孫纂　清光緒十二年(1886)刻十五年(1889)海昌查光泰重修本　六十四册

330000－1701－0015991　普915.1211/0035/2/c2　史部/地理類/方志之屬/郡縣志
光緒順天府志一百三十卷附錄一卷　(清)萬青藜　(清)周家楣修　(清)張之洞　繆荃孫纂　清光緒十二年(1886)刻十五年(1889)海昌查光泰重修本　六十四册

330000－1701－0015992　HJL2122　集部/總集類/選集之屬/斷代
元文類七十卷目錄三卷　(元)蘇天爵輯　清光緒十五年(1889)江蘇書局刻本　十册

330000－1701－0015993　HJL3483　集部/詞類/别集之屬
苾芻館詞集六卷　(清)胡延撰　清光緒二十九年(1903)金陵糧儲道廨刻本　四册

330000－1701－0015994　HJL5652　集部/詞類/别集之屬
苾芻館詞集六卷　(清)胡延撰　清光緒二十九年(1903)金陵糧儲道廨刻本　四册

330000－1701－0015995　HJH2709　集部/總集類/選集之屬/斷代
明詩綜一百卷　(清)朱彝尊輯　(清)汪森等評　清康熙刻本　二十三册　存九十七卷(一至四十一、四十五至一百)

330000－1701－0015996　普915.1211/1842/c1　史部/地理類/雜志之屬
都門竹枝詞一卷　(清)楊士安等撰　清光緒三年(1877)刻本　一册

330000－1701－0015998　HJL5637　類叢部/叢書類/自著之屬
有恆心齋集六種附一種　(清)程鴻詔撰　清同治刻本　十二册　存五種

330000－1701－0015999　HJL3253　集部/詞類/詞譜之屬
詞譜四十卷　(清)王奕清等撰　清康熙五十四年(1715)内府刻朱墨套印本(卷一至二配清抄本)　清伯融、清琳瑯閣主人跋　四十册

330000－1701－0016001　SBC0130　集部/别集類/宋別集
宋李忠定公奏議選十五卷文集選二十九卷首四卷目錄二卷　(宋)李綱撰　(明)左光先等選　明崇禎十二年(1639)李氏刻本　五册　存三十一卷(奏議選四至十五,文集選目錄一至二、首一至二、八至十三、二十一至二十九)

330000－1701－0016002　普 915.1241/3053.19/c5　史部/地理類/遊記之屬/紀勝
湖山便覽十二卷　(清)翟灝等撰　清光緒元年(1875)杭州王維翰槐蔭堂刻本　四冊　缺四卷(九至十二)

330000－1701－0016003　HJL2260　集部/詞類/類編之屬
三家宮詞三卷二家宮詞二卷　(明)毛晉編　清同治十二年(1873)淮南書局刻本　一冊

330000－1701－0016004　HJL2380　集部/總集類/選集之屬/斷代
明文在一百卷　(清)薛熙輯　清光緒十五年(1889)江蘇書局刻本　十冊

330000－1701－0016005　HJL3359　集部/總集類/氏族之屬
毘陵伍氏合集六種　清乾隆至嘉慶餐英書屋刻本　四冊

330000－1701－0016006　HJL4627　類叢部/叢書類/自著之屬
庸盦全集十種　(清)薛福成撰　清光緒十年至二十四年(1884－1898)無錫薛氏刻本　四十四冊

330000－1701－0016007　HJL2484　集部/總集類/彙編之屬
詒安堂全集　(清)王慶勳輯　清道光咸豐上海王氏刻本　四冊　存一種

330000－1701－0016008　HJL3342　集部/總集類/彙編之屬
詒安堂全集　(清)王慶勳輯　清道光咸豐上海王氏刻本　四冊　存一種

330000－1701－0016009　普 915.1211/1842/c2　史部/地理類/雜志之屬
都門竹枝詞一卷　(清)楊士安等撰　清光緒三年(1877)刻本　一冊

330000－1701－0016010　普 915.1211/1842.3　史部/地理類/雜志之屬
都門彙纂不分卷　(清)楊士安編　(清)李靜山增補　清同治十一年(1872)刻本　一冊

330000－1701－0016011　HJL3482　集部/總集類/氏族之屬
黃氏家集初編六種　(清)黃家鼎編　清光緒十七年(1891)四明黃氏補不足齋刻本　十二冊

330000－1701－0016012　HJL2181　類叢部/叢書類/彙編之屬
新陽趙氏叢刊十四種　(清)趙元益編　清光緒十一年至二十八年(1885－1902)新陽趙氏刻本　六冊　存一種

330000－1701－0016013　HJH4188　集部/總集類/氏族之屬
黃氏家集初編六種　(清)黃家鼎編　清光緒十七年(1891)四明黃氏補不足齋刻本　十二冊

330000－1701－0016014　HJL2746　集部/總集類/選集之屬/斷代
國朝六家詩鈔八卷　(清)劉執玉選編　清乾隆三十二年(1767)劉執玉詒燕樓刻本　四冊

330000－1701－0016017　HJL2592　集部/總集類/選集之屬/斷代
五家詩鈔六卷　(清)顧修等撰　清嘉慶刻本　二冊

330000－1701－0016019　HJL3337　集部/總集類/氏族之屬
闕里孔氏詩鈔十四卷　(清)孔憲彝輯　清道光二十三年(1843)曲阜孔氏刻本　二冊

330000－1701－0016020　普 915.1211/18492　史部/地理類/雜志之屬
帝京景物畧八卷　(明)劉侗　(明)于奕正撰　清乾隆刻本　四冊

330000－1701－0016021　HJL2483　集部/總集類/氏族之屬
闕里孔氏詩鈔十四卷曲阜詩鈔八卷　(清)孔憲彝輯　清道光二十三年(1843)曲阜孔氏刻本　六冊

330000－1701－0016022　普 915.1241/3044.4/c3、普 915.1241/3043.9/c3、普 915.1241/

3052/2/c3、普 915.1241/3053.17/c3　類叢部/叢書類/郡邑之屬

武林掌故叢編一百八十七種　(清)丁丙編　清光緒三年至二十六年(1877－1900)錢塘丁氏嘉惠堂刻本　十六册　存九種

330000－1701－0016023　HJL5058　類叢部/叢書類/自著之屬

曾惠敏公全集四種　(清)曾紀澤撰　清光緒二十年(1894)上海石印本　四册

330000－1701－0016024　HJL3338　集部/總集類/氏族之屬

清芬集十卷　(清)劉寶楠輯　清道光十八年(1838)刻本　四册

330000－1701－0016025　HJL3297　集部/總集類/氏族之屬

清芬集十卷　(清)劉寶楠輯　清道光十八年(1838)刻本　四册

330000－1701－0016026　HJL2518　集部/總集類/彙編之屬

故友詩錄十四種附一種　(清)蔡壽祺編　清同治八年至九年(1869－1870)京師瑯嬛別館刻本　四册　存六種

330000－1701－0016027　HJL5480　類叢部/叢書類/自著之屬

桐城吳先生全書六種附二種　(清)吳汝綸撰　清光緒三十年(1904)王恩紱等刻本　二十二册

330000－1701－0016028　普 811.104/3423　集部/詩文評類/詩評之屬

說詩晬語二卷　(清)沈德潛撰　清刻本　一册

330000－1701－0016029　普 915.1211/1851/c2　史部/地理類/雜志之屬

宸垣識略十六卷　(清)吳長元撰　清乾隆五十三年(1788)池北草堂刻本　六册

330000－1701－0016030　HJL2586　集部/總集類/彙編之屬

國朝八家四六文鈔(八家四六文鈔)八種　(清)吳鼒編　清光緒五年(1879)京都琉璃廠肆雅堂刻本　四册

330000－1701－0016033　普 915.1241/3043.7/c4、普 915.1241/3043.9/c2、普 915.1241/3043.92/c2、普 915.1241/3044.4/c2　類叢部/叢書類/郡邑之屬

武林掌故叢編一百八十七種　(清)丁丙編　清光緒三年至二十六年(1877－1900)錢塘丁氏嘉惠堂刻本　二十册　存十四種

330000－1701－0016035　HJH0929　子部/雜著類/雜考之屬

諸子通考三卷　孫德謙撰　清宣統二年(1910)江蘇存古學堂鉛印本　三册

330000－1701－0016036　普 915.1211/1851/c3　史部/地理類/雜志之屬

宸垣識略十六卷　(清)吳長元撰　清乾隆五十三年(1788)池北草堂刻本　八册

330000－1701－0016038　HJL3422　集部/別集類/清別集

雨春軒經進詩一卷詩草十卷　(清)姚頤撰　清乾隆五十二年(1787)刻本　四册

330000－1701－0016039　HJL2621　集部/總集類/選集之屬/斷代

羣雅集四十卷二集十卷　(清)王豫輯　清嘉慶十三年至十六年(1808－1811)種竹軒刻本　十册

330000－1701－0016040　HJL3151　集部/別集類/清別集

青虛山房集十一卷　(清)王太岳撰　清光緒十九年(1893)定興鹿傳霖刻本　六册

330000－1701－0016041　HJL2563　史部/史評類/詠史之屬

南宋雜事詩七卷　(清)沈嘉轍等撰　清同治十一年(1872)淮南書局刻本　四册

330000－1701－0016045　HJL2505　集部/總集類/選集之屬/斷代

湖海詩傳四十六卷　(清)王昶輯　清同治四年(1865)綠蔭堂刻本　程銘敬跋　十六册

330000－1701－0016047　HJL2568　集部/總集類/選集之屬/斷代
湘社集四卷　易順鼎　程頌萬輯　清光緒十七年(1891)長沙刻本　二冊

330000－1701－0016048　普 915.1241/3043.92/c3　類叢部/叢書類/郡邑之屬
武林掌故叢編一百八十七種　(清)丁丙編　清光緒三年至二十六年(1877－1900)錢塘丁氏嘉惠堂刻本　四冊　存一種

330000－1701－0016049　HJL0930　類叢部/叢書類/彙編之屬
文選樓叢書三十三種　(清)阮亨編　清嘉慶至道光阮元刻道光二十二年(1842)阮亨彙印本　一冊　存一種

330000－1701－0016050　普 915.1211/1851.2　史部/地理類/雜志之屬
京師地名對二卷　(清)巴哩克杏芬輯　清光緒二十七年(1901)刻本　二冊

330000－1701－0016051　HJL2700　集部/總集類/選集之屬/斷代
柳堂師友詩錄初編　(清)李長榮編　清同治至光緒刻本　二十冊

330000－1701－0016052　HJL2603　集部/總集類/選集之屬/斷代
卷勺園集三卷續補一卷　(清)劉茂榕撰　清道光元年(1821)刻本　六冊

330000－1701－0016053　HJL3671　集部/總集類/選集之屬/斷代
卷勺園集三卷續補一卷　(清)劉茂榕撰　清道光元年(1821)刻本　二冊

330000－1701－0016056　普 915.1211/18541　史部/地理類/專志之屬/寺觀
潭柘山岫雲寺志二卷　(清)神穆德撰　(清)釋義庵續　清乾隆四年(1739)刻光緒九年(1883)續刻本　二冊

330000－1701－0016057　普 915.1211/1851/2/c1　史部/地理類/雜志之屬
宸垣識畧十六卷　(清)吳長元撰　清光緒二年(1876)刻本　八冊

330000－1701－0016061　HJL2697　集部/總集類/選集之屬/斷代
今體詩鈔注畧宋詩三卷首一卷　(清)趙彥傳撰　清同治八年(1869)補讀齋刻本　二冊

330000－1701－0016062　HJL3395　集部/別集類/唐五代別集
李太白文集三十六卷　(唐)李白撰　(清)王琦輯注　清乾隆聚錦堂刻本　十六冊

330000－1701－0016064　HJL2600　集部/總集類/選集之屬/斷代
同門詩鈔四卷　(清)倪濟遠等撰　清道光十六年(1836)刻本　二冊

330000－1701－0016067　HJL3444　集部/別集類/唐五代別集
杜工部集二十卷首一卷　(唐)杜甫撰　(清)鄭澐校　**諸家詩話一卷唱酬題詠附錄一卷**　清同治十一年(1872)致一齋刻本　十冊

330000－1701－0016068　HJL2530　集部/總集類/選集之屬/斷代
湖海文傳七十五卷　(清)王昶輯　清道光十七年(1837)經訓堂刻同治五年(1866)印本　十六冊

330000－1701－0016070　HJL3413　集部/別集類/唐五代別集
唐陸宣公集二十二卷首一卷增輯一卷附錄一卷　(唐)陸贄撰　清光緒二年(1876)江蘇書局刻本　六冊

330000－1701－0016071　HJH2535　集部/總集類/選集之屬/斷代
神交集三卷　(清)趙潤等撰　清光緒三十三年(1907)金陵湯明林印書局鉛印本　一冊

330000－1701－0016072　普 915.1241/3043.8/c2、普 915.1241/3053.231/c2　類叢部/叢書類/郡邑之屬
武林掌故叢編一百八十七種　(清)丁丙編　清光緒三年至二十六年(1877－1900)錢塘丁氏嘉惠堂刻本　二冊　存二種

330000－1701－0016073　HJL2651　集部/總集類/酬唱之屬
清尊集十六卷　(清)汪遠孫撰輯　清道光十九年(1839)錢塘汪氏振綺堂刻本　四冊

330000－1701－0016074　HJH3172　集部/別集類/唐五代別集
白香山詩長慶集二十卷後集十七卷別集一卷補遺二卷　(唐)白居易撰　(清)汪立名編訂　**白香山[居易]年譜舊本一卷**　(宋)陳振孫撰　**白香山[居易]年譜一卷**　(清)汪立名撰　清康熙四十一年至四十二年(1702－1703)汪立名一隅草堂刻本　四冊

330000－1701－0016075　HJH2582　集部/總集類/選集之屬/斷代
切問齋文鈔三十卷　(清)陸燿輯　清同治八年(1869)金陵錢氏刻本　十冊

330000－1701－0016077　HJH4317　集部/別集類/唐五代別集
白香山詩長慶集二十卷後集十七卷別集一卷補遺二卷　(唐)白居易撰　(清)汪立名編訂　**白香山[居易]年譜舊本一卷**　(宋)陳振孫撰　**白香山[居易]年譜一卷**　(清)汪立名撰　清康熙四十一年至四十二年(1702－1703)汪立名一隅草堂刻本　六冊　缺十八卷(長慶集一至十六、年譜、年譜舊本)

330000－1701－0016078　HJL2480　集部/總集類/彙編之屬
國朝文錄四十種　(清)李祖陶編　清道光十九年(1839)瑞州府鳳儀書院刻本　八十冊

330000－1701－0016079　HJL4480　集部/別集類/唐五代別集
白香山詩長慶集二十卷後集十七卷別集一卷補遺二卷　(唐)白居易撰　(清)汪立名編訂　**白香山[居易]年譜舊本一卷**　(宋)陳振孫撰　**白香山[居易]年譜一卷**　(清)汪立名撰　清康熙四十一年至四十二年(1702－1703)汪立名一隅草堂刻本　六冊

330000－1701－0016080　HJL2593　集部/總集類/郡邑之屬
國朝三槎風雅十六卷　(清)朱掄英輯　清嘉慶十六年(1811)刻本　六冊

330000－1701－0016081　普 915.1211/1857.32/c1　史部/地理類/專志之屬/宮殿
御製圓明園圖詠二卷　(清)高宗弘曆撰　(清)鄂爾泰等注　清光緒十三年(1887)天津石印書屋石印本　二冊

330000－1701－0016083　HJL2481　集部/總集類/選集之屬/斷代
國朝古文彙鈔初集一百七十六卷首一卷　(清)朱珔輯　**二集一百卷首一卷**　(清)楊文蓀輯　清道光二十七年(1847)吳江沈氏世美堂刻本　四十冊　存一百一卷(二集首、一至一百)

330000－1701－0016084　HJL3668　集部/別集類/明別集
宋文憲公全集八十卷　(明)宋濂撰　**年譜二卷附錄一卷**　(清)朱興悌　(清)戴殿江纂　孫鏘增輯　**潛溪錄六卷首一卷**　丁立中編輯　孫鏘增補　清宣統二年至民國五年(1910－1916)四明孫氏成都刻本　二十六冊

330000－1701－0016085　HJL2608　集部/總集類/選集之屬/斷代
國朝古文彙鈔初集一百七十六卷首一卷　(清)朱珔輯　**二集一百卷首一卷**　(清)楊文蓀輯　清道光二十七年(1847)吳江沈氏世美堂刻本　八十冊　存一百七十七卷(初集首、一至一百七十六)

330000－1701－0016086　HJL5743　集部/別集類/清別集
國子先生全集四種　(清)金兆燕撰　清嘉慶十二年(1807)、道光十六年(1836)贈雲軒刻本　八冊

330000－1701－0016087　HJL4527　集部/別集類/明別集
太師誠意伯劉文成公集二十卷首一卷　(明)劉基撰　清光緒二十六年(1900)浙江書局刻本　十冊

330000－1701－0016088　HJL5197　集部/總集類/氏族之屬
海鹽張氏涉園叢刻七種　張元濟輯　清宣統三年(1911)海鹽張氏鉛印本　一冊　存三種

330000－1701－0016093　HJL2494　集部/總集類/選集之屬/斷代
謝琴文鈔一卷詩鈔八卷聯吟一卷　(清)吳景潮編　清嘉慶二十年(1815)松風草堂刻本　四冊

330000－1701－0016094　HJH5203　集部/總集類/選集之屬/通代
文選六十卷　(南朝梁)蕭統輯　(唐)李善注　**文選考異十卷**　(清)胡克家撰　清同治八年(1869)湖北崇文書局刻本　二十三冊

330000－1701－0016095　HJL3358　集部/總集類/選集之屬/斷代
謝琴文鈔一卷詩鈔八卷聯吟一卷　(清)吳景潮編　清嘉慶二十年(1815)松風草堂刻本　十冊

330000－1701－0016096　HJH4508、HJH4509　類叢部/叢書類/彙編之屬
鐵琴銅劍樓叢書十三種　瞿啓甲編　清光緒至民國刻本暨影印本　三冊　存二種

330000－1701－0016100　HJH2708　集部/總集類/選集之屬/斷代
本朝館閣賦前集十二卷　(清)葉抱崧　(清)程洵等輯　清乾隆二十九年(1764)困學齋刻本　六冊

330000－1701－0016101　HJL5523　類叢部/叢書類/彙編之屬
鐵琴銅劍樓叢書十三種　瞿啓甲編　清光緒至民國刻本暨影印本　一冊　存一種

330000－1701－0016104　普915.1211/1857.32/2　史部/地理類/專志之屬/宮殿
御製避暑山莊圓明園圖詠二卷　(清)聖祖玄燁撰　(清)高宗弘曆和　清乾隆刻本　二冊

330000－1701－0016105　HJH2654　集部/總集類/選集之屬/斷代
國朝駢體正宗十二卷　(清)曾燠輯　清嘉慶十一年(1806)南城曾氏賞雨茅屋刻本　六冊

330000－1701－0016107　HJL3438　集部/別集類/唐五代別集
溫飛卿詩集七卷別集一卷集外詩一卷附錄諸家詩評一卷　(唐)溫庭筠撰　(明)曾益注　(清)顧予咸補注　(清)顧嗣立續注　清光緒八年(1882)泉唐汪氏萬軸山房刻本　二冊

330000－1701－0016108　HJL2584　集部/總集類/選集之屬/斷代
國朝駢體正宗十二卷　(清)曾燠輯　清光緒十九年(1893)善化章氏鴻運樓刻本　六冊

330000－1701－0016109　HJL3754　集部/別集類/明別集
白沙子全集十卷古詩教解二卷首一卷末一卷　(明)陳獻章撰　(明)湛若水輯解　清乾隆三十六年(1771)陳氏碧玉樓刻本　十冊

330000－1701－0016110　普915.1241/3053.17/c4　類叢部/叢書類/郡邑之屬
武林掌故叢編一百八十七種　(清)丁丙編　清光緒三年至二十六年(1877－1900)錢塘丁氏嘉惠堂刻本　八冊　存一種

330000－1701－0016111　普915.1211/1857.32/c2　史部/地理類/專志之屬/宮殿
御製圓明園圖詠二卷　(清)高宗弘曆撰　(清)鄂爾泰等注　清光緒十三年(1887)天津石印書屋石印本　楊澍松題記　二冊

330000－1701－0016112　HJH2735　集部/總集類/選集之屬/斷代
國朝駢體正宗續編八卷　(清)張鳴珂輯　清光緒十四年(1888)寒松閣刻本　四冊

330000－1701－0016113　HJH4471　集部/別集類/明別集
滄洲詩集十卷續集二卷附錄一卷　(明)張泰撰　清刻朱印本　七冊

330000－1701－0016114　HJL3615　集部/別集類/明別集
葉文莊公全集三十卷　(明)葉盛撰　清康熙

崑山葉氏賜書樓刻乾隆四年(1739)印本　二十四册

330000-1701-0016119　HJL2421　集部/總集類/郡邑之屬
潮州耆舊集三十七卷　(清)馮奉初編　清道光二十九年(1849)李氏愛吾鼎齋刻本　十六册

330000-1701-0016121　HJL4481　類叢部/叢書類/郡邑之屬
金華叢書六十八種　(清)胡鳳丹編　清同治七年至光緒八年(1868-1882)永康胡氏退補齋刻民國補刻本　十册　存一種

330000-1701-0016124　HJL3973　集部/別集類/明別集
重刊校正唐荆川先生文集十二卷補遺五卷外集三卷附錄一卷　(明)唐順之撰　清光緒三十年(1904)江南書局刻本　十册

330000-1701-0016125　普915.1211/1857.33/c1　史部/地理類/專志之屬/宫殿
御製避暑山莊圓明園圖詠二卷　(清)聖祖玄燁撰　(清)高宗弘曆和　清末大同書局石印本　二册

330000-1701-0016126　HJH3559　集部/總集類/氏族之屬
宋范文正忠宣二公全集　(宋)范仲淹　(宋)范純仁撰　清宣統二年(1910)刻本　十册　存一種

330000-1701-0016127　普915.1211/1857.32/c3　史部/地理類/專志之屬/宫殿
御製圓明園圖詠二卷　(清)高宗弘曆撰　(清)鄂爾泰等注　清光緒十三年(1887)天津石印書屋石印本　二册

330000-1701-0016128　普811.17/10351　集部/別集類/清別集
椒生詩草六卷　(清)王之春撰　清光緒十年(1884)上洋文藝齋刻本　一册

330000-1701-0016129　HJL3630　集部/總集類/選集之屬/斷代
明四子詩集　嚴嶽蓮編　清光緒三十三年(1907)渭南嚴氏刻本　十四册　存一種

330000-1701-0016130　HJL2522　集部/總集類/郡邑之屬
潞安詩鈔前編四卷後編十二卷　(清)常煜輯　清道光十九年(1839)寡過未能齋刻本　十六册

330000-1701-0016132　普915.1211/1859　史部/地理類/輿圖之屬/陵寢
茶陵祠墓圖記一卷零陵陳墓圖記一卷　(清)李輔燿編　清光緒二十二年(1896)刻本　一册

330000-1701-0016133　HJL4376　集部/別集類/明別集
李文莊公全集十卷　(明)李騰芳撰　清光緒二年(1876)湘潭李氏家祠刻本　十册

330000-1701-0016134　HJL2521　集部/總集類/氏族之屬
蘭陵三秀集三種　清道光十三年至十五年(1833-1835)刻本　一册

330000-1701-0016135　HJL2612　集部/別集類/清別集
南邨詩稿二十四卷　(清)潘高撰　清木活字印本　四册

330000-1701-0016137　HJL4377　類叢部/叢書類/自著之屬
顧端文公遺書十五種附一種　(明)顧憲成撰　清光緒三年(1877)涇里顧氏宗祠刻本　九册　存二種

330000-1701-0016138　HJL2788　集部/總集類/郡邑之屬
婁水文徵八十卷　(清)王寶仁編輯　(清)陸煐　(清)季錫疇同輯　**婁水文徵姓氏考略一卷**　(清)周煜編　清道光十二年(1832)閒有餘齋刻本　二十四册

330000-1701-0016139　普915.1241/3043.7/c2、普915.1241/3053.17/c6、普915.1241/3053.237/c4、普915.1241/3053.238/c4　類

叢部/叢書類/郡邑之屬
武林掌故叢編一百八十七種 (清)丁丙編 清光緒三年至二十六年(1877－1900)錢塘丁氏嘉惠堂刻本 八册 存五種

330000－1701－0016140 普915.1211/1851/2/c2 史部/地理類/雜志之屬
宸垣識畧十六卷 (清)吳長元撰 清光緒二年(1876)刻本 八册

330000－1701－0016141 普915.1211/1857.33/c2 史部/地理類/專志之屬/宫殿
御製避暑山莊圓明園圖詠二卷 (清)聖祖玄燁撰 (清)高宗弘曆和 清末大同書局石印本 二册

330000－1701－0016142 普915.1211/18592.2 史部/地理類/雜志之屬
京師坊巷志稿二卷 (清)朱一新撰 清光緒二十三年(1897)義烏葆真堂刻本 清汪兆銓校 二册

330000－1701－0016143 HJL2482 集部/總集類/郡邑之屬
廣陵思古編二十九卷 (清)汪廷儒輯 清道光二十九年(1849)揚州汪氏刻本 十册

330000－1701－0016145 HJH3238 集部/别集類/宋别集
東坡文選二十卷 (宋)蘇軾撰 (明)鍾惺評選 明刻本 四册

330000－1701－0016146 HJL3620 集部/别集類/明别集
高陽集詩十卷文十卷 (明)孫承宗撰 **高陽太傅孫文正公[承宗]年譜五卷** (明)孫銓編 清順治十二年(1655)孫之澇閩中刻嘉慶十二年(1807)重修本 十三册 缺四卷(年譜二至五)

330000－1701－0016147 HJL2288 集部/别集類/明别集
高陽集詩十卷文十卷 (明)孫承宗撰 **高陽太傅孫文正公[承宗]年譜五卷** (明)孫銓編 清順治十二年(1655)孫之澇閩中刻嘉慶十二年(1807)重修本 十二册 缺五卷(年譜一至五)

330000－1701－0016148 HJH2673 集部/總集類/選集之屬
唐市徵獻錄原編二卷 (清)倪賜輯 **續編二卷** (清)張璐輯 清光緒二十五年(1899)亭林書院刻本 四册

330000－1701－0016150 HJL3326 集部/别集類/宋别集
梁谿先生文集一百八十卷附錄一卷年譜一卷行狀三卷 (宋)李綱撰 清道光十四年(1834)刻本 四十册

330000－1701－0016152 HJL3441 集部/别集類/宋别集
岳忠武王文集八卷首一卷末一卷 (宋)岳飛撰 (清)黄邦寧纂修 清光緒二年(1876)刻本 四册

330000－1701－0016154 HJL2684 集部/總集類/郡邑之屬
崇川列朝詩選彙存二卷各家詩鈔彙存五十二卷首八卷補遺六十一卷 (清)王藻輯 清咸豐七年(1857)有嘉樹軒刻本 四十八册

330000－1701－0016155 HJH4406 集部/别集類/明别集
楊忠烈公文集十卷首一卷末一卷 (明)楊漣撰 **表忠錄二卷續集三卷** 清光緒三年(1877)永康胡氏退補齋刻本 八册

330000－1701－0016156 HJL3176 集部/總集類/郡邑之屬
崇川列朝詩選彙存二卷各家詩鈔彙存五十二卷首八卷補遺六十一卷 (清)王藻輯 清咸豐七年(1857)有嘉樹軒刻本 二十册

330000－1701－0016157 HJL3887 集部/别集類/明别集
劉子全書遺編二十四卷首一卷 (明)劉宗周撰 (清)沈復粲編 清道光三十年(1850)刻光緒十八年(1892)重修本 十二册

330000－1701－0016159 HJL3268、HJL3269、

HJL3270、HJL3377、HJL3381　類叢部/叢書類/彙編之屬

鐵琴銅劍樓叢書十三種　瞿啓甲編　清光緒至民國刻本暨影印本　六冊　存五種

330000－1701－0016160　HJH3738　類叢部/叢書類/彙編之屬

鐵琴銅劍樓叢書十三種　瞿啓甲編　清光緒至民國刻本暨影印本　一冊　存一種

330000－1701－0016161　HJL2489　類叢部/叢書類/彙編之屬

鐵琴銅劍樓叢書十三種　瞿啓甲編　清光緒至民國刻本暨影印本　一冊　存一種

330000－1701－0016162　HJH4412　集部/別集類/明別集

落落齋遺集十卷附錄一卷　(明)李應昇撰　清光緒二十二年(1896)武進盛氏思惠齋刻朱印本　六冊

330000－1701－0016163　HJL2398　集部/總集類/氏族之屬

歸安前邱吴氏詩存二十一卷　(清)吳啓褒編　清嘉慶十五年(1810)豐澍堂刻本　四冊

330000－1701－0016164　HJL2436　集部/總集類/郡邑之屬

海曲詩鈔十六卷補編一卷二集六卷　(清)馮金伯輯　清嘉慶十二年至十三年(1807－1808)刻本　四冊

330000－1701－0016165　HJH4894　類叢部/叢書類/自著之屬

船山遺書六十三種　(清)王夫之撰　清同治四年(1865)湘鄉曾國荃金陵刻本　一百二十冊

330000－1701－0016167　HJL2643　集部/總集類/郡邑之屬

嘉定詩鈔初集五十二卷二集十八卷　(清)莊爾保輯　清道光二十三年(1843)嘉定黃氏西溪草廬刻本　清王慶勳題記　二十冊

330000－1701－0016168　HJL2178　集部/總集類/郡邑之屬

兩浙輶軒錄四十卷補遺十卷姓氏韻編二卷　(清)阮元輯　清光緒十六年(1890)浙江書局刻本　三十二冊

330000－1701－0016172　HJL4666　集部/別集類/明別集

疑雨集四卷　(明)王彦泓撰　清宣統三年(1911)上海掃葉山房石印本　二冊

330000－1701－0016173　HJL4512　集部/別集類/明別集

汲古堂集二十八卷　(明)何白撰　清道光十六年(1836)東甌梅嶼守直堂刻本　十冊

330000－1701－0016174　HJL2916　集部/別集類/明別集

汲古堂集二十八卷　(明)何白撰　清道光十六年(1836)東甌梅嶼守直堂刻本　十二冊

330000－1701－0016177　HJL4373　集部/別集類/明別集

花王閣賸稿一卷　(明)紀坤撰　清嘉慶九年(1804)樂敘堂刻本　一冊

330000－1701－0016178　HJH4600　類叢部/叢書類/自著之屬

不遠復齋遺書六種　(清)潘士璜輯　清光緒六年(1880)潘遵祁刻本　六冊

330000－1701－0016179　HJL2526　集部/總集類/郡邑之屬

梅里詩輯二十八卷　(清)許燦輯　**續梅里詩輯十二卷**　(清)沈愛蓮編　清道光三十年(1850)嘉興縣齋刻本　十二冊

330000－1701－0016180　HJL3535　集部/別集類/宋別集

李忠簡公文溪集二十卷首一卷末一卷　(宋)李昴英撰　(宋)李春叟輯訂　(明)孫際明重編　清刻本　三冊

330000－1701－0016183　HJL4967　類叢部/叢書類/自著之屬

二思堂叢書六種五十一卷　(清)梁章鉅撰　清同治十二年至光緒元年(1873－1875)福州梁氏刻本　十六冊

330000－1701－0016185　HJL2529　集部/總集類/郡邑之屬
續檇李詩繫四十卷　(清)胡昌基輯　清宣統三年(1911)刻本　十六册

330000－1701－0016186　HJL2583　集部/總集類/郡邑之屬
硤川詩鈔二十卷首一卷詞鈔一卷　(清)曹宗載輯　清光緒十八年(1892)雙山講舍刻本　六册

330000－1701－0016187　普 915.1211/3029/(2)　史部/地理類/方志之屬/郡縣志
[乾隆]永清縣志二十五卷文徵五卷　(清)周震榮修　(清)章學誠纂　清乾隆四十四年(1779)刻嘉慶十八年(1813)補刻本　四册

330000－1701－0016188　HJH4150、HJH4769　類叢部/叢書類/自著之屬
通齋全集十種　(清)蔣超伯撰　清同治三年(1864)高涼郡齋刻本　六册　存六種

330000－1701－0016189　普 915.1241/3044.4/c4、普 915.1241/3051.4/c4、普 915.1241/3053.17/c7　類叢部/叢書類/郡邑之屬
武林掌故叢編一百八十七種　(清)丁丙編　清光緒三年至二十六年(1877－1900)錢塘丁氏嘉惠堂刻本　十六册　存三種

330000－1701－0016190　HJL3600　集部/別集類/清別集
牧齋初學集詩註二十卷有學集詩註十四卷　(清)錢謙益撰　(清)錢曾箋注　清康熙刻玉詔堂印本　八册　存十四卷(有學集詩註一至十四)

330000－1701－0016191　HJH6766　集部/總集類/郡邑之屬
續檇李詩繫四十卷　(清)胡昌基輯　清宣統三年(1911)刻本　二十册

330000－1701－0016192　HJL2571　集部/別集類/清別集
蓮漪文鈔八卷　(清)汪曰楨輯　清咸豐九年至同治二年(1859－1863)刻本　二册

330000－1701－0016193　HJL3670　集部/別集類/清別集
梅村詩集箋注十八卷　(清)吳偉業撰　(清)吳翌鳳箋注　清嘉慶十九年(1814)嚴榮滄浪吟榭刻本　十二册

330000－1701－0016194　HJL4342　集部/別集類/清別集
蓮漪文鈔八卷　(清)汪曰楨輯　清咸豐九年至同治二年(1859－1863)刻本　二册

330000－1701－0016195　普 915.1211/3035/c1　史部/地理類/方志之屬/郡縣志
[光緒]續永清縣志十四卷文徵二卷　(清)李秉鈞　(清)吳欽修　(清)魏邦翰纂　清光緒元年(1875)刻本　魏頌唐跋　四册

330000－1701－0016197　HJL3530　集部/別集類/元別集
楚國文憲公雪樓程先生文集三十卷附録一卷　(元)程鉅夫撰　(元)程大本輯　**楚國文憲公雪樓程先生[鉅夫]年譜一卷**　(元)程世京編　清宣統二年(1910)陶氏涉園刻本　十册

330000－1701－0016198　HJL2490　集部/別集類/元別集
楚國文憲公雪樓程先生文集三十卷附録一卷　(元)程鉅夫撰　(元)程大本輯　**楚國文憲公雪樓程先生[鉅夫]年譜一卷**　(元)程世京編　清宣統二年(1910)陶氏涉園刻本　十册

330000－1701－0016200　HJL3734　集部/別集類/清別集
梅村家藏藁五十八卷補遺一卷年譜四卷　(清)吳偉業撰　董康編　清宣統三年(1911)武進董氏誦芬室刻本　八册

330000－1701－0016201　HJL3264　集部/別集類/元別集
虞文靖公詩集十卷　(元)虞集撰　**虞文靖公[集]年譜一卷**　(清)翁方綱編　清嘉慶十一年(1806)南城曾燠賞雨茆屋刻本　四册

330000－1701－0016203　普 915.1211/3035/c2　史部/地理類/方志之屬/郡縣志

[光緒]續永清縣志十四卷文徵二卷　(清)李秉鈞　(清)吳欽修　(清)魏邦翰纂　清光緒元年(1875)刻本　四冊

330000 - 1701 - 0016204　普 915. 1211/3035/c3　史部/地理類/方志之屬/郡縣志
[光緒]續永清縣志十四卷文徵二卷　(清)李秉鈞　(清)吳欽修　(清)魏邦翰纂　清光緒元年(1875)刻本　四冊

330000 - 1701 - 0016205　HJH2675　集部/總集類/郡邑之屬
國朝嚴州詩錄八卷　(清)宗源瀚輯　清光緒二年(1876)刻本　二冊

330000 - 1701 - 0016206　HJL3267　集部/別集類/元別集
新編翰林珠玉六卷　(元)虞集撰　清末民國初刻藍印本　一冊

330000 - 1701 - 0016207　HJL3984　類叢部/叢書類/自著之屬
張楊園先生全集六卷　(清)張履祥撰　(清)李文耕輯　清同治元年(1862)刻本　六冊

330000 - 1701 - 0016208　HJL4532　類叢部/叢書類/自著之屬
唱經堂才子書彙稿十種　(清)金人瑞撰　清初刻本　十二冊　存一種

330000 - 1701 - 0016209　HJL2594　集部/總集類/郡邑之屬
沙溪詩存十卷續集四卷　(清)陸熯等輯　清嘉慶十九年至道光十年(1814 - 1830)刻本　四冊

330000 - 1701 - 0016211　HJL2604　集部/總集類/郡邑之屬
國朝江右八家詩八卷　(清)曾燠輯　清邗上題襟館刻本　四冊

330000 - 1701 - 0016212　普 915. 1241/3044. 7/2　集部/總集類/題詠之屬
新年雜詠二卷　(清)黃模　(清)吳錫麒等撰　清乾隆刻本　二冊

330000 - 1701 - 0016213　HJL2478　集部/總集類/郡邑之屬
渝水詩觀三十二卷　(清)黃之晉輯　清道光二十九年(1849)刻本　八冊

330000 - 1701 - 0016214　HJL4090　集部/總集類/彙編之屬
國初十大家詩鈔　(清)王相編　清道光十年(1830)秀水王氏信芳閣木活字印本　一冊　存一種

330000 - 1701 - 0016215　HJL3256　集部/別集類/元別集
文獻公全集十卷首一卷補遺一卷附錄一卷日損齋筆記一卷　(元)黃溍撰　(清)宋濂　(清)王褘輯　清咸豐元年(1851)黃氏刻本　十六冊　存十卷(首、一至八、日損齋筆記)

330000 - 1701 - 0016216　普 915. 1211/3029　史部/地理類/方志之屬/郡縣志
[乾隆]永清縣志二十五卷附文徵五卷　(清)周震榮修　(清)章學誠纂　清乾隆四十四年(1779)刻嘉慶十八年(1813)補刻本　魏頌唐跋　十四冊

330000 - 1701 - 0016217　普 915. 1211/3529/c2　史部/地理類/方志之屬/郡縣志
[乾隆]東安縣志二十二卷　(清)李光昭修　(清)周琰纂　清乾隆十四年(1749)刻本　十六冊

330000 - 1701 - 0016218　HJH3604　集部/別集類/清別集
寒支初集十卷二集四卷　(清)李世熊撰　(清)李向旻編　清同治十三年(1874)刻本　十四冊

330000 - 1701 - 0016219　HJL2512　集部/總集類/郡邑之屬
嶠西詩鈔二十一卷　(清)張鵬展輯　清道光二年(1822)刻本　六冊

330000 - 1701 - 0016221　HJL3788　類叢部/叢書類/自著之屬
李文襄公文集二種附一種　(清)李之芳撰

(清)李鍾麟編　清康熙刻彤錫堂彙印本　八冊　存一種附一種

330000－1701－0016222　普 915.1211/3029/2　史部/地理類/方志之屬/郡縣志
[乾隆]永清縣志二十五卷文徵五卷　(清)周震榮修　(清)章學誠纂　清乾隆四十四年(1779)刻本　三冊　存二十五卷(一至二十五)

330000－1701－0016223　HJH5238　類叢部/叢書類/郡邑之屬
海昌叢載三十二種　(清)羊復禮編　清光緒海昌羊氏傳卷樓粵東刻民國印本　八冊

330000－1701－0016225　HJH4236　集部/別集類/清別集
章雲李先生時文稿一卷　(清)章金牧撰　清光緒五年(1879)福山王氏刻本　一冊

330000－1701－0016226　HJL3266　類叢部/叢書類/彙編之屬
誦芬室叢刊二十二種　董康編　清光緒三十四年至民國十四年(1908－1925)武進董氏刻本　一冊　存一種

330000－1701－0016227　HJL3681　集部/別集類/清別集
寒松堂全集十二卷寒松老人[魏象樞]年譜一卷　(清)魏象樞撰　清嘉慶十六年(1811)魏煜刻本　十三冊

330000－1701－0016228　HJH3961　集部/別集類/清別集
壯悔堂文集十卷遺稿一卷四憶堂詩集六卷　(清)侯方域撰　(清)賈開宗等評點　清光緒四年(1878)舊學山房刻本　八冊

330000－1701－0016229　HJL3301　集部/總集類/氏族之屬
長白英額三先生詩集三種　(清)□□編　清嘉慶十六年(1811)刻本　二冊　存一種

330000－1701－0016230　HJH3871　集部/別集類/清別集
壯悔堂文集十卷遺稿一卷首一卷四憶堂詩集六卷遺稿一卷　(清)侯方域撰　(清)賈開宗等評點　清宣統元年(1909)上海中國圖書公司鉛印本　四冊

330000－1701－0016231　HJL3469　集部/別集類/清別集
玉門詩鈔二卷　(清)鐵保撰　清嘉慶刻本　一冊

330000－1701－0016232　HJL3495　集部/別集類/清別集
筠心堂文集十卷詩集四卷外集四卷　(清)張岳崧撰　清道光二十四年(1844)刻本　六冊

330000－1701－0016233　HJL4171　類叢部/叢書類/郡邑之屬
三怡堂叢書二十種　張鳳臺編　清光緒三十二年至民國十二年(1906－1923)河南官書局刻本　二冊　存一種

330000－1701－0016234　HJL3607　類叢部/叢書類/自著之屬
清吟堂全集十四種　(清)高士奇撰　清康熙刻本　三冊　存四種

330000－1701－0016235　普 915.1211/4529　史部/地理類/方志之屬/郡縣志
[乾隆]通州志十卷首一卷末一卷　(清)高天鳳修　(清)金梅等纂　清乾隆四十八年(1783)刻本　八冊

330000－1701－0016236　HJL2279　類叢部/叢書類/自著之屬
春融堂集三種　(清)王昶撰　清嘉慶青浦王氏塾南書舍刻本　四冊　存一種

330000－1701－0016237　HJL3821　集部/別集類/清別集
白茅堂集四十六卷　(清)顧景星撰　清康熙四十三年(1704)曹寅刻本　十九冊

330000－1701－0016239　HJL3447　集部/別集類/清別集
抱山堂集十四卷　(清)朱彭撰　清嘉慶六年(1801)刻本　六冊

330000－1701－0016240　HJL1150　類叢部/類書類/通類之屬
北堂書鈔一百六十卷　(唐)虞世南撰　(清)孔廣陶校注　清光緒十四年(1888)南海孔氏三十有三萬卷堂刻本　二十四冊

330000－1701－0016241　HJL3782　集部/別集類/清別集
姚端恪公文集十八卷詩集十二卷外集十八卷末一卷　(清)姚文然撰　清康熙二十四年(1685)姚士塈等刻本　八冊　缺十八卷(文集一至十八)

330000－1701－0016242　HJL2166　集部/別集類/清別集
抱山堂集十四卷　(清)朱彭撰　清嘉慶六年(1801)刻本　八冊

330000－1701－0016243　普 915.1211/6061/2　類叢部/叢書類/自著之屬
亭林先生遺書彙輯二十三種附錄三種　(清)顧炎武撰　(清)席威　(清)朱記榮編　清光緒十一年至三十二年(1885－1906)吳縣朱氏槐廬家塾刻本　一冊　存一種

330000－1701－0016244　HJL1169　子部/雜著類/雜纂之屬
新雕皇朝類苑七十八卷　(宋)江少虞輯　清宣統三年(1911)武進董康誦芬室刻本　十二冊

330000－1701－0016245　HJH3642　集部/別集類/清別集
陳檢討集二十卷　(清)陳維崧撰　(清)程師恭注　清刻本　四冊

330000－1701－0016246　普 915.1241/3043.61/c3、普 915.1241/3051.4/c2　類叢部/叢書類/郡邑之屬
武林掌故叢編一百八十七種　(清)丁丙編　清光緒三年至二十六年(1877－1900)錢塘丁氏嘉惠堂刻本　三冊　存二種

330000－1701－0016247　HJL3388　集部/別集類/清別集
蘭韻堂詩集八卷　(清)沈初撰　清乾隆刻本　二冊

330000－1701－0016248　HJH3667　集部/別集類/清別集
湖海樓文集六卷儷體文集十二卷詩集十二卷補遺一卷詞集二十卷　(清)陳維崧撰　清光緒十七年(1891)弇山鐸署刻本　十冊　缺二十卷(詞集一至二十)

330000－1701－0016249　HJL3305　集部/別集類/清別集
思不辱齋文集四卷詩集四卷外集三卷賡颺集四卷　(清)萬承風撰　清嘉慶二十一年(1816)分寧萬承風古瓦山房刻本　九冊

330000－1701－0016250　普 915.1241/3053.17/c5　類叢部/叢書類/郡邑之屬
武林掌故叢編一百八十七種　(清)丁丙編　清光緒三年至二十六年(1877－1900)錢塘丁氏嘉惠堂刻本　四冊　存一種

330000－1701－0016251　HJL5223　集部/別集類/清別集
思不辱齋文集四卷詩集四卷外集三卷賡颺集四卷　(清)萬承風撰　清嘉慶二十一年(1816)分寧萬承風古瓦山房刻本　五冊

330000－1701－0016252　HJH4484　集部/別集類/清別集
曝書亭集八十卷附錄一卷　(清)朱彝尊撰
笛漁小稾十卷　(清)朱昆田撰　清光緒十五年(1889)會稽陶氏寒梅館刻三十四年(1908)陶闇重刻本　二十四冊

330000－1701－0016253　HJL3010　集部/別集類/清別集
曝書亭集八十卷附錄一卷　(清)朱彝尊撰
笛漁小稾十卷　(清)朱昆田撰　清光緒十五年(1889)會稽陶氏寒梅館刻三十四年(1908)陶闇重刻本　二十四冊

330000－1701－0016254　HJL5467　類叢部/叢書類/家集之屬
叢睦汪氏遺書十九種　(清)汪篁編　清光緒

十二年(1886)錢唐汪氏長沙刻本　三十五册　缺二卷(春星堂詩集一至二)

330000－1701－0016255　HJL2239　類叢部/叢書類/彙編之屬
津河廣仁堂叢書八十四種　(清)□□編　清光緒津河廣仁堂刻本　四册　存一種

330000－1701－0016256　HJL3580　集部/別集類/清別集
曝書亭詩集箋注二十三卷　(清)朱彝尊撰　(清)孫銀槎輯注　清嘉慶五年(1800)三有堂刻九年(1804)補刻本　十册

330000－1701－0016257　HJL2243　類叢部/叢書類/自著之屬
通齋全集十種　(清)蔣超伯撰　清同治三年(1864)高涼郡齋刻本　二十册　存五種

330000－1701－0016258　HJL3508　集部/別集類/清別集
玉磬山房詩集八卷文集二卷　(清)劉大觀撰　清嘉慶刻本　清理原學士觀款　六册

330000－1701－0016259　HJL4949　類叢部/叢書類/自著之屬
通齋全集十種　(清)蔣超伯撰　清同治三年(1864)高涼郡齋刻本　三册　存三種

330000－1701－0016260　HJH4205　集部/別集類/清別集
三魚堂文集十二卷外集六卷附錄一卷　(清)陸隴其撰　清嘉慶至道光老掃葉山房刻本　八册

330000－1701－0016261　普 915.1241/3053.17/c8　類叢部/叢書類/郡邑之屬
武林掌故叢編一百八十七種　(清)丁丙編　清光緒三年至二十六年(1877－1900)錢塘丁氏嘉惠堂刻本　十六册　存一種

330000－1701－0016262　HJL5591　集部/別集類/清別集
玉磬山房詩集六卷文集二卷　(清)劉大觀撰　清嘉慶刻本　八册

330000－1701－0016263　HJL2585　集部/別集類/清別集
玉磬山房詩集八卷文集二卷　(清)劉大觀撰　清嘉慶刻本　六册

330000－1701－0016265　HJL2473　集部/別集類/清別集
涌翠山房文集四卷詩集四卷　(清)高延第撰　清光緒十四年(1888)山陽高氏刻涌翠山房集本　佚名批　四册

330000－1701－0016266　HJL2272　集部/別集類/清別集
友竹草堂文集六卷詩二卷　(清)蔣慶第撰　清光緒刻本　四册

330000－1701－0016267　HJL4116　集部/別集類/清別集
友竹草堂文集六卷詩二卷　(清)蔣慶第撰　清光緒刻本　二册　存四卷(文集一至四)

330000－1701－0016268　HJH4083　集部/別集類/清別集
璇璣碎錦二卷　(清)萬樹撰　清光緒九年(1883)刻本　二册

330000－1701－0016269　普 915.1241/3043.93　類叢部/叢書類/郡邑之屬
武林掌故叢編一百八十七種　(清)丁丙編　清光緒三年至二十六年(1877－1900)錢塘丁氏嘉惠堂刻本　二册　存一種

330000－1701－0016271　HJL3423　集部/別集類/清別集
海峯先生文十卷詩六卷　(清)徐大槐撰　清同治十三年(1874)刻本　八册

330000－1701－0016272　HJL4339　集部/別集類/清別集
甌香館集十二卷補遺詩一卷補遺畫跋一卷　(清)惲格撰　(清)蔣光煦輯　清光緒七年(1881)刻本　四册

330000－1701－0016273　HJL2503　集部/別集類/清別集
甌香館集十二卷補遺詩一卷補遺畫跋一卷

(清)惲格撰　(清)蔣光煦輯　清光緒七年(1881)刻本　四册

330000－1701－0016274　HJL2271　類叢部/叢書類/自著之屬
曾忠襄公全集四種附二種　(清)曾國荃撰　清光緒二十九年(1903)刻本　六十四册

330000－1701－0016275　HJL3290　集部/別集類/清別集
蒙泉文集四卷　(清)張九思撰　清咸豐八年(1858)熊少牧、譚國光長沙刻本　二册

330000－1701－0016276　HJL4089　集部/總集類/彙編之屬
二趙公文集二種五十四卷　(清)趙侗斆編　清光緒十八年至十九年(1892－1893)浙江書局刻本　十二册　存一種

330000－1701－0016277　HJL5636　集部/總集類/彙編之屬
二趙公文集二種五十四卷　(清)趙侗斆編　清光緒十八年至十九年(1892－1893)浙江書局刻本　十二册　存一種

330000－1701－0016278　HJL2450　類叢部/叢書類/郡邑之屬
粟香室叢書五十九種　金武祥編　清光緒至民國江陰金氏刻本　一册　存三種

330000－1701－0016279　HJL3799　集部/別集類/清別集
字雲巢文稿二十卷　(清)盛大謨撰　清同治二年(1863)課花別館刻本　四册

330000－1701－0016280　普915.1241/3053.1　史部/叢編
西湖集覽四十四種　(清)丁丙輯　清光緒錢塘丁氏嘉惠堂刻本　二十四册

330000－1701－0016281　HJL4320　集部/別集類/清別集
文貞公集十二卷首一卷　(清)張玉書撰　**張文貞公[玉書]年譜一卷**　(清)丁傳靖編　清光緒二十七年(1901)木活字印本　十二册　存十二卷(首、一至十二)

330000－1701－0016282　HJL4865　集部/詩文評類
雅倫二十六卷　(清)費經虞撰　(清)費密補輯　清康熙四十九年(1710)江都于王棖刻怡全堂重修本　六册

330000－1701－0016284　HJL3466　集部/別集類/清別集
遊道堂集四卷　(清)朱彬撰　清同治七年(1868)袁浦刻本　二册

330000－1701－0016285　HJL2514　集部/別集類/清別集
遂園詩鈔六卷　(清)夏味堂撰　(清)夏齊林輯錄　清咸豐元年(1851)夏承勳刻本　二册

330000－1701－0016286　HJL4698　集部/別集類/清別集
遊道堂集四卷　(清)朱彬撰　清同治七年(1868)袁浦刻光緒二年(1876)印本　二册

330000－1701－0016287　HJH3983　類叢部/叢書類/彙編之屬
峭帆樓叢書十八種　趙詒琛編　清宣統三年至民國八年(1911－1919)新陽趙氏峭帆樓刻本　二册　存一種

330000－1701－0016288　HJH4081　類叢部/叢書類/彙編之屬
峭帆樓叢書十八種　趙詒琛編　清宣統三年至民國八年(1911－1919)新陽趙氏峭帆樓刻本　二册　存一種

330000－1701－0016289　HJL2270　集部/別集類/清別集
菊潭詩鈔八卷　(清)沙增齡撰　清咸豐十年(1860)篁韻草堂木活字印本　四册

330000－1701－0016290　HJH4082　類叢部/叢書類/彙編之屬
峭帆樓叢書十八種　趙詒琛編　清宣統三年至民國八年(1911－1919)新陽趙氏峭帆樓刻本　二册　存一種

330000－1701－0016291　普811.1087/4777.2/c1　集部/總集類/郡邑之屬

鄂渚同聲集初編七卷正編二十卷三編八卷 (清)胡鳳丹編 清同治九年至光緒二年(1870－1876)退補齋刻本 五册

330000－1701－0016292 HJL4721 集部/詩文評類/詩評之屬

漁洋詩話二卷 (清)王士禛撰 清光緒十九年(1893)聚英堂刻本 二册

330000－1701－0016293 HJL2466 集部/別集類/清別集

琴語堂雜體文續一卷 (清)李肇增撰 清同治三年(1864)刻本 小舫跋 一册

330000－1701－0016294 普 915.1211/5835 史部/地理類/方志之屬/郡縣志

[光緒]寧河縣志十六卷 (清)丁符九修 (清)談松林纂 清光緒六年(1880)刻本 三十二册

330000－1701－0016295 HJL4068 類叢部/叢書類/彙編之屬

峭帆樓叢書十八種 趙詒琛編 清宣統三年至民國八年(1911－1919)新陽趙氏峭帆樓刻本 四册 存一種

330000－1701－0016296 HJL3142 集部/別集類/清別集

春暉堂稿初刻一卷 (清)謝聖鞞撰 清鷗波草堂刻本 一册

330000－1701－0016297 HJH2297 集部/別集類/清別集

琴語堂文述二卷 (清)李肇增撰 清咸豐七年(1857)吳門木活字印本 四册

330000－1701－0016299 HJL2139 集部/別集類/清別集

杉蔭橋邊舊草堂詩鈔二卷 (清)翁壽麐撰 清咸豐三年(1853)刻本 二册

330000－1701－0016300 HJL2334 集部/別集類/清別集

愁不來齋詩鈔一卷 (清)趙煦撰 清咸豐二年(1852)刻本 一册

330000－1701－0016301 HJL5654 集部/詩文評類/詩評之屬

靜志居詩話二十四卷 (清)朱彝尊撰 (清)姚祖恩輯 清嘉慶二十四年(1819)錢塘姚祖恩扶荔山房刻本 十四册

330000－1701－0016302 HJH4231 集部/別集類/清別集

馮舍人遺詩六卷 (清)馮廷櫆撰 (清)馮德培輯 清光緒三十四年(1908)京師問影樓鉛印本 一册

330000－1701－0016303 HJL3147 集部/別集類/清別集

羅洋文集不分卷詩草不分卷 (清)郭焌撰 清嘉慶十八年(1813)思貽草堂刻本 四册

330000－1701－0016304 HJL3793 集部/別集類/清別集

正誼堂文集四十卷首一卷 (清)張伯行撰 (清)張師栻 (清)張師載編 清光緒二年(1876)吳江費氏刻本 二十册

330000－1701－0016305 HJL2541 集部/別集類/清別集

窗課存稿二卷 (清)奕譞撰 清同治十二年(1873)刻本 二册

330000－1701－0016306 普 915.1241/3043.7/2/c1 史部/地理類/雜志之屬

東城雜記二卷 (清)厲鶚撰 清嘉慶二十五年(1820)錢塘汪氏振綺堂刻本 一册

330000－1701－0016307 HJL3594 集部/別集類/清別集

御製文第三集五十卷總目六卷 (清)聖祖玄燁撰 (清)張英等輯 清康熙五十三年(1714)武英殿刻本 八册 存三十八卷(一至三十四、總目一至四)

330000－1701－0016308 HJL3591 集部/別集類/清別集

御製文集四十卷總目五卷第二集五十卷總目六卷第三集五十卷總目六卷 (清)聖祖玄燁撰 (清)張英等輯 清康熙五十三年(1714)

武英殿刻本(卷五至八,二集卷二十八至三十二、四十三至五十,二集總目卷三至六配抄本) 九冊 存三十一卷(五至八,二集二十八至五十、二集總目三至六)

330000－1701－0016309 HJL3504 類叢部/叢書類/自著之屬
傳經堂叢書十二種 (清)洪頤煊撰 清嘉慶至道光臨海洪氏刻本 二冊 存一種

330000－1701－0016310 HJL5566 類叢部/叢書類/自著之屬
通齋全集十種 (清)蔣超伯撰 清同治三年(1864)高涼郡齋刻民國二十三年(1934)揚州陳恆和書林重印本 一冊 存一種

330000－1701－0016311 HJL3219 集部/別集類/清別集
鐵簫詩稿六卷 (清)譚光祜撰 清嘉慶十五年(1810)刻本 二冊

330000－1701－0016312 HJL5482 集部/詩文評類/詩評之屬
載酒園詩話五卷 (清)賀裳撰 清嘉慶二十四年(1819)煙環閣刻本 四冊

330000－1701－0016313 HJL3806 集部/別集類/清別集
朱文端公文集四卷補編四卷 (清)朱軾撰 **朱文端公[軾]年譜一卷** (清)朱瀚編 (清)朱舲補 清同治十年至十二年(1871－1873)古唐朱舲古懽齋刻本 六冊

330000－1701－0016314 HJL5481 類叢部/叢書類/自著之屬
南野堂全集三種 (清)吳文溥撰 清乾隆至嘉慶刻本 四冊 存一種

330000－1701－0016315 HJL2291 集部/別集類/清別集
嘯劍山房詩鈔十四卷試帖秋鐙課草一卷 (清)文星瑞撰 清同治九年至十二年(1870－1873)羊城刻本 四冊

330000－1701－0016316 HJH4355 集部/別集類/清別集
方望溪文鈔六卷首一卷 (清)方苞撰 清宣統二年(1910)上海國學扶輪社鉛印本 五冊

330000－1701－0016317 HJL2241 集部/別集類/清別集
芸香館遺詩二卷 (清)那遜蘭保撰 清同治十三年(1874)盛昱刻本 一冊

330000－1701－0016318 HJL5231 集部/詩文評類/詩評之屬
甌北詩話十卷續詩話二卷 (清)趙翼撰 清光緒三十四年(1908)上海埽葉山房石印本 四冊

330000－1701－0016319 HJL3220 集部/別集類/清別集
夫椒山館詩二十二卷 (清)周儀暐撰 清道光二十七年(1847)宣城李文翰刻本 六冊

330000－1701－0016320 普 915.1241/3043.7/2/c2 史部/地理類/雜志之屬
東城雜記二卷 (清)厲鶚撰 清嘉慶二十五年(1820)錢塘汪氏振綺堂刻本 一冊

330000－1701－0016321 HJL2259 集部/別集類/清別集
槈經廬詩集初編八卷 (清)王軒撰 清同治十三年(1874)洪洞董氏刻本 二冊

330000－1701－0016322 HJL5352 集部/詩文評類/詩評之屬
北江詩話六卷 (清)洪亮吉撰 清宣統元年(1909)上海掃葉山房石印本 二冊

330000－1701－0016323 HJL2227 集部/別集類/清別集
崇蘭堂詩初存十卷 (清)張預撰 清光緒二十年(1894)刻本 二冊

330000－1701－0016325 普 915.1211/8835 史部/地理類/方志之屬/郡縣志
[光緒]大城縣志十二卷首一卷 (清)趙炳文 (清)徐國楨修 劉鍾英 鄧毓怡纂 清光緒二十三年(1897)刻本 十二冊

330000－1701－0016326 HJL3516 集部/別

集類/清別集
夫椒山館詩集二十二卷 (清)周儀暐撰 清道光二十七年(1847)宣城李文翰味塵軒刻本 清李之郇跋 四冊

330000－1701－0016327 HJL4665 集部/詩文評類/詩評之屬
北江詩話六卷 (清)洪亮吉撰 清宣統元年(1909)上海掃葉山房石印本 三冊

330000－1701－0016328 HJL3937 集部/別集類/清別集
西亭文鈔十二卷首一卷末一卷 (清)王原撰 (清)劉汝錫編 清光緒十七年(1891)不遠復齋刻民國二十二年(1933)重修本 四冊

330000－1701－0016329 HJH4566 集部/別集類/清別集
夫椒山館詩二十二卷 (清)周儀暐撰 清道光二十七年(1847)宣城李文翰刻本 四冊

330000－1701－0016330 HJL5486 集部/詩文評類/詩評之屬
匏廬詩話三卷 (清)沈濤撰 清道光二十年(1840)刻本 一冊

330000－1701－0016331 HJL5497 集部/詩文評類/詩評之屬
蘇亭詩話六卷 (清)張道撰 清光緒十九年(1893)錢塘張鴻儀長沙學院刻本 二冊

330000－1701－0016333 HJL2742 集部/別集類/清別集
寄漚遺集八卷 (清)何延慶撰 (清)何允孝輯 清宣統二年(1910)江寧何氏刻本 四冊

330000－1701－0016334 HJL5089 集部/詩文評類
鐙窗瑣話八卷 (清)于源撰 清道光二十七年(1847)刻本 二冊

330000－1701－0016335 HJH3962 集部/別集類/清別集
儲遯菴文集十二卷 (清)儲方慶撰 **附錄一卷** (清)魏象樞撰 清光緒二年(1876)刻本 四冊

330000－1701－0016336 HJL2807 集部/別集類/清別集
儲遯菴文集十二卷 (清)儲方慶撰 **附錄一卷** (清)魏象樞撰 清光緒二年(1876)刻本 六冊

330000－1701－0016337 HJL5082 集部/詩文評類/文評之屬
葉氏睿吾樓文話十六卷 (清)葉元塏撰 清道光十三年(1833)鶴皋葉氏睿吾樓刻本 六冊

330000－1701－0016339 HJL3694 集部/別集類/清別集
涵村詩集十卷 (清)秦文超撰 清光緒六年(1880)秦簧刻本 五冊

330000－1701－0016340 HJL5443 集部/別集類/清別集
涵村詩集十卷 (清)秦文超撰 清光緒六年(1880)秦簧刻本 五冊

330000－1701－0016341 HJL3213 集部/別集類/清別集
陶文毅公全集六十四卷首一卷末一卷 (清)陶澍撰 清道光二十年(1840)淮北士民刻本 二十四冊

330000－1701－0016342 HJL5492 集部/詩文評類/詩評之屬
詩緣樵說拾遺六卷 (清)聊園老樵撰 清光緒三十一年(1905)成都聊園刻本 三冊

330000－1701－0016343 HJL3888 集部/別集類/清別集
完玉堂詩集十卷 (清)釋元璟撰 清刻本 清蔣敦復跋 四冊

330000－1701－0016344 HJL5489 集部/詩文評類/詩評之屬
緝雅堂詩話二卷 (清)潘衍桐撰 清光緒十七年(1891)杭州刻本 一冊

330000－1701－0016345 HJL3135 集部/別集類/清別集
御製詩二集六十四卷目錄八卷 (清)仁宗顒

琰撰　清嘉慶十六年(1811)内府刻本　三十二册

330000－1701－0016346　HJL4511　集部/别集類/清别集
鉏茅集二卷　(清)張錫祚撰　清嘉慶十八年(1813)刻本　一册

330000－1701－0016347　普 915.1211/9532　史部/地理類/方志之屬/郡縣志
[道光]薊州志十卷首一卷　(清)沈鋭纂修　清道光十一年(1831)刻本　八册

330000－1701－0016348　HJL3856　集部/别集類/清别集
御製詩二集六十四卷目録八卷　(清)仁宗顒琰撰　清嘉慶十六年(1811)内府刻本　二十册

330000－1701－0016349　HJL4399　集部/别集類/清别集
虹玉堂文集十八卷　(清)鄭相如撰　(清)鄭維屏輯　**白灘集二卷**　(清)鄭文熊撰　(清)鄭維屏輯　清道光十三年(1833)涇川鄭氏青虹閣刻本　七册　存十八卷(一至十八)

330000－1701－0016350　HJL2844　集部/别集類/清别集
虹玉堂文集十八卷　(清)鄭相如撰　(清)鄭維屏輯　**白灘集二卷**　(清)鄭文熊撰　(清)鄭維屏輯　清道光十三年(1833)涇川鄭氏青虹閣刻本　八册

330000－1701－0016352　HJL2146　集部/别集類/清别集
傒月軒詩集十五卷賦稿一卷　(清)奕詢撰　清同治十二年(1873)刻本　四册

330000－1701－0016353　HJL3752　集部/别集類/清别集
閒青堂詩集十卷附録一卷　(清)朱倫瀚撰　清道光十五年(1835)朱奕亨刻本　四册

330000－1701－0016354　HJL5491　集部/詩文評類/詩評之屬
射鷹樓詩話二十四卷　(清)林昌彝撰　清咸豐元年(1851)刻本　八册

330000－1701－0016355　普 915.1241/3053.11/c1　類叢部/叢書類/郡邑之屬
名家西湖山水詩十五種　清光緒錢塘丁氏嘉惠堂刻民國二十三年(1934)彙印本　五册

330000－1701－0016356　HJL2263　集部/别集類/清别集
湘谷初稿八卷吟稿四卷續稿六卷　(清)謝庭蘭撰　清光緒七年(1881)刻本　六册

330000－1701－0016357　HJL4923　集部/别集類/清别集
湘谷初稿八卷吟稿四卷續稿六卷　(清)謝庭蘭撰　清光緒七年(1881)刻本　四册　缺六卷(續稿一至六)

330000－1701－0016358　HJL3762　集部/别集類/清别集
嚴太僕先生集十二卷　(清)嚴虞惇撰　清光緒九年至十年(1883－1884)常熟嚴氏西涇草堂刻本　四册

330000－1701－0016359　HJL5560　集部/詩文評類/詩評之屬
明詩紀事甲籤三十卷乙籤二十二卷丙籤十二卷丁籤十七卷戊籤二十二卷己籤二十卷庚籤三十卷辛籤三十四卷　陳田撰　清光緒二十五年至宣統三年(1899－1911)貴陽陳從書聽詩齋刻本　三十七册　缺二卷(甲籤一至二)

330000－1701－0016362　HJH2653　集部/别集類/清别集
雪門詩草十四卷　(清)許瑤光撰　清同治十三年(1874)刻本　六册

330000－1701－0016363　HJL4385　集部/别集類/清别集
雪門詩草十四卷　(清)許瑤光撰　清同治十三年(1874)刻本　六册

330000－1701－0016364　HJL3804　類叢部/叢書類/自著之屬
東山草堂全集　(清)邱嘉穗撰　清光緒八年(1882)漢陽邱氏刻本　十四册　存五種

330000－1701－0016365　HJL5680　集部/詩文評類/詩評之屬
聲調四譜圖說十二卷首一卷末一卷　(清)董文煥撰　清同治三年(1864)洪洞董氏刻本　六冊

330000－1701－0016366　HJH3134　集部/别集類/清别集
御製文二集十四卷　(清)仁宗顒琰撰　清嘉慶刻本　二冊

330000－1701－0016367　HJL2119　集部/别集類/清别集
養拙齋詩十四卷　(清)王必達撰　**桂隱詩存一卷**　(清)王必蕃撰　清光緒十六年至十九年(1890－1893)王維翰等刻本　四冊

330000－1701－0016368　HJH3128　集部/别集類/清别集
御製文二集十四卷　(清)仁宗顒琰撰　清嘉慶刻本　十二冊

330000－1701－0016369　HJL3789　集部/别集類/清别集
遂寧張文端公全集七卷首一卷末一卷　(清)張鵬翮撰　清光緒八年(1882)張知銓刻本　八冊

330000－1701－0016370　HJL5625　集部/詩文評類/詩評之屬
壽松堂詩話四卷　(清)陳來泰撰　清咸豐刻本　清芝雲氏跋　二冊

330000－1701－0016371　HJH3133　集部/别集類/清别集
御製文餘集二卷　(清)仁宗顒琰撰　清嘉慶刻本　二冊

330000－1701－0016373　HJL2331　集部/别集類/清别集
閬苩草堂遺草四卷　(清)王柘撰　(清)魏燮均編　(清)劉杞評　清同治十二年(1873)銘安刻本　二冊

330000－1701－0016374　HJL4668　集部/詩文評類/詩評之屬
陶詩彙評四卷東坡和陶合箋四卷　(晉)陶潛撰　(清)溫汝能彙評　清宣統元年(1909)掃葉山房石印本　二冊　存四卷(陶詩彙評一至四)

330000－1701－0016375　普 915.1212/0027　史部/地理類/方志之屬/郡縣志
[康熙]保定府志二十九卷　(清)紀弘謨修　(清)郭棻纂　清康熙十九年(1680)刻本　十二冊

330000－1701－0016376　HJL2145　集部/别集類/清别集
金粟山房駢體文二卷　(清)張培仁撰　清同治八年(1869)刻本　二冊

330000－1701－0016377　HJL2137　集部/别集類/清别集
金粟山房詩鈔二集六卷首一卷　(清)張培仁撰　清同治七年(1868)刻本　六冊

330000－1701－0016378　普 915.1212/1027　史部/地理類/方志之屬/郡縣志
[康熙]清苑縣志十二卷　(清)時來敏修　(清)郭棻等纂　清康熙十六年(1677)刻本　四冊

330000－1701－0016379　普 915.1211/9552.2/c3　史部/地理類/山川之屬/山志
盤山志十卷首一卷補遺四卷　(清)釋智朴撰　(清)王士禛　(清)朱彝尊訂　清康熙三十五年(1696)刻同治十一年(1872)修補本　四冊

330000－1701－0016380　HJL3622　集部/别集類/清别集
道腴堂詩編二十卷　(清)鮑鉁撰　清乾隆刻本　十二冊

330000－1701－0016381　HJL3798　集部/别集類/清别集
陳文肅公遺集一卷　(清)陳大受撰　(清)陳文騄輯　**陳文肅公[大受]年譜一卷**　(清)陳輝祖等輯　**清芬錄二卷**　(清)陳文騄輯　清光緒十六年(1890)浯湘求志書屋鉛印本

四冊

330000－1701－0016382　HJL4140　集部/别集類/清别集
生香書屋文集四卷　（清）陳浩撰　清乾隆刻本　四册

330000－1701－0016383　HJL3525　集部/别集類/清别集
生香書屋文集四卷　（清）陳浩撰　清乾隆刻本　六册

330000－1701－0016384　HJH3769　集部/别集類/清别集
香屑集十八卷首一卷末一卷　（清）黄之雋撰　（清）陳邦直注　清刻本　四册

330000－1701－0016385　普915.1211/9552.2/2　史部/地理類/山川之屬/山志
盤山志十卷首一卷補遺四卷　（清）釋智朴撰　（清）王士禛　（清）朱彝尊訂　清康熙三十五年（1696）刻本　四册

330000－1701－0016386　HJL3572　集部/别集類/清别集
存研樓文集十六卷　（清）儲大文撰　（清）張耀先等輯　清光緒元年（1875）静遠堂刻本　十册

330000－1701－0016387　HJL3819　集部/别集類/清别集
海峰先生詩集十卷　（清）劉大櫆撰　**附錄原刻本札記一卷**　（清）蕭穆撰　清光緒二十五年（1899）刻本　二册

330000－1701－0016388　HJL3790　集部/别集類/清别集
四知堂文集三十六卷首一卷崇祀錄一卷　（清）楊錫紱撰　清嘉慶楊有涵等刻本　十二册

330000－1701－0016389　HJL3170　集部/别集類/清别集
三松堂詩集二十卷續集六卷文集四卷三松［潘奕雋］自訂年譜一卷　（清）潘奕雋撰　清同治九年至十一年（1870－1872）刻本　十六册

330000－1701－0016390　HJL5702　集部/詩文評類/詩評之屬
敦園詩談八卷續編二卷　（清）許丙椿撰　清同治五年（1866）刻本　二册

330000－1701－0016391　HJL2335　集部/别集類/清别集
思誠堂集八卷　（清）張鏞撰　清光緒十三年（1887）滑縣暴氏刻本　四册

330000－1701－0016392　HJH4719　集部/别集類/清别集
三松堂詩集二十卷續集六卷文集四卷三松［潘奕雋］自訂年譜一卷　（清）潘奕雋撰　清同治九年至十一年（1870－1872）刻本　十册

330000－1701－0016393　HJL5303　集部/别集類/清别集
思誠堂集八卷　（清）張鏞撰　清光緒十三年（1887）滑縣暴氏刻本　四册

330000－1701－0016394　HJL5477　集部/詩文評類/文評之屬
全唐文紀事一百二十二卷首一卷　（清）陳鴻墀撰　清同治十二年（1873）廣州巴陵方功惠刻本　二十四册

330000－1701－0016395　HJL2173　集部/别集類/清别集
退宜堂詩集六卷　（清）孫垓撰　清光緒十五年（1889）刻本　二册

330000－1701－0016396　HJL5487　集部/詩文評類/詩評之屬
小滄浪詩話四卷　（清）張燮承輯　清咸豐刻本　二册

330000－1701－0016397　HJL3506　集部/别集類/清别集
三餘堂存稿二卷經進稿一卷館課偶存一卷　（清）胡長齡撰　清嘉慶十五年（1810）刻本　四册

330000－1701－0016398　HJL3815　集部/别

集類/清別集
寶綸堂文鈔八卷詩鈔六卷　(清)齊召南撰　清光緒十三年(1887)郭傳璞金峨山館刻本　四冊

330000－1701－0016399　HJL3356　集部/別集類/清別集
三餘堂存稿二卷經進稿一卷館課偶存一卷　(清)胡長齡撰　清嘉慶十五年(1810)刻本　四冊

330000－1701－0016400　HJL2406　集部/別集類/清別集
二思齋文存六卷　(清)何文明撰　清光緒七年(1881)閩南節署刻本　二冊

330000－1701－0016401　HJL3824　集部/別集類/清別集
鮚埼亭集三十八卷首一卷外編五十卷全謝山先生經史問答十卷　(清)全祖望撰　清嘉慶九年(1804)餘姚史夢蛟借樹山房刻同治十一年(1872)印本　二十四冊

330000－1701－0016402　HJL3295　集部/別集類/清別集
石梁詩鈔八卷　(清)胡寯年撰　清嘉慶刻本　一冊

330000－1701－0016403　HJL5083　類叢部/叢書類/彙編之屬
晨風閣叢書第一集(國學粹編)五十二種　沈宗畸等編　清光緒三十四年至宣統三年(1908－1911)國學萃編社鉛印本　二冊　存一種

330000－1701－0016404　HJL2623　集部/別集類/清別集
二思齋詩鈔六卷　(清)何文明撰　清光緒七年(1881)閩南節署刻本　二冊

330000－1701－0016405　HJL3807　集部/別集類/清別集
鮚埼亭詩集十卷　(清)全祖望撰　清道光十四年(1834)鄭爾齡箋經閣刻本　六冊

330000－1701－0016406　HJL2629　集部/別集類/清別集
養志書屋詩存二卷　(清)崇祐撰　清同治十二年(1873)羊城榷署刻本　一冊

330000－1701－0016409　HJL3791　集部/別集類/清別集
簳石齋文集二十六卷詩集五十卷十國詞箋略一卷　(清)錢載撰　清光緒四年(1878)蘇州交通圖書館刻本　十冊

330000－1701－0016411　普915.1241/3053.247　集部/別集類/清別集
西泠柳枝詞一卷　(清)金安清撰　清光緒八年(1882)刻本　一冊

330000－1701－0016412　普915.1212/2029　史部/地理類/方志之屬/郡縣志
[乾隆]安肅縣志十六卷　(清)張鈍修　(清)史元善等纂　清乾隆四十三年(1778)刻嘉慶十三年(1808)石梁補刻本　十二冊

330000－1701－0016414　HJH2574　集部/別集類/清別集
竹南精舍駢儷文稿一卷　(清)朱泰脩撰　清同治刻本　一冊

330000－1701－0016415　HJL3720　集部/別集類/清別集
御製文初集三十卷目錄二卷　(清)高宗弘曆撰　清乾隆二十九年(1764)刻本　六冊

330000－1701－0016416　HJL2120　集部/別集類/清別集
碧琅玕館詩鈔三卷　(清)朱炳清撰　清光緒十六年(1890)刻本　三冊

330000－1701－0016417　HJH3664　集部/別集類/清別集
御製詩三集一百卷目錄十二卷　(清)高宗弘曆撰　清乾隆浙江刻本　四十冊

330000－1701－0016418　普915.1212/3535　史部/地理類/方志之屬/郡縣志
[光緒]唐縣志十二卷首一卷　(清)陳詠修　(清)張惇德纂　清光緒四年(1878)刻本　六冊

330000－1701－0016419　HJL3314　集部/別集類/清別集

御製詩三集一百卷目錄十二卷　(清)高宗弘曆撰　清乾隆浙江刻本　三十冊

330000－1701－0016420　HJH3988　集部/別集類/清別集

御製全韻詩五卷　(清)高宗弘曆撰　清乾隆姚頤寫刻本　二冊

330000－1701－0016421　HJL4730　新學/幼學

歷朝文學史四卷　(日本)笹川種郎撰　清光緒二十九年(1903)中西書局鉛印本　四冊

330000－1701－0016422　HJL3222　集部/別集類/清別集

海雲堂詩鈔十四卷金粟香龕詞鈔二卷文二卷　(清)嚴學淦撰　清光緒十八年(1892)刻本　四冊　缺二卷(文一至二)

330000－1701－0016423　HJH2674　集部/別集類/清別集

遜志齋集二卷　(清)吳熊撰　清光緒二年(1876)刻本　一冊

330000－1701－0016424　HJL3733　集部/別集類/清別集

御製全韻詩五卷　(清)高宗弘曆撰　清乾隆彭元瑞寫刻本　五冊

330000－1701－0016425　HJL2281　集部/別集類/清別集

古人今我齋詩八卷　(清)吳維彰撰　清嘉慶二十五年(1820)梁廷枏刻本　二冊

330000－1701－0016426　HJL5562　集部/詞類/總集之屬

景刊宋金元明本詞四十種　吳昌綬編　陶湘續編　清宣統三年至民國六年(1911－1917)仁和吳氏雙照樓刻民國六年至十三年(1917－1924)武進陶氏涉園續刻本　二十八冊　存三十七種

330000－1701－0016427　HJL2533　集部/別集類/清別集

二丸居集選九卷　(清)黎景義撰　清光緒元年(1875)順德黎氏黎光澤堂刻本　八冊

330000－1701－0016428　普915.1212/7531　史部/地理類/方志之屬/郡縣志

[嘉慶]束鹿縣志十卷　(清)李符清修　(清)裴顯相　(清)沈樂善纂　清嘉慶四年(1799)刻本　一冊

330000－1701－0016429　HJL2511　集部/別集類/清別集

知白齋詩鈔五卷詩草附存一卷雙橋小築詞存六卷集餘一卷　(清)江人鏡撰　清光緒二十年(1894)刻本　四冊

330000－1701－0016430　HJL3152　集部/別集類/清別集

晚崧盧詩鈔二卷詞鈔一卷　(清)周銓撰　**二雲小稿一卷**　(清)周其永撰　清嘉慶二十四年(1819)鶴慶堂刻本　二冊

330000－1701－0016431　HJL4375　集部/別集類/清別集

翊翊齋筆記二卷文鈔一卷詩鈔一卷　(清)馬翮飛撰　清道光十八年(1838)刻本　一冊

330000－1701－0016432　HJL2635　集部/別集類/清別集

小祇陀盦詩鈔四卷　(清)沈世良撰　清同治二年(1863)刻本　二冊

330000－1701－0016433　HJL5064　集部/別集類/清別集

紀文達公遺集十六卷首一卷　(清)紀昀撰　(清)紀樹馨編　清宣統二年(1910)上海保粹樓石印本　八冊

330000－1701－0016434　HJH4318　集部/別集類/清別集

紀文達公遺集十六卷首一卷　(清)紀昀撰　(清)紀樹馨編　清宣統二年(1910)上海保粹樓石印本　八冊

330000－1701－0016435　HJL3279　集部/別集類/清別集

晚香堂詩鈔二卷續鈔二卷　(清)俞蘭臺撰

清嘉慶十六年(1811)刻本　四冊

330000－1701－0016436　普 915.1212/5035/c1　史部/地理類/方志之屬/郡縣志
[光緒]容城縣志八卷　(清)俞廷獻　(清)曹鵬修　(清)吴思忠纂　清光緒二十二年(1896)刻本　六冊

330000－1701－0016437　普 915.1212/6035　史部/地理類/方志之屬/郡縣志
[光緒]蠡縣志十卷　(清)韓志超　(清)何雲誥修　(清)張瑲　(清)王其衡等纂　清光緒二年(1876)刻本　八冊

330000－1701－0016438　HJL2396　集部/別集類/清別集
含薰室文集五卷詩集二卷　(清)吉鍾穎撰　清同治十二年(1873)丹陽吉正常刻本　四冊

330000－1701－0016439　HJH3972　集部/別集類/清別集
忠雅堂文集十二卷　(清)蔣士銓撰　清嘉慶二十一年(1816)藏園刻本　八冊

330000－1701－0016440　普 915.1212/3032　史部/地理類/方志之屬/郡縣志
[道光]新城縣志十七卷首一卷　(清)李廷棨修　(清)王振鍾等纂　清道光十八年(1838)刻本　十二冊

330000－1701－0016441　HJL3746　集部/別集類/清別集
含薰室文集五卷詩集二卷　(清)吉鍾穎撰　清同治十二年(1873)丹陽吉正常刻本　一冊　存一卷(一)

330000－1701－0016442　HJL3510　集部/別集類/清別集
韋廬詩内集四卷首一卷末一卷外集四卷首一卷末一卷　(清)李秉禮撰　清嘉慶二十四年(1819)知稼堂刻本　八冊

330000－1701－0016444　HJL4398　集部/別集類/清別集
紅豆詩人集十九卷附錄一卷　(清)董潮撰　清道光十九年(1839)董敏善刻本　二冊

330000－1701－0016445　HJL2184　集部/別集類/清別集
紅豆詩人集十九卷附錄一卷　(清)董潮撰　清道光十九年(1839)董敏善刻本　四冊

330000－1701－0016446　HJL2211　集部/別集類/清別集
小匏庵詩存六卷末一卷詩話十卷　(清)吴仰賢撰　清光緒四年(1878)、八年(1882)刻本　六冊

330000－1701－0016448　HJL4485　集部/別集類/清別集
笥河詩集二十卷古文鈔三卷　(清)朱筠撰　(清)朱錫庚編訂　清嘉慶八年(1803)朱珪椒華吟舫刻本　八冊　缺三卷(古文鈔一至三)

330000－1701－0016449　HJL2740　集部/別集類/清別集
結一廬遺文二卷　(清)朱學勤撰　朱溍輯　繆荃孫編　清光緒三十四年(1908)刻本　一冊

330000－1701－0016450　HJL2477　集部/別集類/清別集
笥河詩集二十卷古文鈔三卷　(清)朱筠撰　(清)朱錫庚編訂　清嘉慶八年(1803)朱珪椒華吟舫刻本　十二冊

330000－1701－0016451　普 915.1241/3053.11/c2　類叢部/叢書類/郡邑之屬
名家西湖山水詩十五種　清光緒錢塘丁氏嘉惠堂刻民國二十三年(1934)彙印本　五冊

330000－1701－0016452　HJL4421　類叢部/叢書類/家集之屬
毘陵徐氏家集　(清)徐堉輯　清光緒六年(1880)濟上刻本　一冊　存二種

330000－1701－0016453　HJL2246　集部/別集類/清別集
虚一齋集五卷　(清)莊培因撰　清光緒九年(1883)刻本　二冊

330000－1701－0016454　普 915.1241/3053.249/c1　史部/地理類/山川之屬/水志

西湖賦箋一卷　(清)柴紹炳撰　(清)柴杰箋　清乾隆三十九年(1774)仁和柴氏洽禮堂刻本　二冊

330000－1701－0016455　HJL2343　集部/别集類/清别集

含青閣詩草三卷詩餘一卷　屈蕙纕撰　清光緒刻本　二冊

330000－1701－0016456　HJH4523　集部/别集類/清别集

復初齋文集三十五卷　(清)翁方綱撰　清道光十六年(1836)刻光緒三年至四年(1877－1878)修版印本　十二冊

330000－1701－0016457　普915.1212/5035/c2　史部/地理類/方志之屬/郡縣志

[光緒]容城縣志八卷　(清)俞廷獻　(清)曹鵬修　(清)吴思忠纂　清光緒二十二年(1896)刻本　六冊

330000－1701－0016458　普915.1241/3053.11/c3　類叢部/叢書類/郡邑之屬

名家西湖山水詩十五種　清光緒錢塘丁氏嘉惠堂刻民國二十三年(1934)彙印本　五冊

330000－1701－0016459　HJL2169　集部/别集類/清别集

味閒堂賦鈔一卷續刻一卷三刻二卷　(清)陶然撰　清光緒三年至五年(1877－1879)刻本　四冊

330000－1701－0016460　HJL3585　集部/别集類/清别集

晚學集八卷未谷詩集四卷　(清)桂馥撰　(清)孔憲彝編　清道光二十一年(1841)闕里孔氏刻桂氏遺書本　二冊

330000－1701－0016461　HJL3505　集部/别集類/清别集

寶書堂詩鈔八卷　(清)褚華撰　(清)姜兆翀訂　清嘉慶十六年(1811)上海李氏慈雲樓刻本　二冊

330000－1701－0016462　普915.1241/3053.25/c1　史部/地理類/遊記之屬/紀勝

今日之西湖不分卷　汪元文撰　清宣統三年(1911)石印本　一冊

330000－1701－0016463　HJL5234　集部/别集類/清别集

寶書堂詩鈔八卷附水蜜桃譜一卷　(清)褚華撰　(清)姜兆翀訂　清嘉慶十六年(1811)上海李氏慈雲樓刻二十一年(1816)增刻本　四冊

330000－1701－0016464　HJL2142　集部/别集類/清别集

錦峯詩稿五卷　(清)聞益撰　清同治九年(1870)聞維堉刻本　一冊

330000－1701－0016465　HJL3828　集部/别集類/清别集

韞山堂文集八卷詩集十六卷　(清)管世銘撰　清光緒二十年(1894)吴炳讀雪山房刻本　五冊

330000－1701－0016466　HJL2240　集部/别集類/清别集

知非齋詩鈔一卷　(清)陳鍾英撰　清同治十一年(1872)杭州刻本　一冊

330000－1701－0016467　HJL3831　集部/别集類/清别集

錢南園先生遺集五卷　(清)錢灃撰　清光緒十九年(1893)保山劉樹堂浙江書局刻本　二冊

330000－1701－0016468　普915.1241/3053.25/c2　史部/地理類/遊記之屬/紀勝

今日之西湖不分卷　汪元文撰　清宣統三年(1911)石印本　一冊

330000－1701－0016469　普915.1241/3053.11/c4　類叢部/叢書類/郡邑之屬

名家西湖山水詩十五種　清光緒錢塘丁氏嘉惠堂刻民國二十三年(1934)彙印本　五冊

330000－1701－0016470　普915.1212/7035　史部/地理類/方志之屬/郡縣志

[光緒]祁州續志四卷　(清)趙秉恒等修　(清)劉學海等纂　清光緒八年(1882)刻本

二册

330000－1701－0016472　HJL2212　集部/别集類/清别集

夢園詩集十六卷文集十二卷公牘文集八卷駢體文集六卷　(清)劉曾騄撰　清光緒十七年(1891)刻本　八册

330000－1701－0016473　HJL3730　集部/别集類/清别集

南園詩存二卷補遺一卷　(清)錢澧撰　清嘉慶八年(1803)趙州師範小停雲館刻本　一册

330000－1701－0016474　HJL3725　集部/别集類/清别集

南園詩存二卷補遺一卷　(清)錢澧撰　清嘉慶八年(1803)趙州師範小停雲館刻本　二册

330000－1701－0016475　HJL3258　集部/别集類/清别集

欣遇齋詩鈔十六卷　(清)沈峻撰　清嘉慶十八年(1813)刻本　八册

330000－1701－0016476　HJL2153　集部/别集類/清别集

芝隱室詩存八卷附存一卷續存二卷　(清)長善撰　清同治十年(1871)廣州將軍節署刻本　六册

330000－1701－0016477　HJL3848　類叢部/叢書類/家集之屬

長洲彭氏家集九種　(清)彭祖賢編　清同治至光緒刻本　六册　存一種

330000－1701－0016478　普915.1241/3053.251　集部/小説類/短篇之屬

西湖佳話古今遺蹟十六卷　(清)墨浪子撰　清同治九年(1870)連元閣刻本　四册

330000－1701－0016479　HJL3837　集部/别集類/清别集

一行居集八卷附儒門公案拈題一卷　(清)彭紹升撰　清道光五年(1825)長洲彭氏葆素堂刻本　四册

330000－1701－0016480　HJL3274　集部/别集類/清别集

欣遇齋詩鈔十六卷資鏡錄二卷年譜一卷　(清)沈峻撰　清咸豐四年(1854)刻本　八册

330000－1701－0016482　HJL2224　集部/别集類/清别集

伏鸞堂詩賸四卷　(清)秦雲撰　清光緒四年(1878)刻本　一册

330000－1701－0016483　HJL4098　集部/别集類/清别集

測海集六卷　(清)彭紹升撰　清同治四年(1865)長洲彭恩高等刻本　二册

330000－1701－0016484　HJL2806　集部/别集類/清别集

測海集六卷　(清)彭紹升撰　清嘉慶二十四年(1819)刻本　四册

330000－1701－0016485　HJL2170　集部/别集類/清别集

見素抱樸之齋詩存六卷　(清)吕儁孫撰　清同治十一年(1872)刻本　四册

330000－1701－0016486　HJL3347　集部/别集類/清别集

放猨集一卷桐江集一卷江山風月集一卷　(清)潘曾沂撰　清咸豐二年(1852)刻本　一册

330000－1701－0016488　普915.1212/8528　史部/地理類/方志之屬/郡縣志

[雍正]高陽縣志六卷　(清)嚴宗嘉修　(清)李其旋纂　清雍正八年(1730)刻本　六册

330000－1701－0016489　HJL2171　集部/别集類/清别集

聽雪軒詩鈔十二卷文鈔八卷　(清)胡友梅撰　清光緒十二年(1886)金橘山房刻本　三册　存八卷(文鈔一至八)

330000－1701－0016490　HJL3340　集部/别集類/清别集

東里生爐餘集三卷　(清)汪家禧撰　(清)許乃穀輯　清嘉慶二十五年(1820)武林刻本

三冊

330000－1701－0016491　普 915.1213/0029　史部/地理類/方志之屬/郡縣志
[乾隆]永平府志二十四卷首一卷末一卷（清）李奉翰　（清）顧學潮修　（清）王金英纂　清乾隆三十九年（1774）刻本　十一冊　存二十四卷（首、一至二十三）

330000－1701－0016492　HJL2435　集部/別集類/清別集
漱六山房文集十二卷　（清）郝植恭撰　清光緒四年（1878）刻本　六冊

330000－1701－0016493　HJL3755　集部/別集類/清別集
有正味齋全集六十一卷　（清）吳錫麒撰　清咸豐五年（1855）刻同治九年（1870）增刻本　十二冊

330000－1701－0016494　普 915.1241/3053.249/c2　史部/地理類/山川之屬/水志
西湖賦箋一卷　（清）柴紹炳撰　（清）柴杰箋　清乾隆三十九年（1774）仁和柴氏洽禮堂刻本　一冊

330000－1701－0016495　HJL5446　集部/詞類/類編之屬
小檀欒室彙刻閨秀詞十集一百種　徐乃昌編　清光緒二十一年至二十二年（1895－1896）南陵徐乃昌刻本　十九冊　存九十五種

330000－1701－0016496　HJL3774　類叢部/叢書類/自著之屬
澹靜齋全集六種　（清）龔景瀚撰　清同治八年（1869）濟南郡署刻本　八冊　存一種

330000－1701－0016497　HJL2432　集部/別集類/清別集
實其文齋文鈔八卷制藝一卷兵部公牘二卷詩錄六卷　（清）黃雲鵠撰　清同治十一年（1872）刻本　十冊

330000－1701－0016498　普 915.1213/0035　史部/地理類/方志之屬/郡縣志
[光緒]永平府志七十二卷首一卷末一卷（清）游智開修　（清）史夢蘭纂　清光緒五年（1879）敬勝書院刻本　七十八冊　缺四卷（四十八至五十一）

330000－1701－0016499　HJL3967　類叢部/叢書類/彙編之屬
荔牆叢刻十三種　（清）汪曰楨編　清同治至光緒烏程汪氏刻本　一冊　存三種

330000－1701－0016500　HJL2437　集部/別集類/清別集
藏谷山房詩集十四卷文存二卷　（清）龔堃撰　清光緒二十一年（1895）湘西也安樂窩刻本　四冊

330000－1701－0016502　HJL4784　集部/別集類/清別集
藏谷山房詩集十四卷文存二卷　（清）龔堃撰　清光緒二十一年（1895）湘西也安樂窩刻本　四冊

330000－1701－0016503　普 915.1212/3527　史部/地理類/方志之屬/郡縣志
[康熙]唐縣新志十八卷　（清）王政修　（清）張珽　（清）陳瑺纂　清康熙十一年（1672）刻本　四冊

330000－1701－0016504　HJL3770　集部/別集類/清別集
夢牋詩屋詩七卷　（清）余鵬年撰　清道光二十九年（1849）吳江史氏刻本　四冊

330000－1701－0016505　HJL3775　集部/別集類/清別集
壹齋集四十卷賦一卷二十四畫品一卷畫友錄一卷游黃山記一卷泛槳錄二卷兩朝恩賚記一卷　（清）黃鉞撰　清道光刻本　八冊

330000－1701－0016506　HJL2220　集部/別集類/清別集
狷安詩錄一卷狷安詩續存一卷　許溎祥撰　清光緒刻本　二冊

330000－1701－0016507　普 915.1212/2034　史部/地理類/方志之屬/郡縣志
[同治]遷安縣志十八卷首一卷末一卷　（清）

韓耀光修　(清)史夢蘭纂　清同治十二年(1873)文峯書院刻本　八册

330000－1701－0016508　HJL4310　集部/別集類/清別集
狷叟詩録一卷　許溎祥撰　清光緒三十二年(1906)刻本　二册

330000－1701－0016509　HJL3768　類叢部/叢書類/自著之屬
延釐堂集五種九卷　(清)孫玉庭撰　清同治十一年(1872)孫毓漢刻本　八册

330000－1701－0016510　HJH4829　集部/別集類/清別集
狷叟詩録一卷　許溎祥撰　清光緒三十二年(1906)刻本　二册

330000－1701－0016511　普915.1241/3053.251/2　集部/小説類/短篇之屬
西湖佳話古今遺蹟十六卷　(清)墨浪子撰　清光緒十八年(1892)上海文選局石印本　四册

330000－1701－0016512　普915.1213/4035/c1　史部/地理類/方志之屬/郡縣志
[光緒]撫寧縣志十六卷首一卷　(清)張上龢修　(清)史夢蘭纂　清光緒三年(1877)刻本　六册

330000－1701－0016513　普915.1241/3053.251/3　集部/小説類/短篇之屬
西湖佳話古今遺蹟十六卷　(清)墨浪子撰　清刻本　六册

330000－1701－0016514　普915.1241/3053.26　集部/小説類/短篇之屬
西湖拾遺四十八卷　(清)陳樹基輯　清乾隆五十六年(1791)自愧軒刻本　十六册

330000－1701－0016515　普915.1213/5034/c1　史部/地理類/方志之屬/郡縣志
[同治]昌黎縣志十卷　(清)何崧泰修　(清)馬恂　(清)何爾泰纂　清同治五年(1866)刻本　四册

330000－1701－0016516　HJH3727　集部/別集類/清別集
問字堂集六卷　(清)孫星衍撰　清光緒十年(1884)四明是亦軒刻本　二册

330000－1701－0016517　普915.1213/4035/c2　史部/地理類/方志之屬/郡縣志
[光緒]撫寧縣志十六卷首一卷　(清)張上龢修　(清)史夢蘭纂　清光緒三年(1877)刻本　八册

330000－1701－0016519　普915.152/2872/c1　史部/地理類/方志之屬/通志
[雍正]陝西通志一百卷首一卷　(清)劉於義等修　(清)沈青崖纂　清雍正十三年(1735)刻清末補版後印本　一百册

330000－1701－0016520　HJL4397　類叢部/叢書類/彙編之屬
槐廬叢書四十六種　(清)朱記榮編　清光緒三年至十五年(1877－1889)吳縣朱氏槐廬家塾刻本　三册　存一種

330000－1701－0016521　HJH2590　集部/別集類/清別集
知退齋稿七卷　(清)張瑛撰　清光緒二十四年(1898)刻本　二册　存四卷(一至四)

330000－1701－0016522　普915.1241/3053.43/3　集部/別集類/清別集
雪莊漁唱一卷　(清)許承祖撰　清乾隆刻本　一册

330000－1701－0016523　HJL2203　集部/別集類/清別集
自怡軒遺稾一卷　(清)朱清撰　**知止軒吟草一卷**　(清)朱鎮撰　**片玉山莊詩存一卷**　(清)朱彦臣撰　清光緒二十二年(1896)刻本　一册

330000－1701－0016524　HJL3345　集部/別集類/清別集
白鵠山房詩選四卷掛笠吟一卷駢體文鈔二卷駢體文續鈔二卷　(清)徐熊飛撰　清嘉慶刻本　八册

330000－1701－0016525　HJL3302　集部/別集類/清別集
賜硯齋詩鈔四卷　(清)伊朝棟撰　清嘉慶十二年(1807)伊秉綬揚州郡齋刻本　四册

330000－1701－0016526　HJL2566　集部/別集類/清別集
訥菴詩錄一卷　(清)程璟光撰　清光緒二十八年(1902)長沙刻本　一册

330000－1701－0016527　普915.1213/6035　史部/地理類/方志之屬/郡縣志
[光緒]灤州志十八卷首一卷　(清)楊文鼎修　(清)王大本　(清)吳寶善纂　清光緒二十四年(1898)刻本　十一册　缺三卷(十六至十八)

330000－1701－0016528　HJL3846　集部/別集類/清別集
大雲山房文稾初集四卷二集四卷言事二卷補編一卷　(清)惲敬撰　清光緒十年(1884)刻本　八册

330000－1701－0016529　HJL3558　集部/別集類/清別集
留春草堂詩鈔七卷　(清)伊秉綬撰　清嘉慶十九年(1814)寧化伊秉綬秋水園廣州刻本　三册

330000－1701－0016530　HJL4429　集部/別集類/清別集
秋水池堂詩集五卷洮瓊館詞一卷　(清)袁棠撰　清嘉慶刻本　四册

330000－1701－0016531　HJH0870　子部/醫家類/方書之屬/單方驗方
備用藥物一卷經驗簡便良方一卷　清刻本　一册

330000－1701－0016532　HJL3723　集部/別集類/清別集
賞雨茅屋詩集二十卷外集一卷　(清)曾燠撰　清道光刻本　六册

330000－1701－0016533　普915.1213/6031　史部/地理類/方志之屬/郡縣志
[嘉慶]灤州志八卷首一卷末一卷　(清)吳士鴻修　(清)孫學恒纂　清嘉慶十五年(1810)刻本　八册

330000－1701－0016534　普915.1213/8035　史部/地理類/方志之屬/郡縣志
[光緒]臨榆縣志二十四卷首一卷　(清)趙允祜修　(清)高錫疇等纂　清光緒四年(1878)刻本　十册

330000－1701－0016535　普915.1213/8029　史部/地理類/方志之屬/郡縣志
[乾隆]臨榆縣志十四卷首一卷　(清)鍾和梅纂修　清乾隆二十一年(1756)刻本　六册

330000－1701－0016536　普915.1241/3053.251/4　集部/小説類/短篇之屬
西湖佳話古今遺蹟十六卷　(清)墨浪子撰　清嘉慶二十二年(1817)刻本　六册

330000－1701－0016537　HJL3542、HJL3541　集部/別集類/清別集
紫石泉山房文集十二卷詩鈔三卷　(清)吳定撰　清光緒十三年(1887)黟縣李宗媚刻本　五册

330000－1701－0016538　HJL3829　集部/別集類/清別集
敦艮齋遺書十七卷　(清)徐潤第撰　清道光二十八年(1848)徐繼畬福州刻本　十二册

330000－1701－0016539　HJL5822　集部/別集類/清別集
斯馨堂古文初集二卷詩集二卷　(清)劉暐澤撰　**剩存詩草一卷續草一卷進呈集二卷**　(清)劉權之撰　清光緒五年(1879)劉紹昌刻本　八册

330000－1701－0016540　HJL4136　集部/別集類/清別集
玉山草堂集三十卷　(清)錢林撰　清道光十五年(1835)刻本　四册

330000－1701－0016541　普915.1213/5034/c2　史部/地理類/方志之屬/郡縣志
[同治]昌黎縣志十卷　(清)何崧泰修

(清)馬恂　(清)何爾泰纂　清同治五年(1866)刻本　四册

330000－1701－0016542　HJL3500　集部/別集類/清別集
紅雪山房詩鈔十二卷　(清)吳嵰撰　清嘉慶十九年(1814)陸介眉寫刻本　四册

330000－1701－0016544　HJL2773　集部/別集類/清別集
紅雪山房詩鈔十二卷　(清)吳嵰撰　清嘉慶十九年(1814)陸介眉寫刻本　六册

330000－1701－0016545　普915.1214/2033　史部/地理類/方志之屬/郡縣志
[咸豐]初續獻縣志四卷　(清)李昌祺纂修　清咸豐七年(1857)刻本　二册

330000－1701－0016546　普915.1241/3053.43/2/c4　類叢部/叢書類/郡邑之屬
武林掌故叢編一百八十七種　(清)丁丙編　清光緒三年至二十六年(1877－1900)錢塘丁氏嘉惠堂刻本　四册　存一種

330000－1701－0016547　普915.1241/3053.26/2　類叢部/叢書類/彙編之屬
申報館叢書正集五十七種附錄三種續集一百四十二種　(清)尊聞閣主編　蔡爾康編續集　清同治至光緒上海申報館鉛印本　十二册　存一種

330000－1701－0016548　HJL4390　集部/總集類/氏族之屬
海虞三陶先生集合刻三種　(清)楊沂孫輯　清光緒七年(1881)海虞楊同福貴池縣署刻本　八册

330000－1701－0016549　普915.1214/5032　史部/地理類/方志之屬/郡縣志
[道光]任丘縣志續編二卷　(清)鮑承燾修　(清)瞿光繙　(清)邊士圻纂　清道光十七年(1837)刻本　二册

330000－1701－0016550　HJL3207　集部/別集類/清別集
近光堂經進初稾十二卷　(清)聶銑敏撰　清嘉慶刻本　六册

330000－1701－0016552　普915.1213/5034/c3　史部/地理類/方志之屬/郡縣志
[同治]昌黎縣志十卷　(清)何崧泰修　(清)馬恂　(清)何爾泰纂　清同治五年(1866)刻本　八册

330000－1701－0016554　普915.1213/7029　史部/地理類/方志之屬/郡縣志
[乾隆]樂亭縣志十四卷首一卷末一卷　(清)陳金駿纂修　清乾隆二十年(1755)刻本　六册　缺一卷(末)

330000－1701－0016555　HJL2618　類叢部/叢書類/自著之屬
餘園叢稾　(清)汪述祖撰　清光緒刻本　二册

330000－1701－0016556　HJL4002　集部/總集類/氏族之屬
震澤莊氏家集九種　(清)莊元植輯　清光緒刻本　四册　存六種

330000－1701－0016557　HJL3202　集部/別集類/清別集
澹粹軒詩草二卷　(清)王志瀜撰　清嘉慶二十五年(1820)絳州守居刻本　四册

330000－1701－0016558　HJL2692　集部/別集類/清別集
東園詩鈔十二卷　(清)凌泰封撰　清光緒十六年(1890)刻本　二册

330000－1701－0016559　HJL4404　集部/總集類/氏族之屬
先世詩選續刻一卷　(清)徐士琛輯　清光緒二十四年(1898)徐士琛鉛印本　一册

330000－1701－0016560　HJL2226　集部/別集類/清別集
萬山草堂詩集六卷　李登雲撰　清光緒三十三年(1907)武林刻本　二册

330000－1701－0016562　HJL3391　集部/別集類/清別集

萬山草堂詩集六卷 李登雲撰 清光緒三十三年(1907)武林刻本 二冊

330000－1701－0016563 普 811.17/10343 集部/別集類/清別集
堇廬遺稿四卷 (清)王賓基撰 清宣統二年(1910)鉛印本 一冊 存二卷(五言古體詩、七言古體詩)

330000－1701－0016566 HJL3299 集部/別集類/清別集
紹德堂詩鈔八卷試帖四卷 (清)施騰輝撰 清嘉慶十八年(1813)刻本 六冊

330000－1701－0016567 普 915.1214/7035 史部/地理類/方志之屬/郡縣志
[光緒]寧津縣志十二卷首一卷 (清)祝嘉庸修 (清)吳潯源纂 清光緒二十六年(1900)刻本 八冊

330000－1701－0016569 HJL2519 集部/別集類/清別集
雲林書屋詩集八卷 (清)載瀅撰 清光緒刻本 八冊

330000－1701－0016570 HJL3507 集部/別集類/清別集
蘊真居詩集六卷詩餘一卷 (清)陸學欽撰 清光緒十三年(1887)陸寶忠刻本 一冊

330000－1701－0016571 普 915.1213/7035/c1 史部/地理類/方志之屬/郡縣志
[光緒]樂亭縣志十五卷首一卷末一卷 (清)蔡志修等修 (清)史夢蘭纂 清光緒三年(1877)刻本 六冊

330000－1701－0016574 HJL4664 集部/詞類/別集之屬
憶雲詞甲稾一卷乙稾一卷丙稾一卷丁稾一卷刪存一卷 (清)項廷紀撰 清末有正書局石印本 一冊

330000－1701－0016576 HJL3562 集部/別集類/清別集
蘊真居詩集六卷詩餘一卷 (清)陸學欽撰 清光緒十三年(1887)陸寶忠刻本 一冊

330000－1701－0016577 HJL3634 集部/別集類/清別集
蘊真居詩集六卷詩餘一卷 (清)陸學欽撰 清光緒十三年(1887)陸寶忠刻本 三冊

330000 1701 0016578 HJL2150 集部/別集類/清別集
友松吟館詩鈔十五卷 (清)毓俊撰 清光緒二十五年(1899)歷下刻本 四冊

330000－1701－0016580 HJL5546 集部/別集類/清別集
友松吟館詩鈔十五卷 (清)毓俊撰 清光緒二十五年(1899)歷下刻本 四冊

330000－1701－0016582 普 915.1214/8029 史部/地理類/方志之屬/郡縣志
[乾隆]景州志六卷首一卷 (清)屈成霖纂修 清乾隆十年(1745)刻本 四冊

330000－1701－0016583 HJL3306 集部/別集類/清別集
平莊小广詩存一卷制義賸草不分卷遺稿不分卷 (清)彭永思撰 清光緒十年(1884)刻本 四冊

330000－1701－0016584 HJH3951 集部/別集類
歸省贈言錄一卷 潘飛聲撰 清光緒十五年(1889)刻本 一冊

330000－1701－0016586 HJL2218 集部/別集類/清別集
北嶽山房文集十四卷詩集四卷 (清)閻鎮珩撰 清光緒三十一年(1905)刻本 六冊

330000－1701－0016587 HJL4184 集部/總集類/課藝之屬
京華同人詩課二卷 (清)徐幹編輯 清光緒五年(1879)杭州刻八年(1882)重印本 二冊

330000－1701－0016588 HJL2167 集部/別集類/清別集
篤雲螭室別集一卷 (清)周文禾撰 清光緒六年(1880)刻本 一冊

330000－1701－0016589　普 915.1213/7035/c2　史部/地理類/方志之屬/郡縣志
[光緒]欒亭縣志十五卷首一卷末一卷　(清)蔡志修等修　(清)史夢蘭纂　清光緒三年(1877)刻本　四冊　存十卷(首、一至九)

330000－1701－0016591　普 915.1214/9535　史部/地理類/方志之屬/郡縣志
[光緒]續修故城縣志十二卷首一卷　(清)丁燦修　(清)王堉德纂　(清)張瑛續修　(清)范翰文等續纂　清光緒十一年(1885)刻本　八冊

330000－1701－0016592　HJL2140　集部/別集類/清別集
玉通詩選二卷拾遺一卷附蘋香遺書一卷　(清)劉心�撰　清光緒二十七年(1901)史久鑫木活字印本　一冊

330000－1701－0016594　HJL5655　集部/詞類/類編之屬
小檀欒室彙刻閨秀詞十集一百種　徐乃昌編　清光緒二十一年至二十二年(1895－1896)南陵徐乃昌刻本　十二冊　存六十種

330000－1701－0016595　普 915.1214/8535　史部/地理類/方志之屬/郡縣志
[光緒]吳橋縣志十二卷　(清)倪昌燮修　(清)馮慶楊纂　清光緒元年(1875)瀾陽書院刻本　八冊

330000－1701－0016596　HJL3992　集部/總集類/酬唱之屬
春燕唱和詩一卷　汪國燾等撰　秦國璋輯　清光緒二十八年(1902)刻本　一冊

330000－1701－0016597　HJL2452　集部/別集類/清別集
清抱居詩稿一卷　(清)畢庭杰撰　清光緒二十四年(1898)刻本　一冊

330000－1701－0016600　HJL5661　集部/詞類/類編之屬
吳氏石蓮庵刻山左人詞十七種　吳重熹編　清光緒二十七年(1901)海豐吳氏金陵刻本　十冊　存十六種

330000－1701－0016601　HJL2559　集部/別集類/清別集
廣堪齋詩一卷　(清)畢耀曾撰　清刻本　一冊

330000－1701－0016603　普 915.1241/3053.61/2　史部/地理類/遊記之屬/紀勝
西湖紀遊一卷　(清)張仁美撰　清光緒九年(1883)海上味蘭主人刻本　一冊

330000－1701－0016606　HJL2548　集部/別集類/清別集
長安宮詞一卷　(清)胡延撰　清光緒二十八年(1902)刻本　一冊

330000－1701－0016607　HJL3392　集部/別集類/清別集
長安宮詞一卷　(清)胡延撰　清光緒二十八年(1902)刻本　一冊

330000－1701－0016608　HJL3261　集部/別集類/清別集
琴隱園詩集三十六卷詞集四卷　(清)湯貽汾撰　清同治十三年(1874)曹士虎刻本　八冊

330000－1701－0016611　HJH4135　集部/別集類/清別集
青草堂集十二卷二集十六卷三集十六卷補集七卷　(清)趙國華撰　清同治十一年至光緒二十一年(1872－1895)濟南刻本　四冊　存十二卷(青草堂集一至十二)

330000－1701－0016612　HJH5147　集部/詞類/別集之屬
曼廬詞一卷　(清)許頌鼎撰　清光緒三十三年(1907)海寧許淮祥家刻本　一冊

330000－1701－0016613　HJL5994　類叢部/叢書類/自著之屬
小酉腴山館集五種　(清)吳大廷撰　清同治元年至十二年(1862－1873)刻本　八冊　存二種

330000－1701－0016614　HJL5168　集部/別

集類/清別集
琴隱園詩集三十六卷詞集四卷　(清)湯貽汾撰　清光緒元年(1875)武進曹氏刻本　八册

330000－1701－0016617　普915.1215/1029/c1　史部/地理類/方志之屬/郡縣志
[乾隆]天津縣志二十四卷　(清)張志奇　(清)朱奎揚修　(清)吳廷華等纂　清乾隆四年(1739)刻本　八册

330000－1701－0016621　HJL2389　集部/別集類/清別集
翠巖室文稿僅存二卷詩鈔五卷　(清)韓弼元撰　清光緒二十六年(1900)刻本　四册

330000－1701－0016622　普915.1215/0035/c1　史部/地理類/方志之屬/郡縣志
[光緒]重修天津府志五十四卷首一卷末一卷　沈家本　(清)榮銓修　(清)徐宗亮　(清)蔡啓盛纂　清光緒二十五年(1899)刻本　二十八册

330000－1701－0016623　HJL5264　集部/別集類/清別集
翠巖堂文稿僅存二卷　(清)韓弼元撰　清光緒二十六年(1900)刻本　二册

330000－1701－0016626　HJL4456　集部/總集類/題詠之屬
張大令忠孝節義圖題跋二卷　(清)張□□輯　清光緒七年(1881)刻本　一册

330000－1701－0016627　普915.1215/1034/c1　史部/地理類/方志之屬/郡縣志
[同治]續天津縣志二十卷首一卷　(清)吳惠元修　(清)蔣玉虹　(清)俞樾纂　清同治九年(1870)刻本　八册

330000－1701－0016628　普915.1215/1043　史部/地理類/雜志之屬
津門雜記三卷　(清)張燾撰　清光緒十年(1884)刻本　三册

330000－1701－0016629　HJL3561　集部/別集類/清別集
翠巖室文稿僅存二卷詩鈔五卷　(清)韓弼元撰　清光緒二十六年(1900)刻本　二册　存四卷(詩鈔一至四)

330000－1701－0016631　普811.1087/4412　集部/總集類/酬唱之屬
海上同音集二卷　(清)黃瑞　(清)王維翰撰　清光緒十五年(1889)木活字印本　一册

330000－1701－0016632　HJH4167　史部/傳記類/別傳之屬
銅官感舊集四卷　章同　章華輯　清宣統二年(1910)長沙章氏盋山舊館石印本　二册

330000－1701－0016633　HJL2154　集部/別集類/清別集
留讀齋詩集六卷手札一卷　(清)宣昌緒撰　清宣統元年(1909)崑山支南昌木活字印本　二册

330000－1701－0016635　普915.1241/30531/2　類叢部/叢書類/彙編之屬
昭代叢書合刻十集五百六十種附一種　(清)張潮　(清)張漸編　(清)楊復吉　(清)沈懋悳續編　清道光吳江沈氏世楷堂刻本　一册　存一種

330000－1701－0016639　普915.1215/1029/c2　史部/地理類/方志之屬/郡縣志
[乾隆]天津縣志二十四卷　(清)張志奇　(清)朱奎揚修　(清)吳廷華等纂　清乾隆四年(1739)刻本　八册

330000－1701－0016643　普915.1241/30543/c1　史部/地理類/專志之屬/寺觀
吴山城隍廟志八卷首一卷　(清)朱文藻等輯　清光緒四年(1878)錢塘丁氏刻本　四册

330000－1701－0016648　HJH4319　集部/總集類/尺牘之屬
賴古堂全集三種　(清)周亮工輯　清宣統三年(1911)上海國學扶輪社石印本　六册　存一種

330000－1701－0016649　HJL5273　集部/總集類/尺牘之屬
賴古堂全集三種　(清)周亮工輯　清宣統三

年(1911)上海國學扶輪社石印本　六册　存一種

330000－1701－0016650　HJL6157　集部/别集類/明别集
竹巖集十八卷補遺一卷續補遺一卷附録一卷　(明)柯潛撰　清光緒十四年(1888)莆田柯氏刻擢英書院印本　四册

330000－1701－0016651　HJL4294　集部/總集類/選集之屬/通代
高等國文學教科書不分卷　程先甲編撰　清江楚書局刻本　五册

330000－1701－0016652　HJL5698　集部/詞類/總集之屬
詞選二卷　(清)張惠言輯　**附録一卷**　(清)鄭善長輯　**續詞選二卷**　(清)董毅輯　清同治十一年(1872)會稽章氏刻本　一册

330000－1701－0016653　普915.1215/2044/c1　史部/地理類/雜志之屬
津門雜記三卷　(清)張燾撰　清光緒十年(1884)刻本　三册

330000－1701－0016654　普915.1215/1034/c2　史部/地理類/方志之屬/郡縣志
[同治]續天津縣志二十卷首一卷　(清)吴惠元修　(清)蔣玉虹　(清)俞樾纂　清同治九年(1870)刻本　八册

330000－1701－0016658　HJL3739　類叢部/叢書類/彙編之屬
玉海堂景宋元本叢書　劉世珩編　清光緒至民國貴池劉氏玉海堂影刻本　一册　存一種

330000－1701－0016660　普915.1215/2044/c2　史部/地理類/雜志之屬
津門雜記三卷　(清)張燾撰　清光緒十年(1884)刻本　三册

330000－1701－0016663　HJL4154　集部/别集類/唐五代别集
顧華陽集三卷　(唐)顧況撰　**顧華陽集補遺一卷國佐公詩補遺一卷**　(清)顧球輯　清同治元年(1862)海鹽顧氏雙峯堂刻本　二册

缺一卷(國佐公詩補遺)

330000－1701－0016664　HJL4625　集部/别集類/唐五代别集
顧華陽集三卷　(唐)顧況撰　**顧華陽集補遺一卷**　(清)顧球輯　**顧非熊詩一卷**　(唐)顧非熊撰　清同治元年(1862)海鹽顧炳章雙峯堂刻本　二册

330000－1701－0016668　HJL4312　集部/别集類/唐五代别集
唐陸宣公集二十二卷　(唐)陸贄撰　清同治五年(1866)楊氏問竹軒家塾刻本　六册

330000－1701－0016669　HJL4311　集部/别集類/唐五代别集
新刊權載之文集五十卷補刻一卷　(唐)權德輿撰　清嘉慶十一年(1806)朱氏刻本　八册

330000－1701－0016672　HJL2696　集部/别集類/清别集
靈麓山人詩集三卷　陳運溶撰　清宣統元年(1909)刻本　一册

330000－1701－0016673　HJL3589　集部/别集類/唐五代别集
昌黎先生集四十卷外集十卷遺文一卷　(唐)韓愈撰　(宋)廖瑩中校正　**朱子校昌黎先生集傳一卷**　(宋)朱熹撰　**韓集點勘四卷**　(清)陳景雲撰　清同治八年至九年(1869－1870)江蘇書局刻本　十二册

330000－1701－0016674　HJL3629　集部/别集類/唐五代别集
昌黎先生集四十卷外集十卷遺文一卷　(唐)韓愈撰　(宋)廖瑩中校正　**朱子校昌黎先生集傳一卷**　(宋)朱熹撰　**韓集點勘四卷**　(清)陳景雲撰　清同治八年至九年(1869－1870)江蘇書局刻本　十一册

330000－1701－0016675　HJL2723　集部/别集類/清别集
退思軒詩集六卷補遺一卷　(清)張百熙撰　清宣統三年(1911)王式通武昌刻本　二册

330000－1701－0016676　HJL4534　集部/别

集類/唐五代别集

昌黎先生詩增注証訛十一卷 （唐）韓愈撰 （清）黄鉞增注証訛 **昌黎先生[韓愈]年譜一卷** （清）黄鉞編 清道光二十八年（1848）黄中民刻咸豐七年（1857）四明鮑氏二客軒印本 四册

330000－1701－0016677 HJL5100 集部/詞類/總集之屬

絶妙好詞箋七卷 （宋）周密輯 （清）查爲仁 （清）厲鶚箋 **絶妙好詞續鈔一卷** （清）余集輯 **絶妙好詞又續鈔一卷** （清）徐楙補録 清同治十一年（1872）會稽章氏刻本 三册

330000－1701－0016678 HJL3474 集部/别集類/清别集

衎石齋記事稾十卷 （清）錢儀吉撰 清道光十四年（1834）刻本 五册

330000－1701－0016680 HJH4876 集部/詞類/總集之屬

絶妙好詞箋七卷 （宋）周密輯 （清）查爲仁 （清）厲鶚箋 **絶妙好詞續鈔一卷** （清）余集輯 **絶妙好詞又續鈔一卷** （清）徐楙補録 清同治十一年（1872）會稽章氏刻本 四册

330000－1701－0016681 HJL5272 集部/詞類/總集之屬

絶妙好詞箋七卷 （宋）周密輯 （清）查爲仁 （清）厲鶚箋 **絶妙好詞續鈔一卷** （清）余集輯 **絶妙好詞又續鈔一卷** （清）徐楙補録 清宣統埽葉山房石印本 四册

330000－1701－0016683 HJL3402 類叢部/叢書類/自著之屬

中復堂全集九種附一種 （清）姚瑩撰 清同治六年（1867）姚濬昌安福縣署刻本 二十册 存五種

330000－1701－0016684 HJL4808 集部/詞類/總集之屬

宋四家詞選一卷 （清）周濟輯 清光緒三十四年（1908）章震福京師鉛印本 一册

330000－1701－0016686 普 915.1241/3053.71/c1、普 915.1241/305412/c1、普 915.1241/3054.3/c1、普 915.1241/3053.43/2/c1 類叢部/叢書類/郡邑之屬

武林掌故叢編一百八十七種 （清）丁丙編 清光緒三年至二十六年（1877－1900）錢塘丁氏嘉惠堂刻本 十二册 存七種

330000－1701－0016688 HJL3485 集部/别集類/清别集

松風閣詩鈔八卷瓜蔓詞附録一卷 （清）彭蘊章撰 清道光二十六年（1846）刻本 六册

330000－1701－0016689 HJL3555 集部/别集類/清别集

松風閣詩鈔八卷 （清）彭蘊章撰 清道光二十六年（1846）刻本 四册

330000－1701－0016698 HJH3243 集部/别集類/清别集

禮部遺集九卷 （清）黄富民撰 清同治九年（1870）黄安謹刻本 二册

330000－1701－0016700 普 915.1241/30543/c2 史部/地理類/專志之屬/寺觀

吴山城隍廟志八卷首一卷 （清）朱文藻等輯 清光緒四年（1878）錢塘丁氏刻本 四册

330000－1701－0016703 HJL4690 集部/别集類/清别集

禮部遺集九卷 （清）黄富民撰 清同治九年（1870）黄安謹刻本 四册

330000－1701－0016705 HJH3969 類叢部/叢書類/彙編之屬

結一廬朱氏賸餘叢書四種 （清）朱澂編 清光緒三十年至三十一年（1904－1905）仁和朱氏刻三十二年（1906）印本 六册 存一種

330000－1701－0016708 普 915.1241/30543/c3 史部/地理類/專志之屬/寺觀

吴山城隍廟志八卷首一卷 （清）朱文藻等輯 清光緒四年（1878）錢塘丁氏刻本 四册

330000－1701－0016709 普 915.1241/3053.43/2/c3、普 915.1241/3053.7/c3、普 915.1241/3053.71/c3 類叢部/叢書類/郡邑之屬

武林掌故叢編一百八十七種　（清）丁丙編　清光緒三年至二十六年（1877－1900）錢塘丁氏嘉惠堂刻本　十一冊　存八種

330000－1701－0016710　HJL5092　集部/詞類/總集之屬

西城四君子詞鈔四種四卷　（清）王斑輯　清道光二年（1822）樹蘐居刻本　一冊

330000－1701－0016712　HJH4328　集部/別集類/唐五代別集

李長吉集四卷外卷一卷　（唐）李賀撰　（明）黄淳耀評點　（清）黎簡批點　清光緒十八年（1892）葉衍蘭羊城刻朱墨套印本　一冊

330000－1701－0016713　普 915.1216/0029　史部/地理類/方志之屬/郡縣志

［乾隆］正定府志五十卷首一卷　（清）鄭大進纂修　清乾隆二十七年（1762）刻本　三十二冊

330000－1701－0016714　HJL5185　集部/別集類/唐五代別集

李長吉集四卷外集一卷　（唐）李賀撰　（明）黄淳耀評點　（清）黎簡批點　清光緒十八年（1892）葉衍蘭羊城刻朱墨套印本　二冊

330000－1701－0016715　HJL5450　集部/別集類/唐五代別集

李長吉集四卷外卷一卷　（唐）李賀撰　（明）黄淳耀評點　（清）黎簡批點　清光緒十八年（1892）葉衍蘭羊城刻朱墨套印本　二冊

330000－1701－0016716　HJL3209　集部/別集類/清別集

琴東野屋集十二卷　（清）蔣寶齡撰　清咸豐二年（1852）刻本　清繆朝荃跋　一冊

330000－1701－0016718　普 915.1241/30543/c4　史部/地理類/專志之屬/寺觀

吳山城隍廟志八卷首一卷　（清）朱文藻等輯　清光緒四年（1878）錢塘丁氏刻本　四冊

330000－1701－0016719　HJL5479　集部/詞類/類編之屬

小檀欒室彙刻閨秀詞十集一百種　徐乃昌編　清光緒二十一年至二十二年（1895－1896）南陵徐乃昌刻本　八冊　存一種

330000－1701－0016721　HJL3205　集部/別集類/清別集

綠野齋文集四卷　（清）劉鴻翱撰　清道光七年（1827）李廷錫同懷堂刻本　四冊

330000－1701－0016722　HJL4155　集部/別集類/唐五代別集

李義山詩集三卷　（唐）李商隱撰　（清）朱鶴齡箋注　（清）沈厚塽輯評　**李義山詩譜一卷附錄諸家詩評一卷**　清同治九年（1870）廣州倅署刻三色套印本　四冊

330000－1701－0016723　普 915.1241/30543/c5　史部/地理類/專志之屬/寺觀

吳山城隍廟志八卷首一卷　（清）朱文藻等輯　清光緒四年（1878）錢塘丁氏刻本　四冊

330000－1701－0016725　HJL5490　集部/詞類/總集之屬

四春詞不分卷　（清）董國琛撰　清嘉慶二十一年（1816）刻本　二冊

330000－1701－0016727　HJH3874　集部/別集類/宋別集

王臨川全集二十四卷　（宋）王安石撰　清宣統三年（1911）上海掃葉山房石印本　十二冊

330000－1701－0016729　HJL3281　集部/別集類/清別集

蘊愫閣詩集十二卷詩續集八卷琴竹山莊樂府二卷文集八卷別集四卷　（清）盛大士撰　**嘯雨草堂集十卷**　（清）盛徵璵撰　清道光元年至六年（1821－1826）刻本　十二冊

330000－1701－0016730　HJL5439　類叢部/叢書類/自著之屬

蕙風叢書七種附一種　況周頤撰　清光緒刻民國十四年（1925）上海中國書店彙印本　四冊　存一種

330000－1701－0016732　HJL3517　集部/別集類/清別集

蘊愫閣詩集十二卷　（清）盛大士撰　清道光

元年(1821)刻本　四册

330000－1701－0016734　HJL4149　集部/别集類/清别集
蘊愫閣别集四卷　(清)盛大士撰　清道光五年(1825)刻本　二册

330000－1701－0016737　HJL4500　類叢部/叢書類/彙編之屬
鐵琴銅劍樓叢書十三種　瞿啓甲編　清光緒至民國刻本暨影印本　一册　存一種

330000－1701－0016738　HJH4501　類叢部/叢書類/彙編之屬
鐵琴銅劍樓叢書十三種　瞿啓甲編　清光緒至民國刻本暨影印本　一册　存一種

330000－1701－0016739　普915.1216/1034　史部/地理類/方志之屬/郡縣志
[光緒]正定縣志四十六卷首一卷末一卷　(清)慶之金　(清)賈孝彰修　(清)趙文濂等纂　清光緒元年(1875)刻本　十四册

330000－1701－0016740　HJL4670　集部/詞類/總集之屬
庚子秋詞二卷　(清)王鵬運等撰　清末石印本　二册

330000－1701－0016744　HJL5693　集部/詞類/類編之屬
四印齋所刻詞三十一種　(清)王鵬運編　清光緒臨桂王氏家塾四印齋刻本　一册　存一種

330000－1701－0016747　HJL5617　集部/詞類/别集之屬
安陸集一卷　(宋)張先撰　清刻本　一册

330000－1701－0016748　HJL3605　集部/總集類/彙編之屬
三宋人集　(清)方功惠編　清光緒七年(1881)巴陵方氏碧琳琅館刻本　四册　存一種

330000－1701－0016749　HJL3593　類叢部/叢書類/彙編之屬
武英殿聚珍版書一百四十八種　清乾隆四十二年(1777)福建刻道光至同治遞修光緒二十一年(1895)增刻本　九册　存一種

330000－1701－0016751　HJL5447　集部/詞類/别集之屬
近體樂府三卷　(宋)歐陽修撰　清宣統三年(1911)據宋吉州本影刻朱印本　一册

330000－1701－0016752　HJH3360、HJH3361　集部/别集類/清别集
御製詩集八卷文集二卷　(清)文宗奕詝撰　清咸豐末至同治二年(1863)武英殿刻本　六册

330000－1701－0016753　HJL4544　集部/總集類/彙編之屬
西江詩派韓饒二集　沈曾植編　清宣統二年(1910)姚埭沈氏刻本　一册　存一種

330000－1701－0016754　普915.1216/3035　史部/地理類/方志之屬/郡縣志
[光緒]獲鹿縣志十四卷首一卷末一卷　(清)俞錫綱修　(清)曹鑅纂　清光緒七年(1881)刻本　八册

330000－1701－0016757　普915.1216/5027/c1　史部/地理類/方志之屬/郡縣志
[康熙]靈壽縣志十卷末一卷　(清)陸隴其修　(清)傅維櫄纂　清康熙二十五年(1686)刻本　四册

330000－1701－0016758　HJL4499　集部/别集類/宋别集
山谷詩集註二十卷外集詩註十七卷别集詩註二卷　(宋)黄庭堅撰　(宋)任淵　(宋)史容　(宋)史季溫注　清光緒二十一年至二十六年(1895－1900)義寧陳氏四覺草堂刻本　二十册

330000－1701－0016759　普915.1216/4034　史部/地理類/方志之屬/郡縣志
[光緒]元氏縣志十四卷首一卷末一卷　(清)胡岳修　(清)趙文濂　(清)王鈞如纂　清光緒元年(1875)刻本　八册

330000－1701－0016760　HJL3201　經部/小學類/文字之屬/說文

說文堂詩集八卷　（清）許之翰撰　清道光十八年（1838）錢塘金氏刻本　八册

330000－1701－0016761　HJL5675　集部/詞類/總集之屬

彊邨所刻詞甲編七種　朱祖謀編　清宣統至民國朱氏刻本　二册　存一種

330000－1701－0016762　HJH2547　集部/別集類/清別集

缶廬詩八卷別存一卷　吳昌碩撰　清光緒十九年（1893）刻本　三册

330000－1701－0016763　HJH4611　集部/別集類

缶廬詩八卷別存三卷　吳昌碩撰　清光緒十九年（1893）刻本　三册

330000－1701－0016764　HJL3494　集部/別集類/清別集

政餘書屋文鈔二十卷擬瑟譜一卷　（清）王泉之撰　清道光九年至十年（1829－1830）刻本　十一册

330000－1701－0016765　HJL2353　集部/別集類/清別集

政餘書屋文鈔二十卷擬瑟譜一卷　（清）王泉之撰　清道光九年至十年（1829－1830）刻本　二十册　缺一卷（擬瑟譜）

330000－1701－0016766　HJH4063　集部/別集類/清別集

缶廬詩四卷別存一卷　吳昌碩撰　清光緒十九年（1893）刻本　一册

330000－1701－0016767　HJL3985　集部/別集類/宋別集

豫章先生遺文十二卷　（宋）黃庭堅撰　清乾隆四十五年（1780）汪氏嶠峿山房刻民國十一年（1922）如皋祝氏漢鹿齋補刻本　六册

330000－1701－0016768　HJL5484　集部/詞類/類編之屬

四印齋所刻詞三十一種　（清）王鵬運編　清光緒臨桂王氏家塾四印齋刻本　一册　存一種

330000－1701－0016769　HJH4075　集部/別集類/清別集

缶廬詩四卷別存一卷　吳昌碩撰　清光緒十九年（1893）刻本　一册　缺一卷（別存）

330000－1701－0016770　HJH3587　集部/別集類/宋別集

黃詩全集五十八卷　（宋）黃庭堅撰　清光緒二年（1876）敘郡山谷祠刻本　二十四册

330000－1701－0016771　HJH4076　集部/別集類/清別集

缶廬詩四卷別存一卷　吳昌碩撰　清光緒十九年（1893）刻本　一册

330000－1701－0016774　普 811.108/1114　集部/總集類/選集之屬/通代

宛鄰書屋古詩錄十二卷　（清）張琦輯　清同治八年（1869）刻本　江郎山人題記　四册

330000－1701－0016775　普 915.1241/30544/c1　史部/地理類/專志之屬/祠墓

吳山伍公廟志六卷首一卷附一卷　（清）金文淳等纂輯　清光緒二年（1876）刻本　一册

330000－1701－0016776　HJL4346　集部/別集類/宋別集

青山集三十卷附錄一卷續集五卷　（宋）郭祥正撰　清嘉慶八年（1803）刻晉梅書塾印本　十册

330000－1701－0016778　HJL3609　集部/別集類/宋別集

楊龜山先生集六卷　（宋）楊時撰　清康熙四十八年（1709）正誼堂刻本　三册

330000－1701－0016779　HJL3199　集部/別集類/清別集

蠙廬詩鈔十卷　（清）王蔭槐撰　清光緒七年（1881）盱眙王氏紫藤花館刻本　二册

330000－1701－0016780　HJL3545　集部/別集類/清別集

蟫廬詩鈔八卷 （清）王蔭槐撰 清道光二十二年(1842)盱眙王氏紫藤花館刻本 二冊

330000－1701－0016781 HJH3719 集部/總集類/氏族之屬
三蘇全集四種 （清）弓翊清等編 清道光七年至十二年(1827－1832)眉州三蘇祠刻本 四冊 存一種

330000－1701－0016783 HJL4348 集部/別集類/宋別集
忠正德文集十卷 （宋）趙鼎撰 **附錄一卷** 清道光十一年(1831)會稽吳傑刻本 四冊

330000－1701－0016784 普915.1216/5034 史部/地理類/方志之屬/郡縣志
[同治]靈壽縣志十卷末一卷 （清）陸隴其修 （清）劉賡年續纂修 清同治十二年(1873)刻本 六冊

330000－1701－0016785 HJL3280 集部/別集類/清別集
見山樓遺詩鈔四卷 （清）王銘撰 清道光七年(1827)吳門六潤齋劉萬傳刻本 二冊

330000－1701－0016786 HJL5690 類叢部/叢書類/彙編之屬
蟫隱廬叢書十八種 羅振常編 清宣統二年至民國二十五年(1910－1936)上虞羅氏謄寫及鉛印本三十三年(1944)吳興周延年彙印本 二冊 存一種

330000－1701－0016788 HJL3606 集部/別集類/宋別集
韋齋集十二卷 （宋）朱松撰 **玉瀾集一卷** （宋）朱槔撰 清同治七年(1868)紫霞洲祠堂刻本 四冊

330000－1701－0016791 HJL3214 集部/別集類/清別集
大滌山房詩錄八卷試帖一卷崇祀錄一卷 （清）張吉安撰 清道光十四年(1834)蘇州青霞齋吳學圃刻本 五冊

330000－1701－0016793 普915.1216/5534/c1 史部/地理類/方志之屬/郡縣志
[同治]欒城縣志十四卷首一卷末一卷 （清）陳詠修 （清）張惇德纂 清同治十一年(1872)刻本 四冊

330000－1701－0016794 HJH3745 集部/別集類/宋別集
屏山先生文集二十卷 （宋）劉子翬撰 清道光十五年(1835)毘陵新安佩三堂刻本 四冊

330000－1701－0016796 HJL3473 集部/別集類/清別集
芳谷詩鈔六卷 （清）孫枚撰 清道光十五年(1835)刻本 四冊

330000－1701－0016797 HJL4345 集部/別集類/宋別集
誠齋詩集十六卷 （宋）楊萬里撰 清嘉慶七年(1802)吳江徐達源刻本 六冊

330000－1701－0016798 HJL2598 集部/別集類/宋別集
誠齋詩集十六卷 （宋）楊萬里撰 清嘉慶七年(1802)吳江徐達源刻本 舛訥批並跋 六冊

330000－1701－0016799 HJL2138 集部/別集類
鄭齋漢學文編六卷 孫雄撰 清光緒三十四年(1908)北洋客籍學堂鉛印本 二冊

330000－1701－0016800 普915.1216/5534/c2 史部/地理類/方志之屬/郡縣志
[同治]欒城縣志十四卷首一卷末一卷 （清）陳詠修 （清）張惇德纂 清同治十一年(1872)刻本 六冊

330000－1701－0016801 HJL3511 集部/別集類/清別集
石琴室稿五卷易水往還稿一卷 （清）弘曣撰 清道光十一年至二十五年(1831－1845)刻本 三冊

330000－1701－0016804 HJL4337、HJL4344 類叢部/叢書類/郡邑之屬
永嘉叢書十三種 （清）孫衣言編 清同治至光緒瑞安孫氏詒善祠塾刻本 十六冊 存

二種

330000－1701－0016805 HJL4531 集部/別集類/清別集

青虛山房集十一卷 （清）王太岳撰 清光緒十九年(1893)定興鹿傳霖刻本 六冊

330000－1701－0016807 HJL4153 集部/別集類/宋別集

羅鄂州小集六卷 （宋）羅願撰 **羅郢州遺文一卷** （宋）羅頌撰 清光緒十九年(1893)黟縣李氏刻本 二冊

330000－1701－0016808 HJH5547 集部/別集類/宋別集

羅鄂州小集六卷 （宋）羅願撰 **羅郢州遺文一卷** （宋）羅頌撰 清光緒十九年(1893)黟縣李氏刻本 二冊

330000－1701－0016809 普 915.1241/3053.43/2/c2、普 915.1241/305441/c2 類叢部/叢書類/郡邑之屬

武林掌故叢編一百八十七種 （清）丁丙編 清光緒三年至二十六年(1877－1900)錢塘丁氏嘉惠堂刻本 七冊 存二種

330000－1701－0016810 HJL5663 集部/詞類/別集之屬

草窗詞二卷補二卷 （宋）周密撰 朱祖謀輯 清光緒二十六年(1900)歸安朱氏無著盦刻本 一冊

330000－1701－0016812 普 811.17/1228 集部/別集類/清別集

碧山樓詩稿五卷 （清）孫傳曾撰 清道光刻本 五冊

330000－1701－0016813 HJL2772、HJL4530 類叢部/叢書類/郡邑之屬

永嘉叢書十三種 （清）孫衣言編 清同治至光緒瑞安孫氏詒善祠塾刻本 十二冊 存二種

330000－1701－0016814 HJL3463 集部/別集類/清別集

林屋詩集九卷 （清）鄧旭撰 清道光三年(1823)鄧氏刻本 二冊

330000－1701－0016816 HJH4048 集部/別集類/清別集

林屋詩集九卷 （清）鄧旭撰 清道光三年(1823)鄧氏刻朱印本 二冊

330000－1701－0016817 普 915.1216/7535 史部/地理類/方志之屬/郡縣志

[光緒]續修贊皇縣志二十九卷首一卷 （清）史賡雲 （清）虞溶 （清）周晉堃修 （清）趙萬泰等纂 清光緒二年(1876)刻本 四冊

330000－1701－0016818 HJL5677 集部/詞類/類編之屬

四印齋所刻詞三十一種 （清）王鵬運編 清光緒臨桂王氏家塾四印齋刻本 一冊 存一種

330000－1701－0016819 HJL4669 集部/詞類/別集之屬

吳梅村詞一卷 （清）吳偉業撰 清宣統元年(1909)掃葉山房石印本 一冊

330000－1701－0016820 HJL3204 集部/別集類/清別集

大小雅堂詩鈔十卷文鈔二卷 （清）邵堂撰 清道光十年(1830)浚儀官署刻本 四冊

330000－1701－0016824 HJL3260 集部/別集類/清別集

江上萬峯樓詩鈔四卷 （清）何元撰 清道光六年(1826)刻本 二冊

330000－1701－0016825 HJL4503 類叢部/叢書類/彙編之屬

玉海堂景宋元本叢書 劉世珩編 清光緒至民國貴池劉氏玉海堂影刻本 一冊 存一種

330000－1701－0016826 普 811.108/1089 經部/詩類/傳說之屬

詩義標準一百十四卷首一卷 （清）王錫光撰 清宣統三年(1911)虛受堂刻本 十一冊 存五十五卷(一至五十三、六十一至六十二)

330000－1701－0016827 普 915.1241/

30541.2/(2)/c4、普 915.1241/30532/c4　類叢部/叢書類/郡邑之屬
武林掌故叢編一百八十七種　(清)丁丙編　清光緒三年至二十六年(1877－1900)錢塘丁氏嘉惠堂刻本　三冊　存二種

330000－1701－0016829　普 915.1241/30541.2/(2)/c1　類叢部/叢書類/郡邑之屬
武林掌故叢編一百八十七種　(清)丁丙編　清光緒三年至二十六年(1877－1900)錢塘丁氏嘉惠堂刻本　二冊　存一種

330000－1701－0016830　普 915.1241/30541.2/(2)/c5、普 915.1241/30532/c5　類叢部/叢書類/郡邑之屬
武林掌故叢編一百八十七種　(清)丁丙編　清光緒三年至二十六年(1877－1900)錢塘丁氏嘉惠堂刻本　三冊　存二種

330000－1701－0016831　普 915.1217/7035　史部/地理類/方志之屬/郡縣志
[光緒]唐山縣志十二卷首一卷末一卷　(清)蘇玉修　(清)杜靄　(清)李飛鳴纂　清光緒七年(1881)刻本　八冊

330000－1701－0016832　普 915.1217/5035　史部/地理類/方志之屬/郡縣志
[光緒]鉅鹿縣志十二卷首一卷　(清)凌燮修　(清)夏應麟　(清)赫慎修纂　清光緒十二年(1886)刻本　六冊

330000－1701－0016834　HJL5440　類叢部/叢書類/自著之屬
潘文勤公雜著六種附一種　(清)潘祖蔭撰　清吳縣潘氏刻本　一冊　存一種

330000－1701－0016836　普 811.108/1122　集部/總集類/選集之屬/斷代
濂洛風雅九卷　(清)張伯行輯　清康熙四十七年(1708)張氏正誼堂刻本　五冊

330000－1701－0016837　普 915.1218/0035　史部/地理類/方志之屬/郡縣志
[光緒]重修廣平府志六十三卷首一卷　(清)吳中彥修　(清)胡景桂纂　清光緒二十年(1894)刻本　二十四冊

330000－1701－0016838　HJH5116　集部/詞類/別集之屬
銅梁山人詞四卷　(清)王汝璧撰　清光緒二十年(1894)京師刻本　一冊

330000－1701－0016839　HJL3454　集部/別集類/清別集
尺雲軒詩集四卷秋窗疊韻詩一卷文集二卷續編一卷尺牘一卷　(清)朱實發撰　清光緒十三年(1887)陽湖學署木活字印本　四冊

330000－1701－0016842　HJL3051　集部/別集類/金別集
元遺山先生集四十卷首一卷新樂府四卷續夷堅志四卷　(金)元好問撰　(元)張德輝類次　(清)張穆編　**遺山先生集附錄一卷**　(明)儲瓘輯　(清)華希閔　(清)施國祁增　**遺山先生集補載一卷**　(清)施國祁　(清)張穆輯　**元遺山先生[好問]年譜一卷**　(清)翁方綱編　**元遺山先生[好問]年譜一卷**　(清)施國祁編　**元遺山先生[好問]年譜二卷**　(清)凌廷堪編　清道光三十年(1850)靈石楊氏刻光緒八年(1882)京都翰文齋書坊印本　十五冊　缺四卷(新樂府一至四)

330000－1701－0016843　HJL3909　集部/別集類/金別集
元遺山先生集四十卷首一卷新樂府四卷續夷堅志四卷　(金)元好問撰　(元)張德輝類次　(清)張穆編　**遺山先生集附錄一卷**　(明)儲瓘輯　(清)華希閔　(清)施國祁增　**遺山先生集補載一卷**　(清)施國祁　(清)張穆輯　**元遺山先生[好問]年譜一卷**　(清)翁方綱編　**元遺山先生[好問]年譜一卷**　(清)施國祁編　**元遺山先生[好問]年譜二卷**　(清)凌廷堪編　清道光三十年(1850)靈石楊氏刻光緒八年(1882)京都翰文齋書坊印本　八冊

330000－1701－0016844　HJL5091　集部/詞類/別集之屬
曝書亭集詞註七卷　(清)朱彝尊撰　(清)李富孫注　清嘉慶十九年(1814)嘉興李氏校經

廟刻道光九年(1829)補刻本　二冊

330000－1701－0016845　HJL3699　集部/别集類/金别集

元遺山詩集箋注十四卷首一卷末一卷　(金)元好問撰　(元)張德輝類次　(清)施國祁箋注　清道光二年(1822)南潯蔣氏瑞松堂刻本　清沈垚跋　四冊

330000－1701－0016847　HJH3282　集部/别集類/清别集

詠蘭軒詩稿四卷　(清)汪棨撰　清道光十八年(1838)刻本　四冊

330000－1701－0016848　HJH2780　集部/别集類/金别集

元遺山詩集箋注十四卷首一卷末一卷　(金)元好問撰　(元)張德輝類次　(清)施國祁箋注　清道光二年(1822)南潯蔣氏瑞松堂刻本　四冊

330000－1701－0016849　HJL2887　集部/别集類/金别集

元遺山詩集箋注十四卷首一卷末一卷　(金)元好問撰　(元)張德輝類次　(清)施國祁箋注　清道光二年(1822)南潯蔣氏瑞松堂刻本　二冊

330000－1701－0016850　HJL3127　集部/别集類/清别集

小山泉閣詩存八卷　(清)汪爲霖撰　清道光二十年(1840)如臯汪承鏞文園刻本　四冊

330000－1701－0016853　HJL5088　集部/詞類/别集之屬

花簾詞一卷香南雪北詞一卷　(清)吴藻撰　清道光二十四年(1844)刻道光三十年(1850)續刻本　二冊

330000－1701－0016854　普 915.1241/30544/c3　史部/地理類/專志之屬/祠墓

吴山伍公廟志六卷首一卷附一卷　(清)金文淳等纂輯　清光緒二年(1876)刻本　一冊

330000－1701－0016855　HJL5095　集部/詞類/别集之屬

香南雪北詞一卷　(清)吴藻撰　清道光三十年(1850)刻本　二冊

330000－1701－0016857　HJL2705　集部/别集類/清别集

染香盦詩錄二卷文集二卷文外集一卷補遺一卷算沙室詞鈔二卷　(清)江沅撰　清道光二十年(1840)染香精舍刻本　二冊

330000－1701－0016858　HJL4347　集部/别集類/元别集

水雲村泯稿二十卷　(元)劉壎撰　(清)劉冠寰輯　**恕菴遺稿一卷**　(清)劉冠寰撰　**爾齋文集一卷**　(清)劉凝撰　清道光十七年至十八年(1837－1838)南豐劉斯嵋愛餘堂刻本　六冊

330000－1701－0016859　HJL5694　集部/詞類/别集之屬

種芸僊館詞三種　(清)馮登府撰　清道光刻本　二冊　存二種

330000－1701－0016860　HJL3514　集部/别集類/清别集

染香盦詩錄二卷文集二卷文外集一卷補遺一卷算沙室詞鈔二卷　(清)江沅撰　清道光二十年(1840)染香精舍刻本　六冊

330000－1701－0016862　HJL3682　類叢部/叢書類/彙編之屬

宜稼堂叢書七種　(清)郁松年編　清道光二十年至二十二年(1840－1842)上海郁氏刻本　七冊　存一種

330000－1701－0016863　HJH3056　類叢部/叢書類/彙編之屬

宜稼堂叢書七種　(清)郁松年編　清道光二十年至二十二年(1840－1842)上海郁氏刻本　七冊　存一種

330000－1701－0016864　普 915.1218/1035　史部/地理類/方志之屬/郡縣志

[光緒]永年縣志四十卷首一卷　(清)夏貽鈺纂修　清光緒三年(1877)刻本　八冊

330000－1701－0016867　普 915.1218/2034

史部/地理類/方志之屬/郡縣志
[同治]曲周縣志二十卷 (清)存祿修 (清)劉自立纂 清同治八年(1869)刻本 六冊

330000－1701－0016868 HJL3141 集部/別集類/清別集
墨香閣文集十三卷首一卷末一卷 (清)彭維新撰 清道光二年(1822)彭氏刻本 四冊

330000－1701－0016869 普915.1241/3053.7/c2、普915.1241/3053.71/c2、普915.1241/30541.2/(2)/c2、普915.1241/305412/c2 類叢部/叢書類/郡邑之屬
武林掌故叢編一百八十七種 (清)丁丙編 清光緒三年至二十六年(1877－1900)錢塘丁氏嘉惠堂刻本 十冊 存七種

330000－1701－0016870 普915.1241/30544/c4 史部/地理類/專志之屬/祠墓
吴山伍公廟志六卷首一卷附一卷 (清)金文淳等纂輯 清光緒二年(1876)刻本 一冊

330000－1701－0016872 HJL5697 集部/詞類/別集之屬
止齋詞一卷 (清)周濟撰 清刻本 一冊

330000－1701－0016874 普915.1218/1029 史部/地理類/方志之屬/郡縣志
[乾隆]永年縣志四十四卷首一卷 (清)孔廣棣纂修 清乾隆二十三年(1758)刻本 六冊

330000－1701－0016875 普915.1241/30544/c5 史部/地理類/專志之屬/祠墓
吴山伍公廟志六卷首一卷附一卷 (清)金文淳等纂輯 清光緒二年(1876)刻本 一冊 缺一卷(附)

330000－1701－0016876 普915.1216/5027/c2 史部/地理類/方志之屬/郡縣志
[康熙]靈壽縣志十卷末一卷 (清)陸隴其修 (清)傅維櫺纂 清康熙二十五年(1686)刻本 四冊

330000－1701－0016877 普915.17197/1032/(2) 史部/地理類/方志之屬/郡縣志
[道光]德陽縣新志十二卷首一卷末一卷 (清)裴顯忠修 (清)劉碩輔纂 清道光十七年(1837)刻本 六冊

330000－1701－0016879 普915.1216/5027/c3 史部/地理類/方志之屬/郡縣志
[康熙]靈壽縣志十卷末一卷 (清)陸隴其修 (清)傅維櫺纂 清康熙二十五年(1686)刻本 清李文藻題記 六冊

330000－1701－0016880 HJL5493 集部/詞類/別集之屬
耶溪漁隱詞二卷 (清)屠倬撰 清嘉慶刻本 一冊

330000－1701－0016881 普915.1216/5027/c4 史部/地理類/方志之屬/郡縣志
[康熙]靈壽縣志十卷末一卷 (清)陸隴其修 (清)傅維櫺纂 清康熙二十五年(1686)刻本 四冊

330000－1701－0016882 HJL3850 集部/別集類/清別集
石笥山房集二十四卷 (清)胡天游撰 清咸豐二年(1852)山陰胡鳴泰刻本 二十冊

330000－1701－0016883 HJL3534 集部/別集類/清別集
經遺堂全集二十六卷 (清)韋佩金撰 清道光二十一年(1841)江都丁光煦刻本 十二冊

330000－1701－0016885 普915.1235/1084/c2 類叢部/叢書類/郡邑之屬
橫山草堂叢書二十二種附三種 陳慶年編 清宣統二年至民國八年(1910－1919)丹徒陳氏刻本 二冊 存一種

330000－1701－0016886 普915.1218/3034 史部/地理類/方志之屬/郡縣志
[同治]肥鄉縣志三十六卷補遺一卷 (清)李鵬展修 (清)趙文濂纂 清同治六年(1867)刻本 八冊 缺一卷(補遺)

330000－1701－0016887 普915.1241/3053.8/c1 類叢部/叢書類/郡邑之屬
武林掌故叢編一百八十七種 (清)丁丙編

清光緒三年至二十六年(1877－1900)錢塘丁氏嘉惠堂刻本　五册　存一種

330000－1701－0016889　HJH3311　集部/別集類/清別集
正誼堂遺集三十四卷　(清)董詔撰　(清)謝玉珩編　清道光四年(1824)刻本　十册

330000－1701－0016890　HJL5678　類叢部/叢書類/自著之屬
大鶴山房全書十種　鄭文焯撰　清光緒至民國刻民國九年(1920)蘇州交通圖書館彙印本　二册　存二種

330000－1701－0016891　普 915.1218/6027　史部/地理類/方志之屬/郡縣志
[乾隆]邯鄲縣志十二卷首一卷　(清)王烔纂修　清乾隆二十一年(1756)刻本　六册

330000－1701－0016893　普 915.1241/30544/c6　史部/地理類/專志之屬/祠墓
吴山伍公廟志六卷首一卷附一卷　(清)金文淳等纂輯　清光緒二年(1876)刻本　一册

330000－1701－0016894　HJH3655　集部/詩文評類/詩評之屬
樗寮詩話三卷　(清)姚椿撰　清婁縣韓應陛刻本　一册

330000－1701－0016895　HJL5098　集部/詞類/別集之屬
享帚詞四卷　(清)秦恩復撰　清道光二十五年(1845)江都秦巘刻本　二册

330000－1701－0016896　HJH2591　集部/別集類/清別集
惜味齋存稿十四卷　(清)楊炳撰　清咸豐元年(1851)刻本　三册　存十一卷(一至十一)

330000－1701－0016897　普 915.1215/0035/c2　史部/地理類/方志之屬/郡縣志
[光緒]重修天津府志五十四卷首一卷末一卷　沈家本　(清)榮銓修　(清)徐宗亮　(清)蔡啓盛纂　清光緒二十五年(1899)刻本　二十三册　缺九卷(三十八、四十八至五十四、末)

330000－1701－0016898　HJL5701　集部/詞類/別集之屬
餐花吟館詞鈔五卷　(清)嚴峻生撰　清嘉慶至道光江寧顧晴崖刻本　六册

330000－1701－0016899　HJL3557　集部/別集類/清別集
亦有秋齋詩鈔四卷　(清)鈕福疇撰　清道光二十七年(1847)舒城縣署刻本　一册

330000－1701－0016901　HJL3351　集部/詞類/別集之屬
餐花吟館詞鈔四卷　(清)嚴駿生撰　清嘉慶江寧顧晴崖刻本　四册

330000－1701－0016903　普 915.1241/30544/c7　史部/地理類/專志之屬/祠墓
吴山伍公廟志六卷首一卷附一卷　(清)金文淳等纂輯　清光緒二年(1876)刻本　一册

330000－1701－0016904　HJL3942　集部/總集類/選集之屬/通代
詩比興箋四卷　(清)陳沆輯　清光緒九年(1883)長洲彭祖賢武昌刻本　二册

330000－1701－0016908　HJL5707　集部/詞類/別集之屬
綠語樓倚聲續集二卷　(清)唐壽萼撰　清道光二十一年(1841)刻本　二册

330000－1701－0016909　HJL3218　集部/別集類/清別集
重訂厲廉州先生詩全集八卷　(清)厲同勳撰　清同治三年(1864)刻本　六册

330000－1701－0016911　HJL5687　集部/詞類/別集之屬
綠雪館詞七卷百和詞一卷　(清)張鴻卓撰　清道光書三味樓刻本　二册

330000－1701－0016913　普 915.1241/3053.8/c2　類叢部/叢書類/郡邑之屬
武林掌故叢編一百八十七種　(清)丁丙編　清光緒三年至二十六年(1877－1900)錢塘丁氏嘉惠堂刻本　四册　存一種

330000－1701－0016914　普 915.1218/9527　史部/地理類/方志之屬/郡縣志

[康熙]磁州志十八卷　(清)蔣擢修　(清)樂玉聲等纂　清康熙四十二年(1703)刻本　六冊

330000－1701－0016915　HJL3293　集部/別集類/清別集

安愚齋詩集四卷文集四卷　(清)周錫溥撰　清道光二十年(1840)篤慶堂刻本　四冊

330000－1701－0016917　HJL5681　集部/詞類/別集之屬

香銷酒醒詞一卷附曲一卷　(清)趙慶熺撰　清同治七年(1868)西泠王氏刻本　四冊

330000－1701－0016920　HJL2524　集部/總集類/氏族之屬

金陵朱氏家集三十種　(清)朱緒曾輯　清道光二十年(1840)刻本　八冊

330000－1701－0016922　HJL5435　集部/別集類/清別集

藤香館詩刪存四卷詞刪存二卷　(清)薛時雨撰　清光緒五年(1879)刻本　四冊　缺一卷(詩刪存一)

330000－1701－0016923　HJL3304　集部/別集類/清別集

枕善堂雜著二卷詩鈔二卷尺牘一隅二十卷　(清)陳大溶撰　清道光六年至十六年(1826－1836)刻本　十二冊

330000－1701－0016924　HJL3080　集部/總集類/郡邑之屬

江蘇詩徵一百八十三卷　(清)王豫輯　清道光元年(1821)焦山海西庵詩徵閣刻本　四十八冊

330000－1701－0016927　HJL3221　集部/別集類/清別集

飲虹堂詩稿八卷詩餘一卷　(清)劉國筠撰　清道光二十五年(1845)刻本　二冊

330000－1701－0016928　HJL4012　集部/詩文評類/詩評之屬

文鑰二卷　鄒福保輯　清宣統元年(1909)江蘇存古學堂鉛印本　劉承幹跋　二冊

330000－1701－0016929　HJL5689　集部/詞類/別集之屬

玉洤詞一卷　(清)潘曾瑋撰　清咸豐四年(1854)蘇城徐元圃局刻本　一冊

330000－1701－0016931　HJL3688　集部/詞類/別集之屬

玉洤詞一卷　(清)潘曾瑋撰　清咸豐四年(1854)蘇城徐元圃局刻本　一冊

330000－1701－0016932　HJH3728　集部/別集類/清別集

御製詩餘集十二卷目錄二卷　(清)宣宗旻寧撰　清道光刻本　八冊

330000－1701－0016933　HJL3365　集部/別集類/清別集

御製詩餘集十二卷目錄二卷　(清)宣宗旻寧撰　清咸豐內府刻本　八冊

330000－1701－0016934　HJL5665　集部/詞類/別集之屬

秋夢盦詞鈔二卷續一卷再續一卷　(清)葉衍蘭撰　清光緒十六年(1890)番禺葉氏羊城刻本　葉恭綽題記　一冊

330000－1701－0016936　普 915.1219/0033/c1　史部/地理類/方志之屬/郡縣志

[咸豐]大名府志二十二卷首一卷續志六卷末一卷　(清)朱煐等纂修　(清)武蔚文續修　(清)郭程先續纂　(清)高繼珩增補　清咸豐四年(1854)刻本　二十一冊

330000－1701－0016937　普 915.1219/5035　史部/地理類/方志之屬/郡縣志

[光緒]南樂縣志十卷首一卷補遺一卷　(清)施有方　(清)陸維炘修　(清)武勳朝　(清)李雲峯纂　清光緒二十九年(1903)刻本　四冊

330000－1701－0016938　HJL4663　集部/詞類/別集之屬

水雲樓詞二卷燼餘藁一卷　(清)蔣春霖撰

清光緒有正書局鉛印本　一册

330000－1701－0016941　HJL5103　集部/詞類/别集之屬
眉綠樓詞八卷　（清）顧文彬撰　清光緒十年(1884)吴下刻本　三册　存六卷(小横吹腈譜、鶯花醉吟、婕板新聲、蟖巢碎語、百衲琴言、跨鶴吹笙譜)

330000－1701－0016942　普915.1219/8035　史部/地理類/方志之屬/郡縣志
[光緒]開州志八卷首一卷　（清）陳兆麟修　（清）祁德昌纂　清光緒八年(1882)刻本　八册

330000－1701－0016943　普915.1219/5027　史部/地理類/方志之屬/郡縣志
[康熙]南樂縣志十五卷　（清）王培宗修　（清）邱性善纂　清康熙五十年(1711)刻本　四册

330000－1701－0016944　普915.1241/3054.3/c4　類叢部/叢書類/郡邑之屬
武林掌故叢編一百八十七種　（清）丁丙編　清光緒三年至二十六年(1877－1900)錢塘丁氏嘉惠堂刻本　三册　存一種

330000－1701－0016945　HJL5650　集部/詞類/别集之屬
味梨集一卷　（清）王鵬運撰　清光緒二十一年(1895)刻本　一册

330000－1701－0016946　普915.1219/8031　史部/地理類/方志之屬/郡縣志
[嘉慶]開州志八卷首一卷　（清）李符清修　（清）沈樂善纂　清嘉慶十一年(1806)刻本　六册

330000－1701－0016947　HJL4748　集部/詞類/别集之屬
濯絳宧存稾一卷　劉毓盤撰　清宣統元年(1909)刻本　一册

330000－1701－0016948　HJH3940　集部/詞類/類編之屬
侯鯖詞五種　（清）吴唐林編　清光緒十一年(1885)杭州吴氏刻本　一册　存二種

330000－1701－0016949　普915.12191/0027　史部/地理類/方志之屬/郡縣志
[康熙]宣化縣志三十卷　（清）陳坦纂修　清康熙五十年(1711)刻乾隆增刻本　六册

330000－1701－0016954　HJL2434　集部/總集類/氏族之屬
李氏詩存合刻五種　（清）李浩編　清道光五年(1825)賜硯堂刻本　八册　存三種

330000－1701－0016955　HJL4084　集部/詞類/别集之屬
新樂府詞一卷　（清）萬斯同撰　清同治八年(1869)刻本　一册

330000－1701－0016960　HJH3452　集部/别集類/清别集
御製詩初集二十四卷目錄四卷　（清）宣宗旻寧撰　清道光刻本　十六册

330000－1701－0016961　HJH3995　類叢部/叢書類/家集之屬
瑞安南堤項氏叢書　清光緒刻本　一册　存一種

330000－1701－0016962　普915.1215/0035/c3　史部/地理類/方志之屬/郡縣志
[光緒]重修天津府志五十四卷首一卷末一卷　沈家本　（清）榮銓修　（清）徐宗亮　（清）蔡啓盛纂　清光緒二十五年(1899)刻本　二十八册

330000－1701－0016963　HJL2199　集部/總集類/氏族之屬
沈氏三先生文集六十一卷附錄一卷　（宋）□□輯　清光緒二十二年(1896)浙江書局刻本(長興集卷四至十二、三十一、三十三至四十一原缺)　十册

330000－1701－0016964　HJH4458　集部/詞類/别集之屬
痕夢詞一卷　（清）王頤正撰　清光緒十四年(1888)宿遷王氏刻本　一册

330000－1701－0016965　普 915.1219/0033/c2　史部/地理類/方志之屬/郡縣志

[咸豐]大名府志二十二卷首一卷續志六卷末一卷　(清)朱煐等纂修　(清)武蔚文續修　(清)郭程先續纂　(清)高繼珩增補　清咸豐四年(1854)刻本　二十五冊

330000－1701－0016966　普 915.12191/0029　史部/地理類/方志之屬/郡縣志

[乾隆]宣化府志四十二卷首一卷　(清)王者輔原本　(清)張志奇續修　(清)黄可潤續纂　清乾隆二十二年(1757)刻本　六冊　存十六卷(二十七至四十二)

330000－1701－0016967　HJH4176　集部/詞類/别集之屬

春鷗詞二卷　(清)葛湘撰　清光緒五年(1879)刻本　一冊

330000－1701－0016968　HJL3526　集部/别集類/清别集

西磧山房詩錄二卷文錄二卷　(清)蔡復午撰　清道光十二年(1832)蔡成輅刻本　一冊　存二卷(文錄一至二)

330000－1701－0016969　HJH4990　類叢部/叢書類/彙編之屬

百尺樓叢書　陳去病編　清光緒至民國鉛印本　一冊　存一種

330000－1701－0016970　普 915.1241/3053.7/3/c1　子部/工藝類/日用器物之屬/器具

湖船錄一卷　(清)厲鶚撰　清道光二十七年(1847)錢塘汪氏振綺堂刻本　一冊

330000－1701－0016971　HJL2147　集部/總集類/氏族之屬

吴興長橋沈氏家集五種　沈家本編　清宣統元年(1909)刻本　十二冊

330000－1701－0016973　普 915.1241/3053.7/3/c2　子部/工藝類/日用器物之屬/器具

湖船錄一卷　(清)厲鶚撰　清道光二十七年(1847)錢塘汪氏振綺堂刻本　一冊

330000－1701－0016975　普 915.1241/3053.7/3/c3　子部/工藝類/日用器物之屬/器具

湖船錄一卷　(清)厲鶚撰　清道光二十七年(1847)錢塘汪氏振綺堂刻本　一冊

330000－1701－0016976　HJL5436　集部/别集類/清别集

心安隱室詩集九卷詞集四卷　(清)詹肇堂撰　清光緒十年(1884)成德堂刻本　一冊　缺九卷(詩集一至九)

330000－1701－0016978　普 915.1241/3053.7/3/c4　子部/工藝類/日用器物之屬/器具

湖船錄一卷　(清)厲鶚撰　清道光二十七年(1847)錢塘汪氏振綺堂刻本　一冊

330000－1701－0016979　HJH3163　集部/别集類/清别集

木雞書屋文鈔四卷文二集六卷三集八卷四集六卷五集六卷　(清)黄金臺撰　清道光五年至咸豐元年(1825－1851)刻同治十年(1871)黄晉馚心窗樓補刻本　六冊

330000－1701－0016980　普 915.1241/3053.7/3/c5　子部/工藝類/日用器物之屬/器具

湖船錄一卷　(清)厲鶚撰　清道光二十七年(1847)錢塘汪氏振綺堂刻本　一冊

330000－1701－0016981　HJH4056　類叢部/叢書類/彙編之屬

百尺樓叢書　陳去病編　清光緒至民國鉛印本　一冊　存二種

330000－1701－0016982　HJL5433　類叢部/叢書類/彙編之屬

誦芬室叢刊二十二種　董康編　清光緒三十四年至民國十四年(1908－1925)武進董氏刻本　五冊　存一種

330000－1701－0016983　HJH4057　類叢部/叢書類/彙編之屬

百尺樓叢書　陳去病編　清光緒至民國鉛印本　一冊　存二種

330000－1701－0016984　普 915.12191/6035/c1　史部/地理類/方志之屬/郡縣志

[光緒]蔚州志二十卷首一卷　(清)慶之金修

（清）楊篤纂　清光緒三年（1877）刻本　八冊

330000－1701－0016986　HJH5212　集部/詞類/別集之屬
花影吹笙詞鈔二卷小游僊詞一卷　（清）葉英華撰　清光緒三年（1877）羊城刻本　劉承幹題記　一冊

330000－1701－0016988　HJL5664　集部/詞類/別集之屬
花影吹笙詞鈔二卷小游僊詞一卷　（清）葉英華撰　清光緒三年（1877）羊城刻本　葉恭綽題記　一冊

330000－1701－0016989　HJL4459　集部/詞類/別集之屬
迦厂詞四卷　左運奎撰　清宣統二年（1910）陽湖左運奎鉛印本　一冊

330000－1701－0016992　普915.12193/1035/c1　史部/地理類/方志之屬/郡縣志
［光緒］玉田縣志三十卷首一卷　（清）夏子鐾修　（清）李昌時纂　（清）丁維續纂　清光緒十年（1884）刻本　六冊

330000－1701－0016993　HJL5090　集部/詞類/別集之屬
裁雲閣詞鈔六卷詞餘一卷　（清）秦雲撰　清同治七年（1868）刻本　一冊

330000－1701－0016994　普915.12191/6035/c2　史部/地理類/方志之屬/郡縣志
［光緒］蔚州志二十卷首一卷　（清）慶之金修　（清）楊篤纂　清光緒三年（1877）刻本　八冊

330000－1701－0016998　HJL5706　集部/詞類/別集之屬
真松閣詞六卷　（清）楊夔生撰　清光緒元年（1875）心禪室刻本　二冊

330000－1701－0017002　HJL2602　集部/總集類/氏族之屬
董氏詩系十卷　（清）董調輯　清嘉慶二十五年（1820）中村敬修堂刻本　四冊

330000－1701－0017003　HJL5085　集部/詞類/別集之屬
竹簾館詞一卷　（清）王樹藩撰　清宣統元年（1909）寶應朱孫懷刻本　一冊

330000－1701－0017006　HJL3578　集部/詞類/詞譜之屬
詞律二十卷　（清）萬樹撰　清康熙二十六年（1687）萬氏堆絮園刻本　八冊

330000－1701－0017007　HJL2175　集部/總集類/氏族之屬
講筵四世詩鈔十卷　（清）張英等撰　清光緒十八年（1892）刻本　四冊

330000－1701－0017009　普915.12193/2035　史部/地理類/方志之屬/郡縣志
［光緒］豐潤縣志十二卷　（清）郝增祜等纂修　（清）周晉堃續纂修　清光緒十四年（1888）刻本　十二冊

330000－1701－0017011　普915.1241/3053.7/2/c2　子部/工藝類/日用器物之屬/器具
湖船錄一卷　（清）厲鶚撰　清同治九年（1870）胡氏退補齋刻本　一冊

330000－1701－0017012　普915.12195/5029　史部/地理類/方志之屬/郡縣志
［乾隆］衡水縣志十四卷　（清）陶淑纂修　清乾隆三十二年（1767）刻本　五冊

330000－1701－0017014　HJH2577　集部/別集類/唐五代別集
杜詩詳註二十五卷首一卷附編二卷　（唐）杜甫撰　（清）仇兆鰲輯注　清道光刻本　二十七冊　缺一卷（二十五）

330000－1701－0017016　普915.12195/1032/c1　史部/地理類/方志之屬/郡縣志
［道光］南宮縣志十六卷　（清）周栻修　（清）陳柱纂　清道光十一年（1831）刻本　一冊

330000－1701－0017017　HJH4358　史部/史評類/詠史之屬
廿一史彈詞註十卷　（明）楊慎撰　（清）張三

異增定　(清)張仲璜註　**明史彈詞註一卷**　(清)張三異撰　(清)張仲璜註　清乾隆五十一年(1786)張任佐視履堂刻本　八冊

330000－1701－0017018　HJH3858　集部/戲劇類/雜劇之屬
補天石傳奇八種八卷　(清)周樂清撰　(清)譚光祜訂譜　清咸豐五年(1855)靜遠草堂刻本　四冊

330000－1701－0017019　普 915.12193/1035/c2　史部/地理類/方志之屬/郡縣志
[光緒]玉田縣志三十卷首一卷　(清)夏子鎏修　(清)李昌時纂　(清)丁維續纂　清光緒十年(1884)刻本　六冊

330000－1701－0017020　HJH2537　集部/別集類/唐五代別集
樊川詩集四卷補遺一卷外集一卷別集一卷　(唐)杜牧撰　(清)馮集梧注　清光緒十六年(1890)湘南書局刻本　六冊

330000－1701－0017022　HJH5030　集部/別集類/唐五代別集
樊川詩集四卷補遺一卷外集一卷別集一卷　(唐)杜牧撰　(清)馮集梧注　清光緒十六年(1890)湘南書局刻本　六冊

330000－1701－0017023　普 915.12195/1032/c2　史部/地理類/方志之屬/郡縣志
[道光]南宮縣志十六卷　(清)周栻修　(清)陳柱纂　清道光十一年(1831)刻本　十六冊

330000－1701－0017024　HJL3493　集部/別集類/清別集
西圃集十卷續集四卷詩集補遺一卷詞續一卷詞三續一卷題畫詩一卷題畫詩續一卷文集四卷文集補遺一卷　(清)潘遵祁撰　清同治十一年至光緒二十三年(1872－1897)刻本　六冊

330000－1701－0017025　HJL5454　集部/別集類/唐五代別集
樊川詩集四卷補遺一卷外集一卷別集一卷　(唐)杜牧撰　(清)馮集梧注　清光緒十六年(1890)湘南書局刻本　六冊

330000－1701－0017026　HJL3623　集部/別集類/清別集
西圃集十卷續集四卷詩集補遺一卷詞續一卷詞三續一卷題畫詩一卷題畫詩續一卷文集四卷文集補遺一卷　(清)潘遵祁撰　清同治十一年至光緒二十三年(1872－1897)刻本　六冊　存十八卷(西圃集一至十、續集一至三、題畫詩、文集一至四)

330000－1701－0017027　HJH2575　集部/別集類/宋別集
林和靖詩集四卷詩話一卷拾遺一卷附錄一卷　(宋)林逋撰　清同治十二年(1873)長洲朱氏刻本　二冊

330000－1701－0017028　HJH4380　子部/小說家類/雜事之屬
豔史叢鈔十二種　(清)王韜編　清光緒四年(1878)弢園鉛印本　八冊

330000－1701－0017030　普 915.1241/3053.7/2/c1　子部/工藝類/日用器物之屬/器具
湖船錄一卷　(清)厲鶚撰　清同治九年(1870)胡氏退補齋刻本　一冊

330000－1701－0017031　HJL4870　集部/別集類/清別集
西圃集十卷續集四卷詩集補遺一卷詞續一卷詞三續一卷題畫詩一卷題畫詩續一卷文集四卷文集補遺一卷　(清)潘遵祁撰　清同治十一年至光緒二十三年(1872－1897)刻本　二冊　存五卷(文集一至四、文集補遺)

330000－1701－0017032　普 915.12195/1032/c3　史部/地理類/方志之屬/郡縣志
[道光]南宮縣志十六卷　(清)周栻修　(清)陳柱纂　清道光十一年(1831)刻本　八冊

330000－1701－0017033　HJH4207　類叢部/叢書類/家集之屬
學壽堂叢書十二種　徐紹楨編　清咸豐至光

緒番禺徐氏梧州刻本　二册　存一種

330000－1701－0017034　HJH2707　集部/總集類/彙編之屬

唐宋八大家文鈔　(明)茅坤批評　明崇禎金閶黄玉堂刻本　十册　存一種

330000－1701－0017036　普915.12196/0035　史部/地理類/方志之屬/郡縣志

[光緒]趙州屬邑志八卷　(清)孫傳栻纂修　清光緒二十三年(1897)刻本　四册

330000－1701－0017038　HJL5691　集部/詞類/别集之屬

弟一生修梅花館詞七卷附録一卷香海棠館詞話一卷　况周頤撰　清光緒至民國刻本　二册

330000－1701－0017039　普915.12196/0035.2　史部/地理類/方志之屬/郡縣志

[光緒]直隸趙州志十六卷首一卷末一卷　(清)孫傳栻修　(清)王景美等纂　清光緒二十三年(1897)刻本　十册

330000－1701－0017040　普915.12195/3034/c1　史部/地理類/方志之屬/郡縣志

[同治]棗强縣志補正五卷　(清)方宗誠纂修　清光緒二年(1876)刻本　二册

330000－1701－0017041　HJL3930　集部/别集類/清别集

澹餘詩略三卷　(清)汪暕撰　清咸豐八年(1858)刻本　一册

330000－1701－0017042　普915.12196/1029　史部/地理類/方志之屬/郡縣志

[乾隆]栢鄉縣志十卷首一卷　(清)鍾賡華纂修　清乾隆三十二年(1767)刻本　六册

330000－1701－0017043　HJL3939　集部/别集類/清别集

寶研齋詩鈔四卷　(清)花杰撰　清咸豐刻本　一册

330000－1701－0017045　HJL4340　集部/别集類/清别集

求真是齋詩草二卷　(清)恩華撰　清咸豐十一年(1861)錫璋刻本　二册

330000－1701－0017046　普915.12195/3034/c2　史部/地理類/方志之屬/郡縣志

[同治]棗强縣志補正五卷　(清)方宗誠纂修　清光緒二年(1876)刻本　二册

330000－1701－0017048　HJL4422　集部/别集類/清别集

夢墨齋詩鈔六卷　(清)楊象繩撰　清咸豐八年(1858)春陵書院刻本　二册

330000－1701－0017049　HJH3855　集部/别集類/清别集

有不爲齋詩鈔四卷　(清)楊道生撰　清咸豐五年(1855)槐蔭書屋刻本　一册

330000－1701－0017050　HJH4881　類叢部/叢書類/自著之屬

蕙風叢書七種附一種　况周頤撰　清光緒刻民國十四年(1925)上海中國書店彙印本　一册　存一種

330000－1701－0017051　HJH2534　集部/别集類/宋别集

劍南詩鈔六卷　(宋)陸游撰　(清)楊大鶴選　清光緒八年(1882)文苑山房刻本　八册

330000－1701－0017052　普915.12197/0035/c1　史部/地理類/方志之屬/郡縣志

[同治]深州風土記二十二卷附國朝貞節表五卷　(清)吳汝綸纂　清光緒二十六年(1900)文瑞書院刻本　六册

330000－1701－0017053　HJL2729　類叢部/叢書類/彙編之屬

功順堂叢書十八種　(清)潘祖蔭編　清光緒吳縣潘氏刻本　一册　存一種

330000－1701－0017055　HJL2671　集部/别集類/宋别集

稼軒集鈔存四卷首一卷末一卷詞四卷補遺一卷　(宋)辛棄疾撰　(清)辛啓泰編　清嘉慶十六年(1811)萬載辛氏清修學館刻本　六册

330000－1701－0017056　普 915.12197/1031　史部/地理類/方志之屬/郡縣志
[道光]武强縣志重修十二卷　(清)翟慎行修　(清)翟慎典纂　清道光十一年(1831)刻本　六册

330000－1701－0017057　HJL4922　集部/別集類/清別集
白香亭詩集二卷和陶詩一卷　(清)鄧輔綸撰　清光緒十九年(1893)東河督署刻本　二册

330000－1701－0017058　HJH4104　集部/別集類/清別集
白香亭詩集二卷和陶詩一卷　(清)鄧輔綸撰　清光緒十九年(1893)東河督署刻本　二册

330000－1701－0017061　HJL2726　類叢部/叢書類/郡邑之屬
永嘉叢書十三種　(清)孫衣言編　清同治至光緒瑞安孫氏詒善祠塾刻本　一册　存一種

330000－1701－0017062　HJL3716　類叢部/叢書類/郡邑之屬
湖州叢書十二種　(清)陸心源編　清光緒湖城義塾刻本　二册　存一種

330000－1701－0017065　HJL2556　集部/別集類/宋別集
燭湖集二十卷附編二卷　(宋)孫應時撰　(清)孫景洛等輯　清嘉慶八年(1803)孫氏靜遠軒刻本　四册

330000－1701－0017066　HJH3960　集部/別集類/清別集
三十二蘭亭室詩存八卷續刻二卷再續刻二卷附約因詞四卷　(清)劉滙年撰　清光緒元年至十七年(1875－1891)羊城刻本　三册　存十卷(詩存一至八、續刻一至二)

330000－1701－0017067　HJL5118　集部/詞類/別集之屬
留雲借月盦詞六卷　劉炳照撰　清光緒十九年(1893)刻二十一年(1895)續刻本　一册

330000－1701－0017068　HJL2472、HJL2686　集部/別集類/清別集
三十二蘭亭室詩存八卷續刻二卷再續刻二卷附約因詞四卷　(清)劉滙年撰　清光緒元年至十七年(1875－1891)羊城刻本　三册　存十卷(詩存一至八、續刻一至二)

330000－1701－0017070　HJL5684　集部/詞類/別集之屬
留雲借月盦詞五卷　劉炳照撰　清光緒十九年(1893)江陰金武祥刻本　一册

330000－1701－0017071　HJL3477　集部/別集類/清別集
胡文忠公遺集十卷首一卷　(清)胡林翼撰　(清)閻敬銘　(清)厲雲官　(清)盛康輯　清同治七年(1868)吳申甫醉六堂刻本　八册

330000－1701－0017072　HJL4203　類叢部/叢書類/家集之屬
毘陵徐氏家集　(清)徐堉輯　清光緒六年(1880)濟上刻本　一册　存一種

330000－1701－0017073　普 915.1241/305451/c1　史部/地理類/專志之屬/祠墓
汪王廟志畧一卷　(清)汪文炳撰　清光緒三十一年(1905)刻本　一册

330000－1701－0017074　HJH4437　集部/別集類/清別集
佩蘅詩鈔八卷　(清)寶鋆撰　**文靖公遺集十二卷補遺一卷**　(清)寶鋆撰　(清)寶景澧　(清)寶蔭桓輯　清咸豐九年(1859)、光緒二十一年(1895)刻本　十册

330000－1701－0017075　HJL4556　類叢部/叢書類/自著之屬
留書種閣集九種　(清)黄炳垕撰　清同治六年至光緒二十年(1867－1894)餘姚黄氏留書種閣刻本　一册　存一種

330000－1701－0017076　HJL2783　集部/別集類/宋別集
後樂集二十卷　(宋)衛涇撰　**文節公[衛涇]年譜一卷**　(清)吳養原編　清光緒八年(1882)友順堂木活字印本　十六册

330000－1701－0017078　普 915.1241/

30546/c1　史部/地理類/專志之屬/祠墓
岳廟志略十卷首一卷　(清)馮培輯　清光緒五年(1879)浙江書局刻本　四册

330000－1701－0017079　HJL5189　集部/別集類/清別集
石船居古今體詩賸稿十六卷　(清)李超瓊撰　清光緒刻本　四册

330000－1701－0017080　HJL3309　集部/別集類/明別集
宋文憲公全集五十三卷首四卷　(明)宋濂撰　清嘉慶十五年(1810)金華府學刻本　二十四册

330000－1701－0017082　HJH5301　集部/別集類/明別集
宋文憲公全集五十三卷首四卷　(明)宋濂撰　清嘉慶十五年(1810)金華府學刻本　二十三册　缺三卷(四十八至五十)

330000－1701－0017085　普 915.1241/305451/c2　史部/地理類/專志之屬/祠墓
汪王廟志畧一卷　(清)汪文炳撰　清光緒三十一年(1905)刻本　一册

330000－1701－0017086　普 915.1241/305451/c4　史部/地理類/專志之屬/祠墓
汪王廟志畧一卷　(清)汪文炳撰　清光緒三十一年(1905)刻本　一册

330000－1701－0017087　HJL3581　類叢部/叢書類/自著之屬
桐城吳先生全書六種附二種　(清)吳汝綸撰　清光緒三十年(1904)王恩紱等刻本　四册　存二種

330000－1701－0017088　HJL4464　集部/別集類/清別集
王文敏公奏疏一卷經進稿二卷　(清)王懿榮撰　清宣統三年(1911)鉛印本　二册

330000－1701－0017091　HJH3966　集部/別集類/清別集
退一步齋詩集十六卷文集四卷　(清)方濬師撰　(清)呂景端編校　清光緒三十年(1904)刻本　十册

330000－1701－0017092　普 915.1241/30546.1　史部/地理類/專志之屬/祠墓
岳廟志略十卷首一卷　(清)馮培輯　清嘉慶八年(1803)刻本　四册

330000－1701－0017093　普 915.12197/0035/c2　史部/地理類/方志之屬/郡縣志
[同治]深州風土記二十二卷附國朝貞節表五卷　(清)吳汝綸纂　清光緒二十六年(1900)文瑞書院刻本　六册

330000－1701－0017095　HJL3287　集部/別集類/明別集
陶學士先生文集二十卷　(明)陶安撰　(清)張祐校編　**陶學士先生事蹟一卷**　(明)費宏輯　**明翰林學士當塗陶主敬先生[安]年譜一卷**　(清)夏忻編　清同治六年(1867)永寧官廨刻本　六册

330000－1701－0017096　HJL5623　集部/別集類/清別集
退一步齋詩集十六卷文集四卷　(清)方濬師撰　(清)呂景端編校　清光緒三十年(1904)刻本　十册

330000－1701－0017098　普 915.122/0075/c1　史部/地理類/水利之屬
山東運河備覽十二卷圖說一卷　(清)陸耀纂　清乾隆四十一年(1776)吳江陸耀切問齋刻本　六册

330000－1701－0017101　HJL4121　集部/別集類/清別集
春華集二卷　(清)龍元任撰　清光緒十九年(1893)刻本　一册

330000－1701－0017104　HJL3705　集部/別集類/清別集
澤雅堂詩集六卷　(清)施補華撰　清同治十二年(1873)刻本　清張行孚批並跋　二册

330000－1701－0017106　HJH4152　集部/別集類/清別集
玉井山館集二十五卷(玉井山館文略五卷文

續三卷詩十五卷詩餘一卷西行日記一卷) (清)許宗衡撰　清同治刻本　四冊　存十六卷(詩一至十五、詩餘)

330000－1701－0017107　HJL3077　集部/總集類/氏族之屬

湘潭郭氏閨秀集七種　(清)郭潤玉輯　**梧笙唱和初集二卷**　(清)李星沅　(清)郭潤玉撰　清道光十七年(1837)刻本　四冊

330000－1701－0017108　HJH4718　集部/別集類/清別集

玉井山館集二十五卷(玉井山館文略五卷文續三卷詩十五卷詩餘一卷西行日記一卷) (清)許宗衡撰　清同治刻本　二冊　存十六卷(詩一至十五、詩餘)

330000－1701－0017109　HJL4461　集部/別集類/清別集

真意齋詩存一卷詩外一卷　(清)許楣撰　清同治五年至六年(1866－1867)刻本　一冊

330000－1701－0017110　HJL2899　集部/總集類/氏族之屬

張氏詩集合編八卷　(清)張昀輯　**侍竽山房詩集一卷**　(清)張昀撰　(清)張鍾夫輯　清咸豐十年(1860)中立堂刻同治十三年(1874)增刻本　五冊

330000－1701－0017111　HJH4027　集部/別集類/清別集

許玉峯先生集三卷附錄一卷　(清)許鼎撰　(清)劉元佐　(清)方宗誠輯　**陳松田遺文一卷**　(清)陳紀撰　(清)許鼎纂抄　清同治五年(1866)方宗誠刻本　四冊

330000－1701－0017112　HJL2365　集部/別集類/清別集

許玉峯先生集三卷附錄一卷　(清)許鼎撰　(清)劉元佐　(清)方宗誠輯　**陳松田遺文一卷**　(清)陳紀撰　(清)許鼎纂抄　清同治五年(1866)方宗誠刻本　一冊

330000－1701－0017113　普 915.122/0075/c2　史部/地理類/水利之屬

山東運河備覽十二卷圖說一卷　(清)陸耀纂　清乾隆四十一年(1776)吳江陸耀切問齋刻本　六冊

330000－1701－0017115　HJL3171　集部/別集類/明別集

陸文裕公行遠集二十四卷　(明)陸深撰　(明)陸起龍編　(清)陸瀛齡重編　明崇禎十年(1637)雲間陸起龍刻清康熙六十一年(1722)陸瀛齡增修本　十六冊

330000－1701－0017116　HJL4036　集部/別集類/清別集

寫韻樓詩鈔一卷　(清)王瑤芬撰　清同治十年(1871)京江榷署刻本　一冊

330000－1701－0017117　HJL2988　類叢部/叢書類/郡邑之屬

粟香室叢書五十九種　金武祥編　清光緒至民國江陰金氏刻本　一冊　存一種

330000－1701－0017118　HJL4525　集部/別集類/清別集

彝壽軒詩鈔十二卷寄庵雜著二卷煙波漁唱四卷　(清)張應昌撰　清同治二年(1863)南昌旅舍刻增刻本　三冊　存十二卷(一至十二)

330000－1701－0017119　HJL4221　集部/別集類/清別集

帶經舫詩鈔一卷　(清)張岫撰　清光緒十四年(1888)江西書局刻本　一冊

330000－1701－0017121　HJL4526　集部/別集類/清別集

抱璞亭詩集十六卷初錄五卷　(清)張湘任撰　**能間草堂藁一卷**　(清)沈鑫撰　清光緒元年(1875)刻本　四冊

330000－1701－0017123　HJL3284　集部/別集類/明別集

去僞齋集十卷附錄一卷闕疑一卷　(明)呂坤撰　清道光七年(1827)開封府署刻本　十冊

330000－1701－0017124　HJL2983　集部/總集類/尺牘之屬

歷朝名媛尺牘二卷　(清)陳韶輯　清同治十

二年(1873)申江刻本　二冊

330000－1701－0017125　HJL3796　集部/别集類/清别集

雪泉詩存四卷附秋江倚櫂圖題詠一卷　(清)張楷撰　清刻本　一冊　存二卷(三至四)

330000－1701－0017126　HJL5705　類叢部/叢書類/自著之屬

千一齋全書　程先甲撰　清光緒至民國江寧程氏千一齋刻本　一冊　存一種

330000－1701－0017127　HJL4235　集部/别集類/清别集

藤華館詩稿四卷　(清)張大柟撰　清同治八年(1869)歐齋林氏青門刻本　二冊

330000－1701－0017128　HJL2985　集部/總集類/尺牘之屬

新編尺牘三種　(清)丁善儀等撰　清光緒八年(1882)刻本　二冊

330000－1701－0017131　HJH4360　集部/别集類/清别集

鏡真山房詩鈔六卷試帖八卷　(清)張鳳翥撰　清同治二年(1863)皖江行營刻本　二冊　存六卷(詩鈔一至六)

330000－1701－0017132　HJL3678　集部/别集類/清别集

讀雪齋詩集九卷　(清)孫文川撰　清光緒八年(1882)刻本　二冊

330000－1701－0017133　HJL2989　集部/總集類/選集之屬/斷代

增註七家試帖彙選七卷　(清)張熙宇輯　(清)張昶輯註　清光緒十三年(1887)宜興文德堂刻本　四冊

330000－1701－0017134　HJH5225　類叢部/叢書類/自著之屬

睹棋山莊所著書七種　(清)謝章鋌撰　清光緒十年至三十年(1884－1904)刻彙印本　六冊　存一種

330000－1701－0017136　HJH4554　集部/别集類/清别集

菘耘文鈔四卷　(清)季錫疇撰　清光緒五年(1879)葉氏裒弆閣刻本　一冊

330000－1701－0017138　HJL5669　集部/别集類/清别集

潛莊文鈔六卷　(清)卜起元撰　清光緒五年(1879)武進卜氏甬江刻本　二冊

330000－1701－0017139　HJH3731　集部/别集類/清别集

潛莊文鈔六卷　(清)卜起元撰　清光緒五年(1879)武進卜氏甬江刻本　二冊

330000－1701－0017140　HJL4186　集部/别集類/清别集

清芬閣集十二卷　(清)朱采撰　清光緒三十四年(1908)歸安趙氏鉛印本　八冊

330000－1701－0017141　HJH3683　集部/别集類/清别集

紅粟山莊詩六卷　(清)朱寶善撰　清同治九年(1870)福州刻本　二冊

330000－1701－0017142　HJL2803　類叢部/叢書類/自著之屬

觀古堂所著書二十種　葉德輝撰　清光緒長沙葉氏刻本　二十四冊　存十五種

330000－1701－0017144　普915.122/0075/2　史部/地理類/水利之屬

山東運河備覽十二卷圖說一卷　(清)陸耀纂　清同治十年(1871)刻本　六冊

330000－1701－0017145　HJH3679　集部/别集類/清别集

疏蘭僊館詩集四卷續集六卷再續集四卷　(清)朱錫綬撰　清光緒十六年(1890)羊石刻本　三冊

330000－1701－0017147　HJL4540　集部/别集類/清别集

雨曇軒尺牘十二卷　(清)吳雲撰　清光緒十年(1884)刻本　六冊

330000－1701－0017148　HJH4972　集部/

別集類/清別集

雨罍軒尺牘十二卷 (清)吳雲撰 清宣統二年(1910)上海時中書局石印本 四冊

330000－1701－0017149 普 915.1241/30548 史部/地理類/專志之屬/寺觀

辯利院志三卷 (清)翟灝撰 (清)吳樹虛增訂 清乾隆刻道光十年(1830)印本 三冊

330000－1701－0017150 HJH4304 集部/別集類/清別集

兩罍軒尺牘十二卷 (清)吳雲撰 清宣統二年(1910)上海時中書局石印本 四冊

330000－1701－0017152 HJH3107 集部/別集類/漢魏六朝別集

庾子山集十六卷總釋一卷 (北周)庾信撰 (清)倪璠注 清刻本 八冊

330000－1701－0017153 HJL3429 集部/別集類/明別集

蔡忠烈公遺集四卷 (明)蔡道憲撰 (清)鄧顯鶴編 (清)夏獻雲重輯 清光緒六年(1880)長沙蓬萊山房刻本 四冊

330000－1701－0017154 普 915.12198/0032/c2 史部/地理類/方志之屬/郡縣志

[道光]直隸定州志二十二卷首一卷 (清)寶琳 (清)勞沅恩纂修 清道光二十九年(1849)刻本 十二冊

330000－1701－0017155 HJL5315 集部/別集類/漢魏六朝別集

庾子山集十六卷總釋一卷 (北周)庾信撰 (清)倪璠注 清刻本 十一冊

330000－1701－0017157 普 915.1241/30546/c2 史部/地理類/專志之屬/祠墓

岳廟志略十卷首一卷 (清)馮培輯 清光緒五年(1879)浙江書局刻本 四冊

330000－1701－0017158 普 915.122/1931.02 史部/地理類/專志之屬/古跡

續山東考古錄三十二卷首一卷 (清)葉圭綬撰 清光緒八年(1882)山東書局刻本 六冊

330000－1701－0017159 HJL5496 集部/詞類/詞話之屬

蓮子居詞話四卷 (清)吳衡照輯 清同治九年(1870)永康胡氏退補齋刻本 四冊

330000－1701－0017162 HJL5485 集部/詞類/詞話之屬

白雨齋詞話八卷詞存一卷詩鈔一卷 (清)陳廷焯撰 清光緒二十年(1894)海寧許正詩等刻本 四冊

330000－1701－0017163 HJL2905 類叢部/叢書類/自著之屬

代耕堂全集六種附存三種 (清)李嘉績撰 清光緒刻本 十二冊

330000－1701－0017164 HJL5499 集部/詞類/詞譜之屬

碎金詞譜十四卷續譜六卷詞韻四卷養默山房詩餘三卷 (清)謝元淮撰 清道光二十八年(1848)刻朱墨套印本 三十九冊

330000－1701－0017165 普 915.1241/30546/c3 史部/地理類/專志之屬/祠墓

岳廟志略十卷首一卷 (清)馮培輯 清光緒五年(1879)浙江書局刻本 四冊

330000－1701－0017166 HJH3431 集部/別集類/清別集

茶村詩鈔八卷 (清)杜濬撰 清道光二十三年(1843)刻本 三冊

330000－1701－0017168 HJL3537 集部/別集類/清別集

笠翁一家言全集十六卷 (清)李漁撰 清雍正芥子園刻世德堂印本 十六冊 存十四卷(笠翁文集一至四、詩集一至三、餘集、偶集一至六)

330000－1701－0017169 HJL5101 類叢部/叢書類/彙編之屬

曼陀羅華閣叢書十六種 (清)杜文瀾編 清咸豐至光緒秀水杜氏刻光緒十八年(1892)上海掃葉山房修補印本 二冊 存一種

330000－1701－0017170 HJL4365 集部/別

集類/清別集

花宜館詩鈔七卷 （清）吴振棫撰　清道光二十五年（1845）、二十七年（1847）刻本　一册　存二卷（海岱集、梅影池後集）

330000－1701－0017171　普915.1241/30546/c4　史部/地理類/專志之屬/祠墓

岳廟志略十卷首一卷 （清）馮培輯　清光緒五年（1879）浙江書局刻本　四册

330000－1701－0017172　HJL3759　集部/別集類/清別集

九思堂詩稿四卷 （清）奕譞撰　清同治刻本　四册

330000－1701－0017173　普915.1241/30548/（2）/c1　史部/地理類/專志之屬/寺觀

辯利院志三卷 （清）翟灝撰　（清）吴樹虚增訂　清乾隆刻道光十年（1830）印本　一册

330000－1701－0017174　HJL3050　集部/別集類/宋別集

和靖尹先生文集十卷 （宋）尹焞撰　**和靖尹先生祠附録一卷**　清刻本　一册　缺一卷（祠附録）

330000－1701－0017175　普915.122/2872　史部/地理類/方志之屬/通志

［雍正］山東通志三十六卷首一卷 （清）岳濬（清）法敏修　（清）杜詔　（清）顧瀛纂　清乾隆元年（1736）刻道光十七年（1837）補刻本　四十二册

330000－1701－0017176　HJH3415　集部/別集類/清別集

賴古堂集二十四卷 （清）周亮工撰　清道光汝南家塾刻本　十二册

330000－1701－0017177　HJL3619　集部/別集類/清別集

古杼秋館遺稾文二卷詩一卷 （清）侯楨撰　清同治十二年（1873）刻本　二册

330000－1701－0017178　普915.122/2872/2　史部/地理類/方志之屬/通志

［雍正］山東通志三十六卷首一卷 （清）岳濬（清）法敏修　（清）杜詔　（清）顧瀛纂　清乾隆元年（1736）刻本　四十二册

330000－1701－0017179　HJL5651　集部/詞類/詞話之屬

周氏止庵詞辨二卷 （清）周濟撰　（清）譚獻評　**周氏止葊介存齋論詞雜箸一卷** （清）周濟撰　清光緒三多、徐珂、趙逢年刻本　一册

330000－1701－0017180　普915.12198/0033　史部/地理類/方志之屬/郡縣志

［咸豐］直隸定州續志四卷 （清）王榕吉修（清）張樸纂　清咸豐十年（1860）刻本　二册

330000－1701－0017181　HJL3443　集部/別集類/清別集

亭林餘集一卷 （清）顧炎武撰　清光緒二年（1876）誦芬樓刻本　一册

330000－1701－0017182　HJL3052　集部/別集類/宋別集

鄮峯真隱漫録五十卷 （宋）史浩撰　（宋）周鑄編　**史子朴語十卷** （宋）史彌大撰　清光緒二十六年（1900）鄞縣史氏木活字印本　十册

330000－1701－0017183　HJH4518　集部/別集類/清別集

梵隱堂詩存十卷 （清）釋祖觀撰　清同治五年（1866）通濟龕刻本　六册

330000－1701－0017184　HJL5704　集部/詞類/詞話之屬

詞辨二卷 （清）周濟輯　**介存齋論詞雜著一卷** （清）周濟撰　**還初堂詞鈔一卷** （清）姚斌桐撰　清道光二十七年（1847）刻本　二册

330000－1701－0017185　普915.1241/30546/c5　史部/地理類/專志之屬/祠墓

岳廟志略十卷首一卷 （清）馮培輯　清光緒五年（1879）浙江書局刻本　四册

330000－1701－0017186　HJL4468　集部/別集類/清別集

布帆無恙草三卷忍冬小草二卷 （清）湯儲璠

撰　清同治十三年(1874)刻本　一册

330000 - 1701 - 0017187　普 915. 1241/30548/(2)/c2　史部/地理類/專志之屬/寺觀

辯利院志三卷　(清)翟灝撰　(清)吳樹虛增訂　清乾隆刻道光十年(1830)印本　一册

330000 - 1701 - 0017188　普 915. 1241/30548/(2)/c3　史部/地理類/專志之屬/寺觀

辯利院志三卷　(清)翟灝撰　(清)吳樹虛增訂　清乾隆刻道光十年(1830)印本　一册

330000 - 1701 - 0017189　HJL2953　集部/別集類/宋別集

盤洲文集八十卷首一卷末一卷　(宋)洪适撰　**盤洲文集校記一卷**　(清)洪汝奎撰　清同治涇縣洪氏晦木齋刻光緒十年(1884)續刻本　十二册

330000 - 1701 - 0017190　HJL3920　集部/別集類/清別集

宛湄書屋文鈔十一卷詩集二卷詩後集二卷詩續錄一卷　(清)李光廷撰　清光緒四年(1878)端溪書院刻本　四册　存十一卷(文鈔一至十一)

330000 - 1701 - 0017191　HJL3408　集部/別集類/清別集

安雅堂全集七種　(清)宋琬撰　清順治至乾隆刻本　六册　存四種

330000 - 1701 - 0017192　HJL4430　集部/別集類/清別集

鱠殘集詩鈔三卷　(清)袁秉亮撰　清同治三年(1864)萋軒縣刻本　一册

330000 - 1701 - 0017193　HJL3783　集部/別集類/清別集

安雅堂全集七種　(清)宋琬撰　清順治至乾隆刻本　四册　存三種

330000 - 1701 - 0017195　HJH4047　集部/別集類/清別集

賜龍堂詩稿八卷　(清)彭瑞毓撰　清同治十年(1871)戎州刻本　四册

330000 - 1701 - 0017198　普 915. 1241/30546/c6　史部/地理類/專志之屬/祠墓

岳廟志略十卷首一卷　(清)馮培輯　清光緒五年(1879)浙江書局刻本　四册

330000 - 1701 - 0017199　HJL5583　集部/別集類/清別集

景詹闇遺文一卷　(清)姚諶撰　清宣統三年(1911)歸安陸氏刻本　一册

330000 - 1701 - 0017200　HJL4139　集部/別集類/清別集

安雅堂全集七種　(清)宋琬撰　清順治至乾隆刻本　五册　存四種

330000 - 1701 - 0017201　HJL3596　集部/別集類/清別集

景詹闇遺文一卷　(清)姚諶撰　清宣統三年(1911)歸安陸氏刻本　一册

330000 - 1701 - 0017202　HJL2970　集部/別集類/宋別集

梁谿遺稿詩鈔一卷文鈔一卷　(宋)尤袤撰　清道光元年(1821)延月舫刻本　一册

330000 - 1701 - 0017203　HJL4313　集部/別集類/清別集

知止齋詩集十六卷　(清)翁心存撰　清光緒三年(1877)常熟毛文彬刻書局刻本　四册

330000 - 1701 - 0017204　HJL3931　集部/別集類/清別集

享帚齋詩鈔四卷詞鈔二卷　(清)周恩綬撰　清同治十三年(1874)周天麟解梁官廨刻本　一册　存四卷(詩鈔一至四)

330000 - 1701 - 0017205　HJL2785　集部/別集類/宋別集

廬陵周益國文忠公集二百卷附錄五卷　(宋)周必大撰　**周益國文忠公[必大]年譜一卷**　(宋)周綸編　清道光二十八年(1848)廬陵歐陽棨瀛塘別墅刻咸豐元年(1851)續刻本　四十八册

330000－1701－0017206　HJL3307　集部/別集類/清別集
直木齋全集十三卷附奏疏一卷　(清)任繩隗撰　清光緒三年(1877)睦本堂刻本　三册

330000－1701－0017207　HJL4234　集部/別集類/清別集
借樹山房詩鈔附刻十卷　(清)陳福熙撰　清光緒二年(1876)刻本　二册

330000－1701－0017209　HJL3574　集部/別集類/宋別集
廬陵周益國文忠公集二百卷附録五卷　(宋)周必大撰　**周益國文忠公［必大］年譜一卷**　(宋)周綸編　清道光二十八年(1848)廬陵歐陽棨瀛塘別墅刻咸豐元年(1851)續刻本　四十册　缺二十卷(書稾一至十五、附録一至五)

330000－1701－0017213　HJL4548　類叢部/叢書類/家集之屬
養志居僅存稿十種　(清)陳克劬編　清光緒十一年至十九年(1885－1893)丹徒陳氏刻本　一册　存一種

330000－1701－0017214　HJL4384　集部/別集類/清別集
醒予山房文存九卷何有録一卷　(清)劉愚撰　**師友贈言二卷**　(清)朱守訓編輯　清同治元年(1862)刻四年(1865)孔廣熹成都增刻本　八册

330000－1701－0017216　HJL3273　集部/別集類/明別集
西廬文集四卷　(明)張雋撰　清宣統二年(1910)上海國學扶輪社鉛印本　二册

330000－1701－0017217　HJL4197　集部/別集類/清別集
樂志堂文鈔八卷　(清)喻元鴻撰　(清)李祖陶評　清光緒六年(1880)刻本　四册

330000－1701－0017218　HJL4198　集部/別集類/清別集
春草園詩存一卷瞻雲望月行窩吟二卷　(清)喻文鑾撰　清同治十年(1871)刻本　二册

330000－1701－0017219　HJL3308　集部/別集類/清別集
龍圖詩集六卷　(清)范正脈撰　清咸豐四年(1854)刻本　二册

330000－1701－0017220　HJL2765　集部/別集類/宋別集
龍川文集三十卷　(宋)陳亮撰　**辨譌考異二卷**　(清)胡鳳丹撰　**附録二卷**　清光緒元年(1875)湖北崇文書局刻本　十册

330000－1701－0017221　HJL4910　集部/別集類/清別集
璞山存稿十二卷　(清)曹藍田撰　(清)曹榮綬等輯　清光緒二十二年(1896)刻本　四册

330000－1701－0017222　HJL4688　集部/別集類/清別集
璞山存稿十二卷　(清)曹藍田撰　(清)曹榮綬等輯　清光緒二十二年(1896)刻本　四册

330000－1701－0017224　普915.1229/1052.2　史部/地理類/輿圖之屬/山圖
泰山全圖一卷　清乾隆刻本　一册

330000－1701－0017225　HJH4535　集部/別集類/清別集
雲悦山房偶存稿六卷　(清)楊維屏撰　清宣統二年(1910)侯官楊氏福州刻本　四册

330000－1701－0017227　HJL3210　集部/總集類/氏族之屬
寧都三魏全集八十三卷　(清)林時益編　清道光二十五年(1845)寧都謝庭綬紱園書塾刻本　六册　存十卷(魏伯子文集一至十)

330000－1701－0017229　HJL4395　集部/別集類/清別集
醉山草堂詩集二卷　(清)黄仲騏撰　清光緒三年(1877)潙寧學署刻本　二册

330000－1701－0017230　HJL2875　類叢部/叢書類/郡邑之屬
三怡堂叢書二十種　張鳳臺編　清光緒三十

二年至民國十二年(1906－1923)河南官書局刻本　二冊　存一種

330000－1701－0017231　HJL4391　類叢部/叢書類/家集之屬
求可堂兩世遺書五種附路史前紀節讀十卷　(清)廖文錦輯　清光緒永定廖氏刻本　八冊

330000－1701－0017232　HJL2979　類叢部/叢書類/家集之屬
求可堂兩世遺書五種　(清)廖冀亨　(清)廖鴻章撰　清光緒永定廖氏刻本　二冊　存一種

330000－1701－0017233　HJL3262　集部/別集類/清別集
范忠貞公全集四卷首一卷附錄一卷　(清)范承謨撰　清光緒二十一年(1895)龍錫慶刻本　四冊

330000－1701－0017234　HJH4120　集部/別集類/清別集
蕉雨軒藁一卷　(清)龍唫薌撰　清光緒三十四年(1908)刻本　一冊

330000－1701－0017235　HJL2853　集部/別集類/宋別集
重刊文信國公全集十七卷首一卷　(宋)文天祥撰　清道光二十五年(1845)刻本　十二冊

330000－1701－0017237　HJH4119　集部/別集類/清別集
五山草堂初編二卷　(清)龍令憲撰　清光緒三十四年(1908)刻本　一冊

330000－1701－0017239　HJL4374　集部/別集類/清別集
風華閣儷體一卷　(清)謝芳連撰　**附刊清風集一卷**　清光緒二十四年(1898)弇山鐸署刻本　一冊

330000－1701－0017240　HJL3200　類叢部/叢書類/彙編之屬
津河廣仁堂叢書八十四種　(清)□□編　清光緒津河廣仁堂刻本　六冊　存一種

330000－1701－0017242　HJL2804　類叢部/叢書類/郡邑之屬
永嘉叢書十三種　(清)孫衣言編　清同治至光緒瑞安孫氏詒善祠塾刻本　二冊　存一種

330000－1701－0017244　HJH3879　集部/別集類/清別集
淡畇樓詩一卷　(清)許誦珠撰　清光緒三十三年(1907)刻本　一冊

330000－1701－0017245　HJL3011　集部/別集類/金別集
元遺山詩集箋注十四卷首一卷末一卷　(金)元好問撰　(元)張德輝類次　(清)施國祁箋注　清道光七年(1827)苕溪吳氏醉六堂刻本　六冊

330000－1701－0017246　HJL4192　集部/別集類/清別集
平養堂文編十卷　王龍文撰　清宣統三年(1911)思賢書局刻本　四冊

330000－1701－0017247　HJL2925　類叢部/叢書類/彙編之屬
洪氏唐石經館叢書十九種　(清)洪汝奎編　清光緒涇縣洪氏公善堂刻並彙印六安涂氏求我齋等刻本　六冊　存一種

330000－1701－0017250　普 915.1221/1029/c1　史部/地理類/方志之屬/郡縣志
[乾隆]歷城縣志五十卷首一卷　(清)胡德琳修　(清)李文藻等纂　清乾隆三十八年(1773)刻本　十四冊　缺一卷(四十七)

330000－1701－0017253　HJL2808　集部/別集類/元別集
郝文忠公陵川文集三十九卷　(元)郝經撰　(清)王鏐編　**附錄一卷　郝文忠公[經]年譜一卷**　(清)王鏐編　清乾隆三年(1738)高都王鏐刻道光重修本　十冊

330000－1701－0017255　HJL5589　集部/別集類/清別集
擁書堂詩集四卷　(清)張璿華撰　**傳硯堂詩存一卷**　(清)張允垂撰　清光緒十五年

(1889)、二十四年(1898)刻本　一册

330000－1701－0017256　HJL3773　集部/别集類/清别集
擁書堂詩集四卷　(清)張璿華撰　**傳硯堂詩存一卷**　(清)張允垂撰　清光緒十五年(1889)、二十四年(1898)刻本　一册

330000－1701－0017257　普 915.1221/0032　史部/地理類/方志之屬/郡縣志
[道光]濟南府志七十二卷首一卷　(清)王贈芳　(清)王鎮修　(清)成瓘　(清)冷烜纂　清道光二十年(1840)刻本　四十八册

330000－1701－0017258　HJL4025　集部/别集類/清别集
悔廬文鈔五卷悔廬文補一卷悔廬詩鈔四卷夢溪棹謳二卷多暇日齋試帖一卷　(清)張崇蘭撰　陳克劬編　清光緒二十三年(1897)刻本　二册　存四卷(詩鈔一至四)

330000－1701－0017259　HJL3223　集部/别集類/清别集
陳迦陵文集六卷儷體文集十卷湖海樓詩集八卷迦陵詞全集三十卷　(清)陳維崧撰　**書事七則一卷山陽録一卷秋園雜佩一卷**　(清)陳貞慧撰　**亦山草堂遺稿六卷亦山草堂遺詞二卷**　(清)陳維嵋撰　**花萼倡和一卷紀序傳表一卷**　(清)陳維岳等撰　**崇祀鄉賢録一卷**　清康熙陳氏患立堂刻本　十二册

330000－1701－0017260　HJL2805　集部/别集類/元别集
水雲村泯稿二十卷　(元)劉壎撰　(清)劉冠寰輯　**恕菴遺稿一卷**　(清)劉冠寰撰　**爾齋文集一卷**　(清)劉凝撰　清道光十七年至十八年(1837－1838)南豐劉斯嵋愛餘堂刻本　六册

330000－1701－0017261　HJL5513　類叢部/叢書類/家集之屬
養志居僅存稿十種　(清)陳克劬編　清光緒十一年至十九年(1885－1893)丹徒陳氏刻本　一册　存一種

330000－1701－0017262　HJL4220　類叢部/叢書類/家集之屬
養志居僅存稿十種　(清)陳克劬編　清光緒十一年至十九年(1885－1893)丹徒陳氏刻本　一册　存一種

330000－1701－0017265　HJH4353　集部/别集類/清别集
來蝶軒詩一卷　(清)延清撰　清光緒二十五年(1899)刻本　一册

330000－1701－0017266　HJL2797　類叢部/叢書類/郡邑之屬
剡上叢書四種　清光緒二十一年至民國七年(1895－1918)奉化孫鏘刻本　八册　存一種

330000－1701－0017267　HJL3276　集部/别集類/清别集
海日堂集七卷　(清)程可則撰　清道光五年(1825)程士偉刻本　四册

330000－1701－0017268　HJL3017　集部/别集類/元别集
松雪齋集十卷外集一卷　(元)趙孟頫撰　清清德堂刻本　六册

330000－1701－0017269　HJL3211　集部/總集類/氏族之屬
寧都三魏全集八十三卷　(清)林時益編　清道光二十五年(1845)寧都謝庭綬紱園書塾刻本　十一册　存十六卷(魏季子文集一至十六)

330000－1701－0017270　HJL3446　集部/别集類/清别集
曝書亭集詩註二十四卷　(清)朱彝尊撰　(清)楊謙注　**朱竹垞先生[彝尊]年譜一卷**　(清)楊謙撰　清楊氏木山閣刻本(卷二十三至二十四原缺)　八册

330000－1701－0017274　HJH5115　集部/戲劇類/雜劇之屬
倚晴樓七種曲　(清)黄燮清撰　清光緒七年(1881)海鹽馮肇曾刻三十三年(1907)海鹽開通新書局印本　十册

330000－1701－0017275　HJH4349　集部/別集類/清別集
扁善齋文存二卷詩存一卷　（清）鄧嘉緝撰　清光緒二十七年（1901）江寧鄧氏刻本　三冊

330000－1701－0017276　HJL3196　集部/別集類/清別集
扁善齋文存二卷詩存一卷　（清）鄧嘉緝撰　清光緒二十七年（1901）江寧鄧氏刻本　三冊

330000－1701－0017277　HJL4953　集部/別集類/清別集
艾廬遺稿六卷　（清）邵曾鑑撰　清光緒二十三年（1897）陳世垣刻本　清張邁跋　二冊

330000－1701－0017278　HJH3692　集部/別集類/清別集
艾廬遺稿六卷　（清）邵曾鑑撰　清光緒二十三年（1897）陳世垣刻本　二冊

330000－1701－0017279　HJL2836　集部/別集類/清別集
艾廬遺稿六卷　（清）邵曾鑑撰　清光緒二十三年（1897）陳世垣刻本　二冊

330000－1701－0017281　普915.1221/2032　史部/地理類/方志之屬/郡縣志
［道光］章邱縣志十六卷首一卷末一卷　（清）吳璋修　（清）曹楙堅纂　清道光十三年（1833）刻本　八冊

330000－1701－0017288　HJL2859　集部/別集類/元別集
牆東類稿二十卷首一卷補遺文一卷補遺詩一卷　（元）陸文圭撰　（清）陸煒輯　清道光十九年（1839）江陰陸氏世德堂刻本　六冊

330000－1701－0017289　HJH3957　集部/別集類/清別集
不慊齋漫存七卷　（清）徐賡陛撰　清光緒八年（1882）南海官署刻本　八冊

330000－1701－0017290　HJL2351　集部/別集類/元別集
道園學古錄五十卷　（元）虞集撰　清刻本　十二冊

330000－1701－0017291　HJH4595　類叢部/叢書類/自著之屬
善思齋集四種　（清）徐宗亮撰　清光緒桐城徐氏刻本　六冊　存一種

330000－1701－0017292　HJH4071　類叢部/叢書類/自著之屬
善思齋集四種　（清）徐宗亮撰　清光緒桐城徐氏刻本　四冊　存一種

330000－1701－0017293　HJL3102　集部/別集類/元別集
所安遺集一卷附錄一卷　（元）陳泰撰　清光緒六年（1880）武林節署刻本　一冊

330000－1701－0017294　普915.1221/1029/c2　史部/地理類/方志之屬/郡縣志
［乾隆］歷城縣志五十卷首一卷　（清）胡德琳修　（清）李文藻等纂　清乾隆三十八年（1773）刻本　十二冊　缺十一卷（十至十四、二十三至二十五、三十四至三十六）

330000－1701－0017295　普915.1221/3032　史部/地理類/方志之屬/郡縣志
［道光］鄒平縣志十八卷　（清）羅宗瀛修　（清）成瓘纂　清道光十六年（1836）刻本　十冊

330000－1701－0017296　HJL3583　集部/別集類
養源山房詩鈔六卷　徐士霖撰　清光緒三十四年（1908）武林刻本　二冊

330000－1701－0017297　HJL5715　集部/別集類/清別集
迂存遺文二卷　（清）倪模撰　（清）朱德根編　清光緒四年（1878）倪文蔚荊州府署兩勉強齋刻本　二冊

330000－1701－0017300　HJL3195　集部/別集類/清別集
愚谷文存十四卷　（清）吳騫撰　清嘉慶十六年（1811）刻本　六冊

330000－1701－0017302　HJH3906　集部/別集類/清別集

墨壽閣詩集四卷　(清)汪承慶撰　清光緒二十七年(1901)刻本　四冊

330000－1701－0017304　HJL3100　集部/總集類/彙編之屬

五名臣遺集五種　(清)張純修編　清康熙刻本　四冊　存一種

330000－1701－0017305　HJL4431　集部/別集類/清別集

求福居詩鈔一卷詩餘一卷　(清)汪清撰　清光緒二十九年(1903)夏氏刻本　一冊

330000－1701－0017306　HJH4363　集部/別集類/清別集

味菜堂詩集四卷　(清)汪淵撰　清光緒二十三年(1897)刻本　二冊

330000－1701－0017307　HJL2134　集部/別集類/明別集

新喻梁石門先生集十卷首一卷末一卷　(明)梁寅撰　清光緒十五年(1889)射洪鍾體志刻本　六冊

330000－1701－0017308　HJL3410　集部/別集類/清別集

御製文集四十卷總目五卷第二集五十卷總目六卷第三集五十卷總目六卷　(清)聖祖玄燁撰　(清)張英等輯　清刻本　十五冊　存六十三卷(一至三十、總目一至三,二集一至二十七、二集總目一至三)

330000－1701－0017310　HJL3747　集部/別集類/清別集

桐響閣詩集六卷　(清)沈燮撰　清光緒十二年(1886)吳興侯氏刻本　二冊

330000－1701－0017311　HJL3101　集部/別集類/元別集

栖碧先生黄楊集三卷補遺一卷　(元)華幼武撰　附錄一卷　(明)俞貞木等撰　清嘉慶元年(1796)無錫華宏源刻同治十三年(1874)華翼綸詒穀堂重修本　二冊

330000－1701－0017312　HJL3272　集部/別集類/清別集

義門先生集十二卷附錄一卷　(清)何焯撰　(清)吳雲　(清)韓崇　(清)翁大年輯　清道光三十年(1850)刻本　四冊

330000－1701－0017315　HJL4445　集部/別集類/清別集

絜春榭詩存一卷　(清)戴烜姒撰　清光緒三十一年(1905)石印本　一冊

330000－1701－0017317　HJL4223　集部/別集類/清別集

澡雪山房文集二卷　(清)董毓蘭撰　清光緒三十四年(1908)江寧刻本　二冊

330000－1701－0017318　HJL3459　集部/別集類/清別集

紺寒亭詩集十卷　(清)趙俞撰　清康熙五十一年(1712)刻本　八冊

330000－1701－0017319　HJH4166　集部/別集類/清別集

紺寒亭詩集十卷　(清)趙俞撰　清康熙五十一年(1712)刻本　四冊

330000－1701－0017320　HJL3910　集部/別集類/清別集

求實學齋文集八卷　(清)余愔撰　清光緒三十一年(1905)木活字印本　四冊

330000－1701－0017321　HJL3095　集部/別集類/元別集

雲樵詩稿註釋八卷首一卷末一卷　(元)韓璧撰　(清)王朝瑞註釋　清嘉慶十九年(1814)尺木山房刻本　八冊

330000－1701－0017322　HJL4435　類叢部/叢書類/自著之屬

云瓿所箸書　曹元忠撰　清光緒刻本　一冊　存一種

330000－1701－0017324　HJH4073　集部/別集類/清別集

俞俞齋詩稿初集二卷文稿初集四卷詩餘一卷　(清)史念祖撰　清光緒三十二年(1906)廣陵刻本　六冊

330000 - 1701 - 0017325　普 915. 1241/305471/c1、普 915. 1241/305471. 02、普 915. 1241/305485/c1、普 915. 1241/305492/c1、普 915. 1241/305495/c1　類叢部/叢書類/郡邑之屬

武林掌故叢編一百八十七種　(清)丁丙編　清光緒三年至二十六年(1877 - 1900)錢塘丁氏嘉惠堂刻本　八冊　存六種

330000 - 1701 - 0017326　HJH2720　集部/詩文評類/文評之屬

文心雕龍十卷　(南朝梁)劉勰撰　(清)黄叔琳輯注　(清)紀昀評　清道光十三年(1833)盧坤兩廣節署刻朱墨套印本　四冊

330000 - 1701 - 0017327　HJH3158　集部/别集類/清别集

曉庵先生文集三卷詩集二卷　(清)王錫闡撰　(清)張海珊　(清)張生洲編　清光緒九年(1883)刻本　三冊

330000 - 1701 - 0017329　HJH3532　集部/别集類/清别集

五公山人集十六卷　(清)王餘佑撰　(清)李興祖編　清康熙三十四年(1695)刻本　八冊

330000 - 1701 - 0017330　HJL3626　集部/别集類/清别集

青草堂集十二卷二集十六卷三集十六卷補集七卷　(清)趙國華撰　清同治十一年至光緒二十一年(1872 - 1895)濟南刻本　十四冊　缺七卷(補集一至七)

330000 - 1701 - 0017331　HJH3693　集部/别集類/清别集

青草堂集十二卷二集十六卷三集十六卷補集七卷　(清)趙國華撰　清同治十一年至光緒二十一年(1872 - 1895)濟南刻本　四冊　存十二卷(青草堂集一至十二)

330000 - 1701 - 0017332　HJL4653　集部/别集類/清别集

宦拾錄十八卷　(清)王子音撰　清嘉慶十一年(1806)京師琉璃廠文會堂穆春園刻本　八冊

330000 - 1701 - 0017333　普 811. 108924/2661/c1　集部/總集類/郡邑之屬

國朝杭郡詩輯三十二卷姓氏韻編一卷　(清)吴顥輯　(清)吴振棫重輯　清同治十三年(1874)錢塘丁氏刻本　十六冊

330000 - 1701 - 0017334　HJH4067　集部/别集類/清别集

青草堂集十二卷二集十六卷三集十六卷補集七卷　(清)趙國華撰　清同治十一年至光緒二十一年(1872 - 1895)濟南刻本　六冊　存十六卷(二集一至十六)

330000 - 1701 - 0017335　普 915. 1221/5527　史部/地理類/方志之屬/郡縣志

[康熙]新修齊東縣志八卷　(清)余爲霖等修　(清)郭國琦等纂　**齊東縣志續一卷**　(清)周以勳纂修　清康熙二十四年(1685)刻嘉慶八年(1803)增修本　六冊

330000 - 1701 - 0017336　HJL4860　集部/别集類/清别集

惟清齋全集十九卷　(清)鐵保撰　清道光二年(1822)長白鐵保石經堂刻本　十冊

330000 - 1701 - 0017337　HJL3595　集部/别集類/清别集

報暉草堂詩集八卷續集二卷三集一卷　(清)黄維申撰　清同治十年至光緒三年(1871 - 1877)刻本　四冊

330000 - 1701 - 0017338　HJL3143　集部/别集類/清别集

南山全集十六卷　(清)戴名世撰　清道光三十年(1850)秀野軒木活字印本　八冊

330000 - 1701 - 0017339　普 915. 1221/7034　史部/地理類/方志之屬/郡縣志

[同治]臨邑縣志十六卷首一卷末一卷　(清)沈淮纂修　(清)陳鴻翩續修　(清)翟振慶續纂　清道光十七年(1837)刻同治十三年(1874)續補刻本　八冊　缺一卷(末)

330000 - 1701 - 0017340　HJL3948　集部/别集類/清别集

天韻閣詩存一卷 （清）黄箴撰 清光緒三十一年（1905）上海謝文漪書畫室鉛印本 一冊

330000－1701－0017341 HJL2986 集部/詩文評類/詩評之屬

厚甫詩話十二卷 （清）陳鍾麟撰 清道光十九年（1839）聚德堂刻本 六冊

330000－1701－0017342 HJL3257 集部/别集類/清别集

受祺堂文集四卷續刻四卷 （清）李因篤撰 清道光七年（1827）、十年（1830）刻本 八冊

330000－1701－0017343 HJH4546 集部/别集類/清别集

退思軒詩集六卷補遺一卷 （清）張百熙撰 清宣統三年（1911）王式通京師鉛印本 一冊

330000－1701－0017344 HJL5431 集部/别集類/清别集

聽雨齋詩集二十五卷詩别集一卷詩集補編一卷 （清）吳照撰 清嘉慶刻增修本 四冊

330000－1701－0017345 HJH3226 子部/醫家類/兒科之屬/通論

增訂保赤輯要一卷附種子説兩則一卷 （清）吳嘉德輯 （清）吳道鎔增訂 清光緒二十三年（1897）顧泰雲等刻本 一冊

330000－1701－0017348 HJL4770 集部/别集類/清别集

大雅堂初稾詩六卷文八卷補編一卷 （清）鄒方鍔撰 清乾隆二十七年（1762）刻本 二冊 缺一卷（補編）

330000－1701－0017349 HJL3277 集部/别集類/清别集

半奎樓集八卷 （清）丁時撰 清咸豐二年（1852）仁附堂刻本 四冊

330000－1701－0017353 HJL4859 集部/别集類/清别集

實事求是齋遺稾四卷 （清）汪廷珍撰 清道光二十九年（1849）刻本 四冊

330000－1701－0017356 HJL3419 集部/别集類/清别集

恒齋文集十二卷 （清）李文炤撰 （清）李章達等編 清乾隆三年（1738）李芳華四爲堂刻本 五冊

330000－1701－0017357 HJL4388 集部/别集類/清别集

有不爲齋集六卷 （清）端木埰撰 鄧嘉緝編 清宣統元年（1909）刻本 二冊

330000－1701－0017358 HJL5624 集部/别集類/清别集

葆沖書屋詩集四卷外集二卷附詩餘一卷 （清）汪如洋撰 清嘉慶刻本 二冊

330000－1701－0017359 HJL2624 類叢部/叢書類/自著之屬

張臯文箋易詮全集十六種 （清）張惠言撰 清嘉慶八年至道光十年（1803－1830）刻本 八冊

330000－1701－0017360 HJL4683 集部/别集類/清别集

存素堂詩續集錄存九卷 （清）法式善撰 **梧門先生［法式善］年譜一卷** （清）阮元撰 清嘉慶二十一年（1816）刻本 四冊

330000－1701－0017361 HJL2991、HJL2992、HJL2993 集部/詞類/類編之屬

蒙香室叢書四種 馮煦輯 清光緒刻本 八冊 存三種

330000－1701－0017362 HJL4717 集部/别集類/清别集

存素堂文集四卷續集二卷 （清）法式善撰 清嘉慶十二年（1807）程邦瑞揚州刻十六年（1811）續修本 五冊

330000－1701－0017363 HJL1073 類叢部/叢書類/彙編之屬

武英殿聚珍版書一百三十八種 清乾隆武英殿木活字印本 八冊 存一種

330000－1701－0017364 HJL4943 集部/别集類/清别集

存素堂文集四卷 （清）法式善撰 清嘉慶十

二年(1807)程邦瑞揚州刻本　二册

330000－1701－0017365　HJL2688　類叢部/叢書類/自著之屬
陳司業集二種十一卷　(清)陳祖范撰　清乾隆刻二十九年(1764)陳鎏彙印本　二册　存一種

330000－1701－0017366　HJH2609　集部/詞類/總集之屬
國朝詞綜四十八卷二集八卷　(清)王昶輯　清刻本　九册　存四十四卷(五至四十八)

330000－1701－0017367　HJL3569　類叢部/叢書類/自著之屬
陳司業集二種十一卷　(清)陳祖范撰　清乾隆刻二十九年(1764)陳鎏彙印本　四册　存一種

330000－1701－0017368　HJL5132　集部/別集類/清別集
海門詩鈔十一卷　(清)李符清撰　清嘉慶刻本　四册

330000－1701－0017372　普 915.1221/7532/(2)　史部/地理類/方志之屬/郡縣志
[道光]長清縣志十六卷首四卷末二卷　(清)舒化民等修　(清)徐德城等纂　清道光十五年(1835)刻本　十六册

330000－1701－0017373　HJL5134　集部/別集類/清別集
二娱小廬詩鈔五卷詞鈔二卷　(清)尤維熊撰　清嘉慶十七年(1812)刻本　四册　缺二卷(詞鈔一至二)

330000－1701－0017374　HJL2394　類叢部/叢書類/彙編之屬
榆園叢刻十五種附一種　(清)許增編　清同治至光緒刻本　六册　存一種

330000－1701－0017375　HJL3294　集部/別集類/清別集
霈廬全集十四卷　(清)萬承蒼撰　清道光三年(1823)刻本　六册

330000－1701－0017376　HJL4733　集部/別集類/清別集
蘇園仲詩集六卷　(清)蘇去疾撰　清嘉慶刻本　四册

330000－1701－0017379　HJL2261　集部/詞類/別集之屬
眉綠樓詞一卷　(清)顧文彬撰　清光緒刻本　一册

330000－1701－0017380　普 915.1221/7532/c1　史部/地理類/方志之屬/郡縣志
[道光]長清縣志十六卷首四卷末二卷　(清)舒化民等修　(清)徐德城等纂　清道光十五年(1835)刻本　六册

330000－1701－0017381　HJL3145　類叢部/叢書類/自著之屬
培遠堂全集二十種　(清)陳弘謀撰　清道光十七年(1837)培遠堂刻本　二十四册　存一種

330000－1701－0017382　HJH4547　類叢部/叢書類/郡邑之屬
金陵叢刻十五種　(清)傅春官輯　清光緒二十三年至三十一年(1897－1905)江寧傅氏晦齋刻本　一册　存一種

330000－1701－0017383　HJH5141　類叢部/叢書類/郡邑之屬
金陵叢刻十五種　(清)傅春官輯　清光緒二十三年至三十一年(1897－1905)江寧傅氏晦齋刻本　一幅　存一種

330000－1701－0017384　HJH4985　集部/別集類/清別集
復齋文集二十一卷　(清)曾鏞撰　清嘉慶二十五年(1820)刻本　十册

330000－1701－0017385　HJL2567、HJL2569　類叢部/叢書類/自著之屬
十髮盦類稾三種　程頌萬撰　清光緒至民國刻本　三册　存二種

330000－1701－0017386　HJL3146　集部/別集類/清別集

培遠堂手札節存三卷　(清)陳弘謀撰　清光緒二十五年(1899)浙江官書局刻朱墨套印本　三冊

330000－1701－0017387　普 915.1241/305447/c2、普 915.1241/30547/c2、普 915.1241/305471/c3　類叢部/叢書類/郡邑之屬

武林掌故叢編一百八十七種　(清)丁丙編　清光緒三年至二十六年(1877－1900)錢塘丁氏嘉惠堂刻本　二十七冊　存十種

330000－1701－0017389　HJL3435　集部/別集類/清別集

培遠堂手札節存三卷　(清)陳弘謀撰　清同治十一年(1872)江蘇書局刻本　一冊

330000－1701－0017390　HJL4558　集部/別集類/清別集

詩存四卷觀劇絶句一卷鄉賢崇祀錄一卷　(清)金德瑛撰　清刻本　二冊

330000－1701－0017391　HJH3001　集部/戲劇類/雜劇之屬

此宜閣增訂金批西廂記四卷首一卷末一卷　(元)王德信撰　(清)金人瑞評　清乾隆六十年(1795)周氏此宜閣刻朱墨套印本　五冊　缺一卷(首)

330000－1701－0017392　HJL4816　集部/別集類

湘綺樓全集三十卷(湘綺樓文集八卷詩集十四卷箋啓八卷)　王闓運撰　清宣統二年(1910)上海國學扶輪社石印本　十二冊

330000－1701－0017394　HJL4369　集部/別集類

湘綺樓全集三十卷(湘綺樓文集八卷詩集十四卷箋啓八卷)　王闓運撰　清宣統二年(1910)上海國學扶輪社石印本　十二冊

330000－1701－0017395　HJL2179　類叢部/叢書類/彙編之屬

誦芬室叢刊二十二種　董康編　清光緒三十四年至民國十四年(1908－1925)武進董氏刻本　二冊　存一種

330000－1701－0017396　HJL5128　集部/別集類/清別集

河干詩鈔四卷八音律一卷馬上吟一卷　(清)馬慧裕撰　清嘉慶九年(1804)三韓馬氏貽穀堂刻十一年(1806)、二十年(1815)續刻本　四冊

330000－1701－0017397　普 915.1221/7552/c2　史部/地理類/山川之屬/山志

靈巖志六卷　(清)李興祖　(清)馬大相撰　清康熙刻乾隆增修本　四冊

330000－1701－0017398　HJH3148　集部/別集類/清別集

和陶百詠二卷　(清)齊召南撰　清光緒十九年(1893)雲石軒刻本　一冊

330000－1701－0017400　HJL2886　集部/戲劇類/傳奇之屬

芝龕記六卷六十齣首一齣　(清)董榕撰　清乾隆刻本　四冊

330000－1701－0017402　普 915.1221/7532/(3)　史部/地理類/方志之屬/郡縣志

[道光]長清縣志十六卷首四卷末二卷　(清)舒化民等修　(清)徐德城等纂　清道光十五年(1835)刻本　八冊

330000－1701－0017404　普 915.1221/7532/c2　史部/地理類/方志之屬/郡縣志

[道光]長清縣志十六卷首四卷末二卷　(清)舒化民等修　(清)徐德城等纂　清道光十五年(1835)刻本　八冊

330000－1701－0017406　普 915.1221/8032　史部/地理類/方志之屬/郡縣志

[光緒]陵縣志二十二卷首一卷　(清)沈淮修　(清)李圖等纂　(清)戴杰續纂　清道光二十五年(1845)刻光緒元年(1875)增修本　十冊

330000－1701－0017407　HJL5004　集部/別集類/清別集

澄悦堂詩集十四卷　(清)國梁撰　清嘉慶十四年(1809)刻本　十冊

330000－1701－0017408　HJL3436　集部/別集類/清別集

鮚埼亭詩集十卷　(清)全祖望撰　清光緒十六年(1890)慈谿童氏大鄮山館刻本　四册

330000－1701－0017409　HJL2128　集部/別集類/清別集

澄悦堂詩集十四卷　(清)國梁撰　清嘉慶十四年(1809)刻本　十册

330000－1701－0017410　HJH3385　集部/別集類/清別集

御製盛京賦三十二卷附篆書緣起一卷　(清)高宗弘曆撰　(清)傅恒等編校　清乾隆武英殿刻本　六十四册

330000－1701－0017411　HJL3982　集部/別集類/清別集

緝齋文集八卷首一卷附錄二卷詩稿八卷首一卷　(清)蔡新撰　清乾隆五十年(1785)刻本　六册　存十一卷(文集首、一至八、附錄一至二)

330000－1701－0017412　HJL3467　集部/別集類/清別集

切問齋集十二卷首一卷　(清)陸燿撰　清光緒十八年(1892)江蘇書局刻本　四册

330000－1701－0017413　HJL4684　集部/別集類/清別集

味經書屋詩稿十二卷　(清)張爕撰　清道光十一年(1831)張蓉鏡奉勤堂刻本　六册

330000－1701－0017417　HJH3853　史部/政書類/律令之屬/判牘

樊山判牘四卷　樊增祥撰　清宣統法政學社石印本　四册

330000－1701－0017418　HJL5126　集部/別集類/清別集

守意龕詩集二十八卷　(清)百齡撰　**南陔遺草附刻一卷**　(清)扎拉芬撰　清道光二十六年(1846)玉年讀書樂室刻本　八册

330000－1701－0017419　普915.1241/305471/c4、普915.1241/305471.02/(2)/c4、普915.1241/305485/c4、普915.1241/305489/c4　類叢部/叢書類/郡邑之屬

武林掌故叢編一百八十七種　(清)丁丙編　清光緒三年至二十六年(1877－1900)錢塘丁氏嘉惠堂刻本　十一册　存五種

330000－1701－0017420　HJL3582　集部/別集類/清別集

八指頭陀詩集四卷　釋敬安撰　清光緒十四年(1888)刻本　一册

330000－1701－0017421　HJL3898　集部/別集類/清別集

白梅小集一卷　(清)釋敬安撰　清光緒三十年(1904)鉛印本　一册

330000－1701－0017422　HJL5620　集部/別集類/清別集

晚聞居士遺集九卷首一卷　(清)王宗炎撰　清道光十年至十一年(1830－1831)杭州陸貞一愛日軒刻本　四册

330000－1701－0017423　普915.1221/8032/2/c1　史部/地理類/方志之屬/郡縣志

[光緒]陵縣志二十二卷首一卷　(清)沈淮修　(清)李圖等纂　(清)戴杰續纂　清道光二十五年(1845)刻光緒元年(1875)增刻本　八册

330000－1701－0017424　普915.1241/305447/c1、普915.1241/30547/c1、普915.1241/305471.02/(2)/c1、普915.1241/305481　類叢部/叢書類/郡邑之屬

武林掌故叢編一百八十七種　(清)丁丙編　清光緒三年至二十六年(1877－1900)錢塘丁氏嘉惠堂刻本　二十二册　存六種

330000－1701－0017425　HJH4362　集部/別集類

畏廬文集一卷　林紓撰　清宣統二年(1910)上海商務印書館鉛印本　一册

330000－1701－0017426　HJL4679　集部/別集類/清別集

缾水齋詩集十七卷別集二卷詩話一卷附錄一

卷　(清)舒位撰　清光緒十二年(1886)邊保樞刻十七年(1891)增修本　八冊

330000－1701－0017427　HJH3164　集部/別集類/清別集

缾水齋詩集十七卷別集二卷詩話一卷附錄一卷　(清)舒位撰　清光緒十二年(1886)邊保樞刻十七年(1891)增修本　五冊　存十三卷(詩集一至十二、附錄)

330000－1701－0017429　HJL2882　集部/總集類/選集之屬/通代

乾坤正氣集一百一十種五百七十四卷首一卷　(清)姚瑩　(清)顧沅　(清)潘錫恩輯　清道光二十八年(1848)涇縣潘氏袁江節署刻光緒十八年(1892)涇縣潘駿文重印本　二百冊

330000－1701－0017430　普811.1083/3513　集部/總集類/選集之屬/斷代

御選唐詩三十二卷目錄三卷　(清)聖祖玄燁輯　(清)陳廷敬等輯注　清康熙五十二年(1713)內府刻朱墨套印本　二十六冊

330000－1701－0017431　普915.1221/9035　史部/地理類/方志之屬/郡縣志

[光緒]德平縣志十二卷首一卷　(清)凌錫祺修　(清)李敬熙纂　清光緒十九年(1893)刻本　六冊

330000－1701－0017432　HJL2883　集部/總集類/彙編之屬

四忠遺集　(清)羅文謙編　清光緒二十三年(1897)湘南書局刻本　二十四冊

330000－1701－0017433　普915.1221/9529/c1　史部/地理類/方志之屬/郡縣志

[乾隆]平原縣志十卷首一卷　(清)黃懷祖修　(清)黃兆熊纂　清乾隆十四年(1749)刻本　四冊

330000－1701－0017434　HJL4655　類叢部/叢書類/彙編之屬

海源閣叢書六種續刊一種　(清)楊以增編　清咸豐二年至五年(1852－1855)聊城楊氏海源閣刻本　四冊　存一種

330000－1701－0017437　普915.1221/8032/2/c2　史部/地理類/方志之屬/郡縣志

[光緒]陵縣志二十二卷首一卷　(清)沈淮修　(清)李圖等纂　(清)戴杰續纂　清道光二十五年(1845)刻光緒元年(1875)增刻本　八冊

330000－1701－0017438　HJL2872　類叢部/叢書類/自著之屬

潛廬全集五種附一種　金蓉鏡撰　清光緒三十四年(1908)、宣統二年(1910)刻本　四冊　存五種

330000－1701－0017439　HJL4603　集部/別集類/清別集

因寄軒文初集十卷二集六卷補遺一卷　(清)管同撰　**坿刻小異遺文一卷**　(清)管嗣復撰　清光緒五年(1879)顧雲等刻九年(1883)補刻本　二冊

330000－1701－0017440　HJL2951　集部/總集類/選集之屬/通代

歷朝詩約選九十二卷　(清)劉大櫆輯　清光緒二十一年至二十三年(1895－1897)文徵閣刻本　二十四冊

330000－1701－0017441　HJL3075　集部/總集類/選集之屬/通代

宛鄰書屋古詩錄十二卷　(清)張琦輯　清同治八年(1869)刻本　六冊

330000－1701－0017442　HJL4476　集部/別集類/清別集

函樓詩鈔八卷因遇詩一卷詞鈔一卷　(清)易佩紳撰　清光緒八年(1882)刻本　二冊

330000－1701－0017443　HJL5294　集部/別集類/清別集

郭大理遺稿八卷　(清)郭尚先撰　清道光二十四年至二十五年(1844－1845)刻本　清李石筠跋　四冊

330000－1701－0017445　HJL3149　集部/別集類/清別集

郭大理遺稿八卷　(清)郭尚先撰　清道光二十四年至二十五年(1844－1845)刻本　二冊

330000－1701－0017449　HJL2793　類叢部/叢書類/自著之屬
琴志樓叢書　易順鼎撰　清光緒刻本　六冊　存三種

330000－1701－0017450　HJL5135　類叢部/叢書類/自著之屬
養餘齋全集四種附三種　(清)柳樹芳撰　清道光勝溪草堂刻本　四冊　存一種

330000－1701－0017451　普 915.1222/4035　史部/地理類/方志之屬/郡縣志
[光緒]鄒縣鄉土志一卷　(清)胡煒纂　清光緒三十三年(1907)山東國文報館石印本　一冊

330000－1701－0017452　HJL4113　類叢部/叢書類/自著之屬
琴志樓叢書　易順鼎撰　清光緒刻本　四冊　存一種

330000－1701－0017453　普 915.1222/3033　史部/地理類/方志之屬/郡縣志
[咸豐]寧陽縣志二十四卷　(清)陳紀勛修　(清)黃恩彤纂　清咸豐二年(1852)刻本　十二冊

330000－1701－0017454　HJL2817　集部/總集類/彙編之屬
唐宋八大家文鈔　(明)茅坤編　清皖省聚文堂刻本　六十四冊

330000－1701－0017455　HJH4831　集部/別集類/清別集
御製詩初集四十八卷目錄六卷　(清)仁宗顒琰撰　(清)慶桂等編　清嘉慶八年(1803)內府刻本　三十冊

330000－1701－0017456　HJL2516　集部/別集類/清別集
御製詩初集四十八卷目錄六卷　(清)仁宗顒琰撰　(清)慶桂等編　清嘉慶八年(1803)內府刻本　三十冊

330000－1701－0017457　普 915.1222/6032/c1　史部/地理類/方志之屬/郡縣志
[道光]滕縣志十四卷首一卷　(清)王政修　(清)王庸立　(清)黃來麟纂　清道光二十六年(1846)刻本　八冊

330000－1701－0017459　普 915.1222/7035　史部/地理類/方志之屬/郡縣志
[光緒]嶧縣志二十五卷首一卷　(清)王振錄　(清)周鳳鳴修　(清)王寶田纂　清光緒三十年(1904)刻本　十二冊

330000－1701－0017460　HJL2984　集部/總集類/選集之屬/通代
六朝文絜四卷　(清)許槤輯並評　清光緒三年(1877)白下刻朱墨套印本　一冊

330000－1701－0017461　HJL3735　集部/別集類/唐五代別集
李翰林集三十卷　(唐)李白撰　清光緒三十二年(1906)吳隱影宋刻本　六冊

330000－1701－0017462　HJL4856　集部/別集類/清別集
迂存遺文二卷　(清)倪模撰　(清)朱德根編　**倪迂存[模]先生年譜二卷**　(清)江爾維編　清光緒四年(1878)倪文蔚荊州府署雨勉彊齋刻本　二冊

330000－1701－0017463　普 915.1222/9535　史部/地理類/方志之屬/郡縣志
[光緒]壽張縣志十卷首一卷　(清)劉文煃修　(清)王守謙纂　清光緒二十六年(1900)刻本　六冊

330000－1701－0017464　HJL3065　集部/總集類/選集之屬/斷代
唐人三家集　(清)秦恩復編　清嘉慶至道光秦氏石研齋影宋刻本　四冊

330000－1701－0017465　HJL5213　集部/總集類/選集之屬/斷代
唐人三家集　(清)秦恩復編　清嘉慶至道光秦氏石研齋影宋刻本　四冊

330000－1701－0017466　HJL4842　集部/別

集類/清別集

柏香書屋詩鈔六卷 (清)莫元伯撰 清嘉慶二十三年(1818)刻本 二冊

330000－1701－0017468 普 915.1222/6032/c2 史部/地理類/方志之屬/郡縣志

[道光]滕縣志十四卷首一卷 (清)王政修 (清)王庸立 (清)黃來麟纂 清道光二十六年(1846)刻本 八冊

330000－1701－0017469 HJH4646 集部/別集類/清別集

甘白齋詩二卷續編一卷 (清)曹鑣撰 清嘉慶刻本 二冊

330000－1701－0017471 HJL5207 集部/別集類/清別集

星湖詩集四卷 (清)曹龍樹撰 清嘉慶七松園刻本 四冊

330000－1701－0017472 HJL2338 集部/總集類/選集之屬/斷代

初唐四傑文集二十一卷 (清)□□編 清光緒五年(1879)淮南書局刻本 四冊

330000－1701－0017477 HJH5296 集部/總集類/選集之屬/斷代

初唐四傑文集二十一卷 (清)□□編 清光緒五年(1879)淮南書局刻本 四冊

330000－1701－0017478 HJL4798 集部/別集類/清別集

習靜軒集二十七卷 (清)鰲圖撰 清嘉慶刻本 八冊

330000－1701－0017479 普 915.1223/2027 史部/地理類/方志之屬/郡縣志

[康熙]堂邑縣志二十卷 (清)盧承琰修 (清)劉淇纂 清光緒十八年(1892)刻本 四冊

330000－1701－0017480 HJL4866 集部/別集類/清別集

白雲草堂文鈔七卷 (清)呂星垣撰 清嘉慶八年(1803)刻本 三冊

330000－1701－0017482 普 915.1223/0031/c1 史部/地理類/方志之屬/郡縣志

[嘉慶]東昌府志五十卷首三卷 (清)嵩山修 (清)謝香開 (清)陳可經 (清)張熙先纂 清嘉慶十三年(1808)刻本 二十四冊

330000－1701－0017485 HJL4630 類叢部/叢書類/自著之屬

芝菴四種 (清)陸雲錦撰 清嘉慶刻本 十冊

330000－1701－0017489 HJL3040 集部/總集類/選集之屬/斷代

國朝正雅集九十九卷首一卷 (清)符葆森輯 清咸豐六年至七年(1856－1857)京師半畝園刻本 二十冊

330000－1701－0017490 普 915.1223/0031/c2 史部/地理類/方志之屬/郡縣志

[嘉慶]東昌府志五十卷首三卷 (清)嵩山修 (清)謝香開 (清)陳可經 (清)張熙先纂 清嘉慶十三年(1808)刻本 二十冊

330000－1701－0017491 HJL2841 集部/總集類/選集之屬/斷代

國朝詩鐸二十六卷首一卷 (清)張應昌輯 清同治八年(1869)永康應氏秀芝堂刻本 十四冊

330000－1701－0017494 HJL4681 集部/別集類/清別集

香草堂詩略八卷 (清)陳廷桂撰 清嘉慶十六年(1811)刻本 四冊

330000－1701－0017495 HJL3066 集部/總集類/選集之屬/斷代

蔗根集十七卷 (清)黃治原輯 清道光十六年(1836)清美堂刻本 四冊

330000－1701－0017496 HJL3339 集部/總集類/選集之屬/斷代

蔗根集十七卷 (清)黃治原輯 清道光十六年(1836)清美堂刻本 四冊

330000－1701－0017497 普 915.1241/305447/c3、普 915.1241/30547/c3、普 915.

1241/305471. 02/(2)/c3、普 915. 1241/305485/c3　類叢部/叢書類/郡邑之屬

武林掌故叢編一百八十七種　(清)丁丙編　清光緒三年至二十六年(1877－1900)錢塘丁氏嘉惠堂刻本　二十四冊　存八種

330000－1701－0017501　HJL3078　集部/總集類/選集之屬/斷代

蘭言集二十卷　(清)謝堃輯　清道光三年(1823)刻本　八冊

330000－1701－0017502　HJL5001　集部/別集類/清別集

草亭先生文集二卷詩集四卷補遺一卷　(清)周篆撰　(清)翁廣平輯　清嘉慶二十五年(1820)晚香堂刻道光元年(1821)續刻本　八冊

330000－1701－0017505　HJL4680　集部/別集類/清別集

靜遠小草八卷　(清)釋覺銘撰　清嘉慶二十年(1815)刻本　四冊

330000－1701－0017507　HJL2943　集部/總集類/氏族之屬

奉新宋氏詩鈔四種　(清)宋鳴珂輯　清嘉慶世恩堂刻本　六冊

330000－1701－0017509　HJL4704　集部/別集類/清別集

諸華香處詩集十三卷首一卷　(清)邱璋撰　清嘉慶二十年(1815)刻道光六年(1826)增修本　五冊

330000－1701－0017511　普 915. 1223/5031　史部/地理類/方志之屬/郡縣志

[嘉慶]清平縣志十七卷　(清)萬承紹修　(清)周以勳纂　清嘉慶三年(1798)刻本　五冊

330000－1701－0017512　HJL3094　集部/總集類/郡邑之屬

秦淮詩鈔二卷　(清)李鰲輯　清道光元年(1821)文浩堂刻本　四冊

330000－1701－0017514　HJL2898　集部/別集類/清別集

敬學堂詩鈔一卷　(清)馮廷丞撰　**勖齋詩鈔四卷**　(清)馮宬撰　**道華堂詩畧四卷**　(清)馮焯撰　清咸豐十年(1860)刻本　二冊

330000－1701－0017515　HJL4940　集部/別集類/清別集

餐勝齋詩稿四卷　(清)錢大培撰　清嘉慶五年(1800)鶯湖琴鶴書莊刻本　四冊

330000－1701－0017516　HJH4797　集部/別集類/清別集

餐勝齋詩稿四卷　(清)錢大培撰　清嘉慶五年(1800)鶯湖琴鶴書莊刻本　二冊

330000－1701－0017518　HJL2251　集部/別集類/清別集

餐勝齋詩稿四卷　(清)錢大培撰　清嘉慶五年(1800)鶯湖琴鶴書莊刻本　四冊

330000－1701－0017520　HJL2869　史部/詔令奏議類/詔令之屬

內閣撰擬文字二編二卷附編一卷　(清)徐士鑾輯　清同治十一年(1872)刻本　二冊

330000－1701－0017523　HJL3004　集部/別集類/清別集

椒園文輯二卷詩輯一卷鄉黨典儀一卷　(清)魏晉撰　清道光二十六年(1846)觀德堂刻本　五冊

330000－1701－0017525　HJL4615　集部/別集類/清別集

胥園詩鈔十卷詩餘一卷　(清)莊肇奎撰　(清)顧曾編　清嘉慶十七年(1812)刻本　二冊

330000－1701－0017526　HJL3060　集部/總集類/郡邑之屬

吴中兩布衣集二種二十卷　(清)王之佐　(清)蔣光煦編　清道光十八年(1838)海昌蔣氏別下齋刻本　十冊

330000－1701－0017531　HJL5599　集部/別集類/清別集

歉夫文稿四卷時體詩七卷冊子四卷粵東雜詩

五卷唐鍾陰款一卷形製一卷　(清)李夢松撰　清嘉慶刻本　六冊

330000－1701－0017533　HJL3070　集部/別集類/清別集
歗夫文稿四卷時體詩七卷冊子四卷粵東雜詩五卷唐鍾陰款一卷形製一卷　(清)李夢松撰　清嘉慶傲雪山房刻本　六冊

330000－1701－0017534　普915.1223/8028/c1　史部/地理類/方志之屬/郡縣志
[雍正]館陶縣志十二卷　(清)趙知希纂修　(清)張興宗增修　清光緒十九年(1893)刻本　四冊

330000－1701－0017536　HJL3067　集部/總集類/郡邑之屬
句東三家詩鈔　(清)姚燮輯　清道光十五年(1835)刻本　三冊

330000－1701－0017539　HJL4628　集部/別集類/清別集
巴塘詩鈔二卷　(清)李苞撰　清嘉慶刻本　二冊

330000－1701－0017540　普915.1241/305471/c2　類叢部/叢書類/郡邑之屬
武林掌故叢編一百八十七種　(清)丁丙編　清光緒三年至二十六年(1877－1900)錢塘丁氏嘉惠堂刻本　二冊　存一種

330000－1701－0017541　普915.1223/9024　史部/地理類/方志之屬/郡縣志
[萬曆]恩縣志六卷　(明)孫居相修　(明)雷金聲纂　**[雍正]恩縣續志五卷**　(清)陳學海修　(清)韓天篤纂　明萬曆刻清雍正元年(1723)增修本　四冊

330000－1701－0017542　HJL4706　集部/別集類/清別集
韋廬詩内集四卷首一卷末一卷外集四卷首一卷末一卷　(清)李秉禮撰　清光緒十三年(1887)高培穀江陽官舍刻本　四冊

330000－1701－0017543　HJL3072　集部/總集類/郡邑之屬
國朝畿輔詩傳六十卷　(清)陶樑輯　清道光十九年(1839)紅豆樹館刻本　十六冊

330000－1701－0017544　HJL5187　類叢部/叢書類/家集之屬
潘氏叢刻六種　(清)潘世恩　(清)潘曾沂撰　清道光至同治刻本　二冊

330000－1701－0017545　普915.1223/8028/c2　史部/地理類/方志之屬/郡縣志
[雍正]館陶縣志十二卷　(清)趙知希纂修　(清)張興宗增修　清光緒十九年(1893)刻本　四冊

330000－1701－0017548　HJL2890　集部/總集類/郡邑之屬
國朝滄州詩鈔十二卷續鈔四卷補遺一卷補鈔二卷滄州明詩鈔一卷　(清)王國均纂輯　(清)葉圭書編　清咸豐刻本　八冊

330000－1701－0017549　HJL3928　集部/總集類/酬唱之屬
拋甎引玉四卷首一卷末一卷　(清)盛元愷輯　清宣統二年(1910)平江翰文閣刻本　二冊

330000－1701－0017552　HJL4678　集部/別集類/清別集
玉山閣詩選八卷古文選四卷　(清)徐鑅慶撰　**梅墅詩選一卷**　(清)徐潢撰　清嘉慶阮氏琅嬛仙館刻本　四冊

330000－1701－0017555　HJL5133　集部/別集類/清別集
梅花閣吟七卷　(清)徐旭曾撰　清嘉慶刻本　一冊

330000－1701－0017560　普811.1087/4414　集部/總集類/酬唱之屬
寄廬倡和詩鈔一卷續鈔一卷又鈔一卷　(清)王慶長輯　清光緒六年(1880)刻本　一冊

330000－1701－0017564　普915.1224/0027　史部/地理類/方志之屬/郡縣志
[康熙]青州府志二十二卷　(清)陶錦修　(清)王昌學等纂　清康熙六十年(1721)刻本　十七冊　缺三卷(十三至十五)

330000－1701－0017565　普 915.1224/1035/c1　史部/地理類/方志之屬/郡縣志
[光緒]益都縣圖志五十四卷首一卷　(清)張承燮修　(清)法偉堂等纂　清光緒三十三年(1907)刻本　十六册

330000－1701－0017566　普 915.1224/0033　史部/地理類/方志之屬/郡縣志
[咸豐]青州府志六十四卷　(清)毛永柏修　(清)李圖　(清)劉燿椿纂　清咸豐九年(1859)刻本　三十二册

330000－1701－0017567　普 915.1241/305489/c5　類叢部/叢書類/郡邑之屬
武林掌故叢編一百八十七種　(清)丁丙編　清光緒三年至二十六年(1877－1900)錢塘丁氏嘉惠堂刻本　二册　存一種

330000－1701－0017568　普 915.1241/305447/c4　類叢部/叢書類/郡邑之屬
武林掌故叢編一百八十七種　(清)丁丙編　清光緒三年至二十六年(1877－1900)錢塘丁氏嘉惠堂刻本　八册　存一種

330000－1701－0017569　普 915.1241/30547/c4　類叢部/叢書類/郡邑之屬
武林掌故叢編一百八十七種　(清)丁丙編　清光緒三年至二十六年(1877－1900)錢塘丁氏嘉惠堂刻本　四册　存一種

330000－1701－0017571　普 915.1224/1035/c2　史部/地理類/方志之屬/郡縣志
[光緒]益都縣圖志五十四卷首一卷　(清)張承燮修　(清)法偉堂等纂　清光緒三十三年(1907)刻本　十六册

330000－1701－0017572　普 915.1224/4032　史部/地理類/方志之屬/郡縣志
[道光]重修博興縣志十三卷　(清)周壬福修　(清)李同纂　清道光二十年(1840)刻本　四册

330000－1701－0017575　普 915.1224/1035/c3　史部/地理類/方志之屬/郡縣志
[光緒]益都縣圖志五十四卷首一卷　(清)張承燮修　(清)法偉堂等纂　清光緒三十三年(1907)刻本　十六册

330000－1701－0017582　普 915.1224/8535/c1　史部/地理類/方志之屬/郡縣志
光緒臨朐縣志十六卷首一卷　(清)姚延福修　(清)鄧嘉緝　(清)蔣師轍纂　清光緒十年(1884)刻本　六册

330000－1701－0017583　普 915.1241/3057/c1　史部/地理類/專志之屬/園林
約園志一卷　(清)徐樹銘輯　清光緒二十三年(1897)刻本　一册

330000－1701－0017586　普 915.1224/9529　史部/地理類/方志之屬/郡縣志
[乾隆]諸城縣志四十六卷　(清)宫懋讓修　(清)李文藻等纂　清乾隆二十九年(1764)刻本　八册

330000－1701－0017589　普 915.1241/3057/c2　史部/地理類/專志之屬/園林
約園志一卷　(清)徐樹銘輯　清光緒二十三年(1897)刻本　一册

330000－1701－0017591　普 915.1224/9532　史部/地理類/方志之屬/郡縣志
[道光]諸城縣續志二十三卷　(清)劉光斗修　(清)朱學海纂　清道光十四年(1834)刻本　四册

330000－1701－0017592　普 915.1224/8031/c1　史部/地理類/方志之屬/郡縣志
[嘉慶]昌樂縣志三十二卷首一卷　(清)魏禮焯　(清)時銘修　(清)閻學夏　(清)黄方遠纂　清嘉慶十四年(1809)刻本　六册

330000－1701－0017593　普 915.1225/0027　史部/地理類/方志之屬/郡縣志
[順治]登州府志二十二卷　(清)施閏章修　(清)楊奇烈等纂　清順治十七年(1660)刻康熙三十二年(1693)任璿增刻本　八册

330000－1701－0017594　普 915.1224/8535/c2　史部/地理類/方志之屬/郡縣志
光緒臨朐縣志十六卷首一卷　(清)姚延福修

（清）鄧嘉緝 （清）蔣師轍纂 清光緒十年（1884）刻朱印本 六冊

330000－1701－0017595 普 915.1224/8031/c2 史部/地理類/方志之屬/郡縣志
［嘉慶］昌樂縣志三十二卷首一卷 （清）魏禮焯 （清）時銘修 （清）閻學夏 （清）黃方遠纂 清嘉慶十四年（1809）刻本 六冊

330000－1701－0017598 普 915.1225/0029 史部/地理類/方志之屬/郡縣志
［乾隆］續登州府志十二卷 （清）永泰纂修 清乾隆七年（1742）刻本 四冊

330000－1701－0017599 普 915.1225/0035 史部/地理類/方志之屬/郡縣志
［光緒］增修登州府志六十九卷首一卷 （清）方汝翼 （清）賈瑚修 （清）周悅讓 （清）慕榮榦纂 清光緒七年（1881）刻本 二十四冊

330000－1701－0017600 普 915.1241/30573/c1 類叢部/叢書類/家集之屬
香海盦叢書 （清）徐琪輯 清仁和徐氏刻光緒二十年（1894）彙印本 一冊 存一種

330000－1701－0017601 普 915.1225/1032/c1 史部/地理類/方志之屬/郡縣志
［道光］重修蓬萊縣志十四卷 （清）王文燾修 （清）張本等纂 清道光十九年（1839）刻本 八冊

330000－1701－0017602 普 915.1241/30571/c1 集部/總集類/題詠之屬
湖心亭題詠不分卷 清初刻本 一冊

330000－1701－0017603 普 915.1241/30573/c2 類叢部/叢書類/家集之屬
香海盦叢書 （清）徐琪輯 清仁和徐氏刻光緒二十年（1894）彙印本 一冊 存一種

330000－1701－0017605 普 915.1225/2034/c1 史部/地理類/方志之屬/郡縣志
［同治］黃縣志十四卷首一卷末一卷 （清）尹繼美修 （清）王棠等纂 清同治十年（1871）刻本 四冊

330000－1701－0017606 普 915.1225/1032/c2 史部/地理類/方志之屬/郡縣志
［道光］重修蓬萊縣志十四卷 （清）王文燾修 （清）張本等纂 清道光十九年（1839）刻本 八冊

330000－1701－0017607 普 915.1241/3058/2 史部/地理類/專志之屬/寺觀
金鼓洞志八卷首一卷 （清）朱文藻撰 清嘉慶十二年（1807）張復純刻本 四冊

330000－1701－0017608 普 915.1225/2034/c2 史部/地理類/方志之屬/郡縣志
［同治］黃縣志十四卷首一卷末一卷 （清）尹繼美修 （清）王棠等纂 清同治十年（1871）刻本 四冊

330000－1701－0017611 普 915.1241/30571/c2 集部/總集類/題詠之屬
湖心亭題詠不分卷 清初刻本 二冊

330000－1701－0017613 普 915.1225/4029 史部/地理類/方志之屬/郡縣志
［乾隆］棲霞縣志十卷 （清）衛萇纂修 清乾隆二十年（1755）刻本 六冊

330000－1701－0017614 普 915.1241/30593 史部/雜史類
宗文義塾條規一卷 清刻本 一冊

330000－1701－0017615 普 915.1225/4035 史部/地理類/方志之屬/郡縣志
［光緒］棲霞縣續志十卷首一卷 （清）黃麗中修 （清）于如川纂 清光緒五年（1879）刻本 八冊

330000－1701－0017616 普 915.1241/3099/c1 史部/地理類/方志之屬/郡縣志
［光緒］唐棲志二十卷 （清）王同纂 清光緒十五年至十六年（1889－1890）刻本 八冊

330000－1701－0017619 普 915.1241/3099.2/2 史部/地理類/方志之屬/郡縣志
［乾隆］唐棲志畧稿二卷 （清）何琪纂 清嘉慶七年（1802）刻本 一冊

330000－1701－0017621　普 915.1225/7034　史部/地理類/方志之屬/郡縣志

[同治]重修寧海州志二十六卷　(清)舒孔安修　(清)王厚階纂　清同治三年(1864)刻本　六册

330000－1701－0017622　普 915.1225/5032/c1　史部/地理類/方志之屬/郡縣志

[道光]招遠縣續志四卷　(清)陳國器等修　(清)李蔭等纂　清道光二十六年(1846)刻本　四册

330000－1701－0017623　普 915.1225/5026/c1　史部/地理類/方志之屬/郡縣志

[順治]招遠縣志十二卷　(清)張作礪修　(清)張鳳羽纂　清道光二十六年(1846)刻本　四册

330000－1701－0017624　普 915.1225/5032/c2　史部/地理類/方志之屬/郡縣志

[道光]招遠縣續志四卷　(清)陳國器等修　(清)李蔭等纂　清道光二十六年(1846)刻本　四册

330000－1701－0017625　普 915.1241/30992/c1　史部/地理類/雜志之屬

湖墅小志四卷　(清)高鵬年輯　清光緒二十二年(1896)石印本　二册

330000－1701－0017627　普 915.1241/30992/c2　史部/地理類/雜志之屬

湖墅小志四卷　(清)高鵬年輯　清光緒二十二年(1896)石印本　二册

330000－1701－0017631　普 915.1241/30992.2　史部/地理類/雜志之屬

湖墅雜詩前集一卷後集一卷　(清)魏標撰　清道光元年(1821)刻本　散華跋　一册

330000－1701－0017632　普 915.1225/9029　史部/地理類/方志之屬/郡縣志

[乾隆]海陽縣誌八卷　(清)包桂纂修　清乾隆七年(1742)刻本　四册

330000－1701－0017634　普 915.1225/9029.02　史部/地理類/方志之屬/郡縣志

[光緒]海陽縣續志十卷首一卷　(清)王敬勳修　(清)李爾梅　(清)王兆騰纂　清光緒六年(1880)刻本　六册

330000－1701－0017635　普 915.1225/5026/c2　史部/地理類/方志之屬/郡縣志

[順治]招遠縣志十二卷　(清)張作礪修　(清)張鳳羽纂　清道光二十六年(1846)刻本　四册

330000－1701－0017636　普 915.1241/30992/c3　史部/地理類/雜志之屬

湖墅小志四卷　(清)高鵬年輯　清光緒二十二年(1896)石印本　二册

330000－1701－0017638　普 915.1241/3099/c2　史部/地理類/方志之屬/郡縣志

[光緒]唐棲志二十卷　(清)王同纂　清光緒十五年至十六年(1889－1890)刻本　八册

330000－1701－0017639　普 915.1226/0029/c1　史部/地理類/方志之屬/郡縣志

[乾隆]萊州府志十六卷首一卷　(清)嚴有禧纂修　(清)張桐增修　清乾隆五年(1740)刻本　八册

330000－1701－0017640　普 915.1241/30992/c4　史部/地理類/雜志之屬

湖墅小志四卷　(清)高鵬年輯　清光緒二十二年(1896)石印本　二册

330000－1701－0017641　普 915.1241/30992/c6　史部/地理類/雜志之屬

湖墅小志四卷　(清)高鵬年輯　清光緒二十二年(1896)石印本　二册

330000－1701－0017642　普 915.1241/3099/c3　史部/地理類/方志之屬/郡縣志

[光緒]唐棲志二十卷　(清)王同纂　清光緒十五年至十六年(1889－1890)刻本　八册

330000－1701－0017643　普 915.1226/0029/c2　史部/地理類/方志之屬/郡縣志

[乾隆]萊州府志十六卷首一卷　(清)嚴有禧纂修　(清)張桐增修　清乾隆五年(1740)刻本　八册

330000－1701－0017644　普 915.1241/3099/c4　史部/地理類/方志之屬/郡縣志
[光緒]唐棲志二十卷　(清)王同纂　清光緒十五年至十六年(1889－1890)刻本　八冊

330000－1701－0017645　普 915.1226/1029　史部/地理類/方志之屬/郡縣志
[乾隆]掖縣志八卷首一卷　(清)張思勉修　(清)于始瞻纂　清乾隆二十三年(1758)刻本　七冊　存七卷(二至八)

330000－1701－0017646　普 915.1226/1035　史部/地理類/方志之屬/郡縣志
[光緒]三續掖縣志四卷首一卷　(清)魏起鵬修　(清)王續藩纂　清光緒十九年(1893)刻本　四冊

330000－1701－0017647　普 915.1226/2032　史部/地理類/方志之屬/郡縣志
[道光]重修平度州志二十七卷　(清)保忠　(清)吳慈修　(清)李圖　(清)王大鑰纂　清道光二十九年(1849)刻本　八冊

330000－1701－0017648　普 915.1226/3029　史部/地理類/方志之屬/郡縣志
[乾隆]濰縣志六卷首一卷末一卷　(清)張耀璧修　(清)王誦芬纂　清乾隆二十五年(1760)刻本　六冊

330000－1701－0017649　普 915.1241/30552、普 915.1241/30551/(2)/c1、普 915.1241/3057.4、普 915.1241/30993/c1、普 915.1241/30993.2/c1　類叢部/叢書類/郡邑之屬
武林掌故叢編一百八十七種　(清)丁丙編　清光緒三年至二十六年(1877－1900)錢塘丁氏嘉惠堂刻本　八冊　存五種

330000－1701－0017650　普 915.1241/305498/(2)、普 915.1241/305499、普 915.1241/305551　類叢部/叢書類/郡邑之屬
武林掌故叢編一百八十七種　(清)丁丙編　清光緒三年至二十六年(1877－1900)錢塘丁氏嘉惠堂刻本　二十冊　存十二種

330000－1701－0017653　普 915.1226/7035　史部/地理類/方志之屬/郡縣志
[光緒]高密縣志十卷首一卷末一卷　(清)羅邦彥　(清)傅賚予修　(清)李勷運等纂　清光緒二十二年(1896)刻本　八冊

330000－1701－0017654　普 915.1241/3058/c3、普 915.1241/3099.2/c3、普 915.1241/30991/c3、普 915.1241/30991.02/c4、普 915.1241/30993.2/c4　類叢部/叢書類/郡邑之屬
武林掌故叢編一百八十七種　(清)丁丙編　清光緒三年至二十六年(1877－1900)錢塘丁氏嘉惠堂刻本　十冊　存五種

330000－1701－0017655　普 915.1241/30555/c1　史部/傳記類/總傳之屬/文苑
西湖三祠名賢考畧三卷首一卷　戴啓文撰　清光緒三十年(1904)丹徒戴啓文刻本　二冊

330000－1701－0017656　普 915.1226/8029　史部/地理類/方志之屬/郡縣志
[乾隆]即墨縣志十二卷首一卷　(清)尤淑孝修　(清)李元正纂　清乾隆二十九年(1764)刻本　六冊

330000－1701－0017657　普 915.1226/8034　史部/地理類/方志之屬/郡縣志
[同治]即墨縣志十二卷首一卷　(清)林溥修　(清)周翕鐄纂　清同治十二年(1873)刻本　八冊

330000－1701－0017658　普 915.1241/30555/c2　史部/傳記類/總傳之屬/文苑
西湖三祠名賢考畧三卷首一卷　戴啓文撰　清光緒三十年(1904)丹徒戴啓文刻本　二冊

330000－1701－0017659　普 915.1241/30555/c3　史部/傳記類/總傳之屬/文苑
西湖三祠名賢考畧三卷首一卷　戴啓文撰　清光緒三十年(1904)丹徒戴啓文刻本　二冊

330000－1701－0017663　普 915.1241/30551/(2)/c2　類叢部/叢書類/郡邑之屬
武林掌故叢編一百八十七種　(清)丁丙編　清光緒三年至二十六年(1877－1900)錢塘丁氏嘉惠堂刻本　一冊　存一種

330000－1701－0017664　普 915.1226/5032/c1　史部/地理類/方志之屬/郡縣志
[道光]重修膠州志四十卷　(清)張同聲修　(清)李圖等纂　清道光二十五年(1845)刻本　二十册

330000－1701－0017667　普 915.1241/3058/c2、普 915.1241/3099.2/c2、普 915.1241/30991/c2、普 915.1241/30991.02/c3、普 915.1241/30993/c3　類叢部/叢書類/郡邑之屬
武林掌故叢編一百八十七種　(清)丁丙編　清光緒三年至二十六年(1877－1900)錢塘丁氏嘉惠堂刻本　十一册　存六種

330000－1701－0017669　普 915.1227/0033/c1　史部/地理類/方志之屬/郡縣志
[咸豐]武定府志三十八卷首一卷　(清)李熙齡修　(清)鄒恒纂　清咸豐九年(1859)刻本　二十四册

330000－1701－0017670　普 915.1226/5032/c2　史部/地理類/方志之屬/郡縣志
[道光]重修膠州志四十卷　(清)張同聲修　(清)李圖等纂　清道光二十五年(1845)刻本　十四册　缺四卷(三十七至四十)

330000－1701－0017672　普 915.1227/1035/c1　史部/地理類/方志之屬/郡縣志
[光緒]惠民縣志三十卷首一卷末一卷　(清)沈世銓修　(清)李勗纂　**[光緒]惠民縣志補遺一卷**　(清)柳堂修　(清)李鳳岡纂　清光緒十二年(1886)刻二十五年至二十六年(1899－1900)扶溝柳堂增修本　十二册

330000－1701－0017673　普 915.1227/0033/c2　史部/地理類/方志之屬/郡縣志
[咸豐]武定府志三十八卷首一卷　(清)李熙齡修　(清)鄒恒纂　清咸豐九年(1859)刻本　二十四册

330000－1701－0017674　普 915.1227/2029　史部/地理類/方志之屬/郡縣志
[乾隆]青城縣志十二卷　(清)方鳳修　(清)戴文熾　(清)周瑊纂　清乾隆二十四年(1759)刻道光二十六年(1846)增刻本　四册

330000－1701－0017676　普 915.1227/1035/c2　史部/地理類/方志之屬/郡縣志
[光緒]惠民縣志三十卷首一卷末一卷　(清)沈世銓修　(清)李勗纂　**[光緒]惠民縣志補遺一卷**　(清)柳堂修　(清)李鳳岡纂　清光緒十二年(1886)刻二十五年至二十六年(1899－1900)扶溝柳堂增修本　六册　缺一卷(補遺)

330000－1701－0017677　普 915.1241/3055/c1　史部/地理類/專志之屬/祠墓
西湖林公祠墓誌一卷　(清)程鍾瑞輯　清同治八年(1869)刻本　一册

330000－1701－0017678　普 915.1227/3029　史部/地理類/方志之屬/郡縣志
[乾隆]陽信縣志八卷首一卷　(清)王允深修　(清)沈佐清等纂　清乾隆二十四年(1759)刻本　五册

330000－1701－0017679　普 915.1241/3055/c2　史部/地理類/專志之屬/祠墓
西湖林公祠墓誌一卷　(清)程鍾瑞輯　(清)□□增輯　清同治八年(1869)刻光緒六年(1880)增刻本　一册

330000－1701－0017680　普 915.1227/6032/c1　史部/地理類/方志之屬/郡縣志
[道光]商河縣志八卷首一卷　(清)龔廷煌等纂修　清道光十六年(1836)刻本　八册

330000－1701－0017681　普 915.1241/3055/c3　史部/地理類/專志之屬/祠墓
西湖林公祠墓誌一卷　(清)程鍾瑞輯　(清)□□增輯　清同治八年(1869)刻光緒六年(1880)增刻本　一册

330000－1701－0017682　普 915.1241/3055/c4　史部/地理類/專志之屬/祠墓
西湖林公祠墓誌一卷　(清)程鍾瑞輯　清同治八年(1869)刻本　一册

330000－1701－0017684　普 915.1227/6032/c2　史部/地理類/方志之屬/郡縣志
[道光]商河縣志八卷首一卷　(清)龔廷煌等

纂修　清道光十六年(1836)刻本　六册

330000－1701－0017685　HJH4999　集部/别集類/清别集
菜香書屋詩草八卷　(清)吳煊撰　清嘉慶七年(1802)刻本　六册

330000－1701－0017686　HJL5124　集部/别集類/清别集
霽春堂集十四卷　(清)吳樹萱撰　清嘉慶六年(1801)刻本　四册

330000－1701－0017689　HJL5325　集部/别集類/清别集
畫石軒詩集臥遊隨録合刻二種　(清)朱逢泰撰　清嘉慶刻本　四册

330000－1701－0017690　HJL3079　集部/總集類/郡邑之屬
津門詩鈔三十卷　(清)梅成棟輯　清道光四年(1824)思誠書屋刻本　十册

330000－1701－0017691　HJL3248　集部/總集類/郡邑之屬
津門詩鈔三十卷　(清)梅成棟輯　清道光四年(1824)思誠書屋刻本　十册

330000－1701－0017692　HJL2625　集部/别集類/清别集
畫石軒詩集臥遊隨録合刻二種　(清)朱逢泰撰　清嘉慶刻本　四册

330000－1701－0017694　HJL4700　集部/别集類/清别集
望嶽樓詩二卷　(清)朱霈撰　清嘉慶七年(1802)刻本　二册

330000－1701－0017695　普915.1227/8029.2　史部/地理類/方志之屬/郡縣志
[乾隆]利津縣誌續編十卷　(清)劉文確(清)孔毓炳修　(清)劉永祚　(清)李儼纂　清乾隆二十三年(1758)刻本　一册

330000－1701－0017698　HJL4677　集部/别集類/清别集
亥白詩草八卷　(清)張問安撰　清嘉慶二十一年(1816)刻本　通甫題記　四册

330000－1701－0017699　HJL3071　類叢部/叢書類/自著之屬
桐閣全書二十四種　(清)李元春撰　清道光至咸豐刻本　五十四册　存三種

330000－1701－0017700　HJL4800　集部/别集類/清别集
飲綠山堂詩集十四卷　(清)張鉉撰　清嘉慶十九年(1814)寸草園刻本　四册

330000－1701－0017701　HJL3513　類叢部/叢書類/自著之屬
海雅堂集五種　(清)凌揚藻撰　清道光刻本　十二册　存二種

330000－1701－0017703　HJL2900　集部/總集類/郡邑之屬
即墨詩乘十二卷　(清)周翕鐄輯　清道光二十年(1840)小峴山房刻本　六册

330000－1701－0017704　HJL4716　類叢部/叢書類/自著之屬
松心居士全集十一種　(清)聶鎬敏撰　清道光刻本　二册

330000－1701－0017705　普915.1221/8035　史部/地理類/方志之屬/郡縣志
[光緒]利津縣志十卷文徵五卷　(清)盛贊熙修　(清)余朝棻等纂　清光緒九年(1883)刻本　五册

330000－1701－0017707　HJL3125　類叢部/叢書類/自著之屬
石泉書屋全集六種　(清)李佐賢撰　清咸豐至光緒利津李氏刻本　八册　存一種

330000－1701－0017708　HJL5222　集部/别集類/清别集
太鶴山人集十三卷　(清)端木國瑚撰　清道光二十七年(1847)青田端木畀貽室刻本　四册

330000－1701－0017709　HJL3193　集部/詩文評類/詩評之屬

詩人玉屑二十卷　(宋)魏慶之撰　清刻本　六冊

330000－1701－0017711　HJL3068　集部/總集類/郡邑之屬
婁東詩派二十八卷　(清)汪學金輯　清嘉慶九年(1804)詩志齋刻本　八冊

330000－1701－0017712　HJL3160　集部/總集類/郡邑之屬
婁東詩派二十八卷　(清)汪學金輯　清嘉慶九年(1804)詩志齋刻本　八冊

330000－1701－0017713　HJL4013　集部/別集類/清別集
太鶴山人集十三卷　(清)端木國瑚撰　清道光二十年(1840)瑞安洪坤刻本　四冊

330000－1701－0017715　HJL3186　集部/詩文評類/詩評之屬
四溟詩話四卷　(明)謝榛撰　(清)胡曾校訂　清乾隆十九年(1754)繡水胡氏耘雅堂刻本　二冊

330000－1701－0017716　HJL3062　集部/總集類/郡邑之屬
婁水琴人集十卷　(清)周煜等輯　清道光十年(1830)閒有餘齋刻本　十冊

330000－1701－0017717　HJL4858　集部/別集類/清別集
稻花齋詩鈔八卷　(清)方于穀撰　清嘉慶刻本　四冊

330000－1701－0017719　HJL2997　集部/總集類/郡邑之屬
海陵文徵二十卷　(清)夏荃輯　清光緒九年(1883)刻本　十二冊

330000－1701－0017720　HJH4900　集部/總集類/郡邑之屬
海陵文徵二十卷　(清)夏荃輯　清光緒九年(1883)刻本　十二冊

330000－1701－0017721　HJL3484　集部/詩文評類/詩評之屬
帶經堂詩話三十卷首一卷　(清)王士禛撰　(清)張宗柟輯　清同治十二年(1873)廣州藏修堂刻本　八冊

330000－1701－0017722　HJL5235　集部/別集類/清別集
數帆樓焚餘詩鈔四卷　(清)朱丕成撰　清嘉慶十年(1805)數帆樓刻本　二冊

330000－1701－0017723　普915.1241/30991/c4　類叢部/叢書類/郡邑之屬
武林掌故叢編一百八十七種　(清)丁丙編　清光緒三年至二十六年(1877－1900)錢塘丁氏嘉惠堂刻本　一冊　存一種

330000－1701－0017725　HJL3081　集部/總集類/郡邑之屬
京江耆舊集十三卷　(清)張學仁　(清)王豫輯　清嘉慶二十三年(1818)青苔館刻本　四冊

330000－1701－0017726　普915.1227/8029.3　史部/地理類/方志之屬/郡縣志
[乾隆]利津縣志補六卷　(清)程士範纂修　清乾隆三十五年(1770)刻本　一冊

330000－1701－0017729　HJL3083　集部/總集類/郡邑之屬
曲阿詩綜三十二卷　(清)劉會恩輯　清道光五年(1825)劉九思堂刻本　七冊

330000－1701－0017731　HJL5626　集部/詞類/總集之屬
四明近體樂府十四卷　(清)袁鈞輯　**附一卷**　(清)周世緒撰　清嘉慶二十三年(1818)慈谿鄭喬遷藏密廬刻本　四冊

330000－1701－0017732　普915.1241/30991.02/c2　類叢部/叢書類/郡邑之屬
武林掌故叢編一百八十七種　(清)丁丙編　清光緒三年至二十六年(1877－1900)錢塘丁氏嘉惠堂刻本　一冊　存一種

330000－1701－0017734　HJL2878　集部/總集類/氏族之屬
重鐫清河五先生詩選八卷　(清)朱爲弼選錄

續補清河一先生詩選二卷　(清)徐申錫選錄　清同治八年(1869)平湖張顯周刻本　六冊

330000－1701－0017735　HJH5567　集部/別集類/清別集

真息齋詩鈔四卷續鈔一卷　(清)陸費瑔撰　清同治九年(1870)陸費履厚堂刻光緒二十七年(1901)重修本　二冊

330000－1701－0017738　普915.1227/9529/c1　史部/地理類/方志之屬/郡縣志

[乾隆]蒲臺縣志四卷首一卷　(清)嚴文典修　(清)任相纂　清乾隆二十八年(1763)刻本　四冊

330000－1701－0017740　HJL3116　集部/總集類/郡邑之屬

會稽掇英總集二十卷　(宋)孔延之輯　校正會稽掇英總集札記一卷　(清)杜丙杰撰　清道光元年(1821)山陰杜氏浣花宗塾刻本　八冊

330000－1701－0017741　HJL4855　集部/別集類/清別集

雲樵先生詩集四卷　(清)吳芳培撰　清同治四年(1865)茂林吳氏刻本　二冊

330000－1701－0017742　HJL4021　集部/別集類/清別集

雲樵先生詩集四卷　(清)吳芳培撰　清同治四年(1865)刻本　四冊

330000－1701－0017745　普915.1241/3099.2/c4　史部/地理類/方志之屬/郡縣志

[乾隆]唐棲志畧稿二卷　(清)何琪纂　清嘉慶七年(1802)刻本　一冊

330000－1701－0017746　普915.1241/4024/c1　史部/地理類/方志之屬/郡縣志

嘉靖海寧縣志九卷首一卷附錄一卷　(明)蔡完修　(明)董穀纂　清光緒二十四年(1898)許仁沐刻本　二冊

330000－1701－0017747　HJL2994　集部/總集類/郡邑之屬

國朝中州詩鈔三十二卷　(清)楊淮輯　清道光二十三年(1843)雅集山房刻本　十二冊

330000－1701－0017748　普915.1228/0027/c1　史部/地理類/方志之屬/郡縣志

[康熙]沂州志八卷　(清)邵士修　(清)王壎　(清)尚天成纂　清康熙十三年(1674)刻本　八冊

330000－1701－0017749　HJL5575　集部/別集類/清別集

吳學士文集四卷詩集五卷　(清)吳鼒撰　(清)薛春藜輯　(清)薛時雨　(清)譚廷獻編訂　清光緒八年(1882)番禺梁肇煌江寧藩署刻本　六冊

330000－1701－0017751　HJL2336　集部/別集類/清別集

吳學士文集四卷詩集五卷　(清)吳鼒撰　(清)薛春藜輯　(清)薛時雨　(清)譚廷獻編訂　清光緒八年(1882)番禺梁肇煌江寧藩署刻本　六冊

330000－1701－0017752　HJL2902　集部/總集類/郡邑之屬

沅湘耆舊集二百卷　(清)鄧顯鶴輯　清道光二十三年(1843)新化鄧氏南邨草堂刻本　六十冊

330000－1701－0017754　HJH4356　集部/別集類

無長物齋詩存四卷感知集二卷復丁老人詩記一卷續一卷　劉炳照撰　清光緒三十一年至宣統二年(1905－1910)刻本　四冊

330000－1701－0017755　HJL2842　集部/別集類

無長物齋詩存四卷感知集二卷復丁老人詩記一卷續一卷　劉炳照撰　清光緒三十一年至宣統二年(1905－1910)刻本　四冊

330000－1701－0017756　HJH5233　集部/別集類

無長物齋詩存四卷感知集二卷復丁老人詩記一卷續一卷　劉炳照撰　清光緒三十一年至

宣統二年(1905－1910)刻本　三冊　缺二卷(復丁老人詩記、續)

330000－1701－0017758　HJL4960　集部/別集類
感知集二卷　劉炳照撰　清光緒三十一年(1905)刻本　二冊

330000－1701－0017759　HJH5160　集部/別集類
復丁老人詩記一卷續一卷　劉炳照撰　清光緒三十四年至宣統二年(1908－1910)刻本　一冊

330000－1701－0017760　HJL3119　集部/別集類/明別集
劉坦齋先生文集十五卷補遺一卷　(明)劉三吾撰　清道光七年(1827)石溪留畊堂刻本　四冊

330000－1701－0017761　HJL4961　集部/別集類
復丁老人詩記一卷續一卷　劉炳照撰　清光緒三十四年至宣統二年(1908－1910)刻本　一冊

330000－1701－0017763　普 915. 1228/0029　史部/地理類/方志之屬/郡縣志
[乾隆]沂州府志三十六卷首一卷　(清)李希賢修　(清)潘遇莘　(清)丁愷曾纂　清乾隆二十五年(1760)刻本　十二冊

330000－1701－0017765　HJL2368　集部/別集類/明別集
高季迪先生大全集十八卷　(明)高啓撰　清光緒十四年(1888)木活字印本　六冊

330000－1701－0017766　普 915. 1227/9529/c2　史部/地理類/方志之屬/郡縣志
[乾隆]蒲臺縣志四卷首一卷　(清)嚴文典修　(清)任相纂　清乾隆二十八年(1763)刻本　四冊

330000－1701－0017767　HJL5603　集部/詩文評類/詩評之屬
眉山詩案廣證六卷　(清)張鑑撰　清光緒刻本　二冊

330000－1701－0017769　HJL2162　集部/別集類/明別集
藍山先生詩集六卷　(明)藍仁撰　清光緒刻本　三冊

330000－1701－0017772　HJL2359　集部/別集類/明別集
二藍集十二卷(藍山詩集六卷藍澗詩集六卷)　(明)藍仁　(明)藍智撰　清咸豐刻光緒十四年(1888)重修本　三冊　存六卷(藍澗詩集一至六)

330000－1701－0017776　HJH4409　集部/別集類/明別集
白湖詩草六卷　(明)何御撰　清光緒七年(1881)何嵩祺刻本　二冊

330000－1701－0017777　HJL2133　集部/別集類/明別集
重刻秫坡先生詩集三卷詞集一卷文集四卷首一卷末一卷　(明)黎貞撰　清光緒元年(1875)黎氏刻都會三賢居書屋印本　四冊

330000－1701－0017779　HJL5167　類叢部/叢書類/自著之屬
張南山全集十二種　(清)張維屏撰　清道光至咸豐刻本　六冊　存一種

330000－1701－0017780　普 915. 1228/0027/c2　史部/地理類/方志之屬/郡縣志
[康熙]沂州志八卷　(清)邵士修　(清)王壎　(清)尚天成纂　清康熙十三年(1674)刻本　八冊

330000－1701－0017781　HJL2160　集部/別集類/明別集
重訂王靜學先生文集三卷末一卷　(明)王叔英撰　金嗣獻重編　清嘉慶九年(1804)刻本　金嗣獻批校、題簽並跋　二冊

330000－1701－0017783　HJL5217　類叢部/叢書類/自著之屬
春草堂集(春草堂叢書)十三種　(清)謝堃撰　清道光二十年(1840)曲邑奎文齋刻二十五

年(1845)印本　五冊　存一種

330000－1701－0017785　HJL3524　集部/總集類/選集之屬/通代
御選唐宋文醇五十八卷目錄一卷　(清)高宗弘曆輯　清乾隆刻本　二十四冊

330000－1701－0017787　普915.1241/4025　史部/地理類/方志之屬/郡縣志
[崇禎]海昌外志八卷　(明)談遷纂　清抄本　十冊

330000－1701－0017788　HJL2462　集部/別集類/明別集
芻蕘集六卷　(明)周德撰　清道光八年(1828)泰和周氏桂林使署刻本　三冊

330000－1701－0017789　HJH3228　集部/總集類/選集之屬/通代
古文觀止十二卷　(清)吳乘權　(清)吳大職輯　清光緒二十一年(1895)永康胡氏退補齋刻本　六冊

330000－1701－0017790　HJL5638　集部/別集類/清別集
雲左山房詩鈔八卷附一卷詩餘一卷試帖一卷　(清)林則徐撰　清光緒十二年(1886)福州林氏刻本　二冊

330000－1701－0017791　HJL3915　集部/別集類
漪香山館文集一卷　吳曾祺撰　清宣統二年(1910)鉛印本　一冊

330000－1701－0017793　HJL3901　集部/別集類/清別集
雲左山房詩鈔八卷附一卷詩餘一卷試帖一卷　(清)林則徐撰　清光緒十二年(1886)福州林氏刻本　二冊　存五卷(一至五)

330000－1701－0017794　HJL2446　集部/別集類/明別集
夢墨稿十卷補遺一卷　(明)時銘　(時季照)撰　**夢墨稿點勘記一卷**　(清)裘慶杓　(清)錢輔仁撰　清光緒十八年(1892)錢輔仁尚友書屋刻本　四冊

330000－1701－0017795　普915.1241/4029/c1　史部/地理類/方志之屬/郡縣志
[乾隆]海寧州志十六卷首一卷　(清)戰效曾修　(清)高瀛洲纂　清乾隆四十一年(1776)刻本　十二冊

330000－1701－0017796　HJL5125　集部/別集類/清別集
三李堂集十卷　(清)金學蓮撰　清嘉慶十一年(1806)刻本　六冊

330000－1701－0017797　HJL5483　集部/詞類/別集之屬
曼廬詞一卷　(清)許頌鼎撰　清光緒三十三年(1907)海寧許湝祥家刻本　一冊

330000－1701－0017798　HJL5177　集部/別集類/清別集
西漚全集十卷外集八卷　(清)李惺撰　清同治七年(1868)李氏刻本　十六冊

330000－1701－0017799　HJH4132　集部/詞類/別集之屬
曼廬詞一卷　(清)許頌鼎撰　清光緒三十三年(1907)海寧許湝祥家刻本　一冊

330000－1701－0017800　HJL2752　集部/別集類/明別集
雪坡文集十二卷獨行詩集八卷醉吟詩集九卷　(明)萬節撰　**篬筤詩存一卷**　(明)萬震撰　清光緒三年(1877)刻本　八冊

330000－1701－0017801　HJH4141　集部/詞類/別集之屬
曼廬詞一卷　(清)許頌鼎撰　清光緒三十三年(1907)海寧許湝祥家刻本　一冊

330000－1701－0017802　HJL2755　集部/別集類/明別集
易齋劉先生遺集二卷　(明)劉璟撰　清光緒二十七年(1901)劉氏刻本　二冊

330000－1701－0017803　HJL4787　集部/別集類/清別集
定盦文集三卷續集四卷文集補編四卷文集補三卷文集補續錄一卷文拾遺一卷別集二卷

（清）龔自珍撰　**定盦先生［龔自珍］年譜一卷**　吳昌綬撰　清宣統元年（1909）上海國學扶輪社鉛印本　七册

330000－1701－0017808　HJL4920　集部/別集類/清別集

校訂定盦全集十卷　（清）龔自珍撰　**定盦年譜藁本一卷**　（清）黄守恆撰　清宣統元年（1909）時中書局鉛印本　八册

330000－1701－0017809　HJL2360　集部/別集類/明別集

方正學先生遜志齋集二十四卷拾補一卷外紀一卷記畧一卷校勘記一卷　（明）方孝孺撰（明）張紹謙纂　**方正學先生年譜一卷附辨證一卷**　（明）盧演　（明）翁明英編　清同治十二年（1873）吳縣孫氏刻本　十六册

330000－1701－0017811　普 915.1228/3035　史部/地理類/方志之屬/郡縣志

［光緒］費縣志十六卷首一卷　（清）李敬修纂修　清光緒二十二年（1896）刻本　十册

330000－1701－0017813　普 915.1241/4024/c2　史部/地理類/方志之屬/郡縣志

嘉靖海寧縣志九卷首一卷附錄一卷　（明）蔡完修　（明）董穀纂　清光緒二十四年（1898）許仁沐刻本　二册

330000－1701－0017814　HJL2758　集部/別集類/明別集

明遼府左長史程節愍公貞白遺稿十卷首一卷　（明）程通撰　清嘉慶十一年（1806）謙德堂刻本　二册

330000－1701－0017816　HJL2606　集部/別集類/明別集

東里文集二十五卷別集三卷　（明）楊士奇撰　清光緒三年（1877）泰和楊覲光刻本　八册

330000－1701－0017818　HJL4937　集部/別集類/清別集

古微堂内集二卷外集八卷　（清）魏源撰（清）黄象離輯　清宣統元年（1909）上海國學扶輪社鉛印本　六册

330000－1701－0017819　HJL3503　集部/總集類/彙編之屬

唐人五十家小集　（清）江標編　清光緒二十一年（1895）元和江氏靈鶼閣刻本　二十册

330000－1701－0017821　HJL4928　類叢部/叢書類/彙編之屬

新陽趙氏叢刊十四種　（清）趙元益編　清光緒十一年至二十八年（1885－1902）新陽趙氏刻本　一册　存一種

330000－1701－0017822　HJL3118　類叢部/叢書類/彙編之屬

新陽趙氏叢刊十四種　（清）趙元益編　清光緒十一年至二十八年（1885－1902）新陽趙氏刻本　一册　存一種

330000－1701－0017823　普 915.1241/4027　史部/地理類/方志之屬/郡縣志

［康熙］海寧縣志十三卷圖一卷　（清）許三禮纂修　（清）黄承璉續纂修　清康熙二十二年（1683）刻本　二十册

330000－1701－0017827　HJL2250　集部/別集類/明別集

明况太守龍岡公治蘇政績全集十六卷補遺一卷首一卷　（明）况鍾撰　（清）况廷秀輯　清道光二十九年（1849）蘇州府刻本　四册

330000－1701－0017832　HJL4835　類叢部/叢書類/自著之屬

平湖顧氏遺書五種　（清）顧廣譽撰　清光緒三年（1877）顧鴻昇刻本　二册　存一種

330000－1701－0017833　HJL2249　類叢部/叢書類/彙編之屬

漸西村舍彙刊（漸西村舍叢刻）四十四種（清）袁昶編　清光緒十六年至二十四年（1890－1898）桐廬袁氏刻本　二册　存一種

330000－1701－0017837　普 915.1228/4031　史部/地理類/方志之屬/郡縣志

［嘉慶］莒州志十六卷首一卷　（清）許紹錦等纂修　清嘉慶元年（1796）刻本　六册

330000－1701－0017838　普 915.1228/6032/

c1　史部/地理類/方志之屬/郡縣志

[道光]沂水縣志十卷　(清)張變修　(清)劉承謙等纂　清道光七年(1827)刻本　六冊

330000－1701－0017839　HJL5533　集部/別集類/清別集

趙忠節公遺墨一卷　(清)趙景賢撰　**溫次言先生詩錄一卷**　(清)溫汝超撰　清光緒八年(1882)歸安趙氏刻本　一冊

330000－1701－0017840　普 915.1241/4029/c2　史部/地理類/方志之屬/郡縣志

[乾隆]海寧州志十六卷首一卷　(清)戰效曾修　(清)高瀛洲纂　清乾隆四十一年(1776)刻本　十二冊

330000－1701－0017842　HJL2778　集部/別集類/明別集

劉忠宣公遺集十一卷　(明)劉大夏撰　清光緒元年(1875)劉乙燃刻本　六冊

330000－1701－0017843　普 915.1241/4024/c3　史部/地理類/方志之屬/郡縣志

嘉靖海寧縣志九卷首一卷附錄一卷　(明)蔡完修　(明)董穀纂　清光緒二十四年(1898)許仁沐刻本　二冊

330000－1701－0017844　HJL2242　集部/別集類/清別集

趙忠節公遺墨一卷　(清)趙景賢撰　**溫次言先生詩錄一卷**　(清)溫汝超撰　清光緒八年(1882)歸安趙氏刻本　一冊

330000－1701－0017847　普 915.1228/7035　史部/地理類/方志之屬/郡縣志

[光緒]日照縣志十二卷首一卷　(清)陳懋修　(清)張庭詩　(清)李堉纂　清光緒十二年(1886)刻本　四冊

330000－1701－0017849　HJL2775　集部/別集類/明別集

定山先生集十卷補遺一卷　(明)莊昶撰　**文節公年譜一卷**　(明)王弘編　清康熙四十一年(1702)莊清佐刻嘉慶補刻本　清莊蘭枝跋　八冊

330000－1701－0017850　HJL5390　集部/別集類/明別集

定山先生集十卷附錄一卷　(明)莊昶撰　清康熙四十一年(1702)莊清佐刻嘉慶元年(1796)補刻本　八冊

330000－1701－0017851　普 915.1241/4029/c3　史部/地理類/方志之屬/郡縣志

[乾隆]海寧州志十六卷首一卷　(清)戰效曾修　(清)高瀛洲纂　清乾隆四十一年(1776)刻本　十二冊

330000－1701－0017854　HJL2216　集部/別集類/明別集

枝山文集四卷　(明)祝允明撰　清同治十三年(1874)元和祝氏刻本　二冊

330000－1701－0017856　HJL4761　類叢部/叢書類/彙編之屬

風雨樓叢書二十三種　鄧實編　清宣統順德鄧氏鉛印本　一冊　存一種

330000－1701－0017857　普 915.1241/4024/c4　史部/地理類/方志之屬/郡縣志

嘉靖海寧縣志九卷首一卷附錄一卷　(明)蔡完修　(明)董穀纂　清光緒二十四年(1898)許仁沐刻本　二冊

330000－1701－0017858　HJL2776　集部/別集類/明別集

荷亭辯論八卷附書二卷文集六卷　(明)盧格撰　清嘉慶七年(1802)刻本　十冊

330000－1701－0017861　普 915.1241/4029/c4　史部/地理類/方志之屬/郡縣志

[乾隆]海寧州志十六卷首一卷　(清)戰效曾修　(清)高瀛洲纂　清乾隆四十一年(1776)刻本(卷三配抄本)　六冊

330000－1701－0017862　普 915.1228/6032/c2　史部/地理類/方志之屬/郡縣志

[道光]沂水縣志十卷　(清)張變修　(清)劉承謙等纂　清道光七年(1827)刻本　四冊

330000－1701－0017866　HJL2126　集部/別集類/明別集

六如居士全集六種　(明)唐寅撰　清嘉慶六年(1801)長沙唐仲冕果克山房刻本　六册

330000－1701－0017868　HJL5658　集部/別集類/清別集
易園文集四卷詩集二卷詞集一卷　(清)李林松撰　清道光十七年(1837)濟寧州署刻本　六册

330000－1701－0017869　普915.1241/4029/c5　史部/地理類/方志之屬/郡縣志
[乾隆]海寧州志十六卷首一卷　(清)戰效曾修　(清)高瀛洲纂　清乾隆四十一年(1776)刻本　二十册

330000－1701－0017870　HJH2381　集部/別集類/明別集
王文成公全集十六卷目錄二卷　(明)王守仁撰　清道光六年(1826)湖南湘潭王文德刻本　十八册

330000－1701－0017871　HJL3899　集部/別集類/清別集
易園文集四卷詩集二卷詞集一卷　(清)李林松撰　清道光十七年(1837)濟寧州署刻光緒二十九年(1903)重修本　六册

330000－1701－0017872　普915.1241/4029.02　史部/地理類/雜志之屬
[乾隆]寧志餘聞八卷　(清)周廣業纂　清張氏小清儀閣抄本　十册

330000－1701－0017873　普915.1229/0029　史部/地理類/方志之屬/郡縣志
[乾隆]泰安府志三十卷前一卷首二卷　(清)顏希深修　(清)成城等纂　清乾隆二十五年(1760)刻本　二十册

330000－1701－0017875　HJL2123　集部/別集類/明別集
空同詩集三十四卷　(明)李夢陽撰　清光緒十五年(1889)渭南嚴氏刻二十六年(1900)校補本　八册

330000－1701－0017876　普915.1241/4029.03　史部/地理類/方志之屬/郡縣志
[乾隆]海昌勝覽二十卷　(清)周春纂　清抄本　十册

330000－1701－0017877　HJL4575　集部/別集類/清別集
憶園詩鈔六卷　(清)陳燮撰　清嘉慶三年(1798)聽雨樓刻本　二册

330000－1701－0017878　普915.1229/1032/c1　史部/地理類/方志之屬/郡縣志
[道光]泰安縣志十二卷首一卷末一卷　(清)徐宗幹修　(清)蔣大慶纂　清道光八年(1828)刻本　十四册

330000－1701－0017879　HJL2214　集部/別集類/明別集
邊華泉集八卷集稿六卷　(明)邊貢撰　清康熙四十四年(1705)刻嘉慶十年(1805)重修聽雨堂印本　六册

330000－1701－0017880　HJL2127　集部/別集類/明別集
淩谿先生集十八卷補遺一卷　(明)朱應登撰　清道光十五年(1835)宜祿堂刻本　四册

330000－1701－0017882　HJL2188　集部/別集類/明別集
洹詞十二卷士翼三卷程志十卷　(明)崔銑撰　**年譜一卷**　(明)崔汲編　清同治二年(1863)崔氏家塾刻本　十二册

330000－1701－0017883　普915.1229/1052/c1　史部/地理類/山川之屬/山志
泰山志二十卷　(清)金棨撰　清嘉慶刻光緒二十四年(1898)重修民國七年(1918)增刻本　十二册

330000－1701－0017884　HJL4861　集部/別集類/清別集
詩義堂集二卷　(清)彭輅撰　**詩義堂後集六卷昨夢齋文集四卷高要金石略四卷**　(清)彭泰來撰　清道光至同治四年(1865)刻本　七册

330000－1701－0017885　HJL2186　集部/別集類/明別集

太白山人漫藁八卷附錄一卷　(明)孫一元撰　清嘉慶二十年(1815)壽世堂刻本　二冊

330000－1701－0017886　HJL2190　集部/別集類/明別集
鈐山堂集四十卷　(明)嚴嵩撰　清嘉慶十一年(1806)嚴氏刻本　十冊

330000－1701－0017887　HJL5129　集部/總集類/郡邑之屬
焦山六上人詩　(清)陳任暘輯　清道光九年(1829)、光緒三十二年(1906)刻本　四冊　存一種

330000－1701－0017888　普 915.1229/1052/2/c1　史部/地理類/山川之屬/山志
泰山志二十卷　(清)金棨撰　清嘉慶六年(1801)刻本　十冊

330000－1701－0017889　普 915.1229/1032/c2　史部/地理類/方志之屬/郡縣志
[道光]泰安縣志十二卷首一卷末一卷　(清)徐宗幹修　(清)蔣大慶纂　清道光八年(1828)刻本　八冊

330000－1701－0017890　HJL5604　類叢部/叢書類/郡邑之屬
三怡堂叢書二十種　張鳳臺編　清光緒三十二年至民國十二年(1906－1923)河南官書局刻本　四冊　存一種

330000－1701－0017891　HJL2187　類叢部/叢書類/郡邑之屬
三怡堂叢書二十種　張鳳臺編　清光緒三十二年至民國十二年(1906－1923)河南官書局刻本　四冊　存一種

330000－1701－0017892　HJH3475　集部/總集類/選集之屬/斷代
欽定熙朝雅頌集一百六卷首集二十六餘集二卷　(清)鐵保等輯　清嘉慶九年(1804)刻本　二十四冊

330000－1701－0017893　普 915.1229/10521　史部/地理類/山川之屬/山志
岱覽三十二卷首編七卷附錄一卷　(清)唐仲冕撰　清嘉慶十二年(1807)果克山房刻本　十二冊　缺七卷(首編一至七)

330000－1701－0017894　普 915.1241/4032　史部/地理類/方志之屬/郡縣志
[道光]海昌備志五十二卷圖一卷附錄二卷　(清)錢泰吉等纂修　清道光二十六年至二十七年(1846－1847)刻本　三十冊

330000－1701－0017895　普 915.1241/4032/(2)/c1　史部/地理類/方志之屬/郡縣志
[道光]海昌備志五十二卷圖一卷附錄二卷　(清)錢泰吉等纂修　清道光二十六年至二十七年(1846－1847)刻本　十四冊

330000－1701－0017896　普 915.1229/1052/2/c2　史部/地理類/山川之屬/山志
泰山志二十卷　(清)金棨撰　清嘉慶六年(1801)刻本　十冊

330000－1701－0017898　普 915.1229/1052/c2　史部/地理類/山川之屬/山志
泰山志二十卷　(清)金棨撰　清嘉慶刻光緒二十四年(1898)重修民國七年(1918)增刻本　十二冊

330000－1701－0017899　HJL4699　集部/別集類/清別集
瘦松柏齋初集八卷別集二卷外集一卷試帖體詩一卷律賦一卷　(清)陳文瑞撰　清道光三年(1823)刻本　六冊

330000－1701－0017900　HJL2202　集部/別集類/明別集
鄭少谷先生全集二十四卷首一卷　(明)鄭善夫撰　清道光四年(1824)鄭炳文桑苧古園刻本　十冊

330000－1701－0017901　HJL5581　集部/別集類/清別集
嘯雨草堂集十卷　(清)盛徵璵撰　清道光六年(1826)刻本　四冊

330000－1701－0017902　HJL3371　集部/總集類/選集之屬/斷代
皇清詩選三十卷首一卷　(清)孫鋐輯　清康

熙二十七年(1688)鳳嘯軒刻本　三十二冊

330000－1701－0017903　普915.1241/4032/(2)/c2　史部/地理類/方志之屬/郡縣志
[道光]海昌備志五十二卷圖一卷附錄二卷　(清)錢泰吉等纂修　清道光二十六年至二十七年(1846－1847)刻本　十四冊

330000－1701－0017904　HJL1152　子部/雜著類/雜考之屬
升菴外集一百卷　(明)楊慎撰　(明)焦竑輯　清道光二十四年(1844)桂湖刻本　二十四冊

330000－1701－0017905　普915.1229/1052/2/c3　史部/地理類/山川之屬/山志
泰山志二十卷　(清)金棨撰　清嘉慶六年(1801)刻十五年(1810)印本　十冊

330000－1701－0017907　HJL4785　集部/別集類/清別集
對嶽樓詩續錄四卷　(清)孔憲彝撰　清咸豐六年(1856)刻本　一冊

330000－1701－0017909　HJL2441　集部/別集類/明別集
半洲詩集七卷　(明)張經撰　清咸豐七年(1857)鳳池書院刻本　二冊

330000－1701－0017910　HJL3602　類叢部/叢書類/自著之屬
四錄堂類集九種　(清)嚴可均撰　清嘉慶至道光刻本　八冊　存一種

330000－1701－0017911　HJL5442　集部/別集類/清別集
唐中丞遺集二十七卷　(清)唐訓方撰　清光緒十七年(1891)歸吾廬刻本　二十冊

330000－1701－0017912　HJL3805　集部/別集類/清別集
雀硯齋詩集八卷文集八卷試帖二卷　(清)張錫穀撰　清忠信堂刻本　六冊

330000－1701－0017914　HJL2426　集部/別集類/明別集
霍文敏公全集十卷石頭編八卷首一卷　(明)霍韜撰　清同治元年(1862)石頭書院刻本　十六冊

330000－1701－0017915　HJL3849　集部/別集類/清別集
雀硯齋文集八卷　(清)張錫穀撰　清道光三年(1823)兩廣運署刻本　四冊

330000－1701－0017916　HJL3198　集部/總集類/選集之屬/斷代
苔岑集初刊　(清)蔣槃渭撰　清道光三十年(1850)吳縣蔣氏味清堂刻本　八冊

330000－1701－0017917　HJL2356　集部/別集類/明別集
薛考功集十卷西原遺集二卷　(明)薛蕙撰　清道光八年(1828)刻本　八冊

330000－1701－0017918　普915.1241/4032/(2)/c3　史部/地理類/方志之屬/郡縣志
[道光]海昌備志五十二卷圖一卷附錄二卷　(清)錢泰吉等纂修　清道光二十六年至二十七年(1846－1847)刻本　十四冊

330000－1701－0017919　HJL2442　集部/別集類/明別集
蓉川集四卷首一卷　(明)齊之鸞撰　清光緒二十三年(1897)桐城徐氏刻本　二冊

330000－1701－0017920　HJL3639　類叢部/叢書類/家集之屬
影山草堂六種　(清)莫與儔　(清)莫友芝撰　清咸豐至光緒刻本　一冊　存一種

330000－1701－0017921　HJL5105　集部/別集類/清別集
雲臥山莊詩集八卷首一卷末一卷　(清)郭崑燾撰　清光緒十一年(1885)湘陰郭氏岵瞻堂刻本　五冊

330000－1701－0017922　HJL2176　集部/別集類/清別集
雲臥山莊詩集八卷首一卷末一卷家訓二卷末一卷　(清)郭崑燾撰　清光緒十一年(1885)湘陰郭氏岵瞻堂刻本　六冊

330000－1701－0017923　HJL4371　集部/別集類/清別集
船山詩草二十卷　（清）張問陶撰　**補遺六卷**　（清）陳莲森編　清同治十三年（1874）味經堂刻本　十冊

330000－1701－0017925　HJH3722　集部/別集類/清別集
古香樓遺稿十卷　（清）沈長春撰　清嘉慶二十五年（1820）刻本　十冊

330000－1701－0017927　HJL5305　集部/別集類/清別集
重桂堂集十一卷　（清）許正綬撰　清光緒十年（1884）許傳霈、許傳霈刻本　六冊

330000－1701－0017928　HJL3247　集部/總集類/選集之屬/斷代
苔岑集初刊　（清）蔣棨渭撰　清道光三十年（1850）吳縣蔣氏味清堂刻本　八冊

330000－1701－0017929　HJL2699　集部/別集類/明別集
歐陽南野先生文集五卷　（明）歐陽德撰　（明）李春芳選　清道光十五年（1835）蜀江書室刻本　四冊

330000－1701－0017931　HJL4713　集部/別集類/清別集
希齋詩存四卷文鈔二卷　（清）高學濂撰　清道光二十二年（1842）思誠齋刻本　六冊　存四卷（一至四）

330000－1701－0017932　HJL3289　集部/總集類/郡邑之屬
焦山六上人詩　（清）陳任暘輯　清道光九年（1829）、光緒三十二年（1906）刻石肯堂印本　六冊

330000－1701－0017933　HJL5171　集部/總集類/郡邑之屬
焦山六上人詩　（清）陳任暘輯　清道光九年（1829）、光緒三十二年（1906）刻石肯堂印本　六冊

330000－1701－0017935　普 915.1229/1064.4/（2）/c1　史部/地理類/山川之屬/山志
泰山道里記一卷　（清）聶鈫撰　清道光六年（1826）刻光緒四年（1878）增刻本　一冊

330000－1701－0017937　HJL2354　集部/別集類/明別集
章介菴文集十一卷　（明）章袞撰　清光緒元年（1875）刻本　六冊

330000－1701－0017940　HJL3439　史部/史評類/詠史之屬
南宋雜事詩七卷　（清）沈嘉轍等撰　清武林芹香齋刻本　二冊

330000－1701－0017941　HJL4620　集部/別集類/清別集
怡亭詩集六卷文集二十卷　（清）張紳撰　清道光十三年（1833）留香書屋刻本　八冊

330000－1701－0017942　HJL2311　集部/別集類/明別集
震川先生集三十卷別集十卷　（明）歸有光撰　（清）歸莊校勘　（清）錢謙益選定　（清）歸玠編輯　清光緒六年（1880）常熟歸氏刻本　十六冊

330000－1701－0017943　普 915.1229/2035/c1　史部/地理類/方志之屬/郡縣志
［光緒］肥城縣志十卷首一卷　（清）凌紱曾修　（清）邵承照纂　清光緒十七年（1891）刻本　六冊

330000－1701－0017944　SBC0204　子部/雜著類/雜說之屬
容齋隨筆十六卷續筆十六卷三筆十六卷四筆十六卷五筆十卷　（宋）洪邁撰　明末刻本　七冊　存三十七卷（三筆一至十六、四筆一至十六、五筆一至五）

330000－1701－0017945　HJL4631　集部/別集類/清別集
浣雲廬詩稿八卷　（清）張椁撰　清道光十七年（1837）刻本　一冊

330000－1701－0017947　HJL2657　集部/別集類/明別集

汶濱蔡先生文集十卷語録二十卷首一卷　(明)蔡靉撰　清光緒四年(1878)江陰夏子鎏刻本　四册

330000－1701－0017949　HJL2658　集部/别集類/明别集

欽定洞麓堂集十卷　(明)尹臺撰　清嘉慶五年(1800)崇正書院刻本　六册

330000－1701－0017950　HJL5007　集部/别集類/清别集

休復居詩集六卷文集六卷附一卷　(清)毛嶽生撰　清道光二十四年(1844)嘉定黄氏西溪草廬刻本　八册

330000－1701－0017951　普 915.1229/1064.4/(2)/c3　史部/地理類/山川之屬/山志

泰山道里記一卷　(清)聶鈫撰　清道光六年(1826)刻光緒四年(1878)增刻本　一册

330000－1701－0017953　HJL5333　集部/别集類/清别集

蘇庵詩稿十六卷　(清)任昌詩撰　清道光來青樓刻本　四册

330000－1701－0017954　HJL3009　集部/别集類/明别集

毅齋查先生闡道集十卷末一卷　(明)查鐸撰　清光緒十六年(1890)涇川查氏濟陽家塾刻本　四册

330000－1701－0017955　HJL4857　集部/别集類/清别集

一拳石山房存稾三卷　(清)朱鑑撰　清道光九年(1829)刻本　一册

330000－1701－0017957　HJL3312　集部/總集類/郡邑之屬

蠙山詩鈔十二卷首一卷　(清)魏瑚年輯　清嘉慶十一年(1806)刻本　六册

330000－1701－0017958　普 915.1229/5035　史部/地理類/方志之屬/郡縣志

[光緒]東平州志二十七卷圖一卷首編四卷　(清)左宜似等修　(清)盧崟等纂　清光緒五年至七年(1879－1881)刻本　二十册

330000－1701－0017959　HJH3121　集部/别集類/明别集

明張文忠公全集四十六卷附録二卷　(明)張居正撰　清光緒二十七年(1901)紅藤碧樹山館刻本　二十四册

330000－1701－0017960　普 915.1229/1064.4/(2)/c2　史部/地理類/山川之屬/山志

泰山道里記一卷　(清)聶鈫撰　清道光六年(1826)刻本　一册

330000－1701－0017962　HJH5295　集部/别集類/清别集

小鷗波館文鈔二卷駢體文鈔二卷詩鈔十二卷詩補録二卷詞鈔一卷又二卷　(清)潘曾瑩撰　清道光二十五年(1845)刻本　二册　存十五卷(詩鈔一至十二、詩補録一至二、詞鈔)

330000－1701－0017963　HJL3298　集部/總集類/氏族之屬

報春園詩集四種　(清)吳台編　清嘉慶二年(1797)吳台刻本　四册

330000－1701－0017964　HJL2706　集部/别集類/明别集

山帶閣集三十三卷附録一卷　(明)朱曰藩撰　清道光十五年(1835)宜禄堂刻本　六册

330000－1701－0017965　HJL3836　類叢部/叢書類/彙編之屬

文選樓叢書三十三種　(清)阮亨編　清嘉慶至道光阮元刻道光二十二年(1842)阮亨彙印本　二册　存一種

330000－1701－0017966　HJH4583　集部/别集類/清别集

潘少白先生文集八卷詩集五卷常語二卷　(清)潘諮撰　清道光二十四年(1844)陳繼昌瞻園刻本　六册

330000－1701－0017967　HJH4513　集部/别集類/清别集

寄思齋藏稿十四卷補遺一卷公孫龍子注一卷附辛筠谷[從益]年譜一卷　(清)辛從益撰　(清)辛桂雲　(清)辛辰雲輯　清咸豐元年

(1851)辛氏刻本　三冊　存六卷(藏稿一至六)

330000－1701－0017968　普 915.1229/2035/c2　史部/地理類/方志之屬/郡縣志
[光緒]肥城縣志十卷首一卷　(清)凌紱曾修　(清)邵承照纂　清光緒十七年(1891)刻本　六冊

330000－1701－0017969　HJL3491　集部/總集類/彙編之屬
曾太僕左夫人詩稿合刻二種十二卷　(清)曾詠　(清)左錫嘉撰　清光緒十七年(1891)定襄官署刻本　七冊

330000－1701－0017970　HJL3496　集部/別集類/清別集
潘少白先生文集八卷詩集五卷常語二卷　(清)潘諮撰　清道光二十四年(1844)陳繼昌瞻園刻本　四冊

330000－1701－0017971　HJL2443　集部/別集類/明別集
王弇州詩鈔六卷　(明)王世貞撰　(清)邵長蘅評選　(清)楊大鯤条評　清青門草堂刻本　五冊

330000－1701－0017972　HJL3636　集部/別集類/清別集
簣山堂詩鈔二十一卷　(清)王賡言撰　清嘉慶刻本　八冊

330000－1701－0017973　HJL3519　集部/別集類/清別集
簣山堂詩鈔二十一卷　(清)王賡言撰　清嘉慶刻本　八冊

330000－1701－0017974　普 915.1229/1064.4/(2)/c4　史部/地理類/山川之屬/山志
泰山道里記一卷　(清)聶鈫撰　清道光六年(1826)刻本　二冊

330000－1701－0017975　HJL4573　集部/別集類/清別集
簣山堂詩鈔十六卷　(清)王賡言撰　清嘉慶刻本　十二冊

330000－1701－0017977　HJL4951　集部/別集類/清別集
廉泉詩鈔四卷　(清)范仕義撰　(清)陳溶編　清道光二十二年(1842)陳氏友石居刻本　四冊

330000－1701－0017978　HJL2596　集部/別集類/清別集
柳南詩鈔十卷文鈔六卷　(清)王應奎撰　清乾隆十七年(1752)刻本　六冊

330000－1701－0017979　HJL3573　集部/別集類/清別集
柳南詩鈔十卷文鈔六卷　(清)王應奎撰　清乾隆十七年(1752)刻本　十冊

330000－1701－0017980　HJL2348　集部/別集類/清別集
廉泉詩鈔四卷　(清)范仕義撰　(清)陳溶編　清道光二十二年(1842)陳氏友石居刻本　二冊

330000－1701－0017981　普 915.1229/6032　史部/地理類/方志之屬/郡縣志
[道光]東阿縣志二十四卷首一卷　(清)李賢書修　(清)吳怡等纂　清道光九年(1829)刻本　十二冊

330000－1701－0017982　HJL4635　集部/別集類/清別集
有香草堂詩集十六卷　(清)茅元輅撰　清道光十一年(1831)刻本　八冊

330000－1701－0017983　HJL4394　集部/別集類/清別集
銅梁山人詩集二十五卷　(清)王汝璧撰　清光緒二十年(1894)京師刻本　四冊

330000－1701－0017984　HJH3892　集部/總集類/彙編之屬
曾太僕左夫人詩稿合刻二種十二卷　(清)曾詠　(清)左錫嘉撰　清光緒十七年(1891)定襄官署刻本　七冊

330000－1701－0017985　HJL2950　類叢部/叢書類/郡邑之屬

三怡堂叢書二十種　張鳳臺編　清光緒三十二年至民國十二年(1906－1923)河南官書局刻本　十册　存一種

330000－1701－0017987　HJL4632　集部/別集類/清別集

潛虛文鈔四卷詩鈔三卷崇祀錄一卷　(清)翁咸封撰　清道光二十七年(1847)翁心存刻本　二册

330000－1701－0017988　HJL3291　集部/總集類/選集之屬/斷代

懷舊集十二卷續集六卷又續集二卷女士詩錄一卷　(清)吳翌鳳輯　清嘉慶十八年(1813)刻本　十册

330000－1701－0017989　普915.1229/7031　史部/地理類/方志之屬/郡縣志

[嘉慶]平陰縣志四卷　(清)喻春林修　(清)朱續孜纂　清嘉慶十三年(1808)刻本　四册　缺一卷(一)

330000－1701－0017990　HJL4322　集部/別集類/清別集

葆淳閣集二十四卷附易說二卷　(清)王杰撰　**王文端公[杰]年譜一卷**　(清)阮元編　清嘉慶刻本　十二册

330000－1701－0017991　HJL2509　集部/別集類/清別集

葆淳閣集二十四卷附易說二卷　(清)王杰撰　**王文端公[杰]年譜一卷**　(清)阮元編　清嘉慶二十年(1815)阮元刻本　十册　存二十二卷(一至二十一、王文端公年譜)

330000－1701－0017992　HJL2318　集部/別集類/明別集

青螺公遺書合編三十五卷首一卷　(明)郭子章撰　(清)郭子仁輯　**垂楊館集十一卷**　(明)郭孔建撰　**經傳正誤一卷**　(明)郭孔太撰　清光緒八年(1882)冠朝三樂堂刻本　清孫貽穀題記並跋　十四册

330000－1701－0017993　HJL5218　集部/別集類/清別集

二南文集二卷　(清)周樂撰　清道光二十二年(1842)枕湖書屋刻本　四册

330000－1701－0017994　HJL2622　集部/別集類/清別集

二南文集二卷　(清)周樂撰　清道光二十二年(1842)枕湖書屋刻本　二册

330000－1701－0017995　HJL3174　集部/總集類/彙編之屬

國朝文錄續編四十九種附一種　(清)李祖陶編　清同治七年(1868)敖陽李氏刻本　三十二册

330000－1701－0017996　HJL5635　集部/別集類/清別集

獨善堂文集八卷　(清)王大經撰　(清)周右編　清嘉慶二十二年(1817)周右春暉堂刻本　四册

330000－1701－0017997　HJH4189　集部/別集類/清別集

獨善堂文集八卷　(清)王大經撰　(清)周右編　清嘉慶二十二年(1817)周右春暉堂刻本　八册

330000－1701－0017998　HJL4618　集部/別集類/清別集

鷗汀漁隱詩集六卷　(清)陳偕燦撰　清道光二十年(1840)懺琴閣刻本　四册

330000－1701－0017999　HJL3724　集部/別集類/清別集

雙佩齋文集四卷駢體文集一卷　(清)王友亮撰　清嘉慶刻本　二册

330000－1701－0018001　HJL2605　集部/別集類/清別集

雙佩齋詩集八卷文集四卷駢體文集一卷　(清)王友亮撰　**補梅書屋詩草一卷**　(清)王麟生撰　**江聲帆影閣詩稿一卷**　(清)王鳳生撰　清嘉慶至道光刻本　五册

330000－1701－0018003　HJL5441　集部/別集類/清別集

研秋齋詩畧一卷文畧一卷筆記二卷　(清)劉

彦矩撰　(清)劉鵷　(清)劉鳩輯　(清)劉賨楠編次　清道光十七年至十八年(1837－1838)五之堂刻本　二冊

330000－1701－0018004　HJL2191　集部/別集類/明別集

來陽伯文集二十卷　(明)來復撰　清李氏惜陰軒刻本　十冊

330000－1701－0018005　普 915.1241/4042　史部/政書類/公牘檔冊之屬

守城清鄉卷存一卷　程贊清撰　清宣統二年(1910)鉛印本　一冊

330000－1701－0018006　普 915.12291/0027　史部/地理類/方志之屬/郡縣志

[康熙]曹州志二十卷　(清)佟企聖修　(清)蘇毓眉等纂　清康熙十三年(1674)刻本　七冊　存十三卷(八至二十)

330000－1701－0018007　HJL4383　集部/別集類/清別集

梅庵詩鈔五卷應制詩一卷玉門詩鈔二卷附詩餘一卷文鈔二卷梅菴[鐵保]自編年譜二卷　(清)鐵保撰　清道光二年(1822)長白鐵保石經堂刻本　八冊

330000－1701－0018008　HJL2891　集部/別集類/明別集

從野堂存稿八卷外集五卷附錄一卷　(明)繆昌期撰　(清)繆之鎔編　**[繆昌期]年譜一卷**　(清)繆之鎔撰　清同治十三年(1874)海陵別業刻本　四冊

330000－1701－0018009　普 915.12291/3032　史部/地理類/方志之屬/郡縣志

[道光]城武縣志十四卷首一卷　(清)袁章華修　(清)劉士瀛纂　清道光十年(1830)刻本　十冊

330000－1701－0018010　HJL4486　集部/別集類/清別集

陶園文集八卷詩餘二卷詩集二十二卷　(清)張九鉞撰　清道光七年(1827)張氏賜錦樓彙印本　八冊

330000－1701－0018011　HJL3336　集部/總集類/氏族之屬

曲阜詩鈔八卷　(清)孔憲彝輯　清道光二十三年(1843)刻本　二冊

330000－1701－0018012　HJL5537　集部/別集類/清別集

石林艸堂詩存一卷　(清)葉舟撰　清道光十三年(1833)金楷、李堃刻本　二冊

330000－1701－0018013　HJL2968　集部/別集類/明別集

松石齋詩集六卷　(明)趙用賢撰　清光緒二十二年(1896)趙氏承啓堂刻本　一冊

330000－1701－0018014　普 811.1087/44141　集部/總集類/選集之屬/斷代

新選秋詩又新集二卷附西湖名勝試帖補編一卷　(清)葉乃喜輯　清光緒元年(1875)杭州運署刻本　四冊

330000－1701－0018015　HJL6457　集部/別集類/清別集

杏軒集八卷　(清)胡貞幹撰　清道光元年(1821)刻本　四冊

330000－1701－0018016　HJH6213　子部/儒家類/儒學之屬/經濟

皇朝經世文編一百二十卷姓名總目二卷生存姓名一卷　(清)賀長齡輯　清道光七年(1827)刻本　八十冊

330000－1701－0018017　普 915.1241/4043/c1　類叢部/叢書類/彙編之屬

清風室叢刊二十種　(清)錢保塘編　清同治十年至民國二十五年(1871－1936)海寧錢氏清風室刻本　一冊　存一種

330000－1701－0018018　HJL6456　集部/別集類/清別集

魯遊小草四卷　(清)汪培基撰　清道光十一年(1831)刻本　一冊

330000－1701－0018019　HJL2393　集部/別集類/明別集

熊襄愍公集十卷首一卷末一卷　(明)熊廷弼

撰　清同治三年(1864)熊氏祠堂刻本　十册

330000－1701－0018020　普 111.21/4608　類叢部/叢書類/自著之屬
楊仁山居士遺著十四種　(清)楊文會撰　清光緒至民國金陵刻經處刻本　一册　存一種

330000－1701－0018022　HJL5113　集部/別集類/清別集
願學堂詩存二十二卷　(清)邵亨豫撰　清光緒十年(1884)琴川刻本　四册

330000－1701－0018023　HJL3488　集部/總集類/郡邑之屬
續金陵詩徵六卷首一卷　(清)朱紹亭等輯　清光緒二十年(1894)刻本　六册

330000－1701－0018024　HJH2287　集部/別集類/明別集
熊襄愍公尺牘四卷　(明)熊廷弼撰　清光緒二十一年至二十二年(1895－1896)京師刻本　四册

330000－1701－0018028　普 915.12291/8036　史部/地理類/方志之屬/郡縣志
[宣統]濮州志八卷　(清)高士英修　(清)榮相鼎纂　清宣統元年(1909)刻本　八册

330000－1701－0018029　HJL5178　集部/別集類/清別集
師水齋全集十八卷　(清)崔預撰　清同治八年(1869)崔氏刻本　四册

330000－1701－0018030　普 915.12291/6027　史部/地理類/方志之屬/郡縣志
[康熙]兖州府曹縣志十八卷　(清)朱琦修　(清)藍庚生纂　清康熙二十四年(1685)刻五十五年(1716)閆山郭道生增修本　八册

330000－1701－0018031　HJL4472　類叢部/叢書類/自著之屬
南江邵氏遺書十四種　(清)邵晉涵撰　清乾隆至嘉慶邵氏家刻本　四册　存一種

330000－1701－0018032　HJL3809　類叢部/叢書類/自著之屬
南江邵氏遺書十四種　(清)邵晉涵撰　清乾隆至嘉慶邵氏家刻本　四册　存二種

330000－1701－0018033　HJL3478　集部/總集類/郡邑之屬
徐州詩徵八卷　(清)桂中行輯　清光緒十七年(1891)刻本　四册

330000－1701－0018034　HJL4647　類叢部/叢書類/自著之屬
劉蕉雲先生遺書二種　(清)劉傳瑩撰　清光緒刻宣統二年(1910)彙印本　一册　存一種

330000－1701－0018035　普 915.1241/4043/c3　類叢部/叢書類/彙編之屬
清風室叢刊二十種　(清)錢保塘編　清同治十年至民國二十五年(1871－1936)海寧錢氏清風室刻本　一册　存一種

330000－1701－0018036　普 915.1241/4044　類叢部/叢書類/郡邑之屬
海昌叢載三十二種　(清)羊復禮編　清光緒海昌羊氏傳卷樓粵東刻本　一册　存一種

330000－1701－0018037　HJH4079　集部/別集類/清別集
壺山自吟稿三卷附錄一卷俟寧居偶詠一卷　(清)朱休度撰　清嘉慶三年(1798)刻本　四册

330000－1701－0018038　普 915.12291/6035　史部/地理類/方志之屬/郡縣志
[光緒]曹州府曹縣志十八卷首一卷　(清)陳嗣良修　(清)孟廣來　(清)賈迺延纂　清光緒十年(1884)居敬書院刻本　十二册

330000－1701－0018039　HJL3357　集部/總集類/郡邑之屬
國朝松江詩鈔六十四卷　(清)姜兆翀輯　清嘉慶十三年(1808)敬和堂刻本　十六册

330000－1701－0018041　HJL5304　集部/別集類/清別集
齊莊中正堂詩鈔十五卷　(清)殷兆鏞撰　清光緒刻本　四册

330000－1701－0018042　HJL3792　集部/別集類/清別集
稻香樓詩集七卷　(清)程際盛　(程炎)撰　清嘉慶刻本　二冊

330000－1701－0018043　HJL5337　集部/別集類/清別集
十三峯書屋文稿一卷詩集二卷書札四卷批牘二卷　(清)李榕撰　清光緒十六年至十八年(1890－1892)蔣德鈞龍安書院刻本　八冊

330000－1701－0018044　HJL2777　集部/別集類/明別集
左忠毅公集三卷　(明)左光斗撰　**左忠毅公[光斗]年譜二卷**　(清)左宰撰　**左侍御公集一卷**　(明)左光先撰　清道光二十九年(1849)刻本　六冊

330000－1701－0018045　HJL3577　集部/別集類/清別集
松溪文集一卷　(清)汪梧鳳撰　(清)汪灼輯　清乾隆不疏園刻本　二冊

330000－1701－0018046　普 811.1087/4048/2/c1　類叢部/叢書類/自著之屬
隨園三十六種　(清)袁枚撰　清光緒十九年(1893)倉山舊主石印本　一冊　存二種

330000－1701－0018047　HJL2995　集部/總集類/郡邑之屬
楚庭耆舊遺詩前集二十一卷後集二十一卷　(清)伍崇曜輯　清道光二十三年(1843)南海伍氏刻本　八冊

330000－1701－0018048　HJL3341　集部/總集類/郡邑之屬
楚庭耆舊遺詩前集二十一卷後集二十一卷　(清)伍崇曜輯　清道光二十三年(1843)南海伍氏刻本　八冊

330000－1701－0018049　HJL2677　集部/別集類/明別集
周忠介公燼餘集三卷　(明)周順昌撰　**周吏部[順昌]年譜一卷**　(明)殷獻臣編　**忠介遺事一卷**　清光緒二十九年(1903)唐文治刻本二冊

330000－1701－0018050　HJL3825　集部/別集類/清別集
靜厓詩初稿十二卷後稿十二卷續稿六卷　(清)汪學金撰　清嘉慶井福堂刻本　六冊

330000－1701－0018051　普 915.12291/1035　史部/地理類/方志之屬/郡縣志
[光緒]菏澤縣志二十卷　(清)凌壽柏修　(清)宋明在纂　清光緒六年(1880)刻本　十二冊

330000－1701－0018052　HJH3810　集部/別集類/清別集
靜厓詩初稿十二卷後稿十二卷續稿六卷　(清)汪學金撰　清嘉慶井福堂刻本　四冊　存六卷(續稿一至六)

330000－1701－0018053　HJL4801　集部/別集類/清別集
御製文二集四十四卷目錄二卷　(清)高宗弘曆撰　清乾隆內府刻本　十二冊

330000－1701－0018054　HJH4031　集部/總集類/郡邑之屬
廣濟耆舊詩集十二卷　(清)夏槐輯　清光緒十三年(1887)松江金山縣署刻本　六冊

330000－1701－0018055　HJL2264　集部/別集類/明別集
范文忠公初集十二卷　(明)范景文撰　**范文忠公[景文]年譜一卷**　(清)王孫錫編　清康熙十二年(1673)范氏思仁堂刻道光五年(1825)范爾畲補刻光緒十三年(1887)再補刻本　六冊

330000－1701－0018056　HJL3490　集部/總集類/郡邑之屬
廣濟耆舊詩集十二卷　(清)夏槐輯　清光緒十三年(1887)松江金山縣署刻本　六冊

330000－1701－0018057　HJL3631　集部/別集類/清別集
念宛齋文藁八卷文補一卷詩集十卷詞鈔一卷詞曲一卷官書八卷　(清)左輔撰　清嘉慶二

十五年至道光元年(1820－1821)裕德堂刻本　十一冊

330000－1701－0018058　普 915.12292/0029　史部/地理類/方志之屬/郡縣志
[乾隆]濟寧直隸州志三十四卷首一卷　(清)胡德琳　(清)藍應桂修　(清)周永年　(清)盛百二纂　清乾隆四十三年(1778)刻五十年(1785)王道亨、盛百二增刻本　二十冊

330000－1701－0018061　HJL3370　集部/總集類/郡邑之屬
湖南文徵一百九十卷首一卷目錄六卷姓氏傳四卷　(清)羅汝懷輯　清同治十年(1871)刻本　一百冊

330000－1701－0018062　HJL2118　集部/別集類/明別集
拙菴集四卷　(明)李紹撰　**浮山李氏留芳集十卷**　(明)李瑢輯　**浮山李氏續留芳集二卷**　(明)李銳輯　**梳雲閣草一卷二集一卷**　(清)康瑤玉撰　清光緒刻本　十二冊

330000－1701－0018063　普 915.1241/4043/c2　類叢部/叢書類/彙編之屬
清風室叢刊二十種　(清)錢保塘編　清同治十年至民國二十五年(1871－1936)海寧錢氏清風室刻本　一冊　存一種

330000－1701－0018064　HJL3296　集部/總集類/郡邑之屬
粵東七子詩六卷　(清)盛大士輯　清道光二年(1822)刻本　二冊

330000－1701－0018065　HJL3794　集部/別集類/清別集
天海樓古文鈔四卷四六文鈔四卷　(清)李懿曾撰　清嘉慶二年(1797)刻本　四冊

330000－1701－0018067　HJH5152　集部/別集類/清別集
聽松濤館詩鈔十一卷文鈔二十八卷　(清)阮文藻撰　清道光十一年(1831)、同治六年(1867)刻本　二冊　存四卷(詩鈔一、文鈔一至三)

330000－1701－0018068　HJL3316　集部/別集類/清別集
孱守齋遺稾四卷　(清)姚世鈺撰　清乾隆刻本　二冊

330000－1701－0018069　HJL3908　集部/別集類/清別集
裘文達公文集六卷補遺一卷恭和御製詩六卷詩集十二卷奏議一卷　(清)裘曰修撰　清嘉慶八年(1803)裘行簡刻同治十一年(1872)修補本　十冊

330000－1701－0018070　普 915.12292/1034　史部/地理類/方志之屬/郡縣志
[咸豐]金鄉縣志略十二卷首一卷　(清)李壘纂修　清同治元年(1862)刻本　四冊

330000－1701－0018071　HJL2982　集部/別集類/明別集
瞿忠宣公集十卷　(明)瞿式耜撰　清道光十五年(1835)李兆洛刻光緒十三年(1887)常熟瞿廷韶重印本　四冊

330000－1701－0018072　HJH5205　集部/別集類/清別集
示樸齋駢體文六卷　(清)錢振倫撰　清同治六年(1867)袁浦崇實書院刻本　二冊

330000－1701－0018073　HJL3795　集部/別集類/清別集
洽園詩稿十六卷補稿二卷詩餘一卷　(清)范來宗撰　清嘉慶有容堂刻本　四冊

330000－1701－0018074　HJL4957　集部/別集類/清別集
微尚齋詩集初編四卷續集一卷　(清)馮志沂撰　清同治三年(1864)廬州郡齋刻本　一冊

330000－1701－0018076　HJL2248　集部/別集類/明別集
素園遺書十八卷　(明)葉廷秀撰　清道光四年(1824)濮州尊經閣刻本　六冊

330000－1701－0018077　HJL4975　集部/別集類/清別集
攜雪堂文集四卷　(清)吳可讀撰　(清)郭嵐

（清）李崇洸輯　（清）楊慶生箋注　清光緒二十六年(1900)浙江書局刻本　四册

330000－1701－0018078　普 915.1241/4079　史部/地理類/水利之屬
海寧塘末議一卷　（清）張斯桂撰　清同治六年(1867)木活字印本　一册

330000－1701－0018079　HJL3470　集部/别集類/清别集
愚荃敝帚二卷　（清）李文安撰　清同治五年(1866)吳坤修武昌刻本　一册

330000－1701－0018080　HJL2901　集部/别集類/明别集
熊魚山先生文集二卷首一卷末一卷　（明）熊開元撰　（清）黄秩柄編次　清光緒二十一年(1895)泠然閣刻本　二册

330000－1701－0018081　HJL3844　集部/别集類/清别集
竹初文鈔六卷詩鈔十六卷鸝䴉媒二卷乞食圖二卷　（清）錢維喬撰　清嘉慶十三年(1808)刻本　十二册

330000－1701－0018082　HJL5666　集部/别集類/清别集
睦州存藁八卷首一卷　（清）丁壽昌撰　清同治四年至五年(1865－1866)刻本　四册

330000－1701－0018083　普 915.12293/1032　史部/地理類/方志之屬/郡縣志
[道光]武城縣志續編十四卷首一卷　（清）厲秀芳纂修　清道光二十一年(1841)刻本　四册

330000－1701－0018084　HJL2424　集部/别集類/明别集
樓山堂集二十七卷　（明）吳應箕撰　清嘉慶逢源齋木活字印本　十二册

330000－1701－0018085　HJL4085　集部/别集類/清别集
棕亭詩鈔十八卷　（清）金兆燕撰　清嘉慶十二年(1807)贈雲軒刻本　六册

330000－1701－0018086　HJL2893　集部/别集類/清别集
敬恕堂詩存六卷　（清）方積撰　清嘉慶十九年(1814)刻本　四册

330000－1701－0018088　HJH4981　史部/政書類/邦計之屬
兩浙宦游紀畧四種　（清）戴槃撰　清同治七年(1868)刻本　一册　存三種

330000－1701－0018091　HJL3614　集部/别集類/清别集
石鼓硯齋文鈔二十卷詩鈔三十二卷試帖二卷直廬集八卷　（清）曹文埴撰　**先文敏公[曹文埴]行狀一卷**　（清）曹振鏞撰　清嘉慶五年(1800)曹振鏞刻本　三十二册

330000－1701－0018092　普 811.108982/2732　集部/總集類/郡邑之屬
黔詩紀略三十三卷　（清）莫友芝輯　清同治十二年(1873)遵義唐氏夢研齋金陵刻本　十六册

330000－1701－0018096　HJL3144　集部/别集類/清别集
花溪春暉堂文稿四卷　（清）金傳經　（金景祥）撰　清咸豐三年(1853)刻本　一册　存二卷(一至二)

330000－1701－0018097　HJL3635　集部/别集類/清别集
小峴山人詩集二十八卷文集六卷文續集二卷文補編一卷　（清）秦瀛撰　清嘉慶二十二年(1817)城西草堂刻道光初增刻本　八册　缺五卷(詩集二十五至二十八、文補編)

330000－1701－0018099　HJL4780　類叢部/叢書類/自著之屬
趣園初集五種　（清）陳鍾祥撰　清咸豐十年(1860)刻本　二册　存一種

330000－1701－0018100　HJL2403　類叢部/叢書類/家集之屬
玉山朱氏遺書二種　（清）諸可寶編　清光緒二十六年(1900)玉山書院刻本　一册　存

一種

330000－1701－0018102　HJL3851　集部/別集類/清別集

亦有生齋集文二十卷詩三十二卷樂府二卷詞五卷　(清)趙懷玉撰　清嘉慶至道光元年(1821)刻本　二十冊

330000－1701－0018103　HJL2876　集部/別集類/清別集

石柏山房詩存八卷首一卷　(清)趙文楷撰　清咸豐七年(1857)趙畇惠潮嘉道署刻本　四冊

330000－1701－0018104　HJL4483　集部/別集類/清別集

新城伯子文集八卷首一卷末一卷　(清)胡賡善撰　清嘉慶四年(1799)歙縣胡良會東井觀室刻本　六冊　存六卷(一至六)

330000－1701－0018105　HJL2830　集部/別集類/明別集

蘆槎詩稿二卷　(明)沈濬撰　清光緒三年(1877)師齋刻本　二冊

330000－1701－0018106　HJH4111　集部/別集類/清別集

滑疑集八卷　(清)韓錫胙撰　(清)宗稷辰重編　清咸豐五年(1855)石門山房刻本　四冊

330000－1701－0018108　HJL5220　集部/別集類/清別集

抱真書屋詩鈔八卷　(清)陸應穀撰　清道光二十四年(1844)刻本　二冊

330000－1701－0018109　普915.1241/4099　史部/地理類/方志之屬/郡縣志

[同治]修川小志二卷　(清)鄒存淦纂　清末小清儀閣抄本　二冊

330000－1701－0018110　HJL3554　集部/別集類/清別集

薛箖吟館鈔存八卷奉使朝鮮驛程日記一卷(清道光二十三年十二月二十日至二十四年四月初二日)　(清)柏葰撰　清咸豐三年(1853)刻本　九冊

330000－1701－0018111　HJL3834　集部/別集類/清別集

論山詩選十五卷詩餘一卷　(清)鮑之鍾撰　清道光十二年(1832)詠真堂刻本　十二冊

330000－1701－0018112　HJL2448　集部/別集類/明別集

葛中翰遺集十二卷首一卷　(明)葛麟撰　清光緒十六年(1890)敦本堂刻本　六冊

330000－1701－0018113　HJL4587　集部/別集類/清別集

汪梅村先生集十二卷外集一卷　(清)汪士鐸撰　清光緒七年(1881)刻本　四冊

330000－1701－0018114　HJL3663　集部/別集類/清別集

雙藤書屋詩集十二卷詩課題目一卷試帖二卷　(清)何道生撰　清道光元年(1821)何熙績、何耿繩刻本　八冊

330000－1701－0018115　HJL2429　集部/別集類/明別集

陶菴集二十二卷首一卷末一卷　(明)黃淳燿撰　清光緒五年至七年(1879－1881)童式穀、宋道南刻本　八冊

330000－1701－0018116　HJL3113　集部/別集類/清別集

雙藤書屋詩集十二卷詩課題目一卷試帖二卷　(清)何道生撰　清道光元年(1821)何熙績、何耿繩刻本　四冊

330000－1701－0018117　HJL3515　集部/別集類/清別集

謫麐堂遺集四卷　(清)戴望撰　清宣統三年(1911)歸安陸氏刻本　二冊

330000－1701－0018118　HJL4088　集部/別集類/清別集

雙藤書屋詩集十二卷詩課題目一卷試帖二卷　(清)何道生撰　**月波舫遺稿一卷**　(清)何熙績撰　清道光元年(1821)何熙績、何耿繩刻本　二冊

330000－1701－0018119　HJL4754　集部/別

集類/清別集

悔翁詩鈔十五卷補遺一卷詩餘五卷筆記六卷　(清)汪士鐸撰　清光緒九年(1883)合肥張氏味古齋刻本　四冊

330000－1701－0018120　HJL4396　集部/別集類/清別集

味經書屋詩稿十二卷　(清)張燮撰　清道光十一年(1831)張蓉鏡奉勤堂刻本　四冊

330000－1701－0018121　HJL2731　集部/別集類/明別集

陳忠裕全集三十卷兵垣奏議一卷首一卷末一卷自撰年譜三卷　(明)陳子龍撰　(清)王昶輯　清嘉慶八年(1803)簳山草堂刻同治八年(1869)補修本　十冊　缺一卷(兵垣奏議)

330000－1701－0018122　HJL2223　集部/別集類/清別集

南岡草堂文存二卷詩選二卷續編一卷　(清)秦際唐撰　清光緒二十七年(1901)刻本　四冊

330000－1701－0018123　HJL2945　集部/別集類/明別集

張文烈公遺詩一卷　(明)張家玉撰　清光緒二十九年(1903)東宮寓園刻本　一冊

330000－1701－0018124　普915.1241/5035/c1　史部/地理類/方志之屬/郡縣志

[光緒]富陽縣志二十四卷首一卷　(清)汪文炳等修　(清)蔣敬時等纂　清光緒三十二年(1906)刻本　十六冊

330000－1701－0018125　HJL2560　集部/別集類/明別集

寒木居詩鈔一卷　(明)張家珍撰　清光緒三十二年(1906)東官寓園祖若舊廬刻本　一冊

330000－1701－0018126　HJL3813　集部/別集類/清別集

柏香書屋詩鈔二十四卷　(清)張鳳孫撰　清道光二十年(1840)廣州刻本　六冊

330000－1701－0018127　普915.123/2174/c1　史部/地理類/方志之屬/郡縣志

吴地記一卷　(唐)陸廣微撰　**吴地記後集一卷**　(宋)□□輯　清同治十二年(1873)江蘇書局刻本　一冊

330000－1701－0018128　HJL5459　集部/別集類/清別集

綠漪艸堂文集三十卷首一卷別集二卷外集二卷詩集二十卷研華館詞三卷　(清)羅汝懷撰　(清)羅式常輯　清光緒九年(1883)湘潭羅式常長沙刻本　十四冊　缺四卷(別集一至二、外集一至二)

330000－1701－0018129　HJL4026　集部/別集類/清別集

大桴山人偶存集一卷　(清)陳詩撰　清光緒四年(1878)刻本　一冊

330000－1701－0018130　HJH3448　集部/別集類/清別集

伏敔堂詩錄十五卷續錄一卷首一卷附錄一卷　(清)江湜撰　清同治元年至二年(1862－1863)長洲江氏刻本　四冊

330000－1701－0018131　普915.1241/5035.06/2/c1　史部/地理類/方志之屬/郡縣志

[光緒]富陽縣新舊志校記二卷　(清)朱壽保纂　清光緒三十三年(1907)溫州翰墨林石印本　一冊

330000－1701－0018133　HJH3696　集部/別集類/清別集

五百四峯堂詩鈔二十五卷　(清)黎簡撰　清光緒六年(1880)黎氏教忠堂刻本　六冊

330000－1701－0018134　HJL3833　集部/別集類/清別集

野雲詩鈔十二卷　(清)鮑文逵撰　清道光九年(1829)刻本　六冊

330000－1701－0018135　HJL2914　集部/別集類/明別集

返生香一卷附集一卷　(明)葉小鸞撰　**窈聞一卷續一卷**　(明)葉紹袁撰　清光緒二十二年(1896)羊城秋夢盦刻本　劉承幹題記　二冊

330000－1701－0018136　HJH3105　集部/別集類/清別集

伏敔堂詩録十五卷續録四卷首一卷附録一卷　(清)江湜撰　清同治元年至五年(1862－1866)長洲江氏刻本　四册

330000－1701－0018138　普 915.123/2817/c1　史部/地理類/方志之屬/通志

[乾隆]江南通志二百卷首四卷　(清)尹繼善　(清)趙國麟修　(清)黄之雋　(清)章士鳳纂　清乾隆元年(1736)刻本　一百四十册

330000－1701－0018140　HJL3553　類叢部/叢書類/自著之屬

蔣侑石遺書三種　(清)蔣曰豫撰　清光緒三年(1877)蓮池書局刻本　一册　存一種

330000－1701－0018141　HJL2940　集部/別集類/明別集

陳巖野先生全集四卷　(明)陳邦彦撰　(清)溫汝能輯　清嘉慶十年(1805)聽松閣刻本　二册

330000－1701－0018142　HJL3843　集部/別集類/清別集

香蘇山館古體詩鈔十四卷今體詩鈔十六卷　(清)吴嵩梁撰　清道光刻本　四册

330000－1701－0018143　HJL3835　集部/別集類/清別集

香蘇山館古體詩鈔十七卷今體詩鈔十九卷　(清)吴嵩梁撰　清光緒二十三年(1897)三益文社刻本　八册

330000－1701－0018144　HJH5045　集部/別集類/清別集

未灰齋文集八卷外集一卷　(清)徐鼒撰　清咸豐十一年(1861)福寧郡齋刻本　四册

330000－1701－0018145　普 811.108999/83152　集部/總集類/氏族之屬

盧江錢氏詩匯　(清)錢儀吉輯　清道光刻本　二册　存四種

330000－1701－0018147　HJL3842　集部/別集類/清別集

再生小艸四卷　(清)吴嵩梁撰　清道光四年(1824)刻本　二册

330000－1701－0018148　普 915.123/2817/c2　史部/地理類/方志之屬/通志

[乾隆]江南通志二百卷首四卷　(清)尹繼善　(清)趙國麟修　(清)黄之雋　(清)章士鳳纂　清乾隆元年(1736)刻本　八十册

330000－1701－0018149　HJL2536　集部/別集類/明別集

夏節愍全集十卷首一卷末一卷補遺一卷續補遺一卷　(明)夏完淳撰　(清)莊師洛輯　(清)陳均　(清)何其偉編　清嘉慶十二年(1807)婁縣陳氏刻同治八年(1869)重修本　二册

330000－1701－0018152　普 915.123/2174/c2　史部/地理類/方志之屬/郡縣志

吴地記一卷　(唐)陸廣微撰　**吴地記後集一卷**　(宋)□□輯　清同治十二年(1873)江蘇書局刻本　一册

330000－1701－0018153　HJL5297　集部/別集類/清別集

敦夙好齋詩初編十二卷續編十一卷首一卷　(清)葉名澧撰　清光緒十六年(1890)葉兆綱刻本　八册

330000－1701－0018154　HJL4093　集部/別集類/清別集

鑑止水齋集二十卷　(清)許宗彦撰　清咸豐八年(1858)德清許延穀刻本　六册

330000－1701－0018155　HJL2930　集部/別集類/明別集

清江楊忠節公遺集八卷　(明)楊廷麟撰　清光緒五年至六年(1879－1880)蕭江書院刻本　八册

330000－1701－0018156　HJL3064　集部/別集類/清別集

盋山文録八卷詩録二卷　(清)顧雲撰　清光緒十五年(1889)南京刻本　四册

330000－1701－0018157　HJH4584　集部/

別集類/清別集

敦夙好齋詩全集二十三卷首二卷 (清)葉名灃撰 (清)葉恩頤輯 清光緒十六年(1890)葉兆綱刻本 三冊 存十二卷(續編一至十一、首)

330000-1701-0018158 HJL4952 集部/別集類/清別集

盋山文錄八卷詩錄二卷 (清)顧雲撰 清光緒十五年(1889)南京刻本 四冊 缺二卷(詩錄一至二)

330000-1701-0018159 HJL3715 集部/別集類/清別集

太乙舟文集八卷 (清)陳用光撰 **觀象居詩鈔二卷** (清)陳蘭瑞撰 清光緒二十一年(1895)長沙刻本 八冊

330000-1701-0018161 HJL5267 集部/別集類/清別集

曾文正公書札三十三卷 (清)曾國藩撰 清宣統元年(1909)上海二金壘堂石印本 十冊

330000-1701-0018162 HJH3847 集部/別集類/清別集

養一齋文集二十卷李養一先生詩集四卷賦一卷詩餘一卷 (清)李兆洛撰 清光緒四年至八年(1878-1882)江陰曹佳校刻本 十冊

330000-1701-0018163 HJL4381 集部/別集類/清別集

養一齋文集二十卷李養一先生詩集四卷賦一卷詩餘一卷 (清)李兆洛撰 清光緒四年至八年(1878-1882)江陰曹佳校刻本 十二冊

330000-1701-0018164 HJL4138 集部/別集類/清別集

養一齋文集二十卷李養一先生詩集四卷賦一卷詩餘一卷 (清)李兆洛撰 清光緒四年至八年(1878-1882)江陰曹佳校刻本 八冊 存二十卷(一至二十)

330000-1701-0018166 HJL3087 集部/別集類/清別集

意園文略二卷 (清)盛昱撰 **意園事略一卷** 楊鍾羲編 清宣統二年(1910)刻留垞叢刻本 劉承幹題簽並記 一冊

330000-1701-0018167 HJL4555 集部/別集類/清別集

秋樵詩鈔六卷文鈔二卷 (清)張慶成撰 清道光十四年(1834)刻本 二冊 存六卷(詩鈔一至六)

330000-1701-0018168 HJL5350 集部/別集類/清別集

曾文正公家書十卷家訓二卷 (清)曾國藩撰 **曾文正公大事記四卷** (清)王定安等撰 **曾文正公榮哀錄一卷** 清光緒二十九年(1903)錦章書局石印本 六冊

330000-1701-0018169 HJL4331 類叢部/叢書類/自著之屬

求是堂全集六種 (清)胡承珙撰 清道光歙縣胡氏刻本 六冊 存二種

330000-1701-0018170 普915.123/2174/c3 史部/地理類/方志之屬/郡縣志

吳地記一卷 (唐)陸廣微撰 **吳地記後集一卷** (宋)□□輯 清同治十二年(1873)江蘇書局刻本 一冊

330000-1701-0018171 HJL2851 類叢部/叢書類/自著之屬

用六居士所著書五種 (清)刁包撰 清道光至同治刁懷謹順積樓刻本 六冊 存一種

330000-1701-0018173 HJL4341 集部/別集類/清別集

硯壽堂詩鈔八卷詩續鈔二卷詩餘一卷 (清)吳存楷撰 清嘉慶二十三年(1818)姑孰縣齋刻道光三年(1823)吳春燾增刻本 八冊

330000-1701-0018174 HJL3110 類叢部/叢書類/彙編之屬

刻鵠齋叢書十六種 (清)胡念修編 清光緒二十三年至二十七年(1897-1901)刻鵠齋刻本 六冊 存三種

330000-1701-0018175 HJL5340 子部/儒家類/儒學之屬/禮教/家訓

曾文正公家訓二卷　（清）曾國藩撰　清光緒十年（1884）尊聞閣主人鉛印本　二冊

330000－1701－0018176　HJL4037　類叢部/叢書類/彙編之屬
刻鵠齋叢書十六種　（清）胡念修編　清光緒二十三年至二十七年（1897－1901）刻鵠齋刻本　一冊　存一種

330000－1701－0018177　HJL3691　集部/別集類/清別集
印心石屋詩鈔初集四卷二集三卷　（清）陶澍撰　清嘉慶二十一年（1816）刻本　六冊

330000－1701－0018178　HJL5343　集部/別集類/清別集
胡文忠公遺集八十六卷首一卷　（清）胡林翼撰　（清）鄭敦謹　（清）曾國荃輯　（清）胡鳳丹重編　清光緒十四年（1888）上海著易堂鉛印本　八冊

330000－1701－0018179　普 915.1241/5035.06/2/c2　史部/地理類/方志之屬/郡縣志
［光緒］富陽縣新舊志校記二卷　（清）朱壽保纂　清光緒三十三年（1907）溫州翰墨林石印本　一冊

330000－1701－0018180　HJL4553　類叢部/叢書類/自著之屬
儀衛軒全集四種　（清）方東樹撰　清同治方宗誠刻本　四冊　存一種

330000－1701－0018181　HJL2315　集部/別集類/明別集
隰西草堂詩集五卷文集三卷遯渚唱和集一卷　（明）萬壽祺撰　（清）孫運錦輯　清道光四年（1824）刻本　二冊

330000－1701－0018182　HJL2903　集部/總集類/氏族之屬
合肥李氏三世遺集三種　李國杰輯　清光緒三十年（1904）合肥李氏刻本　四冊　存一種

330000－1701－0018183　普 915.1241/5035.06/2/c3　史部/地理類/方志之屬/郡縣志
［光緒］富陽縣新舊志校記二卷　（清）朱壽保纂　清光緒三十三年（1907）溫州翰墨林石印本　一冊

330000－1701－0018184　HJL5550　集部/別集類/清別集
胡文忠公遺集八十六卷首一卷　（清）胡林翼撰　（清）鄭敦謹　（清）曾國荃輯　清同治六年（1867）黃鶴樓刻本　三十二冊

330000－1701－0018185　HJL4052　集部/別集類/清別集
孟塗文集十卷駢體文二卷　（清）劉開撰　清道光七年（1827）童氏大鄣山館刻本　六冊

330000－1701－0018186　普 915.1241/5035/c3　史部/地理類/方志之屬/郡縣志
［光緒］富陽縣志二十四卷首一卷　（清）汪文炳等修　（清）蔣敬時等纂　清光緒三十二年（1906）刻本　十六冊

330000－1701－0018187　普 915.1241/5035.061/2/c1　史部/地理類/方志之屬/郡縣志
［宣統］富陽縣新志補正二卷　（清）朱壽保纂　清宣統三年（1911）溫州翰墨林石印本　一冊

330000－1701－0018188　HJL4434　集部/別集類/清別集
壺園詩鈔選十卷五代新樂府一卷　（清）徐寶善撰　清道光刻本　二冊

330000－1701－0018189　普 915.123/2174/c4　史部/地理類/方志之屬/郡縣志
吳地記一卷　（唐）陸廣微撰　**吳地記後集一卷**　（宋）□□輯　清同治十二年（1873）江蘇書局刻本　一冊

330000－1701－0018190　HJL4806　集部/別集類/清別集
左文襄公詩集一卷文集五卷聯語一卷　（清）左宗棠撰　清宣統元年（1909）鉛印本　二冊

330000－1701－0018191　HJH4980　集部/別集類/清別集
金峨山館文集不分卷　（清）郭傳璞撰　清光緒刻本　二冊

330000－1701－0018192　HJL2152　集部/别集類/清别集
金峨山館文集不分卷　(清)郭傳璞撰　清光緒刻本　四册

330000－1701－0018193　HJL4222　類叢部/叢書類/家集之屬
養志居僅存稿十種　(清)陳克劬編　清光緒十一年至十九年(1885－1893)丹徒陳氏刻本　二册　存一種

330000－1701－0018194　HJH5158　集部/别集類/清别集
玉鑑堂詩存一卷櫟寄詩存一卷　(清)汪曰楨撰　清光緒十五年(1889)刻本　一册

330000－1701－0018195　HJL3140　集部/别集類/清别集
筠心堂存稿八卷　(清)張孝時撰　清光緒五年(1879)刻本　四册

330000－1701－0018196　HJH3859　集部/别集類/清别集
御製詩二集六十四卷目錄八卷　(清)仁宗顒琰撰　清刻本　十六册　存三十二卷(一至三十二)

330000－1701－0018197　HJL3540　集部/别集類/清别集
誰與庵文鈔二卷孫氏先德傳一卷　(清)孫世均撰　清光緒十五年(1889)歸安孫氏守恆堂刻本　二册

330000－1701－0018198　HJL5551　類叢部/叢書類/自著之屬
煙嶼樓集四種　(清)徐時棟撰　清同治至光緒刻彙印本　十二册　存一種

330000－1701－0018199　HJL3766　集部/别集類/清别集
味餘書室全集定本四十卷目錄四卷隨筆二卷　(清)仁宗顒琰撰　(清)慶桂等編　清刻本　三十二册

330000－1701－0018200　HJH2964　集部/别集類/清别集
味餘書室全集定本四十卷目錄四卷隨筆二卷　(清)仁宗顒琰撰　(清)慶桂等編　清嘉慶五年(1800)刻本　十六册

330000－1701－0018201　HJL4099　集部/别集類/清别集
白圭堂詩鈔六卷續鈔六卷　(清)江之紀撰　清光緒十九年(1893)刻本　四册

330000－1701－0018202　HJL3046　集部/别集類/清别集
也居山房文集八卷詩集十卷補錄一卷　(清)魏承柷撰　清同治九年(1870)慶餘堂刻本　五册

330000－1701－0018203　HJH4791　集部/别集類/清别集
也居山房文集八卷詩集十卷補錄一卷　(清)魏承柷撰　清同治九年(1870)慶餘堂刻本　五册

330000－1701－0018204　HJL4643　集部/别集類/清别集
餐芍華館詩集八卷蕉心詞一卷　(清)周驥虎撰　清光緒十九年(1893)木活字印本　二册

330000－1701－0018205　HJH4794　集部/别集類/清别集
也居山房文集八卷詩集十卷　(清)魏承柷撰　清同治九年(1870)茹古齋刻本　四册

330000－1701－0018206　HJL3787　集部/别集類/清别集
樗雲詩鈔五卷　(清)鄭琮撰　清道光四年(1824)鄭開禧虛受齋刻本　一册

330000－1701－0018207　HJL4443　集部/别集類/清别集
十尺樓詩集一卷　(清)陳邦材撰　清嘉慶十年(1805)古香堂刻本　一册

330000－1701－0018208　HJL2832　集部/别集類/清别集
心遠小榭文集三卷詩集二卷　(清)梁松年撰　清光緒十一年(1885)刻本　四册

330000－1701－0018209　HJL4469　集部/別集類/清別集

繼芸樓詩稿二卷芸樓小拍一卷　(清)陳兆儲撰　清嘉慶四年(1799)敦好齋刻本　二册

330000－1701－0018210　HJL3520　集部/別集類/清別集

六梅書屋尺牘四卷　(清)凌丹陛撰　清同治十一年(1872)滬北江左書林刻本　四册

330000－1701－0018211　HJL5744　集部/別集類/清別集

春雨齋詩集十六卷桃花亭詞一卷　(清)蔣元龍撰　清嘉慶十一年(1806)延澤堂刻本　四册

330000－1701－0018212　HJH3115　集部/別集類/清別集

酌雅齋文集一卷汲雅山館詩鈔三卷　(清)彭希鄭撰　清光緒十年(1884)刻本　一册

330000－1701－0018213　HJH4569　類叢部/叢書類/自著之屬

悔餘菴集三種　(清)何栻撰　清同治四年(1865)鳩江戎幄刻本　十二册

330000－1701－0018214　HJL2913　集部/別集類/明別集

晚聞堂集十六卷　(明)余紹祉撰　清道光十七年(1837)和源單氏刻本　五册

330000－1701－0018215　HJL2856　集部/別集類/明別集

晚聞堂集十六卷　(明)余紹祉撰　清道光十七年(1837)和源單氏刻本　五册

330000－1701－0018216　HJL2855　集部/別集類/清別集

悔初廬詩稿十一卷附南北宋樂府一卷明史雜詠二卷　(清)柴文傑撰　清光緒二十一年(1895)刻本　四册

330000－1701－0018217　HJL3802　集部/別集類/清別集

小十誦寮詩存四卷　(清)周南撰　清嘉慶二十五年(1820)刻本　二册

330000－1701－0018218　HJL4869　集部/別集類/清別集

御製文集十卷詩集六卷　(清)穆宗載淳撰　清光緒武英殿刻本　八册

330000－1701－0018219　普 915.123/6110　史部/地理類/山川之屬/合志

蘇松太山川考一卷　(清)王廷瑚撰　清乾隆三十三年(1768)上洋王廷瑚刻本　一册

330000－1701－0018220　HJL3084　集部/別集類/清別集

寒支集初集八卷二集四卷　(清)李世熊撰　(清)李子權編　清道光二十年(1840)徐茂林木活字印本　十二册

330000－1701－0018221　HJH3364　集部/別集類/清別集

御製文餘集六卷　(清)宣宗旻寧撰　清咸豐內府刻本　二册

330000－1701－0018222　HJL3839　集部/別集類/清別集

長春艸廬學詩十卷學文一卷　(清)邱壑撰　清嘉慶十八年至十九年(1813－1814)刻本　六册

330000－1701－0018223　HJL3362、HJL3363　集部/別集類/清別集

御製詩集六卷文集十卷　(清)穆宗載淳撰　(清)李鴻藻等編　清光緒武英殿刻本　八册

330000－1701－0018224　HJH3958　集部/別集類/清別集

易安齋詩集六卷　(清)邱孫梧撰　清嘉慶十四年(1809)德芬後圃刻本　二册

330000－1701－0018225　HJL2910　集部/別集類/明別集

休那遺稿十二卷外集三卷姚休那先生詩集一卷白白齊貨殖傳評一卷　(明)姚康撰　清光緒十五年(1889)桐城姚氏五桂山房木活字印本　十二册

330000－1701－0018226　HJL3660　集部/別集類/清別集

三李堂集十卷竹西客隱草堂集十卷 （清）金學蓮撰　清嘉慶十一年(1806)、道光七年(1827)刻本　四册

330000－1701－0018227　HJL2532　集部/别集類/清别集
退食槐聲留餘集二卷續刊二卷 （清）艾元徵撰　清光緒三年(1877)、十三年(1887)刻本　四册

330000－1701－0018228　HJL4634　集部/别集類/清别集
竹西客隱草堂集十卷 （清）金學蓮撰　清道光七年(1827)刻本　二册

330000－1701－0018229　HJL5120　集部/别集類/清别集
丹魁堂詩集七卷 （清）季芝昌撰　**茗韻軒遺詩一卷** （清）王甥稙撰　清同治四年(1865)紫瑯寓館刻本　三册

330000－1701－0018230　HJL4810　集部/别集類/清别集
衲蘇集二卷 （清）何栻撰　清同治元年(1862)章門刻本　二册

330000－1701－0018231　HJL2932　集部/别集類/清别集
龔端毅公奏疏八卷附一卷浠川政譜二卷定山堂古文小品二卷續集一卷古文補遺三卷詩集四十三卷詩餘四卷 （清）龔鼎孳撰　**芳草詞一卷** （清）龔士稚撰　清光緒九年(1883)龔氏聽彝書屋刻本　二十七册

330000－1701－0018232　普915.1241/5035/c4　史部/地理類/方志之屬/郡縣志
[光緒]富陽縣志二十四卷首一卷 （清）汪文炳等修　（清）蔣敬時等纂　清光緒三十二年(1906)刻本　十三册　存二十卷(三至二十二)

330000－1701－0018233　HJH4811　集部/别集類/清别集
衲蘇集二卷 （清）何栻撰　清同治元年(1862)章門刻本　二册

330000－1701－0018234　HJL2834　集部/别集類/清别集
兼濟堂文集選二十卷 （清）魏裔介撰　（清）魏荔彤輯　清康熙五十年(1711)龍江書院刻光緒十年(1884)重修本　十六册

330000－1701－0018235　HJL3812　集部/别集類/清别集
西霞文鈔二卷 （清）鄭光策撰　清嘉慶十年(1805)陳名世眠雨亭刻本　二册

330000－1701－0018236　HJL3216　集部/别集類/清别集
九思堂詩稿七卷 （清）奕譞撰　清同治十三年(1874)刻本　六册

330000－1701－0018238　HJL2861　集部/别集類/清别集
二曲集二十六卷 （清）李顒撰　清道光八年(1828)慶麟刻本　清龔丙吉批校並記　八册

330000－1701－0018239　HJL4115　集部/别集類/清别集
白華樓詩鈔四卷焚餘稿一卷 （清）薩玉衡撰　**白華樓詩鈔附錄一卷**　薩嘉曦輯　清光緒二十九年(1903)薩大年武城縣署刻本　四册

330000－1701－0018240　普915.123/8125/c1　史部/地理類/防務之屬/海防
江蘇沿海圖說一卷海島表一卷 （清）朱正元撰　清光緒二十五年(1899)上海鉛印本　一册

330000－1701－0018241　HJH2812　集部/别集類/清别集
述古堂集十二卷 （清）錢兆鵬撰　清光緒七年(1881)刻本　四册

330000－1701－0018242　HJH4657　類叢部/叢書類/自著之屬
柏堂遺書(方柏堂全集)八種附一種 （清）方宗誠撰　清光緒元年至十二年(1875－1886)桐城方氏刻本　二十四册　存一種

330000－1701－0018243　HJL3638　集部/别集類/清别集

小容齋詩鈔十卷　(清)洪占銓撰　清嘉慶二十三年(1818)刻本　二冊

330000 - 1701 - 0018244　HJL2977　集部/別集類/清別集

馬徵君遺集六卷首一卷　(清)馬三俊撰　(清)方宗誠編　清同治三年(1864)刻本　二冊

330000 - 1701 - 0018245　HJL4008　集部/別集類/清別集

成志堂詩集十四卷外集一卷　(清)沈榮昌撰　清嘉慶十年(1805)刻本　六冊

330000 - 1701 - 0018246　HJH2678　集部/別集類/清別集

松桂堂全集三十七卷南湝集三卷延露詞三卷　(清)彭孫遹撰　清宣統三年(1911)掃葉山房石印本　十二冊

330000 - 1701 - 0018247　HJH3878　集部/別集類/清別集

松桂堂全集三十七卷南湝集三卷延露詞三卷　(清)彭孫遹撰　清宣統三年(1911)掃葉山房石印本　五冊　存十八卷(二至十九)

330000 - 1701 - 0018248　HJL4005　集部/別集類/清別集

晉希堂詩集二卷　(清)潘瑛撰　**竹軒詩集三卷**　(清)張葆光撰　清嘉慶元年(1796)刻本　清桃潭漁子題簽並記　一冊

330000 - 1701 - 0018249　普 915. 1231/0021　史部/地理類/雜志之屬

金陵通紀十卷國朝金陵通紀四卷金陵通紀補一卷　陳作霖撰　清光緒三十三年(1907)江寧陳氏瑞華館刻民國元年(1912)補刻本　四冊

330000 - 1701 - 0018250　HJL3816　集部/別集類/清別集

小海自定詩一卷黟山紀游一卷　(清)汪淮撰　清嘉慶九年(1804)刻本　一冊

330000 - 1701 - 0018251　普 915. 1231/0031/c1　史部/地理類/方志之屬/郡縣志

[嘉慶]重刊江寧府志五十六卷附校勘記一卷　(清)呂燕昭修　(清)姚鼐纂　清光緒六年(1880)刻本　十二冊

330000 - 1701 - 0018252　HJL3480　集部/別集類/清別集

抱山草堂遺稿二卷　(清)楊寶彝撰　清光緒二年(1876)楊峴吳門刻本　一冊

330000 - 1701 - 0018253　普 915. 123/8125/c2　史部/地理類/防務之屬/海防

江蘇沿海圖說一卷海島表一卷　(清)朱正元撰　清光緒二十五年(1899)上海鉛印本　一冊

330000 - 1701 - 0018255　HJL3781　集部/別集類/清別集

蓮湖詩草三卷　(清)徐崇烱撰　清嘉慶六年(1801)刻本　六冊

330000 - 1701 - 0018256　普 915. 1231/0031/2/c1　史部/地理類/方志之屬/郡縣志

[嘉慶]新修江寧府志五十六卷　(清)呂燕昭修　(清)姚鼐纂　清嘉慶十六年(1811)刻本　二十四冊

330000 - 1701 - 0018257　HJL5046　集部/別集類/清別集

遲鴻軒詩棄四卷文棄二卷　(清)楊峴撰　清光緒十一年至十三年(1885 - 1887)刻本　二冊

330000 - 1701 - 0018258　HJL4016　集部/別集類/清別集

雲林堂詩二卷　(清)倪稻孫撰　清嘉慶木瀆周氏刻本　清馥泉、清盤澐生觀款　一冊

330000 - 1701 - 0018260　HJL2497　集部/總集類/郡邑之屬

粵十三家集　(清)伍元薇輯　清道光二十年(1840)南海伍氏詩雪軒刻本　六冊　存一種

330000 - 1701 - 0018261　HJH4766　集部/別集類/清別集

遲鴻軒詩棄四卷文棄二卷詩續一卷文續一卷　(清)楊峴撰　清光緒十一年至十三年

(1885－1887)、十九年(1893)刻本　三册

330000－1701－0018262　普 915.123/8125/c3　史部/地理類/防務之屬/海防

江蘇沿海圖說一卷海島表一卷　(清)朱正元撰　清光緒二十五年(1899)上海鉛印本　一册

330000－1701－0018263　普 915.1231/0035/c1　史部/地理類/方志之屬/郡縣志

[光緒]續纂江寧府志十五卷首一卷勘誤一卷　(清)蔣啓勛　(清)趙佑宸修　(清)汪士鐸等纂　清光緒六年(1880)刻十年(1884)印本　十二册

330000－1701－0018264　HJL2918　集部/别集類/清别集

靈樵仙館詩草十四卷　(清)何乃瑩撰　清光緒三十一年(1905)刻本　四册

330000－1701－0018265　普 915.1241/5042/c1　史部/地理類/方志之屬/郡縣志

[光緒]富陽縣輿地小志一卷　(清)陳承澍修　(清)徐澹仙纂　清光緒三十年(1904)石印本　一册

330000－1701－0018266　HJL2863　集部/别集類/清别集

渠亭山人半部稾四種　(清)張貞撰　清康熙刻本　四册　存一種

330000－1701－0018267　HJL5653　集部/别集類/清别集

遲鴻軒詩存一卷文存一卷　(清)楊峴撰　清光緒二年(1876)吳門刻本　一册

330000－1701－0018268　HJL3394　集部/别集類/清别集

潛穎詩十卷文四卷　(清)何維棣撰　清光緒二十七年(1901)刻本　四册

330000－1701－0018270　HJL2385　集部/别集類/清别集

東岡詩鈔一卷補遺一卷文鈔一卷　(清)周肇撰　**遯濱遺草一卷**　(清)周致中撰　**惺睡草一卷**　(清)周之櫝撰　清嘉慶二十年至道光十七年(1815－1837)周杰刻本　一册

330000－1701－0018272　HJL5172　集部/别集類/清别集

甘泉鄉人稿二十四卷餘稿二卷　(清)錢泰吉撰　**皇清敕授修職郎誥封朝議大夫顯考警石府君[錢泰吉]年譜一卷**　(清)錢應溥編　**四水子遺著一卷**　(清)錢友泗撰　**邠農偶吟稿一卷**　(清)錢炳森撰　清同治七年(1868)、十一年(1872)鍾氏刻光緒七年(1881)、十一年(1885)錢氏青溪官舍增刻本　六册　缺二卷(四水子遺著、邠農偶吟稿)

330000－1701－0018273　HJL2871　集部/别集類/清别集

通隱堂詩初集四卷　(清)何承道撰　清光緒二十四年(1898)瀘陽客舍刻本　一册

330000－1701－0018274　HJL4237　集部/别集類/清别集

南歸集一卷　(清)程虞卿撰　清嘉慶七年(1802)刻本　清程鍾批並題記　一册

330000－1701－0018275　HJH2461　集部/别集類/清别集

趙恭毅公賸藁八卷　(清)趙申喬撰　(清)趙侗斆編　清光緒十八年(1892)浙江書局刻本　四册

330000－1701－0018276　HJL2873　集部/别集類/清别集

慧定盦近詩四卷　(清)何承道撰　清光緒三十二年(1906)定遠西廨刻本　一册

330000－1701－0018278　HJL2860　集部/别集類/清别集

南畇先生文錄二卷詩錄二卷　(清)彭定求撰　清同治十二年(1873)衣言堂刻本　二册

330000－1701－0018279　HJL2308　類叢部/叢書類/家集之屬

長洲彭氏家集九種　(清)彭祖賢編　清同治至光緒刻本　十六册　存一種

330000－1701－0018280　HJL2840　集部/别集類/清别集

午陰清舍詩草十六卷試帖四卷附存七言排律一卷　(清)何福堃撰　清光緒三十一年(1905)蘭州官書局鉛印本　六册

330000－1701－0018281　HJL3827　集部/别集類/清别集

閬榻先生集三十卷　(清)張望撰　清嘉慶十六年(1811)陽下山莊刻本　十册

330000－1701－0018282　HJL2738　類叢部/叢書類/彙編之屬

拜經樓叢書(愚谷叢書)二十三種　(清)吳騫編　清乾隆至嘉慶海昌吳氏刻彙印本　一册　存一種

330000－1701－0018283　HJH3950　集部/别集類/清别集

閬榻先生外集八卷　(清)張望撰　清同治三年(1864)義寧州萬家坊鴻文齋刻本　四册

330000－1701－0018284　普 915.1241/5042/c2　史部/地理類/方志之屬/郡縣志

[光緒]富陽縣輿地小志一卷　(清)陳承澍修　(清)徐澹仙纂　清光緒三十年(1904)石印本　一册

330000－1701－0018285　HJL2919　集部/别集類/清别集

愚谷文存續編二卷　(清)吳騫撰　清嘉慶十九年(1814)刻本　二册

330000－1701－0018286　普 915.1231/0051/c1　史部/地理類/雜志之屬

六朝事迹編類十四卷　(宋)張敦頤撰　清光緒十三年(1887)李濱寶章閣刻本　二册

330000－1701－0018287　HJL3403　集部/别集類/清别集

金粟山房詩鈔十卷　(清)朱寯瀛撰　清光緒二十七年(1901)刻本　二册

330000－1701－0018288　HJH3953　集部/别集類/清别集

鶼花岡詩集八卷　(清)張望撰　清同治三年(1864)義甯州萬家坊鴻文齋刻本　四册

330000－1701－0018289　HJL2431　集部/别集類/清别集

乙未亭詩集六卷畏壘山人詩集四卷畏壘筆記四卷　(清)徐昂發撰　清桂森堂刻本　十册

330000－1701－0018290　HJL2835　集部/别集類/清别集

潔華館詩集一卷　(清)程榮功撰　清光緒二十一年(1895)銘槐軒刻本　二册

330000－1701－0018291　HJL4610　集部/别集類/清别集

畏壘山人詩集四卷　(清)徐昂發撰　清桂風堂刻本　二册

330000－1701－0018293　HJL4491　集部/别集類/清别集

書屏詩文鈔六卷　(清)郭文鋕撰　清嘉慶十二年(1807)刻本　三册

330000－1701－0018294　普 915.1231/0035/c2　史部/地理類/方志之屬/郡縣志

[光緒]續纂江寧府志十五卷首一卷勘誤一卷　(清)蔣啓勛　(清)趙佑宸修　(清)汪士鐸等纂　清光緒六年(1880)刻十年(1884)印本　十二册

330000－1701－0018295　HJL3912　集部/别集類/清别集

聞妙香軒集四卷　(清)胡達源撰　清光緒七年(1881)刻本　四册

330000－1701－0018297　HJL3523　集部/别集類/清别集

不慊齋漫存十二卷　(清)徐賡陛撰　清刻本　十二册

330000－1701－0018299　HJL4124　集部/别集類/清别集

荻廬詩鈔一卷　(清)朱澄撰　清道光刻本　一册

330000－1701－0018300　HJL3092　集部/别集類/清别集

篁韻盦詩鈔六卷　(清)顧森書撰　清光緒三十二年(1906)刻本　二册

330000－1701－0018301　普 915.1231/0031/2/c2　史部/地理類/方志之屬/郡縣志
[嘉慶]新修江寧府志五十六卷　(清)呂燕昭修　(清)姚鼐纂　清嘉慶十六年(1811)刻本　二十四册

330000－1701－0018303　HJL2451　類叢部/叢書類/彙編之屬
孫氏山淵閣叢刊十種　(清)孫葆田編　清光緒榮成孫氏問經精舍刻本　一册　存一種

330000－1701－0018305　HJL2265　類叢部/叢書類/自著之屬
任氏遺書八種　(清)任啓運撰　清光緒十四年(1888)荆溪任氏家塾刻本　二册　存一種

330000－1701－0018307　HJH5429　集部/别集類/清别集
飛素閣遺詩一卷　(清)梁靄撰　清光緒二十六年(1900)刻本　一册

330000－1701－0018309　普 915.1231/0031/c2　史部/地理類/方志之屬/郡縣志
[嘉慶]重刊江寧府志五十六卷附校勘記一卷　(清)呂燕昭修　(清)姚鼐纂　清光緒六年(1880)刻本　十二册

330000－1701－0018310　普 915.1241/5035.061/2/c2　史部/地理類/方志之屬/郡縣志
[宣統]富陽縣新志補正二卷　(清)朱壽保纂　清宣統三年(1911)溫州翰墨林石印本　一册

330000－1701－0018311　普 915.1231/0031/c3　史部/地理類/方志之屬/郡縣志
[嘉慶]重刊江寧府志五十六卷附校勘記一卷　(清)呂燕昭修　(清)姚鼐纂　清光緒六年(1880)刻本　十二册

330000－1701－0018313　HJL3840　集部/别集類/清别集
桐閣先生文鈔十二卷首一卷　(清)李元春撰　(清)賀瑞麟輯　清光緒十年(1884)朝邑同義文會刻本　十二册

330000－1701－0018314　普 915.1231/0031/c4　史部/地理類/方志之屬/郡縣志
[嘉慶]重刊江寧府志五十六卷附校勘記一卷　(清)呂燕昭修　(清)姚鼐纂　清光緒六年(1880)刻本　十二册

330000－1701－0018315　HJL3627　集部/别集類/清别集
桐閣先生文鈔十二卷首一卷　(清)李元春撰　(清)賀瑞麟輯　清光緒十年(1884)朝邑同義文會刻本　十二册

330000－1701－0018316　HJL3544　集部/别集類/清别集
守經堂詩集四卷自著書一卷補亡書目一卷　(清)沈筠撰　清光緒十二年(1886)刻本　二册

330000－1701－0018317　HJL2445　子部/儒家類/儒學之屬/性理
勵志錄二卷　(清)沈近思撰　**沈端恪公[近思]年譜二卷**　(清)沈曰富編　清同治十二年(1873)浙江書局刻本　二册

330000－1701－0018319　HJL2412　集部/别集類/清别集
江泠閣詩集十二卷首一卷末一卷　(清)冷士嵋撰　清刻本　六册

330000－1701－0018320　HJL2764　集部/别集類/清别集
聽松廬詩鈔十六卷　(清)張維屏撰　清嘉慶十八年(1813)刻本　四册

330000－1701－0018321　HJL4074　集部/别集類/清别集
聽松廬詩鈔前集十一卷後集五卷　(清)張維屏撰　清嘉慶十八年(1813)刻道光五年(1825)增刻本　四册　缺五卷(後集一至五)

330000－1701－0018322　普 915.1231/0053/c1　史部/地理類/山川之屬/水志
莫愁湖志六卷首一卷　(清)馬士圖撰　清光緒八年(1882)刻本　二册

330000－1701－0018323　HJL5109　集部/别集類/清别集

晼蘭齋文集四卷　(清)李楨撰　清光緒十八年(1892)王先謙刻本　二册

330000－1701－0018324　HJL1081　集部/别集類/清别集

聊齋先生文集二卷　(清)蒲松齡撰　清宣統元年(1909)國學扶輪社鉛印本　二册

330000－1701－0018326　HJL3090　集部/别集類/清别集

晼蘭齋文集四卷　(清)李楨撰　清光緒十八年(1892)王先謙刻本　二册

330000－1701－0018327　HJL3665　集部/别集類/清别集

衎石齋記事稾十卷續稾十卷刻楮集四卷旅逸小稾二卷　(清)錢儀吉撰　清光緒六年(1880)錢彝甫廣州刻本　三十六册

330000－1701－0018328　HJH4428　集部/别集類/清别集

衎石齋記事稾十卷續稾十卷刻楮集四卷旅逸小稾二卷　(清)錢儀吉撰　清光緒六年(1880)錢彝甫廣州刻本　二册　存六卷(刻楮集一至四、旅逸小稾一至二)

330000－1701－0018329　HJL2981　集部/别集類/清别集

德星堂詩集五卷　(清)許汝霖撰　清刻本　四册

330000－1701－0018330　普915.1231/0051/c2　史部/地理類/雜志之屬

六朝事迹編類十四卷　(宋)張敦頤撰　清光緒十三年(1887)李濱實章閣刻本　六册

330000－1701－0018331　HJL3838　集部/别集類/清别集

佩湘詩草初集四卷　(清)王成璐撰　清道光九年(1829)刻本　八册

330000－1701－0018332　HJL2939　集部/别集類/清别集

幹山草堂小藁四卷續藁二卷　(清)何其偉撰　清嘉慶二十一年至道光六年(1816－1826)刻本　二册

330000－1701－0018333　HJH3088　類叢部/叢書類

東槎二十二種　姚文棟編　清光緒刻本　一册　存一種

330000－1701－0018334　普915.1241/6031　史部/地理類/方志之屬/郡縣志

[嘉慶]餘杭縣志四十卷　(清)張吉安修　(清)朱文藻纂　(清)崔應榴　(清)董作棟續纂　清光緒六年(1880)王崧辰木活字印本　十二册

330000－1701－0018335　HJL2433　集部/别集類/清别集

海康陳清端公詩集十卷　(清)陳瑸撰　(清)丁宗洛輯　**海康陳清端公年譜二卷**　(清)丁宗洛編次　清道光六年(1826)沛上東署不負齋刻本　四册

330000－1701－0018336　普915.1241/6031/3　史部/地理類/方志之屬/郡縣志

[嘉慶]餘杭縣志四十卷　(清)張吉安修　(清)朱文藻纂　(清)崔應榴　(清)董作棟續纂　清嘉慶十三年(1808)刻本　八册

330000－1701－0018337　HJL3036　集部/别集類/清别集

四勿齋遺詩一卷　(清)介祺撰　清光緒二十九年(1903)刻朱印本　一册

330000－1701－0018338　普915.1231/0035/c3　史部/地理類/方志之屬/郡縣志

[光緒]續纂江寧府志十五卷首一卷勘誤一卷　(清)蔣啓勛　(清)趙佑宸修　(清)汪士鐸等纂　清光緒六年(1880)刻本　十二册

330000－1701－0018340　HJL2192　集部/别集類/清别集

玉螺山説集五卷　(清)釋徹詠撰　(清)譚瑞　(清)宋安全選　清道光二十四年(1844)陳氏刻本　一册

330000－1701－0018341　HJL4752　集部/總集類/選集之屬/斷代

儀徵汪氏家集十卷　(清)汪昌頤編　清光緒

二十一年(1895)上海飛鴻閣書林石印本　七册

330000－1701－0018342　普915.1231/0051/c3　史部/地理類/雜志之屬
六朝事迹編類十四卷　(宋)張敦頤撰　清光緒十三年(1887)李濱寶章閣刻本　四册

330000－1701－0018343　HJH2313　集部/別集類/清別集
趙裘萼公賸藁四卷　(清)趙熊詔撰　清光緒二十三年(1897)浙江書局刻本　二册

330000－1701－0018344　HJL2837　集部/別集類/清別集
式古訓齋文集二卷外集一卷八指詩存二卷　(清)閔萃祥撰　清光緒三十四年(1908)上海刻本　五册

330000－1701－0018345　普915.1231/0054/c1　史部/地理類/專志之屬/寺觀
南朝佛寺志二卷　(清)孫文川撰　(清)陳作霖輯　清末刻本　二册

330000－1701－0018346　HJH2423　集部/別集類/清別集
陳清端公文集十卷　(清)陳璸撰　清同治七年(1868)羊城富文齋刻本　八册

330000－1701－0018347　普915.1231/0035/c4　史部/地理類/方志之屬/郡縣志
[光緒]續纂江寧府志十五卷首一卷勘誤一卷　(清)蔣啓勛　(清)趙佑宸修　(清)汪士鐸等纂　清光緒六年(1880)刻十年(1884)印本　十二册

330000－1701－0018349　HJL2847　集部/別集類/清別集
太白山人槲葉集五卷南遊草一卷　(清)李柏撰　清宣統三年(1911)刻本　六册

330000－1701－0018350　HJL4954　集部/別集類/清別集
富春山館遺集詩鈔一卷賦鈔一卷　(清)嚴京治撰　清光緒二十四年(1898)龍川刻本　一册

330000－1701－0018351　HJL2931　集部/別集類/清別集
晚聞先生集十三卷　(清)陶正靖撰　清道光二十三年(1843)賜春堂刻本　四册

330000－1701－0018352　HJL4193　集部/別集類/清別集
至堂詩鈔六卷　(清)艾暢撰　清道光三十年(1850)刻本　四册

330000－1701－0018353　HJL3063　集部/別集類/清別集
富春山館遺集詩鈔一卷賦鈔一卷　(清)嚴京治撰　清光緒二十四年(1898)龍川刻本　一册

330000－1701－0018355　HJL4675　集部/總集類/氏族之屬
廖氏三葉蟬吟集三卷　廖宇春輯　清宣統元年(1909)石印本　一册

330000－1701－0018357　HJL3390　集部/別集類/清別集
復盦類稿八卷續稿四卷外稿二卷公牘四卷鬻字齋詩略四卷續一卷　曹允源撰　清光緒二十二年至民國十一年(1896－1922)刻本　六册

330000－1701－0018358　普915.1231/0053/c2　史部/地理類/山川之屬/水志
莫愁湖志六卷首一卷　(清)馬士圖撰　清光緒八年(1882)刻本　二册

330000－1701－0018360　HJL2317　集部/別集類/清別集
謝梅莊先生雜著十二卷　(清)謝濟世撰　清光緒十年(1884)寄生艸堂刻本　四册

330000－1701－0018361　HJL3776　類叢部/叢書類/自著之屬
愓園全集十一種二十九卷首一卷　(清)陳庚煥撰　清咸豐元年(1851)有有齋刻本　六册
存十八卷(首、初稿一至十六、外稿)

330000－1701－0018362　普915.1231/0053/c3　史部/地理類/山川之屬/水志

莫愁湖志六卷首一卷　（清）馬士圖撰　清光緒八年（1882）、十七年（1891）刻本　二册

330000－1701－0018363　HJL4757　集部/別集類/清別集
俞俞齋詩稿二卷文稿四卷　（清）史念祖撰　清光緒十六年（1890）黔南藩署木活字印本　六册

330000－1701－0018364　HJH4549　集部/別集類/清別集
慎其餘齋文集二十卷　（清）王贈芳撰　清咸豐四年（1854）吉安王氏留香書屋刻本　六册

330000－1701－0018365　HJL2885　集部/別集類/清別集
俞俞齋詩稿二卷文稿四卷　（清）史念祖撰　清光緒十六年（1890）黔南藩署木活字印本　六册

330000－1701－0018366　HJL3407　類叢部/叢書類/自著之屬
湘綺樓全書　王闓運撰　清光緒至宣統刻本　四册　存一種

330000－1701－0018367　HJL2320　集部/別集類/清別集
慎其餘齋文集二十卷　（清）王贈芳撰　清咸豐四年（1854）吉安王氏留香書屋刻本　六册

330000－1701－0018368　HJL2136　集部/別集類/清別集
露香書屋遺集十卷　（清）張映辰撰　清嘉慶十年（1805）張雲璈刻本　四册

330000－1701－0018369　HJL2144　集部/別集類/清別集
謙受堂集十五卷　（清）邵大業撰　清嘉慶二年（1797）刻本　四册

330000－1701－0018370　HJL3779　集部/別集類/清別集
南邨草堂詩鈔二十四卷　（清）鄧顯鶴撰　清道光八年（1828）刻九年（1829）增刻本　六册

330000－1701－0018371　普915.1231/0053/c4　史部/地理類/山川之屬/水志
莫愁湖志六卷首一卷　（清）馬士圖撰　清光緒八年（1882）、十七年（1891）刻本　四册

330000－1701－0018372　HJL3026　集部/別集類/清別集
鹿蕉山館詩鈔八卷　（清）胡傳釗撰　清光緒刻本　四册

330000－1701－0018373　HJL2819　集部/別集類/清別集
錫慶堂詩集八卷　（清）嵇璜撰　（清）嵇文駿輯　清咸豐九年（1859）刻本　二册

330000－1701－0018374　HJL3823　集部/別集類/清別集
南村草堂文鈔二十卷　（清）鄧顯鶴撰　清咸豐元年（1851）刻本　六册

330000－1701－0018377　HJL5183　集部/別集類/清別集
南村草堂文鈔二十卷　（清）鄧顯鶴撰　清咸豐元年（1851）刻本　六册

330000－1701－0018378　普915.1231/0054.01　史部/叢編
堅瓠叢書　清光緒刻本　二册　存一種

330000－1701－0018379　HJL2816　集部/別集類/清別集
百城集三十卷　（清）釋道忞撰　清康熙十四年（1675）刻本　十二册

330000－1701－0018380　普915.1231/0053/c5　史部/地理類/山川之屬/水志
莫愁湖志六卷首一卷　（清）馬士圖撰　清光緒八年（1882）、十七年（1891）刻本　二册

330000－1701－0018381　HJL3772　集部/別集類/清別集
素軒詩集六卷詞剩一卷　（清）黎建三撰　**自娱詩集二卷**　（清）黎君弼撰　清道光二十三年（1843）求慊家塾刻本　二册

330000－1701－0018383　HJL3801　集部/別集類/清別集

思無邪室文集六卷詩集二卷　(清)顧菰撰　清道光十九年(1839)刻本　十冊

330000－1701－0018384　HJH2323　集部/別集類/清別集

樊榭山房全集(樊榭山房集十卷續集十卷文集八卷游仙百詠三卷秋林琴雅四卷集外曲二卷集外詩一卷集外詞一卷集外文一卷附輓辭一卷軼事一卷)四十二卷　(清)厲鶚撰　**振綺堂詩存一卷**　(清)汪憲撰　**松聲池館詩存四卷**　(清)汪璐撰　清光緒十年至十五年(1884－1889)汪氏振綺堂刻本　十二冊

330000－1701－0018385　HJH3970　集部/別集類/清別集

樊榭山房全集(樊榭山房集十卷續集十卷文集八卷游仙百詠三卷秋林琴雅四卷集外曲二卷集外詩一卷集外詞一卷集外文一卷附輓辭一卷軼事一卷)四十二卷　(清)厲鶚撰　**振綺堂詩存一卷**　(清)汪憲撰　**松聲池館詩存四卷**　(清)汪璐撰　清光緒十年至十五年(1884－1889)汪氏振綺堂刻本　九冊　缺十六卷(八至十、續集七至十,游仙百詠一至三,秋林琴雅一至四,集外曲一至二)

330000－1701－0018386　HJL4343　集部/別集類/清別集

紅蕉山館文鈔八卷　(清)喻文鏊撰　(清)李祖陶評點　清光緒三年(1877)刻本　四冊

330000－1701－0018387　HJL4619　類叢部/叢書類/郡邑之屬

武林掌故叢編一百八十七種　(清)丁丙編　清光緒三年至二十六年(1877－1900)錢塘丁氏嘉惠堂刻本　一冊　存一種

330000－1701－0018389　HJL4032　集部/別集類/清別集

紅蕉山館詩鈔十卷續鈔二卷　(清)喻文鏊撰　清嘉慶九年(1804)、道光三年(1823)刻本　四冊

330000－1701－0018392　普 915.1241/6054.2/c1　類叢部/叢書類/彙編之屬

知不足齋叢書一百九十五種　(清)鮑廷博編　(清)鮑士恭續編　清乾隆三十七年至道光三年(1772－1823)長塘鮑氏刻彙印本　三冊　存一種

330000－1701－0018393　普 915.1231/0054/c2　史部/地理類/專志之屬/寺觀

南朝佛寺志二卷　(清)孫文川撰　(清)陳作霖輯　清末刻本　二冊

330000－1701－0018394　HJL2413　集部/別集類/清別集

雙池文集十卷　(清)汪紱撰　清道光十四年(1834)一經堂刻本　四冊

330000－1701－0018396　HJH4329　史部/叢編

西招五種　(清)松筠撰　清嘉慶至道光刻本　四冊

330000－1701－0018398　HJL2790　類叢部/叢書類/自著之屬

秋水堂遺集三種　(清)莊亨陽撰　清光緒十五年(1889)南靖莊氏刻本　四冊　存一種

330000－1701－0018401　HJL1075　子部/雜著類/雜考之屬

札迻十二卷　(清)孫詒讓撰　清光緒二十年(1894)籀廎刻本　六冊

330000－1701－0018402　HJL2957　集部/別集類/清別集

秋水堂文集六卷詩集六卷　(清)莊亨陽撰　清嘉慶二十一年(1816)刻本　五冊

330000－1701－0018403　HJL3091　集部/別集類/清別集

通雅齋叢稿八卷　(清)成本璞撰　清宣統元年(1909)武林刻本　四冊

330000－1701－0018404　普 915.1231/0053/2　史部/地理類/山川之屬/水志

莫愁湖志六卷首一卷　(清)馬士圖撰　清光緒八年(1882)刻本　一冊

330000－1701－0018405　HJL4400　集部/別集類/清別集

春池文鈔十卷　(清)許鯉躍撰　清道光二十六年(1846)許鴻枚刻本　四册

330000－1701－0018406　HJL3814　集部/別集類/清別集

春池文鈔十卷　(清)許鯉躍撰　清道光二十六年(1846)許鴻枚刻本　四册

330000－1701－0018407　HJL2499　集部/別集類/清別集

香屑集十八卷首一卷末一卷　(清)黄之雋撰　(清)陳邦直注　清同治十年(1871)近文堂刻本　六册

330000－1701－0018408　HJL4094　類叢部/叢書類/自著之屬

王寬甫全集九種附刊六種　(清)王敬之撰　清道光二十一年(1841)至咸豐王氏家刻本　一册　存四種

330000－1701－0018409　HJL2283　集部/別集類/清別集

海門詩鈔八卷外集四卷補錄一卷附錄一卷　(清)鮑皋撰　清宣統三年(1911)刻本　四册

330000－1701－0018411　普 915.1241/6054.2/c2　類叢部/叢書類/彙編之屬

知不足齋叢書一百九十五種　(清)鮑廷博編　(清)鮑士恭續編　清乾隆三十七年至道光三年(1772－1823)長塘鮑氏刻彙印本　三册　存一種

330000－1701－0018412　HJL4841　類叢部/叢書類/郡邑之屬

粟香室叢書五十九種　金武祥編　清光緒至民國江陰金氏刻本　一册　存一種

330000－1701－0018414　HJL4086　集部/別集類/清別集

槿花邨吟存四卷槿邨樵唱四卷　(清)夏崑林撰　清道光十八年(1838)刻本　二册　存三卷(槿花邨吟存一至二、槿邨樵唱二)

330000－1701－0018415　HJL5221　集部/別集類/清別集

槿花邨吟存四卷槿邨樵唱四卷　(清)夏崑林撰　清道光十八年(1838)刻本　六册　存四卷(槿邨樵唱一至四)

330000－1701－0018416　HJL2652　集部/別集類/清別集

御製全韻詩五卷　(清)高宗弘曆撰　清刻本　四册

330000－1701－0018417　HJL3845　集部/別集類/清別集

艮山文集八卷　(清)賈聲槐撰　清道光七年(1827)刻本　四册

330000－1701－0018418　HJH3000　集部/別集類/清別集

小倉山房外集八卷　(清)袁枚撰　清刻本　四册

330000－1701－0018420　HJH3956　集部/別集類/清別集

且甌集九卷　(清)項霽撰　清咸豐三年(1853)刻民國二十五年(1936)補刻本　二册

330000－1701－0018421　HJH3038　集部/別集類/清別集

奉使車臣汗記程詩三卷　(清)延清撰　清宣統元年(1909)鉛印本　二册

330000－1701－0018422　HJL3826　集部/別集類/清別集

謙菴詩鈔十一卷　(清)張禮撰　清道光九年(1829)澹如山房刻本　八册

330000－1701－0018423　HJL2502　集部/別集類/清別集

隨園駢體文註十六卷　(清)袁枚撰　(清)黎光地註　清光緒五年(1879)長沙刻本　八册

330000－1701－0018424　HJL2888、HJL2889　類叢部/叢書類/自著之屬

千一齋全書　程先甲撰　清光緒至民國江寧程氏千一齋刻本　四册　存二種

330000－1701－0018425　普 915.1231/2022/c1　史部/地理類/方志之屬/郡縣志

景定建康志五十卷　(宋)馬光祖修　(宋)周

應合纂　清嘉慶六年(1801)金陵孫忠愍祠刻本　二十册

330000－1701－0018426　HJL4519　集部/別集類/清別集
始有廬詩槀八卷　(清)孫瀜撰　清道光二十四年(1844)刻本　二册

330000－1701－0018427　HJL2276　集部/別集類/清別集
臥秋草堂詩鈔一卷　(清)朱冕撰　清道光十四年(1834)刻本　一册

330000－1701－0018428　普915.1231/1054/c1　史部/地理類/專志之屬/寺觀
靈谷禪林志十五卷首一卷　(清)甘熙輯　(清)謝元福增輯　清光緒十三年(1887)刻本　四册

330000－1701－0018429　HJL3749　集部/別集類/清別集
愈愚集六卷續集四卷後集四卷　(清)孫爕撰　清道光十一年至十八年(1831－1838)怡顔堂刻本　四册

330000－1701－0018430　HJL2159　集部/別集類/清別集
二亭詩鈔六卷　(清)朱賔撰　清嘉慶十二年至十三年(1807－1808)刻本　四册

330000－1701－0018432　HJL4517　集部/別集類/清別集
贈雲山館遺詩三卷紅藕花榭詩餘一卷　(清)孟傳璿撰　清道光二十四年(1844)安素堂刻本　二册

330000－1701－0018433　HJL3089　類叢部/叢書類/自著之屬
天香全集十一種附一種　(清)舒夢蘭撰　清乾隆至道光刻彙印本　六册　存四種

330000－1701－0018436　HJL4142　集部/別集類/清別集
淚墨草三卷　(清)鄧玨撰　清道光二十九年(1849)擁城書屋刻本　一册

330000－1701－0018437　普915.1241/6076/c1　史部/地理類/山川之屬/水志
南湖考一卷　(明)陳紨學撰　**節錄餘杭縣南湖事略一卷南湖誌考一卷**　(清)陳善撰　清光緒五年(1879)浙江官書局刻本　一册

330000－1701－0018439　HJL2232　集部/別集類/清別集
西沚居士集二十四卷　(清)王鳴盛撰　清道光三年(1823)自怡山房刻本　四册

330000－1701－0018440　HJL4433　集部/別集類/清別集
潤碧軒詩草一卷　(清)禹淮珠撰　清道光二十六年(1846)薩迎阿刻本　一册

330000－1701－0018441　普915.1241/6076/c2　史部/地理類/山川之屬/水志
南湖考一卷　(明)陳紨學撰　**節錄餘杭縣南湖事略一卷南湖誌考一卷**　(清)陳善撰　清光緒五年(1879)浙江官書局刻本　一册

330000－1701－0018442　HJL2679　類叢部/叢書類/家集之屬
梁氏叢書五種　(清)梁同書等編撰　清嘉慶梁氏刻本　六册　存一種

330000－1701－0018443　HJH3830　集部/別集類/清別集
退思粗訂稿二卷　(清)朱文翰撰　(清)潘紹曾編　清道光刻本　二册

330000－1701－0018444　HJL4942　集部/別集類/清別集
頻羅庵遺集十六卷　(清)梁同書撰　清嘉慶二十二年(1817)仁和陸貞一杭州刻本　五册

330000－1701－0018445　普915.1241/6076/c3　史部/地理類/山川之屬/水志
南湖考一卷　(明)陳紨學撰　**節錄餘杭縣南湖事略一卷南湖誌考一卷**　(清)陳善撰　清光緒五年(1879)浙江官書局刻本　一册

330000－1701－0018446　HJL5359　子部/藝術類/書畫之屬/題跋
東坡題跋二卷　(宋)蘇軾撰　(清)溫一貞輯

山谷題跋三卷 （宋）黄庭堅撰 （清）溫一貞輯 清光緒二十年（1894）石印本 五册

330000－1701－0018447 HJL3662 集部/别集類/清别集

知止堂詩錄十二卷文集八卷文集補遺一卷 （清）朱綬撰 清道光二十年至二十二年（1840－1842）董國華等刻本 四册

330000－1701－0018448 普 915.1241/6035/c1 史部/地理類/方志之屬/郡縣志

光緒餘杭縣志稿不分卷 （清）褚成博纂 清光緒三十二年（1906）刻本 四册

330000－1701－0018449 普 915.1241/6076/c4 史部/地理類/山川之屬/水志

南湖考一卷 （明）陳紡學撰 **節錄餘杭縣南湖事略一卷南湖誌考一卷** （清）陳善撰 清光緒五年（1879）浙江官書局刻本 一册

330000－1701－0018450 HJL5862 集部/别集類/清别集

悔餘菴集九種 （清）何栻撰 清咸豐至同治江陰何氏刻本 八册 存六種

330000－1701－0018451 HJL2296 集部/别集類/清别集

紀文達公遺集三十二卷 （清）紀昀撰 （清）紀樹馨編 清嘉慶十七年（1812）紀樹馥刻本 十八册

330000－1701－0018452 HJL5310 集部/别集類/清别集

紀文達公遺集三十二卷 （清）紀昀撰 （清）紀樹馨編 清嘉慶十七年（1812）紀樹馥刻本 二十册

330000－1701－0018453 普 915.1241/7029/c1 史部/地理類/方志之屬/郡縣志

［乾隆］臨安縣志四卷 （清）趙民洽修 （清）許琳等纂 清光緒十一年（1885）木活字印本 四册

330000－1701－0018454 HJH3986 集部/别集類/清别集

紀文達公遺集三十二卷 （清）紀昀撰 （清）紀樹馨編 清嘉慶十七年（1812）紀樹馥刻本 四册 存十六卷（文一至十六）

330000－1701－0018455 HJH4148 集部/别集類/清别集

尺雲軒文集二卷續編一卷尺牘一卷 （清）朱實發撰 清道光十四年（1834）朱穀昌刻本 二册 缺一卷（尺牘）

330000－1701－0018456 普 915.1241/6076/c5 史部/地理類/山川之屬/水志

南湖考一卷 （明）陳紡學撰 **節錄餘杭縣南湖事略一卷南湖誌考一卷** （清）陳善撰 清光緒五年（1879）浙江官書局刻本 一册

330000－1701－0018459 HJL4101 集部/别集類/清别集

治經堂詩集十卷文集四卷 （清）朱錦琮撰 清道光四年（1824）刻本 四册

330000－1701－0018460 普 915.1241/6076/c6 史部/地理類/山川之屬/水志

南湖考一卷 （明）陳紡學撰 **節錄餘杭縣南湖事略一卷南湖誌考一卷** （清）陳善撰 清光緒五年（1879）浙江官書局刻本 一册

330000－1701－0018461 HJL4238 集部/别集類/清别集

藉綠軒詩集六卷 （清）程贊清撰 清道光刻本 二册

330000－1701－0018462 普 915.1231/1054/c2 史部/地理類/專志之屬/寺觀

靈谷禪林志十五卷首一卷 （清）甘熙輯 （清）謝元福增輯 清光緒十三年（1887）刻本 二册

330000－1701－0018463 普 915.1231/2057 集部/總集類/題詠之屬

隨園圖題辭四卷附詩餘一卷 （清）袁起繪輯 清同治四年（1865）刻本 一册

330000－1701－0018465 普 915.1241/6035/c2 史部/地理類/方志之屬/郡縣志

光緒餘杭縣志稿不分卷 （清）褚成博纂 清光緒三十二年（1906）刻本 一册

330000－1701－0018466　普 915.1231/2022/c2　史部/地理類/方志之屬/郡縣志

景定建康志五十卷　(宋)馬光祖修　(宋)周應合纂　清嘉慶六年(1801)金陵孫忠愍祠刻本　二十冊

330000－1701－0018467　HJL2475　集部/別集類/清別集

忠雅堂詩集二十七卷補遺二卷銅絃詞二卷附南北曲一卷　(清)蔣士銓撰　清嘉慶三年(1798)揚州刻存仁堂印本　五冊

330000－1701－0018469　HJL3854　集部/別集類/清別集

白華前稿六十卷　(清)吳省欽撰　清乾隆四十八年(1783)刻本　十冊

330000－1701－0018470　HJL2370　類叢部/叢書類/自著之屬

春融堂集三種　(清)王昶撰　清嘉慶青浦王氏塾南書舍刻光緒十八年(1892)重修本　十七冊　存二種

330000－1701－0018472　普 915.1231/3034/c1　史部/地理類/方志之屬/郡縣志

同治上江兩縣志二十九卷首一卷　(清)莫祥芝　(清)甘紹盤修　(清)汪士鐸等纂　清同治十三年(1874)刻光緒二年(1876)印本　十二冊

330000－1701－0018473　普 915.1231/3042　史部/地理類/方志之屬/郡縣志

上元江寧鄉土合志六卷　(清)陳作霖編　清宣統二年(1910)江楚編譯書局刻本　一冊

330000－1701－0018474　普 915.1241/7029/c2　史部/地理類/方志之屬/郡縣志

[乾隆]臨安縣志四卷　(清)趙民洽修　(清)許琳等纂　清光緒十一年(1885)木活字印本　四冊

330000－1701－0018475　HJL5347　集部/總集類/尺牘之屬

精選分類古今名人尺牘十三卷　(清)學不足齋主人編　清光緒三十四年(1908)石印本　四冊

330000－1701－0018476　普 915.1231/3052　史部/地理類/山川之屬/山志

盋山志八卷　(清)顧雲撰　清光緒九年(1883)金陵盋山精舍刻本　三冊

330000－1701－0018477　HJL2324　集部/別集類/清別集

笥河詩集二十卷文集十六卷首一卷　(清)朱筠撰　(清)朱錫庚編訂　清嘉慶二十年(1815)朱錫庚椒華吟舫刻本　六冊　存十七卷(文集首、一至十六)

330000－1701－0018479　HJL2896　類叢部/叢書類/自著之屬

亦園亭全集五種　(清)孟超然撰　清嘉慶二十年(1815)亦園亭刻本　二十冊

330000－1701－0018482　HJL5255　集部/總集類/尺牘之屬

明人尺牘一卷國朝尺牘一卷　(清)梁同書輯　清宣統元年(1909)中國詩畫會社石印本　二冊

330000－1701－0018483　HJL3539　集部/別集類/清別集

虛受堂詩存二十卷　王先謙撰　清光緒二十八年(1902)平江蘇氏刻本　五冊

330000－1701－0018484　HJL2683　集部/別集類/清別集

知足齋詩集二十卷詩續集四卷文集六卷進呈文稿二卷　(清)朱珪撰　清嘉慶九年(1804)阮元刻十一年(1806)大興朱氏增修本　十四冊

330000－1701－0018485　HJL2972　史部/史評類/詠史之屬

十國宮詞一卷　(清)吳省蘭撰　清同治十二年(1873)淮南書局刻本　一冊

330000－1701－0018488　普 915.1231/4018/c1　史部/地理類/專志之屬/古跡

金陵瑣志三種　陳作霖撰　清光緒二十六年(1900)刻本　四冊

330000－1701－0018489　HJL2278　集部/總集類/選集之屬/通代
五七言今體詩鈔十八卷　(清)姚鼐輯　清嘉慶十三年(1808)刻本　蘊鄰批校並跋　二冊

330000－1701－0018491　HJL2927　集部/別集類/清別集
復初齋文集三十五卷　(清)翁方綱撰　清道光十六年(1836)刻光緒三年至四年(1877－1878)修版印本　八冊

330000－1701－0018493　普915.1241/7029/2　史部/地理類/方志之屬/郡縣志
[乾隆]臨安縣志四卷　(清)趙民洽修　(清)許琳等纂　清乾隆二十四年(1759)刻本　三冊　缺一卷(三)

330000－1701－0018495　HJL2811　類叢部/叢書類/彙編之屬
函海一百五十二種　(清)李調元編　清乾隆綿州李氏萬卷樓刻嘉慶十四年(1809)李鼎元、道光五年(1825)李朝夔重校補刻本　十一冊　存一種

330000－1701－0018500　HJL5342　集部/總集類/尺牘之屬
潛園五十名家書札不分卷　(清)李鴻章等撰　(清)陸心源輯　清光緒十九年(1893)上海學有根柢齋石印本　二冊

330000－1701－0018501　HJL3099　類叢部/叢書類/自著之屬
介亭全集九種　(清)江濬源撰　清同治十三年(1874)江潮刻本　八冊　存八種

330000－1701－0018502　HJL2346　集部/別集類/清別集
晚學集八卷未谷詩集四卷　(清)桂馥撰　(清)孔憲彝編　清道光二十一年(1841)闕里孔氏刻桂氏遺書本　六冊

330000－1701－0018504　HJL2822　類叢部/叢書類/家集之屬
長洲彭氏家集九種　(清)彭祖賢編　清同治至光緒刻本　二冊　存一種

330000－1701－0018505　HJL5341　集部/總集類/尺牘之屬
名賢手札八種　(清)郭慶藩輯　清光緒十一年(1885)上海同文書局石印本　二冊

330000－1701－0018506　普915.1231/3034/c2　史部/地理類/方志之屬/郡縣志
同治上江兩縣志二十九卷首一卷　(清)莫祥芝　(清)甘紹盤修　(清)汪士鐸等纂　清同治十三年(1874)刻光緒二年(1876)印本　十二冊

330000－1701－0018508　HJL3120　集部/別集類/清別集
容甫先生遺詩五卷補遺一卷附錄一卷　(清)汪中撰　清光緒十一年(1885)維揚述古齋木活字印本　一冊

330000－1701－0018509　普915.1231/4018/c2　史部/地理類/專志之屬/古跡
金陵瑣志三種　陳作霖撰　清光緒二十六年(1900)刻本　三冊　存二種

330000－1701－0018511　HJL5370　集部/總集類/尺牘之屬
近世名人尺牘教本二卷　顧新亞輯　清光緒三十三年(1907)上海文明書局石印本　二冊

330000－1701－0018512　HJL3074　集部/別集類/清別集
卷施閣文乙集八卷續編一卷更生齋文乙集四卷　(清)洪亮吉撰　清光緒九年(1883)紫藤花館刻本　六冊

330000－1701－0018514　普915.1241/7029/c3　史部/地理類/方志之屬/郡縣志
[乾隆]臨安縣志四卷　(清)趙民洽修　(清)許琳等纂　清光緒十一年(1885)木活字印本　四冊

330000－1701－0018515　普915.1241/7035/c1　史部/地理類/方志之屬/郡縣志
[宣統]臨安縣志八卷首一卷末一卷　(清)彭循堯修　(清)董運昌　(清)周鼎纂　清宣統二年(1910)木活字印本　六冊

330000－1701－0018516　HJL2725　集部/別集類/清別集

有正味齋駢體文二十四卷　(清)吳錫麒撰　(清)王廣業箋　清咸豐九年(1859)青箱塾刻本　八册

330000－1701－0018517　HJL4660　集部/總集類/尺牘之屬

續分類尺牘備覽八卷　(清)浣谿居士撰　清光緒二十四年(1898)上海飛鴻閣石印本　八册

330000－1701－0018518　HJL2661　類叢部/叢書類/自著之屬

石遺室叢書十九種　陳衍撰　清光緒至民國刻本　四册　存六種

330000－1701－0018519　HJL3029　集部/別集類/清別集

有正味齋尺牘二卷　(清)吳錫麒撰　清同治十三年(1874)刻本　二册

330000－1701－0018520　HJL2975　類叢部/叢書類/自著之屬

石遺室叢書十九種　陳衍撰　清光緒至民國刻本　二册　存一種

330000－1701－0018522　普915.1231/3034/c3　史部/地理類/方志之屬/郡縣志

同治上江兩縣志二十九卷首一卷　(清)莫祥芝　(清)甘紹盤修　(清)汪士鐸等纂　清同治十三年(1874)刻本　十一册

330000－1701－0018523　HJL2894　集部/別集類/清別集

篋存詩稿三卷　(清)倪瑞璿撰　清道光十年(1830)曹嘉刻本　一册

330000－1701－0018524　HJL5357　集部/詩文評類

新譔尺牘維新分類禮情脩要合編十卷　清光緒二十九年(1903)雲華書局石印本　十册

330000－1701－0018525　HJL2230　集部/別集類/清別集

傳書樓詩稿一卷　(清)汪金順撰　(清)汪尚仁編　清乾隆五十八年至嘉慶四年(1793－1799)四勿齋刻本　二册

330000－1701－0018528　HJL3808　集部/別集類/清別集

掃紅亭吟稿十四卷　(清)馮雲鵬撰　清道光十年(1830)掃紅亭刻本　八册

330000－1701－0018529　HJL5348　集部/總集類/尺牘之屬

新輯官商近今尺牘便覽初編二卷　(清)陸寶善輯　清光緒三十二年(1906)北清書屋石印本　二册

330000－1701－0018530　HJL2506　集部/別集類/清別集

詒晉齋集八卷後集一卷隨筆一卷　(清)永瑆撰　清道光二十八年(1848)刻本　散曳題記　四册

330000－1701－0018531　HJL2520　集部/別集類

宣南集一卷嶺南集一卷嶺南集補遺一卷甬東集一卷　易順鼎撰　清光緒鉛印本　一册

330000－1701－0018534　HJL2355　類叢部/叢書類/自著之屬

郝氏遺書三十三種　(清)郝懿行撰　清嘉慶至光緒刻彙印本　十六册　存七種

330000－1701－0018535　HJL2868　集部/別集類/清別集

魂北集一卷　易順鼎撰　清光緒二十一年(1895)刻哭盦雜稿本　清南泉耦耕人題簽　約莽跋　一册

330000－1701－0018536　HJL5590　類叢部/叢書類/自著之屬

郝氏遺書三十三種　(清)郝懿行撰　清嘉慶至光緒刻彙印本　二册　存一種

330000－1701－0018537　HJL5355　集部/總集類/尺牘之屬

花月尺牘二卷　(清)臥游臥讀生輯　清光緒十九年(1893)惜花館石印本　二册

330000－1701－0018539　HJL3817　集部/別集類/清別集

竺溪老人黃葉詩稿一卷　(清)釋源撰　(清)張德基編　清道光六年(1826)刻本　一冊

330000－1701－0018540　普 915.1231/3034/c4　史部/地理類/方志之屬/郡縣志

同治上江兩縣志二十九卷首一卷　(清)莫祥芝　(清)甘紹盤修　(清)汪士鐸等纂　清同治十三年(1874)刻本　十二冊

330000－1701－0018541　HJL2867、HJL2870　類叢部/叢書類/自著之屬

琴志樓叢書　易順鼎撰　清光緒刻本　三冊　存三種

330000－1701－0018542　普 811.108924/8006/c2　集部/總集類/郡邑之屬

國朝天台詩存十四卷補遺一卷　(清)金文田輯　清光緒三十四年(1908)木活字印本　四冊　缺一卷(補遺)

330000－1701－0018543　HJH4873　集部/總集類/課藝之屬

甲辰年恩科會墨一卷　清光緒圖書集成局鉛印本　一冊

330000－1701－0018545　HJL2496　集部/別集類/清別集

煙霞萬古樓文集六卷　(清)王曇撰　清道光二十年(1840)刻本　二冊

330000－1701－0018546　HJL2438　集部/別集類/清別集

茗柯文初編一卷二編二卷三編一卷四編一卷　(清)張惠言撰　清光緒七年(1881)刻本　二冊

330000－1701－0018549　HJL4324　集部/別集類/清別集

易簡齋詩鈔四卷　(清)和瑛撰　清道光三年(1823)刻本　四冊

330000－1701－0018550　HJL2843　集部/別集類/清別集

說劍堂集 九種　潘飛聲撰　清光緒刻本　六冊

330000－1701－0018552　普 811.108924/2744/c2　集部/總集類/郡邑之屬

彭姥詩蒐十二卷　(清)倪勱編輯　清道光七年(1827)刻本　四冊

330000－1701－0018553　HJL2743　類叢部/叢書類/家集之屬

琴川黃氏三集　(清)黃廷鑑輯　清道光二十年(1840)黃氏刻二十一年(1841)張承霖等續刻本　六冊　存一種

330000－1701－0018555　HJH5381　類叢部/叢書類/彙編之屬

十萬卷樓叢書五十一種　(清)陸心源編　清光緒歸安陸氏刻本(歲時廣記卷六原缺)　四冊　存一種

330000－1701－0018556　HJL2645　集部/別集類/清別集

尚絅堂詩集五十二卷駢體文二卷詞集二卷　(清)劉嗣綰撰　清同治八年(1869)刻本　十冊

330000－1701－0018557　HJL2934　集部/別集類

飲冰室文集癸卯集二卷　梁啓超撰　清光緒三十年(1904)廣智書局鉛印本　二冊

330000－1701－0018558　HJL2926　集部/別集類/清別集

易簡齋詩鈔四卷　(清)和瑛撰　清道光三年(1823)刻本　二冊

330000－1701－0018560　普 915.1241/7035/c2　史部/地理類/方志之屬/郡縣志

[宣統]臨安縣志八卷首一卷末一卷　(清)彭循堯修　(清)董運昌　(清)周鼎纂　清宣統二年(1910)木活字印本　六冊

330000－1701－0018562　HJL2597　集部/別集類/清別集

嶺南集七卷山左集一卷續集一卷中州集一卷嶺南續集一卷　(清)程含章撰　清道光刻本　八冊

330000－1701－0018563　HJL5465　集部/别集類/漢魏六朝别集
曹集銓評十卷　（三國魏）曹植撰　（清）丁晏詮評　**曹集逸文一卷**　（清）丁晏輯　**魏陳思王［曹植］年譜一卷附録一卷**　（清）丁晏撰　清同治十一年（1872）金陵書局刻本　二册

330000－1701－0018565　HJL3925　集部/别集類/清别集
知稼堂集六卷　（清）李林撰　清道光十七年（1837）刻本　二册

330000－1701－0018566　HJL5380　集部/别集類/漢魏六朝别集
傅鶉觚集五卷　（晉）傅玄撰　**傅子校勘記一卷**　（清）方濬師撰　清光緒二年（1876）廣州書局刻本　三册

330000－1701－0018567　HJL3037　集部/别集類/清别集
小維摩詩稿一卷　（清）江珠撰　清嘉慶十六年（1811）刻本　一册

330000－1701－0018568　普 915.1231/4051.7/c1　史部/地理類/雜志之屬
金陵雜詠一卷　（清）王友亮撰　清嘉慶十四年（1809）刻本　一册

330000－1701－0018570　HJL2892　集部/别集類/清别集
船山詩草二十卷　（清）張問陶撰　清嘉慶二十年（1815）石韞玉吳中刻本　澂叟題簽　八册

330000－1701－0018571　HJH3182　集部/别集類/清别集
船山詩草二十卷　（清）張問陶撰　清嘉慶二十年（1815）石韞玉吳中刻本　六册

330000－1701－0018572　HJL5229　集部/别集類/漢魏六朝别集
陶淵明集十卷　（晉）陶潛撰　清刻本　六册

330000－1701－0018577　HJL2848　類叢部/叢書類/家集之屬
觀古閣叢刻十五種　（清）鮑康編　清嘉慶十一年至光緒二十一年（1806－1895）歙縣鮑氏刻本　十二册　存五種

330000－1701－0018579　HJL5382　集部/别集類/漢魏六朝别集
靖節先生集十卷　（晉）陶潛撰　（清）陶澍注　**靖節先生集諸本序録一卷**　（清）陶澍編輯　**靖節先生［陶潛］年譜攷異二卷**　（清）陶澍撰　清光緒九年（1883）江蘇書局刻本　四册

330000－1701－0018582　HJL5369　集部/别集類/漢魏六朝别集
陶淵明文集十卷　（晉）陶潛撰　清宣統元年（1909）上海著易堂書局石印本　四册

330000－1701－0018584　HJH2588　集部/别集類/清别集
宛鄰詩二卷文二卷　（清）張琦撰　**蓬室偶吟一卷**　（清）湯瑤卿撰　清光緒十七年（1891）張氏鉛印本　二册

330000－1701－0018586　HJL3921　集部/别集類/清别集
知止山房詩鈔二卷　（清）袁德基撰　**綠香樓遺詩一卷**　（清）李氏撰　清道光十五年（1835）刻本　一册

330000－1701－0018588　HJL5534　類叢部/叢書類/彙編之屬
玉海堂景宋元本叢書　劉世珩編　清光緒至民國貴池劉氏玉海堂影刻本　四册　存一種

330000－1701－0018589　HJL3016　集部/别集類/清别集
正聲集四卷附詞一卷　（清）施朝幹撰　清嘉慶五年（1800）伊湯安刻本　二册

330000－1701－0018590　普 915.1231/4051.7/c2　史部/地理類/雜志之屬
金陵雜詠一卷　（清）王友亮撰　清嘉慶十四年（1809）刻本　一册

330000－1701－0018591　HJL2397　集部/别集類/清别集
蘿月軒詩鈔六卷館課偶存二卷　（清）玉保撰　清嘉慶六年（1801）刻本　四册

330000－1701－0018593　HJL2357　集部/別集類/清別集
素餘堂集三十四卷　(清)于敏中撰　清嘉慶十一年(1806)于惇甫楚雄刻本　六册

330000－1701－0018594　HJH5314　集部/別集類/漢魏六朝別集
徐孝穆全集六卷　(南朝陳)徐陵撰　(清)吳兆宜箋注　**備考一卷**　(清)徐文炳撰　清善化經濟書堂刻本　六册

330000－1701－0018595　普915.1231/4053/c1　史部/地理類/山川之屬/水志
後湖誌一卷　王作棫　錢福臻撰　清宣統二年(1910)鉛印本　一册

330000－1701－0018596　HJL2405　集部/別集類/清別集
嘉樹山房集二十卷外集二卷續集二卷　(清)張士元撰　清嘉慶二十四年(1819)震澤張氏刻道光六年(1826)續刻同治十一年(1872)補修光緒四年(1878)印本　六册

330000－1701－0018598　HJL5317　集部/別集類/漢魏六朝別集
徐孝穆全集六卷　(南朝陳)徐陵撰　(清)吳兆宜箋注　**備考一卷**　(清)徐文炳撰　清阮氏刻本　三册

330000－1701－0018600　普915.1241/7035/c3　史部/地理類/方志之屬/郡縣志
[宣統]臨安縣志八卷首一卷末一卷　(清)彭循堯修　(清)董運昌　(清)周鼎纂　清宣統二年(1910)木活字印本　六册

330000－1701－0018601　HJL2789　集部/別集類/清別集
淇竹山房集十卷　(清)吳應蓮撰　清道光二十四年(1844)刻本　四册

330000－1701－0018602　普915.1231/4053/c2　史部/地理類/山川之屬/水志
後湖誌一卷　王作棫　錢福臻撰　清宣統二年(1910)鉛印本　一册

330000－1701－0018603　HJL5453　集部/別集類/漢魏六朝別集
庾子山全集十卷　(北周)庾信撰　(清)吳兆宜箋註　清康熙二十七年(1688)吳郡寶翰樓刻本　十册

330000－1701－0018604　HJL2690　集部/別集類/清別集
榮性堂集二十卷　(清)吳俊撰　清嘉慶五年(1800)刻本　彥修跋　五册

330000－1701－0018605　HJL2949　集部/別集類/清別集
素修堂詩集二十四卷後集六卷補遺一卷　(清)吳蔚光撰　清嘉慶十八年(1813)刻本　六册

330000－1701－0018606　HJL2825　類叢部/叢書類/自著之屬
藝風所著書　繆荃孫撰　清光緒至民國刻本　四册　存一種

330000－1701－0018607　HJL5316　集部/總集類/彙編之屬
初唐四傑集　(清)項家達編　清乾隆四十六年(1781)星渚項氏刻本　二册　存一種

330000－1701－0018608　HJL2231　集部/別集類/清別集
水南先生遺集六卷　(清)程嗣立撰　清嘉慶二十一年(1816)刻本　二册

330000－1701－0018610　HJL2880　集部/別集類
藝風堂文漫存四卷別存一卷　繆荃孫撰　清刻本　劉承幹題記　三册

330000－1701－0018612　HJL2632　集部/別集類/清別集
經稼堂詩六卷　(清)徐長發撰　清刻本　二册

330000－1701－0018613　HJL5373　集部/別集類/唐五代別集
蘇許公文集十二卷首一卷附刻壠上記一卷　(唐)蘇環　(唐)蘇頲撰　清道光二十三年(1843)蘇廷玉刻本　八册

330000－1701－0018616　HJL2387　集部/別集類/清別集
魚通集二卷　(清)徐長發撰　清刻本　一册

330000－1701－0018617　HJL5601　集部/別集類/唐五代別集
王子安集註二十卷首一卷末一卷　(唐)王勃撰　(清)蔣清翊注　清光緒九年(1883)吳縣蔣氏雙唐碑館刻本　六册

330000－1701－0018618　HJL2131　集部/別集類/清別集
厚石齋集十二卷　(清)汪孟鋗撰　清刻本　四册

330000－1701－0018620　HJL5311　集部/別集類/唐五代別集
王子安集註二十卷首一卷末一卷　(唐)王勃撰　(清)蔣清翊注　清光緒九年(1883)吳縣蔣氏雙唐碑館刻十年(1884)補刻本　六册

330000－1701－0018623　HJL2228　集部/別集類/清別集
孟亭居士文稿五卷詩稿四卷經進槀一卷　(清)馮浩撰　清嘉慶七年(1802)桐鄉馮集梧刻本　八册

330000－1701－0018625　HJL3689　集部/總集類/彙編之屬
陸陳二先生文鈔　(清)葉裕仁輯　清同治九年至光緒二年(1870－1876)安道書院刻本　四册

330000－1701－0018627　HJL3013　集部/別集類/清別集
悅親樓詩集三十卷　(清)祝德麟撰　清嘉慶二年(1797)祝氏刻本　六册

330000－1701－0018629　HJL5531　集部/別集類/清別集
松壽堂詩鈔十卷　陳夔龍撰　清宣統三年(1911)京師刻本　四册

330000－1701－0018631　普915.1241/7035/c4　史部/地理類/方志之屬/郡縣志
[宣統]臨安縣志八卷首一卷末一卷　(清)彭循堯修　(清)董運昌　(清)周鼎纂　清宣統二年(1910)木活字印本　六册

330000－1701－0018632　HJL2345　集部/別集類/清別集
耘圃詩鈔十二卷　(清)李繩撰　清乾隆五十九年(1794)刻本　六册　缺一卷(元編壤歌集)

330000－1701－0018633　HJL5312　集部/別集類/唐五代別集
陳伯玉文集三卷詩集二卷附錄一卷　(唐)陳子昂撰　清咸豐四年(1854)刻本　四册

330000－1701－0018635　HJL2198　集部/別集類/清別集
堅白石齋詩集十六卷　(清)李鑾宣撰　清嘉慶二十四年(1819)廉讓堂刻本　四册

330000－1701－0018637　HJL3008　集部/別集類/清別集
燕川集十四卷　(清)范泰恒撰　(清)范照藜編　清嘉慶十四年(1809)願起廬刻本　五册

330000－1701－0018638　普915.1231/5035.2/c1　史部/地理類/方志之屬/郡縣志
[光緒]續纂句容縣志二十卷首一卷末一卷　(清)張紹棠修　(清)蕭穆纂　清光緒三十年(1904)刻本　十五册

330000－1701－0018639　HJL3460　類叢部/叢書類/自著之屬
左文襄公全集九種首二卷　(清)左宗棠撰　清光緒二十七年(1901)刻本　六十四册

330000－1701－0018640　HJL2165　集部/別集類/清別集
呑松閣集三十六卷補遺四卷　(清)鄭虎文撰　(清)馮敏昌編　清嘉慶十四年(1809)馮敏昌等刻本　八册

330000－1701－0018642　HJL4774　集部/別集類/唐五代別集
李太白文集三十卷　(唐)李白撰　清光緒十四年(1888)湖北官書處刻本　四册

330000－1701－0018643　HJL2924　集部/別集類/清別集
賞雨茅屋詩鈔四卷　(清)翁春撰　清嘉慶四年(1799)刻本　二册

330000－1701－0018644　HJL5052　集部/別集類/唐五代別集
李太白文集三十卷　(唐)李白撰　清光緒十四年(1888)湖北官書處刻本　四册

330000－1701－0018645　普811.1087/4421　集部/總集類/課藝之屬
茸城近課二卷　(清)黃仁編　清道光二十二年(1842)一峰草堂刻本　一册

330000－1701－0018646　HJL5723　集部/總集類/選集之屬/通代
遙集集前編六卷後編十卷　許貞幹輯　清光緒二十八年至三十四年(1902－1908)侯官許氏味青齋刻本　十五册　缺一卷(前編一)

330000－1701－0018648　HJL2206　集部/別集類/清別集
喬羽書巢詩內集六卷外集四卷　(清)金士松撰　清嘉慶七年(1802)刻本　四册

330000－1701－0018649　普915.1231/5052/c1　史部/地理類/山川之屬/山志
茅山志十四卷道秩考一卷　(清)笪蟾光編　清光緒四年(1878)畦定生刻本　六册

330000－1701－0018650　普915.1241/7035/c5　史部/地理類/方志之屬/郡縣志
[宣統]臨安縣志八卷首一卷末一卷　(清)彭循堯修　(清)董運昌　(清)周鼎纂　清宣統二年(1910)木活字印本　六册

330000－1701－0018651　HJL2285　集部/別集類/清別集
泊鷗山房集三十八卷　(清)陶元藻撰　清嘉慶十八年(1813)刻本　十册

330000－1701－0018652　HJL5232　集部/別集類/唐五代別集
李太白文集三十六卷　(唐)李白撰　(清)王琦輯注　清光緒三十四年(1908)上海掃葉山房石印本　二十册

330000－1701－0018653　HJL2747　集部/別集類/清別集
泊鷗山房集三十八卷　(清)陶元藻撰　清嘉慶十八年(1813)刻本(卷三十五至三十八配抄本)　十册

330000－1701－0018655　HJL5313　集部/別集類/唐五代別集
李翰林集十卷　(唐)李白撰　(宋)樂史編　清光緒二十五年(1899)仁和吳昌綬刻本　一册

330000－1701－0018656　普915.1231/4088　類叢部/叢書類/郡邑之屬
國朝金陵叢書十三種　(清)傅春官編　清光緒二十三年至二十七年(1897－1901)江寧傅氏晦齋刻本　一册　存一種

330000－1701－0018657　HJL2960　集部/別集類/清別集
篁村集十二卷　(清)陸錫熊撰　清嘉慶十三年至十四年(1808－1809)無求安居松江刻本　四册

330000－1701－0018658　普915.1241/7052.2/c4　史部/地理類/山川之屬/山志
西天目祖山志八卷首一卷末一卷補遺一卷　(明)釋廣賓撰　(清)釋際界增訂　清光緒二年(1876)刻本　四册

330000－1701－0018661　普915.1231/5029　史部/地理類/方志之屬/郡縣志
[乾隆]句容縣志十卷首一卷末一卷　(清)曹襲先纂修　清光緒二十六年(1900)楊世沅刻本　二册

330000－1701－0018662　HJL2917　集部/別集類/清別集
寶奎堂集十二卷　(清)陸錫熊撰　清嘉慶十五年(1810)無求安居刻本　清叔彝題記　四册

330000－1701－0018663　普915.1231/5029/(2)/c2　史部/地理類/方志之屬/郡縣志

[乾隆]句容縣志十卷首一卷末一卷 （清）曹襲先纂修　清光緒二十六年（1900）楊世沅刻本　八冊

330000－1701－0018665　HJL2814　集部/別集類/清別集
德蔭堂集十六卷年譜一卷 （清）阿克敦撰　清嘉慶二十一年（1816）那彥成刻本　四冊

330000－1701－0018666　HJL4929　集部/別集類/清別集
德蔭堂集十六卷年譜一卷 （清）阿克敦撰　清嘉慶二十一年（1816）那彥成刻本　四冊

330000－1701－0018667　HJL2476　集部/別集類/清別集
七錄齋詩選八卷 （清）阮葵生撰　清嘉慶十九年（1814）百齡金陵刻本　四冊

330000－1701－0018670　HJL2141　集部/別集類/清別集
靈巖山人詩集四十卷 （清）畢沅撰　**弇山畢公[沅]年譜一卷** （清）史善長撰　清嘉慶四年（1799）畢氏經訓堂刻本（卷三十五至四十、年譜配抄本）　十三冊

330000－1701－0018671　HJL2862　集部/別集類/清別集
翠濤書屋昨非集不分卷 （清）易宗瀛撰　清刻本　二冊

330000－1701－0018672　HJL5375　集部/別集類/唐五代別集
杜工部集二十卷首一卷 （唐）杜甫撰　（明）王世貞等評　（清）盧坤輯評　清光緒二年（1876）粵東翰墨園刻六色套印本　十冊

330000－1701－0018673　HJL2923　集部/別集類/清別集
紫雲山房文鈔一卷 （清）曹學閔撰　清嘉慶十四年（1809）曹錫齡刻本　二冊

330000－1701－0018676　普 915.1231/5052/2/c2　史部/地理類/山川之屬/山志
茅山志十四卷道秩考一卷 （清）笪蟾光編　清康熙八年（1669）刻本　四冊

330000－1701－0018681　普 915.1231/5052/c2　史部/地理類/山川之屬/山志
茅山志十四卷道秩考一卷 （清）笪蟾光編　清光緒四年（1878）眭定生刻本　十冊

330000－1701－0018682　HJL4948　集部/別集類/唐五代別集
讀書堂杜工部詩集註解二十卷文集註解二卷編年詩史譜目一卷 （唐）杜甫撰　（清）張溍評註　清道光二十一年（1841）張氏刻本　十二冊

330000－1701－0018687　普 915.1241/7052.5/4/c1　史部/地理類/山川之屬/山志
西天目祖山志八卷首一卷末一卷補遺一卷 （明）釋廣賓撰　（清）釋際界增訂　清光緒二年（1876）刻本　四冊

330000－1701－0018689　普 915.1231/6035/c3　史部/地理類/方志之屬/郡縣志
[光緒]溧水縣志二十二卷首一卷 （清）傅觀光　（清）施春膏修　（清）丁維誠纂　清光緒九年（1883）刻本　十二冊

330000－1701－0018690　普 915.1231/7035/c2　史部/地理類/方志之屬/郡縣志
[光緒]高淳縣志二十八卷首一卷 （清）楊福鼎修　（清）陳嘉謀纂　清光緒七年（1881）學山書院刻本　十冊

330000－1701－0018691　HJL5387　集部/別集類/唐五代別集
顧華陽集三卷 （唐）顧況撰　（清）顧名端輯　**子非熊詩一卷** （唐）顧非熊撰　（清）顧名端輯　**顧華陽集補遺一卷** （清）顧履成輯　清道光十九年（1839）黃鶴山莊刻本　四冊

330000－1701－0018693　普 915.1231/50521/c4　史部/地理類/山川之屬/山志
寶華山志十五卷首一卷 （清）釋德基輯　（清）劉名芳纂　清同治釋印宗刻本　四冊

330000－1701－0018694　HJL4661　集部/別集類/唐五代別集
唐陸宣公集二十二卷 （唐）陸贄撰　清光緒

二十四年(1898)著易堂石印本　四冊

330000－1701－0018695　HJL5385　集部/總集類/彙編之屬
唐詩百名家全集　(清)席啓寓輯　清康熙四十一年(1702)洞庭席氏琴川書屋刻本　四冊　存一種

330000－1701－0018696　HJL5335　集部/別集類/唐五代別集
讀韓記疑十卷首一卷　(清)王元啓撰　清嘉慶五年(1800)王尚玨刻二十二年(1817)鍾洪印本　四冊

330000－1701－0018697　HJL4110　集部/別集類/清別集
紅葉山房集十二卷　(清)鄭祖球撰　清道光八年(1828)寶研齋刻本　四冊

330000－1701－0018698　HJL3661　集部/別集類/清別集
知守齋詩初集六卷二集四卷別集一卷　(清)鄭開禧撰　清道光十二年(1832)鄭氏虛受齋刻本　二冊

330000－1701－0018699　普 915.1231/8035　史部/地理類/方志之屬/郡縣志
[光緒]江浦埤乘四十卷首一卷　(清)侯宗海(清)夏錫寶纂　清光緒十七年(1891)刻本　十四冊

330000－1701－0018700　HJL4521　集部/別集類/清別集
谿雲閣吟稾一卷詩續鈔一卷　(清)金錫桂撰　清道光二十年(1840)刻本　一冊

330000－1701－0018701　HJL3800　集部/別集類/清別集
題蕉館集八卷　(清)周賡盛撰　清道光二十九年(1849)崇儉堂刻本　二冊

330000－1701－0018702　HJL3122　集部/別集類/清別集
有真意齋文集不分卷　(清)潘世恩撰　清同治十二年(1873)刻本　二冊

330000－1701－0018703　HJL5445　集部/別集類/明別集
吴康齋先生集十二卷首一卷　(明)吴與弼撰　清咸豐十一年(1861)崇仁謝氏刻本　六冊

330000－1701－0018704　HJL4187　集部/別集類/清別集
問花水榭稿二卷　(清)别文楧撰　清道光九年(1829)西湖歸舫刻本　一冊　缺一卷(燕京詠古)

330000－1701－0018705　HJL2759　集部/別集類/清別集
思補齋詩集六卷　(清)潘世恩撰　清道光三十年(1850)刻本　二冊

330000－1701－0018706　HJH4460　集部/別集類/清別集
宦蜀詩鈔十卷　(清)吕兆麒撰　清道光十六年(1836)慎修堂刻本　四冊

330000－1701－0018707　HJL3486　集部/別集類/清別集
思補齋詩集六卷　(清)潘世恩撰　清道光三十年(1850)刻本　一冊

330000－1701－0018708　HJL3803　集部/別集類/清別集
恒春吟館詩集二卷　(清)趙佩湘撰　清道光十四年(1834)趙珥彤刻本　二冊

330000－1701－0018709　HJL4822　集部/別集類/明別集
懷星堂全集三十卷　(明)祝允明撰　清宣統二年(1910)中國書畫會鉛印本　八冊

330000－1701－0018710　HJL4333　集部/別集類/清別集
扶雅堂詩集十卷　(清)楊炳春撰　清光緒刻本　四冊

330000－1701－0018711　HJL5269　集部/別集類/明別集
甫田集三十五卷　(明)文徵明撰　**附錄一卷**　(明)文嘉撰　清宣統三年(1911)上海千頃堂書莊、會文學社書莊鉛印本　十二冊

330000－1701－0018712　HJH4165　集部/別集類/清別集
扶雅堂詩集十卷　(清)楊炳春撰　清光緒刻本　彥修跋　二冊

330000－1701－0018713　HJL2428　集部/別集類/清別集
還讀齋詩稿二十卷續刻四卷　(清)韓崶撰　清道光七年(1827)吳毓鈞刻本　十二冊

330000－1701－0018715　普915.1241/8031　史部/地理類/方志之屬/郡縣志
[嘉慶]於潛縣志十六卷首一卷末一卷　(清)蔣光弼修　(清)張燮　(清)李江纂　清嘉慶十七年(1812)木活字印本　八冊

330000－1701－0018716　HJL2143　集部/別集類/清別集
理堂文集十卷外集一卷附錄一卷詩集四卷日記八卷　(清)韓夢周撰　清道光三年至四年(1823－1824)靜恒書屋刻本　六冊

330000－1701－0018717　HJH5535　集部/別集類/明別集
青湖先生文集十四卷首一卷末一卷　(明)汪應軫撰　清同治十三年(1874)汪瑔廣州刻本　六冊

330000－1701－0018718　HJL3039　集部/別集類/明別集
青湖先生文集十四卷首一卷末一卷　(明)汪應軫撰　清同治十三年(1874)汪瑔廣州刻本　六冊

330000－1701－0018719　普915.1231/9035　史部/地理類/方志之屬/郡縣志
[光緒]六合縣志八卷附錄一卷　(清)謝延庚等修　(清)賀廷壽等纂　清光緒十年(1884)刻本　十冊

330000－1701－0018720　HJL2207　集部/別集類/清別集
懷玉山人詩集十卷　(清)馬學乾撰　清道光六年(1826)居易堂刻本　四冊

330000－1701－0018722　HJL2245　集部/別集類/清別集
劉文清公遺集十七卷應制詩集三卷　(清)劉墉撰　清道光六年(1826)東武劉氏味經書屋刻本　六冊

330000－1701－0018723　HJL2233　集部/別集類/清別集
研經堂文集三卷詩集十三卷　(清)吉夢熊撰　清道光十二年(1832)吉鍾穎刻本　清王慶勳觀款　四冊

330000－1701－0018724　HJL4819　集部/別集類/明別集
震川大全集三十卷別集十卷補集八卷餘集十卷　(明)歸有光撰　清宣統二年(1910)國學扶輪社石印本　十二冊

330000－1701－0018726　HJL5281　集部/別集類/明別集
歸震川先生尺牘二卷　(明)歸有光撰　清宣統元年(1909)中國書畫會石印本　二冊

330000－1701－0018727　HJL4606　集部/總集類/彙編之屬
三唐人集　(清)馮焌光編　清光緒南海馮氏讀有用書齋刻本　四冊　存一種

330000－1701－0018728　HJL2280　集部/別集類/清別集
弢亭遺文四卷　(清)梁泉撰　清道光八年(1828)刻本　二冊

330000－1701－0018729　普915.1232/0022/c1　史部/地理類/方志之屬/郡縣志
[元豐]吳郡圖經續記三卷附校勘記一卷　(宋)朱長文纂修　清同治十二年(1873)江蘇書局刻本　一冊

330000－1701－0018730　HJL2631　集部/別集類/清別集
五是堂詩集八卷　(清)顧王霖撰　(清)張大鏞編　清道光四年(1824)刻本　一冊

330000－1701－0018732　HJL2372　集部/別集類/清別集
馮仲廉文鈔二卷　(清)馮偉撰　**馮立方文鈔**

一卷　(清)馮恒撰　清道光十一年(1831)壽萱堂刻本　一册

330000－1701－0018733　HJL4919　集部/别集類/明别集
遵巖先生文集四十二卷　(明)王慎中撰　(清)李光墺等編　清康熙五十年(1711)刻嘉慶十三年(1808)印本　二十四册

330000－1701－0018734　普 915.1241/8031/2/c1　史部/地理類/方志之屬/郡縣志
[嘉慶]於潛縣志十六卷首一卷末一卷　(清)蔣光弼修　(清)張燮　(清)李江纂　清抄本　十二册　缺一卷(首)

330000－1701－0018735　HJL2161　類叢部/叢書類/自著之屬
程拳時集十種二十九卷　(清)程大中撰　清道光十年(1830)江夏學署刻本　八册

330000－1701－0018737　HJL2314　集部/别集類/清别集
在山堂集三十卷　(清)程大中撰　清道光十五年(1835)刻光緒九年(1883)敦德堂補刻本　八册

330000－1701－0018738　HJL5807　集部/總集類/郡邑之屬
石城七子詩鈔　翁長森輯　清光緒十六年(1890)刻本　三册

330000－1701－0018740　HJL2973　集部/别集類/清别集
茹古堂文集十卷詩集四卷　(清)朱秉鑑撰　清道光五年(1825)冰玉軒刻本　六册

330000－1701－0018742　HJL2284　集部/别集類/清别集
文靖先生詩鈔十三卷　(清)孫世儀撰　清道光六年(1826)寶晉堂刻本　六册

330000－1701－0018743　HJL5618　集部/别集類/清别集
文靖先生詩鈔十三卷　(清)孫世儀撰　清道光六年(1826)寶晉堂刻本　四册

330000－1701－0018744　HJL5041　類叢部/叢書類/彙編之屬
晨風閣叢書第一集(國學粹編)五十二種　沈宗畸等編　清光緒三十四年至宣統三年(1908－1911)國學萃編社鉛印本　一册　存一種

330000－1701－0018745　普 915.1232/0022/c2　史部/地理類/方志之屬/郡縣志
[元豐]吴郡圖經續記三卷附校勘記一卷　(宋)朱長文纂修　清同治十二年(1873)江蘇書局刻本　一册

330000－1701－0018747　HJL4778　集部/别集類/唐五代别集
白香山詩長慶集二十卷後集十七卷别集一卷補遺二卷　(唐)白居易撰　(清)汪立名編訂　**白香山[居易]年譜舊本一卷**　(宋)陳振孫撰　**白香山[居易]年譜一卷**　(清)汪立名撰　清宣統三年(1911)石印本　十二册

330000－1701－0018748　HJL2229　集部/别集類/清别集
滑疑集八卷　(清)韓錫胙撰　(清)宗稷辰重編　清同治十三年(1874)浙江處州府署刻本　四册

330000－1701－0018749　HJL4918　集部/别集類/明别集
正氣堂集十六卷功行記一卷近稿一卷鎮閩議稿一卷洗海近事二卷餘集四卷續集七卷　(明)俞大猷撰　清道光二十一年至二十四年(1841－1844)孫氏味古書室刻本　十六册

330000－1701－0018751　HJL3024　集部/别集類/清别集
戴簡恪公遺集八卷　(清)戴敦元撰　清同治十一年(1872)刻本　四册

330000－1701－0018752　普 915.1232/0022.2　類叢部/叢書類/彙編之屬
擇是居叢書初集十九種　張鈞衡編　清光緒至民國刻民國十五年(1926)吴興張氏彙印本　十六册　存一種

330000－1701－0018754　普 915.1232/0022/c3　史部/地理類/方志之屬/郡縣志
[元豐]吴郡圖經續記三卷附校勘記一卷　(宋)朱長文纂修　清同治十二年(1873)江蘇書局刻本　一冊

330000－1701－0018755　HJL2941　集部/別集類/清別集
五是堂詩集八卷　(清)顧王霖撰　(清)張大鏞編　清光緒八年(1882)刻二十四年(1898)顧瑞芝印本　二冊

330000－1701－0018758　HJL5430　集部/別集類/明別集
黄漳浦集五十卷首一卷目録二卷　(明)黄道周撰　(清)陳壽祺重編　**漳浦黄先生[道周]年譜二卷**　(明)莊起儔編　清道光八年至十年(1828－1830)福州陳氏刻本　二十冊

330000－1701－0018759　HJL2809　集部/別集類/清別集
心安隱室詩集九卷詞集四卷　(清)詹肇堂撰　清光緒十年(1884)成德堂刻本　三冊　存九卷(詩集一至九)

330000－1701－0018760　普 915.1241/9032/c1　史部/地理類/方志之屬/郡縣志
[道光]浙江新城縣志二十四卷首一卷　(清)吴墉修　(清)張吉安纂　清道光三年(1823)刻本　六冊

330000－1701－0018761　HJL5280　集部/別集類/唐五代別集
柳河東詩集二卷　(唐)柳宗元撰　清宣統二年(1910)時中書局石印本　四冊

330000－1701－0018762　普 915.1232/0022/c4　史部/地理類/方志之屬/郡縣志
[元豐]吴郡圖經續記三卷附校勘記一卷　(宋)朱長文纂修　清同治十二年(1873)江蘇書局刻本　一冊

330000－1701－0018763　HJL4652　集部/別集類/明別集
黄漳浦集五十卷首一卷目録二卷　(明)黄道周撰　(清)陳壽祺重編　**漳浦黄先生[道周]年譜二卷**　(明)莊起儔編　清末鉛印本　十六冊

330000－1701－0018764　HJL4966　集部/別集類/唐五代別集
唐柳柳州集選二卷　(唐)柳宗元撰　(明)茅坤　(明)孫月峰　(明)鍾伯敬評　(清)盧元昌重訂　清刻本　四冊

330000－1701－0018765　HJL2562　集部/別集類/清別集
崇百藥齋文集二十卷續集四卷三集十二卷　(清)陸繼輅撰　**五真閣吟藁一卷**　(清)陸錢惠尊撰　清嘉慶二十五年至道光八年(1820－1828)刻本　六冊

330000－1701－0018766　HJL5378　集部/別集類/唐五代別集
李衛公文集二十卷別集十卷外集四卷補遺一卷　(唐)李德裕撰　清光緒十六年(1890)常慊慊齋刻本　六冊

330000－1701－0018767　HJL2361　集部/別集類/清別集
月滄文集八卷首一卷　(清)吕璜撰　清道光二十一年(1841)桂林刻本　二冊

330000－1701－0018768　HJH2639　集部/別集類/清別集
御製詩三集六十四卷目録八卷　(清)仁宗顒琰撰　清光緒五年(1879)鉛印本　十八冊　存三十六卷(一至三十二、目録一至四)

330000－1701－0018769　普 915.1241/9032/c2　史部/地理類/方志之屬/郡縣志
[道光]浙江新城縣志二十四卷首一卷　(清)吴墉修　(清)張吉安纂　清道光三年(1823)刻本　采廷跋　六冊

330000－1701－0018771　HJH2456　集部/別集類/清別集
御製詩餘集六卷　(清)仁宗顒琰撰　清嘉慶刻本　四冊

330000－1701－0018772　HJH2457　集部/

別集類/清別集

御製嗣統述聖詩二卷　(清)仁宗顒琰撰　清刻本　二冊

330000－1701－0018773　HJH2444　集部/別集類/清別集

御製全史詩四卷　(清)仁宗顒琰撰　清刻本　四冊

330000－1701－0018774　HJL5257　集部/別集類/唐五代別集

李長吉歌詩四卷外集一卷首一卷　(唐)李賀撰　(清)王琦彙解　清宣統元年(1909)掃葉山房石印本　四冊

330000－1701－0018775　HJH2633　集部/別集類/清別集

清寧合撰二卷　(清)仁宗顒琰撰　清嘉慶刻本　二冊

330000－1701－0018777　HJL2980　集部/別集類/清別集

青埵山人詩十卷　(清)洪飴孫撰　清光緒十年(1884)陳氏西江使廨刻本　二冊

330000－1701－0018778　HJL5318　集部/別集類/唐五代別集

沈下賢文集十二卷　(唐)沈亞之撰　清刻本　四冊

330000－1701－0018780　普915.1232/0022.2/2　類叢部/叢書類/彙編之屬

守山閣叢書一百十二種　(清)錢熙祚編　清光緒十五年(1889)上海鴻文書局據清道光二十四年(1844)金山錢氏重編增刻墨海金壺本影印本(籀史卷二原缺)　四冊　存一種

330000－1701－0018781　HJL2282　集部/別集類/清別集

八松庵詩集九卷　(清)李御撰　清光緒二十五年(1899)刻本　二冊

330000－1701－0018782　普915.1232/0029/c1　史部/地理類/方志之屬/郡縣志

[乾隆]蘇州府志八十卷首一卷　(清)雅爾哈善　(清)傅椿修　(清)習寯　(清)王峻等纂　清乾隆十三年(1748)刻本　四十八冊

330000－1701－0018783　HJL5451　集部/別集類/唐五代別集

樊川文集二十卷外集一卷別集一卷　(唐)杜牧撰　清光緒二十二年(1896)景蘇園影宋刻本　六冊

330000－1701－0018784　HJL2376　集部/別集類/清別集

留村文集不分卷詩集四卷　(清)黄瑞撰　清嘉慶十二年(1807)北莊草堂刻本　六冊

330000－1701－0018785　HJL2846　集部/別集類/清別集

魚樂軒詩鈔十二卷　(清)田均晉撰　清嘉慶十九年(1814)刻本　四冊

330000－1701－0018786　HJL5745　集部/別集類/清別集

袁文箋正十六卷補注一卷附錄小傳一卷　(清)袁枚撰　(清)石韞玉箋　清嘉慶十七年(1812)鶴壽山堂刻本　六冊

330000－1701－0018787　HJL4597　集部/別集類/唐五代別集

李商隱詩集三卷　(唐)李商隱撰　清宣統元年(1909)神州國光社據錢謙益手寫校本影印本　二冊

330000－1701－0018788　普915.1241/8031/2/c2　史部/地理類/方志之屬/郡縣志

[嘉慶]於潛縣志十六卷首一卷末一卷　(清)蔣光弼修　(清)張夔　(清)李江纂　清抄本　十六冊

330000－1701－0018789　普915.1241/8031/2/c3　史部/地理類/方志之屬/郡縣志

[嘉慶]於潛縣志十六卷首一卷末一卷　(清)蔣光弼修　(清)張夔　(清)李江纂　清抄本　十六冊

330000－1701－0018790　HJL3112　集部/別集類/清別集

揖山樓詩集十二卷　(清)畢憲曾撰　清刻本　二冊

330000－1701－0018791　HJL5174　集部/別集類/唐五代別集
重訂李義山詩集箋注三卷集外詩箋注一卷　(唐)李商隱撰　(清)朱鶴齡箋注　(清)程夢星刪補　**重訂李義山[商隱]年譜一卷詩話一卷**　(清)程夢星輯　清乾隆八年(1743)東柯草堂刻十一年(1746)重校印本　四册

330000－1701－0018792　HJL2641　集部/別集類/清別集
隨俟書屋詩集十一卷　(清)劉錫五撰　清嘉慶二十三年(1818)刻本　潘國鈞跋　六册

330000－1701－0018794　HJL2339　集部/別集類/清別集
寄曠廬詩集八卷　(清)陳大謨撰　清嘉慶十四年(1809)刻本　四册

330000－1701－0018795　HJL5456　類叢部/叢書類/彙編之屬
天壤閣叢書二十種　(清)王祖源　(清)王懿榮編　清同治至光緒福山王氏刻彙印本　一册　存一種

330000－1701－0018797　HJL2508　集部/別集類/清別集
澹愉堂詩八卷　(清)周允中撰　清乾隆三十一年(1766)刻本　四册

330000－1701－0018798　HJL4602　集部/別集類/唐五代別集
唐皮日休文藪十卷　(唐)皮日休撰　清光緒二十一年(1895)合肥李氏蘭雪堂刻本　二册

330000－1701－0018799　HJL3018　集部/別集類/清別集
是程堂集十四卷二集四卷耶溪漁隱詞二卷　(清)屠倬撰　清嘉慶十九年至二十五年(1814－1820)真州官舍、道光元年(1821)屠氏潛園刻本　六册

330000－1701－0018801　HJL5236　集部/別集類/明別集
樓山堂集二十七卷　(明)吳應箕撰　清宣統二年(1910)鉛印本　六册

330000－1701－0018802　HJL2467　集部/別集類/清別集
樊桐詩選不分卷　(清)殷嶧撰　清嘉慶十三年(1808)夏味堂刻本　一册

330000－1701－0018803　HJL5630　集部/別集類/唐五代別集
豐溪存稿一卷　(唐)呂從慶撰　清同治十一年(1872)繩武堂刻本　一册

330000－1701－0018805　HJL2500　集部/別集類/清別集
綠滿山房集三十六卷　(清)殷如梅撰　清嘉慶六年(1801)刻本　八册

330000－1701－0018808　普915.1232/0029.02　史部/地理類/方志之屬/郡縣志
[嘉慶]吳門補乘十卷首一卷　(清)錢思元纂　(清)錢士錡補輯　清道光十年(1830)刻本　八册

330000－1701－0018810　HJL3031　集部/別集類/清別集
有方遊草二卷　(清)歐陽厚均撰　清同治四年(1865)刻本　一册

330000－1701－0018811　HJH5029　類叢部/叢書類/家集之屬
如皋冒氏叢書三十四種附二種　冒廣生輯　清光緒至民國如皋冒氏刻本　六册　存一種

330000－1701－0018812　HJL3032　集部/別集類/清別集
望雲書屋文集二卷　(清)歐陽厚均撰　清同治刻本　四册

330000－1701－0018813　HJH5153　類叢部/叢書類/彙編之屬
結一廬朱氏賸餘叢書四種　(清)朱澂編　清光緒三十年至三十一年(1904－1905)仁和朱氏刻三十二年(1906)印本　四册　存一種

330000－1701－0018814　HJL3108　集部/別集類/清別集
青墅詩鈔初刻四卷　(清)鄭大謨撰　清嘉慶三年(1798)桑苧古園刻本　二册

330000－1701－0018815　HJL5063　集部/別集類/明別集
陳臥子先生安雅堂稿十五卷　（明）陳子龍撰　清宣統元年（1909）上海時中書局鉛印本　六冊

330000－1701－0018816　普 915.1241/9532/2　史部/地理類/方志之屬/郡縣志
［道光］昌化縣志二十卷首一卷　（清）于尚齡修　（清）王兆杏纂　清抄本　八冊

330000－1701－0018817　HJL5119　集部/別集類/宋別集
徐騎省集三十卷　（宋）徐鉉撰　**徐集補遺一卷**　（清）朱孔彰輯　**徐集補遺續編一卷**　（清）李英元輯　**徐騎省集校勘記一卷**　（清）李英元撰　清光緒十六年至十七年（1890－1891）黟南李宗煝刻十九年（1893）重校本　八冊

330000－1701－0018819　HJH5261　集部/別集類/宋別集
徐騎省集三十卷　（宋）徐鉉撰　**徐集補遺一卷**　（清）朱孔彰輯　**徐集補遺續編一卷**　（清）李英元輯　**徐騎省集校勘記一卷**　（清）李英元撰　清光緒十六年至十七年（1890－1891）黟南李宗煝刻十九年（1893）重校本　八冊

330000－1701－0018820　普 915.1232/0029/c2　史部/地理類/方志之屬/郡縣志
［乾隆］蘇州府志八十卷首一卷　（清）雅爾哈善　（清）傅椿修　（清）習寯　（清）王峻等纂　清乾隆十三年（1748）刻本　四十冊

330000－1701－0018821　HJH5460　集部/別集類/宋別集
徐騎省集三十卷　（宋）徐鉉撰　**徐集補遺一卷**　（清）朱孔彰輯　**徐集補遺續編一卷**　（清）李英元輯　**徐騎省集校勘記一卷**　（清）李英元撰　清光緒十六年至十七年（1890－1891）黟南李宗煝刻十九年（1893）重校本　八冊

330000－1701－0018822　HJH5371　類叢部/叢書類/彙編之屬
國粹叢書四十九種　（清）國學保存會編　清光緒至宣統鉛印本　一冊　存一種

330000－1701－0018823　普 915.1232/0032/c1　史部/地理類/方志之屬/郡縣志
［道光］蘇州府志一百五十卷首十卷　（清）宋如林　（清）額騰伊　（清）羅琦修　（清）石韞玉纂　清道光四年（1824）刻本（卷七十五至七十六配抄本）　六十冊

330000－1701－0018824　HJL5060　類叢部/叢書類/彙編之屬
國粹叢書四十九種　（清）國學保存會編　清光緒至宣統鉛印本　一冊　存一種

330000－1701－0018827　HJL5326　集部/別集類/宋別集
苕溪集五十五卷　（宋）劉一止撰　清宣統三年（1911）歸安朱祖謀刻本　四冊

330000－1701－0018828　HJL4917　集部/別集類/清別集
牧齋全集一百六十五卷　（清）錢謙益撰　（清）錢曾箋注　清宣統二年（1910）邃漢齋石印本　四十冊

330000－1701－0018829　普 915.1232/0034/c1　史部/地理類/方志之屬/郡縣志
［同治］蘇州府志一百五十卷首三卷　（清）李銘皖　（清）譚鈞培修　（清）馮桂芬纂　清光緒八年（1882）江蘇書局刻本　七十九冊　缺三卷（一百四十八至一百五十）

330000－1701－0018830　HJH5407　集部/別集類/宋別集
宋邵康節先生伊川擊壤集十卷三世名賢一卷　（宋）邵雍撰　（明）吳泰注　清康熙八年（1669）邵泰定、邵養貞刻本　七冊

330000－1701－0018831　HJH5159　類叢部/叢書類/彙編之屬
峭帆樓叢書十八種　趙詒琛編　清宣統三年至民國八年（1911－1919）新陽趙氏峭帆樓刻本　一冊　存一種

330000－1701－0018832　HJL2581　集部/别集類/清别集
蓼蟲吟藁十六卷　(清)蘇加玉撰　清嘉慶刻本　二册

330000－1701－0018833　HJL2458　集部/别集類/清别集
讀孟居文集六卷　(清)蔣汾功撰　清嘉慶二十五年(1820)蔣方增十二研齋刻本　四册

330000－1701－0018834　HJL4673　集部/别集類/清别集
亭林詩集五卷文集六卷　(清)顧炎武撰　清宣統元年(1909)上海掃葉山房石印本　四册

330000－1701－0018835　HJH4645　集部/别集類/宋别集
司馬溫公文集十四卷　(宋)司馬光撰　(清)張伯行訂　清康熙四十八年(1709)儀封張伯行正誼堂刻光緒七年(1881)滸灣趙氏修補印本　八册

330000－1701－0018836　HJL2201　集部/别集類/清别集
立厓詩鈔七卷　(清)蔣業晉撰　清嘉慶四年(1799)交翠堂刻本　八册

330000－1701－0018837　HJH5449　集部/别集類/宋别集
王臨川全集一百卷目錄二卷　(宋)王安石撰　清光緒九年(1883)聽香館刻本　二十册

330000－1701－0018838　HJH5033　集部/别集類/明别集
寶綸堂集十卷拾遺一卷　(明)陳洪綬撰　(清)陳字購輯　清光緒十四年(1888)會稽董氏取斯堂木活字印本　八册

330000－1701－0018839　HJL2610　集部/别集類/清别集
洗桐軒詩集六卷文集八卷　(清)李周南撰　清嘉慶二十五年(1820)刻本　四册

330000－1701－0018840　HJL3656　集部/别集類/清别集
洗桐軒詩集六卷文集八卷　(清)李周南撰　清嘉慶二十五年(1820)刻本　六册　存八卷(文集一至八)

330000－1701－0018842　HJL4934　集部/别集類/清别集
徧行堂集十六卷　(清)釋今釋撰　清宣統三年(1911)上海國學扶輪社鉛印本　八册

330000－1701－0018844　HJL4580　集部/别集類/清别集
鐵堂詩鈔二卷　(清)許珌撰　清道光十四年(1834)鄭開禧刻本　一册

330000－1701－0018845　普915.1242/0027/c1　史部/地理類/方志之屬/郡縣志
[康熙]嘉興府志十六卷　(清)吳永芳修　(清)錢以塏等纂　清康熙六十年(1721)刻本　二十册

330000－1701－0018846　普915.1232/0034/c2　史部/地理類/方志之屬/郡縣志
[同治]蘇州府志一百五十卷首三卷　(清)李銘皖　(清)譚鈞培修　(清)馮桂芬纂　清光緒八年(1882)江蘇書局刻本　六十三册　缺二十九卷(十二至十四、十七至二十九、五十九至六十七、一百九至一百十二)

330000－1701－0018847　普915.1232/0032/c2　史部/地理類/方志之屬/郡縣志
[道光]蘇州府志一百五十卷首十卷　(清)宋如林　(清)額騰伊　(清)羅琦修　(清)石韞玉纂　清道光四年(1824)刻本　六十一册　缺九卷(五十七至五十九、一百七至一百八、一百四十七至一百五十)

330000－1701－0018850　HJH4851　類叢部/叢書類/彙編之屬
武英殿聚珍版書一百四十八種　清乾隆四十二年(1777)福建刻道光至同治遞修光緒二十一年(1895)增刻本　八册　存一種

330000－1701－0018851　HJH4970　集部/别集類/宋别集
范忠宣公集二十卷奏議二卷遺文一卷附錄一卷補編一卷　(宋)范純仁撰　清宣統二年

(1910)刻本　六冊

330000－1701－0018852　普915.1242/0031/c1　史部/地理類/方志之屬/郡縣志

[嘉慶]嘉興府志八十卷首三卷　(清)伊湯安修　(清)馮應榴　(清)沈啓震纂　清嘉慶六年(1801)刻本　四十冊

330000－1701－0018853　HJL4164　集部/別集類/清別集

赤堇遺稿六卷　(清)葉元堦撰　(清)厲志編　清道光二十五年(1845)退一居刻本　二冊

330000－1701－0018854　普915.1232/0051　史部/叢編

五畝園小志題詠合刻　(清)謝家福輯　清光緒十六年(1890)蘇城徐文藝齋刻本　一冊　存二種

330000－1701－0018855　HJL2470　集部/別集類/清別集

來復堂集六卷　(清)李培根撰　**瀉珠閣遺稿一卷**　(清)唐靜嫻撰　清嘉慶二十一年(1816)二初草堂刻本　二冊

330000－1701－0018856　HJL4200　集部/別集類/清別集

百藥山房詩初集十卷　(清)黄若濟撰　清道光九年(1829)刻本　二冊

330000－1701－0018857　HJL4914　集部/別集類/宋別集

節孝先生文集三十卷事實一卷附載語錄一卷　(宋)徐積撰　清宣統三年(1911)山陽徐氏刻本　六冊

330000－1701－0018858　HJL5184　集部/別集類/宋別集

節孝先生文集三十卷事實一卷附載一卷語錄一卷　(宋)徐積撰　清宣統三年(1911)山陽徐氏刻本　六冊

330000－1701－0018859　HJL3608　集部/別集類/清別集

榴實山莊文稿一卷詩鈔六卷詞鈔一卷試律二卷　(清)吳存義撰　清同治至光緒刻本　六冊

330000－1701－0018860　HJL3911　集部/別集類/清別集

穆清堂詩鈔三卷　(清)朱庭珍撰　清光緒十三年(1887)滇省務本堂刻本　三冊

330000－1701－0018861　HJH4916　集部/別集類/宋別集

東坡集四十卷後集二十卷奏議十五卷內制集十卷樂語一卷外制集三卷應詔集十卷續集十二卷　(宋)蘇軾撰　**東坡集校記二卷**　繆荃孫撰　**東坡先生[蘇軾]年譜一卷**　(宋)王宗稷撰　**東坡先生[蘇軾]墓志銘一卷**　(宋)蘇轍撰　清光緒三十四年至宣統元年(1908－1909)寶華盦刻本　四十冊　缺十一卷(內制集一至十、樂語)

330000－1701－0018862　HJL2469　集部/別集類/清別集

海霞詩鈔八卷　(清)顧鴻生撰　清嘉慶刻本　四冊

330000－1701－0018863　HJL2540　集部/別集類/清別集

惜分陰齋詩鈔十六卷　(清)李棨撰　清嘉慶四年(1799)刻本　六冊

330000－1701－0018864　普915.1242/0029/c1　史部/地理類/雜志之屬

嘉府典故纂要八卷　(清)王惟梅輯　清乾隆五十四年(1789)環翠書屋刻本　四冊

330000－1701－0018865　HJH2573　集部/別集類/清別集

顯志堂稿十二卷夢柰詩稿一卷　(清)馮桂芬撰　清光緒二年(1876)吳縣馮氏校邠廬刻本　六冊

330000－1701－0018866　HJL3718　集部/別集類/清別集

顯志堂稿十二卷　(清)馮桂芬撰　清光緒二年(1876)吳縣馮氏校邠廬刻本　十二冊

330000－1701－0018867　HJL3044　集部/別集類/清別集

竹窗剩稿一卷附遊台雜詠一卷 （清）釋漢兆撰 清嘉慶二十一年(1816)刻本 一冊

330000－1701－0018868 HJL5043 集部/别集類/明别集

炳燭齋文集初刻一卷續刻一卷 （明）顧大韶撰 清宣統元年(1909)上海國學扶輪社鉛印本 二冊

330000－1701－0018869 HJL4667 集部/别集類/宋别集

東坡和陶合箋四卷 （宋）蘇軾撰 （清）溫汝能輯 清宣統元年(1909)掃葉山房石印本 二冊

330000－1701－0018870 普915.1242/0031/c2 史部/地理類/方志之屬/郡縣志

[嘉慶]嘉興府志八十卷首三卷 （清）伊湯安修 （清）馮應榴 （清）沈啓震纂 清嘉慶六年(1801)刻本 四十冊

330000－1701－0018872 HJL4944 集部/别集類/清别集

公忠堂文集六卷附刻二卷 （清）張自德撰 清康熙刻本 四冊 存六卷(一至六)

330000－1701－0018873 普915.1242/0027/c2 史部/地理類/方志之屬/郡縣志

[康熙]嘉興府志十六卷 （清）吳永芳修 （清）錢以塏等纂 清康熙六十年(1721)刻本 二十四冊

330000－1701－0018874 HJH2668 集部/别集類/清别集

傳書樓詩稿一卷 （清）汪金順撰 （清）汪尚仁編 清乾隆五十八年至嘉慶四年(1793－1799)四勿齋刻本 一冊

330000－1701－0018875 HJL5538 類叢部/叢書類/彙編之屬

心矩齋叢書十一種 （清）蔣鳳藻編 清光緒長洲蔣氏刻本 一冊 存一種

330000－1701－0018876 HJL4776 集部/别集類/清别集

定山堂古文小品二卷 （清）龔鼎孳撰 清宣統二年(1910)上海國學昌明社石印本 二冊

330000－1701－0018877 HJL2879 集部/别集類/清别集

稼門文鈔七卷詩鈔十卷 （清）汪志伊撰 清嘉慶十五年(1810)刻本 二冊

330000－1701－0018878 HJL2468 集部/别集類/清别集

禮畊草堂詩稿一卷 （清）汪杏南撰 清嘉慶十八年(1813)退省居刻本 一冊

330000－1701－0018879 HJL4498 集部/别集類/清别集

六吉齋詩鈔五卷 （清）鮑作雨撰 清同治十二年(1873)南堤項氏刻本 二冊

330000－1701－0018880 HJL5585 集部/别集類/宋别集

蘇文忠公詩集五十卷目錄二卷 （宋）蘇軾撰 （清）紀昀評點 清同治八年(1869)韞玉山房粤東省城刻翰墨園朱墨套印本 十二冊

330000－1701－0018881 HJL4899 集部/别集類/清别集

崑山先哲遺書 清光緒十七年(1891)刻民國二十三年(1934)刻本 六冊 存二種

330000－1701－0018882 普915.1232/0076/c2 史部/地理類/山川之屬/水志

太湖備考十六卷首一卷 （清）金友理撰 **湖程紀略一卷** （清）吳曾撰 清乾隆十五年(1750)藝蘭圃刻本 八冊

330000－1701－0018883 HJL2163 集部/别集類/清别集

省吾齋古文集十二卷 （清）竇光鼐撰 （清）竇汝瑄輯 清嘉慶六年(1801)慎德堂刻本 四冊

330000－1701－0018884 HJL2185 集部/别集類/清别集

飛霞詩存四卷 （清）徐延第撰 清嘉慶十六年(1811)刻本 一冊

330000－1701－0018885 HJH4092 類叢

部/叢書類/自著之屬

新化鄒氏斅耘齋遺書五種　(清)鄒漢勛撰　清光緒四年(1878)攸縣龍汝霖南昌刻本　清王雪瀓跋　六冊

330000－1701－0018886　HJL5461　集部/別集類/宋別集

蘇文忠公詩編註集成四十六卷集成總案四十五卷諸家雜綴酌存一卷蘇海識餘四卷牋詩圖一卷　(宋)蘇軾撰　(清)王文誥輯注　清光緒十四年(1888)浙江書局刻本　二十四冊

330000－1701－0018887　HJL2322　集部/別集類/清別集

聲玉山齋詩集八卷　(清)鄒熊撰　清嘉慶十五年(1810)刻本　二冊

330000－1701－0018888　HJL5275　類叢部/叢書類/自著之屬

施愚山先生全集五種附一種　(清)施閏章撰　清宣統二年至三年(1910－1911)上海國學扶輪社石印本　二十冊

330000－1701－0018889　HJL4686　集部/別集類/清別集

靜觀書屋詩集七卷　(清)章鶴齡撰　清同治十三年(1874)劉瑞芬皖城刻本　二冊

330000－1701－0018890　HJH4529　集部/別集類/清別集

靜觀書屋詩集七卷　(清)章鶴齡撰　清同治十三年(1874)劉瑞芬皖城刻本　二冊

330000－1701－0018891　HJH5035　集部/別集類/清別集

靜觀書屋詩集七卷　(清)章鶴齡撰　**青山詩選六卷**　(清)姚翰等撰　(清)桂超萬等輯　清同治十三年至光緒元年(1874－1875)劉瑞芬皖城刻本　四冊

330000－1701－0018892　HJL2427　集部/別集類/清別集

賜綺堂集十卷續集四卷　(清)詹應甲撰　清嘉慶八年至十六年(1803－1811)刻本　八冊

330000－1701－0018893　普915.1242/0027/c3　史部/地理類/方志之屬/郡縣志

[康熙]嘉興府志十六卷　(清)吳永芳修　(清)錢以塏等纂　清康熙六十年(1721)刻本　二十冊

330000－1701－0018894　HJL3471　集部/別集類/清別集

賜綺堂集十卷外集二卷　(清)詹應甲撰　清嘉慶十六年(1811)刻本　六冊

330000－1701－0018895　HJH5554　集部/別集類/宋別集

蘇文忠詩合註五十卷首一卷　(宋)蘇軾撰　(清)馮應榴輯　清乾隆五十八年(1793)桐鄉馮氏踵息齋刻同治九年(1870)補修本　二十四冊

330000－1701－0018896　普915.1232/0076.12/c1　史部/地理類/山川之屬/水志

太湖備考續編四卷　(清)鄭言紹撰　清光緒二十九年(1903)刻本　四冊

330000－1701－0018897　HJL4742　集部/別集類/清別集

春酒堂文集一卷　(清)周容撰　清宣統二年(1910)上海國學扶輪社鉛印本　一冊

330000－1701－0018898　HJL4382　集部/別集類/清別集

半行庵詩存稿八卷　(清)貝青喬撰　(清)葉廷琯輯　清同治五年(1866)葉廷琯等刻本　八冊

330000－1701－0018899　HJL2507　集部/別集類/清別集

思純堂集十四卷　(清)程名世撰　清嘉慶二十五年(1820)刻本　六冊

330000－1701－0018900　HJL5228　集部/總集類/尺牘之屬

蘇東坡黃山谷尺牘合編　(清)黃始箋輯　清光緒三十四年(1908)上海掃葉山房石印本　四冊　存八卷(蘇東坡尺牘一至八)

330000－1701－0018901　HJL4479　類叢部/叢書類/自著之屬

經德堂集六種　(清)龍啓瑞撰　清光緒四年至七年(1878－1881)龍繼棟京師刻本　六冊　存五種

330000－1701－0018902　HJL2627　集部/別集類/清別集

密齋文集不分卷　(清)程同文撰　清程氏密齋家刻本　四冊

330000－1701－0018903　普 915.1242/0029/c2　史部/地理類/雜志之屬

嘉府典故纂要八卷　(清)王惟梅輯　清乾隆五十四年(1789)環翠書屋刻本　二冊

330000－1701－0018904　HJL4932　集部/別集類/宋別集

角山樓蘇詩評註彙鈔二十卷附錄三卷目錄二卷　(宋)蘇軾撰　(清)趙克宜輯訂　清咸豐二年(1852)丹徒趙氏刻本　八冊

330000－1701－0018905　HJL2257　集部/別集類/清別集

葴園詩集十卷　(清)程晉芳撰　清嘉慶刻本　四冊

330000－1701－0018906　HJH4496　集部/別集類/清別集

二知軒詩鈔十四卷　(清)方濬頤撰　清同治五年(1866)廣州刻本　六冊

330000－1701－0018907　HJH2670　集部/別集類/清別集

二知軒詩鈔十四卷續鈔十二卷　(清)方濬頤撰　清同治五年(1866)、八年(1869)刻本　十三冊

330000－1701－0018908　HJL2277　集部/別集類/清別集

勉行堂詩集二十四卷首一卷文集六卷　(清)程晉芳撰　清嘉慶二十三年(1818)、二十五年(1820)鄧廷楨等陝西刻本　六冊

330000－1701－0018909　普 915.1242/0031/c3　史部/地理類/方志之屬/郡縣志

[嘉慶]嘉興府志八十卷首三卷　(清)伊湯安修　(清)馮應榴　(清)沈啓震纂　清嘉慶六年(1801)刻本　三十九冊　缺一卷(首一)

330000－1701－0018910　HJH4528　集部/別集類/清別集

嘯古堂文集八卷　(清)蔣敦復撰　清同治七年(1868)應寶時上海道署刻本　二冊

330000－1701－0018912　HJL2375　集部/別集類/清別集

吳侍讀全集二十三卷(岑華居士蘭鯨錄八卷鳳巢山樵求是錄六卷二錄四卷續錄一卷岑華居士外集二卷鳳巢山樵求是錄外集二卷)　(清)吳慈鶴撰　清嘉慶十五年至道光七年(1810－1827)刻本　八冊

330000－1701－0018913　HJL3487　集部/別集類/清別集

吳侍讀全集二十三卷(岑華居士蘭鯨錄八卷鳳巢山樵求是錄六卷二錄四卷續錄一卷岑華居士外集二卷鳳巢山樵求是錄外集二卷)　(清)吳慈鶴撰　清嘉慶十五年至道光七年(1810－1827)刻本　十二冊　缺二卷(鳳巢山樵求是錄外集一至二)

330000－1701－0018914　HJL5539　集部/別集類/清別集

七頌堂詩集十卷文集二卷　(清)劉體仁撰　清同治六年(1867)劉瑺刻七年(1868)增修本　四冊

330000－1701－0018915　HJL4372　類叢部/叢書類/自著之屬

劉果敏公遺書　(清)劉典撰　清光緒刻本　十二冊

330000－1701－0018916　HJL5602　類叢部/叢書類/彙編之屬

洪氏公善堂叢書九種　(清)洪汝奎編　清光緒涇縣洪氏刻本　四冊　存一種

330000－1701－0018917　HJL3035　集部/別集類/清別集

紫石泉山房文集十二卷詩鈔三卷　(清)吳定撰　清嘉慶十五年(1810)鮑桂星刻本　五冊

330000－1701－0018918　HJL4927　集部/別

集類/清别集

曝書亭集外稿八卷 （清）朱彝尊撰 （清）馮登府 （清）朱墨林輯 清嘉慶二十二年（1817）刻道光二年（1822）印本 四册

330000－1701－0018919 普 915.1232/0076/c3 史部/地理類/山川之屬/水志

太湖備考十六卷首一卷 （清）金友理撰 **湖程紀略一卷** （清）吴曾撰 清乾隆十五年（1750）藝蘭圃刻本 八册

330000－1701－0018920 HJL2455 集部/别集類/清别集

退思齋詩鈔四卷 （清）伯麟撰 清嘉慶二十一年（1816）倚松書屋刻本 四册

330000－1701－0018921 HJL2407 集部/别集類/清别集

朱文定公集十卷 （清）朱士彦撰 **望雲山廬詩存一卷** （清）朱百谷撰 （清）朱勵相 （清）朱勖志編 清刻本 二册

330000－1701－0018922 HJL5195 集部/别集類/清别集

翁山詩外十八卷 （清）屈大均撰 清刻本 一册 存三卷（一至三）

330000－1701－0018924 HJL3114 集部/别集類/清别集

春雨樓詩略七卷 （清）孫韶撰 清嘉慶刻本 二册

330000－1701－0018925 HJL4907 集部/别集類/清别集

翁山詩外二十卷 （清）屈大均撰 清宣統二年（1910）上海國學扶輪社鉛印本（卷二十原缺） 十二册

330000－1701－0018926 HJL2513 集部/别集類/清别集

逸雲居士詩編不分卷年譜一卷 （清）孫蔚撰 清嘉慶十三年（1808）刻本 二册

330000－1701－0018927 HJL5227 集部/别集類/宋别集

黄山谷尺牘十卷 （宋）黄庭堅撰 清光緒三十四年（1908）上海掃葉山房石印本 四册

330000－1701－0018928 HJL4746 集部/别集類/清别集

漁洋山人精華録訓纂十卷目録二卷自撰年譜二卷補十卷 （清）王士禛撰 （清）惠棟注補 **金氏精華録箋註辯訛一卷** （清）惠棟撰 清光緒十七年（1891）會稽徐氏述史樓刻本 二十四册

330000－1701－0018929 HJL4598 集部/别集類/宋别集

游定夫先生集六卷首一卷末一卷 （宋）游酢撰 **游默齋先生集一卷** （宋）游九言撰 清同治六年至七年（1867－1868）和州官舍刻本 二册

330000－1701－0018930 HJL3538 類叢部/叢書類/家集之屬

德州田氏叢書十五種 （清）田同之編 清康熙至乾隆田氏刻彙印本 十二册 存三種

330000－1701－0018931 HJL2515 集部/别集類/清别集

培菴詩文存四卷 （清）張立本撰 清嘉慶二十一年（1816）刻本 二册

330000－1701－0018932 普 915.1232/0051.2 史部/地理類

望炊樓叢書五種附二種 （清）謝家福輯 清光緒吴縣謝氏刻本 一册 存一種

330000－1701－0018934 HJL2132 集部/别集類/清别集

鶴泉編年詩選鈔十四卷 （清）夏曉春撰 （清）夏味堂選編 清嘉慶十年（1805）遂園刻本 四册

330000－1701－0018935 HJL5751 集部/别集類/明别集

張忠敏公遺集十卷首一卷附録六卷 （明）張國維撰 （清）張振珂輯 清光緒五年（1879）江蘇書局刻本 六册

330000－1701－0018936 普 915.1232/0076/c4 史部/地理類/山川之屬/水志

太湖備考十六卷首一卷 （清）金友理撰 **湖程紀略一卷** （清）吳曾撰 清乾隆十五年(1750)藝蘭圃刻本 八冊

330000－1701－0018937 HJL4945 集部/別集類/宋別集

淮海集十七卷後集二卷詞一卷 （宋）秦觀撰 **淮海集補遺一卷** （宋）秦觀撰 （清）王敬之 （清）茆泮林 （清）金長福輯 **淮海文集攷證一卷** （清）王敬之 （清）茆泮林 （清）金長福撰 **重編淮海先生年譜節要一卷** （清）秦瀛編 （清）王敬之節要 清道光十七年(1837)王敬之等刻二十一年(1841)增刻本 八冊

330000－1701－0018938 HJL2498 集部/別集類/清別集

寄嶽雲齋初稿十卷補遺一卷二集一卷試體詩選二卷回文賦一卷 （清）聶銑敏撰 清嘉慶元聚堂刻本 六冊

330000－1701－0018939 HJH3536 類叢部/叢書類/自著之屬

張文端集六種 （清）張英撰 清光緒二十三年(1897)桐城張氏刻本 二十冊

330000－1701－0018940 HJL2371 集部/別集類/清別集

端居室詩集十二卷 （清）王蔚宗撰 清嘉慶二十年(1815)宣城刻本 二冊

330000－1701－0018941 HJH4864 集部/別集類/宋別集

後山先生集二十四卷首一卷 （宋）陳師道撰 清光緒十一年(1885)番禺陶福祥愛廬刻本 六冊

330000－1701－0018942 HJL3109 集部/別集類/清別集

茗香堂集四卷補遺四卷外集八卷 （清）王家相撰 清嘉慶十七年(1812)刻本 八冊

330000－1701－0018943 HJL2374 集部/別集類/清別集

蘭綺堂詩鈔十七卷 （清）王鼎撰 清嘉慶八年(1803)古訓堂刻本 四冊

330000－1701－0018944 普915.1242/0035/c1 史部/地理類/方志之屬/郡縣志

[光緒]嘉興府志八十八卷首二卷 （清）許瑤光修 （清）吳仰賢等纂 清光緒三年至四年(1877－1878)嘉興鴛湖書院刻本 四十八冊

330000－1701－0018945 HJL2974 集部/別集類/清別集

北溪初稿二十卷文稿二卷附集一卷 （清）王文元撰 清嘉慶十七年(1812)隨善齋刻本 八冊

330000－1701－0018946 普915.1232/0076.2/c1 史部/地理類/山川之屬/水志

具區志十六卷 （清）翁澍撰 清康熙二十八年(1689)刻本 四冊

330000－1701－0018947 HJL3014 集部/別集類/清別集

種蕉館詩集六卷 （清）郭堃撰 **種蕉館詩集補遺一卷附錄一卷** （清）郭振鵬輯 清光緒二十一年(1895)郭振鵬刻本 二冊

330000－1701－0018948 普915.1232/1052/c1 史部/地理類/山川之屬/山志

穹窿山志六卷 （清）吳偉業 （清）向球纂 （清）李標編 清康熙刻本 五冊

330000－1701－0018949 HJL3818 集部/別集類/清別集

澂潭山房古文存稿四卷附刻一卷詩集十七卷 （清）程襄龍撰 清嘉慶二年(1797)程世淳刻本 四冊

330000－1701－0018950 HJL5600 集部/別集類/宋別集

姑溪居士文集五十卷後集二十卷 （宋）李之儀撰 **附錄一卷校勘記一卷** （清）吳葑撰 清宣統三年(1911)金陵督糧道署刻本 八冊

330000－1701－0018951 HJL4743 集部/別集類/清別集

戴南山文鈔六卷 （清）戴名世撰 **方望溪文鈔六卷** （清）方苞撰 清宣統二年(1910)上

海國學扶輪社鉛印本　八冊

330000－1701－0018952　HJL3028　集部/別集類/清別集
樫華館全集四種　(清)路德撰　(清)閻敬銘輯　清光緒七年(1881)解梁刻本　十冊

330000－1701－0018953　普 915.1232/0076.12/c2　史部/地理類/山川之屬/水志
太湖備考續編四卷　(清)鄭言紹撰　清光緒二十九年(1903)刻本　四冊

330000－1701－0018954　HJL5403　集部/別集類/清別集
御製詩集十卷第二集十卷　(清)聖祖玄燁撰　(清)高士奇輯　清康熙四十二年(1703)刻本　二冊　存十卷(詩集一至十)

330000－1701－0018955　HJL4930　集部/別集類/宋別集
道鄉先生文集四十卷補遺一卷附錄一卷　(宋)鄒浩撰　清道光十一年(1831)無錫鄒禾刻十三年(1833)印本　八冊

330000－1701－0018956　HJL2384　集部/別集類/清別集
寶研堂集四卷厚德錄節識二卷呂子節識一卷　(清)舒化民撰　清同治三年(1864)刻本　七冊

330000－1701－0018957　HJL5176　集部/別集類/清別集
寶研堂集四卷　(清)舒化民撰　清同治三年(1864)刻本　四冊

330000－1701－0018958　HJL4560　集部/別集類/清別集
笏山詩集十卷附錄一卷　(清)申甫撰　清乾隆刻道光八年(1828)印本　四冊

330000－1701－0018959　HJL4574　集部/別集類/清別集
此木軒詩鈔八卷　(清)焦袁熹撰　清嘉慶十年(1805)大中堂刻本　四冊

330000－1701－0018960　普 915.1242/0035/c3　史部/地理類/方志之屬/郡縣志
[光緒]嘉興府志八十八卷首二卷　(清)許瑤光修　(清)吳仰賢等纂　清光緒三年至四年(1877－1878)嘉興鴛湖書院刻本　四十八冊

330000－1701－0018961　HJL5182　類叢部/叢書類/郡邑之屬
永嘉叢書十三種　(清)孫衣言編　清同治至光緒瑞安孫氏詒善祠塾刻本　四冊　存一種

330000－1701－0018962　HJH5036　集部/別集類/清別集
小謨觴館詩集八卷續集二卷詩餘附錄二卷文集四卷續集二卷　(清)彭兆蓀撰　清同治十三年(1874)刻本　六冊

330000－1701－0018963　普 915.1232/0076.2/c2　史部/地理類/山川之屬/水志
具區志十六卷　(清)翁澍撰　清康熙二十八年(1689)刻本　五冊

330000－1701－0018964　HJL4572　集部/別集類/清別集
桐野詩集四卷　(清)周起渭撰　清咸豐二年(1852)陳氏世恩堂刻本　二冊

330000－1701－0018965　HJL2554　集部/別集類/清別集
簡緣詩草一卷　(清)彭希洛撰　**瓊樓吟稿一卷後錄一卷**　(清)陶善撰　清光緒九年(1883)刻本　一冊

330000－1701－0018966　普 915.1242/0035/c2　史部/地理類/方志之屬/郡縣志
[光緒]嘉興府志八十八卷首二卷　(清)許瑤光修　(清)吳仰賢等纂　清光緒三年至四年(1877－1878)嘉興鴛湖書院刻本　四十八冊

330000－1701－0018967　HJL3841　集部/別集類/清別集
露香閣詩集十卷　(清)吳樹珠撰　清嘉慶二年(1797)刻本　六冊

330000－1701－0018968　HJL4862　類叢部/叢書類/郡邑之屬
永嘉叢書十三種　(清)孫衣言編　清同治至

光緒瑞安孫氏詒善祠塾刻本　四冊　存一種

330000－1701－0018970　HJL2266　集部/别集類/清别集
補讀書齋遺稾十卷　(清)沈維鐈撰　**補讀書齋集外稾一卷**　(清)沈維鐈撰　(清)沈曾樾輯　**皇清誥授榮禄大夫工部左侍郎兼署錢法堂事務加一級顯考鼎甫府君[沈維鐈]年譜一卷**　(清)沈宗涵　(清)沈宗濟撰　清光緒元年(1875)廣州刻二十五年(1899)增刻本　五冊

330000－1701－0018971　HJL5123　集部/别集類/清别集
秀埜草堂詩集六十六卷　(清)顧嗣立撰　清道光二十八年(1848)顧氏刻本　十一冊

330000－1701－0018972　普 915.1241/7052.5/4/c2　史部/地理類/山川之屬/山志
西天目祖山志八卷首一卷末一卷補遺一卷　(明)釋廣賓撰　(清)釋際界增訂　清光緒二年(1876)刻本　四冊

330000－1701－0018973　HJL5330　集部/别集類/宋别集
陵陽先生詩四卷　(宋)韓駒撰　清宣統二年(1910)姚埭沈氏刻西江詩派韓饒二集本　劉承幹題記　一冊

330000－1701－0018974　HJL2300　集部/别集類/清别集
悟雪樓詩存三十四卷　(清)徐謙撰　清四香草堂刻本　八冊

330000－1701－0018975　HJL4891　集部/别集類/清别集
李文忠公全集六種　(清)李鴻章撰　(清)吴汝綸編録　清光緒三十一年(1905)金陵刻三十四年(1908)印本　一百冊

330000－1701－0018976　HJL2422　集部/别集類/清别集
小萬卷齋詩稾三十二卷詩續稾十二卷詩遺稾一卷文稾二十四卷經進稾四卷　(清)朱琦撰　清光緒十一年(1885)朱臧成嘉樹山房刻本　二十四冊

330000－1701－0018977　普 915.1235/1052/(2)/c1　史部/地理類/山川之屬/山志
京口三山志　(清)□□輯　清同治至光緒刻本　八冊　存一種

330000－1701－0018978　HJL5339　集部/别集類/宋别集
羅豫章先生集十二卷首一卷末一卷　(宋)羅從彦撰　(清)黄植亨重訂　清光緒九年(1883)古燕張國正延平郡署刻本　四冊

330000－1701－0018981　HJL2275　集部/别集類/清别集
泰雲堂文集二卷駢體文集二卷詩集十八卷詞集三卷　(清)孫爾準撰　清刻本　六冊

330000－1701－0018982　HJL5353　集部/别集類/清别集
濂亭文集八卷　(清)張裕釗撰　(清)查燕緒編　清宣統元年(1909)上海掃葉山房石印本　二冊

330000－1701－0018984　HJL4601　集部/别集類/宋别集
石林居士建康集八卷補遺一卷　(宋)葉夢得撰　**石林先生兩鎮建康紀年略一卷**　(清)葉廷琯撰　清咸豐六年(1856)吴中葉運鵬刻本　四冊

330000－1701－0018986　普 915.1232/0076.12/c3　史部/地理類/山川之屬/水志
太湖備考續編四卷　(清)鄭言紹撰　清光緒二十九年(1903)刻本　四冊

330000－1701－0018987　普 915.1232/2029　史部/地理類/方志之屬/郡縣志
[乾隆]長洲縣志三十四卷首一卷　(清)李光祚修　(清)許治增修　(清)顧詒禄等纂　清乾隆三十一年(1766)許治刻本　十二冊

330000－1701－0018988　普 915.1242/0068　史部/地理類/雜志之屬
嘉府水陸道里記一卷　(清)褚光斗撰　清光緒三十三年(1907)刻本　一冊

330000－1701－0018989　HJL2722　集部/別集類/清別集
順安詩草八卷竹里耆舊詩一卷感逝詩一卷　（清）張廷濟撰　清道光二十八年（1848）清儀閣刻本　五册

330000－1701－0018990　HJH4793　類叢部/叢書類/自著之屬
養雲山莊遺稿三種　（清）劉瑞芬撰　清光緒十九年至二十二年（1893－1896）劉世珩刻本　八册

330000－1701－0018991　普915.1/8728　史部/地理類/總志之屬/通代
東晉南北朝輿地表二十八卷　（清）徐文范撰　清光緒二十四年（1898）刻廣雅書局叢書本　章嶔題簽並記　十册　缺四卷（州郡表一至四）

330000－1701－0018992　普915.1232/1052/c2　史部/地理類/山川之屬/山志
穹窿山志六卷　（清）吳偉業　（清）向球纂　（清）李標編　清康熙刻本　四册

330000－1701－0018993　普915.1241/7052.5/4/c3　史部/地理類/山川之屬/山志
西天目祖山志八卷首一卷末一卷補遺一卷　（明）釋廣賓撰　（清）釋際界增訂　清光緒二年（1876）刻本　四册

330000－1701－0018994　HJL5410　集部/別集類/清別集
尺五堂詩删初刻六卷近刻四卷　（清）嚴我斯撰　清康熙十五年（1676）愛澤樓、二十一年（1682）一硯齋刻本　五册

330000－1701－0018995　HJL2570　集部/別集類/清別集
冬青館甲集六卷乙集八卷　（清）張鑑撰　清道光十九年至二十六年（1839－1846）張鑑刻彙印本　四册

330000－1701－0018996　HJL5165　集部/別集類/清別集
紉秋山館詩鈔二卷集句一卷外稿一卷附録一卷　（清）謝章華撰　清咸豐刻本　四册

330000－1701－0018997　HJL3498　集部/別集類/清別集
冬青館甲集六卷乙集八卷　（清）張鑑撰　清道光十九年至二十六年（1839－1846）張鑑刻彙印本　六册

330000－1701－0018998　HJL5181　集部/別集類/清別集
冬生艸堂文録四卷詩録八卷詞録四卷　（清）夏寶晉撰　清咸豐元年（1851）刻本　四册

330000－1701－0018999　HJL3019　集部/別集類/清別集
頤道堂詩選十四卷詩外集九卷文鈔四卷　（清）陳文述撰　清嘉慶二十二年（1817）刻本　十二册　缺一卷（詩外集九）

330000－1701－0019000　HJL5169　集部/別集類/清別集
叢碧山房詩三集十一卷四集十卷五集五卷　（清）龐塏撰　清康熙刻本　五册

330000－1701－0019001　HJH4438　集部/別集類/清別集
小滄溟館初集六卷二集九卷三集十二卷四集六卷五集五卷　（清）朱瀚撰　清道光十三年至咸豐八年（1833－1858）刻本　二册　存六卷（四集一至六）

330000－1701－0019002　HJL4697　集部/別集類/清別集
小滄溟館初集六卷二集九卷三集十二卷四集六卷五集五卷　（清）朱瀚撰　清道光十三年至咸豐八年（1833－1858）刻本　十册　存二十七卷（初集一至六、二集一至九、三集一至十二）

330000－1701－0019003　HJL4623　集部/別集類/清別集
世忠堂文集六卷守城善後紀畧一卷鄒氏家傳一卷　（清）鄒鳴鶴撰　（清）鄒覲颺輯　清同治二年（1863）錫山鄒寓刻光緒四年（1878）增刻本　八册

330000－1701－0019004　HJL2501　集部/別集類/清別集
憶山堂詩錄八卷洞簫樓詩紀二十四卷　(清)宋翔鳳撰　**浮谿草堂集四卷**　(清)宋簡撰　清道光刻本　七冊

330000－1701－0019005　HJL5573　集部/別集類/清別集
鳴鶴堂文集二卷　(清)任源祥撰　(清)瞿源洙集評　清同治十二年(1873)任重光刻本　二冊

330000－1701－0019006　普915.1242/1031　史部/地理類/方志之屬/郡縣志
[嘉慶]嘉興縣志三十六卷首二卷　(清)司能任修　(清)屠本仁纂　清嘉慶七年(1802)刻本　十四冊　缺四卷(二十一至二十三、三十三)

330000－1701－0019007　HJL2779　集部/別集類/清別集
樗寮先生全集七種四十三卷　(清)姚椿撰　清道光至咸豐刻本　十二冊

330000－1701－0019009　HJL4911　集部/別集類/清別集
雅雨堂詩集二卷文集四卷雅雨山人出塞集一卷　(清)盧見曾撰　(清)金在恒編　清道光十九年(1839)盧樞清雅堂刻本　三冊　存六卷(詩集一至二、文集一至四)

330000－1701－0019010　HJL2969　類叢部/叢書類/家集之屬
江都陳氏叢書七種　(清)陳本禮　(清)陳逢衡撰　清嘉慶至道光刻本　四冊　存一種

330000－1701－0019012　HJL5472　集部/別集類/清別集
越縵堂集十卷　(清)李慈銘撰　清光緒十六年(1890)王繼香刻本　二冊

330000－1701－0019013　HJL2644　集部/別集類/清別集
雅雨堂詩集二卷文集四卷雅雨山人出塞集一卷　(清)盧見曾撰　(清)金在恒編　清道光十九年(1839)盧樞清雅堂刻本　三冊　存五卷(文集一至四、出塞集)

330000－1701－0019014　HJL4818　集部/別集類/清別集
越縵堂集十卷　(清)李慈銘撰　清光緒十六年(1890)王繼香刻本　六冊

330000－1701－0019015　HJL2195　集部/別集類/清別集
唐確慎公集十卷首一卷末一卷　(清)唐鑑撰　清光緒元年(1875)善化賀瑗刻本　六冊

330000－1701－0019016　普915.1242/1031/(2)/c1　史部/地理類/方志之屬/郡縣志
[嘉慶]嘉興縣志三十六卷首二卷　(清)司能任修　(清)屠本仁纂　清嘉慶七年(1802)刻本　十六冊

330000－1701－0019018　HJL4617　集部/別集類/清別集
東山草堂文集二十卷　(清)邱嘉穗撰　清康熙刻本　八冊

330000－1701－0019019　HJL4986　集部/別集類/清別集
寒松閣詩一卷　(清)張鳴珂撰　清光緒三十年(1904)石印本　一冊

330000－1701－0019020　普915.1242/1035/c1　史部/地理類/方志之屬/郡縣志
[光緒]嘉興縣志三十七卷首二卷末一卷　(清)趙惟崳修　(清)石中玉　(清)吳受福纂　清光緒三十四年(1908)刻本　二十四冊

330000－1701－0019021　HJL2614　類叢部/叢書類/自著之屬
惇裕堂全集五種　(清)桂超萬撰　清同治五年(1866)刻本　八冊

330000－1701－0019022　HJL4543　類叢部/叢書類/自著之屬
高陶堂遺集四種　(清)高心夔撰　清光緒八年(1882)平湖朱氏經注經齋刻本　四冊

330000－1701－0019023　HJL5464　集部/別

集類/清别集

二水樓文集二十卷詩集十八卷 （清）李茹旻撰　清光緒十七年(1891)李鳴梧味憩廬刻本　十册

330000－1701－0019024　HJL4803　集部/别集類/清别集

廣雅堂詩集不分卷 （清）張之洞撰　清光緒刻本　二册

330000－1701－0019025　普915.1232/3099/c2　史部/地理類/方志之屬/郡縣志

[光緒]周莊鎮志六卷首一卷附貞豐里庚申見聞錄二卷 （清）陶煦纂　清光緒八年(1882)元和陶氏儀一堂刻本　劉承幹題簽並記　五册　缺二卷(貞豐里庚申見聞錄一至二)

330000－1701－0019026　HJL5094　集部/别集類/清别集

黃葉村莊詩集八卷續集一卷後集一卷 （清）吳之振撰　清光緒四年(1878)吳康壽刻本　四册

330000－1701－0019027　HJL4783　集部/别集類/清别集

佩蘅詩鈔八卷 （清）寶鋆撰　清咸豐九年(1859)刻本　四册

330000－1701－0019028　HJH4586　集部/别集類/清别集

佩蘅詩鈔八卷 （清）寶鋆撰　清咸豐九年(1859)刻本　四册

330000－1701－0019029　HJH2595　集部/别集類/清别集

龔定盦集外未刻詩一卷定庵集外未刻詞一卷 （清）龔自珍撰　清宣統三年(1911)上海秋星社石印本　一册

330000－1701－0019030　HJH4585　集部/别集類/清别集

佩蘅詩鈔八卷 （清）寶鋆撰　清咸豐九年(1859)刻本　四册

330000－1701－0019031　普915.1232/3099/c3　史部/地理類/方志之屬/郡縣志

[光緒]周莊鎮志六卷首一卷附貞豐里庚申見聞錄二卷 （清）陶煦纂　清光緒八年(1882)元和陶氏儀一堂刻本　汪孝同跋　六册

330000－1701－0019033　普915.1242/1031/(2)/c2　史部/地理類/方志之屬/郡縣志

[嘉慶]嘉興縣志三十六卷首二卷 （清）司能任修　（清）屠本仁纂　清嘉慶七年(1802)刻本　十册

330000－1701－0019034　HJL2268　集部/别集類/清别集

今白華堂詩錄八卷詩錄補八卷詩集首二卷 （清）童槐撰　清同治八年(1869)、光緒三年(1877)童華刻本　五册

330000－1701－0019035　HJL4924　集部/别集類/清别集

吳摯甫文集四卷附鈔深州風土記四篇一卷 （清）吳汝綸撰　清宣統元年(1909)上海國學扶輪社石印本　五册

330000－1701－0019036　HJL2829　集部/别集類/清别集

安愚集十一卷 （清）阮烜輝撰　清咸豐刻本　六册

330000－1701－0019038　HJL5328　集部/别集類/宋别集

劉屏山先生集二十卷首一卷 （宋）劉子翬撰　清書院刻本　二册

330000－1701－0019042　HJL5363　類叢部/叢書類/彙編之屬

申報館叢書正集五十七種附錄三種續集一百四十二種 （清）尊聞閣主編　蔡爾康編續集　清同治至光緒上海申報館鉛印本　二册　存一種

330000－1701－0019044　HJL2786　集部/别集類/清别集

移華館駢體文四卷 （清）董基誠　（清）董祐誠撰　清光緒十四年(1888)木活字印本　二册

330000－1701－0019045　HJL5642　類叢

部/叢書類/自著之屬

賭棋山莊所著書三種 （清）謝章鋌撰　清光緒十年至二十四年（1884－1898）刻彙印本　二十冊

330000－1701－0019046　HJH5047　集部/別集類/宋別集

宋王忠文公文集五十卷目錄四卷 （宋）王十朋撰　（清）唐傳鉎重編　**梅溪王忠文公［十朋］年譜一卷** （清）徐炯文編　清光緒二年（1876）溫州梅溪書院刻本　十六冊

330000－1701－0019047　GP14748　新學/地學/地理學

人種交涉論衡一卷 （英國）白來思撰　丁雄譯　清光緒三十年（1904）上海廣學會鉛印本　一冊

330000－1701－0019048　HJL2978　集部/別集類/清別集

梅麓詩鈔十八卷 （清）齊彥槐撰　清光緒元年（1875）揚州隨安堂刻本　六冊

330000－1701－0019049　HJL4689　集部/別集類/清別集

虛白室文鈔二卷詩鈔十卷 （清）方昌翰撰　清光緒十三年（1887）刻本　三冊

330000－1701－0019050　HJL2408　集部/別集類/清別集

養素堂詩集二十六卷 （清）張澍撰　清道光二十二年（1842）棗華書屋刻本　十四冊

330000－1701－0019051　普915.1242/1035/c3　史部/地理類/方志之屬/郡縣志

［光緒］嘉興縣志三十七卷首二卷末一卷 （清）趙惟崳修　（清）石中玉　（清）吳受福纂　清光緒三十四年（1908）刻本　二十四冊

330000－1701－0019052　HJL4579　集部/別集類/清別集

雪巖詩鈔二卷 （清）林夢斗撰　（清）鄭開禧輯　清道光十三年（1833）鄭開禧刻本　一冊

330000－1701－0019053　HJL4641　集部/別集類/清別集

九曾詩初集四卷二集四卷 （清）龔紹仁撰　清咸豐八年（1858）、同治十二年（1873）刻本　四冊

330000－1701－0019054　普915.1242/1042　史部/地理類/雜志之屬

斜塘竹枝詞一卷 （清）柯萬源撰　清光緒十八年（1892）刻本　陸芝凡題記　一冊

330000－1701－0019055　HJL2416　集部/別集類/清別集

養素堂文集三十五卷首一卷 （清）張澍撰　清道光十五年（1835）棗華書屋刻本　十六冊

330000－1701－0019057　HJL2750　集部/別集類/清別集

怡雲詩草二卷 （清）張其祿撰　清道光十九年（1839）陸錫璞平湖學署刻本　二冊

330000－1701－0019058　HJL5469　集部/別集類/清別集

雪青閣詩集四卷 （清）謝維藩撰　清光緒九年（1883）陸氏開封官廨刻本　四冊

330000－1701－0019059　普915.1242/1035/c2　史部/地理類/方志之屬/郡縣志

［光緒］嘉興縣志三十七卷首二卷末一卷 （清）趙惟崳修　（清）石中玉　（清）吳受福纂　清光緒三十四年（1908）刻本　二十四冊

330000－1701－0019060　HJL4578　集部/別集類/清別集

出塞集二卷詩餘一卷 （清）高玢撰　清道光二十六年（1846）胡希周刻本　二冊

330000－1701－0019061　HJH5594　集部/別集類/清別集

通雅堂詩鈔十卷續集二卷 （清）施山撰　清光緒元年（1875）荊州刻本　二冊

330000－1701－0019062　HJL5530　集部/別集類/宋別集

劍南詩鈔六卷 （宋）陸游撰　（清）楊大鶴選　清康熙二十四年（1685）毗陵楊氏刻本　秋尊觀款　八冊

330000－1701－0019063　HJL2616　集部/别集類/清別集
鏡虹吟室經進稿一卷詩集四卷詞集二卷　(清)孔昭虔撰　清道光十七年(1837)刻本　四冊

330000－1701－0019064　HJL3518　集部/別集類/清別集
鏡虹吟室詩集四卷　(清)孔昭虔撰　清道光十六年(1836)刻本　二冊

330000－1701－0019065　HJL5659　類叢部/叢書類/自著之屬
埜柏先生類稿八種　(清)宋在詩撰　清道光七年(1827)刻本　八冊

330000－1701－0019066　HJL5471　集部/別集類/清別集
擇雅堂初集二卷二集八卷　(清)許惠撰　清光緒八年至十三年(1882－1887)鄂垣鴻德堂刻本　四冊

330000－1701－0019067　HJL2572　集部/別集類/清別集
聽雨山房文鈔六卷　(清)鄧顯鶴撰　清咸豐二年(1852)刻本　二冊

330000－1701－0019068　HJL4693　集部/別集類/清別集
韻山堂詩集七卷補遺一卷　(清)王文誥撰　清光緒十四年(1888)浙江書局刻本　一冊

330000－1701－0019069　HJL4821　集部/別集類/宋別集
石湖居士詩集三十四卷　(宋)范成大撰　(清)顧嗣臯等重訂　清宣統中國書畫會社石印本　八冊

330000－1701－0019070　HJL2454　集部/別集類/清別集
白茆草堂詩鈔三卷　(清)吳康撰　(清)吳景澄等輯　(清)梅植之編　清道光三十年(1850)刻本　一冊

330000－1701－0019071　HJL4581　集部/別集類/清別集
培遠堂手札節存二卷　(清)陳弘謀撰　清宣統元年(1909)澄衷學堂石印本　二冊

330000－1701－0019074　HJL4687　集部/別集類/清別集
萬壑松風樓詩十四卷　(清)王吉人撰　清同治九年(1870)寧海主一堂刻本　四冊

330000－1701－0019075　HJL4638　集部/別集類/清別集
雷竹安先生詩集四卷文集一卷鍾山舊館餘稿一卷　(清)雷壽南撰　(清)雷樹錞編　清同治十二年(1873)養志齋刻本　四冊

330000－1701－0019076　HJH5021　集部/別集類/宋別集
朱子集一百四卷目錄二卷　(宋)朱熹撰　清咸豐十年至同治元年(1860－1862)浙江紫霞洲祠堂刻本　四十冊

330000－1701－0019077　HJL4959　集部/別集類/清別集
延秋吟館詩鈔四卷續鈔四卷　(清)張聯桂撰　清光緒十一年(1885)、十八年(1892)刻本　二冊

330000－1701－0019079　HJL5329　類叢部/叢書類/家集之屬
洪氏晦木齋叢書二十種　(清)洪汝奎編　清同治八年至宣統元年(1869－1909)刻本　二冊　存一種

330000－1701－0019080　HJL5214　類叢部/叢書類/家集之屬
洪氏晦木齋叢書二十種　(清)洪汝奎編　清同治八年至宣統元年(1869－1909)刻本　四冊　存一種

330000－1701－0019081　普 915.1232/4024　史部/地理類/方志之屬/郡縣志
[崇禎]吳縣志五十四卷首一卷　(明)牛若麟修　(明)王煥如纂　明崇禎十五年(1642)刻本　二十冊

330000－1701－0019082　HJL5164　集部/別集類/清別集

介軒詩鈔十卷文鈔八卷外集二卷 (清)張振夔撰 清同治九年(1870)刻本 八冊

330000－1701－0019083 HJL3206 集部/別集類/清別集

九畹古文十卷續集二卷 (清)劉紿攽撰 清同治十二年(1873)刻本 十二冊

330000－1701－0019084 HJL2410 集部/別集類/清別集

退庵詩存二十五卷 (清)梁章鉅撰 清道光十二年(1832)刻本 八冊

330000－1701－0019085 普915.1232/4044.2/c1 史部/地理類/雜志之屬

清嘉錄十二卷 (清)顧祿撰 清道光十年(1830)刻本 八冊

330000－1701－0019086 HJL4705 集部/別集類/清別集

仰蕭樓文集一卷 (清)張星鑑撰 清光緒六年(1880)刻本 一冊

330000－1701－0019087 HJL2760 史部/傳記類/總傳之屬/斷代

師友集十卷 (清)梁章鉅撰 清道光二十五年(1845)北東園刻本 二冊

330000－1701－0019088 HJL2440 集部/別集類/清別集

織簾書屋詩鈔十二卷 (清)沈兆澐撰 清咸豐二年(1852)刻本 四冊

330000－1701－0019089 HJL5270 集部/別集類/清別集

隨園文集二卷 (清)袁枚撰 清宣統二年(1910)上海國學扶輪社石印本 二冊

330000－1701－0019090 HJH5054 類叢部/叢書類/郡邑之屬

永嘉叢書十三種 (清)孫衣言編 清同治至光緒瑞安孫氏詒善祠塾刻本 十六冊 存二種

330000－1701－0019091 HJL4964 集部/別集類/清別集

復見心齋詩草六卷 (清)孫人鳳撰 清光緒四年至五年(1878－1879)孫詒經福州刻本 一冊

330000－1701－0019092 HJL4936 集部/別集類/清別集

吳摯甫尺牘五卷補遺一卷諭兒書一卷 (清)吳汝綸撰 清宣統二年(1910)上海國學扶輪社石印本 十二冊

330000－1701－0019093 HJL2299 集部/別集類/清別集

聞妙香室詩十二卷文十九卷經進集五卷五言長排詩一卷試帖詩三卷詞一卷 (清)李宗昉撰 (清)梅曾亮編 清道光十五年(1835)山陰李氏刻本 四冊 存十九卷(文一至十九)

330000－1701－0019094 HJL2821 集部/別集類/清別集

袁文箋正十六卷補注一卷 (清)袁枚撰 (清)石韞玉箋 清嘉慶十七年(1812)鶴壽山堂刻本 六冊

330000－1701－0019095 HJL2471 集部/別集類/清別集

挹青閣詩集六卷 (清)茅潤之撰 清道光九年(1829)木蘭花館刻本 四冊

330000－1701－0019097 SBC0420 集部/總集類/選集之屬/通代

詩紀一百五十六卷目錄三十六卷 (明)馮惟訥輯 明萬曆吳琯、謝陛、陸弼、俞策刻本[卷三十七至四十配明萬曆四十一年(1613)黃承玄、馮珣刻本] 二冊 存七卷(三十七至四十、五十五至五十七)

330000－1701－0019098 HJL4747 集部/別集類/清別集

袁文箋正十六卷補注一卷 (清)袁枚撰 (清)石韞玉輯 **增訂袁文箋正四卷** (清)袁枚撰 (清)魏大縉輯 清光緒十四年(1888)上海蜚英館石印本[增訂袁文箋正爲清同治十三年(1874)石印本] 二冊

330000－1701－0019099 HJH4809 集部/

總集類/選集之屬/斷代
明人詩鈔正集十四卷續集十四卷 (清)朱琰輯 清乾隆二十五年(1760)樊桐山房刻本 六冊

330000－1701－0019101 HJH2734 類叢部/叢書類/郡邑之屬
金華叢書六十八種 (清)胡鳳丹編 清同治七年至光緒八年(1868－1882)永康胡氏退補齋刻民國補刻本 九冊 存一種

330000－1701－0019102 HJL5360 集部/別集類/清別集
音註小倉山房尺牘八卷 (清)袁枚撰 (清)胡光斗箋釋 清光緒二十一年(1895)上海煥文書局石印本 二冊

330000－1701－0019104 GP14798 史部/傳記類/別傳之屬/事狀
三世稀古圖不分卷 (清)葉存養編 清宣統三年(1911)石印本 一冊

330000－1701－0019105 HJH5002 集部/別集類/清別集
小羅浮山館詩鈔十五卷 (清)吳昇撰 清同治四年(1865)吳振棫京師刻本 四冊

330000－1701－0019106 HJL4775 集部/別集類/宋別集
白石道人詩集二卷集外詩一卷詩說一卷附錄一卷附錄補遺一卷歌曲四卷別集一卷評論一卷評論補遺一卷逸事一卷逸事補遺一卷 (宋)姜夔撰 清光緒十年(1884)上海有正書局石印本 二冊

330000－1701－0019107 HJL5616 集部/別集類/清別集
思補齋文集四卷 (清)劉星煒撰 清光緒二十年(1894)刻本 四冊

330000－1701－0019108 HJL2763 集部/別集類/清別集
樂園文鈔八卷首一卷詩稿六卷 (清)嚴如熤撰 清道光二十四年(1844)刻本 四冊

330000－1701－0019109 普 915.1242/10511 集部/總集類/酬唱之屬
鴛鴦湖櫂歌五卷 (清)朱彝尊 (清)譚吉璁撰 (清)陸以誠 (清)張燕昌續 清乾隆四十年(1775)朱芳衡刻本 一冊 存二卷(續鴛央湖櫂歌、鴛央湖櫂歌一百首次朱太史竹垞原韻)

330000－1701－0019110 HJL5111 集部/別集類/清別集
望三益齋詩文鈔十卷 (清)吳棠撰 清同治十三年(1874)成都使署刻本 四冊

330000－1701－0019111 HJL3034 集部/別集類/清別集
來青堂文集一卷 (清)柳廷方撰 (清)柳先猷編 清道光十一年(1831)柳氏家塾刻本 二冊

330000－1701－0019112 HJL5066 集部/別集類/宋別集
姜白石全集 (宋)姜夔撰 清宣統二年(1910)上海掃葉山房石印本 四冊

330000－1701－0019114 HJH5595 集部/別集類/清別集
維周詩鈔十六卷 (清)程之楨撰 清同治十一年(1872)程氏確園刻本 四冊

330000－1701－0019115 HJL2877 集部/別集類/清別集
敬學軒文集十二卷 (清)龍廷槐撰 清道光二十二年(1842)龍元偉刻本 四冊

330000－1701－0019116 HJL5580 集部/別集類/宋別集
姜堯章先生集十卷 (宋)姜夔撰 (清)姜熙輯 清道光二十三年(1843)華亭姜氏宗祠刻本 二冊

330000－1701－0019117 HJL2235 史部/史評類/詠史之屬
樹經堂詠史詩八卷 (清)謝啓昆撰 清道光五年(1825)吳下刻本 八冊

330000－1701－0019119 HJL5657 集部/別集類/宋別集

杜清獻公集十九卷首一卷補遺一卷 (宋)杜範撰 **杜清獻公集附錄一卷** (清)王棻輯 **杜清獻公集校勘記一卷** (清)王棻撰 **杜清獻公[範]年譜一卷** (清)王棻編 清同治九年(1870)吳縣孫氏九峰書院刻本 清莫友芝題記 十二册 缺一卷(年譜)

330000－1701－0019121 HJL5863 集部/別集類/清別集
御製詩二集六十四卷目錄八卷 (清)仁宗顒琰撰 清嘉慶十六年(1811)内府刻本 三十二册 缺八卷(目錄一至八)

330000－1701－0019122 HJL5536 集部/別集類/宋別集
杜清獻公集十九卷首一卷補遺一卷 (宋)杜範撰 **杜清獻公集附錄一卷** (清)王棻輯 **杜清獻公集校勘記一卷** (清)王棻撰 **杜清獻公[範]年譜一卷** (清)王棻編 清同治九年(1870)吳縣孫氏九峰書院刻光緒二年(1876)重修本 四册

330000－1701－0019124 HJL5752 集部/別集類/明別集
賜誠堂文集十六卷 (明)管紹寧撰 (清)管繩萊 (清)管貽葵重編 清光緒三年(1877)毘陵管式刻本 二册

330000－1701－0019127 HJL5660 類叢部/叢書類/家集之屬
洪氏晦木齋叢書二十種 (清)洪汝奎編 清同治八年至宣統元年(1869－1909)刻本 四册 存二種

330000－1701－0019128 普915.1232/4044.2/c2 史部/地理類/雜志之屬
清嘉錄十二卷 (清)顧祿撰 清道光十年(1830)刻本 四册

330000－1701－0019129 HJL5224 集部/別集類/清別集
述學内篇三卷補遺一卷外篇一卷別錄一卷校勘記一卷春秋述義一卷 (清)汪中撰 (清)汪喜孫編 清同治八年(1869)揚州書局刻本 二册

330000－1701－0019130 HJL4938 集部/別集類/清別集
洪北江文集四卷 (清)洪亮吉撰 清宣統二年(1910)國學扶輪社鉛印本 二册

330000－1701－0019131 HJL5262 集部/別集類/宋別集
宋國錄流塘詹先生集三卷 (宋)詹初撰 清乾隆休寧詹氏刻本 一册

330000－1701－0019133 HJL4701 集部/別集類/清別集
兩當軒集二十卷補遺二卷附錄四卷 (清)黄景仁撰 **兩當軒集攷異二卷** (清)黄志述撰 清光緒二年(1876)武進黄氏家塾刻本 六册

330000－1701－0019136 HJL5428 集部/別集類/清別集
黛方山莊詩集六卷詩餘一卷 (清)黎吉雲撰 清同治五年(1866)羅汝懷長沙刻本 一册

330000－1701－0019137 HJL5130 集部/別集類/清別集
畬香草存三卷續刻一卷 (清)倪元坦撰 清嘉慶二十四年(1819)涵和堂刻本 二册

330000－1701－0019138 HJL3952 集部/別集類/清別集
安雅堂詩存一卷池陽事略一卷 (清)徐本璿撰 清光緒十六年(1890)刻本 一册

330000－1701－0019140 HJL4715 類叢部/叢書類/自著之屬
古墨齋集十二種 (清)趙紹祖撰 清嘉慶元年至道光十四年(1796－1834)涇縣趙氏古墨齋刻本 六册 存一種

330000－1701－0019142 HJH4720 集部/別集類/清別集
適軒尺牘八卷 (清)徐菊生撰 清光緒二年(1876)金陵存古堂刻本 四册

330000－1701－0019143 普915.1232/4044.2/c3 史部/地理類/雜志之屬
清嘉錄十二卷 (清)顧祿撰 清道光十年

(1830)刻本　四冊

330000－1701－0019144　HJL4792　集部/別集類/清別集

知恥齋文集二卷詩集六卷崇祀鄉賢錄一卷　(清)謝振定撰　(清)陶澍編　清道光二十六年(1846)刻本　五冊

330000－1701－0019146　HJL5434　集部/別集類/宋別集

雪磯遺艸四卷　(宋)樂雷發撰　清同治十三年(1874)雙桂坊刻本　二冊

330000－1701－0019148　HJH4642　集部/別集類/清別集

藕香館文錄不分卷宦吳稟牘不分卷　(清)竇鎮山撰　清光緒三十年(1904)刻本　二冊

330000－1701－0019149　HJL5093　集部/別集類/清別集

芙蓉山館詩鈔八卷詩補鈔一卷詞鈔二卷文鈔一卷　(清)楊芳燦撰　清嘉慶十二年(1807)刻本　六冊

330000－1701－0019151　HJL4714　類叢部/叢書類/彙編之屬

槐廬叢書四十六種　(清)朱記榮編　清光緒三年至十五年(1877－1889)吳縣朱氏槐廬家塾刻本　十二冊　存二種

330000－1701－0019152　HJH5606　類叢部/叢書類/彙編之屬

國粹叢書四十九種　(清)國學保存會編　清光緒至宣統鉛印本　一冊　存一種

330000－1701－0019153　HJH5338　集部/別集類/清別集

自鏡齋文鈔一卷詩鈔一卷補遺一卷試帖一卷敹閒雜錄一卷詠花詞一卷　(清)潘曾瑋撰　清光緒十三年(1887)刻本　四冊

330000－1701－0019154　HJL4389　集部/別集類/清別集

自鏡齋文鈔一卷詩鈔一卷補遺一卷試帖一卷敹閒雜錄一卷詠花詞一卷　(清)潘曾瑋撰　清光緒十三年(1887)刻本　四冊

330000－1701－0019155　普915.1242/1051/c1　集部/總集類/酬唱之屬

鴛央湖櫂歌五卷　(清)朱彝尊　(清)譚吉璁撰　(清)陸以誠　(清)張燕昌續　清乾隆四十年(1775)朱芳衡刻本　二冊

330000－1701－0019156　HJL5237　類叢部/叢書類/自著之屬

犢山類藁五種　(清)周鎬撰　清嘉慶二十二年(1817)啓秀堂刻本　四冊

330000－1701－0019157　HJL5672　集部/別集類/宋別集

月洞詩集二卷　(宋)王鎡撰　**附二十一世祖皞如公詩一十四首一卷**　(明)王皞如撰　清光緒十三年(1887)王人泰刻本　二冊

330000－1701－0019158　HJH5516　集部/別集類/清別集

玉笙樓詩錄十二卷續錄一卷　(清)沈壽榕撰　清光緒九年至十年(1883－1884)刻本　六冊

330000－1701－0019159　HJL4682　集部/別集類/清別集

金源紀事詩八卷　(清)湯運泰撰　(清)湯顯業　(清)湯顯榦注　清同治十二年(1873)淮南書局刻本　四冊　缺二卷(七至八)

330000－1701－0019160　HJL4626　集部/別集類/清別集

存誠齋文集十二卷　(清)何曰愈撰　清同治五年(1866)皖江藩署刻本　四冊

330000－1701－0019161　HJL4931　類叢部/叢書類/自著之屬

校禮堂全集六種　(清)淩廷堪撰　清嘉慶至道光刻本　十二冊　存四種

330000－1701－0019162　HJL5474　集部/別集類/清別集

敬孚類稿十六卷　(清)蕭穆撰　清光緒三十二年至三十三年(1906－1907)刻本　四冊

330000－1701－0019163　HJL5627　類叢部/叢書類/自著之屬

獨學廬全稿七種　(清)石韞玉撰　清乾隆至嘉慶刻本　十二冊

330000－1701－0019164　HJL5519　類叢部/叢書類/郡邑之屬
三怡堂叢書二十種　張鳳臺編　清光緒三十二年至民國十二年(1906－1923)河南官書局刻本　十冊　存一種

330000－1701－0019165　HJL5175　集部/別集類/清別集
嘯古堂文集八卷　(清)蔣敦復撰　清同治七年(1868)應寶時上海道署刻本　二冊

330000－1701－0019166　HJL5230　集部/總集類/選集之屬/斷代
普天忠憤集十四卷首一卷　(清)孔廣德編　清光緒二十一年(1895)石印本　十二冊

330000－1701－0019167　HJL2766、HJL3103、HJL4756　類叢部/叢書類/郡邑之屬
三怡堂叢書二十種　張鳳臺編　清光緒三十二年至民國十二年(1906－1923)河南官書局刻本　十八冊　存三種

330000－1701－0019168　HJL4843　集部/別集類/清別集
桐華吟館詩稿十二卷文鈔一卷詞稿二卷　(清)楊揆撰　清嘉慶十二年(1807)刻本　四冊

330000－1701－0019169　HJL5588　集部/別集類/清別集
天香閣雜著偶存四卷　(清)金式如撰　清光緒二十四年(1898)刻本　二冊

330000－1701－0019170　HJL5247　集部/別集類/清別集
賞雨茅屋詩集二十二卷外集一卷　(清)曾燠撰　清嘉慶二十四年(1819)刻民國十年(1921)補刻本　八冊

330000－1701－0019172　HJL5586　類叢部/叢書類/家集之屬
養志居僅存稿十種　(清)陳克劬編　清光緒十一年至十九年(1885－1893)丹徒陳氏刻本　二冊　存一種

330000－1701－0019173　HJL5112　集部/別集類/清別集
嶺上白雲集十二卷窳翁文鈔四卷　(清)陸懋修撰　清光緒二十三年(1897)陸潤庠刻本　三冊　缺四卷(窳翁文鈔一至四)

330000－1701－0019174　HJL2474　集部/別集類/清別集
種瑤草堂詩鈔二卷　(清)文元星撰　清道光四年(1824)陳逢衡寫刻本　二冊

330000－1701－0019175　HJH5000　集部/別集類/清別集
可久處齋文鈔八卷　(清)馬樹華撰　清刻本　二冊

330000－1701－0019177　HJL4786　集部/別集類/清別集
寶雲山館詩稿一卷　(清)畢長豫撰　清宣統三年(1911)畢光祖刻本　一冊

330000－1701－0019178　HJL2350　集部/別集類/清別集
寒綠齋小集十二卷粉廊賸稿二卷　(清)高崇瑞撰　清道光二十三年至二十四年(1843－1844)刻本　三冊

330000－1701－0019179　HJH4644　集部/別集類/清別集
玉津閣文略九卷　(清)胡薇元撰　清光緒十四年(1888)刻本　二冊

330000－1701－0019182　普951.00911/4619　史部/史評類/史論之屬
史漢求是五十五卷附尚書文義一卷　(清)楊琪光撰　清光緒十八年(1892)刻本　十二冊

330000－1701－0019183　HJL5104　集部/別集類/清別集
黃忠壯公遺集六卷附錄一卷首一卷　(清)黃淳熙撰　清光緒元年(1875)醒予山房成都刻本　六冊

330000－1701－0019184　HJL2479　集部/別

集類/清別集

誦芬堂詩鈔十卷二集六卷三集六卷四集四卷文稿二卷　(清)郭儀霄撰　清道光九年至十三年(1829－1833)刻本　四册　存十六卷(一至十、二集一至六)

330000－1701－0019186　HJL2702　集部/別集類/清別集

醉月西廬吟稿十二卷　(清)諸玉衡撰　清道光十七年(1837)拜庚樓刻本　四册

330000－1701－0019188　HJL2364　集部/別集類/清別集

弇榆山房詩略十卷　(清)許喬林撰　清道光二十九年(1849)刻本　四册

330000－1701－0019193　普 915.1232/4057/c2　史部/地理類/專志之屬/園林

滄浪小志二卷　(清)宋犖輯　清光緒十年(1884)江蘇書局刻本　一册

330000－1701－0019194　HJL5061　集部/別集類/元別集

鐵厓樂府註十卷咏史註八卷逸編註八卷　(元)楊維楨撰　(清)樓卜瀍註　清宣統二年(1910)上海掃葉山房石印本　十册

330000－1701－0019196　普 915.1242/1099.2/c1　史部/地理類/方志之屬/郡縣志

[光緒]梅里志十八卷　(清)楊謙纂　(清)李富孫補輯　(清)余楙續補　清光緒三年(1877)仁濟堂刻本　六册

330000－1701－0019197　HJL3111　集部/別集類/清別集

瓊琈山房詩稿八卷補遺一卷　(清)王志湉撰　清嘉慶二十三年(1818)并門刻道光七年(1827)增刻本　四册

330000－1701－0019198　普 915.1232/4057.2/c1　史部/地理類/專志之屬/園林

滄浪亭志六卷首一卷　(清)梁章鉅編　清道光七年(1827)刻本　二册

330000－1701－0019200　HJL2996　集部/總集類/郡邑之屬

岡州遺稿六卷　(清)顧嗣協　(清)顧嗣立輯　**增岡州遺稿一卷續岡州遺稿八卷**　(清)言良鈺編　清道光二十三年(1843)常熟松溪精舍刻本　四册　存八卷(續岡州遺稿一至八)

330000－1701－0019202　普 915.1232/4057.21　集部/總集類/題詠之屬

滄浪亭圖題詠二卷　(清)梁章鉅輯　清道光五年(1825)刻本　一册

330000－1701－0019203　HJL2561　集部/別集類/清別集

蠊廬詩集八卷　(清)夏翼朝撰　清道光二十三年(1843)江陰夏氏學須靜齋刻本　二册

330000－1701－0019206　HJL2392　集部/別集類/清別集

石琴室稿三卷　(清)弘曕撰　清道光二十五年(1845)刻本　二册

330000－1701－0019207　HJL5438　類叢部/叢書類/自著之屬

蕙風叢書七種附一種　況周頤撰　清光緒刻民國十四年(1925)上海中國書店彙印本　一册　存一種

330000－1701－0019208　HJL3020　集部/別集類/清別集

日鋤齋詩集八卷缶音一卷洵皜一卷　(清)張琛撰　清道光四年(1824)刻本　九册

330000－1701－0019209　HJH5557　集部/別集類/元別集

江月松風集十二卷續一卷補遺一卷　(元)錢惟善撰　清抄本　二册

330000－1701－0019210　HJL3097　集部/別集類/清別集

石蘿山房詩鈔八卷　(清)張維楨撰　清道光十年(1830)刻本　八册

330000－1701－0019211　HJL2330　集部/別集類/清別集

二竹齋詩鈔六卷文集二卷　(清)張井撰　清道光十五年(1835)賜禮堂刻本　八册

330000－1701－0019214　HJH3571　集部/總集類/郡邑之屬
江西詩徵九十四卷附刻一卷補遺一卷　(清)曾燠輯　清嘉慶九年(1804)南城曾氏賞雨茅屋刻本　六十四册

330000－1701－0019215　HJL3611　集部/總集類/郡邑之屬
江西詩徵九十四卷附刻一卷補遺一卷　(清)曾燠輯　清嘉慶九年(1804)南城曾氏賞雨茅屋刻光緒五年(1879)印本　六十四册

330000－1701－0019216　HJH2784　集部/别集類/清别集
積石文稿十八卷詩存四卷鱠餘編一卷　(清)張履撰　**南池唱和詩存一卷**　(清)張履　(清)張海珊撰　清光緒二十年(1894)刻本　八册

330000－1701－0019217　HJL2256　集部/總集類/郡邑之屬
江西詩徵九十四卷附刻一卷補遺一卷　(清)曾燠輯　清嘉慶九年(1804)南城曾氏賞雨茅屋刻本　五十一册

330000－1701－0019218　普915.1242/1099.2/c2　史部/地理類/方志之屬/郡縣志
[光緒]梅里志十八卷　(清)楊謙纂　(清)李富孫補輯　(清)余楙續補　清光緒三年(1877)仁濟堂刻本　六册

330000－1701－0019219　HJL4813　集部/别集類/清别集
離垢集五卷　(清)華嵒撰　清光緒十五年(1889)羅嘉杰鉛印本　二册

330000－1701－0019220　HJL2465　集部/别集類/清别集
止巢詩詞七卷　(清)喬載繇撰　清道光二十六年(1846)朱士恭刻本　三册

330000－1701－0019221　HJL4732　集部/總集類/選集之屬/斷代
湖南女生詩鈔所見初集八卷　(清)毛國姬輯　清道光十四年(1834)刻本　四册

330000－1701－0019222　普915.1232/4057/c1　史部/地理類/專志之屬/園林
滄浪小志二卷　(清)宋犖輯　清光緒十年(1884)江蘇書局刻本　一册

330000－1701－0019224　HJL5356　集部/詩文評類/文法之屬
寫信必讀十卷　(清)唐芸洲撰　清光緒二十五年(1899)上海書局石印本　六册

330000－1701－0019225　HJL2937　集部/别集類/清别集
蘭陔堂詩鈔四卷　(清)熊壎撰　清道光三年(1823)刻本　四册

330000－1701－0019227　HJL3250　集部/總集類/郡邑之屬
國朝中州文徵五十四卷首一卷　(清)蘇源生編　清道光二十三年至二十五年(1843－1845)刻本　三十二册

330000－1701－0019228　HJL2952　集部/總集類/郡邑之屬
國朝中州文徵五十四卷首一卷　(清)蘇源生編　清道光二十三年至二十五年(1843－1845)刻本　二十八册

330000－1701－0019229　HJL4156　集部/别集類/清别集
弢園文錄外編十卷　(清)王韜撰　清光緒九年(1883)長洲王氏香海鉛印本　五册

330000－1701－0019231　普915.1242/1099.2/c3　史部/地理類/方志之屬/郡縣志
[光緒]梅里志十八卷　(清)楊謙纂　(清)李富孫補輯　(清)余楙續補　清光緒三年(1877)仁濟堂刻本　七册

330000－1701－0019232　HJL2459　集部/别集類/清别集
鐵簫庵文集四卷　(清)朱春生撰　**獨笑軒文稿一卷**　(清)袁宬撰　清道光五年(1825)觀復齋刻本　四册

330000－1701－0019233　HJH4636　集部/别集類/清别集

小雅樓詩集八卷首一卷遺文二卷　(清)鄧方撰　清光緒二十六年(1900)廣州刻本　五冊

330000－1701－0019235　HJL2460　集部/別集類/清別集
鐵簫庵詩鈔二卷　(清)朱春生撰　清道光五年(1825)觀復齋刻本　二冊

330000－1701－0019237　HJL2615　集部/別集類/清別集
香雪山莊詩初集九卷首一卷中集十一卷首一卷　(清)吳文炳撰　清咸豐元年(1851)毓文書院刻本　八冊

330000－1701－0019239　普 915.1232/4057.2/c2　史部/地理類/專志之屬/園林
滄浪亭志六卷首一卷　(清)梁章鉅編　清道光七年(1827)刻本　二冊

330000－1701－0019243　HJL2751　集部/別集類/清別集
此君園文集三十卷　(清)吳名鳳撰　清道光二十一年(1841)刻本　十冊

330000－1701－0019245　普 915.1232/5029　史部/地理類/方志之屬/郡縣志
[乾隆]崑山新陽合志三十八卷首一卷末一卷　(清)張予介等修　(清)顧登等纂　清乾隆十六年(1751)刻本　十二冊

330000－1701－0019247　HJL5574　集部/別集類/清別集
古月軒詩存五卷文存二卷　(清)朱伸林撰　清光緒十年(1884)栞川書屋刻本　三冊　缺三卷(三至五)

330000－1701－0019248　HJL5839　集部/別集類/清別集
二知軒詩鈔十四卷續鈔二十二卷　(清)方濬頤撰　清同治五年(1866)廣州刻本　十六冊

330000－1701－0019250　HJL2531　集部/別集類/清別集
筠齋詩錄十卷首一卷　(清)吳振勃撰　清道光二十八年(1848)挹韻軒刻本　二冊

330000－1701－0019253　HJH5576　集部/別集類/清別集
朱強甫集三卷　(清)朱克柔撰　清光緒三十二年(1906)心不滅齋武昌刻本　一冊

330000－1701－0019254　HJL2946　集部/別集類/清別集
澄懷書屋詩鈔四卷　(清)穆彰阿撰　清道光二十七年(1847)刻本　一冊

330000－1701－0019255　普 915.1242/109921　史部/地理類/方志之屬/郡縣志
[嘉慶]濮川所聞記六卷續編二卷　(清)金淮纂　(清)濮鑅續纂　**附垂訓樸語一卷**　(清)陳其德撰　清嘉慶二十五年(1820)刻本　四冊　缺一卷(垂訓樸語)

330000－1701－0019257　HJL5700　集部/總集類/郡邑之屬
桐溪詩述二十四卷　(清)宋咸熙輯　清嘉慶刻本　六冊

330000－1701－0019258　HJL2768　集部/別集類/清別集
清平山館詩鈔九卷　(清)徐訒撰　清道光二十年(1840)刻本　三冊

330000－1701－0019259　HJL4956　集部/別集類/清別集
補竹軒文集六卷詩集三卷　(清)鮑源深撰　清光緒十四年(1888)刻本　四冊

330000－1701－0019260　HJL2200　集部/別集類/清別集
徐石渠文鈔四卷　(清)徐校撰　清道光十二年(1832)刻本　一冊

330000－1701－0019261　HJL5686　集部/詞類/總集之屬
湖州詞徵二十四卷　朱祖謀輯　清宣統三年(1911)章震福刻本　四冊

330000－1701－0019262　HJL5179　集部/詞類/總集之屬
湖州詞徵二十四卷　朱祖謀輯　清宣統三年(1911)章震福刻本　四冊

330000－1701－0019263　HJL2895　集部/別集類/清別集
猊嶠書屋文集十二卷詩集六卷　(清)江南錦撰　清道光二十四年(1844)江氏刻本　八册

330000－1701－0019264　普 915.1232/5035/c1　史部/地理類/方志之屬/郡縣志
[光緒]崑新兩縣續修合志五十二卷首一卷末一卷　(清)金吳瀾　(清)李福沂修　(清)汪堃　(清)朱成熙纂　清光緒六年(1880)刻本　二十四册

330000－1701－0019265　HJL2129　集部/別集類/清別集
長谿草堂詩鈔二卷詞鈔一卷文鈔二卷補遺一卷　(清)潘允喆撰　清道光二十六年(1846)壁樓刻本　四册

330000－1701－0019266　HJL4440　集部/總集類/郡邑之屬
國朝杭郡詩輯三十二卷姓氏韻編一卷　(清)吳顥輯　(清)吳振棫重輯　清同治十三年(1874)錢塘丁氏刻本　十六册

330000－1701－0019267　普 915.1242/1051/c2　集部/總集類/酬唱之屬
鴛央湖櫂歌五卷　(清)朱彝尊　(清)譚吉璁撰　(清)陸以誠　(清)張燕昌續　清乾隆四十年(1775)朱芳衡刻本　二册

330000－1701－0019268　普 915.1232/6529/c1　史部/地理類/方志之屬/郡縣志
[乾隆]常昭合志十二卷首一卷　(清)王錦　(清)楊繼熊修　(清)言如泗等纂　**重印常昭合志校勘記一卷**　丁祖蔭撰　清光緒二十四年(1898)丁祖蔭木活字印本　十四册

330000－1701－0019269　HJL5641　集部/總集類/郡邑之屬
兩浙輶軒續録五十四卷補遺六卷　(清)潘衍桐輯　清光緒十七年(1891)浙江書局刻本　四十册

330000－1701－0019270　普 915.1232/6527　史部/地理類/方志之屬/郡縣志
[康熙]常熟縣志二十六卷　(清)高士鸃　(清)楊振藻修　(清)錢陸燦等纂　清康熙二十六年(1687)刻本　十二册

330000－1701－0019271　普 915.1242/1051.02　集部/總集類/酬唱之屬
鴛央湖櫂歌五卷　(清)朱彝尊　(清)譚吉璁撰　(清)陸以誠　(清)張燕昌續　清乾隆四十年(1775)朱芳衡刻本　一册　存一卷(鴛央湖櫂歌一百首)

330000－1701－0019272　HJL3033　集部/別集類/清別集
林皐間集古文六卷詩五卷常語二卷　(清)潘諮撰　清道光十六年(1836)京師廠肆刻本　六册

330000－1701－0019273　HJL4003　集部/總集類/郡邑之屬
桃花潭文徵六卷　(清)翟大程輯　清光緒三十年(1904)涇川翟氏刻本　六册

330000－1701－0019274　HJH5162　集部/別集類/清別集
寥山樵唱二卷　(清)侯紹瀛撰　清光緒十二年(1886)刻本　一册

330000－1701－0019275　HJL2121　集部/別集類/清別集
好雲樓初集二十八卷首一卷　(清)李聯琇撰　清咸豐十一年(1861)恩養堂刻本　八册

330000－1701－0019276　HJH4233　集部/總集類/郡邑之屬
皖江三家詩鈔三種四卷　(清)陳世鎔輯　清安徽官紙印刷局鉛印本　一册

330000－1701－0019277　HJL2611　集部/別集類/清別集
無祇悔齋詩集八卷　(清)李復來撰　清道光十五年(1835)刻本　二册

330000－1701－0019278　普 915.1232/6535　史部/地理類/方志之屬/郡縣志
[光緒]常昭合志稿四十八卷首一卷末一卷　(清)鄭鍾祥　(清)張瀛修　(清)龐鴻文等

纂　清光緒三十年(1904)木活字印本　十六册

330000－1701－0019281　HJL2564　集部/别集類/清别集
鐵如意庵詩稿六卷　(清)袁鴻撰　清道光六年(1826)刻本　六册

330000－1701－0019282　HJH5553　集部/總集類/郡邑之屬
松陵文録二十四卷　(清)凌淦輯　清同治十三年(1874)刻本　八册

330000－1701－0019283　HJL4950　集部/别集類/清别集
筱帆詩集二卷　(清)徐大昌撰　清光緒二十五年(1899)武昌刻本　一册

330000－1701－0019284　普915.1232/6529/c2　史部/地理類/方志之屬/郡縣志
[乾隆]常昭合志十二卷首一卷　(清)王錦　(清)楊繼熊修　(清)言如泗等纂　**重印常昭合志校勘記一卷**　丁祖蔭撰　清光緒二十四年(1898)丁祖蔭木活字印本　十四册

330000－1701－0019285　HJL2193　集部/别集類/清别集
小袁山房詩集二十四卷首一卷　(清)袁壽齡撰　清道光三年(1823)刻本　十二册

330000－1701－0019286　HJL4762　類叢部/叢書類/彙編之屬
百尺樓叢書　陳去病編　清光緒至民國鉛印本　九册　存一種

330000－1701－0019287　HJH4867　集部/别集類/清别集
頤園詩存二卷　(清)徐焕藻撰　清光緒二十五年(1899)刻本　一册

330000－1701－0019288　普915.1242/20991　史部/地理類/方志之屬/郡縣志
[宣統]聞川志稿二十卷　唐佩金輯　清宣統三年(1911)嘉興新泰印刷所鉛印本　一册　存四卷(一至四)

330000－1701－0019290　普915.1242/3020　史部/政書類/邦計之屬/賦稅
嘉善縣清賦平役新書□□卷　(清)沈受祺輯　清康熙刻本　四册　存二卷(三至四)

330000－1701－0019292　HJL2542　集部/别集類/清别集
妙吉祥室詩鈔六卷　(清)蔣知讓撰　清道光四年(1824)刻本　二册

330000－1701－0019294　HJL3996　集部/總集類/郡邑之屬
白田風雅二十四卷　(清)朱彬輯　清光緒十二年(1886)金陵刻本　四册

330000－1701－0019295　HJH5056　集部/别集類/清别集
潘方伯公遺稿六卷　(清)潘駿文撰　潘學祖　潘延祖編　清光緒二十二年(1896)都門刻本　六册

330000－1701－0019296　HJL3194　集部/總集類/郡邑之屬
東皋詩存四十八卷詩餘四卷　(清)汪之珩輯　清嘉慶八年(1803)文園汪氏金陵刻本　二十册

330000－1701－0019298　HJL3328　集部/總集類/郡邑之屬
東皋詩存四十八卷詩餘四卷　(清)汪之珩輯　清乾隆三十一年(1766)文園刻本　二十册

330000－1701－0019299　HJL3512　集部/别集類/清别集
龍岡山人詩鈔十八卷　(清)洪良品撰　清光緒六年(1880)刻本　六册

330000－1701－0019301　普915.1232/7028/c1　史部/地理類/方志之屬/郡縣志
[雍正]昭文縣志十卷首一卷　(清)勞必達修　(清)陳祖范等纂　清雍正九年(1731)刻本　四册

330000－1701－0019302　普915.1232/5035/c2　史部/地理類/方志之屬/郡縣志
[光緒]崑新兩縣續修合志五十二卷首一卷末

一卷　(清)金吳瀾　(清)李福沂修　(清)汪堃　(清)朱成熙纂　清光緒六年(1880)刻二十三年(1897)印本　梁鼎芬題記　二十四冊

330000－1701－0019303　HJL4386　史部/目録類/總録之屬/地方
淮安藝文志十卷　(清)□□輯　清同治十二年(1873)刻本　八冊

330000－1701－0019305　普915.1232/6599.3　史部/地理類/方志之屬/郡縣志
琴川三志補記十卷續八卷　(清)黄廷鑑纂　清道光十一年(1831)刻十四年(1834)續刻本　四冊

330000－1701－0019306　HJH5027　集部/總集類/郡邑之屬
江蘇詩徵一百八十三卷　(清)王豫輯　清道光元年(1821)焦山海西庵詩徵閣刻本　四十冊

330000－1701－0019307　普414.13/2574/(2)/c1　經部/小學類/文字之屬/説文
説文通訓定聲十八卷分部柬韻一卷説雅一卷古今韻準一卷　(清)朱駿聲撰　(清)朱鏡蓉參訂　清道光二十八年(1848)黟縣學署刻本　三十二冊

330000－1701－0019308　普915.1242/3035/c1　史部/地理類/方志之屬/郡縣志
[光緒]重修嘉善縣志三十六卷首一卷　(清)江峯青修　(清)顧福仁纂　清光緒二十年(1894)刻本　十六冊

330000－1701－0019309　HJL4799　集部/別集類/清別集
植庵集十卷　(清)李慎傳撰　(清)丁壽恒删定　清光緒十年(1884)李氏刻本　四冊　缺一卷(八)

330000－1701－0019310　HJL5057　集部/別集類/清別集
十華小築詩鈔四卷　(清)余本愚撰　清光緒十一年(1885)刻本　二冊

330000－1701－0019312　HJL5724　集部/別集類/清別集
空青水碧齋文集八卷詩集十三卷補遺一卷　(清)蔣琦齡撰　清同治三年至光緒十一年(1864－1885)刻本　八冊　存八卷(文集一至八)

330000－1701－0019314　普915.1242/3035/c2　史部/地理類/方志之屬/郡縣志
[光緒]重修嘉善縣志三十六卷首一卷　(清)江峯青修　(清)顧福仁纂　清光緒二十年(1894)刻本　十六冊

330000－1701－0019315　普915.1232/7028/c2　史部/地理類/方志之屬/郡縣志
[雍正]昭文縣志十卷首一卷　(清)勞必達修　(清)陳祖范等纂　清雍正九年(1731)刻本　四冊

330000－1701－0019316　HJL4015　集部/總集類/郡邑之屬
粤西五家文鈔二十四卷　(清)謝元福輯　清光緒二十四年(1898)刻本　十冊

330000－1701－0019318　HJL3406　集部/別集類/清別集
高石齋文鈔三卷射洪縣修志議一卷　(清)劉光謨撰　清光緒十年(1884)四川富順縣刻本　六冊

330000－1701－0019319　HJL5864　集部/總集類/氏族之屬
海豐吴氏詩存四卷　(清)吴重熹輯　清光緒十年(1884)刻本　四冊

330000－1701－0019320　普915.1242/3035/c3　史部/地理類/方志之屬/郡縣志
[光緒]重修嘉善縣志三十六卷首一卷　(清)江峯青修　(清)顧福仁纂　清光緒二十年(1894)刻本　十六冊

330000－1701－0019321　普915.1242/3035/c5　史部/地理類/方志之屬/郡縣志
[光緒]重修嘉善縣志三十六卷首一卷　(清)江峯青修　(清)顧福仁纂　清光緒二十年

(1894)刻本　十五册　缺二卷(九至十)

330000－1701－0019324　普915.1232/8044.3　史部/地理類/雜志之屬
瀛壖雜志六卷　(清)王韜撰　清光緒元年(1875)刻本　二册

330000－1701－0019325　普915.1232/8029　史部/地理類/方志之屬/郡縣志
[乾隆]吳江縣志五十八卷首一卷　(清)陳莫纕　(清)丁元正修　(清)倪師孟　(清)沈彤纂　清乾隆十二年(1747)刻本　四十册

330000－1701－0019326　普915.1242/3035/c4　史部/地理類/方志之屬/郡縣志
[光緒]重修嘉善縣志三十六卷首一卷　(清)江峯青修　(清)顧福仁纂　清光緒二十年(1894)刻本　十六册

330000－1701－0019328　HJL5470　史部/地理類/外紀之屬
適可齋記言四卷記行六卷　(清)馬建忠撰　清光緒二十二年(1896)刻本　四册

330000－1701－0019329　普915.1232/8091/c1　史部/地理類/方志之屬/郡縣志
[嘉慶]黎里志十六卷首一卷　(清)徐達源纂　清嘉慶十年(1805)吳江徐氏孚遠堂刻本　八册

330000－1701－0019330　普915.1232/8035/c1　史部/地理類/方志之屬/郡縣志
[光緒]吳江縣續志四十卷首一卷　(清)金福曾等修　(清)熊其英等纂　清光緒五年(1879)刻本　八册

330000－1701－0019333　HJL4817　新學/學校
新教育尺牘教本一卷　(清)曹銓撰　清光緒三十二年(1906)上海文明書局石印本　一册

330000－1701－0019336　HJL4637　集部/別集類/清別集
澗蕢遺稿一卷　(清)趙佩湘撰　清光緒十七年(1891)刻本　一册

330000－1701－0019341　HJL5473　類叢部/叢書類/彙編之屬
閑存小舍叢書　清光緒閑存小舍刻本　四册　存一種

330000－1701－0019343　普915.1232/8091/c2　史部/地理類/方志之屬/郡縣志
[嘉慶]黎里志十六卷首一卷　(清)徐達源纂　清嘉慶十年(1805)吳江徐氏孚遠堂刻本　四册

330000－1701－0019344　HJL5463　集部/別集類/清別集
寓真軒詩鈔十二卷　(清)蔡希邠撰　清光緒十九年(1893)太平思順兵備道署刻本　六册

330000－1701－0019346　普915.1242/3035/(2)　史部/地理類/方志之屬/郡縣志
[光緒]重修嘉善縣志三十六卷首一卷　(清)江峯青修　(清)顧福仁纂　清光緒二十年(1894)刻本　二册　存四卷(十四至十五、二十三至二十四)

330000－1701－0019347　HJL4933　集部/總集類/選集之屬/斷代
林嚴文鈔四卷　林紓　嚴復撰　清宣統元年(1909)上海國學扶輪社鉛印本　四册

330000－1701－0019348　HJH5384　集部/別集類/清別集
傳樸堂詩稿四卷補遺一卷竹樊山莊詞一卷　(清)葛金烺撰　**弢華館詩稿一卷**　(清)葛嗣濚撰　清光緒二十一年(1895)刻三十三年(1907)補刻本　二册　缺一卷(竹樊山莊詞)

330000－1701－0019349　普915.1232/8091.2/c1　史部/地理類/方志之屬/郡縣志
[光緒]黎里續志十六卷首一卷　(清)蔡丙圻纂　清光緒二十五年(1899)禊湖書院刻本　十二册

330000－1701－0019350　普915.1232/8091/(2)/c1　史部/地理類/方志之屬/郡縣志
[嘉慶]黎里志十六卷首一卷　(清)徐達源纂　清嘉慶十年(1805)吳江徐氏孚遠堂刻本

（卷一配抄本） 三冊 缺二卷(七至八)

330000－1701－0019351 普915.1232/8035/c2 史部/地理類/方志之屬/郡縣志

[光緒]吴江縣續志四十卷首一卷 (清)金福曾等修 (清)熊其英等纂 清光緒五年(1879)刻本 八冊

330000－1701－0019356 普915.1232/8091.2/c2 史部/地理類/方志之屬/郡縣志

[光緒]黎里續志十六卷首一卷 (清)蔡丙圻纂 清光緒二十五年(1899)禊湖書院刻本 六冊

330000－1701－0019357 HJL2382 集部/别集類/清别集

還珠堂詩鈔六卷 (清)厲同勳撰 清道光二十八年(1848)刻本 四冊

330000－1701－0019361 普915.1242/3035/2 史部/地理類/方志之屬/郡縣志

[光緒]重修嘉善縣志三十六卷首一卷 (清)江峯青修 (清)顧福仁纂 清光緒二十年(1894)刻民國七年(1918)印本 八冊 缺十九卷(十八至三十六)

330000－1701－0019362 HJL2698 集部/别集類/清别集

磵東詩鈔十卷 (清)歐陽輅撰並編 清道光六年(1826)陶澍刻本 四冊

330000－1701－0019364 普915.1232/8035/c3 史部/地理類/方志之屬/郡縣志

[光緒]吴江縣續志四十卷首一卷 (清)金福曾等修 (清)熊其英等纂 清光緒五年(1879)刻本 八冊

330000－1701－0019365 HJL2538 集部/别集類/清别集

九煙先生遺集六卷 (清)黄周星撰 清道光二十九年(1849)揚州廪館刻本 四冊

330000－1701－0019367 普915.1232/8091.2/c3 史部/地理類/方志之屬/郡縣志

[光緒]黎里續志十六卷首一卷 (清)蔡丙圻纂 清光緒二十五年(1899)禊湖書院刻本 六冊

330000－1701－0019369 HJL2701 集部/别集類/清别集

小瓊海詩初集三卷二集六卷三集八卷四集四卷 (清)陳赫撰 清道光二十二年(1842)刻本 十六冊

330000－1701－0019370 HJL3502 集部/别集類/清别集

小瓊海詩初集三卷二集六卷三集八卷四集四卷 (清)陳赫撰 清道光二十二年(1842)刻本 八冊

330000－1701－0019374 HJL2630 集部/别集類/清别集

震庵詩鈔二卷 (清)阿勒精阿撰 清道光二年(1822)刻本 二冊

330000－1701－0019378 HJL2827 集部/别集類/清别集

古伴柳亭初稿四卷 (清)田秫撰 清道光二十二年(1842)京都文奎齋刻本 四冊

330000－1701－0019379 HJL5570 集部/别集類/清别集

蠡城吟草四卷 傅崇黻撰 清宣統元年(1909)鉛印本 一冊

330000－1701－0019380 普915.1232/8091/(2)/c2 史部/地理類/方志之屬/郡縣志

[嘉慶]黎里志十六卷首一卷 (清)徐達源纂 清嘉慶十年(1805)吴江徐氏孚遠堂刻本 四冊

330000－1701－0019381 HJH2344 集部/别集類/清别集

御製巡幸盛京詩一卷 (清)宣宗旻寧撰 清道光武英殿刻本 一冊

330000－1701－0019383 HJH5514 子部/藝術類/遊藝之屬/詩鐘

絜園詩鐘一卷 蔡乃煌輯 清宣統二年(1910)鉛印本 一冊

330000－1701－0019384 HJH2854 集部/

别集類/清别集
養正書屋全集定本四十卷目録四卷 (清)宣宗旻寧撰 清道光二年(1822)武英殿刻本 二十四册

330000－1701－0019385 HJH4708 子部/藝術類/遊藝之屬/詩鐘
絜園詩鐘一卷 蔡乃煌輯 清宣統二年(1910)鉛印本 一册

330000－1701－0019386 HJH4709 子部/藝術類/遊藝之屬/詩鐘
絜園詩鐘一卷 蔡乃煌輯 清宣統二年(1910)鉛印本 一册

330000－1701－0019388 HJL2411 集部/别集類/清别集
絳雪山房詩鈔二十卷續鈔六卷試帖三卷 (清)楊慶琛撰 清道光二十八年至同治三年(1848－1864)刻本 十册

330000－1701－0019391 HJL2833 集部/别集類/清别集
味蒼雪齋詩選十卷補遺一卷 (清)楊紹霆撰 (清)吕承恩輯 **潯水聯吟一卷** (清)楊紹霆等撰 清道光十一年(1831)刻本 四册

330000－1701－0019393 HJL3030 集部/别集類/清别集
惺齋詩草十二卷 (清)楊先鐸撰 清道光四年(1824)刻本 四册

330000－1701－0019395 HJL2640 集部/别集類/清别集
夙好齋詩鈔十五卷賦鈔一卷試帖詩鈔一卷 (清)楊知新撰 清道光二十五年(1845)蓨史樓刻本 四册

330000－1701－0019396 普915.1242/3057 史部/地理類/雜志之屬
新安賓館八詠一卷 (清)江峰青等撰 清光緒二十二年(1896)刻本 一册

330000－1701－0019397 HJL2156 集部/别集類/清别集
平園雜著内編十四卷 (清)林有席撰 (清)林大佐編 清道光六年(1826)刻本 六册

330000－1701－0019398 普915.1232/8099/c1 史部/地理類/方志之屬/郡縣志
[道光]平望志十八卷首一卷 (清)翁廣平纂 清光緒十三年(1887)吳江黄兆檉刻本 六册

330000－1701－0019399 HJH5155 類叢部/叢書類/彙編之屬
崧岱山館叢鈔 清宣統鉛印本 六册 存一種

330000－1701－0019400 HJL2626 集部/别集類/清别集
借秋亭詩草五卷補遺一卷吴歈百絶一卷 (清)蔡雲撰 清道光十年(1830)程嶺梅刻本 四册

330000－1701－0019402 HJH5156 類叢部/叢書類/彙編之屬
崧岱山館叢鈔 清宣統鉛印本 六册 存一種

330000－1701－0019403 HJL4463 類叢部/叢書類/彙編之屬
崧岱山館叢鈔 清宣統鉛印本 六册 存一種

330000－1701－0019404 HJL2665 集部/别集類/清别集
梅龍閣詩集偶刻二卷外編一卷 (清)黄衡撰 清道光十三年(1833)刻本 二册

330000－1701－0019405 HJL2419 集部/别集類/清别集
鳳蕉山館詩草四卷 (清)黄虎文撰 清道光四年(1824)刻本 一册

330000－1701－0019408 HJL2267 集部/别集類/清别集
西溪草廬詩録存十二卷附録一卷 (清)黄鋐撰 **篋遺集三卷** (清)黄汝成撰 清道光二十二年至咸豐元年(1842－1851)刻本 四册

330000－1701－0019410 HJL2525 集部/别

集類/清別集

釣雲軒詩鈔六卷 （清）薛稻孫撰　清道光元年(1821)刻本　四冊

330000－1701－0019413　HJL2347　集部/別集類/清別集

恩福堂詩鈔不分卷 （清）英和撰　清道光十七年(1837)刻本　二冊

330000－1701－0019414　普 915.1242/3099/c1　史部/地理類/方志之屬/郡縣志

[光緒]重輯楓涇小志十卷首一卷 （清）曹相駿纂　（清）許光墉增纂　**楓溪竹枝詞一卷** （清）沈蓉城撰　清光緒十七年(1891)鉛印本　四冊

330000－1701－0019415　HJL2528　集部/別集類/清別集

洽隱園文鈔四卷 （清）韓是升撰　清道光二十八年(1848)韓崇寶鐵齋木活字印本　四冊

330000－1701－0019416　HJL4777　集部/總集類/選集之屬/斷代

香痕奩影集四卷閨秀詩一卷 （清）吳仲編　清宣統元年(1909)鉛印本　四冊

330000－1701－0019419　HJL2961　集部/別集類/清別集

小樓詩集八卷 （清）王嵩高撰　清道光十六年(1836)刻本　二冊

330000－1701－0019420　普 915.1232/8099.2/c1　史部/地理類/方志之屬/郡縣志

[光緒]平望續志十二卷首一卷 （清）黃兆檉纂　清光緒十三年(1887)吳江黃兆檉刻本　四冊

330000－1701－0019422　普 915.17192/9035　史部/地理類/方志之屬/郡縣志

[光緒]續增樂至縣志四卷首一卷 （清）胡書雲修　（清）李星根等纂　清光緒九年(1883)刻本　四冊

330000－1701－0019424　普 915.1232/8099/c2　史部/地理類/方志之屬/郡縣志

[道光]平望志十八卷首一卷 （清）翁廣平纂　清光緒十三年(1887)吳江黃兆檉刻本　六冊

330000－1701－0019430　普 915.1232/8529　史部/地理類/方志之屬/郡縣志

[乾隆]震澤縣志三十八卷首一卷 （清）陳和志修　（清）倪師孟　（清）沈彤纂　清乾隆十一年(1746)刻本　八冊

330000－1701－0019431　普 915.1232/8099.2/c2　史部/地理類/方志之屬/郡縣志

[光緒]平望續志十二卷首一卷 （清）黃兆檉纂　清光緒十三年(1887)吳江黃兆檉刻本　四冊

330000－1701－0019433　普 915.1232/80993　史部/地理類/方志之屬/郡縣志

[道光]分湖小識六卷 （清）柳樹芳纂　清道光二十七年(1847)勝谿草堂柳氏刻本　六冊

330000－1701－0019434　HJL4224　集部/別集類/清別集

耐軒文初鈔十卷二鈔四卷首一卷 （清）楊士達撰　清光緒五年(1879)傳硯山館木活字印本　四冊

330000－1701－0019436　普 915.1242/30991/c1　史部/地理類/方志之屬/郡縣志

[宣統]續修楓涇小志十卷首一卷 （清）程兼善纂　清宣統三年(1911)鉛印本　四冊

330000－1701－0019437　普 915.1242/3099/c2　史部/地理類/方志之屬/郡縣志

[光緒]重輯楓涇小志十卷首一卷 （清）曹相駿纂　（清）許光墉增纂　**楓溪竹枝詞一卷** （清）沈蓉城撰　清光緒十七年(1891)鉛印本　四冊

330000－1701－0019438　HJL5114　集部/總集類/氏族之屬

課選樓合稿四種 （清）鮑長敘編　清光緒至民國刻本　八冊

330000－1701－0019439　普 915.1242/3411/c1　史部/地理類/雜志之屬

東畲雜記附幽湖百詠一卷 （清）沈廷瑞

(清)沈濤撰　(清)沈梓補　清光緒十三年至十四年(1887－1888)濮院沈氏紅藥山房刻本　一冊

330000－1701－0019440　普915.1242/4024/c1　史部/地理類/方志之屬/郡縣志
[天啓]海鹽縣圖經十六卷　(明)樊維城修　(明)胡震亨　(明)姚士粦纂　明天啓四年(1624)刻清乾隆十二年(1747)補刻本　八冊

330000－1701－0019441　普915.1232/8644　史部/地理類/輿圖之屬/郡縣
蘇松常鎮太二里半方輿圖不分卷　清刻本　十四冊

330000－1701－0019442　HJL2244　集部/別集類/清別集
觀穫堂文集一卷文鈔一卷詩鈔二卷　(清)胡國濱撰　清道光十五年(1835)玉山署中刻本　四冊

330000－1701－0019443　普915.1233/0027/c1　史部/地理類/方志之屬/郡縣志
[康熙]松江府志五十四卷圖經一卷　(清)郭廷弼修　(清)周建鼎　(清)包爾賡纂　清康熙二年(1663)刻本　二十冊

330000－1701－0019444　普915.1232/9042　類叢部/叢書類/自著之屬
養餘齋全集四種附三種　(清)柳樹芳撰　清道光勝溪草堂刻本　一冊　存一種

330000－1701－0019446　HJH2676　集部/別集類/清別集
雙白燕堂文集二卷外集八卷　(清)陸耀遹撰　清光緒四年(1878)陸祐勤興國州署刻本　四冊

330000－1701－0019447　HJL2247　集部/別集類/清別集
雙白燕堂文集二卷外集八卷　(清)陸耀遹撰　清光緒四年(1878)陸祐勤興國州署刻本　四冊

330000－1701－0019448　HJL4392　集部/總集類/郡邑之屬
金山姚程三先生遺集　(清)程國嘉輯　清光緒六年至九年(1880－1883)金山程氏補讀書齋刻十九年(1893)彙印本　四冊

330000－1701－0019451　HJL2273　集部/別集類/清別集
小芋香館遺集十二卷　(清)李杭撰　清咸豐元年(1851)刻本　四冊

330000－1701－0019452　HJL2613　集部/別集類/清別集
天岳山館文鈔四十卷　(清)李元度撰　清光緒六年(1880)爽溪精舍刻本　十六冊

330000－1701－0019454　HJL4738　類叢部/叢書類/彙編之屬
晨風閣叢書第一集(國學粹編)五十二種　沈宗畸等編　清光緒三十四年至宣統三年(1908－1911)國學萃編社鉛印本　三冊　存一種

330000－1701－0019455　HJL5191　集部/別集類/清別集
可園詩存二十八卷詞存四卷　陳作霖撰　清宣統二年(1910)刻本　六冊

330000－1701－0019457　HJH4609　集部/別集類/清別集
可園文存十六卷　陳作霖撰　清宣統元年(1909)刻本　四冊

330000－1701－0019459　HJH4828　集部/別集類/清別集
盋山新建縣學堂賦一卷　陳作霖撰　清光緒刻本　一冊

330000－1701－0019462　普915.1233/0031/c1　史部/地理類/方志之屬/郡縣志
[嘉慶]松江府志八十四卷首二卷圖一卷　(清)宋如林修　(清)孫星衍　(清)莫晉　(清)朱涤纂　清嘉慶二十三年(1818)松江府學明倫堂刻本　四十冊

330000－1701－0019463　普915.1233/0029　史部/地理類/方志之屬/郡縣志
[乾隆]華亭縣志十六卷　(清)馮鼎高

(清)李廷敬修　(清)王顯曾等纂　清乾隆五十六年(1791)刻咸豐八年(1858)補刻本　四冊

330000－1701－0019464　HJL5372　集部/總集類/選集之屬/斷代

章譚合鈔六卷　(清)國學扶輪社編　清宣統二年(1910)上海國學扶輪社鉛印本　五冊

330000－1701－0019465　普 915.1242/3411/c2　史部/地理類/雜志之屬

東畬雜記附幽湖百詠一卷　(清)沈廷瑞　(清)沈濤撰　(清)沈梓補　清光緒十三年至十四年(1887－1888)濮院沈氏紅藥山房刻本　一冊

330000－1701－0019466　HJH3933　集部/總集類/選集之屬/斷代

紅犀館詩課八卷　(清)王蒔蘭等撰　(清)姚燮輯　**丹山倡和詩一卷**　(清)姚燮等撰　**海山小集分韻詩一卷**　清同治四年(1865)刻本　四冊

330000－1701－0019467　HJL5361　集部/總集類/選集之屬/斷代

合刻四家上李傳相書一卷　(清)張之洞等撰　(清)歎世子輯　清光緒二十一年(1895)石印本　一冊

330000－1701－0019469　HJL2168　類叢部/叢書類/郡邑之屬

粟香室叢書五十九種　金武祥編　清光緒至民國江陰金氏刻本　二冊　存三種

330000－1701－0019470　HJL4685　類叢部/叢書類/郡邑之屬

粟香室叢書五十九種　金武祥編　清光緒至民國江陰金氏刻本　一冊　存二種

330000－1701－0019472　普 915.1242/30991/c2　史部/地理類/方志之屬/郡縣志

[宣統]續修楓涇小志十卷首一卷　(清)程兼善纂　清宣統三年(1911)鉛印本　四冊

330000－1701－0019473　普 915.1242/4024/c2　史部/地理類/方志之屬/郡縣志

[天啓]海鹽縣圖經十六卷　(明)樊維城修　(明)胡震亨　(明)姚士粦纂　明天啓四年(1624)刻清乾隆十二年(1747)補刻本　六冊　缺二卷(三、十一)

330000－1701－0019474　普 915.1233/0027/c2　史部/地理類/方志之屬/郡縣志

[康熙]松江府志五十四卷圖經一卷　(清)郭廷弼修　(清)周建鼎　(清)包爾賡纂　清康熙二年(1663)刻本　二十冊

330000－1701－0019475　普 915.1242/30991/c3　史部/地理類/方志之屬/郡縣志

[宣統]續修楓涇小志十卷首一卷　(清)程兼善纂　清宣統三年(1911)鉛印本　四冊

330000－1701－0019476　普 915.1233/0031/c3　史部/地理類/方志之屬/郡縣志

[嘉慶]松江府志八十四卷首二卷圖一卷　(清)宋如林修　(清)孫星衍　(清)莫晉　(清)朱滄纂　清嘉慶二十三年(1818)松江府學明倫堂刻本　四十冊

330000－1701－0019477　普 915.1242/3411/c3　史部/地理類/雜志之屬

東畬雜記附幽湖百詠一卷　(清)沈廷瑞　(清)沈濤撰　(清)沈梓補　清光緒十三年至十四年(1887－1888)濮院沈氏紅藥山房刻本　一冊

330000－1701－0019478　普 915.1233/0031/c2　史部/地理類/方志之屬/郡縣志

[嘉慶]松江府志八十四卷首二卷圖一卷　(清)宋如林修　(清)孫星衍　(清)莫晉　(清)朱滄纂　清嘉慶二十三年(1818)松江府學明倫堂刻本　四十冊

330000－1701－0019479　HJH4988　類叢部/叢書類/郡邑之屬

粟香室叢書五十九種　金武祥編　清光緒至民國江陰金氏刻本　一冊　存一種

330000－1701－0019480　HJL5271　集部/別集類/清別集

虛受堂文集十六卷　王先謙撰　清宣統二年

(1910)上海國學書社石印本　六册

330000－1701－0019481　普915.1242/4024/c3　史部/地理類/方志之屬/郡縣志
[天啓]海鹽縣圖經十六卷　(明)樊維城修　(明)胡震亨　(明)姚士粦纂　明天啓四年(1624)刻清乾隆十二年(1747)補刻本　十册

330000－1701－0019482　普915.1233/0031/(2)　史部/地理類/方志之屬/郡縣志
[嘉慶]松江府志八十四卷首二卷圖一卷　(清)宋如林修　(清)孫星衍　(清)莫晉　(清)朱淥纂　清嘉慶二十三年(1818)松江府學明倫堂刻本　三十九册　缺一卷(七十九)

330000－1701－0019483　普915.1233/0027/c3　史部/地理類/方志之屬/郡縣志
[康熙]松江府志五十四卷圖經一卷　(清)郭廷弼修　(清)周建鼎　(清)包爾賡纂　清康熙二年(1663)刻本　二十册

330000－1701－0019486　普915.1233/0035/c1　史部/地理類/方志之屬/郡縣志
[光緒]松江府續志四十卷首一卷圖一卷　(清)博潤修　(清)姚光發等纂　清光緒十年(1884)刻本　二十四册

330000－1701－0019487　普915.1242/4029/c1　史部/地理類/方志之屬/郡縣志
[乾隆]海鹽縣續圖經七卷　(清)王如珪修　(清)陳世倕　(清)錢元昌纂　清乾隆十二年(1747)刻本　十册

330000－1701－0019488　普915.1242/4035/c3　史部/地理類/方志之屬/郡縣志
[光緒]海鹽縣志二十二卷首一卷末一卷　(清)王彬修　(清)徐用儀纂　清光緒三年(1877)蔚文書院刻本　十六册

330000－1701－0019490　普915.1242/4035/c1　史部/地理類/方志之屬/郡縣志
[光緒]海鹽縣志二十二卷首一卷末一卷　(清)王彬修　(清)徐用儀纂　清光緒三年(1877)蔚文書院刻本　十六册

330000－1701－0019494　普915.1233/0035/c2　史部/地理類/方志之屬/郡縣志
[光緒]松江府續志四十卷首一卷圖一卷　(清)博潤修　(清)姚光發等纂　清光緒十年(1884)刻本　二十四册

330000－1701－0019495　HJH4976　類叢部/叢書類/彙編之屬
晨風閣叢書第一集(國學粹編)五十二種　沈宗畸等編　清光緒三十四年至宣統三年(1908－1911)國學萃編社鉛印本　一册　存一種

330000－1701－0019496　普915.1242/4035/c5　史部/地理類/方志之屬/郡縣志
[光緒]海鹽縣志二十二卷首一卷末一卷　(清)王彬修　(清)徐用儀纂　清光緒三年(1877)蔚文書院刻本　十六册

330000－1701－0019500　普915.1242/4035/c6　史部/地理類/方志之屬/郡縣志
[光緒]海鹽縣志二十二卷首一卷末一卷　(清)王彬修　(清)徐用儀纂　清光緒三年(1877)蔚文書院刻本　十六册

330000－1701－0019501　普915.1233/0035/c3　史部/地理類/方志之屬/郡縣志
[光緒]松江府續志四十卷首一卷圖一卷　(清)博潤修　(清)姚光發等纂　清光緒十年(1884)刻本　二十四册

330000－1701－0019502　HJH4895　集部/別集類/清別集
夢痕仙館詩鈔十卷　張其淦撰　清光緒三十一年(1905)刻本　五册

330000－1701－0019503　普915.1242/4035/c2　史部/地理類/方志之屬/郡縣志
[光緒]海鹽縣志二十二卷首一卷末一卷　(清)王彬修　(清)徐用儀纂　清光緒三年(1877)蔚文書院刻本　十六册

330000－1701－0019505　普915.1233/1035/c1　史部/地理類/方志之屬/郡縣志
[光緒]重修華亭縣志二十四卷首一卷末一卷　(清)楊開第修　(清)姚光發等纂　清光緒

五年(1879)刻本　十冊

330000－1701－0019507　HJH5034　集部/別集類

西行紀遊草一卷　朱錕撰　清宣統元年(1909)石印本　一冊

330000－1701－0019508　HJL5136　集部/總集類/選集之屬/斷代

一微塵集五卷　(清)何震彝輯　清宣統元年(1909)江陰何氏覲芬室鉛印本　一冊

330000－1701－0019509　普915.1233/3022　史部/地理類/方志之屬/郡縣志

[紹熙]雲間志三卷　(宋)楊潛修　(宋)朱端常等纂　**續一卷**　(清)顧廣圻纂　清嘉慶十九年(1814)華亭沈氏金陵刻本　四冊

330000－1701－0019510　普915.1233/2029　史部/地理類/方志之屬/郡縣志

[乾隆]婁縣志三十卷首一卷　(清)謝庭薰修　(清)陸錫熊纂　清乾隆五十三年(1788)刻本　六冊

330000－1701－0019511　HJL5137　集部/總集類/選集之屬/斷代

一微塵集五卷　(清)何震彝輯　清宣統元年(1909)江陰何氏覲芬室鉛印本　一冊

330000－1701－0019515　HJL4836　集部/總集類/選集之屬/斷代

國朝文匯甲前集二十卷甲集六十卷乙集七十卷丙集三十卷丁集二十卷　國學扶輪社編　清宣統元年(1909)上海國學扶輪社石印本　一百冊

330000－1701－0019517　HJL5279　集部/總集類/選集之屬/斷代

國朝文匯甲前集二十卷甲集六十卷乙集七十卷丙集三十卷丁集二十卷　國學扶輪社編　清宣統元年(1909)上海國學扶輪社石印本　一冊　存姓氏目錄

330000－1701－0019520　HJL4815　集部/總集類/選集之屬/斷代

國朝文棟八卷　(清)胡嘉銓輯　清宣統元年(1909)上海詩中書局鉛印本　四冊

330000－1701－0019521　普915.1233/2035　史部/地理類/方志之屬/郡縣志

[光緒]婁縣續志二十卷　(清)汪坤厚　(清)程其珏修　(清)張雲望等纂　清光緒五年(1879)刻本　六冊

330000－1701－0019523　HJL5865　集部/別集類/清別集

八松庵詩集九卷　(清)李御撰　清光緒二十五年(1899)刻本　二冊

330000－1701－0019524　普915.1242/4029/c2　史部/地理類/方志之屬/郡縣志

[乾隆]海鹽縣續圖經七卷　(清)王如珪修　(清)陳世倕　(清)錢元昌纂　清乾隆十二年(1747)刻本　九冊

330000－1701－0019525　HJL5079　集部/總集類/選集之屬/斷代

國朝二十四家文鈔二十四卷　(清)徐斐然輯　清乾隆六十年(1795)刻本　六冊

330000－1701－0019531　普915.1242/4029/c3　史部/地理類/方志之屬/郡縣志

[乾隆]海鹽縣續圖經七卷　(清)王如珪修　(清)陳世倕　(清)錢元昌纂　清乾隆十二年(1747)刻本　十一冊

330000－1701－0019532　HJL2077　史部/政書類/律令之屬/治獄

刑名一得二卷　(清)白如珍撰　清道光十二年(1832)刻本　一冊

330000－1701－0019533　HJL5388　集部/總集類/選集之屬/斷代

皇清文穎續編一百八卷首五十六卷目錄十卷　(清)董誥等輯　清嘉慶十五年(1810)刻本　一百冊

330000－1701－0019534　普915.1242/4099.2　史部/地理類/方志之屬/郡縣志

[嘉靖]續澉水志九卷　(明)董穀纂修　清抄本　四冊

330000－1701－0019535　HJH4538　類叢部/叢書類/彙編之屬
崇文書局彙刻書三十一種　(清)崇文書局編　清光緒元年至三年(1875－1877)湖北崇文書局刻本　一册　存一種

330000－1701－0019540　普915.1233/1035/c2　史部/地理類/方志之屬/郡縣志
[光緒]重修華亭縣志二十四卷首一卷末一卷　(清)楊開第修　(清)姚光發等纂　清光緒五年(1879)刻本　十册

330000－1701－0019542　HJL4216　子部/藝術類/遊藝之屬/聯語
圍爐集一卷　(清)陳宗濂輯　清光緒十四年(1888)刻本　一册

330000－1701－0019543　普915.1233/3022/(2)　史部/地理類/方志之屬/郡縣志
[紹熙]雲間志三卷　(宋)楊潛修　(宋)朱端常等纂　**續一卷**　(清)顧廣圻纂　清嘉慶十九年(1814)華亭沈氏金陵刻本　三册

330000－1701－0019544　HJL4314　集部/總集類/酬唱之屬
甲戌春吟二卷　(清)汪之珩等撰　清文園刻本　二册

330000－1701－0019545　普915.1242/5032　史部/地理類/方志之屬/郡縣志
[嘉慶]石門縣志二十六卷首一卷　(清)耿維祐修　(清)潘文輅　(清)潘蓉鏡等纂　清道光元年(1821)刻本　八册

330000－1701－0019546　HJL4001　集部/別集類/清別集
柳營詩傳四卷　三多輯　清光緒十七年(1891)刻本　一册

330000－1701－0019551　普915.1233/4035/c1　史部/地理類/方志之屬/郡縣志
[光緒]重修奉賢縣志二十卷首一卷末一卷　(清)韓佩金修　(清)張文虎等纂　清光緒四年(1878)志書局刻本　六册

330000－1701－0019558　普915.1242/5027　史部/地理類/方志之屬/郡縣志
[康熙]石門縣志十二卷　(清)杜森修　(清)祝文彦等纂　(清)鄺世培續修　清康熙十六年(1677)刻本　四册　存五卷(一至五)

330000－1701－0019559　HJL4991　集部/總集類/選集之屬/斷代
蝶仙小史彙編一卷錢樓楹帖一卷　(清)延清輯　清光緒三十三年(1907)刻本　一册

330000－1701－0019562　HJL4183　集部/總集類/選集之屬/斷代
洛陽四僧詩鈔一卷續鈔一卷　(清)何家琪輯　清光緒十年(1884)、二十三年(1897)刻本　一册

330000－1701－0019565　普915.1242/5035　史部/地理類/方志之屬/郡縣志
[光緒]石門縣志十一卷首一卷　(清)余麗元等纂修　清光緒四年至五年(1878－1879)刻本　十四册

330000－1701－0019567　HJL5332　集部/別集類/清別集
通雅齋叢稿八卷　(清)成本璞撰　清宣統元年(1909)武林刻本　四册

330000－1701－0019568　普915.1233/4035/c2　史部/地理類/方志之屬/郡縣志
[光緒]重修奉賢縣志二十卷首一卷末一卷　(清)韓佩金修　(清)張文虎等纂　清光緒四年(1878)志書局刻本　六册

330000－1701－0019569　HJL4006　集部/總集類/氏族之屬
守經堂詩彙鈔四卷　(清)劉名譽輯　清光緒二十一年(1895)劉氏桂林刻本　二册

330000－1701－0019570　HJL4741　集部/別集類/清別集
海藏樓詩不分卷　鄭孝胥撰　清光緒三十二年(1906)鉛印本　一册

330000－1701－0019571　普915.1242/5035/(2)/c1　史部/地理類/方志之屬/郡縣志
[光緒]石門縣志十一卷首一卷　(清)余麗元

等纂修　清光緒四年至五年(1878－1879)刻本　十二册

330000－1701－0019572　HJL5173　集部/總集類/選集之屬/斷代

白下愚園集八卷首一卷　(清)胡光國　(清)胡恩燮輯　清光緒二十年(1894)刻本　六册

330000－1701－0019575　普915.1233/1035/c3　史部/地理類/方志之屬/郡縣志

[光緒]重修華亭縣志二十四卷首一卷末一卷　(清)楊開第修　(清)姚光發等纂　清光緒五年(1879)刻本　十册

330000－1701－0019578　普915.1242/5035/(2)/c2　史部/地理類/方志之屬/郡縣志

[光緒]石門縣志十一卷首一卷　(清)余麗元等纂修　清光緒四年至五年(1878－1879)刻本　十二册

330000－1701－0019579　普915.1233/5035/c1　史部/地理類/方志之屬/郡縣志

[光緒]金山縣志三十卷首一卷　(清)龔寶琦　(清)崔廷鏞修　(清)黄厚本等纂　清光緒四年(1878)刻本　八册

330000－1701－0019581　HJL5358　集部/總集類/選集之屬/斷代

詳註嚶求集二卷　(清)繆艮撰　(清)倪照注　清光緒二十五年(1899)上海慎記書莊石印本　二册

330000－1701－0019582　普811.17/2596.2/c2　集部/别集類/清别集

健初詩鈔四卷附文鈔一卷　(清)朱光暄撰　清光緒二十二年(1896)十三古印齊刻本　二册

330000－1701－0019583　普915.1242/5035/(2)/c3　史部/地理類/方志之屬/郡縣志

[光緒]石門縣志十一卷首一卷　(清)余麗元等纂修　清光緒四年至五年(1878－1879)刻本(卷八下配抄本)　十二册

330000－1701－0019587　普915.1233/5035/c2　史部/地理類/方志之屬/郡縣志

[光緒]金山縣志三十卷首一卷　(清)龔寶琦　(清)崔廷鏞修　(清)黄厚本等纂　清光緒四年(1878)刻本　八册

330000－1701－0019589　普915.1233/5099/c1　史部/地理類/方志之屬/郡縣志

[嘉慶]干巷志六卷首一卷　(清)朱棟纂　清嘉慶六年(1801)柘湖丁氏種松山房刻民國二十二年(1933)印本　二册

330000－1701－0019590　普915.1242/5035/(2)/c4　史部/地理類/方志之屬/郡縣志

[光緒]石門縣志十一卷首一卷　(清)余麗元等纂修　清光緒四年至五年(1878－1879)刻本　十一册　缺一卷(首)

330000－1701－0019592　普915.1242/6033.02/c2　史部/傳記類/總傳之屬

續當湖外志八卷附忠義紀畧一卷　(清)馬承昭輯　清光緒元年(1875)白榆邨舍刻本　二册

330000－1701－0019593　普915.1233/6035/c1　史部/地理類/方志之屬/郡縣志

[光緒]川沙廳志十四卷首一卷末一卷　(清)陳方瀛修　(清)俞樾等纂　清光緒五年(1879)刻本　六册

330000－1701－0019596　普915.1242/6033/c1　史部/傳記類/總傳之屬

當湖外志八卷　(清)馬承昭輯　清光緒元年(1875)刻本　四册

330000－1701－0019598　HJL4805　集部/總集類/選集之屬/斷代

汪羅彭薛四家合鈔四種　國學扶輪社輯　清宣統二年(1910)上海國學扶輪社鉛印本　六册

330000－1701－0019603　HJL4790　集部/總集類/選集之屬/斷代

列朝詩集乾集二卷甲集前編十一卷甲集二十二卷乙集八卷丙集十六卷丁集十六卷閏集六卷　(清)錢謙益輯　清宣統二年(1910)上海神州國光社鉛印本　五十六册

330000－1701－0019604　普 915.1242/6033.2/c1　史部/地理類/雜志之屬
當湖竹枝詞一卷　(清)陸棋斗撰　清宣統二年(1910)華雲閣鉛印本　一册

330000－1701－0019607　普 915.1233/5099/c2　史部/地理類/方志之屬/郡縣志
[嘉慶]干巷志六卷首一卷　(清)朱棟纂　清嘉慶六年(1801)柘湖丁氏種松山房刻民國二十二年(1933)印本　二册

330000－1701－0019610　普 915.1242/6035/c1　史部/地理類/方志之屬/郡縣志
[光緒]平湖縣志二十五卷首一卷末一卷　(清)彭潤章等修　(清)葉廉鍔等纂　**平湖殉難錄一卷**　(清)彭潤章輯　清光緒十二年(1886)刻本　十三册

330000－1701－0019611　普 915.1242/6033/c2　史部/傳記類/總傳之屬
當湖外志八卷　(清)馬承昭輯　清光緒元年(1875)刻本　二册

330000－1701－0019613　HJH4239　類叢部/叢書類/彙編之屬
實學叢書　清光緒三十年(1904)刻朱印本　一册　存二種

330000－1701－0019618　普 915.1242/6033.02/c1　史部/傳記類/總傳之屬
續當湖外志八卷附忠義紀畧一卷　(清)馬承昭輯　清光緒元年(1875)白榆邨舍刻本　四册

330000－1701－0019619　HJL3686、HJL3455　類叢部/叢書類/郡邑之屬
永嘉叢書十三種　(清)孫衣言編　清同治至光緒瑞安孫氏詒善祠塾刻本　十六册　存四種

330000－1701－0019620　普 915.1242/6035/c1/1　史部/地理類/方志之屬/郡縣志
[光緒]平湖縣志二十五卷首一卷末一卷　(清)彭潤章等修　(清)葉廉鍔等纂　**平湖殉難錄一卷**　(清)彭潤章輯　清光緒十二年(1886)刻本　十三册

330000－1701－0019621　普 915.1242/6035/c2　史部/地理類/方志之屬/郡縣志
[光緒]平湖縣志二十五卷首一卷末一卷　(清)彭潤章等修　(清)葉廉鍔等纂　**平湖殉難錄一卷**　(清)彭潤章輯　清光緒十二年(1886)刻本　十三册

330000－1701－0019622　普 915.1233/6035/c2　史部/地理類/方志之屬/郡縣志
[光緒]川沙廳志十四卷首一卷末一卷　(清)陳方瀛修　(清)俞樾等纂　清光緒五年(1879)刻本　六册

330000－1701－0019626　普 915.1242/6035/c5　史部/地理類/方志之屬/郡縣志
[光緒]平湖縣志二十五卷首一卷末一卷　(清)彭潤章等修　(清)葉廉鍔等纂　**平湖殉難錄一卷**　(清)彭潤章輯　清光緒十二年(1886)刻本　十三册

330000－1701－0019627　普 915.1242/6035/c6　史部/地理類/方志之屬/郡縣志
[光緒]平湖縣志二十五卷首一卷末一卷　(清)彭潤章等修　(清)葉廉鍔等纂　**平湖殉難錄一卷**　(清)彭潤章輯　清光緒十二年(1886)刻本　十三册

330000－1701－0019628　普 915.1233/6035/c3　史部/地理類/方志之屬/郡縣志
[光緒]川沙廳志十四卷首一卷末一卷　(清)陳方瀛修　(清)俞樾等纂　清光緒五年(1879)刻本　六册

330000－1701－0019629　普 915.1233/6035/(2)　史部/地理類/方志之屬/郡縣志
[光緒]川沙廳志十四卷首一卷末一卷　(清)陳方瀛修　(清)俞樾等纂　清光緒五年(1879)刻本　一册

330000－1701－0019630　普 915.1233/7034/c1　史部/地理類/方志之屬/郡縣志
同治上海縣志三十二卷首一卷末一卷　(清)應寶時等修　(清)俞樾　(清)方宗誠纂　清

同治十年(1871)吳門臬署刻本　十六冊

330000－1701－0019631　普 915.1233/7034/c3　史部/地理類/方志之屬/郡縣志
同治上海縣志三十二卷首一卷末一卷　(清)應寶時等修　(清)俞樾　(清)方宗誠纂　清同治十年(1871)吳門臬署刻十一年(1872)南園志局重校印本　十六冊

330000－1701－0019633　普 915.1242/6035/c4　史部/地理類/方志之屬/郡縣志
[光緒]平湖縣志二十五卷首一卷末一卷　(清)彭潤章等修　(清)葉廉鍔等纂　**平湖殉難錄一卷**　(清)彭潤章輯　清光緒十二年(1886)刻本　十三冊

330000－1701－0019635　HJL5368　集部/總集類/選集之屬/通代
三十家詩鈔六卷首一卷末一卷　(清)曾國藩輯　(清)王定安增輯　清宣統元年(1909)上海崇善堂石印本　六冊

330000－1701－0019637　HJL2792　集部/別集類/清別集
潭影軒詩稿四卷　(清)沈宗約撰　清道光十九年(1839)刻本　一冊

330000－1701－0019639　HJL2486　集部/別集類/清別集
蕭然自得齋詩集八卷碧琅玕館詩餘一卷蕭然自得齋隨筆一卷　(清)徐漢蒼撰　(清)恩錫選　清光緒二年(1876)刻本　五冊

330000－1701－0019640　HJL5122　集部/總集類/選集之屬/斷代
宋代五十六家詩集　(清)坐春書塾選　清宣統二年(1910)北京龍文閣石印本　六冊

330000－1701－0019641　HJL2523　集部/別集類/清別集
順所然齋文集二卷　(清)張雲錦撰　清光緒三十四年(1908)武昌刻本　二冊

330000－1701－0019643　普 915.1233/7034/c2　史部/地理類/方志之屬/郡縣志
同治上海縣志三十二卷首一卷末一卷　(清)應寶時等修　(清)俞樾　(清)方宗誠纂　清同治十年(1871)吳門臬署刻十一年(1872)南園志局重校光緒八年(1882)補版印本　十六冊

330000－1701－0019646　普 915.1233/7031　史部/地理類/方志之屬/郡縣志
嘉慶上海縣志二十卷首一卷嘉慶上海縣志修例一卷　(清)王大同修　(清)李林松纂　**滬城歲事衢歌一卷**　(清)張春華撰　清嘉慶十九年至二十一年(1814－1816)刻本　十六冊

330000－1701－0019647　HJL2749　集部/別集類/清別集
點蒼山人詩鈔八卷贖臺紀恩一卷　(清)沙琛撰　清嘉慶二十三年(1818)刻本　八冊

330000－1701－0019648　普 915.1233/7034.06　史部/地理類/方志之屬/郡縣志
同治上海縣志札記六卷　(清)秦榮光撰　清光緒二十八年(1902)鉛印本　六冊

330000－1701－0019649　普 915.12492/2035/(2)/c3　史部/地理類/方志之屬/郡縣志
[光緒]青田縣志十八卷首一卷　(清)雷銑修　(清)王棻纂　清光緒元年至二年(1875－1876)刻本　十四冊

330000－1701－0019650　HJL2367　集部/別集類/清別集
樂潛堂詩詞全集　(清)趙函撰　清道光至咸豐刻同治七年(1868)重修本　五冊

330000－1701－0019652　普 915.1242/6033.2/c2　史部/地理類/雜志之屬
當湖竹枝詞一卷　(清)陸棋斗撰　清宣統二年(1910)華雲閣鉛印本　一冊

330000－1701－0019653　HJL4696　集部/別集類/清別集
怡志堂詩初編八卷　(清)朱琦撰　清咸豐九年(1859)木活字印本　二冊

330000－1701－0019655　普 915.1242/6043　史部/地理類/雜志之屬

泖水鄉歌一卷　俞金鼎撰　清宣統三年(1911)華雲閣鉛印本　一冊

330000－1701－0019656　HJL4908　集部/別集類/清別集

褒碧齋詩五卷詞一卷襍文一卷　陳鋭撰　清光緒二十一年至三十一年(1895－1905)揚州刻本　二冊

330000－1701－0019657　HJL4108　集部/別集類/清別集

褒碧齋詩五卷詞一卷襍文一卷　陳鋭撰　清光緒二十一年至三十一年(1895－1905)揚州刻本　二冊

330000－1701－0019659　HJL3860　集部/總集類/彙編之屬

南宋羣賢小集七十四種　(宋)陳起編　(清)顧修重輯　清嘉慶六年(1801)石門顧氏讀畫齋刻本　三十二冊　存七十三種

330000－1701－0019660　HJL3461　集部/總集類/氏族之屬

薛氏五種　(清)薛時雨輯　清同治五年至十年(1866－1871)刻本　四冊　存一種

330000－1701－0019662　HJH2601　類叢部/叢書類/自著之屬

石屋書四種　(清)曹金籀撰　清同治仁和曹氏刻本　一冊　存一種

330000－1701－0019663　HJH3610　集部/總集類/彙編之屬

南宋羣賢小集七十四種　(宋)陳起編　(清)顧修重輯　清嘉慶六年(1801)石門顧氏讀畫齋刻本　三十冊　存七十三種

330000－1701－0019668　HJL4779　集部/別集類

萬物炊累室文　沈同芳撰　清光緒三十四年(1908)上海中國圖書公司鉛印本　一冊　存一種

330000－1701－0019669　HJL3139　集部/總集類/選集之屬/斷代

欽定全唐文一千卷目錄三卷　(清)董誥等輯　清嘉慶十九年(1814)內府刻本(卷七十四、七十七配抄本)　三百八十四冊

330000－1701－0019671　普915.1242/6043.3　集部/總集類/酬唱之屬

蘆浦竹枝詞二卷　(清)朱鼎鎬　(清)山鳳輝撰　清光緒八年(1882)南山草堂刻本　一冊

330000－1701－0019674　HJL5142　類叢部/叢書類/自著之屬

緣督廬遺書六種　葉昌熾撰　清末至民國初遞刻本　二冊　存一種

330000－1701－0019675　普915.1233/7039　史部/地理類/專志之屬/古跡

滬城備考六卷　(清)褚華撰　清光緒四年(1878)申報館鉛印申報館叢書本　夏虞臣題記　一冊

330000－1701－0019678　HJH3005　集部/總集類/選集之屬/斷代

唐詩三百首註疏六卷　(清)孫洙編　(清)章燮注　清道光十五年(1835)刻本　六冊

330000－1701－0019682　HJL4169　集部/總集類/選集之屬/斷代

唐詩選錄一卷　(清)徐植甫輯　清宣統二年(1910)石印本　一冊

330000－1701－0019685　HJH4350　集部/總集類/選集之屬/斷代

唐詩選錄一卷　(清)徐植甫輯　清宣統二年(1910)石印本　一冊

330000－1701－0019689　HJL3700　集部/總集類/選集之屬/斷代

唐賢三昧集三卷　(清)王士禛輯　清康熙刻本　一冊

330000－1701－0019690　普915.1242/6042　史部/地理類/雜志之屬

當湖百詠一卷　(清)張雲錦撰　清宣統三年(1911)華雲閣鉛印本　一冊

330000－1701－0019693　HJL5059　集部/總集類/選集之屬/斷代

唐人萬首絶句選七卷　(清)王士禛輯　清宣統元年(1909)掃葉山房石印本　二册

330000－1701－0019699　普 915.1233/7034/c4　史部/地理類/方志之屬/郡縣志

同治上海縣志三十二卷首一卷末一卷　(清)應寶時等修　(清)俞樾　(清)方宗誠纂　清同治十年(1871)吳門臬署刻十一年(1872)南園志局重校光緒八年(1882)補版印本　十六册

330000－1701－0019701　HJH3570　集部/總集類/彙編之屬

漢魏六朝一百三家集(漢魏六朝百三名家集)　(明)張溥編　清光緒五年(1879)彭懋謙信述堂刻本　一百册

330000－1701－0019702　普 915.1242/6053/c1　史部/地理類/雜志之屬

鸚鵡湖櫂歌一卷　(清)陸增撰　清宣統二年(1910)華雲閣鉛印本　一册

330000－1701－0019703　HJH4884　類叢部/叢書類/彙編之屬

天壤閣叢書二十種　(清)王祖源　(清)王懿榮編　清同治至光緒福山王氏刻彙印本　一册　存一種

330000－1701－0019704　普 915.1242/6099/c2　史部/地理類/方志之屬/郡縣志

[乾隆]乍浦志六卷首一卷末一卷續纂二卷　(清)宋景關纂　清乾隆二十二年(1757)刻五十七年(1792)增刻本　二册

330000－1701－0019705　HJH4007　集部/總集類/選集之屬/通代

述舊三卷　(清)李福祚輯　清咸豐七年(1857)刻本　六册

330000－1701－0019707　普 915.1233/7041　史部/地理類/方志之屬/郡縣志

[光緒]上海鄉土志一卷　李維清撰　清光緒三十三年(1907)上海勸學所鉛印本　一册

330000－1701－0019708　HJL4737　集部/總集類/選集之屬/通代

桐城吳氏古文讀本十三卷　(清)吳汝綸評選　清光緒二十九年(1903)上海文明書局鉛印本　四册

330000－1701－0019710　HJL4739　集部/總集類/選集之屬/通代

天下才子必讀書十五卷末一卷　(清)金聖歎選評　清有正書局鉛印本　六册

330000－1701－0019712　HJL5351　集部/總集類/選集之屬/通代

論文集要四卷　(清)薛福成纂　清光緒二十八年(1902)愚一齋石印本　二册

330000－1701－0019713　HJL4648　集部/總集類/選集之屬/通代

古文詞畧二十四卷　(清)梅曾亮輯　清同治六年(1867)合肥李氏刻本　六册

330000－1701－0019714　HJL5344　子部/雜著類/雜編之屬

文變三卷　蔡元培選輯　清光緒二十八年(1902)上海商務印書館鉛印本　二册

330000－1701－0019716　HJL5753　集部/別集類/清別集

月滿樓詩集四十卷別集八卷首二卷文集十四卷首二卷　(清)顧宗泰撰　清嘉慶八年(1803)瞻園刻本　十二册

330000－1701－0019717　HJH3229　集部/別集類/清別集

小林壑詩鈔八卷　(清)鍾鼎撰　清光緒九年(1883)刻本　四册

330000－1701－0019720　HJL4724　集部/總集類/選集之屬/通代

古文筆法(古文筆法百篇)八卷　(清)李扶九輯　(清)黃黼注　清光緒三十年(1904)申江書局石印本　二册

330000－1701－0019722　HJL4890　集部/總集類/選集之屬/通代

全上古三代秦漢三國六朝文七百四十一卷　(清)嚴可均輯　清光緒十三年至十九年(1887－1893)黃岡王氏廣州刻本　一百册

330000－1701－0019723　HJL4788　集部/總集類/選集之屬/通代
涵芬樓古今文鈔一百卷　吳曾祺輯　清宣統二年(1910)上海商務印書館鉛印本　一百冊

330000－1701－0019725　HJL4814　集部/總集類/尺牘之屬
歷代女才子手簡二卷　(清)明明學社輯　清宣統元年(1909)上海明明學社石印本　二冊

330000－1701－0019727　HJL5284　集部/總集類/選集之屬/通代
歷代宮閨文選二十六卷姓氏小錄一卷　(清)周壽昌輯　清宣統三年(1911)上海群學社鉛印本　六冊

330000－1701－0019729　HJH4004　集部/總集類/選集之屬/通代
賦則四卷首一卷　(清)鮑桂星評選　清道光二年(1822)刻本　二冊

330000－1701－0019730　HJL5258　集部/總集類/選集之屬/通代
古文辭類纂七十四卷　(清)姚鼐輯　**續古文辭類纂三十四卷**　王先謙輯　清光緒三十三年(1907)上海商務印書館鉛印本　十二冊

330000－1701－0019731　HJH4044　集部/總集類/選集之屬/通代
七十家賦鈔六卷　(清)張惠言輯　清光緒四年(1878)大成會刻本　海棠城夢游客觀款　四冊

330000－1701－0019732　普915.1233/8043.91　史部/地理類/雜志之屬
繪圖上海雜記八卷　(清)吳友如繪　(清)藜牀卧讀生　(管斯駿)撰　清光緒三十一年(1905)上海文寶書局石印本　四冊　存一卷(一)

330000－1701－0019733　HJH4904　集部/總集類/選集之屬/通代
御定歷代賦彙一百四十卷外集二十卷逸句二卷補遺二十二卷目錄四卷　(清)陳元龍輯　清康熙四十五年(1706)內府刻本　五十九冊　缺三卷(九十三至九十五)

330000－1701－0019734　HJH3618　集部/總集類/選集之屬/通代
御定歷代賦彙一百四十卷外集二十卷逸句二卷目錄三卷　(清)陳元龍輯　清康熙四十五年(1706)內府刻本　五十冊

330000－1701－0019735　HJL3654　集部/總集類/選集之屬/斷代
網師園唐詩箋十八卷　(清)宋宗元輯　清乾隆三十二年(1767)尚絅堂刻本　六冊

330000－1701－0019736　普915.1233/8042　集部/別集類/清別集
海上竹枝詞一卷　(清)袁翔甫　(袁祖志)撰　清光緒二年(1876)刻本　一冊

330000－1701－0019740　普915.1242/6053/c2　史部/地理類/雜志之屬
鸚鵡湖櫂歌一卷　(清)陸增撰　清宣統二年(1910)華雲閣鉛印本　一冊

330000－1701－0019741　普915.1242/60991/c1　史部/地理類/雜志之屬
鹽溪漁唱一卷　周光瑞撰　清宣統二年(1910)華雲閣鉛印本　一冊

330000－1701－0019744　普915.1233/9029　史部/地理類/方志之屬/郡縣志
[乾隆]南滙縣新志十五卷首一卷　(清)胡志熊修　(清)吳省欽等纂　清乾隆五十八年(1793)刻本　六冊

330000－1701－0019748　普915.1233/8043.92　史部/地理類/專志之屬/古跡
申江勝景圖二卷　(清)吳友如繪　清光緒十年(1884)上海點石齋石印本　二冊　存一卷(上)

330000－1701－0019749　HJL4671　集部/總集類/選集之屬/通代
評選古詩源四卷　(清)沈德潛評選　清光緒二十年(1894)上海圖書集成印書局鉛印本　四冊

330000－1701－0019750　HJH4209　集部/總集類/選集之屬/通代
多歲堂古詩存八卷附一卷　(清)成書輯　清道光十一年(1831)多歲堂刻本　四册

330000－1701－0019751　HJL3076　類叢部/叢書類/自著之屬
簡松草堂全集　(清)張雲璈撰　清道光簡松草堂刻本　八册　存一種

330000－1701－0019752　普915.1233/9035　史部/地理類/方志之屬/郡縣志
光緒南滙縣志二十二卷首一卷末一卷　(清)金福曾　(清)顧思賢　(清)楊驥修　(清)張文虎纂　清光緒五年(1879)刻本　十二册

330000－1701－0019753　HJH4321　集部/總集類/選集之屬/通代
宋元明詩三百首六卷摘句一卷　(清)朱梓　(清)冷昌言輯　清光緒元年(1875)虞山鮑氏抱芳閣刻本　二册

330000－1701－0019755　普915.1242/60991/c2　史部/地理類/雜志之屬
鹽溪漁唱一卷　周光瑞撰　清宣統二年(1910)華雲閣鉛印本　一册

330000－1701－0019758　HJL5412　集部/總集類/選集之屬/通代
詠物詩選八卷　(清)俞琰輯　清刻本　七册　存七卷(二至八)

330000－1701－0019759　HJL5256　集部/總集類/選集之屬/通代
古文雅正十四卷　(清)蔡世遠輯　清光緒二十二年(1896)上海圖書集成印書局鉛印本　四册

330000－1701－0019761　HJL4838　類叢部/叢書類/彙編之屬
武英殿聚珍版書一百三十八種　清木活字印本　五册　存一種

330000－1701－0019762　HJL4734、HJL4735、HJL4736、HJL4824　類叢部/叢書類/彙編之屬
佚叢甲集　張南祴編　清光緒三十三年(1907)鉛印本　四册　存五種

330000－1701－0019765　普915.1242/7031/c1　史部/地理類/方志之屬/郡縣志
[嘉慶]桐鄉縣志十二卷　(清)李廷輝修　(清)徐志鼎等纂　清嘉慶四年(1799)刻本　七册　存十一卷(一至九、十一至十二)

330000－1701－0019767　普915.1233/8043.42/c1　史部/地理類/雜志之屬
上海一卷　(清)劍村遊客編　清光緒二十九年(1903)鉛印本　一册

330000－1701－0019768　普915.1242/6099.3　史部/地理類/雜志之屬
乍浦紀事詩一卷　(清)盧奕春撰　清道光二十四年(1844)刻本　一册

330000－1701－0019770　普915.1233/8043.42/c2　史部/地理類/雜志之屬
上海一卷　(清)劍村遊客編　清光緒二十九年(1903)鉛印本　一册

330000－1701－0019771　HJL3943　子部/儒家類/儒學之屬/禮教
人鑑二卷　(清)趙廼宣輯　清光緒三十年(1904)刻本　一册

330000－1701－0019772　普915.1233/8043.42/c3　史部/地理類/雜志之屬
上海一卷　(清)劍村遊客編　清光緒二十九年(1903)鉛印本　一册

330000－1701－0019773　HJL4802　集部/總集類/彙編之屬
陳太僕批選八家文鈔　(清)陳兆崙編　清光緒二十六年(1900)天津文美齋石印本　六册

330000－1701－0019774　普915.1233/8043.42/c4　史部/地理類/雜志之屬
上海一卷　(清)劍村遊客編　清光緒二十九年(1903)鉛印本　一册

330000－1701－0019776　普915.1242/7031/c3　史部/地理類/方志之屬/郡縣志

[嘉慶]桐鄉縣志十二卷　(清)李廷輝修　(清)徐志鼎等纂　清嘉慶四年(1799)刻本　八册

330000－1701－0019777　普915.1233/9535/c1　史部/地理類/方志之屬/郡縣志
[光緒]青浦縣志三十卷首二卷末一卷　(清)汪祖綬等修　(清)熊其英　(清)邱式金纂　清光緒五年(1879)尊經閣刻本　十二册

330000－1701－0019778　普915.1233/9535/c2　史部/地理類/方志之屬/郡縣志
[光緒]青浦縣志三十卷首二卷末一卷　(清)汪祖綬等修　(清)熊其英　(清)邱式金纂　清光緒五年(1879)尊經閣刻本　十二册

330000－1701－0019779　普915.1233/9035/(2)　史部/地理類/方志之屬/郡縣志
光緒南滙縣志二十二卷首一卷末一卷　(清)金福曾　(清)顧思賢　(清)楊驥修　(清)張文虎纂　清光緒五年(1879)刻民國十六年(1927)印本　二册

330000－1701－0019780　HJL4892　史部/政書類
九通分類總纂二百四十卷　(清)汪鍾霖輯　清光緒二十八年(1902)上海文瀾書局石印本　八十册

330000－1701－0019781　HJL2933　類叢部/類書類/通類之屬
蘭雪堂古事苑定本十二卷　(清)鄧志謨輯　清康熙二十五年(1686)蘭雪堂刻本　六册

330000－1701－0019782　普915.1242/6099/2　史部/地理類/方志之屬/郡縣志
[乾隆]乍浦志六卷首一卷末一卷續纂二卷　(清)宋景關纂　清乾隆二十二年(1757)刻五十七年(1792)增刻道光十九年(1839)校補印本　二册

330000－1701－0019783　普915.1242/7035/c2　史部/地理類/方志之屬/郡縣志
光緒桐鄉縣志二十四卷首四卷　(清)嚴辰纂　**楊園淵源錄四卷**　(清)沈曰富輯　清光緒十三年(1887)蘇州陶漱藝齋刻本　二十四册

330000－1701－0019784　HJH5521　類叢部/叢書類/彙編之屬
擇是居叢書初集十九種　張鈞衡編　清光緒至民國刻民國十五年(1926)吳興張氏彙印本　一册　存二種

330000－1701－0019785　普915.1242/7035/c1　史部/地理類/方志之屬/郡縣志
光緒桐鄉縣志二十四卷首四卷　(清)嚴辰纂　**楊園淵源錄四卷**　(清)沈曰富輯　清光緒十三年(1887)蘇州陶漱藝齋刻本　二十四册

330000－1701－0019786　HJH4834　類叢部/叢書類/彙編之屬
崇文書局彙刻書三十一種　(清)崇文書局編　清光緒元年至三年(1875－1877)湖北崇文書局刻本　一册　存一種

330000－1701－0019788　普915.1234/0027/c1　史部/地理類/方志之屬/郡縣志
[康熙]常州府志三十八卷首一卷　(清)于琨修　(清)陳玉璂纂　清光緒十二年(1886)木活字印本　二十册

330000－1701－0019789　普915.1233/9535/c3　史部/地理類/方志之屬/郡縣志
[光緒]青浦縣志三十卷首二卷末一卷　(清)汪祖綬等修　(清)熊其英　(清)邱式金纂　清光緒五年(1879)尊經閣刻本　十七册　缺三卷(一至三)

330000－1701－0019790　普915.1242/7035/c3　史部/地理類/方志之屬/郡縣志
光緒桐鄉縣志二十四卷首四卷　(清)嚴辰纂　**楊園淵源錄四卷**　(清)沈曰富輯　清光緒十三年(1887)蘇州陶漱藝齋刻本　二十四册

330000－1701－0019791　HJL5336　集部/楚辭類
楚辭集註八卷辯證二卷　(宋)朱熹撰　清光緒二十二年(1896)新化三味堂刻本　四册

330000－1701－0019792　普915.1234/0027/2　史部/地理類/方志之屬/郡縣志

[康熙]常州府志三十八卷首一卷　(清)于琨修　(清)陳玉璂纂　清康熙三十四年(1695)刻本　二十冊

330000－1701－0019793　HJL4604　集部/別集類/清別集
白凄集十卷　(清)沈受宏撰　清康熙四十四年(1705)刻本　八冊

330000－1701－0019794　普 915.1242/7035/c4　史部/地理類/方志之屬/郡縣志
光緒桐鄉縣志二十四卷首四卷　(清)嚴辰纂　楊園淵源録四卷　(清)沈曰富輯　清光緒十三年(1887)蘇州陶漱藝齋刻本　二十四冊

330000－1701－0019795　普 915.1242/7035/c5　史部/地理類/方志之屬/郡縣志
光緒桐鄉縣志二十四卷首四卷　(清)嚴辰纂　楊園淵源録四卷　(清)沈曰富輯　清光緒十三年(1887)蘇州陶漱藝齋刻本　二十四冊

330000－1701－0019796　普 915.1242/7035/c6　史部/地理類/方志之屬/郡縣志
光緒桐鄉縣志二十四卷首四卷　(清)嚴辰纂　楊園淵源録四卷　(清)沈曰富輯　清光緒十三年(1887)蘇州陶漱藝齋刻本　二十三冊　缺一卷(首一)

330000－1701－0019797　普 915.1234/0027/c2　史部/地理類/方志之屬/郡縣志
[康熙]常州府志三十八卷首一卷　(清)于琨修　(清)陳玉璂纂　清光緒十二年(1886)木活字印本　十九冊　缺一卷(十七)

330000－1701－0019798　HJH4379　子部/小説家類/瑣語之屬
觚賸八卷續編四卷　(清)鈕琇輯　清石印本　二冊　存四卷(三至四、續編一至二)

330000－1701－0019799　普 915.1233/8046　類叢部/叢書類/彙編之屬
申報館叢書正集五十七種附録三種續集一百四十二種　(清)尊聞閣主編　蔡爾康編續集　清同治至光緒上海申報館鉛印本　二冊　存一種

330000－1701－0019802　普 915.1242/7043　史部/政書類/邦計之屬
兩浙宦游紀畧四種　(清)戴槃撰　清同治七年(1868)刻本　一冊　存一種

330000－1701－0019803　HJL3531　經部/詩類/傳説之屬
田間詩學不分卷　(清)錢澄之撰　清康熙二十八年(1689)錢氏斟雉堂刻本　十二冊

330000－1701－0019806　普 915.1243/0029/c1　史部/地理類/方志之屬/郡縣志
[乾隆]湖州府志四十八卷首一卷　(清)李堂纂修　清乾隆二十三年(1758)刻本　二十四冊

330000－1701－0019807　普 915.1234/1035.02　史部/地理類/方志之屬/郡縣志
[光緒]武陽志餘十二卷首一卷附團練紀實二卷　(清)莊毓鋐　(清)陸鼎翰纂修　清光緒十四年(1888)木活字印本　九冊　缺八卷(五至六、八、十至十二,附一至二)

330000－1701－0019808　HJH1133　子部/宗教類/道教之屬
覺世經圖説四卷　(清)省心氏撰　(清)李淦寫圖　清光緒九年(1883)刻揚州文富堂書莊印本　四冊

330000－1701－0019810　普 915.1243/0029/c2　史部/地理類/方志之屬/郡縣志
[乾隆]湖州府志四十八卷首一卷　(清)李堂纂修　清乾隆二十三年(1758)刻本　二十冊

330000－1701－0019812　普 915.1243/0029/c3　史部/地理類/方志之屬/郡縣志
[乾隆]湖州府志四十八卷首一卷　(清)李堂纂修　清乾隆二十三年(1758)刻本　二十一冊　缺五卷(十六至十九、三十五)

330000－1701－0019816　普 915.1234/2029　史部/地理類/方志之屬/郡縣志
[乾隆]陽湖縣志十二卷首一卷　(清)陳廷柱　(清)汪邦憲修　(清)虞鳴球　(清)董潮纂　清乾隆三十年(1765)刻四十八年(1783)

重修本　八冊

330000－1701－0019820　普 915.1243/0029.04　史部/地理類/方志之屬/郡縣志
[乾隆]湖州府志節要不分卷　（清）學洲氏手錄　清抄本　一冊

330000－1701－0019823　普 915.1243/0034/c1　史部/地理類/方志之屬/郡縣志
[同治]湖州府志九十六卷首一卷　（清）宗源瀚　（清）楊榮緒　（清）郭式昌修　（清）周學濬　（清）陸心源　（清）汪曰楨纂　清同治十一年至十三年（1872－1874）愛山書院刻光緒九年（1883）印本　四十冊

330000－1701－0019824　普 915.1234/3032/c1　史部/地理類/方志之屬/郡縣志
[道光]武進陽湖縣合志三十六卷首一卷（清）孫琬　（清）王德茂修　（清）李兆洛（清）周儀暐纂　清道光二十三年（1843）刻本　三十二冊

330000－1701－0019825　HJH4537　類叢部/叢書類/彙編之屬
崇文書局彙刻書三十一種　（清）崇文書局編　清光緒元年至三年（1875－1877）湖北崇文書局刻本　一冊　存一種

330000－1701－0019826　普 915.1234/1022/c1　史部/地理類/方志之屬/郡縣志
[咸淳]重修毗陵志三十卷　（宋）史能之纂修　清嘉慶二十五年（1820）毗陵趙懷玉刻本（卷二十原缺）　清極泉批　八冊

330000－1701－0019827　HJL2217　類叢部/叢書類/彙編之屬
岱南閣叢書二十種　（清）孫星衍編　清乾隆五十年至嘉慶十四年（1785－1809）蘭陵孫氏刻本　二冊　存一種

330000－1701－0019828　普 915.1243/0034/c2　史部/地理類/方志之屬/郡縣志
[同治]湖州府志九十六卷首一卷　（清）宗源瀚　（清）楊榮緒　（清）郭式昌修　（清）周學濬　（清）陸心源　（清）汪曰楨纂　清同治十一年至十三年（1872－1874）愛山書院刻光緒九年（1883）印本　四十冊

330000－1701－0019829　普 915.1243/0034/c3　史部/地理類/方志之屬/郡縣志
[同治]湖州府志九十六卷首一卷　（清）宗源瀚　（清）楊榮緒　（清）郭式昌修　（清）周學濬　（清）陸心源　（清）汪曰楨纂　清同治十一年至十三年（1872－1874）愛山書院刻光緒九年（1883）印本　四十冊

330000－1701－0019830　普 915.1243/0034/c4　史部/地理類/方志之屬/郡縣志
[同治]湖州府志九十六卷首一卷　（清）宗源瀚　（清）楊榮緒　（清）郭式昌修　（清）周學濬　（清）陸心源　（清）汪曰楨纂　清同治十一年至十三年（1872－1874）愛山書院刻本　四十冊

330000－1701－0019831　普 915.1243/0034/c5　史部/地理類/方志之屬/郡縣志
[同治]湖州府志九十六卷首一卷　（清）宗源瀚　（清）楊榮緒　（清）郭式昌修　（清）周學濬　（清）陸心源　（清）汪曰楨纂　清同治十一年至十三年（1872－1874）愛山書院刻光緒九年（1883）印本　四十冊

330000－1701－0019832　普 915.1243/0042　類叢部/叢書類/彙編之屬
荔牆叢刻十三種續刊二種　（清）汪曰楨編　清同治至光緒烏程汪氏刻本　三冊　存續刊一種

330000－1701－0019833　HJH5552　集部/總集類/選集之屬/斷代
御定全唐詩錄一百卷詩人年表一卷　（清）徐倬等輯　清康熙四十五年（1706）揚州詩局刻本　二十四冊　存一百卷（一至一百）

330000－1701－0019834　普 915.1234/3032/c2　史部/地理類/方志之屬/郡縣志
[道光]武進陽湖縣合志三十六卷首一卷（清）孫琬　（清）王德茂修　（清）李兆洛（清）周儀暐纂　清道光二十三年（1843）刻本　三十二冊

330000－1701－0019835　普 915.1234/1022/c2　史部/地理類/方志之屬/郡縣志
[咸淳]重修毗陵志三十卷　(宋)史能之纂修　清嘉慶二十五年(1820)毗陵趙懷玉刻本(卷二十原缺)　六冊

330000－1701－0019836　普 915.1243/0052　史部/地理類/山川之屬/水志
湖州府屬水道總圖不分卷　清刻朱墨套印本　一冊

330000－1701－0019837　普 915.1234/3035/c1　史部/地理類/方志之屬/郡縣志
光緒武進陽湖縣志三十卷首一卷　(清)王其淦　(清)吳康壽修　(清)湯成烈纂　清光緒五年(1879)刻本　清賡之題記　二十冊

330000－1701－0019838　普 915.1234/4031　史部/地理類/方志之屬/郡縣志
[嘉慶]無錫金匱縣志四十卷首一卷　(清)韓履寵　(清)齊彦槐修　(清)秦瀛纂　清嘉慶十八年(1813)刻本　十二冊

330000－1701－0019840　普 915.1234/4035/c1　史部/地理類/方志之屬/郡縣志
[光緒]無錫金匱縣志四十卷首一卷附編六卷　(清)裴大中　(清)倪咸生修　(清)秦緗業等纂　清光緒七年(1881)刻二十九年(1903)重印本　二十冊

330000－1701－0019841　普 915.1243/1035/c1　史部/地理類/方志之屬/郡縣志
[光緒]烏程縣志三十六卷　(清)郭式昌　(清)潘玉璿　(清)馮健修　(清)周學濬　(清)汪曰楨纂　清光緒六年至七年(1880－1881)刻本　十二冊

330000－1701－0019842　HJL3479　集部/總集類/郡邑之屬
徐州二遺民集十卷　馮煦編　清光緒十九年(1893)臨川桂中行刻本　五冊

330000－1701－0019843　普 915.1234/3035/c2　史部/地理類/方志之屬/郡縣志
光緒武進陽湖縣志三十卷首一卷　(清)王其淦　(清)吳康壽修　(清)湯成烈纂　清光緒五年(1879)刻本　二十冊

330000－1701－0019844　普 915.1243/0051/3　史部/地理類/雜志之屬
吳興合璧四卷首一卷　(清)陳文煜撰　清光緒四年(1878)聚珍齋木活字印本　一冊

330000－1701－0019845　普 915.1243/1035/c2　史部/地理類/方志之屬/郡縣志
[光緒]烏程縣志三十六卷　(清)郭式昌　(清)潘玉璿　(清)馮健修　(清)周學濬　(清)汪曰楨纂　清光緒六年至七年(1880－1881)刻本　十二冊

330000－1701－0019846　普 915.1234/4036　史部/地理類/方志之屬/郡縣志
[乾隆]錫金識小錄十二卷　(清)黄印纂　清光緒二十二年(1896)王念祖木活字印本　六冊

330000－1701－0019847　普 915.1234/4035/c2　史部/地理類/方志之屬/郡縣志
[光緒]無錫金匱縣志四十卷首一卷附編六卷　(清)裴大中　(清)倪咸生修　(清)秦緗業等纂　清光緒七年(1881)刻本　二十冊

330000－1701－0019848　HJL3861　集部/總集類/郡邑之屬
粤十三家集　(清)伍元薇輯　清道光二十年(1840)南海伍氏詩雪軒刻本　一百冊

330000－1701－0019850　普 915.1243/1035/c3　史部/地理類/方志之屬/郡縣志
[光緒]烏程縣志三十六卷　(清)郭式昌　(清)潘玉璿　(清)馮健修　(清)周學濬　(清)汪曰楨纂　清光緒六年至七年(1880－1881)刻本　十二冊

330000－1701－0019851　普 915.1234/4036.2　史部/地理類/方志之屬/郡縣志
[道光]錫金考乘十四卷首一卷　(清)周有壬纂　清同治九年(1870)世瑞堂木活字印本　四冊

330000－1701－0019853　HJL2517　集部/總

集類/郡邑之屬
粵十三家集 (清)伍元薇輯 清道光二十年(1840)南海伍氏詩雪軒刻本 四十册

330000－1701－0019854 普 915.1234/4062 史部/地理類/山川之屬/山志
慧山記四卷 (明)邵寶撰 (明)釋圓顯輯 **慧山記續編三卷首一卷** (清)邵涵初輯 清同治七年(1868)無錫邵文熹刻本 六册

330000－1701－0019855 HJL5656 集部/詞類/總集之屬
國朝金陵詞鈔八卷附一卷 陳作霖輯 清光緒二十八年(1902)刻本 四册

330000－1701－0019856 HJH2672 類叢部/叢書類/自著之屬
惜抱軒全集十種 (清)姚鼐撰 清同治五年(1866)省心閣刻本 三册 存一種

330000－1701－0019857 HJL3322 集部/詩文評類/詩評之屬
漁隱叢話前集六十卷後集四十卷 (宋)胡仔撰 清乾隆五年至六年(1740－1741)海鹽楊佑啓耘經樓刻本 二十册

330000－1701－0019858 HJL3025 類叢部/叢書類/彙編之屬
式訓堂叢書四十一種 (清)章壽康編 清光緒會稽章氏刻本 一册 存一種

330000－1701－0019859 普 915.1234/4076 史部/地理類/水利之屬
治湖錄一卷續後一卷附水災文詩一卷 (清)吳興祚輯 清光緒木活字印本 一册

330000－1701－0019860 HJL4147 集部/總集類/郡邑之屬
青山詩選六卷 (清)姚瀚等撰 (清)桂超萬等輯 清同治十三年至光緒元年(1874－1875)皖城刻本 二册

330000－1701－0019861 普 915.1243/0051/2 史部/地理類/雜志之屬
吳興合璧四卷首一卷 (清)陳文煜撰 清乾隆刻本 一册

330000－1701－0019862 普 915.1243/1035/c5 史部/地理類/方志之屬/郡縣志
[光緒]烏程縣志三十六卷 (清)郭式昌 (清)潘玉璿 (清)馮健修 (清)周學濬 (清)汪曰楨纂 清光緒六年至七年(1880－1881)刻本 十二册

330000－1701－0019863 HJL4695 集部/別集類/清別集
句溪雜箸二卷 (清)陳立撰 清道光二十三年(1843)揚州刻本 一册

330000－1701－0019864 HJL5254 集部/詩文評類/詩評之屬
漁洋詩話二卷 (清)王士禛撰 清宣統元年(1909)上海掃葉山房石印本 一册

330000－1701－0019865 HJL3955、HJL4608 類叢部/叢書類/彙編之屬
漸西村舍彙刊(漸西村舍叢刻)四十四種 (清)袁昶編 清光緒十六年至二十四年(1890－1898)桐廬袁氏刻本 五册 存三種

330000－1701－0019866 普 915.1243/1035/c6 史部/地理類/方志之屬/郡縣志
[光緒]烏程縣志三十六卷 (清)郭式昌 (清)潘玉璿 (清)馮健修 (清)周學濬 (清)汪曰楨纂 清光緒六年至七年(1880－1881)刻本 十三册 缺七卷(九至十五)

330000－1701－0019867 HJL3676 類叢部/叢書類/郡邑之屬
金華文萃 (清)胡鳳丹編 清同治七年至光緒八年(1868－1882)永康胡氏退補齋刻民國補刻本 四册 存二種

330000－1701－0019868 普 915.1243/1052/c1 史部/地理類/山川之屬/山志
金蓋山志四卷首一卷 (清)李宗蓮輯 **金蓋山志略一卷** (清)閔苕敷撰 清光緒二十二年(1896)烏程潘錫春古書隱樓刻本 二册

330000－1701－0019869 普 915.1234/6042 集部/別集類/清別集
春草軒詩存一卷 (清)楊掄撰 **寄漚外集詩**

一卷　(清)劉繼增撰　清光緒十年(1884)萱蔭堂刻本　清唐嵩年批並跋　一冊

330000－1701－0019870　普915.1243/1052.2/c1　史部/地理類/山川之屬/山志

金井志四卷首一卷　(清)姜虬綠原輯　(清)姜宸熙纂　清道光三年(1823)方士淦刻本　二冊

330000－1701－0019873　HJL1115　經部/小學類/文字之屬/說文/專著

說文字原韻表二卷　(清)胡重撰　清嘉慶十六年(1811)秀水金氏月香書屋刻本　一冊

330000－1701－0019875　HJL1117　經部/小學類/文字之屬

四體合璧文鑑三十二卷總綱八卷目錄一卷　(清)阿桂編　清刻本　十一冊

330000－1701－0019876　HJH3073　子部/小說家類/雜事之屬

耐冷譚十六卷　(清)宋咸熙撰　清道光九年(1829)武林亦西齋刻本　六冊

330000－1701－0019877　普915.1234/40512/c1　史部/地理類/方志之屬/郡縣志

[光緒]泰伯梅里志八卷　(清)吳熙纂修　清光緒二十三年(1897)刻本　四冊

330000－1701－0019878　普915.1243/1052.2/c2　史部/地理類/山川之屬/山志

金井志四卷首一卷　(清)姜虬綠原輯　(清)姜宸熙纂　清道光三年(1823)方士淦刻本　二冊

330000－1701－0019879　HJL1062　經部/小學類/音韻之屬/等韻

音學辨微一卷　(清)江永撰　清宣統元年(1909)國學保存會據江氏自寫本影印本　一冊

330000－1701－0019880　HJH1045　類叢部/叢書類/彙編之屬

連筠簃叢書十二種　(清)楊尚文編　清道光二十七年至二十九年(1847－1849)靈石楊氏刻本(羣書治要卷四、十三、二十原缺)　五冊　存一種

330000－1701－0019882　HJL4125　集部/詞類/別集之屬

二鄉亭詞二卷　(清)宋琬撰　清初刻本　一冊

330000－1701－0019883　普915.1234/40512/c2　史部/地理類/方志之屬/郡縣志

[光緒]泰伯梅里志八卷　(清)吳熙纂修　清光緒二十三年(1897)刻本　四冊

330000－1701－0019884　普915.1234/6052　史部/地理類/雜志之屬

錫山景物畧十卷　(清)王永積輯　清光緒二十四年(1898)刻本　四冊

330000－1701－0019885　HJL5106　子部/雜著類/雜考之屬

斠補隅錄十四卷　(清)蔣光煦編　清光緒九年(1883)蔣廷黻刻本　二冊

330000－1701－0019886　普915.1243/2035/c3　史部/地理類/方志之屬/郡縣志

[光緒]歸安縣志五十二卷首一卷　(清)李昱修　(清)陸心源纂　清光緒八年(1882)刻本　十六冊

330000－1701－0019887　普915.1243/1052/c2　史部/地理類/山川之屬/山志

金蓋山志四卷首一卷　(清)李宗蓮輯　**金蓋山志略一卷**　(清)閔苕敷撰　清光緒二十二年(1896)烏程潘錫春古書隱樓刻本　二冊

330000－1701－0019888　HJL1077　子部/雜著類/雜考之屬

蘿藦亭札記八卷　(清)喬松年撰　清同治十二年(1873)刻本　四冊

330000－1701－0019889　普915.1243/2035/c1　史部/地理類/方志之屬/郡縣志

[光緒]歸安縣志五十二卷首一卷　(清)李昱修　(清)陸心源纂　清光緒八年(1882)刻本　十六冊

330000－1701－0019890　HJL4465　集部/詞

類/別集之屬

拙宜園集詞二卷 (清)黄燮清撰 清道光十五年(1835)刻本 一冊

330000－1701－0019891 普915.1234/7035/c1 史部/地理類/方志之屬/郡縣志

[光緒]江陰縣志三十卷首一卷 (清)盧思誠 (清)馮壽鏡修 (清)季念詒 (清)夏煒如纂 清光緒四年(1878)刻本 二十冊

330000－1701－0019894 HJL1076 類叢部/叢書類/自著之屬

通齋全集十種 (清)蔣超伯撰 清同治三年(1864)高涼郡齋刻本 二冊 存一種

330000－1701－0019895 HJL4820 集部/別集類/清別集

古文簡本四卷 (清)曾國藩撰 清宣統二年(1910)上海朱氏焕文書局石印本 四冊

330000－1701－0019897 HJH1304 子部/雜著類/雜考之屬

札迻十二卷 (清)孫詒讓撰 清光緒二十年(1894)籀廎刻二十一年(1895)重修本 四冊

330000－1701－0019898 普915.1243/1052/c3 史部/地理類/山川之屬/山志

金蓋山志四卷首一卷 (清)李宗蓮輯 **金蓋山志略一卷** (清)閔茗敷撰 清光緒二十二年(1896)烏程潘錫春古書隱樓刻本 二冊

330000－1701－0019899 普915.1243/2035/c2 史部/地理類/方志之屬/郡縣志

[光緒]歸安縣志五十二卷首一卷 (清)李昱修 (清)陸心源纂 清光緒八年(1882)刻本 十六冊

330000－1701－0019900 HJL4946 類叢部/叢書類/自著之屬

春在堂全書(德清俞蔭甫所著書)三十六種 (清)俞樾撰 清同治至光緒刻光緒末彙印本 二冊 存一種

330000－1701－0019901 HJL5226 集部/別集類/清別集

春在堂尺牘六卷 (清)俞樾撰 清光緒三十四年(1908)上海文瑞樓石印本 四冊

330000－1701－0019902 普915.1243/1052/c4 史部/地理類/山川之屬/山志

金蓋山志四卷首一卷 (清)李宗蓮輯 **金蓋山志略一卷** (清)閔茗敷撰 清光緒二十二年(1896)烏程潘錫春古書隱樓刻本 二冊

330000－1701－0019903 普915.1243/2027 史部/地理類/方志之屬/郡縣志

[康熙]歸安縣志十卷 (清)姚時亮 (清)何國祥修 (清)王啓胤 (清)嚴經世等纂 清康熙十二年(1673)刻本 四冊

330000－1701－0019904 普915.1234/7531 史部/地理類/方志之屬/郡縣志

[嘉慶]新修宜興縣志四卷首一卷 (清)阮升基等修 (清)甯楷纂 清嘉慶二年(1797)刻本 二冊

330000－1701－0019905 HJL4334 集部/別集類/清別集

墨花吟館詩鈔十二卷 (清)嚴辰撰 清光緒八年(1882)刻本 三冊

330000－1701－0019906 普915.1234/7032/c1 史部/地理類/方志之屬/郡縣志

[道光]江陰縣志二十八卷首一卷 (清)陳延恩修 (清)李兆洛等纂 清道光二十年(1840)刻本 十六冊

330000－1701－0019907 HJL4651 集部/別集類/清別集

墨花吟館感舊懷人集二卷 (清)嚴辰撰 清光緒十五年(1889)刻本 四冊

330000－1701－0019908 HJH3876 類叢部/叢書類/自著之屬

隨園三十八種 (清)袁枚撰 清光緒十八年(1892)勤裕堂鉛印本 四冊 存一種

330000－1701－0019909 普915.1243/2035/(2) 史部/地理類/方志之屬/郡縣志

[光緒]歸安縣志五十二卷首一卷 (清)李昱修 (清)陸心源纂 清光緒八年(1882)刻本 十冊

330000－1701－0019910　普 915.1234/7035/c2　史部/地理類/方志之屬/郡縣志
[光緒]江陰縣志三十卷首一卷　(清)盧思誠　(清)馮壽鏡修　(清)季念詒　(清)夏煒如纂　清光緒四年(1878)刻本　二十冊

330000－1701－0019911　HJL2920　類叢部/叢書類/彙編之屬
西京清麓叢書正編三十二種續編二十七種外編二十四種　(清)賀瑞麟編　清同治至民國刻本　二十冊　存一種

330000－1701－0019913　普 915.1234/8031　史部/地理類/方志之屬
宜興荆溪舊志五種　(清)□□輯　清光緒八年(1882)刻本　四冊　存一種

330000－1701－0019914　普 915.1234/7531.2　史部/地理類/方志之屬/郡縣志
[嘉慶]重刊宜興縣舊志十卷首一卷末一卷　(清)李先榮原本　(清)阮升基等修　(清)甯楷纂　清光緒八年(1882)刻民國宜興圖書館重印本　十一冊

330000－1701－0019915　HJH2774　類叢部/叢書類/自著之屬
潛園總集十七種　(清)陸心源撰　清同治至光緒刻本　四冊　存一種

330000－1701－0019916　普 915.1243/2035/(3)　史部/地理類/方志之屬/郡縣志
[光緒]歸安縣志五十二卷首一卷　(清)李昱修　(清)陸心源纂　清光緒八年(1882)刻本　十五冊

330000－1701－0019917　HJL2391　集部/別集類/清別集
棣懷堂隨筆六卷　(清)李象鵾撰　清道光刻本　四冊

330000－1701－0019918　HJL2823　集部/別集類/清別集
天根文鈔八卷　(清)何家琪撰　清光緒封邱何氏刻民國十二年(1923)印本　四冊

330000－1701－0019919　普 915.1234/7032/c2　史部/地理類/方志之屬/郡縣志
[道光]江陰縣志二十八卷首一卷　(清)陳延恩修　(清)李兆洛等纂　清道光二十年(1840)刻本　十六冊

330000－1701－0019920　HJL5688　子部/雜著類/雜說之屬
海天琴思錄八卷　(清)林昌彝撰　清同治三年(1864)刻本　四冊

330000－1701－0019921　普 915.1243/2099/c1　史部/地理類/方志之屬/郡縣志
[光緒]菱湖鎮志四十四卷首一卷　(清)孫志熊纂　清光緒十九年(1893)歸安孫氏刻本　六冊

330000－1701－0019922　普 915.1234/8532　史部/地理類/方志之屬/郡縣志
[道光]重刊續纂宜荆縣志十卷首一卷　(清)顧名　(清)龔潤森修　(清)吳德旋纂　清道光二十年(1840)刻本　四冊

330000－1701－0019923　HJL5110　集部/別集類/清別集
石琴詩鈔十二卷　(清)李映棻撰　清同治三年(1864)天香堂刻本　六冊

330000－1701－0019924　HJH3047　集部/總集類/選集之屬/斷代
月午樓古詩十九首詳解二卷　(清)饒學斌撰　清光緒元年(1875)無諸城刻本　清汪曰楨批並跋　二冊

330000－1701－0019926　HJH4559　集部/別集類/宋別集
施註蘇詩四十二卷總目二卷　(宋)蘇軾撰　(宋)施元之　(宋)顧禧注　(清)顧嗣立　(清)邵長蘅　(清)宋至刪補　**蘇詩續補遺二卷**　(清)馮景補註　清康熙三十八年(1699)商丘宋犖宛委堂刻本　十六冊

330000－1701－0019928　普 915.1237/5031/(2)　史部/地理類/方志之屬/郡縣志
[嘉慶]高郵州志十二卷首一卷　(清)楊宜崙修　(清)夏之蓉　(清)沈之本纂　(清)馮

馨增修　(清)王念孫等增纂　清乾隆四十八年(1783)刻嘉慶二十年(1815)增刻本　二十册

330000－1701－0019929　普915.1235/1061　史部/地理類/山川之屬/合志
京口山水志十八卷首一卷末一卷　(清)楊棨撰　清光緒五年(1879)刻本　四册

330000－1701－0019930　普915.1243/2099/c2　史部/地理類/方志之屬/郡縣志
[光緒]菱湖鎮志四十四卷首一卷　(清)孫志熊纂　清光緒十九年(1893)歸安孫氏刻本　六册

330000－1701－0019931　HJL1093　子部/天文曆算類/算書之屬
御製數理精藴上編五卷下編四十卷表八卷　(清)聖祖玄燁撰　清光緒八年(1882)廣東藩司刻鎔經鑄史齋印本　三十二册

330000－1701－0019932　普915.1243/3052/2　史部/地理類/山川之屬/山志
東林山志二十四卷首一卷　(清)吳玉樹輯　清嘉慶十八年(1813)刻本　四册

330000－1701－0019933　HJL0640　子部/藝術類
美術叢書　鄧實輯　清宣統三年(1911)上海神州國光社鉛印本　二十册　存第一至五集六十種

330000－1701－0019934　HJH1051　新學/算學/代數
代數術二十五卷首一卷　(英國)華里司輯　(英國)傅蘭雅口譯　(清)華蘅芳筆述　**營壘圖說一卷圖一卷**　(比利時)伯里牙芒撰　(美國)金楷理口譯　(清)李鳳苞筆述　**營城揭要二卷附圖**　(英國)儲意比撰　(英國)傅蘭雅口譯　(清)徐壽筆述　**增删算法統宗十一卷**　(明)程大位撰　(清)梅㲄成增删　**重刊梅文穆公增删算法統宗校算記一卷**　(清)賈步緯撰　**三角數理十二卷**　(英國)海麻士輯　(英國)傅蘭雅口譯　(清)華蘅芳筆述　(清)曹摫亭繪圖　**防海新論十八卷**　(德國)希理哈撰　(英國)傅蘭雅口譯　(清)華蘅芳筆述　清同治至光緒江南製造總局刻本　二十五册

330000－1701－0019936　普915.1234/9035/c1　史部/地理類/方志之屬/郡縣志
[光緒]靖江縣志十六卷首一卷　(清)葉滋森修　(清)褚翔等纂　清光緒五年(1879)刻本　二册

330000－1701－0019937　普915.1243/2099/c3　史部/地理類/方志之屬/郡縣志
[光緒]菱湖鎮志四十四卷首一卷　(清)孫志熊纂　清光緒十九年(1893)歸安孫氏刻本　十册

330000－1701－0019938　普915.1235/0022　史部/地理類/方志之屬/郡縣志
嘉定鎮江志二十二卷首一卷附録一卷　(宋)盧憲撰　**校勘記二卷**　(清)劉文淇　(清)劉毓崧撰　清道光二十二年(1842)丹徒包氏刻本　四册

330000－1701－0019942　普915.1234/9035/c2　史部/地理類/方志之屬/郡縣志
[光緒]靖江縣志十六卷首一卷　(清)葉滋森修　(清)褚翔等纂　清光緒五年(1879)刻本　八册

330000－1701－0019943　普915.1243/3099/c1　史部/地理類/方志之屬/郡縣志
[咸豐]南潯鎮志四十卷首一卷　(清)汪曰楨纂　清咸豐九年至同治二年(1859－1863)刻本　十册

330000－1701－0019944　HJL3499　類叢部/叢書類/自著之屬
靈芬館集十種　(清)郭麐撰　清嘉慶至道光刻本　八册　存三種

330000－1701－0019946　普915.1235/0023　史部/地理類/方志之屬/郡縣志
至順鎮江志二十一卷首一卷　(元)脫因修　(元)俞希魯纂　**附録一卷**　**校勘記二卷**　(清)劉文淇　(清)劉毓崧撰　**輿地紀勝一卷**

（宋）王象之編　清道光二十二年（1842）丹徒包氏刻本　四冊

330000－1701－0019947　HJL2732　類叢部/叢書類/彙編之屬
清頌堂叢書八種　（清）黄奭編　清道光甘泉黄氏刻本　六冊　存一種

330000－1701－0019948　普 915.1234/9035/c3　史部/地理類/方志之屬/郡縣志
[光緒]靖江縣志十六卷首一卷　（清）葉滋森修　（清）褚翔等纂　清光緒五年（1879）刻本　八冊

330000－1701－0019949　普 915.1243/3099/c3　史部/地理類/方志之屬/郡縣志
[咸豐]南潯鎮志四十卷首一卷　（清）汪曰楨纂　清咸豐九年至同治二年（1859－1863）刻本　十冊

330000－1701－0019950　HJL1103　子部/小説家類/雜事之屬
明齋小識十二卷　（清）諸聯撰　清道光十四年（1834）奎韻樓刻本　十二冊

330000－1701－0019951　普 915.1243/3099/c2　史部/地理類/方志之屬/郡縣志
[咸豐]南潯鎮志四十卷首一卷　（清）汪曰楨纂　清咸豐九年至同治二年（1859－1863）刻本　十冊

330000－1701－0019952　HJL1164　類叢部/叢書類/彙編之屬
春暉堂叢書十二種　（清）徐渭仁編　清道光至咸豐上海徐渭仁刻同治九年至十年（1870－1871）徐允臨補刻彙印本　三冊　存一種

330000－1701－0019954　普 915.1235/0022/2　類叢部/叢書類/郡邑之屬
横山草堂叢書二十二種附三種　陳慶年編　清宣統二年至民國八年（1910－1919）丹徒陳氏刻本　八冊　存一種

330000－1701－0019955　HJL2337　集部/別集類/清別集
養一齋集二十六卷首一卷劄記九卷詞三卷詩話十卷李杜詩話三卷四書文不分卷試帖一卷　（清）潘德輿撰　清道光至同治刻本　淠水鈞徒題記　十六冊　存五十二卷（一至二十六、劄記一至九、詩話一至十、李杜詩話一至三、詞一至三、試帖）

330000－1701－0019956　HJL2326　集部/別集類/清別集
藕頤類稿二十卷　（清）熊寶泰撰　清嘉慶十一年（1806）熊氏性餘堂刻本　四冊

330000－1701－0019957　普 915.1243/3099/c4　史部/地理類/方志之屬/郡縣志
[咸豐]南潯鎮志四十卷首一卷　（清）汪曰楨纂　清咸豐九年至同治二年（1859－1863）刻本　十冊

330000－1701－0019958　HJL3521　集部/別集類/清別集
印雪軒詩鈔十六卷　（清）俞鴻漸撰　清道光二十七年（1847）萱蔭山房刻本　二冊

330000－1701－0019960　HJL2791　類叢部/叢書類/彙編之屬
望三益齋叢書十八種　（清）吴棠編　清咸豐至光緒吴氏望三益齋刻本　三冊　存一種

330000－1701－0019961　HJL5180　類叢部/叢書類/彙編之屬
望三益齋叢書十八種　（清）吴棠編　清咸豐至光緒吴氏望三益齋刻本　三冊　存一種

330000－1701－0019964　普 915.1235/0029　史部/地理類/方志之屬/郡縣志
[乾隆]鎮江府志五十五卷首一卷　（清）朱霖等纂修　清乾隆十五年（1750）刻本（卷首、一配抄本）　二十八冊

330000－1701－0019965　HJL2373　集部/別集類/清別集
靜香樓詩草二卷　（清）吴蕙撰　清道光十二年（1832）刻本　二冊

330000－1701－0019966　普 915.1243/3099/c5　史部/地理類/方志之屬/郡縣志
[咸豐]南潯鎮志四十卷首一卷　（清）汪曰楨

纂　清咸豐九年至同治二年(1859－1863)刻本　十冊

330000－1701－0019969　HJL2694　集部/别集類/清别集

心知堂詩稿十八卷　(清)汪仲洋撰　清道光七年(1827)刻本　六冊

330000－1701－0019970　HJL4812　集部/别集類/清别集

心知堂詩稿十八卷　(清)汪仲洋撰　清道光七年(1827)刻本　四冊

330000－1701－0019971　HJL1060　子部/藝術類/書畫之屬/畫譜

芥子園畫傳五卷　(清)王槩輯　清康熙十八年(1679)芥子園甥館刻彩色套印本　清陳扶摇題記　四冊

330000－1701－0019972　HJL3217　集部/别集類/清别集

夢花草堂詩稿八卷　(清)韓鳳翔撰　清道光十五年(1835)刻本　六冊

330000－1701－0019973　HJL5610　類叢部/叢書類/彙編之屬

邵武徐氏叢書初刻十四種　(清)徐榦編　清光緒邵武徐氏刻本　一冊　存二種

330000－1701－0019974　普915.1235/1035　史部/地理類/方志之屬/郡縣志

[光緒]丹徒縣志六十卷首四卷　(清)何紹章　(清)馮壽鏡修　(清)吕耀斗等纂　**京口八旗志二卷**　(清)鍾瑞修　(清)春元纂　清光緒五年(1879)刻本　三十四冊

330000－1701－0019975　HJH4260　集部/别集類/清别集

鋤月山房文鈔二卷　(清)何仁山撰　清光緒十六年(1890)豫章臬署刻本　二冊

330000－1701－0019977　HJL5362　子部/藝術類/遊藝之屬/聯語

西湖楹聯四卷　清光緒二十七年(1901)浙省文彙書局鉛印本　四冊

330000－1701－0019978　HJL2730　類叢部/叢書類/郡邑之屬

武林往哲遺箸五十二種後編十種　(清)丁丙編　清光緒二十年至二十六年(1894－1900)錢塘丁氏嘉惠堂刻本　四冊　存一種

330000－1701－0019979　普915.1243/3099/c6　史部/地理類/方志之屬/郡縣志

[咸豐]南潯鎮志四十卷首一卷　(清)汪曰楨纂　清咸豐九年至同治二年(1859－1863)刻本　十冊

330000－1701－0019980　HJL5844　集部/總集類/氏族之屬

計樹園詩存四種　(清)萬青選輯　清光緒五年(1879)萬青選刻本　五冊

330000－1701－0019981　HJL3283　集部/别集類/明别集

西昌王抑菴集四十卷首一卷　(明)王直撰　清同治六年(1867)王啓鑠刻本　八冊

330000－1701－0019982　普915.1235/1035/(2)/c1　史部/地理類/方志之屬/郡縣志

[光緒]丹徒縣志六十卷首四卷　(清)何紹章　(清)馮壽鏡修　(清)吕耀斗等纂　**京口八旗志二卷**　(清)鍾瑞修　(清)春元纂　清光緒五年(1879)刻本　三十一冊　缺四卷(四十五至四十六、京口八旗志一至二)

330000－1701－0019986　HJL5023　類叢部/叢書類/郡邑之屬

武林往哲遺箸五十二種後編十種　(清)丁丙編　清光緒二十年至二十六年(1894－1900)錢塘丁氏嘉惠堂刻本　四冊　存一種

330000－1701－0019988　普915.1235/1052.3　史部/地理類/山川之屬/山志

續金山志二十卷　(清)曾燠輯　清道光四年(1824)刻本　六冊

330000－1701－0019989　普915.1235/1052/c1　史部/地理類/山川之屬/山志

京口三山志　(清)□□輯　清同治至光緒刻本　十冊　存二種

330000－1701－0019990　HJL2682　集部/別集類/明別集
龍太常全集　(明)龍膺撰　清光緒十三年(1887)武陵龍氏九芝堂刻本　十四册

330000－1701－0019991　普 915.1235/1035/(2)/c2　史部/地理類/方志之屬/郡縣志
[光緒]丹徒縣志六十卷首四卷　(清)何紹章　(清)馮壽鏡修　(清)呂耀斗等纂　**京口八旗志二卷**　(清)鍾瑞修　(清)春元纂　清光緒五年(1879)刻本　三十二册　缺二卷(京口八旗志一至二)

330000－1701－0019993　HJL4925　集部/別集類/明別集
金忠節公文集八卷　(明)金聲撰　清光緒十四年(1888)黟縣李氏刻本　六册

330000－1701－0019994　HJL3445　集部/別集類/明別集
金忠節公文集八卷　(明)金聲撰　清光緒十四年(1888)黟縣李氏刻本　四册

330000－1701－0019995　普 915.1235/1061/2　史部/地理類/山川之屬/合志
京口山水志十八卷首一卷末一卷　(清)楊棨撰　清道光二十四年(1844)鎮江善化書局刻本　十册

330000－1701－0019996　普 915.1235/10522/c1　史部/地理類/山川之屬/山志
招隱山志十二卷首一卷　繆潛撰　清宣統三年(1911)刻本　四册

330000－1701－0019999　普 915.1243/3099.4/2　史部/地理類/雜志之屬
潯谿紀事詩二卷　(清)范鍇撰　清道光十五年(1835)刻本　二册

330000－1701－0020001　HJL1057　子部/儒家類/儒學之屬/性理
御製勸善要言一卷　(清)世祖福臨撰　清刻本　一册

330000－1701－0020002　普 915.1235/10522/c2　史部/地理類/山川之屬/山志
招隱山志十二卷首一卷　繆潛撰　清宣統三年(1911)刻本　四册

330000－1701－0020003　HJL1127　子部/儒家類/儒學之屬/禮教/鑑戒
帝範四卷　(唐)太宗李世民撰　清乾隆三十八年(1773)武英殿刻武英殿聚珍版書本　劉承幹題記　一册

330000－1701－0020005　普 915.1235/1061.2/c1　類叢部/叢書類/郡邑之屬
京口掌故叢編初集七種　(清)陶駿保編　清光緒三十四年(1908)丹徒陶氏刻本　純伯題簽並記　二册

330000－1701－0020008　普 915.1243/4029　史部/地理類/方志之屬/郡縣志
[乾隆]長興縣志十二卷首一卷　(清)譚肇基修　(清)吳棻等纂　清乾隆十四年(1749)刻本　十册

330000－1701－0020010　普 915.1235/1052/c2、普 915.1235/1052.02/c2　史部/地理類/山川之屬/山志
京口三山志　(清)□□輯　清同治至光緒刻本　十册　存二種

330000－1701－0020013　普 915.1235/1052(2)/c2、普 915.1235/1052.02/c4　史部/地理類/山川之屬/山志
京口三山志　(清)□□輯　清同治至光緒刻本　十册　存二種

330000－1701－0020015　普 915.1235/1052.02/c1　史部/地理類/山川之屬/山志
京口三山志　(清)□□輯　清同治至光緒刻本　二册　存一種

330000－1701－0020016　普 915.1235/1052.02/c3　史部/地理類/山川之屬/山志
京口三山志　(清)□□輯　清同治至光緒刻本　二册　存一種

330000－1701－0020017　普 915.1235/10521　史部/地理類/山川之屬/山志
京口三山志　(清)□□輯　清同治至光緒刻

本　二十五册　缺三卷(焦山續志六至八)

330000－1701－0020018　普 915.1243/4031　史部/地理類/方志之屬/郡縣志

[嘉慶]長興縣志二十八卷首一卷　(清)邢澍修　(清)錢大昕　(清)錢大昭纂　清嘉慶十年(1805)刻本　十六册

330000－1701－0020019　普 915.1235/1061.3　史部/地理類/專志之屬/寺觀

京口夾山竹林寺志二卷　(清)釋越伊撰　清木活字印本　一册

330000－1701－0020020　普 915.1243/4034/c3　史部/地理類/方志之屬/郡縣志

[同治]長興縣志三十二卷　(清)趙定邦修　(清)周學濬　(清)丁寶書纂　**[光緒]長興志拾遺二卷首一卷**　(清)朱鎮纂　清同治十三年至光緒元年(1874－1875)刻十八年(1892)邵同珩、孫德祖增補重校刻本{[光緒]長興志拾遺爲清光緒二十三年(1897)刻本}　十六册

330000－1701－0020021　HJL1113　子部/道家類

莊子集釋十卷　(清)郭慶藩撰　清光緒二十年(1894)思賢講舍刻本　八册

330000－1701－0020022　HJL1112　類叢部/叢書類/彙編之屬

思賢書局刊書十九種　(清)思賢書局編　清光緒至宣統思賢書局刻本　三册　存一種

330000－1701－0020023　普 915.1243/4034/c1　史部/地理類/方志之屬/郡縣志

[同治]長興縣志三十二卷　(清)趙定邦修　(清)周學濬　(清)丁寶書纂　**[光緒]長興志拾遺二卷首一卷**　(清)朱鎮纂　清同治十三年至光緒元年(1874－1875)刻十八年(1892)邵同珩、孫德祖增補重校刻本{[光緒]長興志拾遺爲清光緒二十三年(1897)刻本}　十六册

330000－1701－0020025　HJH1096　子部/叢編

十子全書　(清)王子興編　清嘉慶九年(1804)姑蘇王氏聚文堂刻本　三册　存一種

330000－1701－0020026　普 915.1235/4031/c1　史部/地理類/方志之屬/郡縣志

[嘉慶]溧陽縣志十六卷　(清)李景嶧　(清)陳鴻壽修　(清)史炳等纂　清嘉慶十八年(1813)刻本　十册

330000－1701－0020027　HJL1121　史部/政書類/律令之屬/治獄

棠陰比事一卷　(宋)桂萬榮撰　清道光二十九年(1849)上元朱緒曾影宋刻本　一册

330000－1701－0020028　HJL4351　史部/政書類/律令之屬/法驗

補註洗冤錄集證四卷附刊檢骨圖格一卷　(清)王又槐輯　(清)李觀瀾補輯　(清)阮其新補注　(清)童濂删　**作吏要言一卷**　(清)葉鎮撰　(清)朱椿增　清道光二十三年(1843)江都鍾淮刻三色套印本　劉承幹題記　二册

330000－1701－0020029　HJL1097　史部/政書類/律令之屬/法驗

律例館校正洗冤錄四卷　(清)律例館輯　清刻本　四册

330000－1701－0020030　普 915.1235/2035/c1　史部/地理類/方志之屬/郡縣志

[光緒]丹陽縣志三十六卷首一卷　(清)淩焯　(清)劉誥等修　(清)徐錫麟　(清)姜璘纂　清光緒十一年(1885)鳴鳳書院刻本　十六册

330000－1701－0020031　普 915.1235/4056　史部/傳記類/總傳之屬/儒林

學宫志一卷　清光緒二十五年(1899)溧陽志書局活字印本　一册

330000－1701－0020032　HJL1163　子部/兵家類/操練之屬

練兵實紀九卷雜集六卷　(明)戚繼光撰　清常州麟玉山房刻本　六册

330000－1701－0020033　HJL1024　類叢部/

叢書類/彙編之屬
蟫隱廬叢書十八種 羅振常編 清宣統二年至民國二十五年(1910-1936)上虞羅氏謄寫及鉛印本三十三年(1944)吳興周延年彙印本 一冊 存一種

330000-1701-0020034 普915.1243/4034/c4 史部/地理類/方志之屬/郡縣志
[同治]長興縣志三十二卷 (清)趙定邦修 (清)周學濬 (清)丁寶書纂 **[光緒]長興志拾遺二卷首一卷** (清)朱鎮纂 清同治十三年至光緒元年(1874-1875)刻十八年(1892)邵同珩、孫德祖增補重校刻本{[光緒]長興志拾遺爲清光緒二十三年(1897)刻本} 十六冊

330000-1701-0020035 普915.1235/2035/c2 史部/地理類/方志之屬/郡縣志
[光緒]丹陽縣志三十六卷首一卷 (清)淩焯 (清)劉誥等修 (清)徐錫麟 (清)姜璘纂 清光緒十一年(1885)鳴鳳書院刻本 十六冊

330000-1701-0020036 HJL1083 子部/醫家類/類編之屬
世補齋醫書六種 (清)陸懋修撰輯 清光緒十年(1884)刻十二年(1886)山左書局印本 八冊

330000-1701-0020037 普915.1235/1084/c1 類叢部/叢書類/郡邑之屬
横山草堂叢書二十二種附三種 陳慶年編 清宣統二年至民國八年(1910-1919)丹徒陳氏刻本 二冊 存一種

330000-1701-0020038 普915.1235/4035 史部/地理類/方志之屬/郡縣志
[光緒]溧陽縣續志十六卷續補一卷 (清)朱畯等修 (清)馮煦等纂 清光緒二十五年(1899)木活字印本 八冊

330000-1701-0020039 HJL1056、HJL4773 類叢部/叢書類/彙編之屬
鐵琴銅劍樓叢書十三種 瞿啓甲編 清光緒至民國刻本暨影印本 二冊 存二種

330000-1701-0020040 普915.1235/4031/c2 史部/地理類/方志之屬/郡縣志
[嘉慶]溧陽縣志十六卷 (清)李景嶧 (清)陳鴻壽修 (清)史炳等纂 清光緒二十二年(1896)木活字印本 十冊

330000-1701-0020041 HJH1316 類叢部/叢書類/郡邑之屬
貴池先哲遺書(唐石簃叢書、唐石簃彙刻貴池先哲遺書)十七種附刻一種續刊一種附一種 劉世珩編 清光緒二十四年至民國九年(1898-1920)貴池劉氏唐石簃刻民國十五年(1926)續刻彙印本 二冊 存一種

330000-1701-0020042 普915.1235/5035 史部/地理類/方志之屬/郡縣志
[光緒]金壇縣志十六卷首一卷 (清)夏宗彝修 (清)汪國鳳等纂 清光緒十一年(1885)木活字印本 十二冊

330000-1701-0020043 HJL1086 類叢部/叢書類/郡邑之屬
貴池先哲遺書(唐石簃叢書、唐石簃彙刻貴池先哲遺書)十七種附刻一種續刊一種附一種 劉世珩編 清光緒二十四年至民國九年(1898-1920)貴池劉氏唐石簃刻民國十五年(1926)續刻彙印本 二冊 存一種

330000-1701-0020044 普915.1243/4034/c2 史部/地理類/方志之屬/郡縣志
[同治]長興縣志三十二卷 (清)趙定邦修 (清)周學濬 (清)丁寶書纂 清同治十三年至光緒元年(1874-1875)刻本 十六冊

330000-1701-0020045 普915.1243/4034/c5 史部/地理類/方志之屬/郡縣志
[同治]長興縣志三十二卷 (清)趙定邦修 (清)周學濬 (清)丁寶書纂 **[光緒]長興志拾遺二卷首一卷** (清)朱鎮纂 清同治十三年至光緒元年(1874-1875)刻十八年(1892)邵同珩、孫德祖增補重校刻本{[光緒]長興志拾遺爲清光緒二十三年(1897)刻本} 十六冊

330000-1701-0020046 普915.1236/0051

集部/别集類/清别集
淮流一勺二卷　(清)范以煦撰　清道光二十八年(1848)刻本　一册

330000－1701－0020047　HJH2929　子部/醫家類/兒科之屬/通論
增訂保赤輯要一卷附種子説兩則一卷　(清)吴嘉德輯　(清)吴道鎔增訂　清光緒二十三年(1897)顧泰雲等刻本　一册

330000－1701－0020050　HJH4987　類叢部/叢書類/郡邑之屬
粟香室叢書五十九種　金武祥編　清光緒至民國江陰金氏刻本　一册　存一種

330000－1701－0020051　普915.1243/4034/c7　史部/地理類/方志之屬/郡縣志
[同治]長興縣志三十二卷　(清)趙定邦修　(清)周學濬　(清)丁寶書纂　清同治十三年至光緒元年(1874－1875)刻本　十六册

330000－1701－0020052　普915.1236/0029/2　史部/地理類/方志之屬/郡縣志
[乾隆]淮安府志三十二卷　(清)衛哲治等修　(清)葉長揚　(清)顧棟高等纂　清乾隆十三年(1748)刻本　十六册

330000－1701－0020053　普915.1243/4034.02/c1　史部/地理類/方志之屬/郡縣志
[光緒]長興志拾遺二卷首一卷　(清)朱鎮纂　清光緒二十三年(1897)刻本　一册

330000－1701－0020054　普915.1236/0035　史部/地理類/方志之屬/郡縣志
[光緒]淮安府志四十卷首一卷　(清)孫雲錦修　(清)吴昆田　(清)高延第纂　清光緒十年(1884)刻本　十六册

330000－1701－0020055　普915.1243/4034.02/c2　史部/地理類/方志之屬/郡縣志
[光緒]長興志拾遺二卷首一卷　(清)朱鎮纂　清光緒二十三年(1897)刻本　一册

330000－1701－0020056　HJL0677　類叢部/叢書類/自著之屬
楊仁山居士遺著十四種　(清)楊文會撰　清光緒至民國金陵刻經處刻本　一册　存四種

330000－1701－0020057　普915.1236/1034/c1　史部/地理類/方志之屬/郡縣志
[同治]山陽縣志二十一卷　(清)張兆棟　(清)孫雲修　(清)何紹基　(清)丁晏纂　清同治十二年(1873)刻本　八册

330000－1701－0020058　普915.1236/1021　史部/地理類/雜志之屬
信今錄十卷　(清)曹鑣撰　清道光十一年(1831)甘白齋木活字印本　二册

330000－1701－0020059　普915.1236/2035/c1　史部/地理類/方志之屬/郡縣志
[光緒]阜寧縣志二十四卷首一卷　(清)阮本焱修　(清)陳肇礽　(清)殷自芳纂　清光緒十二年(1886)刻本　十册

330000－1701－0020062　普915.1236/1034/c2　史部/地理類/方志之屬/郡縣志
[同治]山陽縣志二十一卷　(清)張兆棟　(清)孫雲修　(清)何紹基　(清)丁晏纂　清同治十二年(1873)刻本　八册

330000－1701－0020063　普915.1243/5027　史部/地理類/方志之屬/郡縣志
[康熙]德清縣誌十卷　(清)侯元棐修　(清)王振孫等纂　清抄本　四册

330000－1701－0020064　普915.1236/3035/c1　史部/地理類/方志之屬/郡縣志
[光緒]鹽城縣志十七卷首一卷　(清)劉崇照修　(清)龍繼棟　(清)陳玉樹纂　清光緒二十一年(1895)刻本　十册

330000－1701－0020065　普915.1236/2035/c2　史部/地理類/方志之屬/郡縣志
[光緒]阜寧縣志二十四卷首一卷　(清)阮本焱修　(清)陳肇礽　(清)殷自芳纂　清光緒十二年(1886)刻本　十册

330000－1701－0020066　普915.1236/1034/c3　史部/地理類/方志之屬/郡縣志
[同治]山陽縣志二十一卷　(清)張兆棟　(清)孫雲修　(清)何紹基　(清)丁晏纂

清同治十二年(1873)刻本　八冊

330000－1701－0020067　普 915.1236/0029　史部/地理類/方志之屬/郡縣志

[乾隆]淮安府志三十二卷　(清)衛哲治等修　(清)葉長揚　(清)顧棟高等纂　清咸豐二年(1852)刻本　十六冊

330000－1701－0020070　普 915.1236/3035/c2　史部/地理類/方志之屬/郡縣志

[光緒]鹽城縣志十七卷首一卷　(清)劉崇照修　(清)龍繼棟　(清)陳玉樹纂　清光緒二十一年(1895)刻本　八冊

330000－1701－0020073　HJL3613　集部/别集類/清别集

淵雅堂全集五十六卷(淵雅堂編年詩藁二十卷惕甫未定藁二十六卷淵雅堂詩外集二卷瑤想詞一卷讀賦卮言一卷淵雅堂文外集四卷淵雅堂編年詩續稾一卷淵雅堂文續稾一卷)　(清)王芑孫撰　**波餘遺藁一卷首一卷附錄二卷**　(清)王翼孫撰　**寫韻軒小藁二卷**　(清)曹貞秀撰　清嘉慶八年至二十五年(1803－1820)刻本　十八冊

330000－1701－0020075　普 915.1236/4033　史部/地理類/方志之屬/郡縣志

[咸豐]清河縣志二十四卷首一卷附編二卷　(清)吳棠修　(清)魯一同纂　清咸豐四年(1854)刻同治元年(1862)補刻四年(1865)續刻本　六冊

330000－1701－0020076　普 915.1236/2035/(2)　史部/地理類/方志之屬/郡縣志

[光緒]阜寧縣志二十四卷首一卷　(清)阮本焱修　(清)陳肇礽　(清)殷自芳纂　清光緒十二年(1886)刻本　二冊

330000－1701－0020081　普 915.1236/5035　史部/地理類/方志之屬/郡縣志

[光緒]安東縣志十五卷首一卷　(清)金元烺修　(清)吳昆田　(清)魯蕡纂　清光緒元年(1875)刻本　四冊

330000－1701－0020082　普 915.1236/4055　史部/地理類/專志之屬/祠墓

漂母祠志七卷首一卷　(清)胡鳳丹輯　清光緒三年(1877)胡氏退補齋刻本　二冊

330000－1701－0020085　普 915.1136/5052/(2)　史部/地理類/山川之屬/山志

九疑山志四卷　(清)吳繩祖編　(清)樊在廷纂　清嘉慶元年(1796)吳氏退思齋刻本　二冊

330000－1701－0020086　普 915.1237/0028　史部/地理類/方志之屬/郡縣志

[雍正]揚州府志四十卷　(清)尹會一修　(清)程夢星等纂　清雍正十一年(1733)刻本　十二冊

330000－1701－0020088　普 915.1237/0031/c1　史部/地理類/方志之屬/郡縣志

[嘉慶]重修揚州府志七十二卷首一卷　(清)阿克當阿修　(清)姚文田　(清)江藩等纂　清嘉慶十五年(1810)刻本　四十八冊

330000－1701－0020089　普 915.1236/4035.2/c1　史部/地理類/方志之屬/郡縣志

光緒丙子清河縣志二十六卷　(清)胡裕燕　(清)萬清選修　(清)吳昆田　(清)魯蕡纂　清光緒五年(1879)刻本　十二冊

330000－1701－0020090　普 915.1237/0031/c2　史部/地理類/方志之屬/郡縣志

[嘉慶]重修揚州府志七十二卷首一卷　(清)阿克當阿修　(清)姚文田　(清)江藩等纂　清嘉慶十五年(1810)刻本　四十八冊

330000－1701－0020093　普 915.1237/0031/c3　史部/地理類/方志之屬/郡縣志

[嘉慶]重修揚州府志七十二卷首一卷　(清)阿克當阿修　(清)姚文田　(清)江藩等纂　清嘉慶十五年(1810)刻本　三十二冊

330000－1701－0020095　普 915.1243/5031/2　史部/地理類/方志之屬/郡縣志

[嘉慶]德清縣續志十卷　(清)周紹濂修　(清)許宗彥　(清)徐養原纂　清嘉慶十三年(1808)刻本　四冊

330000－1701－0020096　普 915.1237/0031/c4　史部/地理類/方志之屬/郡縣志
[嘉慶]重修揚州府志七十二卷首一卷　(清)阿克當阿修　(清)姚文田　(清)江藩等纂　清嘉慶十五年(1810)刻本　二十册

330000－1701－0020098　普 915.1236/4035.2/c2　史部/地理類/方志之屬/郡縣志
光緒丙子清河縣志二十六卷　(清)胡裕燕　(清)萬清選修　(清)吳昆田　(清)魯蕡纂　清光緒五年(1879)刻本　六册

330000－1701－0020099　普 915.1237/0034/c1　史部/地理類/方志之屬/郡縣志
[同治]續纂揚州府志二十四卷　(清)方濬頤修　(清)晏端書　(清)錢振倫等纂　清同治十三年(1874)刻本　八册

330000－1701－0020100　普 915.1243/5099/c2　史部/地理類/方志之屬/郡縣志
[正德]新市鎮誌八卷　(明)陳霆纂修　清嘉慶十六年(1811)刻本　二册

330000－1701－0020103　普 915.1237/0043　類叢部/叢書類/自著之屬
邃雅堂全集九種　(清)姚文田撰　清嘉慶至光緒歸安姚氏刻本　四册　存一種

330000－1701－0020104　普 915.1243/5099.02　史部/地理類/方志之屬/郡縣志
[嘉慶]新市鎮續誌八卷補遺一卷　(清)沈赤然纂　清嘉慶十七年(1812)刻本　清沈逢春題記　二册

330000－1701－0020105　HJL5065　史部/金石類/總志之屬
金石續編二十一卷首一卷　(清)陸耀遹撰　(清)陸增祥校訂　清光緒十九年(1893)上海醉六堂石印本　六册

330000－1701－0020106　普 915.1237/00431/c1　史部/地理類/雜志之屬
廣陵通典十卷　(清)汪中撰　清同治八年(1869)揚州書局刻本　二册

330000－1701－0020107　普 915.1243/5099.02/(2)/c1　史部/地理類/方志之屬/郡縣志
[嘉慶]新市鎮續誌八卷補遺一卷　(清)沈赤然纂　清嘉慶十七年(1812)刻本　四册

330000－1701－0020108　普 915.1237/0034/c2　史部/地理類/方志之屬/郡縣志
[同治]續纂揚州府志二十四卷　(清)方濬頤修　(清)晏端書　(清)錢振倫等纂　清同治十三年(1874)刻本　八册

330000－1701－0020109　普 915.1243/6032　史部/地理類/方志之屬/郡縣志
[道光]武康縣志二十四卷首一卷　(清)疏筤修　(清)陳殿階　(清)吳溶　(清)吳敬義纂　清抄本　十册

330000－1701－0020110　普 915.1237/00431/c2　史部/地理類/雜志之屬
廣陵通典十卷　(清)汪中撰　清同治八年(1869)揚州書局刻本　二册

330000－1701－0020111　普 915.1243/5099.02/(2)/c2　史部/地理類/方志之屬/郡縣志
[嘉慶]新市鎮續誌八卷補遺一卷　(清)沈赤然纂　清嘉慶十七年(1812)刻本　四册

330000－1701－0020112　普 915.1237/0051　史部/地理類/雜志之屬
廣陵覽古七卷　(清)顧鑾撰　清嘉慶十三年(1808)顧氏研經室刻本　七册

330000－1701－0020114　HJH3924　類叢部/叢書類/自著之屬
石泉書屋全集六種　(清)李佐賢撰　清咸豐至光緒利津李氏刻本　十九册　存二種

330000－1701－0020115　普 915.1237/00431/c3　史部/地理類/雜志之屬
廣陵通典十卷　(清)汪中撰　清同治八年(1869)揚州書局刻本　二册

330000－1701－0020116　HJL3069　類叢部/叢書類/自著之屬
賭棋山莊所著書七種　(清)謝章鋌撰　清光緒十年至三十年(1884－1904)刻彙印本　二册　存一種

330000－1701－0020117　普 915.1237/0051.3/2/c1　史部/地理類/專志之屬/古跡

平山堂圖志十卷首一卷　(清)趙之壁纂　清光緒九年(1883)歐陽利見刻本　四册

330000－1701－0020119　普 915.1237/00431/c4　史部/地理類/雜志之屬

廣陵通典十卷　(清)汪中撰　清同治八年(1869)揚州書局刻本　二册

330000－1701－0020120　普 915.1237/0051.4　史部/地理類/專志之屬/古跡

廣陵名勝圖一卷　(清)阮亨撰　清末上海申報館石印本　一册

330000－1701－0020121　普 915.1237/0034/c3　史部/地理類/方志之屬/郡縣志

[同治]續纂揚州府志二十四卷　(清)方濬頤修　(清)晏端書　(清)錢振倫等纂　清同治十三年(1874)刻本　四册

330000－1701－0020122　普 915.1237/0051.3/2/c2　史部/地理類/專志之屬/古跡

平山堂圖志十卷首一卷　(清)趙之壁纂　清光緒九年(1883)歐陽利見刻本　四册

330000－1701－0020124　普 915.1237/0051.3/2/c3　史部/地理類/專志之屬/古跡

平山堂圖志十卷首一卷　(清)趙之壁纂　清光緒九年(1883)歐陽利見刻二十一年(1895)釋心悟印本　四册

330000－1701－0020125　普 915.1237/00431/c5　史部/地理類/雜志之屬

廣陵通典十卷　(清)汪中撰　清同治八年(1869)揚州書局刻本　二册

330000－1701－0020128　HJL2157　類叢部/叢書類/彙編之屬

邵武徐氏叢書初刻十四種　(清)徐幹編　清光緒徐幹刻本　一册　存一種

330000－1701－0020131　普 915.1237/1031/c1　史部/地理類/方志之屬/郡縣志

[嘉慶]江都縣續志十二卷首一卷　(清)王逢源修　(清)李保泰纂　清光緒七年(1881)刻本　四册

330000－1701－0020132　HJL1027　子部/宗教類/佛教之屬

大明三藏聖教目錄四卷附大明續入藏諸集一卷　(清)張心泰輯　清光緒八年(1882)刻本　四册

330000－1701－0020135　普 915.1237/0051.2/c1　史部/地理類/雜志之屬

揚州畫舫錄十八卷　(清)李斗撰　清乾隆六十年(1795)自然盦刻同治十一年(1872)重修本　六册

330000－1701－0020138　普 915.1237/1029/c1　史部/地理類/方志之屬/郡縣志

[乾隆]江都縣志三十二卷　(清)五格　(清)黄湘修　(清)程夢星等纂　清光緒七年(1881)劉汝賢刻本　十册

330000－1701－0020139　HJL1173　子部/叢編

子書百家　(清)崇文書局編　清光緒元年(1875)湖北崇文書局刻本　一百十册

330000－1701－0020140　普 915.1237/1031/c2　史部/地理類/方志之屬/郡縣志

[嘉慶]江都縣續志十二卷首一卷　(清)王逢源修　(清)李保泰纂　清光緒七年(1881)刻本　四册

330000－1701－0020141　普 915.1243/7034/c1　史部/地理類/方志之屬/郡縣志

[同治]安吉縣志十八卷首一卷　(清)汪榮　(清)劉蘭敏修　(清)張行孚　(清)丁寶書纂　清同治十三年(1874)刻本　十六册

330000－1701－0020142　普 915.1237/1029/c2　史部/地理類/方志之屬/郡縣志

[乾隆]江都縣志三十二卷　(清)五格　(清)黄湘修　(清)程夢星等纂　清光緒七年(1881)劉汝賢刻本　十册

330000－1701－0020143　普 915.1243/8027　史部/地理類/方志之屬/郡縣志

[康熙]孝豐縣志十卷　(清)羅爲賡修

（清）張暹　（清）李焕文等纂　清康熙十二年（1673）刻本　二册

330000－1701－0020145　普915.1243/7034/c2　史部/地理類/方志之屬/郡縣志

［同治］安吉縣志十八卷首一卷　（清）汪榮（清）劉蘭敏修　（清）張行孚　（清）丁寶書纂　清同治十三年（1874）刻本　十六册

330000－1701－0020146　普915.1237/1035/c1　史部/地理類/方志之屬/郡縣志

光緒江都縣續志三十卷首一卷　（清）謝延庚修　（清）劉壽曾纂　清光緒十年（1884）刻本　八册

330000－1701－0020147　普915.1243/7034/c3　史部/地理類/方志之屬/郡縣志

［同治］安吉縣志十八卷首一卷　（清）汪榮（清）劉蘭敏修　（清）張行孚　（清）丁寶書纂　清同治十三年（1874）刻本　十六册

330000－1701－0020149　普915.1237/1035/c2　史部/地理類/方志之屬/郡縣志

光緒江都縣續志三十卷首一卷　（清）謝延庚修　（清）劉壽曾纂　清光緒十年（1884）刻本　八册

330000－1701－0020151　普915.1237/2029　史部/地理類/方志之屬/郡縣志

［乾隆］甘泉縣志二十卷首一卷　（清）吴鄂峙等修　（清）厲鶚等纂　清乾隆八年（1743）刻本　二十八册

330000－1701－0020152　普915.1237/1035/c3　史部/地理類/方志之屬/郡縣志

光緒江都縣續志三十卷首一卷　（清）謝延庚修　（清）劉壽曾纂　清光緒十年（1884）刻本　八册

330000－1701－0020153　普915.1243/7034/c5　史部/地理類/方志之屬/郡縣志

［同治］安吉縣志十八卷首一卷　（清）汪榮（清）劉蘭敏修　（清）張行孚　（清）丁寶書纂　清同治十三年（1874）刻本　十六册

330000－1701－0020154　普915.1237/1099.2/c1　史部/地理類/方志之屬/郡縣志

［嘉慶］北湖小志六卷首一卷　（清）焦循纂　清嘉慶十三年（1808）揚州阮氏刻本　二册

330000－1701－0020155　普915.1243/8035/c1　史部/地理類/方志之屬/郡縣志

［同治］孝豐縣志十卷首一卷　（清）劉濬修（清）潘宅仁等纂　清光緒五年（1879）刻二十九年（1903）補刻本　十册

330000－1701－0020156　普915.1237/1035/c4　史部/地理類/方志之屬/郡縣志

光緒江都縣續志三十卷首一卷　（清）謝延庚修　（清）劉壽曾纂　清光緒十年（1884）刻本　八册

330000－1701－0020158　普915.1237/0051.2/c2　史部/地理類/雜志之屬

揚州畫舫録十八卷　（清）李斗撰　清乾隆六十年（1795）自然盦刻道光十九年（1839）重修本　八册

330000－1701－0020159　普915.1237/1099.2/c2　史部/地理類/方志之屬/郡縣志

［嘉慶］北湖小志六卷首一卷　（清）焦循纂　清嘉慶十三年（1808）揚州阮氏刻本　二册

330000－1701－0020166　普915.1243/8035/c2　史部/地理類/方志之屬/郡縣志

［同治］孝豐縣志十卷首一卷　（清）劉濬修（清）潘宅仁等纂　清光緒五年（1879）刻二十九年（1903）補刻本　十册

330000－1701－0020167　普915.1237/2035/c1　史部/地理類/方志之屬/郡縣志

［光緒］增修甘泉縣志二十四卷首一卷圖一卷　（清）徐成敟等修　（清）陳浩恩等纂（清）范用賓重纂　清光緒十一年（1885）刻本　二十册

330000－1701－0020168　普915.1237/2035/c2　史部/地理類/方志之屬/郡縣志

［光緒］增修甘泉縣志二十四卷首一卷圖一卷　（清）徐成敟等修　（清）陳浩恩等纂（清）范用賓重纂　清光緒七年（1881）木活字

印本　二十册

330000－1701－0020170　普 915.1237/3091/c1　史部/地理類/方志之屬/郡縣志

［咸豐］甘棠小志四卷首一卷末一卷　（清）董醇纂　清咸豐五年（1855）甘棠董氏刻本　八册

330000－1701－0020171　普 915.1237/4032　史部/地理類/方志之屬/郡縣志

［道光］重修儀徵縣志五十卷首一卷　（清）王檢心修　（清）劉文淇　（清）張安保纂　清光緒十六年（1890）刻本　十六册

330000－1701－0020172　普 915.1244/0022/c1　史部/地理類/方志之屬/郡縣志

宋元四明六志　（清）徐時棟輯　清咸豐四年（1854）甬上徐氏煙嶼樓刻光緒五年（1879）印本（［大德］昌國州圖志首一卷末一卷、［延祐］四明志卷九至十一原缺）　四十册

330000－1701－0020174　普 915.1237/3091/c2　史部/地理類/方志之屬/郡縣志

［咸豐］甘棠小志四卷首一卷末一卷　（清）董醇纂　清咸豐五年（1855）甘棠董氏刻本　四册

330000－1701－0020175　普 915.1237/0051.2(2)/c2　史部/地理類/雜志之屬

揚州畫舫録十八卷　（清）李斗撰　清乾隆六十年（1795）自然盦刻同治十一年（1872）重修本　四册

330000－1701－0020176　普 915.1237/0051.2/(2)/c1　史部/地理類/雜志之屬

揚州畫舫録十八卷　（清）李斗撰　清乾隆六十年（1795）自然盦刻同治十一年（1872）重修本　四册

330000－1701－0020177　普 915.1243/8035/c3　史部/地理類/方志之屬/郡縣志

［同治］孝豐縣志十卷首一卷　（清）劉濬修　（清）潘宅仁等纂　清光緒五年（1879）刻二十九年（1903）補刻本　十册

330000－1701－0020178　普 915.1237/2035/c3　史部/地理類/方志之屬/郡縣志

［光緒］增修甘泉縣志二十四卷首一卷圖一卷　（清）徐成敟等修　（清）陳浩恩等纂　（清）范用賓重纂　清光緒十一年（1885）刻本　二十册

330000－1701－0020179　HJL2504　類叢部/叢書類/郡邑之屬

武林往哲遺箸五十二種後編十種　（清）丁丙編　清光緒二十年至二十六年（1894－1900）錢塘丁氏嘉惠堂刻本　二册　存一種

330000－1701－0020180　普 915.1244/0022/c2　史部/地理類/方志之屬/郡縣志

宋元四明六志　（清）徐時棟輯　清咸豐四年（1854）甬上徐氏煙嶼樓刻光緒五年（1879）印本（［大德］昌國州圖志首一卷末一卷、［延祐］四明志卷九至十一原缺）　四十册

330000－1701－0020181　普 915.1237/5031/c1　史部/地理類/方志之屬/郡縣志

［嘉慶］高郵州志十二卷首一卷　（清）楊宜崙修　（清）夏之蓉　（清）沈之本纂　（清）馮馨增修　（清）王念孫等增纂　清道光二十五年（1845）刻本　十六册

330000－1701－0020182　普 915.1243/8035/2　史部/地理類/方志之屬/郡縣志

［同治］孝豐縣志十卷首一卷　（清）劉濬修　（清）潘宅仁等纂　清光緒五年（1879）刻二十九年（1903）補刻本　一册

330000－1701－0020183　普 915.1237/5032/c1　史部/地理類/方志之屬/郡縣志

［道光］續增高郵州志不分卷　（清）左輝春等纂修　清道光二十三年（1843）刻本　六册

330000－1701－0020184　普 915.1244/0022/c3　史部/地理類/方志之屬/郡縣志

宋元四明六志　（清）徐時棟輯　清咸豐四年（1854）甬上徐氏煙嶼樓刻光緒五年（1879）印本（［大德］昌國州圖志首一卷末一卷、［延祐］四明志卷九至十一原缺）　三十九册

330000－1701－0020185　普 915.1237/5032/

c2　史部/地理類/方志之屬/郡縣志
[道光]續增高郵州志不分卷　(清)左輝春等纂修　清道光二十三年(1843)刻本　六册

330000－1701－0020186　普 915.1237/5032/c3　史部/地理類/方志之屬/郡縣志
[道光]續增高郵州志不分卷　(清)左輝春等纂修　清道光二十三年(1843)刻本　六册

330000－1701－0020187　普 915.1237/5035　史部/地理類/方志之屬/郡縣志
[光緒]再續高郵州志八卷首一卷　(清)金元烺　(清)龔定瀛修　(清)夏子鐊纂　清光緒九年(1883)刻本　六册

330000－1701－0020188　普 915.1237/5032/c4　史部/地理類/方志之屬/郡縣志
[道光]續增高郵州志不分卷　(清)左輝春等纂修　清道光二十三年(1843)刻本　二册

330000－1701－0020189　普 915.1237/5031/c2　史部/地理類/方志之屬/郡縣志
[嘉慶]高郵州志十二卷首一卷　(清)楊宜崙修　(清)夏之蓉　(清)沈之本纂　(清)馮馨增修　(清)王念孫等增纂　清道光二十五年(1845)刻本　十六册

330000－1701－0020190　普 915.1237/5031/c3　史部/地理類/方志之屬/郡縣志
[嘉慶]高郵州志十二卷首一卷　(清)楊宜崙修　(清)夏之蓉　(清)沈之本纂　(清)馮馨增修　(清)王念孫等增纂　清道光二十五年(1845)刻本　十六册

330000－1701－0020191　普 915.1237/6033/c1　史部/地理類/方志之屬/郡縣志
[咸豐]重修興化縣志十卷　(清)梁園棣修　(清)鄭之僑　(清)趙彦俞纂　清咸豐二年(1852)刻本　八册

330000－1701－0020193　普 915.1244/0022/c4　史部/地理類/方志之屬/郡縣志
宋元四明六志　(清)徐時棟輯　清咸豐四年(1854)甬上徐氏煙嶼樓刻本　三十二册　存五種

330000－1701－0020194　普 915.1237/0051.2/(2)/c3　史部/地理類/雜志之屬
揚州畫舫錄十八卷　(清)李斗撰　清乾隆六十年(1795)自然盦刻本　四册

330000－1701－0020195　普 915.1244/00221/2　史部/地理類/方志之屬/郡縣志
宋元四明六志　(清)徐時棟輯　清咸豐四年(1854)甬上徐氏煙嶼樓刻本　九册　存一種

330000－1701－0020196　普 915.1237/5054　史部/地理類/專志之屬/祠墓
露筋祠志五卷首一卷　(清)胡鳳丹輯　清光緒三年(1877)永康胡鳳丹退補齋刻本　一册

330000－1701－0020197　HJL1172　子部/雜著類/雜考之屬
讀書雜誌八十二卷餘編二卷　(清)王念孫撰　清同治九年(1870)金陵書局刻本　二十四册

330000－1701－0020198　普 915.1244/0028/c2　史部/地理類/方志之屬/郡縣志
[雍正]寧波府志三十六卷首一卷　(清)曹秉仁等修　(清)萬經等纂　清雍正十一年(1733)刻本　十六册

330000－1701－0020199　普 915.1237/6033/c2　史部/地理類/方志之屬/郡縣志
[咸豐]重修興化縣志十卷　(清)梁園棣修　(清)鄭之僑　(清)趙彦俞纂　清咸豐二年(1852)刻本　八册

330000－1701－0020200　HJL1085　類叢部/叢書類/彙編之屬
武英殿聚珍版書一百三十八種　清乾隆武英殿木活字印本　八册　存一種

330000－1701－0020201　普 915.1237/7032/c1　史部/地理類/方志之屬/郡縣志
[道光]重修寶應縣志二十八卷首一卷　(清)孟毓蘭修　(清)喬載繇等纂　清道光二十年(1840)湯氏沐華堂刻本　十册

330000－1701－0020202　普 915.1237/7035/c1　史部/地理類/方志之屬/郡縣志

[道光]寶應圖經六卷首二卷 (清)劉寶楠纂 清光緒九年(1883)淮南書局刻本 四冊

330000-1701-0020203 HJL1036 子部/雜著類/雜記之屬

涑水記聞十六卷 (宋)司馬光撰 清光緒九年(1883)解梁書院刻本 四冊

330000-1701-0020204 普 915.1244/0028/2/c3 史部/地理類/方志之屬/郡縣志

[雍正]寧波府志三十六卷首一卷 (清)曹秉仁等修 (清)萬經等纂 清道光二十六年(1846)刻本 十六冊

330000-1701-0020205 普 915.1237/9031/c1 史部/地理類/方志之屬/郡縣志

[嘉慶]東臺縣志四十卷 (清)周右修 (清)蔡復午等纂 清嘉慶二十二年(1817)刻本 十冊

330000-1701-0020207 HJH4795 類叢部/叢書類/彙編之屬

十萬卷樓叢書五十一種 (清)陸心源編 清光緒歸安陸氏刻本(歲時廣記卷六原缺) 一冊 存一種

330000-1701-0020208 普 915.1237/7035/c2 史部/地理類/方志之屬/郡縣志

[道光]寶應圖經六卷首二卷 (清)劉寶楠纂 清光緒九年(1883)淮南書局刻本 四冊

330000-1701-0020212 普 915.1237/8032/c2 史部/地理類/方志之屬/郡縣志

[道光]泰州志三十六卷首一卷 (清)王有慶等修 (清)陳世鎔等纂 **[道光]泰州新志刊謬二卷首一卷** (清)任鈺等纂輯 清道光七年(1827)刻本[泰州新志刊謬二卷首一卷爲清道光十年(1830)刻本] 十二冊

330000-1701-0020213 普 915.1237/7032/c2 史部/地理類/方志之屬/郡縣志

[道光]重修寶應縣志二十八卷首一卷 (清)孟毓蘭修 (清)喬載繇等纂 清道光二十年(1840)湯氏沐華堂刻本 二十一冊

330000-1701-0020214 普 915.1244/0028/2/c4 史部/地理類/方志之屬/郡縣志

[雍正]寧波府志三十六卷首一卷 (清)曹秉仁等修 (清)萬經等纂 清道光二十六年(1846)刻本 十五冊 缺二卷(首、一)

330000-1701-0020215 HJH4979 類叢部/叢書類/家集之屬

冒氏叢書(如皋冒氏叢書) 冒廣生編 清光緒至民國如皋冒氏刻本 一冊 存一種

330000-1701-0020216 普 915.1237/7035/c3 史部/地理類/方志之屬/郡縣志

[道光]寶應圖經六卷首二卷 (清)劉寶楠纂 清光緒九年(1883)淮南書局刻本 四冊

330000-1701-0020218 普 915.1237/9031/c2 史部/地理類/方志之屬/郡縣志

[嘉慶]東臺縣志四十卷 (清)周右修 (清)蔡復午等纂 清嘉慶二十二年(1817)刻本 梁乃怡題記 十冊

330000-1701-0020219 普 915.1237/8032/c3 史部/地理類/方志之屬/郡縣志

[道光]泰州志三十六卷首一卷 (清)王有慶等修 (清)陳世鎔等纂 **[道光]泰州新志刊謬二卷首一卷** (清)任鈺等纂輯 清道光七年(1827)刻本[泰州新志刊謬二卷首一卷爲清道光十年(1830)刻本] 十二冊

330000-1701-0020220 普 915.1238/0029 史部/地理類/方志之屬/郡縣志

[乾隆]徐州府志三十卷首一卷 (清)石杰修 (清)王峻纂 清乾隆七年(1742)刻本 十二冊

330000-1701-0020222 普 915.1237/8032/c4 史部/地理類/方志之屬/郡縣志

[道光]泰州志三十六卷首一卷 (清)王有慶等修 (清)陳世鎔等纂 **[道光]泰州新志刊謬二卷首一卷** (清)任鈺等纂輯 清道光七年(1827)刻本[泰州新志刊謬二卷首一卷爲清道光十年(1830)刻本] 十二冊 缺二卷(泰州新志刊謬一至二)

330000-1701-0020223 普 915.1244/0028/

2(2)　史部/地理類/方志之屬/郡縣志
[雍正]寧波府志三十六卷首一卷　(清)曹秉仁等修　(清)萬經等纂　清道光二十六年(1846)刻本　三冊

330000－1701－0020225　普 915.1237/9031/c3　史部/地理類/方志之屬/郡縣志
[嘉慶]東臺縣志四十卷　(清)周右修　(清)蔡復午等纂　清嘉慶二十二年(1817)刻道光十年(1830)增刻本　十冊

330000－1701－0020226　普 915.1237/7032/c3　史部/地理類/方志之屬/郡縣志
[道光]重修寶應縣志二十八卷首一卷　(清)孟毓蘭修　(清)喬載繇等纂　清道光二十年(1840)湯氏沐華堂刻本　八冊

330000－1701－0020227　普 915.1238/0034/c1　史部/地理類/方志之屬/郡縣志
同治徐州府志二十五卷　(清)吳世熊　(清)朱忻修　(清)劉庠　(清)方駿謨纂　清同治十三年(1874)刻本　十六冊

330000－1701－0020228　普 915.1244/0028/3　史部/地理類/方志之屬/郡縣志
[雍正]寧波府志三十六卷首一卷　(清)曹秉仁等修　(清)萬經等纂　清雍正十一年(1733)刻乾隆六年(1741)補刻本　十四冊　缺三卷(十四至十六)

330000－1701－0020230　普 915.1244/0028/2/c1　史部/地理類/方志之屬/郡縣志
[雍正]寧波府志三十六卷首一卷　(清)曹秉仁等修　(清)萬經等纂　清道光二十六年(1846)刻本　十六冊

330000－1701－0020231　普 915.1238/1032/c1　史部/地理類/方志之屬/郡縣志
[道光]銅山縣志二十四卷首一卷　(清)崔志元修　(清)金左泉等纂　清道光十一年(1831)刻本　十二冊

330000－1701－0020232　HJL5392　史部/職官類/官制之屬/專志
詞林典故八卷　(清)張廷玉等撰　清刻本　四冊　存四卷(五至八)

330000－1701－0020233　HJH1094　史部/職官類/官箴之屬
作吏要言一卷　(清)葉鎮撰　(清)朱椿增輯　清刻朱墨套印本　一冊

330000－1701　0020234　HJL5039　史部/政書類/邦交之屬
許竹篔先生出使函稿十四卷　(清)許景澄撰　清末鉛印本　四冊

330000－1701－0020235　普 915.1238/1032/c2　史部/地理類/方志之屬/郡縣志
[道光]銅山縣志二十四卷首一卷　(清)崔志元修　(清)金左泉等纂　清道光十一年(1831)刻本　十二冊

330000－1701－0020236　普 915.1244/0043　史部/地理類/雜志之屬
明州繫年錄七卷　(清)董沛撰　清光緒四年(1878)刻本　三冊

330000－1701－0020237　普 915.1238/0034/c2　史部/地理類/方志之屬/郡縣志
同治徐州府志二十五卷　(清)吳世熊　(清)朱忻修　(清)劉庠　(清)方駿謨纂　清同治十三年(1874)刻本　十六冊

330000－1701－0020239　普 915.1244/0028/2/c2　史部/地理類/方志之屬/郡縣志
[雍正]寧波府志三十六卷首一卷　(清)曹秉仁等修　(清)萬經等纂　清道光二十六年(1846)刻本　十六冊

330000－1701－0020240　HJL5671　史部/政書類/公牘檔冊之屬
撫吳公牘五十卷　(清)丁日昌撰　(清)沈葆楨評選　清光緒三年(1877)刻本　十冊

330000－1701－0020241　普 915.1238/1032/c4　史部/地理類/方志之屬/郡縣志
[道光]銅山縣志二十四卷首一卷　(清)崔志元修　(清)金左泉等纂　清道光十一年(1831)刻本　十二冊

330000－1701－0020242　HJH2753　史部/政書類/公牘檔冊之屬

圭山存牘一卷　(清)李鍾玨撰　清光緒二十一年(1895)李鍾玨寧陽官廨刻本　一冊

330000－1701－0020243　HJL2754　史部/政書類/公牘檔冊之屬

寧陽存牘一卷　李鍾玨等撰　清光緒二十四年(1898)粵東省城刻本　一冊

330000－1701－0020245　普915.1244/00431　史部/地理類/雜志之屬

四明談助四十六卷首一卷　(清)徐兆昺撰　清道光八年(1828)木活字印本　二十冊

330000－1701－0020246　普915.1238/0034/(2)　史部/地理類/方志之屬/郡縣志

同治徐州府志二十五卷　(清)吳世熊　(清)朱忻修　(清)劉庠　(清)方駿謨纂　清同治十三年(1874)刻本　十二冊

330000－1701－0020247　HJL5285　史部/詔令奏議類/奏議之屬

左文襄公奏稿初編三十八卷續編七十六卷三編六卷　(清)左宗棠撰　清光緒二十八年(1902)上海古香閣石印本　十二冊

330000－1701－0020248　HJL5040　史部/詔令奏議類/奏議之屬

許竹篔先生奏疏錄存二卷　(清)許景澄撰　清末鉛印本　一冊

330000－1701－0020249　普915.1244/0043.2　史部/地理類/雜志之屬

四明形勝賦集註一卷　(明)張得中撰　清光緒七年(1881)刻本　一冊

330000－1701－0020252　HJH4069、HJH4080、HJH4300　類叢部/叢書類/彙編之屬

峭帆樓叢書十八種　趙詒琛編　清宣統三年至民國八年(1911－1919)新陽趙氏峭帆樓刻本　四冊　存三種

330000－1701－0020253　HJL4368　類叢部/叢書類/郡邑之屬

粟香室叢書四十八種　金武祥編　清光緒至民國江陰金氏刻本　一冊　存二種

330000－1701－0020254　HJH3677　類叢部/叢書類/彙編之屬

玉海堂景宋元本叢書　劉世珩編　清光緒至民國貴池劉氏玉海堂影刻本　八冊　存一種

330000－1701－0020255　普915.1244/00521/c1　史部/地理類/山川之屬/山志

四明山志九卷　(清)黃宗羲撰　清康熙黃仲簡刻本　四冊

330000－1701－0020256　普915.1244/0071/c1　史部/地理類/水利之屬

寧郡城河丈尺圖志二卷　清光緒十四年(1888)寧波河工局木活字印本　二冊

330000－1701－0020257　普915.1244/1029/c2　史部/地理類/方志之屬/郡縣志

[乾隆]鄞縣志三十卷首一卷　(清)錢維喬修　(清)錢大昕等纂　清乾隆五十三年(1788)刻本　十六冊

330000－1701－0020258　普915.1243/1029/c1　史部/地理類/方志之屬/郡縣志

[乾隆]鄞縣志三十卷首一卷　(清)錢維喬修　(清)錢大昕等纂　清乾隆五十三年(1788)刻本　十六冊

330000－1701－0020259　普915.1238/4035/c1　史部/地理類/方志之屬/郡縣志

[光緒]豐縣志十六卷首一卷　(清)姚鴻杰等纂修　清光緒二十年(1894)刻本　八冊

330000－1701－0020260　HJH2130　類叢部/叢書類/郡邑之屬

武林掌故叢編一百八十七種　(清)丁丙編　清光緒三年至二十六年(1877－1900)錢塘丁氏嘉惠堂刻本　一冊　存一種

330000－1701－0020261　普915.1238/3029/c1　史部/地理類/方志之屬/郡縣志

[乾隆]碭山縣志十四卷　(清)劉王瑷纂修　清乾隆三十二年(1767)刻本　五冊

330000－1701－0020262　HJL2620　子部/宗教類/道教之屬/雜著

西泠仙詠三卷　(清)陳文述撰　清道光七年(1827)西湖懷仙閣刻本　四册

330000－1701－0020263　普915.1244/1029/c3　史部/地理類/方志之屬/郡縣志

[乾隆]鄞縣志三十卷首一卷　(清)錢維喬修　(清)錢大昕等纂　清乾隆五十三年(1788)刻本　十六册

330000－1701－0020264　HJL2741　類叢部/叢書類/郡邑之屬

武林掌故叢編一百八十七種　(清)丁丙編　清光緒三年至二十六年(1877－1900)錢塘丁氏嘉惠堂刻本　一册　存一種

330000－1701－0020265　普915.1244/1032　史部/地理類/方志之屬/郡縣志

[乾隆]鄞縣志三十卷首一卷　(清)錢維喬修　(清)錢大昕等纂　清道光二十六年(1846)刻本　十六册

330000－1701－0020266　普915.1244/00521/c3　史部/地理類/山川之屬/山志

四明山志九卷　(清)黄宗羲撰　清康熙黄仲簡刻本　六册

330000－1701－0020267　普915.1238/4035/c2　史部/地理類/方志之屬/郡縣志

[光緒]豐縣志十六卷首一卷　(清)姚鴻杰等纂修　清光緒二十年(1894)刻本　八册

330000－1701－0020268　普915.1244/1033　史部/地理類/方志之屬/郡縣志

[咸豐]鄞縣志三十二卷首一卷　(清)張銑修　(清)周道遵纂　清咸豐五年至六年(1855－1856)刻本　十六册

330000－1701－0020269　普915.1238/3029/c2　史部/地理類/方志之屬/郡縣志

[乾隆]碭山縣志十四卷　(清)劉王瑗纂修　清乾隆三十二年(1767)刻本　五册　缺一卷(一)

330000－1701－0020270　普915.1238/4035/c3　史部/地理類/方志之屬/郡縣志

[光緒]豐縣志十六卷首一卷　(清)姚鴻杰等纂修　清光緒二十年(1894)刻本　八册

330000－1701－0020271　HJH2971　集部/别集類/宋别集

歐陽文忠公全集一百五十三卷首一卷附録五卷　(宋)歐陽修撰　清嘉慶二十四年(1819)歐陽衡刻本　三十一册　缺一卷(首)

330000－1701－0020272　普915.1244/0071/c2　史部/地理類/水利之屬

寧郡城河丈尺圖志二卷　清光緒十四年(1888)寧波河工局木活字印本　二册

330000－1701－0020273　普915.1238/2031　史部/地理類/方志之屬/郡縣志

[嘉慶]蕭縣志十八卷首一卷　(清)潘鎔修　(清)沈學淵　(清)金鳳藻　(清)顧翰纂　清嘉慶二十年(1815)刻本　十册

330000－1701－0020274　HJL1039　子部/雜著類/雜説之屬

重論文齋筆錄十二卷　(清)王端履撰　清道光二十六年(1846)受宜堂刻本　四册

330000－1701－0020275　普915.1238/7034/c1　史部/地理類/方志之屬/郡縣志

同治宿遷縣志十九卷　(清)李德溥修　(清)方駿謨纂　清同治十三年(1874)刻本　六册

330000－1701－0020276　HJH3852、HJH3867　集部/總集類/尺牘之屬

賴古堂全集三種　(清)周亮工輯　清宣統三年(1911)上海國學扶輪社石印本　十册　存二種

330000－1701－0020277　普915.1238/6033/c1　史部/地理類/方志之屬/郡縣志

[咸豐]邳州志二十卷首一卷　(清)董用威　(清)馬軼羣修　(清)魯一同纂　清咸豐元年(1851)刻本　四册

330000－1701－0020279　普915.1238/2034　史部/地理類/方志之屬/郡縣志

[同治]續蕭縣志十八卷首一卷　(清)顧景濂

修 (清)段廣瀛纂 清光緒元年(1875)刻本 六冊

330000－1701－0020280 HJL2352 類叢部/叢書類/自著之屬
介亭全集九種 (清)江瀋源撰 清同治十三年(1874)江潮刻本 六冊 存八種

330000－1701－0020281 普915.1244/1035/(2)/c2 史部/地理類/方志之屬/郡縣志
[同治]鄞縣志七十五卷 (清)戴枚修 (清)張恕 (清)董沛等纂 清光緒三年(1877)刻四年(1878)增刻本 三十四冊

330000－1701－0020282 HJL5628 集部/別集類/唐五代別集
梨岳集四卷 (唐)李頻撰 清道光七年(1827)桐城徐璈刻本 二冊

330000－1701－0020283 普915.1238/7034/c2 史部/地理類/方志之屬/郡縣志
同治宿遷縣志十九卷 (清)李德溥修 (清)方駿謨纂 清同治十三年(1874)刻本 六冊

330000－1701－0020284 普915.1244/1035/(2)/c1 史部/地理類/方志之屬/郡縣志
[同治]鄞縣志七十五卷 (清)戴枚修 (清)張恕 (清)董沛等纂 清光緒三年(1877)刻四年(1878)增刻本 三十四冊

330000－1701－0020286 普915.1244/1035/(2)/c4 史部/地理類/方志之屬/郡縣志
[同治]鄞縣志七十五卷 (清)戴枚修 (清)張恕 (清)董沛等纂 清光緒三年(1877)刻四年(1878)增刻本 三十四冊

330000－1701－0020287 普915.1238/7034/(2) 史部/地理類/方志之屬/郡縣志
同治宿遷縣志十九卷 (清)李德溥修 (清)方駿謨纂 清同治十三年(1874)刻本 四冊 缺七卷(四至五、七至十一)

330000－1701－0020288 普915.1238/6033/c2 史部/地理類/方志之屬/郡縣志
[咸豐]邳州志二十卷首一卷 (清)董用威 (清)馬軼羣修 (清)魯一同纂 清咸豐元年(1851)刻本 四冊

330000－1701－0020290 普915.1238/8035/c1 史部/地理類/方志之屬/郡縣志
光緒睢寧縣志稾十八卷 (清)侯紹瀛修 (清)丁顯纂 清光緒十二年(1886)刻本 六冊

330000－1701－0020291 普915.1244/1035/(2)/c3 史部/地理類/方志之屬/郡縣志
[同治]鄞縣志七十五卷 (清)戴枚修 (清)張恕 (清)董沛等纂 清光緒三年(1877)刻四年(1878)增刻本 三十四冊

330000－1701－0020292 普915.1238/8035/c2 史部/地理類/方志之屬/郡縣志
光緒睢寧縣志稾十八卷 (清)侯紹瀛修 (清)丁顯纂 清光緒十二年(1886)刻本 六冊

330000－1701－0020293 普915.1244/1035/(2)/c6 史部/地理類/方志之屬/郡縣志
[同治]鄞縣志七十五卷 (清)戴枚修 (清)張恕 (清)董沛等纂 清光緒三年(1877)刻四年(1878)增刻本 三十四冊

330000－1701－0020294 HJL0921 類叢部/叢書類/彙編之屬
岱南閣叢書十八種 (清)孫星衍編 清乾隆五十年至嘉慶十六年(1785－1811)蘭陵孫氏刻本 六十四冊

330000－1701－0020295 普915.1239/0033/c1 類叢部/叢書類/自著之屬
錢頤壽中丞全集正編三種續編二種 (清)錢寶琛撰 清同治七年至光緒六年(1868－1880)錢鼎銘刻本 四冊 存一種

330000－1701－0020296 普915.1238/6033/(2) 史部/地理類/方志之屬/郡縣志
[咸豐]邳州志二十卷首一卷 (清)董用威 (清)馬軼羣修 (清)魯一同纂 清咸豐元年(1851)刻光緒二十一年(1895)印本 一冊

330000－1701－0020297 HJL3096 集部/別集類/元別集

雲松巢詩集五卷 (元)朱希晦撰 (明)朱諫輯 清同治十三年(1874)樂邑瑤川朱氏刻本 一冊

330000－1701－0020298 普915.1239/0022 史部/地理類/方志之屬

彙刻太倉舊志五種 (清)繆朝荃等輯 清宣統元年(1909)太倉繆氏刻本 八冊

330000－1701－0020300 普915.1244/1035/(2)/c5 史部/地理類/方志之屬/郡縣志

[同治]鄞縣志七十五卷 (清)戴枚修 (清)張恕 (清)董沛等纂 清光緒三年(1877)刻四年(1878)增刻本 四十冊

330000－1701－0020301 普915.1239/0031 史部/地理類/方志之屬/郡縣志

[嘉慶]直隸太倉州志六十五卷 (清)王昶等纂修 清嘉慶七年(1802)刻本 清金元烺題記 二十冊

330000－1701－0020303 普915.1239/0033/c2 類叢部/叢書類/自著之屬

錢頤壽中丞全集正編三種續編二種 (清)錢寶琛撰 清同治七年至光緒六年(1868－1880)錢鼎銘刻本 四冊 存一種

330000－1701－0020304 普915.1239/0033/c3 類叢部/叢書類/自著之屬

錢頤壽中丞全集正編三種續編二種 (清)錢寶琛撰 清同治七年至光緒六年(1868－1880)錢鼎銘刻本 四冊 存一種

330000－1701－0020306 HJL5549 集部/別集類/明別集

姚江孫月峯先生全集十二卷 (明)孫鑛撰 (清)孫如洵輯 清嘉慶十九年(1814)姚江孫氏靜遠軒刻本 二十八冊

330000－1701－0020307 普915.1239/0033/c4 類叢部/叢書類/自著之屬

錢頤壽中丞全集正編三種續編二種 (清)錢寶琛撰 清同治七年至光緒六年(1868－1880)錢鼎銘刻本 四冊 存一種

330000－1701－0020310 HJH5078 集部/別集類/清別集

梅村詩集箋注十八卷 (清)吳偉業撰 (清)吳翌鳳箋注 清嘉慶十九年(1814)嚴榮滄浪吟榭刻本 十二冊

330000－1701－0020312 普915.1239/3029/c1 史部/地理類/方志之屬/郡縣志

[乾隆]崇明縣志二十卷首一卷 (清)趙廷健修 (清)韓彥曾等纂 清乾隆二十五年(1760)刻本 十冊

330000－1701－0020314 普915.1244/10543/2/c1 史部/地理類/專志之屬/寺觀

天童寺志十卷首一卷 (清)德介 (清)聞性道撰 清康熙刻咸豐元年(1851)重修本 四冊

330000－1701－0020316 HJL3150 集部/別集類/清別集

樓山詩集六卷 (清)王恕撰 清光緒二十年(1894)京師刻本 二冊

330000－1701－0020317 普915.1244/10543/c2 史部/地理類/專志之屬/寺觀

天童寺志十卷首一卷 (清)德介 (清)聞性道撰 清康熙刻嘉慶增補本 四冊

330000－1701－0020318 HJH4767 集部/別集類/清別集

麻山遺集二卷 (清)孫學顏撰 (清)方宗誠編 清同治十三年(1874)刻本 一冊

330000－1701－0020319 普915.1239/3035/c1 史部/地理類/方志之屬/郡縣志

[光緒]崇明縣志十八卷 (清)林達泉 (清)譚泰來修 (清)李聯琇 (清)黃清憲等纂 清光緒七年(1881)刻本 十二冊

330000－1701－0020322 HJL5268 集部/別集類/清別集

冬心先生集四卷 (清)金農撰 清宣統二年(1910)上海埽葉山房石印本 四冊

330000－1701－0020323 普915.1239/3029/c2 史部/地理類/方志之屬/郡縣志

[乾隆]崇明縣志二十卷首一卷 (清)趙廷健

修　（清）韓彦曾等纂　清乾隆二十五年(1760)刻本　九冊　缺三卷(三至五)

330000－1701－0020324　普 915.1239/3035/c2　史部/地理類/方志之屬/郡縣志
[光緒]崇明縣志十八卷　（清）林達泉（清）譚泰來修　（清）李聯琇　（清）黄清憲等纂　清光緒七年(1881)刻本　十二冊

330000－1701－0020325　HJL2390　集部/別集類/清別集
切問齋集十六卷　（清）陸燿撰　清乾隆五十七年(1792)暉吉堂刻本　八冊

330000－1701－0020326　HJL5417　類叢部/叢書類/自著之屬
西澗草堂全集四種附一種　（清）閻循觀撰　清乾隆三十八年(1773)樹滋堂刻本　二冊　存一種

330000－1701－0020327　普 915.1239/3035/(2)　史部/地理類/方志之屬/郡縣志
[光緒]崇明縣志十八卷　（清）林達泉（清）譚泰來修　（清）李聯琇　（清）黄清憲等纂　清光緒七年(1881)刻本　張美翊題記　八冊

330000－1701－0020328　HJL2510　類叢部/叢書類/自著之屬
汪子遺書二種二十三卷　（清）汪縉撰　清光緒八年(1882)刻本　四冊　存一種

330000－1701－0020329　HJL3259　集部/別集類/清別集
午風堂集十四卷(午風堂詩集六卷叢談八卷)　（清）鄒炳泰撰　清嘉慶四年(1799)刻本　四冊　存六卷(詩集一至六)

330000－1701－0020331　普 915.1244/10543/2/c2　史部/地理類/專志之屬/寺觀
天童寺志十卷首一卷　（清）德介　（清）聞性道撰　清康熙刻咸豐元年(1851)重修本　四冊

330000－1701－0020333　普 915.1239/5035/c1　史部/地理類/方志之屬/郡縣志
[光緒]嘉定縣志三十二卷首一卷附一卷　（清）程其玨修　（清）楊震福等纂　清光緒八年(1882)刻本　十六冊　缺一卷(附)

330000－1701－0020334　普 915.1244/10543/c1　史部/地理類/專志之屬/寺觀
天童寺志十卷首一卷　（清）德介　（清）聞性道撰　清康熙刻嘉慶增補本　四冊

330000－1701－0020335　HJL5210　集部/別集類/清別集
金華山樵詩前集八卷後集十卷　（清）師範撰　清嘉慶九年(1804)二餘堂刻本　二十冊

330000－1701－0020337　普 915.1244/10543/2/c3　史部/地理類/專志之屬/寺觀
天童寺志十卷首一卷　（清）德介　（清）聞性道撰　清康熙刻咸豐元年(1851)重修本　四冊

330000－1701－0020338　HJL5208　類叢部/叢書類/郡邑之屬
海昌叢載三十二種　（清）羊復禮編　清光緒海昌羊氏傳卷樓粵東刻本　四冊　存一種

330000－1701－0020341　HJL4633　類叢部/叢書類/彙編之屬
岱南閣叢書二十種　（清）孫星衍編　清乾隆五十年至嘉慶十四年(1785－1809)蘭陵孫氏刻本　二冊　存一種

330000－1701－0020342　HJL4654　類叢部/叢書類/彙編之屬
三長物齋叢書二十五種　（清）黄本驥編　清道光二十二年至二十八年(1842－1848)湘陰蔣瓖刻本　三冊　存一種

330000－1701－0020343　普 915.1239/5035/c2　史部/地理類/方志之屬/郡縣志
[光緒]嘉定縣志三十二卷首一卷附一卷　（清）程其玨修　（清）楊震福等纂　清光緒八年(1882)刻本　十六冊

330000－1701－0020344　普 915.1239/6035/c1　史部/地理類/方志之屬/郡縣志
[光緒]寶山縣志十四卷首一卷　（清）梁蒲貴

（清）吳康壽修　（清）朱延射　（清）潘履祥纂　清光緒八年（1882）學海書院刻本　八册

330000－1701－0020345　普915.1239/5035/c3　史部/地理類/方志之屬/郡縣志
［光緒］嘉定縣志三十二卷首一卷附一卷　（清）程其玨修　（清）楊震福等纂　清光緒八年（1882）刻本　十六册　缺一卷（附）

330000－1701－0020347　普915.1239/6035/c2　史部/地理類/方志之屬/郡縣志
［光緒］寶山縣志十四卷首一卷　（清）梁蒲貴　（清）吳康壽修　（清）朱延射　（清）潘履祥纂　清光緒八年（1882）學海書院刻本　十册

330000－1701－0020350　普915.1244/1054/c3　史部/地理類/山川之屬/山志
明州阿育王山志十卷　（明）郭子章撰　**明州阿育王山續志六卷**　（清）釋畹荃撰　明萬曆刻清乾隆續刻本　六册

330000－1701－0020351　普915.1239/6035/c3　史部/地理類/方志之屬/郡縣志
［光緒］寶山縣志十四卷首一卷　（清）梁蒲貴　（清）吳康壽修　（清）朱延射　（清）潘履祥纂　清光緒八年（1882）學海書院刻本　八册

330000－1701－0020353　普915.1239/6035/（2）　史部/地理類/方志之屬/郡縣志
［光緒］寶山縣志十四卷首一卷　（清）梁蒲貴　（清）吳康壽修　（清）朱延射　（清）潘履祥纂　清光緒八年（1882）學海書院刻本　五册　缺六卷（七至八、十一至十四）

330000－1701－0020357　普915.1244/1054/c4　史部/地理類/山川之屬/山志
明州阿育王山志十卷　（明）郭子章撰　**明州阿育王山續志六卷**　（清）釋畹荃撰　明萬曆刻清乾隆續刻本　六册

330000－1701－0020358　普915.12391/0031/c1　史部/地理類/方志之屬/郡縣志
嘉慶海州直隸州志三十二卷首一卷　（清）唐仲冕修　（清）汪梅鼎等纂　清嘉慶十年（1805）刻十六年（1811）補修本　十册

330000－1701－0020359　HJL2795　集部/别集類/清别集
聽鐘樓詩稿八卷　（清）韓是升撰　清嘉慶刻本　四册

330000－1701－0020360　普915.1244/10543/c3　史部/地理類/專志之屬/寺觀
天童寺志十卷首一卷　（清）德介　（清）聞性道撰　清康熙刻嘉慶增補本　四册

330000－1701－0020361　普915.1239/60993　史部/地理類/方志之屬/郡縣志
［光緒］羅店鎮志八卷首一卷附羅溪文徵一卷　（清）王樹棻修　（清）潘履祥纂　清光緒十五年（1889）鉛印本　五册

330000－1701－0020364　普915.1244/1054/c1　史部/地理類/山川之屬/山志
明州阿育王山志十卷　（明）郭子章撰　**明州阿育王山續志六卷**　（清）釋畹荃撰　明萬曆刻清乾隆續刻本　五册　存十三卷（四至十、續志一至六）

330000－1701－0020365　普915.12391/1052/c1　史部/地理類/山川之屬/山志
雲臺新志十八卷首一卷末一卷　（清）謝元淮修　（清）許喬林纂　清道光十七年（1837）郁洲書院刻本　六册

330000－1701－0020366　普915.12391/0031/c2　史部/地理類/方志之屬/郡縣志
嘉慶海州直隸州志三十二卷首一卷　（清）唐仲冕修　（清）汪梅鼎等纂　清嘉慶十年（1805）刻十六年（1811）補修本　十册

330000－1701－0020367　普915.12391/0031/c3　史部/地理類/方志之屬/郡縣志
嘉慶海州直隸州志三十二卷首一卷　（清）唐仲冕修　（清）汪梅鼎等纂　清嘉慶十年（1805）刻十六年（1811）補修本　十二册

330000－1701－0020368　普915.1244/2028/

c2　史部/地理類/方志之屬/郡縣志

[雍正]慈谿縣志十六卷　(清)楊正筍修　(清)馮鴻模等纂　清雍正九年(1731)刻乾隆三年(1738)許炳增刻本　八册

330000－1701－0020369　普 915.12391/1052/c2　史部/地理類/山川之屬/山志

雲臺新志十八卷首一卷末一卷　(清)謝元淮修　(清)許喬林纂　清道光十七年(1837)郁洲書院刻本　六册

330000－1701－0020370　普 915.1244/1054/c5　史部/地理類/山川之屬/山志

明州阿育王山志十卷　(明)郭子章撰　**明州阿育王山續志六卷**　(清)釋畹荃撰　明萬曆刻清乾隆續刻本　六册

330000－1701－0020371　HJL3389　集部/别集類/清别集

遂懷堂全集三十八卷　(清)袁翼撰　清光緒十三年至十四年(1887－1888)袁鎮嵩刻本　十九册

330000－1701－0020373　普 915.1244/2028/c1　史部/地理類/方志之屬/郡縣志

[雍正]慈谿縣志十六卷　(清)楊正筍修　(清)馮鴻模等纂　清雍正九年(1731)刻乾隆三年(1738)許炳增刻本　八册

330000－1701－0020375　普 915.12391/1052/c3　史部/地理類/山川之屬/山志

雲臺新志十八卷首一卷末一卷　(清)謝元淮修　(清)許喬林纂　清道光十七年(1837)郁洲書院刻本　八册

330000－1701－0020376　普 915.12391/1052/c4　史部/地理類/山川之屬/山志

雲臺新志十八卷首一卷末一卷　(清)謝元淮修　(清)許喬林纂　清道光十七年(1837)郁洲書院刻本　六册

330000－1701－0020377　HJL5053　類叢部/叢書類/彙編之屬

三長物齋叢書二十五種　(清)黄本驥編　清道光二十二年至二十八年(1842－1848)湘陰蔣環刻本　四册　存二種

330000－1701－0020379　HJL4621　集部/别集類/清别集

溉餘唫草□□卷　(清)丁繁培撰　清道光五年(1825)養蘭居刻本　四册　存五卷(一至四、下册)

330000－1701－0020381　普 915.1244/2028/c3　史部/地理類/方志之屬/郡縣志

[雍正]慈谿縣志十六卷　(清)楊正筍修　(清)馮鴻模等纂　清雍正九年(1731)刻乾隆三年(1738)許炳增刻本　八册

330000－1701－0020382　普 915.12391/10521　史部/政書類/公牘檔册之屬

海州雲臺山樹藝公司資料一卷　清光緒二十七年(1901)海州雲臺山樹藝公司石印本　都俞題簽並記　一册

330000－1701－0020383　普 915.1244/2035/c1　史部/地理類/方志之屬/郡縣志

[光緒]慈谿縣志五十六卷列傳附編一卷　(清)楊泰亨　(清)馮可鏞纂　(清)劉一桂校補　清光緒二十五年(1899)德潤書院刻本　二十四册

330000－1701－0020384　普 915.1244/2035/c5　史部/地理類/方志之屬/郡縣志

[光緒]慈谿縣志五十六卷列傳附編一卷　(清)楊泰亨　(清)馮可鏞纂　(清)劉一桂校補　清光緒二十五年(1899)德潤書院刻本　二十四册

330000－1701－0020385　普 915.1244/2035/c3　史部/地理類/方志之屬/郡縣志

[光緒]慈谿縣志五十六卷列傳附編一卷　(清)楊泰亨　(清)馮可鏞纂　(清)劉一桂校補　清光緒二十五年(1899)德潤書院刻本　二十四册

330000－1701－0020386　普 915.12391/3027　史部/地理類/方志之屬/郡縣志

[康熙]重修沭陽縣志四卷　(清)張奇抱修　(清)胡簡敬纂　清康熙十三年(1674)刻本

四冊

330000－1701－0020387　普 915.12391/2035/c1　史部/地理類/方志之屬/郡縣志
光緒贛榆縣志十八卷　(清)王豫熙修　張謇纂　清光緒十四年(1888)刻本　四冊

330000－1701－0020388　普 915.1244/2035/c2　史部/地理類/方志之屬/郡縣志
[光緒]慈谿縣志五十六卷列傳附編一卷　(清)楊泰亨　(清)馮可鏞纂　(清)劉一桂校補　清光緒二十五年(1899)德潤書院刻民國三年(1914)慈谿縣公署印本　二十四冊

330000－1701－0020389　普 915.1244/2043/2/c1　史部/地理類/雜志之屬
谿上遺聞集錄十卷別錄二卷　(清)尹元煒撰　清道光二十八年(1848)慈谿馮本懷抱珠樓刻本　五冊

330000－1701－0020390　普 915.12391/2035/c2　史部/地理類/方志之屬/郡縣志
光緒贛榆縣志十八卷　(清)王豫熙修　張謇纂　清光緒十四年(1888)刻本　四冊

330000－1701－0020391　普 915.1244/2043/2/c2　史部/地理類/雜志之屬
谿上遺聞集錄十卷別錄二卷　(清)尹元煒撰　清道光二十八年(1848)慈谿馮本懷抱珠樓刻本　五冊

330000－1701－0020392　普 915.12392/0029/c1　史部/地理類/方志之屬/郡縣志
[乾隆]直隸通州志二十二卷　(清)王繼祖修　(清)夏之蓉等纂　清乾隆二十年(1755)刻本　十六冊

330000－1701－0020393　普 915.1244/2052　史部/地理類/山川之屬/山志
黃山小志一卷　(清)蔣坦撰　**續黃山小志一卷**　(清)王仁元撰　清光緒二十年(1894)王氏槐政堂木活字印本　詠嘉跋　一冊

330000－1701－0020394　普 915.1244/2043/2/c3　史部/地理類/雜志之屬
谿上遺聞集錄十卷別錄二卷　(清)尹元煒撰　清道光二十八年(1848)慈谿馮本懷抱珠樓刻本　五冊

330000－1701－0020395　普 915.12392/0035　史部/地理類/方志之屬/郡縣志
[光緒]通州直隸州志十六卷首一卷末一卷訂訛一卷　(清)梁悅馨　(清)莫祥芝修　(清)季念詒　(清)沈鍠纂　清光緒元年(1875)刻本　十六冊

330000－1701－0020397　普 915.1244/3029　史部/地理類/方志之屬/郡縣志
[乾隆]奉化縣志十四卷首一卷　(清)曹膏　(清)唐宇霖修　(清)陳琦纂　清乾隆三十八年(1773)刻本　六冊

330000－1701－0020398　普 915.1244/2054　史部/地理類/專志之屬/寺觀
慈谿縣禪悅寺志三卷　(清)釋實振集　清抄本　一冊

330000－1701－0020399　普 915.12392/0029/c2　史部/地理類/方志之屬/郡縣志
[乾隆]直隸通州志二十二卷　(清)王繼祖修　(清)夏之蓉等纂　清乾隆二十年(1755)刻本　十六冊

330000－1701－0020400　普 915.1244/3035/c4　史部/地理類/方志之屬/郡縣志
[光緒]奉化縣志四十卷首一卷　(清)李前泮修　張美翊等纂　清光緒三十四年(1908)刻本　十二冊

330000－1701－0020401　普 915.1244/3029/2　史部/地理類/方志之屬/郡縣志
[乾隆]奉化縣志十四卷首一卷　(清)曹膏　(清)唐宇霖修　(清)陳琦纂　清光緒木活字印本　十冊

330000－1701－0020402　普 915.12392/0052.2　史部/地理類/山川之屬/山志
南通州五山全志二十卷　(清)劉名芳撰　清乾隆十六年(1751)南通州徐氏刻光緒三年(1877)補版印本　五冊

330000－1701－0020403　普 915.12392/

0029/c3　史部/地理類/方志之屬/郡縣志

[乾隆]直隸通州志二十二卷　(清)王繼祖修　(清)夏之蓉等纂　清乾隆二十年(1755)刻本　十二册

330000－1701－0020404　普 915.12392/1031/c1　史部/地理類/方志之屬/郡縣志

[嘉慶]如皋縣志二十四卷　(清)楊受廷　(清)左元鎮修　(清)馬汝舟　(清)江大鍵纂　清嘉慶十三年(1808)刻本　十册

330000－1701－0020405　普 915.1244/3035/c5　史部/地理類/方志之屬/郡縣志

[光緒]奉化縣志四十卷首一卷　(清)李前泮修　張美翊等纂　清光緒三十四年(1908)刻本　十二册

330000－1701－0020407　普 915.12392/1031/c2　史部/地理類/方志之屬/郡縣志

[嘉慶]如皋縣志二十四卷　(清)楊受廷　(清)左元鎮修　(清)馬汝舟　(清)江大鍵纂　清嘉慶十三年(1808)刻本　十册

330000－1701－0020408　普 915.1244/3054/c1　史部/地理類/專志之屬/寺觀

雪竇寺誌十卷　(清)釋行正輯　(清)釋行恂增輯　清木活字印本　三册

330000－1701－0020409　普 915.1244/3035/c2　史部/地理類/方志之屬/郡縣志

[光緒]奉化縣志四十卷首一卷　(清)李前泮修　張美翊等纂　清光緒三十四年(1908)刻本　十二册

330000－1701－0020410　普 915.12392/1032/c1　史部/地理類/方志之屬/郡縣志

[道光]如皋縣續志十二卷　(清)范仕義修　(清)吳鎧纂　清道光十七年(1837)刻本　二册

330000－1701－0020411　普 915.1244/3054/c2　史部/地理類/專志之屬/寺觀

雪竇寺誌十卷　(清)釋行正輯　(清)釋行恂增輯　清木活字印本　三册

330000－1701－0020412　普 915.1244/3035/c3　史部/地理類/方志之屬/郡縣志

[光緒]奉化縣志四十卷首一卷　(清)李前泮修　張美翊等纂　清光緒三十四年(1908)刻本　十二册

330000－1701－0020413　普 915.1244/2098　史部/地理類/水利之屬

慈谿沈師橋接漲沙塗第二次報告册一卷　沈嘉琯撰　清宣統三年(1911)鉛印本　一册

330000－1701－0020415　普 915.1244/3054/c3　史部/地理類/專志之屬/寺觀

雪竇寺誌十卷　(清)釋行正輯　(清)釋行恂增輯　清木活字印本　三册

330000－1701－0020416　普 915.12392/2031　史部/地理類/方志之屬/郡縣志

[嘉慶]重修泰興縣志八卷　(清)凌坮　(清)張先甲修　(清)張福謙等纂　清嘉慶十八年(1813)刻本　八册

330000－1701－0020417　普 915.12392/1032/c2　史部/地理類/方志之屬/郡縣志

[道光]如皋縣續志十二卷　(清)范仕義修　(清)吳鎧纂　清道光十七年(1837)刻本　二册

330000－1701－0020418　普 915.12392/2035/c1　史部/地理類/方志之屬/郡縣志

[光緒]泰興縣志二十六卷首一卷末一卷　(清)楊激雲修　(清)顧曾烜纂　清光緒十二年(1886)刻本　十册

330000－1701－0020419　普 915.12392/1034　史部/地理類/方志之屬/郡縣志

[同治]如皋縣續志十六卷　(清)周際霖　(清)胡維藩修　(清)周頊　(清)吳開陽纂　清同治十二年(1873)刻本　六册

330000－1701－0020423　普 915.12392/3035/c1　史部/地理類/方志之屬/郡縣志

[光緒]海門廳圖志二十卷首一卷　(清)俞麟年等修　(清)孫壽祺　(清)王汝騏纂　清光緒二十六年(1900)刻本　清程庭鷺跋　四册

330000－1701－0020424　普 915.12392/

2031/(2)　史部/地理類/方志之屬/郡縣志
[嘉慶]重修泰興縣志八卷　(清)凌坮　(清)張先甲修　(清)張福謙等纂　清嘉慶十八年(1813)刻本　七冊　缺一卷(一)

330000－1701－0020427　普 915.12392/2035/c2　史部/地理類/方志之屬/郡縣志
[光緒]泰興縣志二十六卷首一卷末一卷　(清)楊激雲修　(清)顧曾烜纂　清光緒十二年(1886)刻本　九冊

330000－1701－0020428　普 915.13/2935/c1　史部/地理類/雜志之屬
欽定滿洲源流考二十卷首一卷　(清)阿桂等撰　清光緒三十年(1904)中西書局石印本　四冊

330000－1701－0020429　普 915.1244/4035/c1　史部/地理類/方志之屬/郡縣志
[光緒]鎮海縣志四十卷　(清)于萬川修　(清)俞樾等纂　清光緒五年(1879)鯤池書院刻本　十六冊

330000－1701－0020430　普 915.1244/4029/c1　史部/地理類/方志之屬/郡縣志
[乾隆]鎮海縣志八卷首一卷　(清)王夢弼　(清)邵向榮纂修　清乾隆十七年(1752)刻本　八冊

330000－1701－0020431　普 915.1244/4035/c2　史部/地理類/方志之屬/郡縣志
[光緒]鎮海縣志四十卷　(清)于萬川修　(清)俞樾等纂　清光緒五年(1879)鯤池書院刻本　十六冊

330000－1701－0020432　普 915.12392/3035/c2　史部/地理類/方志之屬/郡縣志
[光緒]海門廳圖志二十卷首一卷　(清)俞麟年等修　(清)孫壽祺　(清)王汝駢纂　清光緒二十六年(1900)刻本　四冊

330000－1701－0020434　普 915.12392/2035/c3　史部/地理類/方志之屬/郡縣志
[光緒]泰興縣志二十六卷首一卷末一卷　(清)楊激雲修　(清)顧曾烜纂　清光緒十二年(1886)刻本　十冊

330000－1701－0020435　普 915.13/3544/c1　史部/地理類/雜志之屬
啓東錄六卷　(清)林壽圖撰　清光緒五年(1879)閩縣林壽圖歐齋刻本　二冊

330000－1701－0020436　普 915.13/3544/c2　史部/地理類/雜志之屬
啓東錄六卷　(清)林壽圖撰　清光緒五年(1879)閩縣林壽圖歐齋刻本　二冊

330000－1701－0020437　普 915.1917/0029　史部/地理類/方志之屬/郡縣志
[乾隆]延平府志四十六卷首一卷　(清)傅爾泰修　(清)陶元藻纂　清乾隆三十年(1765)刻同治十二年(1873)徐震耀補刻本　二十三冊　缺二卷(首、一)

330000－1701－0020438　普 915.13/8826/c1　史部/地理類/雜志之屬
東三省沿革表六卷　吴廷燮撰　清宣統元年(1909)徐氏退耕堂刻本　六冊

330000－1701－0020439　普 915.1244/4029/c2　史部/地理類/方志之屬/郡縣志
[乾隆]鎮海縣志八卷首一卷　(清)王夢弼　(清)邵向榮纂修　清乾隆十七年(1752)刻四十五年(1780)周樽增補印本　八冊

330000－1701－0020441　普 915.1244/4035/c3　史部/地理類/方志之屬/郡縣志
[光緒]鎮海縣志四十卷　(清)于萬川修　(清)俞樾等纂　清光緒五年(1879)鯤池書院刻本　十六冊

330000－1701－0020442　普 915.1244/4035/(2)　史部/地理類/方志之屬/郡縣志
[光緒]鎮海縣志四十卷　(清)于萬川修　(清)俞樾等纂　清光緒五年(1879)鯤池書院刻本　十五冊　缺一卷(九)

330000－1701－0020444　普 915.13/2935/c2　史部/地理類/雜志之屬
欽定滿洲源流考二十卷首一卷　(清)阿桂等撰　清光緒三十年(1904)中西書局石印本

四册

330000－1701－0020445　普 915.13/2935/c3　史部/地理類/雜志之屬
欽定滿洲源流考二十卷首一卷　(清)阿桂等撰　清光緒三十年(1904)中西書局石印本　四册

330000－1701－0020447　普 915.13/2935/2　史部/地理類/雜志之屬
欽定滿洲源流考二十卷首一卷　(清)阿桂等撰　清光緒十九年(1893)杭州便益書局石印本　四册

330000－1701－0020448　普 915.13/8826/c2　史部/地理類/雜志之屬
東三省沿革表六卷　吳廷燮撰　清宣統元年(1909)徐氏退耕堂刻本　六册

330000－1701－0020460　普 915.1244/4052　史部/地理類/山川之屬/山志
招寶山志二卷　(清)陳景沛　(清)周道遵纂　清道光二十六年(1846)木活字印本　四册

330000－1701－0020462　普 915.131/0029/c1　史部/地理類/方志之屬/通志
[乾隆]盛京通志四十八卷首一卷　(清)宋筠等修　(清)魏樞等纂　清乾隆元年(1736)刻咸豐二年(1852)雷以誠校補印本　二十册

330000－1701－0020463　普 915.1244/4052/(2)/c1　史部/地理類/山川之屬/山志
招寶山志二卷　(清)陳景沛　(清)周道遵纂　清道光二十六年(1846)木活字印本　二册

330000－1701－0020465　普 915.131/00431/c2　史部/地理類/雜志之屬
御製盛京賦一卷　(清)高宗弘曆撰　清乾隆刻朱墨套印本　二册

330000－1701－0020467　普 915.1244/4052/(2)/c3　史部/地理類/山川之屬/山志
招寶山志二卷　(清)陳景沛　(清)周道遵纂　清道光二十六年(1846)木活字印本　二册

330000－1701－0020468　普 915.1244/5029/c1　史部/地理類/方志之屬/郡縣志
[乾隆]象山縣志十二卷　(清)史鳴皋修　(清)姜炳璋　(清)冒春榮纂　清乾隆二十四年(1759)刻本　六册

330000－1701－0020471　普 915.131/0029/c2　史部/地理類/方志之屬/通志
[乾隆]盛京通志四十八卷首一卷　(清)宋筠等修　(清)魏樞等纂　清乾隆元年(1736)刻咸豐二年(1852)雷以誠校補印本　二十册

330000－1701－0020472　普 915.1244/5029/c2　史部/地理類/方志之屬/郡縣志
[乾隆]象山縣志十二卷　(清)史鳴皋修　(清)姜炳璋　(清)冒春榮纂　清乾隆二十四年(1759)刻本　十二册

330000－1701－0020476　普 915.1244/5032/2/c1　史部/地理類/方志之屬/郡縣志
[道光]象山縣志二十二卷首一卷　(清)童立成　(清)吳錫疇修　(清)馮登府等纂　**象山文類二卷**　(清)□□編輯　清道光十四年(1834)刻本　張美翊題記　八册

330000－1701－0020477　普 915.1244/4052/(2)/c2　史部/地理類/山川之屬/山志
招寶山志二卷　(清)陳景沛　(清)周道遵纂　清道光二十六年(1846)木活字印本　二册

330000－1701－0020479　普 915.131/2242　史部/地理類/方志之屬/郡縣志
遼陽鄉土志一卷　(清)洪汝沖修　(清)白永貞編　清光緒三十四年(1908)鉛印本　一册

330000－1701－0020482　普 915.1244/5032/2/c2　史部/地理類/方志之屬/郡縣志
[道光]象山縣志二十二卷首一卷　(清)童立成　(清)吳錫疇修　(清)馮登府等纂　**象山文類二卷**　(清)□□編輯　清道光十四年(1834)刻本　八册

330000－1701－0020491　普 915.132/0035/c1　史部/地理類/方志之屬/通志
[光緒]吉林通志一百二十二卷圖一卷　(清)長順　(清)訥欽修　(清)李桂林　(清)顧

雲纂　清光緒二十六年(1900)刻本　四十九册

330000－1701－0020496　普 915.132.0035/c2　史部/地理類/方志之屬/通志
[光緒]吉林通志一百二十二卷圖一卷　(清)長順　(清)訥欽修　(清)李桂林　(清)顧雲纂　清光緒二十六年(1900)刻本　四十九册

330000－1701－0020497　普 915.1244/5032/2/c3　史部/地理類/方志之屬/郡縣志
[道光]象山縣志二十二卷首一卷　(清)童立成　(清)吳錫疇修　(清)馮登府等纂　**象山文類二卷**　(清)□□編輯　清道光十四年(1834)刻本　八册

330000－1701－0020498　普 915.132/0036/c1　類叢部/叢書類/彙編之屬
漸西村舍彙刊(漸西村舍叢刻)四十四種　(清)袁昶編　清光緒十六年至二十四年(1890－1898)桐廬袁氏刻本　四册　存一種

330000－1701－0020499　普 915.1244/5055　史部/政書類/邦計之屬/營田
象邑公田總簿二卷　(清)倪勱撰　清道光七年(1827)刻本　一册

330000－1701－0020500　普 915.132/0036/c2　類叢部/叢書類/彙編之屬
漸西村舍彙刊(漸西村舍叢刻)四十四種　(清)袁昶編　清光緒十六年至二十四年(1890－1898)桐廬袁氏刻本　四册　存一種

330000－1701－0020501　普 915.1244/5054　史部/地理類/專志之屬/祠墓
象邑夏王廟志二卷附錄二卷西城雜錄二卷　(清)倪勵輯　清道光九年(1829)刻本　二册

330000－1701－0020502　普 915.132.0035/c3　史部/地理類/方志之屬/通志
[光緒]吉林通志一百二十二卷圖一卷　(清)長順　(清)訥欽修　(清)李桂林　(清)顧雲纂　清光緒二十六年(1900)刻本　四十九册

330000－1701－0020503　普 915.132/0036/c3、普 915.133/0036/c4　類叢部/叢書類/彙編之屬
漸西村舍彙刊(漸西村舍叢刻)四十四種　(清)袁昶編　清光緒十六年至二十四年(1890－1898)桐廬袁氏刻本　六册　存二種

330000－1701－0020505　普 915.132/0036/(2)/c1、普 915.133/0036/c1　類叢部/叢書類/彙編之屬
漸西村舍彙刊(漸西村舍叢刻)四十四種　(清)袁昶編　清光緒十六年至二十四年(1890－1898)桐廬袁氏刻本　四册　存三種

330000－1701－0020507　普 915.132/0036/(2)/c2　類叢部/叢書類/彙編之屬
漸西村舍彙刊(漸西村舍叢刻)四十四種　(清)袁昶編　清光緒十六年至二十四年(1890－1898)桐廬袁氏刻本　二册　存二種

330000－1701－0020508　普 915.133/0036/3　類叢部/叢書類/彙編之屬
廣雅書局叢書一百五十九種　徐紹棨編　清光緒廣雅書局刻民國九年(1920)番禺徐紹棨彙編重印本　二册　存一種

330000－1701－0020516　普 915.1244/9023　史部/地理類/方志之屬/郡縣志
[大德]昌國州圖志七卷　(元)馮福京等撰　清末抄本　三册

330000－1701－0020517　普 915.132/0043　史部/地理類/雜志之屬
吉林紀事詩四卷首一卷末一卷　(清)沈兆禔撰　清宣統三年(1911)金陵湯明林聚珍書局鉛印本　二册

330000－1701－0020518　普 915.1244/9027　史部/地理類/方志之屬/郡縣志
[康熙]定海縣志八卷　(清)繆燧修　(清)陳瑄等纂　清康熙五十四年(1715)刻本　四册

330000－1701－0020519　普 915.133/0035　類叢部/叢書類/彙編之屬

觀自得齋叢書二十三種別集六種　(清)徐士愷編　清光緒十三年至二十年(1887－1894)石埭徐氏刻本　二册　存一種

330000－1701－0020520　普 915.1244/9035/2/c1　史部/地理類/方志之屬/郡縣志

[光緒]定海廳志三十卷首一卷　(清)史致馴修　(清)陳重威　(清)黄以恭　(清)黄以周纂　清光緒十一年(1885)黄樹藩刻二十八年(1902)補刻本　十册

330000－1701－0020523　普 915.133/0043.4/2　史部/地理類/雜志之屬

黑龍江述略六卷　(清)徐宗亮撰　清光緒十七年(1891)石埭徐氏觀自得齋刻觀自得齋叢書本　清朱一新題記　二册

330000－1701－0020526　普 915.1244/9035/2/c2　史部/地理類/方志之屬/郡縣志

[光緒]定海廳志三十卷首一卷　(清)史致馴修　(清)陳重威　(清)黄以恭　(清)黄以周纂　清光緒十一年(1885)黄樹藩刻二十八年(1902)補刻本　十册

330000－1701－0020531　普 915.1244/9035/2/c3　史部/地理類/方志之屬/郡縣志

[光緒]定海廳志三十卷首一卷　(清)史致馴修　(清)陳重威　(清)黄以恭　(清)黄以周纂　清光緒十一年(1885)黄樹藩刻二十八年(1902)補刻本　十册

330000－1701－0020533　普 915.1244/9035　史部/地理類/方志之屬/郡縣志

[光緒]定海廳志三十卷首一卷　(清)史致馴修　(清)陳重威　(清)黄以恭　(清)黄以周纂　清光緒十一年(1885)黄樹藩刻本　十册

330000－1701－0020534　普 915.1244/9041　史部/地理類/雜志之屬

定海鄉土教科書不分卷　王亨彦編　清光緒三十三年(1907)上海鴻文書局石印本　一册

330000－1701－0020535　普 915.1244/9052.2/(2)/c3　史部/地理類/山川之屬/山志

重修南海普陀山志二十卷首一卷　(清)許琰撰　清乾隆五年(1740)刻本　四册

330000－1701－0020536　普 915.1244/9035/2/c4　史部/地理類/方志之屬/郡縣志

[光緒]定海廳志三十卷首一卷　(清)史致馴修　(清)陳重威　(清)黄以恭　(清)黄以周纂　清光緒十一年(1885)黄樹藩刻二十八年(1902)補刻本　十册

330000－1701－0020538　普 915.133/0043.4　類叢部/叢書類/自著之屬

善思齋集四種　(清)徐宗亮撰　清光緒桐城徐氏刻本　二册　存一種

330000－1701－0020539　普 915.1244/9052.2　史部/地理類/山川之屬/山志

重修南海普陀山志二十卷首一卷　(清)許琰撰　清乾隆五年(1740)刻本　六册

330000－1701－0020540　普 915.133/1043　史部/地理類/雜志之屬

卜魁城賦一卷　(清)英和撰　**新疆賦一卷**　(清)徐松撰　**西藏賦一卷**　(清)和寧撰　清光緒八年至九年(1882－1883)元尚居刻本　一册

330000－1701－0020541　普 915.1244/9052.2/(2)/c1　史部/地理類/山川之屬/山志

重修南海普陀山志二十卷首一卷　(清)許琰撰　清同治刻本　四册

330000－1701－0020542　普 915.1244/9052.3/c1　史部/地理類/山川之屬/山志

重修南海普陀山志二十卷首一卷　(清)秦耀曾輯　清道光十二年(1832)刻民國四年(1915)趙希伊補刻民國六年(1917)定海監獄工場印本　四册

330000－1701－0020544　普 915.1244/9052.3/c3　史部/地理類/山川之屬/山志

重修南海普陀山志二十卷首一卷　(清)秦耀曾輯　清道光十二年(1832)刻民國四年(1915)趙希伊補刻民國六年(1917)定海監獄工場印本　四册

330000－1701－0020545　普 915.1244/9052.3/2　史部/地理類/山川之屬/山志
重修南海普陀山志二十卷首一卷　(清)秦耀曾輯　清道光十二年(1832)刻民國四年(1915)趙希伊補刻南海普陀山佛經流通處印本　四冊

330000－1701－0020548　普 915.1244/9052.3/c2　史部/地理類/山川之屬/山志
重修南海普陀山志二十卷首一卷　(清)秦耀曾輯　清道光十二年(1832)刻民國四年(1915)趙希伊補刻民國六年(1917)定海監獄工場印本　四冊

330000－1701－0020549　普 915.1244/9052.2/(2)/c2　史部/地理類/山川之屬/山志
重修南海普陀山志二十卷首一卷　(清)許琰撰　清乾隆五年(1740)刻本　四冊

330000－1701－0020551　普 915.133/0036/c3　類叢部/叢書類/彙編之屬
漸西村舍彙刊(漸西村舍叢刻)四十四種　(清)袁昶編　清光緒十六年至二十四年(1890－1898)桐廬袁氏刻本　二冊　存一種

330000－1701－0020553　普 915.134/0051　史部/地理類/雜志之屬
御製熱河三十六景詩不分卷　(清)聖祖玄燁撰　(清)沈錫齡摹　清光緒二十年(1894)上海沈錫齡石印本　二冊

330000－1701－0020555　普 915.134/1132/c1　史部/地理類/方志之屬/郡縣志
[道光]承德府志六十卷首二十六卷　(清)海忠纂修　(清)廷杰　(清)李世寅重訂　清光緒十三年(1887)刻民國三年(1914)重印本　二十四冊

330000－1701－0020556　普 915.1244/9052.9　史部/地理類/山川之屬/山志
普陀全勝一卷　(清)祝德風撰　清道光十年(1830)祝德風蕤鳳堂刻本　二冊

330000－1701－0020558　普 915.134/1132/2　史部/地理類/方志之屬/郡縣志
[道光]承德府志六十卷首二十六卷　(清)海忠纂修　(清)廷杰　(清)李世寅重訂　清光緒十三年(1887)刻本　趙滕題記　二十四冊

330000－1701－0020561　普 915.1244/9084　史部/地理類/雜志之屬
定海廳洋面島嶼表一卷　(清)錢增勳撰　清光緒三十三年(1907)鉛印本　一冊

330000－1701－0020562　普 915.134/1132/c2　史部/地理類/方志之屬/郡縣志
[道光]承德府志六十卷首二十六卷　(清)海忠纂修　(清)廷杰　(清)李世寅重訂　清光緒十三年(1887)刻本　二十四冊

330000－1701－0020565　普 915.14/8621/c1　史部/政書類/軍政之屬/邊政
朔方備乘六十八卷首十二卷　(清)何秋濤撰　清光緒石印本　八冊

330000－1701－0020570　普 915.14/8621/2　史部/政書類/軍政之屬/邊政
朔方備乘六十八卷首十二卷　(清)何秋濤撰　清光緒七年(1881)刻本　二十四冊

330000－1701－0020574　普 915.1245/0022/2/c1　史部/地理類/方志之屬/郡縣志
嘉泰會稽志二十卷　(宋)沈作賓修　(宋)施宿等纂　清嘉慶十三年(1808)采鞠軒刻本　六冊

330000－1701－0020577　普 915.14/8621/c2　史部/政書類/軍政之屬/邊政
朔方備乘六十八卷首十二卷　(清)何秋濤撰　清光緒石印本　八冊

330000－1701－0020578　普 915.141/0033/c1　史部/地理類/雜志之屬
蒙古游牧記十六卷　(清)張穆撰　(清)何秋濤補　清同治六年(1867)壽陽祁氏刻本　四冊

330000－1701－0020581　普 915.141/0033/c2　史部/地理類/雜志之屬
蒙古游牧記十六卷　(清)張穆撰　(清)何秋濤補　清同治六年(1867)壽陽祁氏刻本

四册

330000－1701－0020583　普 915.141/0033/c3　史部/地理類/雜志之屬

蒙古游牧記十六卷　(清)張穆撰　(清)何秋濤補　清同治六年(1867)壽陽祁氏刻本　四册

330000－1701－0020585　普 915.1245/0022.2/2/c1　史部/地理類/方志之屬/郡縣志

[寶慶]會稽續志八卷　(宋)張淏纂修　清嘉慶十三年(1808)刻本　二册

330000－1701－0020586　普 915.1245/0022/2/c2　史部/地理類/方志之屬/郡縣志

嘉泰會稽志二十卷　(宋)沈作賓修　(宋)施宿等纂　清嘉慶十三年(1808)采鞠軒刻本　十册

330000－1701－0020588　普 915.1245/0022.2/2/c2　史部/地理類/方志之屬/郡縣志

[寶慶]會稽續志八卷　(宋)張淏纂修　清嘉慶十三年(1808)刻本　二册

330000－1701－0020589　普 915.141/4217　史部/地理類/雜志之屬

蒙古諸部述畧一卷　(清)鄧廷楨撰　清道光刻本　一册

330000－1701－0020590　普 915.14/8621/c3　史部/政書類/軍政之屬/邊政

朔方備乘六十八卷首十二卷　(清)何秋濤撰　清光緒石印本　八册

330000－1701－0020592　普 915.1245/0029/c1　史部/地理類/方志之屬/郡縣志

[乾隆]紹興府志八十卷首一卷　(清)李亨特修　(清)平恕　(清)徐嵩纂　清乾隆五十七年(1792)刻本　四十六册

330000－1701－0020594　普 915.142/4735　史部/地理類/方志之屬/郡縣志

[光緒]懷安縣志八卷首一卷末一卷　(清)蔭禄修　(清)程燮奎纂　清光緒二年(1876)刻本　四册

330000－1701－0020595　普 915.1245/0029/c2　史部/地理類/方志之屬/郡縣志

[乾隆]紹興府志八十卷首一卷　(清)李亨特修　(清)平恕　(清)徐嵩纂　清乾隆五十七年(1792)刻本　四十六册

330000－1701－0020597　普 915.14/8621/c4　史部/政書類/軍政之屬/邊政

朔方備乘六十八卷首十二卷　(清)何秋濤撰　清光緒石印本　八册

330000－1701－0020599　普 915.1245/0027　史部/地理類/方志之屬/郡縣志

[康熙]紹興府志五十八卷　(清)王之賓修　(清)董欽德纂　清康熙二十二年(1683)刻本　二十四册　缺二卷(三、十七)

330000－1701－0020602　普 915.1245/0029/c3　史部/地理類/方志之屬/郡縣志

[乾隆]紹興府志八十卷首一卷　(清)李亨特修　(清)平恕　(清)徐嵩纂　清乾隆五十七年(1792)刻本　四十六册

330000－1701－0020604　普 915.1245/0029/c5　史部/地理類/方志之屬/郡縣志

[乾隆]紹興府志八十卷首一卷　(清)李亨特修　(清)平恕　(清)徐嵩纂　清乾隆五十七年(1792)刻本　四十六册

330000－1701－0020605　普 915.1245/0029/(2)　史部/地理類/方志之屬/郡縣志

[乾隆]紹興府志八十卷首一卷　(清)李亨特修　(清)平恕　(清)徐嵩纂　清乾隆五十七年(1792)刻本　二十四册

330000－1701－0020606　普 915.142/5135　史部/地理類/方志之屬/郡縣志

[光緒]蔚州志二十卷首一卷　(清)慶之金修　(清)楊篤纂　清光緒三年(1877)刻本　八册

330000－1701－0020610　普 915.142/5435　史部/地理類/方志之屬/郡縣志

[光緒]延慶州志十二卷首一卷末一卷　(清)屠秉懿　(清)何道增修　(清)張惇德纂　清

光緒六年(1880)刻本　九冊

330000－1701－0020611　普 915.143/0036　史部/地理類/方志之屬/郡縣志

[乾隆]河套志六卷　(清)陳履中纂　清乾隆七年(1742)刻本　八冊

330000－1701－0020614　普 915.1245/0043/c1　史部/地理類/雜志之屬

王梅溪先生會稽三賦四卷　(宋)王十朋撰　(明)南逢吉註　(清)周炳曾增註　清咸豐尺木堂刻本　二冊

330000－1701－0020616　普 915.143/1159/c1　史部/地理類/專志之屬/祠墓

青冢志十二卷首一卷　(清)胡鳳丹輯　清光緒三年(1877)永康胡鳳丹退補齋刻本　三冊

330000－1701－0020618　普 915.1245/0043/c2　史部/地理類/雜志之屬

王梅溪先生會稽三賦四卷　(宋)王十朋撰　(明)南逢吉註　(清)周炳曾增註　清咸豐尺木堂刻本　一冊

330000－1701－0020620　普 915.1245/0043/c3　史部/地理類/雜志之屬

王梅溪先生會稽三賦四卷　(宋)王十朋撰　(明)南逢吉註　(清)周炳曾增註　清咸豐尺木堂刻本　一冊

330000－1701－0020622　普 915.1245/0029/c4　史部/地理類/方志之屬/郡縣志

[乾隆]紹興府志八十卷首一卷　(清)李亨特修　(清)平恕　(清)徐嵩纂　清乾隆五十七年(1792)刻本　四十六冊

330000－1701－0020624　普 915.143/1159/c2　史部/地理類/專志之屬/祠墓

青冢志十二卷首一卷　(清)胡鳳丹輯　清光緒三年(1877)永康胡鳳丹退補齋刻本　三冊

330000－1701－0020627　普 915.1245/0043/c4　史部/地理類/雜志之屬

王梅溪先生會稽三賦四卷　(宋)王十朋撰　(明)南逢吉註　(清)周炳曾增註　清咸豐尺木堂刻本　一冊

330000－1701－0020628　普 915.1245/0043/c5　史部/地理類/雜志之屬

王梅溪先生會稽三賦四卷　(宋)王十朋撰　(明)南逢吉註　(清)周炳曾增註　清咸豐尺木堂刻本　一冊

330000－1701－0020629　普 915.151/1900　史部/地理類/雜志之屬

晉乘蒐略三十二卷　(清)康基田輯　清嘉慶十六年(1811)刻本　四十八冊

330000－1701－0020630　普 915.151/2877　史部/地理類/方志之屬/通志

[雍正]山西通志二百三十卷　(清)覺羅石麟修　(清)儲大文纂　清嘉慶十六年(1811)衡齡校刻本　一百冊

330000－1701－0020631　普 915.151/3511/c1　史部/地理類/方志之屬/通志

[光緒]山西通志一百八十四卷首一卷　(清)曾國荃　(清)張煦等修　(清)王軒　(清)楊篤等纂　清光緒十八年(1892)刻本　九十六冊

330000－1701－0020633　普 915.1245/0043/2　史部/地理類/雜志之屬

會稽三賦一卷　(宋)王十朋撰　(宋)周世則注　(宋)史鑄增注　清道光十七年(1837)刻本　一冊

330000－1701－0020635　HJH3136　集部/別集類/清別集

御製文三集十六卷　(清)高宗弘曆撰　清嘉慶武英殿刻本　八冊

330000－1701－0020636　普 915.151/3511/c3　史部/地理類/方志之屬/通志

[光緒]山西通志一百八十四卷首一卷　(清)曾國荃　(清)張煦等修　(清)王軒　(清)楊篤等纂　清光緒十八年(1892)刻本　九十六冊

330000－1701－0020637　HJL2124　集部/別集類/清別集

椶亭古文鈔十卷首一卷駢體文鈔八卷詩鈔十

八卷詞鈔七卷 （清）金兆燕撰 清嘉慶十二年（1807）、道光十六年（1836）贈雲軒刻本 十冊

330000－1701－0020638 普 915.151/3511/c2 史部/地理類/方志之屬/通志
［光緒］山西通志一百八十四卷首一卷 （清）曾國荃 （清）張煦等修 （清）王軒 （清）楊篤等纂 清光緒十八年（1892）刻本 五十六冊 存一百八卷（七十七至一百八十四）

330000－1701－0020639 普 915.1245/00431 史部/地理類/雜志之屬
越中百詠一卷 （清）周晉鑅撰 清道光二十九年（1849）小寄廬刻本 一冊

330000－1701－0020640 普 915.1245/00432/c1 史部/地理類/專志之屬/古跡
越中名勝賦一卷 （清）李壽朋撰 清乾隆四十年（1775）刻本 二冊

330000－1701－0020641 普 915.1245/00432/c4 史部/地理類/專志之屬/古跡
越中名勝賦一卷 （清）李壽朋撰 清乾隆四十年（1775）刻本 一冊

330000－1701－0020642 普 915.1245/0043/3 類叢部/叢書類/彙編之屬
湖海樓叢書十二種 （清）陳春編 清嘉慶蕭山陳氏湖海樓刻二十四年（1819）彙印本 一冊 存一種

330000－1701－0020643 普 915.1511/2032 史部/地理類/方志之屬/郡縣志
［道光］太原縣志十八卷 （清）員佩蘭修 （清）楊國泰纂 清道光六年（1826）刻本 六冊

330000－1701－0020644 普 915.151/3631 史部/地理類/方志之屬/通志
［乾隆］山西志輯要十卷首一卷 （清）雅德修 （清）汪本直纂 **清涼山志輯要二卷** （清）汪本直輯 清乾隆四十五年（1780）刻本 十二冊

330000－1701－0020645 普 915.1245/0043/4 史部/地理類/雜志之屬
會稽三賦三卷 （宋）王十朋撰 清乾隆四十六年（1781）楊紹裘城南草堂刻本 一冊

330000－1701－0020646 普 915.1245/00433/c1 史部/地理類/雜志之屬
越詠二卷 （清）周調梅撰 清咸豐四年（1854）刻本 二冊

330000－1701－0020647 普 915.1245/00434 史部/地理類/雜志之屬
會稽懷古詩一卷 （明）唐之淳撰 清道光六年（1826）山陰杜氏知聖教齋刻本 一冊

330000－1701－0020648 普 915.1245/00433/c2 史部/地理類/雜志之屬
越詠二卷 （清）周調梅撰 清咸豐四年（1854）刻本 二冊

330000－1701－0020649 普 915.1245/00432/c2 史部/地理類/專志之屬/古跡
越中名勝賦一卷 （清）李壽朋撰 清乾隆四十年（1775）刻本 二冊

330000－1701－0020650 普 915.151/3631/(2) 史部/地理類/方志之屬/通志
［乾隆］山西志輯要十卷首一卷 （清）雅德修 （清）汪本直纂 **清涼山志輯要二卷** （清）汪本直輯 清乾隆四十五年（1780）刻本 十冊 缺二卷（清涼山志輯要一至二）

330000－1701－0020651 普 915.1511/2035 史部/地理類/方志之屬/郡縣志
［光緒］續太原縣志二卷 （清）薛元釗修 （清）王效尊纂 清光緒八年（1882）刻本 二冊

330000－1701－0020652 普 915.1245/00432/c3 史部/地理類/專志之屬/古跡
越中名勝賦一卷 （清）李壽朋撰 清乾隆四十年（1775）刻本 一冊

330000－1701－0020653 普 915.1245/00435 史部/地理類/專志之屬/古跡
越中名勝百詠一卷 （清）張桂臣撰 清光緒九年（1883）八杉齋刻本 二冊

330000－1701－0020655　普 915.1245/0043/5　史部/地理類/雜志之屬
會稽三賦四卷　(宋)王十朋撰　(明)南逢吉注　(明)尹壇補注　明山陰致遠堂丁氏刻本　一冊

330000－1701－0020656　普 915.1511/4029　史部/地理類/方志之屬/郡縣志
[乾隆]太谷縣志八卷　(清)郭晉修　(清)管粵秀纂　清乾隆六十年(1795)刻本　八冊

330000－1701－0020657　普 915.1511/3034　史部/地理類/方志之屬/郡縣志
[同治]榆次縣志十六卷首一卷末一卷　(清)俞世銓　(清)陶良駿修　(清)王平格　(清)王序賓纂　清同治二年(1863)鳳鳴書院刻本　八冊

330000－1701－0020658　普 915.1511/4033/c1　史部/地理類/方志之屬/郡縣志
[咸豐]太谷縣志八卷首一卷末一卷　(清)章青選　(清)汪和修　(清)章嗣衡纂　清咸豐五年(1855)刻本　十六冊

330000－1701－0020659　普 915.1245/1027/c2　史部/地理類/方志之屬/郡縣志
[康熙]山陰縣志三十八卷　(清)高登先修　(清)沈麟趾等纂　清康熙十年(1671)刻本　八冊

330000－1701－0020660　普 915.1245/1031/c1　史部/地理類/方志之屬/郡縣志
[嘉慶]山陰縣志三十卷首一卷　(清)徐元梅修　(清)朱文翰等纂　清嘉慶八年(1803)刻本　八冊

330000－1701－0020661　普 915.1245/1031/c3　史部/地理類/方志之屬/郡縣志
[嘉慶]山陰縣志三十卷首一卷　(清)徐元梅修　(清)朱文翰等纂　清嘉慶八年(1803)刻本　八冊

330000－1701－0020662　普 915.1511/4035　史部/地理類/方志之屬/郡縣志
[光緒]太谷縣志八卷首一卷末一卷　(清)恩浚　(清)趙冠卿修　(清)王效尊等纂　清光緒十二年(1886)刻本　八冊

330000－1701－0020663　普 915.1245/1031/c2　史部/地理類/方志之屬/郡縣志
[嘉慶]山陰縣志三十卷首一卷　(清)徐元梅修　(清)朱文翰等纂　清嘉慶八年(1803)刻本　八冊

330000－1701－0020664　普 915.1245/1031/c4　史部/地理類/方志之屬/郡縣志
[嘉慶]山陰縣志三十卷首一卷　(清)徐元梅修　(清)朱文翰等纂　清嘉慶八年(1803)刻本　八冊

330000－1701－0020665　普 915.1511/5035　史部/地理類/方志之屬/郡縣志
[光緒]祁縣志十六卷　(清)劉發岏等修　(清)李芬纂　清光緒八年(1882)刻本　十冊

330000－1701－0020666　普 915.1511/4033/c2　史部/地理類/方志之屬/郡縣志
[咸豐]太谷縣志八卷首一卷末一卷　(清)章青選　(清)汪和修　(清)章嗣衡纂　清咸豐五年(1855)刻本　八冊

330000－1701－0020667　普 915.1512/3028　史部/地理類/方志之屬/郡縣志
[雍正]洪洞縣志九卷　(清)余世堂修　(清)董維等纂　清雍正八年(1730)刻同治十一年(1872)濟南艾紹濂補刻本　八冊

330000－1701－0020668　普 915.1512/4034　史部/地理類/方志之屬/郡縣志
[同治]浮山縣志三十七卷　(清)慶鍾纂修　清同治十三年(1874)刻本　十六冊

330000－1701－0020673　普 915.1512/5035/c1　史部/地理類/方志之屬/郡縣志
[光緒]太平縣志十四卷首一卷　(清)勞文慶　(清)朱光綬修　(清)婁道南纂　清光緒八年(1882)刻本　十冊

330000－1701－0020675　普 915.1512/5032/c1　史部/地理類/方志之屬/郡縣志
[道光]太平縣志十六卷首一卷　(清)李炳彥

修　(清)梁梫鸞纂　清道光五年(1825)刻本　八册

330000－1701－0020680　普 915.1512/5035/c2　史部/地理類/方志之屬/郡縣志
[光緒]太平縣志十四卷首一卷　(清)勞文慶　(清)朱光綬修　(清)婁道南纂　清光緒八年(1882)刻本　十册

330000－1701－0020681　普 915.1512/5032/c2　史部/地理類/方志之屬/郡縣志
[道光]太平縣志十六卷首一卷　(清)李炳彥修　(清)梁梫鸞纂　清道光五年(1825)刻本　八册

330000－1701－0020682　普 915.1512/5032/c3　史部/地理類/方志之屬/郡縣志
[道光]太平縣志十六卷首一卷　(清)李炳彥修　(清)梁梫鸞纂　清道光五年(1825)刻本　八册

330000－1701－0020685　普 915.1245/1052　集部/别集類/明别集
寓山注二卷附録一卷　(明)祁彪佳撰　清光緒元年(1875)刻葛園叢書本　清俞慶恒跋　一册

330000－1701－0020686　普 915.1512/7035　史部/地理類/方志之屬/郡縣志
[光緒]續修曲沃縣志三十二卷　(清)張鴻逵　(清)茅丕熙修　(清)韓子泰纂　清光緒六年(1880)刻本　六册

330000－1701－0020688　普 915.1245/2027　史部/地理類/方志之屬/郡縣志
[康熙]會稽縣志二十八卷首一卷　(清)吕化龍修　(清)董欽德纂　清康熙十三年(1674)刻本　二十册

330000－1701－0020689　普 915.1513/0029　史部/地理類/方志之屬/郡縣志
[乾隆]蒲州府志二十四卷圖一卷　(清)周景柱等纂修　清乾隆十九年(1754)刻本　二十三册　存二十四卷(一至二十四)

330000－1701－0020691　普 915.1513/3029　史部/地理類/方志之屬/郡縣志
[乾隆]虞鄉縣志十二卷　(清)周大儒修　(清)尚雲章等纂　清乾隆五十四年(1789)刻本　四册

330000－1701－0020693　普 915.1513/2029　史部/地理類/方志之屬/郡縣志
[乾隆]臨晋縣志八卷　(清)王正茂纂修　清乾隆三十八年(1773)刻本　四册

330000－1701－0020695　普 915.1513/4034　史部/地理類/方志之屬/郡縣志
[同治]續猗氏縣志四卷　(清)周之楨修　(清)崔曾頤纂　清同治六年(1867)刻本　二册

330000－1701－0020696　普 915.1514/1029　史部/地理類/方志之屬/郡縣志
[乾隆]長治縣志二十八卷首一卷末一卷　(清)吴九齡修　(清)蔡履豫纂　清乾隆二十八年(1763)刻本　十册

330000－1701－0020697　普 915.1514/0029　史部/地理類/方志之屬/郡縣志
[乾隆]潞安府志四十卷首一卷　(清)張淑渠　(清)姚學瑛等修　(清)姚學甲等纂　清乾隆三十五年(1770)刻本　二十四册

330000－1701－0020698　普 915.1514/2035　史部/地理類/方志之屬/郡縣志
[光緒]長子縣志十二卷首一卷　(清)豫謙修　(清)楊篤纂　清光緒十年(1884)刻本　八册

330000－1701－0020701　普 915.1245/2042　史部/地理類/雜志之屬
廣會稽風俗賦一卷　(清)陶元藻撰　清乾隆五十二年(1787)怡雲閣刻本　一册

330000－1701－0020705　普 915.1245/2027/2/c1　史部/地理類/方志之屬/郡縣志
[康熙]會稽縣志二十八卷首一卷　(清)王元臣修　(清)董欽德　(清)金炯纂　清康熙二十二年(1683)刻本　十二册

330000－1701－0020706　普 915.1514/4029

史部/地理類/方志之屬/郡縣志
[乾隆]重修襄垣縣志八卷 (清)李廷芳修 (清)徐玨 (清)陳于廷纂 清乾隆四十七年(1782)刻本 八冊

330000－1701－0020707 普 915.1515/0029 史部/地理類/方志之屬/郡縣志
[乾隆]汾州府志三十四卷首一卷 (清)孫和相修 (清)戴震纂 清乾隆三十六年(1771)刻本 十六冊

330000－1701－0020709 普 915.1515/1033 史部/地理類/方志之屬/郡縣志
[道光]汾陽縣志十四卷首一卷 (清)周貽緌 (清)曹文錦修 (清)曹樹穀纂 清咸豐元年(1851)刻本 十六冊

330000－1701－0020710 普 915.1513/4028/c1 史部/地理類/方志之屬/郡縣志
[雍正]猗氏縣志八卷 (清)潘鉞修 (清)吳啓元 (清)高紹烈纂 (清)宋之樹續修 (清)何世勳 (清)陳倜儀續纂 清雍正七年(1729)刻本 四冊

330000－1701－0020711 普 915.1515/1035 史部/地理類/方志之屬/郡縣志
[光緒]汾陽縣志十四卷首一卷 (清)方家駒等修 (清)王文員等纂 清光緒十年(1884)刻本 十冊

330000－1701－0020713 普 915.1514/8032 史部/地理類/方志之屬/郡縣志
[道光]壺關縣志十卷首一卷 (清)茹金 (清)申瑤等纂修 清道光十四年(1834)刻本 六冊

330000－1701－0020714 普 915.1245/2027/2/c2 史部/地理類/方志之屬/郡縣志
[康熙]會稽縣志二十八卷首一卷 (清)王元臣修 (清)董欽德 (清)金烔纂 清康熙二十二年(1683)刻本(卷一至二、四、十三至十九配抄本) 十一冊 缺一卷(首)

330000－1701－0020715 普 915.1515/2029 史部/地理類/方志之屬/郡縣志
[乾隆]孝義縣志二十卷 (清)鄧必安修 (清)鄧常纂 清乾隆三十五年(1770)刻本 四冊

330000－1701－0020716 普 915.1245/2027/2(2)/c1 史部/地理類/方志之屬/郡縣志
[康熙]會稽縣志二十八卷首一卷 (清)王元臣修 (清)董欽德 (清)金烔纂 清康熙二十二年(1683)刻本 八冊

330000－1701－0020717 普 915.1513/4028/c2 史部/地理類/方志之屬/郡縣志
[雍正]猗氏縣志八卷 (清)潘鉞修 (清)吳啓元 (清)高紹烈纂 (清)宋之樹續修 (清)何世勳 (清)陳倜儀續纂 清雍正七年(1729)刻本 四冊

330000－1701－0020719 普 915.1245/2027/2/c3 史部/地理類/方志之屬/郡縣志
[康熙]會稽縣志二十八卷首一卷 (清)王元臣修 (清)董欽德 (清)金烔纂 清康熙二十二年(1683)刻本 十六冊

330000－1701－0020720 普 915.1515/3035/c1 史部/地理類/方志之屬/郡縣志
[光緒]平遙縣志十二卷 (清)恩端等修 (清)武達材 (清)王舒萼纂 清光緒八年(1882)刻本 八冊

330000－1701－0020721 普 915.1245/2062 史部/地理類/山川之屬/山志
會稽山賦不分卷 (清)胡浚撰注 清乾隆五十四年(1789)綠蘿書屋刻本 一冊

330000－1701－0020722 普 915.1515/3027 史部/地理類/方志之屬/郡縣志
[康熙]重修平遥縣志八卷 (清)王綬修 (清)康乃心纂 清康熙四十五年(1706)刻本 十冊

330000－1701－0020723 普 915.1245/2027/2(2)/c2 史部/地理類/方志之屬/郡縣志
[康熙]會稽縣志二十八卷首一卷 (清)王元臣修 (清)董欽德 (清)金烔纂 清康熙二十二年(1683)刻本 八冊

330000－1701－0020724　普915.1515/4031/c1　史部/地理類/方志之屬/郡縣志
[嘉慶]介休縣志十四卷　(清)徐品山(清)陸元鏸修　(清)熊兆占等纂　清嘉慶二十四年(1819)刻本　八冊

330000－1701－0020726　普915.1516/1029　史部/地理類/方志之屬/郡縣志
[乾隆]鳳臺縣志二十卷首一卷　(清)林荔修　(清)姚學甲纂　清乾隆四十九年(1784)刻本　十五冊　缺三卷(十八至二十)

330000－1701－0020727　普915.1515/3035/c2　史部/地理類/方志之屬/郡縣志
[光緒]平遙縣志十二卷　(清)恩端等修(清)武達材　(清)王舒萼纂　清光緒八年(1882)刻本　八冊

330000－1701－0020729　普915.1515/2029/1　史部/地理類/方志之屬/郡縣志
[光緒]孝義縣續志二卷首一卷末一卷　(清)孔廣熙修　(清)何之煌纂　清光緒六年(1880)刻本　二冊

330000－1701－0020730　普915.1515/4031/c2　史部/地理類/方志之屬/郡縣志
[嘉慶]介休縣志十四卷　(清)徐品山(清)陸元鏸修　(清)熊兆占等纂　清嘉慶二十四年(1819)刻本　八冊

330000－1701－0020731　普915.1516/0028/c1　史部/地理類/方志之屬/郡縣志
[雍正]澤州府志五十二卷　(清)朱樟修(清)田嘉穀纂　清雍正十三年(1735)刻本　十六冊

330000－1701－0020732　普915.1516/4029　史部/地理類/方志之屬/郡縣志
[乾隆]陵川縣志三十卷首一卷　(清)程德炯纂修　清乾隆四十四年(1779)刻本　七冊　存六卷(二十五至三十)

330000－1701－0020734　普915.1516/1035　史部/地理類/方志之屬/郡縣志
[光緒]鳳臺縣續志四卷首一卷　(清)張貽琯修　(清)郭維垣等纂　清光緒八年(1882)刻本　六冊

330000－1701－0020735　普915.1516/0028/c2　史部/地理類/方志之屬/郡縣志
[雍正]澤州府志五十二卷　(清)朱樟修(清)田嘉穀纂　清雍正十三年(1735)刻本　二十四冊

330000－1701－0020738　普915.1516/4035　史部/地理類/方志之屬/郡縣志
[光緒]陵川縣志三十卷首一卷　(清)徐炑修　(清)梁寅纂　清光緒八年(1882)刻本　十二冊

330000－1701－0020739　普915.1516/2035　史部/地理類/方志之屬/郡縣志
[光緒]續高平縣志十六卷　(清)陳學富(清)慶鍾修　(清)李廷一纂　清光緒六年(1880)刻本　四冊

330000－1701－0020741　普915.1515/4031/c3　史部/地理類/方志之屬/郡縣志
[嘉慶]介休縣志十四卷　(清)徐品山(清)陸元鏸修　(清)熊兆占等纂　清嘉慶二十四年(1819)刻本　十冊

330000－1701－0020742　普915.1517/0029　史部/地理類/方志之屬/郡縣志
[乾隆]寧武府志十二卷首一卷　(清)周景柱修　(清)李維梓纂　清乾隆十五年(1750)刻咸豐七年(1857)重印本　六冊

330000－1701－0020743　普915.1518/0029　史部/地理類/方志之屬/郡縣志
[乾隆]大同府志三十二卷首一卷　(清)吳輔宏修　(清)王飛藻纂　(清)文光校訂　清乾隆四十七年(1782)刻本　十六冊

330000－1701－0020744　普915.1245/3051.2　史部/地理類/雜志之屬
鑑湖櫂歌一百首和秀水朱竹垞太史鴛鴦湖櫂歌一卷　(清)胡保泰撰　清乾隆五十二年(1787)刻本　一冊

330000－1701－0020746　普915.1518/1032

史部/地理類/方志之屬/郡縣志

[道光]大同縣志二十卷首一卷末一卷 (清)黎中輔纂修 清道光十年(1830)刻本 八冊

330000－1701－0020747 普915.1519/0028 史部/地理類/方志之屬/郡縣志

[雍正]朔平府志十二卷 (清)劉士銘修 (清)王霷纂 清雍正十一年(1733)刻本 十冊

330000－1701－0020748 普915.1517/0033 史部/地理類/方志之屬/郡縣志

[咸豐]續寧武府志不分卷 (清)常文遴 (清)阿克達春纂修 清咸豐七年(1857)刻本 一冊

330000－1701－0020749 普915.1245/3051/c1 史部/地理類/專志之屬/古跡

會稽名勝賦一卷 (清)葉簡裁輯 清刻本 一冊

330000－1701－0020750 普915.1245/3053/c1 史部/地理類/山川之屬/水志

曹娥江志八卷首一卷 (清)胡鳳丹輯 清光緒三年(1877)永康胡氏退補齋刻本 二冊

330000－1701－0020752 普915.1245/3053/c2 史部/地理類/山川之屬/水志

曹娥江志八卷首一卷 (清)胡鳳丹輯 清光緒三年(1877)永康胡氏退補齋刻本 一冊

330000－1701－0020753 普915.1245/30541/c1 史部/地理類/專志之屬/祠墓

曹江孝女廟誌八卷首一卷末一卷補遺一卷 (清)金廷棟輯 (清)唐煦春增輯 清光緒八年(1882)五社公所刻本 四冊

330000－1701－0020754 普915.1245/3053/c3 史部/地理類/山川之屬/水志

曹娥江志八卷首一卷 (清)胡鳳丹輯 清光緒三年(1877)永康胡氏退補齋刻本 二冊

330000－1701－0020756 普915.1518/3035 史部/地理類/方志之屬/郡縣志

[光緒]渾源州續志十卷 (清)賀澍恩修 (清)程續等纂 清光緒七年(1881)刻本 四冊

330000－1701－0020757 普915.1245/30541/2/c1 史部/地理類/專志之屬/祠墓

曹江孝女廟誌九卷首一卷末一卷 (清)金廷棟輯 清嘉慶十三年(1808)深柳書屋刻本 三冊

330000－1701－0020759 普915.1245/30541/2/c2 史部/地理類/專志之屬/祠墓

曹江孝女廟誌九卷首一卷末一卷 (清)金廷棟輯 清嘉慶十三年(1808)深柳書屋刻本 二冊

330000－1701－0020760 普915.1519/4028 史部/地理類/方志之屬/郡縣志

[雍正]朔州志十二卷 (清)汪嗣聖修 (清)王霷纂 清雍正十三年(1735)刻本 十冊

330000－1701－0020761 普915.1245/3051/c2 史部/地理類/專志之屬/古跡

會稽名勝賦一卷 (清)葉簡裁輯 清乾隆五十三年(1788)刻本 一冊

330000－1701－0020762 普915.1245/30541/(2)/c1 史部/地理類/專志之屬/祠墓

曹江孝女廟誌八卷首一卷末一卷補遺一卷 (清)金廷棟輯 (清)唐煦春增輯 清光緒八年(1882)五社公所刻本 二冊

330000－1701－0020763 普915.1245/3051/(2) 史部/地理類/專志之屬/古跡

會稽名勝賦一卷 (清)葉簡裁輯 清刻本 二冊

330000－1701－0020764 普915.1245/30541/(2)/c2 史部/地理類/專志之屬/祠墓

曹江孝女廟誌八卷首一卷末一卷補遺一卷 (清)金廷棟輯 (清)唐煦春增輯 清光緒八年(1882)五社公所刻本 二冊

330000－1701－0020765 普915.1245/30541/c2 史部/地理類/專志之屬/祠墓

曹江孝女廟誌八卷首一卷末一卷補遺一卷 (清)金廷棟輯 (清)唐煦春增輯 清光緒八年(1882)五社公所刻本 六册

330000－1701－0020766 普 915.15191/1062.04 史部/地理類/山川之屬/山志
清凉山志輯要二卷 清乾隆刻本 萬里題記 二册

330000－1701－0020768 普 915.15191/1035 史部/地理類/方志之屬/郡縣志
[光緒]壽陽縣志十三卷首一卷 (清)馬家鼎 (清)賈成霖 (清)白昶修 (清)張嘉言 (清)鈕增垚 (清)祁世長纂 清光緒八年(1882)刻本 六册

330000－1701－0020769 普 915.1245/30541/(2)/c3 史部/地理類/專志之屬/祠墓
曹江孝女廟誌八卷首一卷末一卷補遺一卷 (清)金廷棟輯 (清)唐煦春增輯 清光緒八年(1882)五社公所刻本 二册

330000－1701－0020770 普 915.15191/2035 史部/地理類/方志之屬/郡縣志
[光緒]盂縣志二十二卷首一卷末一卷 (清)張嵐奇 (清)劉鴻逵修 (清)武纘緒 (清)劉懋功纂 清光緒八年(1882)刻本 十一册

330000－1701－0020771 HJL2125 集部/別集類/清別集
新城伯子文集八卷首一卷末一卷 (清)胡賡善撰 清嘉慶四年(1799)歙縣胡良會東井觀室刻本 四册

330000－1701－0020772 普 915.1245//30541/(2)/c4 史部/地理類/專志之屬/祠墓
曹江孝女廟誌八卷首一卷末一卷補遺一卷 (清)金廷棟輯 (清)唐煦春增輯 清光緒八年(1882)五社公所刻本 二册

330000－1701－0020773 普 915.1245/30543/c1 史部/地理類/專志之屬/祠墓
越中先賢祠目序例一卷 (清)李慈銘撰 清光緒十一年(1885)都門越祠刻本 清文詔題記 一册

330000－1701－0020776 普 915.1245/30541/(2)/c5 史部/地理類/專志之屬/祠墓
曹江孝女廟誌八卷首一卷末一卷補遺一卷 (清)金廷棟輯 (清)唐煦春增輯 清光緒八年(1882)五社公所刻本 二册

330000－1701－0020778 普 915.1245/3099 集部/別集類/清別集
鞍村雜詠一卷 (清)沈香巖撰 清道光十七年(1837)壽樟書屋刻本 一册

330000－1701－0020779 普 915.1245/30541/(2)/c6 史部/地理類/專志之屬/祠墓
曹江孝女廟誌八卷首一卷末一卷補遺一卷 (清)金廷棟輯 (清)唐煦春增輯 清光緒八年(1882)五社公所刻本 二册

330000－1701－0020781 普 915.15193/1062/2/c1 史部/地理類/山川之屬/山志
清凉山志十卷 (明)釋秋厓原纂 (明)釋鎮澄編 (清)釋阿王老藏修正 清乾隆二十年(1755)釋聚用刻光緒十三年(1887)重修本 四册

330000－1701－0020784 普 915.15193/1062.2 史部/地理類/山川之屬/山志
清凉山新志十卷 清康熙刻本 八册

330000－1701－0020785 普 915.15194/0032/c1 史部/地理類/方志之屬/郡縣志
[道光]直隸霍州志二十五卷首一卷 (清)崔允昭修 (清)李培謙纂 [光緒]續刻直隸霍州志二卷 (清)楊立旭修 (清)白天章等纂 清道光六年(1826)、光緒六年(1880)刻本 十二册

330000－1701－0020786 普 915.15192/0029 史部/地理類/方志之屬/郡縣志
[乾隆]忻州志六卷 (清)周人龍原本

(清)竇容邃增訂　清乾隆十二年(1747)刻本　六册

330000－1701－0020787　普 915.1245/4029/c1　史部/地理類/方志之屬/郡縣志
[乾隆]蕭山縣志四十卷　(清)黄鈺纂修　清乾隆十六年(1751)刻本　十册

330000－1701－0020788　普 915.1245/30543/c2　史部/地理類/專志之屬/祠墓
越中先賢祠目序例一卷　(清)李慈銘撰　清光緒十一年(1885)都門越祠刻本　一册

330000－1701－0020789　普 915.15193/1062/2/c3　史部/地理類/山川之屬/山志
清涼山志十卷　(明)釋秋厓原纂　(明)釋鎮澄編　(清)釋阿王老藏修正　清乾隆二十年(1755)釋聚用刻光緒十三年(1887)重修本　四册

330000－1701－0020790　普 915.15194/0035　史部/地理類/方志之屬/郡縣志
[光緒]續刻直隸霍州志二卷　(清)楊立旭修　(清)白天章纂　清光緒六年(1880)刻本　五册

330000－1701－0020791　普 915.1245/4029/c3　史部/地理類/方志之屬/郡縣志
[乾隆]蕭山縣志四十卷　(清)黄鈺纂修　清乾隆十六年(1751)刻本　十册

330000－1701－0020792　普 915.15194/1032　史部/地理類/方志之屬/郡縣志
[道光]趙城縣志三十七卷首一卷　(清)楊延亮纂修　清道光七年(1827)刻本　八册

330000－1701－0020793　普 915.1245/4029/c3/1　史部/地理類/方志之屬/郡縣志
[乾隆]蕭山縣志四十卷　(清)黄鈺纂修　清乾隆十六年(1751)刻本　八册　存三十三卷(一至二十八、三十至三十四)

330000－1701－0020794　普 915.1245/4029/(2)　史部/地理類/方志之屬/郡縣志
[乾隆]蕭山縣志四十卷　(清)黄鈺纂修　清乾隆十六年(1751)刻本　二十册

330000－1701－0020796　普 915.15192/0035　史部/地理類/方志之屬/郡縣志
[光緒]忻州志四十二卷　(清)方戊昌修　(清)方淵如纂　清光緒六年(1880)刻本　七册　缺八卷(九至十六)

330000－1701－0020797　普 915.15195/0029　史部/地理類/方志之屬/郡縣志
[乾隆]解州全志十八卷首一卷　(清)言如泗修　(清)呂瀶等纂　清乾隆二十九年(1764)刻本　八册

330000－1701－0020798　普 915.15194/2031　史部/地理類/方志之屬/郡縣志
[嘉慶]靈石縣志十二卷　(清)王志瀜修　(清)黄憲臣纂　清嘉慶二十二年(1817)刻本　六册

330000－1701－0020799　普 915.1245/4029/2　史部/地理類/方志之屬/郡縣志
[乾隆]蕭山縣志三十八卷　(清)黄鈺纂修　清乾隆十六年(1751)刻本　十六册

330000－1701－0020803　普 915.15195/2035/c1　史部/地理類/方志之屬/郡縣志
[光緒]夏縣志十卷首一卷　(清)黄縉榮　(清)萬啓鈞修　(清)張承熊纂　清光緒六年(1880)刻本　四册

330000－1701－0020804　普 915.15195/1029　史部/地理類/方志之屬/郡縣志
[乾隆]解州安邑縣志十六卷首一卷　(清)言如泗修　(清)呂瀶　(清)史永直　(清)鄭必揚纂　清乾隆二十九年(1764)刻本　四册

330000－1701－0020806　普 915.15194/0032/c2　史部/地理類/方志之屬/郡縣志
[道光]直隸霍州志二十五卷首一卷　(清)崔允昭修　(清)李培謙纂　清道光六年(1826)刻本　二十七册

330000－1701－0020807　普 915.15196/0029　史部/地理類/方志之屬/郡縣志
[乾隆]直隸絳州志二十卷圖考一卷　(清)張成德修　(清)李友洙　(清)張我觀纂　清乾

隆三十年(1765)刻本　十六冊

330000－1701－0020808　普915.15195/1029.2　史部/地理類/方志之屬/郡縣志

[乾隆]解州安邑縣運城志十六卷首一卷　(清)言如泗修　(清)吕瀶等纂　清乾隆二十九年(1764)刻本　四冊

330000－1701－0020810　普915.15195/1035/c1　史部/地理類/方志之屬/郡縣志

[光緒]安邑縣續志六卷首一卷　(清)趙輔堂修　(清)張承熊纂　清光緒六年(1880)刻本　二冊

330000－1701－0020811　普915.15196/1029/c1　史部/地理類/方志之屬/郡縣志

[乾隆]聞喜縣志十二卷首一卷　(清)李遵唐纂修　清乾隆三十一年(1766)刻本　六冊

330000－1701－0020813　普915.1245/4076.07　史部/地理類/水利之屬

湘湖攷略一卷附錄一卷　(清)於士達撰　清嘉慶六年(1801)汪輝祖學忍堂刻道光二十七年(1847)王延祥補刻本　一冊

330000－1701－0020814　普915.15195/1035/c2　史部/地理類/方志之屬/郡縣志

[光緒]安邑縣續志六卷首一卷　(清)趙輔堂修　(清)張承熊纂　清光緒六年(1880)刻本　二冊

330000－1701－0020819　普915.15196/1035/c1　史部/地理類/方志之屬/郡縣志

[光緒]聞喜縣志斠三卷首一卷補四卷續四卷　(清)陳作哲修　(清)楊深秀纂　清光緒六年(1880)刻本　四冊

330000－1701－0020820　普915.15196/1035/c2　史部/地理類/方志之屬/郡縣志

[光緒]聞喜縣志斠三卷首一卷補四卷續四卷　(清)陳作哲修　(清)楊深秀纂　清光緒六年(1880)刻本　四冊

330000－1701－0020821　普915.15196/4035/c1　史部/地理類/方志之屬/郡縣志

[光緒]絳縣志二十一卷　(清)胡延纂修　清光緒二十五年(1899)刻本　四冊

330000－1701－0020822　普915.15197/0029　史部/地理類/方志之屬/郡縣志

[乾隆]沁州志十卷首一卷　(清)葉士寬原本　(清)姚學瑛續修　(清)姚學甲續纂　清乾隆六年(1741)刻三十六年(1771)增刻本　八冊

330000－1701－0020823　普915.15196/4035/c2　史部/地理類/方志之屬/郡縣志

[光緒]絳縣志二十一卷　(清)胡延纂修　清光緒二十五年(1899)刻本　四冊

330000－1701－0020824　普915.15196/1029/c2　史部/地理類/方志之屬/郡縣志

[乾隆]聞喜縣志十二卷首一卷　(清)李遵唐纂修　清乾隆三十一年(1766)刻本　六冊

330000－1701－0020825　普915.15196/1029/c3　史部/地理類/方志之屬/郡縣志

[乾隆]聞喜縣志十二卷首一卷　(清)李遵唐纂修　清乾隆三十一年(1766)刻本　六冊

330000－1701－0020826　普915.15195/2035/c2　史部/地理類/方志之屬/郡縣志

[光緒]夏縣志十卷首一卷　(清)黄縉榮　(清)萬啓鈞修　(清)張承熊纂　清光緒六年(1880)刻本　六冊

330000－1701－0020827　普915.1245/5035/c1　史部/地理類/方志之屬/郡縣志

[光緒]諸暨縣志六十一卷　陳遹聲修　(清)蔣鴻藻纂　清宣統二年(1910)刻本　十八冊

330000－1701－0020828　普915.15198/0028　史部/地理類/方志之屬/郡縣志

[雍正]遼州志八卷　(清)徐三俊修　(清)劉澐　(清)馬永壽纂　清雍正十一年(1733)刻本　五冊

330000－1701－0020829　普915.151991/1029　史部/地理類/方志之屬/郡縣志

[乾隆]蒲縣志十卷首一卷　(清)巫慧修　(清)王居正纂　清乾隆十八年(1753)刻本　四冊

330000－1701－0020830　普 915.1245/5035/c2　史部/地理類/方志之屬/郡縣志

[光緒]諸暨縣志六十一卷　陳遹聲修　(清)蔣鴻藻纂　清宣統二年(1910)刻本　十八册

330000－1701－0020831　普 915.15198/1035　史部/地理類/方志之屬/郡縣志

[光緒]榆社縣志十卷首一卷末一卷　(清)王家坊　(清)葛士達修　(清)田福謙　(清)張其信　(清)李懷瑜纂　清光緒七年(1881)刻本　六册

330000－1701－0020832　普 915.152/2872/c3　史部/地理類/方志之屬/通志

[雍正]陝西通志一百卷首一卷　(清)劉於義等修　(清)沈青崖纂　清雍正十三年(1735)刻清末補版後印本　一百册

330000－1701－0020833　普 915.152/2872/c2　史部/地理類/方志之屬/通志

[雍正]陝西通志一百卷首一卷　(清)劉於義等修　(清)沈青崖纂　清雍正十三年(1735)刻本　九十二册　缺九卷(首、一至八)

330000－1701－0020835　普 915.152/3610/c1　史部/地理類/方志之屬/通志

[道光]陝西志輯要六卷首一卷　(清)王志沂纂　清道光七年(1827)朝坂謝氏賜書堂刻本　六册

330000－1701－0020836　HJL3165　集部/詞類/詞話之屬

詞苑叢談十二卷　(清)徐釚撰　清康熙二十七年(1688)溫陵丁煒刻本　四册

330000－1701－0020837　普 915.152/3610/c2　史部/地理類/方志之屬/通志

[道光]陝西志輯要六卷首一卷　(清)王志沂纂　清道光七年(1827)朝坂謝氏賜書堂刻本　六册

330000－1701－0020838　普 915.1245/5035/c3　史部/地理類/方志之屬/郡縣志

[光緒]諸暨縣志六十一卷　陳遹聲修　(清)蔣鴻藻纂　清宣統二年(1910)刻本　十八册

330000－1701－0020839　普 915.1245/5044　史部/地理類/水利之屬

經野規畧二卷正卷一卷　(明)劉光復撰　清嘉慶十八年(1813)劉肇紳木活字印本　四册

330000－1701－0020840　普 915.1245/6029/c1　史部/地理類/方志之屬/郡縣志

[乾隆]餘姚志四十卷　(清)唐若瀛修　(清)邵晉涵纂　清乾隆四十六年(1781)刻本　八册

330000－1701－0020841　普 915.1245/6035/c1　史部/地理類/方志之屬/郡縣志

[光緒]餘姚縣志二十七卷首一卷末一卷　(清)周炳麟修　(清)邵友濂　(清)孫德祖纂　清光緒二十五年(1899)刻本　十三册　存二十卷(九至二十七、末)

330000－1701－0020842　普 915.1245/6029/c2　史部/地理類/方志之屬/郡縣志

[乾隆]餘姚志四十卷　(清)唐若瀛修　(清)邵晉涵纂　清乾隆四十六年(1781)刻本　八册

330000－1701－0020844　普 915.1245/5042　史部/地理類/雜志之屬

暨陽風俗賦一卷　(清)石昭炳著　清道光二十三年(1843)鐵樵吟館刻本　一册

330000－1701－0020845　普 915.1245/6035/c2　史部/地理類/方志之屬/郡縣志

[光緒]餘姚縣志二十七卷首一卷末一卷　(清)周炳麟修　(清)邵友濂　(清)孫德祖纂　清光緒二十五年(1899)刻本　十六册

330000－1701－0020846　普 915.152/46102/c2　史部/地理類/遊記之屬

漢南紀游一卷遊漢南詩一卷　(清)王志沂撰　清道光謝氏刻本　一册

330000－1701－0020847　普 915.1245/6035/c6　史部/地理類/方志之屬/郡縣志

[光緒]餘姚縣志二十七卷首一卷末一卷　(清)周炳麟修　(清)邵友濂　(清)孫德祖纂　清光緒二十五年(1899)刻本　十六册

330000－1701－0020849　普 915.1245/6035/c3　史部/地理類/方志之屬/郡縣志
[光緒]餘姚縣志二十七卷首一卷末一卷　(清)周炳麟修　(清)邵友濂　(清)孫德祖纂　清光緒二十五年(1899)刻本　十六冊

330000－1701－0020850　普 915.152/4221　史部/政書類/軍政之屬/邊政
秦疆治畧不分卷　(清)盧坤輯　清道光刻本　一冊

330000－1701－0020851　普 915.1245/6035/c4　史部/地理類/方志之屬/郡縣志
[光緒]餘姚縣志二十七卷首一卷末一卷　(清)周炳麟修　(清)邵友濂　(清)孫德祖纂　清光緒二十五年(1899)刻民國二十四年(1935)印本　十六冊

330000－1701－0020854　普 915.1245/6042　史部/地理類/方志之屬/郡縣志
[光緒]餘姚鄉土地理歷史合編一卷　(清)謝葆濂編　清光緒三十二年(1906)誠意學堂石印本　一冊

330000－1701－0020856　普 915.152/46441　類叢部/叢書類/自著之屬
補不足齋雜著四種　(清)黃家鼎撰　清光緒六年(1880)鄞縣黃氏刻本　一冊　存二種

330000－1701－0020857　HJL0943　類叢部/叢書類/自著之屬
武陵山人遺書十種續刊二種　(清)顧觀光撰　清光緒九年(1883)獨山莫祥芝上海刻高桂等續刻民國十四年(1925)印本(算賸續編配抄本)　十二冊

330000－1701－0020860　普 915.152/4687　類叢部/叢書類/郡邑之屬
金華叢書六十八種　(清)胡鳳丹編　清同治七年至光緒八年(1868－1882)永康胡氏退補齋刻民國補刻本　一冊　存一種

330000－1701－0020861　普 915.1245/6076　史部/地理類/水利之屬
牟山湖志一卷　(清)劉福升撰　清光緒二十五年(1899)刻本　一冊

330000－1701－0020862　普 915.152/5160　史部/地理類/專志之屬/古跡
關中勝蹟圖志三十卷首一卷　(清)畢沅輯　清乾隆畢氏經訓堂刻本　十一冊　存三十卷(一至三十)

330000－1701－0020863　普 915.1245/5076/c1　史部/地理類/水利之屬
經野規畧二卷正卷一卷後集劉公政略一卷　(明)劉光復撰　清同治五年(1866)梁溪華學烈木活字印本　四冊　缺一卷(後集劉公政略)

330000－1701－0020864　普 915.152/5610　類叢部/叢書類/彙編之屬
廣漢魏叢書九十六種　(明)何允中編　明刻本　一冊　存一種

330000－1701－0020866　普 915.1245/60671　史部/地理類/山川之屬/水志
余支湖圖志一卷　蔣懷清編　清光緒二十三年(1897)石印本　一冊

330000－1701－0020867　普 915.1245/6099/c1　史部/地理類/方志之屬/郡縣志
[道光]滸山志八卷　(清)沈煜　(清)高杲纂　清道光十一年(1831)木活字印本　二冊

330000－1701－0020869　普 915.1521/00512　史部/地理類/雜志之屬
唐兩京城坊攷五卷　(清)徐松撰　(清)張穆校補　清光緒五年(1879)刻畿輔叢書本　章嶔題簽並記　二冊

330000－1701－0020870　普 915.152/5610/2/c2、普 915.1521/1022/2　類叢部/叢書類/彙編之屬
經訓堂叢書二十一種　(清)畢沅編　清乾隆至嘉慶鎮洋畢氏刻本　六冊　存三種

330000－1701－0020871　普 915.1245/6099/c2　史部/地理類/方志之屬/郡縣志
[道光]滸山志八卷　(清)沈煜　(清)高杲纂　清道光十一年(1831)木活字印本　二冊

330000－1701－0020874　HJL2197　類叢部/叢書類/自著之屬
儀衛軒全集四種　(清)方東樹撰　清同治方宗誠刻本　四册　存一種

330000－1701－0020875　普 915.1245/6099/c3　史部/地理類/方志之屬/郡縣志
[道光]滸山志八卷　(清)沈煜　(清)高杲纂　清道光十一年(1831)木活字印本　清影題簽　一册

330000－1701－0020876　普 915.1521/1022　史部/地理類/方志之屬/郡縣志
[熙寧]長安志二十卷　(宋)宋敏求纂　**長安志圖三卷**　(元)李好文撰　(清)畢沅校　清光緒十七年(1891)思賢講舍刻本　五册

330000－1701－0020881　普 811.104/4048.2　集部/詩文評類/詩評之屬
隨園詩話十六卷補遺四卷　(清)袁枚撰　清同治十年(1871)刻本　八册

330000－1701－0020882　HJH3191　集部/別集類/清別集
石笥山房集二十四卷　(清)胡天游撰　清咸豐二年(1852)山陰胡鳴泰刻本　十册

330000－1701－0020883　普 915.1245/7035/c1　史部/地理類/方志之屬/郡縣志
[光緒]上虞縣志四十八卷首一卷末一卷附録一卷　(清)唐煦春修　(清)朱士黻纂　清光緒十七年(1891)刻本　二十册

330000－1701－0020885　普 915.1245/7035/c2　史部/地理類/方志之屬/郡縣志
[光緒]上虞縣志四十八卷首一卷末一卷附録一卷　(清)唐煦春修　(清)朱士黻纂　清光緒十七年(1891)刻本　二十册

330000－1701－0020886　普 915.1521/1031/2　史部/地理類/方志之屬/郡縣志
[嘉慶]長安縣志三十六卷　(清)張聰賢修　(清)董曾臣纂　清嘉慶二十年(1815)刻本　六册

330000－1701－0020887　普 915.1245/7031　史部/地理類/方志之屬/郡縣志
[嘉慶]上虞縣志十四卷首一卷　(清)崔鳴玉修　(清)李方湛　(清)朱文紹纂　清嘉慶十六年(1811)刻本　十六册

330000－1701－0020888　普 915.1246/7035/c3　史部/地理類/方志之屬/郡縣志
[光緒]上虞縣志四十八卷首一卷末一卷附録一卷　(清)唐煦春修　(清)朱士黻纂　清光緒十七年(1891)刻本　二十册　缺二卷(一至二)

330000－1701－0020889　普 915.1245/7035/c4　史部/地理類/方志之屬/郡縣志
[光緒]上虞縣志四十八卷首一卷末一卷附録一卷　(清)唐煦春修　(清)朱士黻纂　清光緒十七年(1891)刻本　二十册

330000－1701－0020891　普 915.1245/7035.2/c1　史部/地理類/方志之屬/郡縣志
[光緒]上虞縣志校續五十卷首一卷末一卷　(清)儲家藻修　(清)徐致靖纂　清光緒二十四年至二十五年(1898－1899)刻本　二十册

330000－1701－0020893　普 915.1245/7031/(2)　史部/地理類/方志之屬/郡縣志
[嘉慶]上虞縣志十四卷首一卷　(清)崔鳴玉修　(清)李方湛　(清)朱文紹纂　清嘉慶十六年(1811)刻本　八册

330000－1701－0020894　普 915.1245/7035.2/c2　史部/地理類/方志之屬/郡縣志
[光緒]上虞縣志校續五十卷首一卷末一卷　(清)儲家藻修　(清)徐致靖纂　清光緒二十四年至二十五年(1898－1899)刻本　二十册　缺一卷(四十七)

330000－1701－0020896　普 915.1245/7069　史部/地理類/水利之屬
上虞五鄉水利紀實一卷　(清)金鼎撰　清光緒三十四年(1908)柯莊謙守齋刻本　一册

330000－1701－0020897　普 915.1245/7035.2/c4　史部/地理類/方志之屬/郡縣志
[光緒]上虞縣志校續五十卷首一卷末一卷

(清)儲家藻修　(清)徐致靖纂　清光緒二十四年至二十五年(1898－1899)刻本　二十册

330000－1701－0020901　普 915.1521/0029　史部/地理類/方志之屬/郡縣志
[乾隆]西安府志八十卷首一卷　(清)舒其紳等修　(清)嚴長明等纂　清乾隆四十四年(1779)刻本　四十册

330000－1701－0020902　普 915.1245/7035.2/c3　史部/地理類/方志之屬/郡縣志
[光緒]上虞縣志校續五十卷首一卷末一卷　(清)儲家藻修　(清)徐致靖纂　清光緒二十四年至二十五年(1898－1899)刻本　二十册

330000－1701－0020905　普 915.1245/8022/c1　史部/地理類/方志之屬/郡縣志
[嘉定]剡録十卷　(宋)史安之修　(宋)高似孫纂　清同治九年(1870)刻本　二册

330000－1701－0020909　普 915.1245/8022/2/c1　類叢部/叢書類/彙編之屬
邵武徐氏叢書二集八種　(清)徐幹編　清光緒邵武徐氏刻本　二册　存一種

330000－1701－0020911　普 915.1245/8022/c2　史部/地理類/方志之屬/郡縣志
[嘉定]剡録十卷　(宋)史安之修　(宋)高似孫纂　清同治九年(1870)刻本　二册

330000－1701－0020913　普 915.1245/8022/c3　史部/地理類/方志之屬/郡縣志
[嘉定]剡録十卷　(宋)史安之修　(宋)高似孫纂　清同治九年(1870)刻本　二册

330000－1701－0020914　普 915.1245/8022/3/c1　史部/地理類/方志之屬/郡縣志
[嘉定]剡録十卷　(宋)史安之修　(宋)高似孫纂　清道光八年(1828)李式圃刻本　二册

330000－1701－0020915　普 915.1245/8022/2/c2　類叢部/叢書類/彙編之屬
邵武徐氏叢書二集八種　(清)徐幹編　清光緒邵武徐氏刻本　二册　存一種

330000－1701－0020916　普 915.1521/1531/2/c1　史部/地理類/方志之屬/郡縣志
[嘉慶]咸寧縣志二十六卷首一卷　(清)高廷法　(清)沈琮修　(清)陸耀遹　(清)董祐誠纂　清嘉慶二十四年(1819)刻本　八册

330000－1701－0020917　普 915.1245/8029/c1　史部/地理類/方志之屬/郡縣志
[乾隆]嵊縣志十八卷首一卷末一卷　(清)李以琰修　(清)田實秬等纂　清乾隆七年(1742)刻本(卷二配抄本)　十二册

330000－1701－0020918　普 915.1245/8029/(2)/c3　史部/地理類/方志之屬/郡縣志
[乾隆]嵊縣志十八卷首一卷末一卷　(清)李以琰修　(清)田實秬等纂　清乾隆七年(1742)刻本　六册

330000－1701－0020919　普 915.1521/2029　史部/地理類/方志之屬/郡縣志
[乾隆]咸陽縣志二十二卷首一卷　(清)臧應桐纂修　清乾隆十六年(1751)刻本　八册

330000－1701－0020921　普 915.1245/8034/c1　史部/地理類/方志之屬/郡縣志
[同治]嵊縣志二十六卷首一卷末一卷　(清)嚴思忠　(清)陳仲麟修　(清)蔡以瑺等纂　清同治九年(1870)刻本　十二册

330000－1701－0020922　普 915.1245/8032　史部/地理類/方志之屬/郡縣志
[道光]嵊縣志十四卷首一卷末一卷　(清)李式圃修　(清)朱涤等纂　清道光八年(1828)刻本　八册

330000－1701－0020923　普 915.1245/8034/c2　史部/地理類/方志之屬/郡縣志
[同治]嵊縣志二十六卷首一卷末一卷　(清)嚴思忠　(清)陳仲麟修　(清)蔡以瑺等纂　清同治九年(1870)刻本　十二册

330000－1701－0020924　普 915.1245/8034/c3　史部/地理類/方志之屬/郡縣志
[同治]嵊縣志二十六卷首一卷末一卷　(清)嚴思忠　(清)陳仲麟修　(清)蔡以瑺等纂

清同治九年(1870)刻本　十二册

330000－1701－0020926　普 915.1245/8029/(2)/c1　史部/地理類/方志之屬/郡縣志

[乾隆]嵊縣志十八卷首一卷末一卷　(清)李以琰修　(清)田實秬等纂　清乾隆七年(1742)刻本　六册

330000－1701－0020928　普 915.1245/8034/c4　史部/地理類/方志之屬/郡縣志

[同治]嵊縣志二十六卷首一卷末一卷　(清)嚴思忠　(清)陳仲麟修　(清)蔡以瑺等纂　清同治九年(1870)刻本　十二册

330000－1701－0020930　普 915.1521/1531/2/c2　史部/地理類/方志之屬/郡縣志

[嘉慶]咸寧縣志二十六卷首一卷　(清)高廷法　(清)沈琮修　(清)陸耀遹　(清)董祐誠纂　清嘉慶二十四年(1819)刻本　十册

330000－1701－0020931　普 915.1245/8022/3/c2　史部/地理類/方志之屬/郡縣志

[嘉定]剡錄十卷　(宋)史安之修　(宋)高似孫纂　清道光八年(1828)李式圃刻本　四册

330000－1701－0020932　普 915.1245/8034/c5　史部/地理類/方志之屬/郡縣志

[同治]嵊縣志二十六卷首一卷末一卷　(清)嚴思忠　(清)陳仲麟修　(清)蔡以瑺等纂　清同治九年(1870)刻本　十二册

330000－1701－0020933　普 915.1245/8029/(2)/c2　史部/地理類/方志之屬/郡縣志

[乾隆]嵊縣志十八卷首一卷末一卷　(清)李以琰修　(清)田實秬等纂　清乾隆七年(1742)刻本　六册

330000－1701－0020937　普 915.1521/2599/c1　史部/地理類/專志之屬/古跡

馬嵬志十六卷首一卷　(清)胡鳳丹輯　清光緒三年(1877)永康胡氏退補齋刻本　謝伯殳題記　六册

330000－1701－0020941　普 915.1521/2599/c2　史部/地理類/專志之屬/古跡

馬嵬志十六卷首一卷　(清)胡鳳丹輯　清光緒三年(1877)永康胡氏退補齋刻本　六册

330000－1701－0020942　普 915.1521/2535　史部/地理類/方志之屬/郡縣志

[光緒]興平縣鄉土志六卷　(清)張元際編　清光緒三十三年(1907)木活字印本　六册

330000－1701－0020943　普 915.1521/3029　史部/地理類/方志之屬/郡縣志

[乾隆]臨潼縣志九卷圖一卷　(清)史傳遠纂修　清乾隆四十一年(1776)刻本　六册

330000－1701－0020945　普 915.1245/9027/c1　史部/地理類/方志之屬/郡縣志

[康熙]新昌縣志十八卷　(清)劉作樑修　(清)呂曾枏等纂　清康熙十年(1671)刻本　四册

330000－1701－0020946　普 915.1521/3035　史部/地理類/方志之屬/郡縣志

[光緒]臨潼縣續志二卷　(清)安守和修　(清)楊彦修纂　清光緒十六年(1890)刻本　二册

330000－1701－0020948　普 915.1521/3524/c1　史部/地理類/方志之屬/郡縣志

[嘉靖]高陵縣志七卷　(明)呂柟纂修　清光緒十年(1884)刻本　二册

330000－1701－0020952　普 915.1246/0019　子部/雜著類/雜說之屬

風雅遺聞四卷　(清)戚學標撰　清乾隆刻本　二册

330000－1701－0020953　普 915.1521/3524/c2　史部/地理類/方志之屬/郡縣志

[嘉靖]高陵縣志七卷　(明)呂柟纂修　清光緒十年(1884)刻本　二册

330000－1701－0020955　普 915.1521/3535/c1　史部/地理類/方志之屬/郡縣志

[光緒]高陵縣續志八卷　(清)程維雍修　(清)白遇道纂　清光緒十年(1884)刻本　二册

330000－1701－0020958　普 915.1521/3535/c2　史部/地理類/方志之屬/郡縣志
[光緒]高陵縣續志八卷　(清)程維雍修　(清)白遇道纂　清光緒十年(1884)刻本　四冊

330000－1701－0020959　普 915.1246/0022/c3　類叢部/叢書類/郡邑之屬
台州叢書(名山堂叢書)九種　(清)宋世犖編　清嘉慶至道光臨海宋氏刻本　六冊　存一種

330000－1701－0020961　普 915.1246/0022/c1　類叢部/叢書類/郡邑之屬
台州叢書(名山堂叢書)九種　(清)宋世犖編　清嘉慶至道光臨海宋氏刻本　六冊　存一種

330000－1701－0020962　普 915.1246/0022/2　史部/地理類/方志之屬/郡縣志
[嘉定]赤城志四十卷　(宋)黃罃　(宋)齊碩修　(宋)陳耆卿纂　清抄本　五冊　缺八卷(三十至三十三、三十七至四十)

330000－1701－0020963　普 915.1246/0022/c4　類叢部/叢書類/郡邑之屬
台州叢書(名山堂叢書)九種　(清)宋世犖編　清嘉慶至道光臨海宋氏刻本　七冊　存一種

330000－1701－0020964　普 915.1246/0027　史部/地理類/方志之屬/郡縣志
[康熙]台州府志十八卷首一卷　(清)張聯元修　(清)方景濂等纂　清康熙六十一年(1722)刻本　一冊　存二卷(首、一)

330000－1701－0020965　普 915.1521/5536/c1　史部/地理類/方志之屬/郡縣志
[宣統]重修涇陽縣志十六卷首一卷末一卷　(清)劉懋官修　(清)周斯億　宋伯魯纂　清宣統三年(1911)天津華新印刷局鉛印本　四冊

330000－1701－0020968　普 915.1521/4551/c1　史部/地理類/山川之屬/水志
重修輞川志六卷　(清)胡元煐纂　清道光十八年(1838)刻本　一冊

330000－1701－0020969　普 915.1246/0022/c2　類叢部/叢書類/郡邑之屬
台州叢書(名山堂叢書)九種　(清)宋世犖編　清嘉慶至道光臨海宋氏刻本　六冊　存一種

330000－1701－0020970　普 915.1521/5536/c2　史部/地理類/方志之屬/郡縣志
[宣統]重修涇陽縣志十六卷首一卷末一卷　(清)劉懋官修　(清)周斯億　宋伯魯纂　清宣統三年(1911)天津華新印刷局鉛印本　四冊

330000－1701－0020971　普 915.1246/0022/(2)/c1　類叢部/叢書類/郡邑之屬
台州叢書(名山堂叢書)九種　(清)宋世犖編　清嘉慶至道光臨海宋氏刻本　八冊　存一種

330000－1701－0020972　普 915.1521/4551/c2　史部/地理類/山川之屬/水志
重修輞川志六卷　(清)胡元煐纂　清道光十八年(1838)刻本　一冊

330000－1701－0020973　普 915.1246/0027/(2)　史部/地理類/方志之屬/郡縣志
[康熙]台州府志十八卷首一卷　(清)張聯元修　(清)方景濂等纂　清康熙六十一年(1722)刻本[卷八配清光緒七年(1881)黃瑞抄本]　十四冊

330000－1701－0020974　普 915.1246/0027/(3)/c1　史部/地理類/方志之屬/郡縣志
[康熙]台州府志十八卷首一卷　(清)張聯元修　(清)方景濂等纂　清康熙六十一年(1722)刻本　十八冊

330000－1701－0020976　普 915.1246/0022/(2)/c1/1　類叢部/叢書類/郡邑之屬
台州叢書(名山堂叢書)九種　(清)宋世犖編　清嘉慶至道光臨海宋氏刻本　七冊　存一種

330000－1701－0020977　普 915.1521/5571　史部/地理類/山川之屬/水志
涇渠志一卷圖考一卷　(清)王太岳撰　清嘉慶九年(1804)長白素納刻本　一冊

330000－1701－0020978　普 915.1521/7035　史部/地理類/方志之屬/郡縣志
[光緒]新續渭南縣志十二卷　(清)嚴書麐修　(清)焦聯甲纂　清光緒十八年(1892)刻本　十冊

330000－1701－0020979　普 915.1521/6035/c1　史部/地理類/方志之屬/郡縣志
[光緒]三原縣新志八卷　(清)焦雲龍修　(清)賀瑞麟纂　清光緒六年(1880)刻本　四冊

330000－1701－0020980　普 915.1246/0027/(3)/c2　史部/地理類/方志之屬/郡縣志
[康熙]台州府志十八卷首一卷　(清)張聯元修　(清)方景濂等纂　清康熙六十一年(1722)刻本　十八冊

330000－1701－0020981　普 915.1521/7529.2　史部/地理類/方志之屬/郡縣志
[乾隆]富平縣志八卷　(清)吳六鰲修　(清)胡文銓纂　清乾隆四十三年(1778)刻本　六冊

330000－1701－0020982　普 915.1521/6035/c2　史部/地理類/方志之屬/郡縣志
[光緒]三原縣新志八卷　(清)焦雲龍修　(清)賀瑞麟纂　清光緒六年(1880)刻本　四冊

330000－1701－0020983　普 915.1521/6035/2　史部/地理類/方志之屬/郡縣志
[光緒]三原縣新志八卷　(清)焦雲龍修　(清)賀瑞麟纂　清光緒六年(1880)刻民國二十六年(1937)補刻本　四冊

330000－1701－0020985　普 915.1246/0024　史部/地理類/方志之屬/郡縣志
[弘治]赤城新志二十三卷　(明)陳相修　(明)謝鐸纂　清同治十年(1871)黃瑞抄本　清黃瑞校並跋　陳慎修跋　四冊

330000－1701－0020986　普 915.1521/7524　史部/地理類/方志之屬/郡縣志
[萬曆]富平縣志十卷　(明)劉兑修　(明)孫丕揚纂　清乾隆四十三年(1778)吳六鰲刻本　二冊

330000－1701－0020987　普 915.1246/0031　類叢部/叢書類/自著之屬
戚鶴泉所著書十一種　(清)戚學標撰　清乾隆至嘉慶刻本　八冊　存一種

330000－1701－0020989　普 915.1521/7535　史部/地理類/方志之屬/郡縣志
[光緒]富平縣志稿十卷首一卷　(清)樊增祥　(清)劉錕修　(清)譚麐纂　清光緒十七年(1891)刻本　十冊

330000－1701－0020990　普 915.1521/8029　史部/地理類/方志之屬/郡縣志
[乾隆]醴泉縣志十四卷圖一卷　(清)蔣騏昌修　(清)孫星衍纂　清乾隆四十九年(1784)刻本　四冊

330000－1701－0020996　普 915.1521/8529　史部/地理類/方志之屬/郡縣志
[乾隆]續耀州志十一卷　(清)汪灝修　(清)鍾麟書纂　清乾隆二十七年(1762)刻光緒十六年(1890)增刻本　二冊

330000－1701－0020998　普 915.1521/8524　史部/地理類/方志之屬/郡縣志
[嘉靖]喬三石耀州志十一卷　(明)李廷寶修　(明)喬世寧纂　**五臺山志一卷**　(明)喬世寧輯　清乾隆二十七年(1762)汪灝刻本　二冊

330000－1701－0021002　普 915.1521/9532　史部/地理類/方志之屬/郡縣志
[道光]寧陝廳志四卷　(清)林一銘修　(清)焦世官　(清)胡官清纂　清道光九年(1829)刻本　二冊

330000－1701－0021003　普 915.1522/0031　史部/地理類/方志之屬/郡縣志

[嘉慶]重修延安府志八十卷 (清)洪蕙纂修 清嘉慶七年(1802)刻光緒十年(1884)重修本 十六冊

330000－1701－0021006 HJL2164 類叢部/叢書類/彙編之屬
宛鄰書屋叢書十三種 (清)張琦編 清道光十年至十二年(1830－1832)張氏宛鄰書屋刻本 二冊 存一種

330000－1701－0021010 普 915.1246/1027/c1 史部/地理類/方志之屬/郡縣志
[康熙]臨海縣志十五卷首一卷 (清)洪若皋纂 清康熙二十二年(1683)刻同治至光緒重印本 八冊

330000－1701－0021011 普 915.1246/1027/c2 史部/地理類/方志之屬/郡縣志
[康熙]臨海縣志十五卷首一卷 (清)洪若皋纂 清康熙二十二年(1683)刻同治至光緒重印本 八冊

330000－1701－0021012 普 915.1522/7032/c1 史部/地理類/方志之屬/郡縣志
[道光]重修延川縣志五卷首一卷 (清)謝長清纂修 清道光十一年(1831)刻本 二冊

330000－1701－0021013 普 915.1522/8029 史部/地理類/方志之屬/郡縣志
[乾隆]延長縣志十卷 (清)王崇禮纂修 清乾隆二十七年(1762)刻本 四冊

330000－1701－0021014 普 915.1246/1027/c3 史部/地理類/方志之屬/郡縣志
[康熙]臨海縣志十五卷首一卷 (清)洪若皋纂 清康熙二十二年(1683)刻同治至光緒重印本 八冊

330000－1701－0021015 普 915.1522/7032/c2 史部/地理類/方志之屬/郡縣志
[道光]重修延川縣志五卷首一卷 (清)謝長清纂修 清道光十一年(1831)刻本 二冊

330000－1701－0021016 普 915.1523/2029/c1 史部/地理類/方志之屬/郡縣志
[乾隆]岐山縣志八卷 (清)平世增 (清)郭履恒修 (清)蔣兆甲纂 清乾隆四十四年(1779)刻道光增刻本 四冊

330000－1701－0021017 普 915.1522/9031 史部/地理類/方志之屬/郡縣志
[嘉慶]定邊縣志十四卷首一卷 (清)黃沛修 (清)宋謙 (清)江廷球纂 清嘉慶二十五年(1820)刻本 四冊

330000－1701－0021018 普 915.1523/2029/c2 史部/地理類/方志之屬/郡縣志
[乾隆]岐山縣志八卷 (清)平世增 (清)郭履恒修 (清)蔣兆甲纂 清乾隆四十四年(1779)刻道光增刻本 四冊

330000－1701－0021019 普 915.1522/9535/c1 史部/地理類/方志之屬/郡縣志
[光緒]靖邊志稿四卷 (清)丁錫奎修 (清)白翰章 (清)辛居乾纂 清光緒二十五年(1899)刻本 四冊

330000－1701－0021020 普 915.1523/2035 史部/地理類/方志之屬/郡縣志
[光緒]岐山縣志八卷 (清)胡昇猷修 (清)張殿元纂 清光緒十年(1884)刻本 三冊 缺一卷(七)

330000－1701－0021021 普 915.1522/9535/c2 史部/地理類/方志之屬/郡縣志
[光緒]靖邊志稿四卷 (清)丁錫奎修 (清)白翰章 (清)辛居乾纂 清光緒二十五年(1899)刻本 四冊

330000－1701－0021023 普 915.1523/3029 史部/地理類/方志之屬/郡縣志
[乾隆]寶雞縣志十六卷 (清)鄧夢琴修 (清)董詔等纂 清乾隆五十年(1785)刻本 八冊

330000－1701－0021025 普 915.1523/4029 史部/地理類/方志之屬/郡縣志
[乾隆]扶風縣志十八卷首一卷 (清)熊家振修 (清)張塤纂 清乾隆四十六年(1781)刻本 四冊

330000－1701－0021026 普 915.1523/5029

史部/地理類/方志之屬/郡縣志
[乾隆]鄜縣志十八卷首一卷 (清)李帶雙修 (清)張若纂 清乾隆四十四年(1779)刻本 八冊

330000-1701-0021027 普915.1523/6035/c1 史部/地理類/方志之屬/郡縣志
[光緒]麟遊縣新志草十卷首一卷 (清)彭洵纂修 清光緒九年(1883)刻本 四冊

330000-1701-0021028 普915.1246/1027/c4 史部/地理類/方志之屬/郡縣志
[康熙]臨海縣志十五卷首一卷 (清)洪若皐纂 清康熙二十二年(1683)刻同治至光緒重印本 八冊

330000-1701-0021029 普915.1523/5031 史部/地理類/方志之屬/郡縣志
[乾隆]鄜縣志十八卷首一卷 (清)李帶雙修 (清)張若纂 清嘉慶二十一年(1816)刻本 二冊 存九卷(十至十八)

330000-1701-0021030 普915.1523/6035/c2 史部/地理類/方志之屬/郡縣志
[光緒]麟遊縣新志草十卷首一卷 (清)彭洵纂修 清光緒九年(1883)刻本 四冊

330000-1701-0021031 普915.1523/7032 史部/地理類/方志之屬/郡縣志
[道光]重修汧陽縣志十二卷首一卷 (清)羅曰璧纂修 清道光二十一年(1841)刻本 四冊

330000-1701-0021032 普915.1246/1027/c6 史部/地理類/方志之屬/郡縣志
[康熙]臨海縣志十五卷首一卷 (清)洪若皐纂 清康熙二十二年(1683)刻本 八冊

330000-1701-0021033 普915.1246/1027/c7 史部/地理類/方志之屬/郡縣志
[康熙]臨海縣志十五卷首一卷 (清)洪若皐纂 清康熙二十二年(1683)刻同治至光緒重印本 八冊

330000-1701-0021034 普915.1523/8029/c1 史部/地理類/方志之屬/郡縣志
[乾隆]隴州續志八卷首一卷末一卷 (清)吳炳纂修 清乾隆三十一年(1766)刻本 四冊

330000-1701-0021035 普915.1246/1027.02 史部/地理類/方志之屬/郡縣志
[乾隆]臨海縣補志料不分卷 (清)宋世犖纂 清末抄本 二冊

330000-1701-0021036 普915.1524/3027/c1 史部/地理類/方志之屬/郡縣志
[康熙]城固縣志十卷 (清)王穆纂修 清光緒四年(1878)江左徐德懷刻本 四冊

330000-1701-0021039 普915.1523/8029/c3 史部/地理類/方志之屬/郡縣志
[乾隆]隴州續志八卷首一卷末一卷 (清)吳炳纂修 清乾隆三十一年(1766)刻本 八冊

330000-1701-0021042 普915.1524/3027/c2 史部/地理類/方志之屬/郡縣志
[康熙]城固縣志十卷 (清)王穆纂修 清光緒四年(1878)江左徐德懷刻本 四冊

330000-1701-0021043 普915.1524/5035 史部/地理類/方志之屬/郡縣志
[光緒]佛坪廳志二卷首一卷 (清)劉焕纂修 清光緒九年(1883)刻本 一冊

330000-1701-0021045 普915.1524/7035/c1 史部/地理類/方志之屬/郡縣志
[光緒]定遠廳志二十六卷首一卷末一卷 (清)余修鳳纂修 清光緒五年(1879)刻本 六冊 缺一卷(末)

330000-1701-0021048 普915.1524/7035/c2 史部/地理類/方志之屬/郡縣志
[光緒]定遠廳志二十六卷首一卷末一卷 (清)余修鳳纂修 清光緒五年(1879)刻本 六冊

330000-1701-0021050 普915.1524/3027/c3 史部/地理類/方志之屬/郡縣志
[康熙]城固縣志十卷 (清)王穆纂修 清光緒四年(1878)江左徐德懷刻本 八冊

330000-1701-0021051 普915.1246/1044

史部/政書類/公牘檔冊之屬
臨海試館征信錄不分卷補遺一卷 (清)蔣運球等撰 清光緒刻本 一册

330000－1701－0021053 HJL3208 集部/別集類/清別集
李穆堂詩文全集一百卷 (清)李紱撰 清道光十一年(1831)奉國堂刻本 二十册 存五十卷(穆堂初稿一至五十)

330000－1701－0021054 普915.1524/8032/c1 史部/地理類/方志之屬/郡縣志
[道光]留壩廳志十卷足徵錄四卷 (清)賀仲瑊修 (清)蔣湘南纂 清道光二十二年(1842)漢中友義齋刻本 四册

330000－1701－0021056 普915.1524/8035 史部/地理類/方志之屬/郡縣志
[光緒]鳳縣志十卷首一卷 (清)朱子春修 (清)段澍霖纂 清光緒十八年(1892)刻本 四册

330000－1701－0021059 普915.1524/8032/c2 史部/地理類/方志之屬/郡縣志
[道光]留壩廳志十卷足徵錄四卷 (清)賀仲瑊修 (清)蔣湘南纂 清道光二十二年(1842)漢中友義齋刻本 四册

330000－1701－0021061 普915.1524/8032/c3 史部/地理類/方志之屬/郡縣志
[道光]留壩廳志十卷足徵錄四卷 (清)賀仲瑊修 (清)蔣湘南纂 清道光二十二年(1842)漢中友義齋刻本 四册

330000－1701－0021063 普915.1246/1053/2/c1 史部/地理類/山川之屬/水志
東湖志二卷補遺一卷 (清)特通阿輯 清嘉慶九年(1804)刻本(補遺一卷配抄本) 一册

330000－1701－0021064 普915.1523/7043 類叢部/叢書類/自著之屬
代耕堂全集六種附存三種 (清)李嘉績撰 清光緒刻本 一册 存一種

330000－1701－0021065 普915.1524/8535/c1 史部/地理類/方志之屬/郡縣志
[光緒]寧羌州志五卷 (清)馬毓華修 (清)鄭書香 (清)曹良模纂 清光緒十四年(1888)刻本 五册

330000－1701－0021066 HJL0974 類叢部/叢書類/彙編之屬
澤古齋砌餘叢編十三種 (清)陳璜輯 清光緒四年(1878)上海陳氏重編補刻借月山房彙抄本 二十八册 存十二種

330000－1701－0021067 普915.1246/1053/2/c2 史部/地理類/山川之屬/水志
東湖志二卷 (清)特通阿輯 清嘉慶九年(1804)刻本 一册

330000－1701－0021068 普915.1246/1054 史部/地理類/專志之屬/祠墓
僊巖大忠祠錄六卷 (清)馮賡雪輯 清抄本 一册

330000－1701－0021070 普915.1524/8535/c2 史部/地理類/方志之屬/郡縣志
[光緒]寧羌州志五卷 (清)馬毓華修 (清)鄭書香 (清)曹良模纂 清光緒十四年(1888)刻本 五册

330000－1701－0021071 HJL5926 集部/總集類/郡邑之屬
雲間詩鈔第一集 (清)章耒輯 清光緒四年(1878)刻本 一册

330000－1701－0021072 普915.1524/8535/c3 史部/地理類/方志之屬/郡縣志
[光緒]寧羌州志五卷 (清)馬毓華修 (清)鄭書香 (清)曹良模纂 清光緒十四年(1888)刻本 五册

330000－1701－0021073 普915.1246/1058/c1 史部/地理類/山川之屬/山志
台南洞林志二卷首一卷 (清)馮賡雪撰 **台南洞林志校補一卷續一卷又續一卷** (清)葉書撰 清光緒二十五年(1899)臨海馮氏刻本 一册

330000－1701－0021074 普915.1524/8535/c4 史部/地理類/方志之屬/郡縣志

［光緒］寧羌州志五卷　（清）馬毓華修　（清）鄭書香　（清）曹良模纂　清光緒十四年（1888）刻本　五册

330000－1701－0021075　HJL3224　集部/總集類/郡邑之屬

南園前五先生詩五卷首一卷　（明）葛徵奇輯　**南園後五先生詩二十五卷首一卷**　（清）陳文藻輯　**附刻南園花信詩一卷**　（明）黎遂球輯　清同治九年（1870）南海陳氏刻本　八册

330000－1701－0021076　普915.1246/1058/c2　史部/地理類/山川之屬/山志

台南洞林志二卷首一卷　（清）馮賡雪撰　**台南洞林志校補一卷續一卷又續一卷**　（清）葉書撰　清光緒二十五年（1899）臨海馮氏刻本　一册

330000－1701－0021077　普915.1246/2035/c1　史部/地理類/方志之屬/郡縣志

［光緒］黃巖縣志四十卷首一卷附黃巖集三十二卷首一卷　（清）陳寶善　（清）孫憙修　（清）王棻纂　（清）陳鍾英　（清）鄭錫滜續修　（清）王詠霓續纂　**黃巖志校議二卷**　（清）王棻撰　清光緒三年（1877）刻六年（1880）校補刻本　三十册　缺二卷（黃巖志校議一至二）

330000－1701－0021078　普915.1524/9035　史部/地理類/方志之屬/郡縣志

［光緒］沔縣新志四卷　（清）孫銘鐘　（清）傅錫　（清）羅桂銘修　（清）彭齡纂　清光緒九年（1883）刻本　四册

330000－1701－0021079　普915.1246/1058/c3　史部/地理類/山川之屬/山志

台南洞林志二卷首一卷　（清）馮賡雪撰　**台南洞林志校補一卷續一卷又續一卷**　（清）葉書撰　清光緒二十五年（1899）臨海馮氏刻本　一册

330000－1701－0021080　普915.1523/8027/c1　史部/地理類/方志之屬/郡縣志

［康熙］隴州志八卷首一卷　（清）羅彰彝纂修　清康熙五十二年（1713）刻本　四册

330000－1701－0021081　普915.1246/1058/c4　史部/地理類/山川之屬/山志

台南洞林志二卷首一卷　（清）馮賡雪撰　**台南洞林志校補一卷續一卷又續一卷**　（清）葉書撰　清光緒二十五年（1899）臨海馮氏刻本　一册

330000－1701－0021082　普915.1246/2035/c2　史部/地理類/方志之屬/郡縣志

［光緒］黃巖縣志四十卷首一卷黃巖集三十二卷首一卷　（清）陳寶善　（清）孫憙修　（清）王棻纂　（清）陳鍾英　（清）鄭錫滜續修　（清）王詠霓續纂　清光緒三年（1877）刻本　三十册

330000－1701－0021083　普915.1525/0032　史部/地理類/方志之屬/郡縣志

［道光］榆林府志五十卷首一卷　（清）李熙齡纂修　清道光二十一年（1841）刻本　十二册

330000－1701－0021085　普915.1523/8027/c2　史部/地理類/方志之屬/郡縣志

［康熙］隴州志八卷首一卷　（清）羅彰彝纂修　清康熙五十二年（1713）刻本　四册

330000－1701－0021086　普915.1246/2035/(2)/c1　史部/地理類/方志之屬/郡縣志

［光緒］黃巖縣志四十卷首一卷附黃巖集三十二卷首一卷　（清）陳寶善　（清）孫憙修　（清）王棻纂　（清）陳鍾英　（清）鄭錫滜續修　（清）王詠霓續纂　**黃巖志校議二卷**　（清）王棻撰　清光緒三年（1877）刻六年（1880）校補刻本　十六册　存四十二卷（首、一至四十，黃巖志校議上）

330000－1701－0021087　普915.1524/9027　史部/地理類/方志之屬/郡縣志

［康熙］沔縣誌四卷　（清）錢兆沆纂修　清康熙四十九年（1710）刻本　一册

330000－1701－0021089　普915.1525/5029/c2　史部/地理類/方志之屬/郡縣志

［乾隆］府谷縣志四卷　（清）鄭居中　（清）麟書纂修　清乾隆四十八年（1783）刻本　一册　存一卷（三）

330000－1701－0021090　普 915.1246/2027
史部/地理類/方志之屬/郡縣志
[康熙]黄巖縣志八卷　(清)劉寬修　(清)平遇　(清)潘最纂　清康熙三十八年(1699)刻本　八册

330000－1701－0021091　普 915.1525/5029/c3　史部/地理類/方志之屬/郡縣志
[乾隆]府谷縣志四卷　(清)鄭居中　(清)麟書纂修　清乾隆四十八年(1783)刻本　四册

330000－1701－0021092　普 915.1526/0031
史部/地理類/方志之屬/郡縣志
[嘉慶]續興安府志八卷　(清)葉世倬纂修　清道光二十八年(1848)刻本　二册

330000－1701－0021093　普 915.1525/3031
史部/地理類/方志之屬/郡縣志
[嘉慶]葭州志二卷　(清)高珣修　(清)龔玉麟纂　清嘉慶十五年(1810)刻本　二册

330000－1701－0021094　普 915.1526/2035
史部/地理類/方志之屬/郡縣志
[光緒]續修平利縣志十卷　(清)楊孝寬修　(清)李聯芳等纂　清光緒二十三年(1897)刻本　四册

330000－1701－0021095　普 915.1526/0029
史部/地理類/方志之屬/郡縣志
[乾隆]興安府志三十卷　(清)李國麒纂修　清道光二十八年(1848)刻本　六册

330000－1701－0021096　普 915.1246/2035/(2)/c3　史部/地理類/方志之屬/郡縣志
[光緒]黄巖縣志四十卷首一卷附黄巖集三十二卷首一卷　(清)陳寶善　(清)孫憙修　(清)王棻纂　(清)陳鍾英　(清)鄭錫滜續修　(清)王詠霓續纂　**黄巖志校議二卷**　(清)王棻撰　清光緒三年(1877)刻六年(1880)校補刻本　十六册　存四十一卷(首、一至四十)

330000－1701－0021097　普 915.1526/5035
史部/地理類/方志之屬/郡縣志
[光緒]白河縣志十四卷　(清)顧騄修　(清)王賢輔　(清)李宗麟纂　清光緒十九年(1893)刻民國九年(1920)朱廷棨增刻本　四册

330000－1701－0021098　普 915.1526/5031
史部/地理類/方志之屬/郡縣志
[嘉慶]白河縣志十四卷　(清)嚴一青纂修　清嘉慶六年(1801)挹漢亭刻道光至光緒增刻本　三册　缺二卷(一至二)

330000－1701－0021099　普 915.1246/2035/(2)/c2　史部/地理類/方志之屬/郡縣志
[光緒]黄巖縣志四十卷首一卷附黄巖集三十二卷首一卷　(清)陳寶善　(清)孫憙修　(清)王棻纂　(清)陳鍾英　(清)鄭錫滜續修　(清)王詠霓續纂　**黄巖志校議二卷**　(清)王棻撰　清光緒三年(1877)刻六年(1880)校補刻本　許幡雲題記　十六册　缺三十五卷(黄巖集首、一至三十二,黄巖志校議一至二)

330000－1701－0021100　普 915.1526/4035
史部/地理類/方志之屬/郡縣志
[光緒]洵陽縣志十四卷　(清)劉德全　(清)李丙焱修　(清)郭焱昌　(清)姜善繼纂　清光緒二十九年(1903)刻本　四册

330000－1701－0021101　普 915.1246/2062/c1　史部/地理類/山川之屬/山志
委羽山志六卷　(明)胡昌賢撰　**續志六卷首一卷**　(清)王維翰撰　清同治九年(1870)委羽石室刻本　一册　存六卷(一至六)

330000－1701－0021102　普 915.1526/6032/c1　史部/地理類/方志之屬/郡縣志
[道光]續修紫陽縣志八卷首一卷　(清)陳僅　(清)吳純修　(清)楊家坤　(清)曹學易纂　清道光二十三年(1843)刻光緒八年(1882)北平吳世澤補刻本　四册

330000－1701－0021103　普 915.1526/8032
史部/地理類/方志之屬/郡縣志
[道光]石泉縣志四卷　(清)舒鈞纂修　清道光二十九年(1849)刻本　二册

330000－1701－0021104　普 915.1246/2062/c2　史部/地理類/山川之屬/山志

委羽山志六卷　(明)胡昌賢撰　**續志六卷首一卷**　(清)王維翰撰　清同治九年(1870)委羽石室刻本　一册　存六卷(一至六)

330000－1701－0021105　普 915.1246/2062/c3　史部/地理類/山川之屬/山志

委羽山志六卷　(明)胡昌賢撰　**續志六卷首一卷**　(清)王維翰撰　清同治九年(1870)委羽石室刻本　二册　存六卷(一至六)

330000－1701－0021107　普 915.1526/6032/c2　史部/地理類/方志之屬/郡縣志

[道光]續修紫陽縣志八卷首一卷　(清)陳僅　(清)吳純修　(清)楊家坤　(清)曹學易纂　清道光二十三年(1843)刻光緒八年(1882)北平吳世澤補刻本　四册

330000－1701－0021108　普 915.1246/2035/(3)　史部/地理類/方志之屬/郡縣志

[光緒]黄巖縣志四十卷首一卷附黄巖集三十二卷首一卷　(清)陳寶善　(清)孫憙修　(清)王棻纂　(清)陳鍾英　(清)鄭錫滜續修　(清)王詠霓續纂　**黄巖志校議二卷**　(清)王棻撰　清光緒三年(1877)刻六年(1880)校補刻本　十六册　存四十一卷(首、一至四十)

330000－1701－0021110　普 915.1526/9031/c1　史部/地理類/方志之屬/郡縣志

[嘉慶]重修漢陰廳志十卷首一卷　(清)錢鶴年修　(清)董詔纂　清嘉慶二十三年(1818)刻本　六册

330000－1701－0021111　普 915.1527/0029　史部/地理類/方志之屬/郡縣志

[乾隆]同州府志六十卷首一卷　(清)閔鑑修　(清)吳泰來纂　清乾隆四十七年(1782)刻本　二十一册　缺三卷(十九至二十一)

330000－1701－0021112　普 915.1526/9031/c2　史部/地理類/方志之屬/郡縣志

[嘉慶]重修漢陰廳志十卷首一卷　(清)錢鶴年修　(清)董詔纂　清嘉慶二十三年(1818)刻本　六册

330000－1701－0021115　普 915.1246/2062.2/c1　史部/地理類/山川之屬/山志

委羽山志六卷　(明)胡昌賢撰　**續志六卷首一卷**　(清)王維翰撰　清同治九年(1870)委羽石室刻本　二册　存七卷(續志首、一至六)

330000－1701－0021116　普 915.1246/2062.2/c2　史部/地理類/山川之屬/山志

委羽山志六卷　(明)胡昌賢撰　**續志六卷首一卷**　(清)王維翰撰　清同治九年(1870)委羽石室刻本　六册　存七卷(續志首、一至六)

330000－1701－0021117　普 915.1527/0035　史部/地理類/方志之屬/郡縣志

[光緒]同州府續志十六卷首一卷　(清)饒應祺修　(清)馬先登　(清)成錦堂　(清)王守恭纂　清光緒七年(1881)刻本　六册

330000－1701－0021119　普 915.1527/2024　史部/地理類/方志之屬/郡縣志

[正德]朝邑縣志二卷　(明)王道修　(明)韓邦靖纂　清同義文會刻本　一册

330000－1701－0021121　普 915.1527/2024/2(2)　類叢部/叢書類/彙編之屬

三長物齋叢書二十五種　(清)黄本驥編　清道光二十二年至二十八年(1842－1848)湘陰蔣環刻光緒四年(1878)古香書閣印本　二册　存一種

330000－1701－0021124　普 915.1527/2027　史部/地理類/方志之屬/郡縣志

[康熙]朝邑縣後志八卷　(清)王兆鰲修　(清)王鵬翼纂　清康熙五十三年(1714)刻本　三册

330000－1701－0021131　普 915.1527/2029/c1　史部/地理類/方志之屬/郡縣志

[乾隆]朝邑縣志十一卷首一卷　(清)金嘉琰　(清)朱廷模修　(清)錢坫纂　清乾隆四十五年(1780)刻本　四册

330000－1701－0021133　普 915.1527/2033　史部/地理類/方志之屬/郡縣志

咸豐初朝邑縣志三卷附二卷　(清)李元春纂　清光緒七年(1881)同義文會刻本　二冊

330000－1701－0021135　普 915.1527/2029/c2　史部/地理類/方志之屬/郡縣志

[乾隆]朝邑縣志十一卷首一卷　(清)金嘉琰　(清)朱廷模修　(清)錢坫纂　清乾隆四十五年(1780)刻本　四冊

330000－1701－0021136　普 915.1527/2024/2　史部/地理類/方志之屬/郡縣志

[正德]朝邑縣志二卷　(明)王道修　(明)韓邦靖纂　清刻本　一冊

330000－1701－0021138　普 915.1246/3027/c1　史部/地理類/方志之屬/郡縣志

[康熙]天台縣志十五卷首一卷　(清)李德燿　(清)黄執中纂修　清道光二十四年(1844)高鳳鳴刻本　六冊

330000－1701－0021140　普 915.1527/3029/c1　史部/地理類/方志之屬/郡縣志

[乾隆]郃陽縣全志四卷　(清)席奉乾修　(清)孫景烈纂　清乾隆三十四年(1769)刻本　四冊

330000－1701－0021141　普 915.1246/3027/2　史部/地理類/方志之屬/郡縣志

[康熙]天台縣志十五卷首一卷　(清)李德燿　(清)黄執中纂修　清康熙二十三年(1684)刻咸豐六年(1856)補刻本　六冊

330000－1701－0021142　普 915.1527/5031/c1　史部/地理類/方志之屬/郡縣志

[嘉慶]韓城縣續志五卷　(清)冀蘭泰修　(清)陸耀通纂　清嘉慶二十三年(1818)刻本　一冊

330000－1701－0021143　普 915.1527/3029/c2　史部/地理類/方志之屬/郡縣志

[乾隆]郃陽縣全志四卷　(清)席奉乾修　(清)孫景烈纂　清乾隆三十四年(1769)刻本　四冊

330000－1701－0021144　普 915.1527/6024、普 915.1527/6027/c2、普 915.1527/6029、普 915.1527/6035　史部/地理類/方志之屬

合刻華州志四種　(清)吳炳南輯　清光緒八年(1882)華州州署刻本　十六冊

330000－1701－0021145　普 915.1527/5029/c1　史部/地理類/方志之屬/郡縣志

[乾隆]韓城縣志十六卷首一卷　(清)傅應奎修　(清)錢坫等纂　清乾隆四十九年(1784)刻本　六冊

330000－1701－0021146　普 915.1527/5029/c2　史部/地理類/方志之屬/郡縣志

[乾隆]韓城縣志十六卷首一卷　(清)傅應奎修　(清)錢坫等纂　清乾隆四十九年(1784)刻本　六冊

330000－1701－0021147　普 915.1246/3027/c2　史部/地理類/方志之屬/郡縣志

[康熙]天台縣志十五卷首一卷　(清)李德燿　(清)黄執中纂修　清道光二十四年(1844)高鳳鳴刻本　六冊

330000－1701－0021148　普 915.1246/3043/2/c1　史部/政書類/公牘檔冊之屬

重印天台治略十卷　(清)戴兆佳撰　清光緒二十三年(1897)陳聚星木活字印本　四冊

330000－1701－0021149　普 915.1527/5031/c2　史部/地理類/方志之屬/郡縣志

[嘉慶]韓城縣續志五卷　(清)冀蘭泰修　(清)陸耀通纂　清嘉慶二十三年(1818)刻本　一冊

330000－1701－0021152　普 915.1246/3043/2/c2　史部/政書類/公牘檔冊之屬

重印天台治略十卷　(清)戴兆佳撰　清光緒二十三年(1897)陳聚星木活字印本　四冊

330000－1701－0021153　普 915.1527/7066.2/3　史部/地理類/山川之屬/山志

華嶽志八卷首一卷　(清)李榕撰　清道光十一年(1831)華麓楊翼武清白別墅刻本　八冊

330000－1701－0021154　普 915.1527/7066.

2/2/c1　史部/地理類/山川之屬/山志

華嶽志八卷首一卷　(清)李榕撰　清道光十一年(1831)華麓楊翼武清白別墅刻光緒九年(1883)湘鄉楊昌濬重修本　四冊

330000－1701－0021155　普 915.1527/6027/c1　史部/地理類/方志之屬

合刻華州志四種　(清)吳炳南輯　清光緒八年(1882)華州州署刻本　四冊　存一種

330000－1701－0021157　普 915.1527/7066.2/2/c2　史部/地理類/山川之屬/山志

華嶽志八卷首一卷　(清)李榕撰　清道光十一年(1831)華麓楊翼武清白別墅刻光緒三十年(1904)補刻本　四冊

330000－1701－0021158　普 915.1527/8535　史部/地理類/方志之屬/郡縣志

[光緒]蒲城縣新志十三卷首一卷　(清)李體仁修　(清)王學禮纂　清光緒三十一年(1905)刻本　四冊

330000－1701－0021162　普 915.1527/7066.4　史部/地理類/山川之屬/山志

華嶽圖經二卷　(清)蔣湘南撰　清咸豐元年(1851)刻本　三冊

330000－1701－0021163　普 915.1246/3052.3/c4　史部/地理類/山川之屬/山志

天台山全志十八卷　(清)張聯元輯　清康熙五十六年(1717)刻本　六冊

330000－1701－0021164　普 915.1246/3052.3/c2　史部/地理類/山川之屬/山志

天台山全志十八卷　(清)張聯元輯　清康熙五十六年(1717)刻本　六冊

330000－1701－0021166　普 915.1528/0029　史部/地理類/方志之屬/郡縣志

[乾隆]直隸商州志十四卷首一卷　(清)王如玖纂修　清乾隆九年(1744)刻本　七冊　缺一卷(十三)

330000－1701－0021167　普 915.1527/9027/c1　史部/地理類/方志之屬/郡縣志

[乾隆]白水縣志四卷首一卷　(清)梁善長纂修　清乾隆十九年(1754)刻本　四冊

330000－1701－0021168　普 915.1246/3052/2/c1　史部/地理類/山川之屬/山志

天台山方外志三十卷　(明)釋傳燈撰　清光緒二十年(1894)佛隴真覺寺刻本　八冊

330000－1701－0021170　普 915.1528/2029　史部/地理類/方志之屬/郡縣志

[乾隆]雒南縣志十二卷　(清)范啓源纂修　(清)薛韞訂正　**雒南縣附志一卷**　(清)何樹滋纂修　清乾隆十一年(1746)刻五十二年(1787)增刻同治七年(1868)續增刻本　四冊

330000－1701－0021171　普 915.1527/9027/c2　史部/地理類/方志之屬/郡縣志

[乾隆]白水縣志四卷首一卷　(清)梁善長纂修　清乾隆十九年(1754)刻本　六冊

330000－1701－0021172　普 915.1528/0029.2/c1　史部/地理類/方志之屬/郡縣志

[乾隆]續商州志十卷　(清)羅文思纂修　清乾隆二十三年(1758)刻本　二冊

330000－1701－0021173　普 915.1246/3052.3/c3　史部/地理類/山川之屬/山志

天台山全志十八卷　(清)張聯元輯　清康熙五十六年(1717)刻本　六冊

330000－1701－0021174　普 915.1528/0029.2/c2　史部/地理類/方志之屬/郡縣志

[乾隆]續商州志十卷　(清)羅文思纂修　清乾隆二十三年(1758)刻本　六冊

330000－1701－0021176　普 915.1246/3052.3/c5　史部/地理類/山川之屬/山志

天台山全志十八卷　(清)張聯元輯　清康熙五十六年(1717)刻本　八冊

330000－1701－0021177　普 915.1246/3052/2/c2　史部/地理類/山川之屬/山志

天台山方外志三十卷　(明)釋傳燈撰　清光緒二十年(1894)佛隴真覺寺刻本　八冊

330000－1701－0021180　普 915.1529/0035/c1　史部/地理類/方志之屬/郡縣志

[光緒]乾州志稿十四卷首一卷别錄四卷乾陽殉難士女錄一卷乾州志稿補正一卷 (清)周銘旂纂修 清光緒十一年(1885)、十七年(1891)乾陽書院刻本 七册

330000－1701－0021181 普 915.1246/3052.3/c6 史部/地理類/山川之屬/山志
天台山全志十八卷 (清)張聯元輯 清康熙五十六年(1717)刻本 四册

330000－1701－0021182 普 915.1529/1024 史部/地理類/方志之屬/郡縣志
[正德]武功縣志三卷首一卷 (明)康海纂 (清)孫景烈評註 清乾隆二十六年(1761)長白瑪星阿刻本 四册

330000－1701－0021183 普 915.1529/0035/c2 史部/地理類/方志之屬/郡縣志
[光緒]乾州志稿十四卷首一卷别錄四卷乾陽殉難士女錄一卷 (清)周銘旂纂修 清光緒十一年(1885)乾陽書院刻本 六册

330000－1701－0021185 普 915.1246/3052.3/2 史部/地理類/山川之屬/山志
天台山全志十八卷 (清)張聯元輯 清末抄本 四册

330000－1701－0021186 普 915.1529/1024/2/c1 史部/地理類/方志之屬/郡縣志
[正德]武功縣志三卷首一卷 (明)康海纂 (清)孫景烈評註 清嘉慶十九年(1814)張樹勳綠野書院刻光緒十三年(1887)秦州張世英補刻本 一册

330000－1701－0021188 HJL2172 集部/别集類/清别集
靈石山房詩草一卷 (清)貴成撰 清同治七年(1868)刻本 一册

330000－1701－0021189 普 915.1246/4035/c2 史部/地理類/方志之屬/郡縣志
光緒仙居志二十四卷首一卷附僊居集二十四卷 (清)王壽頤 (清)潘紀恩修 (清)王棻 (清)李仲昭纂 清光緒二十年(1894)木活字印本 十八册

330000－1701－0021191 普 915.1246/3052.7 史部/地理類/山川之屬/山志
天台山圖說一卷天台圖記一卷 (清)裴奉曾著 清道光九年(1829)抄本 一册

330000－1701－0021192 普 915.1529/1024/3/c1 史部/地理類/方志之屬/郡縣志
[正德]武功縣志三卷首一卷 (明)康海纂 (清)孫景烈評註 清同治十二年(1873)湖北崇文書局刻本 一册

330000－1701－0021193 普 915.1529/1024/4 史部/地理類/方志之屬/郡縣志
[正德]武功縣志三卷首一卷 (明)康海纂 (清)孫景烈評註 清乾隆二十六年(1761)長白瑪星阿刻本 清葉裕仁跋 二册

330000－1701－0021194 普 915.1529/1024/3/c2 史部/地理類/方志之屬/郡縣志
[正德]武功縣志三卷首一卷 (明)康海纂 (清)孫景烈評註 清同治十二年(1873)湖北崇文書局刻本 一册

330000－1701－0021195 普 915.1246/5035 史部/地理類/方志之屬/郡縣志
光緒寧海縣志二十四卷首一卷 (清)王瑞成 (清)程雲驤修 (清)張濬等纂 清光緒二十八年(1902)刻本 十六册

330000－1701－0021196 普 915.1529/1024/3/c3 史部/地理類/方志之屬/郡縣志
[正德]武功縣志三卷首一卷 (明)康海纂 (清)孫景烈評註 清同治十二年(1873)湖北崇文書局刻本 一册

330000－1701－0021197 HJL2210 集部/總集類/氏族之屬
計樹園詩存四種 (清)萬青選輯 清光緒五年(1879)萬青選刻本 六册

330000－1701－0021198 普 915.1246/3054 史部/地理類/專志之屬/祠墓
清聖祠志不分卷 (清)張聯元輯 清末抄本 一册

330000－1701－0021199 普 915.1529/1024/

3/c4　類叢部/叢書類/彙編之屬

五朝小說五百二十三種　(明)□□編　明末刻說郛及說郛續重編印本　一冊　存一種

330000-1701-0021200　普915.1246/4035/c3　史部/地理類/方志之屬/郡縣志

光緒仙居志二十四卷首一卷附僊居集二十四卷　(清)王壽頤　(清)潘紀恩修　(清)王棻　(清)李仲昭纂　清光緒二十年(1894)木活字印本　十八冊

330000-1701-0021202　普915.1246/5035/(2)/c1　史部/地理類/方志之屬/郡縣志

光緒寧海縣志二十四卷首一卷　(清)王瑞成　(清)程雲驥修　(清)張濬等纂　清光緒二十八年(1902)刻民國四年(1915)重印本　十二冊

330000-1701-0021203　HJL2208　集部/別集類/清別集

漁浦草堂詩集四卷補遺一卷詩餘一卷　(清)張道撰　清同治六年(1867)刻本　二冊

330000-1701-0021204　普915.1246/3055　史部/地理類/專志之屬/祠墓

續永思錄一卷　(清)方傳檖輯　清道光刻本　一冊

330000-1701-0021205　普915.1246/4035/(2)　史部/地理類/方志之屬/郡縣志

光緒仙居志二十四卷首一卷附僊居集二十四卷　(清)王壽頤　(清)潘紀恩修　(清)王棻　(清)李仲昭纂　清光緒二十年(1894)木活字印本　十冊　缺二十四卷(僊居集一至二十四)

330000-1701-0021206　普915.15291/2029　史部/地理類/方志之屬/郡縣志

[乾隆]淳化縣志三十卷　(清)萬廷樹修　(清)洪亮吉纂　清乾隆四十九年(1784)刻本　六冊

330000-1701-0021208　普915.1246/5035/(2)/c2　史部/地理類/方志之屬/郡縣志

光緒寧海縣志二十四卷首一卷　(清)王瑞成　(清)程雲驥修　(清)張濬等纂　清光緒二十八年(1902)刻民國四年(1915)重印本　十二冊

330000-1701-0021209　普915.15291/3029　史部/地理類/方志之屬/郡縣志

[乾隆]長武縣志十二卷　(清)樊士鋒修　(清)洪亮吉　(清)李泰交纂　清乾隆四十八年(1783)刻嘉慶二十四年(1819)增刻本　四冊

330000-1701-0021210　普915.15291/3036　史部/地理類/方志之屬/郡縣志

[宣統]長武縣志十二卷　沈錫榮修　王錫璋等纂　清宣統二年(1910)鉛印本　四冊

330000-1701-0021211　普915.1246/5035/(2)/c4　史部/地理類/方志之屬/郡縣志

光緒寧海縣志二十四卷首一卷　(清)王瑞成　(清)程雲驥修　(清)張濬等纂　清光緒二十八年(1902)刻民國四年(1915)重印本　十二冊

330000-1701-0021213　普915.1245/0029/c1/1　史部/地理類/方志之屬/郡縣志

[乾隆]紹興府志八十卷首一卷　(清)李亨特修　(清)平恕　(清)徐嵩纂　清乾隆五十七年(1792)刻本(卷七十一至七十二、七十九配抄本)　八冊　存十二卷(六十九至八十)

330000-1701-0021214　普915.1246/5035/(2)/c5　史部/地理類/方志之屬/郡縣志

光緒寧海縣志二十四卷首一卷　(清)王瑞成　(清)程雲驥修　(清)張濬等纂　清光緒二十八年(1902)刻民國四年(1915)重印本　十一冊　存二十四卷(一至二十四)

330000-1701-0021216　普915.1529/1024/2/c2　史部/地理類/方志之屬/郡縣志

[正德]武功縣志三卷首一卷　(明)康海纂　(清)孫景烈評註　清嘉慶十九年(1814)張樹勳綠野書院刻光緒十三年(1887)秦州張世英補刻本　一冊

330000-1701-0021219　普915.1529/1024/

2/c3　史部/地理類/方志之屬/郡縣志
[正德]武功縣志三卷首一卷　(明)康海纂　(清)孫景烈評註　清嘉慶十九年(1814)張樹勳綠野書院刻光緒十三年(1887)秦州張世英補刻本　一冊

330000－1701－0021221　普 915.1246/5043.3　史部/地理類/雜志之屬
緜城漫鈔三卷　(清)盧標編輯　清道光十八年(1838)刻本　一冊

330000－1701－0021223　普 915.15293/0035　史部/地理類/方志之屬/郡縣志
[光緒]綏德直隸州志八卷首一卷　(清)孔繁樸修　(清)高維嶽纂　清光緒三十一年(1905)刻朱印本　六冊

330000－1701－0021224　普 915.15293/1035　史部/地理類/方志之屬/郡縣志
[光緒]米脂縣志十二卷　(清)高照煦纂　(清)高增健校訂　清光緒三十三年(1907)鉛印本　四冊

330000－1701－0021226　普 915.153/3524/c1　史部/地理類/方志之屬/通志
[光緒]甘肅新通志一百卷首五卷　升允　長庚修　安維峻纂　清宣統元年(1909)刻本　五十五冊　缺二十五卷(首一至五,一至三、五十八至七十四)

330000－1701－0021227　普 915.153/3524/c2　史部/地理類/方志之屬/通志
[光緒]甘肅新通志一百卷首五卷　升允　長庚修　安維峻纂　清宣統元年(1909)刻本　八十冊　缺二卷(三、五十三)

330000－1701－0021228　普 915.1246/6031/c1　史部/地理類/方志之屬/郡縣志
嘉慶太平縣志十八卷首一卷　(清)慶霖修　(清)戚學標等纂　清光緒二十二年(1896)古閩陳其昌刻本　十冊

330000－1701－0021229　普 915.1246/6031/c3　史部/地理類/方志之屬/郡縣志
嘉慶太平縣志十八卷首一卷　(清)慶霖修　(清)戚學標等纂　清光緒二十二年(1896)古閩陳其昌刻本　十冊

330000－1701－0021230　普 915.153/4326　類叢部/叢書類/自著之屬
千一齋全書　程先甲撰　清光緒至民國江寧程氏千一齋刻本　一冊　存一種

330000－1701－0021231　普 915.1246/50431　史部/地理類/雜志之屬
緜城漫鈔三卷　(清)盧標編輯　清道光十八年(1838)刻本　一冊

330000－1701－0021232　普 915.1246/6031/c4　史部/地理類/方志之屬/郡縣志
嘉慶太平縣志十八卷首一卷　(清)慶霖修　(清)戚學標等纂　清光緒二十二年(1896)古閩陳其昌刻本　十冊

330000－1701－0021233　普 915.1246/6031/c6　史部/地理類/方志之屬/郡縣志
嘉慶太平縣志十八卷首一卷　(清)慶霖修　(清)戚學標等纂　清光緒二十二年(1896)古閩陳其昌刻本　十冊

330000－1701－0021235　普 915.1246/6035/c1　史部/地理類/方志之屬/郡縣志
光緒太平續志十八卷首一卷　(清)陳汝霖修　(清)王棻等纂　清光緒二十二年(1896)刻本　八冊

330000－1701－0021236　普 915.1246/6031/c2　史部/地理類/方志之屬/郡縣志
嘉慶太平縣志十八卷首一卷　(清)慶霖修　(清)戚學標等纂　清光緒二十二年(1896)古閩陳其昌刻本　十冊

330000－1701－0021237　普 915.1246/6035/c3　史部/地理類/方志之屬/郡縣志
光緒太平續志十八卷首一卷　(清)陳汝霖修　(清)王棻等纂　清光緒二十二年(1896)刻本　八冊

330000－1701－0021239　普 915.1246/6035/c2　史部/地理類/方志之屬/郡縣志
光緒太平續志十八卷首一卷　(清)陳汝霖修

（清）王棻等纂　清光緒二十二年（1896）刻本　八册

330000－1701－0021240　普 915.1246/6035/c5　史部/地理類/方志之屬/郡縣志
光緒太平續志十八卷首一卷　（清）陳汝霖修（清）王棻等纂　清光緒二十二年（1896）刻本　八册

330000－1701－0021241　普 915.153/7780　類叢部/叢書類/彙編之屬
豹隱山房叢集　清光緒二十四年（1898）刻本　一册　存一種

330000－1701－0021242　普 915.153/4617　史部/地理類/雜志之屬
險異錄二卷　（清）豫師撰　清光緒十四年（1888）石印本　二册

330000－1701－0021243　普 915.153/6887　史部/地理類/方志之屬/郡縣志
甘肅至各省路程不分卷　（清）饒應祺輯　清光緒十五年（1889）稿本　一册

330000－1701－0021244　普 915.1246/6035/c6　史部/地理類/方志之屬/郡縣志
光緒太平續志十八卷首一卷　（清）陳汝霖修（清）王棻等纂　清光緒二十二年（1896）刻本　八册

330000－1701－0021246　普 915.1531/0032　史部/地理類/方志之屬/郡縣志
［道光］蘭州府志十二卷首一卷　（清）陳士楨修　（清）涂鴻儀纂　清道光十三年（1833）刻本　八册

330000－1701－0021247　普 915.1247/0027/2/c1　史部/地理類/方志之屬/郡縣志
［康熙］金華府志三十卷　（清）張藎修（清）沈麟趾等纂　清宣統元年（1909）嵩連石印本　十二册

330000－1701－0021248　普 915.1246/6035/c4　史部/地理類/方志之屬/郡縣志
光緒太平續志十八卷首一卷　（清）陳汝霖修（清）王棻等纂　清光緒二十二年（1896）刻本　八册

330000－1701－0021250　普 915.1532/0024　史部/地理類/方志之屬/郡縣志
［康熙］鞏昌府志二十八卷　（明）楊恩原本（清）紀元續修　清康熙二十七年（1688）刻本　清雲郇題記　十二册

330000－1701－0021251　普 915.1531/1029/c1　史部/地理類/方志之屬/郡縣志
［乾隆］皋蘭縣志二十卷　（清）吳鼎新修（清）黄建中纂　清乾隆四十三年（1778）刻本　四册

330000－1701－0021252　普 915.15393/0029　史部/地理類/方志之屬/郡縣志
［乾隆］直隸秦州新志十二卷首一卷　（清）費廷珍修　（清）胡釴纂　**補遺一卷**　（清）陶奕曾輯　清乾隆二十九年（1764）刻本　十六册

330000－1701－0021253　普 915.1247/0027/c1　史部/地理類/方志之屬/郡縣志
［康熙］金華府志三十卷　（清）張藎修（清）沈麟趾等纂　清康熙二十二年（1683）刻本　十二册

330000－1701－0021255　普 915.1247/0032/c1　史部/地理類/方志之屬/郡縣志
［道光］婺志粹十四卷　（清）盧標纂　清道光十九年（1839）東陽李氏映臺樓刻本　八册

330000－1701－0021256　普 915.1247/0027/2/c2　史部/地理類/方志之屬/郡縣志
［康熙］金華府志三十卷　（清）張藎修（清）沈麟趾等纂　清宣統元年（1909）嵩連石印本　十二册

330000－1701－0021257　普 915.1531/1029/c2　史部/地理類/方志之屬/郡縣志
［乾隆］皋蘭縣志二十卷　（清）吳鼎新修（清）黄建中纂　清乾隆四十三年（1778）刻本　六册

330000－1701－0021258　普 915.15393/0035　史部/地理類/方志之屬/郡縣志
［光緒］重纂秦州直隸州新志二十四卷首一卷

（清）余澤春修 （清）王權 （清）任其昌纂 清光緒十五年（1889）隴南書院刻本 十八冊

330000－1701－0021259 普 915.1247/0027/c3 史部/地理類/方志之屬/郡縣志
［康熙］金華府志三十卷 （清）張藎修 （清）沈麟趾等纂 清康熙二十二年（1683）刻本 十六冊

330000－1701－0021260 普 915.1538/0029 史部/地理類/方志之屬/郡縣志
［乾隆］西寧府新志四十卷 （清）楊應琚纂修 清乾隆十二年（1747）刻二十七年（1762）印本 十二冊

330000－1701－0021261 普 915.1247/0064/c1 史部/地理類/雜志之屬
重禁郡龍公案合訂不分卷 清光緒刻本 一冊

330000－1701－0021264 普 915.1247/0064/c2 史部/地理類/雜志之屬
重禁郡龍公案合訂不分卷 清光緒刻本 一冊

330000－1701－0021265 普 915.1247/1027 史部/地理類/方志之屬/郡縣志
［康熙］金華縣志十卷 （清）趙泰甡修 （清）張翀纂 清康熙三十四年（1695）刻本 六冊

330000－1701－0021266 普 915.1247/0032/c2 史部/地理類/方志之屬/郡縣志
［道光］婺志粹十四卷 （清）盧標纂 清道光十九年（1839）東陽李氏映臺樓刻本 八冊

330000－1701－0021268 普 915.161/0019/2 史部/地理類/外紀之屬
漢西域圖考七卷首一卷 （清）李光廷撰 清光緒十九年（1893）賓善書局石印本 七冊

330000－1701－0021269 普 915.161/0029/c1 史部/地理類/方志之屬/郡縣志
［乾隆］欽定皇輿西域圖志四十八卷首四卷 （清）傅恒等修 （清）褚廷璋等纂 （清）英廉等增纂 清光緒十九年（1893）杭州便益書局石印本 十二冊

330000－1701－0021270 普 915.1247/1032 史部/地理類/方志之屬/郡縣志
道光金華縣志十二卷首一卷 （清）黃金聲修 （清）李松林纂 清道光四年（1824）刻本 八冊

330000－1701－0021272 普 915.1247/0027/3 史部/地理類/方志之屬/郡縣志
［康熙］金華府志三十卷 （清）張藎修 （清）沈麟趾等纂 清宣統元年（1909）樓廷瑞抄本 十四冊

330000－1701－0021275 普 915.161/0019/c1 史部/地理類/外紀之屬
漢西域圖考七卷首一卷 （清）李光廷撰 清同治九年（1870）刻本 四冊

330000－1701－0021276 普 915.161/0019/3 史部/地理類/外紀之屬
漢西域圖考七卷首一卷 （清）李光廷撰 清末石印本 四冊

330000－1701－0021277 普 915.161/0029/c2 史部/地理類/方志之屬/郡縣志
［乾隆］欽定皇輿西域圖志四十八卷首四卷 （清）傅恒等修 （清）褚廷璋等纂 （清）英廉等增纂 清光緒十九年（1893）杭州便益書局石印本 十二冊

330000－1701－0021278 普 915.161/0019/c2 史部/地理類/外紀之屬
漢西域圖考七卷首一卷 （清）李光廷撰 清同治九年（1870）刻本 四冊

330000－1701－0021279 HJL2205 集部/別集類/清別集
恩餘堂經進初藁十二卷續藁二十二卷三藁十一卷策問存課二卷 （清）彭元瑞撰 清嘉慶刻本 十七冊

330000－1701－0021280 普 915.161/0019/c3 史部/地理類/外紀之屬
漢西域圖考七卷首一卷 （清）李光廷撰 清

光緒八年(1882)陽湖趙氏壽萱草堂木活字印本　四冊

330000－1701－0021282　普 915.161/0031/c1　史部/地理類/方志之屬/郡縣志
[嘉慶]西陲要略四卷　(清)祁韻士纂　清光緒四年(1878)同文館鉛印本　二冊

330000－1701－0021283　普 915.161/0032　史部/地理類/方志之屬/通志
[道光]欽定新疆識畧十二卷首一卷　(清)松筠修　(清)黎松等纂　清道光元年(1821)武英殿修書處刻本　十冊

330000－1701－0021286　普 915.161/0031/c2　史部/地理類/方志之屬/郡縣志
[嘉慶]西陲要略四卷　(清)祁韻士纂　清光緒四年(1878)同文館鉛印本　二冊

330000－1701－0021287　普 915.161/0031/c3　史部/地理類/方志之屬/郡縣志
[嘉慶]西陲要略四卷　(清)祁韻士纂　清光緒八年(1882)同文館鉛印本　二冊

330000－1701－0021288　普 915.161/0029/2/c1　史部/地理類/方志之屬/郡縣志
[乾隆]欽定皇輿西域圖志四十八卷首四卷　(清)傅恒等修　(清)褚廷璋等纂　(清)英廉等增纂　清光緒鉛印本　章嶔題簽並記　二十四冊

330000－1701－0021290　普 915.1247/1052/c2　類叢部/叢書類/彙編之屬
知服齋叢書二十九種　(清)龍鳳鑣編　清光緒順德龍氏刻本　一冊　存一種

330000－1701－0021291　普 915.161/0029/2/c2　史部/地理類/方志之屬/郡縣志
[乾隆]欽定皇輿西域圖志四十八卷首四卷　(清)傅恒等修　(清)褚廷璋等纂　(清)英廉等增纂　清光緒鉛印本　二十四冊

330000－1701－0021292　普 915.161/0029/2/c3　史部/地理類/方志之屬/郡縣志
[乾隆]欽定皇輿西域圖志四十八卷首四卷　(清)傅恒等修　(清)褚廷璋等纂　(清)英廉等增纂　清光緒鉛印本　二十四冊

330000－1701－0021294　普 915.161/0032/2　史部/地理類/方志之屬/通志
[道光]欽定新疆識畧十二卷首一卷　(清)松筠修　(清)黎松等纂　清光緒二十年(1894)上海積山書局石印本　十六冊

330000－1701－0021300　普 915.1247/1052/c1　史部/地理類/山川之屬/山志
金華赤松山志一卷　(宋)倪守約撰　清光緒十八年(1892)順德龍鳳鑣知服齋刻朱印本　一冊

330000－1701－0021301　普 915.161/0043　史部/地理類/方志之屬
[乾隆]西域聞見錄八卷首一卷　(清)七十一撰　清刻本　二冊

330000－1701－0021305　普 915.1247/2031　史部/地理類/方志之屬/郡縣志
[嘉慶]蘭谿縣志十八卷首一卷末一卷　(清)張許修　(清)陳鳳舉等纂　清嘉慶五年(1800)雙柳軒刻本　四冊　存十七卷(首、一至十六)

330000－1701－0021306　普 915.161/0043/2　史部/地理類/方志之屬
[乾隆]西域記八卷　(清)七十一撰　清光緒十一年(1885)刻本　二冊

330000－1701－0021307　普 915.1247/2035/c1　史部/地理類/方志之屬/郡縣志
光緒蘭谿縣志八卷首一卷附補遺一卷　(清)秦簧　(清)邵秉經修　(清)唐壬森纂　清光緒十三年至十五年(1887－1889)刻十七年(1891)增刻本　十冊

330000－1701－0021308　普 915.161/0043.5/c1　類叢部/叢書類/自著之屬
陶廬叢刻第二集十種　王樹枏撰　清光緒九年至民國十四年(1883－1925)新城王氏刻本暨鉛印本　一冊　存二種

330000－1701－0021309　普 915.1247/2035/(2)/c1　史部/地理類/方志之屬/郡縣志

光緒蘭谿縣志八卷首一卷 (清)秦簧 (清)邵秉經修 (清)唐壬森纂 清光緒十三年至十五年(1887－1889)刻本 八册 存八卷(首、一至五、七至八)

330000－1701－0021310 普 915.161/0043.5/c2 類叢部/叢書類/自著之屬

陶廬叢刻第二集十種 王樹枏撰 清光緒九年至民國十四年(1883－1925)新城王氏刻本暨鉛印本 一册 存二種

330000－1701－0021311 普 915.161/0043.6/c2、普 915.161/0071/c5 史部/叢編

大興徐氏三種 (清)徐松撰 清道光刻本 六册 存二種

330000－1701－0021316 普 915.1247/2035/c2 史部/地理類/方志之屬/郡縣志

光緒蘭谿縣志八卷首一卷 (清)秦簧 (清)邵秉經修 (清)唐壬森纂 清光緒十三年至十五年(1887－1889)刻本 十册

330000－1701－0021320 普 915.1247/2035/c3 史部/地理類/方志之屬/郡縣志

光緒蘭谿縣志八卷首一卷 (清)秦簧 (清)邵秉經修 (清)唐壬森纂 清光緒十三年至十五年(1887－1889)刻本 十册

330000－1701－0021321 普 915.1247/30221 史部/地理類/雜志之屬

東陽縣鄉土歷史教科書四卷 吴允讓編輯 清宣統二年(1910)東陽廣益小學堂木活字印本 一册 存一卷(一)

330000－1701－0021322 普 915.161/0062 史部/地理類/方志之屬/郡縣志

[宣統]新疆山脈志六卷 王樹枏纂 清末新疆官書局鉛印本 章梫題記 陶葆廉批 三册 存三卷(一至三)

330000－1701－0021327 普 915.1247/2035/(2)/c2 史部/地理類/方志之屬/郡縣志

光緒蘭谿縣志八卷首一卷附補遺一卷 (清)秦簧 (清)邵秉經修 (清)唐壬森纂 清光緒十三年至十五年(1887－1889)刻十七年(1891)增刻本 八册

330000－1701－0021330 普 915.161/0043.6/c3 史部/叢編

大興徐氏三種 (清)徐松撰 清道光刻本 一册 存一種

330000－1701－0021331 HJH2234 集部/總集類/氏族之屬

新安二江先生集 (清)江振鴻編 清嘉慶九年(1804)揚州康山草堂刻本 四册

330000－1701－0021333 普 915.1247/3023/3 史部/地理類/方志之屬/郡縣志

道光東陽縣志二十七卷首一卷 (清)党金衡修 (清)王恩注纂 清道光十二年(1832)刻本 十册

330000－1701－0021334 普 915.1247/2035/(2)/c3 史部/地理類/方志之屬/郡縣志

光緒蘭谿縣志八卷首一卷 (清)秦簧 (清)邵秉經修 (清)唐壬森纂 清光緒十三年至十五年(1887－1889)刻本 六册

330000－1701－0021335 普 915.1247/3032/4 史部/地理類/方志之屬/郡縣志

[道光]東陽縣志二十八卷首一卷 (清)党金衡纂修 清道光八年(1828)刻本 十四册

330000－1701－0021336 普 915.161/0071/c1 史部/叢編

大興徐氏三種 (清)徐松撰 清道光刻本 八册

330000－1701－0021344 普 915.161/0071/c2 史部/叢編

大興徐氏三種 (清)徐松撰 清道光刻本 八册

330000－1701－0021345 普 915.161/0071/c3 史部/叢編

大興徐氏三種 (清)徐松撰 清道光刻本 八册

330000－1701－0021346 普 915.161/0071/c4 史部/地理類/山川之屬/水志

西域水道記五卷　(清)徐松撰　清道光刻本　二册

330000－1701－0021348　普 915.1247/4031/2/c1　史部/地理類/方志之屬/郡縣志
[嘉慶]義烏縣志二十二卷首一卷　(清)諸自穀修　(清)程瑜　(清)李錫齡纂　清嘉慶七年(1802)刻本　十册

330000－1701－0021349　普 915.161/0088/c1　史部/地理類/方志之屬/郡縣志
海月堂雜箸　清道光二十七年(1847)刻本　十二册　存一種

330000－1701－0021350　普 915.1247/5027　史部/地理類/方志之屬/郡縣志
[康熙]永康縣志十六卷首一卷　(清)沈藻修　(清)朱謹纂　清康熙三十七年(1698)刻本(卷四至六、十五至十六配抄本)　六册

330000－1701－0021352　普 915.1247/4059/c1　史部/地理類/水利之屬
義邑東江橋誌一卷　(清)陳玉梁撰　清光緒二十四年(1898)東邑周廷玉木活字印本　一册

330000－1701－0021353　普 915.161/0088/c2　史部/地理類/方志之屬/郡縣志
海月堂雜箸　清道光二十七年(1847)刻本　六册　存一種

330000－1701－0021355　普 915.1247/5032　史部/地理類/方志之屬/郡縣志
[道光]永康縣志十二卷首一卷　(清)廖重機　(清)彭元海修　(清)應曙霞　(清)潘國詔纂　清道光十七年(1837)刻本　八册

330000－1701－0021356　普 915.1247/5032/(2)　史部/地理類/方志之屬/郡縣志
[道光]永康縣志十二卷首一卷　(清)廖重機　(清)彭元海修　(清)應曙霞　(清)潘國詔纂　清道光十七年(1837)刻本　六册　存十卷(二至十一)

330000－1701－0021357　普 915.1247/4031/2/c2　史部/地理類/方志之屬/郡縣志
[嘉慶]義烏縣志二十二卷首一卷　(清)諸自穀修　(清)程瑜　(清)李錫齡纂　清嘉慶七年(1802)刻本　十册

330000－1701－0021358　普 915.1247/4059/c2　史部/地理類/水利之屬
義邑東江橋誌一卷　(清)陳玉梁撰　清光緒二十四年(1898)東邑周廷玉木活字印本　一册

330000－1701－0021359　普 915.161/0046.3/c1　史部/傳記類/日記之屬
西行日記一卷(清光緒三年)　(清)馮焌光撰　清光緒七年(1881)南海馮瑞光上海刻本　一册

330000－1701－0021361　普 915.171/0021/c1　史部/雜史類/通代之屬
華陽國志十二卷　(晉)常璩撰　**補三州郡縣目錄一卷**　(清)廖寅撰　清嘉慶十九年(1814)廖寅題襟館刻本　四册

330000－1701－0021362　普 915.17/1152　史部/地理類/遊記之屬/紀行
雲棧紀程八卷　(清)張邦伸撰　清光緒十七年(1891)雎園刻本　三册　存六卷(三至八)

330000－1701－0021364　普 915.161/0046.3/c2　史部/傳記類/日記之屬
西行日記一卷(清光緒三年)　(清)馮焌光撰　清光緒七年(1881)南海馮瑞光上海刻本　二册

330000－1701－0021365　普 915.1247/4031/2/c3　史部/地理類/方志之屬/郡縣志
[嘉慶]義烏縣志二十二卷首一卷　(清)諸自穀修　(清)程瑜　(清)李錫齡纂　清嘉慶七年(1802)刻本　五册　存十卷(十三至二十二)

330000－1701－0021366　普 915.1247/5035/c1　史部/地理類/方志之屬/郡縣志
[光緒]永康縣志十六卷首一卷　(清)李汝爲　(清)郭文翹修　(清)潘樹棠等纂　清光緒十八年(1892)刻本　十二册

330000－1701－0021367　普 915.161/0046.3/c3　史部/傳記類/日記之屬
西行日記一卷(清光緒三年)　(清)馮焌光撰　清光緒七年(1881)南海馮瑞光上海刻本　一冊

330000－1701－0021369　普 915.1247/5035/c3　史部/地理類/方志之屬/郡縣志
[光緒]永康縣志十六卷首一卷　(清)李汝爲　(清)郭文翹修　(清)潘樹棠等纂　清光緒十八年(1892)刻本　十二冊

330000－1701－0021370　普 915.171/0021/3　史部/雜史類/通代之屬
華陽國志十二卷　(晉)常璩撰　**補三州郡縣目錄一卷**　(清)廖寅撰　清光緒四年(1878)二酉山房刻本　四冊

330000－1701－0021371　普 915.1247/5035/c5　史部/地理類/方志之屬/郡縣志
[光緒]永康縣志十六卷首一卷　(清)李汝爲　(清)郭文翹修　(清)潘樹棠等纂　清光緒十八年(1892)刻本　十二冊

330000－1701－0021372　普 915.1247/5035/c4　史部/地理類/方志之屬/郡縣志
[光緒]永康縣志十六卷首一卷　(清)李汝爲　(清)郭文翹修　(清)潘樹棠等纂　清光緒十八年(1892)刻本　十二冊

330000－1701－0021373　普 915.1247/5035/(2)　史部/地理類/方志之屬/郡縣志
[光緒]永康縣志十六卷首一卷　(清)李汝爲　(清)郭文翹修　(清)潘樹棠等纂　清光緒十八年(1892)刻本　潘沖太題記　八冊　缺三卷(七至八、十四)

330000－1701－0021374　普 915.1247/5035/c2　史部/地理類/方志之屬/郡縣志
[光緒]永康縣志十六卷首一卷　(清)李汝爲　(清)郭文翹修　(清)潘樹棠等纂　清光緒十八年(1892)刻本　十二冊

330000－1701－0021375　普 915.171/0021/2　史部/雜史類/通代之屬
華陽國志十四卷　(晉)常璩撰　**附江原常氏士女志一卷**　(明)張佳胤輯　清刻本　四冊

330000－1701－0021376　普 915.171/0021/c2　史部/雜史類/通代之屬
華陽國志十二卷　(晉)常璩撰　**補三州郡縣目錄一卷**　(清)廖寅撰　清嘉慶十九年(1814)廖寅題襟館刻光緒十六年(1890)李氏悔過齋重修本　四冊

330000－1701－0021377　普 915.171/2007　史部/紀事本末類/通代之屬
蜀鑑十卷　(宋)郭允蹈撰　**蜀鑑札記一卷**　(清)吳文昇撰　清光緒五年(1879)吳氏詒穀堂刻七年(1881)吳文昇存仁堂補刻本　三冊

330000－1701－0021379　普 915.1247/6031/2/c1　史部/地理類/方志之屬/郡縣志
[嘉慶]武義縣志十二卷首一卷　(清)張營堠修　(清)周家駒等纂　清嘉慶九年(1804)刻本　八冊

330000－1701－0021381　普 915.171/2042　史部/雜史類/斷代之屬
蜀碧四卷　(清)彭遵泗撰　清乾隆刻本　一冊

330000－1701－0021383　普 915.1247/7029/c1　史部/地理類/方志之屬/郡縣志
[乾隆]浦江縣志二十卷首一卷　(清)薛鼎銘修　(清)胡廷槐　(清)汪沆　(清)張可槱纂　清乾隆四十四年(1779)刻道光二十三年(1843)李業修補刻本　十二冊

330000－1701－0021385　普 915.171/0021/c3　史部/雜史類/通代之屬
華陽國志十二卷　(晉)常璩撰　**補三州郡縣目錄一卷**　(清)廖寅撰　清嘉慶十九年(1814)廖寅題襟館刻本　陶濬宣題簽並記　四冊

330000－1701－0021386　普 915.1247/7029/c2　史部/地理類/方志之屬/郡縣志
[光緒]浦江縣志十五卷首一卷　(清)善廣修　(清)張景青纂　清光緒二十三年(1897)刻

本　十二册

330000－1701－0021387　普 915.171/2042/2　史部/叢編

崇正叢書十種　(清)葉騰驤輯　清道光十九年(1839)品石山房木活字印本　四册　存一種

常明等修　(清)楊芳燦等纂　清嘉慶二十一年(1816)刻本　一百二十册

330000－1701－0021402　普 915.171/4311　史部/地理類/方志之屬/通志

[道光]蜀典十二卷　(清)張澍纂　清道光十四年(1834)刻本　六册

330000－1701－0021391　普 915.1247/6031/2/c2　史部/地理類/方志之屬/郡縣志

[嘉慶]武義縣志十二卷首一卷　(清)張營堠修　(清)周家騊等纂　清嘉慶九年(1804)刻本　四册

330000－1701－0021392　普 915.171/2511/c1　史部/地理類/雜志之屬

錦里新編十六卷首一卷　(清)張邦伸撰　清嘉慶五年(1800)敦彝堂刻本　八册

330000－1701－0021393　普 915.171/3190/c1　史部/地理類/方志之屬/通志

[嘉慶]四川通志二百四卷首二十二卷　(清)常明等修　(清)楊芳燦等纂　清嘉慶二十一年(1816)刻本　一百四十五册　缺二十卷(六至二十五)

330000－1701－0021394　普 915.171/20421　史部/雜史類/斷代之屬

蜀碧四卷附記一卷　(清)彭遵泗撰　清嘉慶二十年(1815)天禄閣刻本　項國華題簽　一册

330000－1701－0021395　普 915.1247/9029/c1　史部/地理類/方志之屬/郡縣志

[乾隆]湯溪縣志十卷首一卷　(清)陳鍾炅修　(清)馮宗城等纂　清乾隆四十八年(1783)刻本　六册

330000－1701－0021396　普 915.171/2511/c2　史部/地理類/雜志之屬

錦里新編十六卷首一卷　(清)張邦伸撰　清嘉慶五年(1800)敦彝堂刻本　八册

330000－1701－0021401　普 915.171/3190/c2　史部/地理類/方志之屬/通志

[嘉慶]四川通志二百四卷首二十二卷　(清)

330000－1701－0021404　普 915.1247/9029/c2　史部/地理類/方志之屬/郡縣志

[乾隆]湯溪縣志十卷首一卷　(清)陳鍾炅修　(清)馮宗城等纂　清乾隆四十八年(1783)刻本　六册

330000－1701－0021406　普 915.171/4311/2/c1　史部/地理類/方志之屬/通志

[道光]蜀典十二卷　(清)張澍纂　清光緒二年(1876)尊經書院刻本　章嶔題簽並記　四册

330000－1701－0021407　普 915.1248/0027/c1　史部/地理類/方志之屬/郡縣志

[康熙]衢州府志四十卷首一卷　(清)楊廷望　(清)金玉衡纂修　清光緒八年(1882)劉國光刻本　十二册

330000－1701－0021408　普 915.1247/6031/c1　史部/地理類/方志之屬/郡縣志

[嘉慶]武義縣志十二卷首一卷　(清)張營堠修　(清)周家騊等纂　清宣統二年(1910)石印本　六册

330000－1701－0021409　普 915.171/4311/2/c2　史部/地理類/方志之屬/通志

[道光]蜀典十二卷　(清)張澍纂　清光緒二年(1876)尊經書院刻本　四册

330000－1701－0021411　普 915.1248/0027/c4　史部/地理類/方志之屬/郡縣志

[康熙]衢州府志四十卷首一卷　(清)楊廷望　(清)金玉衡纂修　清光緒八年(1882)劉國光刻本　十六册

330000－1701－0021412　普 915.1247/6031/c2　史部/地理類/方志之屬/郡縣志

[嘉慶]武義縣志十二卷首一卷　(清)張營堠

修　(清)周家駒等纂　清宣統二年(1910)石印本　六册

330000－1701－0021413　普915.1248/0027/c3　史部/地理類/方志之屬/郡縣志

[康熙]衢州府志四十卷首一卷　(清)楊廷望　(清)金玉衡纂修　清光緒八年(1882)劉國光刻本　十二册

330000－1701－0021414　普915.171/4311/2/c3　史部/地理類/方志之屬/通志

[道光]蜀典十二卷　(清)張澍纂　清光緒二年(1876)尊經書院刻本　四册

330000－1701－0021415　普915.1248/0027/c5　史部/地理類/方志之屬/郡縣志

[康熙]衢州府志四十卷首一卷　(清)楊廷望　(清)金玉衡纂修　清光緒八年(1882)劉國光刻本　十二册

330000－1701－0021416　普915.133/0036/c2　類叢部/叢書類/彙編之屬

漸西村舍彙刊(漸西村舍叢刻)四十四種　(清)袁昶編　清光緒十六年至二十四年(1890－1898)桐廬袁氏刻本　二册　存一種

330000－1701－0021419　普915.171/4311/2/c4　史部/地理類/方志之屬/通志

[道光]蜀典十二卷　(清)張澍纂　清光緒二年(1876)尊經書院刻本　四册

330000－1701－0021421　普915.1248/0027/2　史部/地理類/方志之屬/郡縣志

[康熙]衢州府志四十卷首一卷　(清)楊廷望　(清)金玉衡纂修　清康熙五十年(1711)刻本　十二册

330000－1701－0021422　普915.1248/1031/c2　史部/地理類/方志之屬/郡縣志

[嘉慶]西安縣志四十八卷首一卷　(清)姚寶煃修　(清)范崇楷等纂　清嘉慶十六年(1811)刻本　十册

330000－1701－0021423　普915.171/7175　史部/地理類/山川之屬/水志

蜀水考四卷　(清)陳登龍撰　(清)朱錫穀補注　(清)陳一津分疏　清光緒五年(1879)楊氏清泉精舍刻本　二册

330000－1701－0021424　普915.1248/1031/c4　史部/地理類/方志之屬/郡縣志

[嘉慶]西安縣志四十八卷首一卷　(清)姚寶煃修　(清)范崇楷等纂　清嘉慶十六年(1811)刻本　十册

330000－1701－0021425　普915.1248/1031.01　史部/地理類/方志之屬/郡縣志

[道光]西安縣新志正誤三卷　(清)陳塤纂　清末抄本　余紹宋校　一册

330000－1701－0021428　普915.171/46101/c1　史部/地理類/遊記之屬/紀行

蜀道驛程記二卷　(清)王士禛撰　清康熙刻本　汪西滓校並跋　一册

330000－1701－0021430　普915.171/46101/c2　類叢部/叢書類/自著之屬

王漁洋遺書三十八種　(清)王士禛撰　清刻本　一册　存一種

330000－1701－0021434　普915.1248/1062/c1　史部/地理類/山川之屬/山志

爛柯山志十三卷　(清)鄭永禧輯　清光緒三十三年(1907)不其山館刻本　四册

330000－1701－0021436　普915.1248/2027/c2　史部/地理類/方志之屬/郡縣志

[康熙]龍游縣誌十二卷首一卷　(清)盧燦修　(清)余恂纂　清光緒八年(1882)刻本　六册

330000－1701－0021438　普915.1711/1034/c1　史部/地理類/方志之屬/郡縣志

[同治]重修成都縣志十六卷首一卷　(清)李玉宣等修　(清)衷興鑑等纂　清同治十二年(1873)刻本　十六册

330000－1701－0021440　普915.1711/2031/c1　史部/地理類/方志之屬/郡縣志

[嘉慶]華陽縣志四十四卷首一卷　(清)吴鞏　(清)董淳修　(清)潘時彤等纂　清嘉慶二十一年(1816)刻本　二十册

330000－1701－0021442　普 915.1711/1034/c2　史部/地理類/方志之屬/郡縣志

[同治]重修成都縣志十六卷首一卷末一卷　(清)李玉宣等修　(清)衷興鑑等纂　清同治十二年(1873)刻本　十六冊

330000－1701－0021443　普 915.1248/2027/2　史部/地理類/方志之屬/郡縣志

[康熙]龍游縣誌十二卷首一卷　(清)盧燦修　(清)余恂纂　清康熙二十年(1681)刻本　五冊

330000－1701－0021445　普 915.1711/1034/c3　史部/地理類/方志之屬/郡縣志

[同治]重修成都縣志十六卷首一卷　(清)李玉宣等修　(清)衷興鑑等纂　清同治十二年(1873)刻本　二十四冊

330000－1701－0021446　普 915.1711/2031/c2　史部/地理類/方志之屬/郡縣志

[嘉慶]華陽縣志四十四卷首一卷　(清)吳鞏　(清)董淳修　(清)潘時彤等纂　清嘉慶二十一年(1816)刻光緒十八年(1892)重修本　十五冊　存四十一卷(四至四十四)

330000－1701－0021451　普 915.1248/1062/c2　史部/地理類/山川之屬/山志

爛柯山志十三卷　(清)鄭永禧輯　清光緒三十三年(1907)不其山館刻本　四冊

330000－1701－0021452　普 915.1248/3029/c1　史部/地理類/方志之屬/郡縣志

[乾隆]江山縣志十六卷首一卷末一卷　(清)宋成綏修　(清)陸飛纂　清乾隆四十一年(1776)刻本　八冊

330000－1701－0021453　普 915.1248/1062/c3　史部/地理類/山川之屬/山志

爛柯山志十三卷　(清)鄭永禧輯　清光緒三十三年(1907)不其山館刻本　四冊

330000－1701－0021454　普 915.1248/3029/c2　史部/地理類/方志之屬/郡縣志

[乾隆]江山縣志十六卷首一卷末一卷　(清)宋成綏修　(清)陸飛纂　清乾隆四十一年(1776)刻本　八冊

330000－1701－0021455　普 915.1711/3035　史部/地理類/方志之屬/郡縣志

[光緒]雙流縣志四卷首一卷　(清)彭琬等纂修　清光緒三年(1877)刻本　八冊

330000－1701－0021456　普 915.1711/3035.2　類叢部/叢書類

養正堂遺書　清光緒二十年(1894)刻民國二十一年(1932)吳琦補刻本　四冊　存一種

330000－1701－0021458　普 915.1711/3531　史部/地理類/方志之屬/郡縣志

[嘉慶]溫江縣志三十六卷首一卷　(清)李紹祖等修　(清)徐文賁　(清)車西纂　清嘉慶二十年(1815)刻本　六冊　缺一卷(三)

330000－1701－0021459　普 915.1248/1062/c4　史部/地理類/山川之屬/山志

爛柯山志十三卷　(清)鄭永禧輯　清光緒三十三年(1907)不其山館刻本　四冊

330000－1701－0021463　普 915.1711/4034　史部/地理類/方志之屬/郡縣志

[同治]新繁縣志十六卷首一卷　(清)張文珍　(清)李應觀修　(清)楊益豫等纂　清同治十二年(1873)刻本　八冊

330000－1701－0021465　普 915.1248/1062/c5　史部/地理類/山川之屬/山志

爛柯山志十三卷　(清)鄭永禧輯　清光緒三十三年(1907)不其山館刻本　四冊

330000－1701－0021466　普 915.1248/1062/(2)　史部/地理類/山川之屬/山志

爛柯山志十三卷　(清)鄭永禧輯　清光緒三十三年(1907)不其山館刻本　三冊　缺二卷(十二至十三)

330000－1701－0021467　普 915.1248/3034/c1　史部/地理類/方志之屬/郡縣志

[同治]江山縣志十二卷首一卷末一卷　(清)王彬　(清)孫晉梓修　(清)朱寶慈等纂　清同治十二年(1873)文溪書院刻本　毛常題記　八冊

330000－1701－0021468　普 915.1711/4531　史部/地理類/方志之屬/郡縣志

[嘉慶]金堂縣志九卷首一卷末一卷　(清)謝惟傑修　(清)陳一津　(清)黃烈纂　清嘉慶十六年(1811)刻道光二十四年(1844)楊得質補刻本　八册

330000－1701－0021469　普 915.1248/3034/c3　史部/地理類/方志之屬/郡縣志

[同治]江山縣志十二卷首一卷末一卷　(清)王彬　(清)孫晉梓修　(清)朱寶慈等纂　清同治十二年(1873)文溪書院刻本　八册

330000－1701－0021470　普 915.1248/3034/c2　史部/地理類/方志之屬/郡縣志

[同治]江山縣志十二卷首一卷末一卷　(清)王彬　(清)孫晉梓修　(清)朱寶慈等纂　清同治十二年(1873)文溪書院刻本　八册

330000－1701－0021471　普 915.1711/5032　史部/地理類/方志之屬/郡縣志

[道光]新都縣志十八卷首一卷　(清)張奉書等修　(清)張懷洵等纂　清道光二十四年(1844)刻本　十二册

330000－1701－0021472　普 915.1711/4042/c1　史部/地理類/方志之屬/郡縣志

[光緒]新繁縣鄉土志十卷首一卷　余慎修　陳彥升纂　清光緒三十三年(1907)鉛印本　二册

330000－1701－0021473　普 915.1711/4534　史部/地理類/方志之屬/郡縣志

[同治]續金堂縣志八卷首一卷末一卷　(清)王樹桐　(清)徐璞玉修　(清)米繪裳等纂　清同治六年(1867)刻本　二册

330000－1701－0021474　普 915.1248/3034/c4　史部/地理類/方志之屬/郡縣志

[同治]江山縣志十二卷首一卷末一卷　(清)王彬　(清)孫晉梓修　(清)朱寶慈等纂　清同治十二年(1873)文溪書院刻本　八册

330000－1701－0021475　普 915.1711/5534　史部/地理類/方志之屬/郡縣志

[同治]郫縣志四十四卷　(清)陳慶熙修　(清)高升之等纂　清同治九年(1870)刻本　溟殊常題記　八册

330000－1701－0021477　普 915.1711/4042/c2　史部/地理類/方志之屬/郡縣志

[光緒]新繁縣鄉土志十卷首一卷　余慎修　陳彥升纂　清光緒三十三年(1907)鉛印本　二册

330000－1701－0021480　普 915.1711/6935　史部/地理類/方志之屬/郡縣志

[光緒]增修灌縣志十四卷首一卷　(清)莊思恒修　(清)鄭珶山纂　清光緒十二年(1886)刻本　十册

330000－1701－0021481　普 915.1711/5558.02　類叢部/叢書類/彙編之屬

古棠書屋叢書十八種　(清)孫澍　(清)孫錤編　清道光鵝溪孫氏刻本　一册　存一種

330000－1701－0021482　普 915.1248/4031　史部/地理類/方志之屬/郡縣志

[嘉慶]常山縣志十二卷首一卷　(清)陳珄修　(清)徐始搏纂　清嘉慶十八年(1813)刻本　八册

330000－1701－0021484　普 915.1248/4035/c3　史部/地理類/方志之屬/郡縣志

[光緒]常山縣志六十八卷首一卷末一卷　(清)李瑞鍾修　(清)朱昌泰等纂　清光緒十二年(1886)刻本　十二册

330000－1701－0021485　普 915.1248/4035/(2)　史部/地理類/方志之屬/郡縣志

[光緒]常山縣志六十八卷首一卷末一卷　(清)李瑞鍾修　(清)朱昌泰等纂　清光緒十二年(1886)刻民國十八年(1929)重印本　三册

330000－1701－0021486　普 915.1248/4035/c4　史部/地理類/方志之屬/郡縣志

[光緒]常山縣志六十八卷首一卷末一卷　(清)李瑞鍾修　(清)朱昌泰等纂　清光緒十二年(1886)刻本　十二册　缺九卷(一至九)

330000－1701－0021487　普 915.1711/6035.2　史部/地理類/方志之屬/郡縣志
[光緒]灌縣鄉土志二卷　(清)鍾文虎修　(清)徐昱等纂　清光緒三十三年(1907)刻本　二册

330000－1701－0021488　普 915.1711/6552.4/c1　子部/宗教類/道教之屬
重刊道藏輯要　(清)蔣予蒲輯　(清)閻永和增輯　清光緒三十二年(1906)成都二仙庵刻本　一册　存一種

330000－1701－0021490　普 915.1248/5035/c1　史部/地理類/方志之屬/郡縣志
[光緒]開化縣志十四卷首一卷　(清)徐名立　(清)潘紹詮修　(清)潘樹棠纂　清光緒二十四年(1898)刻本　十册

330000－1701－0021491　普 915.1711/6552.4/c2　子部/宗教類/道教之屬
重刊道藏輯要　(清)蔣予蒲輯　(清)閻永和增輯　清光緒三十二年(1906)成都二仙庵刻本　一册　存一種

330000－1701－0021492　普 915.1711/7031　史部/地理類/方志之屬/郡縣志
[嘉慶]彭縣志四十二卷　(清)王鍾鈁纂修　清嘉慶十九年(1814)刻本　四册　缺一卷(四)

330000－1701－0021493　普 915.1248/5035/c2　史部/地理類/方志之屬/郡縣志
[光緒]開化縣志十四卷首一卷　(清)徐名立　(清)潘紹詮修　(清)潘樹棠纂　清光緒二十四年(1898)刻本　十册

330000－1701－0021494　普 915.1711/7035　史部/地理類/方志之屬/郡縣志
[光緒]重修彭縣志十三卷首一卷末一卷　(清)張龍甲修　(清)呂調陽等纂　清光緒四年(1878)刻本　十册

330000－1701－0021497　普 915.1248/4035/c1　史部/地理類/方志之屬/郡縣志
[光緒]常山縣志六十八卷首一卷末一卷　(清)李瑞鍾修　(清)朱昌泰等纂　清光緒十二年(1886)刻本　十二册

330000－1701－0021498　普 915.1248/5035/c3　史部/地理類/方志之屬/郡縣志
[光緒]開化縣志十四卷首一卷　(清)徐名立　(清)潘紹詮修　(清)潘樹棠纂　清光緒二十四年(1898)刻本　十册

330000－1701－0021499　普 915.1248/5029　史部/地理類/方志之屬/郡縣志
[乾隆]開化縣志十二卷首一卷　(清)范玉衡修　(清)吳淦等纂　清乾隆六十年(1795)刻本　六册

330000－1701－0021500　普 915.1248/4035/c2　史部/地理類/方志之屬/郡縣志
[光緒]常山縣志六十八卷首一卷末一卷　(清)李瑞鍾修　(清)朱昌泰等纂　清光緒十二年(1886)刻本　十二册

330000－1701－0021502　普 915.1249/0022/c1、普 915.1249/0022.2/c1　類叢部/叢書類/彙編之屬
漸西村舍彙刊(漸西村舍叢刻)四十四種　(清)袁昶編　清光緒十六年至二十四年(1890－1898)桐廬袁氏刻本　四册　存二種

330000－1701－0021503　普 915.1711/8031　史部/地理類/方志之屬/郡縣志
[嘉慶]崇慶州志十卷首一卷　(清)丁榮表　(清)顧堯峯修　(清)衛道凝　(清)謝攀雲纂　清嘉慶十八年(1813)刻本　六册

330000－1701－0021504　普 915.1711/8035/c1　史部/地理類/方志之屬/郡縣志
[光緒]增修崇慶州志十二卷首一卷　(清)沈恩培修　(清)胡麟等纂　清光緒三年(1877)刻十年(1884)印本　十册

330000－1701－0021505　普 915.1249/0022/c2、普 915.1249/0022.2/c2　類叢部/叢書類/彙編之屬
漸西村舍彙刊(漸西村舍叢刻)四十四種　(清)袁昶編　清光緒十六年至二十四年

(1890－1898)桐廬袁氏刻本　四冊　存二種

330000－1701－0021506　普 915.1249/0022.2/c3　類叢部/叢書類/彙編之屬
漸西村舍彙刊(漸西村舍叢刻)四十四種　(清)袁昶編　清光緒十六年至二十四年(1890－1898)桐廬袁氏刻本　二冊　存一種

330000－1701－0021507　普 915.1711/8035/c2　史部/地理類/方志之屬/郡縣志
[光緒]增修崇慶州志十二卷首一卷　(清)沈恩培修　(清)胡麟等纂　清光緒三年(1877)刻十年(1884)印本　九冊　缺二卷(三至四)

330000－1701－0021508　普 811.104/3714/2　集部/詩文評類/詩評之屬
詩問四卷續三卷　(清)王士禛撰　(清)郎廷槐輯　清刻本　四冊

330000－1701－0021509　普 811.104/3110　集部/詩文評類/詩評之屬
夷白齋詩話一卷　(明)顧元慶撰　清刻本　一冊

330000－1701－0021510　普 811.104/3423/2　集部/詩文評類/詩評之屬
說詩晬語二卷　(清)沈德潛撰　清刻本　一冊

330000－1701－0021513　普 915.1249/0022/c5、普 915.1249/0022.2/c4　類叢部/叢書類/彙編之屬
漸西村舍彙刊(漸西村舍叢刻)四十四種　(清)袁昶編　清光緒十六年至二十四年(1890－1898)桐廬袁氏刻本　四冊　存二種

330000－1701－0021514　普 811.104/3072/4　集部/詩文評類/詩評之屬
柳亭詩話三十卷　(清)宋長白纂　清康熙天茁園刻本　八冊

330000－1701－0021515　普 811.104/3334　集部/詩文評類/詩評之屬
飲冰室詩話五卷　梁啓超撰　清宣統二年(1910)上海書局石印本　五冊

330000－1701－0021518　普 915.1249/0029/c1　史部/地理類/方志之屬/郡縣志
[光緒]嚴州府志三十八卷首一卷　(清)吳士進原本　(清)吳世榮續修　(清)鄒柏森(清)馬斯臧等續纂　清光緒八年至九年(1882－1883)刻十六年(1890)鶴山增刻本　二十八冊

330000－1701－0021519　普 811.104/3224/(2)/c2　集部/詩文評類/詩評之屬
緝雅堂詩話二卷　(清)潘衍桐撰　清光緒十七年(1891)杭州刻本　一冊

330000－1701－0021521　普 811/104/3308/c1　集部/詩文評類/詩評之屬
閩川閨秀詩話四卷　(清)梁章鉅撰　清道光二十九年(1849)刻本　二冊

330000－1701－0021523　普 811.104/3227　集部/詩文評類/詩評之屬
養一齋詩話十卷養一齋李杜詩話三卷　(清)潘德輿撰　清道光十六年(1836)刻本　四冊

330000－1701－0021527　普 811.104/3224/(2)/c4　集部/詩文評類/詩評之屬
緝雅堂詩話二卷　(清)潘衍桐撰　清光緒十七年(1891)杭州刻本　一冊

330000－1701－0021528　普 811.104/4300/3　集部/詩文評類/詩評之屬
全唐詩話六卷　(宋)尤袤撰　(明)毛晉訂　清宣統三年(1911)上海三樂堂石印本　五冊　缺一卷(四)

330000－1701－0021530　普 811.104/3224　集部/詩文評類/詩評之屬
緝雅堂詩話二卷　(清)潘衍桐撰　清光緒十七年(1891)杭州刻本　章鈫題簽　二冊

330000－1701－0021531　普 811.104/3224/(2)/c1　集部/詩文評類/詩評之屬
緝雅堂詩話二卷　(清)潘衍桐撰　清光緒十七年(1891)杭州刻本　一冊

330000－1701－0021534　普 915.1715/6534　史部/地理類/方志之屬/郡縣志

[同治]筠連縣志十六卷 (清)程熙春修 (清)文爾炘纂 清同治十二年(1873)刻本 六册

330000－1701－0021535 普 811.104/3224/(2)/c3 集部/詩文評類/詩評之屬
緝雅堂詩話二卷 (清)潘衍桐撰 清光緒十七年(1891)杭州刻本 一册

330000－1701－0021536 普 811.104/3290 集部/詩文評類/詩評之屬
臥園詩話十卷 (清)潘煥龍撰 清刻本 四册

330000－1701－0021538 普 915.1249/0029/2 史部/地理類/方志之屬/郡縣志
[乾隆]嚴州府志三十五卷首一卷 (清)吳士進修 (清)胡書源等纂 清乾隆二十一年(1756)刻本 十二册

330000－1701－0021539 普 811.104/3714.2 集部/詩文評類/詩評之屬
師友詩傳錄一卷 (清)王士禛述 (清)郎廷槐輯 **師友詩傳續錄一卷** (清)劉大勤編 **師友詩傳續錄詩指十卷** (清)周佳編 清嘉慶二十一年(1816)連雲閣刻本 四册

330000－1701－0021540 普 811.104/4031 集部/詩文評類/詩評之屬
停雲閣詩話八卷 (清)李家瑞撰 清咸豐五年(1855)刻本 秋爽題簽並記 一册

330000－1701－0021544 普 915.1249/0022/c4 類叢部/叢書類/彙編之屬
漸西村舍彙刊(漸西村舍叢刻)四十四種 (清)袁昶編 清光緒十六年至二十四年(1890－1898)桐廬袁氏刻本 二册 存一種

330000－1701－0021545 普 811.104/3714 集部/詩文評類/詩評之屬
詩問四卷 (清)王士禛撰 (清)郎廷槐輯 清敬義齋刻本 清沈閬崐批校並跋 二册

330000－1701－0021546 普 915.1711/9031/c2 史部/地理類/方志之屬/郡縣志
[嘉慶]漢州志四十卷首一卷末一卷 (清)劉長庚修 (清)侯肇元 (清)張懷泗纂 清嘉慶二十二年(1817)刻本 十二册

330000－1701－0021547 普 915.1249/0022/c6 類叢部/叢書類/彙編之屬
漸西村舍彙刊(漸西村舍叢刻)四十四種 (清)袁昶編 清光緒十六年至二十四年(1890－1898)桐廬袁氏刻本 二册 存一種

330000－1701－0021548 普 915.1711/9031/c1 史部/地理類/方志之屬/郡縣志
[嘉慶]漢州志四十卷首一卷末一卷 (清)劉長庚修 (清)侯肇元 (清)張懷泗纂 清嘉慶二十二年(1817)刻本 十二册

330000－1701－0021549 普 915.1249/0029/(2)/c1 史部/地理類/方志之屬/郡縣志
[光緒]嚴州府志三十八卷首一卷 (清)吳士進原本 (清)吳世榮續修 (清)鄒柏森 (清)馬斯臧等續纂 清光緒八年至九年(1882－1883)刻十六年(1890)鶴山增刻二十三年(1897)賀良樾再增刻民國二十六年(1937)重印本 方鎮華跋 二十册

330000－1701－0021551 普 915.1249/1032 史部/地理類/方志之屬/郡縣志
[道光]建德縣志二十一卷首一卷 (清)周興嶧修 (清)許錦春 (清)嚴可均纂 清道光八年(1828)刻本 八册 存十七卷(三至九、十二至二十一)

330000－1701－0021552 普 811.104/3308/c3 集部/詩文評類/詩評之屬
閩川閨秀詩話四卷 (清)梁章鉅撰 清道光二十九年(1849)刻本 二册

330000－1701－0021553 普 915.1711/9031/c3 史部/地理類/方志之屬/郡縣志
[嘉慶]漢州志四十卷首一卷末一卷 (清)劉長庚修 (清)侯肇元 (清)張懷泗纂 清嘉慶二十二年(1817)刻本 十一册 缺六卷(首、一至五)

330000－1701－0021554 普 915.1249/0029/(2)/c2 史部/地理類/方志之屬/郡縣志

[光緒]嚴州府志三十八卷首一卷　(清)吳士進原本　(清)吳世榮續修　(清)鄒柏森(清)馬斯臧等續纂　清光緒八年至九年(1882－1883)刻十六年(1890)鶴山增刻二十三年(1897)賀良樾再增刻民國二十六年(1937)重印本　二十册

330000－1701－0021555　普 915.1249/0029/(2)/c3　史部/地理類/方志之屬/郡縣志

[光緒]嚴州府志三十八卷首一卷　(清)吳士進原本　(清)吳世榮續修　(清)鄒柏森(清)馬斯臧等續纂　清光緒八年至九年(1882－1883)刻十六年(1890)鶴山增刻二十三年(1897)賀良樾再增刻民國二十六年(1937)重印本　二十册

330000－1701－0021556　普 811.104/3057　子部/小說家類/雜事之屬

耐冷譚十六卷　(清)宋咸熙撰　清道光九年(1829)武林亦西齋刻本　五册　存十四卷(一至十四)

330000－1701－0021557　普 915.1249/0029/c2　史部/地理類/方志之屬/郡縣志

[光緒]嚴州府志三十八卷首一卷　(清)吳士進原本　(清)吳世榮續修　(清)鄒柏森(清)馬斯臧等續纂　清光緒八年至九年(1882－1883)刻本　二十八册

330000－1701－0021558　普 915.1711/9531/c1　史部/地理類/方志之屬/郡縣志

[嘉慶]什邡縣志五十四卷　(清)紀大奎修(清)林時春等纂　清嘉慶十八年(1813)刻道光十六年(1836)增刻本　十册

330000－1701－0021559　普 811.104/3072/3　集部/詩文評類/詩評之屬

柳亭詩話三十卷　(清)宋長白纂　清康熙天茁園刻光緒八年(1882)楊雨耕坊補刻重修本　十册

330000－1701－0021560　普 915.1711/9531/c2　史部/地理類/方志之屬/郡縣志

[嘉慶]什邡縣志五十四卷　(清)紀大奎修(清)林時春等纂　清嘉慶十八年(1813)刻本　十册

330000－1701－0021561　普 915.1711/9534/c1　史部/地理類/方志之屬/郡縣志

[同治]續增什邡縣志五十四卷　(清)傅華桂修　(清)王璽尊等纂　清同治四年(1865)刻本　四册　缺一卷(四十)

330000－1701－0021562　普 915.1249/1029　史部/地理類/方志之屬/郡縣志

[乾隆]建德縣志十卷首一卷　(清)王賓修(清)應德廣等纂　清乾隆十九年(1754)刻本　五册

330000－1701－0021563　普 915.1249/1035/c1　史部/地理類/方志之屬/郡縣志

[光緒]建德縣志二十一卷首一卷　(清)謝仁澍　(清)吳俊修　(清)俞觀旭　(清)孫詒謀纂　清光緒十八年(1892)刻本　十册

330000－1701－0021564　普 915.1711/9034/c1　史部/地理類/方志之屬/郡縣志

[同治]續漢州志二十四卷首一卷補志一卷(清)張超等修　(清)曾履中　(清)張敏行纂　清同治八年(1869)刻本　八册　缺一卷(補志)

330000－1701－0021565　普 915.1711/9534/c2　史部/地理類/方志之屬/郡縣志

[同治]續增什邡縣志五十四卷　(清)傅華桂修　(清)王璽尊等纂　清同治四年(1865)刻本　四册　缺一卷(四十)

330000－1701－0021566　普 915.1249/1035/c2　史部/地理類/方志之屬/郡縣志

[光緒]建德縣志二十一卷首一卷　(清)謝仁澍　(清)吳俊修　(清)俞觀旭　(清)孫詒謀纂　清光緒十八年(1892)刻本　二十册

330000－1701－0021567　普 915.1711/9034/c2　史部/地理類/方志之屬/郡縣志

[同治]續漢州志二十四卷首一卷補志一卷(清)張超等修　(清)曾履中　(清)張敏行纂　清同治八年(1869)刻本　八册

330000－1701－0021568　普 915.1249/1035/

c3　史部/地理類/方志之屬/郡縣志
[光緒]建德縣志二十一卷首一卷　(清)謝仁澍　(清)吳俊修　(清)俞觀旭　(清)孫詒謀纂　清光緒十八年(1892)刻本　十冊

330000－1701－0021569　普 915.1711/9534/2　史部/地理類/方志之屬/郡縣志
[同治]什邡縣志五十四卷　(清)傅華桂修　(清)王璽尊等纂　清抄本　三冊　缺十五卷(四十至五十四)

330000－1701－0021570　HJL2310　集部/別集類/清別集
戴東原集十二卷　(清)戴震撰　**戴東原先生[震]年譜一卷覆校札記一卷**　(清)段玉裁撰　清宣統二年(1910)渭南嚴氏孝義家塾成都刻本　六冊

330000－1701－0021572　普 915.1712/1029/c1　史部/地理類/方志之屬/郡縣志
[乾隆]巴縣志十七卷首一卷　(清)王爾鑑修　(清)王世沿等纂　清嘉慶二十五年(1820)刻本(卷十四配抄本)　十二冊

330000－1701－0021573　普 915.1712/0032/c1　史部/地理類/方志之屬/郡縣志
[道光]重慶府志九卷　(清)王夢庚修　(清)寇宗纂　清道光二十三年(1843)刻本　十二冊

330000－1701－0021574　普 915.1249/1035/c4　史部/地理類/方志之屬/郡縣志
[光緒]建德縣志二十一卷首一卷　(清)謝仁澍　(清)吳俊修　(清)俞觀旭　(清)孫詒謀纂　清光緒十八年(1892)刻本　十冊

330000－1701－0021577　普 915.1712/0032/c2　史部/地理類/方志之屬/郡縣志
[道光]重慶府志九卷　(清)王夢庚修　(清)寇宗纂　清道光二十三年(1843)刻本　十二冊

330000－1701－0021578　普 915.1712/0032/c3　史部/地理類/方志之屬/郡縣志
[道光]重慶府志九卷　(清)王夢庚修　(清)寇宗纂　清道光二十三年(1843)刻本　十一冊

330000－1701－0021580　普 915.1712/1029/c2　史部/地理類/方志之屬/郡縣志
[乾隆]巴縣志十七卷首一卷　(清)王爾鑑修　(清)王世沿等纂　清嘉慶二十五年(1820)刻本　十二冊

330000－1701－0021581　普 915.1249/2035/c1　史部/地理類/方志之屬/郡縣志
[光緒]淳安縣志十六卷首一卷　(清)劉世寧原本　(清)李詩續修　(清)陳中元　(清)竺士彥續纂　清光緒十年(1884)刻本　八冊

330000－1701－0021582　普 915.1249/2035/c4　史部/地理類/方志之屬/郡縣志
[光緒]淳安縣志十六卷首一卷　(清)劉世寧原本　(清)李詩續修　(清)陳中元　(清)竺士彥續纂　清光緒十年(1884)刻本　八冊

330000－1701－0021583　普 811.04/3308/c2　集部/詩文評類/詩評之屬
閩川閨秀詩話四卷　(清)梁章鉅撰　清道光二十九年(1849)刻本　二冊

330000－1701－0021584　普 915.1249/3029　史部/地理類/方志之屬/郡縣志
[乾隆]桐廬縣志十六卷　(清)嚴正身　(清)王德讓修　(清)金嘉琰等纂　清乾隆二十一年(1756)刻本(卷一至二、五至九、十二至十六配抄本)　十冊

330000－1701－0021586　普 915.1249/2035/c2　史部/地理類/方志之屬/郡縣志
[光緒]淳安縣志十六卷首一卷　(清)劉世寧原本　(清)李詩續修　(清)陳中元　(清)竺士彥續纂　清光緒十年(1884)刻本　方鎮華題記　八冊

330000－1701－0021587　普 915.1249/2035/c5　史部/地理類/方志之屬/郡縣志
[光緒]淳安縣志十六卷首一卷　(清)劉世寧原本　(清)李詩續修　(清)陳中元　(清)竺士彥續纂　清光緒十年(1884)刻本　八冊

330000－1701－0021591　普 915.1249/3031　史部/政書類/邦計之屬/賦稅

桐廬賦役全書一卷　清刻本　一册

330000－1701－0021592　普 915.1712/3035/c1　史部/地理類/方志之屬/郡縣志

[光緒]江津縣志十二卷附志存一卷　(清)王煌修　(清)袁方城等纂　清光緒元年(1875)刻本　八册

330000－1701－0021595　普 915.1712/3035/c2　史部/地理類/方志之屬/郡縣志

[光緒]江津縣志十二卷附志存一卷　(清)王煌修　(清)袁方城等纂　清光緒元年(1875)刻本　八册

330000－1701－0021596　普 915.1249/4029/2　史部/地理類/方志之屬/郡縣志

[乾隆]遂安縣志十卷首一卷　(清)鄒錫疇修　(清)方引彥等纂　清光緒十六年(1890)桂林唐濟木活字印本　八册

330000－1701－0021600　普 915.1712/4035　史部/地理類/方志之屬/郡縣志

[光緒]重修長壽縣志十卷　(清)張永熙修　(清)周澤溥等纂　清光緒元年(1875)刻本　四册

330000－1701－0021603　普 915.1249/6032　史部/地理類/方志之屬/郡縣志

道光分水縣志十卷首一卷末一卷　(清)王承楷修　(清)王椿煜等纂　清道光二十五年(1845)刻本　四册

330000－1701－0021606　普 915.1712/6034　史部/地理類/方志之屬/郡縣志

[道光]綦江縣志十二卷首一卷　(清)宋灝修　(清)羅星纂　清道光六年(1826)刻十五年(1835)鄧仁堃增刻同治續增刻本　十一册　缺二卷(首、一)

330000－1701－0021607　普 915.1249/6035/c1　史部/地理類/方志之屬/郡縣志

光緒分水縣志十卷首一卷末一卷　(清)陳常鏵　(清)馮圻修　(清)臧承宣纂　清光緒三十二年(1906)刻本　六册

330000－1701－0021611　普 915.1249/6035/c3　史部/地理類/方志之屬/郡縣志

光緒分水縣志十卷首一卷末一卷　(清)陳常鏵　(清)馮圻修　(清)臧承宣纂　清光緒三十二年(1906)刻本　六册

330000－1701－0021612　普 915.1249/6035/c4　史部/地理類/方志之屬/郡縣志

光緒分水縣志十卷首一卷末一卷　(清)陳常鏵　(清)馮圻修　(清)臧承宣纂　清光緒三十二年(1906)刻民國三十年(1941)印本　六册

330000－1701－0021614　普 811.104/4048.2/3　集部/詩文評類/詩評之屬

隨園詩話十六卷補遺四卷　(清)袁枚撰　清光緒十八年(1892)著易堂鉛印本　四册

330000－1701－0021615　普 915.1712/6544　史部/政書類/邦計之屬

南川公業圖說十二卷首一卷　(清)張濤撰　清光緒十五年(1889)刻本　八册

330000－1701－0021616　HJL3640　類叢部/叢書類/彙編之屬

武英殿聚珍版書一百三十八種　清乾隆武英殿木活字印本　十六册　存一種

330000－1701－0021617　普 915.1249/6035/c5　史部/地理類/方志之屬/郡縣志

光緒分水縣志十卷首一卷末一卷　(清)陳常鏵　(清)馮圻修　(清)臧承宣纂　清光緒三十二年(1906)刻民國三十年(1941)印本　六册

330000－1701－0021618　普 915.1249/6035/c6　史部/地理類/方志之屬/郡縣志

光緒分水縣志十卷首一卷末一卷　(清)陳常鏵　(清)馮圻修　(清)臧承宣纂　清光緒三十二年(1906)刻民國三十年(1941)印本　六册

330000－1701－0021620　普 915.1712/7035/c1　史部/地理類/方志之屬/郡縣志

[光緒]銅梁縣志十六卷首一卷 (清)韓清桂等修 (清)陳昌等纂 清光緒元年(1875)刻本 十册

330000－1701－0021623 普 915.1712/7035/c2 史部/地理類/方志之屬/郡縣志
[光緒]銅梁縣志十六卷首一卷 (清)韓清桂等修 (清)陳昌等纂 清光緒元年(1875)刻本 十二册 缺二卷(十五至十六)

330000－1701－0021625 HJL2316 類叢部/叢書類/自著之屬
儀衛軒全集四種 (清)方東樹撰 清同治方宗誠刻本 二册 存一種

330000－1701－0021630 普 915.1712/7529 史部/地理類/方志之屬/郡縣志
[乾隆]合州志十六卷 (清)周澄修 (清)張乃孚等纂 清乾隆五十四年(1789)刻咸豐增修本 六册

330000－1701－0021631 HJL0938 類叢部/叢書類/彙編之屬
昭代叢書合刻十集五百六十種附一種 (清)張潮 (清)張漸編 (清)楊復吉 (清)沈懋悳續編 清道光吳江沈氏世楷堂刻本 七十六册 存三百七十六種

330000－1701－0021632 普 915.1712/7535 史部/地理類/方志之屬/郡縣志
[光緒]合州志十六卷首一卷 (清)費兆鉞修 (清)程業修纂 清光緒四年(1878)刻本 五册 缺四卷(十三至十六)

330000－1701－0021633 普 811.104/4048.3/5/c1 集部/詩文評類/詩評之屬
隨園詩話十六卷補遺十卷 (清)袁枚撰 清刻本 八册

330000－1701－0021634 普 915.1712/7535/(2)/c1 史部/地理類/方志之屬/郡縣志
[光緒]合州志十六卷首一卷 (清)費兆鉞修 (清)程業修纂 清光緒四年(1878)刻本 八册

330000－1701－0021636 普 915.1712/7535/(2)/c2 史部/地理類/方志之屬/郡縣志
[光緒]合州志十六卷首一卷 (清)費兆鉞修 (清)程業修纂 清光緒四年(1878)刻本 八册

330000－1701－0021637 HJL2342 集部/總集類/郡邑之屬
石城七子詩鈔 翁長森輯 清光緒十六年(1890)刻本 一册 存一種

330000－1701－0021638 普 811.104/4048.3/2 集部/詩文評類/詩評之屬
隨園詩話十六卷補遺十卷 (清)袁枚撰 清道光七年(1827)小西山房刻本 清南園老人批並跋 十二册

330000－1701－0021639 普 811.104/4047 集部/詩文評類/詩評之屬
榕城詩話三卷晉書補傳贊一卷 (清)杭世駿撰 清乾隆刻本 二册

330000－1701－0021640 普 811.104/4048.2/2 集部/詩文評類/詩評之屬
隨園詩話十六卷補遺四卷 (清)袁枚撰 清末刻本 五册

330000－1701－0021644 普 811.104/4092/c1 集部/詩文評類/詩評之屬
初白菴詩評三卷詞綜偶評一卷 (清)查慎行撰 (清)張載華輯 清乾隆四十二年(1777)張氏涉園觀樂堂刻本 六册

330000－1701－0021647 HJH2340 集部/別集類/清別集
銅梁山人詩集二十五卷詞四卷芸簏偶存二卷 (清)王汝璧撰 **樓山詩集六卷** (清)王恕撰 清光緒二十年(1894)京師刻本 八册

330000－1701－0021648 普 811.104/4048.3/5/c2 集部/詩文評類/詩評之屬
隨園詩話十六卷補遺十卷 (清)袁枚撰 清刻本 九册

330000－1701－0021649 普 811.104/4060 集部/詩文評類/詩評之屬
滇南草堂詩話十四卷 (清)檀萃撰 清嘉慶

五年(1800)錢棨等刻本　六册

330000－1701－0021650　普 811.104/4092/2/c3　集部/詩文評類/詩評之屬

初白菴詩評三卷詞綜偶評一卷　(清)查慎行撰　(清)張載華輯　清末上海六藝書局石印本　八册

330000－1701－0021651　普 811.104/4245　集部/詩文評類/詩評之屬

樗寮詩話三卷　(清)姚椿撰　清婁縣韓應陛刻本　項士元題記　一册

330000－1701－0021653　普 811.104/4203　集部/詩文評類/詩評之屬

白鶴堂詩話三卷明人詩話補一卷國朝詩話補一卷　(清)彭端淑撰　清乾隆刻本　松廬跋　一册

330000－1701－0021655　普 811.104/4300/2/c2　集部/詩文評類/詩評之屬

全唐詩話六卷　(宋)尤袤撰　(明)毛晉訂　清宣統三年(1911)上海三樂堂石印本　六册

330000－1701－0021656　普 811.104/4317　集部/詩文評類/詩評之屬

吳興詩話十六卷首一卷　(清)戴璐撰　清嘉慶二年(1797)石鼓齋刻本　二册

330000－1701－0021658　普 811.104/4300/2/c1　集部/詩文評類/詩評之屬

全唐詩話六卷　(宋)尤袤撰　(明)毛晉訂　清宣統三年(1911)上海三樂堂石印本　六册

330000－1701－0021660　普 811.104/4437　集部/詩文評類/詩評之屬

藝苑名言八卷首一卷　(清)蔣瀾撰　清嘉慶十三年(1808)桂芳齋刻本　四册

330000－1701－0021661　普 811.104/4462.2　子部/雜著類/雜說之屬

海天琴思錄八卷　(清)林昌彝撰　清同治三年(1864)刻本　八册

330000－1701－0021664　普 811.104/4444/c1　類叢部/叢書類/家集之屬

黃氏家集十一種　(清)黃喬松編　清嘉慶十五年至二十五年(1810－1820)番禺黃氏嶺海樓刻本　二册　存一種

330000－1701－0021665　普 811.104/4462　集部/詩文評類/詩評之屬

射鷹樓詩話二十四卷　(清)林昌彝撰　清咸豐元年(1851)刻本　八册

330000－1701－0021667　普 811.104/4610/(2)　集部/詩文評類/詩評之屬

筠石山房詩話鈔不分卷　(清)楊霈輯　清道光二十七年(1847)粵東糧道署刻本　八册

330000－1701－0021668　普 811.104/4546　集部/詩文評類/詩評之屬

閨秀詩評初集四卷　(清)棣華園主人輯　清咸豐元年(1851)刻本　二册

330000－1701－0021669　普 811.104/4487　集部/詩文評類/詩評之屬

樵隱詩話十三卷三集八卷　(清)林鈞撰　清光緒三年(1877)刻本　十册

330000－1701－0021670　普 811.104/4610　集部/詩文評類/詩評之屬

筠石山房詩話鈔不分卷　(清)楊霈輯　清道光二十七年(1847)粵東糧道署刻本　六册

330000－1701－0021671　HJL2341　集部/別集類/清別集

二水樓文集二十卷詩集十八卷　(清)李茹旻撰　清光緒十七年(1891)李鳴梧味憩廬刻本　十册

330000－1701－0021677　普 811.104/4676　集部/詩文評類/詩評之屬

國朝詩話二卷　(清)楊際昌撰　清乾隆刻澹寧齋集本　清伯嚴跋　一册

330000－1701－0021681　普 811.104/4727　類叢部/叢書類/彙編之屬

海山仙館叢書五十六種　(清)潘仕成編　清道光二十五年至咸豐元年(1845－1851)番禺潘氏刻光緒十一年(1885)增刻彙印本　十册　存一種

330000－1701－0021682　普 811.104/4727/5/c3　集部/詩文評類/詩評之屬

漁隱叢話前集六十卷後集四十卷　(宋)胡仔撰　清乾隆五年至六年(1740－1741)海鹽楊佑啓耘經樓刻本　清莫棠題簽、批校並跋　八冊

330000－1701－0021683　普 811.104/4700/c2　類叢部/叢書類/彙編之屬

廣雅書局叢書一百五十九種　徐紹棨編　清光緒廣雅書局刻民國九年(1920)番禺徐紹棨彙編重印本　四冊　存一種

330000－1701－0021685　普 811.104/4700/(2)　類叢部/叢書類/彙編之屬

廣雅書局叢書一百五十九種　徐紹棨編　清光緒廣雅書局刻民國九年(1920)番禺徐紹棨彙編重印本　四冊　存一種

330000－1701－0021686　HJL2327　集部/別集類/清別集

療飢草集十八卷　(清)胡兆爵撰　清嘉慶十四年(1809)胡文恩讀書堂刻本　十二冊

330000－1701－0021687　普 811.104/4727/5/c1　集部/詩文評類/詩評之屬

漁隱叢話前集六十卷後集四十卷　(宋)胡仔撰　清乾隆五年至六年(1740－1741)海鹽楊佑啓耘經樓刻本　八冊

330000－1701－0021688　普 811.104/4727/5/c2　集部/詩文評類/詩評之屬

漁隱叢話前集六十卷後集四十卷　(宋)胡仔撰　清乾隆五年至六年(1740－1741)海鹽楊佑啓耘經樓刻本　十一冊　存五十四卷(前集九至三十九,後集一至五、二十一至三十五、三十八至四十)

330000－1701－0021690　普 811.104/4700/c1　類叢部/類書類/專類之屬

廣雅書局叢書一百五十九種　徐紹棨編　清光緒廣雅書局刻民國九年(1920)番禺徐紹棨彙編重印本　六冊　存一種

330000－1701－0021691　普 811.104/4917/c2　集部/詩文評類/詩評之屬

甌北詩話十卷續詩話二卷　(清)趙翼撰　清嘉慶壽考堂刻本　二冊

330000－1701－0021692　普 811.104/4917/(2)　類叢部/叢書類/自著之屬

甌北全集八種　(清)趙翼撰　清乾隆至嘉慶湛貽堂刻本　五冊　存一種

330000－1701－0021693　普 811.104/4917/c4　類叢部/叢書類/自著之屬

甌北全集八種　(清)趙翼撰　清乾隆至嘉慶湛貽堂刻本　二冊　存一種

330000－1701－0021694　普 811.104/4727/2　集部/詩文評類/詩評之屬

漁隱叢話前集六十卷後集四十卷　(宋)胡仔撰　清乾隆五年至六年(1740－1741)海鹽楊佑啓耘經樓刻本　十冊

330000－1701－0021695　普 811.104/4917/2　集部/詩文評類/詩評之屬

甌北詩話十卷續詩話二卷　(清)趙翼撰　清同治十三年(1874)紅杏山房刻本　四冊

330000－1701－0021696　普 811.104/4917/2/(2)/c2　集部/詩文評類/詩評之屬

甌北詩話十卷續詩話二卷　(清)趙翼撰　清同治十三年(1874)紅杏山房刻本　二冊

330000－1701－0021697　普 811.104/4917/c3　類叢部/叢書類/自著之屬

甌北全集八種　(清)趙翼撰　清乾隆至嘉慶湛貽堂刻本　二冊　存一種

330000－1701－0021699　普 811.104/4947/c3　集部/詩文評類/詩評之屬

平等閣詩話二卷　狄葆賢撰　清末鉛印本　二冊

330000－1701－0021700　普 811.104/4947/c1　集部/詩文評類/詩評之屬

平等閣詩話二卷　狄葆賢撰　清末鉛印本　二冊

330000－1701－0021702　普 811.104/5616/

c1　集部/詩文評類/詩評之屬

芳菲菲堂詩話一卷　(清)畢希卓撰　清宣統元年(1909)海上瑯嬛社鉛印本　一冊

330000－1701－0021703　普 811.104/4917/c1　類叢部/叢書類/自著之屬

甌北全集八種　(清)趙翼撰　清乾隆至嘉慶湛貽堂刻本　二冊　存一種

330000－1701－0021707　普 811.104/5616/c2　集部/詩文評類/詩評之屬

芳菲菲堂詩話一卷　(清)畢希卓撰　清宣統元年(1909)海上瑯嬛社鉛印本　一冊

330000－1701－0021710　普 811.104/6617/2　集部/詩文評類/詩評之屬

滄浪詩話註五卷　(宋)嚴羽撰　(清)胡鑑注　清光緒七年(1881)胡鑑廣州刻本　三冊

330000－1701－0021711　普 811.104/4932　集部/詩文評類/詩評之屬

古詩評林六卷　(清)趙兆熊輯　清道光二十四年(1844)木活字印本　二冊

330000－1701－0021713　普 811.104/6617/4　集部/詩文評類/詩評之屬

滄浪詩話註五卷　(宋)嚴羽撰　(清)胡鑑注　清光緒七年(1881)胡鑑廣州刻本　二冊

330000－1701－0021714　普 811.104/7110/c3　史部/傳記類/總傳之屬/文苑

廣陵詩事十卷　(清)阮元撰　清光緒十六年(1890)京師揚州老館刻本　二冊

330000－1701－0021717　普 811.104/7270/c1　集部/詩文評類/詩評之屬

杜工部詩話一卷　(清)劉鳳誥撰　清宣統三年(1911)掃葉山房石印本　一冊

330000－1701－0021718　HJL2369　集部/別集類/清別集

壽藤齋詩三十五卷　(清)鮑倚雲撰　清嘉慶十三年(1808)鮑桂星刻本　六冊　存二十四卷(十至十二、十五至三十五)

330000－1701－0021720　普 811.104/7167.02　類叢部/叢書類/自著之屬

潛園總集十七種　(清)陸心源撰　清同治至光緒刻本　二十六冊　存一種

330000－1701－0021721　普 811.104/7517/c2　類叢部/叢書類/彙編之屬

峭帆樓叢書十八種(峭帆樓叢刊、峭帆樓叢刻)十八種　趙詒琛編　清宣統三年至民國八年(1911－1919)新陽趙氏峭帆樓刻本　二冊　存一種

330000－1701－0021723　普 811.104/7517/c1　類叢部/叢書類/彙編之屬

峭帆樓叢書十八種　趙詒琛編　清宣統三年至民國八年(1911－1919)新陽趙氏峭帆樓刻本　二冊　存一種

330000－1701－0021724　普 811.104/7517/c3　類叢部/叢書類/彙編之屬

峭帆樓叢書十八種　趙詒琛編　清宣統三年至民國八年(1911－1919)新陽趙氏峭帆樓刻本　二冊　存一種

330000－1701－0021725　HJL2362　集部/總集類/郡邑之屬

粤西五家文鈔二十四卷　(清)謝元福輯　清光緒二十四年(1898)刻本　八冊

330000－1701－0021726　普 811.104/7167/(2)/c1　集部/詩文評類/詩評之屬

宋詩紀事一百卷　(清)厲鶚　(清)馬曰琯輯　清乾隆十一年(1746)厲氏樊榭山房刻本　二十四冊

330000－1701－0021727　普 811.104/7110/c1　史部/傳記類/總傳之屬/文苑

廣陵詩事十卷　(清)阮元撰　清光緒十六年(1890)京師揚州老館刻本　二冊

330000－1701－0021728　普 811.104/7110/c2　類叢部/叢書類/彙編之屬

文選樓叢書三十三種　(清)阮亨編　清嘉慶至道光阮元刻道光二十二年(1842)阮亨彙印本　二冊　存一種

330000－1701－0021730　普 811.104/7167

集部/詩文評類/詩評之屬
宋詩紀事一百卷　(清)厲鶚　(清)馬曰琯輯　清乾隆十一年(1746)厲氏樊榭山房刻本　三十二册

330000－1701－0021733　普 811.104/7167/(2)/c2　集部/詩文評類/詩評之屬
宋詩紀事一百卷　(清)厲鶚　(清)馬曰琯輯　清乾隆十一年(1746)厲氏樊榭山房刻本　二十四册

330000－1701－0021735　普 811.104/7521.2　集部/詩文評類/詩評之屬
元詩紀事二十四卷　陳衍輯　清光緒十二年(1886)侯官陳衍石遺室鉛印本　六册

330000－1701－0021738　普 915.1717/0032　史部/地理類/方志之屬/郡縣志
[道光]龍安府志十卷　(清)鄧存詠等纂修　清道光二十二年(1842)刻本　八册

330000－1701－0021744　普 811.104/7560/c1　集部/詩文評類/詩評之屬
明詩紀事甲籤三十卷乙籤二十二卷丙籤十二卷丁籤十七卷戊籤二十二卷己籤二十卷庚籤三十卷辛籤三十四卷　陳田撰　清光緒二十五年至宣統三年(1899－1911)貴陽陳從書聽詩齋刻本　章嶔題簽並記　三十八册

330000－1701－0021745　普 811.104/7714　集部/詩文評類/郡邑之屬
全浙詩話五十四卷　(清)陶元藻輯　(清)陶廷珍　(清)陶廷琡編　清乾隆五十九年至嘉慶元年(1794－1796)怡雲閣刻本　二十册

330000－1701－0021746　普 811.104/7714/2　集部/詩文評類/郡邑之屬
全浙詩話五十四卷　(清)陶元藻輯　(清)陶廷珍　(清)陶廷琡編　清乾隆五十九年至嘉慶元年(1794－1796)怡雲閣刻本　二十四册

330000－1701－0021747　普 811.104/7560/c2　集部/詩文評類/詩評之屬
明詩紀事甲籤三十卷乙籤二十二卷丙籤十二卷丁籤十七卷戊籤二十二卷己籤二十卷庚籤三十卷辛籤三十四卷　陳田撰　清光緒二十五年至宣統三年(1899－1911)貴陽陳從書聽詩齋刻本　三十八册

330000－1701－0021749　普 811.104/7714.2　集部/詩文評類/詩評之屬
梟亭詩話二卷　(清)陶元藻撰　清刻本　清戴穗孫跋　一册

330000－1701－0021750　普 811.104/8229/4　集部/詩文評類/詩評之屬
詩品三卷　(南朝梁)鍾嶸撰　清光緒江陰繆氏刻朱印本　一册

330000－1701－0021752　普 811.104/8044　類叢部/叢書類/彙編之屬
張氏適園叢書　張鈞衡編　清宣統三年(1911)上海國學扶輪社鉛印本　一册　存一種

330000－1701－0021753　普 811.104/8274　集部/詩文評類/詩評之屬
養自然齋詩話十卷　(清)鍾駿聲撰　清同治十三年(1874)仁和鍾氏京師刻本　十册

330000－1701－0021755　普 915.1715/4034　史部/地理類/方志之屬/郡縣志
[同治]南溪縣志八卷　(清)福倫修　(清)胡元翔　(清)唐毓彤纂　清同治十三年(1874)刻本　八册

330000－1701－0021756　普 915.1713/6032/c2　史部/地理類/方志之屬/郡縣志
[道光]巴州志十卷首一卷　(清)朱錫穀修　(清)陳一津等纂　清道光十三年(1833)刻本　四册

330000－1701－0021757　HJH2366　集部/別集類/清別集
有正味齋駢體文二十四卷詩集十六卷詞集八卷外集五卷　(清)吳錫麒撰　清嘉慶十三年(1808)刻本　十二册

330000－1701－0021759　普 915.12491/0022/2　史部/地理類/雜志之屬
永嘉郡記一卷　(南朝宋)鄭緝之撰　(清)孫

詒讓輯　清光緒四年(1878)刻本　一冊

330000－1701－0021761　普 915.1712/8034/c1　史部/地理類/方志之屬/郡縣志

[同治]重修涪州志十六卷首一卷附義勇彙編一卷　(清)呂紹衣等修　(清)王應元等纂　清同治九年(1870)刻本　八冊

330000－1701－0021762　普 915.1712/8034/c2　史部/地理類/方志之屬/郡縣志

[同治]重修涪州志十六卷首一卷附義勇彙編一卷　(清)呂紹衣等修　(清)王應元等纂　清同治九年(1870)刻本　八冊

330000－1701－0021763　普 915.12491/0029/(2)　史部/地理類/方志之屬/郡縣志

[乾隆]溫州府志三十卷首一卷　(清)李琬修　(清)齊召南　(清)汪沆纂　清乾隆二十七年(1762)刻同治四年(1865)修版印本　十五冊

330000－1701－0021764　普 915.12491/0029/c2　史部/地理類/方志之屬/郡縣志

[乾隆]溫州府志三十卷首一卷　(清)李琬修　(清)齊召南　(清)汪沆纂　清乾隆二十七年(1762)刻同治四年(1865)修版印本　十六冊

330000－1701－0021765　普 915.12491/0029.2/c1　史部/地理類/方志之屬/郡縣志

[乾隆]溫州府志三十卷首一卷　(清)李琬修　(清)齊召南　(清)汪沆纂　清乾隆二十七年(1762)刻同治四年(1865)修版民國四年(1915)補刻本　二十冊

330000－1701－0021767　普 915.1712/8535　史部/地理類/方志之屬/郡縣志

[光緒]大足縣志八卷　(清)王德嘉等修　(清)高雲從等纂　清光緒三年(1877)刻本　五冊

330000－1701－0021768　普 915.12491/0029.2/c2　史部/地理類/方志之屬/郡縣志

[乾隆]溫州府志三十卷首一卷　(清)李琬修　(清)齊召南　(清)汪沆纂　清乾隆二十七年(1762)刻同治四年(1865)修版民國四年(1915)補刻本　十八冊

330000－1701－0021770　普 915.12491/0042　史部/地理類/雜志之屬

甌江竹枝詞一卷　(清)郭鍾岳撰　**溫州竹枝詞一卷**　(清)方鼎銳撰　清同治十一年(1872)和天倪齋、剜綠軒刻本　一冊

330000－1701－0021771　普 915.1713/1033/c1　史部/地理類/方志之屬/郡縣志

[咸豐]閬中縣志八卷　(清)徐繼鏞修　(清)李惺等纂　清咸豐元年(1851)刻本　四冊

330000－1701－0021772　普 915.1712/9535　史部/地理類/方志之屬/郡縣志

[光緒]定遠縣志六卷　(清)姜由範等修　(清)王鏞等纂　清光緒元年(1875)刻本　六冊

330000－1701－0021773　普 915.12491/004311/c1　史部/地理類/方志之屬/郡縣志

[道光]甌乘拾遺二卷　(清)洪守一纂　清道光三十年(1850)愛吾堂刻本　一冊

330000－1701－0021774　普 915.1713/1033/c2　史部/地理類/方志之屬/郡縣志

[咸豐]閬中縣志八卷　(清)徐繼鏞修　(清)李惺等纂　清咸豐元年(1851)刻本　四冊

330000－1701－0021775　普 915.12491/0043　史部/傳記類/總傳之屬/郡邑

甌海軼聞五十八卷　(清)孫衣言撰　清光緒刻本　十八冊

330000－1701－0021776　普 915.1713/6032/c1　史部/地理類/方志之屬/郡縣志

[道光]巴州志十卷首一卷　(清)朱錫穀修　(清)陳一津等纂　清道光十三年(1833)刻本　四冊

330000－1701－0021777　普 915.12491/004311/c2　史部/地理類/方志之屬/郡縣志

[道光]甌乘拾遺二卷　(清)洪守一纂　清道

光三十年(1850)愛吾堂刻本　一册

330000－1701－0021778　普 915.12491/1029/c1　史部/地理類/方志之屬/郡縣志
[乾隆]永嘉縣志二十六卷　(清)崔錫修　(清)齊召南　(清)汪沆纂　清乾隆三十年(1765)施廷燦刻本　八册

330000－1701－0021780　普 915.12491/0043/c1　史部/地理類/雜志之屬
甌江竹枝詞一卷　(清)郭鍾岳撰　**溫州竹枝詞一卷**　(清)方鼎銳撰　清同治十一年(1872)和天倪齋、剜綠軒刻本　一册

330000－1701－0021781　普 915.1713/0032/c1　史部/地理類/方志之屬/郡縣志
[道光]保寧府志六十二卷　(清)黎學錦　(清)徐雙桂等修　(清)史觀等纂　**圖考一卷補遺一卷**　(清)張嗣鴻纂　清道光元年(1821)刻二十三年(1843)補刻本　十六册

330000－1701－0021782　普 915.12491/1035/c1　史部/地理類/方志之屬/郡縣志
[光緒]永嘉縣志三十八卷首一卷　(清)張寶琳修　(清)王棻　(清)孫詒讓纂　清光緒八年(1882)溫州維新書局刻本　三十册

330000－1701－0021783　普 915.12491/1035/c2　史部/地理類/方志之屬/郡縣志
[光緒]永嘉縣志三十八卷首一卷　(清)張寶琳修　(清)王棻　(清)孫詒讓纂　清光緒八年(1882)溫州維新書局刻本　二十三册

330000－1701－0021784　普 915.1713/6032/c3　史部/地理類/方志之屬/郡縣志
[道光]巴州志十卷首一卷　(清)朱錫穀修　(清)陳一津等纂　清道光十三年(1833)刻本　四册

330000－1701－0021786　普 915.12491/1035/(3)/c1　史部/地理類/方志之屬/郡縣志
[光緒]永嘉縣志三十八卷首一卷　(清)張寶琳修　(清)王棻　(清)孫詒讓纂　清光緒八年(1882)溫州維新書局刻本　二十八册

330000－1701－0021787　普 915.12491/1035/(2)/c2　史部/地理類/方志之屬/郡縣志
[光緒]永嘉縣志三十八卷首一卷　(清)張寶琳修　(清)王棻　(清)孫詒讓纂　清光緒八年(1882)溫州維新書局刻本　二十四册

330000－1701－0021788　普 915.12491/0043/c2　史部/地理類/雜志之屬
甌江竹枝詞一卷　(清)郭鍾岳撰　**溫州竹枝詞一卷**　(清)方鼎銳撰　清同治十一年(1872)和天倪齋、剜綠軒刻本　一册

330000－1701－0021789　普 915.12491/0043/c3　史部/地理類/雜志之屬
甌江竹枝詞一卷　(清)郭鍾岳撰　清同治十一年(1872)和天倪齋刻本　一册

330000－1701－0021790　普 915.1714/0027/c1　史部/地理類/方志之屬/郡縣志
[康熙]順慶府志十卷　(清)李成林修　(清)羅承順等纂　**增續一卷**　(清)袁定遠　(清)黄銑纂　清康熙二十五年(1686)刻四十六年(1707)袁定遠增補刻嘉慶十二年(1807)黄銑續補刻本　十一册

330000－1701－0021791　普 915.12491/0043/c4　史部/地理類/雜志之屬
甌江竹枝詞一卷　(清)戴文儁撰　清光緒六年(1880)甌顈刻本　一册

330000－1701－0021792　普 915.12491/1035/(3)/c2　史部/地理類/方志之屬/郡縣志
[光緒]永嘉縣志三十八卷首一卷　(清)張寶琳修　(清)王棻　(清)孫詒讓纂　清光緒八年(1882)溫州維新書局刻本　二十八册

330000－1701－0021794　普 915.1713/0032/c2　史部/地理類/方志之屬/郡縣志
[道光]保寧府志六十二卷　(清)黎學錦　(清)徐雙桂等修　(清)史觀等纂　**圖考一卷補遺一卷**　(清)張嗣鴻纂　清道光元年(1821)刻二十三年(1843)補刻本　十六册

330000－1701－0021795　普 915.12491/1035/2/c1　史部/地理類/方志之屬/郡縣志
[光緒]永嘉縣志三十八卷首一卷　(清)張寶琳修　(清)王棻　(清)孫詒讓纂　清光緒八年(1882)溫州維新書局刻民國二十四年(1935)劉景晨補刻本　三十冊

330000－1701－0021798　普 915.12491/1029/c2　史部/地理類/方志之屬/郡縣志
[乾隆]永嘉縣志二十六卷　(清)崔錫修　(清)齊召南　(清)汪沆纂　清乾隆三十年(1765)施廷燦刻本　八冊

330000－1701－0021800　普 915.12491/1035/(2)/c1　史部/地理類/方志之屬/郡縣志
[光緒]永嘉縣志三十八卷首一卷　(清)張寶琳修　(清)王棻　(清)孫詒讓纂　清光緒八年(1882)溫州維新書局刻本　二十三冊　缺二卷(十四至十五)

330000－1701－0021802　普 915.1714/3035/2　史部/地理類/方志之屬/郡縣志
[光緒]蓬州志十五卷　(清)方旭修　(清)張禮杰等纂　清光緒二十三年(1897)刻本　三冊

330000－1701－0021803　普 915.1714/4034　史部/地理類/方志之屬/郡縣志
[同治]營山縣志三十卷　(清)翁道均修　(清)熊毓藩等纂　清同治九年(1870)刻本　八冊

330000－1701－0021806　普 915.1714/0027/c2　史部/地理類/方志之屬/郡縣志
[康熙]順慶府志十卷　(清)李成林修　(清)羅承順等纂　**增續一卷**　(清)袁定遠　(清)黃銑纂　清康熙二十五年(1686)刻四十六年(1707)袁定遠增補刻嘉慶十二年(1807)黃銑續補刻本　七冊

330000－1701－0021807　普 915.12491/10431.2/c1　史部/地理類/雜志之屬
永嘉聞見錄二卷　(清)孫同元撰　清光緒十四年(1888)端安孫氏刻本　二冊

330000－1701－0021808　普 915.12491/1035/c3　史部/地理類/方志之屬/郡縣志
[光緒]永嘉縣志三十八卷首一卷　(清)張寶琳修　(清)王棻　(清)孫詒讓纂　清光緒八年(1882)溫州維新書局刻本　三十二冊

330000－1701－0021809　普 915.12491/1035/2/c2　史部/地理類/方志之屬/郡縣志
[光緒]永嘉縣志三十八卷首一卷　(清)張寶琳修　(清)王棻　(清)孫詒讓纂　清光緒八年(1882)溫州維新書局刻民國二十四年(1935)劉景晨補刻本　三十冊

330000－1701－0021810　普 915.1714/6035　史部/地理類/方志之屬/郡縣志
[光緒]廣安州新志四十三卷首一卷　(清)周克堃等纂　清宣統三年(1911)刻民國十六年(1927)印本　十冊

330000－1701－0021811　普 915.1714/7035　史部/地理類/方志之屬/郡縣志
[光緒]岳池縣志二十卷首一卷　(清)何其泰等修　(清)吳新德纂　清光緒元年(1875)刻本　十冊

330000－1701－0021812　普 915.12491/1052/2/c1　史部/地理類/山川之屬/山志
孤嶼志八卷首一卷　(清)陳舜咨輯　清嘉慶十四年(1809)介和堂刻本　五冊

330000－1701－0021813　普 915.12491/10431.2/c2　史部/地理類/雜志之屬
永嘉聞見錄二卷　(清)孫同元撰　清光緒十四年(1888)端安孫氏刻本　四冊

330000－1701－0021814　普 915.1714/7052　史部/地理類/山川之屬/山志
華銀山志十八卷首一卷　(清)釋虎溪纂　(清)釋益謙增　清同治三年(1864)刻本　四冊

330000－1701－0021815　普 915.1714/9032　史部/地理類/方志之屬/郡縣志
[道光]鄰水縣志六卷首一卷　(清)曾燦奎　(清)劉光第修　(清)甘家斌等纂　清道光十

五年(1835)刻本　六冊

330000 - 1701 - 0021816　普 915. 12491/10431. 2/c3　史部/地理類/雜志之屬
永嘉聞見錄二卷　(清)孫同元撰　清光緒十四年(1888)端安孫氏刻本　二冊

330000 - 1701 - 0021817　普 915. 12491/1035/2(2)　史部/地理類/方志之屬/郡縣志
[光緒]永嘉縣志三十八卷首一卷　(清)張寶琳修　(清)王棻　(清)孫詒讓纂　清光緒八年(1882)溫州維新書局刻民國二十四年(1935)劉景晨補刻本　二十四冊

330000 - 1701 - 0021818　普 915. 12491/10431. 2/c4　史部/地理類/雜志之屬
永嘉聞見錄二卷　(清)孫同元撰　清光緒十四年(1888)端安孫氏刻本　二冊

330000 - 1701 - 0021819　普 915. 12491/1052/2/c2　史部/地理類/山川之屬/山志
孤嶼志八卷首一卷　(清)陳舜咨輯　清嘉慶十四年(1809)介和堂刻本　五冊

330000 - 1701 - 0021821　普 915. 12491/10431. 2/c5　史部/地理類/雜志之屬
永嘉聞見錄二卷　(清)孫同元撰　清光緒十四年(1888)端安孫氏刻本　清戴穗孫題記　二冊

330000 - 1701 - 0021822　普 915. 1715/0035/c1　史部/地理類/方志之屬/郡縣志
[光緒]敘州府志四十三卷首一卷末一卷　(清)王麟祥修　(清)邱晉成等纂　清光緒二十一年(1895)刻本　二十八冊

330000 - 1701 - 0021823　普 915. 12491/1052/2/c3　史部/地理類/山川之屬/山志
孤嶼志八卷首一卷　(清)陳舜咨輯　清嘉慶十四年(1809)介和堂刻本　五冊

330000 - 1701 - 0021824　普 915. 12491/1052/2/c4　史部/地理類/山川之屬/山志
孤嶼志八卷首一卷　(清)陳舜咨輯　清嘉慶十四年(1809)介和堂刻本　五冊

330000 - 1701 - 0021825　普 915. 1715/1031/c1　史部/地理類/方志之屬/郡縣志
[嘉慶]宜賓縣志五十四卷首一卷　(清)劉元熙修　(清)李世芳纂　清嘉慶十七年(1812)刻本　四冊

330000 - 1701 - 0021826　普 915. 1715/0035/c2　史部/地理類/方志之屬/郡縣志
[光緒]敘州府志四十三卷首一卷末一卷　(清)王麟祥修　(清)邱晉成等纂　清光緒二十一年(1895)刻本　二十八冊

330000 - 1701 - 0021828　普 915. 1715/2031　史部/地理類/方志之屬/郡縣志
[嘉慶]慶符縣志五十四卷首一卷　(清)何應駒等修　(清)李合和等纂　清嘉慶十九年(1814)刻本(卷五十四原缺)　四冊

330000 - 1701 - 0021829　普 915. 12491/1071　史部/地理類/雜志之屬
甌江小記一卷　(清)郭鍾岳撰　清光緒四年(1878)和天倪齋刻本　一冊

330000 - 1701 - 0021832　普 915. 1715/1031/c2　史部/地理類/方志之屬/郡縣志
[嘉慶]宜賓縣志五十四卷首一卷　(清)劉元熙修　(清)李世芳纂　清嘉慶十七年(1812)刻道光增刻本　四冊

330000 - 1701 - 0021833　普 915. 1715/3034　史部/地理類/方志之屬/郡縣志
[同治]富順縣志三十八卷　(清)羅廷權等修　(清)呂上珍等纂　清同治十一年(1872)刻本　八冊

330000 - 1701 - 0021834　普 915. 1715/3029/c1　史部/地理類/方志之屬/郡縣志
[乾隆]富順縣志五卷首一卷　(清)段玉裁等修　(清)李芝纂　清光緒八年(1882)刻本　五冊

330000 - 1701 - 0021835　普 915. 12491/2031/c1　史部/地理類/方志之屬/郡縣志
[嘉慶]瑞安縣志十卷首一卷　(清)張德標修　(清)王殿金　(清)黃徵義纂　清嘉慶十三

年至十四年(1808－1809)刻本　八册

330000－1701－0021837　普 915.1715/3029/c2　史部/地理類/方志之屬/郡縣志
[乾隆]富順縣志五卷首一卷　(清)段玉裁等修　(清)李芝纂　清光緒八年(1882)刻本　五册

330000－1701－0021838　普 915.12491/2031/c2　史部/地理類/方志之屬/郡縣志
[嘉慶]瑞安縣志十卷首一卷　(清)張德標修　(清)王殿金　(清)黄徵義纂　清嘉慶十三年至十四年(1808－1809)刻本　八册

330000－1701－0021839　普 915.1715/3029/c3　史部/地理類/方志之屬/郡縣志
[乾隆]富順縣志五卷首一卷　(清)段玉裁等修　(清)李芝纂　清光緒八年(1882)刻本　五册

330000－1701－0021841　普 915.12491/2031/(2)/c1　史部/地理類/方志之屬/郡縣志
[嘉慶]瑞安縣志十卷首一卷　(清)張德標修　(清)王殿金　(清)黄徵義纂　清嘉慶十三年至十四年(1808－1809)刻本　七册

330000－1701－0021842　普 915.1715/6034　史部/地理類/方志之屬/郡縣志
[同治]高縣志五十四卷首一卷　(清)敖立榜等修　(清)曾毓佐等纂　清同治五年(1866)刻本　八册

330000－1701－0021843　普 915.12491/2031/(2)/c2　史部/地理類/方志之屬/郡縣志
[嘉慶]瑞安縣志十卷首一卷　(清)張德標修　(清)王殿金　(清)黄徵義纂　清嘉慶十三年至十四年(1808－1809)刻本　七册

330000－1701－0021851　普 915.1715/7029/c1　史部/地理類/方志之屬/郡縣志
[乾隆]珙縣志十五卷首一卷　(清)王聿修纂修　清乾隆三十八年(1773)刻本　六册

330000－1701－0021854　普 915.12491/2051　史部/地理類/雜志之屬
瑞安百詠一卷　(清)黄紹第撰　清末刻本　一册

330000－1701－0021856　普 915.1715/7029/c2　史部/地理類/方志之屬/郡縣志
[乾隆]珙縣志十五卷首一卷　(清)王聿修纂修　清乾隆三十八年(1773)刻本　八册

330000－1701－0021858　普 915.1715/8034　史部/地理類/方志之屬/郡縣志
[同治]隆昌縣志四十二卷首一卷　(清)花映均原本　(清)覺羅國歡續修　(清)晏棻續纂　清同治元年(1862)刻十三年(1874)增刻本　十册

330000－1701－0021860　普 915.1715/7535　史部/地理類/方志之屬/郡縣志
[光緒]興文縣志六卷首一卷　(清)江亦顯　(清)郭天章修　(清)黄相堯纂　清光緒十三年(1887)刻本　二册　存二卷(首、六)

330000－1701－0021866　普 915.1716/1035/c1　史部/地理類/方志之屬/郡縣志
[光緒]奉節縣志三十六卷首一卷　(清)曾秀翹修　(清)楊德坤等纂　清光緒十九年(1893)刻本　八册

330000－1701－0021867　普 915.1715/8535　史部/地理類/方志之屬/郡縣志
[光緒]屏山縣續志二卷首一卷　(清)張九章修　(清)陳藩垣等纂　清光緒二十四年(1898)刻本　二册

330000－1701－0021869　普 915.1716/1035/c2　史部/地理類/方志之屬/郡縣志
[光緒]奉節縣志三十六卷首一卷　(清)曾秀翹修　(清)楊德坤等纂　清光緒十九年(1893)刻本　八册

330000－1701－0021871　普 915.1716/0032　史部/地理類/方志之屬/郡縣志
[道光]夔州府志三十六卷首一卷　(清)恩成修　(清)劉德銓纂　清道光七年(1827)刻本　二十四册

330000－1701－0021872　普 915.1716/3033　史部/地理類/方志之屬/郡縣志

[咸豐]雲陽縣志十二卷　(清)江錫麒修　(清)陳崑纂　清咸豐四年(1854)刻本　十二册

330000－1701－0021873　普 915.12491/3032　史部/地理類/方志之屬/郡縣志

[道光]樂清縣志十六卷首一卷　(清)劉榮玠修　(清)鮑作雨　(清)張振夔纂　清道光十四年(1834)刻本　三十六册

330000－1701－0021874　普 915.12491/3035/c3　史部/地理類/方志之屬/郡縣志

[光緒]樂清縣志十六卷首一卷　(清)李登雲　(清)錢寶鎔修　(清)陳珅等纂　清光緒二十七年(1901)東甌郭博古齋刻民國元年(1912)高誼校印本　十六册

330000－1701－0021875　普 915.1716/4034　史部/地理類/方志之屬/郡縣志

[同治]增修萬縣志三十六卷首一卷典禮備考八卷　(清)王玉鯨　(清)張琴等修　(清)范泰衡等纂　清同治五年(1866)刻民國十五年(1926)補刻本　十册

330000－1701－0021876　普 915.12491/3035/(2)　史部/地理類/方志之屬/郡縣志

[光緒]樂清縣志十六卷首一卷　(清)李登雲　(清)錢寶鎔修　(清)陳珅等纂　清光緒二十七年(1901)東甌郭博古齋刻民國元年(1912)高誼校二十年(1931)重印本　十五册

330000－1701－0021877　普 915.12491/3035/c1　史部/地理類/方志之屬/郡縣志

[光緒]樂清縣志十六卷首一卷　(清)李登雲　(清)錢寶鎔修　(清)陳珅等纂　清光緒二十七年(1901)東甌郭博古齋刻民國元年(1912)高誼校印本　十六册

330000－1701－0021878　普 915.1715/8529/c1　史部/地理類/方志之屬/郡縣志

[乾隆]屏山縣志八卷首一卷　(清)張曾敏修　(清)陳琦纂　**續編一卷**　(清)敬大科等纂　清乾隆四十三年(1778)刻嘉慶五年(1800)增刻本　四册

330000－1701－0021880　普 915.12491/3035/c2　史部/地理類/方志之屬/郡縣志

[光緒]樂清縣志十六卷首一卷　(清)李登雲　(清)錢寶鎔修　(清)陳珅等纂　清光緒二十七年(1901)東甌郭博古齋刻民國元年(1912)高誼校印本　十六册

330000－1701－0021883　普 915.1717/2035　史部/地理類/方志之屬/郡縣志

[光緒]江油縣志二十四卷　(清)武丕文等修　(清)歐培槐等纂　清光緒二十九年(1903)刻本　六册

330000－1701－0021884　普 915.1715/8529/c2　史部/地理類/方志之屬/郡縣志

[乾隆]屏山縣志八卷首一卷　(清)張曾敏修　(清)陳琦纂　**續編一卷**　(清)敬大科等纂　清乾隆四十三年(1778)刻嘉慶五年(1800)增刻本　四册

330000－1701－0021885　普 915.1715/8529/c3　史部/地理類/方志之屬/郡縣志

[乾隆]屏山縣志八卷首一卷　(清)張曾敏修　(清)陳琦纂　**續編一卷**　(清)敬大科等纂　清乾隆四十三年(1778)刻嘉慶五年(1800)增刻本　四册

330000－1701－0021886　普 915.12491/3062/3/c2　史部/地理類/山川之屬/山志

廣雁蕩山誌二十八卷首一卷末一卷　(清)曾唯輯　清乾隆五十五年(1790)曾唯依綠園刻嘉慶十三年(1808)增刻同治重修本　八册

330000－1701－0021887　普 915.1716/5033/c1　史部/地理類/方志之屬/郡縣志

[咸豐]開縣志二十七卷首一卷　(清)李肇奎等修　(清)陳崑等纂　清咸豐三年(1853)刻本　六册

330000－1701－0021888　普 915.12491/3062/2/c1　史部/地理類/山川之屬/山志

廣雁蕩山誌二十八卷首一卷末一卷　(清)曾唯輯　清乾隆五十五年(1790)曾唯依綠園刻

嘉慶十三年(1808)增刻同治重修本　八册

330000－1701－0021889　普 915.12491/3062/c1　史部/地理類/山川之屬/山志
廣雁蕩山誌二十八卷首一卷末一卷　(清)曾唯輯　清乾隆五十五年(1790)曾唯依綠園刻嘉慶十三年(1808)增刻同治重修本　八册

330000－1701－0021890　普 915.12491/3062/3/c3　史部/地理類/山川之屬/山志
廣雁蕩山誌二十八卷首一卷末一卷　(清)曾唯輯　清乾隆五十五年(1790)曾唯依綠園刻嘉慶十三年(1808)增刻同治重修本　八册

330000－1701－0021891　普 915.1716/5033/c2　史部/地理類/方志之屬/郡縣志
[咸豐]開縣志二十七卷首一卷　(清)李肇奎等修　(清)陳崑等纂　清咸豐三年(1853)刻本　六册

330000－1701－0021892　普 915.1716/6035　史部/地理類/方志之屬/郡縣志
[光緒]大寧縣志八卷首一卷　(清)高維嶽修　(清)魏遠猷等纂　清光緒十二年(1886)刻本　八册

330000－1701－0021894　普 915.12491/3062/2/c2　史部/地理類/山川之屬/山志
廣雁蕩山誌二十八卷首一卷末一卷　(清)曾唯輯　清乾隆五十五年(1790)曾唯依綠園刻嘉慶十三年(1808)增刻同治重修本　八册

330000－1701－0021895　普 915.12491/3062/c2　史部/地理類/山川之屬/山志
廣雁蕩山誌二十八卷首一卷末一卷　(清)曾唯輯　清乾隆五十五年(1790)曾唯依綠園刻本　八册

330000－1701－0021897　普 915.1717/3032　史部/地理類/方志之屬/郡縣志
[道光]石泉縣志十卷　(清)趙德林等修　(清)張沆等纂　清道光十四年(1834)刻本　六册

330000－1701－0021898　普 915.12491/3062/2/c3　史部/地理類/山川之屬/山志
廣雁蕩山誌二十八卷首一卷末一卷　(清)曾唯輯　清乾隆五十五年(1790)曾唯依綠園刻嘉慶十三年(1808)增刻同治重修本　八册

330000－1701－0021900　普 915.12491/3062/c3　史部/地理類/山川之屬/山志
廣雁蕩山誌二十八卷首一卷末一卷　(清)曾唯輯　清乾隆五十五年(1790)曾唯依綠園刻嘉慶十三年(1808)增刻同治重修本　八册

330000－1701－0021902　普 915.12491/3062/(2)　史部/地理類/山川之屬/山志
廣雁蕩山誌二十八卷首一卷末一卷　(清)曾唯輯　清乾隆五十五年(1790)曾唯依綠園刻本　六册

330000－1701－0021904　普 915.1718/3054　史部/地理類/專志之屬/寺觀
重修昭覺寺志八卷首一卷　(清)釋中恂修　(清)羅用霖纂　清光緒二十二年(1896)刻本　四册

330000－1701－0021906　普 915.1717/4034　史部/地理類/方志之屬/郡縣志
[同治]彰明縣志五十七卷首二卷　(清)何慶恩等修　(清)李朝棟等纂　清同治十三年(1874)刻本　九册　缺一卷(首上)

330000－1701－0021908　普 915.12491/3062.3　集部/詩文評類/郡邑之屬
雁蕩詩話二卷　(清)梁章鉅撰　清道光二十九年(1849)刻本　一册

330000－1701－0021909　普 915.1718/6034　史部/地理類/方志之屬/郡縣志
[同治]會理州志十二卷　(清)鄧仁垣等修　(清)吴鍾崙等纂　清同治十三年(1874)刻本　八册

330000－1701－0021912　普 915.1718/7035/c1　史部/地理類/方志之屬/郡縣志
[光緒]越巂廳全志十二卷　(清)馬忠良修　(清)馬湘等纂　(清)孫鏘等續修　清光緒三十二年(1906)鉛印本　六册

330000－1701－0021913　普 915.1718/8033

史部/地理類/方志之屬/郡縣志
[咸豐]冕寧縣志十二卷首一卷末一卷 (清)李英粲修 (清)李昭纂 清咸豐七年(1857)刻本 四冊

330000－1701－0021914 普 915.1718/6035 史部/地理類/方志之屬/郡縣志
[光緒]會理州續志二卷 (清)蔣金生修 (清)徐昱纂 清光緒三十一年(1905)刻本 一冊

330000－1701－0021916 普 915.1718/7035/c2 史部/地理類/方志之屬/郡縣志
[光緒]越巂廳全志十二卷 (清)馬忠良修 (清)馬湘等纂 (清)孫鏘等續修 清光緒三十二年(1906)鉛印本 六冊

330000－1701－0021919 普 915.1718/7035/c3 史部/地理類/方志之屬/郡縣志
[光緒]越巂廳全志十二卷 (清)馬忠良修 (清)馬湘等纂 (清)孫鏘等續修 清光緒三十二年(1906)鉛印本 六冊

330000－1701－0021920 普 915.12491/3062.4/c1 史部/地理類/山川之屬/山志
新輯雁山便覽一卷 (清)釋道融撰 清同治七年(1868)刻本 一冊

330000－1701－0021922 普 915.1719/2035 史部/地理類/方志之屬/郡縣志
[光緒]名山縣志十五卷 (清)趙懿修 (清)趙怡纂 清光緒十八年(1892)刻二十二年(1896)校印本 四冊

330000－1701－0021923 普 915.12491/3062.4/c2 史部/地理類/山川之屬/山志
新輯雁山便覽一卷 (清)釋道融撰 清同治七年(1868)刻本 一冊

330000－1701－0021925 普 915.1719/0029 史部/地理類/方志之屬/郡縣志
[乾隆]雅州府志十六卷 (清)曹掄彬等修 (清)曹掄翰等纂 清乾隆四年(1739)刻嘉慶十六年(1811)補刻光緒十三年(1887)續補刻本 十五冊

330000－1701－0021926 普 915.12491/30621 史部/地理類/山川之屬/山志
白石山志六卷首一卷末一卷 (清)施元孚撰 (清)陳瑋增輯 清光緒九年(1883)永嘉郭博古齋刻本 二冊

330000－1701－0021929 普 915.1719/2035/2 史部/地理類/方志之屬/郡縣志
[光緒]名山縣志十五卷 (清)趙懿修 (清)趙怡纂 清光緒十八年(1892)刻本 八冊

330000－1701－0021932 普 915.17191/0034 史部/地理類/方志之屬/郡縣志
[同治]嘉定府志四十八卷首一卷 (清)文良等修 (清)陳堯采等纂 清同治三年(1864)刻本 十六冊

330000－1701－0021934 普 915.12491/4029/c1 史部/地理類/方志之屬/郡縣志
[乾隆]平陽縣志二十卷首一卷 (清)徐恕修 (清)孫謙 (清)張南英纂 清乾隆二十五年(1760)刻本 八冊

330000－1701－0021935 普 915.17191/1031/c1 史部/地理類/方志之屬/郡縣志
[嘉慶]樂山縣志十六卷首一卷 (清)龔傳黻纂修 清嘉慶十七年(1812)刻光緒十三年(1887)補刻本 八冊

330000－1701－0021936 普 915.12491/4029/c2 史部/地理類/方志之屬/郡縣志
[乾隆]平陽縣志二十卷首一卷 (清)徐恕修 (清)孫謙 (清)張南英纂 清乾隆二十五年(1760)刻民國七年(1918)重修本 八冊

330000－1701－0021937 普 915.17191/1031/c2 史部/地理類/方志之屬/郡縣志
[嘉慶]樂山縣志十六卷首一卷 (清)龔傳黻纂修 清嘉慶十七年(1812)刻光緒十三年(1887)補刻本 六冊

330000－1701－0021938 普 915.12491/4029/c3 史部/地理類/方志之屬/郡縣志
[乾隆]平陽縣志二十卷首一卷 (清)徐恕修

（清）孫謙 （清）張南英纂 清乾隆二十五年（1760）刻民國七年（1918）重修本 八册

330000－1701－0021941 普 915.12491/4029/c4 史部/地理類/方志之屬/郡縣志
［乾隆］平陽縣志二十卷首一卷 （清）徐恕修 （清）孫謙 （清）張南英纂 清乾隆二十五年（1760）刻本 八册

330000－1701－0021943 HJL2414 集部/别集類/清别集
白圭堂詩鈔八卷續鈔六卷 （清）江之紀撰 清同治三年（1864）刻本 二册

330000－1701－0021944 普 915.17191/2031 史部/地理類/方志之屬/郡縣志
［嘉慶］峨眉縣志十卷首一卷 （清）王燮修 （清）張希縉 （清）張希珝纂 清嘉慶十八年（1813）刻宣統三年（1911）江右李錦成增修本 四册

330000－1701－0021950 普 915.17191/2052.4/c2 史部/地理類/山川之屬/山志
峨眉山志十八卷 （清）蔣超纂 清康熙二十八年（1689）刻本 六册

330000－1701－0021954 普 915.12491/5028/c1 史部/地理類/方志之屬/郡縣志
［雍正］泰順縣志十卷首一卷 （清）朱國源修 （清）朱廷琦等纂 清雍正七年（1729）刻本 四册

330000－1701－0021956 普 915.12491/5036/c1 史部/地理類/方志之屬/郡縣志
［同治］泰順分疆錄十二卷首一卷 （清）林鶚纂 （清）林用霖續纂 清光緒五年（1879）林氏望山堂刻本 六册

330000－1701－0021957 普 915.12491/5036/c3 史部/地理類/方志之屬/郡縣志
［同治］泰順分疆錄十二卷首一卷 （清）林鶚纂 （清）林用霖續纂 清光緒五年（1879）林氏望山堂刻本 六册

330000－1701－0021961 普 915.12491/4052 史部/地理類/遊記之屬/紀行
南雁山紀游二卷中雁山紀游二卷 （清）張盛藻撰 清光緒七年（1881）刻本 一册

330000－1701－0021962 普 915.12491/5028/c2 史部/地理類/方志之屬/郡縣志
［雍正］泰順縣志十卷首一卷 （清）朱國源修 （清）朱廷琦等纂 清雍正七年（1729）刻本 四册

330000－1701－0021965 普 915.12491/5036/c2 史部/地理類/方志之屬/郡縣志
［同治］泰順分疆錄十二卷首一卷 （清）林鶚纂 （清）林用霖續纂 清光緒五年（1879）林氏望山堂刻本 六册

330000－1701－0021966 普 915.17191/2052.5/c1 史部/地理類/山川之屬/山志
峨山圖志二卷 （清）黄錫燾纂 清光緒十七年（1891）刻本 二册

330000－1701－0021969 普 915.12491/6035/c1 史部/地理類/方志之屬/郡縣志
［光緒］玉環廳志十四卷首一卷 （清）杜冠英 （清）胥壽榮修 （清）呂鴻燾纂 清光緒六年（1880）刻本 八册

330000－1701－0021970 普 915.12491/6035/c4 史部/地理類/方志之屬/郡縣志
［光緒］玉環廳志十四卷首一卷 （清）杜冠英 （清）胥壽榮修 （清）呂鴻燾纂 **續增二卷** （清）胡鍾駿纂 清光緒六年（1880）刻十四年（1888）增刻本 八册 缺二卷（續增一至二）

330000－1701－0021971 普 915.17191/2052.91 史部/地理類/山川之屬/山志
峨眉山志十二卷 （清）蔣超纂 清光緒十九年（1893）刻本 四册

330000－1701－0021972 普 915.12491/6035/c6 史部/地理類/方志之屬/郡縣志
［光緒］玉環廳志十四卷首一卷 （清）杜冠英 （清）胥壽榮修 （清）呂鴻燾纂 清光緒六年（1880）刻本 八册

330000－1701－0021973 普 915.12491/

6035/c5　史部/地理類/方志之屬/郡縣志

[光緒]玉環廳志十四卷首一卷　(清)杜冠英　(清)胥壽榮修　(清)呂鴻燾纂　**續增二卷**　(清)胡鍾駿纂　清光緒六年(1880)刻十四年(1888)增刻本　八冊　缺二卷(續增一至二)

330000－1701－0021974　普 915.12491/6035/c3　史部/地理類/方志之屬/郡縣志

[光緒]玉環廳志十四卷首一卷　(清)杜冠英　(清)胥壽榮修　(清)呂鴻燾纂　**續增二卷**　(清)胡鍾駿纂　清光緒六年(1880)刻十四年(1888)增刻本　八冊

330000－1701－0021976　普 915.17191/4031/c1　史部/地理類/方志之屬/郡縣志

[嘉慶]洪雅縣志二十五卷首一卷　(清)王好音修　(清)張柱等纂　清嘉慶十八年(1813)刻本　七冊

330000－1701－0021977　普 915.17191/4031/c2　史部/地理類/方志之屬/郡縣志

[嘉慶]洪雅縣志二十五卷首一卷　(清)王好音修　(清)張柱等纂　清嘉慶十八年(1813)刻本　七冊

330000－1701－0021978　普 915.12491/6035/2(2)　史部/地理類/方志之屬/郡縣志

[光緒]玉環廳志十四卷首一卷　(清)杜冠英　(清)胥壽榮修　(清)呂鴻燾纂　**續增二卷**　(清)胡鍾駿纂　清光緒六年(1880)刻十四年(1888)增刻本　十冊

330000－1701－0021979　普 915.17191/4035/c1　史部/地理類/方志之屬/郡縣志

[光緒]洪雅縣志十二卷首一卷　(清)郭世棻修　(清)鄧敏修等纂　清光緒十年(1884)刻本　五冊

330000－1701－0021980　普 915.12491/6035/2　史部/地理類/方志之屬/郡縣志

[光緒]玉環廳志十四卷首一卷　(清)杜冠英　(清)胥壽榮修　(清)呂鴻燾纂　**續增二卷**　(清)胡鍾駿纂　清光緒六年(1880)刻十四年(1888)增刻本　八冊

330000－1701－0021981　普 915.17191/5031/c1　史部/地理類/方志之屬/郡縣志

[嘉慶]夾江縣志十二卷首一卷　(清)王佐修　(清)涂崧纂　清嘉慶十八年(1813)刻光緒十四年(1888)增修本　四冊

330000－1701－0021982　普 915.12492/0028　史部/地理類/方志之屬/郡縣志

[雍正]處州府志二十卷　(清)曹掄彬修　(清)朱肇濟等纂　清雍正十一年(1733)刻本　十六冊

330000－1701－0021983　普 915.17191/2052.5/c2　史部/地理類/山川之屬/山志

峨山圖志二卷　(清)黃錫燾纂　清光緒十七年(1891)刻本　二冊

330000－1701－0021984　普 915.17191/4035/c2　史部/地理類/方志之屬/郡縣志

[光緒]洪雅縣志十二卷首一卷　(清)郭世棻修　(清)鄧敏修等纂　清光緒十年(1884)刻本　五冊

330000－1701－0021985　普 915.17191/2052.5/c3、普 915.17191/2052.5/c4　史部/地理類/山川之屬/山志

峨山圖志二卷　(清)黃錫燾纂　清光緒十七年(1891)刻本　四冊

330000－1701－0021986　普 915.17191/5031/c2　史部/地理類/方志之屬/郡縣志

[嘉慶]夾江縣志十二卷首一卷　(清)王佐修　(清)涂崧纂　清嘉慶十八年(1813)刻本　四冊

330000－1701－0021987　普 915.12492/0035/c1　史部/地理類/方志之屬/郡縣志

[光緒]處州府志三十卷首一卷末一卷　(清)潘紹詒修　(清)周榮椿纂　清光緒三年(1877)刻本　二十八冊

330000－1701－0021989　普 915.12492/0035/c5　史部/地理類/方志之屬/郡縣志

[光緒]處州府志三十卷首一卷末一卷　(清)潘紹詒修　(清)周榮椿纂　清光緒三年

(1877)刻本　二十八册

330000－1701－0021990　普915.12492/0035/c3　史部/地理類/方志之屬/郡縣志

[光緒]處州府志三十卷首一卷末一卷　(清)潘紹詒修　(清)周榮椿纂　清光緒三年(1877)刻本　二十八册

330000－1701－0021991　普915.182/9944　史部/地理類/雜志之屬

苗疆雜詠一卷　(清)蔣濤撰　清刻本　一册

330000－1701－0021992　普915.12492/0035/c2　史部/地理類/方志之屬/郡縣志

[光緒]處州府志三十卷首一卷末一卷　(清)潘紹詒修　(清)周榮椿纂　清光緒三年(1877)刻本　二十八册

330000－1701－0021994　普915.17191/6031　史部/地理類/方志之屬/郡縣志

[嘉慶]犍爲縣志十卷首一卷　(清)王夢庚等纂修　清嘉慶十九年至二十一年(1814－1816)刻本　四册

330000－1701－0021995　普915.12492/0035/c4　史部/地理類/方志之屬/郡縣志

[光緒]處州府志三十卷首一卷末一卷　(清)潘紹詒修　(清)周榮椿纂　清光緒三年(1877)刻本　二十八册

330000－1701－0021996　普915.12492/0035/c6　史部/地理類/方志之屬/郡縣志

[光緒]處州府志三十卷首一卷末一卷　(清)潘紹詒修　(清)周榮椿纂　清光緒三年(1877)刻本　二十八册

330000－1701－0021997　普915.17191/7032　史部/地理類/方志之屬/郡縣志

[道光]滎縣志三十八卷首一卷　(清)王培荀等纂修　清道光二十五年(1845)刻本　六册

330000－1701－0021998　普915.17191/8031　史部/地理類/方志之屬/郡縣志

[嘉慶]威遠縣志六卷　(清)陳汝秋纂修　清嘉慶十八年(1813)刻本　四册

330000－1701－0021999　HJL2400　類叢部/叢書類/自著之屬

邃雅堂全集九種　(清)姚文田撰　清嘉慶至光緒歸安姚氏刻本　六册　存一種

330000－1701－0022000　普915.12492/1034/c1　史部/地理類/方志之屬/郡縣志

[同治]麗水縣志十五卷　(清)彭潤章等纂修　清同治十三年(1874)刻本　八册

330000－1701－0022002　普915.12492/00421/c1　史部/地理類/雜志之屬

畲客風俗一卷　(清)浮雲撰　清光緒三十二年(1906)日本國東京清國留學生會館石印本　一册

330000－1701－0022003　普915.12492/1034/c3　史部/地理類/方志之屬/郡縣志

[同治]麗水縣志十五卷　(清)彭潤章等纂修　清同治十三年(1874)刻本　八册

330000－1701－0022004　普915.12492/1034/c2　史部/地理類/方志之屬/郡縣志

[同治]麗水縣志十五卷　(清)彭潤章等纂修　清同治十三年(1874)刻本　八册

330000－1701－0022005　普915.12492/00421/c2　史部/地理類/雜志之屬

畲客風俗一卷　(清)浮雲撰　清光緒三十二年(1906)日本國東京清國留學生會館石印本　一册

330000－1701－0022006　普915.12492/1034/c4　史部/地理類/方志之屬/郡縣志

[同治]麗水縣志十五卷　(清)彭潤章等纂修　清同治十三年(1874)刻本　八册

330000－1701－0022007　普915.17192/1031　史部/地理類/方志之屬/郡縣志

[嘉慶]三臺縣志八卷　(清)沈昭興纂修　清嘉慶二十年(1815)刻本　八册

330000－1701－0022008　普915.17191/8035　史部/地理類/方志之屬/郡縣志

[光緒]威遠縣志三編四卷　(清)吴曾輝修　(清)吴容纂　清光緒三年(1877)刻本　六册

330000 - 1701 - 0022009　普 915. 12492/1034/c5　史部/地理類/方志之屬/郡縣志
[同治]麗水縣志十五卷　(清)彭潤章等纂修　清同治十三年(1874)刻本　八冊

330000 - 1701 - 0022011　普 915. 17192/0029　史部/地理類/方志之屬/郡縣志
[乾隆]潼川府志十二卷首一卷　(清)張松孫等纂修　清乾隆五十一年(1786)刻本　十一冊　缺一卷(七)

330000 - 1701 - 0022013　普 915. 17192/0035　史部/地理類/方志之屬/郡縣志
[光緒]新修潼川府志三十卷　(清)阿麟修　(清)王龍勳等纂　清光緒二十三年(1897)刻本　十六冊

330000 - 1701 - 0022014　普 915. 17192/2031　史部/地理類/方志之屬/郡縣志
[嘉慶]射洪縣志十八卷首一卷　(清)陳廷鈺等修　(清)趙燮元等纂　清同治元年(1862)刻本　四冊

330000 - 1701 - 0022016　普 915. 17192/0029/(2)　史部/地理類/方志之屬/郡縣志
[乾隆]潼川府志十二卷首一卷　(清)張松孫等纂修　清乾隆五十一年(1786)刻本　十二冊

330000 - 1701 - 0022017　普 915. 17192/4032/c1　史部/地理類/方志之屬/郡縣志
[道光]中江縣新志八卷首一卷　(清)楊霈修　(清)李福源　(清)范泰衡纂　清道光十九年(1839)刻本　五冊

330000 - 1701 - 0022018　普 915. 12492/1079　史部/地理類/水利之屬
通濟堰誌二卷　沈國琛輯　清宣統元年(1909)木活字印本　一冊

330000 - 1701 - 0022019　普 915. 17192/2035　史部/地理類/方志之屬/郡縣志
[光緒]射洪縣志十八卷首一卷　(清)黃允欽等修　(清)羅錦城等纂　清光緒十年(1884)刻民國二十五年(1936)重印本　十冊

330000 - 1701 - 0022022　普 915. 12492/2035/(2)/c1　史部/地理類/方志之屬/郡縣志
[光緒]青田縣志十八卷首一卷　(清)雷銑修　(清)王棻纂　清光緒元年至二年(1875 - 1876)刻本　十二冊

330000 - 1701 - 0022023　普 915. 12492/2027　史部/地理類/方志之屬/郡縣志
[雍正]青田縣志十二卷　(清)張皇輔修　(清)萬里續修　(清)沈淵懿續纂　清康熙二十五年(1686)刻雍正六年(1728)增刻本　四冊

330000 - 1701 - 0022024　普 915. 17192/4032/c2　史部/地理類/方志之屬/郡縣志
[道光]中江縣新志八卷首一卷　(清)楊霈修　(清)李福源　(清)范泰衡纂　清道光十九年(1839)刻本　六冊

330000 - 1701 - 0022026　普 915. 12492/1079/2　史部/地理類/水利之屬
通濟堰誌不分卷　清同治九年(1870)木活字印本　四冊

330000 - 1701 - 0022027　普 915. 17192/4034　史部/地理類/方志之屬/郡縣志
[同治]中江縣志補遺一卷續編一卷　(清)李星根纂修　清同治五年(1866)刻本　一冊

330000 - 1701 - 0022028　普 915. 12492/2035/(2)/c4　史部/地理類/方志之屬/郡縣志
[光緒]青田縣志十八卷首一卷　(清)雷銑修　(清)王棻纂　清光緒元年至二年(1875 - 1876)刻本　十四冊

330000 - 1701 - 0022029　HJL3332　集部/總集類/彙編之屬
宋詩鈔初集八十四種　(清)呂留良　(清)吳之振　(清)吳爾堯編　清康熙十年(1671)洲錢吳氏鑑古堂刻本　四十冊　存三十九種

330000 - 1701 - 0022030　普 915. 12492/2035/(2)/c2　史部/地理類/方志之屬/郡

縣志

[光緒]青田縣志十八卷首一卷 (清)雷銑修 (清)王棻纂 清光緒元年至二年(1875－1876)刻本 十二册

330000－1701－0022033 普 915.17192/6032/c1 史部/地理類/方志之屬/郡縣志

[道光]蓬溪縣志十六卷首一卷 (清)吳章祁等修 (清)顧士英等纂 清道光二十五年(1845)刻本 八册

330000－1701－0022034 普 915.17192/6035 史部/地理類/方志之屬/郡縣志

[光緒]蓬溪縣續志十四卷首一卷 (清)周學銘修 (清)熊祥謙等纂 清光緒二十五年(1899)刻本 四册

330000－1701－0022035 普 915.17192/6032/c2 史部/地理類/方志之屬/郡縣志

[道光]蓬溪縣志十六卷首一卷 (清)吳章祁等修 (清)顧士英等纂 清道光二十五年(1845)刻本 八册

330000－1701－0022037 普 915.17192/8032 史部/地理類/方志之屬/郡縣志

[道光]安岳縣志十六卷首一卷 (清)濮瑗修 (清)周國頤纂 清道光十六年(1836)刻本 十册

330000－1701－0022039 普 915.17193/0031 史部/地理類/方志之屬/郡縣志

[嘉慶]眉州屬志十九卷 (清)涂長發修 (清)王昌年纂 清嘉慶五年(1800)刻本 十四册

330000－1701－0022042 普 915.17192/9032/c1 史部/地理類/方志之屬/郡縣志

[道光]樂至縣志十六卷首一卷 (清)裴顯忠修 (清)劉碩輔纂 清道光二十年(1840)刻本 四册

330000－1701－0022046 普 915.17192/9032/c2 史部/地理類/方志之屬/郡縣志

[道光]樂至縣志十六卷首一卷 (清)裴顯忠修 (清)劉碩輔纂 清道光二十年(1840)刻本 四册

330000－1701－0022048 普 915.17192/8032/(2)/c1 史部/地理類/方志之屬/郡縣志

[道光]安岳縣志十六卷首一卷 (清)濮瑗修 (清)周國頤纂 清道光十六年(1836)刻本 八册

330000－1701－0022049 普 915.17193/1035/c1 史部/地理類/方志之屬/郡縣志

[光緒]丹稜縣志十卷首一卷 (清)顧汝萼修 (清)朱文瀚等纂 清光緒十八年(1892)刻本 四册

330000－1701－0022054 普 915.17193/1035/c2 史部/地理類/方志之屬/郡縣志

[光緒]丹稜縣志十卷首一卷 (清)顧汝萼修 (清)朱文瀚等纂 清光緒十八年(1892)刻本 四册

330000－1701－0022055 普 915.17192/8032/(2)/c2 史部/地理類/方志之屬/郡縣志

[道光]安岳縣志十六卷首一卷 (清)濮瑗修 (清)周國頤纂 清道光十六年(1836)刻本 八册

330000－1701－0022057 普 915.17193/1042 史部/地理類/方志之屬/郡縣志

[光緒]丹稜縣鄉土志二編 (清)張景旭修 (清)齊肇璜纂 清光緒三十一年(1905)鉛印本 一册

330000－1701－0022059 普 915.17193/2031 史部/地理類/方志之屬/郡縣志

[嘉慶]彭山縣志六卷 (清)史欽義等纂修 清嘉慶十九年(1814)刻本 六册

330000－1701－0022062 普 915.17194/0031/(2)/c1 史部/地理類/方志之屬/郡縣志

[嘉慶]邛州直隸州志四十六卷首一卷 (清)吳鞏修 (清)王來遴纂 清嘉慶二十三年(1818)刻本 十二册

330000－1701－0022064　普 915. 17194/0031　史部/地理類/方志之屬/郡縣志
[嘉慶]邛州直隸州志四十六卷首一卷　(清)吳鞏修　(清)王來遴纂　清嘉慶二十三年(1818)刻本　八冊

330000－1701－0022069　普 915. 12492/3035/(2)/c1　史部/地理類/方志之屬/郡縣志
[光緒]縉雲縣志十六卷首一卷末一卷　(清)何乃容　(清)葛華修　(清)潘樹棠纂　清光緒二年至七年(1876－1881)刻本　十冊

330000－1701－0022070　普 915. 12492/3035/c1　史部/地理類/方志之屬/郡縣志
[光緒]縉雲縣志十六卷首一卷末一卷　(清)何乃容　(清)葛華修　(清)潘樹棠纂　清光緒二年至七年(1876－1881)刻本　錢震等題記　十二冊

330000－1701－0022071　普 915. 12492/3035/(2)/c2　史部/地理類/方志之屬/郡縣志
[光緒]縉雲縣志十六卷首一卷末一卷　(清)何乃容　(清)葛華修　(清)潘樹棠纂　清光緒二年至七年(1876－1881)刻本　九冊　存十七卷(一至十六、末)

330000－1701－0022073　普 915. 12492/3035/(3)　史部/地理類/方志之屬/郡縣志
[光緒]縉雲縣志十六卷首一卷末一卷　(清)何乃容　(清)葛華修　(清)潘樹棠纂　清光緒二年至七年(1876－1881)刻本　十一冊

330000－1701－0022074　普 915. 17194/0031/(2)/c2　史部/地理類/方志之屬/郡縣志
[嘉慶]邛州直隸州志四十六卷首一卷　(清)吳鞏修　(清)王來遴纂　清嘉慶二十三年(1818)刻本　十二冊

330000－1701－0022075　普 915. 12492/3035/c3　史部/地理類/方志之屬/郡縣志
[光緒]縉雲縣志十六卷首一卷末一卷　(清)何乃容　(清)葛華修　(清)潘樹棠纂　清光緒二年至七年(1876－1881)刻本　十二冊

330000－1701－0022076　普 915. 12492/4035/c1　史部/地理類/方志之屬/郡縣志
[光緒]松陽縣志十二卷首一卷　(清)支恒椿修　(清)丁鳳章等纂　清光緒元年(1875)刻本　九冊　存十一卷(二至十二)

330000－1701－0022077　普 915. 12492/4035/c2　史部/地理類/方志之屬/郡縣志
[光緒]松陽縣志十二卷首一卷　(清)支恒椿修　(清)丁鳳章等纂　清光緒元年(1875)刻本　六冊

330000－1701－0022078　普 915. 17194/1034　史部/地理類/方志之屬/郡縣志
[同治]大邑縣志二十卷　(清)趙霦等纂修　清同治六年(1867)刻本　八冊

330000－1701－0022079　普 915. 12492/3035/c2　史部/地理類/方志之屬/郡縣志
[光緒]縉雲縣志十六卷首一卷末一卷　(清)何乃容　(清)葛華修　(清)潘樹棠纂　清光緒二年至七年(1876－1881)刻本　十二冊

330000－1701－0022080　普 915. 17195/0035　史部/地理類/方志之屬/郡縣志
[光緒]直隸瀘州志十二卷　(清)田秀栗　(清)鄧林修　(清)華國清　(清)施澤久纂　清光緒八年(1882)刻本　十二冊

330000－1701－0022082　普 915. 12492/5035/c1　史部/地理類/方志之屬/郡縣志
[光緒]遂昌縣志十二卷首一卷外編四卷　(清)胡壽海　(清)史恩緯修　(清)褚成允纂　清光緒二十二年(1896)尊經閣刻本　十二冊

330000－1701－0022085　普 915. 12492/6035/c1　史部/地理類/方志之屬/郡縣志
[光緒]龍泉縣志十二卷首一卷　(清)顧國詔修　(清)張世堉纂　清光緒四年(1878)刻本　六冊

330000－1701－0022089　普 915. 12492/5035/c2　史部/地理類/方志之屬/郡縣志

[光緒]遂昌縣志十二卷首一卷外編四卷　(清)胡壽海　(清)史恩緯修　(清)褚成允纂　清光緒二十二年(1896)尊經閣刻本　十二冊

330000－1701－0022090　普 915.12492/6029/c1　史部/地理類/方志之屬/郡縣志

[乾隆]龍泉縣志十二卷首一卷　(清)蘇遇龍修　(清)沈光厚等纂　清乾隆二十七年(1762)刻本　四冊

330000－1701－0022091　普 915.17195/3032/c1　史部/地理類/方志之屬/郡縣志

[道光]江安縣志二卷首一卷　(清)高學濂纂修　清道光九年(1829)刻本　二冊

330000－1701－0022092　普 915.12492/5035/c3　史部/地理類/方志之屬/郡縣志

[光緒]遂昌縣志十二卷首一卷外編四卷　(清)胡壽海　(清)史恩緯修　(清)褚成允纂　清光緒二十二年(1896)尊經閣刻本　十二冊

330000－1701－0022094　普 915.17195/3032/c2　史部/地理類/方志之屬/郡縣志

[道光]江安縣志二卷首一卷　(清)高學濂纂修　清道光九年(1829)刻本　二冊

330000－1701－0022095　普 915.17196/2034　史部/地理類/方志之屬/郡縣志

[同治]内江縣志十五卷首一卷　(清)張搢等纂修　(清)張兆蘭等續修　(清)黄覺續纂　清同治十年(1871)刻本　十冊

330000－1701－0022096　普 915.12492/6035/c2　史部/地理類/方志之屬/郡縣志

[光緒]龍泉縣志十二卷首一卷　(清)顧國詔修　(清)張世堉纂　清光緒四年(1878)刻本　六冊

330000－1701－0022097　普 915.12492/6029/c2　史部/地理類/方志之屬/郡縣志

[乾隆]龍泉縣志十二卷首一卷　(清)蘇遇龍修　(清)沈光厚等纂　清同治二年(1863)刻本　四冊

330000－1701－0022098　普 915.17196/3035　史部/地理類/方志之屬/郡縣志

[光緒]補纂仁壽原志六卷末一卷　(清)翁植　(清)楊作霖等修　(清)陳韶湘纂　清光緒七年(1881)刻本　七冊

330000－1701－0022099　普 915.12492/6035/c3　史部/地理類/方志之屬/郡縣志

[光緒]龍泉縣志十二卷首一卷　(清)顧國詔修　(清)張世堉纂　清光緒四年(1878)刻本　六冊

330000－1701－0022100　普 915.17196/0031　史部/地理類/方志之屬/郡縣志

[嘉慶]資州直隸州志三十卷首四卷　(清)劉炯修　(清)張懷渭等纂　清嘉慶二十年(1815)刻本　十九冊　缺一卷(首一)

330000－1701－0022101　普 915.12492/6035/c4　史部/地理類/方志之屬/郡縣志

[光緒]龍泉縣志十二卷首一卷　(清)顧國詔修　(清)張世堉纂　清光緒四年(1878)刻本　六冊

330000－1701－0022102　普 915.17196/4035　史部/地理類/方志之屬/郡縣志

光緒井研志四十二卷首一卷　(清)高承瀛修　(清)吳嘉謨　(清)龔煦春纂　清光緒二十六年(1900)刻本　十二冊

330000－1701－0022103　普 915.17197/0034/c1　史部/地理類/方志之屬/郡縣志

[同治]直隸綿州志五十五卷　(清)文棨　(清)董貽清修　(清)伍肇齡　(清)何天祥纂　清同治十二年(1873)刻本　二十冊

330000－1701－0022104　普 915.12492/6044　集部/總集類/題詠之屬

濟川橋題贈集一卷　(清)李忠昭編　清光緒四年(1878)刻本　一冊

330000－1701－0022106　普 915.12492/7035/c1　史部/地理類/方志之屬/郡縣志

[光緒]慶元縣志十二卷首一卷　(清)林步瀛　(清)史恩緯修　(清)史恩緒等纂　清光緒

三年(1877)刻本　十冊

330000－1701－0022108　普 915.12492/7035/c2　史部/地理類/方志之屬/郡縣志
[光緒]慶元縣志十二卷首一卷　(清)林步瀛　(清)史恩緯修　(清)史恩緒等纂　清光緒三年(1877)刻本　十冊

330000－1701－0022110　普 915.17196/4043　集部/别集類/清别集
說來詞不分卷　(清)吳嘉謨撰　(清)周誥補註　清光緒二十二年(1896)刻本　一冊

330000－1701－0022111　普 915.12492/7035/c3　史部/地理類/方志之屬/郡縣志
[光緒]慶元縣志十二卷首一卷　(清)林步瀛　(清)史恩緯修　(清)史恩緒等纂　清光緒三年(1877)刻本　十冊

330000－1701－0022112　普 915.1249/0022/c3　史部/地理類/方志之屬/郡縣志
嚴州圖經三卷附校字記一卷　(宋)宋公亮修　(清)袁昶校　清光緒二十二年(1896)刻漸西村舍彙刊本　汪西泠題記　二冊　存三卷(一至三)

330000－1701－0022113　普 915.17197/0034/c2　史部/地理類/方志之屬/郡縣志
[同治]直隸綿州志五十五卷　(清)文棨　(清)董貽清修　(清)伍肇齡　(清)何天祥纂　清同治十二年(1873)刻本　二十冊

330000－1701－0022114　普 915.12492/7035/c4　史部/地理類/方志之屬/郡縣志
[光緒]慶元縣志十二卷首一卷　(清)林步瀛　(清)史恩緯修　(清)史恩緒等纂　清光緒三年(1877)刻本　九冊　存十一卷(二至十二)

330000－1701－0022115　普 915.17197/0034/c3　史部/地理類/方志之屬/郡縣志
[同治]直隸綿州志五十五卷　(清)文棨　(清)董貽清修　(清)伍肇齡　(清)何天祥纂　清同治十二年(1873)刻本　二十冊

330000－1701－0022116　普 915.12492/7035.2　史部/地理類/雜志之屬
慶元鹺書一卷　清光緒七年(1881)刻本　清嚴漢清跋　一冊

330000－1701－0022118　普 915.17197/1032/c1　史部/地理類/方志之屬/郡縣志
[道光]德陽縣新志十二卷首一卷末一卷　(清)裴顯忠修　(清)劉碩輔纂　清道光十七年(1837)刻本　五冊

330000－1701－0022119　普 915.17197/1035/c1　史部/地理類/方志之屬/郡縣志
[光緒]德陽縣志續編十卷首一卷末一卷　(清)鈕傳善修　(清)李炳靈　(清)楊藻纂　清光緒三十一年(1905)刻本　三冊

330000－1701－0022120　普 915.12492/9035/c2　史部/地理類/方志之屬/郡縣志
[光緒]宣平縣志二十卷首一卷　(清)皮樹棠修　(清)祝鳳梧纂　清光緒四年(1878)刻本　八冊

330000－1701－0022121　普 915.17197/1035/c2　史部/地理類/方志之屬/郡縣志
[光緒]德陽縣志續編十卷首一卷末一卷　(清)鈕傳善修　(清)李炳靈　(清)楊藻纂　清光緒三十一年(1905)刻本　三冊

330000－1701－0022122　普 915.12492/9035/c1　史部/地理類/方志之屬/郡縣志
[光緒]宣平縣志二十卷首一卷　(清)皮樹棠修　(清)祝鳳梧纂　清光緒四年(1878)刻本　八冊

330000－1701－0022123　普 915.12492/8033/c1　史部/地理類/方志之屬/郡縣志
[同治]雲和縣志十六卷首一卷　(清)伍承吉修　(清)涂冠續修　(清)王士鈖纂　清咸豐七年至同治三年(1857－1864)刻本　六冊

330000－1701－0022124　普 915.12492/9035/c3　史部/地理類/方志之屬/郡縣志
[光緒]宣平縣志二十卷首一卷　(清)皮樹棠修　(清)祝鳳梧纂　清光緒四年(1878)刻本　八冊

330000－1701－0022126　普 915.17197/1032/c2　史部/地理類/方志之屬/郡縣志
[道光]德陽縣新志十二卷首一卷末一卷　(清)裴顯忠修　(清)劉碩輔纂　清道光十七年(1837)刻本　八册

330000－1701－0022129　普 915.12492/8033/c2　史部/地理類/方志之屬/郡縣志
[同治]雲和縣志十六卷首一卷　(清)伍承吉修　(清)涂冠續修　(清)王士鈖纂　清咸豐七年至同治三年(1857－1864)刻本　六册

330000－1701－0022130　普 915.17197/2034/c1　史部/地理類/方志之屬/郡縣志
[同治]續修羅江縣志二十四卷　(清)馬傳業修　(清)劉正慧等纂　清同治四年(1865)刻本　二册

330000－1701－0022132　普 915.12492/8033/c3　史部/地理類/方志之屬/郡縣志
[同治]雲和縣志十六卷首一卷　(清)伍承吉修　(清)涂冠續修　(清)王士鈖纂　清咸豐七年至同治三年(1857－1864)刻本　劉光斗題記　六册

330000－1701－0022133　普 915.17197/2031.2　史部/地理類/方志之屬/郡縣志
[嘉慶]羅江縣志三十六卷　(清)李桂林修　(清)鄧林等纂　清同治四年(1865)刻本　三册

330000－1701－0022135　普 915.17197/2034/c2　史部/地理類/方志之屬/郡縣志
[同治]續修羅江縣志二十四卷　(清)馬傳業修　(清)劉正慧等纂　清同治四年(1865)刻本　二册

330000－1701－0022136　普 915.17197/2034/c3　史部/地理類/方志之屬/郡縣志
[同治]續修羅江縣志二十四卷　(清)馬傳業修　(清)劉正慧等纂　清同治四年(1865)刻本　二册

330000－1701－0022138　普 915.17197/4031　史部/地理類/方志之屬/郡縣志
[嘉慶]綿竹縣志四十四卷　(清)沈環等纂修　清嘉慶十八年(1813)刻本　六册

330000－1701－0022139　普 915.17197/2031.2/(2)/c1　史部/地理類/方志之屬/郡縣志
[嘉慶]羅江縣志三十六卷　(清)李桂林修　(清)鄧林等纂　清同治四年(1865)刻本　四册

330000－1701－0022140　普 915.12492/9529/2　史部/地理類/方志之屬/郡縣志
[乾隆]重修景寧縣志十二卷首一卷　(清)張九華修　(清)吳嗣範纂　清乾隆四十三年(1778)刻本　四册

330000－1701－0022141　普 915.17197/2031.2/(2)/c2　史部/地理類/方志之屬/郡縣志
[嘉慶]羅江縣志三十六卷　(清)李桂林修　(清)鄧林等纂　清同治四年(1865)刻本　四册

330000－1701－0022142　普 915.17197/4099　史部/地理類/方志之屬/郡縣志
[光緒]綿竹縣鄉土志不分卷　(清)田明理修　(清)黃尚毅纂　清光緒三十四年(1908)刻本　二册

330000－1701－0022143　普 915.17197/2031.2/(2)/c3　史部/地理類/方志之屬/郡縣志
[嘉慶]羅江縣志三十六卷　(清)李桂林修　(清)鄧林等纂　清同治四年(1865)刻本　四册

330000－1701－0022144　普 915.12492/9534/c4　史部/地理類/方志之屬/郡縣志
[同治]景寧縣志十四卷首一卷末一卷　(清)周杰修　(清)嚴用光等纂　清同治十一年至十二年(1872－1873)刻本　八册

330000－1701－0022145　普 915.17197/5033　史部/地理類/方志之屬/郡縣志
[咸豐]重修梓潼縣志六卷　(清)張香海修

（清）楊曦等纂　清咸豐八年（1858）刻本　六冊

330000－1701－0022147　普 915.12492/9534/c1　史部/地理類/方志之屬/郡縣志
[同治]景寧縣志十四卷首一卷末一卷　（清）周杰修　（清）嚴用光等纂　清同治十一年至十二年（1872－1873）刻本　八冊

330000－1701－0022148　普 915.12492/9534/c5　史部/地理類/方志之屬/郡縣志
[同治]景寧縣志十四卷首一卷末一卷　（清）周杰修　（清）嚴用光等纂　清同治十一年至十二年（1872－1873）刻本　聞閱跋　七冊　缺二卷（四至五）

330000－1701－0022149　普 915.17198/0032　史部/地理類/方志之屬/郡縣志
[道光]茂州志四卷首一卷　（清）楊迦懌等修　（清）劉輔廷纂　清道光十一年（1831）刻本　四冊

330000－1701－0022150　普 915.12492/9534/c6　史部/地理類/方志之屬/郡縣志
[同治]景寧縣志十四卷首一卷末一卷　（清）周杰修　（清）嚴用光等纂　清同治十一年至十二年（1872－1873）刻本　十一冊　缺二卷（首、一）

330000－1701－0022155　普 915.17199/5035　史部/地理類/方志之屬/郡縣志
[光緒]太平縣志十卷首一卷　（清）楊汝偕等纂修　清光緒十九年（1893）刻本　八冊

330000－1701－0022159　普 915.12492/9534/c2　史部/地理類/方志之屬/郡縣志
[同治]景寧縣志十四卷首一卷末一卷　（清）周杰修　（清）嚴用光等纂　清同治十一年至十二年（1872－1873）刻本　八冊

330000－1701－0022162　普 811.104/8274/c2　集部/詩文評類/詩評之屬
養自然齋詩話十卷　（清）鍾駿聲撰　清同治十三年（1874）仁和鍾氏京師刻本　十冊

330000－1701－0022163　普 915.171991/0034　史部/地理類/方志之屬/郡縣志
[同治]忠州直隸州志十二卷首一卷　（清）侯若源　（清）慶徵修　（清）柳福培纂　清同治十二年（1873）刻本　九冊　存十一卷（二至十二）

330000－1701－0022165　普 811.107/2733/c1　類叢部/叢書類/家集之屬
鄔家初集十種　鄔慶時編　清光緒三十四年至民國十七年（1908－1928）刻二十年（1931）廣州鄔氏彙印本　一冊　存一種

330000－1701－0022166　普 811.1067/8318　集部/總集類/選集之屬/斷代
粧樓摘豔十卷首一卷　（清）錢三錫輯　清道光十三年（1833）香雨軒刻本　四冊

330000－1701－0022167　普 915.171991/3035　史部/地理類/方志之屬/郡縣志
[光緒]梁山縣志十卷首一卷　（清）朱言詩等纂修　清光緒二十年（1894）刻本　十二冊

330000－1701－0022168　普 915.171992/1035/c1　史部/地理類/方志之屬/郡縣志
[光緒]秀山縣志十四卷首一卷　（清）王壽松修　（清）李稽勳等纂　清光緒十七年（1891）刻本　四冊

330000－1701－0022169　普 915.171991/1035　史部/地理類/方志之屬/郡縣志
[光緒]酆都縣志四卷首一卷　（清）田秀栗　（清）徐濬鏞修　（清）徐昌緒纂　（清）蔣履泰增纂　清同治八年（1869）刻光緒十九年（1893）增刻本　六冊

330000－1701－0022170　普 811.104/8704　集部/詩文評類/詩評之屬
全閩詩話十二卷　（清）鄭方坤輯　清乾隆刻本　十冊

330000－1701－0022171　普 915.17992/0034/c1　史部/地理類/方志之屬/郡縣志
[同治]增修酉陽直隸州總志二十二卷首一卷末一卷　（清）王鱗飛等修　（清）馮世瀛　（清）冉崇文纂　清同治三年（1864）刻本　二

十四冊

330000－1701－0022173　普 915.171991/3034/c1　史部/地理類/方志之屬/郡縣志

[嘉慶]梁山縣志十八卷首一卷　(清)符永培纂修　清嘉慶十三年(1808)刻同治六年(1867)艾鉽增刻本　十六冊

330000－1701－0022174　普 915.171992/2035　史部/地理類/方志之屬/郡縣志

[光緒]黔江縣志五卷首一卷　(清)張九章修　(清)陳藩垣等纂　清光緒二十年(1894)刻本　五冊

330000－1701－0022175　普 811.107/3844　集部/詩文評類/詩評之屬

詩法入門四卷首一卷新鐫詩韻五卷　(清)游藝輯　清康熙至乾隆刻本　四冊

330000－1701－0022176　普 915.171992/1035/c2　史部/地理類/方志之屬/郡縣志

[光緒]秀山縣志十四卷首一卷　(清)王壽松修　(清)李稽勳等纂　清光緒十七年(1891)刻本　四冊

330000－1701－0022178　普 915.17992/0034/c2　史部/地理類/方志之屬/郡縣志

[同治]增修酉陽直隸州總志二十二卷首一卷末一卷　(清)王鱗飛等修　(清)馮世瀛　(清)冉崇文纂　清同治三年(1864)刻本　二十三冊　缺一卷(首)

330000－1701－0022180　普 915.171992/3035　史部/地理類/方志之屬/郡縣志

[光緒]彭水縣志四卷首一卷　(清)莊定域修　(清)支承祜等纂　清光緒元年(1875)刻本　四冊

330000－1701－0022181　普 915.171991/3034/c2　史部/地理類/方志之屬/郡縣志

[嘉慶]梁山縣志十八卷首一卷　(清)符永培纂修　清嘉慶十三年(1808)刻同治六年(1867)艾鉽增刻本　九冊　缺一卷(首)

330000－1701－0022182　普 811.107/3844/4　集部/詩文評類/詩評之屬

詩法入門四卷首一卷　(清)游藝輯　清金閶刻本　三冊

330000－1701－0022184　普 811.107/2733/c2　類叢部/叢書類/家集之屬

鄔家初集十種　鄔慶時編　清光緒三十四年至民國十七年(1908－1928)刻二十年(1931)廣州鄔氏彙印本　鄔慶時題記　一冊　存一種

330000－1701－0022186　普 811.107/4942　集部/詩文評類/詩評之屬

聲調前譜一卷後譜一卷續譜一卷　(清)趙執信撰　清乾隆因園刻本　一冊

330000－1701－0022187　普 915.171995/0035　史部/地理類/方志之屬/郡縣志

[道光]補輯石砫廳新志十二卷　(清)王槐齡纂修　清道光二十三年(1843)刻光緒十九年(1893)增刻本　四冊

330000－1701－0022188　普 915.171993/4035/c1　史部/地理類/方志之屬/郡縣志

[光緒]雷波廳志三十六卷首一卷　(清)秦雲龍修　(清)萬科進纂　清光緒十九年(1893)刻本　六冊

330000－1701－0022189　普 811.107/3441　集部/詩文評類/詩評之屬

詩問二卷　(清)王士禛撰　(清)洪楠雲錄　清乾隆四十二年(1777)春暉草堂刻本　二冊

330000－1701－0022190　HJL3701　類叢部/叢書類/彙編之屬

武英殿聚珍版書一百三十八種　清乾隆武英殿木活字印本　二冊　存一種

330000－1701－0022191　普 915.171999/1035　史部/地理類/方志之屬/郡縣志

[光緒]四川新設鑪霍屯志畧不分卷附登開辦鑪霍屯務公牘一卷上趙次帥條陳一卷　(清)李之珂纂修　清光緒三十二年(1906)鉛印本　一冊

330000－1701－0022192　普 811.108/0021　集部/總集類/選集之屬/斷代

唐中興間氣集二卷 （唐）高仲武輯　清光緒十九年(1893)武進費氏影宋刻本　二册

330000－1701－0022193　普 915.171993/4035/c2　史部/地理類/方志之屬/郡縣志
［光緒］雷波廳志三十六卷首一卷 （清）秦雲龍修　（清）萬科進纂　清光緒十九年(1893)刻本　六册

330000－1701－0022194　普 811.108/0044/1　集部/總集類/選集之屬/通代
歷朝詩選簡金集六卷 （清）章薇輯　清乾隆二十三年(1758)會稽章薇瀹雲山房刻本　子静題記　十二册

330000－1701－0022195　普 915.171998/0032　史部/地理類/方志之屬/郡縣志
［道光］綏靖屯志十卷首一卷 （清）李涵元修（清）潘時彤纂　清道光五年(1825)刻本　四册

330000－1701－0022196　普 811.108/0060　集部/總集類/選集之屬/通代
紫陽先生瀛奎律髓四十九卷 （元）方回選　清康熙四十九年(1710)吳郡陳士泰刻本　十册　存四十七卷(一至三十五、三十七至四十四、四十六至四十九)

330000－1701－0022198　普 811.108/0044.05　集部/總集類/選集之屬/通代
重訂歷朝詩選簡金集八卷 （清）章薇輯（清）章深重編　清乾隆五十九年(1794)刻本　十二册　缺一卷(三)

330000－1701－0022199　普 811.108/0044/(2)　集部/總集類/選集之屬/通代
歷朝詩選簡金集六卷 （清）章薇輯　清乾隆二十三年(1758)會稽章薇瀹雲山房刻本　四册　存二卷(二至三)

330000－1701－0022200　普 915.172/3739/c1　史部/地理類/方志之屬/郡縣志
［宣統］巴塘鹽井鄉土地理志二卷 （清）段鵬瑞纂　清宣統抄本　一册

330000－1701－0022201　普 915.172/3739/c2　史部/地理類/方志之屬/郡縣志
［宣統］巴塘鹽井鄉土地理志二卷 （清）段鵬瑞纂　清宣統二年(1910)鉛印本　一册

330000－1701－0022202　普 915.172/3739/c3　史部/地理類/方志之屬/郡縣志
［宣統］巴塘鹽井鄉土地理志二卷 （清）段鵬瑞纂　清宣統二年(1910)鉛印本　一册

330000－1701－0022203　普 811.108/0044.05/(2)　集部/總集類/選集之屬/通代
重訂歷朝詩選簡金集八卷 （清）章薇輯（清）章深重編　清乾隆五十九年(1794)刻本　六册

330000－1701－0022204　普 915.172/2431　史部/地理類/方志之屬/郡縣志
［嘉慶］裡塘志畧二卷 （清）陳登龍編　清嘉慶十五年(1810)刻本　一册

330000－1701－0022205　HJL3687　類叢部/叢書類/自著之屬
藝風堂彙刻 繆荃孫撰　清光緒至民國刻本　一册　存三種

330000－1701－0022206　HJL3690　集部/別集類/清別集
飴山文集十二卷附録一卷詩集二十卷禮俗權衡二卷聲調譜二卷續譜一卷談龍録一卷 （清）趙執信撰　清乾隆十七年(1752)、三十九年(1774)因園刻彙印本　十二册　存三十三卷(文集一至十二、附録,詩集一至二十)

330000－1701－0022207　HJL3711　集部/別集類/清別集
生香書屋詩集六卷恩光集三卷 （清）陳浩撰　清乾隆刻本　四册

330000－1701－0022208　普 811.108/0060/2　集部/總集類/選集之屬/通代
瀛奎律髓四十九卷 （元）方回輯　清康熙五十年至五十一年(1711－1712)吳寶芝黄葉邨莊刻本　十二册

330000－1701－0022209　普 811.108/0060/4　集部/總集類/選集之屬/通代

瀛奎律髓四十九卷　(元)方回輯　清康熙五十年至五十一年(1711－1712)吳寶芝黃葉邨莊刻本　十二冊

330000－1701－0022210　普 915.173/2100　新學/地學/地理學
西藏通覽二編　(日本)山縣初男撰　(清)四川西藏研究會譯　清宣統元年(1909)四川西藏研究會鉛印本　二冊

330000－1701－0022211　普 811.108/0060/3/c1　集部/總集類/選集之屬/通代
瀛奎律髓刊誤四十九卷　(元)方回輯　(清)紀昀刊誤　清嘉慶五年(1800)侯官李氏雙桂堂刻本　十二冊

330000－1701－0022213　普 811.108/0060/5　集部/總集類/選集之屬/通代
瀛奎律髓刊誤四十九卷　(元)方回輯　(清)紀昀刊誤　清嘉慶五年(1800)侯官李氏雙桂堂刻蘇州掃葉山房印本　十二冊

330000－1701－0022215　普 915.173/4200　史部/地理類/方志之屬/通志
西藏誌不分卷　清抄本　一冊

330000－1701－0022217　普 915.181/3121/c1　史部/地理類/方志之屬/通志
[嘉慶]滇繫四十卷　(清)師範纂　清嘉慶十三年(1808)刻本　四十冊

330000－1701－0022219　普 915.173/3621/c1　類叢部/叢書類/彙編之屬
漸西村舍彙刊(漸西村舍叢刻)四十四種　(清)袁昶編　清光緒十六年至二十四年(1890－1898)桐廬袁氏刻本　八冊　存一種

330000－1701－0022220　普 915.173/4248　史部/地理類/雜志之屬
西招圖畧一卷圖說一卷附錄自成都府至後藏路程一卷前藏至西寧路程一卷　(清)松筠撰　清道光二十七年(1847)刻本　一冊

330000－1701－0022221　普 915.173/4244/c1　史部/地理類/方志之屬/郡縣志
[光緒]西藏圖考八卷首一卷　(清)黃沛翹纂　清光緒二十三年(1897)刻本　四冊

330000－1701－0022222　普 811.108/0060/3/c2　集部/總集類/選集之屬/通代
瀛奎律髓刊誤四十九卷　(元)方回輯　(清)紀昀刊誤　清嘉慶五年(1800)侯官李氏雙桂堂刻本　十二冊

330000－1701－0022223　普 915.173/4253　史部/地理類/雜志之屬
衛藏圖識四卷蠻語一卷　(清)盛繩祖撰　清光緒九年(1883)盛時彥刻本　四冊

330000－1701－0022224　普 915.173/4244/c2　史部/地理類/方志之屬/郡縣志
[光緒]西藏圖考八卷首一卷　(清)黃沛翹纂　清光緒十七年(1891)讀我書齋刻本　四冊

330000－1701－0022225　普 915.173/4248/3　史部/地理類/雜志之屬
西招圖畧一卷圖說一卷附錄前藏至西寧路程一卷　(清)松筠撰　清光緒二十四年(1898)上海書局石印本　一冊

330000－1701－0022226　普 915.173/3621/c3　史部/地理類/方志之屬/郡縣志
[嘉慶]衛藏通志十六卷首一卷　(清)和琳纂　校字記一卷　(清)袁昶校　清光緒二十二年(1896)桐廬袁氏刻漸西村舍彙刊本　袁仲默題記　八冊

330000－1701－0022227　普 811.108/0742/c1　集部/總集類/選集之屬/通代
樂府詩集一百卷目錄二卷　(宋)郭茂倩輯　清同治十三年(1874)湖北崇文書局刻本　十六冊

330000－1701－0022228　普 811.108/0742/c3　集部/總集類/選集之屬/通代
樂府詩集一百卷目錄二卷　(宋)郭茂倩輯　清同治十三年(1874)湖北崇文書局刻本　十四冊　缺七卷(目錄上、三十一至三十六)

330000－1701－0022229　普 915.173/4366　史部/地理類/雜志之屬
西藏小識四卷　(清)單毓年撰　清末抄本

四冊

330000－1701－0022230　普 915.173/4244/c3　史部/地理類/方志之屬/郡縣志

[光緒]西藏圖考八卷首一卷　(清)黄沛翹纂　清光緒十二年(1886)滇南李培榮刻本　四冊

330000－1701－0022231　普 811.108/0742/c2　集部/總集類/選集之屬/通代

樂府詩集一百卷目録二卷　(宋)郭茂倩輯　清同治十三年(1874)湖北崇文書局刻本　十六冊

330000－1701－0022232　普 915.173/4344　史部/地理類/雜志之屬

籌藏芻言一卷　蔡匯東撰　清宣統元年(1909)鉛印本　一冊

330000－1701－0022233　普 915.173/3621/c4　類叢部/叢書類/彙編之屬

漸西村舍彙刊(漸西村舍叢刻)四十四種　(清)袁昶編　清光緒十六年至二十四年(1890－1898)桐廬袁氏刻本　八冊　存一種

330000－1701－0022234　普 811.108/0742/2　集部/總集類/選集之屬/通代

樂府詩集一百卷目録二卷　(宋)郭茂倩輯　清光緒元年(1875)湖北崇文書局刻本　十六冊

330000－1701－0022236　普 915.173/3621/(2)　類叢部/叢書類/彙編之屬

漸西村舍彙刊(漸西村舍叢刻)四十四種　(清)袁昶編　清光緒十六年至二十四年(1890－1898)桐廬袁氏刻本　六冊　存一種

330000－1701－0022237　普 811.108/0742/3　集部/總集類/選集之屬/通代

樂府詩集一百卷目録二卷　(宋)郭茂倩輯　清光緒元年(1875)湖北崇文書局刻本　十六冊

330000－1701－0022238　普 915.173/4677/c1　史部/地理類/遊記之屬/紀行

藏輶隨記一卷　陶思曾撰　清宣統三年(1911)鉛印本　一冊

330000－1701－0022239　普 915.173/4248/2　史部/地理類/雜志之屬

西招圖畧一卷圖説一卷附録自成都府至後藏路程一卷前藏至西寧路程一卷　(清)松筠撰　清道光二十七年(1847)刻本　二冊

330000－1701－0022240　普 915.173/4677/c2　史部/地理類/遊記之屬/紀行

藏輶隨記一卷　陶思曾撰　清宣統三年(1911)鉛印本　一冊

330000－1701－0022241　普 811.108/0824　集部/總集類/選集之屬/通代

遙集集前編六卷後編十卷　許貞幹輯　清光緒二十八年至三十四年(1902－1908)侯官許氏味青齋刻本　六冊　存六卷(前編一至六)

330000－1701－0022242　普 915.173/4544/c1　史部/地理類/雜志之屬

三省入藏程站記一卷　(清)范壽金輯　清光緒三十三年(1907)石印本　一冊

330000－1701－0022249　普 915.173/46771/2　史部/地理類/遊記之屬/紀行

竺國紀游四卷　(清)周藹聯撰　清道光十二年(1832)頌詩堂刻本　二冊

330000－1701－0022250　普 915.173/9148　史部/叢編

西招五種　(清)松筠撰　清嘉慶至道光刻本　四冊

330000－1701－0022252　普 915.173/4544/c2　史部/地理類/雜志之屬

三省入藏程站記一卷　(清)范壽金輯　清光緒三十三年(1907)石印本　一冊

330000－1701－0022253　普 915.173/4544/c3　史部/地理類/雜志之屬

三省入藏程站記一卷　(清)范壽金輯　清光緒三十三年(1907)石印本　一冊

330000－1701－0022258　普 915.181/3121/2/c1　史部/地理類/方志之屬/郡縣志

[嘉慶]滇繫四十卷 （清）師範纂　清光緒十三年（1887）雲南通志局刻本　四十冊

330000－1701－0022263　普 915.181/1945　史部/雜史類/斷代之屬

迤西漢回事畧一卷 （清）韓捧日撰　清道光二十九年（1849）刻本　一冊

330000－1701－0022264　普 915.181/3121/c2　史部/地理類/方志之屬/通志

[嘉慶]滇繫四十卷 （清）師範纂　清嘉慶十三年（1808）刻本　四十冊

330000－1701－0022265　普 811.108/1023　類叢部/叢書類/郡邑之屬

武林掌故叢編一百八十七種 （清）丁丙編　清光緒三年至二十六年（1877－1900）錢塘丁氏嘉惠堂刻本　一冊　存一種

330000－1701－0022266　普 915.181/3271　史部/地理類/方志之屬/通志

[道光]雲南通志稿二百十六卷首三卷 （清）阮元等修　（清）王崧　（清）李誠纂　清道光十五年（1835）刻本　一百十二冊

330000－1701－0022267　普 915.181/3510/c1　史部/地理類/方志之屬/郡縣志

[光緒]全滇紀要不分卷 （清）雲南課吏館纂修　清光緒三十二年（1906）鉛印本　十冊

330000－1701－0022270　普 915.181/3510/c2　史部/地理類/方志之屬/郡縣志

[光緒]全滇紀要不分卷 （清）雲南課吏館纂修　清光緒三十二年（1906）鉛印本　九冊

330000－1701－0022271　普 811.108/1031　集部/總集類/選集之屬/通代

葵青居七絕詩三百纂釋四卷 （清）石渠纂釋　清同治十一年（1872）刻本　一冊

330000－1701－0022272　普 811.108/1042　集部/總集類/選集之屬/通代

古唐詩合解十二卷古詩四卷 （清）王堯衢注　清末文英堂刻本　一冊　存四卷（古詩一至四）

330000－1701－0022273　普 915.181/3526　史部/地理類/方志之屬/通志

[光緒]續雲南通志稿一百九十四卷首六卷 （清）王文韶　（清）魏光燾修　（清）唐炯等纂　清光緒二十六年（1900）四川岳池縣刻本　九十冊　缺十三卷（首一至六、一至七）

330000－1701－0022274　普 811.108/1043/4　集部/總集類/選集之屬/通代

阮亭選古詩三十二卷 （清）王士禛輯　清康熙天藜閣刻本　四冊

330000－1701－0022276　普 811.108/1043/2　類叢部/叢書類/自著之屬

蘇齋叢書十八種 （清）翁方綱撰　清乾隆至嘉慶刻彙印本　五冊　存一種

330000－1701－0022277　HJH3352　類叢部/叢書類/自著之屬

陸放翁全集六種 （宋）陸游撰　明末海虞毛氏汲古閣刻清初毛扆增刻彙印本　三十八冊　存四種

330000－1701－0022278　普 811.108/1043.01　集部/總集類/選集之屬/通代

古詩箋三十二卷 （清）王士禛輯　（清）聞人倓箋　清乾隆三十一年（1766）芷蘭堂刻本　八冊

330000－1701－0022279　普 811.108/1043.01/(2)/c1　集部/總集類/選集之屬/通代

古詩箋三十二卷 （清）王士禛輯　（清）聞人倓箋　清乾隆三十一年（1766）芷蘭堂刻本　章嶔題記　十二冊

330000－1701－0022280　普 915.181/3526/(2)　史部/地理類/方志之屬/通志

[光緒]續雲南通志稿一百九十四卷首六卷 （清）王文韶　（清）魏光燾修　（清）唐炯等纂　清光緒二十六年（1900）四川岳池縣刻本　一百一冊

330000－1701－0022281　普 811.108/1043/c1　集部/總集類/選集之屬/通代

阮亭選古詩三十二卷 （清）王士禛輯　清同

治五年(1866)金陵書局刻本　八冊

330000－1701－0022282　普 811.108/1043.01/(2)/c2　集部/總集類/選集之屬/通代

古詩箋三十二卷　(清)王士禛輯　(清)聞人倓箋　清乾隆三十一年(1766)芷蘭堂刻本　十二冊

330000－1701－0022284　普 811.108/1043/c2　集部/總集類/選集之屬/通代

阮亭選古詩三十二卷　(清)王士禛輯　清同治五年(1866)金陵書局刻本　八冊

330000－1701－0022285　普 915.181/3910　史部/地理類/雜志之屬

滇語偹忘錄一卷　(清)王定柱撰　清抄本　一冊

330000－1701－0022287　普 811.108/1043.01/(3)/c1　集部/總集類/選集之屬/通代

古詩箋三十二卷　(清)王士禛輯　(清)聞人倓箋　清乾隆三十一年(1766)芷蘭堂刻本　十四冊

330000－1701－0022288　普 811.108/1043.01/(3)/c2　集部/總集類/選集之屬/通代

古詩箋三十二卷　(清)王士禛輯　(清)聞人倓箋　清乾隆三十一年(1766)芷蘭堂刻本　十四冊　缺三卷(五言詩十、七言詩歌行鈔十四至十五)

330000－1701－0022291　普 915.181/43101/c1　史部/地理類/方志之屬/通志

[道光]雲南備徵志二十一卷　(清)王崧纂　清宣統二年(1910)雲南官報局鉛印本　十六冊　缺一卷(十八)

330000－1701－0022293　普 915.181/4331/c1　類叢部/叢書類/郡邑之屬

台州叢書(名山堂叢書)九種　(清)宋世犖編　清嘉慶至道光臨海宋氏刻本　二冊　存一種

330000－1701－0022295　普 811.108/1043.2/2　集部/總集類/選集之屬/通代

阮亭選古詩三十二卷　(清)王士禛輯　**惜抱軒今體詩選十八卷**　(清)姚鼐輯　清同治五年(1866)金陵書局刻本　十冊

330000－1701－0022296　普 915.181/43101/c2　史部/地理類/方志之屬/通志

[道光]雲南備徵志二十一卷　(清)王崧纂　清宣統二年(1910)雲南官報局鉛印本　十五冊　缺一卷(二十一)

330000－1701－0022297　普 915.181/43101/(2)　史部/地理類/方志之屬/通志

[道光]雲南備徵志二十一卷　(清)王崧纂　清道光十一年(1831)刻本　十六冊

330000－1701－0022298　普 811.108/1073/c1　集部/總集類/選集之屬/通代

八代詩選二十卷　王闓運輯　清光緒十六年(1890)江蘇書局刻本　章崁題記　八冊

330000－1701－0022301　普 811.108/1073/c2　集部/總集類/選集之屬/通代

八代詩選二十卷　王闓運輯　清光緒十六年(1890)江蘇書局刻本　八冊

330000－1701－0022303　普 915.181/4331/c2　類叢部/叢書類/郡邑之屬

台州叢書(名山堂叢書)九種　(清)宋世犖編　清嘉慶至道光臨海宋氏刻本　二冊　存一種

330000－1701－0022305　普 811.108/1073/c3　集部/總集類/選集之屬/通代

八代詩選二十卷　王闓運輯　清光緒十六年(1890)江蘇書局刻本　八冊

330000－1701－0022306　普 915.181/4331/c3　史部/地理類/雜志之屬

滇考二卷　(清)馮甦撰　清道光元年(1821)臨海宋氏刻台州叢書本　清王棻批校　二冊

330000－1701－0022307　普 915.181/4331/c4　類叢部/叢書類/郡邑之屬

台州叢書(名山堂叢書)九種　(清)宋世犖編　清嘉慶至道光臨海宋氏刻本　二冊　存一種

330000－1701－0022308　普 811.108/1084
集部/總集類/選集之屬/通代
試帖詩集二十六卷首一卷末一卷　(清)王金英等輯　(清)李翊攷注　清乾隆二十四年(1759)南昌彭氏賜研堂刻本　六冊

330000－1701－0022309　普 915.181/4355
類叢部/叢書類/彙編之屬
申報館叢書正集五十七種附錄三種續集一百四十二種　(清)尊聞閣主編　蔡爾康編續集　清同治至光緒上海申報館鉛印本　十冊　存一種

330000－1701－0022310　普 915.181/4642
史部/政書類/軍政之屬/邊政
雲南初勘緬界記一卷　姚文棟撰　清光緒十八年(1892)刻本　一冊

330000－1701－0022312　普 915.181/4674
史部/地理類/雜志之屬
黔滇紀畧一卷　(清)陸嵩齡撰　清道光十三年(1833)拜五經樓刻本　一冊

330000－1701－0022315　普 915.181/4642.1
新學
自強齋時務叢書十六種　清光緒新學書局刻本　二冊　存一種

330000－1701－0022316　普 915.181/4355/2
類叢部/叢書類/彙編之屬
申報館叢書正集五十七種附錄三種續集一百四十二種　(清)尊聞閣主編　蔡爾康編續集　清同治至光緒上海申報館鉛印本　八冊　存一種

330000－1701－0022318　普 811.108/1122/2/c1　類叢部/叢書類/彙編之屬
正誼堂全書六十三種續刻五種　(清)張伯行編　(清)楊浚重編　清同治五年(1866)福州正誼書院刻同治八年至光緒十三年(1869－1887)續刻本　三冊　存一種

330000－1701－0022319　普 915.181/4642.3
類叢部/叢書類/自著之屬
滇南四種　姚文棟撰　清光緒刻本　一冊　存一種

330000－1701－0022321　普 915.181/4644
類叢部/叢書類/自著之屬
林文忠公遺集四種　(清)林則徐撰　清光緒三山林氏刻本　二冊　存二種

330000－1701－0022324　普 915.181/6149
史部/地理類/山川之屬/合志
滇南山水綱目二卷　(清)趙元祚撰　清刻本　一冊

330000－1701－0022325　普 811.108/1122/2/c2　類叢部/叢書類/彙編之屬
正誼堂全書六十三種續刻五種　(清)張伯行編　(清)楊浚重編　清同治五年(1866)福州正誼書院刻同治八年至光緒十三年(1869－1887)續刻本　三冊　存一種

330000－1701－0022326　普 811.108/1133
集部/別集類/清別集
樊山集二十八卷續集二十八卷公牘三卷批判十五卷時文一卷　樊增祥撰　**二家詠古詩一卷二家試帖二卷二家詞鈔五卷**　樊增祥編　清光緒十九年至三十二年(1893－1906)刻本　二冊　存八卷(二家詠古詩、二家試帖一至二、二家詞鈔一至五)

330000－1701－0022327　普 811.108/1163
集部/總集類/選集之屬/通代
讀詩類編十八卷　(清)張映漢輯　清嘉慶述敬堂刻本　十六冊

330000－1701－0022328　普 915.181/4644/2
史部/詔令奏議類/奏議之屬
林文忠公政書三集三十七卷　(清)林則徐撰　清光緒二十四年(1898)天津文德堂石印本　一冊　存二卷(滇軺紀程、荷戈紀程)

330000－1701－0022329　普 915.181/6846
史部/地理類/雜志之屬
京滇路程一卷　清抄本　楊玉良題簽並記　一冊

330000－1701－0022334　普 915.181/8631
史部/地理類/雜志之屬

滇疆紀略二卷　汪濬輯　清宣統三年(1911)鉛印本　一冊

330000－1701－0022337　普915.181/8642　史部/政書類/軍政之屬/邊政

雲南初勘緬界記一卷　姚文棟撰　清光緒十八年(1892)刻本　一冊

330000－1701－0022340　普811.108/2141　集部/總集類/郡邑之屬

婺詩補三卷　(清)盧標輯　清道光十九年(1839)東陽李氏映台樓刻本　二冊

330000－1701－0022341　普811.108/1704　集部/總集類/選集之屬/通代

詠古詩鈔十八卷目錄四卷　清嘉慶五年(1800)刻本　十二冊

330000－1701－0022342　普915.181/9101　史部/政書類/軍政之屬/兵制

雲南東川營營制總冊不分卷　(清)王□□撰　清抄本　一冊

330000－1701－0022344　普811.108/2540/c1　集部/總集類/選集之屬/通代

宋元明詩三百首六卷摘句一卷　(清)朱梓　(清)冷昌言輯　清道光二十一年(1841)小石山房刻本　一冊

330000－1701－0022346　普811.108/2540/c2　集部/總集類/選集之屬/通代

宋元明詩三百首六卷摘句一卷　(清)朱梓　(清)冷昌言輯　清蘭雪堂刻本　一冊　存二卷(七言古詩、五言律詩)

330000－1701－0022347　普811.108/2010　集部/詞類/類編之屬

三家宮詞三卷二家宮詞二卷　(明)毛晉編　清宣統三年(1911)上海掃葉山房石印本　一冊

330000－1701－0022352　普811.108/2540/3　集部/總集類/選集之屬/通代

宋元明詩約鈔三百首二卷　(清)朱梓　(清)冷昌言輯　清道光二十一年(1841)南京李光明莊刻本　二冊

330000－1701－0022353　普915.181/9946/c1　史部/地理類/雜志之屬

增訂南詔野史二卷　(明)楊慎輯　(清)胡蔚訂正　清刻本　二冊

330000－1701－0022354　普915.181/9946/c2　史部/地理類/雜志之屬

增訂南詔野史二卷　(明)楊慎輯　(清)胡蔚訂正　清光緒六年(1880)雲南書局刻本　二冊

330000－1701－0022357　HJL3758　集部/別集類/清別集

瀟唐詩集八卷附滄浪詩話補註一卷　(清)王瑋慶撰　清嘉慶二十五年(1820)蕉葉山房刻本　四冊

330000－1701－0022358　普811.108/2540/5/c1　集部/總集類/選集之屬/通代

宋元明詩約鈔三百首六卷摘句一卷　(清)朱梓　(清)冷昌言輯　清道光二十一年(1841)京江華峰書屋刻本　一冊　存三卷(五言古詩、七言古詩、五言律詩)

330000－1701－0022359　普915.181/9946/3/c1　史部/地理類/雜志之屬

增訂南詔野史二卷　(明)楊慎輯　(清)胡蔚訂正　清光緒六年(1880)雲南書局刻本　二冊

330000－1701－0022360　普915.181/9946/3/c2　史部/地理類/雜志之屬

增訂南詔野史二卷　(明)楊慎輯　(清)胡蔚訂正　清光緒六年(1880)雲南書局刻本　二冊

330000－1701－0022361　普811.108/2540/5/c2　集部/總集類/選集之屬/通代

宋元明詩約鈔三百首六卷摘句一卷　(清)朱梓　(清)冷昌言輯　清道光二十一年(1841)京江華峰書屋刻本　一冊

330000－1701－0022362　普915.181/9944/c1　類叢部/叢書類/彙編之屬

漸西村舍彙刊(漸西村舍叢刻)四十四種

(清)袁昶編　清光緒十六年至二十四年(1890－1898)桐廬袁氏刻本　一册　存一種

330000－1701－0022363　普915.181/9944/c2　類叢部/叢書類/彙編之屬

漸西村舍彙刊(漸西村舍叢刻)四十四種　(清)袁昶編　清光緒十六年至二十四年(1890－1898)桐廬袁氏刻本　一册　存一種

330000－1701－0022364　普915.181/9944/c3　類叢部/叢書類/彙編之屬

漸西村舍彙刊(漸西村舍叢刻)四十四種　(清)袁昶編　清光緒十六年至二十四年(1890－1898)桐廬袁氏刻本　一册　存一種

330000－1701－0022366　普915.181/9944/c4　類叢部/叢書類/彙編之屬

漸西村舍彙刊(漸西村舍叢刻)四十四種　(清)袁昶編　清光緒十六年至二十四年(1890－1898)桐廬袁氏刻本　一册　存一種

330000－1701－0022367　普915.1811/1032/c1　史部/地理類/方志之屬/郡縣志

[道光]昆明縣志十卷　(清)戴絅孫纂修　清光緒二十七年(1901)刻三十年(1904)增刻本　六册

330000－1701－0022368　普811.108/2617/c1　集部/總集類/選集之屬/通代

宋金元詩選六卷　(清)吳翌鳳輯　清乾隆五十八年(1793)長洲吳氏古歡堂刻本　二册

330000－1701－0022369　普811.108/2617/c2　集部/總集類/選集之屬/通代

宋金元詩選六卷　(清)吳翌鳳輯　清乾隆五十八年(1793)長洲吳氏古歡堂刻本　二册

330000－1701－0022372　普915.1811/1032/c2　史部/地理類/方志之屬/郡縣志

[道光]昆明縣志十卷　(清)戴絅孫纂修　清光緒二十七年(1901)刻本　五册

330000－1701－0022374　普811.108/2732/c1　集部/總集類/選集之屬/通代

歷朝二十五家詩錄三十七卷首一卷　(清)鄒湘倜輯　清光緒元年(1875)新化鄒氏得頤堂刻本　三十册

330000－1701－0022376　普811.108/2732/c2　集部/總集類/選集之屬/通代

歷朝二十五家詩錄三十七卷首一卷　(清)鄒湘倜輯　清光緒元年(1875)新化鄒氏得頤堂刻本　三十册

330000－1701－0022380　普811.108/2734　集部/總集類/選集之屬/斷代

詩媛名家紅蕉集二卷　(清)鄒漪評選　清初刻本　一册

330000－1701－0022381　普811.108/2821　集部/總集類/酬唱之屬

雙溪倡和詩六卷　(清)徐倬輯　清光緒二十四年(1898)壺廬刻本　二册

330000－1701－0022382　普915.1811/6035　史部/地理類/方志之屬/郡縣志

[光緒]呈貢縣志八卷　(清)李明蟄續修　(清)李蔚文等纂　清光緒十一年(1885)刻本　七册　缺一卷(四)

330000－1701－0022383　普811.108/2828　集部/總集類/選集之屬/通代

詩體明辯二十六卷論詩一卷　(明)徐師曾輯　(清)沈芬箋　清順治十六年(1659)十經樓刻本　十册

330000－1701－0022385　普811.108/2874/c1　集部/總集類/選集之屬/通代

玉臺新詠十卷　(南朝陳)徐陵輯　(清)吳兆宜注　(清)程琰删補　清乾隆三十九年(1774)刻本　六册

330000－1701－0022386　普915.1811/8035　史部/地理類/方志之屬/郡縣志

[光緒]羅次縣志四卷　(清)胡毓麒修　(清)楊鍾璧等纂　清光緒十三年(1887)刻本　四册

330000－1701－0022387　普811.108/2874/c2　集部/總集類/選集之屬/通代

玉臺新詠十卷　(南朝陳)徐陵輯　(清)吳兆宜注　(清)程琰删補　清乾隆三十九年

(1774)刻本　六冊

330000－1701－0022390　普 915.1811/9032　史部/地理類/方志之屬/郡縣志

[道光]昆陽州志十六卷　(清)朱慶椿纂修　清道光十九年(1839)刻本　七冊　缺一卷(十四)

330000－1701－0022391　普 915.1812/2035　史部/地理類/方志之屬/郡縣志

[光緒]霑益州志六卷　(清)陳燕　(清)韓寶琛修　(清)李景賢等纂　清光緒十一年(1885)刻本　五冊　缺一卷(二)

330000－1701－0022392　HJL3761　史部/政書類/公牘檔冊之屬

胡文忠公政書十四卷　(清)胡林翼撰　(清)但湘良輯　清光緒二十五年(1899)湖南糧儲道署刻本　十五冊

330000－1701－0022395　普 811.108/2874/3　集部/總集類/選集之屬/通代

玉臺新詠十卷　(南朝陳)徐陵輯　清康熙四十六年(1707)古吳孟氏刻本　十二冊

330000－1701－0022396　普 811.108/2884/c1　類叢部/叢書類/彙編之屬

邵武徐氏叢書二集八種　(清)徐榦編　清光緒邵武徐氏刻本　四冊　存一種

330000－1701－0022397　普 811.108/3110　集部/總集類/郡邑之屬

清芬集八卷　(清)馮登府編　清道光七年(1827)勺園刻本　三冊

330000－1701－0022398　普 811.108/2884/c2　類叢部/叢書類/彙編之屬

邵武徐氏叢書二集八種　(清)徐榦編　清光緒邵武徐氏刻本　四冊　存一種

330000－1701－0022399　普 811.108/2884/c3　類叢部/叢書類/彙編之屬

邵武徐氏叢書二集八種　(清)徐榦編　清光緒邵武徐氏刻本　四冊　存一種

330000－1701－0022400　普 811.108/2884/3　集部/總集類/選集之屬/通代

本事詩十二卷　(清)徐釚輯　清乾隆二十二年(1757)桐鄉汪氏肯堂刻本　二冊

330000－1701－0022401　普 811.108/3144　集部/總集類/選集之屬/通代

詩倫二卷　(清)汪薇輯　清康熙五十六年(1717)寒木堂刻本　鈍生跋　五冊

330000－1701－0022402　普 811.108/3131　集部/總集類/選集之屬/通代

乾坤正氣集二十卷　(清)顧沅輯　清道光二十三年(1843)長洲顧氏藝海樓刻本　八冊

330000－1701－0022403　普 811.108/3144/2　集部/總集類/選集之屬/通代

詩倫二卷　(清)汪薇輯　清同治六年(1867)呂氏柳塘書屋刻本　乃瀛題簽並記　二冊

330000－1701－0022405　普 811.108/3131/2　類叢部/叢書類/彙編之屬

半畝園叢書三十種　(清)吳坤修編　清同治新建吳氏皖城刻本　八冊　存一種

330000－1701－0022406　普 811.108/31481/2/c1　集部/總集類/選集之屬/通代

近光集二十八卷　(清)汪士鋐輯　(清)徐修仁注　清康熙五十八年(1719)刻本　八冊

330000－1701－0022407　普 915.1812/3032.1　史部/地理類/方志之屬/郡縣志

[道光]陸涼州志八卷　(清)繆闃修　(清)施映袞等纂　清抄本　二冊

330000－1701－0022408　普 811.108/31481/2/c2　集部/總集類/選集之屬/通代

近光集二十八卷　(清)汪士鋐輯　(清)徐修仁注　清康熙五十八年(1719)刻本　八冊

330000－1701－0022410　普 811.108/31441　集部/總集類/選集之屬/通代

五朝名家七律英華三十六卷　(清)顧有孝　(清)趙吉士　(清)王載輯　清康熙二十六年(1687)刻本　六冊　存十六卷(一至十六)

330000－1701－0022411　普 811.108/31481/2(2)/c1　集部/總集類/選集之屬/通代

近光集二十八卷　(清)汪士鋐輯　(清)徐修仁注　清康熙五十八年(1719)刻本　清炳榛題款　十二冊

330000－1701－0022413　普 915.1812/4035　史部/地理類/方志之屬/郡縣志

[光緒]羅平州鄉土志十三卷首一卷　(清)陶大濬修　(清)羅鳳章等纂　清光緒三十三年(1907)鉛印本　一冊　存六卷(四至九)

330000－1701－0022414　普 811.108/3160　集部/總集類/選集之屬/通代

詩林韶濩選二十卷　(清)顧嗣立輯　(清)周煌重輯　清乾隆刻本　八冊

330000－1701－0022415　普 811.108/31481/c1　集部/總集類/選集之屬/通代

近光集二十八卷　(清)汪士鋐輯　(清)徐修仁注　清道光二十三年(1843)近光樓刻本　十冊

330000－1701－0022418　普 811.108/3160/(2)　集部/總集類/選集之屬/通代

詩林韶濩選二十卷　(清)顧嗣立輯　(清)周煌重輯　清乾隆刻本　四冊

330000－1701－0022419　普 811.108/31481/2(2)/c2　集部/總集類/選集之屬/通代

近光集二十八卷　(清)汪士鋐輯　(清)徐修仁注　清道光二十三年(1843)近光樓刻本　十二冊

330000－1701－0022420　普 915.1812/8036　史部/地理類/方志之屬/郡縣志

[宣統]宣威州鄉土志不分卷　(清)繆果章纂　清宣統鉛印本　三冊

330000－1701－0022421　普 811.108/31481/c2　集部/總集類/選集之屬/通代

近光集二十八卷　(清)汪士鋐輯　(清)徐修仁注　清道光二十三年(1843)近光樓刻本　八冊

330000－1701－0022422　普 811.108/3423/2/c1　集部/總集類/選集之屬/通代

古詩源十四卷　(清)沈德潛輯　清光緒二十二年(1896)新化三味堂刻本　四冊

330000－1701－0022423　普 915.1812/8036/1　史部/地理類/方志之屬/郡縣志

[宣統]宣威州鄉土志不分卷　(清)繆果章纂　清宣統鉛印本　一冊

330000－1701－0022428　普 811.108/3423/2/c2　集部/總集類/選集之屬/通代

古詩源十四卷　(清)沈德潛輯　清光緒二十二年(1896)新化三味堂刻本　四冊

330000－1701－0022430　普 811.108/3423　集部/總集類/選集之屬/通代

古詩源十四卷　(清)沈德潛輯　清光緒十年(1884)敘州汗青簃刻本　四冊

330000－1701－0022431　普 811.108/3423/3　集部/總集類/選集之屬/通代

古詩源十四卷　(清)沈德潛輯　清尊經閣刻本　四冊

330000－1701－0022433　普 915.1813/4029　史部/地理類/方志之屬/郡縣志

[乾隆]石屏州志八卷　(清)管學宣纂修　清乾隆二十四年(1759)刻本　清臥雲山人、清三絳竹溪遊人批　八冊　缺一卷(五)

330000－1701－0022434　普 915.1813/6035　史部/地理類/方志之屬/郡縣志

[光緒]寧州舊志稿四卷　清抄本　一冊

330000－1701－0022435　普 811.108/3423/8　集部/總集類/選集之屬/通代

古詩源十四卷　(清)沈德潛輯　清嘉慶八年(1803)酉山堂刻本　四冊

330000－1701－0022441　普 811.108/3423/6　集部/總集類/選集之屬/通代

古詩源十四卷　(清)沈德潛輯　清藜照山館刻本　六冊

330000－1701－0022443　普 915.1813/4029.1　史部/地理類/方志之屬/郡縣志

[乾隆]石屏州續志二卷　(清)呂纘先修　(清)羅元琦纂　清乾隆四十五年(1780)刻本　一册

330000－1701－0022453　普 811.108/4001　集部/總集類/選集之屬/通代
古詩歌選一卷蜀詩歌選一卷　清末官報書局刻本　一册

330000－1701－0022454　普 915.1813/9029　史部/地理類/方志之屬/郡縣志
[乾隆]蒙自縣志六卷　(清)李焜纂修　清乾隆五十六年(1791)刻本　四册　缺二卷(四至五)

330000－1701－0022455　普 915.1815/0035　史部/地理類/方志之屬/郡縣志
[道光]廣南府志四卷　(清)李熙齡纂修　清道光二十八年(1848)刻光緒三十一年(1905)馮譽驄補刻本　三册

330000－1701－0022456　普 811.108/4037　集部/總集類/選集之屬/通代
詩家全體十四卷　(明)李之用輯　明萬曆二十六年(1598)邵武府學刻清康熙三十三年(1694)趙粹中補刻本　十册

330000－1701－0022457　普 811.108/4010　子部/儒家類/儒學之屬/蒙學
小學弦歌八卷　(清)李元度輯　清光緒五年(1879)平江李氏刻本　三册　缺二卷(五至六)

330000－1701－0022458　普 915.1817/0029　史部/地理類/方志之屬/郡縣志
[乾隆]東川府志二十卷首一卷　(清)方桂修　(清)胡蔚纂　清乾隆二十六年(1761)刻本　六册

330000－1701－0022461　普 915.1819/0035　史部/地理類/方志之屬/郡縣志
[光緒]鎮雄州志六卷　(清)吴光漢修　(清)宋成基纂　清光緒十三年(1887)刻本　十册　缺一卷(五)

330000－1701－0022462　普 915.18192/0062/c2　史部/地理類/山川之屬/山志
雞足山志十卷首一卷　(清)范承勳纂　清康熙三十一年(1692)刻本　六册　缺一卷(十)

330000－1701－0022463　普 811.108/4064　集部/總集類/氏族之屬
來氏家藏冠山逸韻五言五卷　(清)來畹蘭輯　清乾隆三十七年(1772)來翔鷟刻本　四册

330000－1701－0022464　普 915.18192/6035　史部/地理類/方志之屬/郡縣志
[光緒]浪穹縣志畧十三卷　周沆纂修　清光緒二十九年(1903)刻本　五册　缺一卷(十一)

330000－1701－0022466　普 811.108/4217　集部/總集類/選集之屬/通代
五七言今體詩鈔十八卷　(清)姚鼐輯　清同治五年(1866)金陵書局刻本　二册

330000－1701－0022467　普 811.108/4217/2　集部/總集類/選集之屬/通代
五七言今體詩鈔十八卷　(清)姚鼐輯　清同治七年(1868)湘鄉曾氏刻本　三册

330000－1701－0022468　普 811.108/4217/3　集部/總集類/選集之屬/通代
五七言今體詩鈔十八卷　(清)姚鼐輯　清嘉慶十三年(1808)刻本　三册

330000－1701－0022470　普 811.108/4733　集部/總集類/選集之屬/通代
歷朝制帖詩選同聲集十二卷　(清)胡浚輯　清乾隆二十二年(1757)刻本　三册　存六卷(一至六)

330000－1701－0022472　普 811.108/4777.3　集部/總集類/酬唱之屬
聽經閣同聲集六卷　(清)胡鳳丹輯　清同治八年(1869)正覺禪林刻本　一册

330000－1701－0022475　普 811.108/4647　集部/總集類/選集之屬/通代
絶句詩選三卷　(清)楊希閔輯　清同治十三年(1874)刻本　清戴穗孫題記　一册

330000－1701－0022476　普 915.18193/5032　史部/地理類/方志之屬/郡縣志

[道光]定遠縣志八卷　(清)李德生等修　(清)李慶元等纂　清抄本　六冊　缺二卷(五至六)

330000－1701－0022477　普 915.18193/1035　史部/地理類/方志之屬/郡縣志

[光緒]鎮南州志略十一卷　(清)李毓蘭修　(清)甘孟賢纂　清光緒十八年(1892)刻本　十冊

330000－1701－0022482　普 811.108/7230　集部/別集類/清別集

鴛水聯唫集二十卷　(清)岳鴻慶撰　清道光二十一年(1841)刻本　六冊

330000－1701－0022483　普 915.18193/8035　史部/地理類/方志之屬/郡縣志

[光緒]姚州志十一卷首一卷附志餘瑣錄一卷字音備覽一卷　(清)陸宗鄭修　(清)甘雨纂　清光緒十一年(1885)刻本　十一冊　缺一卷(首)

330000－1701－0022487　普 915.18193/8035/1　史部/地理類/方志之屬/郡縣志

[光緒]姚州志十一卷首一卷附志餘瑣錄一卷字音備覽一卷　(清)陸宗鄭修　(清)甘雨纂　清光緒十一年(1885)刻本　一冊　缺十一卷(首、一至十)

330000－1701－0022488　普 811.108/7244/c1　集部/總集類/選集之屬/通代

歷朝詩約選九十二卷　(清)劉大櫆輯　清光緒二十一年至二十三年(1895－1897)文徵閣刻本　二十二冊

330000－1701－0022492　普 811.108/7244/c2　集部/總集類/選集之屬/通代

歷朝詩約選九十二卷　(清)劉大櫆輯　清光緒二十一年至二十三年(1895－1897)文徵閣刻本　宣穎跋　二十二冊

330000－1701－0022493　普 811.108/7244/(2)　集部/總集類/選集之屬/通代

歷朝詩約選九十二卷　(清)劉大櫆輯　清光緒二十一年至二十三年(1895－1897)文徵閣刻本　二十四冊

330000－1701－0022494　普 915.18194/0035　史部/地理類/方志之屬/郡縣志

[光緒]永昌府志六十六卷首一卷　(清)劉毓珂纂修　清光緒十一年(1885)刻本　十一冊　缺二卷(四十三至四十四)

330000－1701－0022495　普 811.108/7431　集部/總集類/選集之屬/通代

五朝詩善鳴集十二卷　(清)陸次雲輯　清康熙二十六年(1687)蓉江懷古堂刻本　二十四冊　存十卷(中唐詩善鳴集上、晚唐詩善鳴集一至二、五代詩善鳴集、宋詩善鳴集一至二、金詩善鳴集、元詩善鳴集、明詩善鳴集一至二)

330000－1701－0022496　普 811.108/7460　集部/總集類/選集之屬/通代

歷朝名媛詩詞十二卷　(清)陸昶輯　清乾隆三十八年(1773)吳門陸昶紅樹樓刻本　四冊

330000－1701－0022498　普 915.18194/3035　史部/地理類/方志之屬/郡縣志

[乾隆]雲南騰越州志十三卷　(清)屠述濂纂修　清光緒二十三年(1897)刻本　六冊

330000－1701－0022499　普 811.108/7530/c1　集部/總集類/選集之屬/通代

詩比興箋四卷　(清)陳沆輯　清光緒九年(1883)長洲彭祖賢武昌刻本　二冊

330000－1701－0022500　普 811.108/7530/c2　集部/總集類/選集之屬/通代

詩比興箋四卷　(清)陳沆輯　清光緒九年(1883)長洲彭祖賢武昌刻本　二冊

330000－1701－0022502　普 811.108/7530/2　集部/總集類/選集之屬/通代

詩比興箋四卷簡學齋詩存一卷　(清)陳沆輯　清咸豐五年(1855)刻本　三冊

330000－1701－0022503　普 811.108/7532　史部/地理類/專志之屬/古跡

四明古蹟四卷　(清)陳之綱輯　清道光二年(1822)是亦樓刻本　四冊

330000－1701－0022504　普 915.18197/3035　史部/地理類/方志之屬/郡縣志
[光緒]鶴慶州志三十二卷首一卷　(清)王寶儀修　(清)楊金和　(清)楊金鎧等纂　清光緒二十年(1894)刻本　八冊　缺二卷(七至八)

330000－1701－0022505　普 915.18197/0042　史部/政書類/公牘檔冊之屬
漢蠻告示不分卷　清光緒三十二年(1906)刻本　二冊

330000－1701－0022506　普 811.108/7536/c1　集部/總集類/選集之屬/通代
采菽堂古詩選三十八卷補遺四卷　(清)陳祚明輯　清乾隆十三年(1748)刻本　十六冊

330000－1701－0022508　普 915.18198/4035　史部/地理類/方志之屬/郡縣志
五曹州鄉土志二卷　(清)顏國柱纂修　清光緒三十四年(1908)顏國柱抄本　夏定域跋　二冊

330000－1701－0022510　普 811.108/7746　集部/總集類/選集之屬/通代
回文類聚四卷首一卷　(宋)桑世昌輯　**織錦回文圖一卷回文類聚續編十卷首一卷**　(清)朱象賢輯並繪　清鶴松堂刻本　二冊　缺一卷(續編首)

330000－1701－0022512　普 811.108/7746/3　集部/總集類/選集之屬/通代
回文類聚四卷首一卷　(宋)桑世昌輯　**織錦回文圖一卷回文類聚續編十卷首一卷**　(清)朱象賢輯並繪　清刻麟玉堂印本　四冊

330000－1701－0022513　普 811.108/7536/c2　集部/總集類/選集之屬/通代
采菽堂古詩選三十八卷補遺四卷　(清)陳祚明輯　清乾隆十三年(1748)刻本　十六冊

330000－1701－0022514　普 915.18199/0035　史部/地理類/方志之屬/郡縣志
[光緒]武定直隸州志六卷　(清)郭懷禮修　(清)孫澤春等纂　(清)孟丕榮　(清)程仁棟箋注　清光緒九年(1883)刻本　四冊　存四卷(一至四)

330000－1701－0022515　普 915.18199/2035　史部/地理類/方志之屬/郡縣志
[光緒]祿勸縣鄉土志合編三卷　(清)魯大宗纂　清光緒三十四年(1908)鉛印本　一冊

330000－1701－0022517　普 811.108/7746/2　集部/總集類/選集之屬/通代
回文類聚四卷首一卷　(宋)桑世昌輯　**織錦回文圖一卷回文類聚續編十卷首一卷**　(清)朱象賢輯並繪　清裕文堂刻本　八冊

330000－1701－0022519　普 811.108/7792　集部/別集類/清別集
耕道獵德齋詠史小樂府二卷　(清)周懷綬撰　清道光二十九年(1849)馬國翰刻本　二冊

330000－1701－0022520　普 811.108/8019/c1　集部/總集類/選集之屬/通代
咏物詩選註釋八卷　(清)俞琰輯　(清)易開縉　(清)孫溶鳴註　清乾隆三十八年(1773)刻本　四冊

330000－1701－0022522　普 915.181991/1035/c1　史部/地理類/方志之屬/郡縣志
[光緒]新平縣鄉土志三卷　馬太元編　清光緒三十三年(1907)鉛印本　一冊

330000－1701－0022523　普 915.181991/1035/c2　史部/地理類/方志之屬/郡縣志
[光緒]新平縣鄉土志三卷　馬太元編　清光緒三十三年(1907)鉛印本　一冊

330000－1701－0022525　普 811.108/7748　集部/總集類/選集之屬/通代
蘭山課業風騷補編不分卷　(清)周樽輯　清乾隆五十七年(1792)洮陽吳鎮刻本　二冊

330000－1701－0022526　普 811.108/8019/c2　集部/總集類/選集之屬/通代
咏物詩選註釋八卷　(清)俞琰輯　(清)易開縉　(清)孫溶鳴註　清乾隆刻本　四冊

330000－1701－0022528　普 915.181994/0037　史部/地理類/方志之屬/郡縣志

[宣統]蒙化縣鄉土志二卷　(清)梁友檍編　清宣統鉛印本　二冊

330000－1701－0022529　普 811.108/8019/2　集部/總集類/選集之屬/通代

咏物詩選八卷　(清)俞琰輯　清雍正三年(1725)刻本　八冊

330000－1701－0022531　普 915.182/2911/c1　史部/地理類/方志之屬/通志

[乾隆]貴州通志四十六卷首一卷　(清)鄂爾泰等修　(清)靖道謨等纂　清乾隆六年(1741)刻嘉慶補刻本　二十四冊

330000－1701－0022532　普 811.108/8064/2/c1　集部/總集類/選集之屬/通代

三十家詩鈔六卷首一卷末一卷　(清)曾國藩輯　(清)王定安增輯　清宣統元年(1909)上海崇善堂石印本　六冊

330000－1701－0022533　普 811.108/8064/c1　集部/總集類/選集之屬/通代

三十家詩鈔六卷首一卷末一卷　(清)曾國藩輯　(清)王定安增輯　清同治十三年(1874)都門刻本　六冊

330000－1701－0022534　普 915.182/2911/c2　史部/地理類/方志之屬/通志

[乾隆]貴州通志四十六卷首一卷　(清)鄂爾泰等修　(清)靖道謨等纂　清乾隆六年(1741)刻嘉慶補刻本　二十四冊

330000－1701－0022535　普 811.108/8064/2/c2　集部/總集類/選集之屬/通代

三十家詩鈔六卷首一卷末一卷　(清)曾國藩輯　(清)王定安增輯　清宣統元年(1909)上海崇善堂石印本　六冊

330000－1701－0022536　普 915.182/2911/(2)　史部/地理類/方志之屬/通志

[乾隆]貴州通志四十六卷首一卷　(清)鄂爾泰等修　(清)靖道謨等纂　清乾隆六年(1741)刻本　二十五冊　缺十卷(二十一、三十八至四十六)

330000－1701－0022537　普 811.108/8064/c2　集部/總集類/選集之屬/通代

三十家詩鈔六卷首一卷末一卷　(清)曾國藩輯　(清)王定安增輯　清同治十三年(1874)都門刻本　六冊

330000－1701－0022538　普 915.182/3326/c1　類叢部/叢書類/彙編之屬

靈峯草堂叢書十一種　陳矩編　清光緒貴陽陳氏刻本　一冊　存一種

330000－1701－0022539　普 811.108/8064.2/c1　類叢部/叢書類/自著之屬

曾文正公全集十六種　(清)曾國藩撰　清同治至光緒傳忠書局刻本　二十冊　存一種

330000－1701－0022540　普 811.108/8064.2/c2　類叢部/叢書類/自著之屬

曾文正公全集十六種　(清)曾國藩撰　清同治至光緒傳忠書局刻本　二十六冊　存一種

330000－1701－0022544　普 811.108/8064.2/4　類叢部/叢書類/自著之屬

曾文正公全集十六種　(清)曾國藩撰　清光緒十四年(1888)上海鴻文書局鉛印本　八冊　存一種

330000－1701－0022545　普 811.108/8296　集部/總集類/選集之屬/通代

名媛詩歸三十六卷　(清)鍾惺輯　明末勉善堂刻本　八冊

330000－1701－0022546　普 811.108/8064.2/5　類叢部/叢書類/自著之屬

曾文正公全集十六種　(清)曾國藩撰　清光緒二十九年(1903)鴻寶書局石印本　十四冊　存一種

330000－1701－0022547　普 811.108/4094　集部/總集類/選集之屬/通代

榕村詩選八卷首一卷　(清)李光地撰　清雍正七年(1729)江都方覲杭州刻本　四冊

330000－1701－0022548　普 811.108/8064.

2/c3　類叢部/叢書類/自著之屬
曾文正公全集十六種　(清)曾國藩撰　清同治至光緒傳忠書局刻本　二十册　存一種

330000－1701－0022549　普811.1082/1020/c1　集部/總集類/選集之屬/斷代
漢鐃歌釋文箋正一卷　王先謙撰　清同治十一年(1872)王氏虛受堂刻本　一册

330000－1701－0022550　普811.1082/1020/c2　集部/總集類/選集之屬/斷代
漢鐃歌釋文箋正一卷　王先謙撰　清同治十一年(1872)王氏虛受堂刻本　一册

330000－1701－0022551　普915.182/3326/c2　史部/地理類/雜志之屬
黔語二卷　(清)吳振棫撰　清光緒貴陽陳氏刻靈峯草堂叢書本　秉瀓題記　一册

330000－1701－0022552　普811.1082/1020/c3　集部/總集類/選集之屬/斷代
漢鐃歌釋文箋正一卷　王先謙撰　清同治十一年(1872)王氏虛受堂刻本　一册

330000－1701－0022553　普811.1082/1020/c4　集部/總集類/選集之屬/斷代
漢鐃歌釋文箋正一卷　王先謙撰　清同治十一年(1872)王氏虛受堂刻本　一册

330000－1701－0022555　普915.182/3326/c3　類叢部/叢書類/彙編之屬
靈峯草堂叢書十一種　陳矩編　清光緒貴陽陳氏刻本　一册　存一種

330000－1701－0022556　普915.182/3326/c4　類叢部/叢書類/彙編之屬
靈峯草堂叢書十一種　陳矩編　清光緒貴陽陳氏刻本　一册　存一種

330000－1701－0022559　普811.1082/1280/c1　集部/總集類/選集之屬/通代
昭明選詩初學讀本四卷　(清)孫人龍輯　清乾隆四年(1739)刻本　二册

330000－1701－0022560　普811.1082/2021　集部/總集類/選集之屬/通代
漢魏六朝詩選八卷　(清)季貞輯　清康熙十五年(1676)餘閒堂刻本　二册

330000－1701－0022563　普811.1082/1280/c2　集部/總集類/選集之屬/通代
昭明選詩初學讀本四卷　(清)孫人龍輯　清乾隆四年(1739)刻本　三册

330000－1701－0022564　普915.182/3660　史部/地理類/雜志之屬
黔書二卷　(清)田雯撰　清康熙刻本　一册

330000－1701－0022567　普915.182/36601/c1　史部/地理類/方志之屬/郡縣志
[道光]黔南職方紀略九卷　(清)羅繞典纂　清道光二十七年(1847)刻本　四册

330000－1701－0022568　普811.1082/2874/2　集部/總集類/選集之屬/通代
玉臺新詠十卷　(南朝陳)徐陵輯　清康熙錫山華綺刻本　六册

330000－1701－0022569　普915.182/36601/c2　史部/地理類/方志之屬/郡縣志
[道光]黔南職方紀略九卷　(清)羅繞典纂　清道光二十七年(1847)刻本　二册

330000－1701－0022571　普811.1082/2874.012　集部/總集類/選集之屬/通代
玉臺新詠十卷　(南朝陳)徐陵輯　(清)吳兆宜注　(清)程琰刪補　清乾隆三十九年(1774)刻本　十册

330000－1701－0022572　普811.1082/2874.07　類叢部/叢書類/郡邑之屬
畿輔叢書　(清)王灝編　清光緒五年至十八年(1879－1892)定州王氏謙德堂刻三十二年(1906)彙印本(元和郡縣圖志卷十九至二十、二十三至二十四、三十五至三十六)　二册　存一種

330000－1701－0022573　普921.512/4241.1　史部/傳記類/總傳之屬/家乘
[浙江紹興]紹興姚氏譜十五卷首三卷附存三卷姚氏百世源流攷二卷　(清)姚振宗纂修　清光緒二十九年(1903)快閣木活字印本　二

十冊

330000－1701－0022576　普 811.1083/0030　集部/總集類/選集之屬/斷代

唐詩解五十卷　(明)唐汝詢輯　清順治十六年(1659)趙孟龍萬笈堂刻本　二十冊

330000－1701－0022577　普 811.1082/7553　類叢部/叢書類/自著之屬

陳氏裛露軒叢書四種　(清)陳本禮撰　清嘉慶陳氏裛露軒刻本　一冊　存一種

330000－1701－0022579　普 915.1821/0032　史部/地理類/方志之屬/郡縣志

[道光]貴陽府志八十八卷冠編二卷餘編二十卷　(清)周作楫修　(清)蕭琯等纂　清咸豐二年(1852)博白朱德璲綬堂刻本　四十冊

330000－1701－0022580　普 811.1083/0030.2　集部/總集類/選集之屬/通代

刪訂唐詩解十四卷　(明)唐汝詢輯　(清)吳昌祺評　清康熙四十年(1701)誦虁堂刻本　八冊

330000－1701－0022581　普 915.182/3660/(2)　史部/地理類/雜志之屬

黔書二卷　(清)田雯撰　清康熙刻本　清宋瑞屏題記　二冊

330000－1701－0022582　普 811.1082/8470　集部/總集類/選集之屬/斷代

月午樓古詩十九首詳解二卷　(清)饒學斌撰　清光緒元年(1875)無諸城刻本　二冊

330000－1701－0022583　普 811.1082/5350　集部/總集類/選集之屬/通代

多歲堂古詩存八卷附一卷　(清)成書輯　清道光十一年(1831)多歲堂刻本　四冊

330000－1701－0022585　普 811.1083/0042　集部/總集類/選集之屬/斷代

唐詩品彙九十卷拾遺十卷詩人爵里詳節一卷　(明)高棅輯　清順治十四年(1657)梅墅石渠閣刻本　十四冊　缺十卷(拾遺一至十)

330000－1701－0022588　普 811.1083/0044/c1　集部/總集類/選集之屬/斷代

唐詩掞藻八卷　(清)高士奇輯　清康熙三十二年(1693)刻本　八冊

330000－1701－0022590　普 811.1083/0042.2　集部/總集類/選集之屬/斷代

唐三體詩六卷　(宋)周弼輯　(元)釋圓至注　(清)高士奇補正　(清)何焯評　清康熙刻本　二冊

330000－1701－0022591　普 811.1083/0044/c2　集部/總集類/選集之屬/斷代

唐詩掞藻八卷　(清)高士奇輯　清康熙三十二年(1693)刻本　四冊

330000－1701－0022592　普 915.1821/5032　史部/地理類/方志之屬/郡縣志

[道光]廣順州志十二卷首一卷末一卷　(清)金臺修　(清)但明倫纂　清道光二十七年(1847)刻本　六冊

330000－1701－0022593　普 915.1823/3029　史部/地理類/方志之屬/郡縣志

餘慶志畧不分卷　清宣統三年(1911)周劍三周簡堂抄本　清周劍三、清周簡堂題記　一冊

330000－1701－0022594　普 811.1083/0804　集部/總集類/選集之屬/斷代

唐詩韻匯一百八十卷唐詩韻匯譜三卷　(清)施端教輯　清康熙嘯閣刻本　五十五冊　缺八卷(五言律上平一、下平九至十五)

330000－1701－0022595　普 811.1083/0044.3　集部/總集類/選集之屬/斷代

唐三體詩六卷　(宋)周弼輯　(清)高士奇補注　**續唐三體詩八卷**　(清)高士奇輯　清康熙高士奇朗潤堂刻本　八冊

330000－1701－0022596　普 811.1083/0021　集部/總集類/選集之屬/斷代

唐人選唐詩八種　(明)毛晉編　明崇禎元年(1628)海虞毛氏汲古閣刻本　一冊　存三種

330000－1701－0022597　普 811.1083/0843　集部/總集類/選集之屬/斷代

翰林學士集一卷 （唐）□□輯 清光緒十九年(1893)貴陽陳氏影刻唐卷子本 一冊

330000－1701－0022599 普 811.1083/0021/2 集部/總集類/選集之屬/斷代

唐中興間氣集二卷 （唐）高仲武輯 **新雕校證大字白氏諷諫一卷** （唐）白居易撰 清光緒十九年(1893)武進費氏影宋刻本 三冊

330000－1701－0022600 普 915.1824/5032 史部/地理類/方志之屬/郡縣志

[道光]清平縣志六卷 （清）彭泰楠修 （清）張東纂 清道光十八年(1838)刻本 一冊 存一卷(一)

330000－1701－0022606 普 915.18295/0032/c1 史部/地理類/方志之屬/郡縣志

[道光]遵義府志四十八卷首一卷 （清）平翰等修 （清）鄭珍 （清）莫友芝纂 清道光二十一年(1841)刻本 二十冊

330000－1701－0022610 普 811.1083/1031/3 集部/總集類/選集之屬/斷代

王荆公唐百家詩選二十卷 （宋）王安石輯 清康熙四十三年(1704)宋犖丘迴刻本 四冊

330000－1701－0022613 普 915.18295/0032/c2 史部/地理類/方志之屬/郡縣志

[道光]遵義府志四十八卷首一卷 （清）平翰等修 （清）鄭珍 （清）莫友芝纂 清道光二十一年(1841)刻本 二十冊

330000－1701－0022618 普 915.18295/0032/c3 史部/地理類/方志之屬/郡縣志

[道光]遵義府志四十八卷首一卷 （清）平翰等修 （清）鄭珍 （清）莫友芝纂 清道光二十一年(1841)刻本 二十一冊

330000－1701－0022620 普 811.1083/1042/2 集部/總集類/選集之屬/通代

古唐詩合解十二卷古詩四卷 （清）王堯衢注 清道光二十五年(1845)德華堂刻本 五冊 存十二卷(一至十二)

330000－1701－0022623 普 915.191/2947 史部/地理類/方志之屬/通志

[乾隆]福建通志七十八卷首五卷 （清）郝玉麟 （清）盧焯等修 （清）謝道承 （清）劉敬與纂 清乾隆二年(1737)刻本 六十冊

330000－1701－0022624 普 915.191/2947.02 史部/地理類/方志之屬/通志

[乾隆]福建續志九十二卷首四卷 （清）楊廷璋等修 （清）沈廷芳 （清）吳嗣富纂 清乾隆三十三年(1768)刻本 四十冊

330000－1701－0022625 普 811.1083/1042/3 集部/總集類/選集之屬/通代

古唐詩合解十二卷古詩四卷 （清）王堯衢注 清末文英堂刻本 六冊 存十二卷(一至十二)

330000－1701－0022626 普 811.1083/1042/7 集部/總集類/選集之屬/通代

古唐詩合解十二卷古詩四卷 （清）王堯衢注 清光緒刻本 二冊 存四卷(古詩一至四)

330000－1701－0022628 普 811.1083/1042/4 集部/總集類/選集之屬/通代

古唐詩合解十二卷古詩四卷 （清）王堯衢注 清光緒南京李光明莊刻本 四冊 缺七卷(五至七、古詩一至四)

330000－1701－0022629 普 811.1083/1042/5、普 811.1083/1042/8 集部/總集類/選集之屬/通代

古唐詩合解十二卷古詩四卷 （清）王堯衢注 清光緒九年(1883)刻本 六冊 存十五卷(一至七、九至十二,古詩一至四)

330000－1701－0022630 普 811.1083/1043 集部/總集類/選集之屬/斷代

唐賢三昧集三卷 （清）王士禛輯 清乾隆五十二年(1787)聽雨齋刻本 四冊

330000－1701－0022631 普 915.191/3226/c1 史部/地理類/方志之屬/通志

[道光]重纂福建通志二百七十八卷首六卷補採福建全省列女附志一卷 （清）孫爾準等修 （清）陳壽祺纂 （清）程祖洛等續修 （清）魏敬中續纂 清同治七年至十年(1868

-1871)正誼書院刻本　一百七十四册　缺一卷(二百七十七)

330000-1701-0022632　普811.1083/1043/2　集部/總集類/選集之屬/斷代
唐賢三昧集三卷　(清)王士禛輯　清宣統二年(1910)淵古齋石印本　六册

330000-1701-0022634　普811.1083/1043/(2)　集部/總集類/選集之屬/斷代
唐賢三昧集三卷　(清)王士禛輯　清乾隆五十二年(1787)聽雨齋刻本　六册

330000-1701-0022635　普811.1083/1043/3　集部/總集類/選集之屬/斷代
唐賢三昧集三卷　(清)王士禛輯　清光緒九年(1883)廣州翰墨園刻朱墨套印本　三册

330000-1701-0022636　普811.1083/1043/4　集部/總集類/選集之屬/斷代
唐賢三昧集三卷　(清)王士禛輯　清康熙刻本　一册

330000-1701-0022637　普811.1083/1043.3　集部/總集類/選集之屬/斷代
唐詩神韻集六卷　(清)王士禛編　(清)俞仍實　(清)胡廷慶輯注　清乾隆刻本　二册

330000-1701-0022638　普811.1083/1047/2　集部/總集類/選集之屬/斷代
東嵒草堂評訂唐詩鼓吹十卷　(金)元好問輯　(元)郝天挺注　(明)廖文炳解　(清)朱三錫評　清乾隆四十年(1775)刻本　十册

330000-1701-0022639　普811.1083/1047/4　集部/總集類/選集之屬/斷代
東嵒草堂評訂唐詩鼓吹十卷　(金)元好問輯　(元)郝天挺注　(明)廖文炳解　(清)朱三錫評　清乾隆四十年(1775)刻本　五册

330000-1701-0022642　普811.1083/1047/5　集部/總集類/選集之屬/斷代
東嵒草堂評訂唐詩鼓吹十卷　(金)元好問輯　(元)郝天挺注　(明)廖文炳解　(清)朱三錫評　清乾隆二十七年(1762)光霽堂敬業堂刻本　四册

330000-1701-0022644　普811.1083/1087　集部/總集類/選集之屬/斷代
唐七律選四卷　(清)王錫等輯　(清)毛奇齡定　清康熙刻本　四册

330000-1701-0022645　普915.191/3226/c2　史部/地理類/方志之屬/通志
[道光]重纂福建通志二百七十八卷首六卷補採福建全省列女附志一卷　(清)孫爾準等修　(清)陳壽祺纂　(清)程祖洛等續修　(清)魏敬中續纂　清同治七年至十年(1868-1871)正誼書院刻本　一百八十册

330000-1701-0022647　普811.1083/1043.5/2　類叢部/叢書類/自著之屬
王漁洋遺書三十八種　(清)王士禛撰　清刻本　五册　存一種

330000-1701-0022648　普811.1083/1132　集部/總集類/選集之屬/斷代
唐雅二十一卷　(明)張之象輯　明萬曆吳勉學刻本　五册

330000-1701-0022649　普811.1083/1235/2　集部/總集類/選集之屬/斷代
唐詩三百首六卷　(清)孫洙編　清光緒三年(1877)虞山刻本　二册

330000-1701-0022650　普811.1083/1047/c1　集部/總集類/選集之屬/斷代
東嵒草堂評訂唐詩鼓吹十卷　(金)元好問輯　(元)郝天挺注　(明)廖文炳解　(清)朱三錫評　清康熙五十三年(1714)刻本　五册

330000-1701-0022651　普811.1083/1235　集部/總集類/選集之屬/斷代
唐詩三百首註疏六卷　(清)孫洙編　(清)章燮注　清光緒十八年(1892)江陰寶文堂刻本　六册

330000-1701-0022652　普811.1083/1235/3/c1　集部/總集類/選集之屬/斷代
唐詩三百首註疏六卷　(清)孫洙編　(清)章燮注　清道光十五年(1835)立言堂刻本　六册

330000－1701－0022653　普 811.1083/1047/c2　集部/總集類/選集之屬/斷代
東嵒草堂評訂唐詩鼓吹十卷　（金）元好問輯　（元）郝天挺注　（明）廖文炳解　（清）朱三錫評　清康熙五十三年（1714）刻本　五册

330000－1701－0022655　普 811.1083/1235/3/c2　集部/總集類/選集之屬/斷代
唐詩三百首註疏六卷　（清）孫洙編　（清）章燮注　清道光十五年（1835）永言堂刻本　六册

330000－1701－0022656　普 811.1083/1235/3/c3　集部/總集類/選集之屬/斷代
唐詩三百首註疏六卷　（清）孫洙編　（清）章燮注　清道光十五年（1835）文淵堂刻本　六册

330000－1701－0022657　普 915.191/3226/c2/1　史部/地理類/方志之屬/通志
［道光］重纂福建通志二百七十八卷首六卷補採福建全省列女附志一卷　（清）孫爾準等修　（清）陳壽祺纂　（清）程祖洛等續修　（清）魏敬中續纂　清同治七年至十年（1868－1871）正誼書院刻本　四册　存五卷（一百八十至一百八十四）

330000－1701－0022660　普 915.191/3226/c3　史部/地理類/方志之屬/通志
［道光］重纂福建通志二百七十八卷首六卷補採福建全省列女附志一卷　（清）孫爾準等修　（清）陳壽祺纂　（清）程祖洛等續修　（清）魏敬中續纂　清同治七年至十年（1868－1871）正誼書院刻本　一百三十九册

330000－1701－0022662　普 811.1083/1235/6/c1　集部/總集類/選集之屬/斷代
唐詩三百首註疏六卷　（清）孫洙編　（清）章燮注　清道光十五年（1835）刻本　六册

330000－1701－0022663　普 811.1083/1235/7　集部/總集類/選集之屬/斷代
唐詩三百首六卷　（清）孫洙編　清光緒十五年（1889）著易堂鉛印本　二册

330000－1701－0022664　普 811.1083/1235/8　集部/總集類/選集之屬/斷代
唐詩三百首註疏六卷　（清）孫洙編　（清）章燮注　清道光十四年（1834）文會堂刻本　二册

330000－1701－0022665　普 811.1083/1235/6/c2　集部/總集類/選集之屬/斷代
唐詩三百首註疏六卷　（清）孫洙編　（清）章燮注　**續選一卷姓氏小傳一卷**　（清）于慶元輯　清道光兩儀堂刻本　六册

330000－1701－0022668　普 915.1911/0024/c1　史部/地理類/方志之屬/郡縣志
［萬曆］閩都記三十三卷　（明）王應山纂　清道光十一年（1831）求放心齋刻本　八册

330000－1701－0022669　普 811.1083/1235/11/c1　集部/總集類/選集之屬/斷代
唐詩三百首註疏六卷　（清）孫洙編　（清）章燮注　清道光十五年（1835）浙蘭文華樓刻本　六册

330000－1701－0022670　普 915.1911/0024/c2　史部/地理類/方志之屬/郡縣志
［萬曆］閩都記三十三卷　（明）王應山纂　清道光十一年（1831）求放心齋刻本　八册

330000－1701－0022671　普 915.1911/0024/c3　史部/地理類/方志之屬/郡縣志
［萬曆］閩都記三十三卷　（明）王應山纂　清道光十一年（1831）求放心齋刻本　六册

330000－1701－0022672　普 811.1083/1235/11/c2　集部/總集類/選集之屬/斷代
唐詩三百首註疏六卷　（清）孫洙編　（清）章燮注　清道光十五年（1835）浙蘭文華樓刻本　六册

330000－1701－0022673　普 915.1911/0029　史部/地理類/方志之屬/郡縣志
［乾隆］福州府志七十六卷首一卷　（清）徐景熹修　（清）魯曾煜　（清）施廷樞等纂　清乾隆十九年（1754）刻本　二十八册

330000－1701－0022675　普 811.1083/1235/

14　集部/總集類/選集之屬/斷代

唐詩三百首六卷　(清)孫洙編　清光緒十年(1884)江陰寶文堂刻本　二册

330000－1701－0022676　普 811.1083/1235/15　集部/總集類/選集之屬/斷代

註釋唐詩三百首六卷　(清)孫洙編　清光緒七年(1881)寧郡羣玉山房刻本　二册

330000－1701－0022677　普 811.1083/1235.02/c1　集部/總集類/選集之屬/斷代

唐詩三百首續選一卷　(清)于慶元編　清道光十五年(1835)郁文堂刻本　二册

330000－1701－0022681　普 811.1083/1235.02/c2　集部/總集類/選集之屬/斷代

唐詩三百首註疏六卷　(清)孫洙編　(清)章燮注　**唐詩三百首續選一卷姓氏小傳一卷**　(清)于慶元輯　清刻本　一册　缺六卷(一至六)

330000－1701－0022682　普 811.1083/1042　集部/總集類/選集之屬/通代

古唐詩合解十二卷古詩四卷　(清)王堯衢注　清光緒十七年(1891)掃葉山房刻本　宋玉玲題記　五册　存十二卷(一至十二)

330000－1701－0022683　普 811.1083/2012　集部/總集類/選集之屬/斷代

唐體餘編四卷　(清)毛張健編　清康熙刻本　四册

330000－1701－0022684　普 915.1911/2052　史部/地理類/山川之屬/山志

九峰志四卷圖一卷　(清)魏杰纂　清同治刻本　一册

330000－1701－0022685　普 811.1083/2342　集部/總集類/選集之屬/斷代

唐詩所四十七卷　(明)臧懋循輯　明萬曆刻本　十九册　缺三卷(二十二至二十三、四十四)

330000－1701－0022686　普 811.1083/2360　集部/總集類/選集之屬/斷代

唐詩初選二卷　(清)孫洙編　(清)吳宗麟重編　清同治三年(1864)可久長室刻本　二册

330000－1701－0022687　普 811.1083/2020　集部/總集類/選集之屬/斷代

大曆詩略六卷　(清)喬億輯　清乾隆三十七年(1772)刻本　三册

330000－1701－0022688　普 811.1083/2638/c1　集部/總集類/選集之屬/斷代

唐詩啓蒙二卷　(清)吳淦輯　清光緒十四年(1888)康勝齋刻本　一册

330000－1701－0022689　普 811.1083/2712/c1　集部/總集類/選集之屬/斷代

河岳英靈集二卷　(唐)殷璠輯　清光緒四年(1878)遼陽賴氏刻朱印本　二册

330000－1701－0022690　普 811.1083/2821/c3　集部/總集類/選集之屬/斷代

御定全唐詩錄一百卷詩人年表一卷　(清)徐倬等輯　清康熙四十五年(1706)揚州詩局刻本　二十四册

330000－1701－0022691　普 811.1083/2821/c2　集部/總集類/選集之屬/斷代

御定全唐詩錄一百卷詩人年表一卷　(清)徐倬等輯　清康熙四十五年(1706)揚州詩局刻本　二十八册　存一百卷(一至一百)

330000－1701－0022692　普 811.1083/2712/c2　集部/總集類/選集之屬/斷代

河岳英靈集二卷　(唐)殷璠輯　清光緒四年(1878)遼陽賴氏刻朱印本　二册

330000－1701－0022693　普 811.1083/2638/c1/1　集部/總集類/選集之屬/斷代

唐詩啓蒙二卷　(清)吳淦輯　清光緒十四年(1888)康勝齋刻本　一册

330000－1701－0022694　普 811.1083/2638/c2　集部/總集類/選集之屬/斷代

唐詩啓蒙二卷　(清)吳淦輯　清光緒十四年(1888)康勝齋刻本　一册

330000－1701－0022695　普 811.1083/2821/c1　集部/總集類/選集之屬/斷代

御定全唐詩録一百卷詩人年表一卷 （清）徐倬等輯 清康熙四十五年（1706）揚州詩局刻本 二十八册 存一百卷（一至一百）

330000－1701－0022696 普 915.1911/2062 史部/地理類/山川之屬/山志

烏石山志九卷首一卷 （清）郭柏蒼 （清）劉永松纂 清光緒九年（1883）刻本 六册

330000－1701－0022697 普 811.1083/2821/c4 集部/總集類/選集之屬/斷代

御定全唐詩録一百卷詩人年表一卷 （清）徐倬等輯 清康熙四十五年（1706）揚州詩局刻本 三十二册 存一百卷（一至一百）

330000－1701－0022699 普 811.1083/2638/c3 集部/總集類/選集之屬/斷代

唐詩啓蒙二卷 （清）吴淦輯 清光緒十四年（1888）康勝齋刻本 一册

330000－1701－0022701 普 811.1083/2638/c4 集部/總集類/選集之屬/斷代

唐詩啓蒙二卷 （清）吴淦輯 清光緒十四年（1888）康勝齋刻本 一册

330000－1701－0022703 普 811.1083/2767 集部/詩文評類/詩評之屬

唐人試律説一卷 （清）紀昀撰 清乾隆二十五年（1760）刻本 一册

330000－1701－0022704 普 811.1083/3031/2 集部/總集類/選集之屬/斷代

網師園唐詩箋十八卷 （清）宋宗元輯 清乾隆三十二年（1767）尚絅堂刻本 十六册

330000－1701－0022706 普 811.1083/3102 集部/總集類/彙編之屬

唐四家詩 （清）汪立名編 清康熙三十四年（1695）天都汪立名刻本 十册

330000－1701－0022707 普 811.1083/3031 集部/總集類/選集之屬/斷代

網師園唐詩箋十八卷 （清）宋宗元輯 清乾隆三十二年（1767）尚絅堂刻本 十二册

330000－1701－0022708 普 811.1083/3141/c1 集部/總集類/彙編之屬

唐人五十家小集 （清）江標編 清光緒二十一年（1895）元和江氏靈鶼閣刻宣統三年（1911）重印本 十六册 缺一卷（李端詩集上）

330000－1701－0022709 普 915.1911/5034/c1 史部/地理類/方志之屬/郡縣志

［同治］長樂縣志二十卷首一卷 （清）彭光藻 （清）王家駒修 （清）楊希閔 （清）黄見三等纂 清同治八年（1869）刻本 十册

330000－1701－0022710 普 811.1083/3414 集部/總集類/選集之屬/斷代

唐詩韶音箋註六卷 （清）沈廷芳輯 （清）吴壽祺 （清）吴元治注 清乾隆二十三年（1758）賜書堂刻本 二册 缺一卷（六）

330000－1701－0022714 普 811.1083/3423.2/3 集部/總集類/選集之屬/斷代

唐詩别裁集引典備註二十卷 （清）沈德潛輯 （清）俞汝昌注 清光緒二十四年（1898）上海觀瀾閣石印本 七册 缺二卷（八至九）

330000－1701－0022715 普 811.1083/3141/c2 集部/總集類/彙編之屬

唐人五十家小集 （清）江標編 清光緒二十一年（1895）元和江氏靈鶼閣刻宣統三年（1911）重印本 十六册

330000－1701－0022716 普 915.1911/6029/c1 史部/地理類/方志之屬/郡縣志

［乾隆］福清縣志二十卷圖一卷 （清）饒安鼎 （清）邵應龍修 （清）林昂 （清）李修卿纂 清光緒二十四年（1898）夔門劉玉璋刻本 十二册

330000－1701－0022717 普 811.1083/3141/c3 集部/總集類/彙編之屬

唐人五十家小集 （清）江標編 清光緒二十一年（1895）元和江氏靈鶼閣刻本 十六册

330000－1701－0022718 普 915.1911/6029/c2 史部/地理類/方志之屬/郡縣志

［乾隆］福清縣志二十卷圖一卷 （清）饒安鼎

(清)邵應龍修　(清)林昂　(清)李修卿纂　清乾隆十二年(1747)刻同治六年(1867)潘文鳳補版印本　十一册　存二十卷(一至二十)

330000－1701－0022719　普811.1083/3423.2/4/c1　集部/總集類/選集之屬/斷代
重訂唐詩別裁集二十卷　(清)沈德潛輯　清乾隆二十八年(1763)教忠堂刻本　八册

330000－1701－0022720　普811.1083/3423.2/4/c2　集部/總集類/選集之屬/斷代
重訂唐詩別裁集二十卷　(清)沈德潛輯　清刻本　八册

330000－1701－0022721　普811.1083/3144　集部/總集類/選集之屬/斷代
唐詩英華二十四卷　(清)顧有孝輯　清初顧氏寧遠堂刻本　六册　缺二卷(二十三至二十四)

330000－1701－0022723　普811.1083/3423.2/4/c4　集部/總集類/選集之屬/斷代
重訂唐詩別裁集二十卷　(清)沈德潛輯　清刻本　八册

330000－1701－0022724　普811.1083/3423.2/4(2)　集部/總集類/選集之屬/斷代
重訂唐詩別裁集二十卷　(清)沈德潛輯　清乾隆二十八年(1763)教忠堂刻本　五册

330000－1701－0022725　普811.1083/3423.2/5　集部/總集類/選集之屬/斷代
唐詩別裁集引典備註二十卷　(清)沈德潛輯　(清)俞汝昌注　清道光十七年(1837)白鹿山房刻本　欽項題記　十二册

330000－1701－0022726　普811.1083/3423.2/4/c3　集部/總集類/選集之屬/斷代
重訂唐詩別裁集二十卷　(清)沈德潛輯　清乾隆二十八年(1763)教忠堂刻本　六册

330000－1701－0022727　普811.1083/3423.2/7　集部/總集類/選集之屬/斷代
重訂唐詩別裁集二十卷　(清)沈德潛輯　清乾隆刻本　八册

330000－1701－0022730　普811.1083/3434/c1　集部/總集類/選集之屬/斷代
唐人萬首絕句選七卷　(清)王士禎輯　清康熙洪氏松花書屋刻同治九年(1870)修補本　二册

330000－1701－0022731　普915.1911/6535　史部/地理類/方志之屬/郡縣志
[光緒]平潭廳鄉土志略一卷　(清)宋廷模纂　清光緒三十二年(1906)鉛印本　一册

330000－1701－0022732　普811.1083/3434/3　集部/總集類/選集之屬/斷代
唐人萬首絕句選七卷　(清)王士禎輯　清刻本　二册

330000－1701－0022734　普915.1911/5034/c2　史部/地理類/方志之屬/郡縣志
[同治]長樂縣志二十卷首一卷　(清)彭光藻　(清)王家駒修　(清)楊希閔　(清)黃見三等纂　清同治八年(1869)刻本　九册　缺二卷(首、一)

330000－1701－0022736　普811.1083/3435/c1　集部/總集類/選集之屬/斷代
唐詩諧律二卷　(清)沈寶青選　清光緒十六年(1890)溧陽沈氏刻本　二册

330000－1701－0022737　普915.1911/8029　史部/地理類/方志之屬/郡縣志
[乾隆]古田縣志八卷　(清)辛竟可修　(清)林咸吉等纂　清乾隆十六年(1751)刻本　八册

330000－1701－0022739　普811.1083/3435/c2　集部/總集類/選集之屬/斷代
唐詩諧律二卷　(清)沈寶青選　清光緒十六年(1890)溧陽沈氏刻本　二册

330000－1701－0022740　普811.1083/3435/c3　集部/總集類/選集之屬/斷代
唐詩諧律二卷　(清)沈寶青選　清光緒十六年(1890)溧陽沈氏刻本　二册

330000－1701－0022741　普811.1083/3434/c2　集部/總集類/選集之屬/斷代

唐人萬首絶句選七卷　(清)王士禛輯　清康熙洪氏松花書屋刻同治九年(1870)修補本　二冊

330000－1701－0022742　普 811.1083/3435/c4　集部/總集類/選集之屬/斷代
唐詩諧律二卷　(清)沈寶青選　清光緒十六年(1890)溧陽沈氏刻本　二冊

330000－1701－0022743　普 811.1083/3435/c5　集部/總集類/選集之屬/斷代
唐詩諧律二卷　(清)沈寶青選　清光緒十六年(1890)溧陽沈氏刻本　二冊

330000－1701－0022744　普 915.1911/9529　史部/地理類/方志之屬/郡縣志
[乾隆]永福縣志十卷　(清)陳焱　(清)王綱修　(清)俞荔　(清)陳雲客纂　清乾隆十四年(1749)刻本　四冊

330000－1701－0022745　普 915.1912/1029/c1　史部/地理類/方志之屬/郡縣志
[乾隆]興化府莆田縣志三十六卷首一卷　(清)宮兆麟　(清)汪大經　(清)王恒修　(清)廖必琦　(清)林黌纂　清乾隆二十三年(1758)刻光緒五年(1879)皖涇潘文鳳補刻民國十五年(1926)吳輔再補刻本　二十冊

330000－1701－0022746　普 811.1083/3507/c1　集部/總集類/選集之屬/斷代
全唐詩九百卷目録十二卷　(清)曹寅　(清)彭定求等輯　清光緒十三年(1887)上海同文書局石印本　三十二冊

330000－1701－0022747　普 811.1083/3434/c3　集部/總集類/選集之屬/斷代
唐人萬首絶句選七卷　(清)王士禛輯　清永康胡氏退補齋刻本　楊作楷題記　二冊

330000－1701－0022748　普 811.1083/3507/c2　集部/總集類/選集之屬/斷代
全唐詩九百卷目録十二卷　(清)曹寅　(清)彭定求等輯　清光緒十三年(1887)上海同文書局石印本　三十冊　存八百五十六卷(目録一至十二、太宗一、高宗一、明皇一、肅宗一、文德皇后一、章懷太子一、宜芬公主一、南唐先主李昇一、蜀太后徐氏一、郊廟樂章一至七、樂府一至四、白居易二十六至三十九、胡杲一、王起一、楊衡一、牛僧孺一、牟融一、劉言史一、長孫佐輔一、盧殷一、雍裕之一、段弘古一)

330000－1701－0022749　普 811.1083/3507/c3　集部/總集類/選集之屬/斷代
全唐詩九百卷目録十二卷　(清)曹寅　(清)彭定求等輯　清光緒十三年(1887)上海同文書局石印本　三十二冊

330000－1701－0022751　普 811.1083/3207/2　集部/總集類/選集之屬/斷代
全唐詩九百卷目録十二卷　(清)曹寅　(清)彭定求等輯　清光緒元年(1875)撫州饒玉成雙峰書屋刻本　一百二十冊

330000－1701－0022752　普 811.1083/3507/3/c1　集部/總集類/選集之屬/斷代
全唐詩九百卷目録十二卷　(清)曹寅　(清)彭定求等輯　清康熙四十四年至四十六年(1705－1707)揚州詩局刻本　一百十九冊　缺二卷(孟浩然一至二)

330000－1701－0022753　普 811.1083/3507/3/c2　集部/總集類/選集之屬/斷代
全唐詩九百卷目録十二卷　(清)曹寅　(清)彭定求等輯　清刻本　一百九冊　缺九十一卷(目録十二卷、王涯一卷、賈稜等一卷、陳羽一卷、歐陽詹一卷、柳宗元四卷、劉禹錫十二卷、張宏靖等一卷、張文規一卷、張仲素一卷、庾承宣等一卷、李翺等一卷、呂溫二卷、孟郊十卷、張籍五卷、盧仝三卷、李賀五卷、劉乂一卷、元稹二十八卷)

330000－1701－0022754　普 915.1912/1029/c2　史部/地理類/方志之屬/郡縣志
[乾隆]興化府莆田縣志三十六卷首一卷　(清)宮兆麟　(清)汪大經　(清)王恒修　(清)廖必琦　(清)林黌纂　清乾隆二十三年(1758)刻光緒五年(1879)皖涇潘文鳳補刻本　二十冊

330000－1701－0022755　普 915.1912/1029/c3　史部/地理類/方志之屬/郡縣志
[乾隆]興化府莆田縣志三十六卷首一卷　(清)宮兆麟　(清)汪大經　(清)王恒修　(清)廖必琦　(清)林黌纂　清乾隆二十三年(1758)刻本　十八冊　缺三卷(三十一、三十五至三十六)

330000－1701－0022756　普 811.1083/3507/3/c4　集部/總集類/選集之屬/斷代
全唐詩九百卷目錄十二卷　(唐)曹寅　(唐)彭定求等輯　清康熙四十四年至四十六年(1705－1707)揚州詩局刻本　一百二十冊

330000－1701－0022757　普 915.1913/0029/c1　史部/地理類/方志之屬/郡縣志
[乾隆]泉州府志七十六卷首一卷　(清)懷蔭布修　(清)黃任　(清)郭賡武纂　清同治九年(1870)章倬標刻光緒八年(1882)補刻民國十六年(1927)續補刻本　四十八冊

330000－1701－0022758　普 811.1083/3507/3/c3　集部/總集類/選集之屬/斷代
全唐詩九百卷目錄十二卷　(清)曹寅　(清)彭定求等輯　清康熙四十四年至四十六年(1705－1707)揚州詩局刻本　一百二十冊

330000－1701－0022759　普 811.1083/3547/c1　集部/總集類/選集之屬/通代
御選唐宋詩醇四十七卷目錄二卷　(清)高宗弘曆輯　清光緒七年(1881)浙江書局刻本　二十冊

330000－1701－0022760　普 811.1083/3547/2/c1　集部/總集類/選集之屬/通代
御選唐宋詩醇四十七卷目錄二卷　(清)高宗弘曆輯　清乾隆二十五年(1760)紫陽書院刻本　十四冊

330000－1701－0022761　普 811.1083/3547/c2　集部/總集類/選集之屬/通代
御選唐宋詩醇四十七卷目錄二卷　(清)高宗弘曆輯　清光緒七年(1881)浙江書局刻本　二十冊

330000－1701－0022762　普 811.1083/3547/2/c2　集部/總集類/選集之屬/通代
御選唐宋詩醇四十七卷目錄二卷　(清)高宗弘曆輯　清乾隆二十五年(1760)刻朱墨套印本　二十四冊

330000－1701－0022764　普 811.1083/3547/5　集部/總集類/選集之屬/通代
御選唐宋詩醇四十七卷目錄二卷　(清)高宗弘曆輯　清光緒十八年(1892)學庫山房刻本　二十三冊　缺二卷(四十二至四十三)

330000－1701－0022765　普 811.1083/3547/3/c2　集部/總集類/選集之屬/通代
御選唐宋詩醇四十七卷目錄二卷　(清)高宗弘曆輯　清光緒七年(1881)浙江書局刻本　二十冊

330000－1701－0022767　普 915.1913/0029/c2　史部/地理類/方志之屬/郡縣志
[乾隆]泉州府志七十六卷首一卷　(清)懷蔭布修　(清)黃任　(清)郭賡武纂　清同治九年(1870)章倬標刻光緒八年(1882)補刻民國十六年(1927)續補刻本　四十七冊　缺一卷(首)

330000－1701－0022769　普 811.1083/3547/3/c1　類叢部/叢書類/彙編之屬
思賢書局刊書十九種　(清)思賢書局編　清光緒至宣統思賢書局刻本　二十冊　存一種

330000－1701－0022770　普 915.1913/5529　史部/地理類/方志之屬/郡縣志
[乾隆]馬巷廳志十八卷首一卷　(清)萬友正纂修　清光緒九年(1883)丁惠深刻十九年(1893)黃家鼎校補刻本　八冊

330000－1701－0022771　普 811.1083/4047　集部/總集類/選集之屬/斷代
才調集十卷　(五代)韋縠輯　清康熙四十三年(1704)馮氏宛委堂刻本　十冊

330000－1701－0022772　普 811.1083/4000　集部/總集類/彙編之屬
詩詞雜俎十二種　(明)毛晉輯　明天啓至崇

禎海虞毛氏汲古閣刻本　一冊　存一種

330000－1701－0022774　普 811.1083/4047/2　集部/總集類/選集之屬/斷代
才調集十卷　（五代）韋縠輯　清刻本　四冊

330000－1701－0022775　普 811.1083/4047.01　集部/總集類/選集之屬/斷代
才調集補註十卷　（五代）韋縠輯　（清）殷元勳箋注　（清）宋邦綏補注　清光緒二十年(1894)江蘇書局刻本　四冊

330000－1701－0022776　普 811.1083/4047.01/2　集部/總集類/選集之屬/斷代
才調集補註十卷　（五代）韋縠輯　（清）殷元勳箋注　（清）宋邦綏補注　清乾隆五十八年(1793)常州宋氏思補堂刻本　十二冊

330000－1701－0022778　普 915.1913/6032/2　史部/地理類/方志之屬/郡縣志
［道光］厦門志十六卷　（清）周凱等纂修　清道光十九年(1839)玉屏書院刻本　十一冊　缺一卷(一)

330000－1701－0022779　普 811.1083/4047.01/3　集部/總集類/選集之屬/斷代
才調集補註十卷　（五代）韋縠輯　（清）殷元勳箋注　（清）宋邦綏補注　清乾隆五十八年(1793)常州宋氏思補堂刻本　十冊

330000－1701－0022781　普 811.1083/4280/c1　集部/總集類/彙編之屬
十種唐詩選　（清）王士禛編　清康熙三十一年(1692)刻本　四冊　存一種

330000－1701－0022782　普 811.1083/4064　集部/總集類/選集之屬/斷代
唐詩觀瀾集二十四卷唐人小傳一卷　（清）李因培輯　清乾隆二十四年(1759)刻本　八冊

330000－1701－0022783　普 811.1083/4280/c2　集部/總集類/選集之屬/斷代
唐文粹詩選六卷　（清）王士禛輯　清康熙刻本　四冊

330000－1701－0022784　普 915.1915/0035　史部/地理類/方志之屬/郡縣志
［光緒］漳州府志五十卷首一卷　（清）沈定均修　（清）吳聯薰等纂　清光緒三年(1877)芝山書院刻本　三十一冊　存五十卷(一至五十)

330000－1701－0022785　普 811.1083/4407/(2)　集部/總集類/選集之屬/斷代
中晚唐詩叩彈集十二卷續集三卷　（清）杜詔　（清）杜庭珠輯　清康熙四十三年(1704)采山亭刻本　四冊

330000－1701－0022786　普 811.1083/4777/c3　集部/總集類/彙編之屬
唐四家詩集四種附二種　（清）胡鳳丹輯　清同治九年(1870)永康胡氏退補齋刻本　四冊　存五種

330000－1701－0022788　普 811.1083/4429/(2)　集部/總集類/選集之屬/斷代
唐詩箋註十卷　（清）黄叔燦箋注　清乾隆三十年(1765)松筠書屋刻本　五冊

330000－1701－0022789　普 811.1083/4407　集部/總集類/選集之屬/斷代
中晚唐詩叩彈集十二卷續集三卷　（清）杜詔　（清）杜庭珠輯　清康熙四十三年(1704)采山亭刻本　傅雲岑題記　六冊

330000－1701－0022790　普 811.1083/4447　集部/總集類/選集之屬/斷代
唐詩六百編八卷　（清）某根居士輯　清同治十三年(1874)刻本　二冊

330000－1701－0022791　普 811.1083/4429　集部/總集類/選集之屬/斷代
唐詩箋註十卷　（清）黄叔燦箋注　清乾隆三十年(1765)松筠書屋刻本　十冊

330000－1701－0022792　普 915.1915/3027/2　史部/地理類/方志之屬/郡縣志
［光緒］漳浦縣志十九卷續志一卷再續志二卷　（清）陳汝咸修　（清）林登虎等纂　（清）陳夢林續纂　（清）施錫衛再續纂　清康熙三十九年(1700)刻四十七年(1708)增刻光緒十

一年(1885)再增刻本　九册　缺三卷(一至三)

330000－1701－0022793　普 915.1915/3099
史部/地理類/方志之屬/郡縣志
[乾隆]鎮海衛志不分卷　(清)蔡志侯撰　清嘉慶二十年(1815)抄本　二册

330000－1701－0022794　普 811.1083/4635
集部/總集類/選集之屬/斷代
唐詩繹三十卷　(清)楊逢春輯　清乾隆三十九年(1774)紉香書屋刻本　十册

330000－1701－0022795　普 811.1083/4777/c1　集部/總集類/彙編之屬
唐四家詩集四種附二種　(清)胡鳳丹輯　清同治九年(1870)永康胡氏退補齋刻本　六册

330000－1701－0022797　普 811.1083/4777/c2　集部/總集類/彙編之屬
唐四家詩集四種附二種　(清)胡鳳丹輯　清同治九年(1870)永康胡氏退補齋刻本　六册

330000－1701－0022799　普 811.1083/4944
類叢部/叢書類/彙編之屬
望三益齋叢書十八種　(清)吴棠編　清咸豐至光緒吴氏望三益齋刻本　一册　存一種

330000－1701－0022801　普 811.1083/4944/2　集部/總集類/選集之屬/斷代
唐詩絶句五卷　(宋)趙蕃　(宋)韓淲輯　(宋)謝枋得注　清光緒三十四年(1908)奉天述古堂鉛印本　一册

330000－1701－0022802　普 915.1917/2032
史部/地理類/方志之屬/郡縣志
[嘉慶]順昌縣志十卷　(清)許廷梧修　(清)謝鍾瑾纂　(清)陸嗣淵　(清)孫化南　(清)賈懋功增修　(清)謝鍾玿增纂　清光緒七年(1881)吴縣吴恩慶刻本　六册

330000－1701－0022803　普 811.1083/7127
集部/總集類/選集之屬/斷代
唐詩正聲十卷　(清)馬允剛編　清耘經堂刻本　十册

330000－1701－0022806　普 915.1917/1031
史部/地理類/方志之屬/郡縣志
[嘉慶]南平縣志三十八卷首三卷末一卷　(清)楊桂森修　(清)應丹詔纂　清嘉慶十五年(1810)刻同治八年(1869)補刻十一年(1872)潘文鳳徐敘模重校補刻本　二十三册　缺一卷(首一)

330000－1701－0022807　普 811.1083/7131.01/c1　集部/總集類/選集之屬/斷代
唐絶詩鈔注略二卷首一卷　(清)馬沅選　(清)趙彦傳注　清同治十二年(1873)趙彦傳補讀齋刻本　章嶔題記　二册

330000－1701－0022808　普 811.1083/7131.01/c2　集部/總集類/選集之屬/斷代
唐絶詩鈔注略二卷首一卷　(清)馬沅選　(清)趙彦傳注　清同治十二年(1873)趙彦傳補讀齋刻本　趙祖望題簽　一册

330000－1701－0022809　普 915.1917/3052
史部/地理類/山川之屬/山志
玉華洞志六卷附一卷　(清)陳文在纂　清康熙五十四年(1715)刻雍正九年(1731)增刻本　四册

330000－1701－0022811　普 811.1083/7204
集部/總集類/選集之屬/斷代
唐詩合選詳解十二卷　(清)劉文蔚注　清乾隆啓元堂刻本　王昌第題記　三册

330000－1701－0022812　普 811.1083/7501/c1　集部/總集類/選集之屬/斷代
唐省試詩十卷類書春東陸秋西陸攷悞一卷　(清)陳訏箋評　清康熙刻本　三册

330000－1701－0022813　普 811.1083/7501/c2　集部/總集類/選集之屬/斷代
唐省試詩十卷類書春東陸秋西陸攷悞一卷　(清)陳訏箋評　清康熙刻本　二册

330000－1701－0022814　普 811.1083/7728
集部/總集類/選集之屬/斷代
唐詩成法十二卷　(清)屈復輯　清光緒八年(1882)黔南節署刻本　四册

330000－1701－0022815　普 811.1083/7705　集部/總集類/彙編之屬

唐四家詩集　清光緒十年(1884)上海同文書局石印本　八册

330000－1701－0022816　普 915.1917/5059/c3　史部/地理類/專志之屬/書院

重修南溪書院志四卷首一卷　(清)楊毓健等撰　清同治九年(1870)刻本　四册

330000－1701－0022818　普 915.1918/1027　史部/地理類/方志之屬/郡縣志

[康熙]建安縣志十卷　(清)崔銑等修　(清)陸登選等纂　清康熙五十二年(1713)刻本　四册

330000－1701－0022819　普 915.1917/5059/c2　史部/地理類/專志之屬/書院

重修南溪書院志四卷首一卷　(清)楊毓健等撰　清同治九年(1870)刻本　四册

330000－1701－0022820　普 811.1083/8081　集部/總集類/選集之屬/斷代

貫華堂選批唐才子詩甲集七言律八卷　(清)金人瑞輯　(清)金雍注　清初刻本　六册

330000－1701－0022821　普 915.1917/5059/2　史部/地理類/專志之屬/書院

重修南溪書院志四卷首一卷　(清)楊毓健等撰　清同治九年(1870)刻本　四册

330000－1701－0022823　普 811.1083/7717　集部/總集類/選集之屬/斷代

唐三體詩六卷　(宋)周弼輯　(元)釋圓至注　(清)高士奇補正　(清)何焯評　清光緒十二年(1886)瀘州鹽局刻朱墨套印本　二册

330000－1701－0022826　普 915.1918/5062/c1　史部/地理類/山川之屬/山志

武夷山志二十四卷首一卷　(清)董天工撰　清道光二十七年(1847)五夫尺木軒刻本　八册

330000－1701－0022827　普 811.1083/8848/2　集部/總集類/選集之屬/斷代

全唐詩鈔八十卷補遺十六卷　(清)吳成儀輯　清乾隆二十四年(1759)刻本　三十二册

330000－1701－0022829　普 811.10836/4001/c1　集部/總集類/選集之屬/斷代

全五代詩一百卷補遺一卷　(清)李調元輯　清乾隆四十五年(1780)刻本　二十四册

330000－1701－0022831　普 811.1083/8848/c1　集部/總集類/選集之屬/斷代

讀雪山房唐詩三十四卷　(清)管世銘選　清光緒十二年(1886)湖北官書處刻本　十二册

330000－1701－0022832　普 811.10836/4001/c2　集部/總集類/選集之屬/斷代

全五代詩一百卷補遺一卷　(清)李調元輯　清乾隆四十五年(1780)刻本　十六册　存六十三卷(一至三十七、四十五至七十)

330000－1701－0022834　普 811.1083/8848/c2　集部/總集類/選集之屬/斷代

讀雪山房唐詩三十四卷　(清)管世銘選　清光緒十二年(1886)湖北官書處刻本　十二册

330000－1701－0022835　普 915.1918/5062/c2　史部/地理類/山川之屬/山志

武夷山志二十四卷首一卷　(清)董天工撰　清道光二十七年(1847)五夫尺木軒刻同治十一年(1872)校補本　八册

330000－1701－0022837　普 915.1918/5062/2/c2　史部/地理類/山川之屬/山志

武夷山志二十四卷首一卷　(清)董天工撰　清乾隆十六年(1751)武夷董氏刻本　十册

330000－1701－0022838　普 811.1083/8848/c3　集部/總集類/選集之屬/斷代

讀雪山房唐詩三十四卷　(清)管世銘選　清光緒十二年(1886)湖北官書處刻本　十二册

330000－1701－0022840　普 915.1918/5062/c3　史部/地理類/山川之屬/山志

武夷山志二十四卷首一卷　(清)董天工撰　清道光二十七年(1847)五夫尺木軒刻本　八册

330000－1701－0022841　普 915.1918/5062/

c4　史部/地理類/山川之屬/山志

武夷山志二十四卷首一卷　(清)董天工撰　清道光二十七年(1847)五夫尺木軒刻本　八冊

330000－1701－0022842　普 915.1918/6035　史部/地理類/方志之屬/郡縣志

[光緒]續修浦城縣志四十二卷首一卷　(清)翁天祜　(清)呂渭英修　(清)翁昭泰纂　清光緒二十六年(1900)南浦書院刻本　吳雄才跋　二十冊

330000－1701－0022843　普 915.1918/5062/c5　史部/地理類/山川之屬/山志

武夷山志二十四卷首一卷　(清)董天工撰　清道光二十七年(1847)五夫尺木軒刻同治十一年(1872)校補本　八冊

330000－1701－0022845　普 915.1918/5062/c6　史部/地理類/山川之屬/山志

武夷山志二十四卷首一卷　(清)董天工撰　清道光二十七年(1847)五夫尺木軒刻同治十一年(1872)校補本　八冊

330000－1701－0022846　普 915.1918/5062/(2)/c1　史部/地理類/山川之屬/山志

武夷山志二十四卷首一卷　(清)董天工撰　清道光二十七年(1847)五夫尺木軒刻本　十冊

330000－1701－0022847　普 811.1084/1058　集部/總集類/選集之屬/斷代

宋詩類選二十四卷首一卷　(清)王史鑑輯　清道光十九年(1839)樂古齋刻本　八冊

330000－1701－0022848　普 915.1918/5062/(2)/c2　史部/地理類/山川之屬/山志

武夷山志二十四卷首一卷　(清)董天工撰　清道光二十七年(1847)五夫尺木軒刻本　八冊

330000－1701－0022849　普 811.1084/1166　集部/總集類/選集之屬/斷代

宋詩百一鈔八卷　(清)張景星　(清)姚培謙　(清)王永祺輯　清乾隆二十六年(1761)刻本　八冊

330000－1701－0022853　普 811.1084/1166.2/3　集部/總集類/選集之屬/斷代

宋詩別裁集四卷元詩別裁集四卷補遺一卷　(清)張景星　(清)姚培謙　(清)王永祺輯　清末務本堂刻本　二冊

330000－1701－0022854　普 915.1919/0035　史部/地理類/方志之屬/郡縣志

[光緒]重纂邵武府志三十卷首一卷　(清)王琛　(清)徐兆豐修　(清)張景祁等纂　清光緒二十四年(1898)刻本　五十五冊　存三十卷(一至三十)

330000－1701－0022859　普 811.1084/2635/c2　集部/總集類/彙編之屬

宋詩鈔初集八十四種　(清)呂留良　(清)吳之振　(清)吳爾堯編　清康熙十年(1671)洲錢吳氏鑑古堂刻本　三十二冊

330000－1701－0022860　普 915.19191/1035　史部/地理類/方志之屬/郡縣志

[光緒]長汀縣志三十三卷首一卷末一卷　(清)王壘原本　(清)謝昌霖再續修　(清)劉國光再續纂　清光緒五年(1879)刻本　十一冊　缺十二卷(十四至十九、二十一至二十三、三十二至三十三、末)

330000－1701－0022861　普 811.1084/2635/c1　集部/總集類/彙編之屬

宋詩鈔初集八十四種　(清)呂留良　(清)吳之振　(清)吳爾堯編　清康熙十年(1671)洲錢吳氏鑑古堂刻本　三十二冊

330000－1701－0022863　普 915.19191/0029/c1　史部/地理類/方志之屬/郡縣志

[乾隆]汀州府志四十五卷首一卷　(清)曾日瑛等修　(清)李紱等纂　清同治六年(1867)延楷刻本　二十冊

330000－1701－0022864　普 811.1084/2635/c3　集部/總集類/彙編之屬

宋詩鈔初集八十四種　(清)呂留良　(清)吳之振　(清)吳爾堯編　清康熙十年(1671)洲

錢吳氏鑑古堂刻本　三十一册

330000－1701－0022865　普 915.19191/0029/c2　史部/地理類/方志之屬/郡縣志
[乾隆]汀州府志四十五卷首一卷　(清)曾日瑛等修　(清)李紱等纂　清同治六年(1867)延楷刻本　十一册　存四十一卷(五至四十五)

330000－1701－0022866　普 915.192/4377/c4　史部/地理類/雜志之屬
廣東新語二十八卷　(清)屈大均撰　清文匯堂刻本　十二册

330000－1701－0022867　普 915.19191/2027/c1　史部/地理類/方志之屬/郡縣志
[康熙]寧化縣志七卷　(清)祝文郁修　(清)李世熊纂　清同治八年(1869)湘南蔣澤沅刻本　八册

330000－1701－0022868　普 915.19191/2027/c2　史部/地理類/方志之屬/郡縣志
[康熙]寧化縣志七卷　(清)祝文郁修　(清)李世熊纂　清同治八年(1869)湘南蔣澤沅刻本　八册

330000－1701－0022869　普 915.19191/2027/2/c1　史部/地理類/方志之屬/郡縣志
[康熙]寧化縣志七卷　(清)祝文郁修　(清)李世熊纂　清康熙二十三年(1684)刻清補版後印本　八册

330000－1701－0022871　普 915.19191/2027/2/c2　史部/地理類/方志之屬/郡縣志
[康熙]寧化縣志七卷　(清)祝文郁修　(清)李世熊纂　清康熙二十三年(1684)刻清補版後印本　八册

330000－1701－0022872　普 915.19191/2027/c3　史部/地理類/方志之屬/郡縣志
[康熙]寧化縣志七卷　(清)祝文郁修　(清)李世熊纂　清同治八年(1869)湘南蔣澤沅刻本　八册

330000－1701－0022873　普 915.19191/4058　史部/地理類/山川之屬/山志
滴水巖紀略一卷　(清)黄崇惺撰　清光緒二年(1876)木活字印本　一册

330000－1701－0022874　普 915.19191/2027/c4　史部/地理類/方志之屬/郡縣志
[康熙]寧化縣志七卷　(清)祝文郁修　(清)李世熊纂　清同治八年(1869)湘南蔣澤沅刻本　八册

330000－1701－0022876　HJL3368　類叢部/叢書類/自著之屬
船山遺書五十八種　(清)王夫之撰　清同治四年(1865)湘鄉曾國荃金陵刻本　一百十二册

330000－1701－0022877　普 811.1084/2635/(2)/c1　集部/總集類/彙編之屬
宋詩鈔初集八十四種　(清)呂留良　(清)吳之振　(清)吳爾堯編　清康熙十年(1671)洲錢吳氏鑑古堂刻本　二十册

330000－1701－0022878　普 915.19191/2027/(2)　史部/地理類/方志之屬/郡縣志
[康熙]寧化縣志七卷　(清)祝文郁修　(清)李世熊纂　清同治八年(1869)湘南蔣澤沅刻本　七册

330000－1701－0022879　普 811.1084/2635/(2)/c2　集部/總集類/彙編之屬
宋詩鈔初集八十四種　(清)呂留良　(清)吳之振　(清)吳爾堯編　清康熙十年(1671)洲錢吳氏鑑古堂刻本　二十册

330000－1701－0022880　普 915.19192/3035　史部/地理類/方志之屬/郡縣志
[光緒]福安縣志三十八卷首一卷　(清)張景祁修　(清)黃錦燦等纂　清光緒十年(1884)刻本　六册

330000－1701－0022881　HJL2449　集部/別集類/清別集
經遺堂全集二十六卷　(清)韋佩金撰　清道光二十一年(1841)江都丁光煦刻本　四册

330000－1701－0022882　普 915.19193/0029　史部/地理類/方志之屬/郡縣志

[乾隆]永春州志十六卷首一卷 (清)鄭一崧修 (清)顔璹 (清)鄭廷獻 (清)林爲楫纂 清乾隆五十二年(1787)刻本 十册 缺四卷(十三至十六)

330000-1701-0022889 普915.19193/2029 史部/地理類/方志之屬/郡縣志

[乾隆]大田縣志十二卷首一卷 (清)李慧修 (清)葉銘 (清)林虎榜纂 清乾隆二十四年(1759)刻本 四册

330000-1701-0022890 普915.19194/0032/c1 史部/地理類/方志之屬/郡縣志

[道光]龍巖州志二十卷首一卷 (清)彭衍堂 (清)袁曦業修 (清)陳文衡等纂 清道光十六年(1836)刻本 十二册

330000-1701-0022891 普915.19194/0032/c2 史部/地理類/方志之屬/郡縣志

[道光]龍巖州志二十卷首一卷 (清)彭衍堂 (清)袁曦業修 (清)陳文衡等纂 清道光十六年(1836)刻本 十一册 缺三卷(首、一至二)

330000-1701-0022895 普811.1084/2636 集部/總集類/選集之屬/斷代

月泉吟社二卷 (宋)吴渭輯 清道光慎德堂木活字印本 一册

330000-1701-0022896 普915.192/3271/2/c1 史部/地理類/方志之屬/通志

[道光]廣東通志三百三十四卷首一卷 (清)阮元修 (清)陳昌齊等纂 清同治三年(1864)刻本 一百十二册 缺十九卷(七十七至八十、八十八至八十九、一百五十八至一百七十)

330000-1701-0022898 普915.192/2847 史部/地理類/方志之屬/通志

[雍正]廣東通志六十四卷 (清)郝玉麟等修 (清)魯曾煜等纂 清雍正九年(1731)刻本 四十五册

330000-1701-0022900 普811.1084/2848/c1 類叢部/叢書類/彙編之屬

邵武徐氏叢書初刻十四種 (清)徐榦編 清光緒邵武徐氏刻本 二册 存一種

330000-1701-0022902 普915.192/4317 史部/地理類/雜志之屬

嶺南叢述六十卷 (清)鄧淳輯 清道光十年(1830)刻本 九册 存十六卷(四十五至六十)

330000-1701-0022904 普811.1084/2654 集部/總集類/選集之屬/斷代

宋詩選二十卷 (清)吴曹直 (清)儲右文輯 清康熙二十六年(1687)刻本 二十四册

330000-1701-0022905 普915.192/4375 類叢部/叢書類/彙編之屬

如不及齋叢書十三種 (清)陳坤編 清同治至光緒錢塘陳氏粤東刻本 六册 存一種

330000-1701-0022906 普915.192/3271/2/c2 史部/地理類/方志之屬/通志

[道光]廣東通志三百三十四卷首一卷 (清)阮元修 (清)陳昌齊等纂 清同治三年(1864)刻本 一百二十册

330000-1701-0022907 普915.192/3540 史部/地理類/雜志之屬

廣東輿地圖說十四卷首一卷 (清)廖廷相 (清)楊士驤撰 清宣統元年(1909)廣東參謀處鉛印本 四册

330000-1701-0022909 普811.1084/2848/c2 類叢部/叢書類/彙編之屬

邵武徐氏叢書初刻十四種 (清)徐榦編 清光緒邵武徐氏刻本 二册 存一種

330000-1701-0022911 普915.192/4377/c3 史部/地理類/雜志之屬

廣東新語二十八卷 (清)屈大均撰 清康熙刻本 十一册 缺二卷(一至二)

330000-1701-0022915 普811.1084/2848/c3、普811.1084/4620/c1 類叢部/叢書類/彙編之屬

邵武徐氏叢書初刻十四種 (清)徐榦編 清光緒邵武徐氏刻本 三册 存二種

330000－1701－0022916　普 915.192/4610/c1　類叢部/叢書類/自著之屬

王漁洋遺書三十八種　(清)王士禛撰　清刻本　一册　存一種

330000－1701－0022917　普 811.1084/2848/c4、普 811.1084/4620/c2　類叢部/叢書類/彙編之屬

邵武徐氏叢書初刻十四種　(清)徐榦編　清光緒邵武徐氏刻本　三册　存二種

330000－1701－0022918　普 915.192/5900　史部/地理類/雜志之屬

廣東府州縣相距里數二卷　清刻本　四册

330000－1701－0022919　普 915.192/4610/c2　類叢部/叢書類/自著之屬

王漁洋遺書三十八種　(清)王士禛撰　清刻本　一册　存一種

330000－1701－0022920　普 811.1084/4453　類叢部/叢書類/彙編之屬

玉海堂景宋元本叢書　劉世珩編　清光緒至民國貴池劉氏玉海堂影刻本　八册　存一種

330000－1701－0022921　普 811.1084/2848/c5、普 811.1084/4620/c3　類叢部/叢書類/彙編之屬

邵武徐氏叢書初刻十四種　(清)徐榦編　清光緒邵武徐氏刻本　三册　存二種

330000－1701－0022923　普 915.192/4610/(2)　類叢部/叢書類/自著之屬

王漁洋遺書三十八種　(清)王士禛撰　清刻本　一册　存一種

330000－1701－0022925　普 915.192/4628　史部/地理類/雜志之屬

粵東葺勝記八卷首二卷　(清)徐琪撰　清光緒二十九年(1903)刻本　五册

330000－1701－0022927　普 915.192/4377/c5　史部/地理類/雜志之屬

廣東新語二十八卷　(清)屈大均撰　清康熙刻本　十册

330000－1701－0022928　普 915.192/9427　史部/政書類/邦計之屬/貿易

粵海關志三十卷　(清)梁廷枏纂修　清刻本　三十册

330000－1701－0022931　普 811.1084/4620/3　類叢部/叢書類/彙編之屬

粵雅堂叢書一百八十五種　(清)伍崇曜編　清道光二十九年至光緒十一年(1849－1885)南海伍氏刻彙印本　一册　存一種

330000－1701－0022932　普 915.1921/0042　史部/地理類/雜志之屬

羊城古鈔八卷首一卷　(清)仇池石輯　清嘉慶十一年(1806)刻本　六册

330000－1701－0022933　普 915.1921/1032/c1　史部/地理類/方志之屬/郡縣志

[道光]南海縣志四十四卷首一卷末一卷　(清)潘尚楫等修　(清)鄧士憲等纂　清同治八年(1869)刻本　二十四册　缺一卷(末)

330000－1701－0022934　普 811.1084/5504/c1　集部/總集類/選集之屬/斷代

宋百家詩存　(清)曹廷棟編　清乾隆六年(1741)嘉善曹氏二六書堂刻本　二十册

330000－1701－0022935　普 915.1921/1034/c1　史部/地理類/方志之屬/郡縣志

[同治]南海縣志二十六卷首一卷　(清)鄭夢玉修　(清)梁紹獻等纂　清同治十一年(1872)刻本　十二册

330000－1701－0022936　HJL3374　類叢部/叢書類/自著之屬

汪雙池先生叢書二十種附浙刻雙池遺書十二種　(清)汪紱撰　清道光至光緒刻光緒二十三年(1897)長安趙舒翹等彙印本　一百五十册　存二十七種

330000－1701－0022937　普 915.1921/1032/c2　史部/地理類/方志之屬/郡縣志

[道光]南海縣志四十四卷首一卷末一卷　(清)潘尚楫等修　(清)鄧士憲等纂　清同治八年(1869)刻本　二十册

330000－1701－0022938　普 915.1921/0035　史部/地理類/方志之屬/郡縣志

[光緒]廣州府志一百六十三卷　(清)戴肇辰　(清)蘇佩訓修　(清)史澄　(清)李光廷纂　清光緒五年(1879)刻本　五十九册　缺二卷(一至二)

330000－1701－0022939　普 811.1084/5504/c2　集部/總集類/選集之屬/斷代

宋百家詩存　(清)曹廷棟編　清乾隆六年(1741)嘉善曹氏二六書堂刻本　二十册

330000－1701－0022941　普 915.1921/1034/c2　史部/地理類/方志之屬/郡縣志

[同治]南海縣志二十六卷首一卷　(清)鄭夢玉修　(清)梁紹獻等纂　清同治十一年(1872)刻本　十二册

330000－1701－0022942　普 915.1921/1099　史部/地理類/方志之屬/郡縣志

[光緒]九江儒林鄉志二十一卷　(清)朱次琦等修　(清)馮栻宗等纂　清光緒九年(1883)刻本　王存善題簽並記　十册

330000－1701－0022944　普 915.1921/1052　史部/地理類/山川之屬/山志

白雲洞志五卷　(清)黄亨輯　清光緒十三年(1887)刻本　一册

330000－1701－0022945　普 915.1921/1032/c2/1　史部/地理類/方志之屬/郡縣志

[同治]南海縣志二十六卷首一卷　(清)鄭夢玉修　(清)梁紹獻等纂　清同治十一年(1872)刻本　十二册

330000－1701－0022946　普 811.1084/7501/(2)　集部/總集類/選集之屬/斷代

宋十五家詩選　(清)陳訏輯　清康熙三十二年(1693)刻本　八册

330000－1701－0022947　普 915.1921/7531/2　史部/地理類/方志之屬/郡縣志

[嘉慶]三水縣志十六卷首一卷　(清)李友榕等修　(清)鄧雲龍等纂　清嘉慶二十四年(1819)刻本　八册

330000－1701－0022948　普 911.1084/7501　集部/總集類/選集之屬/斷代

宋十五家詩選　(清)陳訏輯　清康熙三十二年(1693)刻本　八册

330000－1701－0022950　普 915.1921/1051.02　史部/地理類/雜志之屬

南海百詠續編四卷　(清)樊封撰　清末刻本　二册

330000－1701－0022951　普 915.1921/1034.07　史部/地理類/方志之屬/郡縣志

[同治]南海縣志二十六卷首一卷　(清)鄭夢玉修　(清)梁紹獻等纂　清同治十一年(1872)刻本　三册　存二卷(一至二)

330000－1701－0022952　HJL3375　集部/總集類/彙編之屬

漢魏六朝一百三家集(漢魏六朝百三名家集)　(明)張溥編　清光緒三年(1877)滇南唐氏壽考堂刻本　一百册

330000－1701－0022954　普 915.1921/7032　史部/地理類/方志之屬/郡縣志

[道光]香山縣志八卷首一卷附錄一卷　(清)祝淮修　(清)黄培芳纂　清道光八年(1828)刻本　八册

330000－1701－0022955　普 915.1921/2034　史部/地理類/方志之屬/郡縣志

[同治]番禺縣志五十四卷首一卷附錄一卷　(清)李福泰修　(清)史澄　(清)何若瑶纂　清同治十年(1871)光霽堂刻本　十六册

330000－1701－0022957　普 811.1084/6676/2　集部/總集類/選集之屬/斷代

千首宋人絶句十卷　(清)嚴長明輯　清乾隆三十五年(1770)畢沅刻本　二册

330000－1701－0022958　普 811.1084/7591　集部/總集類/選集之屬/通代

宋元詩會一百卷　(清)陳焯輯　清康熙二十二年(1683)刻本　二十四册

330000－1701－0022960　普 915.1921/4531　史部/地理類/方志之屬/郡縣志

[嘉慶]東莞縣志四十六卷 (清)彭人傑 (清)范文安修 (清)黄時沛等纂 清嘉慶三年(1798)刻本 八册

330000-1701-0022961 普 915.1921/5533 史部/地理類/方志之屬/郡縣志
[道光]龍門縣志十六卷首一卷 (清)毓雯 (清)張經贊修 (清)張維屏等纂 清咸豐元年(1851)刻六年(1856)補刻本 五册

330000-1701-0022962 普 811.1084/7732 集部/總集類/選集之屬/斷代
宋四名家詩 (清)周之鱗 (清)柴升編 清敬藝堂刻本 四册

330000-1701-0022963 普 915.1921/4033/c1 史部/地理類/方志之屬/郡縣志
[咸豐]順德縣志三十二卷 (清)郭汝誠修 (清)馮奉初等纂 清咸豐三年(1853)刻六年(1856)補刻本 十六册

330000-1701-0022964 普 915.1921/6532/c1 史部/地理類/方志之屬/郡縣志
[道光]新會縣志十四卷首一卷 (清)林星章修 (清)黄培芳 (清)曾釗纂 清道光二十一年(1841)刻本 十二册

330000-1701-0022965 普 811.1084/7732/2 集部/總集類/選集之屬/斷代
宋四名家詩 (清)周之鱗 (清)柴升編 清康熙三十二年(1693)有文堂刻本 四册

330000-1701-0022966 HJL2453 集部/别集類/清别集
麻山遺集二卷 (清)孫學顔撰 (清)方宗誠編 **三隱君子傳一卷** (清)方宗誠撰 清同治十三年(1874)刻本 一册

330000-1701-0022967 普 915.1921/6532/c2 史部/地理類/方志之屬/郡縣志
[道光]新會縣志十四卷首一卷 (清)林星章修 (清)黄培芳 (清)曾釗纂 清道光二十一年(1841)刻本 十二册

330000-1701-0022969 普 811.1084/7732/3/c1 集部/總集類/選集之屬/斷代
宋四名家詩選六卷 (清)周之鱗 (清)柴升編 清同治五年(1866)長沙經濟堂刻本 六册

330000-1701-0022970 普 915.1921/7094/c1 史部/地理類/方志之屬/郡縣志
[乾隆]澳門記畧二卷首一卷末一卷 (清)印光任 (清)張汝霖纂 清嘉慶五年(1800)刻本 二册

330000-1701-0022972 普 915.1921/7094/3 史部/叢編
嶺海異聞錄五種 (清)陳坤輯 清光緒刻本 四册 存一種

330000-1701-0022973 普 811.1084/8073 類叢部/叢書類/郡邑之屬
金華叢書六十八種 (清)胡鳳丹編 清同治七年至光緒八年(1868-1882)永康胡氏退補齋刻民國補刻本 二册 存一種

330000-1701-0022974 普 915.1921/7094/c2 史部/地理類/方志之屬/郡縣志
[乾隆]澳門記畧二卷首一卷末一卷 (清)印光任 (清)張汝霖纂 清嘉慶五年(1800)刻本 四册

330000-1701-0022975 普 915.1921/4033/c2 史部/地理類/方志之屬/郡縣志
[咸豐]順德縣志三十二卷 (清)郭汝誠修 (清)馮奉初等纂 清咸豐三年(1853)刻六年(1856)補刻本 二十册

330000-1701-0022976 普 811.1084/7732/3/c2 集部/總集類/選集之屬/斷代
宋四名家詩選六卷 (清)周之鱗 (清)柴升編 清同治五年(1866)長沙經濟堂刻本 六册

330000-1701-0022977 普 811.1084/7732/2(2) 集部/總集類/選集之屬/斷代
宋四名家詩 (清)周之鱗 (清)柴升編 清康熙三十二年(1693)有文堂刻本 十六册

330000-1701-0022979 普 915.1921/7552/c2 史部/地理類/山川之屬/山志

禹峡山志四卷 （清）孫繩祖纂 清康熙五十九年(1720)刻本 四冊

330000－1701－0022982 普915.1921/7552/2 史部/地理類/山川之屬/山志

禹峡山志四卷 （清）孫繩祖纂 清光緒十年(1884)刻本 四冊

330000－1701－0022983 普915.1921/8032 史部/地理類/方志之屬/郡縣志

[道光]新寧縣志十卷 （清）張深修 （清）曾釗 （清）溫訓纂 清道光十九年(1839)刻本 五冊

330000－1701－0022984 普915.1921/8035/c1 史部/地理類/方志之屬/郡縣志

[光緒]新寧縣志二十六卷首一卷 （清）何福海 （清）鄭守昌修 （清）林國賡 （清）黄榮熙纂 清光緒十九年(1893)刻本 六冊

330000－1701－0022985 普915.1921/8035/c2 史部/地理類/方志之屬/郡縣志

[光緒]新寧縣志二十六卷首一卷 （清）何福海 （清）鄭守昌修 （清）林國賡 （清）黄榮熙纂 清光緒十九年(1893)刻本 八冊

330000－1701－0022986 普915.1926/5029 史部/地理類/方志之屬/郡縣志

[乾隆]海豐縣志十卷末一卷 （清）于卜熊修 （清）史本纂 清乾隆十五年(1750)刻本 四冊

330000－1701－0022988 普915.1921/9527/2 史部/地理類/方志之屬/郡縣志

[康熙]花縣志四卷 （清）王永名修 （清）黄士龍 （清）黄虞纂 清光緒十六年(1890)刻本 四冊

330000－1701－0022990 普915.1921/8535/c1 史部/地理類/方志之屬/郡縣志

[光緒]清遠縣志十六卷首一卷 （清）李文烜 （清）羅煒修 （清）朱潤芳 （清）麥瑞芳纂 清光緒六年(1880)刻本 四冊

330000－1701－0022992 普915.1921/8535/c2 史部/地理類/方志之屬/郡縣志

[光緒]清遠縣志十六卷首一卷 （清）李文烜 （清）羅煒修 （清）朱潤芳 （清）麥瑞芳纂 清光緒六年(1880)刻本 八冊

330000－1701－0022993 普915.1923/0034 史部/地理類/方志之屬/郡縣志

[光緒]韶州府志四十四卷首一卷 （清）額哲克等修 （清）單興詩纂 清光緒二年(1876)刻本 二十三冊 存三十九卷(二至四十)

330000－1701－0022994 普915.1923/0029 史部/地理類/方志之屬/郡縣志

[康熙]韶州府志十八卷 （清）唐宗堯修 （清）秦嗣美纂 清康熙二十六年(1687)刻本 二十冊

330000－1701－0022997 普915.1925/0031/c1 史部/地理類/方志之屬/郡縣志

[道光]直隸南雄州志三十四卷首一卷 （清）余保純 （清）徐維清修 （清）黄其勤纂 （清）戴錫綸續纂修 清道光四年(1824)刻本 十六冊

330000－1701－0022998 普915.1923/1035/c1 史部/地理類/方志之屬/郡縣志

[光緒]曲江縣志十六卷 （清）張希京修 （清）歐樾華 （清）馮翼之纂 清光緒元年(1875)刻本 八冊

330000－1701－0022999 普915.1923/2034 史部/地理類/方志之屬/郡縣志

[同治]樂昌縣志十二卷首一卷 （清）徐寶符 （清）段綎傳修 （清）李禨 （清）朱炳元 （清）陳其藻纂 清同治十年(1871)刻本 六冊

330000－1701－0023000 普915.1923/1035/c2 史部/地理類/方志之屬/郡縣志

[光緒]曲江縣志十六卷 （清）張希京修 （清）歐樾華 （清）馮翼之纂 清光緒元年(1875)刻本 八冊

330000－1701－0023002 普915.1923/3035 史部/地理類/方志之屬/郡縣志

[同治]仁化縣志八卷首一卷 （清）陳鴻修

(清)劉鳳輝纂　清光緒九年(1883)刻本　八冊

330000－1701－0023003　普915.1925/0031/c2　史部/地理類/方志之屬/郡縣志
[道光]直隸南雄州志三十四卷首一卷　(清)余保純　(清)徐維清修　(清)黄其勤纂　(清)戴錫綸續纂修　清道光四年(1824)刻本　十六冊

330000－1701－0023006　普915.1923/5031　史部/地理類/方志之屬/郡縣志
[嘉慶]翁源縣新志十二卷首一卷末一卷　(清)謝崇俊等修　(清)顔爾樞纂　清嘉慶二十五年(1820)刻本　六冊

330000－1701－0023009　普915.1926/0035/c1　史部/地理類/方志之屬/郡縣志
[光緒]惠州府志四十五卷首一卷　(清)劉溎年等修　(清)鄧掄斌等纂　清光緒七年(1881)刻本　二十冊

330000－1701－0023010　普915.1926/1029　史部/地理類/方志之屬/郡縣志
[乾隆]歸善縣志十八卷首一卷　(清)章壽彭修　(清)陸飛纂　清乾隆四十八年(1783)刻本　八冊

330000－1701－0023011　普811.10847/10471/2/c1　集部/總集類/選集之屬/斷代
中州集十卷首一卷中州樂府一卷　(金)元好問輯　明末海虞毛氏汲古閣刻本　十二冊

330000－1701－0023012　普915.1926/0027　史部/地理類/方志之屬/郡縣志
[康熙]惠州府志二十卷首一卷　(清)吕應奎等修　(清)黄挺華等纂　清康熙二十七年(1688)刻本　十八冊

330000－1701－0023013　普811.10842/7547　集部/總集類/彙編之屬
南宋羣賢小集七十四種　(宋)陳起編　(清)顧修重輯　清嘉慶六年(1801)石門顧氏讀畫齋刻本　八冊　存一種

330000－1701－0023014　普811.10847/10471/2(2)　集部/總集類/選集之屬/斷代
中州集十卷首一卷中州樂府一卷　(金)元好問輯　明末海虞毛氏汲古閣刻本　二十冊

330000－1701－0023015　普915.1926/0035/c2　史部/地理類/方志之屬/郡縣志
[光緒]惠州府志四十五卷首一卷　(清)劉溎年等修　(清)鄧掄斌等纂　清光緒七年(1881)刻本　十九冊　存四十四卷(二至四十五)

330000－1701－0023016　普811.10847/10471/c2　集部/總集類/選集之屬/斷代
中州集十卷首一卷中州樂府一卷　(金)元好問輯　明末海虞毛氏汲古閣刻本　五冊　存六卷(首、一至五)

330000－1701－0023017　普915.1926/20523　史部/地理類/山川之屬/山志
浮山小志三卷首一卷　(清)黄培芳撰　清嘉慶十八年(1813)黄喬松刻本　一冊

330000－1701－0023018　普811.10847/3149/c1　集部/總集類/選集之屬/斷代
金詩選四卷　(清)顧奎光輯　(清)陶玉禾評　清乾隆十六年(1751)刻本　二冊

330000－1701－0023019　普811.1085/1271　類叢部/叢書類/彙編之屬
誦芬室叢刊二十二種　董康編　清光緒三十四年至民國十四年(1908－1925)武進董氏刻本　四冊　存一種

330000－1701－0023020　普915.1926/4032　史部/地理類/方志之屬/郡縣志
[道光]永安縣三志五卷首一卷末一卷　(清)宋如楠　(清)葉廷芳修　(清)賴朝侣纂　清道光二年(1822)刻本　四冊

330000－1701－0023021　普811.10847/3149/c2　集部/總集類/選集之屬/斷代
金詩選四卷　(清)顧奎光輯　(清)陶玉禾評　清乾隆十六年(1751)刻本　二冊

330000－1701－0023022　普811.10847/1047.02　集部/總集類/選集之屬/斷代

御訂全金詩增補中州集七十二卷首二卷 (金)元好問輯 (清)郭元釪補輯 清嘉慶十五年(1810)吳興恭學堂刻本 二十四冊

330000-1701-0023023 普 915.1927/0029/2 史部/地理類/方志之屬/郡縣志

[乾隆]潮州府志四十二卷首一卷 (清)周碩勳纂修 **抄存潮州府舊志一卷** (清)康基田輯 清光緒十九年(1893)潮郡保安總局刻本 二十四冊 缺一卷(首)

330000-1701-0023026 普 915.1926/5034 史部/地理類/方志之屬/郡縣志

[同治]海豐縣志續編二卷 (清)蔡逢恩修 (清)林光斐等纂 清同治十二年(1873)刻本 二冊

330000-1701-0023028 普 915.1927/1028 史部/地理類/方志之屬/郡縣志

[雍正]海陽縣志十二卷 (清)張士璉修 (清)葉適等纂 清雍正十二年(1734)刻本 十冊

330000-1701-0023033 普 915.1926/6029 史部/地理類/方志之屬/郡縣志

[乾隆]陸豐縣志十二卷 (清)王之正等修 (清)沈展才等纂 清乾隆十年(1745)刻光緒元年(1875)印本 二冊

330000-1701-0023034 普 915.1926/20521 史部/地理類/山川之屬/山志

浮山志五卷 (清)陳銘珪撰 清光緒荔莊刻本 五冊

330000-1701-0023035 普 915.1927/3029 史部/地理類/方志之屬/郡縣志

[乾隆]揭陽縣志八卷首一卷 (清)劉業勤修 (清)凌魚纂 清乾隆四十四年(1779)刻本 八冊

330000-1701-0023036 普 811.1085/3034 集部/總集類/彙編之屬

詩詞雜俎十二種 (明)毛晉輯 明天啓至崇禎海虞毛氏汲古閣刻本 一冊 存一種

330000-1701-0023037 普 915.1927/3035 史部/地理類/方志之屬/郡縣志

[光緒]揭陽縣續志四卷首一卷 (清)王崧修 (清)李星煇纂 清光緒十六年(1890)刻本 三冊

330000-1701-0023038 普 915.1927/4035 史部/地理類/方志之屬/郡縣志

[光緒]饒平縣志二十五卷 (清)劉抃原本 (清)惠登甲增修 (清)黃德容 (清)翁荃增纂 清康熙二十六年(1687)刻光緒九年(1883)增刻本 十二冊

330000-1701-0023039 普 811.1085/3160、普 811.1085/3160.2/(2)、普 811.1085/3160.3/c1 集部/總集類/選集之屬/斷代

元詩選初集一百十四卷二集一百三卷三集一百三卷首一卷 (清)顧嗣立輯 清康熙長洲顧嗣立秀野草堂刻本(仲實集一卷、仁裏漫稾一卷配抄本) 四十七冊

330000-1701-0023040 普 915.1927/8031 史部/地理類/方志之屬/郡縣志

[嘉慶]澄海縣志二十六卷首一卷 (清)李書吉等纂修 清嘉慶二十年(1815)刻本 五冊

330000-1701-0023041 普 915.1927/5029 史部/地理類/方志之屬/郡縣志

[乾隆]南澳志十二卷 (清)齊翀纂修 清乾隆四十八年(1783)刻道光二十一年(1841)補刻本 四冊

330000-1701-0023042 普 915.1927/9029 史部/地理類/方志之屬/郡縣志

[乾隆]普寧縣志十卷首一卷 (清)蕭麟趾修 (清)梅奕紹等纂 清乾隆十年(1745)刻本 八冊

330000-1701-0023044 普 811.1085/3160/(2)/c1、普 811.1085/3160.2/(3)/c1、普 811.1085/3160.3/c2 集部/總集類/選集之屬/斷代

元詩選初集一百十四卷二集一百三卷三集一百三卷首一卷 (清)顧嗣立輯 清康熙長洲顧嗣立秀野草堂刻本 三十二冊

330000－1701－0023046　普915.1928/1027　史部/地理類/方志之屬/郡縣志

[康熙]高要縣志二十九卷　(清)譚桓修　(清)梁登纂　清康熙十二年(1673)刻本　二冊　存五卷(一至五)

330000－1701－0023047　普811.1085/3160/(2)/c2、普811.1085/3160.2/(3)/c2、普811.1085/3160.3/c3　集部/總集類/選集之屬/斷代

元詩選初集一百十四卷二集一百三卷三集一百三卷首一卷　(清)顧嗣立輯　清康熙長洲顧嗣立秀野草堂刻本　三十五冊　缺一卷(三集會稽外史集)

330000－1701－0023048　普915.1928/0032/c1　史部/地理類/方志之屬/郡縣志

[道光]肇慶府志二十二卷首一卷　(清)屠英等修　(清)江藩等纂　清光緒二年(1876)刻本　二十二冊

330000－1701－0023050　普915.1928/1032　史部/地理類/方志之屬/郡縣志

[道光]高要縣志二十二卷首一卷　(清)韓際飛等修　(清)何元等纂　清道光六年(1826)刻本　十冊

330000－1701－0023051　普915.1928/0032/c2　史部/地理類/方志之屬/郡縣志

[道光]肇慶府志二十二卷首一卷　(清)屠英等修　(清)江藩等纂　清光緒二年(1876)刻本　二十一冊　缺二卷(首、一)

330000－1701－0023052　普915.1928/4031/c1　史部/地理類/方志之屬/郡縣志

[道光]陽春縣志十四卷首一卷　(清)陸向榮等修　(清)劉彬華纂　清道光元年(1821)廣州六書齋刻本　四冊

330000－1701－0023053　普915.1928/2035/c1　史部/地理類/方志之屬/郡縣志

[光緒]四會縣志十編首一編末一編　(清)陳志喆　(清)劉德恒修　(清)吳大猷纂　清光緒二十二年(1896)刻本　十二冊

330000－1701－0023054　普915.1928/5027/c2　史部/地理類/方志之屬/郡縣志

[康熙]高明縣志十八卷首一卷　(清)于學修　(清)黄之璧等纂　清康熙二十九年(1690)刻本　六冊

330000－1701－0023055　普915.1928/7032　史部/地理類/方志之屬/郡縣志

[道光]廣寧縣志十七卷　(清)黄思藻等纂修　清道光四年(1824)刻本　六冊

330000－1701－0023056　普915.1928/2035/c2　史部/地理類/方志之屬/郡縣志

[光緒]四會縣志十編首一編末一編　(清)陳志喆　(清)劉德恒修　(清)吳大猷纂　清光緒二十二年(1896)刻本　十二冊

330000－1701－0023057　普915.1928/4031/c2　史部/地理類/方志之屬/郡縣志

[道光]陽春縣志十四卷首一卷　(清)陸向榮等修　(清)劉彬華纂　清道光元年(1821)廣州六書齋刻本　六冊

330000－1701－0023058　普915.1928/3042　史部/地理類/雜志之屬

新州竹枝詞二卷　(清)孫福清等撰　清同治十三年(1874)新州官署刻本　二冊

330000－1701－0023060　普915.1928/8535　史部/地理類/方志之屬/郡縣志

[光緒]德慶州志十五卷首一卷末一卷　(清)楊文駿修　(清)朱一新　(清)關棠　(清)黎佩蘭纂　清光緒二十五年(1899)刻本　十冊

330000－1701－0023061　普915.1928/8529/c1　史部/地理類/方志之屬/郡縣志

[乾隆]德慶州志十八卷　(清)宋錦　(清)李麟洲纂修　清乾隆十八年(1753)刻本　六冊

330000－1701－0023062　普915.19291/1035　史部/地理類/方志之屬/郡縣志

[光緒]茂名縣志八卷首一卷附補遺訂訛一卷　(清)鄭業崇修　(清)許汝韶纂　清光緒十

四年(1888)刻本　七冊

330000－1701－0023063　普811.1085/3160/(3)/c1　集部/總集類/選集之屬/斷代
元詩選初集一百十四卷二集一百三卷三集一百三卷首一卷　(清)顧嗣立輯　清康熙長洲顧嗣立秀野草堂刻本　十六冊　存一百十五卷(首、初集一至一百十四)

330000－1701－0023064　HJL3857　類叢部/叢書類/自著之屬
杜川全集六種三十卷　(清)楊琪光撰　清光緒十年至十一年(1884－1885)武陵楊氏刻本　五冊　存二種

330000－1701－0023065　普915.19291/0032/c1　史部/地理類/方志之屬/郡縣志
[道光]高州府志十六卷　(清)黄安濤　(清)海壽等修　(清)潘眉等纂　清道光七年(1827)刻本　十六冊

330000－1701－0023066　普915.19291/2035　史部/地理類/方志之屬/郡縣志
[光緒]重修電白縣志三十卷首一卷　(清)孫鑄修　(清)邵祥齡等纂　清光緒十八年(1892)刻本　八冊

330000－1701－0023067　普915.19291/0032/c2　史部/地理類/方志之屬/郡縣志
[道光]高州府志十六卷　(清)黄安濤　(清)海壽等修　(清)潘眉等纂　清道光七年(1827)刻本　十五冊　缺一卷(一)

330000－1701－0023068　普915.1928/9035　史部/地理類/方志之屬/郡縣志
[道光]封川縣志十卷　(清)溫恭修　(清)吴蘭修纂　清道光十五年(1835)刻本　四冊

330000－1701－0023069　普811.1085/3160/(3)/c2、普811.1085/3160.2/(3)/c3　集部/總集類/選集之屬/斷代
元詩選初集一百十四卷二集一百三卷三集一百三卷首一卷　(清)顧嗣立輯　清康熙長洲顧嗣立秀野草堂刻本　二十冊　缺一百三卷(三集一至一百三)

330000－1701－0023070　普915.19294/2032　史部/地理類/方志之屬/郡縣志
[道光]遂溪縣志十二卷志餘備覽一卷　(清)喻炳榮等修　(清)朱德華等纂　清道光二十九年(1849)刻光緒二十一年(1895)補刻本　八冊

330000－1701－0023071　普915.19297/0028　史部/地理類/方志之屬/郡縣志
[雍正]羅定直隸州志六卷首一卷　(清)王植纂修　清雍正九年(1731)刻本　十二冊

330000－1701－0023072　普915.19294/1031　史部/地理類/方志之屬/郡縣志
[嘉慶]海康縣志八卷　(清)劉邦柄修　(清)陳昌齊纂　清嘉慶十七年(1812)刻本　十冊

330000－1701－0023074　普915.19295/0032/2　史部/地理類/方志之屬/郡縣志
[道光]瓊州府志四十四卷首一卷　(清)明誼修　(清)張岳崧纂　清道光二十一年(1841)刻光緒十六年(1890)補刻本　二十六冊

330000－1701－0023075　普811.1085/3160/(3)/c3　集部/總集類/選集之屬/斷代
元詩選初集一百十四卷二集一百三卷三集一百三卷首一卷　(清)顧嗣立輯　清康熙長洲顧嗣立秀野草堂刻本　十四冊　存一百十五卷(首、初集一至一百十四)

330000－1701－0023077　普915.19295/0032/3　史部/地理類/方志之屬/郡縣志
[道光]瓊州府志四十四卷首一卷　(清)明誼修　(清)張岳崧纂　清道光二十一年(1841)刻本　二十四冊

330000－1701－0023079　普915.19295/3035/c1　史部/地理類/方志之屬/郡縣志
[光緒]定安縣志十卷首一卷　(清)吴應廉修　(清)王映斗纂　清光緒四年(1878)刻本　十冊

330000－1701－0023081　普915.19295/3035/c2　史部/地理類/方志之屬/郡縣志

[光緒]定安縣志十卷首一卷 （清)吳應廉修 （清)王映斗纂 清光緒四年(1878)刻本 十冊

330000－1701－0023083 普 811.1085/3160/(3)/c4 集部/總集類/選集之屬/斷代
元詩選初集一百十四卷二集一百三卷三集一百三卷首一卷 （清)顧嗣立輯 清康熙長洲顧嗣立秀野草堂刻本 十六冊 存一百十五卷(首、初集一至一百十四)

330000－1701－0023084 普 915.19295/6535 史部/地理類/方志之屬/郡縣志
[光緒]臨高縣志二十四卷 （清)聶緝慶 （清)張延修 （清)桂文熾 （清)汪瑔纂 清光緒十八年(1892)刻本 十冊

330000－1701－0023085 普 915.19295/5031 史部/地理類/方志之屬/郡縣志
[嘉慶]會同縣志十卷 （清)陳述芹纂修 清嘉慶二十五年(1820)刻本 五冊

330000－1701－0023086 普 915.19295/8032 史部/地理類/方志之屬/郡縣志
[道光]萬州志十卷 （清)胡端書修 （清)楊士錦 （清)吳鳴清等纂 清道光八年(1828)刻本 四冊

330000－1701－0023087 普 915.19297/2032 史部/地理類/方志之屬/郡縣志
[道光]西寧縣志十二卷首一卷末一卷 （清)諸豫宗修 （清)周中孚纂 清道光十年(1830)刻本 六冊

330000－1701－0023088 普 915.19299/1029 史部/地理類/方志之屬/郡縣志
[乾隆]興寧縣志十卷 （清)施念曾纂修 清乾隆四年(1739)刻本 八冊

330000－1701－0023089 普 915.19298/0034 史部/地理類/方志之屬/郡縣志
[同治]連州志十二卷 （清)袁泳錫等修 （清)單興詩纂 清同治九年(1870)刻本 六冊

330000－1701－0023090 普 811.1085/3160/(4)/c1 集部/總集類/選集之屬/斷代
元詩選初集一百十四卷二集一百三卷三集一百三卷首一卷 （清)顧嗣立輯 清康熙長洲顧嗣立秀野草堂刻本 二十冊 存一百十五卷(首、初集一至一百十四)

330000－1701－0023091 普 811.1085/3160/(4)/c2 集部/總集類/選集之屬/斷代
元詩選初集一百十四卷二集一百三卷三集一百三卷首一卷 （清)顧嗣立輯 清康熙長洲顧嗣立秀野草堂刻本 二十冊 存一百十五卷(首、初集一至一百十四)

330000－1701－0023092 普 915.193/3104/c2 史部/地理類/方志之屬/通志
[嘉慶]廣西通志二百七十九卷首一卷 （清)謝啓昆修 （清)胡虔纂 清嘉慶六年(1801)刻同治四年(1865)補刻光緒十七年(1891)桂垣書局再補刻本 八十冊

330000－1701－0023093 普 811.1085/3160.302/c1 集部/總集類/選集之屬/斷代
元詩選六卷補遺一卷 （清)顧奎光輯 （清)陶瀚 （清)陶玉禾評 清乾隆十六年(1751)刻本 四冊

330000－1701－0023094 普 915.193/3544 史部/地理類/方志之屬/通志
[光緒]廣西通志輯要十七卷首一卷 （清)蘇宗經輯 （清)羊復禮 （清)夏敬頤增輯 **廣西昭忠錄八卷首一卷平桂紀畧四卷股匪總錄三卷堂匪總錄十二卷附廣西道里表一卷** （清)蘇鳳文撰 清光緒十五年至十六年(1889－1890)刻本 二十一冊

330000－1701－0023095 普 915.193/4226 史部/地理類/雜志之屬
粵西偶記一卷 （清)陸祚蕃撰 清抄本 一冊

330000－1701－0023096 普 915.193/3104/c1 史部/地理類/方志之屬/通志
[嘉慶]廣西通志二百七十九卷首一卷 （清)謝啓昆修 （清)胡虔纂 清嘉慶六年(1801)刻同治四年(1865)補刻光緒十七年(1891)桂

垣書局再補刻本　四十五册　存一百五十五卷(首、一至一百五十四)

330000－1701－0023097　普 915.193/9307　類叢部/叢書類/彙編之屬
知不足齋叢書一百九十五種　(清)鮑廷博編　(清)鮑士恭續編　清乾隆三十七年至道光三年(1772－1823)長塘鮑氏刻彙印本　三册　存一種

330000－1701－0023098　普 811.1085/3160.302/c2　集部/總集類/選集之屬/斷代
元詩選六卷補遺一卷　(清)顧奎光輯　(清)陶瀚　(清)陶玉禾評　清乾隆十六年(1751)刻本　四册

330000－1701－0023099　普 915.193/9307/2　史部/地理類/雜志之屬
赤雅三卷　(明)鄺露撰　清咸豐十年(1860)海雪堂刻本　一册

330000－1701－0023100　普 811.1085/4210　集部/總集類/選集之屬/斷代
元詩自攜七言律詩十六卷　(清)姚廷謙輯　清康熙六十一年(1722)姚氏遂安堂刻本　四册

330000－1701－0023101　普 915.193/4311　史部/地理類/雜志之屬
粤西筆述一卷　(清)張祥河輯　清道光二十五年(1845)刻本　二册

330000－1701－0023102　普 811.1085/3160.302/c3　集部/總集類/選集之屬/斷代
元詩選六卷補遺一卷　(清)顧奎光輯　(清)陶瀚　(清)陶玉禾評　清乾隆十六年(1751)刻本　四册

330000－1701－0023103　普 811.1086/1038　類叢部/叢書類/郡邑之屬
武林掌故叢編一百八十七種　(清)丁丙編　清光緒三年至二十六年(1877－1900)錢塘丁氏嘉惠堂刻本　一册　存一種

330000－1701－0023105　普 811.1086/1043　類叢部/叢書類/自著之屬
王漁洋遺書三十八種　(清)王士禛撰　清刻本　一册　存一種

330000－1701－0023107　普 811.1086/1111/c2　集部/總集類/彙編之屬
弘正四傑詩集　(清)張祖同編　清光緒二十一年(1895)長沙張氏湘雨樓刻本　十六册

330000－1701－0023109　普 915.1931/0052　史部/地理類/雜志之屬
桂林山水一卷　(清)羅辰編　清刻本　一册

330000－1701－0023110　普 811.1086/1046/c1　集部/總集類/郡邑之屬
廣濟耆舊詩集十二卷　(清)夏槐輯　清光緒十三年(1887)松江金山縣署刻本　六册

330000－1701－0023111　普 915.1931/8531　史部/地理類/方志之屬/郡縣志
[嘉慶]全州志十二卷首一卷末一卷　(清)溫之誠修　(清)曹文深等纂　清嘉慶四年(1799)刻本　九册　缺二卷(十二、末)

330000－1701－0023112　普 811.1086/1046/c2　集部/總集類/郡邑之屬
廣濟耆舊詩集十二卷　(清)夏槐輯　清光緒十三年(1887)松江金山縣署刻本　六册

330000－1701－0023113　普 915.1931/0052/2　集部/别集類/清别集
芙蓉池館詩草二卷　(清)羅辰撰　清道光十一年(1831)刻本　一册　存一卷(上)

330000－1701－0023114　普 811.1086/1111/c1　集部/總集類/彙編之屬
弘正四傑詩集　(清)張祖同編　清光緒二十一年(1895)長沙張氏湘雨樓刻本　章嶔跋　十六册

330000－1701－0023115　普 915.1934/5035　史部/地理類/方志之屬/郡縣志
[光緒]遷江縣志四卷　(清)顏嗣徽纂修　清光緒十七年(1891)桂林書局刻本　四册

330000－1701－0023116　普 915.1931/8531/1　史部/地理類/方志之屬/郡縣志

[嘉慶]全州志十二卷首一卷末一卷 (清)溫之誠修 (清)曹文深等纂 清嘉慶四年(1799)刻本 一册 存一卷(十一)

330000－1701－0023121 普915.1931/0058 史部/地理類/山川之屬/山志
桂鬱巖洞記一卷 (清)賈敦臨撰 清抄本 一册

330000－1701－0023122 普811.1086/2528 集部/總集類/選集之屬/斷代
明詩綜一百卷 (清)朱彝尊輯 (清)汪森等評 清康熙刻乾隆西泠吳氏清來堂印本 二十四册 缺十八卷(一至十八)

330000－1701－0023125 普811.1086/2519/c1 集部/總集類/選集之屬/斷代
明人詩鈔正集十四卷續集十四卷 (清)朱琰輯 清乾隆二十五年(1760)樊桐山房刻本 十册

330000－1701－0023126 普811.1086/2528/2/c1 集部/總集類/選集之屬/斷代
明詩綜一百卷 (清)朱彝尊輯 (清)汪森等評 清康熙刻本 二十四册

330000－1701－0023128 普811.1086/2519/c2 集部/總集類/選集之屬/斷代
明人詩鈔正集十四卷續集十四卷 (清)朱琰輯 清乾隆二十五年(1760)樊桐山房刻本 八册

330000－1701－0023129 普811.1086/2519/c3 集部/總集類/選集之屬/斷代
明人詩鈔正集十四卷續集十四卷 (清)朱琰輯 清乾隆二十五年(1760)樊桐山房刻本 十册

330000－1701－0023131 普915.19394/0035 史部/地理類/方志之屬/郡縣志
[光緒]鎮安府志二十五卷首一卷 (清)羊復禮纂修 清光緒十八年(1892)刻本 十二册

330000－1701－0023132 普915.194/0029/c1 史部/地理類/方志之屬/郡縣志
[乾隆]續修臺灣府志二十六卷首一卷 (清)余文儀修 (清)黄佾纂 清乾隆三十九年(1774)刻本 三十册

330000－1701－0023133 普915.194/0029/2 史部/地理類/方志之屬/郡縣志
[乾隆]續修臺灣府志二十六卷首一卷 (清)余文儀修 (清)黄佾纂 清乾隆三十九年(1774)刻同治十一年(1872)補刻本(卷四配抄本) 三十册

330000－1701－0023134 普915.19396/0029 史部/地理類/方志之屬/郡縣志
[乾隆]鬱林州志十卷 (清)邱桂山修 (清)劉玉麟 (清)秦兆鯨纂 清乾隆五十七年(1792)刻本 四册

330000－1701－0023135 普811.1086/2528/2/c3 集部/總集類/選集之屬/斷代
明詩綜一百卷 (清)朱彝尊輯 (清)汪森等評 清康熙刻本(卷一配抄本) 二十册

330000－1701－0023136 普811.1086/2528/2/c2 集部/總集類/選集之屬/斷代
明詩綜一百卷 (清)朱彝尊輯 (清)汪森等評 清康熙刻本 二十四册

330000－1701－0023137 普915.194/2138/c1 史部/地理類
臺灣雜詠合刻三卷 (清)楊希閔輯 清光緒七年(1881)刻本 一册

330000－1701－0023138 普915.194/0029.2 史部/地理類/方志之屬/郡縣志
[乾隆]重修臺灣府志二十五卷首一卷 (清)六十七 (清)范咸纂修 清乾隆十二年(1747)刻本 十二册

330000－1701－0023139 普811.1086/2528/2(3)/c2 集部/總集類/選集之屬/斷代
明詩綜一百卷 (清)朱彝尊輯 (清)汪森等評 清康熙刻本 三十二册

330000－1701－0023140 普811.1086/2528/2(3)/c1 集部/總集類/選集之屬/斷代
明詩綜一百卷 (清)朱彝尊輯 (清)汪森等評 清康熙刻白蓮涇印本 四十四册

330000－1701－0023141　普 915.194/1030
史部/地理類/方志之屬/郡縣志
[嘉慶]續修臺灣縣志八卷首一卷　(清)薛志亮修　(清)謝金鑾　(清)鄭兼才纂　清嘉慶十二年(1807)刻本　八冊

330000－1701－0023142　普 811.1086/2528/2(4)/c1　集部/總集類/選集之屬/斷代
明詩綜一百卷　(清)朱彝尊輯　(清)汪森等評　清康熙刻雍正朱氏六峯閣印本　二十四冊

330000－1701－0023143　普 811.1086/2528/2(4)/c2　集部/總集類/選集之屬/斷代
明詩綜一百卷　(清)朱彝尊輯　(清)汪森等評　清康熙刻本　二十四冊

330000－1701－0023144　普 915.194/0029/c2　史部/地理類/方志之屬/郡縣志
[乾隆]續修臺灣府志二十六卷首一卷　(清)余文儀修　(清)黃佾纂　清乾隆三十九年(1774)刻本　十二冊

330000－1701－0023145　普 915.194/1062
史部/地理類/雜志之屬
治臺必告錄八卷　(清)丁曰健輯　清同治六年(1867)知足知止園刻本　二冊　存二卷(一至二)

330000－1701－0023147　普 811.1086/2732
集部/總集類/郡邑之屬
黔詩紀略三十三卷　(清)莫友芝輯　清同治十二年(1873)遵義唐氏夢研齋金陵刻本　八冊

330000－1701－0023149　普 915.194/4214
新學/地學/地理學
琉球地理小志一卷補遺一卷説畧一卷　姚文棟譯　清光緒九年(1883)刻本　一冊

330000－1701－0023150　普 811.1086/3102/2　集部/總集類/選集之屬/斷代
明三十家詩選初集八卷二集八卷　(清)汪端輯　清道光二年(1822)汪端自然好學齋刻本　八冊

330000－1701－0023151　普 811.1086/3102/c1　集部/總集類/選集之屬/斷代
明三十家詩選初集八卷二集八卷　(清)汪端輯　清同治十二年(1873)蘊蘭吟館刻本　八冊

330000－1701－0023152　普 811.1086/3102/c2　集部/總集類/選集之屬/斷代
明三十家詩選初集八卷二集八卷　(清)汪端輯　清同治十二年(1873)蘊蘭吟館刻本　八冊

330000－1701－0023153　普 915.194/44211
類叢部/叢書類/郡邑之屬
畿輔叢書　(清)王灝編　清光緒五年至十八年(1879－1892)定州王氏謙德堂刻三十二年(1906)彙印本(元和郡縣圖志卷十九至二十、二十三至二十四、三十五至三十六)　二冊　存一種

330000－1701－0023154　普 811.1086/3102/c3　集部/總集類/選集之屬/斷代
明三十家詩選初集八卷二集八卷　(清)汪端輯　清同治十二年(1873)蘊蘭吟館刻本　八冊

330000－1701－0023155　普 915.194/4299/c1　類叢部/叢書類/自著之屬
中復堂全集九種附一種　(清)姚瑩撰　清道光刻本　四冊　存一種

330000－1701－0023156　普 811.1086/3102/c4　集部/總集類/選集之屬/斷代
明三十家詩選初集八卷二集八卷　(清)汪端輯　清同治十二年(1873)蘊蘭吟館刻本　八冊

330000－1701－0023157　普 915.194/2138/c2　史部/地理類
臺灣雜詠合刻三卷　(清)楊希閔輯　清光緒七年(1881)刻本　一冊

330000－1701－0023158　普 811.1086/3423/2/c1　集部/總集類/選集之屬/斷代
明詩別裁集十二卷　(清)沈德潛　(清)周準

輯　清乾隆四年(1739)刻本　六冊

330000－1701－0023159　普 915.194/4431/c1　史部/地理類/雜志之屬
臺灣生熟番紀事一卷　(清)黄逢昶撰　清光緒十一年(1885)刻本　一冊

330000－1701－0023160　普 811.1086/3142　集部/總集類/選集之屬/斷代
國雅二十卷續四卷　(明)顧起綸輯　**國雅品一卷**　(明)顧起綸撰　清末抄本　二十冊

330000－1701－0023161　HJL3889　集部/别集類/明别集
馮少墟集二十二卷續集四卷　(明)馮從吾撰　清康熙十二年(1673)盩厔李氏刻光緒二十二年(1896)補修本　十八冊

330000－1701－0023162　普 915.194/4431/c2　史部/地理類/雜志之屬
臺灣生熟番紀事一卷　(清)黄逢昶撰　清光緒十一年(1885)刻本　一冊

330000－1701－0023163　普 915.194/4299/c2　類叢部/叢書類/自著之屬
中復堂全集九種附一種　(清)姚瑩撰　清道光刻本　二冊　存一種

330000－1701－0023164　普 915.194/4299/c3　類叢部/叢書類/自著之屬
中復堂全集九種附一種　(清)姚瑩撰　清道光刻本　二冊　存一種

330000－1701－0023165　普 811.1086/4462　集部/總集類/選集之屬/斷代
藜照樓明二十四家詩定二十四卷　(清)黄昌衢輯　清康熙二十八年(1689)藜照樓刻本　十二冊

330000－1701－0023166　普 915.194/2138/c3　史部/地理類
臺灣雜詠合刻三卷　(清)楊希閔輯　清光緒七年(1881)刻本　一冊

330000－1701－0023167　普 915.194/2138/c4　史部/地理類
臺灣雜詠合刻三卷　(清)楊希閔輯　清光緒七年(1881)刻本　一冊

330000－1701－0023168　普 915.194/2138/c5　史部/地理類
臺灣雜詠合刻三卷　(清)楊希閔輯　清光緒七年(1881)刻本　一冊

330000－1701－0023169　普 915.194/2138/c6　史部/地理類
臺灣雜詠合刻三卷　(清)楊希閔輯　清光緒七年(1881)刻本　一冊

330000－1701－0023170　普 915.194/4299/2　類叢部/叢書類/彙編之屬
申報館叢書正集五十七種附錄三種續集一百四十二種　(清)尊聞閣主編　蔡爾康編續集　清同治至光緒上海申報館鉛印本　二冊　存一種

330000－1701－0023171　普 915.194/2138/c7　史部/地理類
臺灣雜詠合刻三卷　(清)楊希閔輯　清光緒七年(1881)刻本　一冊

330000－1701－0023173　普 811.1086/3423/2/c2　集部/總集類/選集之屬/斷代
明詩别裁集十二卷　(清)沈德潛　(清)周準輯　清乾隆四年(1739)刻本　六冊

330000－1701－0023175　普 811.1086/4033　集部/總集類/選集之屬/斷代
小山嗣音四卷　(清)李兆洛錄　清嘉慶刻本　二冊

330000－1701－0023176　普 915.194/4431/c3　史部/地理類/雜志之屬
臺灣生熟番紀事一卷　(清)黄逢昶撰　清光緒十一年(1885)刻本　一冊

330000－1701－0023177　普 811.1086/44141/c1　集部/總集類/郡邑之屬
花山九老詩存不分卷　(清)林丙恭輯　清光緒三十二年(1906)太平可園林氏木活字印本　一冊

330000－1701－0023178　普 811.1086/3423/2(2)/c2　集部/總集類/選集之屬/斷代
明詩別裁集十二卷　(清)沈德潛　(清)周準輯　清乾隆四年(1739)刻本　四冊

330000－1701－0023179　普 811.1086/3423/2(2)/c1　集部/總集類/選集之屬/斷代
明詩別裁集十二卷　(清)沈德潛　(清)周準輯　清乾隆四年(1739)刻本　四冊

330000－1701－0023180　普 915.195/7796　史部/地理類/外紀之屬
琉球國志略十六卷首一卷　(清)周煌撰　清乾隆二十四年(1759)漱潤堂刻本　二冊　缺十二卷(五至十六)

330000－1701－0023181　普 915.194/5034/c1　史部/地理類/方志之屬/郡縣志
[同治]淡水廳志十六卷　(清)陳培桂纂修　清同治十年(1871)刻本　八冊

330000－1701－0023183　普 811.1086/44141/c2　集部/總集類/郡邑之屬
花山九老詩存不分卷　(清)林丙恭輯　清光緒三十二年(1906)太平可園林氏木活字印本　一冊

330000－1701－0023184　普 915.194/5034/c2　史部/地理類/方志之屬/郡縣志
[同治]淡水廳志十六卷　(清)陳培桂纂修　清同治十年(1871)刻本　六冊

330000－1701－0023185　普 811.1086/44141/c3　集部/總集類/郡邑之屬
花山九老詩存不分卷　(清)林丙恭輯　清光緒三十二年(1906)太平可園林氏木活字印本　一冊

330000－1701－0023188　普 110.4/5523　史部/傳記類/總傳之屬/儒林
聖宗集要八卷　(清)費緯祹輯　清康熙四十九年(1710)依庸堂刻本　八冊

330000－1701－0023189　普 811.1086/44141/c4　集部/總集類/郡邑之屬
花山九老詩存不分卷　(清)林丙恭輯　清光緒三十二年(1906)太平可園林氏木活字印本　一冊

330000－1701－0023191　普 811.1086/44141/c5　集部/總集類/郡邑之屬
花山九老詩存不分卷　(清)林丙恭輯　清光緒三十二年(1906)太平可園林氏木活字印本　一冊

330000－1701－0023192　普 811.1086/7517　類叢部/叢書類/彙編之屬
峭帆樓叢書十八種　趙詒琛編　清宣統三年至民國八年(1911－1919)新陽趙氏峭帆樓刻本　一冊　存一種

330000－1701－0023193　普 811.1086/8308　集部/總集類/選集之屬/斷代
列朝詩集乾集二卷甲集前編十一卷甲集二十二卷乙集八卷丙集十六卷丁集十六卷閏集六卷　(清)錢謙益輯　清宣統二年(1910)上海神州國光社鉛印本　三十五冊　缺二十六卷(甲集前編四至五、丙集九至十六、丁集一至十、閏集一至六)

330000－1701－0023194　普 110.44/0081　集部/總集類/選集之屬/通代
唐會元精選諸儒文要八卷　(明)唐順之輯　明陳奎刻本　十冊

330000－1701－0023196　普 811.1086/8308/2　集部/總集類/選集之屬/斷代
列朝詩集乾集二卷甲集前編十一卷甲集二十二卷乙集八卷丙集十六卷丁集十六卷閏集六卷　(清)錢謙益輯　清順治刻絳雲樓印本　二十四冊　缺三卷(閏集四至六)

330000－1701－0023197　普 811.1086/8308/3　集部/總集類/選集之屬/斷代
列朝詩集乾集二卷甲集前編十一卷甲集二十二卷乙集八卷丙集十六卷丁集十六卷閏集六卷　(清)錢謙益輯　清宣統二年(1910)上海神州國光社鉛印本　五十五冊　缺三卷(甲集前編一至三)

330000－1701－0023199　普 110.7/8043/2

類叢部/叢書類/自著之屬
春在堂全書三十六種 (清)俞樾撰 清同治至光緒刻光緒末彙印本 八冊 存一種

330000－1701－0023202 普110.8/1041 子部/叢編
二十五子彙函 (清)鴻文書局編 清光緒十九年(1893)上海鴻文書局石印本 十六冊 存二十二種

330000－1701－0023203 普110.8/1041/2/c1 子部/叢編
二十二子(二十二子彙函) (清)浙江書局編 清光緒元年至三年(1875－1877)浙江書局刻本 王存善題記 八十冊

330000－1701－0023205 普811.1087/0027 集部/別集類/明別集
六如居士全集六種 (明)唐寅撰 清嘉慶六年(1801)長沙唐仲冕果克山房刻本 二冊 存二種

330000－1701－0023211 普110.8/1041/2(2)/c1 子部/叢編
二十二子(二十二子彙函) (清)浙江書局編 清光緒元年至三年(1875－1877)浙江書局刻二十七年(1901)重修本 章嶔題記 八十三冊

330000－1701－0023213 普811.1087/0028.2 集部/總集類/酬唱之屬
西泠酬倡集五卷二集五卷三集五卷 (清)秦緗業等撰 清光緒刻本 五冊

330000－1701－0023215 普811.1087/00281/c1 集部/總集類/酬唱之屬
且園賡唱集三卷 (清)方鼎鋭等撰 清同治十三年(1874)且園刻本 一冊

330000－1701－0023217 普811.1086/8308.09 史部/傳記類/總傳之屬/通代
錢牧齋先生列朝詩集小傳十卷 (清)錢謙益撰 (清)錢陸燦輯 清康熙三十七年(1698)黄錫紱誦芬堂刻本 八冊

330000－1701－0023219 普811.1087/00281/c2 集部/總集類/酬唱之屬
且園賡唱集三卷 (清)方鼎鋭等撰 清同治十三年(1874)且園刻本 一冊

330000－1701－0023220 普811.1087/0032 集部/總集類/酬唱之屬
粤闈唱和集一卷續刻一卷 (清)方濬師等撰 清同治十二年(1873)刻本 一冊

330000－1701－0023221 普110.8/1041/2(2)/c2 子部/叢編
二十二子(二十二子彙函) (清)浙江書局編 清光緒元年至三年(1875－1877)浙江書局刻民國浙江圖書館重修本 八十三冊

330000－1701－0023222 普811.1087/0051/c1 集部/總集類/酬唱之屬
碧蘿吟館唱和詩詞四刻一卷 (清)馬錦編 清道光七年(1827)刻本 一冊

330000－1701－0023223 普811.1087/0051/c2 集部/總集類/酬唱之屬
碧蘿吟館唱和詩詞四刻一卷 (清)馬錦編 清道光七年(1827)刻本 一冊

330000－1701－0023224 普811.1087/0043 類叢部/叢書類/家集之屬
得一山房四種 (清)唐景崧等撰 清光緒十九年(1893)刻本 五冊 存一種

330000－1701－0023225 普811.1087/0032.2 集部/總集類/酬唱之屬
琴簧應和集一卷 (清)方濬師等撰 清光緒二年(1876)刻本 一冊

330000－1701－0023226 普811.1087/0168 集部/總集類/酬唱之屬
桐陰吟□廝詩甲編二卷 (清)龔顯曾編 清同治三年(1864)題襟館刻本 二冊

330000－1701－0023227 普811.1087/0168.2 集部/總集類/酬唱之屬
桐陰吟□廝詩乙編二卷 (清)龔顯曾編 清同治十一年(1872)刻本 二冊

330000－1701－0023228 普811.1087/0037

集部/總集類/酬唱之屬

嶺南倡和詩一卷 (清)方濬頤等撰 清同治三年(1864)羊城刻本 一册

330000－1701－0023229 HJL5927 集部/别集類/明别集

張忠敏公遺集十卷首一卷附録六卷 (明)張國維撰 (清)張振珂輯 清光緒五年(1879)江蘇書局刻本 六册

330000－1701－0023234 普 811.1087/0082 集部/總集類/酬唱之屬

齊太史移居倡酬集四卷首一卷尾一卷 (清)齊召南等撰 (清)齊毓川輯 清光緒十二年(1886)肇古齋木活字印本 二册

330000－1701－0023235 普 811.1087/0400.02 集部/總集類/選集之屬/斷代

蘭言二集十八卷 (清)謝堃輯 清道光五年(1825)刻本 六册

330000－1701－0023236 普 811.1087/0413 集部/總集類/選集之屬/斷代

印心石屋詩薈四卷 (清)謝元淮輯 清道光十二年(1832)海州石室書院刻本 一册

330000－1701－0023237 普 811.1087/0433/c1 集部/總集類/題詠之屬

鄧尉探梅詩四卷 (清)謝家福輯 清光緒二十年(1894)刻望炊樓叢書本 趙學南題記 一册

330000－1701－0023238 普 110.8/1041/2/c2 子部/叢編

二十二子(二十二子彙函) (清)浙江書局編 清光緒元年至三年(1875－1877)浙江書局刻民國浙江圖書館重修本 七十五册 缺三十五卷(補注黄帝内經素問一至十、靈樞一至十二、山海經六至十八)

330000－1701－0023244 普 811.1087/0436 集部/總集類/選集之屬/通代

詠史詩鈔不分卷 (清)謝啓昆等編 清光緒二十五年(1899)經世書局鉛印本 四册

330000－1701－0023245 普 811.1087/0731/c1 集部/總集類/氏族之屬

湘潭郭氏閨秀集七種 (清)郭潤玉輯 清道光十七年(1837)刻本 一册 存四種

330000－1701－0023246 普 811.1087/0731/c2 集部/總集類/氏族之屬

湘潭郭氏閨秀集七種 (清)郭潤玉輯 清道光十七年(1837)刻本 一册 存五種

330000－1701－0023248 普 811.1087/0807/c1 集部/總集類/酬唱之屬

甲午大吉詩編一卷續編一卷 (清)許郊編 清光緒二十年(1894)刻本 一册

330000－1701－0023249 普 110.8/1041/2(2)/c3 子部/叢編

二十二子(二十二子彙函) (清)浙江書局編 清光緒元年至三年(1875－1877)浙江書局刻民國浙江圖書館重修本 八十三册

330000－1701－0023251 普 811.1087/0807/c2 集部/總集類/酬唱之屬

甲午大吉詩編一卷續編一卷 (清)許郊編 清光緒二十年(1894)刻本 一册

330000－1701－0023252 普 811.1087/0807/c3 集部/總集類/酬唱之屬

甲午大吉詩編一卷續編一卷 (清)許郊編 清光緒二十年(1894)刻本 一册

330000－1701－0023253 普 811.1087/0807/c4 集部/總集類/酬唱之屬

甲午大吉詩編一卷續編一卷 (清)許郊編 清光緒二十年(1894)刻本 一册

330000－1701－0023254 普 811.1087/0808 集部/總集類/酬唱之屬

清華唱和集詩一卷詞一卷 (清)許應爍撰 清光緒刻本 一册

330000－1701－0023255 普 811.1087/0887 集部/總集類/酬唱之屬

碧聲吟館倡酬續録一卷 (清)許善長輯 清光緒十二年(1886)仁和許氏碧聲吟館刻本 一册

330000－1701－0023256　普 811.1087/0433/c2　史部/地理類

望炊樓叢書五種附二種　(清)謝家福輯　清光緒吳縣謝氏刻本　一册　存一種

330000－1701－0023257　普 811.1087/0808/2　集部/總集類/酬唱之屬

清華唱和集詩一卷　(清)許應爍撰　清光緒刻本　一册

330000－1701－0023258　普 110.8/1751/c2　子部/叢編

子書百家　(清)崇文書局編　清光緒元年(1875)湖北崇文書局刻民國元年(1912)鄂官書處重印本　章嶔批校並記　一百十册

330000－1701－0023259　普 811.1087/0844/(2)　集部/總集類/選集之屬/斷代

本朝五言近體瓣香集十六卷　(清)許英輯並注　清乾隆二十八年(1763)心逸堂刻本　四册

330000－1701－0023260　普 811.1087/0814　集部/總集類/題詠之屬

連枝圖題詠初集一卷次集一卷　(清)許承基輯　清乾隆三十一年(1766)武林許承基刻本　二册

330000－1701－0023261　HJH3897、HJH4112　類叢部/叢書類/彙編之屬

武英殿聚珍版書　清刻本　八册　存二種

330000－1701－0023263　普 811.1087/0844/c1　集部/總集類/選集之屬/斷代

本朝五言近體瓣香集十六卷　(清)許英輯並注　清乾隆二十八年(1763)心逸堂刻本　二册

330000－1701－0023264　普 811.1087/1001　集部/總集類/酬唱之屬

六潭十憶倡穌集一卷　王詠霓撰　清宣統元年(1909)鉛印本　一册

330000－1701－0023265　普 110.8/1751/c4　子部/叢編

子書百家　(清)崇文書局編　清光緒元年(1875)湖北崇文書局刻民國元年(1912)鄂官書處重印本　畏廬主人題簽　一百十册

330000－1701－0023266　普 811.1087/1003　集部/總集類/彙編之屬

存存吟社詩鈔六卷　(清)王慶瀾編　清道光刻本　三册

330000－1701－0023267　普 811.1087/0844/c2　集部/總集類/選集之屬/斷代

本朝五言近體瓣香集十六卷　(清)許英輯並注　清乾隆二十八年(1763)心逸堂刻本　十册

330000－1701－0023272　普 110.8/1751/c3　子部/叢編

子書百家　(清)崇文書局編　清光緒元年(1875)湖北崇文書局刻民國元年(1912)鄂官書處重印本　一百十册

330000－1701－0023273　普 811.1087/1004/c1　集部/總集類/郡邑之屬

海虞詩苑十八卷　(清)王應奎輯　清乾隆二十四年(1759)刻本　六册

330000－1701－0023274　普 811.1087/1020　集部/總集類/郡邑之屬

嶺南三大家詩選二十四卷　(清)王隼編　清同治七年(1868)南海陳氏刻本　五册

330000－1701－0023275　普 811.1087/10201　集部/總集類/課藝之屬

近科館課分韻詩鈔三十卷目錄二卷　王先謙編　范多玨重編　陳漢章增注　清光緒二年(1876)刻本　十二册

330000－1701－0023276　普 811.1087/1025　集部/總集類/郡邑之屬

三山同聲集四卷續編一卷首一卷　(清)王凱泰輯　清同治十二年(1873)儉明簡齋刻本　二册

330000－1701－0023277　普 811.1087/1004/c2　集部/總集類/郡邑之屬

海虞詩苑十八卷　(清)王應奎輯　清乾隆二十四年(1759)刻本　六册

330000－1701－0023280　普 811.1087/1025.2　集部/總集類/選集之屬/斷代

湖上弦歌集二卷　(清)王凱泰編　清同治十三年(1874)儉明簡齋刻本　一册

330000－1701－0023281　普 811.1087/1032.2/c1　集部/總集類/選集之屬/斷代

繪水集三卷　(清)王之佐編　清道光刻本　一册

330000－1701－0023282　普 811.1087/1032.2/c2　集部/總集類/選集之屬/斷代

繪水集三卷　(清)王之佐編　清道光刻本　一册

330000－1701－0023283　普 811.1087/10271　集部/總集類/選集之屬/斷代

可園雜纂　三多輯　清光緒十七年(1891)刻本　二册　存一種

330000－1701－0023285　普 811.1087/1034　集部/總集類/氏族之屬

陳氏聯珠集十卷　(清)王肇奎編　清嘉慶華南書屋刻本　四册

330000－1701－0023286　普 811.1087/1025/(2)　集部/總集類/郡邑之屬

三山同聲集四卷續編一卷三編一卷首一卷　(清)王凱泰輯　清同治十二年(1873)儉明簡齋刻十三年(1874)增刻本　三册

330000－1701－0023287　普 811.1087/1036/2/c2　集部/總集類/選集之屬/斷代

湖海詩傳四十六卷　(清)王昶輯　清嘉慶八年(1803)青浦王氏三泖漁莊刻本　十六册

330000－1701－0023288　普 811.1087/1036/2/c3　集部/總集類/選集之屬/斷代

湖海詩傳四十六卷　(清)王昶輯　清嘉慶八年(1803)青浦王氏三泖漁莊刻本　十六册

330000－1701－0023289　普 811.1087/1036　集部/總集類/選集之屬/斷代

湖海詩傳四十六卷　(清)王昶輯　清同治四年(1865)蘇州綠蔭堂刻本　章嶔題簽　十六册

330000－1701－0023292　普 110.8/17511　子部/叢編

二十五子彙函　(清)鴻文書局編　清上海育文書局石印本　三十一册　存二十四種

330000－1701－0023294　普 811.1087/1036/2(2)　集部/總集類/選集之屬/斷代

湖海詩傳四十六卷　(清)王昶輯　清嘉慶八年(1803)江松文萃堂刻本　十册　存二十三卷(一至二十三)

330000－1701－0023296　普 811.1087/7568　集部/總集類/彙編之屬

唐八家詩鈔　(清)陳明善編選　清乾隆三十四年(1769)刻本　清汪漪批校　六册　存七種

330000－1701－0023297　普 110.8/17511/2　子部/叢編

子書二十八種彙函　(清)文瑞樓編　清宣統三年(1911)上海集成圖書公司鉛印本　朱師轍題記　四十五册　存二十四種

330000－1701－0023300　普 811.1087/10431/c1　集部/總集類/選集之屬/斷代

感舊集十六卷　(清)王士禛輯　(清)盧見曾補傳　清乾隆十七年(1752)德州盧氏刻本　八册

330000－1701－0023302　普 110.8/2632/c1　子部/叢編

桐城吴先生點勘諸子七種　(清)吴汝綸評點　清宣統二年(1910)衍星社鉛印本　章嶔題簽並記　十二册

330000－1701－0023303　普 110.8/2632/c2　子部/叢編

桐城吴先生點勘諸子七種　(清)吴汝綸評點　清宣統二年(1910)衍星社鉛印本　十册　存六種

330000－1701－0023305　普 110.8/2749　子部/叢編

諸子彙函二十六卷　(明)歸有光編　明末刻本　二十六册

330000－1701－0023306　普110.8/4051　子部/儒家類/儒學之屬
關中道脈四種書　(清)李元春輯　清道光十年(1830)刻本　六冊

330000－1701－0023307　普110.8/4018　子部/叢編
十子全書　(清)王子興編　清嘉慶九年(1804)滸灣愛日堂刻本　四十冊

330000－1701－0023309　普811.1087/10431/c2　集部/總集類/選集之屬/斷代
感舊集十六卷　(清)王士禛輯　(清)盧見曾補傳　清乾隆十七年(1752)德州盧氏刻本　八冊

330000－1701－0023310　普811.1087/10431/c3　集部/總集類/選集之屬/斷代
感舊集十六卷　(清)王士禛輯　(清)盧見曾補傳　清乾隆十七年(1752)德州盧氏刻本　八冊

330000－1701－0023312　普110.8/4486　子部/雜著類/雜纂之屬
飛霞館選百家纂雋十卷　(明)陸孝錫編選　明刻本　十冊

330000－1701－0023313　普110.8/4018/(2)　子部/叢編
十子全書　(清)王子興編　清嘉慶九年(1804)姑蘇王氏聚文堂刻本　連璇過錄馬涯民批點並跋　三十二冊

330000－1701－0023315　普811.1087/1044　集部/總集類/選集之屬/斷代
修川鴻印集不分卷　(清)于藍輯　清道光十六年(1836)刻本　二冊

330000－1701－0023316　普811.1087/1046.2　集部/總集類/彙編之屬
國初十大家詩鈔　(清)王相編　清道光十年(1830)秀水王氏信芳閣木活字印本　八冊　存四種

330000－1701－0023317　普811.1087/1046/2　集部/總集類/彙編之屬
友聲集二十四種續集六種種附二種　(清)王相編　清咸豐八年(1858)信芳閣刻本　八冊

330000－1701－0023319　普811.1087/1046/c1　集部/總集類/彙編之屬
國初十大家詩鈔　(清)王相編　清道光十年(1830)秀水王氏信芳閣木活字印本　四十八冊

330000－1701－0023320　普811.1087/1046/(2)　集部/總集類/彙編之屬
國初十大家詩鈔　(清)王相編　清道光十年(1830)秀水王氏信芳閣木活字印本　四十二冊　存八種

330000－1701－0023321　普811.1087/1046/c2　集部/總集類/彙編之屬
國初十大家詩鈔　(清)王相編　清道光十年(1830)秀水王氏信芳閣木活字印本　十六冊

330000－1701－0023323　普110.85/0725/2　類叢部/類書類/專類之屬
新鐫分類評註文武合編百子金丹十卷　(明)郭偉選注　(明)郭中吉編　(明)王星聚校訂　清光緒二十年(1894)茹古軒石印本　朱士恒跋　六冊

330000－1701－0023325　普111.11/1213.01/2/c2、普111.11/4451/c2　子部/叢編
子書百家　(清)崇文書局編　清光緒元年(1875)湖北崇文書局刻本　三冊　存二種

330000－1701－0023327　普811.1087/1052/c1　集部/總集類/選集之屬/斷代
閨秀詩選六卷　(清)王慧秋輯　清光緒二十年(1894)鉛印本　一冊　存三卷(一至三)

330000－1701－0023328　普811.1087/1046.3　集部/總集類/彙編之屬
友聲集二十四種續集六種種附二種　(清)王相編　清咸豐八年(1858)信芳閣刻本　二冊　存一種

330000－1701－0023329　普811.1087/1052/c2　集部/總集類/選集之屬/斷代
閨秀詩選六卷　(清)王慧秋輯　清光緒二十

年(1894)鉛印本　二冊

330000－1701－0023330　普 811.1087/1106/(2)/c1　集部/總集類/選集之屬/斷代
國朝詩鐸二十六卷首一卷　(清)張應昌輯　清同治八年(1869)永康應氏秀芝堂刻本　十六冊

330000－1701－0023331　普 811.1087/1052/c3　集部/總集類/選集之屬/斷代
閨秀詩選六卷　(清)王慧秋輯　清光緒二十年(1894)鉛印本　二冊

330000－1701－0023332　普 811.1087/1106　集部/總集類/選集之屬/斷代
國朝詩鐸二十六卷首一卷　(清)張應昌輯　清同治八年(1869)永康應氏秀芝堂刻本　十四冊

330000－1701－0023333　普 811.1087/1084　集部/總集類/郡邑之屬
穗城雪鴻集一卷　(清)王毓英撰　清光緒三十四年(1908)東甌日新印書局鉛印本　一冊

330000－1701－0023334　普 110.85/0725　類叢部/類書類/專類之屬
新鐫分類評註文武合編百子金丹十卷　(明)郭偉選注　(明)郭中吉編　(明)王星聚校訂　清末刻本　六冊

330000－1701－0023336　普 811.1087/1087　集部/別集類/清別集
寶日軒詩集四卷附存詩四卷　(清)王德溥撰　清嘉慶四年(1799)王嗣中刻本　一冊　存四卷(附存詩一至四)

330000－1701－0023337　普 811.1087/1106/(2)/c5　集部/總集類/選集之屬/斷代
國朝詩鐸二十六卷首一卷　(清)張應昌輯　清同治八年(1869)永康應氏秀芝堂刻本　十六冊

330000－1701－0023339　普 811.1087/1161　類叢部/叢書類/自著之屬
寒松閣叢錄　(清)張鳴珂撰　清光緒刻本　一冊　存一種

330000－1701－0023340　普 110.92/2167/2　史部/傳記類/總傳之屬/通代
學統五十六卷　(清)熊賜履撰　清康熙二十四年(1685)下學堂刻本　十六冊

330000－1701－0023343　普 811.1087/1094　集部/總集類/彙編之屬
友聲集二十四種續集六種種附二種　(清)王相編　清咸豐八年(1858)信芳閣刻本　一冊　存一種

330000－1701－0023344　普 811.1087/1173　集部/總集類/彙編之屬
七家詩詳註七卷　(清)張熙宇評選　(清)石暉甲箋註　清光緒三年(1877)青蓮山房刻朱墨套印本　八冊

330000－1701－0023345　普 811.1087/1173.02/2/c1　集部/總集類/彙編之屬
七家試帖輯註彙鈔　(清)張熙宇輯評　(清)王植桂輯註　清同治六年(1867)刻本　八冊

330000－1701－0023346　普 811.1087/1173.02/2/c2　集部/總集類/彙編之屬
七家試帖輯註彙鈔　(清)張熙宇輯評　(清)王植桂輯註　清同治九年(1870)京師琉璃廠刻本　八冊

330000－1701－0023347　普 811.1087/1173.02　集部/總集類/彙編之屬
七家試帖詩箋註　(清)張熙宇輯評　(清)王植桂輯註　清光緒十七年(1891)潛研山房刻本　八冊

330000－1701－0023349　普 111.1/2714　子部/儒家類/儒學之屬/性理
慎獨圖說一卷復卦圖說一卷　(清)倪元坦撰　清嘉慶二十二年(1817)刻本　一冊

330000－1701－0023350　普 111.1/2714/2/c1　子部/儒家類/儒學之屬/性理
慎獨圖說一卷復卦圖說一卷　(清)倪元坦撰　清末石印本　一冊

330000－1701－0023351　普 110.92/4465　史部/傳記類/總傳之屬/儒林

道學淵源錄一百卷首一卷　(清)黄嗣東輯　清光緒三十四年(1908)鳳山學舍刻本　三十册

330000－1701－0023354　普 111.1/2714/2/c2　子部/儒家類/儒學之屬/性理
慎獨圖説一卷復卦圖説一卷　(清)倪元坦撰　清末石印本　一册

330000－1701－0023355　普 811.1087/1240.2　集部/總集類/選集之屬/斷代
道咸同光四朝詩史甲集八卷首一卷　孫雄輯　清宣統三年(1911)刻本　八册　缺一卷(八)

330000－1701－0023356　普 111.10114/4447/c1　史部/傳記類/總傳之屬/儒林
儒林宗派十六卷　(清)萬斯同撰　清宣統三年(1911)浙江圖書館刻本　二册

330000－1701－0023357　普 111.1092/0063　史部/地理類/專志之屬/寺觀
聖廟志輯要三十卷　(清)鹿嗣宗等輯　清嘉慶十九年(1814)刻本　八册

330000－1701－0023358　普 811.1087/1240.2/2/c1　集部/總集類/選集之屬/斷代
道咸同光四朝詩史甲集八卷首一卷　孫雄輯　清宣統二年(1910)刻本　五册

330000－1701－0023359　普 811.1087/1193　集部/總集類/選集之屬/斷代
楚尾歌來古今體詩一卷　(清)張光裕編　清同治七年(1868)刻本　一册

330000－1701－0023360　普 811.1087/1240.2/(3)　集部/總集類/選集之屬/斷代
道咸同光四朝詩史八卷首一卷　孫雄輯　清宣統二年(1910)刻本　十册

330000－1701－0023361　普 111.1092/1033/c1　史部/傳記類/别傳之屬/事狀
宗聖志二十卷　(清)王定安編　清光緒十六年(1890)金陵刻本　六册

330000－1701－0023362　普 811.1087/1240.2/2/c2　集部/總集類/選集之屬/斷代
道咸同光四朝詩史甲集八卷首一卷　孫雄輯　清宣統二年(1910)刻本　五册

330000－1701－0023363　普 111.1092/1033/c2　史部/傳記類/别傳之屬/事狀
宗聖志二十卷　(清)王定安編　清光緒十六年(1890)金陵刻本　八册

330000－1701－0023364　普 811.1087/1240.6　集部/總集類/選集之屬/斷代
道咸同光四朝詩史一斑錄□□卷　孫雄輯　清光緒至宣統油印本　二册　存二卷(八至九)

330000－1701－0023365　普 111.10114/4447/c2　史部/傳記類/總傳之屬/儒林
儒林宗派十六卷　(清)萬斯同撰　清宣統三年(1911)浙江圖書館刻本　二册

330000－1701－0023366　普 811.1087/1240.2/2/c3　集部/總集類/選集之屬/斷代
道咸同光四朝詩史甲集八卷首一卷　孫雄輯　清宣統二年(1910)刻本　五册

330000－1701－0023367　普 111.1092/1223/c1　史部/傳記類/總傳之屬/儒林
闕里文獻考一百卷首一卷末一卷　(清)孔繼汾撰　清乾隆二十七年(1762)孔昭焕刻本　八册

330000－1701－0023368　普 111.10114/4447/c3　史部/傳記類/總傳之屬/儒林
儒林宗派十六卷　(清)萬斯同撰　清宣統三年(1911)浙江圖書館刻本　二册

330000－1701－0023369　普 811.1087/1714　集部/總集類/彙編之屬
鄧林唱和詩詞合刻二種四卷　陳潛輯　清宣統元年(1909)江浦陳氏刻本　葉增題簽　一册

330000－1701－0023371　普 811.1087/1447　集部/總集類/酬唱之屬
聽荷閣倡和詩一卷　(清)汪雲任輯　清光緒刻本　一册

330000－1701－0023372　普 111.10114/4447/c5　史部/傳記類/總傳之屬/儒林

儒林宗派十六卷　(清)萬斯同撰　清宣統三年(1911)浙江圖書館刻本　二册

330000－1701－0023373　普 111.1092/1223/c2　史部/傳記類/總傳之屬/儒林

闕里文獻考一百卷首一卷末一卷　(清)孔繼汾撰　清乾隆二十七年(1762)孔昭煥刻本　八册

330000－1701－0023374　普 111.10114/4447/2　類叢部/叢書類/彙編之屬

張氏適園叢書　張鈞衡編　清宣統三年(1911)上海國學扶輪社鉛印本　一册　存一種

330000－1701－0023375　普 811.1087/2126　集部/總集類/郡邑之屬

楚庭耆舊遺詩前集二十一卷後集二十一卷　(清)伍崇曜輯　清道光二十三年(1843)南海伍氏刻本　八册

330000－1701－0023376　普 111.1092/1223/c3　史部/傳記類/總傳之屬/儒林

闕里文獻考一百卷首一卷末一卷　(清)孔繼汾撰　清乾隆二十七年(1762)孔昭煥刻本　八册

330000－1701－0023377　普 811.1087/2126/(2)　集部/總集類/郡邑之屬

楚庭耆舊遺詩前集二十一卷後集二十一卷　(清)伍崇曜輯　清道光二十三年(1843)南海伍氏刻本　十册

330000－1701－0023378　普 811.1087/2126.02　集部/總集類/郡邑之屬

楚庭耆舊遺詩續集三十二卷　(清)伍崇曜輯　清道光二十三年(1843)南海伍氏刻本　六册

330000－1701－0023379　普 811.1087/2152　集部/總集類/題詠之屬

同人題贈錄四卷　(清)何春巢編　清嘉慶二年(1797)刻本　多廬題記　一册

330000－1701－0023380　普 811.1087/2168　集部/總集類/郡邑之屬

國朝山左詩鈔六十卷　(清)盧見曾輯　清乾隆二十三年(1758)德州盧見曾雅雨堂刻本　十六册

330000－1701－0023383　普 811.1087/2180　集部/總集類/酬唱之屬

過情錄不分卷　(清)何鍾麟輯　清光緒十一年(1885)刻本　一册

330000－1701－0023385　普 811.1087/2168/(2)　集部/總集類/郡邑之屬

國朝山左詩鈔六十卷　(清)盧見曾輯　清乾隆二十三年(1758)德州盧見曾雅雨堂刻本　二十册

330000－1701－0023386　普 811.1087/2534/c1　集部/總集類/氏族之屬

新安先集二十卷　(清)朱之榛輯　清同治十三年(1874)蘇州刻本　六册

330000－1701－0023387　普 915.19291/6035　史部/地理類/方志之屬/郡縣志

[光緒]石城縣志九卷首一卷末一卷　(清)蔣廷桂修　(清)陳蘭彬等纂　清光緒十八年(1892)刻本　八册

330000－1701－0023389　普 915.19291/5035　史部/地理類/方志之屬/郡縣志

[光緒]吴川縣志十卷首一卷　(清)毛昌善修　(清)陳蘭彬纂　清光緒十八年(1892)刻本　十册

330000－1701－0023390　普 915.19291/3035　史部/地理類/方志之屬/郡縣志

[光緒]信宜縣志八卷拾餘一卷　(清)敖式槱修　(清)梁安甸纂　清光緒十七年(1891)刻本　八册

330000－1701－0023391　普 811.1087/2534/c2　集部/總集類/氏族之屬

新安先集二十卷　(清)朱之榛輯　清同治十三年(1874)蘇州刻本　六册

330000－1701－0023392　普 811.1087/2534/

(2)/c2　集部/總集類/氏族之屬

新安先集二十卷附崇祀錄一卷　(清)朱之榛輯　清同治十三年(1874)蘇州刻光緒補刻本　七冊

330000－1701－0023393　普 915.19293/0032/c1　史部/地理類/方志之屬/郡縣志

[道光]欽州志十二卷首一卷　(清)朱椿年修　(清)杜以寬　(清)葉輪纂　清道光十四年(1834)刻本　八冊

330000－1701－0023394　普 811.1087/2524　集部/總集類/酬唱之屬

洛如嗣音集一卷　(清)朱壬林輯　清咸豐六年(1856)刻本　一冊

330000－1701－0023395　普 915.19294/0031　史部/地理類/方志之屬/郡縣志

[嘉慶]雷州府志二十卷首一卷　(清)雷學海修　(清)陳昌齊等纂　清嘉慶十六年(1811)刻本　十冊

330000－1701－0023396　普 811.1087/2534/c3　集部/總集類/氏族之屬

新安先集二十卷　(清)朱之榛輯　清同治十三年(1874)蘇州刻本　七冊

330000－1701－0023397　普 915.19291/4043　集部/總集類/酬唱之屬

橘中人語一卷　(清)賴蘊山輯　清咸豐十年(1860)賴家園刻本　一冊

330000－1701－0023398　普 811.1087/2534/(2)/c1　集部/總集類/氏族之屬

新安先集二十卷附崇祀錄一卷　(清)朱之榛輯　清同治十三年(1874)蘇州刻光緒補刻本　七冊

330000－1701－0023399　普 811.1087/1240.3　集部/總集類/選集之屬/斷代

道咸同光四朝詩史乙集八卷　孫雄輯　清宣統三年(1911)刻本　八冊

330000－1701－0023400　普 915.19293/0032/c2　史部/地理類/方志之屬/郡縣志

[道光]欽州志十二卷首一卷　(清)朱椿年修　(清)杜以寬　(清)葉輪纂　清道光十四年(1834)刻本　八冊

330000－1701－0023401　普 811.1087/2541　集部/總集類/氏族之屬

壎箎初集二卷　(清)朱若水　(清)朱森桂撰　清乾隆刻本　二冊

330000－1701－0023402　普 811.1087/2148　集部/總集類/彙編之屬

紅才合選四集十五卷　清刻本　四冊

330000－1701－0023403　普 111.1092/2544/c1　史部/政書類/儀制之屬/典禮

文廟通考六卷首一卷　(清)牛樹梅撰　清同治十一年(1872)浙江書局刻本　二冊

330000－1701－0023404　普 811.1087/2718　集部/總集類/題詠之屬

鴛水餞行詩二卷附題春風滿座圖一卷　(清)陸費瑔等撰　清咸豐刻本　一冊

330000－1701－0023405　普 811.1087/2586　集部/總集類/彙編之屬

雙瓣香編四卷　(清)仲錕編　清咸豐五年(1855)仲錕刻本　一冊

330000－1701－0023406　普 811.1087/2617.2　集部/總集類/選集之屬/斷代

國朝詩十卷外編一卷補六卷　(清)吳翌鳳輯　清同治十一年(1872)新陽趙元益刻本　十冊

330000－1701－0023407　普 111.1092/7580/c1　史部/地理類/專志之屬/古跡

闕里誌二十四卷　(明)陳鎬撰　(清)孔胤植重修　明崇禎刻清雍正修補本　十冊

330000－1701－0023408　普 811.1087/2590/c1　集部/總集類/酬唱之屬

蕉嶺驪歌一卷　(清)尹沛霖等撰　**鎮平雜詩一卷**　(清)朱懷新撰　清光緒粵東留香齋刻本　一冊

330000－1701－0023409　普 811.1087/2561/c2　類叢部/叢書類/郡邑之屬

浙江圖書館古籍普查登記目録

（三）

全國古籍普查登記目録·浙江

國家圖書館出版社
National Library of China Publishing House

330000－1701－0023433　普 111.11/1211/2　史部/傳記類/別傳之屬/事狀

孔子聖跡圖不分卷　清宣統元年(1909)石印本　一冊

330000－1701－0023434　普 811.1087/2767/c1　類叢部/叢書類/彙編之屬

鏡烟堂十種　(清)紀昀輯　清刻本　五冊　存一種

330000－1701－0023435　普 111.11/1202/2　類叢部/叢書類/彙編之屬

廣雅書局叢書一百五十九種　徐紹棨編　清光緒廣雅書局刻民國九年(1920)番禺徐紹棨彙編重印本　一冊　存一種

330000－1701－0023436　普 111.11/1213　子部/叢編

子書百家　(清)崇文書局編　清光緒元年(1875)湖北崇文書局刻民國元年(1912)鄂官書處重印本　二冊　存一種

330000－1701－0023437　普 111.1092/1223/2　史部/傳記類/總傳之屬/儒林

闕里文獻考一百卷首一卷末一卷　(清)孔繼汾撰　清光緒十七年(1891)湘陰李氏刻本　十二冊

330000－1701－0023438　普 811.1087/2767/c2　類叢部/叢書類/彙編之屬

鏡烟堂十種　(清)紀昀輯　清刻本　五冊　存一種

330000－1701－0023439　普 111.11/1213.01/3/c1　類叢部/叢書類/彙編之屬

玉海堂景宋元本叢書　劉世珩編　清光緒至民國貴池劉氏玉海堂影刻本　四冊　存一種

330000－1701－0023440　普 111.11/1213.01/4/c1　子部/儒家類/儒學之屬

孔氏家語十卷　(三國魏)王肅注　清光緒上海同文書局石印本　五冊

330000－1701－0023441　普 811.1087/2778　集部/總集類/氏族之屬

課選樓合稿四種　(清)鮑長敘編　清光緒至民國刻本　六冊

330000－1701－0023442　普 111.11/1213.01/c1　子部/儒家類/儒學之屬

孔氏家語十卷　(三國魏)王肅注　清乾隆四十五年(1780)李容刻本　清周調梅題記　二冊

330000－1701－0023443　普 811.1087/2767/2　集部/總集類/課藝之屬

庚辰集五卷附唐人試律說一卷　(清)紀昀輯　清山淵堂刻本　二冊

330000－1701－0023444　普 111.11/1213.01/c2　子部/儒家類/儒學之屬

孔氏家語十卷　(三國魏)王肅注　清乾隆四十六年(1781)書業堂刻本　二冊

330000－1701－0023445　普 111.11/1213.01/4/c2　子部/儒家類/儒學之屬

孔氏家語十卷　(三國魏)王肅注　清光緒上海同文書局石印本　五冊

330000－1701－0023446　普 811.1087/2767/3　集部/總集類/課藝之屬

庚辰集五卷　(清)紀昀輯　清嘉慶八年(1803)文盛堂刻本　五冊

330000－1701－0023447　普 111.11/1213.01/c3　子部/儒家類/儒學之屬

孔氏家語十卷　(三國魏)王肅注　清乾隆四十五年(1780)李容刻本　二冊

330000－1701－0023448　普 111.11/1213.01/4/c3　子部/儒家類/儒學之屬

孔氏家語十卷　(三國魏)王肅注　清光緒上海同文書局石印本　五冊

330000－1701－0023449　普 111.11/1213.01/4/c4　子部/儒家類/儒學之屬

孔氏家語十卷　(三國魏)王肅注　清光緒上海同文書局石印本　五冊

330000－1701－0023450　普 111.11/1213.01/3/c2　類叢部/叢書類/彙編之屬

玉海堂景宋元本叢書　劉世珩編　清光緒至

民國貴池劉氏玉海堂影刻本　四冊　存一種

330000－1701－0023451　普 111. 11/1213. 01/5　子部/儒家類/儒學之屬

孔氏家語十卷　(三國魏)王肅注　清乾隆五十四年(1789)正業堂刻本　一冊

330000－1701－0023452　普 111. 11/1213. 01/2/c1、普 111. 11/4451/c3　子部/叢編

子書百家　(清)崇文書局編　清光緒元年(1875)湖北崇文書局刻本　三冊　存二種

330000－1701－0023453　普 811. 1087/2726/c2　集部/總集類/酬唱之屬

語溪驪唱集一卷　(清)伊象昂編　清光緒三十四年(1908)武林刻本　一冊

330000－1701－0023454　普 111. 11/1213. 01/2/c3、普 111. 11/4451/c4　子部/叢編

子書百家　(清)崇文書局編　清光緒元年(1875)湖北崇文書局刻本　三冊　存二種

330000－1701－0023455　普 811. 1087/2814. 3　集部/總集類/酬唱之屬

琴音三疊集二卷　(清)徐琪　(清)俞樾　(清)金保權撰　清光緒二十六年(1900)刻本　二冊

330000－1701－0023456　普 811. 1087/2814. 2/c1　類叢部/叢書類/家集之屬

香海盦叢書　(清)徐琪輯　清仁和徐氏刻光緒二十年(1894)彙印本　一冊　存一種

330000－1701－0023457　普 111. 11/1213. 012/c1　子部/儒家類/儒學之屬

新刻註釋孔子家語憲四卷　(明)陳際泰釋　清乾隆十四年(1749)文翰樓刻本　二冊

330000－1701－0023458　普 811. 1087/2821　集部/總集類/題詠之屬

五君詠一卷　(清)徐熊飛錄　清嘉慶二十五年(1820)刻本　一冊

330000－1701－0023459　普 811. 1087/2814/c1　類叢部/叢書類/家集之屬

香海盦叢書　(清)徐琪輯　清光緒十二年(1886)刻本　一冊　存一種

330000－1701－0023460　普 111. 11/1213. 01/6　子部/儒家類/儒家之屬

家語十卷　(明)吳勉學注　**孔子集語二卷**　(宋)薛據輯　明刻本　二冊

330000－1701－0023461　普 111. 11/1213. 012/c2　子部/儒家類/儒學之屬

新刻註釋孔子家語憲四卷　(明)陳際泰釋　清乾隆十四年(1749)文翰樓刻本　二冊

330000－1701－0023462　普 811. 1087/2814/c2　類叢部/叢書類/家集之屬

香海盦叢書　(清)徐琪輯　清光緒十二年(1886)刻本　一冊　存一種

330000－1701－0023463　普 811. 1087/2810　集部/總集類/酬唱之屬

小桃源室聯吟詩存一卷　(清)徐元章輯　清同治五年(1866)刻本　一冊

330000－1701－0023464　普 811. 1087/2814. 2/c2　類叢部/叢書類/家集之屬

香海盦叢書　(清)徐琪輯　清仁和徐氏刻光緒二十年(1894)彙印本　一冊　存一種

330000－1701－0023465　普 811. 1087/2833　類叢部/叢書類/彙編之屬

風雨樓叢書二十三種　鄧實編　清宣統順德鄧氏鉛印本　一冊　存一種

330000－1701－0023466　普 111. 11/1213. 015/c1　子部/儒家類/儒學之屬

家語疏證六卷　(清)孫志祖撰　清乾隆仁和孫氏刻本　清錢馥校　孫峻題記　二冊

330000－1701－0023467　普 111. 11/1213. 01/7　子部/儒家類/儒學之屬

孔氏家語十卷　(三國魏)王肅注　清刻本　二冊

330000－1701－0023468　普 811. 1087/28331　集部/總集類/酬唱之屬

宛在園倡和集一卷　(清)徐祖鎏訂　清嘉慶十五年(1810)刻本　一冊

330000－1701－0023469　普 111.11/1262/2/c1　類叢部/叢書類/彙編之屬

平津館叢書六集三十五種　(清)孫星衍編　清嘉慶蘭陵孫氏刻本　四冊　存一種

330000－1701－0023470　普 811.1087/28481/c1　集部/總集類/課藝之屬

京華同人詩課二卷　(清)徐榦編輯　清光緒五年(1879)杭州刻本　一冊

330000－1701－0023471　普 111.11/3138/c1　子部/儒家類/儒學之屬

宗孔編二卷　江瀚撰　清宣統元年(1909)京師京華印書局鉛印本　一冊

330000－1701－0023472　普 811.1087/2844　集部/總集類/題詠之屬

鹿鳴雅詠四卷首一卷　(清)徐棻輯　清光緒二十一年(1895)長沙綠蔭草堂刻本　二冊　存二卷(一至二)

330000－1701－0023473　普 111.11/1262/2/c2　類叢部/叢書類/彙編之屬

平津館叢書六集三十五種　(清)孫星衍編　清嘉慶蘭陵孫氏刻本　四冊　存一種

330000－1701－0023474　普 111.11/3138/c2　子部/儒家類/儒學之屬

宗孔編二卷　江瀚撰　清宣統元年(1909)京師京華印書局鉛印本　一冊

330000－1701－0023475　普 111.11/3138/c3　子部/儒家類/儒學之屬

宗孔編二卷　江瀚撰　清宣統元年(1909)京師京華印書局鉛印本　一冊

330000－1701－0023476　普 811.1087/28481/c2　集部/總集類/課藝之屬

京華同人詩課二卷　(清)徐榦編輯　清光緒五年(1879)杭州刻本　二冊

330000－1701－0023477　普 111.11/1262/2/c3　類叢部/叢書類/彙編之屬

平津館叢書八集三十九種　(清)孫星衍編　清嘉慶蘭陵孫氏刻本　三冊　存一種

330000－1701－0023478　普 811.1087/28481/c3　集部/總集類/課藝之屬

京華同人詩課二卷　(清)徐榦編輯　清光緒五年(1879)杭州刻八年(1882)重印本　一冊

330000－1701－0023479　普 811.1087/2848　集部/總集類/酬唱之屬

浙闈聚奎堂唱和詩一卷　(清)徐樹銘等撰　清光緒刻本　一冊

330000－1701－0023480　普 111.11/1262/c1　子部/叢編

二十二子(二十二子彙函)　(清)浙江書局編　清光緒元年至三年(1875－1877)浙江書局刻本　四冊　存一種

330000－1701－0023481　HJL3907　集部/別集類/清別集

梅庵詩鈔五卷　(清)鐵保撰　清嘉慶十年(1805)刻本　四冊

330000－1701－0023483　普 111.11/4451/c1　子部/叢編

子書百家　(清)崇文書局編　清光緒元年(1875)湖北崇文書局刻本　一冊　存一種

330000－1701－0023484　普 111.11/1262/2/c4　類叢部/叢書類/彙編之屬

平津館叢書六集三十五種　(清)孫星衍編　清嘉慶蘭陵孫氏刻本　五冊　存一種

330000－1701－0023485　普 811.1087/2884　集部/總集類/酬唱之屬

青門集一卷　(清)徐釚輯　清康熙刻本　一冊

330000－1701－0023486　普 811.1087/3009/c1　集部/總集類/選集之屬/斷代

國朝閨秀正始集二十卷附錄一卷補遺一卷題詞一卷續集十卷附錄一卷　(清)惲珠輯　**續集補遺一卷**　(清)程孟梅輯　**紅香館輓詞一卷**　(清)妙蓮保輯　清道光十一年至十六年(1831－1836)紅香館刻本　三十六冊

330000－1701－0023487　普 111.11/1213.015/c2　子部/儒家類/儒學之屬

家語疏證六卷　(清)孫志祖撰　清乾隆仁和孫氏刻本　二冊

330000－1701－0023489　普 811.1087/3009/c2　集部/總集類/選集之屬/斷代

國朝閨秀正始集二十卷附錄一卷補遺一卷題詞一卷續集十卷附錄一卷　(清)惲珠輯　續集補遺一卷　(清)程孟梅輯　紅香館輓詞一卷　(清)妙蓮保輯　清道光十一年至十六年(1831－1836)紅香館刻本　十冊

330000－1701－0023490　普 111.11/3130/c1　史部/傳記類/別傳之屬/年譜

孔孟編年三種　(清)狄子奇輯　清道光安雅堂刻本　一冊　存一種

330000－1701－0023491　普 111.11/3130/c2　史部/傳記類/別傳之屬/年譜

孔孟編年三種　(清)狄子奇輯　清道光安雅堂刻本　一冊　存一種

330000－1701－0023492　普 111.11/3130/c3　史部/傳記類/別傳之屬/年譜

孔孟編年三種　(清)狄子奇輯　清道光安雅堂刻本　一冊　存一種

330000－1701－0023493　普 111.11/1213.015/c4　子部/儒家類/儒學之屬

家語疏證六卷　(清)孫志祖撰　清乾隆仁和孫氏刻本　一冊

330000－1701－0023494　普 111.11/1262/c2　子部/叢編

二十二子(二十二子彙函)　(清)浙江書局編　清光緒元年至三年(1875－1877)浙江書局刻本　四冊　存一種

330000－1701－0023496　普 811.1087/3125　史部/地理類/雜志之屬

新安賓館八詠一卷　(清)江峰青等撰　清光緒二十二年(1896)刻本　一冊

330000－1701－0023497　普 811.1087/3009.02/2　集部/總集類/選集之屬/斷代

國朝閨秀正始集二十卷附錄一卷補遺一卷題詞一卷續集十卷附錄一卷　(清)惲珠輯　續集補遺一卷　(清)程孟梅輯　紅香館輓詞一卷　(清)妙蓮保輯　清道光十一年至十六年(1831－1836)紅香館刻本　四冊　存十三卷(續集一至十、續集附錄、續集補遺、輓詞)

330000－1701－0023498　普 111.11/1213.015/2　類叢部/叢書類/彙編之屬

式訓堂叢書四十一種　(清)章壽康編　清光緒會稽章氏刻本　二冊　存一種

330000－1701－0023499　普 811.1087/3125.3　集部/總集類/選集之屬/斷代

柳洲亭折柳詞一卷　(清)江峰青等撰　清光緒刻本　一冊

330000－1701－0023500　普 811.1087/3125.2/c1　集部/總集類/酬唱之屬

謙山鴻印集一卷　(清)江峰青輯　清光緒二十三年(1897)刻本　一冊

330000－1701－0023503　普 811.1087/3131.2/c1　集部/總集類/酬唱之屬

清尊集十六卷　(清)汪遠孫撰輯　清道光十九年(1839)錢塘汪氏振綺堂刻本(卷十五至十六配抄本)　章嶔題簽　八冊

330000－1701－0023504　普 111.11/4451/2　子部/儒家類/儒學之屬

孔子集語二卷　(宋)薛據輯　清乾隆二年(1737)孔廣棨刻本　二冊

330000－1701－0023506　普 811.1087/3131.2/c2　集部/總集類/酬唱之屬

清尊集十六卷　(清)汪遠孫撰輯　清道光十九年(1839)錢塘汪氏振綺堂刻本　八冊

330000－1701－0023507　普 811.1087/3125.2/c2　集部/總集類/酬唱之屬

謙山鴻印集一卷　(清)江峰青輯　清光緒二十三年(1897)刻本　一冊

330000－1701－0023508　普 111.11/4727/c2　史部/傳記類/別傳之屬/年譜

孔子編年五卷　(宋)胡仔編　清同治九年(1870)胡湛刻本　二冊

330000－1701－0023509　普111.11/4914/c1　史部/傳記類/別傳之屬/年譜
孔孟編年三種　(清)狄子奇輯　清光緒十三年(1887)浙江書局刻本　一冊　存一種

330000－1701－0023510　普811.1087/3131.2/(2)/c1　集部/總集類/酬唱之屬
清尊集十六卷　(清)汪遠孫撰輯　清道光十九年(1839)錢塘汪氏振綺堂刻本　四冊

330000－1701－0023511　普811.1087/3144/c1　集部/總集類/郡邑之屬
江左三大家詩鈔　(清)顧有孝　(清)趙澐編　清刻本　六冊

330000－1701－0023512　普111.11/4914/c2　史部/傳記類/別傳之屬/年譜
孔孟編年三種　(清)狄子奇輯　清光緒十三年(1887)浙江書局刻本　一冊　存一種

330000－1701－0023513　普111.11/4914/c3　史部/傳記類/別傳之屬/年譜
孔孟編年三種　(清)狄子奇輯　清光緒十三年(1887)浙江書局刻本　一冊　存一種

330000－1701－0023514　普111.11/4914/c4　史部/傳記類/別傳之屬/年譜
孔孟編年三種　(清)狄子奇輯　清光緒十三年(1887)浙江書局刻本　一冊　存一種

330000－1701－0023515　普811.1087/3144/c2　集部/總集類/郡邑之屬
江左三大家詩鈔　(清)顧有孝　(清)趙澐編　清刻本　六冊

330000－1701－0023516　普111.11/4727/c3　史部/傳記類/別傳之屬/年譜
孔子編年五卷　(宋)胡仔編　清同治九年(1870)胡湛刻本　二冊

330000－1701－0023517　普811.1087/3131.2/(2)/c2　集部/總集類/酬唱之屬
清尊集十六卷　(清)汪遠孫撰輯　清道光十九年(1839)錢塘汪氏振綺堂刻本　四冊

330000－1701－0023518　普111.11/1262/c4　子部/叢編
二十二子(二十二子彙函)　(清)浙江書局編　清光緒元年至三年(1875－1877)浙江書局刻本　四冊　存一種

330000－1701－0023519　普811.1087/3144/(2)/c1　集部/總集類/郡邑之屬
江左三大家詩鈔　(清)顧有孝　(清)趙澐編　清康熙六年(1667)桐葉山房刻本　三冊

330000－1701－0023520　普811.1087/3131.2/(2)/c3　集部/總集類/酬唱之屬
清尊集十六卷　(清)汪遠孫撰輯　清道光十九年(1839)錢塘汪氏振綺堂刻本　四冊

330000－1701－0023521　普111.11/4727/c4　史部/傳記類/別傳之屬/年譜
孔子編年五卷　(宋)胡仔編　清同治九年(1870)胡湛刻本　二冊

330000－1701－0023522　普811.1087/3131.2/(2)/c4　集部/總集類/酬唱之屬
清尊集十六卷　(清)汪遠孫撰輯　清道光十九年(1839)錢塘汪氏振綺堂刻本　四冊

330000－1701－0023523　普811.1087/3015　集部/總集類/氏族之屬
湘繭合藁　(清)宗廷輔輯　清光緒六年(1880)常熟宗氏刻本　一冊

330000－1701－0023525　普811.1087/3144/(2)/c2　集部/總集類/郡邑之屬
江左三大家詩鈔　(清)顧有孝　(清)趙澐編　清刻本　三冊

330000－1701－0023526　普111.11/1262/c5　子部/叢編
二十二子(二十二子彙函)　(清)浙江書局編　清光緒元年至三年(1875－1877)浙江書局刻本　四冊　存一種

330000－1701－0023527　普111.11/4727/c5　史部/傳記類/別傳之屬/年譜
孔子編年五卷　(宋)胡仔編　清同治九年(1870)胡湛刻本　五冊

330000－1701－0023528　普 811.1087/3144/(3)　集部/總集類/郡邑之屬
江左三大家詩鈔　(清)顧有孝　(清)趙澐編　清康熙七年(1668)刻本　十冊

330000－1701－0023531　普 811.1087/3037　集部/總集類/選集之屬/斷代
淮海同聲集二十卷　(清)劉鳳誥輯　清嘉慶刻本　六冊

330000－1701－0023532　HJL2634　集部/別集類/清別集
逃禪閣集八卷　(清)張崟撰　清刻本　三冊

330000－1701－0023533　HJL2638　集部/別集類/清別集
延月舫初集十卷二集十卷三集十卷四集十卷　(清)尤興詩撰　清嘉慶刻本　十二冊

330000－1701－0023534　HJL4011　類叢部/叢書類/自著之屬
孫夏峰全集十二種附一種　(清)孫奇逢撰　清康熙刻道光至光緒遞刻重印本　二十冊　存五種

330000－1701－0023535　HJH2662　類叢部/叢書類/郡邑之屬
湖州叢書十二種　(清)陸心源編　清光緒湖城義塾刻本　二冊　存一種

330000－1701－0023536　普 111.17/4436/c2、普 111.21/1017/c2　子部/叢編
子書百家　(清)崇文書局編　清光緒元年(1875)湖北崇文書局刻本　三冊　存二種

330000－1701－0023537　普 811.1087/3179　集部/總集類/郡邑之屬
西郊詩存二卷　(清)汪隆耀錄　清道光七年(1827)刻本　一冊

330000－1701－0023539　普 111.14/1246　史部/傳記類/別傳之屬/年譜
孟志編略六卷　(清)孫葆田撰　清光緒十六年(1890)刻本　一冊

330000－1701－0023540　普 111.14/1751.1　史部/地理類/專志之屬/古跡
三遷志十二卷　(清)孟衍泰等撰　清康熙六十一年(1722)刻本　十二冊

330000－1701－0023541　普 811.1087/3423/2　集部/總集類/選集之屬/斷代
欽定國朝詩別裁集三十二卷　(清)沈德潛纂評　清乾隆二十六年(1761)刻本　十二冊

330000－1701－0023542　普 811.1087/3187/c1、普 811.1087/4234　類叢部/叢書類/彙編之屬
滂喜齋叢書五十種　(清)潘祖蔭編　清同治至光緒吴縣潘氏京師刻本　二冊　存二種

330000－1701－0023543　普 811.1087/3244　集部/總集類/酬唱之屬
宣南鴻雪集二卷　(清)潘介繁　(清)潘誠貴輯　清同治十年(1871)金華胡氏退補齋刻本　一冊

330000－1701－0023544　普 111.14/4914/c1　史部/傳記類/別傳之屬/年譜
孔孟編年三種　(清)狄子奇輯　清光緒十三年(1887)浙江書局刻本　一冊　存一種

330000－1701－0023545　普 111.14/1751.1/(2)　史部/地理類/專志之屬/古跡
三遷志十二卷　(清)孟衍泰等撰　清康熙六十一年(1722)刻本　四冊

330000－1701－0023546　普 811.1087/3414　集部/總集類/酬唱之屬
東甌贈言一卷　(清)章又溢輯　清光緒二十四年(1898)刻本　一冊

330000－1701－0023547　普 811.1087/3423/3　集部/總集類/選集之屬/斷代
欽定國朝詩別裁集三十二卷　(清)沈德潛纂評　清刻本　十六冊

330000－1701－0023549　普 111.14/4914/c2　史部/傳記類/別傳之屬/年譜
孔孟編年三種　(清)狄子奇輯　清光緒十三年(1887)浙江書局刻本　一冊　存一種

330000－1701－0023550　普 111.14/4914/c3　史部/傳記類/别傳之屬/年譜
孔孟編年三種　(清)狄子奇輯　清光緒十三年(1887)浙江書局刻本　一册　存一種

330000－1701－0023551　普 811.1087/3187/c2　類叢部/叢書類/彙編之屬
滂喜齋叢書五十種　(清)潘祖蔭編　清同治至光緒吴縣潘氏京師刻本　一册　存一種

330000－1701－0023552　普 811.1087/3423/3(2)　集部/總集類/選集之屬/斷代
欽定國朝詩别裁集三十二卷　(清)沈德潛纂評　清刻本　十八册

330000－1701－0023553　普 111.14/4914/c4　史部/傳記類/别傳之屬/年譜
孔孟編年三種　(清)狄子奇輯　清光緒十三年(1887)浙江書局刻本　一册　存一種

330000－1701－0023556　普 811.1087/3440　集部/總集類/酬唱之屬
灤陽古蹟唱和集三卷　(清)沈培等撰　清道光刻本　一册

330000－1701－0023558　普 811.1087/3488　集部/總集類/選集之屬/斷代
耆舊詩存四卷　(清)沈筠選　(清)徐圓成訂　清光緒刻本　一册　存二種

330000－1701－0023559　普 111.17/1020/c1　子部/儒家類/儒家之屬
荀子二十卷首一卷　(唐)楊倞注　王先謙集解　清光緒十七年(1891)長沙王氏思賢講舍刻本　章嶔題簽並記　六册

330000－1701－0023562　普 111.17/1020/2/c1　子部/儒家類/儒家之屬
荀子二十卷首一卷　(唐)楊倞注　王先謙集解　清末據清光緒十七年(1891)長沙思賢講舍刻本影印本　八册

330000－1701－0023563　普 811.1087/3445/(2)　史部/史評類/詠史之屬
南宋雜事詩七卷　(清)沈嘉轍等撰　清武林芹香齋刻本　一册

330000－1701－0023565　普 111.17/1020/2/c1/1　子部/儒家類/儒家之屬
荀子二十卷首一卷　(唐)楊倞注　王先謙集解　清末據清光緒十七年(1891)長沙思賢講舍刻本影印本　八册

330000－1701－0023567　普 811.1087/40141　集部/總集類/選集之屬/通代
蘭言詩鈔十二卷首一卷　(清)李瑞編　清光緒二十二年(1896)上海中西五彩書局石印本　四册

330000－1701－0023568　普 111.17/1020/2/c2　子部/儒家類/儒家之屬
荀子二十卷首一卷　(唐)楊倞注　王先謙集解　清光緒十七年(1891)長沙王氏思賢講舍刻本　六册

330000－1701－0023570　普 111.17/1020/5　子部/儒家類/儒家之屬
荀子二十卷校勘補遺一卷　(唐)楊倞注　(清)盧文弨　(清)謝墉輯校並補遺　清乾隆五十一年(1786)嘉善謝墉安雅堂刻本　四册

330000－1701－0023573　普 811.1087/3445/(3)　史部/史評類/詠史之屬
南宋雜事詩七卷　(清)沈嘉轍等撰　清武林芹香齋刻本　八册

330000－1701－0023575　普 111.17/4620/c1　子部/叢編
十子全書　(清)王子興編　清嘉慶九年(1804)姑蘇王氏聚文堂刻本　五册　存一種

330000－1701－0023576　普 811.1087/3445/2/c1　史部/史評類/詠史之屬
南宋雜事詩七卷　(清)沈嘉轍等撰　清同治十一年(1872)淮南書局刻本　四册

330000－1701－0023577　普 111.17/4620/2/c1　子部/叢編
二十二子(二十二子彙函)　(清)浙江書局編　清光緒元年至三年(1875－1877)浙江書局刻本　六册　存一種

330000－1701－0023578　普 811.1087/4024

集部/總集類/酬唱之屬

鴻案珠圍集四卷 (清)李化楠編 清乾隆二十一年(1756)刻本 四册

330000-1701-0023579 普 111.17/4620/c2 子部/叢編

十子全書 (清)王子興編 清嘉慶九年(1804)經綸堂刻本 六册 存一種

330000-1701-0023580 普 111.17/4620/(2)/c1 子部/儒家類/儒家之屬

荀子二十卷校勘補遺一卷 (唐)楊倞注 (清)盧文弨 (清)謝墉輯校並補遺 清乾隆五十一年(1786)嘉善謝墉安雅堂刻本 四册

330000-1701-0023581 普 111.17/4620/2/c2 子部/叢編

二十二子(二十二子彙函) (清)浙江書局編 清光緒元年至三年(1875-1877)浙江書局刻本 六册 存一種

330000-1701-0023582 普 111.17/4620/2/c3、普 111.21/1017/2/c4 子部/叢編

二十二子(二十二子彙函) (清)浙江書局編 清光緒元年至三年(1875-1877)浙江書局刻本 七册 存二種

330000-1701-0023583 普 111.17/4436/c1、普 111.21/1017/c3、普 111.21/2632/c1 子部/叢編

子書百家 (清)崇文書局編 清光緒元年(1875)湖北崇文書局刻本 四册 存三種

330000-1701-0023584 普 111.17/4620/2/c4 子部/叢編

二十二子(二十二子彙函) (清)浙江書局編 清光緒元年至三年(1875-1877)浙江書局刻本 六册 存一種

330000-1701-0023585 普 111.17/4620/2/c5 子部/叢編

二十二子(二十二子彙函) (清)浙江書局編 清光緒元年至三年(1875-1877)浙江書局刻本 六册 存一種

330000-1701-0023586 普 111.17/4436/c3、普 111.21/1017/c4、普 111.21/2632/c2 子部/叢編

子書百家 (清)崇文書局編 清光緒元年(1875)湖北崇文書局刻本 四册 存三種

330000-1701-0023587 普 111.17/4436/(2)、普 111.21/1017/c1 子部/叢編

子書百家 (清)崇文書局編 清光緒元年(1875)湖北崇文書局刻本 二册 存二種

330000-1701-0023588 普 811.1087/4047 集部/總集類/選集之屬/斷代

禁林集八卷 (清)杭世駿輯 清乾隆二十三年(1758)刻本 七册 存七卷(二至八)

330000-1701-0023589 普 811.1087/4047/2 集部/總集類/選集之屬/斷代

禁林集八卷 (清)杭世駿輯 清乾隆二十三年(1758)刻本 八册

330000-1701-0023590 普 811.1087/3445/c1 史部/史評類/詠史之屬

南宋雜事詩七卷 (清)沈嘉轍等撰 清武林芹香齋刻本 二册

330000-1701-0023591 普 111.17/4620/(2)/c2 子部/儒家類/儒家之屬

荀子二十卷校勘補遺一卷 (唐)楊倞注 (清)盧文弨 (清)謝墉輯校並補遺 清乾隆五十一年(1786)嘉善謝墉安雅堂刻本 四册 存二十卷(一至二十)

330000-1701-0023592 HJL4045 類叢部/叢書類/自著之屬

羲停山館集六種 (清)王景賢撰 清同治十三年(1874)三山王氏刻本 一册 存一種

330000-1701-0023593 普 811.1087/4048 類叢部/叢書類/自著之屬

隨園三十種 (清)袁枚撰 清乾隆至嘉慶刻本 四册 存一種

330000-1701-0023594 普 811.1087/4027 集部/總集類/酬唱之屬

壺春酬唱集一卷 (清)李受彤等撰 清光緒二十年(1894)欽州東坡書院刻本 一册

330000－1701－0023595　HJL2689　集部/別集類/清别集
鶴半巢詩存十卷　(清)馮培撰　清嘉慶三年(1798)刻本　二册

330000－1701－0023596　HJL5928　類叢部/叢書類/郡邑之屬
武林往哲遺箸五十二種後編十種　(清)丁丙編　清光緒二十年至二十六年(1894－1900)錢塘丁氏嘉惠堂刻本　四册　存一種

330000－1701－0023597　普811.1087/3445/c2　史部/史評類/詠史之屬
南宋雜事詩七卷　(清)沈嘉轍等撰　清武林芹香齋刻本　二册

330000－1701－0023598　普811.1087/3445/2/c2　史部/史評類/詠史之屬
南宋雜事詩七卷　(清)沈嘉轍等撰　清同治十一年(1872)淮南書局刻本　四册

330000－1701－0023599　普117.17/4620/3、普111.21/1017/5　類叢部/叢書類/彙編之屬
古逸叢書二十六種　(清)黎庶昌編　清光緒八年至十年(1882－1884)黎庶昌日本東京使署影刻本　五册　存二種

330000－1701－0023600　普811.1087/4039　集部/總集類/彙編之屬
慈雲閣詩鈔九種十二卷　(清)左宗棠輯　清同治十二年(1873)刻本　四册

330000－1701－0023601　普811.1087/3445/2/c3　史部/史評類/詠史之屬
南宋雜事詩七卷　(清)沈嘉轍等撰　清同治十一年(1872)淮南書局刻本　四册

330000－1701－0023603　普111.17/4620/(2)/c3　子部/儒家類/儒家之屬
荀子二十卷校勘補遺一卷　(唐)楊倞注　(清)盧文弨　(清)謝墉輯校並補遺　清乾隆五十一年(1786)嘉善謝墉安雅堂刻本　四册

330000－1701－0023604　普811.1087/3445/3　史部/史評類/詠史之屬
南宋雜事詩七卷首一卷　(清)沈嘉轍等撰　清道光九年(1829)扶荔山房刻本　四册

330000－1701－0023605　普111.17/4620/4　子部/儒家類/儒家之屬
荀子二十卷校勘補遺一卷　(唐)楊倞注　(清)盧文弨　(清)謝墉輯校並補遺　清光緒二十三年(1897)新化三味書室刻本　六册

330000－1701－0023606　普811.1087/4048/2/c2　類叢部/叢書類/自著之屬
隨園三十六種　(清)袁枚撰　清光緒十九年(1893)倉山舊主石印本　一册　存一種

330000－1701－0023607　普811.1087/4044/c1　集部/總集類/酬唱之屬
龍湖檇李題詞一卷　(清)李培增編　清光緒二十八年(1902)刻本　一册

330000－1701－0023609　普811.1087/4048/3　類叢部/叢書類/自著之屬
隨園三十種　(清)袁枚撰　清乾隆至嘉慶刻本　二册　存一種

330000－1701－0023610　普811.1087/4083　集部/總集類/選集之屬/斷代
宫閨百詠四卷　(清)陳其泰編次　清道光二十五年(1845)海鹽陳氏桐花鳳閣刻本　二册

330000－1701－0023611　普111.21/1017/2/c6　子部/叢編
二十二子(二十二子彙函)　(清)浙江書局編　清光緒元年至三年(1875－1877)浙江書局刻本　一册　存一種

330000－1701－0023614　普811.1087/4044/c2　集部/總集類/酬唱之屬
龍湖檇李題詞一卷　(清)李培增編　清光緒二十八年(1902)刻本　一册

330000－1701－0023616　普811.1087/4044/c3　集部/總集類/酬唱之屬
龍湖檇李題詞一卷　(清)李培增編　清光緒二十八年(1902)刻本　一册

330000－1701－0023617　普811.1087/4063/

c1　集部/總集類/酬唱之屬

梧笙唱和初集二卷　(清)李星沅　(清)郭潤玉輯　清道光十七年(1837)刻本　一册　存一卷(上)

330000－1701－0023619　普 811.1087/4087　集部/總集類/氏族之屬

鍾秀龕詩叢　(清)李鏐輯　清光緒木活字印本　二册　存五種

330000－1701－0023621　普 111.21/1017/2/c1　子部/叢編

二十二子(二十二子彙函)　(清)浙江書局編　清光緒元年至三年(1875－1877)浙江書局刻二十七年(1901)重修本　一册　存一種

330000－1701－0023623　普 111.21/1017/2/c2　子部/叢編

二十二子(二十二子彙函)　(清)浙江書局編　清光緒元年至三年(1875－1877)浙江書局刻二十七年(1901)重修本　一册　存一種

330000－1701－0023624　普 111.21/1017/2/c3　子部/叢編

二十二子(二十二子彙函)　(清)浙江書局編　清光緒元年至三年(1875－1877)浙江書局刻二十七年(1901)重修本　一册　存一種

330000－1701－0023625　普 111.21/1017/2/c5　子部/叢編

二十二子(二十二子彙函)　(清)浙江書局編　清光緒元年至三年(1875－1877)浙江書局刻二十七年(1901)重修本　一册　存一種

330000－1701－0023626　普 111.21/2744　子部/道家類

老子約説三篇續篇一篇　(清)紀大奎撰　(清)紀大婁評注　清乾隆五十三年(1788)刻本　一册

330000－1701－0023628　普 111.21/2004.2　子部/道家類

老子元翼二卷考異一卷附錄一卷　(明)焦竑撰　清乾隆五年(1740)長白蘇氏刻本　四册

330000－1701－0023630　普 811.1087/4222　集部/總集類/酬唱之屬

二林唱和詩一卷　(清)彭紹升輯　清光緒刻本　一册

330000－1701－0023631　普 811.1087/4090　集部/總集類/選集之屬/斷代

孫松坪學使院試通海考古題擬作一卷　(清)李煥文等撰　清刻本　一册

330000－1701－0023632　普 111.21/2004/c1　類叢部/叢書類/彙編之屬

漸西村舍彙刊(漸西村舍叢刻)四十四種　(清)袁昶編　清光緒十六年至二十四年(1890－1898)桐廬袁氏刻本　四册　存一種

330000－1701－0023633　普 811.1087/4350/c1　集部/總集類/酬唱之屬

雲圃秋吟一卷　(清)戴青等撰　清光緒十三年(1887)刻本　一册

330000－1701－0023634　普 811.1087/4350/c2　集部/總集類/酬唱之屬

雲圃秋吟一卷　(清)戴青等撰　清光緒十三年(1887)刻本　一册

330000－1701－0023635　普 811.1087/4350/c3　集部/總集類/酬唱之屬

雲圃秋吟一卷　(清)戴青等撰　清光緒十三年(1887)刻本　一册

330000－1701－0023636　普 811.1087/4063/c2　集部/總集類/酬唱之屬

梧笙唱和初集二卷　(清)李星沅　(清)郭潤玉輯　清道光十七年(1837)刻本　二册

330000－1701－0023637　普 111.21/2004/c2　類叢部/叢書類/彙編之屬

漸西村舍彙刊(漸西村舍叢刻)四十四種　(清)袁昶編　清光緒十六年至二十四年(1890－1898)桐廬袁氏刻本　四册　存一種

330000－1701－0023639　普 111.21/2435　子部/道家類

老子道德經解二卷首一卷　(明)釋德清撰　清光緒十二年(1886)金陵刻經處刻本　二册

330000－1701－0023641　普 111.21/2004/c3 類叢部/叢書類/彙編之屬
漸西村舍彙刊(漸西村舍叢刻)四十四種　(清)袁昶編　清光緒十六年至二十四年(1890－1898)桐廬袁氏刻本　四册　存一種

330000－1701－0023642　普 811.1087/4097/c1　集部/總集類/郡邑之屬
桐溪耆隱集一卷補錄一卷　(清)袁炯輯　**榆園雜興詩一卷**　(清)袁振業撰　清光緒十六年(1890)春藻堂刻本　一册

330000－1701－0023643　普 811.1087/4337/c1　類叢部/叢書類/家集之屬
丹徒戴氏叢刻七種　(清)戴肇辰編　清同治至光緒刻本　一册　存一種

330000－1701－0023645　普 111.21/2631/2/c1　類叢部/叢書類/彙編之屬
漸西村舍彙刊(漸西村舍叢刻)四十四種　(清)袁昶編　清光緒十六年至二十四年(1890－1898)桐廬袁氏刻本　二册　存一種

330000－1701－0023646　普 111.21/2523 子部/道家類
三子通義　(明)朱得之撰　清康熙二十八年(1689)刻本　二册

330000－1701－0023647　普 811.1087/4097/c2　集部/總集類/郡邑之屬
桐溪耆隱集一卷補錄一卷　(清)袁炯輯　**榆園雜興詩一卷**　(清)袁振業撰　清光緒十六年(1890)春藻堂刻本　一册

330000－1701－0023648　普 811.1087/4097/c3　集部/總集類/郡邑之屬
桐溪耆隱集一卷補錄一卷　(清)袁炯輯　**榆園雜興詩一卷**　(清)袁振業撰　清光緒十六年(1890)春藻堂刻本　關廣塗題記　一册

330000－1701－0023649　普 111.21/2632/2 子部/道家類
道德真經註四卷　(元)吳澄撰　清鉛印本　章嶔題簽　二册

330000－1701－0023650　普 811.1087/44081 集部/總集類/酬唱之屬
陽羨唱和集二卷　(清)萬立鈞　(清)蔣萼撰　清光緒十七年(1891)刻本　二册

330000－1701－0023651　HJL3481　集部/總集類/郡邑之屬
國朝中州詩鈔三十二卷　(清)楊淮輯　清道光二十三年(1843)雅集山房刻本　四册　存十六卷(一至十六)

330000－1701－0023652　普 111.21/2632/3 子部/道家類
道德真經註四卷　(元)吳澄撰　清嘉慶八年(1803)致和堂刻本　二册

330000－1701－0023653　普 811.1087/4404 集部/總集類/選集之屬/通代
方壺合編二卷　(清)蕭應櫆編　清道光十一年(1831)刻本　二册

330000－1701－0023655　普 811.1087/4337/c2　類叢部/叢書類/家集之屬
丹徒戴氏叢刻七種　(清)戴肇辰編　清同治至光緒刻本　一册　存一種

330000－1701－0023656　HJL2710　集部/總集類/課藝之屬
學海堂集十六卷　(清)阮元輯　**二集二十二卷**　(清)吳瀾修輯　**三集二十四卷**　(清)張維屏輯　**四集二十八卷**　(清)金錫齡輯　清道光五年(1825)、十八年(1838)、咸豐九年(1859)、光緒十二年(1886)啓秀山房刻本　四十册

330000－1701－0023658　普 811.1087/4337/c3　類叢部/叢書類/家集之屬
丹徒戴氏叢刻七種　(清)戴肇辰編　清同治至光緒刻本　一册　存一種

330000－1701－0023659　普 811.1087/4411 集部/總集類/選集之屬/斷代
蛻翁所見詩錄前編十卷　(清)葉廷琯輯選　清光緒六年(1880)潘氏滂喜齋刻本　十册

330000－1701－0023660　普 811.1087/4408/c1　集部/總集類/選集之屬/斷代

闈幽詩鈔不分卷　(清)韓文鈞等撰　清光緒羊城富文齋刻朱印本　一冊

330000－1701－0023661　HJL2711　集部/別集類/宋別集

雙峯猥稿九卷首一卷末一卷　(宋)舒邦佐撰　清咸豐八年(1858)刻本　八冊

330000－1701－0023662　普 811.1087/4408/c2　集部/總集類/選集之屬/斷代

闈幽詩鈔不分卷　(清)韓文鈞等撰　清光緒羊城富文齋刻朱印本　一冊

330000－1701－0023663　HJH2712　集部/別集類/宋別集

陸象山先生文集三十六卷附校勘畧一卷　(宋)陸九淵撰　(清)李紱評點　**少湖徐先生學則辯一卷**　(明)徐階撰　**陸梭山公家制一卷**　(宋)陸九韶撰　清同治十年(1871)大儒家廟刻光緒七年(1881)陸氏素位堂增刻本　十二冊

330000－1701－0023664　普 811.1087/4411/2　集部/總集類/選集之屬/斷代

感逝集四卷　(清)葉廷琯輯選　清光緒六年(1880)潘氏滂喜齋刻本　二十冊

330000－1701－0023665　普 111.21/2632/4　子部/叢編

子書百家　(清)崇文書局編　清光緒元年(1875)湖北崇文書局刻民國元年(1912)鄂官書處重印本　一冊　存一種

330000－1701－0023667　HJL2715　集部/別集類/清別集

來諗堂詩草二卷粵東遊草一卷粵東雜咏一卷　(清)歐陽厚均撰　清道光刻本　一冊

330000－1701－0023671　HJL2716　集部/別集類/明別集

馬文莊公文集選十五卷　(明)馬自強撰　**敘述一卷**　(明)魏學曾撰　清道光二十六年(1846)刻本　四冊

330000－1701－0023672　普 811.1087/44211　集部/總集類/選集之屬/斷代

如蘭集二十卷　(清)董柴輯　清乾隆刻嘉慶四年(1799)重修本　十冊

330000－1701－0023673　普 811.1087/4433　集部/總集類/選集之屬/斷代

慰託集十六卷　(清)黃安濤輯　清道光五年(1825)刻本　清王慶勳題記　四冊

330000－1701－0023674　普 811.1087/4442/c2　集部/總集類/酬唱之屬

雲薈酬唱集一卷　(清)葉蘭生　(清)伊佐圻撰　清道光刻本　一冊

330000－1701－0023675　普 111.21/2844　子部/道家類

道德經注二卷附陰符經注一卷　(清)徐大椿撰　清乾隆徐大椿刻本　一冊　缺一卷(陰符經注)

330000－1701－0023676　普 811.1087/44212　集部/總集類/酬唱之屬

臺江驪唱集一卷天南鴻爪集一卷　黃鼎瑞輯　清光緒三十四年(1908)永嘉刻本　一冊

330000－1701－0023678　普 811.1087/4443　集部/總集類/彙編之屬

三子詩選　(清)蔡壽祺編　清咸豐七年(1857)刻本　一冊

330000－1701－0023679　普 811.1087/4443.2　集部/總集類/選集之屬/通代

同人詩錄初編十種　(清)蔡壽祺輯　清同治十一年(1872)京師鄉嬛別館刻本　六冊

330000－1701－0023683　普 811.1087/4443.3/c1　集部/總集類/彙編之屬

故友詩錄十四種附一種　(清)蔡壽祺編　清同治八年至九年(1869－1870)京師瑯嬛別館刻本　十冊　存十四種

330000－1701－0023686　HJL2717　類叢部/叢書類/自著之屬

歸雲別集十種　(明)陳士元撰　清道光十三年(1833)應城吳毓梅刻本　三十二冊

330000－1701－0023687　普 811.1087/4437

集部/總集類/選集之屬/斷代
蔗根集十七卷 (清)黄治原輯 清道光十六年(1836)清美堂刻本 四册

330000－1701－0023688 普 811.1087/4457
集部/總集類/酬唱之屬
龍瑞堂集詠一卷 (清)黄本驥編 清道光二十六年(1846)桂林敬業堂刻本 一册

330000－1701－0023691 普 111.21/4217/c1
子部/道家類
老子章義二卷 (清)姚鼐撰 清同治九年(1870)桐城吳氏邗上刻本 一册

330000－1701－0023692 HJH2718 集部/別集類/清別集
陳檢討四六二十卷 (清)陳維崧撰 (清)程師恭注 清乾隆三十五年(1770)武進陳明善亦園刻本 五册 存十七卷(四至二十)

330000－1701－0023693 普 111.21/4217/c2
子部/道家類
老子章義二卷 (清)姚鼐撰 清同治九年(1870)桐城吳氏邗上刻本 一册

330000－1701－0023694 普 811.1087/4470
集部/總集類/選集之屬/斷代
國朝閨閣詩鈔一百卷 (清)蔡殿齊編 清道光二十四年(1844)蔡氏嫏嬛別館刻本 十册

330000－1701－0023696 普 111.21/4217/c3
子部/道家類
老子章義二卷 (清)姚鼐撰 清同治九年(1870)桐城吳氏邗上刻本 一册

330000－1701－0023697 普 811.1087/44811
類叢部/叢書類/彙編之屬
范氏叢書(范白舫所刊書)十九種 (清)范鍇編 清道光十年至二十四年(1830－1844)烏程范氏刻本 四册 存二種

330000－1701－0023701 普 811.1087/4443.3/c2 集部/總集類/彙編之屬
故友詩錄十四種附一種 (清)蔡壽祺編 清同治八年至九年(1869－1870)京師瑯嬛別館刻本 四册 存六種

330000－1701－0023702 普 111.21/4423
子部/宗教類/道教之屬
道貫真源十八種 (清)董德寧輯 清乾隆至嘉慶古越集陽樓刻本 一册 存一種

330000－1701－0023703 普 111.21/4460
類叢部/叢書類/彙編之屬
十萬卷樓叢書五十一種 (清)陸心源編 清光緒歸安陸氏刻本(歲時廣記卷六原缺) 一册 存一種

330000－1701－0023704 普 811.1087/4602
集部/總集類/選集之屬/斷代
蓮湖吟社稿二卷 (清)楊高德 (清)朱庭珍輯 清光緒十四年(1888)集翠軒刻本 二册

330000－1701－0023705 普 811.1087/4494
集部/總集類/酬唱之屬
扶桑驪唱集一卷附錄一卷續和一卷 (清)葉煒編 清光緒十七年(1891)南京刻本 一册

330000－1701－0023706 普 111.21/4470
子部/藝術類/書畫之屬/法帖
道德寶章一卷 (宋)白玉蟾注 (元)趙孟頫書 清道光連山綏猺廳施禹泉影刻元趙孟頫寫本 一册

330000－1701－0023707 普 811.1087/4635/c1 集部/總集類/課藝之屬
青雲集分韻試帖詳註四卷 (清)楊逢春 (清)蕭應櫆輯 (清)沈品華等註 清光緒十四年(1888)永康胡氏退補齋刻本 四册

330000－1701－0023708 普 811.1087/4444/c2 集部/總集類/酬唱之屬
四明酬倡集二卷 (清)黄大華輯 清光緒二十九年(1903)勾東譯社鉛印本 二册

330000－1701－0023710 普 811.1087/4497/c1 集部/總集類/酬唱之屬
耋齡酬唱一卷 (清)黄炳垕等撰 清光緒二十年(1894)刻本 一册

330000－1701－0023711 普 811.1087/4635/c2 集部/總集類/課藝之屬
青雲集分韻試帖詳註四卷 (清)楊逢春

(清)蕭應櫆輯 (清)沈品華等註 清光緒十四年(1888)永康胡氏退補齋刻本 四冊

330000-1701-0023712 普 811.1087/4450/c1 集部/總集類/選集之屬/斷代
擊衣劍一卷 (清)葉書編 清光緒二十六年(1900)木活字印本 一冊

330000-1701-0023713 普 811.1087/4497/c3 集部/總集類/酬唱之屬
耋齡酬唱一卷 (清)黄炳垕等撰 清光緒二十年(1894)刻本 一冊

330000-1701-0023714 普 111.21/4770 子部/道家類
道德經編註二卷 (清)胡與高撰 (清)胡與宗附解 清乾隆十三年(1748)刻本 四冊

330000-1701-0023715 普 811.1087/4497/c4 集部/總集類/酬唱之屬
耋齡酬唱一卷 (清)黄炳垕等撰 清光緒二十年(1894)刻本 一冊

330000-1701-0023718 普 811.1087/4450/c2 集部/總集類/選集之屬/斷代
擊衣劍一卷 (清)葉書編 清光緒二十六年(1900)木活字印本 一冊

330000-1701-0023719 普 811.1087/4635/2 集部/總集類/課藝之屬
青雲集分韻試帖詳註四卷 (清)楊逢春 (清)蕭應櫆輯 (清)沈品華等註 清道光二十九年(1849)刻本 二冊 存二卷(一至二)

330000-1701-0023722 普 111.21/6022 類叢部/叢書類/自著之屬
琴志樓叢書四十六種 易順鼎撰 清光緒刻本 一冊 存二種

330000-1701-0023727 普 811.1087/4733 集部/總集類/選集之屬/斷代
本朝制帖詩選同聲集六卷 (清)胡浚選注 清乾隆二十二年(1757)桂堂刻本 三冊

330000-1701-0023729 普 811.1087/4741/c1 集部/總集類/酬唱之屬
觀水唱和詩四卷 (清)郁載瑛輯 清道光二十九年至咸豐元年(1849-1851)刻本 一冊

330000-1701-0023730 普 811.1087/4777 集部/總集類/酬唱之屬
皖江同聲集十卷 (清)胡鳳丹輯 清同治八年(1869)永康胡氏退補齋刻本 一冊

330000-1701-0023731 普 111.21/6031/c1 類叢部/叢書類/彙編之屬
經訓堂叢書二十一種 (清)畢沅編 清乾隆至嘉慶鎮洋畢氏刻本 一冊 存一種

330000-1701-0023732 普 811.1087/4741/c2 集部/總集類/酬唱之屬
觀水唱和詩四卷 (清)郁載瑛輯 清道光二十九年至咸豐元年(1849-1851)刻本 一冊

330000-1701-0023733 普 111.21/2631/2/c2 類叢部/叢書類/彙編之屬
漸西村舍彙刊(漸西村舍叢刻)四十四種 (清)袁昶編 清光緒十六年至二十四年(1890-1898)桐廬袁氏刻本 二冊 存一種

330000-1701-0023734 普 111.21/6031/c2 子部/道家類
老子道德經攷異二卷 (清)畢沅撰 清乾隆四十八年(1783)畢氏靈巖山館刻經訓堂叢書本 王詠霓校 一冊

330000-1701-0023735 普 111.21/6638 類叢部/叢書類/彙編之屬
唐宋叢書九十二種 (明)鍾人傑 (明)張遂辰編 明末刻説郛及説郛續重編印本 二冊 存一種

330000-1701-0023736 普 811.1087/4877 集部/總集類/選集之屬/斷代
乾隆六十一年千叟宴詩三十四卷首二卷 (清)高宗弘曆等撰 清嘉慶元年(1796)武英殿木活字印本 三十六冊

330000-1701-0023737 普 111.21/8716 子部/道家類
老子本義二卷 (清)鄭環撰 清嘉慶七年(1802)甘泉尋樂堂刻本 二冊

330000－1701－0023739　普 811.1087/4777.2/2　集部/總集類/郡邑之屬

鄂渚同聲集正編二十卷　(清)胡鳳丹編　清同治九年(1870)退補齋刻本　二冊

330000－1701－0023740　普 811.1087/4777.2/c2　集部/總集類/郡邑之屬

鄂渚同聲集初編七卷正編二十卷三編八卷　(清)胡鳳丹編　清同治九年至光緒二年(1870－1876)退補齋刻本　五冊

330000－1701－0023742　普 811.1087/4914　集部/總集類/酬唱之屬

詠物詩不分卷　(清)趙雲鶴編　清光緒十三年(1887)退齋刻本　一冊

330000－1701－0023743　普 111.22/1740/c1　子部/叢編

子書百家　(清)崇文書局編　清光緒元年(1875)湖北崇文書局刻本　一冊　存一種

330000－1701－0023744　普 811.1087/5023/c1　集部/總集類/酬唱之屬

西泠酬倡集五卷二集五卷三集五卷　(清)秦緗業等撰　清光緒刻本　六冊

330000－1701－0023745　普 811.1087/49441　集部/總集類/酬唱之屬

集桃花源記字詩不分卷　(清)趙吉士編　清康熙刻本　四冊

330000－1701－0023746　普 811.1087/5023/c2　集部/總集類/酬唱之屬

西泠酬倡集五卷二集五卷三集五卷　(清)秦緗業等撰　清光緒刻本　六冊

330000－1701－0023747　普 111.22/1740/c2、普 111.25/1223/c3、普 111.28/4477/c1、普 111.28/4694/c1　子部/叢編

子書百家　(清)崇文書局編　清光緒元年(1875)湖北崇文書局刻本　五冊　存四種

330000－1701－0023749　普 811.1087/5023/(2)　集部/總集類/酬唱之屬

西泠酬倡集五卷二集五卷三集五卷　(清)秦緗業等撰　清光緒刻本　二冊　存五卷(一至五)

330000－1701－0023750　普 811.1087/5304/c1　集部/總集類/酬唱之屬

潛廬壽觴酬唱集一卷　(清)盛慶蕃等撰　清光緒三十三年(1907)刻本　一冊

330000－1701－0023751　普 811.1087/5304/c2　集部/總集類/酬唱之屬

潛廬壽觴酬唱集一卷　(清)盛慶蕃等撰　清光緒三十三年(1907)刻本　一冊

330000－1701－0023752　普 111.28/0727/c2、普 111.25/1134/c1、普 111.23/4437/c1　子部/叢編

二十二子(二十二子彙函)　(清)浙江書局編　清光緒元年至三年(1875－1877)浙江書局刻本　八冊　存三種

330000－1701－0023753　普 111.28/0727/c3、111.25/1134/c2、普 111.23/4437/c2　子部/叢編

二十二子(二十二子彙函)　(清)浙江書局編　清光緒元年至三年(1875－1877)浙江書局刻本　八冊　存三種

330000－1701－0023755　普 811.1087/5023.2/c1　集部/總集類/選集之屬/斷代

西泠消寒集二卷附錄一卷　(清)秦緗業輯　清同治十三年(1874)刻本　一冊

330000－1701－0023757　普 811.1087/5023.2/c2　集部/總集類/選集之屬/斷代

西泠消寒集二卷附錄一卷　(清)秦緗業輯　清同治十三年(1874)刻本　一冊

330000－1701－0023758　普 811.1087/6023/c1　集部/總集類/彙編之屬

林下雅音六種　(清)冒俊輯　清光緒十年(1884)如皋冒氏如不及齋刻本　十冊

330000－1701－0023759　普 111.22/1740/c3、普 111.25/1223/c2、普 111.28/4694/c2　子部/叢編

子書百家　(清)崇文書局編　清光緒元年(1875)湖北崇文書局刻本　三冊　存三種

330000－1701－0023760　普 100/5526.2/c2
新學/理學/理學
哲學要領前編一卷後編一卷　(日本)井上圓了撰　(清)羅伯雅譯　清光緒二十八年(1902)上海廣智書局鉛印本　二冊

330000－1701－0023761　普 811.1087/6023/c2　集部/總集類/彙編之屬
林下雅音六種　(清)冒俊輯　清光緒十年(1884)如臯冒氏如不及齋刻本　十冊

330000－1701－0023763　普 811.1087/6031
集部/總集類/郡邑之屬
吳會英才集二十四卷　(清)畢沅輯　清道光刻本　六冊

330000－1701－0023765　普 111.25/1223/c1
子部/道家類
列子二卷　清光緒元年(1875)湖北崇文書局刻子書百家本　清邱震題記　一冊

330000－1701－0023766　普 111.28/4477/c2
子部/叢編
子書百家　(清)崇文書局編　清光緒元年(1875)湖北崇文書局刻本　二冊　存二種

330000－1701－0023767　普 111.25/2121
子部/道家類
列子八卷敘論一卷攷證一卷　(唐)盧重元解　清嘉慶八年(1803)刻石研齋校刻書七種本　聽表樓主人題記　四冊

330000－1701－0023769　普 811.1087/6031/(2)　集部/總集類/郡邑之屬
吳會英才集二十四卷　(清)畢沅輯　清道光刻本　十二冊

330000－1701－0023770　HJL4091　集部/別集類/清別集
春星草堂集文二卷詩五卷隨筆二卷　(清)沈丙瑩撰　清光緒十九年至三十二年(1893－1906)刻本　四冊

330000－1701－0023771　普 811.1087/7162
集部/總集類/氏族之屬
鄂韡聯吟集三種　(清)馬國偉　(清)馬用俊撰　清道光刻本　二冊

330000－1701－0023773　普 811.1087/7162.3　集部/總集類/氏族之屬
小峨嵋山館四種　(清)馬國偉　(清)馬用俊編　清嘉慶十八年(1813)棣園刻本　八冊　存三種

330000－1701－0023775　普 811.1087/7162.2　集部/總集類/氏族之屬
小峨嵋山館四種　(清)馬國偉　(清)馬用俊編　清嘉慶十八年(1813)棣園刻本　一冊　存一種

330000－1701－0023776　普 811.1087/7173
集部/總集類/選集之屬/斷代
本朝館閣詩二十卷附錄一卷　(清)阮學浩　(清)阮學濬輯　**續附錄一卷**　(清)阮芝生　(清)阮葵生　(清)曹文植輯　清乾隆二十三年(1758)困學書屋刻本　十二冊

330000－1701－0023777　普 111.28/4477/c3
子部/叢編
子書百家　(清)崇文書局編　清光緒元年(1875)湖北崇文書局刻本　二冊　存二種

330000－1701－0023778　普 111.28/0727/c4、普 111.25/1134/c3、普 111.23/4437/c5
子部/叢編
二十二子(二十二子彙函)　(清)浙江書局編　清光緒元年至三年(1875－1877)浙江書局刻本　八冊　存三種

330000－1701－0023779　普 811.1087/7110.2　類叢部/叢書類/彙編之屬
文選樓叢書三十三種　(清)阮亨編　清嘉慶至道光阮元刻道光二十二年(1842)阮亨彙印本　十二冊　存一種

330000－1701－0023780　普 811.1087/7173/2　集部/總集類/選集之屬/斷代
本朝館閣詩二十卷附錄一卷　(清)阮學浩　(清)阮學濬輯　**續附錄一卷**　(清)阮芝生　(清)阮葵生　(清)曹文植輯　清乾隆二十三年(1758)困學書屋刻本　十冊

330000－1701－0023781　普 811.1087/71731　集部/總集類/酬唱之屬

西冷話別集一卷　(清)馬駟良輯　清光緒十三年(1887)鉛印本　一册

330000－1701－0023782　普 111.25/4608、普 111.28/4608　類叢部/叢書類/自著之屬

楊仁山居士遺著十四種　(清)楊文會撰　清光緒至民國金陵刻經處刻本　二册　存二種

330000－1701－0023784　普 111.25/2121/(2)/c1　類叢部/叢書類/彙編之屬

石研齋校刻書七種　(清)秦恩復編　清嘉慶至道光秦氏石研齋刻本　一册　存一種

330000－1701－0023785　普 111.25/2523　子部/道家類

三子通義　(明)朱得之撰　清康熙二十八年(1689)刻本　四册

330000－1701－0023786　普 111.25/2121/(2)/c2　類叢部/叢書類/彙編之屬

石研齋校刻書七種　(清)秦恩復編　清嘉慶至道光秦氏石研齋刻本　二册　存一種

330000－1701－0023787　普 111.28/0704/3　子部/道家類

莊子集釋十卷　(清)郭慶藩撰　清光緒二十年(1894)思賢講舍刻本　八册

330000－1701－0023788　普 811.1087/6063　集部/總集類/彙編之屬

立憲紀念吟社選稿二卷遺珠集一卷　(清)畢羈盦輯　清光緒三十二年(1906)石印本　一册

330000－1701－0023789　普 811.1087/7241/c1　集部/總集類/選集之屬/斷代

國朝六家詩鈔八卷　(清)劉執玉選編　清乾隆三十二年(1767)劉執玉詒燕樓刻本　六册

330000－1701－0023790　普 811.1087/6086/c1　集部/總集類/酬唱之屬

秋蘭詩鈔一卷　(清)恩錫撰　清同治十三年(1874)刻本　一册

330000－1701－0023791　普 811.1087/6086/c2　集部/總集類/酬唱之屬

秋蘭詩鈔一卷　(清)恩錫撰　清同治十三年(1874)刻本　一册

330000－1701－0023792　普 811.1087/7241/c2　集部/總集類/選集之屬/斷代

國朝六家詩鈔八卷　(清)劉執玉選編　清乾隆三十二年(1767)劉執玉詒燕樓刻本　六册

330000－1701－0023793　普 811.1087/7241/(2)/c1　集部/總集類/選集之屬/斷代

國朝六家詩鈔八卷　(清)劉執玉選編　清乾隆三十二年(1767)劉執玉詒燕樓刻本　八册

330000－1701－0023796　普 111.28/0727/7　子部/叢編

桐城吴先生點勘諸子七種　(清)吴汝綸評點　清宣統二年(1910)衍星社鉛印本　二册　存一種

330000－1701－0023797　普 111.23/4437/c3　子部/叢編

二十二子(二十二子彙函)　(清)浙江書局編　清光緒元年至三年(1875－1877)浙江書局刻本　二册　存一種

330000－1701－0023798　普 811.1087/7241/c3　集部/總集類/選集之屬/斷代

國朝六家詩鈔八卷　(清)劉執玉選編　清乾隆三十二年(1767)劉執玉詒燕樓刻本　六册

330000－1701－0023800　普 811.1087/7198　集部/總集類/選集之屬/斷代

國朝排律詩繩二卷　(清)馬恒錫輯　(清)葉應元　(清)何淵注　清乾隆刻本　二册

330000－1701－0023801　普 111.28/0727/8　子部/道家類

莊子内篇註四卷　(明)釋德清撰　清光緒十四年(1888)金陵刻經處刻本　二册

330000－1701－0023803　普 811.1087/7241/(2)/c2　集部/總集類/選集之屬/斷代

國朝六家詩鈔八卷　(清)劉執玉選編　清乾隆三十二年(1767)劉執玉詒燕樓刻本　七册

缺一卷(二)

330000－1701－0023804　普 111.25/1134/c4　子部/叢編
二十二子(二十二子彙函)　(清)浙江書局編　清光緒元年至三年(1875－1877)浙江書局刻本　二冊　存一種

330000－1701－0023805　普 811.1087/7704　集部/總集類/郡邑之屬
龍邱攀轅詩前集一卷後集一卷　(清)劉夢麟輯　清道光刻本　一冊

330000－1701－0023806　普 811.1087/7241/2/c2　集部/總集類/選集之屬/斷代
國朝六家詩鈔八卷　(清)劉執玉選編　清宣統二年(1910)上海澄衷學堂石印本　六冊

330000－1701－0023809　普 111.28/0727/6　類叢部/叢書類/彙編之屬
古逸叢書二十六種　(清)黎庶昌編　清光緒八年至十年(1882－1884)黎庶昌日本東京使署影刻本　五冊　存一種

330000－1701－0023810　普 111.28/1020/c1　類叢部/叢書類/彙編之屬
思賢書局刊書十九種　(清)思賢書局編　清光緒至宣統思賢書局刻本　四冊　存一種

330000－1701－0023811　普 111.28/1020/c2　類叢部/叢書類/彙編之屬
思賢書局刊書十九種　(清)思賢書局編　清光緒至宣統思賢書局刻本　三冊　存一種

330000－1701－0023812　普 811.1087/7244/c2、普 811.1087/7244.2　集部/總集類/郡邑之屬
嶺南羣雅初集三卷補二卷二集三卷　(清)劉彬華輯　清嘉慶十八年(1813)玉壺山房刻本　七冊

330000－1701－0023813　普 811.1087/7241/2/c1　集部/總集類/選集之屬/斷代
國朝六家詩鈔八卷　(清)劉執玉選編　清宣統二年(1910)上海澄衷學堂石印本　六冊

330000－1701－0023814　普 111.28/1020/(2)　類叢部/叢書類/彙編之屬
思賢書局刊書十九種　(清)思賢書局編　清光緒至宣統思賢書局刻本　三冊　存一種

330000－1701－0023815　普 111.25/1134/c5　子部/叢編
二十二子(二十二子彙函)　(清)浙江書局編　清光緒元年至三年(1875－1877)浙江書局刻本　二冊　存一種

330000－1701－0023817　普 811.1087/72441　類叢部/叢書類/家集之屬
得一山房四種　(清)唐景崧等撰　清光緒十九年(1893)刻本　五冊　存二種

330000－1701－0023818　普 811.1087/7244/c1　集部/總集類/郡邑之屬
嶺南羣雅初集三卷補二卷二集三卷　(清)劉彬華輯　清嘉慶十八年(1813)玉壺山房刻本　六冊　缺二卷(補一至二)

330000－1701－0023820　普 811.1087/7442.08　集部/總集類/選集之屬/斷代
洛如詩鈔六卷　(清)朱彝尊輯　清康熙四十七年(1708)陸氏尊道堂刻本　二冊

330000－1701－0023822　普 111.28/0727/c5　子部/叢編
二十二子(二十二子彙函)　(清)浙江書局編　清光緒元年至三年(1875－1877)浙江書局刻本　四冊　存一種

330000－1701－0023824　HJH2733　類叢部/叢書類/自著之屬
春在堂全書(德清俞蔭甫所著書)三十六種　(清)俞樾撰　清同治至光緒刻光緒末彙印本　十二冊　存一種

330000－1701－0023826　普 111.28/2814/c1　子部/道家類
南華簡鈔(南華經)四卷　(清)徐廷槐輯注　清乾隆黎照樓刻本　四冊

330000－1701－0023827　普 811.1087/7517　類叢部/叢書類/彙編之屬

峭帆樓叢書十八種　趙詒琛編　清宣統三年至民國八年(1911－1919)新陽趙氏峭帆樓刻本　二冊　存一種

330000－1701－0023828　普 111.28/1073/c1　子部/道家類
莊子註三卷　王闓運撰　清同治八年(1869)刻本　章嶔題簽並記　二冊

330000－1701－0023829　普 811.1087/7513　集部/總集類/氏族之屬
二陳詩選四卷　(清)陳聖洛　(清)陳聖澤撰　(清)鄭烺選　清嘉慶十六年(1811)山滿樓刻本　二冊

330000－1701－0023830　普 111.28/1073/c2　子部/道家類
莊子註三卷　王闓運撰　清同治八年(1869)刻本　佚名過錄王闓運批並記　二冊

330000－1701－0023832　普 111.28/2814/c2　子部/道家類
南華簡鈔(南華經)四卷　(清)徐廷槐輯注　清乾隆黎照樓刻本　四冊

330000－1701－0023833　普 111.28/3021/c1　類叢部/叢書類/彙編之屬
半畝園叢書三十種　(清)吳坤修編　清同治新建吳氏皖城刻本　六冊　存一種

330000－1701－0023834　普 811.1087/7522/c1　集部/總集類/選集之屬/斷代
篋衍集十二卷　(清)陳維崧輯　清康熙三十六年(1697)宜興蔣國祥刻本　四冊

330000－1701－0023835　普 111.28/3021/2　子部/道家類
南華真經解內篇七卷外篇十五卷雜篇十一卷　(清)宣穎撰　清康熙六十年(1721)刻本　十二冊

330000－1701－0023836　普 111.28/1073/c2/1　子部/道家類
莊子註三卷　王闓運撰　清同治八年(1869)刻本　一冊　存一卷(三)

330000－1701－0023839　普 111.28/4217/c1　類叢部/叢書類/自著之屬
惜抱軒遺書三種　(清)姚鼐撰　清光緒五年(1879)桐城徐宗亮刻本　四冊　存一種

330000－1701－0023842　普 811.1087/7522/c2　集部/總集類/選集之屬/斷代
篋衍集十二卷　(清)陳維崧輯　清康熙三十六年(1697)宜興蔣國祥刻本　四冊

330000－1701－0023843　普 111.28/3021/c2　類叢部/叢書類/彙編之屬
半畝園叢書三十種　(清)吳坤修編　清同治新建吳氏皖城刻本　六冊　存一種

330000－1701－0023844　普 111.28/4217/c2　類叢部/叢書類/自著之屬
惜抱軒遺書三種　(清)姚鼐撰　清光緒五年(1879)桐城徐宗亮刻本　二冊　存一種

330000－1701－0023847　普 811.1087/7530　集部/總集類/酬唱之屬
山城倡和集一卷　(清)杜求煃輯　**扁舟集二卷**　(清)杜求煃撰　清同治十三年(1874)鉛印本　一冊

330000－1701－0023850　普 811.1087/7533　集部/總集類/彙編之屬
菉漪園懷舊集　(清)永恩編　清嘉慶十五年(1810)刻本　一冊

330000－1701－0023851　普 111.28/4418/c1　子部/道家類
莊子因六卷　(清)林雲銘撰　清康熙五十五年(1716)文盛堂刻本　章嶔題簽並記　孫伯批　五冊

330000－1701－0023852　普 111.28/4418/c2　子部/道家類
莊子因六卷　(清)林雲銘撰　清康熙二十七年(1688)三山林雲銘刻本　八冊

330000－1701－0023854　普 811.1087/7591　集部/總集類/酬唱之屬
湘管聯吟一卷續集三卷附稿一卷附錄一卷　(清)陳焯輯　清乾隆刻本　四冊

330000－1701－0023856　普 811.1087/7704.2　集部/總集類/酬唱之屬
緱城攀轅詩錄一卷　(清)周敦培等撰　清道光刻本　一冊

330000－1701－0023858　普 811.1087/7534　集部/總集類/郡邑之屬
諸暨二家詩集二卷　清宣統元年(1909)畸園老人刻本　一冊

330000－1701－0023859　普 111.28/4418/5　子部/道家類
莊子因六卷　(清)林雲銘撰　清康熙二十七年(1688)三山林雲銘刻本　張宗祥批並跋　四冊

330000－1701－0023860　普 111.28/2814/2　子部/道家類
南華簡鈔(南華經)四卷　(清)徐廷槐輯注　清書業堂刻本　二冊

330000－1701－0023861　普 811.1087/7574　集部/總集類/酬唱之屬
滕閣聯吟一卷　(清)陳長吉編　清同治十二年(1873)刻本　一冊

330000－1701－0023862　普 811.1087/7597　集部/總集類/酬唱之屬
崑山楚郡留別唱和集一卷　(清)陳燦編　清光緒十三年(1887)刻本　一冊

330000－1701－0023863　普 811.1087/7544　集部/總集類/選集之屬/斷代
紅梨社詩鈔十四卷　(清)陳希恕輯　清道光十年(1830)刻本　一冊

330000－1701－0023864　普 811.1087/7721　集部/總集類/酬唱之屬
是程堂倡和投贈集二十卷　(清)屠倬輯　清道光五年(1825)刻本　章嶔題簽　十二冊

330000－1701－0023865　普 111.28/4418/2　子部/道家類
莊子因六卷　(清)林雲銘撰　清嘉慶二年(1797)敦化堂刻本　三冊

330000－1701－0023866　普 111.28/4424　子部/道家類
南華本義不分卷　(清)林仲懿撰　清乾隆十六年(1751)刻本　一冊

330000－1701－0023867　普 811.1087/7580/c1　集部/總集類/酬唱之屬
藏海園酬倡集一卷　陳夔龍等撰　清末鉛印本　一冊

330000－1701－0023868　普 111.28/4418/4　子部/道家類
莊子因六卷　(清)林雲銘撰　清光緒六年(1880)白雲精舍刻本　四冊

330000－1701－0023869　普 111.28/4418/3　子部/道家類
莊子因六卷　(清)林雲銘撰　清雍正元年(1723)三山林雲銘刻本　十冊

330000－1701－0023870　普 811.1087/7742/c1　集部/總集類/氏族之屬
同根草四卷　(清)屈茝纕　(清)屈蕙纕撰　清光緒二十九年(1903)刻本　二冊

330000－1701－0023871　普 811.1087/7743　集部/總集類/郡邑之屬
國朝畿輔詩傳六十卷　(清)陶樑輯　清道光十九年(1839)紅豆樹館刻本　十六冊

330000－1701－0023873　普 111.28/4477.2　子部/道家類
三子合刊　(清)閔齊伋輯　明閔齊伋刻朱墨套印本　四冊　存一種

330000－1701－0023874　普 811.1087/7580/c2　集部/總集類/酬唱之屬
藏海園酬倡集一卷　陳夔龍等撰　清末鉛印本　一冊

330000－1701－0023876　普 811.1087/7742/c2　集部/總集類/氏族之屬
同根草四卷　(清)屈茝纕　(清)屈蕙纕撰　清光緒二十九年(1903)刻本　二冊

330000－1701－0023877　普 811.1087/7742/

c3　集部/總集類/氏族之屬
同根草四卷　(清)屈茝纕　(清)屈蕙纕撰　清光緒二十九年(1903)刻本　二冊

330000－1701－0023878　普 111.28/4704　子部/道家類
莊子獨見三十三卷　(清)胡文英撰　清乾隆十七年(1752)文淵堂刻本　四冊

330000－1701－0023880　普 811.1087/7742/c4　集部/總集類/氏族之屬
同根草四卷　(清)屈茝纕　(清)屈蕙纕撰　清光緒二十九年(1903)刻本　二冊

330000－1701－0023881　普 811.1087/7740　集部/總集類/氏族之屬
陶氏五宴詩集二卷　(清)陶燾編　清光緒二十一年(1895)木活字印本　一冊

330000－1701－0023883　普 111.28/7235　子部/道家類
莊子約解四卷　(清)劉鴻典撰　清同治五年(1866)威邑玉成堂刻本　四冊

330000－1701－0023884　普 811.1087/7774　集部/總集類/酬唱之屬
恬園唱酬集二卷　(清)周長森　(清)俞敦培編　清同治十三年(1874)刻本　一冊

330000－1701－0023885　普 811.1087/7780　集部/總集類/選集之屬/斷代
同館試律彙鈔二十四卷續鈔十二卷補鈔二卷　(清)韋謙恒　(清)吴省欽等輯　(清)法式善編　清乾隆五十二年(1787)刻嘉慶十七年(1812)續刻本　十六冊　缺四卷(續鈔九至十二)

330000－1701－0023886　普 811.1087/7780.022　集部/總集類/選集之屬/斷代
同館試律續鈔二集三十八卷首二卷　(清)王家相等輯　清道光刻本　三十八冊

330000－1701－0023887　普 811.1087/8013/c1　集部/總集類/酬唱之屬
擊鉢吟偶存二卷二集二卷三集二卷四集二卷五集二卷六集二卷七集二卷　(清)曾元海等輯　清道光二十五年至同治九年(1845－1870)刻本　十二冊

330000－1701－0023888　普 111.28/7444/c2　子部/道家類
莊子雪三卷　(清)陸樹芝撰　清廣州儒雅堂刻本　六冊

330000－1701－0023889　普 111.28/7444/c3　子部/道家類
莊子雪三卷　(清)陸樹芝撰　清廣州儒雅堂刻本　六冊

330000－1701－0023890　普 111.28/7533　子部/道家類
南華真經本義十六卷附錄八卷　(明)陳治安撰　明崇禎五年(1632)存義堂刻清乾隆十六年(1751)重修道光十五年(1835)紅蘭山房再重修本　十二冊

330000－1701－0023891　普 811.1087/8019　集部/總集類/酬唱之屬
求聲集四卷補遺一卷　(清)余云焕輯　清光緒十九年(1893)木活字印本　二冊

330000－1701－0023894　普 111.28/7444/c1　子部/道家類
莊子雪三卷　(清)陸樹芝撰　清嘉慶四年(1799)刻本　四冊

330000－1701－0023895　普 111.28/7546/c2　子部/道家類
南華真經正義三十三卷識餘一卷　(清)陳壽昌輯　清光緒十九年(1893)怡顏齋刻本　六冊

330000－1701－0023896　普 811.1087/80301　集部/總集類/選集之屬/斷代
韓江雅集十二卷　(清)全望祖等撰　清乾隆十二年(1747)刻本　四冊

330000－1701－0023898　普 811.1087/8030　集部/總集類/選集之屬/斷代
夔門送行詩二卷續編一卷　(清)潘樹嘉等撰　清光緒刻本　一冊

330000－1701－0023899　普 111.28/9537
子部/道家類
南華發覆八卷　(明)釋性涵撰　清文秀堂刻本　六册

330000－1701－0023900　普 811.1087/8036
集部/總集類/酬唱之屬
夏柳倡和詩不分卷　(清)金永昌輯　清乾隆二十八年(1763)刻本　二册

330000－1701－0023901　普 111.28/7757
子部/道家類
南華真經影史九卷　(清)周拱辰撰　清嘉慶八年(1803)檇李周氏聖雨齋刻本　二册

330000－1701－0023902　普 111.31/1200/c1
子部/雜著類/雜說之屬
墨子閒詁十五卷目錄一卷附錄一卷後語二卷　(清)孫詒讓撰　清宣統二年(1910)瑞安孫氏刻本　八册

330000－1701－0023903　普 811.1087/80131/c1、普 811.1087/80131.2　類叢部/叢書類/郡邑之屬
粟香室叢書五十九種　金武祥編　清光緒至民國江陰金氏刻本　二册　存一種

330000－1701－0023904　普 111.31/1200/c2
子部/雜著類/雜說之屬
墨子閒詁十五卷目錄一卷附錄一卷後語二卷　(清)孫詒讓撰　清宣統二年(1910)瑞安孫氏刻本　八册

330000－1701－0023905　普 111.31/1200/c3
子部/雜著類/雜說之屬
墨子閒詁十五卷目錄一卷附錄一卷後語二卷　(清)孫詒讓撰　清宣統二年(1910)瑞安孫氏刻本　八册

330000－1701－0023906　普 111.31/1200/c4
子部/雜著類/雜說之屬
墨子閒詁十五卷目錄一卷附錄一卷後語二卷　(清)孫詒讓撰　清宣統二年(1910)瑞安孫氏刻本　八册

330000－1701－0023907　普 111.28/7546/c3
子部/道家類
南華真經正義三十三卷識餘一卷　(清)陳壽昌輯　清光緒十九年(1893)怡顏齋刻本　六册

330000－1701－0023908　普 111.29/7882/c1
子部/兵家類/兵法之屬
火龍經全集六種　(明)□□編　清刻本　一册　存一種

330000－1701－0023910　普 111.29/7882/c2
子部/兵家類/兵法之屬
火龍經全集六種　(明)□□編　清咸豐五年(1855)刻本　一册　存二種

330000－1701－0023911　普 811.1087/80131/c2　類叢部/叢書類/郡邑之屬
粟香室叢書五十九種　金武祥編　清光緒至民國江陰金氏刻本　一册　存一種

330000－1701－0023912　普 111.31/1200/5
子部/雜著類/雜說之屬
墨子閒詁十五卷目錄一卷附錄一卷後語二卷　(清)孫詒讓撰　清光緒三十三年(1907)上海涵芬樓石印本　八册

330000－1701－0023913　普 111.28/7546/3
子部/道家類
南華真經正義三十三卷識餘一卷　(清)陳壽昌輯　清光緒十九年(1893)怡顏齋刻本　一册　存一卷(識餘)

330000－1701－0023914　普 111.31/1200/4
子部/雜著類/雜說之屬
墨子閒詁十五卷目錄一卷附錄一卷後語二卷　(清)孫詒讓撰　清末掃葉山房石印本　八册

330000－1701－0023916　普 111.31/1150
子部/雜著類/雜說之屬
墨子經說解二卷　(清)張惠言撰　清宣統元年(1909)國學保存會據手稿本影印本　一册

330000－1701－0023918　普 811.1087/8043/c1　集部/總集類/酬唱之屬
攀轅集不分卷　(清)徐琪輯　清光緒七年

(1881)刻本　一冊

330000－1701－0023920　普 811.1087/8043/c2　集部/總集類/酬唱之屬
攀轅集不分卷　(清)徐琪輯　清光緒七年(1881)刻本　一冊

330000－1701－0023923　普 811.1087/8077　集部/總集類/酬唱之屬
結夏倡詶集一卷　(清)姜同編　清道光三年(1823)養拙山房刻本　一冊

330000－1701－0023926　普 811.1087/8044　集部/總集類/課藝之屬
瓣香草堂會課詩鈔一卷　(清)金椿鶴評訂　清光緒二年(1876)海鹽陳鵬圖刻本　清若虛跋　一冊

330000－1701－0023927　普 111.32/6066/3/c1、普 111.41/1742/c1、普 111.31/6031/c1、普 111.42/1700/c1、普 111.44/0443/c1　子部/叢編
子書百家　(清)崇文書局編　清光緒元年(1875)湖北崇文書局刻本　九冊　存五種

330000－1701－0023929　普 811.1087/8097.2/c1　集部/總集類/彙編之屬
同岑詩鈔五種　(清)曾燠編　清道光九年(1829)刻本　六冊

330000－1701－0023930　普 811.1087/8097　集部/總集類/題詠之屬
邗上題襟集選二卷　(清)孫星衍評定　清嘉慶六年(1801)兩淮官署刻本　二冊

330000－1701－0023931　普 111.32/6066/c1、普 111.31/6031/2/c1　子部/叢編
二十二子(二十二子彙函)　(清)浙江書局編　清光緒元年至三年(1875－1877)浙江書局刻本　八冊　存二種

330000－1701－0023933　普 111.32/6066/c2、普 111.31/6031/2/c2　子部/叢編
二十二子(二十二子彙函)　(清)浙江書局編　清光緒元年至三年(1875－1877)浙江書局刻本　八冊　存二種

330000－1701－0023934　普 811.1087/8318/c2　集部/總集類/選集之屬/斷代
粧樓摘豔十卷首一卷　(清)錢三錫輯　清道光十三年(1833)香雨軒刻本　茬山女史題記　二冊　存六卷(首、一至五)

330000－1701－0023935　普 811.1087/8318/c3　集部/總集類/選集之屬/斷代
粧樓摘豔十卷首一卷　(清)錢三錫輯　清道光十三年(1833)香雨軒刻本　四冊

330000－1701－0023936　普 111.32/6066/c3、普 111.31/6031/2/c3　子部/叢編
二十二子(二十二子彙函)　(清)浙江書局編　清光緒元年至三年(1875－1877)浙江書局刻本　八冊　存二種

330000－1701－0023937　普 111.32/6066/c5、普 111.31/6031/2/c4　子部/叢編
二十二子(二十二子彙函)　(清)浙江書局編　清光緒元年至三年(1875－1877)浙江書局刻本　八冊　存二種

330000－1701－0023938　普 811.1087/8097.2/c2　集部/總集類/彙編之屬
同岑詩鈔五種　(清)曾燠編　清道光九年(1829)刻本　四冊　存四種

330000－1701－0023940　普 111.31/6031/3/c1　類叢部/叢書類/彙編之屬
經訓堂叢書二十一種　(清)畢沅編　清乾隆至嘉慶鎮洋畢氏刻本　二冊　存一種

330000－1701－0023943　普 811.1087/8326/(2)　集部/總集類/選集之屬/斷代
欽定熙朝雅頌集一百六卷首集二十六卷餘集二卷　(清)鐵保等輯　清嘉慶九年(1804)刻本　三十冊

330000－1701－0023944　普 111.31/6031/7　子部/叢編
桐城吳先生點勘諸子七種　(清)吳汝綸評點　清宣統二年(1910)衍星社鉛印本　二冊　存一種

330000－1701－0023945　普 811.1087/8337/

c1　集部/總集類/選集之屬/斷代

楚江萍合詩集十二卷　(清)錢清履輯　清嘉慶十八年(1813)刻本　四冊

330000－1701－0023946　普111.31/6031/3/c2、普111.32/6066/6/c2　類叢部/叢書類/彙編之屬

經訓堂叢書二十一種　(清)畢沅編　清乾隆至嘉慶鎮洋畢氏刻本　王詠霓批　五冊　存二種

330000－1701－0023947　普111.32/6066/3/c2、普111.41/1742/c2、普111.31/6031/c2、普111.42/1700/c2、普111.44/0443/c2　子部/叢編

子書百家　(清)崇文書局編　清光緒元年(1875)湖北崇文書局刻本　九冊　存五種

330000－1701－0023948　普811.1087/8337/c2　集部/總集類/選集之屬/斷代

楚江萍合詩集十二卷　(清)錢清履輯　清嘉慶十八年(1813)刻本　六冊

330000－1701－0023949　普111.32/6066/c4　子部/叢編

二十二子(二十二子彙函)　(清)浙江書局編　清光緒元年至三年(1875－1877)浙江書局刻本　四冊　存一種

330000－1701－0023950　普111.31/6031/3/c3、普111.32/6066/6/c3　類叢部/叢書類/彙編之屬

經訓堂叢書二十一種　(清)畢沅編　清乾隆至嘉慶鎮洋畢氏刻本　六冊　存二種

330000－1701－0023954　普811.1087/8844/c1　集部/總集類/選集之屬/斷代

國朝正雅集九十九卷首一卷　(清)符葆森輯　清咸豐六年至七年(1856－1857)京師半畝園刻本　三十二冊

330000－1701－0023955　普811.1087/8847/c1　集部/總集類/酬唱之屬

悼紅吟一卷　(清)管斯駿輯　清光緒十年(1884)蘇州管氏管可壽齋刻本　一冊

330000－1701－0023956　普111.32/6066/6/c1　類叢部/叢書類/彙編之屬

經訓堂叢書二十一種　(清)畢沅編　清乾隆至嘉慶鎮洋畢氏刻本　四冊　存一種

330000－1701－0023957　普111.41/1742/c3、普111.31/6031/c3、普111.42/1700/c3、普111.44/0443/c3　子部/叢編

子書百家　(清)崇文書局編　清光緒元年(1875)湖北崇文書局刻本　七冊　存四種

330000－1701－0023958　普811.1087/8847/c2　集部/總集類/酬唱之屬

悼紅吟一卷　(清)管斯駿輯　清光緒十年(1884)蘇州管氏管可壽齋刻本　一冊

330000－1701－0023959　普811.108923/1033　類叢部/叢書類/彙編之屬

峭帆樓叢書十八種　趙詒琛編　清宣統三年至民國八年(1911－1919)新陽趙氏峭帆樓刻本　二冊　存一種

330000－1701－0023960　普811.1087/8371　集部/總集類/選集之屬/斷代

共賞集初編一卷附錄一卷　(清)錢辰編　清光緒三十三年(1907)刻本　一冊

330000－1701－0023961　普811.1087/8844/c2　集部/總集類/選集之屬/斷代

國朝正雅集九十九卷首一卷　(清)符葆森輯　清咸豐六年至七年(1856－1857)京師半畝園刻本　三十二冊

330000－1701－0023964　普811.1089/4461　集部/總集類/選集之屬/斷代

花磚新律四卷　(清)薛玉田　(清)吳峻選　(清)王寬　(清)孫永清註　清刻本　四冊

330000－1701－0023966　普111.1092/8764/2　史部/傳記類/總傳之屬/儒林

闕里述聞十四卷　(清)鄭曉如撰　清同治七年(1868)刻九年(1870)重修本　八冊

330000－1701－0023967　普811.1087/1137/c1　子部/藝術類/遊藝之屬/詩鐘

奚囊寸錦四卷　(清)張潮撰　清嘉慶二十五

年(1820)王從豫刻本　八册　存三卷(上、中、鈔句)

330000－1701－0023968　普 811.108914/0014　集部/總集類/郡邑之屬
古桐鄉詩選十二卷　(清)文聚奎　(清)戴鈞衡輯　清道光二十年(1840)刻本　四册

330000－1701－0023969　普 811.1087/1137/c2　子部/藝術類/遊藝之屬/詩鐘
奚囊寸錦四卷　(清)張潮撰　清乾隆二十九年(1764)清遠閣刻本　二册　存二卷(上、鈔句)

330000－1701－0023970　普 811.108914/0123/c1　類叢部/叢書類/彙編之屬
半厂叢書初編十種　(清)譚獻編　清同治至光緒仁和譚氏刻本　一册　存一種

330000－1701－0023973　普 111.1092/9030　史部/傳記類/總傳之屬/儒林
從祀名賢傳六卷　(清)常安撰　清雍正十二年(1734)刻本　四册

330000－1701－0023976　普 811.108914/4444　集部/總集類/郡邑之屬
青山詩選六卷　(清)姚瀚等撰　(清)桂超萬等輯　清同治十三年至光緒元年(1874－1875)皖城刻本　二册

330000－1701－0023977　普 811.108915/4431　集部/總集類/郡邑之屬
渝水詩觀三十二卷　(清)黄之晉輯　清道光二十九年(1849)刻本　八册　存二十五卷(一至二十五)

330000－1701－0023979　普 811.108915/8097　集部/總集類/郡邑之屬
江西詩徵九十四卷附刻一卷補遺一卷　(清)曾燠輯　清嘉慶九年(1804)南城曾氏賞雨茅屋刻本　六十四册

330000－1701－0023980　普 811.108914/0123/c2　類叢部/叢書類/彙編之屬
半厂叢書初編十種　(清)譚獻編　清同治至光緒仁和譚氏刻本　一册　存一種

330000－1701－0023981　普 811.108914/0123/c3　類叢部/叢書類/彙編之屬
半厂叢書初編十種　(清)譚獻編　清同治至光緒仁和譚氏刻本　一册　存一種

330000－1701－0023982　普 811.108914/0123/c4　類叢部/叢書類/彙編之屬
半厂叢書初編十種　(清)譚獻編　清同治至光緒仁和譚氏刻本　一册　存五種

330000－1701－0023983　普 111.32/6066/4　子部/叢編
韓晏合編　(清)吴鼒編　清嘉慶全椒吴氏刻本　四册　存八卷(晏子春秋一至八)

330000－1701－0023984　普 811.10892/1065　集部/總集類/選集之屬/斷代
江浙十二家詩選二十四卷　(清)王鳴盛輯　清乾隆三十年(1765)刻本　六册

330000－1701－0023989　普 811.108922/2168　集部/總集類/郡邑之屬
國朝山左詩鈔六十卷　(清)盧見曾輯　清乾隆二十三年(1758)德州盧見曾雅雨堂刻二十四年(1759)重印本　二十册

330000－1701－0023990　普 111.32/6066/5　類叢部/叢書類/彙編之屬
思賢書局刊書十九種　(清)思賢書局編　清光緒至宣統思賢書局刻本　二册　存一種

330000－1701－0023992　普 811.108923/1044　集部/總集類/郡邑之屬
崇川列朝詩選彙存二卷各家詩鈔彙存五十二卷首八卷補遺六十一卷　(清)王藻輯　清咸豐七年(1857)有嘉樹軒刻本　二十册

330000－1701－0023993　普 811.108923/1172　集部/總集類/郡邑之屬
京江耆舊集十三卷　(清)張學仁　(清)王豫輯　清嘉慶二十三年(1818)青苔館刻本　八册

330000－1701－0023994　普 111.51/1024/c2　子部/法家類
管子地員篇注四卷　(清)王紹蘭撰　清光緒

十七年(1891)蕭山胡熽棻寄虹山館刻本 四冊

330000－1701－0023995 普 111.51/1024/c1 子部/法家類

管子地員篇注四卷 (清)王紹蘭撰 清光緒十七年(1891)蕭山胡熽棻寄虹山館刻民國二十五年(1936)北平來薰閣書店印本 四冊

330000－1701－0023998 普 811.108923/2528/c1 集部/總集類/郡邑之屬

國朝金陵詩徵四十八卷 (清)朱緒曾編 清光緒十三年(1887)德清俞樾刻本 十六冊

330000－1701－0023999 普 811.108923/2528/2 集部/總集類/郡邑之屬

國朝金陵詩徵四十八卷 (清)朱緒曾編 清光緒十三年(1887)德清俞樾刻本 二十冊

330000－1701－0024000 普 111.51/1024/c3 子部/法家類

管子地員篇注四卷 (清)王紹蘭撰 清光緒十七年(1891)蕭山胡熽棻寄虹山館刻本 四冊

330000－1701－0024001 普 811.108923/2528.02/c1 集部/總集類/郡邑之屬

續金陵詩徵六卷首一卷 (清)朱紹亭等輯 清光緒二十年(1894)刻本 六冊

330000－1701－0024002 普 111.51/1024/c4 子部/法家類

管子地員篇注四卷 (清)王紹蘭撰 清光緒十七年(1891)蕭山胡熽棻寄虹山館刻本 四冊

330000－1701－0024003 普 811.108923/1017 集部/總集類/郡邑之屬

江蘇詩徵一百八十三卷 (清)王豫輯 清道光元年(1821)焦山海西庵詩徵閣刻本 四十冊

330000－1701－0024004 普 111.51/1024/c5 子部/法家類

管子地員篇注四卷 (清)王紹蘭撰 清光緒十七年(1891)蕭山胡熽棻寄虹山館刻本 四冊

330000－1701－0024005 普 811.108923/2528.02/c3 集部/總集類/郡邑之屬

續金陵詩徵六卷首一卷 (清)朱紹亭等輯 清光緒二十年(1894)刻本 六冊

330000－1701－0024007 普 811.108923/2528/c2 集部/總集類/郡邑之屬

國朝金陵詩徵四十八卷 (清)朱緒曾編 清光緒十三年(1887)德清俞樾刻本 十六冊

330000－1701－0024008 普 811.108923/2528.2 集部/總集類/郡邑之屬

金陵詩徵四十四卷 (清)朱緒曾編 清光緒十八年(1892)刻本 十四冊

330000－1701－0024011 HJL2769 集部/別集類/清別集

劉孟塗集四十四卷 (清)劉開撰 清道光六年(1826)姚氏檗山草堂刻本 八冊

330000－1701－0024012 普 811.108923/2528.2/(2) 集部/總集類/郡邑之屬

金陵詩徵四十四卷 (清)朱緒曾編 清光緒十八年(1892)刻本 十冊

330000－1701－0024013 普 811.108921/4854 集部/總集類/郡邑之屬

津門詩鈔三十卷 (清)梅成棟輯 清道光四年(1824)思誠書屋刻本 十冊

330000－1701－0024015 普 111.51/1140 子部/法家類

管韓合纂四卷 (明)張榜纂 明末刻本 二冊 存二卷(管子纂一至二)

330000－1701－0024016 普 111.51/3002/c1、普 111.53/8014/2/c1 子部/叢編

二十二子(二十二子彙函) (清)浙江書局編 清光緒元年至三年(1875－1877)浙江書局刻本 七冊 存二種

330000－1701－0024017 普 811.108923/2833 集部/總集類/郡邑之屬

禊湖詩拾八卷首一卷 (清)徐達源輯 清嘉

慶十年(1805)刻民國九年(1920)補刻本　二冊

330000－1701－0024018　普 111.51/3002/c2、普 111.53/8014/2/c2　子部/叢編
二十二子(二十二子彙函)　(清)浙江書局編　清光緒元年至三年(1875－1877)浙江書局刻本　七冊　存二種

330000－1701－0024019　普 811.108923/4065/(2)　集部/總集類/郡邑之屬
國朝松陵詩徵二十卷　(清)袁景輅輯　清乾隆三十二年(1767)吳江袁氏愛吟齋刻本　八冊

330000－1701－0024022　普 111.51/3002/c3　子部/叢編
二十二子(二十二子彙函)　(清)浙江書局編　清光緒元年至三年(1875－1877)浙江書局刻本　六冊　存一種

330000－1701－0024023　HJH2770　類叢部/叢書類/彙編之屬
槐廬叢書四十六種　(清)朱記榮編　清光緒三年至十五年(1877－1889)吳縣朱氏槐廬家塾刻本　八冊　存一種

330000－1701－0024024　普 811.108923/3194　集部/總集類/郡邑之屬
梁溪詩鈔五十八卷　(清)顧光旭輯　清宣統三年(1911)文苑閣木活字印本　二十四冊

330000－1701－0024025　普 111.51/3002/c4、普 111.53/8014/2/c3　子部/叢編
二十二子(二十二子彙函)　(清)浙江書局編　清光緒元年至三年(1875－1877)浙江書局刻本　七冊　存二種

330000－1701－0024026　普 111.51/3002/c5、普 111.53/8014/2/c4　子部/叢編
二十二子(二十二子彙函)　(清)浙江書局編　清光緒元年至三年(1875－1877)浙江書局刻本　七冊　存二種

330000－1701－0024027　普 811.108923/3194/2　集部/總集類/郡邑之屬
梁溪詩鈔五十八卷　(清)顧光旭輯　清嘉慶元年(1796)刻本　二十八冊

330000－1701－0024029　普 111.51/3002/2　子部/叢編
十子全書　(清)王子興編　清嘉慶九年(1804)滸灣愛日堂刻本　九冊　存一種

330000－1701－0024030　普 111.51/3002/c6　子部/叢編
二十二子(二十二子彙函)　(清)浙江書局編　清光緒元年至三年(1875－1877)浙江書局刻本　六冊　存一種

330000－1701－0024032　普 811.108923/4452　集部/總集類/郡邑之屬
徐州詩徵八卷　(清)桂中行輯　清光緒十七年(1891)刻本　四冊

330000－1701－0024033　普 811.108923/4065　集部/總集類/郡邑之屬
國朝松陵詩徵二十卷　(清)袁景輅輯　清乾隆三十二年(1767)吳江袁氏愛吟齋刻本　六冊

330000－1701－0024035　普 111.51/3002/2(2)　子部/叢編
十子全書　(清)王子興編　清嘉慶九年(1804)姑蘇王氏聚文堂刻本　八冊　存一種

330000－1701－0024036　普 811.108924/0027/c1　集部/總集類/郡邑之屬
越風三十卷　(清)商盤輯　清乾隆三十七年(1772)山陰王大治刻嘉慶十六年(1811)徐氏重修本　八冊

330000－1701－0024039　普 811.108924/0027/c2　集部/總集類/郡邑之屬
越風三十卷　(清)商盤輯　清乾隆三十七年(1772)山陰王大治刻嘉慶十六年(1811)徐氏重修本　十冊

330000－1701－0024041　普 111.32/6066/3/c3、普 111.41/1742/c4　子部/叢編
子書百家　(清)崇文書局編　清光緒元年(1875)湖北崇文書局刻本　三冊　存二種

330000－1701－0024045　普 811.108924/0780　集部/總集類/郡邑之屬
越中三子詩　(清)郭毓輯　清乾隆十八年(1753)刻本　二冊　存二種

330000－1701－0024046　普 111.51/3002/7　子部/法家類
管子二十四卷　(唐)房玄齡注　(明)劉績補注　清光緒二十九年(1903)六藝書局石印本　四冊

330000－1701－0024047　普 111.51/3002/9　子部/叢編
桐城吳先生點勘諸子七種　(清)吳汝綸評點　清宣統二年(1910)衍星社鉛印本　二冊　存一種

330000－1701－0024050　普 811.108924/0807　集部/總集類/酬唱之屬
甲午大吉詩編一卷續編一卷　(清)許郊編　清光緒二十年(1894)刻本　一冊

330000－1701－0024052　普 811.108924/0897　集部/總集類/郡邑之屬
梅里詩輯二十八卷　(清)許燦輯　**續梅里詩輯十二卷補遺一卷**　(清)沈愛蓮編　清道光三十年(1850)嘉興縣齋刻本　十二冊

330000－1701－0024053　普 811.108924/1005　集部/總集類/酬唱之屬
攀轅詩卷二卷　(清)王彥威等撰　(清)馮城等輯　清光緒六年(1880)椒江刻本　一冊

330000－1701－0024054　普 111.51/3002/10　子部/法家類
管韓合刻四十四卷　(明)趙用賢編　清初刻本　五冊　存二十四卷(管子一至二十四)

330000－1701－0024056　普 811.108924/0897/(2)/c1　集部/總集類/郡邑之屬
梅里詩輯二十八卷　(清)許燦輯　清道光三十年(1850)嘉興縣齋刻本　六冊

330000－1701－0024057　普 811.108924/0897/(2)/c2、普 811.108924/0897.02　集部/總集類/郡邑之屬
梅里詩輯二十八卷　(清)許燦輯　**續梅里詩輯十二卷**　(清)沈愛蓮編　清道光三十年(1850)嘉興縣齋刻本　十二冊

330000－1701－0024063　HJL2796　集部/別集類/清別集
筠心堂詩集四卷文集十卷外集三卷　(清)張岳崧撰　清道光二十四年(1844)刻本　六冊

330000－1701－0024067　普 811.108924/1283　集部/總集類/郡邑之屬
菱湖三女史詩詞合刊　(清)孫錫祉輯　清光緒十六年(1890)歸安孫氏刻本　二冊

330000－1701－0024068　普 811.108924/1154/c1　集部/總集類/郡邑之屬
蛟川耆舊詩六卷　(清)張本均輯　**續集二卷**　(清)張錫申輯　清咸豐七年(1857)刻本　四冊

330000－1701－0024069　普 811.108924/1719/c1　集部/總集類/郡邑之屬
谿上詩輯十四卷　(清)尹元煒　(清)馮本懷訂　清道光二十九年(1849)抱珠樓刻本　六冊

330000－1701－0024070　普 111.11/1224/c2、普 112.12/7410/c3、普 112.13/1003/c4、普 111.51/8825/c1、普 111.55/7720/2/c2、普 111.57/4411/2/c1　子部/叢編
子書百家　(清)崇文書局編　清光緒元年(1875)湖北崇文書局刻本　二十四冊　存十四種

330000－1701－0024071　普 811.108924/1719/c2　集部/總集類/郡邑之屬
谿上詩輯十四卷　(清)尹元煒　(清)馮本懷訂　清道光二十九年(1849)抱珠樓刻本　六冊

330000－1701－0024072　普 811.108924/1154/c2　集部/總集類/郡邑之屬
蛟川耆舊詩六卷　(清)張本均輯　**續集二卷**　(清)張錫申輯　清咸豐七年(1857)刻本　四冊

330000－1701－0024074　普 111.51/8825/c2、普 111.53/8014/c1　子部/叢編
子書百家　(清)崇文書局編　清光緒元年(1875)湖北崇文書局刻本　五册　存二種

330000－1701－0024075　HJL3528　類叢部/叢書類/彙編之屬
武英殿聚珍版書　清刻本　十二册　存一種

330000－1701－0024076　普 811.108924/1154/c3　集部/總集類/郡邑之屬
蛟川耆舊詩六卷　(清)張本均輯　**續集二卷**　(清)張錫申輯　清咸豐七年(1857)刻本　四册

330000－1701－0024077　普 112.11/1224/c1、普 112.12/7410/c2、普 112.13/1003/c3、普 111.51/8825/c3、普 111.53/8014/c3、普 111.55/7720/2/c1　子部/叢編
子書百家　(清)崇文書局編　清光緒元年(1875)湖北崇文書局刻本　十九册　存十二種

330000－1701－0024078　普 111.51/8825/2/c1　子部/法家類
管子二十四卷　(唐)房玄齡注　清光緒五年(1879)影宋刻本　四册

330000－1701－0024079　HJL5929　集部/別集類/清別集
舍是集十卷　(清)王翼鳳撰　清道光二十一年(1841)刻二十四年(1844)補刻本　清今悔道人、冶山梅叟跋　十册

330000－1701－0024080　普 811.108924/2240　集部/總集類/郡邑之屬
國朝浙人詩存十六卷　(清)柴杰注　清乾隆三十三年(1768)洽禮堂刻本　十六册

330000－1701－0024082　普 811.108924/2519　集部/總集類/郡邑之屬
金華詩錄六十卷外集六卷別集四卷書後一卷　(清)黄彬　(清)朱琰輯　清乾隆三十八年(1773)金華府學刻五十一年(1786)重印本　二十册

330000－1701－0024083　普 811.108924/2602　集部/總集類/郡邑之屬
浙西六家詩鈔六卷　(清)吴應和　(清)馬洵等選　清道光七年(1827)紫薇山館刻本　六册

330000－1701－0024084　普 111.51/8825/2/c2　子部/法家類
管子二十四卷　(唐)房玄齡注　清光緒五年(1879)影宋刻本　沈曾植批校　四册

330000－1701－0024085　普 811.108924/2630　集部/總集類/郡邑之屬
澉川二布衣詩二卷　(清)吴寧評　清乾隆四十九年(1784)刻嘉慶十年(1805)續刻本　二册

330000－1701－0024086　普 811.108924/2602/(2)/c1　集部/總集類/郡邑之屬
浙西六家詩鈔六卷　(清)吴應和　(清)馬洵等選　清道光七年(1827)紫薇山館刻本　四册

330000－1701－0024090　普 811.108924/2602/(2)/c2　集部/總集類/郡邑之屬
浙西六家詩鈔六卷　(清)吴應和　(清)馬洵等選　清道光七年(1827)紫薇山館刻本　二册

330000－1701－0024091　普 811.108924/2661/c3　集部/總集類/郡邑之屬
國朝杭郡詩輯三十二卷姓氏韻編一卷　(清)吴顥輯　(清)吴振棫重輯　清同治十三年(1874)錢塘丁氏刻本　十二册

330000－1701－0024092　HJH4137　集部/別集類/清別集
璞山存稿十二卷　(清)曹藍田撰　(清)曹榮綬等輯　清光緒二十二年(1896)刻本　四册

330000－1701－0024095　普 811.108924/2661/c2　集部/總集類/郡邑之屬
國朝杭郡詩輯三十二卷姓氏韻編一卷　(清)吴顥輯　(清)吴振棫重輯　清同治十三年(1874)錢塘丁氏刻本　十二册

330000－1701－0024096　普 811.108924/2661/3　集部/總集類/郡邑之屬

國朝杭郡詩輯三十二卷姓氏韻編一卷　（清）吳顥輯　（清）吳振棫重輯　清同治十三年(1874)錢塘丁氏刻本　十六冊

330000－1701－0024098　普 811.108924/2661/2　集部/總集類/郡邑之屬

國朝杭郡詩輯十六卷　（清）吳顥輯　清嘉慶五年(1800)錢塘吳氏守惇堂刻本　八冊

330000－1701－0024099　普 811.108924/2661.021/c1　集部/總集類/郡邑之屬

國朝杭郡詩三輯一百卷姓氏韻編一卷　（清）丁申　（清）丁丙編　清光緒十九年(1893)錢塘丁氏刻本　三十六冊　缺二十五卷(七十六至一百)

330000－1701－0024100　普 811.108924/2661/c4　集部/總集類/郡邑之屬

國朝杭郡詩輯三十二卷姓氏韻編一卷　（清）吳顥輯　（清）吳振棫重輯　清同治十三年(1874)錢塘丁氏刻本　十二冊

330000－1701－0024101　普 811.108924/2661.02/c1　集部/總集類/郡邑之屬

國朝杭郡詩續輯四十六卷姓氏韻編一卷　（清）吳振棫輯　清光緒二年(1876)錢塘丁氏刻本　十六冊

330000－1701－0024103　普 811.108924/2661.02/c3　集部/總集類/郡邑之屬

國朝杭郡詩續輯四十六卷姓氏韻編一卷　（清）吳振棫輯　清光緒二年(1876)錢塘丁氏刻本　十六冊

330000－1701－0024104　普 111.57/4411/c1、普 111.55/7720/3/c1、普 111.88/0002/c2　子部/叢編

二十二子(二十二子彙函)　（清）浙江書局編　清光緒元年至三年(1875－1877)浙江書局刻本　十三冊　存三種

330000－1701－0024105　普 811.108924/2661.021/c2　集部/總集類/郡邑之屬

國朝杭郡詩三輯一百卷姓氏韻編一卷　（清）丁申　（清）丁丙編　清光緒十九年(1893)錢塘丁氏刻本　五十冊

330000－1701－0024106　普 811.108924/2661.021/(2)/c2　集部/總集類/郡邑之屬

國朝杭郡詩三輯一百卷姓氏韻編一卷　（清）丁申　（清）丁丙編　清光緒十九年(1893)錢塘丁氏刻本　四十冊

330000－1701－0024108　普 811.108924/2661.021/(2)/c1　集部/總集類/郡邑之屬

國朝杭郡詩三輯一百卷姓氏韻編一卷　（清）丁申　（清）丁丙編　清光緒十九年(1893)錢塘丁氏刻本　章嶔題簽　四十冊

330000－1701－0024110　普 811.108924/2661.021/(3)/c1　集部/總集類/郡邑之屬

國朝杭郡詩三輯一百卷姓氏韻編一卷　（清）丁申　（清）丁丙編　清光緒十九年(1893)錢塘丁氏刻本　五十冊

330000－1701－0024111　普 811.108924/2661.021/(3)/c3　集部/總集類/郡邑之屬

國朝杭郡詩三輯一百卷姓氏韻編一卷　（清）丁申　（清）丁丙編　清光緒十九年(1893)錢塘丁氏刻本　四十冊

330000－1701－0024112　普 811.108924/2661.021/(3)/c4　集部/總集類/郡邑之屬

國朝杭郡詩三輯一百卷姓氏韻編一卷　（清）丁申　（清）丁丙編　清光緒十九年(1893)錢塘丁氏刻本　五十冊

330000－1701－0024113　普 111.57/4411/c2、普 111.55/7720/3/c3、普 111.88/0002/c4　子部/叢編

二十二子(二十二子彙函)　（清）浙江書局編　清光緒元年至三年(1875－1877)浙江書局刻本　十三冊　存三種

330000－1701－0024114　普 811.108924/2661.02/c2　集部/總集類/郡邑之屬

國朝杭郡詩續輯四十六卷姓氏韻編一卷　（清）吳振棫輯　清光緒二年(1876)錢塘丁氏

刻本　十六册

330000－1701－0024115　普 111.57/4411/(2)、普 111.55/7720/3/c5、普 111.88/0002/c1　子部/叢編

二十二子(二十二子彙函)　(清)浙江書局編　清光緒元年至三年(1875－1877)浙江書局刻本　十二册　存二種

330000－1701－0024116　普 811.108924/2744/c1　集部/總集類/郡邑之屬

彭姥詩蒐十二卷　(清)倪勱編輯　清道光七年(1827)刻本　四册

330000－1701－0024117　普 111.57/4411/c3、普 111.55/7720/3/c4、普 111.88/0002/c5　子部/叢編

二十二子(二十二子彙函)　(清)浙江書局編　清光緒元年至三年(1875－1877)浙江書局刻本　十三册　存三種

330000－1701－0024118　普 111.57/4411/c4　子部/叢編

二十二子(二十二子彙函)　(清)浙江書局編　清光緒元年至三年(1875－1877)浙江書局刻本　六册　存一種

330000－1701－0024119　普 111.57/4411/2/c2、普 112.11/1224/c3、普 112.12/7410/c1、普 112.13/1003/c2、普 111.71/2681/c3、普 111.81/3721/c2　子部/叢編

子書百家　(清)崇文書局編　清光緒元年(1875)湖北崇文書局刻本　十七册　存十種

330000－1701－0024120　普 811.108924/2841　集部/總集類/郡邑之屬

湖陰詩徵三卷　(清)徐有珂　(清)陳根培輯　清光緒六年至七年(1880－1881)刻本　二册

330000－1701－0024121　普 811.108924/2848　集部/總集類/郡邑之屬

上虞詩選四卷　(清)徐幹輯　清光緒八年(1882)邵武徐氏刻本　清徐幹題記　四册

330000－1701－0024122　普 111.55/7720　類叢部/叢書類/自著之屬

心齋十種　(清)任兆麟撰　清乾隆五十年至五十五年(1785－1790)震澤任氏忠敏家塾刻本　一册　存一種

330000－1701－0024123　普 811.108924/3033/c1　集部/總集類/郡邑之屬

國朝嚴州詩錄八卷　(清)宗源瀚輯　清光緒二年(1876)刻本　二册

330000－1701－0024129　普 811.108924/3033/c2　集部/總集類/郡邑之屬

國朝嚴州詩錄八卷　(清)宗源瀚輯　清光緒二年(1876)刻本　二册

330000－1701－0024132　普 811.108924/3003/c1　集部/總集類/選集之屬/斷代

杭防詩存一卷　(清)完顏守典輯　清光緒十六年(1890)刻本　一册

330000－1701－0024133　普 811.108924/3033/c3　集部/總集類/郡邑之屬

國朝嚴州詩錄八卷　(清)宗源瀚輯　清光緒二年(1876)刻本　二册

330000－1701－0024135　普 811.108924/3003/c2　集部/總集類/選集之屬/斷代

杭防詩存一卷　(清)完顏守典輯　清光緒十六年(1890)刻本　一册

330000－1701－0024136　普 811.108924/3033/c5　集部/總集類/郡邑之屬

國朝嚴州詩錄八卷　(清)宗源瀚輯　清光緒二年(1876)刻本　三册

330000－1701－0024139　普 811.108924/3164　類叢部/叢書類/彙編之屬

荔牆叢刻十三種　(清)汪曰楨編　清同治至光緒烏程汪氏刻本　二册　存五種

330000－1701－0024141　普 811.108924/3057　集部/總集類/郡邑之屬

桐溪詩述二十四卷　(清)宋咸熙輯　清嘉慶刻本　十册

330000－1701－0024142　普 111.57/4411/2/

c3、普 112.11/1224/c4　子部/叢編

子書百家　(清)崇文書局編　清光緒元年(1875)湖北崇文書局刻本　五冊　存二種

330000－1701－0024143　HJL2810　集部/總集類/氏族之屬

丹徒張氏家集三種　(清)張深輯　清道光刻本　一冊　存一種

330000－1701－0024144　普 811.108924/3234　類叢部/叢書類/彙編之屬

滂喜齋叢書五十種　(清)潘祖蔭編　清同治至光緒吳縣潘氏京師刻本　一冊　存一種

330000－1701－0024145　普 811.108924/3424.02/c1　集部/總集類/郡邑之屬

續檇李詩繫四十卷　(清)胡昌基輯　清宣統三年(1911)刻本　二十冊

330000－1701－0024147　普 811.108924/3424.02/c3　集部/總集類/郡邑之屬

續檇李詩繫四十卷　(清)胡昌基輯　清宣統三年(1911)刻本　二十冊

330000－1701－0024148　普 112.13/1003/c1　子部/叢編

子書百家　(清)崇文書局編　清光緒元年(1875)湖北崇文書局刻本　二冊　存一種

330000－1701－0024151　普 811.108924/3424.02/c2　集部/總集類/郡邑之屬

續檇李詩繫四十卷　(清)胡昌基輯　清宣統三年(1911)刻本　二十冊

330000－1701－0024153　普 111.88/6014/c1　子部/叢編

子書百家　(清)崇文書局編　清光緒元年(1875)湖北崇文書局刻本　四冊　存一種

330000－1701－0024154　普 811.108924/4032/c1　集部/總集類/郡邑之屬

竹里詩萃十六卷　(清)李道悠編　清光緒二十一年(1895)蔣十詠廬刻本　四冊

330000－1701－0024155　普 811.108924/4032/c3　集部/總集類/郡邑之屬

竹里詩萃十六卷　(清)李道悠編　清光緒二十一年(1895)蔣十詠廬刻本　四冊

330000－1701－0024157　普 111.57/1029　子部/法家類

韓非子集解二十卷首一卷　(清)王先慎撰　清光緒二十二年(1896)刻本　章鈺題簽並記　六冊

330000－1701－0024158　普 811.108924/4032/c4　集部/總集類/郡邑之屬

竹里詩萃十六卷　(清)李道悠編　清光緒二十一年(1895)蔣十詠廬刻本　四冊

330000－1701－0024161　普 811.108924/4032/c2　集部/總集類/郡邑之屬

竹里詩萃十六卷　(清)李道悠編　清光緒二十一年(1895)蔣十詠廬刻本　四冊

330000－1701－0024163　普 811.108924/4032.2　集部/總集類/郡邑之屬

聞湖詩三鈔八卷　(清)李道悠輯　清光緒十九年(1893)刻本　二冊

330000－1701－0024164　普 811.108924/4036　集部/總集類/郡邑之屬

甬上高僧詩二卷　(清)李鄴嗣輯　清康熙十七年(1678)胡氏敬義堂刻本　一冊

330000－1701－0024169　HJL2818　集部/別集類/清別集

慶芝堂詩集十八卷　(清)戴亨撰　清道光十五年(1835)荆道復刻本　四冊

330000－1701－0024170　普 811.108924/4087　集部/詞類/總集之屬

四明近體樂府十四卷　(清)袁鈞輯　**附一卷**　(清)周世緒撰　清嘉慶二十三年(1818)慈谿鄭喬遷藏密廬刻本　六冊

330000－1701－0024172　普 111.57/4411/3/c1　子部/法家類

韓非子二十卷　識誤三卷　(清)顧廣圻撰　清嘉慶二十三年(1818)全椒吳鼒刻本　六冊

330000－1701－0024174　普 811.108924/

4408　集部/總集類/郡邑之屬
羅陽詩始四卷　（清）董斿輯　清同治五年(1866)羅陽書院刻本　缽菴題簽　一冊

330000－1701－0024175　普 811.108924/4097/c1　集部/總集類/郡邑之屬
桐溪耆隱集一卷補錄一卷　（清）袁炯輯　**榆園雜興詩一卷**　（清）袁振業撰　清光緒十六年(1890)春藻堂刻本　一冊

330000－1701－0024176　普 811.108924/4097/c2　集部/總集類/郡邑之屬
桐溪耆隱集一卷補錄一卷　（清）袁炯輯　**榆園雜興詩一卷**　（清）袁振業撰　清光緒十六年(1890)春藻堂刻本　一冊

330000－1701－0024177　普 811.108924/4098/c1　集部/總集類/郡邑之屬
桐溪耆隱集一卷補錄一卷　（清）袁炯輯　**榆園雜興詩一卷**　（清）袁振業撰　清光緒十六年(1890)春藻堂刻本　一冊

330000－1701－0024178　普 811.108924/4412/c1　集部/總集類/郡邑之屬
三台名媛詩輯五卷續一卷詞輯一卷　（清）黃瑞編　清光緒元年(1875)臨海周翰清刻本　二冊

330000－1701－0024179　普 111.57/4411/6　子部/法家類
管韓合刻四十四卷　（明）趙用賢編　清初刻本　三冊　存二十卷(韓非子一至二十)

330000－1701－0024180　普 811.108924/4098/c2　集部/總集類/郡邑之屬
桐溪耆隱集一卷補錄一卷　（清）袁炯輯　**榆園雜興詩一卷**　（清）袁振業撰　清光緒十六年(1890)春藻堂刻本　一冊

330000－1701－0024182　普 111.57/4411/3/c2　子部/法家類
韓非子二十卷　識誤三卷　（清）顧廣圻撰　清嘉慶二十三年(1818)全椒吳鼒刻本　六冊

330000－1701－0024183　普 811.108924/4412/c2　集部/總集類/郡邑之屬
三台名媛詩輯五卷續一卷詞輯一卷　（清）黃瑞編　清光緒元年(1875)臨海周翰清刻本　四冊

330000－1701－0024184　普 111.57/4411/3/c3　子部/法家類
韓非子二十卷　識誤三卷　（清）顧廣圻撰　清嘉慶二十三年(1818)全椒吳鼒刻本　六冊

330000－1701－0024185　普 111.57/4411/3(2)　子部/法家類
韓非子二十卷　識誤三卷　（清）顧廣圻撰　清嘉慶二十三年(1818)全椒吳鼒刻本　四冊　缺三卷(識誤一至三)

330000－1701－0024187　普 811.108924/4421/c1　集部/總集類/酬唱之屬
臺江驪唱集一卷天南鴻爪集一卷　黃鼎瑞輯　清光緒三十四年(1908)永嘉刻本　一冊

330000－1701－0024190　普 111.86/7426/2　子部/叢編
十子全書　（清）王子興編　清嘉慶九年(1804)寶慶經綸堂刻本　一冊　存一種

330000－1701－0024191　普 111.71/7716　子部/雜家類
鬼谷子三卷　（南朝梁）陶弘景注　**篇目考一卷附錄一卷**　（清）秦恩復撰輯　清乾隆五十四年(1789)江都秦氏石研齋刻本　一冊

330000－1701－0024193　普 111.86/7426/3　子部/叢編
十子全書　（清）王子興編　清嘉慶九年(1804)姑蘇王氏聚文堂刻本　一冊　存一種

330000－1701－0024194　普 811.108924/4438　集部/總集類/郡邑之屬
姚江逸詩十五卷　（清）黃宗羲輯　清康熙南雷懷謝堂刻五十七年(1718)倪繼宗重修本　十二冊

330000－1701－0024195　普 811.108924/4438/(2)　集部/總集類/郡邑之屬
姚江逸詩十五卷　（清）黃宗羲輯　清康熙南雷懷謝堂刻五十七年(1718)倪繼宗重修本　六冊

330000－1701－0024198　普 811.108924/4438.02　集部/總集類/郡邑之屬

續姚江逸詩十二卷　(清)倪繼宗輯　清康熙六十年(1721)倪繼宗小雲林刻本　十二册

330000－1701－0024201　普 811.108924/4438.02/(2)/1　集部/總集類/郡邑之屬

續姚江逸詩十二卷　(清)倪繼宗輯　清康熙六十年(1721)倪繼宗小雲林刻本　二册　存四卷(一至二、十一至十二)

330000－1701－0024203　普 111.71/7716/2/c1　類叢部/叢書類/彙編之屬

石研齋校刻書七種　(清)秦恩復編　清嘉慶至道光秦氏石研齋刻本　二册　存一種

330000－1701－0024205　普 111.88/6014/3　子部/叢編

二十五子彙函　(清)鴻文書局編　清光緒十九年(1893)上海鴻文書局石印本　一册　存一種

330000－1701－0024206　普 811.108924/4707/(2)　集部/總集類/郡邑之屬

甬上耆舊詩三十卷　(清)胡文學　(清)李鄴嗣輯　清康熙十五年(1676)胡氏敬義堂刻本　十册

330000－1701－0024209　普 811.108924/4707/2　集部/總集類/郡邑之屬

甬上耆舊詩三十卷　(清)胡文學　(清)李鄴嗣輯　清康熙十五年(1676)胡氏敬義堂刻本　六册

330000－1701－0024210　普 111.71/7716/2/c2　類叢部/叢書類/彙編之屬

石研齋校刻書七種　(清)秦恩復編　清嘉慶至道光秦氏石研齋刻本　二册　存一種

330000－1701－0024211　普 111.71/7716/2/c3　類叢部/叢書類/彙編之屬

石研齋校刻書七種　(清)秦恩復編　清嘉慶至道光秦氏石研齋刻本　一册　存一種

330000－1701－0024212　普 112/7535　類叢部/叢書類/自著之屬

番禺陳氏東塾叢書初函四種附一種　(清)陳澧撰　清咸豐至光緒刻本　二册　存一種

330000－1701－0024217　普 112.14/7230/2、普 112.16/7227.2/2/c3　類叢部/叢書類/彙編之屬

廣漢魏叢書八十種　(明)何允中編　清嘉慶刻本　十册　存二種

330000－1701－0024219　普 112/7535/2　子部/儒家類/儒學之屬

漢儒通義七卷　(清)陳澧輯　清光緒二十五年(1899)蔭立堂刻朱印本　二册　缺二卷(一至二)

330000－1701－0024220　普 811.108924/4438.02/(2)　集部/總集類/郡邑之屬

姚江逸詩十五卷　(清)黄宗羲輯　清康熙南雷懷謝堂刻五十七年(1718)倪繼宗重修本　四册　存九卷(四至十二)

330000－1701－0024222　普 811.108924/4707/c1　集部/總集類/郡邑之屬

甬上耆舊詩三十卷　(清)胡文學　(清)李鄴嗣輯　清康熙十三年(1674)胡氏敬義堂刻本　十二册

330000－1701－0024224　普 811.108924/4707.02/2　類叢部/叢書類/彙編之屬

國粹叢書四十九種　(清)國學保存會編　清光緒至宣統鉛印本　八册　存一種

330000－1701－0024225　普 112.11/1224/3　子部/儒家類/儒學之屬

孔叢四卷　(漢)孔鮒撰　(明)鍾惺評　明刻本　一册

330000－1701－0024226　普 112.11/1224/2/c1　類叢部/叢書類/彙編之屬

漢魏叢書九十四種　明末刻本　一册　存一種

330000－1701－0024227　普 811.108924/4707/c2　集部/總集類/郡邑之屬

甬上耆舊詩三十卷　(清)胡文學　(清)李鄴嗣輯　清康熙十三年(1674)胡氏敬義堂刻本

十二冊

330000－1701－0024229　普 112.11/1224/7　子部/儒家類/儒學之屬
孔叢子七卷　(漢)孔鮒撰　(宋)宋咸注　清光緒元年(1875)海昌陳錫麒刻本　四冊

330000－1701－0024230　普 112.11/1224/2/c2　子部/儒家類/儒學之屬
孔叢二卷詰墨一卷　(漢)孔鮒撰　清刻本　一冊

330000－1701－0024231　普 811.108924/5374/c2　集部/總集類/郡邑之屬
三台詩錄三十二卷詞錄二卷　(清)戚學標輯　清嘉慶元年(1796)刻本　十一冊

330000－1701－0024235　普 112.17/4054/2/c1、普 112.13/1003/2/c4、普 112.14/0002/2/c3　子部/叢編
二十二子(二十二子彙函)　(清)浙江書局編　清光緒元年至三年(1875－1877)浙江書局刻本　九冊　存三種

330000－1701－0024236　普 811.108924/5534.02/c1　集部/總集類/郡邑之屬
硤川詩續鈔十六卷詞續鈔一卷　(清)許仁沐　蔣學堅輯　清光緒二十一年(1895)雙山講舍刻本　六冊

330000－1701－0024238　普 811.108924/5374/c1　集部/總集類/郡邑之屬
三台詩錄三十二卷詞錄二卷　(清)戚學標輯　清嘉慶元年(1796)刻本　十一冊　缺三卷(二至四)

330000－1701－0024239　普 811.108924/5534.02/c2　集部/總集類/郡邑之屬
硤川詩續鈔十六卷詞續鈔一卷　(清)許仁沐　蔣學堅輯　清光緒二十一年(1895)雙山講舍刻本　六冊

330000－1701－0024240　普 811.108924/5534.02/c3　集部/總集類/郡邑之屬
硤川詩續鈔十六卷詞續鈔一卷　(清)許仁沐　蔣學堅輯　清光緒二十一年(1895)雙山講舍刻本　六冊

330000－1701－0024242　普 112.14/0002/3、普 112.17/5640/2、普 112.33/1000/4　類叢部/叢書類/彙編之屬
漢魏叢書九十四種　明末刻本　十四冊　存三種

330000－1701－0024243　普 112.17/4054/2/c3、普 112.13/1003/2/c1、普 112.14/0002/2/c4　子部/叢編
二十二子(二十二子彙函)　(清)浙江書局編　清光緒元年至三年(1875－1877)浙江書局刻本　九冊　存三種

330000－1701－0024244　普 112.17/4054/2/c4、普 112.13/1003/2/c5　子部/叢編
二十二子(二十二子彙函)　(清)浙江書局編　清光緒元年至三年(1875－1877)浙江書局刻本　三冊　存二種

330000－1701－0024245　HJL4163　類叢部/叢書類/家集之屬
求可堂兩世遺書五種　(清)廖冀亨　(清)廖鴻章撰　清光緒永定廖氏刻本　四冊

330000－1701－0024247　普 811.108924/5534　集部/總集類/郡邑之屬
硤川詩鈔二十卷首一卷詞鈔一卷　(清)曹宗載輯　清光緒十八年(1892)雙山講舍刻本　六冊

330000－1701－0024248　普 811.108924/6070　集部/總集類/酬唱之屬
海寧州勸賑唱和詩四卷　(清)易鳳庭輯　清嘉慶二十年(1815)刻本　四冊

330000－1701－0024249　普 112.17/4054/2/c5　子部/叢編
二十二子(二十二子彙函)　(清)浙江書局編　清光緒元年至三年(1875－1877)浙江書局刻本　一冊　存一種

330000－1701－0024250　普 811.108924/5534/(2)　集部/總集類/郡邑之屬
硤川詩鈔二十卷首一卷詞鈔一卷　(清)曹宗

載輯　清光緒十八年(1892)雙山講舍刻本　十冊

330000－1701－0024251　普112.17/5640/4、普112.13/1003/2/c2　子部/叢編
二十二子(二十二子彙函)　(清)浙江書局編　清光緒元年至三年(1875－1877)浙江書局刻本　三冊　存二種

330000－1701－0024252　普112.14/0002/4/c3　子部/雜著類/雜說之屬
淮南子二十一卷　(漢)劉安撰　(漢)高誘注　(清)莊逵吉校　清乾隆五十三年(1788)莊逵吉刻本　六冊

330000－1701－0024253　普112.13/1003/2/c3、普112.14/0002/2/c2　子部/叢編
二十二子(二十二子彙函)　(清)浙江書局編　清光緒元年至三年(1875－1877)浙江書局刻本　八冊　存二種

330000－1701－0024255　普811.108924/6071/c1　集部/總集類/郡邑之屬
國朝嵊詩鈔四卷　(清)黃晃等輯　清光緒十六年(1890)鉛印本　四冊

330000－1701－0024256　普811.108924/6071/c2　集部/總集類/郡邑之屬
國朝嵊詩鈔四卷　(清)黃晃等輯　清光緒十六年(1890)鉛印本　四冊

330000－1701－0024257　普811.108924/7110/c1　集部/總集類/郡邑之屬
兩浙輶軒錄四十卷補遺十卷姓氏韻編二卷　(清)阮元輯　清光緒十六年(1890)浙江書局刻本　三十二冊

330000－1701－0024258　普811.108924/7110/c3　集部/總集類/郡邑之屬
兩浙輶軒錄四十卷補遺十卷姓氏韻編二卷　(清)阮元輯　清光緒十六年(1890)浙江書局刻本　三十二冊

330000－1701－0024259　普811.108924/7110/c4　集部/總集類/郡邑之屬
兩浙輶軒錄四十卷補遺十卷姓氏韻編二卷　(清)阮元輯　清光緒十六年(1890)浙江書局刻本　三十二冊

330000－1701－0024260　普811.108924/7110/c2　集部/總集類/郡邑之屬
兩浙輶軒錄四十卷補遺十卷姓氏韻編二卷　(清)阮元輯　清光緒十六年(1890)浙江書局刻本　三十二冊

330000－1701－0024261　普811.108924/7110/c5　集部/總集類/郡邑之屬
兩浙輶軒錄四十卷補遺十卷姓氏韻編二卷　(清)阮元輯　清光緒十六年(1890)浙江書局刻本　三十二冊

330000－1701－0024262　普811.108924/7110/c6　集部/總集類/郡邑之屬
兩浙輶軒錄四十卷補遺十卷姓氏韻編二卷　(清)阮元輯　清光緒十六年(1890)浙江書局刻本　章嶔題簽　三十二冊

330000－1701－0024263　普112.13/1003/4　類叢部/叢書類/彙編之屬
廣漢魏叢書八十種　(明)何允中編　清嘉慶刻本　二冊　存一種

330000－1701－0024264　普112.14/0002/4/c2　子部/雜著類/雜說之屬
淮南子二十一卷　(漢)劉安撰　(漢)高誘注　(清)莊逵吉校　清乾隆五十三年(1788)莊逵吉刻本　六冊

330000－1701－0024265　普112.16/7227/c3、普112.16/7227.2/2/c2、普112.17/5640、普112.14/7230/c3、普112.33/1000/c1、普112.32/0014/c2　子部/叢編
子書百家　(清)崇文書局編　清光緒元年(1875)湖北崇文書局刻本　十九冊　存六種

330000－1701－0024266　普811.108924/7110.02/c1　集部/總集類/郡邑之屬
兩浙輶軒續錄五十四卷補遺六卷姓氏韻編二卷　(清)潘衍桐輯　清光緒十七年(1891)浙江書局刻本　四十八冊

330000－1701－0024267　普811.108924/

7110.02/(2)/c1　集部/總集類/郡邑之屬

兩浙輶軒續錄五十四卷補遺六卷姓氏韻編二卷　(清)潘衍桐輯　清光緒十七年(1891)浙江書局刻本　四十冊

330000－1701－0024268　普112.14/0002/4/c1　子部/雜著類/雜說之屬

淮南子二十一卷　(漢)劉安撰　(漢)高誘注　(清)莊逵吉校　清乾隆五十三年(1788)莊逵吉刻本　六冊

330000－1701－0024269　普811.108999/25904　集部/總集類/氏族之屬

同懷詩鈔三卷　(清)朱苾園輯　清道光二年(1822)刻本　一冊

330000－1701－0024270　普811.108999/11231/2　集部/總集類/氏族之屬

講筵四世詩鈔十卷　(清)張英等撰　清光緒十八年(1892)刻本　四冊

330000－1701－0024271　普811.108924/7110.02/c2　集部/總集類/郡邑之屬

兩浙輶軒續錄五十四卷補遺六卷姓氏韻編二卷　(清)潘衍桐輯　清光緒十七年(1891)浙江書局刻本　四十八冊

330000－1701－0024272　普112.14/0002/c2、普112.16/7227.2/2/c1　類叢部/叢書類/彙編之屬

廣漢魏叢書八十種　(明)何允中編　清嘉慶刻本　十冊　存二種

330000－1701－0024273　普811.108924/7110.02/(2)/c4　集部/總集類/郡邑之屬

兩浙輶軒續錄五十四卷補遺六卷姓氏韻編二卷　(清)潘衍桐輯　清光緒十七年(1891)浙江書局刻本　四十冊

330000－1701－0024274　普112.14/7230/c1　子部/叢編

子書百家　(清)崇文書局編　清光緒元年(1875)湖北崇文書局刻本　四冊　存一種

330000－1701－0024275　普811.108924/7374　集部/總集類/郡邑之屬

三台詩錄三十二卷詞錄二卷　(清)戚學標輯　清嘉慶元年(1796)刻本　八冊

330000－1701－0024276　普112.14/0002/4/c4　子部/雜著類/雜說之屬

淮南子二十一卷　(漢)劉安撰　(漢)高誘注　(清)莊逵吉校　清刻本　六冊

330000－1701－0024277　普811.108924/7110.02/(2)/c2　集部/總集類/郡邑之屬

兩浙輶軒續錄五十四卷補遺六卷姓氏韻編二卷　(清)潘衍桐輯　清光緒十七年(1891)浙江書局刻本　三十五冊　缺八卷(五十四、補遺一至六、姓氏韻編一)

330000－1701－0024278　普811.108924/7110.3/c1　集部/總集類/課藝之屬

浙江詩課九卷浙江考卷一卷浙士解經錄四卷　(清)阮元訂　清嘉慶再到亭刻本　四冊　存十卷(一至十)

330000－1701－0024279　普811.108924/7433　類叢部/叢書類/自著之屬

潛園總集十七種　(清)陸心源撰　清同治至光緒刻本　十六冊　存一種

330000－1701－0024280　普811.108924/7433/(2)　類叢部/叢書類/自著之屬

潛園總集十七種　(清)陸心源撰　清同治至光緒刻本　二十四冊　存一種

330000－1701－0024281　普811.108924/7110.3/c2　集部/總集類/課藝之屬

浙江詩課九卷浙江考卷一卷浙士解經錄四卷　(清)阮元訂　清嘉慶再到亭刻本　王修跋　四冊　存八卷(一至八)

330000－1701－0024282　HJL4170　集部/總集類/選集之屬/斷代

古賦識小錄八卷　(清)王芑孫輯　清嘉慶二十二年(1817)長洲彭氏衣言堂刻本　四冊

330000－1701－0024283　普811.108924/8006/c1　集部/總集類/郡邑之屬

國朝天台詩存十四卷補遺一卷　(清)金文田輯　清光緒三十四年(1908)木活字印本　王

舟瑤題記　四册　缺一卷(補遺)

330000－1701－0024284　普 811.108924/7591.02/c3　集部/總集類/郡邑之屬

國朝湖州詩錄三十四卷　(清)陳焯輯　**國朝湖州詩錄補編二卷**　(清)鄭祖琛輯　**國朝湖州詩續錄十六卷**　(清)鄭佶輯　清道光十年至十一年(1830－1831)小谷口刻本　六册　存十六卷(續錄一至十六)

330000－1701－0024285　普 811.108924/7591、普 811.108924/7591.02/c1　集部/總集類/郡邑之屬

國朝湖州詩錄三十四卷　(清)陳焯輯　**國朝湖州詩錄補編二卷**　(清)鄭祖琛輯　**國朝湖州詩續錄十六卷**　(清)鄭佶輯　清道光十年至十一年(1830－1831)小谷口刻本　十八册　缺二卷(補編一至二)

330000－1701－0024286　普 112.14/0002/3/(2)　子部/雜著類/雜說之屬

淮南鴻烈解二十一卷　(漢)劉安撰　(漢)高誘注　清乾隆五十六年(1791)金谿王氏刻增訂漢魏叢書本　清黄丕烈批校　六册

330000－1701－0024287　普 112.14/0894/c1　類叢部/叢書類/自著之屬

觀古堂所著書二十種　葉德輝撰　清光緒長沙葉氏刻本　一册　存一種

330000－1701－0024288　普 811.108924/7524　集部/總集類/郡邑之屬

海晏虞歌集四卷　(清)陳允恭等撰　清乾隆刻本　二册

330000－1701－0024289　普 811.108924/7534　集部/總集類/郡邑之屬

諸暨二家詩集二卷　清宣統元年(1909)畸園老人刻本　一册

330000－1701－0024292　普 112.16/7227/c2、普 112.14/7230/c2、普 112.32/0014/c1　子部/叢編

子書百家　(清)崇文書局編　清光緒元年(1875)湖北崇文書局刻本　八册　存三種

330000－1701－0024294　普 112.14/0894/c2　類叢部/叢書類/自著之屬

觀古堂所著書二十種　葉德輝撰　清光緒長沙葉氏刻本　一册　存一種

330000－1701－0024295　普 112.16/7227/c5　子部/叢編

子書百家　(清)崇文書局編　清光緒元年(1875)湖北崇文書局刻本　二册　存一種

330000－1701－0024296　普 112.16/7227/4、普 112.33/1000/2/c2　類叢部/叢書類/彙編之屬

增訂漢魏叢書八十六種　(清)王謨編　清乾隆五十六年(1791)金谿王氏刻本　十二册　存二種

330000－1701－0024298　普 112.14/0894/c3　類叢部/叢書類/自著之屬

觀古堂所著書二十種　葉德輝撰　清光緒長沙葉氏刻本　一册　存一種

330000－1701－0024300　普 811.108924/7710　集部/總集類

浙江校士經史詩錄不分卷　(清)周玉麒編　清咸豐八年(1858)刻本　二册

330000－1701－0024302　普 112.33/1000/c2　子部/叢編

子書百家　(清)崇文書局編　清光緒元年(1875)湖北崇文書局刻本　六册　存一種

330000－1701－0024304　普 112.14/0025/5　子部/叢編

子書百家　(清)崇文書局編　清光緒元年(1875)湖北崇文書局刻本　四册　存一種

330000－1701－0024306　普 811.108924/7591.02/c2　集部/總集類/郡邑之屬

國朝湖州詩錄三十四卷　(清)陳焯輯　**國朝湖州詩錄補編二卷**　(清)鄭祖琛輯　**國朝湖州詩續錄十六卷**　(清)鄭佶輯　清道光十年至十一年(1830－1831)小谷口刻本　八册　缺三十四卷(一至三十四)

330000－1701－0024307　普 811.108924/

8318　集部/總集類/郡邑之屬
歷朝上虞詩集十六卷　(清)錢玫輯　清道光十五年(1835)刻本　四冊

330000－1701－0024308　普 112.17/5640/5、普 112.32/0014/2　類叢部/叢書類/彙編之屬
增訂漢魏叢書八十六種　(清)王謨編　清乾隆五十六年(1791)金谿王氏刻本　三冊　存二種

330000－1701－0024312　普 112.33/1000/2/c1　類叢部/叢書類/彙編之屬
增訂漢魏叢書八十六種　(清)王謨編　清乾隆五十六年(1791)金谿王氏刻本　八冊　存一種

330000－1701－0024314　普 811.108924/8734　集部/總集類/郡邑之屬
四明四友詩六卷　(清)鄭梁輯　清康熙四十八年(1709)刻本　二冊

330000－1701－0024316　普 112.16/7227/c1、普 112.16/7227.2/(2)　子部/叢編
子書百家　(清)崇文書局編　清光緒元年(1875)湖北崇文書局刻本　三冊　存二種

330000－1701－0024317　普 112.16/7227.2/c1　子部/叢編
子書百家　(清)崇文書局編　清光緒元年(1875)湖北崇文書局刻本　四冊　存一種

330000－1701－0024318　普 112.14/7701/c1　類叢部/叢書類/自著之屬
漢孳室箸書　(清)陶方琦撰　清光緒湘南使院刻本　三冊　存一種

330000－1701－0024319　普 112.14/7701/2　子部/雜著類/雜說之屬
淮南許注異同詁四卷補遺一卷續補一卷　(清)陶方琦撰　清光緒七年至十年(1881－1884)湘南使院刻漢孳室箸書本　陶顯哉批　二冊

330000－1701－0024320　普 811.108967/1020　集部/總集類/郡邑之屬
嶺南三大家詩選二十四卷　(清)王隼編　清康熙刻本　四冊

330000－1701－0024323　普 112.33/1000/c3　子部/雜著類/雜說之屬
論衡三十卷　(漢)王充撰　清光緒元年(1875)湖北崇文書局刻子書百家本　毛春翔批校　六冊

330000－1701－0024324　普 112.14/7701/c2　類叢部/叢書類/自著之屬
漢孳室箸書　(清)陶方琦撰　清光緒湘南使院刻本　三冊　存一種

330000－1701－0024325　普 112.14/7701/c3　類叢部/叢書類/自著之屬
漢孳室箸書　(清)陶方琦撰　清光緒湘南使院刻本　三冊　存一種

330000－1701－0024326　普 811.108967/1020/(2)　集部/總集類/郡邑之屬
嶺南三大家詩選二十四卷　(清)王隼編　清康熙刻本　五冊

330000－1701－0024327　普 112.14/7701/c4　類叢部/叢書類/自著之屬
漢孳室箸書　(清)陶方琦撰　清光緒湘南使院刻本　三冊　存一種

330000－1701－0024328　普 811.108953/4027　類叢部/叢書類/自著之屬
石泉書屋全集六種　(清)李佐賢撰　清咸豐至光緒利津李氏刻本　八冊　存一種

330000－1701－0024334　普 112.14/8340/c1　類叢部/叢書類/彙編之屬
崇文書局彙刻書三十一種　(清)崇文書局編　清光緒元年至三年(1875－1877)湖北崇文書局刻本　二冊　存一種

330000－1701－0024335　普 112.16/7227/3/c1　子部/叢編
十子全書　(清)王子興編　清嘉慶九年(1804)姑蘇王氏聚文堂刻本　二冊　存一種

330000－1701－0024336　普 811.10897/4920

集部/總集類/選集之屬/斷代

同林倡和一卷 （清）趙信輯　清乾隆二十四年(1759)賜錦堂刻本　一册

330000－1701－0024338　普 112.16/7227/3/c2　子部/叢編

十子全書 （清）王子興編　清嘉慶九年(1804)姑蘇王氏聚文堂刻本　二册　存一種

330000－1701－0024339　普 811.108982/2732/(2)　集部/總集類/郡邑之屬

黔詩紀略三十三卷 （清）莫友芝輯　清同治十二年(1873)遵義唐氏夢研齋金陵刻本　八册

330000－1701－0024340　普 112.14/8340/c2　類叢部/叢書類/彙編之屬

崇文書局彙刻書三十一種 （清）崇文書局編　清光緒元年至三年(1875－1877)湖北崇文書局刻本　二册　存一種

330000－1701－0024341　普 112.17/3193　子部/儒家類/儒學之屬/經濟

法言疏證十三卷校補一卷 汪榮寶撰　清宣統三年(1911)汪氏金薤琳琅齋鉛印本　四册

330000－1701－0024342　普 811.108971/1242　集部/總集類/郡邑之屬

國朝全蜀詩鈔六十四卷 （清）孫桐生輯　清光緒五年(1879)長沙刻本　二十册

330000－1701－0024343　普 112.14/8340/c3　類叢部/叢書類/彙編之屬

崇文書局彙刻書三十一種 （清）崇文書局編　清光緒元年至三年(1875－1877)湖北崇文書局刻本　二册　存一種

330000－1701－0024345　普 811.108982/2732.02/c3　集部/總集類/郡邑之屬

黔詩紀略後編三十卷 （清）莫庭芝　（清）黎汝謙輯　**黔詩紀略補三卷** （清）陳田輯　清宣統三年(1911)陳夔龍京師刻本　八册

330000－1701－0024347　普 811.108982/2732.02/c1　集部/總集類/郡邑之屬

黔詩紀略後編三十卷 （清）莫庭芝　（清）黎汝謙輯　**黔詩紀略補三卷** （清）陳田輯　清宣統三年(1911)陳夔龍京師刻本　八册

330000－1701－0024348　普 112.16/7227/2　類叢部/叢書類/彙編之屬

鐵華館叢書六種 （清）蔣鳳藻編　清光緒九年至十年(1883－1884)長洲蔣氏刻本　一册　存一種

330000－1701－0024349　普 811.108982/2732.02/c4　集部/總集類/郡邑之屬

黔詩紀略後編三十卷 （清）莫庭芝　（清）黎汝謙輯　**黔詩紀略補三卷** （清）陳田輯　清宣統三年(1911)陳夔龍京師刻本　八册

330000－1701－0024350　普 112.14/8340/c4　子部/雜著類/雜說之屬

淮南天文訓補注二卷 清光緒三年(1877)湖北崇文書局刻崇文書局彙刻書本　單丕批　二册

330000－1701－0024352　普 112.14/8340/(2)　類叢部/叢書類/彙編之屬

崇文書局彙刻書三十一種 （清）崇文書局編　清光緒元年至三年(1875－1877)湖北崇文書局刻本　一册　存一種

330000－1701－0024353　普 811.10899/7210　類叢部/叢書類/自著之屬

槐軒全書二十二種 （清）劉沅撰　清道光至民國刻本　四册　存一種

330000－1701－0024355　普 811.108982/2732.02/c2　集部/總集類/郡邑之屬

黔詩紀略後編三十卷 （清）莫庭芝　（清）黎汝謙輯　**黔詩紀略補三卷** （清）陳田輯　清宣統三年(1911)陳夔龍京師刻本　八册

330000－1701－0024357　普 112.17/4054/c1　子部/儒家類/儒學之屬/經濟

揚子法言十三卷音義一卷 （漢）揚雄撰　（晉）李軌注　清嘉慶二十三年(1818)秦氏石研齋影宋刻本　四册

330000－1701－0024358　普 811.108991/2848　集部/總集類/郡邑之屬

重訂昭陽扶雅集六卷 （清）徐幹編輯 清光緒八年(1882)邵武徐氏刻本 六冊

330000－1701－0024360 普 112.34/1088/c1、普 112.35/44981/c1、普 112.51/2300/c2、普 112.7/1037/c1、普 112.64/3310/c4、普 112.68/7250/c3 子部/叢編
子書百家 （清）崇文書局編 清光緒元年(1875)湖北崇文書局刻本 九冊 存七種

330000－1701－0024362 普 112.17/4054/c2 子部/儒家類/儒學之屬/經濟
揚子法言十三卷音義一卷 （漢）揚雄撰 （晉）李軌注 清嘉慶二十三年(1818)秦氏石研齋影宋刻本 二冊

330000－1701－0024364 普 811.108992/1020 集部/總集類/郡邑之屬
嶺南三大家詩選二十四卷 （清）王隼編 清康熙刻本 十冊

330000－1701－0024365 普 112.17/4054/(2) 子部/儒家類/儒學之屬/經濟
揚子法言十三卷音義一卷 （漢）揚雄撰 （晉）李軌注 清嘉慶二十三年(1818)秦氏石研齋影宋刻本 一冊

330000－1701－0024366 普 811.108992/1194 集部/總集類/郡邑之屬
梅水詩傳十卷 （清）張煜南 （清）張鴻南輯 清光緒二十七年(1901)刻本 十冊

330000－1701－0024367 普 811.108992/3387 集部/總集類/郡邑之屬
廣東詩粹十二卷補編一卷 （清）梁善長輯 清乾隆十二年(1747)達朝堂刻本 四冊 缺一卷(補編)

330000－1701－0024368 普 811.108981/4413 集部/總集類/郡邑之屬
滇詩嗣音集二十卷補遺一卷 （清）黄琮輯 清光緒三十四年(1908)刻本 八冊

330000－1701－0024371 普 811.108981/7596 集部/總集類/郡邑之屬
滇詩拾遺六卷 （清）陳榮昌輯 清宣統元年(1909)昆明刻本 六冊

330000－1701－0024372 普 811.108992/4254 集部/總集類/郡邑之屬
端人集二十卷 （清）彭泰來輯 清同治六年(1867)刻本 四冊

330000－1701－0024377 普 811.108999/0022 集部/總集類/氏族之屬
述本堂詩集十八卷 （清）方式濟撰 清乾隆二十年(1755)桐城方氏述本堂刻本 六冊

330000－1701－0024379 普 811.108999/0022/(2) 集部/總集類/氏族之屬
述本堂詩集十八卷 （清）方式濟撰 清乾隆二十年(1755)桐城方氏述本堂刻本 十二冊

330000－1701－0024382 普 811.108999/00223 集部/總集類/氏族之屬
桐城方氏詩輯六十七卷 （清）方于穀輯 清道光元年(1821)桐城方氏刻本 二十四冊

330000－1701－0024383 普 811.108999/00221 集部/總集類/氏族之屬
江村遺稿 （清）高步瀛輯 清道光八年(1828)追遠堂木活字印本 一冊

330000－1701－0024385 普 811.108999/1010 集部/總集類/氏族之屬
王氏錄存詩彙草六卷 （清）蘇鶴成輯 清乾隆二十七年(1762)刻本 一冊

330000－1701－0024386 普 112.7/1037/3、普 112.34/1088/4 類叢部/叢書類/彙編之屬
漢魏叢書九十四種 明末刻本 二冊 存二種

330000－1701－0024387 普 112.34/1088/c2、普 112.35/44981/c2、普 112.36/2848、普 112.51/2300/c1、普 112.7/1037/c2、普 112.68/7250/c2 子部/叢編
子書百家 （清）崇文書局編 清光緒元年(1875)湖北崇文書局刻本 八冊 存七種

330000－1701－0024390 普 811.108999/

11232　集部/總集類/氏族之屬

張氏詩集合編八卷　（清）張昀輯　**侍竿山房詩集一卷**　（清）張昀撰　（清）張鍾夫輯　清咸豐十年（1860）中立堂刻同治十三年（1874）增刻本　五冊

330000－1701－0024391　普112.36/2848/2
類叢部/叢書類/彙編之屬

漢魏叢書九十四種　明末刻本　一冊　存一種

330000－1701－0024392　普112.34/1088/3
類叢部/叢書類/彙編之屬

漢魏叢書三十八種　（明）程榮編　明萬曆二十年（1592）新安程氏刻本　一冊　存一種

330000－1701－0024393　普112.41/7217/3
類叢部/叢書類/彙編之屬

增訂漢魏叢書八十六種　（清）王謨編　清乾隆五十六年（1791）金谿王氏刻本　一冊　存一種

330000－1701－0024397　普811.108999/25901　集部/總集類/氏族之屬

胥溪朱氏文會堂詩鈔八卷　（清）朱美鏐纂　清咸豐元年（1851）胥溪朱氏刻本　清孫毓溎跋　四冊

330000－1701－0024399　普112.34/3124/c1
類叢部/叢書類/彙編之屬

湖海樓叢書十二種　（清）陳春編　清嘉慶蕭山陳氏湖海樓刻二十四年（1819）彙印本　四冊　存一種

330000－1701－0024400　普811.108999/25903　集部/總集類/氏族之屬

三朱遺編　（清）楊伯潤輯　清光緒十五年（1889）嘉興楊氏刻本　一冊

330000－1701－0024401　普112.34/3124/c2
類叢部/叢書類/彙編之屬

湖海樓叢書十二種　（清）陳春編　清嘉慶蕭山陳氏湖海樓刻二十四年（1819）彙印本　六冊　存一種

330000－1701－0024403　普811.108999/25902/c1　集部/總集類/氏族之屬

新安先集二十卷　（清）朱之榛輯　清同治十三年（1874）蘇州刻本　八冊

330000－1701－0024404　普811.108999/11231　集部/總集類/氏族之屬

講筵四世詩鈔十卷　（清）張英等撰　清嘉慶三年（1798）刻本　四冊

330000－1701－0024406　普112.36/1044
子部/宗教類/佛教之屬/論

中論六卷　（天竺）龍樹菩薩造　（天竺）釋青目釋　（後秦）釋鳩摩羅什譯　清光緒三十三年（1907）揚州藏經院刻本　二冊

330000－1701－0024407　普811.108999/25902/c2　集部/總集類/氏族之屬

新安先集二十卷　（清）朱之榛輯　清同治十三年（1874）蘇州刻本　八冊

330000－1701－0024408　普811.108999/25905　集部/總集類/氏族之屬

金陵朱氏家集三十種　（清）朱緒曾輯　清道光二十年（1840）刻本　十冊　存二十八種

330000－1701－0024410　普112.34/1088/c3、普112.7/1037/c3、普112.64/3310/c2、普112.68/7250/c1、普112.38/2315/c3　子部/叢編

子書百家　（清）崇文書局編　清光緒元年（1875）湖北崇文書局刻本　七冊　存五種

330000－1701－0024411　普811.108999/2221　集部/總集類/氏族之屬

崔氏詩集四種　（清）崔振家編　清同治九年至光緒十一年（1870－1885）刻本　一冊

330000－1701－0024412　普112.64/3310
子部/雜著類/雜說之屬

金樓子六卷　（南朝梁）元帝蕭繹撰　清光緒元年（1875）湖北崇文書局刻子書百家本　清邱震題記　二冊

330000－1701－0024413　普811.108999/2713　類叢部/叢書類/家集之屬

黎氏家集 十二種附四種　（清）黎庶昌編

清光緒十四年至十五年(1888－1889)黎庶昌日本使署刻本暨鉛印本　九冊　存十種附四種

330000－1701－0024414　HJL2907　類叢部/叢書類/彙編之屬

漸西村舍彙刊(漸西村舍叢刻)四十四種　(清)袁昶編　清光緒十六年至二十四年(1890－1898)桐廬袁氏刻本　六冊　存二種

330000－1701－0024415　普112.7/1037.01/c1　子部/叢編

二十二子(二十二子彙函)　(清)浙江書局編　清光緒元年至三年(1875－1877)浙江書局刻本　二冊　存一種

330000－1701－0024416　普112.51/2300/2　子部/儒家類/儒學之屬/經濟

傅子五卷　(晉)傅玄撰　(清)嚴可均輯　(清)孫星華重輯　清光緒二十年(1894)刻武英殿聚珍版書本　劉承幹題簽並記　二冊

330000－1701－0024419　普114.092/1243/c3　史部/傳記類/總傳之屬/儒林

理學宗傳二十六卷　(清)孫奇逢撰　(清)魏一鼇等編　清光緒六年(1880)浙江書局刻本　十二冊

330000－1701－0024420　普112.7/1037.01/c2　子部/叢編

二十二子(二十二子彙函)　(清)浙江書局編　清光緒元年至三年(1875－1877)浙江書局刻本　二冊　存一種

330000－1701－0024421　普112.7/1037.01/c4　子部/叢編

二十二子(二十二子彙函)　(清)浙江書局編　清光緒元年至三年(1875－1877)浙江書局刻本　二冊　存一種

330000－1701－0024422　普112.7/1037.01/c5　子部/叢編

二十二子(二十二子彙函)　(清)浙江書局編　清光緒元年至三年(1875－1877)浙江書局刻本　二冊　存一種

330000－1701－0024424　普811.108999/2713/(2)　類叢部/叢書類/家集之屬

黎氏家集 十二種附四種　(清)黎庶昌編　清光緒十四年至十五年(1888－1889)黎庶昌日本使署刻本暨鉛印本　三十冊

330000－1701－0024429　普112.51/2300.2　類叢部/叢書類/自著之屬

觀古堂所著書二十種　葉德輝撰　清光緒長沙葉氏刻本　一冊　存一種

330000－1701－0024430　普811.108999/2713.2　類叢部/叢書類/家集之屬

黎氏三家詩詞　(清)黎庶昌編　清光緒十四年至十五年(1888－1889)黎庶昌日本使署刻本　十二冊

330000－1701－0024431　普811.108999/3112　集部/總集類/氏族之屬

馮氏清芬集三卷　(清)馮詢輯　清光緒元年(1875)上海榷署刻本　一冊

330000－1701－0024432　普112.7/1037.01/2/c1　子部/叢編

十子全書　(清)王子興編　清嘉慶九年(1804)寶慶經綸堂刻本　一冊　存一種

330000－1701－0024433　普811.108999/4073　集部/總集類/氏族之屬

袁氏家集八種　(清)袁鎮嵩輯　清光緒十六年(1890)邃懷堂刻本　二冊

330000－1701－0024434　普114/3191/c1　子部/儒家類/儒學之屬/性理

理學逢源十二卷　(清)汪紱撰　清道光十八年(1838)婺源俞氏敬業堂刻本　十二冊

330000－1701－0024435　普811.108999/3111/c1　類叢部/叢書類/家集之屬

叢睦汪氏遺書十九種　(清)汪篪編　清光緒十二年(1886)錢唐汪氏長沙刻本　二冊　存一種

330000－1701－0024436　普811.108999/3111/c2　類叢部/叢書類/家集之屬

叢睦汪氏遺書十九種　(清)汪篪編　清光緒

十二年(1886)錢唐汪氏長沙刻本　六冊　存一種

330000－1701－0024438　普 811.108999/3390　集部/總集類/氏族之屬
江田梁氏詩存九卷　(清)梁章鉅輯　清道光十四年(1834)刻本　四冊

330000－1701－0024440　普 114/4094　子部/儒家類/儒學之屬/性理
御纂性理精義十二卷　(清)李光地等纂修　清康熙五十六年(1717)内府刻本　五冊

330000－1701－0024442　普 811.108999/2643　集部/總集類/氏族之屬
二吴先生唱于集二種八卷　清光緒九年(1883)吴氏家塾刻本　一冊

330000－1701－0024443　普 811.108999/4064　集部/總集類/氏族之屬
來氏家藏冠山逸韻五言五卷七言五卷補遺一卷　(清)來畹蘭輯　清乾隆三十七年(1772)來翔鸞等刻五十二年(1787)重印本　三冊

330000－1701－0024444　普 114/3191/c2　子部/儒家類/儒學之屬/性理
理學逢源十二卷　(清)汪紱撰　清道光十八年(1838)婺源俞氏敬業堂刻本　六冊　缺六卷(一至六)

330000－1701－0024445　普 112.7/1037.01/2/c2　子部/叢編
十子全書　(清)王子興編　清嘉慶九年(1804)湝灣愛日堂刻本　一冊　存一種

330000－1701－0024446　普 811.108999/4073/(2)　集部/總集類/氏族之屬
袁氏家集八種　(清)袁鎮嵩輯　清光緒十六年(1890)邃懷堂刻本　三冊

330000－1701－0024447　普 811.108999/4241　集部/總集類/氏族之屬
金山姚氏二先生集　(清)張文虎輯　清光緒二年(1876)松韻草堂刻本　一冊

330000－1701－0024449　普 114/6045　子部/儒家類/儒學之屬/性理
翰林節摘性理粹言十卷　(明)吕柟輯　清集成堂刻本　一冊

330000－1701－0024450　普 114.092/1243/c1　史部/傳記類/總傳之屬/儒林
理學宗傳二十六卷　(清)孫奇逢撰　(清)魏一鼇等編　清光緒六年(1880)浙江書局刻本　十二冊

330000－1701－0024452　普 811.108999/42411　集部/總集類/氏族之屬
金山姚氏二先生集　(清)張文虎輯　清光緒二年(1876)松韻草堂刻本　一冊

330000－1701－0024453　普 811.108999/4385　集部/總集類/氏族之屬
戴氏三俊集三卷　(清)汪曰楨輯　清道光二十四年(1844)刻本　一冊

330000－1701－0024454　普 114.092/1243/c2　史部/傳記類/總傳之屬/儒林
理學宗傳二十六卷　(清)孫奇逢撰　(清)魏一鼇等編　清光緒六年(1880)浙江書局刻本　十二冊

330000－1701－0024456　普 114.092/1243/c4　史部/傳記類/總傳之屬/儒林
理學宗傳二十六卷　(清)孫奇逢撰　(清)魏一鼇等編　清光緒六年(1880)浙江書局刻本　十二冊

330000－1701－0024457　普 811.108999/43851　類叢部/叢書類/家集之屬
丹徒戴氏叢刻七種　(清)戴肇辰編　清同治至光緒刻本　四冊　存一種

330000－1701－0024458　普 114.092/4438/c1　史部/傳記類/總傳之屬/儒林
宋元學案一百卷首一卷考畧一卷　(清)黄宗羲撰　(清)全祖望修定　(清)王梓材　(清)馮雲濠校並考　清光緒五年(1879)長沙寄廬刻本　四十八冊

330000－1701－0024459　普 811.108999/4421　集部/總集類/酬唱之屬

南華九老會倡和詩譜一卷 （清）莊達甫輯 清嘉慶十六年(1811)刻本 一册

330000－1701－0024460 普 811.108999/4410 集部/總集類/氏族之屬
董氏詩萃二十卷 （清）董熜輯 清乾隆十年(1745)刻本 十册

330000－1701－0024462 普 811.108999/4470 集部/總集類/氏族之屬
黄氏三世詩三卷 （清）黄炳垕輯 清光緒十五年(1889)刻本 一册

330000－1701－0024463 普 114.092/4438/c2 史部/傳記類/總傳之屬/儒林
宋元學案一百卷首一卷考畧一卷 （清）黄宗羲撰 （清）全祖望修定 （清）王梓材 （清）馮雲濠校並考 清光緒五年(1879)長沙寄廬刻本 四十八册

330000－1701－0024465 普 114.092/4438(2)/c1 史部/傳記類/總傳之屬/儒林
宋元學案一百卷首一卷考畧一卷 （清）黄宗羲撰 （清）全祖望修定 （清）王梓材 （清）馮雲濠校並考 清光緒五年(1879)長沙寄廬刻本 四十册

330000－1701－0024467 普 811.108999/5090/c1 集部/總集類/氏族之屬
錫山秦氏詩鈔前集八卷首一卷今集十卷 （清）秦彬編 清道光十九年(1839)刻本 六册

330000－1701－0024468 普 114.092/4438/4 史部/傳記類/總傳之屬/儒林
宋元學案一百卷首一卷考畧一卷 （清）黄宗羲撰 （清）全祖望修定 （清）王梓材 （清）馮雲濠校並考 清道光二十五年至二十六年(1845－1846)道州何氏刻本 二十三册 缺五卷(九十六至一百)

330000－1701－0024469 普 811.108999/4642 類叢部/叢書類/彙編之屬
大亭山館叢書十種 （清）楊葆彝編 清光緒陽湖楊氏刻本(春雨樓詩鈔原缺) 一册 存一種

330000－1701－0024471 普 811.108999/6060 集部/總集類/氏族之屬
吕氏遺音四種十卷 （清）吕孝派等輯 清光緒二十七年(1901)崇孝堂木活字印本 二册

330000－1701－0024472 普 114.114/1143/2 類叢部/叢書類/彙編之屬
高安朱文端公校輯藏書(朱文端公藏書)十三種 （清）朱軾撰輯 清康熙至乾隆刻彙印本 六册 存一種

330000－1701－0024473 普 811.108999/5090/c2 集部/總集類/氏族之屬
錫山秦氏詩鈔前集八卷首一卷今集十卷 （清）秦彬編 清道光十九年(1839)刻本 六册

330000－1701－0024474 普 811.108999/4980 集部/總集類/氏族之屬
浚儀世集六卷外集一卷 （清）趙希文輯 清光緒二十四年(1898)常熟趙氏承啓堂刻本 四册

330000－1701－0024476 普 114.092/4438(2)/c4 史部/傳記類/總傳之屬/儒林
宋元學案一百卷首一卷考畧一卷 （清）黄宗羲撰 （清）全祖望修定 （清）王梓材 （清）馮雲濠校並考 清光緒五年(1879)長沙寄廬刻本 四十册

330000－1701－0024478 普 811.108999/71101 類叢部/叢書類/家集之屬
劉氏叢刻七種 （清）劉瀚編 清光緒海天旭日研齋刻本 一册 存一種

330000－1701－0024481 普 114.092/4438/(3) 史部/傳記類/總傳之屬/儒林
宋元學案一百卷首一卷考畧一卷 （清）黄宗羲撰 （清）全祖望修定 （清）王梓材 （清）馮雲濠校並考 清光緒五年(1879)長沙寄廬刻本 十九册 存三十八卷(四十八至六十七、八十至八十一、八十三至九十六、九十九至一百)

330000－1701－0024482　普 114.15/1028/c2　子部/儒家類/儒學之屬
二程全書六十七卷　(宋)程顥　(宋)程頤撰　清小嫏嬛山館刻本　單丕批校　十八册

330000－1701－0024484　普 114.15/1122　類叢部/叢書類/彙編之屬
正誼堂全書六十三種續刻五種　(清)張伯行編　(清)楊浚重編　清同治五年(1866)福州正誼書院刻同治八年至光緒十三年(1869－1887)續刻本　五册　存一種

330000－1701－0024486　普 114.15/2624　類叢部/叢書類/彙編之屬
正誼堂全書六十三種續刻五種　(清)張伯行編　(清)楊浚重編　清同治五年(1866)福州正誼書院刻同治八年至光緒十三年(1869－1887)續刻本　二册　存一種

330000－1701－0024487　普 114.15/3425　史部/傳記類/總傳之屬/儒林
程子年譜十二卷首一卷終一卷　(清)池生春　(清)諸星杓編　清咸豐五年(1855)味經室刻本　十册

330000－1701－0024489　普 114.15/2661.3　子部/儒家類/儒學之屬
二程先生全書五十一卷拾遺一卷　(宋)程顥　(宋)程頤撰　清康熙二十五年(1686)程氏刻本(卷一配抄本)　十二册

330000－1701－0024492　普 811.108999/8211　集部/總集類/氏族之屬
鍾家詩鈔合集八卷　(清)鍾毓輯　清光緒十一年(1885)瀘州寶山鍾氏刻本　六册　缺二卷(七至八)

330000－1701－0024494　普 114.15/2661.3/(2)　子部/儒家類/儒學之屬
二程先生全書五十一卷拾遺一卷　(宋)程顥　(宋)程頤撰　清康熙二十五年(1686)程氏刻本　十一册

330000－1701－0024495　普 114.15/1028/2　子部/儒家類/儒學之屬
二程全書六十七卷　(宋)程顥　(宋)程頤撰　清同治十年(1871)刻本　十六册　缺六卷(明道文集一至五、伊川易傳三)

330000－1701－0024496　普 114.15/3425/(2)　史部/傳記類/總傳之屬/儒林
程子年譜十二卷首一卷終一卷　(清)池生春　(清)諸星杓編　清咸豐五年(1855)味經室刻本　王繼香題記　五册

330000－1701－0024497　普 114.2/7244/3　類叢部/叢書類/彙編之屬
武英殿聚珍版書一百三十八種　清乾隆武英殿木活字印本　三册　存一種

330000－1701－0024501　普 114.16/4430　子部/雜著類/雜說之屬
習學記言序目五十卷　(宋)葉適撰　清光緒九年(1883)江陰刻本　十二册

330000－1701－0024503　普 811.10907/2236　集部/總集類/酬唱之屬
重九讌集詩一卷　(清)黎庶昌輯　清光緒影印本　一册

330000－1701－0024504　普 114.25/0080/c1　子部/儒家類/儒學之屬/蒙學
小學纂註六卷　(清)高愈撰　**文公朱夫子[熹]年譜一卷**　題(宋)李方子撰　清同治十一年(1872)浙江書局刻本　二册

330000－1701－0024505　普 114.25/0080/c2　子部/儒家類/儒學之屬/蒙學
小學纂註六卷　(清)高愈撰　**文公朱夫子[熹]年譜一卷**　題(宋)李方子撰　清同治十一年(1872)浙江書局刻本　二册

330000－1701－0024507　普 114.25/0080/c3　子部/儒家類/儒學之屬/蒙學
小學纂註六卷　(清)高愈撰　**文公朱夫子[熹]年譜一卷**　題(宋)李方子撰　清同治十一年(1872)浙江書局刻本　二册

330000－1701－0024508　普 114.25/0080/c4　子部/儒家類/儒學之屬/蒙學
小學纂註六卷　(清)高愈撰　**文公朱夫子**

[熹]年譜一卷　題(宋)李方子撰　清同治十一年(1872)浙江書局刻本　二册

330000－1701－0024512　普114.25/0080/2　子部/儒家類/儒學之屬/蒙學

心遠堂新編小學纂註六卷小學句讀一卷小學總論一卷　(清)高愈撰　**文公朱夫子[熹]年譜一卷**　題(宋)李方子撰　清嘉慶二十二年(1817)金閶文萃堂刻本　二册

330000－1701－0024516　普811.1092/1127/c1　史部/傳記類/總傳之屬/文苑

國朝詩人徵略六十卷二編六十四卷　(清)張維屏撰　清道光二十二年(1842)刻本(二編卷十二、十四、十六、二十四、二十六、三十二、四十二原缺)　十六册

330000－1701－0024517　普114.25/0814/2　子部/儒家類/儒學之屬/性理

五子近思録發明十四卷　(清)施璜撰　清咸豐二年(1852)忠信堂刻本　三册　存九卷(一至九)

330000－1701－0024518　普114.25/0080/3　子部/儒家類/儒學之屬/蒙學

小學纂註六卷小學句讀一卷小學總論一卷　(清)高愈撰　**文公朱夫子[熹]年譜一卷**　題(宋)李方子撰　清同治三年(1864)刻本　三册

330000－1701－0024519　普114.25/0194　子部/儒家類/儒學之屬/性理

朱子講學輯要編十卷　(清)龍炳垣輯　清同治六年(1867)刻本　六册

330000－1701－0024520　普114.25/0080/4　子部/儒家類/儒學之屬/蒙學

小學纂註六卷小學句讀一卷小學總論一卷　(清)高愈撰　**文公朱夫子[熹]年譜一卷**　題(宋)李方子撰　清同治八年(1869)江蘇書局刻本　二册

330000－1701－0024521　普811.1092/1030　史部/傳記類/總傳之屬

湖北詩徵傳略四十卷　(清)丁宿章輯　清光緒七年(1881)孝感丁氏涇北草堂刻本　二十册

330000－1701－0024522　普114.25/0814　子部/儒家類/儒學之屬/性理

五子近思録發明十四卷　(清)施璜撰　清英秀堂刻本　八册

330000－1701－0024523　普811.1092/1127/c2　史部/傳記類/總傳之屬/文苑

國朝詩人徵略六十卷二編六十四卷　(清)張維屏撰　清道光二十二年(1842)刻本(二編卷十二、十四、十六、二十四、二十六、三十二、四十二原缺)　十册　存六十卷(一至六十)

330000－1701－0024524　普811.1092/1127/2　史部/傳記類/總傳之屬/文苑

國朝詩人徵略五十一卷　(清)張維屏撰　清嘉慶二十四年(1819)刻本　十册

330000－1701－0024525　普811.1092/8308　史部/傳記類/總傳之屬/通代

錢牧齋先生列朝詩集小傳十卷　(清)錢謙益撰　(清)錢陸燦輯　清康熙三十七年(1698)黄錫紱誦芬堂刻本　七册　存七卷(甲集、乙集、丙集、丁集上、丁集中、丁集下、閏集)

330000－1701－0024526　普114.25/1040/c1　史部/傳記類/别傳之屬/年譜

朱子年譜四卷考異四卷　(清)王懋竑撰　**朱子論學切要語二卷**　(清)王懋竑輯　清乾隆十七年(1752)寶應王氏白田草堂刻清末浙江書局補刻本　四册

330000－1701－0024527　普811.1092/8704/c1　史部/傳記類/總傳之屬/文苑

國朝名家詩鈔小傳四卷補遺一卷附録一卷　(清)鄭方坤撰　清光緒十二年(1886)萬山草堂刻民國二十三年(1934)補刻本　二册

330000－1701－0024528　普811.1092/8704/c2　史部/傳記類/總傳之屬/文苑

國朝名家詩鈔小傳四卷　(清)鄭方坤撰　清光緒十二年(1886)萬山草堂刻本　二册

330000－1701－0024530　普091.381/4094/

2/c7　經部/叢編

御纂七經五種　(清)李光地等撰　清同治六年至九年(1867－1870)浙江書局刻本　一册　存一種

330000－1701－0024532　HJL3533　集部/別集類/清別集

渠亭山人半部稾四種　(清)張貞撰　清康熙刻本　四册　存一種

330000－1701－0024535　普 091.381/4094/6　經部/易類/傳說之屬

御纂周易折中二十二卷　(清)李光地等纂　清光緒十四年(1888)上海點石齋石印本　四册

330000－1701－0024536　民 811.1088/8334.4　集部/總集類/選集之屬/斷代

南園賡社詩存一卷　錢溯耆輯　清宣統元年(1909)聽豳館刻本　一册

330000－1701－0024537　普 091.381/4094/3/c1　經部/易類/傳說之屬

御纂周易折中二十二卷首一卷　(清)李光地等纂　清刻本　清蔣光焴批　六册

330000－1701－0024538　普 091.381/4094/2/c5　經部/叢編

御纂七經五種　(清)李光地等撰　清同治六年至九年(1867－1870)浙江書局刻本　十册　存一種

330000－1701－0024543　普 091.381/4094/5　經部/易類/傳說之屬

御纂周易折中二十二卷首一卷　(清)李光地等纂　清光緒二十六年(1900)煥文書局石印本　二册

330000－1701－0024544　普 091.381/4094/4　經部/叢編

御纂七經五種　(清)李光地等撰　清同治十一年(1872)江西書局刻本　十二册　存一種

330000－1701－0024549　普 091.381/4094/3/c2　經部/叢編

御纂七經五種　(清)李光地等撰　清康熙至乾隆内府刻本　十册　存一種

330000－1701－0024554　普 091.381/4094/7/c1　經部/叢編

御纂七經五種　(清)李光地等撰　清康熙至乾隆内府刻本　十册　存一種

330000－1701－0024558　普 091.381/4094/2/c6　經部/叢編

御纂七經五種　(清)李光地等撰　清同治六年至九年(1867－1870)浙江書局刻本　十册　存一種

330000－1701－0024559　普 091.381/4094/7/c2　經部/叢編

御纂七經五種　(清)李光地等撰　清康熙至乾隆内府刻本　十册　存一種

330000－1701－0024560　普 091.381/4255　經部/易類/傳說之屬

易經解注傳義辯正四十四卷首二卷圖説辯正二卷　(清)彭申甫纂　清光緒十二年(1886)長沙彭氏刻本　二十四册

330000－1701－0024561　普 091.381/4094/7/c3　經部/叢編

御纂七經五種　(清)李光地等撰　清康熙至乾隆内府刻本　十册　存一種

330000－1701－0024567　普 091.381/4094/2(2)/c2　經部/叢編

御纂七經五種　(清)李光地等撰　清同治六年至九年(1867－1870)浙江書局刻本　十册　存一種

330000－1701－0024573　普 091.3837/2022　類叢部/叢書類/自著之屬

焦氏叢書九種附一種　(清)焦循撰　清嘉慶至道光江都焦氏雕菰樓刻本　十册　存一種

330000－1701－0024580　普 090.381/80831　經部/易類/傳說之屬

周易彙參六卷　(清)王夫之撰　清抄本　六册

330000－1701－0024581　普 091.381/8083

經部/易類/傳說之屬

周易精義續編四卷首一卷 (清)俞含潤撰 清嘉慶十八年(1813)墨海書屋木活字印本 三册

330000－1701－0024584 普 091.3822/1290 經部/易類

漢魏二十一家易注三十三卷 (清)孫堂輯 清嘉慶四年(1799)平湖孫堂映雪草堂刻本 五册

330000－1701－0024585 普 091.3822/1290/(2) 經部/易類

漢魏二十一家易注三十三卷 (清)孫堂輯 清嘉慶四年(1799)平湖孫堂映雪草堂刻本 二十册

330000－1701－0024586 普 091.381/4440.01/c1 類叢部/叢書類/自著之屬

張臯文箋易詮全集十六種 (清)張惠言撰 清嘉慶八年至道光十年(1803－1830)刻本 一册 存一種

330000－1701－0024587 普 091.3834/1134、普 090.381/4441.2 經部/叢編

通志堂經解一百四十種 (清)納蘭成德輯 清康熙十九年(1680)納蘭成德刻本 十六册 存二種

330000－1701－0024590 普 091.3822/5045/c1 經部/易類/傳說之屬

易漢學八卷 (清)惠棟撰 清刻本 二册

330000－1701－0024592 普 091.38321/8700/6 經部/叢編

古經解彙函十六種附小學彙函十四種 (清)鍾謙鈞等輯 清同治十二年(1873)粤東書局刻本 一册 存古經解彙函二種

330000－1701－0024594 普 091.3822/5045/c2 經部/易類/傳說之屬

易漢學八卷 (清)惠棟撰 清刻本 二册

330000－1701－0024596 普 091.3822/5045/2 類叢部/叢書類/彙編之屬

經訓堂叢書二十一種 (清)畢沅編 清乾隆至嘉慶鎮洋畢氏刻本 一册 存一種

330000－1701－0024605 普 091.3822/1290/(3)/c1 經部/易類

漢魏二十一家易注三十三卷 (清)孫堂輯 清嘉慶四年(1799)平湖孫堂映雪草堂刻本 十册

330000－1701－0024609 普 091.3822/1290/(3)/c2 經部/易類

漢魏二十一家易注三十三卷 (清)孫堂輯 清嘉慶四年(1799)平湖孫堂映雪草堂刻本 八册

330000－1701－0024612 普 091.38324/1017.2/c1 經部/叢編

十三經古注 (明)葛鼒 (明)金蟠校 明崇禎十二年(1639)金蟠刻清同治八年(1869)浙江書局、民國浙江公立圖書館重修本 三册 存一種

330000－1701－0024616 普 091.3822/1290/(4) 經部/易類

漢魏二十一家易注三十三卷 (清)孫堂輯 清嘉慶四年(1799)平湖孫堂映雪草堂刻本 二十四册

330000－1701－0024618 普 091.381/4440.01/c2 類叢部/叢書類/自著之屬

張臯文箋易詮全集十六種 (清)張惠言撰 清嘉慶八年至道光十年(1803－1830)刻本 一册 存一種

330000－1701－0024621 普 091.38324/1017.2/c2 經部/叢編

十三經古注 (明)葛鼒 (明)金蟠校 明崇禎十二年(1639)金蟠刻清同治八年(1869)浙江書局重修本 三册 存一種

330000－1701－0024624 普 091.38324/1017.2/c3 經部/叢編

十三經古注 (明)葛鼒 (明)金蟠校 明崇禎十二年(1639)金蟠刻清同治八年(1869)浙江書局重修本 三册 存一種

330000－1701－0024626 普 091.38324/

1017.2/3　經部/叢編
十三經注疏三百三十三卷　(明)□□輯　明崇禎元年至十二年(1628－1639)毛氏汲古閣刻本　四冊　存一種

330000－1701－0024630　普 091.38324/2127.01/2　經部/易類/傳說之屬
周易審義四卷　(清)張惠言撰　清咸豐七年(1857)文選樓刻本　四冊

330000－1701－0024635　普 091.38324/2127.01/c1　類叢部/叢書類/自著之屬
張皐文箋易詮全集十六種　(清)張惠言撰　清刻本　四冊　存二種

330000－1701－0024637　普 091.38324/2127.01/(4)　類叢部/叢書類/自著之屬
張皐文箋易詮全集十六種　(清)張惠言撰　清刻本　二冊　存二種

330000－1701－0024638　普 091.3834/0700　類叢部/叢書類/彙編之屬
武英殿聚珍版書一百三十八種　清木活字印本　十四冊　存一種

330000－1701－0024639　普 091.38324/2127.01/c2　類叢部/叢書類/自著之屬
張皐文箋易詮全集十六種　(清)張惠言撰　清嘉慶八年至道光十年(1803－1830)刻本　四冊　存二種

330000－1701－0024645　民 811.18/0414/c1　集部/別集類
自怡吟初稿四卷　謝元壽撰　清宣統三年(1911)石印本　二冊

330000－1701－0024647　普 091.3834/2540/c1　類叢部/叢書類/彙編之屬
玉海堂景宋元本叢書　劉世珩編　清光緒至民國貴池劉氏玉海堂影刻本　四冊　存一種

330000－1701－0024648　普 091.38324/2127.01/(3)　類叢部/叢書類/自著之屬
張皐文箋易詮全集十六種　(清)張惠言撰　清嘉慶八年至道光十年(1803－1830)刻本　十冊　存二種

330000－1701－0024649　民 811.18/0414/c2　集部/別集類
自怡吟初稿四卷　謝元壽撰　清宣統三年(1911)石印本　二冊

330000－1701－0024651　普 091.3835/4714　經部/叢編
通志堂經解一百四十種　(清)納蘭成德輯　清康熙十九年(1680)納蘭成德刻本　四冊　存一種

330000－1701－0024653　普 091.3834/2540/c2　類叢部/叢書類/彙編之屬
玉海堂景宋元本叢書　劉世珩編　清光緒至民國貴池劉氏玉海堂影刻本　四冊　存一種

330000－1701－0024654　普 091.3834/2540/1　經部/易類/傳說之屬
周易本義經二卷傳十卷易圖一卷五贊一卷筮儀一卷　(宋)朱熹撰　清康熙至雍正內府影刻宋咸淳吳革本　二冊

330000－1701－0024655　民 811.18/0414/c3　集部/別集類
自怡吟初稿四卷　謝元壽撰　清宣統三年(1911)石印本　二冊

330000－1701－0024656　民 811.18/0414/c4　集部/別集類
自怡吟初稿四卷　謝元壽撰　清宣統三年(1911)石印本　二冊

330000－1701－0024657　普 091.38324/2127.01/(5)　類叢部/叢書類/自著之屬
張皐文箋易詮全集十六種　(清)張惠言撰　清嘉慶八年至道光十年(1803－1830)刻本　三冊　存二種

330000－1701－0024659　普 091.38321/8700/c3　類叢部/類書類/通類之屬
玉海二百卷辭學指南四卷詩攷一卷詩地理攷六卷漢藝文志攷證十卷通鑑地理通釋十四卷周書王會補注一卷漢制攷四卷踐阼篇集解一卷急就篇補注四卷姓氏急就篇二卷小學紺珠十卷六經天文編二卷周易鄭康成注一卷通鑑

答問五卷　(宋)王應麟撰　**校補玉海瑣記二卷王深寧先生[應麟]年譜一卷**　(清)張大昌撰　清光緒九年至十六年(1883－1890)浙江書局刻本　一冊　存一卷(周易鄭康成注)

330000－1701－0024669　普 091.3834/2540.2/7　經部/易類/傳說之屬
周易本義四卷圖說一卷卦歌一卷筮儀一卷　(宋)朱熹撰　清宣統二年(1910)上海會文堂石印本　二冊

330000－1701－0024671　普 091.3834/2540/2/c1、普 091.3834/2671/c2　經部/叢編
十三經讀本　(清)□□編　清同治金陵書局刻本　五冊　存二種

330000－1701－0024682　民 811.18/0832.2　集部/別集類
偕園吟草五卷雜詠一卷　許禧身撰　清宣統元年(1909)鉛印本　一冊

330000－1701－0024685　普 091.3834/2540/2/c2、普 091.3834/2671/c3　經部/叢編
十三經讀本　(清)□□編　清同治金陵書局刻本　五冊　存二種

330000－1701－0024690　普 091.38325/1017　經部/叢編
十三經注疏三百三十三卷　(明)□□輯　清刻本　一冊　存一種

330000－1701－0024691　普 091.3834/2540.2/c1　經部/叢編
五經四書讀本九種　清康熙紫陽朱錫旂崇道堂刻本　二冊　存一種

330000－1701－0024697　普 091.3834/2540/2/c3、普 091.3834/2671/c1　經部/叢編
十三經讀本　(清)□□編　清同治金陵書局刻本　五冊　存二種

330000－1701－0024698　普 091.3834/2540.07　經部/易類/傳說之屬
讀周易本義偶識一卷　(清)張豸冠撰　清梁章鉅、程同元刻本　一冊

330000－1701－0024699　普 091.38321/8700/c2　類叢部/類書類/通類之屬
玉海二百卷辭學指南四卷詩攷一卷詩地理攷六卷漢蓺文志攷證十卷通鑑地理通釋十四卷周書王會補注一卷漢制攷四卷踐阼篇集解一卷急就篇補注四卷姓氏急就篇二卷小學紺珠十卷六經天文編二卷周易鄭康成注一卷通鑑答問五卷　(宋)王應麟撰　**校補玉海瑣記二卷王深寧先生[應麟]年譜一卷**　(清)張大昌撰　清光緒九年至十六年(1883－1890)浙江書局刻本　一冊　存一卷(周易鄭康成注)

330000－1701－0024700　普 091.38321/8700/c4　類叢部/類書類/通類之屬
玉海二百卷辭學指南四卷詩攷一卷詩地理攷六卷漢蓺文志攷證十卷通鑑地理通釋十四卷周書王會補注一卷漢制攷四卷踐阼篇集解一卷急就篇補注四卷姓氏急就篇二卷小學紺珠十卷六經天文編二卷周易鄭康成注一卷通鑑答問五卷　(宋)王應麟撰　**校補玉海瑣記二卷王深寧先生[應麟]年譜一卷**　(清)張大昌撰　清光緒九年至十六年(1883－1890)浙江書局刻本　一冊　存一卷(周易鄭康成注)

330000－1701－0024701　普 091.38321/8700/c1　類叢部/類書類/通類之屬
玉海二百卷辭學指南四卷詩攷一卷詩地理攷六卷漢蓺文志攷證十卷通鑑地理通釋十四卷周書王會補注一卷漢制攷四卷踐阼篇集解一卷急就篇補注四卷姓氏急就篇二卷小學紺珠十卷六經天文編二卷周易鄭康成注一卷通鑑答問五卷　(宋)王應麟撰　**校補玉海瑣記二卷王深寧先生[應麟]年譜一卷**　(清)張大昌撰　清光緒九年至十六年(1883－1890)浙江書局刻本　一冊　存一卷(周易鄭康成注)

330000－1701－0024702　普 091.3834/2540/2(2)　經部/叢編
十三經讀本　(清)□□編　清同治金陵書局刻本　三冊　存一種

330000－1701－0024703　普 091.3834/2671/c4　經部/叢編
十三經讀本　(清)□□編　清同治金陵書局

刻本　三冊　存一種

330000－1701－0024704　普 091.3834/2540.2/c2　經部/叢編
御案五經　(清)聖祖玄燁案　清嘉慶十六年(1811)揚州十笏堂刻本　二冊　存一種

330000－1701－0024707　普 091.3834/2540.2/2　經部/易類/傳說之屬
周易本義四卷卦歌一卷圖說一卷　(宋)朱熹撰　清光緒三十年(1904)崇實書局刻本　二冊

330000－1701－0024708　普 091.3834/2540.2/8　經部/易類/傳說之屬
周易本義四卷筮儀一卷卦歌一卷圖說一卷　(宋)朱熹撰　清同治十三年(1874)江西書局刻本　二冊

330000－1701－0024711　普 091.3834/2540.2/c3　經部/易類/傳說之屬
周易本義經二卷傳十卷易圖一卷五贊一卷筮儀一卷　(宋)朱熹撰　清康熙至雍正內府影刻宋咸淳吳革本　二冊

330000－1701－0024713　普 091.3834/2540.2/3/c1　經部/易類/傳說之屬
周易本義四卷圖說一卷卦歌一卷筮儀一卷　(宋)朱熹撰　清同治三年(1864)浙江撫署刻本　二冊

330000－1701－0024716　普 091.3834/2540.2/3/c2　經部/易類/傳說之屬
周易本義四卷圖說一卷卦歌一卷筮儀一卷　(宋)朱熹撰　清同治三年(1864)浙江撫署刻本　二冊

330000－1701－0024718　HJL3564　集部/別集類/宋別集
柯山集五十卷　(宋)張耒撰　清刻本　八冊

330000－1701－0024721　普 091.3834/2540.2/4　經部/易類/傳說之屬
周易本義四卷筮儀一卷卦歌一卷圖說一卷　(宋)朱熹撰　**周易校刊記一卷**　清光緒六年(1880)山西濬文書局刻本　二冊

330000－1701－0024722　普 091.3834/2540.2/6　經部/叢編
四書六經讀本一百十一卷　(明)毛晉編　明崇禎十四年(1641)毛氏汲古閣刻本　二冊　存一種

330000－1701－0024727　普 091.3834/2540.2/9/c1　經部/易類/傳說之屬
周易本義四卷卦歌一卷圖說一卷筮儀一卷　(宋)朱熹撰　清文星堂刻本　二冊

330000－1701－0024729　普 091.3834/2618/c1　經部/叢編
五經要義　(宋)魏了翁撰　清光緒江蘇書局刻本　四冊　存一種

330000－1701－0024733　普 091.3834/2618/c2　經部/叢編
五經要義　(宋)魏了翁撰　清光緒江蘇書局刻本　四冊　存一種

330000－1701－0024734　普 091.3834/2540.2/9/c2　經部/易類/傳說之屬
周易本義四卷卦歌一卷圖說筮儀一卷　(宋)朱熹撰　清文星堂刻本　二冊

330000－1701－0024736　普 091.3834/2540.2/5/c1　經部/易類/傳說之屬
周易本義四卷圖說一卷新增圖說一卷卦歌一卷　(宋)朱熹撰　清光緒十九年(1893)浙江書局刻本　二冊

330000－1701－0024741　普 091.3834/2540.2/5/c2　經部/易類/傳說之屬
周易本義四卷圖說一卷新增圖說一卷卦歌一卷　(宋)朱熹撰　清光緒十九年(1893)浙江書局刻本　二冊

330000－1701－0024743　普 091.3834/2540.2/5/c3　經部/易類/傳說之屬
周易本義四卷圖說一卷新增圖說一卷卦歌一卷　(宋)朱熹撰　清光緒十九年(1893)浙江書局刻本　二冊

330000－1701－0024745　普 091.3834/2671/2　經部/易類/傳說之屬

易經程傳八卷上下篇義一卷　(宋)程頤撰　清宣統元年(1909)學部圖書局石印湖北書局刻本　六册

330000－1701－0024752　普 091.3834/2540.2/5/c4　經部/易類/傳說之屬

周易本義四卷圖說一卷新增圖說一卷卦歌一卷　(宋)朱熹撰　清光緒十九年(1893)浙江書局刻本　二册

330000－1701－0024755　普 091.3834/4700　經部/易類/傳說之屬

周易傳義大全二十四卷上下篇義一卷朱子圖說一卷五贊一卷筮儀一卷易說綱領一卷　(明)胡廣等纂　**易經考異一卷**　(宋)王應麟撰　明刻本　十二册

330000－1701－0024756　普 091.3835/2632、普 091.3835/2632.2　類叢部/叢書類/自著之屬

草廬吳文正公全書十三種　(元)吳澄撰　清乾隆初吳氏刻二十一年(1756)萬璜校刻道光補刻彙印本　八册　存二種

330000－1701－0024757　普 091.3836/0003　經部/易類/傳說之屬

鼎鐫方孟旋先生輯訂羲經八卷　(明)方應祥撰　清不貳齋刻本　六册

330000－1701－0024758　普 091.3834/2540.3　經部/易類/傳說之屬

周易本義經二卷傳十卷易圖一卷五贊一卷筮儀一卷　(宋)朱熹撰　清康熙五十年(1711)揚州曹寅翻刻宋咸淳吳革本　二册

330000－1701－0024763　普 091.3834/8019/c1　子部/宗教類/道教之屬

周易參同契發揮三卷釋疑一卷　(元)俞琰撰　清同治十年(1871)錢江王氏詒燕堂刻本　二册

330000－1701－0024767　普 091.3834/8019/c2　子部/宗教類/道教之屬

周易參同契發揮三卷釋疑一卷　(元)俞琰撰　清同治十年(1871)錢江王氏詒燕堂刻本　董奎垣批並跋　三册

330000－1701－0024769　普 091.3834/8019/c3　子部/宗教類/道教之屬

周易參同契發揮三卷釋疑一卷　(元)俞琰撰　清同治十年(1871)錢江王氏詒燕堂刻本　二册　缺一卷(中)

330000－1701－0024771　普 091.3836/3432/c1　經部/易類/傳說之屬

易憲四卷卦歌一卷圖說一卷　(清)沈泓撰　清光緒十四年(1888)泉唐卓德徵刻民國十二年至十九年(1923－1930)圖書館補刻本　三册

330000－1701－0024772　普 091.3836/3432/c2　經部/易類/傳說之屬

易憲四卷卦歌一卷圖說一卷　(清)沈泓撰　清光緒十四年(1888)泉唐卓德徵刻民國十二年至十九年(1923－1930)圖書館補刻本　三册

330000－1701－0024775　普 091.3836/3432/2/c4　經部/易類/傳說之屬

易憲四卷卦歌一卷圖說一卷　(清)沈泓撰　清刻本　三册

330000－1701－0024778　普 091.3836/3432/c3　經部/易類/傳說之屬

易憲四卷卦歌一卷圖說一卷　(清)沈泓撰　清光緒十四年(1888)泉唐卓德徵刻民國十二年至十九年(1923－1930)圖書館補刻本　三册

330000－1701－0024781　普 091.3836/3432/c4　經部/易類/傳說之屬

易憲四卷卦歌一卷圖說一卷　(清)沈泓撰　清光緒十四年(1888)泉唐卓德徵刻民國十二年至十九年(1923－1930)圖書館補刻本　三册

330000－1701－0024782　普 111.51/3002/11　子部/法家類

管子二十四卷　(唐)房玄齡注　(明)劉績　(明)朱長春補注　明末刻本　四册

330000－1701－0024786　普 091.3836/3432/2/c2　經部/易類/傳說之屬

易憲四卷卦歌一卷圖說一卷　(清)沈泓撰　清刻本　清吳仰賢題簽並記　三册

330000－1701－0024787　普 091.3836/4082/c1　經部/易類/傳說之屬

新刻來瞿唐先生易註十五卷首一卷末一卷圖一卷　(明)來知德撰　(明)凌夫惇圈點　(清)高奣映校　清同治十年(1871)湖南長沙刻本　六册　存九卷(八至十五、末)

330000－1701－0024792　普 091.3836/4082/4　經部/易類/傳說之屬

來瞿唐先生易註十五卷首一卷末一卷圖一卷　(明)來知德撰　**太史來瞿唐先生[知德]年譜一卷**　(明)古之賢等編　清嘉慶十四年(1809)睢陽符永培刻光緒七年(1881)梁山李承玖續刻本　二十一册

330000－1701－0024793　HJL2962　集部/別集類/清別集

戲鷗居詩鈔九卷　(清)毛大瀛撰　**香雪閣詩鈔二卷**　(清)吳若雲撰　清嘉慶刻增修本　四册

330000－1701－0024799　HJL2963　集部/別集類/清別集

西磧山房詩錄二卷文錄二卷　(清)蔡復午撰　清道光十二年(1832)蔡成輅刻本　二册

330000－1701－0024803　普 091.3836/4082/c2　經部/易類/傳說之屬

新刻來瞿唐先生易註十五卷首一卷末一卷圖一卷　(明)來知德撰　(明)凌夫惇圈點　(清)高奣映校　清同治十年(1871)湖南長沙刻本　十九册

330000－1701－0024804　HJL2965　集部/總集類/氏族之屬

毘陵伍氏合集六種　清乾隆至嘉慶餐英書屋刻本　四册

330000－1701－0024809　普 091.3836/4082/(2)　經部/易類/傳說之屬

新刻來瞿唐先生易註十五卷首一卷末一卷圖一卷　(明)來知德撰　(明)凌夫惇圈點　(清)高奣映校　清同治十年(1871)湖南長沙刻本　十六册

330000－1701－0024813　HJL2967　集部/別集類/清別集

孟塗先生遺集二卷　(清)劉開撰　清光緒十二年(1886)王錫元刻本　一册

330000－1701－0024816　普 091.3836/4082/2　經部/易類/傳說之屬

新刻來瞿唐先生易註十五卷首一卷末一卷圖一卷　(明)來知德撰　(明)凌夫惇圈點　(清)高奣映校　清朝爽堂刻本　八册　缺一卷(圖)

330000－1701－0024825　普 091.3836/4082/5　經部/易類/傳說之屬

梁山來知德先生易經來註十五卷末一卷上下經篇義一卷易說雜說諸圖一卷易學六十四卦啓蒙一卷　(明)來知德撰　(清)崔華重訂　清三益堂刻本　清錢簡臣題簽並記　十二册

330000－1701－0024833　普 091.3837/1053.2　經部/叢編

四經稗疏　(清)王夫子撰　清抄本　一册　存一種

330000－1701－0024838　普 091.3837/1067/c1　類叢部/叢書類/自著之屬

羲停山館集六種　(清)王景賢撰　清同治十三年(1874)三山王氏刻本　一册　存一種

330000－1701－0024839　普 091.3836/4082/3　經部/易類/傳說之屬

來瞿唐先生易註十五卷首一卷末一卷圖一卷　(明)來知德撰　清康熙十六年(1677)高氏朝爽堂刻道光二十六年(1846)來錫蕃配補本　六册　存八卷(九至十五、末)

330000－1701－0024840　普 091.3837/1067/c2　類叢部/叢書類/自著之屬

羲停山館集六種　(清)王景賢撰　清同治十三年(1874)三山王氏刻本　一册　存一種

330000－1701－0024842　普 091.3837/1113
經部/易類/傳說之屬
學易隨筆六卷續編四卷　(清)張元灝撰　清乾隆五十八年(1793)二銘書屋刻巾箱本　四冊

330000－1701－0024845　普 091.3837/1727
經部/易類/傳說之屬
易酌十四卷　(清)刁包撰　清道光二十三年(1843)祁陽順積樓刻本　十二冊

330000－1701－0024848　普 091.3837/1755
經部/易類/傳說之屬
易象元機三卷占驗一卷　(清)鄧接成撰　清道光二十年(1840)裕新堂刻本　十冊

330000－1701－0024850　普 091.3837/2022.2　類叢部/叢書類/自著之屬
焦氏遺書 十種附一種　(清)焦循撰　清嘉慶至道光江都焦氏雕菰樓刻光緒二年(1876)衡陽魏氏補刻本　三冊　存一種

330000－1701－0024859　普 091.3837/2233/2　經部/易類/傳說之屬
周易洗心十卷讀法一卷　(清)任啓運撰　清乾隆四十七年(1782)襲芳軒刻本　四冊

330000－1701－0024862　普 091.3837/2233/3　經部/易類/傳說之屬
周易洗心十卷讀法一卷　(清)任啓運撰　清乾隆三十四年(1769)任氏清芬堂刻本　十冊

330000－1701－0024864　普 091.3837/2130
經部/易類/傳說之屬
周易經義審七卷首一卷　(清)盧浙撰　清嘉慶十七年(1812)武寧盧氏三芝山房刻本　六冊

330000－1701－0024867　普 091.3837/2391/c1　經部/易類/傳說之屬
御纂周易述義十卷　(清)傅恒等撰　清乾隆刻本　六冊

330000－1701－0024873　普 091.3837/2430
經部/易類/傳說之屬
周易補註十一卷　(清)愛新覺羅·德沛輯　清乾隆六年(1741)刻本　八冊

330000－1701－0024874　普 091.3837/2233
經部/易類/傳說之屬
周易洗心十卷讀法一卷　(清)任啓運撰　清光緒八年(1882)任氏家塾刻本　六冊

330000－1701－0024877　普 091.3837/2391/c2　經部/易類/傳說之屬
御纂周易述義十卷　(清)傅恒等撰　清乾隆刻本　六冊

330000－1701－0024879　普 091.3837/2510
經部/叢編
通志堂經解一百四十種　(清)納蘭成德輯　清康熙十九年(1680)納蘭成德刻本　六冊　存一種

330000－1701－0024885　普 091.3837/2391/(2)/c1　經部/易類/傳說之屬
御纂周易述義十卷　(清)傅恒等撰　清刻本　四冊

330000－1701－0024889　普 091.3837/2603/c1　類叢部/叢書類/自著之屬
吳翊寅所著書七種　(清)吳翊寅撰　清光緒十九年至二十一年(1893－1895)廣州刻本　一冊　存二種

330000－1701－0024891　普 091.3837/2532
經部/易類/傳說之屬
周易後傳八卷　(清)朱兆熊撰　清刻本　四冊

330000－1701－0024892　普 091.3837/2532/(2)/c1　經部/易類/傳說之屬
周易後傳八卷易互卦圖一卷　(清)朱兆熊撰　清刻本　三冊

330000－1701－0024894　普 091.3837/2391/(2)/c2　經部/易類/傳說之屬
御纂周易述義十卷　(清)傅恒等撰　清刻本　四冊

330000－1701－0024895　普 091.3837/2532/(2)/c2　經部/易類/傳說之屬

周易後傳八卷易互卦圖一卷　（清）朱兆熊撰　清刻本　清洛誦生題記　三冊

330000－1701－0024897　普 091.3837/2603/c2　類叢部/叢書類/自著之屬

吴翊寅所著書七種　（清）吴翊寅撰　清光緒十九年至二十一年（1893－1895）廣州刻本　一冊　存二種

330000－1701－0024901　普 091.3837/2532/(2)/c3　經部/易類/傳說之屬

周易後傳八卷易互卦圖一卷　（清）朱兆熊撰　清刻本　三冊

330000－1701－0024904　普 091.3837/2744　類叢部/叢書類/自著之屬

紀慎齋先生全集十二種續集七種　（清）紀大奎撰　清嘉慶十三年至咸豐二年（1808－1852）刻本　三冊　存一種

330000－1701－0024906　普 091.3837/2653　經部/易類/傳說之屬

讀易瑣記三卷　（清）吴邦選撰　清嘉慶二十四年（1819）弗措齋刻本　一冊

330000－1701－0024911　普 091.3837/3144　經部/易類/傳說之屬

桂林點易丹十六卷附諸儒易解鉤玄　（明）顧懋樊撰　明崇禎二年（1629）施從謙等刻本　三冊

330000－1701－0024924　普 091.3837/3191.2/c1　類叢部/叢書類/自著之屬

重訂汪子遺書　（清）汪烜撰　（清）李承超編　清同治十二年（1873）曲水書局木活字印本　六冊　存一種

330000－1701－0024927　普 091.3837/3191/c1　類叢部/叢書類/自著之屬

重訂汪子遺書　（清）汪烜撰　（清）李承超編　清同治十二年（1873）曲水書局木活字印本　十五冊　存一種

330000－1701－0024932　普 091.3837/3191.2/c2　類叢部/叢書類/自著之屬

重訂汪子遺書　（清）汪烜撰　（清）李承超編　清同治十二年（1873）曲水書局木活字印本　六冊　存一種

330000－1701－0024934　民 811.18/1144.5　集部/别集類/清别集

白翔先生自鈔詩一卷　張朝墉撰　清宣統三年（1911）奉天作新石印局石印本　一冊

330000－1701－0024941　普 091.3837/3191/c2　類叢部/叢書類/自著之屬

重訂汪子遺書　（清）汪烜撰　（清）李承超編　清同治十二年（1873）曲水書局木活字印本　十五冊　存一種

330000－1701－0024946　普 091.3837/3191/c3　類叢部/叢書類/自著之屬

重訂汪子遺書　（清）汪烜撰　（清）李承超編　清同治十二年（1873）曲水書局木活字印本　十五冊　存一種

330000－1701－0024950　普 091.3837/3191.2/c4　類叢部/叢書類/自著之屬

重訂汪子遺書　（清）汪烜撰　（清）李承超編　清同治十二年（1873）曲水書局木活字印本　六冊　存一種

330000－1701－0024952　普 091.3837/3191.2/c5　類叢部/叢書類/自著之屬

重訂汪子遺書　（清）汪烜撰　（清）李承超編　清同治十二年（1873）曲水書局木活字印本　六冊　存一種

330000－1701－0024953　普 091.3837/4092　經部/易類/傳說之屬

周易玩辭集解十卷首一卷　（清）查慎行撰　清乾隆十八年（1753）刻本（卷首配抄本）　五冊

330000－1701－0024954　普 091.3837/3191.2/2　類叢部/叢書類/自著之屬

汪雙池先生叢書二十種附浙刻雙池遺書十二種　（清）汪紱撰　清道光至光緒刻光緒二十三年（1897）長安趙舒翹等彙印本　六冊　存一種

330000－1701－0024955　普 091.3837/4094.

2/2　經部/易類/傳說之屬
周易觀象十二卷　(清)李光地撰　清嘉慶九年(1804)南城梅照璧刻本　四册

330000－1701－0024956　普 091.3837/4400　類叢部/叢書類/彙編之屬
懺花盦叢書三十種　(清)宋澤元編　清光緒山陰宋氏刻十三年(1887)彙印本　八册　存一種

330000－1701－0024957　HJH2998　類叢部/叢書類/彙編之屬
洪氏唐石經館叢書十九種　(清)洪汝奎編　清光緒涇縣洪氏公善堂刻並彙印六安涂氏求我齋等刻本　六十四册　存一種

330000－1701－0024960　普 091.3837/4094.2　經部/易類/傳說之屬
周易觀象十二卷　(清)李光地撰　清刻本　錢恂批　六册

330000－1701－0024963　普 091.3837/4215/2　類叢部/叢書類/彙編之屬
崇文書局彙刻書三十一種　(清)崇文書局編　清光緒元年至三年(1875－1877)湖北崇文書局刻本　四册　存一種

330000－1701－0024968　普 091.3837/4409　類叢部/叢書類/自著之屬
愛梅樓雜著十四種　(清)林慶炳撰輯　清光緒小石渠閣刻本　三册　存一種

330000－1701－0024973　普 091.3837/4402/c1　經部/叢編
茹氏經學十二種二十二卷　(清)茹敦和撰　清乾隆刻本　二册　存一種

330000－1701－0024974　普 091.3837/4402/c2　經部/叢編
茹氏經學十二種二十二卷　(清)茹敦和撰　清乾隆刻本　一册　存一種

330000－1701－0024976　普 091.3837/44091　經部/叢編
南海桂氏經學叢書十三種附二種　(清)桂文燦撰　清咸豐至光緒刻本　一册　存一種

330000－1701－0024978　普 091.3837/4423　子部/宗教類/道教之屬
道貫真源十八種　(清)董德寧輯　清乾隆至嘉慶古越集陽樓刻本　二册　存一種

330000－1701－0024982　普 091.3837/4417　經部/易類/傳說之屬
易義無忘錄三卷首一卷　(清)蔣珣撰　清道光二十一年(1841)姚江蔣氏齒德堂刻本　二册

330000－1701－0024989　普 091.3837/4483/c1　經部/易類/傳說之屬
易拇五種十五卷　(清)萬年淳撰　清道光四年(1824)刻清末重修本　十册

330000－1701－0024993　普 091.3837/4742/c1　類叢部/叢書類/自著之屬
郝氏遺書三十三種　(清)郝懿行撰　清嘉慶至光緒刻彙印本　四册　存一種

330000－1701－0024994　HJL4244　集部/別集類/清別集
琴海集二卷　(清)陳玉鄰撰　**琴海集正字一卷**　(清)宗德懋撰　清光緒二十一年(1895)刻本　一册

330000－1701－0024996　普 091.3837/4742/c2　類叢部/叢書類/自著之屬
郝氏遺書三十三種　(清)郝懿行撰　清嘉慶至光緒刻彙印本　四册　存一種

330000－1701－0024998　普 091.3837/4742/c3　類叢部/叢書類/自著之屬
郝氏遺書三十三種　(清)郝懿行撰　清嘉慶至光緒刻彙印本　四册　存一種

330000－1701－0024999　普 091.3837/4742/c4　類叢部/叢書類/自著之屬
郝氏遺書三十三種　(清)郝懿行撰　清嘉慶至光緒刻彙印本　四册　存一種

330000－1701－0025001　普 091.3837/4767/(2)　經部/易類
周易函書四種　(清)胡煦撰　清乾隆至嘉慶胡季堂刻本　五十册　存三種

330000－1701－0025010　普 091.3837/4483/c2　經部/易類/傳說之屬
易拇五種十五卷　(清)萬年淳撰　清道光四年(1824)刻本　十册

330000－1701－0025014　普 091.3837/7201　經部/易類/傳說之屬
易悟六卷　(清)劉方瓆撰　清嘉慶二十五年(1820)劉氏聽訓堂刻同治六年(1867)增刻本　三册

330000－1701－0025017　HJL3055　集部/别集類/清别集
月川未是稿十卷詩四卷公牘四卷　(清)程含章撰　清道光刻本　十册

330000－1701－0025019　普 091.3837/6024　經部/易類/傳說之屬
學易闡微四卷　(清)羅登標撰　清乾隆八年(1743)松學清署刻本　五册

330000－1701－0025020　普 091.3837/7231/2　經部/易類/傳說之屬
周易恒解五卷首一卷　(清)劉沅撰　清嘉慶二十五年(1820)豫誠堂刻光緒三十一年(1905)劉桐文增刻本　六册

330000－1701－0025028　普 091.3837/7517　經部/易類/傳說之屬
槎溪學易三卷　(清)陳鼒撰　清同治十三年(1874)陳公亮等保定蓮花池刻本　八册

330000－1701－0025029　普 091.3837/7517/(2)　經部/易類/傳說之屬
槎溪學易三卷　(清)陳鼒撰　清同治十三年(1874)陳公亮等保定蓮花池刻本　二册

330000－1701－0025034　HJL4246　集部/别集類/清别集
紅薇吟館詩鈔二卷　(清)張廷琬撰　清嘉慶二十一年(1816)刻本　二册

330000－1701－0025036　HJH4248　類叢部/叢書類/自著之屬
啖蔗軒全集四種附二種　(清)方士淦撰　清同治十一年(1872)兩淮運署刻本　二册　存一種

330000－1701－0025040　HJL4252　集部/别集類/清别集
觀幻山房詩草二卷紀遊補稿一卷　(清)釋際淵撰　清道光三年(1823)刻本　二册

330000－1701－0025041　HJL4253　集部/總集類/酬唱之屬
蘆花一卷　(清)查元偁等撰　清道光四年(1824)刻本　一册

330000－1701－0025042　HJL4254　集部/别集類/清别集
溧陽詩集十卷　(清)董榕撰　清咸豐三年(1853)繁露樓刻本　二册

330000－1701－0025043　HJL4255　集部/總集類/郡邑之屬
國朝山左詩鈔六十卷　(清)盧見曾輯　清乾隆二十三年(1758)德州盧見曾雅雨堂刻二十四年(1759)重印本　十六册

330000－1701－0025044　HJH3048　集部/别集類/清别集
甌北詩鈔二十卷　(清)趙翼撰　清刻本　八册

330000－1701－0025045　HJL4256　集部/别集類/清别集
海天萍寄賸草一卷　(清)徐彬撰　**三秀齋詩鈔二卷詞鈔一卷**　(清)鮑之芬撰　清光緒四年(1878)刻本　一册

330000－1701－0025046　HJL4257　集部/别集類/清别集
素村小草十二卷　(清)吴玉麟撰　清宣統二年(1910)刻本　六册

330000－1701－0025049　HJL4261　類叢部/叢書類/彙編之屬
天壤閣叢書二十種增刊六種　(清)王祖源(清)王懿榮編　清同治至光緒福山王氏刻民國十六年(1927)姚氏一雲精舍彙印本　一册　存一種

330000－1701－0025051　HJH3053　集部/別集類/宋別集

絜齋集二十四卷　(宋)袁燮撰　**宋儒袁正獻公從祀錄六卷**　清同治十一年至光緒二年(1872－1876)浙江四明袁氏進修堂刻本　七冊　缺六卷(宋儒袁正獻公從祀錄一至六)

330000－1701－0025052　HJL3058　集部/別集類/清別集

潛穎詩十卷文四卷　(清)何維棣撰　清光緒二十七年(1901)刻本　四冊

330000－1701－0025053　HJH4263　集部/總集類/選集之屬/通代

宋元明詩約鈔三百首二卷　(清)朱梓　(清)冷昌言輯　清刻本　一冊　存一卷(下)

330000－1701－0025054　HJL3059　集部/別集類/清別集

凝齋先生遺集八卷制義一卷末一卷　(清)陳道撰　(清)魯士驥輯　清嘉慶四年(1799)善餘堂刻本　四冊

330000－1701－0025055　普091.496/2514　類叢部/叢書類/彙編之屬

士禮居叢書二十種　(清)黃丕烈編　清嘉慶至道光黃氏士禮居刻本　八冊　存一種

330000－1701－0025057　HJL4264　類叢部/叢書類/家集之屬

全州蔣氏叢刻八種　(清)蔣琦齡編　清咸豐至光緒全州蔣氏刻本　二冊　存一種

330000－1701－0025062　普092.11/1262/c1　經部/書類/傳說之屬

尚書今古文注三十卷　清光緒五年(1879)丁寶楨刻本　二冊

330000－1701－0025063　HJH4265　集部/別集類/清別集

受恆受漸齋集十二卷　(清)沈曰富撰　清咸豐九年(1859)沈曰康刻本　四冊

330000－1701－0025064　HJL3061　集部/總集類/郡邑之屬

國朝松江詩鈔六十四卷　(清)姜兆翀輯　清嘉慶十三年(1808)敬和堂刻本　十冊

330000－1701－0025067　普092.11/1262/c2　經部/書類/傳說之屬

尚書今古文注三十卷　清光緒五年(1879)丁寶楨刻本　朱師轍批　二冊

330000－1701－0025077　HJL4266　集部/別集類/清別集

二波軒詩選四卷　(清)王嘉福撰　清道光十七年(1837)刻本　二冊

330000－1701－0025085　普092.11/5022　經部/書類/正文之屬

書經白文不分卷　清果行堂抄本　二冊

330000－1701－0025086　HJL4268　集部/別集類/清別集

絢華室詩憶一卷　俞陸雲撰　清光緒二十年(1894)吳下刻本　一冊

330000－1701－0025087　普092.23/1231/c1　經部/書類/傳說之屬

欽定書經圖說五十卷繪圖五百七十幅　(清)孫家鼐等撰　(清)詹秀林　(清)詹步魁繪圖　清光緒三十一年(1905)石印本　十六冊

330000－1701－0025093　普092.381/1012　經部/叢編

御纂七經五種　(清)李光地等撰　清同治六年至九年(1867－1870)浙江書局刻本　十一冊　存一種

330000－1701－0025094　民811.18/2323/c1　集部/別集類/清別集

蠡城吟草四卷　傅崇黻撰　清宣統元年(1909)鉛印本　一冊

330000－1701－0025098　民811.18/2323/c2　集部/別集類/清別集

蠡城吟草四卷　傅崇黻撰　清宣統元年(1909)鉛印本　一冊

330000－1701－0025099　民811.18/2323/c3　集部/別集類/清別集

蠡城吟草四卷　傅崇黻撰　清宣統元年

(1909)鉛印本　一冊

330000－1701－0025100　普 092.381/1012/(2)/c3　經部/叢編

御纂七經五種　(清)李光地等撰　清同治六年至九年(1867－1870)浙江書局刻本　十二冊　存一種

330000－1701－0025102　民 811.18/2323/c4　集部/别集類/清别集

蠡城吟草四卷　傅崇黻撰　清宣統元年(1909)鉛印本　一冊

330000－1701－0025104　普 092.23/1231/c2　經部/書類/傳説之屬

欽定書經圖説五十卷繪圖五百七十幅　(清)孫家鼐等撰　(清)詹秀林　(清)詹步魁繪圖　清光緒三十一年(1905)石印本　十六冊

330000－1701－0025105　普 092.23/1231/c3　經部/書類/傳説之屬

欽定書經圖説五十卷繪圖五百七十幅　(清)孫家鼐等撰　(清)詹秀林　(清)詹步魁繪圖　清光緒三十一年(1905)石印本　十六冊

330000－1701－0025109　普 092.381/1012/2　經部/叢編

御纂七經五種　(清)李光地等撰　清雍正刻本　十冊　存一種

330000－1701－0025111　HJL4271　集部/總集類/彙編之屬

詒安堂全集　(清)王慶勳輯　清道光咸豐上海王氏刻本　四冊　存一種

330000－1701－0025114　HJL4272　集部/别集類/清别集

小廬詩存十四卷　(清)李宗瀛撰　清光緒三十二年(1906)李翊煌刻本　十四冊

330000－1701－0025116　普 092.381/1236/c1　經部/叢編

十三經古注　(明)葛鼒　(明)金蟠校　明崇禎十二年(1639)金蟠刻清同治八年(1869)浙江書局重修本　三冊　存一種

330000－1701－0025118　普 092.381/1012/2(2)　經部/叢編

御纂七經五種　(清)李光地等撰　清雍正刻本　十六冊　存一種

330000－1701－0025119　普 092.381/1236/c2　經部/叢編

十三經古注　(明)葛鼒　(明)金蟠校　明崇禎十二年(1639)金蟠刻清同治八年(1869)浙江書局重修本　三冊　存一種

330000－1701－0025120　普 092.381/1012/3　經部/書類/傳説之屬

欽定書經傳説彙纂二十一卷　(清)王頊齡等纂　清光緒十四年(1888)上海點石齋石印本　三冊

330000－1701－0025121　普 092.381/1236/c3　經部/叢編

十三經古注　(明)葛鼒　(明)金蟠校　明崇禎十二年(1639)金蟠刻清同治八年(1869)浙江書局、民國浙江公立圖書館重修本　三冊　存一種

330000－1701－0025125　HJH4274　類叢部/叢書類/自著之屬

杭大宗七種叢書　(清)杭世駿撰　清刻彙印本　二冊　存一種

330000－1701－0025128　HJL4275　集部/别集類/清别集

題鳳館詩稿八卷詞稿一卷文稿二卷　(清)朱鑑成撰　清同治十年(1871)成都刻本　四冊　存七卷(荀美集、代峰歸雅集、徙溟集、井梧集、懷器集、拂珊集、詞稿)

330000－1701－0025129　普 092.381/1012/2(3)　經部/叢編

御纂七經五種　(清)李光地等撰　清雍正刻本　十二冊　存一種

330000－1701－0025130　普 092.381/1236/3　經部/叢編

十三經古注　(明)葛鼒　(明)金蟠校　明崇禎十二年(1639)金蟠刻清同治八年(1869)浙

江書局重修本　三册　存一種

330000－1701－0025133　普 092.281/1236/2　經部/叢編

重刊宋本十三經注疏四百十六卷　附十三經注疏校勘記四百十六卷　(清)阮元撰　(清)盧宣旬摘錄　清同治十三年(1874)湖南書局刻本　八册　存一種

330000－1701－0025141　普 092.381/1012/4　經部/叢編

御纂七經五種　(清)李光地等撰　清康熙至乾隆内府刻本　二十四册　存一種

330000－1701－0025144　普 092.381/3147　經部/書類/文字音義之屬

尚書今注音疏十二卷末一卷外編一卷　(清)江聲撰　清乾隆五十八年(1793)江氏近市居刻篆文本　八册

330000－1701－0025146　HJH4561　集部/別集類/清別集

戴東原集十二卷　(清)戴震撰　**戴東原先生[震]年譜一卷覆校札記一卷**　(清)段玉裁撰　清宣統二年(1910)渭南嚴氏孝義家塾成都刻本　六册

330000－1701－0025155　普 092.381/4434/2(2)/c1　經部/叢編

五經四書讀本九種　清康熙紫陽朱錫旂崇道堂刻本　三册　存一種

330000－1701－0025156　普 092.381/4382　經部/書類/傳說之屬

書傳補商十七卷　(清)戴鈞衡撰　清道光至咸豐桐城戴氏刻本(卷十六至十七配抄本)　六册

330000－1701－0025157　普 092.381/4434/3/c1　經部/叢編

四書五經九種　(清)鮑氏輯　清同治三年(1864)浙江撫署刻本　四册　存一種

330000－1701－0025161　HJH4564、HJH4565、HJH4568、HJH4629　類叢部/叢書類/彙編之屬

武英殿聚珍版書一百四十八種　清乾隆四十二年(1777)福建刻道光至同治遞修光緒二十一年(1895)增刻本　三十册　存四種

330000－1701－0025164　普 092.381/4434/2　經部/叢編

御案五經　(清)聖祖玄燁案　清刻本　四册　存一種

330000－1701－0025166　普 092.381/4434/3/c2　經部/叢編

四書五經九種　(清)鮑氏輯　清同治三年(1864)浙江撫署刻本　四册　存一種

330000－1701－0025168　普 092.381/4434/2(2)/c2　經部/叢編

御案五經　(清)聖祖玄燁案　清刻本　二册　存一種

330000－1701－0025169　民 811.18/2626　類叢部/叢書類/自著之屬

千一齋全書　程先甲撰　清光緒至民國江寧程氏千一齋刻本　一册　存一種

330000－1701－0025170　普 092.381/4434/3/c3　經部/叢編

四書五經九種　(清)鮑氏輯　清同治三年(1864)浙江撫署刻本　四册　存一種

330000－1701－0025171　HJL3082　集部/別集類/清別集

飛素閣遺詩一卷　(清)梁靄撰　清光緒二十六年(1900)刻本　一册

330000－1701－0025175　普 092.381/4434/c1　經部/書類/傳說之屬

書經集傳六卷　(宋)蔡沈撰　清光緒十九年(1893)浙江書局刻本　四册

330000－1701－0025180　普 092.381/4434/c2　經部/書類/傳說之屬

書經集傳六卷　(宋)蔡沈撰　清光緒十九年(1893)浙江書局刻本　四册

330000－1701－0025181　普 092.381/4434/4/c1　經部/叢編

十三經讀本　(清)□□編　清同治金陵書局刻本　四冊　存一種

330000－1701－0025182　普 092.381/4434/c3　經部/書類/傳說之屬

書經集傳六卷　(宋)蔡沈撰　清光緒十九年(1893)浙江書局刻本　四冊

330000－1701－0025184　普 092.381/4434/c4　經部/書類/傳說之屬

書經集傳六卷　(宋)蔡沈撰　清光緒十九年(1893)浙江書局刻本　四冊

330000－1701－0025188　普 092.381/4434/5　經部/書類/傳說之屬

書經集傳六卷　(宋)蔡沈撰　**校刊記一卷**　(清)丁寶楨撰　清光緒五年(1879)山西濬文書局刻本　四冊

330000－1701－0025191　HJL4096　類叢部/叢書類/彙編之屬

武英殿聚珍版書一百三十八種　清乾隆武英殿木活字印本　一冊　存一種

330000－1701－0025193　普 092.381/4434/4/c2　經部/叢編

十三經讀本　(清)□□編　清同治金陵書局刻本　四冊　存一種

330000－1701－0025196　民 811.18/2627.2/c1　集部/别集類/清别集

缶廬詩八卷别存三卷　吳昌碩撰　清光緒十九年(1893)刻本　三冊

330000－1701－0025198　普 092.381/4434/6　經部/書類/傳說之屬

書集傳六卷　(宋)蔡沈撰　清宣統二年(1910)校經山房石印本　四冊

330000－1701－0025199　民 811.18/2627.2/c2　集部/别集類/清别集

缶廬詩八卷别存三卷　吳昌碩撰　清光緒十九年(1893)刻本　一冊　缺四卷(五至八)

330000－1701－0025200　普 092.381/4434/7　經部/書類/傳說之屬

書集傳六卷　(宋)蔡沈撰　清光緒六年(1880)公善堂影宋刻本　四冊

330000－1701－0025202　HJH4570　集部/别集類/清别集

甌北詩鈔十九卷　(清)趙翼撰　清刻本　六冊

330000－1701－0025203　普 092.381/4434/10　經部/書類/傳說之屬

書經集傳六卷　(宋)蔡沈撰　清刻本　四冊

330000－1701－0025205　普 092.381/4434/12　經部/書類/傳說之屬

書經集傳六卷　(宋)蔡沈撰　清光緒二年(1876)上洋大文楨記刻本　四冊

330000－1701－0025206　普 092.381/4434/14　經部/書類/傳說之屬

書經集傳六卷首一卷末一卷　(宋)蔡沈撰　清光緒七年(1881)金陵書局刻本　四冊

330000－1701－0025208　普 092.381/4434/11　經部/書類/傳說之屬

書經集傳六卷　(宋)蔡沈撰　清光緒三年(1877)永康胡氏退補齋刻本　四冊

330000－1701－0025209　普 092.381/4434/16　經部/書類/傳說之屬

書經集傳六卷　(宋)蔡沈撰　清務本堂刻本　四冊

330000－1701－0025211　普 092.381/4434/13/c1　經部/書類/傳說之屬

書經集傳六卷　(宋)蔡沈撰　清宣統三年(1911)上海會文堂粹記書局石印本　四冊

330000－1701－0025212　HJL3098　集部/别集類/清别集

容齋文鈔十卷詩集二十八卷古香詞一卷　(清)茹綸常撰　清乾隆三十五年(1770)、五十二年(1787)、嘉慶四年(1799)、十三年(1808)刻本　九冊

330000－1701－0025214　普 092.381/4434/13/c2　經部/書類/傳說之屬

書經集傳六卷　（宋）蔡沈撰　清宣統三年(1911)上海會文堂粹記書局石印本　思齋題記　四冊

330000－1701－0025215　普 092.381/4434.01、普 092.3835/2632/2/c1　經部/叢編
通志堂經解一百四十種　（清）納蘭成德輯　清康熙十九年(1680)納蘭成德刻本　八冊　存二種

330000－1701－0025216　普 092.381/4434/17　經部/叢編
五經四書讀本九種　清康熙紫陽朱錫旂崇道堂刻本　二冊　存一種

330000－1701－0025219　普 092.381/4434/15/c1　經部/叢編
御案五經　（清）聖祖玄燁案　清嘉慶十六年(1811)揚州十笏堂刻本　四冊　存一種

330000－1701－0025221　普 092.381/4434.011/(2)/c3　經部/書類/傳說之屬
書傳音釋六卷首一卷末一卷　（宋）蔡沈集傳（元）鄒季友音釋　清咸豐五年(1855)浦城與古齋祝氏刻本　六冊

330000－1701－0025224　普 092.381/4434/8　經部/書類/傳說之屬
書經集傳六卷首一卷末一卷　（宋）蔡沈撰　清同治十三年(1874)湖南書局刻本　三冊

330000－1701－0025225　普 092.381/4434/18　經部/書類/傳說之屬
書經集傳六卷　（宋）蔡沈撰　清光緒三十四年(1908)學部圖書局石印本　六冊

330000－1701－0025227　普 092.381/4434/15/c2　經部/叢編
御案五經　（清）聖祖玄燁案　清嘉慶十六年(1811)揚州十笏堂刻本　四冊　存一種

330000－1701－0025231　普 092.381/4434.011/(2)/c2　經部/書類/傳說之屬
書傳音釋六卷首一卷末一卷　（宋）蔡沈集傳（元）鄒季友音釋　清咸豐五年(1855)浦城與古齋祝氏刻本　六冊

330000－1701－0025232　普 092.381/4434.011/3/c1　類叢部/叢書類/彙編之屬
望三益齋叢書十八種　（清）吳棠編　清咸豐至光緒吳氏望三益齋刻本　六冊　存一種

330000－1701－0025233　普 092.381/4434.011/(2)/c4　經部/書類/傳說之屬
書傳音釋六卷首一卷末一卷　（宋）蔡沈集傳（元）鄒季友音釋　清咸豐五年(1855)浦城與古齋祝氏刻本　六冊　缺一卷(首)

330000－1701－0025235　普 092.381/4434.011/c2　經部/書類/傳說之屬
書傳音釋六卷首一卷末一卷　（宋）蔡沈集傳（元）鄒季友音釋　清咸豐五年(1855)浦城與古齋祝氏刻本　六冊　缺二卷(首、末)

330000－1701－0025241　普 092.381/4434.011/3/c2　類叢部/叢書類/彙編之屬
望三益齋叢書十八種　（清）吳棠編　清咸豐至光緒吳氏望三益齋刻本　六冊　存一種

330000－1701－0025242　普 092.381/4434.011/4　經部/書類/傳說之屬
書傳音釋六卷首一卷末一卷　（宋）蔡沈集傳（元）鄒季友音釋　清光緒十五年(1889)江南書局刻本　六冊

330000－1701－0025243　普 092.381/4434.011/c3　經部/書類/傳說之屬
書傳音釋六卷首一卷末一卷　（宋）蔡沈集傳（元）鄒季友音釋　清咸豐五年(1855)浦城與古齋祝氏刻本　五冊　缺二卷(首、末)

330000－1701－0025246　民 811.18/2684　類叢部/叢書類/家集之屬
十髮盦叢書二種　程頌萬編　清光緒刻彙印本　三冊　存一種

330000－1701－0025247　普 092.381/4441/c1　類叢部/叢書類/自著之屬
儆居遺書十一種　（清）黃式三撰　清同治至光緒刻本　四冊　存一種

330000－1701－0025248　普 092.381/8843　經部/叢編

讀書堂叢刻四種五十四卷　簡朝亮撰　清光緒至民國刻本　十四冊　存一種

330000－1701－0025249　普 092.381/4441/c2　類叢部/叢書類/自著之屬

儆居遺書十一種　(清)黄式三撰　清同治至光緒刻本　四冊　存一種

330000－1701－0025250　普 092.381/4441/(2)/c1　類叢部/叢書類/自著之屬

儆居遺書十一種　(清)黄式三撰　清同治至光緒刻本　三冊　存一種

330000－1701－0025251　普 092.381/4441/(2)/c2　類叢部/叢書類/自著之屬

儆居遺書十一種　(清)黄式三撰　清同治至光緒刻本　三冊　存一種

330000－1701－0025257　普 092.381/4434.011/c1　經部/書類/傳說之屬

書傳音釋六卷首一卷末一卷　(宋)蔡沈集傳　(元)鄒季友音釋　清咸豐五年(1855)浦城與古齋祝氏刻本　四冊

330000－1701－0025261　普 092.3832/2379/c2　類叢部/叢書類/彙編之屬

崇文書局彙刻書三十一種　(清)崇文書局編　清光緒元年至三年(1875－1877)湖北崇文書局刻本　一冊　存一種

330000－1701－0025262　普 092.3832/7426　類叢部/叢書類/彙編之屬

古逸叢書二十六種　(清)黎庶昌編　清光緒八年至十年(1882－1884)黎庶昌日本東京使署影刻本　一冊　存一種

330000－1701－0025264　普 092.3832/2379/c3　類叢部/叢書類/彙編之屬

崇文書局彙刻書三十一種　(清)崇文書局編　清光緒元年至三年(1875－1877)湖北崇文書局刻本　一冊　存一種

330000－1701－0025266　普 092.3832/2379/5　經部/叢編

古經解彙函十六種附小學彙函十四種　(清)鍾謙鈞等輯　清同治十二年(1873)粵東書局刻本　二冊　存古經解彙函一種

330000－1701－0025269　普 092.3832/1236/c1　經部/叢編

十三經古注　(明)葛鼒　(明)金蟠校　明崇禎十二年(1639)金蟠刻清同治八年(1869)浙江書局重修本　三冊　存一種

330000－1701－0025275　普 092.3832/2379/6　類叢部/叢書類/彙編之屬

雅雨堂藏書十三種　(清)盧見曾編　清乾隆二十一年(1756)德州盧氏雅雨堂刻增修本　一冊　存一種

330000－1701－0025279　普 092.3834/1027　類叢部/叢書類/彙編之屬

武英殿聚珍版書一百三十八種　清乾隆武英殿木活字印本　十二冊　存一種

330000－1701－0025280　民 811.18/2741/c1　集部/别集類/清别集

錦霞閣詩集五卷詞集一卷　(清)包蘭瑛撰　清宣統二年(1910)杭州刻本　二冊

330000－1701－0025281　HJH3104　類叢部/叢書類/自著之屬

春在堂全書(德清俞蔭甫所著書)三十六種　(清)俞樾撰　清同治至光緒刻光緒末彙印本　十九冊　存九種

330000－1701－0025282　普 092.3832/1236/c2　經部/叢編

十三經古注　(明)葛鼒　(明)金蟠校　明崇禎十二年(1639)金蟠刻清同治八年(1869)浙江書局重修本　三冊　存一種

330000－1701－0025283　民 811.18/2741/c2　集部/别集類/清别集

錦霞閣詩集五卷詞集一卷　(清)包蘭瑛撰　清宣統二年(1910)杭州刻本　二冊

330000－1701－0025285　民 811.18/2741/c3　集部/别集類/清别集

錦霞閣詩集五卷詞集一卷　(清)包蘭瑛撰　清宣統二年(1910)杭州刻本　二冊

330000－1701－0025287　民 811.18/2741/c4　集部/別集類/清別集
錦霞閣詩集五卷詞集一卷　（清）包蘭瑛撰　清宣統二年（1910）杭州刻本　二册

330000－1701－0025289　普 092.3834/6030/2/c1、普 092.3835/0808　類叢部/叢書類/郡邑之屬
金華叢書六十八種　（清）胡鳳丹編　清同治七年至光緒八年（1868－1882）永康胡氏退補齋刻民國補刻本　十册　存二種

330000－1701－0025292　普 092.3834/6030/2/c2　類叢部/叢書類/郡邑之屬
金華叢書六十八種　（清）胡鳳丹編　清同治七年至光緒八年（1868－1882）永康胡氏退補齋刻民國補刻本　八册　存一種

330000－1701－0025297　普 092.3837/0832　經部/書類/傳説之屬
尚書札記四卷　（清）許鴻磐撰　清同治九年（1870）學海堂刻本　二册

330000－1701－0025298　普 092.3837/1020　經部/書類/傳説之屬
尚書孔傳参正三十六卷序例一卷　王先謙撰　清光緒三十年（1904）虚受堂刻本　六册

330000－1701－0025300　普 092.3832/2379/c1　類叢部/叢書類/彙編之屬
崇文書局彙刻書三十一種　（清）崇文書局編　清光緒元年至三年（1875－1877）湖北崇文書局刻本　一册　存一種

330000－1701－0025302　HJL5930　集部/別集類/清別集
曇雲閣詩集八卷補遺一卷附録二卷外集一卷詩集補遺一卷　（清）曹楙堅撰　清光緒三年（1877）曼陀羅館刻民國九年（1920）補刻本　五册

330000－1701－0025304　普 092.3837/1053　經部/書類/傳説之屬
尚書稗疏四卷　（清）王夫之撰　清抄本　二册

330000－1701－0025305　普 092.3837/1053.2　經部/詩類/傳説之屬
詩經稗疏四卷　（清）王夫之撰　清抄本　二册

330000－1701－0025307　普 092.3835/2632/2/c2　經部/叢編
通志堂經解一百四十種　（清）納蘭成德輯　清康熙十九年（1680）納蘭成德刻本　四册　存一種

330000－1701－0025311　普 092.3837/1124　經部/書類/傳説之屬
古文尚書私議三卷　（清）張崇蘭撰　清咸豐元年（1851）悔廬刻本　二册

330000－1701－0025315　普 092.3836/4808/c1　經部/書類/傳説之屬
尚書考異六卷　（明）梅鷟撰　清光緒十八年（1892）浙江書局刻本　四册

330000－1701－0025316　普 092.3836/4808/c2　經部/書類/傳説之屬
尚書考異六卷　（明）梅鷟撰　清光緒十八年（1892）浙江書局刻本　四册

330000－1701－0025318　普 092.3837/1262/c1　類叢部/叢書類/彙編之屬
平津館叢書八集三十九種　（清）孫星衍編　清嘉慶蘭陵孫氏刻本　六册　存一種

330000－1701－0025319　普 092.3836/4808/c3　經部/書類/傳説之屬
尚書考異六卷　（明）梅鷟撰　清光緒十八年（1892）浙江書局刻本　四册

330000－1701－0025321　普 092.3837/1262/c2　類叢部/叢書類/彙編之屬
平津館叢書八集三十九種　（清）孫星衍編　清嘉慶蘭陵孫氏刻本　五册　存一種

330000－1701－0025322　普 092.3836/4808/c4　經部/書類/傳説之屬
尚書考異六卷　（明）梅鷟撰　清光緒十八年（1892）浙江書局刻本　四册

330000－1701－0025323　普 092.3837/1262/c3　類叢部/叢書類/彙編之屬

平津館叢書八集三十九種　(清)孫星衍編　清嘉慶蘭陵孫氏刻本　六册　存一種

330000－1701－0025327　普 092.3836/4808/2　類叢部/叢書類/彙編之屬

新斠平津館叢書十集三十四種　(清)孫星衍編　清光緒十年至十一年(1884－1885)吳縣朱氏槐廬家塾刻十五年至十七年(1889－1891)補刻本　二册　存一種

330000－1701－0025329　普 092.3837/2233　經部/書類/傳說之屬

尚書約注四卷末一卷　(清)任啓運撰　清光緒十二年(1886)刻本　余紹宋題記　二册

330000－1701－0025333　普 092.3837/3191　類叢部/叢書類/自著之屬

汪雙池先生叢書二十種附浙刻雙池遺書十二種　(清)汪紱撰　清道光至光緒刻光緒二十三年(1897)長安趙舒翹等彙印本　十三册　存一種

330000－1701－0025335　普 092.3836/4808/3　經部/書類/傳說之屬

尚書考異六卷　(明)梅鷟撰　清道光五年(1825)朱琳立本齋刻本　二册

330000－1701－0025336　普 092.3837/2613　經部/書類/專著之屬

晚書訂疑三卷　(清)程廷祚撰　清道光二十七年(1847)方之湜刻本　許衍元題記　三册

330000－1701－0025337　普 092.3837/4485　經部/叢編

通志堂經解一百四十種　(清)納蘭成德輯　清康熙十九年(1680)納蘭成德刻本　四册　存一種

330000－1701－0025340　普 092.3837/2641　經部/書類/傳說之屬

讀書隨筆四卷　(清)吳大廷撰　清同治十二年(1873)刻本　二册

330000－1701－0025341　普 092.3837/8354　經部/書類/傳說之屬

尚書離句六卷　(清)錢在培輯解　清雍正八年(1730)江陰公署刻本　一册

330000－1701－0025344　普 092.3837/7741/c1　經部/書類/傳說之屬

尚書古文疏證八卷　(清)閻若璩撰　**朱子古文書疑一卷**　(清)閻詠輯　清乾隆十年(1745)眷西堂刻同治六年(1867)錢塘汪氏振綺堂補刻本(卷三原缺)　八册

330000－1701－0025349　普 092.3837/7741/c2　經部/書類/傳說之屬

尚書古文疏證八卷　(清)閻若璩撰　**朱子古文書疑一卷**　(清)閻詠輯　清乾隆十年(1745)眷西堂刻同治六年(1867)錢塘汪氏振綺堂補刻本(卷三原缺)　章崁題記　八册

330000－1701－0025350　普 092.449/4924、普 092.449/4924.2　類叢部/叢書類/自著之屬

清獻堂全編八種　(清)趙佑撰　清乾隆刻本　四册　存二種

330000－1701－0025353　普 092.3837/7741/c3　經部/書類/傳說之屬

尚書古文疏證八卷　(清)閻若璩撰　**朱子古文書疑一卷**　(清)閻詠輯　清乾隆十年(1745)眷西堂刻同治六年(1867)錢塘汪氏振綺堂補刻本(卷三原缺)　八册

330000－1701－0025355　普 092.83/0000　經部/書類/分篇之屬

禹貢水道考異南條五卷首一卷北條五卷首一卷　(清)方堃撰　清道光四年(1824)紫霞仙館刻本　四册

330000－1701－0025356　HJL4605　類叢部/叢書類/自著之屬

雙溪集六種　(清)張英撰　清康熙刻本　六册　存二種

330000－1701－0025357　普 092.3837/7741/c5　經部/書類/傳說之屬

尚書古文疏證八卷　(清)閻若璩撰　**朱子古**

文書疑一卷　（清）閻詠輯　清乾隆十年（1745）眷西堂刻同治六年（1867）錢塘汪氏振綺堂補刻本（卷三原缺）　八冊

330000 - 1701 - 0025363　普 092.83/2584　經部/書類/分篇之屬

禹貢正解一卷圖表一卷　（清）朱鎮撰　清光緒三十年（1904）知止軒家塾刻本　一冊

330000 - 1701 - 0025365　普 092.83/2646、普 092.83/2330、普 093.32/4400　經部/叢編

通志堂經解一百四十種　（清）納蘭成德輯　清康熙十九年（1680）納蘭成德刻本　四冊　存三種

330000 - 1701 - 0025367　普 092.83/4422　經部/書類/分篇之屬

舊傳禹貢鈔本一卷　清光緒九年（1883）刻本　一冊

330000 - 1701 - 0025368　普 092.8/5311/c1　經部/書類/專著之屬

尚書釋天六卷　（清）盛百二撰　清乾隆三十年（1765）李氏刻四十六年（1781）增刻本　二冊

330000 - 1701 - 0025370　普 092.83/2330/2/c1、普 093.32/0808/c1　類叢部/叢書類/郡邑之屬

金華叢書六十八種　（清）胡鳳丹編　清同治七年至光緒八年（1868 - 1882）永康胡氏退補齋刻民國補刻本　十冊　存二種

330000 - 1701 - 0025374　普 092.83/2330/2/c2、普 093.32/0808/c2　類叢部/叢書類/郡邑之屬

金華叢書六十八種　（清）胡鳳丹編　清同治七年至光緒八年（1868 - 1882）永康胡氏退補齋刻民國補刻本　十冊　存二種

330000 - 1701 - 0025377　普 092.8/5311/c2　經部/書類/專著之屬

尚書釋天六卷　（清）盛百二撰　清乾隆三十九年（1774）任城書院刻本　二冊

330000 - 1701 - 0025378　普 092.8/5311/c3　經部/書類/專著之屬

尚書釋天六卷　（清）盛百二撰　清乾隆十八年（1753）秀水李氏刻本　五冊

330000 - 1701 - 0025383　普 092.3837/1262/4　經部/書類/傳說之屬

尚書今古文注三十卷　清光緒五年（1879）丁寶楨刻民國元年（1912）四川成都存古書局印本　四冊

330000 - 1701 - 0025384　普 092.83/2800　類叢部/叢書類/自著之屬

徐位山先生六種　（清）徐文靖撰　清光緒刻彙印本　三冊　存一種

330000 - 1701 - 0025385　HJL4282　集部/詞類/別集之屬

雨屋深鐙詞一卷續稿一卷　汪兆鏞撰　清宣統三年（1911）、民國十七年（1928）鉛印本　一冊

330000 - 1701 - 0025392　普 092.83/2800/2　經部/書類/分篇之屬

禹貢會箋十二卷圖一卷山水總目一卷　（清）徐文靖撰　（清）趙弁訂　清同治十三年（1874）慈溪何氏常惺惺齋刻本　四冊

330000 - 1701 - 0025394　普 082.83/2022　類叢部/叢書類/自著之屬

焦氏叢書九種附一種　（清）焦循撰　清嘉慶至道光江都焦氏雕菰樓刻本　二冊　存一種

330000 - 1701 - 0025397　HJH4286　集部/別集類/宋別集

劍南詩鈔六卷　（宋）陸游撰　（清）楊大鶴選　清康熙二十四年（1685）毗陵楊氏刻本　八冊

330000 - 1701 - 0025402　普 092.83/4409　經部/書類/分篇之屬

禹貢川澤考二卷　（清）桂文燦撰　清光緒十二年（1886）利華印務局石印本　一冊

330000 - 1701 - 0025404　普 092.83/4409/2　經部/書類/分篇之屬

禹貢川澤考二卷　（清）桂文燦撰　清光緒十

三年(1887)粵東十八甫森寶閣鉛印本　清朱苗孫跋　一冊

330000－1701－0025405　HJL4288　集部/別集類/清別集
六吉齋詩鈔五卷　(清)鮑作雨撰　清同治十二年(1873)南堤項氏刻本　一冊

330000－1701－0025407　HJL4289　集部/詞類/別集之屬
古香凹詩餘二卷　(清)方濬頤撰　清光緒十年(1884)定遠方氏維揚刻本　二冊

330000－1701－0025412　普 092.83/5348/c1　類叢部/叢書類/彙編之屬
廣雅書局叢書一百五十九種　徐紹棨編　清光緒廣雅書局刻民國九年(1920)番禺徐紹棨彙編重印本　一冊　存一種

330000－1701－0025413　普 092.83/2060　類叢部/叢書類/彙編之屬
武英殿聚珍版書五十三種　清江西書局刻本　四冊　存一種

330000－1701－0025415　普 092.83/4092　經部/書類/分篇之屬
禹貢易知編十二卷　(清)李慎儒撰　清光緒二十五年(1899)丹徒李氏刻本　四冊

330000－1701－0025417　普 092.83/5348/c2　經部/書類/分篇之屬
禹貢班義述三卷附漢糜水入尚龍谿考一卷　(清)成蓉鏡撰　清光緒十一年(1885)刻本　一冊

330000－1701－0025420　普 092.83/4736/(2)/c1　經部/書類/分篇之屬
禹貢錐指二十卷略例一卷圖一卷　(清)胡渭撰　清康熙四十四年(1705)漱六軒刻本　十冊

330000－1701－0025422　HJH4296　集部/別集類/清別集
鷗跡集二十一卷　(清)蔡受撰　清光緒三年(1877)成山書室刻本　四冊

330000－1701－0025423　普 092.83/7123.2/c1　經部/書類/分篇之屬
禹貢圖說一卷　(清)馬俊良繪　清乾隆五十四年(1789)端溪書院刻本　一冊

330000－1701－0025428　普 092.83/4736/(2)/c2　經部/書類/分篇之屬
禹貢錐指二十卷略例一卷圖一卷　(清)胡渭撰　清康熙四十四年(1705)漱六軒刻本　十冊

330000－1701－0025429　普 092.83/7123.2/c2　經部/書類/分篇之屬
禹貢圖說一卷　(清)馬俊良繪　清乾隆五十四年(1789)端溪書院刻本　一冊

330000－1701－0025430　普 090.851/2864　類叢部/叢書類/自著之屬
煙嶼樓集四種　(清)徐時棟撰　清同治至光緒刻彙印本　四冊　存一種

330000－1701－0025431　普 092.83/4736/(2)/c3　經部/書類/分篇之屬
禹貢錐指二十卷略例一卷圖一卷　(清)胡渭撰　清康熙四十四年(1705)漱六軒刻本　十冊

330000－1701－0025434　普 092.851/2864/(2)　類叢部/叢書類/自著之屬
煙嶼樓集四種　(清)徐時棟撰　清同治至光緒刻彙印本　一冊　存一種

330000－1701－0025438　普 093.22/4742/c1　類叢部/叢書類/自著之屬
郝氏遺書三十三種　(清)郝懿行撰　清嘉慶至光緒刻彙印本　六冊　存一種

330000－1701－0025442　普 093.31/2644　經部/詩類/文字音義之屬
詩小學三十卷　(清)吳樹聲撰　清同治七年(1868)壽光官廨刻本　十二冊

330000－1701－0025444　普 093.11/0421　經部/詩類/正文之屬
詩經一卷　清末江南製造總局刻本　一冊

330000－1701－0025448　普 093.22/4742/c2　類叢部/叢書類/自著之屬
郝氏遺書三十三種　(清)郝懿行撰　清嘉慶至光緒刻彙印本　六冊　存一種

330000－1701－0025449　普 092.83/7123　經部/書類/分篇之屬
禹貢註節讀一卷　(清)馬俊良撰　清乾隆五十四年(1789)端溪書院刻本　一冊

330000－1701－0025454　普 093.22/4742/(2)　類叢部/叢書類/自著之屬
郝氏遺書三十三種　(清)郝懿行撰　清嘉慶至光緒刻彙印本　八冊　存一種

330000－1701－0025455　普 093.381/0041　經部/詩類/傳說之屬
詩經瑯環體註大全八卷　(清)沈世楷輯　清嘉慶十九年(1814)武林三德堂刻本　四冊

330000－1701－0025458　普 093.22/4763　經部/詩類/傳說之屬
枕葄齋詩經問答十四卷末一卷　胡嗣運撰　清光緒三十四年(1908)鵬南書屋木活字印本　二冊

330000－1701－0025460　普 093.22/4742/c3　類叢部/叢書類/自著之屬
郝氏遺書三十三種　(清)郝懿行撰　清嘉慶至光緒刻彙印本　七冊　存一種

330000－1701－0025468　普 093.381/1032/c1　經部/叢編
御纂七經五種　(清)李光地等撰　清同治六年至九年(1867－1870)浙江書局刻本　十六冊　存一種

330000－1701－0025469　普 093.381/1032/c3　經部/叢編
御纂七經五種　(清)李光地等撰　清同治六年至九年(1867－1870)浙江書局刻本　十六冊　存一種

330000－1701－0025471　普 093.381/1032/3　經部/叢編
御纂七經五種　(清)李光地等撰　清同治十一年(1872)江西書局刻本　二十冊　存一種

330000－1701－0025472　普 093.381/1032/2/c3　經部/叢編
御纂七經五種　(清)李光地等撰　清尊經閣刻本　二十冊　存一種

330000－1701－0025474　普 093.381/1032/2/c2　經部/叢編
御纂七經五種　(清)李光地等撰　清尊經閣刻本　二十四冊　存一種

330000－1701－0025475　普 093.381/1032/c4　經部/叢編
御纂七經五種　(清)李光地等撰　清同治六年至九年(1867－1870)浙江書局刻本　十六冊　存一種

330000－1701－0025477　普 093.381/1032/4/c1　經部/叢編
御纂七經五種　(清)李光地等撰　清刻本　二十四冊　存一種

330000－1701－0025478　普 093.381/1032/5　經部/叢編
御纂七經五種　(清)李光地等撰　清光緒十四年(1888)上海點石齋石印本　四冊　存一種

330000－1701－0025479　普 093.381/1032/4/c2　經部/叢編
御纂七經五種　(清)李光地等撰　清刻本　二十冊　存一種

330000－1701－0025480　普 093.381/1053　類叢部/叢書類/自著之屬
船山遺書五十八種　(清)王夫之撰　清同治四年(1865)湘鄉曾國荃金陵刻本　四冊　存一種

330000－1701－0025481　HJL4291　集部/總集類/郡邑之屬
微尚齋叢刻六種　汪兆鏞輯　清宣統至民國番禺汪氏微尚齋刻本　一冊　存一種

330000－1701－0025483　普 093.381/1032/

4/c3　經部/叢編

御纂七經五種　(清)李光地等撰　清康熙至乾隆內府刻本　二十四冊　存一種

330000－1701－0025484　普 093. 381/2000/c1　經部/叢編

十三經古注　(明)葛鼒　(明)金蟠校　明崇禎十二年(1639)金蟠刻清同治八年(1869)浙江書局重修本　三冊　存一種

330000－1701－0025485　HJH4292　集部/詞類/別集之屬

漱泉詞一卷　(清)成肇麐撰　清刻本　一冊

330000－1701－0025487　普 093. 381/1032/c5　經部/叢編

御纂七經五種　(清)李光地等撰　清同治六年至九年(1867－1870)浙江書局刻本　十六冊　存一種

330000－1701－0025490　普 093. 381/2000/3　經部/叢編

十三經註疏附考證　(清)□□輯　清乾隆四年(1739)武英殿刻本　十二冊　存一種

330000－1701－0025492　普 093. 381/2000/c2　經部/叢編

十三經古注　(明)葛鼒　(明)金蟠校　明崇禎十二年(1639)金蟠刻清同治八年(1869)浙江書局重修本　三冊　存一種

330000－1701－0025493　HJL4298　集部/別集類/清別集

騰嘯軒詩鈔三十八卷首一卷　(清)陳熙撰　清道光二年(1822)刻本　六冊

330000－1701－0025495　HJL4299　集部/別集類/清別集

宜雅堂遺集四卷　(清)曹洪梁撰　清道光二十七年(1847)曹樹珊刻本　四冊

330000－1701－0025499　普 093. 381/2000/c3　經部/叢編

十三經古注　(明)葛鼒　(明)金蟠校　明崇禎十二年(1639)金蟠刻清同治八年(1869)浙江書局重修本　三冊　存一種

330000－1701－0025500　普 093. 381/2000/4　經部/叢編

十三經註疏　(明)□□輯　明崇禎元年至十二年(1628－1639)毛氏汲古閣刻本　十八冊　存一種

330000－1701－0025502　普 093. 381/2391/c3　經部/詩類/傳說之屬

御纂詩義折中二十卷　(清)高宗弘曆敕撰　(清)傅恒　(清)陳兆崙等纂　清道光長蘆鹽運使如山刻本　六冊

330000－1701－0025503　普 093. 381/2325　經部/詩類/逸詩之屬

逸詩一卷古逸詩一卷補亡詩一卷　(清)傅傳輯　清光緒六年(1880)刻本　一冊

330000－1701－0025508　普 093. 381/2391/c4　經部/詩類/傳說之屬

御纂詩義折中二十卷　(清)高宗弘曆敕撰　(清)傅恒　(清)陳兆崙等纂　清道光長蘆鹽運使如山刻本　六冊

330000－1701－0025510　普 093. 381/2391/c1　經部/詩類/傳說之屬

御纂詩義折中二十卷　(清)高宗弘曆敕撰　(清)傅恒　(清)陳兆崙等纂　清道光長蘆鹽運使如山刻本　六冊

330000－1701－0025513　普 093. 381/2000/c4　經部/叢編

十三經古注　(明)葛鼒　(明)金蟠校　明崇禎十二年(1639)金蟠刻本(詩經卷九至十五配清抄本)　八冊　存一種

330000－1701－0025514　普 093. 381/2391/c2　經部/詩類/傳說之屬

御纂詩義折中二十卷　(清)高宗弘曆敕撰　(清)傅恒　(清)陳兆崙等纂　清道光長蘆鹽運使如山刻本　六冊

330000－1701－0025516　普 093. 381/2540/c1　經部/詩類/傳說之屬

詩經集傳八卷　(宋)朱熹撰　清光緒十九年(1893)浙江書局刻本　四冊

330000－1701－0025521　普 093.381/2391/2 經部/詩類/傳說之屬

御纂詩義折中二十卷　(清)高宗弘曆敕撰　(清)傅恒　(清)陳兆崙等纂　清刻本　八册

330000－1701－0025526　普 093.381/2540/c2　經部/詩類/傳說之屬

詩經集傳八卷　(宋)朱熹撰　清光緒十九年(1893)浙江書局刻本　四册

330000－1701－0025527　普 093.381/2391/3/c1　經部/詩類/傳說之屬

御纂詩義折中二十卷　(清)高宗弘曆敕撰　(清)傅恒　(清)陳兆崙等纂　清刻本　十册

330000－1701－0025529　普 093.381/2540/c3　經部/詩類/傳說之屬

詩經集傳八卷　(宋)朱熹撰　清光緒十九年(1893)浙江書局刻本　四册

330000－1701－0025531　普 093.381/2391/3/c2　經部/詩類/傳說之屬

御纂詩義折中二十卷　(清)高宗弘曆敕撰　(清)傅恒　(清)陳兆崙等纂　清道光長蘆鹽運使如山刻本　六册

330000－1701－0025532　普 093.381/2540/c4　經部/詩類/傳說之屬

詩經集傳八卷　(宋)朱熹撰　清光緒十九年(1893)浙江書局刻本　四册

330000－1701－0025536　民 811.18/3404/2 集部/別集類

倚梅閣詩集四卷詞鈔一卷　沈韻蘭撰　清宣統元年(1909)木活字印本　一册

330000－1701－0025539　普 093.381/2540/2/c1　經部/叢編

四書五經九種　(清)鮑氏輯　清同治三年(1864)浙江撫署刻本　四册　存一種

330000－1701－0025540　普 093.381/2540/4/c1　經部/詩類/傳說之屬

詩經集傳八卷詩序辨說一卷　(宋)朱熹撰　清同治五年(1866)金陵書局刻本　四册

330000－1701－0025545　普 093.381/2540/4/c2　經部/詩類/傳說之屬

詩經集傳八卷　(宋)朱熹撰　清光緒七年(1881)金陵書局刻本　佚名過錄李紫華批點　四册

330000－1701－0025547　普 093.381/2540/2/c2　經部/叢編

四書五經九種　(清)鮑氏輯　清同治三年(1864)浙江撫署刻本　四册　存一種

330000－1701－0025549　普 093.381/2540/4/c3　經部/詩類/傳說之屬

詩經集傳八卷　(宋)朱熹撰　清光緒二十二年(1896)金陵書局刻本　四册

330000－1701－0025551　普 093.381/2540/7/c1　經部/詩類/傳說之屬

詩經集傳八卷　(宋)朱熹撰　清光緒三年(1877)永康退補齋胡氏刻本　四册

330000－1701－0025553　普 093.381/2540/2/c3　經部/叢編

四書五經九種　(清)鮑氏輯　清同治三年(1864)浙江撫署刻本　四册　存一種

330000－1701－0025555　普 093.381/2540/7/c2　經部/詩類/傳說之屬

詩經集傳八卷　(宋)朱熹撰　清光緒三年(1877)永康退補齋胡氏刻本　四册

330000－1701－0025556　普 093.381/2540/5 經部/詩類/傳說之屬

詩經集傳八卷　(宋)朱熹撰　清光緒五年(1879)山西濬文書局刻本　四册

330000－1701－0025557　普 093.381/2540/7/c3　經部/詩類/傳說之屬

詩經集傳八卷　(宋)朱熹撰　清光緒三年(1877)永康退補齋胡氏刻本　四册

330000－1701－0025558　普 093.381/2540/9 經部/詩類/傳說之屬

詩經集傳八卷　(宋)朱熹撰　清同治八年(1869)蘇閶亦西齋刻本　四册

330000－1701－0025559　普 093.381/2540/7/c4　經部/詩類/傳說之屬

詩經集傳八卷　(宋)朱熹撰　清光緒三年(1877)永康退補齋胡氏刻本　四册

330000－1701－0025561　普 093.381/2540/3　經部/詩類/傳說之屬

詩經集傳八卷　(宋)朱熹撰　清同治七年(1868)楚北崇文書局刻本　四册

330000－1701－0025563　普 093.381/2540/6　經部/詩類/傳說之屬

詩經朱傳八卷首一卷末一卷　(宋)朱熹集傳　(清)孫慶甲校述　清光緒十八年(1892)善化書局刻本　八册

330000－1701－0025564　HJH4303　集部/別集類/清別集

甌北詩鈔二十卷　(清)趙翼撰　清宣統三年(1911)掃葉山房石印本　七册　存十七卷(五言古一至四,七言古一至五,五言律一至二,七言律一、五至七,絶句一至二)

330000－1701－0025567　普 093.381/2540/13　經部/詩類/傳說之屬

詩集傳音釋二十卷詩圖一卷詩傳綱領一卷詩序一卷　(宋)朱熹集傳　(元)許謙音釋　(元)羅復纂輯　**校刻詩集傳音釋札記一卷**　(清)蔣光煦撰　清咸豐五年至七年(1855－1857)海昌蔣氏衍芬草堂刻本　六册

330000－1701－0025570　普 093.381/2540/10　經部/詩類/傳說之屬

詩經集傳八卷　(宋)朱熹撰　清光緒二十六年(1900)立言堂刻本　四册

330000－1701－0025571　普 093.381/2540/8　經部/詩類/傳說之屬

詩經集傳八卷　(宋)朱熹撰　清末商務印書館鉛印本　四册

330000－1701－0025573　普 093.381/2540/14　經部/詩類/傳說之屬

詩經集傳八卷　(宋)朱熹撰　清光緒十年(1884)夏序記刻本　四册

330000－1701－0025576　普 093.381/2540/16　經部/詩類/傳說之屬

詩經集傳八卷　(宋)朱熹撰　清刻本　四册

330000－1701－0025578　普 093.381/2540/11/c1　經部/叢編

御案五經　(清)聖祖玄燁案　清嘉慶十六年(1811)揚州十笏堂刻本　四册　存一種

330000－1701－0025583　普 093.381/2540/15　經部/詩類/傳說之屬

詩經集傳八卷　(宋)朱熹撰　清光緒五年(1879)世經堂刻本　四册

330000－1701－0025584　普 093.381/2540/17　經部/詩類/傳說之屬

詩經集傳八卷　(宋)朱熹撰　清紫文閣刻本　四册

330000－1701－0025587　普 093.381/2540/11/c2　經部/叢編

御案五經　(清)聖祖玄燁案　清嘉慶十六年(1811)揚州十笏堂刻本　四册　存一種

330000－1701－0025589　普 093.381/2540/18/c1　經部/叢編

五經旁訓　(元)李恕旁訓　清刻本　四册　存一種

330000－1701－0025590　普 093.381/2540.01/(2)/c3　經部/詩類/傳說之屬

詩集傳音釋二十卷詩圖一卷詩傳綱領一卷詩序一卷　(宋)朱熹集傳　(元)許謙音釋　(元)羅復纂輯　**校刻詩集傳音釋札記一卷**　(清)蔣光煦撰　清咸豐五年至七年(1855－1857)海昌蔣氏衍芬草堂刻本　六册

330000－1701－0025591　普 093.381/2540/12/c1　經部/叢編

五經四書讀本九種　清康熙紫陽朱錫旂崇道堂刻本　四册　存一種

330000－1701－0025592　普 093.381/2540.01/(2)/c4　經部/詩類/傳說之屬

詩集傳音釋二十卷詩圖一卷詩傳綱領一卷詩序一卷　(宋)朱熹集傳　(元)許謙音釋

(元)羅復纂輯　**校刻詩集傳音釋札記一卷**　(清)蔣光煦撰　清咸豐五年至七年(1855－1857)海昌蔣氏衍芬草堂刻本　六冊

330000－1701－0025593　普 093.381/2540/20　經部/詩類/傳說之屬
詩經集傳八卷　(宋)朱熹撰　清道光十六年(1836)揚郡二郎廟惜字局刻本　清潘三松批並跋　清潘介祉題記　四冊

330000－1701－0025596　普 093.381/2588、普 093.381/4041　經部/叢編
通志堂經解一百四十種　(清)納蘭成德輯　清康熙十九年(1680)納蘭成德刻本(詩傳遺說卷四至六配抄本)　十六冊　存二種

330000－1701－0025597　普 093.381/2540/12/c2　經部/叢編
五經四書讀本九種　清康熙紫陽朱錫旂崇道堂刻本　四冊　存一種

330000－1701－0025600　普 093.381/2540/18/c2　經部/叢編
五經旁訓　(元)李恕旁訓　清刻本　三冊　存一種

330000－1701－0025601　普 093.381/2540.01/(2)/c2　經部/詩類/傳說之屬
詩集傳音釋二十卷詩圖一卷詩傳綱領一卷詩序辨說一卷　(宋)朱熹集傳　(元)許謙音釋　(元)羅復纂輯　**校刻詩集傳音釋札記一卷**　(清)蔣光煦撰　清咸豐五年至七年(1855－1857)海昌蔣氏衍芬草堂刻本　六冊

330000－1701－0025603　普 093.381/2588/(2)　經部/叢編
通志堂經解一百四十種　(清)納蘭成德輯　清康熙十九年(1680)納蘭成德刻本　一冊　存一種

330000－1701－0025604　普 093.381/2540/19　經部/詩類/傳說之屬
詩經集傳八卷　(宋)朱熹撰　清光緒三十四年(1908)學部圖書局石印本　四冊

330000－1701－0025606　普 093.381/2540.01　經部/詩類/傳說之屬
詩集傳音釋二十卷詩圖一卷詩傳綱領一卷詩序辨說一卷　(宋)朱熹集傳　(元)許謙音釋　(元)羅復纂輯　**校刻詩集傳音釋札記一卷**　(清)蔣光煦撰　清光緒十五年(1889)江南書局刻本　四冊

330000－1701－0025609　普 093.381/2722　經部/詩類/傳說之屬
參校詩傳說存二卷　(清)葛士清等輯　清光緒十五年(1889)上海守經堂刻本　一冊

330000－1701－0025611　普 093.381/3107/c4　類叢部/叢書類/自著之屬
平湖顧氏遺書五種　(清)顧廣譽撰　清光緒三年(1877)顧鴻昇刻本　十冊　存二種

330000－1701－0025613　普 093.381/3107/c5　類叢部/叢書類/自著之屬
平湖顧氏遺書五種　(清)顧廣譽撰　清光緒三年(1877)顧鴻昇刻本　十冊　存二種

330000－1701－0025614　HJH4305　史部/政書類/公牘檔冊之屬
新文牘十卷　(清)陸春霖輯　清光緒三十四年(1908)石印本　十九冊

330000－1701－0025615　普 093.381/3107/2　類叢部/叢書類/自著之屬
平湖顧氏遺書五種　(清)顧廣譽撰　清光緒三年(1877)顧鴻昇刻本　十冊　存二種

330000－1701－0025616　普 093.381/3107/c2　類叢部/叢書類/自著之屬
平湖顧氏遺書五種　(清)顧廣譽撰　清光緒三年(1877)顧鴻昇刻本　十冊　存二種

330000－1701－0025617　普 093.381/6030/2　經部/詩類/傳說之屬
呂氏家塾讀詩記三十二卷　(宋)呂祖謙撰　清沈氏授經樓刻本　十冊

330000－1701－0025618　普 093.381/3107/c3　類叢部/叢書類/自著之屬
平湖顧氏遺書五種　(清)顧廣譽撰　清光緒三年(1877)顧鴻昇刻本　十冊　存二種

330000－1701－0025623　普 093.381/6030/c1　類叢部/叢書類/郡邑之屬

金華叢書六十八種　(清)胡鳳丹編　清同治七年至光緒八年(1868－1882)永康胡氏退補齋刻民國補刻本　十二册　存一種

330000－1701－0025625　普 093.381/4753　經部/詩類/傳說之屬

詩義輯解十卷　(清)胡本淵撰　清嘉慶二十四年(1819)刻本　六册

330000－1701－0025626　普 093.381/6030/c2　類叢部/叢書類/郡邑之屬

金華叢書六十八種　(清)胡鳳丹編　清同治七年至光緒八年(1868－1882)永康胡氏退補齋刻民國補刻本　十二册　存一種

330000－1701－0025627　普 093.381/6627/2　經部/詩類/傳說之屬

詩緝三十六卷　(宋)嚴粲撰　清光緒三年(1877)嶺南述古堂刻本　十四册

330000－1701－0025629　HJL4307　集部/別集類/宋別集

東坡詩選十二卷　(宋)蘇軾撰　(明)譚元春選　(明)袁宏道評　**東坡先生年譜一卷**　(宋)王宗稷編　明天啓文盛堂刻本　六册

330000－1701－0025631　普 093.381/6627/3/c1　經部/詩類/傳說之屬

詩緝三十六卷　(宋)嚴粲撰　清嘉慶十五年(1810)谿上聽彝堂刻本　八册

330000－1701－0025634　普 093.381/6627/3(2)/c1　經部/詩類/傳說之屬

詩緝三十六卷　(宋)嚴粲撰　清嘉慶十五年(1810)谿上聽彝堂刻本　十二册

330000－1701－0025637　普 093.381/6627/3/c2　經部/詩類/傳說之屬

詩緝三十六卷　(宋)嚴粲撰　清嘉慶十五年(1810)谿上聽彝堂刻本　十二册

330000－1701－0025638　普 093.381/6627/3(2)/c3　經部/詩類/傳說之屬

詩緝三十六卷　(宋)嚴粲撰　清嘉慶十五年(1810)谿上聽彝堂刻本　十二册

330000－1701－0025640　普 093.381/6627.02/c2　經部/詩類/傳說之屬

嚴氏詩緝補義八卷　(清)劉燦編　清嘉慶十六年(1811)鎮海劉氏墨莊刻本　八册

330000－1701－0025641　普 093.381/6627.02/c3　經部/詩類/傳說之屬

嚴氏詩緝補義八卷　(清)劉燦編　清嘉慶十六年(1811)鎮海劉氏墨莊刻本　八册

330000－1701－0025646　普 093.3832/8700.2/2　經部/詩類/傳說之屬

毛詩故訓傳三十卷　(漢)毛亨傳　(漢)毛萇撰　(漢)鄭玄箋　清同治十一年(1872)山陽丁氏五雲堂刻本　四册

330000－1701－0025649　普 093.3834/2618/c1　經部/叢編

五經要義　(宋)魏了翁撰　清光緒江蘇書局刻本　十二册　存一種

330000－1701－0025657　普 093.3834/2618/c2　經部/叢編

五經要義　(宋)魏了翁撰　清光緒江蘇書局刻本　六册　存一種

330000－1701－0025659　普 093.3834/2618/2　經部/詩類/傳說之屬

毛詩要義二十卷譜序要義一卷　(宋)魏了翁撰　清光緒八年(1882)莫祥芝上海影宋刻本　六册　缺十卷(十一至二十)

330000－1701－0025666　普 093.3832/2000.2　類叢部/叢書類/彙編之屬

靈峯草堂叢書十一種　陳矩編　清光緒貴陽陳氏刻本　一册　存一種

330000－1701－0025670　普 093.383247/7412　經部/叢編

古經解彙函十六種附小學彙函十四種　(清)鍾謙鈞等輯　清同治十二年(1873)粵東書局刻本　一册　存古經解彙函一種

330000－1701－0025671　HJH4656　集部/

總集類/選集之屬/斷代
重訂唐詩別裁集二十卷　(清)沈德潛輯　清乾隆二十八年(1763)教忠堂刻本　六冊

330000－1701－0025674　民 811.18/4046　類叢部/叢書類
鋏香室東瀛雜存　清光緒鉛印本　一冊　存一種

330000－1701－0025676　民 811.18/4063/c1　集部/別集類/清別集
禮闕郵齋詩鈔二卷　袁思永撰　清光緒三十三年(1907)西泠石印本　一冊

330000－1701－0025679　普 093.3834/4099/2/c1　類叢部/叢書類/彙編之屬
武英殿聚珍版書五十三種　清江西書局刻本　二冊　存一種

330000－1701－0025680　民 811.18/4063/c2　集部/別集類/清別集
禮闕郵齋詩鈔二卷　袁思永撰　清光緒三十三年(1907)西泠石印本　一冊

330000－1701－0025682　普 093.3834/7240/c1　經部/詩類/傳說之屬
詩說十二卷詩總說一卷　(宋)劉克撰　清道光八年(1828)長洲汪士鐘藝雲書舍蘇州影宋刻本(卷九至十原缺)　三冊

330000－1701－0025684　普 093.3836/2141　經部/詩類/傳說之屬
詩經世本古義二十八卷首一卷末一卷　(清)何楷撰　清嘉興周秉仁刻本　十五冊　缺二卷(首、一)

330000－1701－0025686　普 093.3834/7240/c2　經部/詩類/傳說之屬
詩說十二卷詩總說一卷　(宋)劉克撰　清道光八年(1828)長洲汪士鐘藝雲書舍蘇州影宋刻本(卷九至十原缺)　四冊

330000－1701－0025688　HJH4658　集部/別集類/宋別集
施註蘇詩四十二卷總目二卷　(宋)蘇軾撰　(宋)施元之　(宋)顧禧注　(清)顧嗣立　(清)邵長蘅　(清)宋至刪補　**蘇詩續補遺二卷**　(清)馮景補註　**王註正譌一卷**　(清)邵長蘅撰　**東坡先生[蘇軾]年譜一卷**　(宋)王宗稷編　清康熙三十八年(1699)商丘宋犖宛委堂刻本　十冊

330000－1701－0025689　普 093.3834/4099/2/c2　類叢部/叢書類/彙編之屬
武英殿聚珍版書五十三種　清江西書局刻本　四冊　存一種

330000－1701－0025691　普 093.3834/7240/c3　經部/詩類/傳說之屬
詩說十二卷詩總說一卷　(宋)劉克撰　清道光八年(1828)長洲汪士鐘藝雲書舍蘇州影宋刻本(卷九至十原缺)　八冊

330000－1701－0025693　普 093.3836/4748　類叢部/叢書類/郡邑之屬
湖北叢書三十種　(清)趙尚輔編　清光緒十七年(1891)三餘草堂刻本　六冊　存一種

330000－1701－0025699　普 093.3837/0143　經部/詩類/傳說之屬
毛詩補正二十五卷　(清)龍起濤撰　清光緒二十五年(1899)刻鵠軒刻本　十二冊

330000－1701－0025709　普 093.3837/0163　類叢部/叢書類/自著之屬
澹靜齋全集六種　(清)龔景瀚撰　清同治八年(1869)濟南郡署刻本　一冊　存一種

330000－1701－0025710　普 093.3837/0142/c1　類叢部/叢書類/彙編之屬
半厂叢書初編十種　(清)譚獻編　清同治至光緒仁和譚氏刻本　一冊　存一種

330000－1701－0025711　普 093.3837/1073　經部/詩類/傳說之屬
詩經補箋十八卷　王闓運撰　清光緒十九刻本　六冊

330000－1701－0025713　普 093.3837/1240/c2　經部/詩類/傳說之屬
毛詩說三十卷　(清)孫燾撰　清嘉慶二十年(1815)平湖孫氏世德堂刻本　四冊

330000－1701－0025715　普 093.3837/1240/c3　經部/詩類/傳說之屬

毛詩説三十卷　(清)孫燾撰　清嘉慶二十年(1815)平湖孫氏世德堂刻本　四册

330000－1701－0025717　普 093.3837/0142/c2　類叢部/叢書類/彙編之屬

半厂叢書初編十種　(清)譚獻編　清同治至光緒仁和譚氏刻本　一册　存一種

330000－1701－0025720　普 093.3837/0142/c3　類叢部/叢書類/彙編之屬

半厂叢書初編十種　(清)譚獻編　清同治至光緒仁和譚氏刻本　一册　存一種

330000－1701－0025721　普 093.3837/3140/c2　經部/詩類/傳說之屬

毛詩訂詁八卷附録二卷　(清)顧棟高撰　清光緒二十二年(1896)江蘇書局刻本　四册

330000－1701－0025723　普 093.3837/2643　經部/詩類/傳說之屬

毛詩復古録十二卷首一卷　(清)吳懋清撰　清光緒二十年(1894)仁和徐琪廣州學使者署刻本　五册　缺二卷(五至六)

330000－1701－0025725　普 093.3837/2631/c1　經部/詩類/三家詩之屬

詩古微上編三卷中編十卷下編二卷首一卷　(清)魏源撰　清道光邵陽魏氏刻光緒十三年(1887)席威掃葉山房重修本　八册

330000－1701－0025726　普 093.3837/2749/c2　經部/詩類/傳說之屬

毛詩禮徵十卷　(清)包世榮撰　清道光七年(1827)包世臣小倦游閣刻八年(1828)印本　六册

330000－1701－0025730　普 093.3837/2864/c1　類叢部/叢書類/自著之屬

煙嶼樓集四種　(清)徐時棟撰　清同治至光緒刻彙印本　二册　存一種

330000－1701－0025731　普 093.3837/2749/c1　經部/詩類/傳說之屬

毛詩禮徵十卷　(清)包世榮撰　清道光七年(1827)包世臣小倦游閣刻八年(1828)印本　六册

330000－1701－0025732　普 093.3837/2864/c2　類叢部/叢書類/自著之屬

煙嶼樓集四種　(清)徐時棟撰　清同治至光緒刻彙印本　二册　存一種

330000－1701－0025733　普 093.3837/2631/c2　經部/詩類/三家詩之屬

詩古微上編三卷中編十卷下編二卷首一卷　(清)魏源撰　清道光邵陽魏氏刻光緒十三年(1887)席威掃葉山房重修本　十一册　缺二卷(首、上編一)

330000－1701－0025735　普 093.3837/3101　經部/詩類/傳說之屬

毛詩異義四卷　(清)汪龍撰　**詩譜敘一卷**　清道光五年(1825)鮑方椝刻本　四册

330000－1701－0025738　普 093.3837/3140/c1　經部/詩類/傳說之屬

毛詩訂詁八卷附録二卷　(清)顧棟高撰　清光緒二十二年(1896)江蘇書局刻本　四册

330000－1701－0025741　普 093.3837/2631/2/c2　經部/詩類/三家詩之屬

詩古微上編三卷中編十卷下編二卷首一卷　(清)魏源撰　清光緒十一年(1885)飛清閣楊守敬黄岡學署刻本　八册

330000－1701－0025742　普 093.3837/2842　經部/詩類/傳說之屬

詩故攷異三十二卷　(清)徐華嶽輯　清道光十二年(1832)偲聞齋刻本　十二册

330000－1701－0025743　普 093.3837/4410/c1　經部/詩類/傳說之屬

詩經拾遺十六卷　(清)葉酉撰　清刻本　二册

330000－1701－0025746　普 093.3837/4410/c2　經部/詩類/傳說之屬

詩經拾遺十六卷　(清)葉酉撰　清刻本　二册

330000－1701－0025748　普 093.3837/4423　經部/詩類/傳說之屬

詩異文錄三卷　(清)黄位清撰　清道光二十四年(1844)松風閣刻本　一册

330000－1701－0025750　普 093.3837/4434/(2)　經部/詩類/傳說之屬

詩瀋二十卷　(清)范家相撰　清乾隆三十九年(1774)古趣亭刻本　二册

330000－1701－0025751　普 093.3837/4456　經部/詩類/傳說之屬

詩義求經二十卷　(清)艾暢撰　清道光二十七年(1847)可添齋刻本　四册

330000－1701－0025754　普 093.3837/4434/(3)　經部/詩類/傳說之屬

詩瀋二十卷　(清)范家相撰　清乾隆三十九年(1774)古趣亭刻本　四册

330000－1701－0025761　普 093.3837/4711/3/c1　經部/詩類/傳說之屬

毛詩後箋三十卷　(清)胡承珙撰　(清)陳奐補　清光緒七年(1881)蛟川方氏漪園刻本　二十册

330000－1701－0025763　普 093.3837/4711/2/c2　類叢部/叢書類/彙編之屬

廣雅書局叢書一百五十九種　徐紹棨編　清光緒廣雅書局刻民國九年(1920)番禺徐紹棨彙編重印本　十册　存一種

330000－1701－0025765　普 093.3837/4711/2/c1　類叢部/叢書類/彙編之屬

廣雅書局叢書一百五十九種　徐紹棨編　清光緒廣雅書局刻民國九年(1920)番禺徐紹棨彙編重印本　十二册　存一種

330000－1701－0025766　普 093.3837/4711/3/c2　經部/詩類/傳說之屬

毛詩後箋三十卷　(清)胡承珙撰　(清)陳奐補　清光緒七年(1881)蛟川方氏漪園刻本　二十册

330000－1701－0025767　普 093.3837/4711/c1　類叢部/叢書類/自著之屬

求是堂全集六種　(清)胡承珙撰　清道光歙縣胡氏刻本　十四册　存一種

330000－1701－0025770　普 093.3837/4711/c2　類叢部/叢書類/自著之屬

求是堂全集六種　(清)胡承珙撰　清道光歙縣胡氏刻本　二十册　存一種

330000－1701－0025775　普 093.3837/7527/2/c1　經部/詩類

陳氏毛詩五種　(清)陳奐撰　清光緒九年(1883)徐氏刻本　十二册

330000－1701－0025777　普 093.3837/7527/4/c1　經部/詩類

陳氏毛詩五種　(清)陳奐撰　清道光至咸豐吳門南園陳氏掃葉山莊刻本　十六册

330000－1701－0025780　普 093.3837/7527/2/c2　經部/詩類

陳氏毛詩五種　(清)陳奐撰　清光緒九年(1883)徐氏刻本　十二册

330000－1701－0025781　普 093.3837/7527/5　經部/詩類

陳氏毛詩五種　(清)陳奐撰　清光緒石印本　四册

330000－1701－0025784　普 093.3837/7527/4/c2　經部/詩類

陳氏毛詩五種　(清)陳奐撰　清光緒九年(1883)徐氏刻本　十二册

330000－1701－0025785　普 093.3837/7533/2/c1　經部/詩類/傳說之屬

毛詩稽古編三十卷　(清)陳啓源撰　(清)龐佑清校　**毛詩稽古編附攷一卷**　(清)費雲倬撰　清光緒九年(1883)上海同文書局石印本　八册

330000－1701－0025787　普 093.3837/7533/c2　經部/詩類/傳說之屬

毛詩稽古編三十卷　(清)陳啓源撰　(清)龐佑清校　**毛詩稽古編附攷一卷**　(清)費雲倬撰　清嘉慶十八年(1813)吳江龐佑清刻二十年(1815)增刻本　八册

330000－1701－0025789　普 093.3837/7527/4/c3　經部/詩類

陳氏毛詩五種　(清)陳奐撰　清道光至咸豐吳門南園陳氏掃葉山莊刻本　十二冊

330000－1701－0025794　普 093.3837/7533/2/c2　經部/詩類/傳說之屬

毛詩稽古編三十卷　(清)陳啓源撰　(清)龐佑清校　**毛詩稽古編附攷一卷**　(清)費雲倬撰　清光緒九年(1883)上海同文書局石印本　八冊

330000－1701－0025797　普 093.3837/7533/2/c3　經部/詩類/傳說之屬

毛詩稽古編三十卷　(清)陳啓源撰　(清)龐佑清校　**毛詩稽古編附攷一卷**　(清)費雲倬撰　清光緒九年(1883)上海同文書局石印本　八冊

330000－1701－0025798　普 093.3837/7533/c3　經部/詩類/傳說之屬

毛詩稽古編三十卷　(清)陳啓源撰　(清)龐佑清校　**毛詩稽古編附攷一卷**　(清)費雲倬撰　清嘉慶十八年(1813)吳江龐佑清刻本　六冊

330000－1701－0025808　普 093.3838/6051/c1　經部/詩類/傳說之屬

毛鄭詩斠議一卷　羅振玉撰　清光緒十六年(1890)鉛印本　一冊

330000－1701－0025810　普 093.3838/6051/c2　經部/詩類/傳說之屬

毛鄭詩斠議一卷　羅振玉撰　清光緒十六年(1890)鉛印本　一冊

330000－1701－0025813　普 093.3838/6051/c3　經部/詩類/傳說之屬

毛鄭詩斠議一卷　羅振玉撰　清光緒十六年(1890)鉛印本　一冊

330000－1701－0025818　HJL4692　集部/別集類/清別集

鐵篴仙館宦游草六卷　(清)柏春撰　清咸豐十一年(1861)毓文齋刻本　二冊

330000－1701－0025819　HJL4702　集部/別集類/清別集

倚晴樓集四種　(清)黄燮清撰　清咸豐至光緒刻本　十冊

330000－1701－0025821　普 093.4/4434　類叢部/叢書類/自著之屬

范氏三種　(清)范家相撰　清乾隆至嘉慶會稽范氏古趣亭刻本　二冊　存一種

330000－1701－0025828　普 093.449/1000/2/c1、普 093.449/1000.2/c2　類叢部/類書類/通類之屬

玉海二百卷辭學指南四卷詩攷一卷詩地理攷六卷漢蓺文志攷證十卷通鑑地理通釋十四卷周書王會補注一卷漢制攷四卷踐阼篇集解一卷急就篇補注四卷姓氏急就篇二卷小學紺珠十卷六經天文編二卷周易鄭康成注一卷通鑑答問五卷　(宋)王應麟撰　**校補玉海瑣記二卷王深寧先生[應麟]年譜一卷**　(清)張大昌撰　清光緒九年至十六年(1883－1890)浙江書局刻本　二冊　存七卷(詩攷、詩地理攷一至六)

330000－1701－0025834　民 811.18/4485/c1　集部/別集類/清別集

居東集二卷　蔣智由撰　清宣統二年(1910)上海文明書局鉛印本　一冊

330000－1701－0025837　民 811.18/4485/c2　集部/別集類/清別集

居東集二卷　蔣智由撰　清宣統二年(1910)上海文明書局鉛印本　一冊

330000－1701－0025838　普 093.449/1000.2/2/c2　類叢部/類書類/通類之屬

玉海二百卷辭學指南四卷詩攷一卷詩地理攷六卷漢藝文志攷證十卷通鑑地理通釋十四卷周書王會補注一卷漢制攷四卷踐阼篇集解一卷急就篇補注四卷小學紺珠十卷姓氏急就篇二卷六經天文編二卷周易鄭康成注一卷通鑑答問五卷　(宋)王應麟撰　元至元六年(1340)慶元路儒學刻元明清遞修本　二冊　存六卷(詩地理攷一至六)

330000－1701－0025842　民 811.18/4485/c3　集部/别集類/清别集
居東集二卷　蔣智由撰　清宣統二年(1910)上海文明書局鉛印本　一册

330000－1701－0025843　普 093.449/4424　類叢部/叢書類/自著之屬
脩本堂叢書十種　(清)林伯桐撰　清道光二十四年(1844)番禺林世懋刻本　一册　存一種

330000－1701－0025844　普 093.449/1000.2/2/c1　類叢部/類書類/通類之屬
玉海二百卷辭學指南四卷詩考一卷詩地理考六卷漢藝文志考證十卷通鑑地理通釋十四卷漢制考四卷踐阼篇集解一卷周易鄭康成注一卷姓氏急就篇二卷急就篇補注四卷周書王會補注一卷小學紺珠十卷六經天文篇二卷通鑑答問五卷　(宋)王應麟撰　清嘉慶十一年(1806)江寧藩署刻本　二册　存六卷(詩地理考一至六)

330000－1701－0025845　民 811.18/4485/c4　集部/别集類/清别集
居東集二卷　蔣智由撰　清宣統二年(1910)上海文明書局鉛印本　一册

330000－1701－0025851　普 093.44963/4466/2/c1　類叢部/叢書類/彙編之屬
望三益齋叢書十八種　(清)吳棠編　清咸豐至光緒吳氏望三益齋刻本　四册　存一種

330000－1701－0025855　普 093.44963/4466　經部/詩類/三家詩之屬
韓詩外傳十卷　(漢)韓嬰撰　清乾隆十七年(1752)張晉康重刻海虞毛氏本　王修跋並校　二册

330000－1701－0025859　普 093.44963/4466/3　經部/詩類/三家詩之屬
韓詩外傳十卷　(漢)韓嬰撰　清嘉慶四年(1799)薛氏味經堂刻本　二册

330000－1701－0025864　普 093.44963/4466/4　類叢部/叢書類/彙編之屬
崇文書局彙刻書三十一種　(清)崇文書局編　清光緒元年至三年(1875－1877)湖北崇文書局刻本　二册　存一種

330000－1701－0025867　普 093.449/1000/2/c2、普 093.449/1000.2/c4　類叢部/類書類/通類之屬
玉海二百卷辭學指南四卷詩攷一卷詩地理攷六卷漢蓺文志攷證十卷通鑑地理通釋十四卷周書王會補注一卷漢制攷四卷踐阼篇集解一卷急就篇補注四卷姓氏急就篇二卷小學紺珠十卷六經天文編二卷周易鄭康成注一卷通鑑答問五卷　(宋)王應麟撰　**校補玉海瑣記二卷王深寧先生[應麟]年譜一卷**　(清)張大昌撰　清光緒九年至十六年(1883－1890)浙江書局刻本　二册　存七卷(詩攷、詩地理攷一至六)

330000－1701－0025868　普 093.496/7543　類叢部/叢書類/家集之屬
侯官陳氏遺書二十種　(清)陳壽祺　(清)陳喬樅撰　清嘉慶至同治三山陳氏家刻光緒八年(1882)彙印本　六册　存一種

330000－1701－0025869　普 093.449/1000/2/c4、普 093.449/1000.2/c5　類叢部/類書類/通類之屬
玉海二百卷辭學指南四卷詩攷一卷詩地理攷六卷漢蓺文志攷證十卷通鑑地理通釋十四卷周書王會補注一卷漢制攷四卷踐阼篇集解一卷急就篇補注四卷姓氏急就篇二卷小學紺珠十卷六經天文編二卷周易鄭康成注一卷通鑑答問五卷　(宋)王應麟撰　**校補玉海瑣記二卷王深寧先生[應麟]年譜一卷**　(清)張大昌撰　清光緒九年至十六年(1883－1890)浙江書局刻本　二册　存七卷(詩攷、詩地理攷一至六)

330000－1701－0025871　普 093.44963/4466/5　經部/詩類/三家詩之屬
韓詩外傳十卷　(漢)韓嬰撰　清刻本　二册

330000－1701－0025874　普 093.44963/4466/2/c2　類叢部/叢書類/彙編之屬

望三益齋叢書十八種　(清)吳棠編　清咸豐至光緒吳氏望三益齋刻本　二册　存一種

330000－1701－0025875　普 093.449/1000/2/c3　類叢部/類書類/通類之屬

玉海二百卷辭學指南四卷詩攷一卷詩地理攷六卷漢藝文志攷證十卷通鑑地理通釋十四卷周書王會補注一卷漢制攷四卷踐阼篇集解一卷急就篇補注四卷姓氏急就篇二卷小學紺珠十卷六經天文編二卷周易鄭康成注一卷通鑑答問五卷　(宋)王應麟撰　**校補玉海瑣記二卷王深寧先生[應麟]年譜一卷**　(清)張大昌撰　清光緒九年至十六年(1883－1890)浙江書局刻本　一册　存一卷(詩攷)

330000－1701－0025876　普 093.449/1000.2/c1　類叢部/類書類/通類之屬

玉海二百卷辭學指南四卷詩攷一卷詩地理攷六卷漢藝文志攷證十卷通鑑地理通釋十四卷周書王會補注一卷漢制攷四卷踐阼篇集解一卷急就篇補注四卷姓氏急就篇二卷小學紺珠十卷六經天文編二卷周易鄭康成注一卷通鑑答問五卷　(宋)王應麟撰　**校補玉海瑣記二卷王深寧先生[應麟]年譜一卷**　(清)張大昌撰　清光緒九年至十六年(1883－1890)浙江書局刻本　一册　存六卷(詩地理攷一至六)

330000－1701－0025877　普 093.449/1000.2/c3　類叢部/類書類/通類之屬

玉海二百卷辭學指南四卷詩攷一卷詩地理攷六卷漢藝文志攷證十卷通鑑地理通釋十四卷周書王會補注一卷漢制攷四卷踐阼篇集解一卷急就篇補注四卷姓氏急就篇二卷小學紺珠十卷六經天文編二卷周易鄭康成注一卷通鑑答問五卷　(宋)王應麟撰　**校補玉海瑣記二卷王深寧先生[應麟]年譜一卷**　(清)張大昌撰　清光緒九年至十六年(1883－1890)浙江書局刻本　一册　存六卷(詩地理攷一至六)

330000－1701－0025878　普 093.43/3113　經部/詩類/三家詩之屬

韓詩遺説續考四卷　顧震福撰　清光緒十九年(1893)顧氏刻本　二册

330000－1701－0025884　普 093.7/2622　經部/詩類/傳説之屬

詩經二十卷　(宋)朱熹集傳　**参校詩傳説存二卷**　(清)葛士清等輯　清光緒十五年(1889)上海守經堂依宋本重刻本　一册　缺二十卷(詩經一至二十)

330000－1701－0025895　普 094.03837/4462　經部/三禮總義類/通論之屬

三禮通釋二百三十卷三禮圖五十卷首一卷目録四卷　(清)林昌彝撰　清同治三年(1864)廣州刻本　四十八册

330000－1701－0025897　HJL4749　類叢部/叢書類/彙編之屬

百尺樓叢書　陳去病編　清光緒至民國鉛印本　一册　存一種

330000－1701－0025899　普 094.023/1028/c1　經部/叢編

通志堂經解一百四十種　(清)納蘭成德輯　清康熙十九年(1680)納蘭成德刻本　二册　存一種

330000－1701－0025905　普 094.111/4421　經部/周禮類/傳説之屬

周禮讀本六卷　(清)黄叔琳撰　清宣統元年(1909)上海會文學社石印本　二册

330000－1701－0025907　普 094.023/1028/c2　經部/叢編

通志堂經解一百四十種　(清)納蘭成德輯　清康熙十九年(1680)納蘭成德刻本　二册　存一種

330000－1701－0025908　普 094.03837/8067/c1　經部/三禮總義類/名物制度之屬

求古録禮説十六卷補遺一卷　(清)金鶚撰　**校勘記三卷**　(清)王士駿輯　清光緒二年(1876)吳縣孫熹刻本　十册

330000－1701－0025910　普 094.1381/2337/c1　經部/叢編

御纂七經五種　(清)李光地等撰　清同治六年至九年(1867－1870)浙江書局刻本　二十

四冊　存一種

330000－1701－0025912　普 094.023/1028/c3　經部/叢編

通志堂經解一百四十種　(清)納蘭成德輯　清康熙十九年(1680)納蘭成德刻本　二冊　存一種

330000－1701－0025914　民 811.18/4701/c1　集部/別集類/清別集

補學齋詩鈔四卷　胡調元撰　清光緒三十三年(1907)鉛印本　一冊

330000－1701－0025915　普 094.03837/8067/c2　經部/三禮總義類/名物制度之屬

求古錄禮説十六卷補遺一卷　(清)金鶚撰　**校勘記三卷**　(清)王士駿輯　清光緒二年(1876)吳縣孫憙刻本　十冊

330000－1701－0025916　普 094.023/1028/(2)/c2　經部/叢編

通志堂經解一百四十種　(清)納蘭成德輯　清康熙十九年(1680)納蘭成德刻本　四冊　存一種

330000－1701－0025917　民 811.18/4701/c2　集部/別集類/清別集

補學齋詩鈔四卷　胡調元撰　清光緒三十三年(1907)鉛印本　一冊

330000－1701－0025918　普 094.1381/2337/c4　經部/叢編

御纂七經五種　(清)李光地等撰　清同治六年至九年(1867－1870)浙江書局刻本　二十四冊　存一種

330000－1701－0025919　普 094.03837/8067/c3　經部/三禮總義類/名物制度之屬

求古錄禮説十六卷補遺一卷　(清)金鶚撰　**校勘記三卷**　(清)王士駿輯　清光緒二年(1876)吳縣孫憙刻本　十冊

330000－1701－0025920　普 094.03837/8067/c4　經部/三禮總義類/名物制度之屬

求古錄禮説十六卷補遺一卷　(清)金鶚撰　**校勘記三卷**　(清)王士駿輯　清光緒二年(1876)吳縣孫憙刻本　十冊

330000－1701－0025922　普 094.023/1028/(2)/c3　經部/叢編

通志堂經解一百四十種　(清)納蘭成德輯　清康熙十九年(1680)納蘭成德刻本　四冊　存一種

330000－1701－0025925　普 094.1381/2337/3　經部/叢編

御纂七經五種　(清)李光地等撰　清同治十一年(1872)江西書局刻本　十六冊　存一種

330000－1701－0025928　普 094.1381/2337/2/c1　經部/叢編

御纂七經五種　(清)李光地等撰　清刻本　四十冊　存一種

330000－1701－0025929　普 094.138321/8700/2/c1　經部/周禮類/傳説之屬

周禮六卷　(漢)鄭玄注　(唐)陸德明音義　清嘉慶十一年(1806)張青選清芬閣刻本　六冊

330000－1701－0025931　普 094.138321/8700　經部/周禮類/傳説之屬

周禮六卷　(漢)鄭玄注　(唐)陸德明音義　清光緒六年(1880)山西濬文書局刻本　六冊

330000－1701－0025934　普 094.138321/8700/2/c2　經部/周禮類/傳説之屬

周禮六卷　(漢)鄭玄注　(唐)陸德明音義　清嘉慶十一年(1806)張青選清芬閣刻本　六冊

330000－1701－0025935　普 094.138321/8700/2/c3　經部/周禮類/傳説之屬

周禮六卷　(漢)鄭玄注　(唐)陸德明音義　清嘉慶十一年(1806)張青選清芬閣刻本　六冊

330000－1701－0025936　普 094.138321/8700/2/c5　經部/周禮類/傳説之屬

周禮六卷　(漢)鄭玄注　(唐)陸德明音義　清乾隆五十二年(1787)福禮堂刻本　六冊

330000－1701－0025937　普 094.1381/2337/2/c2　經部/叢編
御纂七經五種　(清)李光地等撰　清刻本　二十五册　存一種

330000－1701－0025940　普 094.138321/8700/4c2　經部/叢編
十三經古注　(明)葛鼒　(明)金蟠校　明崇禎十二年(1639)金蟠刻本　四册　存一種

330000－1701－0025947　普 094.138321/8700/3　經部/周禮類/傳說之屬
周禮十二卷　(漢)鄭玄注　(唐)陸德明音義　清光緒三年(1877)永康胡氏退補齋刻本　六册

330000－1701－0025956　普 094.138321/8700/5　經部/周禮類/傳說之屬
周禮四十二卷　(漢)鄭玄注　(唐)陸德明音義　(明)葛鼒　(明)金蟠校　明崇禎十二年(1639)金蟠刻十三經古注本　清丁晏批校並記　五册

330000－1701－0025958　普 094.138321/8700/5(2)　經部/叢編
十三經古注　(明)葛鼒　(明)金蟠校　明崇禎十二年(1639)金蟠刻清同治八年(1869)浙江書局重修本　四册　存一種

330000－1701－0025987　普 094.13834/4464　經部/周禮類/傳說之屬
宋葉文康公禮經會元節本四卷　(宋)葉時撰　(清)陸隴其點定　(清)許元淮删節並評　清乾隆五十年(1785)桐柏山房刻本　四册

330000－1701－0025990　普 094.138321/8700/11　經部/叢編
十三經注疏三百三十三卷　(明)□□輯　清刻本　二十册　存一種

330000－1701－0025993　普 094.13834/4464/2　經部/周禮類/傳說之屬
增删禮經會元節要十卷　(宋)葉時撰　(明)夏惟寧節要　(明)胡瓚增删　(清)楊臣諍注　清康熙三年(1664)掌樹軒刻本　五册　缺三卷(六、九至十)

330000－1701－0025996　普 094.13837/1200/2/c1　經部/周禮類/傳說之屬
周禮政要二卷　(清)孫詒讓撰　清光緒二十八年(1902)瑞安普通學堂刻本　二册

330000－1701－0025997　普 094.13837/1200　經部/周禮類/傳說之屬
周禮政要二卷　(清)孫詒讓撰　清光緒三十年(1904)上海書局石印本　二册

330000－1701－0025999　普 094.13837/1200/2/c2　經部/周禮類/傳說之屬
周禮政要二卷　(清)孫詒讓撰　清光緒二十八年(1902)瑞安普通學堂刻本　二册

330000－1701－0026000　普 094.13837/1200/2/c3　經部/周禮類/傳說之屬
周禮政要四卷　(清)孫詒讓撰　清光緒貫吾齋石印本　二册

330000－1701－0026001　普 094.13837/1200/2/c4　經部/周禮類/傳說之屬
周禮政要二卷　(清)孫詒讓撰　清光緒二十八年(1902)瑞安普通學堂刻本　二册

330000－1701－0026005　普 094.13837/4409　經部/叢編
南海桂氏經學叢書十三種附二種　(清)桂文燦撰　清咸豐至光緒刻本　四册　存一種

330000－1701－0026006　普 094.13837/1200.3/2/c1　經部/周禮類/傳說之屬
周禮正義八十六卷　(清)孫詒讓撰　清光緒三十三年(1907)溫州陳日新書報局鉛印本　章嶔題簽　十二册

330000－1701－0026008　普 094.13837/1200.3/2/c2　經部/周禮類/傳說之屬
周禮正義八十六卷　(清)孫詒讓撰　清光緒三十三年(1907)溫州陳日新書報局鉛印本　十二册

330000－1701－0026011　普 094.13837/1200.3/2(2)　經部/周禮類/傳說之屬

周禮正義八十六卷 (清)孫詒讓撰 清光緒三十三年(1907)溫州陳日新書報局鉛印本 錢玄同題記 十六冊

330000-1701-0026016 普 094.18/4310/2 類叢部/叢書類/彙編之屬
微波榭叢書十一種 (清)孔繼涵編 清孔氏刻彙印本 四冊 存一種

330000-1701-0026024 普 094.223/1150 經部/儀禮類/圖說之屬
儀禮圖六卷 (清)張惠言撰 清嘉慶十年(1805)揚州阮元刻本 二冊

330000-1701-0026025 普 094.223/1150/2/c1 經部/儀禮類/圖說之屬
儀禮圖六卷 (清)張惠言撰 清同治九年(1870)楚北崇文書局刻本 三冊

330000-1701-0026026 普 094.18/8700.2/c1 經部/周禮類/分篇之屬
考工記二卷 (漢)鄭玄注 (明)郭正域等批點 明末刻本 一冊

330000-1701-0026028 普 094.223/1150/2/c2 經部/儀禮類/圖說之屬
儀禮圖六卷 (清)張惠言撰 清同治九年(1870)楚北崇文書局刻本 三冊

330000-1701-0026030 普 094.18/8700.2/c2 經部/周禮類/分篇之屬
考工記二卷 (唐)杜牧注 明末刻本 一冊

330000-1701-0026031 普 094.2381/3547/c6 經部/叢編
御纂七經五種 (清)李光地等撰 清同治六年至九年(1867-1870)浙江書局刻本 二十八冊 存一種

330000-1701-0026033 普 094.2381/3547/c1 經部/叢編
御纂七經五種 (清)李光地等撰 清同治六年至九年(1867-1870)浙江書局刻本 二十八冊 存一種

330000-1701-0026036 普 094.2381/3547/3 經部/叢編
御纂七經五種 (清)李光地等撰 清同治十一年(1872)江西書局刻本 四十冊 存一種

330000-1701-0026039 普 094.2381/3547/4/c1 經部/叢編
御纂七經五種 (清)李光地等撰 清刻本 三十冊 存一種

330000-1701-0026043 民 621.2/2841 史部/政書類/公牘檔冊之屬
塘工議事會稟稿議案彙存一卷附收支清冊一卷 徐懋元編 清宣統元年(1909)鉛印本 一冊

330000-1701-0026044 普 094.2381/3547/4/c2 經部/叢編
御纂七經五種 (清)李光地等撰 清刻本 三十四冊 存一種

330000-1701-0026045 普 094.2381/3547/4/c3 經部/叢編
御纂七經五種 (清)李光地等撰 清刻本 三十五冊 存一種

330000-1701-0026046 普 094.2381/8700/3 經部/叢編
十三經注疏三百三十三卷 (明)□□輯 明崇禎元年至十二年(1628-1639)毛氏汲古閣刻本 十二冊 存一種

330000-1701-0026048 普 094.2381/8700/2 經部/叢編
十三經註疏 (明)□□輯 明嘉靖李元陽、江以達刻重修本[儀禮注疏卷一至六配明萬曆二十一年(1593)北京國子監刻清康熙二十五年(1686)重修本] 十二冊 存一種

330000-1701-0026050 普 094.238321/8700/c1 經部/叢編
十三經古注 (明)葛鼒 (明)金蟠校 明崇禎十二年(1639)金蟠刻清同治八年(1869)浙江書局重修本 四冊 存一種

330000-1701-0026053 普 094.238321/8700/c2 經部/叢編

十三經古注 (明)葛鼒 (明)金蟠校 明崇禎十二年(1639)金蟠刻清同治八年(1869)浙江書局重修本 四冊 存一種

330000－1701－0026056 普 094.238321/8700/c3 經部/叢編
十三經古注 (明)葛鼒 (明)金蟠校 明崇禎十二年(1639)金蟠刻清同治八年(1869)浙江書局重修本 四冊 存一種

330000－1701－0026061 普 094.238321/8700/2 經部/儀禮類/傳說之屬
儀禮十七卷 (漢)鄭玄注 (唐)陸德明音義 清同治七年(1868)湖北崇文書局刻本 四冊

330000－1701－0026072 普 094.238321/8700.01/2 經部/儀禮類/傳說之屬
儀禮鄭註句讀十七卷附監本正誤一卷石本誤字一卷 (清)張爾岐撰 清光緒六年(1880)山西濬文書局刻本 六冊

330000－1701－0026074 普 094.238321/8700.01/3/c1 經部/叢編
十三經讀本 (清)□□編 清同治金陵書局刻本 四冊 存一種

330000－1701－0026076 普 094.23834/2540/c1 經部/三禮總義類/通禮雜禮之屬
儀禮經傳通解三十七卷 (宋)朱熹撰 **儀禮經傳通解續二十九卷** (宋)黄榦撰 (宋)楊復訂 清康熙呂氏寶誥堂刻本(卷十五原缺) 二十四冊

330000－1701－0026080 普 094.238321/8700.01/3/c2 經部/叢編
十三經讀本 (清)□□編 清同治金陵書局刻本 三冊 存一種

330000－1701－0026083 普 094.23834/2618 經部/叢編
五經要義 (宋)魏了翁撰 清光緒江蘇書局刻本 十二冊 存一種

330000－1701－0026089 普 094.23834/4044 經部/叢編
經苑二十五種 (清)錢儀吉輯 清道光至咸豐大梁書院刻同治七年(1868)王儒行等印本 六冊 存一種

330000－1701－0026091 普 094.23837/2233/2/c2 經部/三禮總義類/名物制度之屬
天子肆獻祼饋食禮三卷 (清)任啓運撰 清光緒十一年(1885)浙江書局刻本 一冊

330000－1701－0026093 普 094.23837/2233/2/c1 經部/三禮總義類/名物制度之屬
天子肆獻祼饋食禮三卷 (清)任啓運撰 清光緒十一年(1885)浙江書局刻本 一冊

330000－1701－0026095 普 094.23837/2233/2/c1/1 經部/三禮總義類/名物制度之屬
天子肆獻祼饋食禮三卷 (清)任啓運撰 清光緒十一年(1885)浙江書局刻本 一冊

330000－1701－0026096 普 094.23837/2233/c1 類叢部/叢書類/自著之屬
任氏遺書八種 (清)任啓運撰 清光緒十四年(1888)荆溪任氏家塾刻本 二冊 存三種

330000－1701－0026098 普 094.23834/2540/c2 經部/三禮總義類/通禮雜禮之屬
儀禮經傳通解三十七卷 (宋)朱熹撰 **儀禮經傳通解續二十九卷** (宋)黄榦撰 (宋)楊復訂 清康熙呂氏寶誥堂刻本(卷十五原缺) 十八冊

330000－1701－0026105 普 094.23837/2233/c2 類叢部/叢書類/自著之屬
任氏遺書八種 (清)任啓運撰 清光緒十四年(1888)荆溪任氏家塾刻本 二冊 存三種

330000－1701－0026106 普 094.23837/2233/c3 類叢部/叢書類/自著之屬
任氏遺書八種 (清)任啓運撰 清光緒十四年(1888)荆溪任氏家塾刻本 二冊 存三種

330000－1701－0026107 普 094.23837/2233/c4 類叢部/叢書類/自著之屬
任氏遺書八種 (清)任啓運撰 清光緒十四年(1888)荆溪任氏家塾刻本 二冊 存三種

330000－1701－0026108　普 094.23837/2614/3　經部/儀禮類/傳說之屬

儀禮章句十七卷　(清)吴廷華撰　清三讓堂刻本　四册

330000－1701－0026109　普 094.23837/2614/5　經部/儀禮類/傳說之屬

儀禮章句十七卷　(清)吴廷華撰　清道光二十九年(1849)經國堂刻本　二册

330000－1701－0026110　普 094.23837/4741　經部/儀禮類/傳說之屬

儀禮正義四十卷　(清)胡培翬撰　(清)楊大堉補　清咸豐二年(1852)沔陽陸建瀛刻同治七年(1868)沔陽陸光祖補刻本　二十四册

330000－1701－0026115　民 811.18/7510/c1　集部/别集類/清别集

散原精舍詩二卷　陳三立撰　清宣統元年(1909)鉛印本　二册

330000－1701－0026121　普 094.3381/1246/2(2)　經部/禮記類/傳說之屬

禮記集解六十一卷尚書顧命解一卷　(清)孫希旦撰　清咸豐十年至同治七年(1860－1868)瑞安孫氏盤谷草堂刻本　十六册

330000－1701－0026122　普 094.23837/4741/2　經部/儀禮類/傳說之屬

儀禮正義四十卷　(清)胡培翬撰　(清)楊大堉補　清咸豐二年(1852)沔陽陸建瀛刻同治七年(1868)沔陽陸光祖補刻本　二十册

330000－1701－0026127　普 094.3381/1246/2(3)　經部/禮記類/傳說之屬

禮記集解六十一卷尚書顧命解一卷　(清)孫希旦撰　清咸豐十年至同治七年(1860－1868)瑞安孫氏盤谷草堂刻本　李次九題記　二十册

330000－1701－0026131　普 094.3381/2233　經部/禮記類/傳說之屬

禮記章句十卷　(清)任啓運撰　清光緒二十一年(1895)任錫汾蘐蔭堂刻本　十册

330000－1701－0026133　普 094.3381/2542/c1　經部/禮記類/傳說之屬

禮記訓纂四十九卷　(清)朱彬撰　清咸豐元年(1851)寶應朱士達宜祿堂刻六年(1856)朱念祖重修本　八册

330000－1701－0026134　民 811.18/75212　類叢部/叢書類/自著之屬

石遺室叢書十九種　陳衍撰　清光緒至民國刻本　二册　存一種

330000－1701－0026135　民 811.18/7504　集部/别集類

爲山廬悼亡百感錄一卷　陳慶均撰　清宣統二年(1910)緬德堂刻本　一册

330000－1701－0026137　普 094.3381/1246/2(4)/c1　經部/禮記類/傳說之屬

禮記集解六十一卷尚書顧命解一卷　(清)孫希旦撰　清咸豐十年至同治七年(1860－1868)瑞安孫氏盤谷草堂刻本　二十四册

330000－1701－0026138　普 094.3381/1246/2(4)/c2　經部/禮記類/傳說之屬

禮記集解六十一卷尚書顧命解一卷　(清)孫希旦撰　清咸豐十年至同治七年(1860－1868)瑞安孫氏盤谷草堂刻本　二十四册

330000－1701－0026142　普 094.3381/2542/c2　經部/禮記類/傳說之屬

禮記訓纂四十九卷　(清)朱彬撰　清咸豐元年(1851)寶應朱士達宜祿堂刻本　八册

330000－1701－0026143　普 094.3381/2136　經部/叢編

通志堂經解一百三十九種　(清)納蘭成德輯　清同治十二年(1873)粵東書局刻本　四十册　存一種

330000－1701－0026144　普 094.3381/2542/2/c1　經部/禮記類/傳說之屬

禮記訓纂四十九卷　(清)朱彬撰　清宣統元年(1909)學部圖書局石印本　十册

330000－1701－0026145　普 094.3381/2542/2/c2　經部/禮記類/傳說之屬

禮記訓纂四十九卷　(清)朱彬撰　清宣統元

年(1909)學部圖書局石印本　十冊

330000－1701－0026147　民 811.18/7510/c2　集部/別集類/清別集

散原精舍詩二卷　陳三立撰　清宣統元年(1909)鉛印本　二冊

330000－1701－0026149　民 811.18/7510/c3　集部/別集類/清別集

散原精舍詩二卷　陳三立撰　清宣統二年(1910)上海商務印書館鉛印本　二冊

330000－1701－0026151　普 094.3381/3547/c1　經部/叢編

御纂七經五種　(清)李光地等撰　清同治六年至九年(1867－1870)浙江書局刻本　三十二冊　存一種

330000－1701－0026152　普 094.3381/3547/2/c1、G011015、G011655　經部/叢編

御纂七經五種　(清)李光地等撰　清刻本　六十三冊　存一種

330000－1701－0026159　普 094.3381/3547/c2　經部/叢編

御纂七經五種　(清)李光地等撰　清同治六年至九年(1867－1870)浙江書局刻本　三十二冊　存一種

330000－1701－0026160　民 811.18/7540/c1　類叢部/叢書類/彙編之屬

百尺樓叢書　陳去病編　清光緒至民國鉛印本　二冊　存一種

330000－1701－0026163　民 811.18/7540/c2　類叢部/叢書類/彙編之屬

百尺樓叢書　陳去病編　清光緒至民國鉛印本　二冊　存一種

330000－1701－0026165　民 811.18/7540/c3　類叢部/叢書類/彙編之屬

百尺樓叢書　陳去病編　清光緒至民國鉛印本　二冊　存一種

330000－1701－0026172　普 094.3381/3547/2/c2　經部/叢編

御纂七經五種　(清)李光地等撰　清刻本　四十二冊　存一種

330000－1701－0026173　民 811.18/7547.2/c1　集部/別集類/清別集

拱宸橋竹枝詞二卷　陳栩撰　清光緒二十六年(1900)刻本　二冊

330000－1701－0026175　普 094.3381/3547/4　經部/叢編

御纂七經五種　(清)李光地等撰　清紫陽書院刻本(欽定禮記義疏卷十五配抄本)　六十冊　存一種

330000－1701－0026176　民 811.18/7547.2/c2　集部/別集類/清別集

拱宸橋竹枝詞二卷　陳栩撰　清光緒二十六年(1900)刻本　二冊

330000－1701－0026181　普 094.3381/3547/2/(2)　經部/叢編

御纂七經五種　(清)李光地等撰　清尊經閣刻本　四十冊　存一種

330000－1701－0026192　普 094.3381/3547/5　經部/叢編

御纂七經五種　(清)李光地等撰　清光緒十四年(1888)上海點石齋石印本　九冊　存一種

330000－1701－0026197　普 094.3381/4047/c1　經部/禮記類/傳說之屬

續禮記集説一百卷　(清)杭世駿撰　清光緒二十一年至三十年(1895－1904)浙江書局刻本　四十冊

330000－1701－0026198　普 094.3381/4094　經部/禮記類/傳說之屬

禮記述註二十八卷　(清)李光坡撰　清光緒八年(1882)刻本　十冊

330000－1701－0026200　民 811.18/7580.6/c1　集部/別集類/清別集

松壽堂詩鈔十卷　陳夔龍撰　清宣統三年(1911)京師刻本　四冊

330000－1701－0026204　普 094.3381/3547/3/c2　經部/叢編
御纂七經五種　(清)李光地等撰　清同治十一年(1872)江西書局刻本　四十八册　存一種

330000－1701－0026206　民 811.18/7580.6/c2　集部/别集類/清别集
松壽堂詩鈔十卷　陳夔龍撰　清宣統三年(1911)京師刻本　四册

330000－1701－0026207　普 094.3381/7534/c1　經部/叢編
十三經讀本　(清)□□編　清同治金陵書局刻本　十册　存一種

330000－1701－0026211　普 094.3381/7534/2　經部/禮記類/傳說之屬
禮記集說十卷　(元)陳澔撰　清光緒八年(1882)山西濬文書局刻本　十册

330000－1701－0026212　普 094.3381/7534/3/c1　經部/禮記類/傳說之屬
禮記集說十卷　(元)陳澔撰　清光緒十九年(1893)浙江書局刻本　十册

330000－1701－0026213　普 094.3381/7534/c2　經部/叢編
十三經讀本　(清)□□編　清同治金陵書局刻本　十册　存一種

330000－1701－0026215　普 094.3381/4047/c2　經部/禮記類/傳說之屬
續禮記集說一百卷　(清)杭世駿撰　清光緒二十一年至三十年(1895－1904)浙江書局刻本　四十册

330000－1701－0026216　普 094.3381/7534/c3　經部/叢編
十三經讀本　(清)□□編　清同治金陵書局刻本　九册　存一種

330000－1701－0026217　普 094.3381/7534/5/c1　經部/叢編
四書五經九種　(清)鮑氏輯　清同治三年(1864)浙江撫署刻本　十册　存一種

330000－1701－0026218　普 094.3381/7534/3/c2　經部/禮記類/傳說之屬
禮記集說十卷　(元)陳澔撰　清光緒十九年(1893)浙江書局刻本　十册

330000－1701－0026220　普 094.3381/7534/3/c3　經部/禮記類/傳說之屬
禮記集說十卷　(元)陳澔撰　清光緒十九年(1893)浙江書局刻本　十册

330000－1701－0026222　普 094.3381/7534/5/c2　經部/叢編
四書五經九種　(清)鮑氏輯　清同治三年(1864)浙江撫署刻本　十册　存一種

330000－1701－0026223　普 094.3381/7534/3/c4　經部/禮記類/傳說之屬
禮記集說十卷　(元)陳澔撰　清光緒十九年(1893)浙江書局刻本　十册

330000－1701－0026224　普 094.3381/4047/c3　經部/禮記類/傳說之屬
續禮記集說一百卷　(清)杭世駿撰　清光緒二十一年至三十年(1895－1904)浙江書局刻本　四十册

330000－1701－0026227　普 094.3381/7534/7　經部/禮記類/傳說之屬
禮記集說十卷　(元)陳澔撰　清恕堂刻本　十册

330000－1701－0026228　普 094.3381/7534/11　經部/禮記類/傳說之屬
禮記集說十卷　(元)陳澔撰　清同治七年(1868)楚北崇文書局刻本　十册

330000－1701－0026230　普 094.3381/7534/9　經部/禮記類/傳說之屬
禮記集說十卷　(元)陳澔撰　清同治十三年(1874)湖南書局刻本　十册

330000－1701－0026231　普 094.3381/7534/8　經部/禮記類/傳說之屬
禮記集說十卷　(元)陳澔撰　清刻本　十册

330000－1701－0026233　普 094.3381/7534/

6/c1　經部/禮記類/傳說之屬
禮記集説十卷　(元)陳澔撰　清光緒三年(1877)永康退補齋胡氏刻本　十册

330000－1701－0026235　普094.3381/7534/10　經部/叢編
五經四書讀本九種　清康熙紫陽朱錫旂崇道堂刻本　十册　存一種

330000－1701－0026236　普094.3381/7534/12/c1　經部/禮記類/傳說之屬
禮記集説十卷　(元)陳澔撰　清末李光明莊刻本　十册

330000－1701－0026237　普094.3381/7534/6/c2　經部/禮記類/傳說之屬
禮記集説十卷　(元)陳澔撰　清光緒三年(1877)永康退補齋胡氏刻本　十册

330000－1701－0026240　普094.3381/7534/12/c2　經部/禮記類/傳說之屬
禮記集説十卷　(元)陳澔撰　清末李光明莊刻本　六册　存六卷(一至五、七)

330000－1701－0026241　普094.3381/7534/13　經部/叢編
御案五經　(清)聖祖玄燁案　清嘉慶十六年(1811)揚州十笏堂刻本　十册　存一種

330000－1701－0026243　普094.3381/7534/6/c3　經部/禮記類/傳說之屬
禮記集説十卷　(元)陳澔撰　清光緒三年(1877)永康退補齋胡氏刻本　十册

330000－1701－0026247　普094.3381/7534/6/c4　經部/禮記類/傳說之屬
禮記集説十卷　(元)陳澔撰　清光緒三年(1877)永康退補齋胡氏刻本　十册

330000－1701－0026251　普094.33832/8700/2　經部/叢編
仿宋相臺五經附考證　清乾隆四十八年(1783)武英殿刻本　十册　存一種

330000－1701－0026252　普094.33832/8700/5　經部/叢編
十三經古注　(明)葛鼒　(明)金蟠校　明崇禎十二年(1639)金蟠刻清同治八年(1869)浙江書局重修本　八册　存一種

330000－1701－0026254　普094.33832/8700/2(2)　經部/叢編
仿宋相臺五經附考證　清乾隆四十八年(1783)武英殿刻本　八册　存一種

330000－1701－0026255　普094.33832/8700/c1　經部/叢編
十三經古注　(明)葛鼒　(明)金蟠校　明崇禎十二年(1639)金蟠刻清同治八年(1869)浙江書局重修本　八册　存一種

330000－1701－0026257　普094.33832/8700.01　類叢部/叢書類/自著之屬
郝氏遺書三十三種　(清)郝懿行撰　清嘉慶至光緒刻彙印本　十册　存一種

330000－1701－0026259　普094.33832/8700/c2　經部/叢編
十三經古注　(明)葛鼒　(明)金蟠校　明崇禎十二年(1639)金蟠刻清同治八年(1869)浙江書局重修本　八册　存一種

330000－1701－0026260　普094.33834/2618　經部/叢編
五經要義　(宋)魏了翁撰　清光緒江蘇書局刻本　八册　存一種

330000－1701－0026263　普094.33832/8700/4/c2　經部/禮記類/傳說之屬
禮記二十卷　(漢)鄭玄注　**撫本禮記鄭注考異二卷**　(清)張敦仁撰　**禮記釋文四卷**　(唐)陸德明撰　清嘉慶十年至十一年(1805－1806)陽城張氏影刻宋撫州本　十册　存十八卷(一至十四、十七至二十)

330000－1701－0026264　普094.33837/3191　類叢部/叢書類/自著之屬
汪雙池先生叢書二十種附浙刻雙池遺書十二種　(清)汪紱撰　清道光至光緒刻光緒二十三年(1897)長安趙舒翹等彙印本　十册　存一種

330000－1701－0026266　普094.33832/8700/c3　經部/叢編
十三經古注　(明)葛鼒　(明)金蟠校　明崇禎十二年(1639)金蟠刻清同治八年(1869)浙江書局重修本　八册　存一種

330000－1701－0026269　普094.33837/8038　經部/叢編
九經補注八種　(清)姜兆錫撰　清雍正至乾隆寅清樓刻本　四册　存一種

330000－1701－0026271　普094.33838/2641/c1　類叢部/叢書類/家集之屬
半帆樓叢書(鄔氏家集)二十七種　鄔慶時編　清光緒至民國刻本　一册　存一種

330000－1701－0026272　普094.33838/2641/c2　類叢部/叢書類/家集之屬
半帆樓叢書(鄔氏家集)二十七種　鄔慶時編　清光緒至民國刻本　一册　存一種

330000－1701－0026273　普094.38/1000/c1　類叢部/類書類/通類之屬
玉海二百卷辭學指南四卷詩攷一卷詩地理攷六卷漢蓺文志攷證十卷通鑑地理通釋十四卷周書王會補注一卷漢制攷四卷踐阼篇集解一卷急就篇補注四卷姓氏急就篇二卷小學紺珠十卷六經天文編二卷周易鄭康成注一卷通鑑答問五卷　(宋)王應麟撰　**校補玉海瑣記二卷王深寧先生[應麟]年譜一卷**　(清)張大昌撰　清光緒九年至十六年(1883－1890)浙江書局刻本　一册　存一卷(踐阼篇集解)

330000－1701－0026275　普094.38/1000/2　類叢部/類書類/通類之屬
玉海二百卷辭學指南四卷詩考一卷詩地理考六卷漢藝文志考證十卷通鑑地理通釋十四卷漢制考四卷踐阼篇集解一卷周易鄭康成注一卷姓氏急就篇二卷急就篇補注四卷周書王會補注一卷小學紺珠十卷六經天文篇二卷通鑑答問五卷　(宋)王應麟撰　清嘉慶十一年(1806)江寧藩署刻本　一册　存一卷(踐阼篇集解)

330000－1701－0026276　普094.33838/3174　類叢部/叢書類/郡邑之屬
東倉書庫叢刻初編十一種　(清)繆朝荃編　清光緒十二年至二十八年(1886－1902)太倉繆氏刻本　一册　存一種

330000－1701－0026277　普094.38/1000/c2　類叢部/類書類/通類之屬
玉海二百卷辭學指南四卷詩攷一卷詩地理攷六卷漢蓺文志攷證十卷通鑑地理通釋十四卷周書王會補注一卷漢制攷四卷踐阼篇集解一卷急就篇補注四卷姓氏急就篇二卷小學紺珠十卷六經天文編二卷周易鄭康成注一卷通鑑答問五卷　(宋)王應麟撰　**校補玉海瑣記二卷王深寧先生[應麟]年譜一卷**　(清)張大昌撰　清光緒九年至十六年(1883－1890)浙江書局刻本　一册　存一卷(踐阼篇集解)

330000－1701－0026278　普094.38/1000/c3　類叢部/類書類/通類之屬
玉海二百卷辭學指南四卷詩攷一卷詩地理攷六卷漢蓺文志攷證十卷通鑑地理通釋十四卷周書王會補注一卷漢制攷四卷踐阼篇集解一卷急就篇補注四卷姓氏急就篇二卷小學紺珠十卷六經天文編二卷周易鄭康成注一卷通鑑答問五卷　(宋)王應麟撰　**校補玉海瑣記二卷王深寧先生[應麟]年譜一卷**　(清)張大昌撰　清光緒九年至十六年(1883－1890)浙江書局刻本　一册　存一卷(踐阼篇集解)

330000－1701－0026280　普094.33838/2641.2/c1　類叢部/叢書類/家集之屬
半帆樓叢書(鄔氏家集)二十七種　鄔慶時編　清光緒至民國刻本　一册　存一種

330000－1701－0026282　普094.38/1000/c4　類叢部/類書類/通類之屬
玉海二百卷辭學指南四卷詩攷一卷詩地理攷六卷漢蓺文志攷證十卷通鑑地理通釋十四卷周書王會補注一卷漢制攷四卷踐阼篇集解一卷急就篇補注四卷姓氏急就篇二卷小學紺珠十卷六經天文編二卷周易鄭康成注一卷通鑑答問五卷　(宋)王應麟撰　**校補玉海瑣記二卷王深寧先生[應麟]年譜一卷**　(清)張大昌撰　清光緒九年至十六年(1883－1890)浙江

書局刻本　一册　存一卷(踐阼篇集解)

330000－1701－0026283　普 094.33838/2641.2/c2　類叢部/叢書類/家集之屬

半帆樓叢書(鄔氏家集)二十七種　鄔慶時編　清光緒至民國刻本　一册　存一種

330000－1701－0026286　普 094.33838/3174/2　經部/禮記類/分篇之屬

内則章句一卷　(清)顧陳垿撰　清味菜廬木活字印本　一册

330000－1701－0026287　普 094.4383269/2100/c1　類叢部/叢書類/彙編之屬

雅雨堂藏書十三種　(清)盧見曾編　清乾隆二十一年(1756)德州盧氏雅雨堂刻增修本　四册　存一種

330000－1701－0026288　普 094.4383269/2100/2　類叢部/叢書類/彙編之屬

玉海堂景宋元本叢書　劉世珩編　清光緒至民國貴池劉氏玉海堂影刻本　二册　存一種

330000－1701－0026290　普 094.3837/4271/2/c2　經部/禮記類/傳説之屬

禮記省度四卷　(清)彭頤撰　清刻朱墨套印本　八册

330000－1701－0026291　普 094.4383269/2100/c2　類叢部/叢書類/彙編之屬

漢魏叢書九十四種　明末刻本　二册　存一種

330000－1701－0026292　普 094.4383269/2100/c3　類叢部/叢書類/彙編之屬

雅雨堂藏書十三種　(清)盧見曾編　清乾隆二十一年(1756)德州盧氏雅雨堂刻增修本　四册　存一種

330000－1701－0026293　普 094.4383269/2100.02　經部/大戴禮記類/傳説之屬

大戴禮注補十三卷附録一卷　(清)汪照撰　清嘉慶九年(1804)刻本　二册

330000－1701－0026295　普 094.4383269/2100/3　類叢部/叢書類/彙編之屬

武英殿聚珍版書一百四十八種　清乾隆四十二年(1777)福建刻道光至同治遞修光緒二十一年(1895)增刻本　四册　存一種

330000－1701－0026297　普 094.43837/1011　經部/大戴禮記類/傳説之屬

大戴禮記解詁十三卷　(清)王聘珍撰　清光緒十九年(1893)盱江書院刻本　四册

330000－1701－0026301　普 094.43837/1011/2/c1　類叢部/叢書類/彙編之屬

廣雅書局叢書一百五十九種　徐紹棨編　清光緒廣雅書局刻民國九年(1920)番禺徐紹棨彙編重印本　三册　存一種

330000－1701－0026302　普 094.48/1080　類叢部/叢書類/自著之屬

王菉友先生著書四種　(清)王筠撰　清咸豐二年(1852)賀蕙賀蓉賀荃刻本　一册　存一種

330000－1701－0026304　普 094.43837/1204　經部/大戴禮記類/傳説之屬

大戴禮記補注十三卷序録一卷　(清)孔廣森撰　清同治十三年(1874)淮南書局刻本　四册

330000－1701－0026305　普 094.48/2230　類叢部/叢書類/自著之屬

心齋十種　(清)任兆麟撰　清乾隆五十年至五十五年(1785－1790)震澤任氏忠敏家塾刻本　一册　存一種

330000－1701－0026307　普 094.43837/1011/2/c2　類叢部/叢書類/彙編之屬

廣雅書局叢書一百五十九種　徐紹棨編　清光緒廣雅書局刻民國九年(1920)番禺徐紹棨彙編重印本　四册　存一種

330000－1701－0026310　普 094.48/2327/c1　類叢部/叢書類/家集之屬

傅氏先世遺書　(清)傅以禮編　清同治至光緒大興傅氏刻本　一册　存一種

330000－1701－0026312　普 094.43837/4444　類叢部/叢書類/自著之屬

寫經齋全集八種 (清)葉大莊撰 清光緒刻本 一册 存一種

330000－1701－0026313 普 094.48/3308/c1 經部/大戴禮記類/分篇之屬
夏小正通釋一卷 (清)梁章鉅撰 清光緒十三年(1887)浙江書局刻本 一册

330000－1701－0026314 普 094.48/1088 類叢部/叢書類/自著之屬
王菉友先生著書四種 (清)王筠撰 清咸豐二年(1852)賀蕙賀蓉賀荃刻本 一册 存一種

330000－1701－0026316 普 094.48/3308/c2 經部/大戴禮記類/分篇之屬
夏小正通釋一卷 (清)梁章鉅撰 清光緒十三年(1887)浙江書局刻本 一册

330000－1701－0026318 普 094.48/3308/c3 經部/大戴禮記類/分篇之屬
夏小正通釋一卷 (清)梁章鉅撰 清光緒十三年(1887)浙江書局刻本 一册

330000－1701－0026320 普 094.48/4040 經部/大戴禮記類/分篇之屬
夏時攷六卷 (清)安吉撰 (清)朱棠 (清)倪維銓等音釋 清嘉慶十年(1805)安氏刻十九年(1814)續刻本 一册 存一卷(一)

330000－1701－0026322 普 094.48/4433/c1 經部/大戴禮記類/分篇之屬
明堂陰陽夏小正經傳攷釋四種十卷 (清)莊述祖撰 清光緒九年(1883)劉翊宸刻本 莊先識題記 四册

330000－1701－0026325 HJL4823 集部/別集類/清別集
石笥山房集二十四卷 (清)胡天游撰 清宣統二年(1910)上海國學扶輪社石印本 九册 缺一卷(石笥山房文集一)

330000－1701－0026326 普 094.48/2327/c2 類叢部/叢書類/家集之屬
傳氏先世遺書 (清)傳以禮編 清同治至光緒大興傳氏刻本 一册 存一種

330000－1701－0026327 普 094.48/4324 經部/大戴禮記類/分篇之屬
夏小正一卷附錄一卷 (漢)戴德傳 (宋)金履祥注 (清)張爾岐輯定 (清)黃叔琳增訂 清光緒十四年(1888)刻本 一册

330000－1701－0026328 普 095.01/5021/1 經部/春秋總義類/傳說之屬
御案春秋三傳十六卷首一卷 (清)李堡輯 清嘉慶二十四年(1819)刻本 十六册

330000－1701－0026329 普 094.48/4433/c2 經部/大戴禮記類/分篇之屬
明堂陰陽夏小正經傳攷釋四種十卷 (清)莊述祖撰 清光緒九年(1883)劉翊宸刻本 四册

330000－1701－0026330 普 094.48/2327/c3 類叢部/叢書類/家集之屬
傳氏先世遺書 (清)傳以禮編 清同治至光緒大興傳氏刻本 一册 存一種

330000－1701－0026331 普 094.48/2327/c4 類叢部/叢書類/家集之屬
傳氏先世遺書 (清)傳以禮編 清同治至光緒大興傳氏刻本 一册 存一種

330000－1701－0026333 普 095.0111/4924 經部/春秋總義類/傳說之屬
春秋箋例三十卷首一卷 (清)趙儀吉撰 清嘉慶二十二年(1817)南昌府學刻本 八册

330000－1701－0026335 普 094.48/2574/c1 類叢部/叢書類/自著之屬
朱氏羣書六種 (清)朱駿聲撰 清光緒八年(1882)臨嘯閣刻本 一册 存一種

330000－1701－0026339 普 095.01/5021/3 經部/叢編
五經四書讀本九種 清嘉慶十年(1805)揚州鮑氏樗園刻本 二十册 存一種

330000－1701－0026340 普 094.48/2574/c2 類叢部/叢書類/自著之屬
朱氏羣書六種 (清)朱駿聲撰 清光緒八年(1882)臨嘯閣刻本 一册 存一種

330000－1701－0026341　普 094.48/2574/c3
類叢部/叢書類/自著之屬

朱氏羣書六種　(清)朱駿聲撰　清光緒八年(1882)臨嘯閣刻本　一冊　存一種

330000－1701－0026342　普 094.48/4324/2
經部/大戴禮記類/分篇之屬

夏小正一卷附録一卷　(漢)戴德傳　(宋)金履祥注　(清)張爾岐輯定　(清)黃叔琳增訂　清乾隆十年(1745)北平黃叔琳養素堂刻本　一冊

330000－1701－0026343　普 095.023/3140/(2)/c1　經部/春秋左傳類/傳說之屬

春秋大事表五十卷讀春秋偶筆一卷輿圖一卷附録一卷　(清)顧棟高輯　清乾隆十三年至十四年(1748－1749)錫山顧氏萬卷樓刻本　二十四冊

330000－1701－0026344　普 095.023/3140/c2　經部/春秋左傳類/傳說之屬

春秋大事表五十卷讀春秋偶筆一卷輿圖一卷附録一卷　(清)顧棟高輯　清乾隆十三年至十四年(1748－1749)錫山顧氏萬卷樓刻本　二十四冊

330000－1701－0026346　民 811.18/7780/c1
集部/别集類/清别集

北征詩草一卷　陶鏞撰　清光緒陶園刻本　一冊

330000－1701－0026349　民 811.18/7780/c2
集部/别集類/清别集

北征詩草一卷　陶鏞撰　清光緒陶園刻本　一冊

330000－1701－0026351　普 095.023/3140/(2)/c2　經部/春秋左傳類/傳說之屬

春秋大事表五十卷讀春秋偶筆一卷輿圖一卷附録一卷　(清)顧棟高輯　清乾隆十三年至十四年(1748－1749)錫山顧氏萬卷樓刻本　章嶔題簽並記　二十四冊

330000－1701－0026354　普 095.023/3140/2
經部/春秋左傳類/傳說之屬

春秋大事表五十卷綱領一卷讀春秋偶筆一卷輿圖一卷附録一卷　(清)顧棟高輯　清光緒十四年(1888)陝西求友齋刻本　二十四冊

330000－1701－0026357　普 095.01/5021/c2
經部/叢編

四書五經九種　(清)鮑氏輯　清同治三年(1864)浙江撫署刻本　十二冊　存一種

330000－1701－0026358　普 095.023/3140/(2)/c3　經部/春秋左傳類/傳說之屬

春秋大事表五十卷讀春秋偶筆一卷輿圖一卷附録一卷　(清)顧棟高輯　清乾隆十三年至十四年(1748－1749)錫山顧氏萬卷樓刻本　二十四冊

330000－1701－0026362　普 095.0381/0030/c1　類叢部/叢書類/自著之屬

柏堂遺書(方柏堂全集)八種附一種　(清)方宗誠撰　清光緒元年至十二年(1875－1886)桐城方氏刻本　八冊　存一種

330000－1701－0026363　普 095.0381/0030/c2　類叢部/叢書類/自著之屬

柏堂遺書(方柏堂全集)八種附一種　(清)方宗誠撰　清光緒元年至十二年(1875－1886)桐城方氏刻本　七冊　存一種

330000－1701－0026364　普 095.0381/1106/c1　經部/春秋總義類/傳說之屬

春秋屬辭辨例編六十卷首二卷　(清)張應昌撰　清同治十二年(1873)江蘇書局刻本　三十二冊

330000－1701－0026365　普 095.0381/1142
經部/春秋總義類/傳說之屬

春秋五傳十七卷首一卷　(明)張岐然編　(清)張璞重編　清乾隆六年(1741)令德堂刻本　十七冊

330000－1701－0026366　普 095.023/3140/3
經部/春秋左傳類/傳說之屬

春秋大事表五十卷讀春秋偶筆一卷輿圖一卷附録一卷　(清)顧棟高輯　清同治十二年(1873)山東尚之堂刻本　十冊　存十二卷

（一至十一、讀春秋偶筆）

330000－1701－0026367　普 095.0381/2391/c1　經部/春秋總義類/傳說之屬

御纂春秋直解十二卷　（清）傅恒等撰　清乾隆刻本　八册

330000－1701－0026368　普 095.0381/2391/2　經部/春秋總義類/傳說之屬

御纂春秋直解十二卷　（清）傅恒等撰　清乾隆刻本　十册

330000－1701－0026371　普 095.0381/2746　經部/春秋總義類/傳說之屬

春秋集古傳注二十六卷首一卷　（清）郜坦撰　清光緒二年（1876）淮南書局刻本　四册

330000－1701－0026372　普 095.0381/3191　類叢部/叢書類/自著之屬

汪雙池先生叢書二十種附浙刻雙池遺書十二種　（清）汪紱撰　清道光至光緒刻光緒二十三年（1897）長安趙舒翹等彙印本　四册　存一種

330000－1701－0026374　普 095.0381/3507/c2　經部/叢編

御纂七經五種　（清）李光地等撰　清同治六年至九年（1867－1870）浙江書局刻本　二十册　存一種

330000－1701－0026375　普 095.0381/3123　類叢部/叢書類/自著之屬

汪雙池先生叢書二十種附浙刻雙池遺書十二種　（清）汪紱撰　清道光至光緒刻光緒二十三年（1897）長安趙舒翹等彙印本　四册　存一種

330000－1701－0026376　普 095.01/5021/c1　經部/叢編

四書五經九種　（清）鮑氏輯　清同治三年（1864）浙江撫署刻本　二十册　存一種

330000－1701－0026377　普 095.0381/3507/c5　經部/叢編

御纂七經五種　（清）李光地等撰　清同治六年至九年（1867－1870）浙江書局刻本　二十册　存一種

330000－1701－0026379　普 095.0381/1106/c2　經部/春秋總義類/傳說之屬

春秋屬辭辨例編六十卷首二卷　（清）張應昌撰　清同治十二年（1873）江蘇書局刻本　三十二册

330000－1701－0026380　普 095.0381/3507/3　經部/叢編

御纂七經五種　（清）李光地等撰　清同治十一年（1872）江西書局刻本　二十四册　存一種

330000－1701－0026381　普 095.0381/3507/5　經部/春秋總義類/傳說之屬

欽定春秋傳說彙纂三十八卷首二卷　（清）王掞等撰　清光緒二十六年（1900）煥文書局石印本　四册

330000－1701－0026382　普 095.0381/3507/6　經部/春秋總義類/傳說之屬

欽定春秋傳說彙纂三十八卷首二卷　（清）王掞等撰　清光緒十四年（1888）上海鴻寶齋石印本　三册

330000－1701－0026383　普 095.0381/3507/4/c2　經部/叢編

御纂七經五種　（清）李光地等撰　清康熙至乾隆內府刻本　二十二册　存一種

330000－1701－0026384　普 095.0381/3507/7　經部/春秋總義類/傳說之屬

欽定春秋傳說彙纂三十八卷首二卷　（清）王掞等撰　清光緒十四年（1888）上海點石齋石印本　五册

330000－1701－0026387　普 095.0381/3507/2/c1　經部/叢編

御纂七經五種　（清）李光地等撰　清尊經閣刻本　二十四册　存一種

330000－1701－0026388　普 095.0381/4072/c1　史部/紀傳類/別史之屬

春秋紀傳五十一卷　（清）李鳳雛撰　清光緒二十一年（1895）刻本　十二册

330000－1701－0026389　普 095.01/5021/c4
經部/叢編
四書五經九種　(清)鮑氏輯　清同治三年(1864)浙江撫署刻本　十二冊　存一種

330000－1701－0026391　普 095.0381/4072/c2　史部/紀傳類/別史之屬
春秋紀傳五十一卷　(清)李鳳雛撰　清光緒二十一年(1895)刻本　十二冊

330000－1701－0026392　普 095.0381/4072/c3　史部/紀傳類/別史之屬
春秋紀傳五十一卷　(清)李鳳雛撰　清光緒二十一年(1895)刻本　章嶔題簽　十二冊

330000－1701－0026393　普 095.01/5021/c3
經部/叢編
四書五經九種　(清)鮑氏輯　清同治三年(1864)浙江撫署刻本　十四冊　存一種

330000－1701－0026396　普 095.0381/1106/c3　經部/春秋總義類/傳說之屬
春秋屬辭辨例編六十卷首二卷　(清)張應昌撰　清同治十二年(1873)江蘇書局刻本　三十二冊

330000－1701－0026399　普 095.0381/3507/2/c2　經部/叢編
御纂七經五種　(清)李光地等撰　清刻本　二十四冊　存一種

330000－1701－0026401　普 095.0381/4411
經部/春秋左傳類/傳說之屬
春秋經傳集解三十卷　(晉)杜預撰　(唐)陸德明音義　**春秋年表一卷**　**春秋名號歸一圖二卷**　(五代)馮繼先撰　清刻本　十二冊

330000－1701－0026406　普 095.0381/44381
經部/叢編
五經精義五種三十一卷　(清)黃淦撰　清嘉慶五年至九年(1800－1804)刻武林尊德堂印本　一冊　存一種

330000－1701－0026410　普 095.0381/4411/6　經部/春秋左傳類/傳說之屬
左繡三十卷首一卷　(清)馮李驊　(清)陸浩評輯　清兩儀堂刻本　守愚題簽並記　十六冊

330000－1701－0026411　普 095.0381/4411/2　經部/叢編
仿宋相臺五經附考證　清乾隆四十八年(1783)武英殿刻本　八冊　存一種

330000－1701－0026412　普 095.0381/4411/4/c1　經部/春秋左傳類/傳說之屬
春秋經傳集解三十卷　(晉)杜預撰　(唐)陸德明音義　**春秋年表一卷**　**春秋名號歸一圖二卷**　(五代)馮繼先撰　清光緒三年(1877)永康胡氏退補齋刻本　十二冊

330000－1701－0026416　普 095.0381/4411/4/c2　經部/春秋左傳類/傳說之屬
春秋經傳集解三十卷　(晉)杜預撰　(唐)陸德明音義　**春秋年表一卷**　**春秋名號歸一圖二卷**　(五代)馮繼先撰　清光緒三年(1877)永康胡氏退補齋刻本　十二冊

330000－1701－0026420　普 095.03834/1277
經部/叢編
通志堂經解一百四十種　(清)納蘭成德輯　清康熙十九年(1680)納蘭成德刻本　六冊　存一種

330000－1701－0026421　普 095.0381/4440
類叢部/叢書類/彙編之屬
武英殿聚珍版書一百三十八種　清乾隆武英殿木活字印本　二冊　存一種

330000－1701－0026426　普 095.0381/4411/3　經部/春秋左傳類/傳說之屬
春秋經傳集解三十卷　(晉)杜預撰　(唐)陸德明音義　**春秋年表一卷**　**春秋名號歸一圖二卷**　(五代)馮繼先撰　清刻本　十冊

330000－1701－0026427　普 095.03834/4736/2　經部/叢編
五經四書讀本九種　清康熙紫陽朱錫旂崇道堂刻本　六冊　存一種

330000－1701－0026432　普 095.0381/8038
經部/叢編

九經補注八種　(清)姜兆錫撰　清雍正至乾隆寅清樓刻本　三冊　存一種

330000－1701－0026433　普 095.03834/4736/2(2)　經部/叢編

五經四書讀本九種　清康熙紫陽朱錫旂崇道堂刻本　三冊　存一種

330000－1701－0026434　普 095.03834/6030　經部/叢編

通志堂經解一百四十種　(清)納蘭成德輯　清康熙十九年(1680)納蘭成德刻本　十冊　存一種

330000－1701－0026435　普 095.03834/4736/4　經部/春秋總義類/傳說之屬

春秋胡傳三十卷綱領一卷提要一卷諸國興廢說一卷列國東坡圖說一卷　(宋)胡安國撰　(宋)林堯叟音註　明崇禎虞山毛氏汲古閣刻本　六冊

330000－1701－0026436　普 095.03834/4736/3　經部/叢編

五經四書讀本九種　清康熙紫陽朱錫旂崇道堂刻本　四冊　存一種

330000－1701－0026439　普 095.03836/4023.2　經部/叢編

來子談經十八卷　(清)來集之撰　清順治九年(1652)蕭山來氏倘湖小築刻本　二冊　存一卷(四傳權衡)

330000－1701－0026441　普 095.03837/0032　經部/春秋總義類/傳說之屬

春秋釋經十二卷　(清)高澍然撰　清道光七年(1827)刻本　四冊

330000－1701－0026442　普 095.03837/1053　經部/春秋總義類/傳說之屬

春秋稗疏二卷　(清)王夫之撰　清抄本　一冊

330000－1701－0026444　普 095.03837/3532/(2)/c1　經部/春秋總義類/傳說之屬

春秋新義十三卷春秋表三卷　(清)朱兆熊撰　**星新經一卷**　(清)朱軾之撰　清刻本　三冊

330000－1701－0026446　普 095.03837/3532/(2)/c2　經部/春秋總義類/傳說之屬

春秋新義十三卷春秋表三卷　(清)朱兆熊撰　**星新經一卷**　(清)朱軾之撰　清刻本　三冊

330000－1701－0026447　普 095.03837/3532/(2)/c3　經部/春秋總義類/傳說之屬

春秋新義十三卷春秋表三卷　(清)朱兆熊撰　**星新經一卷**　(清)朱軾之撰　清刻本　六冊

330000－1701－0026448　普 095.03837/4924.2、普 095.03837/4924　類叢部/叢書類/自著之屬

清獻堂全編八種　(清)趙佑撰　清乾隆刻本　八冊　存二種

330000－1701－0026449　普 095.03837/2532　經部/春秋總義類/傳說之屬

春秋新義十三卷　(清)朱兆熊撰　清刻本　二冊

330000－1701－0026450　普 095.03837/5588　類叢部/叢書類/自著之屬

石屋書四種　(清)曹金籀撰　清同治仁和曹氏刻本　一冊　存一種

330000－1701－0026451　普 095.03837/5044/c1　經部/叢編

璜川吳氏經學叢書十五種　(清)吳志忠等輯　清道光十年(1830)璜川吳氏實仁堂刻本　六冊　存一種

330000－1701－0026452　普 095.03837/2532/1　經部/春秋總義類/傳說之屬

春秋新義十三卷　(清)朱兆熊撰　清刻本　二冊

330000－1701－0026455　普 095.03837/7240　經部/春秋總義類/傳說之屬

春秋疑義錄二卷　(清)劉士毅撰　清光緒六年(1880)桐城方宗誠刻本　一冊

330000－1701－0026456　普 095.03837/5044/c2　經部/叢編
璜川吳氏經學叢書十五種　(清)吳志忠等輯　清道光十年(1830)璜川吳氏實仁堂刻本　八册　存一種

330000－1701－0026459　普 095.0449/4442　類叢部/叢書類/彙編之屬
武英殿聚珍版書一百三十八種　清乾隆武英殿木活字印本　十二册　存一種

330000－1701－0026463　普 095.1381/4062/2/c2　經部/春秋左傳類/傳說之屬
春秋左氏傳賈服註輯述二十卷　(清)李貽德撰　清同治五年(1866)餘姚朱蘭金陵書局刻本　六册

330000－1701－0026465　普 095.1381/4062/2/c3　經部/春秋左傳類/傳說之屬
春秋左氏傳賈服註輯述二十卷　(清)李貽德撰　清同治五年(1866)餘姚朱蘭金陵書局刻本　六册

330000－1701－0026467　普 095.111/4022　經部/春秋左傳類/傳說之屬
曲江書屋新訂批註左傳快讀十八卷首一卷　(清)李紹崧輯　清宣統元年(1909)上海書局石印本　十二册

330000－1701－0026468　普 095.111/4426　經部/春秋左傳類/傳說之屬
欽定春秋左傳讀本三十卷　(清)英和等撰　清光緒八年(1882)山西濬文書局刻本　十六册

330000－1701－0026469　普 095.111/4426/2/c1　經部/春秋左傳類/傳說之屬
欽定春秋左傳讀本三十卷　(清)英和等撰　清同治八年(1869)江蘇書局刻本　十册

330000－1701－0026470　普 095.111/4426/4　經部/春秋左傳類/傳說之屬
欽定春秋左傳讀本三十卷　(清)英和等撰　清光緒十三年(1887)居俟書屋刻本　十二册

330000－1701－0026474　普 095.111/4426/2/c2　經部/春秋左傳類/傳說之屬
欽定春秋左傳讀本三十卷　(清)英和等撰　清同治八年(1869)江蘇書局刻本　八册　缺六卷(八至十三)

330000－1701－0026475　普 095.111/2477/c2　經部/春秋左傳類/傳說之屬
左傳選十四卷　(清)儲欣評選　清乾隆七年(1742)刻本　六册

330000－1701－0026481　普 095.111/4426/3　經部/叢編
十三經讀本一百二十九卷附校刊記十四卷　(清)丁寶楨等校並撰　清同治十一年(1872)山東書局刻本　十六册　存三十卷(欽定春秋左傳讀本一至三十)

330000－1701－0026482　民 811.18/80711/c1　集部/别集類/清别集
絢華室詩記一卷　俞陸雲撰　清光緒二十年(1894)石印本　一册

330000－1701－0026489　民 811.18/80711/c2　集部/别集類/清别集
絢華室詩記一卷　俞陸雲撰　清光緒二十年(1894)石印本　一册

330000－1701－0026491　普 095.11/1213　集部/總集類/彙編之屬
山曉閣文選十五種　(清)孫琮編　清康熙山曉閣刻本　六册　存一種

330000－1701－0026495　普 095.1381/3484/2　類叢部/叢書類/彙編之屬
功順堂叢書十八種　(清)潘祖蔭編　清光緒吳縣潘氏刻蘇州振新書社印本　六册　存二種

330000－1701－0026497　普 095.1381/3484　經部/春秋左傳類/傳說之屬
春秋左氏傳補注十二卷春秋左氏傳地名補注十二卷　(清)沈欽韓撰　清咸豐九年(1859)刻本　三册

330000－1701－0026502　普 095.1381/3417　經部/春秋左傳類/傳說之屬

春秋左傳服注存二卷續一卷補遺一卷地名集錦二卷左官異禮略一卷 (漢)服虔撰 (清)沈豫輯 清道光二十七年(1847)次蕭山沈氏蛾術堂刻本 二冊

330000－1701－0026504 普 095.1381/4062 經部/春秋左傳類/傳說之屬

春秋左氏傳賈服註輯述二十卷 (清)李貽德撰 清光緒八年(1882)江蘇書局刻本 六冊

330000－1701－0026510 普 095.1381/4411/c1 經部/叢編

十三經古注 (明)葛鼒 (明)金蟠校 明崇禎十二年(1639)金蟠刻清同治八年(1869)浙江書局重修本 十冊 存一種

330000－1701－0026513 普 095.1381/4411/c2 經部/叢編

十三經古注 (明)葛鼒 (明)金蟠校 明崇禎十二年(1639)金蟠刻清同治八年(1869)浙江書局重修本 十冊 存一種

330000－1701－0026515 普 095.1381/4411/c3 經部/叢編

十三經古注 (明)葛鼒 (明)金蟠校 明崇禎十二年(1639)金蟠刻清同治八年(1869)浙江書局重修本 十冊 存一種

330000－1701－0026517 普 095.1381/4411.02/c1 經部/春秋左傳類/傳說之屬

春秋左傳杜注三十卷首一卷 (清)姚培謙撰 清光緒十九年(1893)浙江書局刻民國浙江圖書館補刻本 十冊

330000－1701－0026518 普 095.1381/4411/2 經部/春秋左傳類/傳說之屬

春秋經傳集解三十卷 (晉)杜預撰 (唐)陸德明音義 **春秋年表一卷** **春秋名號歸一圖二卷** (五代)馮繼先撰 清道光十六年(1836)揚郡二郎廟惜字局刻本 十冊

330000－1701－0026521 普 095.1381/4411.02/2 經部/叢編

十三經讀本 (清)□□編 清同治金陵書局刻本 九冊 存一種

330000－1701－0026525 普 095.1381/4411.02/4/c1 經部/春秋左傳類/傳說之屬

春秋左傳杜注三十卷首一卷 (清)姚培謙撰 清光緒九年(1883)江南書局刻本 十冊

330000－1701－0026529 普 095.1381/4411.02/3 經部/春秋左傳類/傳說之屬

春秋左傳杜注三十卷首一卷 (清)姚培謙撰 清道光七年(1827)洪都漱經堂刻朱墨套印本 十二冊

330000－1701－0026530 普 095.1381/4062/2/c4 經部/春秋左傳類/傳說之屬

春秋左氏傳賈服註輯述二十卷 (清)李貽德撰 清同治五年(1866)餘姚朱蘭金陵書局刻本 六冊

330000－1701－0026533 普 095.1381/4411.02/4/c2 經部/春秋左傳類/傳說之屬

春秋左傳杜注三十卷首一卷 (清)姚培謙撰 清光緒九年(1883)江南書局刻本 九冊 缺三卷(十至十二)

330000－1701－0026535 普 095.1381/4062/2/c1 經部/春秋左傳類/傳說之屬

春秋左氏傳賈服註輯述二十卷 (清)李貽德撰 清同治五年(1866)餘姚朱蘭金陵書局刻本 三冊

330000－1701－0026536 普 095.1381/4411.02/c2 經部/春秋左傳類/傳說之屬

春秋左傳杜注三十卷首一卷 (清)姚培謙撰 清光緒十九年(1893)浙江書局刻本 十冊

330000－1701－0026539 普 095.1381/4411.2/2 經部/春秋左傳類/傳說之屬

春秋左傳(春秋左傳杜林真本)五十卷 (晉)杜預 (宋)林堯叟註釋 (唐)陸德明音義 (明)鍾惺 (明)韓范評 清芥子園刻本 十冊

330000－1701－0026542 普 095.1381/4411.2 經部/春秋左傳類/傳說之屬

春秋左傳(杜林合註春秋左傳)五十卷 (晉)杜預 (宋)林堯叟註釋 (唐)陸德明音義

(明)鍾惺　(明)孫鑛　(明)韓范評點　清光緒二十三年(1897)上海文瑞樓刻本　十六册

330000－1701－0026546　普095.1381/4411.2/3　經部/春秋左傳類/傳說之屬

春秋左傳(文淵堂春秋左傳杜林)五十卷　(晉)杜預　(宋)林堯叟註釋　(唐)陸德明音義　(明)鍾惺　(明)孫鑛　(明)韓范評點　清文淵堂刻本　十二册

330000－1701－0026548　普095.1381/4411.02/c4　經部/春秋左傳類/傳說之屬

春秋左傳杜注三十卷首一卷　(清)姚培謙撰　清光緒十九年(1893)浙江書局刻民國浙江圖書館補刻本　十册

330000－1701－0026552　普095.1381/4411.2/4　經部/春秋左傳類/傳說之屬

春秋左傳五十卷　(晉)杜預　(宋)林堯叟註釋　(唐)陸德明音義　(明)鍾惺　(明)孫鑛　(明)韓范評點　清學源堂刻本　十二册

330000－1701－0026554　民811.18/8741.2/c1　集部/别集類/清别集

海藏樓詩不分卷　鄭孝胥撰　清光緒三十二年(1906)鉛印本　一册

330000－1701－0026556　民811.18/8741.2/c2　集部/别集類/清别集

海藏樓詩不分卷　鄭孝胥撰　清光緒三十二年(1906)鉛印本　一册

330000－1701－0026558　普095.1381/4411.2/10　經部/春秋左傳類/傳說之屬

春秋左傳(春秋左傳杜林合註)五十卷　(晉)杜預　(宋)林堯叟註釋　(唐)陸德明音義　(明)鍾惺鑛　(明)韓范評　清亦西齋刻本　十二册

330000－1701－0026559　普095.1381/4411.2/12　經部/春秋左傳類/傳說之屬

春秋左傳(狀元閣爵記印左傳杜林)五十卷　(晉)杜預　(宋)林堯叟註釋　(唐)陸德明音義　(明)鍾惺　(明)孫鑛　(明)韓范評點　清李光明莊刻本　十六册

330000－1701－0026565　普095.1381/7175/4　經部/春秋左傳類/傳說之屬

左傳事緯十二卷左傳字釋一卷　(清)馬驌撰　清乾隆四十九年(1784)仁和黄暹懷澄堂刻本　八册

330000－1701－0026570　普095.13837/3243　經部/春秋左傳類/傳說之屬

左腴三卷　(清)潘希淦撰　清同治十二年(1873)潘其枌抄本　三册

330000－1701－0026573　普095.13837/3372/c1　經部/春秋左傳類/傳說之屬

左通補釋三十二卷　(清)梁履繩撰　清道光九年(1829)錢塘汪氏振綺堂刻光緒元年(1875)補刻本　十二册

330000－1701－0026578　普095.1381/7175　經部/春秋左傳類/傳說之屬

左傳事緯十二卷　(清)馬驌撰　清光緒三十四年(1908)上海文瑞樓石印本　六册

330000－1701－0026579　普095.13937/3404/4　類叢部/叢書類/自著之屬

洪北江全集二十一種　(清)洪亮吉撰　清光緒三年至五年(1877－1879)洪用懃授經堂刻本　十册　存一種

330000－1701－0026581　普095.13837/3372/c2　經部/春秋左傳類/傳說之屬

左通補釋三十二卷　(清)梁履繩撰　清道光九年(1829)錢塘汪氏振綺堂刻光緒元年(1875)補刻本　十二册

330000－1701－0026585　普095.13837/3372/c3　經部/春秋左傳類/傳說之屬

左通補釋三十二卷　(清)梁履繩撰　清道光九年(1829)錢塘汪氏振綺堂刻光緒元年(1875)補刻本　十二册

330000－1701－0026586　普095.13837/9042/c1　經部/春秋左傳類/傳說之屬

讀左漫筆十六卷　(清)常茂徠撰　清同治六年(1867)常維潮木活字印本　八册

330000－1701－0026589　普 095.13837/3372/c4　經部/春秋左傳類/傳說之屬

左通補釋三十二卷　(清)梁履繩撰　清道光九年(1829)錢塘汪氏振綺堂刻光緒元年(1875)補刻本　十冊

330000－1701－0026592　普 095.13837/9042/c3　經部/春秋左傳類/傳說之屬

讀左漫筆十六卷　(清)常茂徠撰　清同治六年(1867)常維潮木活字印本　八冊

330000－1701－0026595　普 095.1444/6030/2　經部/春秋左傳類/傳說之屬

東萊博議四卷　(宋)呂祖謙撰　**增補虛字註釋一卷**　(清)馮泰松點定　清光緒三十一年(1905)上海商務印書館鉛印本　二冊

330000－1701－0026598　普 095.1444/6030/(2)/c1　經部/春秋左傳類/傳說之屬

東萊先生左氏博議二十五卷　(宋)呂祖謙撰　**虛字註釋備考六卷**　(清)張文炳點定　清道光十九年(1839)錢唐瞿氏清吟閣刻本　六冊

330000－1701－0026602　普 095.1444/6030/(2)/c2　經部/春秋左傳類/傳說之屬

東萊先生左氏博議二十五卷　(宋)呂祖謙撰　**虛字註釋備考六卷**　(清)張文炳點定　清道光十九年(1839)錢唐瞿氏清吟閣刻本　二冊　缺六卷(虛字註釋備考一至六)

330000－1701－0026604　普 095.1444/6030/4　經部/春秋左傳類/傳說之屬

增批輯註東萊博議四卷註釋一卷　(宋)呂祖謙撰　(清)劉鍾英輯注　清宣統三年(1911)上海會文堂書局石印本　鄭光立題簽　一冊

330000－1701－0026608　普 095.1444/6030/3　經部/春秋左傳類/傳說之屬

東萊博議四卷　(宋)呂祖謙撰　**增補虛字註釋一卷**　(清)馮泰松點定　清光緒十八年(1892)江西會友堂刻本　四冊

330000－1701－0026612　普 095.1444/6030/5　經部/春秋左傳類/傳說之屬

東萊博議四卷　(宋)呂祖謙撰　**增補虛字註釋一卷**　(清)馮泰松點定　清光緒二十九年(1903)湖南書局刻本　四冊

330000－1701－0026617　普 095.1444/6030/8/c1　經部/春秋左傳類/傳說之屬

東萊博議四卷　(宋)呂祖謙撰　**增補虛字註釋一卷**　(清)馮泰松點定　清光緒二十四年(1898)上海祥記書莊石印本　一冊

330000－1701－0026620　普 095.1444/6030/8/c2　經部/春秋左傳類/傳說之屬

增補東萊博議二十五卷　(宋)呂祖謙撰　**增補東萊博議虛字註釋六卷**　(清)張文炳點定　清光緒二十四年(1898)上海書局石印本　四冊

330000－1701－0026623　普 095.1444/6030/6　經部/春秋左傳類/傳說之屬

東萊博議四卷　(宋)呂祖謙撰　**增補虛字註釋一卷**　(清)張文炳點定　清光緒二十七年(1901)李光明莊刻本　四冊

330000－1701－0026627　普 095.149/7203/c1　經部/春秋左傳類/傳說之屬

左傳舊疏考正八卷　(清)劉文淇撰　清道光十八年(1838)儀徵劉氏青溪舊屋刻本　二冊

330000－1701－0026630　普 095.149/7203/c2　經部/春秋左傳類/傳說之屬

左傳舊疏考正八卷　(清)劉文淇撰　清道光十八年(1838)儀徵劉氏青溪舊屋刻本　二冊

330000－1701－0026631　普 095.149/7203/2/c1　類叢部/叢書類/彙編之屬

崇文書局彙刻書三十一種　(清)崇文書局編　清光緒元年至三年(1875－1877)湖北崇文書局刻本　四冊　存一種

330000－1701－0026632　普 095.149/7203/c3　經部/春秋左傳類/傳說之屬

左傳舊疏考正八卷　(清)劉文淇撰　清道光十八年(1838)儀徵劉氏青溪舊屋刻本　二冊

330000－1701－0026633　普 095.2/8080　經部/春秋公羊傳類/傳說之屬

春秋公羊傳十二卷　(漢)何休注　(明)閔齊伋裁注　清刻本　一册

330000－1701－0026635　普 095.1444/6030/9　經部/春秋左傳類/傳說之屬

東萊先生左氏博議二十五卷首一卷末一卷　(宋)吕祖謙撰　清光緒十三年(1887)鴻文書局鉛印本　四册

330000－1701－0026636　普 095.149/7203/(2)　經部/春秋左傳類/傳說之屬

左傳舊疏考正八卷　(清)劉文淇撰　清道光十八年(1838)儀徵劉氏青溪舊屋刻本　四册

330000－1701－0026637　普 095.149/7203/2/c2　類叢部/叢書類/彙編之屬

崇文書局彙刻書三十一種　(清)崇文書局編　清光緒元年至三年(1875－1877)湖北崇文書局刻本　四册　存一種

330000－1701－0026638　普 095.149/7203/2/c3　類叢部/叢書類/彙編之屬

崇文書局彙刻書三十一種　(清)崇文書局編　清光緒元年至三年(1875－1877)湖北崇文書局刻本　四册　存一種

330000－1701－0026639　普 095.2/8080/3　經部/春秋公羊傳類/傳說之屬

春秋公羊傳十一卷　(漢)何休注　(唐)陸德明音義　清光緒十二年(1886)星沙文昌書局刻本　四册

330000－1701－0026640　普 095.2/1213　集部/總集類/彙編之屬

山曉閣文選十五種　(清)孫琮編　清康熙山曉閣刻本　一册　存二種

330000－1701－0026642　普 095.149/7203/2/c4　類叢部/叢書類/彙編之屬

崇文書局彙刻書三十一種　(清)崇文書局編　清光緒元年至三年(1875－1877)湖北崇文書局刻本　三册　存一種

330000－1701－0026644　普 095.149/7203/3　類叢部/叢書類/彙編之屬

崇文書局彙刻書三十一種　(清)崇文書局編　清光緒元年至三年(1875－1877)湖北崇文書局刻民國元年(1912)鄂官書處重印本　四册　存一種

330000－1701－0026645　普 095.149/7203/4　類叢部/叢書類/彙編之屬

崇文書局彙刻書三十一種　(清)崇文書局編　清光緒元年至三年(1875－1877)湖北崇文書局刻本　四册　存一種

330000－1701－0026647　普 095.23832/2124　經部/春秋公羊傳類/傳說之屬

春秋公羊傳十一卷　(漢)何休注　(唐)陸德明音義　清光緒三十年(1904)浙紹墨潤堂石印本　四册

330000－1701－0026648　普 095.238323/2124/5　經部/春秋公羊傳類/傳說之屬

春秋公羊經傳解詁十二卷　(漢)何休撰　(唐)陸德明音義　**重刊宋紹熙公羊傳注附音本校記一卷**　(清)魏彦撰　清道光四年(1824)揚州汪氏問禮堂刻同治二年(1863)印本　六册

330000－1701－0026649　民 811.38/1062　集部/詞類/別集之屬

人間詞甲稿一卷詩附一卷　王國維撰　清光緒三十二年(1906)鉛印本　一册

330000－1701－0026651　普 095.238323/2124/4　經部/春秋公羊傳類/傳說之屬

春秋公羊傳十一卷　(漢)何休注　(唐)陸德明音義　清光緒十二年(1886)星沙文昌書局刻本　六册

330000－1701－0026654　普 095.23832/2124/2　經部/春秋公羊傳類/傳說之屬

春秋公羊經傳解詁十二卷　(漢)何休撰　(唐)陸德明音義　**重刊宋紹熙公羊傳注附音本校記一卷**　(清)魏彦撰　清光緒二十一年(1895)金陵書局刻本　二册

330000－1701－0026663　普 095.238323/2124/7　經部/春秋公羊傳類/傳說之屬

春秋公羊傳十一卷　(漢)何休注　(唐)陸德明音義

明音義　清光緒三年(1877)永康胡氏退補齋刻本　四册

330000－1701－0026666　民 811.38/1044/c1　集部/詞類/别集之屬
映盦詞三卷　夏敬觀撰　清光緒三十三年(1907)刻本　一册

330000－1701－0026668　普 095.238323/2124/3　經部/春秋公羊傳類/傳説之屬
春秋公羊傳十一卷　(漢)何休注　(唐)陸德明音義　**春秋公羊傳校刊記一卷**　清光緒五年(1879)山西濬文書局刻本　四册

330000－1701－0026669　普 095.23837/4662　經部/叢編
十一經音訓　(清)楊國楨等編　清刻本　二册　存一種

330000－1701－0026671　民 811.38/1044/c2　集部/詞類/别集之屬
映盦詞三卷　夏敬觀撰　清光緒三十三年(1907)刻本　一册

330000－1701－0026673　普 095.24499/4428/3　類叢部/叢書類/彙編之屬
崇文書局彙刻書三十一種　(清)崇文書局編　清光緒元年至三年(1875－1877)湖北崇文書局刻本　二册　存一種

330000－1701－0026675　民 811.38/1044.2　集部/詞類/别集之屬
映盦詞三卷　夏敬觀撰　清光緒三十三年(1907)刻本　一册　存一卷(三)

330000－1701－0026678　普 095.24499/4428/2/c1　子部/叢編
二十二子(二十二子彙函)　(清)浙江書局編　清光緒元年至三年(1875－1877)浙江書局刻本　二册　存一種

330000－1701－0026681　普 095.24499/4428/5　類叢部/叢書類/彙編之屬
漢魏叢書三十八種　(明)程榮編　明萬曆二十年(1592)新安程氏刻本　二册　存一種

330000－1701－0026682　普 095.24499/4428/6　類叢部/叢書類/彙編之屬
抱經堂叢書十六種　(清)盧文弨編　清乾隆至嘉慶刻彙印本　二册　存一種

330000－1701－0026683　普 095.24499/4428/2/c2　子部/叢編
二十二子(二十二子彙函)　(清)浙江書局編　清光緒元年至三年(1875－1877)浙江書局刻本　二册　存一種

330000－1701－0026684　普 095.24499/4428/2/c3　子部/叢編
二十二子(二十二子彙函)　(清)浙江書局編　清光緒元年至三年(1875－1877)浙江書局刻本　二册　存一種

330000－1701－0026685　普 095.24499/4428/2/c4　子部/叢編
二十二子(二十二子彙函)　(清)浙江書局編　清光緒元年至三年(1875－1877)浙江書局刻本　二册　存一種

330000－1701－0026687　普 095.24499/4428.012　經部/春秋總義類/專著之屬
春秋繁露義證十七卷首一卷攷證一卷　(清)蘇輿撰　清宣統二年(1910)王先謙長沙刻本　六册

330000－1701－0026691　普 095.24499/4428/7　經部/春秋總義類/專著之屬
春秋繁露十七卷　(漢)董仲舒撰　清刻本　二册

330000－1701－0026692　普 095.3381/4430/2/c1　經部/叢編
十三經讀本　(清)□□編　清同治金陵書局刻本　二册　存一種

330000－1701－0026694　普 095.3381/4430/2/c2　經部/叢編
十三經讀本　(清)□□編　清同治金陵書局刻本　二册　存一種

330000－1701－0026695　民 811.38/0832　集部/别集類

偕園吟草五卷雜詠一卷　許禧身撰　清宣統元年(1909)鉛印本　一冊　存四卷(一至四)

330000－1701－0026697　普095.3381/44430/3/c1　經部/春秋穀梁傳類/傳說之屬

春秋穀梁傳十二卷　(晉)范甯集解　(唐)陸德明音義　清光緒十二年(1886)星沙文昌書局刻本　四冊

330000－1701－0026699　民811.38/2112　集部/詞類/別集之屬

八十一寒詞一卷　何震彝撰　清宣統元年(1909)鉛印本　一冊

330000－1701－0026701　普095.3381/4430/3/c2　經部/春秋穀梁傳類/傳說之屬

春秋穀梁傳十二卷　(晉)范甯集解　(唐)陸德明音義　清光緒十二年(1886)星沙文昌書局刻本　四冊

330000－1701－0026702　普095.24499/4428/8　經部/叢編

蜚雲閣淩氏叢書六種四十卷　(清)淩曙撰　清嘉慶至道光江都淩氏蜚雲閣刻本　二冊　存一種

330000－1701－0026704　普095.3381/4430/4　經部/春秋穀梁傳類/傳說之屬

春秋穀梁傳十二卷　(晉)范甯集解　(唐)陸德明音義　清光緒二十一年(1895)金陵書局刻本　二冊

330000－1701－0026707　普095.3381/4430.01　經部/春秋穀梁傳類/傳說之屬

春秋穀梁傳十二卷　(晉)范甯集解　(唐)陸德明音義　清光緒三年(1877)永康胡氏退補齋刻本　四冊

330000－1701－0026709　普095.3381/4430.01/2　經部/春秋穀梁傳類/傳說之屬

春秋穀梁傳十二卷　(晉)范甯集解　(唐)陸德明音義　清同治七年(1868)湖北崇文書局刻本　四冊

330000－1701－0026711　普095.24499/4428/10　經部/春秋總義類/傳說之屬

董子春秋繁露十七卷附錄一卷　(漢)董仲舒撰　清光緒二十三年(1897)新化三味書屋刻本　三冊

330000－1701－0026718　普095.33837/8201/c2　經部/春秋穀梁傳類/傳說之屬

春秋穀梁經傳補注二十四卷首一卷末一卷　(清)鍾文烝補注　清光緒二年(1876)嘉善鍾氏信美室刻本　八冊

330000－1701－0026719　普095.24499/4428.01/c1　經部/春秋總義類/專著之屬

春秋繁露義證十七卷首一卷攷證一卷　(清)蘇輿撰　清宣統二年(1910)王先謙長沙刻本　四冊

330000－1701－0026721　普095.33837/8201/c3　經部/春秋穀梁傳類/傳說之屬

春秋穀梁經傳補注二十四卷首一卷末一卷　(清)鍾文烝補注　清光緒二年(1876)嘉善鍾氏信美室刻本　八冊

330000－1701－0026723　普095.24499/4428.01/c2　經部/春秋總義類/專著之屬

春秋繁露義證十七卷首一卷攷證一卷　(清)蘇輿撰　清宣統二年(1910)王先謙長沙刻本　四冊

330000－1701－0026724　普095.3/4734　經部/春秋穀梁傳類/傳說之屬

春秋穀梁傳十二卷攷一卷　(明)閔齊伋裁注並撰考　明天啓元年(1621)刻本　一冊

330000－1701－0026725　普095.1381/7175/2　經部/春秋左傳類/傳說之屬

左傳事緯十二卷　(清)馬驌撰　清光緒三十四年(1908)上海文瑞樓石印本　六冊

330000－1701－0026726　普095.24499/4428.01/c3　經部/春秋總義類/專著之屬

春秋繁露義證十七卷首一卷攷證一卷　(清)蘇輿撰　清宣統二年(1910)王先謙長沙刻本　四冊

330000－1701－0026729　普095.33837/8201/c4　經部/春秋穀梁傳類/傳說之屬

春秋穀梁經傳補注二十四卷首一卷末一卷 (清)鍾文烝補注　清光緒二年(1876)嘉善鍾氏信美室刻本　八冊

330000－1701－0026730　普 095.24499/4428.01/c4　經部/春秋總義類/專著之屬
春秋繁露義證十七卷首一卷攷證一卷 (清)蘇輿撰　清宣統二年(1910)王先謙長沙刻本　四冊

330000－1701－0026731　普 095.3381/4430/c1　經部/叢編
十三經古注 (明)葛鼒　(明)金蟠校　明崇禎十二年(1639)金蟠刻清同治八年(1869)浙江書局重修本　三冊　存一種

330000－1701－0026732　民 811.38/2542(2)/c1　集部/詞類/别集之屬
彊邨詞四卷 朱祖謀撰　清光緒三十一年(1905)刻本　一冊

330000－1701－0026733　普 095.33837/8201/c5　經部/春秋穀梁傳類/傳說之屬
春秋穀梁經傳補注二十四卷首一卷末一卷 (清)鍾文烝補注　清光緒二年(1876)嘉善鍾氏信美室刻本　八冊

330000－1701－0026734　普 095.38323/2124/6　經部/春秋公羊傳類/傳說之屬
春秋公羊傳十一卷 (漢)何休注　(唐)陸德明音義　清同治七年(1868)湖北崇文書局刻本　四冊

330000－1701－0026736　民 811.38/2542(2)/c2　集部/詞類/别集之屬
彊邨詞四卷 朱祖謀撰　清光緒三十一年(1905)刻本　一冊

330000－1701－0026737　普 096.33/6023.2/c1　經部/孝經類/傳說之屬
孝經大全二十八卷首一卷孝經或問三卷 (明)呂維祺撰　**孝經翼一卷** (明)呂維祜撰　清康熙二年(1663)新安呂氏刻本　二冊　存四卷(孝經或問一至三、孝經翼)

330000－1701－0026739　普 095.3381/4430/c2　經部/叢編
十三經古注 (明)葛鼒　(明)金蟠校　明崇禎十二年(1639)金蟠刻清同治八年(1869)浙江書局重修本　三冊　存一種

330000－1701－0026741　普 095.3835/2632　經部/春秋總義類/傳說之屬
春秋纂言十二卷總例二卷 (元)吳澄撰　清道光十八年(1838)刻本　十冊

330000－1701－0026742　普 095.3381/4430/c3　經部/叢編
十三經古注 (明)葛鼒　(明)金蟠校　明崇禎十二年(1639)金蟠刻清同治八年(1869)浙江書局重修本　三冊　存一種

330000－1701－0026743　普 095.3837/4203/c1　經部/春秋總義類/傳說之屬
春秋會要四卷 (清)姚彥渠撰　清光緒姚丙吉、姚彝典刻本　二冊

330000－1701－0026745　普 095.3837/4203/c2　經部/春秋總義類/傳說之屬
春秋會要四卷 (清)姚彥渠撰　清光緒姚丙吉、姚彝典刻本　二冊

330000－1701－0026746　普 096.381/4409　經部/叢編
南海桂氏經學叢書十三種附二種 (清)桂文燦撰　清咸豐至光緒刻本　一冊　存一種

330000－1701－0026748　普 096.22/6023.2/c2　經部/孝經類/傳說之屬
孝經大全二十八卷首一卷孝經或問三卷 (明)呂維祺撰　**孝經翼一卷** (明)呂維祜撰　清康熙二年(1663)新安呂氏刻本　二冊　存四卷(孝經或問一至三、孝經翼)

330000－1701－0026750　普 096.381/5043　經部/叢編
五經詳說 (清)冉覲祖撰　清光緒七年(1881)大梁書局刻本　四冊　存一種

330000－1701－0026751　普 096.22/6023.2/2　經部/孝經類/傳說之屬
孝經或問三卷 (明)呂維祺撰　**孝經刊誤一**

卷　(宋)朱熹撰　**孝經翼一卷**　(明)呂維祺撰　清刻本　四冊

330000－1701－0026752　民 811.38/2542/c1　集部/詞類/別集之屬

彊邨詞四卷　朱祖謀撰　清光緒三十一年(1905)刻本　一冊　缺一卷(四)

330000－1701－0026756　民 811.38/2542/c2　集部/詞類/別集之屬

彊邨詞四卷　朱祖謀撰　清光緒三十一年(1905)刻本　一冊　缺一卷(四)

330000－1701－0026758　民 811.38/2542(2)/c3　集部/詞類/別集之屬

彊邨詞四卷　朱祖謀撰　清光緒三十一年(1905)刻本　一冊

330000－1701－0026759　普 096.381/8828　類叢部/叢書類/彙編之屬

荼簃叢書　清木活字印本　二冊　存一種

330000－1701－0026760　民 811.38/2617　集部/別集類/清別集

紅綃館遺稿一卷　(清)吳珊撰　清三山薌齋抄本　清薌齋題簽並記　一冊

330000－1701－0026761　民 811.38/2811　集部/詞類/別集之屬

純飛館詞初稿一卷　徐珂撰　清光緒十九年(1893)鎮江何恩煜上海刻本　一冊

330000－1701－0026762　普 096.3832/8700/c1　經部/孝經類/傳說之屬

孝經鄭氏注一卷　(漢)鄭玄注　(清)嚴可均輯　清光緒三十三年(1907)金陵江楚編譯官書局石印本　一冊

330000－1701－0026763　普 096.3832/8700/c2　經部/孝經類/傳說之屬

孝經鄭氏注一卷　(漢)鄭玄注　(清)嚴可均輯　清光緒三十三年(1907)金陵江楚編譯官書局石印本　一冊

330000－1701－0026766　普 096.381/2230　經部/孝經類/傳說之屬

孝經集註一卷弟子職集註一卷　(清)任兆麟撰　清小石山房刻本　鳴鐸題記　一冊

330000－1701－0026770　民 811.38/2831　集部/詞類/別集之屬

攓雲閣詞一卷　(清)徐灝撰　清宣統三年(1911)南京刻民國十四年(1925)北京補刻朱印本　一冊

330000－1701－0026774　普 096.3833/0003/5　經部/孝經類/傳說之屬

石臺孝經一卷　(唐)玄宗李隆基注　清江蘇書局刻本　一冊

330000－1701－0026775　普 096.3833/0003/6　經部/孝經類/傳說之屬

孝經一卷　(唐)玄宗李隆基注　(唐)陸德明音義　清同治九年(1870)揚州書局刻本　一冊

330000－1701－0026776　民 811.38/2824　類叢部/叢書類/彙編之屬

百尺樓叢書　陳去病編　清光緒至民國鉛印本　一冊　存一種

330000－1701－0026778　民 811.38/2847　集部/詞類/別集之屬

碧春詞一卷　徐鋆撰　清光緒三十二年(1906)鉛印本　清楊葆光題詞並記　徐鋆校並題記　一冊

330000－1701－0026779　普 096.3833/0003.01　經部/孝經類/傳說之屬

孝經一卷校刊記一卷　(唐)玄宗李隆基注　(唐)陸德明音義　清光緒六年(1880)山西濬文書局刻本　一冊

330000－1701－0026780　普 096.3833/0003.01/2　經部/孝經類/傳說之屬

孝經一卷　(唐)玄宗李隆基注　(唐)陸德明音義　**孝經刊誤一卷**　(宋)朱熹撰　清光緒三年(1877)永康胡氏退補齋刻本　一冊

330000－1701－0026782　普 096.3834/4422　經部/叢編

通志堂經解一百四十種　(清)納蘭成德輯

清康熙十九年(1680)納蘭成德刻本　一册　存一種

330000－1701－0026783　普 096.3834/17791.01　經部/孝經類/傳說之屬

孝經指解說註一卷補正一卷辨異一卷　(宋)司馬光指解　(宋)范祖禹說　(清)李光地注　**曾子大孝一卷**　(清)邵懿辰撰　清咸豐十一年(1861)桂林朱氏刻本　一册

330000－1701－0026784　普 096.3836/7231/c1　子部/宗教類/道教之屬/戒律

文昌帝君孝經一卷　(明)邱濬原註　(明)吳雲莊補註　(清)徐餌珊旁註　清光緒三年(1877)半部堂刻本　一册

330000－1701－0026786　普 096.3837/7231/c1　經部/孝經類/傳說之屬

孝經直解一卷附論辯一卷　(清)劉沅撰　清宣統北京道德學社印刷所鉛印本　一册

330000－1701－0026787　普 097.023/4491　經部/四書類/總義之屬/傳說

四書圖考十三卷　(清)杜炳撰　清道光九年(1829)刻本　十六册

330000－1701－0026789　普 096.3837/7231/c2　經部/孝經類/傳說之屬

孝經直解一卷附論辯一卷　(清)劉沅撰　清宣統北京道德學社印刷所鉛印本　一册

330000－1701－0026791　普 096.3836/7231/c2　子部/宗教類/道教之屬/戒律

文昌帝君孝經一卷　(明)邱濬原註　(明)吳雲莊補註　(清)徐餌珊旁註　清光緒三年(1877)半部堂刻本　一册

330000－1701－0026792　普 096.381/2230/2　經部/孝經類/傳說之屬

孝經集註一卷弟子職集註一卷　(清)任兆麟撰　清光緒九年(1883)平陵華聚玉刻本　一册

330000－1701－0026796　普 097.023/4491/3　經部/四書類/總義之屬/傳說

四書圖考十三卷　(清)杜炳撰　清道光七年(1827)刻本　十二册

330000－1701－0026798　普 096.3837/8038　經部/叢編

九經補注八種　(清)姜兆錫撰　清雍正至乾隆寅清樓刻本　一册　存一種

330000－1701－0026799　普 097.023/4491/2　經部/四書類/總義之屬/傳說

四書圖考十三卷　(清)杜炳撰　清光緒十三年(1887)鴻文書局石印本　四册

330000－1701－0026803　普 096.381/2230/3/c1　經部/孝經類/傳說之屬

孝經集註一卷弟子職集註一卷　(清)任兆麟撰　清杭城文光堂刻本　一册

330000－1701－0026804　普 097.0381/1202　經部/四書類/總義之屬/傳說

四書說苑十一卷首一卷補遺一卷續遺一卷　(清)孫應科撰　清道光四年(1824)高郵孫氏刻二十八年(1848)補刻本　六册

330000－1701－0026805　普 096.3837/0194　經部/孝經類/傳說之屬

孝經酌從編串說一卷　(清)龍炳垣編　清同治十二年(1873)三餘快讀之軒刻本　一册

330000－1701－0026807　普 096.381/2230/3/c2　經部/孝經類/傳說之屬

孝經集註一卷弟子職集註一卷　(清)任兆麟撰　清杭城文光堂刻本　一册

330000－1701－0026808　普 096.381/2230/3/c3　經部/孝經類/傳說之屬

孝經集註一卷弟子職集註一卷　(清)任兆麟撰　清刻本　一册

330000－1701－0026809　普 096.3837/7231/2/c1　經部/孝經類/傳說之屬

孝經直解一卷附辯論一卷孝經正文便讀一卷　(清)劉沅撰　清光緒三十四年(1908)刻本　一册

330000－1701－0026810　普 097.0357/3547/2　經部/四書類/總義之屬

御製繙譯四書(滿漢合璧)六卷　(清)高宗弘曆敕譯　(清)鄂爾泰等譯　清乾隆二十年(1755)武英殿刻本　六册

330000－1701－0026811　普 097.0357/3547　經部/四書類/總義之屬

御製繙譯四書(滿漢合璧)六卷　(清)高宗弘曆敕譯　(清)鄂爾泰等譯　清光緒十六年(1890)荆州駐防翻譯總學刻本　十三册

330000－1701－0026812　普 096.3837/7231/2/c2　經部/孝經類/傳說之屬

孝經直解一卷附辯論一卷孝經正文便讀一卷　(清)劉沅撰　清光緒三十四年(1908)刻本　一册

330000－1701－0026816　普 097.0381/2540/3/c1　經部/四書類/總義之屬/傳說

四書集註十九卷　(宋)朱熹撰　清嘉慶十年(1805)刻本　六册

330000－1701－0026817　普 096.3837/4970　經部/孝經類/傳說之屬

孝經存解析疑二卷　(清)趙長庚撰　清光緒十年(1884)刻本　一册

330000－1701－0026818　普 097.0381/2540/4　經部/四書類/總義之屬/傳說

四書集註十九卷　(宋)朱熹撰　**四書圖一卷四書句辨一卷疑字辨一卷**　清道光四年(1824)勉行堂劉氏山陰寓舍刻本　六册

330000－1701－0026820　普 097/0148　經部/四書類/總義之屬

較正監韻分章分節四書正文六卷　(清)陳豸(清)顔茂猷較正　清光緒三十年(1904)點石齋石印本　六册

330000－1701－0026822　普 096.3837/5511　經部/孝經類/傳說之屬

孝經學七卷　曹元弼撰　清光緒三十四年(1908)江蘇存古學堂木活字朱印本　二册

330000－1701－0026823　普 097.0381/2540/3/c2　經部/四書類/總義之屬/傳說

四書集註十九卷　(宋)朱熹撰　清末刻本　六册

330000－1701－0026824　普 097.0381/1025/c2　經部/四書類/總義之屬/傳說

四書朱子本義匯參四十三卷首四卷　(清)王步青輯　清乾隆十年(1745)敦復堂刻本　三十一册　缺一卷(孟子十四)

330000－1701－0026826　普 097.0381/1727　經部/四書類/總義之屬/傳說

四書翊註四十二卷首一卷　(清)刁包輯　清道光二十七年(1847)刁懷瑾惇德堂刻咸豐四年(1854)印本　二十四册

330000－1701－0026830　普 097.0381/2540/c1　經部/四書類/總義之屬/傳說

四書集註十九卷　(宋)朱熹撰　清同治三年(1864)浙江撫署刻本　六册

330000－1701－0026831　普 097.0381/2540/7　經部/四書類/總義之屬/傳說

四書集註十九卷　(宋)朱熹撰　清光緒五年(1879)山西濬文書局刻本　六册

330000－1701－0026832　普 097.0381/2540　經部/四書類/總義之屬/傳說

四書正本十九卷首一卷　(宋)朱熹撰　(清)童棫校輯　清同治四年(1865)忠恕堂童氏刻本　十四册

330000－1701－0026835　普 097.0381/1117　經部/四書類/總義之屬/傳說

四書翼注論文三十八卷　(清)張甄陶撰　清嘉慶十五年(1810)浙湖竹下書堂刻本　六册　存十八卷(一至十八)

330000－1701－0026837　民 811.38/4438/c1　集部/詞類/別集之屬

一粟盦詞集二卷　蔡寶善撰　清宣統元年(1909)西安圖書館鉛印本　一册

330000－1701－0026841　民 811.38/4438/c2　集部/詞類/別集之屬

一粟盦詞集二卷　蔡寶善撰　清宣統元年(1909)西安圖書館鉛印本　一册

330000－1701－0026849　普 097.0381/2540/11、G011237　經部/四書類/總義之屬/傳說

新刻批點四書讀本十九卷　(宋)朱熹撰　(清)高玲批點　清道光七年(1827)高玲愷元堂刻朱墨套印本　六冊

330000－1701－0026856　普 097.0381/2540/12　經部/叢編

十三經讀本　(清)□□編　清同治十一年(1872)山東書局刻民國十四年(1925)張宗昌印本　六冊　存四種

330000－1701－0026860　普 097.0381/2540/13　經部/四書類/總義之屬/傳說

四書集註十九卷　(宋)朱熹撰　清光緒三十一年(1905)直隸官書局刻本　六冊

330000－1701－0026862　普 097.0381/2540/c2　經部/四書類/總義之屬/傳說

四書集註十九卷　(宋)朱熹撰　清同治三年(1864)浙江撫署刻本(論語集註十卷、孟子集註七卷配清刻本)　六冊

330000－1701－0026867　普 097.0381/2540/14　經部/四書類/總義之屬/傳說

四書集註十九卷　(宋)朱熹撰　清光緒二十一年(1895)信郡王立言堂刻本　六冊

330000－1701－0026868　普 097.0381/2540/15/c1　經部/四書類/總義之屬/傳說

四書集註十九卷　(宋)朱熹撰　清光緒十年(1884)擷雲腴山館刻本　六冊

330000－1701－0026869　民 811.38/4649　類叢部/叢書類/彙編之屬

繡詩樓叢書　陳步墀編　清宣統元年(1909)鉛印本　一冊　存四種

330000－1701－0026870　普 097.0381/3087　經部/四書類/總義之屬/傳說

四書纂言四十卷　(清)宋翔鳳撰　清光緒八年(1882)古吳李祖榮岝㟧山房刻本　十二冊

330000－1701－0026871　普 097.0381/26631　經部/四書類/總義之屬/傳說

四書經註集證十九卷　(清)吳昌宗撰　清咸豐三年(1853)刻本　十六冊

330000－1701－0026874　普 097.0381/2540/15/c2　經部/四書類/總義之屬/傳說

四書集註十九卷　(宋)朱熹撰　清光緒十年(1884)擷雲腴山館刻本　六冊

330000－1701－0026875　普 097.0381/2540/2/c3　經部/四書類/總義之屬/傳說

四書集註十九卷　(宋)朱熹撰　**疑字辨一卷**　清光緒十八年(1892)浙江書局刻本　六冊

330000－1701－0026876　普 097.0381/3434　經部/四書類/總義之屬/傳說

四書合纂大成不分卷　(清)沈祖燕輯　清光緒三十一年(1905)上海鴻寶齋石印本　十二冊

330000－1701－0026881　普 097.0381/2540/2/c4　經部/四書類/總義之屬/傳說

四書集註十九卷　(宋)朱熹撰　清光緒十八年(1892)浙江書局刻本　六冊

330000－1701－0026883　普 097.0381/2540.3/(2)　經部/四書類/總義之屬/傳說

朱子四書語類五十二卷　(宋)朱熹講述　(宋)黎靖德編　清康熙十七年(1678)金陵周氏四留堂刻本　十四冊

330000－1701－0026889　普 097.0381/2540/15/c3　經部/四書類/總義之屬/傳說

四書集註十九卷　(宋)朱熹撰　清光緒十年(1884)擷雲腴山館刻本　六冊

330000－1701－0026891　普 097.0381/4940　經部/四書類/總義之屬/傳說

四書箋義十二卷補遺一卷續遺一卷　(元)趙悳撰　清刻本　四冊

330000－1701－0026893　普 097.0381/2540/15/c4　經部/四書類/總義之屬/傳說

四書集註十九卷　(宋)朱熹撰　清光緒十年(1884)擷雲腴山館刻本　六冊

330000－1701－0026899　普 097.0381/7474/c2　經部/四書類/總義之屬/傳說

四書講義困勉錄三十七卷續困勉錄六卷附錄一卷　(清)陸隴其撰　(清)陸公鏐編　清乾隆四年(1739)嘉會堂刻本　十六册

330000－1701－0026901　普 097.0381/8038/2/c1　經部/四書類/總義之屬/傳說

四書味根錄三十七卷　(清)金瀓撰　清道光十七年(1837)粲花吟館刻本　八册

330000－1701－0026903　普 097.03827/3477　經部/四書類/總義之屬/傳說

皇朝四書彙解七十五卷　(清)淩陛卿撰　清光緒二十九年(1903)上海鴻文書局石印本　十二册

330000－1701－0026905　民 811.38/6022　類叢部/叢書類/自著之屬

哭盦叢書　易順鼎撰　清光緒刻本　一册　存一種

330000－1701－0026907　普 097.0381/8038/2/c2　經部/四書類/總義之屬/傳說

四書味根錄三十七卷　(清)金瀓撰　清咸豐十一年(1861)五雲樓刻本　七册　缺八卷(孟子七至十四)

330000－1701－0026908　普 097.03837/2663　經部/四書類/總義之屬/傳說

四書質疑八卷　(清)吳國濂撰　清光緒十二年(1886)可軒舊館木活字印本　四册

330000－1701－0026909　普 097.0381/8028/c1　經部/四書類/總義之屬/傳說

永言堂四書體註合講十九卷圖攷一卷　(清)翁復編　清雍正八年(1730)文奎堂刻本　三册　存十二卷(大學、中庸、論語一至十)

330000－1701－0026910　普 097.03836/4061/2　經部/四書類/總義之屬/傳說

四書反身錄八卷首一卷　(清)李顒撰　清道光四年(1824)古紫陽書院刻本　六册

330000－1701－0026911　普 097.03836/4061/c1　經部/四書類/總義之屬/傳說

四書反身錄八卷首一卷　(清)李顒撰　清道光十一年(1831)浙江書局刻本　四册

330000－1701－0026914　普 097.0381/8038/3　經部/四書類/總義之屬/傳說

四書味根錄三十七卷　(清)金瀓撰　清光緒八年(1882)經畬山房刻本　十六册

330000－1701－0026917　普 097.03837/2824/c1　類叢部/叢書類/家集之屬

學壽堂叢書十二種　徐紹楨編　清咸豐至光緒番禺徐氏梧州刻本　六册　存一種

330000－1701－0026918　普 097.0381/8038　經部/四書類/總義之屬/傳說

四書味根錄三十七卷　(清)金瀓撰　清道光二十九年(1849)刻本　十六册

330000－1701－0026920　普 097.03837/1131　經部/四書類/總義之屬

三訂四書辨疑二十二卷補一卷　(清)張江撰　清咸豐三年(1853)高忠厚堂刻本　十二册

330000－1701－0026922　普 097.03836/4061/c2　經部/四書類/總義之屬/傳說

四書反身錄八卷首一卷　(清)李顒撰　清道光十一年(1831)浙江書局刻本　四册

330000－1701－0026923　普 097.03837/2824/c2　類叢部/叢書類/家集之屬

學壽堂叢書十二種　徐紹楨編　清咸豐至光緒番禺徐氏梧州刻本　二册　存一種

330000－1701－0026925　普 097.03836/4061/c3　經部/四書類/總義之屬/傳說

四書反身錄八卷首一卷　(清)李顒撰　清道光十一年(1831)浙江書局刻本　四册

330000－1701－0026926　普 097.03836/4061/c4　經部/四書類/總義之屬/傳說

四書反身錄八卷首一卷　(清)李顒撰　清道光十一年(1831)浙江書局刻本　四册

330000－1701－0026927　民 811.38/7547　集部/詞類/別集之屬

海棠香夢詞四卷和白香詞譜全集一卷　陳栩撰　清光緒二十六年(1900)刻本　一册　存二卷(海棠香夢詞一至二)

330000－1701－0026928　普 097.03837/3191　經部/四書類/總義之屬/傳說
四書詮義三十八卷　(清)汪紱撰　清道光六年(1826)一經堂刻本　十四册

330000－1701－0026931　普 097.0381/8028/c2　經部/四書類/總義之屬/傳說
酌雅齋四書遵註合講十九卷　(清)翁復編　清光緒二十六年(1900)浙蘭慎言堂刻本　六册

330000－1701－0026933　普 097.03837/5371　經部/四書類/總義之屬/傳說
四書續談内編二卷補一卷外編二卷補一卷　(清)戚學標撰　清嘉慶二十四年(1819)四明青照樓刻本　清方來題簽　四册

330000－1701－0026937　普 097.03837/4408　經部/四書類/總義之屬/傳說
四書貫珠講義十九卷　(清)林文竹輯　清同治十一年(1872)鍾謙鈞同德堂刻本　十册

330000－1701－0026940　普 097.03837/5532/c2　經部/四書類/總義之屬/傳說
四書摭餘說七卷　(清)曹之升撰　清嘉慶三年(1798)刻本　六册

330000－1701－0026941　普 097.03837/4034/c1　子部/儒家類/儒學之屬/性理
淛啰存愚二卷　(清)李清植撰　清光緒十八年(1892)浙江書局刻本　一册

330000－1701－0026948　普 097.03837/7745　經部/四書類/總義之屬/傳說
四書典故辨正二十卷附錄一卷　(清)周柄中撰　清道光刻本　六册

330000－1701－0026949　民 811.38/7282/c1　集部/詞類/别集之屬
濯絳宧存稾一卷　劉毓盤撰　清宣統元年(1909)刻本　章嶔題簽　一册

330000－1701－0026951　普 097.03837/4034/c2　子部/儒家類/儒學之屬/性理
淛啰存愚二卷　(清)李清植撰　清光緒十八年(1892)浙江書局刻本　一册

330000－1701－0026952　普 097.03087/7745/2/c1　經部/四書類/總義之屬/傳說
四書典故辨正二十卷附錄一卷　(清)周柄中撰　清光緒十二年(1886)善化許氏刻本　六册

330000－1701－0026954　民 811.38/7282/c2　集部/詞類/别集之屬
濯絳宧存稾一卷　劉毓盤撰　清宣統元年(1909)刻本　一册

330000－1701－0026955　民 811.38/7282/c3　集部/詞類/别集之屬
濯絳宧存稾一卷　劉毓盤撰　清宣統元年(1909)刻本　一册

330000－1701－0026957　普 097.03837/5532/c3　經部/四書類/總義之屬/傳說
四書摭餘說七卷　(清)曹之升撰　清嘉慶三年(1798)刻本　六册

330000－1701－0026958　普 097.03837/4034/c3　子部/儒家類/儒學之屬/性理
淛啰存愚二卷　(清)李清植撰　清光緒十八年(1892)浙江書局刻本　一册

330000－1701－0026960　普 097.03837/4034/c4　子部/儒家類/儒學之屬/性理
淛啰存愚二卷　(清)李清植撰　清光緒十八年(1892)浙江書局刻本　一册

330000－1701－0026963　普 097.083/3022　經部/四書類/總義之屬/傳說
四書經史摘證七卷　(清)宋繼穜輯　清道光二十四年(1844)梅花書屋刻本　四册

330000－1701－0026972　普 097.083/3022/2　經部/四書類/總義之屬/傳說
四書經史摘證七卷　(清)宋繼穜輯　清光緒二十九年(1903)上海廣益書局石印本　金秋題記　二册

330000－1701－0026975　民 811.38/8724　集部/詞類/别集之屬
人天清籟集一卷　舒紹基撰　清宣統元年(1909)曼陀羅花室鉛印本　一册

330000－1701－0026977　普 097.091/7741
經部/四書類/總義之屬/傳說
四書釋地一卷續一卷又續一卷三續一卷　(清)閻若璩撰　清乾隆五十二年(1787)東浯王氏眷西堂刻本　五册

330000－1701－0026978　普 097.0449/1731/c2　經部/四書類/總義之屬/傳說
四書考異七十二卷　(清)翟灝撰　清乾隆三十四年(1769)無不宜齋刻本　十二册

330000－1701－0026980　普 097.091/7741.01　經部/四書類/總義之屬/傳說
校正四書釋地八卷孟子生卒年月考一卷　(清)閻若璩撰　(清)顧問重編　清嘉慶八年(1803)桐陰書屋刻本　六册

330000－1701－0026983　普 097.0449/1731/c3　經部/四書類/總義之屬/傳說
四書考異七十二卷　(清)翟灝撰　清乾隆三十四年(1769)無不宜齋刻本　十二册

330000－1701－0026985　普 097.0449/1731/(2)　經部/四書類/總義之屬/傳說
四書考異七十二卷　(清)翟灝撰　清乾隆三十四年(1769)無不宜齋刻本　八册

330000－1701－0026986　普 097.091/7741.02/c1　經部/四書類/總義之屬/傳說
四書釋地補一卷續補一卷又續補一卷三續補一卷　(清)閻若璩撰　(清)樊廷枚校補　清嘉慶二十一年(1816)梅陽海涵堂刻本　五册

330000－1701－0026993　普 097.13836/4700
經部/四書類/總義之屬/傳說
四書集註大全四十三卷　(明)胡廣等輯　清詩瘦閣刻本　一册　存二卷(讀大學法一、大學章句大全一)

330000－1701－0026996　普 097.13837/2572
經部/四書類/總義之屬
朱柏廬先生大學講義一卷中庸講義二卷　(清)朱用純撰　清光緒二年(1876)江蘇書局刻本　三册

330000－1701－0026997　普 097.13837/7231/c4　經部/四書類/大學之屬/傳說
大學古本質言一卷　(清)劉沅撰　清咸豐十一年(1861)虚受齋刻光緒三十一年(1905)印本　一册

330000－1701－0027002　普 097.13837/7231/3/c1　類叢部/叢書類/自著之屬
槐軒全集二十一種附九種　(清)劉沅撰　清咸豐至民國刻彙印本　一册　存一種

330000－1701－0027003　民 812.58/4760
集部/戲劇類/傳奇之屬
喜中喜傳奇□□卷　蟄園撰　清末鉛印本　一册　存一卷(上)

330000－1701－0027004　普 097.13837/7231/c1　經部/四書類/大學之屬/傳說
大學古本質言一卷　(清)劉沅撰　清咸豐十一年(1861)虚受齋刻光緒三十一年(1905)印本　一册

330000－1701－0027005　普 097.03837/7745/2/c2　經部/四書類/總義之屬/傳說
四書典故辨正二十卷附錄一卷　(清)周柄中撰　清刻本　六册

330000－1701－0027007　普 097.13837/7231/3/c2　類叢部/叢書類/自著之屬
槐軒全集二十一種附九種　(清)劉沅撰　清咸豐至民國刻彙印本　一册　存一種

330000－1701－0027010　普 097.23834/2540/3/c1　經部/四書類/總義之屬/傳說
四書集註十九卷　(宋)朱熹撰　清光緒十八年(1892)浙江書局刻本　一册　存一卷(中庸)

330000－1701－0027011　普 097.21/8700
子部/叢編
意林逸子　清光緒刻本　二册　存一種

330000－1701－0027012　普 097.13837/7231/c2　經部/四書類/大學之屬/傳說
大學古本質言一卷　(清)劉沅撰　清咸豐十一年(1861)虚受齋刻光緒三十一年(1905)印本　一册

330000－1701－0027013　普 097.13837/7231/c3　經部/四書類/大學之屬/傳說
大學古本質言一卷　(清)劉沅撰　清咸豐十一年(1861)虛受齋刻光緒三十一年(1905)印本　一冊

330000－1701－0027014　普 097.091/7741.02/c2　經部/四書類/總義之屬/傳說
四書釋地補一卷續補一卷又續補一卷三續補一卷　(清)閻若璩撰　(清)樊廷枚校補　清嘉慶二十一年(1816)梅陽海涵堂刻本　五冊

330000－1701－0027016　普 097.23834/2540/3/c2　經部/四書類/總義之屬/傳說
四書集註十九卷　(宋)朱熹撰　清光緒十八年(1892)浙江書局刻本　一冊　存一卷(中庸)

330000－1701－0027018　普 097.24/1008/c1　經部/四書類/中庸之屬/傳說
十先生中庸集解二卷附錄一卷　(宋)石𡼖編　清道光二十九年(1849)莫氏影山草堂刻本　一冊

330000－1701－0027020　普 097.23834/2540/3/c3　經部/四書類/總義之屬/傳說
四書集註十九卷　(宋)朱熹撰　清光緒十八年(1892)浙江書局刻本　一冊　存一卷(中庸)

330000－1701－0027022　民 812.58/7547/c1　集部/戲劇類/傳奇之屬
桃花夢傳奇四卷　陳栩填詞　(清)華痴石評文　(清)黃曉秋點拍　清光緒二十六年(1900)杭州大觀報館鉛印本　四冊

330000－1701－0027023　普 097.091/7741.02/c3　經部/四書類/總義之屬/傳說
四書釋地補一卷續補一卷又續補一卷三續補一卷　(清)閻若璩撰　(清)樊廷枚校補　清嘉慶二十一年(1816)梅陽海涵堂刻本　五冊

330000－1701－0027027　普 097.24/1008/c2　經部/四書類/中庸之屬/傳說
十先生中庸集解二卷附錄一卷　(宋)石𡼖編　清道光二十九年(1849)莫氏影山草堂刻本　二冊

330000－1701－0027028　普 097.091/7741.02/c4　經部/四書類/總義之屬/傳說
四書釋地補一卷續補一卷又續補一卷三續補一卷　(清)閻若璩撰　(清)樊廷枚校補　清嘉慶二十一年(1816)梅陽海涵堂刻本　五冊

330000－1701－0027029　普 097.3381/2160/3　經部/叢編
十三經註疏附考證　(清)□□輯　清乾隆四年(1739)武英殿刻本　四冊　存一種

330000－1701－0027032　普 097.3381/2160.2　經部/叢編
十三經古注　(明)葛鼒　(明)金蟠校　明崇禎十二年(1639)金蟠刻清同治八年(1869)浙江書局重修本　一冊　存一種

330000－1701－0027033　普 097.3381/3224/c1　經部/四書類/論語之屬/傳說
論語古注集箋十卷論語考一卷附一卷　(清)潘維城撰　清光緒七年(1881)江蘇書局刻本　六冊

330000－1701－0027034　民 812.58/7547/c2　集部/戲劇類/傳奇之屬
桃花夢傳奇四卷　陳栩填詞　(清)華痴石評文　(清)黃曉秋點拍　清光緒二十六年(1900)杭州大觀報館鉛印本　二冊

330000－1701－0027035　普 097.3381/4488　經部/叢編
通志堂經解一百四十種　(清)納蘭成德輯　清康熙十九年(1680)納蘭成德刻本　三冊　存一種

330000－1701－0027036　普 097.3381/3224/c2　經部/四書類/論語之屬/傳說
論語古注集箋十卷論語考一卷附一卷　(清)潘維城撰　清光緒七年(1881)江蘇書局刻本　六冊

330000－1701－0027037　普 097.3381/32241/c1　經部/四書類/論語之屬/傳說

朱子論語集注訓詁攷二卷 (清)潘衍桐輯 清光緒十七年(1891)浙江書局刻本 一册

330000－1701－0027038 普 097.3381/32241/c2 經部/四書類/論語之屬/傳說
朱子論語集注訓詁攷二卷 (清)潘衍桐輯 清光緒十七年(1891)浙江書局刻本 一册

330000－1701－0027039 普 097.3381/3224/c3 經部/四書類/論語之屬/傳說
論語古注集箋十卷論語考一卷附一卷 (清)潘維城撰 清光緒七年(1881)江蘇書局刻本 六册

330000－1701－0027040 普 097.3381/32241/c3 經部/四書類/論語之屬/傳說
朱子論語集注訓詁攷二卷 (清)潘衍桐輯 清光緒十七年(1891)浙江書局刻本 一册

330000－1701－0027041 普 097.3381/32241/c4 經部/四書類/論語之屬/傳說
朱子論語集注訓詁攷二卷 (清)潘衍桐輯 清光緒十七年(1891)浙江書局刻本 一册

330000－1701－0027042 普 097.13834/2540/2/c1、普 097.3381/2540/c1 經部/叢編
五經四書讀本九種 清康熙紫陽朱錫旂崇道堂刻本 三册 存二種

330000－1701－0027043 普 097.3381/3224/c4 經部/四書類/論語之屬/傳說
論語古注集箋十卷論語考一卷附一卷 (清)潘維城撰 清光緒七年(1881)江蘇書局刻本 六册

330000－1701－0027044 普 097.3381/7520/c1 經部/四書類/論語之屬/傳說
論語古訓十卷附一卷 (清)陳鱣撰 清光緒九年(1883)浙江書局刻本 二册

330000－1701－0027045 普 097.33836/4700 經部/四書類/總義之屬/傳說
四書集註大全四十三卷 (明)胡廣等輯 清詩瘦閣刻本 十一册 存二十二卷(論語集註大全一至二十、讀論語孟子法、論語考異)

330000－1701－0027048 普 097.3381/7520/c2 經部/四書類/論語之屬/傳說
論語古訓十卷附一卷 (清)陳鱣撰 清光緒九年(1883)浙江書局刻本 二册

330000－1701－0027049 普 097.3381/7520/c3 經部/四書類/論語之屬/傳說
論語古訓十卷附一卷 (清)陳鱣撰 清光緒九年(1883)浙江書局刻本 二册

330000－1701－0027050 普 097.23834/2540 經部/四書類/總義之屬/傳說
四書集註十九卷 (宋)朱熹撰 清施肇曾刻本 一册 存一卷(中庸)

330000－1701－0027051 普 097.13834/2540/2/c2、普 097.3381/2540/c2 經部/叢編
五經四書讀本九種 清康熙紫陽朱錫旂崇道堂刻本 三册 存二種

330000－1701－0027055 普 097.13834/2540/3/c1 經部/四書類/總義之屬/傳說
四書集註十九卷 (宋)朱熹撰 清光緒十八年(1892)浙江書局刻本 一册 存一卷(大學)

330000－1701－0027056 普 097.3381/7520/c5 經部/四書類/論語之屬/傳說
論語古訓十卷附一卷 (清)陳鱣撰 清光緒九年(1883)浙江書局刻本 二册

330000－1701－0027057 普 097.33837/4441/2 經部/四書類/論語之屬/傳說
論語後案二十卷 (清)黄式三撰 清道光二十四年(1844)鲁岐峯木活字印本 六册

330000－1701－0027059 普 097.33837/3130 經部/四書類/論語之屬/專著
鄉黨圖考十卷 (清)江永撰 清乾隆二十一年(1756)吴功率刻本 七册 缺二卷(九至十)

330000－1701－0027060 普 097.13834/2540/3/c2 經部/四書類/總義之屬/傳說
四書集註十九卷 (宋)朱熹撰 清光緒十八年(1892)浙江書局刻本 一册 存一卷(大

學)

330000－1701－0027062　普 097.33837/4456　經部/四書類/論語之屬/傳說

論語別注四卷　(清)艾暢撰　清道光十八年(1838)可添齋刻本　一册

330000－1701－0027064　普 097.3381/7520/2　經部/四書類/論語之屬/傳說

論語古訓十卷附一卷　(清)陳鱣撰　清嘉慶元年(1796)刻本　北堂題簽並跋　四册

330000－1701－0027066　普 097.13834/8073/c1　類叢部/叢書類/郡邑之屬

金華叢書六十八種　(清)胡鳳丹編　清同治七年至光緒八年(1868－1882)永康胡氏退補齋刻民國補刻本　一册　存一種

330000－1701－0027068　普 097.33837/4441/c2　類叢部/叢書類/自著之屬

儆居遺書十一種　(清)黄式三撰　清同治至光緒刻本　十册　存一種

330000－1701－0027070　普 097.13834/8073/c2　類叢部/叢書類/郡邑之屬

金華叢書六十八種　(清)胡鳳丹編　清同治七年至光緒八年(1868－1882)永康胡氏退補齋刻民國補刻本　一册　存一種

330000－1701－0027073　普 097.33837/4441/c5　類叢部/叢書類/自著之屬

儆居遺書十一種　(清)黄式三撰　清同治至光緒刻本　十册　存一種

330000－1701－0027074　普 097.13834/2540.2　經部/四書類/大學之屬/傳說

大學(便蒙大學)一卷　(宋)朱熹章句　清光緒三十年(1904)烏鎮泰興昌號刻木　一册

330000－1701－0027075　普 097.381/0808　類叢部/叢書類/郡邑之屬

金華叢書六十八種　(清)胡鳳丹編　清同治七年至光緒八年(1868－1882)永康胡氏退補齋刻民國補刻本　六册　存一種

330000－1701－0027076　普 097.33837/8840　經部/叢編

讀書堂叢刻四種五十四卷　簡朝亮撰　清光緒至民國刻本　十八册　存一種

330000－1701－0027077　普 097.33837/4441/c3　類叢部/叢書類/自著之屬

儆居遺書十一種　(清)黄式三撰　清同治至光緒刻本　十册　存一種

330000－1701－0027078　普 097.23834/2540/2/c1　經部/叢編

五經四書讀本九種　清康熙紫陽朱錫旂崇道堂刻本　一册　存一種

330000－1701－0027079　普 097.33834/8073/c1　類叢部/叢書類/郡邑之屬

金華叢書六十八種　(清)胡鳳丹編　清同治七年至光緒八年(1868－1882)永康胡氏退補齋刻民國補刻本　一册　存一種

330000－1701－0027082　普 097.33837/4441/c4　類叢部/叢書類/自著之屬

儆居遺書十一種　(清)黄式三撰　清同治至光緒刻本　十册　存一種

330000－1701－0027083　普 097.3837/4736　經部/四書類/大學之屬/傳說

大學翼真七卷　(清)胡渭輯著　清乾隆德清戴上鏞刻小西山房印本　二册

330000－1701－0027085　普 097.23834/2540/2/c2　經部/叢編

五經四書讀本九種　清康熙紫陽朱錫旂崇道堂刻本　一册　存一種

330000－1701－0027086　普 097.3837/1073　類叢部/叢書類/自著之屬

湘綺樓全書　王闓運撰　清光緒至宣統刻本　二册　存一種

330000－1701－0027087　普 097.4381/2540.2/3　經部/叢編

五經四書讀本九種　清康熙紫陽朱錫旂崇道堂刻本　二册　存一種

330000－1701－0027089　普 097.33834/

8073/c2　類叢部/叢書類/郡邑之屬
金華叢書六十八種　(清)胡鳳丹編　清同治七年至光緒八年(1868－1882)永康胡氏退補齋刻民國補刻本　一册　存一種

330000－1701－0027094　普 097.4381/2540.2/4　經部/四書類/總義之屬/傳說
四書集註十九卷　(宋)朱熹撰　清文富堂刻本　十一册　存六卷(孟子一、三至七)

330000－1701－0027095　普 097.4381/4437/2　經部/四書類/孟子之屬/傳說
增補蘇批孟子二卷孟子年譜一卷　(宋)蘇洵撰　(清)趙大浣增補　清嘉慶聚枯堂刻朱墨套印本　二册

330000－1701－0027102　普 097.4381/4924.011　經部/四書類/孟子之屬/文字音義
孟子音義二卷　(宋)孫奭撰　清嘉慶十四年(1809)吳門黄氏百宋一廛刻本　一册

330000－1701－0027103　普 097.449/7703/c2　經部/四書類/孟子之屬/傳說
孟子四考四卷　(清)周廣業撰　清乾隆六十年(1795)周氏省吾廬刻本　二册

330000－1701－0027104　普 097.43837/2022/4　類叢部/叢書類/自著之屬
焦氏叢書九種附一種　(清)焦循撰　清嘉慶至道光江都焦氏雕菰樓刻本　十二册　存一種

330000－1701－0027106　普 097.449/7703/c3　經部/四書類/孟子之屬/傳說
孟子四考四卷　(清)周廣業撰　清乾隆六十年(1795)周氏省吾廬刻本　二册

330000－1701－0027109　普 097.43834/8073　類叢部/叢書類/郡邑之屬
金華叢書六十八種　(清)胡鳳丹編　清同治七年至光緒八年(1868－1882)永康胡氏退補齋刻民國補刻本　一册　存一種

330000－1701－0027110　普 097.43837/4310/3　類叢部/叢書類/彙編之屬
國粹叢書四十九種　(清)國學保存會編　清光緒至宣統鉛印本　一册　存一種

330000－1701－0027111　普 099/4428　經部/群經總義類/石經之屬/通考
歷代石經略二卷　(清)桂馥撰　清光緒九年(1883)海豐吳氏陳州郡齋刻本　四册

330000－1701－0027112　普 099/1022/c1　經部/群經總義類/石經之屬
石經彙函四十五卷　王秉恩輯　清光緒十六年(1890)四川尊經書局刻本　十二册

330000－1701－0027114　民 813.38/4945/2/c1　子部/雜著類/雜纂之屬
平等閣筆記四卷　狄葆賢撰　清末有正書局鉛印本　仲回題記　一册

330000－1701－0027116　普 097.4381/4924.01　經部/叢編
重刊宋本十三經注疏四百十六卷　附十三經注疏校勘記四百十六卷　(清)阮元撰　(清)盧宣旬摘錄　清同治十三年(1874)湖南書局刻本　五册　存一種

330000－1701－0027118　普 099/1022/c2　經部/群經總義類/石經之屬
石經彙函四十五卷　王秉恩輯　清光緒十六年(1890)四川尊經書局刻本　十册

330000－1701－0027123　普 099.3837/7229　經部/群經總義類/石經之屬
漢魏石經攷三卷　(清)劉傳瑩撰　清光緒十二年(1886)沌城黄氏試館刻本　二册

330000－1701－0027124　普 099/1022/c3　經部/群經總義類/石經之屬
石經彙函四十五卷　王秉恩輯　清光緒十六年(1890)四川尊經書局刻本　十六册

330000－1701－0027125　民 813.38/4945/2/c2　子部/雜著類/雜纂之屬
平等閣筆記四卷　狄葆賢撰　清末有正書局鉛印本　四册

330000－1701－0027132　GP00002　史部/傳記類/總傳之屬/通代

古懽錄八卷　（清）王士禛撰　清康熙朱從延快宜堂刻本　二册

330000－1701－0027133　普 099/4211　經部/群經總義類/石經之屬/通考
石經考文提要十三卷　（清）彭元瑞撰　清嘉慶四年（1799）刻本　二册

330000－1701－0027134　GP00003　史部/地理類/遊記之屬/紀行
蜀輶日記四卷（清嘉慶十五年五月十五日至十一月二十二日）　（清）陶澍撰　清光緒七年（1881）江州官舍刻本　二册

330000－1701－0027136　GP00004　子部/雜著類/雜說之屬
俟後編六卷補錄一卷　（明）王敬臣撰　**仁孝先生事略附錄一卷**　（清）彭定求輯　清同治八年（1869）木活字印本　四册

330000－1701－0027139　GP00001　史部/政書類
三賢政書十五卷　（清）吳元炳輯　清光緒五年（1879）鉛印本　四册　缺三卷（西陂類稿一至三）

330000－1701－0027140　GP00008　集部/總集類/課藝之屬
菊坡精舍集二十卷　（清）陳澧編　清光緒二十三年（1897）刻本　七册

330000－1701－0027142　GP00012　經部/四書類/總義之屬
朱柏廬先生大學講義一卷中庸講義二卷　（清）朱用純撰　清光緒二年（1876）江蘇書局刻本　三册

330000－1701－0027143　GP00009　經部/叢編
十三經古注　（明）葛鼒　（明）金蟠校　明崇禎十二年（1639）金蟠刻清同治八年（1869）浙江書局重修本　三册　存一種

330000－1701－0027144　GP00013　子部/雜著類/雜纂之屬
棻堂節錄二十卷　（清）徐時作輯　清乾隆三十年（1765）崇本堂刻本　五册

330000－1701－0027147　GP00016　類叢部/叢書類/郡邑之屬
金華叢書六十八種　（清）胡鳳丹編　清同治七年至光緒八年（1868－1882）永康胡氏退補齋刻民國補刻本　二册　存一種

330000－1701－0027148　GP00017　類叢部/叢書類/彙編之屬
積學齋叢書二十種　徐乃昌編　清光緒南陵徐乃昌刻本　六册　存一種

330000－1701－0027150　GP00010　類叢部/叢書類/彙編之屬
廣雅書局叢書一百五十九種　徐紹棨編　清光緒廣雅書局刻民國九年（1920）番禺徐紹棨彙編重印本　一册　存一種

330000－1701－0027151　GP00019　類叢部/叢書類/彙編之屬
文選樓叢書三十三種　（清）阮亨編　清嘉慶至道光阮氏刻道光二十二年（1842）阮亨彙印本　六册　存一種

330000－1701－0027152　GP00020　子部/儒家類/儒學之屬/性理
讀書錄條貫十三卷續十三卷　（明）薛瑄撰　（清）戴楫輯　清光緒二十一年至二十二年（1895－1896）丹徒戴鼎元刻本　三册

330000－1701－0027153　GP00021　子部/儒家類/儒學之屬/性理
薛文清公讀書錄鈔一卷讀書續錄鈔一卷　（明）薛瑄撰　（清）紀大奎輯　清嘉慶二十一年（1816）刻本　一册

330000－1701－0027154　民 813.58/1231/c1　集部/小說類/長篇之屬
繡像海上繁華夢新書初集六卷三十回二集六卷三十回　孫家振撰　清光緒二十九年（1903）上海笑林報館鉛印本　十二册

330000－1701－0027155　GP00026　史部/地理類/雜志之屬
啓東錄六卷　（清）林壽圖撰　清光緒五年

(1879)閩縣林壽圖歐齋刻本　漢辱題簽　二冊

330000－1701－0027157　民813.58/1231/c2、民813.58/1231.3/c5　集部/小說類/長篇之屬

繡像海上繁華夢新書初集六卷三十回二集六卷三十回後集八卷四十回　孫家振撰　清光緒三十一年至三十二年(1905－1906)上海笑林報館鉛印本　二十冊

330000－1701－0027159　GP00034　類叢部/類書類/通類之屬

三才彙編六卷　(清)龔在升撰　(清)顧理美增補　清康熙六年(1667)刻本　六冊

330000－1701－0027160　民813.58/1231.3/c3　集部/小說類/長篇之屬

繡像海上繁華夢新書初集六卷三十回二集六卷三十回後集八卷四十回　孫家振撰　清光緒三十一年至三十二年(1905－1906)上海笑林報館鉛印本　二十冊

330000－1701－0027162　GP00028　類叢部/叢書類/自著之屬

汪雙池先生叢書二十種附浙刻雙池遺書十二種　(清)汪紱撰　清道光至光緒刻光緒二十三年(1897)長安趙舒翹等彙印本　四冊　存一種

330000－1701－0027163　民813.58/1231.3/c4　集部/小說類/長篇之屬

繡像海上繁華夢新書初集六卷三十回二集六卷三十回後集八卷四十回　孫家振撰　清光緒三十一年至三十二年(1905－1906)上海笑林報館鉛印本　二十冊

330000－1701－0027164　GP00022　子部/雜著類/雜說之屬

荑園雜說二卷　(清)沈起潛撰　清道光七年(1827)刻本　四冊

330000－1701－0027165　GP00036　子部/小說家類/雜事之屬

竹葉亭雜記八卷　(清)姚元之撰　清光緒十九年(1893)桐城姚氏刻本　玉瀛題簽　二冊

330000－1701－0027168　GP00037　類叢部/叢書類/自著之屬

薌嶼裘書七種　(清)曾廷枚撰　清嘉慶刻本　四冊

330000－1701－0027170　GP00035　經部/儀禮類/分篇之屬

求自得之室喪服會通說四卷　(清)吳嘉賓撰　清同治刻本　一冊

330000－1701－0027172　GP00039　經部/儀禮類/分篇之屬

喪禮經傳約一卷　(清)吳卓信撰　清同治十一年(1872)刻本　一冊

330000－1701－0027173　GP00023　集部/別集類/清別集

安舟遺稿一卷附錄一卷　(清)蘇珥撰　清嘉慶十九年(1814)種德堂刻本　一冊

330000－1701－0027174　GP00043　子部/小說家類/雜事之屬

豈有此理四卷　(清)絳雪草廬主人撰　清道光四年(1824)刻本　四冊

330000－1701－0027175　GP00044　子部/小說家類/雜事之屬

更豈有此理四卷　(清)半軒主人撰　清道光四年(1824)刻本　四冊

330000－1701－0027178　GP00041　類叢部/叢書類/自著之屬

鐵研齋叢書五種　桑宣撰　清光緒宛平桑氏鐵研齋刻本　二冊　存一種

330000－1701－0027180　GP00048　史部/地理類/專志之屬/祠墓

西陵日記一卷　(清)潘祖蔭撰　清光緒刻本　一冊

330000－1701－0027181　GP00054　經部/小學類/文字之屬/說文

苗氏說文四種　(清)苗夔撰　清道光至咸豐壽陽祁氏漢專亭刻本　三冊　存一種

330000－1701－0027182　GP00024　類叢部/叢書類/自著之屬

蟄廬叢書　(清)陳虬撰　清光緒十九年至二十年(1893－1894)甌雅堂刻本　四冊　存一種

330000－1701－0027183　GP00049　子部/雜著類/雜考之屬

潛邱劄記六卷　(清)閻若璩撰　**左汾近稾一卷**　(清)閻詠撰　清乾隆九年(1744)閻學林眷西堂刻本　章嶔題記　六冊

330000－1701－0027184　GP00045　經部/詩類/傳說之屬

讀詩日錄十三卷　(清)劉士毅撰　清光緒六年(1880)刻本　一冊

330000－1701－0027186　GP00058　史部/雜史類/斷代之屬

東塘日劄二卷　(清)朱子素撰　**江變紀略二卷**　(清)徐世溥撰　清宣統上海有正書局鉛印本　丁傳靖題記　一冊

330000－1701－0027187　GP00006　類叢部/叢書類/家集之屬

富陽夏氏叢刻七種　夏震武　夏鼎武撰　清光緒至民國刻民國九年(1920)彙印本　一冊　存一種

330000－1701－0027190　GP00055　類叢部/叢書類/自著之屬

萬木草堂叢書　康有爲輯　清光緒至民國刻本　二冊　存一種

330000－1701－0027192　GP00059　類叢部/叢書類/彙編之屬

雲自在龕叢書五集十九種　繆荃孫輯　清光緒江陰繆氏刻本　一冊　存二種

330000－1701－0027193　GP00025　子部/雜著類/雜説之屬

湖上答問一卷　(清)黄慶澄撰　清光緒二十一年(1895)刻本　一冊

330000－1701－0027194　GP00057　史部/雜史類/斷代之屬

汴圍濕襟錄一卷　(明)白愚撰　清宣統上海有正書局鉛印本　丁傳靖題記　一冊

330000－1701－0027199　GP00071　類叢部/叢書類/郡邑之屬

江陰叢書三十二種　金武祥編　清光緒至宣統江陰金氏粟香室嶺南刻本　一冊　存一種

330000－1701－0027200　GP00063　經部/小學類/音韻之屬

切音捷訣一卷附幼學切音便讀一卷　(清)酈珩輯　清光緒六年(1880)諸暨摭古堂刻本　一冊

330000－1701－0027201　GP00052　經部/詩類/傳說之屬

詩誦五卷　(清)陳僅撰　清光緒十一年(1885)四明文則樓陳氏木活字印本　二冊

330000－1701－0027203　GP00073　類叢部/類書類/專類之屬

閨姓類集儷語四卷　(清)張越英撰　清乾隆二十年(1755)刻本　二冊

330000－1701－0027204　GP00083　子部/叢編

子書百家　(清)崇文書局編　清光緒元年(1875)湖北崇文書局刻本　一冊　存一種

330000－1701－0027205　GP00051　經部/詩類/傳說之屬

詩誦五卷　(清)陳僅撰　清光緒十一年(1885)四明文則樓陳氏木活字印本　二冊

330000－1701－0027207　GP00064　子部/儒家類/儒學之屬/禮教

裕昆要錄一卷　(清)陳延益輯　清光緒十一年(1885)刻本　一冊

330000－1701－0027210　GP00070　集部/別集類/清別集

自怡軒詩鈔一卷　(清)呂子珊撰　清咸豐刻本　一冊

330000－1701－0027211　GP00066　類叢部/叢書類/家集之屬

董氏叢書十六種 （清）董金鑑編　清光緒三十二年(1906)會稽董氏取斯家塾刻本　一册　存一種

330000－1701－0027213　GP00074　子部/宗教類/其他宗教之屬/基督教

性學觕述八卷 （意大利）艾儒畧撰　清同治十二年(1873)上海慈母堂刻本　二册

330000－1701－0027214　GP00084　子部/叢編

子書百家 （清）崇文書局編　清光緒元年(1875)湖北崇文書局刻本　一册　存一種

330000－1701－0027216　GP00085　子部/叢編

子書百家 （清）崇文書局編　清光緒元年(1875)湖北崇文書局刻本　一册　存一種

330000－1701－0027219　GP00075　史部/史抄類/通代之屬

古今紀要十九卷逸編一卷 （宋）黄震撰　清末耕餘樓刻本　八册

330000－1701－0027220　GP00067　經部/小學類/訓詁之屬/字詁

聲類四卷 （清）錢大昕撰　清道光五年(1825)汪恩刻本　四册

330000－1701－0027221　GP00068　史部/詔令奏議類/奏議之屬

掖垣疏草一卷 （明）盧明諏撰　清咸豐七年(1857)盧懷新、盧錫疇木活字印本　一册

330000－1701－0027223　GP00077　子部/農家農學類/總論之屬

農桑簡要新編一卷 （清）范村農輯　清光緒二十七年(1901)刻本　一册

330000－1701－0027229　GP00062　類叢部/叢書類/彙編之屬

津河廣仁堂叢書八十四種 （清）□□編　清光緒津河廣仁堂刻本　一册　存一種

330000－1701－0027230　GP00078　子部/農家農學類/總論之屬

農務實業新編二卷 （清）王上達撰　清宣統二年(1910)浙杭萬春農務局刻本　二册

330000－1701－0027234　GP00094　新學/算學/數學

數學啓蒙二卷 （英國）偉烈亞力撰　清光緒十二年(1886)鉛印本　二册

330000－1701－0027235　GP00092、GP00092/1　類叢部/叢書類/彙編之屬

郋園先生全書一百二十九種 葉啓倬編　清光緒至民國刻民國二十四年(1935)長沙中國古書刻印社彙印本　三册　存二種

330000－1701－0027236　GP00087　類叢部/叢書類/彙編之屬

蟫隱廬叢書十八種 羅振常編　清宣統二年至民國二十五年(1910－1936)上虞羅氏謄寫及鉛印本三十三年(1944)吴興周延年彙印本　一册　存一種

330000－1701－0027237　GP00097　子部/儒家類/儒學之屬/性理

慈陵子天人通一卷 曾純陽撰　清宣統三年(1911)闇章齋刻本　一册

330000－1701－0027238　GP00081　類叢部/叢書類/自著之屬

郝氏遺書三十三種 （清）郝懿行撰　清嘉慶至光緒刻彙印本　一册　存一種

330000－1701－0027239　GP00095　新學/算學/曲綫

圓錐曲線一卷 （美國）求德生譯　（清）劉維師筆述　清光緒十九年(1893)上海美華書館鉛印本　一册

330000－1701－0027240　GP00082　類叢部/叢書類/自著之屬

郝氏遺書三十三種 （清）郝懿行撰　清嘉慶至光緒刻彙印本　一册　存一種

330000－1701－0027241　GP00096　子部/天文算法類/算書之屬

整數句股和較表一卷造整數句股法一卷句股和較加減圖一卷測圓續率一卷 （清）王鑑古

撰　清光緒二十三年(1897)刻本　二冊

330000－1701－0027242　GP00093　新學/算學/形學

形學五書五卷　(英國)威理孫撰　(清)陳泩譯　清光緒三十三年(1907)京師學部編譯書局鉛印本　一冊

330000－1701－0027243　GP00100　新學/算學/數學

數學佩觿二卷　(清)徐虎臣譯　**問題之答二卷**　(清)善濬撰　清光緒江楚書局刻本　二冊

330000－1701－0027246　GP00110　集部/總集類/課藝之屬

越輶采風錄四卷　瞿鴻禨編　清光緒十四年(1888)刻本　八冊

330000－1701－0027248　GP00101、GP00102　集部/總集類/彙編之屬

京江鮑氏三女史詩鈔合刻　(清)戴燮元輯　清光緒八年(1882)丹徒戴燮元嘉禾刻本　四冊　存二種

330000－1701－0027249　GP00108　子部/宗教類/其他宗教之屬

醒華博議一卷　(英國)李提摩太撰　清光緒二十五年(1899)上海廣學會鉛印本　一冊

330000－1701－0027250　GP00118　史部/詔令奏議類/奏議之屬

副將袁得勝書生楊管春爲各洋兵釁條呈利弊有戰無和上書一卷　(清)袁得勝　(清)楊管春撰　清光緒二十六年(1900)皖蓉江秀山刻朱墨套印本　一冊

330000－1701－0027252　GP00104　史部/傳記類/日記之屬

乙巳歿察印錫茶土日記一卷　鄭世璜撰　清光緒三十一年(1905)木活字印本　一冊

330000－1701－0027254　GP00127　史部/政書類

三通序不分卷　(清)吳巖輯　(清)康綸筠校　清道光十三年(1833)江夏周恭壽刻本　三冊

330000－1701－0027257　GP00105　集部/別集類/清別集

續東軒遺集四卷　(清)高均儒撰　清光緒七年(1881)刻本　一冊

330000－1701－0027258　GP00129　史部/傳記類/總傳之屬/忠孝

忠烈備考不分卷　(清)高德泰輯　清光緒二年至三年(1876－1877)刻本　八冊

330000－1701－0027260　GP00119　史部/紀事本末類/斷代之屬

皇清開國方略三十二卷首一卷　(清)阿桂等撰　清光緒十三年(1887)廣百宋齋鉛印本　六冊

330000－1701－0027261　GP00109　子部/儒家類/儒學之屬

正譌八卷　(清)劉沅撰　清咸豐四年(1854)刻本　四冊

330000－1701－0027263　GP00115　子部/宗教類/佛教之屬/經疏

大佛頂如來密因修證了義諸菩薩萬行首楞嚴經通議十卷補遺一卷首楞嚴經懸鏡一卷首楞嚴經通議提綱略科一卷　(明)釋德清撰　清光緒二十年(1894)金陵刻經處刻本　六冊

330000－1701－0027264　GP00128　集部/別集類/清別集

松心詩集二十七卷　(清)張維屏撰　清道光二十年(1840)上海刻本　一冊　存一種

330000－1701－0027266　GP00134　史部/傳記類/總傳之屬/郡邑

尊鄉錄節要四卷　(明)王弼撰　清光緒十七年(1891)盧炯刻本　一冊

330000－1701－0027270　GP00124　類叢部/叢書類/彙編之屬

十萬卷樓叢書五十一種　(清)陸心源編　清光緒歸安陸氏刻本(歲時廣記卷六原缺)　九冊　存一種

330000－1701－0027271　GP00139　新學/學校
日本各校紀略一卷附存一卷　（清）張大鏞輯　清光緒二十五年（1899）浙江書局刻本　一册

330000－1701－0027274　GP00130　子部/雜著類/雜説之屬
墨莊漫録十卷　（宋）張邦基撰　**侍兒小名録拾遺一卷**　（宋）張邦幾撰　**補侍兒小名録一卷**　（宋）王銍撰　**續補侍兒小名録一卷**　（宋）溫豫撰　清刻本　三册

330000－1701－0027278　GP00140　新學/算學/數學
數學理九卷附卷一卷　（英國）棣麼甘撰　（英國）傅蘭雅　（清）趙元益譯　清光緒二十三年（1897）積山書局石印本　四册

330000－1701－0027279　GP00135　史部/傳記類/别傳之屬/事狀
會稽王氏銀管録一卷　王繼香輯　清光緒四年（1878）刻本　一册

330000－1701－0027280　GP00145　子部/雜著類/雜考之屬
香墅漫鈔四卷續四卷　（清）曾廷枚撰　清乾隆五十二年（1787）南城曾氏家塾刻五十九年（1794）增刻本　六册

330000－1701－0027284　GP00147　經部/小學類/音韻之屬/等韻
切韻攷四卷　（清）李鄴撰　清沈灝刻本　一册

330000－1701－0027285　GP00136　集部/總集類/選集之屬/斷代
唐詩快十六卷選詩前後諸詠一卷　（清）黄周星輯　清康熙刻本　四册

330000－1701－0027286　GP00117　集部/别集類/明别集
歐陽南野先生文集五卷　（明）歐陽德撰　（明）李春芳選　清道光十五年（1835）蜀江書室刻民國六年（1917）印本　四册

330000－1701－0027289　GP00146　子部/雜著類/雜考之屬
香墅漫鈔四卷續四卷又續四卷　（清）曾廷枚撰　清乾隆五十二年（1787）南城曾氏家塾刻五十九年至六十年（1794－1795）增刻本　十二册

330000－1701－0027290　GP00141　史部/傳記類/總傳之屬/忠孝
中興蘇浙表忠録三十六卷續録八卷　（清）王希曾輯　清光緒二十九年（1903）刻本　八册

330000－1701－0027292　GP00158　經部/叢編
五經要義　（宋）魏了翁撰　清光緒江蘇書局刻本　六册　存一種

330000－1701－0027293　GP00151　類叢部/叢書類/自著之屬
神羊遺著三種　（清）張豸冠撰　清刻本　一册　存一種

330000－1701－0027294　GP00142　史部/傳記類/别傳之屬/事狀
陶模行述一卷　（清）陶葆廉　（清）陶保霖撰　清光緒刻本　一册

330000－1701－0027295　GP00153　類叢部/叢書類/輯佚之屬
漢魏遺書鈔一百四種　（清）王謨輯　清嘉慶三年（1798）金谿王氏刻本　十六册

330000－1701－0027296　GP00137　子部/雜著類/雜説之屬
天基遺言一卷時習編一卷　（清）石成金撰　清刻本　一册

330000－1701－0027297　GP00156　子部/天文曆算類/算書之屬
曲綫牘義八卷　（清）沈保樞撰　清光緒二十七年（1901）常州刻朱印本　二册

330000－1701－0027299　GP00143　類叢部/叢書類/彙編之屬
暢園叢書甲函六種　（清）張邁編　清光緒二十年（1894）始豐張氏四明刻本　一册　存

一種

330000－1701－0027301　GP00166　經部/群經總義類/文字音義之屬
羣經字考四卷　(清)曾廷枚輯　清刻本　三册

330000－1701－0027302　GP00159　子部/天文曆算類/算書之屬
數學上編十三卷　曹汝英撰　清光緒二十九年(1903)羊城刻本　四册

330000－1701－0027303　GP00169　類叢部/叢書類/彙編之屬
抱經堂叢書七種　朱遂翔編　清刻民國杭州朱氏抱經堂補刻印本　一册　存一種

330000－1701－0027305　GP00160　類叢部/叢書類/自著之屬
悔餘菴集三種　(清)何栻撰　清同治四年(1865)鳩江戎幄刻本　四册　存一種

330000－1701－0027306　GP00170　類叢部/叢書類/自著之屬
玉屏山房存稿　(清)郭師古撰　清光緒十二年(1886)清芬堂刻本　二册　存一種

330000－1701－0027307　GP00172　史部/傳記類/别傳之屬/事狀
候選知縣周君叔篔[郇]行狀一卷　王詠霓撰　清光緒刻本　一册

330000－1701－0027308　GP00173　新學/算學/曲綫
圜錐曲線説三卷　(英國)艾約瑟口譯　(清)李善蘭筆述　清同治刻本　一册

330000－1701－0027310　GP00180　史部/紀傳類/正史之屬
漢書引經異文録證六卷　(清)繆祐孫撰　清光緒十一年(1885)刻本　二册

330000－1701－0027312　GP00174　子部/宗教類/佛教之屬/經
大方等大集月藏經十卷　(隋)釋那連提耶舍譯　清光緒八年(1882)常熟刻經處刻本　三册

330000－1701－0027315　GP00182　經部/三禮總義類/名物制度之屬
禮經宮室答問二卷　(清)洪頤煊撰　清光緒十年(1884)臨海馬氏師竹山房刻本　一册

330000－1701－0027316　GP00161　類叢部/叢書類/家集之屬
虞山潘氏叢書　(清)徐元霖輯　清光緒徐元霖刻本　二册　存一種

330000－1701－0027318　GP00185　類叢部/叢書類/彙編之屬
真意堂五種　(清)吴志忠編　清嘉慶刻彙印本　一册　存一種

330000－1701－0027319　GP00175　類叢部/叢書類/自著之屬
邃雅堂全集九種　(清)姚文田撰　清嘉慶至光緒歸安姚氏刻本　四册　存一種

330000－1701－0027321　GP00184　經部/群經總義類/授受源流之屬
緯學原流興廢考三卷　(清)蔣清翊撰　清光緒二十三年(1897)吴縣蔣氏雙唐碑館刻本　一册

330000－1701－0027322　GP00186　子部/小説家類/雜事之屬
水窗春囈二卷　(清)□□撰　清光緒三年(1877)上海機器印書局鉛印本　二册

330000－1701－0027323　GP00188　史部/雜史類/斷代之屬
行素齋雜記二卷　(清)繼昌撰　清光緒二十七年(1901)湖南臬署刻本　二册

330000－1701－0027324　GP00192　經部/小學類/文字之屬/説文
王氏説文三種　(清)王筠撰　清道光至咸豐刻同治四年(1865)彙印本　十六册　存一種

330000－1701－0027325　GP00194　經部/易類/傳説之屬
漢儒易義針度四卷　(清)朱昌壽撰　**附近科**

文式一卷　(清)希鼓等撰　清道光二十三年(1843)武林調香室刻本　一冊

330000－1701－0027327　GP00193　類叢部/叢書類/彙編之屬

孫氏山淵閣叢刊十種　(清)孫葆田編　清光緒榮成孫氏問經精舍刻本　十二冊　存一種

330000－1701－0027329　GP00179　經部/四書類/總義之屬

四書緯四卷　(清)常增撰　清道光十六年(1836)沈氏刻光緒十二年(1886)印本　四冊

330000－1701－0027331　GP00195　類叢部/叢書類/彙編之屬

申報館叢書正集五十七種附錄三種續集一百四十二種　(清)尊聞閣主編　蔡爾康編續集　清同治至光緒上海申報館鉛印本　十二冊　存二種

330000－1701－0027333　GP00197　類叢部/叢書類/自著之屬

吴翊寅所著書七種　(清)吴翊寅撰　清光緒十九年至二十一年(1893－1895)廣州刻本　一冊　存三種

330000－1701－0027334　GP00191　集部/別集類/明別集

讀書後八卷　(明)王世貞撰　清乾隆二十七年(1762)天隨堂刻本　四冊

330000－1701－0027335　GP00198　經部/春秋總義類/傳說之屬

春秋或問六卷　(清)郜坦撰　清光緒二年(1876)淮南書局刻本　一冊

330000－1701－0027336　GP00199　經部/四書類/總義之屬/傳說

四書經註集證十九卷　(清)吴昌宗撰　清嘉慶三年(1798)江都汪廷機刻本　十六冊

330000－1701－0027337　GP00204　類叢部/叢書類/自著之屬

柚堂全集五種　(清)盛百二撰　清乾隆刻本　一冊　存一種

330000－1701－0027338　GP00201、GP00202、GP00203　類叢部/叢書類/自著之屬

邵陽曾氏三種　曾廉撰　清光緒刻本　六冊

330000－1701－0027339　GP00200　類叢部/叢書類/自著之屬

白雲山房集四種　(清)張象津撰　清道光十六年(1836)張繩武等拜經堂刻本　一冊　存一種

330000－1701－0027340　GP00250　經部/春秋總義類/傳說之屬

春秋公法比義發微六卷　(清)藍光策撰　清宣統三年(1911)南洋印刷官廠鉛印本　三冊

330000－1701－0027343　GP00208　經部/讖緯類/總義之屬

七緯三十八卷　(清)趙在翰輯　清嘉慶十四年(1809)侯官趙氏小積石山房刻本　十冊

330000－1701－0027344　GP00212　類叢部/叢書類/自著之屬

文道十書四種十二卷　(清)陳景雲撰　清乾隆十九年(1754)蔣良騏刻本　六冊

330000－1701－0027345　GP00207　類叢部/叢書類/自著之屬

番禺陳氏東塾叢書初函四種附一種　(清)陳澧撰　清咸豐至光緒刻本　二冊　存一種

330000－1701－0027347　GP00221　集部/楚辭類

屈子正音三卷　(清)方績撰　清道光七年(1827)刻本　一冊

330000－1701－0027348　GP00213　類叢部/叢書類/自著之屬

陳氏裛露軒叢書四種　(清)陳本禮撰　清嘉慶陳氏裛露軒刻本　八冊

330000－1701－0027349　GP00225　經部/小學類/文字之屬/說文/專著

六書叚借經徵四卷　(清)朱駿聲撰　清光緒十八年(1892)元和朱氏金陵刻本　一冊

330000－1701－0027352　GP00231　經部/春秋總義類/傳説之屬

春秋比事參義十六卷　(清)桂含章輯　清光緒八年(1882)石埭桂氏務本堂金陵刻本　十六冊

330000－1701－0027354　GP00215　子部/雜著類/雜説之屬

鴻苞節錄十卷　(明)屠隆撰　(清)屠繼烈輯　清咸豐七年(1857)章丘保硯齋刻本　十冊

330000－1701－0027356　GP00230　史部/地理類/雜志之屬

瀛壖雜志六卷　(清)王韜撰　清光緒元年(1875)刻本　二冊

330000－1701－0027361　GP00239　類叢部/叢書類/彙編之屬

廣雅書局叢書一百五十九種　徐紹棨編　清光緒廣雅書局刻民國九年(1920)番禺徐紹棨彙編重印本　二冊　存一種

330000－1701－0027363　GP00236　集部/小説類/長篇之屬

紅樓夢論贊一卷問答一卷　(清)涂瀛撰　清光緒十三年(1887)昆陵精舍刻本　一冊

330000－1701－0027364　GP00216　類叢部/叢書類/自著之屬

桐華閣叢書六種三十七卷　(清)杜貴墀撰　清光緒二十五年至三十三年(1899－1907)刻本　十二冊

330000－1701－0027367　GP00237　集部/小説類/長篇之屬

悟石軒石頭記集評二卷　(清)解盦居士撰　清光緒十三年(1887)昆陵精舍刻本　一冊　存一卷(下)

330000－1701－0027371　GP00214　類叢部/叢書類/彙編之屬

真意堂五種　(清)吳志忠編　清嘉慶刻彙印本　四冊　存一種

330000－1701－0027374　GP00206　類叢部/叢書類/自著之屬

喬勤恪公全集　(清)喬松年撰輯　清光緒三年(1877)强恕堂刻本　八冊　存一種

330000－1701－0027377　GP00218　經部/小學類/文字之屬/説文

苗氏説文四種　(清)苗夔撰　清道光至咸豐壽陽祁氏漢專亭刻本　二冊　存一種

330000－1701－0027380　GP00247　史部/史表類/斷代之屬

春秋滕薛杞越莒郳許七國統表六卷　(清)魏翼龍撰　清道光十三年(1833)刻本　六冊

330000－1701－0027395　GP00261　子部/天文曆算類/曆法之屬

御纂歷代三元甲子編年一卷御定萬年書一卷　(清)欽天監編　清光緒刻本　二冊

330000－1701－0027400　GP00262　新學/算學/形學

形學備旨十卷開端一卷　(美國)狄考文選譯　(清)鄒立文筆述　清光緒二十八年(1902)上海美華書館鉛印本　二冊

330000－1701－0027402　GP00263　經部/小學類/文字之屬/字書/字體

問奇集不分卷　(明)張位撰　(清)杜立德增續　清嘉慶十六年(1811)刻本　二冊

330000－1701－0027409　GP00270　經部/小學類/文字之屬/説文

説文聲母歌括四卷　(清)宣澍甘撰　湯壽潛鑑定　清宣統元年(1909)石印本　一冊

330000－1701－0027412　GP00264　經部/群經總義類/傳説之屬

實事求是之齋經義二卷　(清)朱大韶撰　清光緒九年(1883)刻本　二冊

330000－1701－0027413　GP00265　類叢部/叢書類/彙編之屬

張氏適園叢書　張鈞衡編　清宣統三年(1911)上海國學扶輪社鉛印本　一冊　存一種

330000－1701－0027416　GP00273　子部/儒

家類/儒學之屬/經濟
朱子議政錄一卷 （清）刑廷莢輯　清光緒二十九年(1903)桐鄉勞乃宣鉛印本　一冊

330000－1701－0027418　GP00275　經部/小學類/文字之屬/說文
說文引經攷二卷補遺一卷 （清）吳玉搢撰　清道光元年(1821)儀徵程贊詠刻本　二冊

330000－1701－0027421　GP00274　類叢部/叢書類/自著之屬
石遺室叢書十九種 陳衍撰　清光緒至民國刻本　一冊　存一種

330000－1701－0027425　GP00276　經部/小學類/文字之屬/說文/傳說
說文答問疏證六卷 （清）錢大昕撰　（清）薛傳均疏證　清光緒八年(1882)東來軒刻本　二冊

330000－1701－0027426　GP00277　經部/小學類/音韻之屬/古今音說
蕭選韻系二卷 （清）李名奇輯注　清光緒十年(1884)上海同文書局石印本　梅花散人題簽並記　二冊

330000－1701－0027431　民 813.58/4491.2　集部/小說類/長篇之屬
繪圖粵東繁華夢三卷四十回 黃世仲撰　清光緒三十四年(1908)上海書局石印本　三冊

330000－1701－0027432　GP00282　類叢部/叢書類/自著之屬
起聖齋叢書 尹桐陽撰　清光緒至民國鉛印本　二冊　存一種

330000－1701－0027437　GP00278　經部/小學類/文字之屬/字書/訓蒙
文字蒙求四卷 （清）王筠撰　清末石印本　一冊

330000－1701－0027440　GP00285　經部/小學類/文字之屬/說文
說文引經攷證七卷說文引經互異說一卷 （清）陳瑑撰　清同治十三年(1874)湖北崇文書局刻本　二冊

330000－1701－0027443　民 813.58/4491.3　集部/小說類/長篇之屬
廿載繁華夢四十回 黃小配（黃世仲）撰　清光緒漢口東亞印刷局石印本　二冊

330000－1701－0027445　GP00286　經部/小學類/文字之屬/說文
說文逸字辨證二卷 （清）鄭珍撰　（清）李楨辨證　清光緒十一年(1885)善化李氏畹蘭室刻本　二冊

330000－1701－0027446　GP00294　經部/小學類/音韻之屬/古今韻說
古韻通說二十卷 （清）龍啓瑞撰　清光緒九年(1883)四川尊經書局刻本　二冊

330000－1701－0027447　GP00295　經部/小學類/音韻之屬
述均十卷 （清）夏燮撰　清咸豐五年(1855)番陽官廨刻本　二冊

330000－1701－0027451　GP00287　經部/小學類/文字之屬/說文
讀說文雜識一卷 （清）許棫撰　清光緒七年(1881)刻本　一冊

330000－1701－0027454　GP00289　經部/小學類
小學類編六種附三種 （清）李祖望編　清咸豐至光緒江都李氏半畝園刻本　一冊　存一種

330000－1701－0027456　GP00299　經部/小學類/文字之屬/字書/通論
六書正譌五卷 （元）周伯琦撰　清光緒元年(1875)恭壽堂刻本　二冊

330000－1701－0027457　GP00297　類叢部/叢書類/自著之屬
古愚老人消夏錄十七種 （清）汪汲撰輯　清乾隆至嘉慶古愚山房刻本　七冊　存一種

330000－1701－0027461　GP00301　經部/小學類/文字之屬/字書/字體
鐘鼎字源五卷附錄一卷 （清）汪立名撰　清康熙五十五年(1716)錢塘汪立名一隅草堂刻

本　四册

330000－1701－0027467　GP00304　史部/史評類/史論之屬

史案二十卷首一卷　(清)吳裕垂撰　(清)吳世宣纂　清光緒六年(1880)大成堂刻本　六册

330000－1701－0027468　GP00305　類叢部/叢書類/家集之屬

馬氏叢刻(關西馬氏叢書、馬氏家集)二十四種附三種　(清)馬先登編　清同治關中馬氏敦倫堂刻本　二册　存一種

330000－1701－0027471　民813.6/8884/c1　集部/小説類/長篇之屬

轟天雷一卷十四回　孫景賢撰　清光緒三十三年(1907)鉛印本　一册

330000－1701－0027473　民813.6/8884/c2　集部/小説類/長篇之屬

轟天雷一卷十四回　孫景賢撰　清光緒三十三年(1907)鉛印本　一册

330000－1701－0027474　GP00306　子部/儒家類/儒學之屬/禮教/家訓

先文恭公遺訓一卷　(清)潘世恩撰　(清)潘曾瑩輯　清咸豐刻本　一册

330000－1701－0027475　GP00315　經部/春秋總義類/傳説之屬

春秋不傳十二卷　(清)湯啓祚撰　清嘉慶二十四年(1819)湯士瀛、湯籲刻本　四册

330000－1701－0027476　民813.6/8884/c3　集部/小説類/長篇之屬

轟天雷一卷十四回　孫景賢撰　清光緒三十三年(1907)鉛印本　谷翁題記　一册

330000－1701－0027477　GP00307　類叢部/叢書類/自著之屬

石遺室叢書十九種　陳衍撰　清光緒至民國刻本　一册　存一種

330000－1701－0027480　GP00316　經部/小學類/文字之屬/字書/通論

正俗編二十四卷附録一卷　(清)吳墀撰　清咸豐三年(1853)長豐畊雲山館刻本　四册

330000－1701－0027484　GP00313　經部/大戴禮記類/分篇之屬

夏小正四卷　(清)王貞撰　清同治十一年(1872)刻本　一册

330000－1701－0027486　GP00312　類叢部/叢書類/自著之屬

有恆心齋集六種附一種　(清)程鴻詔撰　清同治刻本　二册　存一種

330000－1701－0027488　GP00318　經部/書類/傳説之屬

尚書無逸集説辨證一卷考異一卷　(清)褚通經撰　清嘉慶十三年(1808)淥水園刻本　一册

330000－1701－0027492　GP00310　類叢部/叢書類/自著之屬

范氏三種　(清)范家相撰　清乾隆至嘉慶會稽范氏古趣亭刻本　一册　存一種

330000－1701－0027495　GP00319　經部/書類/傳説之屬

尚書地理今釋一卷　(清)蔣廷錫撰　清嘉慶二十二年(1817)蔣嘉珍刻光緒四年(1878)蔣汝霖印本　一册

330000－1701－0027501　GP00311　經部/四書類/論語之屬/傳説

論語發疑四卷　(清)顧成章撰　清光緒十八年(1892)木活字印本　一册

330000－1701－0027504　GP00314　經部/大戴禮記類/分篇之屬

夏小正戴氏傳訓解四卷考異一卷通論一卷　(清)王寶仁撰　清同治十三年(1874)舊香居刻本　一册

330000－1701－0027507　GP00323　子部/雜著類/雜説之屬

淮南雜識四卷　(清)聞益編　清同治七年(1868)刻本　二册

330000－1701－0027508　GP00322　子部/雜著類/雜説之屬
西雲札記四卷　(清)李枝青撰　清光緒十年(1884)刻本　二册

330000－1701－0027510　GP00320　子部/天文曆算類/曆法之屬
七十二候表一卷　(清)羅以智撰　**七十二候表校錄一卷**　(清)江標撰　清光緒八年(1882)海昌羊復禮刻本　一册

330000－1701－0027511　GP00324　類叢部/叢書類/彙編之屬
張氏適園叢書　張鈞衡編　清宣統三年(1911)上海國學扶輪社鉛印本　一册　存二種

330000－1701－0027516　GP00325　子部/小説家類/雜事之屬
見聞雜紀十卷續二卷　(明)李樂撰　清乾隆四十一年(1776)刻本　四册

330000－1701－0027519　GP00327　子部/雜著類/雜纂之屬
海南日抄三十卷　(清)張眉大撰　清嘉慶元年(1796)刻本　六册

330000－1701－0027532　GP00343　集部/總集類/選集之屬/通代
律賦衡裁六卷　(清)周嘉猷　(清)周鈖輯　(清)湯聘評　清乾隆五十三年(1788)黄金書屋刻本　四册

330000－1701－0027533　GP00344　史部/傳記類/總傳之屬
浙江高等學堂同學錄一卷　清宣統元年(1909)鉛印本　一册

330000－1701－0027535　GP00329　類叢部/叢書類/自著之屬
沈蓮溪全集六種　(清)沈濂撰　清道光至咸豐秀水沈氏始言堂刻本　六册　存一種

330000－1701－0027536　GP00338　類叢部/叢書類/自著之屬
起聖齋叢書　尹桐陽撰　清光緒至民國鉛印本　一册　存一種

330000－1701－0027537　GP00345　集部/别集類/清别集
餘園古今體詩精選四卷　(清)繆沅撰　清乾隆三十八年(1773)藴真堂刻本　四册

330000－1701－0027540　GP00348　集部/别集類/清别集
澄懷園詩選十二卷　(清)張廷玉撰　清光緒十七年(1891)金陵刻本　四册

330000－1701－0027541　GP00339　子部/雜著類/雜纂之屬
片玉山房花箋錄二十卷　(清)孫兆溎輯　清同治四年(1865)景福堂刻本　十二册

330000－1701－0027544　GP00346　集部/别集類/清别集
知白齋詩鈔五卷詩草附存一卷雙橋小築詞存六卷集餘一卷　(清)江人鏡撰　清光緒二十年(1894)刻本　一册　存三卷(雙橋小築詞存一至三)

330000－1701－0027545　GP00349　經部/叢編
通志堂經解一百四十種　(清)納蘭成德輯　清康熙十九年(1680)納蘭成德刻本　二册　存一種

330000－1701－0027548　GP00340　經部/小學類/訓詁之屬/字詁
聖門名字纂詁二卷補遺一卷　(清)洪恩波撰　清光緒二十三年(1897)刻二十五年(1899)金陵官書局重校補正本　二册

330000－1701－0027550　GP00347　集部/詞類/别集之屬
受辛詞二卷　(清)王荌撰　清光緒十年(1884)刻本　一册　存一卷(一)

330000－1701－0027551　GP00341　集部/别集類/明别集
知我軒近説三卷　(明)林貴兆撰　清宣統二年(1910)太平陳氏木活字印本　三册

330000－1701－0027553　GP00330　子部/雜著類/雜說之屬

薑露盦雜記六卷　(清)施山撰　清宣統三年(1911)會稽施煃金陵刻本　二冊

330000－1701－0027555　GP00342　類叢部/叢書類/自著之屬

儀衛軒全集四種　(清)方東樹撰　清同治方宗誠刻本　二冊　存一種

330000－1701－0027556　GP00360　經部/叢編

茹氏經學十二種二十二卷　(清)茹敦和撰　清乾隆刻本　二冊　存一種

330000－1701－0027559　GP00361　集部/總集類/選集之屬/通代

頌言彙編二十二卷　(清)□□輯　清刻本　八冊

330000－1701－0027566　民814.8/0017　集部/别集類/清别集

兼善堂文鈔一卷　席聘臣撰　清宣統三年(1911)鉛印本　一冊

330000－1701－0027572　GP00363　集部/小說類/長篇之屬

按鑑演義帝王御世有夏誌傳六卷有商誌傳四卷　(明)鍾惺編　清嘉慶十九年(1814)稽古堂刻本　六冊

330000－1701－0027574　GP00366　經部/易類/傳說之屬

周易經解二卷　(明)應廷育撰　清木活字印本　四冊

330000－1701－0027575　GP00365　經部/易類/傳說之屬

周易易知三卷　(清)周煒撰　清嘉慶二十三年(1818)華亭張應時書三味樓刻本　一冊

330000－1701－0027576　GP00371　經部/易類/傳說之屬

易解醒豁二卷　(清)梁欽辰撰　清光緒刻本　四冊

330000－1701－0027577　GP00333　經部/小學類/音韻之屬/古今韻說

漢學諧聲二十四卷說文補考一卷說文又考一卷　(清)戚學標撰　清嘉慶九年(1804)涉縣官署刻本　八冊

330000－1701－0027578　GP00372　經部/易類/傳說之屬

易解醒豁二卷　(清)梁欽辰撰　清光緒刻本　二冊

330000－1701－0027580　GP00376　經部/叢編

四經精華　(清)魏朝俊輯　清光緒二十年(1894)學庫山房刻本　四冊　存一種

330000－1701－0027581　GP00377　經部/易類/傳說之屬

周易廓二十四卷　(清)陳世鎔撰　清咸豐元年(1851)獨秀山莊刻本　六冊

330000－1701－0027583　GP00391　子部/雜著類/雜說之屬

歸田瑣記八卷　(清)梁章鉅撰　清道光二十五年(1845)北東園刻本　章崟題記　四冊

330000－1701－0027584　GP00398　類叢部/叢書類/彙編之屬

雲自在龕叢書五集十九種　繆荃孫輯　清光緒江陰繆氏刻本　一冊　存一種

330000－1701－0027585　GP00369　經部/四書類/孟子之屬/傳說

孟子要畧五卷附錄一卷　(宋)朱熹撰　(清)劉傳瑩輯　清同治六年(1867)海昌蔣氏衍芬艸堂刻本　一冊

330000－1701－0027587　GP00392　子部/雜著類/雜說之屬

芸籠偶存二卷　(清)王汝璧撰　清嘉慶刻本　一冊

330000－1701－0027589　GP00399　史部/政書類/邦計之屬

嘉善縣重糧賠虧圖考三卷　(清)蔣從隆撰　清乾隆五年(1740)刻本　四冊

330000－1701－0027593　GP00373　經部/易類/傳說之屬
周易洗心十卷讀法一卷　(清)任啓運撰　清光緒八年(1882)任氏家塾刻本　六冊

330000－1701－0027595　GP00401　類叢部/叢書類/自著之屬
楊愚齋先生全集四種　(清)楊丕復撰　清光緒二十六年(1900)刻本　六冊　存一種

330000－1701－0027599　GP00405　集部/別集類/清別集
染學齋詩集十卷　(清)余元遴撰　清咸豐二年(1852)露蕭草堂刻本　四冊

330000－1701－0027601　GP00402　經部/三禮總義類
确山所著書二種　(清)宋世犖撰　清光緒四年(1878)刻六年(1880)津門徐士鑾補刻印本　一冊　存一種

330000－1701－0027604　GP00394　類叢部/叢書類/彙編之屬
張氏適園叢書初集七種　張鈞衡編　清宣統三年(1911)上海國學扶輪社鉛印本　二冊　存一種

330000－1701－0027605　GP00370　類叢部/叢書類/自著之屬
曾文正公全集十六種　(清)曾國藩撰　清同治至光緒傳忠書局刻本　一冊　存一種

330000－1701－0027608　GP00420　史部/雜史類
雙槐歲鈔十卷　(明)黄榆撰　清道光十一年(1831)南海伍氏粵雅堂文字歡娱室刻嶺南遺書本　章嶔題簽　四冊

330000－1701－0027613　GP00421　類叢部/叢書類/自著之屬
沈蓮溪全集六種　(清)沈濂撰　清道光至咸豐秀水沈氏始言堂刻本　六冊　存一種

330000－1701－0027614　GP00423　類叢部/叢書類/彙編之屬
知不足齋叢書一百九十五種　(清)鮑廷博編　(清)鮑士恭續編　清乾隆三十七年至道光三年(1772－1823)長塘鮑氏刻彙印本　二冊　存一種

330000－1701－0027615　GP00395　類叢部/叢書類/彙編之屬
張氏適園叢書　張鈞衡編　清宣統三年(1911)上海國學扶輪社鉛印本　一冊　存一種

330000－1701－0027616　GP00422　子部/雜著類/雜說之屬
簷曝雜記六卷附録一卷　(清)趙翼撰　清刻本　二冊

330000－1701－0027618　GP00396　集部/別集類/清別集
雪船吟初稿六卷　(清)謝秀嵐撰　清宣統二年(1910)木活字印本　一冊　存四卷(一至四)

330000－1701－0027621　普738.9/2661.2　子部/藝術類/篆刻之屬/印譜
觀自得齋集缶廬印譜不分卷　吴昌碩篆刻　(清)徐士愷輯　清光緒二十八年(1902)石埭徐氏鈐拓本　八冊

330000－1701－0027623　GP00397　集部/別集類/清別集
雪船吟初稿六卷　(清)謝秀嵐撰　清宣統二年(1910)木活字印本　一冊　存四卷(一至四)

330000－1701－0027624　GP00424　子部/天文曆算類/算書之屬
算書廿一種　(清)吴嘉善撰　清同治十一年(1872)長沙丁取忠刻本　四冊

330000－1701－0027632　GP00428　類叢部/叢書類/彙編之屬
六安涂氏求我齋所刊書六種　(清)涂宗瀛編　清同治至光緒六安涂氏刻本　二冊　存一種

330000－1701－0027634　GP00431　子部/雜著類/雜纂之屬

榕堂續録四卷　(清)蔣超伯撰　清同治六年(1867)羊城聚珍堂刻本　二册

330000－1701－0027636　GP00425　類叢部/叢書類/自著之屬
孫夏峯全集十二種附一種　(清)孫奇逢撰　清康熙刻道光至光緒遞刻重印本　一册　存一種

330000－1701－0027639　GP00432　類叢部/叢書類/自著之屬
洪北江全集二十一種　(清)洪亮吉撰　清光緒三年至五年(1877－1879)洪用懃授經堂刻本　二册　存一種

330000－1701－0027641　GP00438　史部/傳記類/日記之屬
道西齋日記二卷(清光緒十三年)　王詠霓撰　清光緒十三年(1887)青陽曹獻之、甯修刻本　一册

330000－1701－0027645　GP00433　類叢部/叢書類/自著之屬
神羊遺著三種　(清)張豸冠撰　清刻本　二册　存一種

330000－1701－0027648　GP00434　類叢部/叢書類/自著之屬
羲停山館集六種　(清)王景賢撰　清同治十三年(1874)三山王氏刻本　一册　存二種

330000－1701－0027650　GP00442　子部/術數類/占卜之屬
紀慎齋先生求雨經一卷　(清)紀大奎撰　清光緒二十四年(1898)刻本　一册

330000－1701－0027653　GP00443　子部/儒家類/儒學之屬/勸學
勸學邇言一卷　(清)劉爾炘撰　清光緒三十一年(1905)太和縣刻本　一册

330000－1701－0027655　GP00441　子部/儒家類/儒學之屬/性理
勵志雜録一卷　(清)雷鋐撰　清瞬蔚軒刻本　一册

330000－1701－0027657　GP00436　子部/醫家類/類編之屬
霄鵬先生遺著　(清)黄保康撰　清宣統三年(1911)刻民國八年(1919)印本　一册　存二種

330000－1701－0027661　GP00444　子部/儒家類/儒學之屬/禮教/鑑戒
鐸語一卷　(清)柯汝霖撰　清光緒二十八年(1902)鉛印本　一册

330000－1701－0027665　GP00450　子部/儒家類/儒學之屬/禮教/鑑戒
省吾集三卷首一卷末一卷　(清)徐德瑜編　清乾隆刻本　四册

330000－1701－0027667　GP00447　類叢部/叢書類/家集之屬
富陽夏氏叢刻七種　夏震武　夏鼎武撰　清光緒至民國刻民國九年(1920)彙印本　一册　存一種

330000－1701－0027669　GP00446　子部/儒家類/儒學之屬
恥言二卷　(明)徐禎稷撰　(清)孔廣棨編　清光緒三十二年(1906)南扶山房刻本　章嶔題記　一册

330000－1701－0027670　GP00448　類叢部/叢書類/家集之屬
鄔家初集十種　鄔慶時編　清光緒三十四年至民國十七年(1908－1928)刻二十年(1931)廣州鄔氏彙印本　一册　存一種

330000－1701－0027673　GP00449　子部/儒家類/儒學之屬/禮教
金言一卷　(清)申和孟語　(清)石成金訂集　清石成金刻本　一册

330000－1701－0027674　GP00437　子部/醫家類/類編之屬
霄鵬先生遺著　(清)黄保康撰　清宣統三年(1911)刻民國八年(1919)印本　一册　存二種

330000－1701－0027677　GP00451　子部/儒

家類/儒學之屬/禮教

養蒙圖說一卷　(明)塗時相輯　清光緒七年(1881)雲南書局刻本　一册

330000－1701－0027679　民 814.8/10441　類叢部/叢書類/自著之屬

陶廬叢刻二十種　王樹枏撰　清光緒至民國新城王氏刻本　七册　存一種

330000－1701－0027681　GP00518　經部/樂類/律呂之屬

樂縣考二卷　(清)江藩撰　清嘉慶十八年(1813)刻本　一册

330000－1701－0027683　GP00491　類叢部/叢書類/自著之屬

澹靜齋全集六種　(清)龔景瀚撰　清道光六年(1826)恩錫堂刻本　一册　存一種

330000－1701－0027684　民 814.8/1062.3　集部/别集類/清别集

靜庵文集一卷詩稿一卷　王國維撰　清光緒三十一年(1905)鉛印本　一册

330000－1701－0027691　GP00492　經部/叢編

古經解彙函十六種附小學彙函十四種　(清)鍾謙鈞等輯　清同治十二年(1873)粵東書局刻本　二册　存古經解彙函一種

330000－1701－0027695　GP00495　子部/儒家類/儒學之屬/禮教/家訓

曾文正公家訓摘鈔一卷　(清)曾國藩撰　(清)蔣兆奎輯　清光緒二十六年(1900)成都刻本　一册

330000－1701－0027697　GP00493　經部/詩類/傳說之屬

枕葄齋詩經問答十四卷末一卷　胡嗣運撰　清光緒三十四年(1908)鵬南書屋木活字印本　二册

330000－1701－0027699　GP00498　類叢部/叢書類/彙編之屬

書三味樓叢書六十五種　(清)張應時編　清嘉慶十年至道光五年(1805－1825)張氏書三味樓刻本　二册　存一種

330000－1701－0027700　GP00490　經部/春秋左傳類/傳說之屬

春秋左氏古義六卷　(清)臧壽恭撰　清光緒三十四年(1908)李薌園刻本　二册

330000－1701－0027701　GP00453　子部/天文曆算類/算書之屬

觀我生室匯稿十種　(清)羅士琳撰　清道光刻本　三册　存一種

330000－1701－0027702　GP00496　子部/道家類

老子道德經解二卷首一卷觀老莊影響論一卷　(明)釋德清撰　清光緒十二年(1886)金陵刻經處刻本　一册　存一卷(觀老莊影響論)

330000－1701－0027704　GP00497　類叢部/叢書類/自著之屬

郝氏遺書三十三種　(清)郝懿行撰　清嘉慶至光緒刻彙印本　二册　存一種

330000－1701－0027707　GP00499　類叢部/叢書類/彙編之屬

武英殿聚珍版書一百四十八種　清乾隆四十二年(1777)福建刻道光至同治遞修光緒二十一年(1895)增刻本　一册　存一種

330000－1701－0027710　GP00501　子部/儒家類/儒學之屬/禮教/家訓

閑家編八卷　(清)王士俊輯　清雍正十二年(1734)養拙堂刻本　六册

330000－1701－0027713　GP00500　集部/别集類/清别集

最樂山莊詩鈔七卷　(清)陸齊壽撰　清道光二十九年(1849)刻本　一册　存四卷(一至四)

330000－1701－0027718　GP00503　子部/小說家類/雜事之屬

明齋小識十二卷　(清)諸聯撰　清同治四年(1865)刻本　六册

330000－1701－0027720　GP00502　類叢部/

叢書類/自著之屬

西河合集一百十九種 （清）毛奇齡撰　清道光十九年（1839）蕭山沈豫蛾術堂刻本　八冊　存一種

330000－1701－0027724　GP00504　類叢部/叢書類/自著之屬

味義根齋全書五種 （清）譚澐撰　清光緒刻本　六冊

330000－1701－0027726　GP00507　類叢部/叢書類/彙編之屬

天壤閣叢書二十種 （清）王祖源　（清）王懿榮編　清同治至光緒福山王氏刻彙印本　二冊　存一種

330000－1701－0027728　GP00505　子部/藝術類/遊藝之屬/棋弈

周嬾予先生圍棋譜一卷 （清）周嘉錫編　清同治十二年（1873）上海江左書林刻本　一冊

330000－1701－0027734　GP00512　子部/雜著類/雜說之屬

鯉書一卷　吴傳綺撰　清末鉛印本　一冊

330000－1701－0027735　GP00513　類叢部/叢書類/郡邑之屬

湖州叢書十二種 （清）陸心源編　清光緒湖城義塾刻本　一冊　存一種

330000－1701－0027736　GP00509　類叢部/叢書類/自著之屬

藝風所著書　繆荃孫撰　清光緒至民國刻本　一冊　存四種

330000－1701－0027740　GP00520、GP00523　子部/叢編

子書百家 （清）崇文書局編　清光緒元年（1875）湖北崇文書局刻本　三冊　存二種

330000－1701－0027744　GP00510　經部/小學類/音韻之屬

矩齋所學　勞乃宣撰　清光緒至民國刻本　三冊　存二種

330000－1701－0027745　GP00514　類叢部/叢書類/自著之屬

播琴堂集七種 （清）金學詩輯撰　清播琴堂刻本　三冊

330000－1701－0027749　GP00521　子部/叢編

子書百家 （清）崇文書局編　清光緒元年（1875）湖北崇文書局刻本　一冊　存一種

330000－1701－0027751　GP00522　子部/叢編

子書百家 （清）崇文書局編　清光緒元年（1875）湖北崇文書局刻本　一冊　存一種

330000－1701－0027753　GP00452　子部/天文曆算類/算書之屬

新編算學啓蒙三卷 （元）朱世傑撰　**望海島術一卷　筭學啓蒙識誤一卷後記一卷** （清）羅士琳撰　清同治十年（1871）江南機器製造局刻本　二冊

330000－1701－0027754　GP00537　類叢部/叢書類/自著之屬

古桐書屋六種 （清）劉熙載撰　清同治至光緒刻本　一冊　存一種

330000－1701－0027755　GP00516、GP00515　經部/春秋總義類/專著之屬

春秋識小錄初刻三書十卷 （清）程廷祚撰　清乾隆八年（1743）三近堂刻本　四冊　缺三卷（左傳人名辨異一至三）

330000－1701－0027761　GP00542　子部/儒家類/儒學之屬/蒙學

人範六卷 （清）蔣元輯　（清）顧廣譽增輯　清光緒十六年（1890）守拙軒刻本　二冊

330000－1701－0027763　GP00538　類叢部/叢書類/自著之屬

朱子遺書初刻八種二刻七種 （宋）朱熹撰　清康熙禦兒呂氏寶誥堂刻本　一冊　存一種

330000－1701－0027766　民 814.8/2130　集部/別集類/清別集

滇南壯遊集文稿一卷　熊賓撰　清宣統三年（1911）武昌傳集文齋鉛印本　一冊

330000－1701－0027771　GP00543　子部/儒家類/儒學之屬/蒙學

人範六卷首一卷附錄一卷　(清)蔣元輯　(清)顧廣譽增輯　清光緒十六年(1890)平湖縣學署刻本　二冊

330000－1701－0027774　GP00517　經部/樂類/律吕之屬

律音彙考八卷　(清)邱之稑撰　**琴旨申邱一卷**　(清)劉人熙撰　清道光十八年(1838)邱氏家刻光緒補版印本　四冊

330000－1701－0027775　GP00544　子部/儒家類/儒學之屬/蒙學

小學韻語一卷　(清)羅澤南撰　清咸豐六年(1856)山西解州書院刻本　一冊

330000－1701－0027776　GP00545　子部/儒家類/儒學之屬/蒙學

小學韻語一卷　(清)羅澤南撰　清末浙江書局刻本　一冊

330000－1701－0027779　GP00548　類叢部/叢書類/彙編之屬

思無斁齋叢書　清刻本　四冊　存一種

330000－1701－0027782　GP00549　子部/儒家類/儒學之屬/禮教

願體集二卷　(清)史典輯　(清)李仲麟重輯　清同治六年(1867)刻本　二冊

330000－1701－0027783　GP00546　子部/儒家類/儒學之屬/性理

呻吟語六卷　(明)呂坤撰　清道光五年(1825)滇南李浩刻本　六冊

330000－1701－0027785　GP00547　子部/儒家類/儒學之屬/性理

呻吟語六卷　(明)呂坤撰　清同治十三年(1874)臨川桂嵩慶木犀山房刻本　六冊

330000－1701－0027787　GP00550　子部/儒家類/儒學之屬/禮教

新增願體集四卷　(清)史典輯　(清)李仲麟重輯　清光緒二年(1876)嘉興嚴氏刻本　二冊

330000－1701－0027788　GP00551　子部/宗教類/道教之屬/戒律

陰隲文圖解四卷　(清)趙如升撰　清乾隆十五年(1750)仁和陶日升德馨堂刻本　八冊

330000－1701－0027802　GP00557　子部/儒家類/儒學之屬/性理

厚錄一卷　費寅撰　清光緒木活字印本　夢禪跋　一冊

330000－1701－0027807　GP00558　子部/儒家類/儒學之屬/性理

厚錄一卷　費寅撰　清光緒木活字印本　費寅題簽並記　一冊

330000－1701－0027809　GP00565　子部/儒家類/儒學之屬/勸學

輶軒語七卷　(清)張之洞撰　清光緒刻本　一冊

330000－1701－0027810　GP00564　子部/儒家類/儒學之屬/勸學

輶軒語七卷　(清)張之洞撰　清光緒四年(1878)汪曾唯振綺堂刻本　一冊

330000－1701－0027815　GP00566　子部/儒家類/儒學之屬/勸學

輶軒語七卷　(清)張之洞撰　清末刻本　一冊

330000－1701－0027819　GP00562　子部/儒家類/儒學之屬/勸學

輶軒語七卷　(清)張之洞撰　清光緒八年(1882)皖垣鉛印本　一冊

330000－1701－0027823　GP00563　子部/儒家類/儒學之屬/勸學

輶軒語七卷　(清)張之洞撰　清光緒八年(1882)江西書局木活字印本　一冊

330000－1701－0027828　民814.8/2683/2　集部/別集類

漪香山館文集不分卷　吴曾祺撰　清宣統二年(1910)上海商務印書館鉛印本　一冊

330000－1701－0027829　民814.8/2741　類

叢部/叢書類/自著之屬
藝風所著書 繆荃孫撰 清光緒至民國刻本 八册 存二種

330000－1701－0027831 GP00582 史部/地理類/雜志之屬
朝市叢載八卷 （清）楊士安原編 （清）李虹若重編 清光緒十七年（1891）京都榮禄堂刻本 八册

330000－1701－0027832 GP00552 經部/四書類/總義之屬/傳説
四書解義七卷 （清）李光地撰 清康熙五十九年（1720）居業堂刻六十一年（1722）增修本 二册

330000－1701－0027833 民814.8/26261.021、民814.8/26261.2 類叢部/叢書類/自著之屬
千一齋全書 程先甲撰 清光緒至民國江寧程氏千一齋刻本 三册 存二種

330000－1701－0027836 民814.8/2741/2 類叢部/叢書類/自著之屬
藝風所著書 繆荃孫撰 清光緒至民國刻本 八册 存二種

330000－1701－0027837 GP00561 子部/儒家類/儒學之屬/勸學
輶軒語七卷 （清）張之洞撰 清光緒二年（1876）退補齋刻本 一册

330000－1701－0027841 普741.2/2652 子部/藝術類/書畫之屬
書法集要四卷 （清）皇甫鯤 （清）金大鏞輯 清乾隆九年（1744）刻本 二册

330000－1701－0027848 GP00594 史部/政書類
禁煙芻議一卷 （清）潘鴻撰 清光緒三十年（1904）刻本 一册

330000－1701－0027849 GP00581 集部/總集類/氏族之屬
蔡氏九儒書九種 （明）蔡有鵾編 （清）蔡重補編 清雍正十一年（1733）廬峰書院刻乾隆增刻本 八册

330000－1701－0027853 GP00556 子部/儒家類/儒學之屬/性理
厚錄一卷 費寅撰 清光緒木活字印本 一册

330000－1701－0027862 GP00597 經部/三禮總義類/通禮雜禮之屬
司馬氏書儀十卷 （宋）司馬光撰 清雍正元年（1723）汪氏刻本 三册

330000－1701－0027865 GP00598 類叢部/叢書類/彙編之屬
隨盦徐氏叢書十種續編十種 徐乃昌編 清光緒至民國南陵徐氏刻本 一册 存一種

330000－1701－0027868 GP00599 新學/兵制/船艦
輪船布陣十二卷圖一卷 （英國）裴路撰 （英國）傅蘭雅口譯 （清）徐建寅筆述 **輪船布陣首一卷** （英國）賈密倫撰 （英國）傅蘭雅口譯 （清）徐建寅筆述 清末江南製造總局刻本 二册

330000－1701－0027869 GP00600 類叢部/叢書類/家集之屬
丹徒戴氏叢刻七種 （清）戴肇辰編 清同治至光緒刻本 一册 存一種

330000－1701－0027875 GP00602 經部/小學類/文字之屬/字書
同文考證四種附一種 （清）管受之輯 清道光二十二年（1842）陽湖莊景賢河南刻本 一册

330000－1701－0027876 GP00605 經部/小學類/文字之屬/説文
説文經字正誼四卷 （清）郭慶藩撰 清光緒二十年（1894）湘陰郭慶藩揚州刻本 一册

330000－1701－0027884 GP00607 類叢部/叢書類/彙編之屬
擇是居叢書初集十九種 張鈞衡編 清光緒至民國刻民國十五年（1926）吳興張氏彙印本 一册 存二種

330000－1701－0027885　GP00606　經部/小學類/訓詁之屬/字詁

文字通釋略四卷　(清)鍾祖綬撰　清光緒三十四年(1908)刻本　二冊

330000－1701－0027891　GP00609　史部/職官類/官箴之屬

圖民録四卷　(清)袁守定撰　清光緒五年(1879)江蘇書局刻本　二冊

330000－1701－0027896　GP00610　子部/儒家類/儒學之屬/經濟

袁易齋先生圖民録四卷　(清)袁守定撰　清同治十二年(1873)湘鄉楊昌濬刻本　二冊

330000－1701－0027897　GP00613　史部/政書類/邦交之屬

輶軒抗議二卷首一卷　余乾耀撰　清光緒二十年(1894)刻本　二冊

330000－1701－0027898　GP00611　史部/政書類/公牘檔冊之屬

東江借箸録一卷　(清)吳均撰　清咸豐十年(1860)如不及齋刻本　一冊

330000－1701－0027901　GP00615　史部/政書類/邦計之屬

救時要策萬言書二卷　(清)吳廣霈撰　清光緒二十四年(1898)著易堂鉛印本　二冊

330000－1701－0027903　GP00618　史部/傳記類/總傳之屬/釋道

佛祖歷代通載三十六卷　(元)釋念常撰　清宣統元年(1909)江北刻經處刻本　八冊

330000－1701－0027907　GP00616　史部/政書類/公牘檔冊之屬

滇牘偶存不分卷　(清)何紹祺撰　清道光歙縣洪金桂校刻本　一冊

330000－1701－0027911　GP00619　史部/詔令奏議類/奏議之屬

錢敏肅公奏疏七卷　(清)錢鼎銘撰　清光緒六年(1880)存素堂刻本　四冊

330000－1701－0027913　民 814.8/3474/c1　集部/別集類

萬物炊累室文　沈同芳撰　清光緒三十四年(1908)上海中國圖書公司鉛印本　一冊　存一種

330000－1701－0027914　GP00625　史部/史評類/考訂之屬

世系攷略二卷紀要一卷　(清)楊堃纂　清道光七年(1827)怡園刻本　四冊

330000－1701－0027915　民 814.8/3474/c2　集部/別集類

萬物炊累室文　沈同芳撰　清光緒三十四年(1908)上海中國圖書公司鉛印本　一冊　存一種

330000－1701－0027918　GP00620　子部/儒家類/儒學之屬/俗訓

辨惑編四卷附録一卷　(元)謝應芳撰　清道光二十一年(1841)維風堂刻本　三冊

330000－1701－0027921　民 814.8/3334.21/c1　集部/別集類

飲冰室文集十八卷　梁啓超撰　清光緒二十九年(1903)上海廣智書局鉛印本　十八冊

330000－1701－0027925　民 814.8/3334.21/c2　集部/別集類

飲冰室文集十六卷補遺二卷　梁啓超撰　清光緒二十九年(1903)上海廣智書局鉛印本　十八冊

330000－1701－0027926　GP00629　類叢部/叢書類/自著之屬

讀易樓合刻十種　(清)倪元坦撰　清嘉慶至道光刻本　一冊　存一種

330000－1701－0027933　民 814.8/3474.2、民 814.8/3474.3　集部/別集類

萬物炊累室類稿四種十八卷　沈同芳撰　清宣統三年(1911)上海中國圖書公司鉛印本　三冊　存二種

330000－1701－0027935　GP00628　史部/政書類/軍政之屬/兵制

欽定中樞政考八旗三十二卷綠營四十卷

(清)明亮等修　(清)納蘇泰等纂　清刻本　七十二册

330000－1701－0027936　GP00634　集部/總集類/尺牘之屬
明代名人尺牘(江曲書莊所藏明人尺牘)七種　鄧實輯　清光緒上海國學保存會影印本　二册　存一種

330000－1701－0027941　GP00637　子部/兵家類
中國歷史戰爭形勢圖說附論二卷　盧彤撰　清宣統二年(1910)武昌同倫學社鉛印本　一册

330000－1701－0027946　GP00636　類叢部/叢書類/彙編之屬
學津討原一百七十三種　(清)張海鵬編　清嘉慶十年(1805)虞山張氏照曠閣刻本　四册　存一種

330000－1701－0027949　GP00647　史部/傳記類/別傳之屬/年譜
黃忠端公[道周]年譜四卷補遺一卷　(明)莊起儔編　(清)蔡世遠校　清道光九年(1829)刻本　二册

330000－1701－0027960　GP00649　經部/三禮總義類/名物制度之屬
天子肆獻祼饋食禮三卷　(清)任啓運撰　清光緒十一年(1885)浙江書局刻本　一册

330000－1701－0027961　GP00650　經部/三禮總義類/名物制度之屬
天子肆獻祼饋食禮三卷　(清)任啓運撰　清光緒十一年(1885)浙江書局刻本　一册

330000－1701－0027966　GP00651　經部/三禮總義類/名物制度之屬
天子肆獻祼饋食禮三卷　(清)任啓運撰　清光緒十一年(1885)浙江書局刻本　一册

330000－1701－0027971　GP00656　類叢部/叢書類/彙編之屬
觀自得齋叢書二十三種別集六種　(清)徐士愷編　清光緒十三年至二十年(1887－1894)石埭徐氏刻本　一册　存一種

330000－1701－0027975　GP00657　史部/政書類/律令之屬/刑制
大清現行刑律三十六卷首一卷附禁煙條例一卷秋審條款一卷　沈家本等編　清宣統二年(1910)鉛印本　一册　存二卷(禁煙條例、秋審條款)

330000－1701－0027977　GP00655　子部/儒家類/儒學之屬/禮教
身範十三卷　(清)孫希朱輯　清咸豐無錫禮社薛氏刻本　四册

330000－1701－0027981　GP00658　史部/政書類/邦交之屬
籌洋芻議一卷　(清)薛福成撰　清光緒十三年(1887)醉六堂刻本　一册

330000－1701－0027983　GP00659　新學/船政/行船事宜
航海簡法四卷　(英國)那麗撰　(美國)金楷理口譯　(清)王德均筆述　清光緒上海江南機器製造總局刻本暨鉛印本　二册

330000－1701－0027984　GP00660、GP00661　子部/儒家類/儒學之屬/性理
藥言四卷賸稿四卷冰言十卷補錄十卷　(清)李惺撰　清光緒二十七年(1901)劉養晦堂上海刻本　四册

330000－1701－0027987　GP00724　子部/雜著類/雜說之屬
危言四卷　湯震　(湯壽潛)撰　清光緒二十一年(1895)石印本　黃仰旃題記　二册

330000－1701－0027988　民814.8/44081/c1　集部/別集類/清別集
經古篋存草四卷　(清)葉廉鍔撰　清宣統三年(1911)刻本　二册

330000－1701－0027990　GP00662　子部/雜著類/雜說之屬
王志二卷　王闓運撰　陳兆奎編　清光緒三十三年(1907)承陽刻湘綺樓全書本　章嶔題簽並記　一册

330000－1701－0027993　GP00725　史部/政書類/公牘檔冊之屬
浙路拒款始末記不分卷　費有容編　清光緒三十三年(1907)杭州外交政典編輯處鉛印本　四册

330000－1701－0027994　GP00726　史部/職官類/官箴之屬
吏治輯要一卷　(清)倭仁撰　清光緒元年(1875)湖南荷池書局刻本　一册

330000－1701－0027995　民814.8/4429　類叢部/叢書類/彙編之屬
郎園先生全書一百二十九種　葉啓倬編　清光緒至民國刻民國二十四年(1935)長沙中國古書刻印社彙印本　二册　存三種

330000－1701－0027996　GP00727　史部/職官類/官箴之屬
事宜須知四卷　(清)延昌撰　清光緒十三年(1887)刻本　一册

330000－1701－0027999　GP00730　子部/儒家類/儒學之屬
書札雜箸一卷　(清)費熙撰　清光緒二十二年(1896)歸安周氏刻本　一册

330000－1701－0028002　GP00728　史部/職官類/官箴之屬
牧令全書二十三卷　(清)丁日昌輯　清同治七年(1868)江蘇書局刻本　一册　存六卷(劉簾舫先生吏治三書)

330000－1701－0028003　GP00731　類叢部/叢書類/自著之屬
春在堂全書(德清俞蔭甫所著書)三十六種　(清)俞樾撰　清同治至光緒刻光緒末彙印本　八册　存一種

330000－1701－0028009　民814.8/44081/c2　集部/别集類/清别集
經古篋存草四卷　(清)葉廉鍔撰　清宣統三年(1911)刻本　二册

330000－1701－0028011　GP00729　史部/職官類/官箴之屬
牧令全書二十三卷　(清)丁日昌輯　清同治七年(1868)江蘇書局刻本　一册　存六卷(劉簾舫先生吏治三書)

330000－1701－0028015　GP00733　類叢部/叢書類/彙編之屬
廣雅書局叢書一百五十九種　徐紹棨編　清光緒廣雅書局刻民國九年(1920)番禺徐紹棨彙編重印本　一册　存一種

330000－1701－0028018　GP00744　經部/小學類/訓詁之屬/字詁
字説一卷　(清)吳大澂撰　清光緒十九年(1893)思賢講舍刻本　一册

330000－1701－0028020　GP00739　史部/詔令奏議類/奏議之屬
劉中丞奏議二十卷　(清)劉蓉撰　清光緒十一年(1885)思賢講舍刻本　十册

330000－1701－0028021　GP00740　史部/詔令奏議類/奏議之屬
劉中丞奏議二十卷　(清)劉蓉撰　清光緒十一年(1885)思賢講舍刻本　十册

330000－1701－0028024　GP00745　子部/雜著類/雜説之屬
盛世危言五卷　鄭觀應輯撰　清光緒十九年(1893)鉛印本　五册

330000－1701－0028025　GP00743　史部/政書類/律令之屬/律例
欽定吏部處分章程三十三卷　清同治刻本　四册

330000－1701－0028036　GP00746　子部/雜著類/雜説之屬
盛世危言增訂新編八卷　鄭觀應撰　清光緒二十六年(1900)鉛印本　八册

330000－1701－0028045　GP00747　子部/雜著類/雜説之屬
盛世危言增訂新編十四卷　鄭觀應撰　清光緒二十一年(1895)鉛印本　八册

330000－1701－0028047　GP00760　類叢部/

叢書類/自著之屬
陳氏裒露軒叢書四種　(清)陳本禮撰　清嘉慶陳氏裒露軒刻本　一册　存一種

330000－1701－0028051　GP00764　類叢部/叢書類/彙編之屬
津河廣仁堂叢書八十四種　(清)□□編　清光緒津河廣仁堂刻本　四册　存一種

330000－1701－0028057　GP00763　子部/雜著類/雜纂之屬
雙惜録一卷附録一卷　(清)嚴焯編　清道光二十八年(1848)嘉興嚴馨德堂刻本　一册

330000－1701－0028072　GP00765　子部/宗教類/道教之屬
仁化編八卷　(清)慎修堂輯　清乾隆三十年(1765)京江慎修堂刻本　四册

330000－1701－0028077　GP00767　類叢部/叢書類/彙編之屬
咫進齋叢書三十七種　(清)姚覲元編　清光緒九年(1883)歸安姚氏刻本　一册　存一種

330000－1701－0028083　GP00766　子部/宗教類/佛教之屬/大藏
徑山藏　明萬曆十七年(1589)至清嘉慶五臺、嘉興、徑山等地刻本　四册　存一種

330000－1701－0028084　普738.092/7701/2　子部/藝術類/篆刻之屬
篆學瑣著二十八種　(清)顧湘輯　清道光二十年(1840)海虞顧氏刻本　四册　存二種

330000－1701－0028094　GP00768　類叢部/叢書類/自著之屬
朱氏羣書六種　(清)朱駿聲撰　清光緒八年(1882)臨嘯閣刻本　一册　存一種

330000－1701－0028095　民814.8/5351/c1　集部/別集類/清別集
通雅齋叢稿八卷　(清)成本璞撰　清宣統元年(1909)武林刻本　四册

330000－1701－0028100　民814.8/5351/c2　集部/別集類/清別集
通雅齋叢稿八卷　(清)成本璞撰　清宣統元年(1909)武林刻本　四册

330000－1701－0028104　民814.8/5351/c3　集部/別集類/清別集
通雅齋叢稿八卷　(清)成本璞撰　清宣統元年(1909)武林刻本　四册

330000－1701－0028107　GP00785　經部/小學類/音韻之屬/等韻
矩齋所學等韻一得内篇一卷外篇一卷　勞乃宣撰　清光緒二十四年(1898)吳橋官廨刻矩齋所學本　章嶔題簽　三册

330000－1701－0028118　民814.8/6051/c1　類叢部/叢書類/自著之屬
陸庵所著書三種　羅振玉撰　清光緒刻本　一册　存一種

330000－1701－0028119　民814.8/6051/c2　類叢部/叢書類/自著之屬
陸庵所著書三種　羅振玉撰　清光緒刻本　一册　存一種

330000－1701－0028122　普708/5089　子部/雜著類/雜考之屬
巾箱小品初集十三種　清乾隆華韻軒刻本　四册

330000－1701－0028123　民814.8/6871/c1　類叢部/叢書類/彙編之屬
崧岱山館叢鈔　清宣統鉛印本　六册　存一種

330000－1701－0028125　民814.8/6871/c2　類叢部/叢書類/彙編之屬
崧岱山館叢鈔　清宣統鉛印本　六册　存一種

330000－1701－0028138　普720.1/2791　史部/政書類
奏定各省研精工藝先行酌予獎勵奏摺一卷　清光緒刻本　一册

330000－1701－0028141　民814.8/7219　類叢部/叢書類/彙編之屬

果齋叢刻六種　劉爾炘編　清光緒至民國刻本暨鉛印本　三冊　存一種

330000－1701－0028167　普 738/4069/c1　經部/小學類/文字之屬/字書/字體

選集漢印分韻二卷　(清)袁日省輯　(清)謝雲生臨摹　**續集漢印分韻二卷**　(清)謝景卿輯並臨摹　清嘉慶二年(1797)、八年(1803)湫藝堂刻本　四冊

330000－1701－0028169　普 738/4069/c2　經部/小學類/文字之屬/字書/字體

選集漢印分韻二卷　(清)袁日省輯　(清)謝雲生臨摹　**續集漢印分韻二卷**　(清)謝景卿輯並臨摹　清嘉慶二年(1797)、八年(1803)湫藝堂刻本　四冊

330000－1701－0028171　普 738/4069/c3　經部/小學類/文字之屬/字書/字體

選集漢印分韻二卷　(清)袁日省輯　(清)謝雲生臨摹　**續集漢印分韻二卷**　(清)謝景卿輯並臨摹　清嘉慶二年(1797)、八年(1803)湫藝堂刻本　四冊

330000－1701－0028176　普 738.08/3136/2　子部/藝術類/篆刻之屬

篆學瑣著二十八種　(清)顧湘輯　清道光二十年(1840)海虞顧氏刻本　十二冊

330000－1701－0028186　普 738.092/7701.021　史部/目録類

葉氏存古叢書四種　葉銘輯　清宣統二年(1910)西泠印社鉛印本　一冊　存一種

330000－1701－0028192　普 738.044/7100　子部/藝術類/篆刻之屬/印論

雲莊印話一卷　(清)阮充輯　清光緒仁和葛氏嘯園刻本　一冊

330000－1701－0028194　普 738.092/7701/c1　史部/目録類

葉氏存古叢書四種　葉銘輯　清宣統二年(1910)西泠印社鉛印本　八冊　存三種

330000－1701－0028195　普 738.092/7701.022/c1　子部/藝術類/篆刻之屬

西泠印社印學叢書　清宣統至民國刻本暨木活字印本　四冊　存一種

330000－1701－0028199　普 738.092/7701/c2　史部/目録類

葉氏存古叢書四種　葉銘輯　清宣統二年(1910)西泠印社鉛印本　八冊　存三種

330000－1701－0028204　普 738.092/7701.022/c2　子部/藝術類/篆刻之屬

西泠印社印學叢書　清宣統至民國刻本暨木活字印本　四冊　存一種

330000－1701－0028206　普 738.092/7701/c3　史部/目録類

葉氏存古叢書四種　葉銘輯　清宣統二年(1910)西泠印社鉛印本　二冊　存二種

330000－1701－0028207　普 738.8/4413　子部/藝術類/篆刻之屬

西泠印社印學叢書　清宣統至民國刻本暨木活字印本　一冊　存一種

330000－1701－0028211　普 738.8/1072/c1　類叢部/叢書類/郡邑之屬

武林往哲遺箸五十二種後編十種　(清)丁丙編　清光緒二十年至二十六年(1894－1900)錢唐丁氏嘉惠堂刻本　一冊　存二種

330000－1701－0028217　普 738.8/1072/c2　類叢部/叢書類/郡邑之屬

武林往哲遺箸五十二種後編十種　(清)丁丙編　清光緒二十年至二十六年(1894－1900)錢唐丁氏嘉惠堂刻本　一冊　存二種

330000－1701－0028218　民 814.8/7521.2　類叢部/叢書類/自著之屬

石遺室叢書十九種　陳衍撰　清光緒至民國刻本　八冊　存三種

330000－1701－0028221　普 738.8/7544/2/c1　子部/藝術類/篆刻之屬/印論

篆刻鍼度八卷　(清)陳克恕撰　清鉛印本　二冊

330000－1701－0028223　普 738.8/1072/c3

類叢部/叢書類/郡邑之屬
武林往哲遺箸五十二種後編十種 (清)丁丙編 清光緒二十年至二十六年(1894－1900)錢唐丁氏嘉惠堂刻本 一册 存二種

330000－1701－0028226 普738.8/7544 子部/藝術類/篆刻之屬
西泠印社印學叢書 清宣統至民國刻本暨木活字印本 二册 存一種

330000－1701－0028233 民814.8/7547/c1 集部/别集類
栩園芰䐊草六卷 陳栩撰 清宣統三年(1911)平昌刻本 二册

330000－1701－0028234 民814.8/7547/c2 集部/别集類
栩園芰䐊草六卷 陳栩撰 清宣統三年(1911)平昌刻本 二册

330000－1701－0028238 普738.8/1722 子部/藝術類/篆刻之屬/印譜
古印鈕式一卷 (清)子樂篆 清光緒十三年(1887)子樂鈐拓本 一册

330000－1701－0028252 普738.9/2641/c1 子部/藝術類/篆刻之屬/印譜
春暉堂印始八卷 (清)吳蒼雷篆刻 清末石印本 八册

330000－1701－0028253 普738.9/1032 子部/藝術類/篆刻之屬
西泠印社印學叢書 清宣統至民國刻本暨木活字印本 二册 存一種

330000－1701－0028255 普738.9/2641/c2 子部/藝術類/篆刻之屬/印譜
春暉堂印始八卷 (清)吳蒼雷篆刻 清末石印本 高野侯題記 八册

330000－1701－0028261 普738.9/1032/2/c1 類叢部/叢書類/彙編之屬
青來草堂彙編 清道光刻本 一册 存一種

330000－1701－0028269 普738.9/1032/2/c2 類叢部/叢書類/彙編之屬
青來草堂彙編 清道光刻本 一册 存一種

330000－1701－0028275 普738.9/1032/2/c3 類叢部/叢書類/彙編之屬
青來草堂彙編 清道光刻本 一册 存一種

330000－1701－0028294 普741.025/2764 類叢部/叢書類/彙編之屬
春暉堂叢書十二種 (清)徐渭仁編 清道光至咸豐上海徐渭仁刻同治九年至十年(1870－1871)徐允臨補刻彙印本 四册 存一種

330000－1701－0028300 普738.9/4637 子部/藝術類/篆刻之屬/印譜
楊龍石印存不分卷 (清)楊澥篆刻 清末有正書局鈐拓本 二册

330000－1701－0028301 普738.9/4416 子部/藝術類/篆刻之屬/印譜
四百三十二峯艸堂印章一卷 (清)黃璟篆 清末影印本 一册

330000－1701－0028307 普738.9/4931 子部/藝術類/篆刻之屬/印譜
趙次閑印譜不分卷 (清)趙之琛篆刻 清末有正書局鈐拓本 四册

330000－1701－0028314 普741.025/1207 子部/藝術類/書畫之屬/畫録
嶽雪樓書畫錄五卷 (清)孔廣陶編 清光緒十五年(1889)三十三萬卷堂刻本 五册

330000－1701－0028315 普741.025/1117/c1 子部/藝術類/書畫之屬/總論
清河書畫舫十二卷鑒古百一詩一卷 (明)張丑輯 清乾隆二十八年(1763)池北草堂刻本 十二册

330000－1701－0028320 普738.9/4622 子部/藝術類/篆刻之屬/印譜
友石軒印存一卷 (清)楊秉信篆刻 清宣統影印本 程仲皋題記 一册

330000－1701－0028323 普741.025/1117/c2 子部/藝術類/書畫之屬/總論
清河書畫舫十二卷鑒古百一詩一卷 (明)張

丑輯　清乾隆二十八年(1763)池北草堂刻本　十二册

330000－1701－0028324　普 741.025/1213/c1　子部/藝術類/書畫之屬/總論

庚子銷夏記八卷　(清)孫承澤撰　清京都龍威閣刻本　四册

330000－1701－0028330　普 741.025/1117/c3　子部/藝術類/書畫之屬/總論

清河書畫舫十二卷鑒古百一詩一卷　(明)張丑輯　清乾隆二十八年(1763)池北草堂刻本　十二册

330000－1701－0028340　普 741.025/1213/c2　子部/藝術類/書畫之屬/總論

庚子銷夏記八卷閒者軒帖考一卷　(清)孫承澤撰　清乾隆二十五年至二十六年(1760－1761)鮑廷博、鄭竺刻本　二册

330000－1701－0028350　普 741.025/1213/c3　子部/藝術類/書畫之屬/總論

庚子銷夏記八卷　(清)孫承澤撰　清乾隆二十五年至二十六年(1760－1761)鮑廷博、鄭竺刻本　二册

330000－1701－0028353　普 741.025/1213/c4　子部/藝術類/書畫之屬/總論

庚子銷夏記八卷　(清)孫承澤撰　清乾隆二十五年至二十六年(1760－1761)鮑廷博、鄭竺刻本　五册

330000－1701－0028359　普 741.021/1048/c1　子部/藝術類/書畫之屬/書法書品

絳帖目録一卷　王存善編　清光緒三十二年(1906)仁和王氏鉛印本　一册

330000－1701－0028361　普 741.021/1048/c2　子部/藝術類/書畫之屬/書法書品

絳帖目録一卷　王存善編　清光緒三十二年(1906)仁和王氏鉛印本　一册

330000－1701－0028363　普 738.9/8328　子部/藝術類/篆刻之屬/印譜

未虚室印賞不分卷　(清)錢松篆刻　(清)高邕輯　清光緒石印本　四册

330000－1701－0028368　普 741.025/0044/2/c1　子部/藝術類/書畫之屬/總論

江邨銷夏録三卷　(清)高士奇撰　清康熙三十二年(1693)刻朗潤堂印本　三册

330000－1701－0028373　普 741.025/0044/2/c2　子部/藝術類/書畫之屬/總論

江邨銷夏録三卷　(清)高士奇撰　清康熙三十二年(1693)刻朗潤堂印本　四册

330000－1701－0028378　普 741.025/1117/c4　子部/藝術類/書畫之屬/總論

清河書畫舫十二卷鑒古百一詩一卷　(明)張丑輯　清乾隆二十八年(1763)池北草堂刻本　十二册

330000－1701－0028379　普 741.025/1157/2　子部/藝術類/書畫之屬/題跋

寶繪録二十卷　(明)張泰階輯　**唐六如先生書譜三卷**　(明)唐伯虎輯　清長塘鮑氏知不足齋刻本　十六册

330000－1701－0028380　普 741.025/0044/3　類叢部/叢書類/彙編之屬

風雨樓叢書二十三種　鄧實編　清宣統順德鄧氏鉛印本　三册　存一種

330000－1701－0028385　普 741.025/1117/2　子部/藝術類/書畫之屬/總論

清河書畫舫十二卷鑒古百一詩一卷　(明)張丑輯　清光緒元年至二年(1875－1876)有竹人家刻湖南長沙新民書社印本　十二册

330000－1701－0028387　普 741.025/1213/2　史部/金石類

學古齋金石叢書四集十二種　(清)葛元煦輯　清光緒崇川葛氏學古齋刻本　四册　存一種

330000－1701－0028392　普 741.025/1213/3　類叢部/叢書類/彙編之屬

風雨樓叢書二十三種　鄧實編　清宣統順德鄧氏鉛印本　三册　存一種

330000－1701－0028396　普 741.025/1278/c1　子部/藝術類/書畫之屬/總論

佩文齋書畫譜一百卷　(清)孫岳頒等輯　清光緒九年(1883)上海同文書局石印本　十六冊

330000－1701－0028397　普 741.025/1157　子部/藝術類/書畫之屬
寶繪録二十卷　(明)張泰階輯　清長塘鮑氏知不足齋刻本　六冊

330000－1701－0028401　普 741.025/1213/4　子部/藝術類/書畫之屬/總論
庚子銷夏記八卷　(清)孫承澤撰　清宣統三年(1911)掃葉山房石印本　四冊

330000－1701－0028403　普 741.025/1278/c2　子部/藝術類/書畫之屬/總論
佩文齋書畫譜一百卷　(清)孫岳頒等輯　清光緒九年(1883)上海同文書局石印本　十六冊

330000－1701－0028406　普 741.025/1280　子部/藝術類/書畫之屬/題跋
書畫跋跋三卷續三卷　(明)孫鑛撰　清乾隆五年(1740)孫氏居業堂刻本　六冊

330000－1701－0028413　普 741.025/1278/3　子部/藝術類/書畫之屬/總論
佩文齋書畫譜一百卷　(清)孫岳頒等輯　清康熙内府刻乾隆宋銑靜永堂印本　六十三冊　存九十八卷(一至九十八)

330000－1701－0028416　普 741.025/1748　子部/藝術類/書畫之屬/總論
澄蘭室古緣萃録十八卷　邵松年輯　清光緒三十年(1904)上海鴻文書局石印本　十六冊

330000－1701－0028417　普 741.025/1278/3/(2)　子部/藝術類/書畫之屬/總論
佩文齋書畫譜一百卷　(清)孫岳頒等輯　清康熙内府刻乾隆宋銑靜永堂印本　六十一冊　存九十五卷(一至五十四、六十至一百)

330000－1701－0028418　普 741.025/1748/2　子部/藝術類/書畫之屬/總論
澄蘭室古緣萃録十八卷　邵松年輯　清光緒三十年(1904)上海鴻文書局石印本　六冊

330000－1701－0028426　普 741.025/3104　子部/藝術類/書畫之屬
過雲樓書畫記十卷　(清)顧文彬撰　清光緒八年(1882)刻本　四冊

330000－1701－0028444　普 741.025/4411　子部/藝術類/書畫之屬/總論
古芬閣書畫記十八卷　(清)杜瑞聯輯　清光緒七年(1881)太古杜氏刻本　十六冊

330000－1701－0028455　普 741.025/4730/c1　類叢部/叢書類/彙編之屬
風雨樓叢書二十三種　鄧實編　清宣統順德鄧氏鉛印本　四冊　存一種

330000－1701－0028456　普 741.025/7113/c1　子部/藝術類/書畫之屬/畫録
虚齋名畫録十六卷　龐元濟輯　清宣統元年(1909)烏程龐氏申江刻本　十六冊

330000－1701－0028460　普 741.025/4730/c2　類叢部/叢書類/彙編之屬
風雨樓叢書二十三種　鄧實編　清宣統順德鄧氏鉛印本　四冊　存一種

330000－1701－0028461　普 741.025/7113/c2　子部/藝術類/書畫之屬/畫録
虚齋名畫録十六卷　龐元濟輯　清宣統元年(1909)烏程龐氏申江刻本　十六冊

330000－1701－0028463　普 741.025/4748.2/2　子部/藝術類/書畫之屬/總論
胡氏書畫攷三種　(清)胡敬撰　清嘉慶二十一年(1816)刻本　二冊　存一種

330000－1701－0028475　普 741.025/3233　子部/藝術類/書畫之屬
須靜齋雲煙過眼録一卷　(清)潘世璜撰　(清)潘遵祁輯　清宣統三年(1911)吳縣潘氏刻本　一冊

330000－1701－0028479　普 741.025/7433、普 741.025/7433.02　類叢部/叢書類/自著之屬
潛園總集十七種　(清)陸心源撰　清同治至光緒刻本　十四冊　存一種

330000－1701－0028486　普 741.03/3473
史部/傳記類/總傳之屬/姓名
書畫緣書譜姓類二十卷首一卷末一卷畫宗姓類十二卷首一卷末一卷　(清)沈辰輯　清嘉慶二年(1797)德遠堂刻本　三十二册

330000－1701－0028494　普 741.025/7591
子部/藝術類/書畫之屬/總論
湘管齋寓賞編六卷　(清)陳焯撰　清乾隆四十七年(1782)刻吳興陳氏聽香讀畫樓重修本　六册

330000－1701－0028495　民 817.1/4334　集部/總集類/謠諺之屬
最新婦孺唱歌書十章　(清)上海越社編　清光緒三十一年(1905)上海越社鉛印本　一册

330000－1701－0028499　普 741.044/1068
子部/藝術類/書畫之屬/題跋
王奉常書畫題跋二卷　(清)王時敏撰　清宣統二年(1910)通州李氏甌鉢羅室刻本　二册

330000－1701－0028500　普 741.04/2630
類叢部/叢書類/彙編之屬
拜經樓叢書(愚谷叢書)二十三種　(清)吳騫編　清乾隆至嘉慶海昌吳氏刻彙印本　一册　存一種

330000－1701－0028501　普 741.044/0742/2　類叢部/叢書類/彙編之屬
津逮祕書十五集一百四十種　(明)毛晉編　明崇禎虞山毛氏汲古閣刻本　三册　存一種

330000－1701－0028503　普 741.025/7730
類叢部/叢書類/彙編之屬
十萬卷樓叢書五十一種　(清)陸心源編　清光緒歸安陸氏刻本(歲時廣記卷六原缺)　一册　存二種

330000－1701－0028504　普 741.044/3477
類叢部/叢書類/彙編之屬
春暉堂叢書十二種　(清)徐渭仁編　清道光至咸豐上海徐渭仁刻同治九年至十年(1870－1871)徐允臨補刻彙印本　一册　存一種

330000－1701－0028508　普 741.046/3127
子部/藝術類/書畫之屬/題跋
讀畫齋題畫詩初稿十九卷　(清)顔修輯　清嘉慶元年(1796)東山草堂刻本　三册　缺五卷(十五至十九)

330000－1701－0028509　民 817.2/0071　集部/曲類/彈詞之屬
繡像六月雪全傳二十卷　清光緒三十三年(1907)上海鍊石書局石印本　八册

330000－1701－0028514　普 741.044/4377
子部/藝術類/書畫之屬/題跋
賜硯齋題畫補錄一卷　(清)戴熙撰　(清)許英輯　清光緒九年(1883)蘇城壽石齋許氏刻本　一册

330000－1701－0028522　普 741.044/4446/2　子部/藝術類/書畫之屬/總論
畫禪室隨筆四卷　(明)董其昌撰　(清)楊補輯　清刻本　六册

330000－1701－0028526　普 741.046/4664
類叢部/叢書類/自著之屬
坦園全集八種　(清)楊恩壽撰　清光緒長沙楊氏刻本　二十册　存一種

330000－1701－0028527　普 741.044/4648
子部/藝術類/書畫之屬/畫録
歸石軒畫談十卷　(清)楊翰撰　清末刻本　四册

330000－1701－0028530　普 741.046/4664/(2)　類叢部/叢書類/自著之屬
坦園全集八種　(清)楊恩壽撰　清光緒長沙楊氏刻本　十册　存一種

330000－1701－0028531　民 817.2/1142　集部/曲類/寶卷之屬
古佛當來下生彌勒出西寶卷一卷　(清)□□撰　清餘杭三官殿朱福榮刻本　一册

330000－1701－0028533　普 741.046/4664/(3)　類叢部/叢書類/自著之屬
坦園全集八種　(清)楊恩壽撰　清光緒長沙楊氏刻本　十一册　存一種

330000－1701－0028535　普 741.046/3477　子部/藝術類/書畫之屬/畫法畫品

戴文節公畫絮墨跡(鹿牀畫絮)一卷　(清)戴熙撰　清光緒十二年(1886)石印本　一册

330000－1701－0028536　民 816.8/4444　子部/藝術類/遊藝之屬/聯語

腋裘集二卷　黄基輯　清宣統三年(1911)石印本　余紹宋題記　一册

330000－1701－0028538　普 741.046/2699/c1　子部/藝術類/書畫之屬/總論

辛丑銷夏記五卷　(清)吳榮光撰　清光緒三十一年(1905)長沙葉德輝郎園刻本　五册

330000－1701－0028541　普 741.046/2699/c2　子部/藝術類/書畫之屬/總論

辛丑銷夏記五卷　(清)吳榮光撰　清光緒三十一年(1905)長沙葉德輝郎園刻本　五册

330000－1701－0028542　普 741.07/3233　子部/藝術類/書畫之屬

須靜齋雲煙過眼錄一卷　(清)潘世璜撰　(清)潘遵祁輯　清宣統三年(1911)吳縣潘氏刻本　張惠衣題記　一册

330000－1701－0028544　民 817.2/2623　集部/曲類/寶卷之屬

白氏寶卷二卷十二回　清光緒三十四年(1908)刻本　二册

330000－1701－0028548　普 741.046/4407/c1　子部/藝術類/書畫之屬/題跋

山谷題跋三卷　(宋)黄庭堅撰　(清)溫一貞輯　清乾隆五十年(1785)又賞齋刻本　六册

330000－1701－0028553　普 741.046/4407/c2　子部/藝術類/書畫之屬/題跋

山谷題跋三卷　(宋)黄庭堅撰　(清)溫一貞輯　清同治十一年(1872)刻本　三册

330000－1701－0028554　民 817.2/3732　集部/曲類/彈詞之屬

綉像漁家樂二卷　清宣統三年(1911)上海德和義石印本　二册

330000－1701－0028555　普 741.046/4407/c3　子部/藝術類/書畫之屬/題跋

山谷題跋三卷　(宋)黄庭堅撰　(清)溫一貞輯　清乾隆五十年(1785)又賞齋刻本　三册

330000－1701－0028556　普 741.08/9045　子部/藝術類/書畫之屬

賞奇軒合編五種　清光緒十二年(1886)上海同文書局石印本　八册

330000－1701－0028559　民 817.2/40111　集部/曲類/彈詞之屬

新刻九更天義僕救主金環記四卷　清漢口興盛堂書坊刻本　一册

330000－1701－0028564　普 741.09206/8025/c2　史部/傳記類/總傳之屬/技藝

無聲詩史七卷　(清)姜紹書撰　清宣統二年(1910)杭州雲林閣石印本　六册

330000－1701－0028566　普 741.09207/3182　子部/藝術類/書畫之屬/畫録

國朝畫識十七卷墨香居畫識十卷　(清)馮金伯撰　清乾隆刻道光十一年(1831)增補本　八册　存十七卷(一至十七)

330000－1701－0028567　普 741.046/1194　類叢部/叢書類/彙編之屬

靈鶼閣叢書五十六種　(清)江標編　清光緒元和江氏湖南使院刻本　一册　存一種

330000－1701－0028569　普 741.09206/8025/c3　史部/傳記類/總傳之屬/技藝

無聲詩史七卷　(清)姜紹書撰　清宣統二年(1910)杭州雲林閣石印本　六册

330000－1701－0028570　民 817.2/4023/3/c1　集部/曲類/彈詞之屬

來生福彈詞三十六回　(清)橘中逸叟撰　清刻本　十六册

330000－1701－0028572　普 741.09206/8025　史部/傳記類/總傳之屬/技藝

無聲詩史七卷　(清)姜紹書撰　清康熙五十九年(1720)嘉興李光暎觀妙齋刻本　四册

330000－1701－0028573　普 741.044/5344
子部/藝術類/書畫之屬/畫法畫品
谿山臥游録四卷　（清）盛大士撰　清道光刻本　二册

330000－1701－0028574　普 741.09207/1130
史部/傳記類/總傳之屬/技藝
國朝畫徵録三卷續録二卷　（清）張庚撰　明人附録一卷　清乾隆四年（1739）睢州蔣泰、湯之昱刻本　鏡塘題簽　一册

330000－1701－0028578　民 817.2/4023/3/c2　集部/曲類/彈詞之屬
來生福彈詞三十六回　（清）橘中逸叟撰　清刻本　三十二册

330000－1701－0028579　普 741.09207/3084/c1　史部/傳記類/總傳之屬/技藝
國朝書畫家筆録四卷　竇鎮輯　清宣統三年（1911）木活字印本　四册

330000－1701－0028580　民 817.2/2124　集部/曲類/寶卷之屬
何仙姑寶卷二卷　（清）□□撰　清光緒三十年（1904）蘇城瑪瑙經房刻本　一册

330000－1701－0028583　民 817.2/4034　集部/曲類/彈詞之屬
庚子國變彈詞四十卷四十回　（清）李寶嘉撰　清光緒二十九年（1903）上海世界繁華報館鉛印本　六册

330000－1701－0028586　民 817.2/5131　集部/曲類/寶卷之屬
指迷引真寶卷不分卷　清常州樂善堂書莊刻本　王浩初題記　一册

330000－1701－0028592　普 741.09207/4014
子部/藝術類/書畫之屬/總論
甌鉢羅室書畫過目攷四卷首一卷附一卷　（清）李玉棻撰　清光緒二十三年（1897）刻本　四册

330000－1701－0028601　民 817.2/4273　集部/曲類/寶卷之屬
嬌鳳寶卷□□卷　清宣統元年（1909）抄本　一册　存二卷（一至二）

330000－1701－0028602　民 817.2/4444　集部/曲類/寶卷之屬
蘭英寶卷二卷　清光緒至宣統上海文益書局石印本　一册

330000－1701－0028604　普 741.092/7503/2
子部/藝術類/書畫之屬/畫法畫品
畫林新詠三卷補遺一卷　（清）陳文述撰　（清）碧螺山人編　清道光七年（1827）刻本　一册

330000－1701－0028606　民 817.2/7223/2
集部/曲類/寶卷之屬
太華山紫金嶺兩世修行劉香寶卷全集二卷　（清）□□撰　清杭城瑪瑙經房刻本　二册

330000－1701－0028607　民 817.2/44442
集部/曲類/寶卷之屬
彌勒佛說地藏十王寶卷二卷　清光緒三十年（1904）餘姚三官殿朱福榮刻本　二册

330000－1701－0028610　民 817.2/7547.2/c1　集部/曲類/彈詞之屬
桃花影彈詞四卷十六回首一卷　（清）陳蝶僊撰　清光緒二十六年（1900）杭州大觀報館鉛印本　二册

330000－1701－0028611　民 817.2/4646　集部/曲類/寶卷之屬
如如老祖化度衆生指往西方寶卷全集一卷　清杭州瑪瑙經房刻本　一册

330000－1701－0028612　普 741.208/3113/4
子部/藝術類/書畫之屬/書法書品
書法正傳十卷　（清）馮武輯　清乾隆五十年（1785）虞山馮氏世豸堂刻本　六册

330000－1701－0028613　民 817.2/4738/2
集部/曲類/彈詞之屬
娱萱草彈詞三十二卷　（清）橘道人撰　清光緒二十年（1894）刻本　六册

330000－1701－0028614　普 741.209/2010
類叢部/叢書類/彙編之屬

津逮祕書十五集一百四十種 （明）毛晉編 明崇禎虞山毛氏汲古閣刻本 六册 存一種

330000－1701－0028615 普741.2/4446 子部/藝術類/書畫之屬
一覽知書二卷 （明）董其昌撰 明刻朱墨套印本 二册

330000－1701－0028616 普741.2/5338 子部/藝術類/書畫之屬/書法書品
書法通解八卷 （清）戈守智撰 （清）陸聲鐘編次 清抄本 四册

330000－1701－0028617 民817.2/7547.2/c2 集部/曲類/彈詞之屬
桃花影彈詞四卷十六回首一卷 （清）陳蝶僊撰 清光緒二十六年(1900)杭州大觀報館鉛印本 胡士瑩題記 四册

330000－1701－0028618 普741.2/2610 史部/金石類/總志之屬/文字
問禮盦論書管窺一卷 （清）吳廷康撰 清光緒七年(1881)刻本 一册

330000－1701－0028623 普741.2/2570 子部/藝術類/書畫之屬/書法書品
墨池編二十卷 （宋）朱長文撰 清雍正十一年(1733)吳郡朱氏刻本 四册

330000－1701－0028624 普741.2/8336 子部/藝術類/書畫之屬/書法書品
書學南鍼六卷 （清）錢湘輯 清道光元年(1821)刻本 二册

330000－1701－0028627 民823.3002.41/2 新學/雜著/小說
新譯包探案一卷 長生術一卷 （英國）解佳撰 曾廣銓譯 清光緒二十五年(1899)素隱書屋鉛印本 一册

330000－1701－0028629 民823/4243 新學/雜著/小說
黑奴籲天錄四卷 （美國）斯土活撰 林紓 魏易譯 清光緒二十七年(1901)武林魏氏刻三十年(1904)文明書局重印本 四册

330000－1701－0028631 普741.2/1042 子部/藝術類/書畫之屬
王氏書畫苑四十四種 （明）王世貞輯 （明）詹景鳳補 清刻本 六册 存三種

330000－1701－0028632 普741.20921/7560 類叢部/叢書類/彙編之屬
丁氏八千卷樓叢刻二十種 （清）丁丙編 清同治至光緒杭州丁丙八千卷樓刻本 二册 存一種

330000－1701－0028633 普741.29/3233 類叢部/叢書類/彙編之屬
惜陰軒叢書三十四種續編一種 （清）李錫齡編 清光緒二十二年(1896)刻本 二册 存一種

330000－1701－0028634 民823/3002.502/2 類叢部/叢書類/彙編之屬
說部叢書 清光緒二十九年(1903)上海商務印書館鉛印本 一册 存一種

330000－1701－0028635 民843/35071/2/c1 新學/雜著/小說
巴黎茶花女遺事一卷 （法國）小仲馬撰 （清）曉齋主人口述 林紓筆授 清光緒二十七年(1901)玉情瑤怨館石印本 一册

330000－1701－0028636 民843/35071/2/c2 新學/雜著/小說
巴黎茶花女遺事一卷 （法國）小仲馬撰 （清）曉齋主人口述 林紓筆授 清光緒二十七年(1901)玉情瑤怨館石印本 一册

330000－1701－0028638 民843/35071/2/c3 新學/雜著/小說
巴黎茶花女遺事一卷 （法國）小仲馬撰 （清）曉齋主人口述 林紓筆授 清光緒二十七年(1901)玉情瑤怨館石印本 一册

330000－1701－0028642 普741.208/31131/2 子部/藝術類/書畫之屬/書法書品
書法正傳一卷 （清）蔣和撰 清光緒八年(1882)刻本 一册

330000－1701－0028644 民823/3002.7 集

部/小說類/長篇之屬
新包探案二金臺十五回 葉啓標譯 清光緒二十九年(1903)上海牖明社鉛印本 一冊

330000－1701－0028649 普741.208/3113
子部/藝術類/書畫之屬/書法書品
書法正傳十卷 (清)馮武輯 清同治十一年(1872)嘉興大魁堂刻本 四冊

330000－1701－0028654 普741.208/5338/c1 子部/藝術類/書畫之屬/書法書品
漢溪書法通解八卷 (清)戈守智撰 清乾隆霽雲閣刻本 六冊

330000－1701－0028657 普741.208/3113/3
子部/藝術類/書畫之屬/書法書品
增補分部書法正傳不分卷 (清)蔣和撰 清光緒十三年(1887)京都琉璃廠自強書局刻本 一冊

330000－1701－0028659 普741.293/1193
子部/藝術類/書畫之屬/書法書品
隸法彙纂十卷 (清)項懷述編 清乾隆五十一年(1786)小西山房刻本 二冊

330000－1701－0028660 普741.208/5338/c2 子部/藝術類/書畫之屬/書法書品
漢溪書法通解八卷 (清)戈守智撰 清乾隆霽雲閣刻本 六冊

330000－1701－0028662 普741.208/5338/c3 子部/藝術類/書畫之屬/書法書品
漢溪書法通解八卷 (清)戈守智撰 清乾隆霽雲閣刻本 四冊

330000－1701－0028665 普741.292/2534
子部/藝術類/篆刻之屬/印論
篆法探源一卷 (明)朱之蕃撰 (清)李登重訂 仰嘉祥音注 **習篆要訣一卷摹印要訣一卷** 仰嘉祥輯 清宣統三年(1911)中國圖書公司石印本 一冊

330000－1701－0028674 GP08138 經部/小學類/訓詁之屬/爾雅
爾雅啓蒙十二卷 (清)姚正父撰 清咸豐二年(1852)刻本 四冊

330000－1701－0028675 普741.292/4422/c1 經部/小學類/文字之屬/字書/字體
篆訣辯釋不分卷 (明)陳鍾鼇撰 (清)甘受和訂定 清光緒八年(1882)常熟抱芳閣刻本 四冊

330000－1701－0028680 普741.292/4422/c2 經部/小學類/文字之屬/字書/字體
篆訣辯釋不分卷 (明)陳鍾鼇撰 (清)甘受和訂定 清光緒八年(1882)常熟抱芳閣刻本 一冊

330000－1701－0028684 民895.63/5034.2
集部/小說類/短篇之屬
東洋之佳人一卷 (日本)柴四郎撰 (清)馬汝賢譯述 清光緒二十九年(1903)上海文明書局鉛印本 一冊

330000－1701－0028685 民895.63/7162
新學/雜著/小說
日本維新英雄兒女奇遇記一卷 (日本)長田偶得撰 (清)逸人後裔譯 清光緒二十七年(1901)鉛印本 一冊

330000－1701－0028704 普741.4/3027.01
子部/藝術類/書畫之屬/法帖
淳化帖釋文十卷 (清)羅森 (清)孫際昌訂 清康熙八年(1669)刻本 一冊

330000－1701－0028707 普741.4/3547.01
子部/藝術類/書畫之屬/法帖
欽定重刻淳化閣帖十卷 (清)吳省蘭輯 清乾隆三十八年(1773)刻本 二冊

330000－1701－0028709 普741.4/3547.011
子部/藝術類/書畫之屬/法帖
淳化閣釋文十卷 (清)徐朝弼撰 清嘉慶十七年(1812)刻本 一冊

330000－1701－0028716 普741.4/3547.011/2 子部/藝術類/書畫之屬/法帖
淳化帖釋文十卷 (清)徐朝弼撰 清嘉慶十七年(1812)刻本 一冊

330000－1701－0028726 普741.295/2530
子部/藝術類/書畫之屬/書法書品

草聖彙辨不分卷　(清)朱宗文摹輯　清順治嘉禾問業堂刻本　四册

330000－1701－0028727　普741.4046/8038　類叢部/叢書類/彙編之屬

風雨樓祕笈留真十種　鄧實編　清宣統元年至民國六年(1909－1917)順德鄧氏風雨樓影印本　一册　存一種

330000－1701－0028729　普741.4049/1034/c1　子部/藝術類/書畫之屬/法帖

淳化祕閣法帖考正十卷附二卷　(清)王澍撰　清雍正詩鼎齋刻本　四册

330000－1701－0028730　普741.4049/1034/c2　子部/藝術類/書畫之屬/法帖

淳化祕閣法帖考正十卷附二卷　(清)王澍撰　清雍正詩鼎齋刻本　四册

330000－1701－0028731　普741.4049/1213　子部/藝術類/書畫之屬/總論

庚子銷夏記八卷閒者軒帖考一卷　(清)孫承澤撰　清乾隆二十五年至二十六年(1760－1761)鮑廷博、鄭竺刻本　一册　存一卷(閒者軒帖考)

330000－1701－0028732　普741.4049/1034/c3　子部/藝術類/書畫之屬/法帖

淳化祕閣法帖考正十卷附二卷　(清)王澍撰　清雍正詩鼎齋刻本　四册

330000－1701－0028733　普741.4049/2609　類叢部/叢書類/彙編之屬

聚學軒叢書六十種　劉世珩編　清光緒貴池劉氏刻本　一册　存一種

330000－1701－0028735　普741.4049/4630　子部/藝術類/書畫之屬

大瓢偶筆八卷鐵函齋書跋四卷附大瓢所論碑帖纂列總目備覽一卷　(清)楊賓撰　(清)楊霈輯　清道光二十七年(1847)鐵嶺楊霈粤東糧道署刻本　二册　存四卷(鐵函齋書跋一至四)

330000－1701－0028739　普741.4049/8002/c1　類叢部/叢書類/彙編之屬

後知不足齋叢書四十七種　(清)鮑廷爵編　清同治至光緒常熟鮑氏刻本　二册　存一種

330000－1701－0028741　民895.74/4410　集部/别集類/清别集

梅泉集七卷　(朝鮮)黄玹撰　(朝鮮)金澤榮編　清宣統三年(1911)鉛印本　三册

330000－1701－0028742　普741.4049/8002/c2　類叢部/叢書類/彙編之屬

後知不足齋叢書四十七種　(清)鮑廷爵編　清同治至光緒常熟鮑氏刻本　一册　存一種

330000－1701－0028743　普741.4049/8002/c3　類叢部/叢書類/彙編之屬

後知不足齋叢書四十七種　(清)鮑廷爵編　清同治至光緒常熟鮑氏刻本　四册　存一種

330000－1701－0028747　普741.4049/8002/2/c1　子部/藝術類/書畫之屬/法帖

蘇米齋蘭亭考八卷　(清)翁方綱撰　清道光二十五年(1845)淮陽張氏須曼羅室刻本　二册

330000－1701－0028748　普741.5/4329　子部/藝術類/書畫之屬

醉蘇齋畫訣一卷　(清)戴以恒撰　清光緒十七年(1891)刻本　一册

330000－1701－0028749　普741.4049/8002/2/c2　子部/藝術類/書畫之屬/法帖

蘇米齋蘭亭考八卷　(清)翁方綱撰　清道光二十五年(1845)淮陽張氏須曼羅室刻本　一册

330000－1701－0028751　普741.4049/4443　類叢部/叢書類/彙編之屬

蟫隱廬叢書十八種　羅振常編　清宣統二年至民國二十五年(1910－1936)上虞羅氏謄寫及鉛印本三十三年(1944)吴興周延年彙印本　一册　存一種

330000－1701－0028753　普741.4049/8002/3　子部/藝術類/書畫之屬/法帖

蘇米齋蘭亭考八卷　(清)翁方綱撰　清嘉慶刻本　一册

330000－1701－0028754　普 741.47/2124　子部/藝術類/書畫之屬
百蘭山館藏帖一卷　(清)何紹基書　清同治刻本　一冊

330000－1701－0028756　普 741.47/3545　子部/藝術類/書畫之屬/法帖
國朝畫家書四卷荔香室石刻二卷　(清)蔡載福輯　清宣統元年(1909)西泠印社石印本　四冊　存四卷(一至四)

330000－1701－0028759　普 741.5044/2627/c1　子部/藝術類/書畫之屬
青霞館論畫絕句一百首一卷　(清)吳修撰　清道光四年(1824)刻本　管偉題記　一冊

330000－1701－0028761　普 741.5044/2627/c2　子部/藝術類/書畫之屬
青霞館論畫絕句一百首一卷　(清)吳修撰　清光緒二年(1876)葛元煦嘯園上海刻本　一冊

330000－1701－0028764　普 741.5044/2627/c3　子部/藝術類/書畫之屬
青霞館論畫絕句一百首一卷　(清)吳修撰　清光緒二年(1876)葛元煦嘯園上海刻本　一冊

330000－1701－0028771　普 741.5044/3289　子部/藝術類/書畫之屬/畫法畫品
紅雪山房畫品一卷　(清)潘曾瑩撰　清末刻朱印本　一冊

330000－1701－0028773　民 909.0111/5313.02　新學/理學/理學
歷史哲學二卷　(美國)威爾遜撰　羅伯雅譯　清光緒二十九年(1903)上海廣智書局鉛印本　一冊　存一卷(下)

330000－1701－0028777　普 741.5044/3433/c1　子部/藝術類/書畫之屬/畫法畫品
芥舟學畫編四卷　(清)沈宗騫撰　清乾隆四十六年(1781)冰壺閣刻本　四冊

330000－1701－0028780　普 741.5044/4426　子部/藝術類/書畫之屬/畫法畫品
論畫胜說一卷梅隱草堂題畫詩一卷　(清)葉以照撰　清嘉慶五年(1800)刻本　一冊

330000－1701－0028781　普 741.5044/3433/c2　子部/藝術類/書畫之屬/畫法畫品
芥舟學畫編四卷　(清)沈宗騫撰　**李憩菴先生大字結搆法一卷**　(清)沈宗騫書　清乾隆四十六年(1781)冰壺閣刻本　一冊

330000－1701－0028783　民 909.297/4810/c2　新學/史志/諸國史
世界近世史二卷　(日本)松平康國撰　梁啓勳譯　清光緒二十九年(1903)上海廣智書局鉛印本　二冊

330000－1701－0028784　普 741.5044/4432/c3　史部/傳記類/總傳之屬/技藝
墨林今話十八卷　(清)蔣寶齡撰　**墨林今話續編一卷**　(清)蔣茝生撰　清咸豐二年(1852)刻本　傅雲岑題記　四冊

330000－1701－0028786　普 741.5044/4432/c4　史部/傳記類/總傳之屬/技藝
墨林今話十八卷　(清)蔣寶齡撰　**墨林今話續編一卷**　(清)蔣茝生撰　清咸豐二年(1852)刻本　蟾題記　二冊

330000－1701－0028788　民 911.4/2323　新學/地學/地理學
地理初桄不分卷　(美國)卜舫濟譯著　清光緒二十五年(1899)鉛印本　一冊

330000－1701－0028790　普 741.5044/4432/c1　史部/傳記類/總傳之屬/技藝
墨林今話十八卷　(清)蔣寶齡撰　**墨林今話續編一卷**　(清)蔣茝生撰　清咸豐二年(1852)刻本　六冊

330000－1701－0028791　民 914.7/44421　新學類/遊記
中亞洲俄屬遊記二卷　(英國)蘭士德撰　(清)莫鎮藩譯　清光緒二十年(1894)上海時務報館石印本　二冊

330000－1701－0028797　普 741.5046/1747　子部/藝術類/書畫之屬/畫法畫品

畫耕偶錄四卷　(清)邵梅臣撰　清刻本　四册

330000－1701－0028800　普741.5044/4432/c2　史部/傳記類/總傳之屬/技藝

墨林今話十八卷　(清)蔣寶齡撰　**墨林今話續編一卷**　(清)蔣茝生撰　清咸豐二年(1852)刻本　六册

330000－1701－0028801　普741.5046/0040　史部/傳記類/别傳之屬

銅官感舊集四卷　章同　章華輯　清宣統二年(1910)長沙章氏盋山舊館石印本　二册

330000－1701－0028802　普741.5046/4377.2/c1　子部/藝術類/書畫之屬/題跋

習苦齋畫絮十卷　(清)戴熙撰　(清)惠年編輯　清光緒十九年(1893)刻本　四册

330000－1701－0028803　民914.7/7042　新學/史志/别國史

俄國新志八卷　(英國)該勒低撰　(英國)傅蘭雅　(清)潘松譯　清光緒二十四年(1898)上海製造總局刻本　三册

330000－1701－0028804　普741.5046/2353　集部/總集類/題詠之屬

梅嶺課子圖題辭七卷　(清)傳振海編　清光緒刻本　二册

330000－1701－0028806　普741.5044/5033　子部/藝術類/書畫之屬

桐陰論畫二卷首一卷附錄一卷畫訣一卷續桐陰論畫一卷二編二卷三編二卷　(清)秦祖永撰　清宣統二年(1910)上海中國書畫會石印本　六册

330000－1701－0028812　普741.5044/5033/2/c2　子部/藝術類/書畫之屬

桐陰論畫二卷首一卷附錄一卷畫訣一卷續桐陰論畫一卷二編二卷三編二卷　(清)秦祖永撰　清同治三年至光緒八年(1864－1882)刻朱墨套印本　七册

330000－1701－0028815　普741.5046/2884　集部/總集類/題詠之屬

楓江漁父圖題詞一卷重題楓江漁父圖一卷　(清)徐釚輯　清康熙三十四年(1695)刻本　一册

330000－1701－0028818　普741.5046/4377.2/c2　子部/藝術類/書畫之屬/題跋

習苦齋畫絮十卷　(清)戴熙撰　(清)惠年編輯　清光緒十九年(1893)刻本　四冊

330000－1701－0028821　普741.5044/5033/2/c4　子部/藝術類/書畫之屬

桐陰論畫二卷首一卷附錄一卷畫訣一卷續桐陰論畫一卷二編二卷三編二卷　(清)秦祖永撰　清同治三年至光緒八年(1864－1882)刻朱墨套印本　八册

330000－1701－0028824　普741.5046/7503　集部/總集類/題詠之屬

繡鐙問字圖題詞一卷　(清)陳方瀛輯　**敕封太孺人誥贈太淑人旌表節孝顯祖妣倪太淑人行狀一卷**　(清)陳方瀛撰　清同治十三年(1874)刻本　一册

330000－1701－0028826　普741.5046/3289　子部/藝術類/書畫之屬/題跋

小鷗波館畫識三卷畫寄一卷　(清)潘曾瑩撰　清光緒十四年(1888)悦止齋木活字印本　一册

330000－1701－0028830　普741.5046/4377.2/c3　子部/藝術類/書畫之屬/題跋

習苦齋畫絮十卷　(清)戴熙撰　(清)惠年編輯　清光緒十九年(1893)刻本　四册

330000－1701－0028835　普741.5046/8344　子部/藝術類/書畫之屬/畫法畫品

松壺畫贅二卷畫憶二卷　(清)錢杜撰　清光緒六年(1880)吳縣潘祖蔭八喜齋刻本　一册

330000－1701－0028837　普741.5092/1000/2/c1　史部/傳記類/總傳之屬

圖繪寶鑑八卷　(元)夏文彦撰　(明)毛大倫增補　清康熙借綠草堂刻本　六册

330000－1701－0028838　民924.09/1061/c1　新學/史志/臣民傳記

泰西八愛國者傳不分卷　(日本)下里彌生撰　清光緒二十九年(1903)惠學書局鉛印本　一册

330000－1701－0028839　民924.09/1061/c2　新學/史志/臣民傳記
泰西八愛國者傳不分卷　(日本)下里彌生撰　清光緒二十九年(1903)惠學書局鉛印本　一册

330000－1701－0028840　民920.9/3702　史部/傳記類/總傳之屬
世界豪傑譚不分卷　(清)鴻文編譯圖書館編譯　清光緒三十年(1904)上海鴻文印書局石印本　一册

330000－1701－0028841　普741.5077/4329　子部/藝術類/書畫之屬
醉蘇齋畫訣一卷　(清)戴以恒撰　清光緒十七年(1891)葉銘刻本　一册

330000－1701－0028843　普741.5092/1000/2/c2　史部/傳記類/總傳之屬
圖繪寶鑑八卷　(元)夏文彥撰　(明)毛大倫增補　清康熙借綠草堂刻本　六册

330000－1701－0028844　普741.5092/1000/3　史部/傳記類/總傳之屬
圖繪寶鑑五卷補遺一卷　(元)夏文彥撰　清末刻本　二册

330000－1701－0028845　普741.508/4027　子部/藝術類/書畫之屬
初學藝引　(清)李仕學撰　清乾隆漱芳居刻本　吳辟疆跋　四册　存四卷(畫引一至四)

330000－1701－0028847　普741.5092/1100/3　史部/傳記類/總傳之屬/技藝
國朝畫徵録三卷續録二卷　(清)張庚撰　**明人附録一卷**　清乾隆四年(1739)蔣泰、湯之昱刻本　二册

330000－1701－0028851　普741.5092/1100/8　史部/傳記類/總傳之屬/技藝
國朝畫徵録三卷續録二卷　(清)張庚撰　**明人附録一卷**　清乾隆四年(1739)蔣泰、湯之昱刻二十四年(1759)增刻本　清傳以禮跋　一册

330000－1701－0028852　普741.5092/1100/6　史部/傳記類/總傳之屬/技藝
國朝畫徵録三卷續録二卷　(清)張庚撰　**明人附録一卷**　清末萃文書局刻本　三册　缺一卷(明人附録)

330000－1701－0028853　普741.5092/1100/4　史部/傳記類/總傳之屬/技藝
國朝畫徵録三卷續録二卷　(清)張庚撰　**明人附録一卷**　清光緒十九年(1893)上海積山書局石印本　二册

330000－1701－0028859　普741.5092/2137/c1　子部/藝術類/書畫之屬/畫譜
晚笑堂畫傳一卷明太祖功臣圖一卷　(清)上官周繪　清乾隆刻本　六册

330000－1701－0028861　普741.5092/2137/c2　子部/藝術類/書畫之屬/畫譜
晚笑堂畫傳一卷明太祖功臣圖一卷　(清)上官周繪　清乾隆刻本　二册

330000－1701－0028864　民925.17/4030.1/c1　史部/傳記類/別傳之屬/事狀
李鴻章(中國四十年來大事記)十二章　梁啓超撰　清末鉛印本　一册

330000－1701－0028865　普741.5092/3135/c1　史部/傳記類/總傳之屬/姓名
歷代畫家姓氏便覽六卷首一卷　(清)馮津編　清道光六年(1826)德聚堂刻本　六册

330000－1701－0028866　民925.1099923/4290　史部/地理類/雜志之屬
金山衛佚史一卷　姚光撰　清宣統三年(1911)金山姚光鉛印本　一册

330000－1701－0028867　普741.5092/1100/c1　史部/傳記類/總傳之屬/技藝
國朝畫徵録三卷續録二卷　(清)張庚撰　**明人附録一卷**　清刻本　二册

330000－1701－0028869　普741.5092/3135/

c2　史部/傳記類/總傳之屬/姓名
歷代畫家姓氏便覽六卷首一卷　(清)馮津編　清道光六年(1826)德聚堂刻本　八册

330000－1701－0028871　民925.17/4030.1/c2　史部/傳記類/別傳之屬/事狀
李鴻章(中國四十年來大事記)十二章　梁啓超撰　清末鉛印本　張宗祥題記　一册

330000－1701－0028872　民925.17/4030.1/2　史部/傳記類/別傳之屬/事狀
李鴻章(中國四十年來大事記)十二章　梁啓超撰　清末鉛印本　一册

330000－1701－0028873　普741.5092/1100/c2　史部/傳記類/總傳之屬/技藝
國朝畫徵録三卷續録二卷　(清)張庚撰　**明人附録一卷**　清刻本　二册

330000－1701－0028875　普741.5092/3182.2/c1　子部/藝術類/書畫之屬
墨香居畫識十卷　(清)馮金伯撰　清江左書林刻本　四册

330000－1701－0028876　民924.4/6004.4　史部/傳記類/別傳之屬/事狀
女豪傑一卷　清光緒二十九年(1903)武林印刷所鉛印本　一册

330000－1701－0028877　民925.17/4030.1/c3　史部/傳記類/別傳之屬/事狀
李鴻章(中國四十年來大事記)十二章　梁啓超撰　清末鉛印本　一册

330000－1701－0028879　普741.5092/3631/c1　類叢部/叢書類/自著之屬
振綺堂遺書五種　(清)汪遠孫撰　清道光刻民國十一年(1922)錢唐汪氏彙印本　一册　存一種

330000－1701－0028880　民925.17/4030.1/c4　史部/傳記類/別傳之屬/事狀
李鴻章(中國四十年來大事記)十二章　梁啓超撰　清末鉛印本　一册

330000－1701－0028881　普741.5092/3182.2/c2　子部/藝術類/書畫之屬
墨香居畫識十卷　(清)馮金伯撰　清江左書林刻本　四册

330000－1701－0028882　普741.5092/3182.2/c3　子部/藝術類/書畫之屬
墨香居畫識十卷　(清)馮金伯撰　清江左書林刻本　四册

330000－1701－0028883　普741.5092/3631/2　子部/藝術類/書畫之屬
玉臺畫史五卷別録一卷　(清)湯漱玉輯　清道光十七年(1837)錢塘汪氏振綺堂刻本　三册

330000－1701－0028884　民924.5/3334/c3　史部/傳記類/總傳之屬/斷代
意大利建國三傑傳一卷　梁啓超譯　清光緒二十八年(1902)石印本　一册

330000－1701－0028885　普741.5092/3631/c2　類叢部/叢書類/自著之屬
振綺堂遺書五種　(清)汪遠孫撰　清道光刻民國十一年(1922)錢唐汪氏彙印本　一册　存一種

330000－1701－0028887　普741.5092/3631/c3　類叢部/叢書類/自著之屬
振綺堂遺書五種　(清)汪遠孫撰　清道光刻民國十一年(1922)錢唐汪氏彙印本　四册　存一種

330000－1701－0028889　普741.5092/4241/2　類叢部/叢書類/彙編之屬
埽葉山房叢鈔二十六種　(清)席威編　清同治至光緒刻光緒九年(1883)彙印本　二十四册　存一種

330000－1701－0028892　民925.10987/3142　子部/儒家類/儒學之屬/禮教/女範
女學修身教科書四卷　(清)江楚編譯局編　清光緒三十二年(1906)金陵江楚編譯官書局石印本　二册

330000－1701－0028895　普741.5092/4241/3　史部/傳記類/總傳之屬/技藝

歷代畫史彙傳七十二卷首一卷總目三卷附錄二卷　(清)彭蘊璨輯　清道光五年(1825)吳門彭氏尚志堂刻本　二十冊

330000－1701－0028896　普 741.5092/4241/4　史部/傳記類/總傳之屬/技藝
歷代畫史彙傳七十二卷首一卷總目三卷附錄二卷　(清)彭蘊璨輯　清光緒五年(1879)京都善成堂書鋪刻本　三十二冊

330000－1701－0028900　民 925.17/8034.4/c1　新學/史志/臣民傳記
西太后一卷　(日本)中久喜信周撰　知非書會譯　清末知非書局鉛印本　一冊

330000－1701－0028901　普 741.57/3848　子部/藝術類/書畫之屬
冷吉臣白描畫冊一卷　(清)冷枚繪　清光緒十二年(1886)上海積山書局石印本　一冊

330000－1701－0028902　民 925.17/4030.1/4　史部/傳記類/別傳之屬/事狀
李鴻章(中國四十年來大事記)十二章　梁啓超撰　清末鉛印本　一冊

330000－1701－0028903　民 925.17/8034.4/c3　新學/史志/臣民傳記
西太后一卷　(日本)中久喜信周撰　知非書會譯　清末知非書局鉛印本　一冊

330000－1701－0028906　民 925.17/8034.4/c4　新學/史志/臣民傳記
西太后一卷　(日本)中久喜信周撰　知非書會譯　清末知非書局鉛印本　一冊

330000－1701－0028907　普 741.5092/4241　史部/傳記類/總傳之屬/技藝
歷代畫史彙傳七十二卷首一卷附錄二卷　(清)彭蘊璨輯　清宣統二年(1910)上海文瑞樓書局石印本　王修觀款　十二冊

330000－1701－0028909　民 925.17/4030.1/3　史部/傳記類/別傳之屬/事狀
李鴻章(中國四十年來大事記)十二章　梁啓超撰　清光緒二十八年(1902)廣智書局刻本　一冊

330000－1701－0028915　普 741.592/4021　類叢部/叢書類/彙編之屬
知不足齋叢書一百九十五種　(清)鮑廷博編　(清)鮑士恭續編　清乾隆三十七年至道光三年(1772－1823)長塘鮑氏刻彙印本　二冊　存一種

330000－1701－0028918　民 925.1148/32301　史部/政書類/公牘檔冊之屬
浙江諮議局文牘第二編不分卷第三編二卷　清宣統二年(1910)鉛印本　三冊

330000－1701－0028920　普 741.7/0452/2　子部/藝術類/書畫之屬
詩畫舫六卷　(清)點石齋輯　清光緒七年(1881)上海點石齋石印本　六冊

330000－1701－0028921　普 741.592/7554　子部/藝術類/書畫之屬/畫譜
墨蘭譜不分卷　(清)陳逵繪　清嘉慶三年(1798)刻本　一冊

330000－1701－0028924　普 741.7/0452　子部/藝術類/書畫之屬
詩畫舫六卷　(清)點石齋輯　清光緒三十年(1904)上海點石齋石印本　六冊

330000－1701－0028926　普 741.7/4011/c1　子部/藝術類/書畫之屬/畫譜
南畫獨學揮毫自在不分卷　(日本)森琴石繪　清光緒七年(1881)刻本　四冊

330000－1701－0028928　普 741.7/4284　子部/藝術類/書畫之屬/畫譜
性安廬畫稿四卷　(清)姚鍾葆繪　清光緒二十九年(1903)上海讀畫齋石印本　四冊

330000－1701－0028937　普 741.7/4400　子部/藝術類/書畫之屬/畫譜
新鐫梅竹蘭菊四譜一卷　(明)黃鳳池輯　清光緒十九年(1893)上海文海書局石印本　一冊

330000－1701－0028939　普 741.7/4400.2　子部/藝術類/書畫之屬/畫譜
新鐫木本花鳥譜一卷　(明)黃鳳池輯　清光

緒十九年(1893)上海文海書局石印本　一册

330000－1701－0028940　普741.7/4400.3　子部/藝術類/書畫之屬/畫譜
新鐫草本花詩譜一卷　(明)黄鳳池輯　清光緒十九年(1893)上海文海書局石印本　一册

330000－1701－0028948　普741.7/1030　子部/藝術類/書畫之屬/畫法畫品
冶梅槑譜不分卷　(清)王寅繪　清光緒十八年(1892)上海石印本　四册

330000－1701－0028951　普741.6025/4748/3　子部/藝術類/書畫之屬/總論
胡氏書畫攷三種　(清)胡敬撰　清道光二十三年(1843)崇雅堂刻本　一册　存一種

330000－1701－0028953　普741.7/3928　子部/藝術類/書畫之屬/畫譜
沙山春先生畫譜一卷　(清)沙馥繪　清光緒十六年(1890)上海繪古今齋石印本　一册

330000－1701－0028957　普741.7/5052　子部/藝術類/書畫之屬/題跋
增補書畫舫不分卷　清光緒銅版印本　五册

330000－1701－0028958　普741.7/8077　子部/藝術類/書畫之屬/畫譜
點石齋叢畫十卷　(清)尊聞閣主人輯　清光緒十一年(1885)上海點石齋石印本　八册

330000－1701－0028959　普741.7/3928.2　子部/藝術類/書畫之屬/畫譜
沙山春先生仕女畫譜一卷　(清)沙馥繪　清光緒石印本　一册

330000－1701－0028960　普741.67/8043　子部/藝術類/書畫之屬/畫譜
無雙譜一卷　(清)金史繪　(清)單克安臨　清抄本　一册

330000－1701－0028964　普748.8/1814/c4　子部/藝術類/書畫之屬/畫譜
紅樓夢圖詠不分卷　(清)改琦繪　清光緒五年(1879)淮浦居士刻民國十年(1921)浙江文元堂楊耀松印本　四册

330000－1701－0028966　普741.7/7522　子部/藝術類/書畫之屬/畫譜
紉齋畫勝不分卷　(清)陳允升繪　清光緒二年至四年(1876－1878)甬上陳氏得古歡室刻本　四册

330000－1701－0028967　普748.8/1047　子部/藝術類/書畫之屬/畫譜
增刻紅樓夢圖詠一卷　(清)王墀繪並輯　**紅樓夢紀畧一卷廣義一卷**　(清)青山山農撰　**紅樓夢論贊一卷**　(清)讀花人撰　清光緒八年(1882)上海點石齋石印本　二册

330000－1701－0028972　普741.7/0030　子部/藝術類/書畫之屬/畫譜
唐解元仿古今畫譜不分卷　(明)唐寅繪　清光緒十九年(1893)上海文海書局石印本　一册

330000－1701－0028974　普781.1/3414　類叢部/叢書類/自著之屬
校禮堂全集六種　(清)淩廷堪撰　清嘉慶至道光刻本　二册　存一種

330000－1701－0028975　普751.7/9032　史部/傳記類/總傳之屬/技藝
菊部羣英一卷　(清)邗江小游仙客撰　清同治十二年(1873)刻本　一册

330000－1701－0028977　普781.1/2777　經部/樂類/律吕之屬
庚癸原音四種附一種　(清)繆闐撰　清同治五年(1866)蕪湖繆氏刻本　一册　存二種

330000－1701－0028978　普781.1/3414/2　類叢部/叢書類/彙編之屬
粤雅堂叢書一百八十五種　(清)伍崇曜編　清道光二十九年至光緒十一年(1849－1885)南海伍氏刻彙印本　六册　存一種

330000－1701－0028981　普741.7/7534/c1　子部/藝術類/書畫之屬/畫譜
墨蘭譜不分卷　(清)陳逵繪　清嘉慶三年(1798)刻本　二册

330000－1701－0028984　普741.7/7534/c2

子部/藝術類/書畫之屬/畫譜
墨蘭譜不分卷 (清)陳逵繪 清嘉慶三年(1798)刻本 四冊

330000－1701－0028985 普781.1/2777.2/c1 經部/樂類/律呂之屬
庚癸原音四種附一種 (清)繆闐撰 清同治五年(1866)蕪湖繆氏刻本 二冊

330000－1701－0028986 普781.1/3507/(2) 類叢部/叢書類/彙編之屬
御製律曆淵源三種 (清)允祿 (清)允祉等纂修 清刻本 六冊 存一種

330000－1701－0028988 普781.1/0017/c1 類叢部/叢書類/彙編之屬
正覺樓叢刻(正覺樓叢書)二十九種 (清)崇文書局編 清光緒崇文書局刻本 一冊 存一種

330000－1701－0028990 普781.1/3174 子部/藝術類/音樂之屬
鍾律陳數一卷 (清)顧陳垿撰 清末味菜廬木活字印本 一冊

330000－1701－0028991 普781.1/0017/c2 類叢部/叢書類/彙編之屬
正覺樓叢刻(正覺樓叢書)二十九種 (清)崇文書局編 清光緒崇文書局刻本 一冊 存一種

330000－1701－0028993 普781.1/4453/c1 經部/樂類/律呂之屬
泰律十二卷外篇三卷 (明)葛中選撰 清光緒二十八年(1902)雲南經正書院刻本 八冊

330000－1701－0028994 普781.1/2777.2/c2 經部/樂類/律呂之屬
庚癸原音四種附一種 (清)繆闐撰 清同治五年(1866)蕪湖繆氏刻本 二冊

330000－1701－0028997 普781.1/4453/c2 經部/樂類/律呂之屬
泰律十二卷外篇三卷 (明)葛中選撰 清光緒二十八年(1902)雲南經正書院刻本 八冊

330000－1701－0029000 普781.1/4453/c3 經部/樂類/律呂之屬
泰律十二卷外篇三卷 (明)葛中選撰 清光緒二十八年(1902)雲南經正書院刻本(卷六至七配民國刻雲南叢書本) 八冊

330000－1701－0029002 普781.1/4706/c2 經部/樂類/律呂之屬
樂律表微八卷 (清)胡彥昇撰 清乾隆二十八年(1763)耆學齋刻本 四冊

330000－1701－0029007 普781.1/3130/c1 類叢部/叢書類/彙編之屬
正覺樓叢刻(正覺樓叢書)二十九種 (清)崇文書局編 清光緒崇文書局刻本 二冊 存一種

330000－1701－0029008 普781.1/3130/c2 類叢部/叢書類/彙編之屬
正覺樓叢刻(正覺樓叢書)二十九種 (清)崇文書局編 清光緒崇文書局刻本 二冊 存一種

330000－1701－0029009 普781.1/3130/c3 類叢部/叢書類/彙編之屬
正覺樓叢刻(正覺樓叢書)二十九種 (清)崇文書局編 清光緒崇文書局刻本 二冊 存一種

330000－1701－0029014 普781.1/7535/c1 類叢部/叢書類/自著之屬
番禺陳氏東塾叢書初函四種附一種 (清)陳澧撰 清咸豐至光緒刻本 二冊 存一種

330000－1701－0029017 普781.1/3130/c4 類叢部/叢書類/彙編之屬
正覺樓叢刻(正覺樓叢書)二十九種 (清)崇文書局編 清光緒崇文書局刻本 二冊 存一種

330000－1701－0029020 普781.1/7535/c2 類叢部/叢書類/自著之屬
番禺陳氏東塾叢書初函四種附一種 (清)陳澧撰 清咸豐至光緒刻本 二冊 存一種

330000－1701－0029026 普784.6/6044 集

部/曲類/曲韻曲譜曲律之屬

新編南詞定律十三卷首一卷 (清)吕士雄等撰 清康熙五十九年(1720)刻朱墨套印本 十册

330000－1701－0029027 普781.1/2831/c1 類叢部/叢書類/家集之屬

學壽堂叢書十二種 徐紹楨編 清咸豐至光緒番禺徐氏梧州刻本 一册 存一種

330000－1701－0029033 普781.1/2831/c2 類叢部/叢書類/家集之屬

學壽堂叢書十二種 徐紹楨編 清咸豐至光緒番禺徐氏梧州刻本 一册 存一種

330000－1701－0029035 普785.5/0028 子部/藝術類/音樂之屬/樂譜

天聞閣琴譜十六卷首三卷 (清)唐彝銘輯 清光緒二年(1876)成都葉氏刻本 八册

330000－1701－0029036 普781.1/4706/c3 經部/樂類/律吕之屬

樂律表微八卷 (清)胡彦昇撰 清乾隆二十八年(1763)耆學齋刻本 二册

330000－1701－0029042 普785.5/3119 子部/藝術類/音樂之屬/樂譜

德音堂琴譜十卷 (清)汪天榮輯 清康熙六十年(1721)有文堂刻本 三册

330000－1701－0029044 普785.5/1040 子部/藝術類/音樂之屬/樂譜

蓼懷堂琴譜不分卷 (清)雲志高輯 清蓼懷堂刻本 五册

330000－1701－0029046 普785.5/3434 子部/藝術類/音樂之屬/樂譜

峰抱樓琴譜不分卷 (清)沈浩輯 清末抄本 一册

330000－1701－0029056 普785.5/1147/c1 子部/藝術類/音樂之屬/琴學

琴學入門二卷 (清)張鶴輯 清同治六年(1867)張鶴刻本 三册

330000－1701－0029060 普785.5/1147/c2 子部/藝術類/音樂之屬/琴學

琴學入門二卷 (清)張鶴輯 清光緒七年(1881)刻本 三册

330000－1701－0029062 普785.5/2624/c1 子部/藝術類/音樂之屬/琴學

誠一堂琴譜六卷琴談二卷 (清)程允基輯 清康熙四十四年(1705)程允基誠一堂刻聚錦堂印本 六册

330000－1701－0029063 普785.5/1147/c3 子部/藝術類/音樂之屬/琴學

琴學入門二卷 (清)張鶴輯 清同治六年(1867)張鶴刻本 二册

330000－1701－0029064 普785.5/2207 子部/藝術類/音樂之屬/樂譜

研露樓琴譜四卷首一卷 (清)崔應階撰 清同治三年(1864)古黑水穆敬止氏刻本 四册

330000－1701－0029067 普785.5/1147/c4 子部/藝術類/音樂之屬/琴學

琴學入門二卷 (清)張鶴輯 清光緒七年(1881)刻本 三册

330000－1701－0029068 普785.5/2640/2 子部/藝術類/音樂之屬/樂譜

松風閣琴譜二卷 (清)程雄輯 **松風閣指法一卷** (清)莊臻鳳撰 (清)程雄訂正 **抒懷操一卷** (清)曹溶等填詞 (清)程雄譜曲 清康熙程氏松風閣刻本 二册

330000－1701－0029073 普785.5/2640 子部/藝術類/音樂之屬/樂譜

松風閣琴譜二卷 (清)程雄輯 **松風閣指法一卷** (清)莊臻鳳撰 (清)程雄訂正 清三槐堂刻本 四册

330000－1701－0029088 普785.5/2884 子部/藝術類/音樂之屬/樂譜

萬峰閣指法閟箋一卷 (清)徐祺撰 清康熙徐氏大還閣刻本 一册

330000－1701－0029089 GP07895 集部/詞類/類編之屬

詞苑英華八種 (明)毛晉編 明末毛氏汲古

閣刻本　一册　存一種

330000－1701－0029090　普 785.5/2742　子部/藝術類/音樂之屬/樂譜

琴譜析微六卷指法二卷　(清)魯鼐撰　清康熙三十一年(1692)魯氏自適軒刻本　三册

330000－1701－0029094　普 785.5/2624/(2)　子部/藝術類/音樂之屬/琴學

誠一堂琴譜六卷琴談二卷　(清)程允基輯　清康熙四十四年(1705)程允基誠一堂刻本　六册

330000－1701－0029098　普 785.5/2872/c1　子部/藝術類/音樂之屬/樂譜

緑綺清韻不分卷　(清)徐臚先輯　清末石印本　二册

330000－1701－0029100　普 785.5/2616/c2　子部/藝術類/音樂之屬/琴學

琴音記二卷續篇一卷　(清)程瑤田撰　清乾隆刻嘉慶十三年(1808)印本　一册

330000－1701－0029101　普 785.5/2872/c2　子部/藝術類/音樂之屬/樂譜

緑綺清韻不分卷　(清)徐臚先輯　清末石印本　一册

330000－1701－0029102　普 785.5/3000/c1　子部/藝術類/音樂之屬/樂譜

枯木禪琴譜八卷　(清)釋空塵撰　清光緒十九年(1893)刻本　二册

330000－1701－0029106　普 785.5/2635　子部/藝術類/音樂之屬/樂譜

德音堂琴譜十卷　(清)汪天榮輯　清康熙三十年(1691)刻本　四册

330000－1701－0029109　普 785.5/2884.2　子部/藝術類/音樂之屬/樂譜

大還閣琴譜六卷谿山琴况一卷　(清)徐谼撰　清康熙十二年(1673)徐氏大還閣刻本　一册　存一卷(谿山琴况)

330000－1701－0029113　普 785.5/3000/c2　子部/藝術類/音樂之屬/樂譜

枯木禪琴譜八卷　(清)釋空塵撰　清光緒十九年(1893)刻本　猗猗室主題記　錢清顥題簽　四册

330000－1701－0029114　普 785.5/4422/c1　類叢部/叢書類/彙編之屬

邵武徐氏叢書初刻十四種　(清)徐榦編　清光緒邵武徐氏刻本　一册　存一種

330000－1701－0029115　HJL5931　集部/别集類/清别集

天韻堂詩存八卷賦鈔一卷　(清)徐維城撰　清光緒四年(1878)貴陽刻本　二册　缺一卷(賦鈔)

330000－1701－0029117　民 925.21/0017　史部/傳記類/别傳之屬/事狀

日本近世豪傑小史四卷　商務印書館編譯所編　清光緒二十九年(1903)上海商務印書館鉛印本　一册

330000－1701－0029118　民 927.3/5064.5　新學/史志/臣民傳記

華盛頓傳八卷七十六章　(清)黎汝謙　(清)蔡國昭譯　清光緒十二年(1886)鉛印本　八册

330000－1701－0029120　普 785.5/3676/c1　子部/藝術類/音樂之屬/樂譜

與古齋琴譜四卷　(清)祝鳳喈輯　清咸豐五年(1855)浦城祝氏刻本　四册

330000－1701－0029125　普 785.5/3676/c2　子部/藝術類/音樂之屬/樂譜

與古齋琴譜四卷　(清)祝鳳喈輯　清咸豐五年(1855)浦城祝氏刻本　四册

330000－1701－0029126　普 785.5/3676/c3　子部/藝術類/音樂之屬/樂譜

與古齋琴譜四卷　(清)祝鳳喈輯　清咸豐五年(1855)浦城祝氏刻本　四册

330000－1701－0029129　普 785.5/4422/c2　類叢部/叢書類/彙編之屬

邵武徐氏叢書初刻十四種　(清)徐榦編　清光緒邵武徐氏刻本　一册　存一種

330000－1701－0029130　普 785.5/3676/c4　子部/藝術類/音樂之屬/樂譜

與古齋琴譜四卷　(清)祝鳳喈輯　清咸豐五年(1855)浦城祝氏刻本　太直題簽　四冊

330000－1701－0029133　普 785.5/4422/c3　類叢部/叢書類/彙編之屬

邵武徐氏叢書初刻十四種　(清)徐幹編　清光緒邵武徐氏刻本　一冊　存一種

330000－1701－0029137　普 785.5/4422/(2)　類叢部/叢書類/彙編之屬

邵武徐氏叢書初刻十四種　(清)徐幹編　清光緒邵武徐氏刻本　一冊　存二種

330000－1701－0029142　普 785.5/4422/2　類叢部/叢書類/彙編之屬

平津館叢書八集三十九種　(清)孫星衍編　清嘉慶蘭陵孫氏刻本　一冊　存一種

330000－1701－0029144　普 785.5/5592/4　子部/藝術類/音樂之屬/樂譜

琴譜新聲六卷　(清)曹尚絅等撰　(清)祝鳳喈評　清同治五年(1866)雙清館刻本　二冊

330000－1701－0029147　普 785.5/2616/c1　子部/藝術類/音樂之屬/琴學

琴音記二卷　(清)程瑤田撰　清乾隆刻本　一冊

330000－1701－0029152　普 785.5/7720/c1、普 786.1/2887/c1、普 786.1/2887.2/c1　類叢部/叢書類/彙編之屬

正覺樓叢刻(正覺樓叢書)二十九種　(清)崇文書局編　清光緒崇文書局刻本　三冊　存三種

330000－1701－0029153　普 785.5/5592　子部/藝術類/音樂之屬/樂譜

琴譜新聲六卷　(清)曹尚絅等撰　(清)祝鳳喈評　清嘉慶六年(1801)春草堂刻本　二冊

330000－1701－0029154　普 785.5/7720/2　子部/藝術類/音樂之屬/樂譜

重訂擬瑟譜一卷　(清)邵嗣堯撰　清刻本　一冊

330000－1701－0029155　普 785.5/7720/c2、普 786.1/2887/c2、普 786.1/2887.2/c2　類叢部/叢書類/彙編之屬

正覺樓叢刻(正覺樓叢書)二十九種　(清)崇文書局編　清光緒崇文書局刻本　三冊　存三種

330000－1701－0029156　普 785.5/5592/2　子部/藝術類/音樂之屬/樂譜

琴譜新聲六卷　(清)曹尚絅等撰　(清)祝鳳喈評　清乾隆刻本　三冊

330000－1701－0029157　民 951.0097/1133　新學/史志

新編中國歷史全書八卷　張運禮編　清宣統元年(1909)廣東瑞雲樓鉛印本　十八冊

330000－1701－0029158　民 951.0097/4340　史部/史評類/史論之屬

繪圖中國白話史不分卷　(清)戴克敦　(清)錢宗翰編　清光緒三十一年(1905)上海彪蒙書室石印本　一冊

330000－1701－0029159　民 951.0097/1713.02　史部/史抄類

續支那通史二卷　(日本)山峯畯藏撰　(清)中國漢陽青年編譯　清光緒二十九年(1903)會文政記石印本　八冊

330000－1701－0029164　普 785.5/7724/2/c1　子部/藝術類/音樂之屬/樂譜

五知齋琴譜八卷　(清)徐祺撰　(清)周魯封輯　清乾隆二年(1737)棲心琴社刻本　六冊

330000－1701－0029172　普 785.5/7724　子部/藝術類/音樂之屬/樂譜

五知齋琴譜八卷　(清)徐祺撰　(清)周魯封輯　清乾隆十一年(1746)懷德堂刻本　十二冊

330000－1701－0029173　民 951.00977/3610　新學/史志

最新中等中國歷史教科書五編　祝震編　清光緒三十二年(1906)上海南洋官書局鉛印本　六冊

330000－1701－0029175　普 785.5/7542　子部/藝術類/音樂之屬/樂譜
琴譜曲不分卷　(清)陳梅仙撰　清光緒八年(1882)陳枚仙抄本　一冊

330000－1701－0029178　普 785.6/4034/2/c1　子部/藝術類/音樂之屬/樂譜
南北派十三套大曲琵琶新譜二卷初學入門琵琶譜一卷　(清)李祖棻輯　清光緒二十一年(1895)上海賜書堂石印本　二冊

330000－1701－0029184　民 951.0759/2024/c1　新學/史志/戰記
中國六十年戰史十三章　(英國)艾特華斯撰　史悠明　程履祥譯校　清光緒二十九年(1903)上海美華書館鉛印本　六冊

330000－1701－0029187　普 785.6/4034/2/c2　子部/藝術類/音樂之屬/樂譜
南北派十三套大曲琵琶新譜二卷初學入門琵琶譜一卷　(清)李祖棻輯　清光緒二十一年(1895)上海賜書堂石印本　二冊

330000－1701－0029189　民 951.0759/2024/c2　新學/史志/戰記
中國六十年戰史十三章　(英國)艾特華斯撰　史悠明　程履祥譯校　清光緒二十九年(1903)上海美華書館鉛印本　六冊

330000－1701－0029190　普 788.7/8041　新學/聲學/音學
喇叭吹法一卷　(美國)金楷理譯　(清)蔡錫齡筆述　清末江南機器製造總局刻本　一冊

330000－1701－0029194　普 789.1/3147.2　集部/曲類/曲韻曲譜曲律之屬
吟香堂曲譜四卷　(清)馮起鳳撰　清乾隆馮槩才吟香堂刻本　四冊

330000－1701－0029196　普 789.1/1082/(2)　集部/曲類/曲韻曲譜曲律之屬
遏雲閣曲譜初集不分卷　(清)王錫純輯　(清)李秀雲拍正　清光緒十九年(1893)著易堂鉛印本　八冊

330000－1701－0029198　民 951.07903/2133/2　史部/雜史類/斷代之屬
戊戌政變記九卷　梁啓超撰　清光緒鉛印本　三冊

330000－1701－0029199　普 789.1/4003　集部/曲類/曲韻曲譜曲律之屬
味塵軒曲譜二卷　(清)李文瀚撰　清咸豐五年(1855)淩雲仙館刻本　二冊

330000－1701－0029200　普 789.1/4490.2/c1　集部/曲類/曲韻曲譜曲律之屬
納書楹曲譜全集二十二卷　(清)葉堂撰　清乾隆五十七年至五十九年(1792－1794)納書楹刻本　八冊　存八卷(納書楹玉茗堂四夢曲譜一至八)

330000－1701－0029202　普 789.1/4490.2/c2　集部/曲類/曲韻曲譜曲律之屬
納書楹曲譜全集二十二卷　(清)葉堂撰　清乾隆五十七年至五十九年(1792－1794)納書楹刻本　八冊　存八卷(納書楹玉茗堂四夢曲譜一至八)

330000－1701－0029203　民 951.00977/4948　史部/雜史類/通代之屬
中等歷史教科書五編首一編　趙懿年編　清光緒三十四年(1908)鉛印本　二冊

330000－1701－0029204　普 789.1/3147　集部/曲類/曲韻曲譜曲律之屬
吟香堂曲譜四卷　(清)馮起鳳撰　清乾隆馮槩才吟香堂刻本　二冊　存二卷(長生殿上、下)

330000－1701－0029211　普 789.1/4490/3　集部/曲類/曲韻曲譜曲律之屬
納書楹曲譜全集二十二卷　(清)葉堂撰　清道光二十八年(1848)刻本　二冊　存二卷(牡丹亭一至二)

330000－1701－0029213　普 785.5/7724/2/c2　子部/藝術類/音樂之屬/樂譜
五知齋琴譜八卷　(清)徐祺撰　(清)周魯封輯　清乾隆二年(1737)棲心琴社刻本　六冊

330000－1701－0029225　普 789.4/3008　集

部/曲類/曲韻曲譜曲律之屬
審音鑑古錄六十六折　清道光十四年(1834)東鄉王繼善刻本　六册　存二十四折(琵琶記一至十六、荊釵記一至八)

330000－1701－0029230　普790/6002　類叢部/類書類/專類之屬
古今秘苑十五卷續錄十三卷　(清)墨磨主人編　清清雅軒刻本　二册

330000－1701－0029233　普793/7720　子部/藝術類/遊藝之屬
奇書五十五種四卷　(清)留香主人輯　清光緒二十年(1894)上海福記石印本　四册

330000－1701－0029235　普792.7/1047　子部/藝術類/遊藝之屬/謎語
夢閣謎語二卷　(清)王均撰　清光緒十年(1884)刻本　一册

330000－1701－0029240　普792.7/4425　子部/藝術類/遊藝之屬/謎語
餘生虎口虎四卷續補一卷　(清)葛牲撰　清光緒六年(1880)刻本　四册

330000－1701－0029242　普793.1/1157　類叢部/叢書類/彙編之屬
隨盦徐氏叢書十種續編十種　徐乃昌編　清光緒至民國南陵徐氏刻本　一册　存一種

330000－1701－0029246　普793.1/3708/c1　子部/藝術類/遊藝之屬/棋弈
四子譜二卷　(清)過百齡輯　清同治十二年(1873)金閶同文堂刻本　二册

330000－1701－0029250　普793.1/1718　子部/藝術類/遊藝之屬/棋弈
弈潛齋集譜初編十五種二編三種三編五種　(清)鄧元鏸輯　清光緒弈潛齋刻本　一册　存三種

330000－1701－0029256　普793.1/1718.2　子部/藝術類/遊藝之屬/棋弈
弈潛齋集譜初編十五種二編三種三編五種　(清)鄧元鏸輯　清光緒弈潛齋刻本　一册　存一種

330000－1701－0029258　普793.1/1718.3　子部/藝術類/遊藝之屬/棋弈
弈潛齋集譜初編十五種二編三種三編五種　(清)鄧元鏸輯　清光緒弈潛齋刻本　一册　存一種

330000－1701－0029259　普793.1/3708/c2　子部/藝術類/遊藝之屬/棋弈
四子譜二卷　(清)過百齡輯　清同治十二年(1873)金閶同文堂刻本　周濟民題記　二册

330000－1701－0029262　普792.7/7203　子部/藝術類/遊藝之屬/謎語
隱語鯖腴一卷　(清)徐賓華輯　清光緒四年(1878)刻本　一册

330000－1701－0029266　普793.1/3708/c3　子部/藝術類/遊藝之屬/棋弈
四子譜二卷　(清)過百齡輯　清同治十二年(1873)金閶同文堂刻本　二册

330000－1701－0029268　普793.1/3708/c4　子部/藝術類/遊藝之屬/棋弈
四子譜二卷　(清)過百齡輯　清同治十二年(1873)金閶同文堂刻本　四册

330000－1701－0029269　民952/5041/c1　新學/史志/別國史
中等教育日本歷史二卷　(日本)青木武助編　(清)張枏譯　清光緒三十二年(1906)金陵江楚編譯官書局石印本　二册

330000－1701－0029271　普793.1/3708/2/c1　子部/藝術類/遊藝之屬/棋弈
四子譜二卷　(清)過百齡輯　清宣統三年(1911)上海千頃堂石印本　二册

330000－1701－0029275　民952/5041/c2　新學/史志/別國史
中等教育日本歷史二卷　(日本)青木武助編　(清)張枏譯　清光緒三十二年(1906)金陵江楚編譯官書局石印本　二册

330000－1701－0029276　普793.1/3708/2/c2　子部/藝術類/遊藝之屬/棋弈
四子譜二卷　(清)過百齡輯　清宣統三年

(1911)上海千頃堂石印本　二册

330000－1701－0029280　民 952/6055/c1
新學/史志/别國史
日本史綱二卷　(清)江楚編譯局編　清光緒三十二年(1906)金陵江楚編譯官書局石印本　一册

330000－1701－0029284　民 952/6055/c2
新學/史志/别國史
日本史綱二卷　(清)江楚編譯局編　清光緒三十二年(1906)金陵江楚編譯官書局石印本　一册

330000－1701－0029285　普 794.1/7225　類叢部/叢書類/郡邑之屬
武林往哲遺箸五十二種後編十種　(清)丁丙編　清光緒二十年至二十六年(1894－1900)錢塘丁氏嘉惠堂刻本　一册　存一種

330000－1701－0029291　普 792.7/8043　子部/藝術類/遊藝之屬/謎語
新編燈謎大觀二卷　(清)俞樾撰　清光緒三十年(1904)上海書局石印本　一册

330000－1701－0029296　普 792.8/4012　子部/藝術類/遊藝之屬/博戲
新刻秘藏奇巧戲法一卷　(清)秦叟選　清同治十三年(1874)德泰堂刻本　一册

330000－1701－0029301　普 793/7288/c1
子部/藝術類/遊藝之屬/博戲
漢官儀三卷　(宋)劉攽撰　清道光四年(1824)歙縣鮑氏影宋刻本　一册

330000－1701－0029309　普 793/7288/c2
子部/藝術類/遊藝之屬/博戲
漢官儀三卷　(宋)劉攽撰　清光緒揚州穆西堂刻本　一册

330000－1701－0029320　普 741.17/4494
子部/藝術類/書畫之屬
黄瘦瓢書畫册一卷　(清)黄慎書並繪　清宣統二年(1910)上海世界社影印本　一册

330000－1701－0029339　普 741.2/4426　子部/藝術類/書畫之屬/書法書品
書法正宗四卷　(清)蔣和撰　清乾隆四十七年(1782)刻本　二册

330000－1701－0029387　普 741.36/1032/c1
子部/藝術類/書畫之屬/法帖
王文成公書矯亭説真蹟一卷　(明)王守仁書　清光緒三十四年(1908)驂山草堂石印本　一册

330000－1701－0029390　普 741.36/1032/c2
子部/藝術類/書畫之屬/法帖
王文成公書矯亭説真蹟一卷　(明)王守仁書　清光緒三十四年(1908)驂山草堂石印本　顧思義題記　一册

330000－1701－0029408　GP07655　類叢部/叢書類/彙編之屬
汗筠齋叢書第一集(蘭芬齋叢書初集)四種　(清)秦鑑編　清嘉慶三年至四年(1798－1799)嘉定秦氏刻本　十册

330000－1701－0029409　GP07650　史部/傳記類/總傳之屬/家乘
[浙江海寧]朱馬氏家乘六卷　(清)馬惟陽纂修　清道光元年(1821)刻本　四册

330000－1701－0029414　GP07651　經部/春秋左傳類/傳説之屬
左傳評三卷　(清)李文淵撰　清乾隆四十年(1775)潮陽縣衙刻本　一册

330000－1701－0029416　GP07652　史部/職官類/官箴之屬
求牧芻言八卷　(清)阮本焱撰　清光緒十三年(1887)刻本　二册

330000－1701－0029419　GP07656　史部/地理類/總志之屬/斷代
大清一統全省地名問答一卷　清光緒二十九年(1903)新世界文化編譯會社鉛印本　一册

330000－1701－0029420　GP07661　類叢部/叢書類/郡邑之屬
江陰叢書三十二種　金武祥編　清光緒至宣統江陰金氏粟香室嶺南刻本　十六册　存

一種

330000－1701－0029421　GP07657　史部/地理類/總志之屬/斷代
大清一統全省地名問答一卷　清光緒二十九年(1903)新世界文化編譯會社鉛印本　一冊

330000－1701－0029424　GP07658　子部/儒家類/儒學之屬/經濟
變法平議一卷　張謇撰　清光緒鉛印本　一冊

330000－1701－0029432　GP07663　子部/儒家類/儒學之屬/禮教/女範
女學修身教科書四卷　(清)江楚編譯局編　清光緒三十二年(1906)金陵江楚編譯官書局石印本　二冊

330000－1701－0029434　普 741.36/5048　集部/總集類/尺牘之屬
明代名人尺牘七種　鄧實輯　清光緒上海國學保存會影印本　一冊　存一種

330000－1701－0029436　GP07678　經部/春秋總義類/傳說之屬
春秋經傳類求十二卷　(清)孫從添　(清)過臨汾撰　(清)吳禧祖校定　清乾隆二十四年(1759)舊名堂刻本　十六冊

330000－1701－0029437　GP07664　子部/儒家類/儒學之屬/性理
明孫石臺先生質疑稿三卷　(明)孫揚撰　清乾隆二十年(1755)盧塋等刻本　一冊

330000－1701－0029439　GP07675　新學/政治法律/政治
佐治芻言不分卷　(英國)傅蘭雅口譯　(清)應祖錫筆述　清光緒江南製造總局鉛印本　三冊

330000－1701－0029440　普 741.36/5329　子部/藝術類/書畫之屬/法帖
明代名臣墨寶八卷　清光緒有正書局影印本　一冊　存一卷(八)

330000－1701－0029443　GP07676　經部/叢編
通志堂經解一百四十種　(清)納蘭成德輯　清康熙十九年(1680)納蘭成德刻本　五冊　存一種

330000－1701－0029446　GP07674　史部/政書類/儀制之屬/典禮
幸魯盛典四十卷　(清)孔毓圻等纂修　清康熙五十年(1711)刻本　二十冊

330000－1701－0029448　GP07665　類叢部/叢書類/彙編之屬
武英殿聚珍版書一百四十八種　清乾隆四十二年(1777)福建刻道光至同治遞修光緒二十一年(1895)增刻本　一冊　存一種

330000－1701－0029451　GP07666　類叢部/叢書類/自著之屬
嘉定錢氏潛研堂全書二十一種　(清)錢大昕撰　清光緒十年(1884)長沙龍氏家塾刻本　一冊　存一種

330000－1701－0029452　GP07679　類叢部/叢書類/彙編之屬
小石山房叢書三十八種　(清)顧湘編　清道光刻同治十三年(1874)虞山顧氏補刻本　一冊　存一種

330000－1701－0029453　GP07680　類叢部/叢書類/彙編之屬
小石山房叢書三十八種　(清)顧湘編　清道光刻同治十三年(1874)虞山顧氏補刻本　一冊　存一種

330000－1701－0029455　GP07681　類叢部/叢書類/自著之屬
東海褰冥氏三十以前舊學四種　(清)譚嗣同撰　清光緒二十三年(1897)金陵刻本　一冊　存一種

330000－1701－0029463　GP07667　子部/小說家類/雜事之屬
蕉軒續錄二卷　(清)方濬師撰　清光緒十八年(1892)鉛印本　二冊

330000－1701－0029465　普 741.37/1719.6

子部/藝術類/書畫之屬/書法書品

許乃釗鉤摹鄧石如篆書不分卷 （清）鄧琰書 （清）許乃釗鉤摹 清光緒二年（1876）刻十一年（1885）朱氏槐廬印本 一冊

330000－1701－0029466 普 741.37/31301 經部/小學類/音韻之屬/等韻

音學辨微一卷 （清）江永撰 清宣統元年（1909）國學保存會據江氏自寫本影印本 一冊

330000－1701－0029467 GP07668 史部/傳記類/總傳之屬/釋道

居士傳五十六卷 （清）彭紹升撰 清光緒刻本 四冊

330000－1701－0029470 普 741.37/2124.3 子部/藝術類/書畫之屬/法帖

何臨道因碑一卷 （清）何紹基書 清光緒三十三年（1907）石印本 一冊

330000－1701－0029473 GP07677 經部/叢編

通志堂經解一百四十種 （清）納蘭成德輯 清康熙十九年（1680）納蘭成德刻本 五冊 存一種

330000－1701－0029476 GP07702 集部/總集類/彙編之屬

南宋羣賢小集七十四種 （宋）陳起編 （清）顧修重輯 清嘉慶六年（1801）石門顧氏讀畫齋刻本 清徐時棟批並跋 清蔡鴻鑑題記 三十二冊

330000－1701－0029478 普 741.37/2643.2/c1 子部/藝術類/書畫之屬/法帖

吳大澂篆文孝經不分卷 （清）吳大澂書 清光緒十一年（1885）上海同文書局石印本 一冊

330000－1701－0029482 普 741.37/2643.2/c2 子部/藝術類/書畫之屬/法帖

吳大澂篆文孝經不分卷 （清）吳大澂書 清光緒十一年（1885）上海同文書局石印本 一冊

330000－1701－0029490 GP07682 集部/詞類/類編之屬

詞學叢書六種 （清）秦恩復編 清嘉慶至道光江都秦恩復享帚精舍刻本 一冊 存一種

330000－1701－0029492 GP07689 新學/算學

計學平議二卷首一卷 （美國）蘭德克略撰 （清）陳昌緒譯 清光緒二十九年（1903）南洋公學譯書院鉛印本 一冊

330000－1701－0029493 普 741.37/3547 子部/藝術類/書畫之屬/法帖

御臨王獻之書洛神賦十三行并圖一卷 （清）高宗弘曆書 清末影印本 一冊

330000－1701－0029495 普 741.37/3542 子部/藝術類/書畫之屬/法帖

國朝名人手蹟八集 有正書局輯 清光緒至宣統上海有正書局影印本 二冊 存二集（三至四）

330000－1701－0029497 GP07690 新學/算學

計學平議二卷首一卷 （美國）蘭德克略撰 （清）陳昌緒譯 清光緒二十九年（1903）南洋公學譯書院鉛印本 一冊

330000－1701－0029502 普 741.37/3734 子部/藝術類/書畫之屬/法帖

祁相國真蹟刻本一卷 （清）祁寯藻書 清刻本 一冊

330000－1701－0029504 GP07691 集部/別集類/清別集

繡墨軒詩稿一卷詞稿一卷 （清）俞慶曾撰 清光緒二十三年（1897）刻本 一冊

330000－1701－0029508 GP07692 集部/別集類/清別集

繡墨軒詩稿一卷詞稿一卷 （清）俞慶曾撰 清光緒二十三年（1897）刻本 一冊

330000－1701－0029512 GP07693 類叢部/叢書類/彙編之屬

懷豳雜俎十二種 徐乃昌編 清光緒至宣統

南陵徐氏刻本　一册　存一種

330000－1701－0029514　GP07685　史部/政書類/公牘檔册之屬
浙省倉庫清查節要一卷兩浙運庫清查挈要一卷　（清）王鳳生輯　清道光四年（1824）刻本　一册

330000－1701－0029519　GP07697　史部/政書類/律令之屬/律例
讀法圖存四卷　（清）邵繩清編　清光緒七年（1881）刻本　四册

330000－1701－0029523　GP07686　子部/藝術類/遊藝之屬/雜藝
集涪翁文一百四十喜箋序目一卷　（清）徐琪撰　清光緒二十八年（1902）刻本　一册

330000－1701－0029524　GP07698　史部/編年類/通代之屬
讀通鑑綱目條記二十卷首一卷　（清）李述來撰　清光緒八年（1882）峯玉山房刻本　六册

330000－1701－0029535　GP07699　類叢部/叢書類/彙編之屬
漸西村舍彙刊（漸西村舍叢刻）四十四種　（清）袁昶編　清光緒十六年至二十四年（1890－1898）桐廬袁氏刻本　二册　存一種

330000－1701－0029541　GP07713　子部/小説家類/雜事之屬
遣睡雜言八卷　（清）黄凱鈞撰　清嘉慶二十年（1815）嘉善黄氏友漁齋刻本　四册

330000－1701－0029543　GP07716　史部/紀傳類/正史之屬
史記補一百三十卷　（唐）司馬貞撰　清初九松里刻本　清吳紱批並跋　四册

330000－1701－0029546　GP07696　史部/職官類/官箴之屬
求牧芻言八卷　（清）阮本焱撰　清光緒十三年（1887）刻本　一册　缺四卷（五至八）

330000－1701－0029554　GP07714　子部/儒家類/儒學之屬
中庸衍義十七卷　（明）夏良勝撰　清同治十年（1871）刻本　十二册

330000－1701－0029556　GP07718　史部/紀傳類/别史之屬
季漢書九十卷　（清）章陶撰　**季漢書辨異一卷**　（清）張廉評註　清道光九年（1829）章氏青山環漪軒刻本　十六册

330000－1701－0029557　GP07724　集部/詞類/總集之屬
曲阿詞綜四卷　（清）劉會恩輯　清道光五年（1825）劉九思堂刻本　二册

330000－1701－0029558　GP07715　子部/儒家類/儒學之屬
中庸衍義十七卷　（明）夏良勝撰　清同治十年（1871）刻本　十册

330000－1701－0029561　GP07723　子部/藝術類/書畫之屬/書法書品
大瓢偶筆八卷鐵函齋書跋四卷　（清）楊賓撰　（清）楊霈輯　**大瓢所論碑帖纂列總目備覽一卷**　（清）楊霈輯　清道光二十七年（1847）十芝堂刻本　四册　缺四卷（鐵函齋書跋一至四）

330000－1701－0029562　GP07721　新學/電學
電學測算十一章　（清）徐兆熊譯　清末江南製造總局鉛印本　一册

330000－1701－0029563　GP07726　子部/宗教類/佛教之屬/諸宗
永嘉禪宗集註二卷　（明）釋傳燈重編並註　清光緒二十二年（1896）京口李培楨刻本　一册

330000－1701－0029564　GP07719　類叢部/叢書類/彙編之屬
平津館叢書八集三十九種　（清）孫星衍編　清嘉慶蘭陵孫氏刻本　十册　存二種

330000－1701－0029566　GP07729　史部/雜史類/斷代之屬
平閩紀十三卷　（清）楊捷撰　清康熙二十二

年(1683)世澤堂刻本　八册

330000－1701－0029567　GP07739　子部/雜著類/雜纂之屬
傳家寶八卷　(清)石成金撰　清刻本　八册

330000－1701－0029569　普741.37/8023　子部/藝術類/書畫之屬/書法書品
曾惠敏公四體書法不分卷　(清)曾紀澤書　清光緒十六年(1890)上海鴻寶齋石印本　一册

330000－1701－0029571　GP07722　史部/傳記類/科舉録之屬/諸貢録
光緒乙酉科優貢同年齒錄一卷　清光緒十一年(1885)奎光齋刻本　一册

330000－1701－0029574　GP07741　經部/周禮類/傳說之屬
宋葉文康公禮經會元節本四卷　(宋)葉時撰　(清)陸隴其點定　(清)許元淮删節並評　清嘉慶五年(1800)瘦竹山房刻本　八册

330000－1701－0029575　GP07717　經部/小學類/音韻之屬/韻書
讀詩韻新訣二卷附錄一卷　(清)徐鍾郎撰　清雍正刻本　二册

330000－1701－0029576　GP07730　類叢部/叢書類/彙編之屬
連筠簃叢書十二種　(清)楊尚文編　清道光二十七年至二十九年(1847－1849)靈石楊氏刻本(羣書治要卷四、十三、二十原缺)　二册　存一種

330000－1701－0029577　GP07720　經部/叢編
通志堂經解一百四十種　(清)納蘭成德輯　清康熙十九年(1680)納蘭成德刻本　三册　存一種

330000－1701－0029579　普741.37/8043　子部/藝術類/書畫之屬/書法書品
俞樾手札不分卷　(清)俞樾撰并書　清光緒三十三年(1907)江蘇省刷印局石印本　一册

330000－1701－0029580　GP07743　類叢部/叢書類/家集之屬
馬氏家集刻七種　(清)馬□編　清光緒刻本　一册　存一種

330000－1701－0029582　GP07749　類叢部/叢書類/自著之屬
汪雙池先生叢書二十種附浙刻雙池遺書十二種　(清)汪紱撰　清道光至光緒刻光緒二十三年(1897)長安趙舒翹等彙印本　四册　存一種

330000－1701－0029585　GP07731　類叢部/叢書類/彙編之屬
邵武徐氏叢書初刻十四種　(清)徐幹編　清光緒邵武徐氏刻本　二册　存一種

330000－1701－0029588　GP07744　類叢部/叢書類/自著之屬
槐軒全集二十一種附九種　(清)劉沅撰　清咸豐至民國刻彙印本　一册　存一種

330000－1701－0029589　普741.37/8799　子部/藝術類/書畫之屬/法帖
板橋先生真墨不分卷　(清)鄭燮書　清光緒三十四年(1908)吳縣鄭熙書帶艸堂石印本　二册

330000－1701－0029591　普741.37/8078.3　子部/藝術類/書畫之屬/書法書品
松禪老人遺墨二卷　(清)翁同龢書　清光緒三十四年(1908)上海南洋官書局影印本　一册

330000－1701－0029595　GP07733　集部/別集類/清別集
容安小室詩鈔四卷詞一卷　(清)楊福申撰　清宣統三年(1911)同文書館鉛印本　二册

330000－1701－0029596　普741.37/8078.4　子部/藝術類/書畫之屬/法帖
常熟翁相國手札一卷　(清)翁同龢撰並書　清光緒三十四年(1908)上海有正書局石印本　一册

330000－1701－0029597　GP07747　新學/商

務/商學

原富八卷 (英國)斯密亞丹撰 嚴復譯 清光緒二十八年(1902)上海南洋公學譯書院鉛印本 八冊

330000－1701－0029600 GP07748 經部/小學類/文字之屬/說文

苗氏說文四種 (清)苗夔撰 清道光至咸豐壽陽祁氏漢專亭刻本 章嶔題記 六冊

330000－1701－0029607 GP07736 經部/書類/傳說之屬

尚書註考一卷 (明)陳泰交撰 清末抄本 一冊

330000－1701－0029611 GP07766 史部/政書類/律令之屬/治獄

式敬編五卷 (清)楊景仁輯 清道光二年(1822)詒硯齋刻本 二冊

330000－1701－0029612 GP07750 經部/小學類/文字之屬/說文/傳說

說文段注撰要九卷 (清)馬壽齡撰 清光緒九年(1883)金陵胡氏愚園刻本 四冊

330000－1701－0029613 GP07737 集部/別集類/清別集

無爲齋遺集二卷 (清)張昭潛撰 清光緒三十四年(1908)孫迺瑤等刻本 一冊

330000－1701－0029617 GP07738 經部/叢編

通志堂經解一百四十種 (清)納蘭成德輯 清康熙十九年(1680)納蘭成德刻本 二冊 存一種

330000－1701－0029623 GP07772 經部/詩類/傳說之屬

詩經申義十卷 (清)吳士模撰 清光緒十七年(1891)澤古齋刻本 四冊

330000－1701－0029624 GP07762 子部/術數類/相宅相墓之屬

曹安峯地理原本說四卷 (清)曹家甲撰 清乾隆二十五年(1760)移晴堂刻本 四冊

330000－1701－0029626 GP07768 經部/小學類/文字之屬/說文

苗氏說文四種 (清)苗夔撰 清道光至咸豐壽陽祁氏漢專亭刻本 二冊 存一種

330000－1701－0029629 GP07773 經部/詩類/傳說之屬

詩經申義十卷 (清)吳士模撰 清光緒十七年(1891)澤古齋刻本 四冊

330000－1701－0029631 GP07751 子部/雜著類/雜說之屬

存拙齋札疏一卷 羅振玉撰 清光緒十四年(1888)刻本 一冊

330000－1701－0029632 GP07770 史部/詔令奏議類/奏議之屬

嘉定長白二先生奏議四卷 夏震武輯 **長白先生[寶廷]年譜一卷** (清)壽富輯 清宣統二年(1910)京邸鉛印本 二冊

330000－1701－0029638 GP07763 類叢部/叢書類/家集之屬

半帆樓叢書(鄔氏家集)二十七種 鄔慶時編 清光緒至民國刻本 一冊 存一種

330000－1701－0029639 GP07771 經部/小學類/文字之屬/說文/傳說

說文段注撰要九卷 (清)馬壽齡撰 清光緒九年(1883)金陵胡氏愚園刻本 四冊

330000－1701－0029640 GP07775 類叢部/叢書類/自著之屬

頤志齋叢書二十二種 (清)丁晏撰 清道光至同治山陽丁氏六蓺堂刻同治元年(1862)彙印本 二冊 存一種

330000－1701－0029642 GP07764 集部/別集類/清別集

潛園丙午集八卷 魏元曠撰 清宣統二年(1910)奉天圖書印刷所鉛印本 二冊

330000－1701－0029644 GP07777 史部/史抄類

古今彝語十二卷 (明)汪應蛟撰 清康熙三十七年(1698)新安汪畬刻本 六冊

330000－1701－0029647　GP07755　類叢部/叢書類/自著之屬
查莳湖先生雜著二種二卷　(清)查奕慶撰　清咸豐七年(1857)刻本　一冊

330000－1701－0029648　GP01376　經部/春秋左傳類/傳說之屬
左傳拾遺二卷　(清)朱元英撰　清康熙刻本　二冊

330000－1701－0029651　GP07780　史部/傳記類/總傳之屬/列女
皇朝貞孝節烈文編六卷　(清)汪正輯　清仁和汪氏香溪節烈祠刻本　六冊

330000－1701－0029653　GP07787　經部/易類/傳說之屬
周易意十二卷圖一卷　(清)陳畫撰　清浦城官署刻本　四冊

330000－1701－0029655　GP07752　子部/雜著類/雜說之屬
冰夏記聞一卷　(清)汪巖叟編　清康熙十五年(1676)刻本　一冊

330000－1701－0029658　GP07791　史部/地理類/專志之屬/古跡
嶺海見聞四卷　(清)錢以塏撰　清康熙刻本　六冊

330000－1701－0029659　GP07790　史部/傳記類/科舉録之屬/諸貢録
國朝歷科館選錄不分卷　(清)沈廷芳輯　(清)陸費墀　(清)沈世緯重訂　清乾隆刻本　一冊

330000－1701－0029661　GP07781　子部/叢編
子書百家　(清)崇文書局編　清光緒元年(1875)湖北崇文書局刻本　一冊　存一種

330000－1701－0029662　GP07792　子部/術數類/陰陽五行之屬
通德類情十三卷　(清)沈重華輯　清乾隆三十六年(1771)事守堂刻本　八冊

330000－1701－0029666　GP07783　史部/政書類/儀制之屬/專志/科舉校規
國朝貢舉考畧三卷　(清)黃崇蘭撰　清道光二年(1822)刻本　三冊

330000－1701－0029667　GP07793　子部/小說家類/雜事之屬
耐冷譚十六卷　(清)宋咸熙撰　清道光九年(1829)武林亦西齋刻本　六冊

330000－1701－0029668　GP07789　類叢部/叢書類/彙編之屬
無齋叢書二十種　徐乃昌編　清光緒二十六年(1900)南陵徐氏刻本　一冊　存一種

330000－1701－0029674　普 741.4/3027/4　子部/藝術類/書畫之屬/法帖
淳化秘閣法帖考正十卷附二卷　(清)王澍撰　**淳化閣帖釋文二卷**　(清)沈宗騫校定　清乾隆三十三年(1768)刻道光二十八年(1848)海虞俞氏蘊玉山房印本　十二冊

330000－1701－0029675　GP07796　子部/兵家類/兵器之屬
擷芳堂箭說不分卷　(清)楊彪撰　清康熙刻本　二冊

330000－1701－0029676　GP07797　史部/傳記類/總傳之屬/家乘
至聖先師世系考一卷　(清)陳敬基輯　清宣統元年(1909)石印本　一冊

330000－1701－0029678　GP07784　集部/別集類/清別集
晚翠樓詩鈔四卷　(清)朱炳清撰　清光緒十六年(1890)刻本　二冊

330000－1701－0029679　GP07794　子部/小說家類/諧謔之屬
鐵槎山房見聞錄十二卷　(清)于克襄撰　清道光二十九年(1849)鐵槎山房刻本　八冊

330000－1701－0029680　普 741.4/2699　子部/藝術類/書畫之屬/法帖
筠清館法帖六卷　(清)吳榮光輯　清宣統元年(1909)上海文明書局影印本　六冊

330000－1701－0029681　GP07798　經部/小學類/文字之屬/說文

說文引經異字三卷　(清)吳雲蒸撰　清道光六年(1826)山海棠軒刻本　一冊

330000－1701－0029683　GP07785　史部/傳記類/別傳之屬/事狀

趙忠節公祠題壁錄存一卷　(清)蕭治輝輯　清光緒二十六年(1900)刻本　一冊

330000－1701－0029685　GP07786　類叢部/叢書類/家集之屬

香海盦叢書　(清)徐琪輯　清仁和徐氏刻光緒二十年(1894)彙印本　一冊　存一種

330000－1701－0029686　GP07799　新學/報章

西國近事彙編四卷　(清)鄭昌棪編　清光緒十二年(1886)上海機器製造局鉛印本　四冊

330000－1701－0029688　普741.4/3027.01/2　子部/藝術類/書畫之屬/法帖

欽定重刻淳化閣帖十卷　(清)吳省蘭輯　清乾隆三十八年(1773)刻本　周濤題記　二冊

330000－1701－0029690　GP07800　史部/職官類/官箴之屬

爲政忠告四卷　(元)張養浩撰　清道光十三年(1833)芸葉軒刻本　一冊

330000－1701－0029691　GP07804　子部/宗教類/道教之屬

悟道錄二卷　(清)劉一明撰　清嘉慶二十一年(1816)湖南常德府護國庵刻本　一冊

330000－1701－0029692　GP07761　類叢部/叢書類/自著之屬

潛園總集十七種　(清)陸心源撰　清同治至光緒刻本　一冊　存一種

330000－1701－0029693　普741.4/3027.01/c2　子部/藝術類/書畫之屬/法帖

淳化帖釋文十卷　(清)羅森　(清)孫際昌訂　清康熙八年(1669)刻本　四冊

330000－1701－0029694　GP07805　類叢部/叢書類/自著之屬

春在堂全書三十六種　(清)俞樾撰　清同治至光緒刻光緒末彙印本　一冊　存一種

330000－1701－0029696　GP07802　子部/宗教類/佛教之屬/總録

屠山大雄寺法派富桐釋氏宗譜不分卷　(清)徐振洙纂修　清道光六年(1826)木活字印本　六冊

330000－1701－0029697　GP07806　子部/天文曆算類/算書之屬

李氏遺書十一種　(清)李鋭撰　清道光三年(1823)儀徵阮元刻本　二冊　存三種

330000－1701－0029698　GP07803　子部/宗教類/佛教之屬/總録

屠山大雄寺法派富桐釋氏宗譜不分卷　(清)徐振洙纂修　清同治木活字印本　四冊

330000－1701－0029700　GP07820　子部/兵家類/兵法之屬

兵法百戰經二卷　(明)王鳴鶴撰　(明)何仲叔輯　清刻本　一冊

330000－1701－0029701　GP07807　類叢部/叢書類/彙編之屬

宜稼堂叢書七種　(清)郁松年編　清道光二十年至二十二年(1840－1842)上海郁氏刻本　六冊　存二種

330000－1701－0029702　GP07821　經部/四書類/論語之屬/傳說

論語戴氏注二十卷　(清)戴望撰　清同治十年(1871)刻本　一冊

330000－1701－0029703　普741.4/3301.01　子部/藝術類/書畫之屬/法帖

御刻三希堂石渠寶笈法帖釋文十六卷　(清)梁詩正等輯　清乾隆六十年(1795)刻本　四冊

330000－1701－0029705　GP07822　子部/術數類/陰陽五行之屬

丙丁龜鑑五卷續錄二卷　(宋)柴望撰　清刻本　二冊

330000－1701－0029706　GP07808　子部/雜著類/雜說之屬

漁洋說部精華十二卷　(清)王士禛撰　(清)劉堅輯　清乾隆刻本　六冊

330000－1701－0029710　GP07809　子部/雜著類/雜說之屬

草木子四卷　(明)葉子奇撰　清光緒元年(1875)處州府署刻本　二冊

330000－1701－0029712　GP07823　子部/兵家類/兵法之屬

火龍經全集五種　(明)□□編　清刻本　四冊　存三種

330000－1701－0029715　GP07829　集部/楚辭類

楚辭約註不分卷　(清)高秋月　(清)曹同春撰　清康熙文粹堂刻本　一冊

330000－1701－0029716　普 741.4/4146.2　子部/藝術類/書畫之屬/法帖

續楷帖三十種不分卷　清宣統二年(1910)文明書局影印本　四冊

330000－1701－0029717　GP07811　集部/別集類/清別集

叔苴吟一卷　(清)張之純撰　清光緒三十二年(1906)刻本　一冊

330000－1701－0029718　GP07830　集部/楚辭類

楚辭約註不分卷　(清)高秋月　(清)曹同春撰　清康熙文粹堂刻本　一冊

330000－1701－0029719　普 741.4/4146/c2　子部/藝術類/書畫之屬/法帖

楷帖四十種不分卷　王存善輯　清宣統元年(1909)文明書局影印本　四冊

330000－1701－0029720　GP07825　集部/總集類/彙編之屬

鐫張太史評選古文正宗十二卷　(明)張鼐輯　清婁東玉樹齋刻本　六冊

330000－1701－0029721　GP07831　集部/楚辭類

楚辭燈四卷　(清)林雲銘撰　清康熙刻本　一冊

330000－1701－0029722　普 741.4/3547　子部/藝術類/書畫之屬/法帖

欽定重刻淳化閣帖十卷　(清)吳省蘭輯　清乾隆三十八年(1773)刻本　二冊

330000－1701－0029724　GP07840　子部/道家類

道德經解二卷　題(唐)呂嵒釋義　題雲門魯史纂述　清刻本　二冊

330000－1701－0029725　GP07812　集部/別集類/清別集

叔苴吟一卷　(清)張之純撰　清光緒三十二年(1906)刻本　一冊

330000－1701－0029727　GP07827　集部/總集類/選集之屬/通代

古文經訓一卷從善先資一卷　題(清)江皋居士選　清道光二十六年(1846)刻本　二冊

330000－1701－0029728　普 741.4/4446　子部/藝術類/書畫之屬/法帖

戲鴻堂法書十六卷　(明)董其昌輯　清宣統二年(1910)上海華新印局影印本　八冊

330000－1701－0029730　GP07833　集部/楚辭類

楚辭貫一卷　(清)董國英論釋　清道光二十五年(1845)博川正誼齋刻本　一冊

330000－1701－0029732　普 741.4/4146/c1　子部/藝術類/書畫之屬/法帖

楷帖四十種不分卷　王存善輯　清宣統元年(1909)文明書局影印本　四冊

330000－1701－0029733　GP07834　類叢部/叢書類/自著之屬

朱子遺書初刻八種二刻七種　(宋)朱熹撰　清康熙禦兒呂氏寶誥堂刻本　六冊　存一種

330000－1701－0029734　GP07817　子部/醫家類/類編之屬

馮氏錦囊秘錄三種五十卷　(清)馮兆張編　清康熙四十一年(1702)刻本　三十二冊

330000－1701－0029735　GP07828　子部/兵家類/兵法之屬
李盤金湯十二籌十二卷圖式一卷　(明)李盤撰　清乾隆木活字印本　九冊

330000－1701－0029737　GP07815　子部/儒家類/儒學之屬
心學宗四卷　(明)方學漸編　清刻本　二冊

330000－1701－0029740　普741.417/2820　史部/金石類/石之屬/文字
宋徐鼎臣臨秦碣石頌一卷　清同治六年(1867)海虞楊氏刻本　一冊

330000－1701－0029741　GP07835　史部/職官類/官箴之屬
圖民錄四卷　(清)袁守定撰　清同治十一年(1872)江西書局刻本　二冊

330000－1701－0029742　GP07841、GP07842、GP07843　類叢部/叢書類/彙編之屬
稗海四十八種續集二十二種　(明)商濬編　明萬曆商氏半埜堂刻清康熙至乾隆修補重訂本　十三冊　存三種

330000－1701－0029746　GP01734　類叢部/叢書類/家集之屬
許氏巾箱集三種五卷　(清)許兆熊編　清嘉慶二十二年(1817)光福許兆熊石契齋刻本　一冊

330000－1701－0029756　GP07837　新學/兵制/陸軍
臨陣管見九卷　(美國)斯拉弗司撰　(美國)金楷理口譯　(清)趙元益筆述　清光緒江南製造總局刻本　四冊

330000－1701－0029761　GP07838、GP07839　子部/宗教類/道教之屬
道貫真源十八種　(清)董德寧輯　清乾隆至嘉慶古越集陽樓刻本　三冊　存二種

330000－1701－0029762　GP07850　類叢部/叢書類/彙編之屬
嶺海樓叢書　清嘉慶十五年(1810)刻本　八冊　存一種

330000－1701－0029763　GP07848　子部/兵家類/兵法之屬
虎鈐經二十卷　(宋)許洞撰　清刻本　四冊

330000－1701－0029764　GP07819　子部/兵家類/兵法之屬
武備水火攻一卷武備地利四卷　(清)施永圖撰　清臥雲居刻本　八冊

330000－1701－0029767　GP07844　子部/醫家類/綜合之屬/通論
蒼生司命八卷首一卷　(明)虞摶輯　清乾隆元年(1736)懷德堂刻本　八冊

330000－1701－0029768　普741.425/1083/2　子部/藝術類/書畫之屬/法帖
陸士衡平復帖一卷　(晉)陸機書　**館本十七帖一卷**　(晉)王羲之書　清刻本　一冊

330000－1701－0029769　GP07851　子部/藝術類/書畫之屬/法帖
蘇澤珊草書表睚詩品一卷　(清)蘇霈芬書　清上海彪蒙書室石印本　一冊

330000－1701－0029772　GP07849　子部/兵家類/兵法之屬
虎鈐經二十卷　(宋)許洞撰　清刻本　六冊

330000－1701－0029773　GP07845　類叢部/叢書類/彙編之屬
粵雅堂叢書一百八十五種　(清)伍崇曜編　清道光二十九年至光緒十一年(1849－1885)南海伍氏刻彙印本　四冊　存一種

330000－1701－0029776　GP07852　子部/兵家之屬/兵法之屬
何博士備論一卷　(宋)何去非撰　清嘉慶十六年(1811)留香室刻本　一冊

330000－1701－0029780　GP07856　史部/政書類/律令之屬/律例

律表三十八卷首一卷洗冤錄表四卷檢骨圖格一卷 (清)曾恆德編 清刻本 六冊

330000-1701-0029782 GP07866 子部/天文曆算類/算書之屬

曲綫新説一卷隄積術辨一卷 (清)蔣維鍾撰 清光緒二十五年(1899)刻本 一冊

330000-1701-0029785 GP07853 史部/政書類/軍政之屬/保甲

鄉守外編輯要十卷 (清)許乃釗編 清咸豐三年(1853)刻本 二冊

330000-1701-0029788 GP07871 經部/四書類/論語之屬/專著

鄉黨圖考十卷 (清)江永撰 清乾隆五十八年(1793)金閶書業堂刻本 四冊

330000-1701-0029790 GP07864 子部/儒家類/儒學之屬/性理

志學錄八卷 (清)方宗誠撰 清光緒三年(1877)刻本 二冊

330000-1701-0029791 GP07854 子部/兵家類/操練之屬

車營百八叩二卷 (明)孫承宗撰 清刻本 一冊

330000-1701-0029793 GP07872 經部/四書類/論語之屬/專著

鄉黨圖考十卷 (清)江永撰 清乾隆五十八年(1793)金閶書業堂刻本 四冊

330000-1701-0029794 GP07867 子部/天文曆算類/算書之屬

曲綫新説一卷隄積術辨一卷 (清)蔣維鍾撰 清光緒二十五年(1899)刻本 一冊

330000-1701-0029798 GP07857 史部/地理類/防務之屬/海防

廣東海圖説一卷 (清)張之洞撰 清光緒十五年(1889)廣雅書局刻本 一冊

330000-1701-0029799 GP07868 史部/政書類/考工之屬/雜志

正陽門城台等項工程表一卷正陽門閫樓工程表一卷正陽門樓工程奏稿一卷正陽門大樓工程表一卷 清光緒二十九年(1903)工藝官局印書科鉛印本 四冊

330000-1701-0029800 GP07875 類叢部/叢書類/自著之屬

遵義蕭氏遺書五種 (清)蕭光遠撰 清咸豐至同治遵義蕭氏刻彙印本 八冊

330000-1701-0029802 GP07855 類叢部/叢書類/自著之屬

石林遺書十三種 (宋)葉夢得撰 清光緒至宣統長沙葉氏觀古堂刻本 一冊 存二種

330000-1701-0029803 GP07874 經部/小學類

雷刻四種 (清)雷浚輯 清光緒二年至十年(1876-1884)吳縣雷氏刻本 六冊 存二種

330000-1701-0029805 GP07858 類叢部/叢書類/彙編之屬

武英殿聚珍版書五十三種 清同治十三年(1874)江西書局刻本 六冊 存一種

330000-1701-0029806 GP07869 子部/雜著類/雜説之屬

浪跡三談六卷 (清)梁章鉅撰 清咸豐七年(1857)福州梁氏刻杭縣鄭氏小琳瑯館印本 二冊

330000-1701-0029808 GP07870 子部/雜著類/雜説之屬

浪跡三談六卷 (清)梁章鉅撰 清咸豐七年(1857)福州梁氏刻杭縣鄭氏小琳瑯館印本 四冊

330000-1701-0029809 GP07876 經部/小學類/文字之屬/字書/字體

問奇典註六卷 (清)唐英撰 清乾隆十一年(1746)瀋陽唐氏古柏堂刻本 六冊

330000-1701-0029810 GP07883 史部/傳記類/總傳之屬/文苑

國朝名家詩鈔小傳四卷 (清)鄭方坤撰 清光緒十二年(1886)萬山草堂刻本 二冊

330000－1701－0029814　GP07889　子部/藝術類/遊藝之屬/聯語
楹聯録存三卷　（清）俞樾撰　清末刻本　一册

330000－1701－0029815　GP07878、GP07877　經部/叢編
十一經音訓　（清）楊國楨等編　清光緒三年（1877）湖北崇文書局刻本　六册　存二種

330000－1701－0029816　GP07859、GP07860、GP07861、GP07862、GP07863　類叢部/叢書類/自著之屬
王漁洋遺書三十八種　（清）王士禛撰　清刻本　五册　存六種

330000－1701－0029825　GP07879　類叢部/叢書類/彙編之屬
廣雅書局叢書一百五十九種　徐紹棨編　清光緒廣雅書局刻民國九年（1920）番禺徐紹棨彙編重印本　一册　存二種

330000－1701－0029826　GP07890　子部/儒家類/儒學之屬/性理
正蒙二卷　（宋）張載撰　（清）李光地注　清康熙刻本　一册

330000－1701－0029828　GP07884　子部/儒家類/儒學之屬/勸學
國朝先正學規彙鈔不分卷　（清）黄舒昺輯　清光緒山東大學堂木活字印本　一册

330000－1701－0029830　GP07891　類叢部/叢書類/彙編之屬
津逮祕書十五集一百四十種　（明）毛晉編　明崇禎虞山毛氏汲古閣刻本　二册　存二種

330000－1701－0029832　GP07886　子部/天文曆算類/算書之屬
測圓海鏡細草十二卷　（元）李冶撰　清光緒二年（1876）上海同文館鉛印本　四册

330000－1701－0029833　GP07887　集部/別集類/清別集
三魚堂文集十二卷外集六卷附録一卷　（清）陸隴其撰　清康熙四十年（1701）琴川書屋刻本　八册

330000－1701－0029836　GP07880　類叢部/叢書類/彙編之屬
隨盦徐氏叢書十種續編十種　徐乃昌編　清光緒至民國南陵徐氏刻本　二册　存一種

330000－1701－0029838　GP07892　類叢部/叢書類/彙編之屬
岱南閣叢書二十種　（清）孫星衍編　清乾隆五十年至嘉慶十四年（1785－1809）蘭陵孫氏刻本　二册　存四種

330000－1701－0029839　GP07894　子部/儒家類/儒學之屬/禮教
四種遺規摘鈔　（清）陳弘謀編　（清）劉肇紳摘抄　清嘉慶十九年（1814）刻本　六册

330000－1701－0029840　GP07882　子部/天文曆算類/算書之屬
比例數表一卷　（波蘭）穆尼閣撰　（清）薛鳳祚纂　清刻本　一册

330000－1701－0029842　GP07893　集部/別集類/清別集
東望望閣雜著不分卷　（清）查奕照撰　清道光刻本　二册

330000－1701－0029849　GP07896　經部/周禮類/傳説之屬
周禮節訓六卷　（清）黄叔琳輯　（清）姚培謙重訂　清同治七年（1868）刻本　二册

330000－1701－0029851　GP07888　類叢部/叢書類/自著之屬
王漁洋遺書三十八種　（清）王士禛撰　清刻本　二册　存二種

330000－1701－0029855　GP07897　經部/周禮類/傳説之屬
周禮節訓六卷　（清）黄叔琳輯　（清）姚培謙重訂　清乾隆四十二年（1777）刻本　二册

330000－1701－0029856　GP07931　史部/傳記類/總傳之屬/文苑
東軒吟社畫像一卷附記傳題跋一卷　（清）費

丹旭繪　(清)黄士珣記　(清)諸可寶傳　(清)汪曾唯輯　清光緒二年(1876)泉唐汪氏振綺堂刻本　清李畢湘題記　二册

330000－1701－0029858　GP07898　經部/四書類/總義之屬/傳説

四書訓解參證十二卷補遺四卷續補編四卷　(清)張定鋆撰　清咸豐二年(1852)、同治四年(1865)、九年(1870)刻本　四册

330000－1701－0029860　GP07921　集部/曲類/寶卷之屬

五祖黄梅寶卷二卷　清刻本　一册

330000－1701－0029864　GP07932　史部/職官類/官箴之屬

作吏要言一卷　(清)葉鎮撰　(清)朱椿增輯　清許喬林刻本　一册

330000－1701－0029867　GP07933　史部/職官類/官箴之屬

作吏要言一卷　(清)葉鎮撰　(清)朱椿增輯　清光緒十五年(1889)粤東藩署刻本　一册

330000－1701－0029868　GP07935　史部/金石類/總志之屬

金石索十二卷首一卷　(清)馮雲鵬　(清)馮雲鵷輯　清道光元年至十五年(1821－1835)紫琅馮氏邃古齋滋陽刻本　清蔡鴻鑑題記　十二册

330000－1701－0029872　GP07922　子部/儒家類/儒學之屬/蒙學

正蒙必讀初二三編　(清)陳蔚文編　清光緒二十七年至二十八年(1901－1902)杞廬刻本　一册　存一種

330000－1701－0029873　GP07899　類叢部/叢書類/自著之屬

王漁洋遺書三十八種　(清)王士禛撰　清刻本　八册　存一種

330000－1701－0029879　GP07904　類叢部/叢書類/彙編之屬

知不足齋叢書一百九十五種　(清)鮑廷博編　(清)鮑士恭續編　清乾隆三十七年至道光三年(1772－1823)長塘鮑氏刻彙印本　四册　存一種

330000　－　1701　－　0029885　GP07970、GP07968、GP07962、GP07971、GP07969、GP07974、GP07992、GP07964、GP07973、GP07963　類叢部/叢書類/彙編之屬

申報館叢書正集五十七種附録三種續集一百四十二種　(清)尊聞閣主編　蔡爾康編續集　清同治至光緒上海申報館鉛印本　二十八册　存十種

330000－1701－0029899　GP07923　子部/天文曆算類/算書之屬

算學十書　(清)賈步緯輯　清同治至光緒江南機器製造總局刻本暨鉛印本　一册　存一種

330000　－　1701　－　0029902　GP07989、GP07987、GP07975、GP07986、GP07988、GP07982　類叢部/叢書類/彙編之屬

申報館叢書正集五十七種附録三種續集一百四十二種　(清)尊聞閣主編　蔡爾康編續集　清同治至光緒申報館鉛印本　十三册　存七種

330000－1701－0029906　GP07924　集部/總集類/彙編之屬

唐四家詩　(清)汪立名編　清康熙三十四年(1695)天都汪立名刻本　一册　存一種

330000－1701－0029911　GP07925　類叢部/叢書類/自著之屬

羲停山館集六種　(清)王景賢撰　清同治十三年(1874)三山王氏刻本　一册　存一種

330000－1701－0029914　GP07911　集部/別集類/清別集

知畏齋述祖德詩一卷　(清)查人漢撰　清光緒十一年(1885)查斌刻本　一册

330000－1701－0029919　GP07912　類叢部/叢書類/郡邑之屬

酌古準今十五種　清道光至光緒刻本　二册　存二種

330000－1701－0029922　GP07993　新學/全體學/附心靈學

心靈學一卷　(美國)海文撰　(清)顏永京譯　清光緒十五年(1889)上海益智書會刻本　一冊

330000－1701－0029923　GP07980、GP07977、GP07983、GP07991、GP07990、GP07984　類叢部/叢書類/彙編之屬

申報館叢書正集五十七種附錄三種續集一百四十二種　(清)尊聞閣主編　蔡爾康編續集　清同治至光緒申報館鉛印本　二十六冊　存六種

330000－1701－0029924　普 741.43/7770.7　史部/金石類/石之屬/文字

二百蘭亭齋溫虞公碑宋搨本一卷　(清)吳雲雙鈎　清同治二年(1863)刻本　一冊

330000－1701－0029928　GP07994　子部/小說家類/雜事之屬

見聞續筆二十四卷　(清)齊學裘撰　清光緒二年(1876)天空海闊之居刻本　八冊

330000－1701－0029932　GP07927　史部/史評類/史論之屬

宜鑑無雙論一卷　(清)朱雲龍撰　清嘉慶元年(1796)二南軒刻本　一冊

330000－1701－0029934　GP07913　集部/曲類/寶卷之屬

覺世懸燈豁然寶卷二卷　清光緒三年(1877)木活字印本　二冊

330000－1701－0029936　GP07995　類叢部/叢書類/自著之屬

南野堂全集三種　(清)吳文溥撰　清乾隆至嘉慶刻本　四冊　存一種

330000－1701－0029937　GP07915　集部/總集類/選集之屬/斷代

句餘嗣響不分卷　(清)李梅輯　清宣統二年(1910)天門山館木活字印本　一冊

330000－1701－0029941　GP07996　集部/別集類/清別集

香草箋偶註二卷　(清)黃任撰　(清)寄聞軒主人注　清嘉慶十三年(1808)寄聞軒刻本　二冊

330000－1701－0029942　GP07928　子部/藝術類/遊藝之屬/棋弈

弈潛齋集譜初編十五種二編三種三編五種　(清)鄧元鏸輯　清光緒弈潛齋刻本　一冊　存三種

330000－1701－0029944　GP07972、GP07965　類叢部/叢書類/彙編之屬

申報館叢書正集五十七種附錄三種續集一百四十二種　(清)尊聞閣主編　蔡爾康編續集　清同治至光緒上海申報館鉛印本　四冊　存二種

330000－1701－0029950　GP07967　子部/雜著類/雜說之屬

雨韭盦筆記四卷　(清)汪鼎撰　清咸豐六年(1856)刻本　二冊

330000－1701－0029951　GP07930　史部/傳記類/科舉録之屬/諸貢録

明貢舉考畧二卷　(清)黃崇蘭輯　清刻本　清傅以禮題簽並記　一冊

330000－1701－0029959　GP07916　類叢部/叢書類/自著之屬

頤志齋叢書二十二種　(清)丁晏撰　清道光至同治山陽丁氏六蓺堂刻同治元年(1862)彙印本　一冊　存一種

330000－1701－0029963　GP07998　子部/天文曆算類/算書之屬

恒河沙館算草二卷　(清)華世芳撰　清光緒二十三年(1897)上海文瑞樓石印本　一冊

330000－1701－0029964　GP07917　類叢部/叢書類/自著之屬

留書種閣集九種　(清)黃炳垕撰　清同治六年至光緒二十年(1867－1894)餘姚黃氏留書種閣刻本　一冊　存一種

330000－1701－0029968　GP07918　類叢部/叢書類/彙編之屬

振綺堂叢刊八種 （清）□□輯 清嘉慶至光緒汪氏振綺堂刻本 一册 存一種

330000－1701－0029971 GP07981、GP07985 類叢部/叢書類/彙編之屬

申報館叢書正集五十七種附錄三種續集一百四十二種 （清）尊聞閣主編 蔡爾康編續集 清同治至光緒上海申報館鉛印本 五册 存二種

330000－1701－0029978 普741.48/2641 子部/藝術類/書畫之屬/法帖

大佛頂如來密因修證了義諸菩薩萬行首楞嚴經十卷 吳芝瑛書 清光緒三十四年至宣統元年（1908－1909）杭州小萬柳堂石印本 二册

330000－1701－0029980 GP08012 子部/天文曆算類/算書之屬

算學叢書 （清）烏程徐氏算學書局編 清光緒成都烏程徐氏算學書局刻本 二册 存一種

330000－1701－0029984 GP08006 子部/天文曆算類/算書之屬

數學穎八卷附歸除定位釋例一卷 （清）錢佩青撰 清光緒三十年（1904）刻朱印本 三册

330000－1701－0029985 GP08014 史部/政書類/通制之屬

石渠餘紀六卷 （清）王慶雲撰 清光緒十四年（1888）寧鄉黄氏刻本 六册

330000－1701－0029988 普741.48/8077 史部/傳記類/别傳之屬/墓誌

武岡鄧先生[輔綸]墓誌銘一卷 王闓運撰 曾熙書 清光緒石印本 一册

330000－1701－0029989 GP08007 子部/天文曆算類/算書之屬

算牖三卷 （清）張煜撰 清光緒三十年（1904）刻本 三册

330000－1701－0029990 GP08022 集部/小説類/長篇之屬

續紅樓夢新編四十卷四十回 （清）海圃主人撰 清嘉慶刻本 八册

330000－1701－0029991 GP08015 類叢部/類書類/專類之屬

錦字箋四卷 （清）黄澐撰 清金閶講德齋刻本 四册

330000－1701－0029995 GP08023 子部/小説家類/異聞之屬

剪燈新話二卷 （明）瞿祐撰 **覓燈因話二卷** （明）邵景詹撰 清咸豐元年（1851）刻本 一册

330000－1701－0029998 普741.608/1084 子部/藝術類/書畫之屬/畫譜

古今名人畫稿初集不分卷二集不分卷三集不分卷 （清）陳伯子輯 清光緒十七年（1891）上海鴻寶齋、二十一年（1895）積山書局、二十二年（1896）上海慎記書莊石印本 六册

330000－1701－0029999 GP08016 子部/藝術類/遊藝之屬/聯語

楹聯集腋四卷 （清）楊昌礽集句 （清）史濟良等注 清光緒元年（1875）金匱楊氏詒清堂刻本 二册

330000－1701－0030000 GP08024 子部/小説家類/雜事之屬

剪燈餘話三卷 （明）李禎撰 清咸豐元年（1851）刻本 一册

330000－1701－0030006 GP08025 子部/小説家類/雜事之屬

息影偶錄八卷 （清）張埏輯 清嘉慶元年（1796）刻本 八册

330000－1701－0030018 GP08028 子部/小説家類/異聞之屬

對山書屋墨餘錄十六卷 （清）毛祥麟撰 清同治十年（1871）杭州文元堂楊氏刻本 八册

330000－1701－0030022 普741.608/4830/c1 子部/藝術類/書畫之屬/畫譜

歷朝名畫共賞集一集不分卷二集不分卷三集不分卷 張增熙輯 清宣統元年（1909）上海世界社影印本 二册 存二集（一、三）

330000－1701－0030026　普 741.608/4830/c2　子部/藝術類/書畫之屬/畫譜

歷朝名畫共賞集一集不分卷二集不分卷三集不分卷　張增熙輯　清宣統元年(1909)上海世界社影印本　一册　存一集(三)

330000－1701－0030032　GP08030、GP08029、GP08033　類叢部/叢書類/彙編之屬

申報館叢書正集五十七種附錄三種續集一百四十二種　(清)尊聞閣主編　蔡爾康編續集　清同治至光緒上海申報館鉛印本　五册　存三種

330000－1701－0030040　普 741.6087/1017　子部/藝術類/書畫之屬

王惲合璧不分卷　(清)王翬　(清)惲壽平繪　清宣統元年(1909)影印本　一册

330000－1701－0030042　GP08040　子部/雜著類/雜説之屬

浪跡叢談十一卷浪跡續談八卷　(清)梁章鉅撰　清刻本　八册

330000－1701－0030043　GP07954、GP07953、GP07950、GP07959、GP07956、GP07952、GP07951、GP07960、GP07961、GP07958、GP07949、GP07957　類叢部/叢書類/彙編之屬

申報館叢書正集五十七種附錄三種續集一百四十二種　(清)尊聞閣主編　蔡爾康編續集　清同治至光緒上海申報館鉛印本　四十一册　存十二種

330000－1701－0030046　GP08042　史部/傳記類/總傳之屬/通代

帝鑑圖排律詩二卷　(清)劉國光撰　清光緒七年(1881)刻本　二册

330000－1701－0030051　GP08031　類叢部/叢書類/彙編之屬

申報館叢書正集五十七種附錄三種續集一百四十二種　(清)尊聞閣主編　蔡爾康編續集　清同治至光緒上海申報館鉛印本　二十四册　存四種

330000－1701－0030052　GP08043　史部/雜史類/斷代之屬

幸存錄二卷　(明)夏允彝撰　清刻本　一册

330000－1701－0030057　GP08044　史部/雜史類/斷代之屬

幸存錄二卷　(明)夏允彝撰　清刻本　一册

330000－1701－0030058　HJL5932　集部/别集類/清别集

三硯齋詩賸一卷　(清)趙彦修撰　清光緒八年(1882)趙氏刻本　一册

330000－1701－0030059　GP08027　類叢部/叢書類/彙編之屬

文選樓叢書十五種　(清)萩林山房編　清光緒七年(1881)萩林山房刻本　一册　存一種

330000－1701－0030065　GP08045　史部/編年類/通代之屬

汲冢紀年存真二卷周年表一卷　(清)朱右曾撰　清歸硯齋刻本　二册

330000－1701－0030067　GP08046　史部/地理類/外紀之屬

大唐西域記十二卷　(唐)釋玄奘譯　(唐)釋辯機撰　清宣統元年(1909)常州天寧寺刻本　四册

330000－1701－0030070　GP08047　子部/儒家類/儒學之屬

慎思記一卷訟過記一卷　(清)吕存德撰　清光緒二十二年(1896)刻本　一册

330000－1701－0030071　普 741.6087/2542/c2　子部/藝術類/書畫之屬/畫法畫品

朱子穎潘蓮巢山水花卉合册不分卷　(清)朱孝純　(清)潘恭壽繪　清宣統二年(1910)上海世界社影印本　一册

330000－1701－0030080　GP07955　類叢部/叢書類/彙編之屬

申報館叢書正集五十七種附錄三種續集一百四十二種　(清)尊聞閣主編　蔡爾康編續集　清同治至光緒上海申報館鉛印本　一册　存一種

330000－1701－0030083　普 741. 64/3022　子部/藝術類/書畫之屬/畫譜
梅花喜神譜二卷　(宋)宋伯仁繪並輯　清刻本　一冊　存一卷(下)

330000－1701－0030084　GP08048　子部/兵家類/兵法之屬
金湯借箸十二籌十二卷　(明)李盤等撰　清咸豐五年(1855)淮南李氏琉璃廠刻本　八冊

330000－1701－0030086　GP08067　集部/別集類/清別集
初月樓文鈔十卷詩鈔四卷聞見錄十卷附程子香文鈔二卷　(清)吳德旋撰　清道光刻本　二冊　存五卷(一至五)

330000－1701－0030087　GP08049　子部/天文曆算類/算書之屬
謝穀堂算學三種　(清)謝家禾撰　清道光十七年(1837)錢塘戴熙刻本　一冊

330000－1701－0030088　GP08068　類叢部/叢書類/彙編之屬
荔牆叢刻十三種　(清)汪曰楨編　清同治至光緒烏程汪氏刻本　一冊　存一種

330000－1701－0030094　GP08050　子部/天文曆算類/算書之屬
隄積術辨一卷　(清)蔣維鍾撰　清光緒二十五年(1899)刻本　一冊

330000－1701－0030096　GP08069　子部/天文曆算類/算書之屬
白芙堂算學叢書　(清)丁取忠輯　清同治至光緒長沙古荷花池精舍刻本　二冊　存一種

330000－1701－0030098　GP08057　集部/小說類/長篇之屬
未來戰國志十九回　(日本)東洋奇人撰　(清)南支那老驥氏輯譯　清光緒二十九年(1903)上海廣智書局鉛印本　一冊

330000－1701－0030100　GP08051　類叢部/叢書類/彙編之屬
天台張氏兩銘樓叢書　(清)張廷琛編　清光緒至宣統木活字印本　一冊　存一種

330000－1701－0030101　GP08070　集部/別集類/清別集
城北草堂詩鈔四卷詩餘二卷詞餘一卷　(清)顧夔撰　清光緒十四年(1888)刻本　一冊　存四卷(一至四)

330000－1701－0030104　GP08075　經部/小學類/訓詁之屬/字詁
增訂金壺字攷一卷附古體假借字一卷　(宋)釋適之撰　(清)郝在田增訂　清光緒十一年(1885)刻本　一冊

330000－1701－0030108　GP08072　子部/儒家類/儒學之屬/經濟
孟子說春秋兩章口義不分卷　(清)陳學受撰　清末石印本　一冊

330000－1701－0030116　GP08077　經部/叢編
十一經音訓　(清)楊國楨等編　清刻本　二冊　存一種

330000－1701－0030118　GP08054　新學/格致總
格致彙編不分卷　(英國)傅蘭雅輯　清光緒十六年(1890)上海格致書室鉛印本　一冊

330000－1701－0030121　GP08078　子部/宗教類/道教之屬
八十壹化圖說一卷　(元)令狐璋編　(元)史志經解　清刻本　一冊

330000－1701－0030122　GP08055　史部/職官類/官箴之屬
自歷言一卷　(清)文海撰　清光緒五年(1879)延茀軒刻本　一冊

330000－1701－0030124　GP08079　史部/傳記類/別傳之屬
宜堂類編二十五卷　(清)丁中立編　清光緒二十六年(1900)錢塘丁氏嘉惠堂刻本　二冊　存四卷(先考松生府君年譜一至四)

330000－1701－0030136　GP08058　子部/小說家類/雜事之屬
金壺七墨六種　(清)黄鈞宰撰　清光緒二十

一年(1895)上海掃葉山房石印本　一册　存四種

330000－1701－0030138　普741.67/1017.96　子部/藝術類/書畫之屬/畫譜

王石谷仿古山水册不分卷　(清)王翬繪　清末影印本　一册

330000－1701－0030139　普741.67/1017.97　子部/藝術類/書畫之屬/畫譜

王石谷仿古山水册不分卷　(清)王翬繪　清宣統二年(1910)上海世界社影印本　一册

330000－1701－0030140　GP08059　經部/春秋總義類/傳說之屬

春秋傳說例一卷　(宋)劉敞撰　清末刻本　一册

330000－1701－0030151　GP08086　類叢部/叢書類/彙編之屬

廣雅書局叢書一百五十九種　徐紹棨編　清光緒廣雅書局刻民國九年(1920)番禺徐紹棨彙編重印本　一册　存一種

330000－1701－0030154　GP08087　經部/叢編

十三經註疏附考證　(清)□□輯　清乾隆四年(1739)武英殿刻本　十册　存一種

330000－1701－0030166　GP08082　類叢部/叢書類/自著之屬

留書種閣集九種　(清)黄炳垕撰　清同治六年至光緒二十年(1867－1894)餘姚黄氏留書種閣刻本　一册　存一種

330000－1701－0030167　GP08088　史部/詔令奏議類/詔令之屬

上諭不分卷　清刻本　六十册

330000－1701－0030174　GP08083　集部/别集類/清别集

俞俞齋詩稿初集二卷文稿初集四卷詩餘一卷　(清)史念祖撰　清光緒三十二年(1906)廣陵刻本　二册　存三卷(詩稿初集一至二、詩餘)

330000－1701－0030176　GP08089　子部/小說家類/雜事之屬

庸盦筆記六卷　(清)薛福成撰　清宣統二年(1910)上海掃葉山房石印本　三册

330000－1701－0030180　GP08114　類叢部/類書類/通類之屬

三才藻異三十三卷　(清)屠粹忠輯　清康熙二十八年(1689)屠氏栩園刻本(卷一至十目録四配抄本)　十六册

330000－1701－0030183　GP08090　子部/小說家類/異聞之屬

音釋坐花誌果八卷　(清)汪道鼎撰　(清)鶩峰樵者音釋　清光緒十七年(1891)武林竹簡齋石印本　四册

330000－1701－0030192　普741.67/2221.2/2　子部/藝術類/書畫之屬/畫譜

任渭長四種　(清)任熊繪　清咸豐蕭山王氏養龢堂刻光緒三年(1877)張牧九補刻重訂本　五册　存三種

330000－1701－0030194　GP08091　史部/紀傳類/别史之屬

清朝史畧十一卷　(日本)佐藤楚材編輯　清光緒二十八年(1902)上海書局石印本　六册

330000－1701－0030195　GP08062　類叢部/叢書類/自著之屬

問青園集十二種　(清)王晉之撰　清光緒二十二年(1896)薊州王氏刻本　一册　存二種

330000－1701－0030198　GP08063　類叢部/叢書類/自著之屬

王漁洋遺書三十八種　(清)王士禛撰　清刻本　一册　存一種

330000－1701－0030202　GP08064　類叢部/叢書類/自著之屬

王漁洋遺書三十八種　(清)王士禛撰　清刻本　一册　存一種

330000－1701－0030203　GP08139　史部/詔令奏議類/奏議之屬

岑襄勤公奏稿三十卷首一卷　(清)岑毓英撰

清光緒二十三年(1897)武昌督糧官署刻本　三十二册

330000－1701－0030204　GP08065　子部/儒家類/儒學之屬
朱子晚年定論一卷附王文成公示弟立志説一卷　(明)王守仁輯　(清)費熙評述　清光緒十九年(1893)刻本　一册

330000－1701－0030209　普741.67/2648.6　子部/藝術類/書畫之屬/畫譜
飛影閣叢畫二集四卷　(清)吳嘉猷繪　清光緒石印本　四册

330000－1701－0030211　普741.67/2648.3　子部/藝術類/書畫之屬/畫譜
吳友如畫寶十二集不分卷　(清)吳嘉猷繪　清宣統元年(1909)上海璧園會社石印本　二十四册

330000－1701－0030214　GP08106　子部/宗教類/道教之屬/雜著
文帝化書一卷　清咸豐五年(1855)珠樹堂刻朱印本　一册

330000－1701－0030215　GP08104　類叢部/叢書類/彙編之屬
古香齋袖珍十種　清康熙至乾隆刻本　十二册　存一種

330000－1701－0030216　普741.67/1133　子部/藝術類/書畫之屬/畫譜
張兆祥雙鈎花卉不分卷　(清)張兆祥書並繪　稿本　二册

330000－1701－0030217　普741.67/2648.4　子部/藝術類/書畫之屬/畫譜
點石齋畫報初集十卷二集十二卷三集八卷四集六卷五集四卷六集四卷後附淞隱漫録十二卷續録五卷漫遊隨録三卷風筝誤一卷閨媛叢録一卷點石齋叢鈔一卷乘龍佳話一卷藹園謎賸一卷　(清)尊聞閣主人輯　清光緒二十三年(1897)石印本　五十册　缺一卷(藹園謎賸)

330000－1701－0030220　GP08105　類叢部/類書類/通類之屬
古香齋鑒賞袖珍初學記三十卷　(唐)徐堅等輯　清光緒刻本　十六册

330000－1701－0030222　GP08143　子部/小説家類/雜事之屬
虞初新志二十卷　(清)張潮輯　**虞初續志十二卷**　(清)鄭澍若編　清咸豐元年(1851)小嫏嬛山館刻本　十六册

330000－1701－0030223　GP08107　子部/藝術類/遊藝之屬/聯語
集古聯句一卷　(清)鍾德祥撰　清光緒三年(1877)葛元煦嘯園刻本　一册

330000－1701－0030226　GP08108　集部/總集類/尺牘之屬
尺牘初桄二卷　(清)子虚氏輯　清光緒著易堂鉛印本　二册

330000－1701－0030227　GP08095　集部/總集類/選集之屬/通代
二家宮詞二卷　(明)毛晉輯　清光緒十五年(1889)上海廣百宋齋鉛印本　一册

330000－1701－0030232　GP08096　集部/小説類/短篇之屬
西湖佳話古今遺蹟十六卷　(清)墨浪子撰　清光緒十八年(1892)上海文選局石印本　四册

330000－1701－0030237　GP08164　子部/儒家類/儒學之屬/性理
十家語録摘要二卷詠梅軒搭記一卷　(清)謝蘭生撰　清同治刻本　四册

330000－1701－0030239　GP08093　經部/禮記類/傳説之屬
禮記節本十卷　(清)汪基撰　清宣統元年(1909)上海會文學社石印本　六册

330000－1701－0030241　普741.67/3222　子部/藝術類/書畫之屬/畫譜
椒石畫册二卷　(清)潘嵐繪　清光緒影印本　清多廬題記　一册

330000－1701－0030248　GP08165　類叢部/叢書類/自著之屬

古墨齋集十二種　(清)趙紹祖撰　清嘉慶元年至道光十四年(1796－1834)涇縣趙氏古墨齋刻本　十册　存一種

330000－1701－0030250　GP08148　史部/時令類

燕京歲時記一卷　(清)富察敦崇撰　清光緒三十二年(1906)上海繁華報館鉛印本　一册

330000－1701－0030255　GP08109　經部/小學類/文字之屬/說文

說文管見三卷　(清)胡秉虔撰　清光緒七年(1881)鄞縣林植海望益山房書局刻本　一册

330000－1701－0030257　GP08149　新學/地學/地志學

地理質學啓蒙七卷　清光緒二十四年(1898)石印本　一册

330000－1701－0030258　GP08110　子部/小說家類/異聞之屬

音釋坐花誌果八卷　(清)汪道鼎撰　(清)鶩峰樵者音釋　清光緒十四年(1888)廣百宋齋鉛印本　二册

330000－1701－0030262　GP08150　子部/藝術類/遊藝之屬/棋弈

弈潛齋集譜初編十五種二編三種三編五種　(清)鄧元鏸輯　清光緒弈潛齋刻本　一册　存五種

330000－1701－0030263　普741.67/4060　子部/藝術類/書畫之屬/畫譜

李躍門百蝶圖四卷　(清)李國龍繪並輯　清道光刻本　一册

330000－1701－0030264　普741.67/3222.2　子部/藝術類/書畫之屬/畫譜

椒石畫册二卷　(清)潘嵐繪　清光緒影印本　一册

330000－1701－0030267　普741.67/2799　子部/藝術類/書畫之屬/畫譜

玲瓏雪月山房畫譜不分卷　(清)鮑瑩繪　清光緒三十三年(1907)石印本　一册

330000－1701－0030268　GP08112　集部/總集類/酬唱之屬

循陔吟一卷　(清)趙垣等編　清道光五年(1825)梅峰書塾刻本　清偎峰題簽　一册

330000－1701－0030271　GP08169　經部/易類/傳說之屬

周易直解十二卷　(清)陳枚輯　**易經衷旨原本不分卷**　(清)汪士魁輯　清順治文治堂刻本　六册

330000－1701－0030278　GP08113　類叢部/叢書類/自著之屬

傳經堂叢書十二種　(清)洪頤煊撰　清嘉慶至道光臨海洪氏刻本　四册　存一種

330000－1701－0030281　GP08152　集部/別集類/清別集

帶草堂遺稿二卷　(清)黃先瑜撰　清光緒十年(1884)兩疆勉齋刻本　一册

330000－1701－0030283　GP08153　類叢部/叢書類/彙編之屬

仰視千七百二十九鶴齋叢書四十種　(清)趙之謙編　清光緒會稽趙氏刻本　一册　存一種

330000－1701－0030293　普741.67/4422　子部/藝術類/書畫之屬/畫譜

黃尊古仿古山水册一卷　(清)黃鼎繪　清宣統三年(1911)上海文明書局影印本　一册

330000－1701－0030297　普741.67/4377.8　子部/藝術類/書畫之屬

神州國光集集外增刊畫册二十七種　鄧實輯　清宣統元年(1909)上海神州國光社影印本　一册　存一種

330000－1701－0030300　GP08185　經部/書類/傳說之屬

書經旁訓辨體合訂四卷　(清)徐立綱輯　清慎言堂刻本　四册

330000－1701－0030306　GP08171　史部/傳

記類/總傳之屬/文苑
西湖三祠名賢考畧三卷首一卷 戴啓文撰 清光緒三十年(1904)丹徒戴啓文刻本 二册

330000－1701－0030308 GP08186 經部/小學類/文字之屬/説文
説文偏旁一卷 (清)張之洞撰 清光緒七年(1881)四川江津祕書堂刻本 一册

330000－1701－0030309 GP08170 子部/天文曆算類/曆法之屬
薛氏曆學全書 (清)薛鳳祚輯 清康熙刻本 十二册

330000－1701－0030312 GP08177 類叢部/叢書類/家集之屬
江都陳氏叢書七種 (清)陳本禮 (清)陳逢衡撰 清嘉慶至道光刻本 三十九册

330000－1701－0030316 GP08172 類叢部/叢書類/郡邑之屬
武林掌故叢編一百八十七種 (清)丁丙編 清光緒三年至二十六年(1877－1900)錢塘丁氏嘉惠堂刻本 二册 存一種

330000－1701－0030321 GP08189 類叢部/類書類/通類之屬
新刻韻學事類十二卷 (明)李攀龍輯 明刻本 七册

330000－1701－0030322 GP08174 經部/叢編
十一經音訓 (清)楊國楨等編 清光緒三年(1877)湖北崇文書局刻本 二册 存一種

330000－1701－0030324 GP08187 史部/金石類/郡邑之屬
濟寧金石志八卷 (清)徐宗幹 (清)馮雲鵷輯 清道光二十五年(1845)閬中刻本 八册

330000－1701－0030326 GP08154 史部/政書類/律令之屬/刑制
明刑㝠鑑三卷 (明)金俸撰 清抄本 五册

330000－1701－0030329 普741.67/7134 子部/藝術類/書畫之屬/畫譜
詩中畫二卷 (清)馬濤繪 清光緒十一年(1885)石印本 一册

330000－1701－0030331 GP08180 子部/藝術類/書畫之屬/書
二王帖目錄評釋三卷 清康熙十八年(1679)刻本 一册

330000－1701－0030334 GP08175 史部/傳記類/别傳之屬/事狀
三傳集不分卷 (清)汪紹熙編 清光緒二十年(1894)鉛印本 一册

330000－1701－0030336 GP08191 集部/别集類/清别集
百城集三十卷 (清)釋道忞撰 清康熙刻本 六册 存十卷(一至十)

330000－1701－0030337 GP08188 子部/天文曆算類/算書之屬
算牖四卷 (清)許桂林撰 清光緒十三年(1887)行素堂刻本 二册

330000－1701－0030339 GP08181 史部/金石類/總志之屬/目録
東巡金石録八卷 (清)崔應階 (清)梁翥鴻輯 清乾隆刻本 一册

330000－1701－0030343 GP08156 集部/詞類/别集之屬
味梨集一卷 (清)王鵬運撰 清光緒二十一年(1895)刻本 一册

330000－1701－0030345 GP08192 子部/宗教類/佛教之屬/經
大莊嚴經論十五卷 (天竺)馬鳴造 (後秦)釋鳩摩羅什譯 清順治十四年(1657)刻本 八册

330000－1701－0030348 GP08182 經部/叢編
省吾堂四種 (清)蔣光弼輯 清常熟蔣氏省吾堂刻本 一册 存一種

330000－1701－0030350 普741.67/7231 子部/藝術類/書畫之屬/畫譜

凌煙閣一卷 （清）劉源繪 清光緒十年(1884)上海同文書局影印本 一冊

330000－1701－0030351 GP08176 史部/政書類/律令之屬/律例
大清律纂修條例不分卷 清同治九年(1870)刻本 二冊

330000－1701－0030352 GP08157 集部/詞類/別集之屬
鶖翁集一卷蜩知集一卷 （清）王鵬運撰 清光緒刻本 一冊

330000－1701－0030353 GP08193 類叢部/叢書類/自著之屬
春在堂全書（德清俞蔭甫所著書）三十六種 （清）俞樾撰 清同治至光緒刻光緒末彙印本 十六冊 存一種

330000－1701－0030354 GP08197 史部/詔令奏議類/詔令之屬
大義覺迷錄四卷 （清）世宗胤禛撰 清雍正刻本 四冊

330000－1701－0030362 GP08198 集部/別集類/漢魏六朝別集
武侯全書二十卷首一卷 （蜀）諸葛亮撰 （清）趙承恩輯 清同治十年(1871)麗澤書屋木活字印本 十六冊

330000－1701－0030363 GP08158 新學/地學/地志學
地理全志不分卷 （英國）慕維廉撰 清光緒二十五年(1899)上海美華書館鉛印本 一冊

330000－1701－0030364 普 741.67/8730/c1 子部/藝術類/書畫之屬/畫譜
後梅花喜神譜一卷 （清）鄭淳繪 清道光刻本 二冊

330000－1701－0030365 GP08194 類叢部/叢書類/自著之屬
春在堂全書（德清俞蔭甫所著書）三十六種 （清）俞樾撰 清同治至光緒刻光緒末彙印本 十二冊 存一種

330000－1701－0030367 GP08195 類叢部/叢書類/自著之屬
春在堂全書（德清俞蔭甫所著書）三十六種 （清）俞樾撰 清同治至光緒刻光緒末彙印本 十冊 存一種

330000－1701－0030368 GP08183 子部/藝術類/書畫之屬/書法書品
抱經樓淳化祖帖考一卷 （清）盧燈焯撰 清乾隆五十二年(1787)盧氏抱經樓刻本 一冊

330000－1701－0030370 GP08196 類叢部/叢書類/彙編之屬
海源閣叢書六種續刊一種 （清）楊以增編 清咸豐二年至五年(1852－1855)聊城楊氏海源閣刻本 一冊 存一種

330000－1701－0030371 GP08199 集部/別集類/清別集
古愚心言八卷 （清）彭鵬撰 清康熙三十四年(1695)愚齋刻本 六冊 存六卷（一至六）

330000－1701－0030372 普 741.67/8730/c2 子部/藝術類/書畫之屬/畫譜
後梅花喜神譜一卷 （清）鄭淳繪 清道光刻本 一冊

330000－1701－0030374 GP08184 類叢部/叢書類/自著之屬
杭大宗七種叢書 （清）杭世駿撰 清乾隆杭賓仁羊城刻本 一冊 存一種

330000－1701－0030375 GP08200 經部/叢編
經苑二十五種 （清）錢儀吉輯 清道光至咸豐大梁書院刻同治七年(1868)王儒行等印本 六冊 存一種

330000－1701－0030376 GP08178 子部/儒家類/儒學之屬/性理
正蒙二卷 （宋）張載撰 （清）李光地注 清刻本 二冊

330000－1701－0030378 GP08203 子部/醫家類/養生之屬
新編壽世傳真八卷 （清）徐文弼編 清乾隆

刻本　一冊

330000－1701－0030381　GP08215　子部/宗教類/佛教之屬/諸宗

法界安立圖三卷　(明)釋仁潮輯　清康熙十八年(1679)曾光達刻本　三冊

330000－1701－0030382　GP08179　子部/儒家類/儒學之屬

正蒙小學韻言二卷　(清)羅澤南撰　清光緒二十八年(1902)仁和龔氏刻本　一冊

330000－1701－0030383　GP08213　子部/道家類

文昌通紀八卷　(清)周廣業輯　清乾隆四十三年(1778)參和堂刻本　二冊

330000－1701－0030388　GP08205、GP08206、GP08207　類叢部/叢書類/彙編之屬

稗海四十八種續集二十二種　(明)商濬編　明萬曆商氏半埜堂刻清康熙至乾隆修補重訂本　三冊　存三種

330000－1701－0030391　GP08216　史部/政書類/邦計之屬/營田

井田圖攷二卷　(清)朱克己撰　清光緒十六年(1890)山東書局刻本　二冊

330000－1701－0030393　GP08214　類叢部/叢書類/彙編之屬

趙氏藏書十六種　(清)趙承恩編　清同治至光緒金谿趙氏紅杏山房補刻重印本　六冊　存一種

330000－1701－0030395　GP08217　子部/醫家類/方書之屬/單方驗方

隨山宇方鈔一卷　(清)汪曰楨撰　清光緒八年(1882)紹興安越堂刻本　一冊

330000－1701－0030398　GP08211　子部/叢編

一二子全書二十一種　清嘉慶十五年(1810)三槐堂刻本　四冊

330000－1701－0030402　GP08218　經部/群經總義類/傳說之屬

經義述聞三十二卷　(清)王引之撰　清道光七年(1827)京師西江米巷壽藤書屋刻本　十二冊

330000－1701－0030405　GP08232　子部/兵家類/兵法之屬

兵家方道指南九卷　(清)彭定瀾撰　清同治四年(1865)刻本　六冊

330000－1701－0030407　GP08212　類叢部/叢書類/彙編之屬

正誼堂全書六十三種續刻五種　(清)張伯行編　(清)楊浚重編　清同治五年(1866)福州正誼書院刻同治八年至光緒十三年(1869－1887)續刻本　五冊　存一種

330000－1701－0030413　GP08234　子部/天文曆算類/曆法之屬

歷代長術輯要十卷附古今推步諸術攷二卷　(清)汪曰楨撰　清光緒四年(1878)刻本　五冊　缺二卷(古今推步諸術攷一至二)

330000－1701－0030414　GP08222　史部/政書類

欽定吏部文選司章程三十二卷　(清)吏部編　清同治十二年(1873)刻本　十二冊

330000－1701－0030416　GP08235　子部/儒家類/儒學之屬

粹語合刊二種　(清)崑岡輯　清光緒七年(1881)刻本　一冊

330000－1701－0030420　GP08208　類叢部/叢書類/彙編之屬

函海一百五十九種　(清)李調元編　清光緒七年至八年(1881－1882)廣漢鍾登甲樂道齋刻本　一冊　存一種

330000－1701－0030421　GP08223　史部/政書類/儀制之屬/典禮

文廟武舞譜不分卷　清末石印本　一冊

330000－1701－0030424　GP08224　新學/政治法律/律例

日本帝國憲法義解一卷　(日本)伊藤博文撰

（清）沈紘譯　清光緒三十一年（1905）上海商務印書館鉛印本　一册

330000－1701－0030428　GP08238　集部/別集類/清別集

友石齋詩集八卷　（清）高錫恩撰　**我盦遺稿二卷**　（清）高炳麟撰　清光緒十五年（1889）高驂麟等刻本　三册　存八卷（一至八）

330000－1701－0030429　GP08209　類叢部/叢書類/彙編之屬

雅雨堂藏書十三種　（清）盧見曾編　清乾隆二十一年（1756）德州盧氏雅雨堂刻增修本　一册　存一種

330000－1701－0030430　GP08239　類叢部/叢書類/彙編之屬

廣雅書局叢書一百五十九種　徐紹棨編　清光緒廣雅書局刻民國九年（1920）番禺徐紹棨彙編重印本　六册　存一種

330000－1701－0030432　GP08219　史部/政書類/律令之屬/治獄

成案續編十二卷　（清）同德撰　清乾隆二十年（1755）同心堂刻本　十三册

330000－1701－0030433　GP08210　子部/道家類

道德眼二卷陰符眼一卷　（清）花尚注　清康熙刻本　一册

330000－1701－0030435　GP08225　史部/職官類/官箴之屬

三廉贈別錄一卷　（清）劉定康撰　清同治六年（1867）刻本　一册

330000－1701－0030436　GP08240　新學/算學/曲綫

圜錐曲線說三卷　（英國）艾約瑟口譯　（清）李善蘭筆述　清刻本　一册

330000－1701－0030437　GP08236　經部/叢編

宋本十三經註疏併經典釋文校勘記　（清）阮元撰　清嘉慶二十一年（1816）揚州阮氏文選樓刻本　二册　存一種

330000－1701－0030441　GP08237　經部/叢編

宋本十三經註疏併經典釋文校勘記　（清）阮元撰　清嘉慶二十一年（1816）揚州阮氏文選樓刻本　三册　存一種

330000－1701－0030443　GP08242　集部/別集類/清別集

棄餘詩草二卷　（清）查景撰　清乾隆五十七年（1792）查新刻本　一册

330000－1701－0030444　GP08221　新學/報章

西國近事彙編□□卷　（美國）金楷理　（美國）林樂知口譯　（清）姚棻　（清）蔡錫齡筆述　（清）鍾天緯等編輯　清同治至光緒上海機器製造局刻本暨鉛印本　一百四册　存一百四卷（同治癸酉一至四、同治甲戌一至四、光緒乙亥一至四、光緒丙子一至四、光緒丁丑一至四、光緒戊寅一至四、光緒己卯一至四、光緒庚辰一至四、光緒辛巳一至四、光緒壬午一至四、光緒癸未一至四、光緒甲申一至四、光緒乙酉一至四、光緒丁亥一至四、光緒戊子一至四、光緒己丑一至四、光緒庚寅一至四、光緒辛卯一至四、光緒壬辰一至四、光緒癸巳一至四、光緒甲午一至四、光緒乙未一至四、光緒丙申一至四、光緒丁酉一至四、光緒戊戌一至四、光緒己亥一至四）

330000－1701－0030446　GP08227　集部/別集類/唐五代別集

李商隱詩集三卷　（唐）李商隱撰　清宣統元年（1909）神州國光社據錢謙益手寫校本影印本　二册

330000－1701－0030447　GP08220　史部/叢編

入幕須知五種附一種　（清）張廷驤輯　清光緒十八年（1892）浙江書局刻本　五册　缺二卷（學治續說、說贅）

330000－1701－0030450　GP08246　史部/政書類

浙江省新建安徽會館紀事不分卷　清光緒刻

本　一册

330000－1701－0030451　GP08243　史部/政書類/律令之屬/律例
刪除律例一卷　沈家本輯　清光緒三十一年(1905)浙江官書局刻本　一册

330000－1701－0030452　普 741.7/1040　子部/藝術類/書畫之屬/畫譜
芥子園畫傳二集八卷　(清)王槩　(清)王蓍　(清)王臬輯　清康熙四十年(1701)芥子園甥館刻彩色套印本　二册　存二卷(梅譜一至二)

330000－1701－0030453　普 741.7/1043　子部/藝術類/書畫之屬/畫譜
古今名人畫稿不分卷　(清)費丹旭等繪　清光緒十九年(1893)上海鴻寶齋石印本　二册

330000－1701－0030455　GP08248　類叢部/叢書類/自著之屬
羲停山館集六種　(清)王景賢撰　清同治十三年(1874)三山王氏刻本　一册　存一種

330000－1701－0030457　GP08260　類叢部/叢書類/自著之屬
詠梅軒叢書三種附一種　(清)謝蘭生撰　清道光二十九年至三十年(1849－1850)詠梅軒刻本　三册　存三種

330000－1701－0030459　GP08228　史部/傳記類/總傳之屬/釋道
敕賜精嚴禪寺萬壽戒壇同戒錄不分卷　清光緒三十年(1904)刻本　一册

330000－1701－0030460　GP08250　經部/叢編
通藝錄十九種附二種　(清)程瑤田撰　清嘉慶刻本　十六册　存二十種

330000－1701－0030463　GP08249　子部/天文曆算類/算書之屬
割圜術輯要一卷附三角法公式一覽表　(清)盧靖輯　清末石印本　一册

330000－1701－0030469　普 741.7/1071/2　子部/藝術類/書畫之屬/畫譜
芥子園畫傳初集六卷二集九卷三集六卷　(清)王槩　(清)王蓍　(清)王臬輯　清光緒十四年(1888)上海天寶書局石印本　十二册

330000－1701－0030470　普 741.7/1061　子部/藝術類/書畫之屬/畫譜
梅花圖譜古賢題詠不分卷　清彩繪抄本　一册

330000－1701－0030477　普 741.7/1071　子部/藝術類/書畫之屬/畫譜
芥子園畫傳初集六卷二集九卷三集六卷　(清)王槩　(清)王蓍　(清)王臬輯　清光緒十三年至十四年(1887－1888)鴻文書局石印本　十二册

330000－1701－0030480　GP08231　經部/叢編
通志堂經解一百四十種　(清)納蘭成德輯　清康熙十九年(1680)納蘭成德刻本　四册　存一種

330000－1701－0030482　GP08266　子部/兵家類
江南陸師學堂武備課程八種附課藝二卷　(清)錢德培等纂輯　清光緒二十五年(1899)南京江南陸師學堂刻本　一册　存一種

330000－1701－0030483　普 741.7/1071/6/c1　子部/藝術類/書畫之屬/畫譜
芥子園畫傳初集六卷二集九卷三集六卷　(清)王槩　(清)王蓍　(清)王臬輯　清光緒十六年(1890)上海同文書局石印本　十二册

330000－1701－0030484　GP08256　類叢部/叢書類/彙編之屬
稗海四十八種續集二十二種　(明)商濬編　明萬曆商氏半埜堂刻清康熙至乾隆修補重訂本　一册　存一種

330000－1701－0030485　普 741.7/1071/(2)　子部/藝術類/書畫之屬/畫譜

芥子園畫傳二集九卷 （清）王槩 （清）王蓍 （清）王臬輯 清光緒十四年(1888)刻本 四冊

330000－1701－0030487 GP08267、GP08268、GP08269 類叢部/叢書類/彙編之屬

稗海四十八種續集二十二種 （明）商濬編 明萬曆商氏半埜堂刻清康熙至乾隆修補重訂本 四冊 存五種

330000－1701－0030489 GP08251 類叢部/叢書類/自著之屬

古均閣遺箸二種 （清）許槤撰 清光緒十四年(1888)海寧許頌鼎刻本 一冊

330000－1701－0030490 GP08253 集部/總集類/選集之屬/通代

回文類聚四卷首一卷 （宋）桑世昌輯 **璇璣碎錦抄句一卷** （清）萬樹撰 **織錦回文圖一卷回文類聚續編十卷首一卷** （清）朱象賢輯並繪 清裕文堂刻本 一冊 缺十三卷(回文類聚首,續編首、一至十,織錦回文圖)

330000－1701－0030491 GP08257 集部/總集類/選集之屬/斷代

七家文鈔七卷 （清）薛玉堂 （清）陸繼輅選輯 清道光元年(1821)刻本 四冊

330000－1701－0030492 GP08252 類叢部/叢書類/彙編之屬

功順堂叢書十八種 （清）潘祖蔭編 清光緒吳縣潘氏刻本 一冊 存二種

330000－1701－0030493 普741.7/1071/6/c2 子部/藝術類/書畫之屬/畫譜

芥子園畫傳初集六卷二集九卷三集六卷 （清）王槩 （清）王蓍 （清）王臬輯 清光緒二十一年(1895)上海寶文書局石印本 十一冊 缺一卷(三集五)

330000－1701－0030494 GP08276、GP08277、GP08283、GP08272、GP08271、GP08270、GP08280、GP08279、GP08278、GP08273、GP08275、GP08274 類叢部/叢書類/彙編之屬

稗海四十八種續集二十二種 （明）商濬編 明萬曆商氏半埜堂刻清康熙至乾隆修補重訂本 十四冊 存十二種

330000－1701－0030495 普741.7/1071/7 子部/藝術類/書畫之屬/畫譜

芥子園畫傳五卷 （清）王槩輯 清康熙十八年(1679)刻本 四冊 存四卷(一至四)

330000－1701－0030498 GP08258 集部/別集類/清別集

南谿偶刊三種 （清）鄭性撰 清乾隆七年(1742)刻本 四冊

330000－1701－0030499 普741.7/3835 子部/藝術類/書畫之屬/畫譜

滄江虹月十四種 清光緒上海同文書局石印本 二冊

330000－1701－0030500 普741.7/1071/5 子部/藝術類/書畫之屬/畫譜

芥子園畫傳初集五卷二集不分卷三集不分卷 （清）王槩 （清）王蓍 （清）王臬輯 清乾隆四十七年(1782)金閶書業堂刻彩色套印本 十三冊

330000－1701－0030502 普741.7/4623 子部/藝術類/書畫之屬/畫譜

西湖十八景圖不分卷 （清）楊伯潤繪 清光緒十二年(1886)畬經堂石印本 一冊

330000－1701－0030503 GP08284、GP08293、GP08292、GP08285 類叢部/叢書類/彙編之屬

稗海四十八種續集二十二種 （明）商濬編 明萬曆商氏半埜堂刻清康熙至乾隆修補重訂本 九冊 存四種

330000－1701－0030506 GP08259 類叢部/叢書類/自著之屬

抗希堂十六種(抗希堂全集) （清）方苞撰 清康熙至嘉慶刻彙印本 一冊 存一種

330000－1701－0030508 GP08281、GP08282 類叢部/叢書類/彙編之屬

稗海四十六種續稗海二十四種 （明）商濬編 明萬曆商氏半埜堂刻清康熙至乾隆修補重訂本 二册 存二種

330000－1701－0030510 普741.7/4710 子部/藝術類/書畫之屬/畫譜

馨烈競奇不分卷 清彩繪抄本 一册

330000－1701－0030511 GP08254 集部/楚辭類

離騷草木疏辨證四卷 （清）祝德麟撰 清乾隆四十四年(1779)悦親樓刻本 一册

330000－1701－0030513 普741.7/4762/c1 子部/藝術類/書畫之屬/畫譜

十竹齋書畫譜八卷 （明）胡正言輯 清光緒五年(1879)校經山房刻彩色套印本 八册

330000－1701－0030514 GP08255 集部/楚辭類

屈子章句七卷 （戰國）屈原撰 （清）劉夢鵬訂 清嘉慶五年(1800)藜青堂刻本 三册

330000－1701－0030517 GP08294、GP08291、GP08295、GP08290 類叢部/叢書類/彙編之屬

稗海四十八種續集二十二種 （明）商濬編 明萬曆商氏半埜堂刻清康熙至乾隆修補重訂本 四册 存四種

330000－1701－0030518 普741.7/4860 子部/藝術類/書畫之屬/畫譜

翰墨園畫譜彙新不分卷 （清）駱浩泉編 清光緒十六年(1890)上海鴻寶齋石印本 四册

330000－1701－0030519 GP08299 史部/政書類/律令之屬/律例

讀律心得三卷蜀僚問答二卷 （清）劉衡撰 **附漁陽山人手鏡一卷** （清）王士禛撰 **代直隸總督勸諭牧文一卷** （清）黄輔辰撰 清同治七年(1868)楚北崇文書局刻本 一册

330000－1701－0030521 GP08261 集部/别集類/明别集

一庵先生遺集二卷 （明）王棟撰 **東厓先生遺集二卷** （明）王襞撰 明末刻本 四册 缺一卷(東厓先生遺集二)

330000－1701－0030522 普741.7/8740 子部/藝術類/書畫之屬/畫譜

名人扇面書畫譜不分卷 （清）晉銅鼓齋主人編 清光緒石印本 二册

330000－1701－0030524 GP08262、GP08264、GP08265、GP08263 類叢部/叢書類/彙編之屬

稗海四十八種續集二十二種 （明）商濬編 明萬曆商氏半埜堂刻清康熙至乾隆修補重訂本 六册 存四種

330000－1701－0030526 GP08300 史部/政書類/律令之屬/刑制

明刑管見録一卷 （清）穆翰撰 清光緒十三年(1887)陝西臬署刻本 一册

330000－1701－0030530 普741.7/4762/c2 子部/藝術類/書畫之屬/畫譜

十竹齋書畫譜八卷 （明）胡正言輯 清光緒五年(1879)校經山房刻彩色套印本 四册

330000－1701－0030531 GP08289、GP08286、GP08287、GP08288 類叢部/叢書類/彙編之屬

稗海四十八種續集二十二種 （明）商濬編 明萬曆商氏半埜堂刻清康熙至乾隆修補重訂本 五册 存四種

330000－1701－0030532 GP08301 集部/别集類/清别集

亭林詩集五卷 （清）顧炎武撰 清光緒二年(1876)湖南書局刻本 二册

330000－1701－0030536 GP08305 史部/傳記類/職官録之屬/總録

浙省現任文職同官錄一卷 清光緒木活字印本 三册

330000－1701－0030537 GP08302 類叢部/叢書類/彙編之屬

祕書廿一種 （清）汪士漢編 清康熙七年(1668)新安汪氏重編印古今逸史本 一册 存一種

330000－1701－0030539　GP08303　子部/小說家類/雜事之屬

唐國史補三卷　(唐)李肇撰　清刻本　二冊

330000－1701－0030542　GP08304　史部/時令類

月令輯要二十四卷首一卷　(清)李光地(清)吳廷楨等輯　清康熙五十五年(1716)武英殿刻本　二十冊

330000－1701－0030543　GP08307　新學/史志/別國史

大美國史略八卷　(美國)蔚利高撰並譯　清光緒二十五年(1899)福州美華書局鉛印本　二冊

330000－1701－0030544　GP08309　類叢部/叢書類/自著之屬

郝氏遺書三十三種　(清)郝懿行撰　清嘉慶至光緒刻彙印本　十六冊　存六種

330000－1701－0030545　GP08308　子部/藝術類/書畫之屬/總論

愛日吟廬書畫錄四卷　(清)葛金烺撰　**愛日吟廬書畫補錄一卷續錄八卷別錄四卷**　葛嗣浵撰　清宣統二年至民國二年(1910－1913)當湖葛氏上海刻本　四冊　缺五卷(續錄四至八)

330000－1701－0030546　GP08318　經部/易類/傳說之屬

周易指三十八卷易例一卷易圖五卷易斷辭一卷　(清)端木國瑚撰　清道光刻本　十二冊

330000－1701－0030547　GP08344　經部/小學類/文字之屬/字書/訓蒙

養蒙針度五卷　(清)潘子聲撰　清光緒十二年(1886)衢郡達上堂刻本　二冊

330000－1701－0030548　GP08352　類叢部/叢書類/彙編之屬

稗海四十八種續集二十二種　(明)商濬編　明萬曆商氏半埜堂刻清康熙至乾隆修補重訂本　一冊　存一種

330000－1701－0030552　GP08296　史部/編年類/通代之屬

嚴永思先生通鑑補正略三卷　(明)嚴衍撰(清)張敦仁彙鈔　清光緒十三年(1887)上海時報館鉛印本　章嶔題簽　二冊

330000－1701－0030554　GP08353　類叢部/叢書類/自著之屬

王漁洋遺書三十八種　(清)王士禛撰　清刻本　一冊　存二種

330000－1701－0030558　GP08345　子部/天文曆算類/算書之屬

三角公式輯要一卷　(清)湯金鑄撰　清光緒二十六年(1900)兩湖書院正學堂刻朱印本　一冊

330000－1701－0030560　GP08354　史部/政書類/軍政之屬/兵制

欽定中樞政考續纂四卷　(清)景善等撰　清道光十二年(1832)刻本　四冊

330000－1701－0030562　GP08346　類叢部/叢書類/彙編之屬

振綺堂叢書初集十種二集十二種　(清)□□輯　清光緒二十年(1894)、宣統二年(1910)泉唐汪氏刻本暨鉛印本　一冊　存初集一種

330000－1701－0030565　GP08297　子部/雜著類/雜說之屬

忍齋叢說一卷　(清)李佳繼昌撰　清光緒刻本　一冊

330000－1701－0030566　GP08355　類叢部/叢書類/彙編之屬

廣雅書局叢書一百五十九種　徐紹棨編　清光緒廣雅書局刻民國九年(1920)番禺徐紹棨彙編重印本　二冊　存一種

330000－1701－0030570　GP08356　史部/金石類/總志之屬

葉氏平安館金石拓本不分卷　(清)葉志詵編　清道光十七年(1837)刻本　一冊

330000－1701－0030572　GP08298　新學類/遊記

中亞洲俄屬遊記二卷　(英國)蘭士德撰

(清)莫鎮藩譯　清光緒二十年(1894)上海時務報館石印本　二冊

330000－1701－0030575　GP08323　集部/別集類/清別集

山滿樓集七卷補遺一卷詞鈔三卷　(清)徐金鏡撰　**筠窗詩錄一卷**　(清)徐德源撰　清道光二十九年(1849)刻本　三冊　缺二卷(山滿樓集一至二)

330000－1701－0030576　GP08312　經部/詩類/傳說之屬

詩經申義十卷　(清)吳士模撰　清光緒十七年(1891)澤古齋刻本　四冊

330000－1701－0030577　GP08391　史部/詔令奏議類/奏議之屬

明大司馬盧公奏議十卷文集一卷詩集一卷首一卷　(明)盧象昇撰　清光緒元年(1875)會稽施惠刻本　八冊

330000－1701－0030580　普 748.8/7532/2　子部/藝術類/書畫之屬/畫譜

陳章侯水滸畫像一卷　(明)陳洪綬繪　清光緒十年(1884)上海同文書局石印本　一冊

330000－1701－0030581　GP08324　集部/別集類/清別集

李文清公遺書八卷　(清)李棠階撰　清光緒八年(1882)河北分守道署刻本　三冊

330000－1701－0030582　GP08349　集部/總集類/題詠之屬

貞靜錄一卷　(清)柳大培編　清光緒十五年(1889)長沙古榴山莊刻本　一冊

330000－1701－0030583　普 748.8/1814/c1　子部/藝術類/書畫之屬/畫譜

紅樓夢圖詠不分卷　(清)改琦繪　清光緒五年(1879)淮浦居士刻民國十年(1921)浙江文元堂楊耀松印本　四冊

330000－1701－0030584　GP08325　史部/紀傳類/別史之屬

續弘簡錄元史類編四十二卷　(清)邵遠平撰　清康熙三十八年(1699)邵遠平刻本　十冊

330000－1701－0030585　GP08326　經部/叢編

十一經音訓　(清)楊國楨等編　清道光十一年(1831)崇陽楊國楨大梁書院刻本　一冊　存一種

330000－1701－0030586　普 748.8/1814/c2　子部/藝術類/書畫之屬/畫譜

紅樓夢圖詠不分卷　(清)改琦繪　清光緒五年(1879)淮浦居士刻本　張宗祥題記　四冊

330000－1701－0030587　普 748.8/1814/c3　子部/藝術類/書畫之屬/畫譜

紅樓夢圖詠不分卷　(清)改琦繪　清光緒五年(1879)淮浦居士刻民國十年(1921)浙江文元堂楊耀松印本　四冊

330000－1701－0030588　GP08350　集部/詩文評類/文評之屬

文學史一卷　(清)竇警凡撰　清光緒三十二年(1906)鉛印本　一冊

330000－1701－0030591　GP08358　子部/天文曆算類/算書之屬

求正弦法一卷　(清)陳方墀撰　清光緒十五年(1889)刻本　一冊

330000－1701－0030592　GP08357　子部/天文曆算類/算書之屬

求正弦法一卷　(清)陳方墀撰　清光緒十五年(1889)刻本　一冊

330000－1701－0030597　GP08359　集部/別集類/清別集

寄青齋詩稿一卷詞稿一卷　(清)徐虔復撰　**綠雲館吟草一卷賦鈔一卷**　(清)程芙亭撰　清道光二十六年(1846)瀟湘吟館、光緒十三年(1887)徐煥章留餘堂刻本　一冊　缺一卷(詩稿)

330000－1701－0030598　GP08373　史部/傳記類/別傳之屬/年譜

明李文正公[東陽]年譜七卷　(清)法式善纂輯　(清)唐仲冕增補　清嘉慶九年(1804)詩龕刻本　二冊

330000－1701－0030599　普 785.5/2691/(2)/c1　子部/藝術類/音樂之屬/樂譜
自遠堂琴譜十二卷　(清)吳灴輯　清嘉慶七年(1802)廣陵吳灴自遠堂吳中刻本　十二冊

330000－1701－0030600　GP08364　類叢部/叢書類/彙編之屬
正誼堂全書六十三種續刻五種　(清)張伯行編　(清)楊浚重編　清同治五年(1866)福州正誼書院刻同治八年至光緒十三年(1869－1887)續刻本　一冊　存一種

330000－1701－0030601　GP08360　集部/別集類/清別集
西湖櫂歌一卷鑑湖櫂歌一卷　(清)陳祖昭撰　清光緒十三年(1887)刻本　一冊

330000－1701－0030602　GP08365　類叢部/叢書類/彙編之屬
正誼堂全書六十三種續刻五種　(清)張伯行編　(清)楊浚重編　清同治五年(1866)福州正誼書院刻同治八年至光緒十三年(1869－1887)續刻本　一冊　存一種

330000－1701－0030603　GP08374　類叢部/叢書類/彙編之屬
唐宋叢書九十二種　(明)鍾人傑　(明)張遂辰編　明末刻說郛及說郛續重編印本　十六冊　存八十八種

330000－1701－0030604　GP08366　類叢部/叢書類/彙編之屬
正誼堂全書六十三種續刻五種　(清)張伯行編　(清)楊浚重編　清同治五年(1866)福州正誼書院刻同治八年至光緒十三年(1869－1887)續刻本　三冊　存一種

330000－1701－0030605　GP08362、GP08361、GP08363　類叢部/叢書類/彙編之屬
稗海四十八種續集二十二種　(明)商濬編　明萬曆商氏半埜堂刻清康熙至乾隆修補重訂本　四冊　存三種

330000－1701－0030607　普 785.5/4632　子部/藝術類/音樂之屬/琴學
琴學叢書十種　楊宗稷輯　清宣統三年至民國十四年(1911－1925)楊氏刻本　七冊

330000－1701－0030608　GP08327　經部/叢編
通志堂經解一百四十種　(清)納蘭成德輯　清康熙十九年(1680)納蘭成德刻本　二冊　存一種

330000－1701－0030609　GP08367　集部/別集類/清別集
思綺堂文集十卷　(清)章藻功撰　清三餘堂刻本　十冊

330000－1701－0030610　普 785.5/2691/c1　子部/藝術類/音樂之屬/樂譜
自遠堂琴譜十二卷　(清)吳灴輯　清嘉慶七年(1802)廣陵吳灴自遠堂吳中刻本　八冊

330000－1701－0030611　普 785.5/2691/(2)/c2　子部/藝術類/音樂之屬/樂譜
自遠堂琴譜十二卷　(清)吳灴輯　清嘉慶七年(1802)廣陵吳灴自遠堂吳中刻本　二十六冊

330000－1701－0030613　GP08314　新學/礦務/礦學
開煤要法十二卷　(英國)士密德輯　(英國)傅蘭雅口譯　(清)王德均筆述　清光緒刻本　二冊

330000－1701－0030614　普 785.5/4346　類叢部/叢書類/自著之屬
補餘堂集五種附一種　(清)戴大昌撰　清嘉慶至道光婺源戴氏刻本　一冊　存一種

330000－1701－0030615　GP08368　集部/總集類/題詠之屬
查氏七烈編三卷附詞一卷　(清)查日乾輯　清乾隆五年(1740)刻本　三冊

330000－1701－0030616　普 785.5/2691/c2　子部/藝術類/音樂之屬/樂譜
自遠堂琴譜十二卷　(清)吳灴輯　清嘉慶七年(1802)廣陵吳灴自遠堂吳中刻本　八冊

330000－1701－0030617　普 781.1/2544/2　經部/樂類/律呂之屬
樂律全書十五種　(明)朱載堉撰　明萬曆鄭藩刻增修本　十八册

330000－1701－0030618　GP08315　類叢部/叢書類/彙編之屬
隨盦徐氏叢書十種續編十種　徐乃昌編　清光緒至民國南陵徐氏刻本　一册　存一種

330000－1701－0030619　GP08369　子部/藝術類/書畫之屬
賞奇軒四種合編　清刻本　篤甫題簽並記　一册

330000－1701－0030621　GP08316、GP08317　史部/政書類/公牘檔冊之屬
尺園佐治摘存一卷續紀一卷　韓靄堂輯　清宣統元年至二年(1909－1910)石印本　二册

330000－1701－0030623　普 789.1/4490　集部/曲類/曲韻曲譜曲律之屬
納書楹曲譜全集二十二卷　(清)葉堂撰　清道光二十八年(1848)刻本　二十二册

330000－1701－0030625　GP08372　經部/周禮類/傳說之屬
周禮折衷四卷　(宋)魏了翁撰　清同治十三年(1874)望三益齋刻本　二册

330000－1701－0030629　GP08338　子部/雜著類/雜纂之屬
守信錄二卷　(清)李宗言撰輯　清光緒二十四年(1898)滕王閣刻本　一册

330000－1701－0030630　普 789.1/4490/2/c1　集部/曲類/曲韻曲譜曲律之屬
納書楹曲譜全集二十二卷　(清)葉堂撰　清乾隆五十七年至五十九年(1792－1794)納書楹刻本　二十二册

330000－1701－0030632　普 793.1/0014　子部/藝術類/遊藝之屬/棋弈
奕理析疑不分卷附全局不分卷　(清)臧念宣等撰　清嘉慶刻本　三册

330000－1701－0030633　普 785.5/4632/2/c2　子部/藝術類/音樂之屬/琴學
琴學叢書十種續刻五種　楊宗稷輯　清宣統三年至民國二十年(1911－1931)楊氏刻本　十四册

330000－1701－0030634　普 792.7/4032　類叢部/叢書類/家集之屬
得一山房四種　(清)唐景崧等撰　清光緒十九年(1893)刻本　一册　存一種

330000－1701－0030636　普 789.1/4490/2/c2　集部/曲類/曲韻曲譜曲律之屬
納書楹曲譜全集二十二卷　(清)葉堂撰　清乾隆五十七年至五十九年(1792－1794)納書楹刻本　二十一册

330000－1701－0030638　普 793.1/0014/2　子部/藝術類/遊藝之屬/棋弈
奕理析疑不分卷附全局不分卷　(清)臧念宣等撰　清嘉慶休寧汪氏刻本　二册

330000－1701－0030642　普 793.1/0144　子部/藝術類/遊藝之屬/棋弈
聽秋軒弈譜一卷　題(清)龍椒散人輯　清同治十二年(1873)刻本　一册

330000－1701－0030643　GP08379　子部/儒家類/儒學之屬/蒙學
新刻續千家詩二卷　(清)晦齋學人輯　清光緒刻本　一册

330000－1701－0030644　GP08340　史部/地理類/遊記之屬/紀行
轤藏道里最新考一卷　(清)張其勤撰　清光緒三十三年(1907)鉛印本　一册

330000－1701－0030645　普 793.1/0827　子部/藝術類/遊藝之屬/棋弈
奕理指歸圖三卷　(清)施紹闇撰　(清)錢長澤繪　清乾隆刻本　三册

330000－1701－0030646　普 793.1/0009.2　子部/藝術類/遊藝之屬/棋弈
弈萃一卷官子一卷　(清)卞文恆輯　清嘉慶二十一年(1816)邗江卞氏味書齋刻本　一册

330000－1701－0030647　GP08380　新學/學校

内外教育小史二卷　（日本）原亮三郎編　（清）沈紘譯　清光緒二十年（1894）教育世界社刻本　一册

330000－1701－0030648　普 791.1/4442　子部/藝術類/遊藝之屬/棋弈

海昌二妙集三卷首二卷　（清）黄紹箕輯　清光緒二十三年（1897）浮曇末齋刻本　六册

330000－1701－0030650　普 785.5/4632/2/c3　子部/藝術類/音樂之屬/琴學

琴學叢書十種　楊宗稷輯　清宣統三年至民國十四年（1911－1925）楊氏刻本　十册　存八種

330000－1701－0030652　GP02049　子部/儒家類/儒學之屬/性理

閑道錄三卷　（清）熊賜履撰　清刻本　三册

330000－1701－0030653　GP08381　子部/雜著類

四六古事雕龍二卷　（明）魏浣初輯　明天啓刻本　一册

330000－1701－0030654　GP08342　類叢部/叢書類/自著之屬

觀古堂所著書二十種　葉德輝撰　清光緒長沙葉氏刻本　一册　存一種

330000－1701－0030656　GP08402　史部/政書類/通制之屬

資治新書十四卷首一卷二集二十卷　（清）李漁輯　清書業堂刻本　三十三册　缺一卷（八）

330000－1701－0030658　普 793.1/7512　子部/藝術類/遊藝之屬/棋弈

子仙百局不分卷　（清）陳子仙等撰　（清）趙晉卿編　清光緒十六年（1890）刻本　二册

330000－1701－0030659　GP08382　集部/詩文評類/詩評之屬

增補註釋四時景物排律詩選四卷　（清）狄之武　（清）申贊皇撰　（清）胡焜註釋　清刻本　二册

330000－1701－0030660　GP08328　集部/詞類/詞韻之屬

晚翠軒詞韻一卷　（清）舒夢蘭輯　清宣統元年（1909）春草軒石印本　一册

330000－1701－0030661　普 793.73/4032　類叢部/叢書類/家集之屬

得一山房四種　（清）唐景崧等撰　清光緒十九年（1893）刻本　一册　存一種

330000－1701－0030662　GP08392　子部/雜著類/雜考之屬

劍閒齋師門答問一卷附手札一卷　（清）郭嵩燾撰　（清）陳瀚撰　清宣統三年（1911）石印本　一册

330000－1701－0030663　GP08383　子部/儒家類/儒學之屬/禮教

聖諭廣訓集證一卷　（清）吳旭仲輯　清光緒四年（1878）陽湖史致謨刻本　一册

330000－1701－0030664　普 793.9/1343　子部/藝術類/遊藝之屬/謎語

重訂宣和譜牙牌彙集一卷　（清）金杏園輯　清末宏文齋刻本　一册

330000－1701－0030665　GP08393　史部/政書類/儀制之屬/典禮

文廟祀典考五十卷首一卷　（清）龐鍾璐輯　清光緒四年（1878）刻本　十册

330000－1701－0030666　普 794.1/0827/2　子部/藝術類/遊藝之屬/棋弈

奕理指歸圖三卷　（清）施紹闇撰　（清）錢長澤繪　清光緒七年（1881）刻本　三册

330000－1701－0030668　普 793.73/3438　子部/藝術類/遊藝之屬/謎語

燈社嬉春集二卷　（清）楊恩壽撰　清光緒長沙楊氏坦園刻本　二册

330000－1701－0030669　GP08384　子部/儒家類/儒學之屬/禮教

聖諭廣訓集證一卷　（清）吳旭仲輯　清光緒

四年(1878)陽湖史致謨刻本　一册

330000－1701－0030670　GP08385　子部/儒家類/儒學之屬/禮教

聖諭廣訓集證一卷　(清)吳旭仲輯　清光緒四年(1878)陽湖史致謨刻本　一册

330000－1701－0030671　GP08394　類叢部/叢書類/彙編之屬

崇文書局彙刻書三十一種　(清)崇文書局編　清光緒元年至三年(1875－1877)湖北崇文書局刻本　二册　存一種

330000－1701－0030672　普793.1/0827/3　子部/藝術類/遊藝之屬/棋弈

奕理指歸圖三卷　(清)施紹闇撰　(清)錢長澤繪　清末刻本　四册

330000－1701－0030673　GP08386　類叢部/叢書類/自著之屬

春在堂全書三十六種　(清)俞樾撰　清同治至光緒刻光緒末彙印本　一册　存一種

330000－1701－0030674　GP08329　新學/議論/通論

中西四大政不分卷　(英國)李提摩太撰　清光緒二十四年(1898)上海廣學會鉛印本　一册

330000－1701－0030676　普793.1/0827.2　子部/藝術類/遊藝之屬/棋弈

蝸簃奕錄八種　(清)黄霞等撰　(清)鮑鼎輯　清光緒蝸簃刻本　一册　存一種

330000－1701－0030677　GP08387　子部/醫家類/方書之屬/單方驗方

隨山宇方鈔一卷　(清)汪曰楨撰　清光緒八年(1882)紹興安越堂刻本　一册

330000－1701－0030678　普794.1/1002　子部/藝術類/遊藝之屬/棋弈

六家弈譜六卷　(清)王彦侗輯　清咸豐七年(1857)刻本　二册

330000－1701－0030679　GP08388　子部/醫家類/方書之屬/單方驗方

隨山宇方鈔一卷　(清)汪曰楨撰　清光緒八年(1882)紹興安越堂刻本　一册

330000－1701－0030680　GP08403　史部/政書類/通制之屬

資治新書十四卷二集二十卷　(清)李漁輯　清光緒二十年(1894)上海圖書集成印書局鉛印本　十二册

330000－1701－0030681　GP08396　史部/政書類/邦交之屬

新纂約章大全七十三卷　陸鳳石編　清宣統元年(1909)上海崇義堂石印本　四十八册

330000－1701－0030684　GP08389　類叢部/叢書類/自著之屬

寫經齋全集八種　(清)葉大莊撰　清光緒刻本　一册　存一種

330000－1701－0030685　GP08397　史部/政書類/邦交之屬

新纂約章大全七十三卷　陸鳳石編　清宣統元年(1909)上海崇義堂石印本　四十八册

330000－1701－0030686　普794.1/2514　子部/藝術類/遊藝之屬/棋弈

橘中秘四卷　(明)朱晉楨撰　清末上海江左書林刻本　二册

330000－1701－0030688　普794.1/2677　子部/藝術類/遊藝之屬/棋弈

奕妙一卷　(清)吳峻輯　**奕妙二編一卷**　(清)吳騆輯　清刻本　二册

330000－1701－0030690　GP08390　子部/儒家類/儒學之屬/蒙學

小學纂註六卷　(清)高愈撰　**文公朱夫子[熹]年譜一卷**　題(宋)李方子撰　清道光十九年(1839)祁寯藻刻本　一册

330000－1701－0030691　普794.1/3125　子部/藝術類/遊藝之屬/棋弈

弈隅通會二卷　(清)汪秩編　清嘉慶詠花書屋刻本　四册

330000－1701－0030692　普794.1/2644　子

部/藝術類/遊藝之屬/棋弈

蝸篘奕錄八種 (清)黃霞等撰 (清)鮑鼎輯 清光緒蝸篘刻本 一冊 存一種

330000－1701－0030693 GP08343 類叢部/叢書類/彙編之屬

張氏適園叢書初集七種 張鈞衡編 清宣統三年(1911)上海國學扶輪社鉛印本 一冊 存一種

330000－1701－0030694 普 794.1/3260 子部/藝術類/遊藝之屬/棋弈

潘景齋奕譜約選一卷 (清)潘景齋編 (清)楚桐隱 (清)章芝楣評 清末刻本 一冊

330000－1701－0030699 普 794.1/3010/c1 子部/藝術類/遊藝之屬/棋弈

官子譜不分卷 清刻本 一冊

330000－1701－0030700 普 794.1/4442/2 子部/藝術類/遊藝之屬/棋弈

桃花泉奕譜二卷 (清)范世勳撰 清刻本 四冊

330000－1701－0030701 普 794.1/4026 子部/藝術類/遊藝之屬/棋弈

東洋棋譜不分卷 清末石印本 二冊

330000－1701－0030702 GP08341 類叢部/叢書類/自著之屬

原學三種二卷 陳澹然撰 清宣統三年(1911)安徽印刷局鉛印本 一冊

330000－1701－0030703 普 794.1/3010/c2 子部/藝術類/遊藝之屬/棋弈

官子譜不分卷 清刻本 一冊

330000－1701－0030704 普 794.1/4442/3 子部/藝術類/遊藝之屬/棋弈

桃花泉奕譜二卷 (清)范世勳撰 清光緒四年(1878)如皋義林堂刻本 二冊

330000－1701－0030705 普 794.1/8044 子部/藝術類/遊藝之屬/棋弈

圍棋近譜一卷 (清)徐星友 (清)黃月天等撰 (清)金楙志輯 清同治十二年(1873)刻本 一冊

330000－1701－0030709 GP08335 子部/醫家類/傷寒金匱之屬/傷寒論

陰症論說一卷 清光緒刻本 一冊

330000－1701－0030710 GP08336 類叢部/叢書類/彙編之屬

武英殿聚珍版書一百四十八種 清乾隆四十二年(1777)福建刻道光至同治遞修光緒二十一年(1895)增刻本 一冊 存一種

330000－1701－0030711 普 794.3/0063/3/c1 子部/藝術類/遊藝之屬/雜藝

益智圖二卷燕几圖一卷副本一卷 (清)童叶庚撰 **益智續圖一卷** (清)童昂等撰 (清)童叶庚編 **益智字圖一卷附一卷** (清)祝梅君撰 清光緒四年至十六年(1878－1890)童叶庚睫巢刻本 六冊

330000－1701－0030712 GP08406 子部/雜著類/雜說之屬

冷廬雜識八卷 (清)陸以湉撰 清咸豐六年(1856)刻本 八冊

330000－1701－0030713 普 794.3/0060 子部/藝術類/遊藝之屬/雜藝

益智圖四卷 (清)童叶庚撰 清光緒來青閣李辰刻本 三冊

330000－1701－0030714 GP08407 子部/雜著類/雜說之屬

冷廬雜識八卷 (清)陸以湉撰 清咸豐六年(1856)刻本 八冊

330000－1701－0030716 GP08408 類叢部/叢書類/彙編之屬

嘯園叢書五十七種 (清)葛元煦編 清光緒二年至七年(1876－1881)仁和葛氏刻本 二冊 存二種

330000－1701－0030717 GP08399、GP08400、GP08398 子部/儒家類/儒學之屬/蒙學

尹氏小學大全五種 (清)尹嘉銓撰 清乾隆四十年至四十一年(1775－1776)悉遵貽教堂

刻本　三册　存四種

330000－1701－0030718　GP08409　史部/政書類/軍政之屬

英國水師律例四卷　(英國)德麟　(英國)極福德輯　(清)舒高第　(清)鄭昌棪譯　清光緒石印富強叢書本　李茂涓題記　一册

330000－1701－0030720　GP08418　類叢部/叢書類/郡邑之屬

金華叢書六十八種　(清)胡鳳丹編　清同治七年至光緒八年(1868－1882)永康胡氏退補齋刻民國補刻本　二册　存一種

330000－1701－0030721　GP00802　史部/政書類/通制之屬

光緒政要三十四卷　沈桐生輯　清宣統元年(1909)上海崇義堂石印本　三十册

330000－1701－0030722　GP08416　子部/小說家類/雜事之屬

堅瓠集六十六卷　(清)褚人獲撰　清刻本　三十二册

330000－1701－0030723　普794.8/2521　子部/藝術類/遊藝之屬/雜藝

重訂虹孫鑑三卷　(清)朱從延輯　清乾隆刻本　三册

330000－1701－0030724　GP08425　類叢部/叢書類/彙編之屬

武英殿聚珍版書一百四十八種　清光緒二十五年(1899)廣雅書局刻本　二册　存一種

330000－1701－0030725　普794.3/0063/3/c2　子部/藝術類/遊藝之屬/雜藝

益智圖二卷燕几圖一卷副本一卷　(清)童叶庚撰　**益智續圖一卷**　(清)童昂等撰　(清)童叶庚編　**益智字圖一卷附一卷**　(清)祝梅君撰　清末抄本　六册

330000－1701－0030726　GP08419　子部/儒家類/儒學之屬/性理

荆園小語一卷　(清)申涵光撰　清宣統元年(1909)永嘉葉懷古齋刻本　一册

330000－1701－0030728　GP00803　史部/政書類/通制之屬

光緒政要三十四卷　沈桐生輯　清宣統元年(1909)上海崇義堂石印本　三十册

330000－1701－0030729　GP08420　集部/別集類/清別集

鴛水聯唫集二十卷　(清)岳鴻慶撰　清道光二十一年(1841)刻本　一册　存三卷(一至三)

330000－1701－0030732　GP00804　經部/小學類/音韻之屬/韻書

唐韵攷五卷　(清)紀容舒撰　清光緒六年(1880)定州王氏括齋刻本　二册

330000－1701－0030734　普794.6/3300　子部/藝術類/遊藝之屬/博戲

馬吊經不分卷　(清)補齋主人編　清末抄本　一册

330000－1701－0030736　GP08423　經部/易類/傳說之屬

新鐫增補周易備旨一見能解六卷　(明)黄淳耀撰　(清)嚴而寬增補　(清)壽國　(清)蔣先庚參補　清刻本　四册

330000－1701－0030737　普794.6/7160　子部/藝術類/遊藝之屬/博戲

馬吊譜不分卷　清抄本　一册

330000－1701－0030739　GP08410　新學/雜著/叢編

富強叢書正集七十七種續集一百二十一種　(清)袁俊德編　清光緒石印本　一册　存一種

330000－1701－0030740　GP00805　經部/小學類/音韻之屬/韻書

唐韵攷五卷　(清)紀容舒撰　清光緒六年(1880)定州王氏括齋刻本　二册

330000－1701－0030741　GP00807、GP00808、GP00809　經部/小學類/音韻之屬

矩齋所學　勞乃宣撰　清光緒至民國刻本　三册　存三種

330000－1701－0030742　GP08432　新學/工藝/雜藝

西藝知新二十二卷　(英國)諾格德撰　(英國)傅蘭雅口譯　(清)徐壽筆述　清光緒刻本　十四冊

330000－1701－0030743　GP00810　經部/小學類/文字之屬/字書/字體

字辨證篆十七卷　(清)易本烺纂　清同治八年(1869)京山易本烺家刻本　六冊

330000－1701－0030744　GP08427　史部/地理類/雜志之屬

北隅掌錄二卷　(清)黃士珣撰　清道光二十五年(1845)汪氏振綺堂刻振綺堂叢刊本　王存善跋　二冊

330000－1701－0030746　GP08411　類叢部/叢書類/彙編之屬

岱南閣叢書二十一種　(清)孫星衍編　清光緒六年至七年(1880－1881)刻本　二冊　存一種

330000－1701－0030747　GP00818　史部/雜史類/斷代之屬

國語補韋四卷　(清)黃模撰　清道光嘉興錢氏刻本　范熽聲跋　一冊

330000－1701－0030748　GP00814　子部/儒家類/儒學之屬/俗訓

蘭言實梧一卷　(清)艮思氏撰　清末刻本　一冊

330000－1701－0030750　GP08412　類叢部/叢書類/彙編之屬

岱南閣叢書二十一種　(清)孫星衍編　清光緒六年至七年(1880－1881)刻本　二冊　存·種

330000－1701－0030751　GP00815　經部/小學類/文字之屬/字書/訓蒙

文字蒙求廣義四卷　(清)王筠撰　(清)蒯光典補注　清光緒二十七年(1901)江楚書局刻本　五冊

330000－1701－0030753　GP00819　史部/雜史類/斷代之屬

國語補音三卷　(宋)宋庠撰　**札記一卷**　(清)錢保塘撰　清光緒二年(1876)成都尊經書院刻本　一冊

330000－1701－0030754　GP08417　經部/周禮類/傳說之屬

周官精義十二卷　(清)連斗山輯　清嘉慶十年(1805)刻本　六冊

330000－1701－0030757　GP00825　集部/別集類/宋別集

翠微南征錄十卷首一卷　(宋)華岳撰　清光緒十五年(1889)文萃堂木活字印本　二冊

330000－1701－0030758　GP00820　史部/雜史類/斷代之屬

周書斠補四卷　(清)孫詒讓撰　清光緒二十六年(1900)刻本　一冊

330000－1701－0030759　GP08428　史部/傳記類/總傳之屬/家乘

至德志十卷首一卷吳氏世系圖一卷　(清)吳鼎科輯　清光緒二年(1876)刻本　四冊

330000－1701－0030760　GP00816　類叢部/叢書類/彙編之屬

會稽徐氏鑄學齋叢書十三種　徐維則編　清咸豐至光緒會稽徐氏刻光緒二十六年(1900)彙印本　三冊　存一種

330000－1701－0030763　GP08431　史部/史抄類

南史識小錄十四卷北史識小錄十四卷　(清)沈名蓀　(清)朱昆田輯　(清)張應昌補正　清同治十年(1871)武林吳氏清來堂刻本　十二冊

330000－1701－0030769　GP00817　經部/四書類/孟子之屬/傳說

增補蘇批孟子二卷孟子年譜一卷　(宋)蘇洵撰　(清)趙大浣增補　清同治十二年(1873)兩儀堂刻朱墨套印本　二冊

330000－1701－0030770　GP00832　新學/交涉/交涉

英人強賣鴉片記八卷附錄一卷　湯叡譯　清光緒二十四年(1898)上海大同譯書局石印本　一册　存五卷(一至五)

330000－1701－0030771　GP08429　史部/傳記類/科舉録之屬/總録

國朝湖州府科第表(吳興科第表)一卷　(清)戴璐輯　(清)沈鋐補輯　清同治十一年(1872)刻光緒三年(1877)增刻本　四册

330000－1701－0030772　GP00824　史部/雜史類/斷代之屬

汝南遺事四卷　(元)王鶚撰　清光緒刻畿輔叢書本　章嶔題簽　一册

330000－1701－0030773　GP08434　經部/周禮類/傳說之屬

周官精義十二卷　(清)連斗山輯　清學源堂刻本　六册

330000－1701－0030777　GP00834　史部/雜史類/斷代之屬

王會篇箋釋三卷　(清)何秋濤撰　清光緒十七年(1891)江蘇書局刻本　三册

330000－1701－0030779　GP08451　史部/傳記類/科舉録之屬/歷科登科録

國朝歷科題名碑錄初集不分卷附明洪武至崇禎各科題名錄不分卷　(清)李周望等輯　清康熙五十九年(1720)刻雍正乾隆嘉慶遞增刻本　十册

330000－1701－0030781　GP08435　史部/地理類/方志之屬/通志

[光緒]廣西通志輯要十七卷首一卷　(清)蘇宗經輯　(清)羊復禮　(清)夏敬頤增輯　**堂匪總錄十二卷附廣西道里表一卷**　(清)蘇鳳文撰　清光緒十五年(1889)刻本　十五册

330000－1701－0030782　GP08446　史部/傳記類/科舉録之屬/諸貢録

[光緒丁酉科]各省選拔同年明經通譜不分卷　清光緒二十三年(1897)京都文奎齋等刻本　四册

330000－1701－0030783　GP08447　經部/易類/易占之屬

易隱八卷首一卷　(清)曹九錫輯　(明)曹璿演　清刻本　葉駿嶽題記　二册

330000－1701－0030784　GP00835　類叢部/叢書類/自著之屬

耐安類稿五種　(清)陳偉撰　清光緒二十二年(1896)梅叔瀚等刻本　六册

330000－1701－0030785　GP08438　集部/別集類/清別集

甘泉鄉人稿二十四卷　(清)錢泰吉撰　**皇清敕授修職郎誥封朝議大夫顯考警石府君[錢泰吉]年譜一卷**　(清)錢應溥編　**邠農偶吟稿一卷**　(清)錢炳森撰　清同治七年(1868)、十一年(1872)鍾氏刻本　一册　存一卷(年譜)

330000－1701－0030787　GP08452　子部/雜著類

見聞記憶錄五卷　(清)余國禎撰　清漪園刻本　二册

330000－1701－0030788　GP00836　子部/儒家類/儒學之屬/勸學

教諭語一卷　(清)謝金鑾撰　清光緒二十二年(1896)寧郡學刻二十四年(1898)孫補三印本　一册

330000－1701－0030793　GP00837　子部/儒家類/儒學之屬/勸學

教諭語一卷　(清)謝金鑾撰　清光緒二十二年(1896)寧郡學刻二十四年(1898)孫補三印本　一册

330000－1701－0030794　GP08439　集部/別集類/清別集

甘泉鄉人稿二十四卷　(清)錢泰吉撰　**皇清敕授修職郎誥封朝議大夫顯考警石府君[錢泰吉]年譜一卷**　(清)錢應溥編　**邠農偶吟稿一卷**　(清)錢炳森撰　清同治七年(1868)、十一年(1872)鍾氏刻本　一册　存一卷(年譜)

330000－1701－0030796　GP08440　集部/別

集類/清別集

甘泉鄉人稿二十四卷 (清)錢泰吉撰 **皇清敕授修職郎誥封朝議大夫顯考警石府君[錢泰吉]年譜一卷** (清)錢應溥編 **郊農偶吟稿一卷** (清)錢炳森撰 清同治七年(1868)、十一年(1872)鍾氏刻本 一册 存一卷(年譜)

330000－1701－0030797 GP08449 史部/傳記類/總傳之屬/仕宦

兩浙令長攷三卷 (清)董沛撰 清光緒七年(1881)刻本 一册

330000－1701－0030798 GP00842 史部/傳記類/總傳之屬/忠孝

忠義紀聞錄三十卷續錄十卷 (清)陳繼聰撰 清光緒八年(1882)刻九年(1883)續刻十六年(1890)印本 八册

330000－1701－0030799 GP08450 集部/別集類/清別集

御製全韻詩五卷 (清)高宗弘曆撰 清乾隆刻本 四册 存四卷(上平聲、上聲、去聲、入聲)

330000－1701－0030800 GP08437 經部/小學類/文字之屬/說文

說文引經攷證七卷說文引經互異說一卷 (清)陳瑑撰 清同治十三年(1874)湖北崇文書局刻本 二册

330000－1701－0030801 GP00843 經部/小學類/音韻之屬/古今韻說

古今中外音韻通例不分卷 (清)胡垣撰 清光緒十四年(1888)刻本 四册

330000－1701－0030802 GP08453 史部/地理類/專志之屬/祠墓

董孝子廟志八卷 (清)董秉純撰 清乾隆五十五年(1790)崇本堂刻本 二册

330000－1701－0030804 GP00844 經部/小學類/訓詁之屬/群雅

釋名八卷 (漢)劉熙撰 清道光璜川吳氏書塾刻本 二册

330000－1701－0030805 GP08458 史部/傳記類/科舉録之屬/歷科鄉試録

[光緒壬午科]江南鄉試硃卷不分卷 清光緒刻本 一册

330000－1701－0030806 GP08454 史部/地理類/專志之屬/書院

瀛山書院志丨卷首一卷 (清)方季和等輯 清道光十六年(1836)刻本 四册

330000－1701－0030807 GP08459 子部/兵家類/兵法之屬

見聞輯要一卷 (清)剛毅撰 清光緒六年(1880)廣東惠潮嘉道署刻本 一册

330000－1701－0030808 GP08455 類叢部/叢書類/彙編之屬

廣漢魏叢書八十種 (明)何允中編 清嘉慶刻本 四册 存一種

330000－1701－0030809 GP00845 子部/天文曆自類/算書之屬

求是齋算學四種四卷 (清)張楚鍾撰 清同治十二年(1873)富文齋刻本 二册

330000－1701－0030810 GP08460 類叢部/叢書類/彙編之屬

漸西村舍彙刊(漸西村舍叢刻)四十四種 (清)袁昶編 清光緒十六年至二十四年(1890－1898)桐廬袁氏刻本 一册 存一種

330000－1701－0030811 GP08473 集部/別集類/清別集

李文忠公全集六種 (清)李鴻章撰 (清)吳汝綸編錄 清光緒三十一年(1905)金陵刻三十四年(1908)印本 二十六册 存一種

330000－1701－0030812 GP08457 經部/群經總義類/文字音義之屬

羣經字詁七十二卷檢字一卷 (清)段諤廷撰 (清)黃本驥編訂 清道光二十九年(1849)黔陽楊氏刻本 十四册 缺二十一卷(五十二至七十二)

330000－1701－0030813 GP08464 史部/政書類/律令之屬/律例

王儀部先生箋釋三十卷首一卷末一卷 （明）王肯堂撰 （清）顧鼎重編 清康熙三十年(1691)顧鼎刻本 六册

330000－1701－0030814 GP00846 新學/格致總
格致新機七卷 （英國）慕維廉撰 清光緒十四年(1888)刻二十三年(1897)上海廣學會重印本 一册

330000－1701－0030815 GP00850 史部/雜史類/斷代之屬
貽案始末記不分卷 （清）天涯恨恨生撰 清宣統三年(1911)鉛印本 章嶔題簽 一册

330000－1701－0030816 GP08474 集部/别集類/明别集
清水篇四卷 （明）王玉鉉撰 清咸豐七年(1857)王蘭賡刻本 三册

330000－1701－0030817 GP00851 史部/詔令奏議類/奏議之屬
堅正堂摺稿二卷附録一卷 （清）褚成博撰 清光緒三十一年(1905)刻本 二册

330000－1701－0030818 GP08479 史部/政書類/軍政之屬/兵制
欽定中樞政考八旗三十二卷綠營四十卷 （清）保寧等修 （清）常泰等纂 清嘉慶八年(1803)武英殿刻本 三十二册 存三十三卷(八旗三至五，綠營一、三至十三、十五至三十二)

330000－1701－0030819 GP00847 類叢部/叢書類/家集之屬
半帆樓叢書(鄔氏家集)二十七種 鄔慶時編 清光緒至民國刻本 一册 存一種

330000－1701－0030820 GP08475 新學/政治法律/政治
東方時局論略一卷 （朝鮮）鄧鏗撰 清光緒十五年(1889)鉛印本 一册

330000－1701－0030821 GP08465 史部/政書類/儀制之屬/典禮
幸魯盛典四十卷 （清）孔毓圻等纂修 清康熙五十年(1711)刻本 十二册

330000－1701－0030822 GP08461 集部/别集類/明别集
湯義仍先生集不分卷 （明）湯顯祖撰 （清）胡亦堂選輯 清刻本 一册

330000－1701－0030823 GP00849 史部/政書類/邦計之屬/貿易
通商表四卷 （清）楊楷輯 （清）錢恂再輯 （清）李圭三輯 清光緒二十一年(1895)海昌官廨刻本 四册

330000－1701－0030824 GP08481 史部/地理類/方志之屬/通志
[光緒]雲南通志二百四十二卷首四卷附忠義録三十二卷忠義備考一卷烈女録八卷 （清）岑毓英修 （清）陳燦等纂 清光緒二十年(1894)刻本 二百二十册

330000－1701－0030825 GP08476 新學/交涉/交涉
歐洲東方交涉記十二卷 （英國）麥高爾撰 （美國）林樂知 （清）瞿昂來譯 清光緒江南機器製造總局刻本 二册

330000－1701－0030826 GP08462 集部/别集類/清别集
養餘外集一卷 （清）張大昌撰 清刻本 一册

330000－1701－0030828 GP00854 類叢部/叢書類/自著之屬
湯文正公遺書六種 （清）湯斌撰 清道光七年(1827)刻本 一册 存二種

330000－1701－0030830 GP08466 新學/算學/三角八綫
求弦矢通術一卷 （清）伊德齡撰 清同治刻本 一册

330000－1701－0030831 GP08478 史部/傳記類/科舉録之屬/歷科登科録
宣統二年庚戌科直省舉貢會考齒録一卷 清宣統二年(1910)刻本 四册

330000－1701－0030835　GP08467　史部/政書類/律令之屬/刑制

元刑法志四卷　(明)宋濂等修　(明)侯恪　(明)謝德溥等修補　清光緒法律館鉛印本　阮毅成跋　一册

330000－1701－0030836　GP08483　經部/小學類

雷刻四種　(清)雷浚輯　清光緒二年至十年(1876－1884)吴縣雷氏刻本　六册

330000－1701－0030839　GP08468　史部/政書類/律令之屬/律例

欽定嚴禁鴉片章程一卷　(清)浙江巡撫部院編　清刻本　一册

330000－1701－0030840　GP08484　子部/儒家類/儒學之屬/性理

罍菴雜述二卷附一卷　(明)朱朝瑛撰　清康熙十一年(1672)周煒刻本　二册

330000－1701－0030841　GP00858　子部/宗教類/佛教之屬/經

金剛般若波羅密經一卷　(後秦)釋鳩摩羅什譯　(清)莫枚書　清末石印本　一册

330000－1701－0030844　GP00961　子部/宗教類/佛教之屬/經

維摩詰所說經三卷　(後秦)釋鳩摩羅什譯　清同治九年(1870)金陵刻經處刻本　一册

330000－1701－0030845　GP08485　類叢部/叢書類/自著之屬

橘蔭軒全集七種　(清)陳錦撰　清光緒山陰陳氏橘蔭軒刻本　一册　存一種

330000－1701－0030847　GP00953　史部/地理類/雜志之屬

金山衛佚史一卷　姚光撰　清宣統三年(1911)金山姚光鉛印本　一册

330000－1701－0030850　GP08491　類叢部/叢書類/彙編之屬

敏果齋七種　(清)許乃釗編　清道光十二年至二十九年(1832－1849)錢塘許氏刻彙印本　十六册

330000－1701－0030852　GP00964　史部/叢編

思益堂史學四種　(清)周壽昌撰　清光緒長沙周氏小對竹軒刻本　二册　存一種

330000－1701－0030853　GP00955　史部/雜史類/斷代之屬

思痛記二卷　(清)李圭撰　清光緒六年(1880)師一齋刻十三年(1887)補刻本　一册

330000－1701－0030854　GP08486　類叢部/叢書類/彙編之屬

函海一百五十二種　(清)李調元編　清乾隆綿州李氏萬卷樓刻嘉慶十四年(1809)李鼎元、道光五年(1825)李朝夔重校補刻本　一册　存一種

330000－1701－0030855　GP08470　史部/政書類/律令之屬/治獄

爽鳩要錄二卷　(清)蔣超伯輯　清同治五年(1866)刻本　一册

330000－1701－0030857　GP00965　新學/交涉/案牘

五洲教案紀略五卷　(英國)李提摩太撰　林朝圻譯　清光緒二十七年(1901)上海廣學會鉛印本　一册

330000－1701－0030858　GP08487　類叢部/叢書類/彙編之屬

正誼堂全書六十三種續刻五種　(清)張伯行編　(清)楊浚重編　清同治五年(1866)福州正誼書院刻同治八年至光緒十三年(1869－1887)續刻本　二册　存一種

330000－1701－0030860　GP08492　集部/總集類/題詠之屬

迎旭齋圖題辭一卷　(清)曹咸熙編　清光緒七年(1881)桂林刻本　一册

330000－1701－0030862　GP00852　史部/詔令奏議類/奏議之屬

堅正堂摺稿二卷附錄一卷　(清)褚成博撰　清光緒三十一年(1905)刻本　二册

330000－1701－0030863　GP08493　經部/四

書類/總義之屬/文字音義

四書虛字講義一卷 (清)丁守存撰　清同治十年(1871)刻本　一冊

330000－1701－0030865　GP08480　類叢部/叢書類/彙編之屬

墨海金壺一百十五種 (清)張海鵬編　清嘉慶十三年至十六年(1808－1811)海虞張海鵬刻二十二年(1817)彙印本　八冊　存一種

330000－1701－0030866　GP08488　類叢部/叢書類/自著之屬

西堂全集四種附一種 (清)尤侗撰　清康熙刻本　一冊　存一種

330000－1701－0030869　GP08498、GP08497、GP08494、GP08496、GP08495　類叢部/叢書類/彙編之屬

三長物齋叢書二十五種 (清)黃本驥編　清道光二十二年至二十八年(1842－1848)湘陰蔣環刻本　九冊　存五種

330000－1701－0030870　GP08503、GP08504、GP08502、GP08507、GP08500、GP08499、GP08508、GP08501、GP08505、GP08506　類叢部/叢書類/彙編之屬

三長物齋叢書二十五種 (清)黃本驥編　清道光二十二年至二十八年(1842－1848)湘陰蔣環刻本　二十三冊　存十種

330000－1701－0030871　GP00969　子部/宗教類/佛教之屬/論疏

大乘起信論疏解彙集八種　清光緒十一年至民國十五年(1885－1926)金陵刻經處刻本　一冊　存一種

330000－1701－0030872　GP00853　子部/儒家類/儒學之屬/性理

潛菴先生志學會約一卷困學錄一卷 (清)湯斌撰　清光緒四年(1878)江蘇書局刻本　一冊

330000－1701－0030873　GP00970　子部/宗教類/佛教之屬/論疏

大乘起信論疏解彙集八種　清光緒十一年至民國十五年(1885－1926)金陵刻經處刻本　一冊　存一種

330000－1701－0030875　GP08489　類叢部/叢書類/自著之屬

雙溪集六種 (清)張英撰　清康熙刻本　一冊　存一種

330000－1701－0030877　GP08444　子部/天文曆算類/算書之屬

西算新法直解八卷丈田繪圖章程一卷 (清)馮桂芬　(清)陳瑒輯　清光緒二年(1876)吳縣馮氏校邠廬刻本　四冊

330000－1701－0030878　GP08509　史部/傳記類/總傳之屬/文苑

本朝名家詩鈔小傳二卷 (清)鄭方坤撰　清嘉慶六年(1801)杞菊軒刻本　四冊

330000－1701－0030881　GP08490　史部/政書類

三通序不分卷 (清)吳巖輯　(清)康綸筠校　清道光十三年(1833)江夏周恭壽刻本　四冊

330000－1701－0030882　普741.5044/5033/2/c1　子部/藝術類/書畫之屬

桐陰論畫二卷首一卷附錄一卷畫訣一卷續桐陰論畫一卷二編二卷三編二卷 (清)秦祖永撰　清同治三年至光緒八年(1864－1882)刻朱墨套印本　八冊

330000－1701－0030883　GP00976　子部/宗教類/佛教之屬

佛頂光明摩訶薩怛多般怛囉無上神咒一卷附密宗綱要譯釋陀羅尼九章 (清)釋續法輯　清三峯寺刻本　一冊

330000－1701－0030884　GP08441　史部/叢編

入幕須知五種附一種 (清)張廷驤輯　清光緒十八年(1892)浙江書局刻本　六冊

330000－1701－0030886　GP08511　集部/小說類/長篇之屬

金蓮仙史四卷二十四回 (清)潘昶撰　清光

緒三十四年(1908)上海翼化堂刻本　四册

330000－1701－0030887　GP08512　集部/別集類/清別集

書經集句賦稿補註二卷　(清)戴槩撰　清咸豐三年(1853)刻本　二册

330000－1701－0030888　GP00973　類叢部/叢書類/彙編之屬

廣雅書局叢書一百五十九種　徐紹棨編　清光緒廣雅書局刻民國九年(1920)番禺徐紹棨彙編重印本　三册　存一種

330000－1701－0030891　GP08514　子部/天文曆算類/算書之屬

數度衍二十三卷首三卷　(清)方中通撰　清刻本　六册　缺八卷(首一至二、一至六)

330000－1701－0030892　GP08516　類叢部/叢書類/彙編之屬

張氏適園叢書　張鈞衡編　清宣統三年(1911)上海國學扶輪社鉛印本　一册　存一種

330000－1701－0030893　GP01268　類叢部/叢書類/家集之屬

丹徒戴氏叢刻七種　(清)戴肇辰編　清同治至光緒刻本　一册　存一種

330000－1701－0030895　GP08522　類叢部/叢書類/家集之屬

如皋冒氏叢書三十四種附二種　冒廣生輯　清光緒至民國如皋冒氏刻本　一册　存二種

330000－1701－0030896　GP01271　經部/叢編

四經精華　(清)魏朝俊輯　清光緒二十年(1894)學庫山房刻本　四冊　存一種

330000－1701－0030897　GP01270　子部/天文曆算類/天文之屬

躔離引蒙不分卷　(清)賈步緯撰　清光緒十八年(1892)江南製造局刻本暨鉛印本　二册

330000－1701－0030898　GP01269　子部/術數類/數學之屬

集注太玄十卷　(宋)司馬光撰　清嘉慶三年(1798)陶氏五柳居刻道光二十四年(1844)印本　四册

330000－1701－0030901　GP08523　新學/幼學

伊娑菩喻言一卷　(希臘)伊娑菩撰　清末上海施醫院刻本　一册

330000－1701－0030902　GP08526　類叢部/叢書類/自著之屬

蛾術堂集十四種　(清)沈豫撰　清道光十八年(1838)蕭山沈氏漢讀齋刻本　八册

330000－1701－0030903　GP08519　集部/別集類/清別集

笠翁偶集六卷　(清)李漁撰　清康熙十年(1671)芥子園刻本　六册

330000－1701－0030904　GP01273　經部/小學類/文字之屬/說文

說文解字韻譜十卷　(宋)徐鍇撰　(清)馮桂芬校訂　清同治三年(1864)吳縣馮桂芬縮摹篆文刻同治六年(1867)補刻本　三册

330000－1701－0030905　GP08524　集部/別集類/漢魏六朝別集

陶靖節詩集四卷　(晉)陶潛撰　(清)蔣薰評　**附東坡和陶詩一卷**　(宋)蘇軾撰　**律陶一卷**　(明)王思任輯　**敦好齋律陶纂一卷**　(清)黄槐開輯　清乾隆二年(1737)最樂堂刻本　二册

330000－1701－0030906　GP01275　子部/天文曆算類/算書之屬

中西算學啓蒙五卷天元代數句股草二卷代數闡微衍草一卷　(清)張鼎佑撰　清光緒十八年(1892)白下種竹書屋刻本　二册　存五卷(中西算學啓蒙一至五)

330000－1701－0030907　GP08530　子部/宗教類/佛教之屬

法苑珠林一百卷　(唐)釋道世撰　清道光七年(1827)蔣氏燕園刻本　二十册

330000－1701－0030909　GP01276　經部/樂

類/律吕之屬

律吕通今圖説一卷附律易一卷　(清)繆闐撰　清咸豐十一年(1861)刻本　一冊

330000-1701-0030910　GP08520　子部/儒家類/儒學之屬/性理

性學舉隅二卷　(美國)丁韙良撰　清光緒二十四年(1898)上海美華書館鉛印本　一冊

330000-1701-0030911　GP01277　經部/小學類/文字之屬/説文/傳説

六書約言二卷　(清)吳善述輯　清衢城張文錦齋刻本　一冊

330000-1701-0030912　GP08521　史部/政書類/邦計之屬/漕運

欽定戶部漕運全書九十六卷首一卷　(清)載齡等修　(清)福趾等纂　清光緒二年(1876)刻本　三十二冊

330000-1701-0030913　GP08527　集部/別集類/清別集

研露齋文鈔三卷詩鈔八卷　(清)饒學曙撰　清道光七年(1827)刻本　六冊

330000-1701-0030915　GP00977　子部/宗教類/佛教之屬

佛頂光明摩訶薩怛多般怛囉無上神咒一卷附密宗綱要譯釋陀羅尼九章　(清)釋續法輯　清月容軒刻本　一冊

330000-1701-0030916　GP01281　子部/天文曆算類/算書之屬

數度衍二十三卷首三卷　(清)方中通撰　清康熙二十六年(1687)胡正宗刻繼聲堂印本　四冊

330000-1701-0030917　GP08528　子部/宗教類/道教之屬/戒律

陰隲文圖説四卷　(清)黄正元撰　(清)周兆璧寫圖　清道光六年(1826)刻本　四冊

330000-1701-0030918　GP01282　新學/兵制/陸軍

列國陸軍制不分卷　(美國)歐潑登撰　(美國)林樂知　(清)瞿昂來譯　清光緒江南機器製造總局刻本　三冊

330000-1701-0030919　GP08531　史部/政書類/通制之屬

欽定大清會典圖一百三十二卷目錄二卷　(清)慶桂等纂修　清嘉慶十六年(1811)刻本　四十冊

330000-1701-0030920　GP08529　經部/易類/易占之屬

筮杙二卷續筮杙二卷　(清)方式濟撰　清刻本　五冊

330000-1701-0030921　GP01283　子部/天文曆算類/算書之屬

堆垛術一卷　(清)張爔撰　清光緒二十九年(1903)刻本　一冊

330000-1701-0030923　GP08536　類叢部/叢書類/彙編之屬

廣雅書局叢書一百五十九種　徐紹棨編　清光緒廣雅書局刻民國九年(1920)番禺徐紹棨彙編重印本　一冊　存二種

330000-1701-0030924　GP08537　經部/叢編

通志堂經解一百四十種　(清)納蘭成德輯　清康熙十九年(1680)納蘭成德刻本　一冊　存一種

330000-1701-0030925　GP08525　史部/傳記類/科舉録之屬/諸貢録

錫山游庠錄一卷首一卷錫金游庠錄一卷　(清)劭涵初輯　清光緒四年(1878)刻本　四冊

330000-1701-0030926　GP01288　子部/天文曆算類/算書之屬

萬象一原九卷首一卷　(清)夏鸞翔撰　清光緒二十四年(1898)江蘇書局刻本　二冊

330000-1701-0030928　GP08533　史部/政書類/邦計之屬/貿易

各國通商條約十六卷　(清)浙江通商洋務總局編　清光緒二十八年(1902)浙江官書局刻本　十冊

330000－1701－0030929　GP01284　經部/群經總義類/傳說之屬

香草校書六十卷　于鬯撰　清光緒二十九年(1903)刻本　十七冊　缺十卷(四十三至五十一、五十四)

330000－1701－0030930　GP01289　類叢部/叢書類/彙編之屬

振綺堂叢書初集十種二集十二種　(清)□□輯　清光緒二十年(1894)、宣統二年(1910)泉唐汪氏刻本暨鉛印本　一冊　存二集一種

330000－1701－0030933　GP08534　史部/政書類/邦計之屬/貿易

各國通商條約十六卷　(清)浙江通商洋務總局編　清光緒二十八年(1902)浙江官書局刻本　十冊

330000－1701－0030934　GP08543　子部/天文曆算類/算書之屬

翠薇山房數學十四種　(清)張作楠撰　清嘉慶至道光金華張氏翠薇山房刻光緒五年(1879)重修本　十四冊　存十一種

330000－1701－0030935　GP08554、GP08550、GP08551、GP08553、GP08555、GP08552、GP08556、GP08557　類叢部/叢書類/彙編之屬

武英殿聚珍版書五十三種　清同治十三年(1874)江西書局刻本　十二冊　存十種

330000－1701－0030936　GP08541　類叢部/叢書類

陸庵叢書　清刻本　一冊

330000－1701－0030937　GP01285　類叢部/叢書類/自著之屬

觀古堂所著書二十種　葉德輝撰　清光緒長沙葉氏刻本　一冊　存一種

330000－1701－0030938　GP08558、GP08562、GP08560、GP08559、GP08561　類叢部/叢書類/彙編之屬

武英殿聚珍版書五十三種　清同治十三年(1874)江西書局刻本　十四冊　存五種

330000－1701－0030939　GP08542　史部/目録類/通論之屬/掌故瑣記

經史序錄二卷　(清)吳承漸編　**甲子會紀一卷**　(明)薛應旂編　**歷代國都一卷**　清康熙三十一年(1692)思訓堂刻本　二冊

330000－1701－0030940　GP01286　子部/兵家類/兵法之屬

孫子集解十三卷　(清)顧福堂撰　清光緒二十六年(1900)木活字印本　二冊

330000－1701－0030941　GP08544　子部/天文曆算類/曆法之屬

[清乾隆四十一年至同治十年]欽定七政四餘萬年書不分卷　清末刻本　四冊

330000－1701－0030942　GP08563　類叢部/叢書類/彙編之屬

獨抱樓叢刻十一種　(清)陳宗彝編　清道光金陵陳氏刻本　一冊　存一種

330000－1701－0030943　GP08545　類叢部/叢書類/彙編之屬

湖海樓叢書十二種　(清)陳春編　清嘉慶蕭山陳氏湖海樓刻二十四年(1819)彙印本　一冊　存一種

330000－1701－0030945　GP01290　史部/目録類/總録之屬/地方

全蜀秇文志六十四卷首一卷　(明)楊慎編　清光緒十五年至十七年(1889－1891)雨餘山房刻本　十二冊

330000－1701－0030946　GP01287　子部/天文曆算類/算書之屬

乘方圖說一卷　(清)蔣德鋐撰　清光緒七年(1881)刻本　一冊

330000－1701－0030948　GP08546　史部/金石類/金之屬

嘯堂集古錄二卷　(宋)王俅撰　**嘯堂集古錄考異二卷**　(清)張蓉鏡編　清嘉慶十七年(1812)鴛湖張氏醉經堂刻本　三冊

330000－1701－0030949　GP08565　集部/別集類/清別集

壺舟文存二卷 （清）黄濬撰 陳樹鈞編 清宣統三年(1911)太平陳氏枕經閣木活字印本 一冊

330000－1701－0030950 GP08566 新學/交涉/交涉

英俄印度交涉書一卷續編一卷 （英國）馬文撰 （英國）羅亨利 （清）瞿昂來譯 清光緒刻本 一冊

330000－1701－0030951 GP01296 史部/叢編

痛史二十一種附九種 樂天居士輯 清宣統至民國上海商務印書館鉛印本 四十冊

330000－1701－0030952 GP01291 經部/周禮類/傳說之屬

周禮精義六卷首一卷 （清）黄淦撰 清嘉慶十二年(1807)刻本 一冊

330000－1701－0030953 GP08548 史部/地理類/總志之屬

地學歌略一卷 葉瀚 葉瀾撰 清光緒二十八年(1902)學海堂刻本 一冊

330000－1701－0030954 GP08573 集部/總集類/課藝之屬

鵝湖課士録不分卷 （清）徐謙 （清）周兆熊選 清道光二十六年(1846)培英書屋刻本 四冊

330000－1701－0030955 GP08575 史部/傳記類/别傳之屬

皖紳請祟祀袁忠節公事實冊不分卷 清末鉛印本 一冊

330000－1701－0030956 GP01306 史部/金石類/總志之屬/文字

金石文鈔八卷續鈔二卷 （清）趙紹祖撰 清光緒二年(1876)涇縣趙氏刻民國海寧陳氏慎初堂印本 十冊

330000－1701－0030957 GP01300 史部/金石類/璽印之屬

集古官印攷十七卷集古虎符魚符攷一卷 （清）瞿中溶撰 清同治十三年(1874)嘉定瞿樹鎬刻本 六冊

330000－1701－0030958 GP08576 類叢部/叢書類/自著之屬

竹柏山房十五種附刻八種 （清）林春溥撰 清嘉慶至咸豐竹柏山房刻本 一冊 存二種

330000－1701－0030959 GP08549 類叢部/叢書類/郡邑之屬

武林往哲遺箸五十二種後編十種 （清）丁丙編 清光緒二十年至二十六年(1894－1900)錢塘丁氏嘉惠堂刻本 五冊 存一種

330000－1701－0030960 GP01315 子部/宗教類/佛教之屬/諸宗

寶藏論一卷 （後秦）釋僧肇撰 清光緒二十三年(1897)金陵刻經處刻本 一冊

330000－1701－0030962 GP01292 類叢部/叢書類/彙編之屬

正覺樓叢刻(正覺樓叢書)二十九種 （清）崇文書局編 清光緒崇文書局刻本 一冊 存一種

330000－1701－0030963 GP08577 經部/易類/傳說之屬

易經卦名試帖二卷 （清）戴絜撰 清咸豐三年(1853)京都琉璃廠刻本 一冊

330000－1701－0030964 GP01307 經部/小學類/音韻之屬/古今韻說

古韻發明不分卷附切字肆考不分卷 （清）張畊撰 清道光六年(1826)滕陽張畊芸心堂刻本 八冊

330000－1701－0030965 GP01303 子部/工藝類/文房四寶之屬/硯

硯小史四卷 （清）朱棟撰 清嘉慶五年(1800)樓外樓刻民國二十四年(1935)高氏寒隱草堂補刻本 二冊

330000－1701－0030966 GP01293 類叢部/叢書類/彙編之屬

正覺樓叢刻(正覺樓叢書)二十九種 （清）崇文書局編 清光緒崇文書局刻本 一冊 存一種

330000－1701－0030968　GP08567　類叢部/叢書類/自著之屬

王漁洋遺書三十八種　(清)王士禛撰　清刻本　四冊　存一種

330000－1701－0030969　GP08587　類叢部/叢書類/彙編之屬

廣雅書局叢書一百五十九種　徐紹棨編　清光緒廣雅書局刻民國九年(1920)番禺徐紹棨彙編重印本　一冊　存一種

330000－1701－0030971　GP01297　史部/叢編

痛史二十一種附九種　樂天居士輯　清宣統至民國上海商務印書館鉛印本　四十冊　缺二卷(甲申朝事小紀三編一至二)

330000－1701－0030972　GP01305　類叢部/叢書類/彙編之屬

榆園叢刻十五種附一種　(清)許增編　清同治至光緒刻本　一冊　存一種

330000－1701－0030975　GP01310　類叢部/叢書類/自著之屬

起聖齋叢書　尹桐陽撰　清光緒至民國鉛印本　一冊　存一種

330000－1701－0030976　GP01294　經部/叢編

九經五十一卷附四卷　(明)秦鏷訂正　清觀成堂刻本　一冊　存六卷(周禮一至六)

330000－1701－0030978　GP08568　集部/別集類/清別集

四松草堂詩略四卷　(清)宗韶撰　清光緒三十年(1904)上海新昌書局鉛印本　四冊

330000－1701－0030979　GP01296/1　史部/叢編

痛史二十一種附九種　樂天居士輯　清宣統至民國上海商務印書館鉛印本　一冊　存一種

330000－1701－0030980　GP01311　類叢部/叢書類/自著之屬

起聖齋叢書　尹桐陽撰　清光緒至民國鉛印本　一冊　存一種

330000－1701－0030981　GP08032、GP08034、GP08035、GP08036　類叢部/叢書類/彙編之屬

申報館叢書正集五十七種附錄三種續集一百四十二種　(清)尊聞閣主編　蔡爾康編續集　清同治至光緒上海申報館鉛印本　八冊　存四種

330000－1701－0030982　GP01295　類叢部/叢書類/自著之屬

菽園著書五種　(清)邱煒萲撰　清光緒二十七年(1901)上海鉛印本　二冊　存四種

330000－1701－0030983　GP08588　子部/藝術類/書畫之屬/法帖

淳化祕閣法帖考正十卷附二卷　(清)王澍撰　清雍正詩鼎齋刻乾隆印本　清半樵氏題記　二冊

330000－1701－0030986　GP08589　史部/傳記類/總傳之屬/姓名

八旗滿洲氏族通譜八十卷目錄二卷　(清)呂熾等纂　清乾隆九年(1744)武英殿刻本　二十四冊

330000－1701－0030989　GP08570　類叢部/叢書類/彙編之屬

太平陳氏枕經閣叢書　清宣統刻本　一冊　存一種

330000－1701－0030990　GP01309　類叢部/叢書類/家集之屬

長洲彭氏家集九種　(清)彭祖賢編　清同治至光緒刻本　一冊　存一種

330000－1701－0030993　GP08572　集部/詩文評類/制藝之屬

增訂初學起講秘訣不分卷　(清)盛元均輯　清光緒五年(1879)江曲書社刻本　一冊

330000－1701－0030994　GP01319　類叢部/叢書類/自著之屬

歸雲別集十種　(明)陳士元撰　清道光十三年(1833)應城吳毓梅刻本　二冊　存一種

330000－1701－0030995　GP08037、GP08038　類叢部/叢書類/彙編之屬

申報館叢書正集五十七種附錄三種續集一百四十二種　(清)尊聞閣主編　蔡爾康編續集　清同治至光緒上海申報館鉛印本　十冊　存一種

330000－1701－0030997　GP08584　類叢部/叢書類/郡邑之屬

東倉書庫叢刻初編十一種　(清)繆朝荃編　清光緒十二年至二十八年(1886－1902)太倉繆氏刻本　一冊　存一種

330000－1701－0031001　GP08590　子部/宗教類/佛教之屬/諸宗

廬山蓮宗寶鑑十卷　(元)釋普度編　清光緒五年(1879)刻本　三冊

330000－1701－0031002　GP01321　類叢部/叢書類/彙編之屬

廣雅書局叢書一百五十九種　徐紹棨編　清光緒廣雅書局刻民國九年(1920)番禺徐紹棨彙編重印本　一冊　存一種

330000－1701－0031003　GP07976　類叢部/叢書類/彙編之屬

申報館叢書正集五十七種附錄三種續集一百四十二種　(清)尊聞閣主編　蔡爾康編續集　清同治至光緒上海申報館鉛印本　四冊　存一種

330000－1701－0031004　GP08593　經部/小學類/音韻之屬/韻書

初學檢韻袖珍十二卷附檢字一卷佩文詩韻一卷　(清)姚文登輯　清嘉慶七年(1802)遜齋刻本　四冊

330000－1701－0031006　GP08591　子部/儒家類/儒學之屬/禮教

五種遺規摘鈔十五卷　(清)陳弘謀輯並撰　(清)劉肇紳摘抄　清同治七年(1868)楚北崇文書局刻本　二冊　存一種

330000－1701－0031007　GP01322　史部/紀傳類/正史之屬

二十四史　清同治至光緒五省官書局據汲古閣本等合刻光緒五年(1879)湖北書局彙印本　二冊　存一種

330000－1701－0031008　GP01323　史部/紀傳類/正史之屬

後漢書九十卷　(南朝宋)范曄撰　(唐)李賢注　**續漢志三十卷**　(晉)司馬彪撰　(南朝梁)劉昭注　清韓江書局刻本　二冊

330000－1701－0031009　GP01324　類叢部/叢書類/彙編之屬

新陽趙氏叢刊十四種　(清)趙元益編　清光緒十一年至二十八年(1885－1902)新陽趙氏刻本　一冊　存一種

330000－1701－0031010　GP08595　類叢部/類書類/專類之屬

新鐫校正評註分類百子金丹全書十卷　(明)郭偉選注　(明)郭中吉編　(明)王星聚校訂　清末上海章福記書局石印本　六冊

330000－1701－0031011　GP01363　史部/金石類/總志之屬

金石圖說二卷　(清)牛運震集說　(清)褚峻摹圖　劉世珩編補　清光緒十九年至二十二年(1893－1896)貴池劉氏聚學軒刻本　四冊

330000－1701－0031012　GP01365　類叢部/叢書類/彙編之屬

嘯園叢書五十七種　(清)葛元煦編　清光緒二年至七年(1876－1881)仁和葛氏刻本　一冊　存一種

330000－1701－0031015　GP08596　子部/雜著類/雜纂之屬

任兆麟述記三卷　(清)任兆麟撰　清末石印本　二冊

330000－1701－0031016　GP01367　類叢部/叢書類/彙編之屬

槐廬叢書四十六種　(清)朱記榮編　清光緒三年至十五年(1877－1889)吳縣朱氏槐廬家塾刻本　一冊　存一種

330000－1701－0031017　GP08597　史部/政

書類/律令之屬/治獄

駁案彙編四十一卷 （清）朱梅臣輯　清光緒九年（1883）上海圖書集成局鉛印本　六冊

330000－1701－0031018　GP01320　子部/小說家類/異聞之屬

穆天子傳六卷首一卷末一卷 （晉）郭璞註（清）檀萃疏　清刻本　四冊

330000－1701－0031019　GP08592　史部/政書類/通制之屬

欽定大清會典事例九百二十卷目錄八卷（清）托津等撰　清嘉慶二十五年（1820）武英殿刻本　三百六十二冊

330000－1701－0031020　GP01368　史部/傳記類/總傳之屬/仕宦

宋名臣言行錄前集十卷後集十四卷續集八卷別集二十六卷外集十七卷 （宋）□□輯　清康熙三十三年（1694）刻本　五冊

330000－1701－0031021　GP01370　子部/小說家類/異聞之屬

竹書穆天子傳六卷 （晉）郭璞注　清嘉慶九年（1804）鄂不館刻本　一冊

330000－1701－0031022　GP01371　類叢部/叢書類/家集之屬

傅氏續錄 （清）傅以禮編　清光緒演慎齋刻本　三冊　存一種

330000－1701－0031023　GP01369　經部/周禮類/分篇之屬

輪輿私箋二卷 （清）鄭珍撰　**輪輿圖一卷**（清）鄭知同繪　清同治七年（1868）獨山莫氏金陵刻本　趙禎跋　一冊

330000－1701－0031024　GP01374　類叢部/叢書類/自著之屬

槐軒全集二十一種附九種 （清）劉沅撰　清咸豐至民國刻彙印本　六冊　存一種

330000－1701－0031025　GP01372　子部/儒家類/儒學之屬/性理

延平李先生師弟子荅問一卷後錄一卷 （宋）朱熹輯　**延平答問補錄一卷** （明）周木輯　清光緒五年（1879）延平府署刻本　二冊

330000－1701－0031026　GP01373　子部/儒家類/儒學之屬/性理

延平李先生師弟子荅問一卷後錄一卷 （宋）朱熹輯　**延平答問補錄一卷** （明）周木輯　清光緒五年（1879）延平府署刻本　二冊

330000－1701－0031028　GP08599　類叢部/叢書類/彙編之屬

申報館叢書正集五十七種附錄三種續集一百四十二種 （清）尊聞閣主編　蔡爾康編續集　清同治至光緒上海申報館鉛印本　二冊　存一種

330000－1701－0031029　GP08600　類叢部/叢書類/彙編之屬

埽葉山房叢鈔二十六種 （清）席威編　清同治至光緒刻光緒九年（1883）彙印本　一冊　存三種

330000－1701－0031031　GP08641　史部/地理類/外紀之屬

萬國分類時務大成四十卷首一卷 （清）錢豐選輯　清光緒二十三年（1897）申江袖海山房石印本　二十七冊　缺一卷（四）

330000－1701－0031032　GP08627　集部/詩文評類/文法之屬/函牘格式

商賈尺牘二卷 （清）管秋初撰　清光緒七年（1881）墨海堂刻本　一冊

330000－1701－0031033　GP08601　集部/別集類/清別集

笠翁一家言全集十六卷 （清）李漁撰　清刻本　六冊　存六卷（笠翁文集一至六）

330000－1701－0031034　GP08642　子部/天文曆算類/算書之屬

算牖四卷 （清）許桂林撰　清光緒二十二年（1896）上海寶善書局石印本　一冊

330000－1701－0031035　GP08628　類叢部/叢書類/彙編之屬

文選樓叢書十五種 （清）萩林山房編　清光緒七年（1881）萩林山房刻本　一冊　存一種

330000－1701－0031036　GP01384　類叢部/類書類/通類之屬

玉海二百卷辭學指南四卷詩攷一卷詩地理攷六卷漢藝文志攷證十卷通鑑地理通釋十四卷周書王會補注一卷漢制攷四卷踐阼篇集解一卷急就篇補注四卷姓氏急就篇二卷小學紺珠十卷六經天文編二卷周易鄭康成注一卷通鑑答問五卷　(宋)王應麟撰　**校補玉海瑣記二卷王深寧先生[應麟]年譜一卷**　(清)張大昌撰　清光緒九年至十六年(1883－1890)浙江書局刻本　一冊　存一卷(詩攷)

330000－1701－0031037　GP01385　類叢部/類書類/通類之屬

玉海二百卷辭學指南四卷詩攷一卷詩地理攷六卷漢藝文志攷證十卷通鑑地理通釋十四卷周書王會補注一卷漢制攷四卷踐阼篇集解一卷急就篇補注四卷姓氏急就篇二卷小學紺珠十卷六經天文編二卷周易鄭康成注一卷通鑑答問五卷　(宋)王應麟撰　**校補玉海瑣記二卷王深寧先生[應麟]年譜一卷**　(清)張大昌撰　清光緒九年至十六年(1883－1890)浙江書局刻本　一冊　存一卷(詩攷)

330000－1701－0031039　GP08602　新學/地學/地理學

中等地理學舉隅一卷　(日本)中村五六撰　(清)浙江官書局譯　清末刻本　一冊

330000－1701－0031040　GP08629　史部/職官類/官箴之屬

仕學初桄雜記一卷　(清)陳錫麒撰　清光緒三十二年(1906)鉛印本　一冊

330000－1701－0031041　GP01386　類叢部/類書類/通類之屬

玉海二百卷辭學指南四卷詩攷一卷詩地理攷六卷漢藝文志攷證十卷通鑑地理通釋十四卷周書王會補注一卷漢制攷四卷踐阼篇集解一卷急就篇補注四卷姓氏急就篇二卷小學紺珠十卷六經天文編二卷周易鄭康成注一卷通鑑答問五卷　(宋)王應麟撰　**校補玉海瑣記二卷王深寧先生[應麟]年譜一卷**　(清)張大昌撰　清光緒九年至十六年(1883－1890)浙江書局刻本　一冊　存一卷(詩攷)

330000－1701－0031042　GP08603　新學/地學/地理學

中等地理學舉隅一卷　(日本)中村五六撰　(清)浙江官書局譯　清末刻本　一冊

330000－1701－0031043　GP01387　集部/總集類/尺牘之屬

明代名人尺牘(江曲書莊所藏明人尺牘)七種　鄧實輯　清光緒上海國學保存會影印本　一冊　存一種

330000－1701－0031044　GP08645　子部/小說家類/瑣語之屬

六合内外瑣言二十卷　(清)屠紳撰　清石渠閣刻本　十冊

330000－1701－0031045　GP08604　新學/史志/諸國史

列國變通興盛記四卷　(英國)李提摩太撰　清光緒二十四年(1898)上海廣學會鉛印本　一冊

330000－1701－0031046　GP08630　新學/史志/諸國史

歐洲歷史攬要四卷　(日本)長谷川誠也撰　(清)長水敬業學社譯　清光緒二十八年(1902)敬業學社石印本　二冊

330000－1701－0031047　GP01377　集部/別集類/清別集

聞妙香室詩稿五卷詞鈔四卷　(清)錢錫宷撰　清宣統二年(1910)天津醒華報館石印本　二冊

330000－1701－0031048　GP01388　類叢部/叢書類/自著之屬

槐軒全集二十一種附九種　(清)劉沅撰　清咸豐至民國刻彙印本　一冊　存一種

330000－1701－0031049　GP08631　子部/藝術類/遊藝之屬/雜藝

信手拈來一卷　(清)馮汝琪撰　清光緒二十七年(1901)馮氏德聚堂刻本　一冊

330000－1701－0031051　GP01389　類叢部/叢書類/自著之屬
槐軒全集二十一種附九種　(清)劉沅撰　清咸豐至民國刻彙印本　一冊　存一種

330000－1701－0031052　GP08638　類叢部/叢書類/郡邑之屬
粟香室叢書五十九種　金武祥編　清光緒至民國江陰金氏刻本　一冊　存一種

330000－1701－0031053　GP01378　子部/儒家類/儒學之屬/性理
榕村講授三卷　(清)李光地輯　清刻本　清吳騫批並跋　三冊

330000－1701－0031055　GP08633　史部/地理類/外紀之屬
海國圖志續集二十五卷　(英國)麥高爾　(英國)賈密倫　(英國)裴路撰　(美國)林樂知　(清)瞿昂來譯　(英國)傅蘭雅口譯　(清)徐建寅筆述　**海國圖志續集首一卷**　(朝鮮)鄧鏗撰　清光緒二十一年(1895)上海書局石印本　二冊

330000－1701－0031057　GP01400　集部/別集類/清別集
寫心偶存一卷續存一卷再存二卷　(清)張燮承撰　清咸豐八年(1858)刻本　二冊　缺二卷(再存一至二)

330000－1701－0031058　GP08608　新學/雜著/叢編
中西學門徑書七種　梁啓超編　清光緒二十四年(1898)上海大同譯書局石印本　三冊

330000－1701－0031059　GP01379　經部/四書類/中庸之屬/傳說
中庸繹藴三卷　(清)胡笥撰　清道光二十二年(1842)胡裕后堂刻本　三冊

330000－1701－0031061　GP01401　經部/易類/傳說之屬
易卦私箋二卷　(清)蔣衡撰　清嘉慶元年(1796)刻本　二冊

330000－1701－0031064　GP08640　類叢部/類書類/通類之屬
古事比五十二卷　(清)方中德輯　清光緒十九年(1893)上海寶善局石印本　六冊

330000－1701－0031065　GP01402　類叢部/叢書類/自著之屬
吳翊寅所著書七種　(清)吳翊寅撰　清光緒十九年至二十一年(1893－1895)廣州刻本　一冊　存一種

330000－1701－0031068　GP01403　類叢部/叢書類/自著之屬
吳翊寅所著書七種　(清)吳翊寅撰　清光緒十九年至二十一年(1893－1895)廣州刻本　一冊　存二種

330000－1701－0031070　GP08611　類叢部/叢書類/彙編之屬
湘學報類編西政叢鈔五種　(清)養春堂主人編　清光緒二十八年(1902)石印本　六冊

330000－1701－0031071　GP01404　類叢部/叢書類/彙編之屬
崇文書局彙刻書三十一種　(清)崇文書局編　清光緒元年至三年(1875－1877)湖北崇文書局刻本　二冊　存一種

330000－1701－0031073　GP08710　類叢部/叢書類/彙編之屬
郎園先生全書一百二十九種　葉啓倬編　清光緒至民國刻民國二十四年(1935)長沙中國古書刻印社彙印本　一冊　存一種

330000－1701－0031075　GP01405　經部/書類/傳說之屬
尚書約注四卷末一卷　(清)任啓運撰　清光緒十二年(1886)刻本　二冊

330000－1701－0031076　GP08634　集部/小說類/長篇之屬
說唐前傳十卷六十八回　(清)如蓮居士撰　清光緒四年(1878)京都文和堂刻本　十冊

330000－1701－0031078　GP01406　經部/書類/傳說之屬
尚書約注四卷末一卷　(清)任啓運撰　清光

緒十二年(1886)刻本　二册

330000－1701－0031079　GP01409　經部/三禮總義類/名物制度之屬
弁服釋例八卷表一卷　(清)任大椿撰　清嘉慶元年(1796)蕭山王宗炎望賢家塾刻本　二册

330000－1701－0031080　GP01407　經部/書類/傳說之屬
尚書約注四卷末一卷　(清)任啓運撰　清光緒十二年(1886)刻本　二册

330000－1701－0031082　GP08673　類叢部/叢書類/彙編之屬
武英殿聚珍版書五十三種　清同治十三年(1874)江西書局刻本　三册　存一種

330000－1701－0031084　GP01410　經部/三禮總義類/名物制度之屬
弁服釋例八卷表一卷　(清)任大椿撰　清嘉慶元年(1796)蕭山王宗炎望賢家塾刻本　四册

330000－1701－0031087　GP08674　史部/傳記類/職官録之屬/總録
浙江宧鄂同鄉錄不分卷　(清)湖北浙江會館編　清光緒十一年(1885)刻本　二册

330000－1701－0031088　GP01419　類叢部/叢書類/自著之屬
王弢園叢書二種　(清)王韜撰　清光緒十五年至十六年(1889－1890)鉛印本　三册　存一種

330000－1701－0031089　GP01411　經部/四書類/總義之屬
朱柏廬先生大學講義一卷中庸講義二卷　(清)朱用純撰　清光緒二年(1876)江蘇書局刻本　三册

330000－1701－0031090　GP01412　子部/儒家類/儒學之屬/性理
北溪先生字義二卷補遺一卷嚴陵講義一卷　(宋)陳淳撰　清康熙五十三年(1714)戴嘉禧愛荆堂刻本　四册

330000－1701－0031091　GP08675　史部/傳記類/職官録之屬/總録
湖北省浙江同官錄不分卷　(清)湖北省浙江會館編　清光緒三十一年(1905)浙江會館刻本　三册

330000－1701－0031092　GP01415　經部/四書類/總義之屬/傳說
學庸指掌三卷　(清)汪瑞堂撰　(清)周際華增訂　清道光二十一年(1841)家蔭堂刻本　三册

330000－1701－0031093　GP08637　史部/目録類/專録之屬
台書存目錄一卷附錄一卷　陳樹鈞藏　清宣統二年(1910)石印本　一册

330000－1701－0031094　GP08667　集部/總集類/尺牘之屬
八大功臣手札十卷　(清)郭慶藩輯　清光緒十一年(1885)刻本　六册

330000－1701－0031095　GP08676　子部/醫家類/類編之屬
張氏醫書七種　(清)張璐等撰　清刻本　一册　存一種

330000－1701－0031096　GP01397　經部/四書類/中庸之屬/傳說
中庸古本拾注一卷　(清)艾暢撰　清道光二十四年(1844)可添齋刻本　一册

330000－1701－0031097　GP08677　子部/宗教類/佛教之屬/經疏
大方廣佛華嚴經著述集要二十三種　(清)楊文會輯　清同治八年至民國六年(1869－1917)如臯刻經處、雞園刻經處、長沙刻經處、金陵刻經處等刻本　二册　存一種

330000－1701－0031099　GP01420　經部/周禮類/傳說之屬
周禮三家佚注一卷　(清)孫詒讓撰　清光緒二十年(1894)瑞安孫氏刻本　一册

330000－1701－0031100　GP01413　子部/儒家類/儒學之屬/性理

北溪先生字義二卷補遺一卷嚴陵講義一卷 (宋)陳淳撰　清康熙五十三年(1714)戴嘉禧愛荆堂刻本　二册

330000-1701-0031101　GP01398　子部/道家類

莊子内篇註四卷　(明)釋德清撰　清光緒十四年(1888)金陵刻經處刻本　二册

330000-1701-0031102　HJL1752　子部/天文曆算類/算書之屬

幾何原本十五卷　(意大利)利瑪竇　(英國)偉烈亞力口譯　(明)徐光啓　(清)李善蘭筆受　清同治四年(1865)金陵刻本　八册

330000-1701-0031103　GP01421　經部/周禮類/傳説之屬

周禮三家佚注一卷　(清)孫詒讓撰　清光緒二十年(1894)瑞安孫氏刻本　一册

330000-1701-0031104　GP08711　子部/藝術類/書畫之屬/法帖

蘇澤珊草書表睉詩品一卷　(清)蘇霈芬書　清上海彪蒙書室石印本　一册

330000-1701-0031105　GP01399　子部/道家類

莊子内篇註四卷　(明)釋德清撰　清光緒十四年(1888)金陵刻經處刻本　二册

330000-1701-0031107　GP08666　經部/四書類/總義之屬/傳説

駁吕留良四書講義八卷　(清)朱軾　(清)吴襄等撰　清光緒二十四年(1898)雄州秦氏石印本　六册

330000-1701-0031108　GP08717　集部/總集類/選集之屬/斷代

四六新函十二卷　(明)鍾惺輯並注　明刻本　六册

330000-1701-0031109　GP08678　集部/總集類/郡邑之屬

黄巖集三十二卷首一卷　(清)王棻　王詠霓輯　清光緒三年(1877)刻本　十四册

330000-1701-0031111　GP01422　類叢部/叢書類/彙編之屬

津逮祕書十五集一百四十種　(明)毛晉編　明崇禎虞山毛氏汲古閣刻本　十册　存一種

330000-1701-0031112　GP01414　子部/天文曆算類/算書之屬

數學五書　(清)安清翹撰　清嘉慶樹人堂刻本　四册　存一種

330000-1701-0031113　GP08712　子部/農家農學類/蠶桑之屬

蠶桑類録三卷　(清)楊雨時編　清光緒十年(1884)木活字印本　一册

330000-1701-0031115　GP01408　類叢部/叢書類/自著之屬

汪雙池先生叢書二十種附浙刻雙池遺書十二種　(清)汪紱撰　清道光至光緒刻光緒二十三年(1897)長安趙舒翹等彙印本　二册　存一種

330000-1701-0031116　GP08668　經部/群經總義類/傳説之屬

十三經策案二十二卷首一卷　(清)王謨輯　清乾隆四十二年(1777)刻本　八册

330000-1701-0031118　GP01423　子部/藝術類/書畫之屬/題跋

竹懶畫媵一卷續畫媵一卷　(明)李日華撰　清光緒八年(1882)刻本　二册

330000-1701-0031119　GP08718　集部/别集類/明别集

太師誠意伯劉文成公集二十卷首一卷　(明)劉基撰　清光緒元年(1875)劉孤嶼刻本　十册

330000-1701-0031121　GP01686　子部/藝術類/書畫之屬/畫譜

點石齋畫報初集十卷二集十二卷三集八卷四集六卷五集四卷六集四卷後附淞隱漫録十二卷續録五卷漫遊隨録三卷風箏誤一卷閨媛叢録一卷點石齋叢鈔一卷乘龍佳話一卷藹園謎賸一卷　(清)尊聞閣主人輯　清光緒二十三

年(1897)石印本　十九册　存十九卷(初集一至三、五至十,二集一至五,三集一至三、五,四集一)

330000－1701－0031122　GP08669　經部/小學類/訓詁之屬/爾雅
爾雅音圖三卷　(晉)郭璞注　(清)姚之麟摹圖　清光緒十年(1884)上海同文書局石印本　二册

330000－1701－0031123　GP08713　子部/醫家類/診法之屬/脈經脈訣
石頑老人診宗三昧一卷　(清)張璐撰　(清)張登輯　清康熙刻本　一册

330000－1701－0031124　GP01424　子部/雜著類/雜說之屬
沮江隨筆二卷　(清)朱錫綬撰　清光緒十六年(1890)廣州刻本　一册

330000－1701－0031125　GP08821　史部/地理類/山川之屬/水志
水經注釋四十卷首一卷附錄二卷刊誤十二卷　(清)趙一清撰　清光緒六年(1880)蛟川張氏花雨樓刻本　二十四册

330000－1701－0031127　GP08715　類叢部/叢書類/彙編之屬
廣雅書局叢書一百五十九種　徐紹棨編　清光緒廣雅書局刻民國九年(1920)番禺徐紹棨彙編重印本　一册　存一種

330000－1701－0031129　GP08670　史部/傳記類/總傳之屬/通代
於越先賢像傳贊二卷　(清)王齡撰　(清)任熊繪像　清光緒五年(1879)上海點石齋石印本　四册

330000－1701－0031130　GP08616　史部/雜史類/斷代之屬
明季稗史彙編十六種　(清)留雲居士輯　清都城琉璃廠刻本　一册　存一種

330000－1701－0031131　GP08822　史部/地理類/水利之屬
敕修兩浙海塘通志二十卷首一卷　(清)方觀承　(清)永貴修　(清)查祥　(清)杭世駿纂　清乾隆十六年(1751)刻本　二十册

330000－1701－0031132　GP08719　史部/地理類/水利之屬
荆州萬城隄志十卷首一卷末一卷　(清)倪文蔚纂　**荆州萬城隄續志十卷首一卷末一卷**　(清)舒惠撰　**荆州萬城隄後續志一卷**　(清)余肇康撰　清光緒二年至二十二年(1876－1896)刻本(荆州萬城隄續志卷二、十原缺)　十一册

330000－1701－0031133　GP08617、GP08618　新學/史志/諸國史
歷史叢書　清光緒上海商務印書館鉛印本　二册　存二種

330000－1701－0031134　GP01691　子部/藝術類/書畫之屬/畫譜
紅樓夢圖詠不分卷　(清)改琦繪　清光緒五年(1879)石印本　四册

330000－1701－0031135　GP08823　史部/地理類/水利之屬
敕修兩浙海塘通志二十卷首一卷　(清)方觀承　(清)永貴修　(清)查祥　(清)杭世駿纂　清乾隆十六年(1751)刻本　十册

330000－1701－0031136　GP01685　類叢部/叢書類/自著之屬
朱氏羣書六種　(清)朱駿聲撰　清光緒八年(1882)臨嘯閣刻本　一册　存一種

330000－1701－0031138　GP08672　類叢部/叢書類/彙編之屬
古香齋袖珍十種　清康熙至乾隆刻本　八册　存一種

330000－1701－0031139　GP01689　子部/藝術類/書畫之屬/畫譜
點石齋叢畫十卷　(清)尊聞閣主人輯　清光緒十一年(1885)上海點石齋石印本　八册

330000－1701－0031140　GP01704　經部/小學類/文字之屬/說文
說文釋例二十卷　(清)王筠撰　清同治四年

(1865)刻本　十册

330000－1701－0031141　GP01693　新學/兵制/陸軍

陸操新義四卷附録一卷　(德國)康貝撰　(清)李鳳苞譯　清末上海同文書局石印本　二册

330000－1701－0031142　GP01705　類叢部/叢書類/自著之屬

王菉友著述九種　(清)王筠撰　清道光至咸豐刻本　二册　存一種

330000－1701－0031143　GP01694　新學/兵制/陸軍

陸操新義四卷附録一卷　(德國)康貝撰　(清)李鳳苞譯　清末上海同文書局石印本　二册

330000－1701－0031145　GP08619　集部/别集類/清别集

借樹山房遺稿二卷　(清)陳慶槐撰　(清)陳福熙輯　清光緒十六年(1890)刻本　一册

330000－1701－0031146　GP08671　史部/雜史類/斷代之屬

經略洪承疇奏對筆記二卷　(清)洪承疇撰　清光緒十五年(1889)上海點石齋石印本　一册

330000－1701－0031147　GP01730　集部/别集類/清别集

泥雪録一卷老學後盦憶語一卷　(清)何兆瀛撰　清光緒十四年(1888)武林刻本　一册

330000－1701－0031148　GP01727　集部/别集類/清别集

揅經室訓子文筆二卷　(清)阮福編輯　清光緒元年(1875)刻本　一册

330000－1701－0031150　GP08720　經部/小學類/文字之屬/字書/字體

汗簡七卷　(宋)郭忠恕撰　清康熙四十二年(1703)錢唐汪立名一隅草堂刻本　清楊繼(?)題記　二册

330000－1701－0031151　GP01736　集部/别集類/清别集

溪庫詩槀六卷　(清)龔理身撰　清乾隆五十年(1785)桂隱山房刻本　二册

330000－1701－0031152　GP08826　新學/工藝/工學

修水口以利通商一卷　(英國)李提摩太　(清)鑄鐵盦主撰　清光緒二十年(1894)上海廣學會鉛印本　一册

330000－1701－0031154　GP08830　史部/地理類/山川之屬/水志

黄運河口古今圖説一卷　(清)麟慶撰　清道光二十一年(1841)雲蔭堂刻本　二册

330000－1701－0031155　GP08827　新學/地學/地志學

東亞各港口岸志八篇　(日本)参謀本部編　(清)上海廣智書局譯　清光緒二十八年(1902)上海廣智書局鉛印本　一册

330000－1701－0031156　GP01728　史部/地理類/雜志之屬

藤陰雜記十二卷　(清)戴璐撰　清光緒三年(1877)浙江吳興會館刻本　二册

330000－1701－0031157　GP01738　類叢部/叢書類/自著之屬

頤志齋叢書二十二種　(清)丁晏撰　清道光至同治山陽丁氏六藝堂刻同治元年(1862)彙印本　二册　存一種

330000－1701－0031159　GP01729　史部/地理類/雜志之屬

藤陰雜記十二卷　(清)戴璐撰　清光緒三年(1877)浙江吳興會館刻本　二册

330000－1701－0031160　GP08721　類叢部/叢書類/自著之屬

經微室著書　(清)孫詒讓撰　清光緒瑞安孫氏刻本　一册　存一種

330000－1701－0031161　GP08828、GP08829　史部/地理類/水利之屬

海塘新志六卷續志四卷　(清)琅玕撰　清乾

隆刻道光續刻本　八册

330000－1701－0031162　GP01739　類叢部/叢書類/自著之屬
頤志齋叢書二十二種　(清)丁晏撰　清道光至同治山陽丁氏六蓺堂刻同治元年(1862)彙印本　二册　存一種

330000－1701－0031163　GP01741　集部/別集類/清別集
蟄庵詩鈔一卷　(清)計燮鈞撰　清宣統二年(1910)華雲閣鉛印本　一册

330000－1701－0031164　GP01740　集部/別集類/清別集
吉光片羽集一卷　(清)趙景賢撰　**附溫次言詩一卷**　(清)溫汝超撰　清同治三年(1864)古堇梓香齋刻本　一册

330000－1701－0031165　GP01742　子部/藝術類/書畫之屬
學草須叅二卷　(清)陳然撰　清嘉慶七年(1802)刻本　一册

330000－1701－0031166　GP01746　類叢部/叢書類/彙編之屬
邵武徐氏叢書初刻十四種　(清)徐榦編　清光緒邵武徐氏刻本　一册　存一種

330000－1701－0031167　GP08813　史部/傳記類/別傳之屬/年譜
先考培之府君[徐友蘭]年譜一卷　徐維則輯　清末鉛印本　一册

330000－1701－0031168　GP08831　史部/地理類/水利之屬
海塘輯要十卷首一卷　(英國)韋更斯撰　(英國)傅蘭雅口譯　(清)趙元益筆譯　**海塘輯要附釋一卷**　(英國)馬立德撰　清末江南機器製造總局刻本　二册

330000－1701－0031169　GP08819　史部/地理類/山川之屬/水志
揚州水道記四卷　(清)劉文淇撰　清道光十七年(1837)欲寡過齋刻同治十一年(1872)淮南書局補刻本　四册

330000－1701－0031170　GP01747　集部/別集類/漢魏六朝別集
醴陵集十卷　(南朝梁)江淹撰　清乾隆江昉星雅堂刻本　六册

330000－1701－0031173　GP08832　史部/地理類/水利之屬
海塘輯要十卷首一卷　(英國)韋更斯撰　(英國)傅蘭雅口譯　(清)趙元益筆譯　**海塘輯要附釋一卷**　(英國)馬立德撰　清末江南機器製造總局刻本　二册

330000－1701－0031174　GP01766　經部/小學類/音韻之屬/注音
音漢清文鑑二十卷　(清)明鐸註　清乾隆二十二年(1757)刻本　四册

330000－1701－0031175　GP01732　類叢部/叢書類/郡邑之屬
東倉書庫叢刻初編十一種　(清)繆朝荃編　清光緒十二年至二十八年(1886－1902)太倉繆氏刻本　一册　存一種

330000－1701－0031177　GP08820　史部/地理類/山川之屬/水志
揚州水道記四卷　(清)劉文淇撰　清道光十七年(1837)欲寡過齋刻同治十一年(1872)淮南書局補刻本　四册

330000－1701－0031180　GP01733　集部/別集類/清別集
三雁紀遊一卷東甌紀遊一卷　(清)戴啓文撰　清光緒二十五年(1899)刻本　一册

330000－1701－0031183　GP08843　經部/書類/分篇之屬
禹貢錐指二十卷略例一卷圖一卷　(清)胡渭撰　清康熙四十四年(1705)漱六軒刻本　八册

330000－1701－0031184　GP08836　史部/傳記類/總傳之屬/通代
歷代都江堰功小傳二卷　王人文等輯　清宣統三年(1911)成都刻本　一册

330000－1701－0031185　GP08844　類叢部/

叢書類/彙編之屬

廣雅書局叢書一百五十九種 徐紹棨編 清光緒廣雅書局刻民國九年(1920)番禺徐紹棨彙編重印本 一册 存一種

330000－1701－0031186 GP08837 史部/傳記類/總傳之屬/通代

歷代都江堰功小傳二卷 王人文等輯 清宣統三年(1911)成都刻本 一册

330000－1701－0031187 GP08845 類叢部/叢書類/彙編之屬

廣雅書局叢書一百五十九種 徐紹棨編 清光緒廣雅書局刻民國九年(1920)番禺徐紹棨彙編重印本 一册 存一種

330000－1701－0031189 GP08838 類叢部/叢書類/自著之屬

徐位山先生六種 (清)徐文靖撰 清雍正至乾隆刻志寧堂彙印本 二册 存一種

330000－1701－0031190 GP08679 集部/別集類/宋別集

本堂先生文集九十六卷首一卷佚文一卷佚詩一卷 (宋)陳著撰 **附錄二卷校錄二卷** (清)樊景瑞撰 清光緒十九年(1893)四明陳氏刻本(卷九十五至九十六原缺) 十册 存八十四卷(首、一至八十三)

330000－1701－0031191 GP08846 史部/地理類/水利之屬

海寧念汛大口門二限三限石塘圖說一卷 (清)李輔燿撰 (清)袁鎮嵩繪圖 清光緒七年(1881)刻本 一册

330000－1701－0031193 GP08680 史部/編年類/通代之屬

呂東萊先生大事記十二卷通釋三卷解題十二卷 (宋)呂祖謙撰 (明)阮元聲 (明)吳國琦訂 明末刻本 二十册

330000－1701－0031195 GP08683 集部/別集類/清別集

讀書堂綵衣全集四十六卷 (清)趙士麟撰 (清)梁永淳等輯 (清)趙宸黼編 清光緒十九年(1893)浙江書局刻本 十一册

330000－1701－0031196 GP08842 類叢部/叢書類/彙編之屬

崇文書局彙刻書三十一種 (清)崇文書局編 清光緒元年至三年(1875－1877)湖北崇文書局刻本 一册 存一種

330000－1701－0031198 GP08689 史部/傳記類/總傳之屬/郡邑

武林人物新志六卷 (清)施朝幹輯 清道光十五年(1835)刻本 二册

330000－1701－0031200 GP08684 子部/法家類

寶鑑編補註二卷 (清)欒理瑩等補注 清光緒十年(1884)刻本 二册

330000－1701－0031201 GP01767 經部/小學類/文字之屬/說文

說文解字韻譜十卷 (宋)徐鍇撰 (清)馮桂芬校訂 清同治三年(1864)吳縣馮桂芬縮摹篆文刻同治六年(1867)補刻本 二册

330000－1701－0031202 GP08848 子部/農家農學類/總論之屬

築圩圖說一卷 (清)孫峻撰并繪 清光緒刻本 一册

330000－1701－0031203 GP08924 史部/地理類/水利之屬

莆田水利志八卷 (清)陳池養撰 清光緒元年(1875)刻本 八册

330000－1701－0031204 GP01777 經部/小學類/訓詁之屬/群雅

續廣雅三卷 (清)劉燦輯 (清)王堃訂 清道光二十五年(1845)鄞邑陸鑑刻本 一册

330000－1701－0031205 GP08849 史部/地理類/水利之屬

迴瀾紀要二卷 (清)徐端撰 清嘉慶刻本 二册

330000－1701－0031206 GP08685 史部/雜史類/斷代之屬

平苗紀略一卷 (清)方顯撰 清同治十二年(1873)武昌郡廨刻本 一册

330000－1701－0031207 GP01779 經部/小學類/文字之屬
楊顒若小學二種 (清)楊錫觀撰 清雍正至乾隆刻彙印本 一册 存一種

330000－1701－0031208 GP08690 集部/别集類/清别集
春在堂尺牘不分卷 (清)俞樾撰 清光緒三十三年(1907)蘇省刷印局石印本 一册

330000－1701－0031209 GP08681 子部/道家類
老子道德經解二卷首一卷觀老莊影響論一卷 (明)釋德清撰 清光緒十二年(1886)金陵刻經處刻本 三册

330000－1701－0031210 GP01770 經部/小學類/音韻之屬
丁西圃叢書三種十九卷 (清)丁顯撰 清光緒刻本 三册 存二種

330000－1701－0031211 GP08850 史部/地理類/水利之屬
五省溝洫圖説一卷 (清)沈夢蘭撰 清光緒六年(1880)江蘇書局刻本 一册

330000－1701－0031212 GP01778 類叢部/叢書類/自著之屬
止園叢書二十三種 (清)史夢蘭撰 清道光至光緒刻本 四册 存二種

330000－1701－0031214 GP08696 類叢部/叢書類/郡邑之屬
江陰叢書三十二種 金武祥編 清光緒至宣統江陰金氏粟香室嶺南刻本 四册 存一種

330000－1701－0031215 GP08688 集部/别集類/清别集
臥雲軒詩藁二卷 (清)周煊撰 清道光二十二年(1842)刻本 一册

330000－1701－0031217 GP01771 經部/小學類/音韻之屬/韻書
韻辨一隅八卷補遺一卷 (清)諸玉衡撰 清道光二十二年至二十四年(1842－1844)金氏味經瘦閣刻咸豐五年(1855)古楂谿郁氏宜稼堂補刻本 四册

330000－1701－0031218 GP08697 子部/天文曆算類/算書之屬
平三角舉要五卷 (清)梅文鼎撰 清烏程徐氏刻本 二册

330000－1701－0031219 GP08698 類叢部/叢書類/彙編之屬
武英殿聚珍版書五十三種 清同治十三年(1874)江西書局刻本 一册 存一種

330000－1701－0031221 GP01780 經部/小學類/文字之屬/説文
説文徐氏未詳説一卷 (清)許溎祥輯 清光緒十六年(1890)海寧許氏古均閣刻本 一册

330000－1701－0031222 GP08693 集部/别集類/清别集
曼陀羅華館集二卷 (清)汪榮棠撰 清光緒十年(1884)刻本 二册

330000－1701－0031225 GP08911 史部/地理類/水利之屬
南河成案五十四卷首二卷續編一百六卷首一卷目錄二卷再續編三十八卷首一卷 清道光刻本 六十四册 存一百九卷(續編首、目錄一至二、一至一百六)

330000－1701－0031226 GP01793 類叢部/叢書類/自著之屬
王菉友先生著書四種 (清)王筠撰 清咸豐二年(1852)賀蕙賀蓉賀荃刻本 一册 存二種

330000－1701－0031227 GP08694 類叢部/叢書類/郡邑之屬
貴池先哲遺書(唐石簃叢書、唐石簃彙刻貴池先哲遺書)十七種附刻一種續刊一種附一種 劉世珩編 清光緒二十四年至民國九年(1898－1920)貴池劉氏唐石簃刻民國十五年(1926)續刻彙印本 二册 存一種

330000－1701－0031228　GP01782　類叢部/叢書類/彙編之屬

金峨山館叢書（望三益齋叢書）十一種　（清）郭傳璞編　清光緒八年至十六年（1882－1890）鄞郭氏刻二十年（1894）鎮海邵氏彙印本　清孫德祖校並跋　一冊　存二種

330000－1701－0031229　GP08915　史部/政書類/公牘檔冊之屬

餘杭縣續浚南湖案一卷　清光緒三十三年（1907）油印本　一冊

330000－1701－0031230　GP01783　類叢部/叢書類/彙編之屬

金峨山館叢書（望三益齋叢書）十一種　（清）郭傳璞編　清光緒八年至十六年（1882－1890）鄞郭氏刻二十年（1894）鎮海邵氏彙印本　一冊　存二種

330000－1701－0031231　GP08916　史部/地理類/水利之屬

江蘇海塘新志八卷首一卷　（清）李慶雲撰　清光緒十六年（1890）刻本　四冊

330000－1701－0031232　GP08695　經部/小學類/文字之屬/字書/字體

汗簡箋正七卷書目箋正一卷　（宋）郭忠恕撰　（清）鄭珍箋正　清光緒十五年（1889）廣雅書局刻朱印本　三冊　缺二卷（六至七）

330000－1701－0031233　GP01784　類叢部/叢書類/自著之屬

頤志齋叢書二十二種　（清）丁晏撰　清道光至同治山陽丁氏六蓺堂刻同治元年（1862）彙印本　一冊　存一種

330000－1701－0031234　GP08851　史部/詔令奏議類/奏議之屬

林文忠公政書三集三十七卷　（清）林則徐撰　清光緒二十四年（1898）天津文德堂石印本　一冊　存二卷（畿輔水利議一、國史本傳一）

330000－1701－0031235　GP08917　史部/地理類/水利之屬

江蘇海塘新志八卷首一卷　（清）李慶雲撰　清光緒十六年（1890）刻本　四冊

330000－1701－0031236　GP01785　經部/小學類/音韻之屬

字音攷異一卷　清光緒八年（1882）京都琉璃廠刻本　一冊

330000－1701－0031237　GP01794　經部/四書類/論語之屬/傳說

論語鄭氏注二卷　（漢）鄭玄撰　（清）宋翔鳳輯　清嘉慶七年（1802）樸學齋刻本　一冊

330000－1701－0031238　GP08918　史部/地理類/水利之屬

續浚南湖圖志一卷　清光緒三十一年（1905）浙江官書局刻三十三年（1907）增刻本　一冊

330000－1701－0031239　GP01802　子部/雜著類/雜考之屬

羣書疑辨十二卷　（清）萬斯同撰　清嘉慶二十一年（1816）供石亭刻本　八冊

330000－1701－0031241　GP08852　史部/地理類/水利之屬

畿輔水利議一卷　（清）林則徐撰　清光緒二年（1876）三山林氏刻本　一冊

330000－1701－0031242　GP08919　史部/地理類/水利之屬

續浚南湖圖志一卷　清光緒三十一年（1905）浙江官書局刻三十三年（1907）增刻本　一冊

330000－1701－0031243　GP08853　史部/地理類/水利之屬

畿輔水利議一卷　（清）林則徐撰　清光緒二年（1876）三山林氏刻本　一冊

330000－1701－0031244　GP08854　史部/地理類/水利之屬

畿輔水利初案一卷二案一卷三案一卷四案一卷補一卷附錄一卷　（清）潘錫恩輯　清道光三年（1823）刻本　六冊

330000－1701－0031245　GP01795　經部/小學類/訓詁之屬/譯語

對音輯字二卷　(清)志寬　(清)培寬編　清光緒十六年(1890)翻譯總學刻本　清性宜齋主人題記　二冊

330000－1701－0031247　GP01773　經部/小學類/音韻之屬/韻書
江氏音學十書七種附一種　(清)江有誥撰　清嘉慶至道光刻本(漢魏韻讀一卷原缺)　一冊　存一種

330000－1701－0031248　GP01803　子部/天文曆算類/算書之屬
弧矢筭術補一卷　(明)顧應祥撰　(清)羅士琳補　清道光二十四年(1844)平定張穆署刻本　一冊

330000－1701－0031249　GP08920　史部/地理類/山川之屬/水志
峽江救生船志一卷圖攷一卷　(清)程以輔等編　**行川必要一卷**　(清)羅縉紳輯　清光緒三年至五年(1877－1879)水師新副中營刻本　二冊

330000－1701－0031250　GP08923　史部/地理類/山川之屬/水志
水經注四十卷首一卷　(北魏)酈道元撰　王先謙校　**水經注附錄二卷**　(清)趙一清輯　清光緒十八年(1892)思賢講舍刻本　十六冊

330000－1701－0031251　GP01804　子部/天文曆算類/算書之屬
弧矢筭術補一卷　(明)顧應祥撰　(清)羅士琳補　清道光二十四年(1844)平定張穆署刻本　二冊

330000－1701－0031252　GP01774　類叢部/叢書類/自著之屬
古桐書屋六種　(清)劉熙載撰　清同治至光緒刻本　二冊　存一種

330000－1701－0031253　GP01775　類叢部/叢書類/自著之屬
古桐書屋六種　(清)劉熙載撰　清同治至光緒刻本　二冊　存一種

330000－1701－0031258　GP01805　子部/天文曆算類/算書之屬
算三角法不分卷　(清)穆尼閣撰　(清)薛鳳祚纂　清刻本　一冊

330000－1701－0031260　GP01800　經部/叢編
古經解彙函十六種附小學彙函十四種　(清)鍾謙鈞等輯　清同治十二年(1873)粵東書局刻本　二冊　存小學彙函一種

330000－1701－0031261　GP08855　史部/地理類/水利之屬
蕊珠仙館水利集　(清)凌介禧撰　清道光十三年(1833)凌氏蕊珠仙館刻本　六冊　存一種

330000－1701－0031262　GP01806　子部/天文曆算類/算書之屬
李氏遺書十一種　(清)李鋭撰　清道光三年(1823)儀徵阮元刻本　一冊　存二種

330000－1701－0031264　GP08927　史部/地理類/山川之屬/水志
水道提綱二十八卷　(清)齊召南撰　清光緒四年(1878)津門徐士鑾霞城精舍刻本　八冊

330000－1701－0031265　GP08928　史部/地理類/山川之屬/水志
水道提綱二十八卷　(清)齊召南撰　清光緒四年(1878)津門徐士鑾霞城精舍刻本　八冊

330000－1701－0031266　GP08929　史部/地理類/山川之屬/水志
水道提綱二十八卷　(清)齊召南撰　清光緒四年(1878)津門徐士鑾霞城精舍刻本　八冊

330000－1701－0031267　GP01807　子部/天文曆算類/算書之屬
求一得齋算學七種　(清)陳志堅撰　清光緒三十年(1904)新陽陳志堅刻本　三冊　存一種

330000－1701－0031268　GP08701　子部/儒家類/儒學之屬/禮教/家訓
夏氏祠規一卷　清光緒二十九年(1903)刻本　一冊

330000－1701－0031272　GP01814　子部/藝術類/遊藝之屬/聯語

綺霞江館聯語偶存一卷續存一卷再續存一卷　吳熙撰　清宣統二年至三年(1910－1911)長沙刻本　二册

330000－1701－0031274　GP08930　類叢部/叢書類/彙編之屬

廣漢魏叢書八十種　(明)何允中編　清嘉慶刻本　二册　存一種

330000－1701－0031275　GP01820　子部/儒家類/儒學之屬/禮教

初學源例編不分卷　(清)劉名譽撰　清光緒二十八年(1902)桂林劉氏樹園刻本　一册

330000－1701－0031276　GP08858　史部/地理類/山川之屬/水志

蜀水考四卷　(清)陳登龍撰　(清)朱錫穀補注　(清)陳一津分疏　清道光五年(1825)刻本　二册

330000－1701－0031277　GP01810　子部/天文曆算類/算書之屬

天生術演代四卷　(日本)左衛門安明編　(清)張迪襄學　清宣統元年(1909)中州石印館石印本　二册

330000－1701－0031280　GP08859　史部/詔令奏議類/奏議之屬

黎襄勤公奏議六卷　(清)黎世序撰　清道光七年(1827)刻本　六册

330000－1701－0031282　GP08932　類叢部/叢書類/彙編之屬

二酉堂叢書(張氏叢書)二十一種　(清)張澍輯　清道光元年(1821)武威張氏二酉堂刻本　一册　存一種

330000－1701－0031283　GP08934　史部/地理類/水利之屬

上虞塘工紀要二卷　(清)連蘅撰　清光緒刻本　一册

330000－1701－0031284　GP01811　子部/天文曆算類/算書之屬

中西算學啓蒙五卷天元代數句股草二卷代數闡微衍草一卷　(清)張鼎佑撰　清光緒十八年(1892)白下種竹書屋刻本　二册　存二卷(天元代數句股草一至二)

330000－1701－0031286　GP08926　史部/地理類/水利之屬

新譯中國江海險要圖誌二十二卷首一卷附圖五卷　(英國)海軍海圖官局編　陳壽彭譯并增輯圖　清光緒二十七年(1901)上海經世文社石印本　十二册

330000－1701－0031288　GP01812　子部/小說家類/異聞之屬

述異記二卷　(南朝梁)任昉撰　清光緒元年(1875)湖北崇文書局刻本　一册

330000－1701－0031289　GP08933　類叢部/叢書類/彙編之屬

廣雅書局叢書一百五十九種　徐紹棨編　清光緒廣雅書局刻民國九年(1920)番禺徐紹棨彙編重印本　一册　存一種

330000－1701－0031290　GP01813　子部/小說家類/異聞之屬

述異記二卷　(南朝梁)任昉撰　清光緒元年(1875)湖北崇文書局刻本　一册

330000－1701－0031291　GP01822　經部/小學類/音韻之屬/韻書

詩韻釋音五卷　(清)陳錦撰　清光緒十三年(1887)橘蔭軒刻本　二册

330000－1701－0031292　GP08705　史部/政書類/公牘檔册之屬

杭州輔仁局掩埋章程不分卷　清同治刻本　一册

330000－1701－0031293　GP01817　類叢部/叢書類/彙編之屬

漢魏叢書九十四種　明末刻本　一册　存一種

330000－1701－0031294　GP08935　史部/地理類/水利之屬

塘工紀畧二卷續一卷三續一卷　(清)連仲愚

撰　清光緒刻本　一冊　存一卷(三續)

330000－1701－0031295　GP01828　子部/天文曆算類/算書之屬

古今算學叢書編目一卷　(清)劉鐸編　清光緒二十二年(1896)石印本　一冊

330000－1701－0031299　GP08936　史部/地理類/水利之屬

塘工紀畧二卷續一卷三續一卷　(清)連仲愚撰　清光緒刻本　一冊　存一卷(三續)

330000－1701－0031302　GP08706　類叢部/叢書類/彙編之屬

郋園先生全書一百二十九種　葉啓倬編　清光緒至民國刻民國二十四年(1935)長沙中國古書刻印社彙印本　一冊　存一種

330000－1701－0031303　GP08945　史部/地理類/水利之屬

浙西水利備考不分卷　(清)王鳳生撰　清光緒四年(1878)浙江書局刻本　四冊

330000－1701－0031304　GP01830　新學/史志

五洲事類匯表五十卷　(清)趙士元　(清)孔昭紱編　清光緒二十九年(1903)上海仁記書局石印本　二十冊

330000－1701－0031306　GP01825　類叢部/叢書類/彙編之屬

求實齋叢書十五種　(清)蔣德鈞編　清光緒湘鄉蔣氏龍安郡署刻本　一冊　存一種

330000－1701－0031307　GP08937　史部/地理類/水利之屬

海塘新志六卷　(清)琅玕撰　清乾隆刻本　四冊

330000－1701－0031308　GP01831　子部/雜著類/雜纂之屬

記聞類編十四卷　蔡爾康輯　清光緒三年(1877)上海印書局鉛印本　六冊

330000－1701－0031309　GP01842　史部/政書類/儀制之屬/專志/科舉校規

奏定學堂章程不分卷　(清)張百熙　(清)榮慶　(清)張之洞纂　清光緒鉛印本　四冊　缺學務綱要

330000－1701－0031310　GP08946　史部/地理類/水利之屬

浙西水利備考不分卷　(清)王鳳生撰　清光緒四年(1878)浙江書局刻本　四冊

330000－1701－0031311　GP08707　史部/詔令奏議類/奏議之屬

陸文慎公奏議一卷　(清)陸寶忠撰　唐文治選　清宣統三年(1911)鉛印本　一冊

330000－1701－0031312　GP01826　類叢部/類書類/通類之屬

三才畧三卷　(清)蔣德鈞輯　**讀史論略一卷**　(清)杜詔撰　清末刻本　一冊

330000－1701－0031313　GP08947　史部/地理類/山川之屬/水志

杜白二湖全書一卷　(清)王相能輯　清嘉慶十年(1805)王相能刻本　一冊

330000－1701－0031314　GP01827　類叢部/類書類/通類之屬

三才畧三卷　(清)蔣德鈞輯　**讀史論略一卷**　(清)杜詔撰　清末刻本　一冊

330000－1701－0031315　GP08940　史部/地理類/水利之屬

海塘新志六卷續志四卷　(清)琅玕撰　清乾隆刻道光續刻本　八冊

330000－1701－0031316　GP08948　史部/地理類/山川之屬/水志

杜白二湖全書一卷　(清)王相能輯　清嘉慶十年(1805)王相能刻本　四冊

330000－1701－0031317　GP08708　集部/別集類/清別集

心龕詩存三卷　(清)何兆瀛撰　清光緒五年至八年(1879－1882)刻本　一冊

330000－1701－0031318　GP08939　史部/地理類/水利之屬

海塘新志六卷 (清)琅玕撰 清末刻本 四冊

330000－1701－0031319 GP01832 類叢部/叢書類/自著之屬
京塵雜錄四種 (清)楊懋建撰 清光緒十二年(1886)上海同文書局石印本 二冊

330000－1701－0031320 GP01849 類叢部/叢書類/輯佚之屬
漢學堂叢書二百十一種 (清)黄奭輯 清道光甘泉黄氏刻光緒印本 六冊 存一種

330000－1701－0031322 GP01821 類叢部/叢書類/郡邑之屬
常州先哲遺書七十二種 盛宣懷編 清光緒二十一年至三十三年(1895－1907)武進盛氏思惠齋刻宣統彙印本 二冊 存一種

330000－1701－0031323 GP08972 類叢部/叢書類/彙編之屬
崇文書局彙刻書三十一種 (清)崇文書局編 清光緒元年至三年(1875－1877)湖北崇文書局刻本 十二冊 存一種

330000－1701－0031325 GP08973 類叢部/叢書類/彙編之屬
崇文書局彙刻書三十一種 (清)崇文書局編 清光緒元年至三年(1875－1877)湖北崇文書局刻本 十二冊 存一種

330000－1701－0031326 GP01843 史部/傳記類/别傳之屬
惠耆錄不分卷 (清)俞樾撰 清光緒二十九年(1903)刻本 一冊

330000－1701－0031327 GP08966 史部/地理類/山川之屬/水志
水經注不分卷 (北魏)酈道元撰 (清)戴震校訂 清乾隆刻本 八冊

330000－1701－0031329 GP08951 史部/地理類/水利之屬
畿輔河道水利叢書八種 (清)吳邦慶輯 清道光四年(1824)益津吳氏刻本 一冊 存一種

330000－1701－0031331 GP01844 新學/議論/通論
中西關係略論四卷 (美國)林樂知撰 清光緒二年(1876)鉛印本 一冊

330000－1701－0031333 GP08967 史部/地理類/山川之屬/水志
水經注不分卷 (北魏)酈道元撰 (清)戴震校訂 清乾隆刻本 十七冊

330000－1701－0031335 GP01851 類叢部/叢書類/自著之屬
率祖堂叢書(金仁山先生遺書、婺學十四種)八種附六種 (宋)金履祥撰 清雍正至乾隆金華金氏刻光緒十三年(1887)鎮海謝駿德補刻本 一冊 存一種

330000－1701－0031336 GP08952 史部/地理類/水利之屬
豫南水利卮言一卷 (清)徐壽茲撰 清光緒二十七年(1901)大梁刻本 一冊

330000－1701－0031337 GP08981 史部/地理類/雜志之屬
定海廳洋面島嶼表一卷附定海全境輿圖一卷 (清)錢增勳撰 清光緒三十三年(1907)鉛印本 一冊

330000－1701－0031338 GP08954 史部/地理類/輿圖之屬/水圖
峽江圖攷不分卷 (清)國璋撰 清光緒二十年(1894)上洋袖海山房書局石印本 二冊

330000－1701－0031339 GP01845 新學/議論/通論
史眼十章不分卷 (日本)西師意撰 清光緒二十七年(1901)李茂堂刻本 一冊

330000－1701－0031340 GP08982 史部/地理類/雜志之屬
定海廳洋面島嶼表一卷附定海全境輿圖一卷 (清)錢增勳撰 清光緒三十三年(1907)鉛印本 一冊

330000－1701－0031341 GP08969 類叢部/叢書類/彙編之屬

崇文書局彙刻書三十一種 (清)崇文書局編 清光緒元年至三年(1875－1877)湖北崇文書局刻本 一册 存一種

330000－1701－0031342 GP01846 史部/職官類/官箴之屬
三廉贈别録一卷 (清)劉定康撰 清同治六年(1867)刻本 一册

330000－1701－0031344 GP01856 經部/四書類
艾注四書 (清)艾暢撰 清道光可添齋刻本 一册 存一種

330000－1701－0031345 GP08970 史部/叢編
大興徐氏三種 (清)徐松撰 清道光刻本 二册 存一種

330000－1701－0031346 GP08960 史部/地理類/水利之屬
上虞塘工紀畧二卷續一卷三續一卷 (清)連仲愚撰 **連氏義田事略三卷** (清)連芳 (清)連蘅撰 清光緒十三年至十四年(1887－1888)連氏枕湖樓刻本 二册

330000－1701－0031347 GP01852 類叢部/叢書類/彙編之屬
藝海珠塵一百六十四種 (清)吳省蘭輯 清嘉慶南匯吳氏聽彝堂刻本 一册 存一種

330000－1701－0031350 GP08996 史部/地理類/山川之屬/水志
水道提綱二十八卷 (清)齊召南撰 清光緒七年(1881)上海文瑞樓鉛印本 七册 缺四卷(二十五至二十八)

330000－1701－0031351 GP01855 子部/儒家類/儒學之屬
中庸直指不分卷 (明)釋德清撰 清光緒十年(1884)金陵刻經處刻本 一册

330000－1701－0031352 GP08993 史部/地理類/山川之屬/水志
水經注四十卷首一卷 (北魏)酈道元撰 王先謙校 **水經注附録二卷** (清)趙一清輯 清光緒二十年(1894)寶善書局石印本 二十册 缺五卷(二十一至二十三、三十九至四十)

330000－1701－0031353 GP08985 史部/地理類/水利之屬
横橋堰水利記一卷 (清)徐用福輯 清光緒二十五年(1899)刻本 一册

330000－1701－0031354 GP01857 類叢部/叢書類/自著之屬
張宣公全集三種 (宋)張栻撰 清道光二十九年(1849)緜邑洗墨池刻本 三册 存一種

330000－1701－0031355 GP08986 史部/地理類/水利之屬
横橋堰水利記一卷 (清)徐用福輯 清光緒二十五年(1899)刻本 一册

330000－1701－0031356 GP08987 史部/政書類/公牘檔册之屬
塘工議事會重刻稟稿議案彙存一卷附收支清册一卷 徐懋元編 清宣統二年(1910)鉛印本 一册

330000－1701－0031357 GP08994 史部/地理類/山川之屬/水志
水道提綱二十八卷 (清)齊召南撰 清光緒二十三年(1897)上海古香閣書局石印本 四册

330000－1701－0031358 GP01858 經部/三禮總義類/名物制度之屬
禮經宫室答問二卷 (清)洪頤煊撰 清光緒十年(1884)臨海馬氏師竹山房刻本 一册

330000－1701－0031359 GP01853 子部/雜著類/雜纂之屬
芝菴雜記四卷 (清)陸雲錦撰 清嘉慶八年(1803)刻本 二册

330000－1701－0031360 GP01848 子部/藝術類/書畫之屬/畫譜
紉齋畫賸不分卷 (清)陳允升繪 清光緒二年至四年(1876－1878)甬上陳氏得古歡室刻七年(1881)補刻本 四册

330000－1701－0031361　GP08962　史部/地理類/山川之屬/水志

南湖考一卷　(明)陳紡學撰　**節錄餘杭縣南湖事略一卷南湖誌考一卷**　(清)陳善撰　清光緒五年(1879)浙江官書局刻本　一册

330000－1701－0031362　GP08995　史部/地理類/山川之屬/水志

水道提綱二十八卷　(清)齊召南撰　清光緒七年(1881)上海文瑞樓鉛印本　八册

330000－1701－0031363　GP01860　類叢部/叢書類/彙編之屬

崇文書局彙刻書三十一種　(清)崇文書局編　清光緒元年至三年(1875－1877)湖北崇文書局刻本　四册　存一種

330000－1701－0031364　GP08963　史部/地理類/山川之屬/水志

南湖考一卷　(明)陳紡學撰　**節錄餘杭縣南湖事略一卷南湖誌考一卷**　(清)陳善撰　清光緒五年(1879)浙江官書局刻本　一册

330000－1701－0031365　GP01861　經部/叢編

通志堂經解一百三十九種　(清)納蘭成德輯　清同治十二年(1873)粵東書局刻本　八册　存一種

330000－1701－0031366　GP08971　史部/地理類/山川之屬/水志

水經注疏要刪補遺四十卷　楊守敬撰　清宣統元年(1909)刻本　六册

330000－1701－0031371　GP09006　史部/地理類/山川之屬/水志

水道提綱二十八卷　(清)齊召南撰　清光緒四年(1878)津門徐士鑾霞城精舍刻本　八册

330000－1701－0031372　GP01869　史部/金石類/郡邑之屬/雜著

山右金石錄一卷　(清)夏寶晉撰　清光緒八年(1882)歸安石宗建古歡閣刻本　一册

330000－1701－0031373　GP08999　史部/地理類/山川之屬/水志

水經注四十卷補遺一卷附錄二卷　(北魏)酈道元撰　(清)全祖望校　清光緒十四年(1888)薛福成寧波崇實書院刻本　十六册

330000－1701－0031375　GP09000　史部/地理類/山川之屬/水志

水經注圖一卷附錄一卷　(清)汪士鐸撰　清咸豐十一年(1861)刻同治元年(1862)重修本　一册

330000－1701－0031377　GP09002　史部/地理類/山川之屬/水志

水經注圖一卷附錄一卷　(清)汪士鐸撰　清咸豐十一年(1861)刻同治元年(1862)重修本　三册

330000－1701－0031378　GP09005　史部/地理類/山川之屬/水志

水經注釋地四十卷補遺二卷水道直指一卷　(清)張匡學撰　清嘉慶二年(1797)上池書屋刻本　十二册

330000－1701－0031379　GP09004　子部/天文曆算類/算書之屬

董方立遺書八種　(清)董祐誠撰　清道光十六年(1836)京都文德齋刻本　一册　存二種

330000－1701－0031380　GP01884　子部/雜著類/雜記之屬

癡山隨筆二卷　張之純撰　清宣統三年(1911)木活字印本　一册

330000－1701－0031381　GP01886　經部/叢編

通藝錄十九種附二種　(清)程瑤田撰　清嘉慶刻本　孫世偉跋　二十五册

330000－1701－0031383　GP01864　子部/天文曆算類/算書之屬

弧矢算術細草圖解一卷　(清)李鋭撰　(清)馮桂芬解　清道光二十七年(1847)瀋陽鍾文粵海榷署刻本　一册

330000－1701－0031384　GP01865　子部/天文曆算類/算書之屬

弧矢算術細草圖解一卷　(清)李鋭撰　(清)

馮桂芬解　清道光二十七年(1847)瀋陽鍾文粤海榷署刻本　一册

330000－1701－0031385　GP01866　類叢部/叢書類/彙編之屬

聚學軒叢書六十種　劉世珩編　清光緒貴池劉氏刻本　一册　存一種

330000－1701－0031386　GP01871　史部/政書類/邦計之屬

兩浙宦游紀畧四種　(清)戴槃撰　清同治七年(1868)刻本　一册　存一種

330000－1701－0031387　GP01867　類叢部/叢書類/彙編之屬

崇文書局彙刻書三十一種　(清)崇文書局編　清光緒元年至三年(1875－1877)湖北崇文書局刻本　四册　存一種

330000－1701－0031389　GP01887　經部/叢編

通藝錄十九種附二種　(清)程瑤田撰　清嘉慶刻本　二十册

330000－1701－0031390　GP01879　新學/商務

出洋通商舉隅一卷　(清)吳宗濂輯譯　清光緒二十七年(1901)壽萱室鉛印本　一册

330000－1701－0031391　GP01880　新學/圖學/測繪

測繪學一卷　(清)傅在田　(清)景尚雄撰　(清)李士鋭校訂　清末北洋武備研究所鉛印本　一册

330000－1701－0031392　GP09007　史部/地理類/山川之屬/水志

水道提綱二十八卷　(清)齊召南撰　清光緒四年(1878)津門徐士鑾霞城精舍刻本　八册

330000－1701－0031394　GP09008　史部/地理類/水利之屬

新譯中國江海險要圖誌二十二卷首一卷附圖五卷　(英國)海軍海圖官局編　陳壽彭譯并增輯圖　清光緒二十七年(1901)上海經世文社石印本　五册　存五卷(圖一至五)

330000－1701－0031399　GP09009　史部/地理類/水利之屬

新譯中國江海險要圖誌二十二卷首一卷附圖五卷　(英國)海軍海圖官局編　陳壽彭譯并增輯圖　清光緒二十七年(1901)上海經世文社石印本　五册　存五卷(圖一至五)

330000－1701－0031400　GP01896　子部/兵家類/兵法之屬

滿文孫子兵法四卷　(清)耆英譯　清道光二十六年(1846)刻本　四册

330000－1701－0031401　GP01882　類叢部/叢書類/自著之屬

培根堂全稿九種附一種　(清)高繼珩撰　清道光至同治高氏刻本　四册　存一種

330000－1701－0031402　GP01897　類叢部/叢書類/家集之屬

丹徒戴氏叢刻七種　(清)戴肇辰編　清同治至光緒刻本　一册　存一種

330000－1701－0031404　GP01903　經部/四書類/中庸之屬/傳說

蕅益中庸直指一卷　(清)釋智旭撰　清刻本　一册

330000－1701－0031405　GP01898　史部/史表類/斷代之屬

光緒建元以來總督年表初稿一卷巡撫年表初稿一卷　(清)陳淑撰　清末刻本　一册

330000－1701－0031406　GP01892　史部/政書類/公牘檔册之屬

案事編一卷　(清)沈祖燕撰　清光緒三十三年(1907)刻本　一册

330000－1701－0031407　GP01899　類叢部/叢書類/彙編之屬

津河廣仁堂叢書八十四種　(清)□□編　清光緒津河廣仁堂刻本　一册　存一種

330000－1701－0031408　GP01891　經部/三禮總義類/通禮雜禮之屬

司馬氏書儀十卷　(宋)司馬光撰　清雍正元年(1723)汪氏刻本　四册

330000－1701－0031409　GP01900　史部/政書類/律令之屬/律例

大清律例總類不分卷　清光緒十五年(1889)江蘇書局刻本　四冊

330000－1701－0031410　GP01893　子部/雜著類/雜纂之屬

憂盛編一卷　(清)沈祖燕編　清光緒三十二年(1906)木活字印本　一冊

330000－1701－0031411　GP01904　史部/地理類/專志之屬/祠墓

兩浙防護陵寢祠墓錄不分卷　(清)阮元輯　清末會稽董氏取斯家塾木活字印本　四冊

330000－1701－0031412　GP09010　新學/地學/地志學

海道圖說十五卷附長江圖說一卷　(英國)金約翰輯　(英國)傅蘭雅　(美國)金楷理口譯　(清)王德均筆述　清光緒江南機器製造總局刻本　十冊

330000－1701－0031414　GP01902　經部/四書類/中庸之屬/傳說

蕅益中庸直指一卷　(清)釋智旭撰　清刻本　一冊

330000－1701－0031415　GP01905　史部/地理類/專志之屬/祠墓

兩浙防護陵寢祠墓錄不分卷　(清)阮元輯　清末會稽董氏取斯家塾木活字印本　四冊

330000－1701－0031416　GP09011　史部/地理類/山川之屬/水志

水經注疏要刪四十卷補遺一卷　楊守敬撰　清光緒三十一年(1905)楊守敬觀海堂刻本　六冊

330000－1701－0031418　GP01912　子部/藝術類/書畫之屬/畫譜

點石齋叢畫十二卷　(清)點石齋主人輯　清光緒七年(1881)上海點石齋石印本　八冊

330000－1701－0031419　GP09012　史部/地理類/山川之屬/水志

水經注疏要刪四十卷補遺一卷　楊守敬撰　清光緒三十一年(1905)楊守敬觀海堂刻本　六冊

330000－1701－0031421　GP01895　史部/政書類/公牘檔冊之屬

從公錄一卷續錄二卷三錄一卷　(清)戴肇辰撰　清同治刻本　三冊

330000－1701－0031422　GP01906　新學/圖學/測繪

繪地法原一卷附表一卷圖一卷　(美國)金楷理口譯　(清)王德均筆述　清光緒江南製造局刻本　一冊

330000－1701－0031423　GP01913　子部/農家農學類/鳥獸蟲之屬

四生譜　(清)金文錦撰　清刻本　四冊　存二種

330000－1701－0031424　GP01907　類叢部/叢書類/郡邑之屬

學海堂叢刻十二種　(清)□□編　清光緒三年(1877)、十二年(1886)刻本　四冊　存四種

330000－1701－0031425　GP09047　類叢部/叢書類/彙編之屬

書三味樓叢書六十五種　(清)張應時編　清嘉慶十年至道光五年(1805－1825)張氏書三味樓刻本　十九冊　存二十七種

330000－1701－0031427　GP09013　史部/地理類/山川之屬/水志

水經注四十卷　(北魏)酈道元撰　清步月山房刻本　十四冊

330000－1701－0031428　GP01914　新學/算學/代數

三角數理十二卷　(英國)海麻士輯　(英國)傅蘭雅口譯　(清)華蘅芳筆述　(清)曹摍亭繪圖　清光緒二十三年(1897)積山書局石印本　六冊

330000－1701－0031430　GP09017　史部/地理類/山川之屬/水志

長江圖說十二卷首一卷　(清)馬徵麟等撰

清同治十年(1871)湖北崇文書局刻本(卷一至二原缺)　五册

330000－1701－0031432　GP01922　類叢部/叢書類/郡邑之屬
粟香室叢書五十九種　金武祥編　清光緒至民國江陰金氏刻本　一册　存一種

330000－1701－0031434　GP09048　集部/總集類/選集之屬/斷代
五代同堂頌言三卷　(清)龔麗正等撰　清道光刻本　一册

330000－1701－0031436　GP09018　史部/地理類/山川之屬/水志
長江圖説十二卷首一卷　(清)馬徵麟等撰　清同治九年(1870)金陵提署刻本(卷一至二原缺)　二册

330000－1701－0031437　GP01924　新學/算學/數學
代形合參解法三卷附一卷　(清)王世演草　清光緒三十三年(1907)上海彪蒙書室石印本　二册

330000－1701－0031438　GP09052　史部/政書類/通制之屬
欽定三通考證七卷　清光緒二十年(1894)浙江書局刻本　三册　存三卷(通考考證一至三)

330000－1701－0031440　GP09019　史部/地理類/山川之屬/水志
三省黄河全圖不分卷　易順鼎等纂　顧潮等測繪　清光緒十六年(1890)上海鴻文書局石印本　五册

330000－1701－0031441　GP01925　新學/算學/數學
代形合参三卷附一卷　(美國)羅密士撰　(美國)潘慎文譯　謝洪賚筆述　清光緒二十四年(1898)上海美華書館鉛印本　一册

330000－1701－0031442　GP09107　史部/地理類/水利之屬
歷代河防統纂二十八卷　(清)陳璜輯　清光緒十四年(1888)鴻寶齋石印本　四册

330000－1701－0031443　GP09049　史部/傳記類/科舉録之屬
乾隆二年丁巳科金榜題名不分卷雍正十三年乙卯科江南鄉試錄不分卷　清刻本　一册

330000－1701－0031444　GP01910　類叢部/叢書類/自著之屬
曹月川先生遺書十種　(明)曹端撰　清咸豐十一年(1861)刻本　二册　存一種

330000－1701－0031445　GP01918　子部/藝術類/書畫之屬/書法書品
分隸偶存二卷　(清)萬經撰　清光緒八年(1882)刻本　一册

330000－1701－0031446　GP09020　史部/地理類/山川之屬/水志
三省黄河全圖不分卷　易順鼎等纂　顧潮等測繪　清光緒十六年(1890)上海鴻文書局石印本　五册

330000－1701－0031448　GP01926　史部/職官類/官箴之屬
福惠全書三十二卷　(清)黄六鴻撰　清刻本　十册

330000－1701－0031450　GP01927　史部/職官類/官箴之屬
福惠全書三十二卷　(清)黄六鴻撰　清刻本　十二册

330000－1701－0031451　GP01911　集部/總集類/選集之屬/通代
古文賞音十二卷　(清)謝有煇輯　清康熙四十六年(1707)師儉閣刻本　六册

330000－1701－0031452　GP09109　子部/醫家類/兒科之屬/痘疹
痘疹定論四卷　(清)朱純嘏編輯　清道光二十八年(1848)刻本　四册

330000－1701－0031454　GP09053　子部/宗教類/佛教之屬/總録
釋迦如來成道應化事蹟記一卷附圖並標旨

（唐）王勃撰　（清）釋行景注　清乾隆二年（1737）釋福乘等刻本　二册

330000－1701－0031456　GP09204　經部/四書類/總義之屬/傳説

增訂龍門四書圖像人物備考十二卷圖一卷　（明）薛應旂撰　（明）陳仁錫增訂　清康熙五十七年（1718）古吳三樂齋刻本　五册　存十二卷（一至三、五至十二、圖）

330000－1701－0031457　GP01928　子部/宗教類/道教之屬/經文

陰符經釋義一卷總義一卷　劉光才注釋　清光緒刻本　張嵩甫跋　一册

330000－1701－0031460　GP01931　子部/雜著類/雜説之屬

鶡冠子三卷　（宋）陸佃注　（明）王宇等評　明刻本　三册

330000－1701－0031462　GP09194　史部/地理類/水利之屬

續纂江蘇水利全案正編四十卷首一卷附編十二卷圖説一卷　（清）李慶雲輯　清光緒十五年（1889）水利工程局木活字印本　二十二册

330000－1701－0031463　GP01937　子部/藝術類/遊藝之屬/詩鐘

詩夢鐘聲録一卷　（清）李嘉樂等撰　清光緒刻本　一册

330000－1701－0031464　GP01938　子部/叢編

子書百家　（清）崇文書局編　清光緒元年（1875）湖北崇文書局刻本　一册　存一種

330000－1701－0031465　GP01939　子部/叢編

子書百家　（清）崇文書局編　清光緒元年（1875）湖北崇文書局刻本　一册　存一種

330000－1701－0031469　GP09190　史部/叢編

大興徐氏三種　（清）徐松撰　清道光刻本　五册　存二種

330000－1701－0031470　GP01929　子部/雜著類/雜説之屬

求己録三卷　陶葆廉編　清光緒二十二年（1896）刻本　三册

330000－1701－0031472　GP01945　子部/天文曆算類/算書之屬

開方釋例四卷　（清）駱騰鳳撰　清道光二十三年（1843）何錦刻本　二册

330000－1701－0031474　GP09196　史部/傳記類/别傳之屬/事狀

義民包立身事略一卷附録一卷　（清）包祖清編　清宣統三年（1911）鉛印本　一册

330000－1701－0031475　GP01930　子部/雜著類/雜説之屬

求己録三卷　陶葆廉編　清光緒二十六年（1900）杭州求是書院石印本　三册

330000－1701－0031476　GP09214　類叢部/叢書類/彙編之屬

申報館叢書正集五十七種附録三種續集一百四十二種　（清）尊聞閣主編　蔡爾康編續集　清同治至光緒上海申報館鉛印本　二册　存一種

330000－1701－0031477　GP09213　子部/農家農學類/鳥獸蟲之屬

四生譜　（清）金文錦撰　清刻本　二册　存一種

330000－1701－0031478　GP01942　新學/算學/三角八綫

八線備旨四卷學總習問一卷　（美國）羅密士撰　（美國）潘慎文選譯　清光緒二十八年（1902）上海美華書館鉛印本　一册

330000－1701－0031482　GP01934　子部/儒家類/儒學之屬

聖學先難編六卷　（清）金象乾撰　清康熙三十六年（1697）刻本　四册

330000－1701－0031483　GP09198　集部/别集類/清别集

離垢集五卷　（清）華嵒撰　清光緒十五年

(1889)羅嘉杰鉛印本　二冊

330000－1701－0031485　GP01943　子部/天文曆算類
四元消法易簡草四卷首一卷末一卷附一卷　陳棠撰　清宣統二年(1910)京師刻本　五冊

330000－1701－0031486　GP09191　子部/儒家類/儒學之屬
癡說八卷　(清)紀蔭田撰　清道光二年(1822)刻本　八冊

330000－1701－0031489　GP09228　子部/宗教類/其他宗教之屬/基督教
三山論學紀一卷　(意大利)艾儒畧撰　清康熙三十三年(1694)京都天主堂刻本　一冊

330000－1701－0031490　GP01935　子部/術數類/命書相書之屬
春樹齋叢說一卷　(清)溫葆深撰　**附錄天步真原一卷**　清光緒二年(1876)金陵溫氏刻本　二冊

330000－1701－0031491　GP01949　新學/算學/三角八綫
算式解法十四卷　(美國)好敦司　(美國)開奈利撰　(英國)傅蘭雅口譯　(清)華蘅芳筆述　清光緒二十五年(1899)江南製造局刻本　二冊

330000－1701－0031493　GP01944　子部/天文曆算類/算書之屬
求一得齋算學七種　(清)陳志堅撰　清光緒三十年(1904)新陽陳志堅刻本　三冊　存一種

330000－1701－0031494　GP09192　子部/儒家類/儒學之屬/禮教/家訓
重定齊家寶要二卷　(清)張文嘉輯　清刻本　六冊

330000－1701－0031495　GP09200　子部/兵家類/武術技巧之屬
矍圃心傳三卷附精選火龍神器秘法三才卷一卷　(清)程錡輯　清刻本　一冊

330000－1701－0031500　GP01946　子部/天文曆算類/算書之屬
白芙堂算學叢書　(清)丁取忠輯　清同治至光緒長沙古荷花池精舍刻本　二冊　存一種

330000－1701－0031501　GP01947　子部/天文曆算類/算書之屬
簡算新法一卷　(清)葉惱撰　清光緒二十九年(1903)上海書局石印本　一冊

330000－1701－0031503　GP01948　子部/天文曆算類/算書之屬
算法籌筆入門三卷首一卷　(清)葉鳳藻編　清光緒二十年(1894)金陵隨庵刻本　二冊

330000－1701－0031504　GP09230　子部/雜著類/雜考之屬
全謝山先生經史問答十卷　(清)全祖望撰　清光緒八年(1882)上海王廷學刻本　四冊

330000－1701－0031505　GP01950　史部/政書類/軍政之屬/兵制
欽定五軍道里表十八卷　(清)明亮等修　(清)常泰等纂　清嘉慶十四年(1809)武英殿刻本　十二冊

330000－1701－0031506　GP01951　史部/政書類/軍政之屬/兵制
欽定五軍道里表十八卷　(清)明亮等修　(清)常泰等纂　清同治十二年(1873)江蘇書局刻本　十八冊

330000－1701－0031507　GP09231　子部/雜著類/雜考之屬
全謝山先生經史問答十卷　(清)全祖望撰　清乾隆三十年(1765)刻本　二冊

330000－1701－0031508　GP01953　子部/宗教類/道教之屬/經文
陰符經發隱一卷　(清)楊文會注　清光緒二十二年(1896)金陵刻經處刻本　一冊

330000－1701－0031509　GP01954　類叢部/叢書類/自著之屬
李文襄公文集二種附一種　(清)李之芳撰　(清)李鍾麟編　清康熙刻彤錫堂彙印本　五

册　存一種

330000－1701－0031510　GP09193　子部/宗教類/佛教之屬/總録

雜華文表三卷附諸品佛事對聯一卷　（清）釋靈繹撰　清光緒二年（1876）杭州瑪瑙經房刻本　一册

330000－1701－0031511　GP01955　類叢部/叢書類/自著之屬

李文襄公文集二種附一種　（清）李之芳撰（清）李鍾麟編　清康熙刻彤錫堂彙印本　四册　存一種

330000－1701－0031514　GP01962　史部/雜史類/斷代之屬

舌擊編五卷　（清）沈儲撰　清咸豐刻本　五册

330000－1701－0031515　GP01964　子部/宗教類/道教之屬

濟一子證道秘書十七種　（清）傅金銓輯　清刻本　一册　存一種

330000－1701－0031516　GP09233　史部/傳記類/別傳之屬/事狀

汭陽張烈婦詩歌紀略二卷首一卷　（清）鄧耀南　（清）汪國椿　（清）朱國梁編輯　清光緒二十一年（1895）汭陽張氏碩德堂刻本　一册

330000－1701－0031517　GP09215　子部/醫家類/本草之屬/食療本草

增補藥性雷公炮製八卷增補珍珠囊藥性賦二卷　（清）張光斗撰　清同治四年（1865）連元閣刻本　六册

330000－1701－0031518　GP09234　類叢部/叢書類/自著之屬

留書種閣集九種　（清）黃炳垕撰　清同治六年至光緒二十年（1867－1894）餘姚黃氏留書種閣刻本　一册　存一種

330000－1701－0031519　GP09238　經部/春秋左傳類/傳說之屬

左傳通釋十二卷　（清）李惇撰　清道光九年（1829）李培紫刻本（卷五至十、十二原缺）二册

330000－1701－0031521　GP01957　子部/天文曆算類/曆法之屬

三統術詳說四卷　（清）陳澧撰　清末刻本一册

330000－1701－0031523　GP01958　新學/光學/光學

光學二卷附視學諸器圖說一卷　（英國）田大里輯　（美國）金楷理口譯　（清）趙元益筆述　清同治九年（1870）江南機器製造總局刻本　二册

330000－1701－0031524　GP09216　子部/小說家類/雜事之屬

談徵五卷　（清）段長基撰　清道光元年（1821）刻本　四册　缺一卷（五）

330000－1701－0031525　GP01968　類叢部/叢書類

果園刊書　清光緒刻本　三册　存一種

330000－1701－0031526　GP09202　子部/醫家類/養生之屬

方仙卻病延年法一卷　（清）顔偉編　清道光二十一年（1841）金臺韓德元刻本　一册

330000－1701－0031527　GP09240　類叢部/叢書類/自著之屬

石遺室叢書十九種　陳衍撰　清光緒至民國刻本　一册　存一種

330000－1701－0031528　GP01959　類叢部/叢書類/彙編之屬

嘯園叢書五十七種　（清）葛元煦編　清光緒二年至七年（1876－1881）仁和葛氏刻本　一册　存一種

330000－1701－0031529　GP01970、GP01969　類叢部/叢書類/自著之屬

寶樹堂遺書三種　（清）郭夢星撰　清光緒二十一年（1895）濰縣郭氏刻本　五册　存二種

330000－1701－0031530　GP09241　史部/雜史類

宋遼金元別史五種　(清)席世臣輯　清乾隆至嘉慶南沙席氏掃葉山房刻本　六冊　存一種

330000－1701－0031531　GP01960　類叢部/叢書類/彙編之屬

嘯園叢書五十七種　(清)葛元煦編　清光緒二年至七年(1876－1881)仁和葛氏刻本　一冊　存一種

330000－1701－0031532　GP01961　類叢部/叢書類/彙編之屬

嘯園叢書五十七種　(清)葛元煦編　清光緒二年至七年(1876－1881)仁和葛氏刻本　一冊　存一種

330000－1701－0031533　GP09203　子部/儒家類/儒學之屬/禮教

齊家寶要二卷　(清)張文嘉撰　清光緒七年(1881)山陰朱氏刻本　二冊

330000－1701－0031534　GP09331　類叢部/叢書類/彙編之屬

武英殿聚珍版書五十三種　清同治十三年(1874)江西書局刻本　四冊　存一種

330000－1701－0031535　GP09235　集部/別集類/清別集

遯癡自家詩一卷　(清)魯沂撰　清光緒十年(1884)木活字印本　一冊

330000－1701－0031536　GP01967　經部/小學類/文字之屬/說文

說文疑疑二卷　(清)孔廣居撰　**附一卷**　(清)孔昭孔撰　清嘉慶七年(1802)詩禮堂刻本　二冊

330000－1701－0031537　HJL1754　子部/墨家類

十六家墨說二卷附一卷　(清)吳昌壽輯　清同治元年(1862)雙照樓刻朱印本　二冊

330000－1701－0031538　GP09329　子部/術數類/占卜之屬

河洛理數七卷　(宋)陳摶撰　明崇禎五年(1632)史應選刻清重修本　四冊

330000－1701－0031539　GP01973　類叢部/叢書類/自著之屬

槐軒全集二十一種附九種　(清)劉沅撰　清咸豐至民國刻彙印本　四冊　存一種

330000－1701－0031540　GP01972　經部/小學類/音韻之屬

韻徵十六卷　(清)安吉撰　(清)安念祖纂錄　清道光十七年(1837)華湛恩刻本　六冊

330000－1701－0031541　GP09333　子部/術數類/陰陽五行之屬

選擇天鏡三卷　(清)任端書輯　清乾隆十三年(1748)刻本　三冊

330000－1701－0031542　GP09236　類叢部/叢書類/自著之屬

紀慎齋先生全集十二種續集七種　(清)紀大奎撰　清嘉慶十三年至咸豐二年(1808－1852)刻本　四冊　存續集一種

330000－1701－0031543　GP09217　子部/雜著類/雜纂之屬

評花輭語二卷　(清)西谿雲客編　清春雨山房刻本　二冊

330000－1701－0031544　GP09334　集部/別集類/清別集

韻篁山館詩集一卷　(清)陳德輝撰　清刻本　一冊

330000－1701－0031545　GP01974　類叢部/叢書類/自著之屬

槐軒全集二十一種附九種　(清)劉沅撰　清咸豐至民國刻彙印本　四冊　存一種

330000－1701－0031546　GP09330　類叢部/叢書類/家集之屬

侯官陳氏遺書二十種　(清)陳壽祺　(清)陳喬樅撰　清嘉慶至同治三山陳氏家刻光緒八年(1882)彙印本　八冊　存一種

330000－1701－0031547　GP09218　子部/雜著類/雜編之屬

塵談拾雅十種　(清)劉節卿輯　清同治八年(1869)藏修書屋刻本　一冊

330000－1701－0031548　GP09237　子部/道家類
老子宗指四卷首一卷　(清)吳世尚註釋　清雍正二年(1724)易老莊書屋刻本　四册

330000－1701－0031549　GP09335　集部/別集類/清別集
粵西集一卷　(清)賈敦臨撰　清宣統二年(1910)華雲閣鉛印本　一册

330000－1701－0031550　GP09336　子部/宗教類/道教之屬
神室八法一卷修真九要一卷　(清)劉一明撰　清光緒六年(1880)上海翼化堂刻本　一册

330000－1701－0031551　GP01983　史部/詔令奏議類/奏議之屬
袁太常戊戌條陳一卷　(清)袁昶撰　清光緒二十八年(1902)平原村舍鉛印本　一册

330000－1701－0031553　GP01980　類叢部/叢書類/彙編之屬
國朝名人著述叢編十三種　(清)□□編　清光緒五年(1879)上海淞隱閣鉛印本　六册

330000－1701－0031555　GP01976　子部/宗教類/佛教之屬/經疏
佛說阿彌陀經疏鈔擷一卷　(後秦)釋鳩摩羅什譯　(明)釋袾宏疏鈔　(清)徐槐廷擷　清同治六年(1867)徐氏刻本　一册

330000－1701－0031557　GP01984　史部/詔令奏議類/奏議之屬
袁太常戊戌條陳一卷　(清)袁昶撰　清光緒二十八年(1902)平原村舍鉛印本　一册

330000－1701－0031558　GP09338　集部/詩文評類
遼詩話一卷　(清)周春撰　清乾隆刻本　一册

330000－1701－0031561　GP01981　史部/傳記類/別傳之屬
法皇拿破崙第一傳一卷　(清)史子彬撰　清光緒二十八年(1902)郇山學堂石印本　一册

330000－1701－0031562　GP01991　史部/雜史類/斷代之屬
養吉齋叢錄二十六卷餘錄十卷　(清)吳振棫撰　清光緒二十二年(1896)刻本　八册

330000－1701－0031564　GP01986　子部/藝術類/音樂之屬/琴學
山門新語二卷　(清)周贇撰　清光緒十九年(1893)六聲草堂刻本　二册

330000－1701－0031565　GP01995　子部/雜著類/雜說之屬
佔畢叢談六卷勸學巵言一卷時文蠡測一卷　(清)袁守定撰　清光緒十二年(1886)刻本　四册

330000－1701－0031566　GP09345　集部/別集類/清別集
傳書樓詩稿一卷　(清)汪金順撰　(清)汪尚仁編　清乾隆五十八年至嘉慶四年(1793－1799)四勿齋刻本　二册

330000－1701－0031567　GP01987　史部/政書類/律令之屬/律例
處分則例圖要六卷　(清)蔡逢年編　清刻本　二册

330000－1701－0031568　GP01992　史部/雜史類/斷代之屬
養吉齋叢錄二十六卷餘錄十卷　(清)吳振棫撰　清光緒二十二年(1896)刻本　八册

330000－1701－0031569　GP09219、GP09220　類叢部/叢書類/彙編之屬
做知不足齋叢書五種　(清)□□編　清仁壽堂刻本　二册　存二種

330000－1701－0031570　GP01996　類叢部/類書類/專類之屬
清河偶鈔四卷　(清)程際盛撰　清嘉慶元年(1796)刻本　二册

330000－1701－0031571　GP01993　史部/雜史類/斷代之屬
養吉齋叢錄二十六卷餘錄十卷　(清)吳振棫撰　清光緒二十二年(1896)刻本　八册

330000－1701－0031572　GP09352　子部/儒家類/儒學之屬/性理
居業錄四卷　(明)胡居仁撰　清雍正二年(1724)胡道任、胡道儀刻本　四冊

330000－1701－0031573　GP01982　史部/政書類
欽定重修六部處分則例五十二卷　清光緒十三年(1887)刻本　二十四冊

330000－1701－0031575　GP09346、G009367　史部/傳記類/職官錄之屬
安徽宦浙同官錄不分卷　清光緒二十一年(1895)刻朱墨套印本　三冊

330000－1701－0031576　GP01998　子部/雜著類/雜說之屬
鴻苞節錄十卷　(明)屠隆撰　(清)屠繼烈輯　清咸豐七年(1857)章丘保硯齋刻本　十冊

330000－1701－0031578　GP01988　類叢部/叢書類/自著之屬
陳司業集二種十一卷　(清)陳祖范撰　清乾隆刻二十九年(1764)陳鎣彙印本　一冊　存一種

330000－1701－0031579　GP09347　集部/別集類/清別集
詩存四卷觀劇絕句一卷鄉賢崇祀錄一卷　(清)金德瑛撰　清乾隆三十二年(1767)刻本　二冊

330000－1701－0031580　GP09353　子部/儒家類/儒學之屬/蒙學
人範六卷首一卷澹村文存一卷　(清)蔣元輯　(清)顧廣譽增輯　清光緒十六年(1890)平湖學署刻本　二冊

330000－1701－0031581　GP02050　子部/儒家類/儒學之屬/性理
下學編十四卷　(清)祝洤輯　清乾隆二十二年(1757)刻本　六冊

330000－1701－0031585　GP09348　集部/詞類/別集之屬
稻香館粲香詞四卷補遺一卷　(清)方受穀撰

詞林正韻三卷發凡一卷　(清)戈載輯　清光緒十二年(1886)禾郡稻香館刻本　二冊　缺四卷(詞林正韻一至三、發凡)

330000－1701－0031587　GP09222　經部/春秋左傳類/傳說之屬
左傳博議三編二卷　(清)朱元英撰　清光緒二十四年(1898)掃葉山房鉛印本　一冊

330000－1701－0031588　GP09349　子部/雜著類/雜考之屬
全謝山先生經史問答十卷　(清)全祖望撰　清乾隆三十年(1765)刻本　二冊

330000－1701－0031591　GP09223、GP09389　史部/紀事本末類/斷代之屬
前蒙古紀事本末二卷後蒙古紀事本末二卷　(清)韓善徵輯　清光緒三十一年(1905)上海春記石印本　四冊

330000－1701－0031592　GP09350　集部/別集類/清別集
東崦草堂詩鈔四卷　(清)徐傅撰　清道光二十八年(1848)刻本　二冊

330000－1701－0031593　GP09224　集部/別集類/宋別集
王臨川文集四卷　(宋)王安石撰　清宣統二年(1910)上海會文堂書局石印本　四冊

330000－1701－0031594　GP09351　集部/總集類/郡邑之屬
貞豐詩萃五卷　(清)陶煦輯　清咸豐十一年至同治三年(1861－1864)元和陶煦儀一堂刻本　二冊

330000－1701－0031596　GP09369　類叢部/叢書類/彙編之屬
崇文書局彙刻書三十一種　(清)崇文書局編　清光緒元年至三年(1875－1877)湖北崇文書局刻本　二冊　存一種

330000－1701－0031597　GP02042　子部/儒家類/儒學之屬/性理
性理大中二十八卷　(清)應撝謙撰　清康熙二十五年(1686)河陽趙士麟刻本　十冊

330000－1701－0031598　GP02001　史部/政書類/律令之屬/律例
大清律例通考四十卷　(清)吳壇纂　清光緒十二年(1886)吳重憙刻本　三十冊

330000－1701－0031599　GP02043　子部/儒家類/儒學之屬
呂子評語正編四十二卷附刻一卷首一卷餘編八卷附刻一卷首一卷　(清)呂留良撰　(清)車鼎豐輯　清康熙五十五年(1716)車鼎豐晚聞軒刻本　十四冊

330000－1701－0031600　GP02044　子部/宗教類/佛教之屬/經疏
佛說摩訶阿彌陀經衷論一卷　(清)魏源會譯　王耕心衷論　清光緒三十年(1904)刻本　一冊

330000－1701－0031601　GP01999　集部/別集類/清別集
童溫處公遺書六卷首一卷　(清)童兆蓉撰　清光緒寧鄉童氏杶陰書屋刻本　六冊

330000－1701－0031602　GP02000　集部/別集類/清別集
童溫處公遺書六卷首一卷　(清)童兆蓉撰　清光緒寧鄉童氏杶陰書屋刻本　六冊

330000－1701－0031603　GP02048　子部/儒家類/儒學之屬
閑闢錄十卷　(明)程曈撰　明刻本　四冊

330000－1701－0031605　GP02054　新學/圖學/測繪
行軍測繪十卷首一卷附圖一卷　(英國)連提撰　(英國)傅蘭雅口譯　(清)趙元益筆述　清光緒江南製造總局刻本　二冊

330000－1701－0031606　GP02045　史部/地理類/遊記之屬/紀行
瀋陽紀程一卷　(清)潘祖蔭撰　清末刻本　一冊

330000－1701－0031608　GP09357　史部/傳記類/總傳之屬/儒林
宋四賢祠附祀諸賢實錄一卷　(清)戴槃撰　清同治七年(1868)刻本　一冊

330000－1701－0031609　GP02055　史部/地理類/雜志之屬
治臺必告錄八卷　(清)丁曰健輯　清同治六年(1867)知足知止園刻本　八冊

330000－1701－0031610　GP09366　集部/別集類/清別集
睫巢詩鈔三卷附遊仙詩一卷　(清)吳顥撰　清嘉慶十六年(1811)吳昇四川刻本　清姚景夔題記　二冊

330000－1701－0031611　GP02046　史部/金石類/石之屬/文字
石鼓文釋存一卷補注一卷　(清)張燕昌撰　清光緒二十八年(1902)貴池劉世珩刻本　一冊

330000－1701－0031612　GP09226　集部/小說類/長篇之屬
說唐後傳二種八卷五十八回　(清)如蓮居士撰　清光緒刻本　八冊

330000－1701－0031614　GP09367　集部/別集類/清別集
懷古田舍詩鈔三十三卷　(清)徐榮撰　清道光刻本　八冊

330000－1701－0031620　GP02070　新學/算學/代數
代數備旨不分卷總答一卷　(美國)狄考文選譯　(清)鄒立文　(清)生福維筆述　清光緒二十八年(1902)上海美華書館鉛印本　一冊

330000－1701－0031621　GP02065　子部/天文曆算類/曆法之屬
交食引蒙不分卷　(清)賈步緯撰　清光緒二十年(1894)江南機器製造總局刻本暨鉛印本　一冊

330000－1701－0031623　GP09371　集部/小說類/短篇之屬
真正後聊齋志異六卷　(清)徐昆撰　清光緒石印本　四冊

330000－1701－0031624　GP02066　類叢部/叢書類/彙編之屬
小萬卷樓叢書十七種　（清）錢培名輯　清光緒四年（1878）金山錢氏刻本　二册　存一種

330000－1701－0031625　GP09227　子部/藝術類/遊藝之屬/博戲
弔譜集成六卷首一卷緒餘一卷　（清）退菴居士輯　清道光元年（1821）刻本　一册

330000－1701－0031627　GP09381　類叢部/叢書類/彙編之屬
申報館叢書正集五十七種附錄三種續集一百四十二種　（清）尊聞閣主編　蔡爾康編續集　清同治至光緒上海申報館鉛印本　八册　存一種

330000－1701－0031628　GP09372　集部/曲類/彈詞之屬
綉像雙玉玦二卷　清文元書莊石印本　一册

330000－1701－0031629　GP02071　子部/天文曆算類/算書之屬
董方立遺書　（清）董祐誠撰　清道光十年（1830）陽湖董基誠刻本　清張穆題記　清何秋濤批　四册

330000－1701－0031630　GP09373、GP09374　類叢部/叢書類/彙編之屬
文林綺繡五種　（明）淩迪知編　清光緒十九年（1893）上洋鴻寶齋石印本　二册　存二種

330000－1701－0031631　GP09382　史部/地理類/水利之屬
古今治河要策四卷　三友堂輯　清光緒十四年（1888）嗜古山房刻本　二册

330000－1701－0031634　GP09383　集部/總集類/選集之屬/通代
論文集要四卷　（清）薛福成纂　清光緒二十八年（1902）愚一齋石印本　二册

330000－1701－0031636　GP02051　子部/叢編
子書百家　（清）崇文書局編　清光緒元年（1875）湖北崇文書局刻本　一册　存一種

330000－1701－0031637　GP02067　類叢部/叢書類/彙編之屬
小石山房叢書三十八種　（清）顧湘編　清道光刻同治十三年（1874）虞山顧氏補刻本　二册　存一種

330000－1701－0031638　GP09375　史部/傳記類/總傳之屬/文苑
湖海詩傳小傳六卷　（清）王昶撰　清光緒四年（1878）上海淞隱閣鉛印本　二册

330000－1701－0031639　GP02052　子部/叢編
子書百家　（清）崇文書局編　清光緒元年（1875）湖北崇文書局刻本　一册　存一種

330000－1701－0031640　GP02074　子部/天文曆算類/算書之屬
割圜通解一卷代數術二十五卷末款詳解一卷　（清）吳誠撰　清光緒二十四年（1898）江蘇書局刻本　一册

330000－1701－0031641　GP09359　子部/儒家類/儒學之屬/性理
十要字集解一卷　（清）費熙撰　清光緒二十八年（1902）歸安周氏刻本　一册

330000－1701－0031643　GP09376　類叢部/叢書類/自著之屬
簒喜廬所箸書　（清）傅雲龍撰　清光緒烏程李瑞臨紅餘籀室刻本　二册　存一種

330000－1701－0031644　GP02072　子部/天文曆算類/算書之屬
求一得齋算學七種　（清）陳志堅撰　清光緒三十年（1904）新陽陳志堅刻本　四册　存一種

330000－1701－0031645　GP09387　史部/政書類/律令之屬/刑制
續增刑案匯覽十六卷　（清）祝慶祺輯　清光緒圖書集成局鉛印本　八册

330000－1701－0031646　GP02075　子部/天文曆算類/算書之屬
盈朒一得二卷　（清）崔朝慶撰　清光緒二十

四年(1898)江蘇書局刻本　一册

330000－1701－0031647　GP02076　子部/天文曆算類/算書之屬

盈朒一得二卷　(清)崔朝慶撰　清光緒二十四年(1898)江蘇書局刻本　一册

330000－1701－0031649　GP02082　史部/政書類/邦計之屬/貿易

通商約章類纂三十五卷首一卷　(清)張開運等編　清光緒十八年(1892)廣東善後局刻本　二十册

330000－1701－0031650　GP09384　類叢部/類書類/通類之屬

編珠四卷　題(隋)杜公瞻輯　(清)高士奇補輯　**續編珠二卷**　(清)高士奇輯　清刻本　二册　存二卷(續編珠一至二)

330000－1701－0031651　GP02083　子部/儒家類/儒學之屬

困知記二卷續二卷三續一卷四續一卷續補一卷外編一卷附錄一卷　(明)羅欽順撰　清乾隆二十一年(1756)刻嘉慶四年(1799)補刻本　四册

330000－1701－0031652　GP09385　集部/總集類/選集之屬/斷代

唐詩訓幼編二卷　(清)余逢瑗撰　清道光三十年(1850)公好堂刻本　一册

330000－1701－0031653　GP09386　類叢部/類書類/通類之屬

小郷嬛山館彙刊類書十二種　(清)小郷嬛山館編　清咸豐元年(1851)刻本　八册

330000－1701－0031654　GP02069　類叢部/叢書類/彙編之屬

張氏適園叢書初集七種　張鈞衡編　清宣統三年(1911)上海國學扶輪社鉛印本　六册　存一種

330000－1701－0031655　GP02105　經部/四書類/總義之屬/傳說

四書古今訓釋十九卷　(清)宋翔鳳撰　清嘉慶十八年(1813)長洲宋氏浮谿草堂刻本　六册

330000－1701－0031656　GP02087　經部/叢編

面城樓叢刊三種　(清)曾釗撰　清嘉慶至道光南海曾氏面城樓刻本　二册　存一種

330000－1701－0031657　GP02073　子部/天文曆算類/算書之屬

白芙堂算學叢書　(清)丁取忠輯　清光緒刻本　一册　存一種

330000－1701－0031659　GP09377　經部/小學類/文字之屬/說文/傳說

說文答問疏證六卷　(清)錢大昕撰　(清)薛傳均疏證　清光緒八年(1882)紫薇山館刻本　二册

330000－1701－0031660　GP02088　經部/四書類/總義之屬/傳說

四書講義萃精十八卷　(清)黎翔鳳撰　清同治六年(1867)壽經堂刻本　十二册　缺六卷(十三至十八)

330000－1701－0031661　GP09361　類叢部/叢書類/家集之屬

香海盦叢書　(清)徐琪輯　清光緒二十九年(1903)刻本　一册　存一種

330000－1701－0031662　GP02093　子部/天文曆算類/算書之屬

代微積拾級詳草二卷　(清)周藩撰　清光緒三十一年(1905)石印本　一册

330000－1701－0031663　GP09378　子部/雜著類/雜說之屬

桐陰清話八卷　(清)倪鴻撰　清同治十三年(1874)申江刻本　四册

330000－1701－0031664　GP02086　經部/小學類/音韻之屬

江氏韻書三種　(清)江永撰　清咸豐元年(1851)沔陽陸建瀛木樨香館刻本　一册　存一種

330000－1701－0031665　GP02089　子部/藝

術類/遊藝之屬/聯語

集石鼓文楹帖不分卷 (清)楊調元輯 清光緒三十三年(1907)鉛印本 一册

330000－1701－0031666 GP02094 經部/春秋左傳類/傳說之屬

春秋左傳讀九卷敘錄一卷 章炳麟撰 清末石印本 錢夏題記 一册

330000－1701－0031667 GP02098 類叢部/叢書類/自著之屬

心齋十種 (清)任兆麟撰 清乾隆五十年至五十五年(1785－1790)震澤任氏忠敏家塾刻本 一册 存一種

330000－1701－0031668 GP09390 新學/政治法律

法政入門六卷 (日本)鮫島東四郎撰 廣益書局譯 清末上海政學社鉛印本 二册

330000－1701－0031669 GP09362 新學/聲學/聲學

聲學揭要六章 (美國)赫士譯 (清)朱葆琛筆述 清光緒二十年(1894)上海美華書館鉛印本 一册

330000－1701－0031670 GP09380 史部/政書類/律令之屬

秋審比較彙案續編八卷 清光緒十年(1884)刻本 八册

330000－1701－0031671 GP09388 經部/禮記類/傳說之屬

漱芳軒合纂禮記體註四卷 (清)范翔撰 清同治五年(1866)刻本 四册

330000－1701－0031672 GP09379 類叢部/叢書類/彙編之屬

申報館叢書正集五十七種附錄三種續集一百四十二種 (清)尊聞閣主編 蔡爾康編續集 清同治至光緒上海申報館鉛印本 八册 存一種

330000－1701－0031675 GP02095 經部/春秋左傳類/傳說之屬

春秋左傳讀九卷敘錄一卷 章炳麟撰 清末石印本 一册

330000－1701－0031677 GP02096 經部/春秋左傳類/傳說之屬

春秋左傳讀九卷敘錄一卷 章炳麟撰 清末石印本 一册

330000－1701－0031680 GP09363 類叢部/叢書類/自著之屬

王漁洋遺書三十八種 (清)王士禛撰 清刻本 一册 存一種

330000－1701－0031681 GP02104 經部/四書類/總義之屬/傳說

酌雅齋四書遵註合講十九卷圖考一卷 (清)翁復編 清光緒二十六年(1900)浙蘭慎言堂刻本 六册

330000－1701－0031683 GP09341 經部/詩類/傳說之屬

詩說三卷附錄一卷 (清)惠周惕撰 清嘉慶十七年(1812)璜川吳氏真意堂刻本 一册

330000－1701－0031684 GP02115 經部/書類/傳說之屬

楊子書繹六卷 (清)楊文彩撰 清光緒二年(1876)仁和韓懿章刻本 十册

330000－1701－0031686 GP02102 子部/儒家類/儒學之屬/性理

求艾錄十卷 (清)楊以貞撰 清光緒二十七年(1901)志遠齋刻本 二册

330000－1701－0031687 GP09507 類叢部/叢書類/彙編之屬

微波榭叢書十一種 (清)孔繼涵編 清孔氏刻彙印本 十六册 存一種

330000－1701－0031688 GP02119 集部/別集類/清別集

百美新詠一卷集詠一卷圖傳一卷 (清)顏希源撰 清嘉慶十年(1805)集腋軒刻本 四册

330000－1701－0031689 GP09342 集部/別集類/清別集

讀畫樓詩稿二卷 (清)張鳳撰 清道光十四

年(1834)刻本　一册

330000－1701－0031690　GP09394　經部/四書類/大學之屬/傳說

大學聖經貫珠解一卷附讀大學經傳及中庸雜記一卷　(清)雷以諴撰　清同治元年(1862)上海宏大善書總發行所刻本　一册

330000－1701－0031691　GP02122　子部/天文曆算類/曆法之屬

御定萬年書不分卷　(清)欽天監編　清道光刻本　三册

330000－1701－0031692　GP02117　類叢部/叢書類/彙編之屬

敏果齋七種　(清)許乃釗編　清道光十二年至二十九年(1832－1849)錢塘許氏刻彙印本　二册　存一種

330000－1701－0031693　GP02123　史部/地理類/專志之屬/祠墓

兩浙防護陵寢祠墓錄不分卷　(清)阮元輯　清光緒十五年(1889)浙江書局刻本　二册

330000－1701－0031694　GP02118　類叢部/叢書類/彙編之屬

敏果齋七種　(清)許乃釗編　清道光十二年至二十九年(1832－1849)錢塘許氏刻彙印本　三册　存一種

330000－1701－0031695　GP02120　史部/雜史類

宋遼金元別史五種　(清)席世臣輯　清乾隆至嘉慶南沙席氏掃葉山房刻本　十册　存一種

330000－1701－0031696　GP09343　集部/別集類/清別集

旅逸小稿二卷　(清)錢儀吉撰　清光緒六年(1880)錢彝甫刻本　一册

330000－1701－0031697　GP02110　史部/政書類/律令之屬/治獄

學治偶存八卷　(清)陸維祺撰　清光緒十九年(1893)刻本　六册

330000－1701－0031698　GP09510　新學/史志/諸國史

萬國通鑑四卷　(美國)謝衛樓撰　(清)趙如光譯　清光緒八年(1882)刻本　五册

330000－1701－0031699　GP09512　子部/雜著類/雜考之屬

讀書證疑六卷　(清)陳詩庭撰　清刻本　二册

330000－1701－0031701　GP09519　集部/別集類/明別集

讀書後八卷　(明)王世貞撰　清乾隆二十七年(1762)天隨堂刻本　二册

330000－1701－0031702　GP09344　史部/傳記類/總傳之屬/姓名

增註千姓連珠四卷　(清)潘紉佩撰　(清)楊宗楷增註　清道光十二年(1832)刻本　四册

330000－1701－0031704　GP02124　史部/地理類/專志之屬/祠墓

兩浙防護陵寢祠墓錄不分卷　(清)阮元輯　清光緒十五年(1889)浙江書局刻本　二册

330000－1701－0031705　GP02121　集部/別集類/清別集

師矩齋詩録三卷　(清)彭翰孫撰　**寫韻樓詩草一卷**　(清)吳清蕙撰　**意蘭吟賸一卷**　(清)吳毓蓀撰　清光緒十七年(1891)木活字印本　二册

330000－1701－0031706　GP09509　集部/總集類/選集之屬/通代

古文大觀初集二十四卷二集二十六卷　(清)關子棻輯　清光緒十六年(1890)雲山主人刻本　四十册

330000－1701－0031707　GP02126　子部/法家類

弟子職注一卷　(清)孫同元撰　清嘉慶六年(1801)梅東書屋刻本　孫峻批並跋　一册

330000－1701－0031708　GP09517　集部/別集類/清別集

松籟閣詩鈔十八卷　(清)陳均撰　清嘉慶二

十四年(1819)粵東刻本　四冊

330000－1701－0031709　GP09516　集部/別集類/清別集
內自訟齋文鈔四卷　(清)周凱撰　清道光刻本　四冊

330000－1701－0031711　GP02125　史部/地理類/專志之屬/祠墓
兩浙防護陵寢祠墓錄不分卷　(清)阮元輯　清光緒十五年(1889)浙江書局刻本　二冊

330000－1701－0031712　GP09518　史部/政書類/通制之屬
文獻通考詳節二十四卷　(元)馬端臨撰　(清)嚴虞惇輯　清乾隆二十九年(1764)嚴有禧繩武堂刻本　八冊

330000－1701－0031713　GP02133　類叢部/叢書類/彙編之屬
申報館叢書正集五十七種附錄三種續集一百四十二種　(清)尊聞閣主編　蔡爾康編續集　清同治至光緒上海申報館鉛印本　四冊　存一種

330000－1701－0031714　GP09511　集部/別集類/清別集
峰青館詩續鈔四卷　(清)錢國珍撰　清光緒二年(1876)刻本　二冊

330000－1701－0031716　GP02131　類叢部/叢書類/自著之屬
紀慎齋先生全集十二種續集七種　(清)紀大奎撰　清嘉慶十三年至咸豐二年(1808－1852)刻本　四冊　存續集一種

330000－1701－0031720　GP02127　集部/別集類/清別集
擬兩晉南北史樂府二卷　(清)洪亮吉撰　清乾隆三十六年(1771)刻本　一冊

330000－1701－0031722　GP02132　子部/宗教類/道教之屬
道貫真源十八種　(清)董德寧輯　清乾隆至嘉慶古越集陽樓刻本　二冊　存一種

330000－1701－0031723　GP02128　子部/術數類/雜術之屬
字觸六卷　(清)周亮工輯　清康熙六年(1667)刻吳門種書堂印本　四冊

330000－1701－0031725　GP02134　類叢部/叢書類/彙編之屬
正覺樓叢刻(正覺樓叢書)二十九種　(清)崇文書局編　清光緒崇文書局刻本　二冊　存一種

330000－1701－0031726　GP09522　經部/叢編
通志堂經解一百四十種　(清)納蘭成德輯　清康熙十九年(1680)納蘭成德刻本　二冊　存一種

330000－1701－0031728　GP09562　史部/紀事本末類/斷代之屬
遼史紀事本末四十卷首一卷　(清)李有棠撰　清光緒二十五年(1899)上海書局石印本　四冊

330000－1701－0031729　GP02135　類叢部/叢書類/彙編之屬
正覺樓叢刻(正覺樓叢書)二十九種　(清)崇文書局編　清光緒崇文書局刻本　二冊　存一種

330000－1701－0031730　GP09579　類叢部/叢書類/彙編之屬
述古叢鈔二十八種　(清)劉晚榮編　清同治至光緒古岡劉氏藏修書屋刻本　一冊　存一種

330000－1701－0031734　GP09580　類叢部/叢書類/彙編之屬
嘯園叢書五十七種　(清)葛元煦編　清光緒二年至七年(1876－1881)仁和葛氏刻本　一冊　存一種

330000－1701－0031736　GP02136　史部/雜史類/斷代之屬
春秋外傳國語釋文八卷補補音二卷　(清)王煦撰　清咸豐八年(1858)王氏觀海樓刻本

二册

330000－1701－0031739　GP02206　經部/叢編

南海桂氏經學叢書十三種附二種　(清)桂文燦撰　清咸豐至光緒刻本　一册　存一種

330000－1701－0031740　GP09581　類叢部/叢書類/彙編之屬

嘯園叢書五十七種　(清)葛元煦編　清光緒二年至七年(1876－1881)仁和葛氏刻本　一册　存一種

330000－1701－0031741　GP09582　集部/總集類/彙編之屬

唐四家詩集　清光緒十年(1884)上海同文書局石印本　二册　存一種

330000－1701－0031743　GP09573　子部/宗教類/其他宗教之屬/基督教

聖體要禮二卷　(意大利)艾儒畧撰　清光緒七年(1881)上海慈母堂鉛印本　一册

330000－1701－0031744　GP09566　子部/儒家類/儒學之屬/蒙學

簡明識字教科書不分卷　(清)施崇恩編輯　清光緒三十四年(1908)上海彪蒙書室石印本　十册

330000－1701－0031747　GP09574　集部/小說類/長篇之屬

新異叢錄八卷　(清)謝壽撰　(清)左滋譯　清光緒三十三年(1907)上海奎文書局石印本　四册

330000－1701－0031750　GP02142　類叢部/叢書類/彙編之屬

津河廣仁堂叢書八十四種　(清)□□編　清光緒津河廣仁堂刻本　二册　存一種

330000－1701－0031752　GP02143　集部/別集類/清別集

好雲樓初集二十八卷首一卷四書文不分卷試律不分卷　(清)李聯琇撰　清咸豐十一年(1861)、同治二年(1863)恩養堂刻本　八册

330000－1701－0031754　GP02146　經部/四書類/總義之屬/傳說

四書訓義三十六卷稗疏二卷考異一卷　(宋)朱熹撰　(清)王夫之訓義　清光緒十三年(1887)潞河啖柘山房刻本　二十八册

330000－1701－0031755　GP02144　集部/總集類/選集之屬/通代

華國編文選八卷　(清)孫濩孫輯　(清)孫喬年增輯　清乾隆二十四年(1759)刻本　四册

330000－1701－0031756　GP09608　史部/政書類/邦計之屬

財政叢書二十一種　(清)昌言報館輯　清光緒二十九年(1903)上海會文學社石印本　十二册

330000－1701－0031758　GP02188　類叢部/叢書類/彙編之屬

玉海堂景宋元本叢書　劉世珩編　清光緒至民國貴池劉氏玉海堂影刻本　十六册　存一種

330000－1701－0031759　GP09609　新學/雜著/叢編

新政應試必讀六種六卷　(清)顧厚焜選　清光緒二十七年(1901)石印本　六册

330000－1701－0031760　GP02145　集部/別集類/清別集

古唐九芝僊館外集　清道光朱氏刻本　八册　存一種

330000－1701－0031761　GP02179　新學/算學/三角八綫

四線對數表一卷　清刻朱墨套印本　清傅學源題簽並記　一册

330000－1701－0031763　GP02141　子部/道家類

說莊三卷　(明)李騰芳撰　清刻本　一册

330000－1701－0031764　GP09612　集部/別集類/清別集

信芳閣詩草五卷詩餘一卷　(清)陳蘊蓮撰　清光緒二十六年(1900)刻本　二册

330000－1701－0031765　GP09618　集部/别集類/清别集

傳紅寫翠室賸稿一刻一卷　（清）鄔銓撰　清光緒十年(1884)刻本　一册

330000－1701－0031766　GP09577、GP09576　類叢部/叢書類/彙編之屬

申報館叢書正集五十七種附錄三種續集一百四十二種　（清）尊聞閣主編　蔡爾康編續集　清同治至光緒上海申報館鉛印本　三册　存二種

330000－1701－0031768　GP09613　史部/紀傳類/正史之屬

舊唐書二百卷　（後晉）劉昫撰　**舊唐書逸文十二卷**　（清）岑建功輯　**舊唐書校勘記六十六卷**　（清）羅士琳等校勘　清道光二十三年至二十六年(1843－1846)懼盈齋刻同治十一年(1872)定遠方氏補刻本　二十八册　存六十六卷(校勘記一至六十六)

330000－1701－0031769　GP02212　經部/小學類/訓詁之屬/爾雅

爾雅郭註補正三卷　（清）戴鎣撰　清光緒十一年(1885)海陽韓光鼐刻本　三册

330000－1701－0031770　GP02180　史部/傳記類/總傳之屬/釋道

佛祖歷代通載三十六卷　（元）釋念常撰　清宣統元年(1909)江北刻經處刻本　章嶔題記　八册

330000－1701－0031771　GP02202　類叢部/叢書類/彙編之屬

花雨樓叢鈔十一種續鈔十一種附一種　（清）張壽榮編　清光緒八年至十四年(1882－1888)蛟川張氏花雨樓刻本　二册　存一種

330000－1701－0031772　GP02205　經部/周禮類/傳說之屬

宋黃宣獻公周禮說五卷首一卷末一卷　（宋）黃度撰　（清）陳金鑑輯　清道光十年(1830)剡東陳氏五馬山樓刻本　四册

330000－1701－0031773　GP02203　類叢部/叢書類/彙編之屬

花雨樓叢鈔十一種續鈔十一種附一種　（清）張壽榮編　清光緒八年至十四年(1882－1888)蛟川張氏花雨樓刻本　二册　存一種

330000－1701－0031774　GP09619　集部/總集類/氏族之屬

菱湖孫氏詩錄四卷附錄一卷　（清）孫志熊編　清光緒十八年(1892)孫氏刻本　一册

330000－1701－0031775　GP09614　史部/紀傳類/正史之屬

舊唐書二百卷　（後晉）劉昫撰　**舊唐書逸文十二卷**　（清）岑建功輯　**舊唐書校勘記六十六卷**　（清）羅士琳等校勘　清道光二十三年至二十六年(1843－1846)懼盈齋刻同治十一年(1872)定遠方氏補刻本　二十二册　存六十六卷(校勘記一至六十六)

330000－1701－0031776　GP02219　類叢部/叢書類/自著之屬

心齋十種　（清）任兆麟撰　清乾隆五十年至五十五年(1785－1790)震澤任氏忠敏家塾刻本　四册

330000－1701－0031777　GP02213　經部/小學類/訓詁之屬/爾雅

爾雅小箋三卷　（清）江藩撰　清光緒二十六年(1900)南陵徐氏刻𨗒齋叢書本　梁鼎芬題簽並記　二册

330000－1701－0031778　GP02204　子部/天文曆算類/算書之屬

平方表一卷　（清）劉鷗華編　清刻本　一册

330000－1701－0031779　GP09620　類叢部/叢書類/彙編之屬

臨海葉氏蔭玉閣叢書　（清）葉書輯　清光緒臨海葉氏木活字印本　一册　存一種

330000－1701－0031780　GP02214　子部/天文曆算類/算書之屬

矩齋籌算六種附一種　勞乃宣撰　清光緒刻本　二册　存附一種

330000－1701－0031781　GP09588　類叢部/

叢書類/彙編之屬
武英殿聚珍版書 清江蘇刻本 一冊 存一種

330000－1701－0031782 GP02225 新學/算學/三角八綫
算式解法十四卷 (美國)好敦司 (美國)開奈利撰 (英國)傅蘭雅口譯 (清)華蘅芳筆述 清光緒二十五年(1899)江南製造局刻本 二冊

330000－1701－0031783 GP09621 類叢部/叢書類/彙編之屬
王益吾所刻書十種 王先謙編 清光緒九年至十年(1883－1884)長沙王氏刻本 六冊 存八種

330000－1701－0031784 GP09622 子部/醫家類/兒科之屬/痘疹
救偏瑣言五卷備用良方一卷 (清)費啓泰撰 清刻本 四冊

330000－1701－0031785 GP02226 子部/天文曆算類/算書之屬
算學一隅二卷 (清)吳誠撰 清光緒二十四年(1898)寧波儲材學堂刻本 一冊

330000－1701－0031786 GP09589 類叢部/叢書類/彙編之屬
武英殿聚珍版書一百三十八種 清乾隆浙江刻本 一冊 存一種

330000－1701－0031787 GP02215 子部/天文曆算類/算書之屬
學古堂算書叢刻二種 (清)汪香祖等撰 清光緒二十三年(1897)江蘇書局刻本 二冊 存一種

330000－1701－0031788 GP09590 經部/春秋左傳類/傳說之屬
春秋左傳(春秋左傳杜林)五十卷 (晉)杜預 (宋)林堯叟註釋 (唐)陸德明音義 (明)鍾惺 (明)孫鑛 (明)韓范評點 清同治五年(1866)刻本 四冊

330000－1701－0031789 GP02220 子部/天文曆算類/算書之屬
緝古算經一卷 (唐)王孝通撰並注 **緝古算經細草一卷圖解三卷音義一卷** (清)陳杰撰 清道光三年(1823)敷文閣刻本 二冊

330000－1701－0031790 GP02216 子部/天文曆算類/算書之屬
學古堂算書叢刻二種 (清)汪香祖等撰 清光緒二十三年(1897)江蘇書局刻本 二冊 存一種

330000－1701－0031791 GP02227 類叢部/叢書類/家集之屬
學壽堂叢書十二種 徐紹楨編 清咸豐至光緒番禺徐氏梧州刻本 一冊 存一種

330000－1701－0031792 GP02222 類叢部/叢書類/彙編之屬
廣雅書局叢書一百五十九種 徐紹棨編 清光緒廣雅書局刻民國九年(1920)番禺徐紹棨彙編重印本 四冊 存一種

330000－1701－0031793 GP09623 子部/術數類/數學之屬
皇極經世緒言九卷首二卷 (宋)邵雍撰 (明)黃畿注 (清)劉斯組輯 (清)包耀復增圖注 清道光十年(1830)錢塘徐樹堂刻本 十二冊

330000－1701－0031796 GP02223 子部/天文曆算類/算書之屬
觀我生室匯稿十種 (清)羅士琳撰 清道光刻本 一冊 存一種

330000－1701－0031797 GP09615 集部/別集類/清別集
樊榭山房集十卷 (清)厲鶚撰 清乾隆武林刻本 四冊

330000－1701－0031798 GP02218 子部/天文曆算類/算書之屬
筆算便覽五卷 (清)紀大奎撰 (清)紀大畢等輯 清光緒十五年(1889)豫章天祿閣刻本 清師亮題記 一冊

330000－1701－0031799 GP09624 集部/別

集類/清別集

西江詩稿二十八卷續編一卷文稿三十二卷附編一卷　(清)王家振撰　清光緒三十四年(1908)慈谿王氏桓柳山館木活字印本　六冊　存三十三卷(文稿一至三十二、附編)

330000－1701－0031800　GP02228　子部/天文曆算類/算書之屬

句股割圜記三卷　(清)戴震撰　(清)吳思孝注　清乾隆刻本　二冊

330000－1701－0031801　GP02229　子部/天文曆算類/算書之屬

弧矢算術補一卷　(明)顧應祥撰　(清)羅士琳補　清抄本　一冊

330000－1701－0031802　GP09625　集部/總集類/選集之屬/斷代

唐詩紀一百七十卷目錄三十四卷　(明)黃德水　(明)吳琯輯　明萬曆十三年(1585)吳琯刻方天春重修本　二十冊　缺九十四卷(三十一至四十、六十二至八十五、一百十一至一百七十)

330000－1701－0031803　GP02224　子部/天文曆算類/算書之屬

白芙堂算學叢書　(清)丁取忠輯　清同治至光緒長沙古荷花池精舍刻本　一冊　存一種

330000－1701－0031804　GP09626　集部/別集類/清別集

碧衡館文集一卷詩集一卷　周蕃撰　清宣統元年(1909)鉛印本　一冊

330000－1701－0031805　GP09627　集部/別集類/清別集

槐午山房詩草二卷　(清)張尊三撰　清光緒十七年(1891)芝田縣署刻本　一冊

330000－1701－0031807　GP02238　經部/叢編

通志堂經解一百四十種　(清)納蘭成德輯　清康熙十九年(1680)納蘭成德刻本　二冊　存一種

330000－1701－0031808　GP02240　子部/天文曆算類/曆法之屬

曆學疑問三卷　(清)梅文鼎撰　清康熙三十二年(1693)刻本　一冊

330000－1701－0031810　GP09591　集部/總集類/課藝之屬

天崇文龍譽約編不分卷　清道樞書屋刻本　二冊

330000－1701－0031812　GP09628　子部/藝術類/書畫之屬/題跋

疏勒望雲圖題詠五卷　(清)袁緒欽輯　清光緒十九年(1893)望雲山館刻本　一冊

330000－1701－0031814　GP09636　集部/總集類/選集之屬/斷代

唐音統籤一千三十三卷　(明)胡震亨輯　清康熙刻本(卷八百六至八百十七配清抄本)　十六冊　存八十卷(五百五十三至五百八十九、七百七十五至八百十七)

330000－1701－0031816　GP02246　子部/天文曆算類/算書之屬

緝古算經三卷　(唐)王孝通撰並注　(清)張敦仁細草　清嘉慶八年(1803)藝學軒刻本　清盛藻題簽並記　一冊

330000－1701－0031817　GP02241　子部/天文曆算類

兼濟堂纂刻梅勿庵先生曆算全書二十八種　(清)梅文鼎撰　(清)魏荔彤輯　(清)楊作枚訂補　清雍正元年(1723)栢鄉魏荔彤刻乾隆十四年(1749)梅汝培重修本　一冊　存一種

330000－1701－0031818　GP02207　類叢部/叢書類/郡邑之屬

湖州叢書十二種　(清)陸心源編　清光緒湖城義塾刻本　一冊　存一種

330000－1701－0031819　GP09629　子部/術數類/陰陽五行之屬

道之大原一卷　(清)朱鎬撰　清乾隆五十四年(1789)刻本　一冊

330000－1701－0031822　GP02140　子部/雜

著類/雜說之屬

燕寓偶談六卷 (明)楊繼益撰 (清)楊禾輯 清嘉慶十九年(1814)體仁堂刻本 二冊

330000－1701－0031823 GP02242 史部/政書類/公牘檔冊之屬

學治識端一卷 徐壽兹撰 清光緒二十七年(1901)大梁刻本 一冊

330000－1701－0031824 GP02208 子部/天文曆算類/算書之屬

句股三種 崔朝慶撰 清光緒十七年(1891)刻本 一冊

330000－1701－0031825 GP09637 集部/總集類/課藝之屬

學海堂四集二十八卷 (清)金錫齡輯 清光緒十二年(1886)啓秀山房刻本 十六冊

330000－1701－0031826 GP02263 子部/天文曆算類/算書之屬

寄寰草廬算稿 (清)何步瀛撰 清光緒二十一年(1895)金陵何氏刻本 一冊 存一種

330000－1701－0031829 GP09630 子部/雜著類/雜說之屬

習苦齋筆記一卷 (清)戴熙撰 清同治十年(1871)刻本 一冊

330000－1701－0031831 GP02243 史部/職官類/官箴之屬

鄉官私議一卷 (清)蔣楷撰 清末刻朱印本 清偶松題簽並記 一冊

330000－1701－0031834 GP02209 子部/雜著類/雜考之屬

師友雅言一卷 (宋)魏了翁撰 (清)恩壽評點 清光緒望三益齋刻本 一冊

330000－1701－0031836 GP02264 子部/天文曆算類/算書之屬

句股述二卷開方發明一卷 (清)陳訏撰 清嘉慶元年(1796)駒谷書屋刻本 一冊

330000－1701－0031838 GP02265 類叢部/叢書類/郡邑之屬

畿輔叢書一百二十六種 (清)王灝編 清光緒五年至十八年(1879－1892)定州王氏謙德堂刻三十二年(1906)彙印本 章嶔題簽 一冊 存二種

330000－1701－0031840 GP02266 集部/別集類/清別集

頤情館聞過集十二卷 (清)宗源瀚撰 清光緒三年(1877)上元宗源瀚刻本 八冊

330000－1701－0031841 GP09632 集部/別集類/清別集

心字香館詩鈔十卷文鈔甲集二卷 (清)黄仲畬撰 清同治六年(1867)沫陽官舍刻本 二冊 存二卷(文鈔甲集一至二)

330000－1701－0031843 GP02270 史部/政書類/邦計之屬/貿易

通商表四卷 (清)楊楷輯 (清)錢恂再輯 (清)李圭三輯 清光緒二十一年(1895)海昌官廨刻本 四冊

330000 － 1701 － 0031844 GP02210 經部/叢編

通志堂經解一百四十種 (清)納蘭成德輯 清康熙十九年(1680)納蘭成德刻本 一冊 存一種

330000－1701－0031845 GP02273 史部/金石類/金之屬

鐘鼎籀篆大觀不分卷 (清)吳大澂釋 清光緒十三年(1887)上海碧梧山莊石印本 十冊

330000－1701－0031846 GP09639 經部/小學類/文字之屬/字書

字學七種二卷 (清)李秘園撰 清道光十三年(1833)泰和張氏悔不讀書齋刻本 四冊

330000－1701－0031850 GP02267 經部/書類/書序之屬

書序答問一卷 王詠霓撰 清光緒刻本 一冊

330000－1701－0031852 GP09634 類叢部/叢書類/彙編之屬

微波榭叢書十一種 (清)孔繼涵編 清孔氏

刻彙印本　六册　存四種

330000－1701－0031853　GP02268　經部/書類/書序之屬

書序攷異一卷　王詠霓撰　清光緒刻本　一册

330000－1701－0031854　GP02211　史部/詔令奏議類/奏議之屬

太傅孫文正公手書遺摺稿不分卷　（清）孫家鼐撰　清宣統元年（1909）影印本暨鉛印本　一册

330000－1701－0031859　TW10001－TW10687　類叢部/叢書類/彙編之屬

文瀾閣四庫全書經部六百八十七種　（清）永瑢　（清）紀昀等纂修　清乾隆内府寫本（清光緒、民國補抄）　五千四百九十册

330000－1701－0031860　GP02278　子部/儒家類/儒學之屬/性理

子問二卷又問一卷　（清）劉沅撰　（清）劉崧雲等輯　清咸豐二年（1852）豫誠堂刻本　二册　缺一卷（又問）

330000－1701－0031861　GP02284　子部/宗教類/道教之屬

周易參同契發揮三卷釋疑一卷　（元）俞琰撰　清同治十年（1871）錢江王氏詒燕堂刻本　三册

330000－1701－0031862　GP09647　經部/春秋總義類/傳說之屬

春秋屬辭辨例編六十卷首二卷　（清）張應昌撰　清道光三十年至咸豐五年（1850－1855）刻本　二十四册

330000－1701－0031863　GP09635　類叢部/叢書類/彙編之屬

廣雅書局叢書一百五十九種　徐紹棨編　清光緒廣雅書局刻民國九年（1920）番禺徐紹棨彙編重印本　五册　存一種

330000－1701－0031866　GP09648　史部/地理類/水利之屬

三江水利紀略四卷　（清）莊有恭等撰　清乾隆刻本　四册

330000－1701－0031867　GP09644　類叢部/類書類/通類之屬

增補萬寶全書二十卷　（明）陳繼儒撰　（清）毛煥文增補　清同治十三年（1874）愛日堂刻本　四册

330000－1701－0031868　GP02285　子部/宗教類/道教之屬

道貫真源十八種　（清）董德寧輯　清乾隆至嘉慶古越集陽樓刻本　二册　存一種

330000－1701－0031869　GP02288　類叢部/叢書類/彙編之屬

清風室叢刊二十種　（清）錢保塘編　清同治十年至民國二十五年（1871－1936）海寧錢氏清風室刻本　一册　存二種

330000－1701－0031873　GP02281　子部/天文曆算類/算書之屬

對數述四卷　（清）陳其晉撰　**礮說一卷**　（清）陸桂星撰　清光緒二十二年（1896）石印本　四册

330000－1701－0031874　GP02287　類叢部/叢書類/自著之屬

曹月川先生遺書十種　（明）曹端撰　清咸豐十一年（1861）刻本　一册　存一種

330000－1701－0031875　GP09645　類叢部/類書類/通類之屬

增補萬寶全書二十卷　（明）陳繼儒撰　（清）毛煥文增補　清三益堂刻本　清王鈞武題記　四册

330000－1701－0031876　GP02289　類叢部/叢書類/彙編之屬

清風室叢刊二十種　（清）錢保塘編　清同治十年至民國二十五年（1871－1936）海寧錢氏清風室刻本　一册　存二種

330000－1701－0031877　GP09651　集部/別集類/清別集

衢遊草一卷　（清）楊馥撰　清同治十年（1871）刻本　一册

330000－1701－0031878　GP09652　集部/總集類/郡邑之屬
西泠五布衣遺箸五種　(清)丁丙輯　清同治至光緒錢塘丁氏當歸草堂刻本　一册　存一種

330000－1701－0031879　GP02282　新學/史志/政記
九九新論二卷　(美國)林樂知撰　蔡爾康述纂　清光緒二十六年(1900)上海廣學會譯著圖書集成局鉛印本　二册

330000－1701－0031880　GP09654　經部/小學類/文字之屬/說文
繫傳四十卷　(五代)徐鍇撰　(五代)朱翺反切　**附録一卷**　(清)朱文藻編　清乾隆四十七年(1782)新安汪啓淑刻本　五册

330000－1701－0031881　GP09653　子部/醫家類/婦科之屬/產科
延生育子集三卷末一卷　(清)華梧棲輯　清光緒二十二年(1896)刻本　一册

330000－1701－0031882　GP02286　子部/天文曆算類/算書之屬
湘報算學不分卷　清末刻本　二册

330000－1701－0031883　GP09655　集部/詩文評類/詩評之屬
聲調四譜圖說十二卷首一卷末一卷　(清)董文煥撰　清同治三年(1864)洪洞董氏刻本　六册

330000－1701－0031884　GP09677　集部/別集類/明別集
魯原先生詩文存集九卷　(明)曾于拱撰　清道光二十二年(1842)刻本　二册

330000－1701－0031886　GP09656　史部/傳記類/別傳之屬
重刻勁節樓圖紀三卷首一卷末一卷　(清)徐悳原輯　清光緒十年(1884)楓江徐氏刻本　二册

330000－1701－0031887　GP02293　類叢部/叢書類/家集之屬
沈端恪公遺書二種　(清)沈曰富編　清同治十二年(1873)浙江書局刻本　一册　存一種

330000－1701－0031889　GP02294　類叢部/叢書類/家集之屬
沈端恪公遺書二種　(清)沈曰富編　清同治十二年(1873)浙江書局刻本　一册　存一種

330000－1701－0031890　GP02296　經部/樂類
樂譜不分卷　(清)桂良輯　清刻本　一册

330000－1701－0031891　GP09679　集部/別集類/清別集
錫慶堂詩集八卷　(清)嵇璜撰　(清)嵇文駿輯　清咸豐九年(1859)刻本　二册

330000－1701－0031892　GP09657　子部/醫家類/類編之屬
古今醫統正脈全書四十四種　(明)王肯堂編　明萬曆二十九年(1601)新安吳勉學刻本　四册　存二種

330000－1701－0031893　GP09680　類叢部/叢書類/彙編之屬
武英殿聚珍版書一百三十八種　清乾隆武英殿木活字印本　三册　存一種

330000－1701－0031894　GP09670　集部/詩文評類/文法之屬/公文程式
奏摺條件輯覽四卷　(清)張守誠編　清光緒十六年(1890)皖江節署刻本　一册

330000－1701－0031895　GP02295　類叢部/叢書類/家集之屬
沈端恪公遺書二種　(清)沈曰富編　清同治十二年(1873)浙江書局刻本　一册　存一種

330000－1701－0031896　GP02306　新學/算學/代數
代數術二十五卷首一卷　(英國)華里司輯　(英國)傅蘭雅口譯　(清)華蘅芳筆述　清光緒二十五年(1899)烏程徐樹勳刻本　八册

330000－1701－0031897　GP09658　經部/四書類/總義之屬/傳說

四書釋地補一卷續補一卷又續補一卷三續補一卷 (清)閻若璩撰 (清)樊廷枚校補 清嘉慶二十一年(1816)梅陽海涵堂刻本 一冊 存一卷(四書釋地補)

330000-1701-0031901 GP09659 經部/易類/傳說之屬

易經卦名試帖選本一卷 (清)戴槃撰 (清)楊棨評選 **易經卦名試帖續選一卷** (清)戴槃撰 (清)尤英評選 清咸豐十一年(1861)賜禮堂刻本 一冊

330000-1701-0031902 GP09660 經部/易類/傳說之屬

易經卦名試帖選本一卷 (清)戴槃撰 (清)楊棨評選 **易經卦名試帖續選一卷** (清)戴槃撰 (清)尤英評選 清咸豐十一年(1861)賜禮堂刻本 一冊

330000-1701-0031907 GP02201 經部/群經總義類/傳說之屬

經書算學天文攷一卷 (清)陳懋齡撰 清嘉慶二年(1797)刻本 一冊

330000-1701-0031910 GP09683 子部/儒家類/儒學之屬

說四書四卷 (清)郭善鄰撰 清道光十年(1830)刻本 四冊

330000-1701-0031911 GP09661 子部/醫家類/養生之屬

養病庸言一卷 (清)沈嘉澍撰 清光緒三年(1877)求放心齋刻本 一冊

330000-1701-0031913 GP02340 子部/小說家類/瑣語之屬

聽雨軒贅紀一卷 (清)徐承烈撰 清乾隆五十七年(1792)刻本 一冊

330000-1701-0031914 GP02299 子部/天文曆算類/算書之屬

句股引蒙不分卷象限線度一卷 (清)陳訏撰 清嘉慶二年(1797)守仁堂刻本 一冊

330000-1701-0031915 GP09684 史部/傳記類/總傳之屬/列女

丁氏節烈記一卷 (清)丁丙編 清光緒二十六年(1900)正修堂刻本 一冊

330000-1701-0031918 GP09662 集部/別集類/清別集

日堂文鈔一卷 (清)盧軒撰 清道光十四年(1834)傳卷樓刻本 一冊

330000-1701-0031921 GP02300 子部/天文曆算類/算書之屬

句股引蒙不分卷象限線度一卷 (清)陳訏撰 清康熙六十一年(1722)刻本 裘翰興批 一冊

330000-1701-0031923 GP09663 經部/儀禮類/分篇之屬

喪服表一卷附殤服表一卷 (清)孔繼汾輯 清光緒元年(1875)永康胡氏退補齋刻本 一冊

330000-1701-0031924 GP09674 集部/別集類/清別集

恥夫詩鈔二卷 (清)楊垕撰 清嘉慶五年至八年(1800-1803)楊氏紫荆書屋刻本 二冊

330000-1701-0031926 GP09692 經部/小學類/文字之屬/字書

字學匯海不分卷 (清)潘祖蔭編 清光緒十五年(1889)京都琉璃廠秀文齋刻本 二冊

330000-1701-0031927 GP02301 子部/儒家類/儒學之屬/經濟

易言一卷 鄭觀應撰 清光緒上海淞隱閣鉛印本 一冊

330000-1701-0031928 GP09664 集部/別集類/清別集

獄鐙小稿三卷 (清)趙光祖撰 清光緒刻本 一冊

330000-1701-0031930 GP09665 集部/別集類/清別集

北征詩草一卷 陶鏞撰 清光緒陶園刻本 一冊

330000-1701-0031931 GP09693 經部/小

學類/文字之屬/說文
說文逸字辨證二卷 (清)鄭珍撰 (清)李楨辨證 清光緒十一年(1885)善化李氏畹蘭室刻本 二册

330000－1701－0031932 GP09686 子部/術數類/雜術之屬
罔極錄二卷附記一卷 (清)許楹撰 清嘉慶二十年(1815)刻本 二册

330000－1701－0031933 GP02302 子部/儒家類/儒學之屬/經濟
易言二卷 鄭觀應撰 清光緒六年(1880)中華印務總局鉛印本 二册

330000－1701－0031934 GP02398 史部/傳記類/總傳之屬/家乘
[浙江蕭山]蕭山長巷沈氏續修宗譜四十卷首一卷 (清)沈荇等纂修 清光緒十九年(1893)承裕堂木活字印本 三十册

330000－1701－0031935 GP09675 子部/兵家類/兵法之屬
乾坤大略十一卷 (清)王餘佑撰 清宣統三年(1911)綠雲樓鉛印本 二册

330000－1701－0031936 GP09694 類叢部/叢書類/自著之屬
敝帚齋遺書四種四十四卷 (清)徐鼒撰 清咸豐十一年(1861)刻本 四册 存一種

330000－1701－0031937 GP02303 集部/別集類/清別集
知白齋詩鈔五卷詩草附存一卷 (清)江人鏡撰 清光緒刻本 二册

330000－1701－0031938 GP09666 新學/氣學/氣學
氣學叢談二卷 (英國)傅蘭雅口譯 (清)華蘅芳筆述 清末上海時務報館石印本 一册

330000－1701－0031940 GP09700 集部/總集類/選集之屬/斷代
聞鶴軒初盛唐近體讀本十六卷 (清)盧羿 (清)王溥輯 清乾隆三十五年(1770)刻本 六册

330000－1701－0031941 GP02434 史部/金石類/金之屬
西清古鑑四十卷錢錄十六卷 (清)梁詩正 (清)蔣溥等纂修 清光緒十四年(1888)邁宋書館日本銅版印本 四十二册

330000－1701－0031942 GP02436 子部/藝術類/書畫之屬/書法書品
書法彙要不分卷 清末抄本 一册

330000－1701－0031943 GP02437 經部/小學類/文字之屬/字書/字體
集篆四種 吳受福編 清光緒石印本 一册

330000－1701－0031945 GP09667 類叢部/叢書類/彙編之屬
張氏適園叢書 張鈞衡編 清宣統三年(1911)上海國學扶輪社鉛印本 一册 存一種

330000－1701－0031946 GP09687 史部/地理類/雜志之屬
蜀都碎事四卷 (清)陳祥裔撰 清康熙刻本 二册

330000－1701－0031947 GP02438 經部/小學類/文字之屬/字書/字體
集篆四種 吳受福編 清光緒石印本 一册

330000－1701－0031948 GP02435 史部/金石類/金之屬
西清古鑑四十卷錢錄十六卷 (清)梁詩正 (清)蔣溥等纂修 清光緒十四年(1888)邁宋書館日本銅版印本 二十四册

330000－1701－0031950 GP09688 集部/別集類/清別集
聞妙香館詩存稿二卷 (清)梅寶璐撰 清光緒十三年(1887)刻本 一册

330000－1701－0031953 GP02441 經部/書類/傳說之屬
書經精義四卷首一卷末一卷 (清)黃淦纂 清刻本 一册

330000－1701－0031954 GP09689 集部/別

集類/清別集

安陽輿誦一卷　(清)程鍾瑞撰　(清)許鼒宸編　清光緒十三年(1887)刻本　一冊

330000－1701－0031956　GP02304　子部/天文曆算類/算書之屬

算學十書　(清)賈步緯輯　清同治至光緒江南機器製造總局刻本暨鉛印本　一冊　存一種

330000－1701－0031957　GP02454　子部/藝術類/書畫之屬/法帖

蔣拙存書姜白石書譜一卷　(清)蔣衡書　清宣統元年(1909)國學保存會影印本　一冊

330000－1701－0031958　GP09669　史部/地理類/水利之屬

重修淮郡文渠志一卷　(清)陸元鼎撰　清光緒三十年(1904)善後局刻本　一冊

330000－1701－0031960　GP02467　經部/小學類/音韻之屬/等韻

音學辨微一卷　(清)江永撰　清宣統元年(1909)國學保存會據江氏自寫本影印本　一冊

330000－1701－0031961　GP09701　類叢部/類書類/通類之屬

帝王經世圖譜十六卷附錄一卷　(宋)唐仲友撰　清道光二十八年(1848)錢塘瞿氏清吟閣刻本　八冊

330000－1701－0031962　GP09705　集部/別集類/明別集

太師誠意伯劉文成公集二十卷首一卷　(明)劉基撰　清光緒二十六年(1900)浙江書局刻民國五年(1916)印本　志遠題簽　十冊

330000－1701－0031963　GP02505　經部/春秋總義類/傳說之屬

春秋疑義錄二卷　(清)劉士毅撰　清光緒六年(1880)桐城方宗誠刻本　二冊

330000－1701－0031964　GP09696　類叢部/叢書類/自著之屬

二思堂叢書六種五十一卷　(清)梁章鉅撰　清同治十二年至光緒元年(1873－1875)福州梁氏刻本　二冊　存一種

330000－1701－0031967　GP09697　集部/總集類/選集之屬/斷代

本朝五言近體瓣香集十六卷　(清)許英輯並注　清乾隆二十八年(1763)心逸堂刻本　四冊

330000－1701－0031971　GP09702　子部/雜著類/雜考之屬

義門讀書記五十八卷　(清)何焯撰　(清)蔣維鈞輯　清乾隆三十四年(1769)蔣維鈞刻光緒六年(1880)苕溪吳氏重修本　二十冊

330000－1701－0031973　GP09690　集部/別集類/清別集

自怡軒遺稾一卷　(清)朱清撰　**知止軒吟草一卷**　(清)朱鎮撰　**片玉山莊詩存一卷**　(清)朱彥臣撰　清光緒二十二年(1896)刻本　一冊

330000－1701－0031976　GP09698　子部/農家農學類/總論之屬

御製耕織圖不分卷　(清)聖祖玄燁撰　(清)焦秉貞繪　清光緒二十九年(1903)北洋官報局石印本　二冊

330000－1701－0031978　GP09691　史部/地理類/山川之屬/山志

南嶽總勝集三卷　(宋)陳田夫撰　清刻本　三冊

330000－1701－0031979　TW20001－TW20564　類叢部/叢書類/彙編之屬

文瀾閣四庫全書史部五百六十四種　(清)永瑢　(清)紀昀等纂修　清乾隆內府寫本(清光緒、民國補抄)　九千四百五十冊

330000－1701－0031981　GP09703　史部/傳記類/總傳之屬/儒林

國史儒林傳二卷　(清)阮元撰　清刻本　一冊

330000－1701－0031982　GP02481　類叢部/叢書類/彙編之屬

鶴壽堂叢書二十四種　(清)王士濂編　清光緒二十四年(1898)高郵王氏刻本　十六冊　存二十二種

330000－1701－0031984　GP09704　集部/別集類/清別集
靈石山房詩草一卷續吟草一卷　(清)貴成撰　清同治七年(1868)刻本　一冊

330000－1701－0031987　GP02484　子部/雜著類/雜說之屬
恩福堂筆記二卷　(清)英和撰　清道光十七年(1837)刻本　一冊

330000－1701－0031988　GP02485　子部/雜著類/雜說之屬
恩福堂筆記二卷　(清)英和撰　清道光十七年(1837)刻本　一冊

330000－1701－0031989　GP09713　集部/總集類/選集之屬/斷代
晚唐詩鈔二十六卷　(清)查克弘　(清)凌紹乾輯　清康熙十干詩塢刻本　八冊

330000－1701－0031990　GP02486　史部/政書類/軍政之屬
海防事例不分卷　清光緒刻本　一冊

330000－1701－0031991　GP09714　類叢部/叢書類/自著之屬
桐城錢飲光先生全書三種　(清)錢澄之撰　清同治二年(1863)皖桐斟雉堂刻本　十二冊　存二種

330000－1701－0031992　GP02466　子部/叢編
子書百家　(清)崇文書局編　清光緒元年(1875)湖北崇文書局刻本　一冊　存一種

330000－1701－0031993　GP09720　新學/化學/化學
化學分原八卷　(英國)蒲陸山撰　(英國)傅蘭雅口譯　(清)徐建寅筆述　(清)曹鍾秀畫繪　清末江南製造總局刻本　二冊

330000－1701－0031994　GP02487　史部/政書類/軍政之屬
海防事例不分卷　清光緒刻本　一冊

330000－1701－0031995　GP02490　史部/紀事本末類/斷代之屬
平定粵匪紀略十八卷附記四卷　(清)杜文瀾撰　清同治八年(1869)羣玉齋木活字印本　十冊

330000－1701－0031996　GP09721　新學/化學/化學
化學鑑原六卷　(英國)韋而司撰　(英國)傅蘭雅口譯　(清)徐壽筆述　(清)曹鍾秀繪　清同治十一年(1872)江南製造總局刻本　四冊

330000－1701－0031997　GP09716　新學/兵制/陸軍
步兵射擊教範四卷附表一卷圖一卷　(日本)日本陸軍省編　(日本)山根虎之助譯　清光緒南洋公學譯書院鉛印本　二冊

330000－1701－0031998　GP02543　經部/小學類/音韻之屬/古今韻說
古韻通說二十卷　(清)龍啓瑞撰　清光緒九年(1883)四川尊經書局刻本　三冊

330000－1701－0031999　GP02488　子部/藝術類/書畫之屬/畫譜
蒙演百孝圖續編一卷　清光緒十九年(1893)刻本　一冊

330000－1701－0032000　GP09722　新學/化學/化學
化學鑑原補編六卷附卷一卷　(英國)傅蘭雅口譯　(清)徐壽筆述　清末江南製造總局刻本　六冊

330000－1701－0032001　GP02491　類叢部/叢書類/彙編之屬
月河精舍叢鈔五種　(清)丁寶書編　清光緒四年至十二年(1878－1886)苕溪丁氏刻本　一冊　存一種

330000－1701－0032002　GP09718　史部/傳記類/總傳之屬/列女

貞節闡幽錄二卷首一卷　（清）吳大本輯　清刻本　二冊

330000－1701－0032004　GP02494　史部/傳記類/別傳之屬/年譜

孟子時事略一卷　（清）任兆麟撰　清乾隆五十三年（1788）刻本　一冊

330000－1701－0032007　GP09719　類叢部/叢書類/彙編之屬

敏果齋七種　（清）許乃釗編　清道光十二年至二十九年（1832－1849）錢塘許氏刻彙印本　二冊　存一種

330000－1701－0032009　GP09724　子部/雜著類/雜說之屬

庸書內篇二卷外篇二卷　（清）陳熾撰　清光緒二十三年（1897）上海書局石印本　八冊

330000－1701－0032010　GP02495　子部/天文曆算類/算書之屬

比例匯通四卷　（清）羅士琳撰　清嘉慶二十三年（1818）刻洪氏唐石經館叢書本　潤甫觀款　四冊

330000－1701－0032011　GP02493　類叢部/叢書類/自著之屬

朱子遺書初刻八種二刻七種　（宋）朱熹撰　清康熙禦兒呂氏寶誥堂刻本　二冊　存一種

330000－1701－0032012　GP02496　類叢部/叢書類/彙編之屬

洪氏唐石經館叢書十九種　（清）洪汝奎編　清光緒涇縣洪氏公善堂刻並彙印六安涂氏求我齋等刻本　四冊　存一種

330000－1701－0032014　TW30001－TW30924　類叢部/叢書類/彙編之屬

文瀾閣四庫全書子部五百六十四種　（清）永瑢　（清）紀昀等纂修　清乾隆內府寫本（清光緒、民國補抄）　九千一百五十九冊

330000－1701－0032015　GP09725　集部/總集類/選集之屬/斷代

普天忠憤集十四卷首一卷　（清）孔廣德編　清光緒二十一年（1895）石印本　十二冊

330000－1701－0032016　GP02497　史部/政書類/邦計之屬/俸餉

增修籌餉事例條款不分卷籌餉事例一卷增修現行常例一卷　清同治刻本　四冊

330000－1701－0032017　GP02498　史部/政書類/邦計之屬/俸餉

增修籌餉事例條款不分卷籌餉事例一卷增修現行常例一卷　清同治刻本　四冊

330000－1701－0032018　GP02499　類叢部/叢書類/自著之屬

水田居全集七種附一種　（清）賀貽孫撰　清道光至同治敕書樓刻本　二十三冊

330000－1701－0032019　GP09708　經部/三禮總義類/通禮雜禮之屬

傳恭堂祭儀二卷　（清）潘德輿撰　清光緒三十四年（1908）江楚編譯官書局鉛印本　一冊

330000－1701－0032021　GP09726　子部/兵家類/兵法之屬

行軍要訣二卷　（明）王鳴鶴輯　清光緒十年（1884）上海文藝齋刻本　一冊

330000－1701－0032022　GP02483　史部/傳記類/總傳之屬/忠孝

廿四孝圖說一卷　清末退補齋刻本　一冊

330000－1701－0032023　GP02500　集部/別集類/明別集

藍山先生詩集六卷　（明）藍仁撰　清刻本　三冊

330000－1701－0032024　GP09740　子部/術數類/陰陽五行之屬

諏吉新書一卷　（明）董潛撰　清光緒二十三年（1897）萬卷圖書草堂刻本　一冊

330000－1701－0032025　GP09709　經部/三禮總義類/通禮雜禮之屬

傳恭堂祭儀二卷　（清）潘德輿撰　清光緒三十四年（1908）江楚編譯官書局鉛印本　一冊

330000－1701－0032026　GP09727　子部/雜著類/雜說之屬

侯鯖新錄五卷 （清）沈飽山輯 清光緒二年（1876）上海機器印書局鉛印本 二册

330000－1701－0032027 GP09710 經部/小學類/文字之屬/説文
説文經典異字釋一卷 （清）高翔麟撰 清道光刻本 一册

330000－1701－0032028 GP09741 新學/格致總
格致須知二十八種 （英國）傅蘭雅編 清光緒八年至二十四年（1882－1898）刻本 一册 存一種

330000－1701－0032029 GP02507 經部/小學類/文字之屬/字書/字典
書契原恉十四卷二集十八卷 （清）陳致煐撰 清咸豐五年（1855）、十年（1860）刻北涇艸堂印本 星批 十册

330000－1701－0032030 GP09729 史部/雜史類/斷代之屬
劫餘雜識一卷 （清）李光霽撰 清光緒二十五年（1899）石印本 一册

330000－1701－0032031 GP02502 經部/小學類/音韻之屬/韻書
康熙甲子史館新刊古今通韻十二卷 （清）毛奇齡撰 清康熙二十三年（1684）史館刻學者堂印本 六册

330000－1701－0032035 GP02508 集部/詞類/别集之屬
鶴緣詞一卷 （清）吕耀斗撰 清光緒二十六年（1900）吕氏敬止堂刻本 一册

330000－1701－0032036 GP02509 集部/詞類/别集之屬
鶴緣詞一卷 （清）吕耀斗撰 清光緒二十六年（1900）吕氏敬止堂刻本 一册

330000－1701－0032037 GP02510 子部/天文曆算類/算書之屬
對數述二卷算學雜草二卷 （清）陳其晉撰 清光緒五年（1879）刻本 二册

330000－1701－0032038 GP02542 史部/金石類/金之屬
西清續鑑甲編二十卷附錄一卷 （清）王杰等纂修 清宣統三年（1911）上海商務印書館石印本 四十二册

330000－1701－0032040 GP02545 子部/天文曆算類/算書之屬
勾股六術一卷圖解一卷弧角拾遺一卷 （清）項名達撰 清同治刻本 一册

330000－1701－0032041 GP02546 新學/算學/數學
數學理九卷附卷一卷 （英國）棣麼甘撰 （英國）傅蘭雅 （清）趙元益譯 清刻本 四册

330000－1701－0032042 GP09798 類叢部/叢書類/自著之屬
真西山全集（西山真文忠公全集、真文忠公全集）七種 （宋）真德秀撰 清康熙真氏家祠刻乾隆至同治三年（1864）遞修本 一册 存一種

330000－1701－0032046 GP09785 子部/儒家類/儒學之屬/禮教/鑑戒
希聖錄一卷教家錄一卷 （清）艾自新撰 清光緒三十三年（1907）刻本 一册

330000－1701－0032047 GP09799 集部/别集類/清别集
聲玉山齋詩集十卷 （清）鄒熊撰 清嘉慶十五年（1810）刻本 一册 存五卷（一至五）

330000－1701－0032048 GP09750 集部/别集類/清别集
夢蓮山房詩略一卷 （清）李懷白撰 清同治刻本 一册

330000－1701－0032049 GP02544 史部/金石類/金之屬
西清古鑑四十卷錢錄十六卷 （清）梁詩正 （清）蔣溥等纂修 清光緒三十四年（1908）集成圖書公司石印本 二十四册

330000－1701－0032051 GP02547 子部/宗

教類/其他宗教之屬/基督教

教務紀略四卷首一卷 (清)李剛己輯 (清)魏家驊等修訂 **附錄新約節存一卷** 周馥輯 清光緒三十一年(1905)南洋官報局刻本 五冊

330000－1701－0032052 GP09800 史部/地理類/專志之屬/寺觀

洞霄宫志五卷 (清)聞人儒撰 清乾隆十八年(1753)貝本恒刻本 二冊 存二卷(一至二)

330000－1701－0032053 GP02541 新學/學校

師鄭堂中國文學講義不分卷 孫雄撰 清光緒三十四年(1908)鉛印本 一冊

330000－1701－0032054 GP09751 類叢部/叢書類/自著之屬

寄龕襍箸 (清)孫德祖撰 清光緒十六年(1890)刻本 一冊 存一種

330000－1701－0032056 GP02548 子部/宗教類/其他宗教之屬/基督教

教務紀略四卷首一卷 (清)李剛己輯 (清)魏家驊等修訂 **附錄新約節存一卷** 周馥輯 清光緒三十一年(1905)南洋官報局刻本 四冊

330000－1701－0032058 GP02549 集部/別集類/清別集

訒齋文鈔二卷詩鈔一卷手札四卷附錄一卷 (清)褚維垕撰 清光緒二十七年(1901)刻本 一冊 存五卷(手札一至四、附錄)

330000－1701－0032059 GP02550 集部/別集類/清別集

訒齋文鈔二卷詩鈔一卷手札四卷附錄一卷 (清)褚維垕撰 清光緒二十七年(1901)刻本 一冊 存四卷(手札一至四)

330000－1701－0032063 GP02503 史部/政書類/儀制之屬/典禮

直省釋奠禮樂記六卷首一卷末一卷 (清)應寶時等輯 清同治十二年(1873)仁和吳恒、長洲顧澐刻本 四冊

330000－1701－0032068 GP09810 集部/別集類

西行紀遊草一卷 朱錕撰 清宣統元年(1909)石印本 一冊

330000－1701－0032071 GP02551 類叢部/叢書類/自著之屬

寒松閣集五種 (清)張鳴珂撰 清光緒十年至二十四年(1884－1898)嘉興張氏刻本 一冊 存一種

330000－1701－0032073 GP02504 史部/政書類/儀制之屬/典禮

直省釋奠禮樂記六卷首一卷末一卷 (清)應寶時等輯 清光緒十七年(1891)廣東藩署刻本 四冊

330000－1701－0032074 GP09834 類叢部/類書類/專類之屬

分類詩腋八卷 (清)李楨編 清嘉慶二十二年(1817)刻本 四冊

330000－1701－0032075 GP09811 集部/別集類/清別集

小谷口詩鈔十二卷首一卷續鈔一卷 (清)鄭祖琛撰 清道光二十四年(1844)寶研齋刻本 二冊

330000－1701－0032076 GP02566 集部/別集類/清別集

十杉亭帖體詩鈔五卷續編二卷 (清)吳楷撰 清道光六年(1826)、九年(1829)左竹山房刻本 四冊

330000－1701－0032077 GP02552 類叢部/叢書類/自著之屬

寒松閣集五種 (清)張鳴珂撰 清光緒十年至二十四年(1884－1898)嘉興張氏刻本 一冊 存一種

330000－1701－0032078 GP09786 類叢部/叢書類/自著之屬

衎石齋合稾 (清)錢儀吉撰 清道光刻本 一冊 存一種

330000－1701－0032080　GP02567　史部/紀事本末類/斷代之屬
征南輯畧八卷　(清)都啓模輯　清光緒十年(1884)刻本　八册

330000－1701－0032081　GP02559　子部/法家類
弟子職集解一卷　(清)莊述祖輯　**弟子職句讀一卷考證一卷補音一卷**　(清)黄彭年輯　清光緒十四年(1888)江蘇書局刻本　一册

330000－1701－0032082　GP09835　史部/詔令奏議類/奏議之屬
華制存攷不分卷　清光緒三十三年至宣統三年(1907－1911)鉛印本　八册

330000－1701－0032083　GP09787　類叢部/叢書類/自著之屬
衎石齋合槀　(清)錢儀吉撰　清道光刻本　一册　存一種

330000－1701－0032086　GP09755　史部/傳記類/總傳之屬
渤海清芬一卷　(清)□□輯　清咸豐刻本　一册

330000－1701－0032087　GP09788　集部/別集類/清別集
棲僻園詩鈔二卷　(清)朱蓮燭撰　**靜濤齋詩草一卷**　(清)朱時謙撰　清道光十八年(1838)刻本　一册　存一卷(靜濤齋詩草)

330000－1701－0032088　GP02565　經部/小學類/文字之屬/說文/傳說
汲古閣說文訂一卷　(清)段玉裁撰　清嘉慶二年(1797)吴縣袁廷檮五硯樓刻本　一册

330000－1701－0032089　GP09756　史部/傳記類/別傳之屬
逸廬麗澤編一卷　清光緒刻本　一册

330000－1701－0032090　GP09757　集部/別集類/清別集
黄葉山樵詩草四卷　(清)江璧撰　清刻本　一册

330000－1701－0032094　GP09791　集部/總集類/酬唱之屬
頖璧重賡一卷　(清)徐棻等撰　清綠蔭草堂刻本　一册

330000－1701－0032098　GP02572　子部/藝術類/遊藝之屬/棋弈
弈括不分卷　(清)黄霞撰　清嘉慶五年(1800)刻朱墨套印本　一册

330000－1701－0032101　GP02584　類叢部/叢書類/彙編之屬
小方壺齋叢書三十六種　(清)王錫祺編　清光緒十二年至二十一年(1886－1895)南清河王氏鉛印本　二册　存一種

330000－1701－0032103　GP02573　類叢部/叢書類/彙編之屬
隨盦徐氏叢書十種續編十種　徐乃昌編　清光緒至民國南陵徐氏刻本　一册　存一種

330000－1701－0032105　GP09813　類叢部/叢書類/郡邑之屬
武林掌故叢編一百八十七種　(清)丁丙編　清光緒三年至二十六年(1877－1900)錢塘丁氏嘉惠堂刻本　一册　存一種

330000－1701－0032106　GP02574　史部/雜史類/斷代之屬
平定關隴紀畧十三卷　(清)易孔昭等撰　清光緒十三年(1887)刻本　十二册

330000－1701－0032107　GP02578　子部/小說家類/雜事之屬
談徵五卷　(清)段長基撰　清道光元年(1821)刻同治元年(1862)印本　六册

330000－1701－0032108　GP02576　子部/天文曆算類/算書之屬
同文館西算心悟一卷　(清)李壬叔撰　清光緒二十二年(1896)石印本　一册

330000－1701－0032111　GP09815　集部/別集類/清別集
介石山房遺文二卷遺詩一卷　(清)朱培源撰　清宣統二年(1910)新陽朱氏刻本　二册

330000－1701－0032112　GP09817　經部/易類/傳說之屬

易經精華六卷首一卷末一卷　（清）薛嘉穎撰　清光緒二年（1876）寧郡簡香齋刻本（卷首原缺）　二冊

330000－1701－0032116　GP02577　子部/藝術類/書畫之屬

書苑菁華二十卷　（宋）陳思輯　清光緒十三年（1887）同文書局石印本　二冊

330000－1701－0032117　GP02586　子部/藝術類/遊藝之屬/雜藝

益智圖二卷　（清）童叶庚撰　清末虎林任有容齋刻本　二冊

330000－1701－0032118　GP09760　集部/別集類/清別集

千字文詩品五律一卷　（清）沈蓮墅撰　清刻本　一冊

330000－1701－0032121　GP09792　集部/總集類/選集之屬/通代

選註六朝唐賦二卷　（清）馬傳庚選註　清光緒十四年（1888）南陵徐氏餘學齋刻本　二冊

330000－1701－0032122　GP09819　子部/宗教類/道教之屬

道書二十三種　（清）劉一明撰　清光緒三年至六年（1877－1880）上海翼化堂刻本　二冊　存一種

330000－1701－0032123　GP09761　史部/地理類/雜志之屬

越中百詠一卷　（清）周晉鑅撰　清道光二十九年（1849）小寄廬刻本　一冊

330000－1701－0032124　GP02579　經部/易類/傳說之屬

漢儒易義針度四卷　（清）朱昌壽撰　**附近科文式一卷**　（清）希鼓等撰　清道光二十三年（1843）武林調香室刻本　二冊

330000－1701－0032128　GP09793　集部/別集類/清別集

靜怡軒詩鈔五卷附錄一卷　（清）汪藻撰　清光緒四年（1878）吳縣汪氏刻本　一冊

330000－1701－0032129　GP09762　子部/叢編

子書百家　（清）崇文書局編　清光緒元年（1875）湖北崇文書局刻本　一冊　存一種

330000－1701－0032130　GP09823　新學/船政/行船事宜

航海簡法四卷　（英國）那麗撰　（美國）金楷理口譯　（清）王德均筆述　清刻本　二冊

330000－1701－0032134　GP02594　史部/金石類

抱殘守缺齋所藏三代文字　（清）劉鶚輯　清光緒劉氏抱殘守缺齋石印本　四冊　存一種

330000－1701－0032135　GP09824　新學/船政/行船事宜

航海金針三卷　（美國）來特非爾撰　（美國）瑪高溫譯　清咸豐三年（1853）愛華堂刻本　一冊

330000－1701－0032136　GP02583　史部/地理類/專志之屬/古跡

江西考古錄十卷　（清）王謨撰　清光緒十七年（1891）奉新宋氏刻本　四冊

330000－1701－0032139　GP09825　新學/船政/行船事宜

航海通書一卷　（清）江南製造局譯改　清光緒江南製造局刻本暨鉛印本　一冊

330000－1701－0032140　GP09794　類叢部/叢書類/彙編之屬

十萬卷樓叢書五十一種　（清）陸心源編　清光緒歸安陸氏刻本（歲時廣記卷六原缺）　二冊　存一種

330000－1701－0032143　GP02593　史部/金石類/甲骨之屬/圖像

鐵雲藏龜不分卷　（清）劉鶚輯　清光緒二十九年（1903）褒殘守缺齋石印本　六冊

330000－1701－0032144　GP02595　子部/藝術類/遊藝之屬/雜藝

曲園墨戲一卷　(清)俞樾撰　清光緒刻春在堂全書本　清俞樾題簽　一冊

330000－1701－0032146　GP09795　新學/政治法律/律例
比較國法學四編　(日本)末岡精一撰　清光緒三十二年(1906)上海商務印書館鉛印本　一冊

330000－1701－0032147　GP02585　史部/傳記類/總傳之屬/技藝
墨林今話十八卷　(清)蔣寶齡撰　**墨林今話續編一卷**　(清)蔣茝生撰　清咸豐二年(1852)刻本　二冊　存八卷(一至八)

330000－1701－0032149　GP09796　集部/別集類/清別集
月蕖軒詩草一卷詩餘一卷月蕖軒傳述畧一卷　(清)袁鏡蓉撰　清道光刻本　一冊　存一卷(傳述略)

330000－1701－0032153　GP02601　新學/地學/地理學
金石識別十二卷　(美國)代那撰　(美國)瑪高溫口譯　(清)華蘅芳筆述　清同治十一年(1872)江南製造局刻本　六冊

330000－1701－0032154　GP09854　史部/史抄類
前漢書菁華錄四卷後漢書菁華錄二卷　(清)高塘撰　清光緒二十六年(1900)上海書局石印本　一冊　存四卷(前漢書精華錄一至四)

330000－1701－0032155　GP09797　經部/周禮類/傳說之屬
九旗古義述一卷　(清)孫詒讓撰　清光緒二十八年(1902)瑞安孫氏刻本　一冊

330000－1701－0032158　GP02589　子部/雜著類/雜纂之屬
錢神志七卷　(清)李世熊撰　清同治十年(1871)木活字印本　質園、稷秄題記　七冊

330000－1701－0032159　TW40001－TW41277　類叢部/叢書類/彙編之屬
文瀾閣四庫全書集部一千二百七十七種　(清)永瑢　(清)紀昀等纂修　清乾隆內府寫本(清光緒、民國補抄)　一萬二千三百四冊

330000－1701－0032162　GP02597　史部/地理類/專志之屬/祠墓
宋潛溪先生祠墓防護錄一卷　(清)孫鏗輯　**潛溪錄目錄一卷**　丁立中撰　清光緒三十三年(1907)刻本　一冊

330000－1701－0032165　GP09874　新學/政治法律
法學門徑書六章　(日本)玉川次致撰　(清)李廣平譯　清光緒二十九年(1903)上海開明書局鉛印本　一冊

330000－1701－0032166　GP02598　經部/叢編
省吾堂四種　(清)蔣光弼輯　清常熟蔣氏省吾堂刻本　一冊　存一種

330000－1701－0032168　GP09879　子部/藝術類/書畫之屬/畫譜
夢跡圖一卷　(清)寶琳繪　清光緒元年(1875)上海點石齋石印本　一冊

330000－1701－0032170　GP02613　子部/天文曆算類/算書之屬
弧角三術二卷首一卷　(清)劉鶚撰　清末丹徒劉鶚刻本　一冊

330000－1701－0032171　GP02610　類叢部/叢書類/自著之屬
曾文正公全集十六種　(清)曾國藩撰　清同治至光緒傳忠書局刻本　一冊　存一種

330000－1701－0032173　GP09841　史部/詔令奏議類/奏議之屬
南海先生四上書記四卷　康有爲撰　清光緒二十一年(1895)上海時務報館石印本　一冊

330000－1701－0032174　GP02604　類叢部/叢書類/家集之屬
崇川劉氏叢書四種　(清)劉長華編　清同治至光緒崇川劉氏刻民國十五年(1926)海寧陳氏慎初堂印本　十六冊

330000－1701－0032176　GP09842　史部/詔令奏議類/奏議之屬

南海先生四上書記四卷　康有爲撰　清光緒二十一年(1895)上海時務報館石印本　一册

330000－1701－0032177　GP02614　類叢部/叢書類

怡怡軒叢書　清光緒二十九年(1903)刻本　一册　存一種

330000－1701－0032178　GP02611　子部/雜著類/雜説之屬

繙社筆談三卷　(清)張時中撰　清光緒十六年(1890)廩延徐振翰刻本　一册

330000－1701－0032180　GP09847　類叢部/叢書類/彙編之屬

融經館叢書十一種　(清)徐友蘭編　清光緒六年至十一年(1880－1885)會稽徐氏八杉齋刻本　二册　存一種

330000－1701－0032181　GP02599　類叢部/叢書類/自著之屬

四録堂類集九種　(清)嚴可均撰　清嘉慶至道光刻本　八册　存一種

330000－1701－0032183　GP09848　類叢部/叢書類/彙編之屬

申報館叢書正集五十七種附録三種續集一百四十二種　(清)尊聞閣主編　蔡爾康編續集　清同治至光緒上海申報館鉛印本　二册　存一種

330000－1701－0032184　GP02600　類叢部/叢書類/自著之屬

四録堂類集九種　(清)嚴可均撰　清嘉慶至道光刻本　八册　存一種

330000－1701－0032185　GP02612　子部/天文曆算類/算書之屬

對數尺以量代算一卷　(清)賈步緯製　清同治十一年(1872)刻本　一册

330000－1701－0032186　GP09856　集部/小説類/長篇之屬

未來戰國志十九回　(日本)東洋奇人撰　(清)南支那老驥氏輯譯　清光緒二十九年(1903)上海廣智書局鉛印本　一册

330000－1701－0032188　GP09850　新學/史志/諸國史

列國變通興盛記四卷　(英國)李提摩太撰　清光緒二十四年(1898)上海廣學會鉛印本　一册

330000－1701－0032189　GP09851　史部/詔令奏議類/奏議之屬

南海先生七上書記一卷俄彼得變政記一卷　康有爲撰　清光緒二十四年(1898)上海大同譯書局石印本　一册

330000－1701－0032190　GP09881　類叢部/叢書類/彙編之屬

漸西村舍彙刊(漸西村舍叢刻)四十四種　(清)袁昶編　清光緒十六年至二十四年(1890－1898)桐廬袁氏刻本　一册　存一種

330000－1701－0032192　GP09882　史部/地理類/水利之屬

塘工紀畧二卷續一卷三續一卷　(清)連仲愚撰　清光緒刻本　一册　存二卷(一至二)

330000－1701－0032193　GP02615　史部/雜史類/斷代之屬

先撥志始二卷　(明)文秉撰　清同治二年(1863)當塗夏燮江西省寓刻本　二册

330000－1701－0032194　GP02619　經部/四書類/孟子之屬/文字音義

孟子音義二卷　(宋)孫奭撰　**孟子音義札記一卷**　繆荃孫輯　清光緒元年(1875)刻本　一册

330000－1701－0032197　GP09911　類叢部/叢書類/自著之屬

萬青閣全集二十種　(清)趙吉士撰　清康熙趙繼抃等刻本　三册　存一種

330000－1701－0032199　民336.8981/1043　史部/政書類/公牘檔册之屬

雲南清理財政局調查全省財政説明書初稿不分卷　(清)雲南清理財政局編　清宣統二年

(1910)鉛印本　八册

330000－1701－0032201　民 332.0951/3218/c2　新學/商務/商學
中國之金融不分卷　潘承鍔編譯　清光緒三十四年(1908)中國圖書公司鉛印本　二册

330000－1701－0032202　GP02617　子部/天文曆算類/曆法之屬
曆學駢枝四卷　(清)梅文鼎撰　清康熙元年(1662)刻本　二册

330000－1701－0032203　GP02620　經部/四書類/論語之屬/傳説
朱子論語集注訓詁攷二卷　(清)潘衍桐輯　清光緒十七年(1891)浙江書局刻本　一册

330000－1701－0032205　GP02605　史部/金石類/石之屬/文字
望堂金石文字初集三十一種二集十八種　楊守敬輯　清同治至宣統宜都楊氏飛青閣刻本　六册　存三十種

330000－1701－0032208　GP02618　經部/群經總義類/授受源流之屬
緯學原流興廢考三卷　(清)蔣清翊撰　清光緒二十三年(1897)吴縣蔣氏雙唐碑館刻本　一册

330000－1701－0032209　GP09852　史部/詔令奏議類/奏議之屬
南海先生五上書記一卷　康有爲撰　清光緒二十三年(1897)上海大同譯書局石印本　一册

330000－1701－0032210　GP02622　史部/金石類/金之屬/圖像
攀古廔彝器款識二卷　(清)潘祖蔭撰　清同治十一年(1872)京師潘氏滂喜齋刻本　以明題記　二册

330000－1701－0032212　GP02625　史部/金石類/陶之屬/文字
秦漢瓦當文字二卷續一卷　(清)程敦撰　清光緒據清乾隆五十二年(1787)横渠書院刻五十九年(1794)續刻本影印本　三册

330000－1701－0032215　GP09883　史部/政書類/邦計之屬/鹽法
淮鹺駁案類編八卷　(清)陳方坦輯　清光緒十八年(1892)金陵刻本　六册

330000－1701－0032219　GP02635　經部/叢編
通志堂經解一百四十種　(清)納蘭成德輯　清康熙十九年(1680)納蘭成德刻本　二册　存一種

330000－1701－0032222　GP02627　類叢部/叢書類/彙編之屬
式訓堂叢書四十一種　(清)章壽康編　清光緒會稽章氏刻本　一册　存一種

330000－1701－0032224　GP09884　類叢部/叢書類/彙編之屬
函海一百五十二種　(清)李調元編　清乾隆綿州李氏萬卷樓刻嘉慶十四年(1809)李鼎元、道光五年(1825)李朝夔重校補刻本　七册　存一種

330000－1701－0032225　GP02628　類叢部/叢書類/彙編之屬
式訓堂叢書四十一種　(清)章壽康編　清光緒會稽章氏刻本　一册　存一種

330000－1701－0032227　GP02631　史部/金石類/錢幣之屬
泉布統誌九卷首一卷附一卷　(清)孟麟輯　清道光十三年(1833)志古堂刻本　四十册

330000－1701－0032231　GP02637　子部/天文曆算類/算書之屬
測量釋例八卷　(清)□□撰　清光緒十六年(1890)天津石印本　六册

330000－1701－0032232　GP02638　類叢部/叢書類/彙編之屬
聚學軒叢書六十種　劉世珩編　清光緒貴池劉氏刻本　六册　存一種

330000－1701－0032233　GP02642　史部/金石類/金之屬
奇觚室吉金文述二十卷首一卷　(清)劉心源

撰　清光緒二十八年(1902)石印本　十册

330000－1701－0032237　GP02643　史部/金石類/總志之屬

金石存十五卷　(清)吴玉搢撰　清末石印本　四册

330000－1701－0032238　GP02654、GP02656　子部/叢編

子書百家　(清)崇文書局編　清光緒元年(1875)湖北崇文書局刻本　二册　存二種

330000－1701－0032239　GP02644　史部/金石類/總志之屬

金石存十五卷　(清)吴玉搢撰　清末石印本　四册

330000－1701－0032242　GP02645　類叢部/叢書類/彙編之屬

申報館叢書正集五十七種附錄三種續集一百四十二種　(清)尊聞閣主編　蔡爾康編續集　清同治至光緒上海申報館鉛印本　三册　存一種

330000－1701－0032245　GP02639　史部/金石類

金石三例續編　(清)朱記榮輯　清光緒十二年(1886)觀自得齋刻本　四册

330000－1701－0032246　GP02650　子部/藝術類/書畫之屬/書法書品

隸法彙纂十卷　(清)項懷述編　清乾隆五十一年(1786)小酉山房刻本　四册

330000－1701－0032247　GP09928　類叢部/叢書類/彙編之屬

經訓堂叢書二十一種　(清)畢沅編　清乾隆至嘉慶鎮洋畢氏刻本　四册　存一種

330000－1701－0032248　GP02655、GP02657　子部/叢編

子書百家　(清)崇文書局編　清光緒元年(1875)湖北崇文書局刻本　二册　存二種

330000－1701－0032250　GP02662　新學/兵制

戰法大意一卷最近德法日戰術學比較論一卷　潘任撰　清末鉛印本　一册

330000－1701－0032253　GP02663　新學/兵制

戰史大略一卷　潘任輯　清末鉛印本　一册

330000－1701－0032256　GP02664　新學/兵制

列國軍制一卷　潘任撰　清末鉛印本　一册

330000－1701－0032257　GP02658　類叢部/叢書類/彙編之屬

懷豳雜俎十二種　徐乃昌編　清光緒至宣統南陵徐氏刻本　一册　存一種

330000－1701－0032260　GP02653　經部/小學類/文字之屬/字書/字體

隸辨八卷　(清)顧藹吉撰　清同治十二年(1873)聚賢齋刻本　八册

330000－1701－0032262　GP02652　經部/小學類/文字之屬/字書/字體

隸辨八卷　(清)顧藹吉撰　清乾隆八年(1743)天都黄晟刻本　八册

330000－1701－0032263　GP02665　子部/兵家類/兵法之屬

臨陣心法一卷　(清)劉連捷撰　清光緒十六年(1890)金陵刻本　一册

330000－1701－0032264　GP02668　子部/藝術類/書畫之屬/法帖

敦煌石室真蹟錄五卷附一卷　王仁俊輯並書　清宣統元年(1909)吴趨王氏石印本　王仁俊題記　三册

330000－1701－0032266　GP02666　集部/總集類

存齋偶編一卷　(清)胡宗藩輯　清同治十年(1871)桐江存齋居士胡宗藩刻本　一册

330000－1701－0032271　GP02647　子部/天文曆算類/天文之屬

御製曆象考成後編十卷　(清)允祿等纂修　清光緒二十二年(1896)上海書局石印本

十册

330000－1701－0032273　GP02660　子部/雜著類/雜考之屬
東塾讀書記殘八卷　(清)陳澧撰　清光緒刻本　王存善題記　一册

330000－1701－0032274　GP02667　史部/職官類/官箴之屬
敬簡堂學治雜録四卷　(清)戴杰撰　清光緒十六年(1890)刻本　四册

330000－1701－0032278　GP09942　史部/傳記類/别傳之屬/事狀
濠州去思集[裕厚]一卷　(清)趙贊元輯　清光緒鉛印本　一册

330000－1701－0032279　GP02661　子部/雜著類/雜考之屬
東塾讀書記二十五卷　(清)陳澧撰　清光緒刻本(卷十三至十四、十七至二十、二十二至二十五原缺)　四册

330000－1701－0032283　GP02672　子部/雜著類/雜説之屬
晚翠軒筆記一卷　(清)張丙煐撰　清咸豐三年(1853)刻本　一册

330000－1701－0032285　GP02671　史部/金石類/石之屬/文字
金石文字辨異十二卷　(清)邢澍撰　清嘉慶十五年(1810)刻本　六册

330000－1701－0032290　GP02676　子部/藝術類/書畫之屬
鐵網珊瑚二十卷　(明)都穆撰　清乾隆二十三年(1758)吴郡都肇斌刻本　清任兆麟跋　六册

330000－1701－0032294　GP09931　史部/傳記類/科舉録之屬/歷科登科録
[光緒壬辰科]會試硃卷一卷　(清)汪康年撰　清光緒刻本　一册

330000－1701－0032301　GP02681　子部/天文曆算類/天文之屬
天文問答四卷　(清)王亨統輯　清光緒三十年(1904)渝城普通書室刻本　四册

330000－1701－0032303　GP02677　類叢部/叢書類/自著之屬
石泉書屋全集六種　(清)李佐賢撰　清咸豐至光緒利津李氏刻本　十六册　存一種

330000－1701－0032304　GP09944　子部/雜著類/雜説之屬
抑齋記聞六卷　(清)胡元吉撰　清宣統二年(1910)安徽官紙印刷局鉛印本　一册

330000－1701－0032306　GP09945　子部/儒家類/儒學之屬
先儒趙子言行録二卷　(清)陳廷鈞輯　清同治九年(1870)楚北崇文書局刻本　二册

330000－1701－0032307　GP02688　史部/史抄類
歐陽文忠公新唐書抄二卷五代史抄二十卷　(明)茅坤輯並評　明天啓刻本　五册

330000－1701－0032309　GP09934　史部/史表類/通代之屬
歷代紀元韻覧五卷　(清)章學誠撰　清嘉慶十二年(1807)金陵憩書樓刻本　二册

330000－1701－0032311　GP02682　史部/金石類/郡邑之屬/目録
吴郡金石目一卷　(清)程祖慶撰　清咸豐元年(1851)嘉定程氏見古閣京都刻本　一册

330000－1701－0032312　GP09937　集部/總集類/酬唱之屬
西冷話别集一卷　(清)馬驅良輯　清光緒十三年(1887)鉛印本　一册

330000－1701－0032314　GP09939　集部/别集類/清别集
二知軒詩鈔十四卷續鈔十卷　(清)方濬頤撰　清同治五年(1866)、八年(1869)刻本　十一册　缺一卷(續鈔十)

330000－1701－0032316　GP09935　史部/政書類/邦計之屬

掩埋備覽一卷集證一卷 （清）談熊江撰　清光緒十年（1884）刻本　一冊

330000－1701－0032319　GP02689　類叢部／叢書類／自著之屬
授堂遺書七種附錄二卷 （清）武億撰　清道光二十三年（1843）偃師武氏刻本　五冊　存一種

330000－1701－0032320　GP02683　類叢部／叢書類／彙編之屬
風雨樓祕笈留真十種 鄧實編　清宣統元年至民國六年（1909－1917）順德鄧氏風雨樓影印本　一冊　存一種

330000－1701－0032322　GP09936　集部／總集類／酬唱之屬
西泠話別集一卷 （清）馬驅良輯　清光緒十三年（1887）鉛印本　一冊

330000－1701－0032324　GP02684　類叢部／叢書類／彙編之屬
蟫隱廬叢書十八種 羅振常編　清宣統二年至民國二十五年（1910－1936）上虞羅氏謄寫及鉛印本三十三年（1944）吳興周延年彙印本　一冊　存一種

330000－1701－0032325　GP09951　集部／總集類／課藝之屬
狀元策不分卷 清末京都琉璃廠文琳堂書坊刻本　一冊

330000－1701－0032327　GP02685　史部／金石類
行素草堂金石叢書（孫谿朱氏金石叢書）十六種 （清）朱記榮輯　清光緒吳縣朱氏刻十四年（1888）彙印本　四冊　存一種

330000－1701－0032328　GP09952　史部／傳記類／總傳之屬／忠孝
向張二公傳忠錄二卷 （清）過鑄輯　清光緒梁溪過氏刻本　一冊

330000－1701－0032330　GP02699　史部／傳記類／總傳之屬／技藝
古今楹聯彙刻小傳十二卷首集一卷外集一卷 吳隱輯　清光緒三十二年（1906）西泠印社刻本　二冊

330000－1701－0032332　GP02700　類叢部／叢書類／彙編之屬
滂喜齋叢書五十種 （清）潘祖蔭編　清同治至光緒吳縣潘氏京師刻本　一冊　存一種

330000－1701－0032336　GP02713　史部／金石類／金之屬／圖像
攀古廔彝器款識二卷 （清）潘祖蔭撰　清同治十一年（1872）京師潘氏滂喜齋刻本　二冊

330000－1701－0032338　GP02703　子部／工藝類／日用器物之屬／器具
宣德鼎彝譜八卷 （明）吳中　（明）呂震撰
宣鑪博論一卷 （明）項子京撰　清光緒九年（1883）鉛印本　二冊

330000－1701－0032339　GP09954　類叢部／叢書類／彙編之屬
書三味樓叢書六十五種 （清）張應時編　清嘉慶十年至道光五年（1805－1825）張氏書三味樓刻本　二冊　存三種

330000－1701－0032343　GP09953　經部／小學類／音韻之屬／等韻
翻切入門簡易篇讀法一卷讀法一卷 清刻本　一冊

330000－1701－0032344　GP02720　史部／金石類／玉之屬／圖像
古玉圖攷不分卷 （清）吳大澂撰　清光緒十五年（1889）上海同文書局石印本　四冊

330000－1701－0032346　GP02704　史部／地理類／水利之屬
淡災蠡述一卷 （清）范鳴龢撰　清光緒五年（1879）刻本　一冊

330000－1701－0032347　GP02712　類叢部／叢書類／自著之屬
蕙風叢書七種附一種 況周頤撰　清光緒刻民國十四年（1925）上海中國書店彙印本　一冊　存一種

330000－1701－0032349　GP09962　類叢部/叢書類/彙編之屬
王益吾所刻書十種　王先謙編　清光緒九年至十年(1883－1884)長沙王氏刻本　一册　存一種

330000－1701－0032351　GP02710　類叢部/叢書類/彙編之屬
文選樓叢書三十三種　(清)阮亨編　清嘉慶至道光阮氏刻道光二十二年(1842)阮亨彙印本　三册　存一種

330000－1701－0032352　GP02711　類叢部/叢書類/彙編之屬
文選樓叢書三十三種　(清)阮亨編　清嘉慶至道光阮氏刻道光二十二年(1842)阮亨彙印本　二册　存一種

330000－1701－0032355　GP09974　子部/儒家類/儒學之屬/蒙學
蒙學課本二卷　清光緒二十七年(1901)南洋公學鉛印本　一册

330000－1701－0032358　GP02715　經部/四書類/論語之屬/專著
鄉黨禮說一卷　(清)李林松撰　清光緒五年(1879)通州劉恕刻本　一册

330000－1701－0032361　GP09984　類叢部/叢書類/彙編之屬
貸園叢書初集十二種四十九卷　(清)周永年編　清乾隆五十四年(1789)歷城周氏竹西書屋重編印益都李文藻等刻本　四册　存一種

330000－1701－0032362　GP09975　類叢部/叢書類/彙編之屬
檀几叢書錄要七種　(清)何思鈞輯　清嘉慶二十一年(1816)刻本　一册

330000－1701－0032363　GP02707　子部/藝術類/書畫之屬/題跋
竹懶畫媵一卷續畫媵一卷　(明)李日華撰　清光緒八年(1882)刻本　一册　缺一卷(續畫媵)

330000－1701－0032365　民 104.5/2441/c2　新學/雜著/叢編
哲學叢書　清光緒二十九年(1903)上海商務印書館鉛印本　一册　存一種

330000－1701－0032366　GP09976　史部/地理類/雜志之屬
王梅溪先生會稽三賦四卷　(宋)王十朋撰　(明)南逢吉註　(清)周炳曾增註　清咸豐尺木堂刻本　二册

330000－1701－0032367　GP02716　類叢部/叢書類/彙編之屬
申報館叢書正集五十七種附錄三種續集一百四十二種　(清)尊聞閣主編　蔡爾康編續集　清同治至光緒上海申報館鉛印本　二册　存一種

330000－1701－0032368　GP09955　經部/叢編
沈穀成先生易學四種　(清)沈善登撰　清光緒桐鄉沈氏豫恕堂刻本　一册　存一種

330000－1701－0032369　GP09977　類叢部/叢書類/自著之屬
春在堂全書三十六種　(清)俞樾撰　清同治至光緒刻光緒末彙印本　一册　存二種

330000－1701－0032371　GP09885　集部/別集類/清別集
涪雅堂詩草二卷　(清)吳朝品撰　清光緒二十七年(1901)刻本　一册

330000－1701－0032376　GP09957　集部/別集類/清別集
雙溪草堂全集三十八卷　(清)齊彦槐撰　清道光二十五年(1845)齊學裘刻本　六册　存二十五卷(梅麓詩鈔一至十七、梅麓文鈔一至八)

330000－1701－0032380　GP09968　集部/別集類/清別集
秦川焚餘草六卷首一卷補遺一卷附刻一卷　(清)董平章撰　清光緒二十七年(1901)董氏容齋刻本　五册　存六卷(首、一至五)

330000－1701－0032384　GP09978　集部/總

集類/選集之屬/斷代

唐人試帖四卷 （清）毛奇齡論定 （清）王錫 （清）田易參釋 清康熙刻本 一冊

330000－1701－0032388 GP09979 集部/總集類/選集之屬/斷代

唐人試帖四卷唐七律選四卷 （清）毛奇齡論定 （清）王錫 （清）田易參釋 清康熙刻本 一冊

330000－1701－0032390 GP09980 史部/傳記類/别傳之屬/事狀

蕭張氏節烈事冊一卷 清刻本 一冊

330000－1701－0032391 GP02751 史部/金石類/總志之屬/文字

觀妙齋藏金石文攷略十六卷 （清）李光暎撰 清雍正七年(1729)嘉興李光暎刻本 四冊

330000－1701－0032392 GP02748 子部/藝術類/書畫之屬

紅豆樹館書畫記八卷 （清）陶樑輯 清光緒八年(1882)吴趨潘霨韡園刻本 六冊

330000－1701－0032393 GP02739 史部/傳記類/總傳之屬/技藝

宋元以來畫人姓氏錄三十六卷首一卷 （清）魯駿編 清道光十年(1830)刻本 十二冊

330000－1701－0032394 GP02740 史部/金石類/郡邑之屬

山左金石志二十四卷 （清）畢沅 （清）阮元撰 清嘉慶二年(1797)儀征阮氏小瑯嬛仙館刻本 十二冊

330000－1701－0032395 GP09985 史部/職官類/官箴之屬

夢痕錄節鈔一卷佐治藥言一卷續佐治藥言一卷學治續說一卷說贅一卷 （清）汪輝祖撰 清刻本 三冊

330000－1701－0032396 GP02749 子部/術數類/占卜之屬

河洛精藴九卷 （清）江永撰 清乾隆三十九年(1774)旌德黄聖謙藴真書屋刻五十年(1785)印本 四冊

330000－1701－0032398 GP02753 類叢部/叢書類/彙編之屬

獨抱廬叢刻十一種 （清）陳宗彝編 清道光金陵陳氏刻本 一冊 存一種

330000－1701－0032400 GP09981 子部/儒家類/儒學之屬/蒙學

純正蒙求三卷 （元）胡炳文撰 清光緒五年(1879)茹古閣刻本 一冊

330000－1701－0032401 GP09969 史部/傳記類/總傳之屬/家乘

[浙江海寧]海昌小桃源朱氏三世九節錄不分卷 （清）朱寶篪纂修 清光緒七年(1881)刻本 一冊

330000－1701－0032403 GP02774 子部/藝術類/書畫之屬/畫録

自怡悦齋書畫錄三十卷 （清）張大鏞撰 清道光十二年(1832)虞山張氏刻本 十二冊

330000－1701－0032405 GP09970 史部/傳記類/總傳之屬/家乘

[浙江海寧]海昌小桃源朱氏三世九節錄不分卷 （清）朱寶篪纂修 清光緒七年(1881)刻本 一冊

330000－1701－0032406 GP02757 類叢部/叢書類/彙編之屬

隨盦徐氏叢書十種續編十種 徐乃昌編 清光緒至民國南陵徐氏刻本 二冊 存一種

330000－1701－0032408 GP09982 史部/政書類/邦計之屬

憲定紹郡育嬰堂章程不分卷 （清）紹郡育嬰堂編 清光緒十七年(1891)刻本 一冊

330000－1701－0032412 GP02778 史部/金石類

學古齋金石叢書四集十二種 （清）葛元煦輯 清光緒崇川葛氏學古齋刻本 二冊 存一種

330000－1701－0032414 GP09983 類叢部/叢書類/自著之屬

靜菴遺集二種 （清）左眉撰 清同治十三年

(1874)桐城方氏鉛印本　一册　存一種

330000－1701－0032415　GP09971　經部/叢編

許學叢刻九種　(清)許頌鼎　(清)許溎祥輯　清光緒十三年(1887)海寧許氏古均閣刻本　一册　存一種

330000－1701－0032421　GP09958　集部/總集類/選集之屬/斷代

雜文一卷雜詩一卷　(清)朱郁荃等撰　清刻本　一册

330000－1701－0032422　GP02746　子部/藝術類/書畫之屬/法帖

鐘鼎籀篆大觀不分卷　(清)吴大澂釋　清光緒十三年(1887)上海碧梧山莊石印本　十册

330000－1701－0032423　GP02729　史部/詔令奏議類/奏議之屬

沈文肅公政書七卷首一卷　(清)沈葆楨撰　清光緒十八年(1892)烏石山祠刻本　八册

330000－1701－0032425　GP02730　史部/詔令奏議類/奏議之屬

沈文肅公政書七卷首一卷　(清)沈葆楨撰　清光緒六年(1880)吳門節署刻本　八册

330000－1701－0032426　GP09959　集部/總集類/選集之屬/斷代

雜文一卷雜詩一卷　(清)朱郁荃等撰　清刻本　一册

330000－1701－0032428　GP02731　史部/詔令奏議類/奏議之屬

沈文肅公政書七卷首一卷　(清)沈葆楨撰　清光緒十八年(1892)烏石山祠刻本　八册

330000－1701－0032430　GP02779　史部/傳記類/總傳之屬/技藝

無聲詩史七卷　(清)姜紹書撰　清康熙五十九年(1720)嘉興李光暎觀妙齋刻本　二册

330000－1701－0032431　GP09960　子部/宗教類/道教之屬

仙佛合宗一卷　(明)伍守陽撰　清同治五年(1866)童源發刻本　一册

330000－1701－0032432　GP02758　子部/藝術類/叢編

王氏書畫苑四十六種　(明)王世貞輯　(明)詹景鳳補　清刻本　一册

330000－1701－0032436　GP02780　史部/傳記類/總傳之屬/技藝

無聲詩史七卷　(清)姜紹書撰　清宣統二年(1910)杭州雲林閣石印本　六册

330000－1701－0032439　GP10001　子部/術數類/雜術之屬

游藝錄三種　(清)李汩撰　清光緒二十年(1894)醉月山房刻本　二册　存一種

330000－1701－0032445　GP09990　集部/總集類/選集之屬/斷代

本朝制帖詩選同聲集六卷　(清)胡浚選注

玉堂清課一卷　(清)張麟錫撰　清刻本　二册

330000－1701－0032446　GP09988　經部/四書類/總義之屬

朱柏廬先生大學講義一卷中庸講義二卷　(清)朱用純撰　清光緒二年(1876)江蘇書局刻本　一册　存一卷(大學講義)

330000－1701－0032450　GP02786　子部/藝術類/書畫之屬/總論

胡氏書畫攷三種　(清)胡敬撰　清嘉慶二十一年(1816)刻本　一册　存一種

330000－1701－0032451　民376/0017/c2　新學/學校

教授法原理不分卷　商務印書館編譯所編纂　清光緒三十二年(1906)上海商務印書館鉛印本　一册

330000－1701－0032455　GP02762　類叢部/叢書類/彙編之屬

後知不足齋叢書四十七種　(清)鮑廷爵編　清同治至光緒常熟鮑氏刻本　一册　存一種

330000－1701－0032456　GP09991　集部/别

集類/清别集
三壬室已刻稿合編一卷 (清)曾之撰撰 (清)曾寶章輯 清光緒三年(1877)明瑟山莊刻本 一册

330000－1701－0032462 GP09989 史部/傳記類/别傳之屬/事狀
欽旌孝婦孝女二傳不分卷 (清)陶方琦撰 清光緒刻本 一册

330000－1701－0032465 GP09986 集部/别集類/清别集
鴻逸堂稿五卷 (清)王焯撰 清康熙刻本 四册

330000－1701－0032469 GP02808 子部/藝術類/書畫之屬
瞶瞶齋書畫記四卷 (清)謝誠鈞撰 清末刻本 一册

330000－1701－0032471 GP09987 經部/群經總義類/傳説之屬
經學五種 清乾隆藤花榭刻本 十册

330000－1701－0032473 GP10003 經部/叢編
萬充宗先生經學五書 (清)萬斯大撰 清乾隆二十四年至二十六年(1759－1761)辨志堂刻本 六册

330000－1701－0032475 GP10004 類叢部/叢書類/自著之屬
張皐文箋易詮全集十六種 (清)張惠言撰 清嘉慶八年至道光十年(1803－1830)刻本 一册 存一種

330000－1701－0032477 GP09993 經部/周禮類/傳説之屬
周禮政要二卷 (清)孫詒讓撰 清光緒二十八年(1902)瑞安普通學堂刻本 二册

330000－1701－0032478 GP10007 史部/政書類/律令之屬/刑制
秋讞輯要六卷 (清)剛毅輯 清光緒十年(1884)刻本 六册

330000－1701－0032480 GP10006 經部/小學類/訓詁之屬/方言
輶軒使者絶代語釋别國方言十三卷首一卷 (漢)揚雄撰 (晉)郭璞注 **續方言二卷** (清)杭世駿撰 **續方言補一卷** (清)程際盛撰 清光緒十七年(1891)長沙思賢講舍刻本 二册

330000－1701－0032483 GP10008 子部/醫家類/推拿按摩外治之屬
理瀹駢文摘要不分卷附録應驗諸方一卷 (清)吴師機撰 清光緒七年(1881)羊城愛育善堂刻本 四册

330000－1701－0032484 GP02768 類叢部/叢書類/彙編之屬
懷豳雜俎十二種 徐乃昌編 清光緒至宣統南陵徐氏刻本 一册 存一種

330000－1701－0032486 GP10009 集部/詞類/類編之屬
詞學叢書六種 (清)秦恩復編 清嘉慶至道光江都秦恩復享帚精舍刻本 一册 存一種

330000－1701－0032488 GP02772 史部/雜史類/斷代之屬
蜀碧四卷附記一卷 (清)彭遵泗撰 清刻本 二册

330000－1701－0032492 GP02802 子部/藝術類/書畫之屬/畫録
寶繪録二十卷 (明)張泰階輯 清長塘鮑氏知不足齋刻本 八册

330000－1701－0032494 GP02811 集部/别集類/清别集
竹生吟館墨竹詩草二卷 (清)周師濂撰 清光緒十一年(1885)會稽周氏刻本 一册

330000－1701－0032495 GP09994 集部/别集類/清别集
秋漁答唱一卷 (清)蕭鳳韶撰 清光緒三十四年(1908)廣西官書局印刷所鉛印本 一册

330000－1701－0032496 GP02815 子部/農家農學類/園藝之屬/蔬菜

菜譜不分卷 （明）徐夢麦撰 清末抄本 二册

330000－1701－0032497 GP02803 子部/藝術類/書畫之屬/畫録
寶繪錄二十卷 （明）張泰階輯 清長塘鮑氏知不足齋刻本 六册

330000－1701－0032498 GP10017 集部/别集類/清别集
淵雅堂全集五十六卷（淵雅堂編年詩藁二十卷惕甫未定藁二十六卷淵雅堂詩外集二卷瑤想詞一卷讀賦卮言一卷淵雅堂文外集四卷淵雅堂編年詩續稾一卷淵雅堂文續稾一卷） （清）王芑孫撰 **波餘遺藁一卷首一卷附錄二卷** （清）王翼孫撰 **寫韻軒小藁二卷** （清）曹貞秀撰 清嘉慶八年至二十五年（1803－1820）刻增修本 一册 存四卷（波餘遺稿、首、附錄一至二）

330000－1701－0032500 GP10014 史部/政書類/律令之屬/律例
讀律心得三卷蜀僚問答二卷 （清）劉衡撰 清末刻本 一册

330000－1701－0032501 GP02812 子部/工藝類/文房四寶之屬/墨
墨表四卷 （清）萬壽祺撰 清光緒二十六年（1900）蕭山陳大昀兼廬刻本 一册

330000－1701－0032502 GP02816 子部/宗教類/其他宗教之屬/基督教
景教碑文紀事攷正一卷 （清）楊榮鋕撰 清光緒二十七年（1901）思賢書局刻本 楊樹達批並題記 章嶔題記 一册

330000－1701－0032506 GP10019 集部/總集類/彙編之屬
漢魏六朝一百三家集（漢魏六朝百三名家集） （明）張溥編 明婁東張氏刻本 一册 存一種

330000－1701－0032507 GP10027 史部/政書類
奏定陸軍營制餉章不分卷 （清）奕劻等撰 清光緒刻本 一册

330000－1701－0032508 GP10015 類叢部/叢書類/彙編之屬
郋園先生全書一百二十九種 葉啓倬編 清光緒至民國刻民國二十四年（1935）長沙中國古書刻印社彙印本 二册 存一種

330000－1701－0032509 GP10028 新學/算學/曲綫
圓錐曲線一卷 （美國）求德生譯 （清）劉維師筆述 清光緒十九年（1893）上海美華書館鉛印本 一册

330000－1701－0032511 GP02817 子部/農家農學類/水產之屬
閩中海錯疏三卷附錄一卷 （明）屠本畯撰 清抄本 一册

330000－1701－0032513 GP10016 集部/别集類/清别集
味某華館詩初集六卷二集四卷 （清）陳鴻誥撰 清咸豐元年（1851）刻本 一册 存四卷（二集一至四）

330000－1701－0032514 GP10029 集部/别集類/清别集
素心蘭室詩鈔二卷 （清）陸應暄撰 清刻本 一册

330000－1701－0032515 GP10020 類叢部/叢書類/彙編之屬
廣雅書局叢書一百五十九種 徐紹棨編 清光緒廣雅書局刻民國九年（1920）番禺徐紹棨彙編重印本 一册 存一種

330000－1701－0032518 GP02818 子部/藝術類/書畫之屬/題跋
覞園煙墨箸錄正編一卷附編一卷 （清）徐堅撰 （清）許兆熊輯 清嘉慶十九年（1814）石契齋刻本 一册

330000－1701－0032520 GP10021 史部/傳記類/别傳之屬/年譜
吴竹如先生［廷棟］年譜一卷 （清）方宗誠編 清光緒四年（1878）畿輔志局刻本 一册

330000－1701－0032521　GP02825　類叢部/叢書類/自著之屬

張師筠著述三種　(清)張燮承撰　清咸豐九年至同治十一年(1859－1872)刻本　一册　存一種

330000－1701－0032524　GP02819　子部/工藝類/文房四寶之屬/墨

論墨絕句詩一卷　(清)謝崧岱撰　清光緒十九年(1893)湘鄉謝氏犨經榭刻本　一册

330000－1701－0032525　GP02826　子部/雜著類/雜纂之屬

湘煙錄十六卷　(明)閔元京　(明)凌義渠輯　清嘉慶六年(1801)凌氏鳳笙閣刻本　四册

330000－1701－0032527　GP02822　子部/天文曆算類/算書之屬

緝古算經攷注二卷　(唐)王孝通撰並注　(清)李潢考注　清道光十二年(1832)吳蘭修刻本　四册

330000－1701－0032528　GP02827　子部/雜著類/雜纂之屬

湘煙錄十六卷　(明)閔元京　(明)凌義渠輯　清嘉慶六年(1801)凌氏鳳笙閣刻本　二册

330000－1701－0032529　GP02823　子部/雜著類/雜纂之屬

經餘必讀八卷　(清)雷琳　(清)錢樹棠　(清)錢樹立輯　清嘉慶八年(1803)大中堂刻本　四册

330000－1701－0032531　GP10031　子部/藝術類/書畫之屬/書法書品

翰林要訣不分卷　(清)祁世長撰　清光緒五年(1879)京都琉璃廠酉山堂書坊刻本　一册

330000－1701－0032532　GP02824　子部/雜著類/雜纂之屬

經餘必讀八卷　(清)雷琳　(清)錢樹棠　(清)錢樹立輯　清嘉慶八年(1803)大中堂刻本　二册

330000－1701－0032533　GP02830　史部/史表類/通代之屬

御定歷代紀事年表一百卷歷代三元甲子編年一卷　(清)龔士炯撰　(清)王之樞等續撰　清康熙五十四年(1715)刻本(卷四至八配抄本)　六十四册

330000－1701－0032538　GP10036　集部/總集類/彙編之屬

槜李曹氏圖册合刻不分卷　(清)曹咸熙編　清光緒九年(1883)桂林曹氏迎旭齋刻本　一册

330000－1701－0032541　GP10059　集部/別集類

吟月樓詩草一卷　(清)潘普恩撰　清光緒三十一年(1905)刻本　一册

330000－1701－0032542　GP02843　子部/藝術類/遊藝之屬/棋弈

睫巢鏡影十二卷　(清)童叶庚撰　清光緒十六年(1890)武林任有容齋刻本　二册

330000－1701－0032546　GP10034　集部/別集類/清別集

雲怡館試帖詩四卷　(清)張伯笏撰　(清)張壽曾　(清)張壽慈輯註　清光緒十五年(1889)刻本　四册

330000－1701－0032548　GP02845　子部/藝術類/書畫之屬/畫録

國朝畫識十七卷墨香居畫識十卷　(清)馮金伯撰　清乾隆刻道光十一年(1831)增補本　八册　存十七卷(一至十七)

330000－1701－0032550　GP10061　子部/天文曆算類/天文之屬

古今彗星攷不分卷　(清)葉青編　清宣統二年(1910)上海時中書局鉛印本　二册

330000－1701－0032551　GP10025　集部/別集類/清別集

採風詩三集五卷四集八卷　(清)湯國泰撰　清同治刻本　八册　缺一卷(四集八)

330000－1701－0032552　GP10068　新學/雜著/叢編

西學啓蒙十六種　(英國)赫德編　(英國)艾

紉瑟譯　清光緒二十四年(1898)上海盈記書莊石印本　一册　存一種

330000－1701－0032554　GP02858　經部/詩類/專著之屬

毛詩品物圖攷七卷　(日本)岡元鳳纂輯　(日本)橘國雄繪圖　清宣統二年(1910)上海掃葉山房石印本　二册

330000－1701－0032561　GP10064　史部/詔令奏議類/奏議之屬

南海先生五上書記一卷　康有爲撰　清光緒二十三年(1897)上海大同譯書局石印本　一册

330000－1701－0032565　GP10065　史部/詔令奏議類/奏議之屬

公車上書記一卷　康有爲撰　清光緒二十一年(1895)上海石印書局石印本　一册

330000－1701－0032567　GP02859　類叢部/叢書類/彙編之屬

粤雅堂叢書一百八十五種　(清)伍崇曜編　清道光二十九年至光緒十一年(1849－1885)南海伍氏刻彙印本　一册　存二種

330000－1701－0032569　GP02834　子部/天文曆算類/算書之屬

器象顯真四卷圖一卷　(英國)白力蓋輯　(英國)傅蘭雅口譯　(清)徐建寅刪述　(清)曹鍾秀摹圖　清光緒刻本　三册

330000－1701－0032573　民 374.1/8165/c3　新學/學校

修學篇不分卷　(日本)飯泉規矩三撰　蔣震方譯　清光緒二十八年(1902)上海廣智書局鉛印本　一册

330000－1701－0032575　GP10071　史部/政書類/律令之屬/治獄

新刻校正音釋詞家便覽蕭曹遺筆四卷　(清)閒閒子訂註　清末上海錦章圖書局石印本　一册

330000－1701－0032577　GP02868　史部/金石類/金之屬/圖像

泊如齋重修宣和博古圖錄三十卷　(宋)王黼等撰　明萬曆十六年(1588)泊如齋刻本　二十册

330000－1701－0032579　GP02852　子部/藝術類/篆刻之屬

適園印印一卷　(清)吳咨篆　**吳聖俞傳一卷**　(清)汪昉撰　清宣統三年(1911)石印本　一册

330000－1701－0032580　民 374.1/8165/c2　新學/學校

修學篇不分卷　(日本)飯泉規矩三撰　蔣震方譯　清光緒二十八年(1902)上海廣智書局鉛印本　一册

330000－1701－0032583　GP02871　子部/儒家類/儒學之屬

大學衍義體要十六卷　(清)徐桐輯　清光緒刻本　八册

330000－1701－0032584　GP02867　史部/金石類/錢幣之屬/文字

欽定錢錄十六卷　(清)梁詩正等撰　清光緒五年(1879)茹古堂刻本　四册

330000－1701－0032585　GP10081　集部/總集類/選集之屬/斷代

唐賢三昧集三卷　(清)王士禛輯　清末石印本　三册

330000－1701－0032588　GP10073　新學/史志/政記

九九新論二卷　(美國)林樂知撰　蔡爾康述纂　清光緒二十六年(1900)上海廣學會譯著圖書集成局鉛印本　二册

330000－1701－0032589　GP02874　史部/金石類/郡邑之屬/文字

常山貞石志二十四卷　(清)沈濤撰　清道光二十二年(1842)刻本　八册

330000－1701－0032590　GP02869　史部/金石類/總志之屬/圖像

三古圖三種　(清)黄晟輯　明萬曆三十一年(1603)吳萬化寶古堂刻清乾隆十八年(1753)

天都黄晟亦政堂重修本　二十册　存二種

330000－1701－0032594　GP10078　集部/小說類/短篇之屬
繪圖情史二十四卷　(清)詹詹外史評輯　清宣統元年(1909)北京自強書局石印本　六册

330000－1701－0032597　GP10079　史部/史評類/史論之屬
評選船山史論二卷　(清)王夫之撰　林紓評選　清宣統二年(1910)上海商務印書館鉛印本　二册

330000－1701－0032598　GP02878　史部/金石類/總志之屬
退庵金石書畫跋二十卷　(清)梁章鉅撰　清道光二十五年(1845)刻本　八册

330000－1701－0032600　GP02883　史部/詔令奏議類/奏議之屬
凌忠介公奏疏六卷　(明)凌義渠撰　清光緒四年(1878)刻本　清林戠增跋　二册

330000－1701－0032602　GP02888　經部/小學類/訓詁之屬/爾雅
爾雅蒙求二卷　(清)李拔式撰　清嘉慶三年(1798)刻本　二册

330000－1701－0032604　GP02879　史部/金石類/總志之屬
退庵金石書畫跋二十卷　(清)梁章鉅撰　清道光二十五年(1845)刻本　十册

330000－1701－0032605　GP02882　史部/金石類/郡邑之屬
墨妙亭碑目攷二卷附攷一卷　(清)張鑑撰　清光緒十年(1884)江蘇書局刻本　二册

330000－1701－0032606　GP02889　經部/小學類/訓詁之屬/爾雅
爾雅蒙求二卷　(清)李拔式撰　清嘉慶三年(1798)刻本　一册

330000－1701－0032607　GP02886　經部/四書類/論語之屬/傳說
朱子論語集注訓詁攷二卷　(清)潘衍桐輯　清光緒十七年(1891)浙江書局刻本　一册

330000－1701－0032608　GP02890　新學/圖學/測繪
繪地法原一卷附表一卷圖一卷　(美國)金楷理口譯　(清)王德均筆述　清光緒江南製造局刻本　一册

330000－1701－0032610　GP02885　類叢部/叢書類/彙編之屬
稗海四十八種續集二十二種　(明)商濬編　明萬曆商氏半埜堂刻清康熙至乾隆修補重訂本　二册　存一種

330000－1701－0032611　GP02915　類叢部/叢書類/自著之屬
朱子遺書初刻八種二刻七種　(宋)朱熹撰　清康熙禦兒呂氏寶誥堂刻本　三册　存一種

330000－1701－0032616　GP02892　史部/金石類/總志之屬/圖像
求古精舍金石圖四卷　(清)陳經撰　清嘉慶十八年至二十二年(1813－1817)烏程陳經說劍樓刻本　六册

330000－1701－0032618　GP10056　類叢部/叢書類/自著之屬
隨園三十種　(清)袁枚撰　清同治五年(1866)三讓睦記刻本　二册　存一種

330000－1701－0032620　GP10086　類叢部/叢書類/自著之屬
汪雙池先生叢書二十種　(清)汪紱撰　清道光至光緒刻光緒二十三年(1897)長安趙舒翹等彙印本　八册　存一種

330000－1701－0032621　GP10057　子部/術數類
百二漢鏡齋祕書四種　(清)程芝雲輯　清道光三年至四年(1823－1824)湖邊程氏百二漢鏡齋刻本　四册

330000－1701－0032623　GP10087　類叢部/叢書類/彙編之屬
玉海堂景宋元本叢書　劉世珩編　清光緒至民國貴池劉氏玉海堂影刻本　二册　存一種

330000－1701－0032629　GP10088　經部/易類/傳說之屬

陸堂易學十卷首一卷　(清)陸奎勳撰　清乾隆元年(1736)刻本　十冊

330000－1701－0032630　GP02898　類叢部/叢書類/彙編之屬

嘯園叢書五十七種　(清)葛元煦編　清光緒二年至七年(1876－1881)仁和葛氏刻本　一冊　存一種

330000－1701－0032631　GP10085　類叢部/叢書類/彙編之屬

小萬卷樓叢書十七種　(清)錢培名輯　清光緒四年(1878)金山錢氏刻本　二冊　存一種

330000－1701－0032635　GP02907　類叢部/叢書類/彙編之屬

嘯園叢書五十七種　(清)葛元煦編　清光緒二年至七年(1876－1881)仁和葛氏刻本　一冊　存一種

330000－1701－0032636　GP02906　子部/藝術類/遊藝之屬/棋弈

居易堂圍棊新譜六卷首一卷　(清)沈賦撰　清康熙刻本　四冊

330000－1701－0032639　GP10089　類叢部/叢書類/彙編之屬

小石山房叢書三十八種　(清)顧湘編　清道光刻同治十三年(1874)虞山顧氏補刻本　一冊　存一種

330000－1701－0032640　GP10090　史部/政書類/通制之屬

白話城鎮鄉應辦自治各事宣講本一卷附錄本處勸諭土客毋生意見文一卷　(清)浙江地方自治籌辦處輯　清宣統元年(1909)浙江地方自治籌辦處鉛印本　一冊

330000－1701－0032641　GP10099　史部/地理類/方志之屬/郡縣志

[嘉慶]孝感里志十二卷首一卷　(清)張廉纂　清嘉慶二十四年(1819)暨陽芝泉張氏木活字印本　四冊

330000－1701－0032642　GP02913　類叢部/叢書類/自著之屬

留書種閣集九種　(清)黃炳垕撰　清同治六年至光緒二十年(1867－1894)餘姚黃氏留書種閣刻本　一冊　存一種

330000－1701－0032643　GP02908　集部/總集類/選集之屬/斷代

讀全唐詩抄三十八卷首一卷末一卷　(清)金世綬輯　清嘉慶二十四年(1819)秋籟軒刻本　十二冊

330000－1701－0032644　GP02887　新學/工藝

照相鏤板印圖法一卷　(美國)貝列尼撰　(美國)衛理譯　(清)王汝駧譯　清光緒二十六年(1900)江南製造局刻本　一冊

330000－1701－0032647　GP10102　史部/金石類/金之屬/圖像

亦政堂重修宣和博古圖録三十卷　(宋)王黼等撰　(清)黃晟輯　**亦政堂重修考古圖十卷**　(宋)呂大臨撰　**亦政堂重考古玉圖二卷**　(元)朱德潤撰　明萬曆三十一年(1603)吳萬化刻清乾隆十八年(1753)天都黃晟重修本　一冊　存二卷(古玉圖一至二)

330000－1701－0032648　GP10091　史部/政書類/公牘檔冊之屬

石封官書二卷　清宣統二年(1910)鉛印本　二冊

330000－1701－0032650　GP10092　類叢部/叢書類/自著之屬

橘蔭軒全集七種　(清)陳錦撰　清光緒山陰陳氏橘蔭軒刻本　一冊　存一種

330000－1701－0032651　GP10093　類叢部/叢書類/自著之屬

橘蔭軒全集七種　(清)陳錦撰　清光緒山陰陳氏橘蔭軒刻本　一冊　存一種

330000－1701－0032652　GP02909　類叢部/叢書類/彙編之屬

埽葉山房叢鈔二十六種　(清)席威編　清同

治至光緒刻光緒九年(1883)彙印本　六冊　存一種

330000－1701－0032654　GP02916　子部/藝術類/遊藝之屬/棋弈

奕學會海四卷　(清)董耀輯　清康熙三十七年(1698)京都文錦堂刻本　四冊

330000－1701－0032655　GP02914　史部/傳記類/總傳之屬/技藝

宋元以來畫人姓氏錄三十六卷首一卷　(清)魯駿編　清道光十年(1830)刻本　十六冊

330000－1701－0032656　GP02917　類叢部/叢書類/自著之屬

邃雅堂全集九種　(清)姚文田撰　清嘉慶至光緒歸安姚氏刻本　四冊　存一種

330000－1701－0032657　GP02918　史部/金石類

學古齋金石叢書四集十二種　(清)葛元煦輯　清光緒崇川葛氏學古齋刻本　十六冊

330000－1701－0032658　GP10094　子部/宗教類/佛教之屬

四教義六卷　(隋)釋智顗撰　清刻本　二冊

330000－1701－0032659　GP10100　類叢部/叢書類/自著之屬

五研齋全集四種　(清)沈赤然撰　清嘉慶刻本　四冊　存一種

330000－1701－0032660　GP02912　史部/傳記類/總傳之屬/技藝

墨林今話十八卷　(清)蔣寶齡撰　**墨林今話續編一卷**　(清)蔣茝生撰　清咸豐二年(1852)刻本　六冊

330000－1701－0032661　GP02910　史部/傳記類/總傳之屬/技藝

墨林今話十八卷　(清)蔣寶齡撰　**墨林今話續編一卷**　(清)蔣茝生撰　清宣統三年(1911)掃葉山房石印本　六冊

330000－1701－0032665　GP10101　類叢部/叢書類/自著之屬

五研齋全集四種　(清)沈赤然撰　清嘉慶刻本　一冊　存一種

330000－1701－0032666　GP10096　子部/雜著類/雜說之屬

墨子經說解二卷　(清)張惠言撰　清宣統元年(1909)國學保存會據手稿本影印本　一冊

330000－1701－0032668　GP10097　類叢部/叢書類/自著之屬

古桐書屋六種　(清)劉熙載撰　清同治至光緒刻本　三冊　存一種

330000－1701－0032669　GP10105　子部/兵家類/兵法之屬

素書一卷　(明)涵虛子註　清光緒六年(1880)常州道生堂刻本　一冊

330000－1701－0032670　GP02919　史部/金石類/石之屬

寶刻類編八卷　(宋)□□撰　清道光十八年(1838)東武劉氏十七樹梅花山館臨汀郡齋刻本　四冊

330000－1701－0032671　GP02920　子部/藝術類/書畫之屬/畫法畫品

畫學心印八卷　(清)秦祖永輯　清光緒四年(1878)梁溪秦氏刻朱墨套印本　八冊

330000－1701－0032672　GP10108　經部/叢編

萬充宗先生經學五書　(清)萬斯大撰　清乾隆二十四年至二十六年(1759－1761)辨志堂刻本　四冊

330000－1701－0032673　GP02924　史部/金石類/郡邑之屬/目録

安陽縣金石錄十二卷補遺一卷　(清)武億(清)趙希璜撰　清嘉慶四年(1799)刻本　四冊

330000－1701－0032674　GP02931　史部/史評類/史論之屬

古今治統二十卷續刻一卷　(明)徐奮鵬撰　清雍正元年(1723)槐柳齋刻乾隆十二年(1747)續刻本　八冊

330000－1701－0032675　GP02928　經部/小學類/文字之屬/字書/字體
繆篆分韻五卷補一卷　(清)桂馥輯　清光緒歸安姚氏咫進齋刻本　二冊

330000－1701－0032677　GP10106　類叢部/叢書類/彙編之屬
振綺堂叢刊八種　(清)□□輯　清嘉慶至光緒汪氏振綺堂刻本　一冊　存二種

330000－1701－0032684　GP10098　史部/雜史類/斷代之屬
吴越春秋十卷　(漢)趙曄撰　(宋)徐天祜音注　清光緒南陵徐氏刻朱印本　四冊

330000－1701－0032686　GP10107　子部/天文曆算類/算書之屬
翠薇山房數學十四種　(清)張作楠撰　清嘉慶至道光金華張氏翠薇山房刻光緒五年(1879)重修本　二十四冊

330000－1701－0032688　GP02932　類叢部/叢書類/家集之屬
觀古閣叢刻十五種　(清)鮑康編　清嘉慶十一年至光緒二十一年(1806－1895)歙縣鮑氏刻本　二冊　存三種

330000－1701－0032689　GP10109　集部/別集類/清別集
陳迦陵文集六卷儷體文集十卷迦陵詞三十卷　(清)陳維崧撰　清康熙二十八年(1689)陳宗石患立堂刻本　二冊　存六卷(一至六)

330000－1701－0032690　GP02933　子部/雜著類/雜說之屬
恩福堂筆記二卷　(清)英和撰　清道光十七年(1837)刻本　一冊

330000－1701－0032692　GP02927　類叢部/叢書類/彙編之屬
別下齋叢書初集二十三種　(清)蔣光煦編　清道光海昌蔣氏別下齋刻本　四冊　存一種

330000－1701－0032693　GP02934　子部/雜著類/雜說之屬
恩福堂筆記二卷　(清)英和撰　清道光十七年(1837)刻本　四冊

330000－1701－0032695　GP10110　集部/別集類/清別集
測海集六卷　(清)彭紹升撰　清嘉慶二十四年(1819)刻本　四冊

330000－1701－0032697　GP10031/1/1　類叢部/叢書類/彙編之屬
三品彙刊三種　清光緒五年(1879)滋本堂刻本　一冊　存二種

330000－1701－0032698　GP02935　類叢部/叢書類/彙編之屬
靈鶼閣叢書五十六種　(清)江標編　清光緒元和江氏湖南使院刻本　一冊　存二種

330000－1701－0032699　GP10031/1/2　子部/儒家類/儒學之屬/禮教
聖諭廣訓一卷　(清)世宗胤禛撰　清光緒五年(1879)滋本堂刻本　一冊

330000－1701－0032701　GP10119　類叢部/叢書類/自著之屬
葵園四種　王先謙撰　清光緒至民國長沙王氏刻本　三冊　存一種

330000－1701－0032702　GP10031/1/3　史部/政書類/儀制之屬/專志/科舉校規
科名金鍼不分卷　(清)毛昶熙輯　清光緒元年(1875)刻本　一冊

330000－1701－0032704　GP10120　集部/別集類/明別集
程文恭公遺稿三十二卷　(明)程文德撰　**松谿程先生[文德]年譜一卷**　(明)姜寶編　明萬曆十二年(1584)永康程光裕刻清咸豐至光緒補刻本　賈欽召題記　一冊　存一卷(松谿程先生年譜)

330000－1701－0032705　GP02941　史部/金石類/郡邑之屬
金石一隅錄一卷　(清)段嘉謨撰　清道光二年(1822)如見齋刻本　一冊

330000－1701－0032706　民336.8924/3233

史部/政書類/邦計之屬

浙江財政説明書二卷　(清)浙江清理財政局編　清末石印本　李次九題記　六册

330000－1701－0032708　GP02936　類叢部/叢書類/彙編之屬

當歸草堂叢書八種　(清)丁丙編　清同治二年至五年(1863－1866)錢塘丁氏刻本　八册

330000－1701－0032709　GP02945　類叢部/叢書類/彙編之屬

崇文書局彙刻書三十一種　(清)崇文書局編　清光緒元年至三年(1875－1877)湖北崇文書局刻本　四册　存一種

330000－1701－0032710　GP02944　史部/傳記類/總傳之屬/技藝

國朝書畫名家考畧四卷　(清)晏棣撰　清道光十七年(1837)刻本　二册

330000－1701－0032712　GP10031/1/4　史部/史評類/史論之屬

讀史論畧一卷　(清)杜詔撰　清光緒三年(1877)京都敬業堂刻本　一册

330000－1701－0032714　GP10121　集部/別集類/明別集

程文恭公遺稿三十二卷　(明)程文德撰　**松谿程先生[文德]年譜一卷**　(明)姜寶編　明萬曆十二年(1584)永康程光裕刻清咸豐至光緒補刻本　胡宗賢題記　一册　存一卷(松谿程先生年譜)

330000－1701－0032715　GP02946　經部/易類/傳説之屬

周易用初四卷　(清)杜宗嶽撰　清道光二十二年(1842)寳孺堂刻本　八册

330000－1701－0032717　GP02947　史部/金石類/璽印之屬

兩罍軒印考漫存九卷　(清)吳雲藏並輯　清光緒七年(1881)刻鈐印本　四册

330000－1701－0032719　GP10122　史部/傳記類/別傳之屬/年譜

王文肅公[錫爵]年譜二卷　(明)王衡編　(清)王時敏續編　清光緒十九年(1893)長沙太倉王恂刻本　二册

330000－1701－0032720　GP02937　類叢部/叢書類/彙編之屬

當歸草堂叢書八種　(清)丁丙編　清同治二年至五年(1863－1866)錢塘丁氏刻本　八册

330000－1701－0032721　GP10136　集部/別集類/清別集

侶樊草堂詩鈔六卷　(清)黎原超撰　清光緒十年(1884)江西刻本　二册

330000－1701－0032722　GP10031/1/5　經部/小學類/文字之屬/字書

臨文便覽不分卷　(清)龍光甸輯　清光緒五年(1879)京都琉璃廠名德堂刻本　一册

330000－1701－0032728　GP10137　集部/別集類/清別集

於斯閣詩鈔六卷　(清)陸素生撰　清嘉慶二十三年(1818)刻本　二册

330000－1701－0032730　GP02953　子部/雜著類/雜考之屬

古今釋疑十八卷附録一卷　(清)方中履撰　清康熙二十一年(1682)汗青閣刻本　十二册

330000－1701－0032732　GP10031/1/6　史部/傳記類/別傳之屬/事狀

吳柳堂先生誄文一卷　(清)□□輯　清光緒六年(1880)刻本　二册

330000－1701－0032733　GP02956　子部/道家類

莊子集釋十卷　(清)郭慶藩撰　清光緒二十年(1894)思賢講舍刻本　章嶔題記　八册

330000－1701－0032736　民371.124/3237　史部/政書類/公牘檔册之屬

浙江省學務處章程不分卷　清末刻本　一册

330000－1701－0032737　GP10138　集部/別集類/清別集

於斯閣詩鈔六卷　(清)陸素生撰　清嘉慶二十三年(1818)刻本　二册

330000－1701－0032739　GP10124、GP10125、GP10126　史部/紀傳類/正史之屬
遼金元三史語解四十六卷　(清)高宗弘曆敕撰　清光緒四年(1878)江蘇書局刻本　十冊

330000－1701－0032741　GP10113　集部/別集類/清別集
隱霞詩鈔七卷　(清)劉本傑撰　清同治刻本　二冊

330000－1701－0032744　GP02957　子部/道家類
莊子集釋十卷　(清)郭慶藩撰　清光緒二十年(1894)思賢講舍刻本　十冊

330000－1701－0032750　GP02955　類叢部/叢書類/自著之屬
用六居士所著書五種　(清)刁包撰　清道光至同治刁懷瑾順積樓刻本　二冊　存一種

330000－1701－0032751　GP10031/1/7　子部/藝術類/書畫之屬/書法書品
增補分部書法正傳不分卷　(清)蔣和撰　清光緒十三年(1887)京都琉璃廠西山堂書肆刻本　一冊

330000－1701－0032752　GP10142　史部/詔令奏議類/奏議之屬
同治大婚禮節一卷　(清)禮部輯　清同治刻本　一冊

330000－1701－0032754　GP10143　史部/詔令奏議類/奏議之屬
同治大婚禮節一卷　(清)禮部輯　清同治刻本　一冊

330000－1701－0032755　GP10144　史部/政書類/儀制之屬/典禮
[同治]大婚禮節一卷　(清)禮部輯　清同治刻本　一冊

330000－1701－0032756　GP10116　史部/傳記類/別傳之屬/事狀
太常袁公[袁昶]行略一卷附一卷　袁允橚等撰　清光緒三十一年(1905)商務印書館石印本　一冊

330000－1701－0032757　GP10127　類叢部/叢書類/家集之屬
洪氏晦木齋叢書二十種　(清)洪汝奎編　清同治八年至宣統元年(1869－1909)刻本　四冊　存四種

330000－1701－0032759　GP02958、GP02967　子部/叢編
子書百家　(清)崇文書局編　清光緒元年(1875)湖北崇文書局刻本　三冊　存二種

330000－1701－0032762　GP10145　史部/傳記類/別傳之屬/事狀
江忠烈公[忠源]行狀一卷附江壯節公[忠濟]行狀一卷　(清)左宗棠　(清)郭嵩燾撰　清同治十二年(1873)刻本　一冊

330000－1701－0032769　GP02969　類叢部/叢書類/自著之屬
草廬吳文正公全書十三種　(元)吳澄撰　清乾隆初吳氏刻二十一年(1756)萬璜校刻道光補刻彙印本　一冊　存一種

330000－1701－0032770　GP02971　經部/小學類/文字之屬/字書
班馬字類五卷　(宋)婁機撰　清揚州馬氏小玲瓏山館刻吳興倪氏苕溪經鉏堂印本　二冊

330000－1701－0032771　GP02982　經部/小學類/文字之屬/字書/字體
漢隸字源五卷碑目一卷附字一卷　(宋)婁機撰　清光緒三年(1877)川東官舍刻本　六冊

330000－1701－0032772　GP02968　子部/叢編
子書百家　(清)崇文書局編　清光緒元年(1875)湖北崇文書局刻本　二冊　存一種

330000－1701－0032773　GP10156　集部/別集類/元別集
牆東類稿二十卷首一卷補遺文一卷補遺詩一卷　(元)陸文奎撰　(清)陸煒輯　清道光十九年(1839)江陰陸氏世德堂刻本　六冊

330000－1701－0032774　GP02983　經部/小學類/文字之屬/字書/字體

隸韻十卷碑目一卷 (宋)劉球撰 **碑目攷證一卷** (清)翁方綱撰 清嘉慶十五年(1810)秦恩復刻本 十二册

330000－1701－0032776 GP02972 經部/小學類/文字之屬/字書

班馬字類五卷 (宋)婁機撰 清揚州馬氏小玲瓏山館刻本 一册

330000－1701－0032778 GP10128 類叢部/叢書類/家集之屬

洪氏晦木齋叢書二十種 (清)洪汝奎編 清同治八年至宣統元年(1869－1909)刻本 四册 存四種

330000－1701－0032779 GP10157 子部/藝術類/書畫之屬/書法書品

墨池編二十卷 (宋)朱長文撰 **印典八卷** (清)朱象賢輯 清雍正十一年(1733)吳郡朱氏刻本 八册

330000－1701－0032780 GP02962 經部/易類/傳說之屬

讀易隨筆三卷 (清)吳大廷撰 清同治十二年(1873)刻本 三册

330000－1701－0032782 GP02972/1 經部/小學類/文字之屬/字書

班馬字類五卷 (宋)婁機撰 清揚州馬氏小玲瓏山館刻本 一册

330000－1701－0032783 GP02954 史部/傳記類/科舉録之屬

海寧采芹錄二卷 朱逢辰輯 清宣統三年(1911)鉛印本 二册

330000－1701－0032785 GP10130 子部/儒家類/儒學之屬/蒙學

小學韻語一卷 (清)羅澤南撰 清末浙江書局刻本 一册

330000－1701－0032786 GP10131 子部/儒家類/儒學之屬/蒙學

小學韻語一卷 (清)羅澤南撰 清末浙江書局刻本 一册

330000－1701－0032787 GP02973 經部/群經總義類/傳說之屬

匏瓜錄十卷 (清)芮長恤撰 清光緒十年(1884)毘陵懷永堂惲氏刻本 六册

330000－1701－0032789 GP02989 子部/儒家類/儒學之屬/性理

定志編三卷 (明)孫揚輯 清康熙三十八年(1699)位思堂刻本 二册

330000－1701－0032790 GP02996 經部/四書類/孟子之屬/傳說

孟子師說七卷 (清)黃宗羲撰 清道光十一年(1831)姚江王氏刻本 二册

330000－1701－0032794 GP02990 類叢部/叢書類/家集之屬

學壽堂叢書十二種 徐紹楨編 清咸豐至光緒番禺徐氏梧州刻本 一册 存一種

330000－1701－0032797 GP10158 史部/傳記類/別傳之屬/年譜

蓉裳公[楊芳燦]自訂年譜一卷 (清)楊芳燦撰 (清)余一鼇補編 清光緒十三年(1887)無錫楊氏木活字印本 詩狂跋 一册

330000－1701－0032799 GP02988 子部/藝術類/書畫之屬/總論

畫禪室隨筆四卷 (明)董其昌撰 (清)楊補輯 清康熙大魁堂刻本 二册

330000－1701－0032800 GP10159 史部/傳記類/別傳之屬/年譜

皇清誥授奉政大夫晉封通議大夫浙江補用同知鄞縣知縣懷庭府君[陳鍾英]年狀一卷 (清)陳鼎等撰 清末木活字印本 一册

330000－1701－0032805 GP02991 子部/雜著類/雜說之屬

分甘餘話四卷 (清)王士禛撰 清康熙四十九年(1710)黃又刻文粹堂重修本 一册

330000－1701－0032812 GP02992 子部/天文曆算類/算書之屬

測圓海鏡細草十二卷 (元)李冶撰 清光緒二年(1876)上海同文館鉛印本 四册

330000－1701－0032815　GP10161　集部/別集類/清別集

雲怡館古今體詩存一卷　(清)張伯笏撰　清光緒十五年(1889)刻本　一冊

330000－1701－0032818　GP10162　集部/別集類/清別集

蕉鹿吟(勒元俠遺詩)一卷　(清)勒深之撰　清光緒二十八年(1902)萬松山館刻本　一冊

330000－1701－0032823　GP10169　子部/宗教類/佛教之屬/經疏

大方廣佛華嚴經疏鈔會本二百二十卷　(唐)釋實叉難陀譯　(唐)釋澄觀撰　清光緒九年(1883)常昭刻經處刻本　六十冊

330000－1701－0032824　GP03003　史部/目録類/總録之屬/徵訪

徵訪明季遺書目一卷　劉世環編　清宣統二年(1910)鉛印本　一冊

330000－1701－0032825　GP02993　類叢部/叢書類

樸學齋叢書　清嘉慶七年(1802)樸學齋刻本　一冊

330000－1701－0032829　GP02994　經部/四書類/總義之屬/傳說

四書小參一卷四書問答一卷　(明)朱斯行撰　清光緒三年(1877)姑蘇刻經處刻本　一冊

330000－1701－0032831　GP10164　子部/宗教類/佛教之屬/總録

雲棲法彙二十九種　(明)釋袾宏撰　(明)王宇春等輯　清光緒十八年至二十五年(1892－1899)金陵刻經處刻本　一冊　存一種

330000－1701－0032835　GP02995　類叢部/叢書類/彙編之屬

藝海珠塵一百六十四種　(清)吳省蘭輯　清嘉慶南匯吳氏聽彝堂刻本　一冊　存一種

330000－1701－0032836　GP03009　史部/目録類/總録之屬/官修

直隸津局運售各省書籍總目一卷　(清)天津海防支應局編　清光緒九年(1883)刻本　一冊

330000－1701－0032837　GP03018　史部/目録類/總録之屬/官修

杭州藏書樓書目一卷　邵章編　清光緒二十八年(1902)刻朱印本　一冊

330000－1701－0032840　GP03025　史部/目録類/總録之屬/私撰

天一閣書目四卷　(清)阮元、范邦甸等編

附碑目一卷續增一卷　(清)錢大昕編　(清)范懋敏續編　清嘉慶十三年(1808)揚州阮元文選樓刻本　十冊

330000－1701－0032841　GP10168　史部/傳記類/科舉録之屬/總録

毘陵科第攷八卷　(清)趙熙鴻編　(清)錢人麟　(清)莊柱續編　清同治七年(1868)刻十二年(1873)重修本　二冊

330000－1701－0032842　GP10151　子部/宗教類/佛教之屬/諸宗

金陵毘盧寺印魁文祖法語一卷　(清)釋清池輯　清宣統三年(1911)刻本　一冊

330000－1701－0032846　GP03019　類叢部/叢書類/自著之屬

晴川八識　(清)孫之騄撰　清康熙刻本(晴川蟹錄卷三至四配清抄本)　五冊　存一種

330000－1701－0032848　民 327.5147/3032　新學/議論/通論

現今中俄大勢論不分卷　(日本)渡邊千春撰　(清)梁武公譯　清光緒二十九年(1903)上海益新譯社鉛印本　一冊

330000－1701－0032849　GP10152　集部/別集類/清別集

墨花吟館感舊懷人集二卷　(清)嚴辰撰　清光緒十五年(1889)刻本　清瑤拙題記　一冊

330000－1701－0032850　GP10166　子部/儒家類/儒學之屬

省身寶鑑不分卷　(清)丹徒嚴氏輯　清光緒十七年(1891)刻本　清小甫跋　一冊

330000－1701－0032851　GP03020　類叢部/叢書類/彙編之屬
滂喜齋叢書五十種　(清)潘祖蔭編　清同治至光緒吳縣潘氏京師刻本　四冊　存一種

330000－1701－0032852　GP10170　集部/別集類/清別集
小羅浮草堂詩鈔四卷　(清)馮敏昌撰　清嘉慶十四年(1809)刻本　二冊

330000－1701－0032855　GP03033　集部/總集類/彙編之屬
國朝古文所見集十三卷　(清)陳仰韓編　清光緒十四年(1888)植桂軒刻本　四冊

330000－1701－0032857　GP03030　史部/金石類
抱殘守缺齋所藏三代文字　(清)劉鶚輯　清光緒劉氏抱殘守缺齋石印本　十冊　存二種

330000－1701－0032859　GP10167　集部/總集類/選集之屬/通代
御定歷代題畫詩類一百二十卷　(清)陳邦彥輯　清康熙四十六年(1707)內府刻本　三十二冊

330000－1701－0032860　GP03036　史部/目録類/總録之屬/彙刻
江刻書目三種　(清)江標輯　清光緒元和江氏師鄦室刻上海朝記書莊印本　四冊

330000－1701－0032861　GP03034　類叢部/叢書類/自著之屬
柚堂全集五種　(清)盛百二撰　清乾隆刻本　一冊　存一種

330000－1701－0032862　GP03037　史部/傳記類/日記之屬
道西齋日記二卷(清光緒十三年)　王詠霓撰　清光緒十三年(1887)青陽曹獻之、甯修刻本　一冊

330000－1701－0032865　GP10153　類叢部/類書類/通類之屬
三才揭要十二卷　(清)鄧堉生撰　清道光十二年(1832)述古齋刻本　三冊

330000－1701－0032868　GP10175　史部/職官類/官箴之屬
增刪佐雜須知四卷　(清)方汝謙撰　清刻本　一冊

330000－1701－0032869　GP10176　子部/小說家類/雜事之屬
虞初新志二十卷　(清)張潮輯　清咸豐元年(1851)小嫏嬛山館刻本　十冊

330000－1701－0032873　GP10174　類叢部/類書類/通類之屬
北堂書鈔一百六十卷　(唐)虞世南撰　(清)孔廣陶校注　清光緒十四年(1888)南海孔氏三十有三萬卷堂刻本　二十冊

330000－1701－0032875　GP10183　經部/孝經類/傳說之屬
孝經講義一卷　(清)鍾福球撰　清光緒三十四年(1908)杭州崇實齋書局鉛印本　一冊

330000－1701－0032876　GP03049　史部/目録類/總録之屬/私撰
寅舫藏書目一卷　(清)蔣光煦編　清末抄本　一冊

330000－1701－0032877　GP10187　史部/政書類/儀制之屬/典禮
文廟丁祭譜一卷　(清)藍鍾瑞等撰　清同治七年(1868)江蘇書局刻本　一冊

330000－1701－0032881　GP03041　子部/雜著類/雜說之屬
仁恕堂筆記不分卷　(清)黎士弘撰　清康熙二十年(1681)刻本　一冊

330000－1701－0032893　GP10177　類叢部/叢書類/彙編之屬
申報館叢書正集五十七種附録三種續集一百四十二種　(清)尊聞閣主編　蔡爾康編續集　清同治至光緒上海申報館鉛印本　五冊　存一種

330000－1701－0032895　GP03073　史部/目録類/總録之屬/官修
廣西存書總目八卷　(清)桂垣書局編　清光

緒十六年(1890)桂垣書局刻本　一册

330000－1701－0032903　GP10185　經部/小學類/音韻之屬/韻書

韻法直圖一卷　(明)梅膺祚撰　**韻法橫圖一卷**　(明)李世澤撰　清刻本　一册

330000－1701－0032904　GP03080　子部/雜著類/雜考之屬

羣書疑辨十二卷　(清)萬斯同撰　清嘉慶二十一年(1816)供石亭刻本　清萬重光跋　十二册

330000－1701－0032906　GP10172　類叢部/叢書類/自著之屬

徐位山先生六種　(清)徐文靖撰　清雍正至乾隆刻志寧堂彙印本　四册　存一種

330000－1701－0032911　GP10186　子部/醫家類/方書之屬/單方驗方

仙拈集四卷　(清)李文炳輯　清刻本　四册

330000－1701－0032915　GP10178　集部/詩文評類/詩評之屬

挹翠樓詩話四卷　(清)潘清撰　清同治刻本　一册　存三卷(一至三)

330000－1701－0032920　GP03095　史部/目録類/總録之屬/官修

京師圖書館書目十卷　京師圖書館編　清末油印本　四册

330000－1701－0032921　GP10173　類叢部/叢書類/自著之屬

徐位山先生六種　(清)徐文靖撰　清雍正至乾隆刻志寧堂彙印本　四册　存一種

330000－1701－0032923　GP03031　史部/地理類/雜志之屬

婁東小志七卷　(清)傅振海撰　清宣統二年(1910)鉛印本　一册

330000－1701－0032924　GP10192　子部/醫家類/方書之屬/單方驗方

葆元錄一卷　(清)蕭然居士輯　清同治十一年(1872)刻本　一册

330000－1701－0032926　GP03107　史部/紀傳類/別史之屬

續弘簡錄元史類編四十二卷　(清)邵遠平撰　清康熙三十八年(1699)邵遠平刻本　十六册

330000－1701－0032927　GP10179　史部/雜史類/通代之屬

史腴二卷　(清)周金壇纂輯　(清)金弼大校訂　清刻本　二册

330000－1701－0032928　GP03076　類叢部/類書類/專類之屬

壹是紀始二十二卷補遺一卷　(清)魏崧撰　清光緒十四年(1888)甬北寄廬刻本　八册

330000－1701－0032934　GP03137　史部/職官類/官箴之屬

實政錄節鈔十卷　(明)呂坤撰　(清)林則徐輯　清道光十七年(1837)投筆齋刻本　四册

330000－1701－0032935　GP10193　子部/儒家類/儒學之屬/禮教

海南訓男四十條解註一卷海南訓女三十條解註一卷　(清)王佩鎏撰　清同治二年(1863)刻本　一册

330000－1701－0032936　GP03143　子部/藝術類/書畫之屬/畫法畫品

芥舟學畫編四卷　(清)沈宗騫撰　清乾隆四十六年(1781)冰壺閣刻本　二册

330000－1701－0032937　GP03104　史部/傳記類/別傳之屬/年譜

延平四先生年譜四種　(清)毛念恃編　清乾隆十年(1745)滏陽張坦刻本　二册

330000－1701－0032938　GP10199　子部/雜著類/雜纂之屬

儒釋道平心論二卷　(元)劉謐撰　清同治二年(1863)刻本　一册

330000－1701－0032939　GP03077　子部/雜著類/雜考之屬

西圃叢辨三十二卷　(清)田同之撰　清乾隆十九年(1754)李世垣刻本　六册

330000－1701－0032941　GP03138　經部/小學類/訓詁之屬/譯語

單清語八卷　(清)志寛　(清)培寛擇錄　清光緒十七年(1891)刻本　八册

330000－1701－0032944　GP03108　類叢部/叢書類/彙編之屬

雙楳景闇叢書十六種　葉德輝編　清光緒至宣統長沙葉氏郎園刻本　一册　存二種

330000－1701－0032945　GP10180　子部/小説家類/雜事之屬

夢厂雜著十卷　(清)俞蛟撰　清同治九年(1870)刻本　五册　缺一卷(十)

330000－1701－0032947　GP10200　子部/儒家類/儒學之屬/性理

儒門舉要四種補錄一種　(清)寄癡翁輯　清光緒八年(1882)寄癡書屋刻本　一册

330000－1701－0032948　GP03142　集部/别集類

游藝雜鈔一卷浙江鄉墨一卷　(清)俞鑠撰　清光緒二十八年(1902)刻本　一册

330000－1701－0032949　GP03078　子部/雜著類/雜考之屬

四寸學六卷　(清)張雲璈撰　清道光十一年(1831)簡松草堂刻本　六册

330000－1701－0032956　民378.46/3514　新學/學校

簡便國民教育法一卷　(日本)清水直義撰　(清)浙江官書局譯　清末鉛印本　一册

330000－1701－0032958　GP03105　類叢部/叢書類/自著之屬

留書種閣集九種　(清)黄炳垕撰　清同治六年至光緒二十年(1867－1894)餘姚黄氏留書種閣刻本　一册　存一種

330000－1701－0032959　GP03114　史部/史評類/史論之屬

千百年眼十二卷　(明)張燧撰　清光緒三十一年(1905)上海史學社石印本　六册

330000－1701－0032960　GP03106　類叢部/叢書類/自著之屬

留書種閣集九種　(清)黄炳垕撰　清同治六年至光緒二十年(1867－1894)餘姚黄氏留書種閣刻本　一册　存一種

330000－1701－0032966　GP10196　子部/醫家類/婦科之屬/產科

吾妻鏡一卷　(清)楊龘撰　清光緒二十七年(1901)鉛印本　一册

330000－1701－0032970　GP03096　史部/政書類/公牘檔册之屬

俄土兵記四卷　(清)余澍疇輯　清光緒十年(1884)刻本　四册

330000－1701－0032971　GP10201　類叢部/叢書類/家集之屬

求可堂兩世遺書五種　(清)廖冀亨　(清)廖鴻章撰　清光緒永定廖氏刻本　一册　存一種

330000－1701－0032973　GP10197　集部/别集類/清别集

八指詩存二卷　(清)閔萃祥撰　清光緒三十四年(1908)上海閔氏刻本　二册

330000－1701－0032974　GP10215　集部/别集類/明别集

空同詩集三十四卷　(明)李夢陽撰　清光緒十五年(1889)渭南嚴氏刻二十六年(1900)校補本　六册

330000－1701－0032975　GP10202　類叢部/叢書類/家集之屬

求可堂兩世遺書五種　(清)廖冀亨　(清)廖鴻章撰　清光緒永定廖氏刻本　一册　存一種

330000－1701－0032977　GP03147　子部/藝術類/遊藝之屬/棋弈

蝸簃弈錄八種　(清)黄霞等撰　(清)鮑鼎輯　清光緒蝸簃刻本　一册　存一種

330000－1701－0032978　GP03151　子部/天文曆算類/算書之屬

平三角和較術解二卷弧三角和較術解二卷 （清）項名達撰　清光緒二十五年（1899）石印本　二冊

330000－1701－0032979　GP10257　史部/詔令奏議類/奏議之屬
怡賢親王疏鈔一卷附錄一卷　（清）允祥撰　清道光刻本　一冊

330000－1701－0032984　GP10203　經部/春秋總義類/傳說之屬
春秋新義十三卷春秋表三卷　（清）朱兆熊撰　**星新經一卷**　（清）朱軾之撰　清刻本　一冊　存四卷（春秋表一至三、星新經）

330000－1701－0032989　GP03154　類叢部/叢書類/自著之屬
頤志齋叢書二十二種　（清）丁晏撰　清道光至同治山陽丁氏六蓺堂刻同治元年（1862）彙印本　二冊　存一種

330000－1701－0032990　GP10206　子部/儒家類/儒學之屬/俗訓
益世良歌一卷　（清）金治守輯　清同治十三年（1874）德潤堂刻本　一冊

330000－1701－0032993　GP10204　經部/春秋總義類/傳說之屬
春秋新義十三卷春秋表三卷　（清）朱兆熊撰　**星新經一卷**　（清）朱軾之撰　清刻本　一冊　存四卷（春秋表一至三、星新經）

330000－1701－0032994　GP03097　類叢部/叢書類/郡邑之屬
武林掌故叢編一百八十七種　（清）丁丙編　清光緒三年至二十六年（1877－1900）錢塘丁氏嘉惠堂刻本　一冊　存一種

330000－1701－0032995　GP03150　類叢部/叢書類/彙編之屬
申報館叢書正集五十七種附錄三種續集一百四十二種　（清）尊聞閣主編　蔡爾康編續集　清同治至光緒上海申報館鉛印本　十冊　存一種

330000－1701－0032996　GP03098　類叢部/叢書類/自著之屬
陶廬叢刻二十種　王樹枏撰　清光緒至民國新城王氏刻本　二冊　存一種

330000－1701－0032997　GP10219　子部/天文曆算類/算書之屬
龔傑讀句股六術一卷附一卷　（清）龔傑撰　清光緒二十六年（1900）算學書局石印本　一冊

330000－1701－0032998　GP03100　集部/詞類/詞韻之屬
詞林韻釋一卷　（宋）□□撰　清光緒二十九年（1903）南陵徐氏水檀欒室影宋菉斐軒刻朱印本　一冊

330000－1701－0033000　GP10224　子部/術數類/占卜之屬
增删卜易六卷　（清）野鶴老人撰　（清）李文輝增删　清刻本　四冊　存四卷（一至四）

330000－1701－0033001　GP03136　類叢部/叢書類/彙編之屬
知止軒叢書　清光緒二十年（1894）石印本　八冊　存一種

330000－1701－0033002　GP10216、GP10217、GP10218　集部/總集類/選集之屬/斷代
明四子詩集　嚴嶽蓮編　清光緒三十三年（1907）渭南嚴氏刻本　二十六冊　存三種

330000－1701－0033003　GP10225　集部/總集類/選集之屬/通代
律賦必以集二卷餘論一卷　（清）顧莼輯　清刻本　二冊

330000－1701－0033004　GP10208　史部/雜史類/通代之屬
僭僞參輯一卷外番備考一卷　（清）張承恩輯　清刻本　一冊

330000－1701－0033005　GP03160　新學/天學
測候叢談四卷　（美國）金楷理口譯　（清）華蘅芳筆述　清末江南製造總局刻本　一冊　存二卷（一至二）

330000－1701－0033006　GP10220　集部/總集類/氏族之屬
三蘇策論十二卷　(宋)蘇洵　(宋)蘇軾　(宋)蘇轍撰　(清)張紹齡編　清光緒二十四年(1898)越郡會文堂石印本　八冊

330000－1701－0033007　GP03158　史部/政書類/軍政之屬/保甲
鄉守外編輯要十卷　(清)許乃釗編　清道光三十年(1850)粵東省城九曜坊醉文堂刻本　四冊

330000－1701－0033010　GP03103　子部/藝術類/遊藝之屬/雜藝
益智圖二卷　(清)童叶庚撰　清末虎林任有容齋刻本　二冊

330000－1701－0033011　GP03161　類叢部/叢書類/自著之屬
四錄堂類集九種　(清)嚴可均撰　清嘉慶至道光刻本　二冊　存一種

330000－1701－0033012　GP03159　史部/政書類/軍政之屬/保甲
鄉守外編輯要十卷　(清)許乃釗編　清咸豐十年(1860)四川邛州官廨刻本　二冊

330000－1701－0033013　GP03109　類叢部/叢書類/彙編之屬
證𢌿社叢刻　清光緒證𢌿社鉛印本　一冊　存一種

330000－1701－0033014　GP03162　類叢部/叢書類/自著之屬
四錄堂類集九種　(清)嚴可均撰　清嘉慶至道光刻本　二冊　存一種

330000－1701－0033015　GP10223　類叢部/叢書類/自著之屬
紫金山館叢書九種　(清)張祥河撰　清道光刻本　二冊　存一種

330000－1701－0033016　GP03163　史部/詔令奏議類/奏議之屬
譚文勤公奏稿二十卷首一卷　(清)譚鍾麟撰　清宣統三年(1911)譚氏刻本　十冊

330000－1701－0033019　GP03164　史部/詔令奏議類/奏議之屬
譚文勤公奏稿二十卷首一卷　(清)譚鍾麟撰　清宣統三年(1911)譚氏刻本　十冊

330000－1701－0033023　GP03168　史部/雜史類/斷代之屬
拳匪紀事六卷　(日本)佐原篤介輯　(清)浙西漚隱輯　清光緒二十七年(1901)鉛印本　六冊

330000－1701－0033025　GP10244　史部/政書類/邦交之屬
國際私法一卷　清末鉛印本　一冊

330000－1701－0033028　GP10245　集部/別集類/清別集
悅親樓詩集三十卷　(清)祝德麟撰　清嘉慶二年(1797)祝氏刻本　清李林松跋　六冊

330000－1701－0033029　GP10243　史部/傳記類/總傳之屬/忠孝
湖南褒忠錄初藁不分卷　(清)郭嵩燾等輯　清同治十二年(1873)仁和王文韶木活字印本　三十九冊

330000－1701－0033031　GP03171　集部/詞類/别集之屬
味梨集一卷　(清)王鵬運撰　清光緒二十一年(1895)刻本　一冊

330000－1701－0033032　TWF0002　史部/紀事本末類/斷代之屬
欽定剿平粵匪方略四百二十卷首一卷　(清)奕訢等撰　清同治十一年(1872)鉛印本　四百二十二冊

330000－1701－0033033　GP03129　類叢部/叢書類/彙編之屬
正覺樓叢刻(正覺樓叢書)二十九種　(清)崇文書局編　清光緒崇文書局刻本　一冊　存一種

330000－1701－0033034　GP10209　經部/叢編
皮氏經學叢書十一卷附六卷　(清)皮錫瑞撰

清光緒三十三年(1907)思賢書局刻本　一冊　存一卷(王制箋)

330000－1701－0033035　GP03172　類叢部/叢書類/郡邑之屬
台州叢書(名山堂叢書)九種　(清)宋世犖編　清嘉慶至道光臨海宋氏刻本　一冊　存一種

330000－1701－0033036　GP10265　集部/別集類/清別集
南疑集九卷　(清)沈季友撰　清康熙二十八年(1689)刻本　一冊　存四卷(七言律詩、五言排律、五言絕句、七言絕句)

330000－1701－0033037　GP03169　史部/政書類/邦計之屬/錢幣
光緒會計表四卷　劉嶽雲撰　清光緒二十七年(1901)教育世界社石印本　四冊

330000－1701－0033039　GP10258　新學/重學
新編小物理學一卷附錄一卷　(日本)木村駿吉撰　樊炳清譯　清末刻本　一冊

330000－1701－0033040　GP10266　類叢部/類書類/專類之屬
李氏蒙求補注六卷　(唐)李瀚撰　(清)金三俊補注　清刻本　三冊

330000－1701－0033041　GP10210　子部/儒家類/儒學之屬/性理
心經一卷政經一卷附錄一卷　(宋)真德秀輯　清末江蘇書局刻本　一冊

330000－1701－0033042　GP03170　史部/政書類/邦計之屬/錢幣
光緒會計表四卷　劉嶽雲撰　清光緒二十七年(1901)教育世界社石印本　四冊

330000－1701－0033044　GP10267　集部/別集類/清別集
白鵠山房駢體文鈔二卷　(清)徐熊飛撰　清嘉慶刻本　一冊

330000－1701－0033045　GP10247　集部/別集類/清別集
延綠簃詩鈔六卷　(清)倭什洪額撰　清光緒十三年(1887)漢皋刻本　二冊

330000－1701－0033046　GP10268　子部/雜著類
柯城窺豹錄一卷　(清)龔詩雨等撰　清刻本　一冊

330000－1701－0033048　GP10259　集部/別集類/明別集
萬曆丙午科河南元墨一卷　(明)王玉鉉撰　清同治五年(1866)王蘭廣刻本　一冊

330000－1701－0033049　GP10211　類叢部/叢書類/彙編之屬
郎園先生全書一百二十九種　葉啓倬編　清光緒至民國刻民國二十四年(1935)長沙中國古書刻印社彙印本　一冊　存三種

330000－1701－0033050　GP10269　經部/叢編
五經精義五種三十一卷　(清)黃淦撰　清嘉慶五年至九年(1800－1804)刻武林尊德堂印本　十冊

330000－1701－0033052　GP03179　史部/傳記類/別傳之屬/事狀
太常袁公[袁昶]行畧一卷附一卷　袁允橚等撰　清光緒三十一年(1905)商務印書館石印本　一冊

330000－1701－0033059　GP03176、GP03177　子部/藝術類/遊藝之屬/棋弈
弈潛齋集譜初編十五種二編三種三編五種　(清)鄧元鏸輯　清光緒弈潛齋刻本　二冊　存二種

330000－1701－0033060　GP10213　集部/詞類/別集之屬
釀川集十三卷　(清)許尚質撰　清刻本　一冊　存五卷(一至五)

330000－1701－0033061　GP10249　史部/傳記類/別傳之屬/年譜
行年紀畧一卷　(清)王寶仁撰　清光緒九年

(1883)王維驥舊香居刻本　一冊

330000－1701－0033063　GP03193　類叢部/叢書類/郡邑之屬
嶺南遺書五十九種　(清)伍元薇　(崇曜)編　清道光十一年至同治二年(1831－1863)南海伍氏粵雅堂文字歡娛室刻光緒三十三年(1907)彙印本　一冊　存一種

330000－1701－0033064　GP10262　史部/傳記類/别傳之屬/事狀
會稽王烈婦孫宜人[衣]哀辭一卷　(清)郭傳璞等撰　王繼香輯　清光緒元年(1875)刻本　一冊

330000－1701－0033065　GP10263　史部/傳記類/别傳之屬/事狀
葉公澄衷榮哀録不分卷　清光緒二十八年(1902)懷德堂鉛印本　章嶔題記　一冊

330000－1701－0033066　GP03182　史部/地理類/遊記之屬/紀行
東遊日記一卷附一卷(清光緒三十一年七月至三十二年元月二十九日)　(清)陳鴻年撰　清光緒三十三年(1907)官書局鉛印本　一冊

330000－1701－0033068　GP10214　類叢部/叢書類/自著之屬
橘蔭軒全集七種　(清)陳錦撰　清光緒山陰陳氏橘蔭軒刻本　一冊　存一種

330000－1701－0033069　GP10273　集部/别集類/清别集
東墅存稿不分卷東墅少作一卷　(清)謝墉撰　清乾隆刻本　三冊

330000－1701－0033071　GP03201　類叢部/叢書類/自著之屬
古桐書屋六種　(清)劉熙載撰　清同治至光緒刻本　二冊　存一種

330000－1701－0033072　GP03202　子部/藝術類/遊藝之屬/棋弈
弈萃一卷官子一卷　(清)卞文恒輯　清嘉慶二十一年(1816)邗江卞氏味書齋刻本　一冊　存一卷(弈萃)

330000－1701－0033073　GP03183　類叢部/叢書類/自著之屬
潘文勤公雜著六種附一種　(清)潘祖蔭撰　清吴縣潘氏刻本　一冊　存一種

330000－1701－0033076　GP03211　史部/政書類/公牘檔冊之屬
永川公牘十卷　吴光耀撰　清宣統刻本　十冊

330000－1701－0033079　GP10270　類叢部/叢書類/自著之屬
李忠武公遺書五卷　(清)李續賓撰　清光緒十七年(1891)李光久甌江巡署刻本　一冊　存一卷(奏疏)

330000－1701－0033081　GP10253　集部/别集類/清别集
古歡堂集二十二卷　(清)田雯撰　清康熙至乾隆田氏刻德州田氏叢書本　湘畦山人題記　一冊　存八卷(雜著一至八)

330000－1701－0033084　GP03212　類叢部/叢書類/彙編之屬
經訓堂叢書二十一種　(清)畢沅編　清乾隆至嘉慶鎮洋畢氏刻本　二冊　存一種

330000－1701－0033086　GP03189　史部/傳記類/總傳之屬/郡邑
金陵通傳四十五卷補遺四卷　陳作霖撰　**金陵通傳姓名韻編一卷**　陳詒紱輯　清光緒三十年(1904)江寧陳氏瑞華館刻本　十冊

330000－1701－0033089　GP10272　子部/儒家類/儒學之屬/禮教/家訓
姚氏家訓一卷文法直指一卷　(清)姚澍撰　清同治十二年(1873)刻本　一冊

330000－1701－0033090　GP03198　經部/小學類/文字之屬/字書
釋字百韻一卷　(清)陳勱撰　清光緒二年(1876)都門刻本　一冊

330000－1701－0033092　GP03213　類叢部/

叢書類/彙編之屬

經訓堂叢書二十一種　(清)畢沅編　清乾隆至嘉慶鎮洋畢氏刻本　二冊　存一種

330000－1701－0033097　GP03214　類叢部/叢書類/彙編之屬

經訓堂叢書二十一種　(清)畢沅編　清乾隆至嘉慶鎮洋畢氏刻本　四冊　存一種

330000－1701－0033098　GP10276　史部/金石類/總志之屬/圖像

三古圖三種　(清)黄晟輯　明萬曆三十一年(1603)吳萬化寶古堂刻清乾隆十八年(1753)天都黄晟亦政堂重修本　二十冊　存二種

330000－1701－0033100　GP03216　經部/書類/傳說之屬

尚書約注四卷末一卷　(清)任啓運撰　清光緒十二年(1886)刻本　二冊

330000－1701－0033101　GP10275　史部/紀傳類/正史之屬

校刊史記集解索隱正義札記五卷　(清)張文虎撰　清同治十一年(1872)金陵書局刻本　二冊

330000－1701－0033104　GP10277　史部/金石類/總志之屬/圖像

三古圖三種　(清)黄晟輯　明萬曆三十一年(1603)吳萬化寶古堂刻清乾隆十八年(1753)天都黄晟亦政堂重修本　十六冊　存二種

330000－1701－0033106　GP10278　類叢部/叢書類/自著之屬

晴川八識　(清)孫之騄撰　清康熙刻本　四冊　存一種

330000－1701－0033109　GP10279　經部/詩類/傳說之屬

御纂詩義折中二十卷　(清)高宗弘曆敕撰　(清)傅恒　(清)陳兆崙等纂　清刻本　十冊

330000－1701－0033112　GP03234　子部/藝術類/遊藝之屬/棋弈

子仙百局不分卷　(清)陳子仙等撰　(清)趙晉卿編　清光緒十六年(1890)刻本　一冊

330000－1701－0033113　GP10286　史部/地理類/方志之屬/郡縣志

[同治]泰順分疆錄十二卷首一卷　(清)林鶚纂　(清)林用霖續纂　清光緒五年(1879)林氏望山堂刻本　六冊

330000－1701－0033115　GP03220　史部/詔令奏議類/詔令之屬

大清文宗協天翊運執中垂謨懋德振武聖孝淵恭端仁寬敏顯皇帝聖訓一百十卷　清末石印本　十冊

330000－1701－0033116　GP01837　史部/政書類/儀制之屬/專志/科舉校規

奏定學堂章程不分卷　(清)張百熙　(清)榮慶　(清)張之洞纂　清光緒湖北學務處刻本　五冊

330000－1701－0033117　GP03245　類叢部/叢書類/彙編之屬

隨盦徐氏叢書十種續編十種　徐乃昌編　清光緒至民國南陵徐氏刻本　一冊　存一種

330000－1701－0033118　GP10287　史部/史表類/通代之屬

歷代治權分合系統表一卷　(清)吳寶忠編　清光緒三十四年(1908)上海商務印書館石印本　一冊

330000－1701－0033119　GP10288　史部/政書類/儀制之屬/典禮

典制類林四卷　(清)唐式南編　清乾隆三十年(1765)敬直堂刻本　二冊

330000－1701－0033123　GP01838　子部/叢編

子書百家　(清)崇文書局編　清光緒元年(1875)湖北崇文書局刻本　一冊　存一種

330000－1701－0033124　GP10296　類叢部/叢書類/彙編之屬

邵武徐氏叢書初刻十四種　(清)徐榦編　清光緒邵武徐氏刻本　二冊　存一種

330000－1701－0033125　GP10289　類叢部/叢書類/彙編之屬

郎園先生全書一百二十九種　葉啓倬編　清光緒至民國刻民國二十四年(1935)長沙中國古書刻印社彙印本　一冊　存一種

330000－1701－0033127　GP03252　經部/小學類/音韻之屬/等韻

音學辨微一卷　(清)江永撰　清宣統元年(1909)國學保存會據江氏自寫本影印本　一冊

330000－1701－0033130　GP01839　子部/叢編

子書百家　(清)崇文書局編　清光緒元年(1875)湖北崇文書局刻本　一冊　存一種

330000－1701－0033132　GP01833　類叢部/叢書類/彙編之屬

粤雅堂叢書一百八十五種　(清)伍崇曜編　清道光二十九年至光緒十一年(1849－1885)南海伍氏刻彙印本　四冊　存一種

330000－1701－0033133　GP10297　類叢部/叢書類/彙編之屬

邵武徐氏叢書初刻十四種　(清)徐榦編　清光緒邵武徐氏刻本　二冊　存一種

330000－1701－0033135　GP10290、GP10291、GP10292、GP10293　類叢部/叢書類/郡邑之屬

紹興先正遺書十五種　(清)徐友蘭輯　清光緒會稽徐氏鑄學齋刻本　十七冊　存四種

330000－1701－0033136　GP01840　子部/叢編

子書百家　(清)崇文書局編　清光緒元年(1875)湖北崇文書局刻本　一冊　存一種

330000－1701－0033138　GP10298　子部/宗教類/佛教之屬/經疏

楞伽阿跋多羅寶經四卷　(南朝宋)釋求那跋陀羅譯　(清)釋智旭疏義　**楞伽阿跋多羅寶經玄義一卷**　(清)釋智旭撰　清宣統元年(1909)常州天寧寺刻本　五冊

330000－1701－0033140　GP10281　類叢部/叢書類/自著之屬

西河合集一百十九種　(清)毛奇齡撰　清嘉慶十六年(1811)刻本　四冊　存一種

330000－1701－0033141　GP03273　子部/藝術類/遊藝之屬/棋弈

弈潛齋集譜初編十五種二編三種三編五種　(清)鄧元鏸輯　清光緒弈潛齋刻本　一冊　存一種

330000－1701－0033142　GP01835　史部/政書類/邦計之屬/漕運

浙江海運全案重編初編八卷續編四卷新編八卷　(清)馬新貽修　(清)蔣益澧等纂　清同治六年(1867)糧儲道庫刻本　十二冊

330000－1701－0033144　GP10299　子部/儒家類/儒學之屬/俗訓

先儒正修録三卷齊治録三卷　(清)于準輯　清康熙刻本　十六冊

330000－1701－0033145　GP01841　子部/雜著類/雜考之屬

格致古微五卷表一卷　王仁俊撰　清光緒二十二年(1896)吳縣王氏籀鄦誃刻本　四冊

330000－1701－0033146　GP10282　史部/編年類/通代之屬

資治通鑑二百九十四卷　(宋)司馬光撰　(元)胡三省音注　(明)陳仁錫評　**通鑑釋文辯誤十二卷**　(元)胡三省撰　明天啓五年(1625)長洲陳仁錫刻本　四冊　存十二卷(通鑑釋文辯誤一至十二)

330000－1701－0033147　GP03226　類叢部/叢書類/彙編之屬

敦煌石室遺書十三種　羅振玉等編　清宣統元年(1909)誦芬室鉛印本　一冊　存一種

330000－1701－0033148　GP03235　子部/藝術類/遊藝之屬/棋弈

子仙百局不分卷　(清)陳子仙等撰　(清)趙晉卿編　清光緒十六年(1890)刻本　一冊

330000－1701－0033150　GP10283、GP10284　類叢部/叢書類/彙編之屬

御製律曆淵源三種　(清)允祿　(清)允祉等

纂修　清雍正内府刻乾隆增刻本　二十八册　存一種

330000－1701－0033152　GP10301　史部/傳記類/别傳之屬/年譜

趙文恪公[光]自訂年譜不分卷　(清)趙光撰　清光緒十六年(1890)昆明趙廷璜木活字印本　四册

330000－1701－0033153　GP03236　子部/藝術類/遊藝之屬/棋弈

陳方七局一卷　(清)陳毓性　(清)方秋客撰　清光緒十一年(1885)南京李光明莊刻本　一册

330000－1701－0033154　GP03227　類叢部/叢書類/彙編之屬

敦煌石室遺書十三種　羅振玉等編　清宣統元年(1909)誦芬室鉛印本　一册　存一種

330000－1701－0033157　GP10302　集部/小説類/長篇之屬

歷代神仙通鑑三集二十二卷圖一卷　(清)徐道述　(清)程毓奇續　(清)李理　(清)王太素贊　清康熙生生館刻本　二十二册

330000－1701－0033158　GP03279　子部/小説家類/雜事之屬

騙術奇談四卷　雷君曜編　清宣統元年(1909)上海掃葉山房石印本　四册

330000－1701－0033159　GP03229　子部/藝術類/遊藝之屬/雜藝

益智圖二卷　(清)童叶庚撰　**益智續圖一卷**　(清)童昂等撰　**益智字圖一卷**　(清)祝梅君撰　清光緒十一年(1885)童氏睫巢武林刻本　一册　存一卷(益智字圖)

330000－1701－0033162　GP03231　類叢部/叢書類/彙編之屬

小石山房叢書三十八種　(清)顧湘編　清道光刻同治十三年(1874)虞山顧氏補刻本　一册　存一種

330000－1701－0033163　GP03232　類叢部/叢書類/彙編之屬

小石山房叢書三十八種　(清)顧湘編　清道光刻同治十三年(1874)虞山顧氏補刻本　一册　存一種

330000－1701－0033164　GP10307　子部/儒家類/儒學之屬/禮教

心影集四卷　(清)李士麟輯　清同治五年(1866)海寧則友堂刻本　二冊

330000－1701－0033167　GP10332　子部/藝術類/書畫之屬/法帖

翁相國手札第二集不分卷　(清)翁同龢書　清光緒三十四年(1908)上海有正書局石印本　一册

330000－1701－0033168　GP10308　子部/儒家類/儒學之屬/禮教

心影集四卷　(清)李士麟輯　清同治五年(1866)海寧則友堂刻本　二册

330000－1701－0033170　GP10317　集部/總集類/彙編之屬

金元明八大家文選　(清)李祖陶編　清道光二十五年(1845)吉安刻本　三册　存一種

330000－1701－0033171　GP10309　子部/儒家類/儒學之屬/禮教

心影集四卷　(清)李士麟輯　清同治三年(1864)豫章吴蘭刻本　一册

330000－1701－0033172　GP10333　子部/儒家類/儒學之屬/禮教

聖諭廣訓直解一卷　(清)世宗胤禛撰　(清)□□直解　清刻本　二册

330000－1701－0033174　GP10318　子部/儒家類/儒學之屬/性理

延平李先生師弟子荅問一卷後錄一卷　(宋)朱熹輯　**延平答問補錄一卷**　(明)周木輯　清光緒五年(1879)延平府署刻本　二册

330000－1701－0033175　GP10303　史部/政書類/公牘檔冊之屬

從公錄一卷　(清)戴肇辰撰　清同治刻本　一册

330000－1701－0033176　GP03286　史部/政書類/律令之屬

泉漳治法論一卷治南獄事論一卷　(清)謝金鑾撰　清同治七年(1868)盱眙吳棠刻本　一册

330000－1701－0033177　GP10334　集部/別集類/清別集

未灰齋文集八卷外集一卷　(清)徐鼒撰　清咸豐十一年(1861)福寧郡齋刻本　一册　存一卷(外集)

330000－1701－0033178　GP10319、GP10320　史部/傳記類

楊羅李朱四先生年譜四卷　(清)毛念恃編　**延平李先生師弟子荅問一卷後錄一卷**　(宋)朱熹輯　**延平荅問補錄一卷**　(明)周木輯　清光緒五年(1879)延平府署刻本　四册

330000－1701－0033179　GP10310　類叢部/叢書類/家集之屬

楓林黃氏家乘五種　(清)黃彭年輯　清同治三年(1864)成都刻本　一册

330000－1701－0033180　善008220　子部/小說家類/異聞之屬

新鐫玉茗堂批選王弇洲先生豔異編四十卷　(明)王世貞撰　(明)湯顯祖評　**新鐫玉茗堂批選續豔異編十九卷**　(明)湯顯祖撰　明末刻本　十六册

330000－1701－0033181　GP10304　類叢部/叢書類/自著之屬

生齋全集六種　(清)方坰撰　清道光至咸豐當湖方氏刻同治彙印本　一册　存一種

330000－1701－0033182　GP10321　經部/小學類/文字之屬/字書/訓蒙

倉頡篇校證三卷補遺一卷　(清)梁章鉅撰　清光緒五年(1879)梁恭辰刻本　二册

330000－1701－0033183　GP03287　新學/船政/行船事宜

水運不分卷　(清)楊志洵譯　清宣統二年(1910)郵傳部圖書通譯局鉛印本　一册

330000－1701－0033189　GP03294　史部/政書類/邦計之屬

山西全省各府廳州縣地方經理各款說明書不分卷　(清)山西清理財政局輯　清光緒至宣統山西清理財政局鉛印本　三册

330000－1701－0033190　GP10305　子部/雜著類

晨鐘盍聞二卷經驗神方一卷　(清)周咏撰　清光緒十六年(1890)刻本　一册

330000－1701－0033192　GP10337　集部/別集類/清別集

復齋文集二十一卷詩集四卷首一卷末一卷　(清)曾鏞撰　清嘉慶二十五年(1820)泰順曾鏞刻本　一册　存三卷(詩集首、一至二)

330000－1701－0033193　GP03280　子部/醫家類/醫話醫論之屬

冷廬醫話五卷　(清)陸以湉撰　清光緒二十三年(1897)烏程龐元澂刻本　四册

330000－1701－0033194　GP10326　集部/別集類/清別集

吟梅閣集唐三卷　(清)何鈺麟撰　清道光刻本　一册

330000－1701－0033195　GP10312　子部/宗教類/佛教之屬/諸宗

性相通說一卷　(明)釋德清撰　清同治十二年(1873)金陵刻經處刻本　一册

330000－1701－0033196　GP10313　子部/宗教類/佛教之屬/諸宗

性相通說一卷　(明)釋德清撰　清同治十二年(1873)金陵刻經處刻本　一册

330000－1701－0033198　GP10327　類叢部/叢書類/自著之屬

頤志齋叢書二十二種　(清)丁晏撰　清道光至同治山陽丁氏六蓺堂刻同治元年(1862)彙印本　一册　存一種

330000－1701－0033199　GP03288　子部/醫家類/養生之屬

頤身集五種　(清)葉志詵輯　清光緒三年

(1877)蕭山華蓮峰刻本　一册

330000－1701－0033200　GP03295　子部/醫家類

合鐫士材三書　(明)李中梓等撰　(清)尤乘編　清嘉慶九年(1804)金閶書業堂刻本　六册

330000－1701－0033202　GP10314　集部/别集類/清别集

篤素堂集摘錄三卷　(清)張英撰　清同治四年(1865)劍閣李榕刻本　一册

330000－1701－0033204　GP10339　子部/儒家類/儒學之屬/經濟

袁易齋先生圖民錄四卷　(清)袁守定撰　清同治十二年(1873)湘鄉楊昌濬刻本　二册

330000－1701－0033205　善 008221　史部/紀傳類/正史之屬

宋史四百九十六卷目錄三卷　(元)脱脱等撰　明萬曆二十七年(1599)北京國子監刻清康熙二十五年(1686)重修本　一百册

330000－1701－0033206　GP10340　子部/叢編

子書百家　(清)崇文書局編　清光緒元年(1875)湖北崇文書局刻本　一册　存一種

330000－1701－0033207　GP03303　子部/藝術類/書畫之屬

四銅鼓齋論畫集刻　(清)張祥河輯　清宣統元年(1909)北京會文齋刻本　四册

330000－1701－0033209　GP03306　子部/小説家類/異聞之屬

山海經廣注十八卷讀山海經語一卷山海經雜述一卷圖五卷　(清)吴任臣撰　清康熙六年(1667)刻本　四册

330000－1701－0033211　GP03307　子部/藝術類/遊藝之屬/棋弈

弈隅通會二卷　(清)汪秩編　清嘉慶三年(1798)刻朱墨套印本　二册

330000－1701－0033212　GP03300　經部/易類/傳説之屬

周易洗心十卷讀法一卷　(清)任啓運撰　清光緒八年(1882)任氏家塾刻本　六册

330000－1701－0033214　GP10341　類叢部/叢書類/郡邑之屬

横山草堂叢書二十二種附三種　陳慶年編　清宣統二年至民國八年(1910－1919)丹徒陳氏刻本　一册　存一種

330000－1701－0033215　GP03308　經部/三禮總義類/通論之屬

禮經通論一卷　(清)邵懿辰撰　清同治三年(1864)望三益齋刻本　一册

330000－1701－0033217　GP03301　經部/易類/傳説之屬

周易洗心十卷讀法一卷　(清)任啓運撰　清光緒八年(1882)任氏家塾刻本　六册

330000－1701－0033220　GP03289　子部/醫家類/綜合之屬/通論

簡易醫訣四卷　(清)周雲章撰　清宣統元年(1909)周祖祐刻本　四册

330000－1701－0033221　GP10343　集部/總集類/選集之屬/通代

阮亭選古詩三十二卷　(清)王士禛輯　**惜抱軒今體詩選十八卷**　(清)姚鼐輯　清同治五年(1866)金陵書局刻本　二册　存十八卷(惜抱軒今體詩選一至十八)

330000－1701－0033223　GP10330　類叢部/叢書類/彙編之屬

當歸草堂叢書八種　(清)丁丙編　清同治二年至五年(1863－1866)錢塘丁氏刻本　一册　存一種

330000－1701－0033224　GP03290　類叢部/叢書類/自著之屬

疇隱廬叢書　丁福保撰　清光緒無錫丁氏疇隱廬石印本　一册　存一種

330000－1701－0033225　GP03323　類叢部/叢書類/彙編之屬

漸學廬叢書第一集十五種　(清)胡祥鑅編

清光緒元和胡氏石印本　一册　存一種

330000－1701－0033227　GP03318　子部/雜著類/雜考之屬

焠掌錄二卷　（清）汪啓淑撰　清乾隆汪氏開萬樓刻本　二册

330000－1701－0033229　GP10331　類叢部/叢書類/自著之屬

鹿洲全集七種　（清）藍鼎元撰　清康熙至雍正刻彙印本　二册　存一種

330000－1701－0033230　GP03285　子部/醫家類/兒科之屬/痘疹

痘科秘傳四卷　（清）秦希白撰　清道光二十三年（1843）刻本　一册

330000－1701－0033231　GP03319　類叢部/叢書類/自著之屬

愛梅樓雜著十四種　（清）林慶炳撰輯　清光緒小石渠閣刻本　三册　存一種

330000－1701－0033232　GP03324　史部/地理類/總志之屬

圖史提綱三卷　（清）胡宣慶編　清刻本　一册

330000－1701－0033233　GP10372　子部/宗教類/道教之屬

天仙正理直論增註二卷　（明）伍守陽撰並注　（明）伍守虛同注　清末上海翼化堂刻本　二册

330000－1701－0033234　GP03298　史部/政書類/律令之屬/律例

明代充軍考一卷　清光緒油印本　王舟瑤題簽並記　一册

330000－1701－0033235　GP03325　經部/詩類/傳說之屬

詩經廣詁三十卷　（清）徐璈撰　清道光十年（1830）刻本　八册

330000－1701－0033236　GP10373　子部/宗教類/道教之屬

天仙正理直論增註二卷　（明）伍守陽撰並注　（明）伍守虛同注　清末上海翼化堂刻本　二册

330000－1701－0033237　GP03320　新學/算學/數學

對數表一卷　（美國）路密司編　（美國）赫士口譯　（清）朱葆琛筆述　清光緒二十三年（1897）上海美華書館鉛印本　一册

330000－1701－0033238　GP10374　子部/宗教類/佛教之屬/諸宗

永覺和尚古轍二卷　（清）釋元賢撰　（清）釋道霖重編　清末刻本　一册

330000－1701－0033239　GP10350　子部/術數類/相宅相墓之屬

重刊人子須知資孝地理心學統宗三十九卷　（明）徐善繼　（明）徐善述撰　明萬曆十一年（1583）曾璠刻本　三十二册

330000－1701－0033240　GP03322　史部/詔令奏議類/奏議之屬

同治中興京外奏議約編八卷　（清）陳弢輯　清光緒元年（1875）篋劍囊琴之室刻本　八册

330000－1701－0033241　GP03328　類叢部/叢書類/彙編之屬

藕香零拾三十九種　繆荃孫編　清光緒二十二年至宣統二年（1896－1910）刻本　一册　存一種

330000－1701－0033242　GP03291　子部/醫家類/醫經之屬

侶山堂類辯二卷　（清）張志聰撰　清乾隆刻本　四册

330000－1701－0033243　GP10345　類叢部/叢書類/彙編之屬

廣雅書局叢書一百五十九種　徐紹棨編　清光緒廣雅書局刻民國九年（1920）番禺徐紹棨彙編重印本　一册　存一種

330000－1701－0033244　GP03329　類叢部/叢書類/自著之屬

朱子遺書初刻八種二刻七種　（宋）朱熹撰　清康熙禦兒呂氏寶誥堂刻本　一册　存一種

330000－1701－0033245　GP03299　類叢部/叢書類/彙編之屬
武英殿聚珍版書五十三種　清同治十三年(1874)江西書局刻本　三冊　存一種

330000－1701－0033248　GP10383、GP10384、GP10385　類叢部/叢書類/自著之屬
求志居全集十種附一種　(清)陳世鎔撰　清道光至光緒獨秀山莊刻本　三冊　存四種

330000－1701－0033249　GP03332　經部/四書類/總義之屬/傳說
四書人物考四十卷　(明)薛應旂撰　清刻本　六冊

330000－1701－0033250　GP03331　類叢部/叢書類/自著之屬
達洤就正編四種　(清)王朝槩輯　清嘉慶五年至八年(1800－1803)寧州學署刻本　六冊　存一種

330000－1701－0033251　GP03292　子部/醫家類/方書之屬/歷代方書
秦松汀先生治難產神驗良方一卷　(清)秦松汀撰　清光緒二十五年(1899)刻本　一冊

330000－1701－0033252　GP10347　子部/兵家類/兵法之屬
漢丞相諸葛忠武鄉侯將苑二卷　(清)李定太撰　清咸豐八年(1858)刻朱墨套印本　一冊

330000－1701－0033254　GP10386　集部/別集類/清別集
清溪草堂詩集九卷續集四卷　(清)陳昌年撰　清光緒六年(1880)刻本　四冊　存九卷(一至九)

330000－1701－0033256　GP03333　經部/詩類/傳說之屬
毛詩故訓傳三十卷　(漢)毛亨傳　(漢)毛萇撰　(漢)鄭玄箋　**鄭氏詩譜一卷**　(漢)鄭玄撰　清道光七年(1827)立本齋刻本　四冊

330000－1701－0033258　GP10388　集部/別集類/清別集
漆室吟八卷　(清)王柏心撰　清同治三年(1864)監利王氏刻本　三冊

330000－1701－0033259　GP03334　類叢部/叢書類/自著之屬
洪北江雜著四種附二種　(清)洪亮吉撰　清咸豐五年(1855)洪齮孫刻本　二冊

330000－1701－0033260　GP03340　史部/詔令奏議類/奏議之屬
奏摺彙鈔四卷　清抄本　四冊

330000－1701－0033262　GP10348　史部/金石類/石之屬/文字
石鼓文纂釋一卷　(清)趙烈文撰　清光緒十一年(1885)靜圃刻本　一冊

330000－1701－0033263　GP10396　集部/總集類/彙編之屬
唐詩百名家全集　(清)席啓寓輯　清康熙四十一年(1702)洞庭席氏琴川書屋刻本　一冊　存二種

330000－1701－0033264　GP10389　史部/史抄類
史記菁華錄四卷　(清)姚祖恩輯　清道光二十三年(1843)刻本　四冊

330000－1701－0033269　GP10390　集部/總集類/選集之屬/通代
昌黎先生全集錄八卷　(唐)韓愈撰　清康熙四十四年(1705)松鱗堂刻唐宋十大家全集錄本　清蘭卮題記　八冊

330000－1701－0033274　GP03337　子部/宗教類/其他宗教之屬/基督教
景教碑文紀事考正三卷　(清)楊榮鋕撰　清光緒二十一年(1895)楊大本堂刻本　三冊

330000－1701－0033275　GP10375　史部/紀傳類/正史之屬
晉書史懷三卷　(明)鍾惺撰　(明)許豸批　清初刻本　一冊

330000－1701－0033277　GP03342　子部/雜著類/雜說之屬

思補齋筆記八卷　(清)潘世恩撰　清會文齋刻本　章嶔題簽並記　一冊

330000－1701－0033278　GP03356　類叢部/叢書類/彙編之屬

後知不足齋叢書四十七種　(清)鮑廷爵編　清同治至光緒常熟鮑氏刻本　一冊　存一種

330000－1701－0033282　GP03343　類叢部/叢書類/彙編之屬

式訓堂叢書四十一種　(清)章壽康編　清光緒會稽章氏刻本　二冊　存一種

330000－1701－0033285　GP03347　史部/金石類/總志之屬

金石萃編校字記一卷　羅振玉撰　清光緒十一年(1885)刻本　一冊

330000－1701－0033286　GP10376　子部/宗教類/道教之屬

感應篇引經箋注(感應篇引經牋注)二卷　(清)惠棟撰　清光緒二十年(1894)上海文林書局石印本　二冊

330000－1701－0033290　GP03358　子部/天文曆算類/算書之屬

翼梅八卷續一卷　(清)江永撰　清光緒七年(1881)羣玉山房刻本　四冊　存八卷(一至八)

330000－1701－0033295　GP10399　經部/易類/傳說之屬

讀易叢記二卷　(清)葉名澧撰　(清)葉恩頤編　清同治五年(1866)刻本　一冊

330000－1701－0033297　GP03359　類叢部/叢書類/彙編之屬

海山仙館叢書五十六種　(清)潘仕成編　清道光二十五年至咸豐元年(1845－1851)番禺潘氏刻光緒十一年(1885)增刻彙印本　三冊　存一種

330000－1701－0033298　GP03350　經部/周禮類/傳說之屬

九旗古義述一卷　(清)孫詒讓撰　清光緒二十八年(1902)瑞安孫氏刻本　一冊

330000－1701－0033301　GP03351　經部/周禮類/傳說之屬

九旗古義述一卷　(清)孫詒讓撰　清光緒二十八年(1902)瑞安孫氏刻本　一冊

330000－1701－0033302　GP03362　史部/地理類/遊記之屬/紀行

西征紀程四卷　(清)鄒代鈞撰　清光緒十七年(1891)鉛印本　二冊

330000－1701－0033303　GP03352　史部/傳記類/別傳之屬/年譜

太常公[錢薇]年譜一卷　(清)錢泰吉輯　清光緒三十年(1904)錢志澄刻本　一冊

330000－1701－0033304　GP03363　史部/地理類/遊記之屬/紀行

西征紀程四卷　(清)鄒代鈞撰　清光緒十七年(1891)鉛印本　二冊

330000－1701－0033305　GP03353　子部/雜著類/雜說之屬

西雲札記四卷　(清)李枝青撰　清光緒十年(1884)刻本　一冊

330000－1701－0033306　普117.5/3677/2/c2　子部/雜著類/雜說之屬

浮邱子十二卷　(清)湯鵬撰　(清)湯俶昭等輯　清宣統二年(1910)掃葉山房石印本　六冊

330000－1701－0033309　GP10392　集部/別集類/清別集

秋槎政本一卷　(清)鄭兆龍撰　清道光十五年(1835)刻本　一冊

330000－1701－0033312　GP10394　集部/別集類/元別集

一峰道人詩鈔一卷雜著一卷附錄一卷　(元)黄公望撰　清光緒九年(1883)小山黄氏寫翠山莊刻本　一冊

330000－1701－0033316　GP03377　集部/別集類/清別集

西征集四卷首一卷　(清)黄家鼎撰　清光緒八年(1882)補不足齋刻本　二冊

330000－1701－0033317　GP10401　集部/詞類/別集之屬
彊邨詞四卷　朱祖謀撰　清光緒三十一年(1905)刻本　一册　存三卷(一至三)

330000－1701－0033318　GP03368　子部/天文曆算類/算書之屬
中西通術二卷　(清)徐鳳誥撰　清光緒二十三年(1897)復古書齋石印本　一册

330000－1701－0033319　GP10377　子部/醫家類/喉科口齒之屬
重樓玉鑰二卷　(清)鄭宏綱撰　清光緒四年(1878)刻本　二册

330000－1701－0033322　GP03357　子部/雜著類/雜纂之屬
經餘必讀八卷續編八卷　(清)雷琳　(清)錢樹棠　(清)錢樹立輯　清嘉慶刻本　八册

330000－1701－0033323　GP10411　類叢部/叢書類/彙編之屬
廣雅書局叢書一百五十九種　徐紹棨編　清光緒廣雅書局刻民國九年(1920)番禺徐紹棨彙編重印本　三册　存一種

330000－1701－0033324　GP03369　子部/小說家類/雜事之屬
虞初續志十二卷　(清)鄭澍若輯　清咸豐元年(1851)小嫏嬛山館刻本　六册

330000－1701－0033325　GP10360　集部/別集類/宋別集
文文山先生詩一卷　(宋)文天祥撰　清刻本　一册

330000－1701－0033326　GP10378　子部/醫家類/喉科口齒之屬
重樓玉鑰一卷　(清)鄭宏綱撰　清光緒五年(1879)刻朱墨套印本　一册

330000－1701－0033328　GP10403　類叢部/叢書類/彙編之屬
長恩書室叢書甲集十種乙集十種　(清)莊肇麟編　清咸豐四年(1854)新昌莊氏過客軒刻本(荒政叢書十卷原缺)　一册　存一種

330000－1701－0033329　GP10412　類叢部/叢書類/彙編之屬
崇文書局彙刻書三十一種　(清)崇文書局編　清光緒元年至三年(1875－1877)湖北崇文書局刻本　二册　存一種

330000－1701－0033330　GP03378　類叢部/類書類/通類之屬
古香齋鑒賞袖珍初學記三十卷　(唐)徐堅等輯　清光緒刻本　十六册

330000－1701－0033332　GP10413　類叢部/叢書類/彙編之屬
廣雅書局叢書一百五十九種　徐紹棨編　清光緒廣雅書局刻民國九年(1920)番禺徐紹棨彙編重印本　一册　存一種

330000－1701－0033333　GP10414　史部/傳記類/別傳之屬/年譜
馮潛齋先生[成修]年譜一卷　(清)勞潼編　清宣統三年(1911)學古堂刻本　一册

330000－1701－0033334　GP03370　子部/天文曆算類/算書之屬
比例匯通四卷　(清)羅士琳撰　清光緒二十二年(1896)上海局石印本　四册

330000－1701－0033335　GP10404　集部/詞類/別集之屬
彈指詞三卷　(清)顧貞觀撰　清光緒四年(1878)枕經葄史齋刻本　一册

330000－1701－0033336　GP10379　史部/傳記類/別傳之屬/事狀
會稽王氏銀管錄一卷　王繼香輯　清光緒四年(1878)刻本　一册

330000－1701－0033338　GP03371　類叢部/叢書類/彙編之屬
申報館叢書正集五十七種附錄三種續集一百四十二種　(清)尊聞閣主編　蔡爾康編續集　清同治至光緒上海申報館鉛印本　二册　存一種

330000－1701－0033339　GP03391　經部/叢編

公是遺書三十七卷　(宋)劉敞撰　清乾隆十六年(1751)水西劉氏刻本　四冊　存七卷(春秋權衡一至七)

330000－1701－0033340　GP03379　子部/小說家類/雜事之屬
虞初新志二十卷　(清)張潮輯　清咸豐元年(1851)小嫏嬛山館刻本　八冊

330000－1701－0033344　GP03380　類叢部/叢書類/彙編之屬
讀畫齋叢書四十六種　(清)顧修編　清嘉慶四年至十六年(1799－1811)桐川顧氏刻本　二冊　存一種

330000－1701－0033345　GP10416　史部/傳記類/別傳之屬/事狀
鄉賢商巖公事略三卷　(清)傅雲龍編　清末德清傅氏籑喜廬石印本　一冊

330000－1701－0033346　GP03372　類叢部/叢書類/彙編之屬
嘯園叢書五十七種　(清)葛元煦編　清光緒二年至七年(1876－1881)仁和葛氏刻本　一冊　存一種

330000－1701－0033348　GP10407　子部/兵家類/兵法之屬
四翼附編四卷　(清)戴彭撰　清光緒二十一年(1895)皖江別墅刻本　一冊

330000－1701－0033349　GP03392　類叢部/叢書類/彙編之屬
藝海珠塵一百六十四種　(清)吳省蘭輯　清嘉慶南匯吳氏聽彝堂刻本　一冊　存一種

330000－1701－0033350　GP03396　經部/叢編
茹氏經學十二種二十二卷　(清)茹敦和撰　清乾隆刻本　二冊　存一種

330000－1701－0033352　GP03373　類叢部/叢書類/彙編之屬
嘯園叢書五十七種　(清)葛元煦編　清光緒二年至七年(1876－1881)仁和葛氏刻本　一冊　存一種

330000－1701－0033354　GP03381　史部/目録類/書志之屬/提要
日本書目志十五卷　康有爲輯　清光緒二十三年(1897)上海大同譯書局石印本　七冊　缺二卷(十二至十三)

330000－1701－0033355　GP10408　類叢部/叢書類/家集之屬
篤素堂全集四種　(清)張英　(清)張廷玉撰　清光緒五年至十七年(1879－1891)刻彙印本　二冊　存一種

330000－1701－0033357　GP03381/1　史部/目録類/書志之屬/提要
日本書目志十五卷　康有爲輯　清光緒二十三年(1897)上海大同譯書局石印本　一冊　存二卷(九至十)

330000－1701－0033358　GP10382　子部/雜著類/雜纂之屬
守信錄二卷　(清)李宗言撰輯　清光緒二十四年(1898)滕王閣刻本　清諸絳題記　一冊

330000－1701－0033359　GP03393　類叢部/叢書類/彙編之屬
臨海葉氏蔭玉閣叢書　(清)葉書輯　清光緒臨海葉氏木活字印本　二冊　存一種

330000－1701－0033360　GP10470　類叢部/叢書類/家集之屬
崇川劉氏叢書四種　(清)劉長華編　清同治至光緒崇川劉氏刻民國十五年(1926)海寧陳氏慎初堂印本　六冊　存一種

330000－1701－0033361　GP10471　史部/史評類/詠史之屬
廿一史提綱歌二卷　(清)李兆洛編　清同治十年(1871)刻本　二冊

330000－1701－0033362　GP10472　史部/傳記類/別傳之屬/事狀
黃文貞公忠節紀略四卷　(清)柯自遂輯　(清)劉瑞芬重編　清光緒元年(1875)皖上刻本　二冊

330000－1701－0033366　GP03383　史部/目

録類/總録之屬/私撰

式古堂目錄十七卷　(清)尤瑩編　清光緒十九年(1893)石印本　二冊

330000－1701－0033367　GP03395　經部/小學類/訓詁之屬/譯語

清文補彙八卷　(清)宜興撰　清嘉慶七年(1802)法克精額刻本　八冊

330000－1701－0033368　GP10462　類叢部/叢書類/彙編之屬

高安朱文端公校輯藏書(朱文端公藏書)十三種　(清)朱軾撰輯　清康熙至乾隆刻彙印本　二冊　存一種

330000－1701－0033369　GP03384　史部/目録類/總録之屬/私撰

式古堂目錄十七卷　(清)尤瑩編　清光緒十九年(1893)石印本　二冊

330000－1701－0033375　GP10409　類叢部/叢書類/家集之屬

德州田氏叢書十五種　(清)田同之編　清康熙至乾隆田氏刻彙印本　四冊　存一種

330000－1701－0033376　GP10410　類叢部/叢書類/自著之屬

汪雙池先生叢書二十種附浙刻雙池遺書十二種　(清)汪紱撰　清道光至光緒刻光緒二十三年(1897)長安趙舒翹等彙印本　二冊　存一種

330000－1701－0033378　善008222　史部/紀傳類/正史之屬

五代史記七十四卷　(宋)歐陽修撰　(宋)徐無黨注　明歐陽徽柔刻本　十六冊

330000－1701－0033380　GP03386　類叢部/叢書類/彙編之屬

十萬卷樓叢書五十一種　(清)陸心源編　清光緒歸安陸氏刻本(歲時廣記卷六原缺)　三冊　存一種

330000－1701－0033381　GP03397　類叢部/叢書類/彙編之屬

靈鶼閣叢書五十六種　(清)江標編　清光緒元和江氏湖南使院刻本　一冊　存一種

330000－1701－0033384　GP10469　經部/四書類/總義之屬/傳說

福禮堂四書文課本十一卷　(清)周震榮輯　清乾隆四十八年(1783)福禮堂刻本　六冊

330000－1701－0033385　GP03407　子部/雜著類/雜說之屬

讀書偶筆二十卷　(清)董桂新撰　清同治五年(1866)婺源董氏賜硯堂刻本　四冊

330000－1701－0033388　GP10468　集部/別集類/清別集

籀經堂類藁二十四卷齊陳氏韶舞樂罍通釋二卷　(清)陳慶鏞撰　(清)陳棨仁輯　清光緒九年(1883)刻本　十冊　存二十四卷(籀經堂類稾一至二十四)

330000－1701－0033389　GP10474　子部/宗教類/佛教之屬/諸宗

福源石屋珙禪師語錄二卷　(元)釋清珙撰　(元)釋至柔等編　清光緒十三年(1887)刻本　一冊

330000－1701－0033390　GP03410　經部/四書類/總義之屬/傳說

論孟書法二卷附讀四書一卷　(清)張瑛撰　清光緒十年(1884)江蘇臬署刻本　一冊

330000－1701－0033393　善008223　子部/兵家類/兵法之屬

火龍經二卷　清抄本　二冊

330000－1701－0033394　GP03426　新學/算學/代數

三角數理十二卷　(英國)海麻士輯　(英國)傅蘭雅口譯　(清)華蘅芳筆述　(清)曹攡亭繪圖　清光緒江南製造總局刻本　六冊

330000－1701－0033396　GP10541　集部/別集類/清別集

測海集六卷　(清)彭紹升撰　清同治四年(1865)長洲彭恩高等刻本　二冊

330000－1701－0033397　GP10542　集部/別

集類/清別集

漁洋山人精華錄箋注十二卷補一卷年譜一卷附錄一卷　(清)王士禛撰　(清)金榮箋注　(清)徐淮纂輯　清康熙五十一年(1712)鳳翽堂刻本　十冊

330000－1701－0033398　GP03412　新學/格致總

物理學上編四卷中編四卷下編四卷　(日本)飯盛挺造撰　(日本)藤田豐八譯　王季烈編　清光緒二十六年至二十九年(1900－1903)江南製造局刻本　十二冊

330000－1701－0033399　GP03429　史部/傳記類/科舉録之屬/總録

海鹽縣士林錄不分卷科名錄不分卷　清末抄本　四冊

330000－1701－0033403　GP03431　史部/政書類/邦計之屬

兩浙宦游紀畧四種　(清)戴槃撰　清同治七年(1868)刻本　一冊　存三種

330000－1701－0033407　GP10543　史部/金石類/總志之屬/圖像

三古圖三種　(清)黄晟輯　明萬曆三十一年(1603)吳萬化寶古堂刻清乾隆十八年(1753)天都黄晟亦政堂重修本　三冊　存一種

330000－1701－0033408　GP03433　新學/政治法律

政學叢書　清光緒上海商務印書館鉛印本　二冊　存一種

330000－1701－0033409　GP03423　集部/總集類/氏族之屬

新安先集二十卷附崇祀錄一卷　(清)朱之榛輯　清同治十三年(1874)蘇州刻光緒補刻本　一冊　存一卷(崇祀錄)

330000－1701－0033410　GP10544　類叢部/叢書類/彙編之屬

廣雅書局叢書一百五十九種　徐紹棨編　清光緒廣雅書局刻民國九年(1920)番禺徐紹棨彙編重印本　四冊　存一種

330000－1701－0033415　GP10649　集部/總集類/課藝之屬

最新兩浙課士錄初集不分卷　(清)浙報館編　清光緒二十八年(1902)浙報館鉛印本　一冊

330000－1701－0033417　GP03443　史部/傳記類/總傳之屬

讀畫錄四卷　(清)周亮工撰　清宣統順德鄧氏風雨樓鉛印風雨樓叢書本　周大輔題簽並記　一冊

330000－1701－0033418　GP03414　子部/雜著類/雜考之屬

潘瀾筆記二卷　(清)彭兆蓀撰　清光緒二十四年(1898)刻刻鵠齋叢書本　程銘敬、單丕題記　二冊

330000－1701－0033419　GP03441　集部/別集類/明別集

明況太守龍岡公治蘇政績全集十六卷首一卷補遺一卷　(明)況鍾撰　(清)况廷秀輯　清道光二十九年(1849)蘇州府刻本　六冊

330000－1701－0033420　GP10668　史部/紀事本末類/斷代之屬

遼史紀事本末四十卷首一卷　(清)李有棠撰　清光緒二十八年(1902)上海著易堂書局鉛印本　二冊

330000－1701－0033422　GP03447　類叢部/叢書類/自著之屬

起聖齋叢書　尹桐陽撰　清光緒至民國鉛印本　一冊　存一種

330000－1701－0033423　GP03415　史部/目録類/總録之屬/私撰

五桂樓書目四卷　(清)黄澄量撰　清光緒二十一年(1895)姚江黄安瀾刻本　一冊

330000－1701－0033424　GP03448　史部/地理類/專志之屬/祠墓

汪王廟志畧一卷　(清)汪文炳撰　清光緒三十一年(1905)刻本　一冊

330000－1701－0033426　GP10651　新學/議

論/通論
吴京卿節本天演論一卷　(英國)赫胥黎撰　嚴復譯　(清)吴汝綸删節　清光緒二十四年(1898)鉛印本　一册

330000－1701－0033433　GP10652　子部/天文曆算類/算書之屬
下學葊算書三種　(清)項名達撰　清末烏程徐氏刻本　一册　存一種

330000－1701－0033434　GP03434　子部/天文曆算類/算書之屬
新纂簡捷易明算法四卷首一卷　(清)沈士桂纂輯　清刻本　四册

330000－1701－0033435　GP03451　經部/叢編
通志堂經解一百四十種　(清)納蘭成德輯　清康熙十九年(1680)納蘭成德刻本　四册　存一種

330000－1701－0033437　GP03446　史部/政書類/邦計之屬/戶政
浙江平湖縣查編保甲事宜一卷　(清)王鳳生編　清嘉慶刻本　一册

330000－1701－0033439　GP10674　史部/傳記類/總傳之屬/姓名
青樓小名錄八卷　(清)趙慶楨輯　清宣統二年(1910)上海國學扶輪社鉛印本　三册　存六卷(三至八)

330000－1701－0033441　GP10657　子部/藝術類/遊藝之屬/謎語
同心隱語三卷　(清)吳光綬編　清光緒二十二年(1896)松郡顧文善齋刻本　一册

330000－1701－0033448　GP03437　史部/傳記類/總傳之屬/郡邑
吴門三相[潘世恩、翁心存、彭蘊章]傳略不分卷　(清)管晏輯　清同治至光緒刻本　一册

330000－1701－0033450　GP03458　子部/藝術類/書畫之屬/題跋
書畫跋跋三卷續三卷　(明)孫鑛撰　清乾隆五年(1740)孫氏居業堂刻本　三册

330000－1701－0033452　GP10679　經部/小學類/音韻之屬/韻書
增註字類標韻六卷　(清)華綱撰　(清)范多玨重訂　清光緒二年(1876)鉛印本　二册

330000－1701－0033453　GP03459　子部/藝術類/書畫之屬/題跋
書畫跋跋三卷續三卷　(明)孫鑛撰　清乾隆五年(1740)孫氏居業堂刻本　二册　缺三卷(續一至三)

330000－1701－0033454　GP10654　史部/史抄類
前漢書菁華錄四卷後漢書菁華錄二卷　(清)高塘撰　清光緒二十六年(1900)上海書局石印本　肇初題簽　四册　存四卷(前漢書精華錄一至四)

330000－1701－0033455　善008224　子部/雜著類/雜考之屬
食物考一卷　清刻本　二册

330000－1701－0033457　GP10680　類叢部/叢書類/彙編之屬
白話叢書第一集六種　裘廷梁編　清光緒二十七年(1901)石印本　一册　存一種

330000－1701－0033460　GP10687　史部/職官類/官箴之屬
爲政忠告四卷　(元)張養浩撰　清光緒三十二年(1906)颿山顧氏石印本　一册

330000－1701－0033462　GP03462　史部/目録類/總録之屬/私撰
持靜齋書目五卷　(清)丁日昌藏並撰　**持靜齋藏書記要二卷**　(清)丁日昌藏　(清)莫友芝撰　清同治九年(1870)豐順丁日昌刻本　六册

330000－1701－0033463　善008227　集部/曲類/曲韻曲譜曲律之屬
增定南九宮曲譜二十一卷附錄一卷　(明)沈璟撰　明刻本　八册

330000－1701－0033464　GP10659　經部/四書類/總義之屬/傳說

讀大學叢説一卷讀中庸叢説二卷讀孟子叢説二卷 （元）許謙撰 清刻本 一冊

330000－1701－0033465 善008229 集部/詞類/類編之屬

詞苑英華八種 （明）毛晉編 明末毛氏汲古閣刻清乾隆十七年（1752）洪振珂重修本 二十四冊 存七種

330000－1701－0033470 GP10691 類叢部/叢書類/彙編之屬

蟄園叢書 清末刻本 一冊 存一種

330000－1701－0033471 GP10661 子部/天文曆算類/算書之屬

下學菴算書三種 （清）項名達撰 清末烏程徐氏刻本 一冊 存一種

330000－1701－0033472 GP03479 類叢部/叢書類/自著之屬

石遺室叢書十九種 陳衍撰 清光緒至民國刻本 五冊 存一種

330000－1701－0033473 GP10708 經部/叢編

許學叢刻九種 （清）許頌鼎 （清）許溎祥輯 清光緒十三年（1887）海寧許氏古均閣刻本 四冊

330000－1701－0033475 GP03483 史部/詔令奏議類/奏議之屬

錢敏肅公奏疏七卷 （清）錢鼎銘撰 清光緒六年（1880）存素堂刻本 四冊

330000－1701－0033477 善008225 子部/儒家類/儒學之屬/性理

原善三卷緒言三卷 （清）戴震撰 清抄本 一冊

330000－1701－0033478 GP10667、GP10663、GP10665、GP10662 新學/格致總

格致須知二十八種 （英國）傅蘭雅編 清光緒八年至二十四年（1882－1898）刻本 四冊 存四種

330000－1701－0033479 善008226 集部/總集類/選集之屬/通代

文選六十卷 （南朝梁）蕭統輯 （唐）李善注 （清）何焯評 清乾隆三十七年（1772）長洲葉樹藩海錄軒刻朱墨套印本 二十冊

330000－1701－0033480 GP03485 史部/政書類

校邠廬抗議二卷 （清）馮桂芬撰 清光緒十一年（1885）弢園老民木活字印本 二冊

330000－1701－0033481 GP03480 史部/政書類/律令之屬/治獄

棠陰比事一卷 （宋）桂萬榮撰 清同治六年（1867）臨汝桂嵩慶木樨山房木活字印本 一冊

330000－1701－0033483 GP03492 子部/叢編

子書百家 （清）崇文書局編 清光緒元年（1875）湖北崇文書局刻本 一冊 存一種

330000－1701－0033484 GP10709 經部/叢編

許學叢刻九種 （清）許頌鼎 （清）許溎祥輯 清光緒十三年（1887）海寧許氏古均閣刻本 四冊

330000－1701－0033485 GP03493 子部/叢編

子書百家 （清）崇文書局編 清光緒元年（1875）湖北崇文書局刻本 一冊 存一種

330000－1701－0033486 GP10694 類叢部/叢書類/自著之屬

琴志樓叢書 易順鼎撰 清光緒刻本 一冊 存一種

330000－1701－0033487 GP10695 類叢部/叢書類/自著之屬

琴志樓叢書 易順鼎撰 清光緒刻本 一冊 存一種

330000－1701－0033488 GP10703 史部/職官類/官制之屬/專志

軍機故事二卷補遺一卷 （清）姚文棟撰 清光緒謨觴室刻本 一冊

330000－1701－0033489　GP10664、GP10666　新學/格致總
格致須知二十八種　(英國)傅蘭雅編　清光緒八年至二十四年(1882－1898)刻本　二冊　存二種

330000－1701－0033490　GP03481　史部/政書類/律令之屬/治獄
棠陰比事一卷　(宋)桂萬榮撰　清同治六年(1867)臨汝桂嵩慶木樨山房木活字印本　二冊

330000－1701－0033491　GP10713　類叢部/叢書類/彙編之屬
十萬卷樓叢書五十一種　(清)陸心源編　清光緒歸安陸氏刻本(歲時廣記卷六原缺)　二冊　存一種

330000－1701－0033492　GP03482　子部/天文曆算類/算書之屬
器象顯真四卷圖一卷　(英國)白力蓋輯　(英國)傅蘭雅口譯　(清)徐建寅刪述　(清)曹鍾秀摹圖　清光緒刻本　二冊　存四卷(一至四)

330000－1701－0033493　GP03494　史部/紀傳類/正史之屬
唐書釋音二卷　(宋)董衝撰　清同治十二年(1873)浙江書局刻本　一冊

330000－1701－0033494　GP03500　史部/目録類/總録之屬/私撰
錢塘郭氏經緯書庫藏書目錄第一集不分卷　稿本　一冊

330000－1701－0033495　GP03495　史部/紀傳類/正史之屬
唐書釋音二卷　(宋)董衝撰　清同治十二年(1873)浙江書局刻本　一冊

330000－1701－0033497　GP03484　史部/政書類
校邠廬抗議二卷　(清)馮桂芬撰　清光緒二十四年(1898)上海石印本　二冊

330000－1701－0033498　GP10726　子部/儒家類/儒學之屬
綱常名教修身大要二卷　(清)北洋武備研究所編　清末木活字印本　二冊

330000－1701－0033499　GP10710　經部/叢編
許學叢刻九種　(清)許頌鼎　(清)許溎祥輯　清光緒十三年(1887)海寧許氏古均閣刻本　二冊　存五種

330000－1701－0033500　GP03486　史部/政書類
校邠廬抗議二卷　(清)馮桂芬撰　清光緒十八年(1892)敏德堂潘氏刻本　二冊

330000－1701－0033501　GP10727　史部/地理類/水利之屬
甬上水利志六卷　(清)周道遵撰　清道光二十八年(1848)木活字印本　二冊

330000－1701－0033502　GP03496　類叢部/叢書類/家集之屬
沈端恪公遺書二種　(清)沈曰富編　清同治十二年(1873)浙江書局刻本　二冊

330000－1701－0033503　GP10711　史部/地理類/山川之屬/水志
水經注釋地四十卷補遺二卷水道直指一卷　(清)張匡學撰　清嘉慶二年(1797)上池書屋刻本　一冊　存一卷(水道直指)

330000－1701－0033505　TWF0003　子部/儒家類/儒學之屬/性理
御製勸善要言一卷　(清)世祖福臨撰　清光緒浙江書局刻本　一冊

330000－1701－0033507　GP10712　集部/總集類/課藝之屬
崇文書院課藝十集不分卷　(清)許承綬　(清)姚巳元編　清光緒二十年(1894)刻本　四冊

330000－1701－0033509　善008228　集部/別集類/清別集
御製全史詩六十四卷首二卷　(清)仁宗顒琰撰　(清)慶桂等編　(清)張師誠注　清嘉慶

刻本　三十二册

330000－1701－0033510　GP03464　集部/別集類/清別集

遯叟遺珍二卷　(清)張楷撰　清宣統元年(1909)念修堂木活字印本　二册

330000－1701－0033512　GP03498　史部/傳記類/總傳之屬

國朝畫家書小傳四卷附荔香室小傳一卷　葉銘輯　清宣統元年(1909)西泠印社鉛印本　一册

330000－1701－0033513　GP03502　史部/目録類/總録之屬/私撰

持靜齋書目五卷　(清)丁日昌藏並撰　**持靜齋藏書記要二卷**　(清)丁日昌藏　(清)莫友芝撰　清同治九年(1870)豐順丁日昌刻本　六册

330000－1701－0033514　GP03465　史部/政書類/儀制之屬/典禮

皇朝祭器樂舞錄二卷附關帝文昌樂舞譜一卷　(清)徐暢達輯　清同治十年(1871)楚北崇文書局刻本　二册　缺一卷(關帝文昌樂舞譜)

330000－1701－0033517　GP10728　類叢部/叢書類/家集之屬

德州田氏叢書十五種　(清)田同之編　清康熙至乾隆田氏刻彙印本　一册　存一種

330000－1701－0033518　GP03511　史部/政書類/通制之屬

石渠餘紀六卷　(清)王慶雲撰　清光緒十四年(1888)寧鄉黃氏刻本　六册

330000－1701－0033519　GP03468　類叢部/叢書類/彙編之屬

觀自得齋叢書二十三種別集六種　(清)徐士愷編　清光緒十三年至二十年(1887－1894)石埭徐氏刻本　一册　存一種

330000－1701－0033520　GP10729　集部/總集類/課藝之屬

經心書院集四卷　左紹佐輯　清光緒十四年(1888)湖北官書處刻本　四册

330000－1701－0033521　GP10732　史部/傳記類/別傳之屬/年譜

戚少保[繼光]年譜耆編十二卷首一卷　(明)戚祚國彙纂　(明)戚昌國集錄　清道光二十七年(1847)王氏刻光緒四年(1878)仙遊戚氏崇勲祠補刻本　十二册

330000－1701－0033522　GP10730　類叢部/叢書類/自著之屬

孫夏峰全集十二種附一種　(清)孫奇逢撰　清康熙刻道光至光緒遞刻重印本　二册　存一種

330000－1701－0033523　善008230　史部/政書類/通制之屬

通志略五十二卷　(宋)鄭樵撰　明嘉靖二十九年(1550)陳宗夔等刻清乾隆十三年(1748)于敏中金匱山房印本　二十四册

330000－1701－0033524　GP03497　類叢部/叢書類/家集之屬

沈端恪公遺書二種　(清)沈曰富編　清同治十二年(1873)浙江書局刻本　二册

330000－1701－0033526　善008231　史部/傳記類/科舉録之屬/諸貢録

狀元圖考不分卷　明刻本　一册

330000－1701－0033527　GP03512　史部/政書類/通制之屬

石渠餘紀六卷　(清)王慶雲撰　清光緒三十三年(1907)刻民國二十三年(1934)印本　王彥超、王世穎題記　六册

330000－1701－0033530　GP10811　類叢部/類書類/專類之屬

四書典制類聯音註三十三卷　(清)閻其淵輯　清嘉慶元年(1796)蕭山縣署刻本　十册

330000－1701－0033531　GP10812　類叢部/叢書類/彙編之屬

敦懷堂洋務叢鈔十一種十九卷　(清)張樹聲編　清光緒十年(1884)敦懷書屋刻本　四册　存一種

330000－1701－0033534　GP10813　史部/詔令奏議類/詔令之屬

内閣撰擬文字二編二卷附編一卷　(清)徐士鑾輯　清同治十一年(1872)刻本　二冊

330000－1701－0033535　GP03513　集部/別集類/清別集

南洋勸業會雜詠二卷　王葆楨撰　清宣統二年(1910)鉛印本　二冊

330000－1701－0033536　GP10814　史部/傳記類/總傳之屬/列女

丁氏節烈記一卷　(清)丁丙編　清光緒二十六年(1900)正修堂刻本　一冊

330000－1701－0033537　GP10715　史部/傳記類/別傳之屬/年譜

徵君孫先生年譜稿四卷　(清)戴明說等編　清康熙十四年(1675)刻本　二冊

330000－1701－0033540　GP10815　史部/傳記類/別傳之屬/事狀

會稽王烈婦孫宜人[衣]哀辭一卷　(清)郭傳璞等撰　王繼香輯　清光緒元年(1875)刻本　一冊

330000－1701－0033541　GP03520　子部/天文曆算類/算書之屬

學古堂算書叢刻二種　(清)汪香祖等撰　清光緒二十三年(1897)江蘇書局刻本　二冊　存一種

330000－1701－0033542　GP10816　類叢部/叢書類/彙編之屬

臨海葉氏蔭玉閣叢書　(清)葉書輯　清光緒臨海葉氏木活字印本　一冊　存一種

330000－1701－0033543　GP03514　類叢部/叢書類/郡邑之屬

學海堂叢刻十二種　(清)□□編　清光緒三年(1877)、十二年(1886)刻本　一冊　存一種

330000－1701－0033544　GP10716　集部/總集類/課藝之屬

東城講舍課藝一卷　(清)楊文杰等撰　清刻本　一冊

330000－1701－0033545　善008232　子部/術數類/相宅相墓之屬

陽宅開門安牀作灶不分卷　清嘉慶十四年(1809)黄世勳抄本　二冊

330000－1701－0033546　GP03521　經部/小學類/訓詁之屬/譯語

增廣五車韻府不分卷　金約瑟撰　清光緒三十三年(1907)上海點石齋鉛印本　四冊

330000－1701－0033547　善008233　史部/目録類/專録之屬

大清重刻龍藏彙記一卷　清抄本　四冊

330000－1701－0033549　GP03522　類叢部/叢書類/彙編之屬

申報館叢書正集五十七種附録三種續集一百四十二種　(清)尊聞閣主編　蔡爾康編續集　清同治至光緒上海申報館鉛印本　六冊　存一種

330000－1701－0033550　GP10724　類叢部/叢書類/自著之屬

琴志樓叢書　易順鼎撰　清光緒刻本　十二冊　存十三種

330000－1701－0033551　GP03517　子部/叢編

子書百家　(清)崇文書局編　清光緒元年(1875)湖北崇文書局刻本　一冊　存一種

330000－1701－0033552　GP10817、GP10818　子部/宗教類/佛教之屬/總録

雲棲法彙二十九種　(明)釋袾宏撰　(明)王宇春等輯　清光緒十八年至二十五年(1892－1899)金陵刻經處刻本　四冊　存二種

330000－1701－0033553　GP10717　史部/史評類/史論之屬

重刊讀史論畧一卷　(清)杜詔撰　清同治五年(1866)永康胡氏退補齋刻本　一冊

330000－1701－0033556　GP10718　子部/醫家類/方書之屬/單方驗方

隨山宇方鈔一卷　(清)汪曰楨撰　清光緒八年(1882)紹興安越堂刻本　一册

330000－1701－0033557　GP03535　史部/金石類/總志之屬/題跋

竹雲題跋四卷　(清)王澍撰　清乾隆三十二年(1767)苕上錢人龍晝雲閣刻本　四册

330000－1701－0033559　GP03472　史部/政書類/邦計之屬

兩浙官游紀畧四種　(清)戴槃撰　清同治七年(1868)刻本　一册　存一種

330000－1701－0033560　GP10820、GP10822、GP10821、GP10819　類叢部/叢書類/彙編之屬

廣雅書局叢書一百五十九種　徐紹棨編　清光緒廣雅書局刻民國九年(1920)番禺徐紹棨彙編重印本　五册　存四種

330000－1701－0033561　GP10825　史部/傳記類/總傳之屬/技藝

古今楹聯彙刻小傳十二卷首集一卷外集一卷　吳隱輯　清光緒三十二年(1906)西泠印社刻本　二册

330000－1701－0033562　GP10719　子部/雜著類/雜說之屬

辟火珠一卷附禳避火災妙法一卷　(清)高宗元撰　清道光八年(1828)刻本　一册

330000－1701－0033565　GP03532　史部/時令類

月令粹編二十四卷圖說一卷　(清)秦嘉謨撰　清嘉慶十七年(1812)江都秦嘉謨琳琅仙館刻本　六册

330000－1701－0033567　GP03537　史部/金石類/郡邑之屬

益都金石記四卷　(清)段松苓撰　清光緒九年(1883)益都丁氏刻本　四册

330000－1701－0033568　GP10823　類叢部/叢書類/彙編之屬

金峨山館叢書(望三益齋叢書)十一種　(清)郭傳璞編　清光緒八年至十六年(1882－1890)鄞郭氏刻二十年(1894)鎮海邵氏彙印本　一册　存二種

330000－1701－0033570　GP03533　史部/時令類

月令粹編二十四卷圖說一卷　(清)秦嘉謨撰　清嘉慶十七年(1812)江都秦嘉謨琳琅仙館刻本　四册

330000－1701－0033572　GP10720　類叢部/叢書類/彙編之屬

小種字林叢刻七種　(清)吳受福編　清光緒刻本　一册　存一種

330000－1701－0033575　GP10824　史部/政書類/邦計之屬/營田

井田圖攷二卷　(清)朱克己撰　清光緒十六年(1890)山東書局刻本　二册

330000－1701－0033576　GP03534　子部/工藝類/文房四寶之屬/硯

端溪研志(端溪硯志)三卷首一卷　(清)吳繩年撰　清乾隆楚州王永熙刻本　一册

330000－1701－0033584　GP03473　類叢部/叢書類/自著之屬

王湘綺先生全集二十六種　王闓運撰　清光緒至民國刻民國十二年(1923)長沙王氏彙印本　五册　存二種

330000－1701－0033587　GP03474　子部/雜著類/雜考之屬

譚誤四卷　(明)馬樸撰　清同治九年(1870)敦倫堂刻本　二册

330000－1701－0033590　GP10834　類叢部/叢書類/自著之屬

澤古齋全集五種　(清)吳士模撰　清光緒十九年(1893)刻本　一册　存一種

330000－1701－0033594　GP10835　類叢部/叢書類/自著之屬

澤古齋全集五種　(清)吳士模撰　清光緒十九年(1893)刻本　一册　存一種

330000－1701－0033596　GP03476　類叢部/叢書類/彙編之屬

廣雅書局叢書一百五十九種 徐紹棨編 清光緒廣雅書局刻民國九年(1920)番禺徐紹棨彙編重印本 一册 存一種

330000－1701－0033597 GP03541 類叢部/叢書類/自著之屬
春在堂全書三十六種 (清)俞樾撰 清同治至光緒刻光緒末彙印本 二册 存一種

330000－1701－0033598 GP10836 集部/别集類/清别集
矢志集詩一卷矢志集文一卷 (清)葉何氏撰 **陳貞婦題贈册一卷** (清)陳乃楫編 清宣統三年(1911)太平陳氏志澄閣木活字印本 一册

330000－1701－0033599 GP03477 類叢部/叢書類/彙編之屬
廣雅書局叢書一百五十九種 徐紹棨編 清光緒廣雅書局刻民國九年(1920)番禺徐紹棨彙編重印本 一册 存一種

330000－1701－0033600 GP10723 史部/傳記類/總傳之屬/仕宦
崇祀名宦録不分卷 清刻本 一册

330000－1701－0033605 GP10863 集部/别集類/清别集
躬恥齋製義九卷 (清)宗稷辰撰 清同治七年(1868)當湖朱氏刻本 八册

330000－1701－0033607 GP10837 子部/雜著類/雜說之屬
知識五門一卷 (英國)慕維廉撰 清光緒十三年(1887)益智書會刻本 一册

330000－1701－0033608 善 008237 子部/醫家類/外科之屬
王洪緒先生外科證治全生不分卷 (清)王維德撰 清末抄本 二册

330000－1701－0033609 GP03568 經部/叢編
通志堂經解一百三十九種 (清)納蘭成德輯 清同治十二年(1873)粤東書局刻本 一册 存一種

330000－1701－0033610 GP03551 類叢部/叢書類/彙編之屬
風雨樓祕笈留真十種 鄧實編 清宣統元年至民國六年(1909－1917)順德鄧氏風雨樓影印本 一册 存一種

330000－1701－0033612 善 008238 類叢部/叢書類/彙編之屬
宋劉須溪先生較書(合刻宋劉須溪點校書)九種附一種 (宋)劉辰翁評 (明)楊人駒編 明天啓四年(1624)楊人駒刻本 二册 存一種

330000－1701－0033613 GP03543 子部/雜著類/雜說之屬
劑變篇一卷 (清)尹彦鉌撰 清光緒二十六年(1900)鉛印本 二册

330000－1701－0033614 GP10838 經部/小學類/文字之屬/字書
臨文便覽二種 (清)張啓泰輯 清同治十三年(1874)松竹齋刻本 一册

330000－1701－0033615 GP03544 子部/雜著類/雜說之屬
劑變篇一卷 (清)尹彦鉌撰 清光緒二十六年(1900)鉛印本 二册

330000－1701－0033619 GP10868 史部/政書類/儀制之屬/典禮
文廟祀位一卷 (清)倭什琿布等輯 清同治八年(1869)楚北崇文書局刻本 一册

330000－1701－0033620 GP03569 新學/地學/地理學
金石表一卷 (美國)代那撰 (美國)瑪高溫譯 (清)華蘅芳筆述 清光緒九年(1883)江南製造總局鉛印本 一册

330000－1701－0033623 GP10845 集部/别集類/清别集
淮南雜著二卷 (清)曹允源撰 清光緒十七年(1891)刻本 一册

330000－1701－0033624 GP10840 新學/全體學/附心靈學

心靈學一卷　(美國)海文撰　(清)顏永京譯　清光緒十五年(1889)上海益智書會刻本　一冊

330000－1701－0033626　GP03570　新學/地學/地理學

金石表一卷　(美國)代那撰　(美國)瑪高溫譯　(清)華蘅芳筆述　清光緒九年(1883)江南製造總局鉛印本　一冊

330000－1701－0033628　GP10871　史部/傳記類/別傳之屬/年譜

春渚草堂居士[朱彭年]年譜一卷　(清)朱彭年撰　(清)朱澍生續　清光緒二十二年(1896)刻本　一冊

330000－1701－0033629　GP03575　經部/小學類/音韻之屬/注音

傳音快字一卷　(清)蔡錫勇撰　清光緒二十二年(1896)武昌刻本　一冊

330000－1701－0033630　GP03563　子部/雜著類/雜說之屬

賨存四卷　(清)胡式鈺撰　清道光二十一年(1841)刻本　二冊

330000－1701－0033631　善008239　集部/別集類/宋別集

司馬文正公詩集七卷　(宋)司馬光撰　明嘉靖四年(1525)呂柟刻本　四冊

330000－1701－0033632　GP03571　子部/藝術類/書畫之屬

字學津梁不分卷　(清)傅起儒輯　清康熙刻本　一冊

330000－1701－0033633　善008240　集部/別集類/明別集

甫田集四卷　(明)文徵明撰　明刻本　清安璿跋　四冊

330000－1701－0033634　GP03564　子部/雜著類/雜說之屬

賨存四卷　(清)胡式鈺撰　清道光二十一年(1841)刻本　二冊

330000－1701－0033638　GP10846　集部/曲類/寶卷之屬

新刻十供神仙修真寶傳因果全部一卷　(清)復性子撰　清光緒五年(1879)朱禮賢等刻本　一冊

330000－1701－0033639　GP03572　史部/金石類/金之屬

唐賜鐵券考一卷金塗銅塔考一卷　(清)錢泳輯　清乾隆五十九年(1794)表忠觀刻嘉慶元年(1796)增刻本　一冊

330000－1701－0033641　GP03578　類叢部/叢書類/彙編之屬

後知不足齋叢書四十七種　(清)鮑廷爵編　清同治至光緒常熟鮑氏刻本　二冊　存一種

330000－1701－0033643　GP03566　類叢部/叢書類/彙編之屬

廣雅書局叢書一百五十九種　徐紹棨編　清光緒廣雅書局刻民國九年(1920)番禺徐紹棨彙編重印本　一冊　存一種

330000－1701－0033647　GP03553　類叢部/叢書類/彙編之屬

蟫隱廬叢書十八種　羅振常編　清宣統二年至民國二十五年(1910－1936)上虞羅氏謄寫及鉛印本三十三年(1944)吳興周延年彙印本　一冊　存一種

330000－1701－0033648　GP10859　史部/傳記類/別傳之屬/墓誌

清甲午陣歿李將軍傳誌不分卷附張夫人事畧不分卷　李寅賓　李寅恭輯　清光緒安徽官紙局鉛印本　一冊

330000－1701－0033650　GP10876　子部/天文曆算類/算書之屬

新編筭學啓蒙三卷總括一卷　(元)朱世傑撰　**望海島術一卷**　(宋)楊輝撰　**筭學啓蒙識誤一卷後記一卷**　(清)羅士琳撰　清同治十年(1871)江南機器製造總局刻本　二冊

330000－1701－0033652　GP03579　類叢部/叢書類/自著之屬

邃雅堂全集九種 （清）姚文田撰　清嘉慶至光緒歸安姚氏刻本　二册　存一種

330000－1701－0033660　GP10853　子部/兵家類/兵法之屬
四翼附編四卷 （清）戴彭撰　清光緒二十一年（1895）皖江別墅刻本　一册

330000－1701－0033662　善008241　集部/別集類/明別集
徐文長文集三十卷四聲猿一卷 （明）徐渭撰　（明）袁宏道評點　明萬曆四十二年（1614）鍾人傑刻本　八册　缺一卷（四聲猿）

330000－1701－0033663　善008242　集部/總集類/選集之屬/通代
選詩補註八卷 （元）劉履撰　**選詩補遺二卷續編四卷** （元）劉履輯　明刻本　二册　缺八卷（一至八）

330000－1701－0033664　善008243　集部/總集類/選集之屬/通代
漢魏詩乘二十卷吳詩一卷總錄一卷 （明）梅鼎祚輯　明萬曆十一年（1583）劉文顯、徐家慶等刻本　八册

330000－1701－0033665　善008244　子部/儒家類/儒學之屬/性理
新鐫性理奥十卷首一卷 （明）丁進撰　明天啓六年（1626）刻本　四册

330000－1701－0033669　GP03594　子部/小說家類/異聞之屬
搜神記二十卷 （晉）干寶撰　**搜神後記十卷** （晉）陶潛撰　清宣統三年（1911）上海幽光社石印本　四册

330000－1701－0033670　GP10841　類叢部/叢書類/彙編之屬
積學齋叢書二十種 徐乃昌編　清光緒南陵徐乃昌刻本　一册　存一種

330000－1701－0033673　善008245　經部/樂類/律吕之屬
御製律呂正義後編一百二十卷上諭奏議二卷 （清）允祿　（清）張照等纂修　清乾隆十一年（1746）武英殿刻朱墨套印本　四十八册

330000－1701－0033676　GP10860　類叢部/叢書類/自著之屬
留書種閣集九種 （清）黄炳垕撰　清同治六年至光緒二十年（1867－1894）餘姚黄氏留書種閣刻本　一册　存一種

330000－1701－0033677　GP10842　集部/別集類/清別集
徐烈婦詩鈔二卷附報素聞書并回文一卷 （清）吳宗愛撰　（清）楊晉藩　（清）許楣評　**同心梔子圖續編一卷** （清）應瑩撰　清同治十三年（1874）桐城吳氏雲鶴仙館刻本　一册　存一卷（同心梔子圖續編）

330000－1701－0033678　GP03589　子部/雜著類/雜說之屬
新廣東不分卷 太平洋客撰　清末日本橫濱新民叢報社鉛印本　一册

330000－1701－0033685　GP10914　經部/詩類/傳說之屬
詩集傳音釋二十卷詩圖一卷詩傳綱領一卷詩序一卷 （宋）朱熹集傳　（元）許謙音釋　（元）羅復纂輯　**校刻詩集傳音釋札記一卷** （清）蔣光煦撰　清咸豐五年至七年（1855－1857）海昌蔣氏衍芬草堂刻本　四册

330000－1701－0033688　GP10915　集部/總集類/尺牘之屬
潛園友朋書問十二卷 （清）陸心源輯　清末石印本　二册

330000－1701－0033694　GP10916　子部/儒家類/儒學之屬/蒙學
兒童讀本一卷 清光緒九年（1883）古吳潘維麒刻聚珍堂印本　一册

330000－1701－0033695　GP10855　史部/傳記類/職官録之屬/總録
浙省江右同官錄一卷 清光緒二十二年（1896）刻朱墨套印本　一册

330000－1701－0033696　GP03601　類叢部/叢書類/自著之屬

春在堂全書三十六種 (清)俞樾撰 清同治至光緒刻光緒末彙印本 四册 存一種

330000－1701－0033697 GP10917 子部/雜著類/雜説之屬

知識五門一卷 (英國)慕維廉撰 清光緒十三年(1887)益智書會刻本 一册

330000－1701－0033698 善 008246 史部/紀事本末類/通代之屬

通鑑紀事本末二百三十九卷 (宋)袁樞撰 (明)張溥論正 明刻本(卷二至三配清抄本) 六十册

330000－1701－0033701 善 008247 子部/雜著類/雜纂之屬

意林五卷補一卷 (唐)馬總撰 **意林補遺一卷** (清)張海鵬增訂 清光緒元年至三年(1875－1877)湖北崇文書局刻民國元年(1912)鄂官書處重印崇文書局彙刻書本(補一卷配張宗祥抄本) 張宗祥校並跋 張宗祥過録清王宗炎、清譚獻、清楊調元、清周廣業、清李遇孫、清汪遠孫跋 三册

330000－1701－0033702 GP10905 類叢部/叢書類/自著之屬

郝氏遺書三十三種 (清)郝懿行撰 清嘉慶至光緒刻彙印本 一册 存一種

330000－1701－0033703 GP10856 史部/傳記類/日記之屬

環遊日記一卷(清光緒三十年四月初六至三十一年二月二十七) (清)陳琪撰 清光緒三十一年(1905)湖南學務處鉛印本 一册

330000－1701－0033704 GP10923 類叢部/叢書類/自著之屬

橘蔭軒全集七種 (清)陳錦撰 清光緒山陰陳氏橘蔭軒刻本 一册 存一種

330000－1701－0033706 GP10918 類叢部/叢書類/家集之屬

東陽于氏味腴草堂叢書 清光緒鉛印本 二册 存一種

330000－1701－0033707 GP10925、GP10924 類叢部/叢書類/彙編之屬

問影樓叢刻初編九種 胡思敬編 清光緒三十四年至民國二年(1908－1913)新昌胡氏南昌刻本暨鉛印本 三册 存二種

330000－1701－0033708 GP10857 史部/傳記類/别傳之屬/事狀

婁詩漢本傳不分卷 清光緒十二年(1886)大梁刻本 一册

330000－1701－0033709 GP03615 經部/小學類/文字之屬/説文

讀説文雜識一卷 (清)許棫撰 清光緒七年(1881)刻本 一册

330000－1701－0033710 GP03605 類叢部/叢書類/彙編之屬

連筠簃叢書十二種 (清)楊尚文編 清道光二十七年至二十九年(1847－1849)靈石楊氏刻本(羣書治要卷四、十三、二十原缺) 四册 存一種

330000－1701－0033712 GP10907 史部/雜史類/斷代之屬

東牟攀轅録一卷 (清)王啓增等撰 清同治刻本 一册

330000－1701－0033713 GP10909 集部/總集類/彙編之屬

琴臺正續合刻 (清)汪守正輯 清嘉慶刻本 一册 存一種

330000－1701－0033714 GP10928 經部/周禮類/傳説之屬

禮説十四卷大學説一卷 (清)惠士奇撰 清嘉慶二年(1797)上海彭霖蘭陔書屋刻本 七册

330000－1701－0033715 GP03643 史部/金石類/郡邑之屬

濟南金石志四卷 (清)馮雲鵷撰 清道光二十年(1840)刻本 四册

330000－1701－0033718 GP10910 類叢部/叢書類/彙編之屬

紛欣閣叢書十四種 (清)周心如編 清嘉慶

至道光浦江周氏刻本　四冊　存一種

330000－1701－0033720　GP03614　類叢部/叢書類/彙編之屬
蟫隱廬叢書十八種　羅振常編　清宣統二年至民國二十五年(1910－1936)上虞羅氏謄寫及鉛印本三十三年(1944)吳興周延年彙印本　一冊　存一種

330000－1701－0033721　GP10936　史部/政書類/邦計之屬/荒政
欽定康濟錄四卷　(清)陸曾禹撰　(清)倪國璉釐正　清同治三年(1864)浙江撫署刻本　三冊

330000－1701－0033722　GP10935　史部/金石類/郡邑之屬/文字
山右石刻叢編四十卷　(清)胡聘之撰　清光緒二十五年至二十七年(1899－1901)刻本　二十冊　存三十二卷(一至三十二)

330000－1701－0033724　GP10927　集部/總集類/彙編之屬
丘海二公文集合編　(清)焦應漢輯　(清)賈棠編　清康熙四十七年(1708)刻本　五冊　存一種

330000－1701－0033726　GP10929　子部/叢編
子書百家　(清)崇文書局編　清光緒元年(1875)湖北崇文書局刻本　一冊　存一種

330000－1701－0033727　GP10930　子部/叢編
子書百家　(清)崇文書局編　清光緒元年(1875)湖北崇文書局刻本　一冊　存一種

330000－1701－0033730　GP03626　類叢部/叢書類/自著之屬
饔喜廬所著書　(清)傅雲龍撰　清光緒鉛印本暨石印本　四冊　存一種

330000－1701－0033731　善008248　經部/春秋左傳類/傳說之屬
春秋左傳十五卷　(明)孫鑛批點　明萬曆四十四年(1616)吳興閔齊伋刻朱墨套印本　十二冊

330000－1701－0033732　GP03565　經部/小學類/訓詁之屬
釋穀四卷　(清)劉寶楠撰　清咸豐刻本　清戴望題記　二冊

330000－1701－0033733　GP03618　集部/別集類/清別集
鳴陰樓文存一卷　(清)林頤山撰　清光緒木活字印本　一冊

330000－1701－0033737　GP10937　經部/叢編
四經精華　(清)薛嘉穎輯　清光緒二年(1876)浙寧簡香齋刻本　三冊　存一種

330000－1701－0033738　GP03639　類叢部/叢書類/彙編之屬
槐廬叢書四十六種　(清)朱記榮編　清光緒三年至十五年(1877－1889)吳縣朱氏槐廬家塾刻本　四冊　存一種

330000－1701－0033739　善008249　集部/總集類/選集之屬/通代
御選唐宋文醇五十八卷　(清)高宗弘曆輯　清乾隆三年(1738)武英殿刻四色套印本　二十冊

330000－1701－0033740　GP10938　集部/詩文評類
煮藥漫抄二卷　(清)葉煒撰　清光緒十七年(1891)金陵刻本　一冊

330000－1701－0033741　GP10939　新學/幼學/附體操學
幼學操身一卷　(英國)慶丕　(清)翟汝舟編　清光緒二十八年(1902)杞廬刻本　一冊

330000－1701－0033743　善008250　集部/總集類/選集之屬/斷代
媚幽閣文娛八卷　(明)鄭元勳輯　明崇禎三年(1630)鄭元化刻本　八冊

330000－1701－0033745　GP10940　子部/雜著類/雜說之屬

求己録三卷 陶葆廉編 清光緒二十六年(1900)杭州求是書院石印本 三册

330000－1701－0033746 GP03640 經部/小學類/文字之屬/字書
字學七種二卷 (清)李祕園撰 清光緒十二年(1886)京師松竹齋刻本 二册

330000－1701－0033748 GP10920 子部/宗教類/佛教之屬/論疏
唯識開蒙問答二卷 (元)釋雲峰集 清宣統三年(1911)揚州藏經禪院刻本 二册

330000－1701－0033749 GP10941 集部/別集類/清別集
籲雲書屋詩鈔六卷附紅蕪詞鈔二卷 (清)鍾景撰 清咸豐八年(1858)刻本 一册 存三卷(一至三)

330000－1701－0033751 GP03620 子部/雜著類/雜纂之屬
經餘必讀八卷二編八卷 (清)雷琳 (清)錢樹棠 (清)錢樹立輯 **經餘必讀三編四卷** (清)趙在翰輯 清光緒二年(1876)退補齋刻本 三册 存八卷(二編一至八)

330000－1701－0033753 GP03623 史部/金石類/郡邑之屬/雜著
山右金石録一卷 (清)夏寶晉撰 清光緒八年(1882)歸安石宗建古歡閣刻本 一册

330000－1701－0033754 GP10942 史部/傳記類/科舉録之屬/諸貢録
國朝歷科館選録不分卷 (清)沈廷芳輯 (清)陸費墀 (清)沈世緯重訂 清末刻本 二册

330000－1701－0033755 GP03641 經部/小學類/文字之屬/字書/字典
廣金石韻府五卷附玉篇字畧一卷 (明)朱時望撰 (清)林尚葵廣輯 (清)張鳳藻增注 清咸豐七年(1857)巴郡張氏理董軒刻本 六册

330000－1701－0033756 GP03647 史部/詔令奏議類/奏議之屬
凌忠介公奏疏六卷 (明)凌義渠撰 清同治七年(1868)山陰邵懋勳刻本 四册

330000－1701－0033760 GP10946 史部/傳記類/別傳之屬/事狀
許教授家傳一卷 (清)譚獻撰 **誥授奉政大夫五品銜嚴州府教授顯考壬伯府君[許仁沐]行狀一卷** (清)許受恒等撰 清光緒刻本 一册

330000－1701－0033761 GP10921 類叢部/叢書類/自著之屬
船山遺書五十八種 (清)王夫之撰 清同治四年(1865)湘鄉曾國荃金陵刻本 一册 存一種

330000－1701－0033762 善008251 類叢部/類書類/通類之屬
新鐫雅俗通用珠璣藪八卷 (明)西湖散人輯 明崇禎刻本 四册

330000－1701－0033765 GP03624 子部/藝術類/書畫之屬/書法書品
墨池編二十卷 (宋)朱長文撰 **印典八卷** (清)朱象賢輯 清雍正十一年(1733)吳郡朱氏刻本 四册 存八卷(印典一至八)

330000－1701－0033766 GP10922 史部/政書類/儀制之屬/典禮
澤宮序次舉要二卷附録一卷 (清)洪恩波撰 清光緒二十三年(1897)刻本 二册

330000－1701－0033767 GP10947 集部/別集類/清別集
小信天巢詩鈔十八卷續鈔一卷 (清)陳石麟撰 清嘉慶十一年至十四年(1806－1809)刻本 四册

330000－1701－0033768 GP03649 史部/傳記類/總傳之屬/列女
女紅餘覽不分卷 (清)許承基撰 清乾隆竹間書屋刻本 一册

330000－1701－0033769 善008252 類叢部/類書類/專類之屬
新增說文韻府羣玉二十卷 (元)陰時夫輯

(元)陰中夫注　明刻本　十冊

330000－1701－0033770　GP03636　史部/金石類/石之屬/通考
瘞鶴銘考一卷　(清)汪士鋐撰　**瘞鶴銘見存字一卷**　(清)翁方綱撰　清咸豐二年(1852)漢陽葉志詵刻本　一冊

330000－1701－0033771　GP03625　類叢部/叢書類/郡邑之屬
金華叢書六十八種　(清)胡鳳丹編　清同治七年至光緒八年(1868－1882)永康胡氏退補齋刻民國補刻本　一冊　存一種

330000－1701－0033772　GP03650　類叢部/叢書類/自著之屬
四錄堂類集九種　(清)嚴可均撰　清嘉慶至道光刻本　二冊　存一種

330000－1701－0033773　GP10948　集部/別集類/清別集
都是春齋文集八卷　(清)張佑撰　清吾學園刻本　四冊

330000－1701－0033774　GP03678　子部/藝術類/篆刻之屬
西泠印社印學叢書　清宣統至民國刻本暨木活字印本　二冊　存一種

330000－1701－0033777　GP10911　集部/總集類/彙編之屬
金元明八大家文選　(清)李祖陶編　清道光二十五年(1845)吉安刻本　三冊　存一種

330000－1701－0033778　GP10951　集部/別集類/清別集
燃藜閣詩鈔四卷首一卷　(清)蔡濤撰　清光緒七年(1881)刻本　一冊

330000－1701－0033780　GP10949　集部/別集類/清別集
醉盦詩鈔四卷　(清)蔡清臣撰　清光緒十四年(1888)刻本　一冊

330000－1701－0033786　GP03651　類叢部/叢書類/彙編之屬
重校拜經樓叢書(重定拜經樓叢書)十種　(清)吳騫原編　(清)朱記榮補輯　清光緒二十年(1894)吳縣朱氏校經堂補刻本　一冊　存一種

330000－1701－0033787　GP03681　類叢部/叢書類/自著之屬
率祖堂叢書(金仁山先生遺書、婺學十四種)八種附六種　(宋)金履祥撰　清雍正至乾隆金華金氏刻光緒十三年(1887)鎮海謝駿德補刻本　一冊　存一種

330000－1701－0033789　GP10953　集部/別集類/清別集
霧樓文筆兩山房一卷　(清)王蓮橋撰　清光緒十年(1884)木活字印本　一冊

330000－1701－0033791　GP03680　經部/三禮總義類
确山所著書二種　(清)宋世犖撰　清光緒四年(1878)刻六年(1880)津門徐士鑾補刻印本　一冊　存一種

330000－1701－0033792　GP10954　集部/別集類/清別集
繡餘續草五卷　(清)歸懋儀撰　清道光十二年(1832)刻本　二冊

330000－1701－0033796　GP03687　子部/藝術類/書畫之屬
筆嘯軒書畫錄二卷　(清)胡積堂輯　清道光徽州乙照齋刻本　二冊

330000－1701－0033797　GP03688、GP03689、GP03690、GP03705、GP03706　子部/藝術類/篆刻之屬
西泠印社印學叢書　清宣統至民國刻本暨木活字印本　六冊　存六種

330000－1701－0033798　GP10955　集部/別集類/清別集
猖妥詩錄一卷　許淮祥撰　清光緒三十二年(1906)刻本　二冊

330000－1701－0033799　GP03677　子部/藝術類/篆刻之屬/印論

雲莊印話一卷 (清)阮充輯 清光緒仁和葛氏嘯園刻本 二冊

330000－1701－0033801 GP10956 史部/傳記類/別傳之屬/年譜

堵文忠公[允錫]年譜一卷 (清)張夏編 清同治十三年(1874)蜀山書院木活字印本一冊

330000－1701－0033807 GP03654 類叢部/叢書類/自著之屬

蘇齋叢書十八種 (清)翁方綱撰 清乾隆至嘉慶刻彙印本 二冊 存一種

330000－1701－0033808 GP03692 經部/四書類/孟子之屬/傳說

朱子原編孟子要畧五卷首一卷 (宋)朱熹撰 (清)劉傳瑩輯 (清)曾國藩按 (清)孫光庭輯注 清光緒二十九年(1903)雲南官書局刻本 四冊

330000－1701－0033809 GP10975 集部/別集類/清別集

恒齋試帖一卷 (清)史炳撰 清嘉慶二十年(1815)刻本 一冊

330000－1701－0033810 善008253 經部/易類/正文之屬

御製繙譯易經四卷 清乾隆刻本 四冊

330000－1701－0033812 GP03655 類叢部/叢書類/自著之屬

蘇齋叢書十八種 (清)翁方綱撰 清乾隆至嘉慶刻彙印本 四冊 存一種

330000－1701－0033813 GP10933 經部/小學類/訓詁之屬/字詁

金壺精粹五卷 (宋)釋適之撰 (清)郝在田編 (清)張抑山輯 清光緒二年(1876)京師松竹齋寫刻本 二冊

330000－1701－0033814 GP10976 類叢部/叢書類/自著之屬

田園雜著八種 (清)丁午撰 清光緒錢唐丁氏刻本 一冊 存一種

330000－1701－0033816 GP03694 新學/雜著/叢編

西學啓蒙十六種 (英國)赫德編 (英國)艾約瑟譯 清光緒二十二年(1896)上海著易堂書局鉛印本 二冊 存一種

330000－1701－0033818 GP03701 集部/別集類/清別集

趙忠節公遺墨一卷 (清)趙景賢撰 **溫次言先生詩錄一卷** (清)溫汝超撰 清光緒八年(1882)歸安趙氏刻本 一冊

330000－1701－0033819 GP03709 類叢部/叢書類/彙編之屬

申報館叢書正集五十七種附錄三種續集一百四十二種 (清)尊聞閣主編 蔡爾康編續集 清同治至光緒上海申報館鉛印本 五冊 存一種

330000－1701－0033821 GP03698 子部/叢編

廿二子全書 (清)王纕堂輯 清道光十三年(1833)王氏棠蔭館刻本 四冊

330000－1701－0033823 GP03695 史部/地理類

舟車所至 (清)鄭光祖輯 清道光二十三年(1843)琴川鄭氏青玉山房刻本 六冊 缺十四卷(斑錄一至五、附編、雜述一至八)

330000－1701－0033824 GP10977 集部/別集類/清別集

嘉樹樓詩鈔四卷 (清)余文儀撰 (清)余延良編 清乾隆三十九年(1774)古越余延良刻本 一冊 存二卷(一至二)

330000－1701－0033826 GP10960 經部/小學類/文字之屬/字書/訓蒙

四體千字文一卷 (清)張楷等書 清刻本一冊

330000－1701－0033830 GP10978 集部/總集類/郡邑之屬

東皐詩存四十八卷詩餘四卷 (清)汪之珩輯 清嘉慶八年(1803)文園汪氏金陵刻本 二

册　存四卷(詩餘一至四)

330000－1701－0033831　GP10969　史部/傳記類/别傳之屬/事狀

先考朱府君[朱象淮]行略一卷　(清)朱蘭撰　**朱公介東[鳳翔]傳一卷**　(清)陳承澍撰　**朱公介東[鳳翔]墓志銘一卷**　(清)朱葆儒撰　清末石印本　一册

330000－1701－0033832　GP03699　史部/史評類/史論之屬

欽定古今儲貳金鑑六卷　(清)高宗弘曆等撰　清光緒二十一年(1895)浙江官書局刻本　四册

330000－1701－0033833　GP10970　史部/傳記類/别傳之屬/事狀

劉襄勤[錦棠]史傳稿一卷　何維樸撰　清宣統二年(1910)石印本　一册

330000－1701－0033834　GP11002　類叢部/叢書類/彙編之屬

求實齋叢書十五種　(清)蔣德鈞編　清光緒湘鄉蔣氏龍安郡署刻本　一册　存一種

330000－1701－0033835　GP10961　集部/别集類/清别集

春柳湖莊排律一卷　(清)周長泰撰　清刻本　一册

330000－1701－0033836　GP03707　子部/小説家類/雜事之屬

廣虞初新志四十卷　(清)黄承增輯　清嘉慶八年(1803)寄鷗閒舫刻本　十册

330000－1701－0033839　GP10992　類叢部/叢書類/自著之屬

王寬甫全集九種附刊六種　(清)王敬之撰　清道光二十一年(1841)至咸豐王氏家刻本　二册　存一種

330000－1701－0033841　GP11003　史部/傳記類/科舉録之屬/諸貢録

海昌科名録一卷恩貢録一卷拔貢録一卷歲貢録一卷優貢録一卷　(清)汪以莊輯　清光緒九年(1883)刻本　一册

330000－1701－0033842　GP03708　子部/小説家類/雜事之屬

廣虞初新志四十卷　(清)黄承增輯　清嘉慶八年(1803)寄鷗閒舫刻本　二十册

330000－1701－0033843　GP03700　史部/史評類/史論之屬

欽定古今儲貳金鑑六卷　(清)高宗弘曆等撰　清光緒二十一年(1895)浙江官書局刻本　四册

330000－1701－0033845　GP10971　集部/别集類/清别集

十友花盦詩草一卷　(清)李之昉撰　**綠窗遺草一卷**　(清)李蓉撰　清道光刻本　一册

330000－1701－0033848　GP10962　集部/别集類/清别集

青嶁遺稿二卷　(清)盛錦撰　(清)沈德潛評　清乾隆二十六年(1761)刻同治十一年(1872)重修本　一册

330000－1701－0033849　GP11006　史部/傳記類/别傳之屬/年譜

宋孫莘老先生[覺]年譜一卷　(清)茆泮林編　**補遺一卷**　(清)陳奏平撰　清道光二十五年(1845)湘鄉左暉春詠史精廬刻本　一册

330000－1701－0033850　GP10980　集部/别集類/清别集

怡雲山館賦稿一卷附録一卷　(清)梁紹獻撰　清同治十一年(1872)瀾石梁氏翰林家廟刻本　一册

330000－1701－0033853　GP10993　子部/宗教類/佛教之屬/總録

雲棲法彙二十九種　(明)釋袾宏撰　(明)王宇春等輯　清光緒十八年至二十五年(1892－1899)金陵刻經處刻本　一册　存一種

330000－1701－0033854　GP10983　史部/傳記類/别傳之屬/事狀

皇清誥封通奉大夫晉封榮禄大夫賞换花翎六品銜賞戴藍翎候選按察使經歷隨帶加三級顯考子琴府君[胡豫]行述一卷　(清)胡熽棻

(清)胡家楨撰　清光緒刻本　一册

330000－1701－0033855　GP11007　集部/别集類/清别集
甲六集初刻一卷補遺一卷　(清)徐文心撰　清光緒三年(1877)徐賡陛羊城刻本　一册

330000－1701－0033857　GP10973　子部/叢編
徐氏三種　(清)徐士業編　清王懋齋刻本　一册　存一種

330000－1701－0033858　GP10994　集部/詞類/别集之屬
空青館詞稿三卷　(清)邊浴禮撰　清光緒二十四年(1898)刻本　一册

330000－1701－0033864　GP10985　史部/傳記類/别傳之屬/年譜
云翁[王楚堂]自訂年譜一卷　(清)王楚堂撰　清光緒十三年(1887)王永言刻本　一册

330000－1701－0033865　GP03717　史部/史評類/史學之屬
新史學一卷　(日本)浮田和民撰　侯士綰譯　清光緒二十九年(1903)上海文明書局鉛印本　二册

330000－1701－0033866　GP11029　集部/總集類/選集之屬/斷代
倦圃奇石記一卷南雁山紀游二卷中雁山紀游二卷　(清)張盛藻撰　清光緒七年(1881)、十九年(1893)鐵畫樓刻本　二册

330000－1701－0033867　GP11030　類叢部/叢書類/自著之屬
潛園總集十七種　(清)陸心源撰　清同治至光緒刻本　一册　存一種

330000－1701－0033868　GP03721　類叢部/叢書類/彙編之屬
文選樓叢書三十三種　(清)阮亨編　清嘉慶至道光阮元刻道光二十二年(1842)阮亨彙印本　一册　存一種

330000－1701－0033870　GP03723　類叢部/叢書類/自著之屬
十二硯齋三種　(清)汪鋆撰　清同治至光緒儀徵汪氏刻本　一册　存一種

330000－1701－0033871　GP03718　經部/小學類/訓詁之屬/譯語
清文典要四卷　(清)秋芳堂主人輯　清光緒四年(1878)文淵堂刻本　四册

330000－1701－0033872　GP11008　集部/别集類/清别集
玉蘭山房詩鈔四卷　(清)朱臨撰　清光緒三年(1877)刻本　一册

330000－1701－0033873　GP10974　集部/總集類/選集之屬/通代
增補重訂千家詩註解二卷　(宋)謝枋得選　(清)王相註　清李光明家刻本　一册

330000－1701－0033875　GP03719　經部/小學類/訓詁之屬/譯語
清文典要四卷　(清)秋芳堂主人輯　清光緒四年(1878)文淵堂刻本　四册

330000－1701－0033876　GP03684　子部/藝術類/書畫之屬/題跋
虚舟題跋十卷　(清)王澍撰　清乾隆三十五年(1770)楊建聞川易鶴軒刻本　四册

330000－1701－0033878　GP11009　類叢部/叢書類/家集之屬
雙雲堂傳集七種　(清)范□編　清光緒十年至十七年(1884－1891)甬上范氏刻本　一册　存一種

330000－1701－0033880　GP11010　子部/宗教類/佛教之屬
西齋淨土詩三卷附録一卷　(明)釋梵琦撰　清光緒九年(1883)海鹽天寧寺刻本　一册

330000－1701－0033882　善008255　史部/職官類/官箴之屬
實政録七卷　(明)吕坤撰　明萬曆二十六年(1598)趙文炳刻本　十册

330000－1701－0033883　GP03725　史部/地

理類/方志之屬/郡縣志
[光緒]湘城訪古錄十七卷首一卷 (清)陳運溶纂 清光緒二十年(1894)刻本 胡瑾題記 六冊

330000－1701－0033885 GP10986 集部/總集類/酬唱之屬
東瀛唱答詩一卷 (清)方濬頤等撰 清同治四年(1865)廣州刻本 一冊

330000－1701－0033886 GP11031 類叢部/叢書類/自著之屬
潛園總集十七種 (清)陸心源撰 清同治至光緒刻本 一冊 存一種

330000－1701－0033887 GP11011 集部/別集類/清別集
芝庭詩稾六卷 (清)彭啓豐撰 清乾隆刻本 二冊

330000－1701－0033889 GP11012 子部/藝術類/書畫之屬/題跋
退庵題跋二卷 (清)梁章鉅撰 清福州梁氏刻杭縣鄭氏小琳瑯館印本 二冊

330000－1701－0033890 GP10987 史部/傳記類/別傳之屬/事狀
皇清誥授中憲大夫覃恩例晉通奉大夫欽加道銜河南懷慶府知府加三級紀錄四次顯考孟慈府君[汪喜荀]行述一卷 (清)汪保和 (清)汪延熙 (清)汪介徽撰 清刻本 一冊

330000－1701－0033892 GP11032 類叢部/叢書類/自著之屬
一齋集十五種 (明)陳第撰 明萬曆二十三年至四十五年(1595－1617)陳氏會山樓刻清道光二十八年(1848)陳斗初補修彙印本 一冊 存一種

330000－1701－0033893 GP03732 史部/職官類/官箴之屬
宦游紀略二卷 (清)高廷瑤撰 清同治十二年(1873)高培穀成都刻本 一冊

330000－1701－0033894 GP03728 集部/曲類/寶卷之屬
真武菩薩得道寶卷一卷 清光緒十九年(1893)刻本 一冊

330000－1701－0033895 GP03733 史部/政書類/邦計之屬/鹽法
溫處鹽務紀要一卷 (清)趙舒翹輯 清光緒十九年(1893)甌江官舍刻本 一冊

330000－1701－0033897 GP03741 類叢部/叢書類/自著之屬
郝氏遺書三十三種 (清)郝懿行撰 清嘉慶至光緒刻彙印本 四冊 存二種

330000－1701－0033898 GP11033 子部/天文曆算類/算書之屬
觀我生室匯稿十種 (清)羅士琳撰 清道光刻本 二冊 存一種

330000－1701－0033899 GP03737 類叢部/叢書類/彙編之屬
風雨樓祕笈留真十種 鄧實編 清宣統元年至民國六年(1909－1917)順德鄧氏風雨樓影印本 一冊 存一種

330000－1701－0033900 GP03729 史部/政書類/律令之屬/律例
讀法圖存四卷 (清)邵繩清編 清咸豐十年(1860)虞山邵氏刻本 四冊

330000－1701－0033901 GP10988 集部/總集類/彙編之屬
唐人五十家小集 (清)江標編 清光緒二十一年(1895)元和江氏靈鶼閣刻本 一冊 存二種

330000－1701－0033903 GP03743 子部/天文曆算類/算書之屬
原本直指算法統宗十二卷首一卷 (明)程大位撰 清同治三年(1864)善成堂刻本 六冊

330000－1701－0033904 GP03734 子部/天文曆算類/曆法之屬
交食引蒙不分卷 (清)賈步緯撰 清光緒二十年(1894)江南機器製造總局刻本暨鉛印本 一冊

330000－1701－0033905　GP11014　史部/地理類/遊記之屬/紀行
黔軺紀行集一卷　(清)蔣攸銛撰　清嘉慶刻本　二册

330000－1701－0033909　GP03730　史部/詔令奏議類/奏議之屬
問夜草七卷　(明)項應祥撰　清光緒十年(1884)項氏永思堂刻民國十一年(1922)項堂補刻本　四册

330000－1701－0033910　GP10989　史部/傳記類/别傳之屬/年譜
倪高士[瓚]年譜一卷　(清)沈世良編　清宣統元年(1909)沈澤棠刻本　一册

330000－1701－0033911　GP11038　史部/傳記類/别傳之屬/墓誌
清故江蘇候補通判署理阜寧縣知縣阮君[本焱]墓志銘一卷　李詳撰　清末石印本　一册

330000－1701－0033913　GP03744　子部/天文曆算類/算書之屬
增删算法統宗十一卷首一卷　(明)程大位撰　(清)梅瑴成增删　清光緒二十四年(1898)江蘇書局刻本　四册

330000－1701－0033914　GP11034　子部/叢編
意林逸子　清光緒刻本　二册　存一種

330000－1701－0033915　GP11039　史部/傳記類/别傳之屬/墓誌
清故江蘇候補通判署理阜寧縣知縣阮君[本焱]墓志銘一卷　李詳撰　清末石印本　一册

330000－1701－0033916　GP03740　類叢部/叢書類/自著之屬
黄勤敏公全集九種附一種　(清)黄鉞撰　清咸豐至同治刻本　一册　存四種

330000－1701－0033919　GP11035　子部/叢編
意林逸子　清光緒刻本　二册　存一種

330000－1701－0033920　GP03745　子部/天文曆算類/算書之屬
兩湖書院算學課程二卷附一卷附表一卷　(清)兩湖書院編　清光緒二十四年(1898)兩湖書院刻本　二册

330000－1701－0033921　GP03767　集部/總集類/選集之屬/斷代
同館賦續鈔十八卷　(清)徐桐編　清光緒十六年(1890)刻本　十六册

330000－1701－0033922　GP10990　史部/地理類/山川之屬/水志
水經注圖四十卷補一卷　楊守敬撰　清光緒三十一年(1905)宜都楊氏觀海堂刻朱墨套印本　八册

330000－1701－0033923　GP11036　類叢部/叢書類/彙編之屬
天壤閣叢書二十種增刊六種　(清)王祖源　(清)王懿榮編　清同治至光緒福山王氏刻民國十六年(1927)姚氏一雲精舍彙印本　二册　存一種

330000－1701－0033931　GP03746　子部/天文曆算類/曆法之屬
天元曆理全書十二卷首一卷　題(清)徐發撰　清康熙刻本　經軒道人題記　十二册

330000－1701－0033932　善008256　集部/别集類/清别集
毛翰林集五十四卷　(清)毛奇齡撰　清康熙三十年(1691)刻本　二十册

330000－1701－0033933　GP11048　集部/别集類/清别集
心字香館詩鈔十卷文鈔甲集二卷　(清)黄仲畬撰　清同治六年(1867)涑陽官舍刻本　七册　缺一卷(十)

330000－1701－0033935　GP03772　史部/傳記類/總傳之屬/仕宦
高安三傳合編三種　(清)朱軾　(清)蔡世遠輯　清光緒二十一年(1895)江蘇書局刻本　四册　存一種

330000－1701－0033937　GP03747　子部/天文曆算類/天文之屬

圜天圖說三卷續編一卷　(清)李明徹撰　清嘉慶二十四年(1819)松梅軒刻道光元年(1821)增刻本　五冊

330000－1701－0033940　GP03773　類叢部/叢書類/自著之屬

箋經室叢書三種　曹元忠撰輯　清光緒十九年至二十七年(1893－1901)曹氏箋經室刻本　一冊　存一種

330000－1701－0033941　GP03770　史部/政書類/邦計之屬/荒政

河南各廳州縣宣統元年秋季倉穀表一卷附倉儲改良議一卷　清宣統元年(1909)石印本　一冊

330000－1701－0033943　GP11037　子部/儒家類/儒學之屬/禮教

聖諭十六條附律易解一卷　(清)聖祖玄燁撰　(清)夏炘繹　清同治九年(1870)江蘇書局刻本　一冊

330000－1701－0033944　GP11056　集部/總集類/選集之屬/通代

新鐫五言千家詩箋註二卷諸名家百花詩一卷　(清)王相選註　清南京李光明莊刻本　一冊

330000－1701－0033945　GP03771　類叢部/叢書類/自著之屬

湯文正公家書五種　(清)湯斌撰　清刻本　一冊　存一種

330000－1701－0033947　GP11044　類叢部/叢書類/彙編之屬

趙氏藏書十六種　(清)趙承恩編　清同治至光緒金谿趙氏紅杏山房補刻重印本　二冊　存一種

330000－1701－0033948　GP11060　經部/孝經類/傳說之屬

孝經集註一卷弟子職集註一卷　(清)任兆麟撰　清杭城文光堂刻本　一冊

330000－1701－0033949　GP11061　類叢部/叢書類/自著之屬

徐遯齋先生全集三種　(清)徐崑撰　清光緒六年(1880)濟上刻本　一冊　存一種(小有齋自娱集一卷)

330000－1701－0033950　GP11045　子部/藝術類/書畫之屬/書法書品

草聖彙辨不分卷　(清)朱宗文摹輯　清順治嘉禾問業堂刻本　二冊

330000－1701－0033951　GP11057　集部/總集類/選集之屬/通代

近道集四卷古今論文尺牘一卷　(清)宗稷辰　(清)張景燾編　清咸豐刻本　一冊

330000－1701－0033953　GP11052　經部/叢編

公是遺書三十七卷　(宋)劉敞撰　清乾隆十六年(1751)水西劉氏刻本　二冊　存三卷(七經小傳一至三)

330000－1701－0033954　GP11062　新學/電學

電學測算一卷　(清)徐兆熊譯　清光緒江南製造總局鉛印本　一冊

330000－1701－0033957　GP11051　史部/詔令奏議類/奏議之屬

駱文忠公奏議湘中稿十六卷續刻四川奏議十一卷附錄三卷　(清)駱秉章撰　清同治花縣駱氏刻光緒增刻本　二十四冊

330000－1701－0033960　GP11046　集部/總集類/選集之屬/斷代

梅州輿頌六卷　(清)李逢光編　清乾隆五十五年(1790)刻本　四冊　存五卷(一至五)

330000－1701－0033961　GP03696　史部/傳記類/别傳之屬/年譜

孱守齋所編年譜五種　(清)錢大昕撰　清嘉慶嘉興郡齋刻本　一冊

330000－1701－0033962　GP11058　集部/總集類/氏族之屬

小峨嵋山館四種　(清)馬國偉　(清)馬用俊

編　清嘉慶十八年(1813)棣園刻本　一冊　存一種

330000－1701－0033963　GP11050　子部/藝術類/書畫之屬/畫譜

任渭長四種　(清)任熊繪　清咸豐蕭山王氏養龢堂刻光緒三年(1877)張牧九補刻重訂本　二冊　存一種

330000－1701－0033964　GP11064　子部/小說家類/異聞之屬

閱微草堂筆記擇要二卷　(清)紀昀撰　(清)籜園居士選訂　清光緒十五年(1889)鉛印本　一冊

330000－1701－0033965　GP11047　集部/總集類/選集之屬/斷代

本朝館閣賦前集十二卷　(清)葉抱崧　(清)程洵等輯　清乾隆二十九年(1764)困學齋刻本　五冊　存八卷(一至八)

330000－1701－0033966　GP11065　史部/史抄類

史筌五卷首一卷　(清)楊銘柱撰　清道光二十六年(1846)寄雲書屋刻本　一冊　缺二卷(四至五)

330000－1701－0033967　善 008257　類叢部/叢書類/自著之屬

五研齋全集四種　(清)沈赤然撰　清嘉慶刻本　七冊　存一種

330000－1701－0033968　GP03778　經部/小學類/訓詁之屬/字詁

金壺精粹五卷　(宋)釋適之撰　(清)郝在田編　(清)張抑山輯　清光緒二年(1876)京師松竹齋寫刻本　二冊

330000－1701－0033969　GP11059　史部/傳記類/總傳之屬/列女

典故列女傳四卷　清松盛堂刻本　四冊

330000－1701－0033970　GP11066　集部/小說類/長篇之屬

西遊原旨讀法二卷　(清)劉一明撰　清嘉慶三年(1798)夏復恒刻本　一冊

330000－1701－0033971　善 008258　子部/兵家類/兵法之屬

新纂武經七書旁訓七卷　清抄本　三冊

330000－1701－0033972　GP03774　類叢部/叢書類/自著之屬

郝氏遺書三十三種　(清)郝懿行撰　清嘉慶至光緒刻彙印本　二冊　存一種

330000－1701－0033973　GP03779　子部/藝術類/篆刻之屬

西泠印社印學叢書　清宣統至民國刻本暨木活字印本　一冊　存一種

330000－1701－0033974　GP03784　子部/藝術類/書畫之屬/法帖

國朝名人手蹟八集　有正書局輯　清光緒至宣統上海有正書局影印本　八冊

330000－1701－0033975　GP03785　子部/藝術類/書畫之屬/法帖

名人尺牘墨寶三集十八卷　文明書局輯　清宣統二年至民國四年(1910－1915)上海文明書局影印本　六冊　存第三集六卷

330000－1701－0033976　GP11067　集部/小說類/長篇之屬

西遊原旨讀法二卷　(清)劉一明撰　清嘉慶三年(1798)夏復恒刻本　一冊

330000－1701－0033977　GP03791　新學/算學/代數

代數術二十五卷首一卷　(英國)華里司輯　(英國)傅蘭雅口譯　(清)華蘅芳筆述　清同治十二年(1873)江南製造總局刻本　六冊

330000－1701－0033978　GP03780　子部/藝術類/篆刻之屬

西泠印社印學叢書　清宣統至民國刻本暨木活字印本　一冊　存一種

330000－1701－0033980　GP03781　集部/別集類/清別集

北征集詩一卷詞一卷　林黻楨撰　清光緒三十四年(1908)廣益印字館鉛印本　一冊

330000－1701－0033981　GP11068　類叢部/叢書類/自著之屬

厚庵鄧夫子遺書十九種　（清）鄧逢光撰　清道光二十七年(1847)刻本　三冊　存四種

330000－1701－0033982　GP03786　經部/春秋總義類/傳說之屬

春秋例表三十八篇　（清）王代豐撰　（清）廖震等編　清光緒三十四年(1908)東州刻本　二冊

330000－1701－0033983　GP03793　經部/小學類/訓詁之屬/字詁

周秦名字解故二卷　（清）王引之撰　清嘉慶刻本　一冊

330000－1701－0033984　GP03798　子部/藝術類/書畫之屬/法帖

草字彙十二卷　（清）石梁輯　清宏道堂刻本　六冊

330000－1701－0033985　GP03782　史部/地理類/遊記之屬/紀勝

天台齊袁兩太史遊記二卷　（清）齊召南　（清）袁鵬圖撰　清宣統二年(1910)袁之球鉛印本　一冊

330000－1701－0033986　GP03794　經部/書類/傳說之屬

寫定尚書不分卷　（清）吳汝綸寫　清光緒十八年(1892)桐城吳氏家塾石印本　一冊

330000－1701－0033990　GP11069　類叢部/叢書類/自著之屬

程中丞全集六種　程德全撰　清宣統鉛印本　一冊　存一種

330000－1701－0033991　GP03788　史部/金石類/郡邑之屬

墨妙亭碑目攷二卷附攷一卷　（清）張鑑撰　清光緒十年(1884)江蘇書局刻本　二冊

330000－1701－0033992　GP03783　經部/儀禮類/傳說之屬

儀禮經注疏正譌十七卷　（清）金曰追撰　清乾隆五十二年(1787)嘉定張式慎刻咸豐四年(1854)郁熙灝補刻本　二冊

330000－1701－0033993　GP03789　史部/金石類/郡邑之屬

墨妙亭碑目攷二卷附攷一卷　（清）張鑑撰　清光緒十年(1884)江蘇書局刻本　二冊

330000－1701－0033994　GP03799　子部/藝術類/書畫之屬/法帖

草字彙十二卷　（清）石梁輯　清刻本　六冊

330000－1701－0033995　GP03801　子部/兵家類/兵法之屬

軍禮司馬濾攷徵二卷　（清）黄以周撰　清光緒十八年(1892)黄氏試館刻本　一冊

330000－1701－0033997　GP03800　子部/藝術類/書畫之屬/法帖

草字彙十二卷　（清）石梁輯　清道光五年(1825)刻本　二冊

330000－1701－0033998　GP11070　集部/別集類/清別集

二金蜨堂尺牘一卷　（清）趙之謙撰　清光緒三十一年(1905)嚴氏小長蘆館石印本　一冊

330000－1701－0034000　GP03802　子部/叢編

十子全書　（清）王子興編　清嘉慶九年(1804)寶慶經綸堂刻本　五冊　存一種

330000－1701－0034002　GP11071　集部/別集類/清別集

十髮居士集七十卷　程頌萬撰　清光緒二十一年至民國十七年(1895－1928)寧鄉程氏鹿川閣刻本　二冊　存十卷(定巢詞集一至十)

330000－1701－0034003　GP03803　集部/總集類/彙編之屬

三宋人集　（清）方功惠編　清光緒七年(1881)巴陵方氏碧琳琅館刻本　二冊　存一種

330000－1701－0034004　GP11073　集部/別集類/清別集

樊山集二十八卷續集二十八卷公牘三卷批判

十五卷時文一卷 樊增祥撰 **二家詠古詩一卷二家試帖二卷二家詞鈔五卷** 樊增祥編 清光緒十九年至三十二年(1893－1906)刻本 二册 存八卷(二家詠古詩、二家試帖一至二、二家詞鈔一至五)

330000－1701－0034006 GP11157 新學/農政/農務

廄肥篇一卷 (美國)喤耳撰 (清)胡濬康譯 清末北洋官報局石印本 一册

330000－1701－0034009 GP11172 子部/宗教類/佛教之屬/總録

高峰大師語録一卷 (元)釋元妙撰 清光緒十五年(1889)金陵刻經處刻本 一册

330000－1701－0034010 GP03809 經部/春秋左傳類/專著之屬

春秋名號歸一圖檢閱表一卷 清末抄本 一册

330000－1701－0034011 GP03810 經部/群經總義類/傳説之屬

通德遺書所見録七十二卷 (漢)鄭玄撰 (清)孔廣林輯 清光緒十六年(1890)山東書局刻本 四册

330000－1701－0034012 GP03811 經部/小學類/音韻之屬/古今韻説

古韻通説二十卷 (清)龍啓瑞撰 清光緒九年(1883)四川尊經書局刻本 三册

330000－1701－0034013 GP03805 子部/術數類

選擇叢書集要五種二十九卷 (明)江之棟輯 清康熙三十九年(1700)刻本 二册 存一種

330000－1701－0034014 GP03816 類叢部/叢書類/家集之屬

玉山朱氏遺書二種 (清)諸可寶編 清光緒二十六年(1900)玉山書院刻本 二册 存一種

330000－1701－0034015 GP11173 子部/雜著類/雜纂之屬

好生救劫編五卷 題(清)常存敬畏齋主人輯 清光緒二十二年(1896)胡鋆等刻本 一册

330000－1701－0034017 GP03812 史部/金石類

金石全例 (清)朱記榮輯 清光緒刻十八年(1892)吴縣朱氏彙印本 二册 存一種

330000－1701－0034018 GP03697 類叢部/叢書類/自著之屬

率祖堂叢書(金仁山先生遺書、婺學十四種)八種附六種 (宋)金履祥撰 清雍正至乾隆金華金氏刻光緒十三年(1887)鎮海謝駿德補刻本 二册 存一種

330000－1701－0034019 GP11075 集部/别集類/元别集

許魯齋先生詩一卷 (元)許衡撰 清乾隆刻本 一册

330000－1701－0034020 GP03796 新學/雜著/叢編

中西演算法一得全書 (清)董恩新撰 清光緒三十四年(1908)河南省城崇實齋算書館刻本 三册 存一種

330000－1701－0034023 GP11174 集部/别集類/清别集

小睡足寮詩録四卷補録二卷續録四卷散叟倦藁一卷 (清)秦敏樹撰 **小睡足寮二友詩録一卷** (清)陸恩澍撰 (清)鳳錫綸撰 清光緒十三年至宣統二年(1887－1910)刻本 一册 存五卷(續録一至二、補録一至二、小睡足寮二友詩録)

330000－1701－0034024 GP11155 子部/儒家類/儒學之屬/禮教/鑑戒

聖祖仁皇帝庭訓格言一卷 (清)世宗胤禛述 清同治元年(1862)吴棠刻本 一册

330000－1701－0034025 GP03808 經部/書類/傳説之屬

寫定尚書不分卷 (清)吴汝綸寫 清光緒十八年(1892)桐城吴氏家塾石印本 一册

330000－1701－0034027 GP11156 類叢部/

叢書類/自著之屬

率祖堂叢書(金仁山先生遺書、婺學十四種)八種附六種 (宋)金履祥撰 清雍正至乾隆金華金氏刻光緒十三年(1887)鎮海謝駿德補刻本 一册 存一種

330000-1701-0034028 GP03813 史部/金石類/金之屬/圖像

亦政堂重修宣和博古圖録三十卷 (宋)王黼等撰 (清)黄晟輯 **亦政堂重修考古圖十卷** (宋)吕大臨撰 **亦政堂重考古玉圖二卷** (元)朱德潤撰 明萬曆三十一年(1603)吳萬化刻清乾隆十八年(1753)天都黄晟重修本 一册 存二卷(古玉圖一至二)

330000-1701-0034029 GP11177 史部/政書類/儀制之屬/典禮

文廟思源録一卷 (清)葉慶禔編 清同治九年(1870)雪溪縣署刻本 一册

330000-1701-0034031 GP03818 新學/交涉/公法

萬國公法四卷 (美國)惠頓撰 (美國)丁韙良譯 清同治三年(1864)京都崇實館刻本 四册

330000-1701-0034032 GP11158 類叢部/叢書類/彙編之屬

東文學社所譯書 清末北洋官報局石印本 一册 存一種

330000-1701-0034033 GP11175 子部/宗教類/道教之屬/雜著

廣玅海心珠二卷 (清)鶴洞子編次 清同治九年(1870)刻本 一册

330000-1701-0034034 GP03819 子部/雜著類/雜考之屬

點勘記二卷省堂筆記一卷 (清)歐陽泉撰 清光緒四年(1878)江蘇書局刻本 二册

330000-1701-0034035 GP11178 史部/傳記類/科舉録之屬

[光緒壬午科]廣東闈墨不分卷 清光緒聚奎堂刻本 一册

330000-1701-0034036 GP11179 子部/天文曆算類/曆法之屬

[清康熙五十二年至嘉慶十八年]欽定七政四餘萬年書不分卷 清刻本 二册

330000-1701-0034038 GP03820 子部/雜著類/雜考之屬

點勘記二卷省堂筆記一卷 (清)歐陽泉撰 清道光十八年(1838)刻本 二册

330000-1701-0034040 GP03814 子部/天文曆算類/算書之屬

算學十書 (清)賈步緯輯 清同治至光緒江南機器製造總局刻本暨鉛印本 一册 存一種

330000-1701-0034045 善008262 史部/傳記類/總傳之屬/技藝

宣和畫譜二十卷 (宋)□□撰 清抄本 二册

330000-1701-0034046 GP03815 子部/天文曆算類/算書之屬

算學十書 (清)賈步緯輯 清同治至光緒江南機器製造總局刻本暨鉛印本 一册 存一種

330000-1701-0034047 GP03828 類叢部/叢書類/彙編之屬

廣雅書局叢書一百五十九種 徐紹棨編 清光緒廣雅書局刻民國九年(1920)番禺徐紹棨彙編重印本 二册 存一種

330000-1701-0034049 GP03823 類叢部/叢書類/彙編之屬

津逮祕書十五集一百四十種 (明)毛晉編 明崇禎虞山毛氏汲古閣刻帶緑草堂印本 四册 存一種

330000-1701-0034053 GP11159 子部/農家農學類

實業農學叢書 清末北洋官報局石印本 一册 存一種

330000-1701-0034054 GP11161 新學/農政/畜牧

山羊全書一卷　(日本)内藤菊造撰　清末北洋官報局石印本　一册

330000－1701－0034055　GP03829　集部/戲劇類/傳奇之屬
碧聲吟館叢書六種　(清)許善長撰　清光緒仁和許善長碧聲吟館刻本　四册　存一種

330000－1701－0034056　GP11186　史部/地理類/總志之屬/斷代
皇朝輿地畧二卷補錄一卷　(清)六承如輯　(清)馮焌光增補　清刻本　一册

330000－1701－0034057　GP03835　史部/史抄類
通鑑總類二十卷　(宋)沈樞輯　清光緒十七年(1891)讀我書齋刻本　二十册

330000－1701－0034059　善 008263　集部/別集類/清別集
澹寧齋集八卷　(清)楊際昌撰　清抄本　一册

330000－1701－0034061　GP11162　新學/農政/畜牧
植漆法一卷　(日本)初瀨川健增撰　清末北洋官報局石印本　一册

330000－1701－0034062　GP03839　子部/小說家類/瑣語之屬
六合内外瑣言二十卷　(清)屠紳撰　清宣統三年(1911)上海國學扶輪社石印本　六册

330000－1701－0034063　GP03845　類叢部/叢書類/自著之屬
蕙風叢書七種附一種　況周頤撰　清光緒刻民國十四年(1925)上海中國書店彙印本　二册　存一種

330000－1701－0034064　GP03836　子部/雜著類/雜說之屬
朱蓉生侍御論學遺札摭存一卷　(清)朱一新撰　清光緒二十一年(1895)菁華閣刻本　一册

330000－1701－0034065　GP11160　新學/工藝/雜藝
製紙略法一卷　(日本)佐野謙之助譯　清末北洋官報局石印本　一册

330000－1701－0034067　GP11188　集部/別集類/清別集
曲園四書文一卷　(清)俞樾撰　清光緒十四年(1888)刻本　一册

330000－1701－0034068　GP11163　新學/農政/樹藝
葡萄新書二卷　(日本)中城恒三郎撰　(清)林壬譯　清末北洋官報局石印本　一册

330000－1701－0034069　GP03841　經部/小學類
小學類編六種附三種　(清)李祖望編　清咸豐至光緒江都李氏半畝園刻本　二册　存附一種

330000－1701－0034070　GP11188/1　集部/別集類/清別集
曲園四書文一卷　(清)俞樾撰　清光緒十四年(1888)刻本　一册

330000－1701－0034074　GP03837　子部/雜著類/雜說之屬
冷廬雜識八卷　(清)陸以湉撰　清咸豐六年(1856)刻光緒十九年(1893)烏程龐元澂重修本　八册

330000－1701－0034075　GP11197　史部/地理類/水利之屬
畿輔河道水利叢書八種　(清)吳邦慶輯　清道光四年(1824)益津吳氏刻本　一册　存一種

330000－1701－0034079　GP11190　類叢部/叢書類/家集之屬
項城袁氏家集六種　丁振鐸編　清宣統三年(1911)清芬閣鉛印本　一册　存一種

330000－1701－0034080　GP11164　新學/農政/樹藝
家菌長養法一卷　(美國)威廉母和爾康尼撰　(清)陳壽彭譯　**蕈種栽培法一卷**　(日本)

本間小左工門撰 （清）林壬譯 清末北洋官報局石印本 一冊

330000－1701－0034082 善008264 集部/詞類/别集之屬

夢窗甲稿一卷乙稿一卷丙稿一卷丁稿一卷補遺一卷 （宋）吳文英撰 **校勘夢窗詞劄記一卷** （清）王鵬運撰 清光緒二十五年（1899）臨桂王鵬運四印齋刻本 二冊

330000－1701－0034083 GP03856 子部/叢編

子書百家 （清）崇文書局編 清光緒元年（1875）湖北崇文書局刻本 一冊 存一種

330000－1701－0034084 GP11199 史部/傳記類/别傳之屬/事狀

忠良合集二卷 （清）曾惟肖等輯 清道光二十二年（1842）刻本 一冊 存一卷（上）

330000－1701－0034087 GP03857 子部/叢編

子書百家 （清）崇文書局編 清光緒元年（1875）湖北崇文書局刻本 一冊 存一種

330000－1701－0034088 GP03846 新學

江南製造局譯書 （清）江南製造局編 清光緒江南製造局鉛印本 八冊 存一種

330000－1701－0034089 GP11165 新學/農政/樹藝

草木移植心得一卷 （日本）吉天健作撰 （清）薩端譯 清末北洋官報局石印本 一冊

330000－1701－0034090 GP03858 子部/叢編

子書百家 （清）崇文書局編 清光緒元年（1875）湖北崇文書局刻本 一冊 存一種

330000－1701－0034095 GP11169 新學/農政/農務

害蟲要說一卷 （日本）小野孫三郎撰 （日本）鳥居赫雄譯 清末北洋官報局石印本 一冊

330000－1701－0034096 GP11193 史部/傳記類/别傳之屬/年譜

皇清誥授榮祿大夫工部左侍郎兼署錢法堂事務加一級顯考鼎甫府君［沈維鐈］年譜一卷 （清）沈宗涵 （清）沈宗濟撰 清道光三十年（1850）刻本 一冊

330000－1701－0034097 GP11167 新學/農政/畜牧

蜜蜂飼養法内篇一卷外篇一卷 （日本）花房柳條撰 （日本）藤田豐八譯 清光緒北洋官報局石印本 一冊

330000－1701－0034098 GP03848 子部/天文曆算類/算書之屬

學算芻言一卷 吳季白撰 清光緒二十四年（1898）刻本 清秋舫題記 一冊

330000－1701－0034099 GP11166 新學/農政/畜牧

馬糞孵卵法一卷 （美國）胡兒别土撰 （日本）大寄保之助譯 （日本）山本正義重譯 清末北洋官報局石印本 一冊

330000－1701－0034101 GP11168 新學/農政/畜牧

養魚人工孵化術一卷 （日本）金田歸逸撰 （清）劉大猷譯 清末北洋官報局石印本 一冊

330000－1701－0034103 GP03850 集部/别集類/清别集

食舊德齋雜著不分卷 （清）劉嶽雲撰 清光緒八年（1882）刻本 一冊

330000－1701－0034105 GP03853 類叢部/叢書類/彙編之屬

崇文書局彙刻書三十一種 （清）崇文書局編 清光緒元年至三年（1875－1877）湖北崇文書局刻本 四冊 存一種

330000－1701－0034107 GP03854 子部/雜著類/雜記之屬

涑水記聞十六卷 （宋）司馬光撰 清光緒九年（1883）解梁書院刻本 四冊

330000－1701－0034110 GP03660 類叢部/

叢書類/彙編之屬
知不足齋叢書一百九十五種 (清)鮑廷博編 (清)鮑士恭續編 清乾隆三十七年至道光三年(1772－1823)長塘鮑氏刻彙印本 一冊 存一種

330000－1701－0034112 GP03864 子部/兵家類/兵法之屬
軍禮司馬灋攷徵二卷 (清)黃以周撰 清光緒十八年(1892)黃氏試館刻本 一冊

330000－1701－0034113 GP03870 經部/春秋總義類/傳說之屬
春秋君臣世系圖考一卷 (清)周曰年 (清)章深編輯 清乾隆五十八年(1793)刻本 一冊

330000－1701－0034114 GP11208 史部/傳記類/總傳之屬/姓名
姓史人物考十五卷首一卷 (清)章履仁輯 清乾隆二十年(1755)刻本 七冊 存十五卷(一至十五)

330000－1701－0034115 GP11514 子部/小說家類/異聞之屬
西京雜記二卷 (漢)劉歆撰 清刻本 一冊

330000－1701－0034116 GP11214 史部/政書類/儀制之屬/典禮
聖門樂誌一卷 (清)孔尚任輯 清康熙刻本 一冊

330000－1701－0034117 GP03865 子部/兵家類/兵法之屬
軍禮司馬灋攷徵二卷 (清)黃以周撰 清光緒十八年(1892)黃氏試館刻本 一冊

330000－1701－0034119 GP03868 子部/醫家類/方書之屬/單方驗方
仙方合集二卷 (清)賈山亭撰 清道光三十年(1850)刻本 五冊

330000－1701－0034121 GP11215 史部/政書類/儀制之屬/典禮
聖門禮誌一卷 (清)孔傳鐸撰 清康熙刻本 一冊

330000－1701－0034123 GP03871 史部/地理類/山川之屬/水志
余支湖圖志一卷 蔣懷清編 清光緒二十三年(1897)石印本 一冊

330000－1701－0034124 GP03866 子部/兵家類/兵法之屬
軍禮司馬灋攷徵二卷 (清)黃以周撰 清光緒十八年(1892)黃氏試館刻本 一冊

330000－1701－0034125 GP11209 集部/總集類/選集之屬/通代
唐宋八家文讀本三十卷 (清)沈德潛輯 清嘉慶十八年(1813)刻本 九冊

330000－1701－0034126 GP03874 類叢部/類書類/專類之屬
新鐫分類評註文武合編百子金丹十卷 (明)郭偉選注 (明)郭中吉編 (明)王星聚校訂 清光緒二十年(1894)茹古軒石印本 六冊

330000－1701－0034127 GP11216 史部/政書類/儀制之屬/典禮
聖門禮誌一卷 (清)孔傳鐸撰 清康熙刻本 一冊

330000－1701－0034129 GP03875 類叢部/類書類/專類之屬
新鐫分類評註文武合編校補百子金丹十卷 (明)郭偉選注 (明)郭中吉編 (明)王星聚校訂 清光緒二十一年(1895)百尺山房刻本 章嶔題簽並記 十冊

330000－1701－0034130 GP11220 新學/地學/地理學
中等地理學舉隅一卷 (日本)中村五六撰 (清)浙江官書局譯 清末刻本 一冊

330000－1701－0034131 GP03890 子部/藝術類/書畫之屬/法帖
草書集成五卷 (清)石梁書 (日本)莊門熙輯 清光緒十二年(1886)上海書局石印本 五冊

330000－1701－0034132 GP03869 史部/史抄類

史略提綱注釋六卷 （清）羅繡文编 清咸豐二年（1852）刻本 四册

330000－1701－0034133 GP11217 史部/紀傳類/正史之屬
校刊史記集解索引正義札記五卷 （清）張文虎撰 清同治十一年（1872）金陵書局刻本 二册

330000－1701－0034135 GP11227 子部/雜著類/雜說之屬
劍華堂續罪言一卷 （清）吳廣霈撰 清光緒十六年（1890）弢園鉛印本 一册

330000－1701－0034137 GP11053 經部/叢编
古經解彙函十六種附小學彙函十四種 （清）鍾謙鈞等輯 清同治十二年（1873）粵東書局刻本 二册 存小學彙函一種

330000－1701－0034138 GP03895 集部/别集類/清别集
皇華草箋注三卷 （清）陶澍撰 （清）鄭際昌箋注 （清）謝元淮補注 （清）趙宜梅補箋 清道光九年（1829）吳門刻本 一册

330000－1701－0034139 GP03872 類叢部/叢書類/彙编之屬
榆園叢刻十五種附一種 （清）許增编 清同治至光緒刻本 一册 存一種

330000－1701－0034140 GP11221 新學/地學/地理學
中等地理學舉隅一卷 （日本）中村五六撰 （清）浙江官書局譯 清末刻本 一册

330000－1701－0034142 善008267 集部/詞類/總集之屬
復堂詞錄十一卷 （清）譚獻輯 清抄本 二册 存四卷（一至四）

330000－1701－0034143 GP11212 集部/别集類/清别集
龔定盦集外未刻詩一卷定庵集外未刻詞一卷 （清）龔自珍撰 清宣統三年（1911）上海秋星社石印本 一册

330000－1701－0034145 GP11222 新學/地學/地理學
中等地理學舉隅一卷 （日本）中村五六撰 （清）浙江官書局譯 清末刻本 一册

330000－1701－0034146 GP03896 類叢部/叢書類/自著之屬
留書種閣集九種 （清）黄炳垕撰 清同治六年至光緒二十年（1867－1894）餘姚黄氏留書種閣刻本 一册 存一種

330000－1701－0034147 GP03873 類叢部/叢書類/自著之屬
留書種閣集九種 （清）黄炳垕撰 清同治六年至光緒二十年（1867－1894）餘姚黄氏留書種閣刻本 一册 存一種

330000－1701－0034148 GP11054 子部/儒家類/儒學之屬/蒙學
正蒙必讀初二三编 （清）陳蔚文编 清光緒二十七年至二十八年（1901－1902）杞廬刻本 一册 存一種

330000－1701－0034150 GP11238、GP11239 類叢部/叢書類/彙编之屬
融經館叢書十一種 （清）徐友蘭编 清光緒六年至十一年（1880－1885）會稽徐氏八杉齋刻本 八册 存二種

330000－1701－0034152 GP03879 史部/金石類/總志之屬
香南精舍金石契二卷 （清）崇恩撰 清光緒二十六年（1900）影印本 一册 存一卷（一）

330000－1701－0034154 GP03899 子部/儒家類/儒學之屬/禮教
振新集要三卷 （清）徐國楨 （清）蔡廷梅輯 清光緒三十三年（1907）杭州中合印書公司鉛印本 一册

330000－1701－0034155 GP03912 經部/四書類/總義之屬
經筵進講原本六卷 （明）張居正撰 清乾隆三十一年（1766）金閶玉樹堂刻本 十二册

330000－1701－0034156 GP03892 史部/地

理類/外紀之屬
瀛海論三卷　(清)張自牧撰　清末刻本　一册

330000－1701－0034158　GP03901　類叢部/叢書類/彙編之屬
漸西村舍彙刊(漸西村舍叢刻)四十四種　(清)袁昶編　清光緒十六年至二十四年(1890－1898)桐廬袁氏刻本　一册　存一種

330000－1701－0034159　GP11055　類叢部/叢書類/自著之屬
家蔭堂彙刻(家蔭堂存稿)九種　(清)周際華撰　清道光十九年(1839)貴筑周氏家蔭堂刻本　一册　存一種

330000－1701－0034160　GP11230　類叢部/叢書類/彙編之屬
嘯園叢書五十七種　(清)葛元煦編　清光緒二年至七年(1876－1881)仁和葛氏刻本　一册　存一種

330000－1701－0034161　GP03880　史部/金石類/郡邑之屬/題跋
關中漢唐存碑跋不分卷　(清)王志沂輯　清道光七年(1827)刻本　一册

330000－1701－0034162　GP03894　類叢部/叢書類/彙編之屬
正覺樓叢刻(正覺樓叢書)二十九種　(清)崇文書局編　清光緒崇文書局刻本　二册　存一種

330000－1701－0034163　GP03893　子部/雜著類/雜編之屬
人海記二卷　(清)查慎行撰　清宣統二年(1910)掃葉山房石印本　二册

330000－1701－0034166　GP11240　經部/小學類/文字之屬/字書
增訂臨文便覽不分卷　(清)張啓泰輯　(清)怡雲仙館主人重訂　清光緒二年(1876)怡雲僊館刻本　四册

330000－1701－0034171　GP11200　集部/總集類/選集之屬/斷代
本朝應制元音十六卷　(清)朱一飛纂　清乾隆四十五年(1780)刻本　三册　存十二卷(一至十二)

330000－1701－0034172　GP03908　經部/叢編
通志堂經解一百四十種　(清)納蘭成德輯　清康熙十九年(1680)納蘭成德刻本　六册　存一種

330000－1701－0034173　GP11201　集部/别集類/清别集
養性軒燹餘小草二卷雜著拾遺一卷　(清)王靜涵撰　清光緒十四年(1888)刻本　一册　存一卷(拾遺)

330000－1701－0034174　GP11202　類叢部/叢書類/彙編之屬
經訓堂叢書二十一種　(清)畢沅編　清乾隆至嘉慶鎮洋畢氏刻本　一册　存一種

330000－1701－0034175　GP11241　子部/天文曆算類/天文之屬
御製曆象考成後編十卷　(清)允祿等纂修　清光緒二十二年(1896)上海書局石印本　十册

330000－1701－0034179　GP11231　經部/四書類/論語之屬/專著
鄉黨圖考十卷　(清)江永撰　清刻本　四册

330000－1701－0034180　GP03925　類叢部/叢書類/郡邑之屬
武林掌故叢編一百八十七種　(清)丁丙編　清光緒三年至二十六年(1877－1900)錢塘丁氏嘉惠堂刻本　一册　存一種

330000－1701－0034181　GP11232　史部/職官類/官箴之屬
爲政忠告四卷　(元)張養浩撰　清光緒三十二年(1906)驤山顧氏石印本　一册

330000－1701－0034185　GP11247　集部/總集類/課藝之屬
南菁講舍文集六卷書院文集一卷　(清)黄以周輯　清光緒十八年(1892)上海石印本

四冊

330000－1701－0034187　GP03911　經部/群經總義類

惕齋經説四卷經傳釋詞續編二卷讀經校語二卷　(清)孫經世撰　清道光二十三年(1843)同安蘇廷玉刻本　七冊　缺一卷(讀經校語二)

330000－1701－0034191　GP03913　類叢部/叢書類/自著之屬

文道十書四種十二卷　(清)陳景雲撰　清乾隆十九年(1754)蔣良騏刻本　一冊　存一種

330000－1701－0034193　GP11226　類叢部/叢書類/彙編之屬

續知不足齋叢書(續鮑叢書)十七種　(清)高承勳編　清渤海高氏刻本　十六冊

330000－1701－0034195　GP03926　史部/職官類/官制之屬

南省公餘録八卷　(清)梁章鉅撰　清道光刻本　二冊

330000－1701－0034196　善 008268　子部/宗教類/佛教之屬/經疏

楞伽阿跋多羅寶經四卷　(南朝宋)釋求那跋陀羅譯　(明)釋如能會注　明萬曆云棲寺釋大安刻本　三冊　缺一卷(二)

330000－1701－0034197　GP11248　子部/雜著類/雜纂之屬

雲林別墅新輯酬世錦囊初集八卷二集七卷三集二卷四集二卷　(清)鄒景揚輯　清光緒二十年(1894)觀瀾閣鉛印本　六冊

330000－1701－0034199　GP03934　史部/雜史類/斷代之屬

先撥志始二卷　(明)文秉撰　清同治二年(1863)當塗夏燮江西省寓刻本　二冊

330000－1701－0034201　GP03916　子部/宗教類/道教之屬

周易參同契發揮三卷釋疑一卷　(元)俞琰撰　清同治十年(1871)錢江王氏詒燕堂刻本　一冊　存一卷(釋疑)

330000－1701－0034202　GP11249　類叢部/叢書類/彙編之屬

融經館叢書十一種　(清)徐友蘭編　清光緒六年至十一年(1880－1885)會稽徐氏八杉齋刻本　二冊　存一種

330000－1701－0034204　GP11235　子部/雜著類/雜纂之屬

享福錦囊五集　(清)陸氏宣公四十三世孫編　清宣統元年(1909)刻本　一冊

330000－1701－0034205　GP03883　史部/政書類/邦計之屬

秦晋實官捐輸章程不分卷　岑春煊撰　清光緒二十七年(1901)上海商務印書館鉛印本　一冊

330000－1701－0034206　GP03927　子部/藝術類/書畫之屬

字學津梁不分卷　(清)傅起儒輯　清康熙刻本　一冊

330000－1701－0034208　GP11236　子部/雜著類/雜考之屬

翁注困學紀聞二十卷首一卷　(宋)王應麟撰　(清)翁元圻輯　清光緒十五年(1889)上海點石齋石印本　六冊

330000－1701－0034211　GP03918　類叢部/叢書類/自著之屬

張皋文箋易詮全集十六種　(清)張惠言撰　清嘉慶八年至道光十年(1803－1830)刻本　二冊　存二種

330000－1701－0034212　GP11237　集部/別集類/清別集

嚶求全集一卷　(清)繆艮撰　清光緒六年(1880)學海書局鉛印本　一冊

330000－1701－0034214　GP03928　史部/編年類/通代之屬

紀元通攷十二卷　(清)葉維庚撰　清同治十一年(1872)刻本　四冊

330000－1701－0034215　GP11203　新學/兵制/槍炮

克虜伯礮説四卷礮操法四卷礮表八卷 （德國）布國軍政局撰 （美國）金楷理口譯 （清）李鳳苞筆述 清光緒江南機器製造總局刻本 二册

330000－1701－0034216 GP03884 史部/金石類/石之屬
碑誌類二卷 清末石印本 二册

330000－1701－0034218 GP03929 史部/編年類/通代之屬
紀元通攷十二卷 （清）葉維庚撰 清同治十一年（1872）刻本 章嶔題簽並記 四册

330000－1701－0034222 GP03919 史部/目録類/總録之屬/官修
大學堂圖書館漢文圖書草目不分卷日文圖書草目不分卷 王誦熙編 清宣統二年（1910）油印本 四册

330000－1701－0034223 善 008269 經部/群經總義類/傳説之屬
周氏遺書不分卷 （清）周星垣撰 **李氏遺書不分卷** （清）李光炘撰 （清）張積中輯 清周氏愛蓮堂抄本 十一册

330000－1701－0034225 GP03887 類叢部/叢書類/郡邑之屬
齊魯先喆遺書 清刻本 一册 存一種

330000－1701－0034226 GP11250 類叢部/叢書類/彙編之屬
國朝名人著述叢編十三種 （清）□□編 清光緒五年（1879）上海淞隱閣鉛印本 六册

330000－1701－0034228 GP03888 史部/政書類/儀制之屬/典禮
大清通禮品官士庶人喪禮傳二卷 （清）劉人熙撰 清光緒十一年（1885）都門刻本 二册

330000－1701－0034229 GP03944 史部/紀事本末類/斷代之屬
續明紀事本末十八卷首一卷 （清）倪在田輯 清光緒二十九年（1903）育英學社鉛印本 六册

330000－1701－0034230 GP11204 類叢部/叢書類/郡邑之屬
貴池先哲遺書（唐石簃叢書、唐石簃彙刻貴池先哲遺書）十七種附刻一種續刊一種附一種 劉世珩編 清光緒二十四年至民國九年（1898－1920）貴池劉氏唐石簃刻民國十五年（1926）續刻彙印本 二册 存一種

330000－1701－0034231 GP03889 類叢部/叢書類/彙編之屬
後知不足齋叢書四十七種 （清）鮑廷爵編 清同治至光緒常熟鮑氏刻本 一册 存一種

330000－1701－0034232 GP03941 新學/史志/臣民傳記
維新三傑三卷 （日本）北村紫山撰 （清）馬汝賢譯 清光緒二十七年（1901）勵學譯社鉛印本 一册

330000－1701－0034233 GP03952 類叢部/叢書類/自著之屬
起聖齋叢書 尹桐陽撰 清光緒至民國鉛印本 二册 存一種

330000－1701－0034236 GP11609 新學/農政/農務
農學初級一卷 （英國）旦爾恒理撰 （英國）秀耀春口譯 （清）范熙庸筆述 清光緒二十四年（1898）上海製造局刻本 楊郁生題記 一册

330000－1701－0034237 善 008270 史部/傳記類/總傳之屬/郡邑
淛學源流十卷 （清）王雲廷撰 清抄本 二册

330000－1701－0034239 GP11611 類叢部/叢書類/自著之屬
西堂全集四種附一種 （清）尤侗撰 清康熙刻本 一册 存一種

330000－1701－0034240 GP03942 新學/算學/代數
決疑數學十卷首一卷 （英國）傅蘭雅口譯 （清）華蘅芳筆述 清光緒二十三年（1897）上

海飛鴻閣石印本　二冊

330000－1701－0034241　GP03953　子部/醫家類/方書之屬/單方驗方

怪疾奇方一卷彙集經驗方一卷　(清)汪汲輯　清嘉慶六年(1801)汪汲古愚山房刻本　一冊

330000－1701－0034242　GP03943　子部/天文曆算類/算書之屬

兩湖書院算學課程二卷附一卷附表一卷　(清)兩湖書院編　**微積互求表一卷　平面卓記一卷**　(清)湯金鑄撰　**偏緯較表一卷**　清光緒二十八年(1902)上海掃葉山房石印本　六冊

330000－1701－0034243　GP11205　集部/別集類/明別集

高子遺書十二卷附錄一卷　(明)高攀龍撰　(明)陳龍正輯　**高忠憲公[攀龍]年譜一卷**　(明)華允誠編　清光緒二年(1876)周士錦無錫東林書院刻本　一冊　存二卷(附錄、高忠憲公年譜)

330000－1701－0034244　GP11612　集部/別集類/清別集

補蘿山房詩稿二卷　(清)董洹撰　清咸豐三年(1853)刻本　一冊

330000－1701－0034245　GP03958　經部/春秋總義類/傳說之屬

春秋經傳類求十二卷　(清)孫從添　(清)過臨汾撰　(清)吳禧祖校定　清乾隆二十四年(1759)舊名堂刻本　十二冊

330000－1701－0034246　GP03954　類叢部/叢書類/自著之屬

古均閣遺箸二種　(清)許槤撰　**說文徐氏未詳說一卷**　(清)許溎祥輯　清光緒十四年(1888)、十六年(1890)海寧許氏古均閣刻本　二冊

330000－1701－0034250　GP11613　史部/傳記類/總傳之屬/斷代

昭代名人尺牘小傳二十四卷　(清)吳修撰　清道光六年(1826)刻本　一冊

330000－1701－0034251　GP11251　類叢部/叢書類/彙編之屬

申報館叢書正集五十七種附錄三種續集一百四十二種　(清)尊聞閣主編　蔡爾康編續集　清同治至光緒上海申報館鉛印本　十二冊　存二種

330000－1701－0034253　GP11206　子部/雜著類

渡人舟二卷　清光緒十五年(1889)杏光堂刻本　二冊

330000－1701－0034254　GP03963　類叢部/叢書類/彙編之屬

雅雨堂藏書十三種　(清)盧見曾編　清乾隆二十一年(1756)德州盧氏雅雨堂刻增修本　六冊　存一種

330000－1701－0034255　GP11614　集部/總集類/尺牘之屬

明人尺牘選四卷　(清)王元勳　(清)程化騄輯　清康熙四十四年(1705)碧雲樓刻本　四冊

330000－1701－0034257　GP03962　類叢部/叢書類/彙編之屬

螺樹山房叢書五種　(清)龍裕光編　清光緒順德龍氏刻本　四冊　存一種

330000－1701－0034258　善 008271　子部/天文曆算類/天文之屬

通志天文秘畧不分卷　題(明)劉基輯　清抄本　二冊

330000－1701－0034259　GP11617　史部/雜史類/斷代之屬

隆平集二十卷　(宋)曾鞏撰　清康熙四十年(1701)南豐彭氏七業堂刻本　五冊

330000－1701－0034261　GP03967　類叢部/叢書類/自著之屬

草廬吳文正公全書十三種　(元)吳澄撰　清乾隆初吳氏刻二十一年(1756)萬璜校刻道光補刻彙印本　四冊　存一種

330000－1701－0034262　GP03948　類叢部/叢書類/彙編之屬
文選樓叢書三十三種　(清)阮亨編　清嘉慶至道光阮元刻道光二十二年(1842)阮亨彙印本　二十四册　存一種

330000－1701－0034265　GP11252　史部/編年類/通代之屬
紀元編三卷末一卷　(清)李兆洛撰　(清)六承如輯　清光緒十四年(1888)上海蜚英館石印本　三册

330000－1701－0034266　GP03968　子部/天文曆算類/算書之屬
觀我生室匯稿十種　(清)羅士琳撰　清道光刻本　二册　存一種

330000－1701－0034267　GP03956　子部/術數類
易瑣言四卷附校勘記一卷　(清)林丙修撰　清宣統二年(1910)黄巖東昇仁記石印本　一册

330000－1701－0034269　GP03947　史部/雜史類/外紀之屬
明治政黨小史一卷　(日本)日日新聞社纂　(清)陳超譯　清光緒二十八年(1902)上海廣智書局鉛印本　一册

330000－1701－0034270　GP11207　子部/雜著類/雜説之屬
敬齋古今黈八卷　(元)李冶撰　清刻本　二册

330000－1701－0034272　GP11253　子部/道家類
九天開化主宰元皇司録宏仁文昌帝君陰騭文註案四卷　(明)顔正注釋　(清)顔文瑞補案　清顔章敬刻本　二册

330000－1701－0034273　GP11626　類叢部/叢書類/彙編之屬
螺樹山房叢書五種　(清)龍裕光編　清光緒順德龍氏刻本　三册　存一種

330000－1701－0034274　GP03969　經部/小學類/音韻之屬
矩齋所學　勞乃宣撰　清光緒至民國刻本　一册　存一種

330000－1701－0034275　GP03957　子部/術數類/相宅相墓之屬
學易餘聞四卷首一卷　林丙修撰　清宣統二年(1910)石印本　一册

330000－1701－0034276　GP03970　經部/小學類/音韻之屬
矩齋所學　勞乃宣撰　清光緒至民國刻本　二册　存一種

330000－1701－0034279　GP11625、GP11623、GP11624、GP11622、GP11621　類叢部/叢書類/自著之屬
槐軒全集二十一種附九種　(清)劉沅撰　清咸豐至民國刻彙印本　二十三册　存五種

330000－1701－0034280　GP11254　子部/儒家類/儒學之屬/勸學
輶軒語七卷　(清)張之洞撰　清末江左書林刻本　一册

330000－1701－0034282　GP03950　經部/小學類/訓詁之屬/爾雅
爾雅補郭二卷　(清)翟灝撰　清仁和翟氏刻本　一册

330000－1701－0034283　GP03951　經部/小學類/訓詁之屬/爾雅
爾雅補郭二卷　(清)翟灝撰　清仁和翟氏刻本　一册

330000－1701－0034284　善 008272　集部/别集類/清别集
玄機詩二卷　(清)傅體壬撰　清抄本　一册

330000－1701－0034285　GP03975　史部/政書類/考工之屬/營造
新鐫工師雕斲正式魯班木經匠家鏡三卷靈驅解法洞明真言秘書一卷　(明)午榮　(明)章嚴撰　清道光四年(1824)刻本　二册

330000－1701－0034286　GP11255　集部/總

集類/尺牘之屬

歷朝名媛尺牘二卷　(清)水鏡山房輯　清末水鏡山房刻本　二冊

330000－1701－0034287　GP03973　類叢部/叢書類/自著之屬

孫夏峰全集十二種附一種　(清)孫奇逢撰　清康熙刻道光至光緒遞刻重印本　十冊　存一種

330000－1701－0034288　善008273　子部/藝術類/書畫之屬/書法書品

書譜一卷　(唐)孫過庭撰　清抄本　一冊

330000－1701－0034289　GP03976　子部/工藝類/日用器物之屬/器具

遠西奇器圖說錄最三卷　(瑞士)鄧玉函口授　(明)王徵譯繪　**新製諸器圖說一卷**　(明)王徵撰　清嘉慶二十一年(1816)王氏刻本　四冊

330000－1701－0034290　GP11588　類叢部/叢書類/彙編之屬

郋園先生全書一百二十九種　葉啓倬編　清光緒至民國刻民國二十四年(1935)長沙中國古書刻印社彙印本　二冊　存一種

330000－1701－0034292　GP11589　集部/別集類/清別集

寄愚草堂初稿二卷　(清)易方撰　清同治刻本　二冊

330000－1701－0034293　善008274　經部/易類/傳說之屬

易曉三卷　(清)夏葛輯注　清抄本　一冊

330000－1701－0034295　GP11590　史部/地理類/雜志之屬

台州外書二十卷　(清)戚學標輯　清嘉慶四年(1799)刻戚鶴泉所著書本　王舟瑤批　六冊

330000－1701－0034296　GP11637　類叢部/叢書類/彙編之屬

晨風閣叢書第一集(國學粹編)五十二種　沈宗畸等編　清光緒三十四年至宣統三年(1908－1911)國學萃編社鉛印本　四十二冊　存五十一種

330000－1701－0034297　GP03977　子部/術數類

率性修道論不分卷　(清)朱雲龍撰　清嘉慶二南軒刻本　一冊

330000－1701－0034302　GP03981　類叢部/叢書類/彙編之屬

獨抱廬叢刻十一種　(清)陳宗彝編　清道光金陵陳氏刻本　一冊　存一種

330000－1701－0034308　GP03992　新學/地學/地理學

金石識別十二卷　(美國)代那撰　(美國)瑪高溫口譯　(清)華蘅芳筆述　清同治十一年(1872)江南製造局刻本　六冊

330000－1701－0034310　GP03993　新學/地學/地理學

金石識別十二卷　(美國)代那撰　(美國)瑪高溫口譯　(清)華蘅芳筆述　清同治十一年(1872)江南製造局刻本　六冊

330000－1701－0034312　GP03994　經部/小學類/音韻之屬/韻書

聲韻表九卷首一卷　(清)戴震撰　清乾隆十二年(1747)刻戴氏遺書本　章嶔題簽並記　一冊

330000－1701－0034313　GP03980　子部/藝術類/書畫之屬/書法書品

三讓堂增訂四體書法不分卷　清道光二十三年(1843)清照齋刻本　嶽麓樵子題簽並記　二冊

330000－1701－0034314　GP03996　史部/叢編之屬

石鼓文定本五種　(清)沈梧撰　清光緒十六年(1890)沈氏古華山館刻本　六冊

330000－1701－0034315　GP04001　史部/政書類/邦計之屬/賦稅

紹興府新昌縣賦役全書一卷　清道光刻本　一冊

330000－1701－0034316　GP03997　史部/叢編之屬
石鼓文定本五種　（清）沈梧撰　清光緒十六年(1890)沈氏古華山館刻本　四冊

330000－1701－0034319　GP11638　子部/雜著類/雜說之屬
求己錄三卷　陶葆廉編　清光緒二十六年(1900)杭州求是書院石印本　三冊

330000－1701－0034320　GP04002　子部/雜著類/雜纂之屬
古學記問錄十五卷　（清）吳蔚文撰　清同治式義堂刻本　六冊

330000－1701－0034321　GP04009　經部/叢編
皇朝經解十六卷　（清）□□編　清嘉慶十七年(1812)養心齋刻養一齋增刻本　二冊　存十卷（春秋公羊經何氏釋例一至十）

330000－1701－0034323　GP04003　類叢部/類書類/專類之屬
巾經纂二十卷　（清）宋宗元撰　清咸豐五年(1855)嘉孚堂刻本　四冊　存十六卷（一至十六）

330000－1701－0034324　GP11646　子部/儒家類/儒學之屬/蒙學
小學纂註六卷　（清）高愈撰　**文公朱夫子[熹]年譜一卷**　題（宋）李方子撰　清同治十一年(1872)浙江書局刻本　二冊

330000－1701－0034325　GP11639　子部/雜著類
玉局功過格正宗二卷　（清）彭定求撰　清光緒十五年(1889)古夾谷梅壇刻本　一冊

330000－1701－0034326　GP04010　類叢部/叢書類/自著之屬
耐安類稿五種　（清）陳偉撰　清光緒二十二年(1896)梅叔瀚等刻本　六冊

330000－1701－0034327　GP11647　史部/傳記類/別傳之屬/年譜
皇清誥授光祿大夫經筵日講起居注官太子太傅南書房供奉體仁閣大學士管理工部兼翰林院掌院學士贈太傅入祀賢良祠賜謚文正顯考南厓府君[朱珪]年譜三卷　（清）朱錫經編　清嘉慶刻本　二冊

330000－1701－0034328　GP04004　集部/別集類/清別集
趙恭毅公賸藁八卷　（清）趙申喬撰　（清）趙侗斆編　清光緒十八年(1892)浙江書局刻本　三冊　缺二卷（五至六）

330000－1701－0034330　GP04011　類叢部/叢書類/自著之屬
耐安類稿五種　（清）陳偉撰　清光緒二十二年(1896)梅叔瀚等刻本　六冊

330000－1701－0034331　GP04005　類叢部/叢書類/家集之屬
學壽堂叢書十二種　徐紹楨編　清咸豐至光緒番禺徐氏梧州刻本　三冊　存一種

330000－1701－0034334　GP04012　史部/史評類/詠史之屬
鑑綱詠略八卷讀史論略補一卷附甲子攷一卷　（清）張應鼎撰　（清）柯龍章注　清同治十二年(1873)歸安張氏南昌刻本　八冊

330000－1701－0034336　GP11649　集部/別集類/清別集
江風集五卷　（清）何栻撰　（清）袁翼評　清咸豐二年(1852)刻本　二冊

330000－1701－0034337　GP04015　集部/別集類/清別集
秋槎政本一卷　（清）鄭兆龍撰　清道光十五年(1835)刻本　一冊

330000－1701－0034338　GP03987　類叢部/叢書類/彙編之屬
風雨樓祕笈留真十種　鄧實編　清宣統元年至民國六年(1909－1917)順德鄧氏風雨樓影印本　一冊　存一種

330000－1701－0034340　GP03988　類叢部/叢書類/家集之屬
半帆樓叢書(鄔氏家集)二十七種　鄔慶時編

清光緒至民國刻本　一册　存一種

330000－1701－0034341　GP04013　史部/史評類/詠史之屬

鑑綱詠略八卷讀史論略補一卷附甲子攷一卷　(清)張應鼎撰　(清)柯龍章注　清同治十二年(1873)歸安張氏南昌刻本　八册

330000－1701－0034342　GP04016　類叢部/叢書類/家集之屬

昆陵徐氏家集　(清)徐堉輯　清光緒六年(1880)濟上刻本　二册　存一種

330000－1701－0034343　GP11650　類叢部/叢書類/郡邑之屬

常州先哲遺書七十二種　盛宣懷編　清光緒二十一年至三十三年(1895－1907)武進盛氏思惠齋刻宣統彙印本　二册　存二種

330000－1701－0034344　GP04007　類叢部/叢書類/自著之屬

觀古堂所著書二十種　葉德輝撰　清光緒長沙葉氏刻本　一册　存一種

330000－1701－0034345　GP04019　類叢部/叢書類/自著之屬

紀慎齋先生全集十二種續集七種　(清)紀大奎撰　清嘉慶十三年至咸豐二年(1808－1852)刻本　三册　存一種

330000－1701－0034346　GP11651　經部/禮記類/分篇之屬

蔡氏月令二卷　(漢)蔡邕撰　(清)蔡雲輯　清道光四年(1824)王氏刻本　二册

330000－1701－0034347　GP03989　類叢部/叢書類/家集之屬

半帆樓叢書(鄔氏家集)二十七種　鄔慶時編　清光緒至民國刻本　一册　存一種

330000－1701－0034348　GP04008　子部/儒家類/儒學之屬/性理

讀書隨筆一卷　(清)費熙撰　清光緒二十二年(1896)刻本　一册

330000－1701－0034351　GP04017　集部/別集類/清別集

東塾類稿不分卷　(清)陳澧撰　清道光二十九年(1849)刻本　一册

330000－1701－0034352　GP11640　子部/雜著類

玉局功過格正宗二卷　(清)彭定求撰　清光緒十五年(1889)古夾谷梅壇刻本　一册

330000－1701－0034353　GP02693　類叢部/叢書類/自著之屬

陳司業集二種十一卷　(清)陳祖范撰　清乾隆刻二十九年(1764)陳鎣彙印本　一册　存一種

330000－1701－0034354　GP11641　集部/別集類/清別集

古微堂内集二卷外集八卷　(清)魏源撰　(清)黄象離輯　清宣統二年(1910)上海國學扶輪社鉛印本　五册　存八卷(外集一至八)

330000－1701－0034355　GP04022、GP04021　類叢部/叢書類/自著之屬

經德堂集六種　(清)龍啓瑞撰　清光緒四年至七年(1878－1881)龍繼棟京師刻本　六册　存二種

330000－1701－0034357　GP02694　類叢部/叢書類/自著之屬

西齋三種　(清)博明撰　清嘉慶六年(1801)刻本　一册　存一種

330000－1701－0034358　GP02695　史部/政書類/軍政之屬/兵制

欽定中樞政考八旗三十二卷綠營四十卷　(清)保寧等修　(清)常泰等纂　清嘉慶八年(1803)武英殿刻本　十六册　存三十二卷(綠營一至三十二)

330000－1701－0034359　GP11642　類叢部/叢書類/家集之屬

沈端恪公遺書二種　(清)沈曰富編　清同治十二年(1873)浙江書局刻本　二册

330000－1701－0034360　GP04023　史部/傳記類/總傳之屬/儒林

儒林正紀三卷 (清)蔣寶素撰 清咸豐刻本 一冊

330000－1701－0034361 GP11652 子部/儒家類/儒學之屬/勸學

輶軒語七卷 (清)張之洞撰 清光緒三年(1877)濠上書齋刻本 一冊

330000－1701－0034362 GP11643 集部/別集類/清別集

春星草堂集七卷 (清)沈丙瑩撰 清光緒十九年至三十二年(1893－1906)刻本 二冊 存五卷(詩一至五)

330000－1701－0034363 GP11653 子部/儒家類/儒學之屬/勸學

輶軒語七卷 (清)張之洞撰 清光緒三年(1877)濠上書齋刻本 一冊

330000－1701－0034365 GP11654 史部/史評類/詠史之屬

讀史百詠不分卷 (清)范澍撰 清刻本 一冊

330000－1701－0034366 GP04024 類叢部/叢書類/自著之屬

寫經齋全集八種 (清)葉大莊撰 清光緒刻本 一冊 存一種

330000－1701－0034370 GP11655 子部/術數類/相宅相墓之屬

青囊心印續編一卷 (清)王宗臣撰 **天玉經內傳心印三卷外編心印一卷** (清)王宗臣注 清刻本 一冊

330000－1701－0034374 GP04030 史部/政書類/公牘檔冊之屬

條議存稿一卷 吳宗濂撰 清光緒二十七年(1901)壽萱室鉛印本 一冊

330000－1701－0034375 GP03990 子部/雜著類/雜說之屬

雞窗叢話一卷 (清)蔡澄撰 清光緒十二年(1886)新陽趙氏刻本 一冊

330000－1701－0034376 GP11656 類叢部/叢書類/自著之屬

敝帚齋遺書四種四十四卷 (清)徐鼒撰 清光緒三年(1877)六合徐氏刻本 一冊 存一種

330000－1701－0034377 GP04031 史部/地理類/外紀之屬

蠡測錄二卷 (清)沈純輯 清光緒四年(1878)刻本 二冊

330000－1701－0034379 善008276 經部/小學類/音韻之屬/古今韻說

轉注古音畧五卷古音略例一卷 (明)楊慎撰 清抄本 一冊

330000－1701－0034381 善008278 集部/別集類/清別集

碧琅館詩草不分卷 (清)□□撰 稿本 二冊

330000－1701－0034382 善008277 子部/術數類/占卜之屬

袖金神鬼策六卷 清抄本 一冊

330000－1701－0034385 善008281 子部/藝術類/書畫之屬/題跋

聲畫集八卷 (宋)孫紹遠輯 清初抄本 姜亮夫觀款 八冊

330000－1701－0034386 GP04054 類叢部/叢書類/自著之屬

石屋書四種 (清)曹金籀撰 清同治仁和曹氏刻本 一冊 存一種

330000－1701－0034387 GP04053 史部/史評類/史論之屬

歷代史略六卷 柳詒徵撰 清光緒二十八年(1902)江楚書局刻本 四冊 存三卷(一至三)

330000－1701－0034389 GP04057 新學/議論/論政

新政真詮六卷 何啓 胡禮垣撰 清光緒二十七年(1901)格致新報館鉛印本 四冊

330000－1701－0034390 GP04037 集部/別

集類/明别集

清江楊忠節公遺集八卷 (明)楊廷麟撰 清光緒五年至六年(1879－1880)蕭江書院刻本 八册

330000－1701－0034391 GP11657 子部/宗教類/佛教之屬/諸宗

淨土警語一卷起一心精進念佛七期規式一卷 (清)釋截流撰 清光緒六年(1880)常熟刻經處刻本 一册

330000－1701－0034393 GP04046 經部/小學類

雷刻四種 (清)雷浚輯 清光緒二年至十年(1876－1884)吳縣雷氏刻本 一册 存二種

330000－1701－0034394 善008279 集部/别集類/清别集

北征集不分卷 (清)□□撰 清抄本 二册

330000－1701－0034395 GP11669 經部/叢編

四經精華 (清)魏朝俊輯 清光緒二十年(1894)學庫山房刻本 四册 存一種

330000－1701－0034396 GP04058 史部/雜史類/斷代之屬

熙朝新語十六卷 (清)徐錫齡 (清)錢泳輯 清道光十二年(1832)刻本 六册

330000－1701－0034397 GP11658 子部/宗教類/佛教之屬/諸宗

淨土警語一卷起一心精進念佛七期規式一卷 (清)釋截流撰 清光緒六年(1880)常熟刻經處刻本 一册

330000－1701－0034399 GP04055 類叢部/叢書類/自著之屬

庸盦全集十種 (清)薛福成撰 清光緒十年至二十四年(1884－1898)無錫薛氏刻本 十册 存一種

330000－1701－0034400 GP04059 史部/雜史類/斷代之屬

熙朝新語十六卷 (清)徐錫齡 (清)錢泳輯 清道光十二年(1832)刻本 六册

330000－1701－0034401 GP04045 經部/小學類/文字之屬/說文

說文辨疑一卷附條記一卷 (清)顧廣圻撰 清光緒九年(1883)鄦東耕雨樓刻本 一册

330000－1701－0034402 善008283 史部/政書類/通制之屬

通考畧二十卷 清抄本 十二册

330000－1701－0034403 GP11659 子部/宗教類/佛教之屬/諸宗

淨土警語一卷起一心精進念佛七期規式一卷 (清)釋截流撰 清光緒六年(1880)常熟刻經處刻本 一册

330000－1701－0034404 善008282 子部/術數類/命書相書之屬

八門禽演碎金書不分卷 清抄本 四册

330000－1701－0034405 GP11689 集部/詞類/類編之屬

詞學叢書六種 (清)秦恩復編 清嘉慶至道光江都秦恩復享帚精舍刻本 二册 存一種

330000－1701－0034406 GP04060 經部/小學類/音韻之屬/韻書

音韻辨岐六卷首一卷補遺一卷 (清)陳祖綿輯 清嘉慶十七年(1812)刻本 二册

330000－1701－0034408 GP11670 子部/儒家類/儒學之屬/經濟

御製資政要覽三卷 (清)世祖福臨輯 **資政要覽後序一卷** (清)宋之繩撰 清順治十二年(1655)内府刻本 四册

330000－1701－0034409 善008285 子部/雜著類/雜纂之屬

意林五卷 (唐)馬總撰 清抄本 四册

330000－1701－0034410 GP11691 經部/四書類/大學之屬/傳説

大學古本注一卷 (清)艾暢撰 清道光刻本 一册

330000－1701－0034411 善008284 史部/目録類/總録之屬/私撰

馬氏道古樓書目不分卷 （清）馬思贊藏並撰 清抄本 三冊

330000－1701－0034412 GP11690 史部/地理類/雜志之屬
治臺必告錄八卷 （清）丁曰健輯 清同治六年(1867)知足知止園刻本 八冊

330000－1701－0034413 GP04061 新學/格致總
格致須知二十八種 （英國）傅蘭雅編 清光緒八年至二十四年(1882－1898)刻本 一冊 存一種

330000－1701－0034414 善 008286 集部/別集類/清別集
聽雨齋詩集二十二卷詩別集一卷詩集補編一卷 （清）吳照撰 清抄本 六冊

330000－1701－0034415 GP11692 子部/天文曆算類/算書之屬
新纂簡捷易明算法四卷首一卷 （清）沈士桂纂輯 清嘉慶十三年(1808)刻本 四冊

330000－1701－0034416 GP04062 新學/格致總
格致須知二十八種 （英國）傅蘭雅編 清光緒八年至二十四年(1882－1898)刻本 一冊 存一種

330000－1701－0034417 GP11671 經部/四書類/總義之屬/傳說
四書蕅益解 （清）釋智旭撰 清刻本 一冊 存一種

330000－1701－0034419 GP11693 史部/傳記類/總傳之屬/釋道
高僧傳四集九十三卷 （清）楊文會輯 清光緒十年至十八年(1884－1892)金陵刻經處、江北刻經處刻本 陳貽蓀題記 十冊 存四十卷(二集一至四十)

330000－1701－0034420 善 008288 子部/宗教類/道教之屬/道藏
道藏 （明）張宇初等編 明抄本 二十五冊 存五種

330000－1701－0034421 GP04067 史部/政書類/公牘檔冊之屬
武陽官書錄二卷 （清）武陽志書局撰 清光緒七年(1881)武陽志書局刻本 一冊

330000－1701－0034422 GP11672 經部/四書類/總義之屬/傳說
四書蕅益解 （清）釋智旭撰 清刻本 一冊 存一種

330000－1701－0034423 GP11703、GP11702、GP11704 類叢部/叢書類/自著之屬
玉津閣叢書甲集十二種乙集十二種 （清）胡薇元撰 清光緒至民國刻本 三冊 存三種

330000－1701－0034424 善 008287 經部/易類/傳說之屬
易學象數論六卷 （清）黃宗羲撰 清南海孔氏嶽雪樓抄自文瀾閣四庫全書本 三冊

330000－1701－0034425 GP04048 子部/藝術類/書畫之屬/書法書品
增補分部書法正傳不分卷 （清）蔣和撰 清光緒五年(1879)京都琉璃廠酉山堂書肆刻本 一冊

330000－1701－0034427 GP11694 集部/詞類/類編之屬
詞學叢書六種 （清）秦恩復編 清嘉慶至道光江都秦恩復享帚精舍刻本 三冊 存一種

330000－1701－0034428 GP04069 史部/傳記類/別傳之屬
湖南平江縣重修唐杜左拾遺工部員外郎[甫]墓並建祠請祀集刊一卷 （清）李宗蓮輯 清光緒十年(1884)刻本 一冊

330000－1701－0034429 GP04038 經部/小學類/訓詁之屬/譯語
欽定清漢對音字式一卷 （清）福隆安等撰 清刻本 二冊

330000－1701－0034430 GP04039 經部/小學類/訓詁之屬/譯語
欽定清漢對音字式一卷 （清）福隆安等撰

清道光十六年(1836)武英殿刻本　一册

330000－1701－0034431　GP11673　經部/三禮總義類/通禮雜禮之屬
司馬氏書儀十卷　(宋)司馬光撰　清同治七年(1868)江蘇書局刻本　一册

330000－1701－0034432　GP11661　子部/天文曆算類/算書之屬
翠薇山房數學十四種　(清)張作楠撰　清嘉慶至道光金華張氏翠薇山房刻本　一册　存一種

330000－1701－0034435　GP11705　類叢部/叢書類/彙編之屬
抱經堂叢書十六種　(清)盧文弨編　清乾隆至嘉慶刻彙印本　二册　存一種

330000－1701－0034436　GP11662　子部/天文曆算類/算書之屬
翠薇山房數學十四種　(清)張作楠撰　清嘉慶至道光金華張氏翠薇山房刻本　一册　存一種

330000－1701－0034438　GP11706　類叢部/叢書類/彙編之屬
抱經堂叢書十六種　(清)盧文弨編　清乾隆至嘉慶刻彙印本　二册　存一種

330000－1701－0034439　GP11663　類叢部/叢書類/彙編之屬
三長物齋叢書二十五種　(清)黄本驥編　清道光二十二年至二十八年(1842－1848)湘陰蔣環刻本　二册　存一種

330000－1701－0034440　GP11664　類叢部/叢書類/彙編之屬
振綺堂叢書初集十種二集十二種　(清)□□輯　清光緒二十年(1894)、宣統二年(1910)泉唐汪氏刻本暨鉛印本　二册　存二集一種

330000－1701－0034443　GP04049　類叢部/叢書類/彙編之屬
刻鵠齋叢書十六種　(清)胡念修編　清光緒二十三年至二十七年(1897－1901)刻鵠齋刻本　二册　存一種

330000－1701－0034447　善008290　子部/雜著類/雜考之屬
愧郯録十五卷　(宋)岳珂撰　清抄本　二册

330000－1701－0034450　GP11676　類叢部/叢書類/彙編之屬
咫進齋叢書三十七種　(清)姚覲元編　清光緒九年(1883)歸安姚氏刻本　一册　存一種

330000－1701－0034452　GP04056　類叢部/叢書類/自著之屬
張皋文箋易詮全集十六種　(清)張惠言撰　清嘉慶八年至道光十年(1803－1830)刻本　一册　存一種

330000－1701－0034455　GP04075　史部/紀事本末類/斷代之屬
皇清開國方略三十二卷首一卷　(清)阿桂等撰　清光緒十三年(1887)廣百宋齋鉛印本　六册

330000－1701－0034457　GP11709、GP11711　子部/天文曆算類/算書之屬
梅勿菴算書五種　(清)梅文鼎撰　清乾隆刻本　六册　存二種

330000－1701－0034462　GP04079　經部/易類/易占之屬
易隱八卷首一卷　(清)曹九錫輯　(明)曹璿演　清刻本　四册

330000－1701－0034463　GP11666　集部/總集類/彙編之屬
金元明八大家文選　(清)李祖陶編　清道光二十五年(1845)吉安刻本　二册　存一種

330000－1701－0034466　GP04076　集部/别集類/清别集
一葉秋盦曲稿　(清)華諟撰　清光緒刻本　一册　存三種

330000－1701－0034467　善008291　經部/春秋公羊傳類/傳説之屬
春秋公羊經傳解詁十一卷　(漢)何休撰　王闓運箋　清末溫故知新書屋抄本　十二册

330000－1701－0034468　GP04083　類叢部/叢書類/自著之屬

八紘譯史(陸雲士雜著)八種附一種　(清)陸次雲撰　清康熙懷古堂刻本　六册　存五種

330000－1701－0034469　GP04080　史部/傳記類/總傳之屬/郡邑

國朝天台耆舊傳八卷　(清)金文田輯　清光緒二十八年(1902)天台齊品亨堂木活字印本　二册

330000－1701－0034470　GP04086　類叢部/叢書類/郡邑之屬

嶺南遺書五十九種　(清)伍元薇　(崇曜)編　清道光十一年至同治二年(1831－1863)南海伍氏粤雅堂文字歡娛室刻光緒三十三年(1907)彙印本　十册　存一種

330000－1701－0034471　GP11698　類叢部/叢書類/彙編之屬

廣雅書局叢書一百五十九種　徐紹棨編　清光緒廣雅書局刻民國九年(1920)番禺徐紹棨彙編重印本　一册　存一種

330000－1701－0034473　GP11667　經部/群經總義類/傳説之屬

五經贊一卷　(清)陸榮秬撰　(清)徐堂注　清同治四年(1865)半畝園刻本　一册

330000－1701－0034474　GP11701、GP11699、GP11700　類叢部/叢書類/自著之屬

玉津閣叢書甲集十二種乙集十二種　(清)胡薇元撰　清光緒至民國刻本　四册　存三種

330000－1701－0034475　GP04081　經部/小學類

姚刻三韻(姚氏叢刻)三種　(清)姚覲元輯　清光緒二年(1876)歸安姚覲元川東官舍刻本　五册　存一種

330000－1701－0034476　GP11668　經部/群經總義類/傳説之屬

五經贊一卷　(清)陸榮秬撰　(清)徐堂注　清同治四年(1865)半畝園刻本　一册

330000－1701－0034478　GP04077　史部/政書類/邦交之屬

守禦要覽四卷　(清)宋祖舜輯　清咸豐三年(1853)朱鳳檥刻本　一册

330000－1701－0034479　善008292　子部/儒家類/儒學之屬

困知記二卷續二卷三續一卷四續一卷附錄一卷續補一卷　(明)羅欽順撰　明程弘傳刻本　二册

330000－1701－0034480　GP11710、GP11712、GP11713　子部/天文曆算類

兼濟堂纂刻梅勿庵先生曆算全書二十八種　(清)梅文鼎撰　(清)魏荔彤輯　(清)楊作枚訂補　清雍正元年(1723)栢鄉魏荔彤刻乾隆十四年(1749)梅汝培、咸豐九年(1859)梅體萱遞修本　十册　存三種

330000－1701－0034481　GP11707　類叢部/叢書類/自著之屬

漢孳室箸書　(清)陶方琦撰　清光緒湘南使院刻本　二册　存一種

330000－1701－0034483　GP04078　子部/宗教類/道教之屬

周易參同契發揮三卷釋疑一卷　(元)俞琰撰　清同治十年(1871)錢江王氏詒燕堂刻本　三册

330000－1701－0034484　善008294　子部/醫家類/養生之屬/導引、氣功

修真秘要不分卷　清嘉慶二年(1797)抄本　一册

330000－1701－0034487　善008293　子部/術數類/占卜之屬

靈棋經二卷　靈棋經解二卷　(晉)顔幼明　(南朝宋)何承天　(元)陳師凱　(明)劉基撰　清抄本　一册

330000－1701－0034488　GP11715　類叢部/叢書類/彙編之屬

天壤閣叢書二十種　(清)王祖源　(清)王懿榮編　清同治至光緒福山王氏刻彙印本　一

冊　存一種

330000－1701－0034489　GP04089　子部/藝術類/書畫之屬/法帖

敦煌石室真蹟錄(唐寫本開元律疏名例卷)一卷　王仁俊輯並書　清宣統三年(1911)吳縣王氏石印本　一冊

330000－1701－0034490　善008295　子部/術數類/相宅相墓之屬

龍經三卷　題(唐)楊筠松撰　(宋)吳景鸞圖解　(明)吳嵩集注　清影抄明萬曆刻本　三冊

330000－1701－0034491　GP11708　子部/天文曆算類

兼濟堂纂刻梅勿庵先生曆算全書二十八種　(清)梅文鼎撰　(清)魏荔彤輯　(清)楊作枚訂補　清雍正元年(1723)栢鄉魏荔彤刻乾隆十四年(1749)梅汝培、咸豐九年(1859)梅體萱遞修本　二冊　存一種

330000－1701－0034492　善008296　子部/術數類/相宅相墓之屬

堪輿經二卷　(明)蕭克撰　清抄本　二冊

330000－1701－0034493　GP04108　類叢部/叢書類/自著之屬

春在堂全書三十六種　(清)俞樾撰　清同治至光緒刻光緒末彙印本　四冊　存一種

330000－1701－0034494　GP04094　類叢部/叢書類/輯佚之屬

十種古逸書三十卷　(清)茆泮林輯　清道光十四年(1834)梅瑞軒刻二十二年(1842)重印本　十冊

330000－1701－0034495　GP04119　新學/學校

廣學類編十二卷　(英國)唐蘭孟編輯　(清)任廷旭譯　清光緒二十七年(1901)上海廣學會鉛印本　六冊

330000－1701－0034498　GP04090　史部/傳記類/別傳之屬/年譜

孔子年譜綱目一卷或問一卷　(明)夏洪基編

孔廟正位圖一卷　(清)倭什琿布等撰　清同治江都高文煥等刻本　一冊　存一卷(孔廟正位圖)

330000－1701－0034499　GP04084　類叢部/叢書類/彙編之屬

武英殿聚珍版書一百四十八種　清乾隆四十二年(1777)福建刻道光至同治遞修光緒二十一年(1895)增刻本　十冊　存一種

330000－1701－0034500　善008297　子部/宗教類/道教之屬

天仙金丹心法不分卷　清抄本　一冊

330000－1701－0034501　GP11716　子部/宗教類/佛教之屬/經咒

拔一切業障根本得生淨土神咒一卷　(南朝宋)釋求那跋陀羅譯　清同治十一年(1872)金陵刻經處刻本　一冊

330000－1701－0034502　GP04120　集部/別集類/清別集

力餘説古答客草四卷　(清)王禹堂撰　清道光二十八年(1848)藁城樊鳳三刻本　四冊

330000－1701－0034503　GP04100　類叢部/叢書類/自著之屬

李文襄公文集二種附一種　(清)李之芳撰　(清)李鍾麟編　清康熙刻彤錫堂彙印本　八冊　存一種附一種

330000－1701－0034505　GP04110　集部/別集類/清別集

三雁紀遊一卷東甌紀遊一卷　(清)戴啓文撰　清光緒二十五年(1899)刻本　一冊

330000－1701－0034506　GP04095　類叢部/叢書類/彙編之屬

功順堂叢書十八種　(清)潘祖蔭編　清光緒吳縣潘氏刻本　三冊　存一種

330000－1701－0034507　GP11717　史部/紀事本末類/斷代之屬

平定教匪紀事一卷　(清)勒保撰　清嘉慶刻本　一冊

330000－1701－0034508　GP04111　史部/地理類/專志之屬/寺觀
雲和縣大慶寺志一卷　（清）梅榕輯　清咸豐三年（1853）刻本　一册

330000－1701－0034510　善 008298　集部/總集類/郡邑之屬
常邑文萃一卷　（清）徐烈輯　清抄本　一册

330000－1701－0034514　GP11687、GP11688　類叢部/叢書類/郡邑之屬
湖北叢書三十種　（清）趙尚輔編　清光緒十七年（1891）三餘草堂刻本　二册　存二種

330000－1701－0034515　GP11720、GP11721　子部/天文曆算類
兼濟堂纂刻梅勿庵先生曆算全書二十八種　（清）梅文鼎撰　（清）魏荔彤輯　（清）楊作枚訂補　清雍正元年（1723）栢鄉魏荔彤刻乾隆十四年（1749）梅汝培、咸豐九年（1859）梅體萱遞修本　三册　存二種

330000－1701－0034516　GP04085　子部/天文曆算類/天文之屬
天文大成管窺輯要八十卷　（清）黄鼎撰　清順治十年（1653）刻本　三十五册

330000－1701－0034517　GP11731　經部/小學類/文字之屬/字書/訓蒙
澄衷蒙學堂字課圖説四卷檢字一卷類字一卷　（清）劉樹屏撰　（清）吳子城繪圖　清光緒二十七年（1901）澄衷蒙學堂石印本　八册

330000－1701－0034519　GP04093　類叢部/類書類/專類之屬
漢唐事箋十二卷後集八卷　（元）朱禮撰　清道光二年（1822）南城胡氏刻本　章嶔題簽並記　二册

330000－1701－0034520　GP11725　集部/總集類/彙編之屬
漢魏六朝一百三家集（漢魏六朝百三名家集）　（明）張溥編　明婁東張氏刻本　一册　存一種

330000－1701－0034521　善 008300　集部/別集類/清別集
若菴集五卷　（清）程庭撰　清康熙刻本　二册　存二卷（一至二）

330000－1701－0034522　GP11732　類叢部/叢書類/彙編之屬
振綺堂叢刊八種　（清）□□輯　清嘉慶至光緒汪氏振綺堂刻本　一册　存一種

330000－1701－0034523　善 008301　集部/別集類/清別集
鹿葱花館詩稾□□卷　（清）張潮撰　清抄本　二册　存二卷（十三至十四）

330000－1701－0034524　GP11722　類叢部/叢書類/自著之屬
觀象廬叢書十八種　（清）呂調陽撰　清光緒十四年（1888）葉長高刻本　二册　存一種

330000－1701－0034525　GP04114　史部/地理類/專志之屬
師子林紀勝續集三卷首一卷　（清）徐立芳輯　清咸豐七年（1857）木活字印本　一册

330000－1701－0034526　GP04101　史部/史抄類
路史節讀十卷　（宋）羅泌撰　（清）廖文錦節訂　清光緒二十七年（1901）刻本　四册

330000－1701－0034527　GP04121　史部/政書類/儀制之屬/典禮
聖賢先儒祀典八卷　（清）馬麟鳳撰　清咸豐二年（1852）養正軒刻本　四册

330000－1701－0034528　善 008299　集部/曲類/彈詞之屬
綉像玉連環八卷七十六回　（清）朱素仙撰　清抄本　八册

330000－1701－0034529　GP11733　子部/天文曆算類/天文之屬
經緯天機三部十一卷　（清）王道周撰　清光緒七年（1881）刻本　三册　存四卷（首部一至四）

330000－1701－0034531　GP04102　類叢部/

類書類/專類之屬

初學行文語類四卷 (清)孫埏編 清乾隆刻本 四册

330000－1701－0034532 GP04087 子部/兵家類/兵法之屬

武備水火攻一卷武備地利四卷 (清)施永圖撰 清刻本 六册

330000－1701－0034533 GP04122 類叢部/叢書類/自著之屬

古桐書屋六種 (清)劉熙載撰 清同治至光緒刻本 二册 存一種

330000－1701－0034537 GP11723 經部/小學類/訓詁之屬/方言

越言釋一卷 (清)茹敦和撰 清刻本 一册

330000－1701－0034541 GP11734 子部/藝術類/音樂之屬/樂譜

瓶笙館修簫譜四卷 (清)舒位撰 清道光十三年(1833)錢塘汪氏振綺堂刻本 一册

330000－1701－0034542 GP11724 集部/總集類/選集之屬/斷代

律賦揀金錄四卷 (清)朱一飛輯 清乾隆刻本 四册

330000－1701－0034543 GP04103 類叢部/叢書類/自著之屬

古愚叢書七種 (清)汪汲撰輯 清乾隆至嘉慶刻二銘草堂彙印本 一册 存一種

330000－1701－0034544 GP04117 經部/書類/傳說之屬

書經述六卷 (清)許祖京撰 清嘉慶十七年(1812)陔華堂刻本 二册

330000－1701－0034545 GP11763、GP11762、GP11764、GP11765、GP11766 類叢部/叢書類/彙編之屬

述古叢鈔二十八種 (清)劉晚榮編 清同治至光緒古岡劉氏藏修書屋刻本 九册 存五種

330000－1701－0034546 GP04118 經部/書類/傳說之屬

書經述六卷 (清)許祖京撰 清同治十三年(1874)許延穀刻本 二册

330000－1701－0034547 GP11735 史部/傳記類/别傳之屬/事狀

朱鳳標列傳不分卷 清末刻本 一册

330000－1701－0034548 GP11728 史部/雜史類/斷代之屬

巡城瑣記一卷 (清)陸毅撰 清光緒三十一年(1905)刻本 張美翊跋 一册

330000－1701－0034549 GP04129 類叢部/叢書類/家集之屬

績溪胡氏叢書十種 (清)胡培系編 清同治十年至光緒二年(1871－1876)世澤樓刻本暨木活字印本 一册 存一種

330000－1701－0034550 善008302 史部/雜史類/斷代之屬

甲申朝事小紀初編八卷二編八卷三編八卷四編八卷五編八卷 (清)抱陽生輯 清靖樂軒抄本 十四册 存二十八卷(初編三至六、二編一至二、三編三至八、四編一至八、五編一至八)

330000－1701－0034551 善008303 子部/藝術類/遊藝之屬/棋弈

橘中秘四卷 (明)朱晉楨撰 明崇禎五年(1632)刻本 二册 存二卷(一至二)

330000－1701－0034552 善008304 集部/别集類/元别集

道園學古錄五十卷 (元)虞集撰 元刻本 一册 存二卷(十九至二十)

330000－1701－0034553 GP04096 類叢部/叢書類/郡邑之屬

畿輔叢書 (清)王灝編 清光緒五年至十八年(1879－1892)定州王氏謙德堂刻三十二年(1906)彙印本(元和郡縣圖志卷十九至二十、二十三至二十四、三十五至三十六) 一册 存一種

330000－1701－0034554 GP04130 史部/詔

令奏議類/奏議之屬

林文忠公政書三集三十七卷　(清)林則徐撰　清光緒二年(1876)鉛印本　八冊

330000－1701－0034555　GP11775　經部/周禮類/傳說之屬

周禮政要四卷　(清)孫詒讓撰　清光緒貫吾齋石印本　二冊

330000－1701－0034556　善 008306　集部/别集類/唐五代别集

李長吉集四卷外卷一卷　(唐)李賀撰　(明)黄淳耀評點　(清)黎簡批點　清光緒十八年(1892)葉衍蘭羊城刻朱墨套印本　二冊

330000－1701－0034557　GP04140　史部/目録類/總録之屬

涵芬樓藏書目録不分卷　涵芬樓編　清宣統三年(1911)鉛印本　一冊

330000－1701－0034558　GP11772、GP11767、GP11770、GP11768、GP11769、GP11771　經部/叢編

許學叢書十四種　張炳翔輯　清光緒長洲張炳翔儀鄦廬刻本　九冊　存七種

330000－1701－0034559　GP11776　類叢部/叢書類/彙編之屬

文林綺繡五種　(明)淩迪知編　清光緒十九年(1893)上洋鴻寶齋石印本　一冊　存一種

330000－1701－0034560　善 008305　子部/醫家類/兒科之屬/痘疹

痘疹正宗四卷　(明)高武輯　清抄本　一冊

330000－1701－0034561　GP04104　類叢部/叢書類/自著之屬

郝氏遺書三十三種　(清)郝懿行撰　清嘉慶至光緒刻彙印本　一冊　存二種

330000－1701－0034562　善 008307　集部/别集類/清别集

崇蘭墅詩鈔一卷青麐館詩鈔一卷　(清)□□撰　稿本　一冊

330000－1701－0034564　GP11777　類叢部/類書類/專類之屬

囊膭五卷首二卷末二卷　(清)趙古農撰　清道光十一年(1831)刻本　一冊　存二卷(首一至二)

330000－1701－0034565　GP04141　史部/政書類/邦計之屬/賦税

浙江省減賦全案十卷　(清)興奎等纂　清同治十二年(1873)糧儲道庫刻本　十冊

330000－1701－0034566　GP04131　史部/詔令奏議類/奏議之屬

林文忠公政書三十七卷蒐遺一卷　(清)林則徐撰　清光緒五年(1879)長洲黄氏刻本　王存善題簽並記　十冊　存三十七卷(一至三十七)

330000－1701－0034567　GP04106　類叢部/叢書類/彙編之屬

張氏適園叢書　張鈞衡編　清宣統三年(1911)上海國學扶輪社鉛印本　一冊　存一種

330000－1701－0034570　善 008309　集部/總集類/酬唱之屬

半舫齋分咏一卷落花七律一卷麗情分咏一卷蘭雪草堂稿一卷　(清)朱方藹等撰　稿本　張鳳題記　一冊

330000－1701－0034571　GP04127　類叢部/叢書類/彙編之屬

會稽徐氏鑄學齋叢書十三種　徐維則編　清咸豐至光緒會稽徐氏刻光緒二十六年(1900)彙印本　一冊　存一種

330000－1701－0034572　GP04123　史部/詔令奏議類/奏議之屬

明胡端敏公奏議十卷　(明)胡世寧撰　**胡端敏公奏議校勘記十卷**　(清)孫樹禮　孫峻撰　清光緒十九年(1893)浙江書局刻本　四冊

330000－1701－0034573　GP04124　史部/詔令奏議類/奏議之屬

明胡端敏公奏議十卷　(明)胡世寧撰　**胡端敏公奏議校勘記十卷**　(清)孫樹禮　孫峻撰

清光緒十九年(1893)浙江書局刻本　四册

330000－1701－0034574　GP04125　史部/詔令奏議類/奏議之屬

明胡端敏公奏議十卷　(明)胡世寧撰　**胡端敏公奏議校勘記十卷**　(清)孫樹禮　孫峻撰　清光緒十九年(1893)浙江書局刻本　四册

330000－1701－0034576　GP11778　類叢部/叢書類/彙編之屬

正覺樓叢刻(正覺樓叢書)二十九種　(清)崇文書局編　清光緒崇文書局刻本　一册　存一種

330000－1701－0034578　善008310　集部/别集類/清别集

鍾秀山房唫草三卷　(清)葉惟庚撰　清抄本　一册

330000－1701－0034579　GP04107　史部/地理類/雜志之屬

石窟一徵九卷　(清)黄釗撰　清光緒六年(1880)古燾刻二十五年(1899)補刻本　四册

330000－1701－0034580　GP11779　類叢部/叢書類/彙編之屬

申報館叢書正集五十七種附録三種續集一百四十二種　(清)尊聞閣主編　蔡爾康編續集　清同治至光緒上海申報館鉛印本　一册　存一種

330000－1701－0034584　GP11798　史部/傳記類/科舉録之屬

[光緒丁酉科]浙江闈墨不分卷　清光緒二十三年(1897)聚奎堂刻本　一册

330000－1701－0034585　GP11780　類叢部/叢書類/彙編之屬

木犀軒叢書二十七種　李盛鐸編　清光緒德化李氏木犀軒刻本　一册　存一種

330000－1701－0034586　善008311　集部/别集類/清别集

蘭江詩鈔一卷　(清)周勳常撰　稿本　一册

330000－1701－0034587　GP04132　史部/詔令奏議類/奏議之屬

林文忠公政書三十七卷蒐遺一卷　(清)林則徐撰　清末刻本　十六册　存三十七卷(一至三十七)

330000－1701－0034588　GP04128　經部/小學類/音韻之屬/韻書

天籟新韻一卷　(清)蕭承煊評輯　清光緒十三年(1887)刻本　一册

330000－1701－0034589　GP04143　史部/傳記類/總傳之屬/斷代

欽定宗室王公功績表傳十二卷首一卷　(清)高宗弘曆敕撰　清京都琉璃廠刻本　六册

330000－1701－0034590　GP11799　集部/别集類/清别集

測海集六卷　(清)彭紹升撰　清嘉慶二十四年(1819)刻本　一册

330000－1701－0034591　GP11773　類叢部/叢書類/彙編之屬

正覺樓叢刻(正覺樓叢書)二十九種　(清)崇文書局編　清光緒崇文書局刻本　二册　存一種

330000－1701－0034592　GP11730　類叢部/叢書類/彙編之屬

聚學軒叢書六十種　劉世珩編　清光緒貴池劉氏刻本　一册　存一種

330000－1701－0034593　GP11800　子部/雜著類/雜説之屬

夢園叢説内篇八卷外篇八卷　(清)方濬頤撰　清同治十三年(1874)揚州刻本　四册　存八卷(内篇一至八)

330000－1701－0034594　善008312　集部/别集類/清别集

響山樓詩稿六卷　(清)周銘鼎撰　清抄本　四册

330000－1701－0034595　GP11781　史部/政書類/儀制之屬/典禮

奏摺譜一卷　(清)饒旬宣撰　清光緒十三年(1887)刻本　一册

330000－1701－0034596　GP04147　子部/藝術類/遊藝之屬/棋弈

弈潛齋集譜初編十五種二編三種三編五種　(清)鄧元鏸輯　清光緒弈潛齋刻本　一册　存三種

330000－1701－0034597　善 008313　集部/別集類/宋別集

宋李忠定公奏議選十五卷文集選二十九卷首四卷目録二卷　(宋)李綱撰　(明)左光先等選　明崇禎十二年(1639)李氏刻本　七册　缺十五卷(奏議選一至十五)

330000－1701－0034599　GP04146　史部/地理類/方志之屬/郡縣志

[康熙]新城縣志十四卷首一卷　(清)崔懋修　(清)嚴濂曾纂　**新城縣續志二卷**　(清)孫元衡撰　(清)王啓涑編　**[光緒貳拾貳年分]山東濟南府新城縣現行簡明賦役全書一卷**　清康熙三十二年(1693)刻本　七册

330000－1701－0034601　GP11801　史部/傳記類/科舉録之屬/歷科鄉試録

[光緒己丑恩科]浙江鄉試同年齒錄不分卷　清末刻本　八册

330000－1701－0034603　善 008314　子部/醫家類/針灸之屬/經絡腧穴

奇經八脈考一卷瀕湖脈學一卷脈訣考證一卷　(明)李時珍撰　**脈訣附方一卷**　(明)張世賢編　明萬曆刻本　一册

330000－1701－0034604　GP11782　子部/雜著類

平旦鐘聲二卷附增刻一卷　(清)好德書齋編　(清)補過齋增訂　清同治十二年(1873)刻光緒二年(1876)補過齋增刻本　一册

330000－1701－0034608　GP04148　子部/藝術類/書畫之屬/畫譜

泛槎圖六卷　(清)張寶繪　清嘉慶二十四年至道光十一年(1819－1831)刻本　六册

330000－1701－0034609　GP04154　類叢部/叢書類/自著之屬

吳翊寅所著書七種　(清)吳翊寅撰　清光緒十九年至二十一年(1893－1895)廣州刻本　一册　存二種

330000－1701－0034613　GP04159　新學/史志/諸國史

泰西新史攬要二十四卷　(英國)馬懇西撰　(英國)李提摩太釋　清光緒二十四年(1898)石印本　七册

330000－1701－0034614　GP04149　集部/總集類/氏族之屬

壎篪集十卷　(清)劉沅輯　清咸豐二年(1852)豫誠堂刻本　四册

330000－1701－0034616　GP11802　子部/天文曆算類/算書之屬

翠薇山房數學十四種　(清)張作楠撰　清嘉慶至道光金華張氏翠薇山房刻光緒五年(1879)重修本　三册　存一種

330000－1701－0034618　GP04160　子部/藝術類/書畫之屬/題跋

惲南田畫跋三卷題畫詩一卷　(清)惲格撰　(清)葉鍾進輯　清道光三十年(1850)遼海秀琨穗城怡雲館刻本　二册

330000－1701－0034619　GP11783　類叢部/叢書類/彙編之屬

粵雅堂叢書一百八十五種　(清)伍崇曜編　清道光二十九年至光緒十一年(1849－1885)南海伍氏刻彙印本　二册　存一種

330000－1701－0034620　GP04136　史部/地理類/輿圖之屬/郡縣

山東郡縣圖考一卷　(清)葉圭綬編　清光緒八年(1882)刻朱墨套印本　清虚齋主人題記　一册

330000－1701－0034623　GP11791　類叢部/叢書類/彙編之屬

掌故叢編七種　掃葉山房編　清光緒掃葉山房石印本　四册　存一種

330000－1701－0034625　GP04164　子部/農家農學類/總論之屬

課民植牧講義稿四卷　(清)陳憲舜撰　清光緒三十四年(1908)廣東學務公所鉛印本　四册

330000－1701－0034627　GP04165　子部/雜著類/雜記之屬
談瀛錄六卷　(清)袁祖志撰　清光緒十七年(1891)上海同文書局石印本　二册

330000－1701－0034628　GP11793　類叢部/類書類/通類之屬
通俗編選不分卷　(清)翟灝撰　(清)季綸全選訂　清光緒二十六年(1900)江陰季氏栩園刻本　一册

330000－1701－0034629　GP04161　子部/天文曆算類/算書之屬
比例匯通四卷　(清)羅士琳撰　清光緒二十五年(1899)烏程徐樹勳刻本　四册

330000－1701－0034630　GP04166　經部/群經總義類/文字音義之屬
經傳字音考正四卷　(清)馮肩撰　清同治五年(1866)刻本　四册

330000－1701－0034632　GP04167　類叢部/類書類/通類之屬
詞林海錯十六卷　(明)夏樹芳輯　清乾隆五十一年(1786)刻本　十六册

330000－1701－0034633　GP04158　類叢部/叢書類/彙編之屬
玲瓏山館叢書七十種　(清)□□編　清光緒十五年(1889)文選樓刻本　六十四册　存六十九種

330000－1701－0034636　GP04175　子部/天文曆算類/算書之屬
衡齋算學六卷　(清)汪萊撰　清嘉慶七年(1802)嘉樹堂六九書榭刻本　一册

330000－1701－0034637　善008315　史部/傳記類/總傳之屬/斷代
勝國傳略六卷　(清)沈冰壺撰　清末抄本　二册

330000－1701－0034641　GP04177　子部/儒家類/儒學之屬/性理
金華理學粹編十卷　(清)戴殿江輯　清光緒十五年(1889)永康應寶時越中刻本　四册

330000－1701－0034643　GP11785、GP11786、GP11787　類叢部/叢書類/彙編之屬
海粟樓叢書九種　(清)華焯編　清崇仁華氏刻本　四册　存三種

330000－1701－0034644　GP04182　經部/易類/傳說之屬
周易擇言六卷　(清)鮑作雨撰　清同治三年(1864)瑞安項傅梅甌城刻本　六册

330000－1701－0034645　GP11807　子部/天文曆算類/算書之屬
新編筭學啓蒙三卷總括一卷　(元)朱世傑撰　**望海島術一卷　筭學啓蒙識誤一卷後記一卷**　(清)羅士琳撰　清同治九年(1870)刻本　三册

330000－1701－0034646　GP04178　經部/四書類/總義之屬/傳說
四書約旨二十卷　(清)任啓運撰　清光緒二十年(1894)浙江官書局刻本　十二册

330000－1701－0034647　GP04162　史部/政書類/通制之屬
二十四史九通政典類要合編三百二十卷　(清)黃書霖輯　清光緒二十八年(1902)約雅堂石印本　六十册

330000－1701－0034648　GP04169　子部/雜著類/雜考之屬
康熙幾暇格物編二卷　(清)聖祖玄燁撰　(清)盛昱錄　清光緒石印本　清鍾廣題記　二册

330000－1701－0034649　GP11831　類叢部/叢書類/自著之屬
陶廬叢刻二十種　王樹枏撰　清光緒至民國新城王氏刻本　五十二册　缺一卷(蟄妄七篇)

330000－1701－0034650　GP11811、GP11812　新學/商務

商業叢書　商務印書館重譯　清光緒二十九年(1903)上海商務印書館鉛印本　二册　存二種

330000－1701－0034651　GP04174　類叢部/叢書類/自著之屬

留書種閣集九種　(清)黄炳垕撰　清同治六年至光緒二十年(1867－1894)餘姚黄氏留書種閣刻本　一册　存一種

330000－1701－0034653　GP04184　史部/政書類/邦計之屬

東關紀畧二卷附錄一卷　(清)林慶炳輯　清光緒九年(1883)刻本　二册

330000－1701－0034654　GP04163　新學/史志/别國史

重訂法國志略二十四卷　(清)王韜撰　清光緒十六年(1890)淞隱廬鉛印本　十册

330000－1701－0034656　GP04180　子部/術數類/占候之屬

中天皇極太素三卷首一卷尾一卷　(清)夏寶璜撰　清光緒十四年(1888)刻本　一册

330000－1701－0034657　善 008319　集部/别集類/清别集

雅趣藏書不分卷　(清)錢書撰　清康熙刻朱墨套印本　一册

330000－1701－0034658　GP04181　經部/三禮總義類/名物制度之屬

求古錄禮說十六卷補遺一卷　(清)金鶚撰　**校勘記三卷**　(清)王士駿輯　清光緒二年(1876)吴縣孫憙刻本　十册

330000－1701－0034659　GP04168　類叢部/叢書類

維新學叢書　清光緒二十九年(1903)上海鴻寶書局石印本　二册　存一種

330000－1701－0034660　GP11808　子部/天文曆算類/算書之屬

新編筭學啓蒙三卷總括一卷　(元)朱世傑撰　**望海島術一卷**　**筭學啓蒙識誤一卷**　(清)羅士琳撰　清道光十九年(1839)惟揚羅士琳刻本　二册

330000－1701－0034661　善 008317　集部/總集類/氏族之屬

海昌查氏遺稿四卷　清抄本　一册

330000－1701－0034662　GP04185　子部/雜著類/雜考之屬

悔翁筆記六卷　(清)汪士鐸撰　清光緒上元吴氏銅鼓軒刻民國二十四年(1935)燕京大學圖書館補刻本　二册

330000－1701－0034663　GP11825　類叢部/類書類/通類之屬

小學紺珠十卷　(宋)王應麟輯　清嘉慶十一年(1806)刻道光二十三年(1843)增修本　四册

330000－1701－0034664　GP04186　史部/政書類/邦計之屬/鹽法

温處鹽務紀要一卷　(清)趙舒翹輯　**温處鹽務紀要續編不分卷**　(清)沈壽銘輯　清光緒十九年(1893)、二十一年(1895)甌江官舍刻本　二册

330000－1701－0034665　GP11806　類叢部/叢書類/彙編之屬

武英殿聚珍版書一百三十八種　清木活字印本　二册　存一種

330000－1701－0034667　GP11833　集部/别集類/清别集

墨花吟館詩鈔十六卷病几續鈔四卷文鈔三卷憶雲集試帖一卷　(清)嚴辰撰　清光緒十九年(1893)刻本　九册

330000－1701－0034668　GP04198　經部/小學類/音韻之屬/古今音說

蕭選韻系不分卷　(清)李名奇輯注　清光緒二年(1876)話雨盦刻本　十二册

330000－1701－0034669　GP11816、GP11817、GP11815、GP11814、GP11813　類叢部/叢書類/輯佚之屬

漢學堂叢書二百十一種　（清）黄奭輯　清道光甘泉黄氏刻光緒印本　七册　存十一種

330000－1701－0034670　GP04187　史部/政書類/邦計之屬/鹽法

溫處鹽務紀要一卷　（清）趙舒翹輯　**溫處鹽務紀要續編不分卷**　（清）沈壽銘輯　清光緒十九年（1893）、二十一年（1895）甌江官舍刻本　二册

330000－1701－0034671　GP04173　類叢部/叢書類/彙編之屬

振綺堂叢書初集十種二集十二種　（清）□□輯　清光緒二十年（1894）、宣統二年（1910）泉唐汪氏刻本暨鉛印本　一册　存二集一種

330000－1701－0034672　GP04201　子部/術數類/占卜之屬

奇門行軍要畧四卷　（清）劉文瀾撰　清道光二十五年（1845）刻本　四册

330000－1701－0034673　GP11809　子部/天文曆算類/算書之屬

孟晉堪所著書二種　（清）王季鍇撰　清光緒十七年（1891）長洲王季鍇刻本　一册

330000－1701－0034674　善008320　集部/曲類/寶卷之屬

定國誌安邦中集二十八卷　清抄本　二十八册

330000－1701－0034675　GP04199　類叢部/類書類/通類之屬

典匯十二卷　（清）藜青閣主人輯　清光緒十二年（1886）上海點石齋石印本　六册

330000－1701－0034676　GP04188　類叢部/叢書類/自著之屬

陳炯齋著述二種　（清）陳徽言撰　清咸豐七年（1857）章門刻同治四年（1865）檇李吳昌言重修本　一册

330000－1701－0034678　GP04202　子部/雜著類/雜説之屬

退菴隨筆二十二卷退菴［梁章鉅］自訂年譜一卷　（清）梁章鉅撰　清道光十七年（1837）刻同治十一年（1872）梁恭辰重修本　八册

330000－1701－0034680　GP04179　子部/術數類/占候之屬

中天皇極太素三卷首一卷尾一卷　（清）夏寶璜撰　清光緒十四年（1888）刻本　一册

330000－1701－0034684　GP04189　史部/地理類/遊記之屬/紀勝

南越遊記三卷　（清）陳徽言撰　清咸豐七年（1857）章門刻本　一册

330000－1701－0034685　GP04203　子部/雜著類/雜説之屬

小典錄二卷　（清）王掤鰲撰　清刻本　二册

330000－1701－0034686　GP11832　類叢部/叢書類/自著之屬

陶廬叢刻第二集十種　王樹枏撰　清光緒九年至民國十四年（1883－1925）新城王氏刻本暨鉛印本　十九册　存六種

330000－1701－0034687　GP04207　史部/政書類

變法攻髓二卷　王有宗撰　清光緒二十七年（1901）鉛印本　一册

330000－1701－0034689　善008323　集部/别集類/清别集

晚晴軒尺牘不分卷　（清）查嗣瑮撰　清海寧許昂霄抄本　清許昂霄、朱起鳳跋　馬一浮題簽並跋　一册

330000－1701－0034690　GP04200　類叢部/叢書類/郡邑之屬

台州叢書（名山堂叢書）九種　（清）宋世犖編　清嘉慶至道光臨海宋氏刻本　二册　存一種

330000－1701－0034691　GP11818　子部/術數類

重刻破迷宗旨原本一卷　（清）儒童老人撰　清忠恕堂刻本　一册

330000－1701－0034693　GP11827、GP11826　類叢部/叢書類/彙編之屬

武英殿聚珍版書一百四十八種　清乾隆四十二年(1777)福建刻道光至同治遞修光緒二十一年(1895)增刻本　二冊　存二種

330000－1701－0034694　善 008321　集部/別集類/明別集

雁樓集二十五卷　(明)徐士俊撰　清初刻本　一冊　存五卷(五至十)

330000－1701－0034695　GP04204　類叢部/叢書類/彙編之屬

果齋叢刻六種　劉爾炘編　清光緒至民國刻本暨鉛印本　四冊　存一種

330000－1701－0034696　善 008322　子部/儒家類/儒學之屬/經濟

中説十卷　(隋)王通撰　(宋)阮逸注　清光緒十六年(1890)貴陽陳氏影宋刻本　二冊

330000－1701－0034697　GP04211　史部/政書類/軍政之屬/邊政

籌藏芻議不分卷　姚錫光撰　清光緒三十四年(1908)丹徒姚錫光京師鉛印本　一冊

330000－1701－0034698　GP04217　子部/雜著類/雜説之屬

麗濾薈錄十四卷　(清)蔣超伯撰　清同治五年(1866)刻本　七冊

330000－1701－0034699　GP04209　新學/算學/數學

素因數表不分卷　崔朝慶編　清光緒三十三年(1907)翰墨林書局石印本　一冊

330000－1701－0034700　GP11842　新學/史志/諸國史

歷史叢書　清光緒上海商務印書館鉛印本　二冊　存一種

330000－1701－0034701　GP11819　子部/儒家類/儒學之屬/俗訓

益世良歌一卷　(清)金治守輯　清末鉛印本　一冊

330000－1701－0034702　GP04212　子部/雜著類/雜説之屬

江干叢語十二卷　(清)薛傳源撰　清嘉慶十九年(1814)刻本　四冊

330000－1701－0034704　善 008324　史部/地理類/方志之屬/郡縣志

[嘉定]剡錄十二卷　(宋)史安之修　(宋)高似孫纂　清抄本(卷七原缺)　二冊

330000－1701－0034707　GP04218　子部/天文曆算類/曆法之屬

御纂歷代三元甲子編年一卷　(清)欽天監編　清道光刻本　一冊

330000－1701－0034709　GP11829　史部/政書類/軍政之屬/兵制

聽黃鸝館外篇二卷　(清)魏邦翰撰　清光緒十年(1884)湘潭黎景嵩署刻本　一冊

330000－1701－0034711　GP04210　集部/別集類/清別集

深詣齋文鈔五卷　(清)黃鐎撰　(清)王棻編　清同治九年(1870)木活字印本　楊晨題記　二冊

330000－1701－0034712　GP11843　集部/詞類/別集之屬

甲子生夢餘詞一卷　(清)汪适孫撰　清道光十七年(1837)錢唐振綺堂刻本　一冊

330000－1701－0034714　GP04221　史部/傳記類/別傳之屬/年譜

行年紀畧一卷　(清)王寶仁撰　清光緒九年(1883)王維驎舊香居刻本　一冊

330000－1701－0034715　善 008326　集部/別集類/明別集

二谷山人近稿十卷　(明)侯一元撰　明萬曆刻本　一冊　存一卷(二)

330000－1701－0034716　GP04192　子部/雜著類/雜説之屬

賫存四卷　(清)胡式鈺撰　清道光二十一年(1841)刻本　一冊

330000－1701－0034719　GP04214　史部/傳記類/日記之屬

道西齋日記二卷(清光緒十三年) 王詠霓撰 清光緒十八年(1892)上海鴻寶齋石印本 一册

330000－1701－0034721 GP04222 史部/詔令奏議類/奏議之屬
竹坡侍郎奏議二卷 (清)寶廷撰 清光緒二十七年(1901)刻本 二册

330000－1701－0034724 GP11830 子部/天文曆算類/算書之屬
求一算術三卷 (清)張敦仁撰 清道光十一年(1831)陽城張氏刻本 一册

330000－1701－0034725 GP04226 子部/天文曆算類/算書之屬
游藝齋算學課藝初集一卷 (清)朱仁積編 清光緒二十六年至二十七年(1900－1901)刻本 一册

330000－1701－0034726 GP11844 史部/政書類/儀制之屬/專志/科舉校規
增補貢舉考畧二種 (清)黄崇蘭輯 (清)趙學曾續輯 清道光二十四年(1844)涇邑雙桂齋刻二十七年(1847)增刻本 二册 存一種

330000－1701－0034728 GP04216 子部/儒家類/儒學之屬/俗訓
日知薈説四卷 (清)高宗弘曆撰 清光緒鉛印本 四册

330000－1701－0034729 GP04193 類叢部/叢書類/自著之屬
重訂六譯館叢書七十八種 廖平撰 清光緒至民國刻民國十年(1921)四川存古書局彙印二十三年(1934)王兆榮等重訂編印本 一册 存一種

330000－1701－0034730 GP04232 經部/書類/傳説之屬
楊子書繹六卷 (清)楊文彩撰 清光緒二年(1876)仁和韓懿章刻本 十册

330000－1701－0034731 GP11856 經部/書類/傳説之屬
書經精義四卷首一卷末一卷 (清)黄淦纂 清嘉慶九年(1804)刻本 二册

330000－1701－0034732 GP04235 史部/地理類/防務之屬/海防
廣東海圖説一卷 (清)張之洞撰 清光緒十五年(1889)廣雅書局刻本 一册

330000－1701－0034734 GP04227 史部/政書類/邦計之屬/錢幣
廣東錢局銀錢兩廠章程不分卷附銅圓全案一卷 清光緒刻本 一册

330000－1701－0034736 GP04194 史部/詔令奏議類/奏議之屬
駐法孫星使時政奏稿不分卷孫星使上政務處王大臣書一卷 孫寶琦撰 清光緒鉛印本 一册

330000－1701－0034737 GP11845 史部/政書類/邦計之屬
銀行釋義二卷附奏定釐訂各種銀行則例摺一卷 (清)孫德全撰 清宣統二年(1910)鉛印本 一册

330000－1701－0034738 GP11857 類叢部/叢書類/彙編之屬
述古叢鈔二十八種 (清)劉晚榮編 清同治至光緒古岡劉氏藏修書屋刻本 六册 存一種

330000－1701－0034739 GP11846 史部/政書類/邦計之屬
銀行釋義二卷附奏定釐訂各種銀行則例摺一卷 (清)孫德全撰 清宣統二年(1910)鉛印本 一册

330000－1701－0034740 GP04195 史部/詔令奏議類/奏議之屬
許竹篔先生奏疏錄存二卷 (清)許景澄撰 清末鉛印本 一册

330000－1701－0034741 GP11838 經部/四書類/大學之屬/傳説
大學古本質言一卷 (清)劉沅撰 清宣統元年(1909)刻本 一册

330000－1701－0034742　GP04233　新學/政治法律/政治

列國歲計政要十二卷首一卷　(英國)麥丁富得力撰　(美國)林樂知口譯　(清)鄭昌棪筆述　清光緒元年(1875)江南製造總局刻本　六册

330000－1701－0034743　GP11858　經部/小學類/文字之屬/說文

說文管見三卷　(清)胡秉虔撰　清光緒七年(1881)鄞縣林植海望益山房書局刻本　一册

330000－1701－0034745　GP04197　類叢部/叢書類/自著之屬

呂新吾全集二十二種　(明)呂坤撰　明萬曆刻清同治至光緒修補印本　一册　存一種

330000－1701－0034746　GP11859　史部/政書類/律令之屬

國際私法圖解不分卷　(日本)石光三郎(日本)森惣之祐撰　(清)馮闓模譯　清末上海政學社鉛印本　二册

330000－1701－0034747　GP04234　新學/政治法律/政治

列國歲計政要十二卷首一卷　(英國)麥丁富得力撰　(美國)林樂知口譯　(清)鄭昌棪筆述　清光緒元年(1875)江南製造總局刻本　六册

330000－1701－0034748　GP11847　史部/地理類/雜志之屬

越郡闡幽錄十一種　(清)杜寶霨等輯　清同治至宣統刻本　三册　存一種

330000－1701－0034749　善008330　史部/傳記類/總傳之屬/斷代

國史逆臣傳四卷　清抄本　四册

330000－1701－0034750　善008327　史部/編年類/通代之屬

資治通鑑二百九十四卷　(宋)司馬光撰　(元)胡三省音注　(明)陳仁錫評　**通鑑釋文辯誤十二卷**　(元)胡三省撰　明天啓五年(1625)長洲陳仁錫刻本　四册　存十二卷(通鑑釋文辯誤一至十二)

330000－1701－0034751　GP11851　類叢部/叢書類/郡邑之屬

浦城遺書(浦城宋元明儒遺書)十四種　(清)梁章鉅　(清)祝昌泰編　清嘉慶十六年至十九年(1811－1814)浦城祝氏留香室刻道光十四年(1834)彙印本　八册　存一種

330000－1701－0034752　善008329　史部/目録類/總録之屬/史志

雲南藝文志二卷雲南志諸蠻方言一卷　清木漸齋抄本　二册

330000－1701－0034753　善008328　集部/別集類/清別集

澹川詩集不分卷　(清)吳錫麒撰　(清)孫鼎輯　稿本　曹兆卿跋　一册

330000－1701－0034754　GP04224　類叢部/叢書類/彙編之屬

振綺堂叢書初集十種二集十二種　(清)□□輯　清光緒二十年(1894)、宣統二年(1910)泉唐汪氏刻本暨鉛印本　一册　存二集一種

330000－1701－0034755　善008331　史部/雜史類/斷代之屬

酌中志畧四卷　(明)劉若愚撰　清抄本　二册

330000－1701－0034756　GP04225　新學/算學/數學

數學理九卷附卷一卷　(英國)棣麼甘撰　(英國)傅蘭雅　(清)趙元益譯　清光緒上海江南製造總局刻本　四册

330000－1701－0034757　善008332　史部/紀傳類/正史之屬

二十一史　明萬曆二十三年至三十四年(1595－1606)北京國子監刻本　二十六册　存一種

330000－1701－0034758　GP04268　史部/傳記類/總傳之屬/通代

帝鑑圖說不分卷　(明)張居正等撰　清純忠堂刻本　六册

330000－1701－0034760　GP04246　類叢部/叢書類/自著之屬
藻川堂全集四種　(清)鄧繹撰　清光緒刻本　六冊　存二種

330000－1701－0034762　善008334　史部/地理類/遊記之屬/紀行
奉使俄羅斯行程錄一卷　(清)張鵬翮撰　**出塞詩一卷**　(清)徐蘭撰　**西北域記一卷**　(清)謝濟世撰　清抄本　二冊

330000－1701－0034763　GP11852　類叢部/叢書類/彙編之屬
祕書廿一種　(清)汪士漢編　清康熙七年(1668)新安汪氏重編印古今逸史本　一冊　存三種

330000－1701－0034764　GP04269　集部/別集類/清別集
感物吟五卷　(清)張亨梧撰　清嘉慶十七年(1812)天台張度禮刻本　一冊

330000－1701－0034765　善008335　史部/雜史類/斷代之屬
金文靖公北征錄二卷　(明)金幼孜撰　**北征記一卷**　(明)楊榮撰　清抄本　一冊

330000－1701－0034767　GP11515　經部/周禮類/傳說之屬
周官指掌五卷　(清)莊有可撰　清道光九年(1829)刻本　二冊

330000－1701－0034769　GP11863、GP11865、GP11866　史部/目録類
葉氏存古叢書四種　葉銘輯　清宣統二年(1910)西泠印社鉛印本　八冊　存三種

330000－1701－0034770　GP04247　子部/雜著類/雜說之屬
探本錄二十三卷　(清)雲茂琦撰　清同治雲逢曜刻本　六冊

330000－1701－0034771　GP04237　子部/天文曆算類/曆法之屬
三統術詳說四卷　(清)陳澧撰　清末刻本　一冊

330000－1701－0034772　GP11853　子部/天文曆算類/算書之屬
思棗室算學新編四種附算稿一卷　(清)蔣士棟撰　清光緒二十三年(1897)無錫蔣氏刻本　一冊

330000－1701－0034773　GP04270　類叢部/叢書類/彙編之屬
湖海樓叢書十二種　(清)陳春編　清嘉慶蕭山陳氏湖海樓刻二十四年(1819)彙印本　五冊　存一種

330000－1701－0034774　GP11906　史部/傳記類/科舉録之屬
[光緒庚子辛丑恩正併科]浙江鄉試同年齒錄不分卷　清光緒刻本　八冊

330000－1701－0034777　GP04228　子部/天文曆算類
兼濟堂纂刻梅勿庵先生曆算全書二十八種　(清)梅文鼎撰　(清)魏荔彤輯　(清)楊作枚訂補　清雍正元年(1723)柏鄉魏荔彤刻本　一冊　存一種

330000－1701－0034778　GP11854　類叢部/叢書類/自著之屬
湯文正公遺書六種　(清)湯斌撰　清道光七年(1827)刻本　一冊　存二種

330000－1701－0034779　GP11864、GP11867　史部/目録類
葉氏存古叢書四種　葉銘輯　清宣統二年(1910)西泠印社鉛印本　五冊　存二種

330000－1701－0034780　GP04271　類叢部/叢書類/彙編之屬
湖海樓叢書十二種　(清)陳春編　清嘉慶蕭山陳氏湖海樓刻二十四年(1819)彙印本　五冊　存一種

330000－1701－0034781　GP11908　史部/金石類/郡邑之屬
栝蒼金石志十二卷續志四卷　(清)李遇孫輯　(清)鄒柏森校補　清同治十三年(1874)浙江處州府署刻光緒元年(1875)增刻本　六冊

330000－1701－0034782　GP04249　史部/目録類/專録之屬
閲藏知津四十四卷總目四卷　(清)釋智旭輯　清光緒十八年(1892)金陵刻經處刻本　十冊

330000－1701－0034784　善008337　集部/總集類/彙編之屬
三唐人文集　(明)毛晉編　明末海虞毛氏汲古閣刻清嘉慶道光遞修本　一冊　存一種

330000－1701－0034785　GP04238　新學/交涉/公法
五大洲圖説簡明萬國公法一卷　(清)□□撰　清末石印本　一冊

330000－1701－0034786　GP04229　類叢部/叢書類/自著之屬
山門新語五種　(清)周贇撰　清光緒三十三年(1907)刻本　四冊

330000－1701－0034787　GP11909　史部/傳記類/總傳之屬/儒林
孔門弟子傳略二卷　(明)夏洪基撰　清康熙高郵夏之芳刻本　四冊

330000－1701－0034788　GP04250　新學/游記
柬埔寨以北探路記十五卷　(法國)晃西士加尼撰　清光緒十年(1884)鉛印本[卷十配清光緒二十七年(1901)刻本]　十五冊

330000－1701－0034789　善008339　集部/總集類/選集之屬/通代
秦漢鴻文二十五卷　(明)顧錫疇評選　明崇禎刻本　四冊　存五卷(先秦鴻文一至五)

330000－1701－0034790　GP04239　子部/叢編
子書百家　(清)崇文書局編　清光緒元年(1875)湖北崇文書局刻本　一冊　存一種

330000－1701－0034791　GP04273　類叢部/叢書類/彙編之屬
漸西村舍彙刊(漸西村舍叢刻)四十四種　(清)袁昶編　清光緒十六年至二十四年(1890－1898)桐廬袁氏刻本　一冊　存一種

330000－1701－0034792　GP11855　史部/傳記類/科舉録之屬/歷科鄉試録
[道光丙午科]浙江鄉試硃卷十六卷　(清)黄晉蚡等撰　清道光刻本　十六冊

330000－1701－0034793　善008338　集部/别集類/清别集
一瓢齋詩存六卷詩話一卷　(清)薛雪撰　清雍正至乾隆掃葉村莊刻本　二冊

330000－1701－0034794　GP04251　集部/别集類/清别集
亦有生齋集樂府二卷　(清)趙懷玉撰　清光緒十三年(1887)木活字印本　清公重、魏在田跋　一冊

330000－1701－0034795　GP04242　史部/地理類/外紀之屬
波斯志一卷　(清)學部編譯圖書局編　清光緒三十三年(1907)學部編譯圖書局鉛印本　一冊

330000－1701－0034796　GP11869　史部/地理類/雜志之屬
畬客風俗一卷　(清)浮雲撰　清光緒三十二年(1906)日本國東京清國留學生會館石印本　一冊

330000－1701－0034797　GP04274　類叢部/叢書類/彙編之屬
三餘書屋叢書五種　(清)蔡學蘇編　清光緒盱江蔡氏刻本　一冊　存一種

330000－1701－0034798　GP04240　史部/地理類/外紀之屬
土耳基國志一卷附新志一卷　(清)學部編譯圖書局編　清光緒三十三年(1907)學部編譯圖書局鉛印本　一冊

330000－1701－0034801　GP11870　史部/地理類/雜志之屬
上海一卷附錄一卷　(清)劍村遊客編　清光緒二十九年(1903)上海華洋書局鉛印本　一冊

330000－1701－0034802　GP04243　新學/地學/地志學

日本地理志一卷　(日本)中村五六撰　(日本)頓野廣太郎補　王國維譯　清光緒二十七年(1901)上海金粟齋鉛印本　一冊

330000－1701－0034803　GP04230　類叢部/叢書類/自著之屬

張皐文箋易詮全集十六種　(清)張惠言撰　清嘉慶八年至道光十年(1803－1830)刻本　一冊　存一種

330000－1701－0034805　GP04255　子部/雜著類/雜說之屬

孟廬札記八卷　(清)沈銘彝撰　清道光八年(1828)刻本　二冊

330000－1701－0034806　GP11871　史部/地理類/雜志之屬

上海一卷附錄一卷　(清)劍村遊客編　清光緒二十九年(1903)上海華洋書局鉛印本　一冊

330000－1701－0034807　GP04244　史部/目録類/通論之屬/掌故瑣記

皕宋樓藏書源流攷一卷　(日本)島田翰撰　清光緒三十三年(1907)武進董康京師刻朱印本　一冊

330000－1701－0034808　GP11872　史部/地理類/雜志之屬

上海一卷附錄一卷　(清)劍村遊客編　清光緒二十九年(1903)上海華洋書局鉛印本　一冊

330000－1701－0034809　GP04256　子部/雜著類/雜說之屬

孟廬札記八卷　(清)沈銘彝撰　清道光八年(1828)刻本　二冊

330000－1701－0034810　GP04257　經部/書類/傳說之屬

書古微十二卷首一卷　(清)魏源撰　清光緒四年(1878)淮南書局刻本　四冊

330000－1701－0034811　GP04245　類叢部/叢書類/自著之屬

單氏全書(單徵君全集、奉萱草堂全集)七種　(清)單爲鏓撰　清同治六年(1867)刻本　三冊　存二種

330000－1701－0034813　GP04277　新學/天學

天文揭要二卷　(美國)赫士口譯　(清)周文源筆述　清光緒二十二年(1896)上海美華書館鉛印本　二冊

330000－1701－0034814　GP04278　經部/小學類/文字之屬/說文

說文管見三卷　(清)胡秉虔撰　清同治十二年(1873)績溪胡氏世澤樓刻績溪胡氏叢書本　清魏彥題簽並記　一冊

330000－1701－0034816　善008340　集部/小說類/長篇之屬

紅樓夢一百二十回　(清)曹霑　(清)高鶚撰　清刻本　二十四冊

330000－1701－0034819　GP11920　集部/詩文評類/詩評之屬

閩川閨秀詩話四卷　(清)梁章鉅撰　清道光二十九年(1849)刻本　二冊

330000－1701－0034820　GP04280　子部/雜著類/雜纂之屬

國朝掌故講義一卷　趙炳麟撰　清宣統木活字印本　一冊

330000－1701－0034821　GP11904　類叢部/叢書類/自著之屬

春在堂全書三十六種　(清)俞樾撰　清同治至光緒刻光緒末彙印本　四冊　存一種

330000－1701－0034823　GP04231　經部/書類/傳說之屬

古文尚書十卷附尚書篇目表　(漢)馬融　(漢)鄭玄注　(宋)王應麟撰集　(清)孫星衍補集　**尚書逸文二卷**　(清)江聲輯　(清)孫星衍補訂　清光緒六年(1880)綿竹墨池書舍刻本　二冊

330000－1701－0034824　GP11921　經部/

叢編

石齋先生經傳九種 （明）黄道周撰 清康熙三十二年(1693)晉安鄭開極刻道光二十八年(1848)長洲彭藴章補刻本 二册 存一種

330000－1701－0034826 GP11912 子部/雜著類/雜説之屬

䶮社筆談三卷 （清）張時中撰 清光緒十六年(1890)廩延徐振翰刻本 一册

330000－1701－0034829 GP11923 集部/總集類/選集之屬/斷代

明詩别裁集十二卷 （清）沈德潛 （清）周準輯 清乾隆四年(1739)刻本 六册

330000－1701－0034830 GP11905 史部/傳記類/科舉録之屬/歷科鄉試録

[光緒甲午科]浙江鄉試同年齒錄不分卷 清末刻本 四册

330000－1701－0034831 善 008342 史部/金石類/金之屬/文字

歷代鐘鼎彝器款識法帖二十卷 （宋）薛尚功撰 清同治十二年(1873)黄牧甫抄本 四册

330000－1701－0034832 GP11913 子部/雜著類/雜説之屬

䶮社筆談三卷 （清）張時中撰 清光緒十六年(1890)廩延徐振翰刻本 一册

330000－1701－0034833 GP04285 集部/總集類/選集之屬/斷代

普天忠憤全集十四卷首一卷 （清）孔廣德編 清光緒二十四年(1898)石印本 六册

330000－1701－0034834 GP04282 史部/金石類/石之屬/文字

石鼓文釋存一卷補注一卷 （清）張燕昌撰 清光緒二十八年(1902)貴池劉世珩刻本 一册

330000－1701－0034835 GP11924 集部/總集類/課藝之屬

欽定殿試策不分卷 清松竹齋刻本 二册

330000－1701－0034836 GP11914 類叢部/叢書類/自著之屬

留書種閣集九種 （清）黄炳垕撰 清同治六年至光緒二十年(1867－1894)餘姚黄氏留書種閣刻本 二册 存一種

330000－1701－0034837 GP11925 類叢部/叢書類/自著之屬

春在堂全書三十六種 （清）俞樾撰 清同治至光緒刻光緒末彙印本 八册 存一種

330000－1701－0034838 GP04283 類叢部/叢書類/彙編之屬

後知不足齋叢書四十七種 （清）鮑廷爵編 清同治至光緒常熟鮑氏刻本 二册 存一種

330000－1701－0034839 善 008343 集部/詞類/總集之屬

古香岑草堂詩餘四集十七卷 （明）沈際飛輯 明末刻本 十八册

330000－1701－0034840 GP04286 類叢部/叢書類/彙編之屬

申報館叢書正集五十七種附錄三種續集一百四十二種 （清）尊聞閣主編 蔡爾康編續集 清同治至光緒上海申報館鉛印本 二册 存一種

330000－1701－0034841 GP11926 史部/傳記類/科舉録之屬/歷科鄉試録

[光緒丁酉科]浙江鄉試同年齒錄不分卷 清光緒刻本 四册

330000－1701－0034842 GP11916 子部/天文曆算類/算書之屬

天元句股細草二卷弧角三術二卷首一卷 （清）劉鶚撰 清末丹徒劉鶚刻本 一册

330000－1701－0034843 GP04297 類叢部/叢書類/自著之屬

歸查叢刻七種 （清）謝希傅撰 清光緒二十四年(1898)東山草堂鉛印本 四册

330000－1701－0034845 GP04305 經部/易類/傳説之屬

易律通解四卷 （清）沈光邦撰 清抄本 四册

330000－1701－0034847　善 008346　史部/史評類/史學之屬
文史通義五卷校讐通義三卷　（清）章學誠撰　清抄本　六册

330000－1701－0034848　GP11918　子部/天文曆算類/算書之屬
白芙堂算學叢書　（清）丁取忠輯　清同治至光緒長沙古荷花池精舍刻本　一册　存一種

330000－1701－0034849　GP04298　史部/地理類/防務之屬
楚黔防苗四卷　（清）胡先容撰　清同治七年（1868）刻本　四册

330000－1701－0034851　GP11919　類叢部/叢書類/自著之屬
留書種閣集九種　（清）黄炳垕撰　清同治六年至光緒二十年（1867－1894）餘姚黄氏留書種閣刻本　二册　存一種

330000－1701－0034852　善 008345　集部/別集類/宋別集
誠齋詩集四十二卷　（宋）楊萬里撰　清抄本　四册

330000－1701－0034854　GP03662　史部/地理類/遊記之屬/紀行
李傅相歷聘歐美記二卷　（美國）林樂知譯　蔡爾康輯　清光緒二十五年（1899）上海廣學會譯著圖書集成局鉛印本　二册

330000－1701－0034856　GP04288　集部/總集類/氏族之屬
鍾秀盦詩叢　（清）李鏐輯　清光緒木活字印本　一册　存一種

330000－1701－0034857　GP04301　史部/詔令奏議類/奏議之屬
教案奏議彙編八卷首一卷　（清）程宗裕編　清光緒二十七年（1901）上海書局石印本　六册

330000－1701－0034858　GP11927　類叢部/叢書類/自著之屬
春在堂全書三十六種　（清）俞樾撰　清同治至光緒刻光緒末彙印本　六册　存一種

330000－1701－0034859　GP11512　子部/術數類
百二漢鏡齋祕書四種　（清）程芝雲輯　清道光三年至四年（1823－1824）湖邊程氏百二漢鏡齋刻本　一册　存一種

330000－1701－0034860　GP04309　類叢部/類書類/通類之屬
事類賦三十卷　（宋）吳淑撰並注　清刻本　四册

330000－1701－0034861　善 008347　集部/別集類/宋別集
劉須溪先生集畧四卷記鈔八卷附錄一卷　（宋）劉辰翁撰　清抄本　二册

330000－1701－0034862　GP04258　類叢部/叢書類/自著之屬
中復堂全集九種附一種　（清）姚瑩撰　清同治六年（1867）姚濬昌安福縣署刻本　八册　存一種

330000－1701－0034863　GP04289　集部/別集類/清別集
文杏書屋詩四卷詩餘一卷　（清）陸儀鳳撰　（清）陸宗埜輯　清刻本　一册

330000－1701－0034864　GP04302　子部/天文曆算類/算書之屬
談算輯要五卷　（清）江上漁人編　清刻本　二册

330000－1701－0034865　善 008348　史部/傳記類/總傳之屬/斷代
唐書雜俎十卷　清康熙抄本　十册

330000－1701－0034866　GP11928　集部/別集類/明別集
天啓宫中詞一卷附擬故宫詞一卷　（明）陳悰撰　清光緒順德龍氏刻朱印本　一册

330000－1701－0034867　GP04307　子部/儒家類/儒學之屬/性理
性理標題綜要二十二卷　（明）詹淮撰　（明）

陳仁錫訂正　明崇禎翼聖堂刻本　十六冊

330000－1701－0034868　GP04290　集部/楚辭類

屈子正音三卷　(清)方績撰　清光緒六年(1880)網舊聞齋刻本　一冊

330000－1701－0034869　GP04303　史部/傳記類/總傳之屬/仕宦

道齊正軌二十卷　(清)鄒鳴鶴撰　(清)蘇源生編　清光緒七年(1881)鄒覲泉刻本　八冊

330000－1701－0034870　GP04292　新學/議論/通論

揚子江流域現勢論四編　(日本)林繁撰　(清)汪國屏譯　清光緒二十八年(1902)上海廣智書局鉛印本(第三編原缺)　一冊

330000－1701－0034872　GP11929　類叢部/叢書類/彙編之屬

知服齋叢書二十九種　(清)龍鳳鑣編　清光緒順德龍氏刻本　二冊　存一種

330000－1701－0034876　GP11930　史部/政書類/邦計之屬/鹽法

兩浙鹽法續纂備考十二卷　(清)楊昌濬等纂修　清同治十三年(1874)刻本　十二冊

330000－1701－0034877　GP04260　類叢部/叢書類/彙編之屬

蟫隱廬叢書十八種　羅振常編　清宣統二年至民國二十五年(1910－1936)上虞羅氏謄寫及鉛印本三十三年(1944)吳興周延年彙印本　一冊　存一種

330000－1701－0034878　GP04304　集部/別集類/宋別集

舒文靖公類稾四卷首一卷　(宋)舒璘撰　**附錄三卷**　(清)徐時棟輯　清同治十一年(1872)刻本　二冊

330000－1701－0034880　GP11936　經部/叢編

蜚雲閣淩氏叢書六種四十卷　(清)淩曙撰　清嘉慶至道光江都淩氏蜚雲閣刻本　一冊　存一種

330000－1701－0034881　GP04261　子部/藝術類/篆刻之屬

西泠印社印學叢書　清宣統至民國刻本暨木活字印本　一冊　存一種

330000－1701－0034882　GP04313　類叢部/叢書類/彙編之屬

小檀字林叢刻七種　(清)吳受福編　清光緒刻本　一冊　存一種

330000－1701－0034884　GP04315　子部/儒家類/儒學之屬/勸學

河北致用精舍課士錄一卷　(清)陳寶箴輯
鄧山長致用精舍警士鐸言一卷　(清)鄧繹撰　清光緒八年(1882)刻本　一冊

330000－1701－0034885　GP04310　類叢部/類書類/通類之屬

事類賦三十卷　(宋)吳淑撰並注　清乾隆二十九年(1764)刻本　四冊

330000－1701－0034886　GP11943　子部/天文曆算類/算書之屬

白芙堂算學叢書　(清)丁取忠輯　清末刻本　一冊　存一種

330000－1701－0034887　GP11935　集部/總集類/選集之屬/通代

欽定四書文　(清)方苞輯　清乾隆五年(1740)武英殿刻本　十六冊　存四種

330000－1701－0034888　GP11937　史部/叢編

崇正叢書十種　(清)葉騰驤輯　清道光十九年(1839)品石山房木活字印本　十二冊　存九種

330000－1701－0034889　GP04262　子部/藝術類/篆刻之屬

西泠印社印學叢書　清宣統至民國刻本暨木活字印本　一冊　存一種

330000－1701－0034890　GP04320　類叢部/類書類/專類之屬

巾經纂二十卷　(清)宋宗元撰　清咸豐五年(1855)嘉乎堂刻本　六冊

330000－1701－0034891　善 008351　史部/金石類/總志之屬/目録
八瓊室金石補正目錄三卷　（清）陸增祥撰　清抄本　二冊

330000－1701－0034892　GP11933　經部/孝經類/傳說之屬
孝經精義一卷後錄一卷或問一卷原孝一卷餘論一卷　（清）張敘撰　清乾隆四年（1739）潞河書院刻本　一冊

330000－1701－0034894　善 008352　史部/金石類/石之屬/通考
碑刻文攷不分卷　清抄本　三冊

330000－1701－0034895　善 008350　史部/金石類/郡邑之屬/文字
雍州金石記十卷記餘一卷　（清）朱楓撰　清抄本　一冊

330000－1701－0034896　GP04311　類叢部/類書類/通類之屬
事類賦三十卷　（宋）吳淑撰並注　清康熙刻本　四冊

330000－1701－0034897　GP04263　集部/別集類/清別集
定餘小草一卷詩餘一卷集句一卷　（清）李汝麟撰　清木活字印本　一冊

330000－1701－0034898　GP04325　類叢部/叢書類/家集之屬
半帆樓叢書（鄔氏家集）二十七種　鄔慶時編　清光緒至民國刻本　一冊　存一種

330000－1701－0034900　GP11945　類叢部/叢書類/自著之屬
滇南四種　姚文棟撰　清光緒刻本　二冊　存一種

330000－1701－0034901　GP04328　集部/詩文評類
唐音審體二十卷　（清）錢良擇撰　清光緒九年（1883）後知不足齋刻本　十二冊

330000－1701－0034902　GP11949　類叢部/叢書類/彙編之屬
武英殿聚珍版書一百四十八種　清乾隆四十二年（1777）福建刻道光至同治遞修光緒二十一年（1895）增刻本　二冊　存一種

330000－1701－0034903　GP04321　類叢部/類書類/專類之屬
巾經纂二十卷　（清）宋宗元撰　清同治十年（1871）陸川李廷樟刻本　五冊

330000－1701－0034904　GP04318　史部/傳記類/總傳之屬/斷代
自靖錄攷略八卷外編一卷　（清）高承埏撰　（清）高佑釲補　（清）王逢辰考證　清咸豐八年（1858）嘉興竹里王氏槐花吟館刻本　六冊

330000－1701－0034905　GP04319　史部/詔令奏議類/奏議之屬
郭侍郎奏疏十二卷　（清）郭嵩燾撰　清光緒十八年（1892）刻本　十二冊

330000－1701－0034906　GP11939　類叢部/叢書類/自著之屬
潛研堂全書十六種　（清）錢大昕撰　清乾隆至嘉慶刻本　四冊　存二種

330000－1701－0034907　GP04326　子部/天文曆算類/算書之屬
九數存古九卷　（清）顧觀光撰　清光緒十八年（1892）江蘇書局刻本　四冊

330000－1701－0034908　GP11934　集部/別集類/清別集
陶雲汀先生奏疏八卷　（清）陶澍撰　清道光刻本　八冊

330000－1701－0034909　GP04322　類叢部/類書類/專類之屬
巾經纂二十卷　（清）宋宗元撰　清光緒十六年（1890）刻本　五冊

330000－1701－0034910　GP04308　類叢部/叢書類/彙編之屬
知服齋叢書二十九種　（清）龍鳳鑣編　清光緒順德龍氏刻本　一冊　存一種

330000－1701－0034912　GP04265　史部/地理類/山川之屬/水志

水經注圖一卷附錄一卷　（清）汪士鐸撰　清咸豐十一年（1861）刻同治元年（1862）重修本　一冊

330000－1701－0034914　GP11950　子部/農家農學類/農藝之屬/作物種植

山居瑣言一卷　（清）王晉之撰　清光緒二十九年（1903）北洋官報局石印本　一冊

330000－1701－0034915　善008353　類叢部/叢書類/彙編之屬

漢魏叢書三十八種　（明）程榮編　明萬曆二十年（1592）新安程氏刻本　四冊　存一種

330000－1701－0034916　GP04329　類叢部/類書類/專類之屬

述古分類聯珠六卷　（清）朱銓　（清）王曰睿輯　清嘉慶十五年（1810）刻本　六冊

330000－1701－0034917　GP11932　經部/叢編

石齋先生經傳九種　（明）黃道周撰　清康熙三十二年（1693）晉安鄭開極刻道光二十八年（1848）長洲彭蘊章補刻本　二冊　存一種

330000－1701－0034918　GP04327　子部/天文曆算類/算書之屬

九數存古九卷　（清）顧觀光撰　清光緒十八年（1892）江蘇書局刻本　四冊

330000－1701－0034919　GP04266　史部/地理類/總志之屬

李氏歷代輿地沿革圖校勘記一卷　（清）惲毓嘉等撰　清光緒十四年（1888）毘陵惲氏家塾刻本　二冊

330000－1701－0034920　GP04323　子部/天文曆算類/算書之屬

句股圖解四卷本源圖目一卷　（清）焦騰鳳撰　清咸豐四年（1854）刻本　二冊

330000－1701－0034921　GP04331　子部/叢編

子書二十五種（二十五子彙函）　（清）鴻文書局編　清光緒三十年（1904）上海育文書局石印本　二十四冊

330000－1701－0034922　GP11951　子部/農家農學類/畜牧之屬

牧豬法一卷　（清）陳梅坡譯　清末北洋官報局石印本　一冊

330000－1701－0034923　GP04324　集部/別集類/明別集

知我軒近說三卷　（明）林貴兆撰　清宣統二年（1910）太平陳氏木活字印本　三冊

330000－1701－0034924　GP04330　新學/史志/戰記

新譯庚子中外戰紀二卷　（法國）佛甫愛加來　（法國）施米儂撰　（清）劉翹翰　（清）程瞻洛譯　清光緒二十八年（1902）著易堂鉛印本　二冊

330000－1701－0034925　GP11931　史部/傳記類/總傳之屬/斷代

廣西昭忠錄八卷首一卷　（清）蘇鳳文撰　清光緒十五年（1889）刻本　四冊

330000－1701－0034926　GP04267　新學/聲學/聲學

聲學八卷　（英國）田大里撰　（英國）傅蘭雅口譯　（清）徐建寅筆述　清光緒江南製造總局刻本　二冊

330000－1701－0034927　GP11947　經部/叢編

通志堂經解一百三十九種　（清）納蘭成德輯　清同治十二年（1873）粵東書局刻本　四冊　存一種

330000－1701－0034928　善008355　史部/金石類/石之屬/目録

八瓊唫館藏碑目一卷　（清）陸增祥藏　清歸安淩霞抄本　清周學銘跋　一冊

330000－1701－0034929　善008354　集部/詩文評類/詩評之屬

不暇懶齋襍錄一卷　（清）劉家謀撰　（清）黃鶴齡輯錄　清抄本　清謝章鋌題記並跋

一冊

330000－1701－0034930　善 008356　史部/金石類/總志之屬/圖像
亦政堂重修考古圖十卷　（宋）呂大臨撰　**亦政堂重修考古玉圖二卷**　（元）朱德潤撰　清抄本　四冊

330000－1701－0034931　GP04332　集部/總集類/彙編之屬
硯緣集錄十八卷　（清）王壽邁輯　清咸豐六年（1856）大興王氏硯緣盦刻八年（1858）印本　四冊

330000－1701－0034932　GP04333　史部/雜史類/斷代之屬
御覽曲洧舊聞十卷　（宋）朱弁撰　清光緒二十二年（1896）儷峰書屋刻本　二冊

330000－1701－0034933　GP04334　子部/雜著類/雜纂之屬
東望望閣隨筆三卷　（清）查奕照輯　清刻本　管元耀題簽並批　一冊

330000－1701－0034935　GP04336　子部/藝術類/遊藝之屬/詩鐘
鯨華社鐘選二卷附錄一卷　（清）呂景端輯　清光緒三十一年（1905）上海通元書局石印本　一冊

330000－1701－0034936　GP04337　史部/地理類/雜志之屬
天咫偶聞十卷　震鈞撰　清光緒三十三年（1907）甘棠轉舍刻本　八冊

330000－1701－0034938　GP04342　新學/工藝/工學/塘工河工路工
各國鐵路圖攷四卷　（清）劉啓彤譯　清光緒二十二年（1896）倉山書局石印本　慕韓題記　八冊

330000－1701－0034939　GP04345　集部/別集類/清別集
百美集蘇䐛稿一卷　（清）戚學標撰　清道光二年（1822）刻本　一冊

330000－1701－0034940　GP11952　子部/農家農學類/園藝之屬
菌譜一卷　（宋）陳仁玉撰　**讀書錄存遺一卷**　（宋）潘音撰　**田間書一卷**　（元）林昉撰　清宣統元年（1909）陳樹鈞刻本　一冊

330000－1701－0034941　GP11948　新學/全體學
體用十章四卷　（英國）哈士烈撰　（清）孔慶高譯　清光緒十年（1884）羊城博濟醫局刻本　四冊

330000－1701－0034942　善 008357　子部/術數類/陰陽五行之屬
推背圖說一卷　題（唐）袁天罡撰　（唐）李淳風注　清抄彩繪本　四冊

330000－1701－0034944　GP11953　類叢部/叢書類/彙編之屬
十萬卷樓叢書五十一種　（清）陸心源編　清光緒歸安陸氏刻本（歲時廣記卷六原缺）　一冊　存一種

330000－1701－0034945　善 008359　史部/傳記類/科舉録之屬/諸貢録
國朝蕭山歷科采芹錄二卷蕭山縣鄉會試中式及恩拔優副歲貢錄一卷　清末抄本　二冊

330000－1701－0034946　GP04353　類叢部/叢書類/彙編之屬
宜稼堂叢書七種　（清）郁松年編　清道光二十年至二十二年（1840－1842）上海郁氏刻本　二十六冊　存一種

330000－1701－0034947　善 008361　史部/史評類/詠史之屬
碎金史文四卷　（清）胡文炳撰　清末抄本　八冊

330000－1701－0034948　善 008362　子部/術數類/占卜之屬
黃帝龍首經二卷　清抄本　一冊

330000－1701－0034949　善 008363　子部/術數類/相宅相墓之屬
葬書三種三卷　清抄本　一冊

330000－1701－0034950　GP04350　子部/儒家類/儒學之屬
御覽經史講義三十卷首一卷　(清)蔣溥等輯　清乾隆二十年(1755)武英殿刻本　四十冊

330000－1701－0034951　GP11954　子部/兵家類/兵法之屬
孫子集注二卷附新法韻語一卷　(清)黄鞏撰　清光緒三十年(1904)星沙省垣存幾堂刻本　二冊

330000－1701－0034952　善008360　史部/職官類/官制之屬/專志
翰林記二十卷　(明)黄佐撰　清抄本　四冊

330000－1701－0034953　GP04352　集部/別集類/清別集
倭文端公遺書八卷首二卷末一卷續刊三卷　(清)倭仁撰　清光緒元年(1875)六安涂氏求我齋刻本　六冊

330000－1701－0034954　GP11981　集部/別集類/清別集
舒嘯樓詩稿四卷　(清)李曾裕撰　清同治九年(1870)刻本　二冊

330000－1701－0034955　GP04357　集部/別集類/清別集
紅杏山房文稿五卷訓徒瑣語三卷性理拾遺一卷讀兵書漫筆一卷説經碎語一卷　(清)趙承恩撰　清光緒十八年(1892)綉谷趙氏刻本　六冊

330000－1701－0034956　GP04362、GP04373　子部/叢編
子書百家　(清)崇文書局編　清光緒元年(1875)湖北崇文書局刻本　二冊　存二種

330000－1701－0034957　善008364　子部/術數類/占卜之屬
中黄五變經法二卷　清抄本　一冊

330000－1701－0034958　GP04354　新學/兵制/海軍
外國師船圖表八卷雜説三卷圖一卷　(清)許景澄等編　清光緒二十二年(1896)浙江官書局石印本　四冊

330000－1701－0034959　GP11983　集部/別集類/清別集
選樓集句二卷首一卷　(清)許祥光撰　清道光二十年(1840)刻本　一冊

330000－1701－0034960　善008365　史部/詔令奏議類/詔令之屬
大清太祖高皇帝聖訓四卷　清何紹穎抄本　一冊

330000－1701－0034961　GP11955　集部/總集類/題詠之屬
慕萊堂詩文徵存十卷　(清)李維翰輯　清光緒二十一年(1895)刻本　一冊　存三卷(一至三)

330000－1701－0034962　GP04351　史部/傳記類/總傳之屬/仕宦
道齊正軌二十卷　(清)鄒鳴鶴撰　清道光三十年(1850)無錫鄒氏刻本　八冊

330000－1701－0034963　GP04368　子部/藝術類/書畫之屬/書法書品
絳帖目錄一卷　王存善編　清光緒三十二年(1906)仁和王氏鉛印本　一冊

330000－1701－0034964　GP04355　集部/別集類
享敝帚軒吟稿一卷　褚傳誥撰　**嶺南吟草一卷**　高誼撰　清宣統元年(1909)鉛印本　一冊

330000－1701－0034965　GP04363　子部/叢編
子書百家　(清)崇文書局編　清光緒元年(1875)湖北崇文書局刻本　一冊　存一種

330000－1701－0034966　善008366　史部/詔令奏議類/詔令之屬
大清太宗文皇帝聖訓六卷　清何紹穎抄本　一冊

330000－1701－0034967　善008367　史部/詔令奏議類/詔令之屬

大清世祖章皇帝聖訓六卷　清何紹穎抄本　一冊

330000－1701－0034968　GP11984　類叢部/叢書類/家集之屬
姜氏家集五種　(清)姜慶成輯　清道光二十五年(1845)天雄姜氏采鹿堂刻本　二冊　存一種

330000－1701－0034969　GP04358　類叢部/叢書類/彙編之屬
洪氏唐石經館叢書十九種　(清)洪汝奎編　清光緒涇縣洪氏公善堂刻並彙印六安涂氏求我齋等刻本　十六冊　存一種

330000－1701－0034970　GP11956　集部/別集類/清別集
椿蔭軒古近體詩鈔一卷　(清)敖冊賢撰　清末刻本　二冊

330000－1701－0034971　GP04369　史部/雜史類/通代之屬
所知錄六卷　(清)錢澄之撰　清宣統三年(1911)上海新學會社鉛印本　章鈺題簽並記　一冊

330000－1701－0034973　GP04356　新學/兵制/陸軍
德國陸軍紀略四卷　(清)許景澄撰　清光緒三十一年(1905)刻朱印本　二冊

330000－1701－0034974　善008369　史部/詔令奏議類/詔令之屬
大清世宗憲皇帝聖訓三十六卷　清何氏抄本　十六冊

330000－1701－0034975　GP04370　類叢部/叢書類/彙編之屬
暢園叢書甲函六種　(清)張邁編　清光緒二十年(1894)始豐張氏四明刻本　四冊

330000－1701－0034976　GP04365、GP04367　類叢部/叢書類/彙編之屬
崇文書局彙刻書三十一種　(清)崇文書局編　清光緒元年至三年(1875－1877)湖北崇文書局刻本　二冊　存二種

330000－1701－0034977　GP11957　經部/易類/傳說之屬
周易補義六卷　(清)史褒撰　(清)方芬輯補　清光緒十七年(1891)河城趙氏聚星堂刻本　三冊　缺二卷(五至六)

330000－1701－0034978　GP04377　史部/政書類/律令之屬/律例
律例便覽八卷諸圖一卷　(清)蔡嵩年　(清)蔡逢年編　**處分則例圖要六卷**　(清)蔡逢年編　清同治九年(1870)江蘇書局刻本　四冊　缺八卷(七至八、處分則例圖要一至六)

330000－1701－0034979　GP04371　類叢部/叢書類/自著之屬
抗希堂十六種(抗希堂全集)　(清)方苞撰　清康熙至嘉慶刻彙印本　二冊　存一種

330000－1701－0034980　GP11985　新學/兵制/海軍
水師保身法一卷　(法國)勒羅阿撰　(英國)伯克雷譯　(清)程鑾　(清)趙元益重譯　清光緒江南製造總局刻本　一冊

330000－1701－0034981　GP04364　類叢部/叢書類/彙編之屬
崇文書局彙刻書三十一種　(清)崇文書局編　清光緒元年至三年(1875－1877)湖北崇文書局刻本　一冊　存一種

330000－1701－0034982　GP04389　類叢部/叢書類/彙編之屬
學津討原一百七十三種　(清)張海鵬編　清嘉慶十年(1805)虞山張氏照曠閣刻本　一冊　存一種

330000－1701－0034983　GP12015　子部/藝術類/書畫之屬/畫譜
泛槎圖六集六卷　(清)張寶繪　清光緒六年(1880)上海點石齋石印本　四冊

330000－1701－0034984　GP11986　子部/儒家類/儒學之屬/禮教/家訓
誡子書一卷　(清)聶繼模撰　清光緒二十三年(1897)趙舒翹刻本　一冊

330000－1701－0034985　GP04374　史部/政書類/邦計之屬/鹽法
淮南鹽法紀畧十卷　(清)龐際雲等纂　清同治十二年(1873)淮南書局刻本　十册

330000－1701－0034986　GP04378　類叢部/叢書類/彙編之屬
清雋堂叢書　清光緒三十二年(1906)武昌刻本　六册　存一種

330000－1701－0034988　善 008368　史部/詔令奏議類/詔令之屬
大清聖祖仁皇帝聖訓六十卷　清何紹穎抄本(卷四十一至六十配抄本)　二十三册

330000－1701－0034989　GP11987　子部/叢編
子書百家　(清)崇文書局編　清光緒元年(1875)湖北崇文書局刻本　一册　存一種

330000－1701－0034990　GP04372　子部/道家類
道德經注二卷附陰符經注一卷　(清)徐大椿撰　清乾隆徐大椿刻本　一册　存一卷(陰符經注)

330000－1701－0034991　GP12053　子部/小説家類/異聞之屬
陰陽鏡十六卷　(清)湯承萁輯　清同治元年(1862)刻本　十六册

330000－1701－0034992　GP11958　集部/總集類/選集之屬/斷代
師竹吟館詩存二卷　(清)藤陰居士編　清光緒五年(1879)刻本　二册

330000－1701－0034994　GP04397　史部/傳記類/職官録之屬/總録
江南寧屬同官錄不分卷　清同治六年(1867)木活字印本　四册

330000－1701－0034995　GP04375　史部/政書類/邦計之屬
江南製造局記十卷首一卷附一卷　(清)魏允恭編　清光緒三十一年(1905)上海文寶書局石印本　十册

330000－1701－0034996　GP11988　類叢部/叢書類/彙編之屬
端溪叢書十九種　梁鼎芬等編　清光緒二十五年(1899)番禺端溪書院刻本　一册　存一種

330000－1701－0034997　GP11959　集部/總集類/選集之屬/斷代
師竹吟館詩存二卷　(清)藤陰居士編　清光緒五年(1879)刻本　二册

330000－1701－0034998　GP04398　子部/藝術類/書畫之屬/書法書品
分隸偶存二卷　(清)萬經撰　清乾隆三十四年(1769)辨志堂刻本　二册

330000－1701－0034999　GP11960　史部/政書類/邦計之屬/漕運
浙江海運全案重編初編八卷續編四卷新編八卷　(清)馬新貽修　(清)蔣益澧等纂　清同治六年(1867)糧儲道庫刻本　六册　缺九卷(初編一至二、新編二至八)

330000－1701－0035000　GP04391　類叢部/叢書類/彙編之屬
新陽趙氏叢刊十四種　(清)趙元益編　清光緒十一年至二十八年(1885－1902)新陽趙氏刻本　一册　存一種

330000－1701－0035003　GP11962　集部/總集類/選集之屬/斷代
柳洲亭折柳詞一卷　(清)江峰青等撰　清光緒刻本　一册

330000－1701－0035004　GP04360　類叢部/叢書類/自著之屬
衎石齋合稾　(清)錢儀吉撰　清光緒三年(1877)嘉興錢氏羊城刻本　一册　存一種

330000－1701－0035005　GP04361　類叢部/叢書類/自著之屬
衎石齋合稾　(清)錢儀吉撰　清光緒三年(1877)嘉興錢氏羊城刻本　一册　存一種

330000－1701－0035006　善 008370　史部/詔令奏議類/詔令之屬

大清高宗純皇帝聖訓三百卷　清何氏抄本　一百四十册

330000－1701－0035007　善008371　史部/詔令奏議類/詔令之屬
大清仁宗睿皇帝聖訓一百十卷　清何氏抄本　八十册

330000－1701－0035008　GP11990　子部/藝術類/音樂之屬/樂譜
瓶笙館修簫譜四卷　(清)舒位撰　清道光十三年(1833)錢塘汪氏振綺堂刻本　一册

330000－1701－0035009　GP04399　類叢部/叢書類/郡邑之屬
武林掌故叢編一百八十七種　(清)丁丙編　清光緒三年至二十六年(1877－1900)錢塘丁氏嘉惠堂刻本　四册　存一種

330000－1701－0035010　GP04392　集部/別集類/清別集
笛倚樓詩一卷　(清)吳元鏡撰　清光緒十二年(1886)豫章刻本　一册

330000－1701－0035011　GP04400　類叢部/叢書類/家集之屬
陳氏叢書十三種　(清)陳濬　(清)陳宸書撰　清嘉慶至同治刻本　四册　存一種

330000－1701－0035012　GP11991　史部/政書類/邦計之屬/賦税
浙江通省州縣額徵地丁核定徵數一卷　清末疆恕齋刻本　一册

330000－1701－0035013　GP04366　類叢部/叢書類/彙編之屬
龍威秘書十集　(清)馬俊良編　清世德堂刻本　一册　存一種

330000－1701－0035014　GP04393　史部/政書類/儀制之屬/典禮
聖廟祀典圖考五卷附聖蹟圖一卷孟子聖蹟圖一卷　(清)顧沅撰　清道光六年(1826)刻本　六册

330000－1701－0035015　GP04379　史部/傳記類/總傳之屬/仕宦
高安三傳合編三種　(清)朱軾　(清)蔡世遠輯　清光緒二十一年(1895)江蘇書局刻本　四册　存一種

330000－1701－0035016　GP12055　經部/三禮總義類/通禮雜禮之屬
禮書一百五十卷　(宋)陳祥道撰　清嘉慶九年(1804)福清韶溪郭龍光校經堂刻本　八册　存六十二卷(一至六十二)

330000－1701－0035017　GP12017　子部/天文曆算類/算書之屬
天元一釋二卷　(清)焦循撰　清末鉛印本　一册

330000－1701－0035018　GP04401　集部/總集類/郡邑之屬
甬東正氣集四卷　(清)董琅輯　清光緒七年(1881)董沛刻本　一册

330000－1701－0035020　GP04402　史部/史表類/通代之屬
歷代紀元部表二卷　(清)□□輯　清乾隆二十年(1755)星源江永雲灣潛德堂刻本　一册

330000－1701－0035021　GP12058　新學/天學
天文揭要二卷　(美國)赫士口譯　(清)周文源筆述　清光緒二十三年(1897)上海美華書館鉛印本　二册

330000－1701－0035023　GP11992　史部/傳記類/總傳之屬/家乘
[浙江嘉興]嘉禾何氏支譜不分卷　(清)何熊等纂修　清同治十三年(1874)刻本　一册

330000－1701－0035024　善008372　史部/詔令奏議類/詔令之屬
大清宣宗成皇帝聖訓一百三十卷　清何氏抄本　八十二册

330000－1701－0035025　GP12056　新學/光學/光學
光學揭要二卷　(美國)赫士口譯　(清)朱葆琛筆述　清光緒二十年(1894)上海美華書館

鉛印本　一冊

330000－1701－0035026　GP11969　子部/儒家類/儒學之屬/性理

二曲粹言四卷　(清)李顒撰　(清)吴鳳藻輯　清同治刻本　一冊

330000－1701－0035027　善 008373　類叢部/叢書類/彙編之屬

問經堂叢書八種　(清)孫馮翼編　清寫犀書屋影抄嘉慶孫氏問經堂刻本　十二冊

330000－1701－0035028　GP12057　新學/化學/化學

化學辨質不分卷　(美國)聶會東口譯　(清)尚賓臣筆述　清光緒二十四年(1898)上海美華書館鉛印本　一冊

330000－1701－0035030　GP11993　類叢部/叢書類/自著之屬

李文恭公遺集三種　(清)李星沅撰　清同治四年(1865)芋香山館刻本　一冊　存一種

330000－1701－0035031　GP04403　史部/地理類/方志之屬/郡縣志

[道光]金谿縣志二十六卷首一卷　(清)松安等纂修　清道光六年(1826)刻本　十冊

330000－1701－0035034　善 008376　集部/别集類/清别集

吴祁甫遺文一卷　吴承志撰　清末抄本　一冊

330000－1701－0035036　GP12063　新學/工藝/汽機總

汽機發軔九卷表一卷　(英國)美以納　(英國)白勞那撰　(英國)偉烈口譯　(清)徐壽筆述　清光緒江南機器製造總局刻本　四冊

330000－1701－0035038　GP11964　新學/史志/别國史

土耳機史四卷首一卷　(日本)北村三郎編述　趙必振譯　清光緒二十八年(1902)上海廣智書局鉛印本　一冊

330000－1701－0035039　GP04409　史部/雜史類/斷代之屬

平定關隴紀略十三卷　(清)易孔昭等撰　清光緒十三年(1887)刻本　十冊

330000－1701－0035040　GP04404　史部/政書類/儀制之屬/典禮

典制類林四卷　(清)唐式南編　清乾隆三十年(1765)敬直堂刻本　二冊

330000－1701－0035043　GP12023　史部/地理類/總志之屬/斷代

皇朝輿地沿革攷一卷　遁天撰　清光緒二十八年(1902)上海廣智書局鉛印本　一冊

330000－1701－0035044　GP04410　史部/詔令奏議類/奏議之屬

經遼疏稿十卷　(明)熊廷弼撰　清末湖北通志局刻本　十冊

330000－1701－0035045　GP12060　新學/工藝

冶金錄三卷　(美國)阿發滿撰　(英國)傅蘭雅口譯　(清)趙元益筆述　清光緒江南機器製造總局刻本　二冊

330000－1701－0035047　GP04376　史部/政書類/律令之屬/律例

律例便覽八卷諸圖一卷　(清)蔡嵩年　(清)蔡逢年編　**處分則例圖要六卷**　(清)蔡逢年編　清同治四年(1865)刻本　四冊　缺六卷(處分則例圖要一至六)

330000－1701－0035048　GP11965　史部/雜史類/斷代之屬

拳教析疑說一卷　(清)勞乃宣撰　**義和拳教門源流考書後一卷**　(清)桂嵩慶撰　清末木活字印本　一冊

330000－1701－0035050　GP12061　新學/光學/光學

光學二卷附視學諸器圖說一卷　(英國)田大里輯　(美國)金楷理口譯　(清)趙元益筆述　清同治九年(1870)江南機器製造總局刻本　二冊

330000－1701－0035051　GP04405　史部/政

書類/律令之屬/律例
大清律例歌括一卷 清光緒二十九年(1903)浙江官書局刻本 一冊

330000－1701－0035052 GP04415 子部/天文曆算類/算書之屬
勾股六術一卷圖解一卷弧角拾遺一卷 (清)項名達撰 清同治江南機器製造總局刻本 一冊

330000－1701－0035053 GP11995 史部/傳記類/別傳之屬/年譜
云翁[王楚堂]自訂年譜一卷 (清)王楚堂撰 清光緒十三年(1887)王永言刻本 一冊

330000－1701－0035054 GP12062 新學/化學/化學
化學鑑原續編二十四卷 (英國)蒲陸山撰 (英國)傅蘭雅口譯 (清)徐壽筆述 清末刻本 六冊

330000－1701－0035055 GP04411 子部/天文曆算類/算書之屬
則古昔齋算學十三種 (清)李善蘭編 清同治六年(1867)海寧李善蘭金陵刻本 六冊

330000－1701－0035056 GP04406 史部/政書類/律令之屬/律例
大清律例歌括一卷 清光緒二十九年(1903)浙江官書局刻本 一冊

330000－1701－0035058 GP12014 新學/報章
國粹學報不分卷 (清)國學保存會編 清末鉛印本 四十冊

330000－1701－0035059 善008375 子部/術數類
先天神數不分卷 清抄本 一百冊

330000－1701－0035060 GP04416 子部/天文曆算類/算書之屬
下學盦算術三種 (清)項名達撰 清光緒十二年(1886)錢塘項氏刻本 一冊 存一種

330000－1701－0035061 GP12059 新學/化學/化學
化學求數十五卷附表一卷 (德國)富里西尼烏司撰 (英國)傅蘭雅口譯 (清)徐壽筆述 清光緒江南製造總局刻本 十四冊

330000－1701－0035062 GP04407 經部/小學類/文字之屬/字書/訓蒙
文字蒙求廣義四卷 (清)王筠撰 (清)蒯光典補注 清光緒二十七年(1901)江楚書局刻本 五冊

330000－1701－0035064 GP04408 經部/小學類/文字之屬/字書/訓蒙
文字蒙求廣義四卷 (清)王筠撰 (清)蒯光典補注 清光緒二十七年(1901)江楚書局刻本 章嶔題簽並記 五冊

330000－1701－0035067 GP04339 史部/地理類/外紀之屬
海國圖志續集二十五卷 (英國)麥高爾(英國)賈密倫 (英國)裴路撰 (美國)林樂知 (清)瞿昂來譯 (英國)傅蘭雅口譯(清)徐建寅筆述 **海國圖志續集首一卷**(朝鮮)鄧鏗撰 清光緒二十一年(1895)上海書局石印本 二冊

330000－1701－0035068 GP04340 史部/地理類/外紀之屬
海國圖志續集二十五卷 (英國)麥高爾(英國)賈密倫 (英國)裴路撰 (美國)林樂知 (清)瞿昂來譯 (英國)傅蘭雅口譯(清)徐建寅筆述 **海國圖志續集首一卷**(朝鮮)鄧鏗撰 清光緒二十四年(1898)文賢閣石印本 二冊

330000－1701－0035071 善008377 史部/政書類/律令之屬/律例
大清律例按語彙編六十九卷 (清)朱槵輯 清雲木山館抄本 八十一冊

330000－1701－0035072 GP04343 新學
中國度支考一卷 (英國)哲美森編 (美國)林樂知翻譯 清光緒二十三年(1897)上海廣學會鉛印本 一冊

330000－1701－0035073　GP04344　史部/雜史類/斷代之屬

拳教析疑說一卷　(清)勞乃宣撰　**義和拳教門源流考書後一卷**　(清)桂嵩慶撰　清末木活字印本　一冊

330000－1701－0035074　GP04419　子部/叢編

子書百家　(清)崇文書局編　清光緒元年(1875)湖北崇文書局刻本　一冊　存一種

330000－1701－0035075　GP03664　史部/目録類/總録之屬/官修

欽定四庫全書提要醫家類一卷　(清)紀昀等撰　清宣統三年(1911)上海文明書局鉛印本　一冊

330000－1701－0035078　GP04424　子部/天文曆算類/算書之屬

數學上編十三卷　曹汝英撰　清光緒二十九年(1903)羊城刻本　四冊

330000－1701－0035079　善 008378　集部/總集類/選集之屬/斷代

甓湖聯吟集七卷　(清)李光國輯　清乾隆刻本　四冊

330000－1701－0035080　GP04412　新學/重學/重學

重學二十卷圜錐曲線說三卷　(英國)艾約瑟口譯　(清)李善蘭筆述　清同治五年(1866)刻本　五冊　缺三卷(圜錐曲線說一至三)

330000－1701－0035081　GP12066　新學/史志/别國史

中國文明小史一卷　(日本)田口卯吉撰　(清)劉陶譯　清光緒二十八年(1902)上海廣智書局鉛印本　一冊

330000－1701－0035086　GP04413　子部/天文曆算類/算書之屬

衡齋算學遺書合刻　(清)汪萊撰　清光緒十八年(1892)汪廷棟聞梅舊塾刻本　一冊　存一種

330000－1701－0035087　GP04381　經部/小學類/訓詁之屬/譯語

清文總彙二卷　(清)李延基　(清)宜興輯　清光緒二十三年(1897)荆州駐防繙譯總學刻本　二冊

330000－1701－0035088　GP04426　類叢部/類書類/專類之屬

李氏蒙求補注六卷　(唐)李瀚撰　(清)金三俊補注　清刻本　二冊

330000－1701－0035090　GP11968　史部/雜史類/斷代之屬

浙江大學堂學生退學始末記一卷　清光緒石印本　徐勤題簽　一冊

330000－1701－0035092　GP04382　經部/易類/傳說之屬

易漢學八卷　(清)惠棟撰　清刻本　二冊

330000－1701－0035093　GP04427　類叢部/類書類/專類之屬

李氏蒙求補注六卷　(唐)李瀚撰　(清)金三俊補注　清道光九年(1829)京口敦經堂刻本　二冊

330000－1701－0035094　GP12065　類叢部/叢書類/自著之屬

金諺銘續集　清雍正刻本　一冊　存一種

330000－1701－0035095　GP04422　史部/詔令奏議類/奏議之屬

劉壯肅公奏議十卷首一卷　(清)劉銘傳撰　清光緒三十二年(1906)鉛印本　六冊

330000－1701－0035096　GP11970　集部/總集類/選集之屬/斷代

唐詩便讀四卷　清夏序記刻本　一冊

330000－1701－0035097　GP04423　子部/兵家類

中國歷史戰爭形勢圖說附論二卷　盧彤撰　清宣統二年(1910)武昌同倫學社鉛印本　章烈題記　一冊

330000－1701－0035098　GP04428　子部/天文曆算類/算書之屬

算學啓蒙通釋三卷總括一卷望海島術一卷釋代數記號一卷　(元)朱世傑撰　(清)徐鳳誥通釋　清光緒二十三年(1897)上海文寶閣影印本　五册

330000－1701－0035100　GP11971　史部/雜史類/斷代之屬
除暴安良一卷　(清)劉葆源編　清光緒刻本　一册

330000－1701－0035101　GP12070　史部/地理類/專志之屬/古跡
新刻黃鶴樓銘楹聯詩賦一卷　(清)畢沅等撰　清光緒六年(1880)自修山人刻本　一册

330000－1701－0035102　GP04414　經部/叢編
通志堂經解一百四十種　(清)納蘭成德輯　清康熙十九年(1680)納蘭成德刻本　六册　存一種

330000－1701－0035103　GP12068　類叢部/叢書類/自著之屬
珊影雜識二種　(清)嚴保庸撰　清光緒三十三年(1907)木活字印本　一册

330000－1701－0035104　GP12071　經部/小學類/音韻之屬/韻書
佩文詩韻釋要五卷　(清)周兆基輯　(清)朱蘭重輯　清同治三年(1864)刻本　一册

330000－1701－0035106　GP12069　子部/雜著類/雜纂之屬
論學述聞一卷　(清)朱福詵撰　清光緒二十六年(1900)刻本　一册

330000－1701－0035107　GP12072　子部/藝術類/遊藝之屬/棋弈
居易堂圍棋新譜六卷首一卷　(清)沈賦撰　清康熙刻本　四册

330000－1701－0035108　善 008380　史部/傳記類/總傳之屬/忠孝
紀死節不分卷　清抄本　一册

330000－1701－0035109　善 008379　集部/總集類/選集之屬/通代
選詩補註八卷　(元)劉履撰　**選詩補遺二卷續編四卷**　(元)劉履輯　明刻本　一册　存一卷(四)

330000－1701－0035112　善 008381　子部/雜著類/雜說之屬
論衡三十卷　(漢)王充撰　(明)劉光斗評　明天啓六年(1626)閻光表刻本　六册

330000－1701－0035115　GP04347　類叢部/叢書類/彙編之屬
趙氏藏書十六種　(清)趙承恩編　清同治至光緒金谿趙氏紅杏山房補刻重印本　三册　存一種

330000－1701－0035116　GP04437　子部/天文曆算類/算書之屬
陽湖沈氏算學二種　(清)沈保樞撰　清光緒二十七年(1901)常州刻朱印本　四册　存一種

330000－1701－0035117　善 008382　子部/儒家類/儒學之屬/經濟
鹽鐵論十二卷　(漢)桓寬撰　(明)張之象注　明末刻本　二册

330000－1701－0035118　GP04383　經部/四書類/總義之屬/傳說
四書偶談内外編二卷　(清)戚學標撰　清嘉慶刻本　二册

330000－1701－0035119　GP12079　子部/天文曆算類/算書之屬
算學初集　(清)吳嘉善　(清)丁取忠撰　清同治元年(1862)白芙蓉堂刻本　一册　存二種

330000－1701－0035121　GP12089　子部/宗教類/佛教之屬/諸宗
相宗八要解八種　(明)釋明昱撰　清光緒二十八年(1902)金陵刻經處刻本　三册

330000－1701－0035122　善 008384　集部/別集類/清別集
玉函山房詩集四卷　(清)馬國翰撰　清道光

刻本　四冊

330000－1701－0035125　善 008383　子部/宗教類/道教之屬

道言内外六卷　(明)彭好古輯　明萬曆吳勉學刻本　二冊　存三卷(外一至三)

330000－1701－0035126　GP04444　史部/政書類/公牘檔冊之屬

天台治畧十卷補遺一卷　(清)戴兆佳撰　清康熙刻本　十冊

330000－1701－0035127　GP04436　類叢部/叢書類/自著之屬

曹月川先生遺書十種　(明)曹端撰　清道光十二年(1832)刻本　十冊

330000－1701－0035129　GP04387　類叢部/叢書類/彙編之屬

峭帆樓叢書十八種　趙詒琛編　清宣統三年至民國八年(1911－1919)新陽趙氏峭帆樓刻本　一冊　存一種

330000－1701－0035130　GP12080　新學/地學/地理學

地學指略三卷　(英國)文教治口譯　(清)李慶軒筆述　清光緒七年(1881)上海益智書會刻本　一冊

330000－1701－0035131　GP12083　類叢部/叢書類/彙編之屬

正誼堂全書六十三種續刻五種　(清)張伯行編　(清)楊浚重編　清同治五年(1866)福州正誼書院刻同治八年至光緒十三年(1869－1887)續刻本　四冊　存一種

330000－1701－0035132　善 008385　史部/詔令奏議類/奏議之屬

歷代名臣奏議三百五十卷　(明)黄淮　(明)楊士奇等輯　明永樂内府刻本　二十二冊　存三十四卷(二百十五至二百十七、二百十九至二百二十一、二百二十三至二百二十五、二百二十八至二百三十二、二百三十九、二百四十二至二百四十四、二百五十、二百六十三至二百六十八、三百七至三百八、三百十一至三百十三、三百三十三至三百三十四、三百四十一至三百四十二)

330000－1701－0035134　GP12112　子部/雜著類/雜説之屬

求己錄三卷　陶葆廉編　清光緒二十六年(1900)杭州求是書院石印本　二冊

330000－1701－0035135　善 008386　集部/小説類/長篇之屬

紅樓復夢一百卷首一卷　(清)陳少海撰　清嘉慶十年(1805)刻本　三十二冊

330000－1701－0035137　善 008388　類叢部/類書類/通類之屬

古香齋鑒賞袖珍初學記三十卷　(唐)徐堅等輯　清乾隆刻本　十二冊

330000－1701－0035139　GP12084　集部/别集類/明别集

明天啓辛酉科順天鄉試硃卷一卷　(明)鹿化麟撰　清刻本　一冊

330000－1701－0035140　GP04445　史部/政書類/公牘檔冊之屬

天台治略十卷補遺一卷　(清)戴兆佳撰　清光緒二十五年(1899)聚星堂木活字印本　四冊

330000－1701－0035142　GP11973　子部/儒家類/儒學之屬/蒙學

訓蒙捷徑二卷　(清)黄慶澄輯　清光緒二十四年(1898)閩省善後局刻本　清陳樾批　一冊

330000－1701－0035143　善 008387　集部/小説類/長篇之屬

紅樓夢一百二十卷一百二十回　(清)曹霑　(清)高鶚撰　(清)王希廉評　清道光十二年(1832)吳縣王氏刻本　三十二冊

330000－1701－0035144　GP12111　史部/傳記類/科舉録之屬/歷科鄉試録

同治四年補行辛酉正科並壬戌恩科浙江鄉試題名錄不分卷　清末刻本　一冊

330000－1701－0035146　GP12081　子部/醫家類/婦科之屬/產科
產寶百問五卷　題(元)朱震亨撰　(明)王肯堂訂正　明末刻本　二册

330000－1701－0035147　GP11974　史部/傳記類/日記之屬
庚子十二月赴行在日記一卷(清光緒二十六年至二十七年)　吴慶坻撰　清光緒鉛印本　一册

330000－1701－0035148　GP04451　史部/政書類/邦計之屬/鹽法
兩浙鹽法續纂備考十二卷　(清)楊昌濬等纂修　清同治十三年(1874)刻本　十二册

330000－1701－0035149　GP04446　類叢部/叢書類/自著之屬
藻川堂全集四種　(清)鄧繹撰　清光緒刻本　二册　存一種

330000－1701－0035150　善008390　史部/地理類/方志之屬/郡縣志
[乾隆]大竹縣志十卷　(清)陳仕林纂修　清乾隆刻本　七册　存九卷(二至十)

330000－1701－0035151　善008389　史部/傳記類/總傳之屬/家乘
[安徽][江西]汪氏統宗正脈二十八卷首一卷　(明)汪仲魯纂　(明)汪進等續纂　明隆慶四年(1570)刻本　十二册　存十九卷(首,角、亢、氐、房、箕、斗、牛、危、室、壁、奎、婁、胃、魁、柳、星、張、翼字號)

330000－1701－0035152　GP12087　類叢部/叢書類/彙編之屬
南菁書院叢書四十一種　王先謙　繆荃孫編　清光緒十四年(1888)江陰南菁書院刻本　一册　存一種

330000－1701－0035155　GP04429　類叢部/叢書類/彙編之屬
申報館叢書正集五十七種附錄三種續集一百四十二種　(清)尊聞閣主編　蔡爾康編續集　清同治至光緒上海申報館鉛印本　八册　存一種

330000－1701－0035156　GP12125　經部/三禮總義類
讀禮叢鈔十六種十七卷　(清)李輔燿輯　清光緒十七年(1891)湘西李氏鞠園刻本　六册

330000－1701－0035157　GP04452　史部/政書類/邦計之屬/鹽法
四川鹽道計岸官運鹽案彙輯十卷　(清)計岸官運總局文案所輯　清光緒三十年(1904)刻本　九册

330000－1701－0035158　GP12088　類叢部/叢書類/彙編之屬
觀自得齋叢書二十三種別集六種　(清)徐士愷編　清光緒十三年至二十年(1887－1894)石埭徐氏刻本　一册　存一種

330000－1701－0035160　GP12082　子部/天文曆算類/算書之屬
衡齋算學六卷　(清)汪萊撰　清嘉慶七年(1802)嘉樹堂六九書榭刻本　一册

330000－1701－0035162　GP04447　類叢部/叢書類/自著之屬
焦氏遺書十種附一種　(清)焦循撰　清嘉慶至道光江都焦氏雕菰樓刻光緒二年(1876)衡陽魏氏補刻本　五册　存一種

330000－1701－0035163　GP11976　史部/政書類/律令之屬/治獄
折獄便覽一卷　(清)明善輯　清道光三十年(1850)刻本　一册

330000－1701－0035164　GP04453　史部/史表類/通代之屬
歷代紀元彙考五卷　(清)萬斯同撰　(清)萬經補　清鮑氏知不足齋刻本　一册

330000－1701－0035165　GP10055　類叢部/叢書類/彙編之屬
嘯園叢書五十七種　(清)葛元煦編　清光緒二年至七年(1876－1881)仁和葛氏刻本　四册　存一種

330000－1701－0035166　GP04462　經部/小學類/文字之屬/字書/訓蒙

千字文一卷　(清)何桂珍撰　(清)陳榮昌書　清光緒二十八年(1902)雲南官書局刻本　一冊

330000－1701－0035167　GP04454　史部/史表類/通代之屬

歷代紀元彙考五卷　(清)萬斯同撰　(清)萬經補　清鮑氏知不足齋刻本　一冊

330000－1701－0035168　GP11977　史部/傳記類/別傳之屬/事狀

朱介東府君[鳳翔]行述傳贊墓誌銘合刻一卷　(清)朱蘭等撰　清宣統鉛印本　一冊

330000－1701－0035169　GP12090－12110　類叢部/叢書類/輯佚之屬

漢學堂叢書二百十一種　(清)黄奭輯　清道光甘泉黄氏刻光緒印本　二十四冊　存五十七種

330000－1701－0035172　GP04448　類叢部/叢書類/彙編之屬

聚學軒叢書六十種　劉世珩編　清光緒貴池劉氏刻本　一冊　存一種

330000－1701－0035173　GP11979　史部/政書類/律令之屬/律例

法部籌辦外省省城商埠各級審判廳原奏清單不分卷　(清)法部編　清宣統浙江官紙刷印總局鉛印本　一冊

330000－1701－0035174　GP04449　集部/別集類/清別集

丹衢詩稿四卷　(清)方坦撰　清道光七年(1827)古絳刻本　一冊

330000－1701－0035175　GP11980　集部/總集類/郡邑之屬

西泠五布衣遺箸五種　(清)丁丙輯　清同治至光緒錢塘丁氏當歸草堂刻本　一冊　存一種

330000－1701－0035176　GP04450　經部/小學類/文字之屬/字書/訓蒙

文字蒙求四卷　(清)王筠撰　清光緒十三年(1887)梁谿浦氏刻本　二冊

330000－1701－0035178　GP04466　經部/小學類/文字之屬/字書/字典

四音釋義十二卷　(清)鄭長庚撰　清道光四年(1824)平皋鄭長庚刻本　十二冊

330000－1701－0035182　GP04432　史部/地理類/遊記之屬/紀行

西征紀程四卷　(清)鄒代鈞撰　清光緒十七年(1891)鉛印本　一冊

330000－1701－0035183　GP04471　史部/政書類/儀制之屬/典禮

文廟丁祭譜四卷　(清)藍鍾瑞等撰　清道光二十六年(1846)醴陵縣尊經閣刻本　八冊

330000－1701－0035184　GP04468　經部/小學類/文字之屬/字書/字體

隸有六卷拾遺一卷隸通一卷　(清)趙曈編　清光緒石印本　四冊

330000－1701－0035185　GP04433　子部/雜著類/雜考之屬

娱親雅言六卷　(清)嚴元照撰　清光緒十一年(1885)彊園王氏木活字印本　四冊

330000－1701－0035186　GP12115　史部/傳記類/別傳之屬/年譜

皇清誥授建威將軍雲南提督署四川提督唐公[友耕]年譜一卷附錄一卷　唐鴻學編　清光緒三十四年(1908)石印本　一冊

330000－1701－0035188　GP04455　子部/兵家類/兵器之屬

演礮圖說輯要四卷　(清)丁拱辰撰　清道光二十三年(1843)刻本　楊尚志批校　二冊

330000－1701－0035189　GP04472　類叢部/叢書類/輯佚之屬

玉函山房輯佚書五百九十三種附一種　(清)馬國翰輯　清光緒九年(1883)長沙嫏嬛館刻本　二十冊　存一種

330000－1701－0035190　GP04473　類叢部/

叢書類/自著之屬
王漁洋遺書三十八種 (清)王士禛撰 清刻本 一册 存一種

330000－1701－0035191 GP04474 類叢部/叢書類/自著之屬
王漁洋遺書三十八種 (清)王士禛撰 清刻本 一册 存一種

330000－1701－0035192 善008392 類叢部/叢書類/自著之屬
木鍾臺初集十種再集十種雜集十種 (明)唐樞撰 明刻清重修本 六册 存初集五種

330000－1701－0035193 GP12116 經部/四書類/總義之屬/文字音義
四書經字匯辨一卷 (清)王樹之輯 清同治六年(1867)刻本 一册

330000－1701－0035194 善008391 史部/紀傳類/正史之屬
北史元版書葉 元刻本 王修跋 一卷 存列傳卷八十三第四、五兩葉

330000－1701－0035195 GP04457 史部/政書類/邦計之屬
畿輔義倉圖不分卷 (清)方觀承纂 清乾隆十八年(1753)刻本 六册

330000－1701－0035196 GP04463 類叢部/類書類/專類之屬
喻林一葉二十四卷 (明)王蘇輯 清乾隆刻本 八册

330000－1701－0035197 GP12117 經部/四書類/總義之屬/傳說
四書釋地補一卷續補一卷又續補一卷三續補一卷 (清)閻若璩撰 (清)樊廷枚校補 清嘉慶二十一年(1816)梅陽海涵堂刻本 一册 存一卷(四書釋地補)

330000－1701－0035198 GP04469、GP04470 類叢部/叢書類/家集之屬
崇川劉氏叢書四種 (清)劉長華編 清同治至光緒崇川劉氏刻民國十五年(1926)海寧陳氏慎初堂印本 十一册 存二種

330000－1701－0035200 GP12073 子部/小說家類/異聞之屬
山海經彙說八卷 (清)陳逢衡撰 清道光刻本 四册

330000－1701－0035201 GP04475 經部/書類/專著之屬
晚書訂疑三卷 (清)程廷祚撰 清道光二十七年(1847)方之湜刻本 二册

330000－1701－0035202 善008393 經部/易類/傳說之屬
監本易經全文校注四卷 (清)王修植撰 稿本 六册

330000－1701－0035203 GP12114 史部/傳記類/總傳之屬/家乘
[江蘇宜興]唐門岳氏宗譜二十四卷首一卷 (清)岳肇鵬纂修 清光緒二十三年(1897)全倫堂木活字印本 三十五册 缺二卷(八、十三)

330000－1701－0035204 GP04478 類叢部/類書類/通類之屬
帝王經世圖譜十六卷附錄一卷 (宋)唐仲友撰 清道光二十八年(1848)錢塘瞿氏清吟閣刻本 六册

330000－1701－0035205 善008394 集部/別集類/清別集
評月樓詩稿一卷詞藁一卷 (清)趙畹蘭撰 稿本 一册

330000－1701－0035206 GP04476 經部/書類/專著之屬
晚書訂疑三卷 (清)程廷祚撰 清道光二十七年(1847)方之湜刻本 二册

330000－1701－0035207 GP04464 類叢部/叢書類/自著之屬
師伏堂叢書十五種 (清)皮錫瑞撰 清光緒十九年至三十三年(1893－1907)善化皮氏刻本 四册 存一種

330000－1701－0035208 善008395 集部/別集類/清別集

刪後詩存□□卷　(清)陳梓撰　清抄本　一冊　存四卷(四、七至九)

330000－1701－0035209　GP04483　史部/雜史類/斷代之屬

平桂紀畧四卷　(清)蘇鳳文撰　清光緒十五年(1889)刻本　一冊

330000－1701－0035210　GP12127　集部/別集類/明別集

六如居士全集六種　(明)唐寅撰　清嘉慶六年(1801)長沙唐仲冕果克山房刻本　三冊　存一種

330000－1701－0035211　善 008396　子部/醫家類/醫話醫論之屬

醫衡二卷　(清)葉桂輯　清抄本　一冊

330000－1701－0035212　GP04484　史部/金石類/石之屬/通考

國山碑攷一卷補遺一卷　(清)吳騫撰　清道光十四年(1834)宜興路廷銓要無咎齋刻本　一冊

330000－1701－0035214　GP04489　類叢部/叢書類/彙編之屬

崇文書局彙刻書三十一種　(清)崇文書局編　清光緒元年至三年(1875－1877)湖北崇文書局刻本　一冊　存一種

330000－1701－0035215　GP04493　類叢部/叢書類/郡邑之屬

海昌叢載三十二種　(清)羊復禮編　清光緒海昌羊氏傳卷樓粵東刻本　五冊　存十種

330000－1701－0035216　GP04465　類叢部/叢書類/自著之屬

師伏堂叢書十五種　(清)皮錫瑞撰　清光緒十九年至三十三年(1893－1907)善化皮氏刻本　六冊　存一種

330000－1701－0035218　GP12118　集部/別集類/清別集

松心十錄二十七卷　清粵東富文齋刻本　四冊　存一種

330000－1701－0035222　善 008399　集部/別集類/清別集

映紅樓文稿一卷　(清)王定祥撰　稿本　一冊

330000－1701－0035223　GP12123、GP12122　類叢部/叢書類/彙編之屬

知服齋叢書二十九種　(清)龍鳳鑣編　清光緒順德龍氏刻本　六冊　存二種

330000－1701－0035224　GP12119　集部/別集類/清別集

松心十錄二十七卷　清粵東富文齋刻本　二冊　存一種

330000－1701－0035225　GP12129　新學/兵制/海軍

外國師船圖表八卷雜說三卷圖一卷　(清)許景澄等編　清光緒二十二年(1896)浙江官書局石印本　四冊

330000－1701－0035226　GP04488　子部/農家農學類/總論之屬

農林蠶說一卷附畜牧圃事居家食物常菜不分卷　葉向榮撰　清宣統三年(1911)衢城正新書局石印本　一冊

330000－1701－0035229　GP04495　子部/儒家類/儒學之屬/勸學

志學箴一卷　(清)楊以增撰　清抄本　樊鎮題記　一冊

330000－1701－0035230　GP12120　新學/化學/化學

化學考質八卷　(德國)富里西尼烏司撰　(英國)傅蘭雅口譯　(清)徐壽筆述　清光緒江南製造總局刻本　六冊

330000－1701－0035231　GP12124　經部/三禮總義類

讀禮叢鈔十六種十七卷　(清)李輔燿輯　清光緒十七年(1891)湘西李氏鞠園刻本　六冊

330000－1701－0035232　GP04477　類叢部/叢書類/郡邑之屬

金華叢書六十八種　(清)胡鳳丹編　清同治

七年至光緒八年(1868－1882)永康胡氏退補齋刻民國補刻本　六冊　存一種

330000－1701－0035234　GP04481　子部/儒家類/儒學之屬/禮教/鑑戒
臣鑒録二十卷　(清)蔣伊輯　清咸豐九年(1859)退思軒刻本　二十冊

330000－1701－0035235　GP12121　類叢部/叢書類/彙編之屬
知服齋叢書二十九種　(清)龍鳳鑣編　清光緒順德龍氏刻本　八冊　存一種

330000－1701－0035237　GP04492　類叢部/叢書類/郡邑之屬
畿輔叢書一百二十六種　(清)王灝編　清光緒五年至十八年(1879－1892)定州王氏謙德堂刻三十二年(1906)彙印本　章嶔題簽　一冊　存一種

330000－1701－0035238　GP04496　類叢部/叢書類/彙編之屬
聚學軒叢書六十種　劉世珩編　清光緒貴池劉氏刻本　二冊　存一種

330000－1701－0035239　GP12075　集部/總集類/選集之屬/斷代
中晚唐詩叩彈集十二卷續集三卷　(清)杜詔　(清)杜庭珠輯　清康熙四十三年(1704)采山亭刻本　一冊　存三卷(續集一至三)

330000－1701－0035240　善 008397　集部/詞類/別集之屬
笠庵北詞一卷詩餘一卷　(清)陸令貽撰　稿本　一冊

330000－1701－0035243　GP04482　子部/儒家類/儒學之屬/禮教/鑑戒
臣鑒録二十卷　(清)蔣伊輯　清康熙十四年(1675)刻本　十冊

330000－1701－0035244　GP04486、GP04487　經部/叢編
茹氏經學十二種二十二卷　(清)茹敦和撰　清乾隆刻本　二冊　存二種

330000－1701－0035245　善 008400　集部/別集類/清別集
湖唐林館駢體文二卷　(清)李慈銘撰　清光緒十年(1884)刻本　清李慈銘校　一冊

330000－1701－0035246　GP04497　類叢部/叢書類/自著之屬
味根山房全集五種　(清)史善長撰　清光緒番禺史氏刻本　十冊　缺一卷(退思軒詩存)

330000－1701－0035247　GP12076　類叢部/叢書類/家集之屬
丹徒戴氏叢刻七種　(清)戴肇辰編　清同治至光緒刻本　一冊　存一種

330000－1701－0035248　善 008401　史部/傳記類/總傳之屬/斷代
南唐三隱考一卷　(清)游丕基撰　清抄本　一冊

330000－1701－0035250　善 008402　集部/別集類/唐五代別集
唐韓文公文選二卷　(唐)韓愈撰　(清)林豸冠評點　清康熙刻本　一冊

330000－1701－0035251　GP04490　類叢部/叢書類/彙編之屬
問經堂叢書二十七種　(清)孫馮翼編　清嘉慶承德孫氏刻本　一冊　存一種

330000－1701－0035253　GP12177　集部/總集類/題詠之屬
題江南曾文正公祠百詠一卷　朱孔彰撰　清光緒十三年(1887)金陵刻本　一冊

330000－1701－0035254　GP04514　類叢部/叢書類/自著之屬
徐位山先生六種　(清)徐文靖撰　清雍正至乾隆刻志寧堂彙印本　十冊　存一種

330000－1701－0035256　善 008403　集部/別集類/清別集
青峒詩草二卷　(清)周應垣撰　清抄本　一冊

330000－1701－0035257　GP12196　子部/儒

家類/儒學之屬/性理

延平李先生師弟子答問一卷後錄一卷 （宋）朱熹輯 **延平答問補錄一卷** （明）周木輯 清乾隆十三年(1748)刻本 二册

330000－1701－0035258 GP04500 集部/別集類/清別集

癯鷗戲墨二卷 （清）癯鷗撰 清光緒十一年(1885)津門婕園刻朱印本 一册

330000－1701－0035259 GP12178 類叢部/叢書類/彙編之屬

江陰季氏叢刻八種 （清）季倫全編 清光緒江陰季氏栩園刻本 一册 存一種

330000－1701－0035260 GP12077 類叢部/叢書類/自著之屬

柏堂遺書(方柏堂全集)八種附一種 （清）方宗誠撰 清光緒元年至十二年(1875－1886)桐城方氏刻本 清九香題記 一册 存二種

330000－1701－0035261 GP04510 類叢部/叢書類/自著之屬

澹靜齋全集六種 （清）龔景瀚撰 清道光六年(1826)恩錫堂刻本 一册 存一種

330000－1701－0035263 GP12195 類叢部/叢書類/彙編之屬

增訂漢魏叢書八十六種 （清）王謨編 清乾隆五十六年(1791)金谿王氏刻本 一册 存一種

330000－1701－0035264 GP12182 新學/商務/商學

原富八卷 （英國）斯密亞丹撰 嚴復譯 清光緒二十七年(1901)上海南洋公學譯書院鉛印本 二册 存二卷(甲上下)

330000－1701－0035265 GP12184 集部/別集類/清別集

雲臥山莊詩集八卷首一卷末一卷家訓二卷末一卷 （清）郭崑燾撰 清光緒十一年(1885)湘陰郭氏岵瞻堂刻本 一册 存三卷(家訓一至二、末)

330000－1701－0035266 GP04515 子部/天文曆算類/算書之屬

思稟室算學餘譚二卷 （清）蔣士棟撰 清光緒十五年(1889)無錫蔣氏刻本 一册

330000－1701－0035267 GP12179 類叢部/叢書類/彙編之屬

借月山房彙鈔十六集一百三十四種 （清）張海鵬編 清嘉慶十一年至十七年(1806－1812)虞山張氏刻增修本 一册 存一種

330000－1701－0035268 GP12183 史部/詔令奏議類/奏議之屬

求己齋奏稿一卷 （清）許乃濟撰 清刻本 一册

330000－1701－0035270 GP12136 類叢部/叢書類/彙編之屬

滂喜齋叢書五十種 （清）潘祖蔭編 清同治至光緒吳縣潘氏京師刻本 一册 存一種

330000－1701－0035271 GP04501 類叢部/叢書類/自著之屬

徐位山先生六種 （清）徐文靖撰 清雍正至乾隆刻志寧堂彙印本 二册 存一種

330000－1701－0035272 GP04498 類叢部/叢書類/自著之屬

漱琴室存稾四種 （清）高驤雲撰 清道光刻彙印本 二册 存二種

330000－1701－0035275 GP04522 類叢部/叢書類/彙編之屬

挹秀山房叢書十一種 （清）朱克敬編 清同治至光緒刻光緒十年(1884)挹秀山房湘南彙印本 四册 存一種

330000－1701－0035277 GP04511 類叢部/類書類/專類之屬

新刻重校增補圓機活法詩學全書二十四卷新刊校正增補圓機詩韻活法全書十四卷 （明）王世貞校正 清文錦堂刻本 二十册

330000－1701－0035279 GP04502 子部/藝術類/遊藝之屬/棋弈

弈隅通會一卷 （清）毛孝光輯 清刻朱墨套印本 一册

330000－1701－0035281　GP12198　經部/小學類/文字之屬/字書/字體

玉堂楷則一卷　(清)□□輯　清同治十一年(1872)刻本　一册

330000－1701－0035283　GP12139　史部/傳記類/科舉録之屬/歷科鄉試録

[光緒甲午科]浙江鄉試同年齒錄不分卷　清末刻本　四册

330000－1701－0035284　GP12180　經部/小學類/音韻之屬

盛世元音一卷　(清)沈學編輯　清光緒二十八年(1902)上海書局法泰西石印本　一册

330000－1701－0035285　GP12199　集部/別集類/清別集

疎村集五卷　(清)陸攀堯撰　清乾隆刻本　一册

330000－1701－0035286　GP04512　新學/理學/理學

哲學新詮一卷　(日本)中島力撰　(清)田吳炤譯　清光緒三十一年(1905)上海商務印書館鉛印本　一册

330000－1701－0035287　GP12181　集部/小説類/長篇之屬

宦海升沉二卷三十二回　(清)黄小配撰　清光緒三十四年(1908)刻本　四册

330000－1701－0035288　GP04505　子部/兵家類/兵法之屬

讀史兵略續編十卷　(清)胡林翼撰　清光緒二十八年(1902)湘省學堂刻本　十册

330000－1701－0035291　GP12200　子部/儒家類/儒學之屬

孔子家語綱目一卷孔廟正位圖形一卷　(清)俞樾輯　清光緒二十四年(1898)俞氏刻本　四册

330000－1701－0035293　GP04506　類叢部/叢書類/彙編之屬

怡蘭堂叢書八種　唐鴻學編　清光緒至民國大關唐氏怡蘭堂刻本　十册　存七種

330000－1701－0035294　GP04524　史部/雜史類

西巡回鑾始末記六卷　(日本)吉田良太郎口譯　(清)八詠樓主人筆述　清光緒二十八年(1902)石印本　六册

330000－1701－0035295　GP04507　類叢部/類書類/通類之屬

玉海二百卷辭學指南四卷詩攷一卷詩地理攷六卷漢蓺文志攷證十卷通鑑地理通釋十四卷周書王會補注一卷漢制攷四卷踐阼篇集解一卷急就篇補注四卷姓氏急就篇二卷小學紺珠十卷六經天文編二卷周易鄭康成注一卷通鑑答問五卷　(宋)王應麟撰　**校補玉海瑣記二卷王深寧先生[應麟]年譜一卷**　(清)張大昌撰　清光緒九年至十六年(1883－1890)浙江書局刻本　一册　存二卷(六經天文編一至二)

330000－1701－0035296　GP04508　類叢部/類書類/通類之屬

玉海二百卷辭學指南四卷詩攷一卷詩地理攷六卷漢蓺文志攷證十卷通鑑地理通釋十四卷周書王會補注一卷漢制攷四卷踐阼篇集解一卷急就篇補注四卷姓氏急就篇二卷小學紺珠十卷六經天文編二卷周易鄭康成注一卷通鑑答問五卷　(宋)王應麟撰　**校補玉海瑣記二卷王深寧先生[應麟]年譜一卷**　(清)張大昌撰　清光緒九年至十六年(1883－1890)浙江書局刻本　一册　存二卷(六經天文編一至二)

330000－1701－0035297　GP04509　類叢部/類書類/通類之屬

玉海二百卷辭學指南四卷詩攷一卷詩地理攷六卷漢蓺文志攷證十卷通鑑地理通釋十四卷周書王會補注一卷漢制攷四卷踐阼篇集解一卷急就篇補注四卷姓氏急就篇二卷小學紺珠十卷六經天文編二卷周易鄭康成注一卷通鑑答問五卷　(宋)王應麟撰　**校補玉海瑣記二卷王深寧先生[應麟]年譜一卷**　(清)張大昌撰　清光緒九年至十六年(1883－1890)浙江書局刻本　一册　存二卷(六經天文編一至

二）

330000－1701－0035299　GP12201　子部/天文曆算類/天文之屬
天文論一卷人事論一卷一掌金一卷　（清）閆桐編　（清）何柏齡注　清光緒十九年(1893)刻本　三册

330000－1701－0035300　GP04525　經部/小學類/音韻之屬/古今音說
蕭選韻系二卷　（清）李名奇輯注　清光緒十年(1884)上海同文書局石印本　二册

330000－1701－0035301　GP04519　類叢部/叢書類/自著之屬
大鶴山房全書十種　鄭文焯撰　清光緒至民國刻民國九年(1920)蘇州交通圖書館彙印本　八册

330000－1701－0035302　GP11518　集部/別集類/清別集
補石草堂詩草一卷　（清）伍廖撰　清光緒鉛印本　一册

330000－1701－0035303　GP04535　集部/別集類/清別集
御製詩初集四十四卷目錄四卷　（清）高宗弘曆撰　清乾隆十四年(1749)內府刻本　十六册

330000－1701－0035304　GP04526　集部/總集類/選集之屬/通代
文章游戲初編八卷二編八卷三編八卷四編八卷　（清）繆艮輯　清嘉慶二十一年至道光四年(1816－1824)刻本　二十四册

330000－1701－0035307　GP04523　史部/政書類/公牘檔册之屬
新文牘十卷　（清）陸春霖輯　清宣統元年(1909)石印本　二十册

330000－1701－0035308　GP12162、GP12153－12155、GP12161、GP12160、GP12156－12159、GP12163　集部/總集類/彙編之屬
南宋羣賢小集七十四種　（宋）陳起編　（清）顧修重輯　清嘉慶六年(1801)石門顧氏讀畫齋刻本　二十册　存二十種

330000－1701－0035309　GP12202　集部/總集類/選集之屬/斷代
唐詩金粉十卷　（清）沈炳震輯　清道光十七年(1837)冬讀書齋刻本　四册

330000－1701－0035311　GP12192　史部/傳記類/別傳之屬/年譜
皇清誥封中議大夫工部屯田司郎中前同知銜江蘇婁縣知縣顯考黼山府君［余龍光］年譜一卷　（清）余香祖　（清）余家鼎編　清光緒二十二年(1896)刻本　一册

330000－1701－0035312　GP12205　類叢部/叢書類/自著之屬
蕙風叢書七種附一種　況周頤撰　清光緒刻民國十四年(1925)上海中國書店彙印本　二册　存一種

330000－1701－0035313　GP04542　子部/雜著類/雜說之屬
小滄浪筆談四卷　（清）阮元記　清光緒二十六年(1900)江蘇書局刻本　二册

330000－1701－0035314　GP04543　類叢部/叢書類/自著之屬
水田居全集七種附一種　（清）賀貽孫撰　清道光至同治敕書樓刻本　一册　存一種

330000－1701－0035315　GP12193　類叢部/叢書類/自著之屬
厚庵鄧夫子遺書十九種　（清）鄧逢光撰　清道光二十七年(1847)刻本　三册　存二種

330000－1701－0035316　GP04544　類叢部/叢書類/彙編之屬
學津討原一百七十三種　（清）張海鵬編　清嘉慶十年(1805)虞山張氏照曠閣刻本　十二册　存一種

330000－1701－0035318　GP04503　史部/史評類/史論之屬
史闕十四卷　（清）張岱撰　（清）鄭佶編　清道光四年(1824)烏程徐鴻本刻七年(1827)印本　四册

330000－1701－0035320　GP04539　類叢部/叢書類/彙編之屬
書三味樓叢書六十五種　(清)張應時編　清嘉慶十年至道光五年(1805－1825)張氏書三味樓刻本　一册　存一種

330000－1701－0035321　GP04520　類叢部/叢書類/自著之屬
清白士集六種附一種　(清)梁玉繩撰　清嘉慶至道光刻本　一册　存附一種

330000－1701－0035323　GP12206　類叢部/叢書類/彙編之屬
廣雅書局叢書一百五十九種　徐紹棨編　清光緒廣雅書局刻民國九年(1920)番禺徐紹棨彙編重印本　三册　存一種

330000－1701－0035324　GP12194　類叢部/叢書類/彙編之屬
刻鵠齋叢書十六種　(清)胡念修編　清光緒二十三年至二十七年(1897－1901)刻鵠齋刻本　一册　存一種

330000－1701－0035325　GP04541　類叢部/類書類/通類之屬
增補註釋故事白眉十卷　(明)許以忠輯　清光緒二年(1876)經濟堂刻本　六册

330000－1701－0035328　GP12164　新學/交涉/交涉
英人強賣鴉片記八卷附錄一卷　湯叡譯　清光緒二十四年(1898)上海大同譯書局石印本　二册

330000－1701－0035329　GP12225　子部/宗教類/佛教之屬
大乘起信論一卷　(天竺)馬鳴菩薩造　(南朝陳)釋真諦譯　清光緒二十四年(1898)江寧釋慧寬刻本　一册

330000－1701－0035331　GP04552　史部/地理類/雜志之屬
東陽縣鄉土歷史教科書四卷　吳允讓編輯　清宣統二年(1910)東陽廣益小學堂木活字印本　四册

330000－1701－0035332　GP04547　類叢部/叢書類/彙編之屬
敏果齋七種　(清)許乃釗編　清道光十二年至二十九年(1832－1849)錢塘許氏刻彙印本　二十册

330000－1701－0035333　GP12168　子部/儒家類/儒學之屬/禮教/家訓
清夜鐘一卷　(清)石成金撰　清光緒十九年(1893)山陰樨香書屋刻本　一册

330000－1701－0035334　GP12167　史部/傳記類/總傳之屬/技藝
國朝書人輯略十一卷首一卷　震鈞輯　清光緒三十四年(1908)金陵刻本　八册

330000－1701－0035335　GP12226　子部/宗教類/佛教之屬/經疏
佛說阿彌陀經要解一卷　(後秦)釋鳩摩羅什譯　(清)釋智旭解　清光緒十一年(1885)金陵刻經處刻本　一册

330000－1701－0035336　GP04545　史部/職官類/官箴之屬
仕學全書上編二十卷下編十五卷　(明)魯論撰　清乾隆黎水魯頌刻同治十三年(1874)補刻本　五册

330000－1701－0035337　GP12210　經部/三禮總義類/通禮雜禮之屬
朱子家禮八卷首一卷　(宋)朱熹撰　(明)丘濬輯　(明)楊廷筠補　**四禮初稿四卷**　(明)宋纁輯　**四禮約言四卷**　(明)呂維祺撰　清康熙四十年(1701)新安汪鑑刻本　一册　存八卷(四禮初稿一至四、四禮約言一至四)

330000－1701－0035338　GP12165　新學/史志/帝王傳
英皇肥挖唎阿聖德記一卷　(英國)華立熙輯　(清)張文彬述　清光緒二十九年(1903)上海廣學會鉛印本　一册

330000－1701－0035340　GP12176　史部/叢編
痛史二十一種附九種　樂天居士輯　清宣統

至民國上海商務印書館鉛印本　張美翊跋閻公題記　二十八冊　存十九種

330000－1701－0035342　GP04504　類叢部/叢書類/彙編之屬

南菁書院叢書四十一種　王先謙　繆荃孫編　清光緒十四年(1888)江陰南菁書院刻本　一冊　存一種

330000－1701－0035343　GP12237　經部/叢編

仿宋相臺五經附考證　清末刻本　一冊　存一種

330000－1701－0035346　GP04554　史部/史評類/詠史之屬

讀史碎金六卷註八十卷　(清)胡文炳輯　清光緒元年(1875)蘭石齋刻本　八十冊

330000－1701－0035347　GP12229　子部/儒家類/儒學之屬/蒙學

人範六卷　(清)蔣元輯　清咸豐九年(1859)吴江盛澤沈氏刻本　一冊

330000－1701－0035349　GP12228　子部/雜著類

性天真境一卷　(清)黄正元輯　清刻本　一冊

330000－1701－0035350　GP04546　史部/詔令奏議類/奏議之屬

孫文定公奏議十二卷　(清)孫嘉淦撰　清敦和堂刻本　十二冊

330000－1701－0035351　GP04557　史部/政書類/公牘檔冊之屬

樊山政書二十卷　樊增祥撰　清末上海政學社石印本　十冊

330000－1701－0035352　GP12230　集部/總集類/選集之屬/斷代

拱極臺詩編一卷　(清)俞麟年編　清同治七年(1868)刻本　一冊

330000－1701－0035354　GP12211　子部/藝術類/書畫之屬/法帖

淳化閣釋文十卷　(清)徐朝弼撰　清西安積慶堂張氏刻本　一冊

330000－1701－0035355　GP04565、G011383　史部/政書類/邦計之屬

廣西財政沿革利弊說明書十三卷首一卷　(清)廣西財政清理局編　清宣統二年(1910)廣西官書局鉛印本　十四冊

330000－1701－0035356　GP12212　史部/地理類/專志之屬/古跡

越中名勝賦一卷　(清)李壽朋撰　清乾隆四十年(1775)刻本　一冊

330000－1701－0035357　GP04558　史部/政書類/公牘檔冊之屬

樊山公牘四卷　樊增祥撰　清宣統三年(1911)上海廣益書局石印本　四冊

330000－1701－0035358　GP12213　類叢部/叢書類/彙編之屬

刻鵠齋叢書十六種　(清)胡念修編　清光緒二十三年至二十七年(1897－1901)刻鵠齋刻本　一冊　存一種

330000－1701－0035359　GP04564　史部/政書類/邦交之屬

各國約章纂要六卷首一卷附錄一卷　勞乃宣等輯　清光緒十七年(1891)吴橋官廨刻本　四冊

330000－1701－0035361　GP12245　經部/四書類/孟子之屬/傳說

孟子師說七卷　(清)黄宗羲撰　清光緒八年(1882)慈溪醉經閣馮氏重校刻本　一冊

330000－1701－0035362　GP12214、GP12215　子部/天文曆算類/算書之屬

白芙堂算學叢書　(清)丁取忠輯　清同治至光緒長沙古荷花池精舍刻本　二冊　存二種

330000－1701－0035363　GP04559　史部/政書類/律令之屬/判牘

樊山判牘四卷　樊增祥撰　清宣統法政學社石印本　四冊

330000－1701－0035364　GP04566　類叢部/叢書類/家集之屬
安鄉潘經峯父子遺書十五種　（清）潘相（清）潘承焯撰輯　清乾隆二十九年至嘉慶七年（1764－1802）刻咸豐元年（1851）長白廷桂印本　四冊　存一種

330000－1701－0035365　GP04572　類叢部/叢書類/自著之屬
潛廬全集五種附一種　金蓉鏡撰　清光緒三十四年（1908）、宣統二年（1910）刻本　四冊

330000－1701－0035366　GP12231　史部/雜史類/斷代之屬
東牟攀轅錄一卷　（清）王啓增等撰　清同治刻本　一冊

330000－1701－0035367　GP04528　新學/政治法律/政治
中國新政始基一卷　何啓　胡禮垣撰　清光緒二十四年（1898）香港中華印務總局鉛印本　一冊

330000－1701－0035368　GP12246　子部/宗教類/道教之屬
刻天仙正理直論增註二卷　（明）伍守陽撰並注　（明）伍守虛注　清嘉慶二十四年（1819）泰和堂刻本　二冊

330000－1701－0035370　GP04560　史部/政書類/律令之屬/判牘
樊山判牘續編四卷　樊增祥撰　清宣統三年（1911）大同書局石印本　四冊

330000－1701－0035372　GP04567　類叢部/叢書類/家集之屬
安鄉潘經峯父子遺書十五種　（清）潘相（清）潘承焯撰輯　清乾隆二十九年至嘉慶七年（1764－1802）刻咸豐元年（1851）長白廷桂印本　八冊　存一種

330000－1701－0035373　GP12238　經部/小學類/音韻之屬
切音捷訣一卷附幼學切音便讀一卷　（清）酈珩輯　清光緒六年（1880）諸暨摭古堂刻本　一冊

330000－1701－0035374　GP04588　經部/小學類/文字之屬/字書/字典
六書系韻二十四卷首一卷檢字二卷　（清）李貞輯　清光緒十六年（1890）刻本　二十六冊

330000－1701－0035375　GP12216　類叢部/叢書類/彙編之屬
別下齋叢書初集二十三種　（清）蔣光煦編　清道光海昌蔣氏別下齋刻本　一冊　存一種

330000－1701－0035376　GP04561　史部/史表類/通代之屬
歷代統系錄六卷　（清）黄本騏撰　清光緒二十八年（1902）上海鴻寶齋石印本　二冊

330000－1701－0035377　GP12247　類叢部/叢書類/彙編之屬
惜陰軒叢書三十四種續編一種　（清）李錫齡編　清光緒二十二年（1896）長沙刻本　二冊　存一種

330000－1701－0035379　GP04568　史部/傳記類
豫章先賢九家年譜　（清）楊希閔輯　清光緒四年（1878）刻本　章嶔題簽並記　十一冊

330000－1701－0035380　GP04562　史部/史表類/通代之屬
歷代統系錄六卷　（清）黄本騏撰　清光緒二十八年（1902）上海鴻寶齋石印本　二冊

330000－1701－0035386　GP04569　史部/地理類/專志之屬/祠墓
東陵日記一卷　（清）潘祖蔭撰　清光緒刻本　一冊

330000－1701－0035387　GP04549　史部/史評類/史論之屬
唐宋名賢歷代確論一百卷　清光緒二十八年（1902）石印本　八冊

330000－1701－0035388　GP04584　集部/別集類/清別集
水流雲在館奏議二卷　（清）宋晉撰　清光緒

十三年(1887)刻本　二册

330000－1701－0035389　GP04573　新學/兵制/槍炮

鎗礮算法從新三卷　(清)焦震福撰　清光緒二十二年(1896)武昌自強學舍刻本　二册

330000－1701－0035390　GP12172　集部/總集類/彙編之屬

國朝八家四六文鈔(八家四六文鈔)八種　(清)吳鼒編　清會文堂刻本　一册　存一種

330000－1701－0035394　GP04574　新學/兵制/槍炮

鎗礮算法從新三卷　(清)焦震福撰　清光緒二十二年(1896)武昌自強學舍刻本　二册

330000－1701－0035395　GP04570　史部/地理類/遊記之屬/紀行

東遊日記一卷(清光緒二十五年六月初二日至十一月十一日)　(清)沈翊清撰　清光緒二十六年(1900)福州刻本　一册

330000－1701－0035396　GP12218　史部/雜史類/斷代之屬

竊憤南渡録一卷續録一卷附南渡録大畧一卷　(宋)辛棄疾撰　清刻本　一册

330000－1701－0035397　GP12173　子部/小説家類/雜事之屬

我法集二卷　(清)紀昀撰　(清)紀樹馨編録　清會文堂刻本　管元煦跋　一册

330000－1701－0035400　GP12241　集部/别集類/清别集

心盦詩外一卷　(清)何兆瀛撰　清光緒二年(1876)武林刻本　一册

330000－1701－0035403　GP04571　史部/政書類/儀制之屬/典禮

中祀合編二卷　清末刻本　一册

330000－1701－0035404　GP12242　子部/宗教類/佛教之屬/諸宗

萬峯和尚語録一卷　(明)釋時蔚撰　(明)釋普壽録　清光緒二十四年(1898)禪源寺刻本　一册

330000－1701－0035405　GP12219　子部/醫家類/養生之屬

體真山人性命要旨一卷　(清)汪啓濩撰　**葆真山人養性編一卷**　(清)柯懷經撰　清光緒十七年(1891)海峯别墅刻光緒二十二年(1896)增修本　一册　缺一卷(葆真山人養性編)

330000－1701－0035406　GP04576、GP04582　子部/叢編

子書百家　(清)崇文書局編　清光緒元年(1875)湖北崇文書局刻本　二册　存二種

330000－1701－0035407　GP04579　類叢部/叢書類/彙編之屬

榆園叢刻十五種附一種　(清)許增編　清同治至光緒刻本　四册　存一種

330000－1701－0035408　GP04585　史部/詔令奏議類/奏議之屬

南海先生戊戌奏稿一卷　康有爲撰　清宣統三年(1911)鉛印本　一册

330000－1701－0035409　GP12235　類叢部/叢書類/自著之屬

玉津閣叢書甲集十二種乙集十二種　(清)胡薇元撰　清光緒至民國刻本　一册　存一種

330000－1701－0035410　GP04589　史部/傳記類/職官録之屬

國朝御史題名不分卷　(清)黄叔璥輯　**國朝滿洲蒙古御史題名不分卷**　(清)蘇芳阿等輯　清光緒刻本　五册

330000－1701－0035411　GP12220　史部/政書類/邦計之屬

浙江財政説明書二卷　(清)浙江清理財政局編　清末石印本　一册

330000－1701－0035413　GP04580　子部/叢編

子書百家　(清)崇文書局編　清光緒元年(1875)湖北崇文書局刻本　一册　存一種

330000－1701－0035414　GP04592　史部/傳記類/總傳之屬/郡邑

南陽人物志十卷　（清）馬三山撰　**明志八卷**　（清）劉拱辰　（清）劉沛然撰　清同治九年(1870)刻本　十二冊

330000－1701－0035415　GP04583　子部/藝術類/遊藝之屬/詩鐘

詩夢鐘聲錄一卷　（清）李嘉樂等撰　清光緒刻本　一冊

330000－1701－0035417　GP12174　子部/小說家類/雜事之屬

金壺七墨六種　（清）黄鈞宰撰　清同治十二年(1873)刻本　一冊　存二種

330000－1701－0035418　GP04581　子部/叢編

子書百家　（清）崇文書局編　清光緒元年(1875)湖北崇文書局刻本　一冊　存一種

330000－1701－0035421　GP12175　新學/史志/政記

九九新論二卷　（美國）林樂知撰　蔡爾康述纂　清光緒二十六年(1900)上海廣學會譯著圖書集成局鉛印本　二冊

330000－1701－0035423　GP04577　子部/天文曆算類/算書之屬

測海山房中西算學叢刻初編　（清）測海山房主人輯　清光緒二十二年(1896)上海璣衡堂石印本　一冊　存一種

330000－1701－0035426　GP04593　類叢部/叢書類/彙編之屬

天台張氏兩銘樓叢書　（清）張廷琛編　清光緒至宣統木活字印本　一冊　存一種

330000－1701－0035430　GP12257　集部/詞類/別集之屬

茶夢盦燼餘詞一卷劫後藁一卷　（清）高望曾撰　**寫麋樓遺詞一卷**　（清）陳嘉撰　清同治九年(1870)福州刻本　一冊

330000－1701－0035432　GP12248　類叢部/叢書類/自著之屬

儆居遺書十一種　（清）黄式三撰　清同治至光緒刻本　二冊　存一種

330000－1701－0035433　GP04596　經部/孝經類/傳說之屬

孝經易知一卷　（清）耿介輯注　清光緒二十二年(1896)陽湖張氏刻本　一冊

330000－1701－0035435　GP12260　集部/總集類/選集之屬/通代

千家詩音釋二卷　清刻本　一冊

330000－1701－0035438　GP04590　類叢部/叢書類/彙編之屬

御製律曆淵源三種　（清）允祿　（清）允祉等纂修　清雍正内府刻乾隆增刻本　二十二冊　存一種

330000－1701－0035439　GP04578　子部/天文曆算類/算書之屬

算學十書　（清）賈步緯輯　清同治至光緒江南機器製造總局刻本暨鉛印本　一冊　存一種

330000－1701－0035440　GP12259　經部/小學類/文字之屬/說文/專著

唐寫本說文解字木部箋異一卷　（清）莫友芝撰　**仿唐寫本說文解字木部一卷**　（漢）許慎撰　清同治三年(1864)湘鄉曾國藩安慶行營刻朱印本　一冊

330000－1701－0035441　GP04532　類叢部/叢書類/自著之屬

奧簃朝鮮三種　（清）周家祿撰　清光緒二十五年(1899)吳保初刻本　一冊

330000－1701－0035442　GP12249　類叢部/叢書類/彙編之屬

正誼堂全書六十三種續刻五種　（清）張伯行編　（清）楊浚重編　清同治五年(1866)福州正誼書院刻同治八年至光緒十三年(1869－1887)續刻本　二冊　存一種

330000－1701－0035444　GP04602　類叢部/叢書類/彙編之屬

御製律曆淵源三種　（清）允祿　（清）允祉等

纂修　清雍正内府刻乾隆增刻本　十五册　存一種

330000－1701－0035445　GP04598　經部/春秋左傳類/傳說之屬
春秋左傳類對賦一卷　（宋）徐晉卿撰　（清）高士奇補注　清康熙三十年（1691）刻本　一册

330000－1701－0035446　GP12262　集部/別集類/清別集
祝人齋先生集三卷　（清）祝淦撰　（清）陳用光編　清道光十四年（1834）陳用光太乙舟刻本　二册

330000－1701－0035447　GP12250　集部/總集類/酬唱之屬
雙溪倡和詩六卷　（清）徐倬輯　清光緒二十四年（1898）壺廬刻本　二册

330000－1701－0035448　GP04534　類叢部/叢書類/自著之屬
柏堂遺書（方柏堂全集）八種附一種　（清）方宗誠撰　清光緒元年至十二年（1875－1886）桐城方氏刻本　一册　存一種

330000－1701－0035449　GP12252　類叢部/類書類/專類之屬
類聯集古二編十二卷　（清）劉慶觀輯　清乾隆九如堂刻本　二册

330000－1701－0035450　GP12263　類叢部/叢書類/郡邑之屬
東倉書庫叢刻初編十一種　（清）繆朝荃編　清光緒十二年至二十八年（1886－1902）太倉繆氏刻本　一册　存一種

330000－1701－0035451　GP04533　類叢部/叢書類/彙編之屬
麗廔叢書九種　葉德輝編　清光緒三十二年至宣統元年（1906－1909）長沙葉氏刻本　一册　存三種

330000－1701－0035452　善 008405　子部/兵家類
帷幄全書七種　（清）姚啓聖編　清抄本　三十二册

330000－1701－0035453　GP04611　史部/紀傳類/別史之屬
南天痕二十六卷附錄一卷　（清）凌雪撰　清宣統二年（1910）復古社鉛印本　六册

330000－1701－0035454　善 008406　史部/地理類/總志之屬/通代
歷代宅京記二十卷　（清）顧炎武撰　清抄本　四册　存十四卷（一至三、七至十三、十七至二十）

330000－1701－0035455　GP12264　子部/工藝類/觀賞之屬/奇石
縐雲石記一卷　（清）馬汶撰　清嘉慶十九年（1814）刻本　朱士恒題簽　一册

330000－1701－0035458　GP04605　史部/傳記類/總傳之屬/郡邑
甌海軼聞五十八卷　（清）孫衣言撰　清光緒刻本　段啓山題簽並記　十七册

330000－1701－0035459　GP12274　類叢部/叢書類/自著之屬
靈芬館集十種　（清）郭麐撰　清嘉慶至道光刻本　十一册　存七種

330000－1701－0035460　善 008407　史部/地理類/總志之屬/斷代
太平寰宇記補闕八卷　（清）陳蘭森輯　清欒城張氏從吾好齋抄本　一册

330000－1701－0035461　GP04603　史部/詔令奏議類/奏議之屬
彭剛直公奏稿八卷　（清）彭玉麟撰　（清）俞樾輯　清末鉛印本　四册

330000－1701－0035463　GP12265　集部/總集類/題詠之屬
表節贈言一卷　（清）王承庚輯　清刻本　一册

330000－1701－0035464　GP04604　史部/詔令奏議類/奏議之屬
彭剛直公奏稿八卷　（清）彭玉麟撰　（清）俞

檖輯　清末鉛印本　四册

330000－1701－0035465　善008408　史部/雜史類/斷代之屬
會匯紀畧一卷　（清）孫衣言撰　清抄本　一册

330000－1701－0035466　GP04612　類叢部/叢書類/彙編之屬
望三益齋叢書十八種　（清）吳棠編　清咸豐至光緒吳氏望三益齋刻本　一册　存一種

330000－1701－0035467　GP04606　史部/詔令奏議類/奏議之屬
南海先生戊戌奏稿一卷　康有爲撰　清宣統三年（1911）鉛印本　一册

330000－1701－0035468　善008409　史部/目録類/總録之屬/私撰
讀書敏求記四卷　（清）錢曾撰　清雍正四年（1726）吳興趙孟升松雪齋刻乾隆十年（1745）沈尚傑雙桂草堂剜版印本　挹秀主人題記並過録清黄丕烈批校　四册

330000－1701－0035469　GP12266　史部/地理類/遊記之屬/紀行
冬集紀程一卷（清乾隆四十八年十二月十八日至四十九年二月十五日）附詩一卷　（清）周廣業撰　清道光二十年（1840）種松書塾刻本　一册

330000－1701－0035470　GP12276　類叢部/類書類/專類之屬
新刻通用尺素見心集三卷　（清）汪文芳輯　清乾隆刻本　一册

330000－1701－0035471　善008410　集部/别集類/清别集
西泠閨詠十六卷　（清）陳文述撰　（清）龔玉晨編　清光緒十三年（1887）西泠翠螺閣刻本　四册

330000－1701－0035472　GP04626　史部/目録類/版本之屬/書影
留真譜初編十二卷　（清）楊守敬輯　清光緒二十七年（1901）宜都楊氏刻本　十二册

330000－1701－0035473　GP04613　史部/史評類/詠史之屬
歷代史略詞話覽要二卷　（明）楊慎撰　**明史彈詞一卷**　（清）宋景濂撰　清咸豐刻本　一册

330000－1701－0035475　GP12267　類叢部/叢書類/自著之屬
柏堂遺書（方柏堂全集）八種附一種　（清）方宗誠撰　清光緒元年至十二年（1875－1886）桐城方氏刻本　一册　存一種

330000－1701－0035476　GP12295　集部/總集類/選集之屬/斷代
著涒吟社詩詞鈔一卷附加課一卷詩鐘集一卷同人錄一卷　（清）沈宗畸輯　清光緒三十四年（1908）北京廣益印字局鉛印本　一册

330000－1701－0035477　GP04627　史部/金石類
劉氏一印一研廬刻金石五種　清光緒貴池劉氏聚學軒刻本　一册　存一種

330000－1701－0035480　GP04629　類叢部/叢書類/彙編之屬
擇是居叢書初集十九種　張鈞衡編　清光緒至民國刻民國十五年（1926）吳興張氏彙印本　二册　存一種

330000－1701－0035481　善008412　子部/醫家類/方書之屬/單方驗方
驗方錄一卷　清抄本　一册

330000－1701－0035482　GP12297　新學/政治法律
新政策一卷　（英國）李提摩太撰　清光緒二十二年（1896）上海廣學會鉛印本　一册

330000－1701－0035483　GP04628　史部/金石類/石之屬/文字
石鼓文釋存一卷補注一卷　（清）張燕昌撰　清光緒二十八年（1902）貴池劉世珩刻本　一册

330000－1701－0035484　GP04616　史部/地理類/方志之屬/郡縣志

[乾隆]新疆外藩紀略二卷　(清)七十一纂　清刻本　四冊

330000－1701－0035485　GP12268　集部/別集類/清別集
小鷗波館文鈔二卷駢體文鈔二卷詩鈔十二卷詩補鈔二卷詞鈔一卷又二卷　(清)潘曾瑩撰　清道光二十五年(1845)刻本　一冊　存二卷(詞鈔一至二)

330000－1701－0035486　GP04630　子部/藝術類/遊藝之屬/棋弈
潘景齋奕譜約選一卷　(清)潘景齋編　(清)楚桐隱　(清)章芝楣評　清末刻本　一冊

330000－1701－0035487　GP12322　經部/小學類/訓詁之屬/爾雅
爾雅音圖三卷　(晉)郭璞注　(清)姚之麟摹圖　清嘉慶六年(1801)南城曾燠藝學軒影宋刻本　三冊

330000－1701－0035488　GP04631　子部/藝術類/遊藝之屬/棋弈
清名家棋譜一卷　清刻本　二冊

330000－1701－0035491　GP04595　子部/藝術類/書畫之屬
王氏書畫苑四十四種　(明)王世貞輯　(明)詹景鳳補　清刻本　二十三冊　存四十三種

330000－1701－0035492　善 008413　子部/醫家類/兒科之屬/痘疹
痘科全部一卷　清光緒二年(1876)子輝氏抄本　一冊

330000－1701－0035493　善 008414　集部/別集類/清別集
繡虎軒尺牘八卷二集八卷三集八卷　(清)曹煜撰　清康熙傳萬堂刻本　十二冊

330000－1701－0035495　善 008416　集部/總集類/選集之屬/斷代
才調集十卷　(五代)韋縠輯　清康熙四十三年(1704)汪氏垂雲堂刻本　六冊

330000－1701－0035496　善 008415　子部/法家類
管子二十四卷　(唐)房玄齡注　(明)劉績補注　清光緒二年(1876)浙江書局刻二十二子本　佚名題記並過錄清譚獻校跋　六冊

330000－1701－0035497　GP12298　新學/學校
教育史四卷　商務印書館編譯所編　清光緒三十一年(1905)上海商務印書館鉛印本　一冊

330000－1701－0035500　GP04652　史部/地理類/輿圖之屬/郡縣
福建全省地輿圖說不分卷　(清)傅以禮等撰　清光緒二十一年(1895)石印本　六冊

330000－1701－0035501　GP12299　集部/總集類/酬唱之屬
重行行唱酬集一卷　(清)江峯青等撰　清光緒二十三年(1897)刻本　一冊

330000－1701－0035502　GP12253　史部/雜史類/斷代之屬
明季稗史彙編十六種　(清)留雲居士輯　清都城琉璃廠刻本　二冊　存四種

330000－1701－0035503　GP04609、GP04610　集部/總集類/彙編之屬
小重山房叢書十五種　(清)張祥河輯　清刻本　二冊　存三種

330000－1701－0035504　GP12328　史部/傳記類/總傳之屬/家乘
[浙江嵊州]重疊嶺下張氏五修宗譜三卷　(清)張道華修　(清)張義正纂　清光緒十一年(1885)餘慶堂木活字印本　陸祖穀跋　二冊

330000－1701－0035505　GP12346　集部/戲劇類/雜劇之屬
趙匡胤千里送金娘一卷　清抄本　一冊

330000－1701－0035507　GP04653　子部/醫家類/喉科口齒之屬/通論
咽喉脈證通論一卷　(宋)釋□□撰　(清)許梿訂正　清光緒刻本　一冊

330000－1701－0035509　GP12329　史部/地理類/雜志之屬

奉天全省地輿圖說圖表一卷　（清）王志修編　清光緒二十年（1894）刻本　一册

330000－1701－0035510　GP04655　史部/傳記類/別傳之屬

崇祀鄉賢録[汪遠孫]一卷　（清）譚鍾麟撰　清光緒七年（1881）刻本　一册

330000－1701－0035511　善008417　子部/墨家類

墨子十六卷篇目考一卷　（清）畢沅注　清光緒元年（1875）湖北崇文書局刻子書百家本　葉瀚批校並跋　四册

330000－1701－0035513　GP04656　集部/別集類/清別集

自鏡齋文鈔一卷詩鈔一卷補遺一卷試帖一卷敹閒雜録一卷詠花詞一卷　（清）潘曾瑋撰　清光緒十三年（1887）刻本　一册　存一卷（詩鈔）

330000－1701－0035514　GP12300　史部/地理類/雜志之屬

潮乘備采録二卷　（清）陳坤輯　清咸豐刻本　一册

330000－1701－0035516　GP04620、GP04621　子部/雜著類/雜說之屬

贅言録八卷　（明）戴豪著　**附録一卷**　清宣統三年（1911）太平陳乃楫志澄閣木活字印本　二册

330000－1701－0035518　GP04657　新學/工藝/工學/塘工河工路工

星輶玫轍四卷　（清）劉啓彤譯　清光緒十五年（1889）上海同文書局石印本　四册

330000－1701－0035519　善008420　集部/詞類/別集之屬

薑露詞一卷　（清）萬釗撰　稿本　清黄家鼎、清譚獻、清張景祁跋　清張鳴珂校並跋　吴昌碩題簽　一册

330000－1701－0035521　GP12302　史部/目録類

經史歌略二卷　（清）許家惺撰　清光緒二十四年（1898）刻本　一册

330000－1701－0035523　GP04658　類叢部/叢書類/自著之屬

養晦堂集五種　（清）劉蓉撰　清光緒三年（1877）、十一年（1885）思賢講舍刻本　十册　存一種

330000－1701－0035524　GP04659　子部/雜著類/雜說之屬

墨子經說解二卷　（清）張惠言撰　清宣統元年（1909）國學保存會據手稿本影印本　一册

330000－1701－0035525　GP04622　集部/別集類/清別集

南洋勸業會紀事絶句一卷　王葆楨撰　清宣統三年（1911）上海龍文閣石印本　一册

330000－1701－0035526　善008421　史部/傳記類/別傳之屬/年譜

嚴烺年譜不分卷　清抄本　二册

330000－1701－0035528　GP12325　集部/總集類/題詠之屬

圖開勝蹟六卷　（清）劉厚基輯　清光緒二年（1876）刻本　六册

330000－1701－0035529　GP04660　子部/雜著類/雜說之屬

墨子經說解二卷　（清）張惠言撰　清宣統元年（1909）國學保存會據手稿本影印本　一册

330000－1701－0035531　GP12349　子部/術數類

易瑣言四卷附校勘記一卷　（清）林丙修撰　清宣統二年（1910）黄巖東昇仁記石印本　一册

330000－1701－0035532　GP04623　子部/宗教類/其他宗教之屬/基督教

清真釋疑補輯二卷　（清）金天柱撰　清光緒七年（1881）京都清真寺刻本　四册

330000－1701－0035536　GP12330　史部/金

石類/石之屬/文字

瘞鶴銘攷補一卷校勘記一卷 （清）翁方綱撰 **山樵書外紀一卷** （清）張開福撰 清光緒三十四年(1908)端方刻本 一册

330000－1701－0035537 GP04662 類叢部/叢書類/彙編之屬

敏果齋七種 （清）許乃釗編 清道光十二年至二十九年(1832－1849)錢塘許氏刻彙印本 四册 存二種

330000－1701－0035538 GP12340 類叢部/叢書類/自著之屬

頤志齋叢書二十二種 （清）丁晏撰 清道光至同治山陽丁氏六藝堂刻同治元年(1862)彙印本 一册 存三種

330000－1701－0035539 GP04624 集部/總集類/選集之屬/通代

樂府廣序三十卷詩集廣序十卷 （清）朱嘉徵撰 清康熙清遠堂刻本 四册 存三十卷(樂府廣序一至三十)

330000－1701－0035540 GP11519 新學/理學/理學

哲學要領前編一卷後編一卷 （日本）井上圓了撰 （清）羅伯雅譯 清光緒二十八年(1902)上海廣智書局鉛印本 一册 存一卷(後編)

330000－1701－0035542 GP12350 史部/地理類/雜志之屬

湖南輿圖說六卷 （清）彭清瑋 （清）左學呂輯 清光緒二十三年(1897)刻本 一册

330000－1701－0035543 善 008423 史部/傳記類/總傳之屬/家乘

[浙江慈溪]翁氏家譜不分卷 稿本 一册

330000－1701－0035544 善 008422 史部/傳記類/總傳之屬/家乘

[浙江蕭山]西河郁氏宗譜不分卷 （清）郁九成纂修 清末抄本 二册

330000－1701－0035546 GP04670 類叢部/叢書類/彙編之屬

嶺海樓叢書 清嘉慶十五年(1810)刻本 八册 存一種

330000－1701－0035547 GP12331 史部/地理類/總志之屬

歷代輿地沿革險要圖一卷 楊守敬 饒敦秩撰 清光緒五年(1879)東湖饒氏刻朱墨套印本 一册

330000－1701－0035548 GP12341 類叢部/叢書類/彙編之屬

半畝園叢書三十種 （清）吳坤修編 清同治新建吳氏皖城刻本 一册 存一種

330000－1701－0035549 GP04671 子部/儒家類/儒學之屬/性理

十要字集解一卷 （清）費熙撰 清光緒二十八年(1902)歸安周氏刻本 一册

330000－1701－0035550 善 008426 經部/群經總義類/傳說之屬

漱蓺潤室襍箸十卷 （清）倪鍾祥撰 清末抄本 三册

330000－1701－0035551 GP04625 集部/總集類/選集之屬/通代

樂府廣序三十卷詩集廣序十卷 （清）朱嘉徵撰 清康熙清遠堂刻本 四册 存三十卷(樂府廣序一至三十)

330000－1701－0035553 善 008425 子部/醫家類/外科之屬/癰疽、疔瘡

姚氏應騐外科不分卷 稿本 四册

330000－1701－0035554 GP04663 史部/傳記類/別傳之屬/年譜

王文成公[守仁]年紀一卷 陳澹然編 清光緒石印本 一册

330000－1701－0035556 GP12332 史部/地理類/總志之屬

歷代輿地沿革險要圖一卷 楊守敬 饒敦秩撰 清光緒五年(1879)東湖饒氏刻朱墨套印本 一册

330000－1701－0035559 GP04676 史部/政

書類/邦記之屬/貿易

各國通商始末記二十卷 (清)王之春編 清光緒二十一年(1895)寶善書局石印本 六冊

330000－1701－0035562 GP04664 史部/傳記類/别傳之屬

重編義勇武安王集八卷 (清)錢謙益輯 **附錄二卷** (清)顧湄纂輯 清康熙八年(1669)顧湄刻本 一冊

330000－1701－0035563 GP12343 子部/藝術類/遊藝之屬/棋弈

貫如奕譜一卷 (清)釋貫如輯 清道光藉綠草堂刻本 一冊

330000－1701－0035565 GP12333 子部/天文曆算類/算書之屬

算表合璧不分卷 (清)崔朝慶 (清)楊冰編 清光緒二十八年(1902)江楚書局刻朱印本 一冊

330000－1701－0035567 善 008427 史部/金石類/石之屬/文字

石墨考異二卷 (清)嚴蔚撰 清抄本 二冊

330000－1701－0035568 GP04675 子部/儒家類/儒學之屬/性理

性理四書注釋 (清)華希閔編 清康熙四十七年(1708)刻本 六冊

330000－1701－0035573 GP12357 子部/藝術類/遊藝之屬/棋弈

弈潛齋集譜初編十五種二編三種三編五種 (清)鄧元鏸輯 清光緒弈潛齋刻本 一冊 存一種

330000－1701－0035574 GP12442 子部/宗教類/道教之屬

覺世經圖說四卷 (清)省心氏撰 (清)李淦寫圖 清光緒九年(1883)刻本 四冊

330000－1701－0035575 GP04665 子部/雜著類/雜說之屬

娑羅館清語一卷 (明)屠隆撰 清光緒十三年(1887)揚州藏經禪院刻本 一冊

330000－1701－0035576 GP04679 史部/職官類/官制之屬

官制參譯不分卷 (清)陶鏞撰 清光緒三十年(1904)鉛印本 一冊

330000－1701－0035577 GP12439 類叢部/叢書類/郡邑之屬

武林掌故叢編一百八十七種 (清)丁丙編 清光緒三年至二十六年(1877－1900)錢塘丁氏嘉惠堂刻本 四冊 存一種

330000－1701－0035578 GP12362 史部/地理類/輿圖之屬/水圖

七省沿海全圖不分卷 (清)邵廷烈撰 清同治五年(1866)黔南但培良刻本 一冊

330000－1701－0035579 GP12446 史部/政書類/邦計之屬/俸餉

增修籌餉事例條款不分卷籌餉事例一卷增修現行常例一卷鄭工新例一卷海防事例一卷 清光緒刻本 六冊

330000－1701－0035581 善 008428 經部/小學類/文字之屬/字書/字典

康熙字典十二集三十六卷總目一卷檢字一卷辨似一卷等韻一卷補遺一卷備考一卷 (清)張玉書等纂修 清康熙刻本 清王宗炎批校 沈鈞業跋 四十冊

330000－1701－0035582 GP04680 子部/雜著類/雜說之屬

初學讀書要略四種 葉瀚撰 清光緒二十三年(1897)仁和葉氏刻本 一冊

330000－1701－0035583 善 008429 集部/總集類/謠諺之屬

集杭諺詩三卷 清抄本 一冊

330000－1701－0035584 GP04668 類叢部/叢書類/彙編之屬

漸西村舍彙刊(漸西村舍叢刻)四十四種 (清)袁昶編 清光緒十六年至二十四年(1890－1898)桐廬袁氏刻本 一冊 存二種

330000－1701－0035585 GP12440 類叢部/叢書類/彙編之屬

十萬卷樓叢書五十一種　（清）陸心源編　清光緒歸安陸氏刻本（歲時廣記卷六原缺）　四冊　存一種

330000－1701－0035586　GP12363　類叢部/叢書類/彙編之屬
籑喜廬叢書五種　（清）傅雲龍編　清光緒十五年（1889）德清傅氏日本東京刻本　一冊　存一種

330000－1701－0035588　善 008430　子部/藝術類/遊藝之屬
睫巢鏡影二卷　（清）童叶庚撰　清末抄本　二冊

330000－1701－0035592　GP12443　史部/傳記類/別傳之屬/年譜
宋本韓柳二先生年譜八卷　（清）馬曰璐編　清雍正七年（1729）廣陵馬氏小玲瓏山館刻本　六冊

330000－1701－0035593　GP12447　史部/目録類/書志之屬/提要
直齋書錄解題二十二卷　（宋）陳振孫撰　清光緒九年（1883）江蘇書局刻本　六冊

330000－1701－0035594　GP04669　類叢部/叢書類/彙編之屬
南菁札記十四種　（清）溥良編　清光緒二十年（1894）江陰使署刻本　六冊

330000－1701－0035595　GP04678　史部/雜史類/外紀之屬
戡靖教匪述編十二卷　（清）石香村居士撰
平定猺匪述略二卷　（清）周存義撰　清末京都琉璃廠刻本　四冊

330000－1701－0035596　GP04683　史部/雜史類/斷代之屬
國語選四卷　（清）儲欣評　清乾隆四十九年（1784）受祉堂刻本　二冊

330000－1701－0035598　GP12448　史部/地理類/水利之屬
上虞縣五鄉水利本末二卷　（元）陳恬撰　清光緒三年（1877）木活字印本　二冊

330000－1701－0035601　善 008434　集部/別集類/清別集
復初齋詩集目錄不分卷　清抄本　三冊

330000－1701－0035602　GP04702　子部/小説家類/雜事之屬
明齋小識十二卷　（清）諸聯撰　清同治四年（1865）刻本　四冊

330000－1701－0035603　GP04693　史部/雜史類/斷代之屬
談浙四卷　（清）許瑤光撰　清光緒十四年（1888）刻本　二冊

330000－1701－0035605　GP12441　史部/傳記類/科舉録之屬/歷科鄉試録
［同治丁卯科並補行甲子科］［同治庚午科］［同治癸酉科］浙江鄉試同年齒錄不分卷　清末刻本　八冊

330000－1701－0035606　GP12462　類叢部/叢書類/彙編之屬
文選樓叢書三十三種　（清）阮亨編　清嘉慶至道光阮元刻道光二十二年（1842）阮亨彙印本　七冊　存一種

330000－1701－0035607　GP04685　史部/史表類/斷代之屬
庚辛之際月表一卷　（清）王延釗撰　清光緒三十三年（1907）京華印書局鉛印本　一冊

330000－1701－0035608　GP04694　集部/別集類/清別集
文起堂詩集十五卷首一卷　（清）韓羹卿撰　清光緒十年（1884）韓氏懷德堂刻本　四冊

330000－1701－0035610　善 008435　史部/傳記類/總傳之屬/釋道
善慧大士傳錄四卷　（宋）樓穎輯　明天啓四年（1624）刻本　一冊　存二卷（一至二）

330000－1701－0035611　GP04695　史部/史評類/史論之屬
讀史大畧六十卷首一卷　（清）沙張白撰　**小沙子史畧一卷**　（清）沙晉撰　清咸豐七年（1857）刻本　十六冊

330000－1701－0035612　GP04686　史部/雜史類/斷代之屬

沈觀察燕晉弭兵記二卷　（清）陳守謙撰　清光緒二十九年（1903）上海英商順成書局石印本　一冊

330000－1701－0035613　GP12444　史部/雜史類/斷代之屬

隆平集二十卷　（宋）曾鞏撰　清康熙四十年（1701）南豐彭氏七業堂刻本　十六冊

330000－1701－0035614　GP12450　經部/易類/傳說之屬

孔易闡真二卷　（清）劉一明撰　清孫明空刻本　一冊

330000－1701－0035615　GP12451　集部/別集類/清別集

聽桐廬殘草一卷　（清）王繼穀撰　清光緒六年（1880）宗源瀚刻本　一冊

330000－1701－0035618　GP12452　類叢部/叢書類/自著之屬

留書種閣集九種　（清）黃炳垕撰　清同治六年至光緒二十年（1867－1894）餘姚黃氏留書種閣刻本　一冊　存一種

330000－1701－0035619　GP04704　史部/政書類/儀制之屬/典禮

直省釋奠禮樂六卷　（清）祝純嘏等輯　清嘉慶十七年（1812）江陰學齋刻本　二冊

330000－1701－0035620　GP12459　子部/天文曆算類/算書之屬

李氏遺書十一種　（清）李鋭撰　清道光三年（1823）儀徵阮元刻本　四冊　存十種

330000－1701－0035624　GP04696　史部/編年類/通代之屬

甲子紀元集成九卷　（清）吳晉德輯　清道光十二年至十四年（1832－1834）妙韞閣刻本　四冊

330000－1701－0035625　GP12445　類叢部/叢書類/自著之屬

正誼堂全集八種　（清）董沛撰　清同治至光緒刻本　清六漢居士跋　二十二冊

330000－1701－0035626　GP04699　史部/紀傳類/別史之屬

尚史七十二卷　（清）李鍇撰　清乾隆三十八年（1773）悅道樓刻本　二十四冊

330000－1701－0035627　GP04715　類叢部/叢書類/自著之屬

曾惠敏公遺集四種　（清）曾紀澤撰　清光緒十九年（1893）江南製造總局鉛印本　八冊

330000－1701－0035628　GP04706　經部/四書類/論語之屬/傳說

何休注訓論語述一卷　（清）劉恭冕撰　清同治十二年（1873）刻本　一冊

330000－1701－0035629　GP12463　經部/小學類/文字之屬/字書/古文

五經文字三卷　（唐）張參撰　**新加九經字樣一卷**　（唐）唐玄度撰　**五經文字疑一卷九經字樣疑一卷**　（清）孔繼涵撰　清乾隆三十三年（1768）曲阜孔氏紅櫚書屋刻本　一冊

330000－1701－0035631　善008437　子部/宗教類/佛教之屬

宗鏡廣樞十卷　（宋）釋祖心刪集　（明）陶望齡廣刪　明萬曆刻本　五冊

330000－1701－0035632　GP04729　經部/四書類/孟子之屬/傳說

載詠樓重鐫硃批孟子二卷　（宋）蘇洵撰　清康熙三十三年（1694）刻朱墨套印本　二冊

330000－1701－0035634　GP12460、GP12461　類叢部/叢書類/彙編之屬

文選樓叢書三十三種　（清）阮亨編　清嘉慶至道光阮元刻道光二十二年（1842）阮亨彙印本　三冊　存三種

330000－1701－0035636　GP12465　類叢部/叢書類/家集之屬

洪氏晦木齋叢書二十種　（清）洪汝奎編　清同治八年至宣統元年（1869－1909）刻本　六冊　存一種

330000－1701－0035637　善 008436　子部/宗教類/佛教之屬

宗門警語一卷　(明)釋廣印輯　明崇禎刻本　一册

330000－1701－0035638　GP04716　子部/儒家類/儒學之屬/性理

陸子學譜二十卷　(清)李紱編　清雍正十年(1732)無怒軒刻本　八册

330000－1701－0035640　GP04717　史部/政書類

三賢政書十五卷　(清)吳元炳輯　清光緒五年(1879)鉛印本　四册　存五卷(正誼堂集一至五)

330000－1701－0035641　GP12466　史部/政書類/律令之屬/刑制

明刑管見録一卷　(清)穆翰撰　清光緒三十年(1904)浙江官書局刻本　一册

330000－1701－0035642　GP12492　子部/雜著類/雜編之屬

麈談拾雅十種　(清)劉節卿輯　清同治八年(1869)藏修書屋刻本　二册

330000－1701－0035643　善 008431　類叢部/叢書類/彙編之屬

津逮祕書十五集一百四十種　(明)毛晉編　明崇禎虞山毛氏汲古閣刻本　二十九册　存九種

330000－1701－0035644　GP04721　史部/傳記類/總傳之屬/文苑

唐才子傳十卷　(元)辛文房撰　**唐才子傳考異一卷**　(清)陸芝榮撰　清嘉慶十年(1805)蕭山陸芝榮三間草堂刻本　四册

330000－1701－0035650　GP04708　集部/曲類/曲韻曲譜曲律之屬

樂府傳聲一卷　(清)徐大椿撰　清乾隆刻本　一册

330000－1701－0035652　GP12493　集部/總集類/彙編之屬

南宋羣賢小集七十四種　(宋)陳起編　(清)顧修重輯　清嘉慶六年(1801)石門顧氏讀畫齋刻本　一册　存一種

330000－1701－0035655　GP12494　類叢部/叢書類/自著之屬

篔喜廬所箸書　(清)傅雲龍撰　清光緒烏程李瑞臨紅餘籀室刻本　二册　存一種

330000－1701－0035656　GP04709　史部/政書類/儀制之屬/典禮

皇朝樂舞錄輯要一卷　(清)□□輯　清同治十三年(1874)川東刻本　一册

330000－1701－0035661　GP04710　史部/史評類/史論之屬

讀史提要錄十二卷　(清)夏之蓉編　清乾隆三十七年(1772)秦郵半舫齋刻道光二年(1822)、同治四年(1865)補刻本　四册

330000－1701－0035662　GP04763　史部/政書類/儀制之屬/專志/科舉校規

欽定學政全書八十六卷首一卷　(清)童璜等撰　清嘉慶十七年(1812)武英殿刻本　二十四册

330000－1701－0035664　GP04711　史部/詔令奏議類/奏議之屬

袁京卿請勦拳匪奏疏遺墨一卷　(清)袁昶撰　清末石印本　一册

330000－1701－0035665　GP12471　史部/傳記類/科舉録之屬/諸貢録

[宣統庚戌科]舉貢會考同年齒錄不分卷　清宣統刻本　四册

330000－1701－0035666　GP04712　子部/儒家類/儒學之屬/經濟

實學文導二卷　(清)傅雲龍撰　清光緒二十一年(1895)石印本　二册

330000－1701－0035667　GP04713　子部/雜著類/雜考之屬

眼學偶得一卷　羅振玉撰　清光緒刻本　一册

330000－1701－0035669　GP12497　類叢部/

叢書類/彙編之屬

正覺樓叢刻(正覺樓叢書)二十九種 (清)崇文書局編 清光緒崇文書局刻本 一冊 存二種

330000－1701－0035670 GP12495、GP12496 子部/天文曆算類/算書之屬

算學叢書 (清)烏程徐氏算學書局編 清光緒成都烏程徐氏算學書局刻本 二冊 存二種

330000－1701－0035671 GP12498 類叢部/叢書類/彙編之屬

正覺樓叢刻(正覺樓叢書)二十九種 (清)崇文書局編 清光緒崇文書局刻本 一冊 存二種

330000－1701－0035673 GP12499 集部/總集類/課藝之屬

南菁書院時務算學課藝五卷 清光緒二十五年(1899)上海光照書局鉛印本 四冊

330000－1701－0035674 GP04742 經部/易類/傳說之屬

周易臆解四卷圖說二卷 (清)楊以迥撰 清光緒十年(1884)金匱楊氏刻本 五冊

330000－1701－0035675 GP12502 經部/小學類

澤存堂五種 (清)張士俊輯 清光緒十四年(1888)上海蜚英館石印本 一冊 存一種

330000－1701－0035677 GP04737 史部/史評類

中國史研究法不分卷 周嵩年撰 清宣統二年(1910)石印本 二冊

330000－1701－0035679 GP12503 類叢部/叢書類/自著之屬

施愚山先生全集五種附一種 (清)施閏章撰 清宣統二年至三年(1910－1911)上海國學扶輪社石印本 十冊

330000－1701－0035681 GP04739 類叢部/叢書類/彙編之屬

石研齋四種 (清)秦恩復編 清乾隆至道光江都秦氏享帚精舍刻本 一冊 存一種

330000－1701－0035682 GP04744 史部/傳記類/總傳之屬/儒林

理學備考三十四卷 (清)范鄗鼎撰 清康熙洪洞范氏五經堂刻道光五年(1825)張恢補刻本 十二冊

330000－1701－0035683 GP12504 史部/地理類/雜志之屬

天咫偶聞十卷 震鈞撰 清光緒三十三年(1907)甘棠轉舍刻本 八冊

330000－1701－0035684 GP04745 經部/叢編

通志堂經解一百四十種 (清)納蘭成德輯 清康熙十九年(1680)納蘭成德刻本 一冊 存一種

330000－1701－0035685 GP04740 集部/別集類/宋別集

慈湖先生遺書抄六卷 (宋)楊簡撰 (明)楊世思輯 明萬曆潘汝楨刻清光緒十三年(1887)印本 二冊

330000－1701－0035686 GP12505 集部/總集類/選集之屬/斷代

學彊恕齋吟草一卷 (清)梅啓照撰 **冬日百詠一卷** (清)徐琪撰 **滬上雜詠一卷** (清)徐維城撰 **夢蘭草堂詩集一卷** (清)俞世球撰 清光緒刻本 一冊

330000－1701－0035687 善008438 經部/四書類/總義之屬/傳說

四書集解三卷 清抄本 三冊

330000－1701－0035688 善008439 集部/總集類/選集之屬/斷代

楚思吟二卷 (清)章鑄編 稿本 二冊

330000－1701－0035689 GP04741 類叢部/叢書類/自著之屬

藝風所著書 繆荃孫撰 清光緒至民國刻本 一冊 存四種

330000－1701－0035690 GP04724 史部/傳

記類/别傳之屬/年譜

孔子年譜綱目一卷或問一卷　(明)夏洪基編　**孔廟正位圖一卷**　(清)倭什琿布等撰　清同治江都高文煥等刻本　二册　缺一卷(孔廟正位圖)

330000－1701－0035691　GP12515　集部/總集類/氏族之屬

寧都三魏全集八十三卷　(清)林時益編　清康熙易堂刻本　三十八册　缺六卷(魏興士文集一至六)

330000－1701－0035692　善008432　類叢部/叢書類/彙編之屬

津逮祕書十五集一百四十種　(明)毛晉編　明崇禎虞山毛氏汲古閣刻本　三册　存四種

330000－1701－0035693　GP04746　史部/傳記類/總傳之屬/家乘

[浙江湖州]新安戴氏支譜四卷首一卷末一卷　(清)戴翊清等纂修　清光緒七年(1881)敦仁堂刻本　四册

330000－1701－0035695　GP12501　史部/史表類/通代之屬

歷代帝王年表四卷　(清)齊召南撰　(清)阮福續　清光緒二十八年(1902)上海石印本　四册

330000－1701－0035697　GP04753　史部/詔令奏議類/奏議之屬

撫豫宣化錄四卷　(清)田文鏡撰　清道光十一年(1831)點易山房刻本　二十册

330000－1701－0035698　GP04748　史部/傳記類/總傳之屬/家乘

[浙江紹興]中南王氏四修宗譜十二卷首一卷　(清)王承煊等纂修　清光緒二十年(1894)三槐堂木活字印本　十六册

330000－1701－0035699　善008440　史部/雜史類/斷代之屬

保越錄一卷　(元)徐勉之撰　清張氏小清儀閣抄本　一册

330000－1701－0035700　GP12506　集部/總集類/彙編之屬

南宋羣賢小集七十四種　(宋)陳起編　(清)顧修重輯　清嘉慶六年(1801)石門顧氏讀畫齋刻本　一册　存六種

330000－1701－0035702　GP04747　史部/傳記類/總傳之屬/家乘

[浙江湖州]吳興姚氏家乘二十卷首一卷　(清)姚學邃纂修　清光緒二十三年(1897)刻本　十二册

330000－1701－0035705　GP04757　子部/儒家類/儒學之屬/性理

金華理學粹編十卷　(清)戴殿江輯　清光緒十五年(1889)永康應寶時越中刻本　四册

330000－1701－0035706　普811.15/7744/2　類叢部/叢書類/彙編之屬

擇是居叢書初集十九種　張鈞衡編　清光緒至民國刻民國十五年(1926)吳興張氏彙印本　四册　存一種

330000－1701－0035708　GP12457　子部/宗教類/道教之屬

文昌玉局心懺不分卷　清道光二十一年(1841)刻本　一册

330000－1701－0035709　善008441　集部/别集類/清别集

碧城僊館詩鈔八卷補遺三卷附錄二卷　(清)陳文述撰　清光緒二十八年(1902)鰈慧盧抄本　六册

330000－1701－0035710　GP04755　史部/地理類/外紀之屬

西史綱目二十卷　(清)周維翰撰　清光緒二十八年(1902)經世文社石印本　十册

330000－1701－0035711　GP04749　經部/小學類/音韻之屬/韻書

韻字鑑四卷　(清)翟雲升撰　清道光二十二年(1842)五經歲徧齋刻袖珍本　翟震起跋　四册

330000－1701－0035712　GP04758　子部/儒家類/儒學之屬/性理

金華理學粹編十卷　(清)戴殿江輯　清光緒十五年(1889)永康應寶時越中刻本　四冊

330000－1701－0035715　GP12458　經部/三禮總義類/通禮雜禮之屬
司馬氏書儀十卷　(宋)司馬光撰　清同治四年至五年(1865－1866)望三益齋刻本　二冊

330000－1701－0035716　GP12508　子部/宗教類/佛教之屬/經疏
佛說四十二章經註一卷佛遺教經註一卷　(宋)釋守遂註　(明)釋了童補註　清光緒十六年(1890)金陵刻經處刻本　一冊

330000－1701－0035718　GP04759　子部/儒家類/儒學之屬/性理
金華理學粹編十卷　(清)戴殿江輯　清光緒十五年(1889)永康應寶時越中刻本　四冊

330000－1701－0035720　GP04760　史部/傳記類/總傳之屬/歷代
歷代名賢齒譜九卷歷代名媛齒譜三卷　(清)易宗涒輯　清雍正三年(1725)賜書堂刻乾隆六十年(1795)補刻本　二十冊

330000－1701－0035721　GP04752　類叢部/叢書類/彙編之屬
武英殿聚珍版書　清江蘇刻本　三冊　存一種

330000－1701－0035722　GP12509　子部/醫家類/方書之屬/單方驗方
幾希錄續刻一卷　(清)汪輝祖輯　清同治三年(1864)刻本　一冊

330000－1701－0035724　GP04756　集部/戲劇類/傳奇之屬
賢賢堂玉節記傳奇二卷五十齣　(清)張衢撰　清嘉慶二十四年(1819)刻本　二冊

330000－1701－0035725　善008442　集部/別集類/清別集
拳石山房文鈔不分卷　(清)袁昌圖撰　稿本　一冊

330000－1701－0035726　GP12519　史部/傳記類/科舉録之屬/歷科鄉試録
[光緒癸卯恩科]浙江鄉試同年齒錄不分卷　清末刻本　四冊

330000－1701－0035727　GP12517　子部/天文曆算類/算書之屬
翠薇山房數學十四種　(清)張作楠撰　清嘉慶至道光金華張氏翠薇山房刻光緒五年(1879)重修本　十八冊

330000－1701－0035728　GP12520　史部/傳記類/科舉録之屬/歷科鄉試録
[光緒癸巳恩科]浙江鄉試同年齒錄不分卷　清末刻本　四冊

330000－1701－0035729　GP04761　集部/別集類/宋別集
廬陵周益國文忠公集二百卷附錄五卷　(宋)周必大撰　**周益國文忠公[必大]年譜一卷**　(宋)周綸編　清道光二十八年(1848)廬陵歐陽棨瀛塘別墅刻咸豐元年(1851)續刻本　四十冊

330000－1701－0035730　GP12528　類叢部/叢書類/彙編之屬
春暉堂叢書十二種　(清)徐渭仁編　清道光至咸豐上海徐渭仁刻同治九年至十年(1870－1871)徐允臨補刻彙印本　一冊　存三種

330000－1701－0035732　GP04762　史部/傳記類/總傳之屬/家乘
[浙江紹興]山陰下方橋陳氏宗譜十二卷　(清)陳秉枏纂修　清道光十一年(1831)顧予堂木活字印本　十二冊

330000－1701－0035733　GP12510　經部/小學類/音韻之屬
音學五書五種　(清)顧炎武撰　清光緒刻本　一冊　存一種

330000－1701－0035734　GP04766　類叢部/叢書類/家集之屬
半帆樓叢書(鄔氏家集)二十七種　鄔慶時編　清光緒至民國刻本　一冊　存一種

330000－1701－0035735　GP11520　新學/

理學

畫器須知一卷　（英國）傅蘭雅撰　清末烏程徐氏刻本　一冊

330000－1701－0035736　GP04768　史部/傳記類/總傳之屬/家乘

［浙江紹興］會稽陶氏族譜三十二卷附文節公殉難事蹟一卷　（清）陶在銘等纂修　清光緒二十九年（1903）刻本　二十五冊

330000－1701－0035737　GP04767　經部/小學類/文字之屬/字書

偏旁舉略一卷　（清）姚文田輯　清末杭州朱氏抱經堂刻本　一冊

330000－1701－0035738　GP12522　史部/傳記類/總傳之屬/儒林

考訂朱子世家一卷　（清）江永撰　清同治五年（1866）望三益齋刻本　一冊

330000－1701－0035740　GP04689　史部/地理類/遊記之屬/紀行

日本紀游詩二卷　（清）莊介禕撰　清光緒十年（1884）刻本　二冊

330000－1701－0035741　GP12518　子部/天文曆算類/算書之屬

翠薇山房數學十四種　（清）張作楠撰　清嘉慶至道光金華張氏翠薇山房刻光緒五年（1879）重修本　十七冊　存十三種

330000－1701－0035742　GP12511　新學/學校

京師大學堂講義初編七種二編七種　（清）京師大學堂輯　清末鉛印本　一冊　存二種

330000－1701－0035743　GP04690　史部/地理類/遊記之屬/紀行

日本紀游詩二卷　（清）莊介禕撰　清光緒十年（1884）刻本　二冊

330000－1701－0035744　善008443　類叢部/類書類/專類之屬

編年拔秀二卷　（明）孫森輯　明萬曆刻本　一冊

330000－1701－0035745　善008445　集部/別集類/清別集

招隱山房詩草不分卷　戴啓文撰　稿本　清呂珣、清陳世焜、清戴鼎元跋　三冊

330000－1701－0035747　GP12533　史部/地理類/外紀之屬

泰西各國采風記五卷紀程感事詩一卷　宋育仁撰　清光緒二十一年（1895）袖海山房石印本　三冊

330000－1701－0035749　GP04773　經部/叢編

經苑二十五種　（清）錢儀吉輯　清道光至咸豐大梁書院刻同治七年（1868）王儒行等印本　六冊　存一種

330000－1701－0035751　GP12534　經部/小學類/訓詁之屬/方言

越諺三卷越諺賸語二卷　（清）范寅輯　清光緒八年（1882）谷應山房刻本　三冊

330000－1701－0035752　GP04764　子部/宗教類/佛教之屬/總録

釋氏稽古略四卷　（元）釋覺岸撰　**釋鑑稽古略續集三卷**　（明）釋幻輪撰　明崇禎十一年（1638）嚴爾珪刻清印本　五冊

330000－1701－0035754　善008444　集部/別集類/清別集

馮兼山先生文集一卷　（清）馮大位撰　稿本　清樓秉詡跋　一冊

330000－1701－0035756　GP04776　類叢部/叢書類/自著之屬

覆瓿集十三種附一種　（清）張文虎撰　清同治至光緒刻本　十冊　存五種

330000－1701－0035760　GP12529　類叢部/叢書類/自著之屬

琴志樓叢書　易順鼎撰　清光緒刻本　一冊　存二種

330000－1701－0035762　GP12524　子部/天文曆算類/算書之屬

白芙堂算學叢書　（清）丁取忠輯　清同治至

光緒長沙古荷花池精舍刻本　一册　存一種

330000－1701－0035764　GP04777　子部/藝術類/書畫之屬/法帖

孝經一卷　(清)吳大澂書　清光緒十一年(1885)上海同文書局石印本　一册

330000－1701－0035766　GP12531　類叢部/叢書類/自著之屬

王湘綺先生全集二十六種　王闓運撰　清光緒至民國刻民國十二年(1923)長沙王氏彙印本　二册　存一種

330000－1701－0035767　善 008446　經部/群經總義類/傳說之屬

經窺十六卷　(清)蔡啓盛撰　清抄本　清俞樾題簽　一册　存二卷(一、十六)

330000－1701－0035768　善 008447　經部/詩類

詩攷攷一卷首一卷　(清)陶思曾撰　清抄本　一册

330000－1701－0035769　善 008448　集部/別集類/清別集

補讀書齋詩草九卷　(清)沈芝田撰　清光緒抄本　一册

330000－1701－0035770　善 008449　集部/別集類/清別集

淛游吟草一卷　(清)□□撰　清抄本　清舒明阿、龍榆生跋　一册

330000－1701－0035771　善 008450　集部/別集類/清別集

辛亥莘菴詩草不分卷　清抄本　一册

330000－1701－0035772　善 008451　集部/別集類/清別集

吟風齋主初學詩一卷　(清)□□撰　清乾隆三十四年(1769)隱逸主人抄本　清隱逸主人題記　一册

330000－1701－0035774　善 008453　集部/別集類/清別集

赤繡翁詩一卷詩稿一卷　(清)□□撰　清抄本　二册

330000－1701－0035775　普 114.25/1040/c2　史部/傳記類/別傳之屬/年譜

朱子年譜四卷考異四卷　(清)王懋竑撰　**朱子論學切要語二卷**　(清)王懋竑輯　清乾隆十七年(1752)寶應王氏白田草堂刻清末浙江書局補刻本　四册

330000－1701－0035776　普 114.25/2540/2/c1　類叢部/叢書類/自著之屬

朱子遺書初刻八種二刻七種　(宋)朱熹撰　清康熙禦兒呂氏寶誥堂刻本　一册　存一種

330000－1701－0035778　普 114.25/1040/c6　史部/傳記類/別傳之屬/年譜

朱子年譜四卷考異四卷　(清)王懋竑撰　**朱子論學切要語二卷**　(清)王懋竑輯　清乾隆十七年(1752)寶應王氏白田草堂刻清末浙江書局補刻本　四册

330000－1701－0035780　普 114.25/2540.4/3/c2　子部/儒家類/儒學之屬/性理

淵鑒齋御纂朱子全書六十六卷　(宋)朱熹撰　(清)李光地等輯　清康熙五十三年(1714)武英殿刻本　三十二册

330000－1701－0035781　普 114.25/2540.4/3/c3　子部/儒家類/儒學之屬/性理

淵鑒齋御纂朱子全書六十六卷　(宋)朱熹撰　(清)李光地等輯　清刻本　三十二册

330000－1701－0035783　普 811.125/7731.2　集部/詩文評類/詩評之屬

陶詩彙注四卷首一卷末一卷　(晉)陶潛撰　(清)吳瞻泰輯　**論陶一卷**　(清)吳菘撰　清康熙四十四年(1705)程崟刻本　六册

330000－1701－0035784　普 114.25/1092　類叢部/叢書類/自著之屬

景紫堂全書十一種　(清)夏炘撰　清咸豐至同治刻同治元年(1862)王光甲等彙印本　四册　存一種

330000－1701－0035785　善 008455　集部/別集類/宋別集

尊德性齋集三卷 （宋）程洵撰　清刻本　三冊

330000－1701－0035786　普 114.25/2540/2/c3、普 114.25/2540.2　類叢部/叢書類/自著之屬

朱子遺書初刻八種二刻七種 （宋）朱熹撰　清康熙禦兒呂氏寶誥堂刻本　二冊　存二種

330000－1701－0035788　普 114.25/2540.4/4　子部/儒家類/儒學之屬/性理

淵鑒齋御纂朱子全書六十六卷 （宋）朱熹撰（清）李光地等輯　清尊經閣刻本　三十一冊

330000－1701－0035790　普 114.25/1040/c7　史部/傳記類/別傳之屬/年譜

朱子年譜四卷考異四卷 （清）王懋竑撰　**朱子論學切要語二卷** （清）王懋竑輯　清乾隆十七年(1752)寶應王氏白田草堂刻清末浙江書局補刻本　四冊

330000－1701－0035792　普 844.125/7731.2/2　集部/詩文評類/詩評之屬

陶詩彙注四卷首一卷末一卷 （晉）陶潛撰（清）吳瞻泰輯　**論陶一卷** （清）吳菘撰　清光緒二十二年(1896)滇中五塘山人刻本　二冊

330000－1701－0035796　善 008456　史部/傳記類/總傳之屬/人表

疑年表不分卷 （清）錢大昕撰　（清）吳修續（清）錢椒　（清）陸心源補編　石曇輯　稿本　四冊

330000－1701－0035797　普 811.125/7731　類叢部/叢書類/彙編之屬

重校拜經樓叢書七種 （清）吳騫原編　（清）□□重編　清光緒十一年(1885)會稽章氏鄂渚刻本　一冊　存一種

330000－1701－0035798　普 114.25/2540/3　子部/儒家類/儒學之屬/性理

近思錄十四卷 （宋）朱熹　（宋）呂祖謙撰　清康熙呂氏家塾刻本　二冊

330000－1701－0035799　普 114.25/1040/2　史部/傳記類/別傳之屬/年譜

朱子年譜四卷考異四卷 （清）王懋竑撰　**朱子論學切要語二卷** （清）王懋竑輯　**校勘記三卷附記校勘存疑一卷** （清）王炳撰　清光緒九年(1883)武昌書局刻本　四冊

330000－1701－0035800　普 114.25/1748/c1　子部/儒家類/儒學之屬/蒙學

尹氏小學大全五種 （清）尹嘉銓撰　清乾隆四十年至四十一年(1775－1776)悉遵貽教堂刻本　二冊　存一種

330000－1701－0035801　普 811.125/7731.2/4　集部/詩文評類/詩評之屬

陶詩彙注四卷首一卷末一卷 （晉）陶潛撰（清）吳瞻泰輯　**論陶一卷** （清）吳菘撰　清康熙四十四年(1705)程崟刻本　四冊　缺一卷(論陶)

330000－1701－0035803　普 114.25/1748/c2　子部/儒家類/儒學之屬/蒙學

尹氏小學大全五種 （清）尹嘉銓撰　清乾隆四十年至四十一年(1775－1776)悉遵貽教堂刻本　二冊　存一種

330000－1701－0035804　普 811.125/7731.3　集部/詩文評類/詩評之屬

陶詩彙評四卷東坡和陶合箋四卷 （晉）陶潛（晉）蘇軾撰　（清）溫汝能彙評　清嘉慶十二年(1807)聽松閣刻本　四冊　存四卷(陶詩彙評一至四)

330000－1701－0035805　普 811.125/7731.01　集部/詩文評類/詩評之屬

陶詩集註四卷 （晉）陶潛撰　（清）詹夔錫注　**附東坡和陶詩一卷** （宋）蘇軾撰　清康熙三十三年(1694)詹氏寶墨堂刻本　余紹宋題簽　二冊

330000－1701－0035807　普 114.25/1748/2　子部/儒家類/儒學之屬/蒙學

尹氏小學大全五種 （清）尹嘉銓撰　清光緒二十五年(1899)刻民國六年(1917)印本　五冊

330000－1701－0035808　普 114.25/2540.5　子部/儒家類/儒學之屬/經濟
朱子經濟文衡類編前集二十五卷後集二十五卷續集二十二卷　(宋)朱熹撰　(宋)滕珙輯　清乾隆四年(1739)南州楊雲服徽州府署刻本　二十四册

330000－1701－0035809　善 008457　經部/周禮類/傳說之屬
周禮註疏刪翼三十卷　(明)王志長撰　明崇禎刻本(卷一配清刻本)　十二册

330000－1701－0035810　善 008458　經部/三禮總義類/通禮雜禮之屬
禮樂合編三十卷　(明)黄廣撰　明崇禎六年(1633)玉磬齋刻本(卷一配清抄本)　三十二册

330000－1701－0035813　普 811.125/7731.3/2　集部/詩文評類/詩評之屬
陶詩彙評四卷東坡和陶合箋四卷　(晉)陶潛　(晉)蘇軾撰　(清)溫汝能彙評　清宣統元年(1909)掃葉山房石印本　二册　存四卷(陶詩彙評一至四)

330000－1701－0035814　普 114.25/2540.4　子部/儒家類/儒學之屬/性理
淵鑒齋御纂朱子全書六十六卷　(宋)朱熹撰　(清)李光地等輯　清刻本　三十册

330000－1701－0035817　普 811.125/7731.09　集部/别集類/宋别集
東坡和陶合箋四卷　(宋)蘇軾撰　(清)溫汝能輯　清嘉慶十一年(1806)順德溫氏刻本　四册

330000－1701－0035818　普 114.25/1748/3　子部/儒家類/儒學之屬/蒙學
尹氏小學大全五種　(清)尹嘉銓撰　清光緒二十五年(1899)刻民國六年(1917)印本　二册　存一種

330000－1701－0035819　普 811.125/7731.3/3　集部/别集類/漢魏六朝别集
東坡和陶合箋四卷　(宋)蘇軾撰　(清)溫汝能纂訂　**陶詩彙評四卷**　(晉)陶潛撰　(清)溫汝能纂訂　清光緒十八年(1892)上海五彩公司石印本　二册　存四卷(陶詩彙評一至四)

330000－1701－0035820　普 114.25/3130/c2　子部/儒家類/儒學之屬/性理
近思録集注十四卷考訂朱子世家一卷　(清)江永撰　**校勘記一卷**　(清)王炳撰　清同治八年(1869)江蘇書局刻本　四册

330000－1701－0035821　普 114.25/2702/c1　子部/儒家類/儒學之屬/性理
朱子語類一百四十卷　(宋)朱熹撰　(宋)黎靖德輯　清同治十一年(1872)應元書院刻本　四十册

330000－1701－0035822　普 811.125/7731.09/2/c1　集部/别集類/宋别集
東坡和陶合箋四卷　(宋)蘇軾撰　(清)溫汝能輯　清宣統元年(1909)掃葉山房石印本　二册

330000－1701－0035823　普 114.25/3130/4/c1　子部/儒家類/儒學之屬/性理
近思録集注十四卷　(清)江永撰　清光緒二十五年(1899)浙江官書局刻本　四册

330000－1701－0035824　普 114.25/3130/c3　子部/儒家類/儒學之屬/性理
近思録集注十四卷考訂朱子世家一卷　(清)江永撰　**校勘記一卷**　(清)王炳撰　清同治八年(1869)江蘇書局刻本　四册

330000－1701－0035825　普 114.25/2540.4/2　子部/儒家類/儒學之屬/性理
淵鑒齋御纂朱子全書六十六卷　(宋)朱熹撰　(清)李光地等輯　清江西書局刻本　四十册

330000－1701－0035826　善 008461　史部/傳記類/别傳之屬/事狀
王孝子[繼穀]事略一卷　王繼香撰　清末抄本　一册

330000－1701－0035827　普 811.1265/7520

類叢部/叢書類/彙編之屬

知不足齋叢書一百九十五種 (清)鮑廷博編 (清)鮑士恭續編 清乾隆三十七年至道光三年(1772－1823)長塘鮑氏刻彙印本 一册 存一種

330000－1701－0035829 善 008462 史部/傳記類/別傳之屬/事狀

王烈婦孫氏事略一卷 (清)孫道乾輯 清末抄本 一册

330000－1701－0035830 普 114.25/3130/c1 子部/儒家類/儒學之屬/性理

近思録集注十四卷考訂朱子世家一卷 (清)江永撰 **校勘記一卷** (清)王炳撰 清同治八年(1869)江蘇書局刻本 四册

330000－1701－0035831 普 811.125/7731.5 集部/詩文評類/詩評之屬

陶詩集註四卷 (晉)陶潛撰 (清)詹夔錫注 **附東坡和陶詩一卷** (宋)蘇軾撰 清康熙三十三年(1694)詹氏寶墨堂刻本 四册

330000－1701－0035832 普 114.25/3130/4/c2 子部/儒家類/儒學之屬/性理

近思録集注十四卷 (清)江永撰 清光緒二十五年(1899)浙江官書局刻本 四册

330000－1701－0035833 普 114.25/3130/c4 子部/儒家類/儒學之屬/性理

近思録集注十四卷考訂朱子世家一卷 (清)江永撰 **校勘記一卷** (清)王炳撰 清同治八年(1869)江蘇書局刻本 四册

330000－1701－0035834 普 114.25/2702/c2 子部/儒家類/儒學之屬/性理

朱子語類一百四十卷 (宋)朱熹撰 (宋)黎靖德輯 清同治十一年(1872)應元書院刻本 章嶔題簽並記 四十六册

330000－1701－0035835 普 114.25/2540.4/2/1 子部/儒家類/儒學之屬/性理

淵鑒齋御纂朱子全書六十六卷 (宋)朱熹撰 (清)李光地等輯 清江西書局刻本 十八册

330000－1701－0035836 普 114.25/3130/4/c3 子部/儒家類/儒學之屬/性理

近思録集注十四卷 (清)江永撰 清光緒二十五年(1899)浙江官書局刻本 四册

330000－1701－0035837 普 811.125/7731.092 集部/別集類/清別集

通藝閣集四十卷 (清)姚椿撰 清道光二十年至咸豐三年(1840－1853)刻本 一册 存四卷(和陶集一至三、白石鈍樵集禊帖詩)

330000－1701－0035838 普 114.25/3130/4/c4 子部/儒家類/儒學之屬/性理

近思録集注十四卷 (清)江永撰 清光緒二十五年(1899)浙江官書局刻本 四册

330000－1701－0035839 普 114.25/2540.4/3/c1 子部/儒家類/儒學之屬/性理

淵鑒齋御纂朱子全書六十六卷 (宋)朱熹撰 (清)李光地等輯 清康熙五十三年(1714)武英殿刻本 二十五册

330000－1701－0035840 善 008463 史部/雜史類/斷代之屬

酌中志餘不分卷 (明)劉若愚撰 清道光十九年(1839)抄本 吳慶坻校並跋 一册

330000－1701－0035841 普 114.25/3130/2 子部/儒家類/儒學之屬/性理

朱子原訂近思録集註十四卷考訂朱子世家一卷 (清)江永撰 **校勘記一卷** (清)王炳撰 清光緒十一年(1885)江西書局刻本 四册

330000－1701－0035842 普 114.25/2702/3 類叢部/叢書類/彙編之屬

劉氏傳經堂叢書十四種 (清)劉毓英編 清光緒三原劉氏刻本 四十八册 存一種

330000－1701－0035843 善 008460 集部/總集類/選集之屬/斷代

志姜堂贈言一卷 (清)周鼎泰輯 清康熙刻本 一册

330000－1701－0035844 普 114.25/11221 類叢部/叢書類/彙編之屬

正誼堂全書六十三種續刻五種 (清)張伯行

編　(清)楊浚重編　清同治五年(1866)福州正誼書院刻同治八年至光緒十三年(1869－1887)續刻本　四冊　存一種

330000－1701－0035845　普 811.13/0030/2　集部/總集類/彙編之屬
唐四家詩集　清光緒十年(1884)上海同文書局石印本　二冊　存一種

330000－1701－0035846　普 114.25/3130/3/c1　子部/儒家類/儒學之屬/性理
朱子原訂近思錄集注十四卷考訂朱子世家一卷　(清)江永撰　清光緒十四年(1888)廣雅書局刻本　五冊

330000－1701－0035849　普 811.13/1020.2/c2　集部/别集類/唐五代别集
王右丞集二十八卷首一卷末一卷　(唐)王維撰　(清)趙殿成箋注　清乾隆刻本　二十冊

330000－1701－0035850　普 114.25/11221.2/3　子部/儒家類/儒學之屬/蒙學
小學集解六卷小學輯説一卷　(清)張伯行輯注　清同治六年(1867)楚北崇文書局刻本　三冊

330000－1701－0035851　普 114.25/3130/3/c2　子部/儒家類/儒學之屬/性理
朱子原訂近思錄集注十四卷考訂朱子世家一卷　(清)江永撰　清光緒十四年(1888)廣雅書局刻本　五冊

330000－1701－0035852　善 008464　集部/詞類/别集之屬
北道竹枝詞一卷湖路十八站地名竹枝詞一卷山路十一站地名竹枝詞一卷入京山湖路圖一卷　(清)包元嗣撰　**湖路題壁詩詞一卷山路題壁詩一卷**　(清)包元嗣輯　稿本　一冊

330000－1701－0035853　普 811.13/0010　集部/别集類/唐五代别集
玄英先生詩集十卷　(唐)方干撰　清同治七年(1868)方震富文閣刻本　二冊

330000－1701－0035854　普 114.25/11221.2　類叢部/叢書類/彙編之屬
正誼堂全書六十三種續刻五種　(清)張伯行編　(清)楊浚重編　清同治五年(1866)福州正誼書院刻同治八年至光緒十三年(1869－1887)續刻本　四冊　存一種

330000－1701－0035855　普 114.25/3130/3/c3　子部/儒家類/儒學之屬/性理
朱子原訂近思錄集注十四卷考訂朱了世家一卷　(清)江永撰　清光緒十四年(1888)廣雅書局刻本　四冊　存十一卷(一至十一)

330000－1701－0035859　普 811.13/1188、普 811.13/1707　集部/總集類/彙編之屬
唐詩百名家全集　(清)席啓寓輯　清康熙四十一年(1702)洞庭席氏琴川書屋刻本　八冊　存二種

330000－1701－0035861　普 811.13/0837　集部/總集類/彙編之屬
唐詩百名家全集　(清)席啓寓輯　清康熙四十一年(1702)洞庭席氏琴川書屋刻本　二冊　存一種

330000－1701－0035864　普 114.25/3130/6　子部/儒家類/儒學之屬/性理
近思錄集注十四卷考訂朱子世家一卷　(清)江永撰　清咸豐三年(1853)刻本　二冊

330000－1701－0035865　普 811.13/1020.3/c1　集部/總集類/彙編之屬
唐四家詩集　清光緒十年(1884)上海同文書局石印本　四冊　存一種

330000－1701－0035869　普 114.25/4420　子部/儒家類/儒學之屬/性理
近思錄集解十四卷　(宋)葉采撰　清吳門程氏刻本　二冊

330000－1701－0035870　普 114.25/4013　史部/傳記類/别傳之屬/年譜
朱子年譜綱目十二卷首一卷末一卷　(清)李元祿編　清嘉慶七年(1802)郴州敬修齋刻本　八冊

330000－1701－0035871　善 008468　新學/兵制/槍炮

礮法昂度子落高低遠近晝譜一卷 （清）丁乃文撰　清末抄本　一冊

330000－1701－0035872　普 114.25/3130.7/c1　子部/儒家類/儒學之屬/性理

近思錄集注十四卷考訂朱子世家一卷 （清）江永撰　**校勘記一卷**　（清）王炳撰　清光緒二十七年(1901)上海文瑞樓石印本　四冊

330000－1701－0035875　普 811.13/1707.2　集部/别集類/唐五代别集

孟東野集十卷附一卷　（唐）孟郊撰　**追昔遊集三卷**　（唐）李紳撰　清宣統二年(1910)上海著易堂石印本　四冊

330000－1701－0035876　普 811.13/1020/c2　集部/總集類/彙編之屬

唐四家詩　（清）汪立名編　清康熙三十四年(1695)天都汪立名刻本　二冊　存一種

330000－1701－0035877　善 008469　子部/術數類/占候之屬

通占大象曆星經二卷　（漢）甘公　（漢）石申撰　清乾隆六十年(1795)張聖瑞抄本　清張聖瑞跋　二冊

330000－1701－0035879　普 114.27/4022/2　子部/儒家類/儒學之屬/經濟

大學衍義四十三卷　（宋）真德秀撰　明崇禎武陵楊鶚刻清乾隆重修本　十冊

330000－1701－0035880　善 008470　子部/術數類/相宅相墓之屬

地理辨正五卷圖一卷　清抄本　四冊

330000－1701－0035881　普 114.25/6034/c1　子部/儒家類/儒學之屬/蒙學

小學韻語一卷　（清）羅澤南撰　清末浙江書局刻本　一冊

330000－1701－0035882　普 811.13/2676/(2)/c1　集部/别集類/唐五代别集

白香山詩長慶集二十卷後集十七卷别集一卷補遺二卷　（唐）白居易撰　（清）汪立名編訂　**白香山[居易]年譜舊本一卷**　（宋）陳振孫撰　**白香山[居易]年譜一卷**　（清）汪立名撰　清康熙四十一年至四十二年(1702－1703)汪立名一隅草堂刻本　十二冊

330000－1701－0035883　普 114.27/4022/c1　子部/儒家類/儒學之屬/經濟

大學衍義四十三卷　（宋）真德秀撰　清同治十一年(1872)浙江書局刻民國十八年(1929)補刻本　十冊

330000－1701－0035885　普 114.25/6034/c2　子部/儒家類/儒學之屬/蒙學

小學韻語一卷　（清）羅澤南撰　清末浙江書局刻本　一冊

330000－1701－0035886　普 811.13/1732　集部/總集類/彙編之屬

唐四家詩　（清）汪立名編　清康熙三十四年(1695)天都汪立名刻本　二冊　存一種

330000－1701－0035887　普 114.25/6034/c4　子部/儒家類/儒學之屬/蒙學

小學韻語一卷　（清）羅澤南撰　清末浙江書局刻本　一冊

330000－1701－0035888　普 114.25/3130/9/c1　類叢部/叢書類/彙編之屬

望三益齋叢書十八種　（清）吳棠編　清咸豐至光緒吳氏望三益齋刻本　四冊　存一種

330000－1701－0035889　善 008471　子部/術數類/相宅相墓之屬

越中山脉鉗記一卷　（清）張宗城校錄　清抄本　一冊

330000－1701－0035890　普 114.27/4022/c2　子部/儒家類/儒學之屬/經濟

大學衍義四十三卷　（宋）真德秀撰　清同治十一年(1872)浙江書局刻民國十八年(1929)補刻本　十冊

330000－1701－0035892　普 114.25/6034/c5　子部/儒家類/儒學之屬/蒙學

小學韻語一卷　（清）羅澤南撰　清末浙江書局刻本　一冊

330000－1701－0035893　普 811.125/7731.

7/3　集部/别集類/漢魏六朝别集

陶靖節詩集四卷　（晉）陶潛撰　（清）蔣薰評　**附東坡和陶詩一卷**　（宋）蘇軾撰　**律陶一卷**　（明）王思任輯　**敦好齋律陶纂一卷**　（清）黄槐開輯　清乾隆二年（1737）最樂堂刻本　一册

330000－1701－0035894　普114.27/4022/c3　子部/儒家類/儒學之屬/經濟

大學衍義四十三卷　（宋）真德秀撰　清同治十一年（1872）浙江書局刻本　十册

330000－1701－0035895　普811.13/2676.6　集部/别集類/唐五代别集

香山詩選六卷　（唐）白居易撰　（清）曹文埴選　清光緒十七年（1891）黟縣李宗煝金陵書局刻本　二册

330000－1701－0035898　普114.27/4022/c4　子部/儒家類/儒學之屬/經濟

大學衍義四十三卷　（宋）真德秀撰　清同治十一年（1872）浙江書局刻本　十册

330000－1701－0035899　善008472　子部/術數類/相宅相墓之屬

越中山脉鉗記一卷　（清）張宗城校録　清抄本　一册

330000－1701－0035901　普114.25/3130/9/c2　類叢部/叢書類/彙編之屬

望三益齋叢書十八種　（清）吴棠編　清咸豐至光緒吴氏望三益齋刻本　四册　存一種

330000－1701－0035903　普114.27/4022/c5　子部/儒家類/儒學之屬/經濟

大學衍義四十三卷　（宋）真德秀撰　清同治十一年（1872）浙江書局刻民國十八年（1929）補刻本　十册

330000－1701－0035905　GP11521　集部/總集類/尺牘之屬

明賢尺牘藏真三卷　李經畬輯　清光緒七年（1881）合肥李經畬刻本　一册

330000－1701－0035906　普114.25/3130/10　子部/儒家類/儒學之屬/性理

朱子原訂近思錄集注十四卷　（清）江永撰　清同治七年（1868）楚北崇文書局刻本　四册

330000－1701－0035907　普811.125/7731.8　集部/别集類/漢魏六朝别集

陶元亮詩四卷　（晉）陶潛撰　（明）黄文煥析義　清光緒二年（1876）刻本　二册

330000－1701－0035908　普811.13/2676.7　集部/别集類/唐五代别集

新雕校證大字白氏諷諫一卷　（唐）白居易撰　清光緒十九年（1893）刻本　一册

330000－1701－0035909　善008475　子部/術數類/陰陽五行之屬

郭氏元經不分卷　清抄本　六册

330000－1701－0035912　普114.27/4022/3　子部/儒家類/儒學之屬/經濟

大學衍義四十三卷　（宋）真德秀撰　清同治十三年（1874）夔州郭氏家塾刻本　九册

330000－1701－0035913　普811.13/2676/(2)/c2　集部/别集類/唐五代别集

白香山詩長慶集二十卷後集十七卷别集一卷補遺二卷　（唐）白居易撰　（清）汪立名編訂　**白香山［居易］年譜舊本一卷**　（宋）陳振孫撰　**白香山［居易］年譜一卷**　（清）汪立名撰　清康熙四十一年至四十二年（1702－1703）汪立名一隅草堂刻本　十二册

330000－1701－0035915　普114.27/4022.02　子部/儒家類/儒學之屬/經濟

大學衍義補一百六十卷首一卷　（明）丘濬撰　清刻本　三十九册

330000－1701－0035916　普811.13/2704　集部/别集類/唐五代别集

唐女郎魚玄機詩一卷　（唐）魚玄機撰　清光緒二十年（1894）順德龍氏知服齋刻朱印本　一册

330000－1701－0035917　善008476　子部/藝術類/書畫之屬

書畫逸譜一卷　（明）張丑撰　清抄本　一册

330000－1701－0035920　普 114.27/4022/4
子部/儒家類/儒學之屬/經濟
大學衍義四十三卷　(宋)真德秀撰　清同治十三年(1874)金陵書局刻本　八册

330000－1701－0035921　善 008474　子部/術數類/相宅相墓之屬
墓道記一卷　清抄本　二册

330000－1701－0035922　普 811.13/2676.2
集部/别集類/唐五代别集
香山詩鈔二十卷　(唐)白居易撰　(清)楊大鶴選　清康熙四十年(1701)刻本　十二册

330000－1701－0035923　善 008477　史部/傳記類/總傳之屬/技藝
歷代書家小傳不分卷　清抄本　二册

330000－1701－0035924　普 114.25/7501
子部/儒家類/儒學之屬/性理
朱子語類大全集十一卷經說十四卷　(明)陳龍正輯　明崇禎十三年(1640)、十七年(1644)刻本　十六册

330000－1701－0035925　普 811.13/2676/(3)　集部/别集類/唐五代别集
白香山詩長慶集二十卷後集十七卷别集一卷補遺二卷　(唐)白居易撰　(清)汪立名編訂　**白香山[居易]年譜舊本一卷**　(宋)陳振孫撰　**白香山[居易]年譜一卷**　(清)汪立名撰　清康熙四十一年至四十二年(1702－1703)汪立名一隅草堂刻本　二册　存七卷(三至九)

330000－1701－0035926　普 114.27/4022.0204/c1　子部/儒家類/儒學之屬/經濟
大學衍義補輯要十二卷首一卷　(清)陳弘謀輯　清道光二十二年(1842)寶恕堂刻本　十二册

330000－1701－0035927　普 114.27/4022.022　子部/儒家類/儒學之屬/經濟
大學衍義續七十卷　(清)強汝詢輯　清光緒十二年(1886)刻本　二十四册

330000－1701－0035928　普 114.27/4022.3
子部/儒家類/儒學之屬/性理
心經一卷真文忠公政經一卷　(宋)真德秀撰　清光緒二十二年(1896)武英殿影宋刻本　二册

330000－1701－0035930　普 114.27/4022.0204/c2　子部/儒家類/儒學之屬/經濟
大學衍義補輯要十二卷首一卷　(清)陳弘謀輯　清道光二十二年(1842)寶恕堂刻本　六册

330000－1701－0035931　普 114.27/4022.2
類叢部/叢書類/自著之屬
真西山全集(西山真文忠公全集、真文忠公全集)七種　(宋)真德秀撰　清康熙真氏家祠刻乾隆至同治三年(1864)遞修本　三十一册　存一種

330000－1701－0035932　普 811.13/2180.2
集部/總集類/選集之屬/斷代
唐百家詩一百七十一卷　(明)朱警編　**唐詩品一卷**　(明)徐獻忠撰　明嘉靖十九年(1540)刻本　一册　存一種

330000－1701－0035934　普 114.27/4022.04
子部/儒家類/儒學之屬/經濟
大學衍義輯要六卷　(清)陳弘謀輯　清道光二十二年(1842)寶恕堂刻本　四册

330000－1701－0035935　普 114.27/4410/c1
子部/儒家類/儒學之屬/性理
慈溪黃氏日鈔分類九十七卷　(宋)黃震撰　清末耕餘樓刻本(卷八十一、八十九、九十二原缺)　章嶔題簽　十八册

330000－1701－0035936　普 114.27/4410/c2
子部/儒家類/儒學之屬/性理
慈溪黃氏日鈔分類九十七卷　(宋)黃震撰　清末耕餘樓刻本(卷八十一、八十九、九十二原缺)　二十四册

330000－1701－0035938　普 114.27/4410/2/c1　子部/儒家類/儒學之屬/性理
慈溪黃氏日抄分類九十七卷古今紀要十九卷　(宋)黃震撰　清乾隆三十二年(1767)新安

汪佩鍔珠樹堂刻本(卷八十一、八十九、九十二原缺) 二十冊

330000－1701－0035939 普 114.25/7537 子部/儒家類/儒學之屬/蒙學
小學集注六卷 (明)陳選撰 清同治六年(1867)金陵書局刻本 二冊

330000－1701－0035942 普 811.13/3608/3/c1 集部/别集類/唐五代别集
溫飛卿詩集七卷别集一卷集外詩一卷附錄諸家詩評一卷 (唐)溫庭筠撰 (明)曾益注 (清)顧予咸補注 (清)顧嗣立續注 清宣統二年(1910)掃葉山房石印本 四冊

330000－1701－0035943 普 811.13/2676/(4)/c2 集部/别集類/唐五代别集
白香山詩長慶集二十卷後集十七卷别集一卷補遺二卷 (唐)白居易撰 (清)汪立名編訂 **白香山[居易]年譜舊本一卷** (宋)陳振孫撰 **白香山[居易]年譜一卷** (清)汪立名撰 清康熙四十一年至四十二年(1702－1703)汪立名一隅草堂刻本 十冊

330000－1701－0035945 普 114.27/4410.2/c1 子部/儒家類/儒學之屬/性理
慈溪黄氏日抄分類九十七卷古今紀要十九卷 (宋)黄震撰 清乾隆三十二年(1767)新安汪佩鍔珠樹堂刻本(卷八十一、八十九、九十二原缺) 三十二冊

330000－1701－0035946 普 114.27/4410/2/c2 子部/儒家類/儒學之屬/性理
慈溪黄氏日抄分類九十七卷古今紀要十九卷 (宋)黄震撰 清乾隆三十二年(1767)新安汪佩鍔珠樹堂刻本(卷八十一、八十九、九十二原缺) 二十冊

330000－1701－0035947 普 811.13/3608/3/c2 集部/别集類/唐五代别集
溫飛卿詩集七卷别集一卷集外詩一卷附錄諸家詩評一卷 (唐)溫庭筠撰 (明)曾益注 (清)顧予咸補注 (清)顧嗣立續注 清宣統二年(1910)掃葉山房石印本 四冊

330000－1701－0035948 普 811.13/3608/6 集部/别集類/唐五代别集
溫飛卿詩集七卷别集一卷集外詩一卷附錄諸家詩評一卷 (唐)溫庭筠撰 (明)曾益注 (清)顧予咸補注 (清)顧嗣立續注 清光緒八年(1882)泉唐汪氏萬軸山房刻本 二冊

330000－1701－0035949 普 414.7/1080 類叢部/叢書類/自著之屬
王菉友著述九種 (清)王筠撰 清道光至咸豐刻本 一冊 存一種

330000－1701－0035950 普 811.13/3608/4/c3 集部/别集類/唐五代别集
溫飛卿詩集七卷别集一卷集外詩一卷附錄諸家詩評一卷 (唐)溫庭筠撰 (明)曾益注 (清)顧予咸補注 (清)顧嗣立續注 清宣統二年(1910)上海國學扶輪社石印本 四冊

330000－1701－0035951 GP12525 史部/政書類/公牘檔冊之屬
奏定商辦江西瓷業有限公司章程五種一卷 清光緒神州日報館鉛印本 一冊

330000－1701－0035952 普 114.27/3688/c1 類叢部/叢書類/家集之屬
長洲彭氏家集九種 (清)彭祖賢編 清同治至光緒刻本 一冊 存一種

330000－1701－0035953 普 811.13/3608/4/c4 集部/别集類/唐五代别集
溫飛卿詩集七卷别集一卷集外詩一卷附錄諸家詩評一卷 (唐)溫庭筠撰 (明)曾益注 (清)顧予咸補注 (清)顧嗣立續注 清宣統二年(1910)上海國學扶輪社石印本 四冊

330000－1701－0035954 普 114.27/4410/2(2) 子部/儒家類/儒學之屬/性理
慈溪黄氏日抄分類九十七卷古今紀要十九卷 (宋)黄震撰 清乾隆三十二年(1767)新安汪佩鍔珠樹堂刻本(卷八十一、八十九、九十二原缺) 十八冊

330000－1701－0035955 普 116/4402 子部/儒家類/儒學之屬/性理

廣理學備考四十八卷　(清)范鄗鼎編輯　清康熙洪洞范氏五經堂刻道光五年(1825)張恢修業齋補刻本　四十八册

330000－1701－0035956　善 008481　子部/宗教類/佛教之屬/論疏

晝林禪師語錄一卷　清抄本　一册

330000－1701－0035957　普 114.27/3688/c2　子部/儒家類/儒學之屬/性理

儒門法語輯要一卷　(清)彭定求撰　(清)湯金釗輯　清光緒十六年(1890)浙江書局刻本　一册

330000－1701－0035958　普 114.27/4410.2/c2　子部/儒家類/儒學之屬/性理

慈溪黄氏日抄分類九十七卷古今紀要十九卷　(宋)黄震撰　清乾隆三十二年(1767)新安汪佩鍔珠樹堂刻本(卷八十一、八十九、九十二原缺)　六十二册

330000－1701－0035959　普 811.13/4007.3/c1　集部/別集類/唐五代別集

李義山詩集三卷　(唐)李商隱撰　(清)朱鶴齡箋注　**李義山詩譜一卷附錄諸家詩評一卷**　清順治十六年(1659)刻本　四册

330000－1701－0035960　普 116/4413　子部/儒家類/儒學之屬/性理

薛子條貫篇十三卷續篇十三卷　(明)薛瑄撰　(清)戴楫輯　清光緒十九年(1893)廣州府署刻本　四册

330000－1701－0035961　普 114.27/3688/c3　子部/儒家類/儒學之屬/性理

儒門法語輯要一卷　(清)彭定求撰　(清)湯金釗輯　清光緒十六年(1890)浙江書局刻本　一册

330000－1701－0035962　普 116.092/4438/c1　史部/傳記類/總傳之屬/儒林

明儒學案六十二卷師說一卷　(清)黄宗羲撰　清光緒十四年(1888)南昌縣學刻本　三十二册

330000－1701－0035963　GP12526　史部/詔令奏議類/奏議之屬

憲政編查館奏議覆桂撫奏籌辦審判期限區域請酌量變通摺一卷　(清)奕劻　(清)那桐　(清)徐世昌撰　清宣統三年(1911)鉛印本　一册

330000－1701－0035964　善 008482　子部/宗教類/佛教之屬/論疏

芙蓉和尚祥符語錄一卷　(□)釋隆瑞等錄　清抄本　一册

330000－1701－0035965　善 008479　集部/總集類/選集之屬/通代

梅譜記畧一卷　(清)李淑輯　**梅譜集咏一卷**　(清)張有光等撰　**臥雪吟二卷**　(清)李淑撰　清初刻本　一册

330000－1701－0035966　普 811.13/3608/9　集部/總集類/彙編之屬

唐詩百名家全集　(清)席啓寓輯　清康熙四十一年(1702)洞庭席氏琴川書屋刻本　二册　存一種

330000－1701－0035967　普 114.27/3688/c4　子部/儒家類/儒學之屬/性理

儒門法語輯要一卷　(清)彭定求撰　(清)湯金釗輯　清光緒十六年(1890)浙江書局刻本　一册

330000－1701－0035968　普 811.13/3608/7/c2　集部/別集類/唐五代別集

溫飛卿詩集七卷別集一卷集外詩一卷附錄諸家詩評一卷　(唐)溫庭筠撰　(明)曾益注　(清)顧予咸補注　(清)顧嗣立續注　清光緒八年(1882)泉唐汪氏萬軸山房刻本　四册

330000－1701－0035969　善 008483　子部/宗教類/佛教之屬

懶雲樓賸草一卷　清抄本　一册

330000－1701－0035970　普 811.13/2508　類叢部/叢書類/彙編之屬

鐵琴銅劍樓叢書十三種　瞿啓甲編　清光緒至民國刻本暨影印本　一册　存一種

330000－1701－0035971　普 811.13/4002

集部/總集類/彙編之屬
唐四家詩 （清）汪立名編　清康熙三十四年(1695)天都汪立名刻本　二册　存一種

330000－1701－0035972　普 811.13/4007.2/3/c2　集部/别集類/唐五代别集
玉谿生詩詳註三卷首一卷樊南文集詳注八卷首一卷 （唐）李商隱撰　（清）馮浩編訂　清乾隆四十五年(1780)德聚堂刻嘉慶元年(1796)增刻本　四册　存四卷(玉谿生詩詳註一至三、首)

330000－1701－0035973　善 008484　集部/别集類/清别集
維揚雲貞女史寄夫塞外書并詩一卷 （清）茅雲貞撰　清嘉慶八年(1803)抄本　一册

330000－1701－0035974　GP12527　史部/詔令奏議類/奏議之屬
陸軍部奏催前經調查統計事件並擬發統計報告表式摺一卷　清末石印本　一册

330000－1701－0035976　普 116.092/4438/c2　史部/傳記類/總傳之屬/儒林
明儒學案六十二卷師說一卷 （清）黄宗羲撰　清光緒十四年(1888)南昌縣學刻本　二十四册

330000－1701－0035977　普 116.092/4438/5　史部/傳記類/總傳之屬/儒林
明儒學案六十二卷師說一卷 （清）黄宗羲撰　清康熙三十二年(1693)德輝堂刻本　十六册

330000－1701－0035979　普 811.13/3608/8/c2　集部/别集類/唐五代别集
溫飛卿詩集七卷别集一卷集外詩一卷附錄諸家詩評一卷 （唐）溫庭筠撰　（明）曾益注　（清）顧予咸補注　（清）顧嗣立續注　清刻本　四册

330000－1701－0035980　GP12514　類叢部/叢書類/自著之屬
藝風所著書　繆荃孫撰　清光緒至民國刻本　一册　存四種

330000－1701－0035981　善 008480　子部/小說家類/異聞之屬
記異一卷　清抄本　一册

330000－1701－0035982　普 811.13/2830　集部/總集類/選集之屬/斷代
王氏彙刻唐人集七種 （清）王遐春輯　清嘉慶十五年(1810)福鼎王氏麟後山房刻本　一册　存一種

330000－1701－0035983　普 811.13/4002.2/3　集部/别集類/唐五代别集
韋蘇州集十卷 （唐）韋應物撰　清宣統三年(1911)冰雪山房石印本　六册

330000－1701－0035984　普 116.092/4438/6/c1　史部/傳記類/總傳之屬/儒林
明儒學案六十二卷師說一卷附案一卷 （清）黄宗羲撰　清康熙三十年(1691)萬言、三十二年(1693)賈樸、雍正十三年至乾隆四年(1735－1739)慈溪鄭性二老閣刻本　二十册

330000－1701－0035985　普 116.092/4438/c3　史部/傳記類/總傳之屬/儒林
明儒學案六十二卷師說一卷 （清）黄宗羲撰　清光緒十四年(1888)南昌縣學刻本　三十二册

330000－1701－0035987　普 811.13/4007.305/c3　集部/别集類/唐五代别集
重訂李義山詩集箋注三卷集外詩箋注一卷 （唐）李商隱撰　（清）朱鶴齡箋註　（清）程夢星刪補　**詩話一卷重訂李義山[商隱]年譜一卷** （清）程夢星輯　清乾隆八年(1743)東柯草堂刻十一年(1746)重校印本　四册

330000－1701－0035988　普 811.13/4007/c1　集部/别集類/唐五代别集
李商隱詩集三卷 （唐）李商隱撰　清宣統元年(1909)神州國光社據錢謙益手寫校本影印本　二册

330000－1701－0035989　普 116.092/4438/6/c2　史部/傳記類/總傳之屬/儒林
明儒學案六十二卷師說一卷附案一卷 （清）

黃宗羲撰　清康熙三十年(1691)萬言、三十二年(1693)賈樸、雍正十三年至乾隆四年(1735－1739)慈溪鄭性二老閣刻本　二十册

330000－1701－0035990　普 811.13/3608/c1　集部/别集類/唐五代别集

温飛卿詩集七卷别集一卷集外詩一卷附録諸家詩評一卷　(唐)温庭筠撰　(明)曾益注　(清)顧予咸補注　(清)顧嗣立續注　清康熙三十六年(1697)長洲顧氏秀野草堂刻本　二册

330000－1701－0035992　善 008487　集部/總集類/郡邑之屬

三台文徵一卷詩徵内編一卷詩徵外編一卷　管世駿輯　稿本　三册

330000－1701－0035993　普 811.13/4007/c2　集部/别集類/唐五代别集

李商隱詩集三卷　(唐)李商隱撰　清宣統元年(1909)神州國光社據錢謙益手寫校本影印本　二册

330000－1701－0035994　普 116.6/3214　子部/儒家類/儒學之屬/性理

潘子求仁録輯要十卷　(清)潘平格撰　清康熙五十六年(1717)四明毛文強、鄭性刻咸豐七年(1857)潘楷印二老閣叢書本　清潘楷題記　六册

330000－1701－0035995　普 811.13/3608/c2　集部/别集類/唐五代别集

温飛卿詩集七卷别集一卷集外詩一卷附録諸家詩評一卷　(唐)温庭筠撰　(明)曾益注　(清)顧予咸補注　(清)顧嗣立續注　清康熙三十六年(1697)長洲顧氏秀野草堂刻本　二册

330000－1701－0035996　普 116.1/7244/c1　子部/叢編

子書百家　(清)崇文書局編　清光緒元年(1875)湖北崇文書局刻本　一册　存一種

330000－1701－0035997　普 811.13/4007.5/c3　集部/别集類/唐五代别集

李義山詩集十六卷　(唐)李商隱撰　(清)姚培謙箋　清乾隆五年(1740)姚氏松桂讀書堂刻本　四册

330000－1701－0035998　普 811.13/4007.307/c1　集部/别集類/唐五代别集

李義山詩集三卷　(唐)李商隱撰　(清)朱鶴齡箋注　(清)沈厚塽輯評　**李義山詩譜一卷附録諸家詩評一卷**　清同治九年(1870)廣州倅署刻三色套印本　四册

330000－1701－0036001　普 811.13/4007.2/c3　集部/别集類/唐五代别集

玉谿生詩詳註三卷首一卷樊南文集詳註八卷首一卷　(唐)李商隱撰　(清)馮浩編訂　清乾隆四十五年(1780)德聚堂刻嘉慶元年(1796)增刻本　四册　存四卷(玉谿生詩詳註首、一至三)

330000－1701－0036003　普 116.1/7244/c2　子部/叢編

子書百家　(清)崇文書局編　清光緒元年(1875)湖北崇文書局刻本　一册　存一種

330000－1701－0036004　善 008486　史部/傳記類/總傳之屬/郡邑

三台文獻録二十三卷　(明)李時漸輯　清抄本　八册

330000－1701－0036005　普 116.092/4438/4　史部/傳記類/總傳之屬/儒林

明儒學案六十二卷師説一卷　(清)黃宗羲撰　清道光元年(1821)會稽莫晉、莫階刻本　二十四册

330000－1701－0036008　普 116.6/2521　類叢部/叢書類/彙編之屬

正誼堂全書六十三種續刻五種　(清)張伯行編　(清)楊浚重編　清同治五年(1866)福州正誼書院刻同治八年至光緒十三年(1869－1887)續刻本　三册　存一種

330000－1701－0036009　普 811.13/4007.307/c4　集部/别集類/唐五代别集

李義山詩集三卷　(唐)李商隱撰　(清)朱鶴

齡箋注　(清)沈厚塽輯評　**李義山詩譜一卷附錄諸家詩評一卷**　清同治九年(1870)廣州倅署刻三色套印本　守愚題簽　四册

330000－1701－0036010　普 811.13/3608/2　集部/别集類/唐五代别集
溫飛卿詩集七卷別集一卷集外詩一卷附錄諸家詩評一卷　(唐)溫庭筠撰　(明)曾益注　(清)顧予咸補注　(清)顧嗣立續注　清光緒八年(1882)泉唐汪氏萬軸山房刻本　二册

330000－1701－0036011　普 811.13/4007.2/c4　集部/别集類/唐五代别集
玉谿生詩詳註三卷首一卷樊南文集詳註八卷首一卷　(唐)李商隱撰　(清)馮浩編訂　清乾隆四十五年(1780)德聚堂刻嘉慶元年(1796)增刻本　四册　存四卷(玉谿生詩詳註首、一至三)

330000－1701－0036014　普 117.092/0088/2/c2　史部/傳記類/總傳之屬/儒林
學案小識十四卷首一卷末一卷　(清)唐鑑撰　清光緒十年(1884)刻本　十二册

330000－1701－0036015　普 811.13/4026/5　集部/别集類/唐五代别集
李太白文集三十二卷　(唐)李白撰　(清)王琦輯注　清乾隆寶笏樓刻本　八册

330000－1701－0036021　善 008492　集部/總集類/選集之屬/斷代
古唐詩選不分卷　清抄本　二册

330000－1701－0036022　GP04768/1　史部/傳記類/總傳之屬/家乘
[浙江紹興]會稽陶氏族譜三十二卷附文節公殉難事蹟一卷　(清)陶在銘等纂修　清光緒二十九年(1903)刻本　一册　存一卷(文節公殉難事蹟)

330000－1701－0036023　普 116.6/6045.2/c1　子部/儒家類/儒學之屬/性理
呂子節錄四卷補遺二卷　(明)呂坤撰　(清)陳弘謀評輯　清乾隆五十一年(1786)渭南蔣氏刻本　二册

330000－1701－0036026　普 811.13/3608/2(2)　集部/别集類/唐五代别集
溫飛卿詩集七卷別集一卷集外詩一卷附錄諸家詩評一卷　(唐)溫庭筠撰　(明)曾益注　(清)顧予咸補注　(清)顧嗣立續注　清光緒八年(1882)泉唐汪氏萬軸山房刻本　六册

330000－1701－0036027　普 811.13/4007.4　集部/别集類/唐五代别集
玉溪生詩意八卷　(唐)李商隱撰　(清)朱鶴齡注　(清)屈復意　清乾隆揚州藝古堂刻本　四册

330000－1701－0036029　普 811.13/4007.3/2　集部/别集類/唐五代别集
李義山詩集三卷　(唐)李商隱撰　(清)朱鶴齡箋注　**李義山詩譜一卷附錄諸家詩評一卷**　清順治十六年(1659)刻乾隆十五年(1750)懷德堂印本　清甌舫老人、清楊致軒批　三册

330000－1701－0036030　善 008490　集部/總集類/郡邑之屬
元末四明四賢詩鈔一卷　清抄本　一册

330000－1701－0036031　普 116.6/6045.2/c2　子部/儒家類/儒學之屬/性理
呂子節錄四卷補遺二卷　(明)呂坤撰　(清)陳弘謀評輯　清光緒十三年(1887)江西書局刻本　二册　存四卷(一至四)

330000－1701－0036033　普 811.13/4026.41/2　集部/别集類/唐五代别集
分類補註李太白詩二十五卷　(唐)李白撰　(宋)楊齊賢集註　(元)蕭士贇補註　**唐翰林李太白[白]年譜一卷**　(宋)薛仲邕撰　明刻本　八册　缺七卷(十六至十八、二十二至二十五)

330000－1701－0036034　善 008493　集部/總集類/選集之屬/通代
宋明詩鈔不分卷　清初抄本　二册

330000－1701－0036035　普 116.6/6045　子部/儒家類/儒學之屬/性理

呂語集粹四卷　(清)尹會一輯　清光緒十三年(1887)嘉興金吳瀾木活字印本　二冊

330000－1701－0036038　普 116.6/6045.2/c3　子部/儒家類/儒學之屬/性理

呂子節錄四卷補遺二卷　(明)呂坤撰　(清)陳弘謀評輯　清乾隆元年(1736)陳弘謀培遠堂刻三年(1738)補刻本　二冊　缺二卷(三至四)

330000－1701－0036041　普 116.6/6045/2　子部/儒家類/儒學之屬/性理

呂語集粹四卷首一卷　(清)陳弘謀評輯　清光緒五年(1879)顧景濂龍城刻本　四冊

330000－1701－0036043　普 166.6/3135　類叢部/叢書類/自著之屬

顧端文公遺書十五種附一種　(明)顧憲成撰　清光緒三年(1877)涇里顧氏宗祠刻本　十四冊　存十四種

330000－1701－0036044　普 116.6/6045.2/2　子部/儒家類/儒學之屬/性理

呂子節錄四卷補遺二卷　(明)呂坤撰　(清)陳弘謀評輯　清光緒十三年(1887)江西書局刻本　四冊

330000－1701－0036047　善 008494　集部/總集類/彙編之屬

溪上詩鈔十九卷　清抄本　五冊

330000－1701－0036048　善 008495　集部/總集類/選集之屬/通代

述庵偶鈔不分卷　清抄本　九冊

330000－1701－0036050　普 811.13/4046/8　集部/别集類/唐五代別集

唐李長吉詩集四卷外詩集一卷　(唐)李賀撰　(明)徐渭　(明)董懋策批注　明萬曆刻本　一冊　缺一卷(外詩集)

330000－1701－0036051　普 811.13/4007.305/c1　集部/别集類/唐五代別集

重訂李義山詩集箋注三卷集外詩箋注一卷　(唐)李商隱撰　(清)朱鶴齡箋注　(清)程夢星刪補　詩話一卷重訂李義山[商隱]年譜一卷　(清)程夢星輯　清乾隆八年(1743)東柯草堂刻本　八冊

330000－1701－0036052　普 117.1/2634/c1　集部/總集類/氏族之屬

寧都三魏全集八十三卷　(清)林時益編　清道光二十五年(1845)寧都謝庭綬紱園書塾刻本　二冊　存三卷(魏叔子日錄一至三)

330000－1701－0036054　普 811.13/4007.3/3　集部/别集類/唐五代別集

李義山詩集三卷　(唐)李商隱撰　(清)朱鶴齡箋注　李義山詩譜一卷附錄諸家詩評一卷　清初金陵葉永茹刻本　四冊

330000－1701－0036055　普 811.13/4007.5/c2　集部/别集類/唐五代別集

李義山詩集十六卷　(唐)李商隱撰　(清)姚培謙箋　清乾隆五年(1740)姚氏松桂讀書堂刻本　四冊

330000－1701－0036056　普 117.092/0088/2/c1　史部/傳記類/總傳之屬/儒林

學案小識十四卷首一卷末一卷　(清)唐鑑撰　清光緒十年(1884)刻本　十二冊

330000－1701－0036057　善 008496　集部/總集類/氏族之屬

張氏雜文不分卷　清末抄本　二冊

330000－1701－0036058　普 811.13/4046　集部/别集類/唐五代別集

李長吉歌詩四卷外集一卷首一卷　(唐)李賀撰　(清)王琦彙解　清乾隆王氏寶笏樓刻本　二冊

330000－1701－0036059　普 811.13/4046/7　集部/别集類/唐五代別集

李長吉集四卷外卷一卷　(唐)李賀撰　(明)黃淳耀評點　(清)黎簡批點　清光緒十八年(1892)葉衍蘭羊城刻朱墨套印本　二冊

330000－1701－0036060　普 117.1/0011/c1　子部/雜著類/雜說之屬

潛書四卷　(清)唐甄撰　西蜀唐圃亭先生[甄]行畧一卷　(清)王聞遠撰　清光緒九年

(1883)中江李氏刻本　四册

330000－1701－0036061　普 117.1/0011/c2　子部/雜著類/雜説之屬

潛書四卷　(清)唐甄撰　**西蜀唐圃亭先生[甄]行畧一卷**　(清)王聞遠撰　清光緒九年(1883)中江李氏刻本　四册

330000－1701－0036062　普 117.1/0011/c3　子部/雜著類/雜説之屬

潛書四卷　(清)唐甄撰　**西蜀唐圃亭先生[甄]行畧一卷**　(清)王聞遠撰　清光緒九年(1883)中江李氏刻本　四册

330000－1701－0036063　普 117.092/0088/2/c3　史部/傳記類/總傳之屬/儒林

學案小識十四卷首一卷末一卷　(清)唐鑑撰　清光緒十年(1884)刻本　十二册

330000－1701－0036064　善 008497　集部/總集類/題詠之屬

汪蛟門三好圖題詠一卷　清抄本　一册

330000－1701－0036065　普 117.092/0088/2(2)　史部/傳記類/總傳之屬/儒林

學案小識十四卷首一卷末一卷　(清)唐鑑撰　清光緒十年(1884)刻本　十四册

330000－1701－0036066　普 811.13/4046/2　集部/别集類/唐五代别集

李長吉歌詩四卷外集一卷首一卷　(唐)李賀撰　(清)王琦彙解　清乾隆王氏寶笏樓刻本　四册

330000－1701－0036067　善 008499　集部/曲類/彈詞之屬

明紀彈詞四卷　(清)凝紫閣主人撰　清抄本　二册

330000－1701－0036069　普 811.13/4046.2　類叢部/叢書類/自著之屬

陳氏裛露軒叢書四種　(清)陳本禮撰　清嘉慶陳氏裛露軒刻本　二册　存一種

330000－1701－0036071　普 811.13/4046/9　類叢部/叢書類/彙編之屬

鐵琴銅劍樓叢書十三種　瞿啓甲編　清光緒至民國刻本暨影印本　二册　存一種

330000－1701－0036072　普 117.1/4710/3　類叢部/叢書類/郡邑之屬

湖北叢書三十種　(清)趙尚輔編　清光緒十七年(1891)三餘草堂刻本　八册　存一種

330000－1701－0036073　普 117.1/2634/c2　集部/總集類/氏族之屬

寧都三魏全集八十三卷　(清)林時益編　清道光二十五年(1845)寧都謝庭綬紱園書塾刻本　二册　存三卷(魏叔子日錄一至三)

330000－1701－0036074　善 008500　集部/别集類/清别集

綠迦楠精舍詩草一卷　(清)錢廷烺撰　稿本　清黄研香、清黄鍾秀批並跋　清龔自珍、清單壯圖、清李嘉竇、清吳城跋　一册

330000－1701－0036076　普 117.1/2634/c4　集部/總集類/氏族之屬

寧都三魏全集八十三卷　(清)林時益編　清道光二十五年(1845)寧都謝庭綬紱園書塾刻本　四册　存三卷(魏叔子日錄一至三)

330000－1701－0036077　普 117.1/2634/c5　集部/總集類/氏族之屬

寧都三魏全集八十三卷　(清)林時益編　清康熙易堂刻本　二册　存三卷(魏叔子日錄一至三)

330000－1701－0036079　善 008501　集部/别集類/清别集

忘憂草不分卷　(清)壽莊撰　稿本　清雪梅館主人題簽　二册

330000－1701－0036080　普 117.1/4439　子部/儒家類/儒學之屬/性理

吾師錄一卷自監錄四卷　(明)黄淳耀撰　清光緒二十五年(1899)番禺沈氏廣陵刻本　一册

330000－1701－0036081　普 117.1/7442/c1　子部/儒家類/儒學之屬/性理

思辨錄輯要前集二十二卷後集十三卷附先儒

陸子從祀一卷　(清)陸世儀撰　清光緒三年(1877)江蘇書局刻本　八冊

330000－1701－0036082　普 811.13/4046/3　類叢部/叢書類/彙編之屬
宏達堂叢書　清光緒四年(1878)四川宏達堂刻本　四冊　存一種

330000－1701－0036083　普 117.1/7442/c2　子部/儒家類/儒學之屬/性理
思辨錄輯要前集二十二卷後集十三卷附先儒陸子從祀一卷　(清)陸世儀撰　清光緒三年(1877)江蘇書局刻本　八冊

330000－1701－0036084　普 117.1/7442/c3　子部/儒家類/儒學之屬/性理
思辨錄輯要前集二十二卷後集十三卷附先儒陸子從祀一卷　(清)陸世儀撰　清光緒三年(1877)江蘇書局刻本　八冊

330000－1701－0036085　普 811.13/40801　類叢部/叢書類/彙編之屬
二酉堂叢書(張氏叢書)二十一種　(清)張澍輯　清道光元年(1821)武威張氏二酉堂刻本　一冊　存一種

330000－1701－0036086　普 811.13/4427.2、普 811.13/4427　集部/總集類/選集之屬/斷代
王氏彙刻唐人集七種　(清)王遐春輯　清嘉慶十五年(1810)福鼎王氏麟後山房刻本　二冊　存二種

330000－1701－0036087　普 117.1/4710/c1　子部/儒家類/儒學之屬/經濟
繹志十九卷　(清)胡承諾撰　清同治十一年(1872)浙江書局刻本　八冊

330000－1701－0036088　GP11513　類叢部/叢書類/郡邑之屬
江陰叢書三十二種　金武祥編　清光緒至宣統江陰金氏粟香室嶺南刻本　十六冊　存三十一種

330000－1701－0036089　普 117.1/4710/c2　子部/儒家類/儒學之屬/經濟
繹志十九卷　(清)胡承諾撰　清同治十一年(1872)浙江書局刻本　八冊　存十八卷(一至三、五至十九)

330000－1701－0036090　普 117.1/4710/c3　子部/儒家類/儒學之屬/經濟
繹志十九卷　(清)胡承諾撰　清同治十一年(1872)浙江書局刻本　八冊

330000－1701－0036091　普 117.1/4710/c4　子部/儒家類/儒學之屬/經濟
繹志十九卷　(清)胡承諾撰　清同治十一年(1872)浙江書局刻本　八冊

330000－1701－0036092　普 117.1/7442.06/c1　類叢部/叢書類/自著之屬
養晦堂集五種　(清)劉蓉撰　清光緒三年(1877)、十一年(1885)思賢講舍刻本　一冊　存一種

330000－1701－0036093　善 008502　集部/總集類/酬唱之屬
沈子璞先生手錄並時師友詩一卷　(清)沈子璞輯　清末抄本　幻醒子跋　一冊

330000－1701－0036096　普 117.1/7442.06/c2　類叢部/叢書類/自著之屬
養晦堂集五種　(清)劉蓉撰　清光緒三年(1877)、十一年(1885)思賢講舍刻本　一冊　存一種

330000－1701－0036097　善 008504　集部/別集類/清別集
醉月山房詩鈔一卷　(清)蔣椿撰　稿本　一冊

330000－1701－0036098　普 117.1/4710/2/c1　子部/儒家類/儒學之屬/經濟
繹志十九卷　(清)胡承諾撰　清道光十七年(1837)婁東顧氏謏聞書屋刻本　六冊

330000－1701－0036100　普 117.2/4307/3/c1　子部/儒家類/儒學之屬/性理
顏氏學記十卷　(清)戴望撰　清同治十年(1871)冶城山館刻本　四冊

330000－1701－0036101　普 117.2/4307/3/c2　子部/儒家類/儒學之屬/性理
顔氏學記十卷　(清)戴望撰　清同治十年(1871)冶城山館刻本　四册

330000－1701－0036102　普 117.1/4710/2/c2　子部/儒家類/儒學之屬/經濟
繹志十九卷　(清)胡承諾撰　清道光十七年(1837)婁東顧氏謏聞書屋刻本　四册

330000－1701－0036103　善 008503　集部/別集類/清別集
閩遊草一卷　(清)蔣如洛撰　清末抄本　清張祥河、清江澄題記　一册

330000－1701－0036105　善 008505　集部/別集類/清別集
璞存詩稿一卷　(清)吳爚文撰　稿本　一册

330000－1701－0036106　善 008506　集部/別集類/清別集
過玉書詩稿一卷　(清)過鑄撰　稿本　清戴洪禧跋　一册

330000－1701－0036108　普 811.13/4046.6　集部/別集類/唐五代別集
李長吉歌詩四卷外集一卷首一卷　(唐)李賀撰　(清)王琦彙解　清乾隆王氏寶笏樓刻本　四册

330000－1701－0036109　GP04771　經部/易類/傳説之屬
周易通義十六卷　(清)莊忠棫撰　清光緒六年(1880)儀徵劉壽曾冶城山館刻本　二册

330000－1701－0036110　善 008508　集部/別集類/清別集
皋社詩文稿一卷　(清)孫德祖撰　清末抄本　一册

330000－1701－0036111　普 117/0054/2、普 117.5/0054/2/c4　子部/儒家類/儒學之屬/性理
漢學商兑三卷　(清)方東樹撰　清光緒二十六年(1900)浙江書局刻本　四册

330000－1701－0036112　GP04772　史部/詔令奏議類/奏議之屬
明胡端敏公奏議十卷　(明)胡世寧撰　**胡端敏公奏議校勘記十卷**　(清)孫樹禮　孫峻撰　清光緒十九年(1893)浙江書局刻本　四册

330000－1701－0036114　善 008507　集部/別集類/清別集
梅蔭詩草甲集一卷　(清)豐艸菴外史譜梧氏撰　清道光抄本　一册

330000－1701－0036116　普 117.06/3603　類叢部/叢書類/彙編之屬
天台張氏兩銘樓叢書　(清)張廷琛編　清光緒至宣統木活字印本　一册　存一種

330000－1701－0036119　GP04780　類叢部/叢書類/家集之屬
崇川劉氏叢書四種　(清)劉長華編　清同治至光緒崇川劉氏刻民國十五年(1926)海寧陳氏慎初堂印本　十六册

330000－1701－0036120　善 008510　集部/別集類/清別集
昨非巹詩鈔二卷　(清)毛詩撰　稿本　二册

330000－1701－0036121　普 117.092/3144　史部/傳記類/總傳之屬/儒林
國朝漢學師承記八卷經師經義目錄一卷宋學淵源記二卷附記一卷　(清)江藩撰　清光緒十一年(1885)掃葉山房刻本　四册

330000－1701－0036122　普 811.13/4453　集部/別集類/唐五代別集
九家集注杜詩三十六卷　(唐)杜甫撰　(宋)郭知達集注　清刻本　三十二册

330000－1701－0036123　普 811.13/4428/2/c2　集部/別集類/唐五代別集
樊川詩集四卷別集一卷外集一卷詩補遺一卷　(唐)杜牧撰　(清)馮集梧注　清嘉慶六年(1801)德裕堂刻本　四册

330000－1701－0036124　普 117.3/1112　類叢部/叢書類/彙編之屬
正誼堂全書六十三種續刻五種　(清)張伯行

編　(清)楊浚重編　清同治五年(1866)福州正誼書院刻同治八年至光緒十三年(1869－1887)續刻本　一册　存一種

330000－1701－0036125　善 008511　集部/別集類/明別集

東莆居士詩文鈔不分卷　(明)林大欽撰　清抄本　一册

330000－1701－0036126　GP11516　類叢部/叢書類/彙編之屬

正覺樓叢刻(正覺樓叢書)二十九種　(清)崇文書局編　清光緒崇文書局刻本　二册　存一種

330000－1701－0036127　善 008512　集部/別集類/清別集

鏡西漫稿三卷　(清)岑振祖撰　清抄本　一册

330000－1701－0036128　普 117.3/1144　經部/孝經類/傳說之屬

孝經衍義一百卷首二卷　(清)聖祖玄燁敕撰　(清)葉方藹　(清)張英監修　(清)韓菼編纂　清康熙三十年(1691)江蘇布政使司刻本　二十册

330000－1701－0036129　普 117.3/3436/c2　類叢部/叢書類/家集之屬

沈端恪公遺書二種　(清)沈曰富編　清同治十二年(1873)浙江書局刻本　一册　存一種

330000－1701－0036130　GP11522　史部/傳記類/別傳之屬

中國第一大偉人岳飛不分卷　(日本)笹川種郎撰　(清)金鳴鑾譯　清光緒二十九年(1903)上海局石印本　一册

330000－1701－0036131　普 117.3/1171　子部/儒家類/儒學之屬/性理

信陽子卓錄八卷　(清)張鵬翮撰　清康熙五十五年(1716)刻本　二册

330000－1701－0036132　普 811.13/4434.2　集部/別集類/唐五代別集

洪度集一卷　(唐)薛濤撰　清光緒三十二年(1906)貴陽陳矩靈峯草堂刻本　一册

330000－1701－0036134　善 008514　集部/別集類/清別集

晚香書屋吟草一卷　(清)章楨撰　清光緒二十二年(1896)稿本　一册

330000－1701－0036135　善 008513　集部/別集類/清別集

越吟殘草一卷　(清)平步青撰　清平氏安越堂抄本　一册

330000－1701－0036136　普 811.13/4453.1　集部/別集類/唐五代別集

杜工部集二十卷首一卷　(唐)杜甫撰　(清)鄭澐校　**諸家詩話一卷唱酬題詠附錄一卷**　清同治十三年(1874)刻本　十二册

330000－1701－0036138　善 008515　集部/別集類/清別集

小浣花居唫稿不分卷月裏漁歌不分卷　(清)吳松齡撰　稿本　六册

330000－1701－0036141　GP11523　集部/別集類/清別集

御製圓明園詩一卷　(清)世宗胤禛撰　清末石印本　一册

330000－1701－0036143　普 811.13/4453.11　集部/別集類/唐五代別集

杜工部集二十卷首一卷　(唐)杜甫撰　(清)鄭澐校　**諸家詩話一卷唱酬題詠附錄一卷**　清同治十一年(1872)致一齋刻本　十册

330000－1701－0036144　普 117.3/3436/c1　類叢部/叢書類/家集之屬

沈端恪公遺書二種　(清)沈曰富編　清同治十二年(1873)浙江書局刻本　一册　存一種

330000－1701－0036145　普 117.3/3436/c3　類叢部/叢書類/家集之屬

沈端恪公遺書二種　(清)沈曰富編　清同治十二年(1873)浙江書局刻本　一册　存一種

330000－1701－0036146　普 117.3/3436/c4　類叢部/叢書類/家集之屬

沈端恪公遺書二種 （清）沈曰富編　清同治十二年（1873）浙江書局刻本　一冊　存一種

330000－1701－0036147　GP11524　史部/地理類/外紀之屬

列國地說不分卷 （美國）衛羅氏譯　（清）金向敷述　清光緒二十七年（1901）上海廣學會鉛印本　一冊

330000－1701－0036149　善 008516　史部/雜史類/斷代之屬

燕山筆記不分卷 燕山樵叟煦齋輯並評　清抄本　三冊

330000－1701－0036150　普 117.1/1043　子部/儒家類/儒學之屬/禮教/鑑戒

鑑心錄初集一卷再集一卷 （清）干城撰　（清）楊暄按　清抄本　四冊

330000－1701－0036151　善 008517　子部/醫家類/醫話醫論之屬

醫學日評不分卷 （清）黃子言撰　稿本　二冊

330000－1701－0036152　普 117.3/4094.2/c1　類叢部/叢書類/自著之屬

李文貞公全集三十九種 （清）李光地撰　清乾隆元年（1736）李清植刻嘉慶六年（1801）補刻本　十四冊　存一種

330000－1701－0036153　普 811.13/4453.11/2　集部/别集類/唐五代别集

杜工部詩集二十卷文集二卷補注一卷末一卷 （唐）杜甫撰　（清）朱鶴齡輯注　**杜工部［甫］年譜一卷** （清）朱鶴齡撰　清康熙葉永茹萬卷樓刻本　詩禪題記　二十二冊　缺一卷（一）

330000－1701－0036154　GP11525　新學/雜著/叢編

西學啓蒙十六種 （英國）赫德編　（英國）艾約瑟譯　清光緒二十四年（1898）上海盈記書莊石印本　一冊　存一種

330000－1701－0036156　普 117.3/4094.2/c2　類叢部/叢書類/自著之屬

李文貞公全集三十九種 （清）李光地撰　清乾隆元年（1736）李清植刻嘉慶六年（1801）補刻本　十冊　存一種

330000－1701－0036158　善 008518　集部/别集類/明别集

味淡集十卷 （明）伊乘撰　清光緒三十一年（1905）張桂森抄本　一冊　存五卷（六至十）

330000－1701－0036159　普 117.3/7474.2/c2、普 117.3/7474　類叢部/叢書類/彙編之屬

正誼堂全書六十三種續刻五種 （清）張伯行編　（清）楊浚重編　清同治五年（1866）福州正誼書院刻同治八年至光緒十三年（1869－1887）續刻本　二冊　存三種

330000－1701－0036160　善 008520　集部/别集類/清别集

夢姍姍室畫虎集一卷 （清）忠滿撰　稿本　一冊

330000－1701－0036161　普 811.13/4453.21/c1　集部/别集類/唐五代别集

杜工部集二十卷首一卷 （唐）杜甫撰　（明）王世貞等評　（清）盧坤輯評　清道光十四年（1834）芸葉盦刻六色套印本　八冊

330000－1701－0036162　善 008519　集部/總集類/酬唱之屬

鴻社菁華一卷 清抄本　清胡延楠跋　二冊

330000－1701－0036163　普 811.13/4453.13　集部/别集類/唐五代别集

杜工部集二十卷首一卷 （唐）杜甫撰　清光緒十三年（1887）玉勾草堂刻本　十冊

330000－1701－0036164　善 008521　集部/别集類/清别集

蜷窩删存草二卷 （清）陳福疇撰　稿本　沈瑾跋　朱祖謀題記　二冊

330000－1701－0036165　普 117.3/7474.2/c1　類叢部/叢書類/彙編之屬

正誼堂全書六十三種續刻五種 （清）張伯行編　（清）楊浚重編　清同治五年（1866）福州

正誼書院刻同治八年至光緒十三年(1869－1887)續刻本　二册　存一種

330000－1701－0036167　普 811.13/4453.2　集部/别集類/唐五代别集

杜工部七言律詩二卷　(唐)杜甫撰　(元)虞集注　清遺安草堂刻本　一册

330000－1701－0036168　普 811.13/4453.202　集部/别集類/唐五代别集

趙子常選杜律五言註三卷　(唐)杜甫撰　(元)趙汸注　(清)查弘道　(清)金集補注　**虞伯生選杜律七言註三卷**　(唐)杜甫撰　(元)虞集注　(清)查弘道　(清)金集補注　清康熙五十一年(1712)查弘道亦山草堂刻本　清丙戌生跋　二册

330000－1701－0036169　TW60001－TW60003　類叢部/叢書類/彙編之屬

文瀾閣四庫全書續藏三種　(清)永瑢　(清)紀昀等纂修　清乾隆内府寫本(清光緒補抄)　二百三十五册

330000－1701－0036171　善 008523　史部/金石類/總志之屬/目録

洛陽存古録二卷　清抄本　一册

330000－1701－0036172　善 008522　子部/醫家類/醫案之屬

小坡醫案一卷　(清)周家駒撰　清抄本　一册

330000－1701－0036173　善 008524　集部/别集類/清别集

衎石齋記事藁十卷　(清)錢儀吉撰　清道光刻本　清沈丙垣評　五册

330000－1701－0036174　善 008525　集部/别集類/清别集

慕陶吟稿二卷　(清)高辛仲撰　清抄本　一册

330000－1701－0036176　善 008527　集部/别集類/漢魏六朝别集

蔡中郎文集十卷外傳一卷　(漢)蔡邕撰　**蔡中郎外傳一卷**　(漢)黄瓊撰　清末詒硯齋抄本　清許子源校　二册

330000－1701－0036177　善 008528　經部/詩類/傳説之屬

説詩攷異四卷續一卷　(漢)蔡邕撰　清抄本　二册

330000－1701－0036178　善 008529　史部/傳記類/總傳之屬/家乘

[浙江紹興]浚儀趙氏玉牒世譜不分卷　(明)趙與伺纂修　清抄本　一册

330000－1701－0036179　善 008531　集部/詞類/别集之屬

耐園詩餘一卷　(清)魯俾侯撰　稿本　一册

330000－1701－0036180　善 008530　史部/傳記類/總傳之屬/家乘

[浙江紹興]浚儀趙氏家譜不分卷　(清)趙士介纂修　清道光十七年(1837)愛日堂抄本　一册

330000－1701－0036181　善 008532　集部/别集類/清别集

香草詩一卷詞一卷　(清)何鼎撰　清抄本　一册

330000－1701－0036182　善 008533　集部/總集類/郡邑之屬

續甬上耆舊詩一百十四卷　(清)全祖望輯　清抄本　清□志、清葉元堦跋　八册　存五十卷(一至五十)

330000－1701－0036184　善 008536　集部/别集類/清别集

西爽詩藁一卷　(清)來理寬撰　稿本　清鄭鳴岐、清大來跋　一册

330000－1701－0036185　善 008535　集部/詩文評類/文評之屬

汪文摘謬一卷　(清)葉燮撰　清抄本　一册

330000－1701－0036186　善 008537　集部/别集類/明别集

來舜和先生稿不分卷　(明)來繼韶撰　清抄本　一册

330000－1701－0036187　善 008539　集部/別集類/清別集

彝門詩鈔一卷　(清)侯嘉繙撰　清末抄本　一冊

330000－1701－0036188　善 008538　集部/別集類/明別集

來三峰先生遺稿選訂不分卷　(明)來昇　清抄本　一冊

330000－1701－0036189　善 008540　集部/別集類/清別集

秋籟閣詩鈔一卷　(清)黄瑞撰　稿本　一冊

330000－1701－0036191　善 008541　集部/別集類/清別集

雪薑老人詩選一卷　(清)洪枰撰　清抄本　一冊

330000－1701－0036192　普 117.1/1053/2　子部/儒家類/儒學之屬/經濟

黄書一卷　(清)王夫之撰　清抄本　一冊

330000－1701－0036193　善 008543　史部/地理類/雜志之屬

台郡識小錄一卷　(清)宋世犖撰　(清)王維翰節抄　**委羽山詩補錄一卷西橋王氏藝文錄一卷**　(清)王維翰輯　清抄本　一冊

330000－1701－0036194　普 811.13/4453.21/2　集部/別集類/唐五代別集

杜工部集二十卷首一卷　(唐)杜甫撰　(明)王世貞等評　(清)盧坤輯評　清光緒二年(1876)粵東翰墨園刻六色套印本　八冊

330000－1701－0036196　普 811.13/4453.22/c1　集部/別集類/唐五代別集

杜詩集評十五卷　(唐)杜甫撰　(清)劉濬輯　清嘉慶九年(1804)海寧劉氏藜照堂刻本　六冊

330000－1701－0036197　普 811.13/4453.21/(2)　集部/別集類/唐五代別集

杜工部集二十卷首一卷　(唐)杜甫撰　(明)王世貞等評　(清)盧坤輯評　清道光十四年(1834)芸葉盦刻六色套印本　二十四冊

330000－1701－0036198　普 117.1/1053.2/2　類叢部/叢書類/自著之屬

船山雜著　(清)王夫之撰　清道光聽雨軒刻本　一冊　存一種

330000－1701－0036199　普 811.13/4453.22/(2)/c2　集部/別集類/唐五代別集

杜詩集評十五卷　(唐)杜甫撰　(清)劉濬輯　清嘉慶九年(1804)海寧劉氏藜照堂刻本　八冊

330000－1701－0036200　善 008544　集部/別集類/清別集

耦堂詩稿一卷　(清)王又維撰　清抄本　一冊

330000－1701－0036201　普 811.13/4453.25/c1　集部/別集類/唐五代別集

杜工部集二十卷附錄一卷年譜一卷諸家詩話一卷唱酬題詠附錄一卷　(唐)杜甫撰　(清)錢謙益箋註　清宣統二年(1910)上海國學扶輪社鉛印本　八冊　缺一卷(年譜)

330000－1701－0036202　善 008546　集部/別集類/明別集

金存菴文集一卷　(明)金立敬撰　清抄本　一冊

330000－1701－0036203　普 117.4/0013　子部/儒家類/儒學之屬

課餘録十二卷附一卷　(清)應正祿撰　清嘉慶刻本　六冊

330000－1701－0036204　善 008547　經部/周禮類/分篇之屬

周禮醫官詳說一卷　(清)顧成章撰　清抄本　一冊

330000－1701－0036205　善 008548　史部/傳記類/別傳之屬

方正學[孝孺]事略一卷　(清)□□輯　**方正學先生古詩一卷雜著一卷**　(明)方孝孺撰　清抄本　一冊

330000－1701－0036206　普 811.13/4453.25/3　集部/別集類/唐五代別集

杜工部集二十卷附録一卷年譜一卷諸家詩話一卷唱酬題詠附録一卷 （唐）杜甫撰 （清）錢謙益箋註 清康熙刻本 十二册

330000－1701－0036208 普 811.13/4453.25/5/c1 集部/別集類/唐五代別集

杜工部集二十卷附録一卷年譜一卷諸家詩話一卷唱酬題詠附録一卷 （唐）杜甫撰 （清）錢謙益箋註 清康熙六年（1667）季氏靜思堂刻本 四册

330000－1701－0036209 普 811.13/4453.3/(2) 集部/別集類/唐五代別集

讀杜心解六卷首二卷 （清）浦起龍撰 清雍正二年至三年（1724－1725）前澗浦氏寧我齋刻本 十册

330000－1701－0036210 普 117.4/0474/c1 子部/儒家類/儒學之屬/禮教/鑑戒

約書十二卷 （清）謝階樹撰 清道光二十四年（1844）宜黄謝熉、謝煌刻本 八册

330000－1701－0036211 普 811.13/4453.25/c2 集部/別集類/唐五代別集

杜工部集二十卷 （唐）杜甫撰 （清）錢謙益箋註 （清）何焯評點 **諸家詩話一卷唱酬題詠附録一卷附録一卷** 清宣統二年（1910）上海國學扶輪社、神州國光社鉛印本 八册

330000－1701－0036212 普 811.13/4453.25/4 集部/別集類/唐五代別集

杜工部集二十卷附録一卷年譜一卷諸家詩話一卷唱酬題詠附録一卷 （唐）杜甫撰 （清）錢謙益箋註 清康熙六年（1667）泰興季振宜靜思堂刻本 五册

330000－1701－0036213 善 008549 集部/總集類/選集之屬/斷代

劍南詩選一卷石湖詩選一卷 清蔣氏別下齋抄本 一册

330000－1701－0036214 普 811.13/4453.25/5/c2 集部/別集類/唐五代別集

杜工部集二十卷附録一卷年譜一卷諸家詩話一卷唱酬題詠附録一卷 （唐）杜甫撰 （清）錢謙益箋註 清康熙六年（1667）季氏靜思堂刻本 清許晦堂批校 六册

330000－1701－0036216 普 117.4/0474/c2 子部/儒家類/儒學之屬/禮教/鑑戒

約書十二卷 （清）謝階樹撰 清道光二十四年（1844）宜黄謝熉、謝煌刻本 四册

330000－1701－0036217 善 008550 集部/戲劇類/雜劇之屬

桃花聖解盦樂府二種 （清）李慈銘撰 清抄本 一册

330000－1701－0036219 普 811.13/4453.3/(3) 集部/別集類/唐五代別集

讀杜心解六卷首二卷 （清）浦起龍撰 清雍正二年至三年（1724－1725）前澗浦氏寧我齋刻本 四册

330000－1701－0036222 普 811.13/4453.25/6/c1 集部/別集類/唐五代別集

杜工部集二十卷附録一卷年譜一卷唱酬題詠附録一卷諸家詩話一卷 （唐）杜甫撰 （清）錢謙益箋註 清宣統三年（1911）時中書局石印本 八册

330000－1701－0036224 普 811.13/4453.31/c2 集部/別集類/唐五代別集

杜詩註釋二十四卷首一卷 （清）許寶善輯 清光緒三年（1877）吴縣朱氏自怡軒刻本 十二册

330000－1701－0036225 普 811.13/4453.32 集部/別集類/唐五代別集

樹人堂讀杜詩二十四卷首一卷 （清）汪灝輯 （清）胡履亨讀 清道光十二年（1832）銀城麥浪園刻本 五册 缺九卷（十三至十五、十九至二十四）

330000－1701－0036226 普 811.13/4453.33/3/c2 集部/別集類/唐五代別集

杜詩鏡銓二十卷附諸家論杜一卷 （清）楊倫撰 **讀書堂杜工部文集註解二卷** （清）張溍 **杜工部［甫］年譜一卷** 清同治十一年（1872）望三益齋刻本 十二册

330000－1701－0036227　普 811.13/4453.33/3/c3　集部/別集類/唐五代別集

杜詩鏡銓二十卷附諸家論杜一卷　(清)楊倫撰　**讀書堂杜工部文集註解二卷**　(清)張溍　**杜工部[甫]年譜一卷**　清同治十一年(1872)望三益齋刻本　十二册

330000－1701－0036228　普 811.13/4453.33/3(2)/c2　集部/別集類/唐五代別集

杜詩鏡銓二十卷附諸家論杜一卷　(清)楊倫撰　**讀書堂杜工部文集註解二卷**　(清)張溍　**杜工部[甫]年譜一卷**　清同治十一年(1872)望三益齋刻本　十册

330000－1701－0036229　普 117.4/2710　子部/儒家類/儒學之屬/性理

志學後録八卷附渇露篇一卷　(清)向璿撰　(清)高知遜編　清乾隆十年(1745)山陰向宏運刻本　二册

330000－1701－0036232　普 811.13/4453.3/(4)/c2　集部/別集類/唐五代別集

讀杜心解六卷首二卷　(清)浦起龍撰　清雍正二年至三年(1724－1725)前澗浦氏寧我齋刻本　八册

330000－1701－0036234　普 811.13/4453.4/c3　集部/別集類/唐五代別集

杜詩論文五十六卷　(唐)杜甫撰　(清)吴見思注　(清)潘眉評　清康熙十一年(1672)常州岱淵堂刻吴郡寶翰樓印本　十二册

330000－1701－0036238　普 811.13/4453.3　集部/別集類/唐五代別集

讀杜心解六卷首二卷　(清)浦起龍撰　清雍正二年至三年(1724－1725)前澗浦氏寧我齋刻本　章嶔題記　十二册

330000－1701－0036242　普 811.13/4453.33/5　集部/別集類/唐五代別集

杜詩鏡銓二十卷附諸家論杜一卷　(清)楊倫撰　**杜工部[甫]年譜一卷**　清乾隆九柏山房刻本　八册

330000－1701－0036243　普 811.13/4453.26/c1　集部/別集類/唐五代別集

杜工部五言詩選直解三卷七言詩選直解二卷　(唐)杜甫撰　(清)范廷謀註釋　**杜工部[甫]年譜一卷**　(清)范廷謀訂　清雍正稼石堂刻本　五册

330000－1701－0036245　普 811.13/4453.4/c2　集部/別集類/唐五代別集

杜詩論文五十六卷　(唐)杜甫撰　(清)吴見思注　(清)潘眉評　清康熙十一年(1672)常州岱淵堂刻吴郡寶翰樓印本　十二册

330000－1701－0036247　普 811.13/4453.4/(2)　集部/別集類/唐五代別集

杜詩論文五十六卷　(唐)杜甫撰　(清)吴見思注　(清)潘眉評　清康熙十一年(1672)常州岱淵堂刻本　八册

330000－1701－0036248　普 170.1/1133　子部/儒家類/儒學之屬/勸學

勸學篇二卷　(清)張之洞撰　清光緒二十四年(1898)兩湖書院刻本　一册

330000－1701－0036249　善 008552　集部/總集類/酬唱之屬

海棠詩社倡和集一卷附集一卷　(清)李向榮等撰　清抄本　一册

330000－1701－0036250　普 811.13/4453.27　集部/別集類/唐五代別集

讀杜小箋三卷讀杜二箋二卷　(清)錢謙益箋　清宣統三年(1911)上海國學扶輪社石印本　一册

330000－1701－0036251　普 170.1/1133/2/c1　子部/儒家類/儒學之屬/勸學

勸學篇二卷　(清)張之洞撰　清光緒二十五年(1899)鄒履和刻本　一册

330000－1701－0036252　善 008553　集部/別集類/清別集

效蟬唫艸一卷　(清)歐景辰撰　清抄本　一册

330000－1701－0036253　普 170.1/3302　子部/儒家類/儒學之屬/禮教/鑑戒

梁瀛侯先生日省錄三卷補遺一卷　(清)梁文科輯　清光緒六年(1880)刻本　一冊

330000－1701－0036254　普 170.1/1133/2/c2　子部/儒家類/儒學之屬/勸學
勸學篇二卷　(清)張之洞撰　清光緒二十四年(1898)汪寶善刻本　二冊

330000－1701－0036256　普 170.1/3302/2　子部/儒家類/儒學之屬/禮教/鑑戒
日省錄三卷補遺一卷　(清)梁文科輯　清光緒十七年(1891)強恕齋江南榷署刻本　一冊　存三卷(一至三)

330000－1701－0036257　普 170.1/1133/2/c3　子部/儒家類/儒學之屬/勸學
勸學篇二卷　(清)張之洞撰　清光緒二十四年(1898)浙江刻本　一冊

330000－1701－0036258　普 811.13/4453.42　集部/別集類/唐五代別集
杜詩詳註二十五卷首一卷附編二卷　(唐)杜甫撰　(清)仇兆鰲輯注　清康熙刻本　章嶔題記　十六冊

330000－1701－0036259　善 008554　史部/金石類/錢幣之屬
錢錄一卷　清抄本　許慹校補並跋　一冊

330000－1701－0036261　普 811.13/4453.33/2/c2　集部/別集類/唐五代別集
杜詩鏡銓二十卷附諸家論杜一卷　(清)楊倫撰　讀書堂杜工部文集註解二卷　(清)張溍撰　清光緒十八年(1892)上海著易堂鉛印本　六冊

330000－1701－0036262　善 008556　子部/藝術類/遊藝之屬/棋弈
仙機武庫八卷　(明)陸玄宇輯　清同治七年(1868)茀堂抄本　八冊

330000－1701－0036263　普 170.1/3302/3/c1　子部/儒家類/儒學之屬/禮教/鑑戒
日省錄三卷補遺一卷　(清)梁文科輯　清光緒九年(1883)運道堂明州榷署刻本　一冊

330000－1701－0036264　普 170.1/3302/3/c2　子部/儒家類/儒學之屬/禮教/鑑戒
日省錄三卷補遺一卷　(清)梁文科輯　清光緒九年(1883)運道堂明州榷署刻本　二冊

330000－1701－0036265　善 008555　集部/別集類/清別集
衎廬先生遺稿再續編四卷　(清)朱昌燕撰　清末抄本　一冊

330000－1701－0036266　普 811.13/4453.33/2/c3　集部/別集類/唐五代別集
杜詩鏡銓二十卷附諸家論杜一卷　(清)楊倫撰　讀書堂杜工部文集註解二卷　(清)張溍撰　清光緒十八年(1892)上海著易堂鉛印本　六冊

330000－1701－0036267　普 811.13/4453.42/3(2)/c2　集部/別集類/唐五代別集
杜詩詳註二十五卷首一卷附編二卷　(唐)杜甫撰　(清)仇兆鰲輯注　清康熙刻本　二十八冊

330000－1701－0036268　普 811.13/4453.42/(2)/c2　集部/別集類/唐五代別集
杜詩詳註二十五卷首一卷附編二卷　(唐)杜甫撰　(清)仇兆鰲輯注　清康熙刻本　十四冊

330000－1701－0036269　普 170.1/3193/2　子部/儒家類/儒學之屬/禮教/家訓
雙節堂庸訓六卷　(清)汪輝祖撰　清刻本　一冊

330000－1701－0036270　普 170.1/3406　子部/雜著類/雜說之屬
菜根譚一卷　(明)洪應明撰　娑羅館清語一卷　(明)屠隆撰　清光緒十三年(1887)揚州藏經禪院刻本　一冊　缺一卷(娑羅館清語)

330000－1701－0036271　善 008557　集部/別集類/清別集
篔喜廬文初集十八卷二集十卷三集四卷　(清)傅雲龍撰　清光緒寫刻樣本　清翁同龢題簽　二十二冊　存二十二卷(初集一至十

八、三集一至四）

330000－1701－0036272　普 811.13/4453.42/5　集部/別集類/唐五代別集
杜詩詳註二十五卷首一卷附編二卷　（唐）杜甫撰　（清）仇兆鰲輯注　清大文堂刻本　二十七冊　缺一卷（一）

330000－1701－0036273　普 811.13/4453.42/5(3)　集部/別集類/唐五代別集
杜詩詳註二十五卷首一卷附編二卷　（唐）杜甫撰　（清）仇兆鰲輯注　清大文堂刻本　二十冊

330000－1701－0036275　普 811.13/4453.43/c3　集部/別集類/唐五代別集
杜詩集說二十卷末一卷　（唐）杜甫撰　（清）江浩然輯　**杜工部［甫］年譜一卷**　（清）朱鶴齡撰　清乾隆四十三年（1778）本立堂刻本　十六冊

330000－1701－0036276　善 008559　集部/別集類/清別集
琳枝先生文集一卷　（清）徐國楨撰　稿本　一冊

330000－1701－0036278　善 008570　集部/別集類/清別集
代作誄挽碑文類稿不分卷　（清）宗稷辰撰　稿本　清邵懿辰、清汪士侃、清王柏心、清盧園批　三冊

330000－1701－0036280　普 811.13/4453.42/(5)　集部/別集類/唐五代別集
杜詩詳註二十五卷首一卷　（唐）杜甫撰　（清）仇兆鰲輯注　清康熙刻本　十四冊

330000－1701－0036282　普 811.13/4453.43/c4　集部/別集類/唐五代別集
杜詩集說二十卷末一卷　（唐）杜甫撰　（清）江浩然輯　**杜工部［甫］年譜一卷**　（清）朱鶴齡撰　清乾隆四十三年（1778）本立堂刻本　十二冊

330000－1701－0036283　善 008558　子部/雜著類/雜說之屬
唐摭言十五卷　（唐）王定保撰　清乾隆二十一年（1756）德州盧氏雅雨堂刻雅雨堂叢書本　清戈襄校　二冊

330000－1701－0036285　普 170.1/3406/6/c1　子部/雜著類/雜說之屬
菜根談一卷　（明）洪應明撰　清光緒十七年（1891）刻本　一冊

330000－1701－0036286　善 008560　集部/戲劇類/雜劇之屬
性天風月通玄記一卷二十齣　（明）藍茂撰　清抄本　一冊

330000－1701－0036287　普 811.13/4453.53　集部/別集類/唐五代別集
杜律通解四卷　（唐）杜甫撰　（清）李文煒箋釋　清刻本　四冊

330000－1701－0036288　普 170.1/3507.01/2　子部/儒家類/儒學之屬/禮教
聖諭廣訓直解一卷　（清）世宗胤禛撰　（清）□□直解　清光緒二十三年（1897）長白桐澤刻本　二冊

330000－1701－0036289　普 170.1/3406/6/c2　子部/雜著類/雜說之屬
菜根談一卷　（明）洪應明撰　清光緒十七年（1891）刻本　一冊

330000－1701－0036290　普 811.13/4453.6　集部/別集類/唐五代別集
杜工部詩集二十卷外詩一卷文集二卷　（唐）杜甫撰　（清）朱鶴齡輯注　**杜工部［甫］年譜一卷**　（清）朱鶴齡撰　清康熙葉永茹萬卷樓刻本　十冊　缺一卷（外詩）

330000－1701－0036291　普 170.1/4827　子部/雜著類/雜編之屬
砭懦集六卷　（清）松巖居士編　清同治十三年（1874）夢鈴書屋木活字印本　二冊

330000－1701－0036292　善 008571　史部/地理類/水利之屬
河工雜載一卷　清越峴山館抄本　一冊

330000－1701－0036293　普 811. 13/4453. 52　集部/别集類/唐五代别集
杜工部詩説十二卷　（唐）杜甫撰　（清）黄生輯説　清康熙三十五年（1696）一木堂刻本　十册

330000－1701－0036295　普 811. 13/4453. 71　集部/别集類/唐五代别集
柏蔭軒約選杜詩五律串解二卷　（唐）杜甫撰　（清）周作淵約選串解　清乾隆五十五年（1790）文鳥堂刻本　清彦覆跋　二册

330000－1701－0036297　普 170. 1/7237/10/c2　類叢部/叢書類/彙編之屬
四種秘書　（清）陸成本輯　清嘉慶二十一年（1816）蕭山陸氏刻本　二册　存一種

330000－1701－0036298　普 811. 13/4453. 76/2　類叢部/叢書類/自著之屬
唱經堂才子書彙稿十種　（清）金人瑞撰　清初刻本　二册　存一種

330000－1701－0036299　普 170. 1/7751　子部/儒家類/儒學之屬/性理
習是編二卷　（清）屈成霖輯　清乾隆十三年（1748）屈氏豫簪堂刻本　四册

330000－1701－0036301　普 170. 1/5530/c1　子部/儒家類/儒學之屬/性理
厚録一卷　費寅撰　清光緒木活字印本　一册

330000－1701－0036302　普 811. 13/4453. 84　集部/别集類/唐五代别集
讀書堂杜工部詩集註解二十卷文集註解二卷編年詩史譜目一卷　（唐）杜甫撰　（清）張溍評註　清康熙三十七年（1698）張氏讀書堂刻本　二十四册

330000－1701－0036303　普 170. 1/5530/c2　子部/儒家類/儒學之屬/性理
厚録一卷　費寅撰　清光緒木活字印本　一册

330000－1701－0036304　普 170. 1/5530/c3　子部/儒家類/儒學之屬/性理
厚録一卷　費寅撰　清光緒木活字印本　一册

330000－1701－0036306　普 170. 1/7237/11　類叢部/叢書類/彙編之屬
崇文書局彙刻書三十一種　（清）崇文書局編　清光緒元年至三年（1875－1877）湖北崇文書局刻民國元年（1912）鄂官書處重印本　一册　存一種

330000－1701－0036307　善 008562　子部/宗教類/道教之屬
丹汞玄機一卷　清抄本　清頑嫄題簽　一册

330000－1701－0036311　普 811. 13/4453. 86　集部/别集類/唐五代别集
杜詩偶評四卷　（唐）杜甫撰　（清）沈德潛評　清乾隆十二年（1747）潘承松賦閒草堂刻本　二册

330000－1701－0036312　普 170. 1/7237　子部/儒家類/儒學之屬/俗訓
人譜一卷人譜類記二卷　（明）劉宗周撰　清同治七年（1868）蕺山書院刻本　二册

330000－1701－0036314　普 170. 951/4076　子部/儒家類/儒學之屬
玉局人譜　（清）李師默編　清道光二十二年（1842）刻本　七册　存二十種

330000－1701－0036315　普 811. 13/4453. 84/2　集部/别集類/唐五代别集
讀書堂杜工部詩集註解二十卷文集註解二卷編年詩史譜目一卷　（唐）杜甫撰　（清）張溍評註　清道光二十一年（1841）張氏刻本　十一册　存二十卷（一至二十）

330000－1701－0036316　善 008564　史部/傳記類/總傳之屬/忠孝
新刻全像註釋二十四孝日記故事一卷　清初黄子質刻本　一册

330000－1701－0036318　普 811. 13/4453. 7　集部/别集類/唐五代别集
歲寒堂讀杜二十卷　（清）范輦雲撰　清道光二十四年（1844）嘉興范玉琨刻本　六册

330000－1701－0036319　普 811.13/4453.762　集部/别集類/唐五代别集

貫華堂評選杜詩二卷　(清)金人瑞原評　(清)趙時楫輯　清乾隆二十四年(1759)桐蔭書屋刻本　二册

330000－1701－0036321　普 170.1/7237/4/c1　類叢部/叢書類/彙編之屬

崇文書局彙刻書三十一種　(清)崇文書局編　清光緒元年至三年(1875－1877)湖北崇文書局刻本　二册　存一種

330000－1701－0036322　普 170.1/7237/4/c2　子部/儒家類/儒學之屬/俗訓

人譜正篇一卷續篇二卷三篇一卷類記增訂六卷　(明)劉宗周撰　清光緒三年(1877)湖北崇文書局刻崇文書局彙刻書本　清邱震題記　三册

330000－1701－0036323　普 170.1/7237/4/c3　類叢部/叢書類/彙編之屬

崇文書局彙刻書三十一種　(清)崇文書局編　清光緒元年至三年(1875－1877)湖北崇文書局刻本　二册　存二種

330000－1701－0036324　普 811.13/4453.86/(2)　集部/别集類/唐五代别集

杜詩偶評四卷　(唐)杜甫撰　(清)沈德潛評　清乾隆十二年(1747)潘承松賦閒草堂刻本　四册

330000－1701－0036325　普 170.12/4243　子部/雜著類/雜纂之屬

二十二史感應錄二卷　(清)彭希涑輯　清宣統元年(1909)刻本　二册

330000－1701－0036326　普 811.13/4453.77　集部/别集類/唐五代别集

杜詩選讀六卷　(唐)杜甫撰　(清)何化南　(清)朱煜編　清乾隆二十四年(1759)逸園刻本　四册

330000－1701－0036327　普 811.13/4453.72　類叢部/叢書類/自著之屬

張師筠著述三種　(清)張爕承撰　清咸豐九年至同治十一年(1859－1872)刻本　二册　存一種

330000－1701－0036328　普 811.13/4453.9　集部/别集類/唐五代别集

杜工部草堂詩箋二十二卷　(唐)杜甫撰　(宋)魯訔編次　(宋)蔡夢弼會箋　**杜工部草堂詩年譜二卷**　(宋)趙子櫟　(宋)魯訔撰　**杜工部草堂詩話二卷**　(宋)蔡夢弼輯　清光緒元年(1875)巴陵方氏碧琳琅館刻本　五册

330000－1701－0036330　普 170.951/4622　子部/儒家類/儒學之屬/性理

求艾錄十卷　(清)楊以貞撰　清光緒二十七年(1901)志遠齋刻本　二册

330000－1701－0036331　普 811.13/4453.9/(2)　集部/别集類/唐五代别集

杜工部草堂詩箋二十二卷　(唐)杜甫撰　(宋)魯訔編次　(宋)蔡夢弼會箋　**杜工部草堂詩年譜二卷**　(宋)趙子櫟　(宋)魯訔撰　**杜工部草堂詩話二卷**　(宋)蔡夢弼輯　清光緒元年(1875)巴陵方氏碧琳琅館刻本　王舟瑤跋　四册

330000－1701－0036332　普 170.951/6063　子部/儒家類/儒學之屬/禮教/家訓

清夜鐘一卷　(清)石成金撰　清光緒二十一年(1895)潘氏四本堂刻本　一册

330000－1701－0036333　普 171.1/4422　子部/儒家類/儒學之屬/蒙學

童蒙須知韻語一卷　(清)萬斛泉撰　清同治五年(1866)上海道署刻本　一册

330000－1701－0036335　善 008566　集部/總集類/選集之屬/斷代

崑山片玉一卷　(清)葉白湖　(清)勞文瀾等撰　稿本　一册

330000－1701－0036339　普 170.6/1111　類叢部/叢書類/彙編之屬

天台張氏兩銘樓叢書　(清)張廷琛編　清光緒至宣統木活字印本　一册　存一種

330000－1701－0036341　普 811.13/4453.9/

2　類叢部/叢書類/彙編之屬

古逸叢書二十六種　(清)黎庶昌編　清光緒八年至十年(1882 - 1884)黎庶昌日本東京使署影刻本　八冊　存一種

330000 - 1701 - 0036342　普 170.1/7237/6　子部/儒家類/儒學之屬/俗訓

人譜一卷人譜類記二卷　(明)劉宗周撰　清光緒元年(1875)杭州刻本　單士釐題記　二冊

330000 - 1701 - 0036343　普 170.1/7237/7　子部/儒家類/儒學之屬/俗訓

人譜一卷人譜類記二卷　(明)劉宗周撰　清同治七年(1868)蕺山書院刻紹興裘氏印本　二冊

330000 - 1701 - 0036344　普 170.1/7237/8　子部/儒家類/儒學之屬/禮教

蕺山先生人譜一卷人譜類記二卷　(明)劉宗周撰　清嘉慶十六年(1811)松筠廣州刻道光四年(1824)白鎔印本　二冊

330000 - 1701 - 0036345　善 008569　類叢部/叢書類/彙編之屬

祕書廿一種　(清)汪士漢編　清嘉慶三年(1798)菁華書屋刻本　清王棻校　一冊　存一種

330000 - 1701 - 0036346　普 170.1/7237/9　子部/儒家類/儒學之屬/俗訓

人譜一卷人譜類記二卷　(明)劉宗周撰　清同治七年(1868)蕺山書院刻本　二冊

330000 - 1701 - 0036347　普 170.1/7237/10/c1　類叢部/叢書類/彙編之屬

四種秘書　(清)陸成本輯　清嘉慶二十一年(1816)蕭山陸氏刻本　二冊　存一種

330000 - 1701 - 0036348　普 171.2/1058/2　子部/雜著類/雜纂之屬

傳家寶初集八卷二集八卷三集八卷四集八卷　(清)石成金撰　清愛蓮堂刻本　三十二冊

330000 - 1701 - 0036349　普 172/5377　子部/儒家類/儒學之屬/禮教

人範須知六卷　(清)盛隆輯　清同治二年(1863)武昌石竹山房刻本　六冊

330000 - 1701 - 0036351　普 172/7427/c1　子部/儒家類/儒學之屬/禮教

新增願體集四卷　(清)史典輯　(清)李仲麟重輯　清光緒二年(1876)嘉興嚴氏刻本　二冊

330000 - 1701 - 0036354　普 172/7427/c2　子部/儒家類/儒學之屬/禮教

新增願體集四卷　(清)史典輯　(清)李仲麟重輯　清光緒二年(1876)嘉興嚴氏刻本　二冊

330000 - 1701 - 0036355　普 811.13/4453.87　集部/别集類/唐五代別集

杜詩提要十四卷　(唐)杜甫撰　(清)吳瞻泰評　清乾隆山雨樓刻本　八冊

330000 - 1701 - 0036356　普 811.13/4453.91　集部/别集類/唐五代別集

杜詩闡三十三卷　(清)盧元昌撰　清康熙刻本　十冊

330000 - 1701 - 0036358　善 008573　集部/詞類/總集之屬

硤川詞續鈔二卷　(清)許仁沐　蔣學堅輯　清末峽川張氏六有齋抄本　二冊

330000 - 1701 - 0036359　普 172/7427/2　子部/儒家類/儒學之屬/禮教

願體集二卷附救急良方達生篇藥方一卷　(清)史典輯　(清)李仲麟重輯　清同治六年(1867)刻本　二冊

330000 - 1701 - 0036360　善 008572　史部/地理類/水利之屬

堰事公言一卷　(清)宗稷辰撰　稿本　一冊

330000 - 1701 - 0036362　普 811.13/4480/c1　集部/别集類/唐五代別集

韓昌黎詩集編年箋注十二卷　(唐)韓愈撰　(清)方世舉考訂　(清)盧見曾刪定　清乾隆二十三年(1758)德州盧見曾雅雨堂刻本　六冊

330000－1701－0036364　普 172/0194　子部/儒家類/儒學之屬/禮教
讀書做人譜一卷　(清)龍炳垣輯　清道光二十九年(1849)刻同治四年(1865)重修本　一册

330000－1701－0036365　普 811.13/4480.2/c2　集部/别集類/唐五代别集
昌黎先生詩集注十一卷年譜一卷　(唐)韓愈撰　(清)顧嗣立删補　清康熙三十八年(1699)長洲顧嗣立秀野艸堂刻本　八册

330000－1701－0036366　普 172/7427/3　子部/儒家類/儒學之屬/禮教
新增願體集四卷　(清)史典輯　(清)李仲麟重輯　清乾隆五十七年(1792)寶翰樓刻本　清魏文沅批　四册

330000－1701－0036367　善 008576　集部/别集類/清别集
構餘軒詩鈔一卷　(清)馬光瀾撰　清抄本　一册

330000－1701－0036368　普 811.13/4480/c3　集部/别集類/唐五代别集
韓昌黎詩集編年箋注十二卷　(唐)韓愈撰　(清)方世舉考訂　(清)盧見曾删定　清乾隆二十三年(1758)德州盧見曾雅雨堂刻本　八册

330000－1701－0036370　普 811.13/4480.2/3　集部/别集類/唐五代别集
昌黎先生詩集注十一卷年譜一卷　(唐)韓愈撰　(清)顧嗣立删補　清光緒九年(1883)廣州翰墨園刻三色套印本　陳光漢跋　二册

330000－1701－0036371　普 811.13/4480.2/2/c1　集部/别集類/唐五代别集
昌黎先生詩集注十一卷年譜一卷　(唐)韓愈撰　(清)顧嗣立删補　清道光十六年(1836)膺德堂刻二十五年(1845)朱墨套印本　章嵚題簽　四册

330000－1701－0036373　普 172/7524　類叢部/叢書類/自著之屬
陳餘山所著書七種　(清)陳僅撰　清道光二十年至二十九年(1840－1849)刻彙印本　一册　存一種

330000－1701－0036375　善 008577　集部/别集類/清别集
重遠齋詩抄一卷　(清)楊鼎撰　稿本　一册

330000－1701－0036376　普 172/1047　子部/雜著類/雜説之屬
俟後編六卷補錄一卷　(明)王敬臣撰　**仁孝先生事略附錄一卷**　(清)彭定求輯　清同治八年(1869)木活字印本　一册

330000－1701－0036377　普 811.13/4480.2/(2)/c1　集部/别集類/唐五代别集
昌黎先生詩集注十一卷年譜一卷　(唐)韓愈撰　(清)顧嗣立删補　清康熙三十八年(1699)長洲顧嗣立秀野艸堂刻本　四册

330000－1701－0036378　普 171.2/1058　子部/雜著類/雜纂之屬
傳家寶初集八卷二集八卷三集八卷四集八卷　(清)石成金撰　清經綸堂刻本　清葛泰林題記　十三册　缺十九卷(二集六至八、三集一至八、四集一至八)

330000－1701－0036379　普 811.13/4480.02　集部/别集類/唐五代别集
韓退之南山詩解一卷　(清)方燁詮釋　清鉛印本　一册

330000－1701－0036380　普 811.13/4453.92　集部/别集類/唐五代别集
杜工部詩選初學讀本八卷　(唐)杜甫撰　(清)孫人龍輯評　清乾隆刻本　清炳如題記　二册

330000－1701－0036381　善 008580　集部/總集類/選集之屬/斷代
詩選不分卷　(清)□□輯　清抄本　二册

330000－1701－0036382　普 811.13/4480.2/(2)/c2　集部/别集類/唐五代别集
昌黎先生詩集注十一卷年譜一卷　(唐)韓愈撰　(清)顧嗣立删補　清康熙三十八年

(1699)長洲顧嗣立秀野艸堂刻本　四册

330000－1701－0036383　普 172/2681　子部/雜著類/雜說之屬

秀才約語授趙雋堂同學一卷戊寅新增十二則授同學胡象華胡藴華昆仲一卷　(清)吳毓珍撰　清道光十六年(1836)刻本　一册

330000－1701－0036384　善 008581　集部/別集類/清別集

碧琅館詩草三卷　(清)陳鶴撰　清同治十一年(1872)陳德容抄本　一册

330000－1701－0036385　普 811.13/4480.2/2/c2　集部/別集類/唐五代別集

昌黎先生詩集注十一卷年譜一卷　(唐)韓愈撰　(清)顧嗣立刪補　清道光十六年(1836)膺德堂刻朱墨套印本　四册

330000－1701－0036386　普 811.13/4480.2/2(2)　集部/別集類/唐五代別集

昌黎先生詩集注十一卷年譜一卷　(唐)韓愈撰　(清)顧嗣立刪補　清道光十六年(1836)膺德堂刻朱墨套印本　六册

330000－1701－0036387　普 811.13/4453.98　類叢部/類書類/專類之屬

杜韓詩句集韻三卷　(清)汪文柏輯　清康熙四十五年至四十六年(1706－1707)洞庭麟慶堂刻本　二册

330000－1701－0036388　善 008583　集部/詞類/別集之屬

醒愁詞一卷螢廬題畫雜存一卷　(清)陸沈子撰　清末抄本　一册

330000－1701－0036389　普 172/4827　子部/雜著類/雜編之屬

砭懦集六卷　(清)松巖居士編　清同治十三年(1874)夢鈴書屋木活字印本　一册

330000－1701－0036390　普 811.13/4480.206　集部/別集類/唐五代別集

昌黎先生詩增注証譌十一卷　(唐)韓愈撰　(清)黃鉞增注証譌　**昌黎先生[韓愈]年譜一卷**　(清)黃鉞編　清道光二十八年(1848)黃中民刻咸豐七年(1857)四明鮑氏二客軒印本　六册

330000－1701－0036391　善 008582　集部/別集類/清別集

舒悶錄一卷　(清)張庚撰　清末抄本　一册

330000－1701－0036393　普 811.13/4480.2/4　集部/總集類/彙編之屬

唐詩百名家全集　(清)席啓寓輯　清康熙四十一年(1702)洞庭席氏琴川書屋刻本　六册　存一種

330000－1701－0036394　普 811.13/4453.98/(3)/c1　類叢部/類書類/專類之屬

杜韓詩句集韻三卷　(清)汪文柏輯　清康熙四十五年至四十六年(1706－1707)洞庭麟慶堂刻本　四册

330000－1701－0036395　善 008584　集部/總集類/選集之屬/斷代

餐霞精舍詩一卷　(清)史福濟撰　**史英濟詩一卷**　(清)史英濟撰　**寄生艸堂詩一卷**　(清)史久中撰　清抄本　一册

330000－1701－0036396　善 008586　集部/別集類/唐五代別集

杜律詹言四卷　(明)謝杰撰　(清)魏憲評點　清光緒二十三年(1897)謝章鋌賭棋山莊抄本　一册

330000－1701－0036397　普 811.13/4702　集部/別集類/唐五代別集

韋蘇州詩歷一卷　(唐)韋應物撰　清抄本　余紹宋題記　一册

330000－1701－0036398　普 811.13/4480.206/2　集部/別集類/唐五代別集

昌黎先生詩增注証譌十一卷　(唐)韓愈撰　(清)黃鉞增注証譌　**昌黎先生[韓愈]年譜一卷**　(清)黃鉞編　清道光二十八年(1848)黃中民刻咸豐七年(1857)四明鮑氏二客軒印本　清潤生題記　四册

330000－1701－0036399　善 008585　集部/別集類/清別集

瑤田遺詩一卷　(清)蔡銘玨撰　清末抄本　一冊

330000－1701－0036400　普 811.13/4453.98/(3)/c3　類叢部/類書類/專類之屬
杜韓詩句集韻三卷　(清)汪文柏輯　清康熙四十五年至四十六年(1706－1707)洞庭麟慶堂刻本　二冊　存一卷(一)

330000－1701－0036401　普 172/7530/c1　子部/儒家類/儒學之屬/禮教
五種遺規十七卷　(清)陳弘謀輯並撰　清光緒二十一年(1895)浙江書局刻本　十冊

330000－1701－0036402　普 172/7530/c2　子部/儒家類/儒學之屬/禮教
五種遺規十七卷　(清)陳弘謀輯並撰　清光緒二十一年(1895)浙江書局刻本　十冊

330000－1701－0036403　普 811.13/6020　集部/別集類/唐五代別集
豐溪存稿一卷　(唐)呂從慶撰　清刻本　一冊

330000－1701－0036404　普 172/7530/3　子部/儒家類/儒學之屬/禮教
五種遺規摘鈔十五卷　(清)陳弘謀輯並撰　(清)劉肇紳摘抄　清末掃葉山房鉛印本　八冊

330000－1701－0036405　普 172/7530/c4　子部/儒家類/儒學之屬/禮教
五種遺規十七卷　(清)陳弘謀輯並撰　清光緒二十一年(1895)浙江書局刻本　十冊

330000－1701－0036406　普 172/7530/c5　子部/儒家類/儒學之屬/禮教
五種遺規十七卷　(清)陳弘謀輯並撰　清光緒二十一年(1895)浙江書局刻本　清志遠題簽並記　十冊

330000－1701－0036407　普 172/7530/2　子部/儒家類/儒學之屬/禮教
五種遺規十七卷　(清)陳弘謀輯並撰　清光緒五年(1879)江西書局刻本　十二冊

330000－1701－0036408　普 172/7586　子部/儒家類/儒學之屬/性理
學廬自鏡語一卷續編一卷　(清)陳錦撰　清光緒刻橘蔭軒全集本　清子敬題記　一冊

330000－1701－0036409　普 811.13/7724/c1　類叢部/叢書類/郡邑之屬
金華叢書六十八種　(清)胡鳳丹編　清同治七年至光緒八年(1868－1882)永康胡氏退補齋刻民國補刻本　二冊　存一種

330000－1701－0036410　善 008587　集部/總集類/郡邑之屬
桐溪耆隱集一卷　(清)袁烱輯　清光緒袁氏漸西邨舍抄本　一冊

330000－1701－0036411　善 008588　集部/別集類/清別集
辟莽園詩集一卷　(清)沙張白撰　**隨征紀事一卷**　(清)蔡鵬撰　**未庵詩鈔一卷**　(清)曹禾撰　清抄本　一冊

330000－1701－0036412　普 811.13/4480.206/3/c4　集部/別集類/唐五代別集
昌黎先生詩增注証訛十一卷　(唐)韓愈撰　(清)黃鉞增注証訛　**昌黎先生[韓愈]年譜一卷**　(清)黃鉞編　清道光二十八年(1848)黃中民刻咸豐七年(1857)四明鮑氏二客軒印本　四冊

330000－1701－0036413　普 811.13/7228/c1　集部/別集類/唐五代別集
劉賓客詩集九卷　(唐)劉禹錫撰　清雍正元年(1723)華亭趙氏涵碧齋刻本　二冊

330000－1701－0036414　普 811.13/7724/c2　類叢部/叢書類/郡邑之屬
金華叢書六十八種　(清)胡鳳丹編　清同治七年至光緒八年(1868－1882)永康胡氏退補齋刻民國補刻本　二冊　存一種

330000－1701－0036415　普 811.13/4480.206/3/c5　集部/別集類/唐五代別集
昌黎先生詩增注証訛十一卷　(唐)韓愈撰　(清)黃鉞增注証訛　**昌黎先生[韓愈]年譜一**

卷　(清)黃鉞編　清道光二十八年(1848)黃中民刻咸豐七年(1857)四明鮑氏二客軒印本　四册

330000－1701－0036417　善008589　集部/總集類/氏族之屬
查氏詩鈔三種　(清)查亮采輯　清末抄本　一册

330000－1701－0036419　普811.13/4453.98/(3)/c4　類叢部/類書類/專類之屬
杜韓詩句集韻三卷　(清)汪文柏輯　清康熙四十五年至四十六年(1706－1707)洞庭麟慶堂刻本　四册

330000－1701－0036420　普172/7719　子部/叢編
求是于古齋三種附一種　(清)周耿光撰　清咸豐二年(1852)刻本　清戴穗孫跋　一册

330000－1701－0036421　普811.13/7228/c2　集部/別集類/唐五代別集
劉賓客詩集九卷　(唐)劉禹錫撰　清雍正元年(1723)華亭趙氏涵碧齋刻本　四册

330000－1701－0036422　普172/7530/5　子部/儒家類/儒學之屬/禮教
五種遺規輯要　(清)陳弘謀輯並撰　(清)楊恩澍等輯　清同治九年(1870)龍山書院刻本　六册

330000－1701－0036424　普811.13/7746　類叢部/叢書類/彙編之屬
鐵琴銅劍樓叢書十三種　瞿啓甲編　清光緒至民國刻本暨影印本　一册　存一種

330000－1701－0036428　普172.4/3137　子部/儒家類/儒學之屬/俗訓
座右銘類鈔一卷續鈔一卷　(清)汪汲輯　(清)顧景濂重輯　清光緒五年(1879)顧景濂龍城官廨刻本　一册

330000－1701－0036429　普172/7530/6　子部/儒家類/儒學之屬/禮教
五種遺規十七卷　(清)陳弘謀輯並撰　清嘉慶十四年(1809)韻香書屋刻本　六册　存四種

330000－1701－0036430　普811.13/4480.206/3/c2　集部/別集類/唐五代別集
昌黎先生詩增注証訛十一卷　(唐)韓愈撰　(清)黃鉞增注証訛　**昌黎先生[韓愈]年譜一卷**　(清)黃鉞編　清道光二十八年(1848)黃中民刻咸豐七年(1857)四明鮑氏二客軒印本　四册

330000－1701－0036432　普172.8/0744　子部/雜著類/雜說之屬
嘐嘐言六卷　(清)郭柏蔭撰　清光緒二十一年(1895)鴻文書局石印本　一册

330000－1701－0036433　善008591　集部/別集類/清別集
饗喜廬詩稿初集一卷　(清)傅雲龍撰　稿本　清沈芝田批並跋　清洪良品跋　一册

330000－1701－0036434　普811.14/0044　集部/總集類/氏族之屬
信天巢遺藁一卷　(宋)高翥撰　(清)高士奇輯　**林湖遺藁一卷**　(宋)高鵬飛撰　**江邨遺藁一卷**　(宋)高選等撰　**疎寮小集一卷**　(宋)高似孫撰　清康熙二十六年(1687)高士奇刻本　一册

330000－1701－0036435　善008592　集部/別集類/清別集
寸草軒隨筆不分卷　(清)吳綺撰　清抄本　王樹跋　一册

330000－1701－0036436　普172/7530/8　子部/儒家類/儒學之屬/禮教
陳文恭公五種遺規　(清)陳弘謀輯並撰　清光緒二十九年(1903)上海文來書局石印本　七册　存四種

330000－1701－0036437　普811.14/0731　集部/別集類/宋別集
青山集三十卷續集五卷附錄一卷　(宋)郭祥正撰　清嘉慶八年(1803)刻晉梅書塾印本　十二册

330000－1701－0036438　普172.8/0744/2/

c1　子部/雜著類/雜說之屬
嘐嘐言六卷首一卷末一卷　(清)郭柏蔭撰　清道光三十年(1850)刻本　一册

330000－1701－0036439　普 172.8/0744/2/c2　子部/雜著類/雜說之屬
嘐嘐言六卷首一卷末一卷　(清)郭柏蔭撰　清道光三十年(1850)刻本　一册

330000－1701－0036440　普 811.1371/4444/c1　集部/别集類/唐五代别集
唐風集三卷　(唐)杜荀鶴撰　明末虞山毛氏汲古閣刻清乾隆曲谿洪氏因樹樓重修本　一册

330000－1701－0036441　普 172.8/0744/2/c3　子部/雜著類/雜說之屬
嘐嘐言六卷首一卷末一卷　(清)郭柏蔭撰　清道光三十年(1850)刻本　清戴穗孫題記並批　一册

330000－1701－0036442　普 172.8/0744.2　子部/雜著類/雜說之屬
嘐嘐言六卷續嘐嘐言四卷　(清)郭柏蔭撰　清光緒九年(1883)刻本　二册

330000－1701－0036444　普 811.1371/4444/c2　集部/别集類/唐五代别集
唐風集三卷　(唐)杜荀鶴撰　明末虞山毛氏汲古閣刻清乾隆曲谿洪氏因樹樓重修本　一册

330000－1701－0036445　普 811.14/0044/2　集部/總集類/氏族之屬
信天巢遺藁一卷　(宋)高翥撰　(清)高士奇輯　**林湖遺稿一卷**　(宋)高鵬舉撰　**江邨遺稿一卷**　(宋)高祐等撰　清道光八年(1828)木活字印本　一册

330000－1701－0036447　普 172/7530/7　子部/儒家類/儒學之屬/禮教
五種遺規十七卷　(清)陳弘謀輯並撰　清道光刻本　八册　存四種

330000－1701－0036449　GP11116　經部/詩類/傳說之屬
詩經篇名對一卷詩經類句對一卷詩書類句對一卷詩易類句對一卷　(清)何國鎮輯　清咸豐八年(1858)簣覆山房刻本　一册

330000－1701－0036450　普 811.138/4012/c1　類叢部/叢書類/彙編之屬
鐵琴銅劍樓叢書十三種　瞿啓甲編　清光緒至民國刻本暨影印本　一册　存一種

330000－1701－0036451　普 811.138/4012/c2　類叢部/叢書類/彙編之屬
鐵琴銅劍樓叢書十三種　瞿啓甲編　清光緒至民國刻本暨影印本　一册　存一種

330000－1701－0036452　GP11117　類叢部/叢書類/自著之屬
潛廬全集五種附一種　金蓉鏡撰　清光緒三十四年(1908)、宣統二年(1910)刻本　一册　存一種

330000－1701－0036454　善 008594　集部/别集類/清别集
悟鈴吟草一卷　(清)孟豫撰　清同治稿本　清楊秀芝、清戈隨、清徐致祥、何象貞、清吳元禧、清沈丙、清閆寶倫、清卞丙暄、清壽甫、清張漁跋　清崇幹、清國棟觀款　一册

330000－1701－0036455　普 811.14/1088/c1　集部/别集類/宋别集
月洞詩集二卷　(宋)王鎡撰　**附二十一世祖皞如公詩一十四首一卷**　(明)王皞如撰　清光緒二年(1876)元和潘紹詒刻本　二册

330000－1701－0036457　普 172.8/4256　子部/雜著類/雜說之屬
座右銘贅語八卷　(清)彭世昌輯　清光緒十二年(1886)信好軒刻本　二册

330000－1701－0036459　GP11119　類叢部/叢書類/自著之屬
李厚岡集七種　(清)李榮陛撰　清嘉慶二十年(1815)亘古齋刻本　二十册

330000－1701－0036460　普 172.8/1280　集部/總集類/選集之屬/通代
養良正集一卷　(清)孫仝庶選　(清)孫璠鏡

釋音　**養良續集一卷**　(清)董念詒選　(清)王壽仁　(清)王壽恭編　清光緒十八年(1892)秦郵激面軒董氏刻本　二册

330000－1701－0036461　普172.8/5039/c1　子部/儒家類/儒學之屬/性理
荆園小語一卷進語一卷　(清)申涵光撰　清同治十三年(1874)金華府署刻本　一册

330000－1701－0036462　普172.8/5039/c2　子部/儒家類/儒學之屬/性理
荆園小語一卷進語一卷　(清)申涵光撰　清同治十三年(1874)金華府署刻本　一册

330000－1701－0036464　GP11120　史部/地理類/山川之屬/水志
惠濟河輯説四卷首一卷　(清)王儒行撰　清同治九年(1870)刻本　二册

330000－1701－0036466　普172.8/7158　子部/儒家類/儒學之屬/性理
先儒粹言二卷　(清)馬鰲輯　清乾隆十四年(1749)吳江馬氏刻本　二册

330000－1701－0036468　普172.8/7533　子部/儒家類/儒學之屬/俗訓
粗粗話不分卷　(明)陳彦修撰　清光緒三年(1877)湖州刻本　一册

330000－1701－0036469　普811.14/1088/c2　集部/别集類/宋别集
月洞詩集二卷　(宋)王鎡撰　**附二十一世祖皞如公詩一十四首一卷**　(明)王皞如撰　清光緒十三年(1887)王人泰刻本　二册

330000－1701－0036470　普172.8/8026.2/4　子部/雜著類/雜纂之屬
格言聯璧一卷　(清)金纓輯　**經驗良方一卷**　清光緒十六年(1890)刻本　二册

330000－1701－0036471　普172.8/7533/2　子部/儒家類/儒學之屬/俗訓
粗粗話不分卷　(明)陳彦修撰　清光緒二十一年(1895)奉化縣署刻本　一册

330000－1701－0036473　普811.14/1114/2/c1　集部/别集類/元别集
蘭雪集二卷補遺一卷　(元)張玉娘撰　(清)皮樹棠修訂　清光緒八年(1882)松陽縣署刻本　清醒迷題記　一册

330000－1701－0036474　普172.8/2572.2　子部/儒家類/儒學之屬/禮教/家訓
治家格言句證一卷　(清)朱用純撰　清同治十三年(1874)蕭山東橋東首聚奎齋刻本　一册

330000－1701－0036476　普811.14/1188/c2　類叢部/叢書類/彙編之屬
知不足齋叢書一百九十五種　(清)鮑廷博編　(清)鮑士恭續編　清乾隆三十七年至道光三年(1772－1823)長塘鮑氏刻彙印本　四册　存一種

330000－1701－0036477　GP11121　類叢部/叢書類/彙編之屬
當歸草堂叢書八種　(清)丁丙編　清同治二年至五年(1863－1866)錢塘丁氏刻本　六册

330000－1701－0036479　普811.14/1114/2/c2　集部/别集類/元别集
蘭雪集二卷補遺一卷　(元)張玉娘撰　(清)皮樹棠修訂　清光緒八年(1882)松陽縣署刻本　香禪題簽　一册

330000－1701－0036480　普172.9/0072　子部/叢編
感善梯航四卷　(清)章履占輯　清光緒三十二年(1906)刻本　一册

330000－1701－0036481　普172.8/2683　子部/儒家類/儒學之屬/蒙學
蒙養必讀三卷　(清)吳鏡沆輯　清光緒十五年(1889)光州吳氏京師刻本　一册

330000－1701－0036482　普811.14/1114/2/c3　集部/别集類/元别集
蘭雪集二卷補遺一卷　(元)張玉娘撰　(清)皮樹棠修訂　清光緒八年(1882)松陽縣署刻本　三册

330000－1701－0036485　普172.8/2794　子

部/儒家類/儒學之屬/禮教

修省格言一卷 清末抄本 一冊

330000－1701－0036487 善008595 集部/別集類/清別集

辛未消寒集一卷壬申消寒集一卷 (清)白驤良撰 清抄本 一冊

330000－1701－0036490 普172.9/1759 子部/雜著類

天倫韻語一卷 (清)鄧暢榮輯 清同治十二年(1873)公善堂刻本 查亦洛題記 一冊

330000－1701－0036491 普172.8/3308/c1 子部/雜著類/雜纂之屬

古格言十二卷 (清)梁章鉅輯 清道光四年(1824)刻本 二冊

330000－1701－0036492 普811.14/1120 集部/別集類/宋別集

曾樂軒稿一卷 (宋)張維撰 清乾隆四十六年(1781)安邑葛鳴陽刻本 一冊

330000－1701－0036493 普811.14/1700/c2 集部/別集類/宋別集

宋邵康節先生伊川擊壤集十卷 (宋)邵雍撰 清道光二十年(1840)刻本 六冊

330000－1701－0036494 普172.8/3308/c2 子部/雜著類/雜纂之屬

古格言十二卷 (清)梁章鉅輯 清道光四年(1824)刻本 二冊

330000－1701－0036496 普811.14/2211 集部/別集類/宋別集

雪磯叢稿六卷 (宋)樂雷發撰 清道光七年(1827)樂氏刻本 一冊

330000－1701－0036498 普811.14/3030/c1 集部/別集類/宋別集

寇忠愍公詩集三卷 (宋)寇準撰 清宣統三年(1911)中華圖書館影印本 二冊

330000－1701－0036499 善008597 集部/別集類/清別集

劫餘存稿一卷 (清)王少愚撰 清抄本 一冊

330000－1701－0036500 普172.9/2688 子部/宗教類/道教之屬/戒律

文昌帝君陰騭文像註四卷 (清)趙如升繪注 清雍正九年(1731)育德堂刻嘉慶印本 四冊

330000－1701－0036501 普811.14/2618 類叢部/叢書類/彙編之屬

玉海堂景宋元本叢書 劉世珩編 清光緒至民國貴池劉氏玉海堂影刻本 一冊 存一種

330000－1701－0036502 普172.8/8026/2 子部/雜著類/雜纂之屬

格言聯璧二卷 (清)金纓輯 清同治二年(1863)長沙張延珂刻本 二冊

330000－1701－0036505 普172.8/8026/5 子部/雜著類/雜纂之屬

格言聯璧一卷附一卷 (清)金纓輯 清光緒四年(1878)刻本 一冊 缺一卷(附)

330000－1701－0036506 普172.8/8026.2/2 子部/雜著類/雜纂之屬

格言聯璧一卷附一卷 (清)金纓輯 清同治十一年(1872)巴陵鍾謙鈞羊城刻本 雲生題記 一冊

330000－1701－0036507 普172.8/8026.04 子部/雜著類/雜纂之屬

格言聯璧一卷 (清)金纓輯 清末上海會文堂書局石印本 一冊

330000－1701－0036510 普172.8/8026.2/3 子部/雜著類/雜纂之屬

格言聯璧一卷附一卷 (清)金纓輯 清同治五年(1866)刻本 一冊

330000－1701－0036511 普811.14/2534.2 類叢部/叢書類/郡邑之屬

武林往哲遺箸五十二種後編十種 (清)丁丙編 清光緒二十年至二十六年(1894－1900)錢塘丁氏嘉惠堂刻本 二冊 存一種

330000－1701－0036512 普811.14/1031/3/

c2　集部/别集類/宋别集

王荆文公詩五十卷補遺一卷　(宋)王安石撰　(宋)李壁箋注　清乾隆五年至六年(1740－1741)武原張宗松清綺齋刻本　八册

330000－1701－0036513　普 811.14/3030/c2　集部/别集類/宋别集

寇忠愍公詩集三卷　(宋)寇準撰　清宣統三年(1911)中華圖書館影印本　二册

330000－1701－0036514　普 173/1104　子部/儒家類/儒學之屬/禮教/家訓

重定齊家寶要二卷　(清)張文嘉輯　清康熙刻本　四册

330000－1701－0036516　普 811.14/1031/3/c3　集部/别集類/宋别集

王荆文公詩五十卷補遺一卷　(宋)王安石撰　(宋)李壁箋注　清乾隆五年至六年(1740－1741)武原張宗松清綺齋刻本　六册

330000－1701－0036517　善 008599　集部/别集類/清别集

寅齋詩稿一卷　(清)陸載熙撰　清抄本　一册

330000－1701－0036518　普 173/1779/2　子部/儒家類/儒學之屬/禮教/家訓

家範十卷　(宋)司馬光撰　(清)朱軾評點　清光緒六年(1880)解梁書院刻本　二册

330000－1701－0036519　普 811.14/2644　集部/别集類/宋别集

湖山集八卷　(宋)吴芾撰　清光緒七年(1881)仙居王氏木活字印本　二册　缺一卷(六)

330000－1701－0036521　普 811.14/2534.2/(2)/c1　類叢部/叢書類/郡邑之屬

武林往哲遺箸五十二種後編十種　(清)丁丙編　清光緒二十年至二十六年(1894－1900)錢塘丁氏嘉惠堂刻本　一册　存一種

330000－1701－0036523　善 008600　集部/别集類/清别集

慕槎詩鈔一卷　(清)張家驤撰　清抄本　一册

330000－1701－0036524　普 173/1779/3　類叢部/叢書類/彙編之屬

洪氏唐石經館叢書十九種　(清)洪汝奎編　清光緒涇縣洪氏公善堂刻並彙印六安涂氏求我齋等刻本　一册　存一種

330000－1701－0036525　普 172.9/4441　子部/雜著類

儒門首戒詩一卷　(清)清河愓菴氏輯　清同治七年(1868)刻本　一册

330000－1701－0036526　善 008601　集部/别集類/清别集

慕泉詩稿一卷　(清)沈廷松撰　清抄本　一册

330000－1701－0036529　善 008602　集部/别集類/清别集

兩癡集一卷獻曝篇一卷　翁鶴年撰　清光緒稿本　二册

330000－1701－0036530　普 811.14/2534.2/(2)/c2　類叢部/叢書類/郡邑之屬

武林往哲遺箸五十二種後編十種　(清)丁丙編　清光緒二十年至二十六年(1894－1900)錢塘丁氏嘉惠堂刻本　一册　存一種

330000－1701－0036531　普 811.14/2687　集部/别集類/清别集

吴澗蒓詩選六卷　(清)吴曾貫撰　清道光二十七年(1847)漚羅盦刻本　二册

330000－1701－0036534　普 172.9/8082　子部/宗教類/道教之屬/戒律

陰騭文圖説不分卷　(清)金錫齡注證　清光緒二十五年(1899)刻本　四册

330000－1701－0036537　普 811.14/1010/2　集部/别集類/宋别集

紫巖詩選三卷首一卷補遺一卷　(宋)于石撰　清光緒十五年(1889)柵川于氏留耕堂刻本　一册

330000－1701－0036539　善 008603　集部/

別集類/清別集
瀹雪書室唫草二卷　(清)潯江若萊生撰　清末抄本　二册

330000－1701－0036540　普 811.14/3116.2/c1、普 811.14/3116.3　類叢部/叢書類/郡邑之屬
武林往哲遺箸五十二種後編十種　(清)丁丙編　清光緒二十年至二十六年(1894－1900)錢塘丁氏嘉惠堂刻本　三册　存一種

330000－1701－0036542　普 811.14/3116.2/c4　類叢部/叢書類/郡邑之屬
武林往哲遺箸五十二種後編十種　(清)丁丙編　清光緒二十年至二十六年(1894－1900)錢塘丁氏嘉惠堂刻本　一册　存一種

330000－1701－0036543　普 811.14/4324　類叢部/叢書類/郡邑之屬
台州叢書(名山堂叢書)九種　(清)宋世犖編　清嘉慶至道光臨海宋氏刻本　三册　存一種

330000－1701－0036544　普 173.6/4709/c1　史部/傳記類/總傳之屬/忠孝
二百卌孝圖四卷　(清)胡文炳輯　(清)謝仁澍書　清光緒蘭石齋刻本　四册

330000－1701－0036545　普 811.14/4025/c1　集部/别集類/唐五代别集
追昔遊集三卷　(唐)李紳撰　清宣統二年(1910)上海著易堂石印本　一册

330000－1701－0036546　普 811.14/3144　集部/别集類/宋别集
方壺存藁九卷附明賢遺翰集一卷　(宋)汪莘撰　清敬貽堂刻本　四册

330000－1701－0036547　普 811.14/3116.3/(2)/c2　類叢部/叢書類/郡邑之屬
武林往哲遺箸五十二種後編十種　(清)丁丙編　清光緒二十年至二十六年(1894－1900)錢塘丁氏嘉惠堂刻本　二册　存一種

330000－1701－0036548　普 811.14/4025/c2　集部/别集類/唐五代别集
追昔遊集三卷　(唐)李紳撰　清宣統二年(1910)上海著易堂石印本　一册

330000－1701－0036549　普 173.6/4709/c2　史部/傳記類/總傳之屬/忠孝
二百卌孝圖四卷　(清)胡文炳輯　(清)謝仁澍書　清光緒蘭石齋刻本　四册

330000－1701－0036551　普 173.6/8044　史部/傳記類/總傳之屬/忠孝
百孝圖説四卷首一卷末一卷　(清)俞葆真編　(清)何雲梯繪圖　清同治十年(1871)河間俞氏刻本　二册

330000－1701－0036552　普 811.14/4053　集部/别集類/宋别集
倡南拾餘詩賸一卷　(宋)古成之撰　清光緒四年(1878)遡芳亭刻本　一册

330000－1701－0036554　普 811.14/4407.2/2/c1　集部/别集類/宋别集
山谷内集詩註二十卷外集詩註十七卷别集詩註二卷　(宋)黄庭堅撰　(宋)任淵　(宋)史容　(宋)史季溫注　清光緒二十一年至二十五年(1895－1899)義寧陳三立刻民國十二年(1923)印本　二十册

330000－1701－0036555　普 173/2572/4/c1　子部/儒家類/儒學之屬/禮教/家訓
治家格言繹義一卷　(清)戴翊清撰　清宣統元年(1909)無錫周氏惜分陰軒石印本　一册

330000－1701－0036556　普 811.14/4300　類叢部/叢書類/郡邑之屬
常州先哲遺書七十二種　盛宣懷編　清光緒二十一年至三十三年(1895－1907)武進盛氏思惠齋刻宣統彙印本　一册　存三種

330000－1701－0036557　普 173/2572/4/c2　子部/儒家類/儒學之屬/禮教/家訓
治家格言繹義一卷　(清)戴翊清撰　清宣統元年(1909)無錫周氏惜分陰軒石印本　一册

330000－1701－0036558　普 811.14/3277　類叢部/叢書類/彙編之屬
知不足齋叢書一百九十五種　(清)鮑廷博編

（清）鮑士恭續編　清乾隆三十七年至道光三年(1772－1823)長塘鮑氏刻彙印本　一冊　存一種

330000－1701－0036560　普 811.14/3831/c2　類叢部/叢書類/郡邑之屬
武林往哲遺箸五十二種後編十種　（清）丁丙編　清光緒二十年至二十六年(1894－1900)錢塘丁氏嘉惠堂刻本　二冊　存一種

330000－1701－0036561　普 173/2572/4/c4　子部/儒家類/儒學之屬/禮教/家訓
治家格言繹義一卷　（清）戴翊清撰　清宣統元年(1909)無錫周氏惜分陰軒石印本　一冊

330000－1701－0036562　普 173.62/7530　子部/儒家類/儒學之屬/禮教
五種遺規十七卷　（清）陳弘謀輯並撰　清光緒二十一年(1895)浙江書局刻本　二冊　存一種

330000－1701－0036563　普 811.14/4407.2　集部/别集類/宋别集
黃詩全集五十八卷　（宋）黃庭堅撰　清乾隆五十四年(1789)南康謝氏樹經堂刻本　二十冊

330000－1701－0036564　普 811.14/3831/c4　類叢部/叢書類/郡邑之屬
武林往哲遺箸五十二種後編十種　（清）丁丙編　清光緒二十年至二十六年(1894－1900)錢塘丁氏嘉惠堂刻本　二冊　存一種

330000－1701－0036565　普 174.6/1032　子部/雜著類/雜說之屬
真率輯語三卷首一卷　（清）王實穎輯　清道光八年(1828)晤言室刻本　一冊

330000－1701－0036566　普 173/2572.2　子部/儒家類/儒學之屬
毋欺錄一卷　（清）朱用純撰　**毋欺錄補一卷**　（清）朱用純撰　（清）潘道根輯　清同治八年(1869)木活字印本　清戴穗孫題記並批校　一冊

330000－1701－0036567　普 811.14/3116.3/(2)/c1　類叢部/叢書類/郡邑之屬
武林往哲遺箸五十二種後編十種　（清）丁丙編　清光緒二十年至二十六年(1894－1900)錢塘丁氏嘉惠堂刻本　二冊　存一種

330000－1701－0036568　普 174.7/5574/c1　子部/宗教類/道教之屬/戒律
陰隲文圖證不分卷　（清）費丹旭繪圖　（清）許光清集證　清道光二十四年(1844)海昌蔣氏别下齋刻本　二冊

330000－1701－0036569　普 811.14/4407.2/5　類叢部/叢書類/彙編之屬
武英殿聚珍版書一百三十八種　清乾隆武英殿木活字印本　二十冊　存一種

330000－1701－0036570　普 173/4234　子部/儒家類/儒學之屬/禮教/家訓
姚氏家訓一卷文法直指一卷　（清）姚澍撰　清同治十一年(1872)刻本　一冊

330000－1701－0036571　普 811.14/4427/c2　集部/别集類/宋别集
東山詩選二卷　（宋）葛紹體撰　清光緒二十七年(1901)太平陳樹鈞刻本　一冊

330000－1701－0036572　普 174.7/5574/c2　子部/宗教類/道教之屬/戒律
陰隲文圖證不分卷　（清）費丹旭繪圖　（清）許光清集證　清道光二十四年(1844)海昌蔣氏别下齋刻本　四冊

330000－1701－0036573　普 173/4438　子部/儒家類/儒學之屬/禮教/家訓
麟山林氏家訓一卷　（清）林良銓撰　清光緒五年(1879)刻本　一冊

330000－1701－0036574　普 811.14/4428　集部/别集類/宋别集
蘇學士文集十六卷　（宋）蘇舜欽撰　清康熙三十七年(1698)震澤徐惇孝、徐惇復白華書屋刻本　六冊

330000－1701－0036575　普 174.7/5574/c3　子部/宗教類/道教之屬/戒律
陰隲文圖證不分卷　（清）費丹旭繪圖　（清）

許光清集證　清同治七年(1868)上海待鶴齋刻本　四册

330000－1701－0036576　普 173/4797/c1
子部/儒家類/儒學之屬/禮教/家訓
治家畧八卷　(清)胡煒輯　清乾隆二十六年(1761)青陽彝敘堂刻嘉慶印本　二册

330000－1701－0036577　普 173/4797/c2
子部/儒家類/儒學之屬/禮教/家訓
治家畧八卷　(清)胡煒輯　清乾隆二十六年(1761)青陽彝敘堂刻嘉慶印本　二册

330000－1701－0036578　普 811.14/4433.2
集部/別集類/宋別集
林和靖先生詩集四卷林集詩話一卷　(宋)林逋撰　**省心録一卷**　(宋)李邦獻撰　清康熙四十七年(1708)吴調元辨義堂刻本　二册

330000－1701－0036583　普 811.14/4433/c3
集部/別集類/宋別集
林和靖詩集四卷拾遺一卷酬唱題詠附録一卷　(宋)林逋撰　清同治十二年(1873)長洲朱氏刻本　二册

330000－1701－0036586　普 175.3/2845/c1
史部/職官類/官箴之屬
牧令全書二十三卷　(清)丁日昌輯　清光緒二十二年(1896)上海圖書集成印書局鉛印本　八册

330000－1701－0036588　普 811.14/4433/c5
集部/別集類/宋別集
林和靖詩集四卷拾遺一卷酬唱題詠附録一卷　(宋)林逋撰　清同治十二年(1873)長洲朱氏刻本　一册

330000－1701－0036589　普 173/7410/c1
子部/儒家類/儒學之屬/禮教/家訓
家庭講話三卷　(清)陸一亭撰　清光緒十九年(1893)仁和江鼎刻本　一册

330000－1701－0036590　普 173/7410/c2
子部/儒家類/儒學之屬/禮教/家訓
家庭講話三卷　(清)陸一亭撰　清光緒十九年(1893)仁和江鼎刻文雅堂印本　一册

330000－1701－0036591　普 173/7410/c3
子部/儒家類/儒學之屬/禮教/家訓
家庭講話三卷　(清)陸一亭撰　清光緒十九年(1893)仁和江鼎刻文雅堂印本　一册

330000－1701－0036592　普 811.14/4407.4
集部/別集類/宋別集
宋黄文節公詩正集十一卷別集一卷外集十一卷　(宋)黄庭堅撰　(清)陳守誠輯　清刻本　四册

330000－1701－0036593　普 175.3/1117　史部/叢編
入幕須知五種附一種　(清)張廷驤輯　清光緒十八年(1892)浙江書局刻本　六册

330000－1701－0036594　HJL0678、HJL0679
新學/雜著/叢編
富強叢書正集七十七種續集一百二十一種　(清)袁俊德編　清光緒二十五年(1899)、二十七年(1901)小倉山房石印本　一百二十八册　存一百九十六種

330000－1701－0036595　普 811.14/4433/3/c1　集部/別集類/宋別集
林和靖詩集四卷拾遺一卷酬唱題詠附録一卷　(宋)林逋撰　清宣統二年(1910)上海文瑞樓據清同治十二年(1873)長洲朱氏刻本影印本　二册

330000－1701－0036596　普 811.14/4407.2/2/c2　集部/別集類/宋別集
山谷内集詩註二十卷外集詩註十七卷別集詩註二卷　(宋)黄庭堅撰　(宋)任淵　(宋)史容　(宋)史季溫注　清光緒二十一年至二十五年(1895－1899)義寧陳三立刻宣統二年(1910)印本　二十册

330000－1701－0036597　善 008605　類叢部/叢書類/自著之屬
陸放翁全集六種　(宋)陸游撰　明末海虞毛氏汲古閣刻清初毛扆增刻彙印本　余紹宋題簽　四册　存三種

330000－1701－0036598　普 175.3/2845/c2

史部/職官類/官箴之屬
牧令全書二十三卷 (清)丁日昌輯 清光緒二十二年(1896)上海圖書集成印書局鉛印本 八冊

330000－1701－0036599 普 173/8734.04/c1
子部/儒家類/儒學之屬/禮教/家訓
義門規範一卷 (元)鄭太和 (元)鄭欽 (元)鄭鉉撰 清宣統二年(1910)成都文倫書局鉛印本 一冊

330000－1701－0036600 普 173/8734.04/c2
子部/儒家類/儒學之屬/禮教/家訓
義門規範一卷 (元)鄭太和 (元)鄭欽 (元)鄭鉉撰 清宣統二年(1910)成都文倫書局鉛印本 一冊

330000－1701－0036601 普 811.14/4407.2/3/c2 集部/别集類/宋别集
山谷内集詩註二十卷外集詩註十七卷别集詩註二卷 (宋)黄庭堅撰 (宋)任淵 (宋)史容 (宋)史季溫注 清光緒二十一年至二十五年(1895－1899)義寧陳三立刻民國十二年(1923)印本 二十冊

330000－1701－0036602 普 175.3/2845/c3
史部/職官類/官箴之屬
牧令全書二十三卷 (清)丁日昌輯 清光緒二十二年(1896)上海圖書集成印書局鉛印本 八冊

330000－1701－0036603 普 811.14/4433/3/c2 集部/别集類/宋别集
林和靖詩集四卷拾遺一卷唱酬題詠附録一卷 (宋)林逋撰 清宣統二年(1910)上海文瑞樓據清同治十二年(1873)長洲朱氏刻本影印本 二冊

330000－1701－0036604 普 175.3/1183 史部/職官類/官箴之屬
爲政忠告四卷 (元)張養浩撰 清道光十一年(1831)碧鮮齋刻本 二冊

330000－1701－0036605 普 811.14/4342
集部/别集類/宋别集
竹齋先生詩集四卷 (宋)裘萬頃撰 清康熙刻本 一冊

330000－1701－0036606 普 811.14/4437
集部/别集類/宋别集
斜川詩集十卷 (宋)蘇過撰 清木活字印本 二冊

330000－1701－0036608 普 811.14/4437/2
集部/别集類/宋别集
斜川詩集十卷 (宋)蘇過撰 清刻本 清胡貞樾題記 四冊

330000－1701－0036609 善 008606 史部/史抄類
增補南北宋史纂二十四卷 (明)錢岱輯 (清)孫廷珪增補 清抄本 十六冊

330000－1701－0036610 普 811.14/4453/2/c1 集部/别集類/宋别集
蘇東坡詩集注三十二卷失編一卷 (宋)蘇軾撰 (宋)吕祖謙編 (宋)王十朋集注 **東坡先生[蘇軾]年譜一卷** (宋)王宗諤編 清康熙三十七年(1698)新安朱從延文蔚堂刻本 十冊

330000－1701－0036612 普 811.14/4453/3
集部/别集類/宋别集
東坡先生詩集註三十二卷 (宋)蘇軾撰 (宋)王十朋集註 明刻本 二十四冊

330000－1701－0036613 善 008608 史部/紀傳類/正史之屬
史記一百三十卷 (漢)司馬遷撰 (南朝宋)裴駰集解 (唐)司馬貞索隱 (唐)張守節正義 清同治五年至九年(1866－1870)金陵書局刻本 清唐仁壽批校 二十冊

330000－1701－0036614 善 008609 集部/總集類/題詠之屬
雲根石天然圖書譜題詠一卷 (清)齊召南輯 稿本 一冊

330000－1701－0036615 普 811.14/4453/2/c2 集部/别集類/宋别集
蘇東坡詩集注三十二卷失編一卷 (宋)蘇軾

撰　(宋)呂祖謙編　(宋)王十朋集注　**東坡先生[蘇軾]年譜一卷**　(宋)王宗諤編　清康熙三十七年(1698)新安朱從延文蔚堂刻本　十冊

330000－1701－0036616　普 811.14/4433.4　集部/別集類/宋別集
林和靖先生詩集四卷詩話一卷酬唱題詠一卷梅花詩三十首續刻一卷　(宋)林逋撰　**省心錄一卷**　(宋)李邦獻撰　清光緒二十一年至二十二年(1895－1896)婺原俞氏清蔭堂刻本　二冊

330000－1701－0036617　普 175.3/7530/2/c1　子部/儒家類/儒學之屬/禮教
五種遺規十七卷　(清)陳弘謀輯並撰　清乾隆八年(1743)南昌李安民刻本　二冊　存一種

330000－1701－0036618　普 811.14/4453.2　集部/別集類/宋別集
施註蘇詩四十二卷總目二卷　(宋)蘇軾撰　(宋)施元之　(宋)顧禧注　(清)顧嗣立　(清)邵長蘅　(清)宋至刪補　**王註正譌一卷**　(清)邵長蘅撰　**東坡先生[蘇軾]年譜一卷**　(宋)王宗稷編　**蘇詩續補遺二卷**　(清)馮景補註　清康熙刻本　二十四冊

330000－1701－0036619　普 175.3/6045/2/c4　史部/職官類/官箴之屬
實政錄七卷　(明)呂坤撰　清同治十一年(1872)浙江書局刻本　六冊

330000－1701－0036620　善 008611　子部/藝術類/書畫之屬/書法書品
纂頡齋金石雜錄一卷　(清)傅以禮撰　稿本　一冊

330000－1701－0036621　普 811.14/4453.302/c1　類叢部/叢書類/彙編之屬
心矩齋叢書十一種　(清)蔣鳳藻編　清光緒長洲蔣氏刻本　二冊　存一種

330000－1701－0036623　普 175.3/7500　史部/職官類/官箴之屬
州縣提綱四卷　(宋)陳襄撰　清道光十五年(1835)張日晸刻本　一冊

330000－1701－0036624　普 173.2/4442　子部/小說家類/諧謔之屬
閨律一卷　(清)芙蓉外史撰　**妒律一卷**　(清)陳元龍撰　清光緒二十二年(1896)海上柔情居士石印本　一冊

330000－1701－0036626　普 175.3/7530/2/c2　子部/儒家類/儒學之屬/禮教
五種遺規十七卷　(清)陳弘謀輯並撰　清乾隆八年(1743)南昌李安民刻本　二冊　存一種

330000－1701－0036627　普 811.14/4453.302/c2　類叢部/叢書類/彙編之屬
心矩齋叢書十一種　(清)蔣鳳藻編　清光緒長洲蔣氏刻本　二冊　存一種

330000－1701－0036628　普 175.3/7500/2　類叢部/叢書類/彙編之屬
後知不足齋叢書四十七種　(清)鮑廷爵編　清同治至光緒常熟鮑氏刻本　一冊　存二種

330000－1701－0036629　普 173.3/1032　子部/儒家類/儒學之屬/禮教/女範
新增女三字經一卷　題(漢)班昭注　清刻本　一冊

330000－1701－0036630　普 175.3/7530.2/c1　史部/職官類/官箴之屬
學仕遺規四卷補四卷　(清)陳弘謀輯　清光緒五年(1879)江蘇書局刻本　五冊

330000－1701－0036631　普 811.14/4453.302/2/c2　類叢部/叢書類/彙編之屬
廣雅書局叢書一百五十九種　徐紹棨編　清光緒廣雅書局刻民國九年(1920)番禺徐紹棨彙編重印本　二冊　存一種

330000－1701－0036632　普 811.14/4453.3　集部/別集類/宋別集
東坡先生編年詩五十卷　(宋)蘇軾撰　(清)查慎行補註　**東坡先生年表一卷**　清乾隆二十六年(1761)香雨齋刻本　二十五冊　缺十

六卷(十二至二十七)

330000－1701－0036634　普 175.3/7530/c1　子部/儒家類/儒學之屬/禮教

五種遺規十七卷　(清)陳弘謀輯並撰　清光緒二十一年(1895)浙江書局刻本　二冊　存一種

330000－1701－0036635　普 175.3/7530/c2　子部/儒家類/儒學之屬/禮教

五種遺規十七卷　(清)陳弘謀輯並撰　清光緒二十一年(1895)浙江書局刻本　二冊　存一種

330000－1701－0036636　普 175.3/7530/c3　子部/儒家類/儒學之屬/禮教

五種遺規十七卷　(清)陳弘謀輯並撰　清光緒二十一年(1895)浙江書局刻本　二冊　存一種

330000－1701－0036637　普 173.3/1167　子部/儒家類/儒學之屬/禮教/女範

校訂女四書箋註二卷　(清)王相箋注　清光緒三年(1877)蘇州崇德書院刻本　一冊

330000－1701－0036638　普 175.3/7530.2/c2　史部/職官類/官箴之屬

學仕遺規四卷補四卷　(清)陳弘謀輯　清光緒五年(1879)江蘇書局刻本　五冊

330000－1701－0036639　普 175.3/7530/c5　子部/儒家類/儒學之屬/禮教

五種遺規十七卷　(清)陳弘謀輯並撰　清光緒二十一年(1895)浙江書局刻本　二冊　存一種

330000－1701－0036640　普 811.14/4453.3/(3)/c1　集部/別集類/宋別集

東坡先生編年詩五十卷　(宋)蘇軾撰　(清)查慎行補註　**東坡先生年表一卷**　清乾隆二十六年(1761)香雨齋刻本　十六冊

330000－1701－0036641　普 811.14/4453.2/(2)/c2　集部/別集類/宋別集

施註蘇詩四十二卷總目二卷　(宋)蘇軾撰　(宋)施元之　(宋)顧禧注　(清)顧嗣立　(清)邵長蘅　(清)宋至刪補　**王註正譌一卷**　(清)邵長蘅撰　**東坡先生[蘇軾]年譜一卷**　(宋)王宗稷編　**蘇詩續補遺二卷**　(清)馮景補註　清康熙刻本　十二冊

330000－1701－0036642　普 175.3/7530.2/2　史部/職官類/官箴之屬

學仕遺規四卷　(清)陳弘謀輯　清乾隆三十四年(1769)培遠堂刻本　四冊

330000－1701－0036643　普 811.14/4453.07/c1　集部/詩文評類/詩評之屬

眉山詩案廣證六卷　(清)張鑑撰　清光緒十年(1884)江蘇書局刻本　二冊

330000－1701－0036644　普 173.6/3144　史部/傳記類/總傳之屬/忠孝

孝弟忠義圖說四卷　(清)江楚編譯官書局編繪　清光緒三十二年(1906)金陵江楚編譯官書局石印本　二冊

330000－1701－0036645　普 811.14/4453.3/(3)/c2　集部/別集類/宋別集

東坡先生編年詩五十卷　(宋)蘇軾撰　(清)查慎行補註　**東坡先生年表一卷**　清乾隆二十六年(1761)香雨齋刻本　雨峰氏題記　十二冊

330000－1701－0036646　普 175.3/3193.2/4　類叢部/叢書類/自著之屬

汪龍莊先生遺書四種　(清)汪輝祖撰　清同治十一年(1872)刻本　一冊　存一種

330000－1701－0036648　普 811.14/4453.2/(3)/c2　集部/別集類/宋別集

施註蘇詩四十二卷總目二卷　(宋)蘇軾撰　(宋)施元之　(宋)顧禧注　(清)顧嗣立　(清)邵長蘅　(清)宋至刪補　**王註正譌一卷**　(清)邵長蘅撰　**東坡先生[蘇軾]年譜一卷**　(宋)王宗稷編　**蘇詩續補遺二卷**　(清)馮景補註　清康熙三十八年(1699)商丘宋犖宛委堂刻本　十冊

330000－1701－0036649　普 811.14/4453.07/c2　集部/詩文評類/詩評之屬

眉山詩案廣證六卷 (清)張鑑撰 清光緒十年(1884)江蘇書局刻本 二册

330000－1701－0036650 普 811.14/4453.2/2 集部/別集類/宋別集
施註蘇詩四十二卷總目二卷 (宋)蘇軾撰 (宋)施元之 (宋)顧禧注 (清)顧嗣立 (清)邵長蘅 (清)宋至删補 **王註正譌一卷** (清)邵長蘅撰 **東坡先生[蘇軾]年譜一卷** (宋)王宗稷編 **蘇詩續補遺二卷** (清)馮景補註 清康熙刻本 十六册 缺三卷(年譜、續補遺一至二)

330000－1701－0036651 普 173.6/4005/2/c1 史部/傳記類/總傳之屬/忠孝
孝弟錄二卷 (清)李文耕輯 清嘉慶十九年(1814)劉鵬翚石書堂刻本 清朱履祥題簽並記 一册

330000－1701－0036652 普 173.6/4005/2/c2 史部/傳記類/總傳之屬/忠孝
孝弟錄二卷 (清)李文耕輯 清嘉慶十九年(1814)劉鵬翚石書堂刻本 一册

330000－1701－0036653 普 175.3/3414 史部/職官類/官箴之屬
州縣初仕小補二卷 (清)褚瑛撰 清光緒十年(1884)抄本 一册

330000－1701－0036655 普 811.14/4453.4 集部/別集類/宋別集
蘇文忠公詩集五十卷目錄二卷 (宋)蘇軾撰 (清)紀昀評點 清道光十四年(1834)兩廣節署刻朱墨套印本 二十四册

330000－1701－0036656 普 175.3/2845.07/c2 史部/職官類/官箴之屬
牧令全書二十三卷 (清)丁日昌輯 清同治七年(1868)江蘇書局刻本 十册 存十卷(牧令書輯要一至十)

330000－1701－0036657 普 811.14/4453.4/(2) 集部/別集類/宋別集
蘇文忠公詩集五十卷目錄二卷 (宋)蘇軾撰 (清)紀昀評點 清道光十四年(1834)兩廣節署刻朱墨套印本 六册

330000－1701－0036660 普 811.14/4453.41/c2 集部/別集類/宋別集
蘇文忠詩合註五十卷首一卷 (宋)蘇軾撰 (清)馮應榴輯 清乾隆五十八年(1793)桐鄉馮氏踵息齋刻同治九年(1870)補修本 二十册

330000－1701－0036662 普 811.14/4453.4/2/c2 集部/別集類/宋別集
蘇文忠公詩集五十卷目錄二卷 (宋)蘇軾撰 (清)紀昀評點 清同治八年(1869)韞玉山房粵東省城刻翰墨園朱墨套印本 十二册

330000－1701－0036664 普 173.6/4005.04/2 史部/傳記類/總傳之屬/忠孝
孝弟圖說二卷 (清)李文耕輯 (清)徐氏重輯 清同治十三年(1874)武林有容齋刻本 二册

330000－1701－0036665 普 173.6/4446 史部/傳記類/總傳之屬/忠孝
孝友圖說一卷 清同治十二年(1873)常熟程汝鏡刻朱墨套印本 一册

330000－1701－0036666 普 811.14/4453.5/c1 集部/別集類/宋別集
蘇文忠公詩編註集成四十六卷集成總案四十五卷諸家雜綴酌存一卷蘇海識餘四卷牋詩圖一卷 (宋)蘇軾撰 (清)王文誥輯注 清光緒十四年(1888)浙江書局刻本 二十四册

330000－1701－0036667 普 175.3/2845.07/2 史部/職官類/官箴之屬
牧令書輯要十卷 (清)徐棟輯 (清)丁日昌重編 清同治十年(1871)黔陽官署刻本 九册 存九卷(一至五、七至十)

330000－1701－0036668 普 175.3/3193/c1 類叢部/叢書類/自著之屬
汪龍莊先生遺書四種 (清)汪輝祖撰 清同治十一年(1872)刻本 一册 存一種

330000－1701－0036671 普 811.14/4453.5/2 集部/別集類/宋別集

蘇文忠公詩編註集成四十六卷集成總案四十五卷諸家雜綴酌存一卷蘇海識餘四卷牋詩圖一卷 (宋)蘇軾撰 (清)王文誥輯注 清嘉慶二十四年(1819)武林王氏韻山堂刻道光補刻本 二十冊

330000－1701－0036676 普 811.14/4453.41/c3 集部/別集類/宋別集

蘇文忠詩合註五十卷首一卷 (宋)蘇軾撰 (清)馮應榴輯 清乾隆五十八年(1793)桐鄉馮氏踵息齋刻同治九年(1870)補修本 二十三冊

330000－1701－0036677 善 008616 史部/傳記類/別傳之屬/事狀

蕭山沈母王孺人殉難詩一卷 稿本 一冊

330000－1701－0036678 普 175.3/6045 史部/職官類/官箴之屬

實政錄七卷 (明)呂坤撰 清同治十一年(1872)江蘇書局刻本 六冊

330000－1701－0036680 善 008614 子部/雜著類/雜說之屬

蓮道人筆談一卷 清鋤經書屋抄本 一冊

330000－1701－0036681 普 811.14/4453.5/c2 集部/別集類/宋別集

蘇文忠公詩編註集成四十六卷集成總案四十五卷諸家雜綴酌存一卷蘇海識餘四卷牋詩圖一卷 (宋)蘇軾撰 (清)王文誥輯注 清光緒十四年(1888)浙江書局刻本 二十四冊

330000－1701－0036682 普 811.14/4453.61 集部/別集類/宋別集

蘇詩選二卷 (宋)蘇軾撰 (清)萬廷蘭選 清乾隆四十二年(1777)萬廷蘭刻本 二冊

330000－1701－0036683 普 811.14/4453.41/2/c3 集部/別集類/宋別集

蘇文忠詩合註五十卷首一卷 (宋)蘇軾撰 (清)馮應榴輯 清乾隆五十八年(1793)桐鄉馮氏踵息齋刻同治九年(1870)補修本 二十四冊

330000－1701－0036684 普 811.14/4453.63/c1 集部/總集類/選集之屬/斷代

宋四名家詩 (清)周之鱗 (清)柴升編 清康熙三十二年(1693)有文堂刻本 二冊 存一種

330000－1701－0036685 善 008617 類叢部/類書類/專類之屬

新鐫李先生類纂音釋捷用雲箋六卷 (明)李光祚撰 明書林葉瞻泉刻本 四冊

330000－1701－0036686 普 175.3/3193.2、普 175.3/3193/c2 類叢部/叢書類/自著之屬

龍莊遺書四種 (清)汪輝祖撰 清光緒江蘇書局刻本 二冊 存二種

330000－1701－0036687 普 811.14/4453.63/c2 集部/總集類/選集之屬/斷代

宋四名家詩 (清)周之鱗 (清)柴升編 清康熙三十二年(1693)有文堂刻本 一冊 存一種

330000－1701－0036688 善 008618 類叢部/類書類/通類之屬

蘭雪堂古事苑定本十二卷 (清)鄧志謨輯 清康熙二十五年(1686)蘭雪堂刻本 四冊

330000－1701－0036689 普 175.3/3193.2/2 史部/職官類/官箴之屬

學治臆說二卷續說一卷說贅一卷 (清)汪輝祖撰 清乾隆五十八年(1793)雙節堂刻嘉慶增刻本 一冊

330000－1701－0036690 普 811.14/4453.64 集部/詞類/別集之屬

東坡詞鈔不分卷 (宋)蘇軾撰 清宣統元年(1909)上海中華圖書館石印本 一冊

330000－1701－0036691 普 175.3/3193.2/3 類叢部/叢書類/彙編之屬

望三益齋叢書十八種 (清)吳棠編 清咸豐至光緒吳氏望三益齋刻本 一冊 存一種

330000－1701－0036693 普 175.3/7742 子部/儒家類/儒學之屬/禮教/鑑戒

監懲錄前編一卷後編一卷附編一卷 (明)殷

士儋撰　**續監徵錄上編一卷下編一卷附編一卷**　(清)陸成本輯　清嘉慶二十一年(1816)蕭山陸成本宜賓縣署刻本　二册

330000－1701－0036695　普 192.4/2331/c1　子部/術數類/陰陽五行之屬
欽定協紀辨方書三十六卷　(清)允祿　(清)張照等纂修　清乾隆六年(1741)武英殿刻朱墨套印本　十六册

330000－1701－0036700　普 192.4/2331/c2　子部/術數類/陰陽五行之屬
欽定協紀辨方書三十六卷　(清)允祿　(清)張照等纂修　清乾隆六年(1741)武英殿刻朱墨套印本　十六册

330000－1701－0036701　普 811.14/4454/2/c1　集部/别集類/宋别集
石湖居士詩集三十五卷　(宋)范成大撰　(清)顧嗣臯等重訂　清康熙二十七年(1688)姑蘇顧氏依園刻本(卷三十五原缺)　四册

330000－1701－0036702　普 811.14/4454/4　集部/别集類/宋别集
石湖居士詩集三十五卷　(宋)范成大撰　(清)顧嗣臯等重訂　清康熙二十七年(1688)姑蘇顧氏依園刻本(卷三十五原缺)　六册

330000－1701－0036703　普 191/1123　子部/術數類/相宅相墓之屬
歷代地理正義秘書二十四種　(清)張受祺編　清乾隆刻本　二册　存一種

330000－1701－0036704　普 811.14/4454/2/c2　集部/别集類/宋别集
石湖居士詩集三十五卷　(宋)范成大撰　(清)顧嗣臯等重訂　清康熙二十七年(1688)姑蘇顧氏依園刻本(卷三十五原缺)　四册

330000－1701－0036705　普 192.4/2331/(2)　子部/術數類/陰陽五行之屬
欽定協紀辨方書三十六卷　(清)允祿　(清)張照等纂修　清乾隆刻朱墨套印本　十五册

330000－1701－0036706　普 192.4/2331/2　子部/術數類/陰陽五行之屬
欽定協紀辨方書三十六卷　(清)允祿　(清)張照等纂修　清刻朱墨套印本　二十五册　缺三卷(一至三)

330000－1701－0036708　HJL0692　集部/小説類/短篇之屬
藝苑叢話十六卷　(清)陳琰輯　清宣統三年(1911)上海六藝書局石印本　四册

330000－1701－0036709　普 191/4434　子部/術數類/陰陽五行之屬
洪範皇極内篇九疇數解三卷　(宋)蔡沈撰　(明)熊宗立解　清雍正元年(1723)刻本　一册

330000－1701－0036710　普 191/5640　子部/術數類/數學之屬
太玄集注四卷　(宋)司馬光　(宋)許翰撰　(清)孫澍增補　清道光十一年(1831)鵝溪孫氏青棠書屋刻本　二册

330000－1701－0036711　普 191/5640/2　子部/術數類/數學之屬
太玄經十卷　(漢)揚雄撰　(宋)司馬光集注　清光緒元年(1875)湖北崇文書局刻子書百家本　包賫批校　二册

330000－1701－0036712　普 191/8044　子部/術數類/數學之屬
圖鑰二卷首一卷末一卷　(清)余朝楷撰　清嘉慶刻本　一册

330000－1701－0036713　普 192.1/1022　子部/術數類/陰陽五行之屬
永寧通書十二卷　(清)王維德輯　清嘉慶五年(1800)金閶書業堂刻本　四册

330000－1701－0036714　普 175.3/6008　史部/職官類/官箴之屬
聖諭條列州縣事宜二卷　(清)田文鏡　(清)李衛撰　清道光刻本　一册

330000－1701－0036715　普 811.14/4454.2/(2)　集部/别集類/宋别集
范石湖詩集二十卷　(宋)范成大撰　清康熙二十七年(1688)黄昌衢藜照樓刻本　二册

330000－1701－0036716　普 811.14/4453.8　集部/别集類/宋别集

蘇文忠公詩集擇粹十八卷　(宋)蘇軾撰　(清)紀昀評　(清)趙古農擇粹　清嘉慶二十二年(1817)芸香堂刻本　四冊

330000－1701－0036718　普 811.14/4454.4/2　類叢部/叢書類/彙編之屬

功順堂叢書十八種　(清)潘祖蔭編　清光緒吳縣潘氏刻本　二冊　存二種

330000－1701－0036719　普 811.14/4646　集部/别集類/宋别集

誠齋詩集十六卷　(宋)楊萬里撰　清嘉慶七年(1802)吳江徐達源刻本　六冊

330000－1701－0036721　普 175.3/6045/2/c1　史部/職官類/官箴之屬

實政錄七卷　(明)呂坤撰　清同治十一年(1872)浙江書局刻本　六冊

330000－1701－0036722　普 811.14/4454.3　集部/總集類/選集之屬/斷代

宋四名家詩　(清)周之鱗　(清)柴升編　清康熙三十二年(1693)有文堂刻本　章嵚題簽　二冊　存一種

330000－1701－0036724　普 175.3/6045/2/c2　史部/職官類/官箴之屬

實政錄七卷　(明)呂坤撰　清同治十一年(1872)浙江書局刻本　六冊

330000－1701－0036725　善 008622　子部/儒家類/儒學之屬/性理

慈溪黃氏日抄分類九十七卷古今紀要十九卷　(宋)黃震撰　清乾隆三十二年(1767)新安汪佩鍔珠樹堂刻本(卷八十一、八十九、九十二原缺)　十冊　缺三十五卷(八至九、八十二至八十八、九十至九十一、九十三至九十七,古今紀要一至十九)

330000－1701－0036726　普 175.3/6045/2/c3　史部/職官類/官箴之屬

實政錄七卷　(明)呂坤撰　清同治十一年(1872)浙江書局刻本　六冊

330000－1701－0036727　普 811.14/4453.9　集部/别集類/宋别集

施註蘇詩四十二卷總目二卷　(宋)蘇軾撰　(宋)施元之　(宋)顧禧注　(清)顧嗣立　(清)邵長蘅　(清)宋至刪補　**蘇詩續補遺二卷**　(清)馮景補註　**王註正譌一卷**　(清)邵長蘅撰　**東坡先生[蘇軾]年譜一卷**　(宋)王宗稷編　清康熙刻本　二冊　存二卷(蘇詩續補遺一至二)

330000－1701－0036728　普 811.14/4454.4/c1　類叢部/叢書類/彙編之屬

廣雅書局叢書一百五十九種　徐紹棨編　清光緒廣雅書局刻民國九年(1920)番禺徐紹棨彙編重印本　一冊　存一種

330000－1701－0036729　普 811.14/4454.4/c2　類叢部/叢書類/彙編之屬

廣雅書局叢書一百五十九種　徐紹棨編　清光緒廣雅書局刻民國九年(1920)番禺徐紹棨彙編重印本　一冊　存一種

330000－1701－0036733　普 192.4/4440/2/c1　類叢部/叢書類/彙編之屬

知不足齋叢書一百九十五種　(清)鮑廷博編　(清)鮑士恭續編　清乾隆三十七年至道光三年(1772－1823)長塘鮑氏刻彙印本　二冊　存一種

330000－1701－0036734　普 811.14/4847/2　集部/别集類/宋别集

宛陵先生文集六十卷　(宋)梅堯臣撰　清宣統二年(1910)上海據清康熙徐惇復白華書屋刻本影印本　十冊

330000－1701－0036735　普 811.14/6033　集部/别集類/宋别集

晁具茨先生詩集十五卷　(宋)晁沖之撰　清同治七年(1868)武林聚文堂刻本　二冊

330000－1701－0036736　普 192.4/4440/2/c2　類叢部/叢書類/彙編之屬

知不足齋叢書一百九十五種　(清)鮑廷博編　(清)鮑士恭續編　清乾隆三十七年至道光三年(1772－1823)長塘鮑氏刻彙印本　二冊

存一種

330000－1701－0036737　普192.4/4440/2/c3　類叢部/叢書類/彙編之屬

知不足齋叢書一百九十五種　(清)鮑廷博編　(清)鮑士恭續編　清乾隆三十七年至道光三年(1772－1823)長塘鮑氏刻彙印本　三冊　存一種

330000－1701－0036738　善008623　子部/儒家類/儒學之屬/禮教/鑑戒

範家集畧六卷　(清)秦坊輯　清初訟過齋刻本　二冊

330000－1701－0036739　普811.14/7438/3　集部/別集類/宋別集

劍南詩鈔六卷　(宋)陸游撰　(清)楊大鶴選　清敬業齋刻本　十二冊

330000－1701－0036741　普192.4/4440/3　類叢部/叢書類/郡邑之屬

常州先哲遺書七十二種　盛宣懷編　清光緒二十一年至三十三年(1895－1907)武進盛氏思惠齋刻宣統彙印本　一冊　存一種

330000－1701－0036742　普193/7510　類叢部/類書類/通類之屬

三才發祕九卷　(清)陳雯撰　清康熙三十六年(1697)刻朱墨套印本　十六冊

330000－1701－0036743　普811.14/4847/3　集部/別集類/宋別集

宛陵先生文集六十卷拾遺一卷附錄一卷附錄補遺二卷續金針詩格一卷　(宋)梅堯臣撰　**宛陵先生[梅堯臣]年譜一卷**　(元)張師曾編　清道光十年(1830)山右梁中孚夜吟樓刻本　十六冊

330000－1701－0036744　普193/7420　經部/易類/易占之屬

新編評註易占四要□卷　(明)陸位輯　明崇禎刻本　二冊　存二卷(一至二)

330000－1701－0036747　普811.14/4847/4　集部/別集類/宋別集

宛陵先生文集六十卷　(宋)梅堯臣撰　清宣統二年(1910)上海據清康熙徐惇復白華書屋刻本影印本　十冊

330000－1701－0036749　普193/7510/2　類叢部/類書類/通類之屬

三才發祕九卷　(清)陳雯撰　清康熙三十六年(1697)刻朱墨套印本　六冊

330000－1701－0036750　普811.14/7438/5　集部/別集類/宋別集

劍南詩鈔六卷　(宋)陸游撰　(清)楊大鶴選　清光緒三十三年(1907)味青齋鉛印本　二冊

330000－1701－0036752　普811.14/7438/7　集部/別集類/宋別集

劍南詩鈔六卷　(宋)陸游撰　(清)楊大鶴選　清康熙二十四年(1685)毗陵楊氏刻本　六冊　缺一卷(五言絕句)

330000－1701－0036755　普193.1/2007/c1　經部/易類/易占之屬

焦氏易林四卷　(漢)焦贛撰　清刻本　六冊

330000－1701－0036757　普193.1/2007/c2　經部/易類/易占之屬

焦氏易林四卷　(漢)焦贛撰　清刻本　三冊

330000－1701－0036758　善008624　經部/四書類/總義之屬/傳說

集虛齋四書口義不分卷　(清)方棨如撰　清秀實山房抄本　十一冊

330000－1701－0036762　普193.1/2631　子部/術數類/占卜之屬

易冒十卷　(清)程良玉撰　清康熙三年(1664)刻本　二冊

330000－1701－0036763　普193.1/2007/2　經部/易類/易占之屬

焦氏易林十六卷　(漢)焦贛撰　**易林元籥十測一卷**　(明)盛如林撰　清知白齋刻本　清復甫題記　四冊

330000－1701－0036765　普811.14/7438　集部/別集類/宋別集

劍南詩鈔六卷 （宋）陸游撰 （清）楊大鶴選 清康熙二十四年（1685）毗陵楊氏刻本 八冊

330000－1701－0036766 普 193.1/2007/3/c1 子部/叢編
子書百家 （清）崇文書局編 清光緒元年（1875）湖北崇文書局刻本 四冊 存一種

330000－1701－0036767 普 193.1/2007/3/c2 子部/叢編
子書百家 （清）崇文書局編 清光緒元年（1875）湖北崇文書局刻本 四冊 存一種

330000－1701－0036768 普 811.14/7438/2 集部/別集類/宋別集
劍南詩鈔六卷 （宋）陸游撰 （清）楊大鶴選 清刻民國四年（1915）印本 八冊

330000－1701－0036769 普 193.2/4422 子部/天文曆算類/天文之屬
管窺輯要八十卷 （清）黃鼎撰 清順治九年（1652）刻本 二十四冊

330000－1701－0036770 普 193.2/4422/2/c1 子部/天文曆算類/天文之屬
管窺輯要八十卷 （清）黃鼎撰 清順治刻本 四十冊

330000－1701－0036771 普 811.13/7438.5 集部/總集類/彙編之屬
宋詩鈔初集八十四種 （清）呂留良 （清）吳之振 （清）吳爾堯編 清康熙十年（1671）洲錢吳氏鑑古堂刻本 一冊 存一種

330000－1701－0036772 善 008625 類叢部/類書類/專類之屬
叩鉢齋纂行厨集十七卷應酬詩集四卷 （清）李之浵 （清）汪建封輯 （清）汪志瑞等注 清康熙二十九年（1690）刻本 三十二冊

330000－1701－0036773 普 193.2/4422/2/c2 子部/天文曆算類/天文之屬
管窺輯要八十卷 （清）黃鼎撰 清順治刻本 三十六冊

330000－1701－0036774 普 811.14/7438/9 類叢部/叢書類/自著之屬
陸放翁全集六種 （宋）陸游撰 明末海虞毛氏汲古閣刻清初毛扆增刻彙印本 二十冊 存一種

330000－1701－0036775 普 193.2/4422/3 子部/天文曆算類/天文之屬
管窺輯要八十卷 （清）黃鼎撰 清善成堂刻本 三十冊 存六十卷（一至六十）

330000－1701－0036778 普 811.14/7438.2/c2 集部/別集類/宋別集
陸放翁劍南詩選六卷 （宋）陸游撰 （清）朱陵選 清康熙二十五年（1686）刻本 六冊

330000－1701－0036779 普 811.14/7523/4 類叢部/叢書類/彙編之屬
武英殿聚珍版書 清刻本 六冊 存一種

330000－1701－0036780 普 194.1/0012 子部/術數類/命書相書之屬
三命通會十二卷 （明）萬民英撰 清初刻雍正十三年（1735）蔣國祥補刻本 十六冊

330000－1701－0036781 善 008626 集部/總集類/選集之屬/斷代
西晉文二十卷 （明）張采輯 明崇禎刻本 三十五冊

330000－1701－0036782 普 811.14/7523/2 類叢部/叢書類/彙編之屬
武英殿聚珍版書一百四十八種 清光緒二十五年（1899）廣雅書局刻本 四冊 存一種

330000－1701－0036785 普 194.1/0012/(2) 子部/術數類/命書相書之屬
三命通會十二卷 （明）萬民英撰 清初刻雍正十三年（1735）蔣國祥補刻本 清陶楠校並跋 十二冊

330000－1701－0036788 普 195/4612 子部/術數類/相宅相墓之屬
增補地理直指原真三卷首一卷 （清）釋徹瑩撰 清刻本 六冊 存三卷（一至三）

330000－1701－0036790　普 117.5/0054　類叢部/叢書類/彙編之屬
望三益齋叢書十八種　(清)吳棠編　清咸豐至光緒吳氏望三益齋刻本　四冊　存一種

330000－1701－0036795　普 811.14/7730.2/c1　類叢部/叢書類/彙編之屬
鐵琴銅劍樓叢書十三種　瞿啓甲編　清光緒至民國刻本暨影印本　一冊　存一種

330000－1701－0036796　普 193.6/4410　子部/術數類/占卜之屬
甘氏奇門一得二卷　(明)甘霖撰　明崇禎元年(1628)刻本　二冊

330000－1701－0036797　善 008627　集部/別集類/清別集
懷初詩鈔一卷詞鈔一卷　(清)吳昌言撰　稿本　清宋祖駿題記　二冊

330000－1701－0036799　普 811.15/1733/c1　類叢部/叢書類/彙編之屬
知不足齋叢書一百九十五種　(清)鮑廷博編　(清)鮑士恭續編　清乾隆三十七年至道光三年(1772－1823)長塘鮑氏刻彙印本　二冊　存一種

330000－1701－0036802　普 193.6/7203　子部/術數類/占卜之屬
奇門行軍要畧四卷　(清)劉文瀾撰　清道光二十五年(1845)刻本　四冊

330000－1701－0036803　普 195/4612/2　子部/術數類/相宅相墓之屬
增補地理直指原真三卷首一卷　(清)釋徹瑩撰　清裕文堂刻本　四冊

330000－1701－0036805　普 193.6/7748/c1　子部/術數類/陰陽五行之屬
奇門遁甲元靈經二十四卷　(清)隱溪居士輯　清光緒九年(1883)甬上朱氏刻本　四冊

330000－1701－0036806　普 193.6/7748/c2　子部/術數類/陰陽五行之屬
奇門遁甲元靈經二十四卷　(清)隱溪居士輯　清光緒九年(1883)甬上朱氏刻本　四冊

330000－1701－0036807　普 195.2/4450/3　子部/術數類/相宅相墓之屬
地理大成五種四十九卷　(清)葉泰輯　清刻本　十二冊　存一種

330000－1701－0036808　普 811.147/1047/4　集部/別集類/金別集
遺山先生詩集二十卷附補遺一卷　(金)元好問撰　清宣統元年至二年(1909－1910)山陰周肇祥刻本　六冊

330000－1701－0036810　普 811.14/8022　類叢部/叢書類/彙編之屬
武英殿聚珍版書一百三十八種　清木活字印本　三冊　存一種

330000－1701－0036811　普 193.6/7748/2　子部/術數類/陰陽五行之屬
奇門遁甲元靈經二十四卷　(清)隱溪居士輯　清末上海江左書林石印本　二冊

330000－1701－0036812　普 220.8/3530/2/c2　子部/宗教類/佛教之屬/總録
雲棲法彙二十九種　(明)釋袾宏撰　(明)王宇春等輯　清光緒十八年至二十五年(1892－1899)金陵刻經處刻本　三十四冊

330000－1701－0036813　善 008628　子部/醫家類/類編之屬
薛氏醫按十六種　(明)薛己編　明崇禎元年(1628)朱明刻本　六冊　存一種

330000－1701－0036814　普 195/4612/3　子部/術數類/相宅相墓之屬
增補地理直指原真大全四卷　(清)釋徹瑩撰　清末石印本　一冊

330000－1701－0036816　普 195.2/4454、普 195.2/4454.2　子部/術數類/相宅相墓之屬
地理大成五種四十九卷　(清)葉泰輯　清乾隆大成齋刻本　十冊　存二種

330000－1701－0036818　普 195.1/4212　子部/術數類/相宅相墓之屬
陽宅集成八卷　(清)姚廷鑾輯　清乾隆十六年(1751)刻本　八冊

330000－1701－0036819　普 811.14/8080/4　類叢部/叢書類/自著之屬

白石道人四種　(宋)姜夔撰　清同治十年(1871)桂林倪鴻野水閒鷗館刻本　一册

330000－1701－0036820　善 008630　子部/雜著類

太平萬年書四十三卷拾遺六卷　(清)朱德培輯　清抄本　十六册

330000－1701－0036821　普 117.5/0054/2/c1　子部/儒家類/儒學之屬/性理

漢學商兑三卷　(清)方東樹撰　清光緒二十六年(1900)浙江書局刻本　四册

330000－1701－0036824　普 811.14/7730.2/c3　類叢部/叢書類/彙編之屬

鐵琴銅劍樓叢書十三種　瞿啓甲編　清光緒至民國刻本暨影印本　一册　存一種

330000－1701－0036825　普 811.14/8080/5　集部/别集類/宋别集

白石道人詩一卷集外詩一卷詩説一卷附録諸賢酬贈詩一卷　(宋)姜夔撰　清乾隆二十四年(1759)厪烏山房刻本　一册　缺一卷(詩説)

330000－1701－0036827　普 117.5/0054/2/c2　子部/儒家類/儒學之屬/性理

漢學商兑三卷　(清)方東樹撰　清光緒二十六年(1900)浙江書局刻本　四册

330000－1701－0036828　普 811.147/1047　集部/别集類/金别集

遺山先生詩集二十卷　(金)元好問撰　**遺山詩集考異一卷**　(清)黎維樅輯　清光緒六年(1880)南海黎氏刻本　六册

330000－1701－0036829　普 811.14/8080/6　集部/别集類/宋别集

姜白石集八卷　(宋)姜夔撰　清鮑氏知不足齋刻本　一册　存二卷(白石道人詩集一至二)

330000－1701－0036830　普 811.147/1047/2　集部/别集類/金别集

遺山先生詩集二十卷補遺一卷　(金)元好問撰　清宣統元年至二年(1909－1910)成都茹古書局刻本　四册

330000－1701－0036832　普 195.2/4450　子部/術數類/相宅相墓之屬

種筠書屋較訂撼龍經一卷疑龍經一卷　(清)葉泰輯　(清)高其倬批注　**山水忠肝集摘要一卷**　(明)蕭客撰　(清)筠叟輯　**消納水法外向順逆八局之圖一卷**　清乾隆六年(1741)刻本　四册

330000－1701－0036833　普 811.14/8488　集部/總集類/彙編之屬

西江詩派韓饒二集　沈曾植編　清宣統二年(1910)姚埭沈氏刻本　一册　存一種

330000－1701－0036835　普 811.14/8488/(2)　集部/總集類/彙編之屬

西江詩派韓饒二集　沈曾植編　清宣統二年(1910)姚埭沈氏刻本　二册　存一種

330000－1701－0036836　普 811.147/1047/3　集部/别集類/金别集

遺山先生詩集二十卷　(金)元好問撰　清刻本　四册

330000－1701－0036837　普 811.147/1047/5　集部/總集類/彙編之屬

元人集十種　(明)毛晉編　明崇禎十一年(1638)毛氏汲古閣刻清初增刻本　八册　存一種

330000－1701－0036838　普 117.5/0054/2/c3　子部/儒家類/儒學之屬/性理

漢學商兑三卷　(清)方東樹撰　清光緒二十六年(1900)浙江書局刻本　四册

330000－1701－0036839　普 811.14/7701/c1　集部/别集類/宋别集

方泉先生詩集三卷　(宋)周文璞撰　清宣統元年(1909)上海國光社石印本　一册

330000－1701－0036840　普 117.5/0054/2/c5　子部/儒家類/儒學之屬/性理

漢學商兑三卷　(清)方東樹撰　清光緒二十

六年(1900)浙江書局刻本　四冊

330000－1701－0036842　普 811.147/1047.01　集部/别集類/金别集

元遺山詩集箋注十四卷　(金)元好問撰　(元)張德輝類次　(清)施國祁箋注　**元遺山全集年譜一卷**　(清)施國祁撰　**元遺山全集附録一卷**　(明)儲瓘輯　(清)華希閔　**元遺山全集補載一卷**　(清)施國祁輯　清道光二年(1822)南潯蔣氏瑞松堂刻本　六冊

330000－1701－0036843　普 811.14/7701/c4　集部/别集類/宋别集

方泉先生詩集三卷　(宋)周文璞撰　清宣統元年(1909)上海國光社石印本　一冊

330000－1701－0036847　普 195.2/4499　子部/術數類/相宅相墓之屬

葬書五種　清咸豐四年(1854)刻本　二冊　存四種

330000－1701－0036848　普 195.2/5310　子部/術數類/相宅相墓之屬

地理精微集六卷首一卷　(清)盛廷謨撰　(清)陳景新重編　清光緒二十四年(1898)江寧藩署刻宣統元年(1909)印本　四冊

330000－1701－0036849　普 220/2230　子部/宗教類/佛教之屬/總録

御選語錄十九卷　(清)世宗胤禛輯　清乾隆三十二年(1767)邵彭齡抄本　十四冊

330000－1701－0036850　善 008629　史部/地理類/山川之屬/山志

黃山圖一卷　(清)釋雪莊繪　清康熙吴荃刻本　一冊

330000－1701－0036851　普 220.41/2497　集部/别集類/清别集

僧家竹枝詞一卷附丁酉歌一卷　(清)釋德輝撰　清光緒二十四年(1898)武林瑪瑙明臺經房刻本　一冊

330000－1701－0036852　普 811.15/1733/c2　類叢部/叢書類/彙編之屬

知不足齋叢書一百九十五種　(清)鮑廷博編　(清)鮑士恭續編　清乾隆三十七年至道光三年(1772－1823)長塘鮑氏刻彙印本　二冊　存一種

330000－1701－0036853　普 220.41/2810　子部/宗教類/佛教之屬/諸宗

牧雲和尚後錄二卷　(清)釋通門撰　(清)釋寂音　(清)釋超密編　清刻本　一冊

330000－1701－0036854　普 811.15/1733/2　類叢部/叢書類/彙編之屬

知不足齋叢書一百九十五種　(清)鮑廷博編　(清)鮑士恭續編　清乾隆三十七年至道光三年(1772－1823)長塘鮑氏刻彙印本　二冊　存一種

330000－1701－0036856　普 811.15/2120　集部/總集類/彙編之屬

元詩四大家(元四大家詩集)二十七卷　(明)毛晉編　明崇禎海虞毛氏汲古閣刻本　八冊　存九卷(虞伯生詩一至八、補遺)

330000－1701－0036858　善 008631　子部/術數類/命書相書之屬

鐵板數不分卷　清抄本　清丁丙跋　二十二冊

330000－1701－0036859　普 811.15/1072/c1、普 811.15/1110/c2　類叢部/叢書類/郡邑之屬

武林往哲遺箸五十二種後編十種　(清)丁丙編　清光緒二十年至二十六年(1894－1900)錢塘丁氏嘉惠堂刻本　五冊　存二種

330000－1701－0036862　普 811.15/1072/c2、普 811.15/1110/c1　類叢部/叢書類/郡邑之屬

武林往哲遺箸五十二種後編十種　(清)丁丙編　清光緒二十年至二十六年(1894－1900)錢塘丁氏嘉惠堂刻本　五冊　存二種

330000－1701－0036863　普 811.15/2434/c1　類叢部/叢書類/郡邑之屬

武林往哲遺箸五十二種後編十種　(清)丁丙編　清光緒二十年至二十六年(1894－1900)

錢塘丁氏嘉惠堂刻本　一冊　存一種

330000－1701－0036864　普 811.15/2120/2　集部/别集類/元别集

虞文靖公道園全集七十六卷　(元)虞集撰　清光緒元年(1875)陵陽書局刻本(文遺稾十六卷原缺)　二冊　存八卷(詩遺藁一至八)

330000－1701－0036865　普 811.15/1110/(2)　類叢部/叢書類/郡邑之屬

武林往哲遺箸五十二種後編十種　(清)丁丙編　清光緒二十年至二十六年(1894－1900)錢塘丁氏嘉惠堂刻本　三冊　存一種

330000－1701－0036867　普 220.8/3530/c1　子部/宗教類/佛教之屬/總録

雲棲法彙二十九種　(明)釋袾宏撰　(明)王宇春等輯　清同治十年至十二年(1871－1873)刻本　三十五冊　缺二卷(答淨土四十八問、淨土疑辯)

330000－1701－0036868　普 811.15/2434/c2　類叢部/叢書類/郡邑之屬

武林往哲遺箸五十二種後編十種　(清)丁丙編　清光緒二十年至二十六年(1894－1900)錢塘丁氏嘉惠堂刻本　一冊　存一種

330000－1701－0036869　普 811.15/2680　集部/别集類/元别集

吴書山先生遺集二十卷首一卷末一卷附録一卷　(元)吴會撰　(清)吴廷相　(清)吴尚絅輯　清乾隆三十四年(1769)吴氏刻本　一冊

330000－1701－0036870　普 811.15/2434.2/c2　類叢部/叢書類/彙編之屬

武英殿聚珍版書五十三種　清同治十三年(1874)江西書局刻本　二冊　存一種

330000－1701－0036872　普 811.15/2690　集部/别集類/元别集

學言稿六卷首一卷　(元)吴當撰　清乾隆四年(1739)崇仁吴氏刻本　一冊

330000－1701－0036873　善 008632　經部/小學類/文字之屬/説文/專著

許氏説文解字五音韻譜十二卷　(宋)李燾撰　明刻本　六冊

330000－1701－0036875　普 811.15/3440　集部/别集類/元别集

續軒渠集十卷補遺一卷附錄一卷　(元)洪希文撰　**杏庭摘稿一卷**　(元)洪炎祖撰　清光緒六年(1880)杉直槐清館刻本　一冊　存五卷(一至五)

330000－1701－0036878　普 811.15/2434.2/c3　類叢部/叢書類/彙編之屬

武英殿聚珍版書五十三種　清同治十三年(1874)江西書局刻本　一冊　存一種

330000－1701－0036880　普 220.45/1104/3　子部/宗教類/佛教之屬

護法論一卷　(宋)張商英撰　清光緒二年(1876)常熟刻經處刻本　一冊

330000－1701－0036881　普 811.15/2644/c2　集部/别集類/元别集

吴淵穎先生集十二卷　(元)吴萊撰　(清)王邦采　(清)王繩曾箋　清同治九年(1870)永康應氏刻本　四冊

330000－1701－0036884　普 811.15/2644/c3　集部/别集類/元别集

吴淵穎先生集十二卷　(元)吴萊撰　(清)王邦采　(清)王繩曾箋　清同治九年(1870)永康應氏刻本　四冊

330000－1701－0036886　普 811.15/4624.2/c1　集部/别集類/元别集

鐵厓樂府註十卷咏史註八卷逸編註八卷　(元)楊維楨撰　(清)樓卜瀍註　清宣統二年(1910)上海掃葉山房石印本　十冊

330000－1701－0036887　普 220.47/2826　子部/宗教類/佛教之屬/諸宗

牧牛圖頌一卷　(明)釋普明撰　清光緒六年(1880)上海點石齋影印本　一冊

330000－1701－0036888　普 811.15/26441/c1　類叢部/叢書類/郡邑之屬

武林往哲遺箸五十二種後編十種　(清)丁丙

編　清光緒二十年至二十六年(1894－1900)錢塘丁氏嘉惠堂刻本　一册　存一種

330000－1701－0036890　普 811.15/26441/c3　類叢部/叢書類/郡邑之屬

武林往哲遺箸五十二種後編十種　(清)丁丙編　清光緒二十年至二十六年(1894－1900)錢塘丁氏嘉惠堂刻本　一册　存一種

330000－1701－0036893　善 008635　史部/紀傳類/正史之屬

史漢評林二百三十卷　(明)凌稚隆輯　明萬曆烏程凌稚隆刻本　八十册　存一百三十卷(史記評林一至一百三十)

330000－1701－0036896　普 811.15/4445/2　集部/别集類/元别集

雁門集六卷　(元)薩都剌撰　清康熙十九年(1680)薩希亮半野軒刻本　二册

330000－1701－0036897　普 220.8/3530/c2　子部/宗教類/佛教之屬/總録

雲棲法彙二十九種　(明)釋袾宏撰　(明)王宇春等輯　清同治十年至十二年(1871－1873)刻本　三十五册

330000－1701－0036898　普 811.15/4624.2/2　集部/别集類/元别集

鐵厓樂府註十卷咏史註八卷逸編註八卷　(元)楊維楨撰　(清)樓卜瀍註　清乾隆三十九年(1774)聯桂堂刻本　六册

330000－1701－0036899　普 811.15/4445.2　集部/别集類/元别集

雁門集十四卷附卷一卷　(元)薩都剌撰　(明)薩琦編　**雁門集倡和錄一卷别錄一卷**　(清)薩龍光輯　清嘉慶十二年(1807)刻本　八册

330000－1701－0036901　普 220.913/7722/c1　子部/宗教類/佛教之屬/總録

釋氏稽古略四卷　(元)釋覺岸撰　**釋鑑稽古略續集三卷**　(明)釋幻輪撰　清光緒十二年(1886)釋清道刻本　章嶔題記　五册

330000－1701－0036902　普 220.913/7722/c2　子部/宗教類/佛教之屬/總録

釋氏稽古略四卷　(元)釋覺岸撰　**釋鑑稽古略續集三卷**　(明)釋幻輪撰　清光緒十二年(1886)釋清道刻本　五册

330000－1701－0036903　普 220.913/7722/c3　子部/宗教類/佛教之屬/總録

釋氏稽古略四卷　(元)釋覺岸撰　**釋鑑稽古略續集三卷**　(明)釋幻輪撰　清光緒十二年(1886)釋清道刻本　五册

330000－1701－0036905　普 811.15/4624.3　集部/别集類/元别集

鐵厓樂府註十卷咏史註八卷逸編註八卷　(元)楊維楨撰　(清)樓卜瀍註　清乾隆三十九年(1774)聯桂堂刻本　二册　存八卷(咏史註一至八)

330000－1701－0036906　普 811.15/4453/c1　類叢部/叢書類/郡邑之屬

武林往哲遺箸五十二種後編十種　(清)丁丙編　清光緒二十年至二十六年(1894－1900)錢塘丁氏嘉惠堂刻本　一册　存一種

330000－1701－0036907　普 220.92/2533　史部/傳記類/總傳之屬/釋道

佛祖正宗道影四卷　(清)釋守一編　清光緒六年(1880)蘇州瑪瑙經房刻本　四册

330000－1701－0036909　普 811.15/4453/c2　類叢部/叢書類/郡邑之屬

武林往哲遺箸五十二種後編十種　(清)丁丙編　清光緒二十年至二十六年(1894－1900)錢塘丁氏嘉惠堂刻本　一册　存一種

330000－1701－0036911　普 811.15/4624.3/(2)　集部/别集類/元别集

鐵厓樂府註十卷咏史註八卷逸編註八卷　(元)楊維楨撰　(清)樓卜瀍註　清乾隆三十九年(1774)聯桂堂刻本　四册　存十八卷(樂府註一至十、咏史註一至八)

330000－1701－0036912　普 220.8/3530/c3　子部/宗教類/佛教之屬/總録

雲棲法彙二十九種　(明)釋袾宏撰　(明)王

宇春等輯　明天啓至崇禎刻本　十册　存七種

330000－1701－0036913　普117.5/2838　集部/別集類/清別集

敦艮齋遺書十七卷　（清）徐潤第撰　清道光二十八年（1848）徐繼畬福州刻本　五册

330000－1701－0036916　普811.15/4624/2　類叢部/叢書類/彙編之屬

誦芬室叢刊二十二種　董康編　清光緒三十四年至民國十四年（1908－1925）武進董氏刻本　二册　存一種

330000－1701－0036917　普811.15/7550/c1　集部/別集類/元別集

所安遺集一卷附録一卷　（元）陳泰撰　清光緒六年（1880）武林節署刻本　一册

330000－1701－0036918　普220.8/3530/2/c1　子部/宗教類/佛教之屬/總録

雲棲法彙二十九種　（明）釋祩宏撰　（明）王宇春等輯　清光緒十八年至二十五年（1892－1899）金陵刻經處刻本　三十四册

330000－1701－0036920　普117.5/3677　子部/雜著類/雜説之屬

浮邱子十二卷　（清）湯鵬撰　（清）湯俶昭等輯　清同治四年（1865）湘陰李黼堂刻本　四册

330000－1701－0036921　普117.5/3677/2/c1　子部/雜著類/雜説之屬

浮邱子十二卷　（清）湯鵬撰　（清）湯俶昭等輯　清宣統二年（1910）掃葉山房石印本　六册

330000－1701－0036922　普811.15/8398/c2　類叢部/叢書類/郡邑之屬

武林往哲遺箸五十二種後編十種　（清）丁丙編　清光緒二十年至二十六年（1894－1900）錢塘丁氏嘉惠堂刻本　一册　存一種

330000－1701－0036923　普811.15/8398/2/c1　類叢部/叢書類/彙編之屬

清風室叢刊二十種　（清）錢保塘編　清同治十年至民國二十五年（1871－1936）海寧錢氏清風室刻本　一册　存一種

330000－1701－0036924　普811.16/0041　集部/別集類/明別集

方正學先生詩一卷　（明）方孝孺撰　清刻本　一册

330000－1701－0036925　普220.92/5520　史部/傳記類/總傳之屬/釋道

高僧傳四集九十三卷　（清）楊文會輯　清光緒十年至十八年（1884－1892）金陵刻經處、江北刻經處刻本　四册　存十六卷（初集首、一至十五）

330000－1701－0036926　普811.15/8398/2/c2　類叢部/叢書類/彙編之屬

清風室叢刊二十種　（清）錢保塘編　清同治十年至民國二十五年（1871－1936）海寧錢氏清風室刻本　一册　存一種

330000－1701－0036927　普811.16/0001/c2　類叢部/叢書類/郡邑之屬

金華叢書六十八種　（清）胡鳳丹編　清同治七年至光緒八年（1868－1882）永康胡氏退補齋刻民國補刻本　四册　存一種

330000－1701－0036928　普811.16/0047　集部/別集類/漢魏六朝別集

讀織錦回文法一卷　（前秦）蘇蕙撰　（明）釋起宗分讀　（明）康萬民增讀　（明）康禹民又增讀　清沈華刻本　一册

330000－1701－0036929　普220.92/5520.2、普220.92/5520.3、普220.92/5520.4　史部/傳記類/總傳之屬/釋道

高僧傳四集九十三卷　（清）楊文會輯　清光緒十年至十八年（1884－1892）金陵刻經處、江北刻經處刻本　二十册　存三種

330000－1701－0036931　普811.16/0038/2　集部/別集類/明別集

青邱高季迪先生詩集十八卷首一卷遺詩一卷扣舷集一卷鳧藻集五卷附録一卷　（明）高啓撰　（清）金檀輯注　**青邱高季迪先生[啓]年**

譜一卷 （清）金檀編 清雍正六年至七年(1728－1729)金氏文瑞樓刻乾隆墨華池館印本 二十冊 缺五卷(芜藻集一至五)

330000－1701－0036933 普 220.923/0024.74 史部/傳記類/别傳之屬/事狀
大慈恩寺三藏法師傳十卷 （唐）釋慧立撰 （唐）釋彦悰箋 清宣統元年(1909)常州天寧寺刻本 俞鳳韶題記 三冊

330000－1701－0036935 普 811.16/0038/3 集部/别集類/明别集
高季迪先生大全集十八卷 （明）高啓撰 清光緒十四年(1888)木活字印本 六冊

330000－1701－0036936 普 811.16/0038/4 集部/别集類/明别集
高季迪先生大全集十八卷 （明）高啓撰 清康熙許氏竹素園刻本 四冊

330000－1701－0036937 普 811.16/0107 類叢部/叢書類/彙編之屬
新陽趙氏叢刊十四種 （清）趙元益編 清光緒十一年至二十八年(1885－1902)新陽趙氏刻本 二冊 存一種

330000－1701－0036938 普 811.16/0107/(2) 類叢部/叢書類/彙編之屬
新陽趙氏叢刊十四種 （清）趙元益編 清光緒十一年至二十八年(1885－1902)新陽趙氏刻本 一冊 存一種

330000－1701－0036940 普 811.16/0038/5/c2 集部/總集類/彙編之屬
文瑞樓彙刻書三種 （清）金檀編 清康熙至雍正桐鄉金氏文瑞樓燕翼堂刻本 八冊 存一種

330000－1701－0036944 普 811.16/0012 集部/别集類/明别集
和梅花百詠詩稿二卷 （明）章琥撰 明刻清修本 一冊

330000－1701－0036945 普 811.16/0012.2 集部/别集類/明别集
草窻梅花集句三卷附録紅梅集句一卷 （明）章琥撰 明刻清修本 一冊

330000－1701－0036947 普 811.16/0038/5/c3 集部/總集類/彙編之屬
文瑞樓彙刻書三種 （清）金檀編 清康熙至雍正桐鄉金氏文瑞樓燕翼堂刻本 八冊 存一種

330000－1701－0036948 普 409.5/0143 經部/小學類/文字之屬/字書/訓蒙
文字發凡四卷 （清）龍志澤編輯 清光緒三十一年(1905)上海廣智書局鉛印本 二冊

330000－1701－0036951 普 811.16/0115 集部/總集類/彙編之屬
詩慰初集二十家二十四卷二集十家十一卷續集四家四卷 （清）陳允衡編 清順治澄懷閣刻本 一冊 存一卷(嶽歸堂集選)

330000－1701－0036952 普 221.1/2824 子部/宗教類/佛教之屬
弘明集十四卷 （南朝梁）釋僧祐輯 清光緒二十二年(1896)金陵刻經處刻本 四冊

330000－1701－0036953 普 411/4030 經部/小學類
小學類編六種附一種 （清）李祖望編 清咸豐元年至二年(1851－1852)江都李氏半畝園刻本 八冊

330000－1701－0036954 普 811.16/0412/c2 集部/别集類/明别集
雪鴻堂詩蒐逸三卷附録一卷 （明）謝三秀撰 清咸豐元年(1851)遵義刻本 一冊

330000－1701－0036957 普 411.021/0436/2/c1 史部/目録類/專録之屬
小學考五十卷 （清）謝啓昆撰 清光緒十四年(1888)浙江書局刻本 二十冊

330000－1701－0036958 普 411.021/0436/2/c2 史部/目録類/專録之屬
小學考五十卷 （清）謝啓昆撰 清光緒十四年(1888)浙江書局刻本 二十冊

330000－1701－0036960 普 811.16/1211

集部/别集類/明别集
太白山人漫藁八卷附錄一卷 (明)孫一元撰 清嘉慶二十年(1815)壽世堂刻本 四册

330000-1701-0036961 普 411.021/0436/c1 史部/目録類/專録之屬
小學考五十卷 (清)謝啓昆撰 清咸豐二年(1852)謝氏樹經堂刻本 十六册

330000-1701-0036962 普 411.021/0436/3/c1 史部/目録類/專録之屬
小學考五十卷 (清)謝啓昆撰 清光緒十五年(1889)上海鴻文書局石印本 六册

330000-1701-0036963 普 411.021/0436/3/c2 史部/目録類/專録之屬
小學考五十卷 (清)謝啓昆撰 清光緒十五年(1889)上海鴻文書局石印本 六册

330000-1701-0036964 普 411.021/0436/c2 史部/目録類/專録之屬
小學考五十卷 (清)謝啓昆撰 清咸豐二年(1852)謝氏樹經堂刻本 十六册

330000-1701-0036965 善 008634 經部/叢編
曹楝亭五種六十五卷 (清)曹寅輯 清康熙四十五年(1706)揚州使院刻本 十册 存一種

330000-1701-0036967 普 811.16/1744/c1 集部/别集類/明别集
柏樓吟二卷 (明)孟藴撰 清嘉慶十六年(1811)雍睦堂木活字印本 一册

330000-1701-0036968 普 811.16/1744/c2 集部/别集類/明别集
柏樓吟二卷 (明)孟藴撰 清嘉慶十六年(1811)雍睦堂木活字印本 一册

330000-1701-0036969 普 411.08/1142/c1 經部/小學類
澤存堂五種 (清)張士俊輯 清光緒十四年(1888)上海蜚英館石印本 八册

330000-1701-0036970 普 811.16/1104/2 集部/别集類/清别集
感物吟五卷 (清)張亨梧撰 清嘉慶十七年(1812)天台張度禮刻本 三册

330000-1701-0036972 普 811.16/1760 集部/别集類/明别集
石臼前集九卷後集七卷 (明)邢昉撰 清光緒十八年(1892)會稽陶在銘刻本 二十册

330000-1701-0036973 善 008636 史部/紀傳類/正史之屬
史記評林一百三十卷 (明)淩稚隆輯 明末古林積慶堂刻本 二十四册

330000-1701-0036977 普 811.16/1760/(2) 集部/别集類/明别集
石臼前集九卷後集七卷 (明)邢昉撰 清光緒十八年(1892)會稽陶在銘刻本 六册

330000-1701-0036978 普 811.16/2540 類叢部/叢書類/彙編之屬
拜經樓叢書(愚谷叢書)二十三種 (清)吴騫編 清乾隆至嘉慶海昌吴氏刻彙印本 二册 存二種

330000-1701-0036981 普 411.08/1142/c2 經部/小學類
澤存堂五種 (清)張士俊輯 清光緒十四年(1888)上海蜚英館石印本 八册

330000-1701-0036982 普 411.08/1142/c3 經部/小學類
澤存堂五種 (清)張士俊輯 清光緒十四年(1888)上海蜚英館石印本 八册

330000-1701-0036983 普 411.08/1142/(2) 經部/小學類
澤存堂五種 (清)張士俊輯 清光緒十四年(1888)上海蜚英館石印本 十六册

330000-1701-0036984 普 811.16/2588/c1 集部/别集類/明别集
東武山人集七卷 (明)朱公節撰 清乾隆二十六年(1761)朱繼相西壁堂刻本 二册

330000-1701-0036986 善 008637 子部/

宗教類/佛教之屬/經疏
大方廣圓覺經大疏三卷 (唐)釋宗密撰 清抄本 三冊

330000－1701－0036987 普411.08/8208/2/c1 經部/叢編
古經解彙函十六種附小學彙函十四種續附十種 (清)鍾謙鈞等輯 清光緒十四年(1888)上海蜚英館石印本 九冊 存小學彙函十四種

330000－1701－0036988 普811.16/2649 集部/別集類/明別集
耦耕堂集詩三卷文二卷 (明)程嘉燧撰 **松圓詩老小傳一卷** (清)錢謙益撰 清順治十二年(1655)金獻士、金望等刻本 清藍叔題記 一冊 存三卷(詩一至三)

330000－1701－0036989 普811.16/2322 子部/藝術類/書畫之屬/法帖
樂飢齋詩草一卷 (清)傅山撰並書 清宣統元年(1909)上海國學保存會影印本 一冊

330000－1701－0036990 普811.16/2588/c2 集部/別集類/明別集
東武山人集七卷 (明)朱公節撰 清乾隆二十六年(1761)朱繼相西壁堂刻本 一冊

330000－1701－0036992 普811.16/2650 集部/總集類/彙編之屬
文瑞樓彙刻書三種 (清)金檀編 清康熙至雍正桐鄉金氏文瑞樓燕翼堂刻本 一冊 存一種

330000－1701－0036994 普811.16/2745 集部/別集類/明別集
花王閣賸稿一卷 (明)紀坤撰 清光緒順德龍氏知服齋刻朱印本 一冊

330000－1701－0036996 普411.08/8208/2/c2 經部/叢編
古經解彙函十六種附小學彙函十四種續附十種 (清)鍾謙鈞等輯 清光緒十四年(1888)上海蜚英館石印本 九冊 存小學彙函十四種

330000－1701－0036997 普411.08/8208/2/c3 經部/叢編
古經解彙函十六種附小學彙函十四種續附十種 (清)鍾謙鈞等輯 清光緒十四年(1888)上海蜚英館石印本 九冊 存小學彙函十四種

330000 1701 0036998 普008638 類叢部/類書類/專類之屬
鼎鐫洪武元韻勘正補訂經書切字海篇玉鑑二十卷 (明)武緯子補訂 (明)王衡勘正 明萬曆元年(1573)閩建邑書林熊沖宇刻本 四冊

330000－1701－0036999 普811.16/2870 集部/別集類/明別集
石龍庵詩草六卷 (明)徐學詩撰 清乾隆二十三年(1758)徐氏重慶堂刻本 四冊

330000－1701－0037000 普412.11/0712/2/c2 經部/小學類/訓詁之屬/爾雅
爾雅三卷 (晉)郭璞注 (唐)陸德明音義 清嘉慶二十二年(1817)順德張青選清芬閣刻本 二冊

330000－1701－0037001 普811.16/2846/c2 集部/別集類/清別集
且樸齋詩稿六卷茶贊吟一卷 (清)徐懋曙撰 (清)姚子莊輯 清光緒二十五年(1899)刻本 一冊

330000－1701－0037002 普811.16/2870/(2) 集部/別集類/明別集
石龍庵詩草六卷 (明)徐學詩撰 清乾隆二十三年(1758)徐氏重慶堂刻本 二冊

330000－1701－0037003 善008639 史部/紀傳類/正史之屬
南史八十卷 (唐)李延壽撰 清同治十一年(1872)金陵書局刻二十四史本 陳光漢校並跋 十二冊

330000－1701－0037004 普811.16/2846/c3 集部/別集類/清別集
且樸齋詩稿六卷茶贊吟一卷 (清)徐懋曙撰

(清)姚子莊輯　清光緒二十五年(1899)刻本　一册

330000－1701－0037005　普412.11/0712/3/c1　經部/小學類/訓詁之屬/爾雅
爾雅音圖三卷　(晉)郭璞注　(清)姚之麟摹圖　清嘉慶六年(1801)南城曾燠藝學軒影宋刻本　三册

330000－1701－0037006　普811.16/2665.02　集部/别集類/明别集
息賢堂詩二集八卷　(明)魏耕撰　清順治十四年(1657)刻本　一册

330000－1701－0037008　普412.11/0712/3/c3　經部/小學類/訓詁之屬/爾雅
爾雅音圖三卷　(晉)郭璞注　(清)姚之麟摹圖　清嘉慶六年(1801)南城曾燠藝學軒影宋刻本　三册

330000－1701－0037009　善008640　史部/紀傳類/正史之屬
北史一百卷　(唐)李延壽撰　清同治十一年(1872)金陵書局刻二十四史本　陳光漢校並跋　二十册

330000－1701－0037010　普411.18/3144　經部/小學類/文字之屬/字書/字體
隸辨八卷　(清)顧藹吉撰　清江寧甘瑞祥家刻本　八册

330000－1701－0037012　普811.16/3103　集部/别集類/明别集
鳳池吟稿十卷　(明)汪廣洋撰　明萬曆四十五年(1617)高郵王百祥刻清印本　二册

330000－1701－0037013　普811.16/2671　集部/别集類/清别集
墨井集五卷　(清)吳歷撰　清宣統元年(1909)土山灣印書館鉛印本　一册

330000－1701－0037014　普811.16/3414/c2、普811.16/3141/c4　類叢部/叢書類/郡邑之屬
武林往哲遺箸五十二種後編十種　(清)丁丙編　清光緒二十年至二十六年(1894－1900)錢塘丁氏嘉惠堂刻本　三册　存二種

330000－1701－0037016　普412.11/0712/3/c4　經部/小學類/訓詁之屬/爾雅
爾雅音圖三卷　(晉)郭璞注　(清)姚之麟摹圖　清嘉慶六年(1801)南城曾燠藝學軒刻民國十五年(1926)印本　三册

330000－1701－0037021　善008641　子部/藝術類/書畫之屬
畫苑集成不分卷　(清)吳曾淳輯　稿本　十二册

330000－1701－0037022　普811.16/3401　集部/别集類/明别集
東安百詠一卷　(明)凌文琬撰　清末恩榮堂木活字印本　汪德振跋　一册

330000－1701－0037027　普811.16/3141/c1　類叢部/叢書類/郡邑之屬
武林往哲遺箸五十二種後編十種　(清)丁丙編　清光緒二十年至二十六年(1894－1900)錢塘丁氏嘉惠堂刻本　一册　存一種

330000－1701－0037029　善008642　子部/藝術類/書畫之屬/總論
别下齋書畫録七卷補闕一卷　(清)蔣光煦輯　**南屏行篋録一卷**　(清)釋達受輯　清末抄本　三册

330000－1701－0037031　普412.11/0712/3/c5　經部/小學類/訓詁之屬/爾雅
爾雅音圖三卷　(晉)郭璞注　(清)姚之麟摹圖　清嘉慶六年(1801)南城曾燠藝學軒刻光緒三年(1877)歙縣宋琪印本　三册

330000－1701－0037034　普811.16/4040/c1　集部/别集類/明别集
滄溟先生集十四卷附録一卷　(明)李攀龍撰　清光緒二十一年(1895)長沙張氏湘雨樓刻本　四册

330000－1701－0037035　普412.11/0712/c1　經部/小學類/訓詁之屬/爾雅
爾雅三卷　(晉)郭璞注　(唐)陸德明音釋　清光緒十二年(1886)湖北官書處刻本　三册

330000－1701－0037036　普 412.11/0712/c2　經部/小學類/訓詁之屬/爾雅
爾雅三卷　(晉)郭璞注　(唐)陸德明音釋　清光緒十二年(1886)湖北官書處刻本　三册

330000－1701－0037037　普 811.16/4040/c3　集部/别集類/明别集
滄溟先生集十四卷附錄一卷　(明)李攀龍撰　清光緒二十一年(1895)長沙張氏湘雨樓刻本　四册

330000－1701－0037038　普 811.16/3427　類叢部/叢書類/郡邑之屬
武林往哲遺箸五十二種後編十種　(清)丁丙編　清光緒二十年至二十六年(1894－1900)錢塘丁氏嘉惠堂刻本　一册　存一種

330000－1701－0037039　普 811.16/3431　集部/别集類/明别集
蘆槎詩稿二卷　(明)沈濳撰　清光緒三年(1877)師齋刻本　王蔓初題記　二册

330000－1701－0037041　普 811.16/3483　集部/别集類/明别集
凌忠介公詩集二卷　(明)凌義渠撰　清光緒四年(1878)刻本　清凌紱曾跋　二册

330000－1701－0037042　普 412.11/0712/5　經部/小學類/訓詁之屬/爾雅
爾雅音圖三卷　(晉)郭璞注　(清)姚之麟摹圖　清光緒十年(1884)上海點石齋石印本　一册

330000－1701－0037043　普 412.11/0712.2/c2　經部/小學類/訓詁之屬/爾雅
爾雅註疏十一卷　(晉)郭璞注　(宋)邢昺疏　清光緒八年(1882)崇德書院刻本　六册

330000－1701－0037044　普 811.16/3610　集部/總集類/彙編之屬
弘正四傑詩集　(清)張祖同編　清光緒二十一年(1895)長沙張氏湘雨樓刻本　四册　存一種

330000－1701－0037045　普 412.11/0712/6/c1　經部/小學類/訓詁之屬/爾雅
爾雅三卷　(晉)郭璞注　(唐)陸德明音義　清光緒二十一年(1895)金陵書局刻本　三册

330000－1701－0037046　普 412.11/0712/6/c2　經部/小學類/訓詁之屬/爾雅
爾雅三卷　(晉)郭璞注　(唐)陸德明音義　清光緒二十一年(1895)金陵書局刻本　三册

330000－1701－0037047　普 811.16/4427　集部/别集類/明别集
蟛蜞集十卷　(明)林嵋撰　清初求野堂刻本　四册

330000－1701－0037048　善 008643　子部/藝術類/書畫之屬/總論
論書畫絕句一卷　清抄本　一册

330000－1701－0037049　普 412.11/4742/5/c1　類叢部/叢書類/自著之屬
郝氏遺書三十三種　(清)郝懿行撰　清嘉慶至光緒刻彙印本　八册　存一種

330000－1701－0037050　普 412.11/0712/7　經部/小學類/訓詁之屬/爾雅
爾雅一卷　(清)湯金釗書　清咸豐九年(1859)崇讓堂刻本　一册

330000－1701－0037052　普 412.11/4742/5/c2　類叢部/叢書類/自著之屬
郝氏遺書三十三種　(清)郝懿行撰　清嘉慶至光緒刻彙印本　六册　存一種

330000－1701－0037053　普 412.11/4742/5/c3　類叢部/叢書類/自著之屬
郝氏遺書三十三種　(清)郝懿行撰　清嘉慶至光緒刻彙印本　八册　存一種

330000－1701－0037054　善 008645　類叢部/叢書類/彙編之屬
山居小玩十種　(明)毛晉編　明末毛氏汲古閣刻本　一册　存二種

330000－1701－0037055　普 811.16/4611　集部/别集類/清别集
秘圖先生遺詩一卷　(清)楊珂撰　(清)張廷枚輯　清乾隆四十八年(1783)羅山張氏寶墨

齋刻本　一册

330000－1701－0037056　普 412.11/0712/8
經部/小學類/訓詁之屬/爾雅
爾雅三卷　（晉）郭璞注　清光緒八年（1882）巴陵方功惠碧琳琅館刻本　一册

330000－1701－0037057　普 811.16/4430
集部/别集類/明别集
鳴盛集四卷　（明）林鴻撰　清嘉慶十三年（1808）麟後山房王氏刻本　二册

330000－1701－0037058　普 412.11/4742/6
經部/小學類/訓詁之屬/爾雅
爾雅郭注義疏二十卷　（清）郝懿行撰　清咸豐六年（1856）蘇州楊以增、胡珽刻本　八册

330000－1701－0037059　普 811.16/4453/c2
集部/别集類/明别集
正志稿十卷　（明）林貴兆撰　清宣統二年（1910）太平陳氏木活字印本　二册

330000－1701－0037060　普 811.16/4623/c1
史部/史評類/詠史之屬
楊鐵崖先生詠史古樂府四卷　（明）楊維禎撰（清）王榮紘編　清乾隆三十七年（1772）刻本　余紹宋題記　二册

330000－1701－0037061　普 811.16/5540
集部/别集類/元别集
拱和詩集一卷　（元）曹志撰　清康熙四十年（1701）曹氏刻本　清曹孚嘉題記　一册

330000－1701－0037062　普 811.16/4453/c4
集部/别集類/明别集
正志稿十卷　（明）林貴兆撰　清宣統二年（1910）太平陳氏木活字印本　二册

330000－1701－0037063　善 008646　子部/宗教類/道教之屬
仙佛合宗語錄六卷　（明）伍守陽撰　清抄本　六册

330000－1701－0037065　普 412.11/0712/9/c1　經部/小學類/訓詁之屬/爾雅
爾雅音圖三卷　（晉）郭璞注　（清）姚之麟摹圖　清光緒十年（1884）上海同文書局石印本　二册

330000－1701－0037066　普 811.16/4492/c2
集部/别集類/清别集
芙蓉亭詩鈔八卷首一卷　（清）蔡榮名撰　清光緒十六年（1890）刻本　一册

330000－1701－0037067　普 412.11/0712/9/c2　經部/小學類/訓詁之屬/爾雅
爾雅音圖三卷　（晉）郭璞注　（清）姚之麟摹圖　清光緒十年（1884）上海同文書局石印本　二册

330000－1701－0037068　普 811.16/4492/c3
集部/别集類/清别集
芙蓉亭詩鈔八卷首一卷　（清）蔡榮名撰　清光緒十六年（1890）刻本　一册

330000－1701－0037069　普 811.16/4047
集部/别集類/明别集
李空同詩集三十三卷附錄一卷　（明）李夢陽撰　清宣統二年（1910）掃葉山房石印本　十册

330000－1701－0037070　普 412.11/4742/7/c1　經部/小學類/訓詁之屬/爾雅
爾雅郭注義疏二十卷　（清）郝懿行撰　清光緒十三年（1887）湖北官書處刻本　孫世偉題記　八册

330000－1701－0037071　普 811.16/4623/c2
史部/史評類/詠史之屬
楊鐵崖先生詠史古樂府四卷　（明）楊維禎撰（清）王榮紘編　清乾隆三十七年（1772）刻本　二册

330000－1701－0037072　普 412.11/0712.2/2　經部/小學類/訓詁之屬/爾雅
爾雅註疏十一卷　（晉）郭璞注　（宋）邢昺疏　清乾隆十年（1745）三樂齋刻本　四册

330000－1701－0037076　普 811.16/6624
類叢部/叢書類/郡邑之屬
武林往哲遺箸五十二種後編十種　（清）丁丙編　清光緒二十年至二十六年（1894－1900）

錢塘丁氏嘉惠堂刻本　一册　存一種

330000－1701－0037077　普 412.11/4742/7/c2　經部/小學類/訓詁之屬/爾雅

爾雅郭注義疏二十卷　(清)郝懿行撰　清光緒十三年(1887)湖北官書處刻本　退一步居題簽並記　八册

330000－1701－0037079　普 811.16/4602　類叢部/叢書類/郡邑之屬

武林往哲遺箸五十二種後編十種　(清)丁丙編　清光緒二十年至二十六年(1894－1900)錢塘丁氏嘉惠堂刻本　一册　存一種

330000－1701－0037080　普 811.16/7144　集部/總集類/郡邑之屬

粤十三家集　(清)伍元薇輯　清道光二十年(1840)南海伍氏詩雪軒刻本　四册　存一種

330000－1701－0037082　普 412.11/0712/11　經部/小學類/訓詁之屬/爾雅

爾雅三卷　(晉)郭璞注　(唐)陸德明音義　清李光明莊刻本　二册　存二卷(中、下)

330000－1701－0037083　普 811.16/4057　類叢部/叢書類/彙編之屬

懺花盦叢書三十種　(清)宋澤元編　清光緒山陰宋氏刻十三年(1887)彙印本　一册　存一種

330000－1701－0037084　普 412.17/2504　經部/小學類/訓詁之屬/群雅

駢雅訓纂十六卷首一卷　(明)朱謀㙔撰　(清)魏茂林訓纂　清同治十一年(1872)經綸書室刻本　六册

330000－1701－0037085　普 811.16/4723　集部/别集類/明别集

鳥鼠山人後集二卷　(明)胡纘宗撰　明刻清康熙十九年(1680)補修本　一册　存一卷(一)

330000－1701－0037086　普 412.11/0712.2/3/c1　經部/小學類/訓詁之屬/爾雅

爾雅註疏十一卷　(晉)郭璞註　(宋)邢昺疏　清大文堂刻本　四册

330000－1701－0037087　普 412.11/0712.2/3/c2　經部/小學類/訓詁之屬/爾雅

爾雅註疏十一卷　(晉)郭璞註　(宋)邢昺疏　清三槐堂刻本　四册

330000－1701－0037089　普 412.11/0712.2/c1　經部/小學類/訓詁之屬/爾雅

爾雅註疏十一卷　(晉)郭璞注　(宋)邢昺疏　清光緒八年(1882)崇德書院刻本　六册

330000－1701－0037090　普 811.16/4060/c2　類叢部/叢書類/郡邑之屬

武林往哲遺箸五十二種後編十種　(清)丁丙編　清光緒二十年至二十六年(1894－1900)錢塘丁氏嘉惠堂刻本　二册　存一種

330000－1701－0037091　普 412.17/2626/c1　類叢部/叢書類/自著之屬

千一齋全書　程先甲撰　清光緒至民國江寧程氏千一齋刻本　十二册　存一種

330000－1701－0037093　普 412.17/2626/c2　類叢部/叢書類/自著之屬

千一齋全書　程先甲撰　清光緒至民國江寧程氏千一齋刻本　八册　存一種

330000－1701－0037094　善 008647　集部/總集類/彙編之屬

漢魏六朝諸名家集(漢魏六朝二十一名家集)　(明)汪士賢編　明萬曆至天啓新安汪氏刻本　二册　存一種

330000－1701－0037096　普 412.11/1226　經部/小學類/訓詁之屬/爾雅

爾雅直音二卷　(清)孫偘輯　清光緒六年(1880)常熟抱芳閣刻本　一册

330000－1701－0037099　善 008648　類叢部/類書類/專類之屬

格致鏡原不分卷　(清)陳元龍撰　清道光十年(1830)仁和王錫命抄本　十三册

330000－1701－0037100　普 412.11/1713/c2　經部/小學類/訓詁之屬/爾雅

爾雅正義二十卷　(清)邵晉涵撰　**爾雅釋文三卷**　(唐)陸德明撰　清乾隆五十三年

(1788)餘姚邵氏面水層軒刻本　八册

330000－1701－0037101　普 811.16/7443
集部/别集類/清别集
射山詩選一卷　(清)陸嘉淑撰　清嘉慶十四年(1809)海鹽張伯魁刻本　一册

330000－1701－0037102　普 412.11/3224/c1
經部/小學類/訓詁之屬/爾雅
爾雅正郭三卷　(清)潘衍桐撰　清光緒十七年(1891)刻本　一册

330000－1701－0037103　普 412.11/3224/c2
經部/小學類/訓詁之屬/爾雅
爾雅正郭三卷　(清)潘衍桐撰　清光緒十七年(1891)刻本　一册

330000－1701－0037104　普 412.11/3224/c3
經部/小學類/訓詁之屬/爾雅
爾雅正郭三卷　(清)潘衍桐撰　清光緒十七年(1891)刻本　一册

330000－1701－0037105　普 412.11/3224/c4
經部/小學類/訓詁之屬/爾雅
爾雅正郭三卷　(清)潘衍桐撰　清光緒十七年(1891)刻本　一册

330000－1701－0037106　善 008649　集部/别集類/漢魏六朝别集
箋註陶淵明集六卷　(晉)陶潛撰　(宋)楊漢箋注　(明)張自烈評　**總論一卷**　(明)張自烈輯　**和陶一卷**　(宋)蘇軾撰　**律陶一卷**　(明)王思任撰　**敦好齊律陶纂一卷**　(明)黄槐開輯　明崇禎刻本　二册　缺一卷(箋註陶淵明集六)

330000－1701－0037107　普 412.22/6031.02/c1　類叢部/叢書類/彙編之屬
思賢書局刊書十九種　(清)思賢書局編　清光緒至宣統思賢書局刻本　三册　存一種

330000－1701－0037111　普 412.22/7277.01
類叢部/叢書類/彙編之屬
經訓堂叢書二十一種　(清)畢沅編　清乾隆至嘉慶鎮洋畢氏刻本　二册　存一種

330000－1701－0037112　普 811.16/7772
集部/别集類/明别集
歐陽南野先生文集五卷　(明)歐陽德撰　(明)李春芳選　清道光十五年(1835)蜀江書室刻民國六年(1917)印本　四册

330000－1701－0037113　普 412.22/6031.02/c2　類叢部/叢書類/彙編之屬
思賢書局刊書十九種　(清)思賢書局編　清光緒至宣統思賢書局刻本　三册　存一種

330000－1701－0037114　普 412.23/1156/c1
經部/小學類/訓詁之屬/群雅
廣雅疏證十卷　(清)王念孫撰　**博雅音十卷**　(隋)曹憲撰　清光緒五年(1879)淮南書局刻本　八册

330000－1701－0037115　普 412.22/6031.02/c3　類叢部/叢書類/彙編之屬
思賢書局刊書十九種　(清)思賢書局編　清光緒至宣統思賢書局刻本　三册　存一種

330000－1701－0037116　普 412.23/1156/c2
經部/小學類/訓詁之屬/群雅
廣雅疏證十卷　(清)王念孫撰　**博雅音十卷**　(隋)曹憲撰　清光緒五年(1879)淮南書局刻本　八册

330000－1701－0037118　普 412.22/6031.02/c4　類叢部/叢書類/彙編之屬
思賢書局刊書十九種　(清)思賢書局編　清光緒至宣統思賢書局刻本　三册　存一種

330000－1701－0037120　普 412.22/6031.02/c5　類叢部/叢書類/彙編之屬
思賢書局刊書十九種　(清)思賢書局編　清光緒至宣統思賢書局刻本　三册　存一種

330000－1701－0037121　普 412.23/1156/c3
經部/小學類/訓詁之屬/群雅
廣雅疏證十卷　(清)王念孫撰　**博雅音十卷**　(隋)曹憲撰　清光緒五年(1879)淮南書局刻本　八册

330000－1701－0037122　普 811.16/4410
集部/别集類/明别集

雪溪漁唱集鈔三卷附録一卷　(明)蘇平撰　清道光十八年(1838)刻本　一冊

330000－1701－0037124　普 412.23/1156/c4　經部/小學類/訓詁之屬/群雅
廣雅疏證十卷　(清)王念孫撰　**博雅音十卷**　(隋)曹憲撰　清刻本　八冊

330000－1701－0037125　普 811.16/7530/c1　集部/總集類/彙編之屬
蔭玉閣五種　(清)葉書輯　清光緒臨海葉氏木活字印本　一冊　存一種

330000－1701－0037126　普 412.23/1156/2　經部/小學類/訓詁之屬/群雅
廣雅疏證十卷　(清)王念孫撰　**博雅音十卷**　(隋)曹憲撰　清光緒五年(1879)淮南書局刻本　八冊

330000－1701－0037127　善 008650　類叢部/叢書類/彙編之屬
唐宋叢書九十二種　(明)鍾人傑　(明)張遂辰編　清順治三年(1646)李際期宛委山堂刻經德堂印本　四十八冊　存六十九種

330000－1701－0037128　普 412.3/0124/2/c1　類叢部/叢書類/彙編之屬
雅雨堂藏書十三種　(清)盧見曾編　清乾隆二十一年(1756)德州盧氏雅雨堂刻增修本　二冊　存一種

330000－1701－0037129　普 811.17/0006　集部/別集類/清別集
航海吟草一卷　(清)奕譞撰　清光緒十三年(1887)上海同文書局石印本　一冊

330000－1701－0037130　普 811.16/7530/c2　集部/總集類/彙編之屬
蔭玉閣五種　(清)葉書輯　清光緒臨海葉氏木活字印本　一冊　存一種

330000－1701－0037131　普 412.3/0124/2/c2　類叢部/叢書類/彙編之屬
雅雨堂藏書十三種　(清)盧見曾編　清乾隆二十一年(1756)德州盧氏雅雨堂刻增修本　二冊　存一種

330000－1701－0037132　普 811.17/0004　集部/別集類/清別集
梅麓詩鈔十八卷　(清)齊彦槐撰　清刻本　一冊　存八卷(小棲霞集一、燕臺集一至二、談海集一、出山集一至二、還山集一、補遺集上)

330000－1701－0037133　普 811.16/7520　集部/別集類/明別集
白沙子全集十卷古詩教解二卷首一卷末一卷　(明)陳獻章撰　(明)湛若水輯解　清乾隆三十六年(1771)陳氏碧玉樓刻本　一冊　存二卷(古詩教解一至二)

330000－1701－0037134　普 412.3/0124/2/c3　經部/叢編
古經解彙函十六種附小學彙函十四種　(清)鍾謙鈞等輯　清同治十二年(1873)粵東書局刻本　一冊　存小學彙函一種

330000－1701－0037135　普 811.17/00031　集部/別集類/清別集
固哉草亭詩一卷　(清)高斌撰　清乾隆五年(1740)刻本　二冊

330000－1701－0037136　普 412.4/7426　經部/小學類/訓詁之屬/群雅
埤雅二十卷　(宋)陸佃撰　清康熙刻本　八冊

330000－1701－0037138　普 811.16/8013　類叢部/叢書類/彙編之屬
佚叢甲集　張南褫編　清光緒三十三年(1907)鉛印本　一冊　存一種

330000－1701－0037139　善 008651　類叢部/叢書類/自著之屬
陸放翁全集六種　(宋)陸游撰　明末海虞毛氏汲古閣刻清初毛扆增刻彙印本　三十二冊　存一種

330000－1701－0037140　普 811.17/00032　集部/總集類/彙編之屬
國初十大家詩鈔　(清)王相編　清道光十年(1830)秀水王氏信芳閣木活字印本　一冊

存一種

330000－1701－0037141　普 811.16/8013/2　類叢部/叢書類/彙編之屬
佚叢甲集　張南褫編　清光緒三十三年(1907)鉛印本　鞠生題簽　一冊　存一種

330000－1701－0037143　普 811.17/0008/c1　集部/别集類/清别集
茶夢盦劫後詩稿十二卷爐餘詞一卷劫後藁一卷　(清)高望曾撰　寫麈樓遺詞一卷　(清)陳嘉撰　清同治九年(1870)福州刻光緒十六年(1890)杭州增修本　四冊　存十二卷(一至十二)

330000－1701－0037144　善 008652　史部/傳記類/總傳之屬
宋三大臣彙志　(明)鄭鄤輯　明崇禎元年(1628)大觀堂刻本　四冊　存一種

330000－1701－0037145　普 811.17/0008/c3　集部/别集類/清别集
茶夢盦劫後詩稿十二卷爐餘詞一卷劫後藁一卷　(清)高望曾撰　寫麈樓遺詞一卷　(清)陳嘉撰　清同治九年(1870)福州刻光緒十六年(1890)杭州增修本　四冊

330000－1701－0037146　普 811.16/8074　集部/别集類/明别集
金元忠先生遺集四卷　(明)金居敬撰　清乾隆六十年(1795)金氏惇五堂刻本　一冊

330000－1701－0037147　普 412.6/2504　經部/小學類/訓詁之屬/群雅
駢雅訓纂十六卷首一卷　(明)朱謀㙔撰　(清)魏茂林訓纂　清光緒七年(1881)成都瀹雅齋刻本　八冊

330000－1701－0037148　普 811.17/00081/c1　集部/别集類/清别集
佳想軒詩鈔二卷　(清)廖文錦撰　清光緒十二年(1886)廖壽豐等杭州刻本　一冊

330000－1701－0037149　普 811.16/8844　集部/總集類/氏族之屬
東浦集六卷首一卷　(明)管藍等撰　(清)管名箫輯　醫俗軒遺槀一卷　(清)管名箫撰　清光緒二十一年(1895)半耕堂木活字印本　一冊

330000－1701－0037150　善 008653　集部/别集類/金别集
閑閑老人滏水文集二十卷附錄一卷　(金)趙秉文撰　清抄本　十二冊

330000－1701－0037151　普 811.17/00081/c3　集部/别集類/清别集
佳想軒詩鈔二卷　(清)廖文錦撰　清光緒十二年(1886)廖壽豐等杭州刻本　一冊

330000－1701－0037152　普 412.6/2504/3/c1　經部/小學類/訓詁之屬/群雅
駢雅訓纂十六卷首一卷　(明)朱謀㙔撰　(清)魏茂林訓纂　清道光二十五年(1845)有不爲齋刻本　八冊

330000－1701－0037153　普 811.17/0012　集部/别集類/清别集
鑄鐵齋詩遺藁八卷　(清)廖可受撰　清光緒五年(1879)刻本　二冊

330000－1701－0037154　普 811.17/00081/(2)　集部/别集類/清别集
佳想軒詩鈔二卷　(清)廖文錦撰　清光緒十二年(1886)廖壽豐等杭州刻本　二冊

330000－1701－0037155　普 811.17/0010　集部/别集類/清别集
松閿閣詩鈔二卷　(清)慶霖撰　清光緒十一年(1885)刻本　一冊

330000－1701－0037156　普 412.7/0037/c1　經部/小學類/音韻之屬/韻書
韻詁五卷補遺五卷　(清)方濬頤輯　清光緒四年(1878)淮南書局刻本　清胡燕笙題簽　六冊

330000－1701－0037157　普 412.7/0037/c2　經部/小學類/音韻之屬/韻書
韻詁五卷補遺五卷　(清)方濬頤輯　清光緒四年(1878)淮南書局刻本　六冊

330000－1701－0037158　普 412.7/0037/c3　經部/小學類/音韻之屬/韻書
韻詁五卷　(清)方濬頤輯　清光緒四年(1878)淮南書局刻本　五冊

330000－1701－0037159　普 811.17/00101　集部/别集類/清别集
白坡詩選二卷　(清)章琦撰　清嘉慶十九年(1814)刻本　一冊

330000－1701－0037161　普 412.6/2504/3/c2　經部/小學類/訓詁之屬/群雅
駢雅訓纂十六卷首一卷　(明)朱謀㙔撰　(清)魏茂林訓纂　清道光二十五年(1845)有不爲齋刻咸豐元年(1851)補刻本　八冊

330000－1701－0037162　普 412.23/1156.02　類叢部/叢書類/彙編之屬
鶴壽堂叢書二十四種　(清)王士濂編　清光緒二十四年(1898)高郵王氏刻本　二冊　存一種

330000－1701－0037163　普 811.17/0011　集部/别集類/清别集
栖雲閣詩十六卷　(清)高珩撰　清乾隆五十六年(1791)刻本　七冊

330000－1701－0037164　普 811.17/0002/c2　集部/别集類/清别集
萃錦唫七卷　(清)奕訢撰　清光緒十六年(1890)江蘇書局刻本　四冊

330000－1701－0037165　普 412.27/5530　經部/小學類/訓詁之屬/群雅
博雅音十卷　(隋)曹憲撰　(清)王念孫校　清刻本　一冊

330000－1701－0037166　普 412.25/2227/c1　子部/叢編
子書百家　(清)崇文書局編　清光緒元年(1875)湖北崇文書局刻本　一冊　存一種

330000－1701－0037167　普 412.25/2227/c2　子部/叢編
子書百家　(清)崇文書局編　清光緒元年(1875)湖北崇文書局刻本　一冊　存一種

330000－1701－0037168　普 412.25/2227/c3　子部/叢編
子書百家　(清)崇文書局編　清光緒元年(1875)湖北崇文書局刻本　一冊　存一種

330000－1701－0037169　普 412.7/1069　經部/小學類/訓詁之屬/群雅
拾雅二十卷　(清)夏味堂撰　(清)夏紀堂注　清嘉慶二十五年(1820)刻本　八冊

330000－1701－0037170　普 412.3/0124/c1　類叢部/叢書類/彙編之屬
崇文書局彙刻書三十一種　(清)崇文書局編　清光緒元年至三年(1875－1877)湖北崇文書局刻本　一冊　存一種

330000－1701－0037172　普 811.17/00021　集部/别集類/清别集
吟梅仙館絕句詩一卷　(清)方韻僊撰　清光緒四年(1878)刻本　趙詒琛題記　一冊

330000－1701－0037173　普 412.3/0124/c2　類叢部/叢書類/彙編之屬
崇文書局彙刻書三十一種　(清)崇文書局編　清光緒元年至三年(1875－1877)湖北崇文書局刻本　一冊　存一種

330000－1701－0037175　普 811.17/00141　集部/别集類/清别集
稻花齋詩鈔八卷續鈔六卷　(清)方于穀撰　清嘉慶二十二年(1817)刻本　八冊

330000－1701－0037176　普 412.3/0124/c3　類叢部/叢書類/彙編之屬
崇文書局彙刻書三十一種　(清)崇文書局編　清光緒元年至三年(1875－1877)湖北崇文書局刻本　一冊　存一種

330000－1701－0037177　普 412.7/1069/(2)/c1　經部/小學類/訓詁之屬/群雅
拾雅二十卷　(清)夏味堂撰　(清)夏紀堂注　清嘉慶二十五年(1820)刻本　十冊

330000－1701－0037178　善 008654　集部/總集類/彙編之屬
元人集十種　(明)毛晉編　明崇禎十一年

(1638)海虞毛氏汲古閣刻本　四冊　存一種

330000－1701－0037179　普 811.17/0003　集部/别集類/清别集
靜樂軒詩鈔四卷　(清)卞斌撰　清刻本　二冊

330000－1701－0037180　普 412.7/1069/(2)/c2　經部/小學類/訓詁之屬/群雅
拾雅二十卷　(清)夏味堂撰　(清)夏紀堂注　清嘉慶二十五年(1820)刻本　十冊

330000－1701－0037184　普 811.17/00142　集部/别集類/清别集
東江詩鈔十二卷　(清)唐孫華撰　(清)陸師編　清康熙五十六年(1717)刻本　四冊

330000－1701－0037185　普 412.7/2615/2/c1　經部/小學類/訓詁之屬/群雅
别雅五卷　(清)吳玉搢撰　清道光二十九年(1849)小蓬萊山館刻本　五冊

330000－1701－0037187　普 412.7/2615/2/c2　經部/小學類/訓詁之屬/群雅
别雅五卷　(清)吳玉搢撰　清道光二十九年(1849)小蓬萊山館刻本　元朗題簽並記　五冊

330000－1701－0037188　普 412.7/2615/3　類叢部/叢書類/彙編之屬
滂喜齋叢書五十種　(清)潘祖蔭編　清同治至光緒吳縣潘氏京師刻本　一冊　存四種

330000－1701－0037190　普 811.17/00144　集部/别集類/清别集
復齋詩鈔一卷　(清)高登奎撰　清光緒二十九年(1903)華雲閣鉛印本　一冊

330000－1701－0037191　普 811.17/0016　集部/别集類/清别集
鐵船詩鈔二十一卷樂府四卷附試律四卷　(清)方元鵾撰　清嘉慶十年(1805)芥舟書屋刻本　二冊

330000－1701－0037192　普 412.7/7110　經部/群經總義類/文字音義之屬
經籍籑詁一百六卷補遺一百六卷首一卷　(清)阮元撰　清嘉慶十七年(1812)揚州阮元琅嬛僊館刻本　三十二冊

330000－1701－0037194　普 811.17/00121　集部/别集類/清别集
湘草四卷　(清)童天采撰　(清)羅世珍等評　清康熙刻本　一冊

330000－1701－0037195　普 811.17/0019　集部/别集類/清别集
味靈華館詩六卷　(清)商廷煥撰　清宣統二年(1910)商衍鎏、商衍瀛刻本　一冊

330000－1701－0037196　普 412.7/1262　經部/小學類/文字之屬/字書/訓蒙
倉頡篇三卷　(清)孫星衍輯　**倉頡篇續本一卷**　(清)任大椿輯　**倉頡篇補本二卷**　(清)陶方琦輯　清光緒十六年(1890)江蘇書局刻本　四冊

330000－1701－0037197　普 811.17/00145　集部/别集類/清别集
夢羅浮山館詩略二卷　(清)應天垣撰　清道光四年(1824)刻本　一冊

330000－1701－0037198　善 008656　集部/别集類/明别集
滄螺集六卷　(明)孫作撰　明末虞山毛氏汲古閣刻本　一冊

330000－1701－0037199　普 412.7/2643/c1　經部/小學類/訓詁之屬/字詁
字說一卷　(清)吳大澂撰　清光緒二十六年(1900)思賢講舍刻本　一冊

330000－1701－0037200　普 412.7/1262/(2)　經部/小學類/文字之屬/字書/訓蒙
倉頡篇三卷　(清)孫星衍輯　**倉頡篇續本一卷**　(清)任大椿輯　**倉頡篇補本二卷**　(清)陶方琦輯　清光緒十六年(1890)江蘇書局刻本　二冊

330000－1701－0037202　善 008657　子部/道家類
孫月峰先生批點南華真經八卷　(明)孫鑛批

點　明萬曆三十九年(1611)王澍刻本　二册

330000－1701－0037204　普811.17/00122　集部/别集類/清别集
鐵船詩鈔二十一卷樂府四卷附試律四卷　(清)方元鵾撰　清嘉慶十年(1805)芥舟書屋刻本　六册

330000－1701－0037205　普412.7/2244/c1　經部/小學類/文字之屬
小學鉤沈十九卷　(清)任大椿撰　(清)王念孫校　清光緒湖北崇文書局刻本　四册

330000－1701－0037206　普412.7/2244/c2　經部/小學類/文字之屬
小學鉤沈十九卷　(清)任大椿撰　(清)王念孫校　清光緒湖北崇文書局刻本　四册

330000－1701－0037207　普412.7/2244/c3　經部/小學類/文字之屬
小學鉤沈十九卷　(清)任大椿撰　(清)王念孫校　清光緒湖北崇文書局刻本　四册

330000－1701－0037208　普412.7/2615/c2　經部/小學類/訓詁之屬/群雅
别雅五卷　(清)吴玉搢撰　清乾隆七年(1742)新安程氏督經堂刻本　五册

330000－1701－0037211　善008659　集部/别集類/唐五代别集
鼎雕註釋駱丞文抄評林十卷　(唐)駱賓王撰　(明)蔣孟育評　(明)陳魁士註釋　(明)李原質訂補　明萬曆書坊楊大謨刻本　一册

330000－1701－0037213　普412.7/7110/(2)/c2　經部/群經總義類/文字音義之屬
經籍籑詁一百六卷補遺一百六卷首一卷　(清)阮元撰　清嘉慶十七年(1812)揚州阮元琅嬛僊館刻本　六十四册

330000－1701－0037214　普412.7/7110/(2)/c1　經部/群經總義類/文字音義之屬
經籍籑詁一百六卷補遺一百六卷首一卷　(清)阮元撰　清嘉慶十七年(1812)揚州阮元琅嬛僊館刻本　六十四册

330000－1701－0037215　普412.7/2244/3　經部/小學類
小學類編六種附三種　(清)李祖望編　清咸豐至光緒江都李氏半畝園刻本　二册　存附一種

330000－1701－0037217　普811.17/00201　集部/别集類/清别集
亦暢山房先祖詩鈔一卷　(清)章鑑撰　**亦暢山房先父詩鈔一卷**　(清)章廷榮撰　**亦暢山房詩鈔一卷**　(清)章仕龍撰　清嘉慶十七年(1812)木活字印本　一册

330000－1701－0037218　普412.7/2244/2/c1　經部/小學類/文字之屬
小學鉤沈十九卷　(清)任大椿撰　(清)王念孫校　清光緒十年(1884)龍氏刻本　四册

330000－1701－0037219　普412.7/2244/2/c2　經部/小學類/文字之屬
小學鉤沈十九卷　(清)任大椿撰　(清)王念孫校　清光緒十年(1884)龍氏刻本　二册

330000－1701－0037220　普412.7/2244/2/c3　經部/小學類/文字之屬
小學鉤沈十九卷　(清)任大椿撰　(清)王念孫校　清光緒十年(1884)龍氏刻本　六册

330000－1701－0037222　普811.17/0021/c1　集部/别集類/清别集
瑤華僊館遺稿一卷　(清)唐紫珠撰　清末上海商務書局鉛印本　一册

330000－1701－0037223　普811.17/0014/2　集部/别集類/清别集
雲起軒詩錄一卷　(清)文廷式撰　清光緒三十四年(1908)鉛印本　一册

330000－1701－0037224　普222.31/2117　子部/宗教類/佛教之屬/經疏
般若心經最上一乘心印三卷　(清)月鑑居士撰　清道光十年(1830)刻本　清湯金鼎校並跋　三册

330000－1701－0037225　普811.17/00211　集部/别集類/清别集

栖雲閣詩十六卷 （清）高珩撰　清乾隆五十六年(1791)刻本　二册　存八卷(一至八)

330000－1701－0037227　普 811.17/0021/c2　集部/别集類/清别集

瑤華僊館遺稿一卷 （清）唐紫珠撰　清末上海商務書局鉛印本　一册

330000－1701－0037228　普 811.17/0014.3/c1　類叢部/叢書類/彙編之屬

金峨山館叢書(望三益齋叢書)十一種 （清）郭傳璞編　清光緒八年至十六年(1882－1890)鄞郭氏刻二十年(1894)鎮海邵氏彙印本　二册　存一種

330000－1701－0037231　普 811.17/0014.3/c2　類叢部/叢書類/彙編之屬

金峨山館叢書(望三益齋叢書)十一種 （清）郭傳璞編　清光緒八年至十六年(1882－1890)鄞郭氏刻二十年(1894)鎮海邵氏彙印本　二册　存一種

330000－1701－0037234　普 811.17/00221　集部/别集類/清别集

如山居未悟編一卷 （清）釋文峰撰　清道光二十年(1840)秀水陶氏刻本　一册

330000－1701－0037235　普 412.7/7110/3/c1　經部/群經總義類/文字音義之屬

經籍籑詁五卷首一卷 （清）阮元撰　清光緒九年(1883)上海點石齋石印本　十册

330000－1701－0037236　普 412.7/7110/(2)/c3　經部/群經總義類/文字音義之屬

經籍籑詁一百六卷補遺一百六卷首一卷 （清）阮元撰　清嘉慶十七年(1812)揚州阮元琅嬛僊館刻本　六十四册

330000－1701－0037237　普 811.17/00222/c1　集部/别集類/清别集

拙吾詩稾四卷首一卷末一卷文稾一卷 （清）高鼎撰　清光緒八年(1882)刻本　四册

330000－1701－0037238　善 008664　集部/别集類/清别集

菊泉詩鈔一卷 （清）王□□撰　清抄本　一册

330000－1701－0037240　普 811.17/00222/c3　集部/别集類/清别集

拙吾詩稾四卷首一卷末一卷文稾一卷 （清）高鼎撰　清光緒八年(1882)刻十四年(1888)印本　四册

330000－1701－0037241　普 811.17/00223　集部/别集類/清别集

眺秋樓詩八卷 （清）高岑撰　清乾隆二十二年(1757)高氏十研居刻本　四册

330000－1701－0037242　普 811.17/00222/c4　集部/别集類/清别集

拙吾詩稾四卷首一卷末一卷文稾一卷 （清）高鼎撰　清光緒八年(1882)刻本　四册

330000－1701－0037243　普 412.7/7110/3/c2　經部/群經總義類/文字音義之屬

經籍籑詁五卷首一卷 （清）阮元撰　清光緒九年(1883)上海點石齋石印本　十册

330000－1701－0037244　普 811.17/0023　集部/别集類/清别集

菊蔭詩鈔二卷 （清）高步瀛撰　清道光八年(1828)木活字印本　二册

330000－1701－0037245　善 008665　集部/别集類/清别集

兹泉詩鈔一卷 （清）朱兆熊撰　清抄本　一册

330000－1701－0037246　普 412.7/7110/3/(2)/c1　經部/群經總義類/文字音義之屬

經籍籑詁五卷首一卷 （清）阮元撰　清光緒九年(1883)上海點石齋石印本　五册

330000－1701－0037248　普 412.7/7110/3/(2)/c2　經部/群經總義類/文字音義之屬

經籍籑詁五卷首一卷 （清）阮元撰　清光緒九年(1883)上海點石齋石印本　五册

330000－1701－0037249　普 412.7/7110/4　經部/群經總義類/文字音義之屬

經籍籑詁一百六卷補遺一百六卷首一卷

(清)阮元撰　清嘉慶十七年(1812)揚州阮元琅嬛僊館刻光緒六年(1880)淮南書局補刻本　四十册　存一百八十一卷(首、一至九十、補遺一至九十)

330000－1701－0037250　普412.7/2244/2/(2)/c1　經部/小學類/文字之屬
小學鉤沈十九卷　(清)任大椿撰　(清)王念孫校　清光緒十年(1884)龍氏刻本　二册

330000－1701－0037251　普412.7/2244/2/(2)/c2　經部/小學類/文字之屬
小學鉤沈十九卷　(清)任大椿撰　(清)王念孫校　清光緒十年(1884)龍氏刻本　二册

330000－1701－0037252　普412.7/7110/3/(2)/c3　經部/群經總義類/文字音義之屬
經籍籑詁五卷首一卷　(清)阮元撰　清光緒九年(1883)上海點石齋石印本　五册

330000－1701－0037253　普811.17/0027　集部/别集類/清别集
質園詩集三十二卷　(清)商盤撰　清乾隆刻本　十六册

330000－1701－0037254　普811.17/0024　集部/别集類/清别集
長真閣詩集七卷詩餘一卷　(清)席佩蘭撰　清光緒二十二年(1896)刻本　四册

330000－1701－0037255　普811.17/00341　集部/别集類/清别集
嶺南吟稿二卷　(清)方澍撰　清光緒金陵湯明林聚珍書局木活字印本　一册

330000－1701－0037256　普811.17/0037　集部/别集類/清别集
二知軒詩鈔十四卷　(清)方濬頤撰　清同治五年(1866)廣州刻本　八册

330000－1701－0037257　普412.7/7110/4(3)　經部/群經總義類/文字音義之屬
經籍籑詁一百六卷補遺一百六卷首一卷　(清)阮元撰　清嘉慶十七年(1812)揚州阮元琅嬛僊館刻光緒六年(1880)淮南書局補刻本　四十册

330000－1701－0037258　善008666　集部/别集類/清别集
說巖詩鈔選一卷　(清)朱承弼撰　清抄本　一册

330000－1701－0037259　普811.17/0040　集部/别集類/清别集
茾亭詩草十六卷　(清)商嘉言撰　清道光二十一年(1841)刻本　四册

330000－1701－0037260　普811.17/0037/(3)　集部/别集類/清别集
二知軒詩鈔十四卷續鈔四卷　(清)方濬頤撰　清同治五年(1866)廣州刻本　十册

330000－1701－0037262　普811.17/0027/(2)/c2　集部/别集類/清别集
質園詩集三十二卷　(清)商盤撰　清乾隆刻本　八册

330000－1701－0037263　普412.7/7110/5　經部/群經總義類/文字音義之屬
經籍籑詁一百六卷補遺一百六卷首一卷　(清)阮元撰　清光緒二十年(1894)上海鴻寶齋石印本　十二册

330000－1701－0037264　普412.7/7110/4(2)　經部/群經總義類/文字音義之屬
經籍籑詁一百六卷補遺一百六卷首一卷　(清)阮元撰　清嘉慶十七年(1812)揚州阮元琅嬛僊館刻同治十二年(1873)淮南書局補刻本　六十四册

330000－1701－0037265　普811.17/0034　類叢部/叢書類/自著之屬
高陶堂遺集四種　(清)高心夔撰　清光緒八年(1882)平湖朱氏經注經齋刻本　井翁題記　三册　存三種

330000－1701－0037266　普413/1115/c1　經部/小學類/文字之屬/字書/字典
康熙字典十二集三十六卷總目一卷檢字一卷辨似一卷等韻一卷補遺一卷備考一卷　(清)張玉書等纂修　清康熙刻本　三十八册　缺二卷(寅集下、申集上)

330000－1701－0037267　善 008667　集部/別集類/清別集

載福堂詩稿四卷　(清)朱元佑撰　清抄本　一冊

330000－1701－0037272　善 008668　集部/別集類/清別集

綠杉野屋詩集一卷　(清)朱元佑撰　清抄本　一冊

330000－1701－0037274　普 811.17/0041/c1　類叢部/叢書類/家集之屬

得一山房四種　(清)唐景崧等撰　清光緒十九年(1893)刻本　一冊　存一種

330000－1701－0037275　普 413/1115/c2　經部/小學類/文字之屬/字書/字典

康熙字典十二集三十六卷總目一卷檢字一卷辨似一卷等韻一卷補遺一卷備考一卷　(清)張玉書等纂修　清道光七年(1827)刻本　四十冊

330000－1701－0037276　普 413/1115/c3　經部/小學類/文字之屬/字書/字典

康熙字典十二集三十六卷總目一卷檢字一卷辨似一卷等韻一卷補遺一卷備考一卷　(清)張玉書等纂修　清康熙刻本　四十冊

330000－1701－0037277　普 413/1031　類叢部/叢書類/彙編之屬

天壤閣叢書二十種增刊六種　(清)王祖源(清)王懿榮編　清同治至光緒福山王氏刻民國十六年(1927)姚氏一雲精舍彙印本　四冊　存一種

330000－1701－0037278　普 811.17/0028　集部/別集類/清別集

海鶴亭詠物存稿二卷　(清)方壯猷撰　清同治三年(1864)刻本　一冊

330000－1701－0037279　普 811.17/0028/1　集部/別集類/清別集

海鶴亭泳物存稿二卷江天秋雨吟二卷　(清)方壯猷撰　清同治八年(1869)刻本　一冊　存二卷(江天秋雨吟一至二)

330000－1701－0037281　善 008669　集部/別集類/清別集

載福堂雜文一卷　(清)朱元炅撰　**體親樓初稿一卷**　(清)張保祉撰　清抄本　一冊

330000－1701－0037283　普 811.17/00421/c1　集部/別集類/清別集

閩游草二卷　(清)章敬修撰　(清)羅道源編　清光緒十八年(1892)仙居章氏三餘草堂三衢刻本　一冊

330000－1701－0037284　善 008670　集部/別集類/清別集

綠杉野屋詩集一卷　(清)朱元佑撰　清抄本　一冊

330000－1701－0037285　普 811.17/00421/c2　集部/別集類/清別集

閩游草二卷　(清)章敬修撰　(清)羅道源編　清光緒十八年(1892)仙居章氏三餘草堂三衢刻本　一冊

330000－1701－0037286　普 811.17/0041/c2　類叢部/叢書類/家集之屬

得一山房四種　(清)唐景崧等撰　清光緒十九年(1893)刻本　一冊　存一種

330000－1701－0037287　普 413/1115/2　經部/小學類/文字之屬/字書/字典

康熙字典十二集三十六卷總目一卷檢字一卷辨似一卷等韻一卷補遺一卷備考一卷　(清)張玉書等纂修　清光緒元年(1875)湖北崇文書局刻本　四十冊

330000－1701－0037288　普 811.17/004211　集部/別集類/清別集

味和堂詩集六卷　(清)高其倬撰　清乾隆五年(1740)高佫等刻本　四冊

330000－1701－0037289　普 811.17/0042　集部/別集類/清別集

在璞堂吟稿一卷　(清)方芳佩撰　清乾隆十六年(1751)翁照刻本　一冊

330000－1701－0037290　善 008671　集部/別集類/清別集

綠杉野屋詩集二卷　(清)朱元佑撰　清抄本　一册

330000－1701－0037292　普 811.17/00422/c1　集部/別集類/清別集
修竹吾廬詩鈔一卷　(清)唐堯卿撰　清光緒四年(1878)刻本　一册

330000－1701－0037293　普 811.17/00422/c2　集部/別集類/清別集
修竹吾廬詩鈔一卷　(清)唐堯卿撰　清光緒四年(1878)刻本　一册

330000－1701－0037297　普 811.17/00432　集部/別集類/清別集
贅翁吟草三卷　(清)亢樹滋撰　清光緒二十一年(1895)刻本　一册

330000－1701－0037299　普 811.17/00431/c1　集部/別集類/清別集
南海先生詩集十三卷　康有爲撰　清宣統三年(1911)上海廣智書局影印本　一册　存四卷(一至四)

330000－1701－0037301　普 811.17/00431/c2　集部/別集類/清別集
南海先生詩集十三卷　康有爲撰　清宣統三年(1911)上海廣智書局影印本　一册　存四卷(一至四)

330000－1701－0037302　善 008673　集部/別集類/清別集
體親樓初稿一卷　(清)張保祉撰　稿本　一册

330000－1701－0037303　普 811.17/0042.2　集部/別集類/清別集
在璞堂續稿一卷　(清)方芳佩撰　清乾隆刻本　一册

330000－1701－0037304　普 413/1115/10/c1　經部/小學類/文字之屬/字書/字典
康熙字典十二集三十六卷總目一卷檢字一卷辨似一卷等韻一卷補遺一卷備考一卷　(清)張玉書等纂修　清道光七年(1827)刻本　四十册

330000－1701－0037305　普 413/1115/5　經部/小學類/文字之屬/字書/字典
康熙字典十二集三十六卷總目一卷檢字一卷辨似一卷等韻一卷補遺一卷備考一卷　(清)張玉書等纂修　清光緒三十三年(1907)上海鴻文書局石印本　六册

330000－1701－0037306　普 811.17/00431/c3　集部/別集類/清別集
南海先生詩集十三卷　康有爲撰　清宣統三年(1911)上海廣智書局影印本　一册　存四卷(一至四)

330000－1701－0037308　普 413/1115/6/c1　經部/小學類/文字之屬/字書/字典
康熙字典十二集三十六卷總目一卷檢字一卷辨似一卷等韻一卷補遺一卷備考一卷　(清)張玉書等纂修　清光緒十年(1884)上海同文書局石印本　六册

330000－1701－0037309　善 008675　集部/別集類/清別集
吉羊止水齋文鈔不分卷　(清)朱恭壽撰　清抄本　清戴槃、清查世澧、清厲式琯、清陸思勄跋　一册

330000－1701－0037310　普 811.17/0042.3　集部/別集類/清別集
在璞堂續集一卷　(清)方芳佩撰　清嘉慶二年(1797)刻本　一册

330000－1701－0037311　普 413/1115/6/c2　經部/小學類/文字之屬/字書/字典
康熙字典十二集三十六卷總目一卷檢字一卷辨似一卷等韻一卷補遺一卷備考一卷　(清)張玉書等纂修　清光緒九年(1883)上海同文書局石印本　六册

330000－1701－0037312　普 413/1115/6/c3　經部/小學類/文字之屬/字書/字典
康熙字典十二集三十六卷總目一卷檢字一卷辨似一卷等韻一卷補遺一卷備考一卷　(清)張玉書等纂修　清光緒九年(1883)上海同文書局石印本　六册

330000－1701－0037314　普 413/1115/10/c2　經部/小學類/文字之屬/字書/字典

康熙字典十二集三十六卷總目一卷檢字一卷辨似一卷等韻一卷補遺一卷備考一卷　(清)張玉書等纂修　清道光七年(1827)刻本　四十冊

330000－1701－0037315　善 008676　集部/別集類/清別集

也堂釣餘集不分卷　(清)朱達撰　清抄本　一冊

330000－1701－0037316　善 008677　集部/別集類/清別集

也堂釣餘集不分卷　(清)朱達撰　清光緒十六年(1890)朱承業抄本　清朱承業跋　二冊

330000－1701－0037320　普 811.17/0044.3、普 811.17/0044.4、普 811.17/0044.5　類叢部/叢書類/自著之屬

高文恪公集十一種　(清)高士奇撰　清康熙刻本　五冊　存四種

330000－1701－0037321　善 008678　集部/別集類/清別集

閑閑廬初集六卷　(清)朱達撰　清抄本　二冊

330000－1701－0037322　普 811.17/0044　集部/別集類/清別集

隨輦集十卷續集一卷　(清)高士奇撰　清康熙刻清吟堂全集本　鈍生跋　五冊

330000－1701－0037323　善 008679　集部/別集類/清別集

閑閑廬初集六卷詩集三卷　(清)朱達撰　清抄本　清朱承業跋　四冊

330000－1701－0037324　善 008680　集部/別集類/清別集

閑閑廬詩集八卷　(清)朱達撰　清抄本　一冊　存五卷(四至八)

330000－1701－0037326　善 008682　集部/別集類/清別集

繡草園稿九卷　稿本　一冊

330000－1701－0037327　善 008683　集部/別集類

憶松軒詩稿不分卷　清抄本　一冊

330000－1701－0037328　普 413/1115/10/c3　經部/小學類/文字之屬/字書/字典

康熙字典十二集三十六卷總目一卷檢字一卷辨似一卷等韻一卷補遺一卷備考一卷　(清)張玉書等纂修　清道光七年(1827)刻本　三十八冊　缺二卷(申集中下)

330000－1701－0037329　普 811.17/0044/(2)　類叢部/叢書類/自著之屬

清吟堂全集十四種　(清)高士奇撰　清康熙刻本　八冊　存一種

330000－1701－0037330　普 811.17/00461/c1　集部/別集類/清別集

今白華堂詩錄八卷詩錄補八卷詩集首二卷　(清)童槐撰　清同治八年(1869)、光緒三年(1877)童華刻本　五冊

330000－1701－0037331　普 811.17/00441　集部/別集類/清別集

雪樵續集四卷　(清)鹿林松撰　清道光十七年(1837)刻本　二冊

330000－1701－0037332　普 811.17/00461/c2　集部/別集類/清別集

今白華堂詩錄八卷　(清)童槐撰　清同治八年(1869)童華刻本　二冊

330000－1701－0037333　普 413/1115/12/c1　經部/小學類/文字之屬/字書/字典

康熙字典十二集三十六卷總目一卷檢字一卷辨似一卷等韻一卷補遺一卷備考一卷　(清)張玉書等纂修　清刻本　四十冊

330000－1701－0037334　普 811.17/0044.2　類叢部/叢書類/自著之屬

清吟堂全集十四種　(清)高士奇撰　清康熙刻本　四冊　存一種

330000－1701－0037335　普 413/1115/12/c2　經部/小學類/文字之屬/字書/字典

康熙字典十二集三十六卷總目一卷檢字一卷

辨似一卷等韻一卷補遺一卷備考一卷 （清）張玉書等纂修　清刻本　三十八册　缺三卷（總目、檢字、辨似）

330000－1701－0037337　普 811.17/0044.2/(2)　類叢部/叢書類/自著之屬
清吟堂全集十四種 （清）高士奇撰　清康熙刻本　一册　存一種

330000－1701－0037338　普 413/1115/13　經部/小學類/文字之屬/字書/字典
康熙字典十二集三十六卷總目一卷檢字一卷辨似一卷等韻一卷補遺一卷備考一卷 （清）張玉書等纂修　清光緒十六年(1890)上海鴻文書局石印本　六册

330000－1701－0037339　普 811.17/00471　集部/別集類/清別集
彤短集一卷附訓子語一卷 （清）高梅閣撰　清光緒三年(1877)廣州府署刻本　一册

330000－1701－0037340　普 811.17/0054.02　集部/別集類/清別集
方詹事詩後集八卷 （清）方拱乾撰　清康熙刻本　六册

330000－1701－0037341　普 811.17/00442　集部/別集類/清別集
山靜居遺稿四卷 （清）方薰撰　清嘉慶八年(1803)方廷瑚刻本　清張廷濟跋　四册

330000－1701－0037342　普 413/1115/14　經部/小學類/文字之屬/字書/字典
康熙字典十二集三十六卷總目一卷檢字一卷辨似一卷等韻一卷補遺一卷備考一卷 （清）張玉書等纂修　清末上海商務印書館銅版印本　七册

330000－1701－0037343　普 811.17/00472　集部/別集類/清別集
今白華堂詩集□□卷首二卷 （清）童槐撰　清刻本　一册　存三卷（首一至二、一）

330000－1701－0037344　普 811.17/0049　集部/別集類/清別集
鴻泥集帖四卷補編一卷 （清）高如燦撰　清道光二十二年(1842)刻本　一册

330000－1701－0037346　普 413/1115.07/c1　經部/小學類/文字之屬/字書/字典
字典考證十二集三十六卷 （清）王引之等撰　清光緒二年(1876)湖北崇文書局刻本　六册

330000－1701－0037347　普 811.17/0063　集部/別集類/清別集
百一山房集十卷 （清）應時良撰　清光緒十八年(1892)海寧鍾氏刻本　四册

330000－1701－0037348　普 811.17/00443　集部/別集類/清別集
補竹山房詩草二卷 （清）章藩撰　清道光二十年(1840)刻本　一册

330000－1701－0037349　普 811.17/0051　集部/別集類/清別集
廓軒竹枝詞一卷窮塞微吟一卷 （清）志鋭撰　清宣統二年(1910)影印本　一册

330000－1701－0037350　普 811.17/00541　類叢部/叢書類/自著之屬
儀衛軒全集四種 （清）方東樹撰　清同治方宗誠刻本　二册　存一種

330000－1701－0037351　普 413/1115.07/c2　經部/小學類/文字之屬/字書/字典
字典考證十二集三十六卷 （清）王引之等撰　清光緒二年(1876)湖北崇文書局刻本　六册

330000－1701－0037352　普 811.17/0072/c1　集部/別集類/清別集
春星草堂詩集二卷 （清）唐際虞撰　清光緒二十一年(1895)刻本　一册

330000－1701－0037354　普 413/1115.07/c3　經部/小學類/文字之屬/字書/字典
字典考證十二集三十六卷 （清）王引之等撰　清光緒二年(1876)湖北崇文書局刻本　六册

330000－1701－0037355　普 811.17/0072/c2

集部/别集類/清别集

春星草堂詩集二卷 (清)唐際虞撰 清光緒二十一年(1895)刻本 一册

330000－1701－0037357 普 413/1115.07/2/c1 類叢部/叢書類/家集之屬

高郵王氏著書五種 (清)王念孫 (清)王引之撰 清嘉慶至道光王氏刻本 四册 存一種

330000－1701－0037358 普 413/1115.07/2/c2 類叢部/叢書類/家集之屬

高郵王氏著書五種 (清)王念孫 (清)王引之撰 清嘉慶至道光王氏刻本 四册 存一種

330000－1701－0037360 普 811.17/0074 集部/别集類/清别集

劫餘詩選二十一卷 (清)齊學裘撰 清同治八年(1869)天空海闊之居刻本 二册 存七卷(一至七)

330000－1701－0037362 普 811.17/0061/c2 集部/别集類/清别集

嘯劍山房詩鈔十四卷試帖秋鐙課草一卷 (清)文星瑞撰 清同治九年至十二年(1870－1873)羊城刻本 四册

330000－1701－0037364 善 008684 集部/别集類/清别集

陳愚泉先生詩稿一卷 (南朝陳)陳文藻撰 清抄本 一册

330000－1701－0037366 普 811.17/0061.04 集部/别集類/清别集

嘯劍山房詩草摘錄一卷 (清)文星瑞撰 清同治六年(1867)廣州刻本 一册

330000－1701－0037367 普 413/2147/2/c1 經部/小學類/文字之屬/字書/字典

龍龕手鑑四卷 (遼)釋行均撰 清虛竹齋刻正誼齋叢書本 莫棠題簽並跋 六册

330000－1701－0037368 普 413/2147/2/c2 經部/小學類/文字之屬/字書/字典

龍龕手鑑四卷 (遼)釋行均撰 清虛竹齋刻正誼齋叢書本 清朱元炅跋 六册

330000－1701－0037369 普 811.17/00742 集部/别集類/清别集

澹宜書屋詩草二卷 (清)高鳳樓撰 清道光二十七年(1847)刻本 一册

330000－1701－0037370 普 413/3161/4/c1 經部/小學類/文字之屬/字書/字典

大廣益會玉篇三十卷 (南朝梁)顧野王撰 (唐)孫強增字 (宋)陳彭年等重修 清道光三十年(1850)新化鄧顯鶴東山精舍刻本 三册

330000－1701－0037371 普 413/3161/3/c1 經部/小學類

澤存堂五種 (清)張士俊輯 清康熙吳郡張士俊澤存堂刻本 三册 存一種

330000－1701－0037372 善 008685 集部/别集類/清别集

省齋尺牘一卷 (清)佚名撰 清抄本 一册

330000－1701－0037374 普 811.17/0090/c1 集部/别集類/清别集

泉壽山房詩草一卷 高煥文撰 清光緒十八年(1892)泉壽山房刻本 一册

330000－1701－0037376 普 811.17/0090/c2 集部/别集類/清别集

泉壽山房詩草一卷 高煥文撰 清光緒十八年(1892)泉壽山房刻本 一册

330000－1701－0037377 普 413/3161/c1 經部/小學類

澤存堂五種 (清)張士俊輯 清光緒十四年(1888)上海蜚英館石印本 三册 存一種

330000－1701－0037378 普 413/3161/3/c2 經部/小學類

澤存堂五種 (清)張士俊輯 清康熙吳郡張士俊澤存堂刻本 三册 存一種

330000－1701－0037379 普 811.17/0092 集部/别集類/清别集

汴游吟詩稿一卷 (清)章炳然撰 清咸豐五

年(1855)會邑道墟滋德堂刻本　祝卿題簽　一册

330000－1701－0037380　普 413/3161/c2　經部/小學類
澤存堂五種　(清)張士俊輯　清光緒十四年(1888)上海蜚英館石印本　三册　存一種

330000－1701－0037383　普 413/3161/3/c4　經部/叢編
古經解彙函十六種附小學彙函十四種　(清)鍾謙鈞等輯　清同治十二年(1873)粵東書局刻本　三册　存小學彙函一種

330000－1701－0037386　普 811.17/0106/c1　集部/别集類/清别集
天章閣詩鈔五卷附行狀一卷　(清)龍應時撰　清嘉慶十一年(1806)刻本　二册

330000－1701－0037387　普 811.17/0106/c2　集部/别集類/清别集
天章閣詩鈔五卷附行狀一卷　(清)龍應時撰　清嘉慶十一年(1806)刻本　二册

330000－1701－0037388　普 811.17/0116　集部/别集類/清别集
留春山房集古詩鈔初集二卷二集四卷三集二卷四集二卷　(清)龔璁撰　清道光至咸豐刻本　一册　存二卷(初集一至二)

330000－1701－0037391　普 811.17/0078　集部/别集類/清别集
萬善花室文集六卷續集一卷詩集四卷詞稿一卷　(清)方履籛撰　清道光十二年(1832)刻本　友紅軒題簽　一册

330000－1701－0037392　普 811.17/0112　集部/别集類/清别集
春華集二卷　(清)龍元任撰　清光緒十九年(1893)刻本　一册

330000－1701－0037394　普 811.17/0121　集部/别集類/清别集
己亥雜詩一卷　(清)龔自珍撰　清光緒二十三年(1897)元和江標刻朱印本　一册

330000－1701－0037395　普 811.17/0081/c2　集部/别集類/清别集
秋蟲吟一卷　(清)童鈺撰　(清)王定勳注　清乾隆二十六年(1761)古沛王氏家塾一野園刻本　一册

330000－1701－0037399　普 811.17/0123/c1　集部/别集類/清别集
復堂詩四卷詞一卷　(清)譚獻撰　**待堂文一卷**　(清)吳懷珍撰　清咸豐九年(1859)福州刻同治四年(1865)補刻本　一册

330000－1701－0037400　普 811.17/0081/c3　集部/别集類/清别集
秋蟲吟一卷　(清)童鈺撰　(清)王定勳注　清乾隆二十六年(1761)古沛王氏家塾一野園刻本　一册

330000－1701－0037402　普 413/7704　經部/小學類/文字之屬/字書/訓蒙
較正幼學須知成語考二卷　(明)邱濬撰　清佛山利文堂刻本　一册

330000－1701－0037403　普 811.17/0123/c2　集部/别集類/清别集
復堂詩四卷詞一卷　(清)譚獻撰　**待堂文一卷**　(清)吳懷珍撰　清咸豐九年(1859)福州刻同治四年(1865)補刻本　一册

330000－1701－0037404　普 413/3161/4/c2　經部/小學類/文字之屬/字書/字典
大廣益會玉篇三十卷　(南朝梁)顧野王撰　(唐)孫強增字　(宋)陳彭年等重修　清道光三十年(1850)新化鄧顯鶴東山精舍刻本　三册

330000－1701－0037405　普 413/6075　經部/小學類/文字之屬/字書/字典
文科大詞典十二卷　國學扶輪社編輯　清宣統三年(1911)上海國學扶輪社鉛印本　十二册

330000－1701－0037407　普 811.17/0124　集部/别集類/清别集
槐廬詩學一卷　(清)龍繼棟撰　清光緒四年

(1878)龍繼棟京師刻本　一冊

330000－1701－0037409　普 413/3940/c2　經部/小學類/文字之屬/字書/字體
藝文備覽十二集一百二十卷檢字一卷補詳字義十四卷　(清)沙木輯　清嘉慶十一年(1806)長白阿克當阿粤東榷署刻十三年(1808)增刻印本　二十冊　缺四十八卷(卯集八至十、辰集一至十、巳集一至十、午集一至十、未集一至十、申集一至五)

330000－1701－0037410　善 008688　集部/總集類/選集之屬/斷代
唐文粹一百卷　(宋)姚鉉輯　明末刻本　二十四冊

330000－1701－0037411　普 811.17/01321　集部/别集類/清别集
雪浦詩存十六卷　(清)龔渠身撰　清道光四年(1824)刻本　四冊

330000－1701－0037413　普 811.17/0128/c1　集部/别集類/清别集
定山堂詩集四十三卷詩餘四卷　(清)龔鼎孳撰　**芳草詞一卷**　(清)龔士稚撰　清光緒九年(1883)聖彝書屋刻本　十六冊

330000－1701－0037414　普 811.17/0081.2　集部/别集類/清别集
璞巖詩鈔二卷　(清)童鈺撰　清乾隆十年(1745)刻本　清彝亭跋　一冊

330000－1701－0037420　普 413.1/3449　經部/叢編
增廣典匯集成十二卷　(清)求是齋主人撰　清光緒十三年(1887)上海石印本　六冊

330000－1701－0037421　普 413/3940/(2)　經部/小學類/文字之屬/字書/字體
藝文備覽十二集一百二十卷檢字一卷補詳字義十四卷　(清)沙木輯　清嘉慶十一年(1806)長白阿克當阿粤東榷署刻十三年(1808)增刻印本　三十八冊　缺十四卷(補詳字義一至十四)

330000－1701－0037422　普 811.17/0081.3　集部/别集類/清别集
二樹詩畧五卷　(清)童鈺撰　(清)盧世昌批點　(清)團昇　(清)許燦參評　清乾隆刻本　一冊

330000－1701－0037423　普 811.17/0096/c1　集部/别集類/清别集
貽硯堂詩集二卷　(清)高光煦撰　清光緒十五年(1889)刻本　一冊

330000－1701－0037424　普 811.17/01322　集部/别集類/清别集
唫臞山房詩八卷　(清)龔禔身撰　清道光四年(1824)龔麗正等刻本　二冊

330000－1701－0037425　善 008690　類叢部/類書類/專類之屬
宋四六叢珠彙選十卷　(明)王明嶅　(明)黄金璽輯　明萬曆陳壁刻本　六冊

330000－1701－0037426　普 811.17/0096/c2　集部/别集類/清别集
貽硯堂詩集二卷　(清)高光煦撰　清光緒十五年(1889)刻本　一冊

330000－1701－0037427　普 811.17/0096/c3　集部/别集類/清别集
貽硯堂詩集二卷　(清)高光煦撰　清光緒十五年(1889)刻本　一冊

330000－1701－0037428　普 811.17/0133/c2　集部/别集類/清别集
荔村草堂詩鈔十卷　(清)譚宗浚撰　清光緒十八年(1892)廖廷相廣州羊城刻本　五冊

330000－1701－0037429　普 811.17/00831　集部/别集類/清别集
引流小榭吟草二卷補遺一卷　(清)高鉞撰　清嘉慶二十一年(1816)刻本　三冊

330000－1701－0037431　普 811.17/0081.4　集部/别集類/清别集
二樹山人寫梅歌一卷續編一卷　(清)童鈺撰　(清)蘇如溱評點　清乾隆刻本　二冊

330000－1701－0037433　普 414.11/0843/c1

經部/小學類/文字之屬/說文
讀說文雜識一卷 (清)許棫撰 清光緒七年(1881)刻本 一冊

330000－1701－0037434 普 811.17/0133.2 集部/別集類/清別集
芸潔齋試帖四卷 (清)譚宗浚撰 清光緒二十一年(1895)廣州羊城刻本 二冊

330000－1701－0037435 普 414.11/0843/c2 經部/小學類/文字之屬/說文
讀說文雜識一卷 (清)許棫撰 清光緒七年(1881)刻本 一冊

330000－1701－0037436 普 811.17/0082 集部/別集類/清別集
閩游集二卷 (清)高頌禾撰 清道光二十八年(1848)刻本 一冊

330000－1701－0037437 普 811.17/0083 集部/別集類/清別集
潛子詩鈔二卷 高毓浵撰 清宣統元年(1909)京師京華書局鉛印本 一冊

330000－1701－0037438 普 414.1/1102 經部/小學類/文字之屬/說文/專著
唐寫本說文解字木部箋異一卷 (清)莫友芝撰 **仿唐寫本說文解字木部一卷** (漢)許慎撰 清末抄本 一冊

330000－1701－0037439 普 811.17/0149 集部/別集類/清別集
雨舲詩集十一卷 (清)龍載恬撰 清道光二十五年(1845)頤春堂刻本 四冊

330000－1701－0037441 普 811.17/0166 集部/別集類/清別集
寫趣軒近稿二卷舊稿三卷集陸別編一卷 (清)譚國恩撰 清光緒十九年(1893)鉛印本 三冊

330000－1701－0037442 普 811.17/0086/c2 集部/別集類/清別集
友石齋詩集八卷 (清)高錫恩撰 **我盦遺稿二卷** (清)高炳麟撰 清光緒十五年(1889)高驂麟等刻本 三冊 存八卷(一至八)

330000－1701－0037443 普 811.17/0086/c3 集部/別集類/清別集
友石齋詩集八卷 (清)高錫恩撰 **我盦遺稿二卷** (清)高炳麟撰 清光緒十五年(1889)高驂麟等刻本 三冊 存八卷(一至八)

330000－1701－0037444 普 811.17/0166/(2) 集部/別集類/清別集
寫趣軒近稿二卷舊稿三卷集陸別編一卷 (清)譚國恩撰 清光緒十九年(1893)鉛印本 二冊 存二卷(一至二)

330000－1701－0037445 普 414.11/1067/c1 經部/小學類/文字之屬/說文
說文五翼八卷 (清)王煦撰 清光緒八年(1882)上虞觀海樓刻本 章嶔題記 二冊

330000－1701－0037446 普 414.11/1067/c2 經部/小學類/文字之屬/說文
說文五翼八卷 (清)王煦撰 清光緒八年(1882)上虞觀海樓刻本 二冊

330000－1701－0037447 普 414.11/1067/c3 經部/小學類/文字之屬/說文
說文五翼八卷 (清)王煦撰 清光緒八年(1882)上虞觀海樓刻本 陶濬宣跋 二冊

330000－1701－0037448 善 008691 集部/總集類/選集之屬/通代
歷代文歸一百六卷 (明)鍾惺輯並評 明末古香齋刻本 八冊 存八卷(晉文歸一至八)

330000－1701－0037449 普 811.17/0088/c1 集部/別集類/清別集
額粉盦集六卷 (清)高第撰 清嘉慶十七年(1812)蕭山高氏刻本 四冊

330000－1701－0037450 普 811.17/01661 集部/別集類/清別集
烏石山房詩存十二卷 (清)龔易圖撰 清光緒九年(1883)雙驂園刻本 四冊

330000－1701－0037451 普 811.17/0183、普 811.17/0183.2 類叢部/叢書類/自著之屬
靜園雜著 清宣統三年(1911)武昌鉛印本 二冊 存八種

330000－1701－0037453　普 414.11/1088/c1　經部/小學類/文字之屬/說文/傳說

說文解字句讀三十卷　(清)王筠撰　清道光三十年(1850)王筠刻咸豐九年(1859)王彦侗增刻同治四年(1865)印本　十六册

330000－1701－0037454　普 414.11/1088.2/3　經部/小學類/文字之屬/說文

說文釋例二十卷　(清)王筠撰　清光緒十八年(1892)上海五彩書局石印本　清希曾題記　六册

330000－1701－0037455　普 811.17/0143　集部/別集類/清別集

百美新詠一卷集詠一卷圖傳一卷　(清)顧希源撰　清嘉慶文德堂刻本　四册

330000－1701－0037456　普 414.00/1088/c3　經部/小學類/文字之屬/說文/傳說

說文解字句讀三十卷　(清)王筠撰　清道光三十年(1850)王筠刻咸豐九年(1859)王彦侗增刻同治四年(1865)印本　十六册

330000－1701－0037457　普 414.00/1088/c4　經部/小學類/文字之屬/說文/傳說

說文解字句讀三十卷　(清)王筠撰　清道光三十年(1850)王筠刻咸豐九年(1859)王彦侗增刻同治四年(1865)印本　十六册

330000－1701－0037458　普 414.00/1088/c5　經部/小學類/文字之屬/說文/傳說

說文解字句讀三十卷　(清)王筠撰　清道光三十年(1850)王筠刻咸豐九年(1859)王彦侗增刻同治四年(1865)印本　十六册

330000－1701－0037459　普 811.17/0345.2、普 811.17/0345/c1　集部/別集類/清別集

海國勝遊草一卷天外歸帆草一卷　(清)斌椿撰　清同治七年(1868)刻本　二册

330000－1701－0037460　普 414.11/1014　經部/小學類/文字之屬/說文

說文拈字七卷補遺一卷　(清)王玉樹撰　清光緒十九年(1893)石印本　四册

330000－1701－0037461　普 811.17/0345/c2　集部/別集類/清別集

海國勝遊草一卷天外歸帆草一卷　(清)斌椿撰　清同治七年(1868)刻本　一册　缺一卷(海國勝遊草一)

330000－1701－0037462　普 811.17/0408　類叢部/叢書類/自著之屬

賭棋山莊所著書七種　(清)謝章鋌撰　清光緒十年至三十年(1884－1904)刻彙印本　四册　存一種

330000－1701－0037463　普 811.17/0345/c3　集部/別集類/清別集

海國勝遊草一卷天外歸帆草一卷　(清)斌椿撰　清同治七年(1868)刻本　一册　缺一卷(海國勝遊草一)

330000－1701－0037466　普 811.17/0330　集部/別集類/清別集

抱沖齋詩集三十六卷眠琴僊館詞一卷　(清)斌良撰　**先仲兄少司寇公[斌良]年譜一卷**　(清)法良撰　清道光二十九年(1849)袁浦官署刻本　十册

330000－1701－0037468　普 811.17/0413/c2　集部/別集類/清別集

璞齋集詩七卷詞一卷　(清)諸可寶撰　清光緒二十二年(1896)刻增修本　三册

330000－1701－0037469　普 811.17/0143/2/c2　集部/別集類/清別集

百美新詠一卷集詠一卷圖傳一卷　(清)顧希源撰　清嘉慶十年(1805)集腋軒刻本　二册

330000－1701－0037470　普 811.17/0188　集部/別集類/清別集

古譚詩錄二卷　(清)譚鍾鈞撰　清光緒十九年(1893)譚鍾麟刻本　一册

330000－1701－0037471　普 414.11/1088.2/6　經部/小學類/文字之屬/說文

說文釋例二十卷　(清)王筠撰　清光緒十三年(1887)上海積山書局石印本　六册

330000－1701－0037473　普 811.17/0330/2　集部/別集類/清別集

抱沖齋詩集三十六卷眠琴僊館詞一卷 （清）斌良撰 **先仲兄少司寇公[斌良]年譜一卷** （清）法良撰 清光緒五年（1879）崇福湘南薇垣官署刻本 十一冊

330000－1701－0037474 普 811.17/0193 集部/別集類/清別集
鐵簫詩稿六卷 （清）譚光祜撰 清嘉慶十五年（1810）刻本 四冊

330000－1701－0037475 GP04786 史部/詔令奏議類/奏議之屬
李肅毅伯奏議二十卷 （清）李鴻章撰 （清）章洪鈞 （清）吳汝綸輯 清光緒二十五年（1899）上海鴻文書局石印本 二十冊

330000－1701－0037476 善 008692 集部/總集類/選集之屬/通代
秦漢文歸三十卷 （明）鍾惺輯並評 明末古香齋刻本 十冊

330000－1701－0037478 普 811.17/0413/c3 集部/別集類/清別集
璞齋集詩六卷詞一卷 （清）諸可寶撰 **清足居集一卷蕉窗詞一卷** （清）鄧瑜撰 清光緒二十二年（1896）玉峰官舍刻本 四冊

330000－1701－0037479 普 811.17/0148 集部/別集類/清別集
衍慶堂詩稿十二卷 （清）顏檢撰 清道光閩浙督署刻本 二冊 存五卷（一至五）

330000－1701－0037480 普 414.11/1122/c1 經部/小學類/文字之屬/說文/傳說
說文發疑六卷 （清）張行孚撰 清光緒九年（1883）安吉張氏邗上寓廬刻本 六冊

330000－1701－0037481 普 811.17/0330/2/1 集部/別集類/清別集
抱沖齋詩集三十六卷眠琴僊館詞一卷 （清）斌良撰 **先仲兄少司寇公[斌良]年譜一卷** （清）法良撰 清光緒五年（1879）崇福湘南薇垣官署刻本 一冊 存一卷（九）

330000－1701－0037482 普 811.17/0246/c1 集部/別集類/清別集
太鶴山人集十三卷 （清）端木國瑚撰 清道光二十年（1840）瑞安洪坤刻本 六冊

330000－1701－0037483 善 008693 集部/總集類/選集之屬/斷代
唐文歸二十四卷 （明）朱棟觀纂選 明末古香齋刻本 十二冊

330000－1701－0037484 普 414.11/1122/c2 經部/小學類/文字之屬/說文/傳說
說文發疑六卷 （清）張行孚撰 清光緒九年（1883）安吉張氏邗上寓廬刻本 六冊

330000－1701－0037485 普 414.11/1122/2 類叢部/叢書類/彙編之屬
後知不足齋叢書四十七種 （清）鮑廷爵編 清同治至光緒常熟鮑氏刻本 六冊 存一種

330000－1701－0037486 普 811.17/0421 集部/別集類/清別集
候濤山房吟草十二卷 （清）謝佑琦撰 清道光二十二年（1842）四川洪雅縣署刻本 四冊

330000－1701－0037487 普 811.17/0246/c3 集部/別集類/清別集
太鶴山人集十三卷 （清）端木國瑚撰 清道光二十年（1840）瑞安洪坤刻本 六冊

330000－1701－0037488 普 414.11/2880/2/c1 經部/小學類/文字之屬/說文
說文解字十五卷標目一卷 （漢）許慎撰 （宋）徐鉉等校定 **汲古閣說文解字校記一卷** （清）張行孚撰 清光緒七年（1881）淮南書局刻本 五冊

330000－1701－0037489 普 811.17/0436/2/c1 史部/史評類/詠史之屬
樹經堂詠史詩八卷 （清）謝啓昆撰 清道光五年（1825）吳下刻本 八冊

330000－1701－0037490 普 414.11/1122.2/c1 經部/小學類/文字之屬/說文/專著
說文楬原二卷 （清）張行孚撰 清光緒十年（1884）刻後知不足齋叢書本 章嶔題簽並記 二冊

330000－1701－0037491　普 811.17/0436.2　類叢部/叢書類/自著之屬

樹經堂集三種　(清)謝啓昆撰　清乾隆至嘉慶刻本　六册　存一種

330000－1701－0037492　普 811.17/0413.2　集部/别集類/清别集

璞齋集詩四卷詞一卷　(清)諸可寶撰　清光緒十四年(1888)長洲黄氏流芳閣木活字印本　二册

330000－1701－0037493　普 414.11/1122/2/(2)/c1　類叢部/叢書類/彙編之屬

後知不足齋叢書四十七種　(清)鮑廷爵編　清同治至光緒常熟鮑氏刻本　三册　存一種

330000－1701－0037494　普 414.11/1122/2/(2)/c2　類叢部/叢書類/彙編之屬

後知不足齋叢書四十七種　(清)鮑廷爵編　清同治至光緒常熟鮑氏刻本　三册　存一種

330000－1701－0037496　普 414.11/1122.2/c2　類叢部/叢書類/彙編之屬

後知不足齋叢書四十七種　(清)鮑廷爵編　清同治至光緒常熟鮑氏刻本　二册　存一種

330000－1701－0037497　普 414.11/1122/2/(2)/c3　類叢部/叢書類/彙編之屬

後知不足齋叢書四十七種　(清)鮑廷博編　清同治至光緒常熟鮑氏刻本　三册　存一種

330000－1701－0037498　普 414.11/1122.2/c3　類叢部/叢書類/彙編之屬

後知不足齋叢書四十七種　(清)鮑廷爵編　清同治至光緒常熟鮑氏刻本　二册　存一種

330000－1701－0037500　普 811.17/04131　集部/别集類/清别集

養默山房詩稿三十二卷　(清)謝元淮撰　清道光刻本　八册

330000－1701－0037501　普 414.11/1122.2/c4　類叢部/叢書類/彙編之屬

後知不足齋叢書四十七種　(清)鮑廷爵編　清同治至光緒常熟鮑氏刻本　二册　存一種

330000－1701－0037502　普 811.17/0442　集部/别集類/清别集

青芙山館詩鈔十二卷　謝甘盤撰　清宣統元年(1909)刻本　二册

330000－1701－0037504　HJL0770　類叢部/叢書類/彙編之屬

玉簡齋叢書十四種二集八種　羅振玉輯　清宣統二年(1910)上虞羅氏刻本　二十册

330000－1701－0037505　普 414.11/1122.2/2　經部/小學類/文字之屬/説文/專著

説文楬原二卷　(清)張行孚撰　清光緒十一年(1885)揚州刻本　一册

330000－1701－0037508　普 811.17/0724/c1　集部/别集類/清别集

養知書屋遺集(養知書屋文集二十八卷詩集十五卷郭侍郎奏疏十二卷)　(清)郭嵩燾撰　王先謙編　清光緒十八年(1892)養知書屋刻本　四册　存十五卷(詩集一至十五)

330000－1701－0037510　普 414.11/1122.3/c1　類叢部/叢書類/彙編之屬

漸西村舍彙刊(漸西村舍叢刻)四十四種　(清)袁昶編　清光緒十六年至二十四年(1890－1898)桐廬袁氏刻本　四册　存一種

330000－1701－0037511　普 811.17/0429　集部/别集類/清别集

二研齋遺稿四卷　(清)諸重光撰　清乾隆五十六年(1791)刻本　一册　存二卷(一至二)

330000－1701－0037512　普 414.11/1088/2/c1　經部/小學類/文字之屬/説文/傳説

説文解字句讀三十卷　(清)王筠撰　清光緒八年(1882)四川尊經書局刻本　十六册

330000－1701－0037514　普 414.11/1088/2/c2　經部/小學類/文字之屬/説文/傳説

説文解字句讀三十卷　(清)王筠撰　清光緒刻本　十一册　缺九卷(二十二至三十)

330000－1701－0037515　普 811.17/0467/c1　集部/别集類/清别集

蕉影齋詩集四卷補遺一卷　(清)謝照撰

(清)謝維藩　(清)謝鉞編　清光緒二年(1876)謝榮埭刻本　四册

330000－1701－0037516　普 414.11/1122.3/c2　類叢部/叢書類/彙編之屬
漸西村舍彙刊(漸西村舍叢刻)四十四種　(清)袁昶編　清光緒十六年至二十四年(1890－1898)桐廬袁氏刻本　四册　存一種

330000－1701－0037518　普 414.11/1122.3/c3　類叢部/叢書類/彙編之屬
漸西村舍彙刊(漸西村舍叢刻)四十四種　(清)袁昶編　清光緒十六年至二十四年(1890－1898)桐廬袁氏刻本　四册　存一種

330000－1701－0037519　普 414.11/1122.3/c4　類叢部/叢書類/彙編之屬
漸西村舍彙刊(漸西村舍叢刻)四十四種　(清)袁昶編　清光緒十六年至二十四年(1890－1898)桐廬袁氏刻本　四册　存一種

330000－1701－0037520　普 414.11/2880　經部/小學類/文字之屬/說文
說文解字十五卷標目一卷　(漢)許慎撰　(宋)徐鉉等校定　**說文校字記一卷**　(清)陳昌治撰　**說文通檢十四卷首一卷末一卷**　(清)黎永椿編　清同治十二年(1873)番禺陳昌治刻本　八册

330000－1701－0037521　普 811.17/04131.2　集部/詞類/别集之屬
養默山房詩餘三卷　(清)謝元淮撰　清道光二十八年(1848)刻朱墨套印本　四册

330000－1701－0037523　普 811.17/0414/c1　集部/别集類
自怡吟初稿四卷　謝元壽撰　清宣統三年(1911)石印本　二册

330000－1701－0037524　普 414.11/2880/2/c2　經部/小學類/文字之屬/說文
說文解字十五卷標目一卷　(漢)許慎撰　(宋)徐鉉等校定　**汲古閣說文解字校記一卷**　(清)張行孚撰　清光緒七年(1881)淮南書局刻本　五册

330000－1701－0037526　普 811.17/0414/c2　集部/别集類
自怡吟初稿四卷　謝元壽撰　清宣統三年(1911)石印本　二册

330000－1701－0037527　普 811.17/0436/c2　史部/史評類/詠史之屬
樹經堂詠史詩八卷　(清)謝啓昆撰　清嘉慶刻本　二册

330000－1701－0037528　普 414.11/2880/2/c3　經部/小學類/文字之屬/說文
說文解字十五卷標目一卷　(漢)許慎撰　(宋)徐鉉等校定　**汲古閣說文解字校記一卷**　(清)張行孚撰　清光緒七年(1881)淮南書局刻本　五册

330000－1701－0037529　普 414.11/2880/3　經部/小學類/文字之屬/說文
說文解字十五卷標目一卷　(漢)許慎撰　(宋)徐鉉等校定　**說文校字記一卷**　(清)陳昌治撰　**說文通檢十四卷首一卷末一卷**　(清)黎永椿編　清光緒九年(1883)山西書局刻民國五年(1916)山西官書局印本　十二册

330000－1701－0037530　普 414.11/2880/2/(2)　經部/小學類/文字之屬/說文
說文解字十五卷標目一卷　(漢)許慎撰　(宋)徐鉉等校定　**汲古閣說文解字校記一卷**　(清)張行孚撰　清光緒七年(1881)淮南書局刻本　八册

330000－1701－0037532　普 414.11/1161　類叢部/叢書類/自著之屬
寒松閣集五種　(清)張鳴珂撰　清光緒十年至二十四年(1884－1898)嘉興張氏刻本　一册　存一種

330000－1701－0037533　普 414.11/1200/c1　經部/小學類/文字之屬/字書/字體
名原二卷　(清)孫詒讓撰　清光緒三十一年(1905)瑞安孫氏刻本　一册

330000－1701－0037534　普 414.11/2880/2/c4　經部/小學類/文字之屬/說文

說文解字十五卷標目一卷　(漢)許慎撰　(宋)徐鉉等校定　清光緒七年(1881)淮南書局刻朱印本　五冊

330000－1701－0037536　普 811.17/0724.2
集部/別集類/清別集
雲臥山莊詩集八卷首一卷末一卷　(清)郭崑燾撰　清光緒十一年(1885)湘陰郭氏岵瞻堂刻本　三冊

330000－1701－0037537　普 811.17/0467/c2
集部/別集類/清別集
蕉影齋詩集四卷補遺一卷　(清)謝照撰　(清)謝福恒編　清光緒二年(1876)謝榮埭刻本　四冊

330000－1701－0037538　普 811.17/0724.3
集部/別集類/清別集
雲臥山莊別集五卷　(清)郭崑燾撰　清光緒十年(1884)湘陰郭氏岵瞻堂刻本　一冊　存二卷(一至二)

330000－1701－0037539　普 811.17/0744.2
集部/別集類/清別集
擊鉢吟存稿四卷　(清)郭柏蔭撰　清同治刻本　一冊

330000－1701－0037540　普 414.11/2880/4/c1　經部/小學類/文字之屬/說文
說文解字十五卷標目一卷　(漢)許慎撰　(宋)徐鉉等校定　清刻本　八冊

330000－1701－0037541　普 414.11/1200/c3
經部/小學類/文字之屬/字書/字體
名原二卷　(清)孫詒讓撰　清光緒三十一年(1905)瑞安孫氏刻本　一冊

330000－1701－0037542　普 414.11/1200/c4
經部/小學類/文字之屬/字書/字體
名原二卷　(清)孫詒讓撰　清光緒三十一年(1905)瑞安孫氏刻本　一冊

330000－1701－0037544　普 811.17/0484/c1
集部/別集類/清別集
坐花書屋詩錄二卷　(清)諸鎮撰　**誥授中憲大夫晉授通奉大夫署理山東登萊青兵備道登州府知府卓異候陞加一級軍功隨帶加三級例贈翰林院編修加三級錢塘諸府君[諸鎮]行狀一卷**　(清)諸可寶撰　清光緒十六年(1890)諸氏刻本　一冊

330000－1701－0037545　普 811.17/0733/c1
集部/別集類/清別集
清華館詩稿一卷　(清)郭沈昶撰　清同治郭華刻本　一冊

330000－1701－0037546　普 811.17/0733/c2
集部/別集類/清別集
清華館詩稿一卷　(清)郭沈昶撰　清同治郭華刻本　一冊

330000－1701－0037547　普 414.11/2880/4/c2　經部/小學類/文字之屬/說文
說文解字十五卷標目一卷　(漢)許慎撰　(宋)徐鉉等校定　清刻本　八冊

330000－1701－0037548　普 811.17/0744.3
集部/別集類/清別集
天開圖畫樓試帖四卷　(清)郭柏蔭撰　清同治二年(1863)刻本　二冊

330000－1701－0037549　普 811.17/0494/c1
集部/別集類/清別集
麻園遺集一卷　(清)謝焜樞撰　**覞廬初稿二卷**　(清)謝掄元撰　清宣統元年(1909)京師集成圖書公司鉛印本　果磊題記　一冊

330000－1701－0037550　普 811.16/0453/c2
集部/別集類/清別集
天愚山人詩集十二卷文集十六卷　(清)謝泰宗撰　**附錄一卷**　(清)吳偉業撰　清光緒六年(1880)謝駿德靈蕤館刻本　六冊　存十二卷(詩集一至十二)

330000－1701－0037551　普 414.11/2880/5/c1　經部/小學類/文字之屬/說文
說文解字十五卷標目一卷　(漢)許慎撰　(宋)徐鉉等校定　清乾隆三十八年(1773)大興朱筠椒華吟舫刻本　十六冊

330000－1701－0037552　普 414.11/2880/4/c3　經部/小學類/文字之屬/說文

說文解字十五卷標目一卷　（漢）許慎撰（宋）徐鉉等校定　清刻本　八册

330000－1701－0037554　普 414.11/2880/4/c4　經部/小學類/文字之屬/説文
說文解字十五卷標目一卷　（漢）許慎撰（宋）徐鉉等校定　清刻本　八册

330000－1701－0037555　GP04791　史部/傳記類/别傳之屬/事狀
惠文胡公輓言不分卷　（清）胡鳳林等輯　清咸豐五年（1855）韞玉山房刻本　一册

330000－1701－0037557　普 811.17/0494/c3　集部/别集類/清别集
麻園遺集一卷　（清）謝烺樞撰　**緄廬初稿二卷**　（清）謝掄元撰　清宣統元年（1909）京師集成圖書公司鉛印本　一册

330000－1701－0037559　普 811.17/0498　集部/别集類/清别集
蟄庵詩鈔一卷　（清）計燮鈞撰　清宣統二年（1910）華雲閣鉛印本　一册

330000－1701－0037560　GP12535　子部/儒家類/儒學之屬/勸學
謝退谷先生教諭語一卷　（清）謝金鑾撰　**王罕皆先生步青小題八法一卷**　（清）王步青撰　**費畊亭先生庚吉墨訣四則一卷**　（清）費庚吉撰　**徐廉峰先生寶善試帖卮言一卷**　（清）徐寶善撰　清同治十一年（1872）培槐軒刻本　一册

330000－1701－0037563　普 414.11/2880/5/c2　經部/小學類/文字之屬/説文
說文解字十五卷標目一卷　（漢）許慎撰（宋）徐鉉等校定　清乾隆三十八年（1773）大興朱筠椒華吟舫刻本　六册

330000－1701－0037564　普 811.17/0744/2/c2　集部/别集類/清别集
石泉集四卷　（清）郭柏蔭撰　清同治刻本　一册

330000－1701－0037565　普 811.17/0744/2/c3　集部/别集類/清别集
石泉集四卷　（清）郭柏蔭撰　清同治刻本　一册

330000－1701－0037568　普 811.17/0762　集部/别集類/清别集
果園詩鈔十卷　郭恩孚撰　清光緒三十三年（1907）京都松華齋刻本　二册

330000－1701－0037569　普 414.11/2880/5/c3　經部/小學類/文字之屬/説文
說文解字十五卷標目一卷　（漢）許慎撰（宋）徐鉉等校定　清乾隆三十八年（1773）大興朱筠椒華吟舫刻本　八册

330000－1701－0037571　普 811.17/0764　集部/别集類/清别集
雲臥山莊詩集八卷首一卷末一卷家訓二卷末一卷　（清）郭崑燾撰　清光緒十一年（1885）湘陰郭氏岵瞻堂刻本　四册

330000－1701－0037572　普 414.11/2880/7　經部/小學類/文字之屬/説文
說文解字十五卷標目一卷　（漢）許慎撰（宋）徐鉉等校定　清嘉慶十二年（1807）額勒布藤花榭刻本　三册

330000－1701－0037573　普 811.17/0773/c1　類叢部/叢書類/自著之屬
種樹軒遺集三種　（清）郭長清撰　清光緒二十三年（1897）杭州刻本　一册　存一種

330000－1701－0037574　普 811.17/0773/c2　類叢部/叢書類/自著之屬
種樹軒遺集三種　（清）郭長清撰　清光緒二十三年（1897）杭州刻本　一册　存一種

330000－1701－0037575　普 811.17/07731　集部/别集類/清别集
諸暨青梅詞一百首一卷　（清）郭鳳沼撰　清刻本　一册

330000－1701－0037576　普 414.11/1088.2/c1　經部/小學類/文字之屬/説文
王氏説文三種　（清）王筠撰　清道光至咸豐刻同治四年（1865）彙印本　十册　存一種

330000－1701－0037577　普 414.11/1088.2/c2　經部/小學類/文字之屬/說文

王氏說文三種　(清)王筠撰　清道光至咸豐刻同治四年(1865)彙印本　十冊　存一種

330000－1701－0037578　普 811.17/0780　集部/别集類/清别集

山居稿二卷　(清)郭毓撰　清嘉慶六年(1801)帶山堂刻本　二冊

330000－1701－0037579　普 414.11/2880/11　經部/小學類/文字之屬/說文

說文解字十五卷標目一卷　(漢)許慎撰　(宋)徐鉉等校定　**說文校字記一卷**　(清)陳昌治撰　**說文通檢十四卷首一卷末一卷**　(清)黎永椿編　清同治十二年(1873)番禺陳昌治刻容城儒林堂印本　傅雲岑題記　十二冊

330000－1701－0037580　普 811.17/0780.2　集部/别集類/清别集

山居續稾二卷　(清)郭毓撰　清嘉慶十二年(1807)學福齋刻本　二冊

330000－1701－0037582　普 414.11/2880/10/c1　經部/小學類/文字之屬/說文

說文解字十五卷標目一卷　(漢)許慎撰　(宋)徐鉉等校定　清光緒十一年(1885)蕉心室刻本　六冊

330000－1701－0037583　普 414.11/1088.2/(2)　經部/小學類/文字之屬/說文

王氏說文三種　(清)王筠撰　清道光至咸豐刻同治四年(1865)彙印本　十一冊　存一種

330000－1701－0037584　普 414.11/1088.2/2　經部/小學類/文字之屬/說文

說文釋例二十卷　(清)王筠撰　清光緒九年(1883)成都御風樓刻本　十冊

330000－1701－0037585　普 811.17/0788/c1　集部/别集類

藝芳老人詩存二卷　郭筠撰　清宣統二年(1910)長沙鉛印本　一冊

330000－1701－0037586　普 414.11/2880/10/c2　經部/小學類/文字之屬/說文

說文解字十五卷標目一卷　(漢)許慎撰　(宋)徐鉉等校定　清光緒十一年(1885)蕉心室刻本　八冊

330000－1701－0037587　普 414.11/2880/13　經部/小學類/文字之屬/說文

說文解字十五卷標目一卷　(漢)許慎撰　(宋)徐鉉等校定　清同治十年(1871)四川合州刻光緒二年(1876)歸安姚覲元川東官舍重修本　八冊

330000－1701－0037588　普 811.17/0788/c4、普 811.17/0788/c5　集部/别集類

藝芳老人詩存二卷　郭筠撰　清宣統二年(1910)長沙鉛印本　二冊

330000－1701－0037589　普 414.11/2880/12　類叢部/叢書類/彙編之屬

平津館叢書八集三十九種　(清)孫星衍編　清嘉慶蘭陵孫氏刻本　四冊　存一種

330000－1701－0037590　普 811.17/0814/c4　集部/别集類/清别集

瑞芍軒詩鈔四卷詞稿一卷　(清)許乃穀撰　清同治七年(1868)許道身刻本　二冊

330000－1701－0037591　普 811.16/0453/c3　集部/别集類/清别集

天愚山人詩集十二卷文集十六卷　(清)謝泰宗撰　**附録一卷**　(清)吳偉業撰　清光緒六年(1880)謝駿德靈蕤館刻本　四冊　存十二卷(詩集一至十二)

330000－1701－0037593　普 414.11/2880/14/c1　經部/小學類/文字之屬/說文

說文解字十五卷標目一卷　(漢)許慎撰　(宋)徐鉉等校定　清同治十三年(1874)東吳浦氏刻本　三冊

330000－1701－0037594　普 414.11/2880/15　經部/小學類/文字之屬/說文

說文解字十五卷標目一卷　(漢)許慎撰　(宋)徐鉉等校定　清同治十年(1871)刻本　八冊

330000－1701－0037596　普 811.17/0801　集部/别集類/清别集

淡畍樓詩一卷　(清)許誦珠撰　清光緒三十三年(1907)刻本　一冊

330000－1701－0037597　普 811.17/08141　集部/别集類/清别集

無盡意齋詩鈔四卷　(清)許乃椿撰　清嘉慶刻本　一冊　存二卷(一至二)

330000－1701－0037598　普 811.16/0707　集部/别集類/明别集

鯤溟先生詩集四卷奏疏一卷　(明)郭諫臣撰　清嘉慶七年(1802)吳郡郭氏刻本　四冊　缺一卷(奏疏)

330000－1701－0037599　普 414.11/2880/17　經部/小學類/文字之屬/說文

說文解字十五卷標目一卷　(漢)許慎撰　(宋)徐鉉等校定　清光緒十一年(1885)上海同文書局石印本　二冊

330000－1701－0037600　普 414.11/2881/c1　經部/叢編

古經解彙函十六種附小學彙函十四種　(清)鍾謙鈞等輯　清同治十二年(1873)粵東書局刻本　六冊　存小學彙函一種

330000－1701－0037601　普 811.17/0817　集部/别集類/清别集

夢巢詩草一卷　(清)許秉辰撰　清光緒四年(1878)刻本　一冊

330000－1701－0037602　普 414.11/2880/14/c2　經部/小學類/文字之屬/說文

說文解字十五卷標目一卷　(漢)許慎撰　(宋)徐鉉等校定　清同治十三年(1874)東吳浦氏刻本　三冊

330000－1701－0037603　普 811.17/0819/c1　集部/别集類/清别集

雪門詩草十四卷　(清)許瑤光撰　清同治十三年(1874)刻本　六冊

330000－1701－0037604　普 414.11/2881/c2　經部/叢編

古經解彙函十六種附小學彙函十四種　(清)鍾謙鈞等輯　清同治十二年(1873)粵東書局刻本　十冊　存小學彙函一種

330000－1701－0037605　普 811.17/0819/c2　集部/别集類/清别集

雪門詩草十四卷　(清)許瑤光撰　清同治十三年(1874)刻木　六冊

330000－1701－0037606　普 811.17/0819/c3　集部/别集類/清别集

雪門詩草十四卷　(清)許瑤光撰　清同治十三年(1874)刻本　六冊

330000－1701－0037607　普 414.11/2881/2/c1　經部/小學類/文字之屬/說文

繫傳四十卷　(五代)徐鍇撰　(五代)朱翺反切　清光緒九年(1883)江蘇書局刻本　八冊

330000－1701－0037608　普 811.17/0819/c4　集部/别集類/清别集

雪門詩草十四卷　(清)許瑤光撰　清同治十三年(1874)刻本　六冊

330000－1701－0037609　普 811.17/0744.3/2/c2　集部/别集類/清别集

天開圖畫樓試帖四卷　(清)郭柏蔭撰　清同治七年(1868)武昌節署刻本　二冊

330000－1701－0037610　普 414.11/2881/(2)/c1　經部/小學類/文字之屬/說文

繫傳四十卷　(五代)徐鍇撰　(五代)朱翺反切　**說文解字繫傳校勘記三卷**　(清)苗夔等撰　清道光十九年(1839)祁寯藻影刻影宋抄本　八冊

330000－1701－0037611　普 414.11/2881/3　經部/小學類/文字之屬/說文

繫傳四十卷　(五代)徐鍇撰　(五代)朱翺反切　**附錄一卷**　(清)朱文藻編　清乾隆四十七年(1782)新安汪啓淑刻本　八冊

330000－1701－0037612　普 414.11/2881/2/c2　經部/小學類/文字之屬/說文

繫傳四十卷　(五代)徐鍇撰　(五代)朱翺反切　清光緒九年(1883)江蘇書局刻本　八冊

330000－1701－0037613　普 811.16/0484　集部/别集類/明別集

嬾園詩存一卷　(明)謝錫教撰　清乾隆三十年(1765)刻本　一冊

330000－1701－0037614　普 811.17/0813　集部/總集類/氏族之屬

高陽四種集十六卷　清康熙刻本　四冊　存二種

330000－1701－0037616　GP04793　集部/總集類/郡邑之屬

國朝松江詩鈔六十四卷　(清)姜兆翀輯　清嘉慶十三年(1808)敬和堂刻本　清南遯安跋　十六冊

330000－1701－0037617　普 414.11/2881/(2)/c2　經部/小學類/文字之屬/說文

繫傳四十卷　(五代)徐鍇撰　(五代)朱翺反切　**說文解字繫傳校勘記三卷**　(清)苗夔等撰　清道光十九年(1839)祁寯藻影刻影宋抄本　八冊

330000－1701－0037618　普 414.11/2881.06/c1　類叢部/叢書類/自著之屬

王菉友著述九種　(清)王筠撰　清道光至咸豐刻本　四冊　存一種

330000－1701－0037619　普 811.17/0814/c1　集部/別集類/清別集

瑞芍軒詩鈔四卷詞稿一卷　(清)許乃穀撰　清同治七年(1868)許道身刻本　二冊

330000－1701－0037621　普 414.11/2881/(2)/c3　經部/小學類/文字之屬/說文

繫傳四十卷　(五代)徐鍇撰　(五代)朱翺反切　**說文解字繫傳校勘記三卷**　(清)苗夔等撰　清道光十九年(1839)祁寯藻影刻影宋抄本　九冊

330000－1701－0037623　普 811.17/0818/2　集部/別集類/清別集

雪門詩草十六卷　(清)許瑤光撰　清光緒二十四年(1898)刻本　八冊

330000－1701－0037624　普 811.17/08221　集部/別集類/清別集

通雅堂詩鈔十卷續集二卷　(清)施山撰　清光緒元年(1875)荊州刻本　二冊

330000－1701－0037625　普 414.11/2881.06/c2　經部/小學類/文字之屬/說文

說文繫傳校錄三十卷　(清)王筠撰　清咸豐七年(1857)刻王菉友九種本　章嶔題記　四冊

330000－1701－0037626　普 811.17/08221/(2)　集部/別集類/清別集

通雅堂詩鈔十卷續集二卷　(清)施山撰　清光緒元年(1875)荊州刻本　四冊　缺二卷(續集一至二)

330000－1701－0037629　普 414.11/2881.07/c1　經部/小學類/文字之屬/說文/傳說

說文繫傳考異四卷　(清)汪憲撰　**說文繫傳考異附錄一卷**　(清)朱文藻編　清光緒八年(1882)會稽徐友蘭八杉齋刻本　二冊

330000－1701－0037630　普 414.11/2881.06/c3　類叢部/叢書類/自著之屬

王菉友著述九種　(清)王筠撰　清道光至咸豐刻本　四冊　存一種

330000－1701－0037631　普 811.17/0830　集部/別集類/清別集

拙宦集一卷　(清)施濟撰　清木活字印本　一冊

330000－1701－0037632　普 414.11/2881.07/c2　經部/小學類/文字之屬/說文/傳說

說文繫傳考異四卷　(清)汪憲撰　**說文繫傳考異附錄一卷**　(清)朱文藻編　清光緒八年(1882)會稽徐友蘭八杉齋刻本　四冊

330000－1701－0037634　普 414.11/2881.06/c4　類叢部/叢書類/自著之屬

王菉友著述九種　(清)王筠撰　清道光至咸豐刻本　二冊　存一種

330000－1701－0037635　普 414.11/3434/c1　經部/小學類/文字之屬/說文/傳說

說文古本考十四卷　(清)沈濤撰　清光緒十

年(1884)吳縣潘氏滂喜齋刻本　八冊

330000－1701－0037636　普 811.17/0820/c2　集部/總集類/氏族之屬
鶴峰集十五卷　(清)許維新撰　**萍影集一卷**　(清)許機撰　清光緒十三年(1887)許之軫刻本　一冊　缺十四卷(一至四、六至十五)

330000－1701－0037637　普 414.11/3434/c2　經部/小學類/文字之屬/說文/傳說
說文古本考十四卷　(清)沈濤撰　清光緒十年(1884)吳縣潘氏滂喜齋刻民國十八年(1929)潘承弼補刻本　八冊

330000－1701－0037639　普 414.11/3434/c3　經部/小學類/文字之屬/說文/傳說
說文古本考十四卷　(清)沈濤撰　清光緒十年(1884)吳縣潘氏滂喜齋刻本　八冊

330000－1701－0037642　普 811.17/0834　集部/別集類/清別集
澤雅堂詩集六卷　(清)施補華撰　清同治十二年(1873)刻本　六冊

330000－1701－0037644　普 414.11/4206/c1　類叢部/叢書類/自著之屬
邃雅堂全集九種　(清)姚文田撰　清嘉慶至光緒歸安姚氏刻本　六冊　存一種

330000－1701－0037645　普 414.11/3434/(2)　經部/小學類/文字之屬/說文/傳說
說文古本考十四卷　(清)沈濤撰　清光緒十年(1884)吳縣潘氏滂喜齋刻本　七冊

330000－1701－0037646　普 811.17/0834/(2)　集部/別集類/清別集
澤雅堂詩集六卷　(清)施補華撰　清同治十二年(1873)刻本　二冊

330000－1701－0037647　普 414.11/2881.07/2　經部/小學類/文字之屬/說文/傳說
說文繫傳考異四卷　(清)汪憲撰　**說文繫傳考異附錄一卷**　(清)朱文藻編　清道光十七年(1837)瞿氏清吟閣刻本　一冊

330000－1701－0037648　普 811.17/0834.2/(3)　集部/別集類/清別集
澤雅堂詩二集十八卷　(清)施補華撰　清光緒十六年(1890)兩研齋刻本　四冊

330000－1701－0037650　普 414.11/4206/c2　類叢部/叢書類/自著之屬
邃雅堂全集九種　(清)姚文田撰　清嘉慶至光緒歸安姚氏刻本　四冊　存一種

330000－1701－0037651　普 414.11/4206/c3　類叢部/叢書類/自著之屬
邃雅堂全集九種　(清)姚文田撰　清嘉慶至光緒歸安姚氏刻本　五冊　存一種

330000－1701－0037652　普 811.17/08302　集部/別集類/清別集
舊雨齋集八卷　(清)施安撰　清刻本　四冊

330000－1701－0037655　普 414.11/3104　經部/小學類/文字之屬/說文
說文辨疑一卷附條記一卷　(清)顧廣圻撰　清光緒三年(1877)湖北崇文書局刻本　一冊

330000－1701－0037656　普 414.11/4206/c4　類叢部/叢書類/自著之屬
邃雅堂全集九種　(清)姚文田撰　清嘉慶至光緒歸安姚氏刻本　四冊　存一種

330000－1701－0037657　普 414.11/3104/2/c1　經部/小學類/文字之屬/說文
說文辨疑一卷附條記一卷　(清)顧廣圻撰　清光緒三年(1877)湖北崇文書局刻本　一冊

330000－1701－0037658　普 414.11/3104/2/c2　經部/小學類/文字之屬/說文
說文辨疑一卷附條記一卷　(清)顧廣圻撰　清光緒三年(1877)湖北崇文書局刻本　一冊

330000－1701－0037659　普 811.17/0831/c1　集部/別集類/清別集
緗芸館詩鈔一卷　(清)許之雯撰　清光緒二十五年(1899)吳下刻本　一冊

330000－1701－0037660　普 414.11/3104/2/c3　經部/小學類/文字之屬/說文
說文辨疑一卷附條記一卷　(清)顧廣圻撰

清光緒三年(1877)湖北崇文書局刻本　一册

330000－1701－0037661　普 811.17/0842
集部/別集類/清別集
埜耕集三卷　(清)許士佐撰　清乾隆刻本　一册

330000－1701－0037662　普 811.17/0870
類叢部/叢書類/自著之屬
施愚山先生全集五種附一種　(清)施閏章撰　清康熙至乾隆刻彙印本　六册　存一種

330000－1701－0037663　普 414.11/4428/c1
經部/小學類/文字之屬/說文
說文解字義證五十卷　(清)桂馥撰　清同治九年(1870)湖北崇文書局刻本　三十二册

330000－1701－0037664　普 414.11/7714/10/c2　經部/小學類/文字之屬/說文
說文解字注十五卷附六書音均表五卷　(清)段玉裁撰　**說文部目分韻一卷**　(清)陳煥編　**說文解字注匡謬八卷**　(清)徐承慶撰　**說文通檢十四卷首一卷末一卷**　(清)黎永椿編　清光緒十四年(1888)上海蜚英館石印本　八册

330000－1701－0037665　普 414.11/3202
經部/小學類/文字之屬/說文
說文蠡箋十四卷　(清)潘奕雋撰　清同治十三年(1874)吳縣潘氏三松堂刻本　二册

330000－1701－0037666　普 811.17/0831/c2
集部/別集類/清別集
緗芸館詩鈔一卷　(清)許之雯撰　清光緒二十五年(1899)吳下刻本　一册

330000－1701－0037667　普 414.11/4428/c2
經部/小學類/文字之屬/說文
說文解字義證五十卷　(清)桂馥撰　清同治九年(1870)湖北崇文書局刻本　三十二册

330000－1701－0037668　普 414.11/4444/c1
經部/小學類/文字之屬/說文/專著
唐寫本說文解字木部箋異一卷　(清)莫友芝撰　**仿唐寫本說文解字木部一卷**　(漢)許慎撰　清同治三年(1864)湘鄉曾國藩安慶行營刻本　一册

330000－1701－0037669　普 811.17/08311
集部/別集類/清別集
德星堂詩集五卷　(清)許汝霖撰　清刻本　四册

330000－1701－0037670　普 414.11/4428/c3
經部/小學類/文字之屬/說文
說文解字義證五十卷　(清)桂馥撰　清同治九年(1870)湖北崇文書局刻本　三十二册

330000－1701－0037672　普 811.17/0870/2
類叢部/叢書類/自著之屬
施愚山先生全集五種附一種　(清)施閏章撰　清康熙至乾隆刻彙印本　十二册　存五種

330000－1701－0037673　普 414.11/4428/c4
經部/小學類/文字之屬/說文
說文解字義證五十卷　(清)桂馥撰　清同治九年(1870)湖北崇文書局刻本　三十二册

330000－1701－0037674　普 414.11/4444/c2
經部/小學類/文字之屬/說文/專著
唐寫本說文解字木部箋異一卷　(清)莫友芝撰　**仿唐寫本說文解字木部一卷**　(漢)許慎撰　清同治三年(1864)湘鄉曾國藩安慶行營刻本　一册

330000－1701－0037675　普 811.17/08312
集部/別集類/清別集
寄廬梅花詩一卷　(清)施洪烈撰　清宣統二年(1910)華雲閣鉛印本　一册

330000－1701－0037676　普 414.11/4444/c3
經部/小學類/文字之屬/說文/專著
唐寫本說文解字木部箋異一卷　(清)莫友芝撰　**仿唐寫本說文解字木部一卷**　(漢)許慎撰　清同治三年(1864)湘鄉曾國藩安慶行營刻本　一册

330000－1701－0037677　普 811.16/0710.2
集部/別集類/明別集
海雪堂集　(明)鄺露撰　清咸豐十年(1860)海雪堂刻本　一册　存一種

330000－1701－0037680　普 414.11/4444/c4　經部/小學類/文字之屬/說文/專著

唐寫本說文解字木部箋異一卷　(清)莫友芝撰　**仿唐寫本說文解字木部一卷**　(漢)許慎撰　清同治三年(1864)湘鄉曾國藩安慶行營刻本　一冊

330000－1701－0037683　普 811.17/0874　集部/別集類/清別集

五塘詩草六卷　(清)許印芳撰　清光緒十三年(1887)石屏許氏刻本　二冊

330000－1701－0037684　普 811.17/0931/c1　類叢部/叢書類/彙編之屬

張氏適園叢書　張鈞衡編　清宣統三年(1911)上海國學扶輪社鉛印本　一冊　存一種

330000－1701－0037685　普 811.17/0887　集部/戲劇類/傳奇之屬

碧聲吟館叢書六種　(清)許善長撰　清光緒仁和許善長碧聲吟館刻本　二冊　存三種

330000－1701－0037686　普 811.17/0931/c3　類叢部/叢書類/彙編之屬

張氏適園叢書　張鈞衡編　清宣統三年(1911)上海國學扶輪社鉛印本　一冊　存一種

330000－1701－0037687　普 414.11/4444/2　經部/小學類/文字之屬/說文/專著

唐寫本說文解字木部箋異一卷　(清)莫友芝撰　**仿唐寫本說文解字木部一卷**　(漢)許慎撰　清末石印本　一冊

330000－1701－0037688　普 414.11/7714/3/c1　經部/小學類/文字之屬/說文

說文解字注十五卷附六書音均表五卷　(清)段玉裁撰　**說文部目分韻一卷**　(清)陳煥編　清光緒七年(1881)查燕緒木漸齋刻本　二十四冊

330000－1701－0037689　普 414.11/7714/2/c1　經部/小學類/文字之屬/說文

說文解字注十五卷附六書音均表五卷汲古閣說文訂一卷　(清)段玉裁撰　**說文部目分韻一卷**　(清)陳煥編　清同治十一年(1872)湖北崇文書局刻本　十八冊

330000－1701－0037691　普 414.11/7714/2/c2　經部/小學類/文字之屬/說文

說文解字注十五卷附六書音均表五卷汲古閣說文訂一卷　(清)段玉裁撰　**說文部目分韻一卷**　(清)陳煥編　清同治十一年(1872)湖北崇文書局刻本　十八冊

330000－1701－0037692　普 811.17/0847/2　集部/別集類/清別集

真意齋詩存一卷詩外一卷　(清)許楣撰　清同治五年至六年(1866－1867)刻本　一冊

330000－1701－0037693　普 414.11/4611　經部/小學類/文字之屬/說文

澂園叢書二種十五卷　(清)楊廷瑞撰　清光緒十七年(1891)善化楊廷瑞澂園刻本　二冊

330000－1701－0037694　普 811.17/0931/c4　類叢部/叢書類/彙編之屬

張氏適園叢書　張鈞衡編　清宣統三年(1911)上海國學扶輪社鉛印本　一冊　存一種

330000－1701－0037695　GP04796　類叢部/叢書類/自著之屬

隨山館全集七種附刻三種　(清)汪瑔撰　清光緒刻本　十三冊

330000－1701－0037696　普 414.11/7714/3/c2　經部/小學類/文字之屬/說文

說文解字注十五卷附六書音均表五卷　(清)段玉裁撰　**說文部目分韻一卷**　(清)陳煥編　清光緒七年(1881)查燕緒木漸齋刻本　二十四冊

330000－1701－0037697　普 811.17/0853/c2　集部/別集類/清別集

度嶺草一卷　(清)許振禕撰　清光緒二十三年(1897)廣州節署刻本　一冊

330000－1701－0037699　普 811.17/0853/c3　集部/別集類/清別集

度嶺草一卷　(清)許振禕撰　清光緒二十三年(1897)廣州節署刻本　一冊

330000－1701－0037702　普 414.11/4722　經部/小學類/文字之屬/說文
說文管見三卷　(清)胡秉虔撰　清同治十二年(1873)績溪胡氏世澤樓刻績溪胡氏叢書本　清戴采孫跋　一冊

330000－1701－0037704　普 414.11/7714/8　經部/小學類/文字之屬/說文
說文解字注十五卷附六書音均表五卷　(清)段玉裁撰　**說文部目分韻一卷**　(清)陳煥編　清乾隆至嘉慶段氏經韻樓刻同治六年至十一年(1867－1872)蘇州保息局補刻本　十六冊

330000－1701－0037705　普 414.11/7714/4　經部/小學類/文字之屬/說文
說文解字注箋十四卷　(清)段玉裁注　(清)徐灝箋　**說文檢字篇三卷說文重文檢字篇一卷說文疑難檢字篇一卷今文檢字篇一卷**　(清)徐樾編　清光緒二十年(1894)桂林刻民國三年(1914)京師補刻本　三十一冊

330000－1701－0037706　普 811.17/0863　類叢部/叢書類/自著之屬
施氏著書四種　(清)施國祁撰　清嘉慶施氏吉貝居刻本　一冊　存一種

330000－1701－0037710　普 414.11/7714/10/c1　經部/小學類/文字之屬/說文
說文解字注十五卷附六書音均表五卷　(清)段玉裁撰　**說文部目分韻一卷**　(清)陳煥編　**說文解字注匡謬八卷**　(清)徐承慶撰　**說文通檢十四卷首一卷末一卷**　(清)黎永椿編　清光緒十四年(1888)上海蜚英館石印本　八冊

330000－1701－0037713　普 414.11/7714.02/c1　經部/小學類/文字之屬/說文/傳說
說文段注訂補十四卷　(清)王紹蘭撰　清光緒十四年(1888)蕭山胡熽菉刻本　八冊

330000－1701－0037714　普 811.17/10001/c3　集部/別集類/清別集
韻山堂詩集七卷補遺一卷　(清)王文誥撰　清光緒十四年(1888)浙江書局刻本　一冊

330000－1701－0037715　普 414.11/7714.02/c2　經部/小學類/文字之屬/說文/傳說
說文段注訂補十四卷　(清)王紹蘭撰　清光緒十四年(1888)蕭山胡熽菉刻本　八冊

330000－1701－0037716　普 414.11/7714/12　類叢部/叢書類/彙編之屬
平津館叢書八集三十九種　(清)孫星衍編　清嘉慶蘭陵孫氏刻本　三冊　存一種

330000－1701－0037717　普 414.11/7714.02/c3　經部/小學類/文字之屬/說文/傳說
說文段注訂補十四卷　(清)王紹蘭撰　清光緒十四年(1888)蕭山胡熽菉刻本　八冊

330000－1701－0037718　普 811.17/10001/c5　集部/別集類/清別集
韻山堂詩集七卷補遺一卷　(清)王文誥撰　清光緒十四年(1888)浙江書局刻本　一冊

330000－1701－0037719　普 414.11/7714.02/c4　經部/小學類/文字之屬/說文/傳說
說文段注訂補十四卷　(清)王紹蘭撰　清光緒十四年(1888)蕭山胡熽菉刻本　八冊

330000－1701－0037720　普 811.17/10001/c6　集部/別集類/清別集
韻山堂詩集七卷補遺一卷　(清)王文誥撰　清光緒十四年(1888)浙江書局刻本　一冊

330000－1701－0037721　普 414.11/7714.06/2　類叢部/叢書類/彙編之屬
咫進齋叢書三十七種　(清)姚覲元編　清光緒九年(1883)歸安姚氏刻本　八冊　存一種

330000－1701－0037722　普 414.11/7714.01/c2　經部/小學類/文字之屬/說文/傳說
段氏說文注訂八卷　(清)鈕樹玉撰　清道光三年(1823)吳縣鈕樹玉非石居刻本　二冊

330000－1701－0037723　GP04800　集部/戲劇類/傳奇之屬

春在堂傳奇二種 (清)俞樾撰 清同治至光緒刻春在堂全書本 孫峻題記 一冊

330000－1701－0037726 普 811.17/08881/c1 集部/別集類/清別集

夢鷗閣詩鈔一卷 (清)許銓撰 **夢鷗閣題詞一卷** (清)吳家騏等撰 清道光二十六年(1846)刻本 一冊

330000－1701－0037727 普 811.17/10003 集部/別集類/清別集

篔山堂詩鈔二十一卷 (清)王賡言撰 清嘉慶刻本 十六冊

330000－1701－0037729 普 811.16/0710 集部/別集類/明別集

鄺海雪集箋十二卷 (明)鄺露撰 (清)鄺廷瑤箋 清咸豐元年(1851)綺錯樓刻本 四冊

330000－1701－0037730 HJL4367 類叢部/叢書類/郡邑之屬

粟香室叢書四十八種 金武祥編 清光緒至民國江陰金氏刻本 七冊 存八種

330000－1701－0037731 普 414.11/7714.01/2/c1 經部/小學類/文字之屬/說文/傳說

段氏說文注訂八卷 (清)鈕樹玉撰 清道光三年(1823)吳縣鈕樹玉非石居刻同治五年(1866)碧螺山館補刻重印本 二冊

330000－1701－0037733 普 811.17/10002 集部/別集類/清別集

黃山紀遊草一卷 (清)釋元立撰 清康熙證源堂刻本 一冊

330000－1701－0037734 普 414.11/7724 經部/小學類

白柱堂叢溅二種二卷 (清)周繪藻撰 清光緒三十一年(1905)白柱堂石印本 一冊 存一種

330000－1701－0037736 普 414.11/8341/c1 經部/小學類/文字之屬/說文/傳說

說文解字斠詮十四卷 (清)錢坫撰 清光緒九年(1883)淮南書局刻本 六冊

330000－1701－0037737 普 414.11/7714.01/2/c2 經部/小學類/文字之屬/說文/傳說

段氏說文注訂八卷 (清)鈕樹玉撰 清道光三年(1823)吳縣鈕樹玉非石居刻同治五年(1866)碧螺山館補刻重印本 二冊

330000－1701－0037739 普 414.11/7714.01/2/c3 經部/小學類/文字之屬/說文/傳說

段氏說文注訂八卷 (清)鈕樹玉撰 清道光三年(1823)吳縣鈕樹玉非石居刻同治五年(1866)碧螺山館補刻重印本 二冊

330000－1701－0037740 普 414.11/7714.01/2/c4 經部/小學類/文字之屬/說文/傳說

段氏說文注訂八卷 (清)鈕樹玉撰 清道光三年(1823)吳縣鈕樹玉非石居刻同治五年(1866)碧螺山館補刻重印本 章嶔題簽 二冊

330000－1701－0037741 普 414.11/7714.01/3 經部/小學類/文字之屬/說文/傳說

段氏說文注訂八卷 (清)鈕樹玉撰 清同治十三年(1874)湖北崇文書局刻本 二冊

330000－1701－0037745 普 414.11/8341/3/(2) 經部/小學類/文字之屬/說文/傳說

說文解字斠詮十四卷 (清)錢坫撰 清嘉慶十二年(1807)嘉定錢氏吉金樂石齋刻本 八冊

330000－1701－0037746 普 414.11/8341/c2 經部/小學類/文字之屬/說文/傳說

說文解字斠詮十四卷 (清)錢坫撰 清光緒九年(1883)淮南書局刻本 章嶔題簽 六冊

330000－1701－0037747 普 414.11/8341/c3 經部/小學類/文字之屬/說文/傳說

說文解字斠詮十四卷 (清)錢坫撰 清光緒九年(1883)淮南書局刻本 六冊

330000－1701－0037748 普 414.11/83461/c1 類叢部/叢書類/彙編之屬

金峨山館叢書(望三益齋叢書)十一種 (清)郭傳璞編 清光緒八年至十六年(1882－1890)鄞郭氏刻二十年(1894)鎮海邵氏彙印

本　一册　存二種

330000－1701－0037750　普 414.11/8741/c1
經部/小學類/文字之屬/說文
說文解字校錄十五卷說文刊誤一卷說文玉篇校錄一卷　(清)鈕樹玉撰　清光緒十一年(1885)江蘇書局刻本　十四册

330000－1701－0037751　普 414.11/83461/c2　類叢部/叢書類/彙編之屬
金峨山館叢書(望三益齋叢書)十一種　(清)郭傳璞編　清光緒八年至十六年(1882－1890)鄞郭氏刻二十年(1894)鎮海邵氏彙印本　一册　存二種

330000－1701－0037752　普 811.16/1003/4
集部/别集類/明别集
疑雨集四卷　(明)王彦泓撰　清末騷餘館刻本　二册

330000－1701－0037753　普 414.11/8741/c2
經部/小學類/文字之屬/說文
說文解字校錄十五卷說文刊誤一卷說文玉篇校錄一卷　(清)鈕樹玉撰　清光緒十一年(1885)江蘇書局刻本　章嶔題簽　十四册

330000－1701－0037754　普 811.17/1003
集部/别集類/清别集
菱江集不分卷　(清)王慶瀾撰　清嘉慶十五年(1810)恕堂刻本　一册

330000－1701－0037755　普 414.11/8741/c3
經部/小學類/文字之屬/說文
說文解字校錄十五卷說文刊誤一卷說文玉篇校錄一卷　(清)鈕樹玉撰　清光緒十一年(1885)江蘇書局刻本　十四册

330000－1701－0037756　普 414.11/83461/c3　類叢部/叢書類/彙編之屬
金峨山館叢書(望三益齋叢書)十一種　(清)郭傳璞編　清光緒八年至十六年(1882－1890)鄞郭氏刻二十年(1894)鎮海邵氏彙印本　一册　存二種

330000－1701－0037757　普 414.11/8741.2/c1　經部/小學類/文字之屬/說文
說文新附攷六卷續攷一卷　(清)鈕樹玉撰　清嘉慶六年(1801)非石居刻同治七年(1868)碧螺山館補刻本　二册

330000－1701－0037758　普 414.11/8346
類叢部/叢書類/彙編之屬
金峨山館叢書(望三益齋叢書)十一種　(清)郭傳璞編　清光緒八年至十六年(1882－1890)鄞郭氏刻二十年(1894)鎮海邵氏彙印本　一册　存二種

330000－1701－0037759　普 414.11/8741.2/c2　經部/小學類/文字之屬/說文
說文新附攷六卷續攷一卷　(清)鈕樹玉撰　清嘉慶六年(1801)非石居刻同治七年(1868)碧螺山館補刻本　二册

330000－1701－0037760　普 811.17/10031
集部/别集類/清别集
後村詩集四卷附錄一卷吴越游草一卷　(清)王文治撰　清康熙刻本　六册

330000－1701－0037761　普 414.11/8741.2/c3　經部/小學類/文字之屬/說文
說文新附攷六卷續攷一卷　(清)鈕樹玉撰　清嘉慶六年(1801)非石居刻同治七年(1868)碧螺山館補刻本　二册

330000－1701－0037762　普 811.17/10031.2/c1　集部/别集類/清别集
吴越游草一卷　(清)王文治撰　清宣統三年(1911)古吴藏書樓石印本　一册

330000－1701－0037763　普 811.17/1001
集部/别集類/清别集
天香樓遺稿四卷　(清)王望霖撰　清道光二十八年(1848)刻本　二册

330000－1701－0037764　普 811.17/10031.2/c2　集部/别集類/清别集
吴越游草一卷　(清)王文治撰　清宣統三年(1911)古吴藏書樓石印本　一册

330000－1701－0037765　普 811.17/10031.2/2　集部/别集類/清别集
吴越游草一卷　(清)王文治撰　清康熙刻本

一册　存葉十七至三十二

330000－1701－0037766　普811.17/10011　集部/別集類/清別集

志隱齋詩鈔八卷　（清）王文瑋撰　清咸豐六年(1856)刻本　二册

330000－1701－0037767　GP04807　經部/小學類/文字之屬/字書

臨文便覽二種　（清）張啓泰輯　清同治十三年(1874)松竹齋刻本　一册

330000－1701－0037768　普414.11/8718　經部/小學類/文字之屬/説文

説文新附攷六卷説文逸字二卷　（清）鄭珍撰　**附録一卷**　（清）鄭知同撰　清光緒四年(1878)歸安姚覲元刻本　六册

330000－1701－0037769　GP04806　經部/小學類/文字之屬/字書

臨文便覽二種　（清）張啓泰輯　清刻本　一册

330000－1701－0037770　普414.11/8741.2/3/c1　經部/小學類/文字之屬/説文

説文新附攷六卷續攷一卷　（清）鈕樹玉撰　清同治十三年(1874)湖北崇文書局刻本　二册

330000－1701－0037771　普414.11/8741.2/3/c2　經部/小學類/文字之屬/説文

説文新附攷六卷續攷一卷　（清）鈕樹玉撰　清同治十三年(1874)湖北崇文書局刻本　二册

330000－1701－0037772　GP04801　史部/傳記類/總傳之屬/家乘

[浙江紹興]山陰山南村陳氏宗譜四卷　（清）陳子衡纂修　清光緒十一年(1885)序倫堂木活字印本　四册

330000－1701－0037776　普414.11/8741.2/2/c2　經部/小學類/文字之屬/説文

説文新附攷六卷續攷一卷　（清）鈕樹玉撰　清嘉慶六年(1801)非石居刻本　二册

330000－1701－0037778　普414.122/8346/2/c1　類叢部/叢書類/彙編之屬

金峨山館叢書(望三益齋叢書)十一種　（清）郭傳璞編　清光緒八年至十六年(1882－1890)鄞郭氏刻二十年(1894)鎮海邵氏彙印本　一册　存三種

330000－1701－0037779　普414.122/8346/2/c2　類叢部/叢書類/彙編之屬

金峨山館叢書(望三益齋叢書)十一種　（清）郭傳璞編　清光緒八年至十六年(1882－1890)鄞郭氏刻二十年(1894)鎮海邵氏彙印本　一册　存三種

330000－1701－0037780　普414.122/8346/2/c3　類叢部/叢書類/彙編之屬

金峨山館叢書(望三益齋叢書)十一種　（清）郭傳璞編　清光緒八年至十六年(1882－1890)鄞郭氏刻二十年(1894)鎮海邵氏彙印本　一册　存三種

330000－1701－0037781　普414.122/8346/4/c1　經部/小學類/文字之屬/説文/傳説

説文答問疏證六卷　（清）錢大昕撰　（清）薛傳均疏證　清道光十八年(1838)刻本　一册

330000－1701－0037783　普414.122/8346/3　經部/小學類/文字之屬/説文/傳説

説文答問疏證六卷　（清）錢大昕撰　（清）薛傳均疏證　**説文經字攷一卷**　（清）陳壽祺撰　清光緒十三年(1887)鴻寶齋石印本　二册

330000－1701－0037784　普414.122/8346/c1　經部/小學類/文字之屬/説文/傳説

説文答問疏證六卷　（清）錢大昕撰　（清）薛傳均疏證　清光緒八年(1882)紫薇山館刻本　二册

330000－1701－0037785　普811.17/1002/c1　集部/別集類/清別集

牡丹詩一卷　（清）丁文衡撰　清刻本　一册

330000－1701－0037786　普414.122/8346/4/c2　經部/小學類/文字之屬/説文/傳説

説文答問疏證六卷　（清）錢大昕撰　（清）薛

傳均疏證　清道光十八年(1838)刻本　一册

330000－1701－0037787　普 414.123/1714/c1　經部/小學類/文字之屬/説文/專著

許氏説文解字雙聲疊韻譜一卷　(清)鄧廷楨撰　清光緒九年(1883)上海同文書局石印本　一册

330000－1701－0037788　普 414.122/8346/c2　經部/小學類/文字之屬/説文/傳説

説文答問疏證六卷　(清)錢大昕撰　(清)薛傳均疏證　清光緒八年(1882)紫薇山館刻本　二册

330000－1701－0037789　普 414.123/1714/c2　經部/小學類/文字之屬/説文/專著

許氏説文解字雙聲疊韻譜一卷　(清)鄧廷楨撰　清光緒九年(1883)上海同文書局石印本　一册

330000－1701－0037790　普 414.123/1714/c3　經部/小學類/文字之屬/説文/專著

許氏説文解字雙聲疊韻譜一卷　(清)鄧廷楨撰　清光緒九年(1883)上海同文書局石印本　一册

330000－1701－0037791　普 414.13/1088/c1　經部/小學類/文字之屬/説文

説文韻譜校五卷　(清)王筠撰　清光緒十六年(1890)濰縣劉氏素心琴室刻本　二册

330000－1701－0037792　普 414.13/1088/c2　經部/小學類/文字之屬/説文

説文韻譜校五卷　(清)王筠撰　清光緒十六年(1890)濰縣劉氏素心琴室刻本　一册

330000－1701－0037793　普 414.13/2574/c1　經部/小學類/文字之屬/説文

説文通訓定聲十八卷分部柬韻一卷説雅一卷古今韻準一卷　(清)朱駿聲撰　(清)朱鏡蓉參訂　清道光二十八年(1848)黟縣學署刻本　二十四册

330000－1701－0037794　普 414.13/2574/2/c1　經部/小學類/文字之屬/説文

説文通訓定聲十八卷分部柬韻一卷説雅一卷古今韻準一卷　(清)朱駿聲撰　(清)朱鏡蓉參訂　**皇清敕授文林郎國子監博士銜揀選知縣揚州府學教授允倩府君[朱駿聲]行述一卷**　朱孔彰撰　清道光二十九年(1849)刻同治九年(1870)朱孔彰臨嘯閣補刻本　二十四册

330000－1701－0037795　普 414.13/1088/2/c1　類叢部/叢書類/彙編之屬

抱經堂叢書七種　朱遂翔編　清刻民國杭州朱氏抱經堂補刻印本　四册　存一種

330000－1701－0037796　普 811.17/1002/c2　集部/别集類/清别集

牡丹詩一卷　(清)丁文衡撰　清刻本　一册

330000－1701－0037797　普 414.13/1088/2/c2　類叢部/叢書類/彙編之屬

抱經堂叢書七種　朱遂翔編　清刻民國杭州朱氏抱經堂補刻印本　四册　存一種

330000－1701－0037798　普 811.17/10032　集部/别集類/清别集

錦香樓詩稿十二卷貂山賦草一卷　(清)賈應鴻撰　清道光三年(1823)錦香樓刻本　三册

330000－1701－0037799　普 414.13/1088/2/c3　類叢部/叢書類/彙編之屬

抱經堂叢書七種　朱遂翔編　清刻民國杭州朱氏抱經堂補刻印本　四册　存一種

330000－1701－0037800　普 414.13/2574/c2　經部/小學類/文字之屬/説文

説文通訓定聲十八卷分部柬韻一卷説雅一卷古今韻準一卷　(清)朱駿聲撰　(清)朱鏡蓉參訂　**皇清敕授文林郎國子監博士銜揀選知縣揚州府學教授允倩府君[朱駿聲]行述一卷**　朱孔彰撰　清道光二十九年(1849)刻同治九年(1870)朱孔彰臨嘯閣補刻本　二十四册

330000－1701－0037801　普 811.17/10033/c1　集部/别集類/清别集

松齋憶存草一卷　(清)王誠撰　清光緒十二年(1886)刻本　一册

330000－1701－0037802　普 811.17/10033/c2　集部/别集類/清别集

松齋憶存草一卷 （清）王誠撰　清光緒十二年（1886）刻本　一冊

330000－1701－0037803　普 414.13/2574/2/c2　經部/小學類/文字之屬/說文

說文通訓定聲十八卷分部柬韻一卷說雅一卷古今韻準一卷 （清）朱駿聲撰　（清）朱鏡蓉參訂　**皇清敕授文林郎國子監博士銜揀選知縣揚州府學教授允倩府君［朱駿聲］行述一卷**　朱孔彰撰　清道光二十九年（1849）刻同治九年（1870）朱孔彰臨嘯閣補刻本　二十四冊

330000－1701－0037804　HJH4378　集部/別集類/清別集

壯悔堂文集十卷遺稿一卷首一卷四憶堂詩集六卷遺稿一卷 （清）侯方域撰　（清）賈開宗等評點　清宣統元年（1909）上海中國圖書公司鉛印本　四冊

330000－1701－0037805　普 414.13/2574/3/c1　經部/小學類/文字之屬/說文

說文通訓定聲十八卷分部檢韻一卷說雅一卷古今韻準一卷 （清）朱駿聲撰　（清）朱鏡蓉參訂　**皇清敕授文林郎國子監博士銜揀選知縣揚州府學教授允倩府君［朱駿聲］行述一卷**　朱孔彰撰　清光緒十三年（1887）上海積山書局石印本　八冊

330000－1701－0037806　普 811.16/1003/c1　集部/別集類/明別集

疑雨集四卷 （明）王彥泓撰　清宣統三年（1911）上海掃葉山房石印本　二冊

330000－1701－0037807　普 414.13/2574/3/c2　經部/小學類/文字之屬/說文

說文通訓定聲十八卷分部柬韻一卷說雅一卷古今韻準一卷 （清）朱駿聲撰　（清）朱鏡蓉參訂　**皇清敕授文林郎國子監博士銜揀選知縣揚州府學教授允倩府君［朱駿聲］行述一卷**　朱孔彰撰　清光緒十三年（1887）上海積山書局石印本　潘中隨批校並圈點　八冊

330000－1701－0037808　普 414.13/2574/(2)/c2　經部/小學類/文字之屬/說文

說文通訓定聲十八卷分部柬韻一卷說雅一卷古今韻準一卷 （清）朱駿聲撰　（清）朱鏡蓉參訂　清道光二十八年（1848）黟縣學署刻本　三十二冊

330000－1701－0037809　普 811.17/10051/c1　集部/別集類/清別集

慕陔堂乙稿二卷 （清）王麟書撰　清光緒十二年（1886）豫章刻本　一冊

330000－1701－0037811　普 414.13/2574/3/c3　經部/小學類/文字之屬/說文

說文通訓定聲十八卷分部檢韻一卷說雅一卷古今韻準一卷 （清）朱駿聲撰　（清）朱鏡蓉參訂　**皇清敕授文林郎國子監博士銜揀選知縣揚州府學教授允倩府君［朱駿聲］行述一卷**　朱孔彰撰　清光緒十三年（1887）上海積山書局石印本　八冊

330000－1701－0037812　普 811.17/10051/c2　集部/別集類/清別集

慕陔堂乙稿二卷 （清）王麟書撰　清光緒十二年（1886）豫章刻本　一冊

330000－1701－0037813　普 811.17/10051/c3　集部/別集類/清別集

慕陔堂乙稿二卷 （清）王麟書撰　清光緒十二年（1886）豫章刻本　一冊

330000－1701－0037815　普 414.13/2574/3/c4　經部/小學類/文字之屬/說文

說文通訓定聲十八卷分部柬韻一卷說雅一卷古今韻準一卷 （清）朱駿聲撰　（清）朱鏡蓉參訂　**皇清敕授文林郎國子監博士銜揀選知縣揚州府學教授允倩府君［朱駿聲］行述一卷**　朱孔彰撰　清光緒十三年（1887）上海積山書局石印本　八冊

330000－1701－0037816　普 811.17/1010　集部/別集類/清別集

松夢寮詩稿六卷 （清）丁丙撰　清光緒二十五年（1899）丁氏刻本　二冊

330000－1701－0037818　普 811.17/1010/(2)/c1　集部/別集類/清別集

松夢寮詩稿六卷 （清）丁丙撰　清光緒二十

五年(1899)丁氏刻本　三册

330000－1701－0037820　普 414.13/2574/5　經部/小學類/文字之屬/説文

説文通訓定聲十八卷分部柬韻一卷説雅一卷古今韻準一卷　(清)朱駿聲撰　(清)朱鏡蓉參訂　**皇清敕授文林郎國子監博士銜揀選知縣揚州府學教授允倩府君[朱駿聲]行述一卷**　朱孔彰撰　清光緒十九年(1893)上海鴻文書局石印本　十二册

330000－1701－0037821　普 811.17/1010/(2)/c2　集部/别集類/清别集

松夢寮詩稿六卷　(清)丁丙撰　清光緒二十五年(1899)丁氏刻本　三册

330000－1701－0037822　GP04804　史部/史抄類

續支那通史二卷　(日本)山峯畯藏撰　(清)中國漢陽青年編譯　清光緒二十九年(1903)會文政記石印本　八册

330000－1701－0037826　普 414.13/5374/c2　經部/小學類/音韻之屬/古今韻説

漢學諧聲二十四卷説文補考一卷説文又考一卷　(清)戚學標撰　清嘉慶九年(1804)涉縣官署刻本　八册

330000－1701－0037829　普 811.16/1003/c2　集部/别集類/明别集

疑雨集四卷　(明)王彦泓撰　清宣統三年(1911)上海掃葉山房石印本　二册

330000－1701－0037831　GP04808　史部/編年類/通代之屬

紀元通攷十二卷　(清)葉維庚撰　清同治十一年(1872)刻本　四册

330000－1701－0037836　普 414.13/5374/c3　經部/小學類/音韻之屬/古今韻説

漢學諧聲二十四卷説文補考一卷説文又考一卷　(清)戚學標撰　清嘉慶九年(1804)涉縣官署刻本　六册

330000－1701－0037840　普 414.137/2734/c1　經部/小學類/文字之屬/説文

説文通檢十四卷首一卷末一卷　(清)黎永椿撰　清刻本　二册

330000－1701－0037842　普 811.16/1060/c2　集部/别集類/元别集

竹齋詩集四卷附錄一卷　(元)王冕撰　清嘉慶四年(1799)王珮蘭刻本　一册

330000－1701－0037843　普 811.17/1010.2　集部/别集類/清别集

菊邊吟一卷　(清)丁丙撰　清光緒二十五年(1899)刻本　一册

330000－1701－0037844　普 414.137/2734/c2　經部/小學類/文字之屬/説文

説文通檢十四卷首一卷末一卷　(清)黎永椿撰　清光緒二年(1876)湖北崇文書局刻本　二册

330000－1701－0037846　普 414.137/2734/2/c1　經部/小學類/文字之屬/説文

説文通檢十四卷首一卷末一卷　(清)黎永椿撰　清末刻本　章鈫題記　二册

330000－1701－0037847　普 414.137/2734/2/c2　經部/小學類/文字之屬/説文

説文通檢十四卷首一卷末一卷　(清)黎永椿撰　**説文校字記一卷**　(清)陳昌治撰　清末粤東富文齋刻本　二册

330000－1701－0037848　普 811.17/10101/c1　集部/别集類/清别集

弇山詩鈔(浙東前七子弇山詩鈔)二十二卷首二卷末二卷　(清)王霖撰　(清)王衡編　清道光五年(1825)刻本　八册

330000－1701－0037853　普 811.17/10101/c3　集部/别集類/清别集

弇山詩鈔(浙東前七子弇山詩鈔)二十二卷首二卷末二卷　(清)王霖撰　(清)王衡編　清道光五年(1825)刻本　十六册

330000－1701－0037856　普 811.16/1060/2/c2　集部/别集類/元别集

竹齋詩集四卷補遺一卷附錄一卷　(元)王冕撰　清嘉慶四年(1799)安雅堂刻本　二册

330000－1701－0037857　普 414.137/2734/4　經部/小學類/文字之屬/說文

說文通檢十四卷首一卷末一卷　(清)黎永椿撰　清光緒十六年(1890)石印本　一册

330000－1701－0037858　普 414.18/4030/c1　經部/小學類

小學類編六種附一種　(清)李祖望編　清咸豐元年至二年(1851－1852)江都李氏半畝園刻本　八册

330000－1701－0037860　普 414.137/2734/5　經部/小學類/文字之屬/說文

說文解字十五卷標目一卷　(漢)許慎撰　(宋)徐鉉等校定　**說文校字記一卷**　(清)陳昌治撰　**說文通檢十四卷首一卷末一卷**　(清)黎永椿撰　清光緒九年(1883)山西書局刻民國五年(1916)山西官書局印本　二册　存十六卷(說文通檢首、一至十四、末)

330000－1701－0037863　普 811.17/10102/c2　集部/别集類/清别集

紅蝠山房詩鈔九卷二編詩鈔二卷二編詩續鈔一卷二編詩鈔補遺一卷二編詩補鈔一卷　(清)王乃斌撰　清道光至光緒刻本　六册

330000－1701－0037864　普 418.18/4030/c2　經部/小學類

小學類編六種附一種　(清)李祖望編　清咸豐元年至二年(1851－1852)江都李氏半畝園刻本　八册

330000－1701－0037866　普 811.16/1007　集部/别集類/明别集

定齋詩集二卷　(明)王應鵬撰　清光緒三十一年(1905)木活字印本　二册

330000－1701－0037869　普 414.18/5210/c1　經部/小學類/文字之屬/說文

說文續字彙二卷　(清)靜觀齋主人輯　清光緒十二年(1886)上海積山書局石印本　二册

330000－1701－0037870　普 811.17/10102/2　集部/别集類/清别集

紅蝠山房詩鈔九卷二編詩鈔二卷二編詩補鈔一卷二編詩續鈔一卷二編詩鈔補遺一卷　(清)王乃斌撰　清道光至光緒刻本　六册

330000－1701－0037872　普 414.149/1714/2　經部/小學類/文字之屬/說文/專著

說文解字羣經正字二十八卷　(清)邵瑛撰　清嘉慶二十一年(1816)桂隱書屋刻本　|册

330000－1701－0037873　普 414.149/1231　類叢部/叢書類/彙編之屬

問經堂叢書二十七種　(清)孫馮翼編　清嘉慶承德孫氏刻本　二册　存一種

330000－1701－0037874　普 811.17/10102/c3　集部/别集類/清别集

紅蝠山房詩鈔九卷二編詩鈔二卷二編詩補鈔一卷二編詩續鈔一卷二編詩鈔補遺一卷　(清)王乃斌撰　清道光至光緒刻本　六册

330000－1701－0037875　普 811.17/1013　集部/别集類/清别集

江上吟草一卷　(清)王至淳撰　清刻本　一册

330000－1701－0037876　普 414.149/2004/c1　類叢部/叢書類/彙編之屬

咫進齋叢書三十七種　(清)姚覲元編　清光緒九年(1883)歸安姚氏刻本　一册　存一種

330000－1701－0037878　普 414.149/4031/2/c1　經部/小學類/文字之屬/說文/專著

說文辨字正俗八卷　(清)李富孫撰　清同治九年(1870)校經廎刻本　四册

330000－1701－0037879　普 414.149/4031/2/c2　經部/小學類/文字之屬/說文/專著

說文辨字正俗八卷　(清)李富孫撰　清同治九年(1870)校經廎刻本　四册

330000－1701－0037881　普 414.149/4031/2/c3　經部/小學類/文字之屬/說文/專著

說文辨字正俗八卷　(清)李富孫撰　清同治九年(1870)校經廎刻本　四册

330000－1701－0037882　普 414.149/2004/

c2　類叢部/叢書類/彙編之屬

咫進齋叢書三十七種　(清)姚覲元編　清光緒九年(1883)歸安姚氏刻本　一冊　存一種

330000－1701－0037883　普 414.149/4031/c3　經部/小學類/文字之屬/說文/專著

說文辨字正俗八卷　(清)李富孫撰　清嘉慶二十三年(1818)嘉興李富孫校經廎刻本　四冊

330000－1701－0037885　普 414.149/4031/2/c4　經部/小學類/文字之屬/說文/專著

說文辨字正俗八卷　(清)李富孫撰　清同治九年(1870)校經廎刻本　四冊

330000－1701－0037889　普 414.149/4031/3/c2　經部/小學類/文字之屬/說文/專著

說文辨字正俗八卷　(清)李富孫撰　清嘉慶二十三年(1818)嘉興李富孫校經廎刻本　二冊

330000－1701－0037890　普 811.17/10102/3　集部/別集類/清別集

紅蝠山房詩鈔九卷二編詩鈔二卷二編詩補鈔一卷二編詩續鈔一卷二編詩鈔補遺一卷　(清)王乃斌撰　清道光至光緒刻本　六冊　存九卷(一至九)

330000－1701－0037891　普 414.149/4031/c4　經部/小學類/文字之屬/說文/專著

說文辨字正俗八卷　(清)李富孫撰　清嘉慶二十三年(1818)嘉興李富孫校經廎刻本　四冊

330000－1701－0037893　普 414.149/4793/c1　經部/小學類/文字之屬/說文

說文引經攷異十六卷　(清)柳榮宗撰　清咸豐二年(1852)刻同治六年(1867)柳森霖印本　二冊

330000－1701－0037894　普 414.149/4793/c2　經部/小學類/文字之屬/說文

說文引經攷異十六卷　(清)柳榮宗撰　清咸豐二年(1852)刻同治六年(1867)柳森霖印本　二冊

330000－1701－0037895　普 811.17/10221　集部/別集類/清別集

炳燭齋詩草一卷拾遺一卷　(清)王樂雝撰　**炳燭齋詩草附錄一卷**　(清)王樂胥輯　清同治八年(1869)黄巖王氏木活字印本　一冊

330000－1701－0037896　普 811.17/1017　集部/別集類/清別集

退一步草堂詩鈔二卷詞鈔一卷　(清)王玉驥撰　清光緒刻本　二冊

330000－1701－0037897　普 811.17/10102/c3/1　集部/別集類/清別集

紅蝠山房詩鈔九卷二編詩鈔二卷二編詩補鈔一卷二編詩續鈔一卷二編詩鈔補遺一卷　(清)王乃斌撰　清道光至光緒刻本　一冊　存一卷(二編詩補鈔)

330000－1701－0037898　普 414.149/4793/c3　經部/小學類/文字之屬/說文

說文引經攷異十六卷　(清)柳榮宗撰　清咸豐二年(1852)刻同治六年(1867)柳森霖印本　五冊　存十三卷(一至十三)

330000－1701－0037901　普 811.17/1023　集部/別集類/清別集

飣餖吟十二卷　(清)石贊清撰　(清)黃丙森等注　清咸豐刻本　四冊

330000－1701－0037903　普 811.17/10171/c2　集部/別集類/清別集

菉竹書屋詩草一卷　(清)王雲驤撰　**安愚詩草一卷**　(清)王雲鳳撰　清光緒二年(1876)刻本　一冊

330000－1701－0037905　普 414.21/5038/2/c1　類叢部/類書類/通類之屬

玉海二百卷辭學指南四卷詩攷一卷詩地理攷六卷漢蓺文志攷證十卷通鑑地理通釋十四卷周書王會補注一卷漢制攷四卷踐阼篇集解一卷急就篇補注四卷姓氏急就篇二卷小學紺珠十卷六經天文編二卷周易鄭康成注一卷通鑑答問五卷　(宋)王應麟撰　**校補玉海瑣記二卷王深寧先生[應麟]年譜一卷**　(清)張大昌撰　清光緒九年至十六年(1883－1890)浙江

書局刻本　二册　存四卷（急就篇補注一至四）

330000－1701－0037906　普 811.17/10232　集部/别集類/清别集

寶日軒詩集四卷附存詩四卷　（清）王德溥撰　清嘉慶四年（1799）王嗣中刻本　四册

330000－1701－0037909　普 811.17/10171/c3　集部/别集類/清别集

葉竹書屋詩草一卷　（清）王雲驤撰　**安愚詩草一卷**　（清）王雲鳳撰　清光緒二年（1876）刻本　一册

330000－1701－0037910　普 811.17/10102/c2/1　集部/别集類/清别集

紅蝠山房詩鈔九卷二編詩鈔二卷二編詩續鈔一卷二編詩鈔補遺一卷二編詩補鈔一卷　（清）王乃斌撰　清道光至光緒刻本　一册　存二卷（二編詩續鈔、二編詩鈔補遺）

330000－1701－0037911　普 811.17/1019　類叢部/叢書類/家集之屬

繡水王氏家藏集　（清）王相輯　清咸豐五年（1855）王褧之刻本　二册　存二種

330000－1701－0037912　普 811.17/1020　集部/别集類/清别集

蟄廬遺稿一卷　（清）王徐庠撰　清光緒二十七年（1901）刻本　一册

330000－1701－0037913　普 811.17/10201　集部/總集類/郡邑之屬

粤十三家集　（清）伍元薇輯　清道光二十年（1840）南海伍氏詩雪軒刻本　一册　存一種

330000－1701－0037915　普 414.149/4206　類叢部/叢書類/自著之屬

邃雅堂全集九種　（清）姚文田撰　清嘉慶至光緒歸安姚氏刻本　六册　存一種

330000－1701－0037916　普 414.1496/1033/2　經部/小學類/文字之屬/説文

説文外編十五卷補遺一卷　（清）雷浚撰　**劉氏碎金一卷**　（清）劉禧延撰　清光緒十四年（1888）上海同文書局石印本　二册

330000－1701－0037917　普 414.149/4206/(2)　類叢部/叢書類/自著之屬

邃雅堂全集九種　（清）姚文田撰　清嘉慶至光緒歸安姚氏刻本　四册　存一種

330000－1701－0037918　普 414.149/4206/(3)　類叢部/叢書類/自著之屬

邃雅堂全集九種　（清）姚文田撰　清嘉慶至光緒歸安姚氏刻本　五册　存一種

330000－1701－0037919　普 414.1493/4433/c1　經部/小學類/文字之屬/説文/傳説

説文古籀疏證六卷原目一卷　（清）莊述祖撰　清光緒二十年（1894）武進莊殿華津郡明文堂刻本　莊先識題記　四册

330000－1701－0037920　普 414.1493/4433/c2　經部/小學類/文字之屬/説文/傳説

説文古籀疏證六卷原目一卷　（清）莊述祖撰　清光緒二十年（1894）武進莊殿華津郡明文堂刻本　莊守愚題記　四册

330000－1701－0037921　普 414.1496/8718　經部/小學類/文字之屬/説文

説文新附攷六卷説文逸字二卷　（清）鄭珍撰　**附録一卷**　（清）鄭知同撰　清光緒四年（1878）歸安姚覲元刻本　一册　存三卷（説文逸字上、下，附録）

330000－1701－0037923　普 811.17/10242　集部/别集類/清别集

彝經堂詩鈔六卷賦鈔一卷駢文一卷首一卷　（清）王維翰撰　清光緒七年（1881）梅梨小隱半繭園刻本　二册

330000－1701－0037924　普 414.1493/1200　類叢部/叢書類/自著之屬

經微室著書　（清）孫詒讓撰　清光緒瑞安孫氏刻本　一册　存一種

330000－1701－0037925　普 414.1496/8718/2　類叢部/叢書類/自著之屬

鄭子尹遺書五種　（清）鄭珍撰　清咸豐至同治刻本　一册　存一種

330000－1701－0037926　普 414.1493/4433/

2　經部/小學類/文字之屬/說文/傳說

說文古籀疏證六卷原目一卷　(清)莊述祖撰　清光緒十一年(1885)刻本　四冊

330000－1701－0037927　普 811.17/10243/c1　集部/別集類/清別集

聽桐廬殘草一卷　(清)王繼穀撰　清光緒六年(1880)宗源瀚刻本　一冊

330000－1701－0037928　普 414.21/5038.07　類叢部/叢書類/彙編之屬

廣雅書局叢書一百五十九種　徐紹棨編　清光緒廣雅書局刻民國九年(1920)番禺徐紹棨彙編重印本　一冊　存一種

330000－1701－0037932　普 811.17/10243/c2　集部/別集類/清別集

聽桐廬殘草一卷　(清)王繼穀撰　清光緒六年(1880)宗源瀚刻本　一冊

330000－1701－0037933　普 414.1493/2643/3/c1　經部/小學類/文字之屬/說文/專著

說文古籀補十四卷補遺一卷附錄一卷　(清)吳大澂撰　清光緒七年(1881)刻本　二冊

330000－1701－0037934　普 414.1496/8718/3/c1　類叢部/叢書類/彙編之屬

天壤閣叢書二十種　(清)王祖源　(清)王懿榮編　清同治至光緒福山王氏刻彙印本　一冊　存一種

330000－1701－0037937　普 811.17/1028、普 811.17/1028.2　集部/別集類/清別集

銅劍堂詩集三卷　(清)王佑曾撰　清光緒二十八年至三十三年(1902－1907)文安王佑曾刻本　二冊

330000－1701－0037938　普 811.17/10244　集部/別集類/清別集

小補蘿屋唫稿一卷　(清)王綺撰　清沈家璠抄本　一冊

330000－1701－0037939　普 811.17/10202　集部/別集類/清別集

可園詩鈔外四卷　三多撰　清光緒刻本　一冊　存二卷(一至二)

330000－1701－0037940　普 414.1496/8718/3/c2　類叢部/叢書類/彙編之屬

天壤閣叢書二十種　(清)王祖源　(清)王懿榮編　清同治至光緒福山王氏刻彙印本　一冊　存一種

330000－1701－0037941　普 414.1493/2643/3/c2　經部/小學類/文字之屬/說文/專著

說文古籀補十四卷補遺一卷附錄一卷　(清)吳大澂撰　清光緒二十四年(1898)刻本　二冊

330000－1701－0037943　普 414.18/5240/c2　經部/小學類/文字之屬/說文

說文續字彙二卷　(清)靜觀齋主人輯　清光緒十二年(1886)上海積山書局石印本　二冊

330000－1701－0037946　普 414.1496/8718/4　經部/小學類/文字之屬/說文

說文逸字二卷　(清)鄭珍撰　**附錄一卷**　(清)鄭知同撰　清末湖南經濟書堂刻本　一冊

330000－1701－0037947　普 414.18/5240/c3　經部/小學類/文字之屬/說文

說文續字彙二卷　(清)靜觀齋主人輯　清光緒十二年(1886)上海積山書局石印本　二冊

330000－1701－0037948　普 811.17/10245　集部/別集類/清別集

吟紅閣詩鈔五卷　(清)夏伊蘭撰　清道光九年(1829)刻本　一冊

330000－1701－0037949　普 414.4/0754/c1　經部/小學類/文字之屬/字書/字體

汗簡七卷　(宋)郭忠恕撰　清康熙四十二年(1703)錢唐汪立名一隅草堂刻本　一冊

330000－1701－0037951　普 414.21/5038/2/c2　類叢部/類書類/通類之屬

**玉海二百卷辭學指南四卷詩攷一卷詩地理攷六卷漢蓺文志攷證十卷通鑑地理通釋十四卷周書王會補注一卷漢制攷四卷踐阼篇集解一卷急就篇補注四卷姓氏急就篇二卷小學紺珠十卷六經天文編二卷周易鄭康成注一卷通鑑

答問五卷 (宋)王應麟撰 校補玉海瑣記二卷王深寧先生[應麟]年譜一卷 (清)張大昌撰 清光緒九年至十六年(1883－1890)浙江書局刻本 二冊 存四卷(急就篇補注一至四)

330000－1701－0037952 普 414.21/5038/2/c3 類叢部/類書類/通類之屬

玉海二百卷辭學指南四卷詩攷一卷詩地理攷六卷漢藝文志攷證十卷通鑑地理通釋十四卷周書王會補注一卷漢制攷四卷踐阼篇集解一卷急就篇補注四卷姓氏急就篇二卷小學紺珠十卷六經天文編二卷周易鄭康成注一卷通鑑答問五卷 (宋)王應麟撰 校補玉海瑣記二卷王深寧先生[應麟]年譜一卷 (清)張大昌撰 清光緒九年至十六年(1883－1890)浙江書局刻本 二冊 存四卷(急就篇補注一至四)

330000－1701－0037954 普 414.21/5038/2/c4 類叢部/類書類/通類之屬

玉海二百卷辭學指南四卷詩攷一卷詩地理攷六卷漢藝文志攷證十卷通鑑地理通釋十四卷周書王會補注一卷漢制攷四卷踐阼篇集解一卷急就篇補注四卷姓氏急就篇二卷小學紺珠十卷六經天文編二卷周易鄭康成注一卷通鑑答問五卷 (宋)王應麟撰 校補玉海瑣記二卷王深寧先生[應麟]年譜一卷 (清)張大昌撰 清光緒九年至十六年(1883－1890)浙江書局刻本 二冊 存四卷(急就篇補注一至四)

330000－1701－0037956 普 811.17/1025 集部/別集類/清別集

小蘭雪堂唫稾(小蘭雪堂詩集)十一卷 (清)王步蟾撰 清光緒二十七年(1901)石印本 四冊

330000－1701－0037957 普 414.4/0754/c2 經部/小學類/文字之屬/字書/字體

汗簡七卷 (宋)郭忠恕撰 清康熙四十二年(1703)錢唐汪立名一隅草堂刻本 二冊

330000－1701－0037958 普 811.17/10281 集部/別集類/清別集

芙蓉山館詩鈔二卷 (清)夏紀釗撰 清光緒十二年(1886)刻本 二冊

330000－1701－0037959 普 811.17/1022/c1 集部/別集類/清別集

佩珊珊室詩存一卷 (清)王紉佩撰 清光緒十九年(1893)刻木 一冊

330000－1701－0037961 普 414.1496/1033/c1 經部/小學類/文字之屬/說文

說文外編十五卷補遺一卷 (清)雷浚撰 劉氏碎金一卷 (清)劉禧延撰 清光緒二年(1876)刻本 四冊

330000－1701－0037962 普 414.1496/1033/c2 經部/小學類/文字之屬/說文

說文外編十五卷補遺一卷 (清)雷浚撰 劉氏碎金一卷 (清)劉禧延撰 清光緒二年(1876)刻本 四冊

330000－1701－0037963 普 414.1496/1033/c3 經部/小學類/文字之屬/說文

說文外編十五卷補遺一卷 (清)雷浚撰 劉氏碎金一卷 (清)劉禧延撰 清光緒二年(1876)刻本 四冊

330000－1701－0037964 普 414.1496/1033/c4 經部/小學類/文字之屬/說文

說文外編十五卷補遺一卷 (清)雷浚撰 劉氏碎金一卷 (清)劉禧延撰 清光緒二年(1876)刻本 四冊

330000－1701－0037965 普 811.17/1022/c3 集部/別集類/清別集

佩珊珊室詩存一卷 (清)王紉佩撰 清光緒十九年(1893)刻本 一冊

330000－1701－0037966 普 414.18/1198/c1 經部/叢編

許學叢書十四種 張炳翔輯 清光緒長洲張炳翔儀鄦廬刻本 二十四冊

330000－1701－0037967 普 811.17/10282 集部/別集類

檗隖詩存二卷詞存一卷 王以敏撰 清光緒

刻本　清邱雲題記　一册

330000－1701－0037968　普 414.17/0704
經部/小學類/文字之屬/説文
説文經字考辨證四卷　(清)陳壽祺撰　(清)郭慶藩辨證　清光緒二十一年(1895)岵瞻堂郭氏維揚刻本　二册

330000－1701－0037969　普 811.17/1024
集部/别集類/清别集
雪蕉齋詩鈔四卷補編一卷　(清)王德馨撰
鍼餘集殘稿一卷　(清)邵匹蘭撰　**留硯山房遺草一卷**　(清)王朝清撰　清光緒二十六年至三十年(1900－1904)刻本　二册

330000－1701－0037970　普 414.18/1033/c1
經部/小學類
雷刻四種　(清)雷浚輯　清光緒二年至十年(1876－1884)吴縣雷氏刻本　六册

330000－1701－0037971　普 811.17/10283
集部/别集類/清别集
青箱堂詩三十三卷　(清)王崇簡撰　清康熙刻本　六册

330000－1701－0037972　普 414.17/0802
經部/小學類/文字之屬/説文
説文解字部首一卷　清末石印本　一册

330000－1701－0037974　普 414.18/1033/c2
經部/小學類
雷刻四種　(清)雷浚輯　清光緒二年至十年(1876－1884)吴縣雷氏刻本　六册

330000－1701－0037975　普 811.17/1024/(2)　集部/别集類/清别集
雪蕉齋詩鈔四卷補編一卷　(清)王德馨撰
鍼餘集殘稿一卷　(清)邵匹蘭撰　**留硯山房遺草一卷**　(清)王朝清撰　清光緒二十六年至三十年(1900－1904)刻本　吴照題記　一册　存四卷(一至四)

330000－1701－0037977　普 414.18/1033/c3
經部/小學類
雷刻四種　(清)雷浚輯　清光緒二年至十年(1876－1884)吴縣雷氏刻本　六册

330000－1701－0037979　普 414.4/1140.02/c5　經部/小學類/文字之屬/字書/字典
續復古編四卷　(元)曹本撰　清光緒十二年(1886)歸安姚氏咫進齋據皕宋廔景元鈔本刻朱印本　四册

330000－1701－0037980　普 811.17/10252
集部/别集類/清别集
僑隱集二卷　(清)王貞春撰　清宣統元年(1909)刻本　一册

330000－1701－0037981　普 811.17/1027
集部/别集類/清别集
可園詩鈔□□卷　三多撰　清光緒石印本　三册　存六卷(一至六)

330000－1701－0037982　普 414.4/4327/c2
經部/小學類/文字之屬/字書/字典
六書故三十三卷六書通釋一卷　(宋)戴侗撰　清乾隆四十九年(1784)西蜀李鼎元師竹齋刻本　十六册

330000－1701－0037983　普 811.17/10284
集部/别集類/清别集
晚晴軒稿八卷詞一卷　(清)王復撰　清嘉慶刻本　四册

330000－1701－0037985　普 414.18/1198/c2
經部/叢編
許學叢書十四種　張炳翔輯　清光緒長洲張炳翔儀鄦廬刻本　二十四册

330000－1701－0037987　普 811.17/1027.2
集部/别集類/清别集
可園詩鈔一卷　三多撰　清光緒石印本　一册

330000－1701－0037988　普 811.17/1027.3
集部/别集類/清别集
可園詩鈔外四卷　三多撰　清光緒刻本　一册

330000－1701－0037989　普 414.18/1198/c3
經部/叢編
許學叢書十四種　張炳翔輯　清光緒長洲張炳翔儀鄦廬刻本　二十四册

330000－1701－0037990　普 414.5/4002/2　經部/小學類
字學三書　(清)張士俊原輯　清道光二十年(1840)楊霈四川刻十芝堂印本　二册　存一種

330000－1701－0037991　普 811.17/10241/c1　集部/别集類/清别集
聽桐廬殘草一卷　(清)王繼穀撰　清光緒六年(1880)宗源瀚刻本　一册

330000－1701－0037992　普 811.17/1027.4　集部/别集類/清别集
可園詩鈔外集(可園外集)四卷　三多撰　清光緒十六年(1890)刻本　一册　存一卷(柳營謠)

330000－1701－0037993　普 414.5/4002/3　經部/小學類/文字之屬/字書/字典
字鑑五卷　(元)李文仲撰　清道光五年(1825)許槤孶經書塾刻本　二册

330000－1701－0037994　普 414.6/2560　經部/小學類/文字之屬/字書/字典
廣金石韻府五卷附玉篇字畧一卷　(明)朱時望撰　(清)林尚葵廣輯　(清)張鳳藻增注　清咸豐七年(1857)巴郡張氏理董軒刻本　六册

330000－1701－0037995　普 414.7/0192/3/c3　經部/小學類/文字之屬/字書
字學舉隅不分卷　(清)黄本驥　(清)龍啓瑞撰　清刻本　章嶔題簽　一册

330000－1701－0037996　普 811.17/1033/c3　集部/别集類/清别集
塞垣集六卷　(清)王定安撰　清宣統三年(1911)京師書局鉛印本　一册

330000－1701－0037997　普 414.7/1033　子部/藝術類/書畫之屬/法帖
草字彙十二卷　(清)石梁輯　清乾隆五十二年(1787)武林大成齋刻本　清蔣光焴跋　六册

330000－1701－0037998　普 414.7/0192/7　經部/小學類/文字之屬/字書
字學舉隅不分卷　(清)黄本驥　(清)龍啓瑞撰　清同治十三年(1874)琉璃廠懿文齋刻本　一册

330000－1701－0037999　普 811.17/1033/c1　集部/别集類/清别集
塞垣集六卷　(清)王定安撰　清宣統二年(1911)京師書局鉛印本　一册

330000－1701－0038000　普 414.5/4002/4/c1　經部/小學類
澤存堂五種　(清)張士俊輯　清康熙吴郡張士俊澤存堂刻本　一册　存一種

330000－1701－0038001　普 811.17/10241/c2　集部/别集類/清别集
聽桐廬殘草一卷　(清)王繼穀撰　清光緒六年(1880)宗源瀚刻本　一册

330000－1701－0038002　普 811.17/10331　集部/别集類/清别集
養拙齋詩十四卷　(清)王必達撰　**桂隱詩存一卷**　(清)王必蕃撰　清光緒十六年至十九年(1890－1893)王維翰等刻本　十册

330000－1701－0038003　普 414.5/4002/4/c2　經部/小學類
澤存堂五種　(清)張士俊輯　清光緒十四年(1888)上海蜚英館石印本　一册　存一種

330000－1701－0038004　普 811.17/1030　集部/别集類/清别集
夢樓詩集二十四卷　(清)王文治撰　清乾隆六十年(1795)丹徒王氏食舊堂刻本　清應甫題記　六册

330000－1701－0038006　普 414.4/0754/2　經部/小學類/文字之屬/字書/字體
汗簡七卷　(宋)郭忠恕撰　清光緒十五年(1889)廣雅書局刻廣雅書局叢書本　章嶔題簽　六册

330000－1701－0038007　普 414.5/4002/4/c3　經部/小學類
澤存堂五種　(清)張士俊輯　清康熙吴郡張

士俊澤存堂刻本　四册　存一種

330000－1701－0038008　普 811.17/10301　類叢部/叢書類/郡邑之屬

金華雙谿王氏冰壺山館叢書(冰壺山館叢書)九種　(清)王家齊編　清道光二十三年(1843)金華雙溪王氏刻本　一册　存一種

330000－1701－0038009　普 811.16/1048　類叢部/叢書類/郡邑之屬

武林往哲遺箸五十二種後編十種　(清)丁丙編　清光緒二十年至二十六年(1894－1900)錢塘丁氏嘉惠堂刻本　一册　存一種

330000－1701－0038010　普 414.7/0192/2/c1　經部/小學類/文字之屬/字書

字學舉隅不分卷　(清)黃本驥　(清)龍啓瑞撰　清光緒十二年(1886)上海同文書局石印本　一册

330000－1701－0038012　普 811.17/10311　集部/别集類/清别集

醉雨樓白雞吟一卷　(清)王灝撰　清醉雨樓木活字印本　一册

330000－1701－0038013　普 811.17/10312/c1　類叢部/叢書類/彙編之屬

滂喜齋叢書五十種　(清)潘祖蔭編　清同治至光緒吴縣潘氏京師刻本　一册　存一種

330000－1701－0038015　普 414.7/0192/2/c3　經部/小學類/文字之屬/字書

字學舉隅不分卷　(清)黃本驥　(清)龍啓瑞撰　清光緒十二年(1886)上海同文書局石印本　一册

330000－1701－0038017　普 414.4/1140.02/c1　類叢部/叢書類/自著之屬

邃雅堂全集九種　(清)姚文田撰　清嘉慶至光緒歸安姚氏刻本　四册　存一種

330000－1701－0038019　普 414.7/1712/2/c1　經部/小學類/文字之屬/字書/字體

隸篇十五卷續十五卷再續十五卷金石目一卷部目一卷字目一卷　(清)翟云升撰　清道光十七年至十八年(1837－1838)五經歲徧齋刻本　十册

330000－1701－0038020　普 414.7/0192/c2　經部/小學類/文字之屬/字書

增訂臨文便覽不分卷　(清)張啓泰輯　(清)怡雲仙館主人重訂　清光緒二年(1876)怡雲僊館刻本　一册

330000－1701－0038021　普 811.17/10332　集部/别集類/清别集

映紅樓詩稿四卷　(清)王定祥撰　清光緒二十二年(1896)慈谿童賡年刻本　一册

330000－1701－0038022　普 414.7/1712/2/c2　經部/小學類/文字之屬/字書/字體

隸篇十五卷續十五卷再續十五卷金石目一卷部目一卷字目一卷　(清)翟云升撰　清道光十七年至十八年(1837－1838)五經歲徧齋刻本　十册

330000－1701－0038023　普 414.7/0192/c1　經部/小學類/文字之屬/字書

增訂臨文便覽不分卷　(清)張啓泰輯　(清)怡雲仙館主人重訂　清光緒二年(1876)怡雲僊館刻本　二册

330000－1701－0038024　普 414.7/1712/2/c3　經部/小學類/文字之屬/字書/字體

隸篇十五卷續十五卷再續十五卷金石目一卷部目一卷字目一卷　(清)翟云升撰　清道光十七年至十八年(1837－1838)五經歲徧齋刻本　十册

330000－1701－0038025　普 414.7/1712/2/c4　經部/小學類/文字之屬/字書/字體

隸篇十五卷續十五卷再續十五卷金石目一卷部目一卷字目一卷　(清)翟云升撰　清道光十七年至十八年(1837－1838)五經歲徧齋刻本　十册

330000－1701－0038026　普 414.4/1140.02/c3　類叢部/叢書類/自著之屬

邃雅堂全集九種　(清)姚文田撰　清嘉慶至光緒歸安姚氏刻本　四册　存一種

330000－1701－0038027　普 811.17/10333

集部/别集類/清别集
鏡水堂詩倡和草一卷鏡水堂詩課試草一卷 (清)王定洋撰　清刻本　一册

330000－1701－0038028　普414.7/0192/3/c1　經部/小學類/文字之屬/字書
字學舉隅不分卷　(清)黄本驥　(清)龍啓瑞撰　清同治十年(1871)刻本　一册

330000－1701－0038029　普414.4/1140.02/c2　經部/小學類/文字之屬/字書/字典
續復古編四卷　(元)曹本撰　清光緒十二年(1886)歸安姚氏咫進齋據皕宋廔景元鈔本刻朱印本　四册

330000－1701－0038030　普414.7/2244/c1　經部/小學類/文字之屬/字書/字典
字林考逸八卷附録一卷　(晉)吕忱撰　(清)任大椿輯　**字林考逸補本一卷**　(清)陶方琦撰　**補附録一卷**　(清)諸可寶撰　清光緒十六年(1890)江蘇書局刻本　四册

330000－1701－0038033　普811.17/10341　集部/别集類/清别集
小初詩稿十八卷　(清)王之藩撰　清同治元年(1862)刻光緒元年(1875)增修本　二册

330000－1701－0038034　普414.7/0192/3/c2　經部/小學類/文字之屬/字書
字學舉隅不分卷　(清)黄本驥　(清)龍啓瑞撰　清同治十三年(1874)湖北崇文書局刻本　一册

330000－1701－0038035　普414.7/2244/c2　經部/小學類/文字之屬/字書/字典
字林考逸八卷附録一卷　(晉)吕忱撰　(清)任大椿輯　**字林考逸補本一卷**　(清)陶方琦撰　**補附録一卷**　(清)諸可寶撰　清光緒十六年(1890)江蘇書局刻本　四册

330000－1701－0038036　普811.17/10341/2　集部/别集類/清别集
小初詩稿三十卷　(清)王之藩撰　清同治元年(1862)刻光緒元年(1875)、十二年(1886)增修本　四册

330000－1701－0038037　普414.4/1140.02/c4　經部/小學類/文字之屬/字書/字典
續復古編四卷　(元)曹本撰　清光緒十二年(1886)歸安姚氏咫進齋據皕宋廔景元鈔本刻朱印本　四册

330000－1701－0038038　普414.7/2244/2　經部/小學類/文字之屬/字書/字典
字林考逸八卷附録一卷　(晉)吕忱撰　(清)任大椿輯　清乾隆刻燕禧堂五種本　清陳其榮批校　二册

330000－1701－0038039　普811.17/10341/3　集部/别集類/清别集
小初詩稿三十七卷　(清)王之藩撰　清同治元年(1862)刻光緒元年(1875)、十二年至十四年(1886－1888)增修本　六册

330000－1701－0038040　普414.7/0192/5　經部/小學類/文字之屬/字書
字學舉隅不分卷　(清)黄本驥　(清)龍啓瑞撰　清同治十一年(1872)琉璃廠書坊刻本　一册

330000－1701－0038041　普414.7/2746　經部/小學類/文字之屬/字書/字體
篆字彙十二卷　(清)佟世男編　清咸豐二年(1852)漁古山房刻本　十二册

330000－1701－0038042　普414.7/2244/3　經部/小學類/文字之屬/字書/字典
字林考逸八卷附録一卷　(晉)吕忱撰　(清)任大椿輯　**字林考逸補本一卷附録一卷**　(清)陶方琦輯　龔道耕校補　**校誤一卷補一卷**　龔道耕撰　清光緒二十三年(1897)成都龔氏刻民國二十三年(1934)渭南嚴氏補刻本　四册

330000－1701－0038043　普414.7/0192/4/c1　經部/小學類/文字之屬/字書
字學舉隅不分卷　(清)黄本驥　(清)龍啓瑞撰　(清)譚鍾麟增訂　清光緒二十二年(1896)廣雅書局刻本　一册

330000－1701－0038044　普811.17/10312/

c2　類叢部/叢書類/彙編之屬

滂喜齋叢書五十種　(清)潘祖蔭編　清同治至光緒吳縣潘氏京師刻本　一冊　存一種

330000－1701－0038045　普414.7/2834/c1　經部/小學類/文字之屬/字書/字典

正字略揭要一卷　(清)徐宗幹撰　清咸豐元年(1851)刻本　一冊

330000－1701－0038047　普414.7/2834/c2　經部/小學類/文字之屬/字書/字典

正字略揭要一卷　(清)徐宗幹撰　清同治元年(1862)刻本　一冊

330000－1701－0038048　普414.7/0192/4/c2　經部/小學類/文字之屬/字書

字學舉隅不分卷　(清)黃本驥　(清)龍啓瑞撰　(清)譚鍾麟增訂　清光緒二十二年(1896)廣雅書局刻本　一冊

330000－1701－0038050　普811.17/10313　類叢部/叢書類/自著之屬

一粟廬合集三種　(清)于源撰　清道光刻本　二冊　存一種

330000－1701－0038052　普414.7/3144/4　經部/小學類/文字之屬/字書/字體

隸辨八卷　(清)顧藹吉撰　清光緒十三年(1887)上海蜚英館石印本　八冊

330000－1701－0038054　普414.7/3144/5/c2　經部/小學類/文字之屬/字書/字體

隸辨八卷　(清)顧藹吉撰　清乾隆八年(1743)天都黃晟刻本　八冊

330000－1701－0038055　普414.7/0192/8/c1　經部/小學類/文字之屬/字書

字學舉隅不分卷　(清)黃本驥　(清)龍啓瑞撰　清道光二十六年(1846)刻本　一冊

330000－1701－0038056　普414.7/3144/c2　經部/小學類/文字之屬/字書/字體

隸辨八卷　(清)顧藹吉撰　清江寧甘瑞祥家刻本　八冊

330000－1701－0038057　普811.17/10342　集部/別集類/清別集

西江詩稿二十八卷續編一卷文稿三十二卷附編一卷　(清)王家振撰　清光緒三十四年(1908)慈谿王氏柜柳山館木活字印本　六冊　存二十九卷(詩稿一至二十八、續編)

330000－1701－0038058　普414.7/3241/c1　經部/小學類/文字之屬/字書/字體

楷法溯源十四卷帖目一卷古碑目一卷　(清)潘存輯　(清)楊守敬編　清光緒三年至四年(1877－1878)刻本　七冊

330000－1701－0038059　普414.7/0192/8/c2　經部/小學類/文字之屬/字書

字學舉隅不分卷　(清)黃本驥　(清)龍啓瑞撰　清道光二十六年(1846)刻本　一冊

330000－1701－0038060　普414.7/3144/5/c3　經部/小學類/文字之屬/字書/字體

隸辨八卷　(清)顧藹吉撰　清乾隆八年(1743)天都黃晟刻本　八冊

330000－1701－0038061　普414.4/1140/2/c1　經部/小學類/文字之屬/字書/字體

復古編二卷　(宋)張有撰　**復古編校正一卷**　(清)葛鳴陽撰　**復古編附錄一卷**　(清)葛鳴陽輯　**曾樂軒稿一卷**　(宋)張維撰　**安陸集一卷**　(宋)張先撰　清光緒八年(1882)淮南書局刻本　五冊　缺一卷(安陸集)

330000－1701－0038062　普414.7/3144/c4　經部/小學類/文字之屬/字書/字體

隸辨八卷　(清)顧藹吉撰　清乾隆八年(1743)天都黃晟刻本　余紹宋批校　八冊

330000－1701－0038063　普414.7/0192/9　經部/小學類/文字之屬/字書

字學舉隅不分卷　(清)黃本驥　(清)龍啓瑞撰　清刻本　一冊

330000－1701－0038064　普414.7/3241/c2　經部/小學類/文字之屬/字書/字體

楷法溯源十四卷帖目一卷古碑目一卷　(清)潘存輯　(清)楊守敬編　清光緒三年至四年(1877－1878)刻本　十四冊　缺一卷(二)

330000－1701－0038065　普 811.17/1035
集部/別集類/清別集
留餘堂詩鈔八卷二集八卷新安紀行草一卷　(清)夏之盛撰　清道光二十六年至二十七年(1846－1847)錢塘夏氏刻本　四冊

330000－1701－0038066　普 414.4/1140/2/c2　經部/小學類/文字之屬/字書/字體
復古編二卷　(宋)張有撰　**復古編校正一卷**　(清)葛鳴陽撰　**復古編附錄一卷**　(清)葛鳴陽輯　**曾樂軒稿一卷**　(宋)張維撰　**安陸集一卷**　(宋)張先撰　清光緒八年(1882)淮南書局刻本　鄭文焯題簽、校並跋　三冊

330000－1701－0038067　普 811.17/10351/(3)/c2　集部/別集類/清別集
椒生詩草六卷　(清)王之春撰　清光緒十年(1884)上洋文藝齋刻本　二冊

330000－1701－0038068　普 811.17/10351/(3)/c3　集部/別集類/清別集
椒生詩草六卷　(清)王之春撰　清光緒十年(1884)上洋文藝齋刻本　二冊

330000－1701－0038069　普 811.17/10351.02　集部/別集類/清別集
椒生續草三卷　(清)王之春撰　清光緒十四年(1888)上洋文藝齋刻本　一冊

330000－1701－0038070　GP12536　集部/戲劇類/傳奇之屬
藏園九種曲　(清)蔣士銓撰　清乾隆煥乎堂刻本　一冊　存一種

330000－1701－0038071　普 811.17/10343/(2)　集部/別集類/清別集
堇廬遺稿四卷　(清)王賓基撰　清宣統二年(1910)鉛印本　二冊

330000－1701－0038072　普 414.7/3144/2　經部/小學類/文字之屬/字書/字體
隸辨八卷　(清)顧藹吉撰　清同治十二年(1873)漁古山房刻本　八冊

330000－1701－0038073　普 811.17/10352
集部/別集類/清別集
足雨宧詩鈔四卷　(清)王溱撰　清同治六年(1867)王錫桐、王起桐江官舍刻本　二冊

330000－1701－0038074　普 414.7/3430/c1　類叢部/叢書類/家集之屬
洪氏晦木齋叢書二十種　(清)洪汝奎編　清同治八年至宣統元年(1869－1909)刻本　八冊　存二種

330000－1701－0038075　普 811.17/10371
集部/別集類/清別集
銅梁山人詩集二十五卷　(清)王汝璧撰　(清)吳鼎輯　清嘉慶十五年(1810)刻本(卷二十四至二十五配清刻本)　十三冊

330000－1701－0038076　普 811.17/10371/2(2)　集部/別集類/清別集
銅梁山人詩集二十五卷詞四卷芸簏偶存二卷　(清)王汝璧撰　清光緒二十年(1894)京師刻本　五冊　缺二卷(芸簏偶存一至二)

330000－1701－0038077　普 414.7/3430/c2　類叢部/叢書類/家集之屬
洪氏晦木齋叢書二十種　(清)洪汝奎編　清同治八年至宣統元年(1869－1909)刻本　八冊　存二種

330000－1701－0038078　普 811.17/10372/c3　集部/別集類/清別集
雙紅豆館遺稿一卷　(清)王潔撰　清同治十三年(1874)刻本　一冊

330000－1701－0038080　普 811.17/10372/c4　類叢部/叢書類/家集之屬
繡水王氏家藏集　(清)王相輯　清咸豐五年(1855)王褧之刻本　一冊　存一種

330000－1701－0038082　普 811.17/10373
集部/別集類/清別集
竹韻樓詩鈔二卷琴趣一卷　(清)王淑撰　清道光二十五年(1845)刻民國十三年(1924)重印本　一冊

330000－1701－0038083　普 414.7/3430/2/c1　史部/金石類/石之屬/文字
隸釋二十七卷　(宋)洪适撰　清乾隆四十二

年至四十三年(1777－1778)汪日秀樓松書屋刻本　六冊

330000－1701－0038085　普414.7/4069/c3　經部/小學類/文字之屬/字書/字體

選集漢印分韻二卷　(清)袁日省輯　(清)謝雲生臨摹　**續集漢印分韻二卷**　(清)謝景卿輯並臨摹　清嘉慶二年(1797)、八年(1803)漱藝堂刻本　八冊

330000－1701－0038086　普414.7/3430/2/c2、普414.7/3430.2/c1　史部/金石類/石之屬/文字

隸釋二十七卷隸續二十一卷　(宋)洪适撰　清乾隆四十二年至四十三年(1777－1778)汪日秀樓松書屋刻本(隸續卷九至十原缺)　十二冊

330000－1701－0038088　普414.7/3430.2/c2　史部/金石類/石之屬/文字

隸續二十一卷　(宋)洪适撰　清乾隆四十三年(1778)汪日秀樓松書屋刻本(卷九至十原缺)　二冊

330000－1701－0038089　普811.17/10391/c1　集部/別集類/清別集

守硯齋試帖初集四卷二集二卷　(清)王祖光撰　清光緒二十三年至二十四年(1897－1898)刻本　六冊

330000－1701－0038091　普811.17/1039/c2　集部/別集類/清別集

願學堂詩鈔二十八卷　(清)王宗燿撰　清咸豐十年(1860)鄞縣王氏刻本　九冊

330000－1701－0038092　普414.7/4206　類叢部/叢書類/彙編之屬

抱經堂叢書七種　朱遂翔編　清刻民國杭州朱氏抱經堂補刻印本　一冊　存一種

330000－1701－0038093　普414.7/3433　類叢部/叢書類/自著之屬

話山草堂遺集二種　(清)沈道寬撰　清光緒三年(1877)潤州榷署刻本　一冊　存一種

330000－1701－0038095　普811.17/1038/c2　集部/別集類/清別集

味諫果齋詩集六卷文集二卷別集二卷外集一卷詩餘一卷　(清)王汝金撰　(清)戴元謙編　清光緒八年(1882)錢江刻本　八冊　存九卷(詩集一至六、別集一至二、外集)

330000－1701－0038096　普414.7/4211　經部/群經總義類/文字音義之屬

十三經集字摹本不分卷分畫便查一卷韻有經無各字摘錄一卷　(清)彭玉雯撰　清道光二十九年(1849)江右彭玉雯刻本　十冊

330000－1701－0038097　普414.7/3639　經部/小學類/文字之屬/字書/字體

字林古今正俗異同通攷四卷附六書辨異二卷補遺一卷　(清)湯容煟輯　清嘉慶二年(1797)四明滋德堂刻道光五年(1825)修補印本　清趙鏡清題記　三冊

330000－1701－0038098　普811.17/1038/c3　集部/別集類/清別集

味諫果齋詩集六卷文集二卷別集二卷外集一卷詩餘一卷　(清)王汝金撰　(清)戴元謙編　清光緒八年(1882)錢江刻本　八冊　存九卷(詩集一至六、別集一至二、外集)

330000－1701－0038099　普811.17/10391/c2　集部/別集類/清別集

守硯齋試帖初集四卷二集二卷　(清)王祖光撰　清光緒二十三年至二十四年(1897－1898)刻本　四冊　缺二卷(二集一至二)

330000－1701－0038101　普811.17/1039/c3　集部/別集類/清別集

願學堂詩鈔二十八卷　(清)王宗燿撰　清咸豐十年(1860)鄞縣王氏刻本　六冊

330000－1701－0038102　普414.7/6043/2　經部/小學類/文字之屬/字書/字典

古今文字通釋十四卷　(清)呂世宜撰　清光緒五年(1879)龍溪林維源刻本　七冊

330000－1701－0038103　普811.17/1039/c4　集部/別集類/清別集

願學堂詩鈔二十八卷　(清)王宗燿撰　清咸

豐十年(1860)鄞縣王氏刻本　六册

330000－1701－0038104　普414.7/7587　經部/小學類/文字之屬/字書/字體
篆訣辯釋不分卷　(明)陳鍾羲撰　(清)甘受和訂定　清光緒八年(1882)常熟抱芳閣刻本　一册

330000－1701－0038105　普414.7/4211/(2)　經部/群經總義類/文字音義之屬
十三經集字摹本四卷分畫便查一卷韻有經無各字摘錄一卷　(清)彭玉雯撰　清刻本　八册

330000－1701－0038106　普811.17/1038.02/c1、普811.17/1038.021　集部/别集類/清别集
味諫果齋詩集六卷文集二卷别集二卷外集一卷詩餘一卷　(清)王汝金撰　(清)戴元謙編　清光緒八年(1882)錢江刻本　二册　存三卷(别集一至二、外集)

330000－1701－0038107　普811.17/1040　集部/别集類/清别集
冰壺山館詩鈔六十四卷首一卷　(清)王夢庚撰　清嘉慶二十年(1815)刻道光十年(1830)增刻本　三十六册

330000－1701－0038108　普414.7/7702/c1　經部/小學類/文字之屬/字書/字體
六書通十卷　(清)閔齊伋撰　(清)畢弘述篆訂　清康熙五十九年(1720)基聞堂刻乾隆印本　胡易安題記　六册

330000－1701－0038109　普811.17/1038.02/c2　集部/别集類/清别集
味諫果齋詩集六卷文集二卷别集二卷外集一卷詩餘一卷　(清)王汝金撰　(清)戴元謙編　清光緒八年(1882)錢江刻本　一册　存一卷(外集)

330000－1701－0038110　普414.7/3640　經部/小學類/文字之屬/字書
字學尋原三卷　(清)吴錦章撰　清光緒二十三年(1897)守愚齋刻本　一册

330000－1701－0038111　普416/4420　經部/小學類/音韻之屬/韻書
字類標韻六卷　(清)華綱輯　清光緒元年(1875)肆江王氏刻本　二册

330000－1701－0038112　普414.7/4446　經部/群經總義類/文字音義之屬
十三經集字音釋四卷照畫檢字一卷　(清)黄蕙田撰　清同治九年(1870)蔣存誠刻本　四册　缺一卷(照畫檢字)

330000－1701－0038113　普013.3233/3233.2　史部/目録類/總録之屬/官修
浙江官書局書目一卷　(清)浙江官書局編　清光緒三十一年(1905)刻本　一册

330000－1701－0038115　普013.3233/3235　史部/目録類/總録之屬/官修
浙江書局價目一卷　(清)浙江書局編　清光緒七年(1881)刻本　張宗祥跋　一册

330000－1701－0038116　普414.7/4742　類叢部/叢書類/自著之屬
郝氏遺書三十三種　(清)郝懿行撰　清嘉慶至光緒刻彙印本　十六册　存一種

330000－1701－0038118　普811.17/1040.2　集部/别集類/清别集
冰壺山館詩鈔二十七卷　(清)王夢庚撰　清道光刻本　十二册

330000－1701－0038119　普811.17/1043/c1　類叢部/叢書類/家集之屬
新城王氏家集四十種　(清)□□編　明崇禎至清康熙刻彙印本　二册　存三種

330000－1701－0038120　普416/4420/2　經部/小學類/音韻之屬/韻書
增註字類標韻六卷　(清)華綱撰　(清)范多玨重訂　清光緒二年(1876)鉛印本　二册

330000－1701－0038121　普414.7/7702/c2　經部/小學類/文字之屬/字書/字體
六書通十卷　(清)閔齊伋撰　(清)畢弘述篆訂　清乾隆刻嘉慶印本　六册

330000－1701－0038122　普 811.17/10401
集部/別集類/清別集
守柰堂詩集二卷　(清)王壽撰　清道光二十七年(1847)刻本　四册

330000－1701－0038123　普 811.17/1043/(2)/c1　類叢部/叢書類/自著之屬
王漁洋遺書三十八種　(清)王士禛撰　清刻本　三册　存三種

330000－1701－0038124　普 414.7/7702/2/c1　經部/小學類/文字之屬/字書/字體
六書通十卷　(清)閔齊伋撰　(清)畢弘述篆訂　清光緒四年(1878)繡谷留耕堂刻本　五册

330000－1701－0038125　普 414.7/4746　經部/小學類/訓詁之屬/字詁
增訂金壺字攷一卷附古體假借字一卷　(清)郝在田輯　清同治十二年(1873)刻本　一册

330000－1701－0038126　普 414.7/7702/c3　經部/小學類/文字之屬/字書/字體
六書通十卷　(清)閔齊伋撰　(清)畢弘述篆訂　清康熙五十九年(1720)基聞堂刻乾隆印本　五册

330000－1701－0038127　普 414.7/7702/2/c2　經部/小學類/文字之屬/字書/字體
六書通十卷　(清)閔齊伋撰　(清)畢弘述篆訂　清光緒四年(1878)繡谷留耕堂刻本　五册

330000－1701－0038128　普 811.17/1043/(2)/c2　類叢部/叢書類/自著之屬
王漁洋遺書三十八種　(清)王士禛撰　清刻本　一册　存一種

330000－1701－0038129　普 414.7/7702/2/c3　經部/小學類/文字之屬/字書/字體
六書通十卷　(清)閔齊伋撰　(清)畢弘述篆訂　清光緒四年(1878)繡谷留耕堂刻本　五册

330000－1701－0038130　普 416.1/4013　經部/小學類/音韻之屬/韻書
佩文廣韻匯編五卷　(清)李元祺輯　清道光十年(1830)半埨艸堂刻本　三册

330000－1701－0038131　普 414.7/7702/(2)/c1　經部/小學類/文字之屬/字書/字體
六書通十卷　(清)閔齊伋撰　(清)畢弘述篆訂　清乾隆刻本　五册

330000－1701－0038132　普 811.17/1043.2　集部/總集類/彙編之屬
國初十大家詩鈔　(清)王相編　清道光十年(1830)秀水王氏信芳閣木活字印本　一册　存一種

330000－1701－0038133　普 414.7/47461
經部/小學類/訓詁之屬/字詁
金壺精粹五卷　(宋)釋適之撰　(清)郝在田編　(清)張抑山輯　清光緒二年(1876)京師松竹齋寫刻本　四册

330000－1701－0038134　普 414.7/7702.2
經部/小學類/文字之屬/字書/字體
六書通摭遺十卷　(清)畢星海輯　清嘉慶六年(1801)海鹽畢星海基聞堂刻本　清錢善揚題記　四册

330000－1701－0038135　普 414.7/7702/(2)/c3　經部/小學類/文字之屬/字書/字體
六書通十卷　(清)閔齊伋撰　(清)畢弘述篆訂　清乾隆刻嘉慶印本　五册

330000－1701－0038136　普 811.17/10402
類叢部/叢書類/彙編之屬
薌園叢書十一種　(清)平步青編　清同治至光緒山陰平氏安越堂刻本　一册　存一種

330000－1701－0038137　普 414.7/7702/(2)/c4　經部/小學類/文字之屬/字書/字體
六書通十卷　(清)閔齊伋撰　(清)畢弘述篆訂　清乾隆刻本　五册

330000－1701－0038139　普 811.17/10403
集部/別集類/清別集
對山樓詩稿十六卷　(清)王熹撰　清康熙刻本　六册

330000－1701－0038142　普 414.7/8308　類叢部/叢書類/彙編之屬
鄦齋叢書二十種　徐乃昌編　清光緒二十六年(1900)南陵徐氏刻本　一册　存一種

330000－1701－0038143　普 811.17/1041　集部/別集類/清別集
㡀餘吟藁一卷續藁一卷　(清)丁蘊琛撰　清同治七年(1868)無諸城刻本　一册

330000－1701－0038145　普 811.17/1043.3/c1　類叢部/叢書類/家集之屬
新城王氏家集四十種　(清)□□編　明崇禎至清康熙刻彙印本　四册　存一種

330000－1701－0038148　普 416.1/4013/2/c1　經部/小學類/音韻之屬/韻書
佩文廣韻匯編五卷　(清)李元祺輯　清同治十一年(1872)金陵書局刻本　二册

330000－1701－0038151　普 416.1/4013/2/c2　經部/小學類/音韻之屬/韻書
佩文廣韻匯編五卷　(清)李元祺輯　清同治十一年(1872)金陵書局刻本　二册

330000－1701－0038154　普 811.17/10431/(2)/c1　集部/別集類/清別集
漁洋山人精華錄箋注十二卷補一卷年譜一卷附錄一卷　(清)王士禛撰　(清)金榮箋注　(清)徐淮纂輯　清康熙五十一年(1712)鳳翽堂刻乾隆二年(1737)印本　清沈德潛評點　六册

330000－1701－0038156　普 416/1779/c1　經部/小學類/音韻之屬/等韻
切韻指掌圖一卷　(宋)司馬光撰　清光緒九年(1883)上海同文書局石印本　章嶔題簽並記　一册

330000－1701－0038159　普 414.7/5042/c1　類叢部/叢書類/彙編之屬
玲瓏山館叢刻六種　(清)顧湘編　清嘉慶至道光刻道光二十九年(1849)虞山顧氏彙刻本　四册　存一種

330000－1701－0038161　普 415.3/8048　經部/小學類/文字之屬
虛字註釋備考一卷　(清)俞樾撰　清光緒十二年(1886)申江本宅刻本　一册

330000－1701－0038163　普 811.17/1043.2/2　集部/別集類/清別集
漆室吟八卷　(清)王柏心撰　清同治三年(1864)監利王氏刻本　二册　存六卷(一至六)

330000－1701－0038164　普 416.1/7446　經部/小學類/音韻之屬/韻書
廣韻五卷　(宋)陳彭年等重修　清道光三十年(1850)新化鄧氏邵州東山精舍刻本　四册

330000－1701－0038166　普 811.17/10431/(2)/c3　集部/別集類/清別集
漁洋山人精華錄箋注十二卷補一卷年譜一卷附錄一卷　(清)王士禛撰　(清)金榮箋注　(清)徐淮纂輯　清康熙五十一年(1712)鳳翽堂刻乾隆二年(1737)印本　六册

330000－1701－0038167　普 416/1779/c2　經部/小學類/音韻之屬/等韻
切韻指掌圖一卷　(宋)司馬光撰　清光緒九年(1883)上海同文書局石印本　一册

330000－1701－0038169　普 416.1/7548/2/c1　經部/小學類
澤存堂五種　(清)張士俊輯　清康熙吳郡張士俊澤存堂刻本　五册　存一種

330000－1701－0038173　普 416.4/1000.07/c1　類叢部/叢書類/郡邑之屬
永嘉叢書十三種　(清)孫衣言編　清同治至光緒瑞安孫氏詒善祠塾刻本　十册　存一種

330000－1701－0038174　普 811.17/10431.01/c1　集部/別集類/清別集
漁洋山人精華錄訓纂十卷目錄二卷自撰年譜二卷補十卷　(清)王士禛撰　(清)惠棟注補　**金氏精華錄箋註辯訛一卷**　(清)惠棟撰　清光緒十七年(1891)會稽徐氏述史樓刻本　十四册

330000－1701－0038175　普 811.17/10431/2

集部/别集類/清别集

漁洋山人精華錄十卷 （清）王士禛撰 （清）林佶編 清宣統二年（1910）上海嘉尚廬石印本 六册

330000－1701－0038176 普416.4/1000.07/c2 類叢部/叢書類/郡邑之屬

永嘉叢書十三種 （清）孫衣言編 清同治至光緒瑞安孫氏詒善祠塾刻本 十册 存一種

330000－1701－0038178 普416.1/7548/2/c2 經部/小學類

澤存堂五種 （清）張士俊輯 清康熙吳郡張士俊澤存堂刻本 三册 存一種

330000－1701－0038179 GP12540 史部/職官類/官制之屬/專志

國朝翰詹源流編年二卷 （清）吳鼎雯撰 清乾隆五十八年（1793）刻道光十三年（1833）遞刻本 二册

330000－1701－0038180 普416.1/7548/2/c3 經部/小學類

澤存堂五種 （清）張士俊輯 清康熙吳郡張士俊澤存堂刻本 五册 存一種

330000－1701－0038181 普811.17/10431/(3) 集部/别集類/清别集

漁洋山人精華錄箋注十二卷補一卷年譜一卷附録一卷 （清）王士禛撰 （清）金榮箋注 （清）徐淮纂輯 清刻寶華樓印本 四册

330000－1701－0038182 普416.4/1000.07/c5 類叢部/叢書類/郡邑之屬

永嘉叢書十三種 （清）孫衣言編 清同治至光緒瑞安孫氏詒善祠塾刻本 十册 存一種

330000－1701－0038184 普811.17/10431.01/c3 集部/别集類/清别集

漁洋山人精華錄訓纂十卷目錄二卷自撰年譜二卷補十卷 （清）王士禛撰 （清）惠棟注補 **金氏精華錄箋註辯訛一卷** （清）惠棟撰 清光緒十七年（1891）會稽徐氏述史樓刻本 十四册

330000－1701－0038186 普811.17/10431/4/c2 集部/别集類/清别集

漁洋山人精華錄十卷 （清）王士禛撰 （清）林佶編 清康熙三十九年（1700）林佶寫刻本 四册

330000－1701－0038187 普416.5/2150/c1 經部/小學類/音韻之屬/韻書

古今韻會舉要三十卷禮部韻略七音三十六母通攷一卷 （元）黄公紹撰 （元）熊忠舉要 清光緒九年（1883）淮南書局刻本 十册

330000－1701－0038189 普416.5/2150/c2 經部/小學類/音韻之屬/韻書

古今韻會舉要三十卷禮部韻略七音三十六母通攷一卷 （元）黄公紹撰 （元）熊忠舉要 清光緒九年（1883）淮南書局刻本 十册

330000－1701－0038190 普811.17/10431/4/c3 集部/别集類/清别集

漁洋山人精華錄十卷 （清）王士禛撰 （清）林佶編 清康熙三十九年（1700）林佶寫刻本 四册

330000－1701－0038191 普811.17/10431.01/2/c1 集部/别集類/清别集

漁洋山人精華錄訓纂十卷目錄二卷自撰年譜二卷 （清）王士禛撰 （清）惠棟注補 **金氏精華錄箋註辯訛一卷** （清）惠棟撰 清乾隆惠氏紅豆齋刻本 章嶔跋 二十册

330000－1701－0038192 普416.5/2150/c3 經部/小學類/音韻之屬/韻書

古今韻會舉要三十卷禮部韻略七音三十六母通攷一卷 （元）黄公紹撰 （元）熊忠舉要 清光緒九年（1883）淮南書局刻本 十册

330000－1701－0038194 普811.17/10431.01/2(2)/c2 集部/别集類/清别集

漁洋山人精華錄訓纂十卷目錄二卷自撰年譜二卷 （清）王士禛撰 （清）惠棟注補 **金氏精華錄箋註辯訛一卷** （清）惠棟撰 清乾隆惠氏紅豆齋刻本 十册 存十卷（一至十）

330000－1701－0038195 普416.5/7723 類叢部/叢書類/彙編之屬

鐵琴銅劍樓叢書十三種　瞿啓甲編　清光緒至民國刻本暨影印本　二册　存一種

330000－1701－0038198　GP12541　子部/宗教類/佛教之屬/經

六度集經八卷　(三國吳)釋康僧會譯　清光緒五年(1879)金陵刻經處刻本　二册

330000－1701－0038206　普 811.17/10431/c1　集部/别集類/清别集

漁洋山人精華録箋注十二卷補一卷年譜一卷附録一卷　(清)王士禛撰　(清)金榮箋注　(清)徐淮纂輯　清康熙五十一年(1712)鳳翽堂刻乾隆二年(1737)印本　八册

330000－1701－0038207　普 811.17/10431.4/2/c1　集部/别集類/清别集

王氏漁洋詩鈔十二卷　(清)王士禛撰　(清)邵長蘅選　清宣統二年(1910)上海時中書局影印本　八册

330000－1701－0038209　普 811.17/10431/c3　集部/别集類/清别集

漁洋山人精華録箋注十二卷補一卷年譜一卷附録一卷　(清)王士禛撰　(清)金榮箋注　(清)徐淮纂輯　清康熙五十一年(1712)鳳翽堂刻乾隆二年(1737)印本　八册

330000－1701－0038210　普 416.7/0146/c1　經部/小學類/音韻之屬/韻書

韻府萃音十二卷　(清)龍柏纂　清嘉慶十五年(1810)蘇州醒愚閣刻朱墨套印道光二年(1822)印本　十二册

330000－1701－0038211　普 416.7/1035/c1　經部/小學類/音韻之屬

韻學指南五卷　(清)王溱輯　清道光二十八年(1848)足雨宧刻光緒五年(1879)印本　五册

330000－1701－0038212　普 811.17/10432　集部/别集類/清别集

漆室吟八卷　(清)王柏心撰　清同治三年(1864)監利王氏刻本　一册　存四卷(一至四)

330000－1701－0038213　普 416.7/0146/c2　經部/小學類/音韻之屬/韻書

韻府萃音十二卷　(清)龍柏纂　清嘉慶十五年(1810)蘇州醒愚閣刻朱墨套印渤海松筠閣印本　十二册

330000－1701－0038214　普 811.17/10432/(2)　集部/别集類/清别集

漆室吟八卷　(清)王柏心撰　清同治三年(1864)監利王氏刻本　二册

330000－1701－0038215　普 416.7/1035/c2　經部/小學類/音韻之屬

韻學指南五卷　(清)王溱輯　清道光二十八年(1848)足雨宧刻本　五册

330000－1701－0038216　普 416.7/1140　經部/小學類/音韻之屬/韻書

佩文韻篆六卷　(清)張家慶輯　清乾隆二十七年(1762)閑存齋刻本　六册

330000－1701－0038217　普 811.17/10432.2　集部/别集類/清别集

百柱堂詩稿八卷　(清)王柏心撰　清同治十二年(1873)監利王氏刻本　四册

330000－1701－0038218　普 416.7/0146/2　經部/小學類/音韻之屬/韻書

韻府萃音十二卷　(清)龍柏纂　清嘉慶十五年(1810)蘇州醒愚閣刻朱墨套印本　六册　存六卷(一至六)

330000－1701－0038220　普 416.7/1019　經部/小學類/音韻之屬/韻書

字類標韻六卷　(清)華綱輯　清光緒八年(1882)肄江王氏刻本　二册

330000－1701－0038221　普 416.7/1151　經部/小學類/音韻之屬/古今韻説

古韻發明不分卷附切字肆考不分卷　(清)張畊撰　清道光六年(1826)滕陽張畊芸心堂刻本　三册　存古韻發明

330000－1701－0038222　普 416.7/1160　經部/小學類/音韻之屬/古今韻説

切字肆考不分卷　(清)張畊撰　清道光六年

(1826)芸心堂刻本　二冊

330000－1701－0038223　普 811.17/10432.2/(2)　集部/別集類/清別集
百柱堂詩稿八卷　(清)王柏心撰　清同治十二年(1873)監利王氏刻本　二冊

330000－1701－0038224　普 811.17/10433　集部/總集類/彙編之屬
國初十大家詩鈔　(清)王相編　清道光十年(1830)秀水王氏信芳閣木活字印本　二冊　存一種

330000－1701－0038225　普 414.7/5042/c2　類叢部/叢書類/彙編之屬
後知不足齋叢書四十七種　(清)鮑廷爵編　清同治至光緒常熟鮑氏刻本　一冊　存一種

330000－1701－0038226　普 811.17/10434　集部/别集類/清别集
嗣雅堂詩存五卷　(清)王嘉祿撰　清道光二十六年(1846)彭蘊章刻本　一冊

330000－1701－0038227　普 416.7/1229　經部/小學類/音韻之屬/韻書
柴氏古韻通八卷正音切韻復古編一卷　(清)柴紹炳撰　清康熙刻本　八冊

330000－1701－0038228　普 811.17/1044　集部/别集類/清别集
蠙廬詩鈔十卷　(清)王蔭槐撰　清光緒七年(1881)盱眙王氏紫藤花館刻本　二冊

330000－1701－0038229　普 811.17/10441　集部/别集類/清别集
蓬心集二卷　(清)夏壽華撰　清光緒二十二年(1896)武林木活字印本　一冊

330000－1701－0038230　普 811.17/10442　集部/别集類/清别集
霧樓文筆兩山房一卷　(清)王蓮橋撰　清光緒十年(1884)木活字印本　一冊

330000－1701－0038231　普 416.7/1033/c1　類叢部/叢書類/自著之屬
雷刻八種　(清)雷浚撰　清同治至光緒吴縣雷氏刻本　二冊　存一種

330000－1701－0038232　普 811.17/1044.2　集部/别集類/清别集
過學齋詩鈔六卷　(清)王蔭槐撰　清道光十一年(1831)刻本　二冊　缺二卷(五至六)

330000－1701－0038233　普 811.17/10462　集部/别集類/清别集
樓山詩集六卷　(清)王恕撰　清光緒二十年(1894)京師刻本　二冊

330000－1701－0038234　普 811.17/10463　集部/别集類/清别集
廢莪室詩草六卷　(清)王槐撰　清嘉慶刻本　四冊

330000－1701－0038235　普 416.7/1271/2　經部/小學類/音韻之屬
今韻三辨三種　(清)孫同元撰輯　清道光十九年至二十三年(1839－1843)刻本　清胡俊章題簽　三冊

330000－1701－0038236　普 416.7/1033/c2　類叢部/叢書類/自著之屬
雷刻八種　(清)雷浚撰　清同治至光緒吴縣雷氏刻本　四冊　存一種

330000－1701－0038238　普 811.17/1047　集部/别集類/清别集
樓邨詩集二十五卷　(清)王式丹撰　清雍正四年(1726)王懋訥刻本　十二冊

330000－1701－0038239　普 416.7/1774/4/c1　經部/小學類/音韻之屬/古今韻説
古今韻略五卷　(清)邵長蘅撰　清刻本　四冊

330000－1701－0038240　普 416.7/1774/c2　經部/小學類/音韻之屬/古今韻説
古今韻略五卷　(清)邵長蘅撰　清刻本　清李灝題簽並題詩　五冊

330000－1701－0038241　普 811.17/10443　集部/别集類/清别集
箖杈堂詩存五卷詞存一卷　(清)夏塽撰　清

同治九年(1870)刻本　二冊

330000－1701－0038242　普 416.7/1774/4/c2　經部/小學類/音韻之屬/古今韻說
古今韻略五卷　(清)邵長蘅撰　清刻本　四冊

330000－1701－0038243　普 811.17/1047/(2)　集部/別集類/清別集
樓邨詩集二十五卷　(清)王式丹撰　清雍正四年(1726)王懋訥刻本　四冊

330000－1701－0038244　GP12542　類叢部/叢書類/彙編之屬
紫藤書屋叢刻六種　(清)陳□編　清乾隆五十七年(1792)秀水陳氏刻本　二冊

330000－1701－0038245　普 416.7/2004/c1　經部/小學類/音韻之屬/韻書
韻字略十二集　(清)毛謨撰　清光緒元年(1875)湖北崇文書局刻本　二冊

330000－1701－0038246　普 416.1/7548/5/c2　經部/叢編
古經解彙函十六種附小學彙函十四種　(清)鍾謙鈞等輯　清同治十二年(1873)粵東書局刻本　五冊　存小學彙函一種

330000－1701－0038248　普 811.17/1045　集部/別集類/清別集
梅垞詩鈔□□卷　(清)丁坤撰　清道光十六年(1836)刻本　一冊　存一卷(一)

330000－1701－0038249　普 416.7/2004/c2　經部/小學類/音韻之屬/韻書
韻字略十二集　(清)毛謨撰　清光緒元年(1875)湖北崇文書局刻本　二冊

330000－1701－0038250　普 416.7/3130.02/c2　經部/小學類/音韻之屬/等韻
四聲切韻表三卷首一卷末一卷　(清)江永撰　(清)汪曰楨補正　清光緒三年(1877)會稽學舍刻本　二冊

330000－1701－0038252　普 416.7/2004/c3　經部/小學類/音韻之屬/韻書
韻字略十二集　(清)毛謨撰　清光緒元年(1875)湖北崇文書局刻本　二冊

330000－1701－0038253　GP12543　經部/叢編
古經解彙函十六種附小學彙函十四種　(清)鍾謙鈞等輯　清同治十二年(1873)粵東書局刻本　二冊　存小學彙函一種

330000－1701－0038255　普 416.1/7548/5/c3　經部/叢編
古經解彙函十六種附小學彙函十四種　(清)鍾謙鈞等輯　清同治十二年(1873)粵東書局刻本　五冊　存小學彙函一種

330000－1701－0038256　普 416.7/3160/c1　經部/小學類/音韻之屬/韻書
韻歧五卷　(清)江昱撰　清光緒七年(1881)刻本　二冊

330000－1701－0038257　普 811.17/10461/c1　類叢部/叢書類/家集之屬
繡水王氏家藏集　(清)王相輯　清咸豐五年(1855)王褧之刻本　三冊　存一種

330000－1701－0038258　普 416.7/3160/c2　經部/小學類/音韻之屬/韻書
韻歧五卷　(清)江昱撰　清光緒七年(1881)刻本　清蕉葉山房題記　二冊

330000－1701－0038259　普 811.17/10471　集部/別集類/清別集
蕉雨山房詩鈔六種　(清)丁堯臣撰　清光緒會稽丁氏刻本　二冊　存二種

330000－1701－0038262　普 811.17/10461/c2　類叢部/叢書類/家集之屬
繡水王氏家藏集　(清)王相輯　清咸豐五年(1855)王褧之刻本　二冊　存一種

330000－1701－0038263　普 811.17/10471.2　集部/別集類/清別集
蕉雨山房詩鈔六種　(清)丁堯臣撰　清光緒會稽丁氏刻本　五冊　存三種

330000－1701－0038264　普 416.7/2700/c1

經部/小學類/音韻之屬/韻書
佩文詩韻五卷 清道光四年(1824)刻本 一冊

330000-1701-0038265 普 811.17/10481/c1 集部/别集類/清别集
萬壑松風樓詩十四卷 (清)王吉人撰 清同治九年(1870)寧海主一堂刻本 孫繼才題記 四冊

330000-1701-0038266 普 811.17/1048 集部/總集類/郡邑之屬
西泠五布衣遺箸五種 (清)丁丙輯 清同治至光緒錢塘丁氏當歸草堂刻本 四冊 存一種

330000-1701-0038267 普 416.7/1774/3/c1 經部/小學類/音韻之屬/古今韻說
古今韻略五卷 (清)邵長蘅撰 清刻本 五冊

330000-1701-0038268 普 811.17/10481/c2 集部/别集類/清别集
萬壑松風樓詩十四卷 (清)王吉人撰 清同治九年(1870)寧海主一堂刻本 王舟瑤批 四冊

330000-1701-0038270 普 811.17/10483 集部/别集類/清别集
吟孫書屋詩鈔二卷補遺一卷 (清)王有鈞撰 清道光二十九年(1849)王端木刻本 一冊

330000-1701-0038271 普 811.17/10484 集部/别集類/清别集
秋塍書屋詩鈔七卷 (清)王斯年撰 清道光刻本 一冊

330000-1701-0038272 普 416.7/1774/3/c2 經部/小學類/音韻之屬/古今韻說
古今韻略五卷 (清)邵長蘅撰 清刻本 五冊

330000-1701-0038273 普 416.7/2700/c2 經部/小學類/音韻之屬/韻書
佩文詩韻五卷 清嘉慶刻本 一冊

330000-1701-0038274 普 416.7/1774/c3 經部/小學類/音韻之屬/古今韻說
古今韻略五卷 (清)邵長蘅撰 清刻本 四冊

330000-1701-0038275 普 416.7/3083/c1 經部/小學類/音韻之屬/古今韻說
古韻溯原八卷 (清)安念祖 (清)華湛恩輯 清道光十九年(1839)親仁堂刻本 八冊

330000-1701-0038276 普 811.17/1048/2/c2 集部/總集類/郡邑之屬
西泠五布衣遺箸五種 (清)丁丙輯 清同治至光緒錢塘丁氏當歸草堂刻本 一冊 存一種

330000-1701-0038277 GP12545 子部/宗教類/佛教之屬
法化老和尚貪瞋癡註一卷專修淨土直說一卷山居知足歌一卷序疏一卷 (清)釋法化撰 清光緒元年(1875)杭州昭慶寺慧空經房刻本 一冊

330000-1701-0038278 普 416.7/3083/c2 經部/小學類/音韻之屬/古今韻說
古韻溯原八卷 (清)安念祖 (清)華湛恩輯 清道光十九年(1839)親仁堂刻本 八冊

330000-1701-0038279 普 117.8/0167/2/c1 子部/雜著類/雜說之屬
仁學一卷 (清)譚嗣同撰 清光緒國民報社鉛印本 一冊

330000-1701-0038280 普 811.17/1048/3/c1 集部/别集類/清别集
硯林詩集四卷 (清)丁敬撰 **北墅金先生遺集一卷** (清)金淳撰 清嘉慶杭州愛日軒陸貞一刻本 四冊

330000-1701-0038281 GP12547 史部/政書類/邦計之屬/衡制
度量權衡大同表一卷 (清)葉翼雲編輯 清光緒二十七年(1901)刻本 一冊

330000-1701-0038282 普 117.8/0167/2/c2 子部/雜著類/雜說之屬

仁學一卷　(清)譚嗣同撰　清光緒國民報社鉛印本　一冊

330000－1701－0038283　普416.7/3160/c3　經部/小學類/音韻之屬/韻書
韻歧五卷　(清)江昱撰　清光緒七年(1881)刻本　一冊

330000－1701－0038285　普811.17/1048/3/c2　集部/別集類/清別集
硯林詩集四卷　(清)丁敬撰　清嘉慶杭州愛日軒陸貞一刻本　一冊

330000－1701－0038286　普117.8/0167/2/c3　子部/雜著類/雜說之屬
仁學一卷　(清)譚嗣同撰　清光緒國民報社鉛印本　一冊

330000－1701－0038287　普416.7/3160/c4　經部/小學類/音韻之屬/韻書
韻歧五卷　(清)江昱撰　清光緒七年(1881)刻本　二冊

330000－1701－0038289　普416.7/3191　類叢部/叢書類/彙編之屬
思賢書局刊書十九種　(清)思賢書局編　清光緒至宣統思賢書局刻本　十二冊　存一種

330000－1701－0038291　普416.7/3174　經部/小學類/音韻之屬
八矢注字圖說一卷　(清)顧陳垿撰　清味菜廬木活字印本　一冊

330000－1701－0038293　普811.17/1048.021　集部/別集類/清別集
硯林集拾遺一卷硯林印款一卷　(清)丁敬撰　**三丁詩文拾遺一卷**　(清)丁健　(清)丁傳　(清)丁佺撰　清光緒六年(1880)福州刻本　一冊

330000－1701－0038294　普416.7/3250/c1　經部/小學類/音韻之屬/注音
類音八卷　(清)潘耒撰　清康熙五十一年(1712)吴江潘氏遂初堂刻雍正三年(1725)印本　四冊

330000－1701－0038296　普416.7/3191/2/c1　經部/小學類/音韻之屬
音學五書五種　(清)顧炎武撰　清康熙六年(1667)山陽張氏符山堂刻本　十二冊

330000－1701－0038298　普416.7/3431　經部/小學類/音韻之屬/韻書
韻辨附文五卷　(清)沈兆霖輯　清同治十二年(1873)東川書院刻本　五冊

330000－1701－0038299　普416.7/3191/2/c2　經部/小學類/音韻之屬
音學五書五種　(清)顧炎武撰　清康熙六年(1667)山陽張氏符山堂刻本　十二冊

330000－1701－0038300　普416.7/3250/c2　經部/小學類/音韻之屬/注音
類音八卷　(清)潘耒撰　清康熙五十一年(1712)吴江潘氏遂初堂刻雍正三年(1725)印本　四冊

330000－1701－0038301　普416.7/4031　經部/小學類/音韻之屬/等韻
李氏音鑑六卷首一卷　(清)李汝珍撰　清光緒十四年(1888)蘇州掃葉山房刻本　八冊

330000－1701－0038302　普811.17/1048.3　集部/別集類/清別集
龍泓館詩集三卷　(清)丁敬撰　清光緒二十三年(1897)石印本　一冊

330000－1701－0038303　普416.7/3191/(2)　經部/小學類/音韻之屬
音學五書五種　(清)顧炎武撰　清光緒十六年(1890)刻思賢書局刊書本　章嶔題簽　十六冊

330000－1701－0038304　普416.7/3404　類叢部/叢書類/自著之屬
北江全集七種　(清)洪亮吉撰　清乾隆至嘉慶刻彙印本　一冊　存一種

330000－1701－0038306　普416.7/3191/3　經部/小學類/音韻之屬
音學五書五種　(清)顧炎武撰　清康熙六年(1667)山陽張氏符山堂刻本　十六冊

330000－1701－0038307　普 416.7/4031/2/c1　經部/小學類/音韻之屬/等韻

李氏音鑑六卷首一卷　(清)李汝珍撰　清嘉慶十五年(1810)寶善堂刻同治七年(1868)木樨山房印本　四册

330000－1701－0038308　普 416.7/4031/2/c2　經部/小學類/音韻之屬/等韻

李氏音鑑六卷首一卷　(清)李汝珍撰　清嘉慶十五年(1810)寶善堂刻同治七年(1868)木樨山房印本　四册

330000－1701－0038309　普 416.7/4069、普 416.7/4069.02　經部/小學類/文字之屬/字書/字體

選集漢印分韻二卷　(清)袁日省輯　(清)謝雲生臨摹　**續集漢印分韻二卷**　(清)謝景卿輯並臨摹　清嘉慶二年(1797)、八年(1803)潄藝堂刻本　四册

330000－1701－0038310　普 416.7/4031/2/c3　經部/小學類/音韻之屬/等韻

李氏音鑑六卷首一卷　(清)李汝珍撰　清嘉慶十五年(1810)寶善堂刻同治七年(1868)木樨山房印本　四册

330000－1701－0038311　普 416.7/4094/c1　經部/小學類/音韻之屬/韻書

音韻闡微十八卷韻譜一卷　(清)李光地等撰　清光緒七年(1881)淮南書局刻本　五册

330000－1701－0038312　普 416.1/7548/9　類叢部/叢書類/彙編之屬

古逸叢書二十六種　(清)黎庶昌編　清光緒八年至十年(1882－1884)黎庶昌日本東京使署影刻本　一册　存一種

330000－1701－0038313　普 416.7/4094/c2　經部/小學類/音韻之屬/韻書

音韻闡微十八卷韻譜一卷　(清)李光地等撰　清光緒七年(1881)淮南書局刻本　五册

330000－1701－0038314　普 416.7/4271/c2　經部/小學類/音韻之屬/韻書

詩詞通韻五卷首一卷反切定譜一卷　(清)樸隱子撰　清康熙二十四年(1685)刻本　二册

330000－1701－0038316　普 416.7/4106　類叢部/叢書類/自著之屬

邃雅堂全集九種　(清)姚文田撰　清嘉慶至光緒歸安姚氏刻本　十册　存一種

330000－1701－0038319　普 416.7/4402　經部/小學類/音韻之屬/韻書

初學審音二卷　(清)葉庭鑾輯　清光緒三年(1877)武林刻本　一册

330000－1701－0038321　普 811.17/10512　集部/別集類/清別集

閶嶠游草二卷　(清)王成瑞撰　清光緒三十一年(1905)華雲閣鉛印本　一册

330000－1701－0038322　普 416.7/6020　類叢部/叢書類/自著之屬

觀象廬叢書十八種　(清)呂調陽撰　清光緒十四年(1888)葉長高刻本　九册　存二種

330000－1701－0038325　普 811.17/10511/c1　集部/別集類/清別集

顧齋詩錄二卷　(清)王軒撰　清同治元年(1862)歸安沈秉成刻本　一册

330000－1701－0038327　普 811.17/1054　集部/別集類/清別集

冷香山館未定稿六卷詩鈔一卷　(清)王金英撰　清乾隆刻本　清孫榮壽題記　八册

330000－1701－0038328　普 811.17/1051　集部/別集類/清別集

貞石山房詩鈔四卷　(清)王邦璽撰　清光緒十九年(1893)刻本　一册

330000－1701－0038330　普 811.17/10513　集部/別集類/清別集

新堂存一草二卷詩餘一卷　(清)賈振元撰　清咸豐九年(1859)刻本　一册

330000－1701－0038331　普 416.7/7233　經部/小學類/音韻之屬

學韻譜二卷　(清)劉永淳編　清末抄本　二册

330000－1701－0038332　普416.1/7548/7　經部/小學類/音韻之屬/韻書

廣韻五卷　（宋）陳彭年等重修　清道光三十年（1850）新化鄧氏邵州東山精舍刻本　四冊

330000－1701－0038333　普416.7/4882　經部/小學類/音韻之屬/韻書

增廣詩韻合璧五卷　（清）湯祥瑟輯　（清）松筠書屋主人重編　**檢韻便覽一卷**　（清）松筠書屋主人重編　**虛字韻藪一卷**　（清）潘維城輯　清光緒十三年（1887）上海點石齋石印本　六冊

330000－1701－0038334　普416.4/1000/c1　經部/小學類

姚刻三韻（姚氏叢刻）三種　（清）姚覲元輯　清光緒二年（1876）歸安姚覲元川東官舍刻本　十冊　存一種

330000－1701－0038335　普811.17/1053　集部/別集類/清別集

甃餘小草二卷　（清）王靜涵撰　清光緒十四年（1888）蛟川官署刻本　一冊

330000－1701－0038337　普811.17/10601　集部/別集類/清別集

西崑山居殘草一卷補編一卷　（清）王星諴撰　清同治八年（1869）姚詩雅河陽官署刻本　一冊

330000－1701－0038338　普416.4/1000/c2　經部/小學類

姚刻三韻（姚氏叢刻）三種　（清）姚覲元輯　清光緒二年（1876）歸安姚覲元川東官舍刻本　十冊　存一種

330000－1701－0038339　普416.7/7734/c1　經部/小學類/音韻之屬/韻書

佩文詩韻釋要五卷　（清）周兆基輯　清光緒十八年（1892）浙江書局刻本　一冊

330000－1701－0038340　普811.17/1060/2/c1　類叢部/叢書類/彙編之屬

春暉堂叢書十二種　（清）徐渭仁編　清道光至咸豐上海徐渭仁刻同治九年至十年（1870－1871）徐允臨補刻彙印本　一冊　存三種

330000－1701－0038341　普416.7/7734/6　經部/小學類/音韻之屬/韻書

佩文詩韻釋要五卷　（清）周兆基輯　（清）呂鳳岐增訂　清光緒九年（1883）旌德呂鳳岐刻本　三冊

330000－1701－0038342　普811.17/1063/c1　集部/別集類/清別集

羼提精舍詩稿十二卷　（清）于昌遂撰　清同治五年（1866）亨帚齋木活字印本　二冊

330000－1701－0038343　普416.7/7734.2　經部/小學類/音韻之屬/韻書

佩文詩韻釋要五卷　（清）周兆基輯　清道光九年（1829）刻本　二冊

330000－1701－0038344　普811.17/1063/c2　集部/別集類/清別集

羼提精舍詩稿十二卷　（清）于昌遂撰　清同治五年（1866）亨帚齋木活字印本　二冊

330000－1701－0038345　普811.17/10642/c1　類叢部/叢書類/彙編之屬

薜園叢書十一種　（清）平步青編　清同治至光緒山陰平氏安越堂刻本　一冊　存一種

330000－1701－0038346　普811.17/1060/2/c2　類叢部/叢書類/彙編之屬

春暉堂叢書十二種　（清）徐渭仁編　清道光至咸豐上海徐渭仁刻同治九年至十年（1870－1871）徐允臨補刻彙印本　一冊　存三種

330000－1701－0038347　普416.7/7734/c2　經部/小學類/音韻之屬/韻書

佩文詩韻釋要五卷　（清）周兆基輯　清光緒十八年（1892）浙江書局刻本　一冊

330000－1701－0038348　普811.17/10642/c2　類叢部/叢書類/彙編之屬

薜園叢書十一種　（清）平步青編　清同治至光緒山陰平氏安越堂刻本　一冊　存一種

330000－1701－0038349　普811.17/10631　集部/別集類/清別集

王鹿坪夫子詩稿四卷 （清）王國賓撰　清道光二十三年(1843)王者香刻本　一冊

330000－1701－0038350　普 416.7/7734/2/c1　經部/小學類/音韻之屬/韻書

佩文詩韻釋要五卷辨正一卷 （清）周兆基輯　清光緒三年(1877)粵東使署刻本　二冊

330000－1701－0038351　普 416.7/4882/2　經部/小學類/音韻之屬/韻書

詩韻合璧五卷 （清）湯祥瑟輯　**詩腋不分卷　詞林典腋不分卷　詩腋補編不分卷　賦彙錄要不分卷　分韻文選題解擇要不分卷　虛字韻藪一卷** （清）潘維城輯　**增註字類標韻六卷** （清）華綱撰　清光緒十二年(1886)上海石印本　六冊

330000－1701－0038352　普 811.17/10642/c3　類叢部/叢書類/彙編之屬

蕅園叢書十一種 （清）平步青編　清同治至光緒山陰平氏安越堂刻本　一冊　存一種

330000－1701－0038354　普 416.7/7734/2/c3　經部/小學類/音韻之屬/韻書

佩文詩韻釋要五卷 （清）周兆基輯　清光緒十八年(1892)浙江書局刻本　一冊

330000－1701－0038355　普 416.7/7734/2/c4　經部/小學類/音韻之屬/韻書

佩文詩韻釋要五卷 （清）周兆基輯　清光緒十八年(1892)浙江書局刻本　一冊

330000－1701－0038356　普 811.17/1064/c1　集部/別集類/清別集

培風閣詩鈔四卷 （清）夏疇撰　清光緒十一年(1885)康城官舍刻本　一冊

330000－1701－0038358　普 416.7/7734/3　經部/小學類/音韻之屬/韻書

佩文詩韻釋要五卷 （清）周兆基輯　（清）呂鳳岐增訂　清光緒十八年(1892)徐琪廣東學院刻本　鐵珊題記　一冊

330000－1701－0038362　普 811.17/1064/c4　集部/別集類/清別集

培風閣詩鈔四卷 （清）夏疇撰　清光緒十一年(1885)康城官舍刻本　一冊

330000－1701－0038363　普 416.7/7734/4　經部/小學類/音韻之屬/韻書

佩文詩韻釋要五卷 （清）周兆基輯　（清）朱蘭重輯　清光緒元年(1875)湖北崇文書局刻本　一冊

330000－1701－0038364　普 416.7/7734/5/c1　經部/小學類/音韻之屬/韻書

佩文詩韻釋要五卷 （清）周兆基輯　（清）陸潤庠重校　清宣統三年(1911)商務印書館據清光緒十二年(1886)刻本影印本　二冊

330000－1701－0038367　普 416.7/4882/3　經部/小學類/音韻之屬/韻書

詩韻全璧五卷 （清）湯祥瑟輯　**虛字韻藪一卷** （清）潘維城輯　**初學檢韻袖珍十二卷** （清）姚文登撰　清宣統二年(1910)上海暢懷書屋石印本　六冊

330000－1701－0038368　普 416.7/7734/5/c2　經部/小學類/音韻之屬/韻書

佩文詩韻釋要五卷 （清）周兆基輯　（清）陸潤庠重校　清宣統三年(1911)商務印書館據清光緒十二年(1886)刻本影印本　二冊

330000－1701－0038370　普 811.17/1060/3、普 811.17/1060.3　類叢部/叢書類/彙編之屬

春暉堂叢書十二種 （清）徐渭仁編　清道光至咸豐上海徐渭仁刻同治九年至十年(1870－1871)徐允臨補刻彙印本　二冊　存二種

330000－1701－0038371　普 416.7/7714/c1　經部/小學類/文字之屬/說文

說文解字注十五卷附六書音均表五卷 （清）段玉裁撰　**說文部目分韻一卷** （清）陳煥編　清乾隆至嘉慶段氏經韻樓刻本　二冊　存五卷(六書音均表一至五)

330000－1701－0038372　普 811.17/1074/c1　集部/別集類/清別集

葒歡堂詩集十六卷詩餘四卷 （清）王丹墀撰　清咸豐三年(1853)王慕荊刻本　五冊

330000－1701－0038373　普 416.7/4882/4
經部/小學類/音韻之屬/韻書
詩韻全璧五卷　(清)湯祥瑟輯　**虚字韻藪一卷**　(清)潘維城輯　清光緒十九年(1893)上海點石齋石印本　五冊

330000－1701－0038375　普 811.17/1060/5
集部/别集類/清别集
煙霞萬古樓詩殘藁一卷　(清)王曇撰　清光緒二十六年(1900)嘉興張氏寒松閣刻本　一冊

330000－1701－0038376　普 416.7/7714/c2
經部/小學類/文字之屬/說文
說文解字注十五卷附六書音均表五卷　(清)段玉裁撰　**說文部目分韻一卷**　(清)陳焕編　清乾隆至嘉慶段氏經韻樓刻同治六年至十一年(1867－1872)蘇州保息局補刻本　一冊　缺五卷(六書音均表一至五)

330000－1701－0038377　普 811.17/10741
類叢部/叢書類/自著之屬
詩禮堂全集十八種　(清)王又樸撰　清刻光緒元年(1875)李秉璋彙印本　二冊　存一種

330000－1701－0038378　普 416.7/5695/c1
經部/小學類/音韻之屬/韻書
攷正增廣詩韻全璧五卷　(清)汪慕杜等輯　**虚字韻藪一卷**　(清)潘維城輯　**初學檢韻袖珍十二集十二卷**　(清)錢大昕撰　清光緒二十一年(1895)四明暢懷書屋石印本　六冊

330000－1701－0038379　普 416.7/7714/c3
經部/小學類/文字之屬/說文
說文解字注十五卷附六書音均表五卷　(清)段玉裁撰　**說文部目分韻一卷**　(清)陳焕編　清乾隆至嘉慶段氏經韻樓刻同治六年至十一年(1867－1872)蘇州保息局補刻本　單丕題記　一冊　缺五卷(六書音均表一至五)

330000－1701－0038380　普 416.9/3700　經部/小學類/音韻之屬
選韻一卷　陸潤庠撰　清光緒督學使者龍刻本　儲椒生題記　一冊

330000－1701－0038381　普 416.7/7714/c4
經部/小學類/文字之屬/說文
說文解字注十五卷附六書音均表五卷　(清)段玉裁撰　**說文部目分韻一卷**　(清)陳焕編　清乾隆至嘉慶段氏經韻樓刻本　二冊　存五卷(六書音均表一至五)

330000－1701－0038382　普 416.7/5695/c2
經部/小學類/音韻之屬/韻書
攷正增廣詩韻全璧五卷　(清)汪慕杜等輯　**虚字韻藪一卷**　(清)潘維城輯　**初學檢韻袖珍十二集十二卷**　(清)錢大昕撰　清光緒十七年(1891)上海鴻寶齋石印本　六冊

330000－1701－0038383　普 811.17/1060/6
集部/别集類/清别集
煙霞萬古樓詩選二卷文集六卷　(清)王曇撰　清光緒二十一年(1895)鴻文書局石印本　一冊　存二卷(詩選一至二)

330000－1701－0038384　普 417.1/0826　經部/小學類/文字之屬/字書/訓蒙
繪圖識字實在易二十卷　(清)施崇恩編　清光緒二十九年至三十年(1903－1904)杭州彪蒙書室石印本　五冊

330000－1701－0038387　普 811.17/1065
集部/别集類/清别集
西莊始存稿十八卷　(清)王鳴盛撰　清乾隆刻本　四冊

330000－1701－0038388　普 811.17/1060.2
集部/别集類/清别集
青蓮華館詩草一卷　(清)王曇撰　清光緒十九年(1893)楊氏三樂堂刻本　一冊

330000－1701－0038390　普 811.17/1066
集部/别集類/清别集
百蘭山館古今體詩五卷詞一卷附楹聯一卷　(清)丁日昌撰　清末鉛印本　二冊

330000－1701－0038391　普 417.1/1042/c1
類叢部/類書類/通類之屬
三才紀要三卷　(清)蔣德鈞輯　**讀史論略一卷**　(清)杜詔撰　清末江南機器製造總局刻本　一冊

330000－1701－0038392　普 417.1/2614　經部/小學類/文字之屬/字書/訓蒙

澄衷蒙學堂字課圖說四卷檢字一卷類字一卷　（清）劉樹屏撰　（清）吳子城繪圖　清光緒二十九年（1903）澄衷蒙學堂石印本　八册

330000－1701－0038394　普 417.1/1042/c2　類叢部/類書類/通類之屬

三才紀要三卷　（清）蔣德鈞輯　**讀史論略一卷**　（清）杜詔撰　清末江南機器製造總局刻本　一册

330000－1701－0038395　普 811.17/10661/c1　集部/别集類/清别集

滋蘭室遺稿一卷　（清）王嗣暉撰　清宣統鉛印本　一册

330000－1701－0038396　普 417.1/1042/c3　類叢部/類書類/通類之屬

三才紀要三卷　（清）蔣德鈞輯　**讀史論略一卷**　（清）杜詔撰　清末江南機器製造總局刻本　一册

330000－1701－0038398　普 417.1/1041　子部/儒家類/儒學之屬/蒙學

三字經訓詁一卷　（清）王相撰　清末李光明莊刻本　一册

330000－1701－0038399　普 811.17/10661/c2　集部/别集類/清别集

滋蘭室遺稿一卷　（清）王嗣暉撰　清宣統鉛印本　一册

330000－1701－0038401　普 414.7/5042/2/c1　經部/小學類/文字之屬/字書

班馬字類五卷　（宋）婁機撰　清揚州馬氏小玲瓏山館刻吳興倪氏苕溪經鉏堂印本　二册

330000－1701－0038402　普 414.7/5042/2/c2　經部/小學類/文字之屬/字書

班馬字類五卷　（宋）婁機撰　清揚州馬氏小玲瓏山館刻吳興倪氏苕溪經鉏堂印本　五册

330000－1701－0038403　普 417.1/1032　子部/儒家類/儒學之屬/蒙學

三字經圖說一卷　清光緒三十一年（1905）上海養蒙學堂石印本　一册

330000－1701－0038404　普 811.17/1070　集部/别集類/清别集

江上怡雲集八卷　（清）丁廷彦撰　清乾隆十九年（1754）江上草堂刻本　一册

330000－1701－0038405　普 417.1/2622/2　子部/儒家類/儒學之屬/蒙學

重訂幼學須知句解四卷　（清）程允升撰　清同治五年（1866）刻本　四册

330000－1701－0038406　普 417.1/1000.022　子部/儒家類/儒學之屬/蒙學

增補三字經新編一卷　（清）谷連恒增訂並注　清光緒二年（1876）京都琉璃廠名德堂刻本　一册

330000－1701－0038407　普 417.1/2871　子部/叢編

徐氏三種　（清）徐士業編　清光緒十七年（1891）京都文成堂刻本　四册

330000－1701－0038408　普 811.17/1073　集部/别集類

夜雪集一卷　王闓運撰　清光緒九年（1883）湘潭王闓運成都石室刻本　一册

330000－1701－0038409　普 414.7/5588　類叢部/叢書類/自著之屬

石屋書四種　（清）曹金籀撰　清同治仁和曹氏刻本　一册　存一種

330000－1701－0038410　普 811.17/1080　集部/别集類/清别集

藍尾軒詩稿四卷　（清）王毓麟撰　清光緒經正書院刻本　二册

330000－1701－0038412　普 811.17/1085　集部/别集類/清别集

龍壁山房詩草（龍壁山房己未集）十二卷　（清）王拯撰　清咸豐九年（1859）刻本　四册　存六卷（一至六）

330000－1701－0038414　普 417.1/4434　子部/儒家類/儒學之屬/蒙學

龍文鞭影二卷　（明）蕭良有纂輯　（清）楊臣諍增訂　（清）來集之音註　清光緒二十二年

(1896)墨潤堂石印本　二冊

330000－1701－0038417　普 811.17/1081　集部/别集類/清别集
赤霞吟草二卷　(清)王鉅撰　清同治刻本　二冊

330000－1701－0038418　普 417.1/4434.02　子部/儒家類/儒學之屬/蒙學
龍文鞭影二集二卷　(清)李暉吉　(清)徐濽輯　清同治十三年(1874)禪山英文堂刻本　二冊

330000－1701－0038420　普 417.1/4434.02/3　子部/儒家類/儒學之屬/蒙學
龍文鞭影二卷　(明)蕭良有撰　(清)楊臣諍增訂　(清)陳士龍編次　**龍文鞭影二集二卷**　(清)李暉吉　(清)徐濽輯　清光緒三年(1877)掃葉山房刻本　二冊　存二卷(龍文鞭影下、二集上)

330000－1701－0038422　普 811.17/1086　集部/别集類/清别集
嘯竹堂集十六卷　(清)王錫撰　(清)毛奇齡選　(清)姜宸英評　**嘯竹堂二集二卷**　(清)王錫撰　(清)朱彝尊選　**北游草一卷**　(清)王錫撰　清乾隆二十二年(1757)刻本　四冊

330000－1701－0038424　普 811.17/1091　集部/别集類/清别集
闇然居詩鈔八卷　(清)王炳撰　清咸豐刻本　六冊

330000－1701－0038425　普 417.1/4434.02/2　子部/儒家類/儒學之屬/蒙學
龍文鞭影二卷　(明)蕭良有撰　(清)楊臣諍增訂　(清)陳士龍編次　**龍文鞭影二集二卷**　(清)李輝吉　(清)徐濽輯　清末刻本　二冊

330000－1701－0038426　普 417.1/2622.2　子部/儒家類/儒學之屬/蒙學
寄傲山房塾課新增幼學故事瓊林四卷首一卷　(清)程登吉撰　(清)鄒聖脈增補　清光緒十四年(1888)玉山魏文星刻本　四冊

330000－1701－0038427　普 811.17/10821/c1　集部/别集類/清别集
憺園草二卷補遺一卷外集一卷　(清)王錚撰　清道光八年(1828)王氏刻本　二冊

330000－1701－0038428　普 417.1/4434.02/4　子部/儒家類/儒學之屬/蒙學
龍文鞭影二集二卷　(清)李暉吉　(清)徐濽輯　清末刻本　二冊

330000－1701－0038429　普 811.17/10821/c2　集部/别集類/清别集
憺園草二卷補遺一卷外集一卷　(清)王錚撰　清道光八年(1828)王氏刻本　二冊

330000－1701－0038431　普 811.17/1086/2　集部/别集類/清别集
嘯竹堂集十六卷　(清)王錫撰　(清)毛奇齡選　(清)姜宸英評　清乾隆二十二年(1757)刻本　十冊

330000－1701－0038432　普 417.1/6411　新學/雜著
時務三字經一卷　清光緒二十八年(1902)刻本　一冊

330000－1701－0038435　普 811.17/1087　集部/别集類/清别集
孟亭詩集四卷　(清)王箴輿撰　清同治十二年(1873)福建撫署刻本　二冊

330000－1701－0038436　普 811.17/1097　類叢部/叢書類/家集之屬
合肥王氏家集四種　(清)王尚辰編　清光緒木活字印本　八冊　存二種

330000－1701－0038437　普 417.1/6464　子部/儒家類/儒學之屬/蒙學
小學千家詩人生必讀二卷　(清)余晦齋輯　清光緒十六年(1890)李光明莊刻狀元閣印本　一冊

330000－1701－0038439　普 417.1/7720/c2　經部/小學類/文字之屬
新編字類摘要一卷　(清)周絅齋編　清末寧波汲綆齋刻本　一冊

330000－1701－0038440　普 417.1/4434/3/c1　子部/儒家類/儒學之屬/蒙學

龍文鞭影二卷　(明)蕭良有纂輯　(清)楊臣諍增訂　(清)來集之音註　清光緒十七年(1891)紹興奎照樓刻本　二冊

330000－1701－0038441　普 811.17/1090/c1　集部/別集類/清別集

容膝軒詩草四卷　(清)王榮商撰　清宣統三年(1911)刻本　一冊

330000－1701－0038442　普 417.1/4434/3/c2　子部/儒家類/儒學之屬/蒙學

龍文鞭影二卷　(明)蕭良有纂輯　(清)楊臣諍增訂　(清)來集之音註　清光緒四年(1878)存春廬刻本　二冊

330000－1701－0038444　普 811.17/1100　集部/別集類/清別集

通隱堂詩存四卷　(清)張京度撰　清同治六年(1867)五百梅花草堂刻本　一冊

330000－1701－0038445　普 418.321/5640/c1　經部/小學類/訓詁之屬/方言

輶軒使者絕代語釋別國方言十三卷首一卷　(漢)揚雄撰　(晉)郭璞注　**續方言二卷**　(清)杭世駿撰　**續方言補一卷**　(清)程際盛撰　清光緒十七年(1891)長沙思賢講舍刻本　二冊

330000－1701－0038446　普 418.321/5640/c2　經部/小學類/訓詁之屬/方言

輶軒使者絕代語釋別國方言十三卷首一卷　(漢)揚雄撰　(晉)郭璞注　**續方言二卷**　(清)杭世駿撰　**續方言補一卷**　(清)程際盛撰　清光緒十七年(1891)長沙思賢講舍刻本　三冊

330000－1701－0038447　普 418.321/5640/c3　經部/小學類/訓詁之屬/方言

輶軒使者絕代語釋別國方言十三卷首一卷　(漢)揚雄撰　(晉)郭璞注　**續方言二卷**　(清)杭世駿撰　**續方言補一卷**　(清)程際盛撰　清光緒十七年(1891)長沙思賢講舍刻本　三冊

330000－1701－0038448　普 418.321/5640/c4　經部/小學類/訓詁之屬/方言

輶軒使者絕代語釋別國方言十三卷首一卷　(漢)揚雄撰　(晉)郭璞注　**續方言二卷**　(清)杭世駿撰　**續方言補一卷**　(清)程際盛撰　清光緒十七年(1891)長沙思賢講舍刻本　三冊

330000－1701－0038449　普 417.4/2132　史部/地理類/雜志之屬

杭州府鄉土歷史歌二卷　(清)彪蒙編譯所編輯　清宣統元年(1909)上海彪蒙書室石印本　一冊

330000－1701－0038450　普 222.32/4706/2/c2　子部/宗教類/佛教之屬/經

妙法蓮華經七卷　(後秦)釋鳩摩羅什譯　清刻本　四冊

330000－1701－0038451　普 811.17/1090/c2　集部/別集類/清別集

容膝軒詩草四卷　(清)王榮商撰　清宣統三年(1911)刻本　一冊

330000－1701－0038455　普 418.321/5640/2　子部/叢編

子書百家　(清)崇文書局編　清光緒元年(1875)湖北崇文書局刻本　一冊　存一種

330000－1701－0038456　普 418.321/5640/3　類叢部/叢書類/彙編之屬

抱經堂叢書十六種　(清)盧文弨編　清乾隆至嘉慶刻彙印本　一冊　存一種

330000－1701－0038457　普 811.17/1105　集部/別集類/清別集

秋樵詩鈔六卷文鈔二卷　(清)張慶成撰　清道光十四年(1834)刻本　一冊　存六卷(詩鈔一至六)

330000－1701－0038458　普 417.8/8006　集部/詩文評類/文法之屬/雜著

三台中學課藝初編不分卷　清光緒三十年(1904)木活字印本　一冊

330000－1701－0038459　普 418.321/5640/6

類叢部/叢書類/彙編之屬

漢魏叢書三十八種 (明)程榮編 明萬曆二十年(1592)新安程氏刻本 二册 存一種

330000－1701－0038460 普811.17/1106/c1 集部/别集類/清别集

彝壽軒詩鈔十卷寄庵雜著二卷 (清)張應昌撰 清同治二年(1863)南昌旅舍刻本 四册

330000－1701－0038461 普418.321/5640/4 經部/叢編

古經解彙函十六種附小學彙函十四種 (清)鍾謙鈞等輯 清同治十二年(1873)粤東書局刻本 二册 存小學彙函一種

330000－1701－0038462 普418.1/9913 經部/小學類/音韻之屬

矩齋所學 勞乃宣撰 清光緒至民國刻本 一册 存一種

330000－1701－0038463 普418.321/5640/5 經部/叢編

古經解彙函十六種附小學彙函十四種 (清)鍾謙鈞等輯 清光緒十五年(1889)湘南書局刻本 二册 存小學彙函一種

330000－1701－0038464 普418.321/5640.01/4/c1 經部/小學類/訓詁之屬/方言

輶軒使者絶代語釋别國方言十三卷 (漢)揚雄撰 (清)戴震疏證 清光緒八年(1882)汗青簃刻本 四册

330000－1701－0038466 普418.321/5640.01/4/c2 經部/小學類/訓詁之屬/方言

輶軒使者絶代語釋别國方言十三卷 (漢)揚雄撰 (清)戴震疏證 清光緒八年(1882)汗青簃刻本 四册

330000－1701－0038467 普811.17/1106/c2 集部/别集類/清别集

彝壽軒詩鈔十二卷寄庵雜著二卷煙波漁唱四卷 (清)張應昌撰 **聞妙香室詞一卷** (清)陸珊撰 **青藜精舍詩鈔一卷** (清)張應鼎撰 **話雨齋詩鈔一卷** (清)張興仁撰 清同治二年(1863)南昌旅舍刻增刻本 六册 缺二卷(十一至十二)

330000－1701－0038468 普418.321/5640.01/4/c3 類叢部/叢書類/彙編之屬

微波榭叢書十一種 (清)孔繼涵編 清孔氏刻彙印本 四册 存一種

330000－1701－0038469 普811.17/11001 集部/别集類/清别集

強恕齋詩鈔四卷 (清)張庚撰 清乾隆十七年(1752)刻本 二册

330000－1701－0038470 普811.17/1106/(2) 集部/别集類/清别集

彝壽軒詩鈔十二卷寄庵雜著二卷煙波漁唱四卷 (清)張應昌撰 清同治二年(1863)南昌旅舍刻增刻本 六册 存十二卷(一至十二)

330000－1701－0038471 普418.321/5640.012 類叢部/叢書類/彙編之屬

積學齋叢書二十種 徐乃昌編 清光緒南陵徐乃昌刻本 四册 存一種

330000－1701－0038472 普418.5/3503 經部/小學類/訓詁之屬/譯語

滿漢字清文啓蒙四卷 (清)舞格撰 清刻本 十二册

330000－1701－0038473 普222.32/1822 子部/宗教類/佛教之屬/經疏

妙法蓮華經擊節一卷 (明)釋德清撰 清刻本 一册

330000－1701－0038474 普418.424/1747 集部/總集類/謠諺之屬

杭諺詩一卷 (清)邵懿辰輯 清光緒三十四年(1908)刻本 一册

330000－1701－0038475 普811.17/1106/2 集部/别集類/清别集

彝壽軒詩鈔十卷寄庵雜著二卷 (清)張應昌撰 清同治二年(1863)南昌旅舍刻本 四册 存十卷(一至十)

330000－1701－0038476 普418.321/5640.013/c1 經部/小學類/訓詁之屬/方言

輶軒使者絶代語釋别國方言箋疏十三卷 (漢)揚雄撰 (清)錢繹箋疏 清光緒十六年(1890)紅蝠山房刻本 六册

330000－1701－0038477 普 811.17/1102 類叢部/叢書類/自著之屬
覆瓿集十三種附一種 (清)張文虎撰 清同治至光緒刻本 二册 存一種

330000－1701－0038479 普 811.17/11061/c1 集部/别集類/清别集
大野草堂詩一卷螟巢詞一卷白癡詞餘一卷 (清)張文田撰 清光緒十三年(1887)刻本 一册

330000－1701－0038482 普 418.321/5640.013/c2 經部/小學類/訓詁之屬/方言
輶軒使者絶代語釋别國方言箋疏十三卷 (漢)揚雄撰 (清)錢繹箋疏 清光緒十六年(1890)紅蝠山房刻本 六册

330000－1701－0038484 普 811.17/1102/2 類叢部/叢書類/自著之屬
覆瓿集十三種附一種 (清)張文虎撰 清同治至光緒刻本 三册 存三種

330000－1701－0038485 普 811.17/11061/c2 集部/别集類/清别集
大野草堂詩一卷螟巢詞一卷白癡詞餘一卷 (清)張文田撰 清光緒十三年(1887)刻本 清楊瑜良跋 一册

330000－1701－0038486 普 418.5/3403 經部/小學類/訓詁之屬/譯語
對音字式一卷 (清)福隆安等撰 清光緒十六年(1890)京都聚珍堂刻本 一册

330000－1701－0038487 普 418.5/3503/2 經部/小學類/訓詁之屬/譯語
滿漢字清文啓蒙四卷 (清)舞格撰 清三槐堂刻本 四册

330000－1701－0038488 普 811.17/1103 集部/别集類/清别集
嬰山小園詩集十六卷 (清)張誠撰 清嘉慶二十二年(1817)今文閣刻本 二册

330000－1701－0038489 普 471.1/3050 經部/小學類/文字之屬/字書/訓蒙
字學新説讀本五卷首一卷 (清)李□□撰 (清)周靜叅增編 清光緒二十九年(1903)寧東蒙學堂石印本 一册

330000－1701－0038490 普 811.17/1109 類叢部/叢書類/自著之屬
桂馨堂集八種 (清)張廷濟撰 清道光至咸豐刻本 二册 存二種

330000－1701－0038491 普 418.5/4014/c1 經部/小學類/訓詁之屬/譯語
清文彙書十二卷 (清)李延基撰 清刻本 十二册

330000－1701－0038497 普 811.17/1110/c1 集部/别集類/清别集
且甌集九卷 (清)項霽撰 清咸豐三年(1853)刻本 二册

330000－1701－0038498 普 811.17/1110/c3 集部/别集類/清别集
且甌集九卷 (清)項霽撰 清咸豐三年(1853)刻本 二册

330000－1701－0038500 普 418.5/4014/c2 經部/小學類/訓詁之屬/譯語
清文彙書十二卷 (清)李延基撰 清京都三槐堂刻本 十二册

330000－1701－0038502 普 222.32/4706/3/c1 子部/宗教類/佛教之屬/經
妙法蓮華經七卷 (後秦)釋鳩摩羅什譯 清同治十年(1871)金陵刻經處刻本 三册

330000－1701－0038503 普 811.17/1111/c2 集部/别集類/清别集
崇蘭堂詩初存十卷 (清)張預撰 清光緒二十年(1894)刻本 二册

330000－1701－0038504 普 811.17/1111/(2) 集部/别集類/清别集
崇蘭堂詩初存十卷 (清)張預撰 清光緒二十年(1894)刻本 四册

330000－1701－0038505　普 222.32/4706/3/c3　子部/宗教類/佛教之屬/經
妙法蓮華經七卷　(後秦)釋鳩摩羅什譯　清同治十年(1871)金陵刻經處刻本　三冊

330000－1701－0038506　普 811.17/1111/(3)/c3　集部/別集類/清別集
崇蘭堂詩初存十卷　(清)張預撰　清光緒二十年(1894)刻本　二冊

330000－1701－0038507　普 811.17/1111/(3)/c4　集部/別集類/清別集
崇蘭堂詩初存十卷　(清)張預撰　清光緒二十年(1894)刻本　二冊

330000－1701－0038508　普 507/3191　類叢部/叢書類/自著之屬
汪雙池先生叢書二十種附浙刻雙池遺書十二種　(清)汪紱撰　清道光至光緒刻光緒二十三年(1897)長安趙舒翹等彙印本　二冊　存一種

330000－1701－0038509　普 811.17/1113.2/2　類叢部/叢書類/自著之屬
桂馨堂集八種　(清)張廷濟撰　清道光至咸豐刻本　六冊　存六種

330000－1701－0038511　普 222.32/4706　子部/宗教類/佛教之屬/經
妙法蓮華經七卷　(後秦)釋鳩摩羅什譯　清光緒十八年(1892)刻本　三冊

330000－1701－0038512　普 510/1028　類叢部/叢書類/自著之屬
鄒徵君遺書六種附二種　(清)鄒伯奇撰　清同治十二年(1873)鄒達泉拾芥園刻本　二冊　存一種

330000－1701－0038513　普 811.17/11112　類叢部/叢書類/自著之屬
簡松草堂全集　(清)張雲璈撰　清道光簡松草堂刻本　五冊　存一種

330000－1701－0038514　普 510/2411　新學/算學/數學
數學啓蒙二卷　(英國)偉烈亞力撰　清光緒二十八年(1902)善成堂刻本　四冊

330000－1701－0038515　普 811.17/1113.3/c1　類叢部/叢書類/自著之屬
桂馨堂集八種　(清)張廷濟撰　清道光至咸豐刻本　一冊　存五種

330000－1701－0038516　普 811.17/1115　集部/別集類/清別集
寶書堂遺稿二卷　(清)張翀撰　清道光二十七年(1847)陳若蘭刻本　一冊

330000－1701－0038517　普 510/2542/c1　子部/天文曆算類/算書之屬
新編筭學啓蒙三卷總括一卷　(元)朱世傑撰　**望海島術一卷　筭學啓蒙識誤一卷後記一卷**　(清)羅士琳撰　清同治十年(1871)江南機器製造總局刻本　二冊

330000－1701－0038518　普 510/1068　子部/天文曆算類/算書之屬
玉吟算艸四卷　(清)玉吟撰　清光緒二十三年(1897)石印本　四冊

330000－1701－0038519　普 811.17/1113.3/c2　類叢部/叢書類/自著之屬
桂馨堂集八種　(清)張廷濟撰　清道光至咸豐刻本　一冊　存五種

330000－1701－0038520　普 510/2542/c2　子部/天文曆算類/算書之屬
新編筭學啓蒙三卷總括一卷　(元)朱世傑撰　**望海島術一卷　筭學啓蒙識誤一卷後記一卷**　(清)羅士琳撰　清同治十年(1871)江南機器製造總局刻本　二冊　存四卷(一至三、總括)

330000－1701－0038521　普 811.17/1116　集部/別集類/清別集
種玉堂詩稾四卷詞稾一卷雜文一卷　(清)張爾旦撰　清道光二十二年(1842)聽香閣刻本　一冊

330000－1701－0038522　普 811.17/11113　集部/別集類/清別集
莪園詩志六卷　(清)張廷琛撰　清末抄本

七冊

330000－1701－0038523　普 510/2542/2　子部/天文曆算類/算書之屬

算學啓蒙述義三卷總括一卷後記一卷望海島述一卷釋代數記號一卷　(元)朱世傑撰　(清)徐鳳誥通釋　清光緒二十五年(1899)維揚刻本　四冊

330000－1701－0038524　普 510/1123/c1　子部/天文曆算類/算書之屬

下學盦算術三種　(清)項名達撰　清光緒十二年(1886)錢塘項氏刻本　三冊

330000－1701－0038525　普 811.17/1117/c2　集部/别集類/清别集

退思軒詩集六卷補遺一卷　(清)張百熙撰　清宣統三年(1911)王式通京師鉛印本　一冊

330000－1701－0038526　普 811.17/1113　類叢部/叢書類/自著之屬

桂馨堂集八種　(清)張廷濟撰　清道光至咸豐刻本　四冊　存六種

330000－1701－0038527　普 510/2542.2/3　子部/天文曆算類/算書之屬

四元玉鑑細草三卷四象細草假令之圖一卷附補增一卷　(清)羅士琳撰　**四元釋例一卷**　(清)易之瀚撰　清光緒二十二年(1896)鴻寶齋書局石印本　六冊

330000－1701－0038528　普 811.17/1117/2/c2　集部/别集類/清别集

退思軒詩集六卷補遺一卷　(清)張百熙撰　清宣統三年(1911)王式通武昌刻本　一冊　存三卷(一至三)

330000－1701－0038529　普 811.17/11131　集部/别集類/清别集

紅蘅館初稾三卷　(清)張孟淦撰　清嘉慶十九年(1814)刻道光十八年(1838)印本　二冊

330000－1701－0038530　普 811.17/1113.2/c1　類叢部/叢書類/自著之屬

桂馨堂集八種　(清)張廷濟撰　清道光至咸豐刻本　三冊　存一種

330000－1701－0038531　普 510/2642　子部/天文曆算類/算書之屬

算學叢書　(清)烏程徐氏算學書局編　清光緒成都烏程徐氏算學書局刻本　四冊　存一種

330000－1701－0038532　普 811.17/1113.2/(2)/c2　集部/别集類/清别集

順安詩草八卷　(清)張廷濟撰　清道光二十八年(1848)刻桂馨堂集本　清鈺壇題記　四冊

330000－1701－0038533　普 811.17/1120　集部/别集類/清别集

小琅環園詩錄七卷集顧亭林先生詩一卷詞錄一卷　(清)張修府撰　清光緒七年(1881)長沙刻本　一冊

330000－1701－0038534　普 510/1123/c2　子部/天文曆算類/算書之屬

下學盦算術三種　(清)項名達撰　清光緒十二年(1886)錢塘項氏刻本　三冊

330000－1701－0038535　普 510/1123/c3　子部/天文曆算類/算書之屬

下學盦算術三種　(清)項名達撰　清光緒十二年(1886)錢塘項氏刻本　三冊

330000－1701－0038536　普 510/2642/2/c1　子部/天文曆算類/算書之屬

增删算法統宗十一卷首一卷　(明)程大位撰　(清)梅瑴成增删　**重刊梅文穆公增删算法統宗校算記一卷**　(清)賈步緯撰　清光緒三年(1877)江南製造局刻本　四冊

330000－1701－0038537　普 510/2542.2/2　子部/天文曆算類/算書之屬

四元玉鑑細草三卷四象細草假令之圖一卷附補增一卷　(清)羅士琳撰　**四元釋例一卷**　(清)易之瀚撰　清光緒十七年(1891)成都志古堂刻本　十二冊

330000－1701－0038538　普 510/1123/c4　子部/天文曆算類/算書之屬

下學盦算術三種　(清)項名達撰　清光緒十

二年(1886)錢塘項氏刻本　三册

330000－1701－0038539　普 811.17/1118　集部/别集類/清别集
潛園詩存四卷　(清)張天翔撰　**眷仙樓遺稿一卷刻翠集一卷**　(清)章韻撰　清光緒二十五年(1899)乍浦劉翰墨齋刻本　二册

330000－1701－0038540　普 510/2642/2/c2　子部/天文曆算類/算書之屬
增删算法統宗十一卷首一卷　(明)程大位撰　(清)梅瑴成增删　**重刊梅文穆公增删算法統宗校算記一卷**　(清)賈步緯撰　清光緒三年(1877)江南製造局刻本　四册

330000－1701－0038541　普 811.17/1119　集部/别集類/清别集
觀兩齋詩鈔二卷　(清)張丙煐撰　清咸豐三年(1853)刻本　一册

330000－1701－0038542　普 811.17/1114　集部/别集類/清别集
棄餘詩草六卷　(清)張廷枚撰　清乾隆六十年(1795)寶墨齋刻本　六册

330000－1701－0038543　普 510/2542.2/c1　子部/天文曆算類/算書之屬
觀我生室匯稿十種　(清)羅士琳撰　清道光刻本　十册　存一種

330000－1701－0038544　普 510/1123/2　子部/天文曆算類/算書之屬
下學菴算書三種　(清)項名達撰　清同治七年(1868)羊城書院刻本　一册　存三種

330000－1701－0038545　普 811.17/11141　集部/别集類/清别集
擁書堂詩集四卷　(清)張璿華撰　**傳硯堂詩存一卷**　(清)張允垂撰　清光緒十五年(1889)、二十四年(1898)刻本　一册

330000－1701－0038546　普 510/3507　類叢部/叢書類/彙編之屬
御製律曆淵源三種　(清)允禄　(清)允祉等纂修　清雍正内府刻乾隆增刻本　五十六册　存一種

330000－1701－0038547　普 510/2542.2/c2　子部/天文曆算類/算書之屬
觀我生室匯稿十種　(清)羅士琳撰　清道光刻本　六册　存一種

330000－1701－0038548　普 510/1123.2/c1　子部/天文曆算類/算書之屬
象數一原七卷　(清)項名達撰　(清)戴煦校補　清光緒十四年(1888)上海刻本　四册

330000－1701－0038549　普 510/2542.2/c3　子部/天文曆算類/算書之屬
觀我生室匯稿十種　(清)羅士琳撰　清道光刻本　十册　存一種

330000－1701－0038550　普 510/1123.2/c2　子部/天文曆算類/算書之屬
象數一原七卷　(清)項名達撰　(清)戴煦校補　清光緒十四年(1888)上海刻本　四册

330000－1701－0038551　普 811.17/11142　集部/别集類/清别集
宛鄰詩二卷文二卷　(清)張琦撰　**蓬室偶吟一卷**　(清)湯瑤卿撰　清光緒十七年(1891)張氏鉛印本　一册　缺二卷(文一至二)

330000－1701－0038552　普 811.17/1127.3　史部/傳記類/别傳之屬
花甲閒談十六卷　(清)張維屏輯　清光緒十年(1884)上海同文書局石印本　四册

330000－1701－0038553　普 510/3507/2/c1　子部/天文曆算類/算書之屬
御製數理精藴上編五卷下編四十卷表八卷　(清)聖祖玄燁撰　清光緒八年(1882)江寧藩署刻本　四十册

330000－1701－0038554　普 811.17/1121　集部/别集類/清别集
聽雲閣集十二卷　(清)張衡撰　清光緒十八年(1892)景州李氏刻本　二册　存三卷(稧亭詩選一至二、華軒詩選)

330000－1701－0038555　普 811.17/1127.2　類叢部/叢書類/郡邑之屬
學海堂叢刻十二種　(清)□□編　清光緒三

年(1877)、十二年(1886)刻本 一冊 存一種

330000－1701－0038556 普 811.17/11223
集部/別集類/清別集
燹餘吟草十二卷 (清)張經贊撰 清光緒守丹山房刻本 六冊

330000－1701－0038557 普 510/4064/c1
類叢部/叢書類/彙編之屬
述廬叢書 (清)鄒淩沅編 清光緒致知書局鉛印本 一冊 存一種

330000－1701－0038558 普 811.17/1122
集部/別集類/清別集
寄吾廬初稿選鈔四卷 (清)張伯魁撰 (清)楊芳燦等選 清嘉慶十三年(1808)徽縣刻本 二冊

330000－1701－0038559 普 510/4064/c3
類叢部/叢書類/彙編之屬
述廬叢書 (清)鄒淩沅編 清光緒致知書局鉛印本 一冊 存一種

330000－1701－0038560 普 510/3507/2/c2
類叢部/叢書類/彙編之屬
御製律曆淵源三種 (清)允祿 (清)允祉等纂修 清雍正內府刻乾隆增刻本 四十六冊 存一種

330000－1701－0038562 普 510/4064/c2
子部/天文曆算類/算書之屬
算學叢書 (清)烏程徐氏算學書局編 清光緒成都烏程徐氏算學書局刻本 一冊 存一種

330000－1701－0038564 普 510/3507/(2)
類叢部/叢書類/彙編之屬
御製律曆淵源三種 (清)允祿 (清)允祉等纂修 清雍正內府刻乾隆增刻本 三十七冊 存一種

330000－1701－0038565 普 510/4836 類叢部/叢書類/彙編之屬
學彊恕齋叢書五種 (清)梅啓照編 清光緒八年(1882)東河節署刻本 五冊 存二種

330000－1701－0038566 普 510/4444/c1
子部/天文曆算類/算書之屬
行素軒算稿九種 (清)華蘅芳撰 清光緒三十三年(1907)上海廣益書局石印本 四冊 存一種

330000－1701－0038567 普 510/3507/5/c1
子部/天文曆算類/算書之屬
御製數理精蘊上編五卷下編四十卷表八卷 (清)聖祖玄燁撰 清光緒八年(1882)廣東藩司刻本 三十二冊

330000－1701－0038568 普 811.17/1130
集部/別集類/清別集
蘚石山房詩存一卷 (清)張進撰 清刻本 一冊

330000－1701－0038569 普 510/4444/c2
子部/天文曆算類/算書之屬
行素軒算稿九種 (清)華蘅芳撰 清末石印本 四冊 存一種

330000－1701－0038571 普 510/4444/2 子部/天文曆算類/算書之屬
行素軒算稿十六種 (清)華蘅芳撰 清光緒金匱華氏行素軒刻本 四冊 存一種

330000－1701－0038572 普 510/3507/5/c2
子部/天文曆算類/算書之屬
御製數理精蘊上編五卷下編四十卷表八卷 (清)聖祖玄燁撰 清光緒八年(1882)廣東藩司刻本 八冊 存八卷(表一至八)

330000－1701－0038573 普 811.17/11301
集部/別集類/清別集
聽泉詩鈔二卷 (清)張達慶撰 清道光三年(1823)刻本 一冊

330000－1701－0038574 普 811.17/1128
集部/別集類/清別集
趨庭集二卷 (清)張崇鈞撰 清刻本 二冊

330000－1701－0038575 普 811.17/11281
集部/別集類/清別集
懷岳堂詩集八卷 清乾隆二十六年(1761)張高炬刻本 二冊 存二卷(正集上下)

330000－1701－0038576　普 510/44441　集部/總集類/課藝之屬

龍城書院課藝十二卷　(清)華世芳編　清末木活字印本　六冊

330000－1701－0038577　普 510/4940　類叢部/叢書類/彙編之屬

武英殿聚珍版書一百三十八種　清木活字印本　二冊　存一種

330000－1701－0038578　普 811.17/1131　集部/別集類/清別集

六湖先生遺集十二卷　(清)張文瑞撰　清乾隆十年(1745)張學懋孝友堂刻本　二冊

330000－1701－0038579　普 510/5534　子部/天文曆算類/算書之屬

算學雜識十卷　(清)曹汝英撰　清光緒二十四年(1898)廣州刻本　三冊

330000－1701－0038581　普 811.17/1132　集部/別集類/清別集

綠雪館詩鈔二卷　(清)張鴻卓撰　清道光刻本　一冊

330000－1701－0038582　普 510/6012　子部/天文曆算類/算書之屬

算律便讀二卷　(清)羅致勳編　清光緒二十七年(1901)震溪學舍刻本　二冊

330000－1701－0038583　普 510/44442　子部/天文曆算類/算書之屬

算學敲門磚三卷　(清)葛朝模撰　清光緒二十四年(1898)蘇城鈊芳齋刻本　三冊

330000－1701－0038584　普 510/7047　新學/算學/微積

代微積拾級十八卷　(美國)羅密士撰　(英國)偉烈亞力口譯　(清)李善蘭筆述　清咸豐九年(1859)上海墨海書館刻本　三冊

330000－1701－0038585　普 510/5040　類叢部/叢書類/彙編之屬

宜稼堂叢書七種　(清)郁松年編　清道光二十年至二十二年(1840－1842)上海郁氏刻本　七冊　存一種

330000－1701－0038586　普 510/4449　子部/天文曆算類/算書之屬

誦芬書屋算稿三卷　(清)蔣士榮撰　清光緒十七年(1891)刻本　一冊

330000－1701－0038587　普 811.17/11241　集部/別集類/清別集

悔廬文鈔五卷悔廬文補一卷悔廬詩鈔四卷夢溪棹謳二卷多暇日齋試帖一卷　(清)張崇蘭撰　清道光二十七年至咸豐八年(1847－1858)戴啓實刻本　一冊　存二卷(夢溪棹謳一至二)

330000－1701－0038588　普 510/5532　子部/天文曆算類/算書之屬

經心書院算學課程五卷　(清)曹汝川撰　清刻本　一冊　存一卷(四)

330000－1701－0038589　普 510/4498　類叢部/叢書類

怡怡軒叢書　清光緒三十二年(1906)上海商務印書館鉛印本　一冊　存一種

330000－1701－0038590　普 222.32/4706/5　子部/宗教類/佛教之屬/經

妙法蓮華經七卷　(後秦)釋鳩摩羅什譯　清杭州昭慶寺慧空經房刻本　四冊

330000－1701－0038591　普 222.32/4706/6　子部/宗教類/佛教之屬/經

妙法蓮華經七卷　(後秦)釋鳩摩羅什譯　清刻本　四冊

330000－1701－0038592　普 811.17/1127　集部/別集類/清別集

聽松廬詩鈔十六卷　(清)張維屏撰　清嘉慶十八年(1813)刻本　四冊

330000－1701－0038593　普 510/7221　子部/天文曆算類/算書之屬

六九軒算書六種　(清)劉衡撰　清光緒二十九年(1903)石印本　四冊

330000－1701－0038594　普 811.17/11331　集部/別集類/清別集

詩舲詩錄六卷詩外四卷詞錄一卷　(清)張祥

河撰　清道光十八年(1838)松風草堂刻本　二冊　存六卷(一至六)

330000－1701－0038596　普510/7222.2　子部/天文曆算類/算書之屬

廣方言館算學課藝一卷　(清)劉彝程　(清)沈善燕編　清光緒二十二年(1896)上海著易堂書局鉛印本　二冊

330000－1701－0038597　普811.17/11331.2　集部/總集類/彙編之屬

小重山房叢書十五種　(清)張祥河輯　清刻本　一冊　存四種

330000－1701－0038598　普510/7221/2/c1　子部/天文曆算類/算書之屬

六九軒算書六種　(清)劉衡撰　清道光三十年(1850)兩淮轉運署刻本　四冊

330000－1701－0038599　普811.17/11322/c1　集部/别集類/清别集

抱璞亭詩集十六卷初錄五卷　(清)張湘任撰　**能閒草堂藁一卷**　(清)沈鑫撰　清光緒元年(1875)刻本　四冊

330000－1701－0038601　普510/7221/2/c2　子部/天文曆算類/算書之屬

六九軒算書六種　(清)劉衡撰　清道光三十年(1850)兩淮轉運署刻本　四冊

330000－1701－0038602　普811.17/11322/c2　集部/别集類/清别集

抱璞亭詩集十六卷初錄五卷　(清)張湘任撰　**能閒草堂藁一卷**　(清)沈鑫撰　清光緒元年(1875)刻本　四冊

330000－1701－0038603　普811.17/1133.2　類叢部/叢書類/彙編之屬

漸西村舍彙刊(漸西村舍叢刻)四十四種　(清)袁昶編　清光緒十六年至二十四年(1890－1898)桐廬袁氏刻本　二冊　存一種

330000－1701－0038604　普510/7222.3　子部/天文曆算類/算書之屬

簡易庵九章實義四卷海鏡題選直解一卷　(清)劉彝程撰　清光緒二十七年(1901)劉氏簡易庵石印本　四冊

330000－1701－0038605　普811.17/11331.3　集部/别集類/清别集

朝天集一卷詩餘一卷　(清)張祥河撰　清刻本　秋亭批並題記　一冊

330000－1701－0038606　普510/7228.01/c1　子部/天文曆算類/算書之屬

九章算術細草圖說九卷海島算經細草圖說一卷　(三國魏)劉徽注　(唐)李淳風等注釋　(清)李潢細草　(清)沈欽裴補草　清嘉慶二十五年(1820)語鴻堂刻本　八冊

330000－1701－0038607　普510/7222/c1　子部/天文曆算類/算書之屬

簡易庵算稿四卷　(清)劉彝程撰　清光緒二十六年(1900)江南製造局刻本　四冊

330000－1701－0038608　普510/7523　子部/天文曆算類/算書之屬

中西算學大成一百卷　(清)陳維祺等撰　清光緒二十七年(1901)嘉善陳氏辯貞亮室石印本　二十冊

330000－1701－0038609　普811.17/1133.2/(2)/c2　類叢部/叢書類/彙編之屬

漸西村舍彙刊(漸西村舍叢刻)四十四種　(清)袁昶編　清光緒十六年至二十四年(1890－1898)桐廬袁氏刻本　二冊　存一種

330000－1701－0038610　普811.17/11333　集部/别集類/清别集

水屋賸稿二卷　(清)張道渥撰　清同治十一年(1872)慶鍾刻本　一冊

330000－1701－0038611　普510/7228.01/c2　子部/天文曆算類/算書之屬

九章算術細草圖說九卷海島算經細草圖說一卷　(三國魏)劉徽注　(唐)李淳風等注釋　(清)李潢細草　(清)沈欽裴補草　清嘉慶二十五年(1820)語鴻堂刻本　八冊

330000－1701－0038612　普811.17/11331.4　集部/别集類/清别集

鶴在集一卷　(清)張祥河撰　清刻本　一冊

330000－1701－0038614　普 510/7228.01/c3　子部/天文曆算類/算書之屬
九章算術細草圖説九卷海島算經細草圖説一卷　(三國魏)劉徽注　(唐)李淳風等注釋　(清)李潢細草　(清)沈欽裴補草　清嘉慶二十五年(1820)語鴻堂刻本　八册

330000－1701－0038615　普 510/7523/2　子部/天文曆算類/算書之屬
中西算學大成一百卷　(清)陳維祺等撰　清光緒十五年(1889)上海同文書局石印本　二十册

330000－1701－0038616　普 811.17/11334　集部/别集類/清别集
惜陰書屋詩鈔一卷　(清)張清濟撰　清末抄本　一册

330000－1701－0038617　普 510/7228.01/2　子部/天文曆算類/算書之屬
九章算術細草圖説九卷海島算經細草圖説一卷　(三國魏)劉徽注　(唐)李淳風等注釋　(清)李潢細草　(清)沈欽裴補草　清光緒二十二年(1896)上海文淵山房石印本　二册

330000－1701－0038618　普 510/7228.04　類叢部/叢書類/彙編之屬
宜稼堂叢書七種　(清)郁松年編　清道光二十年至二十二年(1840－1842)上海郁氏刻本　二册　存一種

330000－1701－0038620　普 510/7222/c2　子部/天文曆算類/算書之屬
簡易庵算稿四卷　(清)劉彝程撰　清光緒二十六年(1900)江南製造局刻本　四册

330000－1701－0038622　普 510/7222/c3　子部/天文曆算類/算書之屬
簡易庵算稿四卷　(清)劉彝程撰　清光緒二十六年(1900)江南製造局刻本　四册

330000－1701－0038623　普 510/7511　新學/算學/數學
中西算學題鏡八卷　(清)陳平瑛撰　清光緒二十七年(1901)羊城刻本　四册

330000－1701－0038625　普 510/7222/c4　子部/天文曆算類/算書之屬
簡易庵算稿四卷　(清)劉彝程撰　清光緒二十六年(1900)江南製造局刻本　四册

330000－1701－0038626　普 811.17/1134/c1　集部/别集類/清别集
暢園遺稿十卷(大野草堂詩八卷白癡詞二卷)　(清)張邁撰　清光緒三十年(1904)刻本　一册

330000－1701－0038627　普 811.17/1134/c3　集部/别集類/清别集
暢園遺稿十卷(大野草堂詩八卷白癡詞二卷)　(清)張邁撰　清光緒三十年(1904)刻本　清怡盦題記　一册

330000－1701－0038628　普 510/7781/2　子部/天文曆算類/算書之屬
數學精詳十一卷首一卷末一卷　(清)屈曾發輯　清光緒二十四年(1898)上海點石齋石印本　六册

330000－1701－0038629　普 510/7540/c1　子部/天文曆算類/算書之屬
算法大成上編十卷下編十卷首一卷末一卷　(清)陳杰撰　清光緒二十四年(1898)浙江官書局刻本(下編十卷末一卷原缺)　十册

330000－1701－0038630　普 510/7540/c2　子部/天文曆算類/算書之屬
算法大成上編十卷下編十卷首一卷末一卷　(清)陳杰撰　清光緒二十四年(1898)浙江官書局刻本(下編十卷末一卷原缺)　十册

330000－1701－0038631　普 510/7540/c3　子部/天文曆算類/算書之屬
算法大成上編十卷下編十卷首一卷末一卷　(清)陳杰撰　清光緒二十四年(1898)浙江官書局刻本(下編十卷末一卷原缺)　十册

330000－1701－0038632　普 510/7540/c4　子部/天文曆算類/算書之屬
算法大成上編十卷下編十卷首一卷末一卷　(清)陳杰撰　清光緒二十四年(1898)浙江官

書局刻本(下編十卷末一卷原缺)　十册

330000－1701－0038633　普 510/7781/(2)
子部/天文曆算類/算書之屬
九數通考十一卷首一卷末一卷　(清)屈曾發撰　清乾隆三十七年(1772)豫簪堂刻同治十一年(1872)常熟潘欲仁補刻本　六册

330000－1701－0038634　普 811.17/1138/c1
集部/别集類/清别集
漁浦草堂詩集四卷補遺一卷詩餘一卷　(清)張道撰　清同治六年(1867)張預刻本　一册
存四卷(一至四)

330000－1701－0038635　普 510/7781/3　子部/天文曆算類/算書之屬
九數通考十一卷首一卷末一卷　(清)屈曾發撰　清乾隆三十七年(1772)豫簪堂刻本　六册

330000－1701－0038636　普 510.21/1032
類叢部/叢書類/自著之屬
疇隱廬叢書　丁福保撰　清光緒二十五年(1899)無錫竢實學堂刻本　一册　存一種

330000－1701－0038637　普 510/7781/4　子部/天文曆算類/算書之屬
九數通考十一卷首一卷末一卷　(清)屈曾發撰　清乾隆三十七年(1772)豫簪堂刻本　五册

330000－1701－0038638　普 811.17/1138/c2
集部/别集類/清别集
漁浦草堂詩集四卷補遺一卷詩餘一卷　(清)張道撰　清同治六年(1867)張預刻本　一册
存二卷(一至二)

330000－1701－0038639　普 510.8/0432/c1
子部/天文曆算類/算書之屬
謝穀堂算學三種　(清)謝家禾撰　清光緒江南機器製造總局刻本　一册

330000－1701－0038640　普 510.8/1015　子部/天文曆算類/算書之屬
白芙堂算學叢書　(清)丁取忠輯　清光緒二十四年(1898)上海鴻文書局石印本　八册

330000－1701－0038641　普 510.21/4802
類叢部/叢書類/彙編之屬
知不足齋叢書一百九十五種　(清)鮑廷博編　(清)鮑士恭續編　清乾隆三十七年至道光三年(1772－1823)長塘鮑氏刻彙印本　一册
存一種

330000－1701－0038642　普 811.17/1141/c2
集部/别集類/清别集
雪泉詩存四卷附秋江倚櫂圖題詠一卷　(清)張楷撰　清乾隆五十九年(1794)刻本　四册

330000－1701－0038643　普 510.8/0432/c2
子部/天文曆算類/算書之屬
謝穀堂算學三種　(清)謝家禾撰　清光緒江南機器製造總局刻本　一册

330000－1701－0038644　普 510.8/0432/c3
子部/天文曆算類/算書之屬
謝穀堂算學三種　(清)謝家禾撰　清光緒江南機器製造總局刻本　一册

330000－1701－0038645　普 510.234/1022/c1　子部/天文曆算類/算書之屬
對數表四卷　(清)何國宗　(清)梅瑴成彙編　(清)賈步緯校述　清光緒二十四年(1898)江南製造總局鉛印本　四册

330000－1701－0038646　普 811.17/11411
集部/别集類/清别集
一葉齋江南遊草六卷　(清)張英元撰　清咸豐二年(1852)刻本　一册

330000－1701－0038647　普 811.17/11341
集部/别集類/清别集
養素堂詩集二十六卷　(清)張澍撰　清道光二十二年(1842)棗華書屋刻本　十四册

330000－1701－0038648　普 811.17/1143
集部/别集類/清别集
三省樓賸稿一卷　(清)張婉撰　清光緒三十三年(1907)鉛印本　一册

330000－1701－0038649　普 510.234/1022/c2　子部/天文曆算類/算書之屬
對數表四卷　(清)何國宗　(清)梅瑴成彙編

（清）賈步緯校述　清光緒二十四年（1898）江南製造總局鉛印本　四冊

330000－1701－0038650　普 811.17/11342　集部/别集類/清别集
捫腹齋詩鈔四卷　（清）張宗松撰　清乾隆四十四年（1779）刻本　二冊

330000－1701－0038651　普 510.8/1015/3　子部/天文曆算類/算書之屬
白芙堂算學叢書　（清）丁取忠輯　清光緒二十二年（1896）石印本　八冊

330000－1701－0038652　普 811.17/11371　集部/别集類/清别集
柳漁詩鈔十二卷　（清）張湄撰　清乾隆刻本　八冊

330000－1701－0038653　普 510/7541　子部/天文曆算類/算書之屬
對數述二卷算學雜草二卷　（清）陳其晉撰　清光緒五年（1879）刻本　裘翰興題記　一冊　存二卷（雜草一至二）

330000－1701－0038654　普 811.17/11431　集部/别集類/清别集
知悔齋詩稿八卷續稿一卷　（清）張士寬撰　清咸豐七年（1857）、同治五年（1866）刻本　一冊

330000－1701－0038655　普 811.17/1140/c1　集部/别集類/清别集
等閒集詩鈔一卷　（清）張敬謂撰　清光緒十九年（1893）長沙學院刻本　一冊

330000－1701－0038656　普 510.8/1124/2　子部/天文曆算類/算書之屬
翠薇山房數學十四種　（清）張作楠撰　清嘉慶至道光金華張氏翠薇山房刻光緒五年（1879）重修本　十七冊　存十三種

330000－1701－0038657　普 510.8/1015/2/c1　子部/天文曆算類/算書之屬
白芙堂算學叢書　（清）丁取忠輯　清同治至光緒長沙古荷花池精舍刻本　三十二冊　存二十二種

330000－1701－0038658　普 510.234/1022/c3　子部/天文曆算類/算書之屬
對數表四卷　（清）何國宗　（清）梅瑴成彙編　（清）賈步緯校述　清光緒三十年（1904）江南製造總局鉛印本　四冊

330000－1701－0038659　普 811.17/11342.2　集部/總集類/氏族之屬
海鹽張氏涉園叢刻七種　張元濟輯　清宣統三年（1911）海鹽張氏鉛印本　二冊　存一種

330000－1701－0038660　普 811.17/1140/c2　集部/别集類/清别集
等閒集詩鈔一卷　（清）張敬謂撰　清光緒十九年（1893）長沙學院刻本　一冊

330000－1701－0038661　普 510/7700　子部/天文曆算類/算書之屬
算學入門三卷　（清）周廣詢輯　清光緒二十二年（1896）湘鄉周氏刻本　三冊

330000－1701－0038662　普 510.234/1022/c4　子部/天文曆算類/算書之屬
對數表四卷　（清）何國宗　（清）梅瑴成彙編　（清）賈步緯校述　清光緒十六年（1890）江南製造總局鉛印本　四冊

330000－1701－0038663　普 222.32/4706/8　子部/宗教類/佛教之屬
二十八經同函一百四十四卷　（清）世宗胤禛敕編　清雍正十三年（1735）內府刻本　三冊　存一種

330000－1701－0038664　普 811.17/11343　集部/别集類/清别集
鶴沙草堂集三卷　（清）張逢堯撰　清刻本　三冊

330000－1701－0038665　普 510/7781/c1　子部/天文曆算類/算書之屬
九數通考十一卷首一卷末一卷　（清）屈曾發撰　清乾隆三十七年（1772）豫簪堂刻同治十一年（1872）屈承幹補刻十二年（1873）德慶堂印本　五冊

330000－1701－0038666　普 510/7781/c2

浙江圖書館古籍普查登記目録

（四）

全國古籍普查登記目録·浙江

國家圖書館出版社
National Library of China Publishing House

體萱遞修本　三十三册

330000－1701－0038864　普 811.17/12401/c2　集部/别集類/清别集
百一山房詩集十二卷　(清)孫士毅撰　清嘉慶二十一年(1816)刻本　四册

330000－1701－0038865　普 811.17/12401/c3　集部/别集類/清别集
百一山房詩集十二卷　(清)孫士毅撰　清嘉慶二十一年(1816)刻本　六册

330000－1701－0038867　普 811.17/12402/c3　集部/别集類/清别集
退宜堂詩集六卷　(清)孫垓撰　清光緒十五年(1889)刻本　二册

330000－1701－0038870　普 811.17/1242　集部/别集類/清别集
孫司空詩鈔四卷首一卷　(清)孫在豐撰　(清)孫人龍編　清乾隆十二年(1747)一經代授山房刻本　四册

330000－1701－0038871　普 811.17/1243/c1　集部/别集類/清别集
太倉孫子福先生遺草二卷雜文附存一卷　(清)孫壽祺撰　清光緒十九年(1893)海陽刻本　二册

330000－1701－0038872　普 811.17/1235　集部/别集類/清别集
巴里客餘生詩草六卷首一卷末一卷　(清)延清撰　清光緒二十七年(1901)石印本　二册

330000－1701－0038874　普 811.17/1273　集部/别集類/清别集
天真閣集五十四卷外集六卷　(清)孫原湘撰　清嘉慶刻本　十五册　存三十卷(天真閣集三至三十二)

330000－1701－0038876　普 510.92/7110/2　史部/傳記類/總傳之屬/技藝
疇人傳四十六卷　(清)阮元撰　**疇人傳續六卷**　(清)羅士琳撰　清蛟川張氏花雨樓刻本　十六册

330000－1701－0038878　普 811.17/1287　集部/别集類/清别集
復見心齋詩草六卷　(清)孫人鳳撰　清光緒四年至五年(1878－1879)孫詒經福州刻本　章嶔題記　二册

330000－1701－0038879　普 811.17/1294　集部/别集類/清别集
翠薇僊館詩稿二卷詞稿一卷　(清)孫瑩培撰　**遲齋遺詩一卷**　(清)阮達元撰　清光緒二十七年(1901)吳中刻本　一册

330000－1701－0038881　普 811.17/1287/(2)　集部/别集類/清别集
復見心齋詩草六卷　(清)孫人鳳撰　清光緒四年至五年(1878－1879)孫詒經福州刻本　四册

330000－1701－0038882　普 510.92/7110/3/c1　史部/傳記類/總傳之屬/技藝
疇人傳四十六卷　(清)阮元撰　**疇人傳續六卷**　(清)羅士琳撰　清光緒八年(1882)海鹽張氏常惺齋刻本　十二册

330000－1701－0038883　普 811.17/1287/(3)/c2　集部/别集類/清别集
復見心齋詩草六卷　(清)孫人鳳撰　清光緒四年至五年(1878－1879)孫詒經福州刻本　一册

330000－1701－0038884　普 811.17/1320　類叢部/叢書類/自著之屬
授堂遺書七種附録二卷　(清)武億撰　清道光二十三年(1843)偃師武氏刻本　一册　存一種

330000－1701－0038885　普 510.92/7110/5　類叢部/叢書類/彙編之屬
文選樓叢書三十三種　(清)阮亨編　清嘉慶至道光阮元刻道光二十二年(1842)阮亨彙印本　八册　存一種

330000－1701－0038886　普 510.92/7110/3/c2　史部/傳記類/總傳之屬/技藝
疇人傳四十六卷　(清)阮元撰　**疇人傳續六**

330000－1701－0038842　普 811.17/12351.2　集部/别集類/清別集
依舊吾廬吟草五卷　(清)孫清撰　清光緒刻本　一冊

330000－1701－0038844　普 811.17/12242　集部/别集類/清別集
叢筆軒遺稾三卷附錄一卷　(清)孫采芙撰　清光緒十三年(1887)績溪胡氏世澤樓木活字印本　一冊

330000－1701－0038845　普 811.17/12351.3　集部/别集類/清別集
芧栗園吟草四卷閒情集一卷　(清)孫清撰　清光緒二十四年至二十八年(1898－1902)刻本　一冊

330000－1701－0038846　普 510.8/4802.2/(2)　子部/天文曆算類
兼濟堂纂刻梅勿庵先生曆算全書二十八種　(清)梅文鼎撰　(清)魏荔彤輯　(清)楊作枚訂補　清雍正元年(1723)栢鄉魏荔彤刻乾隆十四年(1749)梅汝培重修本　十六冊　存二十二種

330000－1701－0038847　普 811.17/1183　集部/别集類/清別集
入山小草四卷　(清)張金瀾撰　清同治四年(1865)味梅吟館刻本　一冊

330000－1701－0038848　普 951.00911/1772/c1　史部/紀傳類/正史之屬
史記索隱三十卷　(唐)司馬貞撰　明末毛氏汲古閣刻本　三冊

330000－1701－0038849　普 951.00911/1772/c2　史部/紀傳類/正史之屬
史記索隱三十卷　(唐)司馬貞撰　明末毛氏汲古閣刻本　二冊

330000－1701－0038851　普 811.17/1232/1　集部/别集類/清別集
繡菊齋題畫剩稾一卷　(清)孔憲彝撰　**繡菊齋遺畫題辭二卷小蓮花室圖卷題辭五卷**　(清)盛大士等撰　**小蓮花室遺稾二卷**　(清)朱璵撰　清道光刻本　一冊

330000－1701－0038852　普 951.00911/1772/2/c1　類叢部/叢書類/彙編之屬
廣雅書局叢書一百五十九種　徐紹棨編　清光緒廣雅書局刻民國九年(1920)番禺徐紹棨彙編重印本　四冊　存一種

330000－1701－0038853　普 811.17/1238　集部/别集類/清別集
餐霞仙館詩詞外集一卷　(清)䦆道人撰　清刻本　一冊

330000－1701－0038855　普 951.00911/1772/2/c2　類叢部/叢書類/彙編之屬
廣雅書局叢書一百五十九種　徐紹棨編　清光緒廣雅書局刻民國九年(1920)番禺徐紹棨彙編重印本　四冊　存一種

330000－1701－0038856　普 811.17/1240/c1　集部/别集類/清別集
眉韻樓詩三卷　孫雄撰　清光緒三十年(1904)京師刻本　一冊

330000－1701－0038857　普 510.8/6064/c2　子部/天文曆算類/算書之屬
中西算學叢書初編二十二種　(清)求敏齋主人輯　清光緒二十二年(1896)上海鴻寶齋石印本　四十冊

330000－1701－0038859　普 811.17/1240/c2　集部/别集類/清別集
眉韻樓詩三卷　孫雄撰　清光緒三十年(1904)京師刻本　一冊

330000－1701－0038862　普 811.17/12402/c1　集部/别集類/清別集
退宜堂詩集六卷　(清)孫垓撰　清光緒十五年(1889)刻本　二冊

330000－1701－0038863　普 510.8/4802.2/2(2)　子部/天文曆算類
兼濟堂纂刻梅勿庵先生曆算全書二十八種　(清)梅文鼎撰　(清)魏荔彤輯　(清)楊作枚訂補　清雍正元年(1723)栢鄉魏荔彤刻乾隆十四年(1749)梅汝培、咸豐九年(1859)梅

卷　(清)羅士琳撰　清光緒八年(1882)海鹽張氏常惺齋刻本　十二冊

330000－1701－0038887　普 811.17/1288/c2　集部/別集類/清別集

好深湛思室詩存二十二卷　(清)孫義鈞撰　清同治十二年(1873)武林孫憙刻本　四冊

330000－1701－0038888　普 811.17/1324　集部/別集類/清別集

是我齋詩草一卷賦一卷　(清)武齡椿撰　清光緒元年(1875)刻本　一冊

330000－1701－0038889　普 510.92/7110/3/c3　史部/傳記類/總傳之屬/技藝

疇人傳四十六卷　(清)阮元撰　**疇人傳續六卷**　(清)羅士琳撰　清光緒八年(1882)海鹽張氏常惺齋刻本　十二冊

330000－1701－0038890　普 510.92/7110/7　史部/傳記類/總傳之屬/技藝

疇人傳四十六卷　(清)阮元撰　**疇人傳續六卷**　(清)羅士琳撰　清光緒八年(1882)海鹽張氏常惺齋刻本　十冊　缺八卷(三十四至三十八、續四至六)

330000－1701－0038891　普 811.17/1332　集部/別集類/清別集

海棠春曉樓唫草一卷詩草續刻一卷　(清)武淑儀撰　清光緒二十三年(1897)刻本　一冊

330000－1701－0038892　普 811.17/1243/c3　集部/別集類/清別集

太倉孫子福先生遺草二卷雜文附存一卷　(清)孫壽祺撰　清光緒十九年(1893)海陽刻本　二冊

330000－1701－0038893　普 510.92/7110.022　類叢部/叢書類/彙編之屬

南菁書院叢書四十一種　王先謙　繆荃孫編　清光緒十四年(1888)江陰南菁書院刻本　二冊　存一種

330000－1701－0038894　普 811.17/1244/c1　集部/別集類/清別集

慈園試帖二卷　(清)孫楙撰　清光緒碧山樓刻本　一冊

330000－1701－0038895　普 811.17/1288/c3　集部/別集類/清別集

好深湛思室詩存二十二卷　(清)孫義鈞撰　清同治十二年(1873)武林孫憙刻本　四冊

330000－1701－0038896　普 511/2141　類叢部/叢書類/郡邑之屬

嶺南遺書五十九種　(清)伍元薇　(崇曜)編　清道光十一年至同治二年(1831－1863)南海伍氏粵雅堂文字歡娛室刻光緒三十三年(1907)彙印本　八冊　存一種

330000－1701－0038897　普 811.17/1700　集部/別集類/清別集

小雅樓詩集八卷首一卷遺文二卷　(清)鄧方撰　清光緒二十六年(1900)廣州刻本　四冊　缺二卷(遺文一至二)

330000－1701－0038898　普 811.17/1244/c3　集部/別集類/清別集

慈園試帖二卷　(清)孫楙撰　清光緒碧山樓刻本　一冊

330000－1701－0038899　普 811.17/1704　集部/別集類/清別集

玉芝堂文集六卷詩集三卷　(清)邵齊燾撰　清乾隆刻本　三冊　存三卷(詩集一至三)

330000－1701－0038900　普 511/1122　類叢部/叢書類/彙編之屬

武英殿聚珍版書一百三十八種　清木活字印本　一冊　存一種

330000－1701－0038902　普 511/2637/c1　子部/天文曆算類/算書之屬

西洋算法大全四卷　(清)程世祿輯　清乾隆四年(1739)刻本　四冊

330000－1701－0038904　普 511/1122/2/c1　類叢部/叢書類/彙編之屬

武英殿聚珍版書　清刻本　一冊　存一種

330000－1701－0038905　普 511/2637/c2　子部/天文曆算類/算書之屬

游藝録三種　(清)李洄撰　清光緒二十年(1894)醉月山房刻本　一册　存一種

330000－1701－0038943　普 811.17/1747/c3　集部/别集類/清别集

半巖廬遺詩二卷　(清)邵懿辰撰　清同治十年(1871)潘祖蔭刻本　一册

330000－1701－0038944　普 951.00911/1773/8　史部/紀傳類/正史之屬

史記一百三十卷　(漢)司馬遷撰　(漢)褚少孫補　(唐)司馬貞補　明新安吳勉學刻本　十六册

330000－1701－0038945　普 811.17/1760　集部/别集類/明别集

石臼前集九卷後集七卷　(明)邢昉撰　清康熙刻本　六册

330000－1701－0038946　普 511.8/4802　子部/天文曆算類/算書之屬

籌算指要不分卷　(清)梅文鼎撰　清道光二十一年(1841)抄本　二册

330000－1701－0038947　普 811.17/1942　集部/别集類/清别集

莧菴退叟詩賸一卷　(清)耿蒼齡撰　清光緒三十年(1904)石印本　一册

330000－1701－0038948　普 511.8/4802.2　子部/天文曆算類/算書之屬

重校勿菴籌算六卷　(清)梅文鼎撰　(清)韶石真心瘋山人校　清抄本　二册

330000－1701－0038949　普 811.17/2032　史部/史評類/詠史之屬

明宫雜詠四卷　(清)毛遇順撰　清道光十九年(1839)刻本　四册

330000－1701－0038950　普 511.8/9913.5/c2　子部/天文曆算類/算書之屬

矩齋籌算六種附一種　勞乃宣撰　清光緒十二年至二十六年(1886－1900)桐鄉勞氏刻朱墨套印本　一册　存一種

330000－1701－0038951　普 811.17/2046/c1　集部/别集類/清别集

丹魁堂詩集七卷外集四卷　(清)季芝昌撰

茗韻軒遺詩一卷　(清)王堮稙撰　清咸豐十一年(1861)崇川寓館、同治四年(1865)紫瑯寓館刻本　三册　存六卷(一至六)

330000－1701－0038952　普 511/3233　子部/天文曆算類/算書之屬

算學發蒙五種十二卷總括一卷　(清)潘逢禧輯　清光緒八年(1882)逸香齋刻本　六册

330000－1701－0038953　普 811.17/1788　集部/别集類/清别集

鏡西閣詩選八卷　(清)邵颿撰　清道光十年(1830)碧城僊館刻本　四册

330000－1701－0038954　普 811.17/2046/c2　集部/别集類/清别集

丹魁堂詩集七卷外集四卷　(清)季芝昌撰

茗韻軒遺詩一卷　(清)王堮稙撰　清咸豐十一年(1861)崇川寓館、同治四年(1865)紫瑯寓館刻本　清雪牕題記　三册　缺四卷(外集一至四)

330000－1701－0038955　普 511/3282　類叢部/叢書類/彙編之屬

知不足齋叢書一百九十五種　(清)鮑廷博編　(清)鮑士恭續編　清乾隆三十七年至道光三年(1772－1823)長塘鮑氏刻彙印本　一册　存一種

330000－1701－0038956　普 811.17/2048　集部/别集類/清别集

蘿藦亭遺詩四卷詞附録一卷　(清)喬松年撰　清光緒七年(1881)劉傳楨等皖城刻本　四册

330000－1701－0038957　普 811.17/2109　集部/别集類/清别集

無補集十一卷　(清)何文焕撰　清嘉慶刻本　二册

330000－1701－0038958　普 951.00911/1773/9　史部/紀傳類/正史之屬

史記一百三十卷　(漢)司馬遷撰　(南朝宋)

裴駰集解　（唐）司馬貞索隱　（唐）張守節正義　清同治九年（1870）楚北崇文書局刻本　二十四册

330000－1701－0038959　普 511/44322　新學/學校
教育叢書初集十一種二集十五種三集十一種　（清）教育世界社編譯　清光緒教育世界出板所刻本暨石印本　一册　存一種

330000－1701－0038960　普 811.17/2053　子部/宗教類/佛教之屬/諸宗
四衆弟子淨土詩六種　清同治十一年（1872）如皋刻經處刻本　一册　存二種

330000－1701－0038961　普 511.8/9913/4　子部/天文曆算類/算書之屬
算學叢書　（清）烏程徐氏算學書局編　清光緒成都烏程徐氏算學書局刻本　六册　存一種

330000－1701－0038962　普 811.17/2111　集部/别集類/清别集
詞苑珠塵一卷　何震彝撰　清光緒三十三年（1907）鉛印本　一册

330000－1701－0038963　普 511/4444/c1　新學/格致總
格致須知二十八種　（英國）傅蘭雅編　清光緒八年至二十四年（1882－1898）刻本　一册　存一種

330000－1701－0038964　普 511/4444/c2　新學/格致總
格致須知二十八種　（英國）傅蘭雅編　清光緒八年至二十四年（1882－1898）刻本　一册　存一種

330000－1701－0038965　普 511/4444/c3　新學/格致總
格致須知二十八種　（英國）傅蘭雅編　清光緒八年至二十四年（1882－1898）刻本　一册　存一種

330000－1701－0038966　普 811.17/2124/c2　集部/别集類/清别集
東洲艸堂詩鈔二十七卷詩餘一卷　（清）何紹基撰　清同治六年（1867）長沙無園刻本　六册

330000－1701－0038969　普 511/4444/c4　子部/天文曆算類/算書之屬
算學叢書　（清）烏程徐氏算學書局編　清光緒成都烏程徐氏算學書局刻本　一册　存一種

330000－1701－0038970　普 951.00911/1773/10/c1　類叢部/叢書類/彙編之屬
玉海堂景宋元本叢書　劉世珩編　清光緒至民國貴池劉氏玉海堂影刻本　二十四册　存一種

330000－1701－0038975　普 811.17/2122　集部/别集類/清别集
焦尾閣遺稿一卷　（清）盧德儀撰　（清）王彦威　（清）王彦澈輯　清光緒刻本　一册

330000－1701－0038976　普 811.17/1760.04　集部/總集類/彙編之屬
詩慰初集二十家二十四卷二集十家十一卷續集四家四卷　（清）陳允衡編　清順治澄懷閣刻本　一册　存一卷（石臼後集選）

330000－1701－0038977　普 951.00911/1773/10/c2　類叢部/叢書類/彙編之屬
玉海堂景宋元本叢書　劉世珩編　清光緒至民國貴池劉氏玉海堂影刻本　二十四册　存一種

330000－1701－0038978　普 512/0092　新學/算學/代數
代數通藝録十六卷　（清）方愷撰　清光緒二十四年（1898）上海著易堂石印本　五册

330000－1701－0038979　普 511.8/9913/2　子部/天文曆算類/算書之屬
古籌算考釋六卷　勞乃宣撰　清光緒二十三年（1897）澄雅堂刻朱墨套印本　六册

330000－1701－0038980　普 511/4444.1　子部/天文曆算類/算書之屬
行素軒算稿十六種　（清）華蘅芳撰　清光緒

金匱華氏行素軒刻本　六冊　存一種

330000－1701－0038981　普512/0092/2　新學/算學/代數

代數通藝録十六卷　(清)方愷撰　清光緒十六年(1890)陽湖方賓穆刻本　四冊

330000－1701－0038982　普811.17/2058/c1　類叢部/叢書類/彙編之屬

王益吾所刻書十種　王先謙編　清光緒九年至十年(1883－1884)長沙王氏刻本　一冊　存一種

330000－1701－0038983　普811.17/1764　集部/别集類/清别集

蓬萊僊館詩藁二卷　(清)翟國楝撰　清光緒二十年(1894)柯城聊園刻本　二冊

330000－1701－0038984　普811.17/2128　集部/别集類/清别集

巢雲閣詩鈔二卷續鈔一卷附集陶律一卷　(清)何綸錦撰　清嘉慶刻本　三冊

330000－1701－0038985　普511/4697　子部/天文曆算類/算書之屬

楊輝算法六卷　(宋)楊輝撰　**楊輝算法札記一卷**　(清)宋景昌撰　清道光二十二年(1842)上海郁氏刻宜稼堂叢書本(續古摘奇算法卷上配裘翰興雙嘯室抄本)　裘翰興批校　一冊

330000－1701－0038987　普511.8/9913.7　子部/天文曆算類/算書之屬

矩齋籌算六種附一種　勞乃宣撰　清光緒十二年至二十六年(1886－1900)桐鄉勞氏刻朱墨套印本　二十二冊

330000－1701－0038988　普512/0092/3　新學/算學/代數

代數通藝録十六卷　(清)方愷撰　清光緒二十二年(1896)時務報館石印本　四冊

330000－1701－0038989　普811.17/2058/c2　類叢部/叢書類/彙編之屬

王益吾所刻書十種　王先謙編　清光緒九年至十年(1883－1884)長沙王氏刻本　一冊　存一種

330000－1701－0038990　普512/0092/4/c1　新學/算學/代數

代數通藝録十六卷　(清)方愷撰　**代數通藝録札記二卷**　(清)潘應祺等撰　清光緒二十六年(1900)海昌陳氏刻二十七年(1901)上海六藝書局印本　八冊

330000－1701－0038992　普811.17/2077/c1　集部/總集類/郡邑之屬

西泠五布衣遺箸五種　(清)丁丙輯　清同治至光緒錢塘丁氏當歸草堂刻本　一冊　存一種

330000－1701－0038993　普811.17/1775　集部/别集類/清别集

薇花吟館詩鈔一卷　(清)邢厚靜撰　清光緒三十一年(1905)粤喜雲樓刻本　一冊

330000－1701－0038994　普811.17/2077/c3　集部/總集類/郡邑之屬

西泠五布衣遺箸五種　(清)丁丙輯　清同治至光緒錢塘丁氏當歸草堂刻本　一冊　存一種

330000－1701－0038995　普811.17/2132　集部/别集類/清别集

方雪齋詩集十二卷　(清)何道生撰　清嘉慶十三年(1808)雕藻齋刻本　六冊

330000－1701－0038996　普811.17/2100/c1　集部/别集類/清别集

補石草堂詩草一卷　(清)伍廖撰　清光緒鉛印本　一冊

330000－1701－0038998　普811.17/1777/c1　集部/别集類/清别集

夢餘詩鈔二卷　(清)邵颿撰　清光緒三年(1877)沈兆淇刻本　二冊

330000－1701－0038999　普811.17/2100/c2　集部/别集類/清别集

補石草堂詩草一卷　(清)伍廖撰　清光緒鉛印本　一冊

330000－1701－0039001　普 512/0092/4/c2　新學/算學/代數

代數通藝錄十六卷　(清)方愷撰　**代數通藝錄札記二卷**　(清)潘應祺等撰　清光緒二十六年(1900)海昌陳氏刻二十七年(1901)上海六藝書局印本　六册　缺二卷(札記一至二)

330000－1701－0039002　普 811.17/21321　集部/別集類/清別集

青琅玕館詩鈔一卷　(清)何之鼎撰　清宣統華雲閣鉛印本　一册

330000－1701－0039003　普 811.17/1777/c2　集部/別集類/清別集

夢餘詩鈔二卷　(清)邵颿撰　清光緒三年(1877)沈兆淇刻本　二册

330000－1701－0039004　普 811.17/1777.2　集部/總集類/選集之屬/通代

歷代名媛雜詠三卷　(清)邵颿撰　清乾隆五十七年(1792)刻本　一册

330000－1701－0039006　普 811.17/2103/c1　集部/別集類/清別集

鏡海詩稿一卷　(清)何應祺撰　清同治刻本　一册

330000－1701－0039007　普 811.17/1265　集部/別集類/清別集

桐溪草堂詩六卷　(清)孫貫中撰　清嘉慶十九年(1814)刻本　四册

330000－1701－0039008　普 811.17/2103/c2　集部/別集類/清別集

鏡海詩稿一卷　(清)何應祺撰　清同治刻本　一册

330000－1701－0039009　普 512/0434　新學/算學/數學

代形合參三卷附一卷　(美國)羅密士撰　(美國)潘慎文譯　謝洪賚筆述　清光緒三十年(1904)巴蜀櫟園刻本　四册

330000－1701－0039010　普 811.17/2133　集部/別集類/清別集

椿蔭堂詩存稾一卷附錄一卷　(清)虔禮寶撰　清光緒二十二年(1896)漢軍楊氏皭蔚軒刻朱印本　一册

330000－1701－0039011　普 811.17/21331　集部/別集類/清別集

心盦詩存三卷詩外一卷　(清)何兆瀛撰　清光緒富文齋刻本　四册

330000－1701－0039012　普 512/1143　類叢部/叢書類/彙編之屬

玉海樓叢書　清光緒刻本　二册　存一種

330000－1701－0039013　普 512/2827　子部/天文曆算類/算書之屬

溥通新代數六卷　(清)徐虎臣選譯　清光緒二十九年(1903)江楚書局刻本　六册

330000－1701－0039014　普 811.17/2134/c1　集部/別集類/清別集

餐鞠軒詩草一卷　(清)伍淡如撰　清光緒四年(1878)刻本　一册

330000－1701－0039015　普 811.17/2142　集部/別集類/清別集

辥山草堂小藁四卷　(清)何其偉撰　清嘉慶二十一年(1816)刻本　二册

330000－1701－0039016　普 811.17/2142.02　集部/別集類/清別集

辥山草堂續藁二卷　(清)何其偉撰　清道光六年(1826)刻本　一册

330000－1701－0039017　普 512/3138　子部/叢編

清渠叢書九種　(清)馮澂撰　清光緒江蘇書局刻本　四册　存一種

330000－1701－0039018　普 811.17/2143　類叢部/叢書類/自著之屬

悔餘菴集三種　(清)何栻撰　清同治四年(1865)鳩江戎幄刻本　二册　存一種

330000－1701－0039019　普 811.17/2134/c2　集部/別集類/清別集

餐鞠軒詩草一卷　(清)伍淡如撰　清光緒四年(1878)刻本　一册

330000－1701－0039020　普 512/3405　新學/算學/代數
代數學十三卷首一卷　（英國）棣麼甘撰（英國）偉烈亞力口譯　（清）李善蘭筆受　清光緒二十四年（1898）江夏程氏硧園刻本　八冊

330000－1701－0039021　普 811.17/21341/c1　集部/别集類/清别集
還江集二卷　（清）熊寶壽撰　清光緒十八年（1892）刻本　怡紅主人題記　一冊

330000－1701－0039022　普 811.17/2144/c1　集部/别集類/清别集
小春浮遺藁四卷　（清）何其菼撰　（清）何德培輯　清嘉慶十一年（1806）刻本　一冊

330000－1701－0039023　普 811.17/21341/c2　集部/别集類/清别集
還江集二卷　（清）熊寶壽撰　清光緒十八年（1892）刻本　一冊

330000－1701－0039024　普 512/3405/2　新學/算學/代數
代數學十三卷首一卷　（英國）棣麼甘撰（英國）偉烈亞力口譯　（清）李善蘭筆受　清咸豐九年（1859）上海鉛印本　三冊

330000－1701－0039026　普 811.17/21341.2/c1　集部/别集類/清别集
還江集二卷江山奇氣樓詩集一卷歌雲夢雨集一卷　（清）熊寶壽撰　清光緒刻本　一冊

330000－1701－0039027　普 811.17/2144/c2　集部/别集類/清别集
小春浮遺藁四卷　（清）何其菼撰　（清）何德培輯　清嘉慶十一年（1806）刻本　二冊

330000－1701－0039028　普 512/4403/c1　新學/算學/代數
代數鑰七卷　（清）黄慶澄撰　清光緒二十四年（1898）刻本　七冊

330000－1701－0039029　普 811.17/21441　集部/别集類/清别集
藏齋詩鈔六卷　（清）何其超撰　清同治七年（1868）何其超刻本　一冊

330000－1701－0039030　普 512/4403/c2　新學/算學/代數
代數鑰七卷　（清）黄慶澄撰　清光緒二十四年（1898）刻本　七冊

330000－1701－0039031　普 811.17/2148/2　集部/别集類/清别集
劫火紀焚一卷　（清）何鏞　（何桂笙）撰　清光緒十一年（1885）上海萃珍齋木活字印本　一冊

330000－1701－0039032　普 811.17/2161　集部/别集類/清别集
海棠巢詩鈔六卷　（清）熊碧昂撰　清道光二十二年（1842）刻本　一冊

330000－1701－0039034　普 512/4717/c1　子部/天文曆算類/算書之屬
元代合參三卷附元代釋號一卷　（清）胡豫、沈光烈撰　清光緒二十七年（1901）紹興墨潤堂石印本　一冊

330000－1701－0039035　普 811.17/21341.2/c2　集部/别集類/清别集
還江集二卷江山奇氣樓詩集一卷歌雲夢雨集一卷　（清）熊寶壽撰　清光緒刻本　一冊

330000－1701－0039036　普 512/4717/c2　子部/天文曆算類/算書之屬
元代合參三卷附元代釋號一卷　（清）胡豫、沈光烈撰　清光緒二十七年（1901）紹興墨潤堂石印本　一冊

330000－1701－0039037　普 512/5040　新學/算學/代數
代數術二十五卷首一卷　（英國）華里司輯（英國）傅蘭雅口譯　（清）華蘅芳筆述　清光緒二十三年（1897）積山書局石印本　六冊

330000－1701－0039038　普 811.17/2140/c1　集部/别集類/清别集
燕筑吟一卷　（清）何楷章撰　清光緒木活字印本　一冊

330000－1701－0039039　普 951. 00911/1773/14　史部/紀傳類/正史之屬

史記一百三十卷　(漢)司馬遷撰　清乾隆十年(1745)析津吳尚友刻本　漑根題簽　二十四冊

330000－1701－0039040　普 811. 17/2263. 02　集部/别集類/清别集

香杜草二卷二集四卷三集一卷靜讀齋詩話一卷　(清)任昌運撰　清嘉慶七年(1802)任氏靜讀齋刻十一年(1806)增修光緒二十一年(1895)印本　一冊　存二卷(三集、靜讀齋詩話)

330000－1701－0039041　普 811. 17/2140/c2　集部/别集類/清别集

燕筑吟一卷　(清)何楷章撰　清光緒木活字印本　一冊

330000－1701－0039043　普 512/5040/2/c1　新學/算學/代數

代數術二十五卷首一卷　(英國)華里司輯　(英國)傅蘭雅口譯　(清)華蘅芳筆述　清同治十二年(1873)江南製造總局刻本　六冊

330000－1701－0039044　普 951. 00911/1173/15　史部/紀傳類/正史之屬

十七史　(明)毛晉編　明崇禎元年至十七年(1628－1644)毛氏汲古閣刻清順治五年至十三年(1648－1656)補刻本　二十冊　存一種

330000－1701－0039045　普 512/5040/2/c2　新學/算學/代數

代數術二十五卷首一卷　(英國)華里司輯　(英國)傅蘭雅口譯　(清)華蘅芳筆述　清同治十二年(1873)江南製造總局刻本　六冊

330000－1701－0039046　普 811. 17/2168　集部/别集類/清别集

餘甘軒詩鈔十三卷首一卷　(清)何曰愈撰　清光緒七年(1881)閩南節署刻本　二冊　存七卷(首、一至六)

330000－1701－0039048　普 512/5040/3　子部/天文曆算類/算書之屬

測海山房中西算學叢刻初編　(清)測海山房主人輯　清光緒二十二年(1896)上海璣衡堂石印本　四冊　存一種

330000－1701－0039051　普 951. 00911/1773/18　史部/紀傳類/正史之屬

史記一百三十卷　(漢)司馬遷撰　(南朝宋)裴駰集解　(唐)司馬貞索隱　(唐)張守節正義　(明)徐孚遠　(明)陳子龍測議　清瑞成堂刻本　三十二冊

330000－1701－0039053　普 512. 8/4423　子部/天文曆算類/算書之屬

合數述二卷　(清)林紹清撰　清光緒十四年(1888)刻本　二冊

330000－1701－0039054　普 811. 17/2327/(2)　集部/别集類/清别集

心孺詩選二十四卷　(清)傅仲辰撰　清雍正樹滋堂刻本　四冊

330000－1701－0039055　普 512/5040. 02/c1　新學/算學/代數

代數術補式二十六卷首一卷　(英國)華里司輯　(英國)傅蘭雅口譯　(清)華蘅芳筆述　(清)解崇輝補式　清光緒二十六年(1900)上海順成書局石印本　八冊

330000－1701－0039056　普 512/5040. 02/c2　新學/算學/代數

代數術補式二十六卷首一卷　(英國)華里司輯　(英國)傅蘭雅口譯　(清)華蘅芳筆述　(清)解崇輝補式　清光緒二十六年(1900)上海順成書局石印本　八冊

330000－1701－0039057　普 811. 17/21801　集部/别集類/清别集

月船居士詩稿四卷首一卷末一卷　(清)盧鎬撰　清刻本　二冊

330000－1701－0039058　普 512/7530/2/c1　新學/算學/代數

代數難題解法十六卷　(英國)倫德輯　(英國)傅蘭雅口譯　(清)華蘅芳筆述　清末江南製造總局刻本　六冊

330000－1701－0039059　普 811.17/2288　集部/别集類/清别集

古香閣詩鈔一卷　(清)任銓撰　清道光二十九年(1849)刻本　一册

330000－1701－0039060　普 512/7530/2/c2　新學/算學/代數

代數難題解法十六卷　(英國)倫德輯　(英國)傅蘭雅口譯　(清)華蘅芳筆述　清末江南製造總局刻本　六册

330000－1701－0039061　普 512/7530/2/c3　新學/算學/代數

代數難題解法十六卷　(英國)倫德輯　(英國)傅蘭雅口譯　(清)華蘅芳筆述　清末江南製造總局刻本　六册

330000－1701－0039062　普 811.17/2310/c3　集部/别集類/清别集

夢薇樓詩草一卷詩餘一卷　(清)傅霖撰　清同治四年(1865)敦敘堂刻本　一册

330000－1701－0039063　普 811.17/2203　集部/别集類/清别集

風雨對吟齋詩鈔四卷詩餘一卷　(清)任端良撰　清光緒十八年(1892)刻本　二册

330000－1701－0039064　普 811.17/2266　集部/别集類/清别集

月沽詩草四卷　(清)崔暘撰　清末鉛印本　一册

330000－1701－0039065　普 811.17/2327.04　集部/别集類/清别集

心孺詩選二十四卷　(清)傅仲辰撰　清雍正樹滋堂刻本　一册　存八卷(一至八)

330000－1701－0039066　普 512.8/4940　新學/算學/代數

代數備旨不分卷總答一卷　(美國)狄考文選譯　(清)鄒立文　(清)生福維筆述　清光緒二十七年(1901)巴蜀樸園刻本　四册

330000－1701－0039067　普 811.17/2310/c2　集部/别集類/清别集

夢薇樓詩草一卷詩餘一卷　(清)傅霖撰　清同治四年(1865)敦敘堂刻本　一册

330000－1701－0039068　普 951.00911/1773/20　史部/紀傳類/正史之屬

二十四史附考證　清光緒二十一年(1895)上海畊餘主人石印本(史記卷十五至一百三十配清光緒五洲同文局石印本)　二十三册　存一種

330000－1701－0039069　普 811.17/2279/c1　集部/别集類/清别集

倚柁吟遺稾二卷　(清)任塍撰　清宣統元年(1909)鉛印本　懷仲題簽　一册

330000－1701－0039070　普 512.8/4940/2　新學/算學/代數

代數備旨全草不分卷　(清)徐錫麟編　清光緒二十九年(1903)浙紹特别書局刻本　八册

330000－1701－0039072　普 811.17/2221　集部/别集類/清别集

瑤清仙館草一卷　(清)任崧珠撰　清同治三年(1864)刻本　一册

330000－1701－0039074　普 811.17/2227　集部/總集類/氏族之屬

長白英額三先生詩集三種　(清)□□編　清嘉慶十六年(1811)刻本　一册　存一種

330000－1701－0039075　普 811.17/2279/c2　集部/别集類/清别集

倚柁吟遺稾二卷　(清)任塍撰　清宣統元年(1909)鉛印本　一册

330000－1701－0039076　普 511/4802　子部/天文曆算類/算書之屬

筆算五卷　(清)梅文鼎撰　清康熙刻本　一册

330000－1701－0039077　普 811.17/2334/c1　集部/别集類/清别集

一朵山房詩集十八卷　(清)傅潢撰　清光緒三年(1877)武昌刻本　二册

330000－1701－0039078　普 811.17/2230/c1　集部/别集類/清别集

心齋集(心齋詩稿)二卷　(清)任兆麟撰　清乾隆刻本　一册

330000－1701－0039079　普 811.17/2327/c1
集部/别集類/清别集
心孺詩選二十四卷　(清)傅仲辰撰　清雍正樹滋堂刻本　八册

330000－1701－0039080　普 811.17/2230/c2
類叢部/叢書類/自著之屬
心齋十種　(清)任兆麟撰　清乾隆五十年至五十五年(1785－1790)震澤任氏忠敏家塾刻本　一册　存二種

330000－1701－0039081　普 511/6814/c1
新學/算學/三角八綫
算式集要四卷　(英國)哈司韋輯　清刻本　二册

330000－1701－0039082　普 513/6736/c1
子部/天文曆算類/算書之屬
觀我生室匯稿十種　(清)羅士琳撰　清道光刻本　一册　存一種

330000－1701－0039083　普 811.17/2334/c2
集部/别集類/清别集
一朵山房詩集十八卷　(清)傅潢撰　清光緒三年(1877)武昌刻本　二册

330000－1701－0039084　普 511/6814/c2
新學/算學/三角八綫
算式集要四卷　(英國)哈司韋輯　清刻本　二册

330000－1701－0039085　普 811.17/2327/c2
集部/别集類/清别集
心孺詩選二十四卷　(清)傅仲辰撰　清雍正樹滋堂刻本　八册

330000－1701－0039087　普 513/1045　子部/天文曆算類/算書之屬
割圜捷術四卷　(清)王吉甫編　清道光二十三年(1843)武林王氏雅裕堂刻本　一册

330000－1701－0039088　普 513/6736/c2
子部/天文曆算類/算書之屬
觀我生室匯稿十種　(清)羅士琳撰　清道光刻本　三册　存一種

330000－1701－0039089　普 513/6736/c4
子部/天文曆算類/算書之屬
觀我生室匯稿十種　(清)羅士琳撰　清道光刻本　二册　存一種

330000－1701－0039090　普 513.1/2642/c1
新學/圖學/圖算
運規約指三卷　(英國)白起德輯　(英國)傅蘭雅口譯　(清)徐建寅筆述　清末上海江南製造總局刻本　一册

330000－1701－0039092　普 811.17/2246
集部/别集類/清别集
念堂詩草五卷　(清)崔旭撰　清道光九年(1829)刻民國二十二年(1933)崔聯奎印本　二册

330000－1701－0039093　普 513.1/2642/c2
新學/圖學/圖算
運規約指三卷　(英國)白起德輯　(英國)傅蘭雅口譯　(清)徐建寅筆述　清末上海江南製造總局刻本　一册

330000－1701－0039094　普 811.17/2104
集部/别集類/清别集
悔初廬詩稿二卷　(清)柴文傑撰　清光緒三年(1877)刻本　一册

330000－1701－0039095　普 811.17/2246.2
集部/别集類/清别集
念堂詩鈔一卷　(清)崔旭撰　清刻本　一册

330000－1701－0039096　普 811.17/2106
集部/别集類/清别集
二思齋詩鈔六卷　(清)何文明撰　清光緒七年(1881)閩南節署刻本　一册　存三卷(一至三)

330000－1701－0039097　普 811.17/2253
集部/别集類/清别集
延綠齋詩存十二卷　(清)岑振祖撰　清嘉慶二十五年(1820)姚江岑氏刻本　四册

330000－1701－0039098　普513/4500　類叢部/叢書類/彙編之屬

海山仙館叢書五十六種　(清)潘仕成編　清道光二十五年至咸豐元年(1845－1851)番禺潘氏刻光緒十一年(1885)增刻彙印本　四冊　存一種

330000－1701－0039100　普811.17/2422　集部/別集類/清別集

餘暇集二卷　(清)特依順撰　清道光古葊城陳大溶跨鼇樓刻本　一冊

330000－1701－0039101　普811.17/2501　集部/別集類/清別集

穆清堂詩鈔三卷　(清)朱庭珍撰　清光緒十三年(1887)滇省務本堂刻本　許如山題記　三冊

330000－1701－0039102　普811.17/2263/c2　集部/別集類/清別集

香杜草二卷二集四卷三集一卷靜讀齋詩話一卷　(清)任昌運撰　清嘉慶七年(1802)任氏靜讀齋刻十一年(1806)增修本　六冊

330000－1701－0039103　普513/4500.2/c1　子部/天文曆算類/算書之屬

幾何原本十五卷　(意大利)利瑪竇　(英國)偉烈亞力口譯　(明)徐光啓　(清)李善蘭筆受　清同治四年(1865)金陵刻本　八冊

330000－1701－0039107　普513/4500.2/c2　子部/天文曆算類/算書之屬

幾何原本十五卷　(意大利)利瑪竇　(英國)偉烈亞力口譯　(明)徐光啓　(清)李善蘭筆受　清同治四年(1865)金陵刻本　八冊

330000－1701－0039109　普811.17/2346　集部/別集類/清別集

留影詩一卷　(清)臧槐撰　清末木活字印本　一冊

330000－1701－0039110　普513/4500.2/c3　子部/天文曆算類/算書之屬

幾何原本十五卷　(意大利)利瑪竇　(英國)偉烈亞力口譯　(明)徐光啓　(清)李善蘭筆受　清同治四年(1865)金陵刻本　八冊

330000－1701－0039111　普951.00911/1173/22　史部/紀傳類/正史之屬

二十四史　清同治至光緒五省官書局據汲古閣本等合刻光緒五年(1879)湖北書局彙印本　十冊　存一種

330000－1701－0039112　普811.17/2347/c1　類叢部/叢書類/自著之屬

澹勤室全集五種　(清)傅壽彤撰　清光緒三年(1877)武昌刻本　一冊　存一種

330000－1701－0039113　普514/3804　新學/算學/代數

三角數理十二卷　(英國)海麻士輯　(英國)傅蘭雅口譯　(清)華蘅芳筆述　(清)曹擷亭繪圖　清光緒江南製造總局刻本　六冊

330000－1701－0039114　普811.17/2347/c2　類叢部/叢書類/自著之屬

澹勤室全集五種　(清)傅壽彤撰　清光緒三年(1877)武昌刻本　一冊　存一種

330000－1701－0039115　普811.17/2503/(2)/c3　集部/別集類/清別集

繞竹山房詩稿十卷詩餘一卷　(清)朱文治撰　清嘉慶二十三年(1818)刻本　二冊

330000－1701－0039116　普811.17/2449/2　集部/別集類/清別集

飲水詩集一卷詞集一卷　(清)性德撰　清道光二十五年(1845)華亭張祥河刻本　一冊

330000－1701－0039117　普513.1/4433　子部/天文曆算類/算書之屬

容圓七術三卷附曲面容方一卷　(清)黃宗憲撰　清光緒二十二年(1896)梅城知足堂刻藍印本　二冊

330000－1701－0039118　普811.17/2503/(2)/c4　集部/別集類/清別集

繞竹山房詩稿十卷詩餘一卷續詩稿十四卷　(清)朱文治撰　清嘉慶二十三年(1818)、咸豐五年(1855)刻本　八冊

330000－1701－0039119　普 811.17/2400　集部/别集類/清别集
梅庵詩草一卷　(清)釋續亮撰　清宣統元年(1909)妙高寺鉛印本　一册

330000－1701－0039121　普 811.17/2455/c1　集部/别集類/清别集
哦月樓詩存三卷詩餘一卷續附一卷　(清)儲慧撰　清光緒十一年(1885)鉛印本　一册　存四卷(詩存一至三、續附)

330000－1701－0039122　普 811.17/2455/c2　集部/别集類/清别集
哦月樓詩存三卷詩餘一卷續附一卷　(清)儲慧撰　清光緒十一年(1885)鉛印本　一册　存四卷(詩存一至三、續附)

330000－1701－0039124　普 951.00911/1773/23/c1　史部/紀傳類/正史之屬
二十四史附考證　清光緒二十八年(1902)武林竹簡齋石印本　八册　存一種

330000－1701－0039125　普 811.17/2503/2　集部/别集類/清别集
繞竹山房詩稿十卷詩餘一卷續詩稿十四卷　(清)朱文治撰　清嘉慶二十三年(1818)、咸豐五年(1855)刻本　十六册

330000－1701－0039126　普 517/5040/c1　新學/算學/微積
微積溯源八卷　(英國)華里司輯　(英國)傅蘭雅口譯　(清)華蘅芳筆述　清同治十三年(1874)江南機器製造總局刻本　六册

330000－1701－0039128　普 514.6/6736　子部/天文曆算類/算書之屬
觀我生室匯稿十種　(清)羅士琳撰　清道光刻本　三册　存一種

330000－1701－0039130　普 951.00911/1773/23/c2　史部/紀傳類/正史之屬
四史附考證　清光緒二十八年(1902)竢實齋石印本　八册　存一種

330000－1701－0039131　普 517/5040/c2　新學/算學/微積
微積溯源八卷　(英國)華里司輯　(英國)傅蘭雅口譯　(清)華蘅芳筆述　清同治十三年(1874)江南機器製造總局刻本　六册

330000－1701－0039132　普 517/5040/2　新學/算學/微積
微積溯源八卷　(英國)華里司輯　(英國)傅蘭雅口譯　(清)華蘅芳筆述　清光緒二十三年(1897)積山書局石印本　六册

330000－1701－0039134　普 811.17/2503.2/2　集部/别集類/清别集
繞竹山房續詩稿十四卷　(清)朱文治撰　清咸豐五年(1855)刻本　四册

330000－1701－0039135　普 811.17/2504/c1　集部/别集類/清别集
求聞過齋詩集六卷　(清)朱方增撰　清光緒十九年(1893)刻本　二册

330000－1701－0039136　普 811.17/25041　類叢部/叢書類/彙編之屬
蓉園叢書十一種　(清)平步青編　清同治至光緒山陰平氏安越堂刻本　一册　存一種

330000－1701－0039137　普 811.17/25042　集部/别集類/清别集
春橋草堂詩集八卷　(清)朱方藹撰　清嘉慶五年(1800)畬經堂刻本　二册

330000－1701－0039138　普 811.17/25102　集部/别集類/清别集
望嶽樓詩二卷　(清)朱霈撰　清嘉慶七年(1802)刻本　二册

330000－1701－0039139　普 811.17/2507　集部/别集類/清别集
片玉山莊詩存一卷　(清)朱彦臣撰　清光緒二十二年(1896)刻本　一册

330000－1701－0039141　普 811.17/2510　集部/别集類/清别集
享帚山房吟稾二卷　(清)朱霞撰　清道光二十六年(1846)刻本　一册

330000－1701－0039142　普 811.17/25101/

c2　集部/别集類/清别集

曠觀樓詩存八卷　(清)朱霖撰　清光緒六年(1880)如皋朱氏刻十六年(1890)補刻本　四册

330000－1701－0039143　普 811.17/25101/c4　集部/别集類/清别集

曠觀樓詩存八卷　(清)朱霖撰　清光緒六年(1880)如皋朱氏刻十六年(1890)補刻本　四册

330000－1701－0039144　普 951.00911/1773/24　史部/紀傳類/正史之屬

二十四史附考證　清光緒十四年(1888)上海圖書集成印書局鉛印本　十六册　存一種

330000－1701－0039145　普 517/7547　子部/天文曆算類/算書之屬

微積闡詳五卷　(清)陳志堅撰　清光緒三十二年(1906)松江新陽陳志堅刻本　二册

330000－1701－0039146　普 951.00911/1773/25　史部/紀傳類/正史之屬

二十四史附考證　清光緒煥文書局石印本　七册　存一種

330000－1701－0039147　普 811.17/2504/c2　集部/别集類/清别集

求聞過齋詩集六卷　(清)朱方增撰　清光緒十九年(1893)刻本　二册

330000－1701－0039149　普 811.17/2504/c3　集部/别集類/清别集

求聞過齋詩集六卷　(清)朱方增撰　清光緒十九年(1893)刻本　二册

330000－1701－0039150　普 811.17/2503/(2)/c2　集部/别集類/清别集

繞竹山房詩稿十卷詩餘一卷　(清)朱文治撰　清嘉慶二十三年(1818)刻本　四册

330000－1701－0039151　普 514.7/1123　子部/天文曆算類/算書之屬

項梅侶先生算學三種　(清)項名達撰　清末鉛印本　一册

330000－1701－0039153　普 520/0445/2/c1　新學/天學

談天十八卷首一卷附表一卷　(英國)侯失勒撰　(英國)偉烈亞力口譯　(清)李善蘭筆述　清光緒江南製造總局刻本　四册

330000－1701－0039154　普 520/0445/2/c2　新學/天學

談天十八卷首一卷附表一卷　(英國)侯失勒撰　(英國)偉烈亞力口譯　(清)李善蘭筆述　清光緒江南製造總局刻本　四册

330000－1701－0039155　普 520/0445/2/c3　新學/天學

談天十八卷首一卷附表一卷　(英國)侯失勒撰　(英國)偉烈亞力口譯　(清)李善蘭筆述　清光緒江南製造總局刻本　四册

330000－1701－0039156　普 520/0445/2/c4　新學/天學

談天十八卷首一卷附表一卷　(英國)侯失勒撰　(英國)偉烈亞力口譯　(清)李善蘭筆述　清光緒江南製造總局刻本　四册

330000－1701－0039157　普 517/1044　新學/算學/微積

微積學答問不分卷　(清)王世編　清光緒三十三年(1907)上海彪蒙書室石印本　四册

330000－1701－0039158　普 520/0445/3/c1　新學/天學

談天十八卷首一卷附表一卷　(英國)侯失勒撰　(英國)偉烈亞力口譯　(清)李善蘭筆述　清同治十三年(1874)鉛印本　三册

330000－1701－0039159　普 520/0445/3/c2　新學/天學

談天十八卷首一卷附表一卷　(英國)侯失勒撰　(英國)偉烈亞力口譯　(清)李善蘭筆述　清同治十三年(1874)鉛印本　三册

330000－1701－0039160　普 520/0445/4　新學/天學

談天十八卷首一卷附表一卷　(英國)侯失勒撰　(英國)偉烈亞力口譯　(清)李善蘭筆述

清光緒二十二年(1896)上海著易堂石印本　四冊

330000－1701－0039161　普 517/4436　子部/天文曆算類/算書之屬
微積通詮十六卷　(清)黄啓明撰　清光緒三十一年(1905)廣州菁華閣刻本　八冊

330000－1701－0039162　HJH1134、HJL1135、HJH1138、HJL1140　類叢部/叢書類/彙編之屬
十萬卷樓叢書五十一種　(清)陸心源編　清光緒歸安陸氏刻本(歲時廣記卷六原缺)　四冊　存四種

330000－1701－0039164　普 520/7543/c1　子部/天文曆算類/天文之屬
琅嬛天文集四卷　(清)陳太初撰　清嘉慶八年(1803)雲門抱蘭軒木活字印本　四冊

330000－1701－0039165　普 520/1000/c1　類叢部/類書類/通類之屬
玉海二百卷辭學指南四卷詩攷一卷詩地理攷六卷漢藝文志攷證十卷通鑑地理通釋十四卷周書王會補注一卷漢制攷四卷踐阼篇集解一卷急就篇補注四卷姓氏急就篇二卷小學紺珠十卷六經天文編二卷周易鄭康成注一卷通鑑答問五卷　(宋)王應麟撰　**校補玉海瑣記二卷王深寧先生[應麟]年譜一卷**　(清)張大昌撰　清光緒九年至十六年(1883－1890)浙江書局刻本　一冊　存二卷(六經天文編一至二)

330000－1701－0039166　普 520/1000/c2　類叢部/類書類/通類之屬
玉海二百卷辭學指南四卷詩攷一卷詩地理攷六卷漢藝文志攷證十卷通鑑地理通釋十四卷周書王會補注一卷漢制攷四卷踐阼篇集解一卷急就篇補注四卷姓氏急就篇二卷小學紺珠十卷六經天文編二卷周易鄭康成注一卷通鑑答問五卷　(宋)王應麟撰　**校補玉海瑣記二卷王深寧先生[應麟]年譜一卷**　(清)張大昌撰　清光緒九年至十六年(1883－1890)浙江書局刻本　一冊　存二卷(六經天文編一至二)

330000－1701－0039167　普 520/1000/c3　類叢部/類書類/通類之屬
玉海二百卷辭學指南四卷詩攷一卷詩地理攷六卷漢藝文志攷證十卷通鑑地理通釋十四卷周書王會補注一卷漢制攷四卷踐阼篇集解一卷急就篇補注四卷姓氏急就篇二卷小學紺珠十卷六經天文編二卷周易鄭康成注一卷通鑑答問五卷　(宋)王應麟撰　**校補玉海瑣記二卷王深寧先生[應麟]年譜一卷**　(清)張大昌撰　清光緒九年至十六年(1883－1890)浙江書局刻本　一冊　存二卷(六經天文編一至二)

330000－1701－0039168　普 520/1000/c4　類叢部/類書類/通類之屬
玉海二百卷辭學指南四卷詩攷一卷詩地理攷六卷漢藝文志攷證十卷通鑑地理通釋十四卷周書王會補注一卷漢制攷四卷踐阼篇集解一卷急就篇補注四卷姓氏急就篇二卷小學紺珠十卷六經天文編二卷周易鄭康成注一卷通鑑答問五卷　(宋)王應麟撰　**校補玉海瑣記二卷王深寧先生[應麟]年譜一卷**　(清)張大昌撰　清光緒九年至十六年(1883－1890)浙江書局刻本　一冊　存二卷(六經天文編一至二)

330000－1701－0039169　普 951.00911/2230/c1　史部/紀傳類/正史之屬
史記探源八卷　(清)崔適撰　清宣統二年(1910)崔適觶廬刻本　四冊

330000－1701－0039170　普 522.1/8031　子部/天文曆算類/天文之屬
天文問答一卷天文名目華法英德文合表一卷　(清)佘賓王輯　清光緒二十九年(1903)上海慈母堂印書館鉛印本　一冊

330000－1701－0039171　普 520/7543/c2　子部/天文曆算類/天文之屬
琅嬛天文集四卷　(清)陳太初撰　清嘉慶八年(1803)雲門抱蘭軒木活字印本　四冊

330000－1701－0039172　普 951.00911/

2230/c2　史部/紀傳類/正史之屬

史記探源八卷　(清)崔適撰　清宣統二年(1910)崔適觶廬刻本　四册

330000－1701－0039173　普 520/7543/c3　子部/天文曆算類/天文之屬

琅嬛集四卷琅嬛天文集四卷　(清)陳太初撰　清嘉慶八年(1803)雲門抱蘭軒木活字印本　四册　存四卷(琅嬛集一至四)

330000－1701－0039176　普 523/0058/c1　新學/天學

天文揭要二卷　(美國)赫士口譯　(清)周文源筆述　清光緒二十四年(1898)上海美華書館鉛印本　二册

330000－1701－0039177　普 523/0058/c2　新學/天學

天文揭要二卷　(美國)赫士口譯　(清)周文源筆述　清光緒二十四年(1898)上海美華書館鉛印本　二册

330000－1701－0039178　普 520.8/2824　子部/天文曆算類/天文之屬

高厚蒙求四集八種　(清)徐朝俊撰　清嘉慶十二年至二十年(1807－1815)雲間徐氏刻本　四册

330000－1701－0039179　普 523/1060/c1　子部/天文曆算類/天文之屬

天文畧論一卷　清道光二十九年(1849)刻本　一册

330000－1701－0039181　普 523/1060/c2　子部/天文曆算類/天文之屬

天文畧論一卷　清道光二十九年(1849)刻本　一册

330000－1701－0039182　普 811.17/25111　集部/别集類/清别集

浣桐詩鈔六卷　(清)朱一蜚撰　清乾隆二十四年(1759)朱錦昌刻本　二册

330000－1701－0039184　普 522.1/7548　子部/天文曆算類

天文算學纂要二十卷附萬年書二卷推測易知四卷　(清)陳松撰　清光緒十三年(1887)永新樹德堂刻本　二十四册

330000－1701－0039185　普 811.17/25112　集部/别集類/清别集

寫心齋詩鈔一卷　(清)朱瓏撰　清光緒三十四年(1908)鉛印本　一册

330000－1701－0039186　普 811.17/2518/c1　集部/别集類/清别集

聽秋館吟稿六卷　(清)朱承鉽撰　**小于舟詩存一卷**　(清)朱瀾撰　清光緒十六年(1890)刻本　二册

330000－1701－0039188　普 811.17/25181　集部/别集類/清别集

餘暉樓遺藁一卷　(清)朱廷錡撰　清咸豐三年(1853)刻本　一册

330000－1701－0039190　普 811.17/2518/c2　集部/别集類/清别集

聽秋館吟稿六卷　(清)朱承鉽撰　清光緒十六年(1890)刻本　二册

330000－1701－0039191　普 811.17/2514　集部/别集類/清别集

春山詩存四卷外編一卷　(清)朱瑞椿撰　清嘉慶二十五年(1820)桂香堂刻本　二册

330000－1701－0039193　普 811.17/25182　集部/别集類/清别集

松屏閣詩存一卷　(清)朱廷鑑撰　清道光二十三年(1843)刻本　一册

330000－1701－0039194　普 811.37/2528　集部/别集類/清别集

曝書亭集詩註二十四卷　(清)朱彝尊撰　(清)楊謙注　**朱竹垞先生[彝尊]年譜一卷**　(清)楊謙撰　清楊氏木山閣刻本(卷二十三至二十四原缺)　八册

330000－1701－0039196　普 811.17/2528/2　集部/别集類/清别集

曝書亭集詩註二十四卷　(清)朱彝尊撰　(清)楊謙注　**朱竹垞先生[彝尊]年譜一卷**　(清)楊謙撰　**曝書亭集詞注七卷**　(清)李富

孫撰　清楊氏木山閣刻民國十年(1921)陸祖穀補刻本(卷二十三至二十四原缺)(曝書亭集詞注七卷配清嘉慶刻本)　十二册

330000－1701－0039197　普523/4437　子部/天文曆算類/天文之屬
天文歌略一卷　(清)葉瀾撰　清末刻本　一册

330000－1701－0039198　普811.17/2522　集部/别集類/清别集
六行堂詩鈔三卷　(清)朱山撰　**六行堂詩鈔四卷**　(清)朱澐撰　清道光三年(1823)刻本　四册

330000－1701－0039199　普811.17/25141　集部/别集類/清别集
小萬卷齋詩藁三十二卷詩續藁十二卷詩遺藁一卷文藁二十四卷經進藁四卷　(清)朱琦撰　清光緒十一年(1885)朱臧成嘉樹山房刻本　十二册　缺二十八卷(詩稿二十九至三十二、文藁一至二十四)

330000－1701－0039200　普811.17/2528/(3)　集部/别集類/清别集
曝書亭集詩註二十四卷　(清)朱彝尊撰　(清)楊謙注　**朱竹垞先生[彝尊]年譜一卷**　(清)楊謙撰　清楊氏木山閣刻本(卷二十三至二十四原缺)　十册　缺一卷(年譜)

330000－1701－0039201　普811.17/25141/2　集部/别集類/清别集
小萬卷齋詩藁三十二卷詩續藁十二卷詩遺藁一卷文藁二十四卷經進藁四卷　(清)朱琦撰　清光緒十一年(1885)朱臧成嘉樹山房刻本　十二册　缺二十四卷(文藁一至二十四)

330000－1701－0039202　普523.1/4050　子部/天文曆算類/天文之屬
天文大象賦二卷　(隋)李播撰　(唐)苗爲注　(清)孫之騄補　清咸豐六年(1856)江陰六嚴刻本　四册

330000－1701－0039204　普811.17/2520/c1　集部/别集類/清别集
小木子詩三刻六卷　(清)朱休度撰　清嘉慶三年至十七年(1798－1812)刻彙印本　四册

330000－1701－0039206　普523.6/4450　子部/天文曆算類/天文之屬
古今彗星攷不分卷　(清)葉青編　清宣統二年(1910)上海時中書局鉛印本　一册

330000－1701－0039207　普811.17/2520/c3　集部/别集類/清别集
小木子詩三刻六卷　(清)朱休度撰　清嘉慶三年至十七年(1798－1812)刻彙印本　四册

330000－1701－0039208　普811.17/2528.4　集部/别集類/清别集
南車草一卷　(清)朱彝尊撰　清抄本　一册

330000－1701－0039210　普811.17/2520/c4　集部/别集類/清别集
小木子詩三刻六卷　(清)朱休度撰　清嘉慶三年至十七年(1798－1812)刻彙印本　六册

330000－1701－0039212　普811.17/2524/(2)　集部/别集類/清别集
小雲廬吟稿七卷　(清)朱壬林撰　清道光十九年(1839)刻本　二册

330000－1701－0039213　普811.17/2524　集部/别集類/清别集
知足齋詩集二十卷詩續集四卷文集六卷進呈文稿二卷　(清)朱珪撰　清嘉慶九年(1804)阮元刻十一年(1806)大興朱氏增修本　八册　存二十卷(知足齋詩集一至二十)

330000－1701－0039215　普811.17/2528.2/c1　集部/别集類/清别集
曝書亭詩錄箋注十二卷　(清)朱彝尊撰　(清)江浩然箋注　清乾隆惇裕堂刻本　六册

330000－1701－0039216　普811.17/2528.4/2/c2　集部/别集類/清别集
南車草一卷薇堂和章一卷　(清)朱彝尊撰　清嘉慶二十三年(1818)蔣楷刻本　一册

330000－1701－0039218　普523.78/1040　類叢部/叢書類/自著之屬

王弢園叢書二種　(清)王韜撰　清光緒十五年至十六年(1889－1890)鉛印本　一册　存一種

330000－1701－0039219　普 811.17/2524/2
集部/别集類/清别集
知足齋詩集二十卷詩續集四卷文集六卷進呈文稿二卷　(清)朱珪撰　清嘉慶九年(1804)阮元刻十一年(1806)大興朱氏增修本　七册　存十八卷(知足齋詩集一至十八)

330000－1701－0039220　普 811.17/2530
集部/别集類/清别集
紫薇華館九十春吟藁一卷　(清)朱裕庭撰　清光緒二年(1876)淮鹽石梁寄萍小寓廬刻本　一册

330000－1701－0039221　普 951.00911/2666/2/c2　史部/史評類/史論之屬
史記論文一百三十卷　(清)吴見思撰　清康熙二十六年(1687)尺木堂刻本　二十四册

330000－1701－0039222　普 811.17/2528.2/c3　集部/别集類/清别集
曝書亭詩錄箋注十二卷　(清)朱彝尊撰　(清)江浩然箋注　清乾隆惇裕堂刻本　六册

330000－1701－0039223　普 811.17/2540
集部/别集類/清别集
冬秀亭集四卷　(清)朱樟撰　清乾隆刻本　四册

330000－1701－0039224　普 811.17/2525
集部/别集類/清别集
楓江草堂詩稿三卷楓江漁唱一卷清湘瑤瑟譜一卷　(清)朱紫貴撰　清道光刻本　一册

330000－1701－0039225　普 811.17/2531
集部/别集類/清别集
蕉聲館文集八卷詩集二十卷詩補遺四卷　(清)朱爲弼撰　清咸豐六年至七年(1856－1857)刻本　四册　缺八卷(文集一至八)

330000－1701－0039228　普 811.17/2532
集部/别集類/清别集
荻廬詩鈔一卷　(清)朱澄撰　清道光刻本　一册

330000－1701－0039233　普 528.951/4037
子部/天文曆算類/曆法之屬
大清同治十四年歲次乙亥時憲書一卷　清同治十三年(1874)欽天監刻墨綠套印本　一册

330000－1701－0039234　普 811.17/2542
集部/别集類/清别集
海愚詩鈔十二卷　(清)朱孝純撰　清乾隆五十九年(1794)刻本　四册

330000－1701－0039235　普 951.00911/2749
史部/紀傳類/正史之屬
史記一百三十卷　(漢)司馬遷撰　(明)歸有光評點　**方望溪平點史記四卷**　(清)方苞撰　清光緒二年至四年(1876－1878)武昌張氏刻本　二十册

330000－1701－0039236　普 525/1124/c1
子部/天文曆算類/算書之屬
翠薇山房數學十四種　(清)張作楠撰　清嘉慶至道光金華張氏翠薇山房刻光緒五年(1879)重修本　一册　存一種

330000－1701－0039237　普 525/1124/c2
子部/天文曆算類/算書之屬
翠薇山房數學十四種　(清)張作楠撰　清嘉慶至道光金華張氏翠薇山房刻光緒五年(1879)重修本　一册　存一種

330000－1701－0039238　普 811.17/2533/c1
類叢部/叢書類/彙編之屬
臨海葉氏蔭玉閣叢書　(清)葉書輯　清光緒臨海葉氏木活字印本　一册　存一種

330000－1701－0039239　普 811.17/2540.2
類叢部/叢書類/郡邑之屬
武林掌故叢編一百八十七種　(清)丁丙編　清光緒三年至二十六年(1877－1900)錢塘丁氏嘉惠堂刻本　一册　存一種

330000－1701－0039240　普 525/4050　子部/天文曆算類/天文之屬
八星之一總論一卷　(英國)李提摩太撰　(清)鑄鐵盦譯　清光緒十九年(1893)上海廣

學會鉛印本　一冊

330000－1701－0039241　普 527/1103　新學/船政/行船事宜
航海金針三卷　（美國）來特非爾撰　（美國）瑪高溫譯　清咸豐三年（1853）愛華堂刻本　一冊

330000－1701－0039242　普 811.17/2533/c3　類叢部/叢書類/彙編之屬
臨海葉氏蔭玉閣叢書　（清）葉書輯　清光緒臨海葉氏木活字印本　一冊　存一種

330000－1701－0039243　普 811.17/2540.3　集部/别集類/清别集
白舫集二卷　（清）朱樟撰　清武林芹香齋刻本　二冊

330000－1701－0039244　普 811.17/2543　集部/别集類/清别集
妙吉祥室詩鈔十三卷詩餘一卷雜存一卷　（清）朱葵之撰　清光緒十年（1884）古義安郡署刻本　五冊　存十三卷（一至十三）

330000－1701－0039245　普 528.3/1007　子部/宗教類/其他宗教之屬/伊斯蘭教
天方曆源一卷　（清）馬德新撰　清光緒元年（1875）成都清真七寺刻本　一冊

330000－1701－0039247　普 811.17/25401　集部/别集類/清别集
草衣山人集四卷　（清）朱卉撰　清乾隆刻本　四冊

330000－1701－0039248　普 811.17/2561　集部/别集類/清别集
春風草堂詩一卷　（清）朱點撰　清嘉慶十一年（1806）刻本　一冊

330000－1701－0039249　普 811.17/2575　集部/别集類/清别集
淡巴菰唱龢合刻二種　（清）朱履中輯　清嘉慶二年（1797）小西山房刻本　一冊　存一種

330000－1701－0039251　普 811.17/2543/2/c1　集部/别集類/清别集
妙吉祥室詩鈔十三卷詩餘一卷雜存一卷　（清）朱葵之撰　清光緒十年（1884）古義安郡署刻本　六冊

330000－1701－0039253　普 811.17/2543/2/c2　集部/别集類/清别集
妙吉祥室詩鈔十三卷詩餘一卷雜存一卷　（清）朱葵之撰　清光緒十年（1884）古義安郡署刻本　六冊

330000－1701－0039254　普 951.00911/2749/（2）　史部/紀傳類/正史之屬
史記一百三十卷　（漢）司馬遷撰　（明）歸有光評點　**方望溪平點史記四卷**　（清）方苞撰　清光緒二年至四年（1876－1878）武昌張氏刻本　二十四冊

330000－1701－0039255　普 811.17/25331.2/c1　集部/别集類/清别集
雙清閣袖中詩本二卷擁翠詞稿一卷　（清）朱福清撰　清光緒十九年（1893）江蘇書局刻本　一冊

330000－1701－0039256　普 811.17/2582　集部/别集類/清别集
疏蘭僊館詩集四卷續集六卷再續集四卷沮江隨筆二卷　（清）朱錫綬撰　清光緒十六年（1890）羊石刻本　四冊

330000－1701－0039257　普 811.17/25331.2/c2　集部/别集類/清别集
雙清閣袖中詩本二卷擁翠詞稿一卷　（清）朱福清撰　**寄鷗館梅花百詠一卷**　（清）任道鎔撰　清光緒十九年（1893）江蘇書局刻本　一冊

330000－1701－0039258　普 951.00911/2749/（3）　史部/紀傳類/正史之屬
史記一百三十卷　（漢）司馬遷撰　（明）歸有光評點　**方望溪平點史記四卷**　（清）方苞撰　清光緒二年至四年（1876－1878）武昌張氏刻本　四十冊

330000－1701－0039260　普 811.17/25421/c2　集部/别集類/清别集

抱山堂集十四卷　(清)朱彭撰　清咸豐十一年(1861)刻本　劉承幹題記　四冊　缺三卷(五至七)

330000－1701－0039261　普 811.17/2582/(2)　集部/別集類/清別集
疏蘭僊館詩集四卷續集六卷再續集四卷　(清)朱錫綬撰　清光緒十六年(1890)羊石刻本　三冊

330000－1701－0039262　普 811.17/2587　集部/别集類/清別集
祖硯堂集十卷畫舫齋詞二卷　(清)朱人鳳撰　清道光二年(1822)嶺南薇署刻本　五冊

330000－1701－0039264　普 811.17/2534　集部/别集類/清別集
小滄洲詩草一卷　(清)朱澇撰　小滄洲詩草一卷詩餘一卷　(清)朱湘撰　清道光二十四年(1844)刻本　四冊

330000－1701－0039265　普 811.17/2587/2　集部/别集類/清別集
祖硯堂集十卷畫舫齋詞二卷　(清)朱人鳳撰　清道光二年(1822)嶺南薇署刻本　四冊

330000－1701－0039266　普 811.17/25881　集部/别集類/清別集
笥河詩集二十卷古文鈔三卷　(清)朱筠撰　(清)朱錫庚編訂　清嘉慶八年(1803)朱珪椒華吟舫刻本　八冊　缺三卷(古文鈔一至三)

330000－1701－0039267　普 811.17/2588　集部/别集類/清別集
二亭詩鈔六卷首一卷　(清)朱筼撰　清嘉慶十二年至十三年(1807－1808)刻本　一冊

330000－1701－0039268　普 811.17/2544　集部/别集類/清別集
退學齋詩稿一卷知困書屋詩稿一卷半園詩稿一卷西征詩稿一卷　(清)朱在勤撰　清同治至光緒刻本　一冊

330000－1701－0039269　普 811.17/25341　集部/别集類/清別集
閒閒廬詩集一卷　(清)朱逵撰　清抄本　一冊

330000－1701－0039270　普 811.17/2543.2/c1　集部/别集類/清別集
壽間齋吟草八卷　(清)朱葵之撰　清光緒十年(1884)古義安郡署刻本　二冊

330000－1701－0039271　普 811.17/2552/c1　集部/别集類/清別集
竹南精舍詩鈔四卷　(清)朱泰脩撰　清光緒八年(1882)刻本　二冊

330000－1701－0039272　普 811.17/2588/(2)　集部/别集類/清別集
二亭詩鈔六卷首一卷　(清)朱筼撰　清嘉慶十二年至十三年(1807－1808)刻本　六冊

330000－1701－0039273　普 811.17/2536　集部/别集類/清別集
嶽雲詩鈔十卷　(清)朱福田撰　清嘉慶二十年(1815)枕江園刻本　四冊

330000－1701－0039274　普 811.17/2543.2/c2　集部/别集類/清別集
壽間齋吟草八卷　(清)朱葵之撰　清光緒十年(1884)古義安郡署刻本　二冊

330000－1701－0039275　普 811.17/2536/2　集部/别集類/清別集
嶽雲詩鈔七卷　(清)朱福田撰　清嘉慶二十年(1815)枕江園刻道光二十四年(1844)印本　一冊　存三卷(五至七)

330000－1701－0039276　普 811.17/2543.2/c4　集部/别集類/清別集
壽間齋吟草八卷　(清)朱葵之撰　清光緒十年(1884)古義安郡署刻本　二冊

330000－1701－0039278　普 811.17/2543.2/c5　集部/别集類/清別集
壽間齋吟草八卷　(清)朱葵之撰　清光緒十年(1884)古義安郡署刻本　二冊

330000－1701－0039279　普 811.17/2552/c2　集部/别集類/清別集
竹南精舍詩鈔四卷　(清)朱泰脩撰　清光緒

八年(1882)刻民國四年(1915)補刻本　二冊

330000－1701－0039280　普 811.17/2543.3　集部/别集類/清别集
妙吉祥室詩鈔十三卷詩餘一卷雜存一卷　(清)朱葵之撰　清光緒十年(1884)古義安郡署刻本　六冊

330000－1701－0039281　普 528.39/6021　子部/天文曆算類/曆法之屬
羅傳烈通書不分卷　清道光二十六年(1846)崇道堂刻本　一冊

330000－1701－0039282　普 811.17/2552.2/c1　集部/别集類/清别集
竹南精舍試帖詩鈔二卷　(清)朱泰脩撰　清光緒刻本　一冊

330000－1701－0039283　普 951.00911/3312/c2　史部/紀傳類/正史之屬
史記志疑三十六卷　(清)梁玉繩撰　清乾隆仁和梁玉繩刻本　十冊

330000－1701－0039284　普 811.17/2566/c1　集部/别集類/清别集
曝書亭集八十卷附録一卷　(清)朱彝尊撰
笛漁小稾十卷　(清)朱昆田撰　清康熙五十三年(1714)朱稻孫刻雍正重修本　一冊　存十卷(笛漁小稾一至十)

330000－1701－0039285　普 811.17/2590　集部/别集類/清别集
瀛洲集一卷湖樓集一卷楓江集一卷　(清)朱炎撰　清乾隆三十八年(1773)樊桐山房刻本　三冊

330000－1701－0039286　普 811.17/2552.2/c2　集部/别集類/清别集
竹南精舍試帖詩鈔二卷　(清)朱泰脩撰　清光緒刻本　二冊

330000－1701－0039287　普 951.00911/3312/2　類叢部/叢書類/彙編之屬
廣雅書局叢書一百五十九種　徐紹棨編　清光緒廣雅書局刻民國九年(1920)番禺徐紹棨彙編重印本　十四冊　存一種

330000－1701－0039288　普 811.17/2560　集部/别集類/清别集
愧不學齋詩四卷　(清)朱羅撰　清光緒三十一年(1905)刻本　一冊

330000－1701－0039289　普 528.951/4039　子部/天文曆算類/曆法之屬
大清光緒二十三年至三十年時憲書八卷　清光緒欽天監刻朱墨套印本　二冊

330000－1701－0039290　普 951.00911/3312/2(2)　史部/紀傳類/正史之屬
史記志疑三十六卷附録三卷　(清)梁玉繩撰　清光緒十三年(1887)刻廣雅書局叢書本　章嶔題簽　十六冊

330000－1701－0039291　普 811.17/26032　類叢部/叢書類/自著之屬
南野堂全集三種　(清)吳文溥撰　清乾隆至嘉慶刻本　六冊　存一種

330000－1701－0039292　普 811.17/25961　集部/别集類/清别集
蛩吟小草二卷　(清)朱光昭撰　清道光十八年(1838)刻本　四冊

330000－1701－0039293　普 529/2820　子部/天文曆算類/曆法之屬
天元曆理全書十二卷首一卷　題(清)徐發撰　清康熙刻本　八冊

330000－1701－0039294　普 811.17/2593　集部/别集類/清别集
碧琅玕館詩鈔三卷晚翠樓詩鈔二卷　(清)朱炳清撰　清光緒十六年(1890)刻本　二冊

330000－1701－0039295　普 951.00911/3427/c1　史部/紀傳類/正史之屬
史記評林一百三十卷　(明)淩稚隆輯　清光緒十年(1884)湘鄉劉鴻年耕雲讀月之室刻本　三十八冊　缺九卷(五十一至五十六、六十八至七十)

330000－1701－0039296　普 811.17/26033　類叢部/叢書類/自著之屬
南野堂全集三種　(清)吳文溥撰　清乾隆至

嘉慶刻本　六册

330000－1701－0039298　普 811.17/2596/c1　集部/别集類/清别集

健初詩鈔四卷附文鈔一卷　(清)朱光暄撰　清光緒二十二年(1896)十三古印齊刻本　二册

330000－1701－0039301　普 811.17/2604.2/c2　集部/别集類/清别集

補松廬詩錄六卷　吳慶坻撰　清宣統三年(1911)湖南學務公所鉛印本　二册

330000－1701－0039302　普 811.17/2596/c2　集部/别集類/清别集

健初詩鈔四卷附文鈔一卷　(清)朱光暄撰　清光緒二十二年(1896)十三古印齊刻本　二册

330000－1701－0039303　普 811.17/2604.2/c3　集部/别集類/清别集

補松廬詩錄六卷　吳慶坻撰　清宣統三年(1911)湖南學務公所鉛印本　二册

330000－1701－0039304　普 811.17/2596.2/c1　集部/别集類/清别集

健初詩鈔四卷附文鈔一卷　(清)朱光暄撰　清光緒二十二年(1896)十三古印齊刻本　二册

330000－1701－0039305　普 811.17/2566/c2　集部/别集類/清别集

曝書亭集八十卷附録一卷　(清)朱彝尊撰

笛漁小稾十卷　(清)朱昆田撰　清光緒十五年(1889)會稽陶氏寒梅館刻朱印本　一册　存十卷(笛漁小稾一至十)

330000－1701－0039308　普 529.3/2132　子部/天文曆算類/天文之屬

中國沿海颶風及風暴標號條例一卷　(清)上海徐家匯天文臺撰　清光緒二十三年(1897)上海徐家匯天文臺鉛印本　一册

330000－1701－0039310　普 811.17/26041/2　集部/别集類/清别集

讀書樓詩集六卷　(清)吳應奎撰　清嘉慶七年(1802)德清陳氏刻本　四册

330000－1701－0039311　普 529.45/4411　類叢部/叢書類/彙編之屬

漸西村舍彙刊(漸西村舍叢刻)四十四種　(清)袁昶編　清光緒十六年至二十四年(1890－1898)桐廬袁氏刻本　一册　存一種

330000－1701－0039312　普 811.17/2600　集部/别集類/清别集

字香亭梅花百詠一卷　(清)吳立撰　(清)吳本涵　(清)吳本厚注　清康熙字香亭刻本　一册

330000－1701－0039313　普 951.00911/3427/c2　史部/紀傳類/正史之屬

史記評林一百三十卷　(明)淩稚隆輯　清光緒十年(1884)湘鄉劉鴻年耕雲讀月之室刻本　三十二册

330000－1701－0039314　普 811.17/2571　集部/别集類/清别集

如舟吟館詩鈔一卷　(清)瑞常撰　清光緒四年(1878)刻本　一册

330000－1701－0039315　普 537/1252　新學/電學

電學十卷首一卷　(英國)瑙挨德撰　(英國)傅蘭雅口譯　(清)徐建寅筆述　清光緒六年(1880)江南機器製造總局刻本　六册

330000－1701－0039316　普 550.22/1780　類叢部/叢書類/彙編之屬

普通學問答全書　清光緒上海商務印書館鉛印本　一册

330000－1701－0039317　普 811.17/2572/c2　集部/别集類/清别集

一簾花影樓試律詩一卷律賦一卷　(清)朱鳳毛撰　清光緒十五年(1889)刻朱印本　一册

330000－1701－0039318　普 811.17/2603　集部/别集類/清别集

爪印軒詩存一卷　(清)吳慶鴻撰　清光緒三十一年(1905)唐如峒刻本　鄭是乾跋　一册

330000－1701－0039319　普 558/2347　新學/格致總

格致須知二十八種　（英國）傅蘭雅編　清光緒八年至二十四年（1882－1898）刻本　一冊　存一種

330000－1701－0039320　普 545/3061　新學/化學/化學

化學求數十五卷附表一卷　（德國）富里西尼烏司撰　（英國）傅蘭雅口譯　（清）徐壽筆述　清光緒江南製造總局刻本　十四冊

330000－1701－0039321　普 811.17/2610　集部/別集類/清別集

蓮洋集二十卷附錄一卷　（清）吳雯撰　（清）張體乾輯　**蓮洋吳徵君［雯］年譜一卷**　（清）翁方綱撰　清乾隆三十九年（1774）荊圃草堂刻本　八冊

330000－1701－0039322　普 951.00911/3427/2　史部/紀傳類/正史之屬

史記評林一百三十卷　（明）淩稚隆輯　清同治十三年（1874）長沙魏氏養翮書屋刻本　陳光漢校並跋　二十八冊

330000－1701－0039323　普 811.17/2572/c4　集部/別集類/清別集

一簾花影樓試律詩一卷律賦一卷　（清）朱鳳毛撰　清光緒十五年（1889）刻本　一冊

330000－1701－0039324　普 811.17/26031/c1　類叢部/叢書類/自著之屬

吳翊寅所著書七種　（清）吳翊寅撰　清光緒十九年至二十一年（1893－1895）廣州刻本　一冊　存一種

330000－1701－0039325　普 558.923/4769　史部/政書類/公牘檔冊之屬

徐州利國礦務章程一卷利國礦務劄記一卷煤說一卷　（清）胡恩燮編　清光緒八年（1882）刻本　一冊

330000－1701－0039326　普 550/1027　新學/地學/地理學

地學淺釋三十八卷　（英國）雷俠兒撰　（美國）瑪高溫口譯　（清）華蘅芳筆述　清同治十二年（1873）江南機器製造總局刻本　八冊

330000－1701－0039327　普 811.17/2572.2/c1　集部/別集類/清別集

虛白山房詩集四卷　（清）朱鳳毛撰　清光緒十五年（1889）廣州刻本　一冊

330000－1701－0039328　普 811.17/2572.2/c4　集部/別集類/清別集

虛白山房詩集四卷　（清）朱鳳毛撰　清光緒十五年（1889）廣州刻本　一冊

330000－1701－0039330　普 573/0530/2/c1　新學/理學/理學

天演論二卷　（英國）赫胥黎撰　嚴復譯　清末刻本　一冊

330000－1701－0039331　普 811.17/26031/c2　類叢部/叢書類/自著之屬

吳翊寅所著書七種　（清）吳翊寅撰　清光緒十九年至二十一年（1893－1895）廣州刻本　一冊　存一種

330000－1701－0039332　普 573/0530/2/c2　新學/理學/理學

天演論二卷　（英國）赫胥黎撰　嚴復譯　清末鉛印本　一冊

330000－1701－0039333　普 811.17/2606　集部/別集類/清別集

在山草堂詩稿十七卷　（清）吳文照撰　清道光八年（1828）刻本　四冊

330000－1701－0039334　普 811.17/2612　集部/別集類/清別集

寫韻樓詩集五卷首一卷末一卷　（清）吳瓊仙撰　清道光十二年（1832）刻本　二冊

330000－1701－0039336　普 811.17/2613/c1　集部/別集類/清別集

槐江詩鈔四卷　（清）程端祐撰　清乾隆二年（1737）賜書堂刻本　二冊

330000－1701－0039337　普 811.17/2613/c2　集部/別集類/清別集

槐江詩鈔四卷 (清)程端祊撰 清乾隆二年(1737)賜書堂刻本 二冊

330000－1701－0039338 普 573/0530/2/c3 新學/理學/理學

天演論二卷 (英國)赫胥黎撰 嚴復譯 清末刻本 一冊

330000－1701－0039339 普 573/0530/3 新學/理學/理學

天演論二卷 (英國)赫胥黎撰 嚴復譯 清光緒二十八年(1902)刻本 二冊

330000－1701－0039340 普 580.23/1021/c1 子部/農家農學類/園藝之屬/總志

二如亭群芳譜二十八卷首一卷 (明)王象晉撰 清書業古講堂刻本 十三冊 存十七卷(果部三至四、茶部一、竹部一、桑麻葛部一、藥譜一至三、木部一至二、花部一至四、卉部一至二、鶴魚部一)

330000－1701－0039341 普 573/0530/4 新學/理學/理學

天演論二卷 (英國)赫胥黎撰 嚴復譯 清光緒二十九年(1903)杭州史學齋石印本 一冊

330000－1701－0039342 普 811.17/26131 集部/别集類/清别集

宜蘭詩草一卷 (清)吴雲溪撰 清嘉慶十六年(1811)清容堂刻本 一冊

330000－1701－0039343 普 811.17/2623 集部/别集類/清别集

吴詩集覽二十卷補註二十卷吴詩談藪二卷拾遺一卷 (清)吴偉業撰 (清)靳榮藩注並輯 清乾隆刻本 章嶔題記 十六冊 存二十二卷(一至二十、吴詩談藪一至二)

330000－1701－0039344 普 580.23/1021/c2 子部/農家農學類/園藝之屬/總志

二如亭群芳譜二十八卷首一卷 (明)王象晉撰 清書業古講堂刻本 二十四冊

330000－1701－0039345 普 811.17/26101 集部/别集類/清别集

韻耕書屋試帖一卷 (清)徐爾賡撰 清同治十一年(1872)刻本 一冊

330000－1701－0039346 普 811.17/26221/c1 集部/别集類/清别集

好山詩四卷 (清)吴修齡撰 清乾隆十六年(1751)滋德堂刻本 二冊

330000－1701－0039348 普 811.17/2614 集部/别集類/清别集

黄琢山房集十卷 (清)吴璜撰 清乾隆四十二年(1777)鎮洋畢沅刻本 四冊

330000－1701－0039349 普 811.17/26102 集部/别集類/清别集

苷園詩錄四卷 程霱撰 清宣統元年(1909)京師集成圖書公司鉛印本 一冊

330000－1701－0039351 普 811.17/26221/c2 集部/别集類/清别集

好山詩四卷 (清)吴修齡撰 清乾隆十六年(1751)滋德堂刻本 二冊

330000－1701－0039352 普 811.17/2623/(2) 集部/别集類/清别集

吴詩集覽二十卷補註二十卷吴詩談藪二卷拾遺一卷 (清)吴偉業撰 (清)靳榮藩注並輯 清乾隆刻本 十二冊 缺一卷(拾遺)

330000－1701－0039353 普 811.17/2615 集部/總集類/氏族之屬

長白英額三先生詩集三種 (清)□□編 清嘉慶十六年(1811)刻本 一冊 存一種

330000－1701－0039354 普 951.00911/4467/c1 史部/史抄類

史記菁華錄六卷 (清)姚祖恩輯 清光緒九年(1883)廣州翰墨園刻朱墨套印本 六冊

330000－1701－0039356 普 811.17/2623.2 集部/别集類/清别集

梅村詩集箋注十八卷 (清)吴偉業撰 (清)吴翌鳳箋注 清嘉慶十九年(1814)嚴榮滄浪吟榭刻本 二十冊

330000－1701－0039357 普 811.17/26103

集部/别集類/清别集
攜雪堂全集五種七卷 (清)吳可讀撰 清光緒十九年(1893)刻本 一冊 存一種

330000－1701－0039358 普 951.00911/4467/c2 史部/史抄類
史記菁華錄六卷 (清)姚祖恩輯 清道光四年(1824)吳興姚氏扶荔山房刻朱墨套印本 六冊

330000－1701－0039359 普 811.17/2617 集部/别集類/清别集
海日堂詩集五卷 (清)程可則撰 (清)翁方綱評 清乾隆三十六年(1771)石洲草堂刻本 三冊

330000－1701－0039361 普 580.23/1021.02/4/c1 子部/農家農學類/園藝之屬/總志
佩文齋廣羣芳譜一百卷目錄二卷 (清)汪灝等撰 清同治七年(1868)姑蘇亦西齋刻本 四十八冊

330000－1701－0039362 普 580.23/2643/c1 子部/農家農學類/園藝之屬/總志
植物名實圖考三十八卷長編二十二卷 (清)吳其濬撰 清道光二十八年(1848)蒙自陸應穀刻光緒六年(1880)山西濬文書局增刻本 六十冊

330000－1701－0039364 普 811.17/2618 集部/别集類/清别集
笛倚樓詩草二卷 (清)吳元鏡撰 清咸豐四年(1854)刻本 二冊

330000－1701－0039366 普 580.23/1021.02/c1 子部/農家農學類/園藝之屬/總志
佩文齋廣羣芳譜一百卷目錄二卷 (清)汪灝等撰 清康熙刻本 四十冊

330000－1701－0039368 普 580.23/1021.02/c2 子部/農家農學類/園藝之屬/總志
佩文齋廣羣芳譜一百卷目錄二卷 (清)汪灝等撰 清康熙刻本 清張士珩題簽 四十冊

330000－1701－0039369 普 580.23/1021.02/c3 子部/農家農學類/園藝之屬/總志
佩文齋廣羣芳譜一百卷目錄二卷 (清)汪灝等撰 清康熙刻本 三十一冊 存九十八卷(一至六十三、六十八至一百、目錄上下)

330000－1701－0039371 普 811.17/2619/c1 集部/别集類/清别集
小梅花館詩集六卷詞集三卷 (清)吳廷燮撰 清光緒四年(1878)刻本 三冊 存六卷(詩集一至六)

330000－1701－0039373 普 580.23/1021.02/4/c2 子部/農家農學類/園藝之屬/總志
佩文齋廣羣芳譜一百卷目錄二卷 (清)汪灝等撰 清同治七年(1868)姑蘇亦西齋刻本 四十八冊

330000－1701－0039374 普 811.17/2623.2/(2)/c2 集部/别集類/清别集
梅村詩集箋注十八卷 (清)吳偉業撰 (清)吳翌鳳箋注 清嘉慶十九年(1814)嚴榮滄浪吟榭刻本 十冊 存十四卷(一至十一、十六至十八)

330000－1701－0039375 普 811.17/2619/c2 集部/别集類/清别集
小梅花館詩集六卷詞集三卷 (清)吳廷燮撰 清光緒四年(1878)刻本 三冊 存六卷(詩集一至六)

330000－1701－0039376 普 811.17/26231/(2) 集部/别集類/清别集
香蘇山館古體詩鈔十七卷今體詩鈔十九卷 (清)吳嵩梁撰 清道光刻本 八冊

330000－1701－0039377 普 811.17/2623.2/2/c1 集部/别集類/清别集
梅村詩集箋注十八卷 (清)吳偉業撰 (清)吳翌鳳箋注 清光緒十年(1884)湖北官書處刻本 十二冊

330000－1701－0039378 普 811.17/2623/(4) 集部/别集類/清别集
吳詩集覽二十卷補註二十卷吳詩談藪二卷拾遺一卷 (清)吳偉業撰 (清)靳榮藩注並輯 清乾隆四十年(1775)淩雲亭刻四十六年

(1781)重修本　十四冊　存二十一卷(一至二十、吳詩談藪上)

330000－1701－0039379　普 951. 00911/4467/5　類叢部/叢書類/彙編之屬
趙氏藏書十六種　(清)趙承恩編　清同治至光緒金谿趙氏紅杏山房補刻重印本　六冊　存一種

330000－1701－0039380　普 811. 17/26191　集部/别集類/清别集
鹿苹吟一卷　(清)吳元炳撰　清光緒鉛印本　一冊

330000－1701－0039381　普 580. 23/2347/c1　新學/動植物學/植物學
植物圖說四卷　(英國)傅蘭雅撰　清光緒二十一年(1895)上海益智書會刻本　一冊

330000－1701－0039382　普 811. 17/2623. 2/2/c3　集部/别集類/清别集
梅村詩集箋注十八卷　(清)吳偉業撰　(清)吳翌鳳箋注　清光緒十年(1884)湖北官書處刻本　十二冊

330000－1701－0039384　普 580. 23/2347/c2　新學/動植物學/植物學
植物圖說四卷　(英國)傅蘭雅撰　清光緒二十一年(1895)上海益智書會刻本　一冊

330000－1701－0039385　普 580. 23/2347/c3　新學/動植物學/植物學
植物圖說四卷　(英國)傅蘭雅撰　清光緒二十一年(1895)上海益智書會刻本　一冊

330000－1701－0039386　普 580. 23/2347/c4　新學/動植物學/植物學
植物圖說四卷　(英國)傅蘭雅撰　清光緒二十一年(1895)上海益智書會刻本　一冊

330000－1701－0039389　普 811. 17/2620　集部/别集類/清别集
種瑤草齋詩影不分卷　(清)吳贊韶撰　清道光二十四年(1844)十笏山堂刻民國二十三年(1934)吳衡如重印本　一冊

330000－1701－0039390　普 811. 17/26231/(3)　集部/别集類/清别集
香蘇山館古體詩鈔十七卷今體詩鈔十九卷　(清)吳嵩梁撰　清道光刻本　四冊　存三十卷(古體詩鈔一至十四、今體詩鈔一至十六)

330000－1701－0039391　普 811. 17/2623. 2/5　集部/别集類/清别集
梅村詩集箋注十八卷　(清)吳偉業撰　(清)吳翌鳳箋注　清光緒二十二年(1896)新化三味堂刻本　十二冊

330000－1701－0039392　普 951. 00911/4467/6　史部/史抄類
史記菁華錄六卷　(清)姚祖恩輯　清光緒二十二年(1896)新化三味堂刻本　六冊

330000－1701－0039393　普 811. 17/26271　集部/别集類/清别集
思亭近稿一卷居易居小草三卷湖山吟嘯集一卷　(清)吳修撰　清嘉慶九年至十四年(1804－1809)刻本　一冊　存一卷(湖山吟嘯集)

330000－1701－0039394　普 580. 23/2643/c2　子部/農家農學類/園藝之屬/總志
植物名實圖考三十八卷長編二十二卷　(清)吳其濬撰　清道光二十八年(1848)蒙自陸應穀刻光緒六年(1880)山西濬文書局增刻本　四十二冊　缺十八卷(植物名實圖考一至五、十至十七、十九至二十一、三十五,長編十八)

330000－1701－0039395　普 951. 00911/4467/7　史部/史抄類
史記菁華錄六卷　(清)姚祖恩輯　清光緒二十七年(1901)上海廣益書局石印本　守愚題簽並校點　三冊

330000－1701－0039396　普 811. 17/2622/c1　類叢部/叢書類/自著之屬
薌畤山莊遺著四種　(清)吳修祜撰　清光緒十年至十五年(1884－1889)木活字印本　一冊　存一種

330000－1701－0039400　普 811. 17/26232. 2

集部/别集類
未焚草一卷 吴保初撰 清光緒二十四年(1898)木活字印本 一册

330000－1701－0039401 普 811.17/2623/(5)/c1 集部/别集類/清别集
吴詩集覽二十卷補註二十卷吴詩談藪二卷拾遺一卷 (清)吴偉業撰 (清)靳榮藩注並輯 清乾隆刻本 二册 缺二十(一至二十)

330000－1701－0039402 普 811.17/2630 集部/别集類/清别集
拜經樓詩集十二卷續編四卷萬花漁唱一卷 (清)吴騫撰 清嘉慶八年至十七年(1803－1812)海寧吴騫刻本 五册 缺二卷(續編四、萬花漁唱)

330000－1701－0039403 普 811.17/26272 集部/總集類/氏族之屬
蔬渚詩鈔二卷首一卷 (清)吴無忌撰 清道光四年(1824)刻本 二册

330000－1701－0039404 普 811.17/2622/c2 類叢部/叢書類/自著之屬
藬蒔山莊遺著四種 (清)吴修祜撰 清光緒十年至十五年(1884－1889)木活字印本 一册 存一種

330000－1701－0039405 普 598.2/2296 子部/農家農學類/鳥獸蟲之屬
鷹論二卷附鷂論一卷 (意大利)利類思纂譯 清抄本 一册

330000－1701－0039406 普 811.17/2623/(5)/c2 集部/别集類/清别集
吴詩集覽二十卷補註二十卷吴詩談藪二卷拾遺一卷 (清)吴偉業撰 (清)靳榮藩注並輯 清乾隆刻本 八册

330000－1701－0039407 普 580.44/4042 子部/農家農學類/園藝之屬/花卉
采芳隨筆二十四卷 (清)查彬撰 清嘉慶十九年(1814)刻本 十六册

330000－1701－0039408 普 811.17/2622.2 類叢部/叢書類/自著之屬
藬蒔山莊遺著四種 (清)吴修祜撰 清光緒十年至十五年(1884－1889)木活字印本 一册 存一種

330000－1701－0039409 普 598.2/4073/c1、普 599/4073/c2 子部/農家農學類/鳥獸蟲之屬
百獸圖説一卷論一卷百鳥圖説一卷 (清)韋門道氏撰 清光緒八年(1882)上海益智書會刻本 二册

330000－1701－0039410 普 598.2/4073/c2、普 599/4073/c1 子部/農家農學類/鳥獸蟲之屬
百獸圖説一卷論一卷百鳥圖説一卷 (清)韋門道氏撰 清光緒八年(1882)上海益智書會刻本 二册

330000－1701－0039411 普 811.17/2623.04 集部/總集類/郡邑之屬
江左三大家詩鈔 (清)顧有孝 (清)趙澐編 清刻本 一册 存一種

330000－1701－0039413 普 811.17/2624 集部/總集類/郡邑之屬
西泠五布衣遺箸五種 (清)丁丙輯 清同治至光緒錢塘丁氏當歸草堂刻本 二册 存一種

330000－1701－0039414 普 598.2/4073/c3、普 599/4073/c3 子部/農家農學類/鳥獸蟲之屬
百獸圖説一卷論一卷百鳥圖説一卷 (清)韋門道氏撰 清光緒八年(1882)上海益智書會刻本 二册

330000－1701－0039415 普 811.17/26301/c2、普 811.17/26301.2 集部/别集類/清别集
鐵花山館詩稿八卷首一卷附試帖詩一卷紅薔吟館詩稿一卷八十自述一卷 (清)吴兆麟撰 清光緒六年(1880)刻本 四册 缺二卷(紅薔吟館詩稿、八十自述)

330000－1701－0039416 普 951.00911/

4467/10　史部/史抄類

史記菁華録六卷　(清)姚祖恩輯　清光緒八年(1882)扶荔山房刻朱墨套印本　五册　缺一卷(六)

330000－1701－0039418　普 811.17/26241/c5　集部/别集類/清别集

劫餘存稿一卷　(清)吴受藻撰　(清)吴積鑑編　**劫餘存稿一卷**　(清)王鼎詩撰　(清)朱世篁編　清同治七年(1868)錢唐汪氏振綺堂刻本　一册

330000－1701－0039421　普 811.17/26301/(2)　集部/别集類/清别集

鐵花山館詩稿八卷首一卷附試帖詩一卷紅薔吟館詩稿一卷八十自述一卷　(清)吴兆麟撰　清光緒六年(1880)刻本　九册　缺二卷(試帖詩、八十自述)

330000－1701－0039422　普 811.17/26241/c4　集部/别集類/清别集

劫餘存稿一卷　(清)吴受藻撰　(清)吴積鑑編　**劫餘存稿一卷**　(清)王鼎詩撰　(清)朱世篁編　清同治七年(1868)錢唐汪氏振綺堂刻本　一册

330000－1701－0039423　普 811.17/26303/c2　集部/别集類/清别集

可久長室詩存六卷　(清)吴宗麟撰　清咸豐十年(1860)上海刻本　二册

330000－1701－0039425　普 811.17/26241/(2)　集部/别集類/清别集

劫餘存稿一卷　(清)吴受藻撰　(清)吴積鑑編　**劫餘存稿一卷**　(清)王鼎詩撰　(清)朱世篁編　清同治七年(1868)錢唐汪氏振綺堂刻本　二册

330000－1701－0039426　普 811.17/26312　集部/别集類/清别集

古微堂詩集十卷　(清)魏源撰　清同治九年(1870)長沙寶慶郡館刻本　清黄傳祁跋　四册

330000－1701－0039428　普 811.17/2627.2　集部/别集類/清别集

小匏庵詩存六卷末一卷　(清)吴仰賢撰　清光緒四年(1878)刻本　三册

330000－1701－0039429　普 811.17/2632/c1　集部/别集類/清别集

吴摯甫詩集一卷　(清)吴汝綸撰　清宣統二年(1910)上海國學扶輪社石印本　一册

330000－1701－0039430　普 951.00911/4480　史部/史抄類

同庵史彙十卷　(清)蔣善輯並評　清康熙三十一年(1692)思永堂刻本　八册

330000－1701－0039431　普 811.17/2633　集部/别集類/清别集

秋笳集八卷　(清)吴兆騫撰　清康熙徐乾學刻雍正四年(1726)吴振臣增刻衍厚堂印本　一册　存四卷(一至四)

330000－1701－0039432　普 811.17/2632/c2　集部/别集類/清别集

吴摯甫詩集一卷　(清)吴汝綸撰　清宣統二年(1910)上海國學扶輪社石印本　一册

330000－1701－0039433　普 811.17/26331　集部/别集類/清别集

淇竹山房集十卷　(清)吴應蓮撰　清道光二十四年(1844)刻本　六册

330000－1701－0039435　普 951.00911/5348/c1　類叢部/叢書類/彙編之屬

廣雅書局叢書一百五十九種　徐紹棨編　清光緒廣雅書局刻民國九年(1920)番禺徐紹棨彙編重印本　一册　存一種

330000－1701－0039436　普 951.00911/5348/c2　類叢部/叢書類/彙編之屬

廣雅書局叢書一百五十九種　徐紹棨編　清光緒廣雅書局刻民國九年(1920)番禺徐紹棨彙編重印本　一册　存一種

330000－1701－0039437　普 811.17/2634/c1　集部/總集類/氏族之屬

寧都三魏全集八十三卷　(清)林時益編　清道光二十五年(1845)寧都謝庭綬紱園書塾刻

本　二册　存八卷(魏叔子詩集一至八)

330000－1701－0039438　普 811.17/26322/(2)/c1　集部/别集類/清别集

徐烈婦詩鈔二卷附報素聞書并回文一卷　(清)吳宗愛撰　(清)楊晉藩　(清)許楣評　**同心梔子圖續編一卷**　(清)應瑩撰　**吳絳雪[宗愛]年譜一卷**　(清)俞樾撰　清同治十三年(1874)桐城吳氏雲鶴仙館刻光緒元年(1875)印本　一册

330000－1701－0039439　普 610.44/0041/3/c2　子部/醫家類/醫案之屬

吳醫彙講十一卷　(清)唐大烈輯　清乾隆刻嘉慶補刻本　二册

330000－1701－0039440　普 951.00911/5348/c3　類叢部/叢書類/彙編之屬

廣雅書局叢書一百五十九種　徐紹棨編　清光緒廣雅書局刻民國九年(1920)番禺徐紹棨彙編重印本　一册　存一種

330000－1701－0039442　普 811.17/2634/c3　集部/總集類/氏族之屬

寧都三魏全集八十三卷　(清)林時益編　清道光二十五年(1845)寧都謝庭綬紱園書塾刻本　二册　存八卷(魏叔子詩集一至八)

330000－1701－0039443　普 951.00911/8346　類叢部/叢書類/彙編之屬

廣雅書局叢書一百五十九種　徐紹棨編　清光緒廣雅書局刻民國九年(1920)番禺徐紹棨彙編重印本　一册　存一種

330000－1701－0039444　普 610.21/5520　子部/醫家類/類編之屬

雙梧書屋醫書　(清)曹禾撰　清咸豐二年(1852)武進曹禾刻本　二册　存一種

330000－1701－0039445　普 811.17/2634/2　集部/總集類/氏族之屬

寧都三魏全集八十三卷　(清)林時益編　清道光二十五年(1845)寧都謝庭綬紱園書塾刻本　二册　存八卷(魏叔子詩集一至八)

330000－1701－0039447　普 811.17/26343　集部/别集類/清别集

倚石吟一卷　(清)吳浩撰　清道光二十一年(1841)刻本　一册

330000－1701－0039449　普 811.17/26341　集部/别集類/清别集

大能寒軒詩鈔八卷前一卷後一卷　(清)吳爲楫撰　**小隱山房詩鈔一卷**　(清)吳經世撰　清同治四年(1865)刻本　八册　缺一卷(小隱山房詩鈔)

330000－1701－0039450　普 811.17/26341/(2)　集部/别集類/清别集

大能寒軒詩鈔八卷前一卷後一卷　(清)吳爲楫撰　**小隱山房詩鈔一卷**　(清)吳經世撰　清同治四年(1865)刻本　四册

330000－1701－0039451　普 610.44/1044　子部/醫家類/醫話醫論之屬

歸硯録四卷　(清)王士雄撰　清咸豐九年(1859)歸硯草堂刻同治印本　二册

330000－1701－0039452　普 610.44/2644　子部/醫家類/醫話醫論之屬

醫暇巵言二卷　(清)程林撰　清康熙刻本　清遠香批並跋　二册

330000－1701－0039453　普 811.17/26322/(2)/c2　集部/别集類/清别集

徐烈婦詩鈔二卷附報素聞書并回文一卷　(清)吳宗愛撰　(清)楊晉藩　(清)許楣評　**同心梔子圖續編一卷**　(清)應瑩撰　**吳絳雪[宗愛]年譜一卷**　(清)俞樾撰　清同治十三年(1874)桐城吳氏雲鶴仙館刻光緒元年(1875)印本　一册　缺一卷(同心梔子圖續編)

330000－1701－0039454　普 951.00911/8346/2　類叢部/叢書類/自著之屬

嘉定錢氏潛研堂全書二十一種　(清)錢大昕撰　清光緒十年(1884)長沙龍氏家塾刻本　二册　存一種

330000－1701－0039455　普 811.17/26322/(2)/c3　集部/别集類/清别集

徐烈婦詩鈔二卷附報素聞書并回文一卷 (清)吳宗愛撰 (清)楊晉藩 (清)許楣評 **同心梔子圖續編一卷** (清)應瑩撰 **吳絳雪[宗愛]年譜一卷** (清)俞樾撰 清同治十三年(1874)桐城吳氏雲鶴仙館刻光緒元年(1875)印本 一册 存三卷(徐烈婦詩鈔一至二、吳絳雪年譜)

330000－1701－0039456 普 610.44/2844/2
類叢部/叢書類/彙編之屬
咫進齋叢書三十七種 (清)姚覲元編 清光緒九年(1883)歸安姚氏刻本 一册 存一種

330000－1701－0039457 普 811.17/2635.3/c2 集部/别集類/清别集
黄葉邨莊詩集八卷續集一卷後集一卷 (清)吳之振撰 清康熙三十五年(1696)刻四十一年(1702)、五十一年(1712)增刻本 六册

330000－1701－0039458 普 811.17/26322/2
集部/别集類/清别集
絳雪詩鈔二卷附錄一卷 (清)吳宗愛撰 (清)王崇炳編 清咸豐四年(1854)古均閣刻本 一册

330000－1701－0039459 普 610.44/2844/c1
子部/醫家類/綜合之屬/通論
慎疾芻言一卷 (清)徐大椿撰 **隨山宇方鈔甲編一卷** (清)汪曰楨撰 清光緒十一年(1885)經畬書屋刻本 一册

330000－1701－0039461 普 811.17/2635/c1
集部/别集類/清别集
黄葉邨莊詩集八卷續集一卷後集一卷 (清)吳之振撰 清光緒四年(1878)吳康壽刻本 四册

330000－1701－0039462 普 610.44/2844/c2
子部/醫家類/綜合之屬/通論
慎疾芻言一卷 (清)徐大椿撰 **隨山宇方鈔甲編一卷** (清)汪曰楨撰 清光緒十一年(1885)經畬書屋刻本 一册

330000－1701－0039464 普 811.17/2636
集部/别集類/清别集
明月楼稿(北都紀游)二卷 (清)吳之器撰 清刻本 二册

330000－1701－0039465 普 811.17/2635/c3
集部/别集類/清别集
黄葉邨莊詩集八卷續集一卷後集一卷 (清)吳之振撰 清光緒四年(1878)吳康壽刻本 四册

330000－1701－0039466 普 610.44/0041
子部/醫家類/醫案之屬
吳醫彙講十一卷 (清)唐大烈輯 清乾隆刻嘉慶補刻本 二册

330000－1701－0039467 普 610.44/2844/c3
子部/醫家類/綜合之屬/通論
慎疾芻言一卷 (清)徐大椿撰 **隨山宇方鈔甲編一卷** (清)汪曰楨撰 清光緒十一年(1885)經畬書屋刻本 一册

330000－1701－0039468 普 610.44/0041/2/c1 子部/醫家類/醫案之屬
吳醫彙講十一卷 (清)唐大烈輯 清嘉慶刻本 四册

330000－1701－0039469 普 811.17/2636.2
集部/别集類/清别集
大樽草一卷 (清)吳之器撰 清刻本 一册

330000－1701－0039470 普 811.17/2635.2
集部/别集類/清别集
黄葉邨莊詩集八卷 (清)吳之振撰 清康熙三十五年(1696)刻本 四册

330000－1701－0039471 普 610.44/2844/c4
子部/醫家類/綜合之屬/通論
慎疾芻言一卷 (清)徐大椿撰 **隨山宇方鈔甲編一卷** (清)汪曰楨撰 清光緒十一年(1885)經畬書屋刻本 一册

330000－1701－0039472 普 610.44/0041/2/c2 子部/醫家類/醫案之屬
吳醫彙講十一卷 (清)唐大烈輯 清乾隆刻嘉慶補刻本 四册

330000－1701－0039473 普 811.17/26322.2

類叢部/叢書類/郡邑之屬

金華雙谿王氏冰壺山館叢書(冰壺山館叢書)九種 (清)王家齊編 清道光二十三年(1843)金華雙溪王氏刻本 一册 存三種

330000－1701－0039474 普 951.00913/1725/c1 史部/紀傳類/別史之屬

弘簡録二百五十四卷 (明)邵經邦撰 清康熙刻雍正乾隆遞修本 章嶔題簽並記 六十八册

330000－1701－0039475 普 811.17/2636.3 集部/別集類/清別集

溪南草一卷 (清)吳之器撰 清刻本 一册

330000－1701－0039476 普 811.17/2636.4 集部/別集類/清別集

經鋤草一卷 (清)吳之器撰 清刻本 一册

330000－1701－0039477 普 811.17/2636.5 集部/別集類/清別集

尊拙篇一卷 (清)吳之器撰 清刻本 一册

330000－1701－0039478 普 610.44/2844.2/c1 子部/醫家類/綜合之屬/通論

醫學源流論二卷 (清)徐大椿撰 清刻本 一册

330000－1701－0039479 普 811.17/2636.6 集部/別集類/清別集

聽雪篇一卷 (清)吳之器撰 清刻本 一册

330000－1701－0039480 普 610.44/2844.2/c2 子部/醫家類/綜合之屬/通論

醫學源流論二卷 (清)徐大椿撰 清刻本 二册

330000－1701－0039481 普 811.17/2636.7 集部/別集類/清別集

白醉草一卷 (清)吳之器撰 清刻本 一册

330000－1701－0039482 普 610.44/2844/3 子部/醫家類/綜合之屬/通論

慎疾芻言一卷 (清)徐大椿撰 清同治十二年(1873)海昌義方南舍刻本 一册

330000－1701－0039484 普 811.17/2636.8 集部/別集類/清別集

明月齋稿二卷 (清)吳之器撰 清刻本 冰雪氏題記 二册

330000－1701－0039487 普 811.17/2636.9 集部/別集類/清別集

春問二卷 (清)吳之器撰 清刻本 二册

330000－1701－0039488 普 811.17/2636.91 集部/別集類/清別集

雪廊近稿一卷 (清)吳之器撰 清刻本 一册

330000－1701－0039489 普 951.00913/1725/c2 史部/紀傳類/別史之屬

弘簡録二百五十四卷 (明)邵經邦撰 清康熙刻雍正乾隆遞修本 六十四册

330000－1701－0039490 普 610.44/7423 子部/醫家類/醫話醫論之屬

冷廬醫話五卷 (清)陸以湉撰 清光緒二十三年(1897)烏程龐元澂刻本 八册

330000－1701－0039494 普 811.17/26402 集部/別集類/清別集

苧菴集 (清)吳懋謙撰 清康熙刻本 九册 存二十九卷(苧菴遺集一至十,苧菴二集一、六至十二,華苹山人詩集五至六,華平近律,華平戲作,豫章遊稿三集一至四,梅花樹屋倡和詩,滬上秋懷倡和集,苧菴壽言)

330000－1701－0039495 普 610.44/8709 類叢部/叢書類

書帶草堂叢書 清光緒刻本 二册 存一種

330000－1701－0039496 普 610.44/5055 子部/醫家類/醫話醫論之屬

三家醫話 (清)王士雄編 清咸豐元年至三年(1851－1853)重慶堂刻本 一册

330000－1701－0039497 普 811.17/26403 集部/別集類/清別集

南雪草堂詩集四卷 (清)吳蘭庭撰 清乾隆三十五年(1770)刻本 二册

330000－1701－0039499 普 811.17/26361

集部/别集類/清别集

求艾詩鈔八卷文鈔二卷 (清)魏近思撰 清乾隆十五年(1750)斯濯堂刻本 二册 缺一卷(詩鈔四)

330000－1701－0039501 普 811.17/26421 類叢部/叢書類/自著之屬

十髮盦類藁三種 程頌萬撰 清光緒刻本 一册 存一種

330000－1701－0039505 普 811.17/2641 類叢部/叢書類/自著之屬

小西腴山館集五種 (清)吴大廷撰 清同治元年至十二年(1862－1873)刻本 三册 存一種

330000－1701－0039507 普 811.17/2637 集部/别集類/清别集

笏庵詩鈔十卷試帖詩鈔一卷 (清)吴清鵬撰 清道光刻本 三册

330000－1701－0039509 普 610.44/6080 子部/醫家類/綜合之屬/通論

古今名醫彙粹八卷 (清)羅美輯 清道光三年(1823)刻本 十六册

330000－1701－0039510 普 811.17/2637/2 集部/别集類/清别集

笏庵詩鈔二十五卷 (清)吴清鵬撰 清道光刻本 四册

330000－1701－0039511 普 951.00913/1725/c3 史部/紀傳類/别史之屬

弘簡録二百五十四卷 (明)邵經邦撰 清康熙刻雍正重修本 四十册

330000－1701－0039512 普 610.8/0013 子部/醫家類/類編之屬

醫學五則 (清)廖雲溪編 清光緒十五年(1889)宏道堂刻本 二册

330000－1701－0039513 普 811.17/26371 集部/别集類/清别集

慎馀書屋詩鈔四卷 (清)吴灦撰 清嘉慶二十年(1815)蔆溪吴氏刻本 八册

330000－1701－0039514 普 811.17/26441/c1 集部/别集類/清别集

硯壽堂詩鈔八卷詩續鈔二卷詩餘一卷 (清)吴存楷撰 清光緒十二年(1886)鄂垣刻本 八册

330000－1701－0039515 普 951.00913/1725/(2) 史部/紀傳類/别史之屬

弘簡録二百五十四卷 (明)邵經邦撰 清康熙刻雍正乾隆遞修本 □天批 七十八册 缺七卷(六十至六十三、八十六至八十八)

330000－1701－0039516 普 811.17/26431 集部/别集類/清别集

圭盦詩録一卷 (清)吴觀禮撰 清光緒五年(1879)張佩綸刻本 四册

330000－1701－0039517 普 811.17/2640 集部/别集類/清别集

抑庵遺詩八卷 (清)吴肅撰 清同治九年(1870)歙縣鮑康、定遠方濬師刻本 二册

330000－1701－0039518 普 811.17/26441/c2 集部/别集類/清别集

硯壽堂詩鈔八卷詩續鈔二卷詩餘一卷 (清)吴存楷撰 清光緒十二年(1886)鄂垣刻本 二册

330000－1701－0039520 普 811.17/26431/(2)/c1 集部/别集類/清别集

圭盦詩録一卷 (清)吴觀禮撰 清光緒五年(1879)張佩綸刻本 一册

330000－1701－0039521 普 811.17/26431/(2)/c4 集部/别集類/清别集

圭盦詩録一卷 (清)吴觀禮撰 清光緒五年(1879)張佩綸刻本 一册

330000－1701－0039522 普 811.17/26442 集部/别集類/清别集

佩秋閣詩藁二卷詞藁一卷駢文藁一卷 (清)吴茝撰 清光緒元年(1875)刻十四年(1888)補刻本 一册

330000－1701－0039523 普 610.8/0033/2/c1 子部/醫家類/類編之屬

中西匯通醫書五種　唐宗海撰　清光緒三十四年(1908)上海千頃堂書局石印本　十二册

330000－1701－0039524　普 811.17/2640.2　集部/别集類/清别集

吴學士文集四卷詩集五卷　(清)吴鼒撰　(清)薛春藜輯　(清)薛時雨　(清)譚廷獻編訂　清光緒八年(1882)番禺梁肇煌江寧藩署刻本　二册　存五卷(詩集一至五)

330000－1701－0039525　普 811.17/26444/c1　集部/别集類/清别集

西橋詩草六卷首一卷　(清)吴英樾撰　清道光三十年(1850)西泠寓舍刻本　李飛英跋　張服侯題簽並記　一册

330000－1701－0039526　普 811.17/26444/c2　集部/别集類/清别集

西橋詩草六卷首一卷　(清)吴英樾撰　清道光三十年(1850)西泠寓舍刻本　一册

330000－1701－0039527　普 811.17/26445/c4　類叢部/叢書類/自著之屬

澤古齋全集五種　(清)吴士模撰　清光緒十九年(1893)刻本　一册　存一種

330000－1701－0039528　普 610.8/0033/2/c2　子部/醫家類/類編之屬

中西匯通醫書五種　唐宗海撰　清光緒三十四年(1908)上海千頃堂書局石印本　十二册

330000－1701－0039529　普 811.17/26445/c5　類叢部/叢書類/自著之屬

澤古齋全集五種　(清)吴士模撰　清光緒十九年(1893)刻本　一册　存一種

330000－1701－0039530　普 811.17/2647/c1　集部/别集類/清别集

涵翠閣吟藁四卷　(清)吴均撰　清宣統二年(1910)鉛印本　二册

330000－1701－0039531　普 811.17/26446　集部/别集類/清别集

雪鴻小稾一卷詩餘一卷　(清)吴樹芳撰　清光緒二十七年(1901)刻本　二册

330000－1701－0039532　普 811.17/2647/c2　集部/别集類/清别集

涵翠閣吟藁四卷　(清)吴均撰　清宣統二年(1910)鉛印本　二册

330000－1701－0039533　普 610.8/0033/3　子部/醫家類/類編之屬

中西匯通醫書五種　唐宗海撰　清光緒三十二年(1906)善成堂刻本　十二册

330000－1701－0039534　普 811.17/2631　集部/别集類/清别集

柳洲遺稿二卷　(清)魏之琇撰　清乾隆刻本　一册

330000－1701－0039536　普 811.17/2631/2/c1　集部/總集類/郡邑之屬

西泠五布衣遺箸五種　(清)丁丙輯　清同治至光緒錢塘丁氏當歸草堂刻本　一册　存一種

330000－1701－0039537　普 811.17/2646　集部/别集類/清别集

虚白齋存藁十三卷　(清)吴壽昌撰　清乾隆五十五年(1790)刻本　六册

330000－1701－0039538　普 811.17/2631/2/c2　集部/總集類/郡邑之屬

西泠五布衣遺箸五種　(清)丁丙輯　清同治至光緒錢塘丁氏當歸草堂刻本　一册　存一種

330000－1701－0039539　普 811.17/2648　集部/别集類/清别集

碧雲閣詩鈔三卷　(清)吴荃佩撰　清咸豐四年(1854)刻本　二册

330000－1701－0039542　普 811.17/2646/(2)　集部/别集類/清别集

虚白齋存藁十三卷　(清)吴壽昌撰　清乾隆五十五年(1790)刻本　八册

330000－1701－0039543　普 610.8/1014/c1　子部/醫家類/類編之屬

醫林指月十二種　(清)王琦編　清乾隆三十二年(1767)刻本　二十四册

330000－1701－0039544　普 811.17/26461/c2　史部/地理類/雜志之屬

南湖百詠一卷　(清)吳萃恩撰　清同治五年(1866)嘉興吳氏小匏庵刻本　一冊

330000－1701－0039545　普 811.17/26461/c4　史部/地理類/雜志之屬

南湖百詠一卷　(清)吳萃恩撰　清同治五年(1866)嘉興吳氏小匏庵刻本　一冊

330000－1701－0039548　普 811.17/26432　集部/別集類/清別集

尚絅廬詩存二卷　(清)吳嘉賓撰　清同治五年(1866)吳嘉善廣州刻本　章嶔題記　一冊

330000－1701－0039549　普 811.17/26433/c1　集部/別集類/清別集

又其次齋詩集七卷　(清)吳世涵撰　清咸豐二年(1852)宜園刻本　四冊

330000－1701－0039550　普 610.8/1014/c2　子部/醫家類/類編之屬

醫林指月十二種　(清)王琦編　清乾隆三十二年(1767)刻寶笏樓印本　十冊　存十一種

330000－1701－0039551　普 811.17/26434　集部/別集類/清別集

職思居姑存草一卷　(清)吳蘭澤撰　清光緒二十五年(1899)南昌致知書局鉛印本　一冊

330000－1701－0039552　普 811.17/2654.2/c2　集部/別集類/清別集

花宜館詩鈔十六卷續存一卷無腔村笛二卷　(清)吳振棫撰　清同治四年(1865)京師刻本　章嶔題簽　六冊

330000－1701－0039553　普 610.76/7572　子部/醫家類/綜合之屬/通論

太醫局諸科程文九卷　(宋)太醫局輯　清光緒三十一年(1905)上海六藝書局石印本　二冊

330000－1701－0039554　普 811.17/2654.2/c3　集部/別集類/清別集

花宜館詩鈔十六卷續存一卷無腔村笛二卷　(清)吳振棫撰　清同治四年(1865)京師刻本　六冊

330000－1701－0039555　普 951.00913/8740/c1　史部/政書類

九通　(清)□□輯　清光緒八年至二十二年(1882－1896)浙江書局刻本　二百冊　存一種

330000－1701－0039556　普 811.17/2654.2/c5　集部/別集類/清別集

花宜館詩鈔十六卷續存一卷無腔村笛二卷文略一卷　(清)吳振棫撰　清同治四年(1865)、光緒二十六年(1900)刻本　七冊

330000－1701－0039557　普 610.8/1014/2　子部/醫家類/類編之屬

醫林指月十二種　(清)王琦編　清光緒二十二年(1896)上海圖書集成印書局鉛印本　八冊

330000－1701－0039558　普 811.17/2661　集部/別集類/清別集

睫巢詩鈔三卷附遊仙詩一卷　(清)吳顥撰　清嘉慶十六年(1811)吳昇四川刻本　二冊

330000－1701－0039559　普 811.17/2649.2　類叢部/叢書類/自著之屬

聽彝堂偶存稿九種　(清)吳省蘭撰　清乾隆至嘉慶南匯吳氏刻本　一冊　存一種

330000－1701－0039560　普 811.17/26481　集部/別集類/清別集

榴實山莊文稿一卷詩鈔六卷詞鈔一卷試律二卷　(清)吳存義撰　清同治至光緒刻本　四冊　缺二卷(試律一至二)

330000－1701－0039561　普 811.17/2660　史部/史評類/詠史之屬

明宮詞一卷　(清)程嗣章撰　清宣統三年(1911)上海掃葉山房石印本　一冊

330000－1701－0039562　普 811.17/2661/(2)　集部/別集類/清別集

睫巢詩鈔三卷附遊仙詩一卷　(清)吳顥撰　清嘉慶十六年(1811)吳昇四川刻本　三冊　缺一卷(遊仙詩)

330000－1701－0039563　普 811.17/2650
集部/别集類/清别集
晬盤詩鈔六卷　(清)吳振麟撰　清咸豐元年(1851)刻本　四冊

330000－1701－0039564　普 811.17/26601/c2　集部/别集類/清别集
小羅浮山館詩鈔十五卷　(清)吳昇撰　清同治四年(1865)吳振棫京師刻本　四冊

330000－1701－0039565　普 610.8/1014/3
子部/醫家類/類編之屬
醫林指月十二種　(清)王琦編　清乾隆三十二年(1767)寶笏樓刻本　十冊

330000－1701－0039566　普 811.17/26482
集部/别集類/清别集
恬庵八韻詩存二卷　(清)吳敬羲撰　清刻本　二冊

330000－1701－0039567　普 811.17/2662
集部/别集類/清别集
世書堂稿二十三卷　(清)吳國縉撰　清順治十七年(1660)吳氏世書堂刻本　八冊

330000－1701－0039568　普 811.17/26601/(2)/c2　集部/别集類/清别集
小羅浮山館詩鈔十五卷　(清)吳昇撰　清道光刻本　四冊

330000－1701－0039569　普 811.17/26501
集部/别集類/清别集
退思齋詩草六卷附雜著一卷　(清)吳中彦撰　清光緒二十一年(1895)聊城馬鎮刻本　一冊　缺三卷(政餘吟一至二、雜著)

330000－1701－0039571　普 811.17/26483/c1　集部/别集類/清别集
古琴樓詩鈔二卷　(清)吳松撰　清宣統三年(1911)高廷梅鉛印本　一冊

330000－1701－0039572　普 811.17/2651/c1　集部/别集類/清别集
尊道堂詩鈔二卷　(清)吳東發撰　**詩畫巢遺稿一卷**　(清)吳本履撰　清嘉慶十八年(1813)當湖徐氏存古堂刻本　二冊

330000－1701－0039574　普 811.17/26483/c2　集部/别集類/清别集
古琴樓詩鈔二卷　(清)吳松撰　清宣統三年(1911)高廷梅鉛印本　一冊

330000－1701－0039575　普 951.00913/8740/c2　史部/政書類
九通　(清)□□輯　清光緒八年至二十二年(1882－1896)浙江書局刻本　一百八十四冊　存一種

330000－1701－0039576　普 811.17/2651/c2　集部/别集類/清别集
尊道堂詩鈔二卷　(清)吳東發撰　**詩畫巢遺稿一卷**　(清)吳本履撰　清嘉慶十八年(1813)當湖徐氏存古堂刻本　一冊

330000－1701－0039577　普 610.8/1020　子部/醫家類/類編之屬
醫學三書　(清)雷豐編　清光緒十年至十三年(1884－1887)雷慎修堂刻本　九冊

330000－1701－0039578　普 811.17/2652
集部/别集類/清别集
夕陽書屋詩初編四卷詠史樂府十二章一卷　(清)程盛修撰　清乾隆三十八年(1773)刻本　二冊

330000－1701－0039579　普 811.17/2663
集部/别集類/清别集
嘯雲軒詩集四卷　(清)程畹撰　清同治十一年(1872)刻本　清小舫批並跋　一冊

330000－1701－0039580　普 610.8/1010　子部/醫家類/類編之屬
當歸草堂醫學叢書初編十種　(清)丁丙編　清光緒四年(1878)錢塘丁氏當歸草堂刻本　九冊　存九種

330000－1701－0039581　普 811.17/2654
集部/别集類/清别集
花宜館詩鈔七卷　(清)吳振棫撰　清道光二十五年(1845)、二十七年(1847)刻本　十冊

330000－1701－0039582　普 811.17/2653
集部/别集類/清别集

驂鸞小草一卷　(清)魏成憲撰　清嘉慶刻本　履園子叔仁題簽　一冊

330000－1701－0039583　普 811.17/26801　集部/别集類/清别集

有正味齋試帖詳註四卷　(清)吳錫麒撰　(清)吳掄　(清)吳敬恒注　清刻本　仲達跋　一冊

330000－1701－0039584　普 811.17/2688/c1　類叢部/叢書類/自著之屬

魏稼孫先生全集三種　(清)魏錫曾撰　清光緒九年(1883)羊城刻本　一冊　存一種

330000－1701－0039585　普 610.8/1010/2　子部/醫家類/類編之屬

當歸草堂醫學叢書初編十二種　(清)丁丙編　清光緒四年(1878)錢塘丁氏當歸草堂刻九年(1883)、十年(1884)增刻本　十二冊

330000－1701－0039586　普 811.17/26772　集部/别集類/清别集

春星草堂詩稿八卷　(清)吳熙撰　清乾隆三十九年(1774)刻本　四冊

330000－1701－0039587　普 811.17/26802　集部/别集類/清别集

自怡集八卷　(清)吳錫麟撰　清嘉慶十二年(1807)刻本　四冊

330000－1701－0039589　普 811.17/2681　集部/别集類/清别集

話墮集三卷　(清)釋篆玉撰　清乾隆刻本　一冊

330000－1701－0039590　普 610.8/1044　子部/醫家類/類編之屬

潛齋醫書五種　(清)王士雄撰　清光緒十八年(1892)上海醉六堂、二十六年(1900)蘇州交通益記圖書館刻本　十二冊

330000－1701－0039593　普 811.17/2684　集部/别集類/清别集

蘭山課業松厓詩錄二卷　(清)吳鎮撰　清乾隆五十七年(1792)刻本　二冊

330000－1701－0039595　普 610.8/1044/2/c2　子部/醫家類/類編之屬

潛齋醫書五種　(清)王士雄撰　清光緒二十二年(1896)上海圖書集成局鉛印本　八冊

330000－1701－0039596　普 811.17/2699　集部/别集類/清别集

石雲山人詩集二十三卷　(清)吳榮光撰　清道光二十一年(1841)南海吳氏筠清館刻本　六冊

330000－1701－0039597　普 811.17/26841　集部/别集類/清别集

柈湖文錄八卷首一卷詩錄六卷首一卷釣者風一卷　(清)吳敏樹撰　清同治八年(1869)長沙刻本　四冊　存八卷(詩錄首、一至六，釣者風)

330000－1701－0039598　普 811.17/26991/c1　集部/别集類/清别集

留園詩鈔二卷　(清)吳榮撰　清咸豐六年(1856)刻本　一冊

330000－1701－0039599　普 811.17/2688/c3　類叢部/叢書類/自著之屬

魏稼孫先生全集三種　(清)魏錫曾撰　清光緒九年(1883)羊城刻本　一冊　存二種

330000－1701－0039600　普 811.17/2671　集部/别集類/清别集

墨井集五卷　(清)吳歷撰　清宣統元年(1909)徐家匯印書館鉛印本　邇弇題記　一冊

330000－1701－0039601　普 811.17/26991/c2　集部/别集類/清别集

留園詩鈔二卷　(清)吳榮撰　清咸豐六年(1856)刻本　二冊

330000－1701－0039603　普 811.17/2704/c2　集部/别集類/清别集

四憶堂詩集六卷遺稿一卷　(清)侯方域撰　清初刻本　三冊

330000－1701－0039604　普 811.17/2672　集部/總集類/氏族之屬

石門吳氏家集　清光緒十八年(1892)世同堂刻本　四冊　存一種

330000－1701－0039606　普 811.17/26881
集部/別集類/清別集
楓谿櫂歌一卷附雜詠一卷　(清)程兼善撰　清光緒二十年(1894)刻本　一冊

330000－1701－0039607　普 811.17/2722
集部/別集類/清別集
留春草堂詩鈔七卷　(清)伊秉綬撰　清光緒二十三年(1897)無錫鄧元鏸刻本　二冊

330000－1701－0039608　普 811.17/2722/2(2)　集部/別集類/清別集
留春草堂詩鈔七卷　(清)伊秉綬撰　清嘉慶十九年(1814)寧化伊秉綬秋水園廣州刻本　四冊

330000－1701－0039609　普 811.17/26842
集部/別集類/清別集
十髮居士集七十卷　程頌萬撰　清光緒二十一年至民國十七年(1895－1928)寧鄉程氏鹿川閣刻本　三冊　存十二卷(石巢詩集一至十二)

330000－1701－0039612　普 811.17/2704/2/c1　集部/別集類/清別集
四憶堂詩集六卷遺稿一卷　(清)侯方域撰　清初刻本　樊鎮題記　二冊

330000－1701－0039614　普 951.00913/8740/c3　史部/政書類
九通　(清)□□輯　清光緒八年至二十二年(1882－1896)浙江書局刻本　一百九十三冊　存一種

330000－1701－0039615　普 811.17/2693
集部/別集類/清別集
菜香書屋詩草六卷　(清)吳煊撰　清嘉慶七年(1802)刻本　二冊

330000－1701－0039616　普 811.17/2694
史部/史評類/詠史之屬
十國宮詞一卷　(清)吳省蘭撰　清同治十二年(1873)淮南書局刻本　一冊

330000－1701－0039617　普 811.17/2687
集部/別集類/清別集
得秋山館詩鈔二卷　(清)吳朔撰　清同治十一年(1872)刻本　二冊

330000－1701－0039618　普 811.17/2704/3/c1　集部/別集類/清別集
四憶堂詩集六卷遺稿一卷　(清)侯方域撰　清宣統元年(1909)上海掃葉山房石印本　二冊

330000－1701－0039619　普 811.17/2690
集部/別集類/清別集
樸庭詩藳六卷　(清)吳爚文撰　清乾隆十二年(1747)刻本　三冊

330000－1701－0039620　普 811.17/26871/c1　史部/史評類/詠史之屬
東周宮詞五卷　(清)吳養原撰　清同治三年(1864)刻本　一冊

330000－1701－0039621　普 811.17/2704/3/c2　集部/別集類/清別集
四憶堂詩集六卷遺稿一卷　(清)侯方域撰　清宣統二年(1910)上海掃葉山房石印本　二冊

330000－1701－0039622　普 811.17/26871/c2　史部/史評類/詠史之屬
東周宮詞五卷　(清)吳養原撰　清光緒十年(1884)刻本　一冊

330000－1701－0039624　普 811.17/2704/4/c2　集部/別集類/清別集
四憶堂詩集六卷遺稿一卷　(清)侯方域撰　清刻本　四冊

330000－1701－0039625　普 811.17/26771
集部/別集類/清別集
修月遺稿一卷　(清)吳卯撰　(清)汪定執編　**悲秋篇一卷傷春篇一卷續一卷**　(清)汪定執撰　清光緒刻本　一冊

330000－1701－0039626　普 811.17/2726/c2　集部/別集類/清別集
海門詩鈔八卷外集四卷補錄一卷附錄一卷

(清)鲍皋撰　清宣統三年(1911)刻本　四册

330000－1701－0039627　普 811.17/26871/2　史部/史評類/詠史之屬

東周宫詞五卷　(清)吴養原撰　清光緒十年(1884)刻本　二册

330000－1701－0039628　普 811.17/27321　集部/别集類/清别集

雅雪園詩鈔四卷　(明)鄒湘倜撰　清咸豐八年(1858)刻本　一册

330000－1701－0039629　普 811.17/27401　集部/别集類/清别集

鮑太史詩集八卷　(清)鮑存曉撰　(清)鄭錫田輯　清光緒十二年(1886)玉屏鄭錫田刻本　四册

330000－1701－0039630　普 811.17/2726/c3　集部/别集類/清别集

海門詩鈔八卷外集四卷　(清)鮑皋撰　清乾隆刻本　清薌墅題記　三册

330000－1701－0039631　普 811.17/27411　集部/别集類/清别集

淨緑軒詩存二卷補遺詩一卷　(清)包韞珍撰　清咸豐六年(1856)浙江吴氏刻本　吴士鑑跋　一册

330000－1701－0039632　普 811.17/2733/c1　類叢部/叢書類/家集之屬

鄔家初集十種　鄔慶時編　清光緒三十四年至民國十七年(1908－1928)刻二十年(1931)廣州鄔氏彙印本　一册　存一種

330000－1701－0039634　普 811.17/27041　集部/别集類/清别集

兩勉彊齋試帖詩存一卷館課賦存一卷　(清)倪文蔚撰　清光緒九年(1883)桂林節署刻本　一册

330000－1701－0039635　普 811.17/2729　集部/總集類/題詠之屬

百美新詠一卷　(清)悟證子撰　清抄本　一册

330000－1701－0039636　普 951.00913/8740/3　史部/政書類

九通全書　(清)□□輯　清光緒二十七年至二十八年(1901－1902)貫吾齋石印本　二十四册　存一種

330000－1701－0039637　普 811.17/2742　類叢部/叢書類/彙編之屬

春暉堂叢書十二種　(清)徐渭仁編　清道光至咸豐上海徐渭仁刻同治九年至十年(1870－1871)徐允臨補刻彙印本　一册　存一種

330000－1701－0039638　普 811.17/2714　集部/别集類/清别集

所園詩存二卷　(清)魯武茂撰　清光緒十三年(1887)善化楊氏刻本　一册

330000－1701－0039639　普 811.17/27421　集部/别集類/清别集

唫秋樓詩鈔二集四卷三集四卷　(清)鄔鶴徵撰　**味堂詩鈔一卷**　(清)鄔宗梅撰　清道光二十三年至二十四年(1843－1844)刻本　二册

330000－1701－0039640　普 811.17/2717　史部/史評類/詠史之屬

桐華舸明季詠史詩鈔一卷　(清)鮑瑞駿撰　清同治三年(1864)刻本　一册

330000－1701－0039641　普 951.00913/8740/4/c1　史部/政書類

三通　清乾隆十二年至十四年(1747－1749)武英殿刻本　一百十五册　存一種

330000－1701－0039642　普 811.17/2743　集部/别集類/明别集

春草齋文集選六卷詩集選一卷詩集選附錄一卷　(明)烏斯道撰　(清)熊伯龍選　(清)黄敬修評　**附名公贊春草集歌詠一卷**　清康熙慈谿烏震刻本　一册　缺六卷(一至六)

330000－1701－0039643　普 811.17/2744　類叢部/叢書類/自著之屬

魯氏遺著四種附二種　(清)魯一同撰　清咸豐山陽魯氏刻本　一册　存一種

330000－1701－0039644　普 811.17/2731
類叢部/叢書類/家集之屬
番禺鄔氏所刻書二十種　鄔慶時編　清宣統元年至民國十九年(1909－1930)刻本　一冊　存一種

330000－1701－0039645　普 811.17/2733/c2
類叢部/叢書類/家集之屬
鄔家初集十種　鄔慶時編　清光緒三十四年至民國十七年(1908－1928)刻二十年(1931)廣州鄔氏彙印本　一冊　存二種

330000－1701－0039646　普 811.17/27441
集部/別集類/清別集
津門詩鈔一卷　(清)鮑桂生撰　清咸豐十一年(1861)刻本　一冊

330000－1701－0039647　普 811.17/27311
集部/別集類/清別集
煮石齋稿一卷　(清)鮑家瑞撰　清光緒十八年(1892)刻本　一冊

330000－1701－0039648　普 811.17/2746、普 811.17/2746/2　類叢部/叢書類/家集之屬
觀古閣叢刻十五種　(清)鮑康編　清嘉慶十一年至光緒二十一年(1806－1895)歙縣鮑氏刻本　十冊　存四種

330000－1701－0039649　普 811.17/2732/c1
集部/別集類/清別集
雲錦天衣集二卷　(清)鄒寶僡撰　清光緒十一年(1885)刻本　二冊

330000－1701－0039650　普 811.17/2732/c2
集部/別集類/清別集
雲錦天衣集二卷　(清)鄒寶僡撰　清光緒十一年(1885)刻本　二冊

330000－1701－0039651　普 811.17/2746.2
集部/別集類/清別集
覺生詩鈔十卷詠物詩鈔四卷詠史詩鈔三卷　(清)鮑桂星撰　清嘉慶二十五年(1820)歙縣鮑氏刻觀古閣叢刻本　清鮑桂星、王存善題記　五冊

330000－1701－0039652　普 811.17/2734
集部/別集類/清別集
三秀齋詩鈔二卷詞鈔一卷　(清)鮑之芬撰　清光緒四年(1878)刻本　一冊

330000－1701－0039653　普 921.512/1123.73　史部/傳記類/總傳之屬/家乘
[福建莆田]興邑方太張氏三修族譜不分卷　(清)張德榜　(清)張玉紅修　(清)張懷南纂　清光緒七年(1881)木活字印本　八冊

330000－1701－0039654　普 811.17/2788
集部/別集類/清別集
五百四峯堂詩鈔二十五卷　(清)黎簡撰　清同治十三年(1874)南海陳氏刻本　八冊

330000－1701－0039655　普 811.17/2734/2
集部/別集類/清別集
三秀齋詩鈔二卷　(清)鮑之芬撰　清道光二十年(1840)刻本　一冊

330000－1701－0039656　普 811.17/2792
類叢部/叢書類/家集之屬
黎氏家集 十二種附四種　(清)黎庶昌編　清光緒十四年至十五年(1888－1889)黎庶昌日本使署刻本暨鉛印本　一冊　存一種

330000－1701－0039657　普 811.17/2723/c2
集部/別集類/清別集
琴游集二卷　(清)鄔佩之撰　清光緒二十九年(1903)刻本　一冊

330000－1701－0039658　普 811.17/27461/c1　集部/別集類/清別集
狷齋遺稿五卷　(清)鄒志路撰　清同治八年(1869)刻本　一冊

330000－1701－0039659　普 811.17/2740/c1
集部/別集類/清別集
一粟軒詩集二卷補編一卷文集四卷　(清)鮑臺撰　清道光二十六年(1846)鄭兆璜刻本　二冊　存三卷(詩集一至二、補編)

330000－1701－0039660　普 811.17/2723.2
集部/別集類/清別集
琴游集二卷　(清)鄔佩之撰　清光緒二十九年(1903)刻本　一冊

330000－1701－0039661　普 811.17/2800
類叢部/叢書類/自著之屬
王漁洋遺書三十八種　(清)王士禛撰　清刻本　一冊　存一種

330000－1701－0039662　普 811.17/27231/c1　集部/別集類/清別集
寥山樵唱二卷　(清)侯紹瀛撰　清光緒十二年(1886)刻本　二冊

330000－1701－0039663　普 811.17/27461/c4　集部/別集類/清別集
狷齋遺稿五卷　(清)鄒志路撰　清同治八年(1869)刻本　一冊

330000－1701－0039666　普 811.17/27231/c2　集部/別集類/清別集
寥山樵唱二卷　(清)侯紹瀛撰　清光緒十二年(1886)刻本　一冊　存一卷(二)

330000－1701－0039667　普 921.512/27121
史部/傳記類/總傳之屬/家乘
[江西豐城]鄷氏三埠族譜□□卷　(清)□□纂修　清末務本堂木活字印本　七冊　存八卷(一、三至五、七至九、十一)

330000－1701－0039668　普 811.17/2724
史部/地理類/雜志之屬
斜塘竹枝詞一卷　(清)倪以埴撰　清光緒十八年(1892)刻本　一冊

330000－1701－0039669　普 811.17/2754
集部/別集類/清別集
尋源詩草一卷　(清)倪錫麒撰　清光緒十四年(1888)春及書屋刻本　一冊

330000－1701－0039670　普 921.512/2723.1
史部/傳記類/總傳之屬/家乘
[浙江平陽]昆陽上谷郡侯氏宗譜不分卷　(清)侯信圭　(清)朱齊元纂修　清道光二十九年(1849)木活字印本　二冊

330000－1701－0039671　普 811.17/2740/c2
集部/別集類/清別集
一粟軒詩集二卷補編一卷文集四卷　(清)鮑臺撰　清道光二十六年(1846)鄭兆璜刻本　二冊　存二卷(詩集一至二)

330000－1701－0039672　普 811.17/2761
集部/別集類/清別集
春及堂詩集四十三卷　(清)倪國璉撰　清乾隆三十七年(1772)倪承寬刻本　二冊

330000－1701－0039673　普 811.17/27461/c4/1　集部/別集類/清別集
狷齋遺稿五卷　(清)鄒志路撰　清同治八年(1869)刻本　鄒復題記　一冊

330000－1701－0039674　普 811.17/2767
集部/別集類/清別集
紀文達公遺集三十二卷　(清)紀昀撰　(清)紀樹馨編　清嘉慶十七年(1812)紀樹馥刻本　六冊　存十六卷(詩一至十六)

330000－1701－0039675　普 811.17/28001/c1　類叢部/叢書類/自著之屬
徐位山先生六種　(清)徐文靖撰　清雍正至乾隆刻志寧堂彙印本　一冊　存一種

330000－1701－0039676　普 811.17/2767.2
集部/別集類/清別集
紀曉嵐詩註釋四卷　(清)紀昀撰　(清)郭斌注　清嘉慶二年(1797)刻朱墨套印本　四冊

330000－1701－0039677　普 811.17/28001/c2　類叢部/叢書類/自著之屬
徐位山先生六種　(清)徐文靖撰　清雍正至乾隆刻志寧堂彙印本　一冊　存一種

330000－1701－0039678　普 811.17/2768
集部/別集類/清別集
埽雲仙館詩鈔四卷　(清)詹嗣曾撰　清同治元年(1862)三衢詹嗣曾木活字印本　二冊

330000－1701－0039679　普 811.17/28001/(2)　類叢部/叢書類/自著之屬
徐位山先生六種　(清)徐文靖撰　清雍正至乾隆刻志寧堂彙印本　二冊　存一種

330000－1701－0039680　普 921.512/2723.2
史部/傳記類/總傳之屬/家乘
[浙江平陽]昆陽上谷郡侯氏族譜不分卷

(清)侯鵬生纂修　清同治十三年(1874)木活字印本　三冊

330000－1701－0039682　普 811.17/2782　集部/別集類/清別集
幼迂詩鈔四卷　(清)倪釗撰　清光緒二十年(1894)金陵湯明林聚珍書局木活字印本　一冊

330000－1701－0039688　普 811.17/2802　集部/別集類/清別集
寶笏樓詩集二卷　(清)徐敦穆撰　清宣統三年(1911)刻本　一冊

330000－1701－0039689　普 811.17/2808　集部/別集類/清別集
悟雪樓詩存三十四卷　(清)徐謙撰　清四香草堂刻本　八冊

330000－1701－0039690　普 811.17/2704/2/c4　集部/別集類/清別集
四憶堂詩集六卷遺稿一卷　(清)侯方域撰　清刻本　二冊　缺一卷(遺稿)

330000－1701－0039691　普 811.17/28133　集部/別集類/清別集
自怡詩鈔三卷　(清)徐予良撰　清光緒五年(1879)徐兆英愛虞堂刻本　一冊

330000－1701－0039692　普 811.17/28143　集部/別集類/清別集
一規八棱研齋詩鈔六卷類鈔一卷詞鈔一卷文鈔一卷時文一卷　(清)徐廷華撰　清光緒九年(1883)武昌刻本　二冊　存七卷(一至六、類鈔)

330000－1701－0039693　普 811.17/2810/c1　子部/雜著類/雜說之屬
牧菴雜紀六卷　(清)徐一麟撰　清光緒二十五年(1899)居易山房刻本　四冊

330000－1701－0039694　普 811.17/2810/c2　子部/雜著類/雜說之屬
牧菴雜紀六卷　(清)徐一麟撰　清同治七年(1868)刻本　四冊

330000－1701－0039696　普 811.17/28141　集部/別集類/清別集
敦艮吉齋詩存二卷　(清)徐子苓撰　清光緒十二年(1886)刻本　二冊

330000－1701－0039697　普 811.17/2820/c2　集部/總集類/氏族之屬
慎行堂三世詩存三種　徐寶炘　徐寶華輯　清咸豐九年(1859)、民國九年(1920)刻民國九年(1920)彙印本　一冊　存一種

330000－1701－0039698　普 811.17/.2811/c2　集部/別集類/清別集
天生吾廬存稿三卷　(清)徐元琛撰　清光緒二十九年(1903)華雲閣鉛印本　一冊

330000－1701－0039699　普 811.17/.2811/c3　集部/別集類/清別集
天生吾廬存稿三卷　(清)徐元琛撰　清光緒二十九年(1903)華雲閣鉛印本　一冊

330000－1701－0039700　普 811.17/2820/c1　集部/總集類/氏族之屬
慎行堂三世詩存三種　徐寶炘　徐寶華輯　清咸豐九年(1859)、民國九年(1920)刻民國九年(1920)彙印本　一冊　存一種

330000－1701－0039701　普 811.17/28142.2/c2、普 811.17/28142.3/c2、普 811.17/28142　類叢部/叢書類/家集之屬
香海盦叢書　(清)徐琪輯　清仁和徐氏刻光緒二十年(1894)彙印本　三冊　存三種

330000－1701－0039703　普 811.17/2821/c1　集部/別集類/清別集
白鵠山房詩選四卷掛笠吟一卷駢體文鈔二卷駢體文續鈔二卷　(清)徐熊飛撰　清嘉慶刻本　二冊　缺四卷(駢體文鈔一至二、駢體文續鈔一至二)

330000－1701－0039704　普 811.17/2821/c2、普 811.17/2821/c3、普 811.17/2821.2/c2　集部/別集類/清別集
白鵠山房詩選四卷掛笠吟一卷駢體文鈔二卷駢體文續鈔二卷　(清)徐熊飛撰　清嘉慶刻

本　清子箴、清伯融、清仰昕、清仲仁、清撫松老人題記　八册

330000－1701－0039705　普 811.17/28121　集部/别集類/清别集
逃弇詩草十卷　(清)徐豫貞撰　清康熙楊崑刻本　四册

330000－1701－0039706　普 811.17/28142.2/c1　類叢部/叢書類/家集之屬
香海盦叢書　(清)徐琪輯　清仁和徐氏刻光緒二十年(1894)彙印本　一册　存一種

330000－1701－0039709　普 811.17/2821.2/c1　集部/别集類/清别集
白鵠山房初集三卷詩續選二卷　(清)徐熊飛撰　清道光二十三年(1843)刻本　二册

330000－1701－0039710　普 811.17/2821.3/c1　集部/别集類/清别集
風鷗集一卷　(清)徐熊飛撰　清嘉慶四年(1799)刻本　一册

330000－1701－0039711　普 811.17/2821.3/c2　集部/别集類/清别集
風鷗集一卷　(清)徐熊飛撰　清嘉慶四年(1799)刻本　一册

330000－1701－0039712　普 811.17/2821.4　集部/詞類/别集之屬
前溪風土詞一卷六花詞一卷　(清)徐熊飛撰　清嘉慶刻本　一册

330000－1701－0039713　普 811.17/2821.5/c1　集部/别集類/清别集
白鵠山房詩鈔三卷　(清)徐熊飛撰　清嘉慶四年(1799)清素堂刻本　一册

330000－1701－0039714　普 811.17/2821.5/c2　集部/别集類/清别集
白鵠山房詩鈔三卷風鷗集一卷　(清)徐熊飛撰　清嘉慶四年(1799)清素堂刻本　清李兆能跋　一册

330000－1701－0039715　普 811.17/28212　集部/别集類/清别集
道貴堂類稿十二種　(清)徐倬撰　清康熙刻本　八册　存十一種

330000－1701－0039716　SBC0008　類叢部/類書類/通類之屬
博物典彙二十卷　(明)黄道周纂　明崇禎刻本　四册　存十六卷(一至十六)

330000－1701－0039717　SBC0015　類叢部/類書類/通類之屬
古今合璧事類備要前集六十九卷後集八十一卷續集五十六卷　(宋)謝維新輯　**古今合璧事類備要别集九十四卷外集六十六卷**　(宋)虞載輯　明嘉靖三十一年至三十五年(1552－1556)三衢夏相刻本(前集卷九至十二配抄本)　三十六册　存一百十九卷(前集一至十二、十五至六十五,續集一至五十六)

330000－1701－0039718　SBC0052　類叢部/叢書類/彙編之屬
漢魏叢書三十八種　(明)程榮編　明萬曆二十年(1592)新安程氏刻本　五十六册　存二十九種

330000－1701－0039719　SBC0001　史部/傳記類/總傳之屬/斷代
本朝京省人物考一百十五卷　(明)過庭訓撰　明天啓二年(1622)刻本(卷一配清抄本)　三十二册　存七十五卷(一、二十至二十四、四十七至一百十五)

330000－1701－0039720　HJL5727　集部/别集類/宋别集
本堂先生文集九十六卷首一卷佚文一卷佚詩一卷　(宋)陳著撰　**附録二卷校録二卷**　(清)樊景瑞撰　清光緒十九年(1893)四明陳氏刻本(卷九十五至九十六原缺)　十二册　缺四卷(二十八至二十九、六十七、七十六)

330000－1701－0039721　SBC0017　集部/别集類/宋别集
宋文文山先生全集十八卷附録三卷　(宋)文天祥撰　(明)鍾越輯並評　明崇禎四年(1631)武林鍾越刻本　七册　存十八卷(一至十八)

330000－1701－0039722　SBC0029　經部/周禮類/分篇之屬
周官講義不分卷　清抄本　一冊

330000－1701－0039723　SBC0012　子部/叢編
六子書　(明)顧春編　明嘉靖十二年(1533)吳郡顧氏世德堂刻本　十六冊　存四種

330000－1701－0039724　SBC0024　類叢部/叢書類/彙編之屬
增訂漢魏叢書八十六種　(清)王謨編　清乾隆五十六年(1791)金谿王氏刻本　四十冊　存二十六種

330000－1701－0039725　HJL4839　類叢部/叢書類/彙編之屬
武英殿聚珍版書一百三十八種　清木活字印本　八冊　存一種

330000－1701－0039726　SBC0037　史部/史抄類
歷代史纂左編一百四十二卷　(明)唐順之撰　明萬曆三十九年(1611)吳用先等刻本　十五冊　存十八卷(十七至二十五、一百九至一百十七)

330000－1701－0039727　SBC0039　類叢部/叢書類/彙編之屬
漢魏叢書三十八種　(明)程榮編　明萬曆二十年(1592)新安程氏刻本　六十二冊　存二十二種

330000－1701－0039728　SBC0040　子部/儒家類/儒學之屬/性理
新刊性理大全七十卷　(明)胡廣等撰　明刻本　二十冊　存六十四卷(一至六十四)

330000－1701－0039729　SBC0034　類叢部/類書類/通類之屬
新編古今事文類聚前集六十卷後集五十卷續集二十八卷別集三十二卷　(宋)祝穆編　**新編古今事文類聚新集三十六卷外集十五卷**　(元)富大用編　明刻本　四十冊　存一百十卷(前集一至六十、後集一至五十)

330000－1701－0039730　SBC0051　類叢部/叢書類/彙編之屬
漢魏叢書三十八種　(明)程榮編　明萬曆二十年(1592)新安程氏刻本　十八冊　存十四種

330000－1701－0039731　HJL5728　類叢部/叢書類/家集之屬
篤素堂全集四種　(清)張英　(清)張廷玉撰　清光緒五年至十七年(1879－1891)刻彙印本　八冊　存一種

330000－1701－0039732　SBC0013　經部/叢編
十三經註疏　(明)□□輯　明嘉靖李元陽、江以達刻本　三冊　存一種

330000－1701－0039733　SBC0054　類叢部/類書類/通類之屬
玉海二百卷辭學指南四卷詩攷一卷詩地理攷六卷漢藝文志攷證十卷通鑑地理通釋十四卷周書王會一卷漢制攷四卷踐阼篇集解一卷急就篇補注四卷六經天文編二卷小學紺珠十卷姓氏急就篇二卷周易鄭康成注一卷通鑑荅問五卷　(宋)王應麟撰　元至元六年(1340)慶元路儒學刻元明遞修本　九十冊　缺二十四卷(七十八至一百一)

330000－1701－0039734　SBC0056　類叢部/類書類/通類之屬
玉海纂二十二卷　(明)劉鴻訓撰　清順治四年(1647)劉孔中刻本　四冊　存八卷(十一至十三、十五、十八、二十至二十二)

330000－1701－0039735　SBC0057　集部/別集類/宋別集
歐陽文忠公全集一百五十三卷附錄五卷　(宋)歐陽修撰　**廬陵歐陽文忠公[修]年譜一卷**　(宋)胡柯編　明刻本　一冊　存九卷(九至十七)

330000－1701－0039736　HJL5729　集部/別集類/明別集
西昌王抑菴集四十卷首一卷　(明)王直撰　清同治六年(1867)王啓鑠刻本　十冊

330000－1701－0039737　SBC0064　子部/儒家類/儒學之屬/性理

性理大全書七十卷　（明）胡廣等撰　明司禮監刻本　五册　存十一卷（三十二至三十四、四十至四十二、五十七至五十八、六十三至六十四、七十）

330000－1701－0039738　SBC0058　集部/別集類/宋別集

東坡文選二十卷　（宋）蘇軾撰　（明）鍾惺評選　明萬曆四十八年（1620）閔氏刻朱墨套印本　三册　存八卷（一至三、十六至二十）

330000－1701－0039739　HJL5730　集部/別集類/清別集

鶴半巢詩存十卷　（清）馮培撰　清嘉慶三年（1798）刻本　二册

330000－1701－0039740　SBC0059　集部/總集類/彙編之屬

唐宋八大家文鈔　（明）茅坤編　明萬曆七年（1579）茅一桂刻本　二十册　存三種

330000－1701－0039741　SBC0061　子部/儒家類/儒學之屬/經濟

鹽鐵論十卷　（漢）桓寬撰　明弘治十四年（1501）涂禎刻本　一册　存三卷（一至三）

330000－1701－0039742　HJL5731　集部/別集類/明別集

銓部王先生文集一卷詩集一卷修縣誌小序一卷　（明）王教撰　（明）王所明輯　清光緒六年（1880）王普等刻本　三册

330000－1701－0039743　SBC0060　集部/別集類/宋別集

王文公集彙選六卷　（宋）王安石撰　明萬曆十六年（1588）陳文燧等刻本　一册　存二卷（一至二）

330000－1701－0039744　SBC0071　經部/易類/專著之屬

周易象變啓蒙一卷　（清）袁照撰　清抄本　一册

330000－1701－0039745　HJL5732　類叢部/叢書類/自著之屬

汪子遺書二種二十三卷　（清）汪縉撰　清光緒八年（1882）刻本　六册　存一種

330000－1701－0039746　SBC0067　集部/別集類/宋別集

宋大家蘇文公文抄十卷　（宋）蘇洵撰　明萬曆七年（1579）茅一桂刻唐宋八大家文鈔本　清寧遠堂題簽　三册　存七卷（四至十）

330000－1701－0039747　SBC0068　集部/總集類/彙編之屬

唐宋八大家文鈔　（明）茅坤編　明崇禎四年（1631）茅著刻本　八册　存一種

330000－1701－0039748　HJH4849　類叢部/叢書類/彙編之屬

武英殿聚珍版書一百四十八種　清乾隆四十二年（1777）福建刻道光至同治遞修光緒二十一年（1895）增刻本　六册　存一種

330000－1701－0039749　SBC0053　類叢部/類書類/通類之屬

玉海二百卷辭學指南四卷詩攷一卷詩地理攷六卷漢藝文志攷證十卷通鑑地理通釋十四卷周書王會一卷漢制攷四卷踐阼篇集解一卷急就篇補注四卷姓氏急就篇二卷六經天文編二卷小學紺珠十卷周易鄭康成注一卷通鑑荅問五卷　（宋）王應麟撰　元至元六年（1340）慶元路儒學刻元明遞修本　七十册　缺三十三卷（二十六至二十八、五十三至五十九、八十七至八十九、一百五至一百八、一百五十三至一百五十五、一百六十九至一百七十一、一百七十八至一百八十、一百八十五至一百八十八、一百九十八至二百）

330000－1701－0039751　SBC0085　集部/總集類/彙編之屬

漢魏六朝諸名家集（漢魏六朝二十一名家集）　（明）汪士賢編　明萬曆至天啓新安汪氏刻本　三册　存一種

330000－1701－0039752　SBC0075　集部/別集類/明別集

天目先生集二十一卷　（明）徐中行撰　附錄

一卷 (明)郭造卿撰 明刻本 四冊 存十一卷(一至十一)

330000－1701－0039753 HJL5733 集部/別集類/明別集
枝山文集四卷 (明)祝允明撰 清同治十三年(1874)元和祝氏刻本 二冊

330000－1701－0039754 HJL5734 集部/別集類/清別集
切問齋集十六卷 (清)陸燿撰 清乾隆五十七年(1792)暉吉堂刻本 六冊

330000－1701－0039755 SBC0099 史部/紀傳類/通代之屬
古史六十卷 (宋)蘇轍撰 明萬曆刻本 六冊 存四十七卷(十四至六十)

330000－1701－0039756 SBC0070 集部/別集類/宋別集
東坡集選五十卷集餘一卷 (宋)蘇軾撰 (明)陳夢槐選 (明)陳繼儒定 **蘇文忠公[軾]年譜一卷** (宋)王宗稷編 **蘇文忠公外紀二卷** (明)王世貞撰 **外紀逸編一卷** (明)璩之璞撰 明刻本 九冊 存二十卷(十二至三十一)

330000－1701－0039757 SBC0073 集部/別集類/明別集
甌甀洞藁五十四卷目錄二卷續藁詩部十二卷文部十五卷 (明)吳國倫撰 明萬曆刻本 二十冊 存五十五卷(十至二十四、二十八至四十五、四十九至五十四,續藁詩部一至五、九至十二,文部一至二、六至八、十二至十三)

330000－1701－0039758 HJL5735 集部/別集類/清別集
戴東原集十二卷 (清)戴震撰 **戴東原先生[震]年譜一卷覆校札記一卷** (清)段玉裁撰 清宣統二年(1910)渭南嚴氏孝義家塾成都刻本 六冊

330000－1701－0039759 SBC0080 集部/總集類/彙編之屬
漢魏六朝諸名家集(漢魏六朝二十一名家集) (明)汪士賢編 明萬曆至天啓新安汪氏刻本 十八冊 存十二種

330000－1701－0039760 HJL5736 集部/別集類/清別集
樗雲詩鈔五卷 (清)鄭琮撰 清道光四年(1824)鄭開禧虛受齋刻本 一冊

330000－1701－0039761 SBC0087 史部/雜史類/斷代之屬
弇山堂別集一百卷 (明)王世貞撰 明萬曆十八年(1590)金陵刻本 十九冊 存九十六卷(一至七十七、八十二至一百)

330000－1701－0039762 SBC0069 集部/總集類/彙編之屬
唐宋八大家文鈔 (明)茅坤編 明崇禎元年(1628)方應祥刻本 四冊 存一種

330000－1701－0039763 HJL5737 集部/別集類/清別集
御製詩餘集十二卷目錄二卷 (清)宣宗旻寧撰 清咸豐內府刻本 四冊

330000－1701－0039764 SBC0096 集部/總集類/彙編之屬
漢魏六朝一百三家集(漢魏六朝百三名家集) (明)張溥編 明婁東張氏刻本 十三冊 存十二種

330000－1701－0039765 SBC0074 類叢部/叢書類/彙編之屬
欣賞編十種 (明)沈津編 **欣賞續編十種** (明)茅一相編 明萬曆八年(1580)茅一相刻本 八冊 存欣賞編四種續編四種

330000－1701－0039766 HJL5838 集部/別集類/清別集
小九華山樓遺藁一卷附錄一卷 (清)鄧琮撰 清咸豐二年(1852)刻本 一冊

330000－1701－0039767 SBC0098 集部/總集類/選集之屬/通代
集錄真西山文章正宗三十卷 (宋)真德秀輯 明嘉靖二十三年(1544)太原孔天胤刻重修本 六冊 存六卷(八至九、十二至十五)

330000－1701－0039768　SBC0101　集部/總集類/彙編之屬

漢魏六朝諸名家集(漢魏六朝二十一名家集)　(明)汪士賢編　明萬曆至天啓新安汪氏刻本　二十二册　存八種

330000－1701－0039769　SBC0100　史部/詔令奏議類/奏議之屬

皇明名臣經濟録十八卷　(明)陳九德輯　明嘉靖二十八年(1549)常熟羅鴻刻本　三册　存六卷(一至二、五至六、十二至十三)

330000－1701－0039770　SBC0090　類叢部/叢書類/彙編之屬

稗海四十六種續稗海二十四種　(明)商濬編　明萬曆商氏半埜堂刻本　一册　存一種

330000－1701－0039771　SBC0104　經部/小學類/音韻之屬/韻書

江氏音學十書七種　(清)江有誥撰　**三百篇原聲七卷**　(清)夏味堂撰　清抄本　三册　缺三種

330000－1701－0039772　SBC0103　集部/總集類/郡邑之屬

續甬上耆舊詩□□卷　(清)全祖望輯　清抄本　四册　存二十四卷(十五、十七上、二十一至二十五、二十九至三十、三十九、四十五、七十三至七十七、七十九、八十一至八十二、八十四、八十八至八十九、九十一、九十三)

330000－1701－0039773　SBC0102　集部/總集類/郡邑之屬

續甬上耆舊詩七十九卷　(清)全祖望輯　清抄本　芬校　三册　存三十六卷(一至九、二十二至四十七、五十)

330000－1701－0039774　HJL5840　集部/別集類/清別集

養知書屋遺集(養知書屋文集二十八卷詩集十五卷郭侍郎奏疏十二卷)　(清)郭嵩燾撰　王先謙編　清光緒十八年(1892)養知書屋刻本　二十八册

330000－1701－0039775　SBC0108　集部/總集類/選集之屬/通代

文苑英華一千卷　(宋)李昉等輯　明隆慶元年(1567)胡維新、戚繼光刻本　二十一册　存二百卷(一百五十一至一百七十、三百七十一至三百八十、三百九十一至四百、四百二十一至四百五十、五百一至五百十、五百五十一至五百七十、五百八十一至五百九十、六百二十一至六百三十、七百七十一至七百八十、八百一至八百十、八百二十一至八百四十、八百五十一至八百九十)

330000－1701－0039776　SBC0095　集部/戲劇類/傳奇之屬

六十種曲　(明)毛晉編　明末毛氏汲古閣刻本　八册　存五種

330000－1701－0039777　SBC0106　集部/總集類/選集之屬/通代

文苑英華一千卷　(宋)李昉等輯　明隆慶元年(1567)胡維新、戚繼光刻隆慶至萬曆遞修本　五册　存五十卷(四百四十一至四百九十)

330000－1701－0039778　SBC0107　集部/總集類/選集之屬/通代

文苑英華一千卷　(宋)李昉等輯　明隆慶元年(1567)胡維新、戚繼光刻隆慶至萬曆遞修本　六册　存二十卷(九十一至一百、一百六十一至一百七十)

330000－1701－0039780　SBC0115　集部/總集類/選集之屬/斷代

全唐詩録一百卷　(清)徐倬　(清)徐元正輯　清抄本　五册　存八卷(三至四、七至八、十六至十九)

330000－1701－0039781　SBC0125　集部/總集類/彙編之屬

李杜全集　(明)許自昌編　明萬曆三十年(1602)長洲許自昌刻本　四册　存一種

330000－1701－0039782　SBC0097　子部/儒家類/儒學之屬/經濟

類編標註文公朱先生經濟文衡前集二十五卷後集二十五卷續集二十二卷　(宋)滕珙輯

明萬曆刻本　二冊　存二十六卷（前集十一至二十五、後集十五至二十五）

330000－1701－0039783　HJL5842　類叢部/叢書類/自著之屬
西堂全集四種附一種　（清）尤侗撰　清康熙刻本　二十冊　存四種

330000－1701－0039784　SBC0114　史部/金石類/石之屬
寶刻叢編二十卷　（宋）陳思纂　清抄本　十一冊　存十卷（一至八、十、十四）

330000－1701－0039785　SBC0111　集部/總集類/選集之屬/斷代
唐詩品彙九十卷拾遺十卷詩人爵里詳節一卷　（明）高棅輯　明弘治六年（1493）滇南張璁刻本　二冊　存十三卷（三十八至四十五、五十一至五十五）

330000－1701－0039786　HJL5843　集部/別集類/清別集
秋江集註六卷　（清）黄任撰　（清）王元麟註　清道光二十三年（1843）東山家塾刻本　六冊

330000－1701－0039787　SBC0119　史部/目録類/總録之屬/官修
欽定四庫全書簡明目錄二十卷　（清）紀昀等撰　清抄本　一冊　存四卷（一至四）

330000－1701－0039788　SBC0113　集部/總集類/選集之屬/斷代
全唐詩九百卷目錄十二卷　（清）曹寅　（清）彭定求等輯　清康熙刻本　一冊　存三卷（李商隱卷一至三）

330000－1701－0039789　SBC0126　類叢部/類書類/通類之屬
唐宋白孔六帖一百卷目錄二卷　（唐）白居易輯　（宋）孔傳輯　明嘉靖刻明清遞修本　四十冊

330000－1701－0039790　SBC0124　史部/紀傳類/正史之屬
漢書一百卷　（漢）班固撰　（唐）顏師古注　明刻本　四冊　存二十二卷（帝紀四至十二、志五至十、列傳五十七至六十三）

330000－1701－0039792　SBC0127　類叢部/類書類/通類之屬
唐宋白孔六帖一百卷目錄二卷　（唐）白居易輯　（宋）孔傳輯　明嘉靖刻本（卷六十六至六十八配清抄本）　二十八冊　存九十六卷（二至六十八、七十二至一百）

330000－1701－0039793　SBC0129　史部/地理類/雜志之屬
武林誌餘□□卷　（清）張暘輯　稿本　一冊　存四卷（八至十一）

330000－1701－0039794　HJL5717　類叢部/叢書類/彙編之屬
宛鄰書屋叢書十三種　（清）張琦編　清道光十年至十二年（1830－1832）張氏宛鄰書屋刻本　四冊　存一種

330000－1701－0039795　HJL5718　集部/別集類/清別集
秋樹讀書樓遺集十六卷　（清）史善長撰　清道光十六年（1836）柳樹芳勝溪草堂刻本　四冊

330000－1701－0039796　HJL5720　集部/別集類/明別集
花王閣賸稿一卷　（明）紀坤撰　清嘉慶九年（1804）樂敘堂刻本　一冊

330000－1701－0039797　HJL5845　集部/別集類/清別集
霜紅龕集四十卷　（清）傅山撰　**附錄三卷年譜一卷**　丁寶銓輯　清宣統三年（1911）山陽丁氏刻本　十二冊

330000－1701－0039798　HJL5721　類叢部/叢書類/自著之屬
孫文恭公遺書七種　（明）孫應鼇撰　清光緒六年（1880）獨山莫氏刻本　六冊　存六種

330000－1701－0039799　HJL5846　集部/別集類/明別集
姚江孫月峯先生全集十二卷　（明）孫鑛撰

(清)孫如洵輯　清嘉慶十九年(1814)姚江孫氏靜遠軒刻本　十冊

330000－1701－0039800　SBC0136　類叢部/類書類/通類之屬

唐宋白孔六帖一百卷目錄二卷　(唐)白居易輯　(宋)孔傳輯　明嘉靖刻本(卷六十九至七十配清抄本)　四冊　存八卷(二十六至二十七、六十九至七十一、七十三、八十六、八十九)

330000－1701－0039801　HJL5709　集部/別集類/清別集

望溪先生文集十八卷集外文十卷集外文補遺二卷　(清)方苞撰　**方望溪先生[苞]年譜一卷附録一卷**　(清)蘇惇元輯　清咸豐元年(1851)戴鈞衡刻二年(1852)增刻本　十六冊

330000－1701－0039803　SBC0135　類叢部/類書類/通類之屬

唐宋白孔六帖一百卷目錄二卷　(唐)白居易輯　(宋)孔傳輯　明嘉靖刻本　五十八冊　缺三十三卷(目録二、二至三、五至六、八至十、二十一至二十二、二十七至二十八、三十、四十、四十二至四十三、四十五至四十六、五十五至五十六、五十九、六十四至六十七、七十、七十八至八十一、八十五至八十六、九十八)

330000－1701－0039804　SBC0134　史部/編年類/通代之屬

資治通鑑二百九十四卷目錄三十卷釋例圖譜一卷　(宋)司馬光撰　(元)胡三省音注　**資治通鑑問疑一卷**　(宋)劉羲仲撰　**通鑑釋文辯誤十二卷**　(元)胡三省撰　明天啓五年(1625)、崇禎二年(1629)長洲陳仁錫刻本　一百二十一冊

330000－1701－0039805　HJL5710　集部/別集類/清別集

儲遯菴文集十二卷　(清)儲方慶撰　**附錄一卷**　(清)魏象樞撰　清光緒二年(1876)刻本　四冊

330000－1701－0039807　HJL5848　集部/別集類/明別集

綠曉齋自選全集四卷首一卷末一卷　(明)卜舜年撰　清道光十年(1830)實敦齋刻本　四冊

330000－1701－0039808　SBC0141　史部/編年類/通代之屬

少微通鑑節要五十卷外紀四卷　(宋)江贄撰　明刻本　一冊　存二卷(二十四至二十五)

330000－1701－0039809　SBC0143　史部/編年類/通代之屬

資治通鑑二百九十四卷　(宋)司馬光撰　(元)胡三省音注　**通鑑釋文辯誤十二卷**　(元)胡三省撰　明萬曆二十年(1592)新安吳勉學刻本　九十八冊　缺八卷(通鑑釋文辯誤五至十二)

330000－1701－0039810　SBC0138　史部/編年類/通代之屬

資治通鑑綱目五十九卷　(宋)朱熹撰　(宋)尹起莘發明　(元)劉友益書法　(元)汪克寬考異　(元)徐昭文考證　(元)王幼學集覽　(元)陳濟正誤　(元)馮智舒質實　明萬曆刻本　五十冊　存三十二卷(五至十一、二十七至四十一、四十九至五十三、五十五至五十九)

330000－1701－0039811　SBC0144　史部/史抄類

通鑑總類二十卷　(宋)沈樞輯　明刻本　三冊　存三卷(二、七、十七)

330000－1701－0039812　SBC0145　集部/別集類/漢魏六朝別集

陶靖節集十卷總論一卷　(晉)陶潛撰　(宋)湯漢箋注　明嘉靖二十五年(1546)晉陵蔣孝刻本　一冊　存五卷(一至四、總論)

330000－1701－0039813　HJH2587　類叢部/叢書類/彙編之屬

宜稼堂叢書七種　(清)郁松年編　清道光二十年至二十二年(1840－1842)上海郁氏刻本　十四冊　存一種

330000－1701－0039814　HJH2579　類叢部/叢書類/自著之屬

惜抱軒全集十種　(清)姚鼐撰　清同治五年(1866)省心閣刻光緒三十三年(1907)上海校經山房校刻本　十八册　存七種

330000－1701－0039815　HJL5712　集部/別集類/清別集

御製詩初集二十四卷目録四卷　(清)宣宗旻寧撰　清道光八年(1828)内府刻本　十六册

330000－1701－0039816　HJL5747　類叢部/叢書類/郡邑之屬

粟香室叢書五十九種　金武祥編　清光緒至民國江陰金氏刻本　一册　存一種

330000－1701－0039817　SBC0157　子部/藝術類/書畫之屬/書法書品

書史□□卷　(宋)米芾撰　明刻本　一册　存一卷(上)

330000－1701－0039818　HJL5748　集部/別集類/宋別集

晁具茨先生詩集十五卷　(宋)晁沖之撰　清乾隆鮑氏知不足齋刻光緒七年(1881)章氏式訓堂印本　二册

330000－1701－0039819　SBC0156　子部/藝術類/書畫之屬/畫譜

劉雪湖梅譜二卷　(明)劉世儒撰　**像贊評林贈言二卷**　(明)王思任輯　明萬曆二十三年(1595)刻清墨妙山房印本　一册　存一卷(像贊評林贈言上)

330000－1701－0039820　SBC0154　子部/雜著類/雜纂之屬

皇朝仕學規範四十卷　(宋)張鎡輯　明刻本　一册　存一卷(一)

330000－1701－0039821　SBC0150　集部/別集類/明別集

寶日堂初集三十二卷　(明)張鼐撰　明崇禎二年(1629)汪維寬、汪維信等刻本　六册　存八卷(十七至二十三、二十六)

330000－1701－0039822　SBC0153　子部/雜著類/雜纂之屬

智品十三卷　(明)樊玉衝撰　(明)於倫增補　明萬曆四十二年(1614)於斯行刻本　七册　存十卷(三至十二)

330000－1701－0039824　SBC0149　集部/別集類/宋別集

梅溪先生廷試策一卷奏議四卷詩文前集二十卷詩文後集二十九卷　(宋)王十朋撰　**附錄宋龍圖閣學士王公[十朋]墓志銘一卷**　(宋)汪應辰撰　明正統五年(1440)劉謙、何濮刻天順六年(1462)重修本　清王芑孫跋　一册　存四卷(文集十七至二十)

330000－1701－0039825　HJL5781、HJL5783　集部/別集類/清別集

御製詩集八卷文集二卷　(清)文宗奕詝撰　清咸豐末至同治二年(1863)武英殿刻本　六册

330000－1701－0039826　HJL5786　集部/別集類/清別集

樓山詩集六卷　(清)王恕撰　**銅梁山人詩集二十五卷詞四卷芸簏偶存二卷**　(清)王汝璧撰　清光緒二十年(1894)京師刻本　八册

330000－1701－0039827　SBC0147　集部/別集類/宋別集

屏山集二十卷　(宋)劉子翬撰　明弘治十七年(1504)建寧刻本(卷七至十配抄本)　四册　存十卷(一至十)

330000－1701－0039829　HJL5782　集部/別集類/清別集

御製文初集十卷　(清)宣宗旻寧撰　(清)曹振鏞等編　清道光十一年(1831)内府刻本　十册

330000－1701－0039830　SBC0155　子部/叢編

新鍥翰林三狀元會選二十九子品彙釋評二十卷首一卷　(明)焦竑等編　明萬曆四十四年(1616)寶善堂刻本　六册　缺八卷(十一至十八)

330000－1701－0039831　SBC0160　子部/雜著類/雜品之屬

弦雪居重訂遵生八牋十九卷目録一卷　（明）高濂撰　明末刻本　十五册　缺二卷（六至七）

330000－1701－0039832　SBC0168　史部/政書類/通制之屬

通志略五十二卷　（宋）鄭樵撰　清乾隆十四年（1749）錢塘汪啓淑飛鴻堂刻本　十三册　存三十一卷（刑法略，食貨略一至二，藝文略一至四、七至八，校讎略，圖譜略，諡略，器服略一至二，職官略四至七，六書略一至五，七音略一至二，金石略，災祥略，選舉略一至二，昆蟲草木略一至二）

330000－1701－0039833　SBC0169　集部/别集類/明别集

陶學士先生文集二十卷　（明）陶安撰　（明）張祐校編　**陶學士先生事蹟一卷**　（明）費宏輯　明弘治十三年（1500）嘉興項經刻遞修本　三册　存十卷（一至四、十六至二十、事蹟）

330000－1701－0039834　SBC0159　史部/政書類/通制之屬

古今治平畧三十三卷　（明）朱健撰　明崇禎十一年（1638）鍾鉉刻本　八册　存十五卷（十九至三十三）

330000－1701－0039835　SBC0166　集部/總集類

兩硤詩抄後集□□卷外集十四卷　（清）顧樸淳輯　清古桐書屋抄本　七册　存十九卷（後集十至二十，外集一至三、十至十四）

330000－1701－0039836　HJL5784　集部/别集類/清别集

御製詩初集四十八卷目録六卷　（清）仁宗顒琰撰　（清）慶桂等編　清嘉慶八年（1803）内府刻本　三十册

330000－1701－0039837　HJL5787　集部/别集類/清别集

亦佳室文鈔四卷詩鈔四卷從政雜録一卷　（清）蘇廷玉撰　清咸豐六年（1856）刻本　五册

330000－1701－0039838　SBC0148　集部/别集類/元别集

淵穎吳先生集十二卷附録一卷　（元）吳萊撰　（明）宋濂編　明刻本　二册　存四卷（十至十二、附録）

330000－1701－0039840　SBC0162　集部/别集類/清别集

小書巢詩課偶存四卷　（清）陸以莊撰　清嘉慶二十五年（1820）抄本　一册　存一卷（四）

330000－1701－0039841　SBC0165　集部/總集類/選集之屬/斷代

唐駢體文鈔十七卷　（清）陳均纂　清清湘樓抄本　一册　存四卷（十至十三）

330000－1701－0039842　HJL5785　類叢部/叢書類/家集之屬

繡水王氏家藏集　（清）王相輯　清道光二十年至光緒十二年（1840－1886）繡水王氏刻本　八册　存十六種

330000－1701－0039843　SBC0171　子部/雜著類/雜品之屬

雅尚齋遵生八牋十九卷目録一卷　（明）高濂撰　明萬曆十九年（1591）高濂刻本　潘景鄭跋　五册　存四卷（一、十一至十三）

330000－1701－0039844　SBC0163　集部/别集類/宋别集

韋齋集十二卷　（宋）朱松撰　**玉瀾集一卷**　（宋）朱槔撰　明弘治十六年（1503）任丘鄺璠刻本　一册　缺六卷（一至六）

330000－1701－0039845　SBC0161　集部/别集類/清别集

行窩古今體詩□□卷　（清）趙季瑩撰　清抄本　一册　存一卷（二）

330000－1701－0039846　SBC0170　類叢部/類書類/通類之屬

羣書備考六卷　（明）袁黄撰　**續二三場羣書備考三卷**　（明）袁儼撰　明刻本　一册　存一卷（羣書備考一）

330000－1701－0039847　SBC0172　史部/編年類/通代之屬

資治通鑑綱目五十九卷　(宋)朱熹撰　明末刻本　三十四册　存二十二卷(一至十九、二十一至二十三)

330000－1701－0039848　SBC0187　集部/總集類/選集之屬/斷代

皇明經濟文錄四十一卷　(明)萬表輯　明嘉靖三十三年(1554)杭郡曲入繩、游居敬刻本　一册　存二卷(五至六)

330000－1701－0039849　HJL5790　集部/別集類/清別集

餐芍華館詩集八卷蕉心詞一卷　(清)周驤虎撰　清光緒十九年(1893)木活字印本　二册

330000－1701－0039850　SBC0173　史部/編年類/通代之屬

資治通鑑二百九十四卷　(宋)司馬光撰　(元)胡三省音注　**通鑑釋文辯誤十二卷**　(元)胡三省撰　明萬曆二十年(1592)新安吳勉學刻本　七十七册　存二百三十一卷(六十四至二百九十四)

330000－1701－0039851　SBC0175　史部/紀傳類/正史之屬

二十一史　明刻明清遞修本　十八册　存一種

330000－1701－0039852　SBC0184　類叢部/叢書類/自著之屬

李竹嬾先生說部全書八種　(明)李日華撰　明天啓至崇禎刻本　一册　存一種

330000－1701－0039853　HJL5789　集部/總集類/氏族之屬

金山姚氏二先生集　(清)張文虎輯　清光緒二年(1876)松韻草堂刻本　一册

330000－1701－0039854　SBC0182　子部/雜著類/雜纂之屬

學圃藼蘇六卷　(明)陳耀文輯　明刻本　一册　存三卷(四至六)

330000－1701－0039855　HJL5791　集部/別集類/明別集

龍太常全集　(明)龍膺撰　清光緒十三年(1887)武陵龍氏九芝堂刻本　十四册

330000－1701－0039856　HJL5792　集部/總集類/郡邑之屬

廬陽三賢集　(清)張樹聲編　清光緒元年(1875)合肥張氏毓秀堂刻本　四册

330000－1701－0039857　HJL5793　類叢部/叢書類/自著之屬

亦園亭全集五種　(清)孟超然撰　清嘉慶二十年(1815)刻本　二十册

330000－1701－0039858　SBC0188　經部/四書類/總義之屬/傳說

四書章句集註二十八卷　(宋)朱熹撰　明刻本　六册　存七卷(論語二至三、九至十、孟子一、六、十一)

330000－1701－0039859　HJL5794　集部/別集類/清別集

樹廬文鈔十卷　(清)彭士望撰　清道光四年(1824)南昌彭玉雯刻本　六册

330000－1701－0039860　SBC0185　經部/叢編

三經評注五卷　(清)閔齊伋輯　明萬曆閔齊伋刻三色套印本　四册

330000－1701－0039861　HJL5795　集部/別集類/清別集

瀓潭山房詩集十七卷古文存稿四卷　(清)程襄龍撰　清嘉慶二年(1797)程世淳刻本　六册

330000－1701－0039862　SBC0183　子部/術數類/占卜之屬

六壬軍帳神機六十卷　清藍格抄本　六册　存十二卷(四十九至六十)

330000－1701－0039863　SBC0190　史部/地理類/雜志之屬

日下舊聞四十二卷　(清)朱彝尊輯　(清)朱昆田補遺　清抄本　一册　存一卷(一)

330000－1701－0039864　SBC0174　經部/叢編

十三經註疏　(明)□□輯　明嘉靖李元陽、江以達刻本　十九册　存一種

330000－1701－0039865　HJL5796　集部/別集類/清別集

三松堂詩集二十卷詩續集六卷文集四卷水雲笛譜一卷三松[潘奕雋]自訂年譜一卷　(清)潘奕雋撰　清同治九年至十一年(1870－1872)潘遵祁刻本　十册　缺一卷(水雲笛譜)

330000－1701－0039866　HJL5780　類叢部/叢書類/自著之屬

榕村全書三十二種附十種　(清)李光地撰　清道光九年(1829)安溪李維迪刻本　八十四册　存三十八種

330000－1701－0039867　SBC0189　史部/紀事本末類/通代之屬

通鑑紀事本末四十二卷　(宋)袁樞撰　明萬曆二年(1574)李栻刻本　六册　存六卷(十一至十二、十四、二十六、二十八、四十)

330000－1701－0039868　SBC0181　子部/藝術類/遊藝之屬/棋弈

仙機纂要不分卷　清抄本　一册

330000－1701－0039870　SBC0195　子部/雜著類/雜說之屬

湧幢小品三十二卷　(明)朱國禎輯　明天啓二年(1622)清美堂刻本　十册　存二十卷(一至二十)

330000－1701－0039871　HJL5798　集部/別集類/清別集

小樓詩集八卷　(清)王嵩高撰　清道光十六年(1836)刻本　二册

330000－1701－0039872　SBC0194　集部/總集類/選集之屬/斷代

唐詩所四十七卷歷朝名氏爵里一卷　(明)臧懋循輯　明萬曆刻本　十一册　缺六卷(十七至二十二)

330000－1701－0039873　HJL5799　集部/別集類/清別集

聽鐘樓詩稿八卷　(清)韓是升撰　清嘉慶刻本　八册

330000－1701－0039874　SBC0198　集部/總集類/選集之屬/斷代

元文類七十卷目錄三卷　(元)蘇天爵輯　明末脩德堂刻本　四册　存二十卷(目錄一至三、一至四、九至十二、二十七至三十一、四十九至五十二)

330000－1701－0039875　SBC0197　集部/總集類/選集之屬/通代

刪補古今文致十卷　(明)劉士鏻輯　(明)王宇增補　明天啓刻本　四册　存九卷(一至六、八至十)

330000－1701－0039876　SBC0209　集部/詞類/總集之屬

古香岑草堂詩餘四集十七卷　(明)沈際飛輯　明末刻本　十二册　存十二卷(正集二至三、續集一至二、別集一至三、新集一至五)

330000－1701－0039877　HJL5801　集部/別集類/清別集

石堂集十卷　(清)釋元玉撰　清康熙五十二年(1713)普照寺刻本　四册

330000－1701－0039878　HJL5800　集部/總集類/郡邑之屬

續金陵詩徵六卷首一卷　(清)朱紹亭等輯　清光緒二十年(1894)刻本　六册

330000－1701－0039879　SBC0207　集部/詩文評類/詩評之屬

全唐詩話六卷　(宋)尤袤撰　明刻本　一册　存三卷(一至三)

330000－1701－0039880　HJH5049　集部/別集類/清別集

酌雅齋文集一卷汲雅山館詩鈔三卷　(清)彭希鄭撰　清光緒十年(1884)刻本　一册

330000－1701－0039881　SBC0199　子部/法家類

管韓合刻四十四卷　（明）趙用賢編　明萬曆十年（1582）趙用賢刻本　三冊　存十卷（韓非子一至三、十一至十七）

330000－1701－0039882　HJL5802　集部/別集類/清別集
穆堂別稿五十卷　（清）李紱撰　清道光十一年（1831）奉國堂刻本　十六冊

330000－1701－0039883　HJH5077　史部/史評類/詠史之屬
南宋雜事詩七卷　（清）沈嘉轍等撰　清武林芹香齋刻本　二冊

330000－1701－0039884　普 610.8/2844/c2　子部/醫家類/類編之屬
醫畧六書三十二卷　（清）徐大椿撰　清光緒二十九年（1903）上海趙翰香居鉛印本　十六冊

330000－1701－0039885　SBC0201　集部/總集類/選集之屬/通代
文儷十八卷　（明）陳翼飛輯　明萬曆三十八年（1610）刻本　十冊　存十卷（一至十）

330000－1701－0039886　SBC0203　類叢部/類書類/通類之屬
藝文類聚一百卷　（唐）歐陽詢輯　明嘉靖六年至七年（1527－1528）胡纘宗、陸采刻本　四冊　存二十卷（一至四、十九至二十三、三十五至三十九、四十七至五十二）

330000－1701－0039887　HJL5803　集部/別集類/清別集
施忠愍公遺集七卷　（明）施邦曜撰　（清）沈復粲輯　清咸豐刻光緒四年（1878）重修本　六冊

330000－1701－0039888　SBC0208　集部/詞類/總集之屬
類編草堂詩餘四卷　（宋）何士信輯　（明）顧從敬編次　明嘉靖二十九年（1550）顧汝所刻本　清厲鶚跋　一冊　存二卷（一至二）

330000－1701－0039889　SBC0216　類叢部/類書類/通類之屬
藝文類聚一百卷　（唐）歐陽詢輯　明萬曆十五年（1587）秣陵王元貞刻本　二冊　存十卷（一至五、六十一至六十五）

330000－1701－0039890　SBC0211　集部/別集類/明別集
玉茗堂全集四十六卷　（明）湯顯祖撰　明天啓刻本　八冊　存二十卷（詩九至十六、賦一至六、尺牘一至六）

330000－1701－0039891　SBC0224　史部/史抄類
史書纂略二百二十卷目録二卷　（明）馬維銘輯　明刻本　一冊　存十二卷（宋儒林列傳三十一至三十七、元史纂略一至五）

330000－1701－0039892　SBC0210　集部/詞類/類編之屬
宋名家詞六十一種　（明）毛晉編　明崇禎虞山毛氏汲古閣刻本　徐沅題記　二十二冊　存十四種

330000－1701－0039893　HJL5850　集部/別集類/清別集
春暉閣詩鈔選六卷　（清）蔣湘南撰　清道光十六年（1836）潘筠基刻本　四冊

330000－1701－0039894　HJL5746　集部/別集類/清別集
漁洋山人精華録十卷　（清）王士禛撰　（清）林佶編　清康熙三十九年（1700）林佶寫刻本　六冊

330000－1701－0039895　SBC0218　集部/總集類/選集之屬/斷代
唐人選唐詩八種　（明）毛晉編　明崇禎元年（1628）海虞毛氏汲古閣刻本　三冊　存四種

330000－1701－0039896　SBC0219　史部/紀傳類/正史之屬
漢書評林一百卷　（明）凌稚隆輯　明刻本　四冊　存二十一卷（四至二十四）

330000－1701－0039897　HJL5851　集部/別集類/唐五代別集
陳伯玉文集三卷詩集二卷附録一卷　（唐）陳

子昂撰　清道光二十二年(1842)春林柯道麟刻本　二册

330000－1701－0039898　HJL5738　集部/别集類/清别集

湛園詩稿三卷　(清)姜宸英撰　清嘉慶二十三年(1818)歲寒堂刻本　三册

330000－1701－0039899　SBC0222　史部/史抄類

史書纂略二百二十卷目録二卷　(明)馬維銘輯　明萬曆四十三年(1615)刻本　八册　存十五卷(晋書纂略一至九、十五至二十)

330000－1701－0039900　HJL5852　集部/别集類/清别集

漁浦草堂詩集四卷　(清)張道撰　清同治六年(1867)張預刻本　一册

330000－1701－0039901　HJL5739、HJL5740　類叢部/叢書類/郡邑之屬

武林往哲遺箸五十二種後編十種　(清)丁丙編　清光緒二十年至二十六年(1894－1900)錢塘丁氏嘉惠堂刻本　二册　存三種

330000－1701－0039902　HJL5853　集部/别集類/清别集

海峰先生文十卷詩六卷　(清)劉大櫆撰　(清)徐宗亮重編　清同治十三年(1874)刻本　六册

330000－1701－0039903　HJL5854　集部/别集類/清别集

遜學齋詩鈔十卷續鈔五卷　(清)孫衣言撰　清同治三年(1864)刻本　二册　存十卷(一至十)

330000－1701－0039904　SBC0221　史部/史抄類

後漢書纂十二卷　(南朝宋)范曄撰　(明)凌濛初輯　明萬曆三十四年(1606)金陵周氏刻本　一册　存一卷(四)

330000－1701－0039905　SBC0226　類叢部/類書類/通類之屬

聯新事備詩學大成三十卷　(元)林楨輯　明内府刻本　八册　存二十四卷(一至二十四)

330000－1701－0039906　HJL5741　集部/别集類/清别集

麻山遺集二卷補編一卷　(清)孫學顔撰　(清)方宗誠編　**三隱君子傳一卷**　(清)方宗誠撰　清同治十三年(1874)刻光緒印本　清邃菴題記　二册

330000－1701－0039907　SBC0220　史部/紀傳類/正史之屬

漢書評林一百卷　(明)凌稚隆輯　明萬曆刻本　十册　存五十三卷(二十五至二十九、三十八至五十三、六十九至一百)

330000－1701－0039908　SBC0228　類叢部/類書類/通類之屬

新刻何氏類鎔三十五卷　(明)何三畏撰　明萬曆四十七年(1619)刻本　十二册　存三十二卷(一至三十二)

330000－1701－0039909　HJL5855　類叢部/叢書類/自著之屬

孫文定公全集六種　(清)孫廷銓撰　清康熙師儉堂刻本　一册

330000－1701－0039910　SBC0223　經部/叢編

十三經註疏　(明)□□輯　明嘉靖李元陽刻本　一册　存一種

330000－1701－0039911　HJL5742　集部/别集類/清别集

西亭文鈔十二卷首一卷末一卷　(清)王原撰　(清)劉汝錫編　清光緒十七年(1891)不遠復齋刻本　四册

330000－1701－0039912　HJL5857　集部/别集類/清别集

陋軒詩十二卷　(清)吴嘉紀撰　**陋軒詩續二卷**　(清)吴嘉紀撰　(清)夏荃輯　清嘉慶繆中刻道光二十年(1840)夏氏補刻本　五册

330000－1701－0039913　HJH4901　集部/别集類/宋别集

朱子文集大全類編一百十一卷首一卷　(宋)

朱熹撰 （清）朱玉訂補 清雍正八年（1730）紫陽書院刻道光二十年（1840）考亭書院重修本 七十八册 缺四卷（雜著四至七）

330000－1701－0039914 HJL5858 集部/別集類/宋別集
苕溪集五十五卷 （宋）劉一止撰 清宣統三年（1911）歸安朱祖謀刻本 四册

330000－1701－0039915 HJL5859 集部/別集類/清別集
來鶴堂全集 （清）于宗瑛撰 清乾隆五十二年（1787）寫刻嘉慶二年（1797）增刻本 四册 存三種

330000－1701－0039916 SBC0235 集部/別集類/明別集
陽明先生別録十四卷 （明）王守仁撰 明刻本 一册 存一卷（六）

330000－1701－0039917 SBC0230 集部/別集類/明別集
陽明先生文録五卷外集九卷別録十四卷 （明）王守仁撰 明刻本 三十五册 缺七卷（外集五至九，別録一、十四）

330000－1701－0039918 SBC0234 集部/別集類/明別集
陽明先生文録五卷外集九卷 （明）王守仁撰 明刻本 一册 存一卷（外集四）

330000－1701－0039919 SBC0227 集部/別集類/清別集
秋塍書屋文鈔二卷詩鈔八卷 （清）王斯年撰 清抄本 二册 存六卷（文鈔一至二、詩鈔五至八）

330000－1701－0039920 SBC0233 集部/別集類/明別集
弇州山人四部稿一百七十四卷目録十二卷 （明）王世貞撰 明萬曆五年（1577）吳郡王氏世經堂刻本 二十册 存六十四卷（一至五十五、目録一至九）

330000－1701－0039921 SBC0232 集部/別集類/明別集
弇州山人續稿二百七卷目録十卷附十一卷 （明）王世貞撰 明刻本 十册 存三十六卷（一至三十、目録一至六）

330000－1701－0039922 SBC0231 集部/別集類/明別集
弇州山人續稿二百七卷目録十卷附十一卷 （明）王世貞撰 明刻本 十册 存四十九卷（一至四十五、目録一至四）

330000－1701－0039923 HJL5867 集部/別集類/清別集
雪杖山人詩集八卷 （清）鄭炎撰 （清）顧列星輯 **友陶居士集一卷** （清）鄭典撰 清嘉慶五年（1800）鄭師尚刻本 四册

330000－1701－0039924 SBC0229 集部/別集類/明別集
陽明先生文録五卷外集九卷別録十卷 （明）王守仁撰 （明）錢德洪等編 明嘉靖十四年（1535）聞人詮姑蘇刻本 十二册 存十三卷（文録二至三、外集一至四、別録一至七）

330000－1701－0039925 SBC0241 集部/別集類/明別集
袁中郎十集十六卷 （明）袁宏道撰 （明）周應麐編 明周應麐刻本 六册 存九卷（桃源詠、瓶史、觴政、華嵩遊草一至二、狂言一至二、狂言別集一至二）

330000－1701－0039926 SBC0093 集部/總集類/選集之屬/通代
古文奇賞二十二卷續古文奇賞三十四卷奇賞齋廣文苑英華二十六卷四續古文奇賞五十三卷明文奇賞四十卷 （明）陳仁錫輯 明萬曆四十六年（1618）至天啓刻本 三十二册 存八十二卷（十五至十八，續古文奇賞十四至十八、二十、二十二、二十五至三十四，奇賞齋廣文苑英華一、三至十二、十六至十八，四續古文奇賞一至九、十二至二十一、二十三至四十六、四十八至五十、五十三）

330000－1701－0039927 SBC0240 集部/別集類/明別集
袁中郎全集四十卷 （明）袁宏道撰 明萬曆

袁叔度書種堂刻本　四冊　存十卷(瓶花齋集一至十)

330000－1701－0039928　HJL5868　集部/別集類/清別集

芙蓉山館詩鈔八卷詩補鈔一卷詞鈔二卷　(清)楊芳燦撰　清嘉慶十二年(1807)刻本　六冊

330000－1701－0039929　SBC0252　集部/總集類/選集之屬/通代

文則四卷　(明)張雲路輯　明嘉靖三十四年(1555)張雲路刻本　一冊　存一卷(四)

330000－1701－0039930　HJL5754　集部/別集類/明別集

胡文敬公全集十五卷(文敬胡先生集三卷胡敬齋先生居業錄十二卷)　(明)胡居仁撰　清光緒三十二年(1906)光州胡廷幹刻本　六冊

330000－1701－0039931　HJL5869　集部/別集類/清別集

問山詩集十卷文集八卷紫雲詞一卷　(清)丁煒撰　清咸豐四年(1854)雁江景義堂廣州刻本　八冊　缺一卷(紫雲詞)

330000－1701－0039932　SBC0237　集部/別集類/明別集

何大復先生集三十八卷　(明)何景明撰　**附錄一卷**　明萬曆五年(1577)陳堂、胡秉性刻本　六冊　存二十九卷(一至二十九)

330000－1701－0039933　SBC0253　集部/總集類/選集之屬/斷代

皇明文範六十八卷目錄二卷　(明)張時徹輯　明隆慶刻本　十二冊　存三十三卷(三十六至六十八)

330000－1701－0039934　HJL5870　集部/別集類/清別集

通雅堂詩鈔十卷續集二卷　(清)施山撰　清光緒元年(1875)荊州刻本　四冊　缺二卷(續集一至二)

330000－1701－0039935　HJL5871　類叢部/叢書類/自著之屬

彭剛直公全集二種　(清)彭玉麟撰　清光緒十七年(1891)俞樾刻本　八冊

330000－1701－0039936　SBC0243　類叢部/類書類/通類之屬

新編事文類聚翰墨大全甲集十二卷乙集九卷丙集五卷丁集五卷戊集五卷己集七卷庚集二十四卷辛集十卷壬集十二卷癸集十一卷後甲集八卷後乙集三卷後丙集六卷後丁集八卷後戊集九卷　(元)劉應李輯　明初刻本　王修題記　一冊　存三卷(癸集九至十一)

330000－1701－0039937　HJL5755　集部/總集類/選集之屬/通代

同館賦鈔二集十八卷賦補鈔一卷詩補鈔三卷首二卷　(清)王家相等輯　清嘉慶十九年(1814)刻本　四十二冊

330000－1701－0039939　SBC0242　集部/別集類/清別集

補篕詩抄編存□□卷　(清)高鵬年撰　稿本　一冊　存四卷(九至十二)

330000－1701－0039940　HJL5756　集部/總集類/彙編之屬

京江鮑氏三女史詩鈔合刻　(清)戴燮元輯　清光緒八年(1882)丹徒戴燮元嘉禾刻本　五冊

330000－1701－0039941　HJL5758　集部/總集類/選集之屬/斷代

同館試律續鈔二集十七卷首二卷　(清)王家相等輯　清道光刻本　十六冊　缺一卷(四)

330000－1701－0039942　SBC0258　類叢部/類書類/通類之屬

初學記三十卷　(唐)徐堅等輯　明晉陵楊鑨九洲書屋刻本　四冊　存十七卷(一至十七)

330000－1701－0039943　SBC0244　類叢部/類書類/通類之屬

新編類增吟料詩學集成三十卷　元刻本　二冊　存一卷(二十九)

330000－1701－0039944　SBC0257　類叢部/

叢書類/彙編之屬
廣漢魏叢書九十六種 （明）何允中編　明刻本　四冊　存一種

330000－1701－0039945　SBC0245　集部/別集類/清別集
通雅堂詩續集二卷 （清）施山撰　清光緒三年（1877）刻本　清施山、桐舟批並跋　清藕翁批　一冊

330000－1701－0039946　SBC0247　集部/總集類/選集之屬/通代
詩歸五十一卷 （明）鍾惺　（明）譚元春輯　明末刻本　六冊　存二十四卷（唐詩歸一至二十四）

330000－1701－0039947　HJL5811　史部/傳記類/總傳之屬/家乘
［浙江湖州］吳興家粹輯存不分卷聊復軒詩存一卷詩餘附存一卷蛻塵軒詩存二卷詩餘附存一卷 （清）施贊唐纂修　清宣統元年至三年（1909－1911）、民國八年（1919）木活字印本　四冊

330000－1701－0039948　HJL5804　集部/總集類/彙編之屬
曾太僕左夫人詩稿合刻四種十四卷 （清）曾詠　（清）左錫嘉撰　清光緒十七年（1891）定襄官署刻本　八冊

330000－1701－0039949　SBC0256　經部/三禮總義類/通禮雜禮之屬
文公家禮儀節八卷 （明）丘濬撰　明木活字印本　一冊　存一卷（昏禮儀節）

330000－1701－0039950　SBC0246　集部/總集類/選集之屬/斷代
唐人選唐詩八種 （明）毛晉編　明崇禎元年（1628）海虞毛氏汲古閣刻本　二冊　存四種

330000－1701－0039951　SBC0255　經部/叢編
五經八十二卷 （明）□□輯　明正統刻本　八冊　存五卷（書傳一至五）

330000－1701－0039952　SBC0254　經部/叢編
十三經註疏 （明）□□輯　明萬曆十四年至二十一年（1586－1593）北京國子監刻本　一冊　存一種

330000－1701－0039954　HJL5806　子部/雜著類/雜說之屬
寄廬雜記四卷 （清）錢國珍撰　清光緒刻本　二冊

330000－1701－0039955　HJL5812　集部/別集類/清別集
劉武慎公遺書二十五卷 （清）劉長佑撰　**劉武慎公［長佑］年譜三卷** （清）鄧輔綸　（清）王政慈編　清光緒二十六年（1900）鉛印本　二十八冊

330000－1701－0039956　HJL5759　類叢部/叢書類/自著之屬
悔餘菴集三種 （清）何栻撰　清同治四年（1865）鳩江戎幄刻本　十二冊

330000－1701－0039957　HJL5808　類叢部/叢書類/家集之屬
雙雲堂傳集七種 （清）范□編　清光緒十年至十七年（1884－1891）甬上范氏刻本　八冊　存四種

330000－1701－0039959　HJL5814　集部/別集類/明別集
路文貞公集一卷 （明）路振飛撰　清道光二十二年（1842）洞庭吳氏刻本　一冊

330000－1701－0039960　HJL5809　類叢部/叢書類/自著之屬
養晦堂集五種 （清）劉蓉撰　清光緒三年（1877）、十一年（1885）思賢講舍刻本　十二冊　存二種

330000－1701－0039961　HJL5810　集部/總集類/氏族之屬
辟疆園遺集四種 （清）楊芳燦輯　清光緒十八年（1892）木活字印本　四冊

330000－1701－0039962　HJL5872　集部/別集類/清別集

涵村詩集十卷 (清)秦文超撰　清光緒六年(1880)秦簧刻本　五冊

330000－1701－0039963　HJL5873　集部/別集類/清別集

夢痕仙館詩鈔十卷 張其淦撰　清光緒三十一年(1905)刻本　五冊

330000－1701－0039964　HJL5874　集部/別集類/清別集

心白日齋集四卷 (清)尹耕雲撰　清光緒十年(1884)刻本　四冊

330000－1701－0039965　HJL5875　集部/別集類/清別集

平遠堂遺詩五卷 (清)許賡皥撰　**補錄一卷** (清)許賡年輯　清道光二十九年(1849)刻本　二冊

330000－1701－0039966　HJL5876　類叢部/叢書類/家集之屬

陳氏叢書十三種 (清)陳濬 (清)陳宸書撰　清嘉慶至同治刻本　二十四冊　存九種

330000－1701－0039968　HJL5878　集部/別集類/清別集

歸盦詩稾三卷 (清)葉裕仁撰　清光緒九年(1883)褎弁閣刻本　一冊

330000－1701－0039969　HJL5879　集部/別集類/清別集

歸盦文稾八卷 (清)葉裕仁撰　清光緒八年(1882)蔣銘勳校刻本　四冊

330000－1701－0039970　HJL5880　集部/總集類/氏族之屬

合肥李氏三世遺集三種 李國杰輯　清光緒三十年(1904)合肥李氏刻本　八冊　存二種

330000－1701－0039971　HJL5815　類叢部/叢書類/自著之屬

橘蔭軒全集七種 (清)陳錦撰　清光緒山陰陳氏橘蔭軒刻本　十冊　存二種

330000－1701－0039972　HJL5881、HJL5882　類叢部/叢書類/自著之屬

鼎吉堂全集九種 (清)尹繼美撰　清咸豐至光緒刻彙印本　四冊　存二種

330000－1701－0039973　HJL5816　集部/別集類/清別集

小不其山房集十二卷 (清)徐有珂撰　清光緒六年至七年(1880－1881)刻本　四冊

330000－1701－0039974　HJL5883　集部/總集類/彙編之屬

三宋人集 (清)方功惠編　清光緒七年(1881)巴陵方氏碧琳琅館刻本　六冊

330000－1701－0039975　HJL5817　類叢部/叢書類/自著之屬

蒼莨集三種 (清)孫鼎臣撰　清咸豐刻本　十冊

330000－1701－0039976　HJL5884　集部/總集類/課藝之屬

致用書院文集不分卷(光緒戊子年至辛卯年) (清)高涵和等撰　清光緒十八年(1892)刻本　四冊

330000－1701－0039977　HJL5885　類叢部/叢書類/家集之屬

黎氏家集 十二種附四種 (清)黎庶昌編　清光緒十四年至十五年(1888－1889)黎庶昌日本使署刻本暨鉛印本　十冊　存八種附四種

330000－1701－0039978　HJL5818　集部/別集類/清別集

伏敔堂詩錄十五卷續錄四卷首一卷附錄一卷 (清)江湜撰　清同治元年至五年(1862－1866)長洲江氏刻本　四冊

330000－1701－0039979　HJL5819　集部/總集類/郡邑之屬

慈谿文徵 清光緒十八年(1892)赭山楊氏經畬塾刻本　四冊　存二種

330000－1701－0039980　HJL5886　類叢部/叢書類/自著之屬

甌北全集八種 (清)趙翼撰　清乾隆至嘉慶湛貽堂刻本　四十八冊

330000－1701－0039981　HJL5820　類叢部/叢書類/自著之屬
經德堂集六種　(清)龍啓瑞撰　清光緒四年至七年(1878－1881)龍繼棟京師刻本　十册

330000－1701－0039982　HJL5761　集部/别集類/清别集
攜雪堂文集四卷　(清)吳可讀撰　(清)郭嵐　(清)李崇洸輯　(清)楊慶生箋注　清光緒二十六年(1900)浙江書局刻本　四册

330000－1701－0039983　HJL5762　集部/總集類/選集之屬/斷代
落花酬唱集初編不分卷　(清)沈宗疇編　清光緒二十四年(1898)刻本　一册

330000－1701－0039985　HJL5763　集部/别集類/清别集
示樸齋駢體文六卷　(清)錢振倫撰　清同治六年(1867)袁浦崇實書院刻本　二册

330000－1701－0039986　HJL5770　集部/别集類/清别集
蕉雪詩鈔一卷　(清)陳錦撰　清光緒五年(1879)刻本　一册

330000－1701－0039987　HJL5764　集部/别集類/清别集
來雲閣詩六卷　(清)金和撰　(清)譚獻選　清光緒十八年(1892)丹陽束允泰杭州刻本　二册

330000－1701－0039988　HJL5771　集部/别集類/清别集
太倉孫子福先生遺草二卷雜文附存一卷　(清)孫壽祺撰　清光緒十九年(1893)海陽刻本　二册

330000－1701－0039990　HJL5772　類叢部/叢書類/自著之屬
石遺室叢書十九種　陳衍撰　清光緒至民國刻本　八册　存一種

330000－1701－0039991　HJL5766　集部/别集類/清别集
歸宫詹集四卷　(清)歸允肅撰　(清)歸朝煦編　清嘉慶十年(1805)玉鑰堂刻本　四册

330000－1701－0039992　HJL5773　集部/别集類/明别集
夏節愍全集十卷首一卷末一卷補遺一卷續補遺一卷　(明)夏完淳撰　(清)莊師洛輯　(清)陳均　(清)何其偉編　清嘉慶十二年(1807)婁縣陳氏刻同治八年(1869)重修本　二册

330000－1701－0039993　HJL5768　集部/别集類/清别集
望溪先生文集十八卷集外文十卷集外文補遺二卷　(清)方苞撰　**方望溪先生[苞]年譜一卷附錄一卷**　(清)蘇惇元輯　清咸豐元年(1851)戴鈞衡刻二年(1852)增刻本　十四册

330000－1701－0039994　HJL5774　集部/别集類/明别集
陳忠裕全集三十卷兵垣奏議一卷首一卷末一卷自撰年譜三卷　(明)陳子龍撰　(清)王昶輯　清嘉慶八年(1803)簳山草堂刻同治八年(1869)補修本　十二册

330000－1701－0039995　HJL5777　類叢部/叢書類/自著之屬
一齋集十五種　(明)陳第撰　明萬曆二十三年至四十五年(1595－1617)陳氏會山樓刻清道光二十八年(1848)陳斗初補修彙印本　十二册

330000－1701－0039996　HJL0667　類叢部/叢書類/郡邑之屬
紹興先正遺書十五種　(清)徐友蘭輯　清光緒會稽徐氏鑄學齋刻本　四十八册

330000－1701－0039997　HJL5778　集部/别集類/清别集
陶園文集八卷詩集二十四卷詩餘二卷六如亭傳奇二卷　(清)張九鉞撰　清道光二十三年(1843)張氏賜錦樓刻本　十二册

330000－1701－0039998　HJL5823　史部/傳記類/别傳之屬
宜堂類編二十五卷　(清)丁中立編　清光緒

二十六年(1900)錢塘丁氏嘉惠堂刻本　八冊

330000－1701－0039999　HJL5779　類叢部/叢書類/自著之屬
水田居全集七種附一種　(清)賀貽孫撰　清道光至同治敕書樓刻本　十冊　存四種

330000－1701－0040001　HJL5824　集部/別集類/清別集
藤香館詩刪存四卷詞刪存二卷　(清)薛時雨撰　清光緒五年(1879)刻本　五冊

330000－1701－0040002　HJL5825　集部/別集類/清別集
味經山館文鈔四卷行述一卷　(清)戴均衡撰　清咸豐三年(1853)刻本　二冊

330000－1701－0040003　HJL5826　集部/別集類/清別集
學詁齋文集二卷　(清)薛壽撰　清光緒六年(1880)冶城山館刻本　二冊

330000－1701－0040004　HJL5827　集部/別集類/清別集
讀雪齋詩集九卷　(清)孫文川撰　清光緒八年(1882)刻本　二冊

330000－1701－0040007　SBC0269　集部/總集類/選集之屬/斷代
宋文鑑一百五十卷目錄三卷　(宋)呂祖謙輯　明天順八年(1464)嚴州府刻重修本　十冊　存四十一卷(一至三、八至十五、二十至二十三、五十一至七十二、一百二十二至一百二十五)

330000－1701－0040008　SBC0259　經部/叢編
十三經註疏　(明)□□輯　明萬曆十四年至二十一年(1586－1593)北京國子監刻本　二十三冊　存一種

330000－1701－0040009　SBC0266　經部/詩類/傳說之屬
詩經讀本□□卷　(宋)朱熹撰　清清遠書樓抄本　一冊　存二卷(一至二)

330000－1701－0040010　SBC0264　經部/詩類/傳說之屬
詩經集傳八卷　(宋)朱熹撰　明刻本　一冊　存一卷(三)

330000－1701－0040011　HJL5894　類叢部/叢書類/自著之屬
桐城錢飲光先生全書三種　(清)錢澄之撰　清宣統二年(1910)錢氏振風學社木活字印本　十冊　存一種

330000－1701－0040013　HJL5888　類叢部/叢書類/彙編之屬
邵武徐氏叢書初刻十四種　(清)徐幹編　清光緒邵武徐氏刻本　二冊　存一種

330000－1701－0040014　SBC0267　經部/春秋總義類/傳說之屬
董仲舒春秋說十六卷　(清)譚獻輯　稿本　一冊

330000－1701－0040015　SBC0270　集部/總集類/選集之屬/斷代
宋文鑑一百五十卷目錄三卷　(宋)呂祖謙輯　明天順八年(1464)嚴州府刻重修本　六冊　存四十七卷(四十一至五十四、八十至八十八、九十七至一百二十)

330000－1701－0040016　SBC0265　經部/書類/傳說之屬
書經講義會編十二卷　(明)申時行撰　明刻本　槐蔭軒楊氏批校並記　九冊　存六卷(一至六)

330000－1701－0040017　SBC0275　集部/別集類/明別集
容臺文集九卷詩集四卷別集四卷　(明)董其昌撰　(明)董庭輯　明崇禎三年(1630)華亭董庭刻本　十四冊　存十三卷(文集一至二、四至九,詩集一至二,別集一至三)

330000－1701－0040018　SBC0260　集部/戲劇類/總集之屬/雜劇
元曲選十集　(明)臧懋循編　明萬曆刻本　四十冊　存四十種

330000－1701－0040019　HJL5901　集部/别集類/清别集

蘿藦亭遺詩四卷附詞錄一卷　（清）喬松年撰　清光緒七年（1881）劉傳楨等皖城刻本　四册

330000－1701－0040020　HJL4926　子部/藝術類/遊藝之屬/聯語

楹聯錄存三卷附錄一卷　（清）俞樾撰　清光緒二十一年（1895）刻本　四册　存三卷（一至三）

330000－1701－0040021　SBC0268　經部/春秋總義類/傳說之屬

春秋四傳三十八卷綱領一卷提要一卷列國東坡圖說一卷春秋二十國年表一卷諸國興廢說一卷　（宋）胡安國撰　明象山杜尊刻本　八册　存三十三卷（一至二十八、三十四至三十八）

330000－1701－0040022　HJL5902　集部/總集類/彙編之屬

京江鮑氏三女史詩鈔合刻　（清）戴燮元輯　清光緒八年（1882）丹徒戴燮元嘉禾刻本　四册　存二種

330000－1701－0040023　HJL5889　集部/總集類/彙編之屬

西阪草堂詩鈔二卷　（清）張汝霖撰　（清）劉邦鼎編　**池上草堂詩鈔二卷**　（清）張炯撰　（清）劉邦鼎編　**花谿詩鈔一卷**　（清）梅兆頤撰　（清）劉邦鼎編　清道光六年（1826）劉邦鼎遂初齋刻本　二册

330000－1701－0040024　SBC0273　經部/春秋左傳類/傳說之屬

春秋經傳集解三十卷　（晉）杜預撰　（唐）陸德明音義　明刻本　清葉慶垣校並跋　六册　存十二卷（一至十二）

330000－1701－0040025　HJL5832　集部/别集類/清别集

寶墨樓詩册十卷楹聯一卷附書後一卷　（清）蘇時學撰　清咸豐十一年（1861）刻本　二册

330000－1701－0040026　HJL5903　類叢部/叢書類/家集之屬

丹徒戴氏叢刻七種　（清）戴肇辰編　清同治至光緒刻本　十册　存一種

330000－1701－0040027　SBC0271　集部/總集類/選集之屬/斷代

校正重刊官板宋朝文鑑一百五十卷目錄二卷　（宋）呂祖謙編　明刻本　十二册　存九十卷（目錄一至三、十八至二十七、四十三至四十九、五十八至六十六、七十四至一百三、一百二十至一百五十）

330000－1701－0040028　HJL5833　集部/别集類/清别集

微尚齋詩集初編四卷續集一卷　（清）馮志沂撰　清同治三年（1864）盧州郡齋刻本　四册

330000－1701－0040029　HJL5887　類叢部/叢書類/郡邑之屬

永嘉叢書十三種　（清）孫衣言編　清同治至光緒瑞安孫氏詒善祠塾刻本　二册　存二種

330000－1701－0040031　HJL5904　集部/總集類/選集之屬/斷代

白下愚園集八卷首一卷　（清）胡光國　（清）胡恩燮輯　清光緒二十年（1894）刻本　六册

330000－1701－0040032　HJL5834　集部/别集類/清别集

寶雲山館詩稿一卷　（清）畢長豫撰　清宣統三年（1911）畢光祖刻本　一册

330000－1701－0040033　SBC0280　類叢部/類書類/專類之屬

五車韻瑞一百六十卷洪武正韻一卷　（明）淩稚隆輯　明金閶葉瑤池刻本　十八册　存一百二十一卷（十至三十一、四十四至五十五、六十至六十九、七十六至一百五十二）

330000－1701－0040034　SBC0279　集部/總集類/選集之屬/通代

刪補古今文致十卷　（明）劉士鏻輯　（明）王宇增補　明天啓刻本　一册　存三卷（八至十）

330000－1701－0040035　SBC0272　經部/春秋左傳類/正文之屬
新刊左傳三十卷　明刻本　九册　存十一卷(三至六、九至十五)

330000－1701－0040036　SBC0283　史部/政書類/儀制之屬/典禮
皇朝禮器圖式十八卷　(清)允祿等撰　清乾隆三十一年(1766)武英殿刻本　二十册　存十卷(九至十八)

330000－1701－0040037　SBC0289　史部/政書類/律令之屬/刑制
明刑哀鑑三卷　(明)金倖撰　清抄本　一册　存一卷(一)

330000－1701－0040038　SBC0277　集部/别集類/清别集
行素堂詩集不分卷　清錫祺抄本　一册

330000－1701－0040039　SBC0276　集部/别集類/清别集
棲志浮雲不分卷　(清)姚文思撰　稿本　二册

330000－1701－0040040　SBC0281　集部/總集類/選集之屬/通代
文選六十卷　(南朝梁)蕭統輯　(唐)李善注　明刻本　三十八册　缺四卷(十四至十五、十七、二十五)

330000－1701－0040041　SBC0285　集部/别集類/明别集
容菴集七卷周易傳義存疑一卷　(明)應大猷撰　明萬曆刻本　二册　缺四卷(四至七)

330000－1701－0040042　SBC0288　集部/别集類/明别集
石淙詩稿十九卷　(明)楊一清撰　(明)李夢陽評點　明刻本　一册　存二卷(自訟詩稿、制府詩稿)

330000－1701－0040044　HJL5835　集部/别集類/清别集
遜學齋文鈔十二卷首一卷末一卷續鈔五卷詩鈔十卷續鈔五卷　(清)孫衣言撰　清同治三年(1864)、十二年(1873)刻光緒增刻本　十二册

330000－1701－0040045　SBC0293　集部/别集類/明别集
鳥鼠山人小集□□卷　(明)胡纘宗撰　(明)宋延年編　明刻本　一册　存三卷(八至十)

330000－1701－0040046　HJL5905　集部/别集類/清别集
仙樵詩鈔十二卷補遺一卷　(清)劉文麟撰　清同治八年(1869)刻本　四册

330000－1701－0040047　SBC0286　類叢部/叢書類/彙編之屬
津逮祕書十五集一百四十種　(明)毛晉編　明崇禎虞山毛氏汲古閣刻本　九十二册　存六十九種

330000－1701－0040048　SBC0291　類叢部/叢書類/自著之屬
穀城山館全集四種　(明)于慎行撰　(明)郭應龍編　明萬曆于緯刻清康熙重修本　六册　存一種

330000－1701－0040049　HJL5906　集部/别集類/清别集
虹橋老屋遺稿文四卷詩五卷補遺文一卷詩一卷詞賸一卷　(清)秦緗業撰　**虎侯詩存一卷**　(清)秦光祖撰　清光緒十五年(1889)秦光簡等刻二十一年(1895)增刻本　三册　存九卷(遺稿文一至四、詩一至五)

330000－1701－0040050　HJL5836　集部/總集類/郡邑之屬
遵化詩存十卷補遺一卷　(清)孫贊元輯　清光緒十三年(1887)刻本　四册

330000－1701－0040051　HJL5891　集部/詩文評類/文評之屬
文心雕龍十卷　(南朝梁)劉勰撰　(清)黄叔琳輯注　(清)紀昀評　清道光十三年(1833)盧坤兩廣節署刻朱墨套印本　四册

330000－1701－0040052　SBC0290　類叢部/叢書類/彙編之屬

津逮祕書十五集一百四十種 （明）毛晉編 明崇禎虞山毛氏汲古閣刻本 九十九冊 存七十八種

330000－1701－0040053 SBC0295 類叢部/叢書類/彙編之屬
津逮祕書十五集一百四十種 （明）毛晉編 明崇禎虞山毛氏汲古閣刻本 六冊 存九種

330000－1701－0040054 HJL5890 集部/別集類/清別集
空青水碧齋文集八卷詩集十三卷補遺一卷 （清）蔣琦齡撰 清同治三年至光緒十一年（1864－1885）刻本 四冊 缺八卷（空青水碧齋文集一至八）

330000－1701－0040055 HJL5907 集部/別集類/清別集
敬儀堂經進文稾一卷經進詩稾一卷詩存一卷 （清）桂芳撰 **懷荊堂詩稾四卷** （清）恒慶撰 清道光十三年（1833）浙西官舍碧雲僊館刻本 四冊

330000－1701－0040056 HJL5837 集部/別集類/清別集
疏蘭僊館詩集四卷續集六卷再續集四卷 （清）朱錫綬撰 清光緒十六年（1890）羊石刻本 三冊

330000－1701－0040057 SBC0296 類叢部/叢書類/彙編之屬
津逮祕書十五集一百四十種 （明）毛晉編 明崇禎虞山毛氏汲古閣刻本 八十七冊 存五十六種

330000－1701－0040058 SBC0292 集部/別集類/明別集
穀城山館詩集二十卷 （明）于慎行撰 明刻本 四冊 存十三卷（四至六、十一至二十）

330000－1701－0040059 HJL5900 經部/詩類/傳說之屬
詩義標準一百十四卷 （清）王錫光撰 清宣統三年（1911）虛受堂刻本 二十九冊 缺六卷（一至六）

330000－1701－0040060 SBC0294 類叢部/叢書類/彙編之屬
津逮祕書十五集一百四十種 （明）毛晉編 明崇禎虞山毛氏汲古閣刻本 四十七冊 存五十五種

330000－1701－0040061 HJL5892 集部/別集類/清別集
望三益齋存稿十五卷 （清）吳棠撰 清同治十三年（1874）成都使署刻本 九冊

330000－1701－0040062 HJL5908 類叢部/叢書類/自著之屬
曾文正公全集十六種 （清）曾國藩撰 清同治至光緒傳忠書局刻本 一百二十八冊

330000－1701－0040063 HJL5909 集部/別集類/清別集
石樵先生遺集 （清）張安保撰 （清）張丙炎輯 清光緒七年（1881）刻本 四冊

330000－1701－0040064 SBC0302 類叢部/叢書類/彙編之屬
說郛一百二十弓 （明）陶宗儀編 （明）陶珽等重編 明末刻清順治三年（1646）兩浙督學周南李際期宛委山堂印本（卷二十三澄懷錄配抄本） 四十三冊 存一千一百五十三種

330000－1701－0040065 HJL5910 類叢部/叢書類/自著之屬
柏堂遺書（方柏堂全集）八種附一種 （清）方宗誠撰 清光緒元年至十二年（1875－1886）桐城方氏刻本 三十二冊 存四種

330000－1701－0040066 HJL5893 集部/別集類/清別集
損窦詩鈔二卷補遺一卷 （清）凌煥撰 （清）顧元爵編 清光緒十八年（1892）清馨榭刻本 一冊 缺一卷（補遺）

330000－1701－0040067 SBC0298 類叢部/叢書類/彙編之屬
說郛續四十六弓 （明）陶宗儀編 （明）陶珽等重編 明末刻清順治三年（1646）兩浙督學周南李際期宛委山堂印本（閒雁齋筆談、鬱岡齋筆塵、識小編、詢蒭錄、墐戶錄、枕談、水品、煑泉小品、焚香七要、文字飲、廣菌譜、野菜箋、虎苑、廣寒殿記、周顛仙人傳、李公子傳、楊幽妍別傳、倉庚傳、蓮臺仙會品、後鱻品、續鱻品配清抄本）　二十册　存二百六十二種

330000－1701－0040068　SBC0299　類叢部/叢書類/彙編之屬

說郛續四十六弓　（明）陶宗儀編　（明）陶珽等重編　明末刻清順治三年（1646）兩浙督學周南李際期宛委山堂印本　三十八册　存四百四十一種

330000－1701－0040069　HJL5895　集部/詩文評類/文評之屬

文章緣起一卷　（南朝梁）任昉撰　（明）陳懋仁注　（清）方熊補　清刻朱印本　一册

330000－1701－0040070　HJL5911　類叢部/叢書類/自著之屬

許松濱先生全集四十三卷首一卷末一卷（清）許錫祺撰　清光緒十九年（1893）劉汝錫等刻本　八册

330000－1701－0040071　HJL5121　類叢部/叢書類/彙編之屬

武英殿聚珍版書一百三十八種　清木活字印本　八册　存一種

330000－1701－0040072　SBC0300　子部/叢編

諸子彙函二十六卷　（明）歸有光編　明天啓刻本　十三册　缺二卷（三至四）

330000－1701－0040073　HJL5912　類叢部/叢書類/自著之屬

寶韋齋類稿八種　（清）李桓撰　清光緒六年（1880）武林趙寶墨齋、十三年至十七年（1887－1891）長沙芋園刻本　十八册　存五種

330000－1701－0040074　HJL5896　類叢部/叢書類/自著之屬

劉蕉雲先生遺書二種　（清）劉傳瑩撰　清光緒刻宣統二年（1910）彙印本　二册　存一種

330000－1701－0040075　HJL5913　集部/別集類/清別集

鼊湖草堂文集六卷近集四卷　（清）吳世杰撰　清嘉慶十七年（1812）刻本　四册

330000－1701－0040076　HJL5915　集部/別集類/清別集

汪梅村先生集十二卷外集一卷　（清）汪士鐸撰　清光緒七年（1881）刻本　四册

330000－1701－0040078　HJL5916　集部/別集類/清別集

籀經堂類藁二十四卷齊陳氏韶舞樂罍通釋二卷　（清）陳慶鏞撰　（清）陳棨仁輯　清光緒九年（1883）刻本　十二册

330000－1701－0040079　HJL5914　集部/別集類/清別集

午風堂集十四卷（午風堂詩集六卷叢談八卷）（清）鄒炳泰撰　清嘉慶四年（1799）刻本　二册　存六卷（詩集一至六）

330000－1701－0040080　HJL5898　集部/別集類/清別集

扶雅堂詩集十卷　（清）楊炳春撰　清光緒刻本　四册

330000－1701－0040081　HJL5954　類叢部/叢書類/彙編之屬

宏達堂叢書　清光緒四年（1878）四川宏達堂刻本　四册　存一種

330000－1701－0040082　HJL5899　集部/別集類/清別集

十華小築詩鈔四卷　（清）余本愚撰　清光緒十一年（1885）刻本　二册

330000－1701－0040084　HJL5918　集部/別集類/清別集

春蠶集二卷　（清）釋蓮舟撰　清光緒十年（1884）刻本　一册

330000－1701－0040085　HJL5919　集部/別集類/清別集

青櫺山房詩鈔十一卷附刻一卷　（清）馬士龍撰　清光緒元年（1875）刻本　四册

330000－1701－0040087　HJL5956　類叢部/叢書類/自著之屬

橘蔭軒全集七種　（清）陳錦撰　清光緒山陰陳氏橘蔭軒刻本　二十冊　存六種

330000－1701－0040088　HJL5920　集部/別集類/清別集

蘿藦亭遺詩四卷附詞錄一卷　（清）喬松年撰　清光緒七年（1881）劉傳楨等皖城刻本　四冊

330000－1701－0040089　SBC0303　集部/總集類/選集之屬/斷代

兩漢策要十二卷　（宋）陶叔獻輯　清乾隆五十六年（1791）如皋張朝樂刻本（卷三原缺）　一冊　存三卷（九至十一）

330000－1701－0040091　HJL5936　類叢部/叢書類/自著之屬

經韻樓叢書九種　（清）段玉裁撰　清乾隆至道光金壇段氏刻本　四冊　存一種

330000－1701－0040093　SBC0309　集部/總集類/選集之屬/通代

詩紀一百五十六卷目錄三十六卷　（明）馮惟訥輯　明萬曆吳琯、謝陛、陸弼、俞策刻本　十五冊　存一百四十三卷（目錄一至二十六、一至一百十七）

330000－1701－0040094　HJL5938　集部/別集類/宋別集

蘇文忠公詩集五十卷目錄二卷　（宋）蘇軾撰　（清）紀昀評點　清同治八年（1869）韞玉山房粵東省城刻翰墨園朱墨套印本　十二冊

330000－1701－0040096　SBC0305　集部/總集類/選集之屬/通代

詩紀一百五十六卷目錄三十六卷　（明）馮惟訥輯　明萬曆吳琯、謝陛、陸弼、俞策刻本　三冊　存二十七卷（一百三十至一百五十六）

330000－1701－0040097　HJL5921　集部/別集類/清別集

讀雪齋詩集九卷　（清）孫文川撰　清光緒八年（1882）刻本　二冊

330000－1701－0040098　SBC0308　集部/總集類/選集之屬/通代

詩紀一百五十六卷目錄三十六卷　（明）馮惟訥輯　明萬曆吳琯、謝陛、陸弼、俞策刻本　七冊　存七十一卷（目錄一至十六，一至四十、五十一至六十五）

330000－1701－0040099　HJL5939　集部/詞類/詞話之屬

蓮子居詞話四卷　（清）吳衡照輯　清同治九年（1870）永康胡氏退補齋刻本　一冊

330000－1701－0040100　HJL5959　集部/別集類/清別集

大雲山房文稾初集四卷二集四卷言事二卷補編一卷　（清）惲敬撰　清同治八年（1869）雷信述齋刻本　一冊　存一卷（補編）

330000－1701－0040101　HJL5922　集部/別集類/清別集

求是山房遺集四卷　（清）鄂恒撰　清光緒十年（1884）刻本　二冊

330000－1701－0040102　SBC0312　集部/總集類/尺牘之屬

書記洞詮一百十六卷目錄十卷　（明）梅鼎祚輯　明萬曆二十五年至二十七年（1597－1599）玄白堂刻本　四冊　存二十四卷（六十六至七十七、八十三至九十四）

330000－1701－0040103　SBC0306　集部/總集類/選集之屬/通代

詩紀一百五十六卷目錄三十六卷　（明）馮惟訥輯　明萬曆吳琯、謝陛、陸弼、俞策刻本　三冊　存二十六卷（一至十、九十八至一百七、一百五十一至一百五十六）

330000－1701－0040104　SBC0304　史部/編年類/通代之屬

資治通鑑後編一百八十四卷　（清）徐乾學撰　清抄本　十四冊　存五十三卷（七十四至一百二十六）

330000－1701－0040105　SBC0316　史部/紀傳類/正史之屬

史漢評林二百三十卷　（明）凌稚隆輯　明萬曆烏程凌稚隆刻本　二十一册　存一百十八卷（史記評林一至五、七至九十四、一百六至一百三十）

330000－1701－0040106　HJL5960　集部/別集類/清別集

水流雲在館詩鈔六卷奏議二卷　（清）宋晉撰　清光緒十二年（1886）、十三年（1887）刻本　四册

330000－1701－0040107　HJH0681　類叢部/叢書類/彙編之屬

咫進齋叢書三十七種　（清）姚覲元編　清光緒九年（1883）歸安姚氏刻本　八册　存十六種

330000－1701－0040108　SBC0315　史部/紀傳類/正史之屬

史漢評林二百三十卷　（明）凌稚隆輯　明萬曆烏程凌稚隆刻本　三十五册　存一百十三卷（史記評林一至十二、十八至四十三、四十七至六十九、七十九至一百三十）

330000－1701－0040109　SBC0313　史部/史抄類

新刊批點西漢咀華十六卷　（明）傅順孫輯　明萬曆刻本　六册　存十二卷（一至十二）

330000－1701－0040110　HJL5961　類叢部/叢書類/自著之屬

平湖顧氏遺書五種　（清）顧廣譽撰　清光緒三年（1877）顧鴻昇刻本　四册　存三種

330000－1701－0040111　SBC0317　史部/紀傳類/正史之屬

史漢評林二百三十卷　（明）凌稚隆輯　明萬曆烏程凌稚隆刻本　三十册　存一百一卷（史記評林一至二十、五十至一百三十）

330000－1701－0040112　SBC0318　史部/紀傳類/正史之屬

史記評林一百三十卷　（明）凌稚隆輯　明刻本　三十二册

330000－1701－0040113　HJL5940　集部/別集類/明別集

駱先生文集八卷　（明）駱日升撰　（明）駱奎曙輯　清道光七年（1827）刻本　十二册

330000－1701－0040114　HJL5962　集部/別集類/明別集

重刻秫坡先生詩集三卷詞集一卷文集四卷首一卷末一卷　（明）黎貞撰　清光緒元年（1875）黎氏刻都會三賢居書屋印本　四册　缺一卷（末）

330000－1701－0040115　SBC0323　集部/別集類/宋別集

疊山集十六卷　（宋）謝枋得撰　（明）黃溥編　明刻本　一册　存四卷（一至四）

330000－1701－0040116　HJH5941　集部/總集類/選集之屬/斷代

同館試律彙鈔二十四卷續鈔十二卷補鈔二卷　（清）韋謙恒　（清）吳省欽等輯　（清）法式善編　清乾隆五十二年（1787）刻嘉慶十七年（1812）續刻本　二十册

330000－1701－0040117　SBC0307　集部/總集類/選集之屬/通代

漢魏詩紀二十卷　（明）馮惟訥輯　**談藝錄一卷**　（明）徐禎卿撰　明嘉靖三十八年（1559）徐禎卿刻本　五册　存十七卷（漢詩紀一至六、魏詩紀一至九、吳詩紀一、談藝錄）

330000－1701－0040118　SBC0324　集部/別集類/宋別集

陸象山先生集要四卷　（宋）陸九淵撰　明刻本　一册　存一卷（四）

330000－1701－0040119　SBC0319　史部/紀傳類/正史之屬

史記評林一百三十卷　（漢）司馬遷撰　（南朝宋）裴駰集解　（唐）司馬貞索隱　（唐）張守節正義　（明）凌稚隆輯校　明萬曆二年至四年（1574－1576）烏程凌稚隆刻史漢評林本　汪新爲批點　十八册　存六十三卷（二十九至六十三、一百三至一百三十）

330000－1701－0040120　SBC0322　集部/別

集類/元別集
剡源戴先生文集三十卷 （元）戴表元撰　清抄本　八冊　存二十卷（一至二十）

330000－1701－0040121　SBC0325　類叢部/類書類/通類之屬
古今合璧事類備要前集六十九卷後集八十一卷續集五十六卷 （宋）謝維新輯　**古今合璧事類備要別集九十四卷外集六十六卷** （宋）虞載輯　明刻本　三十一冊　存二百九卷（六十三至六十九，後集一至八十一，續集一至四十一、四十三至五十六，外集一至六十六）

330000－1701－0040122　HJL5942　集部/總集類/彙編之屬
同岑詩鈔五種 （清）曾燠編　清道光九年（1829）刻本　六冊

330000－1701－0040123　SBC0326　史部/編年類/通代之屬
資治通鑑綱目五十九卷 （宋）朱熹撰　明成化九年（1473）内府刻本　十五冊　存三十卷（二至七、十至十一、十六至二十一、三十至三十五、四十至四十一、四十八至五十一、五十四至五十五、五十八至五十九）

330000－1701－0040124　HJL5923　集部/別集類/清別集
白華山人詩集十六卷詩說二卷 （清）厲志撰　清光緒九年（1883）厲學潮刻本　四冊

330000－1701－0040125　HJL5964　類叢部/叢書類/自著之屬
春在堂全書（德清俞蔭甫所著書）三十六種 （清）俞樾撰　清同治至光緒刻光緒末彙印本　十九冊　存一種

330000－1701－0040126　HJL5943　集部/別集類/清別集
承恩堂詩集十卷 （清）恩錫撰　清同治十三年（1874）袁江節署刻本　五冊

330000－1701－0040127　HJL5924　集部/別集類/清別集
因寄軒文初集十卷二集六卷補遺一卷 （清）管同撰　**垳刻小異遺文一卷** （清）管嗣復撰　清光緒五年（1879）顧雲等刻九年（1883）補刻本　四冊

330000－1701－0040128　HJL5944　集部/總集類/氏族之屬
徐氏詩鈔二卷年譜一卷 （清）徐嘉幹　（清）徐景軾撰　清光緒十七年（1891）刻本　三冊

330000－1701－0040129　HJH5965　集部/詞類/總集之屬
國朝金陵詞鈔八卷附一卷 陳作霖輯　清光緒二十八年（1902）刻本　四冊

330000－1701－0040130　善009057　類叢部/叢書類/彙編之屬
津逮祕書十五集一百四十種 （明）毛晉編　明崇禎虞山毛氏汲古閣刻本　一冊　存一種

330000－1701－0040131　SBC0339　集部/總集類/選集之屬/通代
文壇列俎十卷 （明）汪廷訥輯　明萬曆三十五年（1607）新都汪氏環翠堂刻本　一冊　存五卷（二、四、六至七、九）

330000－1701－0040132　HJL5945　集部/別集類/明別集
金忠節公文集八卷 （明）金聲撰　清道光七年（1827）嘉魚官署刻本　四冊

330000－1701－0040133　HJL5925　集部/別集類/清別集
水流雲在館詩鈔十四卷詞鈔八卷試帖二卷 （清）周天麟撰　**月樓琴語一卷** （清）蕭恒貞撰　清光緒二十一年（1895）刻本　八冊

330000－1701－0040134　HJL5966　集部/總集類/選集之屬/通代
三十家詩鈔六卷首一卷末一卷 （清）曾國藩輯　（清）王定安增輯　清同治十三年（1874）傳忠書局刻本　六冊

330000－1701－0040135　SBC0345　子部/叢編
二十子全書 （明）吳勉學編　明萬曆新安吳

勉學刻本　一冊　存一種

330000－1701－0040136　HJL5967　集部/別集類/清別集

望眉草堂詩集十二卷文集四卷望眉山人［顏嗣徽］年譜一卷　（清）顏嗣徽撰　清光緒十九年（1893）、二十三年（1897）古筑顏氏文蔚堂刻本　七冊

330000－1701－0040137　SBC0343　集部/總集類/選集之屬/斷代

三異人集二十三卷　（明）俞允諧編　（明）李贄評　明俞氏求古堂刻本　一冊

330000－1701－0040138　SBC0334　經部/小學類/音韻之屬/韻書

蘇氏韻輯四卷　（明）蘇茂相輯　明刻本　一冊　存一卷（二）

330000－1701－0040139　SBC0338　史部/政書類/儀制之屬/專志/謚法

謚法通考十八卷　（明）王圻撰　明萬曆刻本　二冊　存七卷（六至八、十二至十五）

330000－1701－0040140　SBC0336　子部/醫家類/本草之屬/歷代綜合本草

本草綱目五十二卷　（明）李時珍撰　明刻本　一冊　存二卷（三十二至三十三）

330000－1701－0040141　SBC0346　集部/別集類/明別集

青霞文集六卷　（明）沈鍊撰　明嘉靖四十五年（1566）俞咨益刻本　二冊　存一卷（一）

330000－1701－0040142　SBC0341　集部/別集類/宋別集

重刻西山先生真文忠公文集五十五卷目録二卷　（宋）真德秀撰　明萬曆二十六年（1598）金學曾景賢堂刻本（卷五十一原缺）　一冊　存二卷（一至二）

330000－1701－0040143　SBC0329　史部/紀傳類/正史之屬

五代史記七十四卷　（宋）歐陽修撰　（宋）徐無黨注　明歐陽徽柔刻本　四冊　存三十一卷（一至七、三十三至四十一、四十九至五十五、六十七至七十四）

330000－1701－0040145　SBC0332　經部/小學類/訓詁之屬

五雅四十一卷　（明）郎奎金編　明天啓六年（1626）武林郎氏堂策檻刻本　六冊　存一種

330000－1701－0040146　SBC0347　集部/別集類/明別集

涇野先生文集三十六卷　（明）呂柟撰　（明）徐紳等編　明嘉靖三十四年（1555）于德昌刻本　一冊　存三卷（二十九至三十一）

330000－1701－0040147　SBC0331　經部/小學類/訓詁之屬/群雅

埤雅二十卷　（宋）陸佃撰　明嘉靖元年（1522）贛州府清獻堂刻本　一冊　存五卷（六至十）

330000－1701－0040148　SBC0337　子部/醫家類/本草之屬/歷代綜合本草

本草綱目五十二卷　（明）李時珍撰　明萬曆梅墅煙蘿閣刻本　二冊　存二卷（一至二）

330000－1701－0040149　SBC0328　史部/紀傳類/正史之屬

十七史　（明）毛晉編　明崇禎元年至十七年（1628－1644）毛氏汲古閣刻清順治五年至十三年（1648－1656）補刻本　一冊　存一種

330000－1701－0040150　SBC0353　集部/總集類/選集之屬/通代

六臣註文選六十卷　（南朝梁）蕭統撰　（唐）李善　（唐）呂延濟　（唐）劉良　（唐）張銑　（唐）李周翰　（唐）呂向注　明嘉靖新安潘惟時、潘惟德刻本　一冊　存二卷（四十三至四十四）

330000－1701－0040151　SBC0327　集部/詩文評類/詩評之屬

聲調前譜一卷續譜一卷後譜一卷談龍録一卷　（清）趙執信撰　清乾隆二十四年（1759）德州盧見曾雅雨堂刻本　單丕批校　一冊

330000－1701－0040152　HJL5968　集部/別集類/清別集

食古齋詩録四卷詩餘一卷文録一卷　(清)柳以蕃撰　清光緒十九年(1893)謝家福等刻本　四册

330000－1701－0040153　SBC0348　集部/别集類/明别集

何大復先生集三十八卷　(明)何景明撰　**附録一卷**　明嘉靖刻本　四册　存十八卷(一至四、十一至十四、三十至三十八、附録)

330000－1701－0040154　SBC0352　子部/儒家類/儒學之屬

孔子家語八卷　(明)何孟春注　明永明書院刻本　四册

330000－1701－0040155　SBC0350　集部/總集類/選集之屬/通代

文壇列俎十卷　(明)汪廷訥輯　明萬曆三十五年(1607)新都汪氏環翠堂刻本　七册　存六卷(五至十)

330000－1701－0040156　HJL5995　集部/總集類/選集之屬/通代

同館賦鈔三十二卷　(清)法式善編　清嘉慶刻本　二十四册

330000－1701－0040157　HJL5987　類叢部/叢書類/郡邑之屬

武林往哲遺箸五十二種後編十種　(清)丁丙編　清光緒二十年至二十六年(1894－1900)錢塘丁氏嘉惠堂刻本　四册　存一種

330000－1701－0040158　HJL5969　集部/别集類/清别集

潄六山房全集十一卷　(清)吳昆田撰　清光緒刻本　四册

330000－1701－0040159　HJL4939　集部/别集類/清别集

石笥山房文集五卷補遺一卷　(清)胡天游撰　清宣統元年(1909)上海國學扶輪社鉛印本　四册

330000－1701－0040160　SBC0359　類叢部/叢書類/彙編之屬

稗海四十六種續稗海二十四種　(明)商濬編　明萬曆商氏半埜堂刻本　六册　存一種

330000－1701－0040161　SBC0364　經部/大戴禮記類/傳說之屬

大禮集議□□卷　明刻本　一册　存一卷(三)

330000－1701－0040162　SBC0369　類叢部/叢書類/彙編之屬

説郛一百二十弓　(明)陶宗儀編　(明)陶珽等重編　明末刻清順治三年(1646)兩浙督學周南李際期宛委山堂印本　一册　存一種

330000－1701－0040163　HJL5972　類叢部/叢書類/彙編之屬

藕香零拾三十九種　繆荃孫編　清光緒二十二年至宣統二年(1896－1910)刻本　三十二册

330000－1701－0040164　SBC0367　史部/職官類/官制之屬/專志

清會典官制不分卷　清抄本　一册

330000－1701－0040165　SBC0360　類叢部/叢書類/自著之屬

邵子全書二十四卷　(宋)邵雍撰　(明)徐必達編　**附録一卷**　(明)徐必達輯　明萬曆三十四年(1606)嘉興徐必達刻本　九册　存十二卷(十三至二十四)

330000－1701－0040166　HJL5996　類叢部/叢書類/家集之屬

桐城方氏七代遺書二十種　(清)方昌翰輯　清光緒十四年(1888)刻本　十六册

330000－1701－0040167　HJL4941　集部/别集類/明别集

陳巖野先生全集四卷　(明)陳邦彦撰　(清)温汝能輯　清嘉慶十年(1805)聽松閣刻本　四册

330000－1701－0040168　HJL5973　集部/别集類/清别集

寒支初集十卷二集四卷　(清)李世熊撰　(清)李向旻編　清同治十三年(1874)刻本　十四册

330000－1701－0040169　SBC0361、G011403　子部/儒家類/儒學之屬/性理
性理會通七十卷續編四十二卷　（明）鍾人傑輯　明崇禎刻本　三十二冊

330000－1701－0040170　HJL5947　集部/別集類/清別集
堵文忠公集十卷附錄一卷　（明）堵允錫撰
堵文忠公年譜一卷　（清）周同編　清光緒十三年（1887）刻本　六冊

330000－1701－0040171　SBC0368　子部/小說家類/異聞之屬
穆天子傳六卷　（晉）郭璞注　清抄本　清日益齋主人過錄清盧文弨校　一冊

330000－1701－0040172　HJL5988　集部/別集類/清別集
二知軒詩鈔十四卷　（清）方濬頤撰　清同治五年（1866）廣州刻本　八冊

330000－1701－0040174　SBC0366　史部/政書類/通制之屬
文獻通考三百四十八卷　（元）馬端臨撰　明刻本　二十八冊　存九十一卷（六十至八十四、一百五十一至一百七十七、二百二十八至二百六十六）

330000－1701－0040175　SBC0354　集部/總集類/選集之屬/通代
六臣註文選六十卷　（南朝梁）蕭統撰　（唐）李善　（唐）呂延濟　（唐）劉良　（唐）張銑　（唐）李周翰　（唐）呂向注　明嘉靖新安潘惟時、潘惟德刻本［卷二十七至二十八配明萬曆二年（1574）崔孔昕刻六年（1578）徐成位重修本］　三十二冊　存五十九卷（一至十一、十三至六十）

330000－1701－0040176　SBC0372　集部/總集類/選集之屬/通代
古樂苑五十二卷前卷一卷衍錄四卷總目二卷　（明）梅鼎祚輯　明萬曆十九年（1591）東越呂胤昌刻本　十冊　缺一卷（五十二）

330000－1701－0040177　SBC0371　集部/總集類/選集之屬/通代
文選章句二十八卷　（南朝梁）蕭統撰　（唐）李善注　（明）陳與郊編　明萬曆二十五年（1597）刻本　十二冊　存二十二卷（四、六至二十、二十三至二十八）

330000－1701－0040178　SBC0374　史部/金石類/金之屬
重修宣和博古圖錄三十卷　（宋）王黼等撰　明嘉靖七年（1528）蔣暘刻本　六冊　存十卷（四至六、十三、十五、十八、二十七至三十）

330000－1701－0040179　SBC0373　集部/別集類/宋別集
歐陽文忠公集一百三十卷附錄四卷目錄十二卷　（宋）歐陽修撰　明刻本　三冊　存二十卷（五十三至五十九、六十五至七十一、一百二十六至一百三十、附錄一）

330000－1701－0040180　HJL5963　子部/儒家類/儒學之屬/經濟
皇朝經世文續編一百二十卷姓名總目二卷　（清）盛康輯　盛宣懷編次　清光緒二十三年（1897）武進盛氏思補樓刻本　八十冊

330000－1701－0040181　SBC0390　集部/總集類/氏族之屬
愛山觀風甄別課卷不分卷　（清）包延青輯　稿本　一冊

330000－1701－0040182　HJL5976　集部/別集類/清別集
灌園未定稿二卷　（清）傅懷祖撰　清光緒十三年（1887）山陰傅氏蘇州刻本　二冊

330000－1701－0040183　SBC0388　集部/總集類/氏族之屬
載福堂雜文不分卷　（清）朱元炅等撰　（清）朱文治輯　清光緒稿本　朱士恒批並跋　一冊

330000－1701－0040184　SBC0375　史部/金石類/金之屬
重修宣和博古圖錄三十卷　（宋）王黼等撰　明嘉靖七年（1528）蔣暘刻本　四冊　存五卷

（十二至十六）

330000－1701－0040185　HJL5950　集部/別集類/清別集
夢六籌館詩鈔六卷　（清）錢濱撰　清道光十五年（1835）刻本　二冊

330000－1701－0040186　HJL5952　集部/總集類/郡邑之屬
徐州詩徵八卷　（清）桂中行輯　清光緒十七年（1891）刻本　四冊

330000－1701－0040187　HJH5971　集部/總集類/彙編之屬
漢魏六朝一百三家集（漢魏六朝百三名家集）　（明）張溥編　清光緒三年（1877）滇南唐氏壽考堂刻本　八十三冊　存八十八種

330000－1701－0040188　SBC0376　集部/總集類/彙編之屬
李杜全集　（明）許自昌編　明萬曆三十年（1602）長洲許自昌刻本　二冊　存一種

330000－1701－0040189　HJL5951　集部/別集類/明別集
嶧桐文集十卷詩集十卷　（明）劉城撰　清光緒十九年（1893）養雲山莊刻本　八冊

330000－1701－0040190　SBC0386　集部/別集類/唐五代別集
分類補註李太白詩二十五卷　（唐）李白撰　（宋）楊齊賢集註　（元）蕭士贇補註　**唐翰林李太白［白］年譜一卷**　（宋）薛仲邕撰　明刻本　四冊　存七卷（四至八、二十一、二十五）

330000－1701－0040191　SBC0377　集部/楚辭類
楚辭集註八卷辯證二卷後語六卷　（宋）朱熹撰　明萬曆朱崇沐刻本　一冊　存一卷（一）

330000－1701－0040192　SBC0385　集部/別集類/唐五代別集
分類補註李太白詩二十五卷　（唐）李白撰　（宋）楊齊賢集註　（元）蕭士贇補註　**唐翰林李太白［白］年譜一卷**　（宋）薛仲邕撰　明嘉靖二十五年（1546）玉几山人刻重修本　黄煦齋校　三冊　存十卷（四至六、十至十二、二十二至二十五）

330000－1701－0040193　HJL5989　集部/別集類/清別集
疏蘭僊館詩集四卷續集六卷再續集四卷　（清）朱錫綬撰　清光緒三年（1877）刻本　四冊

330000－1701－0040194　SBC0387　集部/別集類/唐五代別集
分類補註李太白詩二十五卷　（唐）李白撰　（宋）楊齊賢集注　（元）蕭士贇補注　**分類編次李太白文五卷**　（唐）李白撰　（明）郭雲鵬編次　明嘉靖二十二年（1543）吳會郭雲鵬寶善堂刻本　二冊　存四卷（文二至五）

330000－1701－0040195　SBC0383　集部/別集類/唐五代別集
新刊駱子集註四卷　（唐）駱賓王撰　（明）陳魁士注　明萬曆七年（1579）麗水劉大烈等刻本　一冊　存一卷（三）

330000－1701－0040196　SBC0379　集部/楚辭類
楚辭集註八卷辯證二卷後語八卷　（宋）朱熹撰　（明）蔣之翹補輯並評校　**楚辭附覽二卷總評一卷**　（明）蔣之翹輯　明天啓六年（1626）檇李蔣之翹刻本　二冊　存十二卷（五至八、辯證一至二、後語一至六）

330000－1701－0040197　HJL4955　類叢部/叢書類/自著之屬
潛研堂全書十六種　（清）錢大昕撰　清乾隆至嘉慶刻本　六冊　存一種

330000－1701－0040198　HJL5953　集部/別集類/明別集
梨雲館類定袁中郎先生全集二十四卷　（明）袁宏道撰　清道光九年（1829）培原書屋刻同治八年（1869）補刻本　二十冊

330000－1701－0040199　SBC0410　集部/總集類/選集之屬/通代
選詩七卷附詩人世次爵里一卷　（南朝梁）蕭

統輯　(明)郭正域批點　(明)淩濛初輯評
選賦六卷附名人世次爵里一卷　(南朝梁)蕭統輯　(明)郭正域批點　明淩氏刻朱墨套印本　二冊　存二卷(選詩三、選賦二)

330000－1701－0040200　SBC0381　集部/楚辭類
楚騷五卷　(戰國)屈原等撰　明刻本　一冊　存三卷(一至三)

330000－1701－0040201　SBC0394　經部/春秋左傳類/傳說之屬
春秋經傳集解三十卷　(晉)杜預撰　(唐)陸德明音義　明刻本　一冊　存二卷(二十一至二十二)

330000－1701－0040202　HJL5979、HJL5980　集部/別集類/清別集
御製文集十卷詩集六卷　(清)穆宗載淳撰　清光緒武英殿刻本　八冊

330000－1701－0040203　SBC0384　集部/別集類/唐五代別集
分類補註李太白詩二十五卷　(唐)李白撰　(宋)楊齊賢集註　(元)蕭士贇補註　**唐翰林李太白[白]年譜一卷**　(宋)薛仲邕撰　明嘉靖二十五年(1546)玉几山人刻重修本　二冊　存五卷(二十一至二十五)

330000－1701－0040204　SBC0393　經部/春秋總義類/傳說之屬
春秋集註三十卷首一卷　(宋)胡安國撰　(宋)林堯叟音註　明刻本　一冊　存四卷(十四至十七)

330000－1701－0040205　SBC0395　經部/叢編
十三經註疏　(明)□□輯　明萬曆十四年至二十一年(1586－1593)北京國子監刻本　四冊　存一種

330000－1701－0040207　SBC0389　集部/別集類/清別集
孟欒文不分卷　胡豫撰　清光緒稿本　清徐錫麟、清胡道南、唐詠裳批點　二冊

330000－1701－0040208　HJL5933　類叢部/叢書類/自著之屬
武陵山人遺書十種　(清)顧觀光撰　清光緒九年(1883)獨山莫祥芝上海刻本　六冊

330000－1701－0040209　SBC0392　史部/紀傳類/別史之屬
尚史七十二卷　(清)李鍇撰　清乾隆三十八年(1773)悅道樓刻本　十二冊　存三十八卷(世系圖、本紀一至五、世家一至十二、列傳一至二十)

330000－1701－0040210　HJL5975　集部/別集類/清別集
秪庵詩集十卷文集二卷　(清)梅植之撰　清道光十六年(1836)王瓚華刻二十三年(1843)、二十四年(1844)黃國華續刻本　三冊

330000－1701－0040211　SBC0391　集部/別集類/清別集
又村大題窗課不分卷　(清)又村撰　稿本　清來又嚴、駱嵩年、傅羲河、湯章甫批點　二冊

330000－1701－0040212　SBC0404　集部/總集類/尺牘之屬
書記洞詮一百十六卷目錄十卷　(明)梅鼎祚輯　明萬曆二十五年至二十七年(1597－1599)玄白堂刻本　六冊　存七十七卷(二十五至一百一)

330000－1701－0040214　SBC0405　史部/紀傳類/正史之屬
史記題評一百三十卷　(明)李元陽輯　明嘉靖十六年(1537)胡有恆、胡瑞刻本　二冊　存七卷(二十一至二十四、二十六至二十八)

330000－1701－0040216　SBC0406　史部/史抄類
二十一史文鈔五十八卷　(明)沈國元輯　明崇禎十二年(1639)大來堂刻本　二十二冊　缺四卷(四至五、二十六至二十七)

330000－1701－0040217　SBC0413　集部/總

集類/選集之屬/通代

文選十二卷　(南朝梁)蕭統輯　(明)張鳳翼纂註　明萬曆刻本　陶濬宣圈點並批校　十冊　存十卷(一至十)

330000－1701－0040218　SBC0411　集部/總集類/選集之屬/通代

文選補遺四十卷　(元)陳仁子輯　(元)譚紹烈纂類　明刻本　三冊　存十卷(二十至二十二、二十六至二十八、三十七至四十)

330000－1701－0040219　SBC0396　子部/醫家類/類編之屬

六科證治準繩七種　(明)王肯堂撰　清九思堂刻本　四十六冊　存二種

330000－1701－0040220　HJL5990　集部/別集類/清別集

南岡草堂文存二卷詩選二卷續編一卷　(清)秦際唐撰　清光緒二十七年(1901)刻本　四冊

330000－1701－0040222　HJL5977　集部/別集類/清別集

歸盦文稾八卷　(清)葉裕仁撰　清光緒八年(1882)蔣銘勳校刻本　四冊

330000－1701－0040224　HJL5991　集部/別集類/清別集

青埵山人詩十卷　(清)洪飴孫撰　清光緒十年(1884)陳氏西江使廨刻本　二冊

330000－1701－0040225　HJL5978　集部/別集類/清別集

庸盦海外文編四卷　(清)薛福成撰　清光緒二十一年(1895)蕭山陳氏刻本　四冊

330000－1701－0040226　SBC0401　集部/總集類/選集之屬/斷代

雅音會編十二卷　(明)康麟輯　清抄本　一冊　存一卷(二)

330000－1701－0040227　HJL5992　類叢部/叢書類/家集之屬

十髮盦叢書二種　程頌萬編　清光緒刻彙印本　三冊　存一種

330000－1701－0040228　SBC0414　史部/編年類/斷代之屬

續資治通鑑長編五百二十卷目錄二卷　(宋)李燾撰　清嘉慶二十四年(1819)海虞張氏愛日精廬木活字印本　五十四冊　存二百八十一卷(三十二至七十三、八十至八十五、一百三至一百二十六、一百三十二至一百三十五、一百四十一至一百四十四、一百六十二至一百七十七、一百八十三至二百三、二百十四至二百三十六、二百四十一至二百六十、二百六十五至二百六十八、二百八十至二百九十、三百十九至三百四十九、三百六十九至三百七十、三百七十九至三百九十五、四百十一至四百三十九、四百五十一至四百六十七、五百至五百四、五百十一至五百十五)

330000－1701－0040229　SBC0407　集部/總集類/選集之屬/斷代

重校正唐文粹一百卷　(宋)姚鉉輯　明嘉靖三年(1524)姑蘇徐焴刻本　一冊　存三卷(三十八至四十)

330000－1701－0040230　HJL5981　類叢部/叢書類/彙編之屬

玉海堂景宋元本叢書　劉世珩編　清光緒至民國貴池劉氏玉海堂影刻本　六冊　存一種

330000－1701－0040231　HJL5993　集部/別集類/清別集

函雅堂集二十四卷　王詠霓撰　清光緒刻本　六冊

330000－1701－0040232　SBC0416　子部/儒家類/儒學之屬/經濟

大學衍義補一百六十卷首一卷　(明)丘濬撰　明刻本　六冊　存三十六卷(七十六至八十一、八十九至一百五、一百二十七至一百三十九)

330000－1701－0040233　HJL5982　集部/別集類/清別集

津門徵獻詩八卷　(清)華鼎元撰　清光緒十二年(1886)刻本　四冊

330000－1701－0040234　SBC0437　集部/別

集類/清別集
雪香小艸一卷 (清)石友蘭撰 稿本 一冊

330000－1701－0040236 HJL5983 集部/別集類/清別集
頤園詩存二卷 (清)徐煥藻撰 清光緒二十五年(1899)刻本 一冊

330000－1701－0040237 HJL5984 集部/別集類/清別集
髯仙詩舫遺稿二卷 (清)李鴻裔撰 清光緒十四年(1888)遵義黎氏日本刻本 一冊

330000－1701－0040238 SBC0417 史部/編年類/通代之屬
資治通鑑綱目五十九卷 (宋)朱熹撰 (宋)尹起莘發明 (元)劉友益書法 (元)汪克寬考異 (元)徐昭文考證 (元)王幼學集覽 (明)陳濟正誤 (明)馮智舒質實 明刻本 十七冊 存十四卷(一、四、十四、十五、十七、十八、二十八、三十、三十九、四十七、五十、五十一至五十三)

330000－1701－0040239 SBC0436 集部/總集類/選集之屬/通代
文壇列俎十卷 (明)汪廷訥輯 明萬曆三十五年(1607)新都汪氏環翠堂刻本 九冊 存六卷(一至六)

330000－1701－0040240 HJL5985 集部/別集類/清別集
潛莊文鈔六卷 (清)卜起元撰 清光緒五年(1879)武進卜氏甬江刻本 二冊

330000－1701－0040241 SBC0408 集部/總集類/選集之屬/通代
六家文選六十卷 (南朝梁)蕭統撰 (唐)李善 (唐)呂延濟 (唐)劉良 (唐)張銑 (唐)李周翰 (唐)呂向注 明嘉靖丁覲刻本 一冊 存四卷(二十九至三十二)

330000－1701－0040242 SBC0424 集部/別集類/清別集
詩賦序一卷 (清)王猷定撰 清初抄本 一冊

330000－1701－0040243 SBC0423 類叢部/叢書類/彙編之屬
祕書廿一種 (清)汪士漢編 清康熙七年(1668)新安汪氏重編印古今逸史本 一冊 存三種

330000－1701－0040244 SBC0409 集部/總集類/選集之屬/通代
六臣註文選六十卷 (南朝梁)蕭統撰 (唐)李善 (唐)呂延濟 (唐)劉良 (唐)張銑 (唐)李周翰 (唐)呂向注 明萬曆刻本 一冊 存三卷(三十九至四十一)

330000－1701－0040245 SBC0422 集部/別集類/清別集
陟屺吟一卷 延清閣小草一卷 (清)張元表撰 清抄本 一冊

330000－1701－0040246 SBC0421 史部/地理類/總志之屬
皇輿考十二卷 (明)張天復撰 明萬曆十六年(1588)姑蘇張象賢遐壽堂刻本 一冊 存二卷(五至六)

330000－1701－0040247 SBC0432 集部/詩文評類/文評之屬
文章軌範七卷 (宋)謝枋得輯 明寶善堂刻本 二冊 存三卷(五至七)

330000－1701－0040248 SBC0430 史部/紀傳類/正史之屬
欽定國史大臣列傳□□卷 清國史館抄本 二冊 存二卷(五十七、六十)

330000－1701－0040249 SBC0428 史部/傳記類/別傳之屬
蘇長公外紀十二卷 (明)王世貞輯 (明)璩之璞校補 明萬曆二十二年(1594)璩氏燕石齋刻本 一冊 存二卷(六至七)

330000－1701－0040250 HJL5998 集部/別集類/清別集
舫廬文存內集四卷外集一卷餘集一卷首一卷 (清)張壽榮撰 清光緒九年(1883)張氏秋樹根齋刻本 四冊

330000－1701－0040251　SBC0418　子部/儒家類/儒學之屬/經濟
大學衍義四十三卷　(宋)真德秀撰　明崇禎陳仁錫刻本　六冊

330000－1701－0040252　SBC0427　史部/紀傳類/正史之屬
三國志六十五卷　(晉)陳壽撰　(南朝宋)裴松之注　元刻明嘉靖萬曆南京國子監遞修本　一冊　存三卷(魏書二十八至三十)

330000－1701－0040253　SBC0425　子部/叢編
六子書　(明)顧春編　明嘉靖十二年(1533)吳郡顧氏世德堂刻本　一冊　存一種

330000－1701－0040254　HJL5999　集部/別集類/清別集
白圭堂詩鈔六卷續鈔六卷　(清)江之紀撰　清光緒十九年(1893)刻本　四冊

330000－1701－0040255　SBC0447　經部/小學類/文字之屬/字書/字典
大廣益會玉篇三十卷　(南朝梁)顧野王撰　(唐)孫強增字　(宋)陳彭年等重修　明刻本　一冊　存六卷(四至九)

330000－1701－0040256　SBC0429　史部/詔令奏議類/奏議之屬
皇明疏鈔七十卷　(明)孫旬輯　明萬曆十二年(1584)兩浙江都轉運鹽使司刻本　一冊　存二卷(十三至十四)

330000－1701－0040257　HJL6009　集部/總集類/郡邑之屬
徐州二遺民集十卷　馮煦編　清光緒十九年(1893)臨川桂中行刻本　六冊

330000－1701－0040258　SBC0419　類叢部/類書類/通類之屬
卓氏藻林八卷　(明)卓明卿輯　明萬曆八年(1580)卓氏妙香室刻本　六冊　存六卷(二至七)

330000－1701－0040259　SBC0446　子部/醫家類/本草之屬/歷代綜合本草
重刊經史證類大全本草三十一卷　(宋)唐慎微撰　(宋)寇宗奭衍義　明刻本　一冊　存一卷(六)

330000－1701－0040260　HJL6010　集部/總集類/氏族之屬
柘湖姚氏兩先生集　(清)張文虎輯　清光緒二年(1876)刻本　一冊

330000－1701－0040261　HJL6000　集部/別集類/清別集
陶山詩錄十二卷前錄二卷露蟬吟詞鈔一卷詞續鈔一卷陶山書義一卷　(清)唐仲冕撰　清嘉慶十六年(1811)崇川酌民言堂刻、十七年(1812)果克山房刻本　八冊　缺二卷(露蟬吟詞鈔、詞續鈔)

330000－1701－0040262　SBC0439　史部/目録類/書志之屬/提要
目治偶抄四卷　(清)周廣業撰　清抄本　一冊　存一卷(一)

330000－1701－0040263　普 811.17/3061.2　集部/總集類/氏族之屬
奉新宋氏詩鈔四種　(清)宋鳴珂輯　清嘉慶世恩堂刻本　二冊　存一種

330000－1701－0040264　SBC0440　子部/小說家類/異聞之屬
穆天子傳六卷附錄一卷　(晉)郭璞注　清子明抄本　清子明批校並跋　一冊

330000－1701－0040265　HJL6011　集部/別集類/清別集
澹香閣詩鈔一卷　(清)李星池撰　清光緒四年(1878)刻本　一冊

330000－1701－0040266　SBC0449　經部/小學類/文字之屬/字書/字典
重校經史海篇直音十卷　(明)□□輯　明刻本　九冊　存九卷(二至十)

330000－1701－0040267　SBC0442　經部/小學類/文字之屬/字書/字典
字彙十二集首一卷末一卷韻法直圖一卷　(明)梅膺祚撰　**韻法橫圖一卷**　(明)李世澤

撰　明刻本　一冊　存三卷（末、韻法直圖、韻法橫圖）

330000－1701－0040268　HJL5986　類叢部/叢書類/自著之屬
枉川全集六種三十卷　（清）楊琪光撰　清光緒十年至十一年（1884－1885）武陵楊氏刻本　六冊　存三種

330000－1701－0040269　HJL6012　集部/別集類/清別集
劬書室遺集十六卷　（清）金錫齡撰　清光緒二十一年（1895）刻本　五冊

330000－1701－0040270　HJL6013　集部/別集類/清別集
棠溪文鈔八卷　（清）沈用增撰　清光緒四年（1878）鄂城刻本　四冊

330000－1701－0040271　HJL6061　集部/別集類/清別集
通隱堂詩存四卷　（清）張京度撰　清咸豐八年（1858）馮芳緝木活字印本　四冊

330000－1701－0040272　SBC0452　集部/別集類/明別集
玉茗堂全集四十六卷　（明）湯顯祖撰　明天啓刻本　一冊　存一卷（尺牘六）

330000－1701－0040273　SBC0441　經部/書類/分篇之屬
禹貢山川地理圖二卷　（宋）程大昌撰　清抄本　一冊　存一卷（上）

330000－1701－0040274　HJL6014　集部/別集類/清別集
願學堂詩存二十二卷　（清）邵亨豫撰　清光緒十年（1884）琴川刻本　四冊

330000－1701－0040275　HJL6018　集部/別集類/清別集
周武壯公遺書九卷年譜一卷外集三卷別集一卷附錄一卷　（清）周盛傳撰　清光緒三十一年（1905）周家駒金陵刻本　十冊

330000－1701－0040276　SBC0438　集部/別集類/元別集
剡源戴先生文集三十卷　（元）戴表元撰　清抄本　一冊　存序、目錄

330000－1701－0040277　HJL6015　類叢部/叢書類/自著之屬
求益齋全集五種　（清）強汝詢撰　清光緒二十四年（1898）江蘇書局刻本　八冊

330000－1701－0040278　HJL6001　集部/別集類/清別集
脩凝齋集六卷　（清）阮鍾瑗撰　清道光八年（1828）木活字印本　六冊

330000－1701－0040279　SBC0444　經部/三禮總義類/通禮雜禮之屬
五禮通考不分卷　（清）秦蕙田撰　**倉頡篇二卷**　清廣雅書局抄本　五冊

330000－1701－0040280　SBC0453　子部/叢編
二十子全書　（明）吳勉學編　明萬曆新安吳勉學刻本　一冊　存一種

330000－1701－0040281　HJL6016　集部/別集類/清別集
雪青閣詩集四卷　（清）謝維藩撰　清光緒九年（1883）陸氏開封官廨刻本　四冊

330000－1701－0040282　SBC0458　經部/四書類/總義之屬傳說
黃四如先生六經四書講藁六卷　（宋）黃仲元撰　（宋）詹清子編　清抄本　四冊

330000－1701－0040283　SBC0448　史部/政書類/通制之屬
大明會典二百二十八卷　（明）申時行　（明）趙用賢等纂修　明天啓元年（1621）張京元等南昌刻本　二十三冊　缺十一卷（一百八十一至一百九十一）

330000－1701－0040284　HJL6002　集部/別集類/清別集
御製文初集十卷　（清）宣宗旻寧撰　（清）曹振鏞等編　清道光十一年（1831）內府刻本　二冊

330000－1701－0040285　SBC0454　史部/史抄類

後漢書纂十二卷　(南朝宋)范曄撰　(明)凌濛初輯　明萬曆三十四年(1606)金陵周氏刻本　八册　存九卷(四至十二)

330000－1701－0040286　HJL6019　集部/別集類/清別集

文靖公遺集十二卷補遺一卷　(清)寶鋆撰　清光緒二十一年(1895)刻本　六册

330000－1701－0040287　SBC0451　集部/總集類/選集之屬/通代

樂府詩集一百卷目錄二卷　(宋)郭茂倩輯　明刻本　一册　存一卷(清商曲辭七)

330000－1701－0040288　HJL6017　集部/別集類/清別集

東塾集六卷申范一卷　(清)陳澧撰　清光緒十八年(1892)廣東菊坡精舍刻本　三册　缺一卷(申范)

330000－1701－0040289　SBC0455　經部/叢編

十三經解詁六十四卷　(明)陳深撰　明萬曆刻本　二十四册　存十二種

330000－1701－0040290　SBC0461　集部/總集類/選集之屬/通代

文選六十卷　(南朝梁)蕭統輯　(唐)李善注　明成化刻本　一册　存三卷(二十至二十二)

330000－1701－0040291　HJH6020　集部/總集類/氏族之屬

金山姚氏二先生集　(清)張文虎輯　清光緒二年(1876)松韻草堂刻本　一册

330000－1701－0040293　SBC0443　集部/別集類/清別集

悼亡詩一卷　(清)許佩南撰　清葉桐封抄本　一册

330000－1701－0040294　SBC0450　類叢部/叢書類/自著之屬

呂新吾全集二十二種　(明)呂坤撰　明萬曆刻清同治至光緒修補印本　一册　存一種

330000－1701－0040295　SBC0460　集部/總集類/選集之屬/通代

文選六十卷　(南朝梁)蕭統輯　(唐)李善注　明成化二十三年(1487)唐藩朱芝址刻本　九册　存二十八卷(十四至四十一)

330000－1701－0040296　SBC0463　史部/政書類/律令之屬/律例

大清律例□□卷　清抄本　二十六册　存二十二卷(七至九、十一至二十一、二十三至二十七、二十九、三十六至三十七)

330000－1701－0040297　SBC0465　史部/史抄類

漢書鈔九十三卷　(明)茅坤輯　明萬曆十七年(1589)茅坤刻本　二十二册　存五十二卷(四十二至九十三)

330000－1701－0040298　SBC0462　集部/總集類/選集之屬/通代

文選六十卷　(南朝梁)蕭統輯　(唐)李善注　明成化二十三年(1487)唐藩朱芝址刻本　十五册　存二十八卷(一至六、九至十、十三至十六、十九至二十二、二十五至二十六、二十九至三十、三十三至三十四、三十七至四十、四十五至四十六)

330000－1701－0040301　SBC0476　集部/別集類/清別集

揮洒集一卷笠舫詩抄一卷　清抄本　余重耀題簽並記　一册

330000－1701－0040302　HJL6004　集部/總集類/氏族之屬

三蘇全集四種　(清)弓翊清等編　清道光七年至十二年(1827－1832)眉州三蘇祠刻本　六十三册　缺二卷(斜川集五至六)

330000－1701－0040304　HJL6021　集部/總集類/彙編之屬

詒安堂全集　(清)王慶勳輯　清道光咸豐上海王氏刻本　六册　存一種

330000－1701－0040305　HJL6006　集部/別

集類/清别集

敦艮吉齋文存四卷詩存二卷 (清)徐子苓撰 (清)徐源伯編 **劫餘小錄一卷** (清)徐元叔撰 清光緒十二年(1886)刻本 四册 缺二卷(詩存一至二)

330000-1701-0040306 HJL6007 類叢部/叢書類/自著之屬

還硯齋全集五種 (清)趙新撰 清光緒八年(1882)黄樓刻本 十八册 存二種

330000-1701-0040307 HJL6022 集部/别集類/清别集

尺雲軒文集二卷續編一卷尺牘一卷 (清)朱實發撰 清道光十四年(1834)朱穀昌刻本 一册 缺一卷(尺牘)

330000-1701-0040308 HJL6023 集部/别集類/清别集

七經樓文鈔六卷 (清)蔣湘南撰 清道光二十七年(1847)刻本 四册

330000-1701-0040309 HJL6008 集部/别集類/清别集

曝書亭集八十卷附録一卷 (清)朱彝尊撰 **笛漁小稾十卷** (清)朱昆田撰 清光緒十五年(1889)會稽陶氏寒梅館刻本 十六册

330000-1701-0040310 HJL6024 集部/别集類/清别集

水流雲在館詩鈔十四卷詞鈔八卷試帖二卷 (清)周天麟撰 **月樓琴語一卷** (清)蕭恒貞撰 清光緒二十一年(1895)刻本 八册

330000-1701-0040311 SBC0469 集部/戲劇類/總集之屬/雜劇

元曲選十集一百卷 (明)臧懋循編 明萬曆刻本 清姚燮批校並跋 三十八册

330000-1701-0040312 SBC0471 史部/史評類/史論之屬

史懷十七卷 (明)鍾惺撰 (明)陶珽評 明崇禎刻本 五册

330000-1701-0040313 SBC0470 子部/儒家類/儒家之屬

荀子二十卷 (唐)楊倞注 明刻本 一册 存三卷(一至三)

330000-1701-0040314 SBC0467 經部/易類/傳説之屬

周易程傳二卷周易繫辭二卷 明新安吴勉學刻本 二册

330000-1701-0040315 SBC0488 史部/雜史類/斷代之屬

明史類輯不分卷 稿本 一册

330000-1701-0040316 HJL6025 集部/别集類/宋别集

道鄉先生文集四十卷補遺一卷附録一卷 (宋)鄒浩撰 清同治九年(1870)無錫鄒氏刻本 八册

330000-1701-0040317 HJL6026 集部/戲劇類/雜劇之屬

補天石傳奇八種八卷 (清)周樂清撰 (清)譚光祜訂譜 清道光十年(1830)静遠草堂刻本 四册

330000-1701-0040318 SBC0472 子部/叢編

六子書 (明)顧春編 明嘉靖十二年(1533)吴郡顧氏世德堂刻本 五册 存一種

330000-1701-0040319 SBC0485 集部/别集類/宋别集

歐陽文忠公全集一百五十三卷附録五卷 (宋)歐陽修撰 **廬陵歐陽文忠公[修]年譜一卷** (宋)胡柯編 明刻本 一册 存三卷(一百四十一至一百四十三)

330000-1701-0040320 SBC0486 史部/紀傳類/正史之屬

二十一史 明刻明清遞修本 三册 存一種

330000-1701-0040321 SBC0484 集部/總集類/課藝之屬

四書義文稿不分卷 (清)問樓書屋主人點評 稿本 一册

330000-1701-0040322 SBC0482 經部/小

學類/文字之屬/字書/字典

直音篇七卷 (明)章黼撰 明萬曆六年(1578)維揚資政左室刻本 一冊 存一卷(一)

330000－1701－0040323 SBC0480 經部/詩類/專著之屬

詩目初學便記一卷 清抄本 一冊

330000－1701－0040324 SBC0478 經部/叢編

十三經古注 (明)葛鼒 (明)金蟠校 明崇禎十二年(1639)金蟠刻本 一冊 存一種

330000－1701－0040325 SBC0479 集部/總集類/課藝之屬

苔香書屋課藝一卷 清抄本 韻宣題簽 一冊

330000－1701－0040326 HJL6075 集部/別集類/清別集

菘耘文鈔四卷 (清)季錫疇撰 清光緒五年(1879)葉氏裒弁閣刻本 一冊

330000－1701－0040327 SBC0493 史部/地理類/總志之屬

大明一統志九十卷 (明)李賢等纂修 明萬壽堂刻本 一冊 存四卷(七十九至八十二)

330000－1701－0040328 HJL6071 集部/別集類/清別集

甘泉鄉人稿二十四卷餘稿二卷 (清)錢泰吉撰 **皇清敕授修職郎誥封朝議大夫顯考警石府君[錢泰吉]年譜一卷** (清)錢應溥編 **四水子遺著一卷** (清)錢友泗撰 **郊農偶吟稿一卷** (清)錢炳森撰 清同治七年(1868)、十一年(1872)鍾氏刻光緒七年(1881)、十一年(1885)錢氏青溪官舍增刻本 六冊

330000－1701－0040329 SBC0483 集部/楚辭類

楚辭二卷 (戰國)屈原等撰 明萬曆四十八年(1620)烏程閔齊伋刻三色套印本 一冊 存一卷(一)

330000－1701－0040332 SBC0481 集部/別集類/清別集

澹怡子文稿一卷 (清)何鎔撰 清抄本 一冊

330000－1701－0040333 SBC0489 集部/總集類/選集之屬/通代

迂齋先生標註崇古文訣三十五卷 (宋)樓昉輯 明嘉靖十二年(1533)王鴻漸刻本 六冊

330000－1701－0040334 HJL6028 集部/別集類/清別集

伏敔堂詩錄十五卷續錄四卷首一卷附錄一卷 (清)江湜撰 清同治元年至五年(1862－1866)長洲江氏刻本 四冊

330000－1701－0040335 SBC0490 經部/小學類/音韻之屬/韻書

重刊併音連聲韻學集成十三卷重訂直音篇七卷 (明)章黼撰 明萬曆六年(1578)維揚資政左室刻本 一冊 存一卷(併音連聲韻學集成一)

330000－1701－0040336 HJL6072 集部/別集類/清別集

椒生詩草六卷 (清)王之春撰 清光緒十年(1884)上洋文藝齋刻本 二冊

330000－1701－0040337 HJL6073 集部/別集類/清別集

椒生續草三卷 (清)王之春撰 清光緒刻本 一冊

330000－1701－0040338 HJH6074 集部/別集類/清別集

青溪舊屋文集十卷詩集一卷 (清)劉文淇撰 清光緒九年(1883)刻本 四冊

330000－1701－0040339 SBC0494 類叢部/叢書類/彙編之屬

增定古今逸史五十五種 (明)吳琯編 明刻本 十六冊 存四十種

330000－1701－0040340 SBC0503、G010297 類叢部/類書類/專類之屬

新增說文韻府羣玉二十卷 (元)陰時夫輯 (元)陰中夫注 明刻本 二十冊

330000－1701－0040341　SBC0502　子部/道家類

南華真經圭旨□□卷　(清)顧炎武增注　清抄本　二冊　存二卷(五、七)

330000－1701－0040342　HJL6076　類叢部/叢書類/彙編之屬

湘淥館叢書　清光緒刻本　八冊　存一種

330000－1701－0040346　HJL6077　類叢部/叢書類/自著之屬

愛梅樓雜著十四種　(清)林慶炳撰輯　清光緒小石渠閣刻本　十六冊　存八種

330000－1701－0040347　SBC0500　集部/別集類/唐五代別集

分類補註李太白詩二十五卷　(唐)李白撰　(宋)楊齊賢集註　(元)蕭士贇補註　**唐翰林李太白[白]年譜一卷**　(宋)薛仲邕撰　明嘉靖二十五年(1546)玉几山人刻本　一冊　存三卷(十七至十九)

330000－1701－0040348　SBC0513　子部/雜著類/雜纂之屬

詩文雜抄一卷　清抄本　一冊

330000－1701－0040349　SBC0499　子部/術數類/雜術之屬

雷電通玄□□卷　清抄本　二冊　存二卷(首、一)

330000－1701－0040350　SBC0487　類叢部/叢書類/彙編之屬

說郛一百二十弓　(明)陶宗儀編　(明)陶珽等重編　**說郛續四十六弓**　(明)陶珽編　(清)李際期重訂　明末刻清順治三年(1646)兩浙督學周南李際期宛委山堂印本　七冊　存五十九種

330000－1701－0040351　SBC0474　集部/別集類/清別集

述學三卷　(清)汪中撰　清嘉慶江都汪中刻本　二冊　存二卷(二至三)

330000－1701－0040352　SBC0498　集部/別集類/元別集

楊鐵崖文集五卷史義拾遺二卷　(元)楊維楨撰　**西湖竹枝集一卷**　(元)楊維楨輯　**香奩集一卷**　(元)楊維楨　(元)王德璉撰　明末刻本　一冊　存三卷(三至五)

330000－1701－0040353　SBC0511　集部/楚辭類

楚辭十七卷附録一卷　(漢)王逸注　(宋)洪興祖　(宋)劉鳳補注　(明)陳深批點　明萬曆二十八年(1600)吳興凌毓枏刻朱墨套印本　一冊　存二卷(十六至十七)

330000－1701－0040355　SBC0509　子部/宗教類/佛教之屬/經

金剛頂岳噶千手千眼觀自在菩薩修行儀軌經一卷　清刻本　一冊

330000－1701－0040356　SBC0508　子部/宗教類/道教之屬

道書不分卷　清抄本　二冊

330000－1701－0040357　SBC0510　史部/傳記類/總傳之屬/釋道

有象列仙全傳九卷　(明)王世貞撰　(明)汪雲鵬補　明萬曆二十八年(1600)新都汪雲鵬玩虎軒刻本　三冊　存三卷(七至九)

330000－1701－0040358　SBC0507　子部/宗教類/道教之屬

薩祖鐵罐焰口□□卷　清抄本　一冊　存一卷(上)

330000－1701－0040359　SBC0495　子部/藝術類/音樂之屬/樂譜

琴譜大全輯錄一卷　(明)楊表正撰　清初抄本　一冊

330000－1701－0040360　SBC0506　子部/宗教類/道教之屬/雜著

真誥二十卷　(南朝梁)陶弘景撰　明萬曆二十八年(1600)刻三十二年(1604)俞安期重修本　一冊　存四卷(一至四)

330000－1701－0040361　SBC0504　類叢部/類書類/通類之屬

新編事文類聚翰墨大全甲集十二卷乙集九卷

丙集五卷丁集五卷戊集五卷己集七卷庚集二十四卷辛集十卷壬集十二卷癸集十一卷後甲集八卷後乙集三卷後丙集六卷後丁集八卷後戊集九卷　(元)劉應李輯　明刻本　九冊　存四十九卷(甲集一至八、乙集六至九、丙集一至五、戊集一至五、己集一至七、庚集十至十七、壬集一至六、癸集一至六)

330000－1701－0040362　HJL6029　集部/別集類/清別集
琳齋詩稿七卷　(清)王景彝撰　清光緒十六年(1890)實善書屋刻本　六冊

330000－1701－0040364　HJL6031　集部/總集類/酬唱之屬
寧陽驪唱錄一卷　李鍾玨等撰　清末刻本　一冊

330000－1701－0040365　HJL6032　集部/總集類/彙編之屬
鄧林唱和詩詞合刻二種四卷　陳潛輯　清宣統元年(1909)江浦陳氏刻本　一冊

330000－1701－0040366　HJL6033　類叢部/叢書類/彙編之屬
誦芬室叢刊二十二種　董康編　清光緒三十四年至民國十四年(1908－1925)武進董氏刻本　一冊　存一種

330000－1701－0040367　HJL6034　集部/總集類/郡邑之屬
西泠五布衣遺箸五種　(清)丁丙輯　清同治至光緒錢塘丁氏當歸草堂刻本　八冊

330000－1701－0040369　HJL6035　集部/別集類/清別集
嘯雲軒詩集四卷　(清)程畹撰　清同治十一年(1872)刻本　一冊

330000－1701－0040370　HJL6037　集部/別集類/清別集
六一山房詩集十卷　(清)董沛撰　清同治十三年(1874)刻本　二冊

330000－1701－0040371　HJL6038　集部/別集類/清別集
思貽堂詩集十二卷續存八卷第三集四卷書簡八卷後永州集八卷　(清)黃文琛撰　清咸豐元年至同治十二年(1851－1873)刻本　十冊　缺七卷(續存四至八、後永州集七至八)

330000－1701－0040372　HJH6039　集部/別集類/清別集
也居山房文集八卷詩集十卷補錄一卷　(清)魏承柷撰　清同治九年(1870)慶餘堂刻本　五冊

330000－1701－0040373　HJL6040　集部/別集類/清別集
潛研堂文集五十卷　(清)錢大昕撰　清嘉慶十一年(1806)瞿中溶刻本　十六冊

330000－1701－0040374　HJL6041　集部/別集類/清別集
甓湖草堂文集六卷近集四卷　(清)吳世杰撰　清嘉慶十七年(1812)刻本　四冊

330000－1701－0040375　HJL6042　集部/別集類/清別集
有香草堂詩集十六卷　(清)茅元輅撰　清道光十一年(1831)刻本　八冊

330000－1701－0040376　HJL6047　類叢部/叢書類/自著之屬
悔餘菴集三種　(清)何栻撰　清同治四年(1865)鳩江戎幄刻本　十冊　存二種

330000－1701－0040377　HJL6048　集部/別集類/清別集
芝隱室詩存八卷附存一卷續存二卷　(清)長善撰　清同治十年(1871)廣州將軍節署刻本　六冊

330000－1701－0040379　HJL6050　集部/別集類/清別集
曾文正公文集四卷雜著四卷　(清)曾國藩撰　(清)李瀚章編　清同治十三年(1874)傳忠書局刻本　八冊

330000－1701－0040380　HJL6052　類叢部/叢書類/家集之屬
十髮盦叢書二種　程頌萬編　清光緒刻彙印

本　八册

330000－1701－0040381　HJL6053　史部/詔令奏議類/奏議之屬

明大司馬盧公奏議十卷文集一卷詩集一卷首一卷　（明）盧象昇撰　清光緒元年(1875)會稽施惠刻本　八册

330000－1701－0040382　HJL6054　集部/總集類/氏族之屬

錢氏家集　錢振鍠輯　清光緒三十三年(1907)刻本　八册

330000－1701－0040383　HJL6055　類叢部/叢書類/自著之屬

思益堂集四種　（清）周壽昌撰　清光緒十四年(1888)王先謙等刻本　六册

330000－1701－0040384　HJL6056　集部/别集類/清别集

維周詩鈔十六卷　（清）程之楨撰　清同治十一年(1872)程氏確園刻本　四册

330000－1701－0040385　HJL6057　類叢部/叢書類/自著之屬

古桐書屋六種　（清）劉熙載撰　清同治至光緒刻本　十册

330000－1701－0040386　SBC0505　子部/宗教類/道教之屬/雜著

新鍥葛稚川内篇四卷外篇四卷　（晉）葛洪撰　（明）盧舜治評　清康熙刻本　四册　存四卷(外篇一至四)

330000－1701－0040387　SBC0530　史部/史評類/詠史之屬

碎金史文六卷　（清）胡文炳撰　**歷代帝王國號歌一卷**　清末抄本　一册　存二卷(六、歷代帝王國號歌)

330000－1701－0040388　SBC0524　子部/雜著類/雜編之屬

雜抄一卷　清松華齋抄本　一册

330000－1701－0040389　SBC0523　集部/總集類/彙編之屬

李杜全集　（明）許自昌編　明萬曆三十年(1602)長洲許自昌刻清康熙印本　一册　存一種

330000－1701－0040390　SBC0521　集部/别集類/唐五代别集

集千家註杜工部詩集二十卷文集二卷　（唐）杜甫撰　（宋）黄鶴補注　**附録一卷**　明嘉靖十五年(1536)玉几山人刻本　七册　存七卷(詩集十二至十八)

330000－1701－0040391　SBC0496　子部/小説家類/雜事之屬

浮生六記六卷　（清）沈復撰　清常熟周左季鴿峰草堂抄本　一册　存四卷(一至四)

330000－1701－0040392　SBC0525　集部/别集類/清别集

窗課不分卷　清抄本　二册

330000－1701－0040393　SBC0522　集部/總集類/彙編之屬

李杜全集　（明）許自昌編　明萬曆三十年(1602)長洲許自昌刻清康熙印本　四册　存一種

330000－1701－0040394　SBC0520　集部/總集類/彙編之屬

李杜全集　（明）許自昌編　明萬曆三十年(1602)長洲許自昌刻本　三册　存一種

330000－1701－0040395　SBC0528　集部/總集類/彙編之屬

合刻分體李杜全集　（明）劉世教編　明萬曆四十年(1612)刻本　一册　存一種

330000－1701－0040396　SBC0519　集部/别集類/唐五代别集

韋蘇州集十卷拾遺一卷　（唐）韋應物撰　明刻本　二册　存八卷(一至二、五至十)

330000－1701－0040397　SBC0531　史部/雜史類

十六國春秋一百卷　（北魏）崔鴻撰　明萬曆三十七年(1609)屠氏蘭暉堂刻本　十六册　存四十八卷(一至四、十一至十六、六十至八

十七、九十一至一百）

330000－1701－0040399　SBC0526　集部/總集類/彙編之屬
李杜全集　（明）許自昌編　明萬曆三十年（1602）長洲許自昌刻清康熙印本　十八册　存一種

330000－1701－0040400　HJL6058　集部/別集類/清別集
玉井山館集二十四卷（玉井山館文略五卷文續二卷詩十五卷詩餘一卷西行日記一卷）　（清）許宗衡撰　清同治刻本　五册

330000－1701－0040401　SBC0518　集部/別集類/宋別集
黄山谷文鈔不分卷　（宋）黄庭堅撰　明刻本　二册

330000－1701－0040402　SBC0517　集部/總集類/彙編之屬
唐宋八大家文鈔　（明）茅坤編　明萬曆七年（1579）茅一桂刻本　十一册　存一種

330000－1701－0040403　SBC0543　史部/地理類/專志之屬/寺觀
洞霄宮志□□卷　（清）朱文藻纂輯　清抄本　二册　存一卷（五）

330000－1701－0040404　SBC0535　史部/史抄類
十七史詳節二百七十三卷　（宋）呂祖謙輯　元刻本　二册　存十四卷（東萊先生校正北史詳節十五至二十八）

330000－1701－0040405　SBC0532　集部/別集類/宋別集
司馬溫公文集八十卷目録二卷　（宋）司馬光撰　明崇禎元年（1628）吳時亮等刻本　三册　存八卷（三至十）

330000－1701－0040406　HJL6059　集部/總集類/氏族之屬
丹徒張氏家集三種　（清）張深輯　清道光刻本　六册

330000－1701－0040407　SBC0527　集部/總集類/彙編之屬
李杜全集　（明）許自昌編　明萬曆三十年（1602）長洲許自昌刻清康熙印本　五册　存一種

330000－1701－0040408　SBC0536　史部/傳記類/總傳之屬/仕宦
滿漢名臣傳八十卷　（清）國史館撰　清抄本　十四册　存十四卷（五、二十四至三十、四十、四十三、五十、七十四至七十六）

330000－1701－0040409　SBC0541　史部/地理類/山川之屬/山志
游名山記一卷　（明）何鏜撰　明嘉靖刻本　一册

330000－1701－0040410　SBC0533　集部/別集類/唐五代別集
分類補註李太白詩二十五卷　（唐）李白撰　（宋）楊齊賢集註　（元）蕭士贇補註　**唐翰林李太白［白］年譜一卷**　（宋）薛仲邕撰　明嘉靖二十五年（1546）玉几山人刻重修本　十一册　存二十二卷（二至二十三）

330000－1701－0040411　SBC0538　史部/傳記類/總傳之屬/斷代
欽定宗室王公功績表傳十二卷　（清）高宗弘曆敕撰　清抄本　七册　存七卷（五至七、九至十二）

330000－1701－0040413　SBC0542　史部/地理類/山川之屬/山志
名山勝槩記四十八卷圖一卷附録一卷　（明）何鏜輯　（明）慎蒙續輯　（清）張縉彥等補輯　明刻本　二册　存三卷（一、三十四、四十三）

330000－1701－0040415　HJL6062　集部/別集類/清別集
師竹軒詩集四卷　（清）劉樹堂撰　**韻香閣詩草一卷**　（清）孔祥淑撰　清光緒十五年（1889）刻本　一册

330000－1701－0040416　SBC0544　類叢部/

類書類/通類之屬
類書不分卷 明刻本 十八册

330000－1701－0040417 SBC0552 子部/雜著類/雜考之屬
讀禮記中大學筆記一卷 (清)謝仁澤撰 稿本 一册

330000－1701－0040418 SBC0537 史部/傳記類/總傳之屬/斷代
逆臣傳四卷 (清)國史館撰 清抄本 三册 存三卷(二至四)

330000－1701－0040420 SBC0547 史部/編年類/斷代之屬
欽定明鑑二十四卷首一卷 (清)胡敬等輯 清嘉慶内府抄本 一册 存一卷(明神宗八)

330000－1701－0040421 SBC0539 史部/紀傳類/正史之屬
史記一百三十卷 (漢)司馬遷撰 (南朝宋)裴駰集解 (唐)司馬貞索隱 (唐)張守節正義 明萬曆張守約刻公文紙印本 五册 存十二卷(十三至十四、二十一至三十)

330000－1701－0040422 SBC0545 集部/别集類/清别集
南雷集外文不分卷 (清)黄宗羲撰 清抄本 二册

330000－1701－0040423 HJL6064 集部/别集類/清别集
翠筠館詩存二卷 (清)魁玉撰 清同治七年(1868)刻本 二册

330000－1701－0040425 SBC0546 集部/詩文評類/詩評之屬
增修詩話總龜四十八卷百家詩話總龜後集五十卷 (宋)阮閲撰 明嘉靖二十四年(1545)月窓道人刻本 二册 存二十一卷(百家詩話總龜後集一至二十一)

330000－1701－0040426 SBC0563 子部/醫家類/傷科之屬
傷科一卷 清抄本 張崇昌觀款 一册

330000－1701－0040427 SBC0556 史部/傳記類/科舉録之屬
會試落卷不分卷 (清)胡道南撰 稿本 一册

330000－1701－0040428 SBC0562 子部/術數類/相宅相墓之屬
地理書句彙覽一卷地理點穴一卷尋水彙覽一卷尋山彙覽一卷 清抄本 四册

330000－1701－0040429 HJH6065 集部/總集類/彙編之屬
南宋羣賢小集七十四種 (宋)陳起編 (清)顧修重輯 清嘉慶六年(1801)石門顧氏讀畫齋刻本 八册 存一種

330000－1701－0040430 SBC0550 子部/術數類/相宅相墓之屬
凝龍撼龍不分卷 清抄本 一册

330000－1701－0040431 SBC0551 子部/雜著類/雜纂之屬
心影不分卷 思貽氏輯 清抄本 一册

330000－1701－0040433 SBC0555 子部/雜著類/雜纂之屬
雜記不分卷 清抄本 四册

330000－1701－0040434 SBC0559 史部/傳記類/總傳之屬/家乘
朱氏譜序一卷 清抄本 一册

330000－1701－0040435 HJL6066 類叢部/叢書類/彙編之屬
拜鴛樓校刻(拜鴛樓校刻小品)五種 沈宗畸編 清光緒至宣統番禺沈氏刻本 一册 存一種

330000－1701－0040436 SBC0558 子部/天文曆算類/天文之屬
氐宿總論不分卷 清抄本 一册

330000－1701－0040437 SBC0565 史部/詔令奏議類/奏議之屬
荆川先生右編四十卷 (明)唐順之輯 (明)劉日寧補 明萬曆三十三年(1605)南京國子

監刻本　十九册　缺二卷（三十一至三十二）

330000－1701－0040439　HJL6068　集部/總集類/郡邑之屬
海虞文徵三十卷目錄二卷　邵松年編輯　清光緒三十一年（1905）鴻文書局石印本　十六册

330000－1701－0040442　SBC0568　子部/雜著類/雜纂之屬
習靜齋叢鈔不分卷　清習靜齋抄本　二册

330000－1701－0040443　SBC0570　集部/詞類/總集之屬
類選箋釋草堂詩餘六卷　（明）顧從敬輯　（明）陳繼儒校　（明）陳仁錫參訂　**類編箋釋續選草堂詩餘二卷**　（明）錢允治箋釋　**類編箋釋國朝詩餘五卷**　（明）錢允治編　（明）陳仁錫釋　明萬曆刻本　十二册　缺二卷（續選草堂詩餘一至二）

330000－1701－0040444　SBC0569　史部/史抄類
兩晉南北史合纂四十卷　（明）錢岱輯　明萬曆刻本　九册　缺四卷（晉書纂一至四）

330000－1701－0040445　SBC0572　史部/史抄類
漢書鈔九十三卷　（明）茅坤輯　明萬曆十七年（1589）茅坤刻本　十七册　存四十卷（二至四十一）

330000－1701－0040446　SBC0567　經部/群經總義類/傳說之屬
經解不分卷　清抄本　五册

330000－1701－0040447　SBC0578　集部/別集類/宋別集
歐陽文忠公全集一百五十三卷附録五卷　（宋）歐陽修撰　**廬陵歐陽文忠公［修］年譜一卷**　（宋）胡柯編　明刻本　一册　存三卷（一百十至一百十二）

330000－1701－0040448　SBC0573　類叢部/類書類/專類之屬
子史精華一百六十卷　（清）吳士玉　（清）吳襄等輯　清雍正五年（1727）武英殿刻本　三十五册　存九十三卷（一至九十三）

330000－1701－0040449　SBC0577　集部/別集類/宋別集
范忠宣公集十卷　（宋）范純仁撰　（明）毛一鷺輯　明萬曆三十六年（1608）嚴陵毛一鷺刻本　六册　存五卷（一至五）

330000－1701－0040450　SBC0576　類叢部/叢書類/彙編之屬
稗海四十八種續集二十二種　（明）商濬編　明萬曆商氏半埜堂刻清康熙振鷺堂重編補刻本　一册　存一種

330000－1701－0040451　SBC0574　子部/雜著類/雜纂之屬
韋弦集十二卷　（清）朱輔輯　清抄本　四册

330000－1701－0040452　SBC0575　類叢部/叢書類/彙編之屬
無名書七種　清抄本　九册

330000－1701－0040453　SBC0584　子部/農家農學類/園藝之屬/總志
二如亭群芳譜四十二卷　（明）王象晉撰　清沙村草堂刻本　二十三册

330000－1701－0040454　SBC0581　集部/別集類/明別集
懷星堂全集三十卷　（明）祝允明撰　明萬曆三十九年（1611）陳以聞刻本　六册　存二十二卷（一至六、十至二十二、二十八至三十）

330000－1701－0040455　SBC0586　子部/雜著類/雜說之屬
淮南鴻烈解二十一卷　（漢）劉安撰　（漢）高誘注　明萬曆十八年（1590）汗一鸞刻本　三册　存十卷（十二至二十一）

330000－1701－0040456　SBC0582　集部/別集類/明別集
王陽明先生全集二十二卷首一卷　（明）王守仁撰　（清）俞嶙輯　清康熙十二年（1673）餘姚俞嶙自公堂刻本　二册　存二卷（六、十五）

330000－1701－0040457　SBC0589　類叢部/叢書類/彙編之屬
漢魏叢書三十八種　(明)程榮編　明萬曆二十年(1592)新安程氏刻本　一册　存一種

330000－1701－0040458　SBC0588　子部/雜著類/雜說之屬
論衡三十卷　(漢)王充撰　(明)劉光斗評　明天啓六年(1626)閻光表刻本　五册　存二十七卷(四至三十)

330000－1701－0040459　SBC0587　子部/叢編
中立四子集　(明)朱東光編　(明)張登雲參補　明萬曆七年(1579)臨川朱東光刻本　四册　存一種

330000－1701－0040460　SBC0585　子部/工藝類/文房四寶之屬/墨
方氏墨譜六卷　(明)方于魯撰　明萬曆方氏美蔭堂刻本　一册　存一卷(三)

330000－1701－0040461　SBC0579　史部/政書類/通制之屬
通典二百卷　(唐)杜佑撰　明嘉靖刻本　三十二册

330000－1701－0040462　SBC0591　子部/宗教類/其他宗教之屬/其他
林子全集四部　(明)林兆恩撰　明崇禎四年(1631)涂文輔、劉永昌等刻本(三教原編卷二十五至三十一、寤言錄二卷、林子書札一卷原缺)　十册　存一種

330000－1701－0040463　SBC0596　集部/别集類/清别集
碧珊詩草一卷　清抄本　一册

330000－1701－0040464　SBC0592　子部/天文曆算類
西洋新法曆書　(明)徐光啓　(明)李天經編　明楊惟一刻本　三册　存一種

330000－1701－0040467　SBC0595　子部/術數類/陰陽五行之屬
奇門遁甲天機　(清)湖海居士輯　清抄本　十八册　存九種

330000－1701－0040468　SBC0602　史部/地理類/方志之屬/郡縣志
[天啓]海鹽縣圖經十六卷　(明)樊維城修　(明)胡震亨　(明)姚士粦纂　明天啓四年(1624)刻清乾隆十二年(1747)補刻本　二册　存三卷(三、八至九)

330000－1701－0040469　SBC0601　史部/地理類/總志之屬/斷代
大明一統志九十卷　(明)李賢等纂修　明天順五年(1461)刻本　一册　存二卷(六十五至六十六)

330000－1701－0040470　SBC0590　子部/雜著類/雜說之屬
金罍子上篇二十卷中篇十二卷下篇十二卷　(明)陳絳撰　(明)陳昱輯　明萬曆三十四年(1606)陳昱刻本　五册　存十七卷(上篇一至三、八至十，中篇四至八，下篇七至十二)

330000－1701－0040471　SBC0593　類叢部/叢書類/彙編之屬
百陵學山一百種　(明)王完編　明隆慶二年至萬曆十二年(1568－1584)刻本　毛春翔題記　一册　存九種

330000－1701－0040472　SBC0603　子部/術數類/雜術之屬
新刻萬法歸宗五卷　(唐)李淳風撰　(唐)袁天罡補　清抄本　三册　存三卷(一、三、五)

330000－1701－0040473　SBC0599　集部/總集類/選集之屬/斷代
文抄不分卷　清抄本　一册

330000－1701－0040474　SBC0600　子部/雜著類/雜說之屬
新談往一卷　(清)□□撰　稿本　一册

330000－1701－0040475　SBC0597　史部/金石類/總志之屬/圖像
三古圖三種　(清)黃晟輯　明萬曆三十一年(1603)吳萬化寶古堂刻清乾隆十八年(1753)天都黃晟亦政堂重修本　十七册　存一種

330000－1701－0040476　SBC0608　史部/雜史類/斷代之屬
十國春秋一百十四卷　(清)吳任臣撰　清抄本　一冊　存四卷(四十八至五十一)

330000－1701－0040477　SBC0609　史部/紀傳類/別史之屬
藏書六十八卷　(明)李贄撰　明萬曆二十七年(1599)焦竑刻本　二冊　存四卷(列傳七至八、十九至二十)

330000－1701－0040478　SBC0598　史部/金石類/金之屬/圖像
博古圖録考正三十卷　(宋)王黼等撰　(明)鄭樸考正　明萬曆二十四年(1596)鄭樸刻本　十四冊　缺二卷(十五至十六)

330000－1701－0040479　SBC0610　史部/紀傳類/別史之屬
藏書六十八卷　(明)李贄撰　明萬曆二十七年(1599)焦竑刻本　十冊　存三十卷(世紀一至八,列傳一至四、六至二十三)

330000－1701－0040480　SBC0611　史部/雜史類/斷代之屬
國語九卷　(明)閔齊伋裁注　明萬曆四十七年(1619)閔齊伋刻三色套印本　一冊　存二卷(六至七)

330000－1701－0040481　普951.00913/8740/4/c2　史部/政書類
三通　清乾隆十二年至十四年(1747－1749)武英殿刻本　一百十八冊　存一種

330000－1701－0040482　SBC0612　史部/雜史類/斷代之屬
戰國策十卷　(宋)鮑彪校注　(元)吳師道補正　明萬曆九年(1581)張一鯤刻本　二冊　存四卷(四至五、七至八)

330000－1701－0040483　普610.8/1088　子部/醫家類/類編之屬
醫學切要全集七六種附一種　(清)王文選撰　清道光二十七年(1847)刻光緒八年(1882)重印本　六冊

330000－1701－0040484　普811.17/28213　集部/別集類/清別集
爨餘詩鈔四卷　(清)徐步雲撰　清嘉慶十二年(1807)刻本　二冊

330000－1701－0040485　普811.17/2823　集部/別集類/清別集
知我軒詩鈔二卷襍著一卷　(清)徐傅冕撰　清光緒元年(1875)芹陽刻七年(1881)武林續刻本　一冊

330000－1701－0040486　普811.17/28271　集部/別集類/清別集
寒碧樓詩集一卷　徐紹熙撰　清光緒三十二年(1906)鉛印本　一冊

330000－1701－0040487　普811.17/2822/c1　集部/別集類/清別集
寄青齋詩稿一卷詞稿一卷　(清)徐虔復撰
綠雲館吟草一卷賦鈔一卷　(清)程芙亭撰
清道光二十六年(1846)瀟湘吟館、光緒十三年(1887)徐煥章留餘堂刻本　二冊

330000－1701－0040488　SBC0606　史部/雜史類/斷代之屬
吾學編六十九卷　(明)鄭曉撰　明萬曆二十七年(1599)鄭心材刻本　二冊　存三卷(六十至六十二)

330000－1701－0040490　普951.00913/8740/5　史部/政書類
三通　清咸豐九年(1859)崇仁謝氏刻本　一百十九冊　存一種

330000－1701－0040491　普811.17/2829/c1　集部/別集類/清別集
蓮湖詩草三卷　(清)徐崇㷆撰　清嘉慶六年(1801)刻本　一冊

330000－1701－0040492　普610.8/2634/c1　子部/醫家類/類編之屬
六醴齋醫書十種　(清)程永培編　清光緒刻本　二十四冊

330000－1701－0040493　SBC0615　經部/叢編

十三經註疏 (明)□□輯 明嘉靖李元陽、江以達刻本 十一冊 存一種

330000－1701－0040494 普 811.17/2822/c2 集部/别集類/清别集
寄青齋詩稿一卷詞稿一卷 (清)徐虔復撰
綠雲館吟草一卷賦鈔一卷 (清)程芙亭撰
清道光二十六年(1846)瀟湘吟館、光緒十三年(1887)徐煥章留餘堂刻本 二冊

330000－1701－0040496 普 610.8/1118 子部/醫家類/類編之屬
醫學六要十九卷 (明)張三錫撰 明萬曆刻崇禎十七年(1644)張維藩等重修本 二十二冊

330000－1701－0040497 普 811.17/28271.2 集部/别集類/清别集
寒碧樓餘詩一卷 徐紹熙撰 清宣統三年(1911)鉛印本 一冊

330000－1701－0040498 SBC0614 子部/兵家類/兵法之屬
登壇必究四十卷 (明)王鳴鶴編輯 明萬曆刻本 八冊 存十九卷(十至十五、二十八至四十)

330000－1701－0040500 SBC0607 史部/地理類/方志之屬/郡縣志
[寶慶]四明志二十一卷 (宋)胡榘修 (宋)方萬里 (宋)羅濬纂 清抄本 四冊 存六卷(一至六)

330000－1701－0040502 普 811.17/2829/c2 集部/别集類/清别集
蓮湖詩草三卷 (清)徐崇烱撰 清嘉慶六年(1801)刻本 一冊

330000－1701－0040505 普 811.17/2822.2/c1 集部/别集類/清别集
寄青齋詩稿一卷詞稿一卷 (清)徐虔復撰
綠雲館吟草一卷賦鈔一卷 (清)程芙亭撰
清道光二十六年(1846)瀟湘吟館、光緒十三年(1887)徐煥章留餘堂刻本 一冊 存一卷(詩稿)

330000－1701－0040506 普 811.17/2824 集部/别集類/清别集
天韻堂詩存八卷賦鈔一卷 (清)徐維城撰 清光緒四年(1878)貴陽刻本 二冊 缺一卷(賦鈔)

330000－1701－0040508 普 811.17/2829.2 集部/别集類/清别集
蓮湖續稿二卷續稿四集二卷 (清)徐崇烱撰 清嘉慶八年(1803)、十一年(1806)刻本 二冊

330000－1701－0040509 普 811.17/2822.2/c2 集部/别集類/清别集
寄青齋詩稿一卷詞稿一卷 (清)徐虔復撰
綠雲館吟草一卷賦鈔一卷 (清)程芙亭撰
清道光二十六年(1846)瀟湘吟館、光緒十三年(1887)徐煥章留餘堂刻本 一冊 存一卷(詩稿)

330000－1701－0040510 SBC0616 子部/雜著類/雜纂之屬
初潭集三十卷 (明)李贄撰 明萬曆刻本 七冊 存二十六卷(一至十、十四至二十九)

330000－1701－0040511 普 811.17/2829.3 集部/别集類/清别集
蓮湖詩草一卷 (清)徐崇烱撰 清嘉慶刻本 一冊

330000－1701－0040512 普 811.17/2831 集部/别集類/清别集
靈洲山人詩錄六卷 (清)徐灝撰 清同治三年(1864)廣東萃文堂刻本 二冊

330000－1701－0040513 普 811.17/28221/c1 集部/别集類/清别集
春郊詩集四卷 (清)徐畿撰 清嘉慶刻本 一冊

330000－1701－0040515 SBC0617 類叢部/類書類/通類之屬
唐類函二百卷目錄二卷 (明)俞安期輯 明萬曆三十一年(1603)東吳俞安期刻本 四十冊

330000－1701－0040516　普 951.00913/8740.02/c1　史部/政書類
九通　(清)□□輯　清光緒八年至二十二年(1882－1896)浙江書局刻本　六十冊　存一種

330000－1701－0040517　普 811.17/2830/c2　集部/別集類/清別集
薝蔔花館詩集二卷補遺一卷詞集一卷補遺一卷　(清)徐鴻謨撰　清光緒十一年(1885)徐琪刻本　一冊

330000－1701－0040518　普 610.8/2844/(2)　子部/醫家類/類編之屬
醫署六書三十二卷　(清)徐大椿撰　清光緒二十九年(1903)上海趙翰香居鉛印本　三十二冊

330000－1701－0040519　普 951.00913/8740.02/c2　史部/政書類
九通　(清)□□輯　清光緒八年至二十二年(1882－1896)浙江書局刻本　一百九十冊　存一種

330000－1701－0040520　普 811.17/2830/c3　集部/別集類/清別集
薝蔔花館詩集二卷補遺一卷詞集一卷補遺一卷　(清)徐鴻謨撰　清光緒十一年(1885)徐琪刻本　一冊

330000－1701－0040522　SBC0618　子部/儒家類/儒學之屬/經濟
大學衍義補一百六十卷首一卷　(明)丘濬撰　明嘉靖三十八年(1559)吉澄刻本(卷一百十五至一百十八配明刻本)　三十九冊

330000－1701－0040523　SBC0619　史部/詔令奏議類/奏議之屬
文肅王公奏草二十三卷　(明)王錫爵撰　(明)王衡彙輯　明萬曆王時敏刻本　二冊　存四卷(六至七、十至十一)

330000－1701－0040524　普 811.17/28241　集部/別集類/清別集
望雲樓詩集十二卷西濠漁笛譜二卷望雲樓淑芳集二卷　(清)徐喬林撰　清嘉慶二十二年至二十三年(1817－1818)刻本　八冊

330000－1701－0040525　普 811.17/28221/c2　集部/別集類/清別集
春郊詩集四卷　(清)徐畿撰　清嘉慶刻本　一冊

330000－1701－0040526　普 610.8/2844/c1　子部/醫家類/類編之屬
醫署六書三十二卷　(清)徐大椿撰　清光緒二十九年(1903)上海趙翰香居鉛印本　十八冊

330000－1701－0040527　普 811.17/28301、普 811.17/28301.02　類叢部/叢書類/自著之屬
善思齋集四種　(清)徐宗亮撰　清光緒桐城徐氏刻本　二冊　存一種

330000－1701－0040528　普 811.17/2825　集部/別集類/清別集
綠杉野屋集四卷　(清)徐以泰撰　清乾隆刻本　二冊

330000－1701－0040529　普 610.8/2635　子部/醫家類/類編之屬
己任編八卷　(清)楊乘六編　清道光十年(1830)涵古堂刻本　二冊

330000－1701－0040530　SBC0630　子部/宗教類/佛教之屬/經疏
大佛頂如來密因修證了義諸菩薩萬行首楞嚴經合論十卷　(唐)釋般刺密諦譯　(唐)釋彌伽釋迦譯語　(唐)房融筆受　(宋)釋德洪造論　(宋)釋正受釐論入經并刪補　明刻本　一冊　存二卷(一至二)

330000－1701－0040531　普 811.17/28281/c1　集部/別集類/清別集
愛蓮詩鈔七卷　(清)徐佩鉞撰　清嘉慶十一年(1806)南白草堂刻本　二冊

330000－1701－0040532　普 811.17/2827　集部/別集類/清別集
慕葭詩藁三卷首一卷　(清)徐紹撰　清道光

十九年(1839)傳吉堂刻本　二册

330000－1701－0040534　普 951.00913/8740.02/c3　史部/政書類

九通　(清)□□輯　清光緒八年至二十二年(1882－1896)浙江書局刻本　二百册　存一種

330000－1701－0040535　普 610.8/2634/(2)　子部/醫家類/類編之屬

六醴齋醫書十種　(清)程永培編　清乾隆五十九年(1794)修敬堂刻本　十二册

330000－1701－0040536　普 811.17/2833　集部/别集類/清别集

茶坪詩鈔十卷　(清)徐永宣撰　清康熙刻本　四册

330000－1701－0040538　SBC0620　經部/春秋左傳類/傳説之屬

春秋經傳集解三十卷　(晉)杜預撰　(唐)陸德明音義　明刻本　十二册　存二十二卷(一至二、七至十六、十九至二十六、二十九至三十)

330000－1701－0040539　普 811.17/28343　集部/别集類/清别集

梅墅吟草四卷　(清)徐兆蘭撰　清光緒二十六年(1900)徐元芳、徐林芳鉛印本　二册

330000－1701－0040540　普 610.8/2844.2　子部/醫家類/類編之屬

徐氏醫書八種　(清)徐大椿撰　清光緒著易堂書局鉛印本　六册

330000－1701－0040542　普 811.17/28281/c2　集部/别集類/清别集

愛蓮詩鈔七卷　(清)徐佩鉞撰　清嘉慶十一年(1806)南白草堂刻本　四册

330000－1701－0040543　普 610.8/2844.2/2　子部/醫家類/類編之屬

徐氏醫書八種　(清)徐大椿撰　清光緒二十二年(1896)珍藝書局鉛印本　八册

330000－1701－0040544　SBC0627　子部/雜著類/雜説之屬

三岡識畧十卷　(清)董含撰　清抄本　二册　存二卷(七、十)

330000－1701－0040545　普 811.17/2838.2/c3　集部/别集類/清别集

壺園試帖課存一卷附七言排律一卷壺園試帖二刻課存一卷　(清)徐寶善撰　(清)徐志導　(清)徐志恭注釋　清道光刻本　一册

330000－1701－0040546　SBC0626　類叢部/叢書類/彙編之屬

五朝小説五百二十三種　(明)□□編　明末刻説郛及説郛續重編印本　一册　存六種

330000－1701－0040547　普 610.8/2844.2/3　子部/醫家類/類編之屬

徐氏醫書八種　(清)徐大椿撰　清光緒十五年(1889)上海江左書林刻本　十二册

330000－1701－0040548　普 610.8/2634/c2　子部/醫家類/類編之屬

六醴齋醫書十種　(清)程永培編　清光緒刻本　二十一册　存九種

330000－1701－0040549　普 811.17/28341　集部/别集類/清别集

蘭韞詩草四卷　(清)徐裕馨撰　清乾隆五十六年(1791)刻本　清倚玉生題記　一册

330000－1701－0040550　SBC0623　集部/别集類/明别集

徐文長文集二十九卷四聲猿一卷　(明)徐渭撰　(明)袁宏道批點　明刻本　五册　存二十三卷(一至二十三)

330000－1701－0040551　普 811.17/2838　集部/别集類/清别集

壺園詩鈔選十卷五代新樂府一卷　(清)徐寶善撰　清道光刻本　二册

330000－1701－0040552　普 811.17/2840/c1　集部/别集類/清别集

未灰齋詩鈔一卷　(清)徐鼐撰　清光緒十二年(1886)扶桑使廨鉛印本　一册

330000－1701－0040553　普 951.00913/8740.02/c4　史部/政書類

九通　(清)□□輯　清光緒八年至二十二年(1882－1896)浙江書局刻本　二百冊　存一種

330000－1701－0040556　普 811.17/2838.2/2/c3　集部/別集類/清別集

壺園試帖課存一卷附七言排律一卷壺園試帖二刻課存一卷　(清)徐寶善撰　(清)徐志導　(清)徐志恭注釋　清光緒十九年(1893)浙江書局刻本　二冊

330000－1701－0040557　普 610.8/2844.2/4　子部/醫家類/類編之屬

徐氏醫書八種　(清)徐大椿撰　清光緒十八年(1892)湖北官書處刻本　十二冊

330000－1701－0040558　普 811.17/28342　集部/別集類/清別集

梧竹軒詩鈔十卷附丁酉後賸稿一卷　(清)徐兆英撰　清光緒二十七年(1901)愛虞堂刻本　四冊

330000－1701－0040559　普 811.17/28412　集部/別集類/清別集

自得齋吟草一卷　(清)徐槐廷撰　清光緒六年(1880)刻本　一冊

330000－1701－0040560　SBC0621　史部/紀傳類/正史之屬

宋史四百九十六卷目錄三卷　(元)脱脱等撰　明成化七年至十六年(1471－1480)朱英刻明清南京國子監遞修本　二冊　存十卷(九十六至一百、三百三至三百七)

330000－1701－0040561　普 811.17/2838.2/2/c4　集部/別集類/清別集

壺園試帖課存一卷附七言排律一卷壺園試帖二刻課存一卷　(清)徐寶善撰　(清)徐志導　(清)徐志恭注釋　清光緒十九年(1893)浙江書局刻本　一冊

330000－1701－0040562　普 610.8/2844.3/c1　子部/醫家類/類編之屬

徐氏醫書六種　(清)徐大椿撰　清同治十二年(1873)湖北崇文書局刻本　十冊

330000－1701－0040563　SBC0642　子部/宗教類/佛教之屬

語錄彙抄一卷　清抄本　一冊

330000－1701－0040564　普 811.17/2838.2/c1　集部/別集類/清別集

壺園試帖二刻課存一卷　(清)徐寶善撰　(清)徐志導　(清)徐志恭注釋　清道光十七年(1837)刻本　一冊

330000－1701－0040565　普 610.8/2844.4　子部/醫家類/類編之屬

醫學三書合刊　(清)陶慰農編　清光緒元年(1875)蓮池書院刻本　二冊

330000－1701－0040566　普 811.17/2840/c2　集部/別集類/清別集

未灰齋詩鈔一卷　(清)徐鼒撰　清光緒十二年(1886)扶桑使廨鉛印本　一冊

330000－1701－0040567　普 610.8/2844.3/c2　子部/醫家類/類編之屬

徐氏醫書六種　(清)徐大椿撰　清同治十二年(1873)湖北崇文書局刻本　十一冊　缺一卷(醫學源流論下)

330000－1701－0040568　SBC0641　集部/總集類/郡邑之屬

台詩三錄八卷附錄三卷　(清)宋世犖輯　清抄本　一冊　存四卷(一至三、五)

330000－1701－0040569　SBC0640　子部/雜著類/雜説之屬

風雅遺聞四卷　(清)戚學標撰　清抄本　一冊　存二卷(一至二)

330000－1701－0040570　SBC0638　史部/紀傳類/正史之屬

遼史一百十六卷　(元)脱脱等撰　明嘉靖八年(1529)南京國子監刻本　六冊　存五十四卷(一至七、十九至三十八、六十三至七十、八十八至一百六)

330000－1701－0040571　普 811.17/2841/c1
集部/別集類
養源山房詩鈔七卷附録一卷詩餘一卷　徐士霖撰　清光緒三十四年(1908)、民國六年(1917)武林刻本　三册

330000－1701－0040572　普 610.8/3142/2
子部/醫家類/類編之屬
石山醫案八種　(明)汪機等撰　明嘉靖刻崇禎祁門樸墅增刻本　十四册

330000－1701－0040574　普 811.17/2841/c3
集部/別集類
養源山房詩鈔七卷養真山人詩録一卷　徐士霖撰　清光緒三十四年(1908)武林刻本　二册

330000－1701－0040575　普 610.8/2844.3/c2/1　子部/醫家類/醫案之屬
洄溪醫案一卷　(清)徐大椿撰　清咸豐七年(1857)海昌蔣氏衍芬草堂刻本　一册

330000－1701－0040576　SBC0635　子部/叢編
六子書　(明)顧春編　明刻本　二册　存一種

330000－1701－0040577　普 951.00913/8740.02/2　史部/政書類
九通全書　(清)□□輯　清光緒二十七年至二十八年(1901－1902)貫吾齋石印本　二十四册　存一種

330000－1701－0040578　普 610.8/2844.3/2
子部/醫家類/類編之屬
徐氏醫書六種　(清)徐大椿撰　清雍正五年至乾隆二十二年(1727－1757)半松齋刻本　八册

330000－1701－0040579　普 610.8/3142/c1
子部/醫家類/類編之屬
汪氏醫學叢書八種　(明)汪機等撰　清末至民國初上海石竹山房二酉書莊石印本　二十册

330000－1701－0040580　SBC0632　子部/宗教類/佛教之屬/諸宗
天目中峯和尚廣錄三十卷　(元)釋明本撰　(元)釋慈寂輯　明刻本　五册　存十卷(一至十)

330000－1701－0040581　SBC0631　子部/宗教類/佛教之屬/經疏
妙法蓮華經玄義十卷　(隋)釋智顗說　(唐)釋灌頂記　明萬曆刻本　九册　存九卷(一至八、十)

330000－1701－0040582　普 610.8/3210　子部/醫家類/類編之屬
韓園醫學六種　(清)潘霨編　清光緒九年至十年(1883－1884)江西書局刻本　十二册

330000－1701－0040583　普 610.8/3142/c2
子部/醫家類/類編之屬
汪氏醫學叢書八種　(明)汪機等撰　清末至民國初上海石竹山房二酉書莊石印本　二十册

330000－1701－0040584　普 951.00913/8740.04、普 951.00913/8740.021　史部/政書類
三通志輯要　蔣麟振輯　清光緒二十八年(1902)上海編譯局石印本　六册　存二種

330000－1701－0040585　普 811.17/2849
類叢部/叢書類/彙編之屬
觀自得齋叢書二十三種別集六種　(清)徐士愷編　清光緒十三年至二十年(1887－1894)石埭徐氏刻本　一册　存一種

330000－1701－0040586　普 811.17/28421
集部/別集類/清別集
海天萍寄賸草一卷　(清)徐彬撰　清光緒四年(1878)刻本　一册

330000－1701－0040587　SBC0659　子部/雜著類/雜纂之屬
隨手錄一卷　清抄本　玉京子題記　一册

330000－1701－0040588　SBC0656　子部/叢編
山居雜志二十三種　(明)汪士賢輯　明萬曆

汪士賢刻本　二册　存六種

330000－1701－0040589　SBC0658　子部/道家類

南華真經旁注五卷　(明)方虛名撰　明刻本　二册　存二卷(一至二)

330000－1701－0040590　普 811.17/2841/(2)　集部/別集類

養源山房詩鈔七卷附錄一卷　徐士霖撰　清光緒三十四年(1908)武林刻本　二册

330000－1701－0040593　普 610.8/3340　子部/醫家類/類編之屬

中西醫學羣書第一集國粹部十種　(清)陳俠君編　清光緒三十三年(1907)上海六藝書局石印本　四册

330000－1701－0040595　SBC0657　子部/道家類

老莊翼十一卷　(明)焦竑撰　明萬曆十六年(1588)王元貞刻本　二册　存二卷(莊子翼一至二)

330000－1701－0040596　普 811.17/2852　集部/別集類/清別集

教經堂詩集十四卷　(清)徐書受撰　清嘉慶四年(1799)刻本　四册

330000－1701－0040597　普 811.17/28411　集部/別集類/清別集

綠滿廬詩存一卷　(清)徐士琛撰　清光緒三十三年(1907)刻本　一册

330000－1701－0040600　普 811.17/2864/c1　類叢部/叢書類/自著之屬

煙嶼樓集四種　(清)徐時棟撰　清同治至光緒刻彙印本　四册　存一種

330000－1701－0040601　普 610.8/4060　子部/醫家類/類編之屬

東垣十書附二種　清萃華堂刻本　十册

330000－1701－0040602　普 811.17/2844　集部/別集類/清別集

景蘇閣集句四卷　(清)徐基集　清康熙四十九年(1710)刻本　四册

330000－1701－0040604　普 811.17/2864/c3　類叢部/叢書類/自著之屬

煙嶼樓集四種　(清)徐時棟撰　清同治至光緒刻彙印本　四册　存二種

330000－1701－0040605　普 811.17/28801　集部/別集類/清別集

紅巖山房詩稿十二卷　(清)徐鏞撰　(清)徐善員編　清光緒海寧徐亨記木活字印本　二册

330000－1701－0040606　SBC0651　子部/雜著類/雜考之屬

讀書叢錄二十四卷　(清)洪頤煊撰　清抄本　一册　存五卷(十九至二十三)

330000－1701－0040607　SBC0655　類叢部/叢書類/彙編之屬

金聲玉振集五十種　(明)袁褧編　明嘉靖吳郡袁氏嘉趣堂刻本　王修跋　四册　存七種

330000－1701－0040608　普 811.17/2884.02　集部/別集類/清別集

南州草堂續集四卷　(清)徐釚撰　清康熙四十四年(1705)菊莊刻本　二册

330000－1701－0040609　普 811.17/2848/c2　類叢部/叢書類/彙編之屬

邵武徐氏叢書二集八種　(清)徐榦編　清光緒邵武徐氏刻本　六册　存一種

330000－1701－0040611　SBC0650　子部/醫家類/方書之屬/單方驗方

葛仙翁肘後備急方八卷　(晉)葛洪撰　(南朝梁)陶弘景增補　明萬曆二年(1574)李栻刻本　一册　存二卷(三至四)

330000－1701－0040612　普 811.17/2877　集部/別集類/清別集

募梅精舍詩存三卷　(清)釋徹凡撰　清咸豐七年(1857)南湖興教禪院刻本　一册

330000－1701－0040613　普 811.17/28641/c1　集部/別集類/清別集

鬘華室詩鈔一卷　(清)徐畹蘭撰　清宣統鉛印本　一冊

330000－1701－0040615　普 610.8/3485/2　子部/醫家類/類編之屬
沈氏尊生書五種　(清)沈金鰲撰輯　清宣統元年(1909)石印本(要藥分劑卷六至十配鉛印本)　二十冊

330000－1701－0040616　普 811.17/28641/c2　集部/別集類/清別集
鬘華室詩鈔一卷　(清)徐畹蘭撰　清宣統鉛印本　一冊

330000－1701－0040617　普 811.17/2881　類叢部/叢書類/彙編之屬
小種字林叢刻七種　(清)吳受福編　清光緒刻本　一冊　存一種

330000－1701－0040618　普 811.17/2880　集部/別集類/清別集
玉山閣詩選八卷古文選四卷　(清)徐鏷慶撰　梅墅詩選一卷　(清)徐潢撰　清嘉慶阮氏琅嬛仙館刻本　林慰曾題記　二冊　缺四卷(古文選一至四)

330000－1701－0040619　普 951.00913/8740.2/3　史部/政書類/通制之屬
通志略五十二卷　(宋)鄭樵撰　明嘉靖二十九年(1550)陳宗夔等刻清乾隆十三年(1748)于敏中金匱山房印本(昆蟲草木略二卷配抄本)　二十一冊　缺二卷(藝文略二至三)

330000－1701－0040620　普 610.8/3485　子部/醫家類/類編之屬
沈氏尊生書五種　(清)沈金鰲撰輯　清同治十三年(1874)湖北崇文書局刻本　二十四冊　存四種

330000－1701－0040621　普 811.17/2882　集部/總集類/氏族之屬
慎行堂三世詩存三種　徐寶炘　徐寶華輯　清咸豐九年(1859)、民國九年(1920)刻民國九年(1920)彙印本　一冊　存一種

330000－1701－0040622　SBC0647　子部/醫家類/醫經之屬/内經
黃帝素問靈樞集註二十三卷　明初刻本　一冊　存三卷(三至五)

330000－1701－0040623　SBC0646　子部/法家類
韓子迂評二十卷　(明)門無子撰　明刻朱墨套印本　二冊　存二卷(一、二十)

330000－1701－0040624　SBC0649　子部/醫家類/傷寒金匱之屬/金匱要略
漢張仲景先生金匱要畧廣註三卷　(清)李彣撰　清抄本　一冊　存一卷(上)

330000－1701－0040625　SBC0648　子部/醫家類/醫經之屬/内經
重廣補註黃帝内經素問二十四卷　(唐)王冰注　(宋)林億等校正　(宋)孫兆改誤　明嘉靖二十九年(1550)顧從德影宋刻本　一冊　存三卷(十至十二)

330000－1701－0040628　GP05530　史部/政書類/邦計之屬/鹽法
淮北票鹽續略二編十卷　(清)項晉蕃編　清光緒十六年(1890)刻本　八冊

330000－1701－0040629　善 009059　子部/兵家類/兵法之屬
兵瀍慎守編不分卷　清抄本　一冊

330000－1701－0040630　普 811.17/2897　集部/總集類/彙編之屬
海昌麗則五種　(清)吳騫編　清乾隆至嘉慶吳氏拜經樓刻本　二冊　存二種

330000－1701－0040632　普 811.17/2910　集部/別集類/清別集
竹窗剩稿一卷附遊台雜詠一卷　(清)釋漢兆撰　清嘉慶二十一年(1816)刻本　一冊

330000－1701－0040633　SBC0663　集部/總集類
閨中詩草一卷　清抄本　一冊

330000－1701－0040634　普 811.17/2872　集部/總集類/氏族之屬

毓德堂集二種 (清)徐圓成輯 清道光二十九年(1849)刻本 一冊

330000－1701－0040635 SBC0662 子部/法家類

管子二十四卷 明刻本 三冊 存十七卷(八至二十四)

330000－1701－0040636 普610.8/4060/3 子部/醫家類/類編之屬

東垣十書附二種 清文奎堂刻本 十六冊

330000－1701－0040640 普811.17/3014/c1 集部/別集類/清別集

知足知不足軒詩存一卷 (清)寶琳撰 **清故定州直隸州知州馬佳君祠碑一卷** (清)張之洞撰 清光緒二十七年(1901)刻本 一冊

330000－1701－0040641 普610.8/4060/4 子部/醫家類/類編之屬

東垣十書附二種 明敦化堂刻本 十六冊

330000－1701－0040642 普811.17/28991 集部/別集類/清別集

懷古田舍詩節鈔六卷 (清)徐榮撰 (清)林鴻年刪節 清同治三年(1864)四川錦城刻本 四冊 存二卷(一至二)

330000－1701－0040643 普610.8/4083 類叢部/叢書類/彙編之屬

壽養叢書三十五種 (明)胡文煥編 明書林余氏種德堂刻本 十六冊 存十六種

330000－1701－0040644 SBC0660 子部/醫家類/本草之屬/歷代綜合本草

重修政和經史證類備用本草三十卷 (宋)唐慎微撰 (宋)寇宗奭衍義 明刻本 八冊 存十八卷(十三至三十)

330000－1701－0040645 普811.17/3014/c2 集部/別集類/清別集

知足知不足軒詩存一卷 (清)寶琳撰 **清故定州直隸州知州馬佳君祠碑一卷** (清)張之洞撰 清光緒二十七年(1901)刻本 一冊

330000－1701－0040646 善009056 史部/史抄類

諸史品節三十九卷 (明)陳深輯 明萬曆刻本 十冊 存三十一卷(一至九、十四至二十、二十五至三十九)

330000－1701－0040648 普951.00913/8740.2/3(2)/c2 史部/政書類/通制之屬

通志略五十二卷 (宋)鄭樵撰 清乾隆十四年(1749)錢塘汪啓淑飛鴻堂刻本 二十四冊

330000－1701－0040649 普811.17/3000 集部/別集類/清別集

曇香精舍詩草四卷附詩歸閣記一卷遺稿一卷 (清)釋宏度撰 清道光十七年(1837)、十九年(1839)刻咸豐十一年(1861)增修本 閦惠題記 二冊

330000－1701－0040650 普811.17/30141/c2 集部/別集類/清別集

九曲山房詩鈔十六卷 (清)宗聖垣撰 清嘉慶五年(1800)刻本 四冊

330000－1701－0040651 普811.17/3018 集部/別集類/清別集

思無邪齋文存六卷詩存八卷 (清)宮爾鐸撰 清光緒十五年(1889)刻本 二冊 存八卷(詩存一至八)

330000－1701－0040653 SBC0675 子部/天文曆算類/天文之屬

星象摘錄一卷 清抄本 一冊

330000－1701－0040654 普811.17/30181 集部/別集類/清別集

南樓吟草二卷詩餘一卷 (清)宋璇撰 清道光二十八年(1848)刻本 一冊

330000－1701－0040657 普811.17/3004 集部/別集類/清別集

飛香圃詩集四卷續編一卷 (清)安詩撰 清嘉慶二十四年(1819)刻本 四冊

330000－1701－0040660 普951.00913/8740.2/4/c1 史部/政書類/通制之屬

通志略五十二卷 (宋)鄭樵撰 清光緒二十二年(1896)浙江書局刻民國十九年(1930)浙

江省立圖書舘印行所補刻本　三十二冊

330000－1701－0040661　普 811.17/3010/c1　集部/别集類/清别集

水流雲在館詩鈔六卷　(清)宋晉撰　清光緒十二年(1886)刻本　二冊

330000－1701－0040664　SBC0671　子部/雜著類/雜説之屬

西溪叢語二卷　(宋)姚寬撰　明刻本　二冊

330000－1701－0040665　普 811.17/3027/2(2)　集部/别集類/清别集

躬恥齋詩鈔十四卷首一卷詩後編七卷　(清)宗稷辰撰　清咸豐九年(1859)越峴山館刻本　八冊

330000－1701－0040666　普 811.17/2894　集部/别集類/清别集

頤園詩存二卷　(清)徐焕藻撰　清光緒二十五年(1899)刻本　一冊

330000－1701－0040667　SBC0669　子部/術數類/占候之屬

白猿圖書三卷　清抄本　三冊

330000－1701－0040668　普 610.8/4412/c1　子部/醫家類/類編之屬

黄氏醫書(昌邑黄先生醫書)八種　(清)黄元御撰　清咸豐十年(1860)徐樹銘燮龢精舍刻本　十六冊

330000－1701－0040669　普 811.17/3036/(2)　集部/别集類/清别集

紅杏山房詩鈔十四卷　(清)宋湘撰　清刻彙印本　一冊　存三卷(不易居齋集,豐湖漫草、續草)

330000－1701－0040670　SBC0666　史部/史表類/通代之屬

歷代帝王世統全圖一卷　清郗公鍾室抄本　一冊

330000－1701－0040671　普 811.17/3010/c2　集部/别集類/清别集

水流雲在館詩鈔六卷　(清)宋晉撰　清光緒十二年(1886)刻本　二冊

330000－1701－0040672　普 811.17/3036　集部/别集類/清别集

紅杏山房詩鈔十四卷　(清)宋湘撰　清刻彙印本　四冊

330000－1701－0040673　SBC0682　集部/總集類/選集之屬/通代

六家文選六十卷　(南朝梁)蕭統撰　(唐)李善　(唐)呂延濟　(唐)劉良　(唐)張銑　(唐)李周翰　(唐)呂向注　明嘉靖丁覲刻本　七冊　存二十一卷(九至十四、十八至三十二)

330000－1701－0040674　普 811.17/3027/2(3)/c1　集部/别集類/清别集

躬恥齋詩鈔十四卷首一卷詩後編七卷　(清)宗稷辰撰　清咸豐九年(1859)越峴山館刻本　七冊　缺七卷(詩後編一至七)

330000－1701－0040675　SBC0668　集部/詩文評類/文法之屬/公文程式

記室金鍼一卷　清抄本　一冊

330000－1701－0040676　普 610.8/4412/c2　子部/醫家類/類編之屬

黄氏醫書(昌邑黄先生醫書)八種　(清)黄元御撰　清宣統元年(1909)益元書局刻本　匯濤山人題記　十八冊

330000－1701－0040677　普 811.17/30361/c2　集部/别集類/清别集

嚼梅吟二卷　(清)釋寄禪撰　(清)白雲禪窟道人評　清光緒七年(1881)四明刻本　一冊

330000－1701－0040678　SBC0665　集部/總集類/酬唱之屬

耐亭酬唱集一卷　(清)袁鼎輯　稿本　清呂承恩等題詩　一冊

330000－1701－0040679　普 811.17/3017/c1　集部/别集類/清别集

味經書屋詩存一卷　(清)寶珣撰　清光緒二十七年(1901)刻本　二冊

330000－1701－0040680　普 811.17/3041
集部/别集類/清别集
守坡居士詩集十二卷　(清)宫去矜撰　清乾隆三十三年(1768)頤志堂刻本　四册

330000－1701－0040682　SBC0681　經部/易類/傳説之屬
周易程朱傳義二十四卷　(宋)程頤　(宋)朱熹撰　**程子上下篇義一卷**　(宋)程頤撰　**周易朱子圖説一卷周易五贊一卷筮儀一卷**　(宋)朱熹撰　明嘉靖刻本　五册　缺九卷(四至六、十至十二、二十二至二十四)

330000－1701－0040683　SBC0680　集部/總集類/選集之屬/斷代
校正重刊官板宋朝文鑑一百五十卷目録三卷　(宋)吕祖謙編　明刻本　十三册　存八十七卷(七至十三、二十一至三十四、四十三至七十三、八十一至一百四、一百十二至一百十七、一百三十一至一百三十五)

330000－1701－0040684　普 811.17/3017/c3　集部/别集類/清别集
味經書屋詩存一卷　(清)寶珣撰　清光緒二十七年(1901)刻本　二册

330000－1701－0040685　普 811.17/30361/c3　集部/别集類/清别集
嚼梅吟二卷　(清)釋寄禪撰　(清)白雲禪窟道人評　清光緒七年(1881)四明刻本　一册

330000－1701－0040686　普 811.17/3043
集部/别集類/清别集
碧虚齋吟草八卷　(清)宋茂初撰　清道光十九年(1839)志道堂刻本　六册

330000－1701－0040687　普 610.8/4420　子部/醫家類/類編之屬
霄鵬先生遺著　(清)黄保康撰　清宣統三年(1911)南海黄氏刻本　二册　存一種

330000－1701－0040689　普 811.17/3037
類叢部/叢書類/自著之屬
東海褰冥氏三十以前舊學四種　(清)譚嗣同撰　清光緒二十三年(1897)金陵刻本　一册　存一種

330000－1701－0040690　SBC0679　史部/紀傳類/正史之屬
史記一百三十卷　(漢)司馬遷撰　(南朝宋)裴駰集解　(唐)司馬貞索隱　(唐)張守節正義　明嘉靖四年至六年(1525－1527)王延喆刻本　三册　存八卷(十二至十三、一百十一至一百十二、一百二十三至一百二十六)

330000－1701－0040692　普 610.8/4412/3/c1　子部/醫家類/類編之屬
黄氏醫書(昌邑黄先生醫書)八種　(清)黄元御撰　清咸豐十年(1860)徐樹銘燮龢精舍刻本　二十册

330000－1701－0040693　普 811.17/3040
集部/别集類/清别集
臯湖山人詩鈔六卷　(清)宋杰撰　清同治八年(1869)刻本　一册

330000－1701－0040696　普 610.8/4412/3/c2　子部/醫家類/類編之屬
黄氏醫書(昌邑黄先生醫書)八種　(清)黄元御撰　清咸豐十年(1860)徐樹銘燮龢精舍刻本　二十册

330000－1701－0040697　普 811.17/3031
集部/别集類/清别集
懺花盦詩鈔十卷　(清)宋澤元撰　清光緒八年(1882)刻本　二册

330000－1701－0040699　SBC0694　類叢部/類書類/通類之屬
初學記三十卷　(唐)徐堅等輯　明嘉靖十三年(1534)晉府虚益堂刻本　七册　存十八卷(一至九、十二至十六、二十七至三十)

330000－1701－0040701　普 610.8/4412/3(2)　子部/醫家類/類編之屬
黄氏醫書(昌邑黄先生醫書)八種　(清)黄元御撰　清咸豐十年(1860)徐樹銘燮龢精舍刻本　十二册

330000－1701－0040702　普 811.17/3047
集部/别集類/清别集

佩蘅詩鈔八卷　(清)寶鋆撰　清咸豐九年(1859)刻本　四册

330000－1701－0040703　SBC0674　史部/詔令奏議類/奏議之屬
歷代名臣奏議三百五十卷　(明)黄淮　(明)楊士奇等輯　明永樂内府刻本(卷三百九至三百十配清抄本)　十册　存二十六卷(二百八十五至二百九十三、二百九十九至三百十三、三百十七至三百十八)

330000－1701－0040704　普 615/4050/c1　新學/醫學/藥品
西藥大成十卷首一卷　(英國)來拉　(英國)海得蘭撰　(英國)傅蘭雅口譯　(清)趙元益筆述　清光緒十年(1884)江南製造總局刻本　十六册

330000－1701－0040705　普 951.00913/8740.2/4/c2　史部/政書類/通制之屬
通志略五十二卷　(宋)鄭樵撰　清光緒二十二年(1896)浙江書局刻本　三十二册

330000－1701－0040706　普 811.17/3061/c2　集部/别集類/清别集
心鐵石齋存稿四十卷附聯句詩一卷年譜一卷　(清)宋鳴琦撰　清道光十二年(1832)誦梅堂刻增修本　十二册

330000－1701－0040707　普 811.17/30611　集部/總集類/氏族之屬
奉新宋氏詩鈔四種　(清)宋鳴珂輯　清嘉慶世恩堂刻本　二册　存一種

330000－1701－0040708　普 811.17/30471　集部/别集類/清别集
水明山樓集四卷　(清)釋寶懿撰　清乾隆三十三年(1768)刻本　一册

330000－1701－0040709　普 811.17/30432　集部/别集類/清别集
紅杏樓詩賸稾一卷梅笛庵詞賸稾一卷　(清)宋志沂撰　(清)劉履芬輯　清同治十年(1871)、十二年(1873)李熗刻本　一册

330000－1701－0040710　普 610.8/4412/4/c1　子部/醫家類/類編之屬
黄氏醫書八種　(清)黄元御撰　清同治元年(1862)左繼明刻本　十八册

330000－1701－0040712　SBC0693　類叢部/類書類/通類之屬
初學記三十卷　(唐)徐堅等輯　明嘉靖十年(1531)安國桂坡館刻本　一册　存二卷(十二至十三)

330000－1701－0040713　普 811.17/3073　集部/别集類/清别集
南磵吟草一卷　(清)釋實月撰　清乾隆三十一年(1766)新橋傳硯齋刻本　二册

330000－1701－0040714　SBC0692　子部/天文曆算類
西洋新法曆書　(明)徐光啓　(明)李天經編　明崇禎刻本　二册　存一種

330000－1701－0040715　普 811.17/30472　集部/别集類/清别集
峽中行紀日雜詩一卷舟行雜詩一卷長古摘四録一卷虞山紀遊一卷　(清)宋枏撰　清光緒十四年(1888)涂山宋氏刻本　一册

330000－1701－0040716　普 811.17/3044/c1　集部/别集類/清别集
學古集四卷詩論一卷　(清)宋大樽撰　清嘉慶刻本　一册

330000－1701－0040717　普 811.17/30612　集部/總集類/氏族之屬
奉新宋氏詩鈔四種　(清)宋鳴珂輯　清嘉慶世恩堂刻本　一册　存一種

330000－1701－0040718　普 610.8/4412/4/c2　子部/醫家類/類編之屬
黄氏醫書八種　(清)黄元御撰　清同治元年(1862)左繼明刻本　十一册　存六種

330000－1701－0040719　SBC0690　子部/術數類/占候之屬
觀象玩占□□卷　題(唐)李淳風撰　清抄本　王修題記　二册　存十二卷(四至十五)

330000－1701－0040720　普 811.17/3088　類叢部/叢書類/自著之屬
安靜子集五種附一種　(清)安致遠撰　清康熙刻同治二年(1863)自鉏園彙印本　一冊　存一種

330000－1701－0040721　SBC0689　子部/術數類/相宅相墓之屬
鐫地理參補評林圖訣全備平沙玉尺經二卷附錄一卷　(元)劉秉忠撰　(明)劉基注　(明)賴從謙增釋　(明)徐之鏌參補　明建邑書林陳賢刻本　一冊　存一卷(附錄)

330000－1701－0040722　普 610.8/4412/5　子部/醫家類/類編之屬
黄氏醫書八種　(清)黄元御撰　清光緒二十年(1894)上海圖書集成印書局鉛印本　十二冊　缺一卷(玉楸藥解八)

330000－1701－0040723　SBC0685　子部/雜著類/雜纂之屬
山林經濟籍二十四卷　(明)屠本畯輯　明萬曆惇德堂刻本　一冊　存二卷(一至二)

330000－1701－0040724　普 811.17/3049　類叢部/叢書類/自著之屬
确山所著書　(清)宋世犖撰　清道光刻本　四冊　存一種

330000－1701－0040725　普 811.17/3045、普 811.17/3045.2　集部/别集類/清别集
雞牕百二稾八卷杏春詞賸一卷續稾十二卷寱餘錄一卷三續稾十卷四續稾二卷　(清)宋楗撰　清道光元年至二十六年(1821－1846)刻本　三冊　存十七卷(雞牕百二稾一至八、杏春詞賸、雞牕三續稾一至八)

330000－1701－0040726　普 811.17/3090　集部/别集類/清别集
湖東第一山詩鈔五卷　(清)宋棠撰　清同治八年(1869)刻本　一冊

330000－1701－0040727　普 951.00913/8740.2/6　史部/政書類/通制之屬
通志略五十二卷　(宋)鄭樵撰　明刻本　二十冊

330000－1701－0040728　普 811.17/3051　集部/别集類/清别集
賓月軒試律二卷　(清)宜振撰　清光緒二十年(1894)東允泰刻本　一冊

330000－1701－0040729　SBC0683　集部/總集類/選集之屬/通代
文編六十四卷　(明)唐順之輯　(明)姜寶編次　明嘉靖胡帛刻本　八冊　存八卷(四至五、五十二至五十七)

330000－1701－0040730　普 811.17/3044/c3　集部/别集類/清别集
學古集四卷詩論一卷　(清)宋大樽撰　清嘉慶刻本　一冊

330000－1701－0040731　普 811.17/3099.2　集部/總集類/彙編之屬
二家詩鈔二十卷　(清)邵長蘅編　清康熙三十四年(1695)刻本　三冊　存一種

330000－1701－0040732　普 811.17/3097　集部/别集類/清别集
芝峰集一卷　(清)釋宗輝撰　清乾隆十四年(1749)刻本　一冊

330000－1701－0040733　普 811.17/3045.3/c1、普 811.17/3045.4、普 811.17/3045.5　集部/别集類/清别集
雞牕百二稾八卷杏春詞賸一卷續稾十二卷寱餘錄一卷三續稾十卷四續稾二卷　(清)宋楗撰　**潛齋詩鈔一卷**　(清)倪子度撰　清道光元年至二十六年(1821－1846)刻本　七冊　存二十六卷(續稾一至十二、寱餘錄、三續稾一至十、四續稾一至二、潛齋詩鈔)

330000－1701－0040734　普 811.17/3061/c1　集部/别集類/清别集
心鐵石齋存稿四十卷附聯句詩一卷年譜一卷　(清)宋鳴琦撰　清道光十二年(1832)誦梅堂刻增修本　八冊

330000－1701－0040735　SBC0696　子部/兵家類/兵器之屬

兵器圖解一卷　清抄本　一冊

330000－1701－0040736　普 811.17/3099
集部/别集類/清别集
綿津山人詩集二十七卷　(清)宋犖撰　清康熙刻本　四冊

330000－1701－0040737　SBC0695　史部/政書類/通制之屬
續文獻通考二百五十四卷　(明)王圻撰　明萬曆三十一年(1603)曹時聘、許維新刻本　七十四冊　存二百三十六卷(一至十六、二十至一百三十七、一百四十一至一百四十七、一百五十四至二百十七、二百二十一至二百四十一、二百四十五至二百五十四)

330000－1701－0040738　普 811.17/3100
集部/别集類/清别集
竺溪老人黄葉詩稿一卷　(清)釋源撰　(清)張德基編　清道光六年(1826)刻本　一冊

330000－1701－0040739　普 811.17/3107.2
集部/别集類/清别集
子良詩存七卷試帖一卷　(清)馮詢撰　清道光二十一年至二十六年(1841－1846)刻本　四冊

330000－1701－0040740　普 811.17/3102/c1
集部/别集類/清别集
自然好學齋詩鈔十卷　(清)汪端撰　清同治十三年(1874)刻本　三冊

330000－1701－0040742　普 811.17/3107.3
集部/别集類/清别集
子良詩存十二卷試帖一卷　(清)馮詢撰　清道光二十一年至咸豐三年(1841－1853)刻本　六冊

330000－1701－0040743　普 811.17/3102/c2
集部/别集類/清别集
自然好學齋詩鈔十卷　(清)汪端撰　清同治十三年(1874)刻本　三冊

330000－1701－0040744　普 610.8/7583　子部/醫家類/類編之屬
陳修園醫書二十一種　(清)陳念祖等撰　清光緒十八年(1892)上海圖書集成印書局鉛印本　二十冊　存十九種

330000－1701－0040745　普 951.0092/4032
史部/史抄類
古今史畧十二卷附殉難錄一卷　(清)李漁纂輯　清光緒十四年(1888)刻本　一冊

330000－1701－0040746　SBC0707　類叢部/類書類/通類之屬
典制雜抄不分卷　(明)□□撰　清三百樹梅花書屋抄本　四冊

330000－1701－0040748　普 811.17/3102/2
集部/總集類/彙編之屬
林下雅音六種　(清)冒俊輯　清光緒十年(1884)如皋冒氏如不及齋刻本　五冊　存一種

330000－1701－0040749　SBC0706　經部/小學類/音韻之屬/韻書
古今韻會舉要小補三十卷　(明)方日升編輯　明萬曆三十四年(1606)周士顯建陽刻本　七冊　存九卷(二、四、七至十二、二十八)

330000－1701－0040750　普 610.8/6860/2
子部/醫家類/類編之屬
喻氏醫書三種　(清)喻昌撰　清光緒二十六年(1900)上海掃葉山房石印本　六冊

330000－1701－0040751　SBC0705　集部/别集類/清别集
詩存一卷　清抄本　一冊

330000－1701－0040752　普 811.17/3107.4
集部/别集類/清别集
子良詩存十六卷　(清)馮詢撰　清同治元年(1862)刻本　六冊　缺四卷(十三至十六)

330000－1701－0040753　普 811.17/31101/c1　集部/别集類/清别集
桐香館詩存二卷　(清)汪震撰　清光緒五年(1879)刻本　清汪震跋　一冊

330000－1701－0040754　普 610.8/6860/3
子部/醫家類/類編之屬

喻氏醫書三種 (清)喻昌撰 清光緒同文堂刻本 十二册

330000－1701－0040755 SBC0633 子部/叢編
六子書 (明)顧春編 明嘉靖十二年(1533)吳郡顧氏世德堂刻本 一册 存一種

330000－1701－0040756 普 811.17/3045.3/c2 集部/别集類/清别集
雞牕百二稾八卷杏春詞賸一卷續稾十二卷竆餘録一卷三續稾十卷四續稾二卷 (清)宋榑撰 **潛齋詩鈔一卷** (清)倪子度撰 清道光元年至二十六年(1821－1846)刻本 四册 存十四卷(續稾一至十二、竆餘録、潛齋詩鈔)

330000－1701－0040757 普 811.17/3107.6 集部/别集類/清别集
子良試帖一卷 (清)馮詢撰 清咸豐八年(1858)刻本 一册

330000－1701－0040758 SBC0634 子部/叢編
六子書 (明)顧春編 明嘉靖十二年(1533)吳郡顧氏世德堂刻本 十五册 存二種

330000－1701－0040759 普 811.17/31101/c3 集部/别集類/清别集
桐香館詩存二卷 (清)汪震撰 清光緒五年(1879)刻本 一册

330000－1701－0040760 SBC0703 經部/小學類/音韻之屬
曆律配合今調字音表一卷 清抄本 二册

330000－1701－0040761 普 610.8/6860/4 子部/醫家類/類編之屬
喻氏醫書三種 (清)喻昌撰 清乾隆刻本 十六册

330000－1701－0040762 普 811.17/3107.7 集部/别集類/清别集
子良詩録十卷 (清)馮詢撰 清同治十一年(1872)江西刻本 四册

330000－1701－0040763 普 951.00921/1073 史部/編年類/通代之屬
亦囂囂齋考訂竹書紀年七種 (清)雷學淇校訂 清亦囂囂齋刻光緒九年(1883)潤身草堂補刻本 四册

330000－1701－0040764 普 811.17/3112/c1 集部/别集類/清别集
玉笥山房要集四卷附文一卷 (清)顧廷綸撰 清光緒十二年(1886)顧家相刻本 一册

330000－1701－0040765 SBC0667 子部/儒家類/儒學之屬/經濟
新纂門目五臣音註揚子法言十卷 (漢)揚雄撰 (晉)李軌 (唐)柳宗元 (宋)宋咸 (宋)吳祕 (宋)司馬光注 明刻六子書本 溪亭題記 四册

330000－1701－0040766 普 811.17/3112/c2 集部/别集類/清别集
玉笥山房要集四卷附文一卷 (清)顧廷綸撰 清光緒十二年(1886)顧家相刻本 一册

330000－1701－0040767 普 811.17/31101.2 集部/别集類/清别集
愛邱山人存稿一卷 (清)汪震撰 **茹雪樓詩詞草一卷** (清)沈瑞英撰 清光緒二十四年(1898)竹簡齋石印本 一册

330000－1701－0040768 普 811.17/3112/2 集部/别集類/清别集
玉笥山房要集四卷附文一卷 (清)顧廷綸撰 清光緒十二年(1886)顧家相刻本 梅村小住主人題記 四册

330000－1701－0040769 普 811.17/31071/c1 集部/總集類/氏族之屬
清芬集 (清)馮詢輯 清同治元年(1862)南海馮氏刻緑墨套印本 一册 存一種

330000－1701－0040770 普 951.00921/2800/c1 子部/叢編
二十二子(二十二子彙函) (清)浙江書局編 清光緒元年至三年(1875－1877)浙江書局刻本 四册 存一種

330000－1701－0040771 普 811.17/31121

集部/别集類/清别集

七峯詩稿二卷續編一卷 （清）江爾維撰　清道光二十九年(1849)刻本　二册

330000－1701－0040772　普 610.8/7583/2　子部/醫家類/類編之屬

陳修園醫書五十種 （清）陳念祖等撰　清光緒三十一年(1905)上海商務印書館鉛印本　二十八册

330000－1701－0040773　普 811.17/31102　集部/别集類/清别集

亦園詩稿一卷 （清）汪致高撰　清嘉慶十六年(1811)汪家仁刻本　一册

330000－1701－0040774　SBC0702　經部/小學類/音韻之屬

廣韻等紐標目一卷 清抄本　一册

330000－1701－0040775　普 610.8/7708　子部/醫家類/綜合之屬/通論

欽定古今圖書集成醫部全錄五百二十卷 （清）蔣廷錫　（清）陳夢雷等輯　清光緒二十二年至二十三年(1896－1897)石印本　六十册

330000－1701－0040776　普 951.00921/2800/c2　子部/叢編

二十二子(二十二子彙函) （清）浙江書局編　清光緒元年至三年(1875－1877)浙江書局刻本　四册　存一種

330000－1701－0040777　普 811.17/31121/2　集部/别集類/清别集

七峯詩稿二卷續編一卷 （清）江爾維撰　清同治二年(1863)友善堂刻本　二册

330000－1701－0040778　普 811.17/31071/c2　集部/總集類/氏族之屬

清芬集 （清）馮詢輯　清同治元年(1862)南海馮氏刻緑墨套印本　一册　存一種

330000－1701－0040779　SBC0698　類叢部/叢書類/自著之屬

王氏家藏集五種 （明）王廷相撰　明嘉靖刻本　九册　存一種

330000－1701－0040780　普 951.00921/2800/2/c1　類叢部/叢書類/自著之屬

徐位山先生六種 （清）徐文靖撰　清雍正至乾隆刻志寧堂彙印本　四册　存一種

330000－1701－0040781　普 811.17/3110　集部/别集類/清别集

枕上吟草一卷首一卷 （清）汪雲撰　**省齋詩存一卷補遺一卷** （清）汪琡撰　清宣統二年(1910)、三年(1911)孫兆鏞刻本　一册

330000－1701－0040783　普 951.00921/2800/2/c2　類叢部/叢書類/自著之屬

徐位山先生六種 （清）徐文靖撰　清雍正至乾隆刻志寧堂彙印本　六册　存一種

330000－1701－0040784　普 811.17/3113/c1　集部/别集類/清别集

蓉湖詩鈔二卷續存一卷補遺一卷 （清）汪瓊撰　清咸豐四年(1854)板橋汪氏刻本　一册

330000－1701－0040785　普 951.00921/2800/2/c3　類叢部/叢書類/自著之屬

徐位山先生六種 （清）徐文靖撰　清雍正至乾隆刻志寧堂彙印本　二册　存一種

330000－1701－0040786　SBC0712　史部/地理類/山川之屬/山志

名山勝槩記四十八卷圖一卷附録一卷 （明）何鏜輯　（明）慎蒙續輯　（清）張縉彦等補輯　明刻本　二十四册　存二十四卷(九、十一至十七、十九至二十一、二十三、二十六、二十八至三十八)

330000－1701－0040787　普 811.17/3113/c2　集部/别集類/清别集

蓉湖詩鈔二卷續存一卷補遺一卷 （清）汪瓊撰　清咸豐四年(1854)板橋汪氏刻本　一册

330000－1701－0040788　普 811.17/3104　集部/别集類/清别集

可自怡齋試帖詩注釋二卷 （清）顧文彬撰　清同治十三年(1874)刻本　二册

330000－1701－0040789　普 811.17/31132　集部/别集類/清别集

邇綠軒詩稿二卷　(清)顧一清撰　**桐乳山房詩稿一卷**　(清)顧師典撰　清咸豐五年(1855)刻本　一冊

330000－1701－0040791　SBC0708　經部/禮記類/傳說之屬
禮記集說三十卷　(元)陳澔撰　明新安黃之寀刻本　十一冊　存二十八卷(一至五、八至三十)

330000－1701－0040792　普 951.00921/2800/3　子部/叢編
子書二十三種　(清)浙江書局編　清光緒二十三年(1897)上海圖書集成局鉛印本　一冊　存一種

330000－1701－0040796　普 811.17/3116/c1　集部/別集類/清別集
隨山館詩簡編四卷　(清)汪瑔撰　清光緒十七年(1891)金武祥刻本　二冊

330000－1701－0040797　普 811.17/3107/c1　集部/別集類/清別集
子良詩錄二卷附一卷　(清)馮詢撰　清同治二年(1863)廣州寶華坊刻本　二冊

330000－1701－0040798　普 811.17/3116/c2　集部/別集類/清別集
隨山館詩簡編四卷　(清)汪瑔撰　清光緒十七年(1891)金武祥刻本　二冊

330000－1701－0040799　SBC0711　史部/金石類/總志之屬/圖像
三古圖三種　(清)黃晟輯　明萬曆三十一年(1603)吳萬化寶古堂刻清乾隆十八年(1753)天都黃晟亦政堂重修本　一冊　存一種

330000－1701－0040800　普 811.17/3117　集部/別集類/清別集
彡石齋集一卷　(清)汪又辰撰　清嘉慶二十二年(1817)刻本　一冊

330000－1701－0040802　SBC0715　集部/別集類/唐五代別集
柳文四十三卷　(唐)柳宗元撰　明刻本　一冊　存十卷(十六至二十五)

330000－1701－0040803　普 811.17/3118　集部/別集類/清別集
匏繫齋詩鈔四卷　(清)馮可鏞撰　清光緒二十三年(1897)刻本　二冊

330000－1701－0040804　普 811.17/3107/c2　集部/別集類/清別集
子良詩錄二卷附一卷　(清)馮詢撰　清同治二年(1863)廣州寶華坊刻本　二冊

330000－1701－0040805　普 811.17/31171/c1　集部/別集類/清別集
松聲池館詩存四卷　(清)汪璐撰　清光緒十五年(1889)錢塘汪曾唯振綺堂刻本　一冊

330000－1701－0040806　普 811.17/31201　集部/別集類/清別集
半村詩稿四卷　(清)顧升誥撰　清咸豐四年(1854)泊志堂刻本　一冊

330000－1701－0040807　SBC0714　集部/總集類/彙編之屬
韓柳文一百卷　(明)游居敬編　明嘉靖十六年(1537)南平游居敬刻本　十三冊　缺十九卷(韓文一至五、二十至二十七,柳文五至十)

330000－1701－0040808　普 811.17/31181　集部/別集類/清別集
厚石齋集十二卷　(清)汪孟鋗撰　清刻本　清戴穗孫題記　一冊

330000－1701－0040809　普 811.17/31171/c2　集部/別集類/清別集
松聲池館詩存四卷　(清)汪璐撰　清光緒十五年(1889)錢塘汪曾唯振綺堂刻本　一冊

330000－1701－0040811　普 811.17/31171/c5　集部/別集類/清別集
松聲池館詩存四卷　(清)汪璐撰　清光緒十五年(1889)錢塘汪曾唯振綺堂刻本　一冊

330000－1701－0040812　SBC0718　集部/總集類/彙編之屬
元白長慶集一百四十一卷　(明)馬元調編　明萬曆松江馬元調魚樂軒刻本　二十六冊　存六十八卷(白氏長慶集一至六十六、目錄一

至二）

330000－1701－0040814　普 811.17/31172
集部/别集類/清别集
掃紅亭吟稿十四卷　（清）馮雲鵬撰　清道光十年（1830）掃紅亭刻本　十册

330000－1701－0040816　普 811.17/3123/c1
集部/别集類/清别集
心知堂詩稿十八卷　（清）汪仲洋撰　清道光七年（1827）刻本　四册

330000－1701－0040817　普 811.17/3126/c1
類叢部/叢書類/彙編之屬
鐵琴銅劍樓叢書十三種　瞿啓甲編　清光緒至民國刻本暨影印本　二册　存一種

330000－1701－0040821　普 811.17/3125/c1
集部/别集類/清别集
豐樂園八詠一卷　江峯青等撰　清光緒二十三年（1897）刻本　一册

330000－1701－0040822　SBC0717　子部/術數類/陰陽五行之屬
全録三辰通載□□卷　（宋）錢如璧撰　清抄本　一册　存一卷（十二）

330000－1701－0040823　SBC0716　集部/總集類/彙編之屬
元白長慶集一百四十一卷　（明）馬元調編　明萬曆松江馬元調魚樂軒刻本　二册　存十卷（元氏長慶集五十七至六十、補遺一至六）

330000－1701－0040824　普 811.17/3124
集部/别集類/清别集
杖鄉集四卷　（清）汪偉撰　清乾隆三十八年（1773）黟山汪氏刻本　二册

330000－1701－0040825　普 811.17/31211
集部/别集類/清别集
汪子詩録四卷　（清）汪縉撰　清嘉慶三年（1798）濟南方昂刻本　二册

330000－1701－0040826　普 811.17/3126/c2
類叢部/叢書類/彙編之屬
鐵琴銅劍樓叢書十三種　瞿啓甲編　清光緒至民國刻本暨影印本　二册　存一種

330000－1701－0040827　普 951.00921/3469/c1　類叢部/叢書類/彙編之屬
平津館叢書六集三十五種　（清）孫星衍編　清嘉慶蘭陵孫氏刻本　一册　存一種

330000－1701－0040828　普 811.17/3126/c3
類叢部/叢書類/彙編之屬
鐵琴銅劍樓叢書十三種　瞿啓甲編　清光緒至民國刻本暨影印本　二册　存一種

330000－1701－0040829　普 811.17/3128/c1
集部/别集類/清别集
桐石草堂集九卷　（清）汪仲鈖撰　清乾隆二十年（1755）刻本　二册

330000－1701－0040830　普 951.00921/3469/c2　類叢部/叢書類/彙編之屬
平津館叢書六集三十五種　（清）孫星衍編　清嘉慶蘭陵孫氏刻本　一册　存一種

330000－1701－0040831　普 811.17/3128/c2
集部/别集類/清别集
桐石草堂集九卷　（清）汪仲鈖撰　清乾隆二十年（1755）刻本　二册

330000－1701－0040832　普 811.17/31241/c1　集部/别集類/清别集
巢溪詩草不分卷　（清）江紹華撰　清同治七年（1868）刻本　一册

330000－1701－0040833　普 811.17/3125/c2
集部/别集類/清别集
豐樂園八詠一卷　江峯青等撰　清光緒二十三年（1897）刻本　一册

330000－1701－0040834　普 811.17/3125.2
集部/别集類/清别集
感秋吟一卷　江峯青撰　清光緒三十一年（1905）石印本　一册

330000－1701－0040835　普 610.942/3824/c1　新學/醫學
儒門醫學三卷附一卷　（英國）海得蘭撰　（英國）傅蘭雅口譯　（清）趙元益筆述　清光

緒江南製造總局刻本　四冊

330000－1701－0040836　普 610.8/7583/4　子部/醫家類/類編之屬

陳修園醫書四十種　(清)陳念祖等撰　清光緒三十一年(1905)上海商務印書館鉛印本　二十四冊

330000－1701－0040837　普 811.17/31251　類叢部/叢書類/郡邑之屬

東倉書庫叢刻初編十一種　(清)繆朝荃編　清光緒十二年至二十八年(1886－1902)太倉繆氏刻本　二冊　存一種

330000－1701－0040838　普 610.8/1044.2/2　子部/醫家類/類編之屬

潛齋醫學叢書　(清)王士雄編　清咸豐四年(1854)刻本　八冊　存十種

330000－1701－0040839　普 610.942/3824/c2　新學/醫學

儒門醫學三卷附一卷　(英國)海得蘭撰　(英國)傅蘭雅口譯　(清)趙元益筆述　清光緒江南製造總局刻本　四冊

330000－1701－0040840　普 811.17/31305　集部/别集類/清别集

槐塘詩稿十六卷文稿四卷　(清)汪沆撰　清乾隆五十一年(1786)刻本　四冊　存十六卷(詩稿一至十六)

330000－1701－0040841　普 811.17/3129　集部/别集類/清别集

賢弈亭稿不分卷　(清)汪先焌撰　清同治元年(1862)刻本　一冊

330000－1701－0040842　普 610.942/3824/c3　新學/醫學

儒門醫學三卷附一卷　(英國)海得蘭撰　(英國)傅蘭雅口譯　(清)趙元益筆述　清光緒江南製造總局刻本　四冊

330000－1701－0040843　普 811.17/3131/c1　類叢部/叢書類/自著之屬

振綺堂遺書五種　(清)汪遠孫撰　清道光刻民國十一年(1922)錢唐汪氏彙印本　一冊　存一種

330000－1701－0040844　普 811.17/31311　集部/别集類/清别集

小山泉閣詩存八卷　(清)汪爲霖撰　清道光二十年(1840)如皋汪承鏞文園刻本　四冊

330000－1701－0040846　普 811.17/3130/c1　類叢部/叢書類/彙編之屬

振綺堂叢刊八種　(清)□□輯　清嘉慶至光緒汪氏振綺堂刻本　一冊　存一種

330000－1701－0040847　普 610.95111/7144.2　子部/醫家類/醫經之屬/内經

黄帝内經靈樞註證發微九卷補遺一卷　(明)馬蒔撰　清光緒五年(1879)刻本　六冊

330000－1701－0040848　普 610.951/2624/2　子部/醫家類/推拿按摩外治之屬

理瀹駢文不分卷略言一卷續增略言三卷附存濟堂藥局修合施送方並加藥法一卷治心病方一卷　(清)吳師機撰　清同治四年至光緒元年(1865－1875)刻本　二冊　缺二卷(附存濟堂藥局修合施送方並加藥法、治心病方)

330000－1701－0040849　普 811.17/3130/c2　類叢部/叢書類/彙編之屬

振綺堂叢刊八種　(清)□□輯　清嘉慶至光緒汪氏振綺堂刻本　一冊　存一種

330000－1701－0040850　普 811.17/3131/c4　類叢部/叢書類/自著之屬

振綺堂遺書五種　(清)汪遠孫撰　清道光刻民國十一年(1922)錢唐汪氏彙印本　一冊　存一種

330000－1701－0040851　普 610.95112/0044/c1　子部/醫家類/醫經之屬/内經

黄帝内經素問九卷　(清)高世栻注　清光緒十三年(1887)浙江書局刻本　八冊

330000－1701－0040852　普 811.17/31301　集部/别集類/清别集

槐塘詩稿十六卷文稿四卷　(清)汪沆撰　清乾隆五十一年(1786)刻本　一冊　存五卷(詩稿十二至十六)

330000－1701－0040853　普 610.951/8044
子部/醫家類/綜合之屬/通論
醫鈔類編二十四卷　(清)翁藻輯　清光緒二十一年(1895)奉新許振禕刻本　二十六冊

330000－1701－0040854　普 811.17/31312
集部/别集類/清别集
太古山房詩鈔十六卷别集六卷補遺二卷　(清)汪沈琇撰　清咸豐二年(1852)刻本(詩鈔卷十五至十六、别集卷五至六原缺)　四冊

330000－1701－0040855　普 811.17/3131/(2)/c1　類叢部/叢書類/自著之屬
振綺堂遺書五種　(清)汪遠孫撰　清道光刻民國十一年(1922)錢唐汪氏彙印本　二冊　存一種

330000－1701－0040856　普 610.95112/0044/c2　子部/醫家類/醫經之屬/内經
黄帝内經素問九卷　(清)高世栻注　清光緒十三年(1887)浙江書局刻本　八冊

330000－1701－0040858　普 811.17/31302/c1　集部/别集類/清别集
鶴巢詩存一卷　(清)顧淳慶撰　**皇清誥授奉政大夫守陜西潼關廳同知浙江紹興府會稽縣石潼坊顧府君[淳慶]年五十七行述一卷**　(清)顧壽楨等撰　**介卿遺艸一卷**　(清)顧家樹撰　清光緒十二年(1886)顧家相刻本　一冊

330000－1701－0040859　普 610.95112/0044/c3　子部/醫家類/醫經之屬/内經
黄帝内經素問九卷　(清)高世栻注　清光緒十三年(1887)浙江書局刻本　八冊

330000－1701－0040860　普 811.17/3131/(2)/c2　類叢部/叢書類/自著之屬
振綺堂遺書五種　(清)汪遠孫撰　清道光刻民國十一年(1922)錢唐汪氏彙印本　二冊　存一種

330000－1701－0040861　普 811.17/3132/c1　集部/别集類/清别集
養心光室詩稾八卷　(清)顧福仁撰　清光緒十四年(1888)刻本　二冊

330000－1701－0040862　普 610.95112/0044/c4　子部/醫家類/醫經之屬/内經
黄帝内經素問九卷　(清)高世栻注　清光緒十三年(1887)浙江書局刻本　八冊

330000－1701－0040863　普 951.00921/4742/c1　類叢部/叢書類/自著之屬
郝氏遺書三十三種　(清)郝懿行撰　清嘉慶至光緒刻彙印本　四冊　存一種

330000－1701－0040864　普 811.17/31302/c4　集部/别集類/清别集
鶴巢詩存一卷　(清)顧淳慶撰　**皇清誥授奉政大夫守陜西潼關廳同知浙江紹興府會稽縣石潼坊顧府君[淳慶]年五十七行述一卷**　(清)顧壽楨等撰　**介卿遺艸一卷**　(清)顧家樹撰　清光緒十二年(1886)顧家相刻本　一冊

330000－1701－0040865　普 811.17/3131/(3)/c2　類叢部/叢書類/自著之屬
振綺堂遺書五種　(清)汪遠孫撰　清道光刻民國十一年(1922)錢唐汪氏彙印本　一冊　存一種

330000－1701－0040867　普 951.00921/4742/c2　類叢部/叢書類/自著之屬
郝氏遺書三十三種　(清)郝懿行撰　清嘉慶至光緒刻彙印本　二冊　存一種

330000－1701－0040868　普 951.00921/4742/c3　類叢部/叢書類/自著之屬
郝氏遺書三十三種　(清)郝懿行撰　清嘉慶至光緒刻彙印本　二冊　存一種

330000－1701－0040869　普 610.95111/4084/c2　子部/醫家類/醫經之屬/内經
内經知要二卷　(清)李中梓輯並注　清刻本　二冊

330000－1701－0040870　普 811.17/31304
集部/别集類/清别集
小海自定詩一卷黔山紀游一卷　(清)汪淮撰　清嘉慶九年(1804)刻本　一冊

330000－1701－0040871　普 811.17/3132/c3　集部/別集類/清別集

養心光室詩稾八卷　（清）顧福仁撰　清光緒十四年（1888）刻本　在田跋　二册

330000－1701－0040872　普 811.17/31321/c1　集部/別集類/清別集

吟秋館詩存四卷　（清）江澄撰　清光緒七年（1881）刻本　一册

330000－1701－0040873　普 610.95112/1032/c1　子部/叢編

二十二子（二十二子彙函）　（清）浙江書局編　清光緒元年至三年（1875－1877）浙江書局刻本　十册　存一種

330000－1701－0040874　普 811.17/3132.2/c1　史部/地理類/雜志之屬

城南樵唱一卷　（清）顧福仁撰　清光緒十七年（1891）養心光室刻本　一册

330000－1701－0040876　普 610.95111/4084/2　子部/醫家類/醫經之屬/内經

内經知要二卷　（清）李中梓輯並注　清光緒三十三年（1907）上海普新端記書局石印本　二册

330000－1701－0040878　普 610.95112/1032/3　子部/醫家類/醫經之屬/内經

重廣補註黄帝内經素問二十四卷　（唐）王冰注　（宋）林億等校正　（宋）孫兆改誤　清末影印本　八册

330000－1701－0040879　普 811.17/31321/c2　集部/別集類/清別集

吟秋館詩存四卷　（清）江澄撰　清光緒七年（1881）刻本　一册

330000－1701－0040882　普 811.17/3133　集部/別集類/清別集

佳山堂詩集十卷　（清）馮溥撰　清康熙十九年（1680）古吳朱士儒刻本　三册　存二卷（一至二）

330000－1701－0040885　普 610.95111/4084/5　子部/醫家類/醫經之屬/内經

内經知要二卷　（清）李中梓輯並注　清光緒十一年（1885）蘇州王氏緑慎堂刻本　二册

330000－1701－0040886　普 951.00922/1000/c2、普 951.00922/1000.2/c1　類叢部/類書類/通類之屬

玉海二百卷辭學指南四卷詩攷一卷詩地理攷六卷漢藝文志攷證十卷通鑑地理通釋十四卷周書王會補注一卷漢制攷四卷踐阼篇集解一卷急就篇補注四卷姓氏急就篇二卷小學紺珠十卷六經天文編二卷周易鄭康成注一卷通鑑答問五卷　（宋）王應麟撰　**校補玉海瑣記二卷王深寧先生［應麟］年譜一卷**　（清）張大昌撰　清光緒九年至十六年（1883－1890）浙江書局刻本　五册　存十九卷（通鑑地理通釋一至十四、通鑑答問一至五）

330000－1701－0040888　普 951.00922/1000/c4、普 951.00922/1000.2/c2　類叢部/類書類/通類之屬

玉海二百卷辭學指南四卷詩攷一卷詩地理攷六卷漢藝文志攷證十卷通鑑地理通釋十四卷周書王會補注一卷漢制攷四卷踐阼篇集解一卷急就篇補注四卷姓氏急就篇二卷小學紺珠十卷六經天文編二卷周易鄭康成注一卷通鑑答問五卷　（宋）王應麟撰　**校補玉海瑣記二卷王深寧先生［應麟］年譜一卷**　（清）張大昌撰　清光緒九年至十六年（1883－1890）浙江書局刻本　五册　存十九卷（通鑑地理通釋一至十四、通鑑答問一至五）

330000－1701－0040889　普 811.17/3132.2/c3　史部/地理類/雜志之屬

城南樵唱一卷　（清）顧福仁撰　清光緒十七年（1891）養心光室刻本　一册

330000－1701－0040890　普 610.95112/1032/c3　子部/叢編

二十二子（二十二子彙函）　（清）浙江書局編　清光緒元年至三年（1875－1877）浙江書局刻本　十册　存一種

330000－1701－0040891　普 610.95112/2241/c1　子部/醫家類/醫經之屬/内經

黄帝内經素問集注九卷　(清)張志聰撰　清光緒十六年(1890)浙江書局刻本　六冊

330000－1701－0040892　普811.17/3132.2/c4　史部/地理類/雜志之屬
城南樵唱一卷　(清)顧福仁撰　清光緒十七年(1891)養心光室刻本　一冊

330000－1701－0040893　普610.95112/1032/c4　子部/叢編
二十二子(二十二子彙函)　(清)浙江書局編　清光緒元年至三年(1875－1877)浙江書局刻本　十冊　存一種

330000－1701－0040895　普811.17/3134　集部/别集類/清别集
古梅谿館二集詩八卷　(清)汪澍撰　清道光九年(1829)刻本　四冊

330000－1701－0040896　普610.95112/3160/c1　子部/醫家類/醫經之屬/内經
素問靈樞類纂約註三卷　(清)汪昂撰　清同治十年(1871)掃葉山房刻本　清楊泳簫校並題記　三冊

330000－1701－0040897　普610.95112/1032/c5　子部/叢編
二十二子(二十二子彙函)　(清)浙江書局編　清光緒元年至三年(1875－1877)浙江書局刻本　十冊　存一種

330000－1701－0040898　普811.17/3132.3/c1　集部/别集類/清别集
養心光室詩稾八卷　(清)顧福仁撰　清光緒十四年(1888)刻本　二冊

330000－1701－0040899　普811.17/3132.3/c2　集部/别集類/清别集
養心光室詩稾八卷　(清)顧福仁撰　清光緒十四年(1888)刻本　二冊

330000－1701－0040900　普610.95112/1141/c2　子部/醫家類/醫經之屬/内經
黄帝内經素問集注九卷　(清)張志聰撰　清光緒十六年(1890)浙江書局刻本　六冊

330000－1701－0040901　普610.95112/3160/c2　子部/醫家類/醫經之屬/内經
素問靈樞類纂約註三卷　(清)汪昂撰　清同治十年(1871)掃葉山房刻本　三冊

330000－1701－0040902　普811.17/3134.2　集部/别集類/清别集
金粟影菴存稿十三卷續存稿七卷隨山書屋詩存四卷　(清)顧樹撰　清嘉慶二十二年至道光五年(1817－1825)刻本　六冊　缺四卷(隨山書屋詩存一至四)

330000－1701－0040903　普811.17/31361　集部/别集類/清别集
柏井集六卷　(清)汪昶撰　清同治九年(1870)菜根書屋刻本　二冊

330000－1701－0040904　普610.95112/2241/c3　子部/醫家類/醫經之屬/内經
黄帝内經素問集注九卷　(清)張志聰撰　清光緒十六年(1890)浙江書局刻本　六冊

330000－1701－0040905　普610.95112/2241/c4　子部/醫家類/醫經之屬/内經
黄帝内經素問集注九卷　(清)張志聰撰　清光緒十六年(1890)浙江書局刻本　六冊

330000－1701－0040906　普951.00922/1000/2/c1　類叢部/類書類/通類之屬
玉海二百卷辭學指南四卷詩考一卷詩地理考六卷漢藝文志考證十卷通鑑地理通釋十四卷漢制考四卷踐阼篇集解一卷周易鄭康成注一卷姓氏急就篇二卷急就篇補注四卷周書王會補注一卷小學紺珠十卷六經天文篇二卷通鑑答問五卷　(宋)王應麟撰　清嘉慶十一年(1806)江寧藩署刻本　四冊　存十四卷(通鑑地理通釋一至十四)

330000－1701－0040907　普610.95112/3160/2　子部/醫家類/醫經之屬/内經
素問靈樞類纂約註三卷　(清)汪昂撰　清光緒十三年(1887)刻本　三冊

330000－1701－0040908　普610.95112/4734　子部/醫家類/醫經之屬/内經

黄帝内經素問校義一卷　(清)胡澍撰　清光緒五年(1879)世澤樓刻本　一冊

330000－1701－0040909　普 610. 95112/3160/3　子部/醫家類/醫經之屬/内經
素問靈樞類纂約註三卷　(清)汪昂撰　清光緒六年(1880)紫文閣刻本　三冊

330000－1701－0040911　普 610. 95112/4628/2/c1　類叢部/叢書類/彙編之屬
漸西村舍彙刊(漸西村舍叢刻)四十四種　(清)袁昶編　清光緒十六年至二十四年(1890－1898)桐廬袁氏刻本　六冊　存二種

330000－1701－0040912　普 811. 17/3140/c1　集部/別集類/清別集
鶴半巢詩存十卷　(清)馮培撰　清嘉慶三年(1798)刻本　二冊

330000－1701－0040913　普 951. 00922/1000/2/c2　類叢部/類書類/通類之屬
玉海二百卷辭學指南四卷詩考一卷詩地理考六卷漢藝文志考證十卷通鑑地理通釋十四卷漢制考四卷踐阼篇集解一卷周易鄭康成注一卷姓氏急就篇二卷急就篇補注四卷周書王會補注一卷小學紺珠十卷六經天文篇二卷通鑑答問五卷　(宋)王應麟撰　清嘉慶十一年(1806)江寧藩署刻本　三冊　存十四卷(通鑑地理通釋一至十四)

330000－1701－0040914　普 811. 17/3140/c2、普 811. 17/3140/c2　集部/別集類/清別集
鶴半巢詩存十卷續鈔五卷詞館剩稿二卷　(清)馮培撰　清嘉慶三年至八年(1798－1803)刻本　清周三燮題記　三冊　缺二卷(詞館剩稿一至二)

330000－1701－0040915　普 811. 17/31241/c2　集部/別集類/清別集
巢溪詩草不分卷　(清)江紹華撰　清同治七年(1868)刻本　一冊

330000－1701－0040916　普 610. 95112/7235/c1　子部/醫家類/醫經之屬/内經
素問病機氣宜保命集三卷　(金)劉完素撰　明懷德堂刻本　三冊

330000－1701－0040917　普 811. 17/31341　集部/別集類/清別集
孟亭居士文稿五卷詩稿四卷經進稾一卷　(清)馮浩撰　清嘉慶七年(1802)桐鄉馮集梧刻本　四冊　缺五卷(文稿一至五)

330000－1701－0040918　普 610. 95112/4628/2/c2　類叢部/叢書類/彙編之屬
漸西村舍彙刊(漸西村舍叢刻)四十四種　(清)袁昶編　清光緒十六年至二十四年(1890－1898)桐廬袁氏刻本　六冊　存一種

330000－1701－0040919　普 951. 00922/1053/2/c1　史部/史評類/史論之屬
讀通鑑論十六卷附宋論十五卷　(清)王夫之撰　清光緒三十一年(1905)上海商務印書館鉛印本　十冊

330000－1701－0040920　普 610. 95112/7235/c2　子部/醫家類/醫經之屬/内經
素問病機氣宜保命集三卷　(金)劉完素撰　明刻本　三冊

330000－1701－0040921　普 811. 17/3136/c1、普 811. 17/3136. 2/(2)/c1　集部/別集類/清別集
伏敔堂詩錄十五卷續錄二卷首一卷附錄一卷　(清)江湜撰　清同治元年至二年(1862－1863)長洲江氏刻本　六冊

330000－1701－0040922　普 610. 95112/4628/2/c3　類叢部/叢書類/彙編之屬
漸西村舍彙刊(漸西村舍叢刻)四十四種　(清)袁昶編　清光緒十六年至二十四年(1890－1898)桐廬袁氏刻本　六冊　存二種

330000－1701－0040923　普 610. 95112/7235. 2/2　子部/醫家類/傷寒金匱之屬/傷寒論
劉河間傷寒六書附二種　(金)劉完素等撰　明萬曆二十九年(1601)吳勉學刻清步月樓印本　一冊　存一種

330000－1701－0040924　普 811. 17/3142/c1

集部/别集類/清别集

于湘詩草一卷千里詩存一卷　(清)馮圻撰　清光緒二十六年(1900)刻本　一冊

330000－1701－0040926　普 811.17/3136/(2)/c1、普 811.17/3136.2　集部/别集類/清别集

伏敔堂詩錄十五卷續錄四卷首一卷附錄一卷　(清)江湜撰　清同治元年至五年(1862－1866)長洲江氏刻本　四冊

330000－1701－0040927　普 811.17/3142/c2　集部/别集類/清别集

于湘詩草一卷千里詩存一卷　(清)馮圻撰　清光緒二十六年(1900)刻本　一冊

330000－1701－0040928　普 610.95113/7144.2　子部/醫家類/醫經之屬/内經

黄帝内經靈樞註證發微九卷補遺一卷　(明)馬蒔撰　清光緒五年(1879)刻本　十冊

330000－1701－0040929　普 811.17/3142/2　集部/别集類/清别集

于湘詩草一卷千里詩存一卷　(清)馮圻撰　清光緒二十六年(1900)刻本　一冊

330000－1701－0040930　普 610.95112/7235.2/3　子部/醫家類/醫經之屬/内經

素問玄機原病式一卷　(金)劉完素撰　清刻本　一冊

330000－1701－0040931　普 811.17/3141/c2　集部/别集類/清别集

聽月樓遺草二卷　(清)汪韫玉撰　清乾隆四十七年(1782)金氏行素堂刻本　一冊

330000－1701－0040933　普 811.17/3141/c1　集部/别集類/清别集

聽月樓遺草二卷　(清)汪韫玉撰　清乾隆四十七年(1782)金氏行素堂刻本　二冊

330000－1701－0040934　普 610.95113/1141.2/c1　子部/醫家類/醫經之屬/内經

靈樞經九卷　(清)張志聰撰　清光緒十六年(1890)浙江書局刻本　八冊

330000－1701－0040935　普 951.00922/1144/c1　史部/編年類

資治通鑑彙刻　清同治至光緒江蘇書局刻本　二冊　存一種

330000－1701－0040936　普 610.95113/1141.2/c2　子部/醫家類/醫經之屬/内經

靈樞經九卷　(清)張志聰撰　清光緒十六年(1890)浙江書局刻本　八冊

330000－1701－0040938　普 951.00922/1144/c4　史部/編年類

資治通鑑彙刻　清同治至光緒江蘇書局刻本　一冊　存一種

330000－1701－0040940　普 610.95113/1141.2/c3　子部/醫家類/醫經之屬/内經

靈樞經九卷　(清)張志聰撰　清光緒十六年(1890)浙江書局刻本　八冊

330000－1701－0040941　普 951.00922/1144/(2)　史部/編年類

資治通鑑彙刻　清同治至光緒江蘇書局刻本　一冊　存一種

330000－1701－0040942　普 610.95113/1141.2/c4　子部/醫家類/醫經之屬/内經

靈樞經九卷　(清)張志聰撰　清光緒十六年(1890)浙江書局刻本　八冊

330000－1701－0040943　普 811.17/3136/(2)/c2、普 811.17/3136.2/(2)/c2　集部/别集類/清别集

伏敔堂詩錄十五卷續錄二卷首一卷附錄一卷　(清)江湜撰　清同治元年至二年(1862－1863)長洲江氏刻本　四冊

330000－1701－0040944　普 610.95112/7144　子部/醫家類/醫經之屬/内經

黄帝内經素問註證發微九卷靈樞註證發微九卷補遺一卷　(明)馬蒔撰　清嘉慶十年(1805)古翕歙鮑氏慎餘堂刻本　十冊　存九卷(素問註證發微一至九)

330000－1701－0040947　普 610.95115/1022　子部/醫家類/醫經之屬/難經

越人難經真本說約四卷末一卷 (晉)王叔和輯 (清)沈德祖撰 清乾隆四年(1739)亦政堂刻本 四册

330000 - 1701 - 0040948 普 951. 00922/1779/c1 史部/編年類

資治通鑑彙刻 清同治至光緒江蘇書局刻本 九十册 存一種

330000 - 1701 - 0040949 普 610. 95115/1086 子部/醫家類/醫經之屬/難經

古本難經闡注二卷 (清)丁錦撰 清同治三年(1864)高郵趙春普旌孝堂刻本 四册

330000 - 1701 - 0040950 普 610. 95115/1086/(2) 子部/醫家類/醫經之屬/難經

古本難經闡注二卷 (清)丁錦撰 清同治三年(1864)高郵趙春普旌孝堂刻本 二册

330000 - 1701 - 0040951 SBC0741 經部/四書類/總義之屬/傳說

晚邨天蓋樓偶評六卷 (清)呂留良撰 清康熙十七年(1678)刻本 一册 存一卷(大學)

330000 - 1701 - 0040952 普 610. 95115/10861 類叢部/叢書類/彙編之屬

守山閣叢書一百十二種 (清)錢熙祚編 清道光二十四年(1844)金山錢氏重編增刻墨海金壺本(籀史卷二原缺) 二册 存一種

330000 - 1701 - 0040953 普 951. 00922/1779/c2 史部/編年類

資治通鑑彙刻 清同治至光緒江蘇書局刻本 一百册 存二種

330000 - 1701 - 0040954 普 610. 95123/1142. 2012/3 子部/醫家類/傷寒金匱之屬/金匱要略

張仲景金匱要畧二十四卷 (清)沈明宗輯注 清康熙三十二年(1693)刻本 六册

330000 - 1701 - 0040955 普 811. 17/3150/3 集部/别集類/清别集

容甫先生遺詩五卷補遺一卷附録一卷 (清)汪中撰 清光緒十一年(1885)維揚述古齋木活字印本 一册

330000 - 1701 - 0040956 普 811. 17/3145 集部/别集類/清别集

篁韻盦詩鈔六卷 (清)顧森書撰 清光緒三十二年(1906)刻本 二册

330000 - 1701 - 0040958 普 610. 95123/1142. 201 子部/醫家類/傷寒金匱之屬/金匱要略

張仲景金匱要畧論註二十四卷 (清)徐彬撰 清光緒五年(1879)校經山房刻本 六册

330000 - 1701 - 0040959 普 811. 17/3148 集部/别集類/清别集

悔翁詩鈔十五卷補遺一卷 (清)汪士鐸撰 清光緒合肥張士珩味古齋刻本 四册

330000 - 1701 - 0040960 普 610. 95123/1142. 2013 子部/醫家類/傷寒金匱之屬/金匱要略

金匱玉函經二註二十二卷補方一卷 (宋)趙良仁衍義 (清)周揚俊補注 **十藥神書一卷** (元)葛乾孫撰 清道光十三年(1833)元和李清俊養恬齋刻本 四册

330000 - 1701 - 0040961 普 610. 95123/1142. 2012 子部/醫家類/傷寒金匱之屬/金匱要略

張仲景金匱要畧二十四卷 (清)沈明宗輯注 清康熙三十二年(1693)刻本 六册

330000 - 1701 - 0040962 普 811. 17/3148/(3) 集部/别集類/清别集

悔翁詩鈔十五卷補遺一卷詩餘五卷 (清)汪士鐸撰 清光緒九年(1883)合肥張氏味古齋刻本 六册

330000 - 1701 - 0040963 普 811. 17/3151 集部/别集類/清别集

燕京賦一卷金管集一卷 (清)顧成天撰 清雍正刻本 一册

330000 - 1701 - 0040964 SBC0740 子部/雜著類/雜說之屬

金罍子上篇二十卷中篇十二卷下篇十二卷 (明)陳絳撰 (明)陳昱輯 明萬曆三十四年

(1606)陳昱刻本　二册　存一卷(上篇一)

330000－1701－0040965　普 610.95119/3044/2　子部/醫家類/類編之屬
醫林指月十二種　(清)王琦編　清乾隆刻本　二册　存一種

330000－1701－0040967　普 610.95123/1142.2014　子部/醫家類/傷寒金匱之屬/金匱要略
金匱心典三卷　(清)尤怡撰　清雍正十年(1732)遂初堂刻本　三册

330000－1701－0040968　普 610.95123/1142.2012/2　子部/醫家類/傷寒金匱之屬/金匱要略
張仲景金匱要畧二十四卷　(清)沈明宗輯注　清康熙三十二年(1693)刻乾隆三十年(1765)重印本　六册

330000－1701－0040969　普 811.17/31481　集部/别集類/清别集
緑雪齋詩藁八卷　(清)汪大鏞撰　清嘉慶刻本　一册

330000－1701－0040971　普 811.17/3153/c1　集部/别集類/清别集
金帚集一卷宧濛草一卷　(清)馮春潮撰　清道光十年(1830)吟梅書屋刻本　二册

330000－1701－0040972　普 811.17/3143　集部/别集類/清别集
傳經堂詩鈔四卷首一卷末一卷　(清)馮城撰　清道光八年(1828)馮錫鏞刻本　二册

330000－1701－0040973　普 811.17/3153/c2　集部/别集類/清别集
金帚集一卷宧濛草一卷　(清)馮春潮撰　清道光十年(1830)吟梅書屋刻本　二册

330000－1701－0040974　SBC0729　史部/史抄類
左腴二卷國腴二卷　(明)王納諫輯　明刻本　一册　存二卷(國腴一至二)

330000－1701－0040975　普 811.17/3161　集部/别集類/清别集
夢甦齋詩集七卷　(清)江國霖撰　清咸豐四年(1854)刻十年(1860)增修本　一册　存三卷(五至六、海上寓公草)

330000－1701－0040976　普 610.95115/1147　子部/醫家類/醫經之屬/難經
圖註八十一難經辨真四卷圖註脈訣辨真四卷脈訣附方一卷　(明)張世賢撰　清乾隆四十五年(1780)武林萬卷堂刻本　二册　存四卷(難經辨真一至四)

330000－1701－0040978　普 610.95123/1142.207/2　子部/醫家類/傷寒金匱之屬/金匱要略
金匱翼八卷　(清)尤怡撰　清嘉慶十八年(1813)長洲徐錦心太平軒刻本　四册

330000－1701－0040980　SBC0734　子部/雜著類/雜説之屬
金罍子上篇二十卷中篇十二卷下篇十二卷　(明)陳絳撰　(明)陳昱輯　明萬曆三十四年(1606)陳昱刻本　一册　存三卷(上篇十一至十三)

330000－1701－0040981　普 811.17/3149　集部/總集類/選集之屬/斷代
柳堂師友詩録初編　(清)李長榮編　清同治至光緒刻本　一册　存一種

330000－1701－0040982　普 811.17/3191/(2)/c1　集部/别集類/清别集
顧亭林先生詩箋注十七卷首一卷　(清)顧炎武撰　(清)徐嘉箋注　**顧詩箋注校補一卷**　(清)李詳等撰　清光緒二十三年(1897)徐氏味静齋刻本　六册

330000－1701－0040984　普 951.00922/1779/2　史部/編年類/通代之屬
資治通鑑二百九十四卷　(宋)司馬光撰　(元)胡三省音注　**通鑑釋文辯誤十二卷**　(元)胡三省撰　清嘉慶二十一年(1816)鄱陽胡克家影元刻本　九十七册　缺十二卷(通鑑釋文辯誤一至十二)

330000－1701－0040987　普 811.17/31431　集部/別集類/清別集
葆沖書屋詩集四卷外集二卷附詩餘一卷　（清）汪如洋撰　清嘉慶刻本　清王室跋　四冊

330000－1701－0040988　普 811.17/3179　集部/別集類/清別集
冬榮草堂詩集六卷刪存稾一卷　（清）汪隆耀撰　**長春草堂遺詩選一卷**　（清）施之勲撰　**樹蘐居遺詩一卷少仙長短句一卷**　（清）王斑撰　清道光十七年（1837）恬古吟館刻本　一冊

330000－1701－0040989　普 610.95115/1147/2/c2　子部/醫家類/類編之屬
圖註難經脈訣二種八卷　清善成堂刻本　四冊　存一種

330000－1701－0040991　普 811.17/31911/c1　集部/別集類/清別集
道華堂詩畧四卷　（清）馮焯撰　清咸豐元年（1851）刻十年（1860）馮氏笠尉亭補刻本　一冊

330000－1701－0040992　SBC0732　集部/別集類/元別集
秋澗先生大全文集□□卷　（元）王惲撰　清抄本　一冊　存序、目次

330000－1701－0040994　普 610.95127/2210/c1　子部/醫家類/醫理之屬/病源病機
重刊巢氏諸病源候總論五十卷　（隋）巢元方撰　清光緒元年（1875）湖北崇文書局刻十二年（1886）湖北官書處印本　八冊

330000－1701－0040995　普 811.17/3164　集部/別集類/清別集
玉鑑堂詩存一卷櫟寄詩存一卷　（清）汪曰楨撰　清光緒十六年（1890）刻本　一冊

330000－1701－0040996　普 811.17/31911/c2　集部/別集類/清別集
道華堂詩畧四卷　（清）馮焯撰　清咸豐元年（1851）刻十年（1860）馮氏笠尉亭補刻本　一冊

330000－1701－0040997　普 610.95127/2210/c2　子部/醫家類/醫理之屬/病源病機
重刊巢氏諸病源候總論五十卷　（隋）巢元方撰　清光緒元年（1875）湖北崇文書局刻十二年（1886）湖北官書處印本　八冊

330000－1701－0040999　普 811.17/3164.2/c1　集部/別集類/清別集
玉鑑堂詩存一卷櫟寄詩存一卷　（清）汪曰楨撰　清光緒十六年（1890）刻本　一冊

330000－1701－0041000　普 811.17/3182　集部/別集類/清別集
傳書樓詩稿一卷　（清）汪金順撰　（清）汪尚仁編　清乾隆五十八年至嘉慶四年（1793－1799）四勿齋刻本　一冊

330000－1701－0041001　普 811.17/3183/c1　類叢部/叢書類/彙編之屬
振綺堂叢刊八種　（清）□□輯　清嘉慶至光緒汪氏振綺堂刻本　一冊　存二種

330000－1701－0041002　普 811.17/3183/c4　類叢部/叢書類/彙編之屬
振綺堂叢刊八種　（清）□□輯　清嘉慶至光緒汪氏振綺堂刻本　一冊　存二種

330000－1701－0041003　普 610.95115/1147/3　子部/醫家類/醫經之屬/難經
圖註八十一難經辨真四卷圖註脈訣辨真四卷脈訣附方一卷　（明）張世賢撰　清光緒三十一年（1905）上海日新書莊石印本　二冊　存四卷（難經辨真一至四）

330000－1701－0041004　普 811.17/3191　集部/別集類/清別集
顧亭林先生詩箋注十七卷首一卷　（清）顧炎武撰　（清）徐嘉箋注　**顧詩箋注校補一卷**　（清）李詳等撰　清光緒二十三年（1897）徐氏味靜齋刻本　四冊

330000－1701－0041005　普 610.95115/1147/4　子部/醫家類/類編之屬
圖註難經脈訣二種六卷　清光緒十七年

(1891)金溪三讓堂刻本　二册　存一種

330000－1701－0041006　普811.17/31441　集部/别集類/清别集
西湖吟草一卷嶺南游草一卷　(清)汪嘉穀撰　清嘉慶刻本　一册

330000－1701－0041007　普610.95115/1147/5　子部/醫家類/醫經之屬/難經
圖註八十一難經辨真四卷圖註脈訣辨真四卷脈訣附方一卷　(明)張世賢撰　清末刻本　三册　存四卷(難經辨真一至四)

330000－1701－0041008　普610.95127/2210/3　子部/醫家類/醫理之屬/病源病機
巢氏諸病源候總論五十卷　(隋)巢元方等撰　清嘉慶十四年(1809)吳門經義齋刻本　十二册

330000－1701－0041009　普610.95124/4423　子部/醫家類/醫理之屬/綜合
中藏經八卷附華佗内照法一卷　(漢)華佗撰　清光緒六年(1880)上虞徐氏蘭蘭山房刻本　二册

330000－1701－0041010　SBC0725　集部/别集類/宋别集
象山先生全集三十六卷　(宋)陸九淵撰　(明)張鹿野輯　明刻重修本　一册　存四卷(一至四)

330000－1701－0041012　SBC0726　史部/雜史類/斷代之屬
三朝要典二十四卷原始一卷　(明)顧秉謙　(明)徐紹言等纂修　明刻本　三册　存三卷(一至二、原始)

330000－1701－0041013　普811.17/3164.2/c2　集部/别集類/清别集
玉鑑堂詩存一卷櫟寄詩存一卷　(清)汪曰楨撰　清光緒十六年(1890)刻本　一册

330000－1701－0041014　普610.95124/4423/2　子部/醫家類/醫理之屬/綜合
中藏經三卷首一卷附華佗内照法一卷　(漢)華佗撰　清宣統三年(1911)石印本　三册

330000－1701－0041015　普951.00922/1779/2/1　史部/編年類
校刊資治通鑑全書八種　(清)胡元常輯　清光緒十四年至十七年(1888－1891)長沙楊氏刻本　六册　存二種

330000－1701－0041016　普610.9514/3023/c1　類叢部/叢書類/彙編之屬
十萬卷樓叢書五十一種　(清)陸心源編　清光緒歸安陸氏刻本(歲時廣記卷六原缺)　三册　存一種

330000－1701－0041019　普811.17/3210　集部/别集類/清别集
萬松山房詩鈔五卷　(清)潘正亨撰　清道光十三年(1833)松蔭堂刻本　夢琹跋　一册

330000－1701－0041020　普610.9514/3023/c2　類叢部/叢書類/彙編之屬
十萬卷樓叢書五十一種　(清)陸心源編　清光緒歸安陸氏刻本(歲時廣記卷六原缺)　三册　存一種

330000－1701－0041021　普811.17/3150/2　類叢部/叢書類/彙編之屬
風雨樓叢書二十三種　鄧實編　清宣統順德鄧氏鉛印本　一册　存一種

330000－1701－0041023　普811.17/3212　集部/别集類/清别集
倚紅樓詩草一卷　(清)潘淑正撰　清光緒十七年(1891)枕湖樓刻二十六年(1900)補刻本　一册

330000－1701－0041024　普610.95147/1112/3　子部/醫家類/類編之屬
古今醫統正脈全書四十四種　(明)王肯堂編　明萬曆二十九年(1601)新安吳勉學刻清敦化堂重修本　九册　存一種

330000－1701－0041025　普811.17/3227　集部/别集類/清别集
養一齋集十卷首一卷　(清)潘德輿撰　清道光二十九年(1849)刻本　四册

330000－1701－0041026　普610.95115/

1147.2　類叢部/叢書類/彙編之屬
合諸名家真評先秦十五種附一種　(明)黄汝亨編　明刻本　二冊　存一種

330000－1701－0041028　普 811.17/31641　類叢部/叢書類/彙編之屬
懷潞園叢刊十六種　(清)李嘉績編　清光緒十二年至二十三年(1886－1897)李氏代耕堂西安刻本　一冊　存二種

330000－1701－0041031　普 610.9516/0047　子部/醫家類/綜合之屬
醫林繩墨大全九卷　(明)方穀撰　(清)周京輯　清嘉慶二十年(1815)松江陳熙刻本　十冊

330000－1701－0041032　SBC0721　子部/宗教類/佛教之屬/經疏
大佛頂如來密因修證了義諸菩薩萬行首楞嚴經會解十卷　(唐)釋般刺密帝譯　(唐)釋彌伽釋迦譯語　(唐)房融筆受　(元)釋惟則會解　清同治四年(1865)刻本　二冊　存七卷(一至七)

330000－1701－0041034　普 811.17/3213/c1　集部/別集類/清別集
忍樓詩鈔二卷　(清)潘一心撰　清道光十九年(1839)刻本　一冊

330000－1701－0041036　普 811.17/3213/c2　集部/別集類/清別集
忍樓詩鈔二卷　(清)潘一心撰　清道光十九年(1839)刻本　二冊

330000－1701－0041037　普 811.17/3233　集部/別集類/清別集
西圃集十卷續集四卷詩集補遺一卷詞續一卷詞三續一卷題畫詩一卷題畫詩續一卷文集四卷文集補遺一卷　(清)潘遵祁撰　清同治十一年至光緒二十三年(1872－1897)刻本　二冊　存十卷(西圃集一至十)

330000－1701－0041038　普 811.17/3247　集部/別集類/清別集
梅花盦詩集四卷　(清)潘喜陶撰　清光緒二十八年(1902)淅杭永豐甡書館鉛印本　二冊

330000－1701－0041040　普 811.17/3214　集部/別集類/清別集
晉希堂詩集四卷　(清)潘瑛撰　清嘉慶元年(1796)刻三年(1798)續刻本　二冊　存三卷(一至三)

330000－1701－0041041　SBC0722　子部/天文曆算類/算書之屬
勾股筭術二卷　(明)顧應祥撰　明嘉靖刻本　二冊

330000－1701－0041043　普 811.17/32041　集部/別集類/清別集
白雲山館吟草一卷　(清)潘詩棣撰　清光緒八年(1882)黄湖木活字印本　一冊

330000－1701－0041044　普 811.17/3247/(2)　集部/別集類/清別集
梅花盦詩集四卷　(清)潘喜陶撰　清光緒二十八年(1902)淅杭永豐甡書館鉛印本　四冊

330000－1701－0041046　普 811.17/31442　集部/別集類/清別集
茶磨山人詩鈔八卷　(清)汪芑撰　清光緒十年(1884)潘祖蔭刻本　二冊

330000－1701－0041047　普 811.17/3205　集部/別集類/清別集
聽香室遺稿四種　(清)潘誠貴撰　清光緒五年(1879)潘氏刻本　一冊　存三種

330000－1701－0041048　普 951.00922/1779/3　史部/編年類
校刊資治通鑑全書八種　(清)胡元常輯　清光緒十四年至十七年(1888－1891)長沙楊氏刻本　九十二冊　存二種

330000－1701－0041049　普 811.17/3224　集部/總集類/氏族之屬
番禺潘氏詩畧二十三種二十三卷　(清)潘儀增編　清光緒二十年(1894)刻本　四冊

330000－1701－0041050　普 811.17/3253　集部/別集類/清別集

不櫛吟二卷　(清)潘素心撰　清嘉慶五年(1800)會稽潘汝炯刻本　一册

330000－1701－0041051　SBC0719　集部/總集類/彙編之屬

合刻陸魯望皮襲美二先生集　(明)許自昌編　明萬曆許自昌刻本　一册　存四卷(唐甫里先生集一至三、五)

330000－1701－0041053　普 610.9516/1183/2　子部/醫家類/綜合之屬/合刻、合抄

景岳全書六十四卷　(明)張介賓撰　清刻本　四十册

330000－1701－0041054　普 811.17/31443　集部/别集類/清别集

蜀道吟一卷　(清)江權撰　清乾隆三十年(1765)刻本　一册

330000－1701－0041055　普 811.17/32371/c1　集部/别集類/清别集

萃堂詩錄一卷詞錄一卷　(清)潘鴻撰　清光緒三十三年(1907)刻本　一册

330000－1701－0041056　普 610.95115/5048.012　子部/醫家類/類編之屬

徐氏醫書六種　(清)徐大椿撰　清雍正五年至乾隆二十二年(1727－1757)半松齋刻本　一册　存一種

330000－1701－0041057　普 811.17/3253.2　集部/别集類/清别集

不櫛吟續刻三卷　(清)潘素心撰　清道光三年(1823)刻本　一册

330000－1701－0041058　普 610.9516/0117/3　子部/醫家類/綜合之屬/通論

新刊醫林狀元壽世保元十集十卷　(明)龔廷賢撰　清光緒三十四年(1908)上海校經山房刻本　十册

330000－1701－0041059　普 811.17/32371/c2　集部/别集類/清别集

萃堂詩錄一卷詞錄一卷　(清)潘鴻撰　清光緒三十三年(1907)刻本　胡栗長題記　一册

330000－1701－0041060　普 811.17/3283.2　集部/别集類/清别集

小浮山人閉門集六卷　(清)潘曾沂撰　清光緒五年(1879)潘祖蔭京師八囍齋刻本　清戴采孫跋　一册

330000－1701－0041061　普 811.17/3205.2　集部/别集類/清别集

聽香室遺稿四種　(清)潘誠貴撰　清光緒五年(1879)潘氏刻本　二册

330000－1701－0041062　普 811.17/3283.3　集部/别集類/清别集

船庵集十二卷詞一卷　(清)潘曾沂撰　清光緒五年(1879)潘祖蔭京師八囍齋刻本　二册

330000－1701－0041063　普 811.17/3254　集部/總集類/酬唱之屬

鳴和閒存集一卷　(清)潘揩蘭　(清)潘炳藻撰　清光緒四年(1878)刻本　一册

330000－1701－0041065　普 951.00922/1779/4　史部/編年類/通代之屬

資治通鑑二百九十四卷目錄三十卷　(宋)司馬光撰　(元)胡三省音注　清光緒二十六年(1900)圖書集成局鉛印本　四十册

330000－1701－0041066　普 610.9516/0175　子部/醫家類/内科之屬

紅爐點雪四卷　(明)龔居中撰　清光緒二十五年(1899)杭州衢樽書局石印本　四册

330000－1701－0041069　普 811.17/3290　集部/别集類/清别集

四梅花屋詩鈔十三卷　(清)潘焕龍撰　清光緒元年(1875)刻本　四册

330000－1701－0041071　普 811.17/3283　集部/别集類/清别集

功甫小集十一卷　(清)潘曾沂撰　清同治八年(1869)刻本　章嶔題記　二册

330000－1701－0041073　普 811.17/3289　集部/别集類/清别集

小鷗波館文鈔二卷駢體文鈔二卷詩鈔十二卷詩補錄二卷詞鈔一卷又二卷　(清)潘曾瑩撰

清道光二十五年(1845)刻本　二冊　存十五卷(詩鈔一至十二、詩補錄一至二、詞鈔)

330000－1701－0041074　SBC0751　集部/別集類/清別集

末利軒詩草□□卷　(清)金贊勳撰　稿本一冊　存一卷(二)

330000－1701－0041075　普 811.17/31445　集部/別集類/清別集

夢柰詩稿一卷　(清)馮桂芬撰　清光緒二年(1876)吳縣馮氏校邠廬刻本　一冊

330000－1701－0041076　普 610.9516/1183/3　子部/醫家類/綜合之屬/合刻、合抄

景岳全書六十四卷　(明)張介賓撰　清光緒二十年(1894)上海圖書集成印書局鉛印本十六冊

330000－1701－0041077　普 811.17/32901　集部/別集類/清別集

敦素堂詩鈔八卷　(清)潘耀文撰　清道光二十年(1840)刻本　六冊

330000－1701－0041079　SBC0747　史部/地理類/山川之屬/合志

山水二經合刻　清乾隆天都黄氏槐蔭草堂刻本　二冊　存一種

330000－1701－0041081　普 811.17/31447　集部/別集類/清別集

夢柰詩稿一卷　(清)馮桂芬撰　清光緒二年(1876)吳縣馮氏校邠廬刻本　一冊

330000－1701－0041082　普 811.17/3289/(2)　集部/別集類/清別集

小鷗波館詩鈔十卷詩補錄二卷　(清)潘曾瑩撰　清道光二十五年(1845)刻本　三冊

330000－1701－0041084　普 811.17/31446　集部/別集類/清別集

醒園遺詩一卷　(清)馮喆撰　清光緒二十三年(1897)木活字印本　一冊

330000－1701－0041085　普 610.9516/1183/c1　子部/醫家類/綜合之屬/合刻、合抄

景岳全書六十四卷　(明)張介賓撰　清大文堂刻本　二十四冊

330000－1701－0041086　SBC0745　集部/別集類/明別集

黃說仲詩草十八卷　(明)黃惟楫撰　明刻本一冊　存三卷(一至三)

330000－1701－0041087　普 610.9516/1183/5　子部/醫家類/綜合之屬/合刻、合抄

景岳全書六十四卷　(明)張介賓撰　清刻本三十二冊

330000－1701－0041088　普 811.17/3243　集部/別集類/清別集

裕齋詩一卷詞一卷　(清)潘世暹撰　清康熙二十四年(1685)刻本　一冊

330000－1701－0041089　普 610.9516/1183/c2　子部/醫家類/綜合之屬/合刻、合抄

景岳全書六十四卷　(明)張介賓撰　清嘉興九思堂刻本　三十二冊

330000－1701－0041090　SBC0742　集部/別集類/明別集

徐文長三集二十九卷四聲猿一卷　(明)徐渭撰　明萬曆刻本　六冊　存十二卷(一至十一、十九)

330000－1701－0041091　普 811.17/3299/c1　集部/別集類/清別集

韻芳閣吟稿一卷　(清)潘煥榮撰　**浣芳閣吟稿一卷**　(清)潘煥吉撰　**碧筠樓吟稿一卷**　(清)楊清材撰　清道光十二年(1832)刻本一冊

330000－1701－0041092　普 610.5916/1183/6　子部/醫家類/綜合之屬/合刻、合抄

景岳全書六十四卷　(明)張介賓撰　清康熙五十年(1711)瀛海賈棠刻本　二十四冊

330000－1701－0041093　普 610.9516/1183/4　子部/醫家類/綜合之屬/合刻、合抄

景岳全書六十四卷　(明)張介賓撰　清康熙五十年(1711)瀛海賈棠刻岳峙樓印本　二十四冊

330000－1701－0041095　普 811.17/3299/c2
集部/别集類/清別集
韻芳閣吟稿一卷　(清)潘煥榮撰　**浣芳閣吟稿一卷**　(清)潘煥吉撰　**碧筠樓吟稿一卷**　(清)楊清材撰　清道光十二年(1832)刻本　一冊

330000－1701－0041096　SBC0757　子部/雜著類
札記不分卷　(清)傅雲龍撰　稿本　五冊

330000－1701－0041097　普 811.17/3245
集部/别集類/清別集
花隱盦遺稿一卷詩餘一卷鴛湖日記一卷　(清)潘希甫撰　清光緒九年(1883)潘氏刻本　一冊

330000－1701－0041098　普 811.17/3246
集部/别集類/清別集
思補齋詩集六卷　(清)潘世恩撰　清道光三十年(1850)刻本　四冊

330000－1701－0041100　SBC0754　集部/曲類/曲韻曲譜曲律之屬
潯陽夜月不分卷　(清)鐵卿甫錄　清末抄本　一冊

330000－1701－0041101　普 610.9516/1183.01/2　子部/醫家類/綜合之屬
景岳全書發揮四卷　(清)葉桂撰　清光緒五年(1879)吳氏醉六堂刻本　四冊

330000－1701－0041102　普 811.17/3246/(2)　集部/别集類/清別集
思補齋詩集六卷　(清)潘世恩撰　清道光三十年(1850)刻本　二冊

330000－1701－0041103　SBC0756　史部/紀傳類/正史之屬
晉書一百三十卷　(唐)房玄齡等撰　(唐)何超音義　明萬曆六年(1578)周若年、丁孟嘉刻本　十冊　存二十五卷(四十九至五十三、一百一至一百十二、一百二十三至一百三十)

330000－1701－0041104　SBC0753　集部/曲類/曲韻曲譜曲律之屬
海青拏鶴一卷　(清)靜盦氏譜　清末抄本　一冊

330000－1701－0041105　普 610.9516/2655
子部/醫家類/綜合之屬/通論
訂補明醫指掌十卷　(明)皇甫中撰　(明)王肯堂等訂補　明金閶傳萬堂刻本　十冊

330000－1701－0041106　普 610.9516/1183.2/2　子部/醫家類/醫經之屬/内經
類經三十二卷　(明)張介賓類注　**類經圖翼十一卷附翼四卷**　(明)張介賓撰　明天啓四年(1624)會稽張介賓刻天德堂尚賢堂印本　二十四冊

330000－1701－0041108　普 610.9516/1214.02　子部/醫家類/綜合之屬/通論
赤水玄珠十七卷　(明)孫一奎撰　清汲古閣書局刻本　十五冊　缺一卷(二)

330000－1701－0041109　普 811.17/3301
集部/别集類/清別集
矢音集十卷　(清)梁詩正撰　清乾隆二十年(1755)清勤堂刻本　四冊

330000－1701－0041110　SBC0752　經部/叢編
禹貢檀弓考工記合刻　明刻本　一冊

330000－1701－0041114　普 811.17/3302.2
集部/别集類/清別集
桐乳齋詩集十二卷　(清)梁文濂撰　清乾隆十二年(1747)梁啓心等刻本　四冊

330000－1701－0041116　普 811.17/3322/c1
類叢部/叢書類/彙編之屬
懷豳雜俎十二種　徐乃昌編　清光緒至宣統南陵徐氏刻本　一冊　存一種

330000－1701－0041117　普 610.9516/4054
子部/醫家類/綜合之屬/通論
詳校醫宗必讀十卷　(明)李中梓撰　清光緒二十六年(1900)上海文宜書局石印本　三冊　缺二卷(六至七)

330000－1701－0041118　普 610.9516/1183.

3　子部/醫家類/類編之屬

醫林指月十二種　(清)王琦編　清乾隆刻本　一册　存一種

330000－1701－0041121　普 811.17/3303　集部/别集類/清别集

桐乳齋詩集十二卷　(清)梁文濂撰　清乾隆十二年(1747)梁啓心等刻本　二册　存六卷(一至六)

330000－1701－0041122　普 811.17/3322/c2　類叢部/叢書類/彙編之屬

懷豳雜俎十二種　徐乃昌編　清光緒至宣統南陵徐氏刻本　一册　存一種

330000－1701－0041123　SBC0758　史部/史抄類

歷代史纂左編一百四十二卷　(明)唐順之撰　明萬曆三十九年(1611)吳用先等刻本　四十册

330000－1701－0041124　普 811.17/3344　集部/别集類/清别集

無怠懈齋詩稿一卷　(清)梁藹如撰　(清)梁邦俊編　清道光刻本　一册

330000－1701－0041126　普 811.17/33221/c1　集部/别集類/清别集

古春軒詩鈔二卷　(清)梁德繩撰　清咸豐二年(1852)鳳城刻本　一册

330000－1701－0041127　普 811.17/3333　集部/别集類/清别集

南香草堂詩集四卷　(清)梁啓心撰　清乾隆二十四年(1759)刻本　四册

330000－1701－0041128　普 610.9516/4042/c1　子部/醫家類/綜合之屬/通論

醫學入門七卷首一卷　(明)李梴撰　清同治九年(1870)紅杏山房刻本　十六册

330000－1701－0041129　SBC0771　史部/金石類/錢幣之屬

古泉搨本三卷　(清)雷葆廉編　稿本　一册

330000－1701－0041130　SBC0768　史部/目録類/總録之屬/私撰

安越堂所刻書總目不分卷　(清)平步青撰　清安越堂抄本　一册

330000－1701－0041131　普 610.9516/4042/c2　子部/醫家類/綜合之屬/通論

醫學入門七卷首一卷　(明)李梴撰　清同治九年(1870)紅杏山房刻本　十六册

330000－1701－0041135　普 811.17/33221/c2　集部/别集類/清别集

古春軒詩鈔二卷　(清)梁德繩撰　清咸豐二年(1852)鳳城刻本　一册

330000－1701－0041136　普 610.9517/0044　子部/醫家類/類編之屬

醫門棒喝二種　(清)章楠撰　清同治六年(1867)聚文堂刻本　十二册

330000－1701－0041137　G011097　新學/政治法律/制度

法政叢誌一卷　(清)葉夏聲輯　清末鉛印本　一册

330000－1701－0041138　SBC0766　類叢部/叢書類/彙編之屬

兩京遺編十二種　(明)胡維新　(明)原一魁編　明萬曆十年(1582)原一魁刻本　一册　存一種

330000－1701－0041139　普 610.9516/4054/3/c1　子部/醫家類/綜合之屬/通論

羣玉山房重校醫宗必讀十卷　(明)李中梓撰　清光緒九年(1883)羣玉山房刻本　清董耀庭批並題簽　五册

330000－1701－0041140　普 610.9516/4054/3/c2　子部/醫家類/綜合之屬/通論

羣玉山房重校醫宗必讀十卷　(明)李中梓撰　清光緒九年(1883)羣玉山房刻本　五册

330000－1701－0041141　普 610.9516/4054/4　子部/醫家類/綜合之屬/通論

詳校醫宗必讀十卷　(明)李中梓撰　清光緒六年(1880)掃葉山房刻本　六册

330000－1701－0041142　普811.17/33221/2/c1　集部/别集類/清别集

古春軒詩鈔二卷　(清)梁德繩撰　清同治二年(1863)柘浦刻本　一册

330000－1701－0041143　普811.17/33221/2/c3　集部/别集類/清别集

古春軒詩鈔二卷　(清)梁德繩撰　清道光二十九年(1849)刻本　二册

330000－1701－0041144　普811.17/33221/3/c1　集部/别集類/清别集

古春軒詩鈔二卷　(清)梁德繩撰　清同治二年(1863)柘浦刻本　一册

330000－1701－0041145　SBC0765　史部/地理類/方志之屬/郡縣志

黑龍江外紀八卷　(清)西清撰　清抄本　一册　存四卷(一至四)

330000－1701－0041146　SBC0770　經部/小學類/音韻之屬/韻書

書學正韻三十六卷　(元)楊桓撰　元刻明修本　一册　存一卷(十五)

330000－1701－0041147　普811.17/33221/3/c3　集部/别集類/清别集

古春軒詩鈔二卷　(清)梁德繩撰　清同治二年(1863)柘浦刻本　一册

330000－1701－0041148　SBC0760　集部/别集類/宋别集

臨川先生文集一百卷目録二卷　(宋)王安石撰　明嘉靖三十九年(1560)何遷撫州刻本　十六册　存八十卷(目録下、二十二至一百)

330000－1701－0041149　SBC0761　集部/别集類/明别集

徐文長三集二十九卷四聲猿一卷　(明)徐渭撰　明萬曆刻本　八册　存二十三卷(七至二十九)

330000－1701－0041150　普610.9516/4054/5　子部/醫家類/綜合之屬/通論

古吴童氏重校醫宗必讀十卷　(明)李中梓撰　清光緒上海翔文書局石印本　二册

330000－1701－0041151　SBC0764　史部/雜史類/斷代之屬

南渡錄大略一卷南燼紀聞錄一卷　(宋)辛棄疾撰　清抄本　一册

330000－1701－0041153　普811.17/3310　集部/别集類/清别集

毋自欺齋詩畧一卷　(清)梁元撰　**茗香室詩畧一卷**　(清)李如蕙撰　清同治七年(1868)刻本　一册

330000－1701－0041154　普610.9516/4417　子部/醫家類/類編之屬

薛氏醫按十六種　(明)薛己編　明崇禎元年(1628)朱明刻本　四册　存一種

330000－1701－0041158　SBC0762　史部/金石類/石之屬

穆甫雙句碑帖不分卷　(清)黄士陵書　清黄士陵雙鉤本　清黄士陵題簽並記　五册

330000－1701－0041159　普811.17/3384　集部/别集類/清别集

百一集一卷灕江送别詩一卷　(清)浦銑撰　清乾隆五十五年(1790)復小齋刻本　一册

330000－1701－0041160　普811.17/3316　集部/别集類/清别集

玉玲瓏館詩選一卷　(清)浦承恩撰　清道光八年(1828)木活字印本　二册

330000－1701－0041162　普610.9517/00441　子部/醫家類/類編之屬

醫林指月十二種　(清)王琦編　清乾隆三十二年(1767)刻本　一册　存一種

330000－1701－0041164　普811.17/34142　集部/别集類/清别集

柘西草堂詩鈔一卷續鈔一卷　(清)沈正楷撰　清同治三年(1864)刻本　一册

330000－1701－0041165　普811.17/3414　集部/别集類/清别集

隱拙齋集五十卷　(清)沈廷芳撰　清乾隆二十二年(1757)則經堂刻本　六册　存二十二卷(一至二十二)

330000－1701－0041166　普 811.17/3411　集部/别集類/清别集

聖禾鄉農詩鈔四卷　(清)沈珏撰　清光緒九年至十年(1883－1884)刻本　一册

330000－1701－0041167　普 811.17/3407/2c1　集部/别集類/清别集

沈四山人詩錄六卷附錄一卷　(清)沈謹學撰　清道光三十年(1850)刻本　一册

330000－1701－0041168　普 811.17/3404/c1　集部/别集類

倚梅閣詩集四卷詞鈔一卷　沈韻蘭撰　清宣統元年(1909)木活字印本　一册

330000－1701－0041170　普 811.17/3420　集部/别集類/清别集

六舟山野紀事詩一卷　(清)釋達受撰　清末常熟周大輔鄀公鍾室抄本　一册

330000－1701－0041171　普 811.17/3404/c2　集部/别集類

倚梅閣詩集四卷詞鈔一卷　沈韻蘭撰　清宣統元年(1909)木活字印本　一册

330000－1701－0041172　普 811.17/3407/2c2　類叢部/叢書類/彙編之屬

滂喜齋叢書五十種　(清)潘祖蔭編　清同治至光緒吳縣潘氏京師刻本　一册　存一種

330000－1701－0041173　普 811.17/3405　類叢部/叢書類/彙編之屬

小穜字林叢刻七種　(清)吳受福編　清光緒刻本　一册　存一種

330000－1701－0041174　普 610.9517/1012　子部/醫家類/醫話醫論之屬

醫理信述六卷　(清)夏子俊撰　清光緒二十五年(1899)黄城柯樹德堂刻本　四册

330000－1701－0041175　普 811.17/3411/2　集部/别集類/清别集

聖禾鄉農詩鈔四卷　(清)沈珏撰　清光緒九年至十年(1883－1884)刻本　一册

330000－1701－0041176　普 811.17/34141　類叢部/叢書類/自著之屬

校禮堂全集六種　(清)淩廷堪撰　清嘉慶至道光刻本　二册　存一種

330000－1701－0041178　SBC0777　史部/政書類/公牘檔冊之屬

南武公牘拾存一卷判事拾存一卷　(清)萬立鈞撰　清抄本　清媿庵、何笙甫跋　一册

330000－1701－0041181　普 610.9516/4417/2　子部/醫家類/眼科之屬

原機啓微集二卷附錄一卷　(元)倪維德撰　(明)薛己校補　明嘉靖刻遞修本　一册

330000－1701－0041182　普 610.9517/1032　子部/醫家類/醫理之屬/綜合

醫林改錯二卷　(清)王清任撰　清光緒二十三年(1897)鄂藩使署刻本　一册

330000－1701－0041183　普 811.17/34111　集部/别集類/清别集

筠心書屋詩鈔十二卷　(清)褚廷璋撰　(清)姚鼐編定　清嘉慶十一年(1806)晉江張氏鑑湖亭刻本　四册

330000－1701－0041185　普 811.17/34241　集部/别集類/清别集

頤綵堂文集十六卷詩鈔十卷劍舟律賦二卷經進文藁一卷駢體文鈔二卷　(清)沈叔埏撰　清光緒九年(1883)秀水沈宗濟刻本　二册　存十卷(頤綵堂詩鈔一至十)

330000－1701－0041187　普 610.9517/1032/c1　子部/醫家類/醫理之屬/綜合

醫林改錯二卷　(清)王清任撰　清宣統元年(1909)仁記書莊刻本　二册

330000－1701－0041189　普 811.17/34271　集部/别集類/清别集

訒齋文鈔二卷詩鈔一卷手札四卷附錄一卷　(清)褚維垕撰　清光緒二十七年(1901)刻本　一册　存一卷(詩鈔)

330000－1701－0041190　普 811.17/3412　集部/别集類/清别集

洪光祿遺集一卷　(清)洪璠撰　清宣統元年

(1909)鉛印本　一冊

330000－1701－0041191　普 811.17/34242　集部/別集類/清別集

寒石詩鈔十二卷　(清)沈紹姬撰　清康熙五十九年(1720)刻本　四冊

330000－1701－0041193　普 610.9517/0042/c1　子部/醫家類/類編之屬

醫林指月十二種　(清)王琦編　清乾隆三十二年(1767)刻本　一冊　存一種

330000－1701－0041194　SBC0776　集部/別集類/唐五代別集

唐排律詩讀本二卷　(清)凌萊輯　清清遠書樓抄本　一冊

330000－1701－0041195　普 610.9517/1032/2/c2　子部/醫家類/醫理之屬/綜合

醫林改錯二卷　(清)王清任撰　清宣統元年(1909)仁記書莊刻本　二冊

330000－1701－0041197　普 811.17/3421　集部/別集類/清別集

閒中草一卷續編一卷　(清)沈經撰　清刻本　一冊

330000－1701－0041200　普 811.17/34305/c1　集部/別集類/清別集

三千藏印齋詩鈔八卷　(清)沈淮撰　清道光刻本　二冊

330000－1701－0041201　普 811.17/3430/c1　類叢部/叢書類/自著之屬

沈蓮溪全集六種　(清)沈濂撰　清道光至咸豐秀水沈氏始言堂刻本　一冊　存一種

330000－1701－0041203　普 811.17/34243　集部/別集類/清別集

梵夾集八卷　(清)沈名蓀撰　(清)趙昱編　清初刻本　四冊

330000－1701－0041204　普 610.9517/0042/c2　子部/醫家類/類編之屬

醫林指月十二種　(清)王琦編　清乾隆三十二年(1767)刻本　一冊　存一種

330000－1701－0041205　普 811.17/3436　類叢部/叢書類/自著之屬

莘廬遺集四種附二種　(清)凌泗撰　清宣統三年至民國三年(1911－1914)沈廷鏞刻本　二冊　存四種

330000－1701－0041206　普 811.17/3432.2　集部/別集類/清別集

妙香詩草一卷　(清)釋漢兆撰　清道光妙香室刻本　一冊

330000－1701－0041207　普 610.9516/4921/3/c1　子部/醫家類/綜合之屬/通論

醫貫六卷　(明)趙獻可撰　(明)呂留良評　清初刻本　施景垣批校　二冊

330000－1701－0041210　SBC0772　史部/紀傳類/正史之屬

前漢書一百卷　(漢)班固撰　明嘉靖德藩最樂軒刻本　八冊　存四十七卷(二十一至二十三、三十一至三十七、四十五至五十、五十七至八十七)

330000－1701－0041211　普 610.9517/0042.2　子部/醫家類/類編之屬

增註醫宗己任編八卷　(清)楊乘六編　(清)王汝謙補注　清光緒十七年(1891)南京李光明莊刻本　四冊

330000－1701－0041212　普 811.17/3423　類叢部/叢書類/自著之屬

沈歸愚詩文全集十四種　(清)沈德潛撰　清乾隆教忠堂刻本　二冊　存一種

330000－1701－0041213　普 811.17/3430/c2、普 811.17/3430.2、類叢部/叢書類/自著之屬

沈蓮溪全集六種　(清)沈濂撰　清道光至咸豐秀水沈氏始言堂刻本　三冊　存二種

330000－1701－0041214　普 610.9517/0042.2/2　子部/醫家類/類編之屬

己任編八卷　(清)楊乘六編　清光緒十年(1884)有鴻齋刻本　四冊

330000－1701－0041216　普 811.17/3426

集部/别集類/清别集

漁莊晚唱八卷 （清）沈堡撰 清乾隆十九年(1754)刻本 三冊

330000－1701－0041217 SBC0785 子部/術數類/占候之屬

白猿經二卷 清抄本 一冊

330000－1701－0041218 普 811.17/3430.02 類叢部/叢書類/自著之屬

沈蓮溪全集六種 （清）沈濂撰 清道光至咸豐秀水沈氏始言堂刻本 一冊 存一種

330000－1701－0041219 普 610.9516/4921/3/c2 子部/醫家類/綜合之屬/通論

醫貫六卷 （明）趙獻可撰 （明）呂留良評 清初刻本 二冊

330000－1701－0041220 普 811.17/34305/c2 集部/别集類/清别集

三千藏印齋詩鈔八卷 （清）沈淮撰 清道光刻本 四冊

330000－1701－0041222 普 811.17/3431 集部/别集類/明别集

蘆槎詩稿二卷 （明）沈濬撰 清光緒三年(1877)師齋刻本 二冊

330000－1701－0041223 普 811.17/3437/c1 集部/别集類/清别集

賜硯齋詩存四卷首一卷 （清）沈涵撰 清乾隆二十二年(1757)沈桂臣刻嘉慶二十一年(1816)印本 六冊

330000－1701－0041224 普 811.17/3424/c1 集部/别集類/清别集

人境結廬詩稿十二卷 （清）褚維塏撰 清光緒二十年(1894)餘杭褚氏刻本 六冊

330000－1701－0041225 普 811.17/3432 集部/别集類/清别集

妙香詩草十卷 （清）釋漢兆撰 清道光三年(1823)刻本 八冊

330000－1701－0041227 SBC0782 史部/地理類/山川之屬/水志

水經注四十卷新增補遺一卷附錄二卷 （北魏）酈道元撰 （清）全祖望校 清董氏六一山房抄本 清董沛校 二冊 存五卷(一至五)

330000－1701－0041228 普 811.17/3424/c2 集部/别集類/清别集

人境結廬詩稿十二卷 （清）褚維塏撰 清光緒二十年(1894)餘杭褚氏刻本 六冊

330000－1701－0041231 普 811.17/3427 集部/别集類/清别集

得菴詩鈔一卷 （清）沈魯撰 清刻本 沈家璠跋 一冊

330000－1701－0041232 普 811.17/34371/c1 集部/别集類/清别集

蘭韻堂詩集八卷 （清）沈初撰 清乾隆刻本(卷一配抄本) 二冊

330000－1701－0041234 普 610.9517/2632/2 子部/醫家類/内科之屬/其他内科病證

不居集五十卷首二卷 （清）吳澄撰 清道光十三年(1833)芸香閣刻本 三十冊

330000－1701－0041235 普 811.17/34411 集部/别集類/清别集

又希齋集四卷 （清）沈范孫撰 清咸豐三年(1853)刻本 二冊

330000－1701－0041237 普 811.17/34371/c2 集部/别集類/清别集

蘭韻堂詩集八卷 （清）沈初撰 清乾隆刻本 二冊

330000－1701－0041238 普 811.17/3434/c1 集部/别集類/清别集

翠螺閣詩稾四卷詞稾一卷 （清）凌祉媛撰

舞鏡集一卷 （清）丁丙撰 清咸豐四年(1854)丁氏延慶堂刻本 一冊

330000－1701－0041239 普 811.17/3444/c1 集部/别集類/清别集

玉笙樓詩錄十二卷續錄一卷 （清）沈壽榕撰 清光緒九年至十年(1883－1884)刻本 十二冊 缺一卷(續錄)

330000－1701－0041240　普 610.9517/1141　子部/醫家類/醫經之屬
佀山堂類辯二卷　(清)張志聰撰　清乾隆刻本　一冊

330000－1701－0041243　SBC0781　史部/傳記類/别傳之屬/事狀
袁氏先正獻公及袁氏家人事略一卷　(清)袁士杰輯　**同治庚午詩文稿一卷**　(清)袁士杰撰　稿本　一冊

330000－1701－0041244　普 811.17/3444/c2　集部/别集類/清别集
玉笙樓詩錄十二卷續錄一卷　(清)沈壽榕撰　清光緒九年至十年(1883－1884)刻本　六冊

330000－1701－0041245　普 811.17/3441/c1　子部/藝術類/書畫之屬/書法書品
太倉沈敬亭先生真蹟一卷　(清)沈起元書　清光緒三十四年(1908)石印本　一冊

330000－1701－0041246　普 610.9517/2100　子部/醫家類/類編之屬
壽芝醫畧　(清)王廷俊撰輯　清同治六年(1867)浙省翰墨齋刻本　三冊　存一種

330000－1701－0041247　普 811.17/34511　集部/别集類/清别集
蓬莊詩集五卷　(清)沈虹撰　清雍正刻本　二冊

330000－1701－0041248　普 811.17/3441/c2　子部/藝術類/書畫之屬/書法書品
太倉沈敬亭先生真蹟一卷　(清)沈起元書　清光緒三十四年(1908)石印本　一冊

330000－1701－0041249　普 811.17/3434/c2　集部/别集類/清别集
翠螺閣詩稾四卷詞稾一卷　(清)凌祉媛撰　**舞鏡集一卷**　(清)丁丙撰　清咸豐四年(1854)丁氏延慶堂刻本　一冊　存三卷(一至三)

330000－1701－0041250　普 811.17/34441　集部/别集類/清别集
兼山堂詩集三卷湘夢詞一卷　(清)沈棅撰　清道光刻本　二冊

330000－1701－0041255　SBC0779　集部/别集類/宋别集
袁正獻公遺文補抄不分卷　(宋)袁燮撰　(清)袁士杰輯　清煙嶼樓抄本　清徐時棟批校　二冊

330000－1701－0041256　普 811.17/3434/2/c1　集部/别集類/清别集
翠螺閣詩稾四卷詞稾一卷　(清)凌祉媛撰　**舞鏡集一卷**　(清)丁丙撰　清咸豐四年(1854)丁氏延慶堂刻本　一冊　缺一卷(舞鏡集)

330000－1701－0041257　普 811.17/3452　集部/别集類/清别集
寓舟詩集八卷　(清)沈青崕撰　(清)沈德潛等評　清乾隆十三年(1748)刻本　四冊

330000－1701－0041258　普 951.00922/1779/7/c1　史部/編年類/通代之屬
資治通鑑二百九十四卷目錄三十卷　(宋)司馬光撰　(元)胡三省音注　**續資治通鑑二百二十卷**　(清)畢沅撰　清光緒二十二年(1896)上海蜚英館石印本　四十六冊　存二百九十四卷(一至二百九十四)

330000－1701－0041260　SBC0792　類叢部/類書類/專類之屬
廣博物志五十卷　(明)董斯張輯　明萬曆高暉堂刻本　三十八冊　存三十八卷(二至十四、十六至十七、二十至二十四、二十六至二十七、二十九至三十、三十二至三十三、三十六至三十七、三十九至四十六、四十八、五十)

330000－1701－0041261　普 811.17/3434/2/c2　集部/别集類/清别集
翠螺閣詩稾四卷詞稾一卷　(清)凌祉媛撰　**舞鏡集一卷**　(清)丁丙撰　清咸豐四年(1854)丁氏延慶堂刻本　一冊　缺一卷(舞鏡集)

330000－1701－0041262　普 951.00922/

1779/7/c2　史部/編年類/通代之屬

資治通鑑二百九十四卷目錄三十卷　(宋)司馬光撰　(元)胡三省音注　**續資治通鑑二百二十卷**　(清)畢沅撰　清光緒二十二年(1896)上海蜚英館石印本　三十六冊　存二百九十四卷(一至二百九十四)

330000　1701　0041264　普 811.17/34541/c1　集部/別集類/清別集

東園詩鈔十二卷首一卷　(清)凌泰封撰　清光緒十六年(1890)刻本　二冊

330000－1701－0041265　普 811.17/3434/2/c5　集部/別集類/清別集

翠螺閣詩稾四卷詞稾一卷　(清)凌祉媛撰　**舞鏡集一卷**　(清)丁丙撰　清咸豐四年(1854)丁氏延慶堂刻本　一冊

330000－1701－0041266　普 811.17/34541/c2　集部/別集類/清別集

東園詩鈔十二卷首一卷　(清)凌泰封撰　清光緒十六年(1890)刻本　二冊

330000－1701－0041268　普 610.9517/2142　子部/醫家類/綜合之屬/通論

醫學妙諦三卷　(清)何其偉撰　清光緒十九年(1893)橘香書屋刻本　三冊

330000－1701－0041269　普 811.17/34541/c3　集部/別集類/清別集

東園詩鈔十二卷首一卷　(清)凌泰封撰　清光緒十六年(1890)刻本　二冊

330000－1701－0041270　普 811.17/3462　集部/別集類/清別集

蒙廬詩存四卷外集一卷　(清)沈景脩撰　清光緒二十一年(1895)杭州刻本　清沈銘跋　四冊

330000－1701－0041271　SBC0793　子部/醫家類/外科之屬/通論

外科雜治方□□卷　清抄本　一冊　存一卷(五)

330000－1701－0041274　普 610.9517/2634　子部/醫家類/醫話醫論之屬

醫學求是一卷二集二卷醫案一卷　(清)吳達撰　清光緒六年至十一年(1880－1885)刻本　二冊

330000－1701－0041275　普 610.9517/2141　子部/醫家類/綜合之屬/通論

醫碥七卷　(清)何夢瑤撰　清乾隆十六年(1751)刻本　六冊

330000－1701－0041276　普 811.17/3468　類叢部/叢書類/彙編之屬

會稽徐氏鑄學齋叢書十三種　徐維則編　清咸豐至光緒會稽徐氏刻光緒二十六年(1900)彙印本　一冊　存一種

330000－1701－0041277　普 811.17/3445　集部/別集類/清別集

禮堂詩鈔八卷　(清)沈大本撰　清嘉慶二十一年(1816)刻本　二冊

330000－1701－0041278　普 811.17/3475　集部/別集類/清別集

古香樓遺稿十卷　(清)沈長春撰　清嘉慶二十五年(1820)刻本　四冊

330000－1701－0041279　普 811.17/3468/(2)　類叢部/叢書類/彙編之屬

會稽徐氏鑄學齋叢書十三種　徐維則編　清咸豐至光緒會稽徐氏刻光緒二十六年(1900)彙印本　一冊　存二種

330000－1701－0041280　SBC0794　子部/醫家類/傷寒金匱之屬/傷寒論

傷寒紀玄妙用集十卷　(明)尚從善編　**仲景藥性論治一卷**　(明)尚從善撰　清抄本　一冊　存四卷(八至十、仲景藥性論治)

330000－1701－0041281　普 811.17/3449　類叢部/叢書類/自著之屬

傅經堂叢書十二種　(清)洪頤煊撰　清嘉慶至道光臨海洪氏刻本　二冊　存二種

330000－1701－0041283　普 811.17/3434/2(2)/c1　集部/別集類/清別集

翠螺閣詩稾四卷詞稾一卷　(清)凌祉媛撰　**舞鏡集一卷**　(清)丁丙撰　清咸豐四年

(1854)丁氏延慶堂刻本　二冊　缺一卷(舞鏡集)

330000－1701－0041285　普811.17/34831/c1　集部/別集類/清別集
隨吟小草不分卷　(清)沈鋐撰　清光緒二十年(1894)刻本　一冊

330000－1701－0041287　普610.9517/2664/2　子部/醫家類/綜合之屬/通論
醫學心悟五卷附外科十法一卷　(清)程國彭撰　清刻本　五冊

330000－1701－0041288　普811.17/34831/c2　集部/別集類/清別集
隨吟小草不分卷　(清)沈鋐撰　清光緒二十年(1894)刻本　一冊

330000－1701－0041290　普610.9517/2668/2/c1　子部/醫家類/綜合之屬/雜著
醫家四要四卷　(清)程曦　(清)江誠　(清)雷大震撰　清光緒十二年(1886)養鶴山房刻本　四冊

330000－1701－0041291　普811.17/34831/c3　集部/別集類/清別集
隨吟小草不分卷　(清)沈鋐撰　清光緒二十年(1894)刻本　一冊

330000－1701－0041292　普811.17/3434/2(2)/c2　集部/別集類/清別集
翠螺閣詩稾四卷詞稾一卷　(清)凌祉媛撰
舞鏡集一卷　(清)丁丙撰　清咸豐四年(1854)丁氏延慶堂刻本　二冊　缺一卷(舞鏡集)

330000－1701－0041293　普610.9517/2646　子部/醫家類/醫話醫論之屬
醫法心傳一卷　(清)程鑒撰　清光緒十三年(1887)養鶴山房刻本　一冊

330000－1701－0041294　普811.17/34721　集部/別集類/清別集
來青軒試帖二卷　(清)沈閬崐撰　清光緒十一年(1885)刻本　驧伯氏題記　一冊

330000－1701－0041298　普811.17/3483.3　集部/別集類/清別集
鴻雪樓詩選初集十五卷　(清)沈善寶撰　清道光八年(1828)刻本　四冊

330000－1701－0041299　普610.9517/2647/c1　子部/醫家類/醫話醫論之屬
引經證醫四卷　(清)程樑撰　清光緒八年(1882)刻本　四冊

330000－1701－0041300　普811.17/3434/3　集部/別集類/清別集
翠螺閣詩稾四卷詞稾一卷　(清)凌祉媛撰
舞鏡集一卷　(清)丁丙撰　清咸豐四年(1854)丁氏延慶堂刻本　二冊　缺一卷(一)

330000－1701－0041301　普811.17/3473　集部/別集類/清別集
桂留山房詩集十二卷詞集一卷　(清)沈學淵撰　清道光二十四年(1844)郁松年刻本　四冊

330000－1701－0041302　普610.9517/2668/2/c2　子部/醫家類/綜合之屬/雜著
醫家四要四卷　(清)程曦　(清)江誠　(清)雷大震撰　清光緒十二年(1886)養鶴山房刻本　四冊

330000－1701－0041304　普610.9517/2647/c2　子部/醫家類/醫話醫論之屬
引經證醫四卷　(清)程樑撰　清光緒八年(1882)刻本　四冊

330000－1701－0041306　普951.00922/1779/12　史部/編年類/通代之屬
資治通鑑二百九十四卷　(宋)司馬光撰　(元)胡三省音注　清末石印本　三十冊

330000－1701－0041307　普811.17/3434/4　集部/別集類/清別集
翠螺閣詩稾四卷詞稾一卷　(清)凌祉媛撰
舞鏡集一卷　(清)丁丙撰　清咸豐四年(1854)丁氏延慶堂刻本　戚氏題記　三冊　缺一卷(一)

330000－1701－0041308　普811.17/3479/c2

類叢部/叢書類/自著之屬

傳經堂叢書十二種 (清)洪頤煊撰 清嘉慶至道光臨海洪氏刻本 一册 存一種

330000－1701－0041310 普811.17/3494/c1 集部/別集類/清別集

斲研山房詩鈔八卷 (清)沈炳垣撰 清道光六年(1826)刻本 一册 存六卷(一至六)

330000－1701－0041311 普610.9517/2664 子部/醫家類/綜合之屬/通論

醫學心悟五卷 (清)程國彭撰 清光緒三十四年(1908)渝城善成書莊刻本 五册

330000－1701－0041312 普811.17/3481 集部/別集類/清別集

青埵山人詩十卷 (清)洪飴孫撰 清光緒十年(1884)陳氏西江使廨刻本 四册

330000－1701－0041313 SBC0795 子部/醫家類/本草之屬/歷代綜合本草

本草綱目五十二卷圖二卷瀕湖脈學一卷脈訣攷證一卷奇經八脈攷一卷 (明)李時珍撰 明萬曆三十一年(1603)張鼎思刻本(圖卷下配明刻本) 七册 缺四十三卷(三至三十六、三十九至四十六,圖一)

330000－1701－0041315 普811.17/3481/(2)/c1 集部/別集類/清別集

青埵山人詩十卷 (清)洪飴孫撰 清光緒十年(1884)陳氏西江使廨刻本 二册

330000－1701－0041316 普811.17/34942/c1 集部/別集類/清別集

田硯齋詩集六卷 (清)褚榮槐撰 褚源深編 清宣統二年(1910)嘉興褚覺鈴鉛印本 二册

330000－1701－0041317 普811.17/3494.2 集部/別集類/清別集

祥止室詩鈔四卷 (清)沈炳垣撰 清道光十二年(1832)刻本 一册

330000－1701－0041318 普610.9517/3123 子部/醫家類/綜合之屬/通論

醫林纂要探源十卷附錄一卷 (清)汪紱撰 清道光二十九年(1849)遺經堂刻本 十六册

330000－1701－0041319 普811.17/3488 集部/別集類/清別集

守經堂詩集十卷附自著書一卷 (清)沈筠撰 清光緒九年至十三年(1883－1887)刻民國九年(1920)印本 四册

330000－1701－0041320 普610.9517/3123/2/c1 類叢部/叢書類/自著之屬

汪雙池先生叢書二十種附浙刻雙池遺書十二種 (清)汪紱撰 清道光至光緒刻光緒二十三年(1897)長安趙舒翹等彙印本 十册 存一種

330000－1701－0041321 普811.17/3482/c1 集部/別集類/清別集

雙碧館詩存二卷 (清)洪錫爵撰 清宣統元年(1909)成都洪氏刻本 二册

330000－1701－0041322 SBC0799 子部/雜著類/雜說之屬

楊園語略一卷 (清)張履祥撰 清抄本 一册

330000－1701－0041323 普951.00922/1779.08 史部/編年類

校刊資治通鑑全書八種 (清)胡元常輯 清光緒十四年至十七年(1888－1891)長沙楊氏刻本 八册 存一種

330000－1701－0041324 普610.9517/3136 子部/醫家類/綜合之屬/雜著

筆花醫鏡四卷 (清)江涵暾撰 清同治十二年(1873)刻本 清劍儂跋 一册

330000－1701－0041325 普811.17/34941 集部/別集類/清別集

瘦唫廬詩鈔四卷 (清)沈煒撰 清道光十七年(1837)刻本 四册

330000－1701－0041326 普811.17/3482/c2 集部/別集類/清別集

雙碧館詩存二卷 (清)洪錫爵撰 清宣統元年(1909)成都洪氏刻本 二册

330000－1701－0041328　普 811.17/34941/2　集部/别集類/清别集
瘦唫廬詩鈔四卷　(清)沈煒撰　清道光十七年(1837)刻本　一册

330000－1701－0041329　普 811.17/34821　集部/别集類/清别集
慧香室集四卷　(清)沈鎔經撰　清光緒刻本　四册

330000－1701－0041330　普 811.17/3488/2　集部/别集類/清别集
守經堂詩集四卷附自著書一卷補亡書目一卷　(清)沈筠撰　清光緒九年至十二年(1883－1886)刻民國九年(1920)印本　二册

330000－1701－0041331　普 811.17/3530　集部/總集類/題詠之屬
文木題詠彙存不分卷　(清)葉志詵輯　清刻本　一册

330000－1701－0041332　普 610.9517/3136/3/c1　子部/醫家類/綜合之屬/雜著
筆花醫鏡四卷　(清)江涵暾撰　清光緒十一年(1885)刻本　一册

330000－1701－0041333　普 811.17/35322　集部/别集類/清别集
聶許齋詩鈔六卷　(清)陳鴻儔撰　**古懽齋詩鈔一卷**　(清)陳鴻漸撰　清道光二十五年(1845)陳詩翼陝西安康縣署刻本　二册

330000－1701－0041334　普 610.9517/4410/2/c3　子部/醫家類/醫經之屬/内經
醫經原旨六卷　(清)薛雪撰　清寧郡簡香齋刻本　六册

330000－1701－0041335　普 610.9517/3136/3/c2　子部/醫家類/綜合之屬/雜著
筆花醫鏡四卷　(清)江涵暾撰　清光緒十一年(1885)刻本　一册

330000－1701－0041336　普 811.17/3492　集部/别集類/清别集
趣園合集六卷　(清)沈炳然撰　清光緒十八年(1892)刻本　一册　存三卷(一至三)

330000－1701－0041337　普 610.9517/4410/c1　子部/醫家類/醫經之屬/内經
醫經原旨六卷　(清)薛雪撰　清乾隆十九年(1754)薛氏掃葉莊刻本　十二册

330000－1701－0041338　普 610.9517/4411　子部/醫家類/綜合之屬/通論
類證治裁八卷首一卷　(清)林珮琴撰　清光緒二十三年(1897)兩儀堂刻本　十册

330000－1701－0041339　SBC0796　子部/天文曆算類/曆法之屬/總論
古今律曆考七十二卷　(明)邢雲路撰　明萬曆二十七年(1599)徐安刻本　十六册　存三十八卷(一至三十八)

330000－1701－0041340　普 811.17/34921/c1　集部/别集類/清别集
留耕書屋詩草十二卷　(清)沈惇彝撰　清道光十二年(1832)苕上世承堂刻咸豐五年(1855)印本　四册

330000－1701－0041341　普 951.00922/1779.08/2/c2　史部/編年類
資治通鑑彙刻　清同治至光緒江蘇書局刻本　十册　存一種

330000－1701－0041343　普 610.9517/4410/c2　子部/醫家類/醫經之屬/内經
醫經原旨六卷　(清)薛雪撰　清乾隆十九年(1754)薛氏掃葉莊刻本　六册

330000－1701－0041344　普 610.9517/3123/2/c2　類叢部/叢書類/自著之屬
汪雙池先生叢書二十種附浙刻雙池遺書十二種　(清)汪紱撰　清道光至光緒刻光緒二十三年(1897)長安趙舒翹等彙印本　十册　存一種

330000－1701－0041345　普 811.17/34921/c2　集部/别集類/清别集
留耕書屋詩草十二卷　(清)沈惇彝撰　清道光十二年(1832)苕上世承堂刻本　四册

330000－1701－0041346　普 610.9517/4410/(2)　子部/醫家類/醫經之屬/内經

醫經原旨六卷　(清)薛雪撰　清乾隆十九年(1754)薛氏掃葉莊刻本　十冊

330000－1701－0041347　普 811.17/34942/c2　集部/別集類/清別集

田硯齋詩集六卷　(清)褚榮槐撰　褚源深編　清宣統二年(1910)嘉興褚覺鈴鉛印本　二冊

330000－1701－0041349　普 951.00922/1779.08/2/c4　史部/編年類

資治通鑑彙刻　清同治至光緒江蘇書局刻本　十冊　存一種

330000－1701－0041351　普 811.17/3497/c1　集部/別集類/清別集

損窔詩鈔二卷補遺一卷　(清)凌煥撰　(清)顧元爵編　清光緒十八年(1892)清馨榭刻本　一冊　缺一卷(補遺)

330000－1701－0041352　SBC0798　經部/叢編

九經五十一卷附四卷　(明)秦鏷訂正　明刻本　一冊　存一卷(孟子)

330000－1701－0041353　普 610.9517/4410/2/c1　子部/醫家類/醫經之屬/内經

醫經原旨六卷　(清)薛雪撰　清刻本　六冊

330000－1701－0041354　SBC0802　集部/別集類/明別集

王文恪公集三十六卷　(明)王鏊撰　**鶡音一卷白社詩草一卷**　(明)王禹聲撰　**名公筆記一卷**　明萬曆震澤王氏三槐堂刻本　四冊　存二十三卷(一至三、十二至三十一)

330000－1701－0041355　SBC0803　史部/地理類/遊記之屬/紀勝

御製覽勝圖說一卷　清石竹齋抄本　一冊

330000－1701－0041356　普 610.9517/4410/2/c2　子部/醫家類/醫經之屬/内經

醫經原旨六卷　(清)薛雪撰　清寧郡簡香齋刻本　六冊

330000－1701－0041357　普 811.17/3497/c2　集部/別集類/清別集

損窔詩鈔二卷補遺一卷　(清)凌煥撰　(清)顧元爵編　清光緒十八年(1892)清馨榭刻二十九年(1903)補刻三十三年(1907)印本　一冊

330000－1701－0041358　SBC0797　集部/總集類/郡邑之屬

續甬上耆舊詩□□卷　(清)全祖望輯　清抄本　一冊　存十三卷(二十二至三十二、三十四至三十五)

330000－1701－0041359　普 610.9517/4414　子部/醫家類/綜合之屬/通論

醫宗說約四卷　(清)蔣示吉撰　清大文堂刻本　四冊

330000－1701－0041360　普 811.17/3497/c3　集部/別集類/清別集

損窔詩鈔二卷補遺一卷　(清)凌煥撰　(清)顧元爵編　清光緒十八年(1892)清馨榭刻二十九年(1903)補刻三十三年(1907)印本　一冊

330000－1701－0041361　普 610.9517/6052　子部/醫家類/方書之屬/單方驗方

玉版金鍼二卷　(清)呂邦孚撰　清末抄本　二冊

330000－1701－0041362　普 811.17/3547.2　集部/別集類/清別集

御製詩二集九十卷目錄十卷　(清)高宗弘曆撰　清乾隆二十四年(1759)武英殿刻本　三十冊

330000－1701－0041363　普 811.17/3499　集部/別集類/清別集

香雨詩草二卷附詩餘一卷　(清)凌榮撰　**刪餘吟二卷**　(清)沈珠撰　清嘉慶十四年(1809)、十八年(1813)天香吟館刻本　三冊

330000－1701－0041365　SBC0800　子部/儒家類/儒學之屬/性理

新刊群書攷正性理大成七十卷　(明)胡廣等撰　明刻本　十一冊　存六十三卷(一至十

四、二十二至七十）

330000－1701－0041366　SBC0801　集部/別集類/明別集

天目先生集二十一卷　（明）徐中行撰　**附録一卷**　（明）郭造卿撰　明萬曆長興刻本　三册　存十七卷（五至二十一）

330000－1701－0041367　普 610.9517/4414/3　子部/醫家類/綜合之屬/通論

醫宗説約六卷　（清）蔣示吉撰　清漁古山房刻本　四册

330000－1701－0041368　普 811.17/3547.3　集部/别集類/清别集

御製詩三集一百卷目録十二卷　（清）高宗弘曆撰　清乾隆浙江刻本　四十册

330000－1701－0041371　普 610.9517/4431/c1　子部/醫家類/綜合之屬/通論

醫書匯goal輯成二十四卷　（清）蔡宗玉輯　清道光十九年（1839）崇讓堂刻本　二十四册

330000－1701－0041372　普 610.9517/3424　子部/醫家類/綜合之屬/通論

醫宗會要四卷　（清）湛德芬輯　清同治四年（1865）昌江魏謙吉堂木活字印本　四册

330000－1701－0041373　SBC0804　子部/宗教類/佛教之屬/總録

雲棲法彙二十九種　（明）釋袾宏撰　（明）王宇春等輯　清嘉慶十九年至二十三年（1814－1818）刻本　十九册　存十八種

330000－1701－0041374　普 610.9517/4023　子部/醫家類/綜合之屬/通論

疑似辯證二卷　（清）韋佩寬輯　清宣統二年（1910）木活字印本　二册

330000－1701－0041375　SBC0815　子部/道家類

道德南華二經評註合刻十二卷　（明）歸有光輯　（明）文震孟訂　明天啓四年（1624）文震孟竺塢刻本　八册　存八卷（南華真經評註一至八）

330000－1701－0041376　SBC0813　經部/春秋左傳類/專著之屬

春秋左傳年表不分卷　清抄本　二册

330000－1701－0041377　普 610.9517/4431/c2　子部/醫家類/綜合之屬/通論

醫書匯粢輯成二十四卷　（清）蔡宗玉輯　清嘉慶十二年（1807）蔡氏次知齋刻本　晏一氏題簽並記　四册　存四卷（二十一至二十四）

330000－1701－0041378　普 610.9517/4033　子部/醫家類/綜合之屬/通論

醫綱提要八卷　（清）李宗源撰　清光緒二十三年（1897）南京李光明莊刻本　四册

330000－1701－0041379　普 610.9517/6715　子部/醫家類/綜合之屬/通論

御纂醫宗金鑑九十卷首一卷　（清）吳謙等撰　清乾隆刻本　六十册

330000－1701－0041380　普 610.9517/4054/4　子部/醫家類/綜合之屬/通論

醫宗必讀五卷首一卷　（明）李中梓撰　清末文秀堂刻本　五册

330000－1701－0041381　普 610.9517/4402　子部/醫家類/綜合之屬/通論

研經言四卷　（清）莫文泉撰　清光緒五年（1879）月河莫氏刻本　二册

330000－1701－0041382　SBC0810　子部/醫家類/方書之屬/歷代方書

衛生寶鑑二十四卷補遺一卷　（元）羅天益撰　明永樂十五年（1417）韓夷刻明重修本　三册　存十二卷（五至十三、十八至二十）

330000－1701－0041383　SBC0806　史部/傳記類/别傳之屬/年譜

皇明三元太傅商文毅公［輅］年譜一卷　（明）商振倫編　清抄本　一册

330000－1701－0041384　SBC0807　史部/紀傳類/正史之屬

晉書一百三十卷音義三卷　（唐）房玄齡等撰　（唐）何超音義　清同治十年（1871）金陵書局刻二十四史本　吳士鑑題簽　一册　存

目錄

330000－1701－0041385　普 811.17/3624/c1　類叢部/叢書類/自著之屬

西堂全集四種附一種　(清)尤侗撰　清康熙刻本　五冊　存一種

330000－1701－0041386　SBC0814　史部/紀傳類/正史之屬

二十一史　明刻明清遞修本　八冊　存一種

330000－1701－0041387　普 811.17/3624/c4　類叢部/叢書類/自著之屬

西堂全集四種附一種　(清)尤侗撰　清康熙刻本　二冊　存一種

330000－1701－0041388　普 811.17/3624/2　類叢部/叢書類/自著之屬

西堂全集四種附一種　(清)尤侗撰　清康熙刻本　二冊　存一種

330000－1701－0041390　SBC0809　子部/藝術類/篆刻之屬/印譜

雲峰書屋印譜一卷　(清)趙錫綬輯　清同治十二年(1873)石韻抄本　一冊

330000－1701－0041391　普 811.17/3620　集部/别集類/清别集

悦親樓詩集三十卷　(清)祝德麟撰　清嘉慶二年(1797)祝氏刻本　十六冊

330000－1701－0041392　普 811.17/3627　集部/别集類/清别集

衲槑集一卷　(清)湯紀撰　清刻本　一冊

330000－1701－0041393　普 951.00922/1779.08/4/c1　史部/編年類/通代之屬

資治通鑑二百九十四卷目録三十卷　(宋)司馬光撰　(元)胡三省音注　清光緒二十六年(1900)圖書集成局鉛印本　四冊　存三十卷(目録一至三十)

330000－1701－0041395　SBC0821　子部/宗教類/佛教之屬

祖燈大統九十八卷目録二卷　(清)釋淨符輯　清康熙刻本　一冊　存四卷(十至十三)

330000－1701－0041396　普 951.00922/1779.08/4/c2　史部/編年類/通代之屬

資治通鑑二百九十四卷目録三十卷　(宋)司馬光撰　(元)胡三省音注　清光緒二十六年(1900)圖書集成局鉛印本　四冊　存三十卷(目録一至三十)

330000－1701－0041397　普 610.9517/4484　子部/醫家類/綜合之屬/通論

壽身小補九卷　(清)黄兑楣輯　清光緒十四年(1888)佛山鎮字林書局鉛印本　八冊　缺一卷(九)

330000－1701－0041398　SBC0820　子部/醫家類/綜合之屬/通論

編註醫學入門七卷首一卷　(明)李梴撰　明刻本　一冊　存二卷(四至五)

330000－1701－0041399　普 811.17/36271　集部/别集類/清别集

延綠草堂詩存四卷　(清)祝德輿撰　清道光十九年(1839)刻本　一冊

330000－1701－0041400　普 951.00922/1779.08/5　史部/編年類/通代之屬

資治通鑑二百九十四卷目録三十卷　(宋)司馬光撰　(元)胡三省音注　**續資治通鑑二百二十卷**　(清)畢沅撰　清光緒二十五年(1899)上海蜚英館石印本　四冊　存三十卷(目録一至三十)

330000－1701－0041401　普 811.17/3547.4　集部/别集類/清别集

御製全韻詩五卷　(清)高宗弘曆撰　清乾隆彭元瑞寫刻本　五冊

330000－1701－0041402　普 610.9517/6715/2　子部/醫家類/綜合之屬/通論

御纂醫宗金鑑九十卷首一卷　(清)吳謙等撰　清刻本　四十八冊

330000－1701－0041404　普 610.9517/6715/4　子部/醫家類/綜合之屬/通論

御纂醫宗金鑑九十卷首一卷　(清)吳謙等撰　清光緒二年(1876)江西書局刻本　六十冊

330000－1701－0041406　普 610.9517/6715/5　子部/醫家類/綜合之屬/通論

御纂醫宗金鑑九十卷首一卷　（清）吳謙等撰　清乾隆刻本　六十四冊

330000－1701－0041407　SBC0819　史部/紀事本末類/通代之屬

通鑑紀事本末四十二卷　（宋）袁樞撰　明萬曆二年（1574）李栻刻本　一冊　存一卷（二十）

330000－1701－0041408　普 811.17/3547.5　集部/别集類/清别集

御製用白居易新樂府成五十章並效其體不分卷　（清）高宗弘曆撰　清乾隆于敏中寫刻本　四冊

330000－1701－0041409　普 811.17/3619　集部/别集類/清别集

泛香齋詩鈔四卷　（清）溫承悌撰　清光緒三年（1877）刻本　二冊

330000－1701－0041410　普 811.17/3630　集部/别集類/清别集

蓮西詩集四卷　（清）王維珍撰　（清）王頤勳輯　清光緒二十一年（1895）石印本　四冊

330000－1701－0041411　普 951.00922/1779.08/7　史部/編年類

資治通鑑大全八種　（明）陳仁錫輯　明崇禎刻本　十一冊　存三種

330000－1701－0041413　普 811.17/3637/c1　集部/别集類/清别集

懷瞻堂試帖二卷　（清）湯肇熙撰　清光緒十四年（1888）昆陽縣署刻本　二冊

330000－1701－0041414　普 811.17/3614　集部/别集類/清别集

熙齋詩鈔一卷　（清）祝琳撰　清道光二十二年（1842）馬用俊刻本　一冊

330000－1701－0041415　普 811.17/3632　集部/别集類/清别集

西舍詩鈔十六卷文選編四卷　（清）況澄撰　清同治十三年（1874）況氏登善堂刻本　八冊　缺四卷（文選編一至四）

330000－1701－0041416　普 811.17/3637/c2　集部/别集類/清别集

懷瞻堂試帖二卷　（清）湯肇熙撰　清光緒十四年（1888）昆陽縣署刻本　二冊

330000－1701－0041417　SBC0818　類叢部/類書類/通類之屬

聯新事備詩學大成三十卷　（元）林楨輯　明内府刻本　四冊　存十二卷（十至十八、二十五至二十七）

330000－1701－0041418　普 811.17/3641/c1　集部/别集類/清别集

堅香小隱遺詩一卷　（清）祝有琳撰　清同治三年（1864）海寧張士寬刻本　一冊

330000－1701－0041420　普 811.17/3633/c2　集部/别集類/清别集

健修堂詩集二十二卷空青館詞稾三卷　（清）邊浴禮撰　清咸豐十一年（1861）刻本　七冊　缺三卷（空青館詞稾一至三）

330000－1701－0041422　SBC0831　集部/曲類/曲韻曲譜曲律之屬

滿將軍令一卷　清光緒三十三年（1907）南陽靜盦抄本　一冊

330000－1701－0041423　普 811.17/3643　集部/别集類/清别集

與竹居棄稿五十首一卷　（清）湯荀業撰　清嘉慶十八年（1813）刻道光七年（1827）補刻本　一冊

330000－1701－0041424　普 811.17/3633.2/c1　集部/别集類/清别集

健修堂詩集二十二卷空青館詞稾三卷　（清）邊浴禮撰　清咸豐十一年（1861）刻本　八冊

330000－1701－0041425　普 610.9517/6715/7　子部/醫家類/綜合之屬/通論

御纂醫宗金鑑九十卷首一卷　（清）吳謙等撰　清光緒十八年（1892）上海圖書集成印書局鉛印本　二十四冊

330000－1701－0041426　SBC0856　集部/總集類/彙編之屬
唐宋八大家文鈔　(明)茅坤編　明崇禎元年(1628)方應祥刻本　十二册　存一種

330000－1701－0041427　普 811.17/3641/c2　集部/別集類/清別集
堅香小隱遺詩一卷　(清)祝有琳撰　清同治三年(1864)海寧張士寬刻本　一册

330000－1701－0041429　普 951.00922/1779.2　史部/編年類
校刊資治通鑑全書八種　(清)胡元常輯　清光緒十四年至十七年(1888－1891)長沙楊氏刻本　十册　存一種

330000－1701－0041430　普 811.17/36331　集部/別集類/清別集
栖飲草堂詩鈔六卷　(清)湯禮祥撰　清嘉慶二十年(1815)刻本　四册

330000－1701－0041431　普 811.17/3547/c1　集部/別集類/清別集
御製全韻詩五卷　(清)高宗弘曆撰　清刻本　四册

330000－1701－0041432　普 811.17/3648　集部/別集類/清別集
懷清堂集二十卷首一卷　(清)湯右曾撰　清乾隆十一年(1746)湯氏刻本　八册

330000－1701－0041433　普 811.17/40423/c2　集部/別集類/清別集
忘憂草一卷　(清)李鶴生撰　清光緒八年(1882)月初書屋刻本　一册

330000－1701－0041435　SBC0817　史部/雜史類/斷代之屬
戰國策十卷　(宋)鮑彪校注　(元)吳師道補正　(明)穆文熙輯評　明萬曆劉懷恕刻春秋戰國評苑本　一册　存一卷(六)

330000－1701－0041437　普 811.17/3635/c1　集部/別集類/清別集
金源紀事詩八卷　(清)湯運泰撰　(清)湯顯業　(清)湯顯幹注　清同治十二年(1873)淮南書局刻本　四册

330000－1701－0041438　普 811.17/3547/c2　集部/別集類/清別集
御製全韻詩五卷　(清)高宗弘曆撰　清刻本　二册　存二卷(上平聲、下平聲)

330000－1701－0041439　普 951.00922/1779.2/2/c1　類叢部/叢書類/彙編之屬
廣雅書局叢書一百五十九種　徐紹棨編　清光緒廣雅書局刻民國九年(1920)番禺徐紹棨彙編重印本　十册　存一種

330000－1701－0041440　普 811.17/3648/2/c2　集部/別集類/清別集
懷清堂集二十卷首一卷　(清)湯右曾撰　清乾隆十一年(1746)湯氏刻本　四册

330000－1701－0041441　普 811.17/3673　集部/別集類/清別集
琴隱園詩集三十六卷詞集四卷　(清)湯貽汾撰　清光緒元年(1875)武進曹氏刻本　清瑞石山民題記　八册

330000－1701－0041442　普 811.17/3635/c3　集部/別集類/清別集
金源紀事詩八卷　(清)湯運泰撰　(清)湯顯業　(清)湯顯幹注　清同治十二年(1873)淮南書局刻本　四册

330000－1701－0041444　普 610.9517/6715/9　子部/醫家類/綜合之屬/通論
御纂醫宗金鑑九十卷首一卷　(清)吳謙等撰　清刻本　十册　存十六卷(編輯外科心法要訣一至十六)

330000－1701－0041445　SBC0823　集部/總集類/選集之屬/斷代
唐詩品彙九十卷拾遺十卷詩人爵里詳節一卷　(明)高棅輯　明嘉靖十八年(1539)山陽牛斗刻本　一册　存五卷(拾遺一至五)

330000－1701－0041446　普 811.17/3648/3(2)　集部/別集類/清別集
懷清堂集二十卷　(清)湯右曾撰　清乾隆七年(1742)王氏刻本　二册

330000－1701－0041447　普 951.00922/1779.2/2/c2　類叢部/叢書類/彙編之屬

廣雅書局叢書一百五十九種　徐紹棨編　清光緒廣雅書局刻民國九年(1920)番禺徐紹棨彙編重印本　十册　存一種

330000－1701－0041449　普 610.9517/7220　子部/醫家類/綜合之屬/通論

醫學集成四卷　(清)劉仕廉撰　清同治十二年(1873)醉吟山房刻本　四册

330000－1701－0041450　SBC0822　經部/小學類/音韻之屬/韻書

重刊併音連聲韻學集成十三卷重訂直音篇七卷　(明)章黼撰　明萬曆六年(1578)維揚資政左室刻本　四册　存四卷(併音連聲韻學集成一、四、七、九)

330000－1701－0041451　普 811.17/3677　集部/别集類/清别集

海秋詩集二十六卷後集二卷　(清)湯鵬撰　清道光十八年(1838)刻同治十二年(1873)湯壽銘增修本　十二册　存十四卷(一至十四)

330000－1701－0041452　普 811.17/36481/c1　集部/别集類/清别集

芥舟詩集八卷　(清)祝萬年撰　清刻本　一册

330000－1701－0041453　普 811.17/36481/c2　集部/别集類/清别集

芥舟詩集八卷　(清)祝萬年撰　清刻本　一册

330000－1701－0041454　普 811.17/3677.2/c1　集部/别集類/清别集

海秋詩集二十六卷　(清)湯鵬撰　清道光十八年(1838)刻本　八册

330000－1701－0041455　SBC0847　子部/兵家類/兵法之屬

行軍經畧秘覽□□卷　(清)李燮林撰　清抄本　七册　存四卷(十一至十四)

330000－1701－0041456　普 610.9571/7548　子部/醫家類/醫案之屬

臨證醫案傷寒辨證録十四卷　(清)陳士鐸撰　清嘉慶二十二年(1817)郭淳章文誠堂刻本　十二册

330000－1701－0041458　善 008863　史部/史抄類

歷代史纂左編一百四十二卷　(明)唐順之撰　明萬曆三十九年(1611)吳用先等刻本　七十册

330000－1701－0041459　SBC0846　子部/小説家類

顧氏明朝四十家小説四十種　(明)顧元慶編　明正德至嘉靖陽山顧氏刻本　二册　存四種

330000－1701－0041460　SBC0843　史部/史評類/詠史之屬

廿一史彈詞註十卷　(明)楊慎撰　(清)張三異增定　(清)張仲璜註　**明紀彈詞註一卷**　(清)張三異撰　(清)張仲璜註　清雍正五年(1727)樹玉堂刻本　一册　存一卷(明紀彈詞註上)

330000－1701－0041461　普 610.9517/7548.2　子部/醫家類/綜合之屬/通論

辨證冰鑑十二卷　(清)陳士鐸撰　清宣統元年(1909)北京龍文閣石印本　六册

330000－1701－0041462　普 811.17/3663/c1　集部/别集類/清别集

琴隱園詩集三十六卷詞集四卷　(清)湯貽汾撰　清光緒元年(1875)武進曹氏刻本　八册

330000－1701－0041463　SBC0844　史部/傳記類/日記之屬

日記不分卷(清同治七年至光緒七年)　稿本　四册

330000－1701－0041464　普 811.17/3734　集部/别集類/清别集

䚡䚡亭集三十二卷後集十二卷　(清)祁寯藻撰　清咸豐七年(1857)刻本　四册　缺十二卷(後集一至十二)

330000－1701－0041465　SBC0842　集部/别

集類/清別集

梅湖古詩一卷　(清)汪之順撰　清抄本　一冊

330000－1701－0041466　普 610.9517/7548.3　子部/醫家類/綜合之屬/通論

石室秘籙六卷　(清)陳士鐸撰　清文淵堂刻本　六冊

330000－1701－0041467　普 811.17/4001　類叢部/叢書類/彙編之屬

函海一百五十二種　(清)李調元編　清乾隆綿州李氏萬卷樓刻嘉慶十四年(1809)李鼎元、道光五年(1825)李朝夔重校補刻本　十二冊　存一種

330000－1701－0041469　普 610.9517/7548.3/2　子部/醫家類/綜合之屬/通論

石室秘籙六卷　(清)陳士鐸撰　清刻本　六冊

330000－1701－0041470　SBC0840　子部/宗教類/佛教之屬

空谷集□□卷　(明)釋景隆撰　(明)釋宗定等編　明弘治刻本　一冊　存五卷(十七至二十一)

330000－1701－0041471　普 811.17/3663/2　集部/別集類/清別集

琴隱園詩集三十六卷詞集四卷　(清)湯貽汾撰　清光緒元年(1875)武進曹氏刻本　七冊　存三十六卷(詩集一至三十六)

330000－1701－0041472　普 811.17/4002　集部/別集類/清別集

默齋詩草二卷　(清)左賡虞撰　(清)左兆薇　(清)左元履編　清光緒十一年(1885)刻本　一冊　存一卷(一)

330000－1701－0041473　普 811.17/3746　集部/別集類/清別集

梵隱堂詩存十卷　(清)釋祖觀撰　清同治五年(1866)通濟盦刻本　三冊

330000－1701－0041474　普 951.00922/1779.2/3　史部/編年類/通代之屬

通鑑考異三十卷　(宋)司馬光撰　清光緒十年(1884)江右養雲書屋刻本　十六冊

330000－1701－0041475　SBC0838　史部/政書類/公牘檔冊之屬

嘉興譚氏慎遠學堂文案稿簿一卷　清抄本　一冊

330000－1701－0041476　普 811.17/40031　集部/別集類/清別集

愚荃敝帚二卷　(清)李文安撰　清光緒九年(1883)同文書局石印本　蒔孫題簽並記　一冊

330000－1701－0041477　SBC0839　子部/小說家類/異聞之屬

異聞識畧□□卷　(明)談遷輯　清抄本　彈民題記　一冊　存一卷(十四)

330000－1701－0041478　SBC0835　集部/總集類/郡邑之屬

五山耆舊今集初琹八卷　(清)楊廷撰輯　清道光楊氏一經堂刻本　四冊

330000－1701－0041479　普 610.9517/7583.4　子部/醫家類/類編之屬

陳修園醫書三十二種　(清)陳念祖等撰　清光緒三十三年至宣統元年(1907－1909)四川善成堂刻本　四冊　存一種

330000－1701－0041480　普 951.00922/1779.3/c1　史部/編年類/通代之屬

司馬溫公稽古錄二十卷　(宋)司馬光撰　清同治十一年(1872)湖北崇文書局刻本　四冊

330000－1701－0041481　SBC0837　史部/傳記類/總傳之屬/郡邑

臨海採訪冊一卷　清抄本　一冊

330000－1701－0041482　普 610.9517/7583　子部/醫家類/類編之屬

韡園醫學六種　(清)潘霨編　清光緒九年至十年(1883－1884)江西書局刻本　四冊　存一種

330000－1701－0041483　SBC0836　史部/紀

傳類/正史之屬

宋史刊誤一卷　清會稽徐氏抄本　一冊

330000－1701－0041484　普 610.9519/0833　子部/醫家類/綜合之屬/通論

東醫寶鑑二十四卷目錄二卷　（朝鮮）許浚撰　清道光十一年（1831）資善堂刻本　二十四冊

330000－1701－0041485　普 811.17/4006

集部/別集類/清別集

東望望閣詩鈔十四卷　（清）查奕照撰　清乾隆葆初堂刻本　六冊

330000－1701－0041486　普 951.00922/1779.3/c2　史部/編年類/通代之屬

司馬溫公稽古錄二十卷　（宋）司馬光撰　清同治十一年（1872）湖北崇文書局刻本　四冊

330000－1701－0041487　普 811.17/4003

集部/別集類/清別集

味塵軒詩集十一卷詩餘二卷　（清）李文瀚撰　清道光二十三年（1843）小羅浮刻本　四冊

330000－1701－0041489　普 811.17/4007

集部/別集類/清別集

即園詩鈔十四種　（清）李於陽撰　清嘉慶刻本　一冊　存五種

330000－1701－0041490　SBC0851　集部/總集類/選集之屬/斷代

天下同文前甲集五十卷　（元）周南瑞輯　清抄本　清徐正梧題記　一冊　存十五卷（一至十五）

330000－1701－0041491　普 610.9519/0833/2　子部/醫家類/綜合之屬/通論

東醫寶鑑二十四卷目錄二卷　（朝鮮）許浚撰　清嘉慶元年（1796）刻本　三十六冊

330000－1701－0041493　普 610.9517/7722/2/c1　子部/醫家類/綜合之屬/通論

醫師秘笈二卷　濕熱條辨一卷　（清）薛雪撰　清光緒七年（1881）浙寧簡香齋刻本　二冊

330000－1701－0041494　普 610.9517/7722/2/c2　子部/醫家類/綜合之屬/通論

醫師秘笈二卷　濕熱條辨一卷　（清）薛雪撰　清光緒七年（1881）浙寧簡香齋刻本　葛明得題簽　一冊

330000－1701－0041497　普 811.17/40041

集部/別集類/清別集

潤玉堂詩草五卷　（清）李麟吉撰　清刻本　一冊

330000－1701－0041498　普 951.00922/1779.3/2　史部/編年類/通代之屬

司馬溫公稽古錄二十卷附校勘記一卷　（宋）司馬光撰　清光緒五年（1879）江蘇書局刻本　四冊

330000－1701－0041499　SBC0854　集部/別集類/宋別集

重刊橫浦先生文集二十卷　（宋）張九成撰　**無垢先生橫浦心傳錄三卷橫浦日新一卷**　（宋）于恕編　**重刊橫浦先生家傳一卷**　（宋）張榕撰　**重刊施先生孟子發題一卷**　（宋）施德操撰　明萬曆四十三年（1615）方士騏刻本　一冊　存二卷（重刊橫浦日新、重刊施先生孟子發題）

330000－1701－0041500　普 811.17/4006/2/c1　集部/別集類/清別集

東望望閣詩鈔二十卷　（清）查奕照撰　清道光二十四年（1844）刻本　四冊　存十卷（一至五、十六至二十）

330000－1701－0041501　普 811.17/3686

集部/別集類/清別集

綠滿書齋詩鈔三卷詞鈔一卷　（清）湯錦撰　清道光十年（1830）刻本　一冊

330000－1701－0041503　普 951.00922/1779.3/2（2）　史部/編年類/通代之屬

司馬溫公稽古錄二十卷附校勘記一卷　（宋）司馬光撰　清光緒五年（1879）江蘇書局刻本　三冊

330000－1701－0041505　普 811.17/4009

集部/總集類/氏族之屬

袁氏家集八種　(清)袁鎮嵩輯　清光緒十六年(1890)邃懷堂刻本　一冊　存一種

330000－1701－0041506　普 811.17/4006/2/c2　集部/别集類/清别集
東望望閣詩鈔二十卷　(清)查奕照撰　清道光二十四年(1844)刻本　四冊

330000－1701－0041507　SBC0853　集部/别集類/宋别集
山谷老人刀筆二十卷　(宋)黄庭堅撰　明刻本　五冊　缺四卷(七至十)

330000－1701－0041508　普 951.00922/1779.3/3　史部/編年類/通代之屬
司馬溫公稽古録二十卷　(宋)司馬光撰　明刻本　二冊

330000－1701－0041509　SBC0852　子部/雜著類/雜説之屬
餘冬序録六十五卷　(明)何孟春撰　(明)何仲方編輯　明嘉靖七年(1528)彬州家塾刻本　五冊　存十三卷(十六至十七、二十三至三十、四十一至四十三)

330000－1701－0041510　SBC0855　集部/總集類/彙編之屬
唐宋八大家文鈔　(明)茅坤編　明崇禎元年(1628)方應祥刻本　八冊　存二種

330000－1701－0041511　普 610.9517/8034　子部/醫家類/醫話醫論之屬
訥機醫塵□□卷　(清)頌遠輯　稿本　一冊　存一卷(下)

330000－1701－0041512　普 811.17/3694　集部/别集類/清别集
偶仙詩鈔四卷　(清)祝懷真撰　清同治十一年(1872)祝維則刻本　一冊

330000－1701－0041514　普 951.00922/1779.3/4　史部/編年類/通代之屬
司馬溫公稽古録二十卷　(宋)司馬光撰　明盛氏拜石山房刻克明館文庫印本　二冊

330000－1701－0041516　SBC0848　集部/總集類/選集之屬/斷代
唐詩正聲二十二卷　(明)高棅輯　明延陵吴氏西爽堂刻本　二冊　存六卷(一至六)

330000－1701－0041519　普 951.00922/3788　史部/編年類
校刊資治通鑑全書八種　(清)胡元常輯　清光緒十四年至十七年(1888－1891)長沙楊氏刻本　一百冊　存六種

330000－1701－0041523　普 811.17/4011/c1　集部/别集類/清别集
萬山草堂詩集六卷　李登雲撰　清光緒三十三年(1907)武林刻本　二冊

330000－1701－0041524　SBC0849　類叢部/類書類/通類之屬
駢語雕龍四卷　(明)游日章撰　(明)林世勤注　明刻本　三冊　存三卷(二至四)

330000－1701－0041525　普 610.9517/8340/2　子部/醫家類/綜合之屬/通論
辨證奇聞十卷　(清)陳士鐸撰　(清)錢松删定　清光緒三十一年(1905)寶善齋書莊石印本　六冊

330000－1701－0041526　普 811.17/4011/c2　集部/别集類/清别集
萬山草堂詩集六卷　李登雲撰　清光緒三十三年(1907)武林刻本　二冊

330000－1701－0041527　普 811.17/4012/c1　集部/别集類/清别集
容齋千首詩八卷　(清)李天馥撰　清光緒十二年(1886)鉛印本　六冊

330000－1701－0041529　SBC0850　子部/小説家類/異聞之屬
艷異編四十五卷　明刻本　八冊　存二十卷(一至二十)

330000－1701－0041531　普 951.00922/1779.4　史部/編年類
校刊資治通鑑全書八種　(清)胡元常輯　清光緒十四年至十七年(1888－1891)長沙楊氏刻本　七冊　存三種

330000－1701－0041532　普 610.9517/9434　子部/醫家類/醫話醫論之屬
醫徹四卷補遺一卷　（清）懷遠撰　清嘉慶十五年（1810）雲間鄭文萃堂刻本　四册　存四卷（一至四）

330000－1701－0041533　普 612/7529　新學/全體學
全體新論一卷　（英國）合信氏　（清）陳修堂撰　清咸豐元年（1851）刻本　一册

330000－1701－0041534　普 811.17/4011.3　集部/别集類/清别集
萬山草堂詩集四卷　李登雲撰　清光緒三十三年（1907）武林刻本　一册　缺二卷（五至六）

330000－1701－0041535　SBC0859　史部/編年類/斷代之屬
兩漢紀六十卷　（宋）王銍輯　明嘉靖二十七年（1548）吳郡黄姬水刻本　三册　存九卷（前漢紀二十二至三十）

330000－1701－0041536　SBC0858　集部/總集類/彙編之屬
唐宋八大家文鈔　（明）茅坤編　明崇禎元年（1628）方應祥刻本　四册　存一種

330000－1701－0041537　普 811.17/4012/c2　集部/别集類/清别集
容齋千首詩八卷　（清）李天馥撰　清光緒十二年（1886）鉛印本　張之屏題記　六册

330000－1701－0041538　普 611/2421　新學/全體學
全體通考十八卷圖三卷　（英國）德貞子固撰　清光緒十二年（1886）鉛印本暨石印本　十二册

330000－1701－0041539　普 612.912/1119　子部/醫家類/兒科之屬/痘疹
種痘新書十二卷　（清）張琰輯　清乾隆五十一年（1786）錫環堂刻本　四册

330000－1701－0041540　普 811.17/3731　集部/别集類/清别集
漁山詩草二卷　（清）邊汝元撰　清乾隆四十年（1775）刻本　一册

330000－1701－0041541　普 613/4024　新學/醫學/衛生學
衛生要旨不分卷　（美國）嘉約翰口譯　（清）海琴氏校正　清光緒九年（1883）益智書會刻本　一册

330000－1701－0041542　SBC0868　史部/地理類/山川之屬/水志
灌江備考一卷　（清）王廷珏輯　清乾隆王來通刻本　一册

330000－1701－0041543　普 612/3114　新學/全體學
省身指掌九卷　（美國）博恒理撰　清光緒三十四年（1908）上海美華書館鉛印本　一册

330000－1701－0041544　SBC0993　經部/小學類/文字之屬/字書/古文
古文原始一卷　（清）曹金籀撰　清抄本　一册

330000－1701－0041545　普 613/8733/c1　子部/醫家類/養生之屬
中外衛生要旨五卷　（清）鄭官應輯　清光緒十六年（1890）鉛印本　五册

330000－1701－0041546　普 613/8733/c2　子部/醫家類/養生之屬
中外衛生要旨五卷　（清）鄭官應輯　清光緒十六年（1890）鉛印本　五册

330000－1701－0041547　普 811.17/40141/c1　集部/别集類/清别集
貳友山房詩賸一卷　（清）李燦華撰　**留春閣遺草一卷**　（清）黄婉琳撰　清光緒十七年（1891）長沙刻本　一册

330000－1701－0041548　普 613.1/4320　子部/醫家類/養生之屬
壽世青編二卷　（明）李中梓撰　（清）尤乘輯　清康熙三十八年（1699）刻本　一册

330000－1701－0041550　普 811.17/40141/

c2　集部/别集類/清别集

貳友山房詩賸一卷　（清）李燦華撰　**留春閣遺草一卷**　（清）黄婉琳撰　清光緒十七年（1891）長沙刻本　一册

330000－1701－0041551　普811.17/4030.2　集部/别集類/清别集

髯仙詩舫遺稿二卷　（清）李鴻裔撰　清光緒十四年（1888）遵義黎氏日本刻本　二册

330000－1701－0041552　普951.00922/2674/c2　史部/編年類/通代之屬

資治通鑑地理今釋十六卷　（清）吴熙載撰　清光緒八年（1882）江蘇書局刻本　三册

330000－1701－0041553　普613.1/5040　子部/醫家類/養生之屬/導引、氣功

八段錦坐立功圖訣不分卷　（清）婁杰輯　清光緒三年（1877）芳草軒刻本　一册

330000－1701－0041554　普811.17/4016　集部/别集類/清别集

放鵬亭稿二卷　（清）李廷昰撰　清宣統三年（1911）華雲閣鉛印本　一册

330000－1701－0041555　普951.00922/2674/c5　史部/編年類/通代之屬

資治通鑑地理今釋十六卷　（清）吴熙載撰　清光緒八年（1882）江蘇書局刻本　章嶔題簽　三册

330000－1701－0041556　普613.3/1044　子部/醫家類/養生之屬

隨息居飲食譜不分卷　（清）王士雄撰　清光緒二十七年（1901）刻本　三册

330000－1701－0041557　普811.17/40142　類叢部/叢書類/彙編之屬

知不足齋叢書一百九十五種　（清）鮑廷博編　（清）鮑士恭續編　清乾隆三十七年至道光三年（1772－1823）長塘鮑氏刻彙印本　一册　存一種

330000－1701－0041558　普615/4050.02　新學/醫學/藥品

西藥大成補編十卷首一卷　（英國）哈來撰　（英國）傅蘭雅譯　清光緒三十年（1904）江南製造局刻本　六册

330000－1701－0041559　普811.17/4017　集部/總集類/氏族之屬

袁氏家集八種　（清）袁鎮嵩輯　清光緒十六年（1890）邃懷堂刻本　一册　存一種

330000－1701－0041561　普613.3/1044/2　子部/醫家類/養生之屬

隨息居飲食譜不分卷　（清）王士雄撰　清同治二年（1863）上海刻本　一册

330000－1701－0041562　普811.17/3882　集部/别集類/清别集

履綏堂詩稿八卷　（清）海鍾撰　清同治七年（1868）福州刻本　三册　缺二卷（五至六）

330000－1701－0041563　普613.6/4026　子部/醫家類/養生之屬

重刻五禽戲圖説一卷　（清）壽岷校錄　清刻本　一册

330000－1701－0041564　普811.17/40171/c1　集部/别集類/清别集

邃懷堂全集三十八卷　（清）袁翼撰　清光緒十三年至十四年（1887－1888）袁鎮嵩刻本　五册　存十卷（詩集前編一至六、後編一至四）

330000－1701－0041566　普614.49/7240　子部/醫家類/溫病之屬/瘟疫

松峯説疫六卷　（清）劉奎撰　清刻本　四册

330000－1701－0041567　SBC0866　集部/别集類/宋别集

東坡先生全集七十五卷　（宋）蘇軾撰　**東坡先生［蘇軾］年譜一卷**　（宋）王宗稷編　明萬曆三十四年（1606）吴興茅維刻本　十四册　存三十八卷（一至三、十至十二、十七至三十九、五十至五十八）

330000－1701－0041569　普811.17/3887　集部/别集類/清别集

藏園詩鈔不分卷　（清）游智開撰　（朝鮮）卞元圭編　清光緒十六年（1890）刻本　一册

330000－1701－0041570　普 951.00922/4041/3　史部/紀事本末類

紀事本末五種　（清）□□輯　清同治十二年至十三年（1873－1874）江西書局刻本　八十册　存一種

330000－1701－0041571　SBC0871　史部/紀事本末類/通代之屬

通鑑紀事本末四十二卷　（宋）袁樞撰　明萬曆三十四年（1606）黄吉士刻本　六十册

330000－1701－0041572　SBC0867　史部/政書類/律令之屬/律例

欽定戸部則例摘要□□卷　清抄本　一册　存一卷（五）

330000－1701－0041573　普 811.17/40121　集部/别集類/清别集

樹萱室集一卷　（清）李斐然撰　清宣統元年（1909）鉛印本　一册

330000－1701－0041574　普 811.17/40171/c2　集部/别集類/清别集

邃懷堂全集三十八卷　（清）袁翼撰　清光緒十三年至十四年（1887－1888）袁鎮嵩刻本　二册　存十二卷（詩集前編一至六、後編一至六）

330000－1701－0041575　SBC1007　子部/藝術類/書畫之屬

王氏書畫苑四十四種　（明）王世貞輯　（明）詹景鳳補　明萬曆十八年至十九年（1590－1591）王元貞刻本　一册　存一種

330000－1701－0041576　普 610.9518/1171　子部/醫家類/醫話醫論之屬

醫學辨正四卷　（清）張學醇撰　清光緒二十二年（1896）紹興裘氏刻民國九年（1920）紹興醫藥學報社印本　四册

330000－1701－0041578　SBC0878　子部/天文曆算類/天文之屬

星紀一卷　清抄本　一册

330000－1701－0041583　普 615.1/0092/c1　子部/醫家類/類編之屬

武昌醫學館叢書　（清）柯逢時編　清光緒三十年至民國元年（1904－1912）武昌醫學館刻本　十六册　存一種

330000－1701－0041584　SBC0872　子部/儒家類/儒學之屬/性理

慈溪黄氏日抄分類八十八卷　（宋）黄震撰　清乾隆木活字印本（卷八十一原缺）　三十一册　缺三卷（七十八至八十）

330000－1701－0041585　普 615.1/0092/c2　子部/醫家類/類編之屬

武昌醫學館叢書　（清）柯逢時編　清光緒三十年至民國元年（1904－1912）武昌醫學館刻本　十册　存一種

330000－1701－0041589　普 811.17/4022　集部/别集類/清别集

瑤華閣詩草一卷閩南雜詠一卷詞一卷詞補遺一卷　（清）袁綬撰　清同治六年（1867）金陵吴師祁刻本　四册

330000－1701－0041590　普 811.17/4023　集部/别集類/清别集

韋廬初集一卷續集一卷近集一卷　（清）李秉禮撰　（清）李憲喬輯　清乾隆至嘉慶刻本　二册　缺一卷（近集）

330000－1701－0041591　普 615.1/0737　子部/醫家類/本草之屬/神農本草經

本草三家合註六卷　（清）郭汝驄撰　**神農本草經百種録一卷**　（清）徐大椿撰　清兩儀堂刻本　六册

330000－1701－0041592　普 615/4050/c2　新學/醫學/藥品

西藥大成十卷首一卷　（英國）來拉　（英國）海得蘭撰　（英國）傅蘭雅口譯　（清）趙元益筆述　清光緒十年（1884）江南製造總局刻本　十六册

330000－1701－0041593　SBC0874　類叢部/類書類/通類之屬

新箋決科古今源流至論前集十卷後集十卷續集十卷　（宋）林駉撰　**别集十卷**　（宋）黄履

翁撰　明刻本　二冊　存四卷(續集五至六、九至十)

330000－1701－0041595　SBC0873　集部/別集類/宋別集

東坡先生詩集註三十二卷　(宋)蘇軾撰　(宋)王十朋集註　**東坡紀年錄一卷**　(宋)傅藻編纂　明萬曆吳興茅維刻本　九冊　缺三卷(十五至十七)

330000－1701－0041596　SBC0875　類叢部/類書類/通類之屬

新箋決科古今源流至論前集十卷後集十卷續集十卷　(宋)林駉撰　**別集十卷**　(宋)黃履翁撰　明嘉靖十六年(1537)白坪刻本　四冊　存十二卷(前集一至六、後集四至六、續集四至六)

330000－1701－0041597　普 811.17/40144　集部/別集類/清別集

華平山人詩鈔不分卷　(清)李可蕃撰　清光緒二年(1876)刻本　一冊

330000－1701－0041599　SBC0880　史部/政書類/通制之屬

文獻通考三百四十八卷　(元)馬端臨撰　明嘉靖三年(1524)司禮監刻本　二十八冊　存八十六卷(十四至十六、二十五至二十七、五十二至六十三、七十二至七十七、九十八至一百七、一百三十四至一百三十六、一百四十三至一百四十五、一百五十三至一百六十二、一百六十六至一百七十一、二百五十七至二百五十九、二百六十四至二百六十七、二百七十四至二百七十六、三百五至三百九、三百十三至三百十八、三百二十一至三百二十二、三百三十五至三百四十一)

330000－1701－0041600　普 615.1/0737/3　子部/醫家類/本草之屬/神農本草經

本草三家合註六卷　(清)郭汝驄撰　**神農本草經百種錄一卷**　(清)徐大椿撰　清宣統元年(1909)漢文書屋刻本　七冊

330000－1701－0041601　普 615.094/1200/c1　新學/醫學/藥品

西藥畧釋四卷總論一卷　(清)孔繼良撰　清光緒十二年(1886)羊城博濟醫局刻本　四冊

330000－1701－0041602　普 811.17/4021　集部/別集類/清別集

後圃編年稿十六卷　(清)李嶟瑞撰　清康熙刻本　四冊　存六卷(一至六)

330000－1701－0041603　普 615.094/1200/c2　新學/醫學/藥品

西藥畧釋四卷總論一卷　(清)孔繼良撰　清光緒十二年(1886)羊城博濟醫局刻本　四冊

330000－1701－0041604　SBC0889　史部/編年類/通代之屬

資治通鑑綱目五十九卷　(宋)朱熹撰　明成化九年(1473)內府刻本　二冊　存四卷(六至七、四十八至四十九)

330000－1701－0041605　SBC0882　史部/紀傳類/正史之屬

宋史四百九十六卷目錄三卷　(元)脫脫等撰　明成化七年至十六年(1471－1480)朱英刻嘉靖萬曆南京國子監遞修本　二冊　存十一卷(二十二至三十二)

330000－1701－0041606　普 811.17/40232/c1　集部/總集類/氏族之屬

李氏家集四種　(清)李菊房編　清康熙刻乾隆二十四年(1759)金氏續刻本　一冊　存一種

330000－1701－0041607　普 615.094/1200/c3　新學/醫學/藥品

西藥畧釋四卷總論一卷　(清)孔繼良撰　清光緒十二年(1886)羊城博濟醫局刻本　二冊　缺二卷(三至四)

330000－1701－0041608　普 615.1/1041　子部/醫家類/類編之屬

古今醫統正脈全書四十四種　(明)王肯堂編　明萬曆二十九年(1601)新安吳勉學刻本　二冊　存一種

330000－1701－0041609　普 615.1/1141/c1　子部/醫家類/本草之屬/神農本草經

本草崇原集說三卷附本草經讀一卷 （清）張志聰撰 （清）高世栻訂 （清）仲學輅集說 清宣統二年（1910）錢塘仲氏刻本 四冊

330000－1701－0041610 普 615.1/1044 子部/醫家類/類編之屬
古今醫統正脈全書四十四種 （明）王肯堂編 明萬曆二十九年（1601）新安吳勉學刻本 三冊 存一種

330000－1701－0041611 普 811.17/40232/c2 集部/總集類/氏族之屬
李氏家集四種 （清）李菊房編 清康熙刻乾隆二十四年（1759）金氏續刻本 一冊 存一種

330000－1701－0041612 普 615.1/1141/c2 子部/醫家類/本草之屬/神農本草經
本草崇原集說三卷附本草經讀一卷 （清）張志聰撰 （清）高世栻訂 （清）仲學輅集說 清宣統二年（1910）錢塘仲氏刻本 四冊

330000－1701－0041613 SBC0883 史部/紀傳類/正史之屬
宋史四百九十六卷目錄三卷 （元）脫脫等撰 明成化七年至十六年（1471－1480）朱英刻明清南京國子監遞修本 四十二冊 存二百五卷（目錄一至三、十至四十七、一百六十至一百六十五、一百六十九至一百七十二、一百七十九至一百九十六、二百三十一至二百三十四、二百三十九至二百四十一、二百八十七至三百五、三百十一至三百五十六、三百八十六至三百九十四、四百十一至四百六十、四百八十七至四百九十一）

330000－1701－0041614 普 615.1/1141/c3 子部/醫家類/本草之屬/神農本草經
本草崇原集說三卷附本草經讀一卷 （清）張志聰撰 （清）高世栻訂 （清）仲學輅集說 清宣統二年（1910）錢塘仲氏刻本 四冊

330000－1701－0041615 SBC0890 史部/編年類/通代之屬
資治通鑑二百九十四卷 （宋）司馬光撰 （元）胡三省音注 **通鑑釋文辯誤十二卷** （明）胡三省撰 明萬曆二十年（1592）新安吳勉學刻本 四冊 存十二卷（一至三、七至十五）

330000－1701－0041618 普 951.00922/4041/4/c1 史部/紀事本末類
歷朝紀事本末七種 （清）陳如升 （清）朱記榮輯 清光緒二十一年（1895）上海積山書局石印本 二十四冊 存一種

330000－1701－0041619 普 615.1/1117 子部/醫家類/類編之屬
張氏醫書七種 （清）張璐等撰 清康熙金閶寶翰樓刻本 四冊 存一種

330000－1701－0041620 普 811.17/40233 集部/別集類/清別集
南行載筆六卷 （清）來集之撰 （清）來道程評 清順治來氏倘湖小築刻本 一冊

330000－1701－0041621 普 811.17/4024 集部/別集類/清別集
佩蘭室詩集一卷 （清）杭佩蘭撰 **伯和公萊州攀轅圖詩彙鈔一卷** 清宣統二年（1910）鉛印本 一冊

330000－1701－0041622 普 811.17/40233.2 集部/別集類/清別集
南行偶筆九卷 （清）來集之撰 （清）來道程評 清康熙元年（1662）來氏倘湖小築刻本 一冊

330000－1701－0041623 普 811.17/4025 集部/別集類/清別集
野香亭集十三卷 （清）李孚青撰 清光緒十四年（1888）合肥蒯德標鉛印本 六冊

330000－1701－0041624 SBC0885 史部/紀傳類/正史之屬
宋史四百九十六卷目錄三卷 （元）脫脫等撰 明成化七年至十六年（1471－1480）朱英刻嘉靖萬曆南京國子監遞修本 一冊 存三卷（一百五十五至一百五十七）

330000－1701－0041626 普 615.1/2623/c1 子部/醫家類/類編之屬

吳氏醫學述　(清)吳儀洛輯　清大文堂刻本　六冊　存一種

330000－1701－0041630　普615.1/2575　子部/醫家類/本草之屬/神農本草經

本草崇原集說三卷附本草經讀一卷　(清)張志聰撰　(清)高世栻訂　(清)仲學輅集說　清宣統二年(1910)錢塘仲氏刻本　四冊

330000－1701－0041633　普615.1/2623/c2　子部/醫家類/本草之屬/歷代綜合本草

本草從新十八卷　(清)吳儀洛輯　清光緒七年(1881)恒德堂刻本　六冊

330000－1701－0041634　普951.00922/4041/4/c2　史部/紀事本末類

歷朝紀事本末七種　(清)陳如升　(清)朱記榮輯　清光緒二十一年(1895)上海積山書局石印本　二十四冊　存一種

330000－1701－0041635　SBC0886　史部/紀傳類/正史之屬

宋史四百九十六卷目錄三卷　(元)脫脫等撰　明成化七年至十六年(1471－1480)朱英刻明清南京國子監遞修本　十三冊　存五十五卷(三十三至四十七、五十至五十三、三百三十四至三百三十八、四百二十一至四百二十五、四百三十一至四百五十六)

330000－1701－0041636　普615.1/2648/c1　子部/醫家類/本草之屬/神農本草經

本草經疏輯要八卷附朱紫垣痘疹秘要一卷集效方一卷　(清)吳世鎧撰　清嘉慶十四年(1809)書帶草堂刻本　十六冊

330000－1701－0041637　普615.1/2623/2　子部/醫家類/本草之屬/歷代綜合本草

本草從新十八卷　(清)吳儀洛輯　清光緒六年(1880)埽葉山房刻本　六冊

330000－1701－0041638　SBC0888　史部/編年類/通代之屬

資治通鑑二百九十四卷　(宋)司馬光撰　明嘉靖二十三年至二十四年(1544－1545)孔天胤刻本　五冊　存十九卷(一百至一百三、一百四十六至一百五十三、一百六十二至一百六十八)

330000－1701－0041639　普811.17/40311　集部/別集類/清別集

芝省齋吟稿八卷　(清)李遇孫撰　清嘉慶二十五年(1820)刻本　一冊

330000－1701－0041640　普615.1/2623/3　子部/醫家類/本草之屬/歷代綜合本草

本草從新十八卷　(清)吳儀洛輯　清道光二十六年(1846)瓶花書屋刻同治九年(1870)印本　六冊

330000－1701－0041641　普615.1/2623/c3　子部/醫家類/本草之屬/歷代綜合本草

本草從新十八卷　(清)吳儀洛輯　清光緒七年(1881)恒德堂刻本　六冊

330000－1701－0041643　普615.1/2623/4/c1　子部/醫家類/類編之屬

吳氏醫學述　(清)吳儀洛輯　清嘉慶十一年(1806)刻本　六冊　存一種

330000－1701－0041644　普811.17/4027　集部/別集類/清別集

八松庵詩集九卷　(清)李御撰　清光緒二十五年(1899)刻本　二冊

330000－1701－0041645　普615.1/2623/c4　子部/醫家類/類編之屬

吳氏醫學述　(清)吳儀洛輯　清刻本　六冊　存一種

330000－1701－0041646　普811.17/4029　集部/別集類/清別集

詩禪室詩集二十八卷　(清)查冬榮撰　清同治三年(1864)刻本　六冊

330000－1701－0041647　普615.1/2680　子部/醫家類/類編之屬

周氏醫學叢書(周澂之評注醫書、周氏彙刻醫學叢書)初集十二種二集十一種三集六種　(清)周學海編　清光緒至宣統池陽周氏刻宣統三年(1911)福慧雙修館彙印本　四冊　存初集一種

330000－1701－0041648　普 615.1/2623/4/c2　子部/醫家類/類編之屬

吳氏醫學述　(清)吳儀洛輯　清嘉慶十一年(1806)刻本　六冊　存一種

330000－1701－0041649　普 615.1/2720　子部/醫家類/本草之屬/歷代綜合本草

本草彙言二十卷　(明)倪朱謨撰　明萬曆四十八年(1620)刻清康熙三十三年(1694)錢唐閔振儒補刻印本　十冊

330000－1701－0041650　普 951.00922/4041/6/c1　史部/紀事本末類/通代之屬

通鑑紀事本末二百三十九卷　(宋)袁樞撰　(明)張溥論正　明末刻本　四十七冊　存二百三十六卷(一至二百三十六)

330000－1701－0041651　普 811.17/4030　集部/別集類/清別集

蘇鄰遺詩二卷　(清)李鴻裔撰　清光緒十四年(1888)遵義黎氏日本刻本　二冊

330000－1701－0041652　普 615.1/2648/c2　子部/醫家類/本草之屬/神農本草經

本草經疏輯要八卷附朱紫垣痘疹秘要一卷集效方一卷　(清)吳世鎧撰　清嘉慶十四年(1809)書帶草堂刻本　八冊

330000－1701－0041653　普 811.17/4030/(2)/c1　集部/別集類/清別集

蘇鄰遺詩二卷　(清)李鴻裔撰　清光緒十四年(1888)遵義黎氏日本刻本　王存善題記　一冊

330000－1701－0041654　普 811.17/4030/(2)/c4　集部/別集類/清別集

蘇鄰遺詩二卷　(清)李鴻裔撰　清光緒十四年(1888)遵義黎氏日本刻本　一冊

330000－1701－0041655　普 615.1/2623/5　子部/醫家類/類編之屬

瓶花書屋醫書五種　(清)包松溪等編　清道光二十五年至二十七年(1845－1847)瓶花書屋刻本　三冊　存一種

330000－1701－0041657　普 811.17/4030.2/2　集部/別集類/清別集

髯仙詩舫遺稿二卷　(清)李鴻裔撰　清光緒十四年(1888)遵義黎氏日本刻本　二冊

330000－1701－0041658　普 811.17/40312　集部/別集類/清別集

春臥庵詩稿二卷　(清)袁河撰　清光緒二十年(1894)刻本　翰卿題記　二冊

330000－1701－0041659　SBC0884　史部/編年類/通代之屬

資治通鑑綱目續編舉觀□□卷　(明)吳震元纂集　明郵雲堂刻本　一冊　存二卷(三十九至四十)

330000－1701－0041660　普 811.17/4036.4　類叢部/叢書類/彙編之屬

漸西村舍彙刊(漸西村舍叢刻)四十四種　(清)袁昶編　清光緒十六年至二十四年(1890－1898)桐廬袁氏刻本　一冊　存一種

330000－1701－0041661　普 615.1/2623.2　子部/醫家類/本草之屬/歷代綜合本草

本草從新不分卷　(清)吳儀洛輯　清咸豐三年(1853)壽菊農抄本　清壽菊農題記　四冊

330000－1701－0041662　普 811.17/4041/c1　集部/別集類/清別集

生春詩錄一卷　(清)李桓撰　清光緒五年(1879)武林芋香僑舍刻本　一冊

330000－1701－0041663　普 811.17/4037　集部/別集類/清別集

寄影軒詩鈔四卷　(清)志潤撰　清光緒三十年(1904)上海新昌書局鉛印本　四冊

330000－1701－0041664　普 811.17/4041/c2　集部/別集類/清別集

生春詩錄一卷　(清)李桓撰　清光緒五年(1879)武林芋香僑舍刻本　一冊

330000－1701－0041665　普 615.1/2740.2　子部/醫家類/本草之屬/神農本草經

神農本草經疏三十卷　(明)繆希雍撰　明天啓五年(1625)毛晉綠君亭刻本　十冊

330000－1701－0041666　普 811.17/4042
集部/别集類/清别集
汧上錄一卷　(清)李嘉績撰　清光緒十五年(1889)青門寓廬刻本　一册

330000－1701－0041667　普 811.17/4036.5/c1　類叢部/叢書類/彙編之屬
漸西村舍彙刊(漸西村舍叢刻)四十四種　(清)袁昶編　清光緒十六年至二十四年(1890－1898)桐廬袁氏刻本　二册　存一種

330000－1701－0041668　普 811.17/4033/c2　集部/别集類/清别集
養一齋文集二十卷李養一先生詩集四卷賦一卷詩餘一卷　(清)李兆洛撰　清光緒四年至八年(1878－1882)江陰曹佳校刻本　二册　缺二十卷(一至二十)

330000－1701－0041669　普 811.17/40313
集部/總集類/氏族之屬
來氏家藏冠山逸韻續刻十卷　(清)來鴻瑨蒐輯　(清)來秉奎彙編　清光緒二十六年(1900)會宗堂木活字印本　二册

330000－1701－0041670　普 811.17/4038
集部/别集類/清别集
秋錦山房集十卷　(清)李良年撰　(清)李潮偕編　**徵士李君[良年]行狀一卷**　(清)朱彝尊輯　清康熙三十五年(1696)李潮偕刻本　四册

330000－1701－0041671　普 811.17/40421
集部/别集類/清别集
實夫詩存六卷　(清)李若虚撰　清咸豐十一年(1861)刻本　三册

330000－1701－0041672　SBC0894　集部/别集類/唐五代别集
昌黎先生集四十卷外集十卷遺文一卷　(唐)韓愈撰　(宋)廖瑩中校正　**朱子校昌黎先生集傳一卷**　(宋)朱熹撰　明東吳徐氏東雅堂刻本　十四册　存四十三卷(一至八、十一至三十五,外集一至十)

330000－1701－0041673　普 811.17/40422
集部/别集類/清别集
鈍齋詩存一卷　(清)李世衡撰　清乾隆九年(1744)學稼草堂刻本　一册

330000－1701－0041674　普 615.1/3030/2
類叢部/叢書類/彙編之屬
十萬卷樓叢書五十一種　(清)陸心源編　清光緒歸安陸氏刻本(歲時廣記卷六原缺)　二册　存一種

330000－1701－0041676　普 811.17/4036.5/c2　類叢部/叢書類/彙編之屬
漸西村舍彙刊(漸西村舍叢刻)四十四種　(清)袁昶編　清光緒十六年至二十四年(1890－1898)桐廬袁氏刻本　二册　存一種

330000－1701－0041677　普 811.17/40423/c1　集部/别集類/清别集
忘憂草一卷　(清)李鶴生撰　清光緒八年(1882)月初書屋刻本　一册

330000－1701－0041678　普 811.17/4033/c1　集部/别集類/清别集
養一齋文集二十卷李養一先生詩集四卷賦一卷詩餘一卷　(清)李兆洛撰　清光緒四年至八年(1878－1882)江陰曹佳校刻本　二册　缺二十卷(文集一至二十)

330000－1701－0041679　普 811.17/4040
集部/别集類/清别集
春園吟稿十四卷　(清)查有新撰　清嘉慶刻道光增刻本　五册

330000－1701－0041680　普 615.1/31101
子部/醫家類/本草之屬/歷代綜合本草
本草彙箋十卷總畧一卷圖一卷附天元芥説一卷　(明)顧元交撰　清順治刻本　六册

330000－1701－0041681　普 811.17/4036.6/c1　類叢部/叢書類/彙編之屬
漸西村舍彙刊(漸西村舍叢刻)四十四種　(清)袁昶編　清光緒十六年至二十四年(1890－1898)桐廬袁氏刻本　三册　存二種

330000－1701－0041682　普 615.1/3160/3
子部/醫家類/本草之屬/歷代綜合本草

本草備要不分卷　(清)汪昂撰　清光緒五年(1879)上海校經山房刻本　四冊

330000－1701－0041683　普951.00922/4041/6/c2　史部/紀事本末類/通代之屬
通鑑紀事本末二百三十九卷　(宋)袁樞撰　(明)張溥論正　明末刻本　七十二冊

330000－1701－0041684　普615.1/2844　子部/醫家類/本草之屬/神農本草經
神農本草經百種録一卷　(清)徐大椿撰　清刻本　一冊

330000－1701－0041685　普811.17/40423.2/c1　集部/别集類/清别集
忘憂續草一卷　(清)李鶴生撰　**附碧瑯玕館遺詩一卷**　(清)成玉撰　清光緒十二年(1886)月初書屋刻本　一冊

330000－1701－0041686　普811.17/40331　集部/别集類/清别集
存齋詩鈔一卷　(清)古汝達撰　清光緒四年(1878)遡芳亭刻本　一冊

330000－1701－0041687　普811.17/40423.2/c2　集部/别集類/清别集
忘憂續草一卷　(清)李鶴生撰　**附碧瑯玕館遺詩一卷**　(清)成玉撰　清光緒十二年(1886)月初書屋刻本　一冊

330000－1701－0041688　普811.17/4036.6/c3　類叢部/叢書類/彙編之屬
漸西村舍彙刊(漸西村舍叢刻)四十四種　(清)袁昶編　清光緒十六年至二十四年(1890－1898)桐廬袁氏刻本　三冊　存一種

330000－1701－0041689　普811.17/4040/(2)/c1　集部/别集類/清别集
春園吟稿十六卷　(清)查有新撰　清嘉慶刻道光增刻本　八冊

330000－1701－0041690　SBC0897　集部/總集類/選集之屬/斷代
唐文粹一百卷　(宋)姚鉉輯　明嘉靖八年(1529)晉府養德書院刻本　二十四冊　存八十卷(一至八十)

330000－1701－0041692　普811.17/4040/(2)/c2　集部/别集類/清别集
春園吟稿十六卷　(清)查有新撰　清嘉慶刻道光增刻本　陳銘敬批　四冊　存十卷(一至十)

330000－1701－0041693　普811.17/40361　集部/别集類/清别集
杲堂文鈔六卷詩鈔七卷　(清)李鄴嗣撰　清康熙十七年(1678)刻本　八冊

330000－1701－0041696　普811.17/40425　集部/别集類/清别集
天韻閣詩稿一卷　李蘋香撰　清光緒稿本　一冊

330000－1701－0041698　普615.1/3160/5　子部/醫家類/本草之屬/歷代綜合本草
增訂童氏本草備要八卷　(清)汪昂撰　(清)李保常增輯　清光緒二十二年(1896)圖書集成印書局鉛印本　三冊

330000－1701－0041699　普615.1/3160/4　子部/醫家類/本草之屬/歷代綜合本草
增訂本草備要四卷經絡歌訣一卷醫方湯頭歌訣一卷　(清)汪昂撰　清大文堂刻本　四冊　存四卷(一至四)

330000－1701－0041700　普615.1/3160　子部/醫家類/本草之屬/歷代綜合本草
增訂本草備要四卷醫方湯頭歌括一卷經絡歌訣一卷　(清)汪昂撰　清乾隆四十六年(1781)慱古堂刻本　四冊

330000－1701－0041703　普811.17/4044/c1　集部/别集類/清别集
聽泉遺詩三卷　(清)李菖撰　清嘉慶元年(1796)刻本　三冊

330000－1701－0041704　普811.17/40442　集部/别集類/清别集
墨霞堂詩鈔五卷　(清)李基塙撰　清光緒五年(1879)刻本　一冊

330000－1701－0041705　SBC0899　子部/雜著類

闇然書屋叢刊稿不分卷　(清)王吉元撰　稿本　二十册

330000－1701－0041706　SBC0898　集部/總集類/選集之屬/斷代

唐文粹一百卷　(宋)姚鉉輯　明嘉靖八年(1529)晋府養德書院刻本　十八册　存七十卷(六至三十一、三十八至六十九、八十至八十三、八十八至九十五)

330000－1701－0041707　普 811.17/4044/c2　集部/别集類/清别集

聽泉遺詩三卷　(清)李菖撰　清嘉慶元年(1796)刻本　一册

330000－1701－0041709　普 811.17/40443/c1　集部/别集類/清别集

淺山園詩集十七卷二集一卷　(清)李芝撰　清嘉慶元年(1796)錢塘李氏刻本　八册

330000－1701－0041710　普 811.17/40361/(2)　集部/别集類/清别集

杲堂文鈔六卷詩鈔七卷　(清)李鄴嗣撰　清康熙十七年(1678)刻本　十六册

330000－1701－0041711　普 615.1/3160/2/c2　子部/醫家類/類編之屬

瓶花書屋醫書五種　(清)包松溪等編　清道光二十五年至二十七年(1845－1847)瓶花書屋刻本　二册　存一種

330000－1701－0041712　普 811.17/40443/c2　集部/别集類/清别集

淺山園詩集十七卷二集一卷　(清)李芝撰　清嘉慶元年(1796)錢塘李氏刻本　六册　存十七卷(一至十七)

330000－1701－0041713　SBC0916　集部/總集類/選集之屬/通代

茗柯齋詩鈔□□卷　(清)盛唐選訂　清抄本　一册　存五卷(五至九)

330000－1701－0041714　普 811.17/4047/c1　集部/别集類/清别集

道古堂詩集二十六卷　(清)杭世駿撰　清乾隆刻本　六册

330000－1701－0041715　SBC0893　子部/醫家類/本草之屬/歷代綜合本草

重修政和經史證類備用本草三十卷　(宋)唐慎微撰　(宋)寇宗奭衍義　明萬曆刻本　四册　存九卷(八至九、十六至二十二)

330000－1701－0041716　普 811.17/4047/c3　集部/别集類/清别集

道古堂詩集二十六卷　(清)杭世駿撰　清乾隆五十七年(1792)杭賓仁刻本　六册

330000－1701－0041717　普 811.17/4047/(2)/c2　集部/别集類/清别集

道古堂詩集二十六卷　(清)杭世駿撰　清乾隆刻本　五册

330000－1701－0041718　SBC0891　史部/編年類/通代之屬

歷代通鑑纂要九十二卷　(明)李東陽　(明)劉機等撰　明正德二年(1507)内府刻本　九册　存十五卷(二至五、十七至十八、三十三至三十四、四十五、七十二至七十三、七十五至七十六、九十一至九十二)

330000－1701－0041719　SBC0915　經部/群經總義類/傳説之屬

新刊精選五經集要註解□□卷　明刻本　一册　存一卷(四)

330000－1701－0041720　普 615.1/3160/2/c3　子部/醫家類/類編之屬

瓶花書屋醫書五種　(清)包松溪等編　清道光二十五年至二十七年(1845－1847)瓶花書屋刻本　二册　存一種

330000－1701－0041721　SBC0914　集部/别集類/清别集

有正味齋駢體文續集八卷　(清)吳錫麟撰　清抄本　一册　存三卷(一至三)

330000－1701－0041722　普 615.1/4050　子部/醫家類/本草之屬/歷代綜合本草

本草原始十二卷　(明)李中立撰　清光緒善成堂刻本　六册

330000－1701－0041723　普 811.17/40441

類叢部/叢書類/自著之屬

隨園三十種 (清)袁枚撰 清乾隆至嘉慶刻本 四冊 存二種

330000－1701－0041725 普 811.17/40471 集部/別集類/清別集

晝延年室詩稿□□卷 (清)袁起撰 清同治三年(1864)刻本 張元濟題簽並記 一冊 存二卷(一至二)

330000－1701－0041726 普 811.17/4036/2/c2、普 811.17/4036 類叢部/叢書類/彙編之屬

漸西村舍彙刊(漸西村舍叢刻)四十四種 (清)袁昶編 清光緒十六年至二十四年(1890－1898)桐廬袁氏刻本 六冊 存三種

330000－1701－0041727 SBC0908 子部/醫家類/溫病之屬

溫病條辨一卷釋宗一卷 清抄本 二冊

330000－1701－0041728 SBC0910 集部/總集類/題詠之屬

摘錄東甌雁蕩山諸勝蹟名人題詠及游記一卷 清抄本 一冊

330000－1701－0041729 普 615.1/4050.08/c1 新學/醫學/藥品

西藥大成藥品中西名目表一卷附人名地名兩表 (英國)來拉撰 (清)江南製造局編譯 清光緒十三年(1887)江南製造局鉛印本 一冊

330000－1701－0041730 SBC0913 集部/別集類/明別集

樵雲獨唱集□□卷 (明)葉顒撰 清抄本 一冊 存二卷(五至六)

330000－1701－0041731 普 811.17/40441/2/c1 集部/別集類/清別集

紅豆村人詩稿十四卷 (清)袁樹撰 清同治五年(1866)三讓睦記刻隨園三十種本 王張威題記 四冊

330000－1701－0041732 普 811.17/4036/2/c1 類叢部/叢書類/彙編之屬

漸西村舍彙刊(漸西村舍叢刻)四十四種 (清)袁昶編 清光緒十六年至二十四年(1890－1898)桐廬袁氏刻本 三冊 存一種

330000－1701－0041733 普 615.1/4050.08/c2 新學/醫學/藥品

西藥大成藥品中西名目表一卷附人名地名兩表 (英國)來拉撰 (清)江南製造局編譯 清光緒十三年(1887)江南製造局鉛印本 一冊

330000－1701－0041734 普 811.17/4047.3/c1 集部/別集類/清別集

道古堂集外詩二卷附錄一卷 (清)杭世駿撰 清光緒十三年(1887)錢塘丁氏當歸草堂刻本 一冊

330000－1701－0041735 普 615.1/4050.08/c3 新學/醫學/藥品

西藥大成藥品中西名目表一卷附人名地名兩表 (英國)來拉撰 (清)江南製造局編譯 清光緒十三年(1887)江南製造局鉛印本 一冊

330000－1701－0041736 SBC0911 子部/宗教類/道教之屬

東亭輯要二十二種二十三卷 清抄本 六冊

330000－1701－0041738 普 811.17/4036.3/2、普 811.17/4036.2/c4 類叢部/叢書類/彙編之屬

漸西村舍彙刊(漸西村舍叢刻)四十四種 (清)袁昶編 清光緒十六年至二十四年(1890－1898)桐廬袁氏刻本 六冊 存三種

330000－1701－0041739 普 811.17/40441/2/c2 類叢部/叢書類/自著之屬

隨園三十種 (清)袁枚撰 清同治五年(1866)三讓睦記刻本 四冊 存一種

330000－1701－0041740 普 811.17/4048 集部/別集類/清別集

小倉山房詩集三十一卷補遺一卷附錄一卷 (清)袁枚撰 清刻本 八冊

330000－1701－0041742 普 951.00922/4489

史部/紀事本末類/通代之屬

通鑑本末紀要八十一卷首三卷 (清)蔡毓榮輯 (清)林子卿注 清康熙二十四年(1685)刻本 八十一册 缺三卷(二十八至二十九、三十一)

330000－1701－0041743 普811.17/4047.3/c2 集部/别集類/清别集

道古堂集外詩二卷附錄一卷 (清)杭世駿撰 清光緒十三年(1887)錢塘丁氏當歸草堂刻本 一册

330000－1701－0041744 SBC0907 集部/戲劇類

東調書真容□□卷 明刻本 一册 存四十四卷(一至四十四)

330000－1701－0041745 普811.17/4047.4 集部/别集類/清别集

道古堂文集四十八卷詩集二十六卷集外文一卷集外詩一卷 (清)杭世駿撰 **軼事一卷** (清)汪曾唯輯 清乾隆四十一年(1776)刻光緒十四年(1888)汪曾唯振綺堂增修本 六册 存二十九卷(詩集一至二十六、集外文、集外詩、軼事)

330000－1701－0041747 普811.17/4048/2/c2 類叢部/叢書類/自著之屬

隨園三十種 (清)袁枚撰 清同治五年(1866)三讓睦記刻本 十二册 存一種

330000－1701－0041748 普811.17/4047.2/c1 集部/别集類/清别集

嶺南集八卷 (清)杭世駿撰 清光緒七年(1881)嶺南刻本 二册

330000－1701－0041749 普811.17/4049 集部/别集類/清别集

侯鯖集十卷賞番圖百韻詩一卷 (清)李友棠撰 清乾隆靜香閣刻本 四册

330000－1701－0041751 普615.1/4060/3/c1 子部/醫家類/本草之屬/歷代綜合本草

珍珠囊指掌補遺藥性賦四卷 (金)李杲輯 **雷公炮製藥性解六卷** (明)李中梓輯 清浙紹奎照樓刻本 一册 存四卷(珍珠囊指掌補遺藥性賦一至四)

330000－1701－0041753 普811.17/4047.2/c2 集部/别集類/清别集

嶺南集八卷 (清)杭世駿撰 清光緒七年(1881)學海堂刻本 二册

330000－1701－0041754 SBC0905 史部/傳記類/别傳之屬/年譜

賜詩樓世系紀年錄一卷 (清)陳大用撰 清抄本 一册

330000－1701－0041755 普811.17/4049/2 集部/别集類/清别集

侯鯖集十卷 (清)李友棠撰 清乾隆靜香閣刻本 四册

330000－1701－0041756 普615.1/4060/3/c2、普615.1/4054/c2 子部/醫家類/本草之屬/歷代綜合本草

珍珠囊指掌補遺藥性賦四卷 (金)李杲輯 **雷公炮製藥性解六卷** (明)李中梓輯 清寧波羣玉山房刻本 四册

330000－1701－0041759 普951.00922/4791 史部/編年類

校刊資治通鑑全書八種 (清)胡元常輯 清光緒十四年至十七年(1888－1891)長沙楊氏刻本 三册 存一種

330000－1701－0041760 普615.1/3160/6 子部/醫家類/本草之屬/歷代綜合本草

增訂本草備要四卷附經絡歌訣一卷醫方湯頭歌訣一卷 (清)汪昂撰 清同治三年(1864)醉六堂刻本 四册 存四卷(一至四)

330000－1701－0041761 普615.1/4060/5 子部/醫家類/本草之屬

增補雷公炮製衣藥性賦解十卷 清經綸堂刻本 四册

330000－1701－0041762 普811.17/4036.3/c2 集部/别集類/清别集

漸西村人詩十三卷安般簃詩續鈔十卷 (清)袁昶撰 (清)瀨鄉樵隱編次 清光緒十六年

(1890)鉛印本　章嶔題記　六冊　缺二卷(安般簃詩續鈔九至十)

330000－1701－0041764　普811.17/4047.2/2　集部/别集類/清别集

嶺南集八卷　(清)杭世駿撰　清乾隆刻本　清馮登府題記　四冊

330000－1701－0041765　SBC0912　集部/總集類/課藝之屬

辛卯日課一卷庚寅日課一卷壬辰日課一卷　清抄本　三冊

330000－1701－0041766　普615.1/4054/c1　子部/醫家類/本草之屬/本草藥性

雷公炮製藥性解六卷　(明)李中梓撰　清文盛堂刻本　二冊

330000－1701－0041767　SBC0903　集部/别集類/清别集

迂黄氏所作無題詩一卷　(清)黄籛樓撰　清抄本　一冊

330000－1701－0041769　普951.00922/4791/3　史部/編年類

資治通鑑彙刻　清同治至光緒江蘇書局刻本　三冊　存一種

330000－1701－0041770　SBC0902　子部/藝術類/書畫之屬/畫法畫品

呂廬老人篆文小品一卷　(清)王同書　稿本　王綺題簽　一冊

330000－1701－0041771　普811.17/4061　集部/别集類/清别集

查浦詩鈔十二卷　(清)查嗣瑮撰　清康熙六十一年(1722)刻本　四冊

330000－1701－0041772　普811.17/4053　集部/别集類/清别集

念宛齋詩十卷文補一卷書牘五卷官書八卷詞鈔一卷詞曲一卷　(清)左輔撰　清嘉慶至道光刻本　三冊　存十一卷(一至九、詞鈔、詞曲)

330000－1701－0041774　SBC0901　子部/雜著類/雜纂之屬

赭椝龕稽古録不分卷　清抄本　一冊

330000－1701－0041775　SBC0900　類叢部/類書類/通類之屬

晴雪樓稿不分卷　清抄本　一冊

330000－1701－0041776　普811.17/40621　集部/别集類/清别集

冬心草堂詩選二卷　(清)李恩綬撰　清宣統二年(1910)安徽官紙印刷局鉛印本　一冊

330000－1701－0041777　普615.1/3160/9　子部/醫家類/本草之屬/歷代綜合本草

增訂本草備要四卷醫方湯頭歌括一卷經絡歌訣一卷　(清)汪昂撰　清會成堂刻本　二冊

330000－1701－0041778　普615.1/4061/(2)　子部/醫家類/本草之屬/歷代綜合本草

本草綱目五十二卷圖三卷瀕湖脉學一卷脉訣攷證一卷奇經八脉攷一卷　(明)李時珍撰　**本草萬方鍼線八卷藥品總目一卷**　(清)蔡烈先輯　清乾隆四十九年(1784)金閶書業堂刻本　三十六冊

330000－1701－0041779　普615.1/4061　子部/醫家類/本草之屬/歷代綜合本草

本草綱目五十二卷圖三卷　(明)李時珍撰　清順治十二年(1655)刻乾隆印本　四十三冊

330000－1701－0041781　普811.17/40531/c1　類叢部/叢書類/彙編之屬

漸西村舍彙刊(漸西村舍叢刻)四十四種　(清)袁昶編　清光緒十六年至二十四年(1890－1898)桐廬袁氏刻本　一冊　存一種

330000－1701－0041783　普951.00922/5097/c1　類叢部/叢書類/彙編之屬

十萬卷樓叢書五十一種　(清)陸心源編　清光緒歸安陸氏刻本(歲時廣記卷六原缺)　六冊　存一種

330000－1701－0041784　SBC0917　子部/天文曆算類/天文之屬

管窺輯要八十卷　(清)黄鼎撰　清順治十二年(1655)刻本　八冊　存十八卷(一至七、十

至十七、三十五至三十七)

330000－1701－0041785　普 811.17/40531/c2　類叢部/叢書類/彙編之屬
漸西村舍彙刊(漸西村舍叢刻)四十四種　(清)袁昶編　清光緒十六年至二十四年(1890－1898)桐廬袁氏刻本　一册　存一種

330000－1701－0041786　普 811.17/4061/(2)　集部/別集類/清別集
查浦詩鈔十二卷　(清)查嗣瑮撰　清康熙六十一年(1722)刻本　三册

330000－1701－0041789　普 811.17/4063　類叢部/叢書類/家集之屬
上元李氏合集三種　清光緒二十二年(1896)蘇州梓文閣刻本　二册

330000－1701－0041790　普 811.17/4062/c1　集部/別集類/清別集
攬青閣詩鈔二卷　(清)李貽德撰　清同治六年(1867)刻本　一册

330000－1701－0041791　普 811.17/4052/c1　集部/別集類/清別集
篔谷詩鈔二十卷文鈔十二卷　(清)查揆撰　清道光十五年(1835)菽原堂刻本　六册　存二十卷(一至二十)

330000－1701－0041792　普 951.00922/5097/c2　類叢部/叢書類/彙編之屬
十萬卷樓叢書五十一種　(清)陸心源編　清光緒歸安陸氏刻本(歲時廣記卷六原缺)　六册　存一種

330000－1701－0041793　SBC0925　史部/目録類/總録之屬/私撰
慕陔堂書目一卷　(清)王麟書撰　稿本　一册

330000－1701－0041794　普 811.17/4062/c2　集部/別集類/清別集
攬青閣詩鈔二卷　(清)李貽德撰　清同治六年(1867)刻本　一册

330000－1701－0041795　普 615.1/4061/(3)　子部/醫家類/本草之屬/歷代綜合本草
本草綱目五十二卷圖三卷　(明)李時珍撰　**本草藥品總目一卷**　(清)蔡烈先輯　清順治十二年(1655)刻乾隆印本　二十四册　缺三卷(圖一至三)

330000－1701－0041796　普 811.17/4052/c2　集部/別集類/清別集
篔谷詩鈔二十卷文鈔十二卷　(清)查揆撰　清道光十五年(1835)菽原堂刻本　六册　存二十卷(一至二十)

330000－1701－0041798　普 811.17/4062/(2)　集部/別集類/清別集
攬青閣詩鈔二卷夢春廬詞一卷　(清)李貽德撰　**早花集一卷**　(清)吴筠撰　清同治六年(1867)刻本　一册

330000－1701－0041799　普 811.17/4064　集部/別集類/清別集
補讀山房詩稿二卷　(清)李國藩撰　**補讀詩存一卷**　(清)李仲甫撰　清光緒十八年(1892)漢陽補讀山房刻本　一册

330000－1701－0041800　普 615.1/3554.2　子部/醫家類/本草之屬/神農本草經
神農本經校注三卷　(清)莫文泉撰　清光緒二十六年(1900)歸安月河莫氏刻本　二册

330000－1701－0041802　普 951.22922/4791/2　史部/編年類/通代之屬
資治通鑑二百九十四卷　(宋)司馬光撰　(元)胡三省音注　(明)陳仁錫評　**通鑑釋文辯誤十二卷**　(元)胡三省撰　明天啓五年(1625)長洲陳仁錫刻本[卷十一至十二配明萬曆二十年(1592)新安吴勉學刻本]　二册　存十二卷(通鑑釋文辯誤一至十二)

330000－1701－0041803　普 811.17/4065　集部/別集類/清別集
小桐廬詩草十卷　(清)袁景輅撰　清乾隆三十二年(1767)愛吟齋寫刻本　黄裳跋　二册

330000－1701－0041805　普 615.1/4061/2　子部/醫家類/本草之屬/歷代綜合本草

本草綱目五十二卷圖三卷脈訣考證一卷瀕湖脈學一卷奇經八脈攷一卷 (明)李時珍撰 本草萬方鍼線八卷藥品總目一卷 (清)蔡烈先輯 本草綱目拾遺十卷正誤一卷 (清)趙學敏輯 清光緒二十年(1894)上海圖書集成印書局鉛印本 十八册 缺二十三卷(五至八,本草萬方鍼線一至八,本草綱目拾遺一至十、正誤)

330000－1701－0041806 SBC0922 集部/別集類/清別集

半餘全鈔詩集三卷半餘全鈔不分卷 (清)何一坤撰 稿本 二十二册

330000－1701－0041807 普 811.17/4081 類叢部/叢書類/自著之屬

師伏堂叢書十五種 (清)皮錫瑞撰 清光緒十九年至三十三年(1893－1907)善化皮氏刻本 三册 存一種

330000－1701－0041808 普 615.1/4061/3/(2) 子部/醫家類/本草之屬/歷代綜合本草

本草綱目五十二卷首一卷圖三卷奇經八脉攷一卷脉訣攷證一卷瀕湖脈學一卷 (明)李時珍撰 本草萬方鍼線八卷藥品總目一卷 (清)蔡烈先輯 本草綱目拾遺十卷首一卷 (清)趙學敏輯 清光緒十一年至十三年(1885－1887)合肥張紹棠味古齋刻本 四十册

330000－1701－0041809 普 615.1/4061/3/c1 子部/醫家類/本草之屬/歷代綜合本草

本草綱目五十二卷首一卷圖三卷奇經八脈攷一卷瀕湖脈學一卷脈訣攷證一卷 (明)李時珍撰 本草萬方鍼線八卷藥品總目一卷 (清)蔡烈先輯 本草綱目拾遺十卷首一卷 (清)趙學敏輯 清光緒十一年至十三年(1885－1887)合肥張紹棠味古齋刻本 四十六册 缺二卷(拾遺八至九)

330000－1701－0041810 普 811.17/4089 集部/總集類/氏族之屬

鍾秀龕詩叢 (清)李鏐輯 清光緒木活字印本 一册 存一種

330000－1701－0041811 普 811.17/40881 集部/別集類/清別集

香草居詩集一卷 (清)李符撰 清刻本 一册

330000－1701－0041812 普 811.17/4091/c2 集部/別集類/清別集

怡秋軒初稿一卷 (清)李掌珠撰 清光緒三十年(1904)淮陰耕蘭室刻本 一册

330000－1701－0041813 普 615.1/4061/3/c2 子部/醫家類/本草之屬/歷代綜合本草

本草綱目五十二卷首一卷圖三卷奇經八脈攷一卷瀕湖脈學一卷脈訣攷證一卷 (明)李時珍撰 本草萬方鍼線八卷藥品總目一卷 (清)蔡烈先輯 本草綱目拾遺十卷首一卷 (清)趙學敏輯 清光緒十一年至十三年(1885－1887)合肥張紹棠味古齋刻本 三十九册 缺二卷(一至二)

330000－1701－0041815 普 811.17/40811/c1 集部/別集類/清別集

睫巢集六卷 (清)李鍇撰 清乾隆六年(1741)洪肇楙刻本 二册

330000－1701－0041816 普 811.17/4091/c3 集部/別集類/清別集

怡秋軒初稿一卷 (清)李掌珠撰 清光緒三十年(1904)淮陰耕蘭室刻本 一册

330000－1701－0041817 普 811.17/4092/c1 集部/別集類/清別集

敬業堂詩集五十卷 (清)查慎行撰 清康熙五十八年(1719)刻雍正增刻本 十册

330000－1701－0041819 普 811.17/4092/c2 集部/別集類/清別集

敬業堂詩集五十卷 (清)查慎行撰 清康熙五十八年(1719)刻雍正增刻本 十册

330000－1701－0041820 普 811.17/40811/c2 類叢部/叢書類/家集之屬

姜氏家集五種 (清)姜慶成輯 清道光二十五年(1845)天雄姜氏采鹿堂刻本 二册 存一種

330000－1701－0041823　普 811.17/4092/(2)　集部/别集類/清别集

敬業堂詩集五十卷　(清)查慎行撰　清康熙五十八年(1719)刻雍正增刻本　清錢載批　八册

330000－1701－0041824　普 615.1/4061/5　子部/醫家類/本草之屬/歷代綜合本草

本草綱目五十二卷圖三卷奇經八脉攷一卷瀕湖脈學一卷脉訣攷證一卷　(明)李時珍撰　**本草萬方鍼線八卷藥品總目一卷**　(清)蔡烈先輯　清道光三十年(1850)翰苑閣刻本　三十二册

330000－1701－0041825　普 615.1/2734　子部/醫家類/本草之屬/神農本草經

本經疏證十二卷續疏六卷本經序疏要八卷　(清)鄒澍撰　清道光二十九年(1849)湯用中刻本　八册　存八卷(本經序疏要一至八)

330000－1701－0041826　普 811.17/40931　集部/别集類/清别集

恩誦堂集十卷　(朝鮮)李尚迪撰　清刻本　一册

330000－1701－0041827　普 811.17/4082　集部/别集類/清别集

含薰室文集五卷詩集二卷　(清)吉鍾穎撰　清同治十二年(1873)丹陽吉正常刻本　一册　存二卷(詩集一至二)

330000－1701－0041830　普 811.17/4094　集部/别集類/清别集

味燈草堂詠古人詩一卷　(清)查光華撰　清宣統元年(1909)鉛印本　一册

330000－1701－0041832　SBC0943　史部/紀傳類/正史之屬

二十一史　明刻明清遞修本　清蔣知讓觀款　四百四十九册　存二十種

330000－1701－0041833　普 615.1/4061/6　子部/醫家類/本草之屬/歷代綜合本草

本草綱目五十二卷圖三卷奇經八脉攷一卷脉訣攷證一卷瀕湖脈學一卷　(明)李時珍撰　**本草萬方鍼線八卷藥品總目一卷**　(清)蔡烈先輯　**本草綱目拾遺十卷首一卷**　(清)趙學敏輯　清光緒三十年(1904)上海經香閣書莊石印本　十二册

330000－1701－0041834　普 951.00922/6031/c1　史部/編年類/通代之屬

資治通鑑二百九十四卷目錄三十卷　(宋)司馬光撰　(元)胡三省音注　**續資治通鑑二百二十卷**　(清)畢沅撰　清光緒十四年(1888)上海蜚英館石印本　二十册　存二百二十卷(續資治通鑑一至二百二十)

330000－1701－0041835　普 811.17/4083　集部/别集類/清别集

淡雲齋詩草一卷　(清)李鍾漢撰　清光緒十九年(1893)刻本　一册

330000－1701－0041840　普 811.17/40831　集部/别集類/清别集

青華詩稿一卷　(清)查人漢撰　清刻本　一册

330000－1701－0041841　普 615.1/2740　子部/醫家類/綜合之屬/通論

廣筆記十四卷炮炙大法一卷用藥凡例一卷　(明)繆希雍撰　(明)丁元薦輯　明天啓二年(1622)莊綬光刻本　清李子蓉題簽並記　一册　缺十四卷(一至十四)

330000－1701－0041842　普 615.1/4061/8　子部/醫家類/本草之屬/歷代綜合本草

本草綱目五十二卷圖三卷奇經八脉攷一卷脉訣攷證一卷瀕湖脈學一卷　(明)李時珍撰　清順治十二年(1655)吴氏太和堂刻本　三十册

330000－1701－0041843　普 811.17/4079/c1　集部/别集類/清别集

寸心草堂詩鈔六卷集外詩二卷　(清)李欣榮撰　(清)汪曾本輯　清光緒十六年(1890)海幢經坊刻本　三册

330000－1701－0041844　普 811.17/4084　集部/别集類/清别集

潛園詩存一卷　(清)李鏌撰　清光緒二十四年(1898)刻本　一冊

330000－1701－0041845　普 951.00922/6031/c2　史部/編年類/通代之屬

資治通鑑二百九十四卷目錄三十卷　(宋)司馬光撰　(元)胡三省音注　**續資治通鑑二百二十卷**　(清)畢沅撰　清光緒十四年(1888)上海蜚英館石印本　二十冊　存二百二十卷(續資治通鑑一至二百二十)

330000－1701－0041846　普 811.17/4079/c2　集部/別集類/清別集

寸心草堂詩鈔六卷集外詩二卷　(清)李欣榮撰　(清)汪曾本輯　清光緒十六年(1890)海幢經坊刻本　三冊

330000－1701－0041847　普 811.17/4079/2　集部/別集類/清別集

寸心草堂詩鈔六卷集外詩二卷　(清)李欣榮撰　(清)汪曾本輯　清光緒十六年(1890)海幢經坊刻本　四冊

330000－1701－0041848　SBC0933　史部/紀傳類/正史之屬

陳書三十六卷　(唐)姚思廉撰　明萬曆十六年(1588)南京國子監刻本　六冊

330000－1701－0041849　SBC0932　經部/小學類/文字之屬/字書

六書秦餘十二卷　(清)孫雲霞音注　清抄本　九冊　存九卷(子集、丑集、寅集、卯集、辰集、巳集、午集、申集、酉集)

330000－1701－0041850　普 811.17/4088/c2　集部/別集類/清別集

白華絳跗閣詩初集(越縵堂詩初集)十卷　(清)李慈銘撰　清末石印本　六冊

330000－1701－0041851　SBC0936　類叢部/類書類/通類之屬

群書考索前集六十六卷後集六十五卷續集五十六卷別集二十五卷　(宋)章如愚輯　明正德三年至十三年(1508－1518)劉洪慎獨書齋刻本　二十七冊　存一百九卷(前集四至十六、二十八至三十六、四十六至六十六,後集一至十三、十九至三十九、四十四至四十七、五十八至六十五,續集一、六至十三,別集一至十一)

330000－1701－0041852　SBC0928　集部/別集類/宋別集

東坡先生詩集註三十二卷　(宋)蘇軾撰　(宋)王十朋集註　明刻本　十冊　存二十七卷(六至三十二)

330000－1701－0041854　普 615.1/4061/9　子部/醫家類/本草之屬/歷代綜合本草

本草綱目五十二卷附圖一卷瀕湖脈學一卷脉訣攷證一卷奇經八脉攷一卷　(明)李時珍撰　清康熙二十三年(1684)金閶綠蔭堂、文雅堂刻本　四十冊

330000－1701－0041856　普 811.17/42242　集部/別集類/清別集

六經堂詩集六卷　(清)姚德奎撰　清康熙十八年(1679)刻本　二冊

330000－1701－0041857　普 811.17/4093　集部/別集類/清別集

古藤簃詩鈔一卷　(清)李恒良撰　清光緒刻本　一冊

330000－1701－0041858　SBC0937　類叢部/叢書類/彙編之屬

五朝小說五百二十三種　(明)□□編　明末刻說郛及說郛續重編印本　一冊　存四種

330000－1701－0041859　普 951.00922/6031/c3　史部/編年類/通代之屬

資治通鑑二百九十四卷目錄三十卷　(宋)司馬光撰　(元)胡三省音注　**續資治通鑑二百二十卷**　(清)畢沅撰　清光緒十四年(1888)上海蜚英館石印本　三十冊　存二百二十卷(續資治通鑑一至二百二十)

330000－1701－0041862　SBC0935　史部/紀傳類/正史之屬

二十一史　明刻明清遞修本　六冊　存一種

330000－1701－0041863　普 811.17/4092.2/

c1　集部/别集類/清别集
敬業堂詩續集六卷　(清)查慎行撰　清乾隆查學、查開刻本　二册

330000－1701－0041865　普 811.17/4092.2/c2　集部/别集類/清别集
敬業堂詩續集六卷　(清)查慎行撰　清乾隆查學、查開刻本　二册

330000－1701－0041866　普 811.17/4240　類叢部/叢書類/自著之屬
彭文敬公集五種　(清)彭藴章撰　清道光至同治刻同治彙印本　八册　存一種

330000－1701－0041867　普 951.00922/6031/2/c1　史部/編年類
資治通鑑彙刻　清同治至光緒江蘇書局刻本　六十册　存一種

330000－1701－0041868　SBC0942　集部/總集類/選集之屬/通代
榕村詩選八卷首一卷　(清)李光地撰　清抄本　五册

330000－1701－0041869　普 615.1/4061.08　子部/醫家類/方書之屬/單方驗方
本草萬方鍼線八卷　(清)蔡烈先輯　清刻本　四册

330000－1701－0041870　普 811.17/4133/c2　集部/别集類/清别集
九山草堂詩鈔一卷　(清)柯弘祚撰　清道光二十九年(1849)刻本　一册

330000－1701－0041876　普 811.17/4133/c3　集部/别集類/清别集
九山草堂詩鈔一卷　(清)柯弘祚撰　清道光二十九年(1849)刻本　一册

330000－1701－0041878　普 811.17/42841　集部/别集類/清别集
經畬堂詩集一卷　(清)姚鎮撰　清光緒十六年(1890)刻本　一册

330000－1701－0041879　普 811.17/4241　集部/别集類/清别集
師矩齋詩錄三卷　(清)彭翰孫撰　**寫韻樓詩草一卷**　(清)吳清蕙撰　**意蘭吟賸一卷**　(清)吳毓蓀撰　清光緒十七年(1891)木活字印本　二册

330000－1701－0041880　普 811.17/4202　集部/别集類/清别集
寄影軒詩鈔四卷　(清)志潤撰　清光緒三十年(1904)上海新昌書局鉛印本　二册　存二卷(一至二)

330000－1701－0041881　普 811.17/42301　集部/别集類/清别集
桐花齋詩鈔六卷　(清)彭啓商撰　清光緒八年(1882)刻本　六册

330000－1701－0041882　普 811.17/4221　集部/别集類/清别集
吟香閣詩草一卷　(清)姚僊霞撰　清光緒九年(1883)刻本　一册

330000－1701－0041883　普 811.17/42841/2　集部/别集類/清别集
經畬堂詩集二卷　(清)姚鎮撰　清咸豐四年(1854)刻本　一册

330000－1701－0041884　普 811.17/4233　集部/别集類/清别集
玉屏山館詩草四卷　(清)彭祖潤撰　清光緒十三年(1887)刻本　四册

330000－1701－0041885　普 615.1/4061.08/4　子部/醫家類/方書之屬/單方驗方
本草萬方鍼線八卷藥品總目一卷　(清)蔡烈先輯　清乾隆四十九年(1784)金閶書業堂刻本　四册

330000－1701－0041886　普 811.17/4210　集部/别集類/清别集
彭剛直公詩集八卷　(清)彭玉麟撰　(清)俞樾編　清光緒十七年(1891)德清俞樾吳下刻本　二册

330000－1701－0041887　普 811.17/4242　集部/别集類/清别集
讀我書齋詩鈔三卷　(清)姚世彝撰　清道光

二十二年(1842)刻本　一册

330000－1701－0041888　普 811.17/4210(2)　集部/别集類/清別集

彭剛直公詩集八卷　(清)彭玉麟撰　(清)俞樾編　清光緒十七年(1891)德清俞樾吳下刻本　一册

330000－1701－0041889　普 811.17/4234　集部/别集類/清别集

小謨觴館詩集注八卷詩餘注一卷詩續集注二卷詩餘續注一卷　(清)彭兆蓀撰　(清)孫元培　(清)孫長熙注　清光緒二十七年至三十一年(1901－1905)鎮洋繆氏東倉書庫刻朱印本　十册

330000－1701－0041890　普 615.1/4402　子部/醫家類/本草之屬/神農本草經

神農本經校注三卷　(清)莫文泉撰　清光緒二十六年(1900)歸安月河莫氏刻本　三册

330000－1701－0041892　普 811.17/4243　類叢部/叢書類/家集之屬

長洲彭氏家集九種　(清)彭祖賢編　清同治至光緒刻本　一册　存二種

330000－1701－0041893　普 811.17/42211　集部/别集類/清别集

搴香吟館遺稿二卷　(清)姚偁撰　清嘉慶二十五年(1820)陳廷模刻本　二册

330000－1701－0041894　普 811.17/4291　集部/别集類/清别集

瓶山草堂詩鈔六卷　(清)姚光晉撰　清道光二十七年(1847)刻本　一册

330000－1701－0041895　普 811.17/4284　集部/總集類/氏族之屬

井眉居詩錄四卷附懺情庵詞一卷　(清)姚前機撰　清咸豐刻本　一册

330000－1701－0041896　普 615.1/4061.08/3(2)　子部/醫家類/方書之屬/單方驗方

本草萬方鍼線八卷藥品總目一卷　(清)蔡烈先輯　清武林山壽堂刻本　五册

330000－1701－0041897　普 615.1/4428　子部/醫家類/本草之屬/本草藥性

藥鏡四卷　(明)蔣儀撰　清順治四年(1647)刻本　四册

330000－1701－0041898　SBC0939　子部/兵家類

汪子遺書二卷　(清)汪紱撰　清抄本　二册

330000－1701－0041899　普 811.17/4213　集部/别集類/清别集

松桂堂全集三十七卷南泩集三卷延露詞三卷　(清)彭孫遹撰　清乾隆八年(1743)彭景曾等刻本　三册　存三卷(南泩集一至三)

330000－1701－0041900　普 811.17/4243/2　集部/别集類/清别集

蘭臺遺稾一卷附錄一卷續編一卷　(清)彭希涑撰　**芸暉小閣吟草一卷**　(清)顧韞玉撰　清光緒二年(1876)惠州郡齋刻民國九年(1920)彭清鵬補刻本　一册

330000－1701－0041901　普 811.17/4236　集部/别集類/清别集

適龕詩集十四卷　(清)彭湘撰　清光緒元年(1875)安徽學院署刻本　四册

330000－1701－0041902　普 615.1/4444　子部/醫家類/本草之屬/神農本草經

本草經解要四卷附餘一卷　(清)葉桂　(清)楊友敬撰　清雍正二年(1724)楊緝祖敬德堂刻本　四册

330000－1701－0041904　普 811.17/4283　集部/别集類/清别集

三山詩草一卷　(清)姚念祖撰　清道光六年(1826)刻本　清可仙跋　一册

330000－1701－0041907　普 811.17/4273　史部/地理類/專志之屬

南楚詩紀四卷外編一卷　(清)彭開勳撰　清道光七年(1827)述古堂刻本　四册

330000－1701－0041908　SBC0938　子部/術數類/命書相書之屬

新編星學大成十八卷　(明)萬民英撰　明刻

本　十一册　存十一卷(二至十二)

330000－1701－0041909　普 615.1/4665/2　子部/醫家類/本草之屬/歷代綜合本草
本草述鉤元三十二卷　(清)劉若金撰　(清)楊時泰輯　清道光二十二年(1842)毘陵涵雅堂刻本　十二册

330000－1701－0041910　普 811.17/4222　子部/宗教類/佛教之屬/諸宗
四衆弟子淨土詩六種　清同治十一年(1872)如臯刻經處刻本　一册　存三種

330000－1701－0041911　普 811.17/4299/c4　集部/别集類/清别集
大梅山館集四種五十五卷　(清)姚燮撰　清道光十三年至咸豐六年(1833－1856)大梅山館刻本　十二册　存一種

330000－1701－0041912　SBC0944　子部/儒家類/儒學之屬/經濟
大學衍義補一百六十卷首一卷　(明)丘濬撰　明刻本　十八册　存七十三卷(五至十四、二十六至三十五、六十至六十四、七十至七十七、九十五至一百十八、一百二十三至一百三十八)

330000－1701－0041913　普 811.17/4299/c1　集部/别集類/清别集
大梅山館集四種五十五卷　(清)姚燮撰　清道光十三年至咸豐六年(1833－1856)大梅山館刻本　八册　存一種

330000－1701－0041914　普 811.17/4251　集部/别集類/清别集
詩義堂集二卷　(清)彭輅撰　**詩義堂後集六卷**　(清)彭泰來撰　清道光三十年(1850)、咸豐十一年(1861)刻本　四册

330000－1701－0041915　普 615.1/4978　子部/醫家類/類編之屬
利濟十二種　(清)趙學敏輯　清同治十年(1871)錢塘張應昌吉心堂刻本　十册　存一種

330000－1701－0041916　普 811.17/4222.2　集部/别集類/清别集
觀河集四卷　(清)彭紹升撰　清道光三年(1823)刻同治元年(1862)合肥劉朝侍印本　一册

330000－1701－0041917　普 811.17/42431/c1　集部/别集類/清别集
竹雨吟鈔二卷　(清)姚吉祥撰　清同治八年(1869)秀水姚氏滬城刻本　一册

330000－1701－0041918　普 811.17/42431/c2　集部/别集類/清别集
竹雨吟鈔二卷　(清)姚吉祥撰　清同治八年(1869)秀水姚氏滬城刻本　二册

330000－1701－0041919　普 615.1/4061.08/3　子部/醫家類/方書之屬/單方驗方
本草萬方鍼綫八卷藥品總目一卷　(清)蔡烈先輯　清武林山壽堂刻本　四册

330000－1701－0041920　普 811.17/4299/(2)　集部/别集類/清别集
大梅山館集四種五十五卷　(清)姚燮撰　清道光十三年至咸豐六年(1833－1856)大梅山館刻本　二十四册　存一種

330000－1701－0041921　普 615.1/4061.08/3/c2　子部/醫家類/方書之屬/單方驗方
本草萬方鍼綫八卷　(清)蔡烈先輯　清刻本　四册

330000－1701－0041924　普 615.1/4978/(2)　子部/醫家類/類編之屬
利濟十二種　(清)趙學敏輯　清同治十年(1871)錢塘張應昌吉心堂刻本　八册　存一種

330000－1701－0041925　普 811.17/42441　集部/總集類/彙編之屬
慎墨堂名家詩品三種　(清)鄧漢儀編　清康熙刻本　一册　存一種

330000－1701－0041928　普 615.1/7248　子部/醫家類/本草之屬/歷代綜合本草
本草述三十二卷首一卷　(清)劉若金撰　清嘉慶十五年(1810)武進薛氏還讀山房刻本

十八冊

330000－1701－0041929　普 615.1/7248/(2)　子部/醫家類/本草之屬/歷代綜合本草

本草述三十二卷首一卷　(清)劉若金撰　清嘉慶十五年(1810)武進薛氏還讀山房刻本　二十冊

330000－1701－0041930　普 811.17/4327　類叢部/叢書類/自著之屬

西堂全集四種附一種　(清)尤侗撰　清康熙刻本　十冊　存三種

330000－1701－0041931　普 811.17/4330.3　集部/别集類/清别集

新安遊草二卷　(清)戴啓文撰　清光緒二十一年(1895)刻本　一冊

330000－1701－0041932　普 615.1/7722/c2　子部/醫家類/本草之屬/歷代綜合本草

本草思辨錄四卷首一卷　(清)周巖撰　清光緒三十年(1904)山陰周氏微尚室刻朱印本　四冊

330000－1701－0041933　普 811.17/4377.2　集部/别集類/清别集

訪粵集一卷　(清)戴熙撰　**白雲倡和詩一卷**　(清)戴熙等撰　清道光二十年(1840)廣州刻本　一冊

330000－1701－0041934　普 615.1/7722/c3　子部/醫家類/本草之屬/歷代綜合本草

本草思辨錄四卷首一卷　(清)周巖撰　清光緒三十年(1904)山陰周氏微尚室刻本　四冊

330000－1701－0041936　SBC0947　史部/紀傳類/正史之屬

史記一百三十卷　(漢)司馬遷撰　(南朝宋)裴駰集解　(唐)司馬貞索隱　明天順游明刻本　十八冊　存八十六卷(一至八十六)

330000－1701－0041939　普 811.17/4404　集部/别集類/清别集

揚舲集一卷課餘錄一卷嶺南集一卷續集一卷　(清)黄立世撰　清乾隆刻本　三冊

330000－1701－0041940　普 811.17/4327.2　集部/别集類/清别集

尤太史律詩四卷　(清)尤侗撰　清乾隆二十五年(1760)鄒氏青藜書屋刻木活字印本　四冊

330000－1701－0041943　普 811.17/4327.3　類叢部/叢書類/彙編之屬

懺花盦叢書三十種　(清)宋澤元編　清光緒山陰宋氏刻十三年(1887)彙印本　一冊　存一種

330000－1701－0041944　普 811.17/44032　集部/别集類/清别集

峴嶕山房詩集初編八卷　(清)董文渙撰　清同治九年(1870)刻本　四冊

330000－1701－0041947　普 811.17/4391　集部/别集類/清别集

倩梅簃遺稿一卷　(清)戴小玉撰　清道光十一年(1831)戴熙刻本　一冊

330000－1701－0041951　普 811.17/4327.4　類叢部/叢書類/自著之屬

西堂全集四種附一種　(清)尤侗撰　清康熙刻本　一冊　存一種

330000－1701－0041953　普 651.1/7541　子部/醫家類/本草之屬/歷代綜合本草

本草撮要十卷　(清)陳其瑞輯　清光緒二十八年(1902)資生堂刻本　二冊

330000－1701－0041955　普 615.2/4708/c1　子部/醫家類/方書之屬/成方藥目

胡慶餘堂丸散膏丹全集不分卷續增一卷　(清)胡光墉編　清光緒三年(1877)胡慶餘堂雪記刻本　一冊

330000－1701－0041956　普 811.17/4350　集部/别集類/清别集

洗蕉吟館詩鈔一卷詞鈔一卷　(清)惲戴青撰　清宣統二年(1910)惲炳孫石印本　一冊

330000－1701－0041957　SBC0949　史部/紀傳類/正史之屬

前漢書一百卷　(漢)班固撰　明嘉靖德藩最

樂軒刻本　十二册　存四十四卷(五十七至一百)

330000－1701－0041958　普811.17/44041　集部/别集類/清别集
友鶴山房試帖偶鈔四卷附律賦一卷　(清)葉詒撰　清光緒二年(1876)刻本　一册

330000－1701－0041959　普811.17/4399　類叢部/叢書類/自著之屬
中復堂全集九種附一種　(清)姚瑩撰　清道光刻本　六册　存一種

330000－1701－0041960　普811.17/4327.4/2　類叢部/叢書類/自著之屬
西堂全集四種附一種　(清)尤侗撰　清刻本　二册　存一種

330000－1701－0041962　SBC0946　子部/兵家類/兵法之屬
登壇必究四十卷　(明)王鳴鶴編輯　明萬曆刻本　六册　存五卷(三十二至三十六)

330000－1701－0041963　普615.2/4708/c2　子部/醫家類/方書之屬/成方藥目
胡慶餘堂丸散膏丹全集不分卷續增一卷　(清)胡光墉編　清光緒三年(1877)胡慶餘堂雪記刻本　一册

330000－1701－0041964　普811.17/4327.5　類叢部/叢書類/自著之屬
西堂全集四種附一種　(清)尤侗撰　清刻本　一册　存一種

330000－1701－0041966　普811.17/4406　集部/别集類/清别集
埽垢山房詩鈔十二卷　(清)黄文暘撰　清嘉慶七年(1802)闕里孔憲增刻本　四册

330000－1701－0041967　普811.17/4350.2/c3　集部/總集類/酬唱之屬
雲圃秋吟一卷　(清)戴青等撰　清光緒十三年(1887)刻本　一册

330000－1701－0041968　普811.17/4399/2　類叢部/叢書類/自著之屬
中復堂全集九種附一種　(清)姚瑩撰　清道光刻本　二册　存一種

330000－1701－0041969　普811.17/4300　集部/别集類/清别集
綠曠吟草四卷　(清)戴高撰　清乾隆五十五年(1790)刻本　二册

330000－1701－0041970　普615.2/4708/c3　子部/醫家類/方書之屬/成方藥目
胡慶餘堂丸散膏丹全集不分卷續增一卷　(清)胡光墉編　清光緒三年(1877)胡慶餘堂雪記刻本　一册

330000－1701－0041971　普615.2/4708/c4　子部/醫家類/方書之屬/成方藥目
胡慶餘堂丸散膏丹全集不分卷續增一卷　(清)胡光墉編　清光緒三年(1877)胡慶餘堂雪記刻本　一册

330000－1701－0041973　普811.17/4400　集部/别集類/清别集
夢堂詩稿十五卷　(清)英廉撰　清乾隆四十八年(1783)延福等刻本　四册

330000－1701－0041974　普615.5/1010　子部/醫家類/類編之屬
六醴齋醫書十種　(清)程永培編　清乾隆五十九年(1794)修敬堂刻本　二册　存一種

330000－1701－0041976　普811.17/44021/c1　集部/别集類/清别集
嘯古堂詩集八卷　(清)蔣敦復撰　清光緒十一年(1885)王韜淞隱盧刻本　二册

330000－1701－0041977　普811.17/4408　集部/别集類/清别集
友竹草堂文集六卷詩二卷　(清)蔣慶第撰　清光緒刻本　一册　存二卷(詩集一至二)

330000－1701－0041978　普811.17/4350.2/c4　集部/總集類/酬唱之屬
雲圃秋吟一卷　(清)戴青等撰　清光緒十三年(1887)刻本　一册

330000－1701－0041979　普811.17/4301/c1

集部/别集類/清别集

戴簡恪公遺集八卷 (清)戴敦元撰 清同治十一年(1872)刻本 四册

330000-1701-0041980 SBC0948 史部/紀傳類/正史之屬

漢書一百卷 (漢)班固撰 (唐)顔師古注 明嘉靖汪文盛等刻本 十册 存四十四卷(一至四十四)

330000-1701-0041981 普615.1/7583 子部/醫家類/本草之屬/神農本草經

神農本草經讀四卷 (清)陳念祖撰 清漁古山房刻本 一册

330000-1701-0041982 普811.17/4362/c1 集部/别集類/清别集

隅園詩存二卷 (清)裘曰和撰 清嘉慶二十五年(1820)木活字印本 二册

330000-1701-0041983 普811.17/44021/c2 集部/别集類/清别集

嘯古堂詩集八卷 (清)蔣敦復撰 清光緒十一年(1885)王韜淞隱廬刻本 二册

330000-1701-0041984 普811.17/4362/c2 集部/别集類/清别集

隅園詩存二卷 (清)裘曰和撰 清嘉慶二十五年(1820)木活字印本 二册

330000-1701-0041985 SBC0952 史部/紀傳類/正史之屬

漢書一百卷 (漢)班固撰 (唐)顔師古注 (明)鍾人傑輯評 明萬曆四十七年(1619)鍾人傑刻本 二十三册 存八十四卷(一至二十四、四十一至一百)

330000-1701-0041986 普811.17/4301/c3 集部/别集類/清别集

戴簡恪公遺集八卷 (清)戴敦元撰 清同治十一年(1872)刻本 四册

330000-1701-0041987 普811.17/43271/c1 集部/别集類/清别集

聽鸝山館試帖不分卷 (清)戴槃撰 清同治十一年(1872)賜禮堂刻本 一册

330000-1701-0041988 普615.1/1029 子部/醫家類/類編之屬

證治準繩六種 (明)王肯堂撰 清光緒十八年(1892)廣州石經堂刻本 八十册

330000-1701-0041989 普811.17/44022 集部/别集類/清别集

竹香齋詩鈔二卷 (清)茹敦和撰 清乾隆茹棻刻本 一册

330000-1701-0041990 普811.17/43271/c2 集部/别集類/清别集

聽鸝山館試帖不分卷 (清)戴槃撰 清同治十一年(1872)賜禮堂刻本 一册

330000-1701-0041991 普811.17/4314 集部/别集類/清别集

淚花集二卷 (清)裘廷楨撰 清光緒木活字印本 一册

330000-1701-0041992 普811.17/44093 集部/别集類/清别集

香屑集十八卷首一卷末一卷 (清)黄之雋撰 (清)陳邦直注 清雍正十二年(1734)陳邦直刻遂初園印本 四册

330000-1701-0041994 SBC0951 史部/紀傳類/正史之屬

後漢書九十卷 (南朝宋)范曄撰 (唐)李賢注 (明)鍾人傑輯評 **後漢志三十卷** (晉)司馬彪撰 (南朝梁)劉昭注 (明)鍾人傑輯評 明鍾人傑刻本 五册 存二十九卷(一至十、後漢志一至十九)

330000-1701-0041995 普811.17/44102/c1 史部/地理類/雜志之屬

松江竹枝詞一卷 (清)黄霆撰 清光緒元年(1875)思柏廬刻本 一册

330000-1701-0041997 SBC0956 史部/紀傳類/正史之屬

唐書二百二十五卷 (宋)歐陽修 (宋)宋祁等撰 元大德九年(1305)建康路儒學刻明成化弘治嘉靖萬曆南京國子監遞修本 一册 存八卷(八十六至九十三)

330000－1701－0042000　普 811.17/4330.2/c2　集部/別集類/清別集

招隱山房詩鈔八卷末一卷　戴啓文撰　清宣統元年(1909)鉛印本　二册

330000－1701－0042001　普 811.17/44092　集部/別集類/清別集

耘香書屋詩草二卷　(清)董文燦撰　清光緒十三年(1887)刻本　一册

330000－1701－0042002　普 811.17/4330.2/c3　集部/別集類/清別集

招隱山房詩鈔八卷末一卷　戴啓文撰　清宣統元年(1909)鉛印本　二册

330000－1701－0042003　普 811.17/4321　集部/別集類/清別集

味雪齋詩鈔續二卷　(清)戴絅孫撰　清光緒二十七年(1901)昆明陳榮昌刻本　一册

330000－1701－0042004　普 811.17/44102/c2　史部/地理類/雜志之屬

松江竹枝詞一卷　(清)黄霆撰　清光緒元年(1875)思柏廬刻本　一册

330000－1701－0042005　普 811.17/44103　集部/別集類/清別集

春雨齋詩集十六卷桃花亭詞一卷　(清)蔣元龍撰　清嘉慶十一年(1806)延澤堂刻本　六册

330000－1701－0042006　普 811.17/4411　集部/別集類/清別集

小詩航詩鈔三卷雜著一卷　(清)蔡聘珍撰　清道光刻本　二册

330000－1701－0042007　普 811.17/4373　集部/別集類/清別集

風希堂詩集六卷　(清)戴殿泗撰　清道光八年(1828)九靈山房刻本　二册

330000－1701－0042008　普 615.1/4929　子部/醫家類/綜合之屬/通論

醫學指歸二卷首一卷　(清)趙術堂撰　清同治元年(1862)高郵趙氏旌孝堂刻本　四册

330000－1701－0042010　普 615.5/2844　子部/醫家類/類編之屬

徐氏醫書六種　(清)徐大椿撰　清雍正五年至乾隆二十二年(1727－1757)半松齋刻本　二册　存一種

330000－1701－0042011　普 811.17/44111　類叢部/叢書類/自著之屬

太虚齋存稿二十三種　(清)蔡廷弼撰　清嘉慶至道光刻本　一册　存七種

330000－1701－0042012　SBC0955　史部/紀傳類/正史之屬

二十一史　明萬曆二十三年至三十四年(1595－1606)北京國子監刻本　三册　存一種

330000－1701－0042013　普 811.17/4409　集部/別集類/清別集

峴嶕山房詩集初編八卷續編二卷　(清)董文渙撰　清同治九年(1870)、十年(1871)刻本　五册

330000－1701－0042014　普 615.5/3033　子部/醫家類/溫病之屬/瘟疫

嶺南三急症醫方辨論一卷　(清)蔣希曾撰　清光緒二十年(1894)廣州瑞元堂刻本　一册

330000－1701－0042016　普 811.17/44081　集部/別集類/清別集

豐草菴詩集十一卷禪樂府一卷　(明)董說撰　清初刻本　四册　存六卷(登峰編、臨蘭亭編、雒陽編、洞庭雨編、鬪韻牌編,禪樂府)

330000－1701－0042017　普 615.5/5063　子部/醫家類/内科之屬

症因脉治四卷論一卷　(明)秦景明撰　(清)秦之楨輯　清康熙四十七年(1708)攸寧堂刻本　十二册

330000－1701－0042018　普 811.17/4377　集部/別集類/清別集

習苦齋詩集八卷古文四卷　(清)戴熙撰　清同治六年(1867)錢塘張曜刻本　二册　存八卷(詩集一至八)

330000－1701－0042020　SBC0954　史部/紀傳類/正史之屬

後漢書九十卷　（南朝宋）范曄撰　（唐）李賢注　（明）陳祖苞訂　**志三十卷**　（晉）司馬彪撰　（南朝梁）劉昭注　明陳祖苞刻本　一册　存五卷（四十六至五十）

330000－1701－0042021　普 615.5/4079　子部/醫家類/内科之屬

證治彙補八卷　（清）李用粹撰　清康熙三十年（1691）舊德堂刻會成堂印本　十二册

330000－1701－0042022　普 811.17/4410　集部/别集類/清别集

聽雪齋詩鈔四卷　（清）薛廷文撰　清乾隆五十九年（1794）刻本　四册

330000－1701－0042024　SBC0953　史部/紀傳類/正史之屬

後漢書九十卷　（南朝宋）范曄撰　（唐）李賢注　**後漢書志三十卷**　（晉）司馬彪撰　（南朝梁）劉昭注　明嘉靖七年至九年（1528－1530）南京國子監刻萬曆重修本　王焕鑣跋　十九册　存一百八卷（一至九十、志一至十八）

330000－1701－0042027　SBC0960　史部/紀傳類/正史之屬

元史二百十卷目録二卷　（明）宋濂　（明）王禕等撰　明洪武三年（1370）内府刻嘉靖萬曆南京國子監遞修本　五册　存二十九卷（十七至二十一、八十四至八十七、一百一至一百五、一百十四至一百二十八）

330000－1701－0042028　普 811.17/44112　集部/别集類/清别集

翠岩室詩鈔二卷　（清）韓弼元撰　清咸豐十年（1860）刻本　一册

330000－1701－0042029　普 615.5/5063/2（2）　子部/醫家類/内科之屬

症因脉治四卷論一卷　（明）秦景明撰　（清）秦之楨輯　清康熙四十七年（1708）攸寧堂刻乾隆十八年（1753）博古堂印本　四册

330000－1701－0042031　普 615.5/2510　子部/醫家類/方書之屬

丹溪先生治法心要八卷　（元）朱震亨撰　清宣統元年（1909）武林蕭澍霖鉛印本　二册

330000－1701－0042034　普 811.17/4414　集部/别集類/清别集

夢陔堂詩集三十五卷　（清）黄承吉撰　清道光十二年至十三年（1832－1833）江都黄承吉刻本　二十册　存二十四卷（一至二十四）

330000－1701－0042035　普 615.5/9049　子部/醫家類/醫理之屬/陰陽五行、五運六氣

尚友堂醫攷一卷　清抄本　一册

330000－1701－0042036　普 615.5/2624/c1　子部/醫家類/推拿按摩外治之屬

理瀹騈文不分卷略言一卷續增略言三卷附存濟堂藥局修合施送方並加藥法一卷治心病方一卷　（清）吴師機撰　清同治四年至光緒元年（1865－1875）刻本　四册

330000－1701－0042037　普 811.17/4416、普 811.17/4416.2、普 811.17/4416.3　類叢部/叢書類/自著之屬

黄氏隨筆五種附一種　（清）黄理撰　清光緒四年（1878）見谿書屋刻本　五册　存四種

330000－1701－0042038　普 615.5/2624/c2　子部/醫家類/推拿按摩外治之屬

理瀹騈文不分卷略言一卷續增略言三卷附存濟堂藥局修合施送方並加藥法一卷治心病方一卷　（清）吴師機撰　清同治四年至光緒元年（1865－1875）刻本　四册

330000－1701－0042039　普 615.51/0025　子部/醫家類/醫案之屬

齊氏醫案崇正辨訛六卷　（清）齊秉慧撰　清道光十二年（1832）刻本　七册

330000－1701－0042040　普 811.17/4420　集部/别集類/清别集

鉄甲山人詩鈔四卷　（清）蔣倬章撰　清光緒七年（1881）木活字印本　嵩卿題記　一册

330000－1701－0042041　普 811.17/4423

集部/别集類/清别集
蟲鳥吟十卷 (清)蕭德宣撰 清同治五年(1866)刻本 四册

330000－1701－0042042 普 615.5/2624.04/c1 子部/醫家類/推拿按摩外治之屬
理瀹駢文摘要不分卷附錄應驗諸方一卷 (清)吳師機撰 清吳郡張涵中、彭祖籛刻本 一册

330000－1701－0042043 SBC0959 史部/紀傳類/正史之屬
二十一史 明刻明清遞修本 三册 存一種

330000－1701－0042044 普 615.5/2624.04/c2 子部/醫家類/推拿按摩外治之屬
理瀹駢文摘要不分卷附錄應驗諸方一卷 (清)吳師機撰 清吳郡張涵中、彭祖籛刻本 一册

330000－1701－0042045 普 811.17/44142.09 子部/藝術類/書畫之屬/題跋
五湖漁莊圖題詞四卷 (清)葉承桂輯 清咸豐三年(1853)石林園刻本 二册

330000－1701－0042046 普 811.17/44231 集部/别集類/清别集
仙屏書屋初集詩錄十六卷後錄二卷 (清)黄爵滋撰 清道光二十九年(1849)刻本 五册

330000－1701－0042047 普 615.51/0073 子部/醫家類/方書之屬/單方驗方
奇驗良方一卷 清抄本 一册

330000－1701－0042048 普 951.00922/6031/2/c3 史部/編年類
資治通鑑彙刻 清同治至光緒江蘇書局刻本 六十册 存一種

330000－1701－0042051 SBC0957 史部/紀傳類/正史之屬
後漢書九十卷 (南朝宋)范曄撰 (唐)李賢注 (明)陳仁錫評 **志三十卷** (晉)司馬彪撰 (南朝梁)劉昭注 (明)陳仁錫評 明天啓刻本 二十二册 存七十六卷(一至五、十至十三、四十七至一百八、一百十二至一百十六)

330000－1701－0042052 普 811.17/44142/c2 集部/詞類/别集之屬
太湖竹枝詞二卷 (清)葉承桂撰 清咸豐三年(1853)石林園刻本 一册

330000－1701－0042053 普 811.17/44232 集部/别集類/清别集
敦夙好齋詩初編十二卷 (清)葉名澧撰 清咸豐三年(1853)刻本 四册

330000－1701－0042054 普 811.17/44142/c1 集部/詞類/别集之屬
太湖竹枝詞二卷 (清)葉承桂撰 清咸豐三年(1853)石林園刻本 一册

330000－1701－0042055 普 811.17/4418 集部/别集類/清别集
片雲集一卷 (清)蔣廷錫撰 清康熙四十一年(1702)刻本 一册

330000－1701－0042056 普 615.51/1029 子部/醫家類/醫案之屬
丁受堂先生醫案不分卷 (清)丁受堂撰 清抄本 二册

330000－1701－0042057 普 811.17/44141 集部/别集類/清别集
赤堇遺稿六卷 (清)葉元堦撰 (清)厲志編 清道光二十五年(1845)退一居刻本 一册

330000－1701－0042058 普 811.17/4422 集部/别集類/清别集
晚晴閣詩二卷 (清)葛嵩撰 清道光二年(1822)安素堂刻本 一册

330000－1701－0042059 普 951.00922/6031/2/(2) 史部/編年類
資治通鑑彙刻 清同治至光緒江蘇書局刻本 八十册 存一種

330000－1701－0042060 普 616.071/8022/c1 子部/醫家類/綜合之屬/通論
醫宗備要三卷 (清)曾鼎撰 清同治八年(1869)楚北崇文書局刻本 一册

330000－1701－0042061　普 811.17/44145
集部/别集類/清别集
綠杉野屋詩集四卷　（清）蕭元吉撰　清光緒十八年（1892）石印本　二册

330000－1701－0042062　普 811.17/44141/（2）　集部/别集類/清别集
赤堇遺稿六卷　（清）葉元堦撰　（清）厲志編　清道光二十五年（1845）退一居刻本　二册

330000－1701－0042063　普 811.17/44221
集部/别集類/清别集
香草箋不分卷　（清）黄任撰　清宣統二年（1910）鉛印本　一册

330000－1701－0042064　普 951.00922/6031/3/c1　史部/編年類/通代之屬
續資治通鑑二百二十卷　（清）畢沅撰　清乾隆鎮洋畢氏刻嘉慶六年（1801）桐鄉馮氏德裕堂續刻本　六十四册

330000－1701－0042065　普 811.17/44182
集部/别集類/清别集
月我軒梅花集句七言律詩百首一卷　（清）葛璇撰　清乾隆刻本　一册

330000－1701－0042066　普 951.00922/6031/3/c2　史部/編年類/通代之屬
續資治通鑑二百二十卷　（清）畢沅撰　清乾隆鎮洋畢氏刻嘉慶六年（1801）桐鄉馮氏德裕堂續刻本　六十四册

330000－1701－0042067　普 811.17/44232/2、普 811.17/44232.02　集部/别集類/清别集
敦夙好齋詩初編十二卷首一卷續編十一卷首一卷　（清）葉名澧撰　清光緒十六年（1890）葉兆綱刻本　八册

330000－1701－0042069　普 811.17/44222
集部/别集類/清别集
水明樓詩六卷　（清）韓崧撰　清道光九年（1829）刻本　四册

330000－1701－0042070　普 811.17/44144
集部/别集類/清别集
韓隱廬詩鈔五卷補遺一卷　（清）黄瑞蓮撰　清光緒三十四年（1908）上虞潘晉恩刻本　二册

330000－1701－0042071　普 811.17/44234
史部/史評類/詠史之屬
思無邪齋詠史詩一卷　（清）蔡紹洛撰　清道光二十六年（1846）刻本　一册

330000－1701－0042072　SBC0962　史部/紀傳類/正史之屬
二十四史附考證　清乾隆武英殿刻本（明史卷一百四十一至一百四十八、二百四十七配清刻本）　四十五册　存一種

330000－1701－0042073　普 615.51/1044/c2　子部/醫家類/類編之屬
潛齋醫書三種　（清）王士雄撰　清咸豐元年（1851）吟香書屋刻本　三册　存二種

330000－1701－0042076　普 811.17/44235
集部/别集類/清别集
南浦懶鈔四卷　（清）翰綬之撰　清乾隆五十七年（1792）緘齋木活字印本　一册

330000－1701－0042077　普 811.17/44143
集部/别集類/清别集
寄廬詩草一卷續存一卷　（清）莊元植撰　清光緒三年（1877）刻震澤莊氏家集本　俞伯英題記　一册

330000－1701－0042078　普 811.17/44121/c1　集部/别集類/清别集
寓沙詩鈔八卷詩餘一卷　（清）樊廷緒撰　清道光二十二年（1842）刻本　二册

330000－1701－0042079　普 811.17/44121/c2　集部/别集類/清别集
寓沙詩鈔八卷詩餘一卷　（清）樊廷緒撰　清道光二十二年（1842）刻本　二册

330000－1701－0042080　普 615.51/1044/c3　子部/醫家類/類編之屬
潛齋醫書三種　（清）王士雄撰　清咸豐元年（1851）吟香書屋刻本　三册　存二種

330000－1701－0042082　普 811.17/4428.2　集部/别集類/清别集

友漁齋詩續集六卷　(清)黄凱鈞撰　清嘉慶刻本　二册

330000－1701－0042083　普 811.17/4429　集部/别集類/清别集

師經室詩存一卷　(清)蔣仁榮撰　清光緒二十四年(1898)刻本　一册

330000－1701－0042084　普 811.17/44233　集部/别集類/清别集

董文友全集二十四卷　(清)董以寧撰　清康熙二十九年(1690)刻本　三册　存二十卷(正誼堂詩集一至二十)

330000－1701－0042086　普 811.17/4432/c2　集部/别集類/清别集

香屑集十八卷首一卷末一卷　(清)黄之雋撰　(清)陳邦直注　清同治十年(1871)近文堂刻本　四册

330000－1701－0042088　普 811.17/44122　類叢部/叢書類/家集之屬

敦孝堂叢刻　清光緒福州薩氏刻本　一册　存一種

330000－1701－0042090　普 811.17/44123　集部/别集類/清别集

涼州剩草一卷　(清)蔡廷衡撰　**瑤華仙館試帖詩選一卷**　(清)蔡振武撰　清光緒五年(1879)天風環珮山房刻本　一册　存一卷(涼州剩草)

330000－1701－0042091　普 811.17/4432/2/c1　集部/别集類/清别集

香屑集十八卷首一卷末一卷　(清)黄之雋撰　(清)陳邦直注　清雍正十二年(1734)陳邦直刻遂初園印本　四册

330000－1701－0042093　普 811.17/4425　集部/别集類/清别集

白鶴山房詩鈔二十卷外集二卷詞鈔二卷　(清)葉紹本撰　清道光七年(1827)桂林使廨刻本　六册　缺二卷(詞鈔一至二)

330000－1701－0042094　普 615.51/3114/c2　子部/醫家類/醫案之屬

名醫類案十二卷附錄一卷　(明)江瓘輯　清同治十年(1871)藏脩堂刻本　十二册

330000－1701－0042095　普 811.17/4432/2/c2　集部/别集類/清别集

香屑集十八卷首一卷末一卷　(清)黄之雋撰　(清)陳邦直注　清雍正十二年(1734)陳邦直刻遂初園印本　四册

330000－1701－0042099　普 811.17/4432/2/c3　集部/别集類/清别集

香屑集十八卷首一卷末一卷　(清)黄之雋撰　(清)陳邦直注　清雍正十二年(1734)陳邦直刻遂初園印本　清姚燮題記　四册

330000－1701－0042100　普 615.51/3114/2　子部/醫家類/醫案之屬

名醫類案十二卷附錄一卷　(明)江瓘輯　清乾隆三十五年至三十六年(1770－1771)鮑廷博知不足齋刻本　八册

330000－1701－0042101　普 811.17/44301　集部/總集類/彙編之屬

海昌麗則五種　(清)吳騫編　清乾隆至嘉慶吳氏拜經樓刻本　一册　存一種

330000－1701－0042102　普 811.17/4425/2　集部/别集類/清别集

白鶴山房詩鈔十四卷　(清)葉紹本撰　清道光二年(1822)歸安葉氏刻本　四册

330000－1701－0042105　普 811.17/44302　集部/别集類/清别集

世守拙齋詩存三卷詩餘一卷　(清)范濂撰　清光緒二十一年(1895)洪都寓廬刻本　二册

330000－1701－0042106　普 615.51/3114/2(3)/c1　子部/醫家類/醫案之屬

名醫類案十二卷　(明)江瓘輯　清乾隆三十五年(1770)鮑廷博知不足齋刻本　十二册

330000－1701－0042107　普 615.51/3114/2(2)　子部/醫家類/醫案之屬

名醫類案十二卷附錄一卷　(明)江瓘輯　清

乾隆三十五年至三十六年(1770－1771)鮑廷博知不足齋刻本　六冊

330000－1701－0042108　普 811.17/4424
集部/别集類/清别集
銀花藤館詩集十卷　(清)黄仙根撰　清嘉慶刻本　四冊

330000－1701－0042109　普 811.17/4432/4
集部/别集類/清别集
香屑集十八卷首一卷末一卷　(清)黄之雋撰　(清)陳邦直注　清宣統二年(1910)掃葉山房石印本　四冊

330000－1701－0042110　普 811.17/44251
集部/别集類/清别集
三徑草堂詩鈔四卷　(清)蔣師軾撰　(清)蔣師轍編　清光緒十六年(1890)刻本　一冊

330000－1701－0042111　普 615.51/3114/2(3)/c2　子部/醫家類/醫案之屬
名醫類案十二卷　(明)江瓘輯　清乾隆三十五年(1770)鮑廷博知不足齋刻本　十二冊

330000－1701－0042112　普 811.17/44302.2
集部/别集類/清别集
如何是可齋外集二卷　(清)范濂撰　(清)羅傳珎編　清光緒二十二年(1896)刻本　二冊

330000－1701－0042113　普 615.51/3114/c1
子部/醫家類/醫案之屬
名醫類案十二卷附錄一卷　(明)江瓘輯　清同治十年(1871)藏脩堂刻本　十冊

330000－1701－0042114　普 811.17/44252
集部/别集類/清别集
也吟集不分卷　(清)董秉忠撰　清光緒二十七年(1901)董錫齡刻本　一冊

330000－1701－0042115　普 811.17/44321/c1　集部/别集類/清别集
青萍軒文錄二卷詩錄一卷　(清)薛福保撰　清光緒八年(1882)江蘇刻本　一冊　存一卷(詩錄)

330000－1701－0042116　普 811.17/44241
集部/别集類/清别集
昔夢草二卷　(清)黄秉德撰　清咸豐三年(1853)刻本　一冊

330000－1701－0042117　普 811.17/44322
集部/别集類/清别集
澄清堂詩存四卷　范祝崧撰　清咸豐十年(1860)刻本　一冊　存二卷(一至二)

330000－1701－0042118　普 811.17/44321/c2　集部/别集類/清别集
青萍軒文錄二卷詩錄一卷　(清)薛福保撰　清光緒八年(1882)江蘇刻本　一冊　存一卷(詩錄)

330000－1701－0042119　普 811.17/44303/c1　類叢部/叢書類/自著之屬
正誼堂全集八種　(清)董沛撰　清同治至光緒刻本　四冊　存一種

330000－1701－0042120　普 615.51/3114.02
子部/醫家類/醫案之屬
續名醫類案三十六卷　(清)魏之琇撰　清光緒二十年(1894)上海著易堂刻本　三十六冊

330000－1701－0042121　普 811.17/44242
集部/别集類/清别集
鋤藥初集四卷　(清)范崇楷撰　清嘉慶抄本　余紹宋校並跋　一冊

330000－1701－0042122　普 811.17/44303/c2　類叢部/叢書類/自著之屬
正誼堂全集八種　(清)董沛撰　清同治至光緒刻本　二冊　存一種

330000－1701－0042123　普 811.17/44303/c3　類叢部/叢書類/自著之屬
正誼堂全集八種　(清)董沛撰　清同治至光緒刻本　二冊　存一種

330000－1701－0042124　普 811.17/44323
集部/别集類/清别集
介石園餘草不分卷　(清)黄家德撰　清刻本　一冊

330000－1701－0042125　SBC0961　史部/紀

傳類/正史之屬

前漢書一百卷 （漢）班固撰 （唐）顔師古注 明嘉靖八年至九年（1529－1530）南京國子監刻本［卷一至四配明刻嘉靖十六年（1537）廣東崇正書院重修本］ 十一册

330000－1701－0042126 普 811.17/44323.2 集部/别集類/清别集

八省鴻印詩草四卷 （清）黄家德撰 清同治四年（1865）羊城效文堂刻本 三册 缺一卷（三）

330000－1701－0042127 普 811.17/4431 集部/别集類/清别集

變雅堂文集八卷詩集十卷附録二卷 （清）杜濬撰 清光緒二十年（1894）黄岡沈氏刻本 二册 存十卷（詩集一至十）

330000－1701－0042128 普 811.17/44243/c1 集部/别集類/清别集

主静軒詩鈔四卷 （清）黄秩林撰 清道光二十六年（1846）刻本 一册

330000－1701－0042129 普 615.51/3114/2（4） 子部/醫家類/醫案之屬

名醫類案十二卷 （明）江瓘輯 清乾隆三十五年（1770）鮑廷博知不足齋刻本 二十四册

330000－1701－0042132 普 811.17/44324/c1 集部/别集類/清别集

琴東詩選四卷 （清）蔣寶齡撰 清道光二十二年（1842）刻本 一册

330000－1701－0042133 普 811.17/44243/c2 集部/别集類/清别集

主静軒詩鈔四卷 （清）黄秩林撰 清道光二十六年（1846）刻本 一册

330000－1701－0042134 普 811.17/44244 集部/别集類/清别集

雲臥樓詩一卷 （清）林嵩堯撰 清光緒二十六年（1900）刻本 一册

330000－1701－0042135 普 811.17/44311 集部/别集類/清别集

陶門弟子集十六卷續集四卷 （清）蔡家琬撰 清嘉慶二十二年（1817）、道光十二年（1832）刻本 五册 缺一卷（續集四）

330000－1701－0042136 SBC0965 類叢部/類書類/通類之屬

卓氏藻林八卷 （明）卓明卿輯 明萬曆十一年（1583）書坊周對峯刻本 十册 缺一卷（二）

330000－1701－0042137 普 811.17/44324/c2 集部/别集類/清别集

琴東詩選四卷 （清）蔣寶齡撰 清道光二十二年（1842）刻本 一册

330000－1701－0042139 普 811.17/44331.3 集部/别集類/清别集

日本雜事詩二卷 （清）黄遵憲撰 清光緒二十四年（1898）長沙富文堂刻本 二册

330000－1701－0042141 SBC0963 子部/雜著類/雜纂之屬

初潭集三十卷 （明）李贄撰 明萬曆刻本 三册 存三卷（一至三）

330000－1701－0042142 普 615.51/4417/3 子部/醫家類/類編之屬

薛氏醫按二十四種 （明）吴琯編 明刻本 三十二册

330000－1701－0042144 普 811.17/44221/2 集部/别集類/清别集

香草箋不分卷 （清）黄任撰 清刻本 一册

330000－1701－0042145 普 811.17/44335 集部/别集類/清别集

息耕草堂詩集十六卷 （清）黄安濤撰 清道光二十四年（1844）刻本 六册

330000－1701－0042147 SBC0964 史部/編年類/通代之屬

宋元通鑑一百五十七卷 （明）薛應旂撰 明嘉靖四十五年（1566）薛應旂刻本 三十一册 缺五卷（五十三至五十七）

330000－1701－0042148 SBC0967 史部/目録類

嚴詮齋手稿不分卷 （清）嚴曾銓撰 稿本 三十一册

330000－1701－0042149 普 811.17/44335/（2） 集部/別集類/清別集

息耕草堂詩集十六卷 （清）黄安濤撰 清道光二十四年（1844）刻本 四册

330000－1701－0042151 普 811.17/44325 集部/別集類/清別集

吴游草一卷卧雲草一卷 （清）杜肇勳撰 清初刻本 一册

330000－1701－0042152 普 811.17/44332 集部/別集類/清別集

珍埶宧詩鈔二卷 （清）莊述祖撰 清光緒十八年（1892）鄂州鉛印本 莊先識題記 一册

330000－1701－0042153 普 811.17/44223 集部/別集類/清別集

洗心書屋詩草一卷 （清）葉以倌撰 清嘉慶十七年（1812）刻本 一册

330000－1701－0042154 普 811.17/44335/（3） 集部/別集類/清別集

真有益齋文編十卷息耕草堂詩集十六卷 （清）黄安濤撰 清道光二十三年（1843）、二十四年（1844）刻本 六册

330000－1701－0042155 普 615.51/4209 子部/醫家類/醫案之屬

崇實堂醫案一卷醫學芻言一卷 （清）姚龍光撰 清光緒二十七年（1901）刻本 一册

330000－1701－0042156 普 615.51/4417/4 子部/醫家類/類編之屬

薛氏醫按二十四種 （明）吴琯編 清刻本 二十四册 存二十種

330000－1701－0042157 普 811.17/44333 集部/別集類/清別集

大瓠山房詩集二卷 （清）葉道源撰 （清）胡念修選 清宣統三年（1911）賴豐熙鉛印本 一册 存一卷（下）

330000－1701－0042158 普 951.00922/6031/3/c3 史部/編年類/通代之屬

續資治通鑑二百二十卷 （清）畢沅撰 清乾隆鎮洋畢氏刻嘉慶六年（1801）桐鄉馮氏德裕堂續刻本 六十四册

330000－1701－0042159 SBC0966 集部/總集類/選集之屬/通代

六家文選六十卷 （南朝梁）蕭統撰 （唐）李善 （唐）呂延濟 （唐）劉良 （唐）張銑 （唐）李周翰 （唐）呂向注 明嘉靖十三年至二十八年（1534－1549）吴郡袁褧嘉趣堂刻本 十九册 存三十八卷（十三至二十、二十三至三十八、四十一至四十八、五十一至五十四、五十九至六十）

330000－1701－0042160 普 811.17/44325.2 集部/別集類/清別集

閑古齋詩選一卷 （清）杜肇勳撰 清初刻本 一册

330000－1701－0042161 普 811.17/44334/c1 集部/別集類/清別集

今樵詩存八卷 （清）黄治撰 清光緒三十一年（1905）金韶刻本 四册

330000－1701－0042163 普 615.51/4444 子部/醫家類/醫案之屬

臨證指南醫案十卷種福堂公選良方兼刻古吴名醫精論四卷 （清）葉桂撰 清乾隆刻本 十二册

330000－1701－0042164 普 811.17/44334/c3 集部/別集類/清別集

今樵詩存八卷 （清）黄治撰 清光緒三十一年（1905）金韶刻本 四册

330000－1701－0042165 普 811.17/44335.2 集部/別集類/清別集

韓江詩斑一卷 （清）黄安濤撰 清道光十二年（1832）刻本 一册

330000－1701－0042166 普 811.17/44326 集部/別集類/清別集

石軒詩鈔二卷 （清）黄定衡撰 清嘉慶十年（1805）刻本 二册

330000－1701－0042167　普 811.17/44224　類叢部/叢書類/家集之屬

黄氏家集十一種　(清)黄喬松編　清嘉慶十五年至二十五年(1810－1820)番禺黄氏嶺海樓刻本　一册　存一種

330000－1701－0042168　普 811.17/44334/c4　集部/别集類/清别集

今樵詩存八卷　(清)黄治撰　清光緒三十一年(1905)金韶刻本　四册

330000－1701－0042169　普 811.17/44335.3　集部/别集類/清别集

詩娱寶詩集二十四卷　(清)黄安濤撰　清道光十四年(1834)刻本　六册

330000－1701－0042170　普 615.51/4444/3　子部/醫家類/醫案之屬

臨證指南醫案十卷　(清)葉桂撰　(清)徐大椿評　清光緒十八年(1892)上海圖書集成印書局鉛印本　十册

330000－1701－0042171　普 615.51/4444/2　子部/醫家類/醫案之屬

臨證指南醫案十卷　(清)葉桂撰　(清)徐大椿評　清乾隆三十三年(1768)衛生堂刻本　十二册

330000－1701－0042173　普 951.00922/6031/4/c1　史部/編年類/通代之屬

續資治通鑑二百二十卷　(清)畢沅撰　清光緒二十六年(1900)圖書集成局鉛印本　二十八册

330000－1701－0042175　SBC0969　史部/雜史類/斷代之屬

養吉齋叢録不分卷餘録不分卷　(清)吴振棫撰　清抄本　清息廬校並記　十二册

330000－1701－0042177　SBC0968　史部/史抄類

晉書校注用參考資料不分卷　吴士鑑輯　稿本　三十九册

330000－1701－0042178　普 811.17/34451　集部/别集類/清别集

竹溪詩略二十四卷　(清)沈樹本撰　**年譜一卷**　(清)吴大受撰　**誌銘一卷**　(清)尹繼善撰　清乾隆十九年(1754)刻本　四册

330000－1701－0042179　普 615.51/4444.3　子部/醫家類/醫案之屬

徐批葉天士先生方案真本不分卷　(清)葉桂撰　(明)徐大椿批　清光緒十五年(1889)介石堂刻本　二册

330000－1701－0042182　普 615.51/4444/4　子部/醫家類/醫案之屬

臨證指南醫案十卷種福堂公選溫熱論四卷　(清)葉桂撰　(清)徐大椿評　清光緒二十二年(1896)寶善書局石印本　六册

330000－1701－0042183　普 811.17/4434/c1　集部/别集類/清别集

燃藜閣詩鈔四卷首一卷　(清)蔡濤撰　清光緒七年(1881)刻本　一册

330000－1701－0042184　普 811.17/4434/c2　集部/别集類/清别集

燃藜閣詩鈔四卷首一卷　(清)蔡濤撰　清光緒七年(1881)刻本　二册

330000－1701－0042185　普 811.17/44341　集部/别集類/清别集

或可軒詩鈔不分卷　(清)韓鴻杰撰　清宣統元年(1909)石印本　一册

330000－1701－0042186　普 811.17/44371　集部/别集類/清别集

漸齋詩鈔一卷　(清)桂鴻撰　清咸豐七年(1857)刻本　一册

330000－1701－0042187　普 615.51/4444/5　子部/醫家類/醫案之屬

臨證指南醫案十卷種福堂公選溫熱論醫案四卷　(清)葉桂撰　(清)徐大椿評　清光緒十年(1884)掃葉山房刻朱墨套印本　十四册

330000－1701－0042188　普 811.17/44372　集部/别集類/清别集

茜雲樓詩集十四卷文存一卷　(清)蔡逸撰　清道光二十三年(1843)迎翠山房刻本　四册

330000－1701－0042189　普 615.51/4444.5　子部/醫家類/醫案之屬

三家醫案合刻　(清)吳金壽編　清道光十二年(1832)笠澤吳金壽刻本　一冊

330000－1701－0042190　SBC0981　集部/別集類/清別集

鐵匏樓詩二卷　(清)徐軏撰　**評華問月樓詩燼一卷**　(清)陸彬撰　清抄本　一冊

330000－1701－0042191　普 811.17/44342　集部/別集類/清別集

蔣石林先生遺詩三卷　(清)蔣之翹撰　(清)李道悠　(清)沈景脩編　清光緒二十二年(1896)刻本　一冊

330000－1701－0042192　普 615.51/4444/6　子部/醫家類/醫案之屬

臨證指南醫案十卷　(清)葉桂撰　(清)徐大椿評　清武林文苑堂刻本　清曹大經過錄清徐大椿、清沈芳廷、清樂真子評語　十冊

330000－1701－0042193　普 951.00922/6031/4/c2　史部/編年類/通代之屬

續資治通鑑二百二十卷　(清)畢沅撰　清光緒二十六年(1900)圖書集成局鉛印本　二十八冊

330000－1701－0042194　SBC0982　史部/金石類/錢幣之屬/圖像

古錢譜不分卷　清拓本　一冊

330000－1701－0042196　SBC0983　集部/別集類/清別集

餞月樓詩鈔一卷　(清)張月娟撰　清抄本　一冊

330000－1701－0042197　普 811.17/44343　集部/別集類/清別集

胥園詩鈔十卷詩餘一卷　(清)莊肇奎撰　(清)顧曾編　清嘉慶十七年(1812)刻本　四冊

330000－1701－0042202　SBC0984　集部/別集類/清別集

蘭修唫館初藁不分卷　(清)張金圻撰　稿本　清張金鈞題詩　一冊

330000－1701－0042203　普 615.51/4444/7　子部/醫家類/醫案之屬

臨證指南醫案八卷　(清)葉桂撰　(清)徐大椿評　清光緒龍文書局石印本　八冊

330000－1701－0042204　普 811.17/44331.2/4　集部/別集類/清別集

人境廬詩草十一卷　(清)黃遵憲撰　清宣統三年(1911)嘉應黃氏鉛印本　國翰批並跋　四冊

330000－1701－0042205　普 615.51/4444.2　子部/醫家類/醫案之屬

葉氏醫案存真三卷　(清)葉桂撰　(清)葉萬青輯　**馬氏醫案并附祁案王案一卷**　(清)馬俶等撰　清光緒九年(1883)刻本　四冊

330000－1701－0042206　普 951.00922/6621　史部/編年類/通代之屬

資治通鑑補二百九十四卷　(明)嚴衍撰　清光緒二年(1876)武進盛氏思補樓木活字印本　八十冊

330000－1701－0042208　SBC0985　集部/別集類/清別集

轂音吟館詩稿十卷　(清)張金圻撰　稿本　清姚光宇題記　清徐圓成觀款　三冊　存七卷(一至七)

330000－1701－0042210　普 811.17/44441　集部/別集類/清別集

有懷堂詩藁六卷文藁二十二卷　(清)韓菼撰　清康熙四十二年(1703)韓氏有懷堂刻本　一冊　存六卷(詩藁一至六)

330000－1701－0042211　SBC0970　類叢部/類書類/通類之屬

太平御覽一千卷目錄十五卷　(宋)李昉等輯　明萬曆二年(1574)周堂等銅活字印本(目錄一至四、卷六至二十、二百六十一至二百七十、二百八十一至二百八十七、四百九十一至五百、六百一至六百十、六百五十一、八百四十六至八百五十、八百五十二至八百六十、九

百一至九百二十、九百三十三至九百五十、九百八十四至九百九十配明刻本） 清朱文藻校並跋 七十四冊 存七百二十二卷（目錄一至四、一至二十、一百七十一至一百八十、二百一至二百十、二百六十一至二百七十、二百八十一至二百八十七、二百九十一至三百九十、三百九十二至六百五十一、六百六十一至六百七十、六百八十一至七百十、七百二十六至八百三十五、八百四十六至八百五十、八百五十二至八百六十八、八百七十二至一千）

330000－1701－0042212 普 811.17/44412
集部/總集類/彙編之屬
琴臺正續合刻 （清）汪守正輯 清嘉慶刻本 一冊 存一種

330000－1701－0042213 SBC0977 史部/傳記類/日記之屬
映紅樓日記不分卷（清光緒十年至十一年） （清）王定祥撰 稿本 一冊

330000－1701－0042214 普 811.17/44441/(2) 集部/別集類/清別集
有懷堂詩藁六卷文藁二十二卷 （清）韓菼撰 清康熙四十二年（1703）韓氏有懷堂刻本 二冊 存六卷（詩藁一至六）

330000－1701－0042215 SBC0979 集部/別集類/清別集
瀃廬僅存集不分卷 （清）王治皡撰 （清）王定祥輯 **瀃廬集附錄一卷** （清）王定祥輯 稿本 鑑沙跋 二冊

330000－1701－0042216 普 951.00922/6621/2 史部/編年類/通代之屬
資治通鑑補正二百九十四卷首一卷 （明）嚴衍撰 清光緒二十八年（1902）上海益智書局石印本 四十八冊

330000－1701－0042217 普 615.51/6080
子部/醫家類/方書之屬/單方驗方
三朝名醫方論三種 清宣統三年（1911）寧波汲綆齋石印本 一冊 存一種

330000－1701－0042218 普 811.17/44442
類叢部/叢書類/家集之屬
影山草堂六種 （清）莫與儔 （清）莫友芝撰 清咸豐至光緒刻本 一冊 存一種

330000－1701－0042219 普 615.51/4448
子部/醫家類/醫話醫論之屬
醫驗辨似二卷續編一卷 （清）蔣希曾撰 清光緒二十二年（1896）、三十年（1904）瑞元堂刻本 三冊

330000－1701－0042220 普 811.17/4442/c5
集部/別集類/清別集
醉月居詩鈔一卷詞鈔一卷 （清）葉世熊撰 清光緒三十年（1904）刻本 一冊

330000－1701－0042221 普 811.17/4440/2
集部/別集類/清別集
西疆雜述詩四卷 （清）蕭雄撰 清光緒鉛印本 四冊

330000－1701－0042222 普 951.00922/7246
史部/編年類
資治通鑑彙刻 清同治至光緒江蘇書局刻本 十冊 存一種

330000－1701－0042223 普 811.17/4442/c6
集部/別集類/清別集
醉月居詩鈔一卷詞鈔一卷 （清）葉世熊撰 清光緒三十年（1904）刻本 一冊

330000－1701－0042227 普 811.17/4443
集部/別集類/清別集
述菴詩零一卷 （清）林崧祁撰 清宣統元年（1909）鉛印本 一冊

330000－1701－0042228 普 615.51/4730/2
子部/醫家類/醫案之屬
江陰柳氏醫學叢書（柳選四家醫案）四種 （清）柳寶詒編 清光緒三十年（1904）惜餘小舍刻本 六冊

330000－1701－0042229 普 811.17/44442.2/c3 類叢部/叢書類/家集之屬
影山草堂六種 （清）莫與儔 （清）莫友芝撰 清咸豐至光緒刻本 一冊 存一種

330000－1701－0042231　普 951.00922/7246/2/c2　史部/編年類
資治通鑑彙刻　清同治至光緒江蘇書局刻本　六册　存一種

330000－1701－0042232　普 811.17/44442.2/c4　類叢部/叢書類/家集之屬
影山草堂六種　(清)莫與儔　(清)莫友芝撰　清咸豐至光緒刻本　一册　存一種

330000－1701－0042235　普 951.00922/7246/2/c3　史部/編年類
資治通鑑彙刻　清同治至光緒江蘇書局刻本　十册　存一種

330000－1701－0042236　普 811.17/4441/2　集部/别集類/清别集
思過齋雜體詩存十二卷　(清)蕭培元撰　清同治十三年(1874)昆明蕭應椿刻本　二册

330000－1701－0042238　普 811.17/44442.2/2　集部/别集類/清别集
郘亭詩鈔六卷　(清)莫友芝撰　清咸豐二年(1852)遵義湘川講舍刻本　二册

330000－1701－0042242　普 811.17/44432　集部/别集類/清别集
蒿庵遺集十二卷　(清)莊棫撰　(清)許家承輯　清光緒十二年(1886)錢塘許氏刻本　二册

330000－1701－0042245　普 951.00922/7246/4/c1　史部/編年類/通代之屬
資治通鑑外紀十卷　(宋)劉恕撰　(清)胡克家注補　清光緒十六年(1890)上海積山書局石印本　一册

330000－1701－0042247　SBC0978　集部/别集類/清别集
映紅樓詩稿不分卷　(清)王定祥撰　稿本　清范當世、清李安、銘盤觀款　六册

330000－1701－0042248　普 951.00922/7246/4/c2　史部/編年類/通代之屬
資治通鑑外紀十卷　(宋)劉恕撰　(清)胡克家注補　清光緒十六年(1890)上海積山書局石印本　一册

330000－1701－0042250　SBC0973　史部/金石類/石之屬/文字
石鼓釋文不分卷　(清)□□撰　清抄本　一册

330000－1701－0042253　普 811.17/444494/c1　集部/别集類/清别集
浣仙詩草一卷焚餘草存一卷　(清)范薇撰　清光緒十八年(1892)刻本　一册　存一卷(浣仙詩草)

330000－1701－0042258　普 811.17/444494/c2　集部/别集類/清别集
焚餘草存一卷後刻一卷　(清)范薇撰　清光緒十八年(1892)黄大華刻二十年(1894)增刻本　一册

330000－1701－0042261　普 811.17/44445　集部/别集類/清别集
集材詩集一卷　(清)林翹楚撰　**勸唫雜錄一卷**　(清)林莊撰　清光緒二十四年(1898)太平可園林氏木活字印本　一册

330000－1701－0042262　普 615.51/7424/2　子部/醫家類/醫案之屬
三世醫驗五卷　(明)陸嶽撰　(明)陸桂　(清)陸士龍輯　清道光十八年(1838)刻本　六册

330000－1701－0042263　普 811.17/4446　集部/别集類/清别集
煙霞閣詩鈔八卷　(清)黄大昕撰　清嘉慶二十三年(1818)刻本　四册

330000－1701－0042265　普 811.17/444495　集部/别集類/清别集
存存山館詩草二卷　(清)桂載萬撰　清道光二十七年(1847)刻本　一册

330000－1701－0042269　SBC0989　類叢部/類書類/通類之屬
山堂肆考二百四十卷　(明)彭大翼撰　(明)張幼學編　明刻梅墅石渠閣重修本　五十册

330000－1701－0042270　普 811.17/444497　集部/别集類/清别集

楚游草一卷　(清)范來芝撰　清道光二年(1822)一經書屋刻本　一册

330000－1701－0042272　普 811.17/444498/c1　集部/别集類/清别集

白湖詩藁八卷文藁八卷　(清)葉燕撰　清嘉慶二十三年(1818)葉氏又次居刻本　四册　存七卷(一至七)

330000－1701－0042273　普 811.17/44447　集部/别集類/清别集

清吟齋遺詩一卷　(清)莊其坤撰　清光緒二十四年(1898)壽愷堂刻本　一册

330000－1701－0042274　SBC0997　集部/别集類/明别集

袁了凡先生兩行齋集十四卷　(明)袁黄撰　明刻本　三册　存五卷(一、三至六)

330000－1701－0042275　普 811.17/44463　集部/别集類/清别集

綠筠書屋詩鈔十八卷　(清)葉觀國撰　清乾隆刻本　四册

330000－1701－0042276　普 811.17/44462　集部/别集類/清别集

息影庵初存詩八卷集外詩五卷　(清)蔣坦撰　清咸豐四年(1854)巢園刻本　三册

330000－1701－0042278　普 811.17/44462/(2)　集部/别集類/清别集

息影庵初存詩八卷集外詩五卷　(清)蔣坦撰　清咸豐四年(1854)巢園刻本　三册　存八卷(一至八)

330000－1701－0042279　SBC0996　集部/詞類/别集之屬

養一齋詞三卷　(清)潘德輿撰　清咸豐三年(1853)山陽潘氏刻本　清潘亮彝、徐益藩批校並跋　一册

330000－1701－0042280　普 811.17/444498/c2　集部/别集類/清别集

白湖詩藁八卷文藁八卷　(清)葉燕撰　清嘉慶二十三年(1818)葉氏又次居刻本　五册　存八卷(一至八)

330000－1701－0042281　普 811.17/44448　集部/别集類/清别集

青荃詩集四卷　(清)蔣夔撰　清嘉慶七年(1802)刻本　一册

330000－1701－0042282　普 615.51/8010/c1　子部/醫家類/醫案之屬

古今醫案按十卷　(清)俞震輯　清光緒九年(1883)吳江李齡壽刻二十四年(1898)烏程龐元澂印本　十册

330000－1701－0042283　普 811.17/44464　集部/别集類/清别集

瘦藤書屋詩鈔二卷　(清)蔣槐撰　清光緒十三年(1887)清蔭堂刻本　一册

330000－1701－0042285　普 811.17/444498/c3　集部/别集類/清别集

白湖詩藁八卷文藁八卷　(清)葉燕撰　清嘉慶二十三年(1818)葉氏又次居刻本　二册　存八卷(一至八)

330000－1701－0042286　普 615.51/8010/c2　子部/醫家類/醫案之屬

古今醫案按十卷　(清)俞震輯　清光緒九年(1883)吳江李齡壽刻本　十册

330000－1701－0042287　普 615.51/8010/3　子部/醫家類/醫案之屬

古今醫案按十卷　(清)俞震輯　清乾隆四十三年(1778)酌古堂刻本　四册

330000－1701－0042290　普 615.51/8010/c3　子部/醫家類/醫案之屬

古今醫案按十卷　(清)俞震輯　清光緒九年(1883)吳江李齡壽刻本　十册

330000－1701－0042291　SBC0994　集部/總集類/郡邑之屬

當湖地方詩集不分卷　稿本　十五册

330000－1701－0042292　普 615.51/8010/c4　子部/醫家類/醫案之屬

古今醫案按十卷　(清)俞震輯　清光緒九年(1883)吳江李齡壽刻二十四年(1898)烏程龐元澂印本　十冊

330000－1701－0042294　SBC0995　集部/別集類/清別集

唧唧唫一卷　(清)張若齡撰　清抄本　一冊

330000－1701－0042295　普 811.17/444492.2　史部/地理類/雜志之屬

南海百詠續編四卷　(清)樊封撰　清光緒十九年(1893)學海堂刻本　二冊

330000－1701－0042296　普 615.51/8010.04/c1　子部/醫家類/醫案之屬

古今醫案按選四卷　(清)俞震輯　(清)王世雄選　清光緒三十年(1904)會稽董氏取斯堂刻本　四冊

330000－1701－0042297　普 811.17/44471　集部/別集類/清別集

秀野草堂遺詩一卷　(清)杜壽朋撰　清同治十年(1871)刻本　一冊

330000－1701－0042298　普 811.17/444493　集部/別集類/清別集

璇璣碎錦二卷　(清)萬樹撰　清光緒十三年(1887)方氏漱霞仙館刻本　一冊

330000－1701－0042299　普 811.17/44462.3　集部/別集類/清別集

微波集一卷　(清)蔣坦撰　清末刻本　一冊

330000－1701－0042300　普 811.17/44472　集部/別集類/清別集

帳墨居詩鈔一卷　(清)范其駿撰　清光緒十六年(1890)刻本　一冊

330000－1701－0042301　普 615.51/8010.04/c2　子部/醫家類/醫案之屬

古今醫案按選四卷　(清)俞震輯　(清)王世雄選　清光緒三十年(1904)會稽董氏取斯堂刻本　四冊

330000－1701－0042302　普 811.17/4447/c2　集部/詞類/別集之屬

新樂府詞一卷　(清)萬斯同撰　清同治八年(1869)刻本　一冊

330000－1701－0042303　普 811.17/444493/2　集部/別集類/清別集

璇璣碎錦二卷　(清)萬樹撰　清光緒十四年(1888)似靜齋刻本　二冊

330000－1701－0042304　普 811.17/4447/c3　集部/詞類/別集之屬

新樂府詞一卷　(清)萬斯同撰　清同治八年(1869)刻本　一冊

330000－1701－0042305　普 811.17/4448　集部/別集類/清別集

忠雅堂詩集二十七卷補遺二卷銅絃詞二卷附南北曲一卷　(清)蔣士銓撰　清嘉慶三年(1798)揚州刻敬書堂印本　八冊

330000－1701－0042306　普 615.52/0098　子部/醫家類/方書之屬/單方驗方

集驗神效方彙刻一卷　(清)童光鑅輯　清同治十三年(1874)山陰童榮壽堂刻本　一冊

330000－1701－0042308　普 811.17/44462.4　集部/別集類/清別集

紅心草八卷　(清)蔣坦撰　清道光二十七年(1847)刻本　張秋爽題簽　二冊

330000－1701－0042309　普 615.51/0040　子部/醫家類/方書之屬/單方驗方

京都廣育堂醫藥局經驗方一卷　清光緒十一年(1885)京都廣育堂刻本　一冊

330000－1701－0042310　SBC0992　集部/曲類/彈詞之屬

新編鳳雙飛全傳四十二回　(清)程蕙英撰　清抄本　六冊　存六回(二十四至二十五,後傳二十二至二十三、二十六、三十六)

330000－1701－0042312　普 811.17/4448/2　集部/別集類/清別集

忠雅堂詩集二十七卷補遺二卷銅絃詞二卷附南北曲一卷　(清)蔣士銓撰　清嘉慶三年(1798)揚州刻本　十冊

330000－1701－0042313　普 615.51/8044　子部/醫家類/方書之屬

方解別録一卷　(清)余楙撰　清光緒十三年(1887)刻本　一冊

330000－1701－0042314　普 811.17/4448/2(2)/c2　集部/别集類/清别集

忠雅堂詩集二十七卷補遺二卷銅絃詞二卷附南北曲一卷　(清)蔣士銓撰　清嘉慶二十二年(1817)藏園刻本　八冊

330000－1701－0042315　普 615.512/0000/2　子部/醫家類/方書之屬/單方驗方

丹溪心法附餘二十四卷首一卷　(明)方廣輯　明刻清福建多文堂補刻本　十二冊

330000－1701－0042316　普 951.00922/7246/6　史部/編年類/通代之屬

資治通鑑外紀十卷目録五卷　(宋)劉恕撰　清嘉慶十六年(1811)吴郡山淵堂刻本　八冊

330000－1701－0042317　普 811.17/4448/2(2)/c3　集部/别集類/清别集

忠雅堂詩集二十七卷補遺二卷銅絃詞二卷附南北曲一卷　(清)蔣士銓撰　清嘉慶三年(1798)揚州刻本　八冊

330000－1701－0042319　普 615.52/0117　子部/醫家類/綜合之屬/通論

新刊增補萬病回春原本八卷　(明)龔廷賢編　清文奎堂刻本　八冊

330000－1701－0042320　普 615.52/0117/2　子部/醫家類/綜合之屬/通論

新刊萬病回春八卷　(明)龔廷賢編　清刻本　八冊

330000－1701－0042321　普 811.17/44482　集部/别集類/清别集

存悔齋詩鈔四卷　(清)林其年撰　清光緒十五年(1889)刻本　邱翊華題記　一冊

330000－1701－0042322　普 615.51/8370.01　子部/醫家類/醫案之屬

立齋醫案疏四卷附方一卷　(清)錢臨疏　(清)錢本瑜輯　清乾隆四十七年(1782)刻本　四冊

330000－1701－0042323　SBC0998　史部/編年類/通代之屬

資治通鑑綱目五十九卷　(宋)朱熹撰　(宋)尹起莘發明　(元)劉友益書法　(元)汪克寛考異　(元)徐昭文考證　(元)王幼學集覽　(明)陳濟正誤　(明)馮智舒質實　明嘉靖十三年(1534)江西按察司刻十四年(1535)張鯤重修本　四十九冊　存三十五卷(一至二、四、六、八至十、十二、十五至二十一、二十四、二十七至三十二、三十四至三十五、四十四、四十六、五十至五十一、五十三至五十九)

330000－1701－0042324　SBC0999　集部/總集類/選集之屬/斷代

正聲集不分卷　(清)趙函輯　稿本　清趙函批校並跋　二十五冊

330000－1701－0042326　普 811.17/44603　集部/别集類/清别集

離垢集五卷　(清)華喦撰　清光緒十五年(1889)羅嘉杰鉛印本　四冊

330000－1701－0042327　普 811.17/4461.1　類叢部/類書類/專類之屬

藤香館小品二卷續二卷　(清)薛時雨撰　清光緒二十三年(1897)刻本　一冊

330000－1701－0042329　普 811.17/44551　集部/别集類/清别集

江上吟一卷附琴士先生遺稾一卷　(清)黄典五撰　(清)方濬師輯　清光緒二年(1876)方氏退一步齋刻本　一冊

330000－1701－0042331　普 811.17/4450　集部/别集類/清别集

續騷堂集一卷　(清)萬泰撰　清光緒十年(1884)趙氏翰香居刻本　一冊

330000－1701－0042334　普 811.17/4458　集部/别集類/清别集

是亦堂信心詩草五卷補刊二卷　(清)杜鰲撰　清乾隆刻本　一冊

330000－1701－0042335　普 615.52/1029

子部/醫家類/類編之屬
證治準繩六種(醫書六種)　(明)王肯堂撰　清乾隆五十八年(1793)程永培刻本　十六冊　存一種

330000－1701－0042336　SBC1011　類叢部/類書類/專類之屬
重刻京本排韻增廣事類氏族大全綱目二十二卷　明刻本　一冊　存七卷(十四至二十)

330000－1701－0042338　普 951.00922/7246.08　史部/編年類
資治通鑑彙刻　清同治至光緒江蘇書局刻本　四冊　存一種

330000－1701－0042339　普 615.32/1011/c1　子部/醫家類/方書之屬/歷代方書
易簡方一卷　(宋)王碩撰　清光緒二十四年(1898)孫詒讓刻本　一冊

330000－1701－0042340　普 615.32/1011/c2　子部/醫家類/方書之屬/歷代方書
易簡方一卷　(宋)王碩撰　清光緒二十四年(1898)孫詒讓刻本　一冊

330000－1701－0042341　普 811.17/44604/2　集部/別集類/清別集
秋盦詩草一卷詞草一卷題跋一卷　(清)黃易撰　清宣統二年(1910)李汝謙石印本　章嶔題簽並記　一冊

330000－1701－0042342　普 811.17/4461.2　集部/總集類/氏族之屬
薛氏五種　(清)薛時雨輯　清同治五年至十年(1866－1871)刻本　四冊　存二種

330000－1701－0042343　普 615.52/1015/c1　子部/醫家類/方書之屬/單方驗方
絳雪園古方選註不分卷附得宜本草一卷　(清)王子接輯　清雍正九年(1731)綠蔭堂刻本　四冊

330000－1701－0042344　SBC1012　類叢部/類書類/通類之屬
鍥旁註事類捷錄十五卷　(明)鄧志謨輯　明書林聚升堂刻本　四冊

330000－1701－0042345　普 811.17/4460　集部/別集類/清別集
南遊草一卷　(清)黃恩世撰　清刻本　一冊

330000－1701－0042346　普 811.17/4451　類叢部/叢書類/郡邑之屬
江陰叢書三十二種　金武祥編　清光緒至宣統江陰金氏粟香室嶺南刻本　一冊　存一種

330000－1701－0042347　普 811.17/4461/c1　集部/別集類/清別集
藤香館詩刪存四卷詞刪存二卷　(清)薛時雨撰　清光緒五年(1879)刻本　四冊　存四卷(詩刪存一至四)

330000－1701－0042348　普 951.00923/1100　類叢部/叢書類/彙編之屬
藏修堂叢書三十六種　(清)劉晚榮編　清光緒十六年(1890)新會劉氏藏修書屋刻本　四冊　存二種

330000－1701－0042349　普 811.17/44611　集部/別集類/清別集
訓真書屋詩存二卷　(清)黃國瑾撰　清光緒三十二年(1906)貴筑黃氏家塾刻本　一冊

330000－1701－0042350　普 615.51/1029/2　子部/醫家類/類編之屬
證治準繩六種(醫書六種)　(明)王肯堂撰　清刻本　十八冊　存一種

330000－1701－0042352　普 615.52/1015/c2　子部/醫家類/方書之屬/單方驗方
絳雪園古方選註不分卷附得宜本草一卷　(清)王子接輯　清掃葉山房刻本　四冊

330000－1701－0042353　普 811.17/4461/c3　集部/別集類/清別集
藤香館詩刪存四卷詞刪存二卷　(清)薛時雨撰　清光緒五年(1879)刻本(卷四配抄本)　四冊　存四卷(詩刪存一至四)

330000－1701－0042354　普 811.17/4453　集部/別集類/清別集
浣浦詩鈔十八卷　(清)范咸撰　清乾隆十一年(1746)刻本　四冊

330000－1701－0042355　普 615.52/0117/3　子部/醫家類/綜合之屬/通論
增補萬病回春原本八卷　(明)龔廷賢輯　清光緒三十二年(1906)江東書局石印本　七冊　存七卷(一、三至八)

330000－1701－0042357　普 615.51/10321/c1　子部/醫家類/類編之屬
六醴齋醫書十種　(清)程永培編　清乾隆五十九年(1794)修敬堂刻本　一冊　存一種

330000－1701－0042358　普 811.17/4461.8　集部/別集類/清別集
桑根遺愛錄三卷　(清)秦際唐等編　清光緒刻本　一冊

330000－1701－0042359　普 951.00923/1100/2　史部/編年類/通代之屬
通鑑綱目釋地糾謬六卷釋地補註六卷　(清)張庚撰　清乾隆濟美堂刻本　二冊

330000－1701－0042360　普 811.17/44602　集部/別集類/清別集
薌圃詩草四卷　(清)陶譽相撰　清道光刻本　一冊

330000－1701－0042361　SBC1005　史部/史抄類
史記抄九十一卷首一卷　(明)茅坤輯　明萬曆三年(1575)茅坤刻本　一冊　存十三卷(五十九至七十一)

330000－1701－0042362　普 811.17/44531/c1　集部/別集類
照膽臺吟草一卷　王照撰　清光緒三十二年(1906)開明印刷部鉛印本　一冊

330000－1701－0042363　普 811.17/4462.2/c3　集部/別集類/清別集
兩當軒集二十卷補遺二卷附錄四卷　(清)黃景仁撰　**兩當軒集攷異二卷**　(清)黃志述撰　清光緒二年(1876)武進黃氏家塾刻本　六冊

330000－1701－0042364　普 615.52/1015/c4　子部/醫家類/方書之屬/單方驗方
絳雪園古方選註不分卷附得宜本草一卷　(清)王子接輯　清掃葉山房刻本　四冊

330000－1701－0042365　普 811.17/44531/c2　集部/別集類
照膽臺吟草一卷　王照撰　清光緒三十二年(1906)開明印刷部鉛印本　一冊

330000－1701－0042367　普 811.17/4448/3　集部/別集類/清別集
忠雅堂詩集二十七卷補遺二卷銅絃詞二卷附南北曲一卷　(清)蔣士銓撰　清道光二十三年(1843)藏園刻本　九冊

330000－1701－0042368　普 615.52/0121　子部/醫家類/方書之屬/單方驗方
醫方易簡新編六卷　(清)龔自璋　(清)黃統輯　清咸豐六年(1856)羅葉祥刻本　四冊

330000－1701－0042371　普 615.51/10321/c2　子部/醫家類/類編之屬
六醴齋醫書十種　(清)程永培編　清光緒刻本　一冊　存一種

330000－1701－0042374　普 811.17/4462.2/c2　集部/別集類/清別集
兩當軒集二十卷補遺二卷附錄四卷　(清)黃景仁撰　**兩當軒集攷異二卷**　(清)黃志述撰　清光緒二年(1876)武進黃氏家塾刻本　六冊

330000－1701－0042375　普 811.17/4448/4　集部/別集類/清別集
忠雅堂詩集二十七卷補遺二卷銅絃詞二卷附南北曲一卷　(清)蔣士銓撰　清嘉慶三年(1798)揚州刻紅杏山房印本　六冊

330000－1701－0042376　普 811.17/4462.2/(2)　集部/別集類/清別集
兩當軒集二十卷補遺二卷附錄四卷　(清)黃景仁撰　**兩當軒集攷異二卷**　(清)黃志述撰　清光緒二年(1876)武進黃氏家塾刻本　五冊　存二十二卷(一至二十、補遺一至二)

330000－1701－0042377　SBC1010　史部/編年類/通代之屬

資治通鑑節要續編三十卷　（明）張光啓撰　明刻本　十五冊　存二十一卷（一至四、七至八、十一至二十、二十六至三十）

330000－1701－0042378　普 615.52/0410　子部/醫家類/方書之屬/單方驗方
良方集腋二卷　（清）謝元慶輯　清道光二十八年（1848）汪曜奎刻本　六冊

330000－1701－0042379　普 951.00923/1744　史部/編年類/通代之屬
資治通鑑綱目發明五十九卷　（宋）尹起莘撰　清雍正八年至十一年（1730－1733）刻嘉慶重修同治十三年（1874）補刻光緒續補刻本　六冊

330000－1701－0042380　普 811.17/4448/5　集部/别集類/清别集
忠雅堂詩集二十七卷補遺二卷銅絃詞二卷附南北曲一卷　（清）蔣士銓撰　清嘉慶三年（1798）揚州刻本　十二冊　缺三卷（銅絃詞一至二、南北曲）

330000－1701－0042381　普 811.17/4448/6/c2　集部/别集類/清别集
忠雅堂集三十卷　（清）蔣士銓撰　清刻本　十二冊

330000－1701－0042382　普 811.17/4448/7　集部/别集類/清别集
忠雅堂詩集二十七卷補遺二卷銅絃詞二卷附南北曲一卷　（清）蔣士銓撰　清嘉慶三年（1798）揚州刻存仁堂印本　八冊

330000－1701－0042383　普 811.17/4448/8　集部/别集類/清别集
忠雅堂詩集二十七卷補遺二卷銅絃詞二卷附南北曲一卷　（清）蔣士銓撰　清嘉慶三年（1798）揚州刻本　六冊

330000－1701－0042384　普 811.17/4462.2/3　集部/别集類/清别集
兩當軒集二十卷補遺二卷附録四卷　（清）黄景仁撰　**兩當軒集攷異二卷**　（清）黄志述撰　清宣統二年（1910）掃葉山房石印本　六冊

330000－1701－0042385　普 615.52/1033　子部/醫家類/綜合之屬/通論
醫方簡義六卷　（清）王清源撰　清光緒二十四年（1898）杭州同善堂刻本　四冊

330000－1701－0042386　普 811.17/4462.2/3(2)　集部/别集類/清别集
兩當軒集二十卷補遺二卷附録四卷　（清）黄景仁撰　**兩當軒集攷異二卷**　（清）黄志述撰　清宣統二年（1910）掃葉山房石印本　五冊　存二十二卷（一至二十、補遺一至二）

330000－1701－0042387　普 951.00923/2540　史部/編年類/通代之屬
資治通鑑綱目五十九卷　（宋）朱熹撰　（明）陳仁錫評　**資治通鑑綱目續編一卷**　（明）陳桱撰　（明）陳仁錫評　**資治通鑑綱目前編二十五卷**　（明）南軒撰　（明）陳仁錫評　**續資治通鑑綱目二十七卷**　（明）商輅等撰　（明）陳仁錫評　清嘉慶八年（1803）敬書堂刻本　一百十四冊　存五十九卷（一至五十九）

330000－1701－0042388　普 615.52/1034　子部/醫家類
至寶丸散集十卷　清木活字印本　一冊

330000－1701－0042389　SBC1013　類叢部/類書類/通類之屬
唐類函二百卷目録二卷　（明）俞安期輯　明萬曆三十一年（1603）東吴俞安期刻本　十冊　存四十一卷（八十至九十五、一百十二至一百十五、一百三十二至一百三十五、一百四十四至一百四十七、一百八十八至二百）

330000－1701－0042390　普 811.17/4462.4　集部/别集類/清别集
兩當軒詩鈔十四卷悔存詞鈔二卷　（清）黄景仁撰　清兩儀堂刻本　四冊

330000－1701－0042391　SBC1015　子部/雜著類/雜説之屬
容齋一筆十六卷二筆十六卷三筆十六卷四筆十六卷五筆十卷　（宋）洪邁撰　明嘉靖刻本　王修跋　二冊　存三卷（一筆一至三）

330000－1701－0042392　普 811.17/4036.2/c3　類叢部/叢書類/彙編之屬

漸西村舍彙刊(漸西村舍叢刻)四十四種　(清)袁昶編　清光緒十六年至二十四年(1890－1898)桐廬袁氏刻本　五冊　存二種

330000－1701－0042393　普 615.52/1040/c1　子部/醫家類/方書之屬/歷代方書

唐王燾先生外臺秘要方四十卷　(唐)王燾撰　清同治十三年(1874)廣東翰墨園刻本　四十一冊

330000－1701－0042394　SBC1004　史部/編年類/通代之屬

新刊憲臺攷正少微通鑑全編二十卷外紀二卷　(宋)江贄輯　**新刊憲臺攷正宋元通鑑全編二十一卷**　明嘉靖三十五年(1556)開州吉澄刻三十八年(1559)樊獻科重修本　一冊　存二卷(新刊憲臺攷正宋元通鑑全編一至二)

330000－1701－0042395　普 811.17/44751　集部/別集類/清別集

紅葉樓詩草四卷　(清)莊學忠撰　清光緒二十七年(1901)鉛印本　二冊

330000－1701－0042396　普 615.52/0410/2　子部/醫家類/方書之屬/單方驗方

良方集腋二卷　(清)謝元慶輯　清同治二年(1863)留耕堂刻本　二冊

330000－1701－0042398　SBC1016　史部/地理類/山川之屬/水志

全氏七校水經注四十卷附錄一卷　(北魏)酈道元注　(清)全祖望校　**全校水經酈注水道表四十卷**　(清)王楚材輯　清抄本　十九冊

330000－1701－0042399　普 615.52/0410/3　子部/醫家類/方書之屬/單方驗方

良方集腋合璧一卷　(清)謝元慶輯　清咸豐五年(1855)刻本　一冊

330000－1701－0042401　普 811.17/44621/c1　集部/別集類/清別集

雲左山房詩鈔八卷附一卷詩餘一卷試帖一卷　(清)林則徐撰　清光緒十二年(1886)福州林氏刻本　二冊　存九卷(一至八、附)

330000－1701－0042402　普 615.52/1040/c2　子部/醫家類/方書之屬/歷代方書

唐王燾先生外臺秘要方四十卷　(唐)王燾撰　清同治十三年(1874)廣東翰墨園刻本　四十冊

330000－1701－0042404　SBC1026　史部/地理類/方志之屬/郡縣志

光緒杭州府志二百卷首十卷末一卷　(清)龔嘉儁　(清)郭式昌修　(清)李榕　(清)吳慶坻等纂　(清)陳璚　(清)林啓續修　(清)王棻續纂　稿本　一百五十四冊　存一百六十四卷(首九,一至三十六、三十九至四十一、四十三至四十五、四十七至八十六、九十至一百五、一百十六至一百七十五、一百九十六至二百)

330000－1701－0042405　普 811.17/44621/c2　集部/別集類/清別集

雲左山房詩鈔八卷附一卷詩餘一卷試帖一卷　(清)林則徐撰　清光緒十二年(1886)福州林氏刻本　二冊　存九卷(一至八、附)

330000－1701－0042406　普 811.17/4463　類叢部/叢書類/家集之屬

董氏遺書四種　(清)董若洵編　清咸豐至同治刻彙印本　一冊　存二種

330000－1701－0042407　普 615.52/1040/2　子部/醫家類/方書之屬/歷代方書

唐王燾先生外臺秘要方四十卷　(唐)王燾撰　明崇禎十三年(1640)新安程衍道經餘居刻本　二十四冊

330000－1701－0042408　SBC1014　類叢部/類書類/通類之屬

錦繡萬花谷前集四十卷後集四十卷續集四十卷　明嘉靖刻本　二十一冊　存三十五卷(前集一至二十四、二十九、三十一至四十)

330000－1701－0042409　普 811.17/44801/2　集部/別集類/清別集

瓶隱山房詩鈔十二卷　(清)黃曾撰　清咸豐

七年(1857)刻民國十年(1921)重修本　六冊

330000－1701－0042411　普 615.52/0760　類叢部/叢書類/彙編之屬

新斠平津館叢書十集三十四種　(清)孫星衍編　清光緒十年至十一年(1884－1885)吳縣朱氏槐廬家塾刻十五年至十七年(1889－1891)補刻本　一冊　存一種

330000－1701－0042412　普 811.17/44772/c1　集部/别集類/清别集

冰壺吟稿二卷　(清)蔣開撰　清嘉慶刻本　一冊

330000－1701－0042413　普 811.17/4482　集部/别集類/清别集

讀白華草堂詩初集九卷二集十二卷苜蓿集八卷　(清)黄釗撰　清道光刻本　八冊

330000－1701－0042414　普 811.17/4477　集部/别集類/清别集

懷亭詩錄六卷續錄六卷三錄一卷　(清)蔣學堅撰　清光緒二十一年至民國三年(1895－1914)刻本　四冊

330000－1701－0042415　普 811.17/4482/(2)　集部/别集類/清别集

讀白華草堂詩初集九卷　(清)黄釗撰　清道光刻本　三冊

330000－1701－0042416　普 615.52/1111　子部/醫家類/方書之屬/單方驗方

同壽錄四卷尾一卷　(清)曹□撰　(清)項天瑞輯　清嘉慶二十一年(1816)蓉圃氏刻本　四冊

330000－1701－0042418　普 811.17/44821　集部/别集類/清别集

絳雲仙館詩鈔一卷　(清)董錫齡撰　清光緒二十七年(1901)刻本　一冊

330000－1701－0042419　普 811.17/44772/c2　集部/别集類/清别集

冰壺吟稿二卷　(清)蔣開撰　清嘉慶刻本　一冊

330000－1701－0042420　普 811.17/4477/2　集部/别集類/清别集

懷亭詩錄六卷詞錄二卷　(清)蔣學堅撰　清光緒二十一年(1895)刻本　二冊

330000－1701－0042421　SBC1017　類叢部/類書類/通類之屬

古今合璧事類備要前集六十九卷後集八十一卷續集五十六卷　(宋)謝維新輯　**古今合璧事類備要别集九十四卷外集六十六卷**　(宋)虞載輯　明嘉靖三十一年至三十五年(1552－1556)三衢夏相刻本　九十冊　缺三十二卷(一至十四,後集八至十,外集三十三至四十二、五十一至五十五)

330000－1701－0042423　普 811.17/4477.2　史部/地理類/雜志之屬

鵰湖百詠一卷　(清)蔣學堅撰　清光緒二十三年(1897)刻本　一冊

330000－1701－0042424　普 811.17/4471　集部/别集類/清别集

自知集三卷　(清)黄居石撰　清同治七年(1868)刻本　三冊

330000－1701－0042425　普 615.52/1044　子部/醫家類/方書之屬/單方驗方

四科簡效方四卷　(清)王士雄撰　清光緒十一年(1885)越州徐氏刻本　二冊

330000－1701－0042426　普 811.17/44771　集部/别集類/清别集

蔚霞堂詩稿十卷　(清)蔣履撰　清道光木活字印本　二冊

330000－1701－0042429　普 811.17/4474　類叢部/叢書類/自著之屬

黄陵散人集八種　(清)杜俞撰　清光緒刻彙印本　一冊　存一種

330000－1701－0042430　普 615.52/1111/(2)　子部/醫家類/方書之屬/單方驗方

同壽錄四卷尾一卷　(清)曹□撰　(清)項天瑞輯　清嘉慶二十一年(1816)蓉圃氏刻本　二冊

330000－1701－0042431　SBC1022　史部/紀傳類/正史之屬
漢書評林一百卷　(明)淩稚隆輯　明刻本　十二冊　存四十二卷(十四至十五、十七、二十三至二十四、四十五至四十六、四十八至五十八、六十至七十八、九十二至九十五、九十九)

330000－1701－0042432　普 811.17/4483/c1　集部/別集類/清別集
逢吉堂焚餘稿一卷　(清)黄錫深撰　(清)黄春輯　**逢吉堂焚餘稿題詞一卷**　(清)黄春編　清光緒三十年(1904)南海黄春刻本　一冊

330000－1701－0042433　普 615.52/1044/2　子部/醫家類/方書之屬/單方驗方
四科簡效方四卷　(清)王士雄撰　清抄本　一冊

330000－1701－0042434　SBC1024　史部/金石類/錢幣之屬/圖像
泉幣一卷　清拓本　一冊

330000－1701－0042435　普 615.52/1224　子部/醫家類/方書之屬/單方驗方
新刊良朋彙集五卷補遺一卷　(清)孫偉輯　清善成堂刻本　六冊

330000－1701－0042436　普 811.17/4474.2　集部/別集類/清別集
補瓢存稿六卷　(清)韓騏撰　清乾隆二十三年(1758)韓鍵等南蔭書屋刻本　四冊

330000－1701－0042437　普 811.17/44801　集部/別集類/清別集
瓶隱山房詩鈔十二卷　(清)黄曾撰　清咸豐七年(1857)刻本　五冊

330000－1701－0042438　普 811.17/4483/c3　集部/別集類/清別集
逢吉堂焚餘稿一卷　(清)黄錫深撰　(清)黄春輯　**逢吉堂焚餘稿題詞一卷**　(清)黄春編　清光緒三十年(1904)南海黄春刻本　一冊

330000－1701－0042439　普 811.17/44791　集部/別集類/清別集
自娱集二卷　(清)葉聞性撰　清道光四年(1824)刻本　二冊

330000－1701－0042440　普 615.52/1242　子部/醫家類/方書之屬/單方驗方
應驗簡便良方二卷　(清)孫克任輯　清退補齋刻本　六冊

330000－1701－0042442　SBC1023　史部/紀傳類/正史之屬
史記評林一百三十卷　(明)淩稚隆輯　明刻本(卷十五、十八、二十一至二十二配清抄本)　九冊　存四十七卷(一至五、十一至十五、十八、二十一至二十二、三十八至四十三、四十五至五十四、九十四至一百四、一百十一至一百十七)

330000－1701－0042444　普 615.52/1263/2　子部/醫家類/方書之屬/成方藥目
孫真人備急千金要方九十六卷目錄二卷　(唐)孫思邈撰　清同治七年(1868)王培楨刻本　二十冊

330000－1701－0042445　普 951.00923/2540/2　史部/編年類/通代之屬
資治通鑑綱目五十九卷　(宋)朱熹撰　(明)陳仁錫評　**資治通鑑綱目續編一卷**　(明)陳桱撰　(明)陳仁錫評　**資治通鑑綱目前編二十五卷**　(明)南軒撰　(明)陳仁錫評　**續資治通鑑綱目二十七卷**　(明)商輅等撰　(明)陳仁錫評　清康熙四十年(1701)王公行刻本　八十冊　缺三十二卷(十九至四十九、續編)

330000－1701－0042446　普 811.17/4480/c1　類叢部/叢書類/彙編之屬
春暉堂叢書十二種　(清)徐渭仁編　清道光至咸豐上海徐渭仁刻同治九年至十年(1870－1871)徐允臨補刻彙印本　一冊　存一種

330000－1701－0042447　普 811.17/4484　集部/別集類/清別集
左國閒吟一卷　(清)黄金臺撰　清道光二十八年(1848)刻本　一冊

330000－1701－0042449　SBC1025　經部/叢編
十三經註疏　(明)□□輯　明萬曆十四年至二十一年(1586－1593)北京國子監刻清康熙二十五年(1686)重修本　一百十册　缺三十九卷(尚書註疏七至九,周禮註疏十二至十七、二十至二十一、二十五至二十七、三十一至三十八,禮記註疏十七至十九,春秋穀梁傳註疏一至四,論語註疏一至十)

330000－1701－0042450　普 811.17/4480/c2　類叢部/叢書類/彙編之屬
春暉堂叢書十二種　(清)徐渭仁編　清道光至咸豐上海徐渭仁刻同治九年至十年(1870－1871)徐允臨補刻彙印本　一册　存二種

330000－1701－0042451　普 811.117/44831　類叢部/叢書類/自著之屬
黄勤敏公全集九種附一種　(清)黄鉞撰　清咸豐至同治刻本　八册

330000－1701－0042452　SBC1018　史部/金石類/錢幣之屬
選青小牋一卷　(清)許元愷編釋　清抄本　一册

330000－1701－0042454　SBC1020　史部/金石類/錢幣之屬/圖像
泉彙一卷　清拓本　一册

330000－1701－0042455　SBC1021　史部/金石類/錢幣之屬/圖像
兩罍齋泉萃不分卷　清朱拓本　四册

330000－1701－0042457　普 811.17/4487/c2　集部/别集類/清别集
文起堂詩集十五卷首一卷　(清)韓虁卿撰　清光緒十年(1884)韓氏懷德堂刻本　四册

330000－1701－0042459　普 615.52/1263.01/c1　子部/醫家類/方書之屬/單方驗方
孫真人千金方衍義三十卷　(唐)孫思邈撰　(清)張璐衍義　清嘉慶五年(1800)掃葉山房刻本　三十二册

330000－1701－0042461　普 811.17/44872　集部/别集類/清别集
甌遊草四卷　(清)葉錫鳳撰　清嘉慶九年(1804)磨兜堅齋刻本　一册

330000－1701－0042463　普 811.17/4487/c3　集部/别集類/清别集
文起堂詩集十五卷首一卷　(清)韓虁卿撰　清光緒十年(1884)韓氏懷德堂刻本　四册

330000－1701－0042464　普 811.17/4487/2　集部/别集類/清别集
文起堂詩集十五卷首一卷　(清)韓虁卿撰　清道光木活字印本　四册

330000－1701－0042465　普 811.17/4488　集部/别集類/清别集
寫經堂文鈔二卷詩鈔四卷詞鈔一卷　(清)蔡篪撰　清光緒六年(1880)刻本　一册　存四卷(詩鈔一至四)

330000－1701－0042466　普 615.52/1263.01/c2　子部/醫家類/方書之屬/單方驗方
孫真人千金方衍義三十卷　(唐)孫思邈撰　(清)張璐衍義　清嘉慶五年(1800)掃葉山房刻本　三十二册

330000－1701－0042467　普 811.17/44871　集部/别集類/清别集
閒味軒詩鈔十卷詞鈔二卷　(清)韓欽撰　清光緒二十二年(1896)刻本　五册　缺二卷(詞鈔一至二)

330000－1701－0042468　普 811.17/4489/c1　集部/别集類/清别集
傳樸堂詩稿四卷補遺一卷　(清)葛金烺撰
弢華館詩稿一卷　(清)葛嗣濚撰　清光緒二十一年(1895)刻三十三年(1907)增修本　二册

330000－1701－0042469　普 811.17/44871/(2)　集部/别集類/清别集
閒味軒詩鈔十卷詞鈔二卷　(清)韓欽撰　清光緒二十二年(1896)刻民國二年(1913)印本　二册

330000－1701－0042470　普 811.17/4489/c3

集部/別集類/清别集
傳樸堂詩稿四卷補遺一卷竹樊山莊詞一卷 (清)葛金烺撰 **附錄一卷** (清)譚獻 (清)許景澄 (清)沈曾植撰 **弢華館詩稿一卷** (清)葛嗣溁撰 清光緒二十一年(1895)刻三十三年(1907)補刻民國增修本 二册

330000－1701－0042471 普 951.00923/25401 史部/史評類/史論之屬
綱目議二卷 (清)朱直撰 清同治十年(1871)胡承志堂刻本 一册

330000－1701－0042472 普 615.52/1263.01/c3 子部/醫家類/方書之屬/單方驗方
孫真人千金方衍義三十卷 (唐)孫思邈撰 (清)張璐衍義 清嘉慶五年(1800)掃葉山房刻本 三十二册

330000－1701－0042474 普 811.17/4494/2/c1 集部/别集類/清别集
范伯子詩集十九卷 (清)范當世撰 清光緒三十四年(1908)刻本 四册

330000－1701－0042475 普 615.52/1263.2/c1 子部/醫家類/方書之屬/歷代方書
千金翼方三十卷 (唐)孫思邈撰 清光緒四年(1878)上海影元大德刻本 八册

330000－1701－0042476 普 811.17/4494/2/c2 集部/别集類/清别集
范伯子詩集十九卷 (清)范當世撰 清光緒三十四年(1908)刻本 四册

330000－1701－0042478 普 811.17/4491 集部/别集類/清别集
欽齋詩稾四卷 (清)蘇惇元撰 清道光刻本 一册

330000－1701－0042479 普 615.52/1263.2/c2 子部/醫家類/方書之屬/歷代方書
千金翼方三十卷 (唐)孫思邈撰 清光緒四年(1878)上海影元大德刻本 八册

330000－1701－0042480 普 811.17/44941 集部/别集類/清别集
鶴麓山房詩稿六卷 (清)葉煒撰 清嘉慶二十五年(1820)刻本 一册

330000－1701－0042482 普 615.52/1713 子部/醫家類/婦科之屬/通論
重訂萬氏女科六卷四時病機十四卷溫毒病論一卷 (清)邵登瀛撰 (清)邵炳揚述 清抄本 一册 缺七卷(四時病機八至十四)

330000－1701－0042483 普 811.17/44942 集部/詩文評類
煮藥漫抄二卷 (清)葉煒撰 清光緒十七年(1891)金陵刻本 一册

330000－1701－0042484 普 615.52/1263.3/2 子部/醫家類/方書之屬/單方驗方
孫真人海上方一卷 (唐)孫思邈撰 清光緒十一年(1885)武林紅蝠山房刻本 一册

330000－1701－0042485 普 615.52/1263.3/3 子部/醫家類/方書之屬/單方驗方
孫真人海上方一卷 (唐)孫思邈撰 清道光二年(1822)陸成本刻本 一册

330000－1701－0042486 普 951.00923/3507/c1 史部/編年類
御批資治通鑑綱目全書一百九卷 清康熙刻本 五十册 存六十七卷(御批資治通鑑綱目首、一至八、二十至五十五,御批資治通鑑綱目前編一至十八、舉要一至三,御批資治通鑑綱目前編外紀)

330000－1701－0042487 普 811.17/4495 集部/别集類/清别集
柘坡居士集十二卷 (清)萬光泰撰 清乾隆二十一年(1756)汪孟鋗刻本 二册

330000－1701－0042488 普 811.17/4493 集部/别集類/清别集
倚晴樓集 (清)黄燮清撰 清咸豐至同治海鹽黄氏拙宜園刻本 四册 存一種

330000－1701－0042490 普 615.52/2100 子部/醫家類/方書之屬/單方驗方
文堂集驗方四卷 (清)何京輯 清乾隆四十年(1775)文堂刻本 四册

330000－1701－0042492　普 615.52/1722　子部/醫家類/方書之屬/單方驗方

了凡先生經驗良方一卷　(明)袁黄撰　清末石印本　一册

330000－1701－0042496　普 615.52/1263.2/3/c1　子部/醫家類/方書之屬/歷代方書

千金翼方三十卷　(唐)孫思邈撰　清乾隆二十八年(1763)金匱華希閎刻本　十六册

330000－1701－0042498　普 811.17/4493/(2)　集部/别集類/清别集

倚晴樓集　(清)黄燮清撰　清咸豐至同治海鹽黄氏拙宜園刻本　二册　存一種

330000－1701－0042499　普 811.17/4623　集部/别集類/清别集

汲庵詩存八卷　(清)楊象濟撰　清光緒八年(1882)西泠刻本　四册

330000－1701－0042500　普 615.52/1734　子部/醫家類/方書之屬/單方驗方

成方輯要四卷　(清)邵澍輯　清咸豐七年(1857)宜稼堂刻本　四册

330000－1701－0042501　普 615.52/1263.2/3/c2　子部/醫家類/方書之屬/歷代方書

千金翼方三十卷　(唐)孫思邈撰　清乾隆二十八年(1763)金匱華希閎刻本　十五册　存二十八卷(一至十七、二十至三十)

330000－1701－0042503　普 811.17/4493/2　集部/别集類/清别集

倚晴樓集　(清)黄燮清撰　清咸豐至同治海鹽黄氏拙宜園刻本　四册　存三種

330000－1701－0042504　普 811.17/4644　集部/别集類/清别集

嬉戲吟草四卷　(清)楊桂林撰　清嘉慶瑞碧樓木活字印本　廷琛校　二册

330000－1701－0042505　普 615.52/1773　子部/醫家類/方書之屬/單方驗方

一效集一卷　(清)司馬湘輯　清光緒元年(1875)刻本　一册

330000－1701－0042506　普 811.17/44971/c1　類叢部/叢書類/自著之屬

留書種閣集九種　(清)黄炳垕撰　清同治六年至光緒二十年(1867－1894)餘姚黄氏留書種閣刻本　一册　存一種

330000－1701－0042508　普 811.17/4493.2　集部/别集類/清别集

倚晴樓集　(清)黄燮清撰　清咸豐至同治海鹽黄氏拙宜園刻本　二册　存一種

330000－1701－0042509　普 811.17/44971/c3　類叢部/叢書類/自著之屬

留書種閣集九種　(清)黄炳垕撰　清同治六年至光緒二十年(1867－1894)餘姚黄氏留書種閣刻本　一册　存一種

330000－1701－0042510　普 811.17/4623.2　集部/别集類/清别集

南歸草一卷　(清)楊象濟撰　清同治六年(1867)刻本　一册

330000－1701－0042511　普 615.52/2043　子部/醫家類/方書之屬/單方驗方

經驗良方彙編　(清)毛世洪輯　清光緒二十年(1894)瞿良士刻三十三年(1907)增刻本　一册

330000－1701－0042512　普 811.17/4493.2/(2)　集部/别集類/清别集

倚晴樓集　(清)黄燮清撰　清咸豐至同治海鹽黄氏拙宜園刻本　一册　存一種

330000－1701－0042513　SBC1028　集部/總集類/選集之屬/斷代

唐百家詩一百七十一卷　(明)朱警編　**唐詩品一卷**　(明)徐獻忠撰　明嘉靖十九年(1540)刻本　一册　存三種

330000－1701－0042514　普 811.17/44971/2/c2　類叢部/叢書類/自著之屬

留書種閣集九種　(清)黄炳垕撰　清同治六年至光緒二十年(1867－1894)餘姚黄氏留書種閣刻本　一册　存一種

330000－1701－0042515　普 615.52/2043/2

子部/醫家類/方書之屬/單方驗方

濟世經驗彙編 （清）毛世洪輯　清光緒三年（1877）蕭山聚奎齋刻本　一冊

330000－1701－0042516　普811.17/46231　集部/別集類/清別集

南湖草堂詩集六卷 （清）楊伯潤撰　清光緒八年（1882）滬上語石齋刻本　一冊

330000－1701－0042517　普951.00923/3507/c3　史部/編年類

御批資治通鑑綱目全書一百九卷 清康熙刻本　五十冊

330000－1701－0042518　普811.17/44971/2/c3　類叢部/叢書類/自著之屬

留書種閣集九種 （清）黄炳垕撰　清同治六年至光緒二十年（1867－1894）餘姚黄氏留書種閣刻本　一冊　存一種

330000－1701－0042519　普811.17/4647　集部/別集類/清別集

靜庵詩略一卷治鄞政略一卷 （清）楊懿撰　清雍正七年（1729）刻本　四冊

330000－1701－0042521　普615.52/2173　子部/醫家類/方書之屬/單方驗方

經驗良方一卷 清末刻本　一冊

330000－1701－0042522　普811.17/4648　集部/別集類/清別集

心止居詩集四卷文集二卷 （清）楊夢符撰　清嘉慶十五年（1810）刻本　四冊

330000－1701－0042523　普811.17/4649/c1　集部/別集類/清別集

吟香室詩草二卷續刻一卷附刻一卷 （清）楊蘊輝撰　清光緒二十三年（1897）南海縣署刻本　一冊

330000－1701－0042524　普811.17/4649/c3　集部/別集類/清別集

吟香室詩草二卷續刻一卷附刻一卷 （清）楊蘊輝撰　清光緒二十三年（1897）南海縣署刻本　二冊

330000－1701－0042525　SBC1030　集部/別集類/宋別集

象山先生全集三十六卷 （宋）陸九淵撰　**附錄少湖徐先生學則辯一卷** （明）徐階撰　明嘉靖四十年（1561）何遷刻本　七冊　存三十二卷（五至三十六）

330000－1701－0042526　SBC1031　集部/別集類/宋別集

象山先生全集三十六卷 （宋）陸九淵撰　**附錄少湖徐先生學則辯一卷** （明）徐階撰　明嘉靖四十年（1561）何遷刻本　五冊　存二十五卷（四至十四、二十二至三十五）

330000－1701－0042527　SBC1032　集部/別集類/唐五代別集

昌黎先生集四十卷外集十卷遺文一卷 （唐）韓愈撰　（宋）廖瑩中校正　**朱子校昌黎先生集傳一卷** （宋）朱熹撰　明東吳徐氏東雅堂刻本　十四冊　存二十九卷（一至九、十二至二十六，外集一至五）

330000－1701－0042528　普615.52/2043/3　子部/醫家類/方書之屬/單方驗方

濟世經驗彙編 （清）毛世洪輯　清光緒三年（1877）蕭山聚奎齋刻本　一冊

330000－1701－0042530　普811.17/46261　集部/別集類/清別集

遲鴻軒詩棄四卷文棄二卷 （清）楊峴撰　清光緒十一年至十三年（1885－1887）刻本　一冊　缺二卷（文棄一至二）

330000－1701－0042532　普811.17/4632/c1　集部/別集類/清別集

有不爲齋詩鈔四卷 （清）楊道生撰　清同治四年（1865）沛上刻本　一冊

330000－1701－0042533　普811.17/4632/c2　集部/別集類/清別集

有不爲齋詩鈔四卷 （清）楊道生撰　清同治四年（1865）沛上刻本　一冊

330000－1701－0042534　普811.17/4632/c3　集部/別集類/清別集

有不爲齋詩鈔四卷 (清)楊道生撰 清同治四年(1865)沛上刻本 一冊

330000－1701－0042535 普 615.52/2322 子部/醫家類/類編之屬

太原傳科 清光緒三十年(1904)京師刻本 三冊

330000－1701－0042536 普 811.17/46321 集部/别集類/清别集

榕風樓詩存二卷 (清)楊渼皋撰 清光緒十年(1884)刻本 一冊

330000－1701－0042537 普 811.17/46322 集部/别集類/清别集

抱山草堂遺稿二卷 (清)楊寶彝撰 清光緒二年(1876)楊峴吳門刻本 一冊

330000－1701－0042539 普 811.17/44931 集部/别集類/清别集

留刪草二卷 (清)范光裕撰 清嘉慶玉溪書軒木活字印本 二冊

330000－1701－0042540 普 615.52/2623 子部/醫家類/類編之屬

瓶花書屋醫書五種 (清)包松溪等編 清道光二十五年至二十七年(1845－1847)瓶花書屋刻本 六冊 存一種

330000－1701－0042541 普 811.17/4526 集部/别集類/清别集

蓑笠軒僅存稿六卷 (清)樓儼撰 清乾隆刻光緒二十七年(1901)印本 五冊

330000－1701－0042542 普 615.52/2178/c1 子部/醫家類/方書之屬/單方驗方

經驗簡便良方一卷備用藥物一卷 (清)□□輯 清光緒浙江書局刻本 一冊

330000－1701－0042545 普 615.52/2427/c1 子部/醫家類/類編之屬

吳興凌氏二種 (清)凌奐撰 清光緒十九年(1893)歸安凌奐鉛印本 一冊

330000－1701－0042546 SBC1033 類叢部/叢書類/彙編之屬

說郛一百二十弓 (明)陶宗儀編 (明)陶珽等重編 明末刻清順治三年(1646)兩浙督學周南李際期宛委山堂印本 八十六冊 存九十二十四種

330000－1701－0042547 普 615.52/2178/c2 子部/醫家類/方書之屬/單方驗方

經驗簡便良方一卷備用藥物一卷 (清)□□輯 清光緒浙江書局刻本 一冊

330000－1701－0042549 普 615.52/2178/c3 子部/醫家類/方書之屬/單方驗方

經驗簡便良方一卷備用藥物一卷 (清)□□輯 清光緒浙江書局刻本 一冊

330000－1701－0042550 普 951.00923/3507/(2) 史部/編年類

御批資治通鑑綱目全書一百九卷 清康熙至乾隆刻本 六十四冊

330000－1701－0042551 普 615.52/2644 子部/醫家類/方書之屬/單方驗方

聖濟總錄纂要二十六卷 (清)程林輯 清康熙二十年(1681)程林揚州刻乾隆五年(1740)吳郡張松寧重修本 十冊

330000－1701－0042553 普 615.52/2427/c2 子部/醫家類/類編之屬

吳興凌氏二種 (清)凌奐撰 清光緒十九年(1893)歸安凌奐鉛印本 一冊

330000－1701－0042555 普 811.17/4649.2 集部/别集類/清别集

芙蓉山館詩鈔八卷詩補鈔一卷詞鈔二卷 (清)楊芳燦撰 清嘉慶十二年(1807)刻本 四冊

330000－1701－0042556 普 615.52/2510 子部/醫家類/方書之屬

丹溪先生治法心要八卷 (元)朱震亨撰 清宣統元年(1909)武林蕭澍霖鉛印本 二冊

330000－1701－0042557 普 615.52/2679 子部/醫家類/方書之屬/單方驗方

景岳新方歌不分卷 (清)吳辰燦 (清)高秉鈞 (清)姚志仁撰 清嘉慶十四年(1809)盡

心齋刻本　二册

330000－1701－0042558　普 811.17/4650/c1　集部/别集類/清别集
飲雪軒詩集四卷　(清)楊泰亨撰　清宣統二年(1910)經畬家塾刻本　張咀英題記　一册

330000－1701－0042559　普 615.52/2510.2　子部/醫家類/診法之屬/脈經脈訣
丹溪朱氏脈因証治二卷　(元)朱震亨撰　(清)湯望久校輯　清乾隆四十年(1775)刻本　二册

330000－1701－0042560　普 615.52/2741/3/c1　子部/醫家類/方書之屬/單方驗方
驗方新編二十四卷　(清)鮑相璈輯　清光緒四年(1878)杭州東璧齋刻民國十年(1921)印本　十六册

330000－1701－0042562　普 811.17/4650/c2　集部/别集類/清别集
飲雪軒詩集四卷　(清)楊泰亨撰　清宣統二年(1910)經畬家塾刻本　一册

330000－1701－0042564　普 811.17/46501　史部/地理類/雜志之屬
都門竹枝詞一卷　(清)楊士安等撰　清光緒三年(1877)刻本　一册

330000－1701－0042565　SBC1040　集部/小説類/長篇之屬
新刻全像三寶太監西洋記通俗演義二十卷一百回　(明)羅懋登撰　明三山道人刻清初步月樓重修本　五册　存五卷(十一、十三至十六)

330000－1701－0042566　普 615.52/2741/3/c2　子部/醫家類/方書之屬/單方驗方
驗方新編二十四卷　(清)鮑相璈輯　清光緒四年(1878)杭州東璧齋刻民國十年(1921)印本　十六册

330000－1701－0042567　普 615.52/2743/c1　子部/醫家類/方書之屬/單方驗方
外治壽世方初編四卷　(清)鄒存淦輯　清光緒三年(1877)杭州勤藝堂刻本　二册

330000－1701－0042569　普 811.17/4600　集部/總集類/彙編之屬
七家試帖輯註彙鈔　(清)張熙宇輯評　(清)王植桂輯註　清光緒十六年(1890)石渠山房刻本　二册　存一種

330000－1701－0042570　普 615.52/2741/3/c3　子部/醫家類/方書之屬/單方驗方
驗方新編二十四卷　(清)鮑相璈輯　清光緒四年(1878)杭州東璧齋刻民國十年(1921)印本　十六册

330000－1701－0042572　普 811.17/4652/c2　集部/别集類/清别集
桐華吟館詩稿十二卷文鈔一卷詞稿二卷　(清)楊揆撰　清嘉慶十二年(1807)刻本　四册

330000－1701－0042573　普 811.17/4600/2　集部/總集類/彙編之屬
七家試帖輯註彙鈔　(清)張熙宇輯評　(清)王植桂輯註　清同治六年(1867)刻本　六册　存一種

330000－1701－0042574　普 811.17/4664　類叢部/叢書類/自著之屬
坦園全集八種　(清)楊恩壽撰　清光緒長沙楊氏刻本　九册　存一種

330000－1701－0042575　SBC1035　類叢部/叢書類/彙編之屬
合刻繁露大戴太玄　(明)陸雲龍輯　明刻本　一册　存二種

330000－1701－0042576　普 615.52/2743/c2　子部/醫家類/方書之屬/單方驗方
外治壽世方初編四卷　(清)鄒存淦輯　清光緒三年(1877)杭州勤藝堂刻本　二册

330000－1701－0042577　普 811.17/4604　集部/别集類/清别集
曇花一現草一卷　(清)楊文蘭撰　清宣統三年(1911)滌塵書屋鉛印本　一册

330000－1701－0042578　普 811.17/4664.2　集部/别集類/清别集

金臺游草一卷　(清)楊恩壽撰　清同治十三年(1874)長沙楊氏坦園刻本　一冊

330000－1701－0042579　普 615.52/2743/c3　子部/醫家類/方書之屬/單方驗方
外治壽世方初編四卷　(清)鄒存淦輯　清光緒三年(1877)杭州勤藝堂刻本　二冊

330000－1701－0042580　普 615.52/2743/c4　子部/醫家類/方書之屬/單方驗方
外治壽世方初編四卷　(清)鄒存淦輯　清光緒三年(1877)杭州勤藝堂刻本　二冊

330000－1701－0042582　普 615.52/2757　子部/醫家類/方書之屬/單方驗方
軍中醫方備要二卷　(清)□□輯　清木活字印本　一冊

330000－1701－0042583　普 811.17/4607　集部/别集類/清别集
息笠庵詩集六卷　(清)楊韵撰　清光緒八年(1882)嘉興楊氏滬城刻本　二冊

330000－1701－0042584　普 811.17/4672　集部/别集類/清别集
自攜集一卷後集一卷續集一卷　(清)楊陳復撰　清光緒十一年(1885)、二十刻本　二冊

330000－1701－0042585　SBC1036　史部/政書類/通制之屬
通志略五十二卷　(宋)鄭樵撰　明刻本　一冊　存一卷(藝文略六)

330000－1701－0042588　普 615.52/2741/4　子部/醫家類/方書之屬/單方驗方
增廣驗方新編十六卷　(清)鮑相璈輯　清光緒元年(1875)信立德堂郡刻本　十二冊

330000－1701－0042589　普 615.52/2803　子部/醫家類/方書之屬/單方驗方
醫方湯頭歌括一卷　(清)汪昂撰　清笠澤徐慶淦抄本　二冊

330000－1701－0042590　普 811.17/4674　集部/詞類/别集之屬
西湖秋柳詞一卷　(清)楊鳳苞撰　(清)楊知新注　清光緒十年(1884)湖州楊氏春及軒刻本　一冊

330000－1701－0042592　普 615.52/2741/5　子部/醫家類/方書之屬/單方驗方
驗方新編十八卷首一卷　(清)鮑相璈等輯　清光緒二十六年(1900)上海觀瀾閣石印本　六冊

330000－1701－0042594　普 811.17/46741/c2　類叢部/叢書類/彙編之屬
清風室叢刊二十種　(清)錢保塘編　清同治十年至民國二十五年(1871－1936)海寧錢氏清風室刻本　二冊　存一種

330000－1701－0042596　普 811.17/46741/c4　類叢部/叢書類/彙編之屬
清風室叢刊二十種　(清)錢保塘編　清同治十年至民國二十五年(1871－1936)海寧錢氏清風室刻本　二冊　存一種

330000－1701－0042597　普 615.52/2741/7　子部/醫家類/方書之屬/單方驗方
驗方新編十八卷　(清)鮑相璈等輯　清光緒二十三年(1897)上海廣百宋齋石印本　一冊

330000－1701－0042599　普 615.52/2741/8　子部/醫家類/方書之屬/單方驗方
驗方新編十八卷　(清)鮑相璈等輯　清石印本　一冊

330000－1701－0042600　普 615.52/2810/c1　子部/醫家類/溫病之屬/痧症
活命新書一卷　(清)徐可撰　清同治二年(1863)福建徐毓海刻本　一冊

330000－1701－0042601　普 615.52/2741/9　子部/醫家類/方書之屬/單方驗方
驗方新編十八卷　(清)鮑相璈等輯　清光緒十八年(1892)影印本　一冊

330000－1701－0042603　普 615.52/2810/c2　子部/醫家類/溫病之屬/痧症
活命新書一卷　(清)徐可撰　清同治二年(1863)福建徐毓海刻本　一冊

330000－1701－0042604　普 615.52/2810/c3　子部/醫家類/溫病之屬/痧症
活命新書一卷　(清)徐可撰　清同治二年(1863)福建徐毓海刻本　一册

330000－1701－0042605　普 811.17/4701　集部/别集類/清别集
東坪詩集八卷　(清)胡慶豫撰　清乾隆三十二年(1767)刻本　四册

330000－1701－0042606　普 811.17/47011/c1　集部/别集類/清别集
補學齋詩鈔四卷　胡調元撰　清光緒三十三年(1907)鉛印本　一册

330000－1701－0042607　普 811.17/4675　集部/别集類/清别集
菜香小圃館課詩一卷　(清)楊殿邦撰　清刻本　一册

330000－1701－0042609　普 811.17/47011/c2　集部/别集類/清别集
補學齋詩鈔四卷　胡調元撰　清光緒三十三年(1907)鉛印本　一册

330000－1701－0042611　SBC1042　類叢部/類書類/通類之屬
唐類函二百卷目録二卷　(明)俞安期輯　明萬曆三十一年(1603)東吴俞安期刻本　五十册　缺六卷(二十八至三十一、六十一至六十二)

330000－1701－0042612　普 811.17/4708　集部/别集類/清别集
果齋詩鈔二卷　(清)胡方朔撰　清光緒十八年(1892)武林刻本　一册

330000－1701－0042613　普 811.17/4730　集部/别集類/清别集
息遊堂詩集十卷　(清)胡兆龍撰　清康熙二十一年(1682)刻本　一册

330000－1701－0042614　普 615.52/2892　子部/醫家類/方書之屬/單方驗方
賽金丹二卷　(清)徐半峰撰　清刻本　一册

330000－1701－0042615　普 811.17/4782　類叢部/叢書類/自著之屬
壺盦類稿五種　(清)胡念修撰　清光緒刻彙印本　四册　存二種

330000－1701－0042617　普 811.17/4676　類叢部/叢書類/自著之屬
澹寧齋集八種　(清)楊際昌撰　清乾隆刻本(在淵草卷一配抄本)　四册　存七種

330000－1701－0042618　普 811.17/4731　集部/别集類/清别集
未篩集一卷附枯木禪七十倡和詩一卷　(清)釋超源撰　清宣統元年(1909)海上存古學社木活字印本　一册

330000－1701－0042619　普 615.52/3023/2　子部/醫家類/綜合之屬/通論
重校聖濟總録二百卷　清乾隆五十四年(1789)汪鳴珂燕遠堂刻本(卷一百九十五、一百九十九至二百原缺)　七十册　缺二十四卷(十四至十六、一百四至一百十二、一百二十五至一百二十七、一百八十五至一百九十、一百九十四、一百九十六、一百九十八)

330000－1701－0042620　普 811.17/4712　集部/别集類/清别集
長安宫詞一卷　(清)胡延撰　清光緒二十八年(1902)刻本　一册

330000－1701－0042621　普 951.00923/4714　史部/史評類/史論之屬
綱目續議二卷　(清)胡爾梅撰　清同治十年(1871)胡承志堂刻本　一册

330000－1701－0042623　普 811.17/46761　集部/别集類/清别集
抑隅堂詩鈔一卷　(清)楊學易撰　清乾隆俞思謙刻本　一册

330000－1701－0042625　普 811.17/4733　集部/别集類/清别集
鋤月居稿二卷　(清)柳瀛選撰　清光緒二十七年(1901)鉛印本　一册

330000－1701－0042626　普 811.17/4680/c1

集部/别集類/清别集

夙好齋詩鈔十五卷賦鈔一卷試帖詩鈔一卷 (清)楊知新撰 清道光二十五年(1845)葄史樓刻本 四册

330000－1701－0042628 普 811.17/4783 史部/史評類/詠史之屬

茨村咏史新樂府二卷附録一卷 (清)胡介祉撰 (清)郭雲參訂 清諸暨郭氏刻本 二册

330000－1701－0042631 普 811.17/4680/c2、普 811.17/4680.2 集部/别集類/清别集

夙好齋詩鈔十五卷賦鈔一卷試帖詩鈔一卷 (清)楊知新撰 清道光二十五年(1845)葄史樓刻本 四册

330000－1701－0042632 普 811.17/4783.2/c1 類叢部/叢書類/彙編之屬

龍潭室叢書 龍潭室主編 清光緒至宣統鉛印本 二册 存一種

330000－1701－0042633 普 811.17/4734 子部/雜著類/雜説之屬

梨園娱老集不分卷 (清)胡禮垣撰 清宣統二年(1910)大公報館鉛印本 一册

330000－1701－0042634 SBC1046 經部/易類/傳説之屬

周易觀象不分卷 (清)汪度撰 清抄本 六册

330000－1701－0042635 普 615.52/3023/3 子部/醫家類/綜合之屬/通論

重校聖濟總録二百卷 清乾隆五十四年(1789)汪鳴珂燕遠堂刻本(卷一百九十五、一百九十九至二百原缺) 五十册

330000－1701－0042636 普 811.17/47471 集部/别集類/清别集

歐庵詩鈔三卷 (清)胡世巽撰 清乾隆刻本 二册

330000－1701－0042637 普 615.52/3160/2 子部/醫家類/類編之屬

本草醫方合編 (清)汪昂編 清道光二十五年(1845)瓶花書屋刻本 四册 存一種

330000－1701－0042638 普 811.17/4741 集部/别集類

伊川草堂詩一卷訪樂堂詩一卷 胡薇元撰 清光緒二十七年(1901)旌德吕氏刻本 一册 存一卷(伊川草堂詩)

330000－1701－0042639 普 615.52/3053 子部/醫家類/醫理之屬/陰陽五行、五運六氣

四時六氣邦感證治彙編一卷 清抄本 一册

330000－1701－0042640 普 811.17/4783.2/c2 類叢部/叢書類/彙編之屬

龍潭室叢書 龍潭室主編 清光緒至宣統鉛印本 二册 存一種

330000－1701－0042641 普 811.17/4741.2 類叢部/叢書類/自著之屬

玉津閣叢書甲集十二種乙集十二種 (清)胡薇元撰 清光緒至民國刻本 一册 存一種

330000－1701－0042644 普 811.17/4786 集部/别集類/清别集

桐華館詩鈔三卷附金屑詞一卷 (清)胡金題撰 清嘉慶九年(1804)刻本 一册 缺二卷(詩鈔一至二)

330000－1701－0042646 普 811.17/4684 集部/别集類/清别集

自春堂詩十二卷 (清)楊鑄撰 清道光九年(1829)楊氏石瓢仙館刻本 三册 存六卷(一至六)

330000－1701－0042649 普 811.17/4787 集部/别集類/清别集

賜麨閣集四卷 (清)胡欽撰 清光緒鉛印本 一册

330000－1701－0042650 SBC1045 史部/金石類/金之屬/圖像

泊如齋重修宣和博古圖録三十卷 (宋)王黼等撰 明萬曆十六年(1588)泊如齋刻本 九册

330000－1701－0042652 普 811.17/4787.2 集部/别集類/清别集

賜麨閣集四卷 (清)胡欽撰 清光緒鉛印本

一冊

330000－1701－0042653　普 615.52/3160　子部/醫家類/方書之屬/歷代方書

醫方集解三卷　(清)汪昂撰　清富文堂刻本　六冊

330000－1701－0042656　普 811.17/47441　集部/別集類/清別集

東目館詩集二十卷　(清)胡壽芝撰　清道光二十二年(1842)邗上刻本　四冊

330000－1701－0042657　普 811.17/4747/c1　集部/別集類/清別集

洗齋病學草擬存詩一卷附存詩一卷　(清)胡壽頤撰　(清)昨非居士輯　清光緒十年(1884)山陰胡氏刻本　二冊

330000－1701－0042658　普 811.17/4747/c2　集部/別集類/清別集

洗齋病學草擬存詩一卷附存詩一卷　(清)胡壽頤撰　(清)昨非居士輯　清光緒十年(1884)山陰胡氏刻本　二冊

330000－1701－0042659　普 615.52/2844.2/c1　子部/醫家類/類編之屬

徐氏醫書六種　(清)徐大椿撰　清雍正五年至乾隆二十二年(1727－1757)半松齋刻本　四冊　存一種

330000－1701－0042660　SBC1047　子部/術數類/占卜之屬

大六壬彙纂六十卷　清抄本　三十四冊　存三十四卷(二十一至四十、四十七至六十)

330000－1701－0042661　普 811.17/4695/c2　集部/別集類/清別集

扶雅堂詩集十四卷　(清)楊炳春撰　清光緒至宣統刻本　四冊

330000－1701－0042662　普 615.52/2844.2/c2　子部/醫家類/類編之屬

徐氏醫書六種　(清)徐大椿撰　清同治十二年(1873)湖北崇文書局刻本　四冊　存一種

330000－1701－0042663　普 615.52/2844.2/c3　子部/醫家類/類編之屬

徐氏醫書六種　(清)徐大椿撰　清同治十二年(1873)湖北崇文書局刻本　四冊　存一種

330000－1701－0042664　普 615.52/3160/3　子部/醫家類/類編之屬

本草醫方合編　(清)汪昂編　清光緒十三年(1887)姑蘇掃葉山房刻本　六冊　存一種

330000－1701－0042666　SBC1049　經部/樂類/律呂之屬

樂律全書十五種　(明)朱載堉撰　明萬曆鄭藩刻增修本　二十五冊　存十三種

330000－1701－0042668　普 615.52/3160/4/c1　子部/醫家類/方書之屬/單方驗方

醫藥集解三卷　(清)汪昂撰　清刻本　三冊

330000－1701－0042669　普 811.17/4723　集部/別集類/清別集

韋廬初集一卷續集一卷近集一卷　(清)李秉禮撰　(清)李憲喬輯　清乾隆至嘉慶刻本　俞鴻籌題記　三冊

330000－1701－0042670　SBC1052　子部/儒家類/儒學之屬/經濟

大學衍義補一百六十卷首一卷　(明)丘濬撰　明崇禎陳仁錫刻本　二十四冊　存一百三十五卷(首、一至五、十一至二十、二十八至七十、七十三至一百十四、一百二十一至一百四十四、一百五十一至一百六十)

330000－1701－0042671　普 951.00923/8337　史部/史評類/考訂之屬

錢陟園考訂資治通鑑綱目全書五十九卷續資治通鑑綱目二十七卷　(清)錢選撰　清光緒八年(1882)惜物軒滬瀆刻本　八十三冊　存八十五卷(一至五十九、續資治通鑑綱目一至二十六)

330000－1701－0042672　普 615.52/3160/4/c2　子部/醫家類/方書之屬/單方驗方

醫藥集解三卷　(清)汪昂撰　清大成齋刻本　一冊

330000－1701－0042673　普 811.17/4725

集部/别集類/清别集
種香詩草六卷　(清)胡作肅撰　清嘉慶十二年(1807)梯雲樓刻本　二册

330000－1701－0042674　普811.17/4917/3
集部/别集類/清别集
甌北詩鈔二十卷　(清)趙翼撰　清宣統三年(1911)掃葉山房石印本　八册

330000－1701－0042675　普615.52/3160/5
子部/醫家類/類編之屬
重鐫本草醫方合編十二卷　(清)汪昂編　清刻本　六册

330000－1701－0042676　普811.17/4777、普811.17/4777.2　類叢部/叢書類/郡邑之屬
金華叢書六十八種　(清)胡鳳丹編　清同治七年至光緒八年(1868－1882)永康胡氏退補齋刻民國補刻本　八册　存二種

330000－1701－0042677　SBC1053　子部/儒家類/儒學之屬/經濟
大學衍義補一百六十卷首一卷　(明)丘濬撰　明崇禎陳仁錫刻梅墅石渠閣印本　二十二册　存一百四十六卷(首、一至一百四十五)

330000－1701－0042678　普811.17/4728
集部/别集類/清别集
賸馥吟二卷　(清)胡傑人撰　清光緒四年(1878)賽竹樓木活字印本　一册

330000－1701－0042679　普811.17/4905
集部/别集類/清别集
娵隅集十卷　(清)趙文哲撰　清乾隆五十四年(1789)刻本　四册

330000－1701－0042680　普811.17/4793/c1
集部/别集類/清别集
紅鶴山莊詩鈔二卷　(清)胡慎容撰　(清)蔣士銓　(清)王金英評點　清乾隆二十二年(1757)新城王槐植等刻本　一册

330000－1701－0042681　普615.52/3160/7
子部/醫家類/方書之屬/歷代方書
醫方集解三卷　(清)汪昂撰　清正業堂刻本　三册

330000－1701－0042682　普615.52/3482/2
子部/醫家類/綜合之屬/通論
增補醫方一盤珠全集十卷首一卷　(清)洪金鼎撰　清金谿桂簡文堂刻本　四册

330000－1701－0042683　普811.17/4793/c2
集部/别集類/清别集
紅鶴山莊詩鈔二卷　(清)胡慎容撰　(清)蔣士銓　(清)王金英評點　清乾隆二十二年(1757)新城王槐植等刻本　一册

330000－1701－0042684　普615.52/3137
子部/醫家類/類編之屬
濟世全書　(清)汪啓賢等選注　清刻本　六册　存五種

330000－1701－0042685　普811.17/4910
集部/别集類/清别集
樂潛堂詩詞全集　(清)趙函撰　清道光至咸豐刻同治七年(1868)重修本　五册

330000－1701－0042686　普811.17/4917/4
集部/别集類/清别集
甌北詩鈔十五卷　(清)趙翼撰　清乾隆湛貽堂刻本　四册

330000－1701－0042687　SBC1050　經部/樂類/律吕之屬
樂律全書十五種　(明)朱載堉撰　明萬曆鄭藩刻增修本　五册　存三種

330000－1701－0042688　普951.00924/0499
史部/編年類/通代之屬
新刻王鳳洲先生通鑑會纂二十八卷　(明)諸燮纂輯　(明)陳繼儒訂正　清順治十二年(1655)金閶文雅堂刻本　十三册

330000－1701－0042689　普615.52/3482
子部/醫家類/綜合之屬/通論
增補醫方一盤珠全集十卷首一卷　(清)洪金鼎撰　清乾隆十四年(1749)經綸堂刻本　六册

330000－1701－0042690　普811.17/4794
集部/别集類/清别集
戒煙百詠一卷　(清)郁少梅撰　清光緒刻本

一冊

330000－1701－0042691　普 811.17/4898　集部/别集類/清别集
檢心齋感舊詩一卷　(清)檢心齋主撰　清宣統刻本　一冊

330000－1701－0042692　普 615.52/3160.2　子部/醫家類/方書之屬/單方驗方
校正醫方湯頭歌訣一卷校正經絡歌訣一卷　(清)汪昂撰　清末石印本　一冊

330000－1701－0042693　普 615.52/3160/8　子部/醫家類/類編之屬
增評醫方集解二十三卷增補本草備要八卷重校舊本湯頭歌訣一卷　(清)汪昂編　清光緒三十三年(1907)上海同文書局石印本　七冊

330000－1701－0042694　普 811.17/4917/5　類叢部/叢書類/自著之屬
甌北全集八種　(清)趙翼撰　清乾隆至嘉慶湛貽堂刻本　六冊　存一種

330000－1701－0042696　SBC1074　集部/詞類/别集之屬
七十二行花館詩餘一卷　(清)汪守愚撰　稿本　清邵曰濂觀款　清昌俊、清沈景脩、清王景曾、清袁師鏊題記　一冊

330000－1701－0042697　普 615.52/3160.2/2　子部/醫家類/方書之屬/單方驗方
醫方湯頭歌訣一卷經絡歌訣一卷　(清)汪昂撰　清光緒二十三年(1897)鴻潤書林刻本　一冊

330000－1701－0042698　SBC1075　史部/地理類/遊記之屬/紀行
負暄集不分卷　(清)洪梧撰　清抄本　一冊

330000－1701－0042699　普 811.17/4917/6　類叢部/叢書類/自著之屬
甌北全集八種　(清)趙翼撰　清乾隆至嘉慶湛貽堂刻本　六冊　存一種

330000－1701－0042700　普 615.52/3160.2/3/c1　子部/醫家類/方書之屬/單方驗方
醫方湯頭歌訣一卷經絡歌訣一卷　(清)汪昂撰　清刻本　一冊

330000－1701－0042702　普 811.17/4902　集部/别集類/清别集
三硯齋詩賸一卷　(清)趙彦修撰　清光緒八年(1882)趙氏刻本　一冊

330000－1701－0042703　普 811.17/4911　集部/總集類/選集之屬/通代
詠物詩四種　(清)趙丕烈輯　清刻本　四冊

330000－1701－0042704　普 615.52/3160.2/3/c2　子部/醫家類/方書之屬/單方驗方
醫方湯頭歌訣一卷經絡歌訣一卷　(清)汪昂撰　清刻本　一冊

330000－1701－0042705　普 615.52/3160/9　子部/醫家類/方書之屬/歷代方書
醫方集解六卷　(清)汪昂撰　清刻本　六冊

330000－1701－0042706　普 811.17/4830　集部/别集類/清别集
白梅小集一卷　(清)釋敬安撰　清光緒三十年(1904)鉛印本　一冊

330000－1701－0042708　普 615.52/3222　子部/醫家類/内科之屬/其他内科病證
專治血症經驗良方論一卷　(清)潘爲縉撰　清咸豐元年(1851)如不及齋刻本　一冊

330000－1701－0042709　SBC1072　子部/術數類/占候之屬
參籌秘書十卷　(明)汪三益　(明)張拱端輯注　明崇禎十二年(1639)楊廷樞刻本　天明段子題記　七冊　存七卷(二至五、八至十)

330000－1701－0042710　普 811.17/4830.2/c2　集部/别集類/清别集
八指頭陀詩集十卷補遺一卷述一卷詞一卷雜文一卷　釋敬安撰　清光緒十四年(1888)義寧陳三立刻二十四年(1898)湘潭葉德輝續刻本　二冊

330000－1701－0042711　普 615.52/3631　子部/醫家類/方書之屬/單方驗方

歌方集論四卷人身譜一卷　（清）祝源撰　清光緒十七年(1891)棱香館刻本　五册

330000－1701－0042712　SBC1065　子部/藝術類/音樂之屬/樂譜

琵琶曲譜一卷　清來召郇抄本　一册

330000－1701－0042713　SBC1071　子部/道家類

録養浩軒祝先生三子評奇　（明）祝世禄撰　明刻本　一册　存一種

330000－1701－0042714　普 811.17/4830.2/c3　集部/别集類/清别集

八指頭陀詩集十卷補遺一卷述一卷詞一卷雜文一卷　釋敬安撰　清光緒十四年(1888)義寧陳三立刻二十四年(1898)湘潭葉德輝續刻本　孤雲氏題記　一册

330000－1701－0042716　普 615.52/3222/2　子部/醫家類/内科之屬/其他内科病證

專治血症經驗良方論一卷　（清）潘爲縉撰　清道光二十年(1840)吳郡馬學周刻本　清鶴天跋　一册

330000－1701－0042717　普 811.17/49141　集部/别集類/清别集

雪溪閒詠一卷　（清）趙瓚撰　清刻本　一册

330000－1701－0042718　SBC1064　子部/術數類/陰陽五行之屬

九星秘符一卷　清抄本　一册

330000－1701－0042719　普 811.17/4917.2/c2　類叢部/叢書類/自著之屬

甌北全集八種　（清）趙翼撰　清乾隆至嘉慶湛貽堂刻本　十册　存一種

330000－1701－0042720　SBC1062　經部/春秋左傳類

春秋左傳鄭賈服注參攷一卷　陶思曾撰　清抄本　一册

330000－1701－0042721　SBC1059　集部/總集類/選集之屬/斷代

西泠雜録一卷　清江南舊酒徒抄本　一册

330000－1701－0042723　普 615.52/3438　類叢部/叢書類/彙編之屬

鐵琴銅劍樓叢書十三種　瞿啓甲編　清光緒至民國刻本暨影印本　一册　存一種

330000－1701－0042725　普 811.17/4917.2/(2)　類叢部/叢書類/自著之屬

甌北全集八種　（清）趙翼撰　清乾隆至嘉慶湛貽堂刻本　十四册　存一種

330000－1701－0042726　SBC1057　集部/總集類/選集之屬/通代

不著一字不分卷　清抄本　一册

330000－1701－0042728　普 811.17/4917/c2　集部/别集類/清别集

甌北詩鈔二十卷　（清）趙翼撰　清刻本　五册　存十三卷(絕句一至二、五言古一至四、七言律一至七)

330000－1701－0042729　SBC1056　集部/總集類/尺牘之屬

如面譚不分卷　清抄本　一册

330000－1701－0042730　SBC1084　集部/别集類/宋别集

宋李忠定公奏議選十五卷文集選二十九卷首四卷目錄二卷　（宋）李綱撰　（明）左光先等選　明崇禎十二年(1639)李氏刻本　三册　存十五卷(奏議選一至十五)

330000－1701－0042731　普 811.17/4928　集部/别集類/清别集

琴鶴軒詩稿一卷　（清）趙繼曾撰　清道光十一年(1831)刻本　一册

330000－1701－0042732　普 811.17/49301　集部/别集類/清别集

紉佩仙館吟鈔一卷　（清）趙瀛撰　清光緒十三年(1887)木活字印本　一册

330000－1701－0042733　SBC1055　集部/别集類/清别集

袁文箋正十六卷補注一卷　（清）袁枚撰　（清）石韞玉箋　清嘉慶十七年(1812)鶴壽山堂刻本　清陶方琦批校　五册　存十三卷

（四至十六）

330000－1701－0042734　普 811.17/4931　集部/别集類/清别集

養拙窩詩鈔七卷　（清）趙寶晉撰　清光緒三十二年(1906)木活字印本　二册

330000－1701－0042735　普 811.17/4930/c2　集部/别集類/清别集

悲盦居士詩賸一卷文存一卷　（清）趙之謙撰　清光緒十六年(1890)刻本　一册　存一卷(詩賸)

330000－1701－0042736　普 811.17/4931.01　類叢部/叢書類/郡邑之屬

粟香室叢書五十九種　金武祥編　清光緒至民國江陰金氏刻本　一册　存一種

330000－1701－0042737　普 811.17/4930/c4　集部/别集類/清别集

悲盦居士詩賸一卷文存一卷　（清）趙之謙撰　清光緒十六年(1890)刻本　一册　存一卷(詩賸)

330000－1701－0042738　普 811.17/4930/c5　集部/别集類/清别集

悲盦居士詩賸一卷文存一卷　（清）趙之謙撰　清光緒十六年(1890)刻本　一册　存一卷(詩賸)

330000－1701－0042739　普 615.52/4444/c1　子部/醫家類/方書之屬/單方驗方

類證普濟本事方十卷坊刻王氏本備録一卷　（宋）許叔微撰　（清）葉桂釋義　清嘉慶十九年(1814)葉鍾刻姑蘇掃葉山房印本　六册

330000－1701－0042740　普 615.52/3727/(2)　子部/醫家類/養生之屬

衛生雜録一卷　（清）澹然居士輯　清光緒九年(1883)新安余氏刻本　一册

330000－1701－0042741　普 811.17/4944　集部/别集類/清别集

松濤書屋詩稿六卷附詩壇囈語一卷　（清）趙大奎撰　清嘉慶刻本　四册

330000－1701－0042742　SBC1082　集部/詩文評類/制藝之屬

蒼山日省録一卷　（清）毛雲孫撰　稿本　一册

330000－1701－0042743　普 615.52/3878　類叢部/叢書類/自著之屬

古愚叢書七種　（清）汪汲撰輯　清乾隆至嘉慶刻二銘草堂彙印本　一册　存一種

330000－1701－0042744　普 811.17/49441　集部/别集類

向湖邨舍詩初集十二卷　趙藩撰　清光緒十四年(1888)長沙刻本　二册

330000－1701－0042746　普 811.17/4991　集部/别集類/清别集

亦有生齋集文二十卷詩三十二卷樂府二卷詞五卷　（清）趙懷玉撰　清嘉慶至道光元年(1821)刻本　二十四册　存三十四卷(詩一至三十二、樂府一至二)

330000－1701－0042748　普 811.17/5044　類叢部/叢書類/自著之屬

止園叢書二十三種　（清）史夢蘭撰　清道光至光緒刻本　四册　存一種

330000－1701－0042749　普 811.17/49442/c1　集部/别集類/清别集

濾月軒詩集二卷續集二卷文集一卷續集一卷詩餘一卷　（清）趙棻撰　清同治十二年(1873)刻荔牆叢刻本　清鄭湘衡題記　一册　存四卷(詩集一至二、續集一至二)

330000－1701－0042750　普 615.52/3604/c1　子部/醫家類/類編之屬

壽世彙編五種　（清）祝寶森編　清光緒三十一年(1905)紹興德裕堂刻本　一册

330000－1701－0042751　SBC1078　集部/别集類/明别集

白華樓藏稿十一卷續稿十五卷吟稿十卷　（明）茅坤撰　（明）姚翼輯　明萬曆刻本　一册　存一卷(一)

330000－1701－0042752　SBC1081　集部/總

集類/選集之屬
居敬窮理一卷 （清）毛雲孫輯 清抄本 一冊

330000－1701－0042753 普 615.52/4005 子部/醫家類/綜合之屬/通論
李氏醫鑑十卷續補傷寒並雜方一卷新安汪石山先生傷寒大綱一卷 （清）李文來輯 清康熙刻本 八冊

330000－1701－0042755 普 615.52/4444/c2 子部/醫家類/方書之屬/單方驗方
類證普濟本事方十卷坊刻王氏本備錄一卷 （宋）許叔微撰 （清）葉桂釋義 清嘉慶十九年（1814）葉鍾刻姑蘇掃葉山房印本 六冊

330000－1701－0042756 普 811.17/49442/c2 類叢部/叢書類/彙編之屬
荔牆叢刻十三種 （清）汪曰楨編 清同治至光緒烏程汪氏刻本 一冊 存一種

330000－1701－0042758 普 811.17/5030 集部/別集類/清別集
小峴山人詩集二十八卷文集六卷文續集二卷文補編一卷 （清）秦瀛撰 清嘉慶二十二年（1817）城西草堂刻道光初增刻本 十一冊 存八卷（文集一至六、文續集一至二）

330000－1701－0042759 普 615.52/4444/c3 子部/醫家類/方書之屬/單方驗方
類證普濟本事方十卷坊刻王氏本備錄一卷 （宋）許叔微撰 （清）葉桂釋義 清嘉慶十九年（1814）葉鍾刻姑蘇掃葉山房印本 四冊

330000－1701－0042760 普 811.17/49442/2 集部/別集類/清別集
濾月軒詩集二卷續集二卷文集一卷詩餘一卷 （清）趙棻撰 清刻本 清姚燮題記 二冊

330000－1701－0042762 普 811.17/50442/c1 集部/別集類/清別集
梅隱詩鈔三卷詠史詩鈔二卷 （清）車林撰 清咸豐元年（1851）宋氏湖東山房刻本 一冊

330000－1701－0042763 普 811.17/50442/c2 集部/別集類/清別集
梅隱詩鈔三卷詠史詩鈔二卷 （清）車林撰 清咸豐元年（1851）宋氏湖東山房刻本 一冊

330000－1701－0042765 普 615.52/4009 子部/醫家類/方書之屬/單方驗方
經驗廣集四卷 （清）李文炳輯 清乾隆四十三年（1778）李春馥椿蔭堂刻本 十二冊

330000－1701－0042766 普 615.52/3604/c2 子部/醫家類/類編之屬
壽世彙編五種 （清）祝寶森編 清光緒三十一年（1905）紹興德裕堂刻宣統二年（1910）印本 一冊

330000－1701－0042767 普 811.17/50301 集部/別集類/清別集
守拙子詩一卷附詞一卷 （清）秦涵章撰 清光緒二十五年至二十六年（1899－1900）刻本 一冊

330000－1701－0042768 普 811.17/5350 集部/別集類/清別集
多歲堂詩集四卷載賡集二卷試律詩一卷賦集一卷 （清）成書撰 清道光十一年（1831）刻本 四冊

330000－1701－0042769 普 615.52/3604/2 子部/醫家類/類編之屬
壽世彙編五種 （清）祝寶森編 清光緒十一年（1885）金陵楊鍾琛刻本 一冊

330000－1701－0042770 SBC1080 子部/醫家類/婦科之屬/產科
產寶百問二卷 明刻本 一冊 存一卷（下）

330000－1701－0042771 普 811.17/4940 集部/別集類/清別集
蔚子詩集二卷 （清）趙森撰 清光緒九年（1883）木活字印本 一冊

330000－1701－0042772 普 811.17/5048 集部/總集類/郡邑之屬
娱園詩存四卷 秦樹敏撰 清光緒十二年（1886）刻本 一冊

330000－1701－0042773 SBC1077 史部/地

理類/山川之屬/水志

西湖遊覽志□□卷 (清)王豫輯 清抄本 一冊 存二卷(七至八)

330000－1701－0042774 普 811.17/5031 集部/别集類/清别集

霜傑齋詩二卷補遺一卷 (清)秦寶璣撰 清光緒十二年(1886)刻本 一冊

330000－1701－0042775 普 811.17/5024 類叢部/叢書類/自著之屬

翦秋簃叢書 (清)史久榕撰 清光緒刻本 一冊 存一種

330000－1701－0042776 普 811.17/5050 集部/别集類/清别集

靈石山房詩草一卷續吟草一卷 (清)貴成撰 清同治七年(1868)刻本 一冊 缺一卷(續吟草)

330000－1701－0042777 普 811.17/49443 集部/别集類/清别集

寄園新又堂詩一卷 (清)趙吉士撰 清康熙刻本 一冊

330000－1701－0042778 普 811.17/4943/c1 集部/别集類/清别集

芷雲閣詩鈔一卷睡餘錄一卷 (清)趙桂瀛撰 清光緒十四年(1888)古越刻本 一冊

330000－1701－0042780 SBC1079 子部/醫家類/婦科之屬/產科

便產須知二卷 明刻本 一冊 存一卷(上)

330000－1701－0042783 普 615.52/4462 子部/醫家類/類編之屬

經驗四種 (清)年希堯編 清乾隆十四年(1749)黄曉峯刻本 六冊 存一種

330000－1701－0042784 SBC1076 集部/總集類/選集之屬/通代

文體明辯六十一卷首一卷目錄六卷附錄十四卷附錄目錄二卷 (明)徐師曾輯 明萬曆十九年(1591)吴江趙夢麟刻本 九冊 存十八卷(十至十三、三十至三十三、三十六至三十七、四十至四十一、四十四至四十五、四十八至四十九、六十至六十一)

330000－1701－0042785 普 811.17/50241 集部/别集類/清别集

申紫霞詩集六卷 (朝鮮)申緯撰 (朝鮮)金澤榮編 **年譜一卷** (朝鮮)金澤榮編 清光緒三十三年(1907)鉛印本 二冊

330000－1701－0042787 普 811.17/5084/c1 集部/别集類/清别集

小睡足寮詩錄四卷 (清)秦敏樹撰 清光緒十三年(1887)刻本 一冊

330000－1701－0042788 普 811.17/5084/c2 集部/别集類/清别集

小睡足寮詩錄四卷 (清)秦敏樹撰 清光緒十三年(1887)刻本 一冊

330000－1701－0042789 普 811.17/5040/c1 集部/别集類/清别集

綺窗吟草一卷 (清)申志廉撰 清光緒十八年(1892)刻本 一冊

330000－1701－0042790 普 811.17/5360/2/c1 集部/别集類/清别集

鬱華閣遺集四卷 (清)盛昱撰 清光緒二十八年(1902)楊鍾羲武昌刻朱印本 一冊

330000－1701－0042791 普 811.17/4943/c2 集部/别集類/清别集

芷雲閣詩鈔一卷睡餘錄一卷 (清)趙桂瀛撰 清光緒十四年(1888)古越刻本 一冊

330000－1701－0042792 普 811.17/4960 集部/别集類/清别集

愛日堂吟稿十三卷附稿二卷 (清)趙昱撰 (清)趙一清編 清乾隆十二年(1747)刻本 六冊

330000－1701－0042793 SBC1093 集部/戲劇類/傳奇之屬

琵琶記三卷四十二齣 (元)高明撰 明刻本 一冊 存二卷(上、中)

330000－1701－0042794 普 615.52/4432

子部/醫家類/方書之屬/單方驗方

千金不易簡便良方不分卷 (清)了因子編 清同治十二年(1873)刻本 一冊

330000－1701－0042795 普 811.17/5025/c1 集部/別集類/清別集

眠琴閣詩鈔七卷詞鈔一卷 (清)史悠咸撰 清光緒二十年(1894)廣州廣雅書局刻本 二冊

330000－1701－0042796 SBC1088 史部/紀傳類/正史之屬

漢書評林一百卷 (明)凌稚隆輯 明萬曆刻本 十六冊 存七十八卷(一至十二、十七至二十、二十五至五十七、六十五至七十六、八十四至一百)

330000－1701－0042797 普 811.17/5360/2/c2 集部/別集類/清別集

鬱華閣遺集四卷 (清)盛昱撰 清光緒二十八年(1902)楊鍾羲武昌刻朱印本 一冊

330000－1701－0042798 普 615.52/4466 子部/醫家類/方書之屬/單方驗方

淑老軒經驗方五卷 (清)黃毓恩輯 清光緒十六年(1890)四川臬署刻本 一冊

330000－1701－0042800 普 811.17/5040/c3 集部/別集類/清別集

綺窗吟草一卷 (清)申志廉撰 清光緒十八年(1892)刻本 一冊

330000－1701－0042801 普 811.17/5025/c2 集部/別集類/清別集

眠琴閣詩鈔七卷詞鈔一卷 (清)史悠咸撰 清光緒二十年(1894)廣州廣雅書局刻本 二冊

330000－1701－0042802 普 615.52/4624/c1 子部/醫家類/方書之屬/單方驗方

經驗秘方一卷 (清)楊馥蕉 (清)潘之偉輯 清光緒二十年(1894)聚文堂刻本 一冊

330000－1701－0042805 普 615.52/4074 子部/醫家類/方書之屬/單方驗方

瘧痢財靈方一卷 (清)學古居士編 清光緒十一年(1885)檇李杉青堰太白祠刻二十三年(1897)印本 一冊

330000－1701－0042806 普 811.17/5028 集部/別集類/清別集

拙宦詩存七卷 (清)史復善撰 清同治五年(1866)刻本 二冊

330000－1701－0042808 普 615.52/4624/c2 子部/醫家類/方書之屬/單方驗方

經驗秘方一卷 (清)楊馥蕉 (清)潘之偉輯 清光緒二十年(1894)聚文堂刻本 一冊

330000－1701－0042811 普 811.17/55042 集部/別集類/清別集

謙齋詩稾二卷補遺一卷 (清)曹庭樞撰 清乾隆九年(1744)刻本 一冊

330000－1701－0042812 普 811.17/4964 集部/別集類/清別集

雲石軒求是草七卷 (清)趙時桐撰 清光緒十八年(1892)四明雲石軒刻本 二冊

330000－1701－0042813 普 811.17/49641 集部/別集類/清別集

青草堂試律詩二卷首一卷 (清)趙國華撰 清光緒三年(1877)刻本 一冊

330000－1701－0042814 SBC1099 史部/史評類/史論之屬

南史論贊二卷 (唐)李延壽編 (明)項篤壽輯 明嘉禾項氏萬卷堂刻本 一冊

330000－1701－0042815 普 811.17/55043 集部/別集類/唐五代別集

香山詩選六卷 (唐)白居易撰 (清)曹文埴選 清光緒十七年(1891)黟縣李宗煝金陵書局刻本 二冊

330000－1701－0042816 普 811.17/5514 集部/別集類/清別集

四焉齋文集八卷詩集六卷 (清)曹一士撰 (清)曹錫黼編 **梯仙閣餘課一卷** (清)陸鳳池撰 清宣統二年(1910)木活字印本 二冊 存七卷(詩集一至六、梯仙閣餘課)

330000－1701－0042817　SBC1090　經部/易類/易占之屬
西亭易義一卷　(清)王原撰　清抄本　一册

330000－1701－0042818　SBC1098　史部/政書類/邦計之屬/通紀
隨漕釋畧不分卷　清抄本　二册

330000－1701－0042819　SBC1097　集部/總集類/選集之屬/斷代
文選不分卷　清吴壽抄本　清吴壽跋　一册

330000－1701－0042820　普 811.17/4967　集部/别集類/清别集
遂園詩鈔六卷　(清)趙昀撰　清光緒二年(1876)金陵刻本　一册

330000－1701－0042821　普 811.17/4977/c1　集部/别集類/清别集
淺山堂集一卷　(清)趙賢撰　**閭遊雜詩一卷**　(清)趙篔撰　清道光十一年(1831)退盦刻本　一册

330000－1701－0042822　普 615.52/4823　子部/醫家類/方書之屬/單方驗方
急救良方一卷　清刻本　一册

330000－1701－0042824　普 811.17/4977/c2　集部/别集類/清别集
淺山堂集一卷　(清)趙賢撰　**閭遊雜詩一卷**　(清)趙篔撰　清道光十一年(1831)退盦刻本　一册

330000－1701－0042826　普 811.17/49771　集部/别集類/清别集
調素軒詩鈔二卷　(清)趙學貫撰　清嘉慶刻本　一册

330000－1701－0042828　普 811.17/5324　集部/别集類/清别集
飲水詩集一卷　(清)性德撰　清抄本　一册

330000－1701－0042830　普 811.17/5533　集部/别集類/清别集
宜雅堂遺集四卷　(清)曹洪梁撰　清道光二十七年(1847)曹樹珊刻本　四册

330000－1701－0042832　SBC1096　子部/雜著類
採擇便覽不分卷　清抄本　七册

330000－1701－0042833　普 811.17/5374/c1　類叢部/叢書類/自著之屬
戚鶴泉所著書十一種　(清)戚學標撰　清乾隆至嘉慶刻本　二册　存一種

330000－1701－0042835　普 811.17/5342/c1　集部/别集類/清别集
寶硯齋詩集八卷　(清)戚芸生撰　清嘉慶二十三年(1818)戚嗣曾刻本　二册

330000－1701－0042837　普 811.17/5342/c2　集部/别集類/清别集
寶硯齋詩集八卷　(清)戚芸生撰　清嘉慶二十三年(1818)戚嗣曾刻本　二册

330000－1701－0042838　普 615.52/4263　子部/醫家類/方書之屬/單方驗方
重刊菉竹堂集驗方六卷　(明)姚羅浮編　清末上海點石齋石印本　二册

330000－1701－0042840　普 811.17/5374/c3　類叢部/叢書類/自著之屬
戚鶴泉所著書十一種　(清)戚學標撰　清乾隆至嘉慶刻本　一册　存一種

330000－1701－0042841　普 615.52/4412　子部/醫家類/方書之屬/單方驗方
丹桂良方二卷　(清)黄翼升撰　清同治十年(1871)黄翼升刻清光緒印本　一册

330000－1701－0042842　普 811.17/5343　集部/别集類/清别集
勃海吟一卷　(清)成城撰　清乾隆十六年(1751)刻本　一册

330000－1701－0042845　普 811.17/5548/c1　集部/别集類/清别集
曼志堂遺稿二卷　(清)曹壽銘撰　清同治九年(1870)甬上鐵耕齋刻本　一册

330000－1701－0042846　普 811.17/5388/c1　集部/别集類/清别集

谿北詩稾四卷　(清)戎金銘撰　清光緒十二年(1886)古西草堂刻本　二册

330000－1701－0042847　SBC1104　集部/別集類/宋別集
海瓊玉蟾先生文集六卷續集二卷　(宋)葛長庚撰　(明)朱權重輯　明刻本　二册　存五卷(四至六、續集一至二)

330000－1701－0042848　SBC1087　集部/曲類
目蓮救母記不分卷　清抄本　一册

330000－1701－0042849　普 811.17/53431　集部/別集類/清別集
晚翠堂詩鈔不分卷　(清)戈地賓撰　清乾隆二十八年(1763)刻本　一册

330000－1701－0042851　普 615.52/5044　類叢部/叢書類/彙編之屬
十萬卷樓叢書五十一種　(清)陸心源編　清光緒歸安陸氏刻本(歲時廣記卷六原缺)　二册　存一種

330000－1701－0042852　普 811.17/5388/c2　集部/別集類/清別集
谿北詩稾四卷　(清)戎金銘撰　清光緒十二年(1886)古西草堂刻本　二册

330000－1701－0042853　普 615.52/44122　子部/醫家類/類編之屬
陳修園醫書五十種　(清)陳念祖等撰　清光緒三十一年(1905)上海商務印書館鉛印本　一册　存三種

330000－1701－0042854　普 811.17/5548/c2　集部/別集類/清別集
曼志堂遺稿二卷　(清)曹壽銘撰　清同治九年(1870)甬上鐵耕齋刻本　陶濬宣題記　一册

330000－1701－0042855　普 615.52/4978.2/c1　子部/醫家類/方書之屬/單方驗方
串雅内編四卷　(清)趙學敏輯　清光緒十四年(1888)榆園刻本　二册

330000－1701－0042856　普 811.17/55331　集部/總集類/彙編之屬
國初十大家詩鈔　(清)王相編　清道光十年(1830)秀水王氏信芳閣木活字印本　六册　存一種

330000－1701－0042857　普 811.17/5500　集部/別集類/清別集
觀瀾堂文集八卷詩集九卷　(清)曹章撰　清康熙四十六年(1707)曹豐吉刻本　四册　存九卷(詩集一至九)

330000－1701－0042858　普 615.52/44122/2　子部/醫家類/類編之屬
陳修園醫書二十一種　(清)陳念祖等撰　清光緒二十二年(1896)珍藝書局鉛印本　一册　存三種

330000－1701－0042859　SBC1095　集部/別集類/明別集
謀野集十卷　(明)王穉登撰　明萬曆江陰郁氏玉樹堂刻本　三册　存三卷(一至三)

330000－1701－0042860　普 811.17/5522　集部/別集類/清別集
三瓮老人詩一卷　(清)曹偉皆撰　(清)路德選　清道光十一年(1831)刻本　際慶題記　一册

330000－1701－0042861　普 811.17/55331.2/c2　集部/別集類/清別集
靜惕堂詩集四十四卷　(清)曹溶撰　清雍正三年(1725)李維鈞刻本　十册

330000－1701－0042862　普 811.17/5571/c1　集部/別集類/清別集
榆村詩集六卷　(清)費辰撰　清嘉慶二年(1797)刻本　清趙春穎題記　二册

330000－1701－0042865　普 811.17/5571/c2　集部/別集類/清別集
榆村詩集六卷　(清)費辰撰　清嘉慶二年(1797)刻本　二册

330000－1701－0042866　普 615.52/5054/c3　新學/醫學/方書

醫方彙編四卷首一卷 （英國）偉倫忽塔撰（英國）梅滕更口譯 （清）劉廷楨筆述 清光緒二十五年（1899）上海廣學會鉛印本 五冊

330000－1701－0042867 普 615.52/4978.2/c2 子部/醫家類/方書之屬/單方驗方
串雅內編四卷 （清）趙學敏輯 清光緒十四年（1888）榆園刻本 二冊

330000－1701－0042868 普 811.17/55041/c1 集部/別集類/清別集
耷鶴亭詩集十一稿十一卷 （清）曹庭棟撰 清乾隆七年至四十六年（1742－1781）刻本 五冊

330000－1701－0042870 SBC1120 子部/術數類/陰陽五行之屬
木數類書不分卷 清光緒十年（1884）抄本 一冊

330000－1701－0042871 普 811.17/5523 集部/別集類/清別集
十年一夢一卷 （清）慧香室居士撰 清光緒九年（1883）安徽聚文書坊木活字印本 一冊

330000－1701－0042872 普 615.52/4978.2/c3 子部/醫家類/方書之屬/單方驗方
串雅內編四卷 （清）趙學敏輯 清光緒十四年（1888）榆園刻本 二冊

330000－1701－0042874 SBC1121 子部/醫家類/針灸之屬/經絡腧穴
慈濟救苦百穴第五道稿不分卷 清抄本 一冊

330000－1701－0042876 SBC1126 史部/政書類/公牘檔冊之屬
雜稟不分卷雜案不分卷成案不分卷 清抄本 四冊

330000－1701－0042877 SBC1119 子部/雜著類/雜纂之屬
與西士林樂知書等不分卷 清抄本 一冊

330000－1701－0042878 普 811.17/55041/c2 集部/別集類/清別集
耷鶴亭詩集十一稿十一卷 （清）曹庭棟撰 清乾隆七年至四十六年（1742－1781）刻本 一冊 存一卷（一）

330000－1701－0042880 普 811.17/5574/2/c1 集部/別集類/清別集
依舊草堂遺稿二卷 （清）費丹旭撰 （清）汪鉽編 清同治七年（1868）錢塘汪氏振綺堂刻本 一冊

330000－1701－0042881 普 615.52/5504/c2 子部/醫家類/方書之屬/單方驗方
急救應驗良方一卷 （清）費山壽輯 清光緒六年（1880）醴陵刻本 一冊

330000－1701－0042882 普 951.00924/1042 史部/編年類/通代之屬
綱鑑會纂三十九卷首一卷 （明）王世貞編
甲子紀元一卷 （清）陳弘謀輯 清學源堂刻聚秀堂印本 四十二冊

330000－1701－0042883 普 811.17/5534 集部/別集類/清別集
東山樓詩續稾八卷 （清）曹宗載撰 清道光五年（1825）刻本 二冊

330000－1701－0042884 普 615.52/5504/c3 子部/醫家類/方書之屬/單方驗方
急救應驗良方一卷 （清）費山壽輯 清光緒六年（1880）醴陵刻本 一冊

330000－1701－0042886 普 811.17/5574/2/c4 集部/別集類/清別集
依舊草堂遺稿二卷 （清）費丹旭撰 （清）汪鉽編 清同治七年（1868）錢塘汪氏振綺堂刻本 一冊

330000－1701－0042887 SBC1125 集部/詩文評類/詩評之屬
潘文恭公詩評一卷 清道光抄本 清潘世恩觀款 一冊

330000－1701－0042888 普 615.52/5504/c4 子部/醫家類/方書之屬/單方驗方
急救應驗良方一卷 （清）費山壽輯 清光緒六年（1880）醴陵刻本 一冊

330000－1701－0042889　SBC1111　類叢部/類書類/通類之屬
天中記六十卷　(明)陳耀文輯　明刻本　四十六冊　存四十六卷(一至二、四至五、七至十一、十三至十八、二十至二十一、二十三至二十四、二十八至三十四、三十九、四十二至六十)

330000－1701－0042890　普 811.17/5580/c2　集部/别集類/清别集
一品集二卷　(清)費錫章撰　清嘉慶十四年(1809)恩詒堂刻本　二冊

330000－1701－0042892　普 615.52/44122/3　子部/醫家類/類編之屬
陳修園醫書十八種　(清)陳念祖等撰　清光緒二十二年(1896)公濟堂石印本　一冊　存三種

330000－1701－0042893　普 615.52/5504/2/c1　子部/醫家類/方書之屬/單方驗方
急救應驗良方一卷附録一卷　(清)費山壽輯　清光緒十二年(1886)鏡雪子刻本　一冊

330000－1701－0042894　普 811.17/5588　集部/别集類/清别集
夢西湖詞一百首一卷　(清)曹金籀撰　清末刻本　一冊

330000－1701－0042895　普 811.17/6018　集部/别集類/清别集
以約山房詩稿二卷　(清)易元善撰　清光緒二十一年(1895)共城官廨刻本　二冊

330000－1701－0042896　普 811.17/5580　集部/别集類/清别集
一品集二卷　(清)費錫章撰　清嘉慶十四年(1809)恩詒堂刻本　二冊

330000－1701－0042897　普 615.52/5504/2/c2　子部/醫家類/方書之屬/單方驗方
急救應驗良方一卷附録一卷　(清)費山壽輯　清光緒十二年(1886)鏡雪子刻本　一冊

330000－1701－0042899　普 951.00924/1042/2　史部/編年類/通代之屬
綱鑑會纂三十九卷首一卷　(明)王世貞編
甲子紀元一卷　(清)陳弘謀輯　清大文堂刻本　四十二冊

330000－1701－0042900　普 811.17/60301　集部/總集類/郡邑之屬
粤十三家集　(清)伍元薇輯　清道光二十年(1840)南海伍氏詩雪軒刻本　一冊　存一種

330000－1701－0042901　普 811.17/5588.2　類叢部/叢書類/自著之屬
石屋書四種　(清)曹金籀撰　清同治仁和曹氏刻本　二冊　存一種

330000－1701－0042902　普 615.52/5504/3　子部/醫家類/方書之屬/單方驗方
急救應驗良方一卷續增一卷　(清)費山壽輯　清同治十一年(1872)刻本　一冊

330000－1701－0042904　普 811.17/5534/2　集部/别集類/清别集
東山樓詩集八卷　(清)曹宗載撰　清嘉慶十五年(1810)刻本　二冊

330000－1701－0042905　普 615.52/5504/4　子部/醫家類/方書之屬/單方驗方
急救應驗良方一卷續增一卷　(清)費山壽輯　清光緒元年(1875)司獄署刻本　一冊

330000－1701－0042906　普 811.17/6041　集部/别集類/清别集
梅巢雜詩一卷　(清)畢華珍撰　清咸豐刻本　一冊

330000－1701－0042907　普 811.17/6019　集部/别集類/清别集
眠琴閣詩鈔十二卷首一卷續編三卷首一卷末一卷　(清)呂廷煇撰　清同治二年(1863)黔中刻本　六冊

330000－1701－0042908　普 811.17/5744　集部/别集類/清别集
蒙山仙館詩鈔不分卷　(清)掃花散人撰　清光緒刻本　余紹宋題簽　三冊

330000－1701－0042909　SBC1116　子部/宗

教類/道教之屬/雜著

全真聯集不分卷 清抄本 一冊

330000－1701－0042910 普 615.52/4422/c2 子部/醫家類/方書之屬/單方驗方

平易方四卷 (清)葉香侶輯 清嘉慶九年(1804)武林葉敦善刻本 四冊

330000－1701－0042911 SBC1118 集部/總集類/選集之屬/斷代

雜誌不分卷 清踪清抄本 一冊

330000－1701－0042912 普 615.52/4422/c3 子部/醫家類/方書之屬/單方驗方

平易方四卷 (清)葉香侶輯 清嘉慶九年(1804)武林葉敦善刻本 四冊

330000－1701－0042913 普 951.00924/1042/3 史部/編年類/通代之屬

綱鑑會纂三十九卷首一卷 (明)王世貞編 清刻本 二十六冊

330000－1701－0042914 普 811.17/5574/3 集部/別集類/清別集

依舊草堂遺稿二卷 (清)費丹旭撰 (清)汪鉽編 清同治五年(1866)退補齋刻本 一冊

330000－1701－0042915 SBC1115 子部/術數類/相宅相墓之屬

玉函真義一卷 (明)冷謙口授 (清)蔣平階撰 (清)周壽人注釋 清抄本 一冊

330000－1701－0042917 普 615.52/5504/5 子部/醫家類/方書之屬/單方驗方

急救應驗良方一卷附錄一卷 (清)費山壽輯 清光緒十二年(1886)鏡雪子刻本 一冊

330000－1701－0042919 普 811.17/6023/c1 集部/總集類/彙編之屬

林下雅音六種 (清)冒俊輯 清光緒十年(1884)如皋冒氏如不及齋刻本 一冊 存一種

330000－1701－0042920 SBC1117 集部/總集類/選集之屬/斷代

鴻飛魚躍不分卷 清午橋抄本 一冊

330000－1701－0042921 普 615.52/5504/6 子部/醫家類/方書之屬/單方驗方

急救應驗良方一卷附錄一卷 (清)費山壽輯 清光緒十九年(1893)數花廬刻本 一冊

330000－1701－0042922 SBC1112 子部/術數類/占卜之屬

景祐六壬神定經十卷 (宋)楊維德撰 清抄本 清趙之謙、清胡澍、清張星鑑、清曹籀、清戴望、清程秉釗跋 一冊 存二卷(一至二)

330000－1701－0042923 普 811.17/6044 集部/別集類/清別集

曇花閣詩鈔三集 (清)劉慧娟撰 清光緒六年(1880)梁氏鏡古堂刻本 一冊 存一集(三)

330000－1701－0042924 普 811.17/6023/c2 集部/總集類/彙編之屬

林下雅音六種 (清)冒俊輯 清光緒十年(1884)如皋冒氏如不及齋刻本 一冊 存一種

330000－1701－0042926 普 615.52/5520 子部/醫家類/方書之屬/單方驗方

古今名醫萬方類編三十二卷 (清)曹繩彥輯 清光緒三十年(1904)南洋中西醫學會社刻本 三十一冊

330000－1701－0042930 普 811.17/6053 集部/別集類/清別集

保心堂詩鈔一卷 (清)恩成撰 清同治十三年(1874)丹徒周氏刻本 一冊

330000－1701－0042931 普 951.00924/1042/4 史部/編年類/通代之屬

綱鑑大全三十九卷首一卷 (明)王世貞撰 明刻本 二十冊

330000－1701－0042932 SBC1133 史部/雜史類/斷代之屬

錢塘遺事十卷 (元)劉一清撰 清抄本 一冊 存二卷(九至十)

330000－1701－0042933 普 811.17/60531 集部/別集類/清別集

且止堂遺詩一卷　(清)羅忠祐撰　(清)羅志溫輯　清光緒二十四年(1898)刻本　一冊

330000－1701－0042934　普 615.52/5524/2　子部/醫家類/方書之屬/單方驗方

怪疾奇方一卷　(清)費伯雄輯　清光緒十年(1884)衆香室刻本　一冊

330000－1701－0042935　SBC1134　集部/曲類/曲韻曲譜曲律之屬

春草堂琴譜不分卷　(清)曹尚絅　(清)蘇璟　(清)戴源編　釋開霽鈔錄　清雨舟抄本　二冊

330000－1701－0042936　普 615.52/5524.2/2　子部/醫家類/綜合之屬/通論

醫醇賸義四卷醫方論四卷　(清)費伯雄撰　清光緒二十七年(1901)上海書局石印本　一冊　存四卷(醫醇賸義一至四)

330000－1701－0042937　SBC1131　子部/宗教類/其他宗教之屬/伊斯蘭教

清真教道不分卷　清抄本　一冊

330000－1701－0042938　普 811.17/6073　類叢部/叢書類/家集之屬

德州田氏叢書十五種　(清)田同之編　清康熙至乾隆田氏刻彙印本　二冊　存一種

330000－1701－0042939　普 951.00924/1042.2　史部/編年類/通代之屬

重訂王鳳洲先生綱鑑會纂四十六卷續宋元紀二十三卷　(明)王世貞撰　(明)陳仁錫訂　清刻本　三十冊　存四十六卷(綱鑑會纂一至四十六)

330000－1701－0042941　普 811.17/6024　集部/別集類/清別集

小畫山房詩鈔十二卷　(清)團維墉撰　清嘉慶十二年(1807)刻本　二冊

330000－1701－0042942　普 811.17/60731　類叢部/叢書類/彙編之屬

風雨樓叢書二十三種　鄧實編　清宣統順德鄧氏鉛印本　一冊　存一種

330000－1701－0042943　SBC1135　史部/傳記類/總傳之屬/家乘

劉蕺山公手定家譜節錄不分卷　(明)劉宗周撰　清抄本　一冊

330000－1701－0042945　普 951.00924/1042.3　史部/編年類/通代之屬

王鳳洲先生綱鑑正史全編二十四卷　(明)王世貞撰　(明)陳仁錫評　(明)張睿卿輯　明崇禎十二年(1639)刻本　四十八冊

330000－1701－0042947　普 615.52/5524.2/3　子部/醫家類/綜合之屬/通論

醫醇賸義四卷醫方論四卷　(清)費伯雄撰　清光緒二十年(1894)上海圖書集成印書局鉛印本　一冊　存四卷(醫醇賸義一至四)

330000－1701－0042948　SBC1136　集部/別集類/清別集

武林游草一卷　(清)春厓撰　稿本　清籽蘭潛、清杉山、清澹跋　清春濤觀款　一冊

330000－1701－0042949　SBC1128　集部/別集類/清別集

何惕士夫子詩稿一卷　清抄本　一冊

330000－1701－0042950　普 615.52/6042　子部/醫家類/方書之屬/單方驗方

疑難急症簡方四卷　(清)羅越峰輯　清光緒二十二年(1896)刻本　四冊

330000－1701－0042951　普 811.17/6030/c1　集部/別集類/清別集

晉齋詩存二卷　(清)昇寅撰　清咸豐四年(1854)刻本　二冊

330000－1701－0042952　普 811.17/6030/c2　集部/別集類/清別集

晉齋詩存二卷　(清)昇寅撰　清咸豐四年(1854)刻本　二冊

330000－1701－0042953　SBC1137　集部/別集類/清別集

海雲堂詩鈔十四卷補遺一卷金粟香龕詞鈔二卷　(清)嚴學淦撰　清抄本　小初題記　一冊　存六卷(十二至十四、補遺、金粟香龕詞

鈔一至二）

330000－1701－0042956　普 811.17/6008　集部/别集類/清别集
聽彝軒詩一卷　(清)羅文鑑撰　清咸豐八年(1858)刻本　一册

330000－1701－0042957　SBC1153　子部/醫家類/婦科之屬/通論
婦科雜錄二卷　清抄本　二册

330000－1701－0042959　普 811.17/6009　集部/别集類/清别集
青要集十二卷　(清)呂謙恒撰　清雍正十三年(1735)刻本　二册

330000－1701－0042960　普 951.00924/2624/3/c1　史部/編年類/通代之屬
尺木堂綱鑑易知錄九十二卷　(清)吳乘權　(清)周之炯　(清)周之燦輯　清康熙五十年(1711)暨陽聚珍堂刻本　四十二册

330000－1701－0042961　普 811.17/6010　類叢部/叢書類/家集之屬
德州田氏叢書十五種　(清)田同之編　清康熙至乾隆田氏刻彙印本　一册　存一種

330000－1701－0042962　SBC1151　集部/别集類/清别集
崇禎詩集六卷　(清)錢謙益撰　清抄本　一册

330000－1701－0042963　普 811.17/6011　集部/别集類/清别集
誦芬堂詩草一卷　(清)羅廷琛撰　清光緒二十三年(1897)廣州刻本　一册

330000－1701－0042964　SBC1138　史部/雜史類/斷代之屬
晉畧六十五卷序目一卷　(清)周濟撰　清抄本　七册　存四十四卷(本紀一至六、表一至五、列傳十五至三十六、國傳一至十一)

330000－1701－0042965　普 811.17/6085　類叢部/叢書類/自著之屬
峋嶁叢書九種　(清)曠敏本撰　清乾隆刻彙印本　一册　存一種

330000－1701－0042966　普 951.00924/2624/3/c2　史部/編年類/通代之屬
尺木堂綱鑑易知錄九十二卷　(清)吳乘權　(清)周之炯　(清)周之燦輯　清康熙五十年(1711)暨陽聚珍堂刻本　四十册　存八十八卷(一至八十八)

330000－1701－0042968　普 951.00924/2624/3/c1/1　史部/編年類/斷代之屬
御撰資治通鑑綱目三編二十卷　(清)張廷玉等撰　清刻本　六册

330000－1701－0042970　SBC1150　集部/詞類/别集之屬
白石道人歌曲六卷歌詞别集一卷　(宋)姜夔撰　**附錄二卷**　清石印本　一册

330000－1701－0042971　普 811.17/6086　集部/别集類/清别集
貞白堂詩刻三種十一卷　(清)恩錫撰　清同治十年(1871)刻增修本　一册

330000－1701－0042973　普 811.17/6223/c2、普 811.17/6223/c3　集部/别集類/清别集
洗齋病學草擬存詩一卷附存詩一卷　(清)胡壽頤撰　(清)昨非居士輯　清光緒十年(1884)山陰胡氏刻本　二册

330000－1701－0042974　普 615.52/7524　子部/醫家類/方書之屬/單方驗方
新編濟世良方一卷　(清)陳步梯撰　清光緒十七年(1891)臺灣刻本　一册

330000－1701－0042976　SBC1141　集部/總集類/選集之屬/通代
樂府廣序三十卷　(清)朱嘉徵撰　**道古堂詩集二十六卷**　(清)杭世駿撰　清抄本　一册

330000－1701－0042977　普 811.17/6204　集部/别集類/清别集
問花水榭稿二卷　(清)别文樸撰　清道光九年(1829)西湖歸舫刻本　二册

330000－1701－0042978　普 811.17/6417

集部/别集類/清别集

味琴室詩鈔不分卷 (清)時元熙撰 清宣統三年(1911)華雲閣鉛印本 一册

330000－1701－0042979 SBC1165 類叢部/類書類/通類之屬

重刻增補故事白眉十卷 (明)許以忠輯 明刻本 二册 存四卷(七至十)

330000－1701－0042980 SBC1142 子部/儒家類/儒學之屬/俗訓

聯珠集一卷 (清)張天祈撰 清抄本 一册

330000－1701－0042982 普 811.17/6442 集部/總集類/彙編之屬

陸陳二先生詩文鈔 (清)葉裕仁輯 清同治九年至光緒二年(1870－1876)安道書院刻本 三册 存一種

330000－1701－0042983 SBC1162 集部/總集類/選集之屬/斷代

精選唐人七絕不分卷 清抄本 瞿鶴題簽並記 一册

330000－1701－0042984 普 615.52/7583 子部/醫家類/類編之屬

南雅堂醫書全集 (清)陳念祖撰 清同治五年(1866)南雅堂刻本 四册 存一種

330000－1701－0042986 普 811.17/6014 集部/别集類/清别集

聊園詩存十卷詞存一卷 (清)王增祺撰 清光緒十六年至十七年(1890－1891)韓城刻本 清胡俊章跋 二册

330000－1701－0042987 SBC1143 集部/别集類/清别集

雪軒詩艸一卷 (清)張龍淵撰 清抄本 清萬春藜批並跋 一册

330000－1701－0042988 普 951.00924/2624/4/c3 史部/編年類/通代之屬

尺木堂綱鑑易知録九十二卷明鑑易知録十五卷 (清)吳乘權 (清)周之炯 (清)周之燦輯 清光緒二十九年(1903)上海商務印書館鉛印本 孫義型題記 十六册

330000－1701－0042989 普 615.52/7583/2 子部/醫家類/傷寒金匱之屬/傷寒論

長沙方歌括六卷 (清)陳念祖撰 清末刻本 二册

330000－1701－0042990 普 811.17/6616 類叢部/叢書類/郡邑之屬

湖州叢書十二種 (清)陸心源編 清光緒湖城義塾刻本 三册 存一種

330000－1701－0042991 SBC1164 集部/楚辭類

楚辭不分卷 (戰國)屈原等撰 清抄本 一册

330000－1701－0042992 SBC1163 經部/樂類/律吕之屬

恭簡公志樂二十卷 (明)韓邦奇撰 清刻本 一册 存二卷(十三至十四)

330000－1701－0042993 SBC1144 經部/四書類/總義之屬

四書尋繹編□□卷 清抄本 一册 存二卷(四至五)

330000－1701－0042994 普 811.17/6616/2/c1 類叢部/叢書類/郡邑之屬

湖州叢書十二種 (清)陸心源編 清光緒湖城義塾刻本 二册 存一種

330000－1701－0042995 普 811.17/6462 集部/别集類/清别集

知白軒遺稿四卷末一卷 (清)楊景程撰 (清)楊瓊輯 清光緒十一年(1885)知白軒刻十九年(1893)重修本 二册

330000－1701－0042996 普 811.17/6616/2/c2 類叢部/叢書類/郡邑之屬

湖州叢書十二種 (清)陸心源編 清光緒湖城義塾刻本 二册 存一種

330000－1701－0042997 SBC1161 經部/小學類/文字之屬/字書/字典

字彙十二集首一卷末一卷韻法直圖一卷 (明)梅膺祚撰 **韻法横圖一卷** (明)李世澤撰 明萬曆刻本 一册 存一卷(韻法直圖)

330000－1701－0042998　普 811.17/6616/3　集部/別集類/清別集
柯家山館遺詩六卷詞三卷　(清)嚴元照撰　清光緒湖城義塾刻本　嚴正題記　三冊

330000－1701－0042999　普 951.00924/2624/5　史部/編年類/通代之屬
尺木堂綱鑑易知錄九十二卷明鑑易知錄十五卷　(清)吳乘權　(清)周之炯　(清)周之燦輯　清光緒上海廣百宋齋鉛印本　十六冊

330000－1701－0043000　普 615.52/7500　子部/醫家類/方書之屬/單方驗方
三因極一病証方論十八卷　(宋)陳言編　清道光二十三年(1843)青蓮華館刻本　八冊

330000－1701－0043002　SBC1145　子部/宗教類/道教之屬
太上黃庭内景玉經一卷外景經三卷純陽真人集一卷傳道集一卷靈寶畢法一卷　清抄本　一冊

330000－1701－0043004　SBC1159　經部/四書類/總義之屬/傳說
鼎鐫徐筆洞增補睡菴湯太史四書脈講意六卷　(明)湯賓尹撰　(明)徐奮鵬增　(明)余應虬補　明萬曆四十七年(1619)書林余應虬刻本　一冊　存二卷(一至二)

330000－1701－0043005　SBC1146　類叢部/叢書類/彙編之屬
宋劉須溪先生較書(合刻宋劉須溪點校書)九種附一種　(宋)劉辰翁評　(明)楊人駒編　明天啓四年(1624)楊人駒刻本　二冊　存一種

330000－1701－0043006　SBC1154　子部/儒家類/儒學之屬/經濟
鹽鐵論十卷　(漢)桓寬撰　**校勘小識一卷**　王先謙撰　清光緒十七年(1891)思賢講舍刻本　邵瑞彭批校　一冊　存五卷(一至五)

330000－1701－0043007　SBC1148　史部/金石類/總志之屬/文字
金石古文十四卷　(明)楊慎輯　明嘉靖三十四年(1555)孫昭、李懿漢中府刻本　一冊　存六卷(九至十四)

330000－1701－0043010　普 615.52/8030　子部/醫家類/方書之屬/單方驗方
普濟應驗良方十一卷　(清)德軒氏輯　清咸豐七年(1857)浙寧主人刻本　二冊

330000－1701－0043011　SBC1147　子部/醫家類/本草之屬/歷代綜合本草
重刊經史證類大全本草三十一卷　(宋)唐慎微撰　(宋)寇宗奭衍義　明萬曆二十八年(1600)籍山書院刻本　一冊　存二卷(一至二)

330000－1701－0043012　SBC1158　集部/總集類/選集之屬/通代
文編六十四卷　(明)唐順之輯　(明)姜寶編次　明嘉靖胡帛刻本　一冊　存二卷(五十二至五十三)

330000－1701－0043014　普 811.17/6624　集部/別集類/清別集
尺五堂詩刪初刻六卷近刻四卷　(清)嚴我斯撰　清康熙二十七年(1688)一硯齋刻本　四冊

330000－1701－0043015　SBC1155　史部/政書類/軍政之屬/兵制
守城救命書一卷　(明)呂坤撰　清抄本　一冊

330000－1701－0043016　普 811.17/6671　集部/別集類/清別集
墨花吟館詩鈔十六卷憶雲集試帖一卷籋雲集試帖一卷　(清)嚴辰撰　清光緒刻本　五冊

330000－1701－0043017　SBC1156　史部/編年類/斷代之屬
國榷不分卷　(明)談遷撰　清抄本　二冊

330000－1701－0043018　普 811.17/6680/c2　集部/別集類/清別集
餐花室詩稿十卷詩餘一卷　(清)嚴錫康撰　清咸豐十一年(1861)刻本　二冊

330000－1701－0043019　普 811.17/6671.2　集部/别集類/清别集

墨花吟館感舊懷人集二卷　(清)嚴辰撰　清光緒十五年(1889)刻本　一册

330000－1701－0043020　普 811.17/6671.3　集部/别集類/清别集

墨花吟館病几續鈔四卷　(清)嚴辰撰　清光緒十九年(1893)刻本　清辟支批並跋　一册

330000－1701－0043021　普 615.52/7796.4　子部/醫家類/方書之屬/單方驗方

周氏集驗方一卷　(清)周憬輯　清宣統二年(1910)石印本　一册

330000－1701－0043022　SBC1180　子部/醫家類/本草之屬/本草雜著

藥品别名不分卷　清梅炎抄本　一册

330000－1701－0043023　普 811.17/6627　集部/别集類/清别集

吹月填詞館賸稾三卷　(清)瞿紹堅撰　**鐵琴銅劍樓詞草一卷**　(清)瞿鏞撰　清光緒三十三年(1907)鉛印本　一册

330000－1701－0043024　普 811.17/6604　集部/别集類/清别集

清嘯樓詩鈔一卷　(清)嚴謹撰　**舍芳館詩草一卷**　(清)嚴澂撰　清同治六年(1867)刻光緒十年(1884)增刻本　一册

330000－1701－0043025　普 811.17/6673　集部/别集類/清别集

海雲堂詩鈔十一卷　(清)嚴學淦撰　清嘉慶二十二年(1817)刻本　四册

330000－1701－0043026　SBC1157　集部/總集類/選集之屬/斷代

唐詩應試備體十卷補遺一卷　(清)葉忱　(清)葉棟編注　清康熙五十四年(1715)最古園刻本　二册　存五卷(一至五)

330000－1701－0043027　普 811.17/6676　類叢部/叢書類/彙編之屬

郎園先生全書一百二十九種　葉啓倬編　清光緒至民國刻民國二十四年(1935)長沙中國古書刻印社彙印本　二册　存一種

330000－1701－0043028　普 811.17/6686/c1　集部/别集類/清别集

嬾雲樓詩鈔四卷　(清)嚴錦撰　清光緒二十五年(1899)桐谿嚴氏梧州刻本　二册

330000－1701－0043029　普 811.17/6611　集部/别集類/清别集

小瑯玕山館詩鈔十卷詩餘一卷　(清)嚴廷玨撰　**寫韻樓詩鈔一卷**　(清)王瑤芬撰　清同治十年(1871)、十二年(1873)刻本　五册

330000－1701－0043030　普 811.17/6686/c2　集部/别集類/清别集

嬾雲樓詩鈔四卷　(清)嚴錦撰　清光緒二十五年(1899)桐谿嚴氏梧州刻本　二册

330000－1701－0043031　普 811.17/6686/c3　集部/别集類/清别集

嬾雲樓詩鈔四卷　(清)嚴錦撰　清光緒二十五年(1899)桐谿嚴氏梧州刻本　一册

330000－1701－0043032　普 951.00924/2624/7　史部/編年類/通代之屬

尺木堂綱鑑易知錄九十二卷明鑑易知錄十五卷　(清)吴乘權　(清)周之炯　(清)周之燦輯　清咸豐八年(1858)、同治二年(1863)經綸堂刻本　四十八册

330000－1701－0043033　普 951.00925/3547/3/c1　史部/編年類/通代之屬

御批歷代通鑑輯覽一百二十卷　(清)傅恒等撰　清光緒十三年(1887)上海同文書局石印本　二十册

330000－1701－0043034　普 951.00925/3547/7/c2　史部/編年類/通代之屬

御批歷代通鑑輯覽一百二十卷歷代帝王年表一卷綱鑑總評一卷　(清)傅恒等撰　**讀史論略一卷**　(清)杜詔撰　清同治十年(1871)潯陽萬氏芋栗園刻本　一百十册

330000－1701－0043035　普 951.00925/3547/3/c2　史部/編年類/通代之屬

御批歷代通鑑輯覽一百二十卷　(清)傅恒等

撰　清光緒十三年(1887)上海同文書局石印本　二十册

330000－1701－0043036　普 615.52/6077　子部/醫家類/方書之屬/單方驗方
天醫彙要二種八卷　(清)田是菴輯　(清)張日初撰　清嘉慶十九年(1814)刻本　四册

330000－1701－0043037　普 951.00925/3547/4　史部/編年類/通代之屬
御批歷代通鑑輯覽一百二十卷　(清)傅恒等撰　清刻本　八十册

330000－1701－0043038　普 811.17/6693　集部/别集類/清别集
石帆詩鈔十卷　(清)嚴光禄撰　清乾隆五十九年(1794)刻本　五册

330000－1701－0043039　普 811.17/5534/2/1　集部/别集類/清别集
東山樓詩續稾八卷　(清)曹宗載撰　清道光五年(1825)刻本　二册

330000－1701－0043042　普 951.00925/3547/8　史部/編年類/通代之屬
御批歷代通鑑輯覽一百二十卷　(清)傅恒等撰　清光緒二十八年(1902)上海文林書局石印本　二十册

330000－1701－0043043　普 615.52/9257/2　子部/醫家類/方書之屬/單方驗方
集驗良方拔萃二卷癸卯年續補集驗拔萃良方一卷　(清)恬素氏輯　清咸豐九年(1859)寄漚氏刻本　一册

330000－1701－0043044　普 811.17/6724　集部/總集類/彙編之屬
樫華館試帖彙鈔輯注十卷　(清)路德撰　(清)胡葆鍔輯注　清道光二十七年(1847)刻本　十册

330000－1701－0043045　普 951.00924/2624/8　史部/編年類/通代之屬
尺木堂綱鑑易知錄九十二卷　(清)吴乘權　(清)周之炯　(清)周之燦輯　清刻本　錢謨跋　四十二册

330000－1701－0043046　普 951.00925/3547/9　史部/編年類/通代之屬
御批歷代通鑑輯覽一百二十卷　(清)傅恒等撰　清光緒二十八年(1902)萃文齋石印本　二十册

330000－1701－0043047　普 615.52/9395　子部/醫家類/方書之屬/單方驗方
摘要良方一卷　(清)修竹居士　(清)怡情館主輯　清光緒二十二年(1896)怡修居士刻本　一册

330000－1701－0043048　普 615.54/1047　子部/醫家類/方書之屬/單方驗方
集選奇效簡便良方四卷　(清)丁堯臣輯　清光緒七年(1881)刻本　四册

330000－1701－0043049　普 811.17/6724/(2)　集部/總集類/彙編之屬
樫華館試帖彙鈔輯注十卷　(清)路德撰　(清)胡葆鍔輯注　清道光十四年(1834)刻本　四册　存四卷(一至二、七至八)

330000－1701－0043050　普 951.00925/3547/5/c2　史部/編年類/通代之屬
御批歷代通鑑輯覽一百二十卷　(清)傅恒等撰　清光緒三十四年(1908)上海商務印書館鉛印本　四十册

330000－1701－0043051　普 811.17/6688/c3　集部/别集類/清别集
香雪齋詩鈔四卷　(清)嚴鈖撰　清光緒十九年(1893)桐溪嚴氏刻本　四册

330000－1701－0043052　普 951.00925/3547/6　史部/編年類/通代之屬
御批歷代通鑑輯覽一百二十卷　(清)傅恒等撰　清同治十三年(1874)湖南書局刻本　五十册

330000－1701－0043053　普 951.00925/4057/c1　史部/編年類/通代之屬
歷代通鑑纂要九十二卷　(明)李東陽　(明)劉機等撰　清光緒二十三年(1897)廣雅書局刻本　四十八册

330000－1701－0043054　普 811.17/7110
集部/别集類/清别集
嫏嬛仙館詩畧八卷　(清)阮元撰　(清)阮亨輯　清嘉慶十三年(1808)阮亨揚州刻本　一冊

330000－1701－0043055　普 811.17/6771
集部/總集類/彙編之屬
友聲集二十四種續集六種種附二種　(清)王相編　清咸豐八年(1858)信芳閣刻本　一冊　存二種

330000－1701－0043056　普 951.00925/3547/7/c1　史部/編年類/通代之屬
御批歷代通鑑輯覽一百二十卷歷代帝王年表一卷綱鑑總評一卷　(清)傅恒等撰　**讀史論略一卷**　(清)杜詔撰　清同治十年(1871)潯陽萬氏芋栗園刻本　一百十冊

330000－1701－0043058　普 951.00925/4057/c2　史部/編年類/通代之屬
歷代通鑑纂要九十二卷　(明)李東陽　(明)劉機等撰　清光緒二十三年(1897)廣雅書局刻本　四十八冊

330000－1701－0043059　普 811.17/7124
集部/總集類/氏族之屬
小峨嵋山館四種　(清)馬國偉　(清)馬用俊編　清嘉慶十八年(1813)棣園刻本　一冊　存一種

330000－1701－0043060　普 615.53/2422
新學/醫學/方書
醫方彙編四卷首一卷　(英國)偉倫忽塔撰　(英國)梅滕更口譯　(清)劉廷楨筆述　清光緒二十五年(1899)上海廣學會鉛印本　五冊

330000－1701－0043061　普 615.54/2730
子部/醫家類/方書之屬/單方驗方
經驗良方一卷　清同治七年(1868)慎餘書屋刻本　一冊

330000－1701－0043062　普 811.17/71241/c1　集部/别集類/清别集
墨麟詩十二卷　(清)馬維翰撰　清刻本　四冊

330000－1701－0043063　普 951.00924/3186/c1　史部/編年類/通代之屬
綱鑑正史約三十六卷附記一卷　(明)顧錫疇撰　(清)陳弘謀增訂　**甲子紀元一卷**　(清)陳弘謀撰　清同治八年(1869)浙江書局刻本　二十冊

330000－1701－0043064　普 811.17/7103/c1
集部/别集類/清别集
鷗堂詩三卷　(清)馬賡良撰　清光緒五年(1879)會稽馬氏刻本　一冊

330000－1701－0043065　普 811.17/71241/c2　集部/别集類/清别集
墨麟詩十二卷　(清)馬維翰撰　清乾隆刻本　四冊

330000－1701－0043066　普 811.17/7103/c2
集部/别集類/清别集
鷗堂詩三卷　(清)馬賡良撰　清光緒五年(1879)會稽馬氏刻本　一冊

330000－1701－0043068　普 615.76/8020
新學/醫學
濟急法一卷　(英國)舍白辣撰　(英國)秀耀春口譯　(清)趙元益筆述　清光緒二十九年(1903)江南製造局刻本　一冊

330000－1701－0043069　普 811.17/7103/c3
集部/别集類/清别集
鷗堂詩三卷　(清)馬賡良撰　清光緒五年(1879)會稽馬氏刻本　一冊

330000－1701－0043071　普 951.00925/4240
史部/編年類/通代之屬
通鑑擥要前編二卷正編十九卷續編八卷附錄一卷明史擥要八卷　(清)姚培謙　(清)張景星輯錄　清乾隆二十六年(1761)輝鳳堂刻本　二十冊

330000－1701－0043072　普 951.00924/3186/c2　史部/編年類/通代之屬
綱鑑正史約三十六卷附記一卷　(明)顧錫疇撰　(清)陳弘謀增訂　**甲子紀元一卷**　(清)

陳弘謀撰　清同治八年(1869)浙江書局刻本　二十册

330000－1701－0043073　普 811.17/7104　集部/别集類/清别集
竹堂稿四卷　(清)馬慶蓉撰　清道光刻本　一册

330000－1701－0043074　普 811.17/6691/c1　集部/别集類/清别集
聽月樓遺稿二卷　(清)嚴恒撰　清光緒二十八年(1902)上海小長蘆館石印本　一册

330000－1701－0043075　普 615.53/3445　新學/醫學/方書
萬國藥方八卷　(美國)洪士提反撰　清光緒二十四年(1898)上海美華書館鉛印本　八册

330000－1701－0043077　普 811.17/6691/c2　集部/别集類/清别集
聽月樓遺稿二卷　(清)嚴恒撰　清光緒二十八年(1902)上海小長蘆館石印本　一册

330000－1701－0043078　普 951.00925/6088/c1　史部/史抄類
鑑撮四卷　(清)曠敏本撰　**使奉紀勝一卷**　(清)陳階平撰　**讀史論略一卷**　(清)杜詔撰　清道光十九年(1839)陳階平四宜堂刻本　四册　存四卷(鑑撮一至四)

330000－1701－0043079　普 951.00924/4012/c1　史部/編年類/通代之屬
袁王綱鑑合編三十九卷首一卷　(明)袁黄輯　(明)王世貞編　**御撰明紀綱目二十卷**　(清)張廷玉等編次　清光緒三十年(1904)上海商務印書館鉛印本　十六册

330000－1701－0043080　普 951.00925/6088/c2　史部/史抄類
鑑撮四卷　(清)曠敏本撰　**使奉紀勝一卷**　(清)陳階平撰　**讀史論略一卷**　(清)杜詔撰　清道光十九年(1839)陳階平四宜堂刻本　五册　存四卷(鑑撮一至四)

330000－1701－0043081　普 951.00924/4012/c2　史部/編年類/通代之屬
袁王綱鑑合編三十九卷首一卷　(明)袁黄輯　(明)王世貞編　**御撰明紀綱目二十卷**　(清)張廷玉等編次　清光緒三十年(1904)上海商務印書館鉛印本　十六册

330000－1701－0043082　普 951.00925/6088/2　史部/史抄類
岣嶁鑑撮四卷　(清)曠敏本撰　**歷代紀年便覽一卷**　(清)陳鍾珂撰　**讀史論略一卷**　(清)杜詔撰　清同治八年(1869)刻本　六册

330000－1701－0043083　普 951.00927/6030　類叢部/叢書類/郡邑之屬
金華叢書六十八種　(清)胡鳳丹編　清同治七年至光緒八年(1868－1882)永康胡氏退補齋刻民國補刻本　十三册　存一種

330000－1701－0043084　普 811.17/7125　集部/别集類/清别集
尚友堂詩集六卷　(清)馬仲甫撰　**詵齋遺稿一卷**　(清)馬升墀撰　清咸豐二年(1852)刻本　四册

330000－1701－0043085　普 811.17/7125/2　集部/别集類/清别集
尚友堂詩集六卷　(清)馬仲甫撰　**詵齋遺稿一卷**　(清)馬升墀撰　清咸豐二年(1852)刻本　一册　存六卷(一至六)

330000－1701－0043087　普 811.17/7134　集部/别集類/清别集
春秋卅詠一卷　(清)馬淇撰　清乾隆二十一年(1756)刻本　一册

330000－1701－0043089　普 951.00924/4044/c1　史部/編年類/通代之屬
鼎鍥趙田了凡袁先生編纂古本歷史大方綱鑑補三十九卷首一卷　(明)袁黄纂　清刻本　陳斯白題記　二十八册

330000－1701－0043090　普 951.00927/6030/2　史部/編年類/通代之屬
大事記十二卷通釋三卷解題十二卷　(宋)呂祖謙撰　清刻本　十六册

330000－1701－0043091　普 811.17/71401/

c3　集部/别集類/清别集
白華山人詩集十六卷詩説二卷　(清)厲志撰　清光緒九年(1883)厲學潮刻民國二十五年(1936)浙江省立圖書館印本　四册

330000－1701－0043092　普811.17/7163.2/c1　類叢部/叢書類/彙編之屬
抱經堂叢書七種　朱遂翔編　清刻民國杭州朱氏抱經堂補刻印本　一册　存一種

330000－1701－0043093　普811.17/6691.2/c1　集部/别集類/清别集
聽月樓遺稿二卷　(清)嚴恒撰　清光緒二十八年(1902)上海小長蘆館石印本　一册

330000－1701－0043094　普615.52/8030/2　子部/醫家類/方書之屬/單方驗方
增輯普濟應驗良方八卷　(清)德軒氏輯　清宣統三年(1911)明經堂刻本　一册

330000－1701－0043095　普811.17/7137/c1　集部/别集類/清别集
五千卷室詩集五卷缾隱詞一卷　(清)馬洵撰　清道光二十六年(1846)刻本　二册

330000－1701－0043096　普811.17/71401/c4　集部/别集類/清别集
白華山人詩集十六卷詩説二卷　(清)厲志撰　清光緒九年(1883)厲學潮刻本　四册

330000－1701－0043097　普615.52/8030/3　子部/醫家類/方書之屬/單方驗方
普濟應驗良方八卷末一卷　(清)德軒氏輯　清同治七年(1868)金陵刻本　一册

330000－1701－0043098　普811.17/6691.2/c2　集部/别集類/清别集
聽月樓遺稿二卷　(清)嚴恒撰　清光緒二十八年(1902)上海小長蘆館石印本　一册

330000－1701－0043099　普811.17/7137/c2　集部/别集類/清别集
五千卷室詩集五卷缾隱詞一卷　(清)馬洵撰　清道光二十六年(1846)刻本　二册

330000－1701－0043100　普951.00924/4044/c2　史部/編年類/通代之屬
鼎鍥趙田了凡袁先生編纂古本歷史大方綱鑑補三十九卷首一卷　(明)袁黄纂　清三讓堂刻本　十八册

330000－1701－0043101　普615.52/8030/4　子部/醫家類/方書之屬/單方驗方
普濟應驗良方八卷末一卷　(清)德軒氏輯　清同治三年(1864)二酉堂刻本　二册

330000－1701－0043102　普811.17/7163.2/c2　類叢部/叢書類/彙編之屬
抱經堂叢書七種　朱遂翔編　清刻民國杭州朱氏抱經堂補刻印本　一册　存一種

330000－1701－0043103　普811.17/7140　集部/别集類/清别集
青欞山房詩鈔十一卷附刻一卷　(清)馬士龍撰　清光緒元年(1875)刻本　二册

330000－1701－0043104　普951.0093/0044　史部/紀事本末類
紀事本末五種　(清)□□輯　清同治十二年至十三年(1873－1874)江西書局刻本　十二册　存一種

330000－1701－0043106　普811.17/71401/c5　集部/别集類/清别集
白華山人詩集十六卷詩説二卷　(清)厲志撰　清光緒九年(1883)厲學潮刻本　四册

330000－1701－0043107　普615.52/8044　子部/醫家類/方書之屬/單方驗方
白嶽盦經驗良方一卷　(清)余林輯　清光緒元年(1875)新安余林刻本　一册

330000－1701－0043108　普811.17/7149　集部/别集類/清别集
㑊浦詩鈔二卷　(清)馬世榮撰　清乾隆三年(1738)刻本　一册

330000－1701－0043109　普811.17/7167　集部/别集類/清别集
遊仙集三卷　(清)厲鶚撰　清乾隆二十六年(1761)鮑廷博刻本　三册

330000－1701－0043111　普 951.00924/4044/2　史部/編年類/通代之屬
增補綱鑑輯要四十卷首一卷　(明)袁黄編　清光緒十三年(1887)玉尺山房刻本　二十九册

330000－1701－0043112　普 951.0093/0044/2　史部/紀事本末類/斷代之屬
左傳紀事本末五十三卷　(清)高士奇撰　清刻本　八册

330000－1701－0043113　普 811.17/7159/c2　集部/别集類/清别集
誰園詩鈔六卷　(清)阮焱撰　清光緒三年(1877)刻十九年(1893)增修本　三册

330000－1701－0043114　普 615.815/1091/c1　類叢部/叢書類/彙編之屬
玉海堂景宋元本叢書　劉世珩編　清光緒至民國貴池劉氏玉海堂影刻本　四册　存一種

330000－1701－0043115　普 615.52/8110　子部/醫家類/方書之屬/單方驗方
良方彙錄一卷　(清)頌元輯　清光緒稿本　一册

330000－1701－0043116　普 811.17/66341　集部/别集類/清别集
勞人草草集一卷　(清)嚴漢華撰　清光緒二十八年(1902)刻本　一册

330000－1701－0043117　普 811.17/7159/c3　集部/别集類/清别集
誰園詩鈔六卷　(清)阮焱撰　清光緒三年(1877)刻十九年(1893)增修本　三册

330000－1701－0043119　普 811.17/7172　集部/别集類/清别集
重訂厲廉州先生詩全集八卷　(清)厲同勳撰　清道光刻本　二册　存二卷(栖塵集、藉花小室詩鈔上)

330000－1701－0043121　普 811.17/7162/c1　集部/總集類/氏族之屬
鄂韡聯吟集三種　(清)馬國偉　(清)馬用俊撰　清道光刻本　一册　存一種

330000－1701－0043122　普 951.0093/0044/3/c1　史部/紀事本末類
歷朝紀事本末七種　(清)陳如升　(清)朱記榮輯　清光緒二十一年(1895)上海積山書局石印本　五册　存一種

330000－1701－0043124　普 811.17/7167/2　集部/别集類/清别集
樊榭山房集外詩三卷　(清)厲鶚撰　清同治十三年(1874)錢塘丁氏當歸草堂刻本　一册

330000－1701－0043125　普 811.17/7162/c2　集部/總集類/氏族之屬
鄂韡聯吟集三種　(清)馬國偉　(清)馬用俊撰　清道光刻本　一册　存一種

330000－1701－0043127　普 951.0093/0044/3/c2　史部/紀事本末類
歷朝紀事本末七種　(清)陳如升　(清)朱記榮輯　清光緒二十二年(1896)上海慎記書莊石印本　五册　存一種

330000－1701－0043128　普 811.17/7175　集部/别集類/清别集
秋藥庵詩集七卷　(清)馬履泰撰　清嘉慶二十二年(1817)刻本　清張澹、文濬題記　一册

330000－1701－0043129　普 811.17/7167/2(2)　集部/别集類/清别集
樊榭山房集外詩三卷　(清)厲鶚撰　清同治十三年(1874)錢塘丁氏當歸草堂刻本　二册

330000－1701－0043130　普 811.17/71621　集部/别集類/清别集
道古樓詩選二卷　(清)馬思贊撰　清道光七年(1827)刻本　二册

330000－1701－0043131　普 811.17/7167.2/c1　集部/别集類/清别集
樊榭山房集十卷續集十卷　(清)厲鶚撰　清乾隆四年(1739)武林繡墨齋刻十六年(1751)續刻本　四册

330000－1701－0043132　普 951.0093/0044/3/c3　史部/紀事本末類

歷朝紀事本末九種 (清)陳如升 (清)朱記榮輯 (清)慎記主人增輯 清光緒二十五年(1899)上海慎記書莊石印本 五冊 存一種

330000－1701－0043133 普 811.17/7163 類叢部/叢書類/彙編之屬

抱經堂叢書七種 朱遂翔編 清刻民國杭州朱氏抱經堂補刻印本 一冊 存一種

330000－1701－0043134 普 811.17/7190 集部/别集類/清别集

誰園詩鈔四卷 (清)阮焱撰 清光緒三年(1877)刻本 二冊

330000－1701－0043135 普 615.815/1137/c1 子部/醫家類/針灸之屬/針法灸法

備急灸法不分卷 (宋)張涣撰 (宋)李耆年輯 清光緒十六年(1890)上杭羅氏十瓣同心蘭室刻本 一冊

330000－1701－0043136 普 811.17/7167.2/c2 集部/别集類/清别集

樊榭山房集十卷續集十卷 (清)厲鶚撰 清乾隆四年(1739)武林繡墨齋刻十六年(1751)續刻本(四庫全書底本) 徐行恭題簽並記 八冊

330000－1701－0043137 普 811.17/7180 集部/别集類/清别集

芝隱室詩存八卷附存一卷續存二卷 (清)長善撰 清同治十年(1871)廣州將軍節署刻本 四冊 缺二卷(續存一至二)

330000－1701－0043138 普 951.0093/0044/5 史部/紀事本末類

歷朝紀事本末九種 (清)陳如升 (清)朱記榮輯 (清)慎記主人增輯 清光緒二十五年(1899)上海慎記書莊石印本 五冊 存一種

330000－1701－0043139 普 811.17/7200 集部/别集類/清别集

耕巖書屋試帖詩鈔二卷 (清)劉堃撰 清光緒十四年(1888)刻本 二冊

330000－1701－0043140 普 615.815/1137/c2 子部/醫家類/針灸之屬/針法灸法

備急灸法不分卷 (宋)張涣撰 (宋)李耆年輯 清光緒十六年(1890)上杭羅氏十瓣同心蘭室刻本 一冊

330000－1701－0043141 普 951.00924/4372 史部/編年類/通代之屬

後樂堂纂集歷朝綱鑑五十四卷 (清)裘陳佩撰 **後樂堂裘厚齋先生鑑斷彙集三卷** (清)裘陳佩撰 (清)施裕貞 (清)裘邦彦 (清)何玉柯輯 清康熙五十六年(1717)刻本 三十冊

330000－1701－0043142 普 615.815/1137/c3 子部/醫家類/針灸之屬/針法灸法

備急灸法不分卷 (宋)張涣撰 (宋)李耆年輯 清光緒十七年(1891)江寧藩署刻本 一冊

330000－1701－0043143 普 615.815/1137/c4 子部/醫家類/針灸之屬/針法灸法

備急灸法不分卷 (宋)張涣撰 (宋)李耆年輯 清光緒十六年(1890)上杭羅氏十瓣同心蘭室刻本 一冊

330000－1701－0043144 普 951.0093/0044/4 史部/紀事本末類

歷朝紀事本末九種 (清)陳如升 (清)朱記榮輯 (清)慎記主人增輯 清末上海玉麟書局石印本 二冊 存一種

330000－1701－0043145 普 615.815/4623 子部/醫家類/針灸之屬/通論

鍼灸大成十卷 (明)楊繼洲撰 清光緒元年(1875)經國堂刻本 十冊

330000－1701－0043146 普 811.17/7186/c1 集部/别集類/清别集

碧蘿吟館詩集九卷詩餘一卷 (清)馬錦撰 清道光四年(1824)刻本 二冊

330000－1701－0043147 普 615.815/1091/c2 類叢部/叢書類/彙編之屬

玉海堂景宋元本叢書 劉世珩編 清光緒至民國貴池劉氏玉海堂影刻本 四冊 存一種

330000－1701－0043148 普 615.815/2479

子部/醫家類/針灸之屬/針法灸法

勉學堂鍼灸集成四卷 (清)廖潤鴻輯 清光緒五年(1879)刻本 四册

330000－1701－0043149 普 811.17/7167.2/c3 集部/别集類/清别集

樊榭山房集十卷續集十卷 (清)厲鶚撰 清乾隆四年(1739)武林繡墨齋刻十六年(1751)續刻本 徐行恭題簽並記 六册

330000－1701－0043150 普 811.17/7186/c2 集部/别集類/清别集

碧蘿吟館詩集九卷詩餘一卷 (清)馬錦撰 清道光四年(1824)刻本 二册

330000－1701－0043151 普 951.0093/2543 史部/紀事本末類

歷朝紀事本末九種 (清)陳如升 (清)朱記榮輯 (清)慎記主人增輯 清光緒二十五年(1899)上海慎記書莊石印本 五十六册

330000－1701－0043152 普 811.17/7186/c3 集部/别集類/清别集

碧蘿吟館詩集九卷詩餘一卷 (清)馬錦撰 清道光四年(1824)刻本 二册

330000－1701－0043153 普 951.00925/3547/c2 史部/編年類/通代之屬

御批歷代通鑑輯覽一百二十卷 (清)傅恒等撰 清同治十年(1871)浙江書局刻朱墨套印本 四十八册

330000－1701－0043154 普 811.17/7229 集部/别集類/清别集

述職吟二卷 (清)劉秉恬撰 清乾隆四十九年(1784)刻本 一册

330000－1701－0043155 普 811.17/7204 集部/别集類/清别集

訒菴詩鈔九卷 (清)劉謙吉撰 清康熙四十二年(1703)刻本 二册

330000－1701－0043158 普 615.815/3033 子部/醫家類/針灸之屬/針法灸法

勉學堂鍼灸集成四卷 (清)廖潤鴻輯 清光緒五年(1879)刻本 四册

330000－1701－0043159 普 811.17/7228 集部/别集類/明别集

掩關集二卷 (明)劉繼善撰 清道光十九年(1839)刻世德堂印本 一册

330000－1701－0043160 普 811.17/7206 集部/總集類/氏族之屬

黄氏家集附編 (清)黄家鼎編 清光緒四明黄氏補不足齋刻本 一册 存一種

330000－1701－0043161 普 811.17/7230 集部/别集類/清别集

青藜閣詩鈔一卷 (清)劉鴻庚撰 清光緒二十四年(1898)刻本 一册

330000－1701－0043164 普 811.17/7227 集部/别集類/清别集

餘樂園詩鈔一卷 (清)劉名譽撰 清宣統元年(1909)刻本 一册

330000－1701－0043165 普 951.00925/3547/2 史部/編年類/通代之屬

御批歷代通鑑輯覽一百二十卷 (清)傅恒等撰 清光緒三十年(1904)文通書局石印本 三十二册

330000－1701－0043167 普 811.17/7226 集部/别集類/清别集

香雪詩存六卷 (清)劉侃撰 清道光十六年(1836)金陵顧氏刻本 二册

330000－1701－0043168 普 811.17/7213 集部/别集類/清别集

鶴峰詩草不分卷 (清)劉三連撰 清乾隆十五年(1750)趣竹軒刻本 一册

330000－1701－0043169 普 615.815/4200 子部/醫家類/針灸之屬/針法灸法

灸法集驗一卷 (清)姚襄撰 清宣統元年(1909)杭州中合印書公司鉛印本 一册

330000－1701－0043170 普 615.815/8028/c1 子部/醫家類/針灸之屬/針法灸法

鍼灸擇日編集一卷 (明)金循義 (明)金義孫輯 清光緒十六年(1890)上杭羅氏十瓣同心蘭室刻本 一册

330000－1701－0043171　普 615.815/4472　子部/醫家類/針灸之屬/經絡腧穴
治痧症穴法要訣一卷　(清)蔡鳳岐輯　清道光元年(1821)木活字印本　一冊

330000－1701－0043172　普 811.17/6688/c1　集部/別集類/清別集
香雪齋詩鈔四卷　(清)嚴銞撰　清光緒十九年(1893)桐溪嚴氏刻本　二冊

330000－1701－0043174　普 615.815/8028/c2　子部/醫家類/針灸之屬/針法灸法
鍼灸擇日編集一卷　(明)金循義　(明)金義孫輯　清光緒十六年(1890)上杭羅氏十瓣同心蘭室刻本　一冊

330000－1701－0043175　普 811.17/6688/c2　集部/別集類/清別集
香雪齋詩鈔四卷　(清)嚴銞撰　清光緒十九年(1893)桐溪嚴氏刻本　二冊

330000－1701－0043176　普 615.815/4444　子部/醫家類/針灸之屬/針法灸法
太乙神鍼一卷　(清)范毓裿撰　清光緒二十八年(1902)刻本　一冊

330000－1701－0043179　SBC1178　子部/術數類/相宅相墓之屬
山洋指迷不分卷　(明)周景一撰　(清)俞歸璞　(清)吳卿瞻增注　清修梅居士抄本　一冊

330000－1701－0043180　普 615.815/4623/4　子部/醫家類/針灸之屬/通論
鍼灸大成十卷　(明)楊繼洲撰　清京都善成堂刻本　十冊

330000－1701－0043182　普 811.17/72401　集部/別集類/清別集
章山書屋遺稿一卷　(清)劉大章撰　清光緒八年(1882)衢州刻本　一冊

330000－1701－0043183　普 615.815/4623/7　子部/醫家類/針灸之屬/通論
鍼灸大成十卷　(明)楊繼洲撰　清嘉慶六年(1801)經綸堂刻本　十冊

330000－1701－0043184　普 615.82/7542　子部/醫家類/推拿按摩外治之屬
推拿廣意三卷　(清)熊應雄輯　(清)陳世凱訂　清光緒十四年(1888)刻本　二冊

330000－1701－0043185　普 811.17/7238　集部/別集類/清別集
三十二蘭亭室詩存八卷　(清)劉溎年撰　清同治十二年(1873)刻本　二冊

330000－1701－0043186　普 811.17/7243　集部/別集類/清別集
醉吟草六卷　(清)劉大容撰　清咸豐元年(1851)紫芝草堂刻本　一冊

330000－1701－0043188　普 811.17/7238/2　集部/別集類/清別集
三十二蘭亭室詩存八卷續刻二卷　(清)劉溎年撰　清光緒元年至五年(1875－1879)羊城富文齋刻本　三冊

330000－1701－0043189　普 616/2126　新學/醫學/内科
内科理法前編六卷後編總病六卷專病十卷附一卷　(英國)虎伯撰　(英國)茄合　(英國)哈來參訂　(清)舒高第口譯　(清)趙元益筆述　清光緒江南製造局刻本　九冊　存十三卷(前編一至六、後編專病一至七)

330000－1701－0043190　普 811.17/7249　集部/別集類/清別集
師竹軒詩集四卷　(清)劉樹堂撰　**韻香閣詩草一卷**　(清)孔祥淑撰　清光緒十五年(1889)刻本　二冊

330000－1701－0043191　SBC1177　子部/術數類/相宅相墓之屬
嚴陵張九儀穿山透地真傳不分卷　(清)張鳳藻撰　清修梅居士抄本　一冊

330000－1701－0043192　普 811.17/7214　集部/別集類/清別集
慕鳳巖詩集八卷　(清)劉璋壽撰　清光緒六年(1880)刻本　一冊

330000－1701－0043193　普 811.17/72431

集部/別集類/清別集

劉文恪公詩集四卷 (清)劉權之撰　清光緒五年(1879)映藜書屋刻本　四册

330000－1701－0043194　普 616/3402　子部/醫家類/内科之屬

沈朗仲先生病機彙論十八卷 (清)沈頲撰 (清)馬俶校　清康熙五十二年(1713)觀成堂刻本　二十册

330000－1701－0043195　普 616/2126.2　新學/醫學/内科

内科理法前編六卷後編總病六卷專病十卷附一卷 (英國)虎伯撰 (英國)茄合 (英國)哈來參訂 (清)舒高第口譯 (清)趙元益筆述　清光緒江南製造局刻本　三册　存七卷(後編總病一至三、專病八至十、附)

330000－1701－0043196　普 811.17/7249/(2)/c1　集部/別集類/清別集

師竹軒詩集四卷 (清)劉樹堂撰　**韻香閣詩草一卷** (清)孔祥淑撰　清光緒十五年(1889)刻本　清李國環題記　一册

330000－1701－0043197　普 811.17/7240/c2　集部/別集類/清別集

劉文清公遺集十七卷應制詩集三卷 (清)劉墉撰　清道光六年(1826)東武劉氏味經書屋刻本　四册

330000－1701－0043199　普 811.17/7244/c4　類叢部/叢書類/自著之屬

養晦堂集五種 (清)劉蓉撰　清光緒三年(1877)、十一年(1885)思賢講舍刻本　一册　存一種

330000－1701－0043200　普 811.17/72441/c1　集部/別集類/清別集

海峰先生詩集十卷 (清)劉大櫆撰　**附錄原刻本札記一卷** (清)蕭穆撰　清光緒二十五年(1899)刻本　二册

330000－1701－0043201　普 616/2691/2　子部/醫家類/醫話醫論之屬

證治心得十二卷 (清)吳炳撰　清光緒抄本　六册

330000－1701－0043202　普 811.17/7240/c3　集部/別集類/清別集

劉文清公遺集十七卷應制詩集三卷 (清)劉墉撰　清道光六年(1826)東武劉氏味經書屋刻本　四册

330000－1701－0043203　普 811.17/7214/2　集部/別集類/清別集

慕鳳巖詩集八卷 (清)劉璋壽撰　**醉竹園詩集四卷** (清)傅肇修撰　清光緒六年(1880)刻本　一册

330000－1701－0043204　普 811.17/7249/(2)/c2　集部/別集類/清別集

師竹軒詩集四卷 (清)劉樹堂撰　**韻香閣詩草一卷** (清)孔祥淑撰　清光緒十五年(1889)刻本　一册

330000－1701－0043205　普 811.17/7249.2/c2　集部/別集類/清別集

師竹軒詩集四卷 (清)劉樹堂撰　清光緒十五年(1889)天津書局石印本　一册

330000－1701－0043206　普 811.17/72441/c2　集部/別集類/清別集

海峰先生詩集十卷 (清)劉大櫆撰　**附錄原刻本札記一卷** (清)蕭穆撰　清光緒二十五年(1899)刻本　二册

330000－1701－0043207　普 616/4024　新學/醫學/内科

内科闡微一卷 (美國)嘉約翰口譯 (清)林湘東筆述　清同治十二年(1873)羊城博濟醫局刻本　一册

330000－1701－0043208　普 811.17/7403/c1　類叢部/叢書類/自著之屬

隨園三十種 (清)袁枚撰　清同治五年(1866)三讓睦記刻本　一册　存一種

330000－1701－0043209　普 811.17/72442　集部/別集類/清別集

玉磬山房詩集八卷 (清)劉大觀撰　清嘉慶刻本　三册

330000－1701－0043211　普 811.17/7403/c2
類叢部/叢書類/自著之屬
隨園三十種　(清)袁枚撰　清乾隆至嘉慶刻本　一册　存一種

330000－1701－0043213　普 616.07/4434/2
子部/醫家類/診法之屬/脈經脈訣
四診抉微八卷附管窺附餘一卷　(清)林之翰撰　清近文堂刻本　二册

330000－1701－0043214　普 811.17/7249.2/c5　集部/别集類/清别集
師竹軒詩集四卷　(清)劉樹堂撰　清光緒十五年(1889)天津書局石印本　一册

330000－1701－0043215　普 811.17/7264
集部/别集類/清别集
篋山詩草二卷　(清)劉曰萼撰　清光緒十七年(1891)刻本　一册

330000－1701－0043218　普 811.17/72721
集部/别集類/清别集
七頌堂詩集十卷文集二卷　(清)劉體仁撰　清同治六年(1867)劉瓆刻七年(1868)增修本　二册　存十卷(詩集一至十)

330000－1701－0043219　普 616.07/4434/4
子部/醫家類/診法之屬/脈經脈訣
四診抉微八卷附管窺附餘一卷　(清)林之翰撰　清雍正四年(1726)玉映堂刻本　清吳臺批並跋　八册

330000－1701－0043220　普 811.17/7279
集部/别集類/清别集
靜娱樓詩草一卷　劉咸榮撰　清宣統元年(1909)刻本　二册

330000－1701－0043221　普 616.07/4434/5
子部/醫家類/診法之屬/脈經脈訣
四診抉微八卷附管窺附餘一卷　(清)林之翰撰　清雍正刻本　四册

330000－1701－0043222　SBC1176　集部/總集類/郡邑之屬
金華十詠不分卷　清抄本　一册

330000－1701－0043223　普 811.17/7404
集部/别集類/清别集
最樂山莊詩鈔七卷　(清)陸齊壽撰　清道光二十九年(1849)刻本　二册

330000－1701－0043224　普 811.17/7281
集部/别集類/清别集
岳容齋詩集四卷　(清)岳鍾琪撰　清道光鵝溪孫氏刻古棠書屋叢書本　紫臨題簽　一册

330000－1701－0043226　普 616.07/7731/c1
子部/醫家類/診法之屬/其他診法
漢譯診病奇侅二卷　(日本)丹波元堅撰　(日本)松井操譯　**五雲子腹診法一卷**　(日本)森養春院法印傳　(日本)雲統筆記　(日本)丹波元堅附載　(日本)松井操譯　清光緒十四年(1888)四明王仁乾日本鉛印本　二册

330000－1701－0043227　普 811.17/7415/c1
類叢部/叢書類/自著之屬
隨園三十種　(清)袁枚撰　清同治五年(1866)三讓睦記刻本　一册　存一種

330000－1701－0043228　普 811.17/7282
集部/别集類/清别集
大濳山房詩鈔一卷　(清)劉銘傳撰　清同治七年(1868)刻本　一册

330000－1701－0043229　SBC1175　子部/農家農學類/蠶桑之屬
蠶桑説一卷　(清)趙敬如撰　**廣蠶桑説輯補二卷**　(清)沈練撰　(清)仲學輅補　**種樹書一卷**　(元)俞宗本撰　清抄本　一册

330000－1701－0043230　普 616.07/7731/c2
子部/醫家類/診法之屬/其他診法
漢譯診病奇侅二卷　(日本)丹波元堅撰　(日本)松井操譯　**五雲子腹診法一卷**　(日本)森養春院法印傳　(日本)雲統筆記　(日本)丹波元堅附載　(日本)松井操譯　清光緒十四年(1888)四明王仁乾日本鉛印本　二册

330000－1701－0043232　普 811.17/7415/c2

類叢部/叢書類/自著之屬
隨園三十種 (清)袁枚撰 清乾隆至嘉慶刻本 二冊 存一種

330000－1701－0043233 普 616.07/7731/c3 子部/醫家類/診法之屬/其他診法
漢譯診病奇侅二卷 (日本)丹波元堅撰 (日本)松井操譯 **五雲子腹診法一卷** (日本)森養春院法印傳 (日本)雲統筆記 (日本)丹波元堅附載 (日本)松井操譯 清光緒十四年(1888)四明王仁乾日本鉛印本 二冊

330000－1701－0043234 普 616/7543 子部/醫家類/内科之屬/其他内科病證
琅嬛青囊要四卷 (清)陳太初輯 清嘉慶九年(1804)雲門抱蘭軒木活字印本 四冊

330000－1701－0043236 普 811.17/7403/2、普 811.17/74131 類叢部/叢書類/自著之屬
隨園三十六種 (清)袁枚撰 清光緒十八年(1892)上海圖書集成印書局鉛印本 二冊 存二種

330000－1701－0043237 普 811.17/7417 集部/别集類/清别集
福艷樓遺詩一卷 (清)陸珊撰 清宣統二年(1910)京師京華印書局鉛印本 一冊

330000－1701－0043238 普 616.07/7801 子部/醫家類
臨証元言一卷 清抄本 一冊

330000－1701－0043239 普 616/7548 子部/醫家類/内科之屬/其他内科病證
燥氣總論一卷 陳葆善撰 清光緒二十六年(1900)石印本 一冊

330000－1701－0043240 普 811.17/7401 集部/别集類/清别集
梅脩館詩存一卷 (清)陸韻珊撰 清光緒二十六年(1900)刻本 一冊

330000－1701－0043241 SBC1167 經部/小學類/文字之屬/字書/訓蒙
倉頡篇三卷 (清)孫星衍輯 (清)陳鱣增注 清光緒十年(1884)抄本 清□先題記 一冊

330000－1701－0043242 普 811.17/7418/c1 集部/别集類/清别集
青芙蓉閣詩鈔六卷 (清)陸元鋐撰 清嘉慶刻本 二冊

330000－1701－0043243 普 616/8027/c1 新學/醫學/内科
内科新説二卷 (英國)合信氏 (清)管茂材撰 清咸豐八年(1858)上海仁濟醫館刻本 一冊

330000－1701－0043244 普 811.17/7402 集部/别集類/清别集
松月山莊詩鈔四卷 (清)陸文傑撰 清道光刻本 一冊

330000－1701－0043245 普 811.17/7418/c2 集部/别集類/清别集
青芙蓉閣詩鈔六卷 (清)陸元鋐撰 清嘉慶刻本 二冊

330000－1701－0043247 普 616/8027/c2 新學/醫學/内科
内科新説二卷 (英國)合信氏 (清)管茂材撰 清咸豐八年(1858)上海仁濟醫館刻本 一冊

330000－1701－0043248 普 811.17/7402/(2) 集部/别集類/清别集
松月山莊詩鈔四卷 (清)陸文傑撰 清道光刻本 二冊

330000－1701－0043249 SBC1174 集部/總集類/選集之屬/斷代
唐人五言長律清麗集六卷 (清)徐曰璉 (清)沈士駿輯 清乾隆二十二年(1757)刻本 二冊

330000－1701－0043250 普 811.17/7430 集部/别集類/清别集
巢青閣集十卷紅么集一卷 (清)陸進撰 **巢青閣學言一卷** (清)陸曾禹撰 清康熙刻本 八冊

330000－1701－0043253　普 616.07/4434/c1
子部/醫家類/診法之屬/脈經脈訣
四診抉微八卷附管窺附餘一卷　(清)林之翰撰　清雍正四年(1726)玉映堂刻本　十册

330000－1701－0043254　普 811.17/7407
集部/别集類/清别集
北廬詩鈔二卷　(清)陸毅撰　清末石印本　二册

330000－1701－0043255　SBC1170　史部/政書類/邦計之屬/錢幣
錢通三十二卷　(明)胡我琨撰　明刻本　一册　存五卷(二十八至三十二)

330000－1701－0043256　普 811.17/74301
集部/總集類/選集之屬/斷代
陸冠周詩抄一卷　(清)陸寅撰　**湯潛菴詩抄一卷**　(清)湯斌撰　**施愚山詩抄一卷**　(清)施閏章撰　**李穆堂詩抄一卷**　(清)李紱撰　**詩選一卷**　清抄本　清楊爾翔題記　一册

330000－1701－0043257　普 616.07/4434/c2
子部/醫家類/診法之屬/脈經脈訣
四診抉微八卷附管窺附餘一卷　(清)林之翰撰　清雍正四年(1726)玉映堂刻本　四册

330000－1701－0043259　SBC1173　子部/宗教類/道教之屬
道言内外六卷　(明)彭好古輯　明萬曆吳勉學刻本　一册　存一卷(内一)

330000－1701－0043260　普 811.17/7436
集部/别集類/清别集
讀秋水齋詩十六卷　(清)陸黻恩撰　清同治七年(1868)刻本　四册

330000－1701－0043261　普 616.071/1022/4
子部/醫家類/診法之屬/脈經脈訣
脈經真本十卷　題(晉)王叔和撰　清抄本　方旭題簽　路朝鑾跋　四册

330000－1701－0043262　普 616.07/4434/c3
子部/醫家類/診法之屬/脈經脈訣
四診抉微八卷附管窺附餘一卷　(清)林之翰撰　清雍正四年(1726)玉映堂刻本　四册

330000－1701－0043264　SBC1189　子部/雜著類/雜纂之屬
玉芝堂談薈三十六卷　(明)徐應秋輯　清抄本　一册　存一卷(十一)

330000－1701－0043266　SBC1171　子部/術數類/雜術之屬
遁甲演義二卷　(明)程道生撰　清抄本　一册

330000－1701－0043268　普 811.17/7412
集部/别集類/清别集
筱飲齋稿四卷　(清)陸飛撰　清乾隆四十一年(1776)刻本　一册

330000－1701－0043269　普 811.17/7442
集部/别集類/清别集
陸堂集四十四卷(陸堂文集二十卷詩集十六卷詩續集八卷)　(清)陸奎勳撰　清雍正十三年至乾隆五年(1735－1740)小瀛山閣刻本　四册　存八卷(詩集一至八)

330000－1701－0043271　普 811.17/7413
集部/别集類
鎮亭山房詩集十八卷文集十二卷　陸廷黻撰　清光緒十七年(1891)刻本　三册　存十卷(詩集一至十)

330000－1701－0043272　普 616.071/1022/2
子部/醫家類/診法之屬/脈經脈訣
脉經十卷　題(晉)王叔和撰　清光緒十九年(1893)宜都楊守敬景蘇園影宋刻本　六册

330000－1701－0043273　普 811.17/7447
集部/别集類/清别集
甪西吟榭詩鈔一卷　(清)陸超陞撰　清宣統三年(1911)華雲閣鉛印本　李履祥題記　一册

330000－1701－0043274　SBC1183　集部/總集類/選集之屬/斷代
御選唐詩三十二卷目錄三卷　(清)聖祖玄燁輯　(清)陳廷敬等輯注　清康熙五十二年(1713)内府刻朱墨套印本　四册　存九卷(目錄一至三、一至六)

330000－1701－0043276　普 811.17/7442/(2)　集部/别集類/清别集

陸堂集四十四卷(陸堂文集二十卷詩集十六卷詩續集八卷)　(清)陸奎勳撰　清雍正十三年至乾隆五年(1735－1740)小瀛山閣刻本　六册　存二十四卷(詩集一至十六、詩續集一至八)

330000－1701－0043277　普 616.071/1147/2　子部/醫家類/類編之屬

圖註難經脈訣二種八卷　清善成堂刻本　四册　存一種

330000－1701－0043278　普 811.17/7413/(2)　集部/别集類

鎮亭山房詩集十八卷文集十二卷　陸廷黻撰　清光緒十七年(1891)刻本　六册　存十八卷(詩集一至十八)

330000－1701－0043279　SBC1184　集部/曲類/曲韻曲譜曲律之屬

潄渠曲賸再拾　清抄本　一册　存一種

330000－1701－0043280　SBC1190　子部/藝術類/書畫之屬

飛影閣士記畫冊不分卷　清光緒二十年至二十一年(1894－1895)石印本　三册　存二號、十二號、十八號

330000－1701－0043281　普 811.17/7451　集部/别集類/清别集

真息齋詩鈔四卷續鈔一卷　(清)陸費瑔撰　清道光三年(1823)刻本　五册

330000－1701－0043282　普 811.17/74421　集部/别集類/清别集

鐵園集三種七卷　(清)陸璣撰　清道光二十九年(1849)刻本　二册　存二種

330000－1701－0043283　普 616.071/1147/3　子部/醫家類/診法之屬/脈經脈訣

圖註脈訣辨真四卷脈訣附方一卷　題(晉)王叔和撰　(明)張世賢注　清末刻本(脉訣附方一卷配抄本)　一册

330000－1701－0043284　普 811.17/7451/2/c1　集部/别集類/清别集

真息齋詩鈔四卷續鈔一卷　(清)陸費瑔撰　清同治九年(1870)陸費履厚堂刻本　二册

330000－1701－0043285　SBC1191　子部/術數類/相宅相墓之屬

賴文俊公遊越不分卷　清抄本　一册

330000－1701－0043286　普 616.071/3480　子部/醫家類/診法之屬/脈經脈訣

刪註脈訣規正二卷　(清)沈鏡刪註　清刻本　一册

330000－1701－0043287　普 811.17/7414　集部/别集類/清别集

澹齋詩鈔六卷　(清)陸廷楷撰　清嘉慶二十三年(1818)蘇嘯堂刻本　二册　存三卷(一至三)

330000－1701－0043288　普 811.17/74421.2　集部/别集類/清别集

陸次山集一卷　(清)陸璣撰　**蜀遊圖題辭一卷**　(清)王淳等撰　清道光十四年(1834)刻本　清逸溪批點並跋　二册

330000－1701－0043290　普 811.17/7451/2/c2　集部/别集類/清别集

真息齋詩鈔四卷續鈔一卷　(清)陸費瑔撰　清同治九年(1870)陸費履厚堂刻本　二册

330000－1701－0043291　SBC1181　子部/宗教類/佛教之屬/諸宗

天童和尚闢妄救略說十卷　(明)釋圓悟撰　(明)釋真啓編　明刻本　德修題簽　三册　存八卷(一至八)

330000－1701－0043292　普 811.17/7451/2/c4　集部/别集類/清别集

真息齋詩鈔四卷續鈔一卷　(清)陸費瑔撰　清同治九年(1870)陸費履厚堂刻光緒二十七年(1901)重修本　四册

330000－1701－0043294　普 616.071/1022.2　子部/醫家類/診法之屬/脈經脈訣

校正圖註脈訣四卷附方一卷　(晉)王叔和撰　(明)張世賢注　清光緒三十一年(1905)上

海日新書莊石印本　二册

330000－1701－0043295　普 811.17/7444
集部/别集類/清别集
倩影樓遺稿二卷　(清)陸蒨撰　清同治二年(1863)皖南洪氏刻本　一册

330000－1701－0043296　普 811.17/7471
集部/别集類/清别集
玉屏山樵吟五卷　(清)陸師撰　清乾隆八年(1743)刻本　四册

330000－1701－0043298　普 811.17/7444/2
集部/别集類/清别集
倩影樓詩一卷詞一卷　(清)陸蒨撰　清咸豐六年(1856)評花仙館木活字印本　一册

330000－1701－0043299　普 616.071/4016
子部/醫家類/診法之屬/脈經脈訣
脉訣彙辨十卷　(清)李延是撰　清康熙五年(1666)趙郡李氏刻本　八册

330000－1701－0043302　SBC1193　子部/雜著類/雜纂之屬
石畫龕筆記二卷　清抄本　二册

330000－1701－0043303　普 811.17/7478
集部/别集類/清别集
藴真居詩集六卷詩餘一卷　(清)陸學欽撰　清光緒十三年(1887)陸寶忠刻本　一册

330000－1701－0043304　普 616.071/4061
子部/醫家類/診法之屬/脈經脈訣
瀕湖脈學一卷奇經八脈攷一卷脈訣攷證一卷　(明)李時珍撰　清刻本　一册

330000－1701－0043305　普 811.17/7452
集部/别集類/清别集
於斯閣詩鈔六卷　(清)陸素生撰　清嘉慶二十三年(1818)刻本　二册

330000－1701－0043306　普 616.071/1147
子部/醫家類/診法之屬/脈經脈訣
圖註脈訣辨真四卷脈訣附方一卷　題(晉)王叔和撰　(明)張世賢注　清乾隆四十五年(1780)刻本　二册

330000－1701－0043307　普 811.17/75001
集部/别集類/清别集
孟晉齋詩集二十四卷　(清)陳章撰　清乾隆四十四年(1779)勤有書堂刻本　八册

330000－1701－0043308　普 616.071/4473
子部/醫家類/診法之屬/脈經脈訣
三指禪三卷　(清)周學霆撰　清光緒二年(1876)刻本　一册

330000－1701－0043309　普 811.17/7461
集部/别集類/清别集
適吾廬詩存二卷　(清)陸瞻雲撰　清嘉慶二十四年(1819)刻本　二册

330000－1701－0043310　普 616.071/7556
子部/醫家類/針灸之屬/經絡腧穴
經脈圖考四卷　(清)陳惠疇撰　清光緒四年(1878)刻本　二册

330000－1701－0043311　普 811.17/75031
集部/别集類/清别集
壽雪山房詩稿八卷附越中忠節詩一卷　(清)陳廣寧撰　清嘉慶八年(1803)刻本　二册

330000－1701－0043313　普 811.17/75032
集部/别集類/清别集
香泉小藁二卷　(清)陳奕禧撰　清刻本　二册

330000－1701－0043314　普 811.17/7462.02
集部/别集類/清别集
春及堂詩續集一卷　(清)陸鳴臯撰　清刻本　一册

330000－1701－0043315　普 616.912/1021/c1　子部/醫家類/兒科之屬/痘疹
痘疹慈航二卷　(明)聶尚恒撰　清光緒四年(1878)杭州竹簡齋刻本　清徐杲旭跋　一册

330000－1701－0043316　普 811.17/7504
集部/别集類/清别集
借樹山房排律詩鈔二卷　(清)陳慶槐撰　**排律詩鈔附刻三卷**　(清)陳福熙撰　清末刻本　一册　存二卷(排律詩鈔一至三)

330000－1701－0043318　普 616.912/1021/c2　子部/醫家類/兒科之屬/痘疹
痘疹慈航二卷　(明)聶尚恒撰　清光緒四年(1878)杭州竹簡齋刻本　一册

330000－1701－0043320　普 811.17/7478/(2)　集部/别集類/清别集
藴真居詩集六卷詩餘一卷　(清)陸學欽撰　清光緒十三年(1887)陸寶忠刻本　二册

330000－1701－0043322　普 616.071/8022/c2　子部/醫家類/綜合之屬/通論
醫宗備要三卷　(清)曾鼎撰　清同治八年(1869)楚北崇文書局刻本　一册

330000－1701－0043323　普 811.17/7530.4　集部/别集類/清别集
稻薌二集詩鈔一卷　(清)陳沆撰　清乾隆九年(1744)刻本　二册

330000－1701－0043324　普 811.17/7503/c3　集部/别集類/清别集
碧城僊館詩鈔十卷附録一卷岱游集一卷　(清)陳文述撰　清宣統二年(1910)國學扶輪社鉛印本　四册　缺一卷(岱游集)

330000－1701－0043325　普 811.17/7506　集部/别集類/清别集
心潛書屋詩存一卷詞賸一卷　(清)陳亮疇撰　**蘭墅詩存二卷**　(清)陳允頤撰　清光緒三十二年(1906)杭州刻本　一册

330000－1701－0043326　普 811.17/7482　集部/别集類/清别集
篁村集十二卷　(清)陸錫熊撰　清嘉慶十三年至十四年(1808－1809)無求安居松江刻本　四册

330000－1701－0043327　普 616.071/8022/c3　子部/醫家類/綜合之屬/通論
醫宗備要三卷　(清)曾鼎撰　清同治八年(1869)楚北崇文書局刻本　一册

330000－1701－0043329　普 811.17/7233　集部/别集類/清别集
十友草堂詩集四卷　(清)劉永滇撰　清光緒三十四年(1908)刻本　四册

330000－1701－0043330　普 811.17/7503/2　集部/别集類/清别集
碧城僊館詩鈔十卷文鈔一卷　(清)陳文述撰　清嘉慶十年(1805)刻本　六册

330000－1701－0043331　普 616.912/2513　子部/醫家類/兒科之屬/痘疹
摘星樓治痘全書十八卷　(明)朱一麟撰　清道光六年(1826)耕樂堂刻本　十册

330000－1701－0043332　普 616.15/0033　子部/醫家類/内科之屬/其他内科病證
血證論八卷　(清)唐宗海撰　清光緒十六年(1890)唐氏刻本　四册

330000－1701－0043333　普 811.17/7491　類叢部/叢書類/自著之屬
梅谷十種書附一種　(清)陸烜撰　清刻彙印本　四册　存三種

330000－1701－0043334　普 811.17/7530.5　集部/總集類/彙編之屬
七家試帖輯註彙鈔　(清)張熙宇輯評　(清)王植桂輯註　清同治六年(1867)刻本　一册　存一種

330000－1701－0043335　普 811.17/7507　集部/别集類/清别集
詩槩六卷　(清)陳毅撰　清乾隆刻本　清壺隱山人題記　一册

330000－1701－0043336　普 811.17/7234　集部/别集類/清别集
啓秀軒詩鈔二卷詞一卷　(清)劉之萊撰　(清)朱秉璋輯　**浣青吟稾一卷**　(清)朱韞珍撰　清光緒二十四年(1898)大興朱氏刻本　一册

330000－1701－0043337　普 616.24/2410　子部/醫家類/内科之屬/虚勞
理虚元鑑二卷　(明)汪綺石撰　(清)柯懷祖訂　清乾隆三十六年(1771)刻本　二册

330000－1701－0043338　普 811.17/7503/3

類叢部/叢書類/彙編之屬
靈鶼閣叢書五十六種 (清)江標編 清光緒元和江氏湖南使院刻本 四册 存二種

330000-1701-0043339 普 811.17/7235
集部/别集類/清别集
菊照山房近稿五卷 (清)岳鴻振撰 清道光十七年(1837)留蓋堂刻本 二册 存三卷(一至三)

330000-1701-0043340 普 616.912/3477
子部/醫家類/兒科之屬/痘疹
黄帝逸典評注十四卷 (清)沈闇注 (清)張步階評 清道光四年(1824)稧湖陳半亭刻本 一册

330000-1701-0043341 普 811.17/7493
集部/别集類/清别集
雙白燕堂詩八卷集唐詩二卷 (清)陸耀遹撰 清同治六年(1867)刻本 四册

330000-1701-0043343 SBC1199 子部/術數類/數學之屬
太玄經一卷 (漢)楊雄撰 清抄本 一册

330000-1701-0043344 普 811.17/7512.2
集部/别集類/清别集
南厓詩集十二卷 (清)陳承然撰 清光緒十一年(1885)雙桂書屋木活字印本 四册

330000-1701-0043346 SBC1200 集部/别集類/清别集
汪學院考古試卷詩不分卷 清抄本 一册

330000-1701-0043348 普 811.17/7510
集部/别集類/清别集
臥雲山館詩存一卷 (清)陳雲章撰 清光緒十三年(1887)遵化州署刻本 一册

330000-1701-0043352 普 811.17/7500/c1
集部/别集類/清别集
冬暄艸堂遺詩二卷 (清)陳豪撰 清宣統三年(1911)刻本 章嶔跋 二册

330000-1701-0043353 SBC1194 類叢部/類書類/專類之屬
新鐫翰林攷正歷朝故事統宗十卷歷朝人君考實一卷 (明)李廷機攷正 (明)丘宗孔增釋 明萬曆金陵書林周氏大業堂刻本 一册 存二卷(三至四)

330000-1701-0043354 普 616.912/4027/2
子部/醫家類/兒科之屬/痘疹
天花精言六卷 (清)袁句 (清)吳燡撰 清同治七年(1868)山陰陳氏刻本 二册

330000-1701-0043355 普 616.912/4027/3
子部/醫家類/兒科之屬/痘疹
天花精言六卷 (清)袁句 (清)吳燡撰 清抄本 一册

330000-1701-0043357 普 811.17/7500/c2
集部/别集類/清别集
冬暄艸堂遺詩二卷 (清)陳豪撰 清宣統三年(1911)刻本 二册

330000-1701-0043359 普 811.17/7513
集部/别集類/清别集
澄懷堂詩外五卷 (清)陳裴之撰 清嘉慶二十五年(1820)刻本 四册

330000-1701-0043360 普 811.17/7514
集部/别集類/清别集
香草堂詩略八卷 (清)陳廷桂撰 清嘉慶十六年(1811)刻本 四册

330000-1701-0043361 SBC1201 子部/儒家類/儒學之屬/性理
朱子語類一百四十卷 (宋)朱熹撰 (宋)黎靖德輯 明成化九年(1473)陳煒刻本 八册 存十九卷(四十一至五十九)

330000-1701-0043362 SBC1202 史部/紀傳類/正史之屬
晉書一百三十卷 (唐)房玄齡等撰 明刻本 二册 存五卷(四十至四十四)

330000-1701-0043363 普 811.17/7503.2
集部/别集類/清别集
西泠閨詠十六卷 (清)陳文述撰 (清)龔玉晨編 清光緒十三年(1887)西泠翠螺閣刻本 四册

330000－1701－0043364　SBC1204　集部/總集類/酬唱之屬

澥行唱和詩鈔一卷　(清)戴兆英等撰　清抄本　王黎陽題記　一册

330000－1701－0043365　普 616.912/5535　子部/醫家類/兒科之屬/痘疹

救偏瑣言十卷備用良方一卷　(清)費啓泰撰　清惠迪堂刻本　四册

330000－1701－0043366　普 811.17/7503.3/c3　集部/别集類/清別集

秣陵集六卷金陵歷代紀年事表一卷圖考一卷　(清)陳文述撰　清光緒十年(1884)淮南書局刻本　三册

330000－1701－0043367　普 811.17/75301.2　集部/别集類/清別集

味某華館詩初集六卷二集四卷　(清)陳鴻誥撰　清咸豐元年(1851)刻本　一册　存四卷(二集一至四)

330000－1701－0043368　SBC1195　子部/天文曆算類/天文之屬

天文書不分卷　清抄本　一册

330000－1701－0043369　普 616.912/7770　子部/醫家類/兒科之屬/痘疹

痘證慈航一卷　(明)歐陽調律撰　(清)郭士珩輯　**種子金丹一卷**　(清)徐士珩輯　清同治四年(1865)刻本　一册

330000－1701－0043370　SBC1196　子部/藝術類/書畫之屬/畫法畫品

畫梅源法一卷　清抄本　一册

330000－1701－0043372　普 811.17/7503.3/c4　集部/别集類/清別集

秣陵集六卷金陵歷代紀年事表一卷圖考一卷　(清)陳文述撰　清光緒十年(1884)淮南書局刻本　三册

330000－1701－0043374　普 811.17/7503.3/c5　集部/别集類/清別集

秣陵集六卷金陵歷代紀年事表一卷圖考一卷　(清)陳文述撰　清光緒十年(1884)淮南書局刻本　章嶔題簽並記　三册

330000－1701－0043375　普 616.071/4024　子部/醫家類/外科之屬/其他外科病證

增訂花柳指迷一卷　(美國)嘉約翰輯譯　(清)林應祥筆述　清光緒十五年(1889)羊城博濟醫局刻本　一册

330000－1701－0043377　SBC1198　集部/詩文評類/文評之屬

華萼庭共讀閒情賦一卷　清抄本　一册

330000－1701－0043378　普 811.17/75302　集部/别集類/清別集

荅碕小稿一卷　(清)陳宣撰　**河中吟稿一卷**　(清)吳壽宸撰　清乾隆刻本　一册

330000－1701－0043379　普 811.17/7503.3/c6　集部/别集類/清別集

秣陵集六卷金陵歷代紀年事表一卷圖考一卷　(清)陳文述撰　清光緒十年(1884)淮南書局刻本　三册

330000－1701－0043382　普 811.17/75201　集部/别集類/清別集

半樹詩鈔六卷　(清)陳雋撰　清嘉慶十年(1805)刻本　二册

330000－1701－0043384　普 616.78/3182　新學/醫學/衛生學

脚氣類方一卷附録一卷　(日本)源養德撰　清光緒二十五年(1899)上海古香閣刻本　四册

330000－1701－0043385　普 811.17/75303　集部/别集類/清別集

思退堂詩鈔十二卷青琅軒吟館詞鈔一卷　(清)陳祖望撰　清道光三十年(1850)刻本　四册

330000－1701－0043386　普 616.912/8022　子部/醫家類/兒科之屬/痘疹

痘疹會通五卷　(清)曾鼎撰　清乾隆五十一年(1786)盱江曾鼎忠恕堂刻本　四册

330000－1701－0043387　普 811.17/7521

集部/别集類/清別集
可園詩存二卷詩續存一卷詞存一卷 陳作霖撰 清光緒刻本 石僊題記 二冊

330000－1701－0043388 普 616.912/80221/c1 子部/醫家類/兒科之屬/痘疹
增補秘傳痘疹玉髓金鏡錄真本四卷圖像一卷 (明)翁仲仁撰 清刻本 二冊

330000－1701－0043391 普 616.912/80221/c2 子部/醫家類/兒科之屬/痘疹
增補秘傳痘疹玉髓金鏡錄真本四卷圖像一卷 (明)翁仲仁撰 清刻本 二冊

330000－1701－0043395 普 811.17/7522
集部/别集類/清別集
小桃溪館詩鈔七卷 (清)陳崑撰 清同治六年(1867)盛山書院木活字印本 二冊

330000－1701－0043396 普 616.912/80221/c3 子部/醫家類/兒科之屬/痘疹
增補秘傳痘疹玉髓金鏡錄真本四卷圖像一卷 (明)翁仲仁撰 清嘉慶二十一年(1816)姑蘇講德齋刻本 二冊

330000－1701－0043397 普 811.17/7502
集部/别集類/清別集
滇游計程小草一卷 (清)陳新撰 **秋瞥閣詩存一卷** (清)陳作敬撰 清光緒二十八年(1902)刻本 一冊

330000－1701－0043398 普 811.17/75321
集部/别集類/清別集
紫竹山房詩集十二卷文集二十卷 (清)陳兆崙撰 **［陳星齋］年譜一卷** (清)陳玉繩撰 清乾隆刻本 七冊 存十二卷(詩集一至十二)

330000－1701－0043399 普 616.915/0411
子部/醫家類/兒科之屬/痘疹
痲科活人全書四卷 (清)謝玉瓊輯 清光緒十九年(1893)李福田刻三十年(1904)危仲子增刻本 四冊

330000－1701－0043404 SBC1211 集部/總集類/選集之屬/通代
文選音義□□卷 (清)何震輯 清抄本 清何以炯、清王賓跋 一冊 存一卷(一)

330000－1701－0043405 普 616.915/1028
子部/醫家類/兒科之屬/痘疹
治疹全書三卷首一卷尾一卷 (清)夏禹鑄撰 清光緒二十六年(1900)東陽長衢里方氏刻本 二冊

330000－1701－0043406 普 811.17/7518
集部/别集類/清別集
二石詩選一卷 (清)陳一夔撰 清嘉慶十六年(1811)山滿樓刻本 一冊

330000－1701－0043407 普 811.17/75222
集部/别集類/清別集
陳檢討詩鈔十卷詞鈔十二卷 (清)陳維崧撰 (清)蔣景祁等輯 清康熙刻本 八冊 缺四卷(詞鈔九至十二)

330000－1701－0043408 SBC1212 史部/傳記類/總傳之屬/儒林
蕺山學案□□卷 清抄本 一冊 存一卷(上)

330000－1701－0043410 普 811.17/75101
集部/别集類/清別集
小信天巢詩鈔十八卷續鈔一卷 (清)陳石麟撰 清嘉慶十一年至十四年(1806－1809)刻本 六冊 存十六卷(一至十六)

330000－1701－0043411 普 811.17/7519
集部/别集類/清別集
琴海集二卷附正字一卷 (清)陳玉鄰撰 **琴海集正字一卷** (清)宗德懋撰 清光緒二十一年(1895)刻本 一冊

330000－1701－0043415 普 811.17/7523
集部/别集類/清別集
茶話軒詩集二卷 (清)陳舜咨撰 清咸豐六年至八年(1856－1858)樂清董氏刻本 二冊

330000－1701－0043416 普 616.915/1100/2/c1 子部/醫家類/兒科之屬/痘疹
痲疹闡註四卷 (清)張廉撰 清道光二十八年(1848)刻本 一冊

330000－1701－0043417　普 811.17/7512　集部/別集類/清別集
玉樹齋詩稿一卷　(清)陳廷獻撰　清嘉慶刻本　一册

330000－1701－0043419　SBC1229　集部/總集類/選集之屬/通代
古文五刪五十二卷　(明)張溥輯　明末段君定刻本　二册　存四卷(元文類刪一至四)

330000－1701－0043420　普 811.17/7524/c3　集部/別集類/清別集
繼雅堂詩集三十四卷　(清)陳僅撰　清道光二十七年(1847)刻本　十二册

330000－1701－0043421　普 811.17/7529/c1　集部/別集類/清別集
一漚吟館選集二卷　(清)陳崇光撰　清宣統二年(1910)懷荃室刻本　一册

330000－1701－0043422　SBC1233　集部/總集類/課藝之屬
學海堂筆花書院課藝不分卷　清抄本　一册

330000－1701－0043423　普 616.915/1100/2/c2　子部/醫家類/兒科之屬/痘疹
麻疹闡註四卷　(清)張廉撰　清道光二十八年(1848)刻本　一册

330000－1701－0043424　普 811.17/7524/c2　集部/別集類/清別集
繼雅堂詩集三十四卷　(清)陳僅撰　清道光二十七年(1847)刻本　六册

330000－1701－0043425　普 811.17/7529/c2　集部/別集類/清別集
一漚吟館選集二卷　(清)陳崇光撰　清宣統二年(1910)懷荃室刻本　二册

330000－1701－0043426　普 616.915/1100/2/c3　子部/醫家類/兒科之屬/痘疹
麻疹闡註四卷　(清)張廉撰　清道光二十八年(1848)刻本　一册

330000－1701－0043427　普 811.17/7529/c3　集部/別集類/清別集
一漚吟館選集二卷　(清)陳崇光撰　清宣統二年(1910)懷荃室刻本　一册

330000－1701－0043428　普 811.17/7530/c1　集部/總集類/彙編之屬
簡學齋清夜齋手書詩稿合印二卷　(清)陳沆　(清)魏源撰　清宣統三年(1911)影印本　一册

330000－1701－0043429　普 811.17/7526　集部/別集類/清別集
沽上題襟集一卷　(清)陳皋撰　清乾隆刻本　一册

330000－1701－0043430　普 616.912/8042　子部/醫家類/兒科之屬/痘疹
翁仲仁先生痘科金鏡賦六卷　(明)翁仲仁撰　(清)俞茂鯤集解　清乾隆五十二年(1787)懷德堂刻本　四册

330000－1701－0043431　普 811.17/7533/c2　集部/別集類/清別集
囊翠樓詩稿二卷　(清)陳鴻逵撰　清光緒二十一年(1895)山陰陳氏刻本　一册

330000－1701－0043432　普 811.17/7530/c2　集部/總集類/彙編之屬
簡學齋清夜齋手書詩稿合印二卷　(清)陳沆　(清)魏源撰　清宣統三年(1911)影印本　一册

330000－1701－0043433　SBC1232　集部/總集類/選集之屬/斷代
唐詩絶句類選四卷總評一卷人物一卷　(明)敖英　(明)凌雲輯　(明)敖英等評　明凌雲刻三色套印本　三册　缺一卷(三)

330000－1701－0043434　普 811.17/7533/c3　集部/別集類/清別集
囊翠樓詩稿二卷　(清)陳鴻逵撰　清光緒二十一年(1895)山陰陳氏刻本　一册

330000－1701－0043435　普 811.17/7530.2/(2)　集部/總集類/選集之屬/通代
簡學齋詩存四卷詩刪四卷館課試律存一卷試律續鈔一卷　(清)陳沆撰　清咸豐二年

(1852)刻本　三冊

330000－1701－0043436　普616.913/2794　子部/醫家類/兒科之屬/痘疹
引痘略一卷　(清)邱熺撰　清同治八年(1869)刻本　一冊

330000－1701－0043438　SBC1228　史部/金石類/金之屬
長安獲古編二卷補一卷　(清)劉喜海撰　清同治東武劉氏刻光緒三十一年(1905)丹徒劉鶚補刻本　清左季題記　二冊

330000－1701－0043440　SBC1234　子部/小說家類/異聞之屬
艷異編四十五卷　明刻本　一冊　存一卷(二十一)

330000－1701－0043443　SBC1231　子部/術數類/雜術之屬
中國預言集一卷　清抄本　一冊

330000－1701－0043446　普811.17/75332　集部/別集類/清別集
學福齋詩稿六卷　(清)陳鴻寶撰　清嘉慶三年(1798)刻本　二冊

330000－1701－0043447　普811.17/75372/c1　集部/別集類/清別集
借樹山房詩鈔附刻十卷　(清)陳福熙撰　清光緒二年(1876)刻本　二冊

330000－1701－0043449　普811.17/75372/c2　集部/別集類/清別集
借樹山房詩鈔附刻十卷　(清)陳福熙撰　清光緒二年(1876)刻本　二冊

330000－1701－0043450　SBC1221　史部/金石類/郡邑之屬/文字
雍州金石記十卷記餘一卷　(清)朱楓撰　清許可抄本　一冊

330000－1701－0043451　普811.17/75373　集部/別集類/清別集
借樹山房詩鈔八卷　(清)陳慶槐撰　清光緒十六年(1890)舟山陳氏刻本　三冊

330000－1701－0043452　普811.17/75342　集部/別集類/清別集
抱簫山道人遺稿二卷　(清)陳鴻墀撰　清同治十二年(1873)陳宗親刻本　二冊

330000－1701－0043454　SBC1222　集部/別集類/清別集
通甫類稿四卷續編二卷通父詩存四卷詩存之餘二卷　(清)魯一同撰　清抄本　一冊　存六卷(通父詩存一至四、詩存之餘一至二)

330000－1701－0043456　SBC1244　類叢部/類書類/通類之屬
唐類函二百卷目錄二卷　(明)俞安期輯　明萬曆三十一年(1603)東吳俞安期刻本　三冊　存十五卷(九十六至一百、一百十一至一百十五、一百二十六至一百三十)

330000－1701－0043458　普951.0093/4041　史部/紀事本末類
紀事本末五種　(清)□□輯　清同治十二年至十三年(1873－1874)江西書局刻本　八十冊　存一種

330000－1701－0043459　普811.17/75343　集部/別集類/清別集
問渠詩草八卷　(清)陳濤撰　清乾隆五十四年(1789)刻本　四冊

330000－1701－0043461　SBC1223　史部/政書類/儀制之屬
清代陵寢祭艸不分卷　稿本　一冊

330000－1701－0043463　SBC1243　集部/楚辭類
楚辭集註八卷辯證二卷後語八卷　(宋)朱熹撰　(明)蔣之翹補輯並評校　**楚辭附覽二卷總評一卷**　(明)蔣之翹輯　明天啓六年(1626)檇李蔣之翹刻本　六冊　存十一卷(一至八、辯證一至二、總評)

330000－1701－0043466　普811.17/75344　類叢部/叢書類/自著之屬
陳司業集二種十一卷　(清)陳祖范撰　清乾隆刻二十九年(1764)陳鑾彙印本　一冊　存

一種

330000－1701－0043467　普 616.915/4675/2　子部/醫家類/兒科之屬/痘疹

郁謝麻科合璧一卷　(明)郁氏　(明)謝心陽撰　(清)楊開泰輯　清光緒二十六年(1900)吳寧方氏刻本　一冊

330000－1701－0043468　普 811.17/7540.2/c1　史部/史評類/詠史之屬

今樂府(九九樂府)一卷　(清)陳梓撰　(清)鄭亦亭評　清宣統二年(1910)石印本　一冊

330000－1701－0043470　SBC1216　類叢部/類書類/專類之屬

新鐫幼學備覽捷運對類大全二十卷首二卷　明書林章復初刻本　一冊　缺十六卷(五至二十)

330000－1701－0043472　普 811.17/7540.2/c2　史部/史評類/詠史之屬

今樂府(九九樂府)一卷　(清)陳梓撰　(清)鄭亦亭評　清宣統二年(1910)石印本　一冊

330000－1701－0043473　普 951.0093/4041/2　史部/紀事本末類

歷朝紀事本末七種　(清)陳如升　(清)朱記榮輯　清光緒二十一年(1895)上海積山書局石印本　二十四冊　存一種

330000－1701－0043475　普 616.915/3400　子部/醫家類/兒科之屬/痘疹

秘授沈氏瘄疹摘要一卷　清咸豐十一年(1861)浙寧江東三江口保安局刻本　一冊

330000－1701－0043476　SBC1215　史部/傳記類/日記之屬

日記不分卷(清道光二十九年至咸豐四年、光緒七年至九年、十二年至十五年)　稿本　四冊

330000－1701－0043477　善 008940　集部/總集類/選集之屬/通代

古文五刪五十二卷　(明)張溥輯　明末段君定刻本　七冊　存十七卷(唐文粹刪一至十、宋文鑑刪一至五、元文類刪三至四)

330000－1701－0043478　普 811.17/7540.3　類叢部/叢書類/彙編之屬

張氏適園叢書　張鈞衡編　清宣統三年(1911)上海國學扶輪社鉛印本　一冊　存一種

330000－1701－0043479　普 616.915/4933　子部/醫家類/兒科之屬/痘疹

麻瘄彙補二卷　(清)趙鴻洲撰　清乾隆刻本　三冊

330000－1701－0043480　普 811.17/7536/c1　集部/别集類/清别集

西湖櫂歌一卷鑑湖櫂歌一卷　(清)陳祖昭撰　清光緒十三年(1887)刻本　一冊

330000－1701－0043481　普 616.915/3629/c1　子部/醫家類/兒科之屬/痘疹

麻疹全書四卷　(元)滑壽撰　清光緒三十一年(1905)湯鼎烜刻本　湯承題記　四冊

330000－1701－0043482　普 616.92/1044/4　子部/醫家類/溫病之屬/其他溫疫病證

溫熱經緯五卷　(清)王士雄撰　(清)楊照藜　(清)汪曰楨評　清上海千頃堂書局石印本　四冊

330000－1701－0043483　普 951.0093/4041/3　史部/紀事本末類

歷朝紀事本末九種　(清)陳如升　(清)朱記榮輯　(清)慎記主人增輯　清光緒二十八年(1902)上海書局石印本　十八冊　存一種

330000－1701－0043484　SBC1217　史部/史評類/史論之屬

史萃四卷　(清)楚卿撰　稿本　四冊

330000－1701－0043485　普 616.915/3629/c2　子部/醫家類/兒科之屬/痘疹

麻疹全書四卷　(元)滑壽撰　清光緒三十一年(1905)湯鼎烜刻本　四冊

330000－1701－0043486　普 811.17/7536/c2

集部/別集類/清別集

西湖櫂歌一卷鑑湖櫂歌一卷 （清）陳祖昭撰　清光緒十三年（1887）刻本　一册

330000－1701－0043487　SBC1219　集部/別集類/清別集

備忘不分卷　清抄本　二册

330000－1701－0043488　普616.915/3629/c3　子部/醫家類/兒科之屬/痘疹

麻疹全書四卷 （元）滑壽撰　清光緒三十一年（1905）湯鼎烜刻本　四册

330000－1701－0043489　普811.17/75361　集部/別集類/清別集

晚香齋吟草一卷 （清）陳洄撰　清光緒十一年（1885）刻本　一册

330000－1701－0043490　普811.17/7540.4/c2　集部/別集類/清別集

刪後詩存十卷文集十六卷 （清）陳梓撰　清嘉慶二十年（1815）胡氏敬義堂刻本　六册　存十卷（刪後詩存一至十）

330000－1701－0043491　普951.0093/4041/4　史部/紀事本末類

歷朝紀事本末九種 （清）陳如升　（清）朱記榮輯　（清）捷記主人增輯　清光緒二十九年（1903）上海文盛書局石印本　二十册　存一種

330000－1701－0043492　普616.92/1200　新學/醫學

西醫熱症總論一卷 （清）孔慶高筆譯　清光緒七年（1881）刻本　一册

330000－1701－0043493　普811.17/7537/c1　集部/別集類/清別集

藤阿吟稿四卷 （清）陳鴻熙撰　清嘉慶二十五年（1820）會稽陳氏姑蘇刻本　四册

330000－1701－0043494　普811.17/7541　集部/別集類/清別集

獨漉堂稾七卷 （清）陳恭尹撰　清康熙刻本　二册

330000－1701－0043495　SBC1218　史部/雜史類/斷代之屬

南渡三疑案不分卷　清聽松山館抄本　一册

330000－1701－0043496　SBC1220　史部/傳記類/日記之屬

日記不分卷（清光緒二十五年至二十六年）　稿本　一册

330000－1701－0043497　普811.17/7543/（2）/c2　集部/別集類/清別集

蓬萊閣詩錄四卷 （清）陳克家撰　清同治二年（1863）刻本　一册

330000－1701－0043498　普811.17/7537/c2　集部/別集類/清別集

藤阿吟稿四卷 （清）陳鴻熙撰　清嘉慶二十五年（1820）會稽陳氏姑蘇刻本　且間子題簽　一册　存二卷（一至二）

330000－1701－0043499　普811.17/7541/2　集部/別集類/清別集

真息齋詩鈔四卷續鈔一卷 （清）陸費瑔撰　清同治九年（1870）陸費履厚堂刻光緒二十七年（1901）重修本　趙亞亨題記　二册

330000－1701－0043500　普811.17/75411　集部/別集類/清別集

含暉堂遺稿二卷 （清）陳觀酉撰　清同治七年（1868）翥山官廨刻本　一册

330000－1701－0043501　普616.915/7553/2　子部/醫家類/喉科口齒之屬/喉痧

疫痧草三卷 （清）陳耕道撰　清光緒三十年（1904）魏塘紫陽氏鉛印本　一册

330000－1701－0043502　普951.0093/4041/5　史部/紀事本末類

歷朝紀事本末七種 （清）陳如升　（清）朱記榮輯　清光緒十四年（1888）上海書業公所鉛印本　二十四册　存一種

330000－1701－0043503　普811.17/75371　集部/別集類/清別集

退思齋詩集十一卷 （清）陳祁撰　清嘉慶刻本（商於吟稿卷上配抄本）　八册

330000－1701－0043504　普 616.92/1044
子部/醫家類/溫病之屬/其他溫疫病證
溫熱經緯五卷　（清）王士雄撰　（清）楊照藜（清）汪曰楨評　清光緒三十年（1904）石印本　四册

330000－1701－0043505　SBC1241　史部/傳記類/總傳之屬/家乘
程氏世譜九卷　清抄本　三册

330000－1701－0043508　普 811.17/7544/c1
集部/別集類/清別集
退耕堂詩集十卷詩餘一卷　（清）陳希敬撰　清光緒二十八年（1902）陳賡笙刻本　四册

330000－1701－0043509　普 616.92/12121
子部/醫家類/溫病之屬/其他溫疫病證
溫病指南二卷　（清）婁杰輯　（清）蕭惠清訂　清光緒二十九年（1903）聽慮館刻本　一册

330000－1701－0043511　普 616.92/2610/5
子部/醫家類/溫病之屬/其他溫疫病證
溫病條辨六卷首一卷　（清）吳瑭撰　清寧波羣玉山房刻本　四册

330000－1701－0043512　普 616.92/1044/2
子部/醫家類/溫病之屬/其他溫疫病證
溫熱經緯五卷　（清）王士雄撰　（清）楊照藜（清）汪曰楨評　清光緒十一年（1885）松韻閣刻本　四册

330000－1701－0043514　SBC1226　集部/總集類/選集之屬/斷代
唐詩品彙九十卷拾遺十卷詩人爵里詳節一卷　（明）高棅輯　（清）張恂訂　明末關中張恂刻本　二十四册　存八十卷（一至三十六、四十七至八十一、拾遺三至十、詩人爵里詳節）

330000－1701－0043515　普 616.92/2610/2
子部/醫家類/溫病之屬/其他溫疫病證
問心堂溫病條辨六卷首一卷　（清）吳瑭撰　清同治元年（1862）蕭定榮等刻本　四册

330000－1701－0043516　普 811.17/7544/c2
集部/別集類/清別集
退耕堂詩集十卷詩餘一卷　（清）陳希敬撰　清光緒二十八年（1902）陳賡笙刻本　三册

330000－1701－0043517　普 811.17/7542
類叢部/叢書類/家集之屬
養志居僅存稿十種　（清）陳克劬編　清光緒十一年至十九年（1885－1893）丹徒陳氏刻本　二册　存一種

330000－1701－0043518　普 616.92/2610/6
子部/醫家類/溫病之屬/其他溫疫病證
問心堂溫病條辨六卷首一卷　（清）吳瑭撰　**種福堂公選溫熱論一卷**　（清）葉桂撰　清光緒二十七年（1901）湖南思賢書局刻本　四册

330000－1701－0043519　普 811.17/75441
集部/別集類/清別集
葆澤堂餘草一卷　（清）陳若蘭撰　清道光二十八年（1848）刻本　一册

330000－1701－0043520　SBC1239　集部/楚辭類
楚辭集註八卷辯證二卷後語八卷　（宋）朱熹撰　（明）蔣之翹補輯並評校　**楚辭附覽二卷總評一卷**　（明）蔣之翹輯　明天啓六年（1626）檇李蔣之翹刻本　二册　存三卷（四至六）

330000－1701－0043522　普 811.17/75421/c1　史部/史評類/詠史之屬
今樂府（九九樂府）一卷　（清）陳梓撰（清）鄭亦亭評　清宣統二年（1910）石印本　一册

330000－1701－0043523　普 811.17/7547/c1
集部/別集類/清別集
運甓齋詩稾八卷　（清）陳勱撰　清光緒十年（1884）刻本　一册

330000－1701－0043525　普 616.92/1044/3
子部/醫家類/溫病之屬/其他溫疫病證
溫熱經緯五卷　（清）王士雄撰　（清）楊照藜（清）汪曰楨評　清光緒二十九年（1903）刻本　四册

330000－1701－0043526　SBC1238　集部/別集類/宋別集

東坡禪喜集十四卷　(宋)蘇軾撰　(明)馮夢禎批點　(明)凌濛初增輯　清抄本　二冊　存十二卷(一至十二)

330000－1701－0043527　普 616.92/2610/4/c1　子部/醫家類/溫病之屬/其他溫疫病證

溫病條辨六卷首一卷　(清)吳瑭撰　清道光十五年(1835)鶴皋葉氏刻本　四冊

330000－1701－0043528　普 811.17/7547/c2　集部/別集類/清別集

運甓齋詩稾八卷　(清)陳勱撰　清光緒十年(1884)刻本　一冊

330000－1701－0043529　普 811.17/75442　集部/別集類/清別集

勝蓮花室詩鈔六卷　(清)陳翰芬撰　清光緒十八年(1892)刻本　一冊

330000－1701－0043530　普 811.17/7549　類叢部/叢書類/家集之屬

養志居僅存稿十種　(清)陳克劬編　清光緒十一年至十九年(1885－1893)丹徒陳氏刻本　一冊　存一種

330000－1701－0043532　普 616.92/2610/4/c2　子部/醫家類/溫病之屬/其他溫疫病證

溫病條辨六卷首一卷　(清)吳瑭撰　清道光十五年(1835)鶴皋葉氏刻本　四冊

330000－1701－0043534　普 811.17/75443/c1　集部/別集類/清別集

白雲山人詩草三卷附文草一卷　(清)陳桂撰　清同治刻本　一冊

330000－1701－0043535　普 811.17/7556　集部/別集類/清別集

晚晴書屋詩鈔二卷　(清)陳春曉撰　清道光十九年(1839)刻本　二冊

330000－1701－0043536　普 616.92/4408　子部/醫家類/溫病之屬/其他溫疫病證

溫病二百三十七法湯頭歌括三卷　(清)葉謙輯　清光緒二十五年(1899)種瓠草堂葉氏刻本　一冊

330000－1701－0043537　普 616.922/2649.3　子部/醫家類/溫病之屬/瘟疫

瘟疫論補注二卷　(明)吳有性撰　(清)鄭重光補注　清光緒三十三年(1907)上海掃葉山房石印本　一冊

330000－1701－0043538　普 951.0093/4042　史部/紀事本末類

歷朝紀事本末九種　(清)陳如升　(清)朱記榮輯　(清)慎記主人增輯　清末上海玉麟書局石印本　五十四冊

330000－1701－0043539　普 616.922/2649.02　子部/醫家類/溫病之屬/瘟疫

瘟疫彙編十六卷首一卷　(清)汪期蓮輯　清道光八年(1828)汪培芝堂刻本　清楊日章題記　六冊

330000－1701－0043541　普 616.922/2649.3/2　子部/醫家類/溫病之屬/瘟疫

瘟疫論補注二卷　(明)吳有性撰　(清)鄭重光補注　清康熙喬國楨刻本　二冊

330000－1701－0043543　SBC1266　史部/紀傳類/正史之屬

史漢評林　(明)凌稚隆輯　明萬曆烏程凌稚隆刻本　六冊　存四十卷(史記評林二至十二、十九至二十二、八十七至九十五、一百七至一百二十二)

330000－1701－0043545　普 616.912/4611　子部/醫家類/傷寒金匱之屬/傷寒論

寒溫條辯七卷溫病壞證一卷附撥正散一卷　(清)楊璿撰　清光緒二十三年(1897)湖南書局刻本　五冊

330000－1701－0043546　普 811.17/7560/c1　集部/別集類/清別集

綠蕉館詩鈔四卷　(清)陳景高撰　清同治十三年(1874)刻本　二冊

330000－1701－0043547　普 811.17/75443/c3　集部/別集類/清別集

白雲山人詩草三卷附文草一卷　(清)陳桂撰　清同治刻本　一冊　存二卷(詩草一、文

草）

330000－1701－0043548 普811.17/7560/c2 集部/别集類/清别集
綠蕉館詩鈔四卷 （清）陳景高撰 清同治十三年（1874）刻本 二册

330000－1701－0043550 SBC1263 子部/小説家類
蟲鳴漫錄不分卷 清抄本 三册

330000－1701－0043551 普811.17/7563 類叢部/叢書類/自著之屬
橘蔭軒全集七種 （清）陳錦撰 清光緒山陰陳氏橘蔭軒刻本 三册 存一種

330000－1701－0043552 普811.17/75444 集部/别集類/清别集
運甓齋詩槀八卷 （清）陳勱撰 清光緒十年（1884）刻本 一册

330000－1701－0043553 普811.17/7564 集部/别集類/清别集
種藥齋詩鈔二卷 （清）陳時撰 清道光刻本 二册

330000－1701－0043555 普811.17/7563/（2）/c3 類叢部/叢書類/自著之屬
橘蔭軒全集七種 （清）陳錦撰 清光緒山陰陳氏橘蔭軒刻本 二册 存一種

330000－1701－0043556 普811.17/7545 集部/别集類/清别集
撼山草堂遺槀三卷補錄一卷 （清）陳起書撰 清同治五年（1866）刻本 二册

330000－1701－0043559 SBC1236 集部/别集類/清别集
春藹堂集十八卷 （清）陳奕禧撰 清康熙四十六年（1707）刻本 一册 存二卷（一至二）

330000－1701－0043560 普811.17/7564/2/c2 類叢部/叢書類/郡邑之屬
武林掌故叢編一百八十七種 （清）丁丙編 清光緒三年至二十六年（1877－1900）錢塘丁氏嘉惠堂刻本 二册 存一種

330000－1701－0043561 普616.922/2649.07 子部/醫家類/温病之屬/瘟疫
瘟疫論二卷 （明）吳有性撰 清刻本 二册

330000－1701－0043562 普616.922/4310/2 子部/醫家類/温病之屬/瘟疫
瘟疫明辨四卷末一卷 （清）鄭奠一撰 清嘉慶二十二年（1817）晉祁書業堂刻本 清孫紹甲跋 四册

330000－1701－0043563 普811.17/75421/c3 史部/史評類/詠史之屬
今樂府（九九樂府）一卷 （清）陳梓撰（清）鄭亦亭評 清宣統二年（1910）石印本 一册

330000－1701－0043564 普811.17/75421/c4 史部/史評類/詠史之屬
今樂府（九九樂府）一卷 （清）陳梓撰（清）鄭亦亭評 清宣統二年（1910）石印本 一册

330000－1701－0043565 普811.17/75451/c1 類叢部/叢書類/彙編之屬
如不及齋叢書十三種 （清）陳坤編 清同治至光緒錢塘陳氏粤東刻本 六册 存一種

330000－1701－0043566 SBC1257 集部/别集類/清别集
茹蓉堡遺詩一卷 （清）茹志熊撰 清抄本 一册

330000－1701－0043567 SBC1235 子部/雜著類/雜説之屬
淮南子二十八卷 （漢）劉安撰 明嘉靖九年（1530）王鎣刻本 一册 存九卷（一至九）

330000－1701－0043569 普616.922/6060/2c1 子部/醫家類/温病之屬/瘟疫
瘟疫條辨摘要不分卷附錄一卷 （清）呂田輯 清光緒三十年（1904）澄齋刻本 一册

330000－1701－0043570 SBC1260 子部/術數類
孔明天甲兵書玄通天鏡一卷地鏡一卷人鏡一卷 清抄本 一册

330000－1701－0043572　普 811.17/75451/c2　類叢部/叢書類/彙編之屬

如不及齋叢書十三種　(清)陳坤編　清同治至光緒錢塘陳氏粤東刻本　五册　存一種

330000－1701－0043574　普 616.922/2649.2　子部/醫家類/溫病之屬/瘟疫

明吳又可先生溫疫論醫門普度二卷附一卷　(清)吳有性撰　清道光十二年(1832)刻本　二册

330000－1701－0043575　普 616.922/4408　子部/醫家類/溫病之屬/瘧痢

時疫辨四卷　(清)林慶銓輯　清光緒二十六年(1900)刻本　二册

330000－1701－0043576　SBC1245　類叢部/類書類/通類之屬

藝文類聚一百卷　(唐)歐陽詢輯　明嘉靖二十八年(1549)平陽府刻本　十册　存八十二卷(一至七十三、八十三至九十一)

330000－1701－0043577　普 811.17/7580.2　集部/别集類/清别集

征鴻集一卷　陳夔龍撰　清末鉛印本　一册

330000－1701－0043578　SBC1258　集部/别集類/唐五代别集

杜少陵先生七律詩鈔一卷　(唐)杜甫撰　**白香山格律詩鈔一卷**　(唐)白居易撰　清光緒八年(1882)戴穗孫抄本　清戴穗孫跋　一册

330000－1701－0043579　普 616.922/6060/2c2　子部/醫家類/溫病之屬/瘟疫

瘟疫條辨摘要不分卷附錄一卷　(清)吕田輯　清光緒三十年(1904)澄齋刻本　一册

330000－1701－0043580　普 616.922/6060/2/c3　子部/醫家類/溫病之屬/瘟疫

瘟疫條辨摘要不分卷附錄一卷　(清)吕田輯　清光緒三十年(1904)澄齋刻本　一册

330000－1701－0043582　普 616.922/6060/2/c4　子部/醫家類/溫病之屬/瘟疫

瘟疫條辨摘要不分卷附錄一卷　(清)吕田輯　清光緒三十年(1904)澄齋刻本　一册

330000－1701－0043583　普 811.17/7571　集部/别集類/清别集

征帆集四卷附試帖鈔存一卷　(清)陳熙晉撰　清咸豐元年(1851)刻本　二册　存四卷(一至四)

330000－1701－0043584　SBC1259　集部/别集類/宋别集

劍南詩鈔一卷　(宋)陸游撰　清光緒八年(1882)戴穗孫抄本　清戴穗孫跋　一册

330000－1701－0043585　普 616.92/8020　子部/醫家類/溫病之屬/其他溫疫病證

溫熱說二卷　(清)金位撰　清抄本　二册

330000－1701－0043586　普 616.922/6060/c2　子部/醫家類/溫病之屬/瘟疫

瘟疫條辨摘要不分卷　(清)吕田輯　清光緒十五年(1889)浙江書局刻本　一册

330000－1701－0043587　普 616.922/6060/3　子部/醫家類/溫病之屬/瘟疫

瘟疫條辨摘要不分卷　(清)吕田輯　清光緒十一年(1885)溫州博古齋刻本　一册

330000－1701－0043588　普 616.922/1048　子部/醫家類/溫病之屬

疫癘溯源不分卷　(清)王敬義撰　清道光二十五年(1845)刻本　二册

330000－1701－0043589　普 811.17/7583　類叢部/叢書類/自著之屬

趣園初集五種　(清)陳鍾祥撰　清咸豐十年(1860)刻本　五册　存一種

330000－1701－0043590　普 811.17/7574　集部/别集類/清别集

逸廬詩集二卷　(清)陳長吉撰　清光緒刻本　一册

330000－1701－0043591　普 616.922/6060/c3　子部/醫家類/溫病之屬/瘟疫

瘟疫條辨摘要不分卷　(清)吕田輯　清光緒十五年(1889)浙江書局刻本　一册

330000－1701－0043592　普 616.922/6060/

c5　子部/醫家類/溫病之屬/瘟疫
瘟疫條辨摘要不分卷　(清)呂田輯　清光緒十五年(1889)浙江書局刻本　一册

330000－1701－0043593　普616.922/2649
子部/醫家類/溫病之屬/瘟疫
瘟疫論類編五卷　(明)吳有性撰　(清)劉奎訂正　(清)劉秉錦編釋　清嘉慶四年(1799)刻本　四册

330000－1701－0043594　普811.17/7584/c1
集部/別集類/清別集
知非齋詩鈔一卷　(清)陳鍾英撰　清同治十一年(1872)杭州刻本　一册

330000－1701－0043595　普811.17/7577
集部/別集類/清別集
騰嘯軒詩鈔三十八卷首一卷　(清)陳熙撰　清道光二年(1822)刻本　十八册

330000－1701－0043596　普811.17/7584/c2
集部/別集類/清別集
知非齋詩鈔一卷　(清)陳鍾英撰　清同治十一年(1872)杭州刻本　一册

330000－1701－0043597　SBC1254　集部/別集類/清別集
意園詩集二卷　(清)周錫榮撰　稿本　清虛谷題簽　一册

330000－1701－0043599　普951.0093/4042/2　史部/紀事本末類
歷朝紀事本末九種　(清)陳如升　(清)朱記榮輯　(清)捷記主人增輯　清光緒二十八年(1902)上海捷記書局石印本　四十一册　缺二十五卷(左傳紀事本末一至二十五)

330000－1701－0043600　SBC1276　子部/雜著類
彈鋏餘鈔□□卷　知非子撰　清抄本　二册　存二卷(一至二)

330000－1701－0043601　普616.922/7752
子部/醫家類/溫病之屬
溫熱暑疫全書四卷　(清)周揚俊輯　清刻本　一册

330000－1701－0043602　普616.922/8024
子部/醫家類/溫病之屬/瘟疫
疫證集說四卷補遺一卷　余德壎輯　清宣統三年(1911)素盦鉛印本　四册

330000－1701－0043604　普811.17/7584.02
集部/別集類/清別集
知非齋詩續鈔十卷　(清)陳鍾英撰　清光緒六年(1880)刻本　二册　存四卷(一至四)

330000－1701－0043606　普811.17/75422
集部/別集類/清別集
響琴齋詩集六卷詩餘二卷　(清)陳聲和撰　清嘉慶三年(1798)陳本淳聽訓堂刻本　二册　存六卷(詩集一至六)

330000－1701－0043607　普811.17/7586/c3
類叢部/叢書類/自著之屬
橘蔭軒全集七種　(清)陳錦撰　清光緒山陰陳氏橘蔭軒刻本　八册　存一種

330000－1701－0043609　普616.926/0822/2
類叢部/叢書類/彙編之屬
十萬卷樓叢書五十一種　(清)陸心源編　清光緒歸安陸氏刻本(歲時廣記卷六原缺)　四册　存二種

330000－1701－0043610　普616.922/9939
子部/醫家類/溫病之屬/瘟疫
惡核良方釋疑一卷　(清)勞守慎輯　清光緒二十九年(1903)刻本　一册

330000－1701－0043611　普811.17/7543
集部/別集類/清別集
蓬萊閣詩錄四卷　(清)陳克家撰　清同治二年(1863)刻朱印本　一册　存二卷(一至二)

330000－1701－0043612　普811.17/7586/(2)、普811.17/7586.2　類叢部/叢書類/自著之屬
橘蔭軒全集七種　(清)陳錦撰　清光緒山陰陳氏橘蔭軒刻本　十二册　存一種

330000－1701－0043615　SBC1253　集部/別集類/清別集
威鳳祥麟集一卷松竹聯吟集一卷　(清)董炳

楠撰　清會稽董氏行餘講舍抄本　一冊

330000－1701－0043616　普616.926/0044
子部/醫家類/傷寒金匱之屬/傷寒論
傷寒論條辨八卷本草鈔一卷或問一卷痙書一卷痙書或問一卷　(明)方有執撰　清康熙五十八年(1719)浩然樓刻本　二冊

330000－1701－0043619　SBC1270　經部/四書類/總義之屬/傳說
四書集註大全四十三卷　(明)胡廣等輯　明内府刻本　九冊　存二十一卷(中庸章句大全,讀中庸法,論語集註大全六至十、十五至二十,孟子集註大全七至十四)

330000－1701－0043620　SBC1273　子部/術數類/命書相書之屬
命理窮通寶鑑欄江綱二卷增補月談賦一卷　(清)余春臺輯　清抄本　二冊

330000－1701－0043621　普811.17/7590
集部/別集類/清別集
貞可齋集唐六集　(清)陳光龍撰　清康熙刻本　六冊

330000－1701－0043622　普616.926/0822/3
類叢部/叢書類/彙編之屬
藏修堂叢書三十六種　(清)劉晚榮編　清光緒十六年(1890)新會劉氏藏修書屋刻本　二冊　存一種

330000－1701－0043624　普811.17/7587/c2
集部/別集類/清別集
遠邨唫藁一卷　(清)陳鑑撰　清同治十三年(1874)陳行端刻本　一冊

330000－1701－0043625　普616.926/0700/c1　子部/醫家類/類編之屬
武昌醫學館叢書　(清)柯逢時編　清光緒三十年至民國元年(1904－1912)武昌醫學館刻本　四冊　存一種

330000－1701－0043626　普811.17/7592
集部/別集類/清別集
拜石山巢詩鈔八卷　(清)陳光緒撰　清道光二十六年(1846)刻本　四冊

330000－1701－0043627　普811.17/7587/c3
集部/別集類/清別集
遠邨唫藁一卷　(清)陳鑑撰　清同治十三年(1874)陳行端刻本　一冊

330000－1701－0043629　SBC1251　子部/術數類/陰陽五行之屬
推背圖說一卷　題(唐)袁天罡撰　(唐)李淳風注　清抄彩繪本　四冊

330000－1701－0043630　普616.926/1015/c3　子部/醫家類/傷寒金匱之屬/傷寒論
傷寒古方通六卷　(清)王子接註　清末上海樂善堂刻本　二冊

330000－1701－0043631　普811.17/7594
集部/別集類/清別集
慕陵詩稿二卷補遺一卷　(清)陳榮杰撰　**大巖賸草一卷**　(清)陳松齡撰　清嘉慶八年(1803)青藤書屋刻本　四冊

330000－1701－0043633　普616.922/2649.2/2　子部/醫家類/溫病之屬/瘟疫
明吳又可先生溫疫論二卷　(明)吳有性撰　清經綸堂刻本　朱榮璪跋　二冊

330000－1701－0043634　普616.926/0700/c2　子部/醫家類/類編之屬
武昌醫學館叢書　(清)柯逢時編　清光緒三十年至民國元年(1904－1912)武昌醫學館刻本　四冊　存一種

330000－1701－0043636　普811.17/7597
集部/別集類/清別集
賁凌霄榭詩集六卷　(清)陳烱撰　清道光二十一年(1841)刻本　二冊

330000－1701－0043637　普951.0094/0822
史部/紀傳類/別史之屬
建康實錄二十卷　(唐)許嵩撰　清光緒二十八年(1902)江寧甘氏桑泊草堂刻本　余紹宋題記　六冊

330000－1701－0043638　SBC1268　經部/小學類/音韻之屬/韻書
重刊改併五音類聚四聲篇十五卷附五音集韻

十五卷　(金)韓道昭撰　**新編經史正音切韻指南一卷**　(元)劉鑑撰　**新編篇韻貫珠集八卷直指玉鑰匙門法一卷**　(明)釋真空撰　明刻本　十冊　存十七卷(重刊改併五音類聚四聲篇十三至十五、五音集韻二至十、新編經史正音切韻指南、新編篇韻貫珠集七至八、直指玉鑰匙門法)

330000－1701－0043639　普 811.17/75881/c1　集部/別集類/清別集
遠邨唫藁一卷　(清)陳鑑撰　清同治十三年(1874)陳行端刻本　一冊

330000－1701－0043640　普 616.926/1142.013/c1　子部/醫家類/傷寒金匱之屬/傷寒論
張仲景傷寒論貫珠集八卷　(清)尤怡輯註　清蘇州來青閣刻本　四冊

330000－1701－0043641　SBC1283　子部/雜著類/雜考之屬
丹鉛總錄二十七卷　(明)楊慎撰　明嘉靖三十三年(1554)梁佐刻藍印本　七冊　存十七卷(十一至二十七)

330000－1701－0043642　普 811.17/75971　集部/別集類/清別集
師竹齋稿四卷詩餘一卷　(清)陳燦撰　清嘉慶二十年(1815)杭州愛日軒刻本　二冊

330000－1701－0043643　普 811.17/75881/c4　集部/別集類/清別集
遠邨唫藁一卷　(清)陳鑑撰　清同治十三年(1874)陳行端刻本　一冊

330000－1701－0043644　普 616.926/1029　子部/醫家類/類編之屬
證治準繩六種(醫書六種)　(明)王肯堂撰　明萬曆三十年至三十六年(1602－1608)刻清康熙三十一年(1692)金壇虞氏重修本　八冊　存一種

330000－1701－0043645　SBC1250　集部/別集類/清別集
亭林詩選一卷　(清)顧炎武撰　清抄本　一冊

330000－1701－0043646　普 616.926/1142.013/c2　子部/醫家類/傷寒金匱之屬/傷寒論
張仲景傷寒論貫珠集八卷　(清)尤怡輯註　清嘉慶十五年(1810)朱陶性木活字印本　四冊

330000－1701－0043647　普 811.17/75881/2　集部/別集類/清別集
遠邨唫藁一卷　(清)陳鑑撰　清同治十三年(1874)陳行端刻本　一冊

330000－1701－0043648　SBC1249　集部/總集類/選集之屬/通代
孫月峯先生評文選三十卷　(南朝梁)蕭統輯　(明)孫鑛評　(明)閔齊華註　明刻本　三冊　存九卷(十至十二、十六至十八、二十五至二十七)

330000－1701－0043649　普 951.0094/4410/c1　史部/史抄類/通代之屬
古今紀要十九卷逸編一卷　(宋)黃震撰　清末耕餘樓刻本　六冊

330000－1701－0043651　SBC1248　集部/詞類/別集之屬
詞鈔一卷　清抄本　一冊

330000－1701－0043652　普 616.926/1142.013/(2)　子部/醫家類/傷寒金匱之屬/傷寒論
張仲景傷寒論貫珠集八卷　(清)尤怡輯註　清蘇州來青閣刻本　二冊

330000－1701－0043653　SBC1284　集部/別集類/明別集
祝氏集畧三十卷　(明)祝允明撰　明刻本　一冊　存四卷(二至五)

330000－1701－0043654　普 951.0094/4410/c2　史部/史抄類/通代之屬
古今紀要十九卷逸編一卷　(宋)黃震撰　清末耕餘樓刻本　八冊

330000－1701－0043656　普 616.926/1142.014/c1　子部/醫家類/傷寒金匱之屬/傷寒論
傷寒尋源三卷　(清)呂震名撰　清光緒七年

(1881)刻本　三册

330000－1701－0043657　普 616.926/1142
子部/醫家類/傷寒金匱之屬/傷寒論
注解傷寒論十卷圖解運氣圖一卷　(漢)張機撰　(晉)王叔和輯　(金)成無己注　清刻本　四册

330000－1701－0043658　SBC1247　史部/地理類/遊記之屬/紀行
滇行記略一卷　稿本　一册

330000－1701－0043659　普 951.0094/4410/c3　史部/史抄類/通代之屬
古今紀要十九卷逸編一卷　(宋)黄震撰　清末耕餘樓刻本　六册

330000－1701－0043660　普 616.926/1142.014/c2　子部/醫家類/傷寒金匱之屬/傷寒論
傷寒尋源三卷　(清)吕震名撰　清光緒七年(1881)刻本　三册

330000－1701－0043661　SBC1282　集部/別集類/明別集
王文成公全書三十八卷　(明)王守仁撰　明隆慶六年(1572)豫章謝廷傑刻本　一册　存二卷(八至九)

330000－1701－0043663　普 616.922/2649.2/3　子部/醫家類/溫病之屬/瘟疫
瘟疫論二卷補遺一卷附按一卷　(明)吳有性撰　清刻本　二册

330000－1701－0043664　普 811.17/77011
集部/別集類/清別集
弢甫五嶽集五種　(清)桑調元撰　清乾隆二十一年(1756)修汲堂刻本　六册

330000－1701－0043666　普 811.17/7710
集部/別集類/宋別集
水流雲在館集蘇詩存不分卷　(宋)蘇軾撰　(清)周天麟輯　**享帚齋試帖一卷**　(清)周恩綬撰　清光緒十七年(1891)石印本　二册

330000－1701－0043667　普 811.17/77012
集部/別集類/清別集
心影樓詩集一卷　(清)陶方琯撰　清光緒二年(1876)刻本　一册

330000－1701－0043668　SBC1285　集部/別集類/宋別集
石堂先生遺集二十二卷　(宋)陳普撰　明萬曆刻本　二册　存二卷(一至二)

330000－1701－0043669　普 616.926/1142.016　子部/醫家類/傷寒金匱之屬/傷寒論
張仲景傷寒論原文淺註六卷　(清)陳念祖集注　清刻本　六册

330000－1701－0043671　普 811.17/7599
集部/別集類/清別集
錯菴詩存二卷　(清)陳鎣撰　(清)姜文衡輯　清道光十七年(1837)刻本　一册

330000－1701－0043672　普 811.17/7702/c1
集部/別集類/清別集
有真意齋詩一卷　(清)陶文鼎撰　清光緒十八年(1892)陶氏廣州刻本　一册

330000－1701－0043674　普 811.17/77101/c1　集部/別集類/清別集
十誦齋集詩四卷詞一卷雜文一卷　(清)周天度撰　清光緒十年(1884)刻本　二册　存四卷(詩一至四)

330000－1701－0043675　普 811.17/7700
集部/別集類/清別集
無悔齋集十五卷附錄一卷　(清)周京撰　(清)厲鶚選　清乾隆十七年(1752)刻本　二册

330000－1701－0043676　SBC1286　子部/兵家類/操練之屬
練兵實紀九卷雜集六卷　(明)戚繼光撰　明刻本　二册　存三卷(一、雜集三至四)

330000－1701－0043677　SBC1280　史部/政書類/考工之屬/營造
工程做法七十四卷　(清)允禮等纂　**揚州畫舫錄十八卷**　(清)李斗撰　清抄本　十册　存六十三卷(十一至五十七、六十至七十四，揚州畫舫錄十七)

330000 - 1701 - 0043678　普 616.926/1142.012　子部/醫家類/傷寒金匱之屬/傷寒論

重訂傷寒集註十五卷　(清)舒詔撰　清文勝堂刻本　四冊

330000 - 1701 - 0043679　普 811.17/7702/c2　集部/别集類/清别集

有真意齋詩一卷　(清)陶文鼎撰　清光緒十八年(1892)陶氏廣州刻本　一冊

330000 - 1701 - 0043681　普 811.17/7701/c1　集部/别集類/清别集

湘麋閣遺詩四卷蘭當詞二卷　(清)陶方琦撰　清光緒十六年(1890)鄂局刻本　章嶔題簽　二冊

330000 - 1701 - 0043682　普 811.17/77101/c2　集部/别集類/清别集

十誦齋集詩四卷詞一卷雜文一卷　(清)周天度撰　清乾隆四十八年(1783)刻本　四冊

330000 - 1701 - 0043683　普 811.17/7701/c2　集部/别集類/清别集

湘麋閣遺詩四卷蘭當詞二卷　(清)陶方琦撰　清光緒十六年(1890)鄂局刻本　二冊　缺二卷(蘭當詞一至二)

330000 - 1701 - 0043686　普 811.17/7702/2　類叢部/叢書類/彙編之屬

如不及齋叢書十三種　(清)陳坤編　清同治至光緒錢塘陳氏粤東刻本　一冊　存一種

330000 - 1701 - 0043688　普 811.17/7701/c4　集部/别集類/清别集

湘麋閣遺詩四卷蘭當詞二卷　(清)陶方琦撰　清光緒十六年(1890)鄂局刻本　二冊

330000 - 1701 - 0043689　SBC1279　子部/天文曆算類/天文之屬

天文星象行圖不分卷　清末抄本　二冊

330000 - 1701 - 0043691　普 616.926/1142.018/2　子部/醫家類/傷寒金匱之屬/傷寒論

傷寒來蘇集三種　(清)柯琴撰　清刻本　六冊　存二種

330000 - 1701 - 0043692　普 811.17/77101/c2/1　集部/别集類/清别集

小十誦寮詩存四卷　(清)周南撰　清嘉慶二十五年(1820)刻本　二冊

330000 - 1701 - 0043693　普 616.926/1142.018　子部/醫家類/傷寒金匱之屬/傷寒論

傷寒來蘇集三種　(清)柯琴撰　清刻本　五冊　存二種

330000 - 1701 - 0043695　普 616.926/1142.019　子部/醫家類/傷寒金匱之屬/傷寒論

傷寒論三註十六卷　(清)周揚俊輯　清康熙二十二年(1683)刻本　四冊

330000 - 1701 - 0043696　普 811.17/7721/2　集部/别集類/清别集

是程堂集十四卷二集八卷耶溪漁隱詞二卷　(清)屠倬撰　清嘉慶十九年至二十五年(1814 - 1820)真州官舍、道光元年(1821)屠氏潛園刻本　八冊

330000 - 1701 - 0043698　普 811.17/7703/c1　集部/别集類/清别集

小栗山房詩鈔九卷花隖樵唱一卷　(清)殳慶源撰　清道光十二年(1832)刻本　四冊

330000 - 1701 - 0043699　普 811.17/77211/c2　集部/别集類/清别集

寶德堂詩鈔十卷附存二卷　(清)周衡撰　清光緒二年(1876)刻本　三冊

330000 - 1701 - 0043701　SBC1291　子部/雜著類/雜纂之屬

雪廬文鈔一卷　清抄本　一冊

330000 - 1701 - 0043702　普 811.17/7714　集部/别集類/清别集

雨十詩鈔四卷　(清)居瑾撰　(清)居恩壽等編　**附先考立齋公遺稿一卷**　(清)居殿臣輯　清光緒七年(1881)居殿臣刻本　二冊

330000 - 1701 - 0043703　普 811.17/7721/2(2)/c1　集部/别集類/清别集

是程堂詩集十四卷　(清)屠倬撰　清嘉慶十九年至二十五年(1814 - 1820)真州官舍刻本

四册

330000－1701－0043704　普 616.926/1142.207　子部/醫家類/傷寒金匱之屬/傷寒論
張仲景傷寒論辯證廣註十四卷首一卷中寒論辯證廣註三卷首一卷　(清)汪琥撰　清康熙刻本　二册　存四卷(中寒論辯證廣註首、一至三)

330000－1701－0043705　普 616.922/2649.2/4　子部/醫家類/溫病之屬/瘟疫
瘟疫論二卷補遺一卷附按一卷　(明)吳有性撰　清天都黄晟刻本　一册

330000－1701－0043706　普 811.17/77211/c3　集部/别集類/清别集
寶德堂詩鈔十卷附存二卷　(清)周衡撰　清光緒二年(1876)刻本　三册

330000－1701－0043708　普 811.17/7717　集部/别集類/清别集
受書堂稿□□卷　(清)周召撰　清刻本　二册　存六卷(詩集一至六)

330000－1701－0043709　普 811.17/7703/c2　集部/别集類/清别集
小栗山房詩鈔十一卷花隖樵唱一卷　(清)殳慶源撰　清道光十二年(1832)刻本　四册

330000－1701－0043710　普 811.17/7721/2(2)/c3　集部/别集類/清别集
是程堂詩集十四卷　(清)屠倬撰　清嘉慶十九年至二十五年(1814－1820)真州官舍刻本　八册

330000－1701－0043714　SBC1293　集部/總集類/題詠之屬
御製錢武肅王鐵券歌一卷　清抄本　一册

330000－1701－0043715　普 811.17/7722/c1　集部/别集類/清别集
千里樓詩草一卷詩餘一卷　(清)周維德撰　清光緒二年(1876)刻本　一册

330000－1701－0043716　普 811.17/7722/c2　集部/别集類/清别集
千里樓詩草一卷詩餘一卷　(清)周維德撰　清光緒二年(1876)刻本　一册

330000－1701－0043718　普 616.926/2574/c1　子部/醫家類/傷寒金匱之屬/傷寒論
增注類證活人書二十二卷釋音一卷藥性一卷　(宋)朱肱撰　清光緒十年(1884)江南機器製造總局刻本　四册

330000－1701－0043719　普 811.17/7723/(2)　集部/别集類/清别集
竹生吟館詩草十六卷　(清)周師濂撰　清道光九年(1829)刻本　四册

330000－1701－0043720　普 811.17/7719　集部/别集類/清别集
抱玉堂集八卷　(清)周三燮撰　清道光二十年(1840)董醇刻本　六册

330000－1701－0043721　普 811.17/7721.2　集部/别集類/清别集
是程堂二集四卷　(清)屠倬撰　清道光元年(1821)屠氏潛園刻本　四册

330000－1701－0043724　普 811.17/7723.2/c1　集部/别集類/清别集
竹生吟館墨竹詩草二卷　(清)周師濂撰　清光緒十一年(1885)會稽周氏刻本　一册

330000－1701－0043728　普 811.17/7723.2/c2　集部/别集類/清别集
竹生吟館墨竹詩草二卷　(清)周師濂撰　清光緒十一年(1885)會稽周氏刻本　一册

330000－1701－0043729　普 811.17/7720　集部/别集類/清别集
舟車集二十卷　(清)陶季撰　清康熙三十二年(1693)刻本　二册

330000－1701－0043733　普 616.926/2574/c2　子部/醫家類/傷寒金匱之屬/傷寒論
增注類證活人書二十二卷釋音一卷藥性一卷　(宋)朱肱撰　清光緒十年(1884)江南機器製造總局刻本　四册

330000－1701－0043734　普 616.926/1142.

0191/4　子部/醫家類/傷寒金匱之屬/傷寒論
傷寒集註六卷本義一卷　（清）張志聰註　高世栻輯　清光緒二十五年（1899）石印本　四冊

330000－1701－0043735　普 616.926/2574/c3　子部/醫家類/傷寒金匱之屬/傷寒論
增注類證活人書二十二卷釋音一卷藥性一卷　（宋）朱肱撰　清光緒十年（1884）江南機器製造總局刻本　四冊

330000－1701－0043736　普 616.926/1142.0192　子部/醫家類/傷寒金匱之屬/傷寒論
傷寒論集註四卷　（清）熊壽試輯　清乾隆五十年（1785）奉時堂刻本　四冊

330000－1701－0043737　普 616.926/2574/c4　子部/醫家類/傷寒金匱之屬/傷寒論
增注類證活人書二十二卷釋音一卷藥性一卷　（宋）朱肱撰　清光緒十年（1884）江南機器製造總局刻本　四冊

330000－1701－0043739　SBC1311　子部/醫家類/類編之屬
喻氏醫書三種　（清）喻昌撰　清光緒同文堂刻本　十二冊

330000－1701－0043740　SBC1326　集部/總集類
香雪集一卷　敦誼堂詩稿一卷　（清）朱椿撰　清抄本　一冊

330000－1701－0043742　普 811.17/7738/c1　類叢部/叢書類/郡邑之屬
檇李遺書二十六種　（清）孫福清編　清光緒四年至五年（1878－1879）秀水孫氏望雲仙館刻本　一冊　存一種

330000－1701－0043743　普 616.926/2703　子部/醫家類/傷寒金匱之屬/傷寒論
傷寒審症表一卷　（清）包誠輯　清同治十年（1871）湖北崇文書局刻本　一冊

330000－1701－0043744　普 811.17/7738/c2　集部/別集類/清別集
薇雲室詩稿一卷　（清）周之鏌撰　清光緒四年（1878）秀水孫氏望雲仙館刻檇李遺書本　□墨至批並跋　一冊

330000－1701－0043745　普 616.926/2623　子部/醫家類/類編之屬
吳氏醫學述　（清）吳儀洛輯　清乾隆三十一年（1766）硤川利濟堂刻本　八冊　存一種

330000－1701－0043747　SBC1332　集部/別集類/清別集
燈下餘功不分卷　稿本　一冊

330000－1701－0043748　SBC1335　集部/別集類/清別集
養晦堂詩集不分卷　清抄本　清秋槎題詩　二冊

330000－1701－0043749　普 811.17/77381　集部/別集類/清別集
萸江古文存四卷詩存三卷附朋舊詩一卷崇祀鄉賢祠錄一卷　（清）陶必銓撰　清嘉慶二十一年（1816）陶氏愛吾廬刻本　一冊　存四卷（詩存一至三、朋舊詩）

330000－1701－0043750　普 616.926/7235　子部/醫家類/傷寒金匱之屬/傷寒論
劉河間傷寒三書二十卷　（金）劉完素撰　清宣統元年（1909）上海千頃堂石印本　一冊

330000－1701－0043751　SBC1334　集部/總集類/彙編之屬
嶽雲詩鈔一卷　（清）朱福田撰　**攄懷集一卷**　（清）黃家炳撰　**拾餘草一卷**　（清）黃墉撰　清抄本　一冊

330000－1701－0043752　SBC1331　集部/別集類/清別集
鄰哉詩草一卷　（清）徐良撰　清抄本　一冊

330000－1701－0043753　普 811.17/7740/c1　集部/別集類/清別集
小十誦寮詩存四卷　（清）周南撰　清嘉慶二十五年（1820）刻本　二冊

330000－1701－0043754　普 616.926/7235.2　子部/醫家類/傷寒金匱之屬/傷寒論

劉河間傷寒六書附二種　(金)劉完素等撰　清宣統元年(1909)千頃堂書局石印本　一冊　存五種附二種

330000－1701－0043755　普 811.17/7740/c2　集部/别集類/清别集

小十誦寮詩存四卷　(清)周南撰　清嘉慶二十五年(1820)刻本　二冊　存二卷(學製集、歸田集)

330000－1701－0043756　普 616.926/2844/c2　子部/醫家類/類編之屬

徐氏醫書六種　(清)徐大椿撰　清刻本　一冊　存一種

330000－1701－0043758　普 811.17/7740/2/c1　集部/别集類/清别集

小十誦寮詩存四卷　(清)周南撰　清光緒十一年(1885)刻本　一冊

330000－1701－0043759　普 811.17/7733　類叢部/叢書類/家集之屬

如臯冒氏叢書三十四種附二種　冒廣生輯　清光緒至民國如臯冒氏刻本　一冊　存一種

330000－1701－0043761　普 811.17/7740/2/c3　集部/别集類/清别集

小十誦寮詩存四卷　(清)周南撰　清光緒十一年(1885)刻本　一冊

330000－1701－0043762　普 616.926/4412　子部/醫家類/類編之屬

黄氏醫書八種　(清)黄元御撰　清同治元年(1862)左繼明刻本　四冊　存一種

330000－1701－0043763　普 616.926/2844/c1　子部/醫家類/類編之屬

徐氏醫書六種　(清)徐大椿撰　清刻本　一冊　存一種

330000－1701－0043764　普 616.926/5034　子部/醫家類/傷寒金匱之屬/傷寒論

傷寒大白四卷總論一卷　(清)秦之楨撰　清康熙五十三年(1714)陳懋寬其順堂刻本　八冊

330000－1701－0043766　SBC1328　集部/别集類

雪廬詩存一卷　清抄本　一冊

330000－1701－0043767　SBC1329　集部/别集類/清别集

姚秉璋詩一卷　(清)姚秉璋撰　稿本　清葉筠潭批　王黎陽題記　一冊

330000－1701－0043768　SBC1330　集部/别集類/清别集

蕉雨山房録本不分卷　(清)丁堯臣撰　稿本　清媿盦題記　一冊

330000－1701－0043769　SBC1309　史部/職官類/官箴之屬

圖民録四卷　(清)袁守定撰　清道光十九年(1839)刻本　清周鑾批並跋　一冊　存二卷(三至四)

330000－1701－0043771　SBC1322　子部/醫家類/醫話醫論之屬

祕傳禁方不分卷　清抄本　一冊

330000－1701－0043772　SBC1307　集部/總集類/選集之屬/斷代

全唐詩摘句不分卷　(清)陳梓輯　稿本　一冊

330000－1701－0043775　SBC1305　集部/别集類/清别集

正誼堂文集二十四卷　(清)董沛撰　稿本　六冊　存八卷(九至十一、十四至十六、十八至十九)

330000－1701－0043776　SBC1324　史部/地理類/專志之屬

雲怡志畧不分卷　清抄本　一冊

330000－1701－0043777　SBC1302　子部/道家類

老子道德經一卷　清抄本　一冊

330000－1701－0043778　SBC1320　集部/别集類/清别集

癸酉作詩歌一卷　清抄本　一冊

330000－1701－0043781　SBC1325　集部/別集類/清別集
雲山老人集不分卷　（清）魏世傑撰　清抄本　一冊

330000－1701－0043783　SBC1318　集部/總集類/選集之屬/通代
梅宛陵詩一卷　（宋）梅堯臣撰　**歐陽廬陵詩一卷**　（宋）歐陽修撰　清抄本　一冊

330000－1701－0043784　SBC1312　集部/別集類/元別集
松雪齋詩集不分卷外集一卷　（元）趙孟頫撰　清抄本　二冊

330000－1701－0043785　SBC1315　史部/政書類/公牘檔冊之屬
淞青禊記不分卷　清抄本　一冊

330000－1701－0043787　SBC1317　子部/小說家類/雜事之屬
唐宋逸載不分卷　清抄本　一冊

330000－1701－0043788　SBC1353　集部/別集類/清別集
慕陔堂辭賦選存不分卷　（清）王麟書撰　清抄本　一冊

330000－1701－0043789　SBC1352　子部/雜著類/雜說之屬
諤崖脞說一卷　（清）章楹撰　清抄本　一冊

330000－1701－0043790　SBC1348　子部/術數類/陰陽五行之屬
曹元遁甲句解煙波釣叟歌一卷　（宋）趙普譔歌　（明）羅通遁法　（明）池紀解編　明刻本　一冊

330000－1701－0043792　SBC1350　集部/別集類/清別集
曲江詩稿一卷　清賀良槱抄本　一冊

330000－1701－0043793　SBC1346　史部/政書類
時務策論不分卷　盛宣懷訂　稿本　一冊

330000－1701－0043795　普 811.17/7741　集部/別集類/清別集
笛聲樓詩集六卷試帖二卷　（清）邱起雲撰　清光緒二年(1876)刻本　三冊

330000－1701－0043797　普 811.17/7742/c1　集部/別集類/清別集
含青閣詩草三卷詩餘一卷　屈蕙纕撰　清光緒刻本　二冊

330000－1701－0043798　普 811.17/7742/c2　集部/別集類/清別集
含青閣詩草三卷詩餘一卷　屈蕙纕撰　清光緒刻本　二冊

330000－1701－0043799　普 616.926/5381/2　子部/醫家類/類編之屬
古今醫統正脈全書四十四種　（明）王肯堂編　明萬曆二十九年(1601)新安吳勉學刻本　四冊　存一種

330000－1701－0043801　普 811.17/7730/c1　集部/別集類/清別集
懶雲樓詩草四卷　（清）釋與宏撰　清道光七年(1827)小雲棲刻本　二冊

330000－1701－0043803　普 811.17/77421　集部/別集類/清別集
香南居士集六卷　（清）崇恩撰　清道光二十二年(1842)刻本　一冊

330000－1701－0043804　普 811.17/7744.3　集部/別集類/清別集
屈翁山詩集八卷詞一卷　清康熙徐肇元硯露齋刻本　四冊

330000－1701－0043805　普 811.17/77441　集部/別集類/清別集
存吾春軒集十卷附錄一卷　（清）周大樞撰　清光緒八年(1882)刻十八年(1892)會稽陶閶補刻本　一冊　存四卷(一至四)

330000－1701－0043806　普 811.17/7743　集部/別集類/清別集
桐野詩集四卷　（清）周起渭撰　清咸豐二年(1852)陳氏世恩堂刻本　二冊

330000－1701－0043807　普 811.17/7730/c2　集部/别集類/清别集

懶雲樓詩草四卷　(清)釋與宏撰　清道光七年(1827)小雲棲刻本　二册

330000－1701－0043808　普 811.17/77441.2　集部/别集類/清别集

存吾春軒集十卷附錄一卷　(清)周大樞撰　清光緒八年(1882)刻十八年(1892)會稽陶閶補刻本　五册

330000－1701－0043809　SBC1336　集部/别集類/明别集

蕢言六卷　(明)余楙孳撰　明萬曆三十七年(1609)刻本　二册　存四卷(一至二、五至六)

330000－1701－0043810　普 616.928/2733　子部/醫家類/溫病之屬/瘧痢

浙東倪涵初先生治瘧三方一卷　(清)倪宗賢撰　清光緒四年(1878)刻本　一册

330000－1701－0043811　普 811.17/7743/(2)　集部/别集類/清别集

桐野詩集四卷　(清)周起渭撰　清咸豐二年(1852)陳氏世恩堂刻本　清陶堂題記　一册

330000－1701－0043812　普 811.17/7744　集部/别集類/清别集

道援堂詩集十三卷　(清)屈大均撰　清康熙刻本　八册

330000－1701－0043813　普 811.17/77301　集部/别集類/清别集

春酒堂詩五卷　(清)周容撰　清初刻本　一册　存二卷(五言古、七言古)

330000－1701－0043814　普 616.93/7521/c1　子部/醫家類/溫病之屬/瘧痢

橄欖治痢奇驗方一卷　(清)陳熊撰　清光緒十九年(1893)杭州刻本　一册

330000－1701－0043815　SBC1337　集部/總集類/彙編之屬

錄花月痕詩一卷　情史□□痕詩存一卷　清抄本　一册

330000－1701－0043816　普 617/0001　子部/醫家類/外科之屬/通論

外科圖說六卷　(清)高文晉輯　清咸豐六年(1856)上洋掃葉山房刻本　六册

330000－1701－0043817　普 951.0094/8084/c1　類叢部/叢書類/彙編之屬

平津館叢書六集三十五種　(清)孫星衍編　清嘉慶蘭陵孫氏刻本　一册　存一種

330000－1701－0043818　普 616.928/2733/2　子部/醫家類/溫病之屬/瘧痢

倪涵初先生瘧痢神方一卷治慢驚風心得神方一卷　(清)倪宗賢撰　清刻本　一册

330000－1701－0043820　普 811.17/7744/1　集部/别集類/清别集

鴻軒集唐草一卷　(清)周夢華撰　清乾隆刻本　一册

330000－1701－0043822　SBC1359　史部/詔令奏議類/奏議之屬

論表疏二卷　清抄本　二册

330000－1701－0043823　普 811.17/77711　集部/别集類/清别集

亦吾廬詩草八卷　(清)歐陽雲撰　清光緒二年(1876)刻本　四册

330000－1701－0043824　普 811.17/7763　集部/别集類/清别集

奉使車臣汗記程詩三卷　(清)延清撰　清宣統元年(1909)鉛印本　二册　缺一卷(三)

330000－1701－0043825　普 811.17/7744.2　集部/别集類/清别集

翁山詩外二十卷　(清)屈大均撰　清宣統二年(1910)上海國學扶輪社鉛印本(卷二十原缺)　十二册

330000－1701－0043826　SBC1344　子部/雜著類/雜纂之屬

守拙軒雜記一卷　清抄本　一册

330000－1701－0043827　普 811.17/77302　集部/别集類/清别集

紫華舫詩初集四卷竹滬漁唱一卷　(清)屈爲章撰　清嘉慶刻本　四册

330000－1701－0043829　普616.928/2733/3　子部/醫家類/溫病之屬/瘧痢
痢瘧良方一卷　(清)倪宗賢撰　清道光九年(1829)周維翰等刻本　一册

330000－1701－0043830　普616.93/7521/c2　子部/醫家類/溫病之屬/瘧痢
橄欖治痢奇驗方一卷　(清)陳熊撰　清光緒十九年(1893)杭州刻本　一册

330000－1701－0043831　普811.17/77341　集部/别集類/清别集
淡永山窗詩集十一卷　(清)周世滋撰　清同治元年(1862)木活字印本　三册

330000－1701－0043832　SBC1339　史部/政書類/公牘檔册之屬
道光閔政全書不分卷　清抄本　一册

330000－1701－0043833　普811.17/7767　集部/别集類/清别集
楞喦草堂詩存四卷　(清)歐景辰撰　清光緒三十二年(1906)上海商務印書館鉛印本　二册

330000－1701－0043836　SBC1358　子部/宗教類/其他宗教之屬/伊斯蘭教
天方性理圖傳五卷首一卷　(清)劉智撰　清抄本　六册

330000－1701－0043837　普617/0846　子部/醫家類/外科之屬/外科方
外科證治全書五卷末一卷　(清)許克昌　(清)畢法輯　清同治六年(1867)刻本　五册

330000－1701－0043838　SBC1340　史部/地理類/方志之屬/郡縣志
[嘉慶]硤川續志二十卷　(清)王德浩纂　(清)曹宗載重訂　清抄本　一册　存三卷(十五至十七)

330000－1701－0043841　普811.17/77721　集部/别集類/清别集
餐芍華館詩集八卷蕉心詞一卷　(清)周驥虎撰　清光緒十九年(1893)木活字印本　二册

330000－1701－0043842　普616.931/8028/2　子部/醫家類/喉科口齒之屬/喉痧
爛喉痧輯要一卷　(清)金德鑑撰　清光緒十七年(1891)刻本　一册

330000－1701－0043843　普616.931/8028　子部/醫家類/喉科口齒之屬/喉痧
爛喉痧輯要一卷　(清)金德鑑撰　清光緒二十七年(1901)鉛印本　一册

330000－1701－0043845　普951.0094/8084/c2　類叢部/叢書類/彙編之屬
平津館叢書六集三十五種　(清)孫星衍編　清嘉慶蘭陵孫氏刻本　一册　存一種

330000－1701－0043847　SBC1354　子部/醫家類
醫書不分卷　清抄本　二十册

330000－1701－0043849　普616.933/2816　子部/醫家類/溫病之屬/痧症
吊腳痧方論一卷　(清)徐子默撰　**霍亂吐瀉轉筋治法一卷**　(清)知醫子撰　清光緒十五年(1889)俞逢辛刻本　一册

330000－1701－0043850　普811.17/7768　集部/别集類/清别集
楳坪詩鈔六卷詠物詩鈔一卷　(清)周思兼撰　清道光五年(1825)我娱齋刻本　二册

330000－1701－0043851　普811.17/7775　集部/别集類/清别集
磵東詩鈔十卷　(清)歐陽輅撰並編　清光緒九年(1883)文翰堂刻本　四册

330000－1701－0043852　SBC1341　集部/别集類/清别集
客窗漫錄一卷　清抄本　一册

330000－1701－0043854　普811.17/7770　集部/别集類/清别集
周莘仲廣文遺詩一卷　(清)周長庚撰　清光緒二十一年(1895)鉛印本　一册

330000－1701－0043855　普 811.17/77331　集部/别集類/清别集
稷山文集　陶濬宣撰　清光緒刻本　一册　存二種

330000－1701－0043856　普 811.17/777211　集部/别集類/清别集
范湖草堂遺稿六卷　（清）周閑撰　清光緒十九年（1893）秀水周氏木活字印本　清承宰跋　二册

330000－1701－0043857　普 811.17/77751　史部/史評類/詠史之屬
月到山房史詠詩鈔二卷古今體詩鈔四卷補鈔一卷志餘雜詠一卷　（清）歐陽軒撰　清同治三年（1864）刻本　二册

330000－1701－0043858　普 616.926/7744　子部/醫家類/傷寒金匱之屬/傷寒論
陶節菴傷寒全生集四卷　（明）陶華撰　清乾隆刻本　四册

330000－1701－0043859　普 616.93/0052　子部/醫家類/溫病之屬/痧症
痧症指微一卷　（清）釋普淨撰　清同治十年（1871）刻本　一册

330000－1701－0043860　SBC1343　史部/詔令奏議類/奏議之屬
奏稿不分卷　清抄本　一册

330000－1701－0043861　普 951.0096/1080/c1　類叢部/類書類/專類之屬
王先生十七史蒙求十六卷　（宋）王令撰　清康熙四十九年（1710）海陽程宗璜刻本　六册

330000－1701－0043862　普 616.933/2816/2　子部/醫家類/溫病之屬/痧症
吊腳痧方論一卷　（清）徐子默撰　清光緒十四年（1888）吳興刻本　一册

330000－1701－0043863　普 616.933/2816/3/c1　子部/醫家類/溫病之屬/痧症
吊腳痧方論一卷　（清）徐子默撰　清同治六年（1867）杭州悟雲草堂刻本　一册

330000－1701－0043864　普 616.933/2816/3/c2　子部/醫家類/溫病之屬/痧症
吊腳痧方論一卷　（清）徐子默撰　清光緒十三年（1887）紹興藥王廟刻本　一册

330000－1701－0043865　普 616.933/1044/c1　子部/醫家類/類編之屬
潛齋醫書三種　（清）王士雄撰　清咸豐元年（1851）吟香書屋刻本　一册　存一種

330000－1701－0043866　普 616.933/1044/c2　子部/醫家類/類編之屬
潛齋醫書三種　（清）王士雄撰　清咸豐元年（1851）吟香書屋刻本　一册　存一種

330000－1701－0043867　普 811.17/7771　集部/别集類/清别集
出山小草一卷　（清）歐陽霽撰　清光緒刻本　一册

330000－1701－0043869　普 811.17/7774　集部/别集類/清别集
薌圃詩草二十卷　（清）陶譽相撰　清嘉慶十六年（1811）五柳堂刻本　八册

330000－1701－0043870　普 811.17/7771/1　集部/别集類/清别集
賜書堂詩鈔八卷　（清）周長發撰　清乾隆刻本　六册

330000－1701－0043871　普 811.17/7771/（2）　集部/别集類/清别集
賜書堂詩鈔八卷　（清）周長發撰　清乾隆刻本　八册

330000－1701－0043872　普 616.933/1044/2　子部/醫家類/溫病之屬/瘟疫
隨息居重訂霍亂論四卷　（清）王士雄撰　清光緒十三年（1887）刻本　二册

330000－1701－0043873　SBC1362　集部/總集類/選集之屬/通代
古文偶鈔不分卷　清抄本　三册

330000－1701－0043874　普 811.17/7778　集部/别集類/清别集

汾湖草堂詩草二卷 (清)周開錫撰 (清)周開銘編 清光緒三年(1877)刻本 一冊 存一卷(下)

330000－1701－0043875 普 616.93/0743 子部/醫家類/溫病之屬/痧症
痧脹玉衡書三卷後卷一卷 (清)郭志邃撰 清康熙揚州有義堂刻本 四冊

330000－1701－0043876 普 811.17/7771/2 集部/别集類/清别集
賜書堂詩鈔八卷 (清)周長發撰 清乾隆刻本 八冊

330000－1701－0043877 普 811.17/7783/c1 集部/别集類/清别集
香嵒詩稿一卷 (清)周鉞撰 清乾隆八年(1743)刻本 一冊

330000－1701－0043878 普 811.17/77332 集部/别集類/清别集
長言詠嘆集一卷 (清)段永源撰 清咸豐十一年(1861)刻本 一冊

330000－1701－0043879 SBC1356 史部/雜史類/斷代之屬
弇山堂别集一百卷 (明)王世貞撰 明萬曆十八年(1590)金陵刻本 一冊 存四卷(一至四)

330000－1701－0043880 普 617/1022/2/c1 子部/醫家類/外科之屬/外科方
外科症治全生前集三卷後集三卷 (清)王維德撰 清聚奎堂刻本 二冊

330000－1701－0043881 普 811.17/7783/c4 集部/别集類/清别集
香嵒詩稿一卷 (清)周鉞撰 清乾隆八年(1743)刻本 一冊

330000－1701－0043882 普 811.17/7784 集部/别集類/清别集
静山詩草(金臺詩鈔)一卷 (清)毓壽撰 (清)李長榮輯 清同治十三年(1874)刻本 一冊

330000－1701－0043883 SBC1355 經部/詩類/三家詩之屬
韓詩内傳并薛君章句考四卷附錄一卷二雨堂筆談一卷附編一卷 (清)錢玫撰 (清)錢世敘輯 **敘錄一卷** 清抄本 四冊

330000－1701－0043884 普 616.93/4440 子部/醫家類/溫病之屬/痧症
痧症全書三卷 (清)王凱輯 清光緒四年(1878)慈幼堂刻本 一冊

330000－1701－0043885 普 811.17/7746 集部/别集類/清别集
蓮香吟館遺藁一卷 (清)周觀撰 清咸豐五年(1855)刻本 一冊

330000－1701－0043886 普 617/1022/2/c2 子部/醫家類/外科之屬/外科方
外科症治全生前集三卷後集三卷 (清)王維德撰 清聚奎堂刻本 一冊

330000－1701－0043887 普 617/1022/5 子部/醫家類/外科之屬
王洪緒先生外科證治全生不分卷 (清)王維德撰 **金瘡鐵扇散藥方一卷** (清)盧福堯 (清)沈大潤撰 清咸豐十一年(1861)武昌節署刻本 一冊

330000－1701－0043888 普 811.17/7734 集部/别集類/清别集
撫吳草四卷 (清)陶澍撰 清道光刻本 一冊

330000－1701－0043889 普 811.17/7788 集部/總集類/彙編之屬
國初十大家詩鈔 (清)王相編 清道光十年(1830)秀水王氏信芳閣木活字印本 三冊 存一種

330000－1701－0043891 普 617/1022/3 子部/醫家類/外科之屬/外科方
外科症治全生集四卷 (清)王維德撰 清光緒三十三年(1907)掃葉山房刻朱墨套印本 二冊

330000－1701－0043893 普 811.17/7789

集部/別集類/清別集
紅藕山莊詩存一卷 （清）周錫榮撰 清光緒二十六年(1900)浙江山陰周氏刻本 一冊

330000－1701－0043894 普 811.17/7747
集部/別集類/清別集
小農詩剩二卷別録一卷 （清）周懋原撰 清同治十一年(1872)刻本 一冊

330000－1701－0043895 普 811.17/8002.02
集部/別集類/清別集
復初齋詩集七十卷 （清）翁方綱撰 清道光二十五年(1845)漢陽葉志詵刻本 徐行恭題記 十五冊

330000－1701－0043896 普 616.93/4776/c1
子部/醫家類/溫病之屬/痧症
痧症度鍼二卷 （清）胡鳳昌輯 清同治十二年(1873)浙江趙寶墨齋刻本 一冊

330000－1701－0043897 普 617/1022/4 子部/醫家類/外科之屬/外科方
外科症治全生集四卷 （清）王維德撰 清末掃葉山房刻本 二冊

330000－1701－0043898 普 811.17/8000
類叢部/叢書類/彙編之屬
受經堂叢刻 清光緒十七年(1891)受經堂刻本 一冊 存一種

330000－1701－0043899 普 811.17/77442
集部/別集類/清別集
紅韻閣學吟小草一卷 （清）闞壽坤撰 清光緒五年(1879)金閶刻本 一冊

330000－1701－0043900 SBC1364 集部/別集類/清別集
存存齋詩藁一卷 （清）趙彥暉撰 清抄本 一冊

330000－1701－0043901 普 811.17/7748/c1
集部/別集類/清別集
雲臥山房詩集二卷詩餘一卷 （清）周嘉猷撰 清咸豐二年(1852)周樂清留耕堂刻本 二冊

330000－1701－0043902 普 616.93/4776/c2
子部/醫家類/溫病之屬/痧症
痧症度鍼二卷 （清）胡鳳昌輯 清同治十二年(1873)浙江趙寶墨齋刻本 一冊

330000－1701－0043903 普 617/1022/6 子部/醫家類/外科之屬/外科方
外科症治全生集四卷 （清）王維德撰 清光緒十二年(1886)上洋馨遠堂刻本 二冊

330000－1701－0043904 普 811.17/80022
集部/別集類/清別集
桐鳳集二卷 曾彥撰 清光緒十五年(1889)蘇州書局刻本 正容題記 一冊

330000－1701－0043905 普 811.17/8001
集部/別集類/清別集
小石詩鈔六卷補編一卷附詩餘一卷鍼鸝山館詩草一卷 （清）曾誥撰 清同治十年(1871)刻本 二冊

330000－1701－0043906 普 616.93/4776/c3
子部/醫家類/溫病之屬/痧症
痧症度鍼二卷 （清）胡鳳昌輯 清同治十二年(1873)浙江趙寶墨齋刻本 一冊

330000－1701－0043908 SBC1365 史部/地理類/山川之屬/山志
攝山志八卷首一卷 （清）陳毅撰 （清）汪志伊刪補 清乾隆五十五年(1790)蘇州府署刻本 丁瞿鶴題簽並記 一冊 存二卷(二至三)

330000－1701－0043909 普 811.17/8011/c1
集部/別集類/清別集
瓊華詩集四卷詞集二卷 （清）俞廷瑛撰 清光緒九年(1883)刻本 二冊

330000－1701－0043910 普 616.93/4776/2/c1 子部/醫家類/溫病之屬/痧症
痧症度鍼二卷 （清）胡鳳昌輯 清光緒十九年(1893)石印本 一冊

330000－1701－0043911 普 811.17/7748/c2
集部/別集類/清別集
雲臥山房詩集二卷詩餘一卷 （清）周嘉猷撰

清咸豐二年(1852)周樂清留耕堂刻本　二冊

330000－1701－0043912　普 617/1022/10　子部/醫家類/外科之屬/外科方
外科症治全生前集三卷後集三卷　(清)王維德撰　清刻本　二冊

330000－1701－0043913　SBC1367　史部/傳記類/日記之屬
程翼垣先生日記不分卷　(清)程步矩撰　稿本　許承堯跋　一冊

330000－1701－0043914　普 811.17/8011/c2　集部/别集類/清别集
瓊華詩集四卷詞集二卷　(清)俞廷瑛撰　清光緒九年(1883)刻本　二冊

330000－1701－0043915　普 811.17/80023　集部/别集類/清别集
鍼鷳山舘詩草一卷　(清)曾諧撰　清同治十年(1871)刻本　一冊

330000－1701－0043916　普 811.17/77451　集部/别集類/清别集
證山堂集八卷　(清)周斯盛撰　清康熙刻本　二冊

330000－1701－0043917　普 811.17/8002　集部/别集類/清别集
復初齋試詩稿四卷　(清)翁方綱撰　清刻本　一冊

330000－1701－0043918　SBC1361　經部/周禮類/正文之屬
周禮節本六卷考工記節本一卷　清抄本　一冊

330000－1701－0043919　普 616.93/4776/2/c2　子部/醫家類/溫病之屬/痧症
痧症度鍼二卷　(清)胡鳳昌輯　清光緒十九年(1893)石印本　一冊

330000－1701－0043920　普 811.17/8013　類叢部/叢書類/郡邑之屬
粟香室叢書五十九種　金武祥編　清光緒至民國江陰金氏刻本　二冊　存一種

330000－1701－0043921　普 617/1022/12　子部/醫家類/外科之屬
王洪緒先生外科證治全生不分卷　(清)王維德撰　**金瘡鐵扇散藥方一卷**　(清)盧福堯　(清)沈大潤撰　清同治十一年(1872)鉛印本　一冊

330000－1701－0043922　普 616.93/5028　子部/醫家類/溫病之屬/痧症
痧症發微二卷附張氏醫通番痧一卷　清咸豐九年(1859)刻本　一冊

330000－1701－0043923　SBC1368　史部/地理類/雜志之屬
杭俗遺風一卷　(清)范祖述撰　稿本　二冊

330000－1701－0043924　普 811.17/8013/2　類叢部/叢書類/郡邑之屬
粟香室叢書五十九種　金武祥編　清光緒至民國江陰金氏刻本　一冊　存一種

330000－1701－0043925　SBC1383　史部/紀傳類/正史之屬
史漢評林　(明)凌稚隆輯　明萬曆烏程凌稚隆刻本　一冊　存一卷(史記評林二十七)

330000－1701－0043926　普 811.17/8002.01　集部/别集類/清别集
復初齋試詩評註九卷首一卷　(清)翁方綱撰　(清)翁蘋評注　清道光十九年(1839)醉墨香齋刻本　八冊

330000－1701－0043927　普 811.17/8014　集部/别集類/清别集
碧城詩鈔十二卷　(清)俞功懋撰　清光緒十三年(1887)刻本　四冊

330000－1701－0043928　普 811.17/8006、普 811.17/8003　類叢部/叢書類/郡邑之屬
江陰叢書三十二種　金武祥編　清光緒至宣統江陰金氏粟香室嶺南刻本　二冊　存三種

330000－1701－0043929　SBC1382　集部/總集類/選集之屬/斷代

湯會元裒選皇明大方家□□集　(明)湯賓尹撰　明黄啇刻本　一冊　存三集(信、敏、惠)

330000－1701－0043930　普 617/2772　子部/醫家類/外科之屬

外科真詮二卷　(清)鄒岳撰　清同治十一年(1872)刻本　六冊

330000－1701－0043931　普 811.17/8013.2　類叢部/叢書類/郡邑之屬

粟香室叢書五十九種　金武祥編　清光緒至民國江陰金氏刻本　二冊　存二種

330000－1701－0043932　普 811.17/77481　集部/別集類/清別集

菜根香書屋詩選四卷　(清)周士鈺撰　清道光刻本　二冊

330000－1701－0043933　普 616.926/7744.2/2　子部/醫家類/傷寒金匱之屬/傷寒論

傷寒六書　(明)陶華撰　明步月樓刻本　三冊　存五種

330000－1701－0043934　普 617/1022/7　子部/醫家類/外科之屬/外科方

外科症治全生前集三卷後集三卷　(清)王維德撰　清光緒三十四年(1908)上海理文軒書莊石印本　二冊

330000－1701－0043935　普 616.93/5354　子部/醫家類/溫病之屬/痧症

痧脹玉衡摘要一卷附秘方　(清)盛朝揚輯　清金義馮肇偉木活字印本　一冊

330000－1701－0043937　SBC1360　子部/雜著類/雜纂之屬

繙譯必讀不分卷　清抄本　一冊

330000－1701－0043938　普 811.17/8023/c1　集部/別集類/清別集

思貽堂詩集六卷　(清)金衍宗撰　清光緒至宣統鉛印本　二冊

330000－1701－0043939　普 951.0096/1080/c2　類叢部/類書類/專類之屬

王先生十七史蒙求十六卷　(宋)王令撰　清康熙四十九年(1710)海陽程宗璵刻本　二冊

330000－1701－0043940　普 811.17/80141　集部/別集類/清別集

佚老巢遺稿二卷　(清)翁元圻撰　清同治五年(1866)刻本　二冊

330000－1701－0043941　普 616.936/2137　子部/醫家類/類編之屬

當歸草堂醫學叢書初編十種　(清)丁丙編　清光緒四年(1878)錢塘丁氏當歸草堂刻本　一冊　存一種

330000－1701－0043942　普 811.17/8023/c3　集部/別集類/清別集

思貽堂詩集六卷　(清)金衍宗撰　清光緒至宣統鉛印本　二冊

330000－1701－0043943　普 616.93/5524　子部/醫家類/溫病之屬/痧症

急救痧症全集三卷　(清)費山壽輯　清光緒九年(1883)笠澤三省書屋刻本　二冊

330000－1701－0043944　普 616.926/7773　子部/醫家類/類編之屬

周氏醫學叢書(周澂之評注醫書、周氏彙刻醫學叢書)初集十二種二集十一種三集六種　(清)周學海編　清光緒至宣統池陽周氏刻宣統三年(1911)福慧雙修館彙印本　一冊　存三集一種

330000－1701－0043945　普 951.0096/2500/c1　史部/史抄類

史畧八十七卷　(清)朱堃輯　清同治五年(1866)皖南朱氏裒麓山房刻本　二十冊

330000－1701－0043946　普 811.17/8004　集部/別集類/清別集

胡蝶詩三百六十首一卷　(清)金文櫟撰　清光緒刻本　一冊

330000－1701－0043948　普 811.17/8023/2/c1　集部/別集類/清別集

思詒堂詩稿十二卷文稿一卷　(清)金衍宗撰　清同治五年(1866)刻本　四冊　缺一卷(文稿)

330000－1701－0043949　普 811.17/80142　集部/别集類/清别集
快雪樓獨吟集五卷　(清)余正葵撰　清乾隆六十年(1795)刻本　一册

330000－1701－0043950　SBC1381　集部/總集類/選集之屬/斷代
唐詩品彙九十卷拾遺十卷詩人爵里詳節一卷　(明)高棅輯　(清)張恂訂　明末關中張恂刻本　一册　存三卷(拾遺一至三)

330000－1701－0043952　普 811.17/7756　集部/别集類/清别集
漫園詩鈔四卷　(清)周槼撰　清光緒十二年(1886)刻本　一册

330000－1701－0043954　普 811.17/80041　集部/别集類/清别集
靈檀僊館詩鈔四卷　(清)余應松撰　清道光二十五年(1845)刻本　二册

330000－1701－0043955　SBC1385　類叢部/類書類/通類之屬
山堂肆考二百四十卷　(明)彭大翼撰　(明)張幼學編　明萬曆刻本　十册　存四十八卷(角集一至四十八)

330000－1701－0043956　普 616.938/2633/c1　子部/醫家類/溫病之屬/瘧痢
痢證匯參十卷　(清)吴道源輯　清乾隆三十八年(1773)敦厚堂刻本　四册

330000－1701－0043957　普 811.17/8008/c1　集部/别集類/清别集
繡墨軒詩稿一卷詞稿一卷　(清)俞慶曾撰　清光緒二十三年(1897)刻本　一册

330000－1701－0043958　SBC1380　集部/總集類/彙編之屬
皇明十六名家小品三十二卷　(明)丁允和　(明)陸雲龍編　(明)陸雲龍評　明崇禎六年(1633)錢塘陸雲龍崢霄館刻本　一册　存四卷(陳眉公先生小品一至二、袁小脩先生小品一至二)

330000－1701－0043959　普 811.17/8023/2/c2　集部/别集類/清别集
思詒堂詩稿十二卷文稿一卷　(清)金衍宗撰　清同治五年(1866)刻本　三册　存九卷(一至九)

330000－1701－0043960　SBC1374　集部/别集類/明别集
甘泉先生文集内編二十八卷外編十二卷　(明)湛若水撰　明嘉靖十五年(1536)江都火增刻本　五册　存十一卷(六至十二、十五至十六、二十一至二十二)

330000－1701－0043961　普 811.17/7760　集部/别集類/清别集
笠芸詩瓢十二卷　(清)周昱撰　清嘉慶十七年(1812)夢筆軒刻本　四册

330000－1701－0043962　普 811.17/8008/c3　集部/别集類/清别集
繡墨軒詩稿一卷詞稿一卷　(清)俞慶曾撰　清光緒二十三年(1897)刻本　一册

330000－1701－0043963　普 617/3191　類叢部/叢書類/自著之屬
汪雙池先生叢書二十種附浙刻雙池遺書十二種　(清)汪紱撰　清道光至光緒刻光緒二十三年(1897)長安趙舒翹等彙印本　十册　存一種

330000－1701－0043964　普 616.938/2633/c2　子部/醫家類/溫病之屬/瘧痢
痢證匯參十卷　(清)吴道源輯　清乾隆三十八年(1773)敦厚堂刻本　二册

330000－1701－0043965　SBC1384　類叢部/叢書類/彙編之屬
漢魏叢書三十八種　(明)程榮編　明萬曆二十年(1592)新安程氏刻本　十三册　存一種

330000－1701－0043966　普 616.938/2633/c3　子部/醫家類/溫病之屬/瘧痢
痢證匯參十卷　(清)吴道源輯　清乾隆三十八年(1773)敦厚堂刻本　二册

330000－1701－0043967　普 811.17/80081　集部/别集類/清别集

玉壺軒詩存一卷 （清）俞麟年撰　清光緒三年（1877）刻本　一册

330000－1701－0043968　SBC1377　集部/曲類/曲韻曲譜曲律之屬

審音鑑古録六十六折　清道光十四年（1834）東鄉王繼善刻本　二册　存二十九折（西厢記一至四、紅梨記一至四、兒孫福一至四、牡丹亭一至八、琵琶記一至九）

330000－1701－0043969　普 811.17/7792　集部/别集類/清别集

紅蕉館詩鈔六卷　（清）周光緯撰　清道光刻民國十三年（1924）增刻本　一册

330000－1701－0043970　普 811.17/7793/c1　集部/别集類/清别集

耻白集一卷附一卷　（清）周光祖撰　清光緒五年（1879）古虞連氏刻本　一册

330000－1701－0043971　普 811.17/7793/c2　集部/别集類/清别集

耻白集一卷附一卷　（清）周光祖撰　清光緒五年（1879）古虞連氏刻本　一册

330000－1701－0043972　SBC1379　史部/編年類/斷代之屬

皇明嘉隆兩朝聞見紀十二卷　（明）沈越撰　明萬曆二十七年（1599）沈朝陽等刻本　一册　存一卷（十二）

330000－1701－0043973　普 617/7531/2　子部/醫家類/外科之屬/外科方

新刊外科正宗四卷　（明）陳實功撰　清乾隆五十七年（1792）聚錦堂刻本　八册

330000－1701－0043974　普 617/3745　子部/醫家類/外科之屬/通論

外科大成四卷　（清）祁坤撰　清乾隆八年（1743）三多齋刻本　十二册

330000－1701－0043975　SBC1378　子部/道家類

南華真經旁注五卷　（明）方虚名撰　明萬曆刻本　一册　存一卷（五）

330000－1701－0043976　普 617/7531　子部/醫家類/外科之屬/外科方

外科正宗十二卷附録一卷　（明）陳實功撰　（清）徐大椿評　清光緒二十二年（1896）珍藝書局石印本　三册

330000－1701－0043977　普 616.997/4460/c1　子部/醫家類/温病之屬/其他温疫病證

瘋門全書二卷　（清）蕭曉亭撰　清道光十六年（1836）劉東昌刻二十五年（1845）敬業堂重修青雲樓印本　二册

330000－1701－0043978　普 811.17/8016　集部/别集類/清别集

海笠園詩集八卷補遺一卷　（清）俞理撰　清嘉慶十八年（1813）刻本　二册

330000－1701－0043979　普 811.17/80231　集部/别集類/清别集

友松吟館詩鈔十五卷　（清）毓俊撰　清光緒二十五年（1899）歷下刻本　四册

330000－1701－0043980　SBC1391　集部/總集類/選集之屬/斷代

盛明百家詩　（明）俞憲編　明嘉靖四十二年至隆慶五年（1563－1571）俞憲刻本　一册　存八卷（方侍御集、沈嘉則集、朱仲開集、吴之山集、張心父集、陸客集、歐司訓集、丁少鶴集）

330000－1701－0043981　普 617/4337　子部/醫家類/診法之屬/其他診法

割症全書七卷　（美國）嘉約翰撰　清光緒十六年（1890）羊城博濟醫局刻本　七册

330000－1701－0043982　普 617/7522　子部/醫家類/類編之屬

薛氏醫按二十四種　（明）吴琯編　明刻本　三册　存一種

330000－1701－0043984　普 617/7531/4　子部/醫家類/外科之屬/外科方

新刊外科正宗六卷　（明）陳實功撰　清大文刻本　六册

330000－1701－0043985　SBC1390　子部/雜

著類/雜纂之屬
稗史彙編一百七十五卷 （明）王圻輯　明萬曆刻本　一冊　存二卷（二十二至二十三）

330000－1701－0043986　普 811.17/8019　集部/別集類/清別集
白雨湖莊詩鈔四卷 （清）余雲煥撰　清光緒元年（1875）刻本　一冊

330000－1701－0043987　普 617/7531/5　子部/醫家類/外科之屬/外科方
外科正宗十二卷附錄一卷 （明）陳實功撰（清）徐大椿評　清咸豐十年（1860）海寧蔣光焴刻本　六冊

330000－1701－0043988　普 617/7531/6　子部/醫家類/外科之屬/外科方
外科正宗十二卷 （明）陳實功撰　（清）徐大椿評　清末上海著易堂書局鉛印本　三冊

330000－1701－0043990　SBC1388　集部/別集類/明別集
徐文長集三十卷 （明）徐渭撰　明刻本　二冊　存二卷（一至二）

330000－1701－0043993　普 811.17/80212　集部/別集類/清別集
小樹軒詩集八卷 （清）金虞撰　清乾隆五十四年（1789）刻本　二冊

330000－1701－0043994　普 811.17/80251/(2)　集部/別集類/清別集
增訂今雨堂詩墨注四卷 （清）金甡撰　（清）洪鐘注　清乾隆三十四年（1769）金氏刻本　二冊

330000－1701－0043995　普 617/7548/2　子部/醫家類/外科之屬/癰疽、疔瘡
洞天奧旨十六卷圖一卷 （清）陳士鐸撰（清）陶式玉評　清乾隆五十五年（1790）陳鳳輝大雅堂刻本　六冊

330000－1701－0043997　普 617.2/3143/c1　子部/醫家類/外科之屬
瘍醫大全四十卷 （清）顧世澄撰　清乾隆藝古堂刻本　三十九冊　缺一卷（二十八）

330000－1701－0043998　普 617/7548/3　子部/醫家類/外科之屬/癰疽、疔瘡
洞天奧旨十六卷圖一卷 （清）陳士鐸撰（清）陶式玉評　清乾隆五十五年（1790）陳鳳輝大雅堂刻本　四冊

330000－1701－0044000　普 617/8062/2　子部/醫家類/外科之屬/通論
外證醫案彙編四卷 （清）余景和輯　清光緒二十年（1894）會稽孫氏刻本　四冊

330000－1701－0044001　SBC1387　史部/紀傳類/別史之屬
藏書六十八卷 （明）李贄撰　明刻本　二冊　存十二卷（十七至二十二、六十三至六十八）

330000－1701－0044002　普 617/7548/4　子部/醫家類/外科之屬/癰疽、疔瘡
洞天奧旨十六卷圖一卷 （清）陳士鐸撰（清）陶式玉評　清緯文堂刻本　四冊

330000－1701－0044005　普 617/8062/c1　子部/醫家類/外科之屬/通論
外證醫案彙編四卷 （清）余景和輯　清光緒二十年（1894）上海文瑞樓石印本　四冊

330000－1701－0044006　普 811.17/8026.2　集部/別集類/清別集
來雲閣詩六卷 （清）金和撰　（清）譚獻選　清光緒十八年（1892）丹陽束允泰杭州刻本　二冊

330000－1701－0044007　普 811.17/80251/c1　集部/別集類/清別集
靜廉齋詩集二十四卷 （清）金甡撰　清嘉慶二十五年（1820）今雨堂姚祖恩刻本　六冊

330000－1701－0044008　普 617/8062/c2　子部/醫家類/外科之屬/通論
外證醫案彙編四卷 （清）余景和輯　清光緒二十年（1894）上海文瑞樓石印本　二冊

330000－1701－0044009　普 617.2/3143/c2　子部/醫家類/外科之屬
瘍醫大全四十卷 （清）顧世澄撰　清乾隆藝

古堂刻本　四十册

330000－1701－0044010　普 811.17/80301
類叢部/叢書類/彙編之屬
春暉堂叢書十二種　(清)徐渭仁編　清道光至咸豐上海徐渭仁刻同治九年至十年(1870－1871)徐允臨補刻彙印本　一册　存一種

330000－1701－0044011　普 811.17/80341
集部/别集類/清别集
知止齋詩集十六卷　(清)翁心存撰　清光緒三年(1877)常熟毛文彬刻書局刻本　四册

330000－1701－0044012　SBC1386　集部/别集類/漢魏六朝别集
蔡中郎集八卷　(漢)蔡邕撰　明金閶世裕堂刻本　一册　存一卷(一)

330000－1701－0044013　普 811.17/8021
集部/别集類/清别集
檜門詩存四卷觀劇絶句一卷附鄉賢崇祀録一卷　(清)金德瑛撰　清光緒二十五年(1899)刻本　二册

330000－1701－0044014　普 811.17/80302
集部/别集類/清别集
北墅金先生遺集一卷　(清)金淳撰　清嘉慶十二年(1807)刻本　一册

330000－1701－0044015　普 811.17/80251/c2　集部/别集類/清别集
静廉齋詩集二十四卷　(清)金甡撰　清嘉慶二十五年(1820)今雨堂姚祖恩刻本　六册

330000－1701－0044016　普 617.2/7503　子部/醫家類/外科之屬
瘍科選粹八卷　(明)陳文治撰　清乾隆二十六年(1761)潯溪達尊堂刻本　八册

330000－1701－0044017　普 811.17/80342
集部/别集類/清别集
國子先生全集四種　(清)金兆燕撰　清嘉慶十二年(1807)、道光十六年(1836)贈雲軒刻本　八册　存二種

330000－1701－0044018　普 811.17/8030
集部/别集類/清别集
鮚埼亭詩集十卷　(清)全祖望撰　清光緒十六年(1890)慈谿童氏大鄮山館刻本　四册

330000－1701－0044019　普 811.17/80251/c3　集部/别集類/清别集
静廉齋詩集二十四卷　(清)金甡撰　清嘉慶二十五年(1820)今雨堂姚祖恩刻本　十册

330000－1701－0044021　普 811.17/8031
集部/别集類/清别集
醉雲樓詩草五卷　(清)余江撰　(清)柯振嶽評　清嘉慶十九年(1814)醉雲樓刻本　一册

330000－1701－0044022　普 617.24/1180/c1　子部/醫家類/外科之屬/癧疽、疔瘡
刺疔捷法一卷　(清)張鏡撰　**考正穴法一卷**　(清)王鋆輯　清光緒五年(1879)王鋆刻本　一册

330000－1701－0044023　普 617.7/1263　子部/醫家類/眼科之屬
銀海精微四卷　題(唐)孫思邈撰　清厚德堂刻本　二册

330000－1701－0044025　普 811.17/8030/2　集部/别集類/清别集
鮚埼亭詩集十卷　(清)全祖望撰　清道光十四年(1834)鄭爾齡箋經閣刻本　二册

330000－1701－0044027　普 617.1/8326　子部/醫家類/外科之屬/外科方
傷科補要四卷　(清)錢秀昌撰　清嘉慶二十三年(1818)刻本　四册

330000－1701－0044028　SBC1398　集部/總集類/氏族之屬
東浦集□□卷　稿本　一册　存四卷(五至八)

330000－1701－0044029　普 811.17/8038
集部/别集類/清别集
緑天蘭若詩鈔一卷　(清)釋含澈撰　清咸豐三年(1853)刻本　一册

330000－1701－0044030　SBC1394　子部/藝

術類/遊藝之屬/聯語
陶濬宣集聯不分卷 清抄本 一冊

330000－1701－0044031 SBC1397 類叢部/叢書類/彙編之屬
當歸草堂叢書八種 (清)丁丙編 清同治二年至五年(1863－1866)錢塘丁氏刻本 二冊 存一種

330000－1701－0044032 普 617.24/1180/c2 子部/醫家類/外科之屬/癰疽、疔瘡
刺疔捷法一卷 (清)張鏡撰 **考正穴法一卷** (清)王鋆輯 清光緒五年(1879)王鋆刻本 一冊

330000－1701－0044034 普 811.17/8021.2 類叢部/叢書類/彙編之屬
雙楳景闇叢書十六種 葉德輝編 清光緒至宣統長沙葉氏郎園刻本 一冊 存一種

330000－1701－0044035 普 811.17/80311 集部/總集類/題詠之屬
萍因蕉夢十二圖題辭二卷松陰詩逸圖題辭一卷 (清)金鱅廷撰 清光緒五年(1879)刻本 一冊

330000－1701－0044036 普 811.17/8030/2(2)/c1 集部/别集類/清别集
鮚埼亭詩集十卷 (清)全祖望撰 清道光十四年(1834)鄭爾齡箋經閣刻本 四冊

330000－1701－0044039 SBC1400 經部/小學類/音韻之屬/韻書
震韻一卷 清抄本 一冊

330000－1701－0044040 普 617.7/1263/3 子部/醫家類/眼科之屬
銀海精微四卷 題(唐)孫思邈撰 清乾隆四十一年(1776)近聖堂刻本 一冊

330000－1701－0044041 普 811.17/8039/c1 集部/别集類/清别集
張燈雜錄一卷 (清)余宗慎撰 清光緒五年(1879)余園刻本 一冊

330000－1701－0044042 普 811.17/8030/2(2)/c2 集部/别集類/清别集
鮚埼亭詩集十卷 (清)全祖望撰 清道光十四年(1834)鄭爾齡箋經閣刻本 二冊

330000－1701－0044044 SBC1415 子部/法家類
管韓合刻四十四卷 (明)趙用賢編 明萬曆十年(1582)趙用賢刻本 一冊 存一卷(管子二十二)

330000－1701－0044046 普 811.17/8032 集部/别集類/清别集
貽安堂詩集六卷外集四卷 (清)金漸臯撰 清雍正二年(1724)刻本 清沈雲齋題記 六冊

330000－1701－0044047 普 811.17/8021.2/(2) 類叢部/叢書類/彙編之屬
雙楳景闇叢書十六種 葉德輝編 清光緒至宣統長沙葉氏郎園刻本 二冊 存一種

330000－1701－0044048 普 617.1/8326/2 子部/醫家類/外科之屬/外科方
傷科補要四卷 (清)錢秀昌撰 清嘉慶二十三年(1818)刻本 二冊

330000－1701－0044049 普 617.24/3032/2 子部/醫家類/外科之屬/癰疽、疔瘡
瘡瘍經驗全書六卷 (宋)竇默撰 (明)竇夢麟增輯 清刻本 十二冊

330000－1701－0044050 SBC1402 史部/傳記類/雜傳之屬
師儒表一卷 (清)譚獻撰 清鮑蓀抄本 鮑蓀題簽並跋 一冊

330000－1701－0044051 普 811.17/8030.2 類叢部/叢書類/彙編之屬
端溪叢書十九種 梁鼎芬等編 清光緒二十五年(1899)番禺端溪書院刻本 一冊 存一種

330000－1701－0044053 普 811.17/8039/c3 集部/别集類/清别集
張燈雜錄一卷 (清)余宗慎撰 清光緒五年(1879)余園刻本 一冊

330000－1701－0044054　普 811.17/8043/2　類叢部/叢書類/自著之屬
春在堂全書　(清)俞樾撰　清末石印本　一冊　存一種

330000－1701－0044055　普 811.17/8021.3/c2　集部/别集類/清别集
詩存四卷觀劇絶句一卷附鄉賢崇祀錄一卷　(清)金德瑛撰　清嘉慶六年(1801)刻本　二冊

330000－1701－0044056　普 811.17/8030.3　集部/别集類/清别集
句餘土音三卷　(清)全祖望撰　(清)董秉純重編　清嘉慶十九年(1814)刻本　二冊

330000－1701－0044057　普 811.17/8033　集部/别集類/清别集
印雪軒詩鈔十六卷　(清)俞鴻漸撰　清道光二十七年(1847)萱蔭山房刻本　四冊

330000－1701－0044058　普 617.7/1744/2　子部/醫家類/眼科之屬
一草亭目科全書一卷附薛氏選方一卷　(明)鄧苑撰　清康熙五十六年(1717)廣寧年希堯刻本　一冊

330000－1701－0044060　普 617.2/0028　子部/醫家類/外科之屬/通論
瘍科臨證心得集三卷瘍科心得集方彙三卷補遺一卷　(清)高秉鈞撰輯　清嘉慶十四年(1809)盡心齋刻本　四冊

330000－1701－0044061　普 617.7/2323　子部/醫家類/眼科之屬
傅氏眼科審視瑤函六卷首一卷　(明)傅仁宇撰　(明)林長生校補　清蘇州會文堂刻本　六冊

330000－1701－0044062　普 811.17/8030.2/2　類叢部/叢書類/彙編之屬
張氏適園叢書　張鈞衡編　清宣統三年(1911)上海國學扶輪社鉛印本　一冊　存二種

330000－1701－0044063　普 811.17/8047　類叢部/叢書類/自著之屬
古歡室全集四種　(清)曾懿撰　清光緒三十年至三十三年(1904－1907)刻本　一冊　存一種

330000－1701－0044064　普 811.17/8041　集部/别集類/清别集
古水詩鈔一卷　(清)俞斯玉撰　清道光二十九年(1849)馬氏刻本　一冊

330000－1701－0044066　SBC1414　類叢部/類書類/通類之屬
增訂二三場羣書備考四卷　(明)袁黄撰　(明)袁儼注　(明)沈昌世增　明末刻本(卷一配另一明刻本)　四冊　存三卷(一至三)

330000－1701－0044067　普 811.17/8043/3　類叢部/叢書類/自著之屬
春在堂全書三十六種　(清)俞樾撰　清同治至光緒刻光緒末彙印本　五冊　存一種

330000－1701－0044068　普 811.17/80211　類叢部/叢書類/自著之屬
春在堂全書(德清俞蔭甫所著書)三十六種　(清)俞樾撰　清同治至光緒刻光緒末彙印本　一冊　存一種

330000－1701－0044070　普 811.17/8058　集部/别集類/清别集
楓園詩選一卷　(清)余鰲撰　清乾隆四十一年(1776)心遠堂刻本　一冊

330000－1701－0044071　普 617.87/1126　類叢部/叢書類/自著之屬
多伽羅香館叢書　張采田撰　清光緒至民國刻本暨木活字印本　一冊　存一種

330000－1701－0044072　SBC1403　史部/地理類/專志之屬/寺觀
龍興祥符戒壇寺志不分卷　(清)張大昌撰　稿本　余紹宋題簽並記　一冊

330000－1701－0044073　普 811.17/8062　類叢部/叢書類/彙編之屬
如不及齋彙鈔　(清)陳坤編　清同治至光緒刻本　一冊　存一種

330000－1701－0044074　SBC1413　史部/紀事本末類/通代之屬

通鑑紀事本末四十二卷　(宋)袁樞撰　明萬曆二年(1574)李栻刻本　一册　存一卷(三十八)

330000－1701－0044075　SBC1423　子部/藝術類/書畫之屬

清杭郡書畫游藝家輯畧不分卷　(清)翁大年輯　稿本　二册

330000－1701－0044076　普 811.17/8064　集部/别集類/清别集

曾文正公詩鈔四卷　(清)曾國藩撰　清光緒二年(1876)上海醉六堂刻本　清戴采孫跋　二册

330000－1701－0044079　普 617.7/2323/2　子部/醫家類/眼科之屬

傅氏眼科審視瑤函六卷首一卷　(明)傅仁宇撰　(明)林長生校補　清經綸堂刻本　六册

330000－1701－0044081　普 617.87/1133　子部/醫家類/喉科口齒之屬/通論

喉症秘集不分卷　(清)張宗良撰　清咸豐十年(1860)善化易存仁堂刻本　一册

330000－1701－0044083　普 617.24/3301/2　子部/醫家類/外科之屬/癧疽、疔瘡

治疔要書一卷　(清)紅藕花村主人編　清光緒三十四年(1908)杭州永豐泰書館鉛印本　一册

330000－1701－0044084　普 617.87/1122/c1　子部/醫家類/喉科口齒之屬/白喉

時疫白喉捷要一卷附各種經驗良方一卷　(清)張紹修撰　清光緒三十年(1904)浙江官書局刻本　一册

330000－1701－0044085　普 811.17/8042　集部/别集類/清别集

蒓鄉詩鈔四卷續鈔四卷遺鈔三卷四柳唱和詩一卷　(清)金夢熊撰　清乾隆至嘉慶刻本　三册

330000－1701－0044086　普 811.17/8047/(2)　類叢部/叢書類/自著之屬

古歡室全集四種　(清)曾懿撰　清光緒三十年至三十三年(1904－1907)刻本　二册　存二種

330000－1701－0044087　普 811.17/8034/c1　類叢部/叢書類/郡邑之屬

金華雙谿王氏冰壺山館叢書九種　(清)王家齊編　清道光二十三年(1843)金華雙溪王氏刻本　一册　存一種

330000－1701－0044088　SBC1409　集部/曲類/散曲之屬

白雪齋選訂樂府吳騷合編四卷　(明)張楚叔　(明)張旭初輯　**衡曲麈譚一卷**　(明)張楚叔撰　**曲律一卷**　(明)魏良輔撰　明崇禎十年(1637)張師齡刻本　一册　存二卷(一、衡曲麈譚)

330000－1701－0044089　SBC1422　集部/總集類/選集之屬/斷代

唐人八家詩八種　(明)毛晉編　明崇禎十二年(1639)海虞毛氏汲古閣刻本　一册　存三種

330000－1701－0044090　普 617.87/1122/c2　子部/醫家類/喉科口齒之屬/白喉

時疫白喉捷要一卷附各種經驗良方一卷　(清)張紹修撰　清光緒三十年(1904)浙江官書局刻本　一册

330000－1701－0044091　普 617.24/3784　子部/醫家類/外科之屬/癧疽、疔瘡

增訂治疔彙要三卷　(清)過鑄撰　清光緒二十四年(1898)武林刻本　四册

330000－1701－0044092　普 617.87/1122/c3　子部/醫家類/喉科口齒之屬/白喉

時疫白喉捷要一卷附各種經驗良方一卷　(清)張紹修撰　清光緒三十年(1904)浙江官書局刻本　一册

330000－1701－0044093　普 811.17/8034/c2　集部/别集類/清别集

湛園詩稿三卷　(清)姜宸英撰　清嘉慶二十

三年(1818)歲寒堂刻本　三册

330000－1701－0044094　普 617.87/1122/c4　子部/醫家類/喉科口齒之屬/白喉

時疫白喉捷要一卷附各種經驗良方一卷　(清)張紹修撰　清光緒三十年(1904)浙江官書局刻本　一册

330000－1701－0044095　普 811.17/8043　類叢部/叢書類/自著之屬

春在堂全書(德清俞蔭甫所著書)三十六種　(清)俞樾撰　清同治至光緒刻光緒末彙印本　五册　存一種

330000－1701－0044096　普 811.17/8034.2/c1　類叢部/叢書類/彙編之屬

風雨樓祕笈留真十種　鄧實編　清宣統元年至民國六年(1909－1917)順德鄧氏風雨樓影印本　一册　存一種

330000－1701－0044097　普 617.7/1003　子部/醫家類/類編之屬

醫學切要全集七六種附一種　(清)王文選撰　清道光二十七年(1847)刻本　一册　存一種

330000－1701－0044098　普 811.17/80442　集部/别集類/清别集

星隄詩草八卷　(清)余華撰　清刻本　一册　存四卷(一至四)

330000－1701－0044099　普 617.7/2326　子部/醫家類/眼科之屬

秘製點眼丹藥諸方一卷　清抄本　一册

330000－1701－0044100　普 811.17/8043.2　集部/别集類/清别集

杭州瓊花詩一卷附一卷　(清)俞樾撰　清末刻本　一册

330000－1701－0044101　普 811.17/8034.2/c2　類叢部/叢書類/彙編之屬

風雨樓祕笈留真十種　鄧實編　清宣統元年至民國六年(1909－1917)順德鄧氏風雨樓影印本　一册　存一種

330000－1701－0044103　普 616.997/4460/c2　子部/醫家類/温病之屬/其他温疫病證

瘋門全書二卷　(清)蕭曉亭撰　清末刻拾芥園印本　二册

330000－1701－0044104　普 811.17/8034.3　集部/别集類/清别集

葦間詩集五卷　(清)姜宸英撰　(清)唐執玉輯　清康熙五十二年(1713)唐執玉刻本　二册

330000－1701－0044105　普 811.17/8044/c1　集部/别集類/清别集

三十漢瓦軒遺詩二卷　(清)翁樹培撰　清道光二十六年(1846)淮陽張氏刻本　清張次柳題記　一册

330000－1701－0044107　SBC1420　史部/地理類/總志之屬/斷代

廣輿記二十四卷圖一卷　(明)陸應陽輯　明刻本　二册　存六卷(八至十、十七至十九)

330000－1701－0044108　普 617.7/1077　新學/醫學

西醫眼科撮要不分卷　清光緒六年(1880)羊城博濟醫局刻本　二册

330000－1701－0044109　普 617.7/2613　子部/醫家類/眼科之屬

經驗眼科秘書一卷　(清)程正通撰　清咸豐十年(1860)刻本　一册

330000－1701－0044110　普 811.17/8055　集部/總集類/郡邑之屬

西泠五布衣遺箸五種　(清)丁丙輯　清同治至光緒錢塘丁氏當歸草堂刻本　一册　存一種

330000－1701－0044111　SBC1419　史部/地理類/總志之屬/斷代

廣輿記二十四卷圖一卷　(明)陸應陽輯　(清)蔡方炳增輯　清康熙刻本　十四册　存十八卷(二至十、十二至二十)

330000－1701－0044113　普 811.17/80441/c1　集部/别集類/清别集

碧螺山館詩鈔八卷補遺一卷 (清)金蘭撰 清光緒三年(1877)刻民國十年(1921)吳縣柳宗棠重修本 一册

330000－1701－0044114 普617.7/2642 子部/醫家類/眼科之屬
眼科秘方一卷 (清)程正通撰 清刻本 一册

330000－1701－0044115 SBC1443 子部/藝術類/遊藝之屬/聯語
西河書舫楹聯偶記一卷 (清)魯燮光撰 稿本 一册

330000－1701－0044116 普811.17/80441/c2 集部/别集類/清别集
碧螺山館詩鈔八卷補遺一卷 (清)金蘭撰 清光緒三年(1877)刻民國十年(1921)吳縣柳宗棠重修本 一册

330000－1701－0044117 普811.17/8077 集部/别集類/清别集
月椒草堂詩鈔六卷 (清)俞鳳岡撰 清光緒二十三年(1897)紫薇居刻本 二册

330000－1701－0044118 普951.009804/6050 史部/紀傳類/正史之屬
二十四史附考證 清光緒二十年(1894)上海同文書局石印本 一百册 存四種

330000－1701－0044120 普811.17/8060 集部/别集類/清别集
石函集十卷 (清)俞顯撰 清乾隆六十年(1795)秀水俞壽康歲寒書屋刻本 四册

330000－1701－0044123 普811.17/8056 集部/别集類/清别集
十華小築詩鈔四卷 (清)余本愚撰 清光緒十一年(1885)休寧余遠驅刻本 一册

330000－1701－0044126 SBC1442 集部/别集類/清别集
憩棠賸墨不分卷 (清)魯燮光撰 清抄本 清鴻逵批 清王晉跋 一册

330000－1701－0044127 普617.87/1421/6 子部/醫家類/喉科口齒之屬/白喉
洞主仙師白喉治法忌表抉微一卷 (清)耐修子輯並注 清光緒二十四年(1898)江南書局刻本 一册

330000－1701－0044128 普811.17/8097 集部/别集類/清别集
賞雨茅屋詩集十八卷 (清)曾燠撰 清嘉慶二十四年(1819)刻道光三年(1823)重修本 四册

330000－1701－0044129 普811.17/8056/(2) 集部/别集類/清别集
十華小築詩鈔四卷 (清)余本愚撰 清光緒十一年(1885)休寧余遠驅刻本 二册

330000－1701－0044130 普617.87/1421/2 子部/醫家類/喉科口齒之屬/白喉
洞主仙師白喉治法忌表抉微一卷 (清)耐修子輯並注 清光緒十七年(1891)刻元會齋印本 一册

330000－1701－0044133 普222.021/8646/c2 史部/目録類/專録之屬
閱藏知津四十四卷總目四卷 (清)釋智旭輯 清光緒十八年(1892)金陵刻經處刻本 十册

330000－1701－0044134 普617.7/6056 子部/醫家類/眼科之屬
異授眼科一卷 清同治六年(1867)劉繼禮刻本 一册

330000－1701－0044135 普617.87/1421/7 子部/醫家類/喉科口齒之屬/白喉
洞主仙師白喉治法忌表抉微一卷 (清)耐修子輯並注 清光緒十八年(1892)湖北官書處刻本 一册

330000－1701－0044136 SBC1418 集部/别集類/清别集
洪氏文集不分卷 (清)洪□撰 清抄本 一册

330000－1701－0044137 普811.17/8061/c1 集部/别集類/清别集

驪爪集一卷　(清)俞國琛撰　清嘉慶刻本　二册

330000－1701－0044138　普 811.17/8243/(2)　集部/别集類/清别集

東海半人詩鈔二十四卷　(清)鍾大源撰　清嘉慶二十四年(1819)刻本　二十册

330000－1701－0044139　SBC1416　類叢部/類書類/通類之屬

潛確居類書一百二十卷　(明)陳仁錫輯　明崇禎三年至五年(1630－1632)潭城徐觀我刻本　二册　存四卷(三十二至三十三、五十六至五十七)

330000－1701－0044140　普 811.17/8080　集部/别集類/清别集

復齋詩集四卷首一卷末一卷　(清)曾鏞撰　清嘉慶二十五年(1820)刻本　三册

330000－1701－0044141　普 222.03/0000/2/c2　子部/宗教類/佛教之屬

一切經音義二十五卷　(唐)釋玄應撰　**補訂新譯大方廣佛華嚴經音義二卷**　(唐)釋慧苑撰　**華嚴經音義敘錄一卷**　(清)臧庸輯　**刻華嚴經音義校勘記一卷**　(清)曹籀撰　清同治八年(1869)武林張氏寶晉齋刻本　四册

330000－1701－0044143　普 617.87/1421/3　子部/醫家類/喉科口齒之屬/白喉

洞主仙師白喉治法忌表抉微一卷附經驗救急諸方一卷　(清)耐修子輯並注　清光緒二十七年(1901)順城書局石印本　一册

330000－1701－0044144　普 811.17/8094　集部/别集類/清别集

即菴詩存四卷附存一卷　(清)曾燦垣撰　清道光二十六年(1846)刻本　一册

330000－1701－0044146　普 811.17/80441/2　集部/别集類/清别集

碧螺山館詩鈔八卷　(清)金蘭撰　清咸豐六年(1856)刻光緒三年(1877)增刻本　一册

330000－1701－0044147　SBC1411　類叢部/叢書類/彙編之屬

説郛續四十六弓　(明)陶宗儀編　(明)陶珽等重編　明末刻清順治三年(1646)兩浙督學周南李際期宛委山堂印本　二册　存三十五種

330000－1701－0044148　SBC1441　史部/目録類/專録之屬

敦煌石室書目及發見之原始一卷　羅振玉撰　清末誦芬室鉛印本　吴士鑑批校　一册

330000－1701－0044149　普 617.87/1421/9　子部/醫家類/喉科口齒之屬/白喉

洞主仙師白喉治法忌表抉微一卷　(清)耐修子輯並注　清光緒二十七年(1901)石印本　一册

330000－1701－0044150　普 811.17/8230　集部/詩文評類/詩評之屬

詩品詩課鈔一卷　(清)鍾寶撰　**詩品一卷**　(唐)司空圖撰　清嘉慶二十一年(1816)小仙巢刻綠印本　一册

330000－1701－0044151　普 811.17/8061/c2　集部/别集類/清别集

驪爪集一卷　(清)俞國琛撰　清嘉慶刻本　一册

330000－1701－0044152　普 222.03/0000/2/c3　子部/宗教類/佛教之屬

一切經音義二十五卷　(唐)釋玄應撰　**補訂新譯大方廣佛華嚴經音義二卷**　(唐)釋慧苑撰　**華嚴經音義敘錄一卷**　(清)臧庸輯　**刻華嚴經音義校勘記一卷**　(清)曹籀撰　清同治八年(1869)武林張氏寶晉齋刻本　四册

330000－1701－0044153　普 811.17/8096/c1　集部/别集類/清别集

妙明書屋遺集三卷　(清)金焜撰　清乾隆十九年(1754)刻本　一册

330000－1701－0044154　SBC1412　集部/總集類/選集之屬/通代

古文雋十六卷　(明)趙燿輯　明崇禎元年(1628)趙胤昌刻本　一册　存四卷(十一至十四)

330000－1701－0044155　普 222.03/0000/2/c4　子部/宗教類/佛教之屬

一切經音義二十五卷　(唐)釋玄應撰　**補訂新譯大方廣佛華嚴經音義二卷**　(唐)釋慧苑撰　**華嚴經音義敘錄一卷**　(清)臧庸輯　**刻華嚴經音義校勘記一卷**　(清)曹籀撰　清同治八年(1869)武林張氏寶晉齋刻本　六冊　缺一卷(刻華嚴經音義校勘記)

330000－1701－0044156　普 811.17/8061.2/c1　集部/別集類/清別集

麟楥集一卷　(清)俞國琛撰　清嘉慶十五年(1810)刻本　二冊

330000－1701－0044157　普 811.17/8096/c2　集部/別集類/清別集

妙明書屋遺集三卷　(清)金焜撰　清乾隆十九年(1754)刻本　二冊

330000－1701－0044158　普 811.17/80443　集部/別集類/清別集

蘿村詩選六卷　(清)余懋棅撰　清乾隆三十六年(1771)刻本　一冊

330000－1701－0044159　普 617.87/1421/10　子部/醫家類/喉科口齒之屬/白喉

洞主仙師白喉治法忌表抉微一卷　(清)耐修子輯並注　清光緒二十二年(1896)石印本　一冊

330000－1701－0044161　普 617.87/1421/11　子部/醫家類/喉科口齒之屬/白喉

洞主仙師白喉治法忌表抉微一卷　(清)耐修子輯並注　清光緒三十年(1904)鉛印本　一冊

330000－1701－0044162　SBC1440　史部/史評類/史論之屬

重刊讀史論畧一卷　(清)杜詔撰　清同治五年(1866)永康胡氏退補齋刻本　清鄒存淦批校並跋　一冊

330000－1701－0044163　普 222.03/0000/2/c5　子部/宗教類/佛教之屬

一切經音義二十五卷　(唐)釋玄應撰　**補訂新譯大方廣佛華嚴經音義二卷**　(唐)釋慧苑撰　**華嚴經音義敘錄一卷**　(清)臧庸輯　**刻華嚴經音義校勘記一卷**　(清)曹籀撰　清同治八年(1869)武林張氏寶晉齋刻本　六冊

330000－1701－0044165　普 811.17/8061.2/c2　集部/別集類/清別集

麟楥集一卷　(清)俞國琛撰　清嘉慶十五年(1810)刻本　一冊

330000－1701－0044166　普 811.17/8243/c1　集部/別集類/清別集

東海半人詩鈔二十四卷　(清)鍾大源撰　清嘉慶二十四年(1819)刻本　八冊

330000－1701－0044168　普 222.03/0000/3　子部/宗教類/佛教之屬

一切經音義二十五卷　(唐)釋玄應撰　清乾隆五十一年(1786)武進莊炘刻本　八冊

330000－1701－0044169　普 617.7/6722　子部/醫家類/眼科之屬

眼科秘書四卷　(清)釋月潭輯　清光緒十一年(1885)暨陽陳誥刻本　二冊

330000－1701－0044170　SBC1424　史部/傳記類/日記之屬

東遊日記一卷(清光緒三十三年三月二十一日至六月十九日)　(清)黃黼撰　稿本　一冊

330000－1701－0044171　普 811.17/8061.3/c1　集部/別集類/清別集

金沙並見集一卷　(清)俞國琛撰　清嘉慶十六年(1811)刻本　二冊

330000－1701－0044172　普 811.17/8243/c3　集部/別集類/清別集

東海半人詩鈔二十四卷　(清)鍾大源撰　清嘉慶二十四年(1819)刻本　六冊

330000－1701－0044173　SBC1435　史部/傳記類/總傳之屬/技藝

繪事備考二卷　(清)王毓賢撰　清抄本　一冊

330000－1701－0044174　SBC1439　史部/政書類/軍政之屬
保甲團練要書六種六卷　(清)魯變光輯　稿本　一冊

330000－1701－0044175　SBC1426　史部/地理類/專志之屬
重纂文瀾閣志不分卷　(清)張蔭椿纂　稿本　一冊

330000－1701－0044176　普 811.17/80443/(3)　集部/別集類/清別集
蘿村詩選六卷　(清)余懋棅撰　清乾隆三十六年(1771)刻本　三冊

330000－1701－0044177　普 617.87/8743　子部/醫家類/喉科口齒之屬
重樓玉鑰一卷　(清)鄭宏綱撰　**洞主仙師白喉治法忌表抉微一卷**　(清)徐鄂輯並注　清光緒二十六年(1900)杭州刻本　一冊

330000－1701－0044179　普 617.87/7548/2　子部/醫家類/類編之屬
利濟文課　清宣統元年(1909)刻本　一冊　存一種

330000－1701－0044181　SBC1429　子部/藝術類/遊藝之屬/博戲
牌經十三篇　(明)馮夢龍撰　清道光十三年(1833)抄本　一冊

330000－1701－0044183　SBC1434　子部/藝術類/遊藝之屬/聯語
對聯四卷　清抄本　四冊

330000－1701－0044184　普 617.87/2735　子部/醫家類/喉科口齒之屬/通論
喉科杓指四卷　(清)包永泰撰　清道光三年(1823)文英堂刻本　二冊

330000－1701－0044186　SBC1427　集部/別集類/清別集
寄軒詩草二卷　(清)何焜撰　稿本　清沈嘉榕、清黃少初跋　二冊

330000－1701－0044187　普 811.17/8061.3/c2　集部/別集類/清別集
金沙並見集一卷　(清)俞國琛撰　清嘉慶十六年(1811)刻本　一冊

330000－1701－0044188　普 617.87/3033/c1　子部/醫家類/喉科口齒之屬/通論
喉證指南四卷首一卷　清光緒十三年(1887)刻本　一冊

330000－1701－0044190　SBC1437　史部/史評類/史論之屬
寄琴齋筆錄不分卷　仲岱雲訂　清抄本　一冊

330000－1701－0044191　SBC1433　子部/雜著類
筆談不分卷　稿本　一冊

330000－1701－0044192　普 617.87/3033/c2　子部/醫家類/喉科口齒之屬/通論
喉證指南四卷首一卷　清光緒十三年(1887)刻本　一冊

330000－1701－0044193　普 617.87/8028　子部/醫家類/喉科口齒之屬/喉痧
爛喉痺痧輯要一卷白喉痺痧驗要方一卷　(清)□□輯　清光緒十八年(1892)玉壺外史刻本　一冊

330000－1701－0044194　普 618/0022　子部/醫家類/婦科之屬/產科
增廣大生要旨五卷　(清)唐千頃撰　(清)葉灝增訂　清光緒三十三年(1907)鉛印本　清許如山題記　二冊

330000－1701－0044195　普 811.17/8061.4/c1　集部/別集類/清別集
氛垢未離集一卷　(清)俞國琛撰　清嘉慶二十年(1815)刻本　二冊

330000－1701－0044198　普 617.87/4020/c1　子部/醫家類/喉科口齒之屬/白喉
白喉全生集一卷　(清)李紀方撰　清宣統元年(1909)金陵惜善堂刻本　一冊

330000－1701－0044199　普 618/0022/2　子

部/醫家類/婦科之屬/產科
增訂大生要旨五卷 (清)唐千頃撰 (清)葉灝增訂 **重訂福幼遂生合編一卷** (清)莊一夔撰 清光緒八年(1882)俞文奎堂刻本 一冊

330000－1701－0044201 普 618/1332 子部/醫家類/婦科之屬/通論
濟陰綱目十四卷 (明)武之望撰 (清)汪淇箋釋 **保生碎事一卷** (清)汪淇輯 清刻本 十冊

330000－1701－0044203 普 617.87/4020/c2 子部/醫家類/喉科口齒之屬/白喉
白喉全生集一卷 (清)李紀方撰 清宣統元年(1909)金陵惜善堂刻本 一冊

330000－1701－0044204 普 617.87/4020/c3 子部/醫家類/喉科口齒之屬/白喉
白喉全生集一卷 (清)李紀方撰 清宣統元年(1909)金陵惜善堂刻本 一冊

330000－1701－0044206 普 811.17/80445 集部/別集類/清別集
十七銘草堂唾餘一卷 (清)姜萁撰 清同治四年(1865)刻本 一冊

330000－1701－0044208 普 617.87/4020/c4 子部/醫家類/喉科口齒之屬/白喉
白喉全生集一卷 (清)李紀方撰 清宣統元年(1909)金陵惜善堂刻本 一冊

330000－1701－0044209 普 617.87/4020/2 子部/醫家類/喉科口齒之屬/白喉
白喉全生集一卷 (清)李紀方撰 清光緒九年(1883)刻本 一冊

330000－1701－0044212 普 811.17/8045 集部/別集類/清別集
兩水亭餘稿七卷 (清)姜希轍撰 清康熙十六年(1677)刻本 二冊

330000－1701－0044213 普 951.009804/6050/2 史部/紀傳類/正史之屬
二十四史附考證 清光緒十四年(1888)上海圖書集成印書局鉛印本 六十冊 存四種

330000－1701－0044214 普 618/1332/2 子部/醫家類/婦科之屬/通論
濟陰綱目十四卷 (明)武之望撰 (清)汪淇箋釋 **保生碎事一卷** (清)汪淇輯 清光緒二十九年(1903)上海崇實書局石印本 六冊

330000－1701－0044215 普 617.87/8716/c3 子部/醫家類/喉科口齒之屬/通論
喉科秘鑰二卷 (清)鄭鏖撰 清光緒十年(1884)粹文堂刻本 一冊

330000－1701－0044216 普 811.17/8308 集部/別集類/清別集
牧齋有學集十四集 (清)錢謙益撰 (清)錢曾箋注 清雍書城木活字印本 十二冊

330000－1701－0044217 普 811.17/83241/c1 類叢部/叢書類/彙編之屬
清風室叢書二十種 (清)錢保塘編 清同治十年至民國二十五年(1871－1936)海寧錢氏清風室刻本 一冊 存一種

330000－1701－0044218 普 617.87/4424 子部/醫家類/喉科口齒之屬/白喉
寒熱白喉辯證論一卷 (清)黃維翰撰 (清)徐起霖增訂 清末石印本 一冊

330000－1701－0044220 普 618/1332.04 子部/醫家類/婦科之屬/通論
濟陰錄一卷 清抄本 一冊

330000－1701－0044222 SBC1452 集部/詩文評類/文法之屬/雜著
應酬文不分卷 明抄本 一冊

330000－1701－0044223 普 811.17/8308.3 類叢部/叢書類/彙編之屬
佚叢甲集 張南祴編 清光緒三十三年(1907)鉛印本 一冊 存二種

330000－1701－0044224 普 811.17/8045/(2) 集部/別集類/清別集
兩水亭餘稿七卷 (清)姜希轍撰 清康熙十六年(1677)刻本 四冊

330000－1701－0044226 普 811.17/83241/

c3　類叢部/叢書類/彙編之屬

清風室叢書二十種　(清)錢保塘編　清同治十年至民國二十五年(1871－1936)海寧錢氏清風室刻本　一册　存一種

330000－1701－0044227　普 811.17/8061.4/c2　集部/别集類/清别集

氛垢未離集一卷　(清)俞國琛撰　清嘉慶二十年(1815)刻本　一册

330000－1701－0044228　普 618/2322　子部/醫家類/婦科之屬

傅青主女科二卷產後編二卷　(清)傅山撰　清同治八年(1869)湖北崇文書局刻本　二册

330000－1701－0044229　普 811.17/8260　集部/别集類/清别集

籥雲書屋詩鈔六卷附紅蕉詞鈔二卷　(清)鍾景撰　清咸豐八年(1858)刻本　二册　缺二卷(紅蕉詞鈔一至二)

330000－1701－0044231　普 811.17/8324/c1、普 811.17/8324.2/c1　集部/别集類/清别集

衎石齋記事稾十卷續稾十卷刻楮集四卷旅逸小稾二卷　(清)錢儀吉撰　清光緒六年(1880)錢彝甫廣州刻本　二册　存六卷(刻楮集一至四、旅逸小稾一至二)

330000－1701－0044232　普 811.17/8308.4/c2　集部/别集類/清别集

初學集二十卷　(清)錢謙益撰　(清)錢曾箋注　**牧翁先生[錢謙益]年譜一卷**　(清)葛萬里編　清宣統三年(1911)上海國學扶輪社石印本　五册　存十卷(二至七、十至十一、十五至十六)

330000－1701－0044233　普 617.87/7263　子部/醫家類/喉科口齒之屬/白喉

仙傳白喉治法要言一卷　(清)劉昌祁撰　清光緒石印本　一册

330000－1701－0044234　普 618/1007/c1　子部/醫家類/類編之屬

婦嬰至寶三種六卷　(清)徐尚慧編　清道光十一年(1831)刻本　一册

330000－1701－0044236　普 811.17/8274　集部/别集類/清别集

養自然齋詩鈔三卷　(清)鍾駿聲撰　清同治九年(1870)刻本　二册

330000－1701－0044237　普 617.87/7548　子部/醫家類/類編之屬

利濟文課　清宣統元年(1909)刻本　一册　存一種

330000－1701－0044238　普 618/1332/4/c1　子部/醫家類/婦科之屬/通論

濟陰綱目十四卷　(明)武之望撰　(清)汪淇箋釋　**保生碎事一卷**　(清)汪淇輯　清善成堂刻本　八册

330000－1701－0044239　普 811.17/8324/c3　集部/别集類/清别集

衎石齋記事稾十卷續稾十卷刻楮集四卷旅逸小稾二卷　(清)錢儀吉撰　清光緒六年(1880)錢彝甫廣州刻本　一册　存四卷(刻楮集一至四)

330000－1701－0044241　普 618/1007/c2　子部/醫家類/類編之屬

婦嬰至寶三種六卷　(清)徐尚慧編　清道光十一年(1831)刻本　一册

330000－1701－0044242　普 811.17/8308.5　集部/别集類/清别集

投筆集箋註二卷　(清)錢謙益撰　(清)錢曾注　清宣統二年(1910)順德鄧氏風雨樓鉛印本　一册

330000－1701－0044243　普 811.17/8274/2　集部/别集類/清别集

養自然齋詩鈔三卷八韻詩存一卷　(清)鍾駿聲撰　清同治七年(1868)、九年(1870)刻本　三册

330000－1701－0044244　普 811.17/8324/c5　集部/别集類/清别集

衎石齋記事稾十卷續稾十卷刻楮集四卷旅逸小稾二卷　(清)錢儀吉撰　清光緒六年

(1880)錢彝甫廣州刻本　一册　存四卷(刻楮集一至四)

330000－1701－0044245　普 618/1114　子部/醫家類/婦科之屬/產科

生生要旨一卷　(清)張子蕃輯　清光緒無錫錫成印刷公司鉛印本　一册

330000－1701－0044247　普 951.0096/2500/c2　史部/史抄類

史畧八十七卷　(清)朱堃輯　清同治五年(1866)皖南朱氏哀麓山房刻本　七册　存三十二卷(二十八至五十九)

330000－1701－0044248　SBC1450　史部/金石類/錢幣之屬

泉志十五卷　(宋)洪遵撰　明刻本　三册

330000－1701－0044249　普 951.0096/2500/c4　史部/史抄類

史畧八十七卷　(清)朱堃輯　清同治五年(1866)皖南朱氏哀麓山房刻金陵李光明莊印本　二十册

330000－1701－0044250　普 618/2322/2　子部/醫家類/綜合之屬/合刻、合抄

傅青主男科二卷女科二卷產後編二卷　(清)傅山撰　清光緒三十三年(1907)上海書局石印本　一册　缺二卷(一至二)

330000－1701－0044251　普 618/1007/2　子部/醫家類/類編之屬

婦嬰至寶五種八卷　(清)徐尚慧編　(清)王兆鼇增編　清光緒十四年(1888)刻本　一册

330000－1701－0044252　普 811.17/8328　集部/别集類/清别集

靜存齋詩集八卷　(清)錢師曾撰　清道光十一年(1831)刻本　四册

330000－1701－0044253　普 811.17/8333　集部/别集類/清别集

梅花溪詩草四卷　(清)錢泳撰　清嘉慶二十四年(1819)履園刻道光印本　四册

330000－1701－0044254　普 811.17/8284　集部/别集類/清别集

修拙齋詩集二卷　(清)鍾毓奇撰　清光緒十八年(1892)刻本　二册

330000－1701－0044255　SBC1447　集部/總集類/選集之屬/通代

六朝文絜不分卷　(清)許槤輯　**古今小品選鈔不分卷**　(清)陳天定輯　清光緒十二年(1886)徐麟光抄本　清徐麟光題記並批　徐丹甫批、題簽並記　一册

330000－1701－0044257　普 811.17/8308.6　集部/别集類/清别集

牧齋初學集詩註二十卷有學集詩註十四卷　(清)錢謙益撰　(清)錢曾箋注　清康熙刻玉詔堂印本　十二册

330000－1701－0044258　普 811.17/8324.2/c2　集部/别集類/清别集

衎石齋記事稾十卷續稾十卷刻楮集四卷旅逸小稾二卷　(清)錢儀吉撰　清光緒六年(1880)錢彝甫廣州刻本　一册　存二卷(旅逸小稾一至二)

330000－1701－0044259　普 811.17/8334　集部/别集類/清别集

般居吟稿二卷　(清)錢家壓撰　清嘉慶十七年(1812)刻本　一册

330000－1701－0044261　普 618/1332 /4/c2　子部/醫家類/婦科之屬/通論

濟陰綱目十四卷　(明)武之望撰　(清)汪淇箋釋　**保生碎事一卷**　(清)汪淇輯　清刻本　八册

330000－1701－0044262　普 811.17/83281　集部/别集類/清别集

百廿蟲吟一卷和章一卷　(清)錢步曾撰並輯　清道光四年(1824)聞鵠樓刻本　一册　存一卷(和章)

330000－1701－0044263　普 811.17/8335　集部/别集類/清别集

數峯詩鈔六卷　(清)錢之青撰　清刻本　一册

330000－1701－0044264　普 618/0022/4　子部/醫家類/婦科之屬/產科

大生要旨五卷　（清）唐千頃撰　清刻本　一册

330000－1701－0044265　普 811.17/8312　集部/别集類/清别集

半溪詩草八卷　（清）錢二白撰　清康熙刻本　四册

330000－1701－0044266　普 811.17/8337/c1　集部/别集類/清别集

樂妙山居集一卷續編一卷　（清）錢沃臣撰　清嘉慶十五年（1810）刻本　一册　缺一卷（續編）

330000－1701－0044268　普 618/8844.2　子部/醫家類/婦科之屬

竹林女科證治四卷　（清）竹林寺僧撰　清光緒十七年（1891）皖江節署刻本　四册

330000－1701－0044269　SBC1446　集部/别集類/清别集

周氏稿不分卷　稿本　四册

330000－1701－0044271　普 618/2322/3　子部/醫家類/婦科之屬

傅青主女科二卷產後編二卷　（清）傅山撰　清光緒五年（1879）掃葉山房刻本　二册　存二卷（一至二）

330000－1701－0044272　普 951.0096/2500/2　史部/史抄類

史畧八十七卷　（清）朱堃輯　清光緒二十四年（1898）上海蜚英館石印本　六册

330000－1701－0044273　普 811.17/8337/c2　集部/别集類/清别集

樂妙山居集一卷續編一卷　（清）錢沃臣撰　清嘉慶十五年（1810）刻本　一册　缺一卷（續編）

330000－1701－0044274　普 618/1023　子部/醫家類/婦科之屬/產科

濟生集六卷　（清）王上達輯　清光緒二十二年（1896）明州咏古齋刻本　三册

330000－1701－0044275　普 811.17/8331/c1　類叢部/叢書類/自著之屬

錢頤壽中丞全集正編三種續編二種　（清）錢寶琛撰　清同治七年至光緒六年（1868－1880）錢鼎銘刻本　二册　存一種

330000－1701－0044277　普 811.17/8314　集部/别集類/清别集

澄碧齋詩鈔十二卷别集二卷　（清）錢琦撰　清乾隆四十三年（1778）刻本　四册

330000－1701－0044278　普 618/2322/4　子部/醫家類/婦科之屬

傅青主女科二卷產後編二卷　（清）傅山撰　清光緒元年（1875）刻本　二册　存二卷（一至二）

330000－1701－0044279　SBC1457　子部/儒家類/儒學之屬/經濟

大學衍義補一百六十卷首一卷　（明）丘濬撰　明弘治元年（1488）建寧府刻本　二十六册　存一百二卷（五至十九、二十至二十三、二十八至四十、五十至五十三、八十一至八十四、八十九至一百十七、一百二十八至一百六十）

330000－1701－0044281　普 811.17/8331/c3　類叢部/叢書類/自著之屬

錢頤壽中丞全集正編三種續編二種　（清）錢寶琛撰　清同治七年至光緒六年（1868－1880）錢鼎銘刻本　二册　存一種

330000－1701－0044283　普 618.1/0925　子部/醫家類/婦科之屬/通論

女科百問二卷　（宋）齊仲甫撰　清慎詒堂刻本　二册

330000－1701－0044286　普 618.1/1029/c1　子部/醫家類/類編之屬

證治準繩六種（醫書六種）　（明）王肯堂撰　明萬曆三十年至三十六年（1602－1608）刻本　十册　存一種

330000－1701－0044287　普 811.17/8344　集部/别集類/清别集

瑞香樓賸稿一卷　（清）錢壽芝撰　清同治五年（1866）溫州賴古堂刻本　二册

330000－1701－0044288　普 951.0096/3100　史部/史評類/史論之屬

刻歷朝捷錄大成二卷　（明）顧充撰　清康熙四十八年（1709）上虞顧芳宗刻本　五册

330000－1701－0044289　普 618.1/1029/c2　子部/醫家類/類編之屬

證治準繩六種（醫書六種）　（明）王肯堂撰　明萬曆三十年至三十六年（1602－1608）刻本　五册　存一種

330000－1701－0044290　SBC1448　集部/總集類/選集之屬/通代

文選選評不分卷　（清）鮑瑞駿輯　稿本　一册

330000－1701－0044292　普 222.0357/3410/2　子部/宗教類/佛教之屬/總録

翻譯名義集二十卷　（宋）釋法雲編　清光緒四年（1878）金陵刻經處刻本　天闕山人題記　六册

330000－1701－0044293　普 618.1/1029/(2)　子部/醫家類/類編之屬

證治準繩六種　（明）王肯堂撰　清光緒十八年（1892）廣州石經堂刻本　十六册　存二種

330000－1701－0044294　普 618/2322.2　子部/醫家類/婦科之屬/通論

女科仙方三卷　（清）傅山撰　清光緒十七年（1891）上海刻本　二册　存二卷（上、下）

330000－1701－0044295　普 811.17/8483/2　集部/别集類/清别集

擇石齋詩集五十卷　（清）錢載撰　清乾隆刻本　佚名過録清吴穀人、清顧列星批校　十二册

330000－1701－0044296　SBC1471　集部/總集類/郡邑之屬

嘉禾詩草不分卷　清抄本　一册

330000－1701－0044297　普 618.1/4428/c1　子部/醫家類/婦科之屬/通論

竹林寺婦科秘方一卷　（清）竹林寺僧撰　清光緒十六年（1890）顧海洲刻本　一册

330000－1701－0044298　普 618/4418/5　子部/醫家類/綜合之屬

衛生寶笈六卷　清光緒二十五年（1899）刻本　一册

330000－1701－0044301　普 618.1/4444　子部/醫家類/婦科之屬/產科

新編女科指掌三卷　（清）葉其蓁撰　清雍正刻本　四册

330000－1701－0044302　SBC1469　集部/别集類/清别集

春暉寸草一卷　（清）周大業撰　清抄本　一册

330000－1701－0044304　普 811.17/83371　集部/别集類/清别集

松風老屋詩稿十一卷詩餘一卷　（清）錢清履撰　清嘉慶十七年（1812）刻本　清王韜跋　六册

330000－1701－0044305　普 618.1/2011/c1　新學/醫學

婦科精蘊五卷　（美國）妥瑪氏撰　（清）孔慶高譯　清光緒十五年（1889）羊城博濟醫局刻本　五册

330000－1701－0044306　普 618.2/1007/7　子部/醫家類/類編之屬

達生遂生福幼合編四卷　清光緒二十四年（1898）黔南張炬堪刻本　一册

330000－1701－0044307　普 618.1/2011/c2　新學/醫學

婦科精蘊五卷　（美國）妥瑪氏撰　（清）孔慶高譯　清光緒十五年（1889）羊城博濟醫局刻本　五册

330000－1701－0044310　SBC1468　集部/别集類/清别集

小庚辰集一卷　陳景桓撰　稿本　一册

330000－1701－0044311　普 811.17/8341
集部/别集類/清別集
綠天書舍存草六卷　(清)錢楷撰　清嘉慶二十三年(1818)儀徵阮氏廣州刻本　四册

330000－1701－0044313　普 618.1/4428/c2
子部/醫家類/婦科之屬/通論
竹林寺婦科秘方一卷　(清)竹林寺僧撰　清光緒十六年(1890)顧海洲刻本　一册

330000－1701－0044314　普 618/8027/c1
新學/醫學/内科
婦嬰新説不分卷　(英國)合信氏　(清)管茂材撰　清咸豐八年(1858)上海仁濟醫館刻本　一册

330000－1701－0044316　普 618.1/2322/3
類叢部/叢書類/彙編之屬
海山仙館叢書五十六種　(清)潘仕成編　清道光二十五年至咸豐元年(1845－1851)番禺潘氏刻光緒十一年(1885)增刻彙印本　二册　存一種

330000－1701－0044317　SBC1458　集部/别集類/明别集
棲真館集三十一卷　(明)屠隆撰　(明)呂胤基輯　明萬曆十八年(1590)姚江呂氏棲真館刻本　一册　存二卷(一至二)

330000－1701－0044318　普 811.17/8343/c2
集部/别集類/清別集
籜石齋文集二十六卷詩集五十卷十國詞箋略一卷　(清)錢載撰　清光緒四年(1878)蘇州交通圖書館刻本　六册　存五十一卷(詩集一至五十、十國詞箋略)

330000－1701－0044319　普 618.1/4428/c3
子部/醫家類/婦科之屬/通論
竹林寺婦科秘方一卷　(清)竹林寺僧撰　清光緒十六年(1890)顧海洲刻本　一册

330000－1701－0044320　普 811.17/8342
集部/總集類/彙編之屬
友聲集二十四種續集六種種附二種　(清)王相編　清咸豐八年(1858)信芳閣刻本　一册　存一種

330000－1701－0044321　SBC1467　集部/别集類/清别集
周之爚雜誌不分卷　(清)周之爚撰　清抄本　一册

330000－1701－0044322　普 618.1/3444/c2
子部/醫家類/婦科之屬/通論
女科輯要二卷　(清)沈又彭撰　清同治元年(1862)刻本　二册

330000－1701－0044323　普 811.17/8343/c1
集部/别集類/清别集
籜石齋文集二十六卷詩集五十卷十國詞箋略一卷　(清)錢載撰　清光緒四年(1878)蘇州交通圖書館刻本　六册　存五十一卷(詩集一至五十、十國詞箋略)

330000－1701－0044324　普 618.1/4428/c4
子部/醫家類/婦科之屬/通論
竹林寺婦科秘方一卷　(清)竹林寺僧撰　清光緒十六年(1890)顧海洲刻本　一册

330000－1701－0044325　SBC1466　集部/别集類/清别集
愛山居吟稿不分卷　(清)孫煜撰　清抄本　一册

330000－1701－0044326　普 618/8027/c2
新學/醫學/内科
婦嬰新説不分卷　(英國)合信氏　(清)管茂材撰　清咸豐八年(1858)上海仁濟醫館刻本　一册

330000－1701－0044327　SBC1473　史部/地理類/雜志之屬
新疆省道里表一卷　(清)□□編　清光緒十六年(1890)湖南刻本　一册

330000－1701－0044328　普 811.17/8343/3
集部/别集類/清别集
籜石齋詩集五十卷　(清)錢載撰　清光緒刻本　六册　存四十九卷(一至四十九)

330000－1701－0044330　SBC1470　集部/别

集類/清別集
秋蚓吟一卷　清抄本　一冊

330000－1701－0044331　SBC1460　集部/別集類/明別集
焚餘一卷　(明)馮小青撰　清抄本　一冊

330000－1701－0044332　SBC1465　經部/易類/傳說之屬
易憲四卷卦歌一卷圖說一卷　(清)沈泓撰　清乾隆八年至九年(1743－1744)補堂刻本　一冊　存三卷(一、卦歌、圖說)

330000－1701－0044333　普618/8027/c3　新學/醫學/内科
婦嬰新說不分卷　(英國)合信氏　(清)管茂材撰　清咸豐八年(1858)上海仁濟醫館刻本　一冊

330000－1701－0044335　普618.1/7583　子部/醫家類/類編之屬
公餘醫錄六種　(清)陳念祖撰　清漁古山房刻本　一冊　存一種

330000－1701－0044336　普618.1/4442　子部/醫家類/婦科之屬/通論
女科經綸八卷　(清)蕭壎撰　清康熙燕貽堂刻本　四冊

330000－1701－0044337　普811.17/83442/c1　集部/別集類/清別集
玉山草堂集三十卷　(清)錢林撰　清道光十五年(1835)程芝雲刻本　四冊

330000－1701－0044339　普618/8844　子部/醫家類/婦科之屬/通論
竹林寺女科一卷　(清)竹林寺僧撰　(清)袁光裕校　清道光二十八年(1848)錢塘臨履堂刻本　一冊

330000－1701－0044340　普618.1/3644　新學/醫學
婦科不分卷圖一卷　(美國)湯麥斯撰　(清)舒高第　(清)鄭昌棪譯　清光緒二十六年(1900)江南機器製造局鉛印本　六冊

330000－1701－0044341　SBC1464　經部/春秋公羊傳類/傳說之屬
公羊傳二卷　(清)王源評　(清)程茂參正　清抄本　張鳳跋　一冊

330000－1701－0044342　普618.2/1007/8　子部/醫家類/方書之屬/單方驗方
增訂敬信錄四卷　(清)徐榮輯　清刻本　一冊　存一卷(二)

330000－1701－0044343　普811.17/83442/c2　集部/別集類/清別集
玉山草堂集三十卷　(清)錢林撰　清道光十五年(1835)程芝雲刻本　四冊

330000－1701－0044344　普811.17/8344/2/c1　集部/別集類/清別集
瑞香樓賸稿一卷　(清)錢壽芝撰　清同治五年(1866)溫州賴古堂刻本　趙恂題記　一冊

330000－1701－0044345　SBC1461　史部/紀事本末類/斷代之屬
三朝北盟會編二百五十卷　(宋)徐夢莘撰　清貞節堂袁氏抄本　二冊　存二十卷(七至十六、六十七至七十六)

330000－1701－0044346　普618.2/1007/9　子部/醫家類/婦科之屬/產科
達生編三卷　(清)亟齋居士撰　清光緒三年(1877)刻本　一冊

330000－1701－0044347　普811.17/83442/c3　集部/別集類/清別集
玉山草堂集三十卷　(清)錢林撰　清道光十五年(1835)程芝雲刻本　八冊

330000－1701－0044348　普811.17/8346　類叢部/叢書類/自著之屬
潛研堂全書十六種　(清)錢大昕撰　清乾隆至嘉慶刻本　四冊　存一種

330000－1701－0044349　普618/8844/2/c1　子部/醫家類/婦科之屬/通論
竹林寺婦科秘方一卷　(清)竹林寺僧撰　清光緒十六年(1890)顧海洲刻本　一冊

330000－1701－0044350　普 811.17/8344/2/c2　集部/别集類/清别集
瑞香樓賸稿一卷　(清)錢壽芝撰　清同治五年(1866)溫州賴古堂刻本　蔗盦題記　一冊

330000－1701－0044351　普 811.17/8371　集部/别集類/清别集
香樹齋詩集十八卷　(清)錢陳羣撰　清乾隆十六年(1751)刻本　十六冊

330000－1701－0044352　普 618.19/2202　子部/醫家類/婦科之屬
乳證仙方一卷　清光緒二十七年(1901)刻本　一冊

330000－1701－0044353　普 951.0096/3100.02　史部/史評類/史論之屬
新鐫歷朝捷錄增定全編大成四卷　(明)顧充撰　(明)鍾惺等補　明末刻清遺經堂印本　六冊

330000－1701－0044354　普 618/8844/2/c2　子部/醫家類/婦科之屬/通論
竹林寺婦科秘方一卷　(清)竹林寺僧撰　清光緒十六年(1890)顧海洲刻本　一冊

330000－1701－0044355　普 811.17/8348/c1　集部/别集類/清别集
鹿山老屋詩集十六卷　(清)錢世錫撰　清嘉慶刻本　四冊

330000－1701－0044356　普 618/8844/2/c3　子部/醫家類/婦科之屬/通論
竹林寺婦科秘方一卷　(清)竹林寺僧撰　清光緒十六年(1890)顧海洲刻本　一冊

330000－1701－0044357　SBC1462　集部/别集類/明别集
轂庵集選十卷附録二卷　(明)姚綬撰　**轂庵崇祀録二卷外録一卷　觀頤摘稿一卷**　(明)姚旬撰　**附録觀頤志銘一卷**　(明)錢福撰　**東齋稿畧一卷附濟美録摘畧一卷**　(明)姚惟芹撰　明嘉靖刻本　二冊　缺八卷(一至八)

330000－1701－0044358　普 618.2/1007/11　子部/醫家類/婦科之屬/産科
達生編二卷　(清)亟齋居士撰　**廣達生編一卷**　(清)周毓齡撰　清光緒十二年(1886)杭省三元坊刻本　一冊

330000－1701－0044359　普 811.17/8348/c2　集部/别集類/清别集
鹿山老屋詩集十六卷　(清)錢世錫撰　清嘉慶刻本　六冊

330000－1701－0044360　普 951.0096/3105　史部/史抄類
古今彝語十二卷　(明)汪應蛟撰　清康熙三十七年(1698)新安汪畬刻本　十二冊

330000－1701－0044361　SBC1489　子部/儒家類/儒學之屬/經濟
大學衍義四十三卷　(宋)真德秀撰　明崇禎陳仁錫刻本　八冊

330000－1701－0044363　普 811.17/8361.02　集部/别集類/清别集
峰青館詩續鈔四卷　(清)錢國珍撰　清光緒二年(1876)刻本　一冊

330000－1701－0044365　SBC1488　子部/術數類/雜術之屬
大聖五公海元末劫轉天圖經不分卷　清抄本　一冊

330000－1701－0044366　普 811.17/83711　集部/别集類/清别集
奝翁詩鈔四卷　(清)錢辰撰　**寄生吟草一卷**　(清)錢家吉撰　清光緒八年(1882)錢國祥南錢草堂刻本　一冊

330000－1701－0044367　普 811.17/8371/(2)/c2　集部/别集類/清别集
香樹齋詩集十八卷　(清)錢陳羣撰　清乾隆十六年(1751)刻本　四冊

330000－1701－0044368　SBC1487　子部/術數類/占候之屬
天星大全不分卷　清抄本　一冊

330000－1701－0044369　普 618.2/2827/2　子部/醫家類/婦科之屬/産科

經效產寶三卷續編一卷 （唐）昝殷撰　清光緒七年（1881）影宋刻本　二册

330000－1701－0044370　普 811.17/83441/c1　集部/别集類/清别集
餐勝齋詩稿四卷 （清）錢大培撰　清嘉慶五年（1800）鶯湖琴鶴書莊刻本　二册

330000－1701－0044371　普 811.17/8384　集部/别集類/清别集
瑞芝山房詩鈔一卷 （清）錢令芬撰　清光緒六年（1880）刻本　一册

330000－1701－0044373　普 618.2/2827/2(2)　子部/醫家類/婦科之屬/產科
經效產寶三卷續編一卷 （唐）昝殷撰　清光緒七年（1881）影宋刻本　三册

330000－1701－0044374　普 618.1/4442/2　子部/醫家類/婦科之屬/通論
女科經綸八卷 （清）蕭壎撰　清乾隆四十六年（1781）湖郡有鴻齋刻本　八册

330000－1701－0044375　普 811.17/8382/c1　集部/别集類/清别集
靜妙山房遺集三卷詩集補遺一卷 （清）錢鈞伯撰　清光緒十六年（1890）刻本　一册

330000－1701－0044376　普 618.2/0022　子部/醫家類/婦科之屬/產科
大生要旨五卷 （清）唐千頃撰　清乾隆二十七年（1762）千頃堂刻本　二册

330000－1701－0044377　SBC1485　子部/宗教類/佛教之屬/大藏之屬
雪關荅問一卷 （明）陳懋德問　（明）釋智闇答　（明）李長庚評　（明）李春江編　清初刻本　一册

330000－1701－0044379　普 811.17/8387　集部/别集類/清别集
拜經閣詩錄二卷 （清）錢鈞撰　清光緒三十四年（1908）刻本　一册

330000－1701－0044380　SBC1484　子部/兵家類
兵詮不分卷 清抄本　一册

330000－1701－0044381　普 811.17/8382/c2　集部/别集類/清别集
靜妙山房遺集三卷詩集補遺一卷 （清）錢鈞伯撰　清光緒十六年（1890）刻本　兆閔題記　一册

330000－1701－0044382　普 811.17/8394/c1　集部/别集類/清别集
郊農偶吟稿一卷 （清）錢炳森撰　清同治十一年（1872）刻本　一册

330000－1701－0044383　普 811.17/8383/c1　集部/别集類/清别集
聞妙香室詩稿五卷詞鈔四卷 （清）錢錫寀撰　清宣統二年（1910）天津醒華報館石印本　一册　存五卷（一至五）

330000－1701－0044384　普 811.17/8394/c2　集部/總集類/氏族之屬
四水子遺著一卷 （清）錢友泗撰　**郊農偶吟稿一卷** （清）錢炳森撰　清同治十一年（1872）、光緒七年（1881）刻本　一册

330000－1701－0044386　普 811.17/8383/c2　集部/别集類/清别集
聞妙香室詩稿五卷詞鈔四卷 （清）錢錫寀撰　清宣統二年（1910）天津醒華報館石印本　一册　存五卷（一至五）

330000－1701－0044387　普 811.17/83441/c2　集部/别集類/清别集
餐勝齋詩稿四卷 （清）錢大培撰　清嘉慶五年（1800）鶯湖琴鶴書莊刻本　四册

330000－1701－0044388　普 618.2/1007　子部/醫家類/婦科之屬/產科
達生編一卷 （清）亟齋居士撰　清光緒十五年（1889）遐齡書舍刻本　一册

330000－1701－0044389　SBC1486　史部/傳記類/總傳之屬/釋道
三佛傳一卷 明刻本　一册

330000－1701－0044390　普 811.17/8371.2

集部/别集類/清别集

香樹齋詩續集十四卷 (清)錢陳羣撰 清乾隆二十四年(1759)刻本 四册

330000－1701－0044391 SBC1463 類叢部/叢書類/彙編之屬

攷古薮譚二十四種 明末刻本 二册

330000－1701－0044392 普 618.2/3010 子部/醫家類/婦科之屬/産科

產科不分卷圖一卷 (英國)密爾纂 (清)舒高第口譯 (清)鄭昌棪筆述 清江南機器製造總局鉛印本 四册

330000－1701－0044393 普 618.2/1007/14 子部/醫家類/婦科之屬/産科

達生編二卷補遺一卷 (清)亟齋居士撰 清光緒七年(1881)刻本 一册

330000－1701－0044395 普 811.17/8371.2/(2)/c2 集部/别集類/清别集

香樹齋詩續集三十六卷 (清)錢陳羣撰 清乾隆刻本 十册

330000－1701－0044396 普 618.2/3144/3 子部/醫家類/婦科之屬/産科

產科心法二卷 (清)汪喆撰 清道光九年(1829)刻本 一册

330000－1701－0044397 普 618.2/5800 子部/醫家類/婦科之屬/産科

胎產新書三種 清光緒十二年(1886)漢口成媄堂刻本 四册

330000－1701－0044400 普 618.2/3144/4 子部/醫家類/婦科之屬/産科

重刻產科心法二卷 (清)汪喆撰 **福幼編摘刻一卷** (清)莊一夔撰 清光緒十六年(1890)刻本 一册

330000－1701－0044402 普 618.2/3144/c1 子部/醫家類/婦科之屬/産科

產科心法二卷 (清)汪喆撰 **福幼編摘刻一卷** (清)莊一夔撰 清光緒十六年(1890)刻本 一册

330000－1701－0044403 普 618.2/3144/5 子部/醫家類/婦科之屬/産科

產科心法二卷 (清)汪喆撰 清光緒十八年(1892)輝棣舊廬刻本 一册

330000－1701－0044405 普 811.17/8481 類叢部/叢書類/彙編之屬

湘淥館叢書 清光緒刻本 十六册 存一種

330000－1701－0044406 普 618.2/3144/c2 子部/醫家類/婦科之屬/産科

產科心法二卷 (清)汪喆撰 **福幼編摘刻一卷** (清)莊一夔撰 清光緒十六年(1890)刻本 一册

330000－1701－0044407 普 811.17/8481.2 類叢部/叢書類

竹素齋叢書 清光緒刻本 四册 存一種

330000－1701－0044410 普 618.2/1007/4 子部/醫家類/婦科之屬/産科

達生編二卷補遺一卷 (清)亟齋居士撰 清道光二十七年(1847)米船樓刻本 一册

330000－1701－0044411 普 811.17/8628 集部/别集類/清别集

碧琅玕吟館試帖一卷 (清)錫齡撰 清同治十年(1871)培槐軒刻本 一册

330000－1701－0044415 普 618.2/1161/c1 子部/醫家類/婦科之屬/産科

產孕集二卷 (清)張曜孫撰 清道光刻本 一册

330000－1701－0044416 普 811.17/8628.2 集部/别集類/清别集

碧琅玕吟館詩注二卷 (清)錫齡撰 (清)鮑蘭生注 清刻本 二册

330000－1701－0044417 普 618.2/1007/5/c1 子部/醫家類/婦科之屬/産科

達生編三卷 (清)亟齋居士撰 清光緒四年(1878)刻本 一册

330000－1701－0044418 普 811.17/8694 集部/别集類/清别集

散菴詩集三卷　(清)釋智慎撰　清康熙二十六年(1687)刻本　一册

330000－1701－0044419　普 618.2/7104　子部/醫家類/婦科之屬/産科
西醫胎産舉要二卷　(美國)阿庶頓輯　(清)尹端模筆譯　清光緒十九年(1893)羊城博濟醫局刻本　二册

330000－1701－0044420　SBC1480　史部/時令類
節氣圖不分卷　清刻本　一札

330000－1701－0044421　普 811.17/8723　集部/别集類/清别集
喬阪遺詩(醜石居遺詩)一卷　(清)鄭綸撰　清道光十年(1830)刻本　一册

330000－1701－0044422　普 618.2/1161/c2　子部/醫家類/婦科之屬/産科
産孕集二卷　(清)張曜孫撰　清道光刻本　一册

330000－1701－0044423　普 811.17/8700　集部/别集類/清别集
久芬室詩集六卷　(清)鄭襄撰　清光緒二十一年(1895)石門官廨刻本　二册

330000－1701－0044425　普 618.2/1161/2/c1　子部/醫家類/婦科之屬/産科
産孕集二卷　(清)張曜孫撰　**補遺一卷**　(清)包誠纂輯　清同治七年(1868)藴璞齋刻本　一册

330000－1701－0044426　普 618.2/1007/5/c2　子部/醫家類/婦科之屬/産科
達生編三卷　(清)亟齋居士撰　清光緒四年(1878)刻本　一册

330000－1701－0044427　普 618.2/1161/2/c2　子部/醫家類/婦科之屬/産科
産孕集二卷　(清)張曜孫撰　**補遺一卷**　(清)包誠纂輯　清同治七年(1868)藴璞齋刻本　一册

330000－1701－0044429　普 811.17/8713/c1　集部/别集類/清别集
困學齋詩錄一卷　(清)鈕承棨撰　清上海聚珍仿宋印書局鉛印本　一册

330000－1701－0044430　普 811.17/8727　集部/别集類/清别集
春暉堂初稿八卷首一卷　(清)鄭維駒撰　清光緒十九年(1893)豐北湖園三起書屋刻本　二册

330000－1701－0044431　普 811.17/8713/c2　集部/别集類/清别集
困學齋詩錄一卷　(清)鈕承棨撰　清上海聚珍仿宋印書局鉛印本　一册

330000－1701－0044432　普 618.2/1161/2/c3　子部/醫家類/婦科之屬/産科
産孕集二卷　(清)張曜孫撰　清同治七年(1868)三松堂刻本　一册

330000－1701－0044433　普 618.2/7302/2　子部/醫家類/婦科之屬/産科
胎産秘書三卷附保嬰要訣一卷經驗各方一卷　(清)錢□□撰　清同治元年(1862)刻本　二册

330000－1701－0044435　普 618.7/2320　子部/醫家類/婦科之屬/産科
産後編二卷　(清)傅山撰　清道光二十九年(1849)刻本　一册

330000－1701－0044436　SBC1490　子部/儒家類/儒學之屬/經濟
大學衍義補一百六十卷首一卷　(明)丘濬撰　明崇禎陳仁錫刻本　三十二册

330000－1701－0044437　普 618.9/0041　新學/醫學
兒科撮要二卷　尹端模筆釋　清光緒十八年(1892)羊城博濟醫局刻本　二册

330000－1701－0044438　普 618.7/2320/(2)　子部/醫家類/婦科之屬/産科
産後編二卷　(清)傅山撰　清埽葉山房刻本　二册

330000－1701－0044439　普 811.17/8714　集部/別集類/清別集

海紅華館詩鈔十卷詞鈔二卷　(清)鄭璜撰　清道光十五年(1835)刻本　徐祖武題記　五冊　缺二卷(詞鈔一至二)

330000－1701－0044440　普 618.2/2500/c1　類叢部/叢書類/彙編之屬

十萬卷樓叢書五十一種　(清)陸心源編　清光緒歸安陸氏刻本(歲時廣記卷六原缺)　三冊　存一種

330000－1701－0044442　普 811.17/8731　集部/別集類/清別集

小谷口詩鈔十二卷首一卷續鈔一卷　(清)鄭祖琛撰　清道光二十四年(1844)寶研齋刻本　二冊

330000－1701－0044443　普 618.9/1022　子部/醫家類/兒科之屬/通論

幼科鐵鏡六卷　(清)夏鼎撰　清光緒二十三年(1897)西征糧臺刻本　二冊

330000－1701－0044445　普 811.17/8714/2　集部/別集類/清別集

海紅華館詩鈔十卷詞鈔二卷　(清)鄭璜撰　清道光十五年(1835)刻本　一冊

330000－1701－0044446　普 811.17/8720/c1　集部/別集類/清別集

緐水齋詩集十七卷別集二卷詩話一卷附錄一卷　(清)舒位撰　清光緒十二年(1886)邊保樞刻十七年(1891)增修本　六冊　存十九卷(詩集一至十七、別集一至二)

330000－1701－0044447　普 618.2/2500/c2　類叢部/叢書類/彙編之屬

十萬卷樓叢書五十一種　(清)陸心源編　清光緒歸安陸氏刻本(歲時廣記卷六原缺)　四冊　存一種

330000－1701－0044448　普 618.2/7721　子部/醫家類/婦科之屬/產科

胎產心法三卷　(清)閻純璽撰　清同治四年(1865)敬敷堂刻本　六冊

330000－1701－0044449　普 618.7/2742　子部/醫家類/婦科之屬/產科

產寶一卷　(清)倪枝維撰　(清)潘霨增輯　清光緒三年(1877)湖北藩署刻本　一冊

330000－1701－0044450　普 811.17/8734　集部/別集類/清別集

樂清軒詩鈔十二卷外編五卷　五十壽詩一卷六十壽詩一卷　(清)鄭祖芳撰　(清)曹開泰等撰　清嘉慶二十五年(1820)刻本　三冊

330000－1701－0044451　普 811.17/8796　集部/別集類/清別集

紅泉歷遊草六卷　(清)鄭煜撰　清乾隆三十九年(1774)刻本　一冊

330000－1701－0044454　普 618.9/1022/2　子部/醫家類/兒科之屬/通論

幼科鐵鏡六卷　(清)夏鼎撰　清同治八年(1869)江陰學古山房刻本　二冊

330000－1701－0044455　普 618.7/2773　子部/醫家類/婦科之屬/產科

產寶一卷　(清)倪枝維撰　清抄本　一冊

330000－1701－0044456　普 618.2/7721/2　子部/醫家類/婦科之屬/產科

胎產心法三卷　(清)閻純璽撰　清同治十年(1871)武林刻本　六冊

330000－1701－0044457　SBC1502　史部/傳記類/總傳之屬/姓名

歷代帝王禪受姓氏全譜並君相要語名言捷錦積翠二十七卷　(清)陳元龍撰　清抄本　一冊

330000－1701－0044458　普 811.17/8810　集部/別集類/清別集

話墮集三卷二集三卷三集三卷　(清)釋篆玉撰　清乾隆刻本　三冊

330000－1701－0044459　普 618.9/0007　新學/醫學

兒科論略不分卷　(美國)富醫士選　(清)龐文卿譯　清光緒二十三年(1897)羊城博濟書局刻本　一冊

330000－1701－0044460　普 811.17/8788　類叢部/叢書類/彙編之屬
二老閣叢書四十二種　(清)鄭風編　清康熙至嘉慶刻本　二冊　存一種

330000－1701－0044462　普 618.9/1022/3　子部/醫家類/兒科之屬/通論
幼科鐵鏡六卷　(清)夏鼎撰　清光緒二十一年(1895)新寧劉氏刻本　一冊

330000－1701－0044464　普 618.2/7721/3　子部/醫家類/婦科之屬/產科
胎產心法三卷　(清)閻純璽撰　清道光八年(1828)華氏善慶堂羊城刻本　六冊

330000－1701－0044465　SBC1498　類叢部/類書類/通類之屬
蒙養指南四卷　(明)秀水屠釣主人瞻山子輯　明刻本　一冊　存二卷(一至二)

330000－1701－0044467　普 618.9/1024/c1　子部/醫家類/兒科之屬/通論
保赤要言五卷首一卷　王德森輯　清宣統二年(1910)刻本　一冊

330000－1701－0044468　普 618.2/7721/4　子部/醫家類/婦科之屬/產科
胎產心法三卷　(清)閻純璽撰　清咸豐八年(1858)刻本　五冊

330000－1701－0044469　普 618.9/1024/c2　子部/醫家類/兒科之屬/通論
保赤要言五卷首一卷　王德森輯　清宣統二年(1910)刻民國八年(1919)印本　一冊

330000－1701－0044470　普 811.17/8738　集部/别集類/清别集
歷陽竹枝詞一卷秋風亭詩錄一卷　(清)鄭洤輯　清光緒二十六年(1900)鉛印本　一冊

330000－1701－0044472　普 951.009817/1065/c1　史部/史評類/考訂之屬
十七史商榷一百卷　(清)王鳴盛撰　清乾隆五十二年(1787)洞涇草堂刻本　二十四冊

330000－1701－0044473　普 618.9/2104　子部/醫家類/推拿按摩外治之屬
推拿廣意三卷　(清)熊應雄輯　(清)陳世凱訂　清光緒十四年(1888)刻本　二冊

330000－1701－0044474　普 618.9/2104/2　子部/醫家類/推拿按摩外治之屬
推拿廣意三卷　(清)熊應雄輯　(清)陳世凱訂　清刻本　三冊

330000－1701－0044475　普 811.17/8720/c2　集部/别集類/清别集
缾水齋詩集十七卷別集二卷詩話一卷附錄一卷　(清)舒位撰　清光緒十二年(1886)邊保樞刻十七年(1891)增修本　六冊　存十九卷(詩集一至十七、别集一至二)

330000－1701－0044476　普 618.9/2120　子部/醫家類/兒科之屬/痘疹
活法啓微三卷　(清)何鼎亨撰　清乾隆五十二年(1787)刻本　二冊

330000－1701－0044477　普 811.17/8720/(2)/c2　集部/别集類/清别集
缾水齋詩集十七卷別集二卷詩話一卷附錄一卷　(清)舒位撰　清光緒十二年(1886)邊保樞刻十七年(1891)增修本　八冊

330000－1701－0044478　普 618.9/2633　子部/醫家類/兒科之屬/通論
保嬰易知錄二卷補編一卷　(清)吳寧瀾撰　清同治十二年(1873)寧郡刻本　二冊

330000－1701－0044480　SBC1410　集部/總集類/選集之屬/通代
奇賞齋廣文苑英華二十六卷　(明)陳仁錫輯　明奇賞齋刻本　一冊　存一卷(一上)

330000－1701－0044482　普 811.17/8839/2/c1　集部/别集類/清别集
秋聲館吟稿一卷　(清)符之恒撰　清乾隆四年(1739)報恩禪院刻本　一冊

330000－1701－0044485　普 811.17/8741/c1　類叢部/叢書類/家集之屬
香海盦叢書　(清)徐琪輯　清仁和徐氏刻光緒二十年(1894)彙印本　二冊　存一種

330000－1701－0044486　普 618.9/1099/3　子部/醫家類/兒科之屬/痘疹
活幼心法大全八卷末一卷　(明)聶尚恒撰　清同治八年(1869)刻本　二册

330000－1701－0044489　普 811.17/8741/c2　類叢部/叢書類/家集之屬
香海盦叢書　(清)徐琪輯　清仁和徐氏刻光緒二十年(1894)彙印本　二册　存一種

330000－1701－0044490　SBC1491　子部/術數類/命書相書之屬
新鍥京本臺司袁天罡先生五星三命指南大全四卷　明刻本　一册

330000－1701－0044491　SBC1501　史部/地理類/雜志之屬
讀魏書地形志隨筆一卷□□淺説一卷　(清)溫曰鑑撰　清同治抄本　一册　存一卷(讀魏書地形志隨筆)

330000－1701－0044493　普 618.9/2726/2　子部/醫家類/兒科之屬/通論
嬰童百問十卷　(明)魯伯嗣撰　清刻本　六册

330000－1701－0044495　普 618.9/1099　子部/醫家類/兒科之屬/痘疹
活幼心法九卷附幼科摘要一卷　(明)聶尚恒撰　清道光三年(1823)張觀王刻本　二册

330000－1701－0044496　普 618.9/3638　子部/醫家類/兒科之屬/通論
襁褓録不分卷　清末抄本　一册

330000－1701－0044497　SBC1506　集部/總集類/選集之屬/通代
名媛彙詩二十卷　(明)鄭文昂輯　明泰昌元年(1620)張正岳刻本　二册　存三卷(一、四至五)

330000－1701－0044498　普 811.17/8850　集部/別集類/清別集
潊煙樓集一卷　(清)俞泰撰　清康熙刻本　一册

330000－1701－0044500　普 618.9/7521　子部/醫家類/兒科之屬/通論
鼎鍥幼幼集成六卷　(清)陳復正輯　清同治八年(1869)文元堂刻本　六册

330000－1701－0044502　普 618.9/4418/2　子部/醫家類/兒科之屬/通論
生生福幼編五種附論一種　(清)莊一夔等撰　清光緒二十四年(1898)景文齋刻本　一册

330000－1701－0044503　普 811.17/8720/(2)/c3　集部/別集類/清別集
缾水齋詩集十七卷別集二卷詩話一卷附錄一卷　(清)舒位撰　清光緒十二年(1886)邊保樞刻十七年(1891)增修本　八册

330000－1701－0044504　SBC1493　史部/傳記類/科舉録之屬/歷科鄉試録
應天鄉試硃卷不分卷　明刻本　一册

330000－1701－0044507　普 618.9/7542/c1　子部/醫家類/推拿按摩外治之屬
推拿廣意三卷　(清)熊應雄輯　(清)陳世凱訂　清澹雅局刻本　二册

330000－1701－0044508　普 811.17/9747　集部/別集類/清別集
甌香館集十二卷首一卷末一卷　(清)惲格撰　(清)蔣光煦輯　清光緒七年(1881)刻本　四册

330000－1701－0044511　普 618.9/7542/c2　子部/醫家類/推拿按摩外治之屬
推拿廣意三卷　(清)熊應雄輯　(清)陳世凱訂　清光緒十四年(1888)刻本　用穌題簽　二册

330000－1701－0044513　普 618.9/4418/3/c1　子部/醫家類/兒科之屬/通論
遂生福幼合編二卷　(清)莊一夔撰　清同治十三年(1874)翰文齋刻本　一册

330000－1701－0044515　SBC1509　史部/政書類/邦計之屬
梅涇繼志錄一卷　(清)岳半農撰　稿本　一册

330000－1701－0044517　普 618.9/1154/c1　子部/醫家類/類編之屬

述古齋幼科新書三種　(清)張振鋆編　清光緒十五年(1889)邗上張氏刻本　六册

330000－1701－0044519　普 811.17/8720/2　集部/別集類/清別集

缾水齋詩集十七卷別集二卷　(清)舒位撰　清嘉慶二十一年(1816)揚州巴氏刻本　清石樵、水月主人跋　四册

330000－1701－0044520　普 618.9/4418/3/c2　子部/醫家類/兒科之屬

福幼編一卷遂生編一卷　(清)莊一夔撰　**幼幼集成一卷**　(清)陳復正撰　清同治十三年(1874)刻本　一册

330000－1701－0044521　普 951.0096/8710　史部/史抄類

檇李曹太史發刻古今全史一覽二卷　(明)舒弘諤撰　清初刻本　二册

330000－1701－0044522　SBC1496　子部/醫家類/針灸之屬/針法灸法

針灸不分卷　清趙鎮生抄本　一册

330000－1701－0044524　普 811.17/8880　集部/別集類/清別集

春鳧小稿十二卷　(清)符曾撰　清乾隆刻本　二册

330000－1701－0044526　普 811.17/8790/c1　集部/別集類/清別集

雪杖山人詩集八卷　(清)鄭炎撰　(清)顧列星輯　**友陶居士集一卷**　(清)鄭典撰　**秦濤居士詩集一卷**　(清)鄭挺撰　清嘉慶五年(1800)鄭師尚刻本　四册

330000－1701－0044527　普 618.9/8317/3　子部/醫家類/兒科之屬/通論

錢氏小兒藥證直訣三卷　(宋)錢乙撰　(宋)閻孝忠輯　**附方一卷**　(宋)閻孝忠撰　**錢仲陽傳一卷**　(宋)劉跂撰　**董氏小兒斑疹備急方論一卷**　(宋)董汲撰　清康熙五十八年(1719)影宋刻本　四册

330000－1701－0044528　SBC1497　子部/醫家類/針灸之屬/針法灸法

應氏濟世神鍼不分卷　(清)應其南撰　(清)應遵誨錄　清抄本　一册

330000－1701－0044531　普 618.9/1154/c2　子部/醫家類/類編之屬

述古齋幼科新書三種　(清)張振鋆編　清光緒十五年(1889)邗上張氏刻十八年(1892)上海思求闕齋印本　六册

330000－1701－0044532　普 951.0097/0012/c1　史部/史評類/史論之屬

中國歷史教科書七卷　商務印書館編　清光緒三十三年(1907)上海商務印書館鉛印本　二册

330000－1701－0044533　普 811.17/8790/c2　集部/別集類/清別集

雪杖山人詩集八卷　(清)鄭炎撰　(清)顧列星輯　**友陶居士集一卷**　(清)鄭典撰　**秦濤居士詩集一卷**　(清)鄭挺撰　清嘉慶五年(1800)鄭師尚刻本　四册

330000－1701－0044535　普 618.9/4418/5　子部/醫家類/兒科之屬/通論

莊在田先生保赤全編　(清)莊一夔撰　清同治六年(1867)則古昔齋刻本　一册

330000－1701－0044538　SBC1510　史部/傳記類/總傳之屬/郡邑

先達高風不分卷　稿本　一册

330000－1701－0044539　SBC1520　集部/總集類/郡邑之屬

天台續集別編六卷　(宋)林表民輯　清抄本　二册

330000－1701－0044540　普 618.9/4418/6　子部/醫家類/類編之屬

達生遂生福幼合編四卷　清光緒三十一年(1905)刻本　一册

330000－1701－0044541　普 811.17/8914/c1　集部/別集類/清別集

紅蕾吟館詩稿一卷　(清)鎖瑞芝撰　清光緒

六年(1880)刻本　一册

330000－1701－0044543　SBC1511　子部/藝術類/遊藝之屬/博戲

牌經十三篇　(明)馮夢龍撰　清抄本　一册

330000－1701－0044544　普618.9/1704　新學/醫學

兒科撮要二卷　尹端模筆釋　清光緒十八年(1892)羊城博濟醫局刻本　二册

330000－1701－0044545　普811.17/9747/2　集部/别集類/清别集

甌香館集十二卷補遺詩一卷補遺畫跋一卷附録一卷　(清)惲格撰　(清)蔣光煦增輯　清光緒元年(1875)湖北崇文書局刻民國元年(1912)鄂官書處重印本　四册

330000－1701－0044546　普618.9/8317/6　子部/醫家類/類編之屬

保赤彙編　(清)朱之榛編　清光緒五年(1879)蘇州刻本　一册　存一種

330000－1701－0044547　SBC1524　子部/雜著類/雜説之屬

瓦釜漫記四卷　(明)劉世節撰　明萬曆十八年(1590)繡谷周曰刻本　三册　缺一卷(一)

330000－1701－0044548　普811.17/9747/3　集部/别集類/清别集

甌香館集十二卷補遺詩一卷補遺畫跋一卷附録一卷　(清)惲格撰　(清)蔣光煦輯　清光緒元年(1875)湖北崇文書局刻本　四册

330000－1701－0044549　普811.17/8914/c4　集部/别集類/清别集

紅薔吟館詩稿一卷　(清)鎖瑞芝撰　清光緒六年(1880)刻本　一册

330000－1701－0044550　普951.0097/0012/c2　史部/史評類/史論之屬

中國歷史教科書七卷　商務印書館編　清光緒三十一年(1905)上海商務印書館鉛印本　二册

330000－1701－0044551　普618.9/8317/2/c1　子部/醫家類/兒科之屬/通論

錢氏小兒藥證直訣三卷　(宋)錢乙撰　(宋)閻孝忠輯　**附方一卷**　(宋)閻孝忠撰　**錢仲陽傳一卷**　(宋)劉跂撰　**董氏小兒斑疹備急方論一卷**　(宋)董汲撰　清光緒十八年(1892)姚江黄氏五桂樓刻本　二册

330000－1701－0044554　普951.0097/2756/c1　史部/史抄類

史鑑節要便讀六卷　(清)鮑東里撰　清同治十二年(1873)崇文書局刻本　二册

330000－1701－0044555　SBC1514　集部/戲劇類/傳奇之屬

曲波園傳奇二種　清康熙徐氏曲波園刻本　一册　存一種

330000－1701－0044556　普811.17/9747.2　集部/總集類/彙編之屬

國初十大家詩鈔　(清)王相編　清道光十年(1830)秀水王氏信芳閣木活字印本　一册　存一種

330000－1701－0044557　普618.9/4418/7　子部/醫家類/兒科之屬

福幼編一卷遂生編一卷　(清)莊一夔撰　清刻本　一册

330000－1701－0044558　普618.9/8317/2/c2　子部/醫家類/兒科之屬/通論

錢氏小兒藥證直訣三卷　(宋)錢乙撰　(宋)閻孝忠輯　**附方一卷**　(宋)閻孝忠撰　**錢仲陽傳一卷**　(宋)劉跂撰　**董氏小兒斑疹備急方論一卷**　(宋)董汲撰　清光緒十八年(1892)姚江黄氏五桂樓刻本　二册

330000－1701－0044560　普618.9/8317/2/c3　子部/醫家類/兒科之屬/通論

錢氏小兒藥證直訣三卷　(宋)錢乙撰　(宋)閻孝忠輯　**附方一卷**　(宋)閻孝忠撰　**錢仲陽傳一卷**　(宋)劉跂撰　**董氏小兒斑疹備急方論一卷**　(宋)董汲撰　清光緒十八年(1892)姚江黄氏五桂樓刻本　二册

330000－1701－0044561　普619.2/6851　子

部/農家農學類/獸醫之屬

圖像水黃牛經合併大全二卷 (明)喻仁(明)喻傑撰 清友益齋刻本 一册

330000-1701-0044563 普951.0097/2756/c2 史部/史抄類

史鑑節要便讀六卷 (清)鮑東里撰 清同治十三年(1874)江蘇書局刻本 二册

330000-1701-0044565 SBC1517 集部/别集類/明别集

天池先生詩賦摘録一卷 (明)徐渭生撰 清抄本 一册

330000-1701-0044566 普811.17/9941/c2 類叢部/叢書類/自著之屬

橘蔭軒全集七種 (清)陳錦撰 清光緒山陰陳氏橘蔭軒刻本 二册 存一種

330000-1701-0044570 普618.9/4444 子部/醫家類/兒科之屬/通論

抱乙子幼科指掌遺藁五卷 (清)葉其蓁輯 清乾隆八年(1743)刻本 五册

330000-1701-0044572 普811.17/9941/c4 類叢部/叢書類/自著之屬

橘蔭軒全集七種 (清)陳錦撰 清光緒山陰陳氏橘蔭軒刻本 二册 存一種

330000-1701-0044574 普951.00975/7150 史部/史評類/史論之屬

歷史讀本八卷 (清)□□撰 清末鉛印本 八册

330000-1701-0044575 普618.9/8317/5/c1 子部/醫家類/兒科之屬/通論

錢氏小兒藥證直訣三卷 (宋)錢乙撰 (宋)閻孝忠輯 **附方一卷** (宋)閻孝忠撰 **錢仲陽傳一卷** (宋)劉跂撰 **董氏小兒斑疹備急方論一卷** (宋)董汲撰 清光緒十八年(1892)姚江黄氏五桂樓刻本 二册

330000-1701-0044579 普618.9/4870 子部/醫家類/兒科之屬/驚風

驚風辯證必讀書二卷 (清)劉德馨輯 **附刻陳澍賢急驚風證論一卷** (清)陳澍賢撰 清光緒二十七年(1901)上元江氏刻本 一册

330000-1701-0044580 普811.17/9880 集部/别集類/清别集

清谿惆悵集一卷 (清)李笏撰 清光緒八年(1882)刻本 一册

330000-1701-0044582 普619.2/6851/3 子部/農家農學類/獸醫之屬

圖像水黃牛經合併大全二卷 (明)喻仁(明)喻傑撰 清刻本 一册 存一卷(下)

330000-1701-0044583 普618.9/9935 子部/醫家類/兒科之屬/痘疹

全活萬世書二卷 (清)勞之成輯 清康熙刻本 二册

330000-1701-0044584 普618.9/8317/5/c2 子部/醫家類/兒科之屬/通論

錢氏小兒藥證直訣三卷 (宋)錢乙撰 (宋)閻孝忠輯 **附方一卷** (宋)閻孝忠撰 **錢仲陽傳一卷** (宋)劉跂撰 **董氏小兒斑疹備急方論一卷** (宋)董汲撰 清光緒十八年(1892)姚江黄氏五桂樓刻本 二册

330000-1701-0044585 普951.00977/4340 史部/史評類/史論之屬

繪圖中國白話史不分卷 (清)戴克敦 (清)錢宗翰編 清光緒三十一年(1905)上海彪蒙書室石印本 四册

330000-1701-0044586 SBC1512 子部/雜著類

問津書屋筆記不分卷 (清)包國璸撰 稿本 張長裕跋 五册

330000-1701-0044587 普811.17/9945/c1 集部/别集類/清别集

榮及甫先生遺詩二卷 (清)榮棣撰 清光緒五年(1879)刻本 一册

330000-1701-0044588 SBC1542 集部/曲類/曲韻曲譜曲律之屬

外孫虀臼不分卷 清抄本 一册

330000-1701-0044589 普618.9/8317/5/

c3　子部/醫家類/兒科之屬/通論
錢氏小兒藥證直訣三卷　(宋)錢乙撰　(宋)閻孝忠輯　**附方一卷**　(宋)閻孝忠撰　**錢仲陽傳一卷**　(宋)劉跂撰　**董氏小兒斑疹備急方論一卷**　(宋)董汲撰　清光緒十八年(1892)姚江黄氏五桂樓刻本　二册

330000－1701－0044591　普 811.17/9945/c2　集部/别集類/清别集
榮及甫先生遺詩二卷　(清)榮棣撰　清光緒五年(1879)刻本　一册

330000－1701－0044593　普 811.17/9930　集部/别集類/清别集
静觀堂詩集二十八文集二卷　(清)勞之辨撰　清康熙四十年(1701)石門勞之辨刻本　八册

330000－1701－0044595　普 610/1172　新學/工藝/工學
考工記要十七卷附圖一卷　(英國)瑪體生撰　(英國)傅蘭雅譯　(清)鍾天緯譯　清光緒七年(1881)江南製造局刻本　八册

330000－1701－0044596　普 619.2/4627　子部/農家農學類/獸醫之屬
相牛醫藥方二卷　清抄本　二册

330000－1701－0044598　普 811.17/9930/2　集部/别集類/清别集
静觀堂詩集十九卷　(清)勞之辨撰　清康熙四十年(1701)石門勞之辨刻本　四册

330000－1701－0044601　普 621.5/8099/c1　子部/術數類/相宅相墓之屬
新刻石函平砂玉尺經全書真機六卷後集四卷　(元)劉秉忠撰　(明)劉基解　**新刊地理五經四書解義郭璞葬經一卷新刻法師選擇紀一卷**　(明)吴徵刪定　(明)鄭謐注釋　**新鐫京板工師雕鏤正式魯班經匠家鏡三卷靈驅解法洞明真言祕書一卷**　(明)午榮撰　(明)周言校正　清刻本　一册　存四卷(新鐫京版工師雕鏤正式魯班經匠家鏡一至三、靈驅解法洞明真言祕書)

330000－1701－0044606　普 624.19/3444/2　史部/地理類/水利之屬
五省溝洫圖説一卷　(清)沈夢蘭撰　清光緒六年(1880)江蘇書局刻本　二册

330000－1701－0044609　普 811.3023/0413.2　集部/詞類/詞譜之屬
碎金詞譜十四卷續譜六卷碎金詞韻四卷　(清)謝元淮撰　清道光二十八年(1848)刻朱墨套印本　二十册　存二十卷(一至十四、續譜一至六)

330000－1701－0044611　SBC1536　集部/總集類/尺牘之屬
尺牘新語一卷　(清)趙懷玉撰　清董燿抄本　董壽慈題記　一册

330000－1701－0044613　SBC1537　子部/雜著類
壽鶯偶錄不分卷　(清)董燿輯撰　稿本　董壽慈題簽並記　一册

330000－1701－0044614　普 624.19/2333/c2　史部/地理類/水利之屬
行水金鑑一百七十五卷首一卷　(清)傅澤洪撰　清雍正三年(1725)淮揚官署刻本　三十六册

330000－1701－0044615　普 811.3036/0413　集部/詞類/詞譜之屬
碎金詞譜十四卷續譜六卷碎金詞韻四卷　(清)謝元淮撰　清道光二十八年(1848)刻朱墨套印本　四册　存四卷(碎金詞譜一至四)

330000－1701－0044616　普 811.3/3120　集部/詞類/詞話之屬
詞學集成八卷　(清)江順詒撰　清光緒七年(1881)刻本　一册

330000－1701－0044618　普 624.19/4035.2、普 624.19/4035.3　史部/地理類/水利之屬
南河成案五十四卷首二卷續編一百六卷首一卷目錄二卷再續編三十八卷首一卷　清道光刻本　一百四册　存一百四十八卷(續編首、目錄一至二、一至一百六,再續編首、一至三

十八)

330000－1701－0044619　SBC1535　子部/雜著類

張淵甫先生文稿一卷　(清)張淵甫撰　稿本　董壽慈題簽並記　一册

330000－1701－0044620　普 624.19/3130/c2、普 624.19/3130.2　史部/地理類/水利之屬

淮揚水利圖説一卷淮揚治水論一卷　(清)馮道立撰　清道光十九年(1839)、二十年(1840)刻本　二册

330000－1701－0044621　普 624.19121/1075/c1　類叢部/叢書類/彙編之屬

武英殿聚珍版書　清木活字印本　六十册　存一種

330000－1701－0044623　普 811.3/3120/(2)　集部/詞類/詞話之屬

詞學集成八卷　(清)江順詒撰　清光緒七年(1881)刻本　四册

330000－1701－0044624　SBC1533　史部/地理類/遊記之屬/紀勝

廬山記一卷　(宋)陳舜俞撰　**鶴山雅言一卷**　(宋)魏了翁撰　清抄本　一册

330000－1701－0044625　普 811.3023/1122/c1　集部/詞類/類編之屬

詞苑英華八種　(明)毛晉編　明末毛氏汲古閣刻本　四册　存一種

330000－1701－0044626　普 623/3240　新學/工藝/工學/塘工河工路工

鐵路紀要三卷　(美國)柯理編　(清)潘松譯　(清)章壽彝校　清光緒二十年(1894)江南機器製造總局刻本　一册

330000－1701－0044627　普 811.3036/4444/c1　集部/詞類/詞譜之屬

詞律二十卷　(清)萬樹撰　清康熙二十六年(1687)萬氏堆絮園刻尺木堂印本　八册

330000－1701－0044628　普 811.3036/4444/c2　集部/詞類/詞譜之屬

詞律二十卷　(清)萬樹撰　清康熙二十六年(1687)萬氏堆絮園刻尺木堂印本　八册

330000－1701－0044629　普 624.19/3130/c3　史部/地理類/水利之屬

淮揚水利圖説一卷淮揚治水論一卷　(清)馮道立撰　清道光十九年(1839)、二十年(1840)刻本　一册

330000－1701－0044631　普 811.3023/1122/c2　集部/詞類/類編之屬

詞苑英華八種　(明)毛晉編　明末毛氏汲古閣刻本　四册　存一種

330000－1701－0044633　普 811.3036/4444/2/c1　集部/詞類/詞譜之屬

詞律二十卷　(清)萬樹撰　**詞律拾遺八卷**　(清)徐本立撰　**詞律補遺一卷**　(清)杜文瀾撰　清同治十二年(1873)、光緒二年(1876)吴下刻本　十六册

330000－1701－0044634　普 624.19/3130/2　史部/地理類/水利之屬

淮揚水利圖説一卷淮揚治水論一卷　(清)馮道立撰　清光緒二年(1876)淮南書局刻本　一册

330000－1701－0044635　SBC1526　集部/詩文評類/詩評之屬

冰川詩式十卷　(明)梁橋撰　明隆慶成敏覺刻本　一册　存五卷(六至十)

330000－1701－0044636　普 624.19112/8061　史部/地理類/水利之屬

楚北水利隄防紀要二卷　(清)俞昌烈撰　清同治四年(1865)湖北藩署刻本　一册

330000－1701－0044638　普 624.19121/1075/c2　類叢部/叢書類/彙編之屬

武英殿聚珍版書　清木活字印本　三十六册　存一種

330000－1701－0044639　普 811.3023/0413　集部/詞類/詞譜之屬

碎金詞譜六卷附錄一卷碎金詞一卷　(清)謝

元淮撰　清道光二十四年(1844)刻朱墨套印本　六冊

330000－1701－0044640　普624.19121/2650/c1　史部/地理類/水利之屬
畿輔河道水利叢書八種　(清)吳邦慶輯　清道光四年(1824)益津吳氏刻本　十冊

330000－1701－0044643　普811.3036/4444/c3　集部/詞類/詞譜之屬
詞律二十卷　(清)萬樹撰　清康熙二十六年(1687)萬氏堆絮園刻本　八冊

330000－1701－0044645　普811.3036/4444/c4　集部/詞類/詞譜之屬
詞律二十卷　(清)萬樹撰　清康熙二十六年(1687)萬氏堆絮園刻本　八冊

330000－1701－0044646　普811.3036/4444/2/c2　集部/詞類/詞譜之屬
詞律二十卷　(清)萬樹撰　**詞律拾遺八卷**　(清)徐本立撰　**詞律補遺一卷**　(清)杜文瀾撰　清同治十二年(1873)、光緒二年(1876)許邁孫刻朱氏抱經堂書局印本　十六冊

330000－1701－0044647　普909.097/0424　新學/史志/諸國史
萬國通鑑四卷　(美國)謝衛樓撰　(清)趙如光譯　清光緒八年(1882)刻本　六冊

330000－1701－0044648　普811.3023/4454/2　集部/詞類/類編之屬
天籟軒五種　(清)葉申薌撰　清道光閩中葉氏天籟軒刻本　四冊　存一種

330000－1701－0044649　普624.19121/2650/c2　史部/地理類/水利之屬
畿輔河道水利叢書八種　(清)吳邦慶輯　清道光四年(1824)益津吳氏刻本　十冊

330000－1701－0044651　普624.19121/2650/c3　史部/地理類/水利之屬
畿輔河道水利叢書八種　(清)吳邦慶輯　清道光四年(1824)益津吳氏刻本　十冊

330000－1701－0044652　普951.009804/3404/c1　史部/史評類/史論之屬
四史發伏十卷　(清)洪亮吉撰　清光緒八年(1882)小石山房刻本　二冊

330000－1701－0044653　SBC1527　子部/雜著類
精霜齋手筆不分卷　陶在寬撰　稿本　一冊

330000－1701－0044655　普951.009804/3404/c2　史部/史評類/史論之屬
四史發伏十卷　(清)洪亮吉撰　清光緒八年(1882)小石山房刻本　二冊

330000－1701－0044656　普951.009804/3404/c3　史部/史評類/史論之屬
四史發伏十卷　(清)洪亮吉撰　清光緒八年(1882)小石山房刻本　二冊

330000－1701－0044657　普811.3036/4444/(4)　集部/詞類/詞譜之屬
詞律二十卷　(清)萬樹撰　清康熙二十六年(1687)萬氏堆絮園刻掃葉山房印本　十冊

330000－1701－0044658　普624.19121/3286/c1　史部/地理類/水利之屬
畿輔水利初案一卷二案一卷三案一卷四案一卷補一卷附錄一卷　(清)潘錫恩輯　清道光三年(1823)刻本　六冊

330000－1701－0044659　普624.19121/1072　史部/地理類/山川之屬/水志
河北采風錄四卷　(清)王鳳生撰　清道光六年(1826)河朔官舍刻本　八冊

330000－1701－0044660　普811.3023/5754/c1　集部/詞類/詞譜之屬
詞鏡平仄圖譜三卷　(清)賴以邠撰　(清)查繼超輯　清乾隆四十八年(1783)林棲梧寶章堂刻朱墨套印本　清瀟湘館主人題記　二冊

330000－1701－0044661　SBC1532　集部/別集類/清別集
養素居集存一卷詩集存一卷白華庵劫餘詩艸一卷　(清)董棨撰　(清)董念棻輯　稿本　一冊

330000－1701－0044663　普 624.19121/3286/c2　史部/地理類/水利之屬
畿輔水利初案一卷二案一卷三案一卷四案一卷補一卷附錄一卷　(清)潘錫恩輯　清道光三年(1823)刻本　六册

330000－1701－0044665　普 624.19121/1075/2　類叢部/叢書類/彙編之屬
武英殿聚珍版書一百四十八種　清乾隆四十二年(1777)福建刻道光至同治遞修光緒二十一年(1895)增刻本　三十册　存一種

330000－1701－0044666　普 811.3036/4444/2/c3　集部/詞類/詞譜之屬
詞律二十卷　(清)萬樹撰　**詞律拾遺八卷**　(清)徐本立撰　**詞律補遺一卷**　(清)杜文瀾撰　清同治十二年(1873)、光緒二年(1876)吳下刻本　十六册

330000－1701－0044667　SBC1554　集部/戲劇類/總集之屬/雜劇
元曲選十集　(明)臧懋循編　明萬曆刻本　二册　存二種

330000－1701－0044668　普 624.19123/3438/2/c1　史部/地理類/水利之屬
吳江水考增輯五卷附編二卷　(明)沈𡠟撰　(清)黄象曦增輯　清光緒二十年(1894)刻本　四册

330000－1701－0044669　普 811.3023/5754/c2　集部/詞類/詞譜之屬
詞鏡平仄圖譜三卷　(清)賴以邠撰　(清)查繼超輯　清乾隆四十八年(1783)林棲梧寶章堂刻朱墨套印本　一册

330000－1701－0044670　普 624.19123/4001/c1　史部/地理類/水利之屬
續纂江蘇水利全案正編四十卷首一卷附編十二卷　(清)李慶雲輯　清光緒十五年(1889)水利工程局木活字印本　二十二册

330000－1701－0044673　普 624.19123/3438/2/c2　史部/地理類/水利之屬
吳江水考增輯五卷附編二卷　(明)沈𡠟撰　(清)黄象曦增輯　清光緒二十年(1894)刻本　四册

330000－1701－0044674　普 624.19121/4462　史部/詔令奏議類/奏議之屬
林文忠公政書三集三十七卷　(清)林則徐撰　清光緒二十四年(1898)天津文德堂石印本　一册　存一卷(畿輔水利議)

330000－1701－0044675　普 624.19123/4001/c3　史部/地理類/水利之屬
續纂江蘇水利全案正編四十卷首一卷附編十二卷　(清)李慶雲輯　清光緒十五年(1889)水利工程局木活字印本　二十二册

330000－1701－0044676　SBC1553　集部/總集類/選集之屬/斷代
時文舊選不分卷　清乾隆八年(1743)抄本　清沈榮昌題記　一册

330000－1701－0044677　SBC1529　子部/雜著類/雜纂之屬
嘯亭雜錄四卷　(清)昭槤撰　清光緒二年(1876)何徵抄本　清莊士敏、清何徵跋　二册

330000－1701－0044679　普 811.3036/4444/2(2)　集部/詞類/詞譜之屬
詞律二十卷　(清)萬樹撰　**詞律拾遺八卷**　(清)徐本立撰　**詞律補遺一卷**　(清)杜文瀾撰　清光緒上海普益書局石印本　十二册

330000－1701－0044681　普 624.19123/4001.02　史部/地理類/水利之屬
續纂江蘇水利全案圖說一卷　(清)李慶雲輯　清光緒十五年(1889)刻本　一册

330000－1701－0044682　普 624.19121/7234　史部/地理類/水利之屬
文安隄工錄六卷　(清)劉寶楠撰　清道光二十七年(1847)刻本　二册

330000－1701－0044683　普 624.19123/4001/c4　史部/地理類/水利之屬
續纂江蘇水利全案正編四十卷首一卷附編十二卷　(清)李慶雲輯　清光緒十五年(1889)

水利工程局木活字印本　二十二册

330000－1701－0044684　SBC1531　史部/史評類/史論之屬
讀史紀原四卷　(清)楊樹本撰　清董涵抄本　董壽慈題記　一册

330000－1701－0044685　普 624.19123/4001/c5　史部/地理類/水利之屬
續纂江蘇水利全案正編四十卷首一卷附編十二卷　(清)李慶雲輯　清光緒十五年(1889)水利工程局木活字印本　二十二册

330000－1701－0044686　普 811.3036/4444/3　集部/詞類/詞譜之屬
詞律二十卷　(清)萬樹撰　清光緒石印本　八册

330000－1701－0044688　普 624.19121/4462/2/c1　類叢部/叢書類/自著之屬
林文忠公遺集四種　(清)林則徐撰　清光緒三山林氏刻本　一册　缺三十七卷(林文忠公政書一至三十七)

330000－1701－0044691　普 624.19123/4001.2　史部/地理類/水利之屬
江蘇水利圖說一卷　(清)李慶雲輯　陸鍾琦編　清宣統二年(1910)江蘇度支公所刻本　二册

330000－1701－0044692　普 624.19121/4462/2/c2　類叢部/叢書類/自著之屬
林文忠公遺集四種　(清)林則徐撰　清刻本　一册　存一種

330000－1701－0044695　普 811.3036/2630/c2　集部/詞類/詞韻之屬
榕園詞韻一卷發凡一卷　(清)吳寧撰　清乾隆四十九年(1784)冬青山館刻本　二册

330000－1701－0044696　普 624.19123/8337　史部/地理類/水利之屬
三吳水利集說二卷　(清)錢汝駜撰　清末刻朱印本　二册

330000－1701－0044698　普 811.3036/4444/2/c4　集部/詞類/詞譜之屬
詞律二十卷　(清)萬樹撰　**詞律拾遺八卷**　(清)徐本立撰　**詞律補遺一卷**　(清)杜文瀾撰　清同治十二年(1873)、光緒二年(1876)吳下刻本　十六册

330000－1701－0044699　SBC1552　集部/總集類/課藝之屬
有筠山房時藝不分卷　清乾隆三十五年(1770)沈琚抄本　清沈琚題簽並記　清李繩、清嚴兆翀批注　一册

330000－1701－0044700　普 624.19124/1072/c2　史部/地理類/水利之屬
浙西水利備考不分卷　(清)王鳳生撰　清光緒四年(1878)浙江書局刻本　四册

330000－1701－0044701　普 811.3023/8744.01/3/c1　集部/詞類/詞韻之屬
白香詞譜箋四卷　(清)舒夢蘭輯　(清)謝朝徵箋　清宣統二年(1910)上海掃葉山房石印本　四册

330000－1701－0044702　普 811.3036/1190/c1　集部/詞類/類編之屬
詞學叢書六種　(清)秦恩復編　清嘉慶至道光江都秦恩復享帚精舍刻本　一册　存一種

330000－1701－0044703　SBC1549　集部/總集類/氏族之屬
沈氏一家詩文日記不分卷　(清)沈鏊　(清)沈榮昌等撰　稿本　十一册

330000－1701－0044704　普 811.3036/4444/7　集部/詞類/詞譜之屬
詞律二十卷　(清)萬樹撰　**詞律拾遺八卷**　(清)徐本立撰　**詞律補遺一卷**　(清)杜文瀾撰　清同治十二年(1873)、光緒二年(1876)吳下刻本　四册　缺二十卷(一至二十)

330000－1701－0044705　普 624.191244/4421/2　史部/地理類/山川之屬/水志
杜白二湖全書一卷　(清)王相能輯　清嘉慶十年(1805)王相能刻本　一册

330000－1701－0044706　普 811.3023/8744.

015/3　集部/詞類/詞譜之屬
白香詞譜一卷　(清)舒夢蘭輯　清同治七年(1868)小西山房刻本　一册

330000－1701－0044708　普 624.19124/1072/c3　史部/地理類/水利之屬
浙西水利備考不分卷　(清)王鳳生撰　清光緒四年(1878)浙江書局刻本　四册

330000－1701－0044709　普 811.3036/1190/c2　集部/詞類/類編之屬
詞學叢書六種　(清)秦恩復編　清嘉慶至道光江都秦恩復享帚精舍刻本　一册　存二種

330000－1701－0044711　普 624.19123/4038　史部/地理類/水利之屬
太湖全圖一卷　清光緒刻本　一册

330000－1701－0044712　普 624.19124/1072/c4　史部/地理類/水利之屬
浙西水利備考不分卷　(清)王鳳生撰　清光緒四年(1878)浙江書局刻本　章嶔題簽　四册

330000－1701－0044715　普 624.19123/7203　史部/地理類/山川之屬/水志
揚州水道記四卷　(清)劉文淇撰　清道光十七年(1837)欲寡過齋刻同治十一年(1872)淮南書局補刻本　二册

330000－1701－0044716　普 624.191244/7733/c1　史部/地理類/水利之屬
甬上水利志六卷　(清)周道遵撰　清道光二十八年(1848)木活字印本　二册

330000－1701－0044717　SBC1551　集部/别集類/清别集
督儲公今文稿二卷　(清)沈榮昌撰　稿本　二册

330000－1701－0044719　SBC1550　經部/小學類/音韻之屬
韻經五卷　(南朝梁)沈約撰　(宋)夏竦集古　(明)楊慎轉注　明抄本　一册　存二卷(一至二)

330000－1701－0044721　普 624.19124/1072/c5　史部/地理類/水利之屬
浙西水利備考不分卷　(清)王鳳生撰　清光緒四年(1878)浙江書局刻本　四册

330000－1701－0044723　普 624.191244/7733/c2　史部/地理類/水利之屬
甬上水利志六卷　(清)周道遵撰　清道光二十八年(1848)木活字印本　六册

330000－1701－0044724　普 811.3036/1190/2　類叢部/叢書類/彙編之屬
榆園叢刻十五種附一種　(清)許增編　清同治至光緒刻本　一册　存一種

330000－1701－0044727　普 624.19124/2793　史部/地理類/水利之屬
疏濬郡河清冊一卷　(清)段光清輯　清咸豐六年(1856)寧郡河工局木活字印本　一册

330000－1701－0044729　普 624.19124/1072/c6　史部/地理類/水利之屬
浙西水利備考不分卷　(清)王鳳生撰　清光緒四年(1878)浙江書局刻本　四册

330000－1701－0044732　普 811.3023/8744.01/5/c1　類叢部/叢書類/彙編之屬
半厂叢書初編十種　(清)譚獻編　清同治至光緒仁和譚氏刻本　二册　存一種

330000－1701－0044733　普 624.19124/1072/2/c1　史部/地理類/水利之屬
浙西水利備考不分卷　(清)王鳳生撰　清道光四年(1824)江聲帆影閣刻本　二册

330000－1701－0044735　普 811.3036/5343/c3　集部/詞類/詞韻之屬
詞林正韻三卷發凡一卷　(清)戈載撰　清道光元年(1821)翠薇花館刻本　清王濤跋　二册

330000－1701－0044736　SBC1548　子部/天文曆算類/天文之屬
天算三種不分卷　清抄本　二册

330000－1701－0044737　普 624.19124/

1072/2/c2　史部/地理類/水利之屬
浙西水利備考不分卷　(清)王鳳生撰　清道光四年(1824)江聲帆影閣刻本　四册

330000－1701－0044738　普 811.3023/8744.01/5/c2　類叢部/叢書類/彙編之屬
半厂叢書初編十種　(清)譚獻編　清同治至光緒仁和譚氏刻本　二册　存一種

330000－1701－0044740　普 811.3023/8744.01/5/c3　類叢部/叢書類/彙編之屬
半厂叢書初編十種　(清)譚獻編　清同治至光緒仁和譚氏刻本　二册　存一種

330000－1701－0044741　普 811.3036/6715/c1　集部/詞類/詞韻之屬
晚翠軒詞韻一卷　(清)舒夢蘭輯　清宣統元年(1909)春草軒石印本　一册

330000－1701－0044742　普 811.3023/8744.01/5/c4　類叢部/叢書類/彙編之屬
半厂叢書初編十種　(清)譚獻編　清同治至光緒仁和譚氏刻本　二册　存一種

330000－1701－0044743　普 624.191245/7232/c1　史部/地理類/水利之屬
牟山湖志一卷　(清)劉福升撰　清光緒二十五年(1899)刻本　一册

330000－1701－0044744　普 624.191243/2727　史部/地理類/山川之屬/水志
烏程長興二邑溇港説一卷　(清)王鳳生撰　(清)梁恭辰校　清光緒刻本　一册

330000－1701－0044745　普 624.191245/7232/c2　史部/地理類/水利之屬
牟山湖志一卷　(清)劉福升撰　清光緒二十五年(1899)刻本　一册

330000－1701－0044747　普 811.3036/6715/c2　集部/詞類/詞韻之屬
晚翠軒詞韻一卷　(清)舒夢蘭輯　清末石印本　一册

330000－1701－0044748　普 624.2/0041　史部/地理類/水利之屬
敕修兩浙海塘通志二十卷首一卷　(清)方觀承　(清)永貴修　(清)查祥　(清)杭世駿纂　清乾隆十六年(1751)刻本　八册

330000－1701－0044749　普 811.3036/5343/c1　集部/詞類/詞韻之屬
詞林正韻三卷發凡一卷　(清)戈載撰　清道光元年(1821)翠薇花館刻本　二册

330000－1701－0044750　普 624.19123/7522　史部/地理類/水利之屬
重濬江南水利全書八十四卷首一卷　(清)陳鑾等輯　清道光刻本　四十一册　缺三卷(重濬三江水利案一至三)

330000－1701－0044751　普 811.3036/2630/c1　集部/詞類/詞韻之屬
榕園詞韻一卷發凡一卷　(清)吴寧撰　清乾隆四十九年(1784)冬青山館刻本　二册

330000－1701－0044752　普 811.3036/6715/2　集部/詞類/詞韻之屬
晚翠軒詞韻一卷　(清)舒夢蘭輯　清嘉慶十三年(1808)刻本　一册

330000－1701－0044753　普 811.304/10221/2　集部/詞類/詞話之屬
聽秋聲館詞話二十卷　(清)丁紹儀撰　清同治八年(1869)無錫丁紹儀刻本　四册

330000－1701－0044754　普 624.191245/7232/c3　史部/地理類/水利之屬
牟山湖志一卷　(清)劉福升撰　清光緒二十五年(1899)刻本　慢無用題記　一册

330000－1701－0044755　普 624.19124/3483　史部/地理類/水利之屬
東南水利畧六卷　(清)凌介禧撰　清道光十三年(1833)凌氏蕊珠僊館刻本　六册

330000－1701－0044756　普 624.2/1144　史部/地理類/水利之屬
海寧塘末議一卷　(清)張斯桂撰　清同治六年(1867)木活字印本　一册

330000－1701－0044759　普 811.304/2626/

c2　類叢部/叢書類/彙編之屬

振綺堂叢刊八種　(清)□□輯　清嘉慶至光緒汪氏振綺堂刻民國十二年(1923)浙江省立圖書館重印本　二冊　存一種

330000－1701－0044760　普 811.304/3440　集部/詞類/詞話之屬

古今詞話八卷　(清)沈雄撰　(清)江尚質增輯　清康熙澄輝堂刻寶翰樓印本　二冊　存二卷(一至二)

330000－1701－0044762　普 624.191244/3117　史部/地理類/水利之屬

郡城濬河徵信錄三卷寧郡城河丈尺圖志二卷　(清)宗源瀚等纂　清光緒七年(1881)、十四年(1888)寧波河工局木活字印本　二冊

330000－1701－0044763　普 624.2/1311.02/c1　史部/地理類/水利之屬

海塘新志六卷續志四卷　(清)琅玕撰　清乾隆刻道光續刻本　四冊　缺六卷(一至六)

330000－1701－0044764　普 811.3036/5343/4　集部/詞類/詞韻之屬

詞林正韻三卷發凡一卷　(清)戈載撰　清同治十二年(1873)刻本　二冊

330000－1701－0044765　普 624.191245/7564　史部/地理類/水利之屬

上虞縣五鄉水利本末二卷　(元)陳恬撰　清光緒九年(1883)枕湖樓連氏刻本　二冊

330000－1701－0044766　SBC1530　子部/雜著類/雜說之屬

蒿庵閒話節錄一卷　(清)張爾岐撰　清咸豐四年(1854)董念棻抄本　一冊

330000－1701－0044767　普 811.304/2884　集部/詞類/詞話之屬

詞苑叢談十二卷　(清)徐釚撰　清末上海有正書局鉛印本　四冊

330000－1701－0044768　普 811.304/2626/c3　集部/詞類/詞話之屬

蓮子居詞話四卷　(清)吳衡照輯　清道光十二年(1832)錢唐汪氏振綺堂刻同治六年(1867)重修本　二冊

330000－1701－0044770　普 811.3036/5343/5　類叢部/叢書類/彙編之屬

嘯園叢書五十七種　(清)葛元煦編　清光緒二年至七年(1876－1881)仁和葛氏刻本　二冊　存一種

330000－1701－0044771　普 624.191245/7564.02　史部/地理類/水利之屬

續刻水利案卷三卷　(清)連蘅輯　清光緒十年(1884)枕湖樓連氏刻本　一冊

330000－1701－0044772　普 624.2/1311/c2　史部/地理類/水利之屬

海塘新志六卷　(清)琅玕撰　清乾隆刻本　二冊

330000－1701－0044773　普 811.304/2626/c4　類叢部/叢書類/彙編之屬

振綺堂叢刊八種　(清)□□輯　清嘉慶至光緒汪氏振綺堂刻民國十二年(1923)浙江省立圖書館重印本　二冊　存一種

330000－1701－0044774　SBC1545　集部/總集類/尺牘之屬

秋籟閣外集四卷　(清)黃瑞輯　清黃氏抄本　一冊

330000－1701－0044776　普 624.2/1311/c1、普 624.2/1311.02/c2　史部/地理類/水利之屬

海塘新志六卷續志四卷　(清)琅玕撰　清乾隆刻道光續刻本　八冊

330000－1701－0044777　普 624.2/1311/c3、普 624.2/1311.02/c3　史部/地理類/水利之屬

海塘新志六卷續志四卷　(清)琅玕撰　清乾隆刻道光續刻本　八冊

330000－1701－0044778　普 624.2/4059/c1　史部/地理類/水利之屬

海寧念汛大口門二限三限石塘圖說一卷　(清)李輔燿撰　(清)袁鎮嵩繪圖　清光緒七年(1881)刻本　一冊

330000－1701－0044779　普624.191245/7564/2　史部/地理類/水利之屬

上虞縣五鄉水利本末二卷　（元）陳恬撰　清光緒三年（1877）木活字印本　一冊　存一卷（下）

330000－1701－0044783　普624.2/3526/c1　史部/地理類/水利之屬

上虞塘工紀畧二卷續一卷三續一卷　（清）連仲愚撰　清光緒四年（1878）古虞連氏敬睦堂刻本　一冊

330000－1701－0044784　普624.2/4689/c1　史部/地理類/水利之屬

海塘擥要十二卷首一卷　（清）楊鑅輯　清嘉慶十六年（1811）刻本　十二冊

330000－1701－0044786　普811.308/1134/3　集部/詞類/詞話之屬

詞林紀事二十二卷　（清）張宗橚撰　**樂府指迷一卷**　（宋）張炎撰　**詞旨一卷**　（宋）陸韶撰　**詞韻考畧一卷**　（清）許昂霄撰　清乾隆四十四年（1779）張嘉穀樂是廬刻嘉慶三年（1798）陳敬銘印本　六冊

330000－1701－0044787　普624.2/3526/c2　史部/地理類/水利之屬

上虞塘工紀畧二卷續一卷三續一卷　（清）連仲愚撰　清光緒四年（1878）古虞連氏敬睦堂刻本　一冊

330000－1701－0044788　SBC1559　子部/雜著類/雜編之屬

筆記不分卷日記不分卷　（清）楳道人撰　稿本　二十六冊

330000－1701－0044789　普624.5/2423.2/c1　史部/地理類/水利之屬

續浚南湖圖志一卷　清光緒三十一年（1905）浙江官書局刻三十三年（1907）增刻本　一冊

330000－1701－0044790　普624.2/8303　類叢部/叢書類/郡邑之屬

武林掌故叢編一百八十七種　（清）丁丙編　清光緒三年至二十六年（1877－1900）錢塘丁氏嘉惠堂刻本　一冊　存一種

330000－1701－0044791　普624.2/4001/c1　史部/地理類/水利之屬

江蘇海塘新志八卷首一卷　（清）李慶雲撰　清光緒十六年（1890）刻本　四冊

330000－1701－0044792　普624.5/2423.2/c2　史部/地理類/水利之屬

續浚南湖圖志一卷　清光緒三十一年（1905）浙江官書局刻三十三年（1907）增刻本　滌齋題記　一冊

330000－1701－0044793　SBC1558　集部/總集類/彙編之屬

詩賦備體十四卷外集五卷　（清）張晴峯撰　清康熙刻本　七冊　存十四卷（一至三、八至九、十一至十四、外集一至五）

330000－1701－0044794　普624.2/4001/c2　史部/地理類/水利之屬

江蘇海塘新志八卷首一卷　（清）李慶雲撰　清光緒十六年（1890）刻本　四冊

330000－1701－0044795　普811.307/5728　集部/詞類/類編之屬

詞學全書四種　（清）查培繼編　清乾隆刻本　二冊　存一種

330000－1701－0044796　普624.2/4001/c3　史部/地理類/水利之屬

江蘇海塘新志八卷首一卷　（清）李慶雲撰　清光緒十六年（1890）刻本　四冊

330000－1701－0044797　普624.5/2434.2/c3　史部/地理類/水利之屬

續浚南湖圖志一卷　清光緒三十一年（1905）浙江官書局刻三十三年（1907）增刻本　一冊

330000－1701－0044798　SBC1555　史部/地理類/方志之屬/郡縣志

［康熙］新修東陽縣志二十二卷首一卷末一卷　（清）胡啓甲　（清）俞允撰修　（清）趙衍等纂　清康熙二十年（1681）刻本　一冊　存四卷（一至四）

330000－1701－0044799　普 624.2/4059/c2　史部/地理類/水利之屬

海寧念汛大口門二限三限石塘圖說一卷　(清)李輔燿撰　(清)袁鎮嵩繪圖　清光緒七年(1881)刻本　一冊

330000－1701－0044801　普 624.5/2434.2/c4　史部/地理類/水利之屬

續浚南湖圖志一卷　清光緒三十一年(1905)浙江官書局刻三十三年(1907)增刻本　一冊

330000－1701－0044803　SBC1556　集部/總集類/課藝之屬

考試時文不分卷　明刻本　一冊

330000－1701－0044806　普 624.2/4059/c3　史部/地理類/水利之屬

海寧念汛大口門二限三限石塘圖說一卷　(清)李輔燿撰　(清)袁鎮嵩繪圖　清光緒七年(1881)刻本　一冊

330000－1701－0044808　普 624.2/4689/c2　史部/地理類/水利之屬

海塘擥要十二卷首一卷　(清)楊鑅輯　清嘉慶十六年(1811)刻本　十二冊

330000－1701－0044809　普 624.5/2434.2/c5　史部/地理類/水利之屬

續浚南湖圖志一卷　清光緒三十一年(1905)浙江官書局刻三十三年(1907)增刻本　一冊

330000－1701－0044811　普 624.5/2434.2/c6　史部/地理類/水利之屬

續浚南湖圖志一卷　清光緒三十一年(1905)浙江官書局刻三十三年(1907)增刻本　一冊

330000－1701－0044812　SBC1576　集部/別集類/清別集

北山詩稿一卷　稿本　一冊

330000－1701－0044813　SBC1557　類叢部/類書類/專類之屬

刻京雪居新編四民便用註解翰墨駿五卷　(明)漱石生輯　明黃裔我刻本　一冊

330000－1701－0044814　普 811.304/4454/c1　集部/詞類/類編之屬

天籟軒五種　(清)葉申薌撰　清道光閩中葉氏天籟軒刻本　二冊　存一種

330000－1701－0044815　普 624.2/4014　史部/地理類/水利之屬

海塘輯要十卷首一卷　(英國)韋更斯撰　(英國)傅蘭雅口譯　(清)趙元益筆譯　**海塘輯要附釋一卷**　(英國)馬立德撰　清末江南機器製造總局刻本　二冊

330000－1701－0044816　普 624.6/0900/c1　史部/地理類/水利之屬

河工器具圖說四卷　(清)麟慶撰　清道光十六年(1836)刻本　四冊

330000－1701－0044817　普 811.308/1134/c1　集部/詞類/詞話之屬

詞林紀事二十二卷　(清)張宗橚撰　**樂府指迷一卷**　(宋)張炎撰　**詞旨一卷**　(宋)陸韶撰　**詞韻考略一卷**　(清)許昂霄撰　清末掃葉山房石印本　十冊

330000－1701－0044818　普 811.308/1134/c2　集部/詞類/詞話之屬

詞林紀事二十二卷　(清)張宗橚撰　**樂府指迷一卷**　(宋)張炎撰　**詞旨一卷**　(宋)陸韶撰　**詞韻考略一卷**　(清)許昂霄撰　清末掃葉山房石印本　十冊

330000－1701－0044819　普 811.308/1134/c3　集部/詞類/詞話之屬

詞林紀事二十二卷　(清)張宗橚撰　**樂府指迷一卷**　(宋)張炎撰　**詞旨一卷**　(宋)陸韶撰　**詞韻考略一卷**　(清)許昂霄撰　清末掃葉山房石印本　中蓀題記　十冊

330000－1701－0044820　普 624.6/0900/c2　史部/地理類/水利之屬

河工器具圖說四卷　(清)麟慶撰　清道光十六年(1836)刻本　二冊

330000－1701－0044821　普 624.6/2802　史部/地理類/水利之屬

迴瀾紀要二卷安瀾紀要二卷　(清)徐端撰

清道光二十二年(1842)錢唐許乃釗刻本　三冊

330000－1701－0044822　普624.6/2436　史部/地理類/山川之屬/水志

峽江救生船志一卷圖攷一卷　(清)程以輔等編　**行川必要一卷**　(清)羅縉紳輯　清光緒三年至五年(1877－1879)水師新副中營刻本　二冊　存二卷(峽江圖攷、行川必要)

330000－1701－0044824　普811.308/1150　集部/詞類/總集之屬

詞選二卷　(清)張惠言輯　**附錄一卷**　(清)鄭善長輯　**續詞選二卷**　(清)董毅輯　清同治十一年(1872)會稽章氏刻本　一冊　缺二卷(續詞選一至二)

330000－1701－0044825　普624.6/4411　史部/地理類/水利之屬

小靈蘭館家乘　(清)范玉琨撰　清道光二十五年(1845)刻本　四冊　存二種

330000－1701－0044827　普811.304/7519/2　集部/詞類/詞話之屬

白雨齋詞話八卷詞存一卷詩鈔一卷　(清)陳廷焯撰　清光緒二十年(1894)海寧許正詩等刻本　四冊

330000－1701－0044830　普624.6/4253/c1　史部/地理類/山川之屬/水志

治河方畧十卷首一卷　(清)靳輔撰　清嘉慶四年(1799)靳文鈞安瀾堂刻本　十一冊

330000－1701－0044831　普624.6/4441　史部/地理類/水利之屬

河上語一卷　(清)蔣楷輯　清光緒二十三年(1897)刻本　一冊

330000－1701－0044833　普811.308/1150/2/c1　集部/詞類/總集之屬

詞選二卷　(清)張惠言輯　**附錄一卷**　(清)鄭善長輯　**續詞選二卷**　(清)董毅輯　清同治十一年(1872)會稽章氏刻本　一冊

330000－1701－0044834　普624.6/7131　史部/地理類/水利之屬

淮揚水利圖說一卷淮揚治水論一卷　(清)馮道立撰　清道光十九年(1839)、二十年(1840)刻本　一冊

330000－1701－0044835　普811.308/1150.02/c1　集部/詞類/總集之屬

詞選二卷　(清)張惠言輯　**附錄一卷**　(清)鄭善長輯　**續詞選二卷**　(清)董毅輯　清同治十一年(1872)會稽章氏刻本　一冊　存二卷(續詞選一至二)

330000－1701－0044836　普811.307/3137　類叢部/叢書類/自著之屬

古愚老人消夏錄十七種　(清)汪汲撰輯　清乾隆至嘉慶古愚山房刻本　四冊　存六種

330000－1701－0044837　普624.6/4253/c2　史部/地理類/山川之屬/水志

治河方畧十卷首一卷　(清)靳輔撰　清嘉慶四年(1799)靳文鈞安瀾堂刻本　四冊

330000－1701－0044840　普811.308/1150.02/c2　集部/詞類/總集之屬

詞選二卷　(清)張惠言輯　**附錄一卷**　(清)鄭善長輯　**續詞選二卷**　(清)董毅輯　清同治十一年(1872)會稽章氏刻本　一冊　存二卷(續詞選一至二)

330000－1701－0044841　普811.308/1150/2/c2　集部/詞類/總集之屬

詞選二卷　(清)張惠言輯　**附錄一卷**　(清)鄭善長輯　**續詞選二卷**　(清)董毅輯　清同治十一年(1872)會稽章氏刻本　一冊　缺二卷(續詞選一至二)

330000－1701－0044842　普811.308/1150/3/c1　集部/詞類/總集之屬

詞選二卷　(清)張惠言輯　**附錄一卷**　(清)鄭善長輯　**續詞選二卷**　(清)董毅輯　清宣統三年(1911)掃葉山房石印本　一冊

330000－1701－0044844　普811.308/1150.02/c3　集部/詞類/總集之屬

詞選二卷　(清)張惠言輯　**附錄一卷**　(清)鄭善長輯　**續詞選二卷**　(清)董毅輯　清刻

本　一册　缺二卷(一至二)

330000－1701－0044845　普624.62/2604/c1、普624.62/2604.02　史部/地理類/水利之屬

荆州萬城隄志十卷首一卷末一卷　(清)倪文蔚纂　**荆州萬城隄續志十卷首一卷末一卷**　(清)舒惠撰　**荆州萬城隄後續志一卷**　(清)余肇康撰　清光緒二年至二十二年(1876－1896)刻本(荆州萬城隄續志卷二、十原缺)　十册　缺一卷(後續志)

330000－1701－0044846　普811.304/4454/c2　集部/詞類/類編之屬

天籟軒五種　(清)葉申薌撰　清道光閩中葉氏天籟軒刻本　二册　存一種

330000－1701－0044847　普624.6/2832　史部/地理類/水利之屬

郡城濬河徵信錄三卷　(清)宗源瀚等纂　清光緒十四年(1888)寧波河工局木活字本　二册　存二卷(一至二)

330000－1701－0044848　普811.304/4454/(2)　集部/詞類/類編之屬

天籟軒五種　(清)葉申薌撰　清道光閩中葉氏天籟軒刻本　四册　存一種

330000－1701－0044850　普811.308/2528/c1　集部/詞類/總集之屬

詞綜三十八卷　(清)朱彝尊輯　(清)汪森(清)王昶增輯　**明詞綜十二卷國朝詞綜四十八卷國朝詞綜二集八卷**　(清)王昶輯　清光緒二十八年(1902)金匱浦氏刻本　十册　存三十八卷(一至三十八)

330000－1701－0044852　普811.308/2528/3　集部/詞類/總集之屬

詞綜三十六卷　(清)朱彝尊輯　(清)汪森增輯　清康熙十七年(1678)汪氏求杼樓刻三十年(1691)增刻本　四册

330000－1701－0044853　普811.308/2528/c2　集部/詞類/總集之屬

詞綜三十八卷　(清)朱彝尊輯　(清)汪森(清)王昶增輯　**明詞綜十二卷國朝詞綜四十八卷國朝詞綜二集八卷**　(清)王昶輯　清刻本　十册　存三十八卷(一至三十八)

330000－1701－0044854　普624.62/2604/c2　史部/地理類/水利之屬

荆州萬城隄志十卷首一卷末一卷　(清)倪文蔚纂　清光緒二年(1876)刻本　六册

330000－1701－0044855　普624.6/3227/2　史部/地理類/水利之屬

河防一覽十四卷　(明)潘季馴撰　清乾隆十三年(1748)刻本　十册

330000－1701－0044857　普811.308/2528/2　集部/詞類/總集之屬

詞綜三十八卷　(清)朱彝尊輯　(清)汪森(清)王昶增輯　**明詞綜十二卷國朝詞綜四十八卷國朝詞綜二集八卷**　(清)王昶輯　清松江文萃堂刻本　七册　存三十八卷(一至三十八)

330000－1701－0044858　普811.308/2528/3/(2)　集部/詞類/總集之屬

詞綜三十六卷　(清)朱彝尊輯　(清)汪森增輯　清康熙十七年(1678)汪氏求杼樓刻三十年(1691)增刻本　十二册

330000－1701－0044859　普811.308/2528/4/c1　集部/詞類/總集之屬

詞綜三十八卷　(清)朱彝尊輯　(清)汪森(清)王昶增輯　**明詞綜十二卷國朝詞綜四十八卷國朝詞綜二集八卷**　(清)王昶輯　清同治四年(1865)亦西齋刻本　九册　存三十八卷(一至三十八)

330000－1701－0044860　普624.62/2834　史部/地理類/水利之屬

荆州萬城隄圖説一卷　(清)徐家榦撰　清光緒十三年(1887)刻本　一册

330000－1701－0044861　普811.308/2528.02　集部/詞類/總集之屬

詞綜補遺二十卷　(清)陶樑輯　清道光十四年(1834)紅豆樹館刻本　八册　存十卷(一

至五、十一至十五）

330000－1701－0044862　普 624.63/7610　史部/地理類/水利之屬

澮河錄不分卷　清光緒木活字印本　四冊

330000－1701－0044863　普 624.2/6693　史部/地理類/防務之屬

東西兩防海塘圖不分卷辦理海塘章程文牘不分卷　（清）嚴烺輯　清道光刻本　八冊

330000－1701－0044864　普 811.308/2528/4/c2　集部/詞類/總集之屬

詞綜三十八卷　（清）朱彝尊輯　（清）汪森（清）王昶增輯　**明詞綜十二卷國朝詞綜四十八卷國朝詞綜二集八卷**　（清）王昶輯　清同治四年（1865）亦西齋刻本　十二冊　存三十八卷（一至三十八）

330000－1701－0044865　普 624.7/1122/c1　史部/地理類/水利之屬

居濟一得八卷　（清）張伯行撰　清康熙四十七年（1708）刻本　四冊

330000－1701－0044866　普 624.6/1061/2　史部/地理類/水利之屬

復淮水故道圖說一卷　（清）丁顯撰　清同治八年（1869）集韻書屋刻本　一冊

330000－1701－0044868　普 624.7/4497　史部/政書類/邦計之屬/漕運

江北運程四十卷首一卷末一卷　（清）董恂撰　清同治六年（1867）刻本　四十一冊

330000－1701－0044872　普 624.7/1122/c2　史部/地理類/水利之屬

居濟一得八卷　（清）張伯行撰　清康熙四十七年（1708）刻本　二冊

330000－1701－0044873　普 624.6/1112　史部/地理類/水利之屬

東南水利論三卷棲流論一卷　（清）張崇傃撰　清光緒七年（1881）刻本　二冊

330000－1701－0044874　普 624.68/2873/c1　史部/地理類/水利之屬

橫橋堰水利記一卷　（清）徐用福輯　清光緒二十五年（1899）刻本　一冊

330000－1701－0044875　普 624.5/4002　史部/地理類/水利之屬

芙蓉湖修堤錄八卷　（清）張之杲輯　清光緒十五年（1889）木活字印本　六冊

330000－1701－0044876　普 624.68/2873/c2　史部/地理類/水利之屬

橫橋堰水利記一卷　（清）徐用福輯　清光緒二十五年（1899）刻本　一冊

330000－1701－0044880　普 624.7/1122/2/c1　類叢部/叢書類/彙編之屬

正誼堂全書六十三種續刻五種　（清）張伯行編　（清）楊浚重編　清同治五年（1866）福州正誼書院刻同治八年至光緒十三年（1869－1887）續刻本　四冊　存一種

330000－1701－0044884　普 624.7/1122/2/c2　類叢部/叢書類/彙編之屬

正誼堂全書六十三種續刻五種　（清）張伯行編　（清）楊浚重編　清同治五年（1866）福州正誼書院刻同治八年至光緒十三年（1869－1887）續刻本　三冊　存一種

330000－1701－0044886　普 626.2/2614、普 626.2/8022、普 628.87/2615、普 628.842/1028、普 630.1/2829/c2　新學

江南製造局叢刊（江南製造局譯書）　（清）江南製造局編　清光緒江南製造局刻本暨鉛印本　十一冊　存五種

330000－1701－0044887　普 624.6/1227　史部/地理類/水利之屬

河防紀畧四卷　（清）孫鼎臣撰　清咸豐刻蒼莨集本　章嶔題記　二冊　存一種

330000－1701－0044888　普 624.6/0046　史部/地理類/水利之屬

河渠紀聞三十一卷　（清）康基田撰　清嘉慶九年（1804）霞蔭堂刻清增刻本　十二冊

330000－1701－0044890　普 627.857/4010　新學/聲學

無線電報一卷補編一卷　(英國)克爾撰　(美國)衛理口譯　(清)范熙庸筆述　清光緒二十六年(1900)江南製造局刻本　一册

330000－1701－0044892　SBC1575　子部/兵家類/兵法之屬

武備志地理利類□□卷　清抄本　一册　存一卷(二)

330000－1701－0044894　普 951.009817/1065/(2)　史部/史評類/考訂之屬

十七史商榷一百卷　(清)王鳴盛撰　清乾隆五十二年(1787)洞涇草堂刻本　十册

330000－1701－0044895　普 811.308/2816　類叢部/叢書類/自著之屬

隨盦所著書四種　徐乃昌撰　清光緒刻民國四年(1915)南陵徐氏積學齋彙印本　一册　存一種

330000－1701－0044896　普 630.21/2347　新學/農政/農務

農務要書簡明目錄不分卷　(英國)傅蘭雅口譯　(清)王樹善筆述　清光緒二十七年(1901)上海製造局刻本　一册

330000－1701－0044897　SBC1562　史部/傳記類/總傳之屬/家乘

蔣氏家乘二十七卷　(明)蔣鐄修　明刻本　三册　存八卷(一、二十一至二十七)

330000－1701－0044898　普 811.308/2709　類叢部/叢書類/郡邑之屬

粟香室叢書五十九種　金武祥編　清光緒至民國江陰金氏刻本　八册　存一種

330000－1701－0044899　普 951.009817/1065/(3)　史部/史評類/考訂之屬

十七史商榷一百卷　(清)王鳴盛撰　清乾隆五十二年(1787)洞涇草堂刻本　十二册

330000－1701－0044900　普 628.069/0003　史部/政書類/邦計之屬

商辦漢冶萍煤鐵廠礦股分有限公司歷次奏咨案牘一卷　清光緒三十四年(1908)鉛印本　一册

330000－1701－0044901　普 811.308/2662/c1　集部/詞類/總集之屬

景刊宋金元明本詞四十種　吳昌綬編　陶湘續編　清宣統三年至民國六年(1911－1917)仁和吳氏雙照樓刻民國六年至十三年(1917－1924)武進陶氏涉園續刻本　十册　存十七種

330000－1701－0044902　普 628.2/3021/2/c1　新學/礦務/礦學

求礦指南十卷附卷一卷　(英國)安德孫撰　(英國)傅蘭雅　(清)潘松譯　清光緒二十五年(1899)江南機器製造總局刻本　二册

330000－1701－0044904　普 628.2/3021/2/c2　新學/礦務/礦學

求礦指南十卷附卷一卷　(英國)安德孫撰　(英國)傅蘭雅　(清)潘松譯　清光緒二十五年(1899)江南機器製造總局刻本　二册

330000－1701－0044905　SBC1573　類叢部/叢書類/自著之屬

慈珮軒所著書　稿本　二册

330000－1701－0044906　普 630.23/2022/2　子部/農家農學類/總論之屬

御製耕織圖不分卷　(清)聖祖玄燁撰　(清)焦秉貞繪　清光緒五年(1879)點石齋石印本　二册

330000－1701－0044907　SBC1561　子部/宗教類/佛教之屬

雪關和尚語錄六卷　(明)釋傅善　(明)釋成正輯　明刻本　一册　存五卷(一至五)

330000－1701－0044908　普 628.2/3050　新學/工藝/工學

探礦取金六卷續編一卷附編一卷　(英國)密拉撰　(清)舒高第譯　(清)汪振聲述　清光緒三十年(1904)江南機器製造總局譯書館刻本　二册

330000－1701－0044909　普 811.308/2709/2　類叢部/叢書類/郡邑之屬

粟香室叢書五十九種　金武祥編　清光緒至

民國江陰金氏刻本　四册　存一種

330000－1701－0044910　普 811.308/2662/c2　集部/詞類/總集之屬

景刊宋金元明本詞四十種　吳昌綬編　陶湘續編　清宣統三年至民國六年(1911－1917)仁和吳氏雙照樓刻民國六年至十三年(1917－1924)武進陶氏涉園續刻本　十册　存十七種

330000－1701－0044911　普 630.1/2829/c1　新學

江南製造局叢刊(江南製造局譯書)　(清)江南製造局編　清光緒江南製造局刻本暨鉛印本　二册　存一種

330000－1701－0044912　普 628.2/6341　新學/工藝/工學

相地探金石法四卷　(英國)喝爾勃特喀格司撰　(清)王汝駰譯　清光緒二十九年(1903)江南製造局刻本　四册

330000－1701－0044913　普 630.44/6051　子部/農家農學類/總論之屬

農事私議二卷附墾荒裕國策一卷　羅振玉撰　清光緒刻本　一册

330000－1701－0044914　普 628.82/4032　新學/礦務/礦學

開煤要法十二卷　(英國)士密德輯　(英國)傅蘭雅口譯　(清)王德均筆述　清光緒江南機器製造總局刻本　二册

330000－1701－0044916　普 811.308/3474　集部/詞類/總集之屬

御選歷代詩餘一百二十卷　(清)聖祖玄燁定　(清)沈辰垣等輯　清康熙四十六年(1707)內府刻本　二十四册

330000－1701－0044917　普 630.8/2135.2/c1　子部/農家農學類

農學叢書　(清)上海農學會　(清)江南總農會輯　清光緒上海農學會、江南總農會石印本　十册　存第二集四十八種

330000－1701－0044919　SBC1563　集部/詞類/別集之屬

劍氣詞一卷　(清)沈毅撰　稿本　一册

330000－1701－0044923　普 630.8/2135/c1　子部/農家農學類

農學叢書　(清)上海農學會　(清)江南總農會輯　清光緒上海農學會、江南總農會石印本　二十册　存第一集九十一種

330000－1701－0044924　SBC1564　集部/別集類/唐五代別集

杜詩提要十四卷　(唐)杜甫撰　(清)吳瞻泰評　清雍正羅珽刻本　一册　存二卷(一至二)

330000－1701－0044928　SBC1581　子部/雜著類/雜纂之屬

聽青誌二卷　(清)顧東林撰　稿本　一册

330000－1701－0044929　普 630.8/2135.2/c2　子部/農家農學類

農學叢書　(清)上海農學會　(清)江南總農會輯　清光緒上海農學會、江南總農會石印本　十册　存第二集四十八種

330000－1701－0044931　GP04813　史部/政書類/邦計之屬

江南製造局記十卷首一卷附一卷　(清)魏允恭編　清光緒三十一年(1905)上海文寶書局石印本　十册

330000－1701－0044932　SBC1567　集部/別集類/明別集

花王閣賸稿一卷　(明)紀坤撰　清抄本　一册

330000－1701－0044935　普 811.308/44441　集部/詞類/詞譜之屬

詞律二十卷　(清)萬樹撰　**詞律拾遺八卷**　(清)徐本立撰　**詞律補遺一卷**　(清)杜文瀾撰　清同治十二年(1873)、光緒二年(1876)許邁孫刻朱氏抱經堂書局印本　十六册

330000－1701－0044936　普 630.8/2135.2/c3　子部/農家農學類

農學叢書　(清)上海農學會　(清)江南總農會

會輯　清光緒上海農學會、江南總農會石印本　八冊　存第二集四十二種

330000－1701－0044938　普630.8/2135.6/c1、普630.8/2135.7/c1　子部/農家農學類

農學叢書　(清)上海農學會　(清)江南總農會輯　清光緒上海農學會、江南總農會石印本　二十冊　存第六集二十五種、第六集二十三種

330000－1701－0044939　GP12549　集部/總集類/酬唱之屬

長沙余公兩澍攀轅集一卷　(清)周友勝　(清)劉賢斌輯　清光緒二十八年(1902)提中糸署刻本　一冊

330000－1701－0044940　GP04814　集部/別集類/清別集

存吾春軒集十卷附錄一卷　(清)周大樞撰　清光緒八年(1882)刻十八年(1892)會稽陶誾補刻本　五冊

330000－1701－0044943　普630.8/2135.3/c1　子部/農家農學類

農學叢書　(清)上海農學會　(清)江南總農會輯　清光緒上海農學會、江南總農會石印本　十冊　存第三集十一種

330000－1701－0044947　普630.8/2135/c2　子部/農家農學類

農學叢書　(清)上海農學會　(清)江南總農會輯　清光緒上海農學會、江南總農會石印本　二十冊　存第一集九十一種

330000－1701－0044949　GP12557　類叢部/叢書類/彙編之屬

三長物齋叢書二十五種　(清)黃本驥編　清道光二十二年至二十八年(1842－1848)湘陰蔣璸刻本　三冊　存一種

330000－1701－0044950　GP12551　類叢部/叢書類/輯佚之屬

漢學堂叢書二百十一種　(清)黃奭輯　清道光甘泉黃氏刻光緒印本　一冊　存四種

330000－1701－0044951　GP12558　子部/宗教類/道教之屬

黃庭内景經詳註一卷太上黃庭外景經一卷黃庭經徵驗一卷　(清)李涵虛撰　清浙杭西湖慧空經房刻本　一冊

330000－1701－0044952　普630.8/2135/c3　子部/農家農學類

農學叢書　(清)上海農學會　(清)江南總農會輯　清光緒上海農學會、江南總農會石印本　十七冊　存第一集八十四種

330000－1701－0044953　普811.308/4412　集部/詞類/總集之屬

歷代詞腴二卷附眠鷗集遺詞一卷　(清)黃承勳輯　清光緒十一年(1885)廣陵黛山樓刻本　二冊　缺一卷(眠鷗集遺詞)

330000－1701－0044954　普951.009817/4045　史部/紀傳類/正史之屬

十七史　(明)毛晉編　明崇禎元年至十七年(1628－1644)毛氏汲古閣刻清順治五年至十三年(1648－1656)補刻本　二百冊

330000－1701－0044957　SBC1570　集部/總集類/選集之屬/斷代

詩娛室詩鈔一卷　(清)黃安濤撰　**小萬卷齋詩稿一卷**　(清)朱琦撰　**求是堂詩鈔一卷**　(清)胡承珙撰　**尚絅堂詩集一卷**　(清)劉嗣綰撰　清抄本　一冊

330000－1701－0044958　普811.308/4412/2　集部/詞類/總集之屬

詞腴二卷　(清)黃承勳輯　清道光十四年(1834)求心館刻本　一冊

330000－1701－0044960　GP04817　集部/別集類/清別集

東塾集六卷申范一卷　(清)陳澧撰　清光緒十八年(1892)廣東菊坡精舍刻本　一冊　存一卷(申范)

330000－1701－0044961　GP12552　集部/別集類/清別集

陶園文集八卷詩集二十四卷詩餘二卷六如亭傳奇二卷　(清)張九鉞撰　清道光二十三

年(1843)張氏賜錦樓刻本　二冊　存二卷(六如亭傳奇一至二)

330000－1701－0044962　普811.304/4001　類叢部/叢書類/彙編之屬
函海一百五十九種　(清)李調元編　清光緒七年至八年(1881－1882)廣漢鍾登甲樂道齋刻本　二冊　存一種

330000－1701－0044965　普811.308/4412/3　集部/詞類/總集之屬
歷代詞腴二卷附眠鷗集遺詞一卷　(清)黄承勳輯　清光緒十一年(1885)廣陵黛山樓刻本　陳運彰題簽並跋　二冊　缺一卷(眠鷗集遺詞)

330000－1701－0044966　GP04818　史部/詔令奏議類/奏議之屬
桂洲夏文愍公奏議二十一卷補遺一卷　(明)夏言撰　清光緒十七年(1891)江西書局刻本　十二冊

330000－1701－0044967　SBC1571　史部/地理類/方志之屬/郡縣志
[光緒]忠義鄉志二十卷　(清)吳文江纂　清光緒稿本　一冊　存一卷(五)

330000－1701－0044968　普631/1015/c1　子部/農家農學類/總論之屬
農桑輯要七卷　(元)司農司撰　清光緒陝西撫署刻本　三冊

330000－1701－0044969　普631/1015/c1、普631/8035/c1　類叢部/叢書類/彙編之屬
漸西村舍彙刊(漸西村舍叢刻)四十四種　(清)袁昶編　清光緒十六年至二十四年(1890－1898)桐廬袁氏刻本　三冊　存四種

330000－1701－0044970　普630.8/2135.3/c2　子部/農家農學類
農學叢書　(清)上海農學會　(清)江南總農會輯　清光緒上海農學會、江南總農會石印本　二冊　存第三集二種

330000－1701－0044972　GP04824　新學/史志/諸國史
歷史叢書　清光緒上海商務印書館鉛印本　二冊　存一種

330000－1701－0044974　GP12553　子部/藝術類/書畫之屬/畫録
松風堂讀書圖題辭一卷姓氏小傳一卷　(清)曹咸熙輯　清光緒八年(1882)松風堂刻本　一冊

330000－1701－0044975　普631/1015/c3、普631/8035/c2　類叢部/叢書類/彙編之屬
漸西村舍彙刊(漸西村舍叢刻)四十四種　(清)袁昶編　清光緒十六年至二十四年(1890－1898)桐廬袁氏刻本　三冊　存四種

330000－1701－0044976　GP04823　類叢部/叢書類/彙編之屬
先務齋叢書　清光緒二十三年(1897)東粵經韻樓鉛印本　二十六冊　存一種

330000－1701－0044977　普631/1015/c5　類叢部/叢書類/彙編之屬
漸西村舍彙刊(漸西村舍叢刻)四十四種　(清)袁昶編　清光緒十六年至二十四年(1890－1898)桐廬袁氏刻本　二冊　存二種

330000－1701－0044979　GP12559　子部/宗教類/道教之屬
参同契直指箋註三卷参同契直指三相類二卷　(清)劉一明撰　清刻本　一冊

330000－1701－0044980　普630.8/2135.4/c1　子部/農家農學類
農學叢書　(清)上海農學會　(清)江南總農會輯　清光緒上海農學會、江南總農會石印本　十二冊　存第四集二十五種

330000－1701－0044981　普630.8/2135.4/c2　子部/農家農學類
農學叢書　(清)上海農學會　(清)江南總農會輯　清光緒上海農學會、江南總農會石印本　四冊　存第四集七種

330000－1701－0044983　普631/1015/c6　類叢部/叢書類/彙編之屬
漸西村舍彙刊(漸西村舍叢刻)四十四種

（清）袁昶編　清光緒十六年至二十四年（1890－1898）桐廬袁氏刻本　二册　存二種

330000－1701－0044984　GP12554　史部/目録類/總録之屬/彙刻

觀古堂書目叢刻十五種　葉德輝編　清光緒二十八年（1902）至民國湘潭葉氏刻本　二册　存一種

330000－1701－0044985　SBC1577　集部/別集類

糞心簃叢稿七種　胡穎之撰　稿本　清阮充之、清湯志新、清陳猛威觀款　張鳴珂校　諸宗元批　清金寶楚、莼生題記　十三册

330000－1701－0044986　普631/1013　子部/農家農學類/農藝之屬/作物種植

山居瑣言一卷　（清）王晉之撰　清光緒二十九年（1903）北洋官報局石印本　一册

330000－1701－0044987　普631/1015/c2　類叢部/叢書類/彙編之屬

武英殿聚珍版書三十九種　清乾隆浙江刻本　二册　存一種

330000－1701－0044988　GP12555　集部/別集類/清別集

懷古田舍詩鈔三十三卷　（清）徐榮撰　清道光刻本　清峙士題記　一册　存一卷（二十六）

330000－1701－0044990　普631/1015/2/c3　類叢部/叢書類/彙編之屬

武英殿聚珍版書三十九種　清乾隆浙江刻本　四册　存一種

330000－1701－0044991　GP12556　經部/叢編

皮氏經學叢書十一卷附六卷　（清）皮錫瑞撰　清光緒三十三年（1907）思賢書局刻本　一册　存一卷（王制箋）

330000－1701－0044992　普631/1023　子部/農家農學類/總論之屬

農務實業新編二卷　（清）王上達撰　清宣統二年（1910）浙杭萬春農務局刻本　二册

330000－1701－0044994　GP12561　經部/叢編

孔叢伯說經五稿附一種　（清）孔廣林撰　清光緒十六年（1890）山東書局刻本　六册　存四種附一種

330000－1701－0044995　SBC1586　子部/雜著類

鷗泊草堂雜著補遺不分卷　清抄本　一册

330000－1701－0044996　GP04831　史部/金石類/璽印之屬/通考

封泥攷略十卷　（清）吳式芬　（清）陳介祺藏並輯　清光緒三十年（1904）石印本　汪天跋　十册

330000－1701－0044997　普811.308/7590/2　集部/詞類/總集之屬

花草粹編二十四卷　（明）陳耀文輯　**樂府指迷一卷**　（宋）沈義父撰　清咸豐七年（1857）金繩武評花仙館木活字印本　十二册

330000－1701－0044998　GP12601、GP12585、GP12588、GP12595、GP12739、GP12592、GP12577、GP12574、GP12571、GP12564、GP12567　類叢部/叢書類/彙編之屬

武英殿聚珍版書三十九種　清乾隆浙江刻本　二十二册　存十二種

330000－1701－0044999　SBC1587　史部/傳記類/總傳之屬

唐詩約編二卷　清抄本　二册

330000－1701－0045000　GP04820　史部/地理類/遊記之屬/紀行

河海崑崙錄四卷　裴景福撰　清宣統元年（1909）上海文明書局鉛印本　四册

330000－1701－0045001　GP12566、GP12587、GP12569、GP12599、GP12741、GP12590、GP12580、GP12573、GP12597　類叢部/叢書類/彙編之屬

武英殿聚珍版書三十九種　清乾隆浙江刻本　十一册　存九種

330000－1701－0045002　普 631/1064/2/c1　類叢部/叢書類/彙編之屬

漸西村舍彙刊(漸西村舍叢刻)四十四種　(清)袁昶編　清光緒十六年至二十四年(1890－1898)桐廬袁氏刻本　四冊　存一種

330000－1701－0045003　GP12565、GP12602　類叢部/叢書類/彙編之屬

武英殿聚珍版書三十九種　清乾隆浙江刻本　五冊　存二種

330000－1701－0045004　GP04821　史部/地理類/遊記之屬/紀行

河海崑崙錄四卷　裴景福撰　清宣統元年(1909)上海文明書局鉛印本　四冊

330000－1701－0045005　普 811.308/7730/c2　集部/詞類/詞話之屬

詞辨二卷　(清)周濟輯　**介存齋論詞雜著一卷**　(清)周濟撰　清光緒四年(1878)刻本　一冊

330000－1701－0045006　GP12562　類叢部/叢書類/彙編之屬

問經堂叢書二十七種　(清)孫馮翼編　清嘉慶承德孫氏刻本　一冊　存一種

330000－1701－0045007　SBC1588　史部/傳記類/總傳之屬/仕宦

鴉片戰爭名臣傳不分卷　清抄本　一冊

330000－1701－0045008　GP04822　集部/總集類/課藝之屬

經心書院集四卷　左紹佐輯　清光緒十四年(1888)湖北官書處刻本　四冊

330000－1701－0045009　GP04832　史部/地理類/方志之屬/郡縣志

[嘉慶]歷陽典錄三十四卷補六卷　(清)陳廷桂纂　清同治六年(1867)新化游智開和州官舍刻光緒十二年(1886)武陵吴廷選印本　十二冊

330000－1701－0045010　SBC1590　子部/宗教類/佛教之屬/經

佛説觀無量壽佛經附圖頌一卷　(南朝宋)釋畺良耶舍譯　(明)釋傳燈圖並頌　清同治七年(1868)刻本　李叔同題簽　一冊

330000－1701－0045011　GP12563　類叢部/叢書類/自著之屬

顧亭林先生遺書彙輯二十三種附錄三種　(清)顧炎武撰　(清)席威　(清)朱記榮編　清光緒十一年至三十二年(1885－1906)朱氏槐廬家塾刻本　一冊　存三種

330000－1701－0045012　普 630.8/2135.5/c2、普 630.8/2135.6/c2、普 630.8/2135.7/c2　子部/農家農學類

農學叢書　(清)上海農學會　(清)江南總農會輯　清光緒上海農學會、江南總農會石印本　十九冊　存第五集十一種、第六集十九種、第七集十六種

330000－1701－0045013　GP04833　新學/兵制

日本武學兵隊紀略一卷　(清)張大鏞撰　清光緒二十五年(1899)浙江書局刻本　一冊

330000－1701－0045014　GP04825　子部/雜著類/雜記之屬

初月樓聞見錄十卷　(清)吴德旋撰　清道光二年(1822)刻本　六冊

330000－1701－0045015　普 630.8/5517　新學/農政/農務

湖北農學十二種　(清)農務局譯　清光緒農務局石印本　四冊

330000－1701－0045016　GP12583　類叢部/類書類/專類之屬

縮本精選經藝淵海不分卷　(清)常安室主人輯　清光緒十一年(1885)上海點石齋石印本　九冊

330000－1701－0045017　普 631/1064/2/c2　類叢部/叢書類/彙編之屬

漸西村舍彙刊(漸西村舍叢刻)四十四種　(清)袁昶編　清光緒十六年至二十四年(1890－1898)桐廬袁氏刻本　四冊　存一種

330000－1701－0045020　普 631/1064/2/c3

類叢部/叢書類/彙編之屬
漸西村舍彙刊(漸西村舍叢刻)四十四種 (清)袁昶編 清光緒十六年至二十四年(1890-1898)桐廬袁氏刻本 四册 存一種

330000-1701-0045021 普 811.308/7736 集部/詞類/總集之屬
景刊宋金元明本詞四十種 吳昌綬編 陶湘續編 清宣統三年至民國六年(1911-1917)仁和吳氏雙照樓刻民國六年至十三年(1917-1924)武進陶氏涉園續刻本 三十册

330000-1701-0045022 GP04834 類叢部/叢書類/家集之屬
學壽堂叢書十二種 徐紹楨編 清咸豐至光緒番禺徐氏梧州刻本 一册 存一種

330000-1701-0045023 GP12584 集部/總集類/彙編之屬
國朝十家四六文鈔十一卷 王先謙輯 清光緒二十一年(1895)上海書局石印本 四册

330000-1701-0045024 普 811.308/7730/c3 集部/詞類/詞話之屬
詞辨二卷 (清)周濟輯 **介存齋論詞雜著一卷** (清)周濟撰 清光緒四年(1878)刻本 章嶔題簽 一册

330000-1701-0045025 普 631/1064/3 類叢部/叢書類/彙編之屬
學津討原一百七十三種 (清)張海鵬編 清嘉慶十年(1805)虞山張氏照曠閣刻本 四册 存二種

330000-1701-0045026 普 811.308/7730/c4 集部/詞類/詞話之屬
詞辨二卷 (清)周濟輯 **介存齋論詞雜著一卷** (清)周濟撰 清光緒四年(1878)刻本 一册

330000-1701-0045028 GP12687 子部/儒家類/儒學之屬/性理
五子近思錄發明十四卷 (清)施璜撰 清英秀堂刻本 十二册

330000-1701-0045029 普 811.308/7730/2/c1 集部/詞類/詞話之屬
周氏止庵詞辨二卷 (清)周濟撰 (清)譚獻評 **周氏止葊介存齋論詞雜箸一卷** (清)周濟撰 清光緒三多、徐珂、趙逢年刻本 一册

330000-1701-0045030 普 631/1133 子部/農家農學類/總論之屬
三農紀十卷 (清)張宗法撰 清桂林堂刻本 十册

330000-1701-0045031 GP04835 子部/天文曆算類/算書之屬
體仁堂心算會通十二卷天代入門捷法一卷 (清)鄧之秀撰 清光緒三十二年(1906)石印本 五册

330000-1701-0045032 普 811.308/7730/2/c2 集部/詞類/詞話之屬
周氏止庵詞辨二卷 (清)周濟撰 (清)譚獻評 **周氏止葊介存齋論詞雜箸一卷** (清)周濟撰 清光緒三多、徐珂、趙逢年刻本 一册

330000-1701-0045035 普 631/2721 子部/農家農學類/總論之屬
農雅六卷 (清)倪倬撰 清嘉慶十八年(1813)刻本 四册

330000-1701-0045036 GP04836 子部/天文曆算類/算書之屬
經算雜說一卷 (清)潘應祺撰 **算學雜識十卷** (清)曹汝英撰 清光緒二十四年(1898)廣州刻本 四册

330000-1701-0045038 普 811.3083/4600 集部/詞類/總集之屬
三李詞三卷 (清)楊文斌輯 清光緒十六年(1890)蒙自楊文斌香海閣刻本 一册

330000-1701-0045039 GP04838 史部/政書類/公牘檔冊之屬
撫吳公牘五十卷 (清)丁日昌撰 (清)沈葆楨評選 清光緒三年(1877)鉛印本 六册

330000-1701-0045040 GP12568、GP12581、GP12576、GP12738、GP12735、GP12748 類叢部/叢書類/彙編之屬

武英殿聚珍版書一百三十八種 清江蘇刻本 十冊 存七種

330000－1701－0045041 普 631/2768 類叢部/叢書類/彙編之屬

清風室叢書二十種 (清)錢保塘編 清同治十年至民國二十五年(1871－1936)海寧錢氏清風室刻本 一冊 存一種

330000－1701－0045042 普 631/1064/5/c1 子部/叢編

子書百家 (清)崇文書局編 清光緒元年(1875)湖北崇文書局刻本 四冊 存一種

330000－1701－0045043 普 811.3083/4923/c1 類叢部/叢書類/彙編之屬

邵武徐氏叢書二集八種 (清)徐榦編 清光緒邵武徐氏刻本 二冊 存一種

330000－1701－0045044 GP04840 子部/天文曆算類/算書之屬

萍課演算一卷 毛宗藩撰 清光緒三十四年(1908)會稽顧氏刻本 一冊

330000－1701－0045045 普 951.009817/4045/(2) 史部/紀傳類/正史之屬

十七史 (明)毛晉編 明崇禎元年至十七年(1628－1644)毛氏汲古閣刻清順治五年至十三年(1648－1656)補刻本 三百五十冊

330000－1701－0045046 GP04839 子部/天文曆算類/算書之屬

九章算術細草圖說九卷海島算經細草圖說一卷 (三國魏)劉徽注 (唐)李淳風等注釋 (清)李潢細草 (清)沈欽裴補草 清光緒二十二年(1896)上海文淵山房石印本 四冊

330000－1701－0045047 普 811.3083/4923/c2 類叢部/叢書類/彙編之屬

邵武徐氏叢書二集八種 (清)徐榦編 清光緒邵武徐氏刻本 二冊 存一種

330000－1701－0045048 普 631/1064/5/c2 子部/叢編

子書百家 (清)崇文書局編 清光緒元年(1875)湖北崇文書局刻本 四冊 存一種

330000－1701－0045049 普 631/2893 子部/農家農學類/總論之屬

農政全書六十卷 (明)徐光啓撰 清刻本 二十冊 存三十一卷(十七至四十七)

330000－1701－0045050 普 811.3083/4923/c3 類叢部/叢書類/彙編之屬

邵武徐氏叢書二集八種 (清)徐榦編 清光緒邵武徐氏刻本 二冊 存一種

330000－1701－0045051 普 811.3083/4923/c4 類叢部/叢書類/彙編之屬

邵武徐氏叢書二集八種 (清)徐榦編 清光緒邵武徐氏刻本 二冊 存一種

330000－1701－0045052 普 631/1064/5/c3 子部/叢編

子書百家 (清)崇文書局編 清光緒元年(1875)湖北崇文書局刻本 四冊 存一種

330000－1701－0045057 普 631/2893/(2) 子部/農家農學類/總論之屬

農政全書六十卷 (明)徐光啓撰 清道光二十三年(1843)王壽康曙海樓刻本 八冊 存三十一卷(一至三十一)

330000－1701－0045059 GP04855 史部/政書類/儀制之屬/典禮

欽定臺規四十卷首一卷 (清)松筠等修 清道光七年(1827)刻本 十六冊

330000－1701－0045061 普 631/3283 類叢部/叢書類/彙編之屬

津河廣仁堂叢書八十四種 (清)□□編 清光緒津河廣仁堂刻本 一冊 存一種

330000－1701－0045062 GP04856 史部/政書類/儀制之屬/典禮

欽定臺規四十二卷 (清)延煦等修 清光緒十八年(1892)都察院刻本 二十四冊

330000－1701－0045064 普 630.8/2135.5/c1 子部/農家農學類

農學叢書 (清)上海農學會 (清)江南總農會輯 清光緒上海農學會、江南總農會石印本 十冊 存第五集十三種

330000－1701－0045065　GP04857　史部/政書類/邦交之屬
光緒乙巳年交涉要覽上篇二卷下篇三卷　(清)北洋洋務局輯　清光緒三十三年(1907)北洋官報局鉛印本　二册　存二卷(上篇一至二)

330000－1701－0045068　普 631/2893/4/c1　子部/農家農學類/總論之屬
農政全書六十卷　(明)徐光啓撰　清宣統元年(1909)上海求學齋局石印本　八册

330000－1701－0045070　GP04858　史部/政書類/邦交之屬
光緒丙午年交涉要覽上篇一卷中篇二卷下篇四卷　(清)北洋洋務局輯　清光緒三十四年(1908)北洋官報局鉛印本　六册

330000－1701－0045071　普 631/2893/4/c2　子部/農家農學類/總論之屬
農政全書六十卷　(明)徐光啓撰　清宣統元年(1909)上海求學齋局石印本　八册

330000－1701－0045072　普 631/2893/2/c2　子部/農家農學類/總論之屬
農政全書六十卷　(明)徐光啓撰　清光緒二十六年(1900)上海文海書局石印本　八册

330000－1701－0045073　GP04841　史部/史抄類
讀史正氣錄十八卷　(清)姚德鈞　(清)劉秉衡輯　清光緒十五年(1889)刻本　四册

330000－1701－0045074　GP04859　經部/小學類/文字之屬/說文/專著
說文辨字正俗八卷　(清)李富孫撰　清同治九年(1870)校經廎刻本　駱亨題記　四册

330000－1701－0045076　普 631/3621　新學/農政/農務
農學津梁一卷　(英國)恒里湯納耳撰　(美國)衛理譯　(清)汪振聲述　清光緒二十八年(1902)江南製造局刻本　一册

330000－1701－0045080　GP04861　史部/雜史類/斷代之屬
南遷錄一卷　(金)張師顔撰　清刻朱印本　一册

330000－1701－0045083　SBC1583　集部/別集類/清別集
思無邪室文集六卷　(清)顧蒓撰　清抄本　一册　存一卷(二)

330000－1701－0045084　SBC1584　集部/別集類/清別集
小芝閣詩稿一卷　清抄本　一册

330000－1701－0045085　SBC1585　集部/別集類/清別集
袁潄六太守雜稿不分卷　(清)袁芳瑛撰　清同治十二年(1873)抄本　清福南題記　一册

330000－1701－0045087　普 631/5214　子部/農家農學類/總論之屬
勸農說一卷　(清)拙政老人撰　清咸豐七年(1857)刻本　一册

330000－1701－0045089　普 811.3083/5330/3/c1　集部/詞類/類編之屬
蒙香室叢書四種　馮煦輯　清光緒刻本　一册　存一種

330000－1701－0045092　普 811.3083/5330/3/c2　集部/詞類/總集之屬
唐五代詞選三卷　(清)成肇麐輯　清光緒十三年(1887)刻本　胡坤達跋　一册

330000－1701－0045094　普 631/6014　新學/農政/農務
農學初階三卷　(英國)黑球華來思撰　(清)吴治儉譯　清末北洋官報局石印本　三册

330000－1701－0045095　普 811.3084/2010/7　集部/詞類/類編之屬
宋名家詞六十一種　(明)毛晉編　明崇禎虞山毛氏汲古閣刻本　二十册　存五十種

330000－1701－0045096　GP12694　子部/宗教類/道教之屬
道書二十三種　(清)劉一明撰　清嘉慶二十四年(1819)常郡護國庵刻本　一册　存一種

330000－1701－0045097　普 631/6019　新學/農政/農務

農學初級一卷　(英國)旦爾恒理撰　(英國)秀耀春口譯　(清)范熙庸筆述　清光緒二十四年(1898)上海製造局刻本　一冊

330000－1701－0045099　普 951.009817/6030　史部/史抄類

十七史詳節二百七十三卷　(宋)呂祖謙輯　清光緒二十八年至二十九年(1902－1903)崇新書局、上海書局石印本　三十二冊

330000－1701－0045101　普 811.3084/2010/2/c1　集部/詞類/類編之屬

宋名家詞六十一種　(明)毛晉編　清光緒十四年(1888)錢塘汪氏刻本　三十冊

330000－1701－0045102　GP04862　史部/傳記類/總傳之屬/家乘

[浙江蕭山]蕭山馬湖詹氏宗譜不分卷　(清)詹鑑纂修　清光緒二年(1876)報本堂木活字印本　十二冊

330000－1701－0045103　普 631.11/3033　史部/政書類/邦計之屬/荒政

救荒百策一卷　(清)寄湘漁父輯　清光緒二十四年(1898)刻本　一冊

330000－1701－0045104　普 631.228/1111/3　子部/農家農學類/總論之屬

欽定授時通考七十八卷　(清)鄂爾泰等撰　清光緒二十八年(1902)富文局石印本　六冊

330000－1701－0045107　GP04864　類叢部/叢書類/自著之屬

番禺陳氏東塾叢書初函四種附一種　(清)陳澧撰　清咸豐至光緒刻本　三冊　存一種

330000－1701－0045108　SBC1595　史部/地理類/方志之屬/郡縣志

[康熙]奉化縣志十四卷首一卷　(清)張起貴修　(清)孫懋賞　(清)劉鴻聲纂　清康熙二十五年(1686)刻本　一冊　存二卷(十三至十四)

330000－1701－0045109　普 631.228/1111/2/c1　子部/農家農學類/總論之屬

欽定授時通考七十八卷　(清)鄂爾泰等撰　清同治江西書局刻本　二十四冊

330000－1701－0045110　普 631.228/1714/c1　子部/農家農學類/農藝之屬/農曆農諺

海虞農家占驗一卷　(清)鄧琳撰　**海虞物產志一卷**　(清)龐鴻文輯　清光緒三十一年(1905)鉛印本　一冊

330000－1701－0045113　普 631.228/1714/c2　子部/農家農學類/農藝之屬/農曆農諺

海虞農家占驗一卷　(清)鄧琳撰　**海虞物產志一卷**　(清)龐鴻文輯　清光緒三十一年(1905)鉛印本　一冊

330000－1701－0045114　SBC1596　經部/易類/傳說之屬

周易本原四卷圖說一卷　(清)理清和述註　清理氏抄本　二冊

330000－1701－0045115　普 951.009821/3491/c1　史部/史表類/通代之屬

廿一史四譜五十四卷　(清)沈炳震撰　清同治十年(1871)武林吴氏清來堂刻本　十六冊

330000－1701－0045116　普 631.228/1111/2/c2　子部/農家農學類/總論之屬

欽定授時通考七十八卷　(清)鄂爾泰等撰　清同治江西書局刻本　二十四冊

330000－1701－0045118　普 631.24/2540　新學/農政/農務

農務化學問答二卷　(英國)仲斯敦撰　(英國)秀耀春口譯　(清)范熙庸筆述　清光緒二十五年(1899)江南製造總局刻本　二冊

330000－1701－0045119　GP12697　類叢部/叢書類/輯佚之屬

漢學堂叢書二百十一種　(清)黃奭輯　清道光甘泉黃氏刻光緒印本　一冊　存一種

330000－1701－0045120　普 631.228/1111/　子部/農家農學類/總論之屬

欽定授時通考七十八卷　(清)鄂爾泰等撰　清道光六年(1826)四川藩署刻本　十六冊

330000－1701－0045122　普 631.4/4942　史部/政書類/通制之屬

蓮池四種　(清)□□輯　清同治至光緒刻本　一冊　存一種

330000－1701－0045124　普 631.24/6042　新學/農政/農務

農務化學簡法三卷　(英國)固來納撰　(英國)傅蘭雅口譯　(清)王樹善筆述　清光緒二十九年(1903)江南製造總局刻本　一冊　存一種

330000－1701－0045125　普 811.3084/2010/2/c2　集部/詞類/類編之屬

宋名家詞六十一種　(明)毛晉編　清光緒十四年(1888)錢塘汪氏刻本　二十九冊　存五十九種

330000－1701－0045127　GP04866　集部/別集類/明別集

文敬胡先生集三卷　(明)胡居仁撰　清乾隆二十二年(1757)刻本　二冊

330000－1701－0045129　普 811.3084/2010.2　集部/詞類/類編之屬

宋元名家詞十五種　(清)江標編　清光緒二十一年(1895)湖南思賢書局刻本　八冊

330000－1701－0045130　普 631.24/6042/2　新學/農政/農務

農務化學簡易要法三卷　(美國)固來納撰　(英國)傅蘭雅口述　(清)王樹善筆譯　清末北洋官報局石印本　三冊

330000－1701－0045131　普 811.3084/2082　集部/詞類/類編之屬

蒙香室叢書四種　馮煦輯　清光緒刻本　四冊　存一種

330000－1701－0045132　GP04843　集部/別集類/清別集

東甌記略不分卷　(清)戴槃撰　**東甌留別和章三卷**　清同治七年(1868)刻本　二冊

330000－1701－0045133　GP12570、GP12572、GP12575、GP12578－12579、GP12582、GP12586、GP12589、GP12591、GP12593－12594、GP12596　類叢部/叢書類/彙編之屬

武英殿聚珍版書三十九種　清乾隆浙江刻本　二十九冊　存二十種

330000－1701－0045134　普 631.25/8034/c1　新學/農政/農務

農務土質論三卷圖說一卷　(美國)金福蘭格令希蘭撰　(美國)衛理口譯　(清)范熙庸筆述　清光緒二十六年(1900)江南制造局刻本　三冊

330000－1701－0045135　普 631.25/8034/c2　新學/農政/農務

農務土質論三卷圖說一卷　(美國)金福蘭格令希蘭撰　(美國)衛理口譯　(清)范熙庸筆述　清光緒二十六年(1900)江南制造局刻本　三冊

330000－1701－0045136　GP04867　史部/地理類/雜志之屬

安徽輿圖表說十卷　(清)□□纂修　清光緒二十二年(1896)石印本　三冊

330000－1701－0045137　普 811.3084/2010/2/c3　集部/詞類/類編之屬

宋名家詞六十一種　(明)毛晉編　清光緒十四年(1888)錢塘汪氏刻本　三十冊　存五十七種

330000－1701－0045138　普 811.3084/2082/(2)　集部/詞類/總集之屬

宋六十一家詞選十二卷　馮煦輯　清光緒十三年(1887)冶城山館刻蒙香室叢書本　鮑文題記　七冊　缺二卷(二至三)

330000－1701－0045139　普 951.009821/3491/(2)　史部/史表類/通代之屬

廿一史四譜五十四卷　(清)沈炳震撰　清同治十年(1871)武林吳氏清來堂刻本　二十四冊

330000－1701－0045142　普 811.3084/2082/2/c1　集部/詞類/總集之屬

宋六十一家詞選十二卷　馮煦輯　清宣統二

年(1910)上海掃葉山房石印本　四冊

330000－1701－0045144　GP12698　類叢部/叢書類/彙編之屬

新斠平津館叢書十集三十四種　(清)孫星衍編　清光緒十年至十一年(1884－1885)吳縣朱氏槐廬家塾刻十五年至十七年(1889－1891)補刻本　一冊　存一種

330000－1701－0045146　普 951.009821/3491/2/c1　類叢部/叢書類/彙編之屬

廣雅書局叢書一百五十九種　徐紹棨編　清光緒廣雅書局刻民國九年(1920)番禺徐紹棨彙編重印本　二十冊　存一種

330000－1701－0045147　普 632/2172/c1　子部/農家農學類/總論之屬

撫郡農產攷畧二卷　何剛德　黄維翰撰　**種田雜說一卷**　(清)江召棠撰　清光緒二十九年(1903)撫郡學堂木活字印本　二冊

330000－1701－0045149　普 811.3084/2082/2/c2　集部/詞類/總集之屬

宋六十一家詞選十二卷　馮煦輯　清宣統二年(1910)上海掃葉山房石印本　四冊

330000－1701－0045153　SBC1592　子部/宗教類/佛教之屬/律

菩薩戒本經箋要一卷　(晉)釋曇無讖譯　(清)釋智旭箋要　清光緒六年(1880)金陵刻經處刻本　釋弘一校並跋　一冊

330000－1701－0045154　GP04849　新學/格致總

格致小引一卷　(英國)赫施賚撰　(英國)羅亨利　(清)瞿昂來譯　清光緒江南製造局刻本　一冊

330000－1701－0045155　GP04871　子部/雜著類/雜說之屬

夢南雷齋緐言三種　黄壽袞撰　清末石印本　一冊

330000－1701－0045159　普 631.4/7166　子部/農家農學類/農藝之屬/土壤耕作

區田圖說一卷　清末鉛印本　一冊

330000－1701－0045160　普 951.009821/3491/2/c2　類叢部/叢書類/彙編之屬

廣雅書局叢書一百五十九種　徐紹棨編　清光緒廣雅書局刻民國九年(1920)番禺徐紹棨彙編重印本　十六冊　存一種

330000－1701－0045163　SBC1591　子部/宗教類/佛教之屬/經

大方廣佛華嚴經入不思議解脱境界普賢行願品一卷　(唐)釋般若譯　清劉翰清刻本　弘一法師題記並跋　一冊

330000－1701－0045166　普 631.7/4422/c1　新學/農政/農家雜制

農產製造學二卷　(日本)楠嚴編　(清)沈紘譯　清末北洋官報局鉛印本　一冊　存一卷(上)

330000－1701－0045167　普 632/2172/c2　子部/農家農學類/總論之屬

撫郡農產攷畧二卷　何剛德　黄維翰撰　**種田雜說一卷**　(清)江召棠撰　清光緒二十九年(1903)撫郡學堂木活字印本　二冊

330000－1701－0045169　普 631.7/4422/c2　新學/農政/農家雜制

農產製造學二卷　(日本)楠嚴編　(清)沈紘譯　清末北洋官報局鉛印本　一冊　存一卷(上)

330000－1701－0045171　普 632/2172/c3　子部/農家農學類/總論之屬

撫郡農產攷畧二卷　何剛德　黄維翰撰　**種田雜說一卷**　(清)江召棠撰　清光緒二十九年(1903)撫郡學堂木活字印本　二冊

330000－1701－0045173　GP04848　類叢部/叢書類/自著之屬

彭剛直公全集二種　(清)彭玉麟撰　清光緒十七年(1891)俞樾刻本　八冊

330000－1701－0045174　普 811.3084/5062/c1　集部/詞類/類編之屬

詞學叢書六種　(清)秦恩復編　清嘉慶至道光江都秦恩復享帚精舍刻本　十冊

330000－1701－0045175　GP12699　類叢部/叢書類/彙編之屬

麗廔叢書九種　葉德輝編　清光緒三十二年至宣統元年(1906－1909)長沙葉氏刻本　三冊　存一種

330000－1701－0045177　普 632.18/7783　子部/農家農學類/農藝之屬/作物種植

旱稻區種法一卷　(清)陶鎔編　清光緒三十三年(1907)刻本　一冊

330000－1701－0045178　普 631.8/8240　子部/農家農學類/總論之屬

物產輯要二卷　清末鐵如意室抄本　二冊

330000－1701－0045179　普 631.972/7524　類叢部/叢書類/自著之屬

陳餘山所著書七種　(清)陳僅撰　清道光二十年至二十九年(1840－1849)刻彙印本　一冊　存一種

330000－1701－0045180　普 631.97/9061　新學/農政/農務

害蟲要說一卷　(日本)小野孫三郎撰　(日本)鳥居赫雄譯　清末北洋官報局石印本　一冊

330000－1701－0045181　普 632.55/0042/c1　子部/農家農學類

實業農學叢書　清末北洋官報局石印本　一冊　存一種

330000－1701－0045183　GP04873　類叢部/叢書類/彙編之屬

函海一百五十二種　(清)李調元編　清乾隆綿州李氏萬卷樓刻嘉慶十四年(1809)李鼎元、道光五年(1825)李朝夔重校補刻本　十冊　存一種

330000－1701－0045184　普 632.55/0042/c2　子部/農家農學類

實業農學叢書　清末北洋官報局石印本　一冊　存一種

330000－1701－0045185　普 631.972/3100　子部/農家農學類/農藝之屬/災害防治

治蝗全法四卷附錄一卷　(清)顧彥撰　清光緒十四年(1888)刻本　四冊

330000－1701－0045186　普 632.55/0042/c3　子部/農家農學類

實業農學叢書　清末北洋官報局石印本　一冊　存一種

330000－1701－0045187　普 811.3084/7730/4/c1　集部/詞類/總集之屬

絕妙好詞箋七卷　(宋)周密輯　(清)查爲仁　(清)厲鶚箋　**絕妙好詞續鈔一卷**　(清)余集輯　**絕妙好詞又續鈔一卷**　(清)徐楙補錄　清同治十一年(1872)會稽章氏刻本　四冊

330000－1701－0045188　GP12716、GP12701、GP12702、GP12703、GP12700　類叢部/叢書類/自著之屬

郝氏遺書三十三種　(清)郝懿行撰　清嘉慶至光緒刻彙印本　二十三冊　存五種

330000－1701－0045189　普 632.55/0042/c4　子部/農家農學類

實業農學叢書　清末北洋官報局石印本　一冊　存一種

330000－1701－0045190　GP04874　類叢部/叢書類/彙編之屬

函海一百五十二種　(清)李調元編　清乾隆綿州李氏萬卷樓刻嘉慶十四年(1809)李鼎元、道光五年(1825)李朝夔重校補刻本　九冊　存一種

330000－1701－0045191　普 631.26/6610　新學/農政/農務

廄肥篇一卷　(美國)啤耳撰　(清)胡濬康譯　清末北洋官報局石印本　一冊

330000－1701－0045192　普 631.972/3100/(2)　子部/農家農學類/農藝之屬/災害防治

治蝗全法四卷附錄一卷　(清)顧彥撰　清光緒十四年(1888)刻本　一冊

330000－1701－0045193　普 811.3084/7730/4/c2　集部/詞類/總集之屬

絕妙好詞箋七卷　(宋)周密輯　(清)查爲仁

（清）厲鶚箋　**絕妙好詞續鈔一卷**　（清）余集輯　**絕妙好詞又續鈔一卷**　（清）徐楙補錄　清同治十一年(1872)會稽章氏刻本　四册

330000－1701－0045194　普 811.3084/5062/c2　集部/詞類/類編之屬
詞學叢書六種　（清）秦恩復編　清嘉慶至道光江都秦恩復享帚精舍刻本　十册

330000－1701－0045195　普 632.113/6051/c1　新學/農政/樹藝
種印度粟法一卷　（清）直隸臬署譯　清末北洋官報局石印本　一册

330000－1701－0045196　普 632.55/4410
子部/農家農學類/蠶桑之屬
藝麻輯要一卷　（清）董元亮撰　清宣統二年(1910)浙江勸業公所鉛印本　一册

330000－1701－0045197　普 632.113/6051/c2　新學/農政/樹藝
種印度粟法一卷　（清）直隸臬署譯　清末北洋官報局石印本　一册

330000－1701－0045198　普 632.113/6051/c3　新學/農政/樹藝
種印度粟法一卷　（清）直隸臬署譯　清末北洋官報局石印本　一册

330000－1701－0045199　普 632.71/7513
子部/農家農學類/農藝之屬/作物種植
烟草譜八卷首一卷末一卷　（清）陳琮輯　清嘉慶刻本　四册

330000－1701－0045200　普 811.3084/5343/c1　集部/詞類/總集之屬
宋七家詞選七卷　（清）戈載輯　**玉田先生樂府指迷一卷**　（宋）張炎撰　清宣統三年(1911)上海掃葉山房石印本　三册

330000－1701－0045201　普 811.3084/7730/4/c3　集部/詞類/總集之屬
絕妙好詞箋七卷　（宋）周密輯　（清）查爲仁　（清）厲鶚箋　**絕妙好詞續鈔一卷**　（清）余集輯　**絕妙好詞又續鈔一卷**　（清）徐楙補錄　清同治十一年(1872)會稽章氏刻本　三册

330000－1701－0045202　普 811.3084/5062/(2)　集部/詞類/類編之屬
詞學叢書六種　（清）秦恩復編　清嘉慶至道光江都秦恩復享帚精舍刻本　十册

330000－1701－0045203　SBC1614　集部/別集類/清別集
補唫草一卷　（清）華知三撰　稿本　一册

330000－1701－0045204　普 631.4/1034　子部/農家農學類/農藝之屬/土壤耕作
區田書二卷　（清）曾望顏輯　清咸豐七年(1857)刻本　一册

330000－1701－0045205　GP04875　史部/傳記類/別傳之屬/事狀
太常袁公[袁昶]行畧一卷附一卷　袁允櫺等撰　清光緒三十一年(1905)商務印書館石印本　一册

330000－1701－0045207　普 811.3084/5343/c2　集部/詞類/總集之屬
宋七家詞選七卷　（清）戈載輯　**玉田先生樂府指迷一卷**　（宋）張炎撰　清宣統三年(1911)上海掃葉山房石印本　三册

330000－1701－0045210　SBC1610　集部/總集類/題詠之屬
史忠正公圖像題辭一卷　清光緒四年(1878)子開抄本　清子開題簽並跋　一册

330000－1701－0045211　普 632.71/7143
子部/農家農學類
北洋農業全書　清光緒北洋官報局石印本　一册　存二種

330000－1701－0045212　SBC1611　集部/別集類/清別集
焦菴詩草一卷　（清）玉簫外史撰　稿本　一册

330000－1701－0045213　SBC1612　子部/雜著類/雜說之屬
於陵子一卷　（明）徐渭評　（清）李雨白加評　清抄本　一册

330000－1701－0045214　普 811.3084/5343.01/c1　集部/詞類/總集之屬

宋七家詞選七卷　(清)戈載輯　清光緒十一年(1885)曼陀羅華閣刻本　四册

330000－1701－0045215　SBC1613　類叢部/叢書類/自著之屬

康勝齋稿四種　(清)吳淦撰輯　稿本　五册

330000－1701－0045217　SBC1615　史部/傳記類/總傳之屬/斷代

國朝循良譜不分卷　(清)魯燮光輯　清魯氏壺隱居抄本　一册

330000－1701－0045218　普 811.3084/7730/2(2)/c4　集部/詞類/總集之屬

絕妙好詞箋七卷　(宋)周密輯　(清)查爲仁　(清)厲鶚箋　**絕妙好詞續鈔一卷**　(清)余集輯　**絕妙好詞又續鈔一卷**　(清)徐楙補錄　清道光八年(1828)徐楙杭州愛日軒刻本　四册

330000－1701－0045219　普 811.3084/7730/2　集部/詞類/總集之屬

絕妙好詞箋七卷　(宋)周密輯　(清)查爲仁　(清)厲鶚箋　**絕妙好詞續鈔一卷**　(清)余集輯　**絕妙好詞又續鈔一卷**　(清)徐楙補錄　清道光八年(1828)徐楙杭州愛日軒刻本　三册

330000－1701－0045220　普 811.3084/5343.01/c2　集部/詞類/總集之屬

宋七家詞選七卷　(清)戈載輯　清光緒十一年(1885)曼陀羅華閣刻本　四册

330000－1701－0045222　普 811.3084/7730/2(2)/c3　集部/詞類/總集之屬

絕妙好詞箋七卷　(宋)周密輯　(清)查爲仁　(清)厲鶚箋　**絕妙好詞續鈔一卷**　(清)余集輯　**絕妙好詞又續鈔一卷**　(清)徐楙補錄　清同治十一年(1872)會稽章氏刻本　四册

330000－1701－0045223　普 632.91/4743　新學/農政/樹藝

山藍新說一卷　(日本)堀內良平撰　(清)林壬譯　清光緒北洋官報局石印本　一册

330000－1701－0045224　SBC1616　集部/別集類/清別集

鞍村雜詠一卷　(清)沈香巖撰　清光緒十年(1884)抄本　一册

330000－1701－0045225　GP04877　子部/雜著類/雜說之屬

長興學記一卷　康有爲撰　清光緒十七年(1891)廣州萬木草堂刻本　一册

330000－1701－0045226　普 633.325/3444　子部/農家農學類/園藝之屬/瓜果

水蜜桃譜一卷　(清)褚華撰　清末北洋官報局石印本　一册

330000－1701－0045227　普 632.92/3732　新學/農政/畜牧

植漆法一卷　(日本)初瀨川健增撰　清末北洋官報局石印本　一册

330000－1701－0045228　普 633.325/3444/2　子部/農家農學類/園藝之屬/瓜果

水蜜桃譜一卷　(清)褚華撰　清嘉慶十八年(1813)刻本　一册

330000－1701－0045229　GP04850　子部/天文曆算類/算書之屬

小衡筫說二卷　(清)汪光恆撰　清光緒十一年(1885)聞梅齋刻本　二册

330000－1701－0045231　普 811.3084/7730/2(2)/c1　集部/詞類/總集之屬

絕妙好詞箋七卷　(宋)周密輯　(清)查爲仁　(清)厲鶚箋　**絕妙好詞續鈔一卷**　(清)余集輯　**絕妙好詞又續鈔一卷**　(清)徐楙補錄　清道光八年(1828)徐楙杭州愛日軒刻本　四册

330000－1701－0045233　普 633.29/5307　新學/農政/樹藝

家菌長養法一卷　(美國)威廉母和爾康尼撰　(清)陳壽彭譯　**蕈種栽培法一卷**　(日本)本間小左工門撰　(清)林壬譯　清末北洋官報局石印本　一册

330000－1701－0045235　GP12714　類叢部/叢書類/自著之屬

率祖堂叢書(金仁山先生遺書、婺學十四種)八種附六種　(宋)金履祥撰　清雍正至乾隆金華金氏刻光緒十三年(1887)鎮海謝駿德補刻本　二册　存一種

330000－1701－0045237　GP04851　新學/交涉/交涉

歐洲東方交涉記十二卷　(英國)麥高爾撰　(美國)林樂知　(清)瞿昂來譯　清光緒江南機器製造總局刻本　二册

330000－1701－0045238　SBC1617　經部/群經總義類/圖說之屬

六經圖六卷　(宋)楊甲撰　(宋)毛邦翰補　(清)王皜輯錄　清乾隆五年(1740)六安王氏向山堂刻本　一册　存一卷(毛詩正變指南圖)

330000－1701－0045239　GP04881　史部/傳記類/日記之屬

虎口日記一卷(清咸豐十一年九月二十九日至十二月十九日)　(清)魯叔容撰　清光緒二十二年(1896)福州刻本　一册

330000－1701－0045240　普811.30847/1047　集部/詞類/總集之屬

景刊宋金元明本詞四十種　吳昌綬編　陶湘續編　清宣統三年至民國六年(1911－1917)仁和吳氏雙照樓刻民國六年至十三年(1917－1924)武進陶氏涉園續刻本　一册　存一種

330000－1701－0045241　普633.3/3113　類叢部/叢書類/彙編之屬

東文學社所譯書　清末北洋官報局石印本　一册　存一種

330000－1701－0045243　GP04852　新學/交涉/交涉

歐洲東方交涉記十二卷　(英國)麥高爾撰　(美國)林樂知　(清)瞿昂來譯　清光緒江南機器製造總局刻本　二册

330000－1701－0045244　GP04882　史部/政書類/通制之屬

吾學錄初編二十四卷　(清)吳榮光撰　清同治九年(1870)江蘇書局刻本　六册

330000－1701－0045245　普633.29/7521　子部/農家農學類/園藝之屬

菌譜一卷　(宋)陳仁玉撰　清宣統元年(1909)陳樹鈞刻本　一册

330000－1701－0045246　GP04853　子部/天文曆算類/算書之屬

數學尋原十卷　(清)譚文在撰　清光緒二十三年(1897)上海書局石印本　四册

330000－1701－0045247　GP04883　史部/政書類/通制之屬

吾學錄初編二十四卷　(清)吳榮光撰　清道光十二年(1832)南海吳氏筠清館刻本　六册　缺四卷(十四至十七)

330000－1701－0045248　普632.97/2824　子部/農家農學類/農藝之屬/作物種植

廣種柏樹興利除害條陳一卷　(清)徐紹基撰　清光緒八年(1882)江西書局刻本　一册

330000－1701－0045249　GP04854　子部/天文曆算類/算書之屬

中西算學九種二卷　(清)賀尹東輯　清光緒二十八年(1902)上洋新學書局石印本　二册

330000－1701－0045250　GP04884　新學/交涉/公法

公法便覽四卷總論一卷續一卷　(美國)丁韙良譯　清光緒三年(1877)同文館鉛印本　六册

330000－1701－0045251　普951.009821/7528/c1　史部/史抄類

史緯三百三十卷首一卷　(清)陳允錫輯　清康熙三十年(1691)陳允錫當湖刻三十三年(1694)陳善申江續刻雍正湖海樓印本　一百二十册

330000－1701－0045252　普951.009821/7528/c2　史部/史抄類

史緯三百三十卷首一卷　(清)陳允錫刪修　清康熙三十年(1691)陳允錫當湖刻三十三年(1694)陳善申江續刻雍正湖海樓印本　一百二十册

330000－1701－0045253　普633.322/1037/c1　子部/農家農學類/農藝之屬/作物種植

檇李譜一卷　(清)王逢辰撰　清同治九年(1870)竹里槐花吟館王氏刻本　二册

330000－1701－0045254　普633.322/1037/c2　子部/農家農學類/農藝之屬/作物種植

檇李譜一卷　(清)王逢辰撰　清同治九年(1870)竹里槐花吟館王氏刻本　儲椒生題記　一册

330000－1701－0045255　善009013　史部/目録類/總録之屬/私撰

勤藝堂丁丑曝書記一卷戊寅以後庋藏添購各書記一卷　鄒存淦撰　稿本　一册

330000－1701－0045256　普633.322/1037/2/c1　子部/農家農學類/農藝之屬/作物種植

檇李譜一卷　(清)王逢辰撰　清咸豐七年(1857)竹里槐花吟館王氏刻本　一册

330000－1701－0045257　GP12722　類叢部/叢書類/彙編之屬

聚學軒叢書六十種　劉世珩編　清光緒貴池劉氏刻本　一册　存一種

330000－1701－0045260　普633.322/1037/2/c2　子部/農家農學類/農藝之屬/作物種植

檇李譜一卷　(清)王逢辰撰　清同治九年(1870)竹里槐花吟館王氏刻本　一册

330000－1701－0045261　普811.3085/7745　集部/詞類/類編之屬

詞學叢書六種　(清)秦恩復編　清嘉慶至道光江都秦恩復享帚精舍刻本　一册　存一種

330000－1701－0045263　普811.3087/1020　集部/詞類/總集之屬

詩餘偶鈔六卷　王先謙輯　清光緒十六年(1890)長沙王氏刻本　程銘敬題記　一册

330000－1701－0045264　普633.38/5049/c1　新學/農政/樹藝

葡萄新書二卷　(日本)中城恒三郎撰　(清)林壬譯　清末北洋官報局石印本　一册

330000－1701－0045266　普811.3086/1238　類叢部/叢書類/彙編之屬

蟫隱廬叢書十八種　羅振常編　清宣統二年至民國二十五年(1910－1936)上虞羅氏謄寫及鉛印本三十三年(1944)吳興周延年彙印本　一册　存一種

330000－1701－0045267　普633.38/5049/c2　新學/農政/樹藝

葡萄新書二卷　(日本)中城恒三郎撰　(清)林壬譯　清末北洋官報局石印本　一册

330000－1701－0045269　普811.3085/7745/2　集部/詞類/總集之屬

景刊宋金元明本詞四十種　吳昌綬編　陶湘續編　清宣統三年至民國六年(1911－1917)仁和吳氏雙照樓刻民國六年至十三年(1917－1924)武進陶氏涉園續刻本　一册　存一種

330000－1701－0045270　普633.38/5049/c3　新學/農政/樹藝

葡萄新書二卷　(日本)中城恒三郎撰　(清)林壬譯　清末北洋官報局石印本　一册

330000－1701－0045271　普811.3087/1036　集部/詞類/總集之屬

國朝詞綜四十八卷二集八卷　(清)王昶輯　清光緒二十八年(1902)金匱浦氏刻本　十二册

330000－1701－0045273　GP12723　類叢部/叢書類/自著之屬

玉津閣叢書甲集十二種乙集十二種　(清)胡薇元撰　清光緒至民國刻本　一册　存一種

330000－1701－0045274　普633.4/4400　子部/農家農學類/園藝之屬/花卉

花譜雜記一卷　清抄本　一册

330000－1701－0045276　GP12715　史部/史

抄類

增定課兒鑑畧妥註善本五卷 (明)李廷機撰 清刻本 清日鶩題記 二冊

330000－1701－0045277 普811.3087/0123/c1 類叢部/叢書類/彙編之屬

半厂叢書初編十種 (清)譚獻編 清同治至光緒仁和譚氏刻本 三冊 存一種

330000－1701－0045278 普633.4/7531.4/2/c1 子部/農家農學類/園藝之屬/花卉

秘傳花鏡六卷圖一卷 (清)陳淏子撰 清刻本 六冊

330000－1701－0045279 普811.3087/1036/2/c1 集部/詞類/總集之屬

國朝詞綜四十八卷二集八卷 (清)王昶輯 清同治四年(1865)亦西齋刻本 十二冊

330000－1701－0045280 SBC1604 集部/別集類/明別集

芝園定集五十一卷別集十卷外集二十四卷 (明)張時徹撰 **芝園定集諸家評一卷** (明)楊慎等撰 明嘉靖刻本 一冊 存三卷(二十六至二十八)

330000－1701－0045282 普811.3087/0123/c2 類叢部/叢書類/彙編之屬

半厂叢書初編十種 (清)譚獻編 清同治至光緒仁和譚氏刻本 三冊 存一種

330000－1701－0045284 普811.3087/1036/2/c2 集部/詞類/總集之屬

國朝詞綜四十八卷二集八卷 (清)王昶輯 清同治四年(1865)亦西齋刻本 十六冊

330000－1701－0045285 普633.4/7531.4/2/c2 子部/農家農學類/園藝之屬/花卉

秘傳花鏡六卷圖一卷 (清)陳淏子撰 清刻本 六冊

330000－1701－0045287 普811.3087/0123/c3 類叢部/叢書類/彙編之屬

半厂叢書初編十種 (清)譚獻編 清同治至光緒仁和譚氏刻本 八冊 存一種

330000－1701－0045288 SBC1606 集部/別集類/清別集

希吟集二卷 (清)幽谷野人撰 稿本 一冊

330000－1701－0045289 普811.3087/1036/2/c3 集部/詞類/總集之屬

國朝詞綜四十八卷二集八卷 (清)王昶輯 清同治四年(1865)亦西齋刻本 十四冊

330000－1701－0045290 普633.42/0043 子部/農家農學類/園藝之屬/花卉

蘭蕙宗譜一卷 (清)方嘉祥撰 清末抄本 清有莊題簽並記 一冊

330000－1701－0045292 普811.3086/1036 集部/詞類/總集之屬

明詞綜十二卷 (清)王昶輯 清同治四年(1865)亦西齋刻本 三冊

330000－1701－0045293 普811.3087/1036/2(2) 集部/詞類/總集之屬

國朝詞綜四十八卷二集八卷 (清)王昶輯 清同治四年(1865)亦西齋刻本 十二冊 缺八卷(二集一至八)

330000－1701－0045294 普811.3086/1036/2/c1 集部/詞類/總集之屬

明詞綜十二卷 (清)王昶輯 清嘉慶七年(1802)三泖漁莊刻本 二冊

330000－1701－0045296 普811.3086/1036/2/c3 集部/詞類/總集之屬

明詞綜十二卷 (清)王昶輯 清嘉慶刻本 二冊

330000－1701－0045297 GP12724 類叢部/叢書類/自著之屬

汪雙池先生叢書二十種附浙刻雙池遺書十二種 (清)汪紱撰 清道光至光緒刻光緒二十三年(1897)長安趙舒翹等彙印本 一冊 存一種

330000－1701－0045298 GP12717 集部/別集類/清別集

兩當軒詩鈔十四卷悔存詞鈔二卷 (清)黃景仁撰 清嘉慶四年(1799)長寧趙希璜河南高

堰廳署刻二十二年(1817)侯官鄭炳文補刻本　一册　存二卷(悔存詞鈔一至二)

330000－1701－0045301　GP12718　類叢部/叢書類/彙編之屬
漸西村舍彙刊(漸西村舍叢刻)四十四種　(清)袁昶編　清光緒十六年至二十四年(1890－1898)桐廬袁氏刻本　一册　存一種

330000－1701－0045302　普 811.3087/1036/2/c4　集部/詞類/總集之屬
國朝詞綜四十八卷二集八卷　(清)王昶輯　清同治四年(1865)亦西齋刻本　十二册

330000－1701－0045304　普 811.3087/1036/3/c2　集部/詞類/總集之屬
國朝詞綜四十八卷二集八卷　(清)王昶輯　清嘉慶七年(1802)三泖漁莊刻本　七册　缺十四卷(四十三至四十八、二集一至八)

330000－1701－0045305　GP12725　類叢部/叢書類/彙編之屬
雲自在龕叢書五集十九種　繆荃孫輯　清光緒江陰繆氏刻本　一册　存一種

330000－1701－0045308　GP12719　經部/叢編
古經解彙函十六種附小學彙函十四種　(清)鍾謙鈞等輯　清同治十二年(1873)粵東書局刻本　一册　存古經解彙函一種

330000－1701－0045309　普 633.42/2660/c2　子部/農家農學類/園藝之屬/花卉
九華新譜一卷　(清)吳昇撰　清末鉛印本　吳諫齋跋　一册

330000－1701－0045310　普 811.3087/1036/3/c1　集部/詞類/總集之屬
國朝詞綜四十八卷二集八卷　(清)王昶輯　清嘉慶七年(1802)三泖漁莊刻本　清梁章鉅題記　九册

330000－1701－0045312　普 811.3087/1036.022　集部/詞類/總集之屬
國朝詞綜補五十八卷　(清)丁紹儀輯　清光緒九年(1883)無錫丁氏刻本　十二册

330000－1701－0045313　普 633.4/7531.4/5　子部/農家農學類/園藝之屬/花卉
秘傳花鏡六卷圖一卷　(清)陳淏子撰　清康熙金閶書業堂刻本　一册

330000－1701－0045316　普 633.42/2660/c1　子部/農家農學類/園藝之屬/花卉
九華新譜一卷　(清)吳昇撰　清末鉛印本　一册

330000－1701－0045317　普 811.3087/1041　子部/工藝類/文房四寶之屬/墨
百十二家墨錄題詞五卷　(清)邱學敏輯　清乾隆刻本　一册

330000－1701－0045318　普 811.3087/1246　集部/詞類/別集之屬
鶯喬集一卷　(清)孫楫撰　清光緒刻本　一册

330000－1701－0045319　普 633.42/4042/c1　子部/農家農學類/園藝之屬/花卉
蘭言述畧四卷首一卷　(清)袁世俊撰　清光緒二年(1876)六俊世家刻本　一册

330000－1701－0045320　普 811.3087/2604/c1　集部/詞類/類編之屬
侯鯖詞五種　(清)吳唐林編　清光緒十一年(1885)杭州吳氏刻本　二册

330000－1701－0045324　普 811.3087/2604/c2　集部/詞類/類編之屬
侯鯖詞五種　(清)吳唐林編　清光緒十一年(1885)杭州吳氏刻本　二册

330000－1701－0045325　GP12732　經部/小學類/文字之屬/說文
苗氏說文四種　(清)苗夔撰　清道光至咸豐壽陽祁氏漢專亭刻本　一册　存一種

330000－1701－0045326　普 811.3087/1036.02/c1　集部/詞類/總集之屬
國朝詞綜續編二十四卷　(清)黃燮清輯　清同治十二年(1873)武昌刻本　章嶔題記　六册

330000－1701－0045327　普 633.42/4042/c2　子部/農家農學類/園藝之屬/花卉
蘭言述畧四卷首一卷　(清)袁世俊撰　清光緒二年(1876)六俊世家刻本　一冊

330000－1701－0045330　普 811.3087/1043　集部/總集類/題詠之屬
都梁草題詞一卷　(清)于樹滋輯　清光緒十九年(1893)刻二十六年(1900)續刻本　一冊

330000－1701－0045331　SBC1622　經部/小學類/文字之屬/說文
說文假借引申義略不分卷　(清)朱祖振輯　清末抄本　四冊

330000－1701－0045332　普 633.42/4042/c3　子部/農家農學類/園藝之屬/花卉
蘭言述畧四卷首一卷　(清)袁世俊撰　清光緒二年(1876)六俊世家刻二十三年(1897)重修印本　一冊

330000－1701－0045335　普 811.3087/2816/c1　集部/詞類/類編之屬
小檀欒室彙刻閨秀詞十集一百種　徐乃昌編　清光緒二十一年至二十二年(1895－1896)南陵徐乃昌刻本　二十冊

330000－1701－0045336　普 811.3087/2816.2　集部/詞類/類編之屬
小檀欒室彙刻閨秀詞十集一百種　徐乃昌編　清光緒二十一年至二十二年(1895－1896)南陵徐乃昌刻本　八冊　存九種

330000－1701－0045337　普 811.3087/1036.02/c2　集部/詞類/總集之屬
國朝詞綜續編二十四卷　(清)黃燮清輯　清同治十二年(1873)武昌刻本　十二冊

330000－1701－0045338　普 811.3081/1073/c2　集部/詞類/總集之屬
庚子秋詞二卷　(清)王鵬運等撰　清光緒刻本　二冊

330000－1701－0045339　普 811.3087/2816/c2　集部/詞類/類編之屬
小檀欒室彙刻閨秀詞十集一百種　徐乃昌編　清光緒二十一年至二十二年(1895－1896)南陵徐乃昌刻本　十九冊　存九十二種

330000－1701－0045340　普 811.3087/1036.02/c3　集部/詞類/總集之屬
國朝詞綜續編二十四卷　(清)黃燮清輯　清同治十二年(1873)武昌刻本　清汪苞題記　八冊

330000－1701－0045343　SBC1631　經部/孝經類/傳說之屬
孝經古注二卷附錄一卷鄭氏孝經注一卷　(清)管名篃輯　稿本　五冊

330000－1701－0045344　普 811.3087/1036.02/2　集部/詞類/總集之屬
國朝詞綜續編二十四卷　(清)黃燮清輯　清同治十二年(1873)武昌刻本　二十四冊

330000－1701－0045349　GP12736　類叢部/叢書類/彙編之屬
龍威秘書十集　(清)馬俊良編　清乾隆五十九年至嘉慶元年(1794－1796)浙江石門馬氏大酉山房刻本　二冊　存一種

330000－1701－0045350　普 633.4/7531.4/6　子部/農家農學類/園藝之屬/花卉
秘傳花鏡六卷圖一卷　(清)陳淏子撰　清文會堂刻本　四冊

330000－1701－0045351　普 633.42/7419　子部/農家農學類/園藝之屬/花卉
藝菊志八卷　(清)陸廷燦輯　清康熙五十七年(1718)刻本　二冊

330000－1701－0045352　GP04885　子部/雜著類/雜說之屬
聞見瓣香錄四卷　(清)秦武域撰　清嘉慶八年(1803)郁文堂刻本　二冊

330000－1701－0045353　GP12749　類叢部/叢書類/郡邑之屬
涇川叢書四十四種續七種　(清)趙紹祖(清)趙繩祖編　清嘉慶至道光涇縣趙氏古墨齋刻本　一冊　存二種

330000－1701－0045354　普 811.3087/4429　集部/詞類/總集之屬

昭代詞選三十八卷　(清)蔣重光輯　清乾隆三十二年(1767)洞簫樓刻本　二十冊

330000－1701－0045355　普 634.48/1028　史部/政書類

奏辦海州雲臺樹藝公司案牘章程一卷　(清)劉坤一等撰　清光緒二十七年(1901)樹藝公司石印本　一冊

330000－1701－0045356　GP12750　類叢部/叢書類/彙編之屬

嘯園叢書五十七種　(清)葛元煦編　清光緒二年至七年(1876－1881)仁和葛氏刻本　一冊　存一種

330000－1701－0045358　普 633.42/3737　子部/農家農學類/園藝之屬/總志

二如亭群芳譜四十二卷　(明)王象晉撰　清抄本　二冊　存二卷(菊譜一至二)

330000－1701－0045361　普 811.3087/6038/c1　集部/詞類/總集之屬

海濱酬唱詞一卷　(清)楊文斌輯　清光緒二十四年(1898)蒙自楊文斌香海閣刻本　一冊

330000－1701－0045363　普 811.3087/7521　集部/詞類/總集之屬

國朝金陵詞鈔八卷附一卷　陳作霖輯　清光緒二十八年(1902)刻本　四冊

330000－1701－0045364　普 634.489/4062　新學/農政/樹藝

草木移植心得一卷　(日本)吉天健作撰　(清)薩端譯　清末北洋官報局石印本　一冊

330000－1701－0045366　GP04886　史部/傳記類/總傳之屬/家乘

[浙江嘉善]草里生楊氏家譜八卷　(清)楊幼庵等纂修　清宣統三年(1911)敦睦堂鉛印本　楊修正題記　二冊

330000－1701－0045367　普 811.3087/6038/c2　集部/詞類/總集之屬

海濱酬唱詞一卷　(清)楊文斌輯　清光緒二十四年(1898)蒙自楊文斌香海閣刻本　一冊

330000－1701－0045368　GP12752　史部/地理類/專志之屬/宮殿

御製避暑山莊圖詠一卷　(清)聖祖玄燁撰　(清)高宗弘曆和　(清)揆敘　(清)鄂爾泰等注　**御製圓明園圖詠一卷**　(清)世宗胤禛撰　(清)鄂爾泰　(清)張廷玉等注　清末大同書局石印本　一冊　缺一卷(圓明園圖詠)

330000－1701－0045370　普 635/4407　子部/農家農學類/畜牧之屬

畜產叢書八種　(清)黄毅輯　清光緒三十三年(1907)上海新學會社石印本　三冊　存五種

330000－1701－0045372　普 636/0043　子部/農家農學類/蠶桑之屬

桑蠶提要二卷　(清)方大湜撰　清光緒八年(1882)方氏都門刻本　二冊

330000－1701－0045373　普 636/3425　子部/農家農學類/蠶桑之屬

蠶桑説一卷　(清)沈練撰　清光緒十四年(1888)溧陽沈氏歸安縣署刻本　一冊

330000－1701－0045376　SBC1630　集部/別集類/清別集

叶壎吟室文鈔□□卷　(清)管作霖撰　稿本　一冊　存一卷(上)

330000－1701－0045379　GP04887　史部/傳記類/別傳之屬/年譜

延平四先生年譜四種　(清)毛念恃編　清乾隆十年(1745)滏陽張坦刻本　二冊

330000－1701－0045382　GP12753　集部/小説類

十五小豪傑十八回　(法國)威爾奴撰　梁啓超譯　清末石印本　一冊

330000－1701－0045383　普 636/3425.2/2/c1　子部/農家農學類/蠶桑之屬

廣蠶桑説一卷　(清)沈練撰　清光緒元年(1875)江西書局刻本　一冊

330000－1701－0045384　普 636/0180　子部/農家農學類/蠶桑之屬

蠶桑輯要不分卷　(清)譚鍾麟撰　清光緒刻本　趙士榮題記　一冊

330000－1701－0045385　普 635/4407/1　子部/農家農學類/畜牧之屬

畜產叢書八種　(清)黄穀輯　清光緒三十三年(1907)上海新學會社石印本　一冊　存一種

330000－1701－0045386　普 636/2140/c1　子部/農家農學類/蠶桑之屬

蠶桑萃編十五卷首一卷　(清)衛杰撰　清光緒二十六年(1900)浙江書局刻本　八冊

330000－1701－0045389　普 636/3425.2/2/c2　子部/農家農學類/蠶桑之屬

廣蠶桑說一卷　(清)沈練撰　清光緒元年(1875)江西書局刻本　一冊

330000－1701－0045390　GP04888　史部/雜史類/斷代之屬

張文襄幕府紀聞二卷　辜鴻銘撰　清宣統二年(1910)鉛印本　二冊

330000－1701－0045392　普 635.33/4044/c1　新學/農政/畜牧

山羊全書一卷　(日本)內藤菊造撰　清末北洋官報局石印本　一冊

330000－1701－0045393　普 636/2140/c2　子部/農家農學類/蠶桑之屬

蠶桑萃編十五卷首一卷　(清)衛杰撰　清光緒二十六年(1900)浙江書局刻本　八冊

330000－1701－0045396　普 636/3425.202/c1　類叢部/叢書類/彙編之屬

漸西村舍彙刊(漸西村舍叢刻)四十四種　(清)袁昶編　清光緒十六年至二十四年(1890－1898)桐廬袁氏刻本　一冊　存一種

330000－1701－0045397　SBC1640　集部/別集類/清別集

炳燭子褋作彙訂不分卷　(清)谷笙撰　清抄本　一冊

330000－1701－0045398　普 635.33/4044/c2　新學/農政/畜牧

山羊全書一卷　(日本)內藤菊造撰　清末北洋官報局石印本　一冊

330000－1701－0045399　GP04889　經部/春秋公羊傳類/傳說之屬

春秋董氏學八卷　康有爲撰　**春秋董氏學附傳一卷**　清刻朱印本　四冊

330000－1701－0045400　普 811.3089/2816　集部/詞類/類編之屬

小檀欒室彙刻閨秀詞十集一百種　徐乃昌編　清光緒二十一年至二十二年(1895－1896)南陵徐乃昌刻本　八冊　存一種

330000－1701－0045401　普 635.33/4044/c3　新學/農政/畜牧

山羊全書一卷　(日本)內藤菊造撰　清末北洋官報局石印本　一冊

330000－1701－0045403　普 636/2140/c4　子部/農家農學類/蠶桑之屬

蠶桑萃編十五卷首一卷　(清)衛杰撰　清光緒二十六年(1900)浙江書局刻本　八冊

330000－1701－0045404　普 636/2140/c5　子部/農家農學類/蠶桑之屬

蠶桑萃編十五卷首一卷　(清)衛杰撰　清光緒二十六年(1900)浙江書局刻本　八冊

330000－1701－0045405　普 633.42/8814　子部/農家農學類/園藝之屬/花卉

問秋館菊録一卷霜圃識餘二卷　(清)臧穀撰　**葉殊夫先生養菊法一卷**　(清)葉天培撰　清光緒十四年(1888)刻本　一冊

330000－1701－0045406　普 636/2628/c4　子部/農家農學類/蠶桑之屬

蠶桑速成捷法二種二卷　吳作鏌編　清宣統二年(1910)鉛印本　一冊

330000－1701－0045408　GP04890　史部/目録類/總録之屬/私撰

金山錢氏家刻書目十卷　(清)錢培蓀編　清光緒四年(1878)金山錢氏刻本　四冊

330000－1701－0045411　普 635.34/7584/c1　子部/農家農學類/畜牧之屬

牧豬法一卷　(清)陳梅坡譯　清末北洋官報局石印本　一冊

330000－1701－0045412　普 636/3425.202/c2　類叢部/叢書類/彙編之屬

漸西村舍彙刊(漸西村舍叢刻)四十四種　(清)袁昶編　清光緒十六年至二十四年(1890－1898)桐廬袁氏刻本　一冊　存一種

330000－1701－0045414　普 635.34/7584/c2　子部/農家農學類/畜牧之屬

牧豬法一卷　(清)陳梅坡譯　清末北洋官報局石印本　一冊

330000－1701－0045416　普 636/3164/c1　類叢部/叢書類/彙編之屬

荔牆叢刻十三種續刊二種　(清)汪曰楨編　清同治至光緒烏程汪氏刻本　一冊　存續刊一種

330000－1701－0045417　GP12754　類叢部/叢書類/彙編之屬

正覺樓叢刻(正覺樓叢書)二十九種　(清)崇文書局編　清光緒崇文書局刻本　一冊　存一種

330000－1701－0045418　SBC1632　史部/目録類/總録之屬/私撰

茶簃書目□□卷　管世駿輯　稿本　一冊　存一卷(上)

330000－1701－0045420　SBC1634　集部/別集類/清別集

伯楨文槀一卷　(清)朱杞撰　**坿錄一卷**　清管世駿抄本　一冊

330000－1701－0045421　SBC1635　集部/別集類/清別集

遜業堂遺槀二卷　(清)葉英元撰　管世駿校　**蘭坪遺著一卷**　(清)葉露光撰　(清)葉英元撰　管世駿校　稿本　三冊

330000－1701－0045422　SBC1636　子部/儒家類/儒學之屬/性理

陽明先生則言二卷　(明)王守仁撰　明嘉靖四十四年(1565)谷中虛刻本　一冊　存一卷(上)

330000－1701－0045423　SBC1637　類叢部/類書類/通類之屬

鑄史駢言六卷　(清)孫玉田撰　清抄本　六冊

330000－1701－0045424　普 635.34/7584/c3　子部/農家農學類/畜牧之屬

牧豬法一卷　(清)陳梅坡譯　清末北洋官報局石印本　一冊

330000－1701－0045425　普 811.308923/2741/c1　集部/詞類/總集之屬

國朝常州詞錄三十一卷　繆荃孫校輯　清光緒二十二年(1896)江陰繆氏雲自在龕刻本　十二冊

330000－1701－0045426　普 811.308924/2542/c2　集部/詞類/總集之屬

湖州詞徵二十四卷　朱祖謀輯　清宣統三年(1911)章震福刻本　四冊

330000－1701－0045427　普 635.5/4434　新學/農政/畜牧

蜜蜂飼養法内篇一卷外篇一卷　(日本)花房柳條撰　(日本)藤田豐八譯　清光緒北洋官報局石印本　一冊

330000－1701－0045428　普 633.44/7560/c1　類叢部/叢書類/郡邑之屬

武林往哲遺箸五十二種後編十種　(清)丁丙編　清光緒二十年至二十六年(1894－1900)錢塘丁氏嘉惠堂刻本　一冊　存一種

330000－1701－0045429　普 811.308924/2542/c1　集部/詞類/總集之屬

湖州詞徵二十四卷　朱祖謀輯　清宣統三年(1911)章震福刻本　四冊

330000－1701－0045430　普 811.308923/2741/c2　集部/詞類/總集之屬

國朝常州詞錄三十一卷　繆荃孫校輯　清光緒二十二年(1896)江陰繆氏雲自在龕刻本

十二册

330000－1701－0045431　GP12775　史部/傳記類/别傳之屬/事狀

羅錦堂[繡文]先生家傳一卷趨庭紀聞一卷　(清)羅應旒輯　清光緒十八年(1892)靜遠山莊刻本　一册

330000－1701－0045432　GP12755　經部/叢編

許學叢書十四種　張炳翔輯　清光緒長洲張炳翔儀鄦廬刻本　一册　存一種

330000－1701－0045433　普635.4/4726　新學/農政/畜牧

馬糞孵卵法一卷　(美國)胡兒别土撰　(日本)大寄保之助譯　(日本)山本正義重譯　清末北洋官報局石印本　一册

330000－1701－0045434　普811.308923/7540　類叢部/叢書類/彙編之屬

百尺樓叢書　陳去病編　清光緒至民國鉛印本　一册　存一種

330000－1701－0045435　普636/3425.202/2/c1　子部/農家農學類/蠶桑之屬

廣蠶桑説輯補二卷　(清)沈練撰　(清)仲學輅補　清光緒三年(1877)宗源瀚刻本　一册

330000－1701－0045436　普636/3425.202/2/c2　子部/農家農學類/蠶桑之屬

廣蠶桑説輯補二卷　(清)沈練撰　(清)仲學輅補　清光緒三年(1877)宗源瀚刻本　一册

330000－1701－0045437　GP12776　子部/天文曆算類

兼濟堂纂刻梅勿庵先生曆算全書二十八種　(清)梅文鼎撰　(清)魏荔彤輯　(清)楊作枚訂補　清雍正元年(1723)栢鄉魏荔彤刻乾隆十四年(1749)梅汝培重修本　二册　存一種

330000－1701－0045439　普636/34251/2　子部/農家農學類/蠶桑之屬

蠶桑輯要三卷　(清)沈秉成撰　清同治十年(1871)常鎮通海道署刻本　一册

330000－1701－0045442　普633.44/7560/c2　子部/農家農學類/園藝之屬/花卉

海棠譜三卷　(宋)陳思撰　清光緒錢塘丁氏竹書堂刻朱印本　一册

330000－1701－0045443　普636/3425.202/2/c3　子部/農家農學類/蠶桑之屬

廣蠶桑説輯補二卷　(清)沈練撰　(清)仲學輅補　清光緒三年(1877)宗源瀚刻本　一册

330000－1701－0045444　普633.44/7560/c3　子部/農家農學類/園藝之屬/花卉

海棠譜三卷　(宋)陳思撰　清光緒錢塘丁氏竹書堂刻朱印本　一册

330000－1701－0045446　普636/3425.202/2/c4　子部/農家農學類/蠶桑之屬

廣蠶桑説輯補二卷　(清)沈練撰　(清)仲學輅補　清光緒三年(1877)宗源瀚刻本　一册

330000－1701－0045447　普811.3087/1235　集部/詞類/類編之屬

同人詞選六種　(清)孫瀜編　清咸豐三年(1853)刻本　充庵跋　一册

330000－1701－0045449　普811.308924/1010/c1　集部/詞類/類編之屬

西泠詞萃六種　(清)丁丙編　清光緒錢塘丁氏刻本　四册

330000－1701－0045451　GP12575　類叢部/叢書類/彙編之屬

正覺樓叢刻(正覺樓叢書)二十九種　(清)崇文書局編　清光緒崇文書局刻本　一册　存一種

330000－1701－0045452　GP04898　史部/史評類/史論之屬

歷代史略不分卷　清北洋武備研究所木活字印本　一册

330000－1701－0045453　普811.308924/1010/c2　集部/詞類/類編之屬

西泠詞萃六種　(清)丁丙編　清光緒錢塘丁氏刻本　四册

330000－1701－0045455　普 636/34251/c1　子部/農家農學類/蠶桑之屬

蠶桑輯要三卷　(清)沈秉成撰　清光緒元年(1875)江西書局刻本　一冊

330000－1701－0045456　GP12777　經部/叢編

仿宋相臺五經附考證　清乾隆四十八年(1783)武英殿刻本　十二冊　存一種

330000－1701－0045457　普 636/34251/c2　子部/農家農學類/蠶桑之屬

蠶桑輯要三卷　(清)沈秉成撰　清光緒元年(1875)江西書局刻二十二年(1896)印本　一冊

330000－1701－0045459　SBC1650　子部/雜著類/雜說之屬

寄龕甲志四卷乙志四卷丙志四卷丁志四卷　(清)孫德祖撰　清光緒二十年至二十二年(1894－1896)刻寄龕雜著本　王恕常批點並跋　四冊

330000－1701－0045460　普 811.308924/1010/c3　集部/詞類/類編之屬

西泠詞萃六種　(清)丁丙編　清光緒錢塘丁氏刻本　四冊

330000－1701－0045462　普 811.3087/3145　類叢部/叢書類/自著之屬

隨園三十種　(清)袁枚撰　清乾隆至嘉慶刻本　八冊　存一種

330000－1701－0045463　普 811.308924/1043　集部/詞類/總集之屬

高郵耆舊詩餘一卷　(清)王敬之　(清)周敘　(清)夏崑林輯　清道光十六年(1836)刻本　一冊

330000－1701－0045464　普 636/3164/c2　類叢部/叢書類/彙編之屬

荔牆叢刻十三種續刊二種　(清)汪曰楨編　清同治至光緒烏程汪氏刻本　一冊　存續刊一種

330000－1701－0045466　普 811.308991/4454　集部/詞類/類編之屬

天籟軒五種　(清)葉申薌撰　清道光閩中葉氏天籟軒刻本　三冊　存一種

330000－1701－0045468　GP12758　經部/小學類/文字之屬/字書/字典

全韻玉篇二卷　清光緒十六年(1890)上海積山書局石印本　一冊

330000－1701－0045469　GP12778　類叢部/叢書類/家集之屬

如皋冒氏叢書三十四種附二種　冒廣生輯　清光緒至民國如皋冒氏刻本　二冊　存一種

330000－1701－0045471　普 633.45/7724　子部/農家農學類/園藝之屬/花卉

月季花譜一卷　(清)張之萬撰　清末抄本　一冊

330000－1701－0045473　SBC1651　史部/傳記類/科舉録之屬/歷科登科録

[明洪武元年至清康熙六年]兩朝會狀錄一卷　(清)孫德祖撰　清抄本　一冊

330000－1701－0045474　普 811.3087/3436　集部/詞類/總集之屬

今詞綜二卷　沈宗畸輯　**毛鄭詩斠議一卷**　清光緒三十四年(1908)鉛印晨風閣叢書第一集本　章嶔題簽　二冊

330000－1701－0045475　普 636/4444　子部/農家農學類/蠶桑之屬

蠶桑簡明輯說一卷　(清)黃世本撰　清光緒十四年(1888)浙江書局刻本　一冊

330000－1701－0045476　GP04891　史部/傳記類/總傳之屬/家乘

姚氏百世源流攷二卷　(清)姚振宗纂修　清光緒三十年(1904)快閣木活字印本　六冊

330000－1701－0045478　普 811.308992/0814　集部/詞類/總集之屬

粵東詞鈔不分卷　(清)許玉彬　(清)沈世良輯　清道光二十九年(1849)刻本　七冊

330000－1701－0045480　普 811.3087/4422

集部/詞類/類編之屬

題襟集八種　翁之潤編　清光緒二十四年(1898)宣南刻本　一冊

330000－1701－0045481　普 811.34/0000.2/c1　集部/詞類/類編之屬

四印齋所刻詞三十一種　(清)王鵬運編　清光緒臨桂王氏家塾四印齋刻本　二冊　存一種

330000－1701－0045483　普 811.34/3022/2　集部/總集類/彙編之屬

十家宮詞　(清)倪燦編　清康熙二十八年(1689)胡介祉貞曜堂刻乾隆八年(1743)史開基重修本　二冊

330000－1701－0045485　GP04902　集部/詩文評類/詩評之屬

台園詩話一卷　(清)劉九疇撰　清刻本　一冊

330000－1701－0045488　普 636/7534/2　子部/農家農學類/蠶桑之屬

實驗蠶桑簡要法一卷　陳浡編　清宣統二年(1910)刻本　一冊

330000－1701－0045490　普 811.34/0000.2/c2　集部/詞類/類編之屬

四印齋所刻詞三十一種　(清)王鵬運編　清光緒臨桂王氏家塾四印齋刻本　二冊　存一種

330000－1701－0045492　普 636/4627　子部/農家農學類/蠶桑之屬

蠶桑簡編一卷　(清)楊名颺撰　清刻本　一冊

330000－1701－0045496　GP04903　新學/叢編

格致叢書一百十種　(清)徐建寅編　清光緒二十七年(1901)譯書公學石印本　三十二冊

330000－1701－0045497　普 636/7597　子部/農家農學類/蠶桑之屬

蠶桑實濟六卷　(清)陳光熙輯　清同治十一年(1872)刻本　二冊

330000－1701－0045498　普 811.3087/3664/c1　集部/詞類/別集之屬

江東詞社詞選一卷　(清)雷葆廉撰　(清)湯貽汾輯　清道光二十六年(1846)刻本　一冊

330000－1701－0045500　普 811.3087/3664/c2　集部/詞類/別集之屬

江東詞社詞選一卷　(清)雷葆廉撰　(清)湯貽汾輯　清道光二十六年(1846)刻本　一冊

330000－1701－0045502　普 811.3087/3672　類叢部/叢書類/自著之屬

蕙風叢書七種附一種　況周頤撰　清光緒刻民國十四年(1925)上海中國書店彙印本　四冊　存一種

330000－1701－0045503　普 811.34/0000.4　集部/詞類/類編之屬

宋名家詞六十一種　(明)毛晉編　明崇禎虞山毛氏汲古閣刻本　一冊　存一種

330000－1701－0045505　普 636/4429　子部/農家農學類/蠶桑之屬

蠶桑說三卷　(清)葉向榮撰　清光緒二十二年(1896)刻本　一冊

330000－1701－0045506　普 636/7753　子部/農家農學類/蠶桑之屬

蠶桑實要四卷　(清)周春溶撰　清同治十一年(1872)川東保甲局刻本　一冊

330000－1701－0045511　GP12782　類叢部/叢書類/彙編之屬

申報館叢書正集五十七種附錄三種續集一百四十二種　(清)尊聞閣主編　蔡爾康編續集　清同治至光緒上海申報館鉛印本　一冊　存一種

330000－1701－0045512　普 636/7762　新學/農政/蠶務

意大里蠶書一卷　(意大利)丹吐魯撰　(英國)傅蘭雅　(英國)傅紹蘭口譯　(清)汪振聲筆述　清光緒二十四年(1898)江南製造局刻本　一冊

330000－1701－0045513　GP04894　子部/

叢編

子書百家　(清)崇文書局編　清光緒元年(1875)湖北崇文書局刻本　一册　存一種

330000－1701－0045514　普 636/4020　子部/農家農學類/蠶桑之屬

蠶桑述要不分卷　(清)李向庭輯　清光緒二十九年(1903)刻本　一册

330000－1701－0045515　普 811.34/1112/c1　集部/曲類/散曲之屬

蘇隄漁唱一卷附録一卷　(元)張可久撰　清光緒二十七年(1901)錢塘丁氏嘉惠堂刻本　一册

330000－1701－0045517　普 636/4627/2　子部/農家農學類/蠶桑之屬

蠶桑簡編一卷　(清)楊名颺撰　清刻本　一册

330000－1701－0045518　普 811.34/2534　集部/詞類/類編之屬

四印齋所刻詞三十一種　(清)王鵬運編　清光緒臨桂王氏家塾四印齋刻本　一册　存一種

330000－1701－0045519　普 811.3087/4037/c1　集部/詞類/别集之屬

捧月樓綺語八卷　(清)袁通撰　清嘉慶刻本　一册

330000－1701－0045520　普 633.49/7743　子部/農家農學類/園藝之屬/花卉

雙璧橋栽蓮記一卷　(清)陶大濬撰並輯　清光緒三十一年(1905)鉛印本　一册

330000－1701－0045521　普 811.34/1112/c2　集部/曲類/散曲之屬

蘇隄漁唱一卷附録一卷　(元)張可久撰　清光緒二十七年(1901)錢塘丁氏嘉惠堂刻本　一册

330000－1701－0045523　普 633.78/1037　子部/農家農學類/農藝之屬/作物種植

檇李譜一卷　(清)王逢辰撰　清咸豐七年(1857)竹里槐花吟館王氏刻本　一册

330000－1701－0045524　普 636/8023　類叢部/叢書類/郡邑之屬

海昌叢載三十二種　(清)羊復禮編　清光緒海昌羊氏傳卷樓粵東刻本　一册　存三種

330000－1701－0045525　普 811.34/1112/c3　集部/曲類/散曲之屬

蘇隄漁唱一卷附録一卷　(元)張可久撰　清光緒二十七年(1901)錢塘丁氏嘉惠堂刻本　一册

330000－1701－0045526　普 811.3087/4037/c2　集部/詞類/别集之屬

捧月樓綺語八卷　(清)袁通撰　清嘉慶刻本　一册

330000－1701－0045527　GP12763　類叢部/叢書類/彙編之屬

碧琳琅館叢書四十四種　(清)方功惠編　清光緒十年(1884)巴陵方氏廣東刻宣統元年(1909)印本　一册　存一種

330000－1701－0045528　普 811.34/1112/c4　集部/曲類/散曲之屬

蘇隄漁唱一卷附録一卷　(元)張可久撰　清光緒二十七年(1901)錢塘丁氏嘉惠堂刻本　一册

330000－1701－0045529　GP04895　子部/叢編

子書百家　(清)崇文書局編　清光緒元年(1875)湖北崇文書局刻本　一册　存一種

330000－1701－0045530　普 811.34/2604　集部/詞類/别集之屬

夢窗甲乙丙丁稿四卷補遺一卷　(宋)吳文英撰　**重校夢窗詞札記一卷**　朱祖謀撰　清光緒三十四年(1908)歸安朱祖謀無著盦刻本　一册

330000－1701－0045531　普 811.34/1114　集部/詞類/總集之屬

景刊宋金元明本詞四十種　吳昌綬編　陶湘續編　清宣統三年至民國六年(1911－1917)仁和吳氏雙照樓刻民國六年至十三年(1917

-1924)武進陶氏涉園續刻本　一冊　存一種

330000-1701-0045533　普 811.3087/4087　集部/詞類/總集之屬
四明近體樂府十四卷　(清)袁鈞輯　**附一卷**　(清)周世緒撰　清嘉慶二十三年(1818)慈谿鄭喬遷藏密廬刻本　二冊

330000-1701-0045534　GP12764　經部/小學類/文字之屬/字書/字體
集篆四種　吳受福編　清光緒石印本　一冊

330000-1701-0045536　GP12765　史部/政書類/軍政之屬/兵制
巡警章程撮要十章　(清)于國珍撰　清末鉛印本　一冊

330000-1701-0045538　GP04896　子部/雜著類/雜纂之屬
茅亭客話十卷　(宋)黄休復撰　清光緒江陰繆氏刻朱印本　一冊

330000-1701-0045539　GP12766　類叢部/叢書類/彙編之屬
漸西村舍彙刊(漸西村舍叢刻)四十四種　(清)袁昶編　清光緒十六年至二十四年(1890-1898)桐廬袁氏刻本　一冊　存一種

330000-1701-0045541　普 811.34/1124/2/c1　經部/小學類/文字之屬/字書/字體
復古編二卷　(宋)張有撰　**復古編校正一卷**　(清)葛鳴陽撰　**復古編附錄一卷**　(清)葛鳴陽輯　**曾樂軒稿一卷**　(宋)張維撰　**安陸集一卷**　(宋)張先撰　清乾隆四十五年至四十六年(1780-1781)安邑葛鳴陽刻本　一冊　存一卷(安陸集)

330000-1701-0045542　普 636/8447/c1　新學/農政/蠶務
最新養蠶學八卷　(日本)針塚長太郎撰　(日本)野浦齋譯　清光緒三十年(1904)浙江官書局鉛印本　一冊

330000-1701-0045543　普 636/6034　子部/農家農學類/蠶桑之屬
蠶桑備要一卷　盛宣懷撰　清光緒二年(1876)思補樓木活字印本　一冊

330000-1701-0045544　普 811.34/2730　集部/詞類/類編之屬
吳氏石蓮庵刻山左人詞十七種　吳重熹編　清光緒二十七年(1901)海豐吳氏金陵刻本　一冊　存二種

330000-1701-0045545　GP04914　新學/史志/别國史
俄史輯譯四卷　(英國)闞斐迪譯　(清)徐景羅重譯　清光緒十四年(1888)益智書會刻本　四冊

330000-1701-0045547　普 636/8447/c2　新學/農政/蠶務
最新養蠶學八卷　(日本)針塚長太郎撰　(日本)野浦齋譯　清光緒三十年(1904)浙江官書局鉛印本　一冊

330000-1701-0045548　普 811.34/1124/2/c2　經部/小學類/文字之屬/字書/字體
復古編二卷　(宋)張有撰　**復古編校正一卷**　(清)葛鳴陽撰　**復古編附錄一卷**　(清)葛鳴陽輯　**曾樂軒稿一卷**　(宋)張維撰　**安陸集一卷**　(宋)張先撰　清光緒八年(1882)淮南書局刻本　一冊　存一卷(安陸集)

330000-1701-0045550　普 636/8447/c3　新學/農政/蠶務
最新養蠶學八卷　(日本)針塚長太郎撰　(日本)野浦齋譯　清光緒三十年(1904)浙江官書局鉛印本　一冊

330000-1701-0045552　普 636/4478　史部/政書類/通制之屬
蓮池四種　(清)□□輯　清同治至光緒刻本　一冊　存一種

330000-1701-0045553　普 636.023/2361　子部/農家農學類/總論之屬
御製耕織圖不分卷　(清)聖祖玄燁撰　(清)焦秉貞繪　清光緒五年(1879)點石齋石印本　一冊

330000－1701－0045554　普811.34/1143　集部/詞類/總集之屬
景刊宋金元明本詞四十種　吳昌綬編　陶湘續編　清宣統三年至民國六年(1911－1917)仁和吳氏雙照樓刻民國六年至十三年(1917－1924)武進陶氏涉園續刻本　一册　存一種

330000－1701－0045555　GP12767　集部/别集類/清别集
賦梅書屋詩初集六卷　(清)宋廷樑撰　清光緒十七年(1891)西江刻本　一册

330000－1701－0045557　SBC1655　史部/傳記類/總傳之屬/家乘
吳江徐氏家譜八卷　(清)徐大椿等編纂　(清)徐臣璋重訂　稿本　六册　存五卷(一至三、七至八)

330000－1701－0045558　普641.32/4459　新學/雜著
工業與國政相關論二卷　(英國)司旦離遮風司撰　(美國)衛理　(清)王汝駉譯　清光緒二十六年(1900)製造局鉛印本　二册

330000－1701－0045559　普636.4/1045　子部/農家農學類/蠶桑之屬/養蠶
玉屏蠶書二卷　(清)王存成輯　清道光十九年(1839)刻本　一册

330000－1701－0045561　普636.491/4846/c2　子部/農家農學類/蠶桑之屬
柞蠶雜誌一卷　增韞撰　清光緒三十二年(1906)浙江官書局刻本　一册

330000－1701－0045564　GP12801　經部/小學類
澤存堂五種　(清)張士俊輯　清光緒十四年(1888)上海蜚英館石印本　三册　存一種

330000－1701－0045566　普636/4622　子部/農家農學類/總論之屬
豳風廣義三卷　(清)楊屾撰　清末刻本　三册

330000－1701－0045567　普650/1140　新學/商務/商學
商學四卷　(清)張相文編譯　(清)皐豐商業學社輯　清光緒三十一年(1905)上海商學公會鉛印本　四册

330000－1701－0045568　普811.34/2604/3　集部/詞類/别集之屬
夢窗甲稿一卷乙稿一卷丙稿一卷丁稿一卷補遺一卷　(宋)吳文英撰　**校勘夢窗詞劄記一卷**　(清)王鵬運撰　清光緒二十五年(1899)臨桂王鵬運四印齋刻本　二册

330000－1701－0045569　普811.34/1190.2/2　集部/詞類/别集之屬
山中白雲詞八卷附録一卷　(宋)張炎撰　清康熙六十一年(1722)曹炳曾刻光緒九年(1883)後知不足齋印本　二册

330000－1701－0045570　GP04915　類叢部/叢書類/彙編之屬
邵武徐氏叢書二集八種　(清)徐榦編　清光緒邵武徐氏刻本　二册　存一種

330000－1701－0045571　普650.9/1991　史部/政書類/邦計之屬/貿易
萬國通商史一卷　(英國)琑米爾士撰　(日本)古城貞吉譯　清末南洋公學譯書院鉛印本　一册

330000－1701－0045573　普636.4/6644/c1　子部/農家農學類/蠶桑之屬
喝茫蠶書八卷　(法國)喝茫勒窩滂撰　(清)鄭守箴譯　清光緒二十四年(1898)杭州蠶學館石印本　一册

330000－1701－0045574　GP12769　子部/農家農學類/總論之屬
御製耕織圖不分卷　(清)聖祖玄燁撰　(清)焦秉貞繪　清光緒十二年(1886)點石齋石印本　陶濬宣題簽　一册

330000－1701－0045575　GP04916　類叢部/叢書類/彙編之屬
邵武徐氏叢書二集八種　(清)徐榦編　清光緒邵武徐氏刻本　二册　存一種

330000－1701－0045576　普 811.34/1190.2/3　集部/詞類/别集之屬

山中白雲詞八卷　(宋)張炎撰　**逸事一卷**　(清)王昶撰　**附録一卷**　(清)張樞撰　清光緒八年(1882)仁和許增娛園刻榆園叢刻本　彦雲題記　二册

330000－1701－0045577　普 636.4/6644/c2　子部/農家農學類/蠶桑之屬

喝茫蠶書八卷　(法國)喝茫勒窩滂撰　(清)鄭守箴譯　清光緒二十四年(1898)杭州蠶學館石印本　一册

330000－1701－0045578　GP04917　子部/藝術類/遊藝之屬/聯語

楹聯集錦八卷　(清)胡鳳丹輯　清光緒五年(1879)刻本　二册

330000－1701－0045579　普 636.4/6644/c5　子部/農家農學類/蠶桑之屬

喝茫蠶書八卷　(法國)喝茫勒窩滂撰　(清)鄭守箴譯　清光緒二十四年(1898)杭州蠶學館石印本　一册

330000－1701－0045580　普 638/2174　史部/政書類/邦計之屬/鹽法

行鹽地方總圖不分卷　清抄本　三册

330000－1701－0045581　GP04904　史部/目録類/總録之屬/私撰

古越藏書樓書目二十卷首一卷　(清)徐樹蘭撰　清光緒三十年(1904)崇實書局石印本　八册

330000－1701－0045582　GP12802　新學/雜著/叢編

西學啓蒙十六種　(英國)赫德編　(英國)艾約瑟譯　清光緒二十二年(1896)上海著易堂書局鉛印本　一册　存一種

330000－1701－0045584　普 951.009821/7528/2　史部/史抄類

史緯三百三十卷首一卷　(清)陳允錫輯　清康熙三十年(1691)陳允錫當湖刻三十三年(1694)陳善申江續刻同治九年(1870)羅大春泉郡輔仁堂重修本　一百册　存二百七十六卷(首、一至三十六、四十九至一百二十一、一百四十三至一百四十七、一百七十至二百三十)

330000－1701－0045585　普 650.952/7270　史部/傳記類/日記之屬

游歷日本考查商務日記二卷　(清)劉學詢撰　清光緒二十五年(1899)香山劉氏上海石印本　二册

330000－1701－0045586　GP12770、GP12771、GP12772　類叢部/叢書類/自著之屬

琴志樓叢書　易順鼎撰　清光緒刻本　三册　存五種

330000－1701－0045588　普 636.4/8792/c1　子部/農家農學類/蠶桑之屬

飼蠶新法一卷　(清)鄭愷撰　清光緒二十八年(1902)刻本　一册

330000－1701－0045591　GP04921　類叢部/叢書類/彙編之屬

三餘書屋叢書五種　(清)蔡學蘇編　清光緒盱江蔡氏刻本　一册　存一種

330000－1701－0045592　GP04905　新學/史志/諸國史

德意志全史二卷　(日本)河上清撰　(清)褚嘉猷譯　清光緒二十九年(1903)上海通雅書局鉛印本　二册

330000－1701－0045595　普 636.4/8792/c2　子部/農家農學類/蠶桑之屬

飼蠶新法一卷　(清)鄭愷撰　清光緒二十八年(1902)刻本　一册

330000－1701－0045597　普 636.491/4410/c1　子部/農家農學類/蠶桑之屬

柞蠶彙誌一卷　(清)董元亮撰　清宣統二年(1910)浙江官紙局刻本　一册

330000－1701－0045598　普 637.6/4327　史部/政書類/邦計之屬

兩浙宦游紀畧四種　(清)戴槃撰　清同治七

年(1868)刻本　一册　存一種

330000－1701－0045599　GP04922　類叢部/叢書類/彙編之屬
觀自得齋叢書二十三種別集六種　(清)徐士愷編　清光緒十三年至二十年(1887－1894)石埭徐氏刻本　一册　存一種

330000－1701－0045600　SBC1661　集部/別集類/漢魏六朝別集
陶靖節集十卷總論一卷附録一卷　(晉)陶潛撰　(宋)湯漢箋注　明刻本　一册　存三卷(一至三)

330000－1701－0045601　GP12812　史部/金石類/金之屬
盤亭小録一卷　(清)劉銘傳編　清同治十二年(1873)邗江刻本　一册

330000－1701－0045603　普636.491/4410/c2　子部/農家農學類/蠶桑之屬
柞蠶彙誌一卷　(清)董元亮撰　清宣統二年(1910)浙江官紙局刻本　一册

330000－1701－0045604　GP04907　新學/議論/通論
現今中俄大勢論不分卷　(日本)渡邊千春撰　(清)梁武公譯　清光緒二十九年(1903)上海益新譯社鉛印本　一册

330000－1701－0045605　普811.34/4454/c1　集部/詞類/別集之屬
石湖詞一卷補遺一卷　(宋)范成大撰　**和石湖詞一卷**　(清)陳三聘撰　清味菜廬木活字印本　一册

330000－1701－0045607　普638/0030/c1　史部/政書類/邦計之屬/鹽法
淮北票鹽志略十五卷　(清)童濂編　清同治七年(1868)刻本　六册

330000－1701－0045609　普636.491/4410/c3　子部/農家農學類/蠶桑之屬
柞蠶彙誌一卷　(清)董元亮撰　清宣統二年(1910)浙江官紙局刻本　一册

330000－1701－0045611　GP12773　史部/傳記類/別傳之屬/事狀
曾文正公[國藩]榮哀録一卷　(清)黄翼升等撰　清同治十一年(1872)刻本　一册

330000－1701－0045612　普636.491/4846/c1　子部/農家農學類/蠶桑之屬
柞蠶雜誌一卷　增韞撰　清光緒三十二年(1906)浙江官書局刻本　一册

330000－1701－0045614　GP04909　史部/雜史類/斷代之屬
明季三朝野史四卷　(清)顧炎武輯　清光緒三十四年(1908)上海石印本　一册

330000－1701－0045615　普811.34/4454/c2　集部/詞類/別集之屬
石湖詞一卷補遺一卷　(宋)范成大撰　**和石湖詞一卷**　(清)陳三聘撰　清味菜廬木活字印本　一册

330000－1701－0045616　普638/0030/c2　史部/政書類/邦計之屬/鹽法
淮北票鹽志略十五卷　(清)童濂編　清同治七年(1868)刻本　六册

330000－1701－0045617　SBC1662　子部/兵家類
水戰軍律□卷　清抄本　二册　存二卷(一、三)

330000－1701－0045618　GP12774　集部/別集類/清別集
培遠堂偶存稿(陳文恭公書牘)二卷　(清)陳弘謀撰　清同治八年(1869)清泉王之春刻本　二册

330000－1701－0045620　GP04910　新學/史志/別國史
意大利獨立史六卷　(日本)松井廣吉撰　(清)張仁普譯　清光緒二十九年(1903)上海廣智書局鉛印本　一册

330000－1701－0045622　普638/0835/c1　史部/政書類/邦計之屬/鹽法
淮北票鹽續略十二卷　(清)許寶書編　清同

治九年(1870)刻本　八册

330000－1701－0045623　普 638/0835/c2　史部/政書類/邦計之屬/鹽法

淮北票鹽續略十二卷　(清)許寶書編　清同治九年(1870)刻本　四册

330000－1701－0045625　SBC1663　集部/别集類/宋别集

臨川集一百卷　(宋)王安石撰　明刻本　二册　存七卷(十八至二十四)

330000－1701－0045626　GP04911　類叢部/叢書類

戰史叢書　清光緒上海商務印書館鉛印本　一册　存一種

330000－1701－0045628　普 636.491/4846/c3　子部/農家農學類/蠶桑之屬

柞蠶雜誌一卷　增韞撰　清光緒三十二年(1906)浙江官書局刻本　一册

330000－1701－0045629　普 811.34/4454/c3　集部/詞類/别集之屬

石湖詞一卷補遺一卷　(宋)范成大撰　**和石湖詞一卷**　(清)陳三聘撰　清味菜廬木活字印本　一册

330000－1701－0045630　普 636.491/4846/c4　子部/農家農學類/蠶桑之屬

柞蠶雜誌一卷　增韞撰　清光緒三十二年(1906)浙江官書局刻本　一册

330000－1701－0045631　普 811.34/4454/c4　集部/詞類/别集之屬

石湖詞一卷補遺一卷　(宋)范成大撰　**和石湖詞一卷**　(清)陳三聘撰　清味菜廬木活字印本　一册

330000－1701－0045632　SBC1679　子部/宗教類/佛教之屬/大藏

徑山藏　明萬曆十七年(1589)至清嘉慶五臺山、嘉興、徑山等地刻本　一册　存一種

330000－1701－0045633　GP12816　經部/小學類/文字之屬/説文/專著

説文字原一卷　(漢)許慎撰　(宋)徐鉉切音　清乾隆四十四年(1779)福禮堂刻本　一册

330000－1701－0045635　普 636.491/4846/2/c1　子部/農家農學類/蠶桑之屬

柞蠶雜誌一卷　增韞撰　清末浙江農工研究會鉛印本　一册

330000－1701－0045636　GP12820　史部/傳記類/總傳之屬/郡邑

越蔭録一卷傳芳録一卷　(清)杜甲撰　清乾隆刻本　一册　存一卷(傳芳録)

330000－1701－0045637　普 664.1/2574　類叢部/叢書類/彙編之屬

隨盦徐氏叢書十種續編十種　徐乃昌編　清光緒至民國南陵徐氏刻本　一册　存一種

330000－1701－0045638　普 811.34/4454/2　類叢部/叢書類/彙編之屬

知不足齋叢書一百九十五種　(清)鮑廷博編　(清)鮑士恭續編　清乾隆三十七年至道光三年(1772－1823)長塘鮑氏刻彙印本　一册　存二種

330000－1701－0045639　普 662.7/5740　新學/工藝/雜藝

電氣鍍鎳一卷　(英國)華特撰　(英國)傅蘭雅口譯　(清)徐華封筆述　清末江南機器製造總局刻本　一册

330000－1701－0045640　普 811.34/3550　類叢部/叢書類/彙編之屬

鐵琴銅劍樓叢書十三種　瞿啓甲編　清光緒至民國刻本暨影印本　一册　存一種

330000－1701－0045641　GP12882　史部/傳記類/科舉録之屬/歷科鄉試録

道光庚子科直省同年譜九卷　清抄本　四册

330000－1701－0045642　SBC1658　史部/傳記類/總傳之屬/家乘

[江蘇吴江]吴江徐氏宗譜四卷　(清)徐書城纂修　清乾隆五十七年(1792)稻香樓刻本　二册　存二卷(一至二)

330000－1701－0045643　普 636.491/4846/2/c2　子部/農家農學類/蠶桑之屬

柞蠶雜誌一卷　增韞撰　清末浙江農工研究會鉛印本　一冊

330000－1701－0045645　普 662.75/4424　新學/工藝/雜藝

電氣鍍金略法一卷　(英國)華特撰　(英國)傅蘭雅口譯　(清)周郇筆述　清末江南機器製造總局刻本　一冊

330000－1701－0045648　善 009041　史部/傳記類/總傳之屬/家乘

吴江徐氏家譜八卷　(清)徐大椿等編纂　(清)徐臣璋重訂　稿本　五冊

330000－1701－0045649　普 951.009821/8710/4　史部/史抄類

廿一史約編八卷首一卷　(清)鄭元慶撰　清康熙刻上洋江左書林印本　八冊

330000－1701－0045650　普 663.1/1041　新學

江南製造局譯書　(清)江南製造局編　清光緒江南製造局鉛印本　一冊　存一種

330000－1701－0045651　普 811.34/4036.3/c2　集部/别集類/清别集

漱玉詞一卷補遺一卷附錄一卷　(宋)李清照撰　清光緒二十七年(1901)刻吴氏石蓮庵刻山左人詞本　李次九批並跋　一冊

330000－1701－0045654　普 636.491/7540/c2　子部/農家農學類/蠶桑之屬

勸辦桐廬柞蠶歌一卷　陳蕃誥編　清末浙江官紙刷印總局石印本　一冊

330000－1701－0045657　GP04935　史部/政書類/邦交之屬

各國立約始末記三十卷首二卷　(清)陸元鼎編　清光緒三十二年(1906)上海商務印書館鉛印本　二十二冊

330000－1701－0045659　普 636.499/0870　子部/農家農學類/蠶桑之屬

柳蠶新編二卷　(清)許鵬翊輯　清宣統二年(1910)吉林官書刷印局鉛印本　一冊

330000－1701－0045661　GP12883　子部/天文曆算類/算書之屬

梅勿菴算書五種　(清)梅文鼎撰　清乾隆刻本　四冊　存一種

330000－1701－0045663　普 663.1/2221/c1　新學/兵制/子藥

製火藥法三卷　(英國)利稼孫　(英國)華得斯輯　(英國)傅蘭雅口譯　(清)丁樹棠筆述　清末江南機器製造總局刻本　一冊

330000－1701－0045664　GP12829　史部/史表類/通代之屬

中外紀年通表六卷　(清)著易堂輯　清光緒二十三年(1897)上海著易堂石印本　七冊

330000－1701－0045665　普 636.499/0870/2　子部/農家農學類/蠶桑之屬

柳蠶新編二卷　(清)許鵬翊輯　清宣統三年(1911)安徽勸業道署鉛印本　一冊

330000－1701－0045666　SBC1667　集部/詞類/别集之屬

東山詞補一卷　(宋)賀鑄撰　清抄本　一冊

330000－1701－0045667　普 811.34/7730.2　類叢部/叢書類/彙編之屬

曼陀羅華閣叢書十六種　(清)杜文瀾編　清咸豐至光緒秀水杜氏刻光緒十八年(1892)上海掃葉山房修補印本　二冊　存一種

330000－1701－0045668　GP12830　經部/小學類

雷刻四種　(清)雷浚輯　清光緒二年至十年(1876－1884)吴縣雷氏刻本　六冊

330000－1701－0045669　GP12884　新學/氣學/水學

水學圖説二卷　(英國)傅蘭雅譯　清光緒十六年(1890)上海益智書會刻本　一冊

330000－1701－0045670　普 663.1/2221/c2　新學/兵制/子藥

製火藥法三卷　(英國)利稼孫　(英國)華得

斯輯 (英國)傅蘭雅口譯 (清)丁樹棠筆述 清末江南機器製造總局刻本 一册

330000－1701－0045673 普 636.499/8718 子部/農家農學類/蠶桑之屬

樗繭譜一卷教種山蠶譜一卷 (清)鄭珍撰 (清)莫友芝注 清光緒二十年(1894)宜賓官署刻本 一册

330000－1701－0045674 GP12885 新學/格致總

二十週教科叢書 清光緒三十年(1904)鉛印本 一册 存一種

330000－1701－0045675 GP04936 集部/總集類/選集之屬/斷代

唐人萬首絶句選七卷 (清)王士禛輯 清康熙洪氏松花書屋刻本 六册

330000－1701－0045676 普 663.1/8708 新學/兵制/子藥

爆藥記要六卷附圖 (美國)水雷局撰 (清)舒高第口譯 (清)趙元益筆述 清光緒元年(1875)江南製造局刻本 一册

330000－1701－0045679 普 667.2/0042、普 667.71/3130、普 667.75/6073、普 669.92/2833、普 671/0032、普 669/7113、普 669.9/5514 新學

江南製造局叢刊(江南製造局譯書) (清)江南製造局編 清光緒江南製造局刻本暨鉛印本 二十七册 存七種

330000－1701－0045680 GP12831 類叢部/叢書類/彙編之屬

十萬卷樓叢書五十一種 (清)陸心源編 清光緒歸安陸氏刻本(歲時廣記卷六原缺) 十二册 存一種

330000－1701－0045681 SBC1673 集部/別集類/清別集

伴蛩吟五卷 (清)王桂撰 清抄本 張天方跋 一册

330000－1701－0045682 普 811.34/4442 集部/詞類/別集之屬

石林詞一卷 (宋)葉夢得撰 **石林詞補遺一卷** (清)葉廷琯輯 清道光二十九年(1849)吳門葉氏楙華盦刻本 清姚燮題記 一册

330000－1701－0045683 GP04937 史部/政書類/邦計之屬

滇南礦廠圖畧二卷 (清)吳其濬撰 (清)徐金生輯 清刻本 一册

330000－1701－0045684 SBC1668 集部/詞類/總集之屬

詞鈔不分卷 清抄本 一册

330000－1701－0045685 GP12886 新學/算學/數學

格物質學十一卷 (美國)史砥爾撰 (美國)潘慎文譯 謝洪賚筆述 清光緒二十三年(1897)上海美華書館鉛印本 一册

330000－1701－0045686 普 811.34/6013 集部/詞類/總集之屬

景刊宋金元明本詞四十種 吳昌綬編 陶湘續編 清宣統三年至民國六年(1911－1917)仁和吳氏雙照樓刻民國六年至十三年(1917－1924)武進陶氏涉園續刻本 一册 存一種

330000－1701－0045687 普 811.34/7750/2/c1 集部/詞類/別集之屬

清真集二卷補遺一卷 (宋)周邦彦撰 **清真詞校後錄要一卷** 鄭文焯撰 清光緒二十六年(1900)北海鄭文焯刻本 二册

330000－1701－0045689 SBC1674 史部/詔令奏議類/奏議之屬

皇明疏鈔七十卷 (明)孫旬輯 明萬曆十二年(1584)兩浙江都轉運鹽使司刻本 四册 存十卷(二至四、五十三、六十三至六十五、六十八至七十)

330000－1701－0045690 GP04926 類叢部/叢書類/彙編之屬

高安朱文端公校輯藏書(朱文端公藏書)十三種 (清)朱軾撰輯 清康熙至乾隆刻彙印本 一册 存一種

330000－1701－0045691　普 811.34/7750/2/c2　集部/詞類/别集之屬

清真集二卷補遺一卷　（宋）周邦彦撰　**清真詞校後錄要一卷**　鄭文焯撰　清光緒二十六年(1900)北海鄭文焯刻本　一册

330000－1701－0045692　GP12887　新學/氣學/熱學

熱學揭要不分卷　（美國）赫士口譯　（清）劉永貴筆述　清光緒二十三年(1897)上海美華書館鉛印本　一册

330000－1701－0045695　普 951.009821/8710/5　史部/史抄類

廿一史約編八卷首一卷　（清）鄭元慶撰　清愛日堂刻本　八册

330000－1701－0045696　SBC1675　集部/别集類/清别集

藝藿軒詩□□卷　（清）王浤撰　清抄本　一册　存一卷(下)

330000－1701－0045698　GP04938　類叢部/叢書類/家集之屬

江都陳氏叢書七種　（清）陳本禮　（清）陳逢衡撰　清嘉慶至道光刻本　三十二册　存一種

330000－1701－0045700　GP12888　新學/聲學/聲學

聲學揭要六章　（美國）赫士譯　（清）朱葆琛筆述　清光緒二十年(1894)上海美華書館鉛印本　一册

330000－1701－0045702　SBC1676　集部/别集類/清别集

閒吟集一卷　（清）釋貫一撰　清抄本　一册

330000－1701－0045703　SBC1669　集部/總集類/郡邑之屬

鄉邦逸稿不分卷　清抄本　一册

330000－1701－0045704　普 811.34/7750/4　集部/詞類/類編之屬

四印齋所刻詞三十一種　（清）王鵬運編　清光緒臨桂王氏家塾四印齋刻本　一册　存一種

330000－1701－0045705　GP12890　新學

江南製造局譯書　（清）江南製造局編　清光緒江南製造局鉛印本　二册　存一種

330000－1701－0045706　普 951.009821/8710　史部/史抄類

廿一史約編八卷首一卷　（清）鄭元慶撰　清刻本　八册

330000－1701－0045708　普 668.31/7745　子部/工藝類/日用器物之屬/香料

香乘二十八卷　（明）周嘉胄輯　清刻本　六册

330000－1701－0045709　普 811.34/6015/2　集部/詞類/别集之屬

珠玉詞鈔一卷補鈔一卷　（宋）晏殊撰　清咸豐二年(1852)刻本　一册

330000－1701－0045710　SBC1677　集部/别集類/明别集

書劄□□卷　明刻本　一册　存一卷(三)

330000－1701－0045711　普 669/1744　新學/工藝/雜藝

鑄金論畧六卷圖一卷　（英國）司布勒村撰　（英國）傅蘭雅口譯　（清）汪振聲筆述　清光緒二十八年(1902)江南製造局刻本　六册

330000－1701－0045712　普 951.009821/8710/2　史部/史抄類

廿一史約編八卷首一卷　（清）鄭元慶撰　清光緒席氏埽葉山房刻本　八册

330000－1701－0045713　GP04939　類叢部/類書類/通類之屬

北堂書鈔一百六十卷　（唐）虞世南撰　（清）孔廣陶校注　清光緒十四年(1888)南海孔氏三十有三萬卷堂刻本　二十册

330000－1701－0045716　普 811.34/6023/2　集部/詞類/别集之屬

小山詞鈔一卷補鈔一卷　（宋）晏幾道撰　清咸豐二年(1852)刻本　一册

330000－1701－0045717　普669/2742　新學
江南製造局譯書　（清）江南製造局編　清光緒江南製造局鉛印本　三冊　存一種

330000－1701－0045719　SBC1670　集部/別集類/清別集
敬業堂詩集鈔不分卷　（清）查慎行撰　清抄本　一冊

330000－1701－0045720　普951.009821/8710/3　史部/史抄類
廿一史約編八卷首一卷　（清）鄭元慶撰　清魚計亭刻本　八冊

330000－1701－0045721　GP04940　類叢部/類書類/通類之屬
北堂書鈔一百六十卷　（唐）虞世南撰　（清）孔廣陶校注　清光緒十四年（1888）南海孔氏三十有三萬卷堂刻本　二十冊

330000－1701－0045723　GP12891　新學/天學
測候叢談四卷　（美國）金楷理口譯　（清）華蘅芳筆述　清末江南製造總局刻本　二冊

330000－1701－0045724　SBC1678　集部/總集類/選集之屬/通代
刪補古今文致十卷　（明）劉士鏻輯　（明）王宇增補　明天啓刻本　四冊

330000－1701－0045726　GP12892　新學/電學
電學十卷首一卷　（英國）瑙挨德撰　（英國）傅蘭雅口譯　（清）徐建寅筆述　清末江南機器製造總局刻本　六冊

330000－1701－0045727　GP12893　新學/工藝/雜藝
電氣鍍金略法一卷　（英國）華特撰　（英國）傅蘭雅口譯　（清）周郇筆述　清末江南機器製造總局刻本　一冊

330000－1701－0045730　GP12899　子部/叢編
意林逸子　清光緒刻本　二冊　存一種

330000－1701－0045734　GP04929　史部/目録類/總録之屬/官修
河南圖書館書目六卷首一卷　李濱編　清宣統元年（1909）學務公所印刷處鉛印本　一冊

330000－1701－0045735　SBC1671　集部/別集類/清別集
蘭墅詩鈔不分卷　稿本　一冊

330000－1701－0045736　GP12900　類叢部/叢書類/彙編之屬
端溪叢書十九種　梁鼎芬等編　清光緒二十五年（1899）番禺端溪書院刻本　一冊　存一種

330000－1701－0045737　普951.009822/4917　類叢部/叢書類/自著之屬
甌北全集八種　（清）趙翼撰　清乾隆至嘉慶湛貽堂刻本　八冊　存一種

330000－1701－0045738　SBC1666　集部/詞類/別集之屬
賀方回詞二卷　（宋）賀鑄撰　清咸豐二年（1852）丹鉛精舍抄本　一冊

330000－1701－0045739　普664.28/8348/c1　子部/農家農學類/農藝之屬/茶酒
製茶新譜一卷　（明）錢椿年輯　清光緒二十五年（1899）海上書局石印本　一冊

330000－1701－0045740　普664.28/8348/c2　子部/農家農學類/農藝之屬/茶酒
製茶新譜一卷　（明）錢椿年輯　清光緒二十五年（1899）海上書局石印本　一冊

330000－1701－0045741　GP12901　集部/詞類/類編之屬
四印齋所刻詞三十一種　（清）王鵬運編　清光緒臨桂王氏家塾四印齋刻本　一冊　存一種

330000－1701－0045742　GP12895　類叢部/叢書類/自著之屬
云甎所箸書　曹元忠撰　清光緒刻本　一冊　存一種

330000－1701－0045744　普 951.009822/4917/(2)　類叢部/叢書類/自著之屬

甌北全集八種　(清)趙翼撰　清乾隆至嘉慶湛貽堂刻本　十一冊　存一種

330000－1701－0045745　GP12896　集部/總集類/選集之屬/通代

古文辭類纂十五卷　(清)姚鼐輯　**續古文辭類纂十卷**　王先謙輯　清光緒十六年(1890)上海文瑞樓鉛印本　二冊　存十五卷(一至十五)

330000－1701－0045746　SBC1665　集部/別集類/清別集

損齋詩鈔一卷　(清)楊龍濟撰　清抄本　一冊

330000－1701－0045747　普 951.009822/4917/2　史部/史評類/考訂之屬

廿二史劄記三十六卷補遺一卷　(清)趙翼撰　清光緒二十七年(1901)上海文盛書局石印本　八冊

330000－1701－0045749　普 669.6/4244　新學/工藝/雜藝

製羼金法二卷　(日本)橋本奇策撰　王季點譯　清光緒二十七年(1901)上海製造總局刻本　二冊

330000－1701－0045750　GP12902　類叢部/叢書類/彙編之屬

小石山房叢書三十八種　(清)顧湘編　清道光刻同治十三年(1874)虞山顧氏補刻本　一冊　存三種

330000－1701－0045754　普 674/8079　新學/工藝/雜藝

製紙略法一卷　(日本)佐野謙之助譯　清末北洋官報局石印本　一冊

330000－1701－0045755　普 679.1/0028/(2)/c1　子部/工藝類/文房四寶之屬/叢録

文房肆攷圖説八卷　(清)唐秉鈞撰　(清)康愷繪　清乾隆嘉定唐秉鈞竹暎山莊刻本　四冊

330000－1701－0045757　普 675.1/4072　新學/工藝/雜工

福田自動織機圖説一卷　(日本)大隴製造所撰　(日本)川瀨儀太郎譯　清末北洋官報局石印本　一冊

330000－1701－0045759　普 679.1/6049　子部/雜著類/雜品之屬

墨娥小録八卷　清光緒十年(1884)學圃山農刻本　四冊

330000－1701－0045760　普 951.009822/4917/3　類叢部/叢書類/自著之屬

甌北全集八種　(清)趙翼撰　清光緒三年(1877)滇南唐氏刻本　十冊　存一種

330000－1701－0045761　SBC1672　集部/別集類/清別集

浣花農詩鈔三卷　清抄本　一冊

330000－1701－0045762　GP12924　史部/政書類/儀制之屬

世界最古之憲政二卷　但燾撰　清宣統元年(1909)鉛印本　一冊

330000－1701－0045764　普 679.1/0028/(2)/c2　子部/工藝類/文房四寶之屬/叢録

文房肆攷圖説八卷　(清)唐秉鈞撰　(清)康愷繪　清乾隆嘉定唐秉鈞竹暎山莊刻本　四冊

330000－1701－0045765　GP12925　經部/書類/傳説之屬

書經述六卷　(清)許祖京撰　清同治十三年(1874)許延穀刻本　四冊

330000－1701－0045766　GP04944　史部/史評類/史論之屬

歷代史論十二卷宋史論三卷元史論一卷　(明)張溥撰　**明史論四卷**　(清)谷應泰撰　**左傳史論二卷**　(清)高士奇撰　清光緒五年(1879)西江裴氏刻本　八冊

330000－1701－0045767　普 679.3/0422　子部/工藝類/文房四寶之屬/墨

南學製墨劄記一卷　(清)謝崧岱撰　清光緒

十年(1884)湘鄉謝氏肇經榭刻本　一冊

330000－1701－0045768　普 679. 1/0028/(3)　子部/工藝類/文房四寶之屬/叢録

文房肆攷圖說八卷　(清)唐秉鈞撰　(清)康愷繪　清乾隆嘉定唐秉鈞竹暎山莊刻本　二冊

330000－1701－0045769　普 679. 1/0028/c1　子部/工藝類/文房四寶之屬/叢録

文房肆攷圖說八卷　(清)唐秉鈞撰　(清)康愷繪　清乾隆嘉定唐秉鈞竹暎山莊刻本　六冊

330000－1701－0045770　普 679. 3/1124/c1　類叢部/叢書類/郡邑之屬

武林往哲遺箸五十二種後編十種　(清)丁丙編　清光緒二十年至二十六年(1894－1900)錢塘丁氏嘉惠堂刻本　一冊　存一種

330000－1701－0045771　GP12903　集部/別集類/清別集

邃懷堂全集三十八卷　(清)袁翼撰　清光緒十三年至十四年(1887－1888)袁鎮嵩刻本　二冊　存四卷(文集一至四)

330000－1701－0045773　普 811. 34/8080/3　集部/詞類/別集之屬

白石道人歌曲六卷歌詞別集一卷　(宋)姜夔撰　清宣統二年(1910)沈曾植石印本　一冊

330000－1701－0045777　普 951. 009822/4917/5/c1　類叢部/叢書類/彙編之屬

廣雅書局叢書一百五十九種　徐紹棨編　清光緒廣雅書局刻民國九年(1920)番禺徐紹棨彙編重印本　十冊　存一種

330000－1701－0045778　普 679. 1/0423　子部/工藝類/文房四寶之屬/叢録

今文房四譜一卷　(清)謝崧梁撰　清光緒十六年(1890)湘鄉謝氏肇經榭刻本　澂廬觀款　一冊

330000－1701－0045779　GP12904　史部/傳記類/別傳之屬/年譜

皇清敕授修職郎誥封朝議大夫顯考警石府君[錢泰吉]年譜一卷　(清)錢應溥撰　清同治三年(1864)嘉興錢氏刻本　一冊

330000－1701－0045782　普 679. 1/0028/c2　子部/工藝類/文房四寶之屬/叢録

文房肆攷圖說八卷　(清)唐秉鈞撰　(清)康愷繪　清乾隆嘉定唐秉鈞竹暎山莊刻本　八冊

330000－1701－0045783　普 679. 3/1124/c2　類叢部/叢書類/郡邑之屬

武林往哲遺箸五十二種後編十種　(清)丁丙編　清光緒二十年至二十六年(1894－1900)錢塘丁氏嘉惠堂刻本　一冊　存二種

330000－1701－0045784　普 811. 347/4117　集部/詞類/總集之屬

景刊宋金元明本詞四十種　吴昌綬編　陶湘續編　清宣統三年至民國六年(1911－1917)仁和吴氏雙照樓刻民國六年至十三年(1917－1924)武進陶氏涉園續刻本　一冊　存一種

330000－1701－0045786　普 951. 009822/4917/5/c2　類叢部/叢書類/彙編之屬

廣雅書局叢書一百五十九種　徐紹棨編　清光緒廣雅書局刻民國九年(1920)番禺徐紹棨彙編重印本　十冊　存一種

330000－1701－0045787　普 811. 34/4453/c2　集部/詞類/別集之屬

東坡樂府三卷　(宋)蘇軾撰　朱祖謀編　清宣統三年(1911)吴興朱氏刻彊邨所刻詞甲編本　梁鼎芬跋　二冊

330000－1701－0045788　SBC1680　類叢部/類書類/通類之屬

唐類函二百卷目錄二卷　(明)俞安期輯　明萬曆三十一年(1603)東吴俞安期刻本　三十二冊　存一百六十二卷(目錄一至二、一至七十五、八十一至一百十、一百二十一至一百二十五、一百三十一至一百八十)

330000－1701－0045789　普 811. 34/6033/2　集部/詞類/總集之屬

景刊宋金元明本詞四十種　吴昌綬編　陶湘續編　清宣統三年至民國六年(1911－1917)仁和吴氏雙照樓刻民國六年至十三年(1917－1924)武進陶氏涉園續刻本　一册　存一種

330000－1701－0045791　SBC1689　史部/編年類/通代之屬
續資治通鑑綱目二十七卷　(明)商輅等撰　明成化十二年(1476)内府刻本　四册　存八卷(一、三至六、二十三至二十五)

330000－1701－0045793　GP12905　經部/四書類/總義之屬/傳説
金華四先生四書正學淵源十卷　(明)章一陽輯　清康熙三十三年(1694)膠西趙泰甡刻本　八册

330000－1701－0045794　普 951.009822/4917/8　史部/史評類/考訂之屬
廿二史劄記三十六卷補遺一卷　(清)趙翼撰　清刻本　十二册

330000－1701－0045796　普 811.35/2434　集部/詞類/類編之屬
西泠詞萃六種　(清)丁丙編　清光緒錢塘丁氏刻本　一册　存一種

330000－1701－0045797　SBC1690　史部/目録類/書志之屬/提要
書目提要一卷　清抄本　一册

330000－1701－0045798　普 679.3/1127　集部/别集類/清别集
筠廊偶筆二卷二筆二卷怪石贊一卷漫堂墨品一卷　(清)宋犖撰　**雪堂墨品一卷**　(清)張仁熙撰　清康熙刻本　一册　缺四卷(筠廊偶筆一至二、二筆一至二)

330000－1701－0045800　GP12927　類叢部/叢書類/彙編之屬
稗海四十八種續集二十二種　(明)商濬編　明萬曆商氏半埜堂刻清康熙振鷺堂重編補刻本　二册　存一種

330000－1701－0045803　普 811.34/7237/c1　類叢部/叢書類/彙編之屬
蟫隱廬叢書十八種　羅振常編　清宣統二年至民國二十五年(1910－1936)上虞羅氏賸寫及鉛印本三十三年(1944)吴興周延年彙印本　一册　存一種

330000－1701－0045804　普 811.34/4453/c3　集部/詞類/類編之屬
彊邨所刻詞甲編七種　朱祖謀撰　清宣統至民國朱氏刻本　二册　存一種

330000－1701－0045805　GP12928　集部/别集類/清别集
鑑止水齋集二十卷　(清)許宗彦撰　清咸豐八年(1858)德清許延敬刻本　六册

330000－1701－0045807　SBC1684　集部/别集類/明别集
由拳集二十三卷　(明)屠隆撰　明刻本　二册　存九卷(六至十、二十至二十三)

330000－1701－0045808　普 811.34/7237/c2　類叢部/叢書類/彙編之屬
蟫隱廬叢書十八種　羅振常編　清宣統二年至民國二十五年(1910－1936)上虞羅氏賸寫及鉛印本三十三年(1944)吴興周延年彙印本　一册　存一種

330000－1701－0045809　GP04949　子部/雜著類
讀諸子新論一卷　(清)方濬頤撰　清光緒二十七年(1901)文星山房石印本　一册

330000－1701－0045810　GP12930　類叢部/叢書類/郡邑之屬
海昌叢載三十二種　(清)羊復禮編　清光緒海昌羊氏傳卷樓粤東刻本　八册

330000－1701－0045811　普 811.34/7438　集部/詞類/總集之屬
景刊宋金元明本詞四十種　吴昌綬編　陶湘續編　清宣統三年至民國六年(1911－1917)仁和吴氏雙照樓刻民國六年至十三年(1917－1924)武進陶氏涉園續刻本　一册　存一種

330000－1701－0045813　普 679.1/4468　子部/工藝類/文房四寶之屬/叢録
文房四譜五卷　(宋)蘇易簡撰　清光緒三十一年(1905)上海同文書社鉛印本　二冊

330000－1701－0045815　普 811.34/7521　集部/詞類/類編之屬
詞學叢書六種　(清)秦恩復編　清嘉慶至道光江都秦恩復享帚精舍刻本　一冊　存一種

330000－1701－0045816　SBC1685　類叢部/叢書類/彙編之屬
廣快書五十卷　(明)何偉然　(明)吳從先編　明崇禎刻本　一冊　存六卷(二十四至二十九)

330000－1701－0045817　普 811.36/4320　類叢部/叢書類/自著之屬
西堂全集四種附一種　(清)尤侗撰　清康熙刻本　三冊　存一種

330000－1701－0045818　GP12932　類叢部/叢書類/彙編之屬
惜陰軒叢書三十四種續編一種　(清)李錫齡編　清光緒二十二年(1896)長沙刻本　五冊　存一種

330000－1701－0045820　SBC1686　集部/別集類/清別集
嘉生唫艸不分卷　(清)吳榮森撰　清抄本　三冊　存三冊,其中二冊封面題"丁未""戊申"

330000－1701－0045821　GP12929　新學/聲學/聲學
聲學八卷　(英國)田大里撰　(英國)傅蘭雅口譯　(清)徐建寅筆述　清光緒江南製造總局刻本　二冊

330000－1701－0045824　普 951.009822/8346/c2　類叢部/叢書類/自著之屬
潛研堂全書十六種　(清)錢大昕撰　清乾隆至嘉慶刻本　二十四冊　存一種

330000－1701－0045827　GP12993　子部/雜著類/雜說之屬
蠡社筆談三卷　(清)張時中撰　清光緒十六年(1890)廩延徐振翰刻本　一冊

330000－1701－0045828　普 811.34/4453/3/c1　集部/詞類/別集之屬
東坡樂府三卷　(宋)蘇軾撰　朱祖謀編　清宣統石印本　二冊

330000－1701－0045830　普 811.34/4453/3/c2　集部/詞類/類編之屬
彊邨所刻詞甲編七種　朱祖謀撰　清宣統至民國朱氏刻本　二冊　存一種

330000－1701－0045832　普 679.5/7528/c1　子部/工藝類/文房四寶之屬/硯
端石擬三卷附藝閣十硯銘一卷　(清)陳齡撰　清同治十二年(1873)海鹽陳方瀛刻本　一冊

330000－1701－0045833　SBC1681　子部/藝術類/書畫之屬/題跋
東坡題跋一卷　(宋)蘇軾撰　清抄本　一冊

330000－1701－0045835　普 811.34/7772/2/c1、普 811.34/7772.2/c1　集部/詞類/總集之屬
景刊宋金元明本詞四十種　吳昌綬編　陶湘續編　清宣統三年至民國六年(1911－1917)仁和吳氏雙照樓刻民國六年至十三年(1917－1924)武進陶氏涉園續刻本　二冊　存二種

330000－1701－0045836　普 811.37/0037　集部/詞類/別集之屬
古香凹詩餘二卷　(清)方濬頤撰　清光緒十年(1884)定遠方氏維揚刻本　二冊

330000－1701－0045837　普 811.34/7772/2/c2　集部/詞類/總集之屬
歐陽文忠公集近體樂府三卷　(宋)歐陽修撰　清宣統三年(1911)影宋吉州刻朱印本　一冊

330000－1701－0045838　普 811.37/0042　集部/詞類/別集之屬
蘇菴詩餘五卷　(清)唐壎撰　清同治十二年

(1873)福州吳玉田刻本　二冊

330000－1701－0045840　SBC1695　集部/總集類/尺牘之屬
國朝七名公尺牘八卷　(明)屠隆輯　明萬曆三十一年(1603)新安項伯達文斐堂刻本　一冊　存一卷(汪南明尺牘)

330000－1701－0045841　普690/2090　子部/醫家類/養生之屬
衛濟餘編十八卷　(清)王纕堂輯　清道光二十一年(1841)刻本　八冊

330000－1701－0045842　普951.009822/8346/2/c1　類叢部/叢書類/自著之屬
嘉定錢氏潛研堂全書二十一種　(清)錢大昕撰　清光緒十年(1884)長沙龍氏家塾刻本　二十六冊　存一種

330000－1701－0045844　SBC1691　類叢部/類書類/通類之屬
八編類纂二百八十五卷圖二卷　(明)陳仁錫輯　明天啓刻本(卷一百一至一百三配抄本)　四十冊　存一百九卷(圖一至二、一至一百七)

330000－1701－0045845　普679.3/6003　類叢部/叢書類/彙編之屬
楝亭藏書十二種　(清)曹寅編　清康熙四十五年(1706)揚州詩局刻本　一冊　存二種

330000－1701－0045846　普811.37/0044/c2　集部/詞類/別集之屬
竹石居詞草一卷川雲集一卷　(清)童華撰　清光緒十三年(1887)刻本　一冊

330000－1701－0045847　普811.37/0006　集部/詞類/類編之屬
三家詞　(清)袁通編　清嘉慶刻本　一冊　存一種

330000－1701－0045849　GP04950　類叢部/叢書類/彙編之屬
申報館叢書正集五十七種附錄三種續集一百四十二種　(清)尊聞閣主編　蔡爾康編續集　清同治至光緒上海申報館鉛印本　一冊　存一種

330000－1701－0045851　普811.37/0046　集部/詞類/別集之屬
紅牙吟館詩餘刪存三卷　(清)方燕昭撰　清同治十三年(1874)邗上鹺署刻本　一冊

330000－1701－0045852　GP12931　集部/總集類/選集之屬/斷代
唐詩品彙九十卷拾遺十卷詩人爵里詳節一卷　(明)高棅輯　(清)張恂訂　明末關中張恂刻清順治十四年(1657)梅墅石渠閣重修本　十八冊　缺七卷(拾遺一至七)

330000－1701－0045853　普811.34/8080　類叢部/叢書類/彙編之屬
榆園叢刻十五種附一種　(清)許增編　清同治至光緒刻本　一冊　存三種

330000－1701－0045856　GP04951　新學/史志/諸國史
萬國歷史彙編一百卷　(清)江子雲等輯　清光緒二十九年(1903)上海官書局石印本　十六冊

330000－1701－0045861　SBC1700　集部/別集類/宋別集
艮齋先生薛常州浪語集三十五卷　(宋)薛季宣撰　清同治至光緒瑞安孫氏詒善祠塾刻永嘉叢書本　單丕批　五冊　存二十八卷(一至二十一、二十九至三十五)

330000－1701－0045862　普679.5/1022　類叢部/叢書類/彙編之屬
嘯園叢書五十七種　(清)葛元煦編　清光緒二年至七年(1876－1881)仁和葛氏刻本　一冊　存一種

330000－1701－0045863　普691/4048/c1　子部/農家農學類/農藝之屬/烹調
隨園食單四卷　(清)袁枚撰　清嘉慶元年(1796)刻本　二冊

330000－1701－0045865　普811.37/0123/2　類叢部/叢書類/彙編之屬
半厂叢書初編十種　(清)譚獻編　清同治至

光緒仁和譚氏刻本　一册　存一種

330000－1701－0045866　普 811.37/0014.2/c1　類叢部/叢書類/彙編之屬
懷豳雜俎十二種　徐乃昌編　清光緒至宣統南陵徐氏刻本　一册　存一種

330000－1701－0045867　普 690/1061　新學
家政學二卷　（日本）下田歌子撰　（清）錢單士釐譯　清光緒二十八年（1902）鉛印本　二册

330000－1701－0045868　普 811.37/0700/c1　類叢部/叢書類/彙編之屬
榆園叢刻十五種附一種　（清）許增編　清同治至光緒刻本　二册　存一種

330000－1701－0045869　普 691/4048/c2　子部/農家農學類/農藝之屬/烹調
隨園食單四卷　（清）袁枚撰　清嘉慶元年（1796）刻本　一册

330000－1701－0045870　SBC1698　子部/儒家類/儒學之屬/經濟
西山讀書記乙集上大學衍義四十三卷　（宋）真德秀撰　明刻本　一册　存四卷（二十七至三十）

330000－1701－0045872　普 811.37/0700/c2　類叢部/叢書類/彙編之屬
榆園叢刻十五種附一種　（清）許增編　清同治至光緒刻本　二册　存一種

330000－1701－0045873　普 679.5/1128　子部/工藝類/文房四寶之屬/硯
硯林小品一卷　（清）張崇鈞撰　清乾隆四十年（1775）留春堂刻本　一册

330000－1701－0045874　普 811.37/0014.2/c2　類叢部/叢書類/彙編之屬
懷豳雜俎十二種　徐乃昌編　清光緒至宣統南陵徐氏刻本　一册　存一種

330000－1701－0045875　普 811.37/0700/c3　類叢部/叢書類/彙編之屬
榆園叢刻十五種附一種　（清）許增編　清同治至光緒刻本　二册　存一種

330000－1701－0045877　普 811.37/0700/c4　類叢部/叢書類/彙編之屬
榆園叢刻十五種附一種　（清）許增編　清同治至光緒刻本　二册　存一種

330000－1701－0045879　SBC1692　類叢部/類書類/通類之屬
山堂肆考二百四十卷　（明）彭大翼撰　（明）張幼學編　明刻本　十三册　存五十七卷（角集四十至四十八、徵集一至四十八）

330000－1701－0045880　普 811.37/0036/c1　集部/詞類/別集之屬
射雕詞二卷續鈔一卷　（清）應寶時撰　清光緒十年（1884）吳中、十四年（1888）古越刻本　一册

330000－1701－0045882　普 811.37/0744/c1　集部/詞類/別集之屬
消愁集二卷附詩一卷　（清）沈蔣英撰　郭鑒編　清光緒三十三年至三十四年（1907－1908）刻本　一册

330000－1701－0045884　普 679.5/2545　子部/工藝類/文房四寶之屬/硯
硯小史四卷　（清）朱棟撰　清嘉慶五年（1800）樓外樓刻民國二十四年（1935）高氏寒隱草堂補刻本　四册

330000－1701－0045885　普 811.37/0036/c2　集部/詞類/別集之屬
射雕詞二卷續鈔一卷　（清）應寶時撰　清光緒十年（1884）吳中、十四年（1888）古越刻本　一册

330000－1701－0045886　普 811.37/1085　集部/詞類/別集之屬
茂陵秋雨詞二卷　（清）王錫振撰　清咸豐九年（1859）嘉平王氏京師寓廬刻本　一册

330000－1701－0045887　普 951.009822/8346/2/c2　類叢部/叢書類/自著之屬
嘉定錢氏潛研堂全書二十一種　（清）錢大昕撰　清光緒十年（1884）長沙龍氏家塾刻本

二十册　存一種

330000－1701－0045888　普 811.37/0744/c2　集部/詞類/別集之屬

消愁集二卷附詩一卷　（清）沈蔣英撰　郭鑒編　清光緒三十三年至三十四年（1907－1908）刻本　一册

330000－1701－0045889　普 811.37/0400　集部/詞類/別集之屬

春草堂詞集二卷　（清）謝堃撰　清道光十年（1830）秣陵王日華刻本　一册

330000－1701－0045890　GP12994　集部/別集類/清別集

樊山集二十八卷續集二十八卷公牘三卷批判十五卷時文一卷　樊增祥撰　**二家詠古詩一卷二家試帖二卷二家詞鈔五卷**　樊增祥編　清光緒十九年至三十二年（1893－1906）刻本　二册　存八卷（二家詠古詩、二家試帖一至二、二家詞鈔一至五）

330000－1701－0045892　普 679.5/2642　子部/工藝類/文房四寶之屬/硯

端溪硯史三卷　（清）吳蘭修撰　清咸豐九年（1859）古歙葉硯農刻本　一册

330000－1701－0045893　普 811.37/0036/c3　集部/詞類/別集之屬

射雕詞二卷續鈔一卷　（清）應寶時撰　清光緒十年（1884）吳中、十四年（1888）古越刻本　一册

330000－1701－0045894　SBC1697　史部/紀傳類/正史之屬

元史二百十卷目錄二卷　（明）宋濂　（明）王禕等撰　明洪武三年（1370）內府刻嘉靖九年至十年（1530－1531）南京國子監重修本　八册　存三十一卷（八至十、二十五至二十八、三十三至三十五、五十至五十三、九十二至九十四、九十八至一百一、一百七十三至一百七十七、一百八十四至一百八十八）

330000－1701－0045895　普 811.37/0744/c3　集部/詞類/別集之屬

消愁集二卷附詩一卷　（清）沈蔣英撰　郭鑒編　清光緒三十三年至三十四年（1907－1908）刻本　一册

330000－1701－0045896　SBC1701　子部/醫家類/綜合之屬

古今醫統大全一百卷　（明）徐春甫輯　明刻本　二十册　存四十三卷（一至二、四、六至十二、十四、二十三至二十四、四十三至四十六、四十八至五十、六十一、六十五至七十五、八十至八十五、九十六至一百）

330000－1701－0045897　普 811.37/0472　集部/詞類/別集之屬

小蘇潭詞六卷　（清）謝學崇撰　清道光十年（1830）刻本　四册

330000－1701－0045898　普 811.37/0036/c4　集部/詞類/別集之屬

射雕詞二卷續鈔一卷　（清）應寶時撰　清光緒十年（1884）吳中、十四年（1888）古越刻本　一册

330000－1701－0045899　普 811.37/0744/c4　集部/詞類/別集之屬

消愁集二卷附詩一卷　（清）沈蔣英撰　郭鑒編　清光緒三十三年至三十四年（1907－1908）刻本　一册

330000－1701－0045900　普 691/4048/3/c1　類叢部/叢書類/自著之屬

隨園三十八種　（清）袁枚撰　清光緒十八年（1892）勤裕堂鉛印本　一册　存一種

330000－1701－0045901　GP04960　史部/傳記類/總傳之屬/家乘

［湖南桂陽］桂陽大灣夏氏三修譜九卷　（清）夏佑簡纂修　清光緒十年（1884）崇校堂刻本　五册

330000－1701－0045902　普 811.37/1094　集部/詞類/別集之屬

紫雲詞一卷　（清）丁煒撰　清康熙希鄴堂刻本　一册

330000－1701－0045903　普 691/4048/3/c2

類叢部/叢書類/自著之屬
隨園三十六種 (清)袁枚撰 清光緒十八年(1892)上海圖書集成印書局鉛印本 一冊 存一種

330000－1701－0045904 普 811.37/0472/(2) 集部/詞類/别集之屬
小蘇潭詞五卷 (清)謝學崇撰 清道光四年(1824)刻本 一冊 存四卷(一至四)

330000－1701－0045905 普 811.37/0802 集部/詞類/别集之屬
師竹軒詞鈔一卷 (清)許謹身撰 清咸豐八年(1858)師卯敦室刻本 一冊

330000－1701－0045906 普 811.37/0472/(3) 集部/詞類/别集之屬
小蘇潭詞五卷 (清)謝學崇撰 清道光刻本 四冊

330000－1701－0045907 普 811.37/0832/c1 集部/别集類
偕園吟草五卷雜詠一卷 許禧身撰 清宣統元年(1909)鉛印本 一冊

330000－1701－0045908 GP04962 史部/地理類/水利
浙江通志水利海防十四卷 (清)李衛 (清)嵇曾筠等修 (清)沈翼機 (清)傅王露等纂 清光緒五年(1879)墨潤堂刻本 六冊

330000－1701－0045909 普 811.37/0832/c2 集部/别集類
偕園吟草五卷雜詠一卷 許禧身撰 清宣統元年(1909)鉛印本 一冊

330000－1701－0045910 普 320.1/1730 史部/政書類
政藝叢書癸卯全書十六種 鄧實編 清光緒二十九年(1903)政藝通報館石印本 十二冊 存十五種

330000－1701－0045911 GP04973 子部/天文曆算類/算書之屬
求一得齋述算 (清)陳志堅撰 清光緒三十二年(1906)上海文明書局刻本 二冊 存一種

330000－1701－0045912 普 811.37/0832/c3 集部/别集類
偕園吟草五卷雜詠一卷 許禧身撰 清宣統元年(1909)鉛印本 一冊

330000－1701－0045913 普 691/4048/4 類叢部/叢書類/自著之屬
隨園三十種 (清)袁枚撰 清乾隆至嘉慶刻本 一冊 存一種

330000－1701－0045914 普 664.4/1097 類叢部/叢書類/彙編之屬
楝亭藏書十二種 (清)曹寅編 清康熙四十五年(1706)揚州詩局刻本 一冊 存一種

330000－1701－0045916 GP12934 經部/小學類/文字之屬/字書
班馬字類二卷 (宋)婁機撰 清康熙揚州馬氏叢書樓刻本 五冊

330000－1701－0045918 普 811.37/08321 集部/詞類/别集之屬
玉井山館詞一卷 (清)許宗衡撰 清咸豐十一年(1861)刻本 一冊

330000－1701－0045919 普 811.37/1106 集部/詞類/别集之屬
煙波漁唱四卷 (清)張應昌撰 **聞妙香室詞一卷** (清)陸堋撰 **青藜精舍詩鈔一卷** (清)張應鼎撰 **話雨齋詩鈔一卷** (清)張興仁撰 清道光二十四年(1844)刻本 二冊

330000－1701－0045920 GP04966 子部/小說家類/瑣語之屬
青泥蓮花記十三卷 (明)梅鼎祚撰 清宣統二年(1910)北平古槐書屋石印本 四冊

330000－1701－0045921 SBC1705 史部/政書類/通制之屬
杜氏通典二百卷 (唐)杜佑撰 明嘉靖李元陽刻本 十九冊 存七十七卷(四十四至四十七、五十二至五十四、六十五至七十九、八十四至一百四、一百十一至一百三十、一百五十四至一百五十七、一百六十二至一百六十

五、一百七十一至一百七十三、一百八十三至一百八十四、一百八十八）

330000－1701－0045922　普665.5/6022　新學/礦務/礦學
取濾火油法一卷附圖一卷　（美國）日得烏特撰　（英國）秀耀春　（美國）衛理譯　清光緒二十六年（1900）江南製造局刻本　一册

330000－1701－0045924　SBC1703　子部/農家農學類/園藝之屬/花卉
蘭蕙摘要一卷　清眠雲精舍抄本　一册

330000－1701－0045925　GP04967　經部/小學類/音韻之屬/韻書
五方元音二卷　（清）樊騰鳳撰　（清）年希堯增補　清光緒三年（1877）上海瑯環小築刻本　二册

330000－1701－0045926　GP12987　史部/傳記類/别傳之屬/年譜
孟子年譜二卷　（清）曹之升撰　清嘉慶十八年（1813）遂初堂刻本　二册

330000－1701－0045927　普951.009822/8346/3　史部/史評類/考訂之屬
廿二史考異二十三卷　（清）錢大昕撰　清上海鴻寶齋石印本　六册

330000－1701－0045928　SBC1702　類叢部/叢書類/自著之屬
守閒齋叢稿二十八卷　（清）蔡錫崑撰　稿本　三十二册

330000－1701－0045930　普665.5/8065　新學/礦務/礦學
美國提煉煤油法一卷附圖一卷　（清）孫士頤　（清）蘇鋭釗編譯　清光緒三十一年（1905）江南製造局鉛印本　一册

330000－1701－0045931　GP12996　類叢部/叢書類/家集之屬
篤素堂全集四種　（清）張英　（清）張廷玉撰　清光緒五年至十七年（1879－1891）刻彙印本　一册　存一種

330000－1701－0045933　SBC1704　子部/雜著類
雜記不分卷　清抄本　一册

330000－1701－0045934　普951.009823/1347　史部/史評類/考訂之屬
武英殿本二十三史考證不分卷　（清）□□輯　清刻本　三十册

330000－1701－0045936　GP12997　子部/天文曆算類/曆法之屬
［清嘉慶元年至光緒十七年］欽定七政四餘萬年書不分卷　清光緒刻本　四册

330000－1701－0045937　GP12988　類叢部/叢書類/彙編之屬
正覺樓叢刻（正覺樓叢書）二十九種　（清）崇文書局編　清光緒崇文書局刻本　一册　存一種

330000－1701－0045938　普320.1/1730/（2）　史部/政書類
政藝叢書癸卯全書十六種　鄧實編　清光緒二十九年（1903）政藝通報館石印本　十四册

330000－1701－0045939　普811.37/1106/2/c1　集部/詞類/别集之屬
煙波漁唱一卷補鈔一卷續鈔一卷附鈔一卷　（清）張應昌撰　清道光二十四年（1844）刻本　一册

330000－1701－0045941　GP12989　類叢部/叢書類/彙編之屬
正覺樓叢刻（正覺樓叢書）二十九種　（清）崇文書局編　清光緒崇文書局刻本　一册　存一種

330000－1701－0045942　普811.37/1004　類叢部/叢書類/彙編之屬
榆園叢刻十五種附一種　（清）許增編　清同治至光緒刻本　一册　存二種

330000－1701－0045944　SBC1712　子部/雜著類/雜纂之屬
玉屑叢鈔不分卷　稿本　雪士題記　一册

330000－1701－0045945　GP12990、GP12991　類叢部/叢書類/彙編之屬

正覺樓叢刻(正覺樓叢書)二十九種　(清)崇文書局編　清光緒崇文書局刻本　二冊　存二種

330000－1701－0045946　普811.37/1106/2/c2　集部/詞類/別集之屬

煙波漁唱一卷補鈔一卷續鈔一卷附鈔一卷　(清)張應昌撰　清道光二十四年(1844)刻本　一冊　存一卷(煙波漁唱)

330000－1701－0045948　普666.1/4433　子部/工藝類/日用器物之屬/陶瓷

景德鎮陶録十卷　(清)藍浦撰　(清)鄭廷桂補輯　清刻本　四冊

330000－1701－0045950　SBC1710　史部/地理類/輿圖之屬/全國

九州圖一卷　清抄本　一冊

330000－1701－0045951　SBC1709　子部/天文曆算類/天文之屬

天文書不分卷　清抄本　一冊

330000－1701－0045954　普320.1/1730.2　史部/政書類

政藝叢書乙巳全書十六種　鄧實編　清光緒三十一年(1905)政藝通報館鉛印本　十二冊

330000－1701－0045955　GP04972　經部/小學類/文字之屬

增訂釋文虚字解六卷　(清)張文炳撰　(清)王士駿釋文　清光緒二十三年(1897)黄巖抱冬心館活字印學仕叢鈔附編本　鍔跋題記　一冊

330000－1701－0045956　普811.37/1022　集部/詞類/別集之屬

秋蓮子詞前稿一卷後稿二卷　(清)王僧保撰　清道光二十九年(1849)刻本　二冊

330000－1701－0045958　普320.1/3643　子部/雜著類/雜説之屬

危言四卷　湯震　(湯壽潛)撰　清光緒二十二年(1896)上海圖書集成印書局鉛印本　一冊

330000－1701－0045960　普811.37/1023　集部/詞類/別集之屬

紫荃山館詩餘偶存一卷　(清)石贊清撰　清光緒九年(1883)和州飽源深上海刻本　一冊

330000－1701－0045962　普320.1/4056/c1　子部/儒家類/儒學之屬/經濟

盱江經濟一斑十六卷　(宋)李覯撰　清光緒二十九年(1903)文來書局石印本　二冊

330000－1701－0045963　普320.1/4438/7　類叢部/叢書類/自著之屬

黄梨洲先生遺書　(清)黄宗羲撰　清光緒二十四年(1898)浉紹奎照石印本　二冊　存一種

330000－1701－0045964　GP04978　經部/書類/書序之屬

書序攷異一卷　王詠霓撰　清光緒刻本　一冊

330000－1701－0045965　普811.37/1045　集部/詞類/別集之屬

東遊草一卷鶴野詞一卷　(清)王翰青撰　清道光八年(1828)十笏齋刻本　二冊

330000－1701－0045966　普320.1/4056/c2　子部/儒家類/儒學之屬/經濟

盱江經濟一斑十六卷　(宋)李覯撰　清光緒二十九年(1903)文來書局石印本　二冊

330000－1701－0045967　普811.37/1112/2　集部/詞類/別集之屬

憶雲詞甲稾一卷乙稾一卷丙稾一卷丁稾一卷刪存一卷補遺一卷　(清)項廷紀撰　清光緒二十五年(1899)思賢書局刻本　一冊

330000－1701－0045968　普951.009824/3193　史部/傳記類/總傳之屬/姓名

史姓韻編六十四卷　(清)汪輝祖撰　清刻本　十六冊

330000－1701－0045969　GP04979　史部/目録類/總録之屬/官修

京師圖書分館藏書目八卷　京師圖書館編　清末油印本　章嶔題記　三册

330000－1701－0045970　普 320.1/4056/c3　子部/儒家類/儒學之屬/經濟
盱江經濟一斑十六卷　(宋)李覯撰　清光緒二十九年(1903)文來書局石印本　二册

330000－1701－0045971　普 811.37/1073/2　集部/詞類/别集之屬
半塘定稾二卷賸稾一卷　(清)王鵬運撰　清光緒三十一年至三十二年(1905－1906)朱祖謀小放下庵刻本　一册

330000－1701－0045972　GP04980　史部/政書類/公牘檔册之屬
學界罪言三卷　(清)知恥同人輯　清光緒三十三年(1907)石印本　一册

330000－1701－0045973　普 320.1/4438/8　類叢部/叢書類/彙編之屬
海粟樓叢書九種　(清)華焯編　清崇仁華氏刻本　一册　存一種

330000－1701－0045974　普 323.09/1037　史部/政書類
三通　清乾隆十二年至十四年(1747－1749)武英殿刻本　二百四十册

330000－1701－0045976　普 811.37/1117　類叢部/叢書類/家集之屬
瑞安南堤項氏叢書　清光緒刻本　一册　存一種

330000－1701－0045977　GP12992　類叢部/叢書類/自著之屬
抗希堂十六種(抗希堂全集)　(清)方苞撰　清康熙至嘉慶刻彙印本　四十一册　存十四種

330000－1701－0045978　普 951.009824/3193/2/c1　史部/傳記類/總傳之屬/姓名
史姓韻編六十四卷　(清)汪輝祖撰　清光緒十年(1884)慈溪馮氏耕餘樓鉛印本　十六册

330000－1701－0045980　GP04981　史部/雜史類/外紀之屬
日本年代攷一卷　(清)譚祖綸輯　清刻本　一册

330000－1701－0045983　普 811.37/11171　集部/詞類/别集之屬
冰壺詞六卷　(清)張雲驤撰　清光緒十二年(1886)刻本　二册

330000－1701－0045984　普 951.009824/3193/2/c2　史部/傳記類/總傳之屬/姓名
史姓韻編六十四卷　(清)汪輝祖撰　清光緒十年(1884)慈溪馮氏耕餘樓鉛印本　十六册

330000－1701－0045985　SBC1708　集部/總集類/選集之屬/通代
珠江集□□卷　(清)陶元藻撰　清抄本　一册　存一卷(上)

330000－1701－0045986　GP04982　子部/道家類
南華真經正義三十三卷識餘一卷　(清)陳壽昌撰　清刻本　一册　存一卷(識餘)

330000－1701－0045988　普 811.37/1153/c2　集部/詞類/别集之屬
横經堂詩餘二卷　(清)張泰初撰　清光緒二年(1876)刻本　清戈載題記　一册

330000－1701－0045989　普 811.37/1138　集部/别集類/清别集
漁浦草堂詩餘二卷　(清)張道撰　清咸豐六年(1856)刻本　一册

330000－1701－0045990　普 320.11/4641　新學/議論/論政
政教進化論一卷　(日本)加藤弘之撰　(清)楊廷棟譯　清光緒二十八年(1902)出洋學生編輯所鉛印本　一册

330000－1701－0045992　普 951.009824/3193/2/c3　史部/傳記類/總傳之屬/姓名
史姓韻編六十四卷　(清)汪輝祖撰　清光緒十年(1884)慈溪馮氏耕餘樓鉛印本　十六册

330000－1701－0045993　普 811.37/1127

集部/詞類/總集之屬

蕙雪詞四卷 （清）張絢撰　**夢龕詞一卷** （清）張修府撰　清光緒十一年（1885）貴陽刻本　一冊

330000－1701－0045994　SBC1745　史部/目録類/通論之屬/考訂

羣書斠識初稾不分卷 （清）平步青撰　稿本　清雪扶題記　五冊

330000－1701－0045995　普 811.37/1073.2　集部/詞類/別集之屬

半塘定稾二卷賸稾一卷 （清）王鵬運撰　清光緒三十一年至三十二年（1905－1906）朱祖謀小放下庵刻本　一冊

330000－1701－0045996　SBC1713　子部/雜著類/雜纂之屬

小窗四紀四種（小窗自紀四卷別紀四卷豔紀不分卷清紀不分卷） （明）吳從先輯　明萬曆刻本　三冊　存別紀一、清紀

330000－1701－0045997　普 320.1/4438/3/c1　類叢部/叢書類/自著之屬

黃梨洲先生遺書二種 （清）黃宗羲撰　（清）黃承乙校　清光緒五年（1879）餘姚黃氏五桂樓刻本　一冊　存一種

330000－1701－0046000　普 320.1/4438/3/c2　類叢部/叢書類/自著之屬

黃梨洲先生遺書二種 （清）黃宗羲撰　（清）黃承乙校　清光緒五年（1879）餘姚黃氏五桂樓刻本　一冊　存一種

330000－1701－0046001　GP04987　類叢部/叢書類/自著之屬

汪雙池先生叢書二十種附浙刻雙池遺書十二種 （清）汪紱撰　清道光至光緒刻光緒二十三年（1897）長安趙舒翹等彙印本　一冊　存一種

330000－1701－0046003　普 320.2/3144　史部/政書類

校邠廬抗議二卷 （清）馮桂芬撰　清光緒十八年（1892）敏德堂潘氏刻本　二冊

330000－1701－0046004　GP04983　集部/別集類/明別集

陳臥子先生安雅堂稿十五卷兵垣奏議二卷 （明）陳子龍撰　**陳臥子先生傳一卷** （清）高燮撰　清宣統二年（1910）上海時中書局鉛印本　二冊　存二卷（兵垣奏議一至二）

330000－1701－0046005　GP13000　類叢部/叢書類/彙編之屬

後知不足齋叢書四十七種 （清）鮑廷爵編　清同治至光緒常熟鮑氏刻本　一冊　存一種

330000－1701－0046007　普 811.37/1161　類叢部/叢書類/自著之屬

寒松閣集五種 （清）張鳴珂撰　清光緒十年至二十四年（1884－1898）嘉興張氏刻本　一冊　存二種

330000－1701－0046008　SBC1715　史部/金石類/石之屬

隘庵石鼓集帖不分卷　清抄本　一冊

330000－1701－0046009　普 320.1/4438/4　類叢部/叢書類/彙編之屬

二老閣叢書四十二種 （清）鄭風編　清康熙至嘉慶刻本　一冊　存一種

330000－1701－0046011　普 811.37/1129.2　集部/詞類/別集之屬

鶴南韭館雜箸　清光緒刻本　一冊　存一種

330000－1701－0046013　GP04984　史部/傳記類/總傳之屬/釋道

居士傳五十六卷 （清）彭紹升撰　**二林居唱和詩一卷** （清）彭紹升等撰　清乾隆四十年（1775）王廷言刻本　三冊

330000－1701－0046014　SBC1719　類叢部/叢書類/彙編之屬

書三味樓叢書六十五種 （清）張應時編　清嘉慶十年至道光五年（1805－1825）張氏書三味樓刻本　一冊　存二種

330000－1701－0046015　普 320.1/4438/6/c1　子部/儒家類/儒學之屬/經濟

明夷待訪錄一卷 （清）黃宗羲撰　清末刻本

一册

330000－1701－0046016　GP04985　經部/三禮總義類/名物制度之屬

廟制圖考四卷　(清)萬斯同撰　清乾隆三十年(1765)辨志堂刻本　二册

330000－1701－0046017　GP04988　史部/傳記類/總傳之屬/家乘

[浙江嘉善]孟氏支譜五卷首一卷　(清)張錫戊纂修　清咸豐五年(1855)刻本　二册

330000－1701－0046018　SBC1718　史部/政書類

見聞零拾不分卷　清抄本　一册

330000－1701－0046019　普951.009824/3193/3/c1　史部/傳記類/總傳之屬/姓名

史姓韻編六十四卷　(清)汪輝祖撰　清光緒十年(1884)石印本　十二册

330000－1701－0046021　普951.009824/3193/3/c2　史部/傳記類/總傳之屬/姓名

史姓韻編六十四卷　(清)汪輝祖撰　清光緒十年(1884)石印本　十二册

330000－1701－0046022　GP04986　史部/詔令奏議類/奏議之屬

滇黔奏議十卷　(清)劉嶽昭撰　(清)劉鎮楚　(清)劉錫恩編　清光緒十四年(1888)刻本　六册

330000－1701－0046023　GP13003　史部/紀傳類/别史之屬

國史儒林傳二卷文苑傳二卷循吏傳一卷賢良傳二卷　(清)阮元撰　清刻本　一册　存二卷(文苑傳一至二)

330000－1701－0046024　普320.1/4438/6/c2　子部/儒家類/儒學之屬/經濟

明夷待訪録一卷　(清)黄宗羲撰　清末刻本　一册

330000－1701－0046025　普320.1/4438/6/c3　子部/儒家類/儒學之屬/經濟

明夷待訪録一卷　(清)黄宗羲撰　清末刻本　一册

330000－1701－0046027　普811.37/1132　集部/詞類/總集之屬

緑竹詞二卷　(清)□□編　清同治刻本　一册　存一卷(緑雪館詞鈔)

330000－1701－0046028　普811.37/2110　集部/詞類/别集之屬

鞮芬室詞甲稿一卷　何震彝撰　清光緒三十三年(1907)上海點石齋鉛印本　一册

330000－1701－0046029　普811.37/1107　集部/詞類/别集之屬

露華榭詞□□卷　(清)張詡撰　清嘉慶十四年(1809)刻本　一册　存一卷(一)

330000－1701－0046032　普811.37/1163/c2　集部/詞類/别集之屬

新蘅詞六卷外集一卷　(清)張景祁撰　清光緒九年(1883)百億梅花仙館刻本　二册

330000－1701－0046033　GP13008　史部/政書類/邦交之屬

越事備考諭旨一卷奏議三卷芻言六卷案畧二卷愚説一卷　(清)劉名譽輯　清光緒二十一年(1895)桂林劉名譽刻本(愚説一卷原缺)　四册

330000－1701－0046034　普320.2/3144/2　史部/政書類

校邠廬抗議二卷　(清)馮桂芬撰　清光緒二十四年(1898)刻本　二册

330000－1701－0046035　SBC1714　經部/小學類/文字之屬/字書/字典

字彙十二卷首一卷末一卷韻法直圖一卷　(明)梅膺祚撰　**韻法横圖一卷**　(明)李世澤撰　明刻本　十四册

330000－1701－0046038　GP04991　史部/地理類/遊記之屬/紀行

蜀輶日記四卷　(清)陶澍撰　清道光五年(1825)刻本　四册

330000－1701－0046039　普320.44/7115/3

史部/政書類

自強學齋治平十議　(清)自强學齋主人輯　清光緒十九年至二十三年(1893－1897)文瑞樓石印本　二册　存一種

330000－1701－0046040　普 811.37/1206　集部/别集類/清别集

倚闌詞一卷　(清)孫麟趾撰　清咸豐刻本　邵建題記　一册

330000－1701－0046042　普 811.37/2112　集部/詞類/别集之屬

鞮芬室詞甲稿一卷　何震彝撰　**櫻雲閣詞一卷**　(清)李家璿撰　清光緒三十二年(1906)鉛印本　一册

330000－1701－0046043　GP13009　史部/政書類/邦交之屬

越事備考諭旨一卷奏議三卷芻言六卷案畧二卷愚説一卷　(清)劉名譽輯　清光緒二十一年(1895)桂林劉名譽刻本(愚説一卷原缺)　四册

330000－1701－0046044　普 811.37/1214　集部/詞類/類編之屬

小檀欒室彙刻閨秀詞十集一百種　徐乃昌編　清光緒二十一年至二十二年(1895－1896)南陵徐乃昌刻本　一册　存一種

330000－1701－0046045　普 951.009824/3193/4　史部/傳記類/總傳之屬/姓名

史姓韻編六十四卷　(清)汪輝祖撰　清同治九年(1870)金陵書局木活字印本　二十四册

330000－1701－0046046　SBC1727　集部/總集類/題詠之屬

西湖仝遊草一卷　張光弟等撰　稿本　一册

330000－1701－0046048　SBC1729　史部/金石類/金之屬/圖像

古錢銅器不分卷　清拓本　二册

330000－1701－0046049　GP04992　集部/總集類/彙編之屬

西江詩派韓饒二集　沈曾植編　清宣統二年(1910)姚埭沈氏刻本　二册　存一種

330000－1701－0046050　普 811.37/1223/c1　集部/詞類/别集之屬

寄龕詞問六卷　(清)孫德祖撰　清光緒二十六年(1900)長興王承湛古綏述廬刻本　一册

330000－1701－0046051　普 811.37/2133/1/c1　集部/詞類/别集之屬

心盦詞存四卷　(清)何兆瀛撰　清同治十二年(1873)江寧何氏武林刻本　二册

330000－1701－0046052　普 320.44/4337　史部/職官類/官箴之屬

學仕録十六卷　(清)戴肇辰輯　清同治六年(1867)刻本　八册

330000－1701－0046053　GP04994　集部/總集類/郡邑之屬

廣東文獻初集十八卷二集九卷三集十七卷四集二十六卷　(清)羅學鵬編　清嘉慶刻同治二年(1863)春輝堂印本　二十六册

330000－1701－0046055　普 811.37/1223/c2　集部/詞類/别集之屬

寄龕詞問六卷　(清)孫德祖撰　清光緒二十六年(1900)長興王承湛古綏述廬刻本　一册

330000－1701－0046056　普 323.09/3643/c1　史部/政書類

三通考輯要　湯壽潛輯　清光緒二十五年(1899)圖書集成局鉛印本　三十册

330000－1701－0046058　普 811.37/1223/c3　集部/詞類/别集之屬

寄龕詞問六卷　(清)孫德祖撰　清光緒二十六年(1900)長興王承湛古綏述廬刻本　一册

330000－1701－0046059　普 951.009824/3193/5/c1　史部/傳記類/總傳之屬/姓名

史姓韻編二十四卷　(清)汪輝祖撰　清光緒二十九年(1903)上海文瀾書局石印本　八册

330000－1701－0046060　SBC1731　集部/别集類/清别集

王風一卷　丁立誠撰　清抄本　一册

330000－1701－0046061　普 811.37/2180　集部/詞類/别集之屬
瓀琈山房紅樓夢詞一卷補遺一卷　(清)何鏞撰　清光緒十一年(1885)上海木活字印本　一册

330000－1701－0046062　SBC1726　史部/傳記類/日記之屬
回里日記一卷(清宣統元年二月十二至二十三日)　張光第撰　稿本　一册

330000－1701－0046063　普 951.009824/3193/5/c2　史部/傳記類/總傳之屬/姓名
史姓韻編二十四卷　(清)汪輝祖撰　清光緒二十九年(1903)上海文瀾書局石印本　八册

330000－1701－0046064　GP04993　史部/政書類/軍政之屬/邊政
中俄界約斠注七卷首一卷　錢恂撰　清光緒二十年(1894)上海醉六堂刻本　二册

330000－1701－0046065　普 811.37/1228　集部/詞類/别集之屬
紅蕚詞二卷　(清)孔傳鐸撰　(清)顧彩評　清康熙闕里孔氏刻本　四册

330000－1701－0046066　SBC1732　集部/别集類/清别集
詩稿不分卷　清抄本　二册

330000－1701－0046067　普 951.009824/3193/5/c3　史部/傳記類/總傳之屬/姓名
史姓韻編二十四卷　(清)汪輝祖撰　清光緒二十九年(1903)上海文瀾書局石印本　八册

330000－1701－0046068　普 811.37/2133/1/c2　集部/詞類/别集之屬
心盦詞存四卷　(清)何兆瀛撰　清同治十二年(1873)江寧何氏武林刻本　一册

330000－1701－0046069　普 320.44/7115/2/c1　史部/地理類/外紀之屬
適可齋記言四卷記行六卷　(清)馬建忠撰　清光緒二十二年(1896)刻本　二册　存四卷(記言一至四)

330000－1701－0046070　SBC1720　子部/醫家類/養生之屬
新鐫衛生真訣二卷　(明)羅□□撰　明辛豐居士刻本　一册

330000－1701－0046071　GP04995　集部/小説類/短篇之屬
新選今古奇聞二十二卷　(清)王寅撰　清光緒十三年(1887)上海東璧山房刻本　六册

330000－1701－0046073　GP13011　史部/傳記類/總傳之屬
鶴徵録八卷首一卷　(清)李集輯　(清)李富孫　(清)李遇孫續輯　**鶴徵後録十二卷首一卷**　(清)李富孫輯　清嘉慶漾葭老屋刻同治十一年(1872)補刻本　六册

330000－1701－0046074　GP04997　史部/詔令奏議類/奏議之屬
皇朝道咸同光奏議六十四卷　(清)王延熙　(清)王樹敏輯　清光緒二十八年(1902)上海久敬齋石印本　二十八册

330000－1701－0046075　普 811.37/2287　集部/詞類/别集之屬
斷水詞三卷　(清)樂鈞撰　清嘉慶刻本　木公題記　一册

330000－1701－0046077　GP04998　集部/别集類/清别集
袖中近體詩初刻一卷　(清)鄭鳴皋撰　清刻本　一册

330000－1701－0046078　普 320.44/7115/2/c2　史部/地理類/外紀之屬
適可齋記言四卷記行六卷　(清)馬建忠撰　清光緒二十二年(1896)刻本　四册

330000－1701－0046079　普 811.37/1264　集部/詞類/别集之屬
闕里孔氏詞鈔五卷　(清)孔昭薰輯　清道光十九年(1839)孔氏玉虹樓刻本　一册

330000－1701－0046080　普 323.09/3643/c2　史部/政書類
三通考輯要　湯壽潛輯　清光緒二十五年

(1899)圖書集成局鉛印本　三十冊

330000－1701－0046081　SBC1724　史部/雜史類/斷代之屬
却掃編三卷　(宋)徐度撰　明崇禎虞山毛晉汲古閣刻津逮秘書本　周大輔題記　三冊

330000－1701－0046082　SBC1733　子部/宗教類/佛教之屬
誦持不輟不分卷　清戴有恒抄本　清戴有恒題簽並記　一冊

330000－1701－0046083　普 811.37/2374　集部/詞類/別集之屬
刈蘭詞一卷刈蘭軒牌兒名集句一卷附集曲牌名詞句一卷附迴文體一卷　(清)傅隱蘭撰　清光緒二年(1876)刻本　一冊

330000－1701－0046084　SBC1734　子部/天文曆算類/天文之屬
星歌彙抄不分卷　清同治二年(1863)戴有恒抄本　清戴有恒題簽並記　一冊

330000－1701－0046085　GP04999　類叢部/叢書類/家集之屬
求可堂兩世遺書五種　(清)廖冀亨　(清)廖鴻章撰　清光緒永定廖氏刻本　一冊　存一種

330000－1701－0046086　普 323.09/3643/c3　史部/政書類
三通考輯要　湯壽潛輯　清光緒二十五年(1899)圖書集成局鉛印本　六十冊

330000－1701－0046087　普 811.37/2449/c2　類叢部/叢書類/彙編之屬
榆園叢刻十五種附一種　(清)許增編　清同治至光緒刻本　二冊　存一種

330000－1701－0046088　GP05000　類叢部/叢書類/家集之屬
求可堂兩世遺書五種　(清)廖冀亨　(清)廖鴻章撰　清光緒永定廖氏刻本　一冊　存一種

330000－1701－0046089　普 811.37/2620　集部/詞類/別集之屬
藝香詞鈔四卷　(清)吳綺撰　清乾隆四十一年(1776)衷白堂刻本　一冊

330000－1701－0046090　GP13004　集部/別集類/清別集
寄龕試律賸二卷附刻一卷　(清)王祖光撰　清光緒二十六年(1900)鹿城巡署且園刻朱印本　二冊

330000－1701－0046091　普 320.44/7545/c1　史部/職官類/官箴之屬
從政緒餘錄七卷　(清)陳坤輯　清光緒九年(1883)如不及齋刻本　四冊

330000－1701－0046093　GP05001　類叢部/叢書類/自著之屬
玉屏山房存稿　(清)郭師古撰　清光緒十二年(1886)清芬堂刻本　一冊　存一種

330000－1701－0046096　普 320.44/7545/c2　史部/職官類/官箴之屬
從政緒餘錄七卷　(清)陳坤輯　清光緒九年(1883)如不及齋刻本　三冊　缺一卷(一)

330000－1701－0046097　SBC1744　子部/雜著類
見聞襍記不分卷　稿本　沈伯虞題記　一冊

330000－1701－0046101　普 320.92/1162　史部/傳記類/總傳之屬/仕宦
歷代名吏錄四卷　(清)張星徽輯　清雍正十一年(1733)湖山草堂刻本　四冊

330000－1701－0046102　普 811.37/2640/c1　集部/詞類/別集之屬
百萼紅詞二卷　(清)吳鼒撰　清光緒五年(1879)合肥張開敏刻本　二冊

330000－1701－0046103　GP13005　子部/儒家類/儒學之屬/禮教/女範
聶氏重編家政學二卷　曾紀芬編　清光緒三十年(1904)浙江官書局刻本　二冊

330000－1701－0046104　普 323.09/4037　史部/政書類

九通　(清)□□輯　清光緒二十八年(1902)上海鴻寶書局石印本　章嶔題記　二百一冊　缺三十六卷(欽定續通志一百五十三至一百八十八)

330000－1701－0046105　普811.37/2522　集部/詞類/别集之屬
知止堂詞錄三卷　(清)朱綬撰　清光緒二十年(1894)湖南思賢書局刻本　一冊

330000－1701－0046106　GP13013　子部/小説家類/異聞之屬
夜譚隨錄十二卷　(清)和邦額撰　清乾隆緯文堂刻本　六冊

330000－1701－0046107　SBC1741　史部/傳記類/日記之屬
癸未日記不分卷(清光緒九年一月一日至九月二十五日)　清末抄本　二冊

330000－1701－0046108　普811.37/2640/c2　集部/詞類/别集之屬
百萼紅詞二卷　(清)吳肅撰　清光緒五年(1879)合肥張開敏刻本　二冊

330000－1701－0046109　SBC1742　史部/政書類/律令之屬
蒙山錄□□卷　清抄本　一冊　存一卷(五)

330000－1701－0046111　普811.37/2642/c1　集部/詞類/别集之屬
桐花閣詞一卷補遺一卷　(清)吳蘭修撰　清宣統三年(1911)番禺汪氏刻本　一冊

330000－1701－0046112　GP13006　子部/儒家類/儒學之屬/禮教/女範
聶氏重編家政學二卷　曾紀芬編　清光緒三十年(1904)浙江官書局刻本　二冊

330000－1701－0046113　普811.37/1742　集部/詞類/别集之屬
江東詞稿一卷　(清)尹恭保撰　清光緒七年(1881)刻本　一冊

330000－1701－0046114　普811.37/2528/c1　集部/詞類/别集之屬
曝書亭集詞註七卷　(清)朱彝尊撰　(清)李富孫注　清嘉慶十九年(1814)嘉興李氏校經廎刻道光九年(1829)補刻本　四冊

330000－1701－0046116　GP05003　史部/傳記類/别傳之屬/事狀
合肥相國七十賜壽圖一卷附壽言一卷　(清)楊宗濂　(清)盛宣懷等輯　清光緒十八年(1892)海軍石印書局石印本　六冊

330000－1701－0046117　普323.09/4037/2　史部/政書類
九通　(清)□□輯　清光緒八年至二十二年(1882－1896)浙江書局刻本　九百九十九冊　缺三卷(皇朝通志一百二十四至一百二十六)

330000－1701－0046118　普811.37/2642/c2　集部/詞類/别集之屬
桐花閣詞一卷補遺一卷　(清)吳蘭修撰　清宣統三年(1911)番禺汪氏刻本　一冊

330000－1701－0046119　普811.37/2528/c2　集部/詞類/别集之屬
曝書亭集詞註七卷　(清)朱彝尊撰　(清)李富孫注　清嘉慶十九年(1814)嘉興李氏校經廎刻道光九年(1829)補刻本　清退庵題記　四冊

330000－1701－0046120　普811.37/2642/c3　集部/詞類/别集之屬
桐花閣詞一卷補遺一卷　(清)吳蘭修撰　清宣統三年(1911)番禺汪氏刻本　一冊

330000－1701－0046121　GP05006、GP05007　類叢部/叢書類/彙編之屬
風雨樓祕笈留真十種　鄧實編　清宣統元年至民國六年(1909－1917)順德鄧氏風雨樓影印本　二冊　存二種

330000－1701－0046122　GP13014　類叢部/叢書類/彙編之屬
正覺樓叢刻(正覺樓叢書)二十九種　(清)崇文書局編　清光緒崇文書局刻本　一冊　存二種

330000－1701－0046123　SBC1743　集部/小說類/長篇之屬

第一奇書金瓶梅一百回　(明)蘭陵笑笑生撰　清抄本　一冊　存六回(二十至二十五)

330000－1701－0046124　GP13007　子部/儒家類/儒學之屬/禮教/女範

聶氏重編家政學二卷　曾紀芬編　清光緒三十年(1904)浙江官書局刻本　二冊

330000－1701－0046125　普 811.37/2528/c3　集部/詞類/别集之屬

曝書亭集詞註七卷　(清)朱彝尊撰　(清)李富孫注　清刻本　四冊

330000－1701－0046126　GP13015　類叢部/叢書類/彙編之屬

正覺樓叢刻(正覺樓叢書)二十九種　(清)崇文書局編　清光緒崇文書局刻本　一冊　存二種

330000－1701－0046127　普 811.37/2528/(2)　集部/詞類/别集之屬

曝書亭集詞註七卷　(清)朱彝尊撰　(清)李富孫注　清刻本　三冊

330000－1701－0046128　SBC1740　子部/雜著類/雜説之屬

薜帷瑣語□□卷　(明)吳浙撰　稿本　五冊　存二十一卷(九至十二、二十一至三十七)

330000－1701－0046129　GP13016　類叢部/叢書類/彙編之屬

正覺樓叢刻(正覺樓叢書)二十九種　(清)崇文書局編　清光緒崇文書局刻本　一冊　存二種

330000－1701－0046130　普 811.37/2528/(3)　集部/詞類/别集之屬

曝書亭集詞註七卷　(清)朱彝尊撰　(清)李富孫注　清嘉慶十九年(1814)嘉興李氏校經廎刻道光九年(1829)補刻本　鳳稚題記　二冊

330000－1701－0046131　GP05004　經部/書類/傳説之屬

尚書後案三十卷附後辨一卷　(清)王鳴盛撰　清乾隆四十五年(1780)禮堂刻本　八冊

330000－1701－0046133　GP05005　經部/書類/傳説之屬

尚書後案三十卷附後辨一卷　(清)王鳴盛撰　清乾隆四十五年(1780)禮堂刻本　八冊

330000－1701－0046134　普 811.37/1814　集部/詞類/别集之屬

玉壺山房詞選二卷　(清)改琦撰　清道光八年(1828)華亭沈氏來鶴樓刻光緒補版印本　四冊

330000－1701－0046135　普 951.009824/3547　史部/紀傳類/正史之屬

二十四史附考證　清光緒十年(1884)上海同文書局石印本　七百十一冊

330000－1701－0046136　GP13017　子部/雜著類/雜考之屬

潛研堂答問十二卷　(清)錢大昕撰　清光緒七年(1881)謨觴室刻本　四冊

330000－1701－0046137　GP13025　史部/傳記類/科舉録之屬/歷科鄉試録

[光緒乙酉科]浙江鄉試同年齒錄不分卷　清光緒刻本　王修題記　四冊

330000－1701－0046138　GP13026　史部/傳記類/總傳之屬/忠孝

永康胡氏八烈序文一卷詩詞七卷　清同治四年(1865)胡氏退補齋刻本　二冊

330000－1701－0046141　普 323.09/4037.052　史部/政書類

九通通二百四十八卷首一卷　(清)劉可毅輯　清光緒二十八年(1902)武進劉氏石印本　六十冊

330000－1701－0046142　普 811.37/2644.2/c1　集部/詞類/别集之屬

花簾詞一卷　(清)吳藻撰　清道光三十年(1850)刻本　一冊

330000－1701－0046143　普 811.37/25281

集部/詞類/總集之屬
綠竹詞二卷　(清)□□編　清同治刻本　一冊　存一卷(萬竹樓詞選)

330000－1701－0046144　普 811.37/2644.2/c2　集部/詞類/別集之屬
花簾詞一卷　(清)吳藻撰　清道光三十年(1850)刻本　一冊

330000－1701－0046145　普 811.37/2644.2/c3　集部/詞類/別集之屬
花簾詞一卷　(清)吳藻撰　清道光三十年(1850)刻本　一冊

330000－1701－0046146　普 811.37/2684.2　集部/詞類/總集之屬
滄浪榭詞集　清光緒刻本　一冊　存一種

330000－1701－0046147　普 811.37/2855　集部/詞類/別集之屬
無敂詞剩一卷　(清)徐奉世撰　清宣統三年(1911)義州李氏名山堂石印本　一冊

330000－1701－0046148　普 811.37/2560　集部/詞類/別集之屬
百緣語業一卷　(清)朱昂撰　清乾隆三十二年(1767)刻本　清殷泉跋　一冊

330000－1701－0046150　普 811.37/2591　集部/別集類/清別集
武原竹枝詞一卷附一卷　(清)朱恒撰　清咸豐六年(1856)巢雲書屋刻本　清悼蘭龕主題簽並記　一冊

330000－1701－0046151　GP05013　集部/別集類/清別集
遯夫詩草二卷　(清)朱小唐撰　清繞翠齋木活字印本　二冊

330000－1701－0046152　普 323.09/4037.05　史部/政書類
九通分類總纂二百四十卷　(清)汪鍾霖輯　清光緒二十八年(1902)上海文瀾書局石印本　八十冊

330000－1701－0046154　GP05011　史部/傳記類/總傳之屬/忠孝
接賢齋校訂註解二十四孝日記故事一卷　清同治六年(1867)常熟留真堂刻本　一冊

330000－1701－0046155　普 811.37/2644.2/(2)　集部/詞類/別集之屬
花簾詞一卷　(清)吳藻撰　清道光十年(1830)趙慶熺刻本　二冊

330000－1701－0046156　普 811.37/2712/c1　類叢部/叢書類/郡邑之屬
粟香室叢書五十九種　金武祥編　清光緒至民國江陰金氏刻本　一冊　存一種

330000－1701－0046157　普 811.37/2619　集部/別集類/清別集
小梅花館詩集六卷詞集三卷　(清)吳廷燮撰　清光緒四年(1878)刻本　一冊　存三卷(詞集一至三)

330000－1701－0046158　普 811.37/3104.2/c1　集部/詞類/別集之屬
眉綠樓詞八卷　(清)顧文彬撰　清光緒十年(1884)吳下刻本　四冊

330000－1701－0046159　GP05012　史部/傳記類/總傳之屬/忠孝
二十四孝圖不分卷　清刻本　一冊

330000－1701－0046160　普 811.37/2644.2/(2)/c2　集部/詞類/別集之屬
花簾詞一卷香南雪北詞一卷　(清)吳藻撰　清道光二十四年(1844)刻道光三十年(1850)續刻本　二冊

330000－1701－0046161　GP05014　子部/雜著類/雜考之屬
傅莫菴先生博雅錄十二卷　(清)傅學沆撰　清嘉慶刻本　二冊

330000－1701－0046162　普 323.09/4424/4　史部/政書類
三通　清咸豐九年(1859)崇仁謝氏刻本　四十冊　存一種

330000－1701－0046163　普 811.37/3104.2/

c2、普 811.37/3104.3　集部/詞類/別集之屬
眉綠樓詞八卷　(清)顧文彬撰　清光緒十年(1884)吳下刻本　四冊

330000－1701－0046164　普 323.09/4424/2/c1　史部/政書類/通制之屬
通典二百卷　(唐)杜佑撰　清同治十年(1871)廣東學海堂刻本　四十冊

330000－1701－0046166　普 811.37/2712/c2　類叢部/叢書類/郡邑之屬
粟香室叢書五十九種　金武祥編　清光緒至民國江陰金氏刻本　一冊　存一種

330000－1701－0046167　普 811.37/2644.3/c1　集部/詞類/別集之屬
香南雪北詞一卷　(清)吳藻撰　清道光三十年(1850)刻本　王存善題記　一冊

330000－1701－0046168　普 811.37/2671　集部/詞類/別集之屬
玉玲瓏館詞存三卷曲存一卷　(清)魏熙元撰　清光緒十六年(1890)杭州魏氏一樹冬青書屋刻本　一冊

330000－1701－0046169　普 811.37/2811　集部/詞類/別集之屬
純飛館詞初稿一卷　徐珂撰　清光緒十九年(1893)鎮江何恩煜上海刻本　一冊

330000－1701－0046170　GP05010　史部/地理類/外紀之屬
皇清職貢圖九卷　(清)傅恒等撰　清乾隆武英殿刻本　十六冊

330000－1701－0046171　普 811.37/3104.4　集部/詞類/別集之屬
眉綠樓詞八卷　(清)顧文彬撰　清光緒十年(1884)吳下刻本　蘭簃題簽　一冊　存一卷(蜨板新聲)

330000－1701－0046172　普 811.37/2644.3/c2　集部/詞類/別集之屬
香南雪北詞一卷　(清)吳藻撰　清道光三十年(1850)刻本　一冊

330000－1701－0046173　普 811.37/2671/2　集部/詞類/別集之屬
玉玲瓏館詞存三卷曲存一卷詩詞贅草二卷　(清)魏熙元撰　清光緒十六年(1890)、二十二年(1896)杭州魏氏一樹冬青草堂刻本　銓題記　一冊

330000－1701－0046174　GP13027　史部/政書類/邦計之屬/荒政
永康胡氏試費義田記一卷　清同治四年(1865)退補齋刻本　一冊

330000－1701－0046175　普 811.37/2815　集部/詞類/總集之屬
徐氏一家詞四種　(清)徐琪編　清光緒三十四年(1908)刻本　一冊　存一種

330000－1701－0046176　普 811.37/2644.3/(2)　集部/詞類/別集之屬
香南雪北詞一卷　(清)吳藻撰　清道光三十年(1850)刻本　二冊

330000－1701－0046177　普 323.09/4424/2/c2　史部/政書類/通制之屬
通典二百卷　(唐)杜佑撰　清同治十年(1871)廣東學海堂刻本　三十一冊　存一百五十三卷(一至一百二十二、一百七十至二百)

330000－1701－0046179　GP05018　新學/天學
天文略解二卷　(美國)李安德撰　(清)劉海瀾訂　清光緒二十二年(1896)京都匯文書院鉛印本　一冊

330000－1701－0046180　普 811.37/2831/c1　集部/詞類/別集之屬
攓雲閣詞一卷　(清)徐灝撰　清宣統三年(1911)南京刻民國十四年(1925)北京補刻朱印本　孫峻題簽並記　一冊

330000－1701－0046181　普 811.37/2664/c1　集部/詞類/別集之屬
聽秋聲館詞一卷　(清)吳恩埰撰　清光緒三十四年(1908)錢塘吳承湜長沙鉛印本　一冊

330000－1701－0046182　GP05016　史部/傳記類/總傳之屬/仕宦

歷代名臣傳節錄三十卷　(清)蕭培元錄訂　(清)崇厚增輯　清同治九年(1870)完顏崇厚雲蔭堂刻本　十册

330000－1701－0046183　GP13028　子部/兵家類/兵法之屬

武備地利四卷　(清)施永圖撰　清刻本　五册

330000－1701－0046184　普811.37/2831/c2　集部/詞類/别集之屬

攓雲閣詞一卷　(清)徐灝撰　清宣統三年(1911)南京刻民國十四年(1925)北京補刻朱印本　一册

330000－1701－0046185　普811.37/2831/c3　集部/詞類/别集之屬

攓雲閣詞一卷　(清)徐灝撰　清宣統三年(1911)南京刻民國十四年(1925)北京補刻朱印本　一册

330000－1701－0046186　GP05017　經部/群經總義類/文字音義之屬

鐃雙峰講義十六卷　(宋)饒魯撰　清乾隆刻本　四册

330000－1701－0046187　普811.37/31101　集部/詞類/别集之屬

種芸僊館詞三種　(清)馮登府撰　清道光十三年(1833)刻本　一册　存二種

330000－1701－0046188　普323.09/4424/c1　史部/政書類

九通　(清)□□輯　清光緒八年至二十二年(1882－1896)浙江書局刻本　五十册　存一種

330000－1701－0046189　普323.09/4424/c2　史部/政書類

九通　(清)□□輯　清光緒八年至二十二年(1882－1896)浙江書局刻本　四十九册　存一種

330000－1701－0046190　GP05019　子部/藝術類/音樂之屬/琴學

琴學叢書　楊宗稷輯　清宣統三年至民國十四年(1911－1925)楊氏刻本　一册　存一種

330000－1701－0046191　普811.37/2680　集部/詞類/别集之屬

有正味齋詞集八卷　(清)吳錫麒撰　清宣統元年(1909)掃葉山房石印本　二册

330000－1701－0046193　普811.37/2664/c2　集部/詞類/别集之屬

聽秋聲館詞一卷　(清)吳恩埰撰　清光緒三十四年(1908)錢塘吳承湜長沙鉛印本　一册

330000－1701－0046194　普811.37/2664/c3　集部/詞類/别集之屬

聽秋聲館詞一卷　(清)吳恩埰撰　清光緒三十四年(1908)錢塘吳承湜長沙鉛印本　一册

330000－1701－0046195　普811.37/2664/c4　集部/詞類/别集之屬

聽秋聲館詞一卷　(清)吳恩埰撰　清光緒三十四年(1908)錢塘吳承湜長沙鉛印本　一册

330000－1701－0046196　GP05023　經部/書類/傳說之屬

書經題解二卷　(清)周丹林輯　清抄本　三册

330000－1701－0046197　GP05021　經部/小學類/文字之屬

新加九經字樣一卷　(唐)唐玄度撰　清刻本　二册

330000－1701－0046198　普811.37/2684　類叢部/叢書類/家集之屬

十髪盦叢書二種　程頌萬編　清光緒刻彙印本　一册　存一種

330000－1701－0046199　SBC1735　史部/金石類/郡邑之屬/目録

越中金石録一卷　(清)沈復燦撰　清抄本　一册

330000－1701－0046200　GP05024　經部/春秋總義類/傳說之屬

春秋經傳類求十二卷　(清)孫從添　(清)過臨汾撰　(清)吳禧祖校定　清乾隆二十四年(1759)舊名堂刻本　八册

330000－1701－0046201　SBC1755　集部/總集類/選集之屬/通代

新鍥焦太史彙選百家評林歷代古文珠璣十九卷　(明)焦竑輯　明萬曆刻本　十四册　存十七卷(一至九、十二至十九)

330000－1701－0046202　GP05022　史部/傳記類/總傳之屬/家乘

[貴州福泉]重修楊氏小宗祠譜五卷　(清)楊裕深纂修　清咸豐七年(1857)清白堂刻本　四册

330000－1701－0046203　普 811.37/3138　集部/詞類/别集之屬

雨屋深鐙詞一卷續稿一卷　汪兆鏞撰　清宣統三年(1911)、民國十七年(1928)鉛印本　一册

330000－1701－0046204　SBC1736　集部/總集類/氏族之屬

湖墅錢氏家集四十七種　(清)錢錫賓　(清)錢錫銈輯　清抄本　五册　存九種

330000－1701－0046205　普 811.37/3180　集部/詞類/别集之屬

城北草堂詩餘二卷詞餘一卷　(清)顧夔撰

小鄉嬛室詩餘殘稾一卷　(清)王清霞撰　清光緒十三年至十四年(1887－1888)刻本　一册

330000－1701－0046206　普 323.09/4424/5/c1　史部/政書類

三通　清乾隆十二年至十四年(1747－1749)武英殿刻本　三十六册　存一種

330000－1701－0046207　普 323.09/4424/5/c3　史部/政書類

三通　清乾隆十二年至十四年(1747－1749)武英殿刻本　四十册　存一種

330000－1701－0046209　普 323.09/4424/6　史部/政書類/通制之屬

通典二百卷　(唐)杜佑撰　清道光木活字印本　四十册

330000－1701－0046210　普 323.09/4424.02/c1　史部/政書類

九通　(清)□□輯　清光緒八年至二十二年(1882－1896)浙江書局刻本　四十册　存一種

330000－1701－0046211　GP05025　新學/兵制/陸軍

戰術學三卷　(日本)細田謙藏譯述　(日本)稻村新六參訂　清光緒南洋公學譯書院鉛印本　四册

330000－1701－0046212　普 811.37/31446　集部/詞類/别集之屬

扁舟載酒詞一卷　(清)江藩撰　清嘉慶二十年(1815)刻本　一册

330000－1701－0046213　普 811.37/3281.2/c1　集部/詞類/别集之屬

詠花詞一卷養閒雜錄一卷　(清)潘曾瑋撰　清光緒十三年(1887)刻本　一册

330000－1701－0046215　普 323.09/4424/5/c4　史部/政書類

三通　清乾隆十二年至十四年(1747－1749)武英殿刻本　四十册　存一種

330000－1701－0046216　普 811.37/3148　集部/别集類/清别集

悔翁詩鈔十五卷補遺一卷詩餘五卷筆記六卷　(清)汪士鐸撰　清光緒九年(1883)合肥張氏味古齋刻本　二册　存五卷(詩餘一至五)

330000－1701－0046217　GP05026　經部/小學類/文字之屬/字書/字典

書契原恉十四卷　(清)陳致焕撰　清咸豐五年(1855)刻北涇艸堂印本　四册

330000－1701－0046218　SBC1747　集部/總集類

片言要錄不分卷　(清)王定祥輯　稿本　一册

330000－1701－0046219　普 811.37/3281.2/c2　集部/詞類/別集之屬
詠花詞一卷　(清)潘曾瑋撰　清光緒十三年(1887)刻本　一冊

330000－1701－0046220　普 811.37/3188　集部/別集類/清別集
雙橋小築詞存四卷集餘一卷　(清)江人鏡撰　清光緒十九年(1893)揚州運署題襟館刻本　二冊

330000－1701－0046221　普 323.09/4424.02/c2　史部/政書類
九通　(清)□□輯　清光緒八年至二十二年(1882－1896)浙江書局刻本　四十冊　存一種

330000－1701－0046222　普 811.37/31481　集部/詞類/別集之屬
拜石山房詞鈔四卷　(清)顧翰撰　清道光十四年(1834)刻本　一冊

330000－1701－0046223　普 811.37/3120　集部/詞類/別集之屬
願爲明鏡室詞稿二卷　(清)江順詒撰　清同治八年(1869)武林江順詒刻同治十二年(1873)重校本　一冊

330000－1701－0046225　普 323.09/4424/5/c2　史部/政書類
三通　清乾隆十二年至十四年(1747－1749)武英殿刻本　三十二冊　存一種

330000－1701－0046226　普 811.37/32811　類叢部/叢書類/自著之屬
香禪精舍集十種附一種另附四種　(清)潘鍾瑞撰　清光緒長洲潘氏香禪精舍刻本　一冊　存一種

330000－1701－0046227　GP05028　經部/小學類/訓詁之屬/群雅
拾雅二十卷　(清)夏味堂撰　(清)夏紀堂注　清道光二年(1822)刻高郵夏氏遂園印本　八冊

330000－1701－0046230　GP13031　類叢部/叢書類/彙編之屬
清風室叢書二十種　(清)錢保塘編　清同治十年至民國二十五年(1871－1936)海寧錢氏清風室刻本　一冊　存一種

330000－1701－0046231　SBC1748　類叢部/叢書類/自著之屬
澹盧遺書七種十一卷　(清)王治皞撰　(清)王定祥輯　清抄本　四冊

330000－1701－0046232　GP05029　子部/天文曆算類/天文之屬
圜天圖說三卷續編二卷首一卷　(清)李明徹撰　清嘉慶二十四年(1819)松梅軒刻道光元年(1821)增刻本　五冊

330000－1701－0046233　普 811.37/3214　集部/別集類/清別集
說劍堂集 九種　潘飛聲撰　清光緒刻本　一冊　存四種

330000－1701－0046234　普 811.37/3123/c1　類叢部/叢書類/自著之屬
隨山館全集七種附刻三種　(清)汪瑔撰　清光緒刻本　一冊

330000－1701－0046235　普 811.37/3289　集部/詞類/別集之屬
鸚鵡簾櫳詞鈔二卷　(清)潘曾瑩撰　清刻本　一冊

330000－1701－0046236　GP05032　子部/術數類/占候之屬
濬元六卷　(清)張必剛撰　清乾隆刻本　六冊

330000－1701－0046237　普 811.37/3372　集部/詞類/別集之屬
木南山館詞一卷　(清)梁履將撰　清光緒十八年(1892)賭棋山莊刻本　一冊

330000－1701－0046238　SBC1776　子部/醫家類
損傷不分卷　清抄本　一冊

330000－1701－0046239　普 811.37/3123/c2

類叢部/叢書類/自著之屬

隨山館全集七種附刻三種 (清)汪瑔撰 清光緒刻本 一册

330000-1701-0046245 SBC1775 史部/史表類/通代之屬

古今南人宰相表不分卷 (清)李慈銘撰 稿本 清沈大本跋 一册

330000-1701-0046248 GP13032 集部/別集類/清別集

稷山文集 陶濬宣撰 清光緒刻本 一册 存二種

330000-1701-0046249 普 811.37/3624 集部/詞類/類編之屬

侯鯖詞五種 (清)吳唐林編 清光緒十一年(1885)杭州吳氏刻本 一册 存二種

330000-1701-0046250 普 811.37/3124/2 集部/詞類/別集之屬

彈指詞三卷 (清)顧貞觀撰 清光緒四年(1878)枕經葄史齋刻本 一册

330000-1701-0046251 SBC1751 史部/金石類/石之屬

書孟孝琚碑後二章不分卷 清抄本 一册

330000-1701-0046253 普 323.09/4424/7 史部/政書類

九通全書 (清)□□輯 清光緒二十七年至二十八年(1901-1902)貫吾齋石印本 八册 存一種

330000-1701-0046254 SBC1738 史部/史評類/詠史之屬

南宋雜事詩七卷 (清)沈嘉轍等撰 清抄本 一册 存一卷(七)

330000-1701-0046255 SBC1774 史部/傳記類/別傳之屬/事狀

小谷口紀事畫引[鄭祖琛]一卷 (清)鄭祖琛撰 清抄本 一册

330000-1701-0046256 普 811.37/3414 類叢部/叢書類/自著之屬

校禮堂全集六種 (清)凌廷堪撰 清嘉慶至道光刻本 一册 存一種

330000-1701-0046257 普 811.37/4037.2/c1 集部/詞類/別集之屬

暗香疏影齋詞鈔一卷 (清)志潤撰 清光緒三十年(1904)上海新昌書局鉛印本 一册

330000-1701-0046258 GP05033 史部/傳記類/總傳之屬/釋道

中原仙彙八卷補遺一卷 (清)李子端 (清)吳東纂著 **丹經品目彙一卷** (清)吳東 (清)馮汝城等校錄 清康熙刻本 六册

330000-1701-0046259 GP05037 類叢部/叢書類/自著之屬

邃雅堂全集九種 (清)姚文田撰 清嘉慶至光緒歸安姚氏刻本 四册 存一種

330000-1701-0046260 SBC1765 史部/雜史類/斷代之屬

靖逆記六卷 (清)盛大士撰 清抄本 一册 存三卷(一至三)

330000-1701-0046262 普 811.37/3432 集部/別集類/清別集

鸝吹不分卷 (明)沈宜修撰 清乾隆刻本 二册

330000-1701-0046263 普 811.37/4022 集部/詞類/別集之屬

左庵詩餘八卷 (清)繼昌撰 清光緒刻本 四册

330000-1701-0046264 普 811.37/3632 集部/詞類/別集之屬

賸水殘山一卷附思舊詩一卷 (清)湯遐齡撰 清乾隆刻本 一册

330000-1701-0046265 GP05038 類叢部/叢書類/彙編之屬

觀自得齋叢書二十三種別集六種 (清)徐士愷編 清光緒十三年至二十年(1887-1894)石埭徐氏刻本 一册 存一種

330000-1701-0046266 SBC1766 集部/別

集類/清別集
儀宋齋初稿□□卷 (清)王采藻撰 清抄本 一冊 存一卷(一)

330000－1701－0046268 SBC1761 集部/別集類/清別集
避暑山莊五福五代堂記一卷 (清)永瑢撰 清抄本 一冊

330000－1701－0046269 GP13075 子部/雜著類/雜説之屬
瘀言二卷 (清)趙曾望撰 清光緒十八年(1892)石印本 一冊

330000－1701－0046271 普 811.37/3633/c1 集部/詞類/別集之屬
空青館詞稿三卷 (清)邊浴禮撰 清道光十八年(1838)刻本 一冊

330000－1701－0046272 普 811.37/34321 集部/詞類/別集之屬
蛙溪鼓吹詞二卷 (清)沈寶禾撰 清道光四年(1824)聽松堂刻本 一冊

330000－1701－0046273 普 811.37/3231 集部/詞類/別集之屬
香隱盦詞二卷 (清)潘遵璈撰 清咸豐八年(1858)蘇州潘氏家刻本 一冊

330000－1701－0046274 GP05039 類叢部/叢書類/自著之屬
箋經室叢書三種 曹元忠撰輯 清光緒十九年至二十七年(1893－1901)曹氏箋經室刻本 一冊 存一種

330000－1701－0046275 SBC1764 史部/地理類/水利之屬
海塘稿抄不分卷 清抄本 一冊

330000－1701－0046276 普 811.37/4022.2 集部/詞類/別集之屬
左菴詞話二卷 (清)繼昌撰 清光緒刻朱印本 一冊 存一卷(二)

330000－1701－0046277 普 811.37/3131.3 集部/詞類/別集之屬
藕絲詞四卷 (清)汪淵撰 清光緒七年(1881)新安茹古堂刻本 二冊

330000－1701－0046278 SBC1768 集部/詩文評類/詩評之屬
論詩隨筆一卷 唐人偶評一卷 清抄本 一冊

330000－1701－0046279 普 811.37/3633/c2 集部/詞類/別集之屬
空青館詞稿三卷 (清)邊浴禮撰 清道光十八年(1838)刻本 一冊

330000－1701－0046280 普 811.37/3433 類叢部/叢書類/自著之屬
話山草堂遺集二種 (清)沈道寬撰 清光緒三年(1877)潤州榷署刻本 一冊 存一種

330000－1701－0046281 GP05034 類叢部/叢書類/自著之屬
石屋書四種 (清)曹金籀撰 清同治仁和曹氏刻本 二冊 存一種

330000－1701－0046282 普 811.37/3137 集部/詞類/別集之屬
滄江虹月詞三卷 (清)汪初撰 清嘉慶九年(1804)汪氏振綺堂刻光緒十五年(1889)汪曾唯增刻本 一冊

330000－1701－0046283 普 811.37/3444/c1 集部/詞類/別集之屬
消愁集二卷附詩一卷 (清)沈蔣英撰 郭鑒編 清光緒三十三年至三十四年(1907－1908)刻本 一冊

330000－1701－0046285 GP05040 類叢部/叢書類/自著之屬
澹靜齋全集六種 (清)龔景瀚撰 清道光六年(1826)恩錫堂刻本 一冊 存一種

330000－1701－0046286 SBC1762 史部/傳記類/日記之屬
微蟲世界一卷 清抄本 一冊

330000－1701－0046287 GP13076 類叢部/叢書類/彙編之屬

湖海樓叢書十二種 （清）陳春編 清嘉慶蕭山陳氏湖海樓刻二十四年(1819)彙印本 一册 存一種

330000－1701－0046289 普811.37/3444/c2 集部/詞類/别集之屬
消愁集二卷附詩一卷 （清）沈蔣英撰 郭鑒編 清光緒三十三年至三十四年(1907－1908)刻本 一册

330000－1701－0046290 普811.37/3444/c3 集部/詞類/别集之屬
消愁集二卷附詩一卷 （清）沈蔣英撰 郭鑒編 清光緒三十三年至三十四年(1907－1908)刻本 一册

330000－1701－0046291 普811.37/4037.2/c2 集部/詞類/别集之屬
暗香疏影齋詞鈔一卷 （清）志潤撰 清光緒三十年(1904)上海新昌書局鉛印本 一册

330000－1701－0046293 SBC1769 史部/金石類/石之屬/題跋
當湖金石文存不分卷 清抄本 一册

330000－1701－0046294 普811.37/3444/c4 集部/詞類/别集之屬
消愁集二卷附詩一卷 （清）沈蔣英撰 郭鑒編 清光緒三十三年至三十四年(1907－1908)刻本 一册

330000－1701－0046296 GP05041 經部/小學類
字學三種三卷 （清）傅雲龍輯 清同治十三年(1874)德清傅雲龍味腴山館刻本 一册

330000－1701－0046297 普811.3084/2010/2/1/c2 集部/詞類/類編之屬
宋名家詞六十一種 （明）毛晉編 清光緒十四年(1888)錢塘汪氏刻本 一册 存一種

330000－1701－0046299 普811.37/3137/2/c1 集部/詞類/别集之屬
滄江虹月詞三卷 （清）汪初撰 清嘉慶九年(1804)汪氏振綺堂刻光緒十五年(1889)汪曾唯增刻本 一册

330000－1701－0046300 普811.37/4042 集部/詞類/别集之屬
海棠巢詞稿一卷 （清）李若虚撰 清咸豐十一年(1861)刻本 一册

330000－1701－0046301 SBC1770 子部/術數類
杭州地區地理録不分卷 清抄本 一册

330000－1701－0046302 普811.37/3137/2/c2 集部/詞類/别集之屬
滄江虹月詞三卷 （清）汪初撰 清嘉慶九年(1804)汪氏振綺堂刻光緒十五年(1889)汪曾唯增刻本 一册

330000－1701－0046303 SBC1760 集部/詩文評類/詩評之屬
懷夢樓學詩筆記□□卷 （清）孟濤撰 清抄本 二册 存二卷(一、四)

330000－1701－0046304 普811.37/4017 集部/别集類/清别集
邃懷堂全集三十八卷 （清）袁翼撰 清光緒十三年至十四年(1887－1888)袁鎮嵩刻本 一册 存二卷(小清容山館詞鈔一至二)

330000－1701－0046305 GP05042 子部/叢編
子書百家 （清）崇文書局編 清光緒元年(1875)湖北崇文書局刻本 一册 存一種

330000－1701－0046306 SBC1771 子部/術數類/陰陽五行之屬
神火精不分卷 清抄本 一册

330000－1701－0046308 普811.37/3137/2/c3 集部/詞類/别集之屬
滄江虹月詞三卷 （清）汪初撰 清嘉慶九年(1804)汪氏振綺堂刻光緒十五年(1889)汪曾唯增刻本 一册

330000－1701－0046309 普811.37/3242 集部/詞類/别集之屬
鵠泉山館詞一卷 （清）潘觀保撰 清光緒十五年(1889)復始堂刻本 一册

330000－1701－0046311　普 811.37/3137/2/c4　集部/詞類/別集之屬

滄江虹月詞三卷　(清)汪初撰　清嘉慶九年(1804)汪氏振綺堂刻光緒十五年(1889)汪曾唯增刻本　陳寶琛題記　一冊

330000－1701－0046313　普 811.37/3137/3　集部/詞類/別集之屬

滄江虹月詞三卷　(清)汪初撰　清嘉慶九年(1804)汪氏振綺堂刻光緒十五年(1889)汪曾唯增刻本　三冊

330000－1701－0046314　SBC1759　集部/別集類/清別集

九曲山房詩鈔十六卷　(清)宗聖垣撰　清抄本　一冊　存四卷(五至八)

330000－1701－0046316　普 811.37/4062　集部/詞類/別集之屬

縫月軒詞錄一卷續錄一卷　(清)李恩綬撰　清光緒三十年(1904)上海蜚英書館石印本　一冊

330000－1701－0046317　GP05046　新學

江南製造局譯書　(清)江南製造局編　清光緒江南製造局鉛印本　一冊　存一種

330000－1701－0046320　普 811.37/3278　集部/詞類/別集之屬

冰甌館詞鈔一卷　(清)張丙炎撰　清光緒十一年(1885)刻本　一冊

330000－1701－0046321　GP13078　類叢部/叢書類/自著之屬

亭林先生遺書彙輯二十三種附錄三種　(清)顧炎武撰　(清)席威　(清)朱記榮編　清光緒十一年至三十二年(1885－1906)吳縣朱氏槐廬家塾刻本　一冊　存一種

330000－1701－0046323　普 811.37/4073　類叢部/叢書類/自著之屬

適園叢稿十四種　(清)袁學瀾撰　清同治十一年(1872)序香溪草堂刻本　一冊　存一種

330000－1701－0046324　GP13018　新學/史志/政記

瑞士變政記三卷附錄一卷　(清)趙秀偉譯　清光緒上海大同譯書局石印本　一冊

330000－1701－0046325　普 323.09/7107　史部/政書類

九通　(清)□□輯　清光緒八年至二十二年(1882－1896)浙江書局刻本　一百五十冊　存一種

330000－1701－0046326　普 811.37/3281/c1　集部/詞類/別集之屬

玉洤詞一卷　(清)潘曾瑋撰　清咸豐四年(1854)蘇城徐元圃局刻本　一冊

330000－1701－0046328　GP13019　子部/雜著類/雜說之屬

中國魂二卷　梁啓超編　清光緒二十八年(1902)上海廣智書局鉛印本　一冊

330000－1701－0046329　普 323.09/4424.02/3/c1　史部/政書類

九通全書　(清)□□輯　清光緒二十七年至二十八年(1901－1902)貫吾齋石印本　六冊　存一種

330000－1701－0046331　普 951.009824/3547/2　史部/紀傳類/正史之屬

二十四史　清同治至光緒五省官書局據汲古閣本等合刻光緒五年(1879)湖北書局彙印本(史記配清同治五年至九年(1866－1870)金陵書局刻本)　五百九十冊

330000－1701－0046332　普 811.37/3281/c2　集部/詞類/別集之屬

玉洤詞一卷　(清)潘曾瑋撰　清咸豐四年(1854)蘇城徐元圃局刻本　清姚景夔題記　一冊

330000－1701－0046333　普 323.09/4424.02/4　史部/政書類

九通　(清)□□輯　清光緒二十八年(1902)上海鴻寶書局石印本　八冊　存一種

330000－1701－0046335　普 323.09/4424.02/3/c2　史部/政書類

九通全書　(清)□□輯　清光緒二十七年至

二十八年(1901－1902)貫吾齋石印本　六冊　存一種

330000－1701－0046339　SBC1792　史部/地理類/遊記之屬/紀勝
西湖手鏡一卷　(明)季嬰撰　清抄本　一冊

330000－1701－0046340　GP13021　經部/群經總義類/授受源流之屬
傳經表一卷附通經表一卷　(清)畢沅撰　清光緒九年(1883)蛟川松筠書屋刻本　一冊　存一卷(通經表)

330000－1701－0046342　GP05062　經部/春秋左傳類/傳說之屬
左繡三十卷首一卷　(清)馮李驊　(清)陸浩評輯　清康熙書業堂刻本　十六冊

330000－1701－0046343　GP05052　史部/傳記類/别傳之屬/事狀
劉襄勤[錦棠]史傳稿一卷　何維樸撰　清宣統二年(1910)石印本　一冊

330000－1701－0046344　普 811.37/4416　類叢部/叢書類/自著之屬
黄氏隨筆五種附一種　(清)黄理撰　清光緒四年(1878)見谿書屋刻本　一冊　存一種

330000－1701－0046346　GP13022　子部/天文曆算類/算書之屬
集賢講舍算稿不分卷　崔朝慶編　清光緒二十二年(1896)刻本　二冊

330000－1701－0046347　GP05053　經部/小學類/訓詁之屬/譯語
廣彙全書四卷　(清)阿敦　(清)劉順　(清)桑格編　**聯珠集一卷**　(清)張天祈撰　清康熙四十一年(1702)聽松樓刻本　五冊

330000－1701－0046348　普 811.37/4422　集部/别集類/清别集
洗心書屋詩餘一卷　(清)葉以倌撰　清嘉慶十七年(1812)刻本　一冊

330000－1701－0046349　SBC1791　集部/總集類/郡邑之屬
當湖耆舊詩不分卷　清抄本　四冊

330000－1701－0046350　普 811.37/4402/c1　集部/詞類/别集之屬
芬陀利室詞集五卷遺集一卷嘯古堂詩遺集一卷　(清)蔣敦復撰　**麗農山人事實雜錄一卷**　(清)王韜輯　清光緒十一年(1885)長洲王韜淞隱廬刻本　二冊

330000－1701－0046351　SBC1758　子部/藝術類/書畫之屬/總論
庚子銷夏記八卷　(清)孫承澤撰　清乾隆二十五年至二十六年(1760－1761)鮑廷博、鄭竺刻本　一冊　存四卷(一至四)

330000－1701－0046352　普 811.37/4402/c2　集部/詞類/别集之屬
芬陀利室詞集五卷遺集一卷嘯古堂詩遺集一卷　(清)蔣敦復撰　**麗農山人事實雜錄一卷**　(清)王韜輯　清光緒十一年(1885)長洲王韜淞隱廬刻本　二冊

330000－1701－0046353　普 811.37/4214　集部/詞類/别集之屬
洮湖漁隱詞鈔二卷　(清)彭君穀撰　清光緒木活字印本　一冊

330000－1701－0046354　普 811.37/4402/c3　集部/詞類/别集之屬
芬陀利室詞集五卷遺集一卷嘯古堂詩遺集一卷　(清)蔣敦復撰　**麗農山人事實雜錄一卷**　(清)王韜輯　清光緒十一年(1885)長洲王韜淞隱廬刻本　二冊

330000－1701－0046355　普 323.09/4424.02/5　史部/政書類
九通全書　(清)□□輯　清光緒二十七年至二十八年(1901－1902)貫吾齋石印本　五冊　存一種

330000－1701－0046356　普 811.37/4423　集部/詞類/别集之屬
鑄鐵詞一卷　(清)董受祺撰　清光緒二十五年(1899)刻本　一冊

330000－1701－0046357　GP05054　史部/傳

記類/總傳之屬/姓名

内閣漢票簽中書舍人題名一卷續編一卷補遺一卷續補遺一卷 (清)鮑康等輯 清咸豐至光緒刻本 二册

330000－1701－0046358 普811.37/4402.2 集部/詞類/别集之屬

和茶烟閣體物詞一卷 (清)茹敦和撰 清刻本 一册

330000－1701－0046359 GP13023 史部/政書類/軍政之屬/兵制

軍隊内務條例不分卷 (清)北洋陸軍編譯局編譯 清光緒三十二年(1906)北洋陸軍編譯局鉛印本 一册

330000－1701－0046360 SBC1790 集部/别集類/清别集

游藝軒小草一卷 (清)沈泰撰 清抄本 一册

330000－1701－0046363 普323.09/7107/2 史部/政書類/通制之屬

文獻通考三百四十八卷 (元)馬端臨撰 清道光木活字印本 一百二十册

330000－1701－0046364 普811.37/4424 集部/詞類/别集之屬

秋夢盦詞鈔二卷續一卷再續一卷 (清)葉衍蘭撰 清光緒十六年(1890)番禺葉氏羊城刻本 一册

330000－1701－0046365 普909.023/4428 史部/史表類/通代之屬

四裔編年表四卷 (清)李鳳苞輯 清光緒二十三年(1897)石印本 四册

330000－1701－0046367 SBC1789 集部/别集類/清别集

詩稿不分卷 清抄本 聽蕉跋 二册

330000－1701－0046368 普811.37/4403/2 集部/詞類/别集之屬

采香詞二卷 (清)杜文瀾撰 清咸豐十一年(1861)曼陀羅華閣刻本 一册

330000－1701－0046371 普811.37/4424/2 集部/詞類/别集之屬

秋夢盦詞鈔二卷 (清)葉衍蘭撰 清光緒十六年(1890)番禺葉氏羊城刻本 一册

330000－1701－0046372 普909.023/4428/2/c1 史部/史表類/通代之屬

四裔編年表四卷 (清)李鳳苞輯 清光緒江南製造總局刻本 四册

330000－1701－0046373 SBC1787 集部/别集類/清别集

龍江詩鈔偶存一卷鑒古修省編一卷 (清)愚亭老人撰 清抄本 一册

330000－1701－0046375 普811.37/44031 類叢部/叢書類/彙編之屬

曼陀羅華閣叢書十六種 (清)杜文瀾編 清咸豐至光緒秀水杜氏刻光緒十八年(1892)上海掃葉山房修補印本 二册 存一種

330000－1701－0046376 普811.37/4425 集部/詞類/别集之屬

白鶴山房詞鈔二卷 (清)葉紹本撰 清道光七年(1827)桂林使廨刻本 一册

330000－1701－0046379 GP13081 類叢部/叢書類/自著之屬

槐軒全集二十一種附九種 (清)劉沅撰 清咸豐至民國刻彙印本 一册 存一種

330000－1701－0046381 普811.37/4438 集部/詞類/别集之屬

一粟盦詞集二卷 蔡寶善撰 清宣統元年(1909)西安圖書館鉛印本 一册

330000－1701－0046382 普909.023/4428/2/c3 史部/史表類/通代之屬

四裔編年表四卷 (清)李鳳苞輯 清光緒江南製造總局刻本 四册

330000－1701－0046383 普811.37/44123 集部/詞類/别集之屬

眠鷗集遺詞一卷 (清)黄承勳撰 清光緒十一年(1885)仁和黄景洛揚州刻本 一册

330000－1701－0046385　GP13083　類叢部/叢書類/自著之屬
槐軒全集二十一種附九種　(清)劉沅撰　清咸豐至民國刻彙印本　一册　存一種

330000－1701－0046387　GP13082　類叢部/叢書類/自著之屬
槐軒全集二十一種附九種　(清)劉沅撰　清咸豐至民國刻彙印本　一册　存一種

330000－1701－0046388　普 811.37/4414　子部/藝術類/書畫之屬/題跋
五湖漁莊圖題詞四卷　(清)葉承桂輯　清咸豐三年(1853)石林園刻本　二册

330000－1701－0046392　GP05059　史部/地理類/雜志之屬
潮乘備采録二卷　(清)陳坤輯　清咸豐刻本　一册

330000－1701－0046393　普 811.37/4442/c2　集部/詞類/别集之屬
聊齋詞一卷　(清)蒲松齡撰　清宣統二年(1910)上海國學扶輪社鉛印本　一册

330000－1701－0046394　普 909.097/6096　新學/史志/諸國史
萬國史畧六卷　(美國)彼德巴利撰　(清)陳壽彭譯　清光緒三十二年(1906)江楚編譯官書局石印本　四册

330000－1701－0046397　GP13094　類叢部/叢書類/自著之屬
嘯松叢書　(清)余楙撰　清光緒刻本　四册　存九種

330000－1701－0046398　GP13086　類叢部/叢書類/彙編之屬
病手所輯中小學教科書　清光緒石印本　二册　存一種

330000－1701－0046400　SBC1777　經部/書類/傳説之屬
夏書一卷　(清)江先生注　蓼邨書屋解　清抄本　一册

330000－1701－0046401　普 811.37/3672　集部/詞類/别集之屬
弟一生修梅花館詞三卷附録一卷　況周頤撰　清光緒十八年(1892)刻本　一册

330000－1701－0046402　SBC1786　史部/傳記類/别傳之屬
小螺盦病榻憶語不分卷　(清)孫道乾撰　稿本　一册

330000－1701－0046404　SBC1785　集部/總集類/郡邑之屬
墟中十八詠一卷　(清)章大來輯　清抄本　一册

330000－1701－0046405　普 909.097/2712　史部/地理類/外紀之屬
萬國近政考略十六卷　(清)鄒弢撰　清光緒二十二年(1896)三借廬鉛印本　二册

330000－1701－0046406　GP05061　經部/春秋左傳類/傳説之屬
左傳事緯十二卷左傳字釋一卷　(清)馬驌撰　清光緒四年(1878)吳縣潘氏敏德堂刻本　十二册

330000－1701－0046407　SBC1795　子部/術數類/占候之屬
觀象玩占□□卷　題(唐)李淳風撰　清抄本　十二册　存四十二卷(一至四十二)

330000－1701－0046408　GP05066　史部/地理類/雜志之屬
日下尊聞録五卷　(清)□□撰　清咸豐二年(1852)安和軒刻本　二册

330000－1701－0046411　GP13095　集部/總集類/選集之屬/通代
古今體詩雲樣集八卷　(清)高敏輯　清刻本　一册

330000－1701－0046413　GP05065　史部/地理類/雜志之屬
日下尊聞録五卷　(清)□□撰　清咸豐四年(1854)京都韞寶齋刻本　一册

330000－1701－0046415　普 811.37/4298/c1　集部/詞類/別集之屬

菊壽盦詞稿四卷　(清)姚輝第撰　清同治八年(1869)木活字印本　一冊

330000－1701－0046416　SBC1814　經部/小學類/訓詁之屬/方言

輶軒使者絕代語釋別國方言十三卷　(漢)揚雄撰　(晉)郭璞注　明刻本　一冊　存七卷(一至七)

330000－1701－0046417　GP13096　類叢部/叢書類/郡邑之屬

粟香室叢書五十九種　金武祥編　清光緒至民國江陰金氏刻本　一冊　存一種

330000－1701－0046419　普 909.1/4414　史部/雜史類/斷代之屬

十九世大事紀畧一卷　(清)董瑞椿譯　清光緒刻本　一冊

330000－1701－0046420　普 811.37/4298/c2　集部/詞類/別集之屬

菊壽盦詞稿四卷　(清)姚輝第撰　清同治八年(1869)木活字印本　二冊

330000－1701－0046421　普 911.11/2631/2　史部/地理類/外紀之屬

海國圖志一百卷首一卷　(清)魏源撰　清光緒二十一年(1895)上海書局石印本　十四冊

330000－1701－0046422　普 911.11/0121/c1　史部/地理類/外紀之屬

五洲圖考不分卷　(清)龔柴　(清)許彬撰　清光緒二十四年(1898)上海徐家滙印書館鉛印本　四冊

330000－1701－0046423　普 911.11/1144　類叢部/叢書類/彙編之屬

海山仙館叢書五十六種　(清)潘仕成編　清道光二十五年至咸豐元年(1845－1851)番禺潘氏刻光緒十一年(1885)增刻彙印本　六冊

330000－1701－0046424　GP13097　子部/醫家類/綜合之屬/通論

醫方簡義六卷　(清)王清源撰　清光緒九年(1883)浙紹奎照樓刻本　四冊

330000－1701－0046425　普 811.37/4444　集部/詞類/別集之屬

花影吹笙詞鈔二卷小遊僊詞一卷　(清)葉英華撰　清光緒三年(1877)羊城刻本　一冊

330000－1701－0046426　SBC1783　集部/別集類/清別集

施閏章先生學餘詩集一卷　(清)施閏章撰

元人選元詩一卷　(元)董佐才等撰　清抄本　一冊

330000－1701－0046428　SBC1779　子部/藝術類/書畫之屬/總論

夢園書畫錄二十六卷附搨本碑帖一卷　(清)方濬頤撰　清抄本　二冊　存一卷(搨本碑帖)

330000－1701－0046429　SBC1801　集部/別集類/清別集

樊榭山房集十卷續集十卷文集八卷　(清)厲鶚撰　清光緒七年(1881)領南述軒刻本　清斐仲過錄清翁方綱等批　一冊　存五卷(一至五)

330000－1701－0046430　普 911.11/2631/3　史部/地理類/外紀之屬

海國圖志一百卷首一卷　(清)魏源撰　清光緒二十四年(1898)文賢閣石印本　十四冊

330000－1701－0046431　GP05068　類叢部/叢書類/家集之屬

太谷遺箸　清光緒十三年(1887)刻本　一冊　存二種

330000－1701－0046432　GP13098　新學/史志/帝王傳

歐洲八大帝王傳不分卷　(英國)李提摩太撰　清光緒二十年(1894)上海廣學會鉛印本　一冊

330000－1701－0046434　普 911.11/2631/c1　史部/地理類/外紀之屬

海國圖志一百卷首一卷　(清)魏源撰　清咸豐二年(1852)古微堂刻本　二十四冊

330000－1701－0046435　普 811.37/44441/c1　集部/詞類/別集之屬

替竹盦詞五卷　(清)蔣彬若撰　清光緒三十一年(1905)鉛印本　一冊

330000－1701－0046436　普 911.11/2631/4　史部/地理類/外紀之屬

海國圖志一百卷首一卷　(清)魏源撰　清光緒二十一年(1895)上海積山書局石印本　十四冊

330000－1701－0046437　GP05069　集部/別集類/清別集

大桴山人偶存集三卷　(清)陳詩撰　清光緒四年(1878)刻本　一冊

330000－1701－0046438　普 911/0120　類叢部/叢書類

海存山館叢刻　清光緒刻本　三冊　存二種

330000－1701－0046439　普 811.37/4299/c1　集部/詞類/別集之屬

疏影樓詞四種　(清)姚燮撰　**種玉詞一卷**　(清)孫家穀撰　清道光十三年(1833)上湖草堂刻本　四冊

330000－1701－0046440　普 811.37/44441/c2　集部/詞類/別集之屬

替竹盦詞五卷　(清)蔣彬若撰　清光緒三十一年(1905)鉛印本　一冊

330000－1701－0046441　GP05083　集部/小說類/短篇之屬

閨閣才子奇書十二卷首一卷　(清)鴛湖煙水散人撰　清光緒十八年(1892)上海中和書局石印本　四冊

330000－1701－0046442　SBC1780　集部/別集類/清別集

田氏大年手稿不分卷　(清)田大年撰　稿本　一冊

330000－1701－0046444　普 811.37/4451/3　集部/詞類/別集之屬

水雲樓詞二卷續一卷　(清)蔣春霖撰　清光緒三十四年(1908)鉛印本　一冊

330000－1701－0046445　SBC1804　集部/別集類/清別集

煮雪編雜文二卷　(清)金再峰撰　稿本　一冊

330000－1701－0046446　普 811.37/4447/c1　集部/詞類/別集之屬

梅邊笛譜一卷　(清)蔣左賢撰　清光緒十五年(1889)刻本　一冊

330000－1701－0046447　普 911.11/2631/c2　史部/地理類/外紀之屬

海國圖志一百卷首一卷　(清)魏源撰　清同治七年(1868)刻本　二十四冊

330000－1701－0046449　普 811.37/4447/c2　集部/詞類/別集之屬

梅邊笛譜一卷　(清)蔣左賢撰　清光緒十五年(1889)刻本　一冊

330000－1701－0046450　普 911.11/0031　史部/地理類/外紀之屬

星軺日記類編七十六卷　席裕琨輯　清光緒二十八年(1902)雲間麗澤學會石印本　十六冊

330000－1701－0046451　普 911.11/2631/5　史部/地理類/外紀之屬

海國圖志一百卷首一卷　(清)魏源撰　清光緒十三年(1887)巴蜀善成堂刻本　三十二冊

330000－1701－0046453　普 811.37/4299/c2　集部/詞類/別集之屬

疏影樓詞四種　(清)姚燮撰　**種玉詞一卷**　(清)孫家穀撰　清道光十三年(1833)上湖草堂刻本　二冊

330000－1701－0046454　SBC1806　集部/詞類/總集之屬

詩餘清雋集四卷　(清)陶繼善輯　稿本　四冊

330000－1701－0046455　SBC1781　子部/道家類

老莊翼十一卷　(明)焦竑撰　明萬曆十六年(1588)王元貞刻本　四冊　存八卷(莊子翼

一至八）

330000－1701－0046456　普 811.37/4454　類叢部/叢書類/自著之屬
桐華閣叢書六種三十七卷　（清）杜貴墀撰　清光緒二十五年至三十三年(1899－1907)刻本　一冊　存一種

330000－1701－0046457　GP05071　類叢部/叢書類/彙編之屬
風雨樓祕笈留真十種　鄧實編　清宣統元年至民國六年(1909－1917)順德鄧氏風雨樓影印本　一冊　存一種

330000－1701－0046458　普 811.37/4299/(2)　集部/詞類/别集之屬
疏影樓詞四種　（清）姚燮撰　**種玉詞一卷**　（清）孫家穀撰　清道光十三年(1833)上湖草堂刻本　二冊

330000－1701－0046459　普 911.11/2631/6/c1　史部/地理類/外紀之屬
海國圖志六十卷　（清）魏源撰　清道光二十九年(1849)古微堂刻本　清郭氏題簽並記　二十四冊

330000－1701－0046460　SBC1807　史部/傳記類/總傳之屬/家乘
陸氏世譜一卷　清抄本　一冊

330000－1701－0046463　普 811.37/4299/(3)/c1　集部/詞類/别集之屬
疏影樓詞四種　（清）姚燮撰　清道光十三年(1833)上湖草堂刻本　一冊　存一種

330000－1701－0046464　GP05073　類叢部/叢書類/自著之屬
饔喜廬所著書　（清）傅雲龍撰　清光緒鉛印本暨石印本　一冊　存一種

330000－1701－0046465　普 911.11/0121/c2　史部/地理類/外紀之屬
五洲圖考不分卷　（清）龔柴　（清）許彬撰　清光緒二十八年(1902)上海徐家滙印書館鉛印本　四冊

330000－1701－0046466　GP05084　新學/格致總
格致啓蒙四卷　（英國）羅斯古纂　（美國）林樂知譯　（清）鄭昌棪譯　清光緒石印本　八冊

330000－1701－0046468　普 811.37/4461/c1　集部/别集類/清别集
藤香館詩删存四卷詞删存二卷　（清）薛時雨撰　清光緒五年(1879)刻本　一冊　存二卷(詞删存一至二)

330000－1701－0046469　普 811.37/4299/(3)/c2　集部/詞類/别集之屬
疏影樓詞四種　（清）姚燮撰　清道光十三年(1833)上湖草堂刻本　一冊　存一種

330000－1701－0046471　普 911.11/1020/c4　史部/地理類/外紀之屬
五洲地理志略三十六卷首一卷　王先謙撰　清宣統二年(1910)湖南學務公所刻本　十二冊

330000－1701－0046472　普 911.11/2631/6/c2　史部/地理類/外紀之屬
海國圖志六十卷　（清）魏源撰　清道光二十九年(1849)古微堂刻本　二十冊

330000－1701－0046473　普 911.11/2631/7　史部/地理類/外紀之屬
海國圖志一百卷首一卷　（清）魏源撰　清光緒二年(1876)平慶涇固道署刻本　二十四冊

330000－1701－0046476　普 911.11/1020/c2　史部/地理類/外紀之屬
五洲地理志略三十六卷首一卷　王先謙撰　清宣統二年(1910)湖南學務公所刻本　十二冊

330000－1701－0046477　GP05085　集部/總集類/課藝之屬
春明詩課彙選八卷補遺一卷　（清）陳研薌原選　（清）胡俊章　（清）胡多祺增輯　清光緒七年(1881)刻本　四冊

330000－1701－0046478　普 911.11/2672

新學/地學/地理學

改正世界地理學六卷首一卷 （日本）矢津昌永撰 吳闓生譯 清光緒三十三年（1907）上海文明書局鉛印本 二冊

330000－1701－0046479 GP05074 集部/別集類/清別集

蛙鼓詩集一卷 （清）趙慶祥撰 清光緒十四年（1888）刻本 一冊

330000－1701－0046480 普 911.11/2631/8 史部/地理類/外紀之屬

海國圖志五十卷 （清）魏源撰 清道光二十四年（1844）古微堂木活字印本 十八冊

330000－1701－0046481 普 811.37/4461/c2 集部/別集類/清別集

藤香館詩删存四卷詞删存二卷 （清）薛時雨撰 清光緒五年（1879）刻本 一冊 存二卷（詞删存一至二）

330000－1701－0046482 GP13103 集部/別集類/清別集

儀宋堂文外集三卷 （清）吳嘉淦撰 清咸豐元年（1851）刻本 二冊

330000－1701－0046483 普 811.37/4036 集部/詞類/別集之屬

聞妙香室詞一卷 （清）李宗昉撰 清道光十五年（1835）山陰李氏刻本 一冊

330000－1701－0046484 普 811.37/4461/c3 集部/別集類/清別集

藤香館詩删存四卷詞删存二卷 （清）薛時雨撰 清光緒五年（1879）刻本 一冊 存二卷（詞删存一至二）

330000－1701－0046485 GP05075 類叢部/叢書類/自著之屬

蒼莨集三種 （清）孫鼎臣撰 清咸豐刻本 二冊 存一種

330000－1701－0046486 普 811.37/4037/c1 集部/詞類/別集之屬

捧月樓綺語八卷 （清）袁通撰 清嘉慶刻本 清松延題記 一冊

330000－1701－0046488 普 811.37/4299/(4) 集部/詞類/別集之屬

疏影樓詞四種 （清）姚燮撰 **種玉詞一卷** （清）孫家穀撰 清道光十三年（1833）上湖草堂刻本 一冊 缺三種

330000－1701－0046489 普 811.37/4037/c2 集部/詞類/別集之屬

捧月樓綺語八卷 （清）袁通撰 清嘉慶刻本 一冊

330000－1701－0046490 SBC1816 集部/別集類/清別集

讀槜李高逸傳吟稿一卷榕遊草一卷 科培鼎撰 稿本 一冊

330000－1701－0046491 GP05076 集部/別集類/清別集

田硯齋詩集六卷 （清）褚榮槐撰 褚源深編 清宣統二年（1910）嘉興褚覺鈴鉛印本 二冊

330000－1701－0046493 GP13104 類叢部/叢書類/彙編之屬

稗海四十八種續集二十二種 （明）商濬編 明萬曆商氏半埜堂刻清康熙振鷺堂重編補刻本 二冊 存一種

330000－1701－0046494 普 911.11/2631.07 史部/地理類/外紀之屬

海國圖志徵實一百卷首一卷 （清）孫灝輯 清光緒二十八年（1902）上海敦記石印本 十冊

330000－1701－0046497 GP05078 集部/別集類/清別集

敬恕齋遺稿二卷 （清）張夢元撰 清光緒鉛印本 二冊

330000－1701－0046499 GP13105 類叢部/叢書類/彙編之屬

臨海葉氏蔭玉閣叢書 （清）葉書輯 清光緒臨海葉氏木活字印本 一冊 存一種

330000－1701－0046500 GP05087 史部/職官類/官箴之屬

宦游紀略二卷　(清)高廷瑤撰　清光緒九年(1883)桐鄉嚴錫康刻本　二册

330000－1701－0046504　普 911.11/2828　史部/地理類/外紀之屬
瀛環志畧十卷　(清)徐繼畬撰　清同治十二年(1873)掞雲樓刻本　八册

330000－1701－0046506　普 811.37/4461/2/c1　集部/詞類/别集之屬
藤香館詞一卷　(清)薛時雨撰　清同治五年(1866)全椒薛氏刻本　一册

330000－1701－0046507　普 911.11/2828/(2)/c3　史部/地理類/外紀之屬
瀛環志畧十卷　(清)徐繼畬撰　清同治十二年(1873)掞雲樓刻本　六册

330000－1701－0046508　SBC1823　史部/傳記類/别傳之屬/年譜
流行坎止軒主人年紀不分卷　(清)李開來撰　清抄本　一册

330000－1701－0046509　普 951.009824/3547/3　史部/紀傳類/正史之屬
武英殿本二十四史附考證　清同治八年(1869)嶺南葄古堂刻本　八百五十册

330000－1701－0046511　GP05080　經部/叢編
通志堂經解一百四十種　(清)納蘭成德輯　清康熙十九年(1680)納蘭成德刻本　四册　存一種

330000－1701－0046512　SBC1812　子部/藝術類/書畫之屬
書畫錄一卷　清抄本　一册

330000－1701－0046513　GP13107　子部/宗教類/道教之屬
無根樹解一卷　(清)劉一明撰　清刻本　一册

330000－1701－0046514　普 811.37/4461/2/c2　集部/詞類/别集之屬
藤香館詞一卷　(清)薛時雨撰　清同治五年(1866)全椒薛氏刻本　一册

330000－1701－0046515　普 811.37/4320　集部/别集類/清别集
止巢詩詞七卷　(清)喬載繇撰　清道光二十六年(1846)朱士恭刻本　一册　存二卷(裁雲館詞一至二)

330000－1701－0046516　SBC1809　子部/儒家類/儒學之屬
孔叢子三卷　(漢)孔鮒撰　明刻本　二册

330000－1701－0046518　普 811.37/4461.2　集部/詞類/别集之屬
藤香館詞稿一卷　(清)薛時雨撰　清咸豐十一年(1861)江西聚經堂刻本　一册

330000－1701－0046519　SBC1815　集部/總集類
詩鈔一卷　清抄本　一册

330000－1701－0046520　普 811.37/4462　集部/詞類/别集之屬
竹眠詞四卷　(清)黄景仁撰　清道光八年(1828)刻本　二册

330000－1701－0046523　普 811.37/4204　類叢部/叢書類/彙編之屬
留垞叢刻八種　楊鍾羲編　清光緒十六年至宣統二年(1890－1910)刻本　一册　存一種

330000－1701－0046524　普 811.37/4201　類叢部/叢書類/郡邑之屬
學海堂叢刻十三種　(清)□□編　清光緒三年(1877)、十二年(1886)刻本　一册　存一種

330000－1701－0046531　普 911.11/2828/3/c1　史部/地理類/外紀之屬
瀛環志略十卷　(清)徐繼畬撰　清道光三十年(1850)刻本　六册

330000－1701－0046533　GP13113　類叢部/叢書類/彙編之屬
國粹叢書四十九種　(清)國學保存會編　清光緒至宣統鉛印本　一册　存一種

330000－1701－0046535　GP05088　子部/雜著類/雜纂之屬
酌世錦囊全編十九卷　(清)鄧景揚輯　清刻本　十二冊

330000－1701－0046536　普 911.11/2828/3/c2　史部/地理類/外紀之屬
瀛環志略十卷　(清)徐繼畬撰　清道光三十年(1850)刻本　八冊

330000－1701－0046537　普 811.37/4664　類叢部/叢書類/自著之屬
坦園全集八種　(清)楊恩壽撰　清光緒長沙楊氏刻本　三冊　存一種

330000－1701－0046540　GP13114　新學/雜著/叢編
富強叢書正集七十七種續集一百二十一種　(清)袁俊德編　清光緒二十五年(1899)、二十七年(1901)小倉山房石印本　一冊　存二種

330000－1701－0046541　SBC1824　子部/天文曆算類/曆法之屬
三統術詳說四卷　(清)陳澧撰　清同治刻番禺陳氏東塾叢書本　邵瑞彭批　一冊

330000－1701－0046542　GP05082　類叢部/類書類/專類之屬
東萊先生詩律武庫十五卷後集十五卷　(宋)呂祖謙輯　清康熙五十四年(1715)鄭尚忠桃源山莊刻本　二冊

330000－1701－0046543　普 811.37/4682/c1　集部/詞類/別集之屬
真松閣詞六卷　(清)楊夔生撰　清光緒元年(1875)心禪室刻本　二冊

330000－1701－0046544　普 811.37/4682/c2　集部/詞類/別集之屬
真松閣詞六卷　(清)楊夔生撰　清道光十四年(1834)刻本　一冊

330000－1701－0046545　GP05091　集部/總集類/尺牘之屬
分類尺牘備覽三十卷　(清)王虎榜輯　清光緒十六年(1890)上洋珍藝書局鉛印本　六冊

330000－1701－0046546　普 911.11/2828/4　史部/地理類/外紀之屬
瀛環志略十卷　(清)徐繼畬撰　**坿瀛環志略辨正一卷**　(清)何秋濤撰　清光緒二十四年(1898)新化三味書室刻本　八冊

330000－1701－0046547　普 811.37/4712　集部/詞類/別集之屬
苾芻館詞集六卷　(清)胡延撰　清光緒二十九年(1903)金陵糧儲道廨刻本　八冊

330000－1701－0046548　GP13115　子部/天文曆算類/算書之屬
中西算學集要五種　(清)周毓英輯　清光緒七年(1881)刻本　福農題簽　六冊

330000－1701－0046550　普 811.37/4712/(2)/c1　集部/詞類/別集之屬
苾芻館詞集六卷　(清)胡延撰　清光緒二十九年(1903)金陵糧儲道廨刻本　四冊

330000－1701－0046551　GP05092　史部/傳記類/總傳之屬/技藝
清朝書畫家筆錄四卷　竇鎮輯　清宣統三年(1911)朝記書莊鉛印本　四冊

330000－1701－0046552　普 811.37/4480　集部/詞類/別集之屬
瓶隱山房詞八卷　(清)黃曾撰　清道光二十七年(1847)刻本　四冊

330000－1701－0046553　普 811.37/4712/(2)/c2　集部/詞類/別集之屬
苾芻館詞集六卷　(清)胡延撰　清光緒二十九年(1903)金陵糧儲道廨刻本　一冊　存二卷(一至二)

330000－1701－0046554　GP05090　集部/總集類/尺牘之屬
新撰女子尺牘二卷　(清)商務印書館編譯所編　清光緒三十三年(1907)上海商務印書館石印本　二冊

330000－1701－0046556　SBC1840　史部/地

理類/輿圖之屬/郡縣

靖邑輿圖一卷　清抄本　一册

330000－1701－0046557　普811.37/4774　集部/詞類/别集之屬

雪鴻吟館詞一卷　(清)韓聞南撰　清同治十三年(1874)杭州刻本　一册

330000－1701－0046559　GP13116　集部/詞類/類編之屬

宋元名家詞十五種　(清)江標編　清光緒二十一年(1895)湖南思賢書局刻本　三册　存十種

330000－1701－0046560　GP05095　子部/儒家類/儒學之屬

六齋卑議不分卷　(清)宋恕撰　清光緒二十三年(1897)鉛印本　清宋恕題簽　一册

330000－1701－0046561　SBC1839　史部/地理類/水利之屬

杭州府錢塘縣茗溪險塘誌一卷　清抄本　一册

330000－1701－0046562　普811.37/4786　集部/别集類/清别集

桐華館詩鈔三卷附金屑詞一卷　(清)胡金題撰　清嘉慶九年(1804)刻本　一册　存一卷(金屑詞)

330000－1701－0046564　普811.37/4483　集部/詞類/别集之屬

棲雲山館詞存一卷　(清)黄錫禧撰　清同治六年(1867)甘泉黄錫禧刻本　一册

330000－1701－0046565　SBC1841　集部/别集類/清别集

衎石齋遺牘一卷　(清)錢儀吉撰　清抄本　邵瑞彭題簽　一册

330000－1701－0046567　GP13117　類叢部/叢書類/彙編之屬

木犀軒叢書二十七種　李盛鐸編　清光緒德化李氏木犀軒刻本　六册　存四種

330000－1701－0046568　普911.11/2828/5、普911.11/2828.021　史部/地理類/外紀之屬

瀛環志略十卷　(清)徐繼畬撰　**瀛環志略續編四卷末一卷**　(英國)慕維廉撰　**瀛環志略續集補遺一卷**　(清)薛福成撰　清光緒二十四年(1898)上海掃葉山房鉛印本　八册

330000－1701－0046570　普811.37/4488/c1　集部/詞類/别集之屬

瀟湘館詞一卷　(清)蔣篔撰　清道光三十年(1850)平湖王氏刻本　一册

330000－1701－0046573　GP05108　類叢部/叢書類/自著之屬

經微室著書　(清)孫詒讓撰　清光緒瑞安孫氏刻本　一册　存一種

330000－1701－0046574　普911.11/2828/6　史部/地理類/外紀之屬

瀛環志畧十卷首一卷　(清)徐繼畬撰　清光緒六年(1880)楚南周鯤邵州刻本　六册

330000－1701－0046577　普811.37/4488/c2　集部/詞類/别集之屬

瀟湘館詞一卷　(清)蔣篔撰　清道光三十年(1850)平湖王氏刻本　一册

330000－1701－0046580　普811.37/4493　集部/别集類/清别集

倚晴樓集　(清)黄燮清撰　清咸豐至同治海鹽黄氏拙宜園刻本　二册　存一種

330000－1701－0046581　GP13089　經部/小學類/文字之屬/字書/字典

經韻集字析解二卷拾遺補註一卷經有韻無字一卷　(清)熊守謙撰　(清)彭良敞集注　清同治刻本　八册

330000－1701－0046582　SBC1846　史部/史表類/通代之屬

讀史識要不分卷　清抄本　一册

330000－1701－0046583　GP13090　子部/儒家類/儒學之屬/性理

性理三解(啓蒙意見五卷律吕直解一卷洪範圖解一卷)　(明)韓邦奇撰　清乾隆刻本

一册　存三卷(啓蒙意見一至三)

330000－1701－0046586　SBC1834　集部/别集類/清别集
舊詩稿不分卷　清抄本　一册

330000－1701－0046587　普 811.37/4493/(2)　集部/别集類/清别集
倚晴樓集　(清)黄燮清撰　清咸豐至同治海鹽黄氏拙宜園刻本　一册　存一種

330000－1701－0046589　普 911.11/4327/2　類叢部/叢書類/自著之屬
西堂全集四種附一種　(清)尤侗撰　清刻本　一册　存一種

330000－1701－0046590　普 811.37/4901/c1　集部/戲劇類/傳奇之屬
碧聲吟館叢書六種　(清)許善長撰　清光緒仁和許善長碧聲吟館刻本　一册　存一種

330000－1701－0046592　GP13121　類叢部/叢書類/彙編之屬
式訓堂叢書四十一種　(清)章壽康編　清光緒會稽章氏刻本　一册　存二種

330000－1701－0046593　SBC1833　經部/小學類/訓詁之屬/爾雅
錢氏坫爾雅釋地注一卷　(清)錢坫撰　清抄本　一册

330000－1701－0046594　普 911.11/4327　類叢部/叢書類/自著之屬
西堂全集四種附一種　(清)尤侗撰　清康熙刻本　六册　存一種

330000－1701－0046596　普 911.11/2828.02　史部/地理類/外紀之屬
續瀛環志略初編不分卷　(清)薛福成鑒定　(清)瞿昂來譯　清光緒二十八年(1902)無錫傳經樓石印本　四册

330000－1701－0046598　GP05097　經部/周禮類/傳說之屬
周禮節訓增句六卷　(清)黄叔琳撰　(清)李盛卿增句　清光緒十五年(1889)李氏家塾刻本　二册

330000－1701－0046599　GP05109　史部/地理類/雜志之屬
兩浙輿圖一卷　(清)周人驥　(清)伊靖阿撰　清乾隆二十年(1755)刻本　一册

330000－1701－0046600　普 811.37/4901/c2　集部/戲劇類/傳奇之屬
碧聲吟館叢書六種　(清)許善長撰　清光緒仁和許善長碧聲吟館刻本　一册　存一種

330000－1701－0046601　GP13122　類叢部/叢書類/自著之屬
杭大宗七種叢書　(清)杭世駿撰　清乾隆杭賓仁羊城刻本　一册　存二種

330000－1701－0046603　普 811.37/4909/2　集部/詞類/别集之屬
香銷酒醒詞一卷附曲一卷　(清)趙慶熺撰　清道光二十九年(1849)刻本　二册

330000－1701－0046604　普 911.11/4404　史部/地理類/外紀之屬
皇清職貢圖九卷　(清)傅恒等撰　清乾隆武英殿刻本　九册

330000－1701－0046607　SBC1848　集部/别集類/明别集
空同子集六十六卷目錄三卷　(明)李夢陽撰　**附錄二卷**　(明)鄧雲霄　(明)潘之恒輯　明萬曆三十年(1602)東莞鄧雲霄刻本　七册　存五十六卷(十一至六十六)

330000－1701－0046608　普 811.37/3909/3/c1　集部/詞類/别集之屬
香銷酒醒詞一卷附曲一卷　(清)趙慶熺撰　清同治七年(1868)西泠王氏刻本　一册

330000－1701－0046610　GP05110　經部/春秋總義類/傳說之屬
春秋公羊穀梁傳合纂二卷　(明)張榜輯並評　明萬曆刻本　一册

330000－1701－0046611　普 811.37/3909/3/c2　集部/詞類/别集之屬

香銷酒醒詞一卷附曲一卷　(清)趙慶熺撰　清同治七年(1868)西泠王氏刻本　一册　存一卷(詞)

330000－1701－0046612　GP05098　史部/傳記類/别傳之屬

名宦錄一卷　(清)馬家鼎　(清)馬家彦編　清光緒二十三年(1897)刻本　一册

330000－1701－0046613　SBC1832　集部/别集類/清别集

印山堂集概一卷情田雜俎一卷　(清)郭晉超撰　清心蓮菴抄本　一册

330000－1701－0046614　普 911.11/4420/c1　新學/地學/地志學

地理全志不分卷　(英國)慕維廉撰　清光緒九年(1883)上海美華書館鉛印本　一册

330000－1701－0046615　GP05099　史部/傳記類/别傳之屬

名宦錄一卷　(清)馬家鼎　(清)馬家彦編　清光緒二十三年(1897)刻本　一册

330000－1701－0046616　GP13124　集部/别集類/清别集

甘泉鄉人稿二十四卷　(清)錢泰吉撰　**皇清敕授修職郎誥封朝議大夫顯考警石府君[錢泰吉]年譜一卷**　(清)錢應溥編　**邠農偶吟稿一卷**　(清)錢炳森撰　清同治七年(1868)、十一年(1872)鍾氏刻本　一册　缺二十四卷(一至二十四)

330000－1701－0046617　普 811.47/4934　集部/詞類/别集之屬

小羅浮館詞五卷雜曲一卷　(清)趙對澂撰　清道光二十三年(1843)刻本　一册

330000－1701－0046618　GP05100　集部/别集類/清别集

埽雲仙館詩鈔四卷　(清)詹嗣曾撰　清同治元年(1862)三衢詹嗣曾木活字印本　二册

330000－1701－0046619　SBC1855　史部/地理類/遊記之屬/紀勝

於越紀游一卷　清末抄本　一册

330000－1701－0046620　普 911.11/4420/c2　新學/地學/地志學

地理全志不分卷　(英國)慕維廉撰　清光緒九年(1883)上海美華書館鉛印本　一册

330000－1701－0046622　普 811.37/5343/c1　集部/詞類/别集之屬

翠薇雅詞一卷　(清)戈載撰　清道光刻本　一册

330000－1701－0046623　GP05101　集部/總集類/酬唱之屬

東屏行營詩艸不分卷　(清)周揆源　(清)羅上楨撰　清咸豐七年(1857)刻本　一册

330000－1701－0046624　GP13091　史部/傳記類/科舉録之屬/總録

國朝兩浙科名錄不分卷(清順治三年丙戌科至光緒二年丙子科)　(清)黄安綬輯　清咸豐七年(1857)至光緒遞刻本　四册

330000－1701－0046625　SBC1854　史部/金石類/石之屬/文字

吉金樂石齋晉唐石刻文錄不分卷　(清)王蘭谷輯　清抄本　王綺題記　一册

330000－1701－0046627　普 811.37/5343/c2　集部/詞類/别集之屬

翠薇雅詞一卷　(清)戈載撰　清道光刻本　一册

330000－1701－0046629　普 911.11/5041　新學/地學/地志學

世界地理志不分卷　(日本)中村五六撰　(日本)頓野廣太郎修訂　(日本)樋田保熙譯　清光緒三十一年(1905)金粟齋譯書社鉛印本　三册

330000－1701－0046630　SBC1837　集部/總集類/酬唱之屬

南行唱和集一卷　清抄本　清盛復初跋　一册

330000－1701－0046631　普 911.13/4467　史部/地理類/雜志之屬

萬國輿地韻編不分卷　(清)蛻學盦主人撰

清光緒二十九年(1903)崇實書局石印本　六册

330000－1701－0046632　GP05102　類叢部/叢書類/郡邑之屬
武林掌故叢編一百八十七種　(清)丁丙編　清光緒三年至二十六年(1877－1900)錢塘丁氏嘉惠堂刻本　一册　存一種

330000－1701－0046633　SBC1853　集部/別集類/清別集
仲定雜詩二卷　(清)徐仲定　稿本　一册

330000－1701－0046634　普811.37/5343.2/c1　集部/詞類/別集之屬
翠薇花館詞二十二卷　(清)戈載撰　清嘉慶二十三年至二十四年(1818－1819)刻道光十九年(1839)續刻本　十二册

330000－1701－0046636　SBC1857　集部/總集類
詩鈔一卷　清抄本　一册

330000－1701－0046637　SBC1852　史部/地理類/水利之屬
三江閘務全書二卷　(清)程鶴翥撰　(清)程式昭編　清抄本　一册　存一卷(上)

330000－1701－0046638　GP05103　集部/別集類/清別集
槃薖紀事初槀四卷　(清)湯紀尚撰　清光緒十一年(1885)蘇州刻本　二册

330000－1701－0046639　GP13092　史部/傳記類/總傳之屬/家乘
[浙江諸暨]黃氏家譜不分卷　(清)黃之偉纂修　清末聚斯堂木活字印本　二册

330000－1701－0046640　普911.11/7431　類叢部/叢書類/自著之屬
八紘譯史(陸雲士雜著)八種附一種　(清)陸次雲撰　清康熙刻本　二册　存一種

330000－1701－0046641　普911.13/7544　史部/地理類/外紀之屬
海國輿地釋名十卷首一卷　(清)陳士芑撰　清光緒二十八年(1902)湘鄉陳氏連道清芬堂刻本　八册

330000－1701－0046642　GP13128　子部/儒家類/儒學之屬/性理
上蔡先生語錄三卷　(宋)謝良佐撰　(宋)朱熹輯　(清)張伯行重訂　清道光古歙洪錫謙刻本　一册

330000－1701－0046643　GP05104　史部/職官類/官箴之屬
宦游紀略二卷　(清)高廷瑤撰　清光緒二十六年(1900)貴筑高氏湖北蘄水官廨刻朱印本　一册

330000－1701－0046644　普811.37/5343.2/c2　集部/詞類/別集之屬
翠薇花館詞三十四卷　(清)戈載撰　清嘉慶二十三年至二十四年(1818－1819)刻道光二十七年(1847)續刻本　八册

330000－1701－0046645　GP13129　子部/叢編
二十二子(二十二子彙函)　(清)浙江書局編　清光緒元年至三年(1875－1877)浙江書局刻本　一册　存一種

330000－1701－0046646　普911.14/1143/2　史部/地理類/外紀之屬
地球韻言四卷　(清)張士瀛撰　清光緒二十四年(1898)鄂垣務急書館刻本[卷三至四配清光緒二十七年(1901)杞廬杭州刻本]　二册

330000－1701－0046647　SBC1851　集部/總集類/選集之屬/斷代
唐詩紀一百七十卷目錄三十四卷　(明)黃德水　(明)吳琯輯　明萬曆十三年(1585)吳琯刻方天春重修本　十七册　存一百七十七卷(目錄一至三十四、十至七十七、八十七至一百十六、一百二十六至一百七十)

330000－1701－0046648　GP13059　史部/傳記類/總傳之屬/家乘
[浙江義烏]葉氏重修宗譜十四卷首一卷末二

卷　(清)葉挺榮纂修　清光緒二年(1876)木活字印本　葉和慶題記　九冊　缺九卷(四、七至十四)

330000－1701－0046649　普 811.37/5502/c1　集部/詞類/别集之屬
種水詞四卷　(清)曹言純撰　清道光十一年(1831)由卷徵賢堂刻本　清許起跋　二冊

330000－1701－0046650　GP05112　子部/雜著類/雜説之屬
讀子先河一卷　(清)劉翰棻撰　清刻本　章鈸題記　二冊

330000－1701－0046651　普 811.37/5502/c2　集部/詞類/别集之屬
種水詞四卷　(清)曹言純撰　清道光十一年(1831)由卷徵賢堂刻本　二冊

330000－1701－0046652　GP05113　史部/政書類/邦計之屬
兩浙宦游紀畧四種　(清)戴槩撰　清同治七年(1868)刻本　二冊　存一種

330000－1701－0046654　普 811.37/6073　類叢部/叢書類/家集之屬
德州田氏叢書十五種　(清)田同之編　清康熙至乾隆田氏刻彙印本　一冊　存一種

330000－1701－0046655　SBC1860　史部/地理類/山川之屬/山志
名山勝槩記四十八卷圖一卷附録一卷　(明)何鏜輯　(明)慎蒙續輯　(清)張縉彦等補輯　明刻本　二十六冊　存四十四卷(一至二十一、二十四至四十六)

330000－1701－0046656　GP13130　史部/傳記類/職官録之屬
國朝御史題名不分卷　(清)黄叔璥撰　**國朝滿洲蒙古御史題名不分卷**　(清)蘇芳阿撰　清光緒刻本　三冊

330000－1701－0046658　普 911.18/1083.2/c1　史部/地理類
小方壺齋輿地叢鈔補編十二帙　(清)王錫祺輯　清光緒二十年(1894)上海著易堂鉛印本　四冊　存五十五種

330000－1701－0046660　普 811.37/6086/c1　集部/詞類/别集之屬
蘊蘭吟館詩餘一卷滄浪漁笛一卷靈巖樵唱一卷　(清)恩賜撰　清光緒元年(1875)錢塘許氏刻本　一冊

330000－1701－0046661　普 811.37/6086/c2　集部/詞類/别集之屬
蘊蘭吟館詩餘一卷滄浪漁笛一卷靈巖樵唱一卷　(清)恩賜撰　清光緒元年(1875)錢塘許氏刻本　一冊　存一卷(蘊蘭吟館詩餘)

330000－1701－0046662　GP13131　經部/四書類/論語之屬/傳説
論語戴氏注二十卷　(清)戴望撰　清同治十年(1871)刻本　一冊

330000－1701－0046663　GP13144　子部/雜著類/雜編之屬
幻墨内集古及諸隱撮鈔一卷　清末石印本　一冊

330000－1701－0046664　SBC1868　史部/傳記類/總傳之屬/家乘
武林黄氏家譜□□卷　黄超敬纂　清抄本　一冊　存一卷(六)

330000－1701－0046665　GP05106　新學/兵制/陸軍
臨陣管見九卷　(美國)斯拉弗司撰　(美國)金楷理口譯　(清)趙元益筆述　清光緒江南製造總局刻本　四冊

330000－1701－0046666　SBC1866　子部/小説家類/雜事之屬
白門新柳記二卷　(清)許豫撰　**白門柳附記一卷**　(清)盋孏雲撰　清抄本　二冊

330000－1701－0046667　GP05120　集部/别集類/清别集
輓詞一卷一百二十首　(清)慧香室居士輯　清同治十二年(1873)慧香室刻本　一冊

330000－1701－0046668　普 811.37/6086/c3

集部/詞類/别集之屬

蘊蘭吟館詩餘一卷滄浪漁笛一卷靈巖樵唱一卷 (清)恩賜撰 清光緒元年(1875)錢塘許氏刻本 仲山題簽 一冊 存一卷(靈巖樵唱)

330000-1701-0046669 SBC1870 子部/宗教類/佛教之屬/律

毘尼日用切要香乳記二卷附一卷 (清)釋書玉箋記 清康熙三十七年(1698)刻本 一冊 存一卷(一)

330000-1701-0046670 GP13131/1 經部/四書類/論語之屬/傳說

論語戴氏注二十卷 (清)戴望撰 清同治十年(1871)刻本 一冊

330000-1701-0046673 SBC1872 子部/藝術類/篆刻之屬

篆印字源大海十二卷首一卷 (清)吳稽輯 稿本 一冊 存一卷(首)

330000-1701-0046674 GP05121 史部/政書類/刑法之屬/刑制

歷代刑官考二卷 沈家本撰 清宣統元年(1909)修訂法律館鉛印本 一冊

330000-1701-0046675 GP05119 新學/政治法律/律例

美國禁止華工新章不分卷 (清)中外日報館譯 清光緒三十一年(1905)中外日報館鉛印本 一冊

330000-1701-0046676 SBC1865 集部/别集類/清别集

東林小草憫鳳記一卷 (清)顧文彬撰 清抄本 一冊

330000-1701-0046678 普 911.141/4424 史部/地理類/外紀之屬

五洲括地歌一卷 (清)蔣升撰 清光緒二十四年(1898)滬城慈母堂印書局鉛印本 一冊

330000-1701-0046679 普 811.37/6616/c1 集部/詞類/别集之屬

柯家山館詞三卷 (清)嚴元照撰 清嘉慶十八年(1813)刻本 一冊

330000-1701-0046680 GP05130 集部/總集類/選集之屬/通代

賦彙錄要二十八卷補遺一卷外集一卷 (清)吳光昭箋畧 (清)陳書注 清刻本 十二冊

330000-1701-0046682 GP05124 史部/傳記類/别傳之屬/年譜

孔孟編年三種 (清)狄子奇輯 清光緒十三年(1887)浙江書局刻本 一冊 存一種

330000-1701-0046683 普 811.37/6616/c2 集部/詞類/别集之屬

柯家山館詞三卷 (清)嚴元照撰 清嘉慶十八年(1813)刻本 一冊

330000-1701-0046684 普 811.37/77211/c1 集部/詞類/别集之屬

黍薌詞一卷 (清)周郇雨撰 清光緒二十五年(1899)刻本 一冊

330000-1701-0046685 GP05125 史部/傳記類/别傳之屬/年譜

孔孟編年三種 (清)狄子奇輯 清光緒十三年(1887)浙江書局刻本 一冊 存一種

330000-1701-0046686 GP05126 子部/雜著類/雜說之屬

墨子經說解二卷 (清)張惠言撰 清宣統元年(1909)國學保存會據手稿本影印本 一冊

330000-1701-0046687 GP13140、GP13141、GP13139、GP13137、GP13135 類叢部/叢書類/彙編之屬

清風室叢書二十種 (清)錢保塘編 清同治十年至民國二十五年(1871-1936)海寧錢氏清風室刻本 八冊 存五種

330000-1701-0046688 普 911.17/4294 新學/地學/地理學

經心書院課程輿地學不分卷戊戌遊記一卷 (清)姚炳奎撰 清光緒二十七年至二十八年(1901-1902)經心書院刻本 章嶔題記 八冊

330000－1701－0046689　普 811.37/77211/c2　集部/詞類/別集之屬
黍薌詞一卷　(清)周郇雨撰　**琴游集二卷**　(清)鄔佩之撰　清光緒二十五年(1899)、二十九年(1903)刻本　虞光生跋　一册

330000－1701－0046691　普 811.37/7138　集部/詞類/別集之屬
耨雲軒詞二卷　(清)馬汾撰　清道光二十八年(1848)嘉興馬夢餘家刻本　一册

330000－1701－0046692　普 811.37/7296　集部/詞類/別集之屬
留雲借月盦詞五卷　劉炳照撰　清光緒十九年(1893)江陰金武祥刻本　一册

330000－1701－0046694　GP05128　類叢部/叢書類/彙編之屬
崇惠堂叢書　清刻本　一册　存一種

330000－1701－0046695　GP05132　類叢部/叢書類/自著之屬
古愚老人消夏錄十七種　(清)汪汲撰輯　清乾隆至嘉慶古愚山房刻本　二册　存一種

330000－1701－0046696　普 811.37/7167　集部/詞類/別集之屬
秋林琴雅四卷　(清)厲鶚撰　清光緒九年(1883)泉唐汪氏酒邊人倚紅樓刻本　一册

330000－1701－0046697　普 811.37/7410　集部/詞類/別集之屬
陸仲子遺稿一卷　(清)陸震撰　清宣統元年(1909)句容楊世沅抄本　一册

330000－1701－0046698　GP13133、GP13132、GP13136、GP13138、GP13134　類叢部/叢書類/彙編之屬
清風室叢書二十種　(清)錢保塘編　清同治十年至民國二十五年(1871－1936)海寧錢氏清風室刻本　五册　存六種

330000－1701－0046699　GP05129　集部/別集類/清別集
横山詩文鈔二十四卷　(清)裘璉撰　清康熙裘氏絳雲居刻雍正增刻本　二册　缺五卷(横山初集一至五)

330000－1701－0046700　普 811.37/77212　集部/別集類/清別集
隱梅廬遺詩一卷玉簫詞鈔一卷　(清)殷秉璣撰　清光緒七年(1881)青田官署刻本　一册

330000－1701－0046702　普 811.37/7491　類叢部/叢書類/自著之屬
梅谷十種書附一種　(清)陸烜撰　清刻彙印本　一册　存一種

330000－1701－0046703　普 811.37/7238　集部/詞類/別集之屬
約園詞四卷　(清)劉溎年撰　清光緒十二年(1886)揚城刻本　四册

330000－1701－0046704　普 811.37/8044　集部/詞類/別集之屬
菊園詩餘四卷　(清)金士芳撰　清乾隆三十二年(1767)刻本　一册

330000－1701－0046706　普 811.37/7512/c1　集部/詞類/別集之屬
鴛鴦宜福館吹月詞二卷　(清)陳元鼎撰　清同治元年(1862)錢塘陳元鼎刻本　一册

330000－1701－0046707　普 811.37/7512/c2　集部/詞類/別集之屬
鴛鴦宜福館吹月詞二卷　(清)陳元鼎撰　清同治元年(1862)錢塘陳元鼎刻光緒十六年(1890)小羽琌山館補修本　一册

330000－1701－0046708　普 811.37/7731　集部/詞類/別集之屬
心日齋詞集六卷　(清)周之琦撰　清道光刻本　六册

330000－1701－0046709　普 811.37/8047/c1　類叢部/叢書類/自著之屬
古歡室全集四種　(清)曾懿撰　清光緒三十年至三十三年(1904－1907)刻本　一册　存一種

330000－1701－0046710　普 811.37/8047/c2　類叢部/叢書類/自著之屬

古歡室全集四種　(清)曾懿撰　清光緒三十年至三十三年(1904－1907)刻本　一冊　存一種

330000－1701－0046711　普811.37/7263/c1　集部/詞類/別集之屬

麐楥詞一卷　(清)劉恩黻撰　清光緒三十四年(1908)仁和吳氏雙照樓刻朱印本　一冊

330000－1701－0046713　GP05134　史部/政書類/律令之屬/刑制

不用刑審判書六卷　(清)魏息園輯　清光緒三十三年(1907)上海商務印書館鉛印本　二冊

330000－1701－0046715　普811.37/7512.2　集部/詞類/別集之屬

鴛鴦宜福館詞一卷遺詞一卷　(清)陳元鼎撰　清光緒二十年(1894)仁和吳氏雙照樓刻本　一冊　存一卷(遺詞)

330000－1701－0046716　GP05135　新學/政治法律/政治

歐美政治要義十八章　(清)戴鴻慈　(清)端方編　清光緒三十四年(1908)上海商務印書館石印本　四冊

330000－1701－0046717　普811.37/7263/c2　集部/詞類/別集之屬

麐楥詞一卷　(清)劉恩黻撰　清光緒三十四年(1908)仁和吳氏雙照樓刻朱印本　一冊

330000－1701－0046720　普811.37/7263/c3　集部/詞類/別集之屬

麐楥詞一卷　(清)劉恩黻撰　清光緒三十四年(1908)仁和吳氏雙照樓刻朱印本　劉鶴年題記　一冊

330000－1701－0046722　GP13142　子部/天文曆算類/天文之屬

欽定儀象考成三十卷首二卷　(清)允祿等撰　清乾隆刻本　十冊

330000－1701－0046723　普811.37/7282/c2　集部/詞類/別集之屬

濯絳宧存稾一卷　劉毓盤撰　清宣統元年(1909)刻本　一冊

330000－1701－0046725　GP05141　類叢部/叢書類/自著之屬

寒松閣叢錄　(清)張鳴珂撰　清光緒刻本　一冊　存一種

330000－1701－0046727　普911.17/4444　史部/地理類/總志之屬

京師譯學館輿地學講義一卷　韓樸存編　清光緒三十一年至三十三年(1905－1907)京師譯學館鉛印本　章嶔題記　一冊

330000－1701－0046728　普811.37/7530/c2　集部/詞類/別集之屬

小波詞鈔一卷　(清)陳沆撰　清乾隆十三年(1748)刻本　二冊

330000－1701－0046729　G608838　類叢部/叢書類/彙編之屬

式訓堂叢書四十一種　(清)章壽康編　清光緒會稽章氏刻本　一冊　存一種

330000－1701－0046730　普911.14/1143/3　史部/地理類/外紀之屬

地球韻言四卷　(清)張士瀛撰　清光緒二十三年(1897)刻本　四冊

330000－1701－0046731　普811.37/7530/c1　集部/詞類/別集之屬

小波詞鈔一卷　(清)陳沆撰　清乾隆十三年(1748)刻本　二冊

330000－1701－0046732　普911.18/1083.3/c1　史部/地理類

小方壺齋輿地叢鈔再補編十二帙　(清)王錫祺輯　清光緒二十三年(1897)上海著易堂鉛印本　十六冊

330000－1701－0046733　普811.37/7282/c3　集部/詞類/別集之屬

濯絳宧存稾一卷　劉毓盤撰　清宣統元年(1909)刻本　一冊

330000－1701－0046735　普811.37/7530.3　集部/別集類/清別集

稻蘣集詩鈔一卷　（清）陳沆撰　清乾隆刻本　二册

330000－1701－0046736　普 811.37/7282/c4　集部/詞類/別集之屬

濯絳宧存稾一卷　劉毓盤撰　清宣統元年（1909）刻本　一册

330000－1701－0046737　GP05143　史部/詔令奏議類/奏議之屬

劉尚書奏議八卷　（清）劉秉璋撰　朱孔彰輯　清光緒三十四年（1908）江寧刻本　八册

330000－1701－0046739　普 811.37/8232　集部/詞類/別集之屬

漚寄廬詞稿一卷　（清）鍾道生撰　清宣統上海聚珍仿宋印書局鉛印本　一册

330000－1701－0046740　普 811.37/7542　集部/詞類/別集之屬

紅豆簾琴意一卷　（清）陳克劬撰　清光緒十三年（1887）定遠方燕昭刻本　一册

330000－1701－0046741　GP05136　集部/別集類/元別集

江檻集拾遺一卷附錄一卷　（元）潘伯修撰（清）林丙恭編　**九老詩存一卷文存附錄一卷**　（清）林丙恭輯　清宣統二年（1910）太平可園林氏木活字印本　一册

330000－1701－0046743　普 811.37/8312/c1　集部/詞類/別集之屬

雨花盦詩餘一卷詞話一卷　（清）錢斐仲撰　清同治七年（1868）刻本　一册

330000－1701－0046745　普 811.37/8312/c2　集部/詞類/別集之屬

雨花盦詩餘一卷詞話一卷　（清）錢斐仲撰　清同治七年（1868）刻本　郁達夫題簽　一册

330000－1701－0046749　GP05147　類叢部/叢書類/自著之屬

田園雜著八種　（清）丁午撰　清光緒錢唐丁氏刻本　一册　存一種

330000－1701－0046752　普 811.37/7701/c1　集部/別集類/清別集

湘麋閣遺詩四卷蘭當詞二卷　（清）陶方琦撰　清光緒十六年（1890）鄂局刻本　一册　存二卷（蘭當詞一至二）

330000－1701－0046753　普 811.37/7731.2　集部/詞類/別集之屬

金粱夢月詞二卷懷夢詞一卷　（清）周之琦撰　清道光杭州愛日軒陸貞一刻本　一册

330000－1701－0046758　普 811.37/7701/c2　集部/別集類/清別集

湘麋閣遺詩四卷蘭當詞二卷　（清）陶方琦撰　清光緒十六年（1890）鄂局刻本　二册　存二卷（蘭當詞一至二）

330000－1701－0046759　普 811.37/8709.2/c1　類叢部/叢書類/自著之屬

大鶴山房全書十種　鄭文焯撰　清光緒至民國刻民國九年（1920）蘇州交通圖書館彙印本　一册　存一種

330000－1701－0046760　GP05138　史部/傳記類/別傳之屬

嶺北棠陰集不分卷　（清）劉運襄等撰　清末鉛印本　一册

330000－1701－0046761　普 811.37/7710　集部/詞類/別集之屬

水雲欸乃一卷泥爪詞一卷竹窗秋籟一卷悔餘詞一卷雙紅豆詞二卷　（清）周天麟撰　**月樓琴語一卷**　（清）蕭恒貞撰　清光緒十七年（1891）石印本　一册　存二卷（雙紅豆詞一至二）

330000－1701－0046762　普 811.37/8358　集部/詞類/別集之屬

星隱樓詞一卷　錢振鍠撰　清光緒二十五年（1899）刻本　一册

330000－1701－0046763　普 811.37/7741　集部/詞類/別集之屬

寶晉甎室詞集二卷　（清）周樽元撰　清嘉慶十三年（1808）廣州刻本　二册

330000－1701－0046764　普 811.37/8709.2/

c2、普 811.37/8709.3/c2、普 811.37/8709.4 類叢部/叢書類/自著之屬

大鶴山房全書十種 鄭文焯撰 清光緒至民國刻民國九年(1920)蘇州交通圖書館彙印本 三册 存三種

330000－1701－0046765 普 951.009824/3547/4/c1 史部/紀傳類/正史之屬

二十四史附考證 清光緒十八年(1892)武林竹簡齋石印本 一百八十册 存二十一種

330000－1701－0046766 普 811.37/7743 集部/詞類/别集之屬

紅豆樹館詞八卷 (清)陶樑撰 清道光二十三年(1843)刻本 二册

330000－1701－0046767 普 811.37/8383 集部/别集類/清别集

聞妙香室詩稿五卷詞鈔四卷 (清)錢錫寀撰 清宣統二年(1910)天津醒華報館石印本 一册 存四卷(詞鈔一至四)

330000－1701－0046768 GP13149 史部/政書類/邦計之屬/賦税

北新鈔關商税則例一卷 清末抄本 一册

330000－1701－0046769 普 811.37/7711 集部/詞類/别集之屬

紅豆吟館詞鈔一卷 (清)周元瑞撰 清光緒刻本 清梅貽題記 一册

330000－1701－0046770 GP05139 集部/總集類/選集之屬/斷代

清貽館朋舊詩文存二卷附録一卷 清道光二十九年(1849)清貽館刻本 一册

330000－1701－0046771 GP13150 子部/術數類/陰陽五行之屬

諸葛武侯行兵遁甲金函玉鏡書一卷 (明)劉基校訂 清末抄本 一册

330000－1701－0046772 GP05151 史部/雜史類/斷代之屬

臺海思痛録不分卷 (清)思痛子撰 清光緒二十二年(1896)刻本 一册

330000－1701－0046773 普 811.37/8714 集部/别集類/清别集

海紅華館詩鈔十卷詞鈔二卷 (清)鄭瑛撰 清道光十五年(1835)刻本 一册 存二卷(詞鈔一至二)

330000－1701－0046777 GP05159 史部/政書類/儀制之屬

國學禮樂録二十卷 (清)李周望輯 清康熙五十八年(1719)國子監刻本 十二册

330000－1701－0046779 普 811.37/8709/c1 集部/詞類/别集之屬

瘦碧詞二卷 鄭文焯撰 清光緒十四年(1888)鐵嶺鄭文焯大鶴山房刻本 一册

330000－1701－0046781 普 811.37/7760/2 類叢部/叢書類/彙編之屬

晨風閣叢書第一集(國學粹編)五十二種 沈宗畸等編 清光緒三十四年至宣統三年(1908－1911)國學萃編社鉛印本 一册 存一種

330000－1701－0046784 GP13152 類叢部/叢書類/彙編之屬

靈鶼閣叢書五十六種 (清)江標編 清光緒元和江氏湖南使院刻本 一册 存一種

330000－1701－0046785 普 811.37/8709/c2 集部/詞類/别集之屬

瘦碧詞二卷 鄭文焯撰 清光緒十四年(1888)鐵嶺鄭文焯大鶴山房刻本 一册

330000－1701－0046786 GP05156 類叢部/叢書類/家集之屬

丹徒戴氏叢刻七種 (清)戴肇辰編 清同治至光緒刻本 一册 存一種

330000－1701－0046788 GP05169 史部/傳記類/總傳之屬/家乘

[浙江紹興]會稽偁山章氏家乘正集三十一卷首一卷彙集六卷首一卷 (明)章仕淳等纂修 明崇禎七年(1634)刻本 十一册

330000－1701－0046789 GP05158 類叢部/叢書類/彙編之屬

實學叢書　清光緒十五年(1889)鉛印本　項士元題記　四册　存一種

330000－1701－0046790　普 911.18/1083/c3　史部/地理類
小方壺齋輿地叢鈔十二帙　(清)王錫祺輯　清光緒十七年(1891)上海著易堂鉛印本　五十七册

330000－1701－0046791　普 811.37/8864　集部/詞類/别集之屬
湘雨齋詞草一卷　(清)管貽葄撰　清光緒刻本　一册

330000－1701－0046792　普 811.37/7762/c1　集部/别集類/清别集
享帚齋詩鈔四卷詞鈔二卷　(清)周恩綬撰　清同治刻本　一册　存二卷(詞鈔一至二)

330000－1701－0046794　GP13172　集部/總集類/課藝之屬
格致課藝彙編十三卷　(清)王韜編　清光緒二十三年(1897)上海書局石印本　十三册

330000－1701－0046796　普 811.37/7762/c2　集部/别集類/清别集
享帚齋詩鈔四卷詞鈔二卷　(清)周恩綬撰　清同治刻本　一册　存二卷(詞鈔一至二)

330000－1701－0046797　GP05160　經部/小學類/文字之屬/説文
説文部首韻言一卷説文部首字聯一卷　(清)王樹之撰　清光緒十年(1884)棲雲山館刻本　一册

330000－1701－0046801　GP05161　經部/詩類/傳説之屬
詩誦五卷　(清)陳僅撰　清光緒十一年(1885)四明文則樓陳氏木活字印本　二册

330000－1701－0046804　GP13173　類叢部/叢書類/彙編之屬
申報館叢書正集五十七種附録三種續集一百四十二種　(清)尊聞閣主編　蔡爾康編續集　清同治至光緒上海申報館鉛印本　二册　存一種

330000－1701－0046805　SBC1864　子部/藝術類/書畫之屬/題跋
天際烏雲帖攷不分卷　(清)翁方綱撰　清抄本　二册

330000－1701－0046806　普 811.37/7767　集部/詞類/别集之屬
東甌草堂詞二卷　(清)周星譽撰　**勉憙集一卷**　(清)周星詒撰　清同治譚儀刻本　一册

330000－1701－0046807　GP05162　經部/叢編
通志堂經解一百四十種　(清)納蘭成德輯　清康熙十九年(1680)納蘭成德刻本　一册　存一種

330000－1701－0046809　SBC1886　經部/四書類/論語之屬/傳説
論語註疏解經不分卷　(三國魏)何晏集解　(宋)刑昺疏　清抄本　一册

330000－1701－0046810　GP13153　類叢部/叢書類/彙編之屬
清風室叢書二十種　(清)錢保塘編　清同治十年至民國二十五年(1871－1936)海寧錢氏清風室刻本　一册　存一種

330000－1701－0046813　GP05163　新學/醫學
保全生命論一卷附一卷　(英國)古蘭肥勒撰　(英國)秀耀春口譯　(清)趙元益筆述　清光緒二十七年(1901)上海製造局刻本　一册

330000－1701－0046814　SBC1873　子部/雜著類/雜纂之屬
姚氏師石山房雜録不分卷　(清)姚振宗撰　清抄本　八册

330000－1701－0046815　GP13154　集部/别集類/清别集
三十六甎唫館文鈔一卷　(清)許應鱗撰　清末刻本　一册

330000－1701－0046816　普 811.37/7784　集部/别集類/清别集
夢影樓稿一卷　(清)關鍈撰　**秋鐙瑣憶一卷**

（清）蔣坦撰　清咸豐四年（1854）錢塘蔣氏刻本［秋鐙瑣憶一卷爲清咸豐二年（1852）巢園刻本］　一冊

330000－1701－0046818　普 911.18/1083.2/c2、普 911.18/1083.3/c2、普 911.18/1083/c2　史部/地理類

小方壺齋輿地叢鈔十二帙補編十二帙再補編十二帙　（清）王錫祺輯　清光緒十七年（1891）、二十年（1894）、二十三年（1897）上海著易堂鉛印本　八十四冊

330000－1701－0046819　普 911.18/1194　史部/地理類/外紀之屬

海國公餘輯錄六卷雜著三卷　（清）張煜南撰　清光緒二十四年（1898）刻本　十冊

330000－1701－0046820　普 811.5/1037.01/2/c1　集部/楚辭類

楚辭章句十七卷　（漢）王逸撰　（宋）洪興祖補注　清同治十一年（1872）金陵書局刻本　四冊

330000－1701－0046821　GP05164　類叢部/叢書類/彙編之屬

文選樓叢書三十三種　（清）阮亨編　清嘉慶至道光阮元刻道光二十二年（1842）阮亨彙印本　三冊　存一種

330000－1701－0046823　SBC1885　集部/曲類/寶卷之屬

真修寶卷不分卷　清咸豐九年（1859）抄本　一冊

330000－1701－0046824　GP05165　類叢部/叢書類/自著之屬

張南山全集十二種　（清）張維屏撰　清道光至咸豐刻本　四冊　存一種

330000－1701－0046825　普 811.5/1037.01/2/c2　集部/楚辭類

楚辭章句十七卷　（漢）王逸撰　（宋）洪興祖補注　清同治十一年（1872）金陵書局刻本　四冊

330000－1701－0046826　GP13175　集部/別集類/清別集

修月山房詩集八卷　（清）胡嵩年撰　清咸豐十年（1860）刻本　一冊　存二卷（一至二）

330000－1701－0046829　GP05166　子部/天文曆算類/天文之屬

管窺輯要八十卷　（清）黃鼎撰　清順治十二年（1655）刻本　三十六冊

330000－1701－0046832　SBC1884　子部/雜著類/雜考之屬

郡目便覽不分卷　清抄本　一冊

330000－1701－0046834　GP13176　集部/別集類/清別集

山木居士文集十二卷翠巖雜稿二卷　（清）魯九皋撰　**魯賓之文鈔一卷**　（清）魯繽撰　**魯習之文鈔一卷**　（清）魯嗣光撰　清道光十四年（1834）魯應祥刻本　一冊　存二卷（魯賓之文鈔、魯習之文鈔）

330000－1701－0046837　普 811.38/2811/c2　集部/詞類/別集之屬

純飛館詞初稿一卷　徐珂撰　清光緒十九年（1893）鎮江何恩煜上海刻本　一冊

330000－1701－0046838　普 811.38/4042　集部/詞類/別集之屬

海棠巢詞稿一卷　（清）李若虛撰　清咸豐十一年（1861）刻本　一冊

330000－1701－0046839　普 811.5/1037/4　集部/楚辭類

楚辭章句十七卷　（漢）王逸撰　清光緒四川成都存古書局刻本　二冊

330000－1701－0046840　普 811.37/8010　集部/詞類/別集之屬

蔗畦詞二卷　（清）金石撰　清光緒二十八年（1902）會稽金氏刻本　一冊

330000－1701－0046841　GP05171　史部/傳記類/總傳之屬/仕宦

歷代節義名臣錄十卷　（清）陳炳纂　清光緒十二年（1886）金陵刻本　十冊

330000－1701－0046842　SBC1883　史部/傳記類/別傳之屬

小螺盦病榻憶語一卷　(清)孫道乾撰　清抄本　一冊

330000－1701－0046843　普 811.5/1037/c1　集部/楚辭類

楚辭章句十七卷　(漢)王逸撰　(宋)洪興祖補注　清同治十一年(1872)金陵書局刻本　四冊

330000－1701－0046844　GP13155　集部/總集類/氏族之屬

桐城馬氏詩鈔七十卷末一卷　(清)馬樹華編　清道光十六年(1836)可久處齋刻本　十冊

330000－1701－0046845　GP05167　史部/地理類/山川之屬/水志

趵突泉誌二卷　(清)任弘遠撰　清乾隆七年(1742)刻本　二冊

330000－1701－0046846　GP05172　史部/傳記類/總傳之屬/仕宦

歷代節義名臣錄十卷　(清)陳炳纂　清光緒十二年(1886)金陵刻本　十冊

330000－1701－0046848　普 811.5/1037/2　集部/楚辭類

楚辭章句十七卷　(漢)王逸撰　(宋)洪興祖補注　清光緒九年(1883)長沙書堂山館刻本　六冊

330000－1701－0046849　SBC1879　集部/戲劇類/雜劇之屬

風雪漁樵記不分卷　清抄本　一冊

330000－1701－0046850　普 911.7/1122　史部/地理類/外紀之屬

四述奇十六卷　(清)張德彝撰　清光緒九年(1883)同文館鉛印本　十六冊

330000－1701－0046852　普 811.37/8032/c1　類叢部/叢書類

南園叢書八種　清光緒至宣統鉛印本暨刻本　一冊　存一種

330000－1701－0046853　普 811.5/1037/c2　集部/楚辭類

楚辭章句十七卷　(漢)王逸撰　(宋)洪興祖補注　清同治十一年(1872)金陵書局刻本　四冊

330000－1701－0046854　GP05168　史部/地理類/山川之屬/山志

鴈山志不分卷　(清)釋實行撰　清乾隆刻本　一冊

330000－1701－0046856　普 811.5/1037/3　集部/楚辭類

楚辭章句十七卷　(漢)王逸撰　(宋)洪興祖補注　清初海虞毛氏汲古閣刻吳郡寶翰樓印本　八冊

330000－1701－0046857　GP05173　子部/小說家類/雜事之屬

譚史志奇八卷　(清)姚彥臣纂　清光緒十四年(1888)五知堂刻本　四冊

330000－1701－0046858　普 811.5/1037/c3　集部/楚辭類

楚辭章句十七卷　(漢)王逸撰　(宋)洪興祖補注　清同治十一年(1872)金陵書局刻本　四冊

330000－1701－0046859　普 911.7/1122/2　史部/地理類/外紀之屬

四述奇十六卷　(清)張德彝撰　清光緒著易堂鉛印本　八冊

330000－1701－0046860　SBC1880　集部/別集類/清別集

五古七古七律七絕詩稿不分卷　清抄本　一冊

330000－1701－0046861　普 811.37/8032/c2　類叢部/叢書類

南園叢書八種　清光緒至宣統鉛印本暨刻本　一冊　存一種

330000－1701－0046862　GP13177　子部/宗教類/道教之屬

濟一子證道秘書十七種　(清)傅金銓輯　清

刻本　一册　存一種

330000－1701－0046864　普 811.5/1037/6　類叢部/叢書類/郡邑之屬
湖北叢書三十種　(清)趙尚輔編　清光緒十七年(1891)三餘草堂刻本　三册　存一種

330000－1701－0046865　普 911.7/1126　類叢部/叢書類/彙編之屬
申報館叢書正集五十七種附錄三種續集一百四十二種　(清)尊聞閣主編　蔡爾康編續集　清同治至光緒上海申報館鉛印本　二册　存一種

330000－1701－0046867　普 911.18/4444　類叢部/叢書類/彙編之屬
新陽趙氏叢刊十四種　(清)趙元益編　清光緒十一年至二十八年(1885－1902)新陽趙氏刻本　六册　存一種

330000－1701－0046868　普 811.37/8040　集部/詞類/別集之屬
柯亭詞三卷詞話一卷　清刻本　二册

330000－1701－0046869　普 811.5/1037.01/3　集部/楚辭類
楚辭章句十七卷　(漢)王逸撰　(宋)洪興祖補注　清光緒九年(1883)長沙書堂山館刻本　六册

330000－1701－0046870　SBC1876　集部/詞類/總集之屬
三李詞三卷　(清)楊文斌輯　清陳石簃抄本　拜松、潛題記　一册

330000－1701－0046871　GP13178　經部/大戴禮記類/分篇之屬
夏小正分箋四卷　(清)黄模撰　清刻本　一册

330000－1701－0046873　GP13157　類叢部/叢書類/彙編之屬
廣雅書局叢書一百五十九種　徐紹棨編　清光緒廣雅書局刻民國九年(1920)番禺徐紹棨彙編重印本　一册　存三種

330000－1701－0046874　普 811.5/1037/7　集部/楚辭類
楚辭章句十七卷附錄一卷　(漢)王逸撰　明萬曆十四年(1586)武林馮紹祖觀妙齋刻本　六册

330000－1701－0046875　GP13179　經部/禮記類/傳說之屬
夏小正異義二卷　(清)黄模撰　清刻本　一册

330000－1701－0046876　SBC1875　史部/史抄類
晉略捃華不分卷　稿本　六册

330000－1701－0046877　SBC1877　子部/雜著類
錢金粟學士手抄格言序文等抄不分卷　清抄本　一册

330000－1701－0046878　普 911.7/1144　史部/地理類/外紀之屬
三洲日記八卷　(清)張蔭桓撰　清光緒石印本　七册　缺一卷(一)

330000－1701－0046880　普 811.5/1037.01/6　集部/楚辭類
楚辭章句十七卷　(漢)王逸撰　(宋)洪興祖補注　清初海虞毛氏汲古閣刻本　六册

330000－1701－0046881　GP13180　新學/動植物學/植物學
植物學八卷　(英國)韋廉臣輯並譯　(英國)艾約瑟續譯　(清)李善蘭筆述　清咸豐八年(1858)刻本　一册

330000－1701－0046883　普 951.009824/3547/4/c2　史部/紀傳類/正史之屬
二十四史附考證　清光緒十八年(1892)武林竹簡齋石印本　二百册

330000－1701－0046886　SBC1878　史部/地理類/山川之屬/山志
新鐫海内奇觀十卷　(明)楊爾曾輯　明萬曆三十七年(1609)夷白堂刻本(卷十配明刻本)　三册　存三卷(四、九至十)

330000－1701－0046887　普 911.7/2266/c1
史部/地理類/遊記之屬/紀行
出使美日祕國日記十六卷(清光緒十五年九月初一至十九年八月初二)　(清)崔國因撰　清光緒二十年(1894)鉛印本　十二冊

330000－1701－0046888　普 811.5/1037.01
集部/楚辭類
楚辭章句十七卷　(漢)王逸撰　(宋)洪興祖補注　清初海虞毛氏汲古閣刻天德堂印本　四冊

330000－1701－0046889　GP13181　新學/光學/光學
光學圖說二卷　(英國)傅蘭雅譯　清光緒十六年(1890)上海益智書會刻本　一冊

330000－1701－0046890　普 811.5/1037.011
集部/楚辭類
楚辭釋十一卷　王闓運撰　清光緒十二年(1886)成都尊經書院刻本　二冊

330000－1701－0046891　普 911.51/4612
史部/地理類/總志之屬/通代
輿地沿革表四十卷　(清)楊丕復撰　清光緒十四年(1888)楊琪光刻本　二十四冊

330000－1701－0046894　普 911.7/2266/c2
史部/地理類/遊記之屬/紀行
出使美日祕國日記十六卷(清光緒十五年九月初一至十九年八月初二)　(清)崔國因撰　清光緒二十年(1894)鉛印本　十冊　缺三卷(六、十五至十六)

330000－1701－0046895　普 811.5/2540/c1
類叢部/叢書類/彙編之屬
崇文書局彙刻書三十一種　(清)崇文書局編　清光緒元年至三年(1875－1877)湖北崇文書局刻本　三冊　存一種

330000－1701－0046896　GP05194　經部/叢編
通志堂經解一百四十種　(清)納蘭成德輯　清康熙十九年(1680)納蘭成德刻本　二冊　存一種

330000－1701－0046897　普 811.5/2540/c2
類叢部/叢書類/彙編之屬
崇文書局彙刻書三十一種　(清)崇文書局編　清光緒元年至三年(1875－1877)湖北崇文書局刻本　三冊　存一種

330000－1701－0046898　普 911.51/2172/c3
子部/兵家類
中國歷史戰爭形勢圖說附論二卷　盧彤撰　清宣統二年(1910)武昌同倫學社鉛印本　一冊

330000－1701－0046899　普 811.5/2540/c3
類叢部/叢書類/彙編之屬
崇文書局彙刻書三十一種　(清)崇文書局編　清光緒元年至三年(1875－1877)湖北崇文書局刻本　三冊　存一種

330000－1701－0046900　GP13182　類叢部/叢書類/家集之屬
祥符劉氏叢書十種　(清)劉遵海　(清)劉曾騄　清光緒至民國刻本、石印本暨油印本　一冊　存一種

330000－1701－0046901　普 911.19/9024
史部/政書類/邦計之屬
[光緒己丑年]海鹽水災辦理始末記一卷　清光緒抄本　一冊

330000－1701－0046902　SBC1904　子部/道家類
敲艾歌註一卷　(明)錢道華撰　**沁園春一卷**　(宋)蕭廷之述　**沁園春一卷**　(元)俞琰解　**百字碑一卷**　(明)郭紹儀注解　清抄本　一冊

330000－1701－0046903　SBC1900　子部/宗教類
羣經逸義不分卷　清抄本　四冊

330000－1701－0046904　GP13183　新學/格致總
物理推原一卷　(法國)羅第愛撰　(清)李杕譯　清光緒十八年(1892)上海徐匯書館石印本　一冊

330000－1701－0046905　SBC1903　史部/地理類/遊記之屬/紀行
日遊滇紀十四卷　（清）王忠紉撰　清抄本　一冊　存二卷（十三至十四）

330000－1701－0046907　普911.7/2633　史部/地理類/遊記之屬/紀行
隨軺筆記四卷　（清）吴宗濂撰　清光緒二十八年（1902）上海著易堂鉛印本　四冊

330000－1701－0046908　普811.5/2540/（2）　類叢部/叢書類/彙編之屬
崇文書局彙刻書三十一種　（清）崇文書局編　清光緒元年至三年（1875－1877）湖北崇文書局刻本　二冊　存一種

330000－1701－0046909　普913.021/2644　史部/金石類/總志之屬/目録
攈古録二十卷　（清）吴式芬撰　清末刻本　二十冊

330000－1701－0046910　普811.5/2540/（3）/c1　類叢部/叢書類/彙編之屬
崇文書局彙刻書三十一種　（清）崇文書局編　清光緒元年至三年（1875－1877）湖北崇文書局刻本　二冊　存一種

330000－1701－0046912　普811.5/2540/（3）/c2　類叢部/叢書類/彙編之屬
崇文書局彙刻書三十一種　（清）崇文書局編　清光緒元年至三年（1875－1877）湖北崇文書局刻本　二冊　存一種

330000－1701－0046914　SBC1890　子部/醫家類/方書之屬/歷代方書
療饑良方一卷　清抄本　一冊

330000－1701－0046916　普811.5/2540/2/c1　集部/楚辭類
楚辭集註八卷辯證二卷後語六卷　（宋）朱熹撰　清光緒八年（1882）江蘇書局刻本　四冊

330000－1701－0046917　GP13186　新學/氣學/熱學
熱學圖説二卷　（英國）傅蘭雅譯　清光緒十六年（1890）上海益智書會刻本　一冊

330000－1701－0046919　普811.5/2540/（4）　類叢部/叢書類/彙編之屬
崇文書局彙刻書三十一種　（清）崇文書局編　清光緒元年至三年（1875－1877）湖北崇文書局刻本　一冊　存一種

330000－1701－0046920　GP07633　集部/總集類/酬唱之屬
銷夏倡和詩存一卷　（清）汪遠孫等撰　清道光十五年（1835）刻本　一冊

330000－1701－0046924　普811.5/2540/4/c1　類叢部/叢書類/彙編之屬
古逸叢書二十六種　（清）黎庶昌編　清光緒八年至十年（1882－1884）黎庶昌日本東京使署影刻本　二冊　存一種

330000－1701－0046925　GP13193　子部/儒家類/儒學之屬/禮教
聖諭廣訓直解一卷　（清）世宗胤禛撰　（清）□□直解　清刻本　二冊

330000－1701－0046926　普811.5/2540/2/c2　集部/楚辭類
楚辭集註八卷辯證二卷後語六卷　（宋）朱熹撰　清光緒八年（1882）江蘇書局刻本　四冊

330000－1701－0046927　普811.5/2540/8　集部/楚辭類
楚辭集註八卷辯證二卷後語八卷　（宋）朱熹撰　（明）蔣之翹補輯並評校　**楚辭附覽二卷總評一卷**　（明）蔣之翹輯　明天啓六年（1626）檇李蔣之翹刻本［卷二至四配明崇禎十年（1637）吴郡八詠樓刻本］　六冊　缺二卷（附覽一至二）

330000－1701－0046928　GP13185　集部/別集類/清別集
月生試律詩存一卷　（清）闞鈞撰　清鉛印本　一冊

330000－1701－0046929　SBC1901　史部/地理類/雜志之屬
天下地界一卷　清末抄本　一冊

330000－1701－0046930　普811.5/2540/4/

c2　類叢部/叢書類/彙編之屬

古逸叢書二十六種　(清)黎庶昌編　清光緒八年至十年(1882－1884)黎庶昌日本東京使署影刻本　二冊　存一種

330000－1701－0046931　普 811.5/2540/2/c3　集部/楚辭類

楚辭集註八卷辯證二卷後語六卷　(宋)朱熹撰　清光緒八年(1882)江蘇書局刻本　章嶔題簽　四冊

330000－1701－0046932　SBC1891　集部/曲類/彈詞之屬

長生殿彈詞一卷　清抄本　一冊

330000－1701－0046933　GP05177　子部/醫家類/兒科之屬

著石堂新刻幼科直言六卷　(清)孟河撰　(清)孟莊輯　清雍正四年(1726)刻本　四冊

330000－1701－0046934　普 911.7/4040/c2　史部/地理類/外紀之屬

環遊地球新錄四卷　(清)李圭撰　清光緒十年(1884)上海總務司刻本　四冊

330000－1701－0046935　普 811.5/2540/4/c3　類叢部/叢書類/彙編之屬

古逸叢書二十六種　(清)黎庶昌編　清光緒八年至十年(1882－1884)黎庶昌日本東京使署影刻本　二冊　存一種

330000－1701－0046936　普 911.7/4040/c3　史部/地理類/外紀之屬

環遊地球新錄四卷　(清)李圭撰　清光緒四年(1878)鉛印本　四冊

330000－1701－0046938　SBC1887　史部/金石類/錢幣之屬

錢錄十六卷　(清)梁詩正等輯　**古金待問錄五卷補遺一卷**　(清)朱楓撰　清抄本　二冊

330000－1701－0046939　普 811.5/2540/6　集部/楚辭類

楚辭集註八卷總評一卷　(宋)朱熹撰　(明)沈雲翔輯評　清康熙聽雨齋刻朱墨套印本　六冊

330000－1701－0046942　SBC1892　子部/術數類/占卜之屬

白猿圖說不分卷　清抄本　一冊

330000－1701－0046943　GP13194　新學

江南製造局譯書　(清)江南製造局編　清光緒江南製造局鉛印本　一冊　存一種

330000－1701－0046946　普 811.5/2540/6(2)　集部/楚辭類

楚辭集註八卷總評一卷　(宋)朱熹撰　(明)沈雲翔輯評　清康熙聽雨齋刻朱墨套印本　四冊

330000－1701－0046948　普 811.5/4418　集部/楚辭類

楚辭燈四卷附楚懷襄二王在位事蹟考一卷　(清)林雲銘撰　**屈原列傳一卷**　(漢)司馬遷撰　清康熙三十六年(1697)晉安林氏挹奎樓刻本　王二題記　二冊

330000－1701－0046950　SBC1920　子部/宗教類/佛教之屬

廣儀四卷　清抄本　二冊

330000－1701－0046951　GP13195　新學/天學

天文圖說四卷　(英國)柯雅各撰　(美國)摩嘉立　(清)薛承恩譯　清光緒九年(1883)上海益智書會刻本　一冊

330000－1701－0046953　普 811.5/2540/9　集部/楚辭類

楚辭集註八卷總評一卷　(宋)朱熹撰　(明)沈雲翔輯評　明崇禎十年(1637)吳郡八詠樓刻本　四冊

330000－1701－0046954　GP05196　經部/春秋左傳類/傳說之屬

春秋左傳補註六卷　(清)惠棟撰　清乾隆三十七年(1772)順德胡亦常刻三十八年(1773)張錦芳續刻本　二冊

330000－1701－0046956　SBC1894　史部/詔令奏議類/奏議之屬

國防疏鈔不分卷　清抄本　一冊

330000－1701－0046957　SBC1893　集部/別集類/清別集

雲鶴草堂一卷　(清)屠東啓撰　稿本　竹溪子批　一冊

330000－1701－0046959　SBC1918　集部/別集類/清別集

越中掌故出產雜詩不分卷　清抄本　一冊

330000－1701－0046961　GP13197　集部/詞類/別集之屬

鶩翁集一卷蜩知集一卷　(清)王鵬運撰　清光緒刻本　一冊

330000－1701－0046962　普 811.5/4418/2　集部/楚辭類

楚辭燈四卷附楚懷襄二王在位事蹟考一卷　(清)林雲銘撰　**屈原列傳一卷**　(漢)司馬遷撰　清三讓堂刻本　四冊

330000－1701－0046963　普 811.503/1132　類叢部/叢書類/彙編之屬

文林綺繡五種　(明)淩迪知編　清光緒二十二年(1896)鴻寶齋書局石印本　一冊　存一種

330000－1701－0046964　SBC1919　子部/術數類/陰陽五行之屬

推背圖說一卷　題(唐)袁天罡撰　(唐)李淳風注　清抄彩繪本　五冊

330000－1701－0046965　GP13187　子部/雜著類/雜考之屬

眼學偶得一卷　羅振玉撰　清光緒刻本　一冊

330000－1701－0046967　普 811.5/2540/9(2)　集部/楚辭類

楚辭集註八卷總評一卷　(宋)朱熹撰　(明)沈雲翔輯評　明崇禎十年(1637)吳郡八詠樓刻本　二冊

330000－1701－0046968　普 811.5/4418/3/c1　集部/楚辭類

楚辭燈四卷附楚懷襄二王在位事蹟考一卷　(清)林雲銘撰　**屈原列傳一卷**　(漢)司馬遷撰　清康熙刻本　二冊

330000－1701－0046969　普 811.5/2540.2/c1　類叢部/叢書類/彙編之屬

崇文書局彙刻書三十一種　(清)崇文書局編　清光緒元年至三年(1875－1877)湖北崇文書局刻本　一冊　存一種

330000－1701－0046970　GP13188　子部/叢編

子書百家　(清)崇文書局編　清光緒元年(1875)湖北崇文書局刻本　一冊　存一種

330000－1701－0046971　GP05200　史部/傳記類/別傳之屬/年譜

潘紱庭先生[曾綬]自訂年譜一卷　(清)潘曾綬撰　(清)潘祖蔭　(清)潘祖年補編　清光緒九年(1883)吳縣潘氏刻本　一冊

330000－1701－0046972　普 811.5/2540.2/c3　類叢部/叢書類/彙編之屬

崇文書局彙刻書三十一種　(清)崇文書局編　清光緒元年至三年(1875－1877)湖北崇文書局刻本　一冊　存一種

330000－1701－0046973　GP13199　子部/儒家類/儒學之屬/禮教/家訓

楊椒山公家訓一卷　(明)楊繼盛撰　清光緒十一年(1885)刻本　一冊

330000－1701－0046975　GP05180　集部/總集類/題詠之屬

西湖韓蘄王翠微亭題名攷一卷集字詩一卷附一卷　(清)汪繼壕等撰　清齏臼盦刻本　一冊

330000－1701－0046976　普 811.5/2540.2/c2　類叢部/叢書類/彙編之屬

崇文書局彙刻書三十一種　(清)崇文書局編　清光緒元年至三年(1875－1877)湖北崇文書局刻本　一冊　存一種

330000－1701－0046977　SBC1917　子部/雜著類

吉祥善事四卷　(清)沈捷等撰　清抄本　一冊

330000－1701－0046978　普 811. 5/4418/3/c2　集部/楚辭類
楚辭燈四卷附楚懷襄二王在位事蹟考一卷　(清)林雲銘撰　**屈原列傳一卷**　(漢)司馬遷撰　清經國堂刻本　一冊

330000－1701－0046979　普 811. 503/1132/2　類叢部/叢書類/彙編之屬
文林綺繡五種　(明)淩迪知編　清光緒石印本　一冊　存一種

330000－1701－0046980　GP13200　史部/傳記類/別傳之屬/事狀
袁太夫人榮哀錄一卷　孫鏘編　清宣統二年(1910)四明七千卷樓鉛印本　一冊

330000－1701－0046981　GP05201　類叢部/叢書類/自著之屬
半巖廬所箸書九種　(清)邵懿辰撰　清宣統三年至民國二十年(1911－1931)仁和邵氏家祠刻本　一冊　存一種

330000－1701－0046982　GP13201　子部/醫家類/喉科口齒之屬
重樓玉鑰一卷　(清)鄭宏綱撰　**洞主仙師白喉治法忌表抉微一卷**　(清)徐鄂輯並注　清光緒二十六年(1900)杭州刻本　一冊

330000－1701－0046983　GP07634　集部/總集類/酬唱之屬
同心吟稿五卷　(清)周崇仁等撰　清嘉慶刻本　一冊

330000－1701－0046984　GP13202　子部/醫家類/喉科口齒之屬
重樓玉鑰一卷　(清)鄭宏綱撰　**洞主仙師白喉治法忌表抉微一卷**　(清)徐鄂輯並注　清光緒二十六年(1900)杭州刻本　二冊

330000－1701－0046985　GP13203　史部/地理類/專志之屬/祠墓
兩浙防護陵寢祠墓錄不分卷　(清)阮元輯　清光緒十五年(1889)浙江書局刻本　二冊

330000－1701－0046988　普 811. 5/4471　集部/楚辭類
山帶閣註楚辭六卷首一卷餘論二卷說韻一卷　(清)蔣驥撰　清雍正五年(1727)武進蔣驥山帶閣刻本　二冊

330000－1701－0046990　GP05182　類叢部/叢書類/彙編之屬
普通學問答全書　清光緒上海商務印書館鉛印本　一冊

330000－1701－0046992　SBC1914　史部/地理類/遊記之屬/紀勝
蘿菴遊賞小志一卷　(清)李慈銘撰　清抄本　一冊

330000－1701－0046993　普 811. 503/1132/3/c1　類叢部/叢書類/彙編之屬
融經館叢書十一種　(清)徐友蘭編　清光緒六年至十一年(1880－1885)會稽徐氏八杉齋刻本　二冊　存一種

330000－1701－0046995　普 811. 5/3473　集部/楚辭類
楚辭章句十七卷　(漢)王逸撰　(宋)洪興祖補注　清初海虞毛氏汲古閣刻本　四冊

330000－1701－0046996　普 811. 5/7460　集部/楚辭類
楚辭疏十九卷讀楚辭語一卷附楚辭雜論一卷　(明)陸時雍撰　**屈原傳一卷**　(漢)司馬遷撰　明末緝柳齋刻本　四冊　存八卷(一至八)

330000－1701－0046997　GP13189　子部/雜著類/雜纂之屬
經餘必讀八卷二編八卷　(清)雷琳　(清)錢樹棠　(清)錢樹立輯　**經餘必讀三編四卷**　(清)趙在翰輯　清光緒二年(1876)退補齋刻本　二冊　存四卷(三編一至四)

330000－1701－0046998　普 811. 503/1132/3/c2　類叢部/叢書類/彙編之屬
融經館叢書十一種　(清)徐友蘭編　清光緒六年至十一年(1880－1885)會稽徐氏八杉齋刻本　二冊　存一種

330000－1701－0046999　普 811. 51/1041/c2

集部/楚辭類

屈騷心印五卷首一卷 (清)夏大霖撰 清雍正十二年(1734)一本堂刻乾隆三十九年(1774)印本 四冊

330000－1701－0047001 普811.5/7460.2 集部/楚辭類

楚辭疏十九卷讀楚辭語一卷附楚辭雜論一卷 (明)陸時雍撰 **屈原傳一卷** (漢)司馬遷撰 明末緝柳齋刻本 二冊

330000－1701－0047004 普811.5/4240 集部/楚辭類

楚辭節註六卷 (清)姚培謙撰 **楚辭叶音一卷** (清)劉維謙撰 清乾隆六年(1741)刻本 四冊

330000－1701－0047005 普811.51/1037.011/2 類叢部/叢書類/自著之屬

湘綺樓全書 王闓運撰 清光緒至宣統刻本 一冊 存一種

330000－1701－0047006 普811.5/7710 集部/楚辭類

山帶閣註楚辭六卷首一卷餘論二卷説韻一卷 (清)蔣驥撰 清雍正五年(1727)武進蔣驥山帶閣刻本 四冊

330000－1701－0047011 普951.009824/3547/5 史部/紀傳類/正史之屬

二十四史附考證 清光緒二十八年(1902)史學會社石印本 一百五十四冊 存二十三種

330000－1701－0047014 普811.5/7728 集部/楚辭類

楚辭新集註八卷末一卷 (清)屈復撰 (清)屈啓賢編 **楚懷襄二王在位事蹟考一卷** (清)林雲銘撰 清乾隆三年(1738)居易堂刻本 章嶔題簽 四冊

330000－1701－0047016 普811.51/8333 類叢部/叢書類/自著之屬

田間全集五種 (清)錢澄之撰 清康熙斟雉堂刻本 六冊 存一種

330000－1701－0047018 普811.5/7728/(2) 集部/楚辭類

楚辭新集註八卷末一卷 (清)屈復撰 (清)屈啓賢編 **楚懷襄二王在位事蹟考一卷** (清)林雲銘撰 清乾隆三年(1738)居易堂刻本 二冊

330000－1701－0047019 SBC1916 集部/別集類/清別集

程石農雜著一卷 (清)程堂撰 **俞鼎初詩草一卷** (清)俞正禧撰 清抄本 王黎陽觀款 一冊

330000－1701－0047020 GP13192 集部/別集類/清別集

義門先生集十二卷 (清)何焯撰 (清)吳雲 (清)韓崇 (清)翁大年輯 **何義門家書四卷** (清)何焯撰 吳蔭培編 **附録一卷義門弟子姓氏録一卷** 清宣統元年(1909)平江吳氏廣州刻本 六冊

330000－1701－0047021 普811.51/4310/2/c1 類叢部/叢書類/彙編之屬

廣雅書局叢書一百五十九種 徐紹棨編 清光緒廣雅書局刻民國九年(1920)番禺徐紹棨彙編重印本 一冊 存一種

330000－1701－0047025 普811.51/4310/2/c2 集部/楚辭類

屈原賦注七卷通釋二卷 (清)戴震撰 **屈原賦音義三卷** (清)汪梧鳳撰 清光緒十七年(1891)刻廣雅書局叢書本 沈尹默題記 一冊

330000－1701－0047027 普811.52/0163/c1 類叢部/叢書類/彙編之屬

崇文書局彙刻書三十一種 (清)崇文書局編 清光緒元年至三年(1875－1877)湖北崇文書局刻本 一冊 存一種

330000－1701－0047029 GP13217 子部/藝術類/遊藝之屬/棋弈

弈萃一卷官子一卷 (清)卞文恆輯 清嘉慶二十一年(1816)邗江卞氏味書齋刻本 一冊 存一卷(官子)

330000－1701－0047030　GP05184　集部/總集類/氏族之屬
小峨嵋山館四種　(清)馬國偉　(清)馬用俊編　清嘉慶十八年(1813)棣園刻本　一册　存一種

330000－1701－0047032　普 811.51/7553　類叢部/叢書類/自著之屬
陳氏裛露軒叢書四種　(清)陳本禮撰　清嘉慶陳氏裛露軒刻本　四册　存一種

330000－1701－0047033　普 811.52/0163/c2　類叢部/叢書類/彙編之屬
崇文書局彙刻書三十一種　(清)崇文書局編　清光緒元年至三年(1875－1877)湖北崇文書局刻本　一册　存一種

330000－1701－0047034　GP07638　集部/別集類/清別集
訒齋文鈔二卷詩鈔一卷手札四卷附錄一卷　(清)褚維垕撰　清光緒二十七年(1901)刻本　一册　存三卷(文鈔一至二、詩鈔)

330000－1701－0047036　GP13216　新學/電學
電學綱目一卷　(英國)田大里輯　(英國)傅蘭雅口譯　(清)周郇筆述　清光緒上海江南機器製造總局刻本　一册

330000－1701－0047037　普 811.52/0163/c3　類叢部/叢書類/彙編之屬
崇文書局彙刻書三十一種　(清)崇文書局編　清光緒元年至三年(1875－1877)湖北崇文書局刻本　一册　存一種

330000－1701－0047038　普 811.52/0163/c4　類叢部/叢書類/彙編之屬
崇文書局彙刻書三十一種　(清)崇文書局編　清光緒元年至三年(1875－1877)湖北崇文書局刻本　一册　存一種

330000－1701－0047039　普 811.52/0163/c5　類叢部/叢書類/彙編之屬
崇文書局彙刻書三十一種　(清)崇文書局編　清光緒元年至三年(1875－1877)湖北崇文書局刻本　一册　存一種

330000－1701－0047040　普 811.52/2511　集部/楚辭類
離騷辯不分卷　(清)朱冀撰　清康熙綠筠堂刻本　一册

330000　1701　0047041　GP13218　經部/小學類/文字之屬/說文
說文解字部目一卷　(清)胡澍書　清同治五年(1866)溧陽王晉玉刻本　一册

330000－1701－0047042　SBC1905　集部/總集類/尺牘之屬
歷朝名媛尺牘一卷　(清)水鏡山房輯　清末抄本　一册

330000－1701－0047045　普 811.52/2574/c1　集部/楚辭類
離騷賦補注一卷　(清)朱駿聲撰　清道光刻本　一册

330000－1701－0047046　普 913.023/2767/c2　史部/金石類/總志之屬/圖像
金石屑四卷附編一卷　(清)鮑昌熙摹　清光緒二年至三年(1876－1877)鮑昌熙刻本　四册

330000－1701－0047047　GP07639　集部/別集類/清別集
詒卿詩鈔二卷　(清)李明農撰　清道光二十四年(1844)刻本　一册

330000－1701－0047048　SBC1936　史部/雜史類/通代之屬
羅長源路史摘錄不分卷　(宋)羅泌撰　清抄本　一册

330000－1701－0047050　SBC1907　史部/傳記類/日記之屬
日記不分卷　稿本　二册

330000－1701－0047051　GP05203　史部/傳記類/總傳之屬/家乘
[浙江紹興]會稽阮氏宗譜八卷　(清)阮商書纂修　清光緒七年(1881)序思堂木活字印本

八册

330000－1701－0047053　GP07640　集部/別集類/清別集

浩然堂初集二卷　(清)江開撰　清道光刻本　一册

330000－1701－0047054　GP05186　集部/總集類/酬唱之屬

聽經閣同聲集六卷　(清)胡鳳丹輯　清同治八年(1869)正覺禪林刻本　一册　存二卷(一至二)

330000－1701－0047056　SBC1934　子部/叢編

二十二子(二十二子彙函)　(清)浙江書局編　清光緒元年至三年(1875－1877)浙江書局刻本　一册　存一種

330000－1701－0047058　GP05204　史部/地理類/山川之屬

九州山水考三卷　(清)孫承澤撰　清初刻本　三册

330000－1701－0047059　SBC1910　史部/地理類/山川之屬/水志

東湖記一卷　陶濬宣撰　稿本　一册

330000－1701－0047060　普811.52/2574/c2　集部/楚辭類

離騷賦補注一卷　(清)朱駿聲撰　清道光刻本　一册

330000－1701－0047061　普811.52/2622/c1　類叢部/叢書類/彙編之屬

知不足齋叢書一百九十五種　(清)鮑廷博編　(清)鮑士恭續編　清乾隆三十七年至道光三年(1772－1823)長塘鮑氏刻彙印本　一册　存一種

330000－1701－0047062　普811.52/2574/c3　集部/楚辭類

離騷賦補注一卷　(清)朱駿聲撰　清道光刻本　一册

330000－1701－0047063　普811.52/2622/c2　類叢部/叢書類/彙編之屬

知不足齋叢書一百九十五種　(清)鮑廷博編　(清)鮑士恭續編　清乾隆三十七年至道光三年(1772－1823)長塘鮑氏刻彙印本　一册　存一種

330000－1701－0047064　GP13222　類叢部/叢書類/彙編之屬

藝海珠塵一百六十四種　(清)吳省蘭輯　清嘉慶南匯吳氏聽彝堂刻本　一册　存一種

330000－1701－0047065　GP07641　子部/藝術類/書畫之屬/題跋

鬼趣圖題詠不分卷　(清)潘仕成輯　清咸豐元年(1851)刻本　一册

330000－1701－0047066　SBC1911　史部/目録類/通論之屬/考訂

校讎之學一卷　陶濬宣撰　稿本　一册

330000－1701－0047067　普811.52/2622/2/c1　類叢部/叢書類/彙編之屬

崇文書局彙刻書三十一種　(清)崇文書局編　清光緒元年至三年(1875－1877)湖北崇文書局刻本　一册　存一種

330000－1701－0047068　GP05205　類叢部/叢書類/自著之屬

賭棋山莊所著書八種　(清)謝章鋌撰　清光緒十年至三十年(1884－1904)刻民國十四年(1925)增刻彙印本　三十三册

330000－1701－0047069　普811.52/2622/2/c2　類叢部/叢書類/彙編之屬

崇文書局彙刻書三十一種　(清)崇文書局編　清光緒元年至三年(1875－1877)湖北崇文書局刻本　一册　存一種

330000－1701－0047070　SBC1933　經部/春秋左傳類/傳說之屬

春秋左氏古經漢義補證四卷　(清)陶方琦校補　稿本　四册

330000－1701－0047071　普811.52/2622/2/c3　類叢部/叢書類/彙編之屬

崇文書局彙刻書三十一種　(清)崇文書局編

清光緒元年至三年(1875－1877)湖北崇文書局刻本　一冊　存一種

330000－1701－0047072　普 811.52/2622/2/c5　類叢部/叢書類/彙編之屬
崇文書局彙刻書三十一種　(清)崇文書局編　清光緒元年至三年(1875－1877)湖北崇文書局刻本　一冊　存一種

330000－1701－0047076　普 811.52/1052/c1　類叢部/叢書類/彙編之屬
廣雅書局叢書一百五十九種　徐紹棨編　清光緒廣雅書局刻民國九年(1920)番禺徐紹棨彙編重印本　四冊　存三種

330000－1701－0047077　GP05213　經部/春秋左傳類/傳說之屬
左氏條貫十八卷　(清)曹基編次　清康熙刻本　六冊

330000－1701－0047079　普 811.54/1060　類叢部/叢書類/彙編之屬
廣雅書局叢書一百五十九種　徐紹棨編　清光緒廣雅書局刻民國九年(1920)番禺徐紹棨彙編重印本　一冊　存一種

330000－1701－0047080　SBC1932　集部/別集類/清別集
焚琴集一卷　清抄本　一冊

330000－1701－0047082　普 811.603/4741　集部/總集類/彙編之屬
四六纂組九卷歷代官制一卷　(清)胡吉豫撰　清康熙十八年(1679)西爽堂刻本　七冊

330000－1701－0047087　普 913.021/44871/c1　史部/目録類
葉氏存古叢書四種　葉銘輯　清宣統二年(1910)西泠印社鉛印本　二冊

330000－1701－0047088　普 811.604/1248/c1　集部/詩文評類/文評之屬
四六叢話三十三卷選詩叢話一卷　(清)孫梅撰　清嘉慶三年(1798)吳興舊言堂刻本　十冊

330000－1701－0047089　SBC1930　集部/別集類/清別集
畫梅吟三十韻一卷　北渚先生撰　清抄本　一冊

330000－1701－0047090　GP05214　子部/雜著類/雜說之屬
水東日記三十八卷　(明)葉盛撰　明葉重華賜書樓刻清康熙十九年(1680)葉方蔚重修本　五冊

330000－1701－0047091　普 811.604/1248/2/c1　集部/詩文評類/文評之屬
四六叢話三十三卷選詩叢話一卷　(清)孫梅撰　清嘉慶三年(1798)吳興舊言堂刻本　十二冊

330000－1701－0047092　SBC1921　子部/宗教類/佛教之屬/律
三壇傳戒廣集十四卷末一卷　清光緒八年(1882)真靜抄本　六冊　存十卷(二、五、八至十四、末)

330000－1701－0047093　GP13225　集部/總集類/彙編之屬
七家試帖輯註彙鈔　(清)張熙宇輯評　(清)王植桂輯註　清同治九年(1870)江左書林刻本　一冊　存一種

330000－1701－0047094　普 811.604/1248/c2　集部/詩文評類/文評之屬
四六叢話三十三卷選詩叢話一卷　(清)孫梅撰　清嘉慶三年(1798)吳興舊言堂刻本　六冊

330000－1701－0047097　SBC1947　子部/醫家類/喉科口齒之屬/通論
喉科寶要一卷　清抄本　一冊

330000－1701－0047098　普 913.021/44871/c2　史部/目録類
葉氏存古叢書四種　葉銘輯　清宣統二年(1910)西泠印社鉛印本　二冊

330000－1701－0047099　普 811.604/1248/c3　集部/詩文評類/文評之屬

四六叢話三十三卷選詩叢話一卷　(清)孫梅撰　清嘉慶三年(1798)吳興舊言堂刻本　十冊　缺一卷(選詩叢話)

330000－1701－0047100　GP05188　集部/總集類/酬唱之屬
龍城賡唱不分卷　(清)諶瑞雲等撰　清同治八年(1869)刻本　一冊

330000－1701－0047101　普811.604/1248/2/c2　集部/詩文評類/文評之屬
四六叢話三十三卷選詩叢話一卷　(清)孫梅撰　清光緒七年(1881)吳下刻本　十二冊

330000－1701－0047102　普811.52/1052/c2　類叢部/叢書類/彙編之屬
廣雅書局叢書一百五十九種　徐紹棨編　清光緒廣雅書局刻民國九年(1920)番禺徐紹棨彙編重印本　四冊　存二種

330000－1701－0047103　普811.604/1248/(2)　集部/詩文評類/文評之屬
四六叢話三十三卷選詩叢話一卷　(清)孫梅撰　清嘉慶三年(1798)吳興舊言堂刻本　八冊

330000－1701－0047104　GP13226　類叢部/叢書類/彙編之屬
正誼堂全書六十三種續刻五種　(清)張伯行編　(清)楊浚重編　清同治五年(1866)福州正誼書院刻同治八年至光緒十三年(1869－1887)續刻本　一冊　存一種

330000－1701－0047106　SBC1948　集部/詩文評類/文法之屬/函牘格式
帖式稱呼不分卷　清刻本　一冊

330000－1701－0047108　普913.021/4926/c1　史部/金石類/總志之屬/目録
竹崦盦金石目録五卷　(清)趙魏藏並撰　清宣統元年(1909)錢塘吳士鑑長沙刻本　四冊

330000－1701－0047109　SBC1922　集部/總集類/選集之屬/通代
秀峯詞草一卷　清潔儒氏抄本　一冊

330000－1701－0047110　GP13227　類叢部/叢書類/彙編之屬
十萬卷樓叢書五十一種　(清)陸心源編　清光緒歸安陸氏刻本(歲時廣記卷六原缺)　一冊　存二種

330000－1701－0047111　GP05215　類叢部/叢書類/家集之屬
半帆樓叢書(鄔氏家集)二十七種　鄔慶時編　清光緒至民國刻本　一冊　存一種

330000－1701－0047112　普811.604/1248/2/c3　集部/詩文評類/文評之屬
四六叢話三十三卷選詩叢話一卷　(清)孫梅撰　清光緒七年(1881)吳下刻本　十二冊

330000－1701－0047114　SBC1949　集部/總集類/題詠之屬
百美新詠一卷　清光緒十四年(1888)山陰樵叟抄本　清樵叟題簽並記　一冊

330000－1701－0047115　GP05216　類叢部/叢書類/家集之屬
半帆樓叢書(鄔氏家集)二十七種　鄔慶時編　清光緒至民國刻本　一冊　存一種

330000－1701－0047116　普913.021/4926/c2　史部/金石類/總志之屬/目録
竹崦盦金石目録五卷　(清)趙魏藏並撰　清宣統元年(1909)錢塘吳士鑑長沙刻本　四冊

330000－1701－0047117　GP13204　史部/地理類/方志之屬/郡縣志
[嘉定]剡錄十卷　(宋)史安之修　(宋)高似孫纂　清同治九年(1870)刻本　二冊

330000－1701－0047118　SBC1950　經部/四書類/孟子之屬/傳説
孟子外書四篇四卷　(宋)熙時子注　清抄本　一冊

330000－1701－0047121　SBC1923　集部/詞類/别集之屬
寄傲廬詞稾不分卷　(清)胡龜南撰　稿本　王黎陽觀款　一冊

330000－1701－0047122　普 811.604/4001　類叢部/叢書類/彙編之屬
函海一百五十二種　(清)李調元編　清乾隆綿州李氏萬卷樓刻嘉慶十四年(1809)李鼎元、道光五年(1825)李朝夔重校補刻本　二冊　存一種

330000－1701－0047123　GP07642　經部/禮記類/傳說之屬
禮記纂言三十六卷　(元)吳澄撰　清雍正刻本　十冊

330000－1701－0047124　GP13228　子部/天文曆算類/算書之屬
翠薇山房數學十四種　(清)張作楠撰　清嘉慶至道光金華張氏翠薇山房刻光緒五年(1879)重修本　三冊　存一種

330000－1701－0047126　普 811.608/0825　集部/總集類/選集之屬/斷代
車書樓彙輯各名公四六爭奇八卷　(明)許以忠輯　明萬曆四十八年(1620)王世茂刻本　五冊

330000－1701－0047129　SBC1924　史部/地理類/山川之屬/山志
福建台灣後山岐萊秀古巒圖說一卷泗波瀾圖說一卷　清抄本　一冊

330000－1701－0047130　普 913.023/3117/c1　史部/金石類/總志之屬
金石索十二卷首一卷　(清)馮雲鵬　(清)馮雲鵷輯　清光緒三十三年(1907)上海文新局石印本　二十四冊

330000－1701－0047131　普 913.023/3117/c2　史部/金石類/總志之屬
金石索十二卷首一卷　(清)馮雲鵬　(清)馮雲鵷輯　清光緒三十二年(1906)上海文新局石印本　二十四冊

330000－1701－0047132　普 913.023/3117/2　史部/金石類/總志之屬
金石索十二卷首一卷　(清)馮雲鵬　(清)馮雲鵷輯　清道光元年至十五年(1821－1835)紫琅馮氏邃古齋滋陽刻本　十二冊

330000－1701－0047133　GP05217　新學/雜著/叢編
勵學譯編六種　(清)勵學譯社編　清光緒二十八年(1902)蘇州勵學譯社鉛印本　一冊　存一種

330000－1701－0047136　GP13229　史部/詔令奏議類/奏議之屬
沈文肅公政書七卷首一卷　(清)沈葆楨撰　清光緒六年(1880)吳門節署刻本　十二冊

330000－1701－0047137　GP13206　經部/孝經類/傳說之屬
孝經旁訓一卷　(清)李啓培選注　清光緒七年(1881)刻本　一冊

330000－1701－0047138　SBC1925　集部/別集類/清別集
履橋詩鈔(誦清錄)一卷　(清)沈培和撰　清抄本　一冊

330000－1701－0047139　GP13207　史部/政書類/邦計之屬/荒政
重刊救荒補遺書二卷　(宋)董煟撰　(元)張光大增　(明)朱熊補　(明)王崇慶釋斷　清同治八年(1869)楚北崇文書局刻本　二冊

330000－1701－0047140　SBC1945　集部/別集類/唐五代別集
類箋唐王右丞詩集十卷文集四卷集外編一卷　(唐)王維撰　(明)顧起經輯　**唐王右丞[維]年譜一卷**　(明)顧起經撰　**唐諸家同詠集一卷贈題集一卷唐宋諸家評王右丞詩畫鈔一卷**　(明)顧起經輯　明嘉靖三十五年(1556)無錫顧氏奇字齋刻本　一冊　存五卷(年譜、集外編、唐諸家同詠集、贈題集、唐宋諸家評王右丞詩畫鈔)

330000－1701－0047141　SBC1944　經部/四書類/孟子之屬/專著
孟子章指一卷　(漢)趙岐撰　(清)周廣業校訂　稿本　一冊

330000－1701－0047142　SBC1957　子部/雜

著類/雜纂之屬
蟄龕叢鈔不分卷　稿本　二册

330000－1701－0047143　GP05193　史部/地理類/雜志之屬
吴興合璧四卷首一卷　(清)陳文煜撰　清乾隆五十二年(1787)師善堂刻本　四册

330000－1701－0047144　GP07643　子部/儒家類/儒學之屬/性理
陳清瀾先生學蔀通辨前編三卷後編三卷續編三卷終編三卷　(明)陳建撰　清康熙十七年(1678)正誼堂刻本　八册

330000－1701－0047145　普 913.023/3301.02/c1　史部/金石類/金之屬
西清續鑑甲編二十卷附録一卷　(清)王杰等纂修　清宣統三年(1911)上海商務印書館石印本　四十二册

330000－1701－0047146　普 811.608/1020　類叢部/類書類/專類之屬
駢文類纂四十六卷　王先謙輯　清光緒二十八年(1902)思賢書局刻本　二十四册

330000－1701－0047147　普 811.608/1014　集部/總集類/選集之屬/通代
賦鈔箋畧十五卷　(清)雷琳　(清)張杏濱輯　清光緒元年(1875)雲間九如堂刻本　八册

330000－1701－0047148　SBC1943　集部/别集類/清别集
周大業未定本一卷　(清)周大業撰　稿本　一册

330000－1701－0047149　普 913.023/3301.02/c2　史部/金石類/金之屬
西清續鑑甲編二十卷附録一卷　(清)王杰等纂修　清宣統三年(1911)上海商務印書館石印本　四十二册

330000－1701－0047151　SBC1942　史部/史評類/考訂之屬
周年世攷一卷　(清)周廣業撰　稿本　一册

330000－1701－0047152　GP05207　集部/别集類/清别集
覺顛冥齋内言四卷　(清)唐才常撰　清光緒二十八年(1902)吴門鉛印本　四册

330000－1701－0047153　普 811.52/4671　類叢部/叢書類/自著之屬
水田居全集七種附一種　(清)賀貽孫撰　清道光至同治敕書樓刻本　一册　存一種

330000－1701－0047154　GP13230　史部/地理類/雜志之屬
南中志一卷　(晉)常璩撰　清順治刻本　一册

330000－1701－0047155　普 811.608/1014/2/c1　集部/總集類/選集之屬/通代
賦鈔箋畧十五卷　(清)雷琳　(清)張杏濱輯　清嘉慶二十二年(1817)刻本　八册

330000－1701－0047156　SBC1962　史部/地理類/雜志之屬
睦州雜識不分卷　清抄本　一册

330000－1701－0047157　普 811.608/0028　集部/總集類/選集之屬/通代
七十家賦鈔六卷　(清)張惠言輯　清道光元年(1821)合河康氏刻本　周貞亮跋　二册

330000－1701－0047158　普 811.608/1014/2/c2　集部/總集類/選集之屬/通代
賦鈔箋畧十五卷　(清)雷琳　(清)張杏濱輯　清嘉慶二十二年(1817)刻本　八册

330000－1701－0047160　GP05209　類叢部/類書類/通類之屬
通俗編選不分卷　(清)翟灝撰　(清)季綸全選訂　清光緒二十六年(1900)江陰季氏栩園刻本　一册

330000－1701－0047161　GP07644　類叢部/叢書類/彙編之屬
古文七種　(清)儲欣選評　清雍正元年(1723)受祉堂刻本　二册　存一種

330000－1701－0047162　普 811.52/7757　集部/楚辭類

離騷草木史九卷離騷拾細一卷　(清)周拱辰撰　清嘉慶八年(1803)檇李周氏刻本　一冊　存二卷(一至二)

330000－1701－0047163　SBC1959　史部/傳記類/日記之屬
東游日記一卷(清光緒二十七年五月十五日至五月十七日)　吳稚暉撰　清光緒二十七年(1901)艮廬抄本　艮廬題簽並記　一冊

330000－1701－0047164　GP13231　子部/宗教類/佛教之屬/總録
雲棲法彙二十九種　(明)釋袾宏撰　(明)王宇春等輯　清光緒十八年至二十五年(1892－1899)金陵刻經處刻本　一冊　存一種

330000－1701－0047165　普811.608/1014/3　集部/總集類/選集之屬/通代
賦鈔箋畧十五卷　(清)雷琳　(清)張杏濱輯　清光緒元年(1875)雲間九如堂刻本　四冊

330000－1701－0047166　GP05218　類叢部/叢書類/自著之屬
洪北江全集二十一種　(清)洪亮吉撰　清光緒三年至五年(1877－1879)洪用懃授經堂刻本　一冊　存一種

330000－1701－0047168　普811.52/7757/(2)　集部/楚辭類
離騷草木史九卷離騷拾細一卷　(清)周拱辰撰　清嘉慶八年(1803)檇李周氏刻本　四冊

330000－1701－0047169　普811.608/1014/4　集部/總集類/選集之屬/通代
賦鈔箋畧十五卷　(清)雷琳　(清)張杏濱輯　清光緒元年(1875)雲間九如堂刻本　四冊

330000－1701－0047170　普811.608/1021/c1　集部/總集類/選集之屬/通代
歷朝賦楷八卷首一卷　(清)王修玉輯　清刻本　四冊

330000－1701－0047171　GP05210　新學
江南製造局譯書　(清)江南製造局編　清光緒江南製造局鉛印本　一冊　存一種

330000－1701－0047172　SBC1941　史部/傳記類/別傳之屬/事狀
周耕厓先生傳一卷　(清)吳騫撰　稿本　一冊

330000－1701－0047174　SBC1940　經部/四書類/孟子之屬/傳說
孟子四考四卷　(清)周廣業撰　稿本　一冊　存三卷(一至三)

330000－1701－0047176　普811.608/1021/c2　集部/總集類/選集之屬/通代
歷朝賦楷八卷首一卷　(清)王修玉輯　清刻本　八冊

330000－1701－0047177　普913.023/3423/c1　史部/金石類/總志之屬
金石圖說二卷　(清)牛運震集說　(清)褚峻摹圖　劉世珩編補　清光緒十九年至二十二年(1893－1896)貴池劉氏聚學軒刻本　四冊

330000－1701－0047178　普913.023/3423/c2　史部/金石類/總志之屬
金石圖說二卷　(清)牛運震集說　(清)褚峻摹圖　劉世珩編補　清光緒十九年至二十二年(1893－1896)貴池劉氏聚學軒刻本　四冊

330000－1701－0047179　普913.023/3423/c3　史部/金石類/總志之屬
金石圖說二卷　(清)牛運震集說　(清)褚峻摹圖　劉世珩編補　清光緒十九年至二十二年(1893－1896)貴池劉氏聚學軒刻本　四冊

330000－1701－0047180　GP05211　子部/雜著類/雜纂之屬
潭州筆記不分卷　(清)余宣撰　清同治五年(1866)刻本　一冊

330000－1701－0047182　普811.608/1047/2　集部/總集類/選集之屬/通代
忠雅堂評選四六法海八卷　(清)蔣士銓評選　清光緒十年(1884)深柳讀書堂刻朱墨套印本　八冊

330000－1701－0047183　普913.023/7521/c1　史部/金石類/總志之屬/圖像

求古精舍金石圖四卷　(清)陳經撰　清嘉慶十八年至二十二年(1813－1817)烏程陳經說劍樓刻本　四冊

330000－1701－0047184　GP07645　類叢部/叢書類/自著之屬

釀齋訓蒙雜編五種　(清)鮑東里撰　清光緒二十八年(1902)雲南官書局刻本　一冊　存一種

330000－1701－0047185　GP05220　經部/四書類/論語之屬/傳說

論語集注旁證二十卷　(清)梁章鉅撰　清光緒十二年(1886)荆溪徐時庚鉛印本　八冊

330000－1701－0047187　普 913.021/4926/c3　史部/金石類/總志之屬/目録

竹崦盦金石目錄五卷　(清)趙魏藏並撰　清宣統元年(1909)錢塘吳士鑑長沙刻本　四冊

330000－1701－0047188　普 811.608/1041　集部/總集類/選集之屬/斷代

古賦識小錄八卷　(清)王芑孫輯　清嘉慶二十二年(1817)長洲彭氏衣言堂刻本　清彭蘊章題記　二冊

330000－1701－0047189　GP05212　類叢部/叢書類/彙編之屬

刻鵠齋叢書十六種　(清)胡念修編　清光緒二十三年至二十七年(1897－1901)刻鵠齋刻本　二冊　存一種

330000－1701－0047191　普 913.0251/4926/(2)　史部/金石類/總志之屬/目録

竹崦盦金石目錄五卷　(清)趙魏藏並撰　清宣統元年(1909)錢塘吳士鑑長沙刻本　五冊

330000－1701－0047193　GP07646　類叢部/叢書類/自著之屬

釀齋訓蒙雜編五種　(清)鮑東里撰　清光緒二十八年(1902)雲南官書局刻本　一冊　存一種

330000－1701－0047194　SBC1939　子部/醫家類/診法之屬/脈經脈訣

脈訣酌要一卷　張光第輯　清抄本　一冊

330000－1701－0047195　普 811.52/8363/2/c1　類叢部/叢書類/彙編之屬

崇文書局彙刻書三十一種　(清)崇文書局編　清光緒元年至三年(1875－1877)湖北崇文書局刻本　一冊　存一種

330000－1701－0047196　SBC1938　子部/醫家類/兒科之屬/通論

保嬰易知錄二卷　(清)吳寧瀾撰　清抄本　一冊

330000－1701－0047198　GP07647　類叢部/叢書類/自著之屬

釀齋訓蒙雜編五種　(清)鮑東里撰　清光緒二十八年(1902)雲南官書局刻本　一冊　存一種

330000－1701－0047199　普 811.608/1047/3/c1　集部/總集類/選集之屬/通代

忠雅堂評選四六法海八卷　(清)蔣士銓評選　清同治十年(1871)步月山房刻朱墨套印本　章嶔題記　八冊

330000－1701－0047203　普 811.608/1147　集部/總集類/選集之屬/通代

四六法海十二卷　(明)王志堅輯　明天啓七年(1627)張我城刻清乾隆二十三年(1758)王鶚槐蔭堂重修本　十六冊

330000－1701－0047204　GP05221　類叢部/叢書類/彙編之屬

文選樓叢書三十三種　(清)阮亨編　清嘉慶至道光阮元刻道光二十二年(1842)阮亨彙印本　二十四冊　存一種

330000－1701－0047205　普 811.52/8363/2/c2　類叢部/叢書類/彙編之屬

崇文書局彙刻書三十一種　(清)崇文書局編　清光緒元年至三年(1875－1877)湖北崇文書局刻本　一冊　存一種

330000－1701－0047206　普 913.023/7521/c4　史部/金石類/總志之屬/圖像

求古精舍金石圖四卷　(清)陳經撰　清嘉慶十八年至二十二年(1813－1817)烏程陳經說

劍樓刻本　一册

330000－1701－0047207　SBC1955　史部/傳記類/日記之屬

蟄盦日記不分卷(清光緒二十四年)　稿本　一册

330000－1701－0047208　普811.608/1047/3/c2　集部/總集類/選集之屬/通代

忠雅堂評選四六法海八卷　(清)蔣士銓評選　清同治十年(1871)步月山房刻朱墨套印本　八册

330000－1701－0047209　GP13208　史部/政書類/邦計之屬/荒政

荒政輯要九卷首一卷　(清)汪志伊撰　清同治八年(1869)楚北崇文書局刻本　二册

330000－1701－0047210　普811.52/8363/2/c3　類叢部/叢書類/彙編之屬

崇文書局彙刻書三十一種　(清)崇文書局編　清光緒元年至三年(1875－1877)湖北崇文書局刻本　一册　存一種

330000－1701－0047212　普913.0251/4960　史部/金石類/總志之屬

金石錄三十卷　(宋)趙明誠撰　清乾隆二十七年(1762)德州盧見曾雅雨堂刻本　六册

330000－1701－0047213　GP13236　集部/總集類/選集之屬/斷代

曾左俞薛四先生楹帖叢鈔四卷　(清)曾國藩等撰　清抄本　一册

330000－1701－0047214　SBC1976　集部/別集類/清別集

壽序一卷　(清)王寶書撰　清抄本　一册

330000－1701－0047215　普811.52/8363/2/c4　類叢部/叢書類/彙編之屬

崇文書局彙刻書三十一種　(清)崇文書局編　清光緒元年至三年(1875－1877)湖北崇文書局刻本　一册　存一種

330000－1701－0047216　普811.608/1147.07　集部/總集類/選集之屬/通代

忠雅堂評選四六法海八卷　(清)蔣士銓評選　清同治九年(1870)楚湘曾氏金陵刻朱墨套印本　八册

330000－1701－0047217　普913.023/8341　史部/金石類/總志之屬/文字

十六長樂堂古器款識考四卷浣花拜石軒鏡銘集錄二卷　(清)錢坫撰　清嘉慶元年至二年(1796－1797)錢坫刻本　一册

330000－1701－0047218　GP13209　類叢部/叢書類/彙編之屬

滂喜齋叢書五十種　(清)潘祖蔭編　清同治至光緒吴縣潘氏京師刻本　一册　存二種

330000－1701－0047219　SBC1937　集部/詩文評類/文評之屬

文心雕龍十卷　(南朝梁)劉勰撰　(清)黄叔琳輯注　清乾隆六年(1741)刻本　清于義題記　一册　存六卷(五至十)

330000－1701－0047220　GP13238　類叢部/叢書類/彙編之屬

經訓堂叢書二十一種　(清)畢沅編　清乾隆至嘉慶鎮洋畢氏刻本　一册　存一種

330000－1701－0047221　普811.608/1147/(2)/c1　集部/總集類/選集之屬/通代

四六法海十二卷　(明)王志堅輯　明天啓七年(1627)載德堂刻清乾隆二十三年(1758)王鶚槐蔭堂重修本　十二册

330000－1701－0047222　普811.608/2746　集部/總集類/選集之屬/通代

賦則四卷首一卷　(清)鮑桂星評選　清道光二十六年(1846)刻本　二册

330000－1701－0047223　普913.023/7521/(3)　史部/金石類/總志之屬/圖像

求古精舍金石圖四卷　(清)陳經撰　清嘉慶十八年至二十二年(1813－1817)烏程陳經説劍樓刻本　三册

330000－1701－0047225　普811.608/1147.07/2　集部/總集類/選集之屬/通代

忠雅堂評選四六法海八卷　(清)蔣士銓評選

清同治十年(1871)藏園刻朱墨套印本　八册

330000－1701－0047226　GP07648　類叢部/叢書類/自著之屬
求志居全集十種附一種　(清)陳世鎔撰　清道光至光緒獨秀山莊刻本　一册　存一種

330000－1701－0047227　GP13237　子部/雜著類/雜説之屬
寒松堂庸言一卷　(清)魏象樞撰　清刻本　一册

330000－1701－0047230　GP05223　集部/總集類/氏族之屬
寧都三魏全集八十三卷　(清)林時益編　清道光二十五年(1845)寧都謝庭綬紱園書塾刻本　四十二册

330000－1701－0047231　普 811.608/1150/3/c1　集部/總集類/選集之屬/通代
七十家賦鈔六卷　(清)張惠言輯　**賦鈔札記六卷**　(清)朱錦綬等撰　清光緒二十三年(1897)江蘇書局刻本　五册

330000－1701－0047232　普 913.0251/4960/3/c1　類叢部/叢書類/彙編之屬
槐廬叢書四十六種　(清)朱記榮編　清光緒三年至十五年(1877－1889)吴縣朱氏槐廬家塾刻本　六册　存一種

330000－1701－0047235　SBC1974　集部/别集類/清别集
詩稿一卷　稿本　一册

330000－1701－0047236　普 811.608/1150/c1　集部/總集類/選集之屬/通代
七十家賦鈔六卷　(清)張惠言輯　清光緒四年(1878)宏達堂刻本　章嶔題記　四册

330000－1701－0047237　普 811.608/1150/c2　集部/總集類/選集之屬/通代
七十家賦鈔六卷　(清)張惠言輯　清光緒四年(1878)宏達堂刻本　四册

330000－1701－0047238　GP07649　類叢部/叢書類/自著之屬
求志居全集十種附一種　(清)陳世鎔撰　清道光至光緒獨秀山莊刻本　一册　存一種

330000－1701－0047239　GP13211、GP13212　類叢部/叢書類/彙編之屬
祕書廿一種　(清)汪士漢編　清康熙七年(1668)新安汪氏重編印古今逸史本　二册　存四種

330000－1701－0047240　普 811.608/1150/3/c2　集部/總集類/選集之屬/通代
七十家賦鈔六卷　(清)張惠言輯　**賦鈔札記六卷**　(清)朱錦綬等撰　清光緒二十三年(1897)江蘇書局刻本　五册

330000－1701－0047243　普 811.608/1150/4/c1　集部/總集類/選集之屬/通代
七十家賦鈔六卷　(清)張惠言輯　清道光元年(1821)合河康氏刻本　四册

330000－1701－0047244　GP05222　子部/道家類
南華副墨(南華真經副墨)八卷　(明)陸西星撰　清光緒十一年(1885)傳薪書室刻本　六册

330000－1701－0047245　普 811.608/1150/4/c2　集部/總集類/選集之屬/通代
七十家賦鈔六卷　(清)張惠言輯　清道光元年(1821)合河康氏刻本　四册

330000－1701－0047246　普 811.608/4033/c1　集部/總集類/選集之屬/通代
駢體文鈔三十一卷　(清)李兆洛輯　清道光元年(1821)合河康氏家塾刻同治六年(1867)婁江徐氏補刻本　八册

330000－1701－0047247　普 811.608/1150/c3　集部/總集類/選集之屬/通代
七十家賦鈔六卷　(清)張惠言輯　清光緒四年(1878)宏達堂刻本　四册

330000－1701－0047248　SBC1975　史部/傳記類/總傳之屬/家乘
查氏家譜一卷　(清)查雲標輯錄　清乾隆抄

本　一冊

330000－1701－0047250　普 913.0251/4960/3/c2　類叢部/叢書類/彙編之屬
三長物齋叢書二十五種　(清)黄本驥編　清道光二十二年至二十八年(1842－1848)湘陰蔣環刻本　六冊　存一種

330000－1701－0047251　普 811.608/1150/2　集部/總集類/選集之屬/通代
七十家賦鈔六卷　(清)張惠言輯　清光緒四年(1878)大成會刻本　六冊

330000－1701－0047252　普 811.608/4033/c2　集部/總集類/選集之屬/通代
駢體文鈔三十一卷　(清)李兆洛輯　清道光元年(1821)合河康氏家塾刻同治六年(1867)婁江徐氏補刻本　八冊

330000－1701－0047253　GP13213　類叢部/叢書類/自著之屬
郝氏遺書三十三種　(清)郝懿行撰　清嘉慶至光緒刻彙印本　二冊　存二種

330000－1701－0047254　普 811.608/1147/(2)/c2　集部/總集類/選集之屬/通代
四六法海十二卷　(明)王志堅輯　明天啓七年(1627)張我城刻清乾隆二十三年(1758)王鶚槐蔭堂重修本　十二冊

330000－1701－0047255　GP13239　子部/叢編
子書百家　(清)崇文書局編　清光緒元年(1875)湖北崇文書局刻本　一冊　存二種

330000－1701－0047257　普 913.0253/2722/c1　類叢部/叢書類/彙編之屬
蟫隱廬叢書十八種　羅振常編　清宣統二年至民國二十五年(1910－1936)上虞羅氏謄寫及鉛印本三十三年(1944)吳興周延年彙印本　一冊　存一種

330000－1701－0047258　普 913.0251/4960/2/c4　類叢部/叢書類/彙編之屬
結一廬朱氏賸餘叢書四種　(清)朱澂編　清光緒三十年至三十一年(1904－1905)仁和朱氏刻三十二年(1906)印本　六冊　存一種

330000－1701－0047259　普 811.608/4033/(2)　集部/總集類/選集之屬/通代
駢體文鈔三十一卷　(清)李兆洛輯　清道光元年(1821)合河康氏家塾刻同治六年(1867)婁江徐氏補刻本　十冊

330000－1701－0047260　GP13214　類叢部/叢書類/自著之屬
周松靄先生遺書八種　(清)周春撰　清乾隆至嘉慶刻本　一冊　存一種

330000－1701－0047261　GP05226　經部/小學類/文字之屬/說文
說文引經攷證七卷說文引經互異說一卷　(清)陳瑑撰　清同治十三年(1874)湖北崇文書局刻本　二冊

330000－1701－0047262　普 811.608/4033/3/c1　集部/總集類/選集之屬/通代
駢體文鈔三十一卷　(清)李兆洛輯　清光緒八年(1882)上海刻本　八冊

330000－1701－0047263　SBC1965　子部/術數類/陰陽五行之屬
推背圖說一卷　題(唐)袁天罡撰　(唐)李淳風注　**附錄燒餅歌一卷**　(明)劉基撰　清抄彩繪本　四冊

330000－1701－0047264　普 811.608/4033/3/c2　集部/總集類/選集之屬/通代
駢體文鈔三十一卷　(清)李兆洛輯　清光緒八年(1882)上海刻本　八冊

330000－1701－0047265　普 913.0253/2722/c2　類叢部/叢書類/彙編之屬
蟫隱廬叢書十八種　羅振常編　清宣統二年至民國二十五年(1910－1936)上虞羅氏謄寫及鉛印本三十三年(1944)吳興周延年彙印本　一冊　存一種

330000－1701－0047266　GP13215　類叢部/叢書類/彙編之屬
廣雅書局叢書一百五十九種　徐紹棨編　清光緒廣雅書局刻民國九年(1920)番禺徐紹棨

彙編重印本　一冊　存二種

330000－1701－0047267　GP13245　類叢部/叢書類/自著之屬

鶴山全集三種附一種　（宋）魏了翁撰　清同治十三年（1874）望三益齋刻本　二冊　存二種

330000－1701－0047268　GP05227　子部/天文曆算類/算書之屬

顧氏推步簡法三種　（清）顧觀光撰　清光緒元年（1875）錢氏拜經書屋刻本　一冊

330000－1701－0047269　普913.0251/4960/2/c3　類叢部/叢書類/彙編之屬

結一廬朱氏賸餘叢書四種　（清）朱澂編　清光緒三十年至三十一年（1904－1905）仁和朱氏刻三十二年（1906）印本　四冊　存一種

330000－1701－0047270　GP05225　新學/地學/地理學

經心書院課程輿地學不分卷戊戌遊記一卷　（清）姚炳奎撰　清光緒二十七年至二十八年（1901－1902）經心書院刻本　八冊

330000－1701－0047271　GP13255　子部/天文曆算類/算書之屬

中西算法一得全書四種　（清）董恩新撰　清光緒三十四年（1908）鄭州崇實齋算書館刻本　一冊　存一種

330000－1701－0047272　普931.0251/4960/2/c1　類叢部/叢書類/彙編之屬

結一廬朱氏賸餘叢書四種　（清）朱澂編　清光緒三十年至三十一年（1904－1905）仁和朱氏刻三十二年（1906）印本　四冊　存一種

330000－1701－0047273　普913.0253/2741/c1　史部/金石類/總志之屬/文字

藝風堂金石文字目十八卷　繆荃孫撰　清光緒三十二年（1906）王先謙湖南刻本　六冊

330000－1701－0047275　SBC1963　子部/醫家類/方書之屬/成方藥目

魏來昌四珍彙總不分卷　清抄本　一冊

330000－1701－0047277　GP05228　史部/詔令奏議類/奏議之屬

沈文肅公政書七卷首一卷　（清）沈葆楨撰　清光緒六年（1880）吳門節署刻本　十二冊

330000－1701－0047278　普811.608/4033/3（2）　集部/總集類/選集之屬/通代

駢體文鈔三十一卷　（清）李兆洛輯　清光緒八年（1882）上海刻本　十冊

330000－1701－0047279　SBC1969　史部/政書類/公牘檔冊之屬

竹頭木屑不分卷　清末抄本　一冊

330000－1701－0047280　普913.0253/2741/c2　史部/金石類/總志之屬/文字

藝風堂金石文字目十八卷　繆荃孫撰　清光緒三十二年（1906）王先謙湖南刻本　六冊

330000－1701－0047281　普913.0253/1044/c1　史部/金石類/石之屬/目録

話雨樓碑帖目録四卷　（清）王鯤撰　**話雨樓碑帖目録續刻一卷**　（清）王致望撰　清道光稿本　馮雲路題簽　一冊

330000－1701－0047282　GP13246　經部/叢編

古經解彙函十六種附小學彙函十四種　（清）鍾謙鈞等輯　清同治十二年（1873）粵東書局刻本　四冊　存小學彙函二種

330000－1701－0047284　普811.608/4033/4/c1　集部/總集類/選集之屬/通代

駢體文鈔三十一卷　（清）李兆洛輯　清道光元年（1821）合河康氏家塾刻同治六年（1867）婁江徐氏補刻光緒三十四年（1908）蘇州振新書社印本　八冊

330000－1701－0047285　普913.0253/2741/c3　史部/金石類/總志之屬/文字

藝風堂金石文字目十八卷　繆荃孫撰　清光緒三十二年（1906）王先謙湖南刻本　六冊

330000－1701－0047287　普913.0253/2741/c4　史部/金石類/總志之屬/文字

藝風堂金石文字目十八卷　繆荃孫撰　清光

緒三十二年(1906)王先謙湖南刻本　八冊

330000－1701－0047288　普 811.608/4033/4/c2　集部/總集類/選集之屬/通代

駢體文鈔三十一卷　(清)李兆洛輯　清道光元年(1821)合河康氏家塾刻同治六年(1867)婁江徐氏補刻光緒三十四年(1908)蘇州振新書社印本　八冊

330000－1701－0047290　SBC1977　經部/小學類/文字之屬/字書/古文

古文奇字彙編不分卷　清抄本　一冊

330000－1701－0047295　普 811.608/4921　集部/總集類/選集之屬/通代

歷代賦鈔三十二卷　(清)趙維烈輯　清康熙二十五年(1686)刻本　傅雲岑題記　十冊

330000－1701－0047297　普 811.608/4448　集部/總集類/選集之屬/通代

忠雅堂評選四六法海八卷　(清)蔣士銓評選　清同治十年(1871)步月山房刻朱墨套印本　八冊

330000－1701－0047298　GP13256　子部/術數類/命書相書之屬

新刻增補淵海子平大全四卷　(宋)廣寒子增釋　清連元閣刻本　四冊

330000－1701－0047299　普 811.608/7444/c2　集部/總集類/選集之屬/通代

歷朝賦格三集十五卷　(清)陸棻輯並評　清康熙二十五年(1686)刻本　二十四冊

330000－1701－0047300　GP05234　新學/格致總

格致啓蒙四卷　(英國)羅斯古纂　(美國)林樂知譯　(清)鄭昌棪譯　清光緒江南機器製造總局刻本　四冊

330000－1701－0047301　GP13257、GP13258　類叢部/叢書類/自著之屬

隨園三十種　(清)袁枚撰　清乾隆至嘉慶刻本　九冊　存二種

330000－1701－0047302　GP13259、G607658　集部/總集類/課藝之屬

館律分韻初編六卷　(清)春暉閣主人輯　清光緒十八年(1892)延氏錦官堂石印本　六冊

330000－1701－0047304　GP13247　類叢部/叢書類/彙編之屬

廣雅書局叢書一百五十九種　徐紹棨編　清光緒廣雅書局刻民國九年(1920)番禺徐紹棨彙編重印本　章嶔觀款　十冊　存五種

330000－1701－0047305　GP05235　經部/書類/傳說之屬

楊子書繹六卷　(清)楊文彩撰　清光緒二年(1876)仁和韓懿章刻本　十冊

330000－1701－0047306　GP07615　史部/傳記類/別傳之屬/事狀

懷忠錄六卷首一卷末一卷　(清)湯成烈輯　清刻本　二冊

330000－1701－0047308　普 811.608/6337　集部/總集類/選集之屬/通代

唐宋賦選不分卷　清末刻本　二冊

330000－1701－0047310　普 811.608/7510　集部/總集類/選集之屬/通代

御定歷代賦彙一百四十卷目錄二卷外集二十卷逸句二卷補遺二十二卷　(清)陳元龍輯　清康熙刻本　九十六冊

330000－1701－0047311　GP05236　經部/詩類/傳說之屬

詩識名解十五卷　(清)姚炳撰　清康熙四十七年(1708)錢塘姚氏刻嘉慶二十二年(1817)校修本　六冊

330000－1701－0047312　普 811.608/6384　集部/總集類/選集之屬/通代

賦海大觀三十二卷　(清)沈祖燕編輯　清光緒十六年(1890)上海鴻寶齋石印本　二十八冊

330000－1701－0047313　普 811.608/7510/2　集部/總集類/選集之屬/通代

御定歷代賦彙一百四十卷目錄二卷外集二十卷逸句二卷補遺二十二卷　(清)陳元龍輯

清光緒十二年(1886)雙梧書屋石印本　八冊　缺八十九卷(一至八十七、目錄一至二)

330000－1701－0047314　SBC1978　集部/別集類/清別集

放眼樓駢語七卷　清抄本　一冊

330000－1701－0047317　普 811.608/7510/(2)　集部/總集類/選集之屬/通代

御定歷代賦彙一百四十卷目錄二卷外集二十卷補遺二十二卷逸句二卷　(清)陳元龍輯　清康熙四十五年(1706)刻本　五十冊

330000－1701－0047318　普 811.608/7510/3　集部/總集類/選集之屬/通代

御定歷代賦彙一百四十卷目錄二卷外集二十卷逸句二卷補遺二十二卷　(清)陳元龍輯　清光緒十二年(1886)雙梧書屋石印本　十六冊

330000－1701－0047319　SBC1979　子部/工藝類/日用器物之屬/器具

遠西奇器圖說錄最三卷　(瑞士)鄧玉函口授　(明)王徵譯繪　清抄本　三冊

330000－1701－0047320　普 913.03/1036/c3　史部/金石類/總志之屬

金石萃編一百六十卷　(清)王昶撰　清嘉慶十年(1805)青浦王氏經訓堂刻本　六十四冊

330000－1701－0047321　普 811.608/7510/4　集部/總集類/選集之屬/通代

御定歷代賦彙一百四十卷外集二十卷逸句二卷補遺二十二卷目錄二卷　(清)陳元龍輯　清光緒十二年(1886)雙梧書屋石印本　四冊　存四十四卷(外集一至二十、逸句一至二、補遺一至二十二)

330000－1701－0047322　普 913.0253/8346　類叢部/叢書類/自著之屬

潛研堂全書十六種　(清)錢大昕撰　清乾隆至嘉慶刻本　一冊　存一種

330000－1701－0047323　普 811.6083/1241　集部/總集類/選集之屬/通代

華國編賦選二卷　(清)孫濩孫選評　清雍正十一年(1733)孫濩孫刻本　二冊

330000－1701－0047324　普 811.6083/3233　集部/總集類/選集之屬/斷代

唐律賦鈔一卷　(清)潘遵祁輯　清光緒十一年(1885)刻三松堂印本　二冊

330000－1701－0047325　SBC1981　集部/別集類/清別集

詩稿一卷　稿本　清陳銛、清錢福年、清潘志萬、清王金銛、清朱康壽觀款　清潘鍾瑞題記　一冊

330000－1701－0047326　GP07616　子部/儒家類/儒學之屬

五子近思錄十四卷　(清)汪佑輯　清康熙三十二年(1693)汪氏刻本　四冊

330000－1701－0047327　普 811.6083/3233.02/c1　集部/總集類/選集之屬/斷代

唐律賦鈔一卷　(清)楊泗孫編　清光緒二年(1876)刻梣香室印本　一冊

330000－1701－0047328　普 811.608/8200/c1　集部/總集類/選集之屬/通代

駢體文略二十九卷　楊宗羲輯　清光緒二十年(1894)刻本　二冊

330000－1701－0047329　普 913.0253/1044/c2　史部/金石類/石之屬/目錄

話雨樓碑帖目錄四卷　(清)王鯤撰　清道光十五年(1835)刻民國九年(1920)勝谿柳棄疾印本　二冊

330000－1701－0047330　普 811.6083/7547/2　集部/總集類/選集之屬/斷代

唐駢體文鈔十七卷　(清)陳均纂　清光緒二十一年(1895)刻本　六冊

330000－1701－0047331　普 811.6083/7722　集部/總集類/選集之屬/斷代

唐人賦鈔六卷　(清)邱先德輯　清同治十三年(1874)木樨香山館刻本　六冊

330000－1701－0047333　普 811.608/8200/c2　集部/總集類/選集之屬/通代

駢體文略二十九卷　楊宗羲輯　清光緒二十年(1894)刻本　二冊

330000－1701－0047334　普 913.03/1036/c2　史部/金石類/總志之屬
金石萃編一百六十卷　(清)王昶撰　清嘉慶十年(1805)青浦王氏經訓堂刻同治十年(1871)嘉善錢寶傳補刻本　十六冊　存三十八卷(一百二十三至一百六十)

330000－1701－0047336　普 913.03/1036/2　史部/金石類/總志之屬
金石萃編一百六十卷　(清)王昶撰　**金石續編二十一卷首一卷**　(清)陸耀遹撰　清光緒十九年(1893)上海醉六堂石印本　二十四冊

330000－1701－0047337　普 811.6083/3233.02/c2　集部/總集類/選集之屬/斷代
唐律賦鈔一卷　(清)楊泗孫編　清光緒二年(1876)刻榭香室印本　二冊

330000－1701－0047339　GP05237　類叢部/類書類/通類之屬
古事比五十二卷　(清)方中德輯　清光緒十三年(1887)上海文盛堂石印本　六冊

330000－1701－0047341　SBC1982　集部/別集類/清別集
歗盦詩存不分卷　王繼和撰　稿本　一冊

330000－1701－0047342　普 811.6084/4211　集部/總集類/選集之屬/斷代
宋四六選二十四卷　(清)彭元瑞　(清)曹振鏞輯　清乾隆四十一年(1776)曹振鏞翠微山麓刻本　六冊

330000－1701－0047343　普 811.6083/7547　集部/總集類/選集之屬/斷代
唐駢體文鈔十七卷　(清)陳均纂　清同治十二年(1873)刻本　四冊

330000－1701－0047344　普 811.6087/1130　集部/總集類/選集之屬/斷代
玉堂名翰賦四卷　(清)張賓　(清)程邦勳輯　清乾隆十六年(1751)刻本　四冊

330000－1701－0047345　普 811.60826/7120/c1　集部/總集類/選集之屬/通代
六朝唐賦讀本不分卷　(清)馬傳庚選注　清同治十三年(1874)京都馬氏玉燕書巢刻本　二冊

330000－1701－0047346　普 811.6083/7547/(2)　集部/總集類/選集之屬/斷代
唐駢體文鈔十七卷　(清)陳均纂　清同治十二年(1873)刻本　六冊

330000－1701－0047347　GP05249　史部/政書類/軍政之屬/邊政
邊事彙鈔十二卷續鈔八卷　(清)朱克敬輯　清光緒六年(1880)長沙刻本　十冊

330000－1701－0047348　GP13250　子部/法家類
弟子職集解一卷　(清)莊述祖輯　**弟子職句讀一卷考證一卷補音一卷**　(清)黃彭年輯　清光緒十四年(1888)江蘇書局刻本　一冊

330000－1701－0047349　普 811.6083/7547/(3)　集部/總集類/選集之屬/斷代
唐駢體文鈔十七卷　(清)陳均纂　清同治十二年(1873)刻本　十冊

330000－1701－0047352　GP13251　子部/法家類
弟子職集解一卷　(清)莊述祖輯　**弟子職句讀一卷考證一卷補音一卷**　(清)黃彭年輯　清光緒十四年(1888)江蘇書局刻本　一冊

330000－1701－0047353　普 811.6087/1141　集部/總集類/彙編之屬
琴臺正續合刻　(清)汪守正輯　清同治十三年(1874)刻本　四冊

330000－1701－0047354　普 913.03/1036.02/3/c1　史部/金石類/總志之屬
金石萃編補正四卷　(清)方履籛撰　清光緒二十年(1894)上海醉六堂石印本　四冊

330000－1701－0047355　普 811.60826/7120/c2　集部/總集類/選集之屬/通代
六朝唐賦讀本不分卷　(清)馬傳庚選注　清

同治十三年(1874)京都馬氏玉燕書巢刻本　二册

330000－1701－0047356　GP07603　集部/別集類/清別集
世經堂初集三十卷詩鈔二十一卷詞鈔五卷樂府鈔四卷　(清)徐旭旦撰　清康熙名山藏刻本　二十册

330000－1701－0047357　普 811.6084/4211/(2)/c1　集部/總集類/選集之屬/斷代
宋四六選二十四卷　(清)彭元瑞　(清)曹振鏞輯　清乾隆四十一年(1776)曹振鏞翠微山麓刻本　十二册

330000－1701－0047358　GP13252　類叢部/叢書類/彙編之屬
留垞叢刻八種　楊鍾羲編　清光緒十六年至宣統二年(1890－1910)刻本　一册　存一種

330000－1701－0047359　SBC1983　子部/藝術類/遊藝之屬/聯語
自怡齋楹聯雜存不分卷　清抄本　一册

330000－1701－0047360　普 811.60826/7120/c3　集部/總集類/選集之屬/通代
六朝唐賦讀本不分卷　(清)馬傳庚選注　清同治十三年(1874)京都馬氏玉燕書巢刻本　二册

330000－1701－0047361　普 913.03/1036.02/3/c2　史部/金石類/總志之屬
金石萃編補正四卷　(清)方履籛撰　清光緒二十年(1894)上海醉六堂石印本　四册

330000－1701－0047362　普 913.03/1036/3　史部/金石類/總志之屬
金石萃編一百六十卷　(清)王昶撰　清嘉慶十年(1805)青浦王氏經訓堂刻同治十年(1871)嘉善錢寶傳補刻本　八十册

330000－1701－0047363　GP05239　經部/群經總義類/傳說之屬
七經精義　(清)黃淦撰　清刻本　一册　存一種

330000－1701－0047365　普 913.03/1123/c3　史部/金石類/總志之屬
二銘草堂金石聚十六卷　(清)張德容輯　清同治十一年(1872)衢州張氏二銘草堂刻本　十三册　缺三卷(八、十五至十六)

330000－1701－0047366　普 811.6084/4211/(2)/c2　集部/總集類/選集之屬/斷代
宋四六選二十四卷　(清)彭元瑞　(清)曹振鏞輯　清乾隆四十一年(1776)曹振鏞翠微山麓刻本　十二册

330000－1701－0047367　普 913.03/1036.02/3/c3　史部/金石類/總志之屬
金石萃編補正四卷　(清)方履籛撰　清光緒二十年(1894)上海醉六堂石印本　四册

330000－1701－0047368　GP05250　子部/雜著類/雜纂之屬
鄉園憶舊錄八卷　(清)王培荀撰　清道光二十五年(1845)濟南王培荀刻本　十六册

330000－1701－0047369　GP13253　類叢部/叢書類/彙編之屬
留垞叢刻八種　楊鍾羲編　清光緒十六年至宣統二年(1890－1910)刻本　一册　存一種

330000－1701－0047370　GP13254　類叢部/叢書類/彙編之屬
留垞叢刻八種　楊鍾羲編　清光緒十六年至宣統二年(1890－1910)刻本　一册　存一種

330000－1701－0047372　SBC2019　子部/雜著類/雜纂之屬
猷庵褉稿不分卷　王繼和撰　稿本　一册

330000－1701－0047373　GP05241　經部/易類/傳說之屬
易外偶記四卷　(清)周源淋輯　清乾隆刻本　二册

330000－1701－0047374　SBC2014　集部/別集類/清別集
猷庵文存不分卷　王繼和撰　稿本　一册

330000－1701－0047376　普 811.6087/1141.

2/c1　集部/總集類/彙編之屬
琴臺正續合刻　(清)汪守正輯　清光緒十五年(1889)刻本　二册　存六種

330000－1701－0047377　GP05251　史部/傳記類/别傳之屬/年譜?
陸子[隴其]年譜二卷　(清)張師載編　清乾隆十六年(1751)雷鋐刻本　二册

330000－1701－0047378　普 811.60826/7120/c4　集部/總集類/選集之屬/通代
六朝唐賦讀本不分卷　(清)馬傳庚選注　清同治十三年(1874)京都馬氏玉燕書巢刻本　二册

330000－1701－0047379　普 811.6087/2637　集部/總集類/選集之屬/斷代
本朝館閣賦前集十二卷　(清)葉抱崧　(清)程洵等輯　清乾隆二十九年(1764)困學齋刻本　十二册

330000－1701－0047380　GP05242　類叢部/叢書類/彙編之屬
蘭石齋五種　(清)胡文炳輯　清光緒鉛印本　十册　存一種

330000－1701－0047381　普 811.6084/4211/(2)/c3　集部/總集類/選集之屬/斷代
宋四六選二十四卷　(清)彭元瑞　(清)曹振鏞輯　清乾隆四十一年(1776)曹振鏞翠微山麓刻本　十二册

330000－1701－0047382　GP07605　史部/政書類/律令之屬/律例
萬國憲法志三卷　(清)周逵撰　清光緒二十九年(1903)上海廣智書局鉛印本　一册

330000－1701－0047384　SBC2015　集部/詞類/别集之屬
蕡因館詞二卷夢花樓詞二卷粲綺樓詞一卷　王繼和撰　稿本　一册

330000－1701－0047385　普 811.6087/1141.2/c2　集部/總集類/彙編之屬
琴臺正續合刻　(清)汪守正輯　清光緒十五年(1889)刻本　二册　存六種

330000－1701－0047386　普 913.03/1036.023/c2　史部/金石類/總志之屬
金石萃編補畧二卷　(清)王言撰　清光緒八年(1882)刻本　四册

330000－1701－0047387　普 811.60826/7120/2　集部/總集類/選集之屬/通代
六朝唐賦讀本不分卷　(清)馬傳庚選注　清光緒二年(1876)京都松竹齋刻本　二册

330000－1701－0047390　普 811.6087/1141.2/c3　集部/總集類/彙編之屬
琴臺正續合刻　(清)汪守正輯　清光緒十五年(1889)刻本　二册　存六種

330000－1701－0047391　SBC2021　集部/别集類/清别集
歗庵賦稿三卷　王繼和撰　稿本　二册

330000－1701－0047392　SBC2017　集部/别集類/清别集
歗盦駢儷不分卷　王繼和撰　稿本　一册

330000－1701－0047393　普 811.6087/1020　集部/總集類/彙編之屬
國朝十家四六文鈔十一卷　王先謙輯　清光緒十五年(1889)長沙王氏刻本　四册

330000－1701－0047394　普 913.03/1123/c1　史部/金石類/總志之屬
二銘草堂金石聚十六卷　(清)張德容輯　清同治十一年(1872)衢州張氏二銘草堂刻本　十六册

330000－1701－0047395　普 811.6087/1141.2/c4　集部/總集類/彙編之屬
琴臺正續合刻　(清)汪守正輯　清光緒十五年(1889)刻本　二册　存六種

330000－1701－0047396　普 811.60826/7120/3/c1　集部/總集類/選集之屬/通代
選註六朝唐賦二卷　(清)馬傳庚選註　清光緒十八年(1892)希樸齋刻本　二册

330000－1701－0047398　普 913.03/1036.023/c3　史部/金石類/總志之屬

金石萃編補畧二卷 (清)王言撰 清光緒八年(1882)刻本 二冊

330000-1701-0047400 SBC2001 子部/醫家類/婦科之屬/產科

胎產備覽不分卷 清抄本 一冊

330000-1701-0047401 普 811.6087/2511 集部/總集類/選集之屬/斷代

律賦揀金錄四卷 (清)朱一飛輯 清乾隆刻本 四冊

330000-1701-0047402 普 811.6087/2640/(3) 集部/總集類/彙編之屬

國朝八家四六文鈔(八家四六文鈔)八種 (清)吳鼒編 清較經堂刻本 雲巢題記 一冊 存四種

330000-1701-0047403 普 913.03/1123/c5 史部/金石類/總志之屬

二銘草堂金石聚十六卷 (清)張德容輯 清同治十一年(1872)衢州張氏二銘草堂刻本 十六冊

330000-1701-0047404 GP05244 經部/小學類/訓詁之屬/譯語

續編兼漢清文指要二卷 清刻本 二冊

330000-1701-0047405 SBC1998 集部/總集類/課藝之屬

製藝稿不分卷 清抄本 一札

330000-1701-0047407 普 811.60826/7120/3/c2 集部/總集類/選集之屬/通代

選註六朝唐賦二卷 (清)馬傳庚選註 清光緒十八年(1892)希樸齋刻本 二冊

330000-1701-0047408 普 913.03/1036.06 史部/金石類/總志之屬

金石萃編校字記一卷 羅振玉撰 清光緒十一年(1885)刻本 一冊

330000-1701-0047409 SBC2005 子部/術數類/占卜之屬

太乙行軍主客勝負數不分卷 清抄本 二冊

330000-1701-0047411 GP05245 史部/政書類

中國亟宜創設女學議一卷 (清)劉廷楨撰 清光緒二十七年(1901)杭州浸禮會書館鉛印本 一冊

330000-1701-0047412 普 913.03/1123/(2) 史部/金石類/總志之屬

二銘草堂金石聚十六卷 (清)張德容輯 清同治十一年(1872)衢州張氏二銘草堂刻本 十五冊 缺一卷(一)

330000-1701-0047413 普 811.6087/2640/c1 集部/總集類/彙編之屬

國朝八家四六文鈔(八家四六文鈔)八種 (清)吳鼒編 清較經堂刻本 四冊

330000-1701-0047414 SBC2011 類叢部/叢書類/自著之屬

清吟堂全集十四種 (清)高士奇撰 清康熙刻本 二冊 存一種

330000-1701-0047416 GP05246 史部/政書類

中國亟宜創設女學議一卷 (清)劉廷楨撰 清光緒二十七年(1901)杭州浸禮會書館鉛印本 一冊

330000-1701-0047417 GP07606 集部/總集類/題詠之屬

承啓堂壽言一卷 (清)顧棕輯 清乾隆三十六年(1771)刻本 一冊

330000-1701-0047419 普 811.6087/2640.01 類叢部/叢書類/自著之屬

石遺室叢書十九種 陳衍撰 清光緒上海方言館石印本 十七冊 存二種

330000-1701-0047421 普 913.03/2615/c1 史部/金石類/總志之屬

金石存十五卷 (清)吳玉搢撰 清嘉慶二十四年(1819)山陽李氏聞妙香室刻本 四冊

330000-1701-0047422 普 811.6087/1020/1 類叢部/叢書類/自著之屬

思益堂集四種 (清)周壽昌撰 清光緒十四年(1888)王先謙等刻本 六冊

330000－1701－0047423　SBC2008　子部/術數類/陰陽五行之屬

推背圖一卷　題(唐)袁天罡撰　(唐)李淳風注　清抄本　一冊

330000－1701－0047424　普 913.03/2699/c3　史部/金石類/金之屬/文字

筠清館金石文字五卷　(清)吳榮光撰　清道光二十二年(1842)南海吳榮光筠清館刻本　陳錫鈞批　五冊

330000－1701－0047425　普 811.6087/2640/(2)　集部/總集類/彙編之屬

國朝八家四六文鈔(八家四六文鈔)八種　(清)吳鼒編　清較經堂刻本　四冊

330000－1701－0047426　GP05253　史部/政書類/律令之屬/刑制

大清宣統新法令不分卷　商務印書館輯　清宣統二年至三年(1910－1911)上海商務印書館鉛印本　三十五冊

330000－1701－0047427　SBC1996　集部/别集類

王子蜺詩詞雜稿不分卷　王繼和撰　稿本　二十二冊

330000－1701－0047429　普 811.6087/3124　集部/總集類/選集之屬/通代

駢體南鍼十六卷　(清)汪傳懿輯　清同治五年(1866)容我讀齋刻本　八冊

330000－1701－0047431　普 811.6087/2640/c2　集部/總集類/彙編之屬

國朝八家四六文鈔(八家四六文鈔)八種　(清)吳鼒編　清較經堂刻本　四冊

330000－1701－0047432　普 913.03/2615/c2　史部/金石類/總志之屬

金石存十五卷　(清)吳玉搢撰　清嘉慶二十四年(1819)山陽李氏聞妙香室刻本　四冊

330000－1701－0047433　普 811.6087/1020/(2)　集部/總集類/彙編之屬

國朝十家四六文鈔十一卷　王先謙輯　清光緒十五年(1889)長沙王氏刻本　顧璋題簽　二冊

330000－1701－0047434　SBC2009　子部/小說家類/雜事之屬

過墟志不分卷　(清)墅西逸叟輯　清抄本　一冊

330000－1701－0047435　普 811.6087/2637/(2)/c1　集部/總集類/選集之屬/斷代

本朝館閣賦前集十二卷　(清)葉抱崧　(清)程洵等輯　**本朝館閣賦後集七卷補遺一卷附錄一卷**　(清)周日漣　(清)程琰等輯　**稻香樓試帖二卷**　(清)程琰撰　清乾隆二十九年(1764)、三十三年(1768)困學齋刻本　十冊

330000－1701－0047436　GP05254　集部/别集類/清别集

海鷗館詩存八卷詩餘二卷補遺一卷　(清)黄霽棠撰　清光緒二十七年(1901)鉛印本　五冊

330000－1701－0047438　普 811.6087/3124/2　集部/總集類/選集之屬/通代

駢體南鍼十六卷　(清)汪傳懿輯　清光緒十一年(1885)刻本　八冊

330000－1701－0047440　普 811.6087/2640.01/2/c1　集部/總集類/選集之屬/斷代

八家四六文註八卷首一卷　(清)吳鼒輯　(清)許貞幹注　**補註一卷**　陳衍撰　清光緒十八年(1892)上海圖書集成印書局鉛印本　八冊

330000－1701－0047444　普 811.6087/3448.022　集部/總集類/選集之屬/通代

同館賦補鈔三卷詩賦補鈔四卷　(清)王家相等輯　清嘉慶二十二年(1817)刻本　七冊

330000－1701－0047445　GP13262　子部/天文曆算類/算書之屬

務民義齋算學　(清)徐有壬撰　(清)徐震翰編輯　清徐震翰刻本　一冊　存六種

330000－1701－0047446　SBC2022　集部/别集類

越雅堂叢稿不分卷　王繼和撰　稿本　十

二冊

330000－1701－0047447　GP05262　經部/詩類/傳説之屬
詩經提綱一卷周禮提綱六卷　(清)姜炳璋撰　清同治九年(1870)經訓書屋刻本　一冊

330000－1701－0047448　GP13279　史部/地理類/雜志之屬
湖墅小志四卷　(清)高鵬年輯　清光緒二十二年(1896)石印本　二冊

330000－1701－0047449　GP05255　史部/傳記類/總傳之屬/忠孝
忠孝節義録四卷　(清)胡文炳輯　清光緒十三年(1887)杭州竹簡齋刻本　四冊

330000－1701－0047450　GP13280　史部/傳記類/總傳之屬/技藝
國朝書徵録三卷續録二卷　(清)張庚撰　**明人附録一卷**　清光緒十九年(1893)上海積山書局石印本　二冊

330000－1701－0047451　GP13286　類叢部/叢書類/自著之屬
春在堂全書三十六種　(清)俞樾撰　清同治至光緒刻光緒末彙印本　二冊　存二種

330000－1701－0047452　GP13287　史部/雜史類/斷代之屬
殷匪總録三卷堂匪總録十二卷廣西道里表一卷　(清)蘇鳳文撰　清光緒十五年(1889)刻本　六冊

330000－1701－0047453　GP05263　經部/群經總義類/傳説之屬
穆齋經詁五卷　(清)任均撰　清道光十九年(1839)刻本　四冊

330000－1701－0047454　普 811.6087/2640.01/2/c2　集部/總集類/選集之屬/斷代
八家四六文註八卷首一卷　(清)吳鼒輯　(清)許貞幹注　**補註一卷**　陳衍撰　清光緒十八年(1892)上海圖書集成印書局鉛印本　八冊

330000－1701－0047455　GP13289　史部/雜史類/斷代之屬
沈觀察燕晉弭兵記二卷　(清)陳守謙撰　清光緒二十九年(1903)上海英商順成書局石印本　一冊

330000－1701－0047456　SBC2027　子部/醫家類/綜合之屬/通論
醫宗粹言十四卷　(明)羅周彥撰　清抄本　一冊　存二卷(一至二)

330000－1701－0047457　SBC2024　集部/總集類/選集之屬/通代
六家文選六十卷　(南朝梁)蕭統撰　(唐)李善　(唐)吕延濟　(唐)劉良　(唐)張銑　(唐)李周翰　(唐)吕向注　明嘉靖丁覲刻本　十冊　存四十一卷(四至二十、三十七至六十)

330000－1701－0047458　SBC2032　子部/儒家類/儒學之屬/勸學
志學箴一卷　(清)楊以增撰　清抄本　樊鎮題記　一冊

330000－1701－0047459　普 913.03/1146　史部/金石類/總志之屬
金石契不分卷　(清)張燕昌撰　清乾隆三十六年(1771)海鹽張燕昌刻四十三年(1778)重定本　四冊

330000－1701－0047460　普 913.03/3147/c2、普 913.03/3147.2　史部/金石類/石之屬/目録
十二硯齋金石過眼録十八卷續録六卷　(清)汪鋆撰　清光緒元年(1875)儀徵汪鋆刻十二年(1886)印本　八冊

330000－1701－0047461　普 913.03/2832/c2　史部/金石類/總志之屬/文字
隨軒金石文字九種　(清)徐渭仁輯　清道光十七年(1837)刻同治七年(1868)補刻本　四冊

330000－1701－0047462　SBC2034　子部/雜著類/雜纂之屬

嬰啼記□□卷　（清）戴以恒撰　清抄本　一冊　存二卷（七至八）

330000－1701－0047463　普 811.6087/2640.01/3　集部/總集類/選集之屬/斷代
八家四六文注八卷首一卷　（清）吴鼒輯（清）許貞幹注　清光緒二十四年（1898）上海緯文閣石印本　六冊

330000－1701－0047466　GP07617　經部/小學類/文字之屬/字書/字體
四庫全書字體辨正四卷　（清）黄培芳撰　清道光六年（1826）芸香堂刻本　一冊

330000－1701－0047467　SBC2028　子部/小説家類/瑣語之屬
南渡瑣拾一卷　稿本　一冊

330000－1701－0047470　普 913.03/3147/c1　史部/金石類/石之屬/目録
十二硯齋金石過眼錄十八卷　（清）汪鋆撰　清光緒元年（1875）儀徵汪鋆刻本　四冊

330000－1701－0047472　SBC2029　集部/别集類/宋别集
雜抄詩稿不分卷　清抄本　一冊

330000－1701－0047474　普 811.6087/2640.01/4　集部/總集類/選集之屬/斷代
八家四六文注八卷首一卷　（清）吴鼒輯（清）許貞幹注　清光緒十七年（1891）味青齋刻本　十六冊

330000－1701－0047475　GP13263　新學/格致總
格致須知二十八種　（英國）傅蘭雅編　清光緒八年至二十四年（1882－1898）刻本　一冊　存一種

330000－1701－0047476　GP05264　子部/雜著類/雜説之屬
燕下鄉睉録十六卷　（清）陳康祺撰　清光緒十一年（1885）鄞縣陳康祺暨陽刻本　四冊

330000－1701－0047477　SBC2033　史部/政書類/儀制之屬/雜禮
家政瑣言一卷　清抄本　一冊

330000－1701－0047478　普 913.03/2832/c4　史部/金石類/總志之屬/文字
隨軒金石文字九種　（清）徐渭仁輯　清道光十七年（1837）刻同治七年（1868）補刻本　八冊

330000－1701－0047479　普 913.03/1146/2/c1　史部/金石類/總志之屬
金石契不分卷　（清）張燕昌撰　清乾隆三十六年（1771）海鹽張燕昌刻四十三年（1778）重定本　四冊

330000－1701－0047481　GP05265　類叢部/叢書類/自著之屬
經圖彙考三種　（清）毛應觀撰　清道光十九年（1839）小園刻本　五冊

330000－1701－0047482　普 913.03/4096/c1　史部/金石類/總志之屬/文字
觀妙齋藏金石文攷略十六卷　（清）李光暎撰　清雍正七年（1729）嘉興李光暎刻本　八冊

330000－1701－0047485　GP05258　新學/理學/理學
哲學妖怪百談不分卷續不分卷　（日本）井上圓了輯　（清）徐渭臣譯　清光緒二十九年（1903）上海文明書局鉛印本　二冊

330000－1701－0047486　普 913.03/4096/c2　史部/金石類/總志之屬/文字
觀妙齋藏金石文攷略十六卷　（清）李光暎撰　清雍正七年（1729）嘉興李光暎刻本　六冊

330000－1701－0047487　SBC2041　子部/雜著類/雜纂之屬
札記一卷　清抄本　一冊

330000－1701－0047489　普 811.6087/3448　集部/總集類/選集之屬/通代
同館賦鈔三十二卷　（清）法式善編　清嘉慶刻本　三十二冊

330000－1701－0047492　GP13265　子部/儒家類/儒學之屬/禮教

五種遺規輯要　(清)陳弘謀輯並撰　(清)楊恩澍等輯　清同治九年(1870)龍山書院刻本　一册　存一種

330000－1701－0047494　GP05266　類叢部/叢書類/家集之屬
陽湖張氏四女集　(清)張曜孫輯　清道光陽湖張氏宛鄰書屋刻本　一册　存一種

330000－1701－0047495　SBC2039　子部/農家農學類/鳥獸蟲之屬
相畫眉鳥經一卷　清抄本　一册

330000－1701－0047496　GP13290　類叢部/叢書類/自著之屬
任氏遺書八種　(清)任啓運撰　清光緒十四年(1888)荆溪任氏家塾刻本　二册　存三種

330000－1701－0047497　普913.03/1146/2/c2　史部/金石類/總志之屬
金石契不分卷　(清)張燕昌撰　清乾隆三十六年(1771)海鹽張燕昌刻四十三年(1778)重定本　四册

330000－1701－0047498　SBC2044　史部/傳記類/總傳之屬/家乘
[安徽休寧]新安休寧榆村程氏本支世譜一卷　(清)程啓泰輯　清抄本　一册

330000－1701－0047499　普913.03/4096/c5　史部/金石類/總志之屬/文字
觀妙齋藏金石文攷略十六卷　(清)李光暎撰　清雍正七年(1729)嘉興李光暎刻本　六册

330000－1701－0047501　SBC2042　史部/地理類/方志之屬/郡縣志
[開慶]四明續志十二卷　(宋)吴潛修　(宋)梅應發　(宋)劉錫纂　清抄本　一册　存四卷(五至八)

330000－1701－0047502　GP13266　集部/別集類/清別集
袁忠節公遺詩三卷　(清)袁昶撰　清宣統元年(1909)鉛印本　一册

330000－1701－0047503　SBC2040　史部/詔令奏議類/奏議之屬
南河奏稿一卷　清抄本　一册

330000－1701－0047504　GP13291　類叢部/叢書類/自著之屬
任氏遺書八種　(清)任啓運撰　清光緒十四年(1888)荆溪任氏家塾刻本　二册　存三種

330000－1701－0047506　普913.03/1146/(2)/c3　史部/金石類/總志之屬/通考
重定金石契不分卷　(清)張燕昌撰　清光緒二十二年(1896)貴池劉氏聚學軒刻本　四册

330000－1701－0047507　普811.6087/3744　類叢部/類書類/專類之屬
類賦玉盆珠五卷　(清)梁樹輯　清同治十二年(1873)掃葉山房刻本　十册

330000－1701－0047508　普913.03/4460/c1　史部/金石類/石之屬/文字
小蓬萊閣金石文字十卷　(清)黄易輯　清道光十四年(1834)石墨軒刻本　八册

330000－1701－0047509　GP05268　經部/孝經類/傳說之屬
孝經衍義一百卷首二卷　(清)聖祖玄燁敕撰　(清)葉方藹　(清)張英監修　(清)韓菼編纂　清康熙三十年(1691)浙江刻本　二十四册

330000－1701－0047510　普913.03/4634　史部/金石類/石之屬/文字
望堂金石文字初集三十一種二集十八種　楊守敬輯　清同治至宣統宜都楊氏飛青閣刻本　十二册　存四十七種

330000－1701－0047511　GP13267　類叢部/叢書類/自著之屬
寫經齋全集八種　(清)葉大莊撰　清光緒刻本　一册　存一種

330000－1701－0047513　普913.03/2615/c3　史部/金石類/總志之屬
金石存十五卷　(清)吴玉搢撰　清嘉慶二十四年(1819)山陽李氏聞妙香室刻本　四册

330000－1701－0047514　GP13292　史部/傳記類/科舉録之屬/歷科鄉試録

[咸豐壬子科]浙江鄉試同年齒錄不分卷　清咸豐刻本　一册

330000－1701－0047515　普811.6087/4299/c1　類叢部/類書類/專類之屬

皇朝駢文類苑十四卷首一卷　(清)姚燮選　清光緒七年(1881)鎮海張壽榮刻本　二十四册

330000－1701－0047517　GP13268　類叢部/叢書類/自著之屬

東海褰冥氏三十以前舊學四種　(清)譚嗣同撰　清光緒二十三年(1897)金陵刻本　一册　存一種

330000－1701－0047518　普913.03/2699/c1　史部/金石類/金之屬/文字

筠清館金石文字五卷　(清)吳榮光撰　清道光二十二年(1842)南海吳榮光筠清館刻本　十册

330000－1701－0047519　普913.03/2699/c2　史部/金石類

鄰蘇園金石叢書　楊守敬輯　清光緒宜都楊氏刻本　五册　存一種

330000－1701－0047520　SBC2043　史部/地理類/方志之屬/郡縣志

[萬曆]紹興府志五十卷　(明)蕭良幹修　(明)張元忭　(明)孫鑛纂　明萬曆十五年(1587)刻本　一册　存二卷(一至二)

330000－1701－0047521　普913.03/4460/c2　史部/金石類/石之屬/文字

小蓬萊閣金石文字十卷　(清)黄易輯　清道光十四年(1834)石墨軒刻本　四册

330000－1701－0047522　SBC2045　子部/術數類/數學之屬

天原發微五卷圖一卷　(宋)鮑雲龍撰　(明)鮑寧辨正　**篇目名義一卷**　(明)鮑寧撰　**問答節要一卷**　(明)鮑寧輯　明刻本　一册　存一卷(五)

330000－1701－0047523　普811.6087/4299/c2　類叢部/類書類/專類之屬

皇朝駢文類苑十四卷首一卷　(清)姚燮選　清光緒七年(1881)鎮海張壽榮刻本　二十四册

330000－1701－0047524　GP13293　類叢部/叢書類/自著之屬

西堂全集四種附一種　(清)尤侗撰　清刻本　四册　存一種

330000－1701－0047525　GP13271　史部/傳記類/職官録之屬/總録

國朝職官編年表一卷　清末抄本　一册

330000－1701－0047526　GP05269　集部/別集類/清別集

友石齋詩集八卷　(清)高錫恩撰　**我龕遺稿二卷**　(清)高炳麟撰　清光緒十五年(1889)高駿麟等刻本　三册　存八卷(一至八)

330000－1701－0047527　普913.03/4460/(2)　史部/金石類/石之屬/文字

小蓬萊閣金石文字十卷　(清)黄易輯　清道光十四年(1834)石墨軒刻本　五册

330000－1701－0047528　GP13294　子部/儒家類/儒學之屬/禮教

化愚俗歌一卷　(清)潘席卿撰　清光緒十九年(1893)刻本　一册

330000－1701－0047529　GP13272　史部/傳記類/總傳之屬/斷代

昭代名人尺牘小傳二十四卷　(清)吳修撰　清道光六年(1826)刻本　一册

330000－1701－0047530　GP13273　經部/叢編

許學叢刻九種　(清)許頌鼎　(清)許溎祥輯　清光緒十三年(1887)海寧許氏古均閣刻本　一册　存三種

330000－1701－0047531　SBC2047　集部/別集類/元別集

臨川吳文正公集四十九卷　(元)吳澄撰　明刻本　三册　存三卷(九至十、十四)

330000－1701－0047532　SBC2049　類叢部/叢書類/自著之屬
王氏家藏集五種　(明)王廷相撰　明嘉靖刻清順治十二年(1655)重修本　十六册　存四種

330000－1701－0047533　GP07609　類叢部/叢書類/彙編之屬
滂喜齋叢書五十種　(清)潘祖蔭編　清同治至光緒吴縣潘氏京師刻本　一册　存一種

330000－1701－0047534　普811.6087/4299/(2)　類叢部/類書類/專類之屬
皇朝駢文類苑十四卷首一卷　(清)姚燮選　清光緒七年(1881)鎮海張壽榮刻本　二十三册

330000－1701－0047535　普913.03/4923/2/c1　史部/金石類/總志之屬/文字
金石文鈔八卷續鈔二卷　(清)趙紹祖撰　清光緒二年(1876)涇縣趙氏刻民國海寧陳氏慎初堂印本　十册

330000－1701－0047536　SBC2048　集部/總集類/選集之屬/通代
六臣註文選六十卷　(南朝梁)蕭統撰　(唐)李善　(唐)呂延濟　(唐)劉良　(唐)張銑　(唐)李周翰　(唐)呂向注　明嘉靖新安潘惟時、潘惟德刻本　清陸燦跋　十二册　存三十三卷(二至八、十至十一、二十九至三十八、四十二至四十九、五十五至六十)

330000－1701－0047537　GP05270　新學/史志/臣民傳記
大日本中興先覺志二卷　(日本)岡本監輔撰　清光緒二十七年(1901)開導社刻本　二册

330000－1701－0047538　SBC2054　子部/醫家類/方書之屬/歷代方書
雞峯普濟方三十卷　(宋)張鋭撰　清道光八年(1828)長洲汪士鐘藝芸書舍刻本(卷二至三、六、八原缺)　二册　存二卷(七、九)

330000－1701－0047539　普913.03/4923/2/c2　史部/金石類/總志之屬/文字
金石文鈔八卷續鈔二卷　(清)趙紹祖撰　清光緒二年(1876)涇縣趙氏刻民國海寧陳氏慎初堂印本　十册

330000－1701－0047540　普811.6087/4428　集部/總集類/選集之屬/斷代
同館經進賦鈔不分卷　(清)黄紹箕等撰　清光緒十二年(1886)京都琉璃廠松竹齋刻本　一册

330000－1701－0047541　普811.6087/4787/c1　集部/總集類/課藝之屬
敬修堂詞賦課鈔十六卷附金臺課藝一卷　(清)胡敬輯　清同治十一年(1872)山陰俞氏刻本　六册

330000－1701－0047544　普811.6087/4436　集部/總集類/選集之屬/通代
賦學正鵠集釋十一卷　(清)李元度輯　清光緒二十五年(1899)上海慎記書莊石印本　四册

330000－1701－0047545　普811.6087/4787/c2　集部/總集類/課藝之屬
敬修堂詞賦課鈔十六卷附金臺課藝一卷　(清)胡敬輯　清同治十一年(1872)山陰俞氏刻本　六册

330000－1701－0047547　SBC2056　史部/史評類/史論之屬
讀史管見三十卷目錄二卷　(宋)胡寅撰　明崇禎八年(1635)張溥刻本　十六册

330000－1701－0047548　普811.6087/4787/c3　集部/總集類/課藝之屬
敬修堂詞賦課鈔十六卷附金臺課藝一卷　(清)胡敬輯　清同治十一年(1872)山陰俞氏刻本　六册

330000－1701－0047550　普811.6087/4436.02　集部/總集類/選集之屬/通代
詳註賦學正鵠續集八卷　(清)葉祺昌評選　清光緒二十五年(1899)上海慎記書莊石印本　三册

330000－1701－0047552　普811.6087/4787/

2　集部/總集類/課藝之屬
敬修堂詞賦課鈔十六卷附金臺課藝一卷　(清)胡敬輯　清道光二十二年(1842)刻本　四冊

330000－1701－0047554　GP05272　史部/目録類/總録之屬
萬卷樓藏書總目四卷首一卷　(清)白鍾元　(清)范右文撰　清光緒八年(1882)蓮池書院刻本　一冊

330000－1701－0047556　普 811.6087/4436.021　集部/總集類/選集之屬/通代
詳註賦學正鵠三集二卷　(清)吳錫麟撰　(清)孫理評　(清)胡玉樹編註　清光緒二十五年(1899)上海慎記書莊石印本　一冊

330000－1701－0047557　SBC2050　子部/雜著類/雜纂之屬
歔盦錄本不分卷　王繼和撰　稿本　一冊

330000－1701－0047558　普 811.6087/4436.022　集部/總集類/選集之屬/通代
詳註賦學正鵠四集四卷　(清)葉祺昌評選　(清)劉子經等注釋　清光緒二十五年(1899)上海慎記書莊石印本　一冊

330000－1701－0047560　GP13297　類叢部/叢書類/彙編之屬
金峨山館叢書(望三益齋叢書)十一種　(清)郭傳璞編　清光緒八年至十六年(1882－1890)鄞郭氏刻二十年(1894)鎮海邵氏彙印本　一冊　存二種

330000－1701－0047561　GP07619　史部/地理類/專志之屬/祠墓
明孝陵一卷　闞伊繪　清宣統二年(1910)鴻文石印書局石印本　一冊

330000－1701－0047563　SBC2051　集部/別集類/清別集
擬應制科時務策學不分卷　王繼和輯　稿本　二冊

330000－1701－0047564　普 811.6087/7548　集部/總集類/選集之屬/通代
憑山閣留青采珍全集　(清)陳枚輯　清康熙金閶寶翰樓刻本　二十二冊

330000－1701－0047566　SBC2066　史部/傳記類/別傳之屬/年譜
皇清誥授奉直大夫原任江蘇南匯縣知縣加知州升銜顯考春颿府君[蕭翀]自敘年譜不分卷　(清)蕭翀撰　清抄本　一冊

330000－1701－0047567　GP05273　史部/政書類/律令之屬/律例
讀律心得一卷附二卷　(清)劉衡撰　清光緒六年(1880)刻本　一冊

330000－1701－0047568　GP13298　類叢部/叢書類/彙編之屬
增訂漢魏叢書八十六種　(清)王謨編　清乾隆五十六年(1791)金谿王氏刻本　二冊　存一種

330000－1701－0047569　GP07611　子部/雜著類/雜纂之屬
百歲全書輯珠集二卷　(明)芳潤軒蔚圃輯　清道光十三年(1833)應城吳毓梅刻本　六冊

330000－1701－0047571　普 811.6087/8097　集部/總集類/選集之屬/斷代
國朝駢體正宗十二卷　(清)曾燠輯　清同治十三年(1874)聚賢堂刻本　六冊

330000－1701－0047572　普 913.03/4923/2/c3　類叢部/叢書類/彙編之屬
抱經堂叢書七種　朱遂翔編　清刻民國杭州朱氏抱經堂補刻印本　十冊　存一種

330000－1701－0047573　普 811.6087/8097/1　集部/總集類/選集之屬/斷代
國朝駢體正宗十二卷　(清)曾燠輯　清嘉慶十一年(1806)南城曾氏賞雨茅屋刻本　六冊

330000－1701－0047575　GP13274　子部/儒家類/儒學之屬/禮教
五種遺規十七卷　(清)陳弘謀輯並撰　清光緒二十一年(1895)浙江書局刻本　一冊　存一種

330000－1701－0047576　GP13299　集部/總集類/選集之屬/通代

五七言今體詩鈔十八卷　(清)姚鼐輯　清同治五年(1866)金陵書局刻本　一册　存九卷(七言今體詩鈔一至九)

330000－1701－0047577　普811.6087/8097/2/c1　集部/總集類/選集之屬/斷代

國朝駢體正宗十二卷　(清)曾燠輯　清光緒十三年(1887)上海蜚英舘石印本　六册

330000－1701－0047578　SBC2052　史部/傳記類/總傳之屬/家乘

家譜一卷　清抄本　一册

330000－1701－0047579　GP13275　子部/儒家類/儒學之屬/禮教

五種遺規十七卷　(清)陳弘謀輯並撰　清光緒二十一年(1895)浙江書局刻本　二册　存一種

330000－1701－0047582　GP05276　子部/儒家類/儒學之屬/性理

畜德錄二十卷　(清)席啓圖輯　清康熙二十五年(1686)繩武堂刻本　十册

330000－1701－0047583　GP07612　類叢部/叢書類/自著之屬

紫薇花館集七種　(清)王廷鼎撰　清光緒十七年(1891)刻本　二册　存一種

330000－1701－0047584　普811.6087/8097/2/c3　集部/總集類/選集之屬/斷代

國朝駢體正宗十二卷　(清)曾燠輯　清光緒十三年(1887)上海蜚英舘石印本　六册

330000－1701－0047585　GP13276　類叢部/叢書類/彙編之屬

知不足齋叢書一百九十五種　(清)鮑廷博編　(清)鮑士恭續編　清乾隆三十七年至道光三年(1772－1823)長塘鮑氏刻彙印本　二册　存一種

330000－1701－0047588　GP13300、GP13301　子部/宗教類/道教之屬

道貫真源十八種　(清)董德寧輯　清乾隆至嘉慶古越集陽樓刻本　八册　存二種

330000－1701－0047589　SBC2067　史部/編年類/斷代之屬

皇清通志綱要五卷　(清)弘旺撰　清抄本(卷五原缺)　五册

330000－1701－0047591　普913.03/7243/c1　史部/金石類/總志之屬/文字

金石苑六卷　(清)劉喜海輯　清光緒端方影印本　六册

330000－1701－0047592　GP13314　史部/傳記類/科舉録之屬/歷科鄉試録

光緒二十八年補行庚子辛丑恩正併科浙江鄉試錄不分卷　清光緒刻本　一册

330000－1701－0047594　普913.03/7243/c4　史部/金石類/總志之屬/文字

金石苑不分卷　(清)劉喜海輯　清道光二十八年(1848)劉氏刻本　六册

330000－1701－0047595　普913.03/7243.207/2/c1　類叢部/叢書類/家集之屬

觀古閣叢刻十五種　(清)鮑康編　清嘉慶十一年至光緒二十一年(1806－1895)歙縣鮑氏刻本　一册　存一種

330000－1701－0047596　普811.6087/8097/3　集部/總集類/選集之屬/斷代

國朝駢體正宗十二卷　(清)曾燠輯　清嘉慶十一年(1806)南城曾氏賞雨茅屋刻本　拾逸題記　四册

330000－1701－0047597　普913.03/4720　史部/金石類/石之屬/文字

金薤琳琅二十卷　(明)都穆撰　**金薤琳琅補遺一卷**　(清)宋振譽撰　清乾隆四十三年(1778)汪荻洲刻本　四册

330000－1701－0047598　普811.6087/8097/4　集部/總集類/選集之屬/斷代

國朝駢體正宗十二卷　(清)曾燠輯　清同治十三年(1874)聚賢堂刻本　六册

330000－1701－0047599　GP05283　類叢部/

叢書類/彙編之屬
廣雅書局叢書一百五十九種　徐紹棨編　清光緒廣雅書局刻民國九年(1920)番禺徐紹棨彙編重印本　一冊　存一種

330000－1701－0047600　普913.03/7243.207/2/c2　類叢部/叢書類/家集之屬
觀古閣叢刻十五種　(清)鮑康編　清嘉慶十一年至光緒二十一年(1806－1895)歙縣鮑氏刻本　一冊　存一種

330000－1701－0047602　普913.03/7243.2/2/c5　史部/金石類/郡邑之屬/文字
海東金石苑四卷　(清)劉喜海撰　清光緒七年(1881)張德容二銘草堂刻本　四冊

330000－1701－0047604　普811.6087/8097.02/c1　集部/總集類/選集之屬/斷代
國朝駢體正宗續編八卷　(清)張鳴珂輯　清光緒二十一年(1895)善化章氏刻本　八冊

330000－1701－0047605　普913.03/7243/c5　史部/金石類/總志之屬/文字
金石苑不分卷　(清)劉喜海輯　清道光二十八年(1848)劉氏刻本　五冊

330000－1701－0047606　GP05277　史部/傳記類/別傳之屬/事狀
瑤池冰雪編一卷乳水流芳錄一卷　(清)沈筠輯　**乍浦忠節祠彙錄一卷補遺一卷**　(清)張天翔輯　清光緒刻本　嚴庸生題記　一冊

330000－1701－0047608　GP13302　經部/小學類/文字之屬/字書/字典
字彙十二集首一卷末一卷韻法直圖一卷　(明)梅膺祚撰　**韻法橫圖一卷**　(明)李世澤撰　清刻本　一冊　存二卷(韻法直圖、韻法橫圖)

330000－1701－0047610　普811.6087/8097.02/c2　集部/總集類/選集之屬/斷代
國朝駢體正宗續編八卷　(清)張鳴珂輯　清光緒十四年(1888)寒松閣刻本　四冊

330000－1701－0047612　普913.03/7243/c6　史部/金石類/總志之屬/文字
金石苑不分卷　(清)劉喜海輯　清道光二十八年(1848)劉氏刻本　四冊

330000－1701－0047614　SBC2075　集部/別集類/宋別集
東坡集選五十卷集餘一卷　(宋)蘇軾撰　(明)陳夢槐選　(明)陳繼儒定　**蘇文忠公[軾]年譜一卷**　(宋)王宗稷編　**蘇文忠公外紀二卷**　(明)王世貞撰　**外紀逸編一卷**　(明)璩之璞撰　明刻本　二十一冊　存三十四卷(一至十一、三十二至五十,年譜,外紀一至二,外紀逸編)

330000－1701－0047615　GP05286、GP05287、GP05288　類叢部/叢書類/彙編之屬
王益吾所刻書十種　王先謙編　清光緒九年至十年(1883－1884)長沙王氏刻本　六冊　存五種

330000－1701－0047616　GP13303、GP13304　類叢部/叢書類/自著之屬
春在堂全書三十六種　(清)俞樾撰　清同治至光緒刻光緒末彙印本　三冊　存二種

330000－1701－0047617　SBC2076　類叢部/叢書類/彙編之屬
微波榭叢書十一種　(清)孔繼涵編　清孔氏刻彙印本　四冊　存一種

330000－1701－0047618　普913.03/7243.2/2/c1　史部/金石類/郡邑之屬/文字
海東金石苑四卷　(清)劉喜海撰　清光緒七年(1881)張德容二銘草堂刻本　四冊

330000－1701－0047619　普913.03/7243.2/2/c2　史部/金石類/郡邑之屬/文字
海東金石苑四卷　(清)劉喜海撰　清光緒七年(1881)張德容二銘草堂刻本　四冊

330000－1701－0047620　GP05289　史部/目録類/總録之屬
讀書引十二卷　(清)王謨輯　清乾隆四十八年(1783)金谿王謨刻本　六冊

330000－1701－0047621　GP13306、GP13305

類叢部/叢書類/彙編之屬
稗海四十八種續稗海二十二種 （明）商濬編　明萬曆商氏半埜堂刻清康熙振鷺堂重編補刻本　九冊　存二種

330000－1701－0047624　SBC2060　史部/紀傳類/正史之屬
宋史四百九十六卷目錄三卷 （元）脫脫等撰　明成化七年至十六年（1471－1480）朱英刻明清南京國子監遞修本　七十七冊　存三百十九卷（一至九、四十八至一百五十九、一百七十三至一百七十八、一百九十九至二百三十、二百三十五至二百三十八、二百四十二至二百八十六、三百六至三百十、三百五十七至三百八十五、三百九十五至四百四十、四百六十一至四百八十六、四百九十二至四百九十六）

330000－1701－0047625　SBC2062　史部/政書類/通制之屬
文獻通考三百四十八卷 （元）馬端臨撰　明刻本　三十二冊　存四十卷（一、六至三十、五十二至五十七、二百七十九至二百八十一、三百二至三百六）

330000－1701－0047626　普 811.6087/8097.02/2　集部/總集類/選集之屬/斷代
國朝駢體正宗續編八卷 （清）張鳴珂輯　清光緒十四年（1888）寒松閣刻本　四冊

330000－1701－0047627　SBC2077　史部/地理類/山川之屬/水志
水經注不分卷 （北魏）酈道元撰　（清）戴震校訂　清乾隆刻本　十二冊

330000－1701－0047628　普 811.608923/7730/2/c1　集部/總集類/選集之屬/斷代
國朝常州駢體文錄三十一卷 屠寄輯　**結一宧駢體文一卷** 屠寄撰　清光緒十六年（1890）刻本　八冊

330000－1701－0047631　普 811.6087/8097.02/3/c1　集部/總集類/選集之屬/斷代
國朝駢體正宗十二卷 （清）曾燠輯　清光緒二十三年（1897）上海文淵山房石印本　六冊

330000－1701－0047632　普 811.6087/8097.07/3　集部/總集類/選集之屬/斷代
國朝駢體正宗評本十二卷 （清）曾燠輯　（清）姚燮評　（清）張壽榮參　清光緒二十一年（1895）上海點石齋石印本　四冊

330000－1701－0047633　普 811.6087/8097.02/3/c2　集部/總集類/選集之屬/斷代
國朝駢體正宗十二卷 （清）曾燠輯　清光緒二十三年（1897）上海文淵山房石印本　六冊

330000－1701－0047634　普 913.03/8002/c3　類叢部/叢書類/自著之屬
蘇齋叢書十八種 （清）翁方綱撰　清乾隆至嘉慶刻彙印本　六冊　存一種

330000－1701－0047638　普 811.6087/8097.07/c1　類叢部/叢書類/彙編之屬
花雨樓叢鈔十一種續鈔十一種附一種 （清）張壽榮編　清光緒八年至十四年（1882－1888）蛟川張氏花雨樓刻本　八冊　存附一種

330000－1701－0047640　普 913.03/8002/c4　類叢部/叢書類/自著之屬
蘇齋叢書十八種 （清）翁方綱撰　清乾隆至嘉慶刻彙印本　八冊　存一種

330000－1701－0047641　普 811.608923/7730/2/c2　集部/總集類/選集之屬/斷代
國朝常州駢體文錄三十一卷 屠寄輯　**結一宧駢體文一卷** 屠寄撰　清光緒十六年（1890）刻本　八冊

330000－1701－0047642　GP13308　史部/傳記類/科舉錄之屬/歷科鄉試錄
光緒拾柒年舉行辛卯正科浙江鄉試題名錄一卷 清光緒刻本　一冊

330000－1701－0047643　GP05292　集部/別集類/清別集
知養恬齋時文鈔不分卷題解不分卷試帖二卷詩集三十卷賦鈔四卷蜀槎小草二卷 （清）羅繞典撰　清道光二十六年（1846）刻本　十冊　缺二卷（蜀槎小草一至二）

330000－1701－0047645　GP13333　類叢部/叢書類/彙編之屬

硯雲甲編八種乙編八種　（清）金忠淳編　清乾隆四十年至四十三年（1775－1778）金氏硯雲書屋刻本　一册　存二種

330000－1701－0047646　普 913.03/8002/（2）　類叢部/叢書類/自著之屬

蘇齋叢書十八種　（清）翁方綱撰　清乾隆至嘉慶刻彙印本　六册　存一種

330000－1701－0047647　普 811.608971/2696　集部/總集類/郡邑之屬

四川試牘詩賦一卷　（清）吳煜等撰　清光緒刻本　一册

330000－1701－0047648　普 811.6087/8097.07/c2　類叢部/叢書類/彙編之屬

花雨樓叢鈔十一種續鈔十一種附一種　（清）張壽榮編　清光緒八年至十四年（1882－1888）蛟川張氏花雨樓刻本　六册　存附一種

330000－1701－0047651　普 811.608923/7730/c1　集部/總集類/選集之屬/斷代

國朝常州駢體文錄三十一卷　屠寄輯　**結一宧駢體文一卷**　屠寄撰　清光緒十六年（1890）刻本　六册

330000－1701－0047652　普 811.6087/8097.07/c3　類叢部/叢書類/彙編之屬

花雨樓叢鈔十一種續鈔十一種附一種　（清）張壽榮編　清光緒八年至十四年（1882－1888）蛟川張氏花雨樓刻本　八册　存附一種

330000－1701－0047653　SBC2086　史部/政書類/公牘檔册之屬

錢塘沙案稿不分卷　清光緒丁氏抄本　二册

330000－1701－0047654　SBC2084　史部/傳記類/日記之屬

經香草堂日記不分卷（清嘉慶十八年十月至十九年四月）　稿本　一册

330000－1701－0047656　普 811.608923/7730/c2　集部/總集類/選集之屬/斷代

國朝常州駢體文錄三十一卷　屠寄輯　**結一宧駢體文一卷**　屠寄撰　清光緒十六年（1890）刻本　六册

330000－1701－0047657　GP13336　子部/儒家類/儒學之屬/性理

王陽明先生傳習錄一卷　（明）王守仁撰　清光緒三十一年（1905）邵陽魏允恭石印本　一册

330000－1701－0047659　普 811.6087/8097.07/1　類叢部/叢書類/彙編之屬

花雨樓叢鈔十一種續鈔十一種附一種　（清）張壽榮編　清光緒八年至十四年（1882－1888）蛟川張氏花雨樓刻本　六册　存附一種

330000－1701－0047660　普 811.608923/7730/c3　集部/總集類/選集之屬/斷代

國朝常州駢體文錄三十一卷　屠寄輯　**結一宧駢體文一卷**　屠寄撰　清光緒十六年（1890）刻朱印本　六册

330000－1701－0047662　SBC2081　史部/傳記類/總傳之屬/技藝

吉安室書錄十六卷附一卷　（清）梁章鉅撰　清抄本　一包

330000－1701－0047664　普 951.009824/3547/7　史部/紀傳類/正史之屬

二十四史附考證　清光緒二十八年（1902）竢實齋石印本　二百册

330000－1701－0047666　普 811.608991/4633　集部/總集類/選集之屬/斷代

閩南唐賦六卷　（清）楊浚輯　**閩南唐賦考異一卷**　（清）胡鳳丹撰　清光緒二年（1876）永康胡氏刻群玉齋印本　三册

330000－1701－0047667　普 811.6087/8097.07/（2）　類叢部/叢書類/彙編之屬

花雨樓叢鈔十一種續鈔十一種附一種　（清）張壽榮編　清光緒八年至十四年（1882－1888）蛟川張氏花雨樓刻本　十册　存附

一種

330000－1701－0047668　GP13344　類叢部/叢書類/彙編之屬
平津館叢書八集三十九種　(清)孫星衍編　清嘉慶蘭陵孫氏刻本　一冊　存四種

330000－1701－0047669　普 913.0464/1034/c2　史部/金石類/總志之屬/題跋
王箬林先生題跋二種　(清)王澍撰　清乾隆刻本　四冊　存一種

330000－1701－0047671　普 811.608991/4663/2/c1　集部/總集類/選集之屬/斷代
閩南唐賦六卷　(清)楊浚輯　**閩南唐賦考異一卷**　(清)胡鳳丹撰　清光緒二年(1876)永康胡氏刻本　二冊

330000－1701－0047673　GP13309　史部/地理類/專志之屬/祠墓
越中先賢祠目一卷　(清)李慈銘撰　清光緒十一年(1885)都門越祠刻本　一冊

330000－1701－0047674　普 811.608991/4663/2/c2　集部/總集類/選集之屬/斷代
閩南唐賦六卷　(清)楊浚輯　**閩南唐賦考異一卷**　(清)胡鳳丹撰　清光緒二年(1876)永康胡氏刻本　二冊

330000－1701－0047675　普 913.0464/0087/2/c3　史部/金石類/總志之屬/題跋
枕經堂金石書畫題跋三卷　(清)方朔撰　清同治三年(1864)濟南刻本　一冊

330000－1701－0047677　SBC2083　經部/大戴禮記類/傳說之屬
大戴禮記十三卷　(漢)戴德撰　(北周)盧辯注　清乾隆刻本　清戈襄批並跋　二冊

330000－1701－0047678　GP05318　類叢部/叢書類/彙編之屬
荔牆叢刻十三種續刊二種　(清)汪曰楨編　清同治至光緒烏程汪氏刻本　三冊　存續刊一種

330000－1701－0047680　普 913.0464/0087/2/c1　史部/金石類/總志之屬/題跋
枕經堂金石書畫題跋三卷　(清)方朔撰　清同治三年(1864)濟南刻本　清西湖漁隱題簽並記　一冊

330000－1701－0047681　GP13310　子部/天文曆算類/算書之屬
則古昔齋算學十三種　(清)李善蘭編　清同治六年(1867)海寧李善蘭金陵刻本　一冊　存二種

330000－1701－0047682　GP05278　類叢部/叢書類/自著之屬
儆季雜著五種附二種　(清)黃以周撰　清光緒二十年至二十一年(1894－1895)江蘇南菁講舍刻本　一冊　存附一種

330000－1701－0047683　SBC2080　史部/傳記類/總傳之屬/技藝
台州書畫識十卷　(清)黃瑞輯　稿本　一包

330000－1701－0047684　普 913.0464/0087/2/c2　史部/金石類/總志之屬/題跋
枕經堂金石書畫題跋三卷　(清)方朔撰　清同治三年(1864)濟南刻本　一冊

330000－1701－0047686　普 811.63/1038　集部/總集類/選集之屬/斷代
王氏彙刻唐人集七種　(清)王遐春輯　清嘉慶十五年(1810)福鼎王氏麟後山房刻本　一冊　存一種

330000－1701－0047687　GP05319　集部/別集類/宋別集
紫巖詩選三卷首一卷補遺一卷　(宋)于石撰　清光緒十五年(1889)栅川于氏留耕堂刻本　王張威題記　一冊

330000－1701－0047689　普 913.0464/1034/2　史部/金石類/總志之屬/題跋
竹雲題跋四卷　(清)王澍撰　**金粟逸人逸事一卷**　(清)朱琰撰　清乾隆三十二年(1767)苕上錢人龍畫雲閣刻本　二冊

330000－1701－0047691　GP05279　類叢部/叢書類/自著之屬

愓園全集十一種二十九卷首一卷　(清)陳庚煥撰　清咸豐元年(1851)有有齋刻本　滌庵題記　十冊

330000－1701－0047693　GP05320　子部/雜著類/雜說之屬
鰜社筆談三卷　(清)張時中撰　清光緒十六年(1890)廙延徐振翰刻本　一冊

330000－1701－0047694　GP13345　類叢部/叢書類/自著之屬
竹柏山房十五種附刻八種　(清)林春溥撰　清嘉慶至咸豐竹柏山房刻本　一冊　存一種

330000－1701－0047695　GP05321　經部/孝經類/傳說之屬
孝經注解一卷　(唐)玄宗李隆基注　(宋)司馬光指解　(宋)范祖禹說　清道光二十七年(1847)李延福求是軒刻本　一冊

330000－1701－0047696　GP13311　史部/地理類/雜志之屬
東城雜記二卷　(清)厲鶚撰　清嘉慶二十五年(1820)錢塘汪氏振綺堂刻本　一冊

330000－1701－0047697　SBC2082　集部/別集類/清別集
廣陽詩集二卷　(清)劉獻廷撰　清抄本　二冊

330000－1701－0047701　普913.0449/3191　類叢部/叢書類/自著之屬
顧亭林先生遺書彙輯二十三種附錄三種　(清)顧炎武撰　(清)席威　(清)朱記榮編　清光緒十一年至三十二年(1885－1906)朱氏槐廬家塾刻本　二冊　存一種

330000－1701－0047702　普913.0464/1034/3　史部/金石類/總志之屬/題跋
王箬林先生題跋二種　(清)王澍撰　清乾隆刻本　二冊　存一種

330000－1701－0047703　SBC2079　史部/傳記類/總傳之屬/文苑
浙江詩事十卷　清抄本　一包　缺一卷(六)

330000－1701－0047708　普811.67/1060/c1　集部/別集類/清別集
煙霞萬古樓文集六卷　(清)王曇撰　清道光二十年(1840)刻本　二冊

330000－1701－0047709　GP05280　類叢部/叢書類/自著之屬
耐安類稿五種　(清)陳偉撰　清光緒二十二年(1896)梅叔瀚等刻本　六冊

330000－1701－0047713　普811.67/1060/c2　集部/別集類/清別集
煙霞萬古樓文集六卷　(清)王曇撰　清道光二十年(1840)刻本　二冊

330000－1701－0047714　普811.66/4433　集部/別集類/明別集
青錦園賦草一卷　(明)葉憲祖撰　明崇禎五年(1632)刻本　一冊

330000－1701－0047715　普913.0464/25281/c1　史部/金石類/總志之屬
曝書亭金石文字跋尾六卷　(清)朱彝尊撰　清光緒九年至十年(1883－1884)朱氏槐廬刻本　二冊

330000－1701－0047716　普913.0464/1113/c1　史部/金石類/總志之屬/題跋
清儀閣題跋不分卷　(清)張廷濟撰　清光緒十七年(1891)丁立誠刻本　四冊

330000－1701－0047717　普811.67/1060/c3　集部/別集類/清別集
煙霞萬古樓文集六卷　(清)王曇撰　清道光二十年(1840)刻本　二冊

330000－1701－0047718　GP05324　子部/術數類/占卜之屬
河圖道原一卷　(清)朱雲龍撰　清乾隆六十年(1795)二南軒刻本　一冊

330000－1701－0047719　GP05281　類叢部/叢書類/自著之屬
耐安類稿五種　(清)陳偉撰　清光緒二十二年(1896)梅叔瀚等刻本　六冊

330000－1701－0047721　普 811.67/1060/2　集部/别集類/清别集

煙霞萬古樓文集六卷　(清)王曇撰　清嘉慶二十一年(1816)虎丘東山廟刻道光十八年(1838)增修本　一册

330000－1701－0047723　GP07622　史部/傳記類/别傳之屬/事狀

皇清誥授奉政大夫晉封通議大夫廣東潮州府黄岡同知顯考雲鶴府君[徐槐廷]暨誥封宜人晉封淑人顯妣朱太淑人行述一卷　(清)徐用儀　(清)徐用福撰　清刻本　一册

330000－1701－0047724　GP13348　史部/政書類/邦計之屬/鹽法

福建票鹽志略不分卷　(清)吴大廷輯　清同治五年(1866)福建鹽局刻本　二册

330000－1701－0047725　普 811.67/0133　集部/别集類/清别集

希古堂文乙集一卷　(清)譚宗浚撰　清光緒六年(1880)刻本　二册

330000－1701－0047726　普 811.67/1742　集部/别集類/清别集

抱膝山房駢體文二卷古近體詩稿一卷製藝一卷　(清)尹恭保撰　清光緒刻本　五册

330000－1701－0047727　SBC2319　史部/目録類/總録之屬/私撰

平津館鑒藏記書籍三卷補遺一卷續編一卷　(清)孫星衍撰　清抄本　二册

330000－1701－0047728　普 913.0464/1113/c2　史部/金石類/總志之屬/題跋

清儀閣題跋不分卷　(清)張廷濟撰　清光緒十七年(1891)丁立誠刻本　四册

330000－1701－0047729　GP05325　類叢部/叢書類/自著之屬

查菿湖先生雜著二種二卷　(清)查奕慶撰　清咸豐七年(1857)刻本　一册

330000－1701－0047730　GP13349　類叢部/類書類/專類之屬

新增日用雜字簿一卷　清末抄本　一册

330000－1701－0047731　普 913.0464/25281/c2　史部/金石類/總志之屬

曝書亭金石文字跋尾六卷　(清)朱彝尊撰　清光緒九年至十年(1883－1884)朱氏槐廬刻本　二册

330000－1701－0047732　普 913.0464/1113/c3　史部/金石類/總志之屬/題跋

清儀閣題跋不分卷　(清)張廷濟撰　清光緒十七年(1891)丁立誠刻本　四册

330000－1701－0047733　SBC2318　子部/雜著類/雜説之屬

閒居録一卷　(元)吾衍撰　清抄本　一册

330000－1701－0047734　GP05326　史部/詔令奏議類/奏議之屬

同治中興京外奏議約編八卷　(清)陳弢輯　清光緒元年(1875)篋劍囊琴之室刻本　八册

330000－1701－0047735　普 811.67/1060/3　集部/别集類/清别集

煙霞萬古樓文集六卷　(清)王曇撰　清光緒二十一年(1895)鴻文書局石印本　三册

330000－1701－0047737　普 913.0464/2648/c1、普 913.1464/2648.2/c1　史部/金石類/總志之屬

九鐘精舍金石跋尾甲編一卷乙編一卷　吴士鑑撰　清宣統二年(1910)刻本　二册

330000－1701－0047738　普 913.0464/1113/c4　史部/金石類/總志之屬/題跋

清儀閣題跋不分卷　(清)張廷濟撰　清光緒十七年(1891)丁立誠刻本　四册

330000－1701－0047741　SBC2315　集部/總集類/郡邑之屬

當湖文獻不分卷　清抄本　一册

330000－1701－0047742　GP07623　史部/政書類/公牘檔册之屬

籌辦湖南全省各地方自治説帖一卷　清宣統木活字印本　一册

330000－1701－0047743　普 913.0464/4426/

c1　類叢部/叢書類/彙編之屬
邵武徐氏叢書初刻十四種　(清)徐榦編　清光緒邵武徐氏刻本　二册　存一種

330000－1701－0047744　GP13350　類叢部/叢書類/自著之屬
鹿洲全集七種　(清)藍鼎元撰　清刻本　一册　存一種

330000－1701－0047745　GP05293　史部/史評類/史論之屬
讀史大畧六十卷首一卷　(清)沙張白撰　**小沙子史畧一卷**　(清)沙晋撰　清光緒二十六年(1900)刻本　十二册

330000－1701－0047746　普 811.67/1068　集部/别集類/清别集
御賜齊年堂文集四卷　(清)王晦撰　清乾隆九年(1744)刻本　四册

330000－1701－0047747　普 913.0464/1113/2　史部/金石類/總志之屬/題跋
清儀閣題跋不分卷　(清)張廷濟撰　清宣統蘇州振新書社石印本　六册

330000－1701－0047749　普 913.0464/2648/c2、普 913.0464/2648.2/c3　史部/金石類/總志之屬
九鐘精舍金石跋尾甲編一卷乙編一卷　吴士鑑撰　清宣統二年(1910)刻本　二册

330000－1701－0047750　普 913.0464/4426/c2　類叢部/叢書類/彙編之屬
邵武徐氏叢書初刻十四種　(清)徐榦編　清光緒邵武徐氏刻本　二册　存一種

330000－1701－0047751　GP13351　子部/術數類/命書相書之屬
春樹齋叢説一卷　(清)溫葆深撰　**附録天步真原一卷**　清光緒二年(1876)金陵溫氏刻本　二册　缺一卷(附録天步真原)

330000－1701－0047753　GP05294　史部/地理類/方志之屬/郡縣志
[光緒]周莊鎮志六卷首一卷附貞豐里庚申見聞録二卷　(清)陶煦纂　清光緒八年(1882)元和陶氏儀一堂刻本　一册　存二卷(貞豐里庚申見聞録一至二)

330000－1701－0047754　普 811.67/1004/c1　類叢部/叢書類/彙編之屬
榆園叢刻十五種附一種　(清)許增編　清同治至光緒刻本　二册　存一種

330000－1701－0047755　普 811.67/2287　類叢部/叢書類/彙編之屬
金峨山館叢書(望三益齋叢書)十一種　(清)郭傳璞編　清光緒八年至十六年(1882－1890)鄞郭氏刻二十年(1894)鎮海邵氏彙印本　一册　存一種

330000－1701－0047756　普 913.0464/2648/c3、普 913.0464/2648.2/c4　史部/金石類/總志之屬
九鐘精舍金石跋尾甲編一卷乙編一卷　吴士鑑撰　清宣統二年(1910)刻本　二册

330000－1701－0047757　GP05327　類叢部/叢書類/輯佚之屬
漢學堂叢書二百十一種　(清)黄奭輯　清道光甘泉黄氏刻光緒印本　十二册　存一種

330000－1701－0047758　GP07624　史部/政書類/軍政之屬/兵制
奏定陸軍審判試辦章程一卷　廕昌等撰　清宣統二年(1910)鉛印本　一册

330000－1701－0047759　普 913.0464/4427/2　類叢部/叢書類/彙編之屬
春暉堂叢書十二種　(清)徐渭仁編　清道光至咸豐上海徐渭仁刻同治九年至十年(1870－1871)徐允臨補刻彙印本　二册　存一種

330000－1701－0047761　普 913.0464/2648/c4　史部/金石類/總志之屬
九鐘精舍金石跋尾甲編一卷乙編一卷　吴士鑑撰　清宣統二年(1910)刻本　一册　存一卷(甲編)

330000－1701－0047762　普 811.67/1004/c2　類叢部/叢書類/彙編之屬
榆園叢刻十五種附一種　(清)許增編　清同

治至光緒刻本　二册　存一種

330000－1701－0047763　普 811.67/2488.2　集部/别集類/清别集

湖唐林館駢體文二卷　（清）李慈銘撰　清光緒十年(1884)刻本　二册

330000－1701－0047764　普 913.0464/2648/c5　史部/金石類/總志之屬

九鐘精舍金石跋尾甲編一卷乙編一卷　吴士鑑撰　清宣統二年(1910)刻本　一册　存一卷(甲編)

330000－1701－0047765　普 811.67/1155/c1　集部/别集類/清别集

小東山草堂駢體文鈔十卷　（清）張泰青撰　清道光十五年(1835)溫州刻本　四册

330000－1701－0047766　普 811.6087/2637/(2)/c2　集部/總集類/選集之屬/斷代

本朝館閣賦前集十二卷　（清）葉抱崧　（清）程洵等輯　**本朝館閣賦後集七卷補遺一卷附録一卷**　（清）周日漣　（清）程琰等輯　**稻香樓試帖二卷**　（清）程琰撰　清乾隆二十九年(1764)、三十三年(1768)困學齋刻本　十六册

330000－1701－0047767　普 811.67/1004/c3　類叢部/叢書類/彙編之屬

榆園叢刻十五種附一種　（清）許增編　清同治至光緒刻本　二册　存一種

330000－1701－0047768　普 913.0464/2648.2/c2　史部/金石類/總志之屬

九鐘精舍金石跋尾甲編一卷乙編一卷　吴士鑑撰　清宣統二年(1910)刻藍印本　一册　存一卷(乙編)

330000－1701－0047769　GP13364　史部/政書類/公牘檔册之屬

宗誼録一卷　（清）沈守謙編　清光緒刻本　一册

330000－1701－0047771　普 811.67/1155/c2　集部/别集類/清别集

小東山草堂駢體文鈔十卷　（清）張泰青撰　清道光十五年(1835)溫州刻本　四册

330000－1701－0047772　SBC2326　子部/雜著類/雜考之屬

焠掌錄二卷　（清）汪啓淑撰　清抄本　二册

330000－1701－0047774　普 811.67/2572/c1　集部/别集類/清别集

虚白山房駢體文二卷　（清）朱鳳毛撰　清光緒十五年(1889)朱一新廣州刻本　一册

330000－1701－0047775　GP05316　子部/儒家類/儒學之屬

朱止泉先生朱子聖學考畧十卷提要一卷　（清）朱澤澐撰　（清）高斌輯　**朱止泉先生朱子聖學考畧正訛一卷**　（清）胡敬齋撰　清乾隆十七年(1752)刻本　十册

330000－1701－0047776　SBC2310　子部/工藝類/文房四寶之屬/墨

程氏墨苑□□卷　（明）程大約撰　明萬曆程氏滋蘭堂刻本　一册　存一卷(儒藏上)

330000－1701－0047777　普 811.67/2572/c2　集部/别集類/清别集

虚白山房駢體文二卷　（清）朱鳳毛撰　清光緒十五年(1889)朱一新廣州刻本　一册

330000－1701－0047778　GP13365　子部/藝術類/書畫之屬

賞奇軒四種合編　清刻本　四册

330000－1701－0047779　普 811.67/2572/c3　集部/别集類/清别集

虚白山房駢體文二卷　（清）朱鳳毛撰　清光緒十五年(1889)朱一新廣州刻本　一册

330000－1701－0047781　普 913.0464/7772/2　史部/金石類

行素草堂金石叢書(孫谿朱氏金石叢書)十六種　（清）朱記榮輯　清光緒吴縣朱氏刻十四年(1888)彙印本　六册　存二種

330000－1701－0047782　普 811.67/2572/c4　集部/别集類/清别集

虚白山房駢體文二卷　（清）朱鳳毛撰　清光

緒十五年(1889)朱一新廣州刻本　一冊

330000－1701－0047783　GP05317　類叢部/叢書類/彙編之屬
荔牆叢刻十三種續刊二種　(清)汪曰楨編　清同治至光緒烏程汪氏刻本　三冊　存續刊一種

330000－1701－0047785　SBC2311　集部/總集類/選集之屬/斷代
太史文華二集　(明)巖鎮主一齋輯　明萬曆十八年(1590)閶門書林錢省吾刻本　一冊　存一集(二)

330000－1701－0047790　GP05295　史部/雜史類/斷代之屬
思痛記二卷　(清)李圭撰　清光緒六年(1880)師一齋刻十三年(1887)補刻本　一冊

330000－1701－0047792　普 811.67/2614　子部/宗教類/佛教之屬/諸宗
卍蓮賦草一卷註三卷續卍蓮賦草一卷註一卷淨土百八詠一卷　(清)釋曉柔輯　清光緒八年(1882)武林瑪瑙經房刻本　二冊

330000－1701－0047793　GP05296　史部/雜史類/斷代之屬
夷難始末二卷　(清)樊封撰　清末清風橋文茂印局鉛印本　一冊

330000－1701－0047794　普 811.67/2630/(2)　類叢部/叢書類/自著之屬
有恆心齋集六種附一種　(清)程鴻詔撰　清同治刻本　二冊　存一種

330000－1701－0047795　SBC2324　子部/儒家類/儒學之屬
絅齋隨筆一卷　(清)孔毓焞撰　清抄本　一冊

330000－1701－0047797　普 913.0464/8346　類叢部/叢書類/自著之屬
潛研堂全書十六種　(清)錢大昕撰　清乾隆至嘉慶刻本　三冊　存一種

330000－1701－0047799　普 913.0464/4427/3　類叢部/叢書類/彙編之屬
春暉堂叢書十二種　(清)徐渭仁編　清道光至咸豐上海徐渭仁刻同治九年至十年(1870－1871)徐允臨補刻彙印本　三冊　存一種

330000－1701－0047800　普 913.0464/4431　類叢部/叢書類/彙編之屬
槐廬叢書四十六種　(清)朱記榮編　清光緒三年至十五年(1877－1889)吴縣朱氏槐廬家塾刻本　四冊　存一種

330000－1701－0047801　GP05298　史部/政書類/儀制之屬
兄弟相及宗廟異昭穆同昭穆考一卷　章梫撰　清末鉛印本　一冊

330000－1701－0047802　普 811.67/2630　類叢部/叢書類/自著之屬
有恆心齋集六種附一種　(清)程鴻詔撰　清同治刻本　一冊　存一種

330000－1701－0047803　普 913.08/2509/c2　史部/金石類
行素草堂金石叢書(孫谿朱氏金石叢書)十六種　(清)朱記榮輯　清光緒吴縣朱氏刻十四年(1888)彙印本　四十冊

330000－1701－0047806　普 811.67/2680.201/(2)/c1　集部/别集類/清别集
有正味齋駢文箋注十六卷補注一卷　(清)吴錫麒撰　(清)葉聯芬注　清同治七年(1868)慈谿葉氏刻本　六冊

330000－1701－0047807　GP13312　史部/傳記類/科舉録之屬/歷科鄉試録
[同治十二年舉行癸酉正科]浙江鄉試錄一卷　清同治刻本　一冊

330000－1701－0047808　普 811.67/2680.201/(2)/c2　集部/别集類/清别集
有正味齋駢文箋注十六卷補注一卷　(清)吴錫麒撰　(清)葉聯芬注　清道光二十年(1840)慈谿葉氏刻本　六冊

330000－1701－0047809　GP05299　類叢部/叢書類/郡邑之屬

武林往哲遺箸五十二種後編十種　(清)丁丙編　清光緒二十年至二十六年(1894－1900)錢塘丁氏嘉惠堂刻本　二冊　存一種

330000－1701－0047810　普 913.0464/8346.2　類叢部/叢書類/自著之屬

潛研堂全書十六種　(清)錢大昕撰　清乾隆至嘉慶刻本　四冊　存一種

330000－1701－0047812　SBC2321　子部/兵家類/兵法之屬

治平勝算全書十四卷　(清)年羹堯編　清抄本　六冊

330000－1701－0047813　普 811.67/2680.201/(2)/c3　集部/别集類/清别集

有正味齋駢文箋注十六卷補注一卷　(清)吳錫麒撰　(清)葉聯芬注　清道光二十年(1840)慈谿葉氏刻本　八冊

330000－1701－0047815　普 811.67/2680.201/(3)/c1　集部/别集類/清别集

有正味齋駢文箋注十六卷補注一卷　(清)吳錫麒撰　(清)葉聯芬注　清同治七年(1868)慈谿葉氏刻本　八冊

330000－1701－0047816　GP13313　史部/傳記類/科舉録之屬/歷科鄉試録

[光緒十九年舉行癸巳恩科]浙江鄉試録一卷　清光緒刻本　一冊

330000－1701－0047817　普 811.67/2680.201/(3)/c2　集部/别集類/清别集

有正味齋駢文箋注十六卷補注一卷　(清)吳錫麒撰　(清)葉聯芬注　清同治七年(1868)慈谿葉氏刻本　八冊

330000－1701－0047818　SBC2336　集部/别集類/清别集

瘞琴函稿不分卷　清抄本　二冊

330000－1701－0047819　SBC2337　史部/紀傳類/别史之屬

大清穆宗毅皇帝本紀五十四卷　清清吟館抄本　二十四冊

330000－1701－0047820　普 811.67/2680.202/c1　集部/别集類/清别集

有正味齋駢體文二十四卷　(清)吳錫麒撰　(清)王廣業箋　清咸豐九年(1859)青箱塾刻本　十二冊

330000－1701－0047822　普 811.67/2680.202/c2　集部/别集類/清别集

有正味齋駢體文二十四卷　(清)吳錫麒撰　(清)王廣業箋　清咸豐九年(1859)青箱塾刻本　八冊

330000－1701－0047823　普 811.67/2680.202/(2)　集部/别集類/清别集

有正味齋駢體文二十四卷　(清)吳錫麒撰　(清)王廣業箋　清咸豐九年(1859)青箱塾刻本　六冊

330000－1701－0047824　普 913.0464/8346.2/2　類叢部/叢書類/自著之屬

潛研堂全書十六種　(清)錢大昕撰　清乾隆至嘉慶刻本　六冊　存一種

330000－1701－0047825　普 913.08/2722　類叢部/叢書類/彙編之屬

蟫隱廬叢書十八種　羅振常編　清宣統二年至民國二十五年(1910－1936)上虞羅氏謄寫及鉛印本三十三年(1944)吳興周延年彙印本　三冊　存一種

330000－1701－0047826　GP07627　子部/儒家類/儒學之屬/勸學

閫儒學則一卷　(清)章鋆撰　清同治三年(1864)章鋆榕城刻本　一冊

330000－1701－0047827　普 913.0464/8346.3　類叢部/叢書類/自著之屬

嘉定錢氏潛研堂全書二十一種　(清)錢大昕撰　清光緒十年(1884)長沙龍氏家塾刻本　六冊　存一種

330000－1701－0047828　GP05309　類叢部/叢書類/自著之屬

愛梅樓襍箸八種附二種　(清)林慶炳撰輯　清光緒八年至十五年(1882－1889)刻本　二

冊　存一種

330000－1701－0047829　SBC2343　史部/傳記類/科舉録之屬/歷科登科録

光緒六年庚辰科會試同年齒錄不分卷　清抄本　一冊

330000－1701－0047834　SBC2340　子部/雜著類/雜説之屬

三岡識畧十卷　(清)董含撰　清抄本　四冊　存四卷(一至四)

330000－1701－0047835　SBC2339　子部/雜著類/雜説之屬

三岡續識略二卷　(清)董含撰　清抄本　一冊　存一卷(上)

330000－1701－0047836　普 811.67/2680.203/c1　集部/别集類/清别集

有正味齋駢體文二十四卷首一卷　(清)吳錫麟撰　(清)王廣業箋　(清)葉聯芬注　清光緒十五年(1889)上海蜚英館石印本　四冊

330000－1701－0047838　普 811.67/3063　集部/别集類/清别集

九雲書院集九卷　(清)宮昌宗撰　清刻本　二冊

330000－1701－0047839　普 811.67/2680.203/2　集部/别集類/清别集

有正味齋駢體文二十四卷首一卷　(清)吳錫麟撰　(清)王廣業箋　(清)葉聯芬注　清光緒十五年(1889)上海蜚英館石印本　四冊

330000－1701－0047840　普 913.08/2509/c3　史部/金石類

行素草堂金石叢書(孫谿朱氏金石叢書)十六種　(清)朱記榮輯　清光緒吳縣朱氏刻十四年(1888)彙印本　三十二冊　存十四種

330000－1701－0047841　SBC2342　子部/雜著類/雜考之屬

訂譌類編三卷　(清)杭世駿撰　清抄本　四冊

330000－1701－0047842　普 811.67/3424　集部/别集類/清别集

頤綵堂文集十六卷詩鈔十卷劍舟律賦二卷經進文藁一卷駢體文鈔二卷　(清)沈叔埏撰　清光緒九年(1883)秀水沈宗濟刻本　一冊　存四卷(劍舟律賦一至二、駢體文鈔一至二)

330000－1701－0047843　普 811.67/2886/c1　集部/别集類/清别集

靈素堂駢體文一卷詩鈔四卷　(清)徐錦撰　清光緒十二年(1886)許景澄刻本　一冊

330000－1701－0047845　GP05308　經部/叢编

通志堂經解一百四十種　(清)納蘭成德輯　清康熙十九年(1680)納蘭成德刻本　一冊　存一種

330000－1701－0047846　普 811.67/3091　集部/别集類/清别集

省吾齋進呈稿不分卷　(清)竇光鼐撰　清乾隆刻本　一冊

330000－1701－0047847　GP13372、G011407　新學/政治法律/律例

法國律例四十六卷　(法國)畢利幹口譯　(清)時雨化筆述　清光緒六年(1880)同文館鉛印本　四十五冊　存四十三卷(刑律一至四,貿易定律一至六,園林則律一至二,民律第一函一至八、第二函一至八、第三函一至六,民律指掌一至八,刑名定範二)

330000－1701－0047848　普 811.67/2886/c2　集部/别集類/清别集

靈素堂駢體文一卷詩鈔四卷　(清)徐錦撰　清光緒十二年(1886)許景澄刻本　一冊

330000－1701－0047849　普 811.67/4048/c1　集部/别集類/清别集

袁文箋正十六卷補注一卷　(清)袁枚撰　(清)石韞玉箋　清嘉慶十七年(1812)鶴壽山堂刻本　六冊

330000－1701－0047852　SBC2341　經部/四書類/總義之屬/傳説

四書搉解錄二十六卷　(清)吳懋清撰　清抄

本　十二册　存二十四卷(三至二十六)

330000－1701－0047853　SBC2349　史部/金石類/金之屬/圖像
亦政堂重修宣和博古圖録三十卷　(宋)王黼等撰　清抄本　十四册

330000－1701－0047854　普 811.67/3474　集部/别集類
萬物炊累室駢文一卷　沈同芳撰　清光緒木活字印本　一册

330000－1701－0047855　普 811.67/2886/c3　集部/别集類/清别集
靈素堂駢體文一卷詩鈔四卷　(清)徐錦撰　清光緒十二年(1886)許景澄刻本　一册

330000－1701－0047857　SBC2350　集部/總集類/選集之屬/斷代
唐詩選不分卷　清抄本　五册

330000－1701－0047859　普 811.67/3503　集部/别集類/清别集
御製樂善堂集四卷　(清)高宗弘曆撰　(清)姚培謙注　清乾隆六年(1741)刻本　四册

330000－1701－0047860　普 811.67/4048/c2　集部/别集類/清别集
袁文箋正十六卷補注一卷　(清)袁枚撰　(清)石韞玉箋　清嘉慶十七年(1812)鶴壽山堂刻本　凌霄批註　八册

330000－1701－0047868　GP05301　史部/地理類/遊記之屬/紀行
轉漕日記四卷(清道光十六年九月二十七日至十七年六月十二日)　(清)李均撰　清道光十七年(1837)刻本　二册

330000－1701－0047869　普 811.67/3863　集部/别集類/清别集
臥知齋駢體文初稿一卷别稿一卷　(清)涂景濤撰　清光緒五年(1879)湖南刻本　清戴采孫題記　一册

330000－1701－0047871　普 811.67/4048/(2)　集部/别集類/清别集
袁文箋正十六卷補注一卷　(清)袁枚撰　(清)石韞玉箋　清嘉慶十七年(1812)鶴壽山堂刻本　十二册

330000－1701－0047873　普 811.67/4048/2/c1　集部/别集類/清别集
袁文箋正十六卷補注一卷　(清)袁枚撰　(清)石韞玉箋　清光緒十四年(1888)上海蜚英館石印本　四册

330000－1701－0047874　GP05302　子部/儒家類/儒學之屬/勸學
程氏家塾讀書分年日程三卷綱領一卷　(元)程端禮撰　清同治七年(1868)湖北崇文書局刻本　二册

330000－1701－0047875　SBC2354　史部/政書類/邦計之屬
戶例不分卷吏例不分卷禮例不分卷兵例不分卷工例不分卷　清抄本　三册

330000－1701－0047876　普 811.67/3872　集部/别集類/清别集
黄山賦一卷　(清)釋海岳撰　清康熙四十一年(1702)刻本　一册

330000－1701－0047878　GP05303　子部/儒家類/儒學之屬/勸學
程氏家塾讀書分年日程三卷綱領一卷　(元)程端禮撰　清同治八年(1869)江蘇書局刻本　一册

330000－1701－0047879　普 811.67/3404　集部/别集類/清别集
卷施閣駢體文八卷續編一卷更生齋駢體文四卷　(清)洪吉亮撰　清光緒二十一年(1895)上海文瑞樓石印本　四册

330000－1701－0047880　SBC2347　史部/政書類/公牘檔册之屬
礦務彙編不分卷　清抄本　一册

330000－1701－0047882　普 811.67/4048/2/c2　集部/别集類/清别集
袁文箋正十六卷補注一卷　(清)袁枚撰　(清)石韞玉箋　清光緒十四年(1888)上海蜚

英館石印本　二冊

330000－1701－0047884　GP05305　史部/史表類/通代之屬
歷代治權分合系統表一卷　(清)吳寶忠編　清光緒三十四年(1908)上海商務印書館石印本　一冊

330000－1701－0047885　普 811.67/4048/2/c3　集部/別集類/清別集
袁文箋正十六卷補注一卷　(清)袁枚撰　(清)石韞玉箋　清光緒十四年(1888)上海蜚英館石印本　二冊

330000－1701－0047887　SBC2351　集部/總集類/郡邑之屬
續甬上耆舊詩七十九卷　(清)全祖望輯　清抄本　十冊

330000－1701－0047889　普 811.67/3408　集部/別集類/清別集
紅樓夢賦一卷　(清)沈謙撰　清道光二年(1822)留香書塾刻本　二冊

330000－1701－0047890　普 811.67/4048/3/c1　集部/別集類/清別集
袁文箋正十六卷補注一卷　(清)袁枚撰　(清)石韞玉箋　清道光二十三年(1843)松壽山房刻本　四冊

330000－1701－0047892　普 913.092/4031.02　類叢部/叢書類/自著之屬
潛園總集十七種　(清)陸心源撰　清同治至光緒刻本　一冊　存一種

330000－1701－0047894　SBC2345　史部/地理類/雜志之屬
佛國記一卷　(晉)釋法顯撰　清抄本　一冊

330000－1701－0047895　普 811.67/4014　集部/別集類/清別集
湘浦賦鈔一卷　(清)李廷芳撰　清嘉慶四年(1799)刻本　一冊

330000－1701－0047896　普 811.67/4048/5　集部/別集類/清別集
袁文箋正十六卷補注一卷　(清)袁枚撰　(清)石韞玉箋　清嘉慶十七年(1812)鶴壽山堂刻本　六冊

330000－1701－0047897　普 811.67/3420　集部/別集類/清別集
淳則齋駢體文一卷　(清)洪齮孫撰　清光緒五年(1879)授經堂刻本　一冊

330000－1701－0047898　SBC2356　史部/傳記類/總傳之屬/仕宦
國史二臣傳十二卷　清抄本　十二冊

330000－1701－0047900　SBC2344　史部/傳記類/總傳之屬/仕宦
全國舉貢仕宦出身履歷目錄一卷　清光緒澹園主人抄本　一冊

330000－1701－0047901　GP13380　經部/小學類/文字之屬/字書/字體
集字避複一卷　(清)曾廣鈞輯　清光緒二十九年(1903)星沙忠襄公祠刻本　一冊

330000－1701－0047902　GP13396　史部/傳記類/別傳之屬/年譜
恩福堂[英和]年譜一卷　(清)英和撰　(清)奎照補編　清道光刻本　一冊

330000－1701－0047903　普 811.67/4048/7　集部/別集類/清別集
袁文箋正十六卷補注一卷　(清)袁枚撰　(清)石韞玉箋　清光緒八年(1882)汗青簃刻本　八冊

330000－1701－0047904　普 811.67/4017/c1　集部/別集類/清別集
邃懷堂全集三十八卷　(清)袁翼撰　清光緒十三年至十四年(1887－1888)袁鎮嵩刻本　八冊　存十七卷(駢文箋註一至十六、補箋)

330000－1701－0047905　GP07628　類叢部/叢書類/自著之屬
潛園總集十七種　(清)陸心源撰　清同治至光緒刻本　一冊　存一種

330000－1701－0047906　普 913.0464/4431/

2　類叢部/叢書類/彙編之屬
津逮祕書十五集一百四十種　(明)毛晉編　明崇禎虞山毛氏汲古閣刻本　二冊　存一種

330000－1701－0047908　普811.67/4048/3/c2　集部/別集類/清別集
袁文箋正十六卷補注一卷　(清)袁枚撰　(清)石韞玉箋　清同治四年(1865)松壽山房刻本　六冊

330000－1701－0047910　普811.67/4048/6　集部/別集類/清別集
袁文箋正十六卷補注一卷　(清)袁枚撰　(清)石韞玉箋　清同治四年(1865)寶彝堂刻本　八冊

330000－1701－0047911　SBC2355　史部/政書類/軍政之屬
各省錄營制不分卷　清抄本　十九冊

330000－1701－0047912　普811.67/4048/3/c3　集部/別集類/清別集
袁文箋正十六卷補注一卷　(清)袁枚撰　(清)石韞玉箋　清同治六年(1867)松壽山房刻本　四冊

330000－1701－0047913　GP13458　史部/傳記類/日記之屬
東徼紀行不分卷(清光緒二十四至二十五年)　(清)李樹棠撰　清光緒鉛印本　一冊

330000－1701－0047914　GP05307　集部/別集類/元別集
楊鐵崖文集五卷史義拾遺二卷　(元)楊維楨撰　**西湖竹枝集一卷**　(元)楊維楨輯　**香奩集一卷**　(元)楊維楨　(元)王德璉撰　明諸暨陳于京刻清漱雲樓印本　一冊　存二卷(史義拾遺一至二)

330000－1701－0047915　普913.092/4031.02/2/c1　類叢部/叢書類/自著之屬
潛園總集十七種　(清)陸心源撰　清同治至光緒刻本　二冊　存一種

330000－1701－0047917　普913.092/4031.02/2/c2　類叢部/叢書類/自著之屬
潛園總集十七種　(清)陸心源撰　清同治至光緒刻本　三冊　存一種

330000－1701－0047920　普811.67/4088/c1　類叢部/叢書類/彙編之屬
虛霩居叢書　(清)曾之編　清光緒刻本　四冊　存一種

330000－1701－0047921　SBC2360　子部/雜著類
乙卯劄記一卷知非日記一卷　(清)章學誠撰　清海寧查氏木漸齋抄本　查燕緒校　一冊

330000－1701－0047922　GP07629　史部/地理類/專志之屬/古跡
新刻黃鶴樓銘楹聯詩賦一卷　(清)畢沅等撰　清光緒六年(1880)自修山人刻本　一冊

330000－1701－0047924　SBC2359　史部/政書類/邦計之屬/貿易
國朝柔遠記十八卷末一卷　(清)王之春輯　清抄本　九冊　存十八卷(一至十八)

330000－1701－0047925　SBC2352　子部/雜著類/雜說之屬
山志二集六卷　(清)王弘撰撰　清抄本　二冊　存二卷(一至二)

330000－1701－0047928　普811.67/4088/c2　類叢部/叢書類/彙編之屬
虛霩居叢書　(清)曾之編　清光緒刻本　四冊　存一種

330000－1701－0047929　GP13461　史部/地理類/雜志之屬
異域風謠不分卷　(清)寥園主人撰　清末刻本　一冊

330000－1701－0047930　普811.67/4088.2　集部/別集類/清別集
湖唐林館駢體文二卷　(清)李慈銘撰　清光緒十年(1884)刻本　何寄題記　二冊

330000－1701－0047932　普811.67/4088.2/(3)/c2　集部/別集類/清別集
湖唐林館駢體文二卷　(清)李慈銘撰　清光

緒十年(1884)刻本　一册

330000－1701－0047933　普 913.084/7110　類叢部/叢書類/彙編之屬

文選樓叢書三十三種　(清)阮亨編　清嘉慶至道光阮元刻道光二十二年(1842)阮亨彙印本　一册　存一種

330000－1701－0047934　普 811.67/4088.2/(2)　集部/别集類/清别集

湖唐林館駢體文二卷　(清)李慈銘撰　清光緒十年(1884)刻本　四册

330000－1701－0047935　普 811.67/4327.01　集部/别集類/清别集

書經集句賦稿補註一卷　(清)戴槃撰　(清)劉成忠評選　(清)戴燮元　(清)戴啓文註　清同治十一年(1872)賜禮堂刻本　一册

330000－1701－0047938　普 811.67/4088.2/(3)/c1　集部/别集類/清别集

湖唐林館駢體文二卷　(清)李慈銘撰　清光緒十年(1884)刻本　查猛濟題記　一册

330000－1701－0047939　普 811.67/4299　集部/别集類/清别集

大梅山館集四種五十五卷　(清)姚燮撰　清道光十三年至咸豐六年(1833－1856)大梅山館刻本　二册　存一種

330000－1701－0047940　GP13382、GP13381　類叢部/叢書類/自著之屬

侯官嚴氏叢刻五種　嚴復撰　清光緒二十七年(1901)南昌讀有用書之齋刻本　二册　存三種

330000－1701－0047942　普 811.67/4088.2/(3)/c3　集部/别集類/清别集

湖唐林館駢體文二卷　(清)李慈銘撰　清光緒十年(1884)刻本　一册

330000－1701－0047943　普 811.67/4017/c2　集部/别集類/清别集

邃懷堂全集三十八卷　(清)袁翼撰　清光緒十三年至十四年(1887－1888)袁鎮嵩刻本　四册　存十七卷(駢文箋註一至十六、補箋)

330000－1701－0047944　SBC2361　史部/政書類/邦計之屬/漕運

海運續案六卷　清咸豐二年(1852)抄本　六册

330000－1701－0047945　普 811.67/4299/(2)/c1　集部/别集類/清别集

大梅山館集四種五十五卷　(清)姚燮撰　清道光十三年至咸豐六年(1833－1856)大梅山館刻本　四册　存一種

330000－1701－0047947　普 811.67/4088.2/(3)/c4　集部/别集類/清别集

湖唐林館駢體文二卷　(清)李慈銘撰　清光緒十年(1884)刻本　一册

330000－1701－0047948　SBC2353　史部/詔令奏議類

求志齋筆記五卷　清抄本　五册

330000－1701－0047949　普 913.0464/6614　史部/金石類/總志之屬/文字

鐵橋金石跋四卷　(清)嚴可均撰　清光緒古歡閣刻朱印本　一册

330000－1701－0047951　普 811.67/4299/(2)/c2　集部/别集類/清别集

大梅山館集四種五十五卷　(清)姚燮撰　清道光十三年至咸豐六年(1833－1856)大梅山館刻本　四册　存一種

330000－1701－0047952　普 811.67/4017/c3　集部/别集類/清别集

邃懷堂全集三十八卷　(清)袁翼撰　清光緒十三年至十四年(1887－1888)袁鎮嵩刻本　八册　存十七卷(駢文箋註一至十六、補箋)

330000－1701－0047953　SBC2358　史部/編年類/通代之屬

建元類聚攷二卷　(清)錢東垣撰　清抄本　一册

330000－1701－0047955　SBC2362　子部/雜著類/雜編之屬

披沙集腋雜編不分卷　(清)錢大昕編　清抄本　八册

330000－1701－0047956　普 811.67/4299.2　集部/别集類/清别集

大梅山館集四種五十五卷　(清)姚燮撰　清道光十三年至咸豐六年(1833－1856)大梅山館刻本　四册　存一種

330000－1701－0047957　普 951.009824/3547/11　史部/紀傳類/正史之屬

二十四史附考證　清乾隆武英殿刻本[金史卷四十八至八十八配明萬曆三十四年(1606)刻二十一史本]　七百十七册　存二十三種

330000－1701－0047958　普 811.67/4017/c4　集部/别集類/清别集

邃懷堂全集三十八卷　(清)袁翼撰　清光緒十三年至十四年(1887－1888)袁鎮嵩刻本　八册　存十七卷(駢文箋註一至十六、補箋)

330000－1701－0047960　GP13383　類叢部/叢書類/自著之屬

侯官嚴氏叢刻五種　嚴復撰　清光緒二十七年(1901)南昌讀有用書之齋刻本　一册　存一種

330000－1701－0047961　GP05328　經部/小學類/文字之屬

重文二卷　(清)丁午撰　清光緒八年(1882)刻田園雜著朱印本　一册

330000－1701－0047962　普 811.67/4327.2　集部/别集類/清别集

書經集句賦稿續選一卷　(清)戴檠撰　(清)劉成忠評選　清同治八年(1869)賜禮堂刻本　一册

330000－1701－0047964　SBC2357　集部/别集類/宋别集

王魏公集二卷　(宋)王安禮撰　清抄本　一册

330000－1701－0047966　普 811.67/4299.2/2　集部/别集類/清别集

大梅山館集四種五十五卷　(清)姚燮撰　清道光十三年至咸豐六年(1833－1856)大梅山館刻本　一册　存一種

330000－1701－0047968　普 811.67/4432　集部/别集類/清别集

味無味齋駢文二卷　(清)董兆熊撰　清同治十三年(1874)刻本　一册

330000－1701－0047969　普 913.095111/1320　史部/金石類/郡邑之屬/目録

安陽縣金石錄十二卷　(清)武億　(清)趙希璜撰　清嘉慶二十四年(1819)鐵嶺貴泰刻本　二册

330000－1701－0047970　普 913.0464/7762/c1　史部/金石類/總志之屬

香南精舍金石契二卷　(清)崇恩撰　清光緒二十六年(1900)影印本　二册

330000－1701－0047971　普 913.0464/7762/c2　史部/金石類/總志之屬

香南精舍金石契二卷　(清)崇恩撰　清光緒二十六年(1900)影印本　二册

330000－1701－0047973　GP07631　史部/傳記類/别傳之屬/事狀

陳孝女集一卷　(清)韓諤等撰　清道光刻本　一册

330000－1701－0047974　SBC2363　經部/叢編

十三經註疏　(明)□□輯　明萬曆十四年至二十一年(1586－1593)北京國子監刻本[儀禮註疏卷一至二配清乾隆四年(1739)武英殿刻十三經註疏本]　一百二十册

330000－1701－0047976　GP05330　史部/傳記類/總傳之屬/家乘

水澄劉氏傳詠不分卷　(清)劉世洙撰　清康熙二十五年(1686)刻本　一册

330000－1701－0047977　SBC2364　類叢部/叢書類/彙編之屬

宋人叢錄　明末刻本　古楳跋　十二册

330000－1701－0047978　普 811.67/4299.3　集部/别集類/清别集

大梅山館集四種五十五卷　(清)姚燮撰　清道光十三年至咸豐六年(1833－1856)大梅山

館刻本　六冊　存二種

330000－1701－0047979　普 811.67/4454　集部/總集類/選集之屬/斷代

吴顧賦稿合刻詳注　(清)黄蟾桂注　清咸豐十年(1860)刻本　二冊

330000－1701－0047982　GP07632　集部/總集類/酬唱之屬

晉甎酬唱詩一卷　(清)謝啓昆等撰　清嘉慶刻本　一冊

330000－1701－0047983　GP05331　史部/地理類/專志之屬/宮殿

御製圓明園圖詠二卷　(清)高宗弘曆撰　(清)鄂爾泰等注　清光緒十三年(1887)天津石印書屋石印本　二冊

330000－1701－0047984　GP13385　類叢部/叢書類/彙編之屬

稗海四十八種續集二十二種　(明)商濬編　明萬曆商氏半埜堂刻清康熙振鷺堂重編補刻本　一冊　存三種

330000－1701－0047985　普 913.0464/7772/c1　類叢部/叢書類/彙編之屬

三長物齋叢書二十五種　(清)黄本驥編　清道光二十二年至二十八年(1842－1848)湘陰蔣環刻本　六冊　存一種

330000－1701－0047986　普 913.0464/7772/c2　類叢部/叢書類/彙編之屬

三長物齋叢書二十五種　(清)黄本驥編　清道光二十二年至二十八年(1842－1848)湘陰蔣環刻本　八冊　存一種

330000－1701－0047987　普 811.67/4299.3/2　集部/別集類/清別集

大梅山館集四種五十五卷　(清)姚燮撰　清道光十三年至咸豐六年(1833－1856)大梅山館刻本　三冊　存一種

330000－1701－0047989　普 913.092/4031/2/c1　史部/傳記類/總傳之屬

金石學録四卷　(清)李遇孫撰　清道光二年(1822)丹徒劉氏刻本　二冊

330000－1701－0047990　普 811.67/4484　集部/別集類/清別集

木雞書屋文鈔四卷二集六卷三集八卷四集六卷五集六卷　(清)黄金臺撰　清道光五年至咸豐元年(1825－1851)刻同治十年(1871)黄晉酚心窗樓補刻本　二冊　缺二十六卷(二集一至六、三集一至八、四集一至六、五集一至六)

330000－1701－0047993　普 913.092/4031/2/c2　史部/傳記類/總傳之屬

金石學録四卷　(清)李遇孫撰　清道光二年(1822)丹徒劉氏刻本　二冊

330000－1701－0047996　普 811.67/4484.021、普 811.67/4484.022　集部/別集類/清別集

木雞書屋文鈔四卷二集六卷三集八卷四集六卷五集六卷　(清)黄金臺撰　清道光五年至咸豐元年(1825－1851)刻同治十年(1871)黄晉酚心窗樓補刻本　管元耀題記　四冊　存十四卷(三集一至八、四集一至六)

330000－1701－0047998　SBC2367　集部/別集類/明別集

太史升菴文集八十一卷目録四卷　(明)楊慎撰　(明)楊有仁輯　明萬曆十年(1582)張士佩等刻本　六冊　存四十七卷(目録一至二、一至四十五)

330000－1701－0048001　普 811.67/4327/c1　集部/別集類/清別集

書經集句賦稿補註一卷　(清)戴槃撰　(清)劉成忠評選　(清)戴燮元　(清)戴啓文註　清同治十一年(1872)賜禮堂刻本　一冊

330000－1701－0048002　GP05333　史部/傳記類/總傳之屬/家乘

[浙江上虞]古虞張氏六修宗譜十卷　(清)張天成主修　(清)張若洵纂修　清嘉慶二十年(1815)孝友堂木活字印本　九冊

330000－1701－0048004　普 811.67/4632　集部/別集類/清別集

冠悔堂詩鈔八卷駢體文鈔六卷　(清)楊浚撰

清光緒十八年至二十二年(1892－1896)刻本　八册　缺六卷(一、駢體文鈔二至六)

330000－1701－0048005　普811.67/4327/c2　集部/别集類/清别集
書經集句賦稿補註一卷　(清)戴棨撰　(清)劉成忠評選　(清)戴燮元　(清)戴啓文註　清同治十一年(1872)賜禮堂刻本　一册

330000－1701－0048006　GP13389、GP13388　類叢部/叢書類/自著之屬
玉津閣叢書甲集十二種乙集十二種　(清)胡薇元撰　清光緒至民國刻本　二册　存三種

330000－1701－0048008　普811.67/4733/(3)　集部/别集類/清别集
綠蘿山莊文集二十四卷　(清)胡浚撰　清乾隆二十一年(1756)刻本　二十册

330000－1701－0048009　SBC2334　集部/别集類/清别集
蜕石文鈔一卷　(清)蔡壽昌撰　清抄本　一册

330000－1701－0048010　普811.67/4782/c1　類叢部/叢書類/彙編之屬
刻鵠齋叢書十六種　(清)胡念修編　清光緒二十三年至二十七年(1897－1901)刻鵠齋刻本　四册　存一種

330000－1701－0048011　GP05334　史部/傳記類/總傳之屬/家乘
[江蘇丹陽]雲陽小墟史氏六修宗譜八卷　(清)史德昌等纂修　清光緒二十三年(1897)木活字印本　八册

330000－1701－0048012　SBC2333　史部/史評類/詠史之屬
論史樂府一卷　(清)鄒均撰　清抄本　一册

330000－1701－0048013　SBC2365　史部/史抄類
古史輯要六卷首一卷　(清)□□撰　清抄本　六册

330000－1701－0048017　GP05336　史部/政書類/律令之屬/治獄
棠陰比事一卷　(宋)桂萬榮撰　清道光二十九年(1849)上元朱緒曾影宋刻本　二册

330000－1701－0048018　SBC2369　集部/總集類/選集之屬/通代
六家文選六十卷　(南朝梁)蕭統撰　(唐)李善　(唐)吕延濟　(唐)劉良　(唐)張銑　(唐)李周翰　(唐)吕向注　明嘉靖十三年至二十八年(1534－1549)吴郡袁褧嘉趣堂刻本　八册　存二十四卷(四至二十一、二十五至三十)

330000－1701－0048022　SBC2329　史部/目録類/總録之屬
經籍訪古志八卷　(日本)澁江全善　(日本)森立之撰　清抄本　四册

330000－1701－0048023　普811.67/7481/2　集部/别集類/清别集
善卷堂四六十卷　(清)陸繁弨撰　(清)吳自高注　清同治十三年(1874)大文堂刻本　四册

330000－1701－0048026　普811.67/6018/c1　集部/别集類/清别集
以約山房賦鈔二卷存稿一卷　(清)易元善撰　**毋自欺齋遺文一卷**　(清)易學超撰　清光緒二十一年(1895)共城官廨刻本　二册

330000－1701－0048027　SBC2375　史部/金石類/陶之屬/文字
秦漢瓦當暨晉唐甎譜一卷　(清)馮晏海撰　清光緒十四年(1888)抄本　清仙鋤題記　一册

330000－1701－0048028　SBC2371　集部/曲類/彈詞之屬
宋誌紀綱安邦後集十六卷　清抄本　十六册

330000－1701－0048029　普811.67/4782/c2　集部/别集類/清别集
問湘樓駢文初稿四卷　(清)胡念修撰　清光緒二十四年(1898)杭州刻朱印本　二册

330000－1701－0048030　GP05338　經部/小

學類/文字之屬/字書/字典

諧聲品字箋十集 (清)虞德升撰 清康熙十六年(1677)陸頎、陸顥刻二十三年(1684)虞嗣集增刻本 十册

330000－1701－0048032 普811.67/6018/c2 集部/别集類/清别集

以約山房存稿二卷 (清)易元善撰 清光緒二十一年(1895)共城官廨刻本 二册

330000－1701－0048034 SBC2374 子部/雜著類/雜説之屬

三岡識畧十卷 (清)董含撰 清抄本 二册 存四卷(一至四)

330000－1701－0048035 普811.67/7481/3 集部/别集類/清别集

善卷堂四六十卷 (清)陸繁弨撰 (清)吴自高注 清道光二年(1822)刻本 四册

330000－1701－0048036 普811.67/4782/c4 集部/别集類/清别集

問湘樓駢文初稿四卷 (清)胡念修撰 清光緒二十四年(1898)杭州刻朱印本 一册 存二卷(一至二)

330000－1701－0048037 GP13691 史部/金石類/錢幣之屬/雜著

吉金所見録十六卷首一卷末一卷 (清)初尚齡撰 清嘉慶二十四年(1819)萊陽初氏古香書屋刻道光七年(1827)補刻本 四册

330000－1701－0048038 普811.67/6724 集部/别集類/清别集

樫華館全集四種 (清)路德撰 (清)閻敬銘輯 清光緒七年(1881)解梁刻本 一册 存一種

330000－1701－0048039 普811.67/4782/c5 集部/别集類/清别集

問湘樓駢文初稿四卷 (清)胡念修撰 清光緒二十四年(1898)杭州刻朱印本 二册

330000－1701－0048040 SBC2372 史部/地理類/專志之屬/古跡

約略説□□卷 (明)施朝幹輯 清抄本 一册 存一卷(六)

330000－1701－0048041 GP05348 史部/地理類/雜志之屬

江寧府七縣地形考畧一卷附圖一卷 (清)黄起鳳等撰 清光緒江楚書局刻本 一册

330000－1701－0048042 普811.67/7481/c1 集部/别集類/清别集

善卷堂四六十卷 (清)陸繁弨撰 (清)吴自高注 清乾隆三十五年(1770)陳明善亦園刻本 五册

330000－1701－0048044 普811.67/7723 集部/别集類/清别集

味閒堂賦鈔一卷續刻一卷 (清)陶然撰 清光緒三年(1877)刻本 二册

330000－1701－0048045 GP05350 集部/别集類/明别集

新刻譚友夏合集二十三卷 (明)譚元春撰 (明)徐汧 (明)張澤等評 明崇禎六年(1633)古吳張澤刻本 六册

330000－1701－0048046 普811.67/4782/c3 類叢部/叢書類/彙編之屬

刻鵠齋叢書十六種 (清)胡念修編 清光緒二十三年至二十七年(1897－1901)刻鵠齋刻本 一册 存一種

330000－1701－0048047 SBC2373 經部/叢編

十三經註疏 (明)□□輯 明嘉靖李元陽、江以達刻本 十册 存一種

330000－1701－0048048 普811.67/7481/c2 集部/别集類/清别集

善卷堂四六十卷 (清)陸繁弨撰 (清)吴自高注 清乾隆三十五年(1770)陳明善亦園刻本 六册

330000－1701－0048049 SBC2376 集部/别集類/明别集

宗子相集十五卷 (明)宗臣撰 **附録一卷** 明萬曆刻本 十六册

330000－1701－0048050　普 811.68/1111/c2 類叢部/叢書類/彙編之屬
腹廬類集　清光緒鉛印本　一册　存一種

330000－1701－0048053　普 812.023/5028 集部/曲類/曲韻曲譜曲律之屬
九宫譜定十二卷總論一卷　(清)查繼佐 (清)鴛湖逸者輯　清順治金閶緑蔭堂刻本 四册

330000－1701－0048056　普 811.68/3167 集部/詞類/類編之屬
蒙香室叢書四種　馮煦輯　清光緒刻本　二册　存一種

330000－1701－0048057　GP05351　經部/禮記類/分篇之屬
蔡氏月令二卷　(漢)蔡邕撰　(清)蔡雲輯 清道光四年(1824)王氏刻本　二册

330000－1701－0048060　普 913.095111/6031　史部/金石類/郡邑之屬/文字
中州金石記五卷　(清)畢沅撰　清光緒八年(1882)蛟川邵氏望三益齋刻本　二册

330000－1701－0048061　GP13693　類叢部/叢書類/彙編之屬
小方壺齋叢書三十六種　(清)王錫祺編　清光緒十二年至二十一年(1886－1895)南清河王氏鉛印本　一册　存一種

330000－1701－0048062　SBC2378　經部/小學類/訓詁之屬/字詁
金壺字考不分卷　(宋)釋適之撰　(清)田朝恒增訂　清抄本　二册

330000－1701－0048066　GP05341　史部/地理類/雜志之屬
譚黔一卷　(清)陳明遠撰　清光緒鉛印本 一册

330000－1701－0048067　SBC2399　史部/編年類/通代之屬
雜抄不分卷　清抄本　一册

330000－1701－0048071　SBC2400　集部/别集類/清别集
慕陶吟稿一卷　(清)高辛仲撰　清抄本 一册

330000－1701－0048072　GP13694　子部/工藝類/文房四寶之屬/硯
寶硯堂硯辨一卷　(清)何傳瑶撰　(清)黄培芳繪圖　清道光十九年(1839)刻本　一册

330000－1701－0048075　GP05343　類叢部/叢書類/自著之屬
石屋叢書十八卷　(清)曹金籀撰　清道光刻本　一册　存二卷(春秋鑽燧一至二)

330000－1701－0048076　普 913.095111/7424　史部/地理類/方志之屬/郡縣志
[乾隆]登封縣志三十二卷　(清)陸繼萼修 (清)洪亮吉纂　清乾隆五十二年(1787)刻本 一册　存一卷(三十)

330000－1701－0048080　普 913.095112/2604/c1　史部/地理類
襄陽四略　(清)吴慶燾撰　清光緒刻本　四册　存一種

330000－1701－0048081　普 913.095112/2604/c2　史部/地理類
襄陽四略　(清)吴慶燾撰　清光緒刻本　四册　存一種

330000－1701－0048083　普 812.036/2813 集部/曲類/曲韻曲譜曲律之屬
一笠菴北詞廣正譜十八卷附南戲北詞正謬一卷　(明)徐廣卿撰　(清)鈕少雅樂句 (清)李玉更定　清康熙青蓮書屋刻文靖書院印本(卷十二至十三、十五原缺)　八册

330000－1701－0048084　普 812.036/3008 集部/曲類/曲韻曲譜曲律之屬
審音鑑古録不分卷六十六折　清道光十四年(1834)東鄉王繼善刻本　八册

330000－1701－0048085　普 811.67/4733/(2)　集部/别集類/清别集
緑蘿山莊文集二十四卷　(清)胡浚撰　清乾隆二十一年(1756)刻本　十二册

330000－1701－0048086　普 811.67/7730　集部/別集類/清別集

結一宧駢體文二卷詩略三卷　屠寄撰　清光緒十六年(1890)廣州刻朱印本　一冊

330000－1701－0048087　SBC2398　集部/別集類/清別集

么絃獨語一卷　(清)曹大經撰　稿本　董壽慈題記　一冊

330000－1701－0048088　普 913.095121/1262/2　類叢部/叢書類/彙編之屬

滂喜齋叢書五十種　(清)潘祖蔭編　清同治至光緒吳縣潘氏京師刻本　一冊　存一種

330000－1701－0048089　普 913.095112/7741/c1　史部/金石類/郡邑之屬/圖像

荆南萃古編一卷續一卷　(清)周懋琦　(清)劉瀚輯　清光緒二十年(1894)錢塘周氏鴻寶署齋刻本　沈駿程題記　二冊

330000－1701－0048090　普 811.67/4733　集部/別集類/清別集

綠蘿山莊文集二十四卷　(清)胡浚撰　清乾隆二十一年(1756)刻本　十六冊

330000－1701－0048091　普 913.095112/7741/c2　史部/金石類/郡邑之屬/圖像

荆南萃古編一卷續一卷　(清)周懋琦　(清)劉瀚輯　清光緒二十年(1894)錢塘周氏鴻寶署齋刻本　二冊

330000－1701－0048093　普 812.04/3314　類叢部/叢書類/自著之屬

藤花亭合刻十種　(清)梁廷枏撰　清道光八年至十年(1828－1830)刻本　二冊　存一種

330000－1701－0048094　GP05352　經部/小學類/文字之屬/字書/通論

六書正譌五卷　(元)周伯琦撰　清乾隆平湖陸氏古香閣覆明胡氏十竹齋刻本　五冊

330000－1701－0048095　SBC2397　集部/總集類/酬唱之屬

落葉詩二卷移居詩一卷麗情分詠一卷　清曹大經抄本　董壽慈題記　一冊

330000－1701－0048096　GP05344　類叢部/叢書類/郡邑之屬

留香室叢刻十種　(清)祝昌泰　(清)梁章鉅編　清嘉慶十六年至十七年(1811－1812)浦城祝氏留香室刻本　二冊　存一種

330000－1701－0048097　SBC2393　類叢部/叢書類/彙編之屬

恒齋叢錄　清道光十七年(1837)抄本　一冊

330000－1701－0048099　普 913.095121/1262　史部/金石類/郡邑之屬/目録

京畿金石考二卷　(清)孫星衍撰　清光緒十三年(1887)抱芳閣刻本　二冊

330000－1701－0048100　普 811.67/8352/c1　集部/別集類/清別集

示樸齋駢體文六卷　(清)錢振倫撰　清同治六年(1867)袁浦崇實書院刻本　一冊

330000－1701－0048101　普 812.04/4001　類叢部/叢書類/彙編之屬

函海一百五十二種　(清)李調元編　清乾隆綿州李氏萬卷樓刻嘉慶十四年(1809)李鼎元、道光五年(1825)李朝夔重校補刻本　一冊　存二種

330000－1701－0048102　GP05345　經部/春秋左傳類/釋例之屬

春秋釋例十五卷首一卷　(晉)杜預撰　清嘉慶五年(1800)掃葉山房刻本　八冊

330000－1701－0048104　SBC2396　集部/別集類/清別集

志墨齋詩鈔一卷　(清)朱垠撰　**春隄詩鈔一卷**　(清)楊培立撰　清曹大經抄本　董壽慈題記　一冊

330000－1701－0048105　普 811.67/8352/c2　集部/別集類/清別集

示樸齋駢體文六卷　(清)錢振倫撰　清同治六年(1867)袁浦崇實書院刻本　一冊

330000－1701－0048108　GP05354　經部/小學類/文字之屬/字書/字典

字彙數求聲十二卷　(清)梅膺祚撰　(清)虞

德升繫聲　清康熙刻本　四冊

330000－1701－0048113　SBC2389　子部/雜著類/雜纂之屬

仿記事珠一卷　稿本　一冊

330000－1701－0048115　普 811.67/8352/c3　集部/别集類/清别集

示樸齋駢體文六卷　（清）錢振倫撰　清同治六年(1867)袁浦崇實書院刻本　二冊

330000－1701－0048116　SBC2395　子部/醫家類/本草之屬/本草藥性

繆宜亭本草心法珠璣一卷　（清）繆遵義撰

張介賓八畧總論一卷　（明）張介賓撰　**王晉三傷寒方條目一卷**　（清）王晉三撰　清抄本　一冊

330000－1701－0048119　普 913.095122/6031　史部/金石類/郡邑之屬

山左金石志二十四卷　（清）畢沅　（清）阮元撰　清嘉慶二年(1797)儀征阮氏小瑯嬛仙館刻本　二十四冊

330000－1701－0048120　普 913.095122/2259/c1　史部/金石類/郡邑之屬

山東省保存古蹟事項統計表不分卷　高裕瑞輯　山東憲政調查局編　清宣統二年(1910)石印本　一冊

330000－1701－0048122　普 811.68/1111/c1　類叢部/叢書類/彙編之屬

腹廬類集　清光緒鉛印本　一冊　存一種

330000－1701－0048123　GP05346　子部/宗教類/佛教之屬

大明三藏法數五十卷　（明）釋一如等集註　清刻本　章嶔題記　十六冊

330000－1701－0048125　GP13681　子部/工藝類/文房四寶之屬/硯

謝氏硯攷四卷首一卷　（清）謝慎修撰　清乾隆刻本　二冊　缺二卷(三至四)

330000－1701－0048127　普 913.095122/2259/c2　史部/金石類/郡邑之屬

山東省保存古蹟事項統計表不分卷　高裕瑞輯　山東憲政調查局編　清宣統二年(1910)石印本　一冊

330000－1701－0048128　SBC2388　子部/雜著類/雜纂之屬

雜錄不分卷　清抄本　清士恒題簽並跋　一冊

330000－1701－0048132　普 913.095123/6646/c1　史部/金石類/郡邑之屬

江寧金石記八卷待訪目二卷　（清）嚴觀撰　清宣統二年(1910)江楚編譯書局刻本　二冊

330000－1701－0048135　SBC2387　子部/術數類/占候之屬

通占大象曆星經二卷　（漢）甘公　（漢）石申撰　清抄本　一冊

330000－1701－0048138　SBC2382　子部/術數類/陰陽五行之屬

奇門遁甲聚玄經一卷　清抄本　一冊

330000－1701－0048139　普 913.095123/6646/c2　史部/金石類/郡邑之屬

江寧金石記八卷待訪目二卷　（清）嚴觀撰　清宣統二年(1910)江楚編譯書局刻本　二冊

330000－1701－0048141　SBC2381　子部/術數類/陰陽五行之屬

奇門遁甲秘要不分卷　清抄彩繪本　二冊

330000－1701－0048142　SBC2386　子部/雜著類/雜纂之屬

雜抄不分卷　清抄本　二冊

330000－1701－0048149　普 913.095123/6646/c3　史部/金石類/郡邑之屬

江寧金石記八卷待訪目二卷　（清）嚴觀撰　清宣統二年(1910)江楚編譯書局刻本　二冊

330000－1701－0048152　GP13684　類叢部/叢書類/自著之屬

陸庵所著書三種　羅振玉撰　清光緒刻本　一冊　存二種

330000－1701－0048154　普 913.095123/

6646/c4　史部/金石類/郡邑之屬

江寧金石記八卷待訪目二卷　(清)嚴觀撰　清宣統二年(1910)江楚編譯書局刻本　二册

330000-1701-0048156　SBC2385　子部/術數類/占候之屬

白猿圖不分卷　清抄本　三册

330000-1701-0048157　普913.095123/6646/2　史部/金石類/郡邑之屬

江寧金石記八卷待訪目二卷　(清)嚴觀撰　清嘉慶九年(1804)賜福堂刻本　四册

330000-1701-0048160　普812.07/4327　類叢部/叢書類/自著之屬

西堂全集四種附一種　(清)尤侗撰　清刻本　一册　存一種

330000-1701-0048161　GP07601　集部/别集類/清别集

留素堂文集十卷詩删十三卷詩删後集九卷詩集一卷　(清)蔣薰撰　清康熙刻本　八册

330000-1701-0048164　SBC2384　子部/術數類/命書相書之屬

命書不分卷　清抄本　一册

330000-1701-0048166　SBC2411　集部/别集類/清别集

梅村詩鈔不分卷　(清)吴偉業撰　清抄本　一册

330000-1701-0048169　普913.095124/3434　史部/金石類/郡邑之屬/文字

常山貞石志二十四卷　(清)沈濤撰　清道光二十二年(1842)刻本　八册

330000-1701-0048170　普812.08/0743　類叢部/叢書類/彙編之屬

誦芬室叢刊二十二種　董康編　清光緒三十四年至民國十四年(1908-1925)武進董氏刻本　四册　存一種

330000-1701-0048177　普913.095124/4031　史部/金石類/郡邑之屬

栝蒼金石志十二卷續志四卷　(清)李遇孫輯　(清)鄒柏森校補　清同治十三年(1874)浉江處州府署刻本　六册　缺四卷(續志一至四)

330000-1701-0048178　SBC2409　子部/雜著類/雜纂之屬

蓮幕賸言一卷　稿本　一册

330000-1701-0048179　GP13686　類叢部/叢書類/彙編之屬

風雨樓祕笈留真十種　鄧實編　清宣統元年至民國六年(1909-1917)順德鄧氏風雨樓影印本　一册　存一種

330000-1701-0048180　GP13697　史部/金石類/陶之屬/文字

豐宫瓦當文攷一卷　(清)錢東垣輯　清光緒十八年(1892)嘉定濤閣刻本　一册

330000-1701-0048181　GP05367　史部/傳記類/總傳之屬/家乘

[浙江紹興]山陰龜峯朱氏族譜不分卷　(清)朱宗轂纂修　清末抄本　一册

330000-1701-0048183　SBC2410　集部/總集類/選集之屬/斷代

午節稿一卷中秋稿一卷年節稿一卷　稿本　一册

330000-1701-0048191　GP13687　類叢部/叢書類/彙編之屬

滂喜齋叢書五十種　(清)潘祖蔭編　清同治至光緒吴縣潘氏京師刻本　一册　存一種

330000-1701-0048195　普913.095124/4031/(2)　史部/金石類/郡邑之屬

栝蒼金石志十二卷續志四卷　(清)李遇孫輯　(清)鄒柏森校補　清同治十三年(1874)浉江處州府署刻本　八册

330000-1701-0048199　GP13697/1　史部/金石類/陶之屬/文字

豐宫瓦當文攷一卷　(清)錢東垣輯　清光緒十八年(1892)嘉定濤閣刻本　一册

330000-1701-0048201　GP13689　類叢部/

叢書類/彙編之屬

文選樓叢書三十三種 (清)阮亨編 清嘉慶至道光阮元刻道光二十二年(1842)阮亨彙印本 一册 存一種

330000 - 1701 - 0048202 普 913.095123/6051/c1 類叢部/叢書類/彙編之屬

小方壺齋叢書三十六種 (清)王錫祺編 清光緒十二年至二十一年(1886 - 1895)南清河王氏鉛印本 一册 存一種

330000 - 1701 - 0048204 普 913.095124/4031.2 史部/金石類/郡邑之屬

栝蒼金石志十二卷 (清)李遇孫輯 清道光十三年至十四年(1833 - 1834)刻本 一册 存四卷(一至四)

330000 - 1701 - 0048205 GP07602 類叢部/類書類/通類之屬

新刻註釋故事白眉十卷 (明)許以忠輯 清康熙二十八年(1689)文芸館刻本 五册

330000 - 1701 - 0048207 SBC2402 集部/別集類/唐五代別集

分類補註李太白詩二十五卷 (唐)李白撰 (宋)楊齊賢集註 (元)蕭士贇補註 **唐翰林李太白[白]年譜一卷** (宋)薛仲邕撰 明嘉靖二十五年(1546)玉几山人刻重修本 三册 存三卷(二十四至二十五、年譜)

330000 - 1701 - 0048208 普 913.095123/6051/c2 類叢部/叢書類/彙編之屬

小方壺齋叢書三十六種 (清)王錫祺編 清光緒十二年至二十一年(1886 - 1895)南清河王氏鉛印本 一册 存一種

330000 - 1701 - 0048212 普 812.108/2691 集部/戲劇類/總集之屬/傳奇

新鐫歌林拾翠六卷 (明)吳炳選輯 (明)西湖漫史點評 明崇禎刻本 十一册

330000 - 1701 - 0048216 GP05358 經部/四書類/總義之屬/傳說

四書通二十六卷 (元)胡炳文撰 清道光十四年(1834)靖江朱勳刻本 六册

330000 - 1701 - 0048223 GP05371 子部/雜著類/雜纂之屬

宰湘節錄一卷 (清)劉倬雲編 清光緒刻本 一册

330000 - 1701 - 0048229 GP05372 經部/小學類/文字之屬/說文

說文引經攷二卷補遺一卷 (清)吳玉搢撰 清光緒二年(1876)雙峰書屋刻本 二册

330000 - 1701 - 0048233 SBC2401 經部/小學類/文字之屬

俞曲園太史攷定文字議不分卷 (清)俞樾撰 稿本 一册

330000 - 1701 - 0048236 GP05373 類叢部/叢書類/彙編之屬

武英殿聚珍版書 清江蘇刻本 一册 存一種

330000 - 1701 - 0048238 GP05374 類叢部/叢書類/自著之屬

紫薇花館集七種 (清)王廷鼎撰 清光緒十七年(1891)刻本 一册 存一種

330000 - 1701 - 0048239 GP05359 史部/政書類/儀制之屬/典禮

聖門禮誌一卷 (清)孔傳鐸撰 清康熙刻本 一册

330000 - 1701 - 0048241 普 913.095124/4351/c2 史部/金石類/郡邑之屬

東甌金石志十二卷 (清)戴咸弼撰 (清)孫詒讓校補 清光緒二十五年(1899)石印本 八册

330000 - 1701 - 0048246 普 913.095124/4351/2/c2 史部/金石類/郡邑之屬

東甌金石志十卷校記一卷補遺一卷附錄一卷 (清)戴咸弼撰 清光緒二年(1876)浙江溫州郡庠木活字印本 四册 存十一卷(一至十、校記)

330000 - 1701 - 0048249 GP05377 子部/天文曆算類/算書之屬

藝游錄二卷開方釋例識誤一卷方程附記一卷

（清）駱騰鳳撰　清道光二十三年至光緒十年（1843－1884）刻本　二冊

330000－1701－0048250　GP07597　子部/天文曆算類/算書之屬
西算新法直解八卷丈田繪圖章程一卷　（清）馮桂芬　（清）陳瑒輯　清光緒二年（1876）吳縣馮氏校邠廬刻本　四冊

330000－1701－0048251　SBC2416　史部/金石類/錢幣之屬
泉志四卷　（宋）洪遵撰　清抄本　一冊

330000－1701－0048252　普 913.095124/4351/3　史部/金石類/郡邑之屬
東甌金石志十二卷　（清）戴咸弼撰　（清）孫詒讓校補　清光緒九年（1883）刻本　四冊

330000－1701－0048255　GP05378　類叢部/類書類/專類之屬
新纂氏族箋釋八卷　（清）熊峻運輯　清乾隆十三年（1748）刻本　四冊

330000－1701－0048256　SBC2415　史部/傳記類/别傳之屬/事狀
安禄山事跡三卷　（唐）姚汝能撰　清抄本　二冊

330000－1701－0048257　SBC2433　史部/地理類/山川之屬/山志
西天目祖山志八卷首一卷末一卷補遺一卷　（明）釋廣賓撰　（清）釋際界增訂　清光緒二年（1876）刻本　四冊

330000－1701－0048259　GP13712　經部/小學類/音韻之屬/等韻
重鐫經史正音切韻指南二卷　（清）李維黼　（清）張世瑞編輯　清乾隆五十二年（1787）懷德堂刻本　一冊

330000－1701－0048260　SBC2419　子部/術數類/相宅相墓之屬
水龍經五卷　（清）蔣平階輯　清抄本　四冊　存二卷（一至二）

330000－1701－0048261　普 812.1088/2552/c1　集部/曲類/散曲之屬
三家曲　（清）朱靜校　清光緒二十六年（1900）刻本　一冊

330000－1701－0048263　GP05379　類叢部/類書類/專類之屬
新纂氏族箋釋八卷　（清）熊峻運輯　清刻本　六冊

330000－1701－0048266　普 812.1088/2552/c2　集部/曲類/散曲之屬
三家曲　（清）朱靜校　清光緒二十六年（1900）刻本　二冊

330000－1701－0048267　GP13714　經部/易類/傳說之屬
易酌十四卷　（清）刁包撰　清雍正十年（1732）刁承祖刻本　六冊　存六卷（一至六）

330000－1701－0048268　普 812.1088/2552/(2)　集部/曲類/散曲之屬
三家曲　（清）朱靜校　清光緒二十六年（1900）刻本　一冊　存二種

330000－1701－0048269　普 951.00997/2790　史部/詔令奏議類/奏議之屬
變法奏議叢鈔不分卷　（清）欣賞齋主人編　清光緒二十七年（1901）上海書局石印本　四冊

330000－1701－0048270　SBC2414　史部/雜史類/斷代之屬
南燼紀聞録一卷　（宋）辛棄疾撰　清抄本　一冊

330000－1701－0048271　普 812.16/0824/2　集部/曲類/散曲之屬
秋水庵花影集五卷　（明）施紹莘撰　清小嫏嬛刻本　八冊

330000－1701－0048277　GP05380　經部/叢編
沈穀成先生易學四種　（清）沈善登撰　清光緒桐鄉沈氏豫恕堂刻本　八冊　存一種

330000－1701－0048279　GP05383　經部/小

學類/訓詁之屬/譯語

御製增訂清文鑑三十二卷補編四卷總綱八卷補編總綱一卷 (清)傅恒等撰 清乾隆三十六年(1771)武英殿刻本 四十八册

330000－1701－0048280 SBC2420 類叢部/類書類/專類之屬

事物考八卷 (明)王三聘輯 明刻清重修本 四册

330000－1701－0048281 普 951.01094/4081/c1 史部/紀傳類/别史之屬

尚史七十二卷 (清)李鍇撰 清乾隆三十八年(1773)悦道樓刻本 二十八册 缺一卷(世家十三)

330000－1701－0048283 普 951.01093/7175/2 史部/紀事本末類/通代之屬

繹史一百六十卷世系圖一卷年表一卷 (清)馬驌撰 清光緒十五年(1889)金匱浦氏刻本 四十八册

330000－1701－0048284 普 812.16/0824/3 集部/曲類/散曲之屬

秋水庵花影集五卷 (明)施紹莘撰 明末刻本 四册

330000－1701－0048286 SBC2413 集部/别集類/明别集

詩稿不分卷 (明)沈周撰 清抄本 一册

330000－1701－0048287 GP13720 史部/史評類/史論之屬

刻歷朝捷録大成二卷 (明)顧充撰 清康熙四十八年(1709)上虞顧芳宗刻道光十六年(1836)重修本 四册

330000－1701－0048288 普 913.095124/4452/2 史部/金石類/郡邑之屬

越中金石記十卷越中金石目二卷 (清)杜春生撰 清道光十年(1830)山陰杜春生詹波館刻本 八册

330000－1701－0048289 GP13722 史部/政書類/律令之屬/判牘

四西齋決事八卷 (清)孫鼎烈撰 清光緒三十年(1904)武林木活字印本 四册

330000－1701－0048290 SBC2428 類叢部/類書類/通類之屬

鍥旁註事類捷録十五卷 (明)鄧志謨輯 明刻本 一册

330000－1701－0048295 GP13715 經部/孝經類/傳説之屬

孝經訂註一卷孝經大指一卷 (明)趙南星撰 明刻本 一册

330000－1701－0048298 普 951.01094/4081/c2 史部/紀傳類/别史之屬

尚史七十二卷 (清)李鍇撰 清乾隆三十八年(1773)悦道樓刻本 二十八册 缺一卷(世家十三)

330000－1701－0048299 普 951.01093/7175/c2 史部/紀事本末類/通代之屬

繹史一百六十卷世系圖一卷年表一卷 (清)馬驌撰 清光緒三十年(1904)浙江書局刻本 四十九册 缺二卷(九十六、年表)

330000－1701－0048300 GP05381 類叢部/叢書類/彙編之屬

學古堂日記四十種 (清)雷浚 (清)汪之昌編 清光緒十六年(1890)刻二十二年(1896)續刻本 一册 存一種

330000－1701－0048302 普 812.2/4927 集部/詞類/别集之屬

香銷酒醒詞一卷附曲一卷 (清)趙慶熺撰 清同治七年(1868)西泠王氏刻本 一册 存一卷(曲)

330000－1701－0048303 普 812.17/0122 集部/曲類/散曲之屬

霓裳續譜八卷 (清)王廷紹編 清乾隆六十年(1795)集賢堂刻本 四册

330000－1701－0048304 普 812.3/4212/2 集部/戲劇類/雜劇之屬

紅樓夢散套十六折 (清)吴鎬撰 (清)黄兆魁訂譜 清光緒元年(1875)刻本 六册

330000－1701－0048305　GP13716　經部/小學類/音韻之屬/古今韻說

歌麻古韻考四卷　（清）吳數聲撰　清同治八年（1869）刻本　四册

330000－1701－0048307　普951.01094/4081/（2）　史部/紀傳類/別史之屬

尚史七十二卷　（清）李鍇撰　清乾隆三十八年（1773）悅道樓刻本　章嶔題記　二十四册　缺一卷（世家十三）

330000－1701－0048308　GP05382　經部/小學類/音韻之屬/古今韻說

切字肆考不分卷　（清）張畊撰　清道光六年（1826）芸心堂刻本　一册

330000－1701－0048309　SBC2427　類叢部/類書類/通類之屬

玉海二百卷辭學指南四卷詩攷一卷詩地理攷六卷漢藝文志攷證十卷通鑑地理通釋十四卷踐阼篇集解一卷漢制攷四卷姓氏急就篇二卷急就篇補注四卷小學紺珠十卷六經天文編二卷周書王會補注一卷周易鄭康成注一卷通鑑答問五卷　（宋）王應麟撰　元至元六年（1340）慶元路儒學刻重修本　一册　存一卷（詩攷）

330000－1701－0048312　GP07598　類叢部/叢書類/彙編之屬

王益吾所刻書十種　王先謙編　清光緒九年至十年（1883－1884）長沙王氏刻本　二册　存二種

330000－1701－0048314　GP13717　子部/天文曆算類/曆法之屬

七十二候表一卷　（清）羅以智撰　**七十二候表校錄一卷**　（清）江標撰　清光緒八年（1882）海昌羊復禮刻本　一册

330000－1701－0048316　SBC2429　子部/術數類/相宅相墓之屬

青囊經不分卷　清抄本　四册

330000－1701－0048317　普951.01093/7175/c3　史部/紀事本末類/通代之屬

繹史一百六十卷世系圖一卷年表一卷　（清）馬驌撰　清光緒三十年（1904）浙江書局刻本　五十册

330000－1701－0048318　普812.408/4448　集部/曲類/曲選之屬

新刻出像點板時尚崑腔雜出醉怡情八卷　（清）菰蘆釣叟編輯　清古吳致和堂刻本　四册

330000－1701－0048320　普951.01093/7175/3（2）/c2　史部/紀事本末類/通代之屬

繹史一百六十卷世系圖一卷年表一卷　（清）馬驌撰　清康熙刻本　四十册

330000－1701－0048321　SBC2434　集部/總集類/郡邑之屬

續甬上耆舊詩六十四卷　（清）全祖望輯　清抄本　二十四册

330000－1701－0048323　普812.308/2203　集部/曲類/曲選之屬

新鐫樂府清音歌林拾翠一集十五卷二集十三卷　清寶聖樓刻本　十二册

330000－1701－0048324　GP05385　經部/春秋總義類/傳說之屬

春秋宗朱辨義十二卷首一卷末一卷　（清）張自超撰　清光緒七年（1881）高淳書院刻本　八册

330000－1701－0048326　普812.17/7702　集部/别集類/清别集

駕雲螭室别集一卷　（清）周文禾撰　清光緒六年（1880）刻本　一册

330000－1701－0048329　SBC2438　集部/總集類/謠諺之屬

俗諺考一卷　雜鈔天香樓偶得一卷　（清）虞兆漋撰　清抄本　一册

330000－1701－0048330　GP05386　子部/天文曆算類/算書之屬

算學課藝四卷　（清）席淦　（清）貴榮編　清光緒二十二年（1896）石印本　四册

330000 - 1701 - 0048333 普 951. 01094/6033/4/c1 史部/雜史類/通代之屬

重訂路史全本四十七卷 (宋)羅泌撰 (宋)羅苹注 (明)吳弘基等重編 清嘉慶六年(1801)西山堂刻本 十二冊

330000 - 1701 - 0048335 GP05387 子部/天文曆算類/算書之屬

算學課藝四卷 (清)席淦 (清)貴榮編 清光緒二十二年(1896)上海著易堂石印本 四冊

330000 - 1701 - 0048336 普 951.016/1260/c1 類叢部/叢書類/彙編之屬

抱經堂叢書十六種 (清)盧文弨編 清乾隆至嘉慶刻彙印本 二冊 存一種

330000 - 1701 - 0048337 SBC2437 集部/總集類/選集之屬/通代

虞園詩雋五卷 清抄本 王修跋 一冊

330000 - 1701 - 0048339 GP13751 史部/政書類/公牘檔冊之屬

諸暨論民紀要三卷 (清)倪望重撰 (清)王玉清輯 清光緒二十三年(1897)木活字印本 三冊

330000 - 1701 - 0048340 GP05388 經部/三禮總義類/通論之屬

讀禮條考二十卷 (清)王曜南撰 清光緒二十三年(1897)武林尚友齋石印本 六冊

330000 - 1701 - 0048341 GP07595 集部/別集類/清別集

遂初堂詩集十六卷文集二十卷別集四卷 (清)潘耒撰 清康熙刻本 八冊 缺十六卷(詩集一至十六)

330000 - 1701 - 0048343 普 951.016/1260/c2 類叢部/叢書類/彙編之屬

廣漢魏叢書八十種 (明)何允中編 清嘉慶刻本 二冊 存一種

330000 - 1701 - 0048344 普 951.016/4745/2 史部/紀傳類/正史之屬

二十四史 清同治至光緒五省官書局據汲古閣本等合刻光緒五年(1879)湖北書局彙印本 四冊 存一種

330000 - 1701 - 0048346 普 951. 01094/6033/4/c2 史部/雜史類/通代之屬

重訂路史全本四十七卷 (宋)羅泌撰 (宋)羅苹注 (明)吳弘基等重編 清嘉慶六年(1801)西山堂刻本 十六冊

330000 - 1701 - 0048347 GP05389 經部/三禮總義類/通論之屬

讀禮條考二十卷 (清)王曜南撰 清光緒二十三年(1897)武林尚友齋石印本 六冊

330000 - 1701 - 0048348 GP07599 集部/總集類/選集之屬

今雨集二十四卷 (清)顧沅輯 清道光二十九年(1849)長洲顧氏賜硯堂刻本 八冊

330000 - 1701 - 0048349 SBC2444 集部/總集類/選集之屬/斷代

唐詩二十六家 (明)黃貫曾編 明嘉靖三十三年(1554)江夏黃氏浮玉山房刻本 王修跋 四冊 存六種

330000 - 1701 - 0048350 SBC2445 子部/天文曆算類/算書之屬

衍元海鑑不分卷 (清)李鏐輯 清抄本 八冊

330000 - 1701 - 0048351 SBC2436 史部/傳記類/總傳之屬/家乘

[浙江杭州]高平范氏族譜八卷首一卷末一卷 (清)范多慶等纂修 清末抄本 一冊 存二卷(首、一)

330000 - 1701 - 0048352 普 951.016/8042 史部/紀傳類/正史之屬

二十四史附考證 清刻本 八冊 存一種

330000 - 1701 - 0048353 普 951. 01094/6033/5/c1 史部/雜史類/通代之屬

重訂路史全本十六卷 (宋)羅泌撰 (宋)羅苹注 (明)吳弘基等重編 清光緒二十年(1894)上海文瑞樓石印本 六冊

330000 - 1701 - 0048354 普 951. 01094/6033/c2 史部/雜史類/通代之屬
重訂路史全本四十七卷 (宋)羅泌撰 (宋)羅苹注 (明)吳弘基等重編 清乾隆元年(1736)進修書院刻本 十六冊

330000 - 1701 - 0048359 GP05390 子部/雜著類/雜纂之屬
空策度津筏不分卷 (清)竹虛軒主人編 清咸豐元年(1851)刻本 一冊

330000 - 1701 - 0048360 普 951. 01094/6033/5/c2 史部/雜史類/通代之屬
重訂路史全本十六卷 (宋)羅泌撰 (宋)羅苹注 (明)吳弘基等重編 清光緒二十年(1894)上海文瑞樓石印本 六冊

330000 - 1701 - 0048362 SBC2446、M006513 經部/春秋總義類/傳說之屬
春秋夏正二卷 (清)胡天游撰 清抄本 少翁題簽 二冊

330000 - 1701 - 0048363 普 951. 016/1260/c3 類叢部/叢書類/彙編之屬
抱經堂叢書十六種 (清)盧文弨編 清乾隆至嘉慶刻彙印本 二冊 存一種

330000 - 1701 - 0048364 普 951. 0163/0044/c1 史部/紀事本末類
紀事本末五種 (清)□□輯 清同治十二年至十三年(1873 - 1874)江西書局刻本 十二冊 存一種

330000 - 1701 - 0048365 GP05392 類叢部/叢書類/彙編之屬
武英殿聚珍版書一百四十八種 清乾隆四十二年(1777)福建刻道光至同治遞修光緒二十一年(1895)增刻本 一冊 存二種

330000 - 1701 - 0048367 SBC2448 集部/戲劇類/雜劇之屬
蕉樓記一卷外史二十卷 (清)倪卍雲撰 (清)王抱一評點 **緒言三卷** (清)王抱一撰 稿本 一冊

330000 - 1701 - 0048368 普 951. 0163/0044/c2 史部/紀事本末類
紀事本末五種 (清)□□輯 清同治十二年至十三年(1873 - 1874)江西書局刻本 十二冊 存一種

330000 - 1701 - 0048369 GP07600 集部/別集類/宋別集
深寧先生文鈔八卷 (宋)王應麟撰 **王深寧先生[應麟]年譜一卷** (清)陳僅輯 (清)張恕編 清道光九年(1829)紫藤花館刻本 九冊

330000 - 1701 - 0048370 SBC2442 子部/宗教類/道教之屬/經文
高上玉皇本行集經三卷 明隆慶六年(1572)王輪刻本 一冊 存一卷(上)

330000 - 1701 - 0048371 普 951. 016/1260/c4 類叢部/叢書類/彙編之屬
抱經堂叢書十六種 (清)盧文弨編 清乾隆至嘉慶刻彙印本 六冊 存一種

330000 - 1701 - 0048372 普 951. 016/1000/c1 類叢部/類書類/通類之屬
玉海二百卷辭學指南四卷詩攷一卷詩地理攷六卷漢藝文志攷證十卷通鑑地理通釋十四卷周書王會補注一卷漢制攷四卷踐阼篇集解一卷急就篇補注四卷姓氏急就篇二卷小學紺珠十卷六經天文編二卷周易鄭康成注一卷通鑑答問五卷 (宋)王應麟撰 **校補玉海瑣記二卷王深寧先生[應麟]年譜一卷** (清)張大昌撰 清光緒九年至十六年(1883 - 1890)浙江書局刻本 一冊 存一卷(周書王會補注)

330000 - 1701 - 0048373 GP13756 史部/政書類/公牘檔冊之屬
諸暨鹺晶滷灰公據二卷 清光緒十九年(1893)、二十一年(1895)木活字印本 一冊

330000 - 1701 - 0048375 SBC2441 史部/時令類
月令廣義二十四卷首一卷統紀一卷附錄一卷 (明)馮應京輯 (明)戴任增釋 明萬曆陳邦泰刻本 六冊 存二十二卷(一至十七、二十二至二十四、統紀、附錄)

330000－1701－0048377　SBC2453　史部/金石類/金之屬/文字

歷代鐘鼎彝器款識法帖二十卷　(宋)薛尚功撰　明崇禎六年(1633)朱謀垔刻本　四冊　存十七卷(一至十七)

330000－1701－0048378　普 951.0163/1213　集部/總集類/彙編之屬

山曉閣文選十五種　(清)孫琮編　清康熙山曉閣刻本　三冊　存一種

330000－1701－0048379　SBC2456　子部/農家農學類/總論之屬

陶朱公致富奇書一卷　清抄本　一冊

330000－1701－0048383　SBC2452　史部/目録類/總録之屬/私撰

蛻學齋藏書録不分卷　清抄本　二冊

330000－1701－0048385　GP13759　史部/詔令奏議類/奏議之屬

堅正堂摺稿二卷附録一卷　(清)褚成博撰　清光緒三十一年(1905)刻本　一冊　存一卷(一)

330000－1701－0048387　SBC2455　類叢部/叢書類/彙編之屬

壽養叢書三十五種　(明)胡文煥編　明萬曆錢塘胡文煥刻本　一冊　存一種

330000－1701－0048388　GP13760　史部/雜史類/通代之屬

所知録六卷　(清)錢澄之撰　清宣統三年(1911)上海新學會社鉛印本　一冊

330000－1701－0048389　SBC2451　史部/目録類/書志之屬/題跋

南濠居士文跋四卷　(明)都穆撰　清抄本　二冊

330000－1701－0048390　SBC2458　史部/地理類/山川之屬/水志

水經注四十卷　(北魏)酈道元撰　明崇禎二年(1629)嚴忍公等刻本　清陛慶批並題記　四冊　存二十卷(一至二十)

330000－1701－0048391　普 951.016/2548　史部/雜史類/斷代之屬

逸周書集訓校釋十卷逸文一卷　(清)朱右曾集訓校釋　清光緒三年(1877)湖北崇文書局刻本　章鈺題記　二冊

330000－1701－0048393　GP05395　子部/藝術類/遊藝之屬/詩鐘

蘭湄幻墨前編一卷後編一卷幻墨内集古及諸隱撮鈔一卷　(清)華彬撰　清光緒二十年(1894)武林竹簡齋石印本　二冊

330000－1701－0048395　GP05402　新學/兵制/子藥

爆藥記要六卷附圖　(美國)水雷局撰　(清)舒高第口譯　(清)趙元益筆述　清光緒元年(1875)江南製造局刻本　一冊

330000－1701－0048396　普 951.0163/2131　史部/紀事本末類/通代之屬

左氏春秋紀事本末十四卷首一卷　(清)熊爲霖撰　清乾隆心松書屋刻本　十冊

330000－1701－0048398　普 951.016/1000/c2　類叢部/類書類/通類之屬

玉海二百卷辭學指南四卷詩攷一卷詩地理攷六卷漢藝文志攷證十卷通鑑地理通釋十四卷周書王會補注一卷漢制攷四卷踐阼篇集解一卷急就篇補注四卷姓氏急就篇二卷小學紺珠十卷六經天文編二卷周易鄭康成注一卷通鑑答問五卷　(宋)王應麟撰　**校補玉海瑣記二卷王深寧先生[應麟]年譜一卷**　(清)張大昌撰　清光緒九年至十六年(1883－1890)浙江書局刻本　一冊　存一卷(周書王會補注)

330000－1701－0048400　GP13761　史部/詔令奏議類/奏議之屬

船政奏議彙編五十四卷　(清)左宗棠等撰　清光緒十四年(1888)刻本　二十冊　存五十一卷(一至五十一)

330000－1701－0048401　普 951.016/1000/c3　類叢部/類書類/通類之屬

玉海二百卷辭學指南四卷詩攷一卷詩地理攷六卷漢藝文志攷證十卷通鑑地理通釋十四卷

周書王會補注一卷漢制攷四卷踐阼篇集解一卷急就篇補注四卷姓氏急就篇二卷小學紺珠十卷六經天文編二卷周易鄭康成注一卷通鑑答問五卷　（宋）王應麟撰　**校補玉海瑣記二卷王深寧先生[應麟]年譜一卷**　（清）張大昌撰　清光緒九年至十六年（1883－1890）浙江書局刻本　一册　存一卷（周書王會補注）

330000－1701－0048402　普 951.016/4742/c1　史部/雜史類/斷代之屬

汲冢周書輯要一卷逸書一卷　（清）郝懿行撰　清光緒八年（1882）路東廳署刻郝氏遺書本　章嶔題記　一册

330000－1701－0048404　GP13724　類叢部/叢書類/彙編之屬

西京清麓叢書正編三十二種續編二十七種外編二十四種　（清）賀瑞麟編　清同治至民國刻本　四册　存一種

330000－1701－0048406　SBC2450　史部/紀傳類/正史之屬

後漢書九十卷　（南朝宋）范曄撰　（唐）李賢注　（明）陳仁錫評　**志三十卷**　（晉）司馬彪撰　（南朝梁）劉昭注　（明）陳仁錫評　明天啓七年（1627）雲林積秀堂刻本　清佚名題記　二十册

330000－1701－0048407　普 951.016/1000/c4　類叢部/類書類/通類之屬

玉海二百卷辭學指南四卷詩攷一卷詩地理攷六卷漢藝文志攷證十卷通鑑地理通釋十四卷周書王會補注一卷漢制攷四卷踐阼篇集解一卷急就篇補注四卷姓氏急就篇二卷小學紺珠十卷六經天文編二卷周易鄭康成注一卷通鑑答問五卷　（宋）王應麟撰　**校補玉海瑣記二卷王深寧先生[應麟]年譜一卷**　（清）張大昌撰　清光緒九年至十六年（1883－1890）浙江書局刻本　一册　存一卷（周書王會補注）

330000－1701－0048408　GP13725　史部/政書類/軍政之屬/邊政

新海防事例不分卷　（清）戶部編　清光緒榮錄堂刻本　三册

330000－1701－0048409　GP05399　史部/傳記類/總傳之屬/家乘

[浙江紹興]山陰朱氏十修族譜不分卷　（清）朱詢山等纂修　清光緒十八年（1892）山陰嗣古原稿本　八册

330000－1701－0048410　SBC2460　子部/醫家類/傷寒金匱之屬

金匱方歌訣一卷溫病條辨方歌訣一卷龍苑集方歌訣一卷　（清）王耕心撰　清抄本　一册

330000－1701－0048411　GP13726　史部/政書類/邦計之屬/貿易

夔關則例一卷　（清）香遠堂輯　清乾隆八年（1743）聚寶齋刻本　一册

330000－1701－0048413　GP13727　史部/政書類/邦計之屬/賦稅

徵輸定則一卷　清光緒三十二年（1906）紹興印書局鉛印本　一册

330000－1701－0048416　普 951.0163/2683/c4　史部/雜史類/斷代之屬

國語韋解補正二十一卷　吳曾祺補正　朱元善校訂　清宣統元年（1909）上海商務印書館鉛印本　四册

330000－1701－0048417　普 812.4086/3450　類叢部/叢書類/彙編之屬

誦芬室叢刊二十二種　董康編　清光緒三十四年至民國十四年（1908－1925）武進董氏刻本　十册　存一種

330000－1701－0048418　普 951.01094/6033/3　史部/雜史類

路史四十七卷　（宋）羅泌撰　（宋）羅苹注　清嘉慶十三年（1808）刻本　十六册

330000－1701－0048419　GP05404　經部/小學類/文字之屬/字書/通論

集漢隸分韻七卷　（元）□□撰　清乾隆三十七年（1772）九沙萬氏辨志堂刻本　二册

330000－1701－0048420　SBC2465　史部/地理類/山川之屬/山志

踈山志畧十卷首一卷末一卷　（清）吳奎纂

清同治十年(1871)木活字印本　六册

330000－1701－0048421　GP05405　經部/小學類/文字之屬/字書/通論

集漢隸分韻七卷　(元)□□撰　清乾隆三十七年(1772)九沙萬氏辨志堂刻本　四册

330000－1701－0048423　GP13772　子部/宗教類/其他宗教之屬/基督教

庚子教會受難記二卷　(加拿大)季理斐譯　(清)任廷旭述　清光緒二十七年(1901)上海美華書館鉛印本　二册

330000－1701－0048424　普951.0163/3131/(2)/c1　類叢部/叢書類/自著之屬

振綺堂遺書五種　(清)汪遠孫撰　清道光刻民國十一年(1922)錢唐汪氏彙印本　五册　存一種

330000－1701－0048425　普951.0163/4067　史部/雜史類/斷代之屬

國語二十一卷　(三國吳)韋昭注　(宋)宋庠補音　**戰國策十卷**　(宋)鮑彪校注　清武林三餘堂刻本　四册　存二十一卷(一至二十一)

330000－1701－0048426　SBC2472　類叢部/叢書類/自著之屬

紀慎齋先生全集十二種續集七種　(清)紀大奎撰　清嘉慶十三年至咸豐二年(1808－1852)刻本　一册　存二種

330000－1701－0048427　GP13775　史部/傳記類/日記之屬

東瀛觀兵紀事一卷(清光緒二十七年)　(清)程恩培撰　清末鉛印本　一册

330000－1701－0048428　普951.0163/4067/2　史部/雜史類/斷代之屬

國語二十一卷　(三國吳)韋昭注　(宋)宋庠補音　**戰國策十卷**　(宋)鮑彪校注　清文盛堂刻本　四册　存二十一卷(一至二十一)

330000－1701－0048429　SBC2476　子部/藝術類/書畫之屬/畫譜

木刻花卉不分卷　清刻彩印本　一册

330000－1701－0048431　SBC2474　集部/別集類/清別集

笠翁偶集□□卷　(清)李漁撰　清抄本　一册　存一卷(一之上)

330000－1701－0048432　GP13776　史部/雜史類/斷代之屬

杭防大事記第一編不分卷　(清)八旗一分子輯　清宣統石印本　一册

330000－1701－0048433　SBC2470　子部/醫家類/本草之屬/本草藥性

醫書一卷　清抄本　一册

330000－1701－0048434　普951.0163/4067/3　史部/雜史類/斷代之屬

國語二十一卷　(三國吳)韋昭注　(宋)宋庠補音　**戰國策十卷**　(宋)鮑彪校注　清同治九年(1870)經綸堂刻本　四册　存二十一卷(一至二十一)

330000－1701－0048435　SBC2475　史部/傳記類/總傳之屬/郡邑

越中觀感錄一卷　(清)陳錦撰　清光緒九年(1883)刻本　一册

330000－1701－0048436　SBC2469　類叢部/類書類/專類之屬

殘竹彙編四卷　(□)方台斗輯　清抄本　四册

330000－1701－0048438　SBC2473　集部/詩文評類

四六類選不分卷　清抄本　一册

330000－1701－0048439　普951.0163/4067/4/c1　史部/雜史類/斷代之屬

國語二十一卷　(三國吳)韋昭注　**校刊明道本韋氏解國語札記一卷**　(清)黄丕烈撰　**國語明道本考異四卷**　(清)汪遠孫撰　清光緒二年(1876)尊經書院刻本　五册

330000－1701－0048440　GP13728　史部/地理類/總志之屬/斷代

光緒府廳州縣歌一卷　(清)金粟庵主人輯　清光緒八年(1882)刻本　一册

330000－1701－0048441　普 951.0163/4067/4/c2　史部/雜史類/斷代之屬

國語二十一卷　（三國吳）韋昭注　**校刊明道本韋氏解國語札記一卷**　（清）黄丕烈撰　**國語明道本考異四卷**　（清）汪遠孫撰　清光緒二年（1876）尊經書院刻本　五册

330000－1701－0048442　SBC2467　子部/藝術類/書畫之屬/畫譜

南陵無雙譜一卷　（清）金古良撰並繪　清康熙刻本　一册

330000－1701－0048444　GP13729　史部/政書類/掌故瑣記之屬

周漢唐宋明地方制度考不分卷　（清）黄位堃譯編　清光緒三十四年（1908）黄位堃鉛印本　盛季光題記　一册

330000－1701－0048445　普 951.0163/3131/(2)/c2　類叢部/叢書類/自著之屬

振綺堂遺書五種　（清）汪遠孫撰　清道光刻民國十一年（1922）錢唐汪氏彙印本　五册　存一種

330000－1701－0048446　普 951.0163/4067/5/c2　史部/雜史類/斷代之屬

國語二十一卷　（三國吳）韋昭注　**校刊明道本韋氏解國語札記一卷**　（清）黄丕烈撰　清光緒二十七年（1901）上海鴻寶齋石印本　三册

330000－1701－0048447　普 951.0163/3131/(2)/c3　類叢部/叢書類/自著之屬

振綺堂遺書五種　（清）汪遠孫撰　清道光刻民國十一年（1922）錢唐汪氏彙印本　五册　存一種

330000－1701－0048448　GP13730　史部/政書類/邦計之屬/荒政

順直賑捐章程一卷　（清）□□輯　清光緒十六年（1890）刻本　一册

330000－1701－0048449　GP05400　史部/傳記類/總傳之屬/家乘

［江西九江］李氏三修宗譜五卷　（清）李獻桃等纂修　清光緒三十二年（1906）木活字印本　五册

330000－1701－0048450　普 951.016/4742/c2　類叢部/叢書類/自著之屬

郝氏遺書三十三種　（清）郝懿行撰　清嘉慶至光緒刻彙印本　一册　存一種

330000－1701－0048451　普 951.0163/3131/c1　類叢部/叢書類/自著之屬

振綺堂遺書五種　（清）汪遠孫撰　清道光刻民國十一年（1922）錢唐汪氏彙印本　六册　存一種

330000－1701－0048452　普 951.016/4742/c3　類叢部/叢書類/自著之屬

郝氏遺書三十三種　（清）郝懿行撰　清嘉慶至光緒刻彙印本　一册　存一種

330000－1701－0048454　普 951.0163/3131/c2　類叢部/叢書類/自著之屬

振綺堂遺書五種　（清）汪遠孫撰　清道光刻民國十一年（1922）錢唐汪氏彙印本　六册　存一種

330000－1701－0048456　普 951.0163/3131/c3　類叢部/叢書類/自著之屬

振綺堂遺書五種　（清）汪遠孫撰　清道光刻民國十一年（1922）錢唐汪氏彙印本　六册　存一種

330000－1701－0048457　普 812.47/0060　子部/藝術類/書畫之屬/畫譜

點石齋畫報初集十卷二集十二卷三集八卷四集六卷五集四卷六集四卷後附淞隱漫錄十二卷續錄五卷漫遊隨錄三卷風箏誤一卷閨媛叢錄一卷點石齋叢鈔一卷乘龍佳話一卷藹園謎賸一卷　（清）尊聞閣主人輯　清光緒二十三年（1897）石印本　一册　存二卷（乘龍佳話、藹園謎賸）

330000－1701－0048458　GP13733　史部/政書類/邦計之屬/鹽法

南鹺志要一卷　（清）冰壺外史輯　清同治刻本　一册

330000－1701－0048460　GP13734　子部/兵家類/兵法之屬

兵書三種　(清)王鑫等輯　清光緒十三年(1887)刻本　一册　存一種

330000－1701－0048461　GP13737　史部/政書類/公牘檔冊之屬

八閩學政三卷　(清)沈涵撰　**閩風集一卷**　清刻本　清沈柱臣跋　一册

330000－1701－0048462　GP13738　史部/地理類/水利之屬

水利議一卷　(清)方正　(清)張鵬飛撰　清道光二十八年(1848)來鹿堂刻本　一册

330000－1701－0048467　SBC2477　史部/編年類/斷代之屬

蜀漢三國始末二卷　(清)孫承澤纂　清抄本　一册　缺一卷(三)

330000－1701－0048468　SBC2478　史部/地理類/專志之屬/寺觀

雲門禪寺誌略二卷　(清)釋行浚編　清康熙刻本　一册　存一卷(一)

330000－1701－0048469　GP05410　子部/雜著類/雜纂之屬

任兆麟述記三卷　(清)任兆麟撰　清末石印本　二册

330000－1701－0048470　普 951.016/1742　類叢部/叢書類/彙編之屬

增定古今逸史五十五種　(明)吳琯編　明萬曆新安吳琯刻吳中珩增刻本　一册　存一種

330000－1701－0048472　普 812.47/1141/c1　集部/戲劇類/雜劇之屬

玉田春水軒雜齣　(清)張聲玠撰　清道光賜錦樓刻本　清朱懷新題記　一册

330000－1701－0048473　GP05411　新學/史志/别國史

俄史輯譯四卷　(英國)闞斐迪譯　(清)徐景羅重譯　清末石印本　六册

330000－1701－0048478　SBC2483　經部/禮記類/傳說之屬

禮記註疏六十三卷　(漢)鄭玄注　(唐)陸德明音義　(唐)孔穎達疏　明崇禎十二年(1639)毛氏汲古閣刻十三經註疏本　二十册

330000－1701－0048479　普 812.47/0832　集部/戲劇類/雜劇之屬

六觀樓北曲六種六卷　(清)許鴻磐撰　清同治十三年(1874)刻本　清朱懷新題記　六册

330000－1701－0048480　GP05412　史部/政書類/通制之屬

資治新書十四卷首一卷二集二十卷　(清)李漁輯　清康熙芥子園刻本　二十四册

330000－1701－0048481　普 951.0163/4067/12/c1　史部/雜史類/斷代之屬

國語二十一卷　(三國吳)韋昭注　**校刊明道本韋氏解國語札記一卷**　(清)黄丕烈撰　**國語明道本考異四卷**　(清)汪遠孫撰　清光緒三年(1877)永康胡氏退補齋刻本　五册

330000－1701－0048483　普 812.47/1141/c2　集部/戲劇類/雜劇之屬

玉田春水軒雜齣　(清)張聲玠撰　清道光賜錦樓刻本　一册

330000－1701－0048484　普 951.0163/4067/7　史部/雜史類/斷代之屬

國語二十一卷　(三國吳)韋昭注　(宋)宋庠補音　清成文堂刻本　四册

330000－1701－0048485　普 951.0163/3000　類叢部/叢書類/彙編之屬

微波榭叢書十一種　(清)孔繼涵編　清孔氏刻彙印本　二册　存一種

330000－1701－0048487　普 951.0163/4067/12/c2　史部/雜史類/斷代之屬

國語二十一卷　(三國吳)韋昭注　**校刊明道本韋氏解國語札記一卷**　(清)黄丕烈撰　**國語明道本考異四卷**　(清)汪遠孫撰　清光緒三年(1877)永康胡氏退補齋刻本　四册

330000－1701－0048488　普 812.47/3314/c1　集部/戲劇類/雜劇之屬

小四夢四種 (清)梁廷枏撰 清道光刻本 二冊 存一種

330000－1701－0048490 SBC2495、G008093 集部/別集類/宋別集

東坡集□□卷 (宋)蘇軾撰 明刻本 二冊 存四卷(十三至十六)

330000－1701－0048491 普 951.0163/4067/12/c3 史部/雜史類/斷代之屬

國語二十一卷 (三國吳)韋昭注 **校刊明道本韋氏解國語札記一卷** (清)黃丕烈撰 **國語明道本考異四卷** (清)汪遠孫撰 清光緒三年(1877)永康胡氏退補齋刻本 五冊

330000－1701－0048492 SBC2484 經部/叢編

唐仁壽讀書二種二卷 清抄本 一冊

330000－1701－0048493 普 812.47/2111 集部/戲劇類/傳奇之屬

梨花夢五卷 (清)何佩珠撰 清道光刻本 一冊

330000－1701－0048494 普 812.47/3314.5、普 812.47/3314.2、普 812.47/3314.4、普 812.47/3314/c2 集部/戲劇類/雜劇之屬

小四夢四種 (清)梁廷枏撰 清道光刻本 八冊

330000－1701－0048497 SBC2488 史部/政書類

九通 (清)□□輯 清光緒八年至二十二年(1882－1896)浙江書局刻本 十六冊 存一種

330000－1701－0048500 普 951.0163/4067/8/c1 史部/雜史類/斷代之屬

國語二十一卷 (三國吳)韋昭注 **校刊明道本韋氏解國語札記一卷** (清)黃丕烈撰 **國語明道本攷異四卷** (清)汪遠孫撰 清同治八年(1869)湖北崇文書局刻本 五冊

330000－1701－0048502 GP05413 新學/史志/戰記

中國六十年戰史十三章 (英國)艾特華斯撰 史悠明 程履祥譯校 清光緒二十九年(1903)上海美華書館鉛印本 四冊 缺三章(十一至十三)

330000－1701－0048505 普 812.47/4088 集部/戲劇類/雜劇之屬

桃花聖解盦樂府二種 (清)李慈銘撰 清咸豐蕭山鍾駿文崇實齋刻木 一冊

330000－1701－0048507 SBC2494 子部/兵家類/操練之屬

練兵新書一卷數理精選一卷 (清)謝政賢輯 清末抄本 一冊

330000－1701－0048509 普 951.0163/4067/8/c2 史部/雜史類/斷代之屬

國語二十一卷 (三國吳)韋昭注 **校刊明道本韋氏解國語札記一卷** (清)黃丕烈撰 **國語明道本攷異四卷** (清)汪遠孫撰 清同治八年(1869)湖北崇文書局刻本 五冊

330000－1701－0048513 普 812.47/4634 集部/戲劇類/雜劇之屬

吟風閣四卷譜二卷 (清)楊潮觀撰 清嘉慶二十五年(1820)屋外山房刻本 吳梅跋 四冊 存四卷(吟風閣一至四)

330000－1701－0048515 普 951.0163/4067/10/c1 史部/雜史類/斷代之屬

重訂國語國策合註 (三國吳)韋昭註 (宋)鮑彪註 清乾隆四十八年(1783)武林三餘堂刻本 四冊 存二十一卷(國語一至二十一)

330000－1701－0048517 SBC2479 史部/傳記類/總傳之屬/郡邑

龍山詩巢祀位錄一卷 (清)陳錦撰 稿本 一冊

330000－1701－0048519 普 951.0163/4067/10/c2 史部/雜史類/斷代之屬

國語二十一卷 (三國吳)韋昭注 (宋)宋庠補音 清蘇州綠蔭堂刻本 四冊

330000－1701－0048520 SBC2486 子部/醫家類/類編之屬

薛氏醫按二十四種 (明)吳琯編 明刻本

(婦人良方卷四、十六至二十二配另一明刻本)　九册　存二種

330000－1701－0048521　GP05311　經部/叢編

通志堂經解一百四十種　(清)納蘭成德輯　清康熙十九年(1680)納蘭成德刻本　二册　存一種

330000－1701－0048523　SBC2491　集部/總集類/選集之屬/通代

六臣註文選六十卷　(南朝梁)蕭統撰　(唐)李善　(唐)呂延濟　(唐)劉良　(唐)張銑　(唐)李周翰　(唐)呂向注　明刻本　一册　存二卷(五十九至六十)

330000－1701－0048526　普951.0163/4067/11/c3　史部/雜史類/斷代之屬

國語二十一卷　(三國吴)韋昭注　**校刊明道本韋氏解國語札記一卷**　(清)黄丕烈撰　**國語明道本攷異四卷**　(清)汪遠孫撰　清同治八年(1869)湖北崇文書局刻本　五册

330000－1701－0048527　普951.0163/4442/2/c2　史部/雜史類/斷代之屬

國語正義二十一卷　(清)董增齡撰　清光緒六年(1880)會稽章氏式訓堂刻本　四册

330000－1701－0048530　普812.47/8720/c1　子部/藝術類/音樂之屬/樂譜

瓶笙館修簫譜四卷　(清)舒位撰　清道光十三年(1833)錢塘汪氏振綺堂刻本　一册

330000－1701－0048533　普812.47/8720/c2　子部/藝術類/音樂之屬/樂譜

瓶笙館修簫譜四卷　(清)舒位撰　清道光十三年(1833)錢塘汪氏振綺堂刻本　一册

330000－1701－0048534　GP05417　新學/史志/别國史

重訂法國志略二十四卷　(清)王韜撰　清光緒十五年(1889)弢園老民鉛印本　十册

330000－1701－0048535　普812.47/8720/c3　子部/藝術類/音樂之屬/樂譜

瓶笙館修簫譜四卷　(清)舒位撰　清道光十三年(1833)錢塘汪氏振綺堂刻本　一册

330000－1701－0048536　普812.47/8720/c4　子部/藝術類/音樂之屬/樂譜

瓶笙館修簫譜四卷　(清)舒位撰　清道光十三年(1833)錢塘汪氏振綺堂刻本　一册

330000－1701－0048537　GP05422　史部/傳記類/科舉録之屬

己未詞科錄十二卷首一卷　(清)秦瀛輯　清嘉慶十二年(1807)刻本　四册

330000－1701－0048538　G013780　史部/編年類/斷代之屬

戊申大政記七卷　題(清)擷華書局輯　清光緒三十四年(1908)京都擷華書局鉛印本　六册

330000－1701－0048540　普812.47/4922　集部/戲劇類/傳奇之屬

琵琶行傳奇四折　(清)趙式曾撰　(清)江髯夫評點　清琴鶴軒刻本　一册

330000－1701－0048541　普951.0163/7517　類叢部/叢書類/彙編之屬

廣雅書局叢書一百五十九種　徐紹棨編　清光緒廣雅書局刻民國九年(1920)番禺徐紹棨彙編重印本　二册　存一種

330000－1701－0048542　GP05418　子部/醫家類/溫病之屬/瘟疫

六氣感證要義不分卷　(清)周巖撰　清光緒二十四年(1898)古越存濟堂石印本　二册

330000－1701－0048543　SBC2480　集部/小説類/長篇之屬

狐仙口授人見樂妓館珍匪東遊記二卷　(清)顧道民撰　清抄本　一册

330000－1701－0048544　GP05423　史部/詔令奏議類/奏議之屬

江南製造局移設蕪湖各疏稿不分卷　(清)張之洞等撰　清光緒二十九年(1903)鉛印本　一册

330000－1701－0048546　GP05424/1、

GP05425、GP05426、GP05427、GP05428、GP05429　新學/學校

京師大學堂講義初編七種二編七種　(清)京師大學堂輯　清末鉛印本　七冊　存十二種

330000－1701－0048547　SBC2481　子部/儒家類/儒學之屬/性理

古太極圖一卷　(宋)周敦頤撰　清抄本　一冊

330000－1701－0048549　GP13781　史部/雜史類/斷代之屬

拳匪紀略八卷前編二卷後編二卷圖一卷　(清)楊鳳藻等輯　清光緒二十九年(1903)上洋書局石印本　六冊

330000－1701－0048550　普 812.47/5737　集部/戲劇類/雜劇之屬

鐙月閒情十四種　(清)唐英撰　清乾隆至嘉慶唐氏古柏堂刻本　一冊　存一種

330000－1701－0048551　普 951.01638/4964/4　類叢部/叢書類/彙編之屬

隨盦徐氏叢書十種續編十種　徐乃昌編　清光緒至民國南陵徐氏刻本　二冊　存一種

330000－1701－0048553　GP05420　子部/宗教類/佛教之屬/論

李卓吾先生批評淨土決二卷　(明)李贄評　明刻本　一冊

330000－1701－0048554　GP05421　史部/政書類/邦交之屬

約章述要二卷　(美國)李佳白撰　(清)嚴善坊譯　清光緒三十三年(1907)尚賢堂鉛印本　二冊

330000－1701－0048555　普 951.01638/4964/2/c1　類叢部/叢書類/彙編之屬

廣漢魏叢書九十六種　(明)何允中編　明刻本　六冊　存一種

330000－1701－0048557　GP13782　新學/史志/別國史

日本變法由游俠義憤考一卷　康同薇纂　清光緒二十四年(1898)上海大同譯書局石印本　一冊

330000－1701－0048560　SBC2496　子部/雜著類/雜纂之屬

昨非菴日纂二十卷二集二十卷三集二十卷　(明)鄭瑄輯　明崇禎十六年(1643)刻順治二年(1645)印本　十一冊　存四十三卷(一至八、十三至十六、二集四至二十、三集一至十四)

330000－1701－0048562　GP13783　史部/雜史類/斷代之屬

桐廬縣濮振聲教案不分卷　清石印本　一冊

330000－1701－0048563　普 951.01638/4964/2/c2　類叢部/叢書類/彙編之屬

廣漢魏叢書九十六種　(明)何允中編　明刻本　二冊　存一種

330000－1701－0048564　普 951.0163/4067/15　史部/雜史類/斷代之屬

國語二十一卷　(三國吳)韋昭注　清康熙曲阜孔氏詩禮堂刻本　八冊

330000－1701－0048567　普 951.0163/4442　史部/雜史類/斷代之屬

國語正義二十一卷　(清)董增齡撰　清光緒六年(1880)會稽章氏式訓堂刻朱印本　八冊

330000－1701－0048568　普 951.0163/4442/2/c1　史部/雜史類/斷代之屬

國語正義二十一卷　(清)董增齡撰　清光緒六年(1880)會稽章氏式訓堂刻本　八冊

330000－1701－0048569　普 812.5086/2724/c2　集部/曲類/曲韻曲譜曲律之屬

繪圖綴白裘十二集四十八卷　(清)玩花主人輯　(清)錢德蒼增輯　清光緒三十四年(1908)萃香社石印本　十二冊

330000－1701－0048570　普 812.5086/2724/2/c1　集部/曲類/曲韻曲譜曲律之屬

繪圖綴白裘十二集四十八卷　(清)玩花主人輯　(清)錢德蒼增輯　清光緒三十四年(1908)萃香社石印本　十二冊

330000－1701－0048571　普 951.0165/0002/4/c3　史部/雜史類/斷代之屬
戰國策三十三卷　(漢)高誘注　**重刻剡川姚氏本戰國策札記三卷**　(清)黄丕烈撰　清光緒三年(1877)永康胡氏退補齋刻本　五册

330000－1701－0048572　GP05432　史部/詔令奏議類/奏議之屬
諭對錄重鐫十卷首一卷　(明)張孚敬撰　清咸豐三年(1853)刻本　六册

330000－1701－0048574　普 951.0165/0002/c2　史部/雜史類/斷代之屬
戰國策三十三卷　(漢)高誘注　**重刻剡川姚氏本戰國策札記三卷**　(清)黄丕烈撰　清光緒二十七年(1901)上海鴻寶齋石印本　五册

330000－1701－0048575　普 951.0165/0002/4/c4　史部/雜史類/斷代之屬
戰國策三十三卷　(漢)高誘注　**重刻剡川姚氏本戰國策札記三卷**　(清)黄丕烈撰　清光緒三年(1877)永康胡氏退補齋刻本　五册

330000－1701－0048576　SBC2504　類叢部/叢書類/彙編之屬
平津館叢書六集三十五種　(清)孫星衍編　清嘉慶蘭陵孫氏刻本　六十册　缺七卷(寰宇訪碑記四至八、十一至十二)

330000－1701－0048577　SBC2501　類叢部/叢書類/自著之屬
陸放翁全集六種　(宋)陸游撰　明末海虞毛氏汲古閣刻清初毛扆增刻彙印本　一册　存三種

330000－1701－0048578　SBC2502　集部/別集類/宋別集
放翁逸稾二卷　(宋)陸游撰　清抄本　一册　存一卷(一)

330000－1701－0048579　普 812.5086/2724/3　集部/曲類/曲選之屬
綴白裘十二集四十八卷　(清)玩花主人輯　(清)錢德蒼增輯　清乾隆四十六年(1781)集古堂刻本　二十四册

330000－1701－0048580　普 951.0165/0002/c4　史部/雜史類/斷代之屬
戰國策三十三卷　(漢)高誘注　**重刻剡川姚氏本戰國策札記三卷**　(清)黄丕烈撰　清光緒二十二年(1896)上海鴻寶齋石印本　四册

330000－1701－0048581　GP05433　史部/地理類/雜志之屬
譚黔一卷　(清)陳明遠撰　清光緒鉛印本　一册

330000－1701－0048583　GP05434　史部/地理類/雜志之屬
譚黔一卷　(清)陳明遠撰　清光緒鉛印本　一册

330000－1701－0048584　SBC2497　集部/戲劇類/總集之屬/雜劇
元曲選十集　(明)臧懋循編　明萬曆刻本　九十三册　存九十三種

330000－1701－0048586　普 812.47/6620　集部/總集類/彙編之屬
盂蘭夢一卷　(清)嚴保庸撰　清宣統元年(1909)國學萃編社鉛印本　曼題記　一册

330000－1701－0048587　GP05435　集部/別集類/清別集
覺顛冥齋内言四卷　(清)唐才常撰　清光緒二十四年(1898)長沙刻本　四册

330000－1701－0048588　SBC2505　史部/金石類/金之屬/圖像
泊如齋重修宣和博古圖錄三十卷　(宋)王黼等撰　明萬曆十六年(1588)泊如齋刻本　十六册

330000－1701－0048589　普 812.5086/3140/2/c1　集部/戲劇類/總集之屬/傳奇
墨憨齋新曲十種(墨憨齋定本十種傳奇)二十卷　(明)馮夢龍重訂　明末刻清乾隆五十七年(1792)重修本　十册

330000－1701－0048592　GP05436　史部/傳記類/總傳之屬/釋道
歷代仙史八卷　(清)王建章輯　清光緒七年

(1881)常熟抱芳閣刻本　六冊

330000－1701－0048595　GP13739　史部/詔令奏議類/詔令之屬

上諭條奏不分卷(清光緒二十六年至三十一年)　清光緒刻本　一冊

330000－1701－0048597　普 951.01638/4964/5　類叢部/叢書類/彙編之屬

祕書廿一種　(清)汪士漢編　清嘉慶九年(1804)汪氏刻本　一冊　存一種

330000－1701－0048598　普 812.47/6620/2　類叢部/叢書類/自著之屬

珊影雜識二種　(清)嚴保庸撰　清道光十九年(1839)金閶刻本　一冊

330000－1701－0048600　普 951.0165/0002/2　史部/雜史類/斷代之屬

戰國策三十三卷　(漢)高誘注　**重刻剡川姚氏本戰國策札記三卷**　(清)黃丕烈撰　清光緒二年(1876)成都尊經書院刻本　單丕批注　五冊

330000－1701－0048601　GP13740　子部/雜著類/雜說之屬

東甌九說一卷　(清)溫忠翰輯　清光緒五年(1879)刻本　一冊

330000－1701－0048602　普 812.5086/3140/2/c2　集部/戲劇類/總集之屬/傳奇

墨憨齋新曲十種(墨憨齋定本十種傳奇)二十卷　(明)馮夢龍重訂　明末刻清乾隆五十七年(1792)重修本　十冊

330000－1701－0048604　普 951.0165/0002.07/c1　史部/雜史類/斷代之屬

戰國策三十三卷　(漢)高誘注　**重刻剡川姚氏本戰國策札記三卷**　(清)黃丕烈撰　清同治八年(1869)湖北崇文書局刻本　一冊　存三卷(札記一至三)

330000－1701－0048605　GP05437　史部/地理類/雜志之屬

日下舊聞四十二卷附補遺　(清)朱彝尊輯　(清)朱昆田補遺　清康熙二十六年至二十七年(1687－1688)刻本　十六冊

330000－1701－0048609　SBC2511　史部/紀傳類/正史之屬

史漢評林二百三十卷　(明)凌稚隆輯　明萬曆烏程凌稚隆刻本　三十二冊　存一百三十卷(史記評林一至一百三十)

330000－1701－0048611　普 951.0165/0002.07/c2　史部/雜史類/斷代之屬

戰國策三十三卷　(漢)高誘注　**重刻剡川姚氏本戰國策札記三卷**　(清)黃丕烈撰　清光緒三年(1877)永康胡氏退補齋刻本　一冊　存三卷(札記一至三)

330000－1701－0048614　普 812.47/7702/c1　集部/戲劇類/雜劇之屬

補天石傳奇八種八卷　(清)周樂清撰　(清)譚光祜訂譜　清道光十年(1830)靜遠草堂刻本　八冊

330000－1701－0048615　普 951.0165/0002/3/c1　史部/雜史類/斷代之屬

戰國策三十三卷　(漢)高誘注　**重刻剡川姚氏本戰國策札記三卷**　(清)黃丕烈撰　清同治八年(1869)湖北崇文書局刻本　五冊

330000－1701－0048616　普 951.0165/0002/3/c2　史部/雜史類/斷代之屬

戰國策三十三卷　(漢)高誘注　**重刻剡川姚氏本戰國策札記三卷**　(清)黃丕烈撰　清同治八年(1869)湖北崇文書局刻本　五冊

330000－1701－0048617　普 951.0165/0002/3/c3　史部/雜史類/斷代之屬

戰國策三十三卷　(漢)高誘注　**重刻剡川姚氏本戰國策札記三卷**　(清)黃丕烈撰　清同治八年(1869)湖北崇文書局刻本　五冊

330000－1701－0048618　SBC2515　史部/傳記類/日記之屬

北征日記不分卷(清嘉慶八年六月二十五日至九月二十五日)　(清)顧廷綸撰　清抄本　一冊

330000－1701－0048619　GP13742　子部/兵

家類/操練之屬
鄉兵管見三卷 (清)李東撰 清咸豐九年(1859)刻本 一册

330000－1701－0048620 GP05438 史部/傳記類/總傳之屬/文苑
西湖三祠名賢考畧三卷首一卷 戴啓文撰 清光緒三十年(1904)丹徒戴啓文刻本 二册

330000－1701－0048622 普 812.55/0067/9 集部/戲劇類/傳奇之屬
成裕堂繪像第七才子書六卷四十二齣 (元)高明撰 清經綸堂刻本 六册

330000－1701－0048623 普 812.47/7702/c2 集部/戲劇類/雜劇之屬
補天石傳奇八種八卷 (清)周樂清撰 (清)譚光祜訂譜 清道光十年(1830)靜遠草堂刻本 夢玉題記 八册

330000－1701－0048624 普 951.0165/0002.07/c3 史部/雜史類/斷代之屬
戰國策三十三卷 (漢)高誘注 **重刻剡川姚氏本戰國策札記三卷** (清)黄丕烈撰 清光緒三年(1877)永康胡氏退補齋刻本 一册 存三卷(札記一至三)

330000－1701－0048625 普 812.55/0067/10 集部/戲劇類/傳奇之屬
芥子園繪像第七才子書六卷 (元)高明撰 清雍正十三年(1735)芥子園刻本 五册

330000－1701－0048627 普 951.0165/0002.07/c4 史部/雜史類/斷代之屬
戰國策三十三卷 (漢)高誘注 **重刻剡川姚氏本戰國策札記三卷** (清)黄丕烈撰 清同治八年(1869)湖北崇文書局刻本 一册 存三卷(札記一至三)

330000－1701－0048628 普 812.547/4421/7 集部/戲劇類/雜劇之屬
吳山三婦評箋註釋聖歎第六才子書八卷 (元)王德信 (元)關漢卿撰 (清)金人瑞 (清)陳同 (清)談則 (清)錢宜評點 清光緒二十年(1894)珍藝書局鉛印本 八册

330000－1701－0048629 普 812.55/0067/5 集部/戲劇類/傳奇之屬
繪像第七才子琵琶記六卷四十二齣 (元)高明撰 (清)毛綸評 清光緒三十二年(1906)石印本 四册

330000－1701－0048631 普 812.55/0067/7/c1 集部/戲劇類/傳奇之屬
成裕堂繪像第七才子書六卷四十二齣 (元)高明撰 清雍正十三年(1735)成裕堂刻本 六册

330000－1701－0048633 普 812.55/0067/7/c2 集部/戲劇類/傳奇之屬
成裕堂繪像第七才子書六卷四十二齣 (元)高明撰 清雍正十三年(1735)成裕堂刻本 六册

330000－1701－0048634 普 812.55/0067 集部/戲劇類/傳奇之屬
繪風亭評第七才子書琵琶記六卷附釋義一卷 (元)高明撰 (清)毛宗崗評 **才子琵琶寫情篇一卷** (清)陳方平輯 清映秀堂刻雍正元年(1723)三多齋印本 八册

330000－1701－0048636 SBC2508 類叢部/叢書類/彙編之屬
津逮祕書十五集一百四十種 (明)毛晉編 明崇禎虞山毛氏汲古閣刻本 四册 存十一種

330000－1701－0048637 SBC2514 史部/編年類/斷代之屬
東華錄十六卷 (清)蔣良騏撰 清抄本 三册 存十二卷(一至十二)

330000－1701－0048639 GP05424 新學/學校
京師大學堂講義初編七種二編七種 (清)京師大學堂輯 清末鉛印本 一册 存二種

330000－1701－0048640 普 812.55/0067/8/c1 集部/戲劇類/傳奇之屬
琴香堂繪像第七才子書六卷四十二齣 (元)高明撰 (清)金人瑞評 清乾隆三十二年

(1767)琴香堂刻本　六册

330000－1701－0048641　普 951.0165/0002/8/c2　類叢部/叢書類/彙編之屬
士禮居叢書二十種　(清)黄丕烈編　清嘉慶至道光黄氏士禮居刻本　四册　存一種

330000－1701－0048643　普 812.55/0067/8/c2　集部/戲劇類/傳奇之屬
琴香堂繪像第七才子書六卷四十二齣　(元)高明撰　(清)金人瑞評　清乾隆三十二年(1767)琴香堂刻本　六册

330000－1701－0048645　普 812.55/0067/11　集部/戲劇類/傳奇之屬
文郁堂繪像第七才子書六卷四十二齣　(元)高明撰　清仁壽堂刻本　二册　存四卷(一至四)

330000－1701－0048646　GP13744　史部/政書類/邦計之屬/貿易
禁革條款彙編不分卷　清光緒刻本　一册

330000－1701－0048648　SBC2520　集部/總集類/選集之屬/通代
六臣註文選六十卷　(南朝梁)蕭統撰　(唐)李善　(唐)呂延濟　(唐)劉良　(唐)張銑　(唐)李周翰　(唐)呂向注　明萬曆二年(1574)崔孔昕刻六年(1578)徐成位重修本　三册　存五卷(一至五)

330000－1701－0048650　普 951.021/1020/c2　史部/紀傳類/正史之屬
漢書補注一百卷首一卷　王先謙撰　清光緒二十六年(1900)長沙王氏虚受堂刻本　三十二册

330000－1701－0048651　普 951.0165/1213　史部/雜史類/斷代之屬
山曉閣國策選四卷　(清)孫琮撰　清康熙刻本　四册

330000－1701－0048652　GP13745　史部/政書類/邦計之屬/鹽法
溫處鹽務紀要一卷　(清)趙舒翹輯　清光緒十九年(1893)甌江官舍刻本　一册

330000－1701－0048653　GP05430　類叢部/叢書類/自著之屬
心齋十種　(清)任兆麟撰　清乾隆五十年至五十五年(1785－1790)震澤任氏忠敏家塾刻本　一册　存一種

330000－1701－0048656　普 951.0165/2623/2　史部/雜史類/斷代之屬
戰國策十卷　(宋)鮑彪校注　(元)吳師道補正　清刻本　八册

330000－1701－0048658　普 951.0165/1114　類叢部/叢書類/彙編之屬
廣雅書局叢書一百五十九種　徐紹棨編　清光緒廣雅書局刻民國九年(1920)番禺徐紹棨彙編重印本　二册　存一種

330000－1701－0048659　普 812.55/1035/10　集部/戲劇類/雜劇之屬
此宜閣增訂金批西廂記四卷首一卷末一卷　(元)王德信撰　(清)金人瑞評　清乾隆六十年(1795)周氏此宜閣刻朱墨套印本　六册

330000－1701－0048662　普 812.55/1035/3　集部/戲劇類/雜劇之屬
增像第六才子書五卷首一卷　(元)王德信　(元)關漢卿撰　(清)金人瑞評　清光緒十六年(1890)上海書局石印本　六册

330000－1701－0048663　SBC2513　史部/傳記類/總傳之屬
朱氏入學録一卷　清抄本　一册

330000－1701－0048665　普 951.0165/2623/3　史部/雜史類/斷代之屬
戰國策十卷　(宋)鮑彪校注　(元)吳師道補正　清乾隆三十年(1765)文盛堂刻本　八册

330000－1701－0048666　普 951.021/1090　史部/紀傳類/正史之屬
漢書補注七卷　王榮商撰　清光緒十七年(1891)刻本　二册

330000－1701－0048668　普 812.55/1035/7　集部/戲劇類/雜劇之屬
第六才子書八卷才子西廂文一卷　(元)王德

信　(元)關漢卿撰　(清)金人瑞評　清嘉慶二十二年(1817)裕文堂刻本　六冊

330000－1701－0048669　SBC2518　集部/別集類/宋別集

篔窗集十卷　(宋)陳耆卿撰　清光緒二十年(1894)木活字印臨海葉氏蔭玉閣叢書本　王舟瑤跋　二冊

330000－1701－0048671　GP13748　史部/政書類/儀制之屬/專志/科舉校規

監臨條約點名時辰標燈起數卷袋貼式一卷　清光緒刻本　一冊

330000－1701－0048675　普 812.55/1035/5/c1　集部/戲劇類/雜劇之屬

如是山房增訂金批西廂四卷首一卷末一卷　(元)王德信撰　(清)金人瑞評　清光緒二年(1876)如是山房刻朱墨套印本　六冊

330000－1701－0048676　SBC2512　子部/術數類/占卜之屬

大六壬鈎玄不分卷　清抄本　五冊

330000－1701－0048683　普 951.0165/2623/c2　史部/雜史類/斷代之屬

戰國策十卷　(宋)鮑彪校注　(元)吳師道補正　清乾隆文盛堂刻本　六冊

330000－1701－0048685　GP05440　史部/地理類/山川之屬/山志

焦山志二十八卷　(清)顧沅輯　清道光十九年(1839)刻本　四冊

330000－1701－0048686　普 812.55/1035/8/c1　集部/戲劇類/雜劇之屬

桐華閣西廂記不分卷　(元)王德信　(元)關漢卿撰　(清)吳蘭修訂　**桐華閣節本董解元西廂記一卷**　(金)董□撰　清道光二年(1822)長白馮氏刻本　清朱懷新跋　一冊

330000－1701－0048687　普 951.02092/1160　史部/紀傳類/正史之屬

漢書一百卷　(漢)班固撰　(唐)顏師古注　(明)鍾人傑輯評　明萬曆四十七年(1619)鍾人傑刻本　二冊　存八卷(年表一至八)

330000－1701－0048690　普 951.0165/4441/c1　類叢部/叢書類/自著之屬

儆居遺書十一種　(清)黃式三撰　清同治至光緒刻本　四冊　存一種

330000－1701－0048691　SBC2523　子部/雜著類/雜說之屬

無聊誌一卷　(清)顧文彬撰　稿本　一冊

330000－1701－0048693　GP05441　史部/史表類/斷代之屬

春秋滕薛杞越莒郳許七國統表六卷　(清)魏翼龍撰　清道光十三年(1833)刻本　四冊

330000－1701－0048694　普 812.55/0067/15　集部/戲劇類/傳奇之屬

繪像第七才子書六卷首一卷　(元)高明撰　清光緒十九年(1893)上海古香閣石印本　六冊

330000－1701－0048695　普 951.0165/4441/c5　類叢部/叢書類/自著之屬

儆居遺書十一種　(清)黃式三撰　清同治至光緒刻本　四冊　存一種

330000－1701－0048697　普 812.55/1035/8/c2　集部/戲劇類/雜劇之屬

桐華閣西廂記不分卷　(元)王德信　(元)關漢卿撰　(清)吳蘭修訂　**桐華閣節本董解元西廂記一卷**　(金)董□撰　清道光二年(1822)長白馮氏刻本　四冊

330000－1701－0048698　普 812.55/1035/5/c2　集部/戲劇類/雜劇之屬

如是山房增訂金批西廂四卷首一卷末一卷　(元)王德信撰　(清)金人瑞評　清光緒二年(1876)如是山房刻朱墨套印本　五冊　缺一卷(二)

330000－1701－0048699　SBC2522　子部/術數類/占卜之屬

易冒十卷　(清)程良玉撰　清抄本　二冊　存六卷(一至三、八至十)

330000－1701－0048701　GP05443　史部/地理類/外紀之屬

五洲圖考不分卷 （清）龔柴 （清）許彬撰 清光緒二十八年(1902)上海徐家滙印書館鉛印本 四冊

330000－1701－0048702 GP13789 史部/職官類/官箴之屬

治安文獻二集□□卷 （清）陸壽名輯 清刻本 五冊 存六卷(三、五、七至八、十一至十二)

330000－1701－0048703 SBC2521 集部/總集類/選集之屬/通代

集古梅花詩五卷 （明）童琥輯 清抄本 一冊 存二卷(一至二)

330000－1701－0048704 GP05444 經部/小學類/文字之屬/字書/字體

隸韻十卷碑目一卷 （宋）劉球撰 **碑目攷證一卷隸韻攷證二卷** （清）翁方綱撰 清嘉慶十五年(1810)秦恩復刻本 六冊

330000－1701－0048706 普 951.021/1024/c1 史部/地理類/總志之屬/斷代

漢書地理志校注二卷識語一卷 （清）王紹蘭撰 清光緒二十二年(1896)蕭山陳氏遺經樓刻本 二冊

330000－1701－0048707 普 951.021/1024/c2 史部/地理類/總志之屬/斷代

漢書地理志校注二卷識語一卷 （清）王紹蘭撰 清光緒二十二年(1896)蕭山陳氏遺經樓刻本 二冊

330000－1701－0048708 GP05446 子部/藝術類/書畫之屬/總論

庚子銷夏記八卷 （清）孫承澤撰 清抄本 二冊

330000－1701－0048709 GP05447 新學/電學

通物電光四卷附圖一卷 （美國）莫耳登撰 （英國）傅蘭雅口譯 王季烈筆述 清光緒二十五年(1899)江南製造局刻本 一冊

330000－1701－0048710 GP05448 史部/政書類/邦計之屬/鹽法

淮鹺備要十卷附行鹽疆界圖一卷 （清）李澄輯 清道光三年(1823)刻本 四冊

330000－1701－0048711 GP05452 類叢部/叢書類/彙編之屬

武英殿聚珍版書一百四十八種 清乾隆四十二年(1777)福建刻道光至同治遞修光緒二十一年(1895)增刻本 六冊 存一種

330000－1701－0048712 普 951.021/1160/3/c1 史部/紀傳類/正史之屬

二十四史附考證 清光緒十四年(1888)上海圖書集成印書局鉛印本 二十冊 存一種

330000－1701－0048713 SBC2526 集部/別集類/宋別集

東坡集四十卷後集二十卷奏議十五卷內制集十卷樂語一卷外制集三卷應詔集十卷續集十二卷 （宋）蘇軾撰 **東坡先生年譜一卷** （宋）王宗稷撰 明成化四年(1468)程宗刻本 張宗祥跋 四冊 存七卷(一至二、二十五至二十六、二十九至三十,續集七)

330000－1701－0048714 SBC2533 史部/地理類/山川之屬/山志

黃山志定本七卷首一卷 （清）閔麟嗣撰 清康熙十八年(1679)刻本 四冊 存四卷(首、一至二、六)

330000－1701－0048715 GP05449 經部/小學類/文字之屬

字畫辨譌一卷 （清）宋賓王撰 清乾隆刻本 一冊

330000－1701－0048716 GP05455 經部/叢編

關氏經學五書十二卷 （清）關涵輯 清嘉慶十三年(1808)仁和關炳刻本 四冊 存五卷(春秋通論一至四、總綱)

330000－1701－0048717 普 951.021/1160/3/c2 史部/紀傳類/正史之屬

二十四史附考證 清光緒十四年(1888)上海圖書集成印書局鉛印本 二十冊 存一種

330000－1701－0048718 普 951.021/1160/

4/c1　史部/紀傳類/正史之屬

十七史　(明)毛晉編　明末刻本　二十冊　存一種

330000－1701－0048719　GP05450　經部/四書類/論語之屬/傳說

古文論語鄭註二卷　(漢)鄭玄注　(宋)王應麟撰集　清嘉慶十六年(1811)醉經堂刻本　一冊

330000－1701－0048720　普951.021/1160/3/c3　史部/紀傳類/正史之屬

二十四史附考證　清光緒十四年(1888)上海圖書集成印書局鉛印本　二十冊　存一種

330000－1701－0048722　SBC2525　史部/紀傳類/正史之屬

北齊書五十卷　(唐)李百藥撰　明萬曆十六年至十七年(1588－1589)南京國子監刻本　六冊　缺一卷(十七)

330000－1701－0048723　普951.021/1160/4/c2　史部/紀傳類/正史之屬

十七史　(明)毛晉編　明崇禎元年至十七年(1628－1644)毛氏汲古閣刻本　三十二冊　存一種

330000－1701－0048724　SBC2532　集部/總集類/選集之屬/斷代

國朝詩選鈔不分卷　(清)沈德潛纂評　清抄本　四冊

330000－1701－0048725　GP05456　史部/雜史類/斷代之屬

守衢紀略一卷　(清)陶壽祺撰　清光緒十三年(1887)刻本　一冊

330000－1701－0048728　SBC2524　集部/別集類/宋別集

青社黃先生伐檀集二卷　(宋)黃庶撰　清抄本　一冊　存一卷(上)

330000－1701－0048729　普812.55/1035/14　集部/戲劇類/雜劇之屬

第六才子書八卷　(元)王德信　(元)關漢卿撰　(清)金人瑞評　清道光二十九年至咸豐三年(1849－1853)洪鏊抄本　清洪鏊批並過錄清周約序　六冊

330000－1701－0048730　普812.55/1035/9　集部/戲劇類/雜劇之屬

吳山三婦評箋註釋聖歎第六才子書八卷　(元)王德信　(元)關漢卿撰　(清)金人瑞　(清)陳同　(清)談則　(清)錢宜評點　(清)鄧汝寧音義　清光緒十三年(1887)上海石印本　二冊　缺一卷(八)

330000－1701－0048732　普812.55/1035/15　集部/戲劇類/雜劇之屬

樓外樓訂正妥註第六才子書六卷首一卷　(元)王德信撰　(清)金人瑞評　(清)鄒聖脉註　清乾隆九如堂刻本　二冊

330000－1701－0048734　SBC2527　子部/術數類

方外別傳一卷　扦厝十三法一卷　(明)董德彰撰　清抄本　清祝慶年跋　一冊

330000－1701－0048735　SBC2535　集部/總集類/選集之屬/通代

奇賞齋廣文苑英華二十六卷　(明)陳仁錫輯　明奇賞齋刻本　十四冊

330000－1701－0048736　普951.021/1160/5/c1　史部/紀傳類/正史之屬

漢書一百卷　(漢)班固撰　(唐)顏師古注　**姚惜抱先生前漢書評點一卷**　(清)姚鼐撰　清光緒八年(1882)桐城方氏刻本　三十二冊

330000－1701－0048737　GP13794　子部/兵家類/兵法之屬

兵武聞見錄一卷集攻守總論一卷堅壁清野議一卷　(清)壁昌撰　清咸豐刻本　一冊

330000－1701－0048738　普951.021/1160/6　史部/紀傳類/正史之屬

四史　清同治八年(1869)金谿三讓刻本　二十二冊　存一種

330000－1701－0048739　普812.55/1035/17　集部/戲劇類/雜劇之屬

吳山三婦評箋註釋聖歎第六才子書八卷末一

卷　(元)王德信　(元)關漢卿撰　(清)金人瑞　(清)陳同　(清)談則　(清)錢宜評點　(清)鄧汝寧音義　清右文堂刻本　六冊

330000－1701－0048741　GP05460　類叢部/叢書類/自著之屬
汪雙池先生叢書二十種附浙刻雙池遺書十二種　(清)汪紱撰　清道光至光緒刻光緒二十三年(1897)長安趙舒翹等彙印本　八冊　存一種

330000－1701－0048742　GP13796　史部/政書類/律令之屬/律例
江西課吏館續增章程一卷　(清)江西課吏館撰　清末刻本　一冊

330000－1701－0048743　普 951.021/1160/5/c2　史部/紀傳類/正史之屬
漢書一百卷　(漢)班固撰　(唐)顏師古注
姚惜抱先生前漢書評點一卷　(清)姚鼐撰　清光緒八年(1882)桐城方氏刻本　三十二冊

330000－1701－0048745　SBC2545　集部/別集類/清別集
閑閑廬初集六卷詩集八卷　(清)朱達撰　稿本　三冊　存八卷(初集一至三、詩集四至八)

330000－1701－0048746　普 812.55/1035/19　集部/戲劇類/雜劇之屬
雲林別墅繪像妥註第六才子書六卷首一卷　(元)王德信撰　(明)李贄評點　(清)金人瑞評　(清)鄒聖脉妥註　清乾隆刻本　六冊

330000－1701－0048748　普 812.55/1035/21/c1　集部/戲劇類/雜劇之屬
貫華堂第六才子書西廂記八卷　(元)王德信　(元)關漢卿撰　(清)金人瑞評　清順治貫華堂刻本　十冊

330000－1701－0048749　普 951.021/1160/7/c1　史部/紀傳類/正史之屬
漢書一百卷　(漢)班固撰　(唐)顏師古注　清同治十二年(1873)嶺東使署刻本　十六冊

330000－1701－0048750　普 951.021/1160/2/c2　史部/紀傳類/正史之屬
二十四史　清同治至光緒五省官書局據汲古閣本等合刻光緒五年(1879)湖北書局彙印本　十六冊　存一種

330000－1701－0048751　GP05461　經部/小學類
澤存堂五種　(清)張士俊輯　清康熙吳郡張士俊澤存堂刻本　四冊　存一種

330000－1701－0048752　普 951.021/1160/2/c4　史部/紀傳類/正史之屬
二十四史　清同治至光緒五省官書局據汲古閣本等合刻光緒五年(1879)湖北書局彙印本　十六冊　存一種

330000－1701－0048753　普 812.55/1035/20　集部/戲劇類/雜劇之屬
懷永堂繪像第六才子書八卷　(元)王德信　(元)關漢卿撰　(清)金人瑞評　清味蘭軒刻朱墨套印本　五冊　缺一卷(八)

330000－1701－0048754　SBC2542　子部/雜著類/雜纂之屬
雜抄一卷　清光緒十年至十一年(1884－1885)抄本　一冊

330000－1701－0048756　普 951.021/1160/7/c2　史部/紀傳類/正史之屬
漢書一百卷　(漢)班固撰　(唐)顏師古注
後漢書一百卷　(漢)范曄撰　(唐)李賢注
續漢書志三十卷　(晉)司馬彪撰　(南朝梁)劉昭注補　清同治十二年(1873)嶺東使署刻本　十九冊　存一百十七卷(一至一百、後漢書一至十七)

330000－1701－0048757　SBC2534　史部/地理類/專志之屬/寺觀
雲栖紀事不分卷　清抄本　九冊

330000－1701－0048758　GP05462　新學/化學/化學
化學考質八卷附表一卷　(德國)富里西尼烏司撰　(英國)傅蘭雅口譯　(清)徐壽筆述　清光緒江南製造總局刻本　六冊

330000－1701－0048759　SBC2544　子部/農家農學類/總論之屬
農圃六書六卷　(清)周之嶼撰　清初刻本　二冊　存一卷(一)

330000－1701－0048760　普 812.55/1035/21/c2　集部/戲劇類/雜劇之屬
貫華堂第六才子書西廂記八卷　(元)王德信　(元)關漢卿撰　(清)金人瑞評　清刻本　六冊

330000－1701－0048761　GP13797　史部/地理類/雜志之屬
西龍試館覆實錄一卷　清光緒刻本　一冊

330000－1701－0048762　SBC2541　類叢部/叢書類/自著之屬
王氏家藏集五種　(明)王廷相撰　明嘉靖刻本　二冊　存一種

330000－1701－0048763　SBC2538　史部/紀傳類/正史之屬
校刊史記集解索隱正義札記五卷　(清)張文虎撰　稿本　一冊　存一卷(四)

330000－1701－0048764　普 812.55/1035/22　集部/戲劇類/雜劇之屬
貫華堂註釋第六才子書六卷　(元)王德信　(元)關漢卿撰　(清)金人瑞評　清初刻本　六冊

330000－1701－0048765　GP05463　史部/地理類/遊記之屬/紀行
丙午日本游記一卷附錄一卷　程淯撰　清光緒三十三年(1907)鉛印本　一冊

330000－1701－0048766　SBC2543　經部/叢編
十三經注疏附考證　(清)□□輯　清乾隆四年(1739)武英殿刻本　一冊　存一種

330000－1701－0048767　普 812.55/1035/27　集部/戲劇類/雜劇之屬
懷永堂繪像第六才子書八卷　(元)王德信　(元)關漢卿撰　(清)金人瑞評　清光緒九年(1883)映紅仙館刻本　六冊

330000－1701－0048769　SBC2536　類叢部/類書類/專類之屬
古今疏十五卷　(清)朱虛撰　清初刻本　七冊

330000－1701－0048770　GP05464　子部/雜著類/雜纂之屬
錢神志七卷　(清)李世熊撰　清光緒六年(1880)楚北劉國光刻本　七冊

330000－1701－0048771　GP05471　類叢部/叢書類/家集之屬
黎氏家集 十二種附四種　(清)黎庶昌編　清光緒十四年至十五年(1888－1889)黎庶昌日本使署刻本暨鉛印本　一冊　存一種

330000－1701－0048773　普 951.021/1160/21/c1　史部/紀傳類/正史之屬
二十四史附考證　清光緒二十八年(1902)竢實齋石印本　七冊　存一種

330000－1701－0048774　GP13798　史部/職官類/官制之屬/專志
編定京官官制清單不分卷　(清)載澤等纂　清末浙江書局刻本　一冊

330000－1701－0048775　GP05465　類叢部/叢書類/自著之屬
槐軒全集二十一種附九種　(清)劉沅撰　清咸豐至民國刻彙印本　二十三冊　存一種

330000－1701－0048776　SBC2552　經部/小學類/文字之屬/說文/專著
六書精蘊六卷　(明)魏校撰　**六書精蘊音釋舉要一卷**　(明)徐官撰　明嘉靖十九年(1540)魏希明刻本　十二冊

330000－1701－0048777　GP05472　經部/叢編
通志堂經解一百四十種　(清)納蘭成德輯　清康熙十九年(1680)納蘭成德刻本　五冊　存一種

330000－1701－0048778　SBC2555　集部/別集類/明別集
陽明先生文錄五卷外集九卷別錄十卷　(明)

王守仁撰　(明)錢德洪等編　明嘉靖十四年(1535)聞人詮姑蘇刻本　七冊　存六卷(外集九,別錄一、七至十)

330000－1701－0048779　普812.55/1035/28　集部/戲劇類/雜劇之屬
第六才子書西廂記八卷附才子西廂醉心篇一卷　(元)王德信　(元)關漢卿撰　(清)金人瑞評　清同治八年(1869)有成堂刻朱墨套印本　六冊　缺一卷(才子西廂醉心篇)

330000－1701－0048781　SBC2554　子部/宗教類/佛教之屬/諸宗
憨山老人夢遊集五十五卷　(明)釋德清撰　(明)釋福善錄　(明)釋通炯輯　清光緒五年(1879)江北刻經處刻本　二十冊

330000－1701－0048783　普812.55/1035/24　集部/戲劇類/雜劇之屬
貫華堂第六才子書西廂記八卷　(元)王德信　(元)關漢卿撰　(清)金人瑞評　清乾隆十五年(1750)古吳三樂齋刻本　二冊

330000－1701－0048784　普951.021/1160/21/c2　史部/紀傳類/正史之屬
二十四史附考證　清光緒二十八年(1902)竢實齋石印本　十二冊　存一種

330000－1701－0048786　GP05473　經部/叢編
九經補注八種　(清)姜兆錫撰　清雍正至乾隆寅清樓刻本　四冊　存一種

330000－1701－0048787　普951.021/2510/c1　類叢部/叢書類/自著之屬
拙盦叢稿五種　(清)朱一新撰　清光緒二十二年(1896)順德龍氏葆真堂刻本　四冊　存一種

330000－1701－0048788　普951.021/1160/10/c1　史部/紀傳類/正史之屬
二十四史附考證　清光緒十八年(1892)武林竹簡齋石印本　十二冊　存一種

330000－1701－0048789　GP05467　類叢部/叢書類/自著之屬
庸盦全集十種　(清)薛福成撰　清光緒十年至二十四年(1884－1898)無錫薛氏刻本　一冊　存一種

330000－1701－0048790　普951.021/1160/12/c1　史部/紀傳類/正史之屬
二十四史附考證　清光緒二十八年(1902)史學會社石印本　八冊　存一種

330000－1701－0048792　GP05474　史部/傳記類/總傳之屬/儒林
杏壇聖蹟四卷　(清)孔衍珻編　清素位堂刻本　五冊　存二卷(一至二)

330000－1701－0048793　GP05468　史部/政書類/軍政之屬/兵制
新建陸軍兵略錄存八卷　袁世凱撰　清光緒二十四年(1898)石印本　六冊

330000－1701－0048794　普951.021/1160/10/c2　史部/紀傳類/正史之屬
二十四史附考證　清光緒十八年(1892)武林竹簡齋石印本　十二冊　存一種

330000－1701－0048795　SBC2553　子部/醫家類/綜合之屬/合刻、合抄
景岳全書六十四卷　(明)張介賓撰　清刻本　六冊　存十六卷(三十四至三十九、五十五至六十四)

330000－1701－0048796　普951.021/1160/12/c2　史部/紀傳類/正史之屬
二十四史附考證　清光緒二十八年(1902)史學會社石印本　八冊　存一種

330000－1701－0048797　普812.56/1717、普812.56/1222　集部/戲劇類/傳奇之屬
繡刻演劇十本六十種　(明)毛晉編　明末毛氏汲古閣刻本　六冊　存二種

330000－1701－0048799　普951.021/1160/10/c3　史部/紀傳類/正史之屬
二十四史附考證　清光緒二十八年(1902)武林竹簡齋石印本　八冊　存一種

330000－1701－0048800　SBC2556　史部/地

理類/山川之屬/水志
水經注箋四十卷 (明)朱謀㙔撰 明萬曆四十三年(1615)李長庚刻本 七册 存三十五卷(一至五、十一至四十)

330000－1701－0048801 GP05469 新學/農政/蠶務
檲蠶通説一卷 秦枏編 清宣統元年(1909)巴州習藝所雕刻刷印科木活字印本 一册

330000－1701－0048803 普812.56/1080 集部/戲劇類/傳奇之屬
繡刻演劇十本六十種 (明)毛晉編 明末毛氏汲古閣刻本 一册 存一種

330000－1701－0048804 SBC2549 集部/總集類/彙編之屬
皇明十六名家小品三十二卷 (明)丁允和 (明)陸雲龍編 (明)陸雲龍評 明崇禎六年(1633)錢塘陸雲龍崢霄館刻本 五册 存十卷(虞德園先生小品一至二、黄貞父先生小品一至二、張侗初先生小品一至二、袁中郎先生小品一至二、袁小脩先生小品一至二)

330000－1701－0048807 GP05470 新學/船政/行船事宜
行海要術四卷 (美國)金楷理譯 (清)李鳳苞筆述 清江南製造總局刻本 三册

330000－1701－0048808 普951.021/1160/11 史部/紀傳類/正史之屬
二十四史附考證 清光緒十四年(1888)上海鴻文書局石印本 十四册 存一種

330000－1701－0048811 善009058 史部/目録類/總録之屬/私撰
鐵琴銅劍樓藏書目録二十四卷 (清)瞿鏞撰 清光緒二十四年(1898)刻鐵琴銅劍樓叢書本 周大輔跋 闞沅伯過録鉛丹精舍批校 十册

330000－1701－0048819 SBC2557 集部/別集類/明別集
空同集六十三卷 (明)李夢陽撰 明嘉靖十一年(1532)曹嘉刻本 六册 存三十卷(一至三十)

330000－1701－0048820 GP05479 史部/傳記類/科舉録之屬
己未詞科録十二卷首一卷 (清)秦瀛輯 清光緒十四年(1888)木活字印本 十二册

330000－1701－0048821 SBC2559、G011405 集部/別集類/宋別集
新刻臨川王介甫先生詩文集一百卷目録二卷 (宋)王安石撰 明萬曆四十年(1612)王鳳翔金陵光啓堂刻本 三十二册

330000－1701－0048822 普951.021/1160/20/c1 史部/紀傳類/正史之屬
漢書一百卷 (漢)班固撰 (唐)顔師古注 清光緒十三年(1887)金陵書局刻本 十六册

330000－1701－0048823 普951.021/1160/18 史部/紀傳類/正史之屬
二十四史附考證 清光緒二十九年(1903)五洲同文局石印本 三十二册 存一種

330000－1701－0048824 普951.021/2510/c2 類叢部/叢書類/自著之屬
拙盦叢稿五種 (清)朱一新撰 清光緒二十二年(1896)順德龍氏葆真堂刻本 四册 存一種

330000－1701－0048826 GP13801 史部/政書類/公牘檔冊之屬
臨海試館徵信録不分卷補遺一卷 (清)蔣運球等撰 清光緒刻本 一册

330000－1701－0048828 普951.021/2510/c3 類叢部/叢書類/自著之屬
拙盦叢稿五種 (清)朱一新撰 清光緒二十二年(1896)順德龍氏葆真堂刻本 四册 存一種

330000－1701－0048829 GP05480 類叢部/叢書類/自著之屬
澹勤室著述六種 (清)傅壽彤撰 清道光至光緒刻彙印本 六册 存一種

330000－1701－0048831 普951.021/1160/

20/c2　史部/紀傳類/正史之屬
漢書一百卷　（漢）班固撰　（唐）顏師古注　清光緒十三年（1887）金陵書局刻本　十六冊

330000－1701－0048833　SBC2546　集部/曲類/曲韻曲譜曲律之屬
曲譜不分卷　清抄本　四冊

330000－1701－0048834　GP05481　類叢部/叢書類/自著之屬
澹勤室著述六種　（清）傅壽彤撰　清道光至光緒刻彙印本　四冊　存一種

330000－1701－0048835　GP13802　新學/商務
大美國欽命會議銀價大臣條議中國新圜法覺書一卷　（美國）精琪撰　清光緒三十年（1904）上海商務印書館鉛印本　一冊

330000－1701－0048836　普 951.021/2622/c1　史部/地理類/總志之屬/斷代
漢書地理志補注一百三卷　（清）吳卓信撰　清道光二十八年（1848）涇縣包氏刻本　二十冊

330000－1701－0048837　普 951.021/1160/20/c3　史部/紀傳類/正史之屬
漢書一百卷　（漢）班固撰　（唐）顏師古注　清光緒十三年（1887）金陵書局刻本　十六冊

330000－1701－0048838　普 812.56/1171/c3　集部/戲劇類/傳奇之屬
紅拂記二卷　（明）張鳳翼撰　**紅拂記音釋二卷**　（明）陳繼儒撰　清宣統元年（1909）暖紅室刻朱印本　二冊

330000－1701－0048839　普 812.56/2522　集部/戲劇類/傳奇之屬
玉鏡臺記二卷四十齣　（明）朱鼎撰　清初刻本　四冊

330000－1701－0048840　GP05483　類叢部/叢書類/彙編之屬
式訓堂叢書四十一種　（清）章壽康編　清光緒會稽章氏刻本　一冊　存一種

330000－1701－0048841　GP13803　子部/兵家類/兵法之屬
戰略考三十一卷　（明）茅元儀撰　（清）潘鐸評　清咸豐十年（1860）潘鐸刻本　清星叔題記　許榮勛跋　六冊

330000－1701－0048843　GP05476　史部/地理類/遊記之屬/紀行
鈍齋東遊日記不分卷　賀綸夔撰　清宣統元年（1909）上海商務印書館鉛印本　一冊

330000－1701－0048844　GP05484　類叢部/叢書類/自著之屬
郭氏叢刻十三種　（清）郭柏蒼撰　清光緒刻本　二冊　存一種

330000－1701－0048846　GP05485　史部/政書類/邦計之屬
兩浙宦游紀畧四種　（清）戴槃撰　清同治七年（1868）刻本　一冊　存一種

330000－1701－0048847　GP05486　集部/別集類/唐五代別集
昌黎先生集四十卷外集十卷遺文一卷　（唐）韓愈撰　（宋）廖瑩中校正　**朱子校昌黎先生集傳一卷**　（宋）朱熹撰　**韓集點勘四卷**　（清）陳景雲撰　清同治八年至九年（1869－1870）江蘇書局刻本　九冊　存四十卷（一至四十）

330000－1701－0048849　SBC2564　集部/總集類/彙編之屬
百名家詩鈔　（清）聶先編　清康熙刻本　六冊　存十二種

330000－1701－0048850　普 951.021092/1083/c1　類叢部/叢書類/郡邑之屬
金華叢書六十八種　（清）胡鳳丹編　清同治七年至光緒八年（1868－1882）永康胡氏退補齋刻民國補刻本　十冊　存一種

330000－1701－0048851　普 951.021092/1083/c2　類叢部/叢書類/郡邑之屬
金華叢書六十八種　（清）胡鳳丹編　清同治七年至光緒八年（1868－1882）永康胡氏退補

齋刻民國補刻本　九册　存一種

330000－1701－0048852　SBC2562　類叢部/叢書類/彙編之屬
漢魏叢書三十八種　(明)程榮編　明萬曆二十年(1592)新安程氏刻本　十册　存四種

330000－1701－0048853　GP05478　經部/小學類/文字之屬/字書/訓蒙
千字文釋義一卷　(清)嚴釗註　清光緒二十五年(1899)嚴氏刻本　一册

330000－1701－0048854　普951.021092/1083/c4　類叢部/叢書類/郡邑之屬
金華叢書六十八種　(清)胡鳳丹編　清同治七年至光緒八年(1868－1882)永康胡氏退補齋刻民國補刻本　八册　存一種

330000－1701－0048856　普951.021092/4498/(2)/c1　史部/編年類/斷代之屬
兩漢紀六十卷　(宋)王銍輯　**兩漢紀校記二卷**　(清)陳璞撰　清光緒二年(1876)嶺南學海堂刻本　章嶔題記　六册　存三十卷(前漢紀一至三十)

330000－1701－0048857　普951.021092/7231　史部/編年類/通代之屬
史存三十卷　(清)劉沅撰　清末刻本　十四册　缺三卷(一至三)

330000－1701－0048858　GP05487　經部/小學類/文字之屬/說文/專著
說文分韻易知録五卷部首重文五卷說文分畫易知録一卷　(清)許巽行撰　清光緒五年(1879)華亭許嘉德刻松江葆素堂許氏印本　十册

330000－1701－0048862　SBC2561　子部/儒家類/儒學之屬/性理
呻吟語節鈔不分卷　(明)呂坤撰　清知不足堂晴嵐主人抄本　四册

330000－1701－0048864　普812.56/3663/3　集部/戲劇類/傳奇之屬
牡丹亭還魂記二卷五十五齣　(明)湯顯祖撰　清光緒十八年(1892)五彩公司石印本　四册

330000－1701－0048869　SBC2570　集部/別集類/清別集
抱泉山館詩藁一卷　(清)王蒔蕙撰　稿本　一册

330000－1701－0048870　普812.56/3663/4/c1　集部/戲劇類/傳奇之屬
吴吴山三婦合評牡丹亭還魂記二卷五十五齣　(明)湯顯祖撰　(清)陳同　(清)談則　(清)錢宜批點　清康熙三十三年(1694)吴氏夢園刻本　二册

330000－1701－0048871　SBC2569　集部/別集類
湘魂閣詩鈔一卷　瘦崖撰　稿本　一册

330000－1701－0048872　SBC2566　史部/傳記類/別傳之屬/事狀
李少霖[廷泰]行述一卷　(清)李鑅　(清)李鎬撰　清抄本　一册

330000－1701－0048873　GP05489　子部/叢編
子書百家　(清)崇文書局編　清光緒元年(1875)湖北崇文書局刻本　一册　存一種

330000－1701－0048874　SBC2565　集部/總集類/選集之屬/通代
聽泉軒詩鈔一卷　稿本　一册

330000－1701－0048876　普812.56/3663/4/c2　集部/戲劇類/傳奇之屬
吴吴山三婦合評牡丹亭還魂記二卷五十五齣　(明)湯顯祖撰　(清)陳同　(清)談則　(清)錢宜批點　**還魂記或問一卷**　(清)吴儀一撰　清康熙三十三年(1694)吴氏夢園刻本　八册

330000－1701－0048878　GP05490　集部/別集類/清別集
白嶽舊聞四卷　(清)徐卓撰　清嘉慶二十二年(1817)刻本　四册

330000－1701－0048880　普812.56/3110

集部/戲劇類/傳奇之屬
獅吼記二卷 (明)汪廷訥撰 清初刻本 一册

330000－1701－0048882 GP05500 類叢部/叢書類/彙編之屬
龍威秘書十集 (清)馬俊良編 清乾隆五十九年至嘉慶元年(1794－1796)浙江石門馬氏大酉山房刻本 四册 存一種

330000－1701－0048883 GP13807 史部/政書類/邦計之屬/俸餉
增修籌餉事例條款三卷增修現行常例一卷 (清)戶部編 清末刻本 四册

330000－1701－0048884 普 812.56/3663/6 集部/戲劇類/傳奇之屬
牡丹亭還魂記八卷 (明)湯顯祖撰 清永慶堂刻本 六册

330000－1701－0048885 普 951.022015/3104/c1 史部/紀傳類/别史之屬
七家後漢書 (清)汪文臺輯 清光緒八年(1882)太平崔國榜等刻本 章嶔題簽並記 六册

330000－1701－0048886 SBC2563 子部/道家類
南華真經旁注五卷 (明)方虚名撰 明萬曆刻本 三册 存三卷(三至五)

330000－1701－0048887 普 951.022015/3104/c2 史部/紀傳類/别史之屬
七家後漢書 (清)汪文臺輯 清光緒八年(1882)太平崔國榜等刻本 單丕補 六册

330000－1701－0048889 GP05501 史部/史評類/史論之屬
史要增注七卷 (清)任啓運輯 (清)吳兆慶纂注 (清)任麟徵增注 清光緒十四年(1888)上海鴻文書局石印本 四册

330000－1701－0048891 SZD0317 子部/雜著類/雜纂之屬
焦氏類林八卷 (明)焦竑輯 明萬曆刻本 四册

330000－1701－0048892 普 812.56/7148/7 集部/戲劇類/傳奇之屬
燕子箋記二卷四十二齣 (明)阮大鋮撰 (清)雪韻堂批點 清同治十三年(1874)寄傲山房刻本 清李也耘批 四册

330000－1701－0048893 SBC2577 子部/醫家類/婦科之屬/產科
萬氏婦人科三卷保產良方一卷 (明)萬全撰 清愛菊堂刻本 一册

330000－1701－0048894 SBC2567 集部/别集類/清别集
臨海黄子珍稿本一卷 (清)黄瑞撰 稿本 一册

330000－1701－0048895 普 951.023/2622/c2 史部/紀傳類/正史之屬
兩漢刊誤補遺十卷附錄一卷 (宋)吳仁傑撰 清同治七年(1868)金陵書局木活字印本 二册

330000－1701－0048897 SBC2568 經部/春秋左傳類/傳說之屬
左氏蒙求補注二卷 (元)吳化龍撰 (清)劉紹琮補注 稿本 二册

330000－1701－0048899 普 951.023/2622/2 史部/紀傳類/正史之屬
兩漢刊誤補遺十卷附錄一卷 (宋)吳仁傑撰 清光緒十八年(1892)寄傲軒刻本 二册

330000－1701－0048901 GP05494 集部/總集類/尺牘之屬
管可壽齋尺牘二卷 (清)管斯駿輯 清光緒十二年(1886)刻本 二册

330000－1701－0048902 SBC2573 經部/小學類/訓詁之屬
五雅四十一卷 (明)郎奎金編 明天啓六年(1626)武林郎氏堂策檻刻本 六册

330000－1701－0048903 GP05502 史部/傳記類/總傳之屬/通代
洛學編四卷 (清)湯斌輯 **續編一卷** (清)尹會一輯 清乾隆元年(1736)湯定祥刻三年

(1738)續刻本　一册

330000－1701－0048905　SBC2572　類叢部/叢書類/彙編之屬
稗海四十八種續集二十二種　(明)商濬編　明萬曆商氏半埜堂刻清康熙至乾隆修補重訂本　四册　存四種

330000－1701－0048906　SBC2576　子部/醫家類/兒科之屬
推拿保嬰一卷　清抄本　一册

330000－1701－0048908　SBC2578　史部/編年類/通代之屬
宋元通鑑一百五十七卷　(明)薛應旂撰　(明)陳仁錫評　明天啓六年(1626)長洲陳仁錫刻本　二十册

330000－1701－0048909　GP05503　史部/傳記類/總傳之屬/通代
洛學編四卷　(清)湯斌輯　**續編一卷**　(清)尹會一輯　清乾隆元年(1736)湯定祥刻三年(1738)續刻本　一册

330000－1701－0048910　GP05504　史部/地理類/遊記之屬/紀行
東遊日記一卷附一卷(清光緒三十一年七月至三十二年元月二十九日)　(清)陳鴻年撰　清光緒三十三年(1907)官書局鉛印本　一册

330000－1701－0048912　普951.023/2622/3/c1　類叢部/叢書類/彙編之屬
知不足齋叢書一百九十五種　(清)鮑廷博編　(清)鮑士恭續編　清乾隆三十七年至道光三年(1772－1823)長塘鮑氏刻彙印本　六册　存一種

330000－1701－0048913　SBC2588　子部/儒家類/儒學之屬
孔氏家語十卷　(三國魏)王肅注　清刻本　五册

330000－1701－0048914　SBC2586　集部/總集類/選集之屬/斷代
駢辭集腋一卷　清抄本　苾原題簽　一册

330000－1701－0048915　普812.56/4617　集部/戲劇類/傳奇之屬
繡刻演劇十本六十種　(明)毛晉編　明末毛氏汲古閣刻本　二册　存一種

330000－1701－0048916　普812.56/7148.2/2　集部/戲劇類/傳奇之屬
詠懷堂新編十錯認春燈謎記四卷　(明)阮大鋮撰　明末刻本　四册

330000－1701－0048919　SBC2587　集部/别集類/明别集
青蘿館詩六卷　(明)徐中行撰　明隆慶五年(1571)新都汪時元刻本　一册　存三卷(四至六)

330000－1701－0048921　普812.57/0887.2、普812.57/0887.3、普812.57/0887.4、普812.57/0887.5、普812.57/0887.6　集部/戲劇類/傳奇之屬
碧聲吟館叢書六種　(清)許善長撰　清光緒仁和許善長碧聲吟館刻本　五册　存五種

330000－1701－0048922　普812.56/7531　集部/戲劇類/傳奇之屬
繡刻演劇十本六十種　(明)毛晉編　明末毛氏汲古閣刻本　四册　存一種

330000－1701－0048923　普951.023/2622/3/c2　史部/紀傳類/正史之屬
兩漢刊誤補遺十卷附録一卷　(宋)吳仁傑撰　清同治七年(1868)金陵書局木活字印本　六册

330000－1701－0048925　普951.023/2622/3/c3　類叢部/叢書類/彙編之屬
知不足齋叢書一百九十五種　(清)鮑廷博編　(清)鮑士恭續編　清乾隆三十七年至道光三年(1772－1823)長塘鮑氏刻彙印本　二册　存一種

330000－1701－0048926　SBC2585　集部/别集類/清别集
聖湖秋詩一卷　(清)浣花史輯注　稿本　一册

330000－1701－0048927　GP05496　類叢部/叢書類/自著之屬
王弢園叢書二種　(清)王韜撰　清光緒十五年至十六年(1889－1890)鉛印本　一冊　存一種

330000－1701－0048928　普951.021092/4498/(2)/c3　史部/編年類/斷代之屬
兩漢紀六十卷　(宋)王銍輯　**兩漢紀校記二卷**　(清)陳璞撰　清光緒二年(1876)嶺南學海堂刻本　六冊　存三十卷(前漢紀一至三十)

330000－1701－0048930　SBC2580　子部/醫家類/類編之屬
古今醫統正脈全書四十四種　(明)王肯堂編　明萬曆二十九年(1601)新安吳勉學刻本　二冊　存一種

330000－1701－0048931　普951.021092/4498/2　史部/編年類/斷代之屬
兩漢紀六十卷　(宋)王銍輯　**兩漢紀校記二卷**　(清)陳璞撰　清光緒二年(1876)嶺南述古堂刻本　六冊　存三十卷(前漢紀一至三十)

330000－1701－0048932　普812.56/7148/c2　類叢部/叢書類/彙編之屬
誦芬室叢刊二十二種　董康編　清光緒三十四年至民國十四年(1908－1925)武進董氏刻本　二冊　存一種

330000－1701－0048936　SBC2584　類叢部/叢書類/彙編之屬
廣漢魏叢書九十六種　(明)何允中編　明刻本　二冊　存一種

330000－1701－0048937　GP05499　新學/雜著/叢編
西學啓蒙十六種　(英國)赫德編　(英國)艾約瑟譯　清光緒二十二年(1896)上海著易堂書局鉛印本　一冊　存一種

330000－1701－0048940　普951.021092/4498　史部/編年類/斷代之屬
兩漢紀六十卷　(宋)王銍輯　**兩漢紀校記二卷**　(清)陳璞撰　清光緒二年(1876)嶺南學海堂刻本　六冊　存三十卷(前漢紀一至三十)

330000－1701－0048941　GP13809　史部/傳記類/總傳之屬/通代
安危注四卷　(清)吳甡輯　清康熙吳氏刻本　四冊

330000－1701－0048942　SBC2600　類叢部/類書類/通類之屬
纂刻醒睡編□□卷　(明)葉子穀撰　明刻本　一冊　存五卷(五至九)

330000－1701－0048944　GP05512　史部/地理類/山川之屬/山志
京口三山志　(清)□□輯　清同治至光緒刻本　九冊　存二種

330000－1701－0048946　SBC2591　集部/總集類/選集之屬/斷代
唐賢三昧集三卷　(清)王士禛輯　清康熙刻本　佚名過錄清姚鼐批　一冊

330000－1701－0048947　SBC2579　類叢部/叢書類/彙編之屬
廣漢魏叢書九十六種　(明)何允中編　明刻本　五冊　存八種

330000－1701－0048948　普812.57/0054　集部/戲劇類/傳奇之屬
雷峰塔傳奇四卷三十四齣　(清)方成培撰　清乾隆三十七年(1772)水竹居刻本　一冊　存一卷(一)

330000－1701－0048949　SBC2596　集部/戲劇類/總集之屬/雜劇
元曲選十集　(明)臧懋循編　明萬曆刻本　二冊　存二種

330000－1701－0048951　普812.57/1022　集部/戲劇類/傳奇之屬
秋水堂雙翠園傳奇二卷三十八齣　(清)夏秉衡撰　清乾隆三十二年(1767)秋水堂刻本　四冊

330000－1701－0048952　GP05507　史部/政書類/律令之屬/治獄

諜邑備考八卷　(清)吳光華輯　清乾隆十一年至二十三年(1746－1758)梧蔭堂刻本　二冊　存二卷(一、三)

330000－1701－0048954　普 812.56/7148/4/c2　集部/戲劇類/傳奇之屬

雪韻堂批點燕子箋二卷四十二齣　(明)阮大鋮撰　清宣統二年(1910)貴池劉氏暖紅室刻本　二冊

330000－1701－0048955　普 951.023/2622/3/(2)　類叢部/叢書類/彙編之屬

知不足齋叢書一百九十五種　(清)鮑廷博編　(清)鮑士恭續編　清乾隆三十七年至道光三年(1772－1823)長塘鮑氏刻彙印本　四冊　存一種

330000－1701－0048956　普 812.57/1027　集部/曲類/彈詞之屬

綉像雲外飄香四卷十一回　清末石印本　四冊

330000－1701－0048957　GP13810　史部/史評類/史論之屬

中國歷史課本不分卷　劉乃晟輯　清光緒三十二年(1906)保定高等學堂奉天學務處鉛印本　四冊

330000－1701－0048958　SBC2595　子部/術數類

選擇叢書集要五種二十九卷　(明)江之棟輯　明崇禎五年(1632)吳公遂尚白齋刻本　一冊　存一種

330000－1701－0048959　普 812.57/0821　集部/戲劇類/傳奇之屬

嘯月樓萬壽圖二卷五十四齣　(清)許紹珣撰　(清)萬鳴嘉評點　清臨川許智涵刻本　一冊

330000－1701－0048960　SBC2583　類叢部/叢書類/彙編之屬

祕書廿一種　(清)汪士漢編　清康熙七年(1668)新安汪氏重編印古今逸史本　二冊　存一種

330000－1701－0048962　普 812.57/1028　集部/戲劇類/總集之屬/傳奇

惺齋新曲六種　(清)夏綸撰　(清)徐夢元評　清乾隆十八年(1753)夏氏世光堂刻本　四冊　存一種

330000－1701－0048963　普 812.57/0087/c1　集部/戲劇類/傳奇之屬

碧聲吟館叢書六種　(清)許善長撰　清光緒仁和許善長碧聲吟館刻本　一冊　存一種

330000－1701－0048964　SBC2593　經部/小學類/文字之屬

問奇一覽二卷音韻須知二卷　(清)李書雲撰　清康熙刻乾隆三十一年(1766)汪燾孝經堂重修本　一冊　存一卷(上)

330000－1701－0048965　SBC2594　史部/地理類/水利之屬

南河成案五十四卷首二卷　清乾隆刻本　一冊　存二卷(五十一至五十二)

330000－1701－0048966　SBC2582　類叢部/叢書類/彙編之屬

祕書廿一種　(清)汪士漢編　清康熙七年(1668)新安汪氏重編印古今逸史本　一冊　存一種

330000－1701－0048968　普 812.57/0087/c2　集部/戲劇類/傳奇之屬

碧聲吟館叢書六種　(清)許善長撰　清光緒仁和許善長碧聲吟館刻本　一冊　存一種

330000－1701－0048969　GP13812　史部/史表類/通代之屬

歷代世系紀年編一卷　(清)沈炳震撰　**歷代建元重號一卷**　(清)姚文田撰　清咸豐六年(1856)漢陽葉氏刻本　一冊

330000－1701－0048971　普 812.57/1028.3/(2)/c1　集部/戲劇類/總集之屬/傳奇

惺齋新曲六種　(清)夏綸撰　(清)徐夢元評　清乾隆十八年(1753)夏氏世光堂刻本　清

苗孫題記　十二册

330000－1701－0048973　SBC2589　集部/別集類/漢魏六朝別集

陶靖節集十卷總論一卷附録一卷　(晉)陶潛撰　(宋)湯漢箋注　明萬曆十五年(1587)休陽程氏刻本　二册

330000－1701－0048974　普951.023/2717　史部/史抄類

兩漢碎金一卷補遺一卷　(清)侯登岸輯　清道光刻本　章嶔題簽並記　二册

330000－1701－0048975　GP05513　史部/政書類/邦計之屬

續富國策四卷　(清)陳熾撰　清光緒二十二年(1896)刻本　四册

330000－1701－0048977　GP05509　史部/傳記類/總傳之屬/家乘

[浙江海寧]海昌居氏宗譜五卷首一卷　(清)居益壽等纂修　清光緒三十三年(1907)裘墩支職思堂刻本　三册

330000－1701－0048978　普812.57/1028/2　集部/戲劇類/傳奇之屬

南陽樂傳奇二卷　(清)夏綸撰　清乾隆九年(1744)刻本　一册

330000－1701－0048979　GP13814　新學/史志/諸國史

東方諸邦史講録不分卷　清末安徽師範學堂鉛印本　二册

330000－1701－0048980　普951.023/3484/c2　史部/紀傳類/正史之屬

漢書疏證三十六卷後漢書疏證三十卷　(清)沈欽韓撰　清光緒二十六年(1900)浙江官書局刻本　十六册　存三十卷(後漢書疏證一至三十)

330000－1701－0048981　GP05510　經部/叢編

通志堂經解一百四十種　(清)納蘭成德輯　清康熙十九年(1680)納蘭成德刻本　一册　存一種

330000－1701－0048982　普951.023/3484/c3　史部/紀傳類/正史之屬

漢書疏證三十六卷後漢書疏證三十卷　(清)沈欽韓撰　清光緒二十六年(1900)浙江官書局刻本　十六册　存三十卷(後漢書疏證一至三十)

330000－1701－0048983　普812.57/1028.3/(2)/c2　集部/戲劇類/總集之屬/傳奇

惺齋五種(世光堂五種傳奇)　(清)夏綸撰　(清)徐夢元評　清乾隆十四年(1749)夏氏世光堂刻本　十册

330000－1701－0048987　普812.57/1028.4　集部/戲劇類/總集之屬/傳奇

惺齋新曲六種　(清)夏綸撰　(清)徐夢元評　清乾隆十八年(1753)夏氏世光堂刻本　二册　存一種

330000－1701－0048988　普951.023/4464/3/c2　史部/紀傳類/正史之屬

二十四史　清同治至光緒五省官書局據汲古閣本等合刻光緒五年(1879)湖北書局彙印本　十六册　存一種

330000－1701－0048989　GP05517　子部/藝術類/遊藝之屬/棋弈

弈潛齋集譜初編十五種二編三種三編五種　(清)鄧元鏸輯　清光緒弈潛齋刻本　一册　存一種

330000－1701－0048991　普812.57/1090/c1　集部/戲劇類/傳奇之屬

擬進呈楊忠愍蚺蛇膽表忠記二卷三十六齣　(清)丁耀亢撰　清同治十一年(1872)刻本　二册

330000－1701－0048992　普812.57/1090/c2　集部/戲劇類/傳奇之屬

擬進呈楊忠愍蚺蛇膽表忠記二卷三十六齣　(清)丁耀亢撰　清同治十一年(1872)刻本　二册

330000－1701－0048994　GP05522　類叢部/類書類/專類之屬

新增月日紀古十二卷　(清)蕭智漢撰　清道光十四年(1834)聽濤山房刻本　二十六册

330000－1701－0048995　SBC2606　集部/總集類

詩抄二卷　(清)查樞等撰　清抄本　一册

330000－1701－0048996　SBC2609　史部/傳記類/總傳之屬/家乘

[安徽歙縣]新安張氏續修宗譜三十卷　(清)張習孔　(清)張士麟纂修　清順治十六年(1659)張氏刻本　一册　存二卷(二十九至三十)

330000－1701－0048997　GP13817　子部/儒家類/儒學之屬/蒙學

正蒙必讀初二三編　(清)陳蔚文編　清光緒二十七年至二十八年(1901－1902)杞廬刻本　一册　存一種

330000－1701－0048998　GP05519　史部/傳記類/總傳之屬/家乘

[浙江鎮海]蛟川靈巖竺氏宗譜四卷首一卷末一卷　(清)竺振詺纂修　清光緒十二年(1886)森玉堂木活字印本　四册

330000－1701－0048999　GP13818　史部/史表類/通代之屬

歷代治權分合系統表一卷　(清)吴寶忠編　清光緒三十四年(1908)上海商務印書館石印本　一册

330000－1701－0049001　GP13819　史部/政書類/邦交之屬

五次問答節略一卷　(清)李鴻章輯　清光緒石印本　一册

330000－1701－0049002　SBC2608　集部/別集類/宋別集

蘇文六卷　(宋)蘇軾撰　(明)茅坤等評　明閔爾容刻三色套印本　一册　存一卷(二)

330000－1701－0049004　GP05520　史部/傳記類/總傳之屬/家乘

[浙江富陽]富春壺源徐氏宗譜六卷首一卷　(清)王啓寅纂修　清咸豐六年(1856)敬承堂木活字印本　四册　缺二卷(三、六)

330000－1701－0049005　普812.57/1028.3　集部/戲劇類/總集之屬/傳奇

惺齋新曲六種　(清)夏綸撰　(清)徐夢元評　清乾隆十八年(1753)夏氏世光堂刻本　□樨菴題記　六册

330000－1701－0049006　普812.57/1177、普812.57/1177.3　集部/戲劇類/總集之屬/傳奇

玉燕堂四種曲　(清)張堅撰　清乾隆刻本　六册　存二種

330000－1701－0049007　普951.023/4464/4/c1　史部/紀傳類/正史之屬

十七史　(明)毛晉編　明崇禎元年至十七年(1628－1644)毛氏汲古閣刻本　十四册　存一種

330000－1701－0049008　普951.021/2622/c2　史部/地理類/總志之屬/斷代

漢書地理志補注一百三卷　(清)吴卓信撰　清道光二十八年(1848)涇縣包氏刻本　二十册

330000－1701－0049011　普812.57/1292/3/c2　集部/戲劇類/傳奇之屬

桃花扇傳奇二卷四十齣　(清)孔尚任撰　清刻本　四册

330000－1701－0049012　普951.023/4464/3/c3　史部/紀傳類/正史之屬

二十四史　清同治至光緒五省官書局據汲古閣本等合刻光緒五年(1879)湖北書局彙印本　十六册　存一種

330000－1701－0049013　SBC2602　史部/紀傳類/正史之屬

前漢書一百卷　(漢)班固撰　(唐)顏師古注　明萬曆二十五年(1597)北京國子監刻二十一史本　清何士祁批校並跋　一册　存五卷(一至五)

330000－1701－0049014　普951.023/4464/4/c2　史部/紀傳類/正史之屬

十七史　(明)毛晉編　明崇禎元年至十七年(1628－1644)毛氏汲古閣刻本　十六冊　存一種

330000－1701－0049015　普 812.57/1177.2　集部/戲劇類/雜劇之屬

梅花簪一卷十齣　(清)張堅撰　**桃花聖解盦樂府二種二卷**　(清)李慈銘撰　清末蕭山寅半生、鍾駿文刻本　一冊

330000－1701－0049016　普 951.023/4464/3/(2)　史部/紀傳類/正史之屬

二十四史　清同治至光緒五省官書局據汲古閣本等合刻光緒五年(1879)湖北書局彙印本　二十冊　存一種

330000－1701－0049018　SBC2607　集部/戲劇類/傳奇之屬

芙蓉孽樂府二卷　洪炳文撰　稿本　一冊　存一卷(上)

330000－1701－0049019　普 812.57/1180　集部/戲劇類/傳奇之屬

醉高歌傳奇三劇十二折　(清)張雍敬撰　(清)簡閣道人評點　清乾隆三年(1738)靈雀軒刻本　四冊

330000－1701－0049020　GP05528　經部/四書類/總義之屬/傳説

四書典故辨正二十卷附錄一卷　(清)周柄中撰　清森寶堂刻本　六冊

330000－1701－0049021　普 951.023/4464/6/c3　史部/紀傳類/正史之屬

二十四史附考證　清光緒十四年(1888)上海圖書集成印書局鉛印本　十六冊　存一種

330000－1701－0049024　普 951.023/4464/8　史部/紀傳類/正史之屬

四史　清同治八年(1869)金谿三讓刻本　十八冊　存一種

330000－1701－0049025　SBC2601　集部/別集類/清別集

樊榭山房集注不分卷　(清)厲鶚撰　(清)徐觀海注　稿本　一冊

330000－1701－0049026　普 812.57/1117　集部/戲劇類/傳奇之屬

芙蓉碣傳奇二卷十四齣　(清)張雲驤撰　(清)王以慜評點　(清)吳孝緒按拍　清光緒九年(1883)刻本　一冊

330000－1701－0049027　GP05529　子部/儒家類/儒學之屬

下學堂劄記三卷堂規一卷會約一卷　(清)熊賜履撰　清康熙二十四年(1685)刻本　二冊

330000－1701－0049028　GP05523　子部/雜著類/雜考之屬

斠補隅錄十四卷　(清)蔣光煦編　清光緒九年(1883)蔣廷黻刻本　六冊

330000－1701－0049029　普 951.021/2731/c1　史部/紀傳類/正史之屬

漢書引經異文錄證六卷　(清)繆祐孫撰　清光緒十一年(1885)刻本　二冊

330000－1701－0049030　普 951.023/4464/7(2)　史部/紀傳類/正史之屬

十七史　(明)毛晉編　明崇禎元年至十七年(1628－1644)毛氏汲古閣刻本　十二冊　存一種

330000－1701－0049032　普 951.023/4464/5　史部/紀傳類/正史之屬

二十四史　清同治至光緒五省官書局據汲古閣本等合刻光緒五年(1879)湖北書局彙印本　二十四冊　存一種

330000－1701－0049034　普 951.023/4464/6/c1　史部/紀傳類/正史之屬

二十四史附考證　清光緒十四年(1888)上海圖書集成印書局鉛印本　十六冊　存一種

330000－1701－0049035　GP05531　類叢部/叢書類/彙編之屬

十萬卷樓叢書五十一種　(清)陸心源編　清光緒歸安陸氏刻本(歲時廣記卷六原缺)　四冊　存一種

330000－1701－0049036　普 812.56/3663.2　集部/戲劇類/傳奇之屬

紫釵記四卷　(明)湯顯祖撰　清刻本　四册

330000－1701－0049038　GP13822　類叢部/類書類/通類之屬

漢書精義三十九卷　(清)仲佩輯　清光緒十七年(1891)稿本　八册

330000－1701－0049039　普 812.57/1292/10　集部/戲劇類/傳奇之屬

桃花扇傳奇四卷四十齣首一卷　(清)孔尚任撰　清光緒二十年(1894)寶善書局石印本　四册

330000－1701－0049040　普 951.023/4464/6/c2　史部/紀傳類/正史之屬

二十四史附考證　清光緒十四年(1888)上海圖書集成印書局鉛印本　十六册　存一種

330000－1701－0049042　GP05532　史部/雜史類/斷代之屬

王會篇箋釋三卷　(清)何秋濤撰　清光緒十七年(1891)江蘇書局刻本　三册

330000－1701－0049044　普 951.021/2731/c2　史部/紀傳類/正史之屬

漢書引經異文錄證六卷　(清)繆祐孫撰　清光緒十一年(1885)刻本　二册

330000－1701－0049045　GP05525　經部/小學類/文字之屬/字書/古文

古籀餘論三卷　(清)孫詒讓撰　清光緒二十九年(1903)籀經樓刻本　二册

330000－1701－0049046　普 951.023/4464/11/c1　史部/紀傳類/正史之屬

四史　清光緒金陵書局江南書局刻本　十六册　存一種

330000－1701－0049047　SBC2628　集部/別集類/清別集

樊榭山房集外詩一卷　(清)厲鶚撰　清刻本　清戴穗孫批校　一册

330000－1701－0049048　普 812.57/1292/11　集部/戲劇類/傳奇之屬

桃花扇傳奇二卷四十齣　(清)孔尚任撰　清刻本　四册

330000－1701－0049049　GP13823　史部/政書類/公牘檔册之屬

東京府十一縣聯合共進會章程一卷　(日本)東京府十一縣聯合共進會編　清光緒三十一年(1905)浙江官書局刻本　一册

330000－1701－0049050　普 951.023/4464/11/c2　史部/紀傳類/正史之屬

四史　清光緒金陵書局江南書局刻本　十六册　存一種

330000－1701－0049051　普 951.023/4464/9/c1　史部/紀傳類/正史之屬

後漢書九十卷　(南朝宋)范曄撰　(唐)李賢注　**續漢書志三十卷**　(晉)司馬彪撰　(南朝梁)劉昭注　清同治十二年(1873)嶺東使署刻本　十六册

330000－1701－0049053　普 951.021/2848/c1　史部/地理類/外紀之屬

漢書西域傳補注二卷　(清)徐松撰　清道光九年(1829)陽湖張琦刻本　二册

330000－1701－0049056　普 812.57/1292/12　集部/戲劇類/傳奇之屬

桃花扇傳奇四卷四十齣首一卷　(清)孔尚任撰　清乾隆七年(1742)刻本　四册

330000－1701－0049057　SBC2610　史部/政書類/公牘檔册之屬

安省度支祕要不分卷　(清)宋元熙輯　稿本　一册

330000－1701－0049058　GP13824　新學/兵制/海軍

防海節要一卷　(德國)希理哈撰　(清)李雨亭輯　(清)施在鈺增輯　清光緒十年(1884)刻朱墨套印本　一册

330000－1701－0049059　GP05527　集部/別集類/元別集

許文正公遺書十二卷首一卷末一卷　(元)許衡撰　清乾隆五十五年(1790)刻本　八册

330000－1701－0049060　SBC2620　史部/目録類/總録之屬/徵訪
書籍待訪録五卷　(清)章恭撰　稿本　五册

330000－1701－0049061　普951.021/2848/c2　類叢部/叢書類/彙編之屬
式訓堂叢書四十一種　(清)章壽康編　清光緒會稽章氏刻本　一册　存一種

330000－1701－0049062　SBC2612　史部/雜史類/斷代之屬
明季實録四卷　(清)顧炎武輯　清抄本　二册　存二卷(二至三)

330000－1701－0049063　普951.023/4464/9/c2　史部/紀傳類/正史之屬
後漢書九十卷　(南朝宋)范曄撰　(唐)李賢注　**續漢書志三十卷**　(晉)司馬彪撰　(南朝梁)劉昭注　清同治十二年(1873)嶺東使署刻本　十三册　缺十七卷(後漢書一至十七)

330000－1701－0049066　SBC2627　類叢部/叢書類/自著之屬
空明子全集九種附一種　(清)張榮撰　清康熙至雍正謙益堂刻彙印本　十册　存六種

330000－1701－0049067　SBC2619　類叢部/叢書類/彙編之屬
惜陰軒叢書三十四種續編一種　(清)李錫齡編　清光緒十四年(1888)長沙惜陰書局刻本　二册　存一種

330000－1701－0049068　普951.023/4464/13/c2　史部/紀傳類/正史之屬
二十四史附考證　清光緒十四年(1888)上海鴻文書局石印本　十册　存一種

330000－1701－0049069　普951.021/2848//2/c1　類叢部/叢書類/彙編之屬
式訓堂叢書四十一種　(清)章壽康編　清光緒會稽章氏刻本　一册　存一種

330000－1701－0049070　SBC2618　集部/總集類/選集之屬/斷代
妙香齋墨選一卷　(清)□□輯　清抄本　一册

330000－1701－0049071　普951.023/4464/17　史部/紀傳類/正史之屬
二十四史附考證　清光緒二十九年(1903)五洲同文局石印本　二十八册　存一種

330000－1701－0049072　普951.021/2848/2/c2　類叢部/叢書類/彙編之屬
式訓堂叢書四十一種　(清)章壽康編　清光緒會稽章氏刻本　一册　存一種

330000－1701－0049073　普812.57/1254.207　子部/藝術類/音樂之屬
雙忽雷本事一卷　(清)劉世珩輯　清宣統三年(1911)貴池劉氏雙忽雷閣天津石印本　一册

330000－1701－0049074　SBC2616　子部/道家類
聖真訓示不分卷　(清)史元申撰　稿本　四册

330000－1701－0049075　GP05534　集部/别集類/清别集
亦有生齋集詩三十二卷文二十卷樂府二卷詞五卷　(清)趙懷玉撰　清嘉慶至道光元年(1821)刻本　七册　存二十卷(文一至二十)

330000－1701－0049076　普951.021/2848/3/c1　類叢部/叢書類/彙編之屬
廣雅書局叢書一百五十九種　徐紹棨編　清光緒廣雅書局刻民國九年(1920)番禺徐紹棨彙編重印本　一册　存一種

330000－1701－0049077　SBC2617　集部/總集類/彙編之屬
賦選一卷　吴慶坻輯　稿本　一册

330000－1701－0049078　普951.023/4464/13/c1　史部/紀傳類/正史之屬
後漢書九十卷　(南朝宋)范曄撰　(唐)李賢注　**志三十卷**　(晉)司馬彪撰　(南朝梁)劉昭注　清光緒十四年(1888)上海鴻文書局石印二十四史附考證本　陳光漢批　九册

330000－1701－0049079　普 951.023/4464/18　史部/紀傳類/正史之屬
四史　清光緒十四年(1888)上海蜚英館石印本　十二册　存一種

330000－1701－0049081　普 951.021/2848/3/c2　類叢部/叢書類/彙編之屬
廣雅書局叢書一百五十九種　徐紹棨編　清光緒廣雅書局刻民國九年(1920)番禺徐紹棨彙編重印本　一册　存一種

330000－1701－0049082　普 812.57/1292　集部/戲劇類/傳奇之屬
桃花扇傳奇四卷四十齣首一卷　(清)孔尚任撰　清道光十三年(1833)刻本　四册

330000－1701－0049083　普 812.57/1292/3/c3　集部/戲劇類/傳奇之屬
桃花扇傳奇二卷四十齣　(清)孔尚任撰　清刻本　二册

330000－1701－0049084　SBC2639　集部/總集類/尺牘之屬
蘇黄尺牘九卷　明刻本　一册

330000－1701－0049086　普 812.57/1292/4/c1　集部/戲劇類/傳奇之屬
桃花扇傳奇四卷四十齣首一卷　(清)孔尚任撰　清光緒二十一年(1895)合肥李氏蘭雪堂刻三十三年(1907)校改本　五册

330000－1701－0049087　GP05536　集部/別集類/清別集
容拙齋古文二卷　(清)張舒撰　清同治十年(1871)刻本　一册

330000－1701－0049088　普 812.57/1292/3/c1　集部/戲劇類/傳奇之屬
桃花扇傳奇二卷四十齣　(清)孔尚任撰　清刻本　八册

330000－1701－0049089　普 951.023/5045/2/c2　類叢部/叢書類/彙編之屬
廣雅書局叢書一百五十九種　徐紹棨編　清光緒廣雅書局刻民國九年(1920)番禺徐紹棨彙編重印本　十二册　存一種

330000－1701－0049091　普 812.57/1292/4/c2　集部/戲劇類/傳奇之屬
桃花扇傳奇四卷四十齣首一卷　(清)孔尚任撰　清光緒二十一年(1895)合肥李氏蘭雪堂刻三十三年(1907)校改本　五册

330000－1701－0049092　GP05542　經部/小學類/音韻之屬
四聲易知録四卷附文字偏旁舉略一卷　(清)姚文田輯　清道光十年(1830)粤東芸香堂刻本　二册

330000－1701－0049094　SBC2638　集部/總集類/選集之屬/通代
始可與言一卷　(清)無髮居士輯　**與古人書二卷**　(清)張自烈撰　清抄本　一册

330000－1701－0049095　普 812.57/1292/4/c3　集部/戲劇類/傳奇之屬
桃花扇傳奇四卷四十齣首一卷　(清)孔尚任撰　清光緒二十一年(1895)合肥李氏蘭雪堂刻三十三年(1907)校改本　五册

330000－1701－0049096　SBC2626　子部/雜著類/雜品之屬
游藝考四卷　(清)郝應麟輯　清刻本　一册

330000－1701－0049097　普 812.57/1292/15/c1　集部/戲劇類/傳奇之屬
桃花扇傳奇二卷四十齣　(清)孔尚任撰　清康熙四十七年(1708)西園刻本　八册

330000－1701－0049099　普 951.023/5045/3　史部/紀傳類/正史之屬
後漢書補注二十四卷　(清)惠棟撰　清嘉慶九年(1804)桐鄉馮集梧德裕堂刻本　四册

330000－1701－0049102　SBC2623　集部/別集類/元別集
方虚谷桐江集四卷　(元)方回撰　清末抄本　一册　存二卷(一至二)

330000－1701－0049103　普 812.57/1292/6/c1　集部/戲劇類/傳奇之屬
桃花扇傳奇四卷四十齣首一卷　(清)孔尚任撰　清光緒二十一年(1895)合肥李氏蘭雪堂

刻本　五册

330000－1701－0049104　普 812.57/1292/15/c2　集部/戲劇類/傳奇之屬

桃花扇傳奇二卷四十齣　(清)孔尚任撰　清康熙四十七年(1708)西園刻本　四册

330000－1701－0049105　普 951.023/4464/19　史部/紀傳類/正史之屬

二十四史附考證　清光緒二十八年(1902)史學會社石印本　八册　存一種

330000－1701－0049106　SBC2624　子部/術數類/陰陽五行之屬

煙波釣叟歌不分卷　清抄本　一册

330000－1701－0049107　SBC2632　集部/總集類/酬唱之屬

春游唱和詩一卷　(清)孫清等撰　清抄本　管元耀跋並題詩　夏穀堂題記　□□鏡(笠亭)跋　一册

330000－1701－0049108　普 812.57/1292/6/c2　集部/戲劇類/傳奇之屬

桃花扇傳奇四卷四十齣首一卷　(清)孔尚任撰　清光緒二十一年(1895)合肥李氏蘭雪堂刻三十三年(1907)校改本　五册

330000－1701－0049110　普 951.023/5045/4　史部/紀傳類/正史之屬

後漢書補注二十四卷　(清)惠棟撰　清光緒二十年(1894)刻廣雅書局叢書本　章嶔題記　十二册

330000－1701－0049111　普 812.57/1292.03　類叢部/叢書類/家集之屬

陳氏叢書十三種　(清)陳濬　(清)陳宸書撰　清嘉慶至同治刻本　三册　存一種

330000－1701－0049112　GP05538　類叢部/叢書類/家集之屬

劉氏傳家集二十八種　(清)劉青芝編　清乾隆刻本　六册　存一種

330000－1701－0049113　普 812.57/2143　集部/戲劇類/傳奇之屬

也春秋傳奇二卷　(清)花郵居士等撰　清乾隆二十四年(1759)刻本　二册

330000－1701－0049116　普 812.57/2513　集部/戲劇類/傳奇之屬

紅樓夢傳奇二卷五十六齣　(清)仲振奎撰　清嘉慶四年(1799)綠雲紅雨山房刻本　五册

330000－1701－0049122　SBC2631　子部/藝術類/遊藝之屬/博戲

骨牌神數一卷　清抄本　一册

330000－1701－0049126　普 813.56/5071/5　集部/小説類/長篇之屬

東周列國全志二十三卷一百八回　(清)蔡奡評點　清文德堂刻本　十二册

330000－1701－0049127　GP05543　史部/地理類/專志之屬/古跡

石柱記箋釋五卷　(清)鄭元慶撰　清康熙四十一年(1702)鄭元慶魚計亭刻本　二册

330000－1701－0049128　普 951.023/4464/14/c1　史部/紀傳類/正史之屬

二十四史附考證　清光緒十八年(1892)武林竹簡齋石印本　八册　存一種

330000－1701－0049129　普 812.57/1121　集部/戲劇類/傳奇之屬

賢賢堂芙蓉樓傳奇二卷五十齣　(清)張衢撰　清乾隆五十六年(1791)刻本　二册

330000－1701－0049130　SBC2621　集部/總集類/彙編之屬

皇明十六名家小品三十二卷　(明)丁允和　(明)陸雲龍編　(明)陸雲龍評　明崇禎六年(1633)錢塘陸雲龍崢霄館刻本　十册　存二十卷(袁中郎先生小品一至二、董思白先生小品一至二、陳明卿先生小品一至二、張侗初先生小品一至二、曹能始先生小品一至二、虞德園先生小品一至二、李本寧先生小品一至二、袁小脩先生小品一至二、王季重先生小品一至二、鍾伯敬先生小品一至二)

330000－1701－0049132　普 812.57/2671/c1　集部/戲劇類/傳奇之屬

儒酸福傳奇二卷十四齣　(清)魏熙元撰　(清)汪繩武正譜　(清)倪星垣評文　清光緒十年(1884)杭州魏氏玉玲瓏館刻本　二冊

330000－1701－0049133　SBC2630　子部/道家類
太上玄元道德經一卷　清康熙四十三年(1704)胡西安抄本　清胡安石跋　一冊

330000－1701－0049134　GP13833　史部/傳記類/總傳之屬/郡邑
金華賢達傳十二卷　(明)鄭柏撰　清康熙四十七年(1708)鄭璧刻本　清月芬題記　一冊

330000－1701－0049135　GP05549　新學/氣學/熱學
物體遇熱改易記四卷　(英國)瓦特斯輯　(英國)傅蘭雅口譯　(清)徐壽筆述　(清)趙元益校錄　清光緒二十五年(1899)江南製造局刻本　二冊

330000－1701－0049136　普 951.023/4464/14/c2　史部/紀傳類/正史之屬
二十四史附考證　清光緒二十八年(1902)武林竹簡齋石印本　八冊　存一種

330000－1701－0049137　普 812.57/2168　集部/戲劇類/傳奇之屬
旗亭記二卷三十六齣　(清)金兆燕撰　清乾隆二十四年(1759)刻本　五冊

330000－1701－0049138　普 812.57/2671/c2　集部/戲劇類/傳奇之屬
儒酸福傳奇二卷　(清)魏熙元撰　(清)汪繩武正譜　(清)倪星垣評文　清光緒十年(1884)杭州魏氏玉玲瓏館刻本　二冊

330000－1701－0049139　SBC2636　子部/宗教類/道教之屬
大洞經示讀注釋三卷　清抄本　一冊

330000－1701－0049140　普 951.023/5045.02　類叢部/叢書類/彙編之屬
廣雅書局叢書一百五十九種　徐紹棨編　清光緒廣雅書局刻民國九年(1920)番禺徐紹棨彙編重印本　一冊　存一種

330000－1701－0049141　普 812.57/2693　集部/戲劇類/傳奇之屬
義貞記二卷三十二齣　(清)吴恒宣撰　清光緒五年(1879)文奎堂刻本　二冊

330000－1701－0049142　SBC2646　集部/別集類/明別集
蒲庵詩二卷　(明)釋來復撰　清抄本　一冊

330000－1701－0049143　普 812.57/2168.2　集部/戲劇類/傳奇之屬
玉尺樓傳奇二卷四十齣　(清)盧見曾撰　清乾隆刻本　五冊

330000－1701－0049144　普 812.57/2710　集部/戲劇類/傳奇之屬
雙星圖二卷三十齣　(清)鄒山撰　清康熙樂餘園刻本　二冊

330000－1701－0049145　普 812.57/1138/c1　集部/戲劇類/傳奇之屬
梅花夢二卷　(清)張道撰　清光緒二十年(1894)錢塘張預長沙刻本　二冊

330000－1701－0049146　普 951.023092/4030/c1　史部/編年類/斷代之屬
兩漢紀六十卷　(宋)王銍輯　**兩漢紀校記二卷**　(清)陳璞撰　清光緒二年(1876)嶺南學海堂刻本　七冊　缺三十卷(前漢紀一至三十)

330000－1701－0049148　普 812.57/1138/c2　集部/戲劇類/傳奇之屬
梅花夢二卷　(清)張道撰　清光緒二十年(1894)錢塘張預長沙刻本　二冊

330000－1701－0049149　GP05550　集部/別集類/唐五代別集
昌黎先生詩增注証訛十一卷　(唐)韓愈撰　(清)黄鉞增注証訛　**昌黎先生[韓愈]年譜一卷**　(清)黄鉞編　清道光二十八年(1848)黄中民刻咸豐七年(1857)四明鮑氏二客軒印本　四冊

330000－1701－0049150　普 812.57/1138/c3　集部/戲劇類/傳奇之屬

梅花夢二卷　(清)張道撰　清光緒二十年(1894)錢塘張預長沙刻朱印本　二冊

330000－1701－0049151　SBC2635　子部/儒家類/儒學之屬/性理
證學編一卷　(清)彭希洛撰　清光緒八年(1882)刻本　一冊

330000－1701－0049152　普 812.57/2332/c1　集部/戲劇類/傳奇之屬
揚州夢二卷三十二齣　(清)嵇永仁撰　清同治十一年(1872)永州刻本　二冊

330000－1701－0049153　普 812.57/1138/c4　集部/戲劇類/傳奇之屬
梅花夢二卷　(清)張道撰　清光緒二十年(1894)錢塘張預長沙刻本　二冊

330000－1701－0049154　普 951.023/5045.022/c1　類叢部/叢書類/彙編之屬
廣雅書局叢書一百五十九種　徐紹棨編　清光緒廣雅書局刻民國九年(1920)番禺徐紹棨彙編重印本　一冊　存一種

330000－1701－0049156　普 951.021/2848/4　類叢部/叢書類/彙編之屬
指海一百四十種　(清)錢熙祚編　(清)錢培讓　(清)錢培杰續編　清道光十六年至二十二年(1836－1842)金山錢氏重編增刻借月山房彙鈔本　二冊　存一種

330000－1701－0049157　普 812.57/1138/(2)　集部/戲劇類/傳奇之屬
梅花夢二卷　(清)張道撰　清光緒二十年(1894)錢塘張預長沙刻本　六冊

330000－1701－0049158　普 812.57/2332/c2　集部/戲劇類/傳奇之屬
揚州夢二卷三十二齣　(清)嵇永仁撰　清同治十一年(1872)永州刻本　二冊

330000－1701－0049159　普 812.57/2332.2　集部/戲劇類/傳奇之屬
雙報應二卷三十齣　(清)嵇永仁撰　清刻本　二冊

330000－1701－0049161　普 812.57/2867　集部/戲劇類/傳奇之屬
梨花雪十四折　(清)徐鄂撰　(清)秦本楨評　清宣統元年(1909)上海煥文書局石印本　二冊

330000－1701－0049162　普 951.023/5045.022/c2　類叢部/叢書類/彙編之屬
廣雅書局叢書一百五十九種　徐紹棨編　清光緒廣雅書局刻民國九年(1920)番禺徐紹棨彙編重印本　一冊　存一種

330000－1701－0049163　普 812.57/3447/c1　集部/戲劇類/傳奇之屬
沈薲漁四種曲　(清)沈起鳳撰　清古香林刻本　八冊

330000－1701－0049165　普 951.023092/4030/3　史部/編年類/斷代之屬
兩漢紀六十卷　(宋)王銍輯　**兩漢紀校記二卷**　(清)陳璞撰　清光緒二年(1876)嶺南述古堂刻本　六冊　缺三十卷(前漢紀一至三十)

330000－1701－0049166　SBC2634　類叢部/叢書類/家集之屬
長洲彭氏家集九種　(清)彭祖賢編　清同治至光緒刻本　一冊　存一種

330000－1701－0049167　普 812.57/3447/c2　集部/戲劇類/傳奇之屬
沈薲漁四種曲　(清)沈起鳳撰　清古香林刻本　八冊

330000－1701－0049170　GP13839　史部/傳記類/總傳之屬/儒林
聖祀賢儒錄八卷　(清)譚之琥撰　清乾隆三年(1738)君子堂刻本　十冊

330000－1701－0049172　普 951.021/3131/c3　類叢部/叢書類/自著之屬
振綺堂遺書五種　(清)汪遠孫撰　清道光刻民國十一年(1922)錢唐汪氏彙印本　二冊　存一種

330000－1701－0049173　SBC2592　集部/總

集類/彙編之屬
唐宋八大家文鈔 (明)茅坤編 明崇禎四年(1631)茅著刻本 三冊 存一種

330000－1701－0049174 普 951.023092/4030/(2)/c2 史部/編年類/斷代之屬
兩漢紀六十卷 (宋)王銍輯 **兩漢紀校記二卷** (清)陳璞撰 清光緒二年(1876)嶺南學海堂刻本 八冊 缺三十卷(前漢紀一至三十)

330000－1701－0049175 普 812.57/3447.2 集部/戲劇類/傳奇之屬
沈膂漁四種曲 (清)沈起鳳撰 清古香林刻本 一冊 存一種

330000－1701－0049177 普 812.57/2867/2/c1 集部/戲劇類
誦荻齋曲 (清)徐鄂撰 清光緒上海書局石印本 四冊 存一種

330000－1701－0049178 普 951.021/3131/(2) 類叢部/叢書類/自著之屬
振綺堂遺書五種 (清)汪遠孫撰 清道光刻民國十一年(1922)錢唐汪氏彙印本 一冊 存一種

330000－1701－0049179 普 812.57/3447.3/c1 集部/戲劇類/傳奇之屬
沈膂漁四種曲 (清)沈起鳳撰 清古香林刻本 一冊 存一種

330000－1701－0049181 GP05554 集部/別集類
鎮亭山房詩集十八卷文集十二卷 陸廷黻撰 清光緒十七年(1891)刻本 二冊 存四卷(駢文一至四)

330000－1701－0049182 普 951.023092/4030/(2)/c3 史部/編年類/斷代之屬
兩漢紀六十卷 (宋)王銍輯 **兩漢紀校記二卷** (清)陳璞撰 清光緒二年(1876)嶺南學海堂刻本 八冊 缺三十卷(前漢紀一至三十)

330000－1701－0049183 普 812.57/3447.3/c2 集部/戲劇類/傳奇之屬
沈膂漁四種曲 (清)沈起鳳撰 清古香林刻本 二冊 存一種

330000－1701－0049185 GP13856 史部/傳記類/別傳之屬/年譜
舜山是仲明先生[鏡]年譜一卷 (清)張敬立編 (清)金吳瀾補注 清光緒十三年(1887)嘉興金吳瀾木活字印本 一冊

330000－1701－0049187 普 812.57/2867/2/c2 集部/戲劇類
誦荻齋曲 (清)徐鄂撰 清光緒上海書局石印本 四冊 存一種

330000－1701－0049189 GP05545 集部/別集類/清別集
惜抱軒外稿不分卷 (清)姚鼐撰 清光緒十四年(1888)木活字印本 四冊

330000－1701－0049190 GP05556 子部/藝術類/書畫之屬/法帖
黃敬輿太史讀書樂一卷 (清)黃自元書 清光緒刻本 一冊

330000－1701－0049191 普 951.021/3312/c1、普 951.021/3312.02 類叢部/叢書類/彙編之屬
廣雅書局叢書一百五十九種 徐紹棨編 清光緒廣雅書局刻民國九年(1920)番禺徐紹棨彙編重印本 五冊 存二種

330000－1701－0049192 GP05557 集部/別集類/清別集
雨翠山房詩鈔四卷附連江謠一卷 (清)言尚焜撰 清道光十年(1830)言良鈺刻本 二冊

330000－1701－0049193 SBC2633 子部/藝術類/書畫之屬/畫譜
十竹齋書畫譜八卷 (明)胡正言輯 清光緒五年(1879)校經山房刻彩色套印本 八冊

330000－1701－0049194 普 951.023023/3497/c1 類叢部/叢書類/彙編之屬
學古堂日記四十種 (清)雷浚 (清)汪之昌編 清光緒十六年(1890)刻二十二年(1896)

續刻本　一册　存一種

330000－1701－0049195　普 812.57/2867/3、普 812.57/2867.2　集部/戲劇類
誦荻齋曲　(清)徐鄂撰　清光緒大同書局石印本　四册　存二種

330000－1701－0049196　普 951.023/83461.3、普 951.023/83461/c1　類叢部/叢書類/彙編之屬
廣雅書局叢書一百五十九種　徐紹棨編　清光緒廣雅書局刻民國九年(1920)番禺徐紹棨彙編重印本　五册　存二種

330000－1701－0049197　普 951.021/3312/c2　類叢部/叢書類/彙編之屬
廣雅書局叢書一百五十九種　徐紹棨編　清光緒廣雅書局刻民國九年(1920)番禺徐紹棨彙編重印本　四册　存一種

330000－1701－0049198　普 951.023023/3497/c2　類叢部/叢書類/彙編之屬
學古堂日記四十種　(清)雷浚　(清)汪之昌編　清光緒十六年(1890)刻二十二年(1896)續刻本　一册　存一種

330000－1701－0049199　GP05558　子部/術數類/占卜之屬
奇門行軍要畧四卷　(清)劉文瀾撰　清道光二十五年(1845)刻本　四册

330000－1701－0049200　普 951.023/83461/c2　類叢部/叢書類/彙編之屬
廣雅書局叢書一百五十九種　徐紹棨編　清光緒廣雅書局刻民國九年(1920)番禺徐紹棨彙編重印本　二册　存一種

330000－1701－0049201　普 951.021/3312/c3　類叢部/叢書類/彙編之屬
廣雅書局叢書一百五十九種　徐紹棨編　清光緒廣雅書局刻民國九年(1920)番禺徐紹棨彙編重印本　四册　存一種

330000－1701－0049202　普 812.57/2867.2/2　集部/戲劇類
誦荻齋曲　(清)徐鄂撰　清光緒石印本　二册　存一種

330000－1701－0049203　普 951.023/83461.3/2　類叢部/叢書類/彙編之屬
粵雅堂叢書一百八十五種　(清)伍崇曜編　清道光二十九年至光緒十一年(1849－1885)南海伍氏刻彙印本　四册　存一種

330000－1701－0049204　普 951.023/83461/2、普 951.023/83461.2　類叢部/叢書類/彙編之屬
廣雅書局叢書一百五十九種　徐紹棨編　清光緒廣雅書局刻民國九年(1920)番禺徐紹棨彙編重印本　三册　存二種

330000－1701－0049205　SBC2649　類叢部/叢書類/彙編之屬
説郛一百二十弓　(明)陶宗儀編　(明)陶珽等重編　明末刻清順治三年(1646)兩浙督學周南李際期宛委山堂印本　滌峰題記　一册　存十一種

330000－1701－0049206　普 812.57/3633　集部/戲劇類/傳奇之屬
繪圖後西廂記四卷十六齣首一卷　(清)湯世瀠撰　(清)胡來照評點　清光緒二十年(1894)上海奎光閣石印本　四册

330000－1701－0049207　GP05559　新學/學校
學校管理法十章　(日本)田中敬一編　(清)周家樹譯　清光緒二十七年(1901)教育世界出版所刻本　一册

330000－1701－0049208　普 812.57/2867.2/3　集部/戲劇類
誦荻齋曲　(清)徐鄂撰　清光緒大同書局石印本　一册　存一種

330000－1701－0049209　普 812.57/3860　集部/戲劇類/傳奇之屬
雨花臺傳奇二卷三十二齣　(清)徐昆撰　(清)崔桂林評點　清乾隆平水劉育槐貯書樓刻本　二册

330000－1701－0049210　GP05546　類叢部/

叢書類/郡邑之屬

龍眠叢書十八種　(清)光聰諧輯　清桐城光氏刻本　四冊　存一種

330000-1701-0049211　普 951.023094/4237/c2　史部/紀傳類/正史之屬

後漢書補逸二十一卷　(清)姚之駰輯　清康熙五十二年(1713)錢唐姚之駰露滌齋刻嘉慶栢筠書屋印本　六冊

330000-1701-0049212　普 951.023094/7218　史部/紀傳類/正史之屬

東觀漢記二十四卷　(漢)劉珍等撰　清乾隆六十年(1795)掃葉山房刻本　章嶔題記　六冊

330000-1701-0049213　GP05560　史部/雜史類/斷代之屬

明周端孝先生血疏題跋二卷　(清)萬福康輯　清光緒二十四年(1898)南昌萬氏刻本　一冊

330000-1701-0049214　普 812.57/2937　集部/戲劇類/傳奇之屬

梅影樓傳奇二卷二十一齣　(清)秋江居士撰　清光緒十年(1884)秋海陽忙樂士抄本　二冊

330000-1701-0049215　GP05547　史部/傳記類/總傳之屬/釋道

居士傳五十六卷　(清)彭紹升撰　清光緒金陵刻經處刻本　章嶔題記　四冊

330000-1701-0049216　GP05561　史部/雜史類/斷代之屬

明周端孝先生血疏題跋二卷　(清)萬福康輯　清光緒二十四年(1898)南昌萬氏刻本　一冊

330000-1701-0049219　GP05562　史部/傳記類/總傳之屬/儒林

孔子門人考一卷補遺一卷存疑一卷正誤一卷　(清)費崇朱撰　清光緒二十二年(1896)長洲江氏刻本　一冊

330000-1701-0049220　普 812.57/3067　集部/戲劇類/傳奇之屬

琵琶俠二卷三十二齣　(清)定園居士撰　(清)紅豆村樵評點　清嘉慶十七年(1812)半野草堂刻本　一冊

330000-1701-0049221　普 812.57/4027　集部/戲劇類/傳奇之屬

寒香亭傳奇四卷四十齣　(清)李凱撰　(清)范梧評　清嘉慶二年(1797)懷古堂刻本　四冊

330000-1701-0049222　GP05548　類叢部/叢書類/家集之屬

項城袁氏家集六種　丁振鐸編　清宣統三年(1911)清芬閣鉛印本　十二冊　存二種

330000-1701-0049224　普 951.02385/4047/c1　類叢部/叢書類/自著之屬

杭大宗七種叢書　(清)杭世駿撰　清乾隆杭賓仁羊城刻本　一冊　存一種

330000-1701-0049225　GP05563　類叢部/叢書類/彙編之屬

臨海葉氏蔭玉閣叢書五種　(清)葉書輯　清光緒臨海葉氏木活字印本　一冊　存二種

330000-1701-0049227　SBC2643　類叢部/叢書類/彙編之屬

寶顏堂祕笈二百二十八種　(明)陳繼儒編　明萬曆至泰昌繡水沈氏刻本　王修跋　一冊　存彙集二種

330000-1701-0049228　普 812.57/4037　集部/戲劇類/總集之屬/傳奇

笠翁傳奇十種　(清)李漁撰　清康熙刻本　二冊　存一種

330000-1701-0049229　GP13860　史部/傳記類/別傳之屬

新刊袁世凱事略一卷　(清)□□撰　清宣統元年(1909)石印本　一冊

330000-1701-0049230　普 812.57/3460/6　集部/戲劇類/傳奇之屬

長生殿傳奇四卷五十折　(清)洪昇撰　清道光三十年(1850)小娜嬛山館刻本　二冊

330000－1701－0049231　GP05564　史部/史評類/史論之屬
史案二十卷首一卷　(清)吴裕垂撰　(清)吴世宣纂　清光緒六年(1880)大成堂刻本　六册

330000－1701－0049232　普951.021/3427/2　史部/紀傳類/正史之屬
漢書評林一百卷　(明)凌稚隆輯　清光緒十年(1884)湘鄉劉鴻年耕雲讀月之室刻本　章嶔題記　四十册

330000－1701－0049233　普812.57/4037.2/c1　集部/戲劇類/總集之屬/傳奇
笠翁傳奇十種　(清)李漁撰　清步月樓刻本　二十册

330000－1701－0049234　SBC2642　子部/小説家類/異聞之屬
趙飛燕外傳一卷　(漢)伶玄撰　**神異經一卷**　(漢)東方朔撰　**别國洞冥記四卷**　(漢)郭憲撰　清初抄本　一册

330000－1701－0049236　普951.02385/4047/c2　類叢部/叢書類/自著之屬
杭大宗七種叢書　(清)杭世駿撰　清乾隆杭賓仁羊城刻本　一册　存一種

330000－1701－0049237　SBC2640　子部/宗教類/道教之屬/雜著
新鍥葛稚川内篇四卷外篇四卷　(晉)葛洪撰　(明)張大可　(明)盧舜治評　清抄本　四册　存四卷(内篇一至四)

330000－1701－0049240　SBC2653　史部/編年類/通代之屬
資治通鑑綱目五十九卷　(宋)朱熹撰　明成化九年(1473)内府刻本　四册　存四卷(一至四)

330000－1701－0049241　普812.57/3460/7/c1　集部/戲劇類/傳奇之屬
長生殿傳奇二卷五十折　(清)洪昇撰　清康熙刻本　二册

330000－1701－0049242　普812.57/4037.3　集部/戲劇類/傳奇之屬
巧團圓傳奇二卷三十三齣　(清)李漁撰　清刻本　四册

330000－1701－0049243　普951.024/2824　史部/紀傳類/正史之屬
三國志質疑六卷　(清)徐紹楨撰　清光緒十二年(1886)羊城刻學壽堂叢書本　章嶔題簽並記　二册

330000－1701－0049245　普812.57/4037.2/c2　集部/戲劇類/總集之屬/傳奇
笠翁傳奇十種　(清)李漁撰　清步月樓刻本　二十册

330000－1701－0049247　普951.021/3479　類叢部/叢書類/彙編之屬
心矩齋叢書十一種　(清)蔣鳳藻編　清光緒長洲蔣氏刻本　二册　存一種

330000－1701－0049249　普812.57/4037.4　集部/戲劇類/傳奇之屬
憐香伴傳奇二卷三十六齣　(清)李漁撰　清刻本　四册

330000－1701－0049251　普812.57/3460/7/c2　集部/戲劇類/傳奇之屬
長生殿傳奇二卷五十折　(清)洪昇撰　清康熙刻本　四册

330000－1701－0049252　SBC2654　集部/别集類/清别集
茶話軒詩集二卷　(清)陳舜咨撰　(清)林大椿評　清抄本　黄再瑞跋　二册

330000－1701－0049253　普812.57/4037.5　集部/戲劇類/傳奇之屬
笠翁傳奇十二種曲二十四卷　(清)李漁撰　清刻本　四册　存一種

330000－1701－0049254　普951.021/3479/3　史部/地理類/水利之屬
漢志水道疏證四卷　(清)洪頤煊撰　清嘉慶九年(1804)承德孫氏刻本　一册

330000－1701－0049256　普951.024/3177/

c1、普 951.024/3308/c1 類叢部/叢書類/彙編之屬

廣雅書局叢書一百五十九種 徐紹棨編 清光緒廣雅書局刻民國九年(1920)番禺徐紹棨彙編重印本 八冊 存二種

330000－1701－0049257 GP05571 經部/小學類/文字之屬/字書/字體

汗簡三卷畧敘目錄一卷 (宋)郭忠恕撰 清光緒五年(1879)上海點石齋石印本 一冊

330000－1701－0049258 普 951.02385/4047/c3 類叢部/叢書類/自著之屬

杭大宗七種叢書 (清)杭世駿撰 清咸豐元年(1851)長沙小瑯嬛山館刻本 一冊 存一種

330000－1701－0049260 普 812.57/4433 集部/戲劇類/傳奇之屬

味蔗軒春燈新曲雁書記一卷玉簪記一卷 (清)黃治編 清道光二十七年(1847)刻本 一冊

330000－1701－0049263 普 951.024/3177/c2、普 951.024/3308/c2 類叢部/叢書類/彙編之屬

廣雅書局叢書一百五十九種 徐紹棨編 清光緒廣雅書局刻民國九年(1920)番禺徐紹棨彙編重印本 八冊 存二種

330000－1701－0049264 普 951.021/3484/c2 史部/紀傳類/正史之屬

漢書疏證三十六卷後漢書疏證三十卷 (清)沈欽韓撰 清光緒二十六年(1900)浙江官書局刻本 二十四冊 存三十六卷(一至三十六)

330000－1701－0049266 普 951.02385/4047/c4 類叢部/叢書類/自著之屬

杭大宗七種叢書 (清)杭世駿撰 清咸豐元年(1851)長沙小瑯嬛山館刻本 一冊 存一種

330000－1701－0049267 SBC2655 集部/詞類/類編之屬

宋名家詞六十一種 (明)毛晉編 明崇禎虞山毛氏汲古閣刻本 二冊 存六種

330000－1701－0049268 普 812.57/4442 集部/戲劇類/傳奇之屬

合浦珠傳奇二卷十六齣 (清)謝堃撰 清道光十六年(1836)刻本 二冊

330000－1701－0049269 SBC2650 經部/小學類/音韻之屬/韻書

重刊改併五音類聚四聲篇十五卷 (金)韓道昭撰 **新編經史正音切韻指南一卷** (元)劉鑑撰 **新編篇韻貫珠集八卷直指玉鑰匙門法一卷** (明)釋真空撰 明萬曆三年至十七年(1575－1589)崇德圓通庵釋如彩刻本 六冊 缺三卷(十三至十五)

330000－1701－0049270 普 812.57/4037.5/2 集部/戲劇類/傳奇之屬

笠翁傳奇十二種曲二十四卷 (清)李漁撰 清刻本 二冊 存一種

330000－1701－0049271 普 812.57/4037.5/3 集部/戲劇類/總集之屬/傳奇

笠翁傳奇十種 (清)李漁撰 清步月樓刻本 四冊 存一種

330000－1701－0049272 普 951.02385/4047/2 類叢部/叢書類/自著之屬

杭大宗七種叢書 (清)杭世駿撰 清乾隆杭賓仁羊城刻本 二冊 存三種

330000－1701－0049274 SBC2667 史部/編年類/通代之屬

續編資治宋元綱目大全二十七卷 (明)商輅等撰 明刻本 五冊 存十卷(三至六、九至十二、十五至十六)

330000－1701－0049275 SBC2656 史部/地理類/山川之屬/山志

名山勝槩記四十八卷圖一卷附錄一卷 (明)何鏜輯 (明)慎蒙續輯 (清)張縉彥等補輯 明崇禎刻本 二十六冊 存二十六卷(一至八、十、十八、二十二至二十五、二十七、三十九至四十八、附錄)

330000－1701－0049276　SBC2666　集部/别集類/清别集

韞玉山館詩鈔三卷吟艸二卷琅嬛館詩文藁初卷四卷　(清)沈寶瑚撰　稿本　清蔡廣恆批　四册

330000－1701－0049278　普951.024/4913　類叢部/叢書類/彙編之屬

廣雅書局叢書一百五十九種　徐紹棨編　清光緒廣雅書局刻民國九年(1920)番禺徐紹棨彙編重印本　十册　存一種

330000－1701－0049279　普812.57/4448　集部/戲劇類/總集之屬/雜劇

清容外集九種　(清)蔣士銓撰　清乾隆蔣氏紅雪樓刻本　二十册

330000－1701－0049280　普951.021/3484/c4　史部/紀傳類/正史之屬

漢書疏證三十六卷後漢書疏證三十卷　(清)沈欽韓撰　清光緒二十六年(1900)浙江官書局刻本　二十四册　存三十六卷(一至三十六)

330000－1701－0049281　普812.57/4448/2(3)/c1　集部/戲劇類/總集之屬/傳奇

紅雪樓九種曲　(清)蔣士銓撰　清乾隆蔣氏紅雪樓刻本　九册　缺一卷(香祖樓上)

330000－1701－0049282　普951.024/0013/c1　類叢部/叢書類/自著之屬

伯山全集四種　(清)康發祥撰　清道光至同治泰州康氏刻本　四册　存一種

330000－1701－0049283　普812.57/4037.5/4　集部/戲劇類/傳奇之屬

笠翁傳奇十二種曲二十四卷　(清)李漁撰　清康熙刻本　二册　存一種

330000－1701－0049285　普951.024/3308/c3　類叢部/叢書類/彙編之屬

廣雅書局叢書一百五十九種　徐紹棨編　清光緒廣雅書局刻民國九年(1920)番禺徐紹棨彙編重印本　六册　存一種

330000－1701－0049287　GP05573　史部/雜史類/斷代之屬

皇朝紀略一卷　(清)何琪輯　清光緒二十七年(1901)上海普通學書室刻本　一册

330000－1701－0049288　普951.024/0013/c2　史部/紀傳類/正史之屬

三國志補義十三卷　(清)康發祥撰　清咸豐十年(1860)泰州康氏刻伯山全集本　章嶔題記　四册

330000－1701－0049289　普812.57/4037.6　集部/戲劇類/傳奇之屬

意中緣傳奇二卷　(清)李漁撰　(清)黄媛介批評　清康熙刻本　二册

330000－1701－0049290　普812.57/4448/2(3)/c2　集部/戲劇類/總集之屬/傳奇

紅雪樓九種曲　(清)蔣士銓撰　清乾隆蔣氏紅雪樓刻本　八册

330000－1701－0049291　GP05574　史部/雜史類/斷代之屬

皇朝紀略一卷　(清)何琪輯　清光緒二十七年(1901)上海普通學書室刻本　一册

330000－1701－0049293　普812.57/4421　集部/戲劇類/傳奇之屬

廣寒香傳奇二卷三十三齣　(□)蒼山子撰　(□)寒水生評　清康熙刻本　四册

330000－1701－0049294　普951.024/4047.02/c1　類叢部/叢書類/彙編之屬

廣雅書局叢書一百五十九種　徐紹棨編　清光緒廣雅書局刻民國九年(1920)番禺徐紹棨彙編重印本　一册　存一種

330000－1701－0049295　GP05569　經部/易類/傳說之屬

易經大全會解四卷　(清)來爾繩輯　(清)朱采治　(清)朱之澄編訂　(清)來學謙重訂　清乾隆五十二年(1787)來道添刻本　二册

330000－1701－0049298　GP05575　史部/雜史類/斷代之屬

皇朝紀略一卷　(清)何琪輯　清光緒二十七年(1901)上海普通學書室刻本　一册

330000－1701－0049299　普 812.57/4448/3　集部/戲劇類/傳奇之屬
藏園九種曲　（清）蔣士銓撰　清乾隆煥乎堂刻本　十冊

330000－1701－0049300　普 951.024/4047.02/c2　類叢部/叢書類/彙編之屬
廣雅書局叢書一百五十九種　徐紹棨編　清光緒廣雅書局刻民國九年（1920）番禺徐紹棨彙編重印本　一冊　存一種

330000－1701－0049302　普 951.024/7540　史部/紀傳類/正史之屬
三國志六十五卷　（晉）陳壽撰　（南朝宋）裴松之注　清同治六年（1867）金陵書局木活字印本　二十四冊

330000－1701－0049303　普 812.57/4448/2　集部/戲劇類/總集之屬/雜劇
清容外集九種　（清）蔣士銓撰　清乾隆蔣氏紅雪樓刻本　十二冊

330000－1701－0049306　GP05576　新學/雜著/叢編
西學輯存六種　（清）王韜編　清光緒十六年（1890）淞隱廬鉛印本　一冊　存一種

330000－1701－0049307　SBC2663　史部/雜史類/斷代之屬
國語正義一卷　（清）董增齡撰　清抄本　一冊

330000－1701－0049308　GP05570　史部/詔令奏議類/奏議之屬
撫滇奏疏四卷　（清）張凱嵩撰　清光緒十九年（1893）江夏張氏益齋刻本　四冊

330000－1701－0049309　普 812.57/4448/4　集部/戲劇類/傳奇之屬
藏園九種曲　（清）蔣士銓撰　清乾隆漁古堂刻本　十二冊

330000－1701－0049311　普 812.57/4444、普 812.57/4444.2　集部/戲劇類/總集之屬/傳奇
擁雙艷三種六卷　（清）萬樹撰　清康熙二十五年（1686）粲花別墅刻本　二冊　存四卷（風流棒一至二、空青石一至二）

330000－1701－0049312　普 951.024/3404/c1　史部/紀傳類/正史之屬
三國疆域志補注十九卷　（清）洪亮吉撰　（清）謝鍾英補注　清光緒二十四年（1898）湘中刻本　八冊

330000－1701－0049313　普 951.024/7540/(2)/c1　史部/紀傳類/正史之屬
三國志六十五卷　（晉）陳壽撰　（南朝宋）裴松之注　清同治六年（1867）金陵書局木活字印本　章嶔題簽並記　二十冊

330000－1701－0049314　GP05587　集部/別集類/清別集
率觚錄不分卷　（清）□□撰　清光緒三十一年（1905）木活字印本　一冊

330000－1701－0049315　普 812.57/4493/c1　集部/別集類/清別集
倚晴樓集　（清）黃燮清撰　清咸豐至光緒刻本　十冊　存一種

330000－1701－0049318　普 812.57/4448/2(2)　集部/戲劇類/總集之屬/雜劇
清容外集九種　（清）蔣士銓撰　清乾隆蔣氏紅雪樓刻本　十冊

330000－1701－0049319　GP05577　新學/雜著/叢編
西學輯存六種　（清）王韜編　清光緒十六年（1890）淞隱廬鉛印本　一冊　存一種

330000－1701－0049321　普 812.57/4493/c2　集部/戲劇類/雜劇之屬
倚晴樓七種曲　（清）黃燮清撰　清光緒三十三年（1907）上海科學書局刻本　十冊

330000－1701－0049322　SBC2662　子部/雜著類
讀書鈔畧一卷　（明）瞿景淳撰　清抄本　石松齋主人題簽　一冊

330000－1701－0049323　普 951.024/7540/

(3)/c1　史部/紀傳類/正史之屬
二十四史　清同治至光緒五省官書局據汲古閣本等合刻光緒五年(1879)湖北書局彙印本　八册　存一種

330000－1701－0049325　普 951.024/7540/(3)/c2　史部/紀傳類/正史之屬
二十四史　清同治至光緒五省官書局據汲古閣本等合刻光緒五年(1879)湖北書局彙印本　八册　存一種

330000－1701－0049326　普 812.57/4447/c1　集部/戲劇類/傳奇之屬
竹初樂府　(清)錢維喬撰　清嘉慶十三年(1808)小林棲刻本　二册　存一種

330000－1701－0049327　普 951.024/3404/c2　史部/紀傳類/正史之屬
三國疆域志補注十九卷　(清)洪亮吉撰　(清)謝鍾英補注　清光緒二十四年(1898)湘中刻本　八册

330000－1701－0049328　普 812.57/4493/2　集部/别集類/清别集
倚晴樓集　(清)黄燮清撰　清咸豐至光緒刻本　七册　存一種

330000－1701－0049329　GP05588　史部/地理類/外紀之屬
俄游彙編十二卷　(清)繆祐孫撰　清光緒十五年(1889)上海秀文書局石印本　四册

330000－1701－0049330　普 812.57/4493.3/c2　集部/戲劇類/傳奇之屬
桃谿雪二卷　(清)黄燮清撰　(清)李光溥評文　清光緒元年(1875)雲鶴僊館刻本　二册

330000－1701－0049331　普 812.57/4493/2(2)　集部/别集類/清别集
倚晴樓集　(清)黄燮清撰　清咸豐至光緒刻本　六册　存一種

330000－1701－0049332　普 812.57/4447/c2　集部/戲劇類/傳奇之屬
竹初樂府　(清)錢維喬撰　清嘉慶十三年(1808)小林棲刻本　一册　存二種

330000－1701－0049334　普 812.57/4447/c3　集部/戲劇類/傳奇之屬
竹初樂府　(清)錢維喬撰　清嘉慶十三年(1808)小林棲刻本　一册　存一種

330000－1701－0049335　GP13867　史部/傳記類/别傳之屬/事狀
誠正先生[甘雨]懿行不分卷　(清)甘孟賢等撰　清光緒二十二年(1896)刻本　一册

330000－1701－0049336　普 951.024/7540/3/c2　史部/紀傳類/正史之屬
四史　清光緒金陵書局江南書局刻本　八册　存一種

330000－1701－0049337　GP05589　史部/政書類/公牘檔册之屬
常州府辦理何福記油棧文牘一卷　清末木活字印本　一册

330000－1701－0049338　普 812.57/4492/2　集部/戲劇類/傳奇之屬
芝龕記六卷六十齣首一齣　(清)董榕撰　清乾隆刻道光二年(1822)補刻本　十五册

330000－1701－0049339　普 951.024/7540/3/c3　史部/紀傳類/正史之屬
四史　清光緒金陵書局江南書局刻本　八册　存一種

330000－1701－0049340　普 812.57/4448.2　集部/戲劇類/總集之屬/傳奇
紅雪樓九種曲　(清)蔣士銓撰　清乾隆蔣氏紅雪樓刻本　二册　存一種

330000－1701－0049341　GP05590　史部/地理類/專志之屬/祠墓
吴山伍公廟志六卷首一卷附一卷　(清)金文淳等纂輯　清光緒二年(1876)刻本　二册

330000－1701－0049342　普 812.57/4493.2/c1　集部/别集類/清别集
倚晴樓集　(清)黄燮清撰　清咸豐至光緒刻本　二册　存一種

330000－1701－0049343　SBC2673　集部/别

集類/清別集
小倉山房尺牘注略八卷 (清)平步青撰 稿本 一冊

330000－1701－0049344 普 812.57/4493.2/c2 集部/別集類/清別集
倚晴樓集 (清)黃燮清撰 清咸豐至光緒刻本 二冊 存一種

330000－1701－0049346 SBC2672 史部/紀傳類/正史之屬
宋史敘錄一卷 (清)平步青撰 稿本 一冊

330000－1701－0049347 GP13868 史部/傳記類/別傳之屬/事狀
卹贈知府同知銜冠縣令雪樵傅君傳一卷 (清)喻懷信等撰 清刻本 一冊

330000－1701－0049348 GP05583 集部/小說類
聖勇嘎拉哈奇遇傳不分卷 (英國)華立熙撰 清光緒二十九年(1903)上海廣學會鉛印本 一冊

330000－1701－0049349 普 812.57/4493.2/2 集部/戲劇類/雜劇之屬
帝女花二卷二十齣 (清)黃燮清撰 清宣統二年(1910)刻本 遲倬題簽並跋 二冊

330000－1701－0049350 SBC2670 子部/儒家類/儒學之屬/蒙學
六刻增補註釋引蒙日記故事□□卷 明刻本 一冊 存三卷(一至三)

330000－1701－0049353 普 812.57/4639 集部/戲劇類/傳奇之屬
繪圖佛門緣二十齣 (清)楊組榮撰 清光緒二十年(1894)上海寶文書局石印本 二冊

330000－1701－0049354 GP13869 史部/傳記類/別傳之屬/年譜
春颿[蕭翀]自敘年譜一卷 (清)蕭翀撰 清蕭文元等刻本 清陳培生題記 一冊

330000－1701－0049355 普 812.57/4492/3 集部/戲劇類/傳奇之屬
芝龕記六卷六十齣首一齣 (清)董榕撰 清乾隆十六年(1751)刻本 六冊

330000－1701－0049356 普 812.57/4451/c1 集部/戲劇類/傳奇之屬
石榴記傳奇四卷三十二齣 (清)黃振撰 清乾隆三十七年(1772)柴灣村舍刻本 四冊

330000－1701－0049357 普 951.024/7540/(2)/c2 史部/紀傳類/正史之屬
四史 清光緒金陵書局江南書局刻本 十六冊 存一種

330000－1701－0049358 GP05592 史部/地理類/專志之屬/祠墓
汪王廟志畧一卷 (清)汪文炳撰 清光緒三十一年(1905)刻本 一冊

330000－1701－0049359 SBC2674 集部/別集類/清別集
樵隱昔寱卷二十注一卷 (清)□□注 清楊越抄本 一冊

330000－1701－0049361 普 812.57/4493.3/c1 集部/戲劇類/傳奇之屬
桃谿雪二卷 (清)黃燮清撰 (清)李光溥評文 清光緒元年(1875)雲鶴僊館刻本 一冊

330000－1701－0049363 SBC2657 集部/總集類/選集之屬/斷代
國朝詩品二十三卷方外二卷閨秀一卷閨門一卷 (清)陳以剛等輯 清雍正十二年(1734)棣華書屋刻本 六冊 存八卷(二十至二十三、方外一至二、閨秀、閨門)

330000－1701－0049364 普 812.57/4451/c2 集部/戲劇類/傳奇之屬
石榴記傳奇四卷三十二齣 (清)黃振撰 清乾隆三十七年(1772)柴灣村舍刻本 六冊

330000－1701－0049365 普 812.57/4664、普 812.57/4664.2/c1 集部/戲劇類/總集之屬/傳奇
坦園傳奇四種 (清)楊恩壽撰 清同治長沙楊氏坦園刻本 三冊 存二種

330000－1701－0049367　普 812.57/4492/c1　集部/戲劇類/傳奇之屬
芝龕記六卷六十齣首一齣　(清)董榕撰　清光緒十五年(1889)資中刻本　六册

330000－1701－0049369　普 951.024/7540/4/c1　史部/紀傳類/正史之屬
二十四史附考證　清光緒十四年(1888)上海圖書集成印書局鉛印本　八册　存一種

330000－1701－0049370　普 812.57/6641/c1　集部/戲劇類/傳奇之屬
鶴歸來傳奇二卷　(清)瞿頡撰　(清)周昂評點　清光緒湖北官書處刻本　梁鼎芬題記　二册

330000－1701－0049371　GP13870　類叢部/叢書類/自著之屬
羅忠節公遺集八種　(清)羅澤南撰　清咸豐至同治刻本　一册　存一種

330000－1701－0049374　GP05596　史部/史評類/史論之屬
史論彙選甲編八卷　(清)呂景端編　清光緒二十四年(1898)刻本　四册

330000－1701－0049375　普 951.024/7540/4/c2　史部/紀傳類/正史之屬
二十四史附考證　清光緒十四年(1888)上海圖書集成印書局鉛印本　八册　存一種

330000－1701－0049376　GP05584　集部/詞類/總集之屬
庚子秋詞二卷　(清)王鵬運等撰　清末有正書局石印本　二册

330000－1701－0049378　普 812.57/4492/c2　集部/戲劇類/傳奇之屬
芝龕記六卷六十齣首一齣　(清)董榕撰　清光緒十五年(1889)資中刻本　六册

330000－1701－0049380　SBC2658　子部/雜著類
玉雨淙文話不分卷　清安越堂抄本　一册

330000－1701－0049381　GP13872　史部/傳記類/別傳之屬/事狀
武勤羅府君[孝連]行狀一卷　(清)羅仰懷等撰　清末刻本　一册

330000－1701－0049382　普 812.57/4664.2/c2　集部/戲劇類/傳奇之屬
理靈坡二十二齣　(清)楊恩壽撰　王先謙評　清光緒長沙楊恩壽坦園刻坦園傳奇本　清朱苗孫題記　一册

330000－1701－0049383　GP05597　史部/傳記類/別傳之屬/年譜
孤忠錄二卷　(清)袁祖志輯　清光緒六年(1880)新報館鉛印本　二册

330000－1701－0049384　普 951.024/8324/c1　史部/紀傳類/正史之屬
三國志證聞三卷　(清)錢儀吉撰　清光緒十一年(1885)江蘇書局刻本　二册

330000－1701－0049385　普 951.024/8324/c4　史部/紀傳類/正史之屬
三國志證聞三卷　(清)錢儀吉撰　清光緒十一年(1885)江蘇書局刻本　二册

330000－1701－0049386　普 951.024/8324/(2)/c1　史部/紀傳類/正史之屬
三國志證聞三卷　(清)錢儀吉撰　清光緒十一年(1885)江蘇書局刻本　一册

330000－1701－0049387　普 951.024/8324/(2)/c2　史部/紀傳類/正史之屬
三國志證聞三卷　(清)錢儀吉撰　清光緒十一年(1885)江蘇書局刻本　一册

330000－1701－0049389　普 951.024/8346/c1　類叢部/叢書類/彙編之屬
廣雅書局叢書一百五十九種　徐紹棨編　清光緒廣雅書局刻民國九年(1920)番禺徐紹棨彙編重印本　一册　存一種

330000－1701－0049390　普 951.024023/7748　史部/紀傳類/正史之屬
三國紀年表一卷　(清)周嘉猷撰　清光緒十七年(1891)刻廣雅書局叢書本　章嶔題簽並記　一册

330000－1701－0049391　普 812.57/4493.3/2/c2　集部/戲劇類/雜劇之屬
倚晴樓七種曲　(清)黃燮清撰　清道光馴雲閣刻本　一冊　存一種

330000－1701－0049392　GP05598　史部/地理類/山川之屬/山志
慧山記四卷　(明)邵寶撰　(明)釋圓顯輯　**慧山記續編三卷首一卷**　(清)邵涵初輯　清同治七年(1868)無錫邵文壽刻本　二冊　存四卷(一至四)

330000－1701－0049393　SBC2680　子部/雜著類
慕陔堂雜錄一卷　(清)王麟書撰　稿本　一冊

330000－1701－0049394　普 812.57/6641/c2　集部/戲劇類/傳奇之屬
鶴歸來傳奇二卷　(清)瞿頡撰　(清)周昂評點　清光緒湖北官書處刻本　二冊

330000－1701－0049395　SBC2668　子部/醫家類/綜合之屬/合刻、合抄
醫抄四種　清初抄本　一冊

330000－1701－0049397　普 951.024/7540/9　史部/紀傳類/正史之屬
四史　清同治十一年(1872)成都書局刻本　八冊　存一種

330000－1701－0049399　普 812.57/4764　類叢部/叢書類/自著之屬
春在堂全書三十六種　(清)俞樾撰　清同治至光緒刻光緒末彙印本　一冊　存一種

330000－1701－0049400　SBC2678　子部/宗教類/佛教之屬/諸宗
瑞白禪師住弁山龍華寺書復一卷崆峒山書復一卷　(明)釋明雪撰　(明)釋淨亮　(明)釋淨瑩錄　明刻本　一冊

330000－1701－0049401　普 812.57/6641/c3　集部/戲劇類/傳奇之屬
鶴歸來傳奇二卷　(清)瞿頡撰　(清)周昂評點　清光緒湖北官書處刻本　二冊

330000－1701－0049403　SBC2679　子部/藝術類/書畫之屬/書法書品
坦齋正蒙草書心法不分卷　(明)曾道侃撰　明刻本　一冊

330000－1701－0049405　普 812.57/4493.3/2/c1　集部/戲劇類/傳奇之屬
桃谿雪二卷二十齣　(清)黃燮清撰　(清)李光溥評文　(清)瞿傳鼎　(清)余炘正譜　清道光二十七年(1847)馴雲閣刻倚晴樓七種曲本　荷香館主人春霆氏題記　一冊

330000－1701－0049406　普 812.57/4833　集部/曲類/曲藝之屬
百寶箱二卷三十二齣　(清)黃圖珌撰　清光緒二十年(1894)袖海山房石印本　二冊

330000－1701－0049407　普 812.57/4833/2　集部/曲類/曲藝之屬
百寶箱二卷三十二齣　(清)黃圖珌撰　清乾隆四十六年(1781)刻本　清姚夑題簽並記　二冊

330000－1701－0049408　普 951.024/8346/c2　類叢部/叢書類/彙編之屬
廣雅書局叢書一百五十九種　徐紹棨編　清光緒廣雅書局刻民國九年(1920)番禺徐紹棨彙編重印本　一冊　存一種

330000－1701－0049409　GP13874　史部/傳記類/別傳之屬/年譜
大庾戴可亭相國[均元]年譜一卷　(清)湯金釗等編　清刻本　一冊

330000－1701－0049410　普 951.024094/4490　類叢部/叢書類/彙編之屬
宜稼堂叢書七種　(清)郁松年編　清道光二十年至二十二年(1840－1842)上海郁氏刻本　八冊　存一種

330000－1701－0049411　普 812.57/4493.3/2/c3　集部/戲劇類/雜劇之屬
倚晴樓七種曲　(清)黃燮清撰　清道光馴雲閣刻本　二冊　存一種

330000－1701－0049412　普 951.024094/

0077/(2)/c1　史部/紀傳類/别史之屬

季漢書九十卷　(清)章陶撰　**季漢書辨異一卷**　(清)張廉評註　清道光九年(1829)章氏青山環漪軒刻本　十六册

330000－1701－0049414　普 951.021/7746/c1　類叢部/叢書類/彙編之屬

廣雅書局叢書一百五十九種　徐紹棨編　清光緒廣雅書局刻民國九年(1920)番禺徐紹棨彙編重印本　十册　存一種

330000－1701－0049415　普 951.024094/4490/(2)　類叢部/叢書類/彙編之屬

宜稼堂叢書七種　(清)郁松年編　清道光二十年至二十二年(1840－1842)上海郁氏刻本　六册　存一種

330000－1701－0049416　GP05602　子部/雜著類/雜説之屬

山志六卷二集六卷　(清)王弘撰撰　清乾隆五十三年(1788)紹衣堂刻本　四册　缺四卷(二集七至八、十一至十二)

330000－1701－0049417　普 951.024094/0077/(2)/c2　史部/紀傳類/别史之屬

季漢書九十卷　(清)章陶撰　**季漢書辨異一卷**　(清)張廉評註　清道光九年(1829)章氏青山環漪軒刻本　十六册

330000－1701－0049418　普 951.024094/0077/(2)/c3　史部/紀傳類/别史之屬

季漢書九十卷　(清)章陶撰　**季漢書辨異一卷**　(清)張廉評註　清道光九年(1829)章氏青山環漪軒刻本　十二册　存七十七卷(一至五、十三至七十六、八十三至九十)

330000－1701－0049419　普 951.021/7746/c2　類叢部/叢書類/彙編之屬

廣雅書局叢書一百五十九種　徐紹棨編　清光緒廣雅書局刻民國九年(1920)番禺徐紹棨彙編重印本　十册　存一種

330000－1701－0049420　普 951.024094/4490/2　史部/紀傳類/别史之屬

續後漢書四十二卷義例一卷音義四卷　(宋)蕭常撰　清同治八年(1869)刻本　六册

330000－1701－0049422　普 951.021/7746/c3　類叢部/叢書類/彙編之屬

廣雅書局叢書一百五十九種　徐紹棨編　清光緒廣雅書局刻民國九年(1920)番禺徐紹棨彙編重印本　十册　存一種

330000－1701－0049423　普 812.57/5025　類叢部/叢書類/自著之屬

永報堂集五種　(清)李斗撰　清乾隆至嘉慶刻本　二册　存一種

330000－1701－0049425　普 951.021/7746/2　史部/叢編

思益堂史學四種　(清)周壽昌撰　清光緒長沙周氏小對竹軒刻本　十四册　存一種

330000－1701－0049426　普 951.025/1068/c1　史部/叢編

常熟丁氏叢書二種　丁國鈞撰　清光緒木活字印本　二册　存一種

330000－1701－0049427　普 812.57/5042　集部/戲劇類/傳奇之屬

玉門關二卷十八齣　(清)青城山樵撰　(清)岑華道人正拍　清乾隆刻本　一册

330000－1701－0049428　普 812.57/4493.4/c1　集部/别集類/清别集

倚晴樓集　(清)黄燮清撰　清咸豐至光緒刻本　一册　存一種

330000－1701－0049430　普 951.021/8301　類叢部/叢書類/彙編之屬

知不足齋叢書一百九十五種　(清)鮑廷博編　(清)鮑士恭續編　清乾隆三十七年至道光三年(1772－1823)長塘鮑氏刻彙印本　一册　存一種

330000－1701－0049431　GP13880　史部/傳記類/别傳之屬/事狀

江蘇巡撫陸公[元鼎]行狀一卷　(清)陳豪撰　清宣統石印本　一册

330000－1701－0049432　普 951.025/1068/

c2　史部/叢編
常熟丁氏叢書二種　丁國鈞撰　清光緒木活字印本　二册　存一種

330000－1701－0049433　普 812.57/7593(2)/c1　集部/戲劇類/總集之屬/傳奇
玉獅堂傳奇四種　(清)陳烺撰　清光緒十一年(1885)武林刻本　四册

330000－1701－0049437　普 812.57/7593(2)/c2　集部/戲劇類/總集之屬/傳奇
玉獅堂傳奇四種　(清)陳烺撰　清光緒十一年(1885)武林刻本　四册

330000－1701－0049438　普 812.57/6770/2　集部/戲劇類/傳奇之屬
酬紅記一卷九齣　(清)趙野航撰　清嘉慶刻本　一册

330000－1701－0049440　普 812.57/7580　集部/戲劇類/傳奇之屬
紅樓夢傳奇八卷　(清)陳鍾麟撰　清道光十五年(1835)粵東汗青齋刻本　十六册

330000－1701－0049441　普 951.021/8301/2　類叢部/叢書類/自著之屬
柚堂全集五種　(清)盛百二撰　清乾隆刻本　一册　存一種

330000－1701－0049442　普 812.57/7593.2/2　集部/戲劇類/總集之屬/傳奇
玉獅堂傳奇十種　(清)陳烺撰　清光緒十一年(1885)武林刻十七年(1891)徐光瑩增刻本　一册　存一種

330000－1701－0049443　普 812.57/7230/c1　集部/戲劇類/傳奇之屬
小蓬萊閣傳奇十種　(清)劉清韻撰　清光緒二十六年(1900)上海藻文石印本　六册

330000－1701－0049444　SBC2690　史部/雜史類/斷代之屬
平叛記二卷　(清)毛霦撰　清弢園抄本　二册

330000－1701－0049445　普 812.57/7580/(2)/c2　集部/戲劇類/傳奇之屬
紅樓夢傳奇八卷　(清)陳鍾麟撰　清道光十五年(1835)粵東汗青齋刻本　八册

330000－1701－0049446　GP13876　史部/傳記類/總傳之屬/仕宦
虞山周氏兩世名宦錄二卷　清同治刻本　一册

330000－1701－0049448　普 812.57/7720/(2)　集部/戲劇類/總集之屬/傳奇
容居堂三種曲六卷　(清)周稺廉撰　清嘉慶十二年(1807)刻本　六册

330000－1701－0049449　SBC2676　子部/小說家類/諧謔之屬
笑得好二集不分卷　(清)石成金撰　清康熙刻本　一册

330000－1701－0049450　普 812.57/7230/c2　集部/戲劇類/傳奇之屬
小蓬萊閣傳奇十種　(清)劉清韻撰　清光緒二十六年(1900)上海藻文石印本　六册

330000－1701－0049451　普 812.57/7593　集部/戲劇類/總集之屬/傳奇
玉獅堂傳奇十種　(清)陳烺撰　清光緒十一年(1885)武林刻十七年(1891)徐光瑩增刻本　六册

330000－1701－0049452　普 812.57/7791　集部/戲劇類/傳奇之屬
據梧軒玉環緣二卷三十八齣　(清)周少霞撰　清乾隆五十三年(1788)此宜閣刻本　二册

330000－1701－0049453　SBC2695　史部/目録類
書目一卷　稿本　一册

330000－1701－0049455　GP05603　集部/別集類/清別集
澹遠軒文集二卷　(清)竇士鏞撰　清宣統二年(1910)鉛印本　一册

330000－1701－0049456　SBC2675　史部/傳記類/科舉録之屬

330000－1701－0049700　GP05647　史部/政書類/邦計之屬
理財攷鏡十卷　孫德全撰　清宣統二年(1910)鉛印本　四冊

330000－1701－0049702　普 951.0261/4014/4/c1　史部/紀傳類/正史之屬
二十四史附考證　清光緒十八年(1892)武林竹簡齋石印本　六冊　存一種

330000－1701－0049703　GP05669　集部/小說類/短篇之屬
藝苑叢話十六卷　(清)陳琰輯　清宣統三年(1911)上海六藝書局石印本　四冊

330000－1701－0049706　普 951.0261/4014/4/c2　史部/紀傳類/正史之屬
二十四史附考證　清光緒十八年(1892)武林竹簡齋石印本　六冊　存一種

330000－1701－0049707　普 813.15/7732　子部/雜著類/雜說之屬
輟耕錄三十卷　(明)陶宗儀撰　明刻清初廣文堂印本　章嶔題記　八冊

330000－1701－0049708　GP05662　經部/四書類/總義之屬/傳說
四書左國彙纂四卷　(清)高其名　(清)鄭師成輯　清乾隆刻本　四冊

330000－1701－0049709　GP13911　史部/傳記類/別傳之屬
重刻勁節樓圖紀三卷首一卷末一卷　(清)徐惪原輯　清光緒十年(1884)楓江徐氏刻本　二冊

330000－1701－0049710　普 813.15/0734/c2　子部/小說家類/異聞之屬
瓊林霏屑八卷　(清)望海樓主人輯　清光緒三十二年(1906)上海灌文書局石印本　八冊

330000－1701－0049711　普 813.16/3140/2　子部/小說家類/雜事之屬
情天寶鑑二十四卷　清光緒石印本　六冊

330000－1701－0049712　GP05670　類叢部/叢書類/彙編之屬
守約篇三集六十三種　(清)李光廷編　清同治廣東李氏刻本　四十七冊　存六十種

330000－1701－0049713　GP13921　子部/藝術類/書畫之屬/總論
字學臆參一卷附書論一卷　(清)姚孟起撰　清光緒十七年(1891)蘇州桃花塢姚氏松下清齋刻本　一冊

330000－1701－0049715　普 951.0262/3427　史部/紀傳類/正史之屬
二十四史附考證　清刻本　二十四冊　存一種

330000－1701－0049718　GP13922　史部/雜史類/斷代之屬
思痛記二卷　(清)李圭撰　清光緒六年(1880)師一齋刻十三年(1887)補刻本　一冊

330000－1701－0049719　普 951.0262/3427/2　史部/紀傳類/正史之屬
十七史　(明)毛晉編　明崇禎元年至十七年(1628－1644)毛氏汲古閣刻本　十三冊　存一種

330000－1701－0049721　GP13940　集部/詩文評類/詩評之屬
詩原一卷　(清)蔡家琬撰　清乾隆聞喜堂刻本　一冊

330000－1701－0049722　GP05664　集部/別集類/清別集
金薤山房詩稿四卷(東笙吟草二卷江上吟二卷)　(清)韓維鏞撰　清同治十一年(1872)漢鎮積秀堂刻本　二冊　存二卷(東笙吟草一至二)

330000－1701－0049723　普 813.16/4443　子部/小說家類/雜事之屬
天香樓外史誌異八卷　(明)思貞子撰　(明)薛朝選　(清)袁枚輯　清光緒二十六年(1900)德記書局石印本　二冊

330000－1701－0049724　普 951.0262/3427/2/(2)　史部/紀傳類/正史之屬

十七史　(明)毛晉編　明崇禎元年至十七年(1628－1644)毛氏汲古閣刻本　十二冊　存一種

330000－1701－0049725　普 813.17/1061/c1　子部/小說家類/雜事之屬
今世說八卷　(清)王晫撰　清刻本　四冊

330000－1701－0049726　普 813.17/1043/c1　類叢部/叢書類/彙編之屬
嘯園叢書五十七種　(清)葛元煦編　清光緒二年至七年(1876－1881)仁和葛氏刻本　三冊　存一種

330000－1701－0049727　普 813.17/1061/c2　子部/小說家類/雜事之屬
今世說八卷　(清)王晫撰　清刻本　四冊

330000－1701－0049729　GP13912　史部/傳記類/别傳之屬/事狀
關聖帝君聖蹟圖誌全集五卷　(清)盧湛輯　清道光二年(1822)上洋壽恩堂刻本　五冊

330000－1701－0049730　普 813.17/1061/2　子部/小說家類/雜事之屬
今世說八卷　(清)王晫撰　清刻本　四冊

330000－1701－0049731　普 813.17/0400　類叢部/叢書類/彙編之屬
埽葉山房叢鈔二十六種　(清)席威編　清同治至光緒刻光緒九年(1883)彙印本　二冊　存一種

330000－1701－0049734　普 813.17/0734/c1　子部/小說家類/異聞之屬
瓊林霏屑八卷　(清)望海樓主人輯　清光緒三十二年(1906)上海灌文書局石印本　八冊

330000－1701－0049735　普 813.17/1043/c2　類叢部/叢書類/彙編之屬
嘯園叢書五十七種　(清)葛元煦編　清光緒二年至七年(1876－1881)仁和葛氏刻本　三冊　存一種

330000－1701－0049736　GP13942　子部/藝術類/音樂之屬
雙忽雷本事一卷　(清)劉世珩輯　清宣統三年(1911)貴池劉氏雙忽雷閣天津石印本　一冊

330000－1701－0049737　普 813.17/10431　子部/小說家類/異聞之屬
秋燈叢話十八卷　(清)王械撰　清咸豐元年(1851)刻本　六冊

330000－1701－0049738　GP13915　經部/小學類/文字之屬/字書/訓蒙
增訂日用雜字一卷官階品級一卷服制一卷　(清)□□編　清同治六年(1867)刻本　一冊

330000－1701－0049739　普 951.0262/3427/5/c1　史部/紀傳類/正史之屬
二十四史　清同治至光緒五省官書局據汲古閣本等合刻光緒五年(1879)湖北書局彙印本　十六冊　存一種

330000－1701－0049743　普 951.0262/3427/5/c2　史部/紀傳類/正史之屬
二十四史　清同治至光緒五省官書局據汲古閣本等合刻光緒五年(1879)湖北書局彙印本　十二冊　存一種

330000－1701－0049744　GP13943　子部/工藝類/日用器物之屬/陶瓷
景德鎮陶錄十卷　(清)藍浦撰　(清)鄭廷桂補輯　清光緒十七年(1891)京都書業堂刻本　四冊

330000－1701－0049745　普 951.0262/3427/7　史部/紀傳類/正史之屬
二十四史附考證　清光緒二十八年(1902)武林竹簡齋石印本　六冊　存一種

330000－1701－0049746　GP13944　子部/工藝類/日用器物之屬/香料
吉祥雲香說一卷　(清)省真叟輯　清光緒十三年(1887)刻本　一冊

330000－1701－0049747　GP13917　子部/雜著類/雜說之屬
秀才約語授趙雋堂同學一卷戊寅新增十二則授同學胡象華胡蘊華昆仲一卷　(清)吳毓珍

撰　清末鉛印本　一册

330000－1701－0049748　GP13919　子部/儒家類/儒學之屬/禮教/家訓
家庭講話三卷　(清)陸一亭撰　清光緒十九年(1893)仁和江鼎刻本　一册

330000－1701－0049749　普951.0262/3427/8、普951.0264/4260/7　史部/紀傳類/正史之屬
二十四史附考證　清光緒十四年(1888)上海圖書集成印書局鉛印本　十六册　存二種

330000－1701－0049750　普951.0263/4416/c1　史部/紀傳類/正史之屬
十七史　(明)毛晉編　明崇禎元年至十七年(1628－1644)毛氏汲古閣刻本　六册　存一種

330000－1701－0049751　普951.0259/2237.2/c1、普951.0259/2237.206、普951.026023/7748/c1　類叢部/叢書類/彙編之屬
廣雅書局叢書一百五十九種　徐紹棨編　清光緒廣雅書局刻民國九年(1920)番禺徐紹棨彙編重印本　章嶔題記　七册　存四種

330000－1701－0049752　普951.0263/4416/c3　史部/紀傳類/正史之屬
十七史　(明)毛晉編　明崇禎元年至十七年(1628－1644)毛氏汲古閣刻本　四册　存一種

330000－1701－0049753　普951.0259/2237.2/c2、普951.026023/7748/c2　類叢部/叢書類/彙編之屬
廣雅書局叢書一百五十九種　徐紹棨編　清光緒廣雅書局刻民國九年(1920)番禺徐紹棨彙編重印本　六册　存四種

330000－1701－0049754　普951.0263/4416/(2)　史部/紀傳類/正史之屬
十七史　(明)毛晉編　明崇禎元年至十七年(1628－1644)毛氏汲古閣刻本　五册　存一種

330000－1701－0049755　普951.0263/4416/2/c1、普951.0264/4260/c1、普951.0265/4260/c1、普951.0266/4014/c1　史部/紀傳類/正史之屬
二十四史　清同治至光緒五省官書局據汲古閣本等合刻光緒五年(1879)湖北書局彙印本　三十六册　存四種

330000－1701－0049756　普951.0263/4416/2/c4、普951.0264/4260/c2、普951.0265/4260/c2　史部/紀傳類/正史之屬
二十四史　清同治至光緒五省官書局據汲古閣本等合刻光緒五年(1879)湖北書局彙印本　十四册　存三種

330000－1701－0049757　普951.026/3148　史部/紀傳類/正史之屬
南北史補志十四卷附贊一卷　(清)汪士鐸撰　清光緒四年(1878)淮南書局刻本　六册

330000－1701－0049759　普951.026/3148/(2)　史部/紀傳類/正史之屬
南北史補志十四卷附贊一卷　(清)汪士鐸撰　清光緒四年(1878)淮南書局刻本　八册

330000－1701－0049761　GP05665　經部/春秋總義類/傳說之屬
春秋測義三十五卷　(清)強汝詢撰　清光緒十五年(1889)流芳閣木活字印本　六册

330000－1701－0049762　普951.0263/4416/3、普951.0264/4260/3　史部/紀傳類/正史之屬
二十四史附考證　清刻本　十六册　存二種

330000－1701－0049764　SBC2708　史部/傳記類/總傳之屬/家乘
淮安童氏家譜一卷　清抄本　一册

330000－1701－0049766　普951.0263/4416/6、普951.0264/4260/6、普951.0265/4260/4　史部/紀傳類/正史之屬
二十四史附考證　清光緒二十八年(1902)武林竹簡齋石印本　五册　存三種

330000－1701－0049767　GP05667　經部/詩類/專著之屬

毛詩品物圖攷七卷　（日本）岡元鳳纂輯　（日本）橘國雄繪圖　清宣統二年（1910）上海掃葉山房石印本　一册

330000－1701－0049768　普951.0263/4416/7、普951.0264/4260/9　史部/紀傳類/正史之屬
二十四史附考證　清光緒二十八年（1902）竢實齋石印本　四册　存二種

330000－1701－0049769　GP13949　新學/雜著
時務三字經一卷　（清）浙報館編　清光緒二十八年（1902）浙報館刻本　一册

330000－1701－0049770　普813.17/3308.2/3　子部/雜著類/雜說之屬
浪跡叢談十一卷浪跡續談八卷　（清）梁章鉅撰　清道光二十七年至二十八年（1847－1848）亦東園刻本　四册

330000－1701－0049772　GP13956　子部/儒家類/儒學之屬/禮教/女範
女四書二卷　（清）王相箋注　清光緒八年（1882）三省堂刻本　一册

330000－1701－0049773　普813.17/1084　集部/小說類/長篇之屬
繪圖三公奇案二十卷　清光緒十七年（1891）上洋正誼書局鉛印本　六册

330000－1701－0049774　GP13950　子部/儒家類/儒學之屬/禮教/鑑戒
瑣語三卷　（清）趙承恩撰　清光緒九年（1883）紅杏山房刻本　一册

330000－1701－0049775　普813.17/2030.2　子部/小說家類/雜事之屬
快心醒睡錄十六卷首一卷　（清）毛祥麟撰　清光緒二十一年（1895）上海書局石印本　六册

330000－1701－0049778　普813.17/2230　子部/小說家類/雜事之屬
奇情雅趣十二卷　（清）撫州樂官譜蓮裳撰　清嘉慶九年（1804）文道堂刻本　六册

330000－1701－0049779　普951.026096/3424　史部/史抄類
南史識小錄十四卷北史識小錄十四卷　（清）沈名蓀　（清）朱昆田輯　（清）張應昌補正　清同治十年（1871）武林吳氏清來堂刻本　八册

330000－1701－0049780　GP13951　子部/儒家類/儒學之屬/蒙學
啓蒙圖說一卷　清末蘇州蒙學堂刻本　一册

330000－1701－0049781　GP05672　史部/地理類/山川之屬/山志
慧山記四卷　（明）邵寶撰　（明）釋圓顯輯
慧山記續編三卷首一卷　（清）邵涵初輯　清同治七年（1868）無錫邵文燾刻本　四册　存四卷（續編首、一至三）

330000－1701－0049782　普951.0264/4260/c3　史部/紀傳類/正史之屬
二十四史　清同治至光緒五省官書局據汲古閣本等合刻光緒五年（1879）湖北書局彙印本　四册　存一種

330000－1701－0049783　GP13955　新學/雜著
知新錄一卷　清光緒二十七年（1901）木活字印本　一册

330000－1701－0049784　GP13953　子部/雜著類
百孝歌圖說一卷　清同治九年（1870）刻本　一册

330000－1701－0049785　普813.17/3308.2/2　子部/雜著類/雜說之屬
浪跡叢談十一卷　（清）梁章鉅撰　清刻本　六册

330000－1701－0049789　普813.17/2030　子部/小說家類/異聞之屬
對山書屋墨餘錄十六卷　（清）毛祥麟撰　清同治九年（1870）湖州吳氏醉六堂刻本　六册

330000－1701－0049791　普951.0261/4014/2/c1　史部/紀傳類/正史之屬

二十四史　清同治至光緒五省官書局據汲古閣本等合刻光緒五年(1879)湖北書局彙印本　十二册　存一種

330000－1701－0049792　普 813.17/2503　子部/小說家類/雜事之屬

雨窗消意録甲部四卷　(清)牛應之撰　清光緒刻本　二册

330000－1701－0049794　普 813.17/2630　子部/小說家類/異聞之屬

天涯聞見録四卷　(清)魏祝亭撰　清光緒二十二年(1896)積山書局石印本　四册

330000－1701－0049795　普 951.026096/3424/(3)　史部/史抄類

南史識小録十四卷北史識小録十四卷　(清)沈名蓀　(清)朱昆田輯　(清)張應昌補正　清同治十年(1871)武林吳氏清來堂刻本　十册

330000－1701－0049796　GP13957　經部/小學類/文字之屬/字書/訓蒙

增註三千字文一卷　(清)補拙居士編　(清)姜岳注釋　清光緒二十一年(1895)東甌郭文元堂刻本　一册

330000－1701－0049797　SBC2730　集部/總集類/題詠之屬

題畫詩一卷　(清)□□輯　稿本　一册

330000－1701－0049798　普 951.026096/7748/c1　史部/史抄類

南北史捃華八卷　(清)周嘉猷輯　清光緒二年(1876)永康胡氏退補齋刻本　章嶔題記　四册

330000－1701－0049799　普 951.0264/4260/8、普 951.0265/4260/5/c1　史部/紀傳類/正史之屬

十七史　(明)毛晉編　明崇禎元年至十七年(1628－1644)毛氏汲古閣刻本　八册　存一種

330000－1701－0049802　普 813.17/2739　集部/小說類/短篇之屬

閨閣才子奇書十二卷首一卷　(清)鴛湖煙水散人撰　清光緒十八年(1892)上海中和書局石印本　四册

330000－1701－0049803　普 951.026096/7748/c2　史部/史抄類

南北史捃華八卷　(清)周嘉猷輯　清光緒二年(1876)永康胡氏退補齋刻本　四册

330000－1701－0049804　SBC2722　集部/別集類/清別集

耐辱居草一卷　朱潤南撰　稿本　一册

330000－1701－0049805　普 951.026096/7748/c3　史部/史抄類

南北史捃華八卷　(清)周嘉猷輯　清光緒二年(1876)永康胡氏退補齋刻本　四册

330000－1701－0049806　GP05674　史部/史評類/史論之屬

寰宇分合志八卷　(明)徐樞撰　**寰宇分合志增輯一卷**　(清)鄭元慶撰　(清)楊超冶編　清光緒二十八年(1902)湘潭楊氏刻本　八册

330000－1701－0049807　GP13958　子部/儒家類/儒學之屬/禮教/家訓

義門規範一卷　(元)鄭太和　(元)鄭欽　(元)鄭鉉撰　清宣統二年(1910)成都文倫書局鉛印本　一册

330000－1701－0049809　SBC2721　史部/傳記類/總傳之屬/郡邑

兩浙名賢録台人摘録一卷　(明)徐象梅撰　清王棻柔橋隱居抄本　一册

330000－1701－0049810　普 951.0266/4014/c2　史部/紀傳類/正史之屬

二十四史　清同治至光緒五省官書局據汲古閣本等合刻光緒五年(1879)湖北書局彙印本　二十册　存一種

330000－1701－0049811　SBC2728　史部/編年類/斷代之屬

明紀不分卷　清初抄本　八册

330000－1701－0049812　普 813.17/2780

子部/小說家類/異聞之屬
想當然耳八卷 (清)鄒鐘撰 清光緒四年(1878)京都聚珍堂木活字印本 四冊

330000－1701－0049813 GP05675 史部/史評類/史論之屬
寰宇分合志八卷 (明)徐樞撰 **寰宇分合志增輯一卷** (清)鄭元慶撰 (清)楊超冶編 清光緒二十八年(1902)湘潭楊氏刻本 八冊

330000－1701－0049814 普813.17/2647 子部/小說家類/瑣語之屬
客窗閒話初集四卷續集四卷 (清)吳熾昌撰 清光緒二十七年(1901)上海文宜書局石印本 四冊

330000－1701－0049815 普813.17/3308/c1 子部/雜著類/雜說之屬
歸田瑣記八卷 (清)梁章鉅撰 清刻本 四冊

330000－1701－0049816 SBC2727 史部/地理類/山川之屬/合志
名山諸勝一覽記十六卷 (明)慎蒙輯 明萬曆四年(1576)慎蒙刻本 二冊 存二卷(九至十)

330000－1701－0049817 GP05677 史部/傳記類/總傳之屬/列女
皇朝貞孝節烈文編六卷 (清)汪正輯 清仁和汪氏香溪節烈祠刻本 六冊

330000－1701－0049819 普951.026096/7748/2 史部/史抄類
南北史捃華八卷 (清)周嘉猷輯 清光緒二十二年(1896)新化三味堂刻本 四冊

330000－1701－0049820 SBC2725 史部/地理類/總志之屬/斷代
大明一統志九十卷 (明)李賢等纂修 明刻本 一冊 存二卷(三十至三十一)

330000－1701－0049821 普951.026096/7748/3/c2 史部/史抄類
南北史捃華八卷 (清)周嘉猷輯 清浙省聚文堂刻本 四冊

330000－1701－0049822 普813.17/2663/c1 類叢部/叢書類/彙編之屬
申報館叢書正集五十七種附錄三種續集一百四十二種 (清)尊聞閣主編 蔡爾康編續集 清同治至光緒上海申報館鉛印本 二冊 存一種

330000－1701－0049823 普951.026096/7748/3/c3 史部/史抄類
南北史捃華八卷 (清)周嘉猷輯 清浙省聚文堂刻本 清戴采孫題記 四冊

330000－1701－0049824 SBC2724 史部/編年類/通代之屬
少微通鑑節要五十卷外紀四卷 (宋)江贄撰 明正德九年(1514)司禮監刻本 一冊 存二卷(四十四至四十五)

330000－1701－0049825 普813.17/2663/c2 類叢部/叢書類/彙編之屬
申報館叢書正集五十七種附錄三種續集一百四十二種 (清)尊聞閣主編 蔡爾康編續集 清同治至光緒上海申報館鉛印本 二冊 存一種

330000－1701－0049826 普951.026096/7748/4 史部/史抄類
南北史捃華八卷 (清)周嘉猷輯 清同治四年(1865)鑑止水齋刻本 四冊

330000－1701－0049827 普813.17/3308/c2 子部/雜著類/雜說之屬
歸田瑣記八卷 (清)梁章鉅撰 清刻本 四冊

330000－1701－0049828 普951.0265/4260/6/c2 史部/紀傳類/正史之屬
二十四史附考證 清光緒十四年(1888)上海圖書集成印書局鉛印本 四冊 存一種

330000－1701－0049829 普813.17/3308/c3 子部/雜著類/雜說之屬
歸田瑣記八卷 (清)梁章鉅撰 清道光二十五年(1845)北東園刻本 二冊

330000－1701－0049830 普951.0265/4260/

7　史部/紀傳類/正史之屬
二十四史附考證　清光緒二十八年(1902)竢實齋石印本　一冊　存一種

330000－1701－0049831　普813.17/3308/2/c1、普813.17/3308.2　子部/雜著類/雜說之屬
梁氏筆記三種　(清)梁章鉅撰　清宣統三年(1911)上海掃葉山房石印本　七冊　缺四卷(歸田瑣記五至八)

330000－1701－0049832　GP13954　新學/雜著
時務三字經一卷　清宣統三年(1911)邵殿雄抄本　一冊

330000－1701－0049833　普951.0265/4260/8　史部/紀傳類/正史之屬
二十四史附考證　清刻本　六冊　存一種

330000－1701－0049834　普951.0265/4260/5/c2　史部/紀傳類/正史之屬
十七史　(明)毛晉編　明崇禎元年至十七年(1628－1644)毛氏汲古閣刻本　二冊　存一種

330000－1701－0049836　SBC2720　史部/金石類/璽印之屬
集古印譜六卷　(明)王常輯　明萬曆三年(1575)顧氏芸閣刻朱印本　二冊　存二卷(二至三)

330000－1701－0049837　普951.0266/4014/4/c1　史部/紀傳類/正史之屬
十七史　(明)毛晉編　明崇禎元年至十七年(1628－1644)毛氏汲古閣刻本　十八冊　存一種

330000－1701－0049838　普951.0266/4014/4/c2　史部/紀傳類/正史之屬
十七史　(明)毛晉編　明崇禎元年至十七年(1628－1644)毛氏汲古閣刻本　十二冊　存一種

330000－1701－0049839　普951.0266/4014/3/c1　史部/紀傳類/正史之屬
二十四史附考證　清刻本　二十四冊　存一種

330000－1701－0049840　普813.17/3477　子部/雜著類/雜說之屬
習苦齋筆記一卷　(清)戴熙撰　清同治十年(1871)刻本　一冊

330000－1701－0049841　普813.27/2767/3/c1　子部/小說家類/異聞之屬
閱微草堂筆記二十四卷　(清)紀昀撰　清嘉慶二十一年(1816)北平盛氏刻本　十冊

330000－1701－0049842　普951.0266/4014/4/c3　史部/紀傳類/正史之屬
十七史　(明)毛晉編　明崇禎元年至十七年(1628－1644)毛氏汲古閣刻本　二十八冊　存一種

330000－1701－0049843　普951.0266/4014/3/c2　史部/紀傳類/正史之屬
二十四史附考證　清刻本　二十四冊　存一種

330000－1701－0049844　普813.17/4001　子部/小說家類/雜事之屬
井蛙雜紀十卷　(清)李調元撰　清乾隆刻本　二冊

330000－1701－0049845　GP05678、GP05679　集部/曲類/彈詞之屬
海公奇案傳八種　清光緒十八年(1892)上海紫雲軒刻本　二冊　存二種

330000－1701－0049846　普813.17/4007/c2　子部/小說家類/異聞之屬
繪圖希奇古怪四卷　(清)李慶辰撰　清光緒二十年(1894)理文軒鉛印本　四冊

330000－1701－0049848　普951.0266/4014/5　史部/紀傳類/正史之屬
二十四史附考證　清光緒二十八年(1902)武林竹簡齋石印本　八冊　存一種

330000－1701－0049849　普951.0267/2628/3　史部/紀傳類/正史之屬

二十四史附考證 清刻本 二十四册 存一種

330000－1701－0049850 普 813.17/4007/c1 子部/小説家類/異聞之屬
繪圖希奇古怪四卷 （清）李慶辰撰 清光緒十八年（1892）上海錦章圖書局石印本 二册

330000－1701－0049851 普 951.0266/4014/8 史部/紀傳類/正史之屬
二十四史附考證 清光緒二十八年（1902）竢實齋石印本 七册 存一種

330000－1701－0049852 GP05691 史部/地理類/專志之屬/書院
忠清書院志二卷 （清）張振珂撰 清光緒八年（1882）木活字印本 一册

330000－1701－0049855 普 813.27/2767/3/c2 子部/小説家類/異聞之屬
閲微草堂筆記二十四卷 （清）紀昀撰 清刻本 十册

330000－1701－0049856 普 813.17/4007/c3 子部/小説家類/異聞之屬
繪圖希奇古怪四卷 （清）李慶辰撰 清光緒十八年（1892）上海錦章圖書局石印本 四册

330000－1701－0049857 普 813.17/4263 子部/小説家類/瑣語之屬
恐自逸軒瑣録十二卷 （清）彭昌祚撰 清咸豐三年（1853）刻本 十二册

330000－1701－0049858 普 951.0267/2628/c2 史部/紀傳類/正史之屬
二十四史 清同治至光緒五省官書局據汲古閣本等合刻光緒五年（1879）湖北書局彙印本 十九册 存一種

330000－1701－0049861 普 813.27/2767/3/c3 子部/小説家類/異聞之屬
閲微草堂筆記二十四卷 （清）紀昀撰 清道光十五年（1835）刻本 十二册

330000－1701－0049862 普 813.17/4041 子部/小説家類/異聞之屬
七十二朝四書人物演義八卷 清光緒二十三年（1897）上海十萬卷樓石印本 八册

330000－1701－0049863 普 951.0267/2628/c4 史部/紀傳類/正史之屬
二十四史 清同治至光緒五省官書局據汲古閣本等合刻光緒五年（1879）湖北書局彙印本 二十册 存一種

330000－1701－0049864 GP05692 類叢部/叢書類/家集之屬
香海盦叢書 （清）徐琪輯 清光緒十二年（1886）刻本 一册 存一種

330000－1701－0049865 普 813.17/4630 類叢部/叢書類/彙編之屬
申報館叢書正集五十七種附録三種續集一百四十二種 （清）尊聞閣主編 蔡爾康編續集 清同治至光緒上海申報館鉛印本 二册 存一種

330000－1701－0049866 普 813.17/4401 子部/小説家類/瑣語之屬
夢裏一片情二卷 （清）江陵漁隱撰 清光緒二十一年（1895）上海書局石印本 吳蘋題記 二册

330000－1701－0049867 普 951.0267/2628/5 史部/紀傳類/正史之屬
二十四史附考證 清光緒二十八年（1902）武林竹簡齋石印本 八册 存一種

330000－1701－0049868 普 951.027/2628/2 史部/紀傳類/正史之屬
十七史 （明）毛晉編 明崇禎元年至十七年（1628－1644）毛氏汲古閣刻本 十册 存一種

330000－1701－0049869 普 813.17/4044 史部/地理類/雜志之屬
楚庭稗珠録六卷 （清）檀萃撰 （清）黄壽編 清乾隆三十八年（1773）刻本 王銓濟跋 四册

330000－1701－0049871 GP05693 經部/小學類/音韻之屬/等韻

二十三母土音表讀法不分卷　(清)吳善述編　清光緒四年(1878)四明黃氏補不足齋刻本　一冊

330000－1701－0049872　普951.0267/2628/6　史部/紀傳類/正史之屬
二十四史附考證　清光緒十四年(1888)上海圖書集成印書局鉛印本　十六冊　存一種

330000－1701－0049874　普951.027/2628/c2　史部/紀傳類/正史之屬
二十四史　清同治至光緒五省官書局據汲古閣本等合刻光緒五年(1879)湖北書局彙印本　十冊　存一種

330000－1701－0049875　普813.17/4423　子部/小說家類/異聞之屬
可驚可愕集四卷　(清)杜鄉漁隱撰　清光緒三十三年(1907)上海書局石印本　四冊

330000－1701－0049877　普813.17/4235　子部/小說家類/雜事之屬
譚史志奇八卷　(清)姚彥臣纂　清光緒十四年(1888)五知堂刻本　四冊

330000－1701－0049878　GP13959　子部/雜著類/雜說之屬
辟火珠一卷附禳避火災妙法一卷　(清)高宗元撰　清道光八年(1828)刻本　一冊

330000－1701－0049879　普813.27/2767/6　子部/小說家類/異聞之屬
閱微草堂筆記二十四卷　(清)紀昀撰　清光緒十四年(1888)上海點石齋石印本　六冊

330000－1701－0049881　普813.17/4917/2　類叢部/叢書類/自著之屬
甌北全集八種　(清)趙翼撰　清光緒三年(1877)滇南唐氏刻本　一冊　存一種

330000－1701－0049882　普951.027/2628/2(2)　史部/紀傳類/正史之屬
十七史　(明)毛晉編　明崇禎元年至十七年(1628－1644)毛氏汲古閣刻本　十六冊　存一種

330000－1701－0049883　GP05681　新學/雜著/小說
露漱格蘭小傳一卷　(清)普通學書室譯　清光緒二十八年(1902)上海商務印書館鉛印本　一冊

330000－1701－0049884　GP05694　集部/別集類/清別集
虛白齋古近體詩二卷　(清)劉蘊輝撰　清同治十一年(1872)刻本　一冊

330000－1701－0049885　普813.17/4427　子部/小說家類/異聞之屬
無稽讕語四卷　(清)王蘭阯撰　清刻本　一冊

330000－1701－0049887　普813.27/2767/12　子部/小說家類/異聞之屬
閱微草堂筆記二十四卷首一卷　(清)紀昀撰　清道光二十七年(1847)小蓬萊山館刻本　十冊

330000－1701－0049888　普8113.17/6056　類叢部/叢書類/彙編之屬
申報館叢書正集五十七種附錄三種續集一百四十二種　(清)尊聞閣主編　蔡爾康編續集　清同治至光緒上海申報館鉛印本　二冊　存一種

330000－1701－0049889　普951.027/2628/3　史部/紀傳類/正史之屬
二十四史附考證　清刻本　二十四冊　存一種

330000－1701－0049892　普813.17/4441　史部/地理類/雜志之屬
南沙雜識一卷　(清)黃報廷撰　清宣統三年(1911)鉛印本　一冊

330000－1701－0049893　GP13959/1　子部/雜著類/雜說之屬
辟火珠一卷附禳避火災妙法一卷　(清)高宗元撰　清道光八年(1828)刻本　一冊

330000－1701－0049894　普813.27/2767.04/c1　子部/小說家類/異聞之屬

閱微草堂筆記擇要二卷 （清）紀昀撰 （清）籜園居士選訂 清光緒十五年（1889）鉛印本 一册

330000－1701－0049895 普 813.17/6056.02 類叢部/叢書類/彙編之屬

申報館叢書正集五十七種附録三種續集一百四十二種 （清）尊聞閣主編 蔡爾康編續集 清同治至光緒上海申報館鉛印本 四册 存一種

330000－1701－0049897 普 813.27/2767.04/c2 子部/小説家類/異聞之屬

閱微草堂筆記擇要二卷 （清）紀昀撰 （清）籜園居士選訂 清光緒十五年（1889）鉛印本 一册

330000－1701－0049898 普 813.27/2767.04/c3 子部/小説家類/異聞之屬

閱微草堂筆記擇要二卷 （清）紀昀撰 （清）籜園居士選訂 清光緒十五年（1889）鉛印本 一册

330000－1701－0049899 GP13960 史部/傳記類/科舉録之屬/諸貢録

[宣統己酉萃科]安徽選拔貢卷一卷 （清）方臻偀撰 清宣統鉛印本 一册

330000－1701－0049900 普 813.27/2767.04/2/c1 子部/小説家類/異聞之屬

閱微草堂筆記擇要二卷 （清）紀昀撰 （清）籜園居士選訂 清光緒十五年（1889）泉唐沈氏刻本 二册

330000－1701－0049901 普 813.17/4474 子部/小説家類/異聞之屬

古宦異述記四卷 （清）林蘭興撰 清光緒三十三年（1907）北京龍文閣書坊石印本 二册

330000－1701－0049902 普 813.17/7142 子部/雜著類/雜説之屬

茶餘客話十二卷 （清）阮葵生撰 清乾隆五十九年（1794）阮鍾琦刻本 四册

330000－1701－0049903 普 813.27/2767.04/2/c2 子部/小説家類/異聞之屬

閱微草堂筆記擇要二卷 （清）紀昀撰 （清）籜園居士選訂 清光緒十五年（1889）泉唐沈氏刻本 二册

330000－1701－0049904 普 813.27/2767.04/2/c3 子部/小説家類/異聞之屬

閱微草堂筆記擇要二卷 （清）紀昀撰 （清）籜園居士選訂 清光緒十五年（1889）泉唐沈氏刻本 二册

330000－1701－0049905 普 813.27/2767.04/2/c4 子部/小説家類/異聞之屬

閱微草堂筆記擇要二卷 （清）紀昀撰 （清）籜園居士選訂 清光緒十五年（1889）泉唐沈氏刻本 二册

330000－1701－0049906 普 813.17/7142/2 子部/雜著類/雜説之屬

茶餘客話二十二卷 （清）阮葵生撰 清光緒十四年（1888）鉛印本 六册

330000－1701－0049907 普 813.17/7541 子部/小説家類/雜事之屬

庸閒齋筆記十二卷庸閒老人自敘一卷 （清）陳其元撰 清光緒十五年（1889）上海檢古齋石印本 五册

330000－1701－0049908 普 951.027/2628/4 史部/紀傳類/正史之屬

二十四史附考證 清光緒二十八年（1902）武林竹簡齋石印本 六册 存一種

330000－1701－0049909 普 813.17/7541/2 子部/小説家類/雜事之屬

庸閒齋筆記十二卷 （清）陳其元撰 清同治十三年（1874）吴下刻本 六册

330000－1701－0049910 普 951.027/2628/5 史部/紀傳類/正史之屬

二十四史附考證 清光緒二十九年（1903）五洲同文局石印本 二十四册 存一種

330000－1701－0049911 普 813.17/7541/3 子部/小説家類/雜事之屬

庸閒齋筆記八卷 （清）陳其元撰 清同治十三年（1874）吴下刻本 四册 存八卷（一至

八）

330000－1701－0049912　普 951.027/2628/6　史部/紀傳類/正史之屬

欽定二十四史　清光緒二十八年(1902)上海文瀾書局石印本　四冊　存一種

330000－1701－0049913　普 813.27/2767/9/c1　子部/小說家類/異聞之屬

閱微草堂筆記二十四卷　(清)紀昀撰　清光緒十三年(1887)上海廣百宋齋鉛印本　四冊

330000－1701－0049914　普 951.027/4634　史部/地理類/總志之屬/斷代

隋書地理志考證九卷　(清)楊守敬撰　清光緒二十二年(1896)宜都楊氏鄰蘇園刻本　章嶔題記　六冊

330000－1701－0049915　普 951.027/2628/7　史部/紀傳類/正史之屬

二十四史附考證　清光緒二十八年(1902)竢實齋石印本　六冊　存一種

330000－1701－0049916　普 813.17/7560　子部/雜著類/雜纂之屬

清俠記八卷　(清)陳昌編輯　清末石印本　四冊

330000－1701－0049917　普 813.27/2767/9/c2　子部/小說家類/異聞之屬

閱微草堂筆記二十四卷　(清)紀昀撰　清光緒十七年(1891)上海廣百宋齋鉛印本　四冊

330000－1701－0049918　普 951.0267/2628/7　史部/紀傳類/正史之屬

十七史　(明)毛晉編　明崇禎元年至十七年(1628－1644)毛氏汲古閣刻本　十二冊　存一種

330000－1701－0049919　普 813.17/7776　子部/小說家類/雜事之屬

水窗春囈二卷　(清)□□撰　清光緒三年(1877)上海機器印書局鉛印本　二冊

330000－1701－0049921　普 813.27/2767/9/c3　子部/小說家類/異聞之屬

閱微草堂筆記二十四卷　(清)紀昀撰　清光緒十七年(1891)上海廣百宋齋鉛印本　四冊

330000－1701－0049923　普 951.03/3491/c1　史部/史抄類

新舊唐書合鈔二百六十卷首一卷　(清)沈炳震輯　**唐書宰相世系表訂譌十二卷**　(清)沈炳震撰　**唐書合鈔補正六卷**　(清)丁子復撰　清嘉慶海昌查氏刻同治十年(1871)武林吳氏清來堂補刻本　章嶔題簽　八十冊

330000－1701－0049924　普 951.0267/2628/8　史部/紀傳類/正史之屬

二十四史附考證　清光緒二十九年(1903)五洲同文局石印本　二十四冊　存一種

330000－1701－0049925　普 813.27/2767/11　子部/小說家類/異聞之屬

閱微草堂筆記二十四卷　(清)紀昀撰　清道光十五年(1835)廣州刻本　宋崇厚題記　十冊

330000－1701－0049927　普 813.17/8090/2　類叢部/叢書類/彙編之屬

雙楳景闇叢書十六種　葉德輝編　清光緒至宣統長沙葉氏郎園刻本　二冊　存二種

330000－1701－0049929　GP05695　類叢部/叢書類/自著之屬

小謨觴館全集三種　(清)彭兆蓀撰　(清)孫元培　(清)孫長熙注　清光緒鎮洋繆朝荃刻三十二年(1906)彙印本　十冊　存一種

330000－1701－0049930　普 813.17/8822　子部/雜著類/雜纂之屬

蟦蛣雜記十二卷　(清)竹勿山石道人撰　清乾隆五十八年(1793)刻本　六冊

330000－1701－0049931　GP05684　子部/天文曆算類/天文之屬

天文地球圖說三卷續編二卷首一卷　(清)華蘅芳撰　(清)阮元鑒定　清光緒二十四年(1898)上海石印本　四冊

330000－1701－0049934　普 951.03/3491/c4　史部/史抄類

新舊唐書合鈔二百六十卷首一卷 (清)沈炳震輯 唐書宰相世系表訂譌十二卷 (清)沈炳震撰 唐書合鈔補正六卷 (清)丁子復撰 清嘉慶海昌查氏刻同治十年(1871)武林吳氏清來堂補刻本 八十冊

330000－1701－0049937 普 813.27/8012 類叢部/叢書類/家集之屬

海昌俞氏叢刻四種 (清)俞承德輯 清咸豐六年(1856)平江三德堂刻本 一冊 存一種

330000－1701－0049938 GP05685 子部/天文曆算類/算書之屬

筆算初階一卷 (清)方楷撰 清光緒十年(1884)南海廖廷相刻本 一冊

330000－1701－0049939 普 813.17/9114 集部/小說類/短篇之屬

女才子傳十卷首一卷 (清)徐震撰 清玉蘭堂刻本 二冊

330000－1701－0049940 普 813.27/2784 子部/小說家類/異聞之屬

繪圖包公奇案十卷 清光緒石印本 四冊

330000－1701－0049941 普 951.0267/2628.06 類叢部/叢書類/彙編之屬

廣雅書局叢書一百五十九種 徐紹棨編 清光緒廣雅書局刻民國九年(1920)番禺徐紹棨彙編重印本 一冊 存一種

330000－1701－0049942 普 951.03/3491/c2 史部/史抄類

新舊唐書合鈔二百六十卷首一卷 (清)沈炳震輯 唐書宰相世系表訂譌十二卷 (清)沈炳震撰 唐書合鈔補正六卷 (清)丁子復撰 清嘉慶海昌查氏刻同治十年(1871)武林吳氏清來堂補刻本 八十冊

330000－1701－0049944 GP05686 史部/政書類/邦交之屬

醇親王使德始末恭紀一卷 清光緒鉛印本 一冊

330000－1701－0049945 GP13977 子部/雜著類/雜說之屬

天則百話不分卷 (日本)加藤弘之撰 吳建常譯 清光緒二十八年(1902)上海廣智書局鉛印本 一冊

330000－1701－0049947 GP05696 子部/儒家類/儒學之屬/蒙學

六藝綱目二卷附發原一卷字原一卷 (元)舒天民撰 (元)舒恭注 (明)趙宜中附注 清道光二十八年(1848)東武劉喜海刻本 一冊

330000－1701－0049948 普 813.17/9114/2 集部/小說類/短篇之屬

閨閣才子奇書五卷 (清)鴛湖煙水散人撰 清光緒十九年(1893)石印本 二冊

330000－1701－0049949 普 951.0267/2628.06/2/c1 類叢部/叢書類/彙編之屬

王益吾所刻書十種 王先謙編 清光緒九年至十年(1883－1884)長沙王氏刻本 一冊 存一種

330000－1701－0049950 普 813.27/2784/2/c1 子部/小說家類/異聞之屬

繪圖包公奇案四卷 清光緒三十三年(1907)上海壽記書莊石印本 四冊

330000－1701－0049951 普 951.0267/2628.06/2/c2 類叢部/叢書類/彙編之屬

王益吾所刻書十種 王先謙編 清光緒九年至十年(1883－1884)長沙王氏刻本 一冊 存一種

330000－1701－0049953 普 813.222/0730/c1 子部/叢編

子書百家 (清)崇文書局編 清光緒元年(1875)湖北崇文書局刻本 一冊 存一種

330000－1701－0049955 普 951.0267/2628.06/2/c3 史部/紀傳類/正史之屬

魏書校勘記一卷 王先謙輯 清光緒九年至十年(1883－1884)長沙王氏刻王益吾所刻書本 子展題記 一冊

330000－1701－0049956 普 951.03/3491/c3 史部/史抄類

新舊唐書合鈔二百六十卷首一卷 (清)沈炳

震輯　**唐書宰相世系表訂譌十二卷**　(清)沈炳震撰　**唐書合鈔補正六卷**　(清)丁子復撰　清嘉慶海昌查氏刻同治十年(1871)武林吳氏清來堂補刻本　六十冊　缺六十一卷(首、一至二十四、一百五十至一百六十八、一百八十七至一百九十三、二百四十三至二百五十二)

330000－1701－0049958　普 813.27/2784/2/c2　子部/小說家類/異聞之屬
繪圖包公案全傳四卷　清末石印本　一冊

330000－1701－0049959　普 813.222/0730/c2　子部/叢編
子書百家　(清)崇文書局編　清光緒元年(1875)湖北崇文書局刻本　一冊　存一種

330000－1701－0049961　GP05688　新學/史志/諸國史
世界近世史二卷　(日本)松平康國撰　梁啓勳譯　清光緒二十九年(1903)上海廣智書局鉛印本　二冊

330000－1701－0049962　普 813.27/2784/3　集部/小說類/短篇之屬
龍圖公案八卷　清兩餘堂刻本　四冊

330000－1701－0049963　普 813.24/4060/2　子部/小說家類/異聞之屬
太平廣記五百卷目錄十卷　(宋)李昉等輯　清嘉慶十一年(1806)姑蘇聚文堂刻本　四十七冊

330000－1701－0049964　普 951.02679/0436/c1　類叢部/叢書類/自著之屬
樹經堂集三種　(清)謝啓昆撰　清乾隆至嘉慶刻本　六冊　存一種

330000－1701－0049965　普 813.27/7721/c1　集部/小說類
潛園集錄　(清)屠倬輯　清道光二年(1822)刻本　六冊

330000－1701－0049966　GP05697　子部/儒家類/儒學之屬/蒙學
六藝綱目二卷附發原一卷字原一卷　(元)舒天民撰　(元)舒恭注　(明)趙宜中附注　**重刊六藝綱目札記一卷**　(清)管禮耕撰　清刻本　二冊

330000－1701－0049967　普 813.225/7731　子部/叢編
子書百家　(清)崇文書局編　清光緒元年(1875)湖北崇文書局刻本　一冊　存一種

330000－1701－0049968　普 813.27/2784/4　集部/小說類/短篇之屬
新評龍圖神斷公案十卷　(明)李贄評　清同治七年(1868)維經堂刻本　五冊

330000－1701－0049969　普 951.03/4923/c1　類叢部/叢書類/彙編之屬
廣雅書局叢書一百五十九種　徐紹棨編　清光緒廣雅書局刻民國九年(1920)番禺徐紹棨彙編重印本　四冊　存一種

330000－1701－0049970　普 813.27/3347　子部/小說家類/異聞之屬
池上草堂筆記近錄二卷續錄二卷三錄二卷四錄二卷　(清)梁恭辰撰　清道光二十三年至二十八年(1843－1848)刻本　八冊

330000－1701－0049971　GP13979　子部/宗教類/其他宗教之屬/基督教
造物論不分卷　(德國)柏特撰　(美國)武林吉譯　黃治基述　清光緒三十一年(1905)上海華美書局鉛印本　一冊

330000－1701－0049972　GP05689　集部/別集類/清別集
黃琢山房集十卷　(清)吳璜撰　清道光十九年(1839)刻本　二冊

330000－1701－0049974　普 813.247/1047　子部/小說家類/異聞之屬
續夷堅志四卷　(金)元好問撰　清嘉慶十三年(1808)陽泉山莊刻本　瞿鶴題簽並記　一冊

330000－1701－0049975　普 813.27/2729　集部/小說類/短篇之屬
繪圖吉祥花六卷　(清)紀棠氏輯評　清光緒

二十一年(1895)上海古香閣鉛印本　四册

330000－1701－0049976　普951.03/7267/(2)　史部/紀傳類/正史之屬
二十四史　清同治至光緒五省官書局據汲古閣本等合刻光緒五年(1879)湖北書局彙印本　四十八册　存一種

330000－1701－0049977　普951.03/4923/c2　類叢部/叢書類/彙編之屬
廣雅書局叢書一百五十九種　徐紹棨編　清光緒廣雅書局刻民國九年(1920)番禺徐紹棨彙編重印本　四册　存一種

330000－1701－0049978　普813.27/7721/c2　集部/小說類
潛園集錄　(清)屠倬輯　清道光二年(1822)刻本　六册

330000－1701－0049979　普951.03/4923/c3　類叢部/叢書類/彙編之屬
廣雅書局叢書一百五十九種　徐紹棨編　清光緒廣雅書局刻民國九年(1920)番禺徐紹棨彙編重印本　四册　存一種

330000－1701－0049980　普813.23/2654　子部/小說家類/雜事之屬
三水小牘二卷　(唐)皇甫枚撰　清乾隆五十七年(1792)金陵劉氏刻本　一册

330000－1701－0049982　GP05698　子部/天文曆算類/算書之屬
白芙堂算學叢書　(清)丁取忠輯　清同治至光緒長沙古荷花池精舍刻本　二册　存一種

330000－1701－0049983　普813.27/7721/c3　集部/小說類
潛園集錄　(清)屠倬輯　清道光二年(1822)刻本　六册

330000－1701－0049984　GP05699　史部/政書類/儀制之屬/典禮
文廟祀位考畧六卷　(清)劉檕撰　**大成殿祀位圖一卷**　(清)劉名譽編　清同治八年(1869)、光緒十八年(1892)刻本　四册

330000－1701－0049985　普813.26/4063　類叢部/叢書類/彙編之屬
誦芬室叢刊二十二種　董康編　清光緒三十四年至民國十四年(1908－1925)武進董氏刻本　三册　存二種

330000－1701－0049987　普813.27/3347/2　子部/小說家類/異聞之屬
池上草堂筆記近錄六卷續錄六卷三錄六卷四錄六卷　(清)梁恭辰撰　清同治三年(1864)許之敘刻本　六册　缺六卷(一至六)

330000－1701－0049991　普813.24/2031/c1　類叢部/叢書類/彙編之屬
十萬卷樓叢書五十一種　(清)陸心源編　清光緒歸安陸氏刻本(歲時廣記卷六原缺)　六册　存一種

330000－1701－0049992　GP13983　子部/宗教類/其他宗教之屬/基督教
慕會吏總奉士大夫書一卷　清光緒二十九年(1903)上海廣學會鉛印本　一册

330000－1701－0049993　GP05702　集部/總集類/酬唱之屬
清華唱和集詩一卷詞一卷　(清)許應爍撰　清光緒刻本　一册

330000－1701－0049994　SBC2719　子部/藝術類/書畫之屬/畫譜
百美圖二卷　(清)李若蘭撰繪　稿本　一册　存一卷(下)

330000－1701－0049995　普813.24/2031/c2　類叢部/叢書類/彙編之屬
十萬卷樓叢書五十一種　(清)陸心源編　清光緒歸安陸氏刻本(歲時廣記卷六原缺)　四册　存一種

330000－1701－0049997　GP05703　類叢部/叢書類/自著之屬
槐軒全集二十一種附九種　(清)劉沅撰　清咸豐至民國刻彙印本　六册　存一種

330000－1701－0049998　普813.27/0824　類叢部/叢書類/彙編之屬

申報館叢書正集五十七種附錄三種續集一百四十二種 (清)尊聞閣主編 蔡爾康編續集 清同治至光緒上海申報館鉛印本 二册 存一種

330000－1701－0049999 GP05704 集部/別集類/清別集
侯鯖集十卷 (清)李友棠撰 清刻本 四冊

330000－1701－0050000 GP05705 類叢部/叢書類/自著之屬
汪雙池先生叢書二十種附浙刻雙池遺書十二種 (清)汪紱撰 清道光至光緒刻光緒二十三年(1897)長安趙舒翹等彙印本 一册 存一種

330000－1701－0050005 普 813.27/3347/3 子部/小說家類/異聞之屬
池上草堂筆記近錄六卷續錄六卷三錄六卷四錄六卷 (清)梁恭辰撰 清同治十年(1871)太倉趙崇慶刻本 三册 缺六卷(四錄一至六)

330000－1701－0050008 普 951.03/4923/2 類叢部/叢書類/自著之屬
古墨齋集十二種 (清)趙紹祖撰 清嘉慶元年至道光十四年(1796－1834)涇縣趙氏古墨齋刻本 四册 存一種

330000－1701－0050010 GP13963 子部/儒家類/儒學之屬/俗訓
村塾俚語一卷 清光緒七年(1881)東江義塾刻本 一册

330000－1701－0050011 普 951.03/6017/c1 類叢部/叢書類/彙編之屬
武英殿聚珍版書一百四十八種 清乾隆四十二年(1777)福建刻道光至同治遞修光緒二十一年(1895)增刻本 一册 存一種

330000－1701－0050012 SBC2740 集部/別集類/清別集
健修堂詩集□□卷 (清)邊浴禮撰 清抄本 一册 存一卷(三)

330000－1701－0050013 普 951.03/6017/c2 類叢部/叢書類/彙編之屬
武英殿聚珍版書一百四十八種 清乾隆四十二年(1777)福建刻道光至同治遞修光緒二十一年(1895)增刻本 章嶔題簽並記 一册 存一種

330000－1701－0050014 普 813.24/2700 類叢部/叢書類/彙編之屬
稗海四十八種續集二十二種 (明)商濬編 明萬曆商氏半埜堂刻清康熙振鷺堂重編補刻本 一册 存一種

330000－1701－0050015 普 813.27/1016/c1 子部/小說家類/雜事之屬
騙術奇談四卷 雷君曜編 清宣統元年(1909)上海掃葉山房石印本 四册

330000－1701－0050016 普 813.27/4007 子部/小說家類/異聞之屬
繪圖希奇古怪四卷 (清)李慶辰撰 清光緒十八年(1892)上海錦章圖書局石印本 一册

330000－1701－0050017 普 813.27/3437/c1 子部/小說家類/異聞之屬
諧鐸十二卷 (清)沈起鳳撰 清末石印本 二册

330000－1701－0050018 普 813.27/1016/c2 子部/小說家類/雜事之屬
騙術奇談四卷 雷君曜編 清宣統元年(1909)上海掃葉山房石印本 四册

330000－1701－0050020 普 951.03/7267/2 史部/紀傳類/正史之屬
舊唐書二百卷 (後晉)劉昫撰 **舊唐書逸文十二卷** (清)岑建功輯 **舊唐書校勘記六十六卷** (清)羅士琳等校勘 清道光二十三年至二十六年(1843－1846)懼盈齋刻同治十一年(1872)定遠方氏補刻本 四十八册 存二百卷(一至二百)

330000－1701－0050021 GP13964 史部/職官類/官箴之屬
學治書紳二卷 (清)徐承禮輯 清光緒鉛印本 一册

330000－1701－0050022　普 813.27/3437/c2
子部/小說家類/異聞之屬
繪圖諧鐸十二卷　(清)沈起鳳撰　清光緒二十一年(1895)海上書局石印本　四冊

330000－1701－0050023　普 813.24/2880
類叢部/叢書類/彙編之屬
津逮祕書十五集一百四十種　(明)毛晉編　明崇禎虞山毛氏汲古閣刻本　二冊　存一種

330000－1701－0050024　普 951.03/7267/c1
史部/紀傳類/正史之屬
二十四史　清同治至光緒五省官書局據汲古閣本等合刻光緒五年(1879)湖北書局彙印本　四十冊　存一種

330000－1701－0050025　SBC2739　集部/別集類/清別集
秋柯草堂詩翰一卷　(清)李廷鈺撰　稿本　一冊

330000－1701－0050027　GP13986　子部/雜著類
格言彙編六種　(清)王乃徵編　清光緒三十四年(1908)石印本　八冊

330000－1701－0050028　普 813.27/3675/c1
子部/小說家類/異聞之屬
翼駉稗編八卷　(清)湯用中撰　(清)徐廷華評　清道光二十九年(1849)刻本　八冊

330000－1701－0050029　普 813.27/1042
集部/小說類/短篇之屬
淞隱漫錄十二卷　(清)王韜撰　清光緒十年(1884)上海點石齋石印本　六冊

330000－1701－0050030　GP13965　子部/雜著類
子史切要表一卷　沈兆禕撰　清光緒二十八年(1902)刻本　一冊

330000－1701－0050031　普 951.03/7267/c3
史部/紀傳類/正史之屬
二十四史　清同治至光緒五省官書局據汲古閣本等合刻光緒五年(1879)湖北書局彙印本　四十冊　存一種

330000－1701－0050032　普 813.27/1042.2/c1　集部/小說類/短篇之屬
繪圖後聊齋志異十二卷　(清)王韜撰　清光緒二十年(1894)上海積山書局石印本　八冊

330000－1701－0050033　普 951.03/7267/3/c1　史部/紀傳類/正史之屬
舊唐書二百卷　(後晉)劉昫撰　**舊唐書逸文十二卷**　(清)岑建功輯　**舊唐書校勘記六十六卷**　(清)羅士琳等校勘　清道光二十三年至二十六年(1843－1846)懼盈齋刻同治十一年(1872)定遠方氏補刻本　四十八冊　存二百卷(一至二百)

330000－1701－0050034　普 813.27/3675/c2
子部/小說家類/異聞之屬
翼駉稗編八卷　(清)湯用中撰　(清)徐廷華評　清道光二十九年(1849)刻本　邵裴子批　八冊

330000－1701－0050036　GP13966　史部/傳記類/總傳之屬/列女
歷代名媛圖說二卷　清光緒五年(1879)上海點石齋石印本　二冊

330000－1701－0050037　普 951.03/7267/3/c2　史部/紀傳類/正史之屬
二十四史　清同治至光緒五省官書局據汲古閣本等合刻光緒五年(1879)湖北書局彙印本　四十八冊　存一種

330000－1701－0050039　普 813.27/1042.2/c2　集部/小說類/短篇之屬
繪圖後聊齋志異十二卷　(清)王韜撰　清光緒二十九年(1903)上海點石齋石印本　六冊

330000－1701－0050040　GP13967　經部/小學類/文字之屬/字書/訓蒙
新編精圖七千字文一卷　(清)□□編　清光緒三十三年(1907)上海鏡海樓石印本　一冊

330000－1701－0050041　普 813.27/4000/c1
子部/小說家類/雜事之屬
壺中志初集二卷　(清)壺廬主人撰　(清)高古愚編　清光緒三十二年(1906)浙江青雲學

社石印本　二冊

330000－1701－0050042　GP13968　子部/儒家類/儒學之屬/勸學

瑤畦塾約一卷塾學宗義語要一卷　（清）張伯琴撰　清光緒武昌官局刻朱印本　一冊

330000－1701－0050043　普951.03/7267/3/c3　史部/紀傳類/正史之屬

舊唐書二百卷　（後晉）劉昫撰　**舊唐書逸文十二卷**　（清）岑建功輯　**舊唐書校勘記六十六卷**　（清）羅士琳等校勘　清道光二十三年至二十六年(1843－1846)懼盈齋刻同治十一年(1872)定遠方氏補刻本　四十八冊　存二百卷(一至二百)

330000－1701－0050044　普813.27/1042.2/c3　集部/小說類/短篇之屬

繪圖後聊齋志異十二卷　（清）王韜撰　清光緒二十九年(1903)上海點石齋石印本　六冊

330000－1701－0050045　普813.27/4000/c2　子部/小說家類/雜事之屬

壺中志初集二卷　（清）壺廬主人撰　（清）高古愚編　清光緒三十二年(1906)浙江青雲學社石印本　二冊

330000－1701－0050046　普813.27/4000/c3　子部/小說家類/雜事之屬

壺中志初集二卷　（清）壺廬主人撰　（清）高古愚編　清光緒三十二年(1906)浙江青雲學社石印本　二冊

330000－1701－0050049　普951.03/7267/4　史部/紀傳類/正史之屬

二十四史附考證　清光緒二十八年(1902)武林竹簡齋石印本　十六冊　存一種

330000－1701－0050050　普951.03/7267/5　史部/紀傳類/正史之屬

二十四史附考證　清光緒二十八年(1902)竢實齋石印本　十六冊　存一種

330000－1701－0050051　普951.02679/0436/2　類叢部/叢書類/彙編之屬

廣雅書局叢書一百五十九種　徐紹棨編　清光緒廣雅書局刻民國九年(1920)番禺徐紹棨彙編重印本　六冊　存一種

330000－1701－0050052　普951.03/7267/6　史部/紀傳類/正史之屬

二十四史附考證　清刻本　六十冊　存一種

330000－1701－0050053　普951.03/7772/3/c1　史部/紀傳類/正史之屬

二十四史附考證　清刻本　五十冊　存一種

330000－1701－0050054　普951.02679/0436/c2　類叢部/叢書類/自著之屬

樹經堂集三種　（清）謝啓昆撰　清乾隆至嘉慶刻本　六冊　存一種

330000－1701－0050055　普813.27/4040/c1　子部/小說家類/異聞之屬

滬濱怪怪奇奇四卷　（清）南樵廬主輯　清光緒上海文宜書局石印本　四冊

330000－1701－0050056　普813.27/10421　子部/小說家類/瑣語之屬

花間笑語五卷　（清）釀花使者撰　清咸豐九年(1859)刻本　四冊

330000－1701－0050057　普813.27/1060　子部/小說家類/異聞之屬

夜譚隨錄十二卷　（清）和邦額撰　清乾隆緯文堂刻本　十二冊

330000－1701－0050059　普951.0268/4014/c1　史部/紀傳類/正史之屬

二十四史　清同治至光緒五省官書局據汲古閣本等合刻光緒五年(1879)湖北書局彙印本　四冊　存一種

330000－1701－0050062　普813.27/4040/c2　子部/小說家類/異聞之屬

滬濱怪怪奇奇四卷　（清）南樵廬主輯　清光緒二十七年(1901)上海文宜書局石印本　四冊

330000－1701－0050063　普951.03/7267.02　史部/紀傳類/正史之屬

舊唐書二百卷　（後晉）劉昫撰　**舊唐書逸文**

十二卷　(清)岑建功輯　**舊唐書校勘記六十六卷**　(清)羅士琳等校勘　清道光二十三年至二十六年(1843－1846)懼盈齋刻同治十一年(1872)定遠方氏補刻本　章鈫題記　二册　存十二卷(逸文一至十二)

330000－1701－0050064　普951.0268/4014/c2　史部/紀傳類/正史之屬
二十四史　清同治至光緒五省官書局據汲古閣本等合刻光緒五年(1879)湖北書局彙印本　四册　存一種

330000－1701－0050065　GP05715　子部/天文曆算類/天文之屬
天文示斯十四卷　(清)洞微子輯　清光緒四年(1878)陝西石門松僊閣刻本　六册

330000－1701－0050066　SBC2737　集部/總集類/郡邑之屬
台詩待訪録再補一卷　(清)王棻輯　清抄本　一册

330000－1701－0050067　普813.27/1042.2/c5　集部/小説類/短篇之屬
繪圖後聊齋志異十二卷　(清)王韜撰　清光緒二十九年(1903)上海點石齋石印本　六册

330000－1701－0050068　普951.0268/4014/c3　史部/紀傳類/正史之屬
二十四史　清同治至光緒五省官書局據汲古閣本等合刻光緒五年(1879)湖北書局彙印本　四册　存一種

330000－1701－0050069　普951.03/7772/3/c2　史部/紀傳類/正史之屬
二十四史附考證　清刻本　五十册　存一種

330000－1701－0050071　普813.27/4431　類叢部/叢書類/彙編之屬
申報館叢書正集五十七種附録三種續集一百四十二種　(清)尊聞閣主編　蔡爾康編續集　清同治至光緒上海申報館鉛印本　四册　存一種

330000－1701－0050072　普813.27/1042.2/2/c1　集部/小説類/短篇之屬
繪圖後聊齋志異十二卷　(清)王韜撰　清光緒十七年(1891)上海鴻文書局石印本　八册

330000－1701－0050073　GP05706　類叢部/叢書類/自著之屬
汪雙池先生叢書二十種附浙刻雙池遺書十二種　(清)汪紱撰　清道光至光緒刻光緒二十三年(1897)長安趙舒翹等彙印本　一册　存一種

330000－1701－0050074　普813.27/1092　集部/小説類/短篇之屬
繪圖新聊齋一卷　(清)天悔生撰　清光緒三十三年(1907)上海醉經堂石印本　一册

330000－1701－0050075　GP05716　類叢部/叢書類/彙編之屬
獨抱廬叢刻十一種　(清)陳宗彝編　清道光金陵陳氏刻本　三册　存一種

330000－1701－0050076　普951.03/7267.02/(2)、普951.03/7267.06/(2)/c1　史部/紀傳類/正史之屬
舊唐書二百卷　(後晉)劉昫撰　**舊唐書逸文十二卷**　(清)岑建功輯　**舊唐書校勘記六十六卷**　(清)羅士琳等校勘　清道光二十三年至二十六年(1843－1846)懼盈齋刻同治十一年(1872)定遠方氏補刻本　三十二册　缺二百卷(一至二百)

330000－1701－0050078　普951.02679/0436/(2)　類叢部/叢書類/自著之屬
樹經堂集三種　(清)謝啓昆撰　清乾隆至嘉慶刻本　十册　存一種

330000－1701－0050079　GP05707　子部/天文曆算類/曆法之屬
[清咸豐四年至八年]七政四餘萬年圖不分卷　(清)六汝舟撰　清咸豐刻本　一册

330000－1701－0050082　普951.03/7267.02/(3)　史部/紀傳類/正史之屬
舊唐書二百卷　(後晉)劉昫撰　**舊唐書逸文十二卷**　(清)岑建功輯　**舊唐書校勘記六十六卷**　(清)羅士琳等校勘　清道光二十三年

至二十六年(1843－1846)懼盈齋刻同治十一年(1872)定遠方氏補刻本　六冊　存十二卷(逸文一至十二)

330000－1701－0050083　GP05708　集部/別集類/清別集
芙蓉池館詩草一卷賦草一卷　(清)羅辰撰　清道光刻本　一冊

330000－1701－0050084　SBC2735　集部/總集類/選集之屬/斷代
詩集一卷　(清)□□輯　清抄本　一冊

330000－1701－0050086　普 813.27/1414　集部/小說類/短篇之屬
新撰繪圖香囊傳奇小說一卷　(清)四明聽雨樓主人校　清宣統二年(1910)文通書局石印本　一冊

330000－1701－0050091　普 951.03/7267.06/(2)/c2　史部/紀傳類/正史之屬
舊唐書二百卷　(後晉)劉昫撰　**舊唐書逸文十二卷**　(清)岑建功輯　**舊唐書校勘記六十六卷**　(清)羅士琳等校勘　清道光二十三年至二十六年(1843－1846)懼盈齋刻同治十一年(1872)定遠方氏補刻本　二十八冊　存六十六卷(校勘記一至六十六)

330000－1701－0050092　普 813.27/1729/c1　集部/小說類/短篇之屬
繪圖吉祥花六卷　(清)紀棠氏輯評　清光緒二十一年(1895)上海古香閣鉛印本　四冊

330000－1701－0050093　普 951.03/7772/5　史部/紀傳類/正史之屬
十七史　(明)毛晉編　明崇禎元年至十七年(1628－1644)毛氏汲古閣刻本　三十二冊　存一種

330000－1701－0050095　普 813.27/1729/c2　集部/小說類/短篇之屬
繪圖吉祥花六卷　(清)紀棠氏輯評　清光緒二十一年(1895)上海古香閣鉛印本　四冊

330000－1701－0050096　普 951.03/7772/c1　史部/紀傳類/正史之屬
二十四史　清同治至光緒五省官書局據汲古閣本等合刻光緒五年(1879)湖北書局彙印本　四十冊　存一種

330000－1701－0050098　GP05719　新學/天學
天文圖說四卷　(英國)柯雅各撰　(美國)摩嘉立　(清)薛承恩譯　清光緒九年(1883)上海益智書會刻本　一冊

330000－1701－0050099　普 813.27/2287/c1　子部/小說家類/異聞之屬
絶妙第一奇書三卷二編二卷　(清)樂鈞撰　清光緒三十二年(1906)上海書局石印本　五冊

330000－1701－0050100　普 813.27/2503/2　子部/小說家類/異聞之屬
珠邨談怪十卷續集二卷　(清)朱翊清撰　清光緒二十年(1894)上海崇文書局石印本　四冊

330000－1701－0050101　GP05720　經部/叢編
九經補注八種　(清)姜兆錫撰　清雍正至乾隆寅清樓刻本　七冊　存一種

330000－1701－0050102　普 951.03/7772/6　史部/紀傳類/正史之屬
二十四史附考證　清光緒十四年(1888)上海圖書集成印書局鉛印本　三十二冊　存一種

330000－1701－0050106　普 813.27/2503.2　子部/小說家類/異聞之屬
珠邨談怪十卷續集二卷　(清)朱翊清撰　清光緒二十年(1894)上海崇文書局石印本　四冊

330000－1701－0050107　普 813.27/2287/c2　子部/小說家類/異聞之屬
絶妙第一奇書三卷二編二卷　(清)樂鈞撰　清光緒三十二年(1906)上海書局石印本　五冊

330000－1701－0050108　GP05721　史部/傳記類/總傳之屬/釋道

衆仙傳七卷 (清)幻雲子輯 清光緒二十七年(1901)雲岫山房刻本 二册

330000－1701－0050109 普951.0268/4014/3 史部/紀傳類/正史之屬

二十四史附考證 清光緒二十八年(1902)武林竹簡齋石印本 二册 存一種

330000－1701－0050111 GP05717 經部/周禮類/傳說之屬

宋葉文康公禮經會元節本四卷 (宋)葉時撰 (清)陸隴其點定 (清)許元淮刪節並評 清乾隆五十年(1785)桐柏山房刻本 四册

330000－1701－0050112 普813.27/2538 子部/小說家類/諧謔之屬

妄妄錄十二卷 (清)朱海撰 清道光十年(1830)刻本 六册

330000－1701－0050113 普951.0268/4014/4 史部/紀傳類/正史之屬

二十四史附考證 清光緒二十九年(1903)五洲同文局石印本 八册 存一種

330000－1701－0050114 普813.27/4442/10 集部/小說類/短篇之屬

聊齋志異十六卷 (清)蒲松齡撰 (清)何垠注釋 清道光二十三年(1843)刻本 八册

330000－1701－0050116 普951.03/7772/7 史部/紀傳類/正史之屬

二十四史附考證 清光緒二十八年(1902)武林竹簡齋石印本 十六册 存一種

330000－1701－0050117 普813.27/2642 子部/小說家類/異聞之屬

拍案驚異十八卷 (清)程世爵撰 清光緒二十二年(1896)英華書局石印本 六册

330000－1701－0050118 GP05722 史部/地理類/山川之屬/水志

莫愁湖志六卷首一卷 (清)馬士圖撰 清光緒八年(1882)、十七年(1891)刻本 二册

330000－1701－0050121 普951.03/7772/8 史部/紀傳類/正史之屬

二十四史附考證 清光緒十八年(1892)武林竹簡齋石印本 十六册 存一種

330000－1701－0050123 普951.03/7772/c3 史部/紀傳類/正史之屬

二十四史 清同治至光緒五省官書局據汲古閣本等合刻光緒五年(1879)湖北書局彙印本 四十册 存一種

330000－1701－0050126 普813.27/4442/11 集部/小說類/短篇之屬

聊齋志異十六卷 (清)蒲松齡撰 (清)王士禛評 清乾隆三十一年(1766)趙起杲青柯亭刻本[卷十四配清道光二十二年(1842)廣順但氏刻本] 十六册

330000－1701－0050127 普951.03/7772/9 史部/紀傳類/正史之屬

二十四史附考證 清光緒二十八年(1902)竢實齋石印本 十五册 存一種

330000－1701－0050128 普813.27/2646 子部/小說家類/異聞之屬

挑燈新錄六卷 (清)吳荆園撰 清光緒二十年(1894)上海崇文書局石印本 四册

330000－1701－0050130 普951.03/7772/(2) 史部/紀傳類/正史之屬

二十四史 清同治至光緒五省官書局據汲古閣本等合刻光緒五年(1879)湖北書局彙印本 四十一册 存一種

330000－1701－0050132 普813.27/4442/12 集部/小說類/短篇之屬

聊齋志異十六卷 (清)蒲松齡撰 (清)何垠注釋 清道光刻本 十六册

330000－1701－0050134 普813.27/4442/3 集部/小說類/短篇之屬

詳註聊齋志異圖詠十六卷首一卷 (清)蒲松齡撰 (清)呂湛恩注 (清)徐潤編 清光緒三十年(1904)上海錦章書局石印本 八册

330000－1701－0050135 普813.27/2653/2/c1 子部/小說家類/異聞之屬

夜譚隨錄十二卷 (清)和邦額撰 清乾隆四

十四年(1779)刻本　六册

330000－1701－0050136　普 813.27/2503/c1　子部/小説家類/異聞之屬

埋憂集十卷續集二卷　(清)朱翊清撰　清同治十三年(1874)杭州文元堂刻本　六册

330000－1701－0050137　普 951.030144/4432/3/c1　史部/史評類/史論之屬

東萊先生音註唐鑑二十四卷　(宋)范祖禹撰　(宋)呂祖謙注　清光緒十八年(1892)浙江書局刻本　四册

330000－1701－0050138　普 813.27/4442/4/c1　集部/小説類/短篇之屬

聊齋志異新評十六卷　(清)蒲松齡撰　(清)王士禛評　(清)呂湛恩注　(清)但明倫批　清光緒三年(1877)廣順但氏刻朱墨套印本　十六册

330000－1701－0050139　普 813.27/2653/2/c2　子部/小説家類/異聞之屬

夜譚隨録十二卷　(清)和邦額撰　清同治六年(1867)聚文堂刻本　六册

330000－1701－0050141　SBC2734　集部/別集類/清別集

秋江漁隱詩草一卷　(清)章湘雲撰　稿本　月峰跋　一册

330000－1701－0050142　普 813.27/2503/c2　子部/小説家類/異聞之屬

埋憂集十卷續集二卷　(清)朱翊清撰　清同治十三年(1874)杭州文元堂刻本　六册

330000－1701－0050143　普 951.0268/4014/5　史部/紀傳類/正史之屬

十七史　(明)毛晉編　明崇禎元年至十七年(1628－1644)毛氏汲古閣刻本　四册　存一種

330000－1701－0050144　普 951.030144/4432/3/c2　史部/史評類/史論之屬

東萊先生音註唐鑑二十四卷　(宋)范祖禹撰　(宋)呂祖謙注　清光緒十八年(1892)浙江書局刻本　四册

330000－1701－0050145　普 813.27/4442/4/c2　集部/小説類/短篇之屬

聊齋志異新評十六卷　(清)蒲松齡撰　(清)王士禛評　(清)呂湛恩注　(清)但明倫批　清道光二十二年(1842)廣順但氏刻朱墨套印本　十六册

330000－1701－0050146　普 813.27/4442/15　集部/小説類/短篇之屬

詳註聊齋志異圖詠十六卷首一卷　(清)蒲松齡撰　(清)呂湛恩注　(清)徐潤編　清光緒三十三年(1907)上海鴻寶齋書局石印本　八册

330000－1701－0050147　普 951.030144/4432/5/c1　類叢部/叢書類/郡邑之屬

金華叢書六十八種　(清)胡鳳丹編　清同治七年至光緒八年(1868－1882)永康胡氏退補齋刻民國補刻本　四册　存一種

330000－1701－0050151　普 813.27/4442/5　集部/小説類/短篇之屬

聊齋志異新評十六卷　(清)蒲松齡撰　(清)王士禛評　(清)呂湛恩注　(清)但明倫批　清光緒十二年(1886)上海江左書林石印本　八册

330000－1701－0050152　SBC2736　集部/總集類/郡邑之屬

兩浙輶軒續録採訪册一卷　(清)潘衍桐輯　稿本　一册

330000－1701－0050153　普 951.0268/4014/6、普 951.0269/8042/7　史部/紀傳類/正史之屬

二十四史附考證　清光緒三十三年(1907)上海華商集成圖書公司鉛印本　十册　存二種

330000－1701－0050156　普 813.27/4442/7/c1　集部/小説類/短篇之屬

詳註聊齋志異圖詠十六卷首一卷　(清)蒲松齡撰　(清)呂湛恩注　(清)徐潤編　清光緒十二年(1886)上海同文書局石印本　八册

330000－1701－0050158　SBC2731　集部/別

集類/清別集
辛卯年稿一卷 (清)俞□□撰　稿本　一冊

330000－1701－0050159　普951.030144/4432/5/c2　類叢部/叢書類/郡邑之屬
金華叢書六十八種 (清)胡鳳丹編　清同治七年至光緒八年(1868－1882)永康胡氏退補齋刻民國補刻本　四冊　存一種

330000－1701－0050160　GP05725　史部/政書類/軍政之屬/邊政
籌海初集四卷 (清)關天培輯　清道光十六年(1836)刻本　十二冊

330000－1701－0050161　普951.0269/8042/c1　史部/紀傳類/正史之屬
二十四史　清同治至光緒五省官書局據汲古閣本等合刻光緒五年(1879)湖北書局彙印本　四冊　存一種

330000－1701－0050162　普813.27/4477　子部/小說家類/雜事之屬
證諦山人雜志十二卷 (清)葉騰驤編　清道光二十六年(1846)品石山房木活字印本　六冊

330000－1701－0050163　普813.27/4442.01　集部/小說類/短篇之屬
聊齋志異注十六卷 (清)呂湛恩輯注　清道光五年(1825)姑蘇步月樓刻本　六冊

330000－1701－0050165　普813.27/4442/7/c2　集部/小說類/短篇之屬
詳註聊齋志異圖詠十六卷首一卷 (清)蒲松齡撰　(清)呂湛恩注　(清)徐潤編　清光緒十二年(1886)上海同文書局石印本　八冊

330000－1701－0050166　普951.0269/8042/c2　史部/紀傳類/正史之屬
二十四史　清同治至光緒五省官書局據汲古閣本等合刻光緒五年(1879)湖北書局彙印本　四冊　存一種

330000－1701－0050169　普813.27/4442.04　集部/小說類/短篇之屬
詳註聊齋志異圖詠十六卷 (清)蒲松齡撰　(清)呂湛恩注　(清)徐潤編　清末上海同文書局石印本　四冊

330000－1701－0050170　普951.0269/8042/c3　史部/紀傳類/正史之屬
二十四史　清同治至光緒五省官書局據汲古閣本等合刻光緒五年(1879)湖北書局彙印本　四冊　存一種

330000－1701－0050172　普813.27/4442/8　集部/小說類/短篇之屬
聊齋志異十六卷 (清)蒲松齡撰　(清)王士禛評　清乾隆三十一年(1766)趙起杲青柯亭刻本　十六冊

330000－1701－0050173　GP05729　新學/格致總
格致須知二十八種 (英國)傅蘭雅編　清光緒八年至二十四年(1882－1898)刻本　一冊　存一種

330000－1701－0050174　普951.0269/8042/2　史部/紀傳類/正史之屬
二十四史附考證　清刻本　八冊　存一種

330000－1701－0050175　普813.27/4741　集部/小說類/短篇之屬
歡喜三續今古奇觀四卷 (清)蘭星居士輯　清光緒二十三年(1897)文宜書局石印本　四冊

330000－1701－0050177　普813.27/7123/c1　子部/小說家類/異聞之屬
螢窗異草初編四卷二編四卷三編四卷四編四卷 (清)長白浩歌子撰　(清)隨園老人評　清光緒二十一年(1895)石印本　八冊

330000－1701－0050179　普951.030149/1142/c1　類叢部/叢書類/彙編之屬
峭帆樓叢書十八種　趙詒琛編　清宣統三年至民國八年(1911－1919)新陽趙氏峭帆樓刻本　一冊　存一種

330000－1701－0050180　普813.27/4442/9/c1　集部/小說類/短篇之屬
聊齋志異新評十六卷 (清)蒲松齡撰　(清)

王士禛評　(清)呂湛恩注　(清)但明倫批　清道光二十二年(1842)廣順但氏刻朱墨套印本　十六册

330000－1701－0050181　普 813.27/4442/16　集部/小說類/短篇之屬
聊齋志異新評十六卷　(清)蒲松齡撰　(清)王士禛評　(清)呂湛恩注　(清)但明倫批　清同治八年(1869)羊城青雲樓刻朱墨套印本　十五册

330000－1701－0050182　GP05731　史部/地理類/外紀之屬
俄游彙編十二卷　(清)繆祐孫撰　清光緒十五年(1889)上海秀文書局石印本　四册

330000－1701－0050184　普 813.27/7123/c2　子部/小說家類/異聞之屬
螢窗異草初編四卷二編四卷三編四卷四編四卷　(清)長白浩歌子撰　(清)隨園老人評　清光緒三十年(1904)上海漢讀樓石印本　八册

330000－1701－0050185　普 813.27/4442/9/c2　集部/小說類/短篇之屬
聊齋志異新評十六卷　(清)蒲松齡撰　(清)王士禛評　(清)呂湛恩注　(清)但明倫批　清道光二十二年(1842)廣順但氏刻朱墨套印本　十六册

330000－1701－0050186　GP13930　史部/雜史類/斷代之屬
求全之毁一卷　(清)味閑老人撰　清光緒三十三年(1907)鉛印本　一册

330000－1701－0050187　普 813.27/4442/17　集部/小說類/短篇之屬
聊齋志異新評十六卷　(清)蒲松齡撰　(清)王士禛評　(清)呂湛恩注　(清)但明倫批　清光緒十二年(1886)上海同文書局石印本　八册

330000－1701－0050188　普 813.27/6049/c1　子部/小說家類/異聞之屬
科場異聞録五種　(清)呂相燮輯　清光緒二十四年(1898)順成書局石印本　四册

330000－1701－0050189　普 951.030144/1253　類叢部/叢書類/彙編之屬
粤雅堂叢書一百八十五種　(清)伍崇曜編　清道光二十九年至光緒十一年(1849－1885)南海伍氏刻彙印本　三册　存一種

330000－1701－0050190　GP05732　類叢部/叢書類/自著之屬
鄒叔子遺書六種附二種　(清)鄒漢勛撰　清光緒八年(1882)鄒代鈞刻本　十四册

330000－1701－0050191　普 813.27/7464　子部/小說家類/異聞之屬
鏡花水月十二卷　(清)隨園老人撰　清光緒三十年(1904)上海書局石印本　四册

330000－1701－0050194　普 951.030149/1142/c2　類叢部/叢書類/彙編之屬
峭帆樓叢書十八種　趙詒琛編　清宣統三年至民國八年(1911－1919)新陽趙氏峭帆樓刻本　一册　存一種

330000－1701－0050196　GP05734　經部/儀禮類/傳說之屬
儀禮釋官九卷首一卷　(清)胡匡衷撰　清同治八年(1869)績谿胡肇智刻本　四册

330000－1701－0050197　普 951.0331/9913/c1　集部/别集類/唐五代别集
唐陸宣公集二十二卷　(唐)陸贄撰　清同治五年(1866)楊氏問竹軒家塾刻本　六册

330000－1701－0050198　普 813.27/6049/c2　子部/小說家類/異聞之屬
科場異聞録五種　(清)呂相燮輯　清光緒二十四年(1898)順成書局石印本　四册

330000－1701－0050201　普 951.030144/4432　史部/史評類/史論之屬
東萊先生音註唐鑑二十四卷　(宋)范祖禹撰　(宋)呂祖謙注　清同治十三年(1874)刻本　四册

330000－1701－0050203　普 813.27/8340

類叢部/叢書類/彙編之屬
知不足齋叢書一百九十五種 (清)鮑廷博編 (清)鮑士恭續編 清乾隆三十七年至道光三年(1772-1823)長塘鮑氏刻彙印本 十六冊 存一種

330000-1701-0050205 普951.030144/4432/(2) 史部/史評類/史論之屬
東萊先生音註唐鑑二十四卷 (宋)范祖禹撰 (宋)呂祖謙注 清同治十三年(1874)刻本 六冊

330000-1701-0050210 普813.4/4332/2 集部/小說類/短篇之屬
新話宣和遺事前集二卷 清刻本 一冊

330000-1701-0050212 SBC2733 經部/小學類/文字之屬
篆法一卷 (清)盧瀚撰 稿本 一冊

330000-1701-0050213 普951.030144/4432/2 史部/史評類/史論之屬
東萊先生音註唐鑑二十四卷 (宋)范祖禹撰 (宋)呂祖謙注 清刻本 四冊

330000-1701-0050215 普813.3/6327 子部/小說家類/雜事之屬
淞南夢影錄四卷 (清)畹香留夢室編 清光緒上海申報館鉛印本 一冊

330000-1701-0050216 GP14029 史部/地理類/遊記之屬/紀行
富文書舍東遊紀畧一卷詩聯附後一卷 (清)李鳳翎撰 清光緒十一年(1885)刻本 一冊

330000-1701-0050217 GP05736 新學/工藝/工學/塘工河工路工
西比利亞鐵路攷一卷 (美國)勒芬邇撰 (清)徐兆熊 (清)王建極 (清)朱煌譯 清光緒二十八年(1902)南洋公學鉛印本 一冊

330000-1701-0050220 SBC2738 子部/藝術類/書畫之屬/題跋
習苦齋畫絮十卷 (清)戴熙撰 稿本 四冊

330000-1701-0050222 普813.56/5704/3 集部/小說類/短篇之屬
今古奇觀四十卷 (明)抱甕老人輯 清道光二十九年(1849)維經堂刻本 十冊

330000-1701-0050223 普813.37/1137 類叢部/叢書類/彙編之屬
嘯園叢書五十七種 (清)葛元煦編 清光緒二年至七年(1876-1881)仁和葛氏刻本 一冊 存二種

330000-1701-0050225 普951.0331/9913/c2 集部/別集類/唐五代別集
唐陸宣公集二十二卷 (唐)陸贄撰 清同治五年(1866)楊氏問竹軒家塾刻本 十二冊

330000-1701-0050226 普813.4/4332/5/c1 集部/小說類/長篇之屬
新刊宣和遺事前集一卷後集一卷 清嘉慶吳縣黃氏士禮居刻士禮居黃氏叢書本 清王宗炎跋 一冊

330000-1701-0050227 GP05748 史部/傳記類/職官録之屬/歷朝
滿洲軍機大臣題名一卷滿洲軍機章京題名一卷 清道光刻本 一冊

330000-1701-0050229 普813.56/5704/4 集部/小說類/短篇之屬
今古奇觀四十卷 (明)抱甕老人輯 清汲古齋刻本 十二冊

330000-1701-0050230 SBC2749 史部/金石類/錢幣之屬
續古泉滙文字摘存一卷 童大年撰 清光緒稿本 一冊

330000-1701-0050231 GP05749、GP05817 史部/傳記類/職官録之屬
國朝御史題名不分卷 (清)黃叔璥撰 **國朝滿洲蒙古御史題名不分卷** (清)蘇芳阿撰 清光緒刻本 五冊

330000-1701-0050234 普813.37/2030 子部/小說家類/異聞之屬
對山書屋墨餘錄十六卷 (清)毛祥麟撰 清

同治九年(1870)上海亦可居毛氏刻本　八冊

330000－1701－0050235　普 951.030144/4432/6/c3　史部/史評類/史論之屬
東萊先生音註唐鑑二十四卷　(宋)范祖禹撰　(宋)吕祖謙注　明刻本　二册

330000－1701－0050236　普 813.56/5704/5　集部/小説類/短篇之屬
今古奇觀四十卷　(明)抱甕老人輯　清乾隆五十二年(1787)文盛堂刻本　十六冊

330000－1701－0050237　普 951.0331/9913.2/2　集部/別集類/唐五代別集
唐陸宣公翰苑集二十四卷　(唐)陸贄撰　(清)張佩芳注釋　清乾隆張氏希音堂刻本　十四冊

330000－1701－0050238　普 951.0269/8042/4　史部/紀傳類/正史之屬
二十四史附考證　清光緒二十八年(1902)武林竹簡齋石印本　二冊　存一種

330000－1701－0050241　普 813.56/5704/7/c1　集部/小説類/短篇之屬
圖繪今古奇觀四十卷　(明)抱甕老人輯　清光緒十四年(1888)上海大同書局石印本　六冊

330000－1701－0050242　普 951.0269/8042/5　史部/紀傳類/正史之屬
二十四史附考證　清光緒二十九年(1903)五洲同文局石印本　八冊　存一種

330000－1701－0050243　普 813.37/2860　子部/小説家類/雜事之屬
柳崖外編八卷　(清)徐昆撰　清乾隆五十八年(1793)晉祁書業堂刻本　四冊

330000－1701－0050244　GP05751　集部/別集類/清別集
金粟山房詩續鈔三卷　(清)朱寯瀛撰　清光緒三十一年(1905)刻本　一冊

330000－1701－0050245　普 813.56/6041/2　集部/小説類/長篇之屬
圖像三寶太監下西洋通俗演義十六卷一百回　(明)羅懋登撰　清光緒二十二年(1896)上海書局石印本　八冊

330000－1701－0050246　普 813.56/5704/7/c2　集部/小説類/短篇之屬
繪圖今古奇觀六卷四十回　(明)抱甕老人輯　清末天寶書局石印本　一冊

330000－1701－0050247　GP05752、GP05753　類叢部/叢書類/彙編之屬
風雨樓祕笈留真十種　鄧實編　清宣統元年至民國六年(1909－1917)順德鄧氏風雨樓影印本　二冊　存二種

330000－1701－0050250　GP05740　子部/藝術類/遊藝之屬/聯語
莫愁湖楹聯便覽一卷　(清)釋壽安編　清光緒五年(1879)刻本　一冊

330000－1701－0050252　普 813.56/5704/8　集部/小説類/短篇之屬
今古奇觀八卷四十回　(明)抱甕老人輯　清光緒六年(1880)京都老二酉堂刻本　八冊

330000－1701－0050253　普 951.0331/9913.2/2(2)　集部/別集類/唐五代別集
唐陸宣公翰苑集二十四卷　(唐)陸贄撰　(清)張佩芳注釋　清乾隆張氏希音堂刻本　八冊

330000－1701－0050254　SBC2746　子部/小説家類/異聞之屬
青瑣高議前集十卷後集十卷別集七卷　(宋)劉斧撰　明萬曆張夢錫刻本　一冊　存三卷(三至五)

330000－1701－0050255　普 813.37/8402　子部/小説家類/雜事之屬
桔荣瑣言二卷　(清)饒敦秩撰　清光緒二十八年(1902)東湖饒氏古歡齋鉛印本　一冊

330000－1701－0050257　普 813.37/8532　子部/小説家類/雜事之屬
金壺七墨六種　(清)黄鈞宰撰　清同治十二年(1873)刻本　一冊　存一種

330000－1701－0050258　GP05772　子部/藝術類/書畫之屬/畫譜
點石齋叢畫十卷　(清)尊聞閣主人輯　清光緒十一年(1885)上海點石齋石印本　八冊

330000－1701－0050261　普 813.56/5704.2/c1　集部/小說類/短篇之屬
繪圖續今古奇觀六卷三十回　(清)即空觀主人撰　清光緒二十年(1894)上海石印本　六冊

330000－1701－0050264　普 813.56/5704.2/c2　集部/小說類/短篇之屬
繪圖續今古奇觀六卷三十回　(清)即空觀主人撰　清光緒二十年(1894)上海石印本　六冊

330000－1701－0050265　普 813.56/5704.2/c3　集部/小說類/短篇之屬
繪圖續今古奇觀六卷三十回　(清)即空觀主人撰　清光緒十九年(1893)上洋書局石印本　六冊

330000－1701－0050266　普 813.56/6075/2　集部/小說類/長篇之屬
第一才子書(繡像三國志演義)六十卷首一卷一百二十回　(明)羅本撰　(清)毛宗崗評　清咸豐三年(1853)常熟顧氏小石山房刻本　二十四冊

330000－1701－0050268　普 951.0331/9913.3/4(2)　集部/別集類/唐五代別集
唐陸宣公集二十二卷　(唐)陸贄撰　清雍正元年(1723)年龔堯刻本　十冊

330000－1701－0050269　普 951.0331/9913.2/3　集部/別集類/唐五代別集
唐陸宣公翰苑集二十二卷　(唐)陸贄撰　清咸豐十一年(1861)崇仁謝氏刻本　六冊

330000－1701－0050271　普 813.56/5071.021　集部/小說類/長篇之屬
繪圖增像後列國志十卷六十回　清光緒十九年(1893)上海寶文書局石印本　八冊

330000－1701－0050272　普 951.0331/9913.3/c1　集部/別集類/唐五代別集
唐陸宣公集二十二卷首一卷增輯一卷附錄一卷　(唐)陸贄撰　清光緒二年(1876)江蘇書局刻本　六冊

330000－1701－0050274　GP14031　集部/別集類/清別集
溪山游識一卷　(清)蔣坦撰　**谿山倡和詩一卷**　(清)蔣坦輯　清刻本　二冊

330000－1701－0050276　普 813.55/0810/6　集部/小說類/長篇之屬
評註圖像水滸傳七十五卷七十回首一卷　(元)施耐庵撰　(清)金人瑞評　清光緒三十三年(1907)石印本　十二冊

330000－1701－0050278　GP05756　集部/總集類/題詠之屬
采菊思親圖題辭一卷　(清)曹咸熙編　清光緒二年(1876)刻本　一冊

330000－1701－0050279　普 813.56/5704/c1　集部/小說類/短篇之屬
今古奇觀四十卷　(明)抱甕老人輯　清刻本　十二冊

330000－1701－0050280　普 951.0331/9913.3/c2　集部/別集類/唐五代別集
唐陸宣公集二十二卷首一卷增輯一卷附錄一卷　(唐)陸贄撰　清光緒二年(1876)江蘇書局刻本　六冊

330000－1701－0050282　普 951.0331/9913.3/c3　集部/別集類/唐五代別集
唐陸宣公集二十二卷首一卷增輯一卷附錄一卷　(唐)陸贄撰　清光緒二年(1876)江蘇書局刻本　六冊

330000－1701－0050283　GP05757　集部/別集類/清別集
嚼香館詩草一卷　(清)姜萬撰　清同治十三年(1874)刻本　一冊

330000－1701－0050284　普 813.56/5704/c2　集部/小說類/短篇之屬
今古奇觀四十卷　(明)抱甕老人輯　清永言

堂刻本　十二册

330000－1701－0050285　普 951.0331/9913.5　集部/别集類/唐五代别集

唐陸宣公集二十二卷　(唐)陸贄撰　清道光刻本　許如山題簽並記　六册　缺四卷(十九至二十二)

330000－1701－0050286　普 951.0331/9913.3/c4　集部/别集類/唐五代别集

唐陸宣公集二十二卷首一卷增輯一卷附錄一卷　(唐)陸贄撰　清光緒二年(1876)江蘇書局刻本　六册

330000－1701－0050287　GP05759　集部/别集類/清别集

菁江詩鈔一卷　(清)李聖就撰　清光緒三十四年(1908)鉛印本　一册

330000－1701－0050288　普 951.0269/8042/8　史部/紀傳類/正史之屬

二十四史附考證　清光緒十四年(1888)上海圖書集成印書局鉛印本　四册　存一種

330000－1701－0050289　GP14032　史部/傳記類/别傳之屬

紹先集不分卷　張敬效輯　清光緒二十九年(1903)湘南木活字印本　二册

330000－1701－0050290　普 813.55/0810/12　集部/小說類/長篇之屬

第五才子書水滸傳七十五卷七十回　(元)施耐庵撰　(清)金人瑞評　清雍正十二年(1734)芥子園刻本　沈克強題記　二十四册

330000－1701－0050291　普 813.56/6075/6　集部/小說類/長篇之屬

第一才子書十六卷一百二十回　(明)羅本撰　(清)毛宗崗評　清宣統元年(1909)上海章福記石印本　趙勳題記　八册

330000－1701－0050293　GP05742　集部/别集類/清别集

百尺樓詩集二卷　(清)陳浩撰　清光緒二十年(1894)刻本　一册

330000－1701－0050294　普 951.027/2628/c1　史部/紀傳類/正史之屬

二十四史　清同治至光緒五省官書局據汲古閣本等合刻光緒五年(1879)湖北書局彙印本　十二册　存一種

330000－1701－0050296　普 951.0331/9913.3/2　集部/别集類/唐五代别集

唐陸宣公集二十二卷　(唐)陸贄撰　清雍正元年(1723)年龔堯刻本　六册

330000－1701－0050297　普 951.0331/9913.7/2/c1　史部/詔令奏議類/奏議之屬

唐陸宣公奏議讀本四卷首一卷　(唐)陸贄撰　(清)汪銘謙輯　(清)馬傳庚評點　清光緒二十六年(1900)會稽馬氏石印本　一册

330000－1701－0050298　GP05761　集部/别集類/清别集

耕巖書屋試帖詩鈔二卷　(清)劉堃撰　清光緒十四年(1888)刻本　一册

330000－1701－0050300　普 813.55/0810/10　集部/小說類/長篇之屬

第五才子書水滸傳七十五卷七十回　(元)施耐庵撰　(清)金人瑞評　清緯文堂刻本　二十册

330000－1701－0050301　GP05743　集部/總集類/郡邑之屬

燕南二俊詩鈔　(清)陶樑輯　清道光刻本　一册　存一種

330000－1701－0050303　普 813.55/0810/11　集部/小說類/長篇之屬

評論出像水滸傳二十卷七十回　(元)施耐庵撰　(清)金人瑞評　清順治十四年(1657)醉畊堂刻本　二十册

330000－1701－0050304　普 951.0331/9913.7/2/c2　史部/詔令奏議類/奏議之屬

唐陸宣公奏議讀本四卷首一卷　(唐)陸贄撰　(清)汪銘謙輯　(清)馬傳庚評點　清光緒二十六年(1900)會稽馬氏石印本　二册

330000－1701－0050306　GP05763　子部/雜

著類/雜說之屬

征倭四宜三益說一卷 (清)曾之撰撰 清光緒二十年(1894)刻本 一冊

330000-1701-0050307 普 951.0331/9913.3/3 集部/別集類/唐五代別集

唐陸宣公集二十二卷 (唐)陸贄撰 清咸豐元年(1851)閬中縣署刻本 六冊

330000-1701-0050309 GP14033 集部/詞類/別集之屬

冷紅詞四卷比竹餘音四卷 鄭文焯撰 清光緒二十二年(1896)、二十八年(1902)沈氏耦園刻本 曼伽題記 二冊

330000-1701-0050310 普 813.55/0810/14 集部/小說類/長篇之屬

評論出像水滸傳二十卷七十回 (元)施耐庵撰 (清)金人瑞評 清刻本 二十冊

330000-1701-0050311 GP05764 集部/別集類/清別集

使黔艸三卷 (清)何紹基撰 清咸豐四年(1854)刻本 一冊

330000-1701-0050313 普 951.0331/9913.8 類叢部/叢書類/彙編之屬

十萬卷樓叢書五十一種 (清)陸心源編 清光緒歸安陸氏刻本(歲時廣記卷六原缺) 三冊 存一種

330000-1701-0050314 普 813.56/6075/8 集部/小說類/長篇之屬

第一才子書六十卷一百二十回 (明)羅本撰 (清)毛宗崗評 清光緒十四年(1888)中華圖書集成局石印本 十二冊

330000-1701-0050315 普 813.56/6075/10 集部/小說類/長篇之屬

第一才子書(增像全圖三國演義)六十卷首一卷一百二十回 (明)羅本撰 (清)毛宗崗評 清光緒十四年(1888)上海鴻文書局石印本 十二冊

330000-1701-0050316 普 813.55/0810/15 集部/小說類/長篇之屬

第五才子書水滸全傳七十回 (元)施耐庵撰 (清)金人瑞評 清光緒十四年(1888)上海大同書局石印本 八冊

330000-1701-0050317 普 951.037/7772/3/c2 類叢部/叢書類/彙編之屬

玉海堂景宋元本叢書 劉世珩編 清光緒至民國貴池劉氏玉海堂影刻本 十二冊 存一種

330000-1701-0050318 普 813.55/0810/7 集部/小說類/長篇之屬

繪圖增像第五才子書水滸全傳十卷首一卷七十回 (元)施耐庵撰 (清)金人瑞評 清光緒二十二年(1896)上海圖書集成局石印本 十冊

330000-1701-0050320 普 813.56/6075/11/c1 集部/小說類/長篇之屬

第一才子書(增像三國全圖演義)六十卷首一卷一百二十回 (明)羅本撰 (清)毛宗崗評 清光緒十一年(1885)上海同文書局石印本 十二冊

330000-1701-0050322 普 813.55/0810/8 集部/小說類/長篇之屬

繪圖增像第五才子書水滸全傳七十回 (元)施耐庵撰 (清)金人瑞評 清末鉛印本 十冊

330000-1701-0050324 普 951.037/7772/4/c1 史部/紀傳類/正史之屬

二十四史附考證 清刻本 十冊 存一種

330000-1701-0050326 GP05765 經部/叢編

通志堂經解一百四十種 (清)納蘭成德輯 清康熙十九年(1680)納蘭成德刻本 一冊 存一種

330000-1701-0050329 普 951.0331/9913.8/2 史部/詔令奏議類/奏議之屬

註陸宣公奏議十五卷制誥十卷別集一卷表一卷 (唐)陸贄撰 (宋)郎曄註 **附錄一卷陸宣公年譜輯略一卷** (清)江椁撰 清光緒十

一年(1885)淮南書局刻本　四册

330000－1701－0050330　普 951.037/7772/4/c2　史部/紀傳類/正史之屬
二十四史附考證　清刻本　十册　存一種

330000－1701－0050331　GP05766　經部/叢編
通志堂經解一百四十種　(清)納蘭成德輯　清康熙十九年(1680)納蘭成德刻本　一册　存一種

330000－1701－0050332　普 951.037/4471　史部/紀傳類/正史之屬
舊五代史一百五十卷目錄二卷附考證　(宋)薛居正等撰　清刻本　十六册

330000－1701－0050334　GP05773　集部/總集類/郡邑之屬
海虞文徵三十卷目錄二卷　邵松年編輯　清光緒三十一年(1905)鴻文書局石印本　二十四册

330000－1701－0050335　普 813.55/0810/9　集部/小説類/長篇之屬
第五才子書水滸全傳七十回　(元)施耐庵撰　(清)金人瑞評　清光緒十四年(1888)上海大同書局石印本　八册

330000－1701－0050336　普 951.037/4471/(2)　史部/紀傳類/正史之屬
舊五代史一百五十卷目錄二卷附考證　(宋)薛居正等撰　清嘉慶元年(1796)掃葉山房刻本　十二册

330000－1701－0050337　普 951.037/7772/5　史部/紀傳類/正史之屬
二十四史附考證　清光緒二十八年(1902)武林竹簡齋石印本　二册　存一種

330000－1701－0050338　GP05767　集部/總集類/彙編之屬
漢魏六朝一百三家集(漢魏六朝百三名家集)　(明)張溥編　清光緒十八年(1892)善化章經濟堂刻本　一册　存一種

330000－1701－0050341　普 951.037/7772/6　史部/紀傳類/正史之屬
二十四史附考證　清光緒十八年(1892)武林竹簡齋石印本　二册　存一種

330000－1701－0050342　GP14039　集部/別集類/清別集
未亭文集四卷　(清)管學宣撰　清同治元年(1862)儲善堂木活字印本　四册

330000－1701－0050344　GP05768　類叢部/叢書類/彙編之屬
說鈴前集三十三種後集十九種續集七種　(清)吴震方編　清康熙刻本　一册　存一種

330000－1701－0050345　普 951.037/7772/7　史部/紀傳類/正史之屬
二十四史附考證　清光緒二十八年(1902)竢實齋石印本　二册　存一種

330000－1701－0050346　普 813.55/0810/20　集部/小説類/長篇之屬
第五才子書水滸傳七十五卷七十回　(元)施耐庵撰　(清)金人瑞評　清右文堂刻本　二十册

330000－1701－0050347　普 813.55/0810/13/c1　集部/小説類/長篇之屬
第五才子書水滸傳七十五卷七十回　(元)施耐庵撰　(清)金人瑞評　清雍正十二年(1734)刻本　二十四册

330000－1701－0050348　普 813.56/6075/13　集部/小説類/長篇之屬
四大奇書第一種六十卷一百二十回首一卷　(明)羅本撰　(清)毛宗崗評　清乾隆十七年(1752)姑蘇書業懷穎堂刻本　十二册

330000－1701－0050349　GP05769　集部/別集類/清別集
飲雪軒詩集四卷　(清)楊泰亨撰　清宣統二年(1910)經畬家塾刻本　一册

330000－1701－0050350　普 813.56/6075/14　集部/小説類/長篇之屬
四大奇書第一種十九卷一百二十回首一卷

(明)羅本撰 (清)毛宗崗評 清英德堂刻本 二十冊

330000－1701－0050351 GP14044 類叢部/叢書類/自著之屬

簡松草堂全集 (清)張雲璈撰 清道光簡松草堂刻本 二冊 存一種

330000－1701－0050352 GP05770 新學/交涉/交涉

英俄印度交涉書一卷續編一卷 (英國)馬文撰 (英國)羅亨利 (清)瞿昂來譯 清光緒江南製造總局刻本 一冊

330000－1701－0050353 普813.56/6075/15 集部/小說類/長篇之屬

第一才子書(繡像三國志演義)六十卷首一卷一百二十回 (明)羅本撰 (清)毛宗崗評 清咸豐三年(1853)常熟顧氏小石山房刻本 十六冊

330000－1701－0050354 普951.037/4471/2/c1 史部/紀傳類/正史之屬

二十四史 清同治至光緒五省官書局據汲古閣本等合刻光緒五年(1879)湖北書局彙印本 十六冊 存一種

330000－1701－0050357 SBC2747 史部/政書類/邦交之屬

記事珠一卷 稿本 一冊

330000－1701－0050359 普951.037/4471/2/c2 史部/紀傳類/正史之屬

二十四史 清同治至光緒五省官書局據汲古閣本等合刻光緒五年(1879)湖北書局彙印本 十冊 存一種

330000－1701－0050360 普813.56/0056 集部/小說類/長篇之屬

新鐫全像通俗演義隋煬帝艷史八卷四十回 (明)齊東野人撰 (清)不經先生評 清刻本 十二冊

330000－1701－0050361 普813.55/0810/13/c2 集部/小說類/長篇之屬

第五才子書水滸傳七十五卷七十回 (元)施耐庵撰 (清)金人瑞評 清雍正十二年(1734)刻本 二十冊

330000－1701－0050362 普813.57/1010 集部/小說類/長篇之屬

怡情佚史八卷六十回 (清)陳森撰 清光緒石印本 八冊

330000－1701－0050363 GP14045 集部/別集類/清別集

大雅樓詩集四卷 (清)陸芝撰 清刻本 四冊

330000－1701－0050364 普951.0331/9913.9 集部/別集類/唐五代別集

唐陸宣公集二十四卷 (唐)陸贄撰 (清)耆英增輯 清道光二十七年(1847)李延福等刻本 八冊

330000－1701－0050365 SBC2751 集部/別集類/唐五代別集

唐陸宣公集二十二卷 (唐)陸贄撰 明萬曆三十四年(1606)吳繼武光裕堂刻本 六冊

330000－1701－0050368 普951.037/7772/9 史部/紀傳類/正史之屬

五代史七十四卷 (宋)歐陽修撰 (宋)徐無黨注 清光緒十五年(1889)湖南大同書局刻本 十六冊

330000－1701－0050369 普813.57/1011 集部/小說類/長篇之屬

金鐘傳八卷六十四回 (清)正一子 (清)克明子撰 (清)天香居士注解 清光緒二十二年(1896)樂善堂刻本 八冊

330000－1701－0050371 普813.56/0056/2 集部/小說類/長篇之屬

新鐫全像通俗演義隋煬帝艷史四十回 (明)齊東野人撰 (清)不經先生評 清光緒二十五年(1899)上海書局石印本 十冊

330000－1701－0050372 普813.55/0810.011/c1 子部/藝術類/書畫之屬/畫譜

水滸畫譜二卷 (清)嵩齡 (顛道人)繪 清光緒十四年(1888)寶貞堂石印本 二冊

330000－1701－0050373　普 813.57/1012.2　集部/小說類/長篇之屬

增像小五義傳二十五卷一百二十四回　(清)石玉崑撰　清光緒十六年(1890)廣百宋齋鉛印本　四册

330000－1701－0050374　GP14046　集部/總集類/選集之屬/斷代

唐人試帖四卷　(清)毛奇齡論定　(清)王錫　(清)田易參釋　清康熙刻學者堂印本　一册

330000－1701－0050375　普 813.57/1012/c1　集部/小說類/長篇之屬

七俠五義傳二十四卷一百二十回　(清)石玉昆撰　(清)俞樾重編　清光緒十六年(1890)廣百宋齋鉛印本　六册

330000－1701－0050376　普 813.55/0810.011/c2　子部/藝術類/書畫之屬/畫譜

水滸畫譜二卷　(清)嵩齡　(顛道人)繪　清光緒十四年(1888)寶貞堂石印本　二册

330000－1701－0050379　普 813.56/1029　集部/小說類/短篇之屬

繡像醒世第二奇書十四卷十四回　清光緒二十一年(1895)石印本　六册

330000－1701－0050380　GP14047　集部/詞類/總集之屬

宋四家詞選一卷　(清)周濟輯　清光緒三十四年(1908)章震福京師鉛印本　一册

330000－1701－0050381　普 813.57/1012/c2　集部/小說類/長篇之屬

七俠五義傳二十四卷一百二十回　(清)石玉昆撰　(清)俞樾重編　清光緒二十二年(1896)上海廣百宋齋鉛印本　六册

330000－1701－0050382　SBC2745　子部/儒家類/儒學之屬/勸學

家塾準繩不分卷　(清)莊毓鋐輯　清抄本　一册

330000－1701－0050383　普 813.56/2616/3　集部/小說類/長篇之屬

西遊證道大奇書二十卷一百回首一卷　(明)吳承恩撰　(清)汪憺漪評　清乾隆十五年(1750)九如堂刻本　二十册

330000－1701－0050384　普 813.57/1012.2/2　集部/小說類/長篇之屬

小五義一百二十四回　題(清)石玉崑撰　清光緒十六年(1890)北京石氏文光樓刻本　孫楷題記　二十四册

330000－1701－0050387　普 812.57/1028.2　集部/戲劇類/總集之屬/傳奇

惺齋新曲六種　(清)夏綸撰　(清)徐夢元評　清乾隆十八年(1753)夏氏世光堂刻本　四册　存一種

330000－1701－0050390　SBC2744　子部/藝術類/書畫之屬/畫録

鹿牀畫絮一卷　(清)戴熙撰　稿本　一册

330000－1701－0050392　普 951.037/4471/6　史部/紀傳類/正史之屬

二十四史附考證　清光緒二十八年(1902)武林竹簡齋石印本　六册　存一種

330000－1701－0050393　普 813.57/1012.3/2　集部/小說類/長篇之屬

續小五義一百二十四回　(清)石玉崑撰　清光緒十八年(1892)上海書局石印本　八册

330000－1701－0050395　普 813.56/2616/5　集部/小說類/長篇之屬

西遊原旨二十四卷一百回首一卷　(清)劉一明解　清嘉慶刻同治二年(1863)印本　二十四册

330000－1701－0050396　普 951.037/7772.012/c2　史部/紀傳類/正史之屬

五代史記七十四卷　(宋)歐陽修撰　(宋)徐無黨注　(清)彭元瑞增注　(清)劉鳳誥排次　清道光八年(1828)刻本　四十册

330000－1701－0050397　普 951.037/4471/7　史部/紀傳類/正史之屬

二十四史附考證　清光緒二十八年(1902)竢實齋石印本　六册　存一種

330000－1701－0050398　GP14049　集部/總集類/選集之屬
文選詩鈔四卷　(清)吳學濂　(清)沈麒禎　(清)汪成龍校　清康熙五十八年(1719)刻本　六冊

330000－1701－0050400　SBC2743　經部/群經總義類/傳說之屬
經義雜記目一卷　(清)戴采孫撰　稿本　一冊

330000－1701－0050402　普 813.57/1012.4/c1　集部/小說類/長篇之屬
忠烈俠義傳一百二十回　(清)石玉崑撰　清光緒五年(1879)刻本　二十四冊

330000－1701－0050403　SBC2742　子部/小說家類/雜事之屬
語新二卷　(清)錢學綸撰　清光緒二年(1876)鉛印申報館叢書本　王樸批　二冊

330000－1701－0050404　普 813.57/1012.3/c1　類叢部/叢書類/彙編之屬
申報館叢書正集五十七種附錄三種續集一百四十二種　(清)尊聞閣主編　蔡爾康編續集　清同治至光緒上海申報館鉛印本　十冊　存一種

330000－1701－0050405　普 813.56/2616/7　集部/小說類/長篇之屬
西遊真詮二十卷一百回　(清)陳士斌詮解　清咸豐二年(1852)竹西瑯環書室刻本　二十冊

330000－1701－0050406　GP05771　類叢部/叢書類/彙編之屬
廣雅書局叢書一百五十九種　徐紹棨編　清光緒廣雅書局刻民國九年(1920)番禺徐紹棨彙編重印本　一冊　存一種

330000－1701－0050407　GP14050　集部/別集類/清別集
友石齋詩集八卷　(清)高錫恩撰　**我盦遺稿二卷**　(清)高炳麟撰　清光緒十五年(1889)高駿麟等刻本　高時顯題簽　一冊　存二卷(我盦遺稿一至二)

330000－1701－0050408　普 813.56/1033/c1　集部/小說類/長篇之屬
新刻劍嘯閣批評西漢演義傳八卷　(明)甄偉撰　清掃葉山房刻本　八冊

330000－1701－0050409　GP14041　子部/儒家類/儒學之屬
書札雜箸一卷　(清)費熙撰　清光緒二十二年(1896)歸安周氏刻本　一冊

330000－1701－0050410　普 951.037/4471/5　史部/紀傳類/正史之屬
二十四史附考證　清光緒十八年(1892)武林竹簡齋石印本　六冊　存一種

330000－1701－0050411　普 813.57/1012.4/c2　集部/小說類/長篇之屬
忠烈俠義傳一百二十回　(清)石玉崑撰　清光緒五年(1879)刻本　十冊

330000－1701－0050412　普 813.57/1012.3/c2　集部/小說類/長篇之屬
增圖續小五義六卷一百二十四回　(清)石玉崑撰　清光緒二十四年(1898)三槐書屋石印本　六冊

330000－1701－0050413　GP14042　集部/總集類/氏族之屬
陳氏聯珠集十卷　(清)王肇奎編　清嘉慶華南書屋刻本　十冊

330000－1701－0050414　普 951.037/4471/8　史部/紀傳類/正史之屬
二十四史附考證　清刻本　二十四冊　存一種

330000－1701－0050418　GP05783　類叢部/叢書類/彙編之屬
漸西村舍彙刊(漸西村舍叢刻)四十四種　(清)袁昶編　清光緒十六年至二十四年(1890－1898)桐廬袁氏刻本　一冊　存一種

330000－1701－0050419　GP14051　類叢部/叢書類/自著之屬

330000－1701－0050461　普 951.037/7772.04　史部/史抄類
歐陽文忠公五代史抄二十卷　(明)茅坤輯並評　明萬曆刻本　四冊

330000－1701－0050463　普 813.57/1021/c3　集部/小說類/長篇之屬
異説五虎平西珍珠旗演義狄青前傳六卷一百十二回新鐫後續繡像五虎平南狄青演傳四卷四十二回　清光緒三十年(1904)上海書局石印本　八冊

330000－1701－0050464　普 813.56/2616/9(2)　集部/小說類/長篇之屬
西遊真詮一百回　(清)陳士斌詮解　清同志堂刻本　十九冊　缺五回(九十二至九十六)

330000－1701－0050465　SBC1192　子部/雜著類/雜纂之屬
雜纂不分卷　清安越堂抄本　二冊

330000－1701－0050466　GP14059　集部/別集類/清別集
寧遠堂文集一卷　(清)雷學海撰　清嘉慶十七年(1812)刻本　一冊

330000－1701－0050467　GP05780　集部/別集類/清別集
十髮居士集七十卷　程頌萬撰　清光緒二十一年至民國十七年(1895－1928)寧鄉程氏鹿川閣刻本　八冊　存二十八卷(鹿川文集一至十二、鹿川詩集一至十六)

330000－1701－0050468　普 323.09/7107.02/c4　史部/政書類
九通　(清)□□輯　清光緒八年至二十二年(1882－1896)浙江書局刻本　一百六冊　存一種

330000－1701－0050470　普 813.57/1030　集部/小說類/短篇之屬
新選今古奇聞二十二卷　(清)王寅撰　清光緒十三年(1887)上海東壁山房刻本　六冊

330000－1701－0050471　普 813.56/2616/15　集部/小說類/長篇之屬
新說西遊記一百回　(明)吳承恩撰　(清)張書紳注　清光緒邗江味潛齋石印本　八冊

330000－1701－0050472　普 951.037/7772.071　史部/紀傳類/正史之屬
五代史記纂誤補四卷附錄一卷　(清)吳蘭庭撰　清嘉慶八年(1803)刻本　四冊

330000－1701－0050474　普 813.57/1021/c4　集部/小說類/長篇之屬
繡像五虎平西珍珠旗演義狄青前傳六卷一百十二回新鐫後續繡像五虎平南狄青演傳四卷四十二回　清末石印本　二冊

330000－1701－0050476　普 813.56/2836　集部/小說類/長篇之屬
繡像京本雲合奇蹤玉茗英烈全傳四卷八十回　(明)徐渭編　清末育文書局石印本　五冊　缺一卷(一)

330000－1701－0050478　普 951.037/7772.071/2　類叢部/叢書類/彙編之屬
知不足齋叢書一百九十五種　(清)鮑廷博編　(清)鮑士恭續編　清乾隆三十七年至道光三年(1772－1823)長塘鮑氏刻彙印本　一冊　存一種

330000－1701－0050479　普 813.56/2616.021　集部/小說類/長篇之屬
繡像後西遊記六卷四十回　(清)天花才子評點　清光緒二十年(1894)東孝書屋石印本　六冊

330000－1701－0050480　GP05788　新學/理學/理學
天演論二卷　(英國)赫胥黎撰　嚴復譯　清光緒二十四年(1898)侯官嗜奇精舍石印本　一冊

330000－1701－0050483　GP14078　集部/別集類/清別集
甌隱芻言二卷　(清)金衍宗撰　清咸豐五年(1855)金衍宗刻本　一冊

330000－1701－0050484　GP05789　新學/雜著/小說

巴黎茶花女遺事一卷　(法國)小仲馬撰　(清)曉齋主人口述　林紓筆授　清光緒二十七年(1901)玉情瑤怨館石印本　一冊

330000－1701－0050485　普 813.56/4433/7　集部/小說類/長篇之屬
初刻封神演義八卷一百回　(明)許仲琳撰　(明)鍾惺評　清乾隆四十三年(1778)經元堂刻本　八冊

330000－1701－0050486　普 813.57/1036　集部/曲類/彈詞之屬
新刻天寶圖十卷五十七回　(清)隨安散人撰　清同治八年(1869)芥子園刻本　十冊

330000－1701－0050488　GP05790　集部/總集類/氏族之屬
南津草閣詩集二卷　(清)葉照輯　清咸豐元年(1851)刻本　一冊

330000－1701－0050489　普 951.037/7772.072/c1　史部/紀傳類/正史之屬
五代史記纂誤續補六卷　(清)吳光耀撰　清光緒十四年(1888)江夏吳氏刻本　六冊

330000－1701－0050491　GP14061　集部/詞類/類編之屬
薇省同聲集五卷　(清)彭鑾編　清光緒十六年(1890)刻本　一冊

330000－1701－0050492　普 813.57/10421　集部/小說類/長篇之屬
新刻天花藏批評玉嬌梨四卷二十回　(清)荑荻散人編次　清光緒二十九年(1903)上海書局石印本　四冊

330000－1701－0050493　普 813.57/1037　集部/小說類/長篇之屬
後續大宋楊家將文武曲星包公狄青初傳十四卷六十八回　(清)李雨堂撰　清光緒四年(1878)文奎堂刻本　十四冊

330000－1701－0050494　普 951.037/7772.072/c2　史部/紀傳類/正史之屬
五代史記纂誤續補六卷　(清)吳光耀撰　清光緒十四年(1888)江夏吳氏刻本　六冊

330000－1701－0050495　GP05781　集部/別集類/清別集
晚香齋續吟草一卷詞鈔一卷　(清)陳洄撰　清宣統三年(1911)鉛印本　一冊

330000－1701－0050496　GP05791　集部/別集類/清別集
茶夢盦劫後詩稿十二卷燼餘詞一卷劫後藁一卷　(清)高望曾撰　**寫麎樓遺詞一卷**　(清)陳嘉撰　清同治九年(1870)福州刻光緒十六年(1890)杭州增修本　一冊　缺十二卷(一至十二)

330000－1701－0050497　普 813.56/4433/8　集部/小說類/長篇之屬
新刻鍾伯敬先生批評封神演義二十卷一百回　(明)許仲琳撰　(明)鍾惺批評　清乾隆四十七年(1782)維經堂刻本　吳鼎銘題簽並批　二十冊

330000－1701－0050498　普 813.57/1042　集部/小說類/短篇之屬
後聊齋志異圖說十二卷　(清)王韜撰　清光緒十七年(1891)上海鴻文書局石印本　八冊

330000－1701－0050499　普 813.57/1044　集部/小說類/長篇之屬
新鐫濟顛大師醉菩提全傳二十回　(清)天花藏主人撰　清同治十年(1871)聚盛堂刻本　一冊

330000－1701－0050501　普 813.57/1044/2/c1　集部/小說類/長篇之屬
繪圖皆大歡喜四卷二十回　(清)天花藏舉撰　清光緒二十年(1894)石印本　四冊

330000－1701－0050503　普 813.56/4034　集部/小說類/長篇之屬
新鐫玉茗堂批評按鑑參補南宋志傳十卷五十回　(明)陳繼儒編　清刻本　六冊

330000－1701－0050504　GP14062　史部/地理類/雜志之屬
菱湖紀事詩三卷　(清)孫宗承撰　清嘉慶刻本　一冊

330000－1701－0050505　GP05793　集部/別集類/清別集

綠杉野屋詩集四卷　（清）蕭元吉撰　清光緒十八年（1892）石印本　二冊

330000－1701－0050506　普 813.56/2836/2　集部/小說類/長篇之屬

繡像京本雲合奇蹤玉茗英烈全傳十卷八十回　（明）徐渭編　清刻本　十冊

330000－1701－0050507　GP05782　子部/雜著類/雜說之屬

憩亭雜俎一卷　（清）許樹棠撰　清光緒十八年（1892）鉛印本　一冊

330000－1701－0050510　GP05794　子部/天文曆算類/算書之屬

攷數根叢草一卷　（清）方士鑅撰　（清）余經華補　清光緒二十三年（1897）鄂垣刻本　一冊

330000－1701－0050511　SBC2753　子部/雜著類/雜考之屬

通雅五十二卷首三卷　（清）方以智撰　清康熙五年（1666）龍眠姚文燮浮山此藏軒刻本　十二冊

330000－1701－0050512　GP14081　集部/總集類/酬唱之屬

無雙詩合刻二種二卷　（清）陶然　（清）淩泗撰　清同治十一年（1872）亦吾廬刻本　一冊

330000－1701－0050513　普 813.57/1044/3　集部/小說類/長篇之屬

新刻濟顛大師醉菩提全傳四卷二十回　（清）天花藏舉人撰　清同治七年（1868）刻本　二冊

330000－1701－0050514　普 813.56/4433/3　集部/小說類/長篇之屬

繡像封神演義十卷一百回　（明）許仲琳撰　（明）鍾惺評　清光緒二十一年（1895）上海文盛書局石印本　十冊

330000－1701－0050515　普 813.56/4633　集部/小說類/長篇之屬

新鐫楊家府世代忠勇演義志傳八卷　清同治元年（1862）刻光緒八年（1882）重修本　八冊

330000－1701－0050516　GP14063　集部/詞類/總集之屬

梅苑十卷　（宋）黃大輿輯　清刻本　四冊

330000－1701－0050517　普 951.037025/7748、普 951.037094/7520　類叢部/叢書類/彙編之屬

廣雅書局叢書一百五十九種　徐紹棨編　清光緒廣雅書局刻民國九年（1920）番禺徐紹棨彙編重印本　七冊　存二種

330000－1701－0050518　普 813.57/1044/4　集部/小說類/長篇之屬

新鐫濟顛大師醉菩提全傳二十回　（清）天花藏主人撰　清同治十年（1871）聚盛堂刻本　四冊

330000－1701－0050519　普 813.57/1044.2　集部/小說類/長篇之屬

人間樂四卷十八回　（清）天花藏主人撰　清光緒十九年（1893）上海居士石印本　四冊

330000－1701－0050520　GP05806　新學/雜著/小說

埃司蘭情俠傳二卷三十三章　（英國）哈葛特撰　林紓　魏易譯　清光緒三十年（1904）石印本　二冊

330000－1701－0050521　SBC2754　子部/醫家類/兒科之屬/痘疹

痘疹麻集要一卷　清抄本　一冊

330000－1701－0050522　GP05795　史部/雜史類/斷代之屬

江西戰壘紀聞二卷續編二卷香海堂稿一卷　（清）晏家瑞撰　清咸豐刻本　二冊

330000－1701－0050523　GP14064　集部/別集類/清別集

蔣石林先生遺詩三卷　（清）蔣之翹撰　（清）李道悠　（清）沈景脩編　清光緒二十二年（1896）刻本　二冊

330000－1701－0050524　普 813.56/4433/4　集部/小說類/長篇之屬

繡像封神演義一百回　(明)許仲琳撰　(明)鍾惺評　清末鉛印本　十册

330000－1701－0050525　普 813.56/5018/c1　集部/小說類/長篇之屬

繡像忠烈全傳六十回　清刻本　十册

330000－1701－0050526　GP05809　類叢部/叢書類/自著之屬

果堂全集三種附二種　(清)沈彤撰　清乾隆吳江沈氏果堂刻本　一册　存一種

330000－1701－0050527　普 813.56/5018/c2　集部/小說類/長篇之屬

繡像忠烈全傳六十回　清刻本　十二册

330000－1701－0050528　SBC2755　集部/總集類/題詠之屬

雲樓詠古一卷　(清)周喬齡等撰　清抄本　一册

330000－1701－0050529　普 813.56/5013/2　集部/小說類/長篇之屬

繡像西漢演義八卷一百回　(明)甄偉撰　**繡像東漢演義十卷一百二十六回**　(明)謝詔撰　清光緒十八年(1892)上海廣百宋齋石印本　六册

330000－1701－0050530　GP05810　類叢部/叢書類/彙編之屬

邵武徐氏叢書初刻十四種　(清)徐幹編　清光緒邵武徐氏刻本　一册　存一種

330000－1701－0050531　GP14082　集部/別集類/清別集

意園百景詩存一卷　(清)孫澐撰　**意園百景詩一卷**　(清)鬱平倚枰主人撰　清蜨花吟館刻本　二册

330000－1701－0050532　普 813.57/10441　集部/小說類/長篇之屬

繪圖蕩平奇妖傳六卷二十回　清光緒二十二年(1896)上海書局石印本　六册

330000－1701－0050533　普 813.56/5033　集部/小說類/長篇之屬

新刻劍嘯閣批評東漢演義傳十卷　(明)謝詔撰　清刻本　沐翁題記　六册

330000－1701－0050534　GP05796　集部/別集類/清別集

三弖園詩編三卷　(清)金秉彝撰　清光緒九年(1883)刻本　一册

330000－1701－0050535　普 813.57/1071/2　集部/小說類/長篇之屬

草木春秋演義五卷三十二回　(清)江洪撰　清大文堂刻本　四册

330000－1701－0050536　SBC2756　集部/總集類/郡邑之屬

金華詩粹十二卷　(明)阮元聲　(明)戴應鰲輯　明崇禎刻本　一册　存二卷(十一至十二)

330000－1701－0050537　普 813.56/5013/3　集部/小說類/長篇之屬

新刻劍嘯閣批評西漢演義傳八卷　(明)甄偉撰　**新刻劍嘯閣批評東漢演義傳十卷**　(明)謝詔撰　清漁古山房刻本　十四册

330000－1701－0050538　GP05811　集部/別集類/清別集

秋巖詩存一卷　(清)黃楷撰　清嘉慶刻本　一册

330000－1701－0050539　GP14065　集部/別集類/清別集

定羌吟二卷　(清)吳名琅撰　清乾隆四十四年(1779)養雲書屋刻本　清楊銓題詩　二册

330000－1701－0050541　普 813.56/5071/2/c1　集部/小說類/長篇之屬

東周列國全志二十三卷一百八回　(清)蔡奡評點　清乾隆十七年(1752)刻本　二十四册

330000－1701－0050542　普 813.57/10443　類叢部/叢書類/彙編之屬

申報館叢書正集五十七種附錄三種續集一百四十二種　(清)尊聞閣主編　蔡爾康編續集

清同治至光緒上海申報館鉛印本　二冊　存一種

330000－1701－0050543　普 813.56/4433/6/c1　集部/小説類/長篇之屬

新刻鍾伯敬先生批評封神演義二十卷一百回　（明）許仲琳撰　（明）鍾惺批評　清善成堂刻本　十二冊

330000－1701－0050544　普 813.57/1072/c1　集部/小説類/長篇之屬

繡像醒世姻緣傳一百回　（清）西周生撰　清光緒二十年（1894）上海書局石印本　十冊

330000－1701－0050545　普 813.56/5071/2/c2　集部/小説類/長篇之屬

東周列國全志二十三卷一百八回　（清）蔡奡評點　清漢口森寶齋刻朱墨套印本　二十四冊

330000－1701－0050546　普 813.57/1072/c2　集部/小説類/長篇之屬

繡像醒世姻緣傳一百回　（清）西周生撰　清光緒二十年（1894）上海書局石印本　十冊

330000－1701－0050547　普 813.57/1071　集部/小説類/長篇之屬

草木春秋演義五卷三十二回　（清）江洪撰　清刻本　五冊

330000－1701－0050549　普 813.57/1072/3/c1　集部/小説類/長篇之屬

醒世姻緣傳一百回　（清）西周生撰　清同治九年（1870）刻本　二十冊

330000－1701－0050551　GP14069　史部/史評類/詠史之屬

四明萬季野先生新樂府詞二卷　（清）萬斯同撰　清同治七年（1868）刻本　一冊　存一卷（一）

330000－1701－0050552　普 813.56/4433/6/c2　集部/小説類/長篇之屬

新刻鍾伯敬先生批評封神演義二十卷一百回　（明）許仲琳撰　（明）鍾惺批評　清善成堂刻本　二十冊

330000－1701－0050553　GP14070　集部/別集類/清別集

竹南精舍駢儷文稿一卷　（清）朱泰脩撰　清同治刻本　一冊

330000－1701－0050556　普 813.57/1072/3/c2　集部/小説類/長篇之屬

醒世姻緣傳一百回　（清）西周生撰　清同治九年（1870）刻本　十八冊　存九十回（一至九十）

330000－1701－0050557　普 222.31/0071、G011032　子部/宗教類/佛教之屬/經疏

金剛經隨説一卷心經證義一卷龍樹山珍全心經注一卷　（清）高驤雲撰　清道光刻本　二冊　存二卷（金剛經隨説、心經證義）

330000－1701－0050558　普 222.31/1030/c1　子部/宗教類/佛教之屬/經

仁王護國般若波羅密多經二卷　（唐）釋不空譯　清同治九年（1870）金陵刻經處刻本　一冊

330000－1701－0050559　普 222.31/1030/c2　子部/宗教類/佛教之屬/經

仁王護國般若波羅密多經二卷　（唐）釋不空譯　清同治九年（1870）金陵刻經處刻本　一冊

330000－1701－0050561　普 813.57/1112/c1　集部/小説類/長篇之屬

增像玉茗堂批點按鑑參補南宋志傳四卷五十回　（明）研石山樵訂正　清光緒石印本　四冊

330000－1701－0050562　GP05797　集部/總集類/彙編之屬

詒安堂全集　（清）王慶勳輯　清道光咸豐上海王氏刻本　二冊　存一種

330000－1701－0050563　普 813.56/5071/3/c2　集部/小説類/長篇之屬

東周列國志二十七卷首一卷一百八回　（清）蔡奡評點　清光緒十六年（1890）上海點石齋石印本　七冊　缺四卷（二十四至二十七）

集部/小說類/長篇之屬

東周列國全志二十三卷一百八回　(清)蔡奡評點　清咸豐四年(1854)書成山房刻朱墨套印本　二十四册

330000－1701－0050625　普813.57/1361/c1　集部/小說類/長篇之屬

武則天四大奇案六卷六十四回　清光緒二十八年(1902)上海耕石書局石印本　二册　缺一卷(一)

330000－1701－0050627　SBC2765　集部/別集類/清別集

嫁餘唫草一卷　(清)憲曾撰　稿本　一册

330000－1701－0050628　SBC2770　史部/傳記類/職官録之屬/總録

湖北全省大小同官文職錄一卷　清末抄本　一册

330000－1701－0050630　普813.57/1361/c3　集部/小說類/長篇之屬

武則天四大奇案六卷六十四回　清光緒二十八年(1902)上海耕石書局石印本　六册

330000－1701－0050631　普222.34/8646/2/c1　子部/宗教類/佛教之屬/經疏

佛說阿彌陀經要解一卷　(後秦)釋鳩摩羅什譯　(清)釋智旭解　清光緒十一年(1885)金陵刻經處刻本　一册

330000－1701－0050632　GP14093　集部/別集類/清別集

蕉鶴山房雜稿不分卷　金文源撰　清宣統元年(1909)鉛印本　一册

330000－1701－0050634　SBC2767　集部/總集類/酬唱之屬

宴樂詩一卷　清抄本　一册

330000－1701－0050636　普813.56/6075/18　集部/小說類/長篇之屬

第一才子書(三國志全圖演義)六十卷首一卷一百二十回　(明)羅本撰　(清)毛宗崗評　清光緒鉛印本　十六册

330000－1701－0050637　普222.34/8646/2/c2　子部/宗教類/佛教之屬/經疏

佛說阿彌陀經要解一卷　(後秦)釋鳩摩羅什譯　(清)釋智旭解　清光緒十一年(1885)金陵刻經處刻本　一册

330000－1701－0050639　普813.56/6075/19　集部/小說類/長篇之屬

第一才子書(繡像三國志演義)六十卷首一卷一百二十回　(明)羅本撰　(清)毛宗岡評　清咸豐三年(1853)常熟珍藝堂刻本　二十册

330000－1701－0050640　普222.34/8646/2/c3　子部/宗教類/佛教之屬/經疏

佛說阿彌陀經要解一卷　(後秦)釋鳩摩羅什譯　(清)釋智旭解　清光緒十一年(1885)金陵刻經處刻本　一册

330000－1701－0050642　普813.57/1474　集部/小說類/長篇之屬

繪圖第一情書聽月樓全傳四卷二十回　清光緒三十年(1904)上海書局石印本　四册

330000－1701－0050645　SBC2773　類叢部/類書類

分類四六不分卷　清抄本　二册

330000－1701－0050648　普813.56/6075.02　集部/小說類/長篇之屬

繡像三國演義續編八卷　(明)陳氏尺蠖齋評釋　清光緒三十四年(1908)上海文宜書局石印本　八册

330000－1701－0050649　GP05822　集部/別集類/宋別集

清獻公集十卷　(宋)趙抃撰　清末刻本　一册　存一卷(趙清獻公充御試官日記)

330000－1701－0050651　普813.57/16481　集部/小說類/長篇之屬

新鐫繪圖醒夢錄全傳十六卷十六回　(清)張士登撰　清光緒石印本　三册　存十二卷(一至十二)

330000－1701－0050655　GP05824　類叢部/叢書類/彙編之屬

崇文書局彙刻書三十一種 (清)崇文書局編 清光緒元年至三年(1875－1877)湖北崇文書局刻本 一册 存一種

330000－1701－0050656 GP05825 類叢部/叢書類/彙編之屬
崇文書局彙刻書三十一種 (清)崇文書局編 清光緒元年至三年(1875－1877)湖北崇文書局刻本 一册 存一種

330000－1701－0050657 GP07572 史部/政書類/軍政之屬/兵制
籌辦浙江全省州縣巡警章程一卷浙江州縣警務人員職務權限規則一卷處分規則一卷浙江全省警務學堂章程一卷浙江省城巡警總局章程一卷浙江全省警務處辦事詳細規則一卷浙江全省警務處章程一卷警務研究所章程一卷 清末鉛印本 一册

330000－1701－0050658 普813.57/1527/c1 集部/小説類/長篇之屬
圖繪湘軍平逆傳四卷 (清)醴泉居士撰 清光緒二十五年(1899)上海書局石印本 四册

330000－1701－0050659 SBC2775 集部/總集類/選集之屬/斷代
試帖叢鈔一卷 清抄本 一册

330000－1701－0050660 普222.35/0024 子部/宗教類/佛教之屬
二十八經同函一百四十四卷 (清)世宗胤禛敕編 清雍正十三年(1735)内府刻本 一册 存一種

330000－1701－0050661 GP05802 新學/學校
日本學校源流一卷 (美國)路義思撰 (美國)衛理譯 (清)范熙庸筆述 清光緒二十五年(1899)江南製造局刻本 一册

330000－1701－0050662 普813.56/6975.081/c2 集部/小説類/長篇之屬
繡像漢宋奇書六十卷 (清)金人瑞批點 清刻本 二十册

330000－1701－0050665 普813.57/1527/c2 集部/小説類/長篇之屬
繪圖湘軍平逆傳四卷八回 (清)醴泉居士撰 清光緒三十二年(1906)上海書局石印本 四册

330000－1701－0050666 SBC2779 集部/別集類/清別集
漁洋山人精華録一卷 (清)王士禛撰 清同治十三年(1874)抄本 一册

330000－1701－0050667 GP05826 集部/總集類/選集之屬/通代
悦心集四卷 (清)世宗胤禛輯 清雍正四年(1726)内府刻本 四册

330000－1701－0050669 普813.57/1642 集部/小説類/長篇之屬
聖朝鼎盛八集七十六回 清光緒石印本 四册 存十三回(一至十三)

330000－1701－0050670 普813.56/6075.081/c1 集部/小説類/長篇之屬
繡像漢宋奇書六十卷一百二十回 (清)金人瑞批點 清刻本 二十册

330000－1701－0050672 SBC2780 史部/政書類
財政賬稿一卷 稿本 一册

330000－1701－0050673 普813.57/2056 集部/小説類/長篇之屬
爭春園全傳四十八回 清刻本 十二册

330000－1701－0050674 普222.36/4706 子部/宗教類/佛教之屬/總録
雲棲法彙二十九種 (明)釋袾宏撰 (明)王宇春等輯 清同治十年至十二年(1871－1873)刻本 一册 存一種

330000－1701－0050676 普813.56/6075.3 集部/小説類/長篇之屬
鐫王茗堂批點殘唐五代史演義傳二卷六十回 (明)羅本撰 (明)湯顯祖評 清刻本 四册

330000－1701－0050677 GP05803 類叢部/

叢書類/彙編之屬

廣雅書局叢書一百五十九種 徐紹棨編 清光緒廣雅書局刻民國九年(1920)番禺徐紹棨彙編重印本 一冊 存一種

330000－1701－0050679 GP14076 子部/雜著類/雜說之屬

東槎雜著一卷 姚文棟撰 清光緒刻本 一冊

330000－1701－0050682 普 813.57/1642/2 集部/小說類/長篇之屬

聖朝鼎盛八集七十六回 清光緒十九年(1893)上海英商五彩公司石印本 四冊 存十三回(一至十三)

330000－1701－0050683 SBC2776 子部/儒家類/儒學之屬/經濟

大學衍義補抄不分卷 (明)丘濬撰 清抄本 三冊

330000－1701－0050687 SBC2781 史部/地理類/方志之屬/郡縣志

杭州府志料不分卷 稿本 一冊

330000－1701－0050688 普 222.34/2631 子部/宗教類/佛教之屬/諸宗

淨土四經四卷 (清)魏源輯 清同治五年(1866)金陵書局刻本 一冊

330000－1701－0050690 GP05804 類叢部/叢書類/自著之屬

洪北江全集二十一種 (清)洪亮吉撰 清光緒三年至五年(1877－1879)洪用懃授經堂刻本 一冊 存一種

330000－1701－0050692 普 813.56/6075.4 集部/小說類/長篇之屬

映旭齋批點北宋三遂平妖傳四十回 (明)羅本撰 (明)馮夢龍增補 (清)張無咎輯 清刻本 四冊

330000－1701－0050694 普 813.57/21431 集部/小說類/長篇之屬

繪圖仙狐竊寶錄四卷二十二回 清光緒十九年(1893)上海書局石印本 四冊

330000－1701－0050696 普 813.57/2074/3/c1 集部/小說類/長篇之屬

雙鳳奇緣傳二十卷八十回 (清)雪樵主人撰 清道光二十三年(1843)刻本 六冊

330000－1701－0050697 SBC2774 集部/別集類/清別集

清文集一卷 清抄本 一冊

330000－1701－0050698 普 222.38/0094 子部/宗教類/佛教之屬/經疏

楞嚴正脉十卷懸示一卷科畧一卷 (明)釋真鑑撰 清乾隆五十七年(1792)廣州海幢寺刻本 六冊

330000－1701－0050699 GP05805 史部/雜史類/斷代之屬

周書斠補四卷 (清)孫詒讓撰 清光緒二十六年(1900)刻本 一冊

330000－1701－0050700 SBC2782 集部/別集類/清別集

所見集不分卷 稿本 一冊

330000－1701－0050703 普 813.57/21441 集部/小說類/長篇之屬

綉像繪圖大明正德皇遊江南傳七卷四十五回 (清)何夢梅撰 清光緒十九年(1893)寶善書局石印本 四冊

330000－1701－0050704 GP05837 集部/總集類/題詠之屬

紅葉館話別圖題詞一卷 (日本)副島種臣撰 **附錄紅葉館留別詩一卷** (清)陳明遠等撰 清光緒刻本 一冊

330000－1701－0050706 SBC2777 經部/四書類/總義之屬/傳說

四書句讀一卷 清抄本 一冊

330000－1701－0050707 GP14100 集部/別集類/清別集

山館雜詠不分卷拾慧餘唫不分卷 (清)周作楫撰 清道光刻本 四冊

330000－1701－0050708 普 813.57/2074/3/

c2　集部/小說類/長篇之屬
雙鳳奇緣傳二十卷八十回　(清)雪樵主人撰　清道光二十三年(1843)刻本　六冊

330000－1701－0050712　GP05828　集部/别集類/清别集
聞妙香室詩十二卷文十九卷經進集五卷五言長排詩一卷試帖詩三卷詞一卷　(清)李宗昉撰　(清)梅曾亮編　清道光十五年(1835)山陰李氏刻本　一冊　存五卷(經進集一至五)

330000－1701－0050715　GP14110　集部/别集類/清别集
自娱草十四卷　(清)闞縫撰　清光緒三年(1877)木活字印本　四冊

330000－1701－0050717　普813.57/21441/2　集部/小説類/長篇之屬
大明遊江南梁太師訪主傳四卷二十四回　(清)何夢梅撰　清刻本　二冊

330000－1701－0050720　普222.4/3530、普222.34/3530　子部/宗教類/佛教之屬/總録
雲棲法彙二十九種　(明)釋袾宏撰　(明)王宇春等輯　清同治十年至十二年(1871－1873)刻本　十冊　存二種

330000－1701－0050722　GP05829　史部/史評類/史論之屬
史億一卷　(清)汪炌撰　清同治七年(1868)刻本　一冊

330000－1701－0050723　普813.56/8084.02/c2　集部/小説類/長篇之屬
續金瓶梅十二卷六十四回　(清)丁耀亢編　清刻本　十二冊

330000－1701－0050724　普813.56/8084.02/c1　集部/小説類/長篇之屬
續金瓶梅十二卷六十四回　(清)丁耀亢編　清刻本　十二冊

330000－1701－0050726　SBC2778　子部/雜著類/雜纂之屬
嘈雜一卷　(清)平步青撰　稿本　一冊

330000－1701－0050728　GP05839　類叢部/叢書類/自著之屬
葵園四種　王先謙撰　清光緒至民國長沙王氏刻本　四冊　存一種

330000－1701－0050729　GP14101　集部/總集類/彙編之屬
童沈兩家詩存七卷　清光緒三十年(1904)鉛印本　一冊

330000－1701－0050730　普813.57/2171　集部/小説類/長篇之屬
新刻校正嬌紅雙美全傳一卷　(清)僊隱石公編輯　(清)翰史茂生評選　清刻本　二冊

330000－1701－0050731　普951.038/2627/c2　史部/雜史類/斷代之屬
十國春秋一百十四卷　(清)吴任臣撰　**拾遺一卷備考一卷　拾遺備考補**　(清)周昂輯　清乾隆五十八年(1793)昭文周氏此宜閣刻嘉慶四年(1799)補刻光緒顧氏小石山房印本　二十冊

330000－1701－0050732　GP05830　史部/史評類/史論之屬
史億一卷　(清)汪炌撰　清同治十一年(1872)刻本　一冊

330000－1701－0050734　普813.57/0000/2　集部/小説類/長篇之屬
兒女英雄傳評話八卷四十回首一卷　(清)文康撰　(清)董恂評　清光緒十四年(1888)上海蜚英館石印本　六冊

330000－1701－0050735　GP05831　經部/小學類/文字之屬
俗書證誤一卷　(隋)顔愍楚撰　(清)章震福訂　清光緒二十年(1894)娱萊軒刻本　一冊

330000－1701－0050736　GP14103　集部/别集類/清别集
醉雲樓詩草五卷　(清)余江撰　(清)柯振嶽評　清嘉慶十九年(1814)醉雲樓刻本　一冊

330000－1701－0050737　普813.57/2187　集部/小説類/長篇之屬

西湖小史四卷首一卷十六回 (清)上谷氏蓉江撰 清光緒二年(1876)六經堂刻本 四册

330000-1701-0050739 普951.038/2627/(2)/c1 史部/雜史類/斷代之屬

十國春秋一百十四卷 (清)吳任臣撰 **十國春秋拾遺一卷備考一卷拾遺備考補一卷** (清)周昂輯 清乾隆五十八年(1793)昭文周氏此宜閣刻嘉慶四年(1799)補刻光緒顧氏小石山房印本 二十二册 缺二卷(備考、拾遺備考補)

330000-1701-0050740 GP05832 子部/儒家類/儒學之屬

詒謀隨筆二卷 (清)但明倫撰 清光緒四年(1878)刻本 二册

330000-1701-0050741 普813.57/0000/3/c2 集部/小説類/長篇之屬

兒女英雄傳評話八卷四十回首一卷 (清)文康撰 (清)董恂評 清光緒二十二年(1896)上海凌雲閣石印本 八册

330000-1701-0050742 GP14105 類叢部/叢書類/自著之屬

蘜秋簃叢書 (清)史久榕撰 清光緒刻本 一册 存一種

330000-1701-0050743 GP14112 集部/別集類/清別集

遺芳集一卷 (清)沈小芳撰 清道光元年(1821)刻本 一册

330000-1701-0050744 普813.57/2222/c2 集部/小説類/長篇之屬

第八才子書白圭志四卷首一卷十六回 (清)崔象川撰 清經綸堂刻本 四册

330000-1701-0050745 普951.038/2627/(2)/c2 史部/雜史類/斷代之屬

十國春秋一百十四卷 (清)吳任臣撰 **十國春秋拾遺一卷備考一卷拾遺備考補一卷** (清)周昂輯 清乾隆五十八年(1793)昭文周氏此宜閣刻嘉慶四年(1799)補刻本 二十三册 缺二卷(拾遺、備考)

330000-1701-0050747 普813.56/8292 集部/小説類/長篇之屬

新刻繪圖第一奇書鍾情傳六卷一百回 (明)蘭陵笑笑生撰 清末石印本 二册

330000-1701-0050748 普813.57/0022 集部/小説類/長篇之屬

繡像金臺全傳六卷六十回 (清)瘦秋山人改編 清光緒二十五年(1899)上海文宜書局石印本 六册

330000-1701-0050749 普813.57/2222/2 集部/小説類/長篇之屬

繪圖第八才子書白圭志四卷首一卷十六回 (清)崔象川撰 清光緒二十一年(1895)上海書局石印本 四册

330000-1701-0050750 GP14113 集部/別集類/清別集

春雨樓百花吟一卷 (清)董秉純撰 清乾隆四十三年(1778)刻本 一册

330000-1701-0050751 GP14106 集部/別集類/清別集

霂盦遺稿一卷 (清)潘衍鋆撰 **移華書塾試帖二卷** (清)潘元復撰 清光緒十五年(1889)刻本 一册

330000-1701-0050752 GP14114 集部/別集類/清別集

雲柯館學詩一卷 (清)桑庭橒撰 清嘉慶刻本 二册

330000-1701-0050753 GP14115 史部/地理類/雜志之屬

崇川竹枝詞一百首一卷 (清)姜長卿撰 清道光十年(1830)刻本 一册

330000-1701-0050757 SBC2784 史部/傳記類/總傳之屬/家乘

[浙江富陽]春江何氏家譜□□卷 (清)陸洋 (清)陸履泰纂修 清乾隆抄本 一册 存譜序、先人傳記、墓圖、像贊

330000-1701-0050758 GP14107 集部/別集類/清別集

琴硯草堂詩集十卷文前集一卷後集一卷　(清)沈毓蓀撰　清咸豐六年(1856)張景渠刻本　一冊　存五卷(一至五)

330000－1701－0050759　普 813.57/2222/3　集部/小説類/長篇之屬
第八才子書白圭志四卷首一卷十六回　(清)崔象川撰　清刻本　四冊

330000－1701－0050760　普 813.57/0022/2　集部/小説類/長篇之屬
繡像金臺全傳六卷六十回　(清)瘦秋山人改編　清光緒三十年(1904)上海書局石印本　六冊

330000－1701－0050761　普 813.57/0000　集部/小説類/長篇之屬
兒女英雄傳評話八卷四十回首一卷　(清)文康撰　(清)董恂評　清光緒二十五年(1899)上海文運書局石印本(卷三配抄本)　八冊

330000－1701－0050762　普 951.0382/7180/c1　史部/紀傳類
南唐書合刻二種　(清)蔣國祥　(清)蔣國祚校　清同治十三年(1874)盱南三餘書屋刻本　四冊　存一種

330000－1701－0050765　GP05833　子部/雜著類/雜説之屬
榆巢雜識二卷　(清)趙慎畛撰　清光緒浙江官紙總局鉛印本　一冊

330000－1701－0050766　GP14108　類叢部/叢書類/自著之屬
話山草堂遺集二種　(清)沈道寬撰　清光緒三年(1877)潤州榷署刻本　一冊　存一種

330000－1701－0050767　普 813.57/2410/c1　集部/小説類/長篇之屬
石印昇仙傳演義八卷五十六回　清光緒十九年(1893)上海書局石印本　四冊

330000－1701－0050768　普 222.38/8646/2　子部/宗教類/佛教之屬/經疏
大佛頂如來密因修證了義諸菩薩萬行首楞嚴經玄義二卷　(清)釋智旭撰　清刻本　一冊

330000－1701－0050769　普 951.0382/7180/c2　史部/紀傳類
南唐書合刻二種　(清)蔣國祥　(清)蔣國祚校　清同治十三年(1874)盱南三餘書屋刻本　四冊　存一種

330000－1701－0050770　普 813.57/0070　集部/曲類/彈詞之屬
新編繡像福壽大紅袍十四卷一百回　(清)馬永清撰　清光緒八年(1882)刻本　十四冊

330000－1701－0050771　GP05840　集部/別集類/清別集
西澗舊廬詩稿四卷　(清)劉樞撰　清同治十一年(1872)刻本　二冊

330000－1701－0050772　普 813.57/2410/c2　集部/小説類/長篇之屬
石印昇仙傳演義八卷五十六回　清光緒十九年(1893)上海書局石印本　四冊

330000－1701－0050773　普 813.57/0043　集部/小説類/長篇之屬
繡像捉拿康梁二逆演義四卷四十回　清宣統元年(1909)上海同文詠記書莊石印本　一冊

330000－1701－0050775　SBC2498　集部/總集類/彙編之屬
漢魏六朝一百三家集(漢魏六朝百三名家集)　(明)張溥編　明婁東張氏刻本　三冊　存二種

330000－1701－0050776　普 951.0382/7180/c3　史部/紀傳類
南唐書合刻二種　(清)蔣國祥　(清)蔣國祚校　清同治十三年(1874)盱南三餘書屋刻本　四冊　缺十八卷(陸游撰南唐書一至十八)

330000－1701－0050777　普 813.57/2410/2　集部/小説類/長篇之屬
新刻昇仙傳演義八卷五十六回　清光緒二十八年(1902)上海書局石印本　四冊

330000－1701－0050778　普 222.38/8646.2　子部/宗教類/佛教之屬/經疏
大佛頂如來密因修證了義諸菩薩萬行首楞嚴

經玄義二卷文句十卷　(清)釋智旭撰　清同治十三年(1874)金陵刻經處刻本　十冊

330000－1701－0050779　普 813.57/0083　集部/小說類/短篇之屬
增回繪圖癡人福八卷十六回　清光緒二十九年(1903)上海書局石印本　四冊

330000－1701－0050780　GP05834　經部/三禮總義類/名物制度之屬
禘祫辨誤二卷　(清)程廷祚撰　清道光五年(1825)東山草堂刻本　一冊

330000－1701－0050781　普 813.57/2583　集部/曲類/彈詞之屬
增廣繪像四香緣傳六卷三十二回　清光緒二十六年(1900)浙紹墨潤堂石印本　六冊

330000－1701－0050782　普 951.0382/7180/2　史部/紀傳類
南唐書合刻二種　(清)蔣國祥　(清)蔣國祚校　清康熙五峰閣刻本　毓堂跋　四冊　存一種

330000－1701－0050783　SBC2783　史部/傳記類/總傳之屬/家乘
[浙江富陽]富春祥風華氏宗譜二卷　(清)孫光陽　(清)孫友蓮纂修　清乾隆抄本　一冊　存一卷(上)

330000－1701－0050786　普 813.57/00431/2　集部/小說類/長篇之屬
繡像七劍十三俠十八卷一百八十回　(清)唐芸洲撰　清光緒二十九年(1903)上海書局石印本[三續配清光緒二十七年(1901)上海申江書局石印本]　十八冊

330000－1701－0050787　GP05842　經部/叢編
石齋先生經傳九種　(明)黃道周撰　清康熙三十二年(1693)晉安鄭開極刻本　八冊　存一種

330000－1701－0050788　普 222.38/8646.2/2　子部/宗教類/佛教之屬/經疏
大佛頂如來密因修證了義諸菩薩萬行首楞嚴經文句十卷　(清)釋智旭撰　清光緒元年(1875)慧空經房刻本　九冊

330000－1701－0050789　GP05835　類叢部/叢書類/郡邑之屬
金陵叢刻十五種　(清)傅春官輯　清光緒二十三年至三十一年(1897－1905)江寧傅氏晦齋刻本　一冊　存一種

330000－1701－0050790　普 813.57/0284　類叢部/叢書類/彙編之屬
說部叢書　清宣統元年(1909)年上海改良小說社石印本　四冊　存一種

330000－1701－0050792　普 813.57/2611　集部/小說類/長篇之屬
飛龍傳十六卷六十回　(清)吳璿撰　清嘉慶二十年(1815)刻本　十六冊

330000－1701－0050793　普 951.0382/7180/3　史部/紀傳類/別史之屬
南唐書三十卷　(宋)馬令撰　**南唐書考異一卷**　(清)趙泰撰　清嘉慶十八年(1813)沈氏嘯園木活字印本　六冊

330000－1701－0050794　普 813.57/2611/2　集部/小說類/長篇之屬
繪圖飛龍傳八卷六十回　(清)吳璿撰　清光緒十八年(1892)上海書局石印本　八冊

330000－1701－0050795　普 813.57/0046/2　集部/小說類/長篇之屬
後續大宋楊家將文武曲星包公狄青萬花樓初傳六卷六十八回　(清)李雨堂撰　清光緒二十一年(1895)上海書局刻本　六冊

330000－1701－0050796　普 222.38/2753　子部/叢編
釋氏十三經　清同治八年至十年(1869－1871)金陵刻經處刻本　二冊　存一種

330000－1701－0050797　普 813.57/0760　集部/小說類/長篇之屬
繡像永慶昇平二十四卷九十七回　(清)郭廣瑞撰　清光緒十八年(1892)鉛印本　六冊

330000－1701－0050799　GP05843　類叢部/叢書類/自著之屬
代耕堂全集六種附存三種　(清)李嘉績撰　清光緒刻本　一冊　存一種

330000－1701－0050800　GP05848　經部/易類/傳說之屬
易義繼志二十三卷首一卷　(清)童模撰　清道光十四年(1834)刻本　三冊　缺一卷(十六)

330000－1701－0050801　普 813.57/0760/1　集部/小說類/長篇之屬
繪圖永慶昇平後傳六卷一百回　(清)貪夢道人撰　清光緒二十年(1894)上海書局石印本　六冊

330000－1701－0050802　普 222.8/0434/c1　子部/宗教類/佛教之屬/論
成唯識論十卷　(天竺)護法等菩薩造　(唐)釋玄奘譯　清光緒二十二年(1896)金陵刻經處刻本　二冊

330000－1701－0050803　GP14117　史部/傳記類/别傳之屬
木蘭將軍集三卷首一卷　(清)涂華遠輯　清光緒三年(1877)刻本　一冊

330000－1701－0050804　GP05844　類叢部/叢書類/家集之屬
香海盦叢書　(清)徐堪輯　清仁和徐氏刻光緒二十年(1894)彙印本　一冊　存一種

330000－1701－0050806　GP05849　經部/叢編
四益館經學叢書　廖平撰　清光緒十二年(1886)公孚印刷所鉛印本　一冊　存一種

330000－1701－0050807　普 951.0382/7438/c1　史部/紀傳類/别史之屬
南唐書十八卷家世舊聞一卷齋居紀事一卷　(宋)陸游撰　**南唐書音釋一卷**　(元)戚光撰　明崇禎三年(1630)毛氏汲古閣刻本　章嶔題簽　四冊

330000－1701－0050808　GP14118　集部/别集類/清别集
愛竹居詩草四卷　(清)王文淳撰　清乾隆八年(1743)刻本　一冊　存二卷(一至二)

330000－1701－0050809　善 009060　類叢部/叢書類/彙編之屬
津逮祕書十五集一百四十種　(明)毛晉編　明崇禎虞山毛氏汲古閣刻本　一百五十七冊　存一百三十九種

330000－1701－0050810　普 813.57/0808　集部/小說類/長篇之屬
繡像說唐全傳六卷六十八回　清光緒三十年(1904)石印本　六冊

330000－1701－0050811　普 813.57/2622　集部/小說類/長篇之屬
花月痕全書十六卷五十二回　(清)魏秀仁撰　(清)棲霞居士評　清光緒著易堂鉛印本　四冊

330000－1701－0050812　普 813.57/0878/2/c1　集部/小說類/長篇之屬
增訂精忠演義說本全傳二十卷八十回　(清)錢彩編　(清)金豐增訂　清同治九年(1870)上洋務本堂刻本　十九冊

330000－1701－0050813　普 951.0382/7438/c2　史部/紀傳類/别史之屬
南唐書十八卷家世舊聞一卷齋居紀事一卷　(宋)陸游撰　**南唐書音釋一卷**　(元)戚光撰　明崇禎三年(1630)毛氏汲古閣刻本　六冊

330000－1701－0050814　普 222.8/0434/c2　子部/宗教類/佛教之屬/論
成唯識論十卷　(天竺)護法等菩薩造　(唐)釋玄奘譯　清光緒二十二年(1896)金陵刻經處刻本　二冊

330000－1701－0050815　普 813.57/0878/c1　集部/小說類/長篇之屬
繪圖說岳全傳八卷八十回　(清)錢彩撰　清光緒三十二年(1906)上海商務印書館鉛印本　八冊

330000－1701－0050817　普 813.57/0878/c2

集部/小說類/長篇之屬
繪圖説岳全傳八卷八十回 (清)錢彩撰 清光緒三十二年(1906)上海商務印書館鉛印本 五冊 缺三卷(三至四、六)

330000－1701－0050818 普951.0382/7438/2/c1 史部/紀傳類
南唐書合刻二種 (清)蔣國祥 (清)蔣國祚校 清同治十三年(1874)盱南三餘書屋刻本 二冊 存一種

330000－1701－0050819 普813.57/2622/3/c1 集部/小説類/長篇之屬
繡像繪圖花月痕十六卷五十二回 (清)魏秀仁撰 (清)棲霞居士評 清末石印本 一冊

330000－1701－0050820 GP14119 集部/總集類/課藝之屬
敬修堂小課甲編不分卷 (清)戴熙輯 清咸豐八年(1858)刻本 一冊

330000－1701－0050823 普813.57/0878/2/c2 集部/小説類/長篇之屬
增訂精忠演義説本全傳二十卷八十回 (清)錢彩編 (清)金豐增訂 清同治十一年(1872)金沙劍光閣刻本 二十冊

330000－1701－0050824 GP05850 類叢部/類書類/通類之屬
重刊古雋考略六卷 (明)李承勛輯 (明)顧充輯 清康熙四十三年(1704)興麟堂刻本 六冊

330000－1701－0050825 SBC0789 集部/戲劇類/傳奇之屬
繡刻演劇十本六十種 (明)毛晉編 明末毛氏汲古閣刻本 四冊 存一種

330000－1701－0050826 GP14120 集部/別集類/清別集
擒藻堂續藁(擒藻堂續稿)五卷 (清)汪文柏撰 清康熙刻本 一冊

330000－1701－0050827 普813.57/2622/3/c2 集部/小説類/長篇之屬
繡像繪圖花月痕十六卷五十二回 (清)魏秀仁撰 (清)棲霞居士評 清末上海共和書局石印本 一冊

330000－1701－0050828 普813.57/0883/c1 集部/小説類/長篇之屬
繪圖施公案全集四十六卷五百三十八回 清光緒三十四年(1908)上海章福記石印本(前後傳配清末石印本) 十五冊 存三十卷(施公案全續一至四、三傳三至四、四傳一至四、五傳一至四、六傳一至四、七傳一至四、八傳一至四、九傳一至四)

330000－1701－0050830 普951.0382/7438/2/c2 史部/紀傳類
南唐書合刻二種 (清)蔣國祥 (清)蔣國祚校 清同治十三年(1874)盱南三餘書屋刻本 二冊 存一種

330000－1701－0050831 普951.0382/7438/2/c3 史部/紀傳類
南唐書合刻二種 (清)蔣國祥 (清)蔣國祚校 清同治十三年(1874)盱南三餘書屋刻本 二冊 存一種

330000－1701－0050832 普222.38/2753/3 子部/宗教類/佛教之屬
二十八經同函一百四十四卷 (清)世宗胤禛敕編 清雍正十三年(1735)内府刻本 二冊 存一種

330000－1701－0050833 普813.57/2622/3/c3 集部/小説類/長篇之屬
花月痕全書十六卷五十二回 (清)魏秀仁撰 (清)棲霞居士評 清光緒三十一年(1905)育文書局石印本 六冊

330000－1701－0050834 SBC2482 集部/戲劇類/傳奇之屬
繡刻演劇十本六十種 (明)毛晉編 明末毛氏汲古閣刻本 四冊 存二種

330000－1701－0050835 SBC2366 集部/戲劇類/傳奇之屬
繡刻演劇十本六十種 (明)毛晉編 明末毛氏汲古閣刻本 四十一冊 存二十一種

330000－1701－0050836　GP05851　經部/四書類/總義之屬/傳說
學庸說文十二卷　(清)李凱撰　清乾隆十八年(1753)寒香亭刻本　四冊

330000－1701－0050837　普 951.0382/7438/3　史部/紀傳類
南唐書合刻二種　(清)蔣國祥　(清)蔣國祚校　清康熙五峰閣刻本　四冊　存一種

330000－1701－0050838　普 813.57/1004/3　集部/小說類/長篇之屬
二度梅二十卷　清抄本　十冊

330000－1701－0050839　GP14121　集部/總集類/郡邑之屬
畿輔七名家詩鈔　(清)王企靖輯　清康熙六十年(1721)雄山王氏刻本　一冊　存一種

330000－1701－0050840　SBC0788　集部/戲劇類/傳奇之屬
繡刻演劇十本六十種　(明)毛晉編　明末毛氏汲古閣刻本　四冊　存一種

330000－1701－0050843　普 813.57/2622/4　集部/小說類/長篇之屬
花月痕全書十六卷五十二回　(清)魏秀仁撰　(清)棲霞居士評　清光緒十四年(1888)刻本　十六冊

330000－1701－0050844　普 222.38/4060/c1　子部/叢編
釋氏十三經註疏　清同治至光緒三十四年(1908)金陵刻經處刻本　五冊　存一種

330000－1701－0050846　GP14123　集部/別集類/清別集
盟山堂詩初集四卷　(清)屠秉撰　清道光六年(1826)刻本　四冊

330000－1701－0050848　普 222.81/0144.5　子部/宗教類/佛教之屬/論
大智度論一百卷　(天竺)龍樹菩薩造　(後秦)釋鳩摩羅什譯　清光緒九年(1883)姑蘇刻經處刻本　二十五冊

330000－1701－0050850　普 222.38/4060/c2　子部/叢編
釋氏十三經註疏　清同治至光緒三十四年(1908)金陵刻經處刻本　五冊　存一種

330000－1701－0050851　GP05852　類叢部/叢書類/自著之屬
潛研堂全書十六種　(清)錢大昕撰　清乾隆至嘉慶刻本　一冊　存一種

330000－1701－0050852　GP14124　類叢部/叢書類
繡詩樓藂書　陳步墀編　清宣統元年(1909)鉛印本　一冊　存一種

330000－1701－0050853　普 813.57/1004/2　集部/小說類/長篇之屬
新註二度梅奇說全集四卷四十回　(清)惜陰堂主人編輯　清起鳳樓刻本　四冊

330000－1701－0050854　普 222.84/0434　子部/宗教類/佛教之屬/論
成唯識論十卷　(天竺)護法等菩薩造　(唐)釋玄奘譯　清光緒二十二年(1896)金陵刻經處刻本　二冊

330000－1701－0050855　普 813.57/2622/6/c1　集部/小說類/長篇之屬
繪圖花月因緣十六卷五十二回　(清)魏秀仁撰　(清)棲霞居士評　清光緒十九年(1893)上海書局鉛印本　六冊

330000－1701－0050856　普 222.84/0434.01/c1　子部/宗教類/佛教之屬/論疏
成唯識論述記六十卷　(唐)釋窺基撰　清光緒二十七年(1901)金陵刻經處刻本　二十冊

330000－1701－0050857　普 813.57/2810　集部/小說類/長篇之屬
前七國孫龐演義四卷二十回　清宏德堂刻本　四冊

330000－1701－0050858　普 813.57/2622/6/c2　集部/小說類/長篇之屬
繪圖花月因緣十六卷五十二回　(清)魏秀仁撰　(清)棲霞居士評　清光緒十九年(1893)

上海書局鉛印本　六册

330000－1701－0050860　普 813.57/2923　集部/小説類/長篇之屬
新編繡像臺灣巾幗英雄全傳初集十二回　(清)伴佳逸史撰　清光緒二十一年(1895)上海書局石印本　二册

330000－1701－0050861　普 222.85/7167.015　子部/宗教類/佛教之屬/論疏
大乘起信論疏解彙集八種　清光緒十一年至民國十五年(1885－1926)金陵刻經處刻本　一册　存一種

330000－1701－0050862　普 813.57/2810.2　集部/小説類/長篇之屬
新編批評繡像後七國樂田演義四卷十八回　(清)徐震撰　清宏德堂刻本　四册

330000－1701－0050863　SBC0564　類叢部/叢書類/彙編之屬
漢魏叢書三十八種　(明)程榮編　明萬曆二十年(1592)新安程氏刻本　二册　存四種

330000－1701－0050864　普 222.84/0434.013　子部/宗教類/佛教之屬/論疏
成唯識論觀心法要十卷　(清)釋智旭撰　清光緒二十六年(1900)揚州藏經院刻本　十册

330000－1701－0050865　普 222.85/7167.016/c1　子部/宗教類/佛教之屬/論疏
大乘起信論直解二卷　(明)釋德清撰　清光緒十六年(1890)金陵刻經處刻本　一册

330000－1701－0050866　普 813.57/2644/9　集部/小説類/長篇之屬
增補齊省堂儒林外史六十回　(清)吳敬梓撰　清光緒二十五年(1899)慎記書莊石印本　八册

330000－1701－0050867　普 813.57/2634.6　集部/小説類/長篇之屬
糊塗世界十二卷　(清)吳趼人撰　清光緒三十二年(1906)上海世界繁華報館石印本　六册

330000－1701－0050868　GP05854　類叢部/叢書類/自著之屬
止園叢書二十三種　(清)史夢蘭撰　清道光至光緒刻本　四册　存二種

330000－1701－0050869　普 813.57/3004/c1　集部/小説類/長篇之屬
繪圖第二奇書八卷六十四回　(清)隨緣下士撰　(清)寄旅散人評　清光緒二十年(1894)上海復古書齋石印本　七册　缺一卷(二)

330000－1701－0050871　普 222.85/7167.016/c3　子部/宗教類/佛教之屬/論疏
大乘起信論直解二卷　(明)釋德清撰　清光緒十六年(1890)金陵刻經處刻本　一册

330000－1701－0050872　普 222.85/7167.016/c2　子部/宗教類/佛教之屬/論疏
大乘起信論直解二卷　(明)釋德清撰　清光緒十六年(1890)金陵刻經處刻本　一册

330000－1701－0050873　普 813.57/2644　集部/小説類/長篇之屬
儒林外史五十六回　(清)吳敬梓撰　清同治十三年(1874)鉛印本　二册

330000－1701－0050874　GP05855　類叢部/叢書類/自著之屬
古桐書屋六種　(清)劉熙載撰　清同治至光緒刻本　二册　存一種

330000－1701－0050875　SBC2004　集部/別集類/清別集
大雅題襟不分卷　(清)胡傑人撰　稿本　二册

330000－1701－0050877　普 813.57/2644/10/c1　集部/小説類/長篇之屬
增補齊省堂儒林外史六十回　(清)吳敬梓撰　清宣統二年(1910)育文書局石印本　六册

330000－1701－0050878　普 813.57/2644/2　類叢部/叢書類/彙編之屬
申報館叢書正集五十七種附錄三種續集一百四十二種　(清)尊聞閣主編　蔡爾康編續集　清同治至光緒上海申報館鉛印本　十册

存一種

330000－1701－0050879　GP05863　史部/傳記類/總傳之屬/家乘
[江蘇常熟]海虞翁氏族譜不分卷　(清)翁同龢纂修　清同治十三年(1874)刻本　一册

330000－1701－0050880　普 222.84/0434.01/c2　子部/宗教類/佛教之屬/論疏
成唯識論述記六十卷　(唐)釋窺基撰　清光緒二十七年(1901)金陵刻經處刻本　謝幼偉題記　十四册

330000－1701－0050881　GP14125　子部/儒家類/儒學之屬
婺學治事文編五卷　(清)繼良輯　清光緒二十七年(1901)石印本　二册

330000－1701－0050882　SBC0733　類叢部/叢書類/彙編之屬
津逮祕書十五集一百四十種　(明)毛晉編　明崇禎虞山毛氏汲古閣刻本　一册　存一種

330000－1701－0050886　普 813.57/2846/c3　集部/小說類/長篇之屬
繪圖繪芳錄八卷八十回　(清)西泠野樵撰　清光緒二十年(1894)上海書局石印本　八册

330000－1701－0050887　SBC1797　集部/別集類/清別集
大雅題襟不分卷　(清)胡傑人撰　稿本　九册

330000－1701－0050890　普 813.57/3004/c2　集部/小說類/長篇之屬
繪圖第二奇書八卷六十四回　(清)隨緣下士撰　(清)寄旅散人評　清光緒二十年(1894)上海復古書齋石印本　八册

330000－1701－0050891　普 813.57/2723/c1　集部/小說類/長篇之屬
風月夢三十二回　(清)邗上蒙人撰　清光緒十年(1884)上海江左書林刻本　四册

330000－1701－0050892　普 812.57/3447/c3　集部/戲劇類/傳奇之屬
沈蕡漁四種曲　(清)沈起鳳撰　清古香林刻本　七册

330000－1701－0050893　普 813.57/2669　集部/小說類/長篇之屬
風月鑑十六回　(清)吳貽棠撰　清抄本　七册　缺二卷(十三至十四)

330000－1701－0050894　SBC1404　子部/道家類
古文參同契集解三卷　(漢)魏伯陽撰　(明)蔣一彪輯　**古文參同契箋註集解三卷**　(漢)徐景休撰　(元)俞琰注　(明)蔣一彪輯　**古文參同契三相類集解二卷**　(漢)淳于叔通補遺　(明)蔣一彪輯　明崇禎虞山毛氏汲古閣刻津逮祕書本　佚名批校　一册　缺三卷(一至三)

330000－1701－0050895　普 813.57/3082.2/c2　集部/小說類/長篇之屬
新刊綉像評演濟公傳　郭廣瑞撰　清末至民國上海校經山房石印本　十二册　存三種

330000－1701－0050896　普 913.095124/7433　類叢部/叢書類/自著之屬
潛園總集十七種　(清)陸心源撰　清同治至光緒刻本　八册　存一種

330000－1701－0050900　普 813.57/3025　集部/小說類/長篇之屬
新刊五美緣全傳八十回　清刻本　十六册

330000－1701－0050901　GP05857　子部/雜著類/雜說之屬
書齋夜話四卷　(元)俞琰撰　清末抄本　一册

330000－1701－0050902　普 813.57/3082.3　集部/小說類/長篇之屬
新刊繡像評講濟公傳四卷一百二十回繡像評演接續後部濟公傳四卷一百二十回　郭廣瑞撰　清光緒三十二年(1906)簡青齋書局石印本　四册

330000－1701－0050904　普 813.57/2684　集部/小說類/長篇之屬

繪圖仙卜奇緣全傳八卷四十回　（清）吳毓昶撰　清光緒二十三年（1897）上海書局石印本　六冊

330000－1701－0050906　GP05864　類叢部/叢書類/自著之屬
橘蔭軒全集七種　（清）陳錦撰　清光緒山陰陳氏橘蔭軒刻本　六冊　存一種

330000－1701－0050907　GP05858　子部/雜著類/雜說之屬
乙卯劄記一卷丙辰劄記一卷　（清）章學誠撰　清宣統順德鄧氏鉛印風雨樓叢書本　章嶔題記　二冊

330000－1701－0050910　SBC0790　集部/戲劇類/傳奇之屬
繡刻演劇十本六十種　（明）毛晉編　明末毛氏汲古閣刻本　二冊　存一種

330000－1701－0050912　普 813.57/3043　集部/小說類/長篇之屬
繪圖賽桃源全傳四卷三十回　清光緒二十年（1894）上海文元書莊石印本　四冊

330000－1701－0050913　GP14128　集部/總集類/題詠之屬
休陽隆阜戴氏仿陶園題詠合璧不分卷　（清）戴美含編　清刻本　一冊

330000－1701－0050914　SBC1103　類叢部/叢書類/彙編之屬
津逮祕書十五集一百四十種　（明）毛晉編　明崇禎虞山毛氏汲古閣刻本　一冊　存一種

330000－1701－0050915　普 913.095124/7110/c2　史部/金石類/郡邑之屬/文字
兩浙金石志十八卷補遺一卷　（清）阮元撰　清光緒十六年（1890）浙江書局刻本　十二冊

330000－1701－0050916　普 229.3/4023　子部/宗教類/佛教之屬/諸宗
五燈會元五十七卷目錄三卷　（宋）釋普濟撰　清光緒三十二年至三十四年（1906－1908）長沙刻經處刻本　二十冊

330000－1701－0050917　普 813.57/2723/c2　集部/小說類/長篇之屬
風月夢三十二回　（清）邗上蒙人撰　清光緒十年（1884）上海江左書林刻本　四冊

330000－1701－0050918　GP05859　類叢部/叢書類/家集之屬
德州田氏叢書十五種　（清）田同之編　清康熙至乾隆田氏刻彙印本　一冊　存一種

330000－1701－0050919　普 813.57/3482/2　集部/小說類/長篇之屬
四雪草堂重訂通俗隋唐演義二十卷一百回　（清）褚人穫撰　清康熙長洲褚氏四雪草堂刻本　二十冊

330000－1701－0050920　SBC1172　集部/戲劇類/傳奇之屬
繡刻演劇十本六十種　（明）毛晉編　明末毛氏汲古閣刻本　二冊　存二種

330000－1701－0050921　GP14129　集部/戲劇類/雜劇之屬
桃花聖解盦樂府二種　（清）李慈銘撰　清咸豐蕭山鍾駿文崇實齋刻本　一冊

330000－1701－0050923　GP05865　集部/別集類/清別集
驥湖丁氏詩集三種　（清）丁正中撰　清光緒木活字印本　一冊

330000－1701－0050924　普 813.57/3082.4　集部/小說類/長篇之屬
新刊繡像評講濟公傳十二卷一百二十回繡像評演接續後部濟公傳十二卷一百二十回　郭廣瑞撰　清宣統三年（1911）上海翠文齋石印本　十二冊　缺二卷（七至八）

330000－1701－0050925　普 913.095124/7110/c4　史部/金石類/郡邑之屬/文字
兩浙金石志十八卷補遺一卷　（清）阮元撰　清光緒十六年（1890）浙江書局刻本　十二冊

330000－1701－0050926　普 813.57/30431　集部/小說類/長篇之屬
繪圖第一俠義奇女傳四卷五十三回　（清）好

古主人撰　清光緒二十六年(1900)石印本　四冊

330000－1701－0050927　普 813.57/2723/2　類叢部/叢書類/彙編之屬
申報館叢書正集五十七種附錄三種續集一百四十二種　(清)尊聞閣主編　蔡爾康編續集　清同治至光緒上海申報館鉛印本　四冊　存一種

330000－1701－0050928　GP14140　集部/別集類/明別集
北海亭集外編一卷　(明)鹿化麟撰　(清)孫奇逢輯　清道光四年(1824)范陽鹿亢宗刻世德堂印本　一冊

330000－1701－0050930　普 913.095124/7110/c6　史部/金石類/郡邑之屬/文字
兩浙金石志十八卷補遺一卷　(清)阮元撰　清光緒十六年(1890)浙江書局刻本　十二冊

330000－1701－0050931　SBC1451　集部/戲劇類/傳奇之屬
繡刻演劇十本六十種　(明)毛晉編　明末毛氏汲古閣刻本　四冊　存二種

330000－1701－0050932　SBC1392　類叢部/叢書類/彙編之屬
津逮祕書十五集一百四十種　(明)毛晉編　明崇禎虞山毛氏汲古閣刻本　二冊　存一種

330000－1701－0050933　GP05866　經部/小學類/音韻之屬/古今韻說
古韻溯原八卷　(清)安念祖　(清)華湛恩輯　清道光十九年(1839)親仁堂刻本　四冊

330000－1701－0050934　普 229.3/4023/3　類叢部/叢書類/彙編之屬
玉海堂景宋元本叢書　劉世珩編　清光緒至民國貴池劉氏玉海堂影刻本　十六冊　存一種

330000－1701－0050937　SBC0876　類叢部/叢書類/彙編之屬
津逮祕書十五集一百四十種　(明)毛晉編　明崇禎虞山毛氏汲古閣刻本　十二冊　存一種

330000－1701－0050938　普 813.57/2727　集部/小說類/長篇之屬
綉像綠牡丹全傳六卷六十四回　清道光二十七年(1847)經編堂刻本　六冊

330000－1701－0050939　GP14141　子部/工藝類/文房四寶之屬/墨
論墨絕句詩一卷　(清)謝崧岱撰　清光緒十九年(1893)湘鄉謝氏擘經榭刻本　一冊

330000－1701－0050940　SBC2492　集部/戲劇類/傳奇之屬
繡刻演劇十本六十種　(明)毛晉編　明末毛氏汲古閣刻本　二冊　存一種

330000－1701－0050941　GP05867　新學/工藝/工學
營工要覽四卷　(英國)武備工程課撰　(英國)傅蘭雅　(清)汪振聲譯　清光緒江南製造局鉛印本　二冊

330000－1701－0050943　普 813.57/3166　集部/小說類/長篇之屬
臺灣外記三十卷　(清)江日昇撰　清康熙五十二年(1713)求無不獲齋木活字印本　八冊　缺六卷(六至八、十五至十七)

330000－1701－0050946　GP05873　子部/雜著類/雜纂之屬
富教初梲錄二卷　(清)宗源瀚撰　清光緒元年(1875)刻本　二冊

330000－1701－0050947　SBC2614　集部/戲劇類/傳奇之屬
繡刻演劇十本六十種　(明)毛晉編　明末毛氏汲古閣刻本　二冊　存二種

330000－1701－0050948　普 813.57/3082.2/c1　集部/小說類/長篇之屬
新刊繡像評演濟公傳　郭廣瑞撰　清光緒至民國上海普新書局、振華書局、校經山房等石印本　二十八冊　存二十七種

330000－1701－0050950　普 913.095151/

2248　史部/金石類/郡邑之屬
山右金石記十卷　(清)王軒纂　清光緒十五年(1889)刻本　十冊

330000－1701－0050951　普 813.57/2727/3　集部/小說類/長篇之屬
綉像綠牡丹全傳六卷六十四回　清刻本　六冊

330000－1701－0050952　SBC0877　類叢部/叢書類/彙編之屬
津逮祕書十五集一百四十種　(明)毛晉編　明崇禎虞山毛氏汲古閣刻本　十二冊　存一種

330000－1701－0050953　GP14142　集部/別集類/清別集
蘇鄰遺詩二卷　(清)李鴻裔撰　清光緒十四年(1888)遵義黎氏日本刻本　清蘋翁跋　一冊

330000－1701－0050954　普 813.57/3322　集部/小說類/短篇之屬
繡像醒世第二奇書十四卷十四回　清光緒二十二年(1896)上海文宜書局石印本　二冊

330000－1701－0050955　GP05874　史部/地理類/遊記之屬/紀行
冬集紀程一卷(清乾隆四十八年十二月十八日至四十九年二月十五日)附詩一卷　(清)周廣業撰　清道光二十年(1840)種松書塾刻本　一冊

330000－1701－0050957　GP05868　類叢部/叢書類/自著之屬
新訂六譯館叢書八十九種　廖平撰　清光緒至民國刻民國十年(1921)四川存古書局彙印本　一冊　存一種

330000－1701－0050958　普 229.32/8646/c1　子部/宗教類/佛教之屬/諸宗
相宗八要直解八卷　(清)釋智旭撰　清同治九年(1870)金陵刻經處刻本　二冊

330000－1701－0050959　普 813.57/2736　集部/小說類/長篇之屬
飛跎全傳四卷三十二回　(清)鄒必顯撰　清嘉慶二十二年(1817)江蘇文盛堂刻本　四冊

330000－1701－0050960　普 229.36/1240/3　子部/宗教類/佛教之屬/諸宗
宗鏡錄一百卷附音釋　(宋)釋延壽輯　清同治二年至光緒二年(1863－1876)杭州昭慶寺慧空經房刻本　二十冊

330000－1701－0050962　普 813.57/3322.1　集部/小說類/短篇之屬
繪圖醒世第二奇書十二卷十二回　(清)天然癡叟撰　(清)墨憨主人評　清光緒二十一年(1895)石印本　六冊

330000－1701－0050963　GP05875　類叢部/叢書類/自著之屬
月河草堂叢書三種　蔣清瑞編　清宣統至民國歸安蔣氏月河草堂刻本　三冊　存一種

330000－1701－0050964　SBC0743　集部/別集類/漢魏六朝別集
阮嗣宗集二卷　(三國魏)阮籍撰　明刻本　二冊

330000－1701－0050966　普 813.57/3166/2　集部/小說類/長篇之屬
臺灣外記三十卷　(清)江日昇撰　清康熙五十二年(1713)求無不獲齋木活字印本　谷斯范題記　十冊

330000－1701－0050967　普 813.57/2745/c1　集部/小說類/長篇之屬
義俠好逑傳四卷十八回　(清)名教中人編次　(清)游方外客批評　清大文堂刻本　四冊

330000－1701－0050969　普 913.095152/2074/c1　史部/金石類/郡邑之屬/文字
關中金石文字存逸考十二卷首一卷　(清)毛鳳枝撰　清光緒二十七年(1901)會稽顧氏江西萍鄉縣署刻本　十二冊

330000－1701－0050970　普 229.32/8646/c2　子部/宗教類/佛教之屬/諸宗
相宗八要直解八卷　(清)釋智旭撰　清同治九年(1870)金陵刻經處刻本　二冊

330000－1701－0050971　普 913.095152/2074/c2　史部/金石類/郡邑之屬/文字

關中金石文字存逸考十二卷首一卷　(清)毛鳳枝撰　清光緒二十七年(1901)會稽顧氏江西萍鄉縣署刻本　十二冊

330000－1701－0050972　普 913.095152/2074/c3　史部/金石類/郡邑之屬/文字

關中金石文字存逸考十二卷首一卷　(清)毛鳳枝撰　清光緒二十七年(1901)會稽顧氏江西萍鄉縣署刻本　十二冊

330000－1701－0050973　普 913.095152/2547　類叢部/叢書類/彙編之屬

惜陰軒叢書三十四種續編一種　(清)李錫齡編　清道光二十六年(1846)宏道書院刻咸豐八年(1858)續刻本　二冊　存一種

330000－1701－0050974　SBC2629　類叢部/叢書類/彙編之屬

漢魏叢書三十八種　(明)程榮編　明萬曆二十年(1592)新安程氏刻本　三冊　存一種

330000－1701－0050976　普 913.095152/6031　類叢部/叢書類/彙編之屬

經訓堂叢書二十一種　(清)畢沅編　清乾隆至嘉慶鎮洋畢氏刻本　三冊　存一種

330000－1701－0050977　普 229.36/1240.2　子部/宗教類/佛教之屬

註心賦四卷　(宋)釋延壽撰　清光緒三年(1877)金陵刻經處刻本　四冊

330000－1701－0050978　普 813.57/2745/c2　集部/小說類/長篇之屬

義俠好逑傳四卷十八回　(清)名教中人編次　(清)游方外客批評　清大文堂刻本　四冊

330000－1701－0050979　SBC1869　類叢部/叢書類/彙編之屬

漢魏叢書三十八種　(明)程榮編　明萬曆二十年(1592)新安程氏刻本　二冊　存一種

330000－1701－0050980　普 229.32/8646/c3　子部/宗教類/佛教之屬/諸宗

相宗八要直解八卷　(清)釋智旭撰　清同治九年(1870)金陵刻經處刻本　二冊

330000－1701－0050981　普 813.57/2762/c1　集部/小說類/長篇之屬

綠野仙踪八十回　(清)李百川撰　清道光十年(1830)刻本　十六冊

330000－1701－0050982　普 229.32/8646/c4　子部/宗教類/佛教之屬/諸宗

相宗八要直解八卷　(清)釋智旭撰　清同治九年(1870)金陵刻經處刻本　二冊

330000－1701－0050983　GP14134　集部/詞類/别集之屬

新樂府詞一卷　(清)萬斯同撰　清同治八年(1869)刻本　一冊

330000－1701－0050985　普 813.57/3245　子部/小說家類/瑣語之屬

秋坪新語十二卷　(清)張景運撰　清嘉慶二年(1797)刻本　八冊

330000－1701－0050986　SBC0735　類叢部/叢書類/彙編之屬

漢魏叢書三十八種　(明)程榮編　明萬曆二十年(1592)新安程氏刻本　五冊　存七種

330000－1701－0050987　普 813.57/3337　集部/小說類/長篇之屬

繪圖繡像剛直演義新彭公案一卷十六回　(清)治逸撰　清宣統二年(1910)文奎堂石印本　一冊

330000－1701－0050988　普 229.36/3030/c1　子部/宗教類/佛教之屬/諸宗

壇經一卷附六祖大師事畧一卷　(唐)釋慧能撰　(唐)釋法海等輯　清同治十一年(1872)如皋刻經處刻本　一冊

330000－1701－0050989　SBC0084　集部/總集類/彙編之屬

漢魏六朝一百三家集(漢魏六朝百三名家集)　(明)張溥編　明婁東張氏刻本　一冊　存一種

330000－1701－0050990　普 229.36/1822

子部/宗教類/佛教之屬/諸宗
憨山老人夢遊集五十五卷 （明）釋德清撰 （明）釋福善錄 （明）釋通炯輯 清光緒五年(1879)江北刻經處刻本 二十冊

330000－1701－0050992 GP14135 集部/別集類/清別集
芥舟詩選一卷 （清）湯朝萊撰 清乾隆四十二年(1777)伴松居刻本 漱石山人題簽並記 一冊

330000－1701－0050993 普913.095152/6031/2/c1 史部/金石類/郡邑之屬
關中金石記八卷 （清）畢沅撰 **關中金石記目錄一卷** （清）蔡錫棟編 **關中金石記附記一卷** （清）蔡汝霖輯 清道光二十七年(1847)渭邑焦興儒醇敬堂刻本 四冊

330000－1701－0050995 普229.36/3030/c2 子部/宗教類/佛教之屬/諸宗
壇經一卷附六祖大師事畧一卷 （唐）釋慧能撰 （唐）釋法海等輯 清同治十一年(1872)如皋刻經處刻本 一冊

330000－1701－0050996 SBC0755 集部/別集類/漢魏六朝別集
蔡中郎集八卷 （漢）蔡邕撰 明刻本 四冊

330000－1701－0050997 普229.38/1120/3/c1 子部/宗教類/佛教之屬/諸宗
徑中徑又徑徵義三卷首一卷 （清）張師誠輯 （清）徐槐廷注 清光緒二十五年(1899)陸智性刻本 一冊

330000－1701－0050998 GP05877 經部/大戴禮記類/分篇之屬
夏小正箋疏四卷 （清）馬徵麐撰 清同治七年(1868)馬氏思古書堂刻光緒十四年(1888)德清俞氏印本 二冊

330000－1701－0051000 SBC0112 集部/總集類/彙編之屬
漢魏六朝一百三家集(漢魏六朝百三名家集) （明）張溥編 明婁東張氏刻本 二十三冊 存八種

330000－1701－0051001 普813.57/3344 集部/曲類/彈詞之屬
繪圖筆生花十六卷三十二回 （清）邱心如撰 清末石印本 十六冊

330000－1701－0051002 普913.095152/6031/2/c2 史部/金石類/郡邑之屬
關中金石記八卷 （清）畢沅撰 **關中金石記目錄一卷** （清）蔡錫棟編 **關中金石記附記一卷** （清）蔡汝霖輯 清道光二十七年(1847)渭邑焦興儒醇敬堂刻本 五冊

330000－1701－0051003 GP05870 類叢部/叢書類/彙編之屬
天台張氏兩銘樓叢書 （清）張廷琛編 清光緒至宣統木活字印本 一冊 存一種

330000－1701－0051004 普229.36/3030/2 子部/宗教類/佛教之屬/諸宗
六祖法寶壇經二卷 （唐）釋慧能撰 （唐）釋法海等輯 清同治二年(1863)寧波天童寺古松堂刻本 清邱震題記 一冊

330000－1701－0051005 SBC1246 集部/別集類/清別集
臏馥吟不分卷 （清）胡傑人撰 稿本 十九冊

330000－1701－0051006 普813.57/3482/3/c1 集部/小說類/長篇之屬
四雪草堂重訂通俗隋唐演義二十卷一百回 （清）褚人穫撰 清文奎堂刻本 二十冊

330000－1701－0051007 普813.57/3441/c1 集部/小說類/長篇之屬
繪圖新史奇觀八卷二十二回 （清）蓬蒿子撰 清光緒十八年(1892)上海珍藝局鉛印本 四冊

330000－1701－0051008 普913.095152/6031/3 史部/金石類/郡邑之屬
關中金石記八卷 （清）畢沅撰 **關中金石記目錄一卷** （清）蔡錫棟編 **關中金石記附記一卷** （清）蔡汝霖輯 清光緒三十四年(1908)渭南嚴嶽蓮成都刻宣統二年(1910)補

刻本　四冊

330000－1701－0051010　普 229.38/1120/3/c2　子部/宗教類/佛教之屬/諸宗

徑中徑又徑徵義三卷首一卷　(清)張師誠輯　(清)徐槐廷注　清末刻本　記經題記　一冊

330000－1701－0051011　GP05878、GP05879　類叢部/叢書類/自著之屬

尉山堂全集五種　(清)萬斛泉撰　清光緒刻本　二冊　存二種

330000－1701－0051012　GP14145　集部/別集類/清別集

小春浮遺藁四卷　(清)何其菼撰　(清)何德培輯　清嘉慶十一年(1806)刻本　一冊

330000－1701－0051013　普 229.36/3030/3　子部/宗教類/佛教之屬/諸宗

六祖大師法寶壇經一卷　(唐)釋慧能撰　(唐)釋法海等輯　清刻本　一冊

330000－1701－0051014　普 813.57/3482/3/c2　集部/小說類/長篇之屬

四雪草堂重訂通俗隋唐演義二十卷一百回　(清)褚人穫撰　清同治五年(1866)連元閣刻本　二十冊

330000－1701－0051017　普 915.095152/6031/4　史部/金石類/郡邑之屬

關中金石記八卷　(清)畢沅撰　**關中金石記目錄一卷**　(清)蔡錫棟編　**關中金石記附記一卷**　(清)蔡汝霖輯　清光緒三十四年(1908)渭南嚴嶽蓮成都刻宣統二年(1910)補刻本　四冊

330000－1701－0051018　GP14137　集部/別集類/清別集

龍華山草一卷彩雲別墅存稿一卷　(清)谷際岐撰　清嘉慶十二年(1807)刻本　一冊

330000－1701－0051019　普 813.57/3441/c2　集部/小說類/長篇之屬

繪圖新史奇觀八卷二十二回　(清)蓬蒿子撰　清光緒十八年(1892)上海珍藝局鉛印本　四冊

330000－1701－0051020　GP14146　集部/詩文評類/詩評之屬

閩川閨秀詩話四卷　(清)梁章鉅撰　清道光二十九年(1849)刻本　一冊

330000－1701－0051023　普 229.38/1120/3/c3　子部/宗教類/佛教之屬/諸宗

徑中徑又徑徵義三卷首一卷　(清)張師誠輯　(清)徐槐廷注　清末刻本　一冊

330000－1701－0051025　SBC2530　集部/總集類/彙編之屬

漢魏六朝一百三家集(漢魏六朝百三名家集)　(明)張溥編　明婁東張氏刻本　一冊　存二種

330000－1701－0051026　普 913.095153/1022　子部/藝術類/書畫之屬/法帖

敦煌石室真蹟錄五卷附一卷　王仁俊輯並書　清宣統元年(1909)吳趨王氏石印本　二冊

330000－1701－0051028　SBC2787　集部/別集類/清別集

越縵堂遺箸不分卷　(清)李慈銘撰　清抄本　一冊

330000－1701－0051029　普 813.57/4034/2　集部/小說類/長篇之屬

增注繪圖官場現形記五編六十卷　(清)李寶嘉撰　(清)歐陽淦增注　清光緒二十九年(1903)石印本　九冊　存三十六卷(一至三十六)

330000－1701－0051030　普 813.57/3478　集部/小說類/長篇之屬

繪像中東大戰演義四卷三十三回　(清)洪興全撰　清光緒二十六年(1900)石印本　四冊

330000－1701－0051031　GP05880　子部/雜著類/雜說之屬

椒生隨筆八卷詩草六卷續草六卷　(清)王之春撰　清光緒七年(1881)上海文藝齋刻本　四冊　存八卷(隨筆一至八)

330000－1701－0051032　GP14138　集部/別集類/清別集

定川草堂詩集一卷　(清)張文洤撰　清道光刻本　一册

330000－1701－0051033　普 229.38/1120.2/c1　子部/宗教類/佛教之屬/諸宗

徑中徑又徑四卷　(清)張師誠輯　清道光五年(1825)慧空經房刻本　二册

330000－1701－0051034　SBC1565　集部/別集類/清別集

賸馥吟館招友七律續詠一卷　(清)胡傑人撰　稿本　一册

330000－1701－0051035　GP14147　子部/雜著類/雜說之屬

讀海外奇書室雜著一卷　姚文棟撰　清光緒十一年(1885)上海姚氏鉛印本　一册

330000－1701－0051036　SBC2574　集部/總集類/彙編之屬

漢魏六朝一百三家集(漢魏六朝百三名家集)　(明)張溥編　明婁東張氏刻本　一册　存三種

330000－1701－0051037　普 813.57/3618　集部/小說類/長篇之屬

混元盒五毒全傳二十回　清道光十二年(1832)富經堂刻本　一册

330000－1701－0051039　SBC2791　子部/天文曆算類/曆法之屬

星躔圖不分卷　清光緒十六年(1890)金蟾珍繪本　清金蟾珍、清金次咸、諸宗元跋　一册

330000－1701－0051042　普 229.38/1120.2/c2　子部/宗教類/佛教之屬/諸宗

徑中徑又徑四卷　(清)張師誠輯　清道光五年(1825)慧空經房刻本　二册

330000－1701－0051043　SBC2006　集部/別集類/清別集

賸馥續吟招友七絕一卷續詠一卷　(清)胡傑人撰　稿本　一册

330000－1701－0051044　普 813.57/4034/3/c1　集部/小說類/長篇之屬

增注繪圖官場現形記五編六十卷　(清)李寶嘉撰　(清)歐陽淦增注　清光緒二十九年(1903)石印本　十七册

330000－1701－0051048　GP05871　集部/詩文評類/詩評之屬

聲調譜不分卷　(清)趙執信撰　清乾隆二十年(1755)香草堂刻本　一册

330000－1701－0051049　普 229.38/1062　子部/宗教類/佛教之屬/諸宗

龍舒淨土文十卷　(宋)王日休撰　**龍舒淨土文卷首一卷**　(明)釋祩宏等撰　**龍舒淨土文卷末一卷**　(宋)劉章等撰　清光緒二十五年(1899)韓江大士庵刻經處刻本　二册

330000－1701－0051051　普 813.57/3711/c1　集部/小說類/長篇之屬

新鐫繪圖十二美女玉蟾緣四卷五十三回　(清)崔象川撰　清光緒二十五年(1899)上海書局石印本　四册

330000－1701－0051052　SBC2010　集部/別集類/清別集

賸馥吟續編二卷賽竹樓詞鈔一卷　(清)胡傑人撰　稿本　一册

330000－1701－0051053　普 813.57/3533　集部/小說類/長篇之屬

殘梁外史八卷四十回　(明)方汝浩編　清光緒二十二年(1896)上海書局石印本　八册

330000－1701－0051056　普 813.57/3618/2　集部/小說類/長篇之屬

混元盒五毒全傳二十回　清同治十年(1871)授經堂刻本　二册

330000－1701－0051058　普 813.57/3711/c2　集部/小說類/長篇之屬

新鐫繪圖十二美女玉蟾緣四卷五十三回　(清)崔象川撰　清光緒二十五年(1899)上海書局石印本　四册

330000－1701－0051059　GP05884　史部/雜

史類/斷代之屬

世本十卷　(清)秦嘉謨輯補　清嘉慶二十三年(1818)琳琅仙館刻本　八冊

330000－1701－0051060　GP05892　經部/易類/傳說之屬

卦變考略二卷　(明)董守諭撰　清末抄本　一冊

330000－1701－0051061　普 813.57/4034/3/c2　集部/小說類/長篇之屬

增注繪圖官場現形記五編六十卷　(清)李寶嘉撰　(清)歐陽淦增注　清光緒二十九年(1903)石印本　十七冊

330000－1701－0051062　SBC2803　集部/曲類/曲韻曲譜曲律之屬

摘録聲律□卷　清抄本　一冊　存一卷(下)

330000－1701－0051063　GP05885　類叢部/叢書類/家集之屬

學壽堂叢書十二種　徐紹楨編　清咸豐至光緒番禺徐氏梧州刻本　二冊　存一種

330000－1701－0051066　普 813.57/3675　集部/小說類/短篇之屬

續聊齋志異四卷　(清)湯用中撰　(清)徐廷華評　清宣統二年(1910)上海時中書局鉛印本　四冊

330000－1701－0051067　GP14149　集部/別集類/清別集

石幢居士吟稿二卷　(清)梁肯堂撰　清嘉慶七年(1802)刻本　一冊

330000－1701－0051068　普 813.57/4034/4/c1　集部/小說類/長篇之屬

官場現形記五編六十卷　(清)李寶嘉撰　清光緒三十二年(1906)上海世界繁華報館鉛印本　三十冊

330000－1701－0051069　普 813.57/4012/c1　集部/小說類/長篇之屬

繡像綠野仙踪八卷八十回　(清)李百川撰　清光緒二十二年(1896)上海書局石印本　八冊

330000－1701－0051070　普 813.57/3822　集部/小說類/短篇之屬

新刻醒世國事悲小說四卷二十回英雄淚小說四卷二十六回　(清)冷血生撰　清末上海大成書局石印本　八冊

330000－1701－0051071　GP05886　子部/雜著類/雜說之屬

寶顏堂訂正東谷贅言二卷　(明)敖英撰　清末抄本　一冊

330000－1701－0051076　普 813.57/4034/4/c2　集部/小說類/長篇之屬

官場現形記五編六十卷　(清)李寶嘉撰　清光緒三十年(1904)上海世界繁華報館鉛印本　三十冊

330000－1701－0051077　SBC2809　集部/別集類/清別集

瓣香外集一卷愛娘傳一卷憐香新詠一卷四悔草堂外集一卷　(清)朱守方撰　清光緒元年(1875)山陰平氏安越堂刻葛園叢書本(愛娘傳、憐香新詠、四悔草堂外集配清抄本)　清平步青跋　一冊

330000－1701－0051078　SBC2802　史部/地理類/方志之屬/郡縣志

乾道臨安志十五卷　(宋)周淙纂　清光緒二十年(1894)孫氏壽松堂刻朱印本(卷四至十五原缺)　一冊

330000－1701－0051079　普 813.57/4012/c2　集部/小說類/長篇之屬

繡像綠野仙踪八卷八十回　(清)李百川撰　清光緒二十二年(1896)上海書局石印本　八冊

330000－1701－0051080　普 813.57/4034/5　集部/小說類/長篇之屬

增補繪圖官場現形記五編六十卷　(清)李寶嘉撰　(清)歐陽淦增注　清宣統元年(1909)上海崇本堂石印本　十四冊　存五十六卷(五至六十)

330000－1701－0051081　普 229.38/1062/5

子部/宗教類/佛教之屬/諸宗

龍舒淨土文十卷 （宋）王日休撰 **龍舒淨土文卷首一卷** （明）釋袾宏等撰 **龍舒淨土文卷末一卷** （宋）劉章等撰 清光緒九年(1883)金陵刻經處刻本 一册

330000－1701－0051082 GP05888 經部/書類/書序之屬

尚書沿革表一卷 （清）戴熙撰 清同治九年(1870)刻本 一册

330000－1701－0051084 SBC2806 子部/雜著類/雜説之屬

藤花樓偶記五卷 （清）朱檉輯 清抄本 一册

330000－1701－0051085 普813.57/3828 集部/小説類/長篇之屬

繪圖仙俠五花劍六卷三十回 孫玉聲撰 清光緒二十七年(1901)笑林報館鉛印本 四册 缺二卷(五至六)

330000－1701－0051088 GP14161 集部/總集類/選集之屬/斷代

漢詩説十卷總説一卷 （清）沈用濟 （清）費錫璜撰 清康熙掣鯨堂刻本 四册

330000－1701－0051090 普813.57/40341 集部/小説類/長篇之屬

英雲夢傳八卷 （清）九容樓主人松雲氏撰 （清）掃花頭陀剩齋氏評 清寶華順刻本 八册

330000－1701－0051093 普229.38/1062/7 子部/宗教類/佛教之屬/諸宗

龍舒淨土文十卷 （宋）王日休撰 **龍舒淨土文卷首一卷** （明）釋袾宏等撰 **龍舒淨土文卷末一卷** （宋）劉章等撰 清咸豐十一年(1861)宗鏡堂刻本 一册

330000－1701－0051094 SBC2805 子部/藝術類/書畫之屬/書法書品

書譜一卷 （唐）孫過庭撰 清抄本 一册

330000－1701－0051095 普813.57/4021.3/2 集部/小説類/長篇之屬

新小説編文明小史六十回 （清）李寶嘉撰 自在山民評 清光緒三十二年(1906)商務印書館鉛印本 金石壽題簽、題記並跋 四册

330000－1701－0051096 普813.57/40342/c1 集部/小説類/長篇之屬

一字不識之新黨三十三回 （清）虎林真小人撰 清光緒三十三年(1907)上海彪蒙書室鉛印本 八册

330000－1701－0051099 SBC2801 集部/別集類/唐五代別集

樊南文集補編四卷 （唐）李商隱撰 （清）錢振倫輯 （清）錢振常注 稿本 四册

330000－1701－0051102 普813.57/40342/c2 集部/小説類/長篇之屬

一字不識之新黨三十三回 （清）虎林真小人撰 清光緒三十三年(1907)上海彪蒙書室鉛印本 二册 存十二回(一至十二)

330000－1701－0051103 普813.57/40342/c3 集部/小説類/長篇之屬

一字不識之新黨三十三回 （清）虎林真小人撰 清光緒三十三年(1907)上海彪蒙書室鉛印本 四册 存十六回(一至十六)

330000－1701－0051104 普813.57/3875/c1 集部/小説類/長篇之屬

海國春秋四十卷 （清）汪寄撰 清光緒三十年(1904)上海書局石印本 四册 存二十一卷(一至二十一)

330000－1701－0051109 GP05889 經部/小學類/文字之屬/説文

説文提要一卷 （清）陳建侯撰 清同治十二年(1873)湖北崇文書局刻本 一册

330000－1701－0051111 普951.0331/9913.2 集部/別集類/唐五代別集

唐陸宣公翰苑集二十四卷 （唐）陸贄撰 （清）張佩芳注釋 清乾隆張氏希音堂刻光緒平潭李慕端修民國二十三年(1934)山西書局補刻印本 八册

330000－1701－0051113 普813.57/3875/c2

集部/小說類/長篇之屬
海國春秋四十卷　(清)汪寄撰　清光緒三十年(1904)上海書局石印本　十册

330000－1701－0051114　SBC2808　史部/編年類/通代之屬
續資治通鑑六十四卷　(明)王宗沐編　明刻本　一册　存三卷(四十七至四十九)

330000－1701－0051116　普 813.57/3889　集部/小說類/長篇之屬
新輯海公小紅袍全傳四卷四十二回　清光緒二十五年(1899)甯寶箴軒石印本　四册

330000－1701－0051117　普 813.57/4031/4　集部/小說類/長篇之屬
鏡花緣二十卷一百二十回　(清)李汝珍撰　清光緒三年(1877)刻本　十册

330000－1701－0051118　普 813.57/4031/2/c1　集部/小說類/長篇之屬
繪圖鏡花緣一百回　(清)李汝珍撰　清光緒二十一年(1895)上海積山書局石印本　六册

330000－1701－0051120　普 229.38/2497　集部/別集類/清別集
孤峯剩稿四卷　(清)釋開霽撰　清光緒三十三年(1907)龍邱古靈光丈室刻本　一册

330000－1701－0051121　GP14152　集部/詩文評類/詩評之屬
薑露盦詩話一卷　(清)施山撰　施煃編　清末石印本　一册

330000－1701－0051124　普 813.57/4031/2/c2　集部/小說類/長篇之屬
繪圖鏡花緣一百回　(清)李汝珍撰　清光緒二十一年(1895)上海積山書局石印本　六册

330000－1701－0051125　SBC2793　史部/傳記類/科舉録之屬/歷科登科録
國子監進士題名碑錄□□卷　(清)平步青撰　稿本　一册　存一卷(八)

330000－1701－0051126　普 229.38/1120/c1　子部/宗教類/佛教之屬/諸宗
徑中徑又徑徵義三卷首一卷　(清)張師誠輯　(清)徐槐廷注　清光緒二十五年(1899)陸智性刻本　一册

330000－1701－0051127　SBC2807　史部/政書類/通制之屬
杜氏通典二百卷　(唐)杜佑撰　明嘉靖李元陽刻本　一册　存三卷(八十五至八十七)

330000－1701－0051130　普 813.57/4031/3/c1　集部/小說類/長篇之屬
繪圖鏡花緣二十卷一百回首一卷　(清)李汝珍撰　清光緒十六年(1890)上海廣百宋齋鉛印本　六册

330000－1701－0051132　SBC2800　集部/總集類/尺牘之屬
新鐫古今名公尺牘彙編選註四卷　(明)王穉登選　(明)俞肇光注　明刻本　一册　存一卷(一)

330000－1701－0051133　普 229.38/1120/c2　子部/宗教類/佛教之屬/諸宗
徑中徑又徑徵義三卷首一卷　(清)張師誠輯　(清)徐槐廷注　清光緒二十五年(1899)陸智性刻本　一册

330000－1701－0051134　普 813.57/4037/c2　集部/小說類/短篇之屬
覺世名言十二樓六卷三十八回　(清)李漁撰　清末上海文元書局石印本　一册

330000－1701－0051135　普 813.57/4031/3/c2　集部/小說類/長篇之屬
繪圖鏡花緣二十卷一百回首一卷　(清)李汝珍撰　清光緒十七年(1891)上海廣百宋齋鉛印本　六册

330000－1701－0051136　普 229.38/3821　子部/宗教類/佛教之屬/諸宗
淨土古佚十書　金陵刻經處編　清光緒十九年至民國三年(1893－1914)金陵刻經處刻本　一册

330000－1701－0051139　SBC2795　子部/藝術類/書畫之屬

書畫見聞錄不分卷 （清）平步青輯 稿本 一册

330000－1701－0051141 SBC2794 經部/小學類/文字之屬/古文
古字發微不分卷 （清）平步青輯 稿本 一册

330000－1701－0051143 GP05896 子部/道家類
南華發覆八卷 （明）釋性渢撰 清刻本 十册

330000－1701－0051146 GP14163 子部/小說家類/雜事之屬
蘊珍齋小誌十二卷 （清）沈寅清輯 清同治十一年（1872）當湖志古堂刻本 二册

330000－1701－0051148 普 813.57/4037/3 集部/小說類/短篇之屬
覺世名言十二卷三十八回 （清）李漁撰 （清）杜濬評 清末石印本 四册

330000－1701－0051149 普 813.57/4054/2 集部/小說類/長篇之屬
原本海公大紅袍傳六十卷六十回 （明）李春芳編 清道光二十年（1840）經國堂刻本 十册

330000－1701－0051150 普 229.38/1120/c4 子部/宗教類/佛教之屬/諸宗
徑中徑又徑徵義三卷首一卷 （清）張師誠輯 （清）徐槐廷注 清光緒二十五年（1899）陸智性刻本 一册

330000－1701－0051151 GP05897 經部/春秋左傳類/傳說之屬
左傳評三卷 （清）李文淵撰 清乾隆四十年（1775）潮陽縣衙刻本 一册

330000－1701－0051152 普 813.57/5514.03/c1 集部/小說類/長篇之屬
紅樓夢後序一卷 （清）蔡保東撰 清光緒六年（1880）刻本 一册

330000－1701－0051153 GP05894 經部/小學類/音韻之屬
韻徵十六卷 （清）安吉撰 （清）安念祖纂錄 清道光十七年（1837）華湛恩刻本 八册

330000－1701－0051154 GP14164 子部/小說家類/諧謔之屬
增訂一夕話新集六卷 （清）咄咄夫撰 （清）嗤嗤子增訂 清文秀堂刻本 四册

330000－1701－0051156 GP05898 經部/春秋左傳類/傳說之屬
讀左傳法一卷 （清）李聯琇撰 清末石印本 一册

330000－1701－0051157 普 813.57/5514.03/c2 集部/小說類/長篇之屬
紅樓夢後序一卷 （清）蔡保東撰 清光緒六年（1880）刻本 一册

330000－1701－0051158 普 813.57/4054/3 集部/小說類/長篇之屬
原本海公大紅袍傳十卷六十回 （明）李春芳編 清刻本 九册 存九卷（一至五、七至十）

330000－1701－0051159 GP14154 史部/傳記類/别傳之屬
艾陽記别圖題辭不分卷 （清）徐農伯輯 清光緒上海點石齋石印本 一册

330000－1701－0051160 普 813.57/4037/4 集部/小說類/短篇之屬
覺世名言十二樓六卷三十八回 （清）李漁撰 清末石印本 四册

330000－1701－0051161 GP14165 子部/雜著類/雜纂之屬
魏塘署齋隨筆一卷 （清）江峯青撰 清刻本 一册

330000－1701－0051162 普 813.57/5514.041 集部/别集類/清别集
紅樓二百詠二卷 （清）黃昌麟撰 （清）丁日昌 （清）黃釗評 清道光二十一年（1841）刻本 二册

330000－1701－0051163　普 229.36/6031　子部/宗教類/佛教之屬/諸宗

唯心五種　(宋)釋延壽等撰　清光緒七年(1881)金陵刻經處刻本　一冊

330000－1701－0051164　普 229.38/8646/2/c1　子部/宗教類/佛教之屬/諸宗

靈峰蕅益大師選定淨土十要十卷　(清)釋智旭輯　(清)釋成時評點節略　清光緒二十年(1894)揚州廣陵藏經禪院刻本　四冊

330000－1701－0051165　GP05899　類叢部/叢書類/彙編之屬

獨抱廬叢刻十一種　(清)陳宗彝編　清道光金陵陳氏刻本　一冊　存一種

330000－1701－0051166　普 813.57/4044/c1　集部/小說類/長篇之屬

繡像木蘭奇女全傳四卷三十二回　清光緒二十二年(1896)上海文宜書局石印本　四冊

330000－1701－0051167　普 813.57/4031/5/c1　集部/小說類/長篇之屬

鏡花緣二十卷一百回　(清)李汝珍撰　清刻本　二十冊

330000－1701－0051168　GP05901　新學/全體學

全體闡微六卷　(美國)柯爲良撰　(清)林鼎文編譯　清光緒七年(1881)刻本　六冊

330000－1701－0051169　GP14167　子部/雜著類/雜說之屬

瘦石山房筆記二卷　(清)陸向榮撰　清道光刻本　一冊

330000－1701－0051171　普 813.57/4054/4　集部/小說類/長篇之屬

繪圖海公大紅袍全傳四卷六十回　(明)李春芳編　清末上海沈鶴記書局石印本　四冊

330000－1701－0051172　GP14155　集部/總集類/題詠之屬

繡鐙問字圖題詞一卷　(清)陳方瀛輯　**敕封太孺人誥贈太淑人旌表節孝顯祖妣倪太淑人行狀一卷**　(清)陳方瀛撰　清同治十三年(1874)刻本　一冊

330000－1701－0051173　普 813.57/4044/c2　集部/小說類/長篇之屬

繡像木蘭奇女全傳四卷三十二回　清末文元書局石印本　一冊

330000－1701－0051174　普 813.57/4031/5/c2　集部/小說類/長篇之屬

鏡花緣二十卷一百回　(清)李汝珍撰　清刻本　二十冊

330000－1701－0051175　普 813.57/5514.041/3　子部/藝術類/書畫之屬/畫譜

增刻紅樓夢圖詠一卷　(清)王墀繪並輯　**紅樓夢紀畧一卷廣義一卷**　(清)青山山農撰　**紅樓夢論贊一卷**　(清)讀花人撰　清光緒八年(1882)上海點石齋石印本　二冊

330000－1701－0051177　普 813.57/4044/2　集部/小說類/長篇之屬

繡像女子英雄傳四卷三十二回　清光緒三十三年(1907)章福記石印本　一冊

330000－1701－0051178　普 229.38/8646/2/c2　子部/宗教類/佛教之屬/諸宗

靈峰蕅益大師選定淨土十要十卷　(清)釋智旭輯　(清)釋成時評點節略　清光緒二十年(1894)揚州廣陵藏經禪院刻本　四冊

330000－1701－0051179　普 813.57/4031/6/c1　集部/小說類/長篇之屬

圖像鏡花緣二十卷一百回首一卷　(清)李汝珍撰　清光緒二十一年(1895)上海文盛書局石印本　六冊

330000－1701－0051180　普 813.57/4054/5　集部/小說類/長篇之屬

原本海公大紅袍傳四卷六十回　(明)李春芳編　清末上海富華圖書館石印本　四冊

330000－1701－0051181　普 813.57/6021/c1　集部/小說類/長篇之屬

繪圖評點女僊外史一百回　(清)呂熊撰　(清)楊顒評點　清光緒三十年(1904)上海崇實書局石印本　十六冊

330000－1701－0051182　SBC0426　史部/紀傳類/正史之屬
二十一史　明萬曆二十三年至三十四年(1595－1606)北京國子監刻本　一冊　存一種

330000－1701－0051183　SBC2857　史部/紀傳類/正史之屬
十七史　(明)毛晉編　明崇禎元年至十七年(1628－1644)毛氏汲古閣刻本　六十七冊　存四種

330000－1701－0051184　GP05902　史部/時令類
月令粹編二十四卷圖說一卷　(清)秦嘉謨撰　清嘉慶十七年(1812)江都秦嘉謨琳琅仙館刻本　四冊

330000－1701－0051185　普813.57/4031/6/c2　集部/小說類/長篇之屬
圖像鏡花緣二十卷一百回首一卷　(清)李汝珍撰　清光緒二十一年(1895)上海文盛書局石印本　六冊

330000－1701－0051186　普913.095193/0436　史部/金石類/郡邑之屬/文字
粵西金石略十五卷　(清)謝啓昆撰　清嘉慶六年(1801)銅鼓亭刻本　八冊

330000－1701－0051187　普813.57/4418　集部/小說類/長篇之屬
新刻繡像後唐奇書蓮子瓶演義傳四卷二十三回　清同治元年(1862)富經堂刻本　一冊

330000－1701－0051188　SBC0930　史部/紀傳類/正史之屬
二十一史　明萬曆二十三年至三十四年(1595－1606)北京國子監刻本　一冊　存一種

330000－1701－0051189　普229.38/8646/3　子部/宗教類/佛教之屬/諸宗
靈峰蕅益大師選定淨土十要十卷　(清)釋智旭輯　(清)釋成時評點節略　清同治十一年(1872)刻本　初蓮題記　四冊

330000－1701－0051190　普813.57/4054　集部/小說類/長篇之屬
繪圖海公大紅袍全傳四卷六十回　(明)李春芳編　清光緒十九年(1893)上海書局石印本　四冊

330000－1701－0051191　GP14156　子部/小說家類/諧謔之屬
笑贊一卷　明刻本　一冊

330000－1701－0051192　GP05900　史部/政書類/公牘檔冊之屬
天台治畧十卷　(清)戴兆佳撰　清道光二十六年(1846)迎瑞堂木活字印本　六冊　存七卷(一至七)

330000－1701－0051193　普813.57/6021/c2　集部/小說類/長篇之屬
繪圖評點女僊外史八卷一百回　(清)呂熊撰　(清)楊顒評點　清宣統元年(1909)上海章福記書坊石印本　八冊

330000－1701－0051194　SBC2810　集部/戲劇類/雜劇之屬
雅目共賞香雪軒錄不分卷　清抄本　一冊

330000－1701－0051196　SBC0791　史部/紀傳類/正史之屬
二十一史　明萬曆二十三年至三十四年(1595－1606)北京國子監刻本　十冊　存一種

330000－1701－0051197　普813.57/5514.042　集部/别集類/清别集
菽園外集　(清)邱煒萲撰　清光緒刻本　一冊　存一種

330000－1701－0051198　GP14168　子部/小說家類/雜事之屬
海陬冶遊錄三卷附錄三卷餘錄一卷　(清)王韜撰　清鉛印本　二冊

330000－1701－0051199　普813.57/4423　集部/小說類/長篇之屬
金粉錄四卷三十回　(清)燕山逸叟撰　清光緒二十五年(1899)石印本　四冊

330000－1701－0051200　SBC2811　集部/別集類/清別集
詩稿不分卷　清抄本　一冊

330000－1701－0051201　普 913.095193/0436/(2)/c1　史部/金石類/郡邑之屬/文字
粵西金石略十五卷　(清)謝啓昆撰　清嘉慶六年(1801)銅鼓亭刻本　四冊

330000－1701－0051202　普 813.57/6058/2/c1　集部/小說類/長篇之屬
精訂綱鑑廿四史通俗衍義二十六卷四十四回首一卷　(清)呂撫撰　清光緒十四年(1888)上海廣百宋齋鉛印本　六冊

330000－1701－0051203　普 813.57/6021/c3　集部/小說類/長篇之屬
繪圖評點女僊外史八卷一百回　(清)呂熊撰　(清)楊顒評點　清宣統元年(1909)上海章福記書坊石印本　八冊

330000－1701－0051205　普 231/3420　史部/傳記類/總傳之屬/釋道
在茲堂新鐫繡像列仙傳四卷　(明)洪應明輯　清道光十三年(1833)在茲堂刻本　四冊

330000－1701－0051206　SBC0941　史部/紀傳類/正史之屬
二十一史　明萬曆二十三年至三十四年(1595－1606)北京國子監刻本　三冊　存一種

330000－1701－0051207　SBC2812　子部/術數類/陰陽五行之屬
選擇年月吉日時刻書一卷　清抄本　二冊

330000－1701－0051208　普 813.57/6021/2　集部/小說類/長篇之屬
繪圖評點女僊外史一百回　(清)呂熊撰　(清)楊顒評點　清光緒二十七年(1901)上海積山書局石印本　十六冊

330000－1701－0051209　普 913.095193/0436/(2)/c2　史部/金石類/郡邑之屬/文字
粵西金石略十五卷　(清)謝啓昆撰　清嘉慶六年(1801)銅鼓亭刻本　四冊

330000－1701－0051210　SBC2426　史部/紀傳類/正史之屬
二十一史　明萬曆二十三年至三十四年(1595－1606)北京國子監刻本　十冊　存一種

330000－1701－0051211　GP14170　子部/雜著類/雜纂之屬
媿林漫錄二卷　(明)瞿式耜輯　清光緒十六年(1890)江蘇書局刻本　缽菴題簽　一冊

330000－1701－0051212　普 813.57/6058/2/c3　集部/小說類/長篇之屬
精訂綱鑑廿四史通俗衍義二十六卷四十四回首一卷　(清)呂撫撰　清光緒十五年(1889)上海廣百宋齋鉛印本　六冊

330000－1701－0051213　GP14157　集部/楚辭類
離騷經訂註一卷　(明)趙南星撰　**屈原傳一卷**　(漢)司馬遷撰　明萬曆趙悅學刻本　一冊

330000－1701－0051215　普 813.57/4060　集部/小說類/長篇之屬
繡像七星六煞征南傳四卷四十回後傳四卷四十回　清末石印本　七冊　缺一卷(後傳四)

330000－1701－0051216　SBC2814　集部/別集類/清別集
三中子詩古文詞一卷　(清)吳惟聰撰　稿本　一冊

330000－1701－0051217　GP05904　子部/雜著類/雜考之屬
丹鉛總錄二十七卷　(明)楊慎撰　清乾隆五十九年(1794)刻本　八冊

330000－1701－0051218　SBC1197　史部/紀傳類/正史之屬
二十一史　明萬曆二十三年至三十四年(1595－1606)北京國子監刻本　十六冊　存二種

330000－1701－0051219　普 813.57/44231/c1　集部/小說類/長篇之屬

常言道四卷十六回　(清)落魄道人編　清光緒元年(1875)得成堂刻本　一册

330000－1701－0051220　普 813.57/6047　集部/小說類/長篇之屬

古本批評三世報四卷四十八回　(清)四橋居士撰　清末石印本　一册

330000－1701－0051221　普 813.57/6058/3/c1　集部/小說類/長篇之屬

精訂綱鑑廿四史通俗衍義二十六卷四十四回首一卷　(清)呂撫撰　清光緒十三年(1887)上海鴻寶齋石印本　六册

330000－1701－0051222　GP05910　新學/史志/諸國史

埏紘外乘二十五卷續編一卷補遺一卷　(美國)林樂知　(清)嚴良勛譯　清光緒二十七年(1901)上海製造局刻本　八册

330000－1701－0051223　普 813.57/5514.043　集部/別集類/清別集

紅樓夢遊戲詩賦四卷　清末抄本　一册

330000－1701－0051224　普 813.57/44231/c2　集部/小說類/長篇之屬

常言道四卷十六回　(清)落魄道人編　清光緒元年(1875)得成堂刻本　四册

330000－1701－0051225　SBC2815　子部/術數類/相宅相墓之屬

平原三法不分卷　清抄本　一册

330000－1701－0051226　普 813.57/4061　集部/小說類/長篇之屬

繡像繪圖大明正德皇遊江南傳七卷四十五回　(清)何夢梅撰　清末石印本　一册　存一卷(二)

330000－1701－0051227　GP14171　類叢部/叢書類/自著之屬

山門新語五種　(清)周贇撰　清光緒三十三年(1907)刻本　四册

330000－1701－0051228　SBC2816　集部/總集類/郡邑之屬

鄉墨選青不分卷　清抄本　一册

330000－1701－0051229　普 813.57/6058/3/c2　集部/小說類/長篇之屬

精訂綱鑑廿四史通俗衍義二十六卷四十四回首一卷　(清)呂撫撰　清光緒三十二年(1906)上海嘉惠書林石印本　二册

330000－1701－0051231　普 231/4434　史部/傳記類/總傳之屬/釋道

神仙傳十卷　(晉)葛洪撰　清刻本　二册

330000－1701－0051232　普 813.57/4063　集部/小說類/長篇之屬

前七國孫龐演義四卷二十回　新編批評繡像後七國樂田演義四卷十八回　(清)徐震撰　清宣統元年(1909)上海文元書莊石印本　二册

330000－1701－0051233　普 813.57/6058　集部/小說類/長篇之屬

精訂綱鑑廿四史通俗衍義六卷四十四回首一卷　(清)呂撫撰　清光緒二十一年(1895)珍藝書局鉛印本　六册

330000－1701－0051234　GP05905　子部/小說家類/雜事之屬

耐冷譚十六卷　(清)宋咸熙撰　清道光九年(1829)武林亦西齋刻本　六册　存十四卷(一至十四)

330000－1701－0051236　SBC2817　史部/目録類/總録之屬

學福齋藏書目錄一卷樂善軒藏詩文目錄一卷　清末抄本　一册

330000－1701－0051237　GP05911　子部/小說家類/異聞之屬

宋豔十二卷　(清)徐士鑾輯　清光緒十七年(1891)天津徐氏蝶園刻本　六册

330000－1701－0051238　普 813.57/6058/4　集部/小說類/長篇之屬

精訂綱鑑廿四史通俗衍義二十六卷四十四回首一卷　(清)呂撫撰　清光緒十八年(1892)上海書局石印本　六册

330000－1701－0051241　SBC2818　子部/術數類
玉鏡鈎玄四卷　（清）宣元仁輯　清抄本　一冊

330000－1701－0051242　普813.57/5514.044　集部/小說類/長篇之屬
紅樓夢類聯集要一卷補遺一卷　（清）話石主人編　**紅樓夢對語一卷**　（清）拜石山人編　清末刻本　一冊

330000－1701－0051244　GP14172　經部/易類/傳說之屬
湘薌漫錄二卷　（清）查彬撰　清道光十九年（1839）查燮勤刻有懷堂印本　四冊

330000－1701－0051246　GP05912　經部/小學類/文字之屬/字書/字典
字孳補二卷　（清）易鏡清輯　（清）易本烺補　清同治九年（1870）京山易氏刻本　二冊

330000－1701－0051250　SBC2820　史部/傳記類/日記之屬
元默攝提格紀事珠一卷　稿本　一冊

330000－1701－0051251　GP14159　集部/總集類/題詠之屬
從軍圖題詠一卷　（清）郭見猷編　清道光十年（1830）刻本　一冊

330000－1701－0051252　普813.57/5514.071　集部/小說類/長篇之屬
石頭記評贊不分卷　（清）王希廉撰　清同治十三年（1874）金陵刻本　四冊

330000－1701－0051253　普813.57/6084/c1　集部/小說類/短篇之屬
社會小說黑海鍾初編十八回　（清）田鑄撰　清光緒三十二年（1906）上海樂群書局石印本　一冊

330000－1701－0051255　SBC2821　集部/總集類/彙編之屬
詩賦諸學抄不分卷　清抄本　一冊

330000－1701－0051257　GP05909　經部/叢編
通志堂經解一百四十種　（清）納蘭成德輯　清康熙十九年（1680）納蘭成德刻本　六冊　存一種

330000－1701－0051258　SBC2822　集部/詞類/總集之屬
摘錄郭頻伽靈芬館詞一卷評花仙館詞一卷合刻曇花集一卷香消酒醒詞一卷　清抄本　一冊

330000－1701－0051260　普813.57/6084/c2　集部/小說類/短篇之屬
社會小說黑海鍾初編十八回　（清）田鑄撰　清光緒三十二年（1906）上海樂群書局石印本　一冊

330000－1701－0051262　普813.57/5514.071/2/c1　集部/小說類/長篇之屬
石頭記評贊不分卷　（清）王希廉撰　清同治十三年（1874）金陵刻本　二冊

330000－1701－0051263　SBC2823　子部/宗教類/道教之屬
金匱全法秘錄一卷　清抄本　一冊

330000－1701－0051265　GP14173　史部/傳記類/總傳之屬/通代
古懽錄八卷　（清）王士禛撰　清康熙朱從延快宜堂刻本　二冊

330000－1701－0051266　普813.57/6085　集部/小說類/長篇之屬
新刻繪圖粉妝樓全傳十二卷八十回　（清）竹溪山人撰　清光緒二十六年（1900）啓新書局石印本　四冊

330000－1701－0051268　普813.57/4424　集部/小說類/長篇之屬
新刻天花藏批評玉嬌梨四卷二十回　（清）荑荻散人編次　清三讓堂刻本　四冊

330000－1701－0051270　GP14160　類叢部/叢書類/自著之屬
劉蕉雲先生遺書二種　（清）劉傳瑩撰　清光緒刻宣統二年（1910）彙印本　一冊　存一種

330000－1701－0051272　SBC2824　集部/別集類/清別集
宛丘餘蘊不分卷　稿本　一冊

330000－1701－0051275　普 813.57/4424/3　集部/小說類/長篇之屬
新刻天花藏批評玉嬌梨四卷二十回　（清）荑荻散人編次　清大文堂刻本　三冊　缺一卷（四）

330000－1701－0051276　普 813.57/5514.071/3　集部/小說類/長篇之屬
石頭記評贊不分卷坿刻四卷　（清）王希廉撰　清光緒二年（1876）滬上刻本　六冊

330000－1701－0051277　GP14174　子部/小說家類/瑣語之屬
聽雨軒雜紀一卷續紀一卷餘紀一卷贅紀一卷　（清）徐承烈撰　清嘉慶十一年（1806）研雲樓刻本　四冊

330000－1701－0051278　普 231.3/4453/c1　子部/叢編
子書百家　（清）崇文書局編　清光緒元年（1875）湖北崇文書局刻本　一冊　存一種

330000－1701－0051279　普 813.57/40641　集部/小說類/短篇之屬
繪圖大明奇俠傳十四卷五十四回　清光緒石印本　六冊

330000－1701－0051280　普 231.3/4453/c2　子部/叢編
子書百家　（清）崇文書局編　清光緒元年（1875）湖北崇文書局刻本　一冊　存一種

330000－1701－0051281　普 231.3/4453/c3　子部/叢編
子書百家　（清）崇文書局編　清光緒元年（1875）湖北崇文書局刻本　一冊　存一種

330000－1701－0051284　普 231.4/3420/c1　史部/傳記類/總傳之屬/釋道
繪像列仙傳四卷　（明）洪應明撰　清光緒十三年（1887）掃葉山房刻本　四冊

330000－1701－0051285　普 231.4/1010　史部/傳記類/總傳之屬/釋道
歷代仙史八卷　（清）王建章輯　清光緒七年（1881）常熟抱芳閣刻本　八冊

330000－1701－0051286　GP05913　子部/儒家類/儒學之屬/禮教/家訓
澄懷園語四卷　（清）張廷玉撰　清鉛印本　一冊

330000－1701－0051287　SBC2677　集部/總集類/彙編之屬
唐宋八大家文鈔　（明）茅坤編　明崇禎四年（1631）茅著刻本［唐大家韓文公文抄配明崇禎元年（1628）方應祥刻本］　三冊　存二種

330000－1701－0051289　普 813.57/4427　集部/小說類/長篇之屬
繪圖萬仙鬭法八卷六十回　清光緒二十六年（1900）上海江南書局鉛印本　八冊

330000－1701－0051291　普 231.4/3420/c2　史部/傳記類/總傳之屬/釋道
繪像列仙傳四卷　（明）洪應明撰　清光緒十三年（1887）掃葉山房刻本　四冊

330000－1701－0051292　SBC1058　類叢部/叢書類/自著之屬
藤溪叢書　（清）朱濂撰　稿本　五冊　存五種

330000－1701－0051293　GP05921　類叢部/叢書類/彙編之屬
風雨樓叢書二十三種　鄧實編　清宣統順德鄧氏鉛印本　一冊　存一種

330000－1701－0051296　普 813.57/4209　集部/小說類/長篇之屬
繡像全圖荊襄快談錄八卷一百回　清光緒石印本　八冊　缺一卷（八）

330000－1701－0051297　GP05914　子部/儒家類/儒學之屬/禮教/家訓
澄懷園語四卷　（清）張廷玉撰　清鉛印本　一冊

330000－1701－0051298　普 231.4/7733　子部/宗教類/道教之屬

呂帝書鈔二十卷首一卷末一卷　(清)周滙淙纂輯　清光緒十九年(1893)上海鴻寶書局石印本　六冊

330000－1701－0051299　GP14176　史部/傳記類/日記之屬

夔輶日記一卷(清宣統元年正月二十八日至閏二月十二日)　孫海環撰　清宣統元年(1909)木活字印本　一冊

330000－1701－0051301　普 813.57/44271　集部/小說類/長篇之屬

北史演義六十四卷　(清)杜綱撰　(清)許寶善批評　清乾隆五十八年(1793)刻本　十冊

330000－1701－0051303　普 813.57/6085/2/c1　集部/小說類/長篇之屬

新刻繪圖粉妝樓全傳十二卷八十回　(清)竹溪山人撰　清光緒十九年(1893)申江袖海山房石印本　四冊

330000－1701－0051304　SBC2826　集部/別集類/明別集

玩鹿亭稿八卷附錄一卷　(明)萬表撰　明萬曆鄞縣萬邦孚刻本　四冊　存六卷(一、三至五、七至八)

330000－1701－0051306　GP05915　集部/別集類/清別集

石柏山房詩存八卷首一卷　(清)趙文楷撰　清咸豐七年(1857)趙昀惠潮嘉道署刻本　四冊

330000－1701－0051309　普 813.57/4432　集部/小說類/長篇之屬

繡像繪圖國朝名臣陸公案十四回　(清)黃漢傑編輯　清宣統二年(1910)上海小說圖書館石印本　一冊

330000－1701－0051310　普 813.57/7513/2(2)　集部/小說類/短篇之屬

燕山外史註釋八卷補註一卷　(清)陳球撰　(清)若騤子輯注　清光緒五年(1879)刻本　四冊

330000－1701－0051313　普 813.57/4405　集部/小說類/長篇之屬

林公中西戰紀三卷二十五回各國風土始末記一卷　清光緒二十五年(1899)香港書局石印本　四冊

330000－1701－0051314　普 231/3420/2　史部/傳記類/總傳之屬/釋道

在茲堂新鐫繡像列仙傳四卷　(明)洪應明輯　清道光十三年(1833)在茲堂刻本　二冊

330000－1701－0051315　SBC2827　史部/史抄類

歐陽文忠公五代史抄二十卷　(明)茅坤輯並評　明刻朱墨套印本　十冊

330000－1701－0051316　普 813.57/44101　集部/小說類/長篇之屬

新鐫繪圖十二美女玉蟾緣四卷五十三回　(清)崔象川撰　清光緒二十五年(1899)上海書局石印本　四冊

330000－1701－0051318　普 813.57/6085/4　集部/小說類/長篇之屬

新刻粉妝樓傳記十卷八十回　(清)竹溪山人撰　清經文堂刻本　十冊

330000－1701－0051319　普 813.57/44321　集部/小說類/長篇之屬

繡像夢遊上海名妓爭風傳四卷三十二回　(清)曾經涉足人撰　清光緒二十七年(1901)石印本　四冊

330000－1701－0051320　普 813.57/7513/4/c1　集部/小說類/短篇之屬

燕山外史註釋八卷　(清)陳球撰　(清)若騤子輯注　清光緒三十二年(1906)上海海左書局石印本　四冊

330000－1701－0051324　普 813.57/6712　集部/小說類/長篇之屬

繪圖明珠緣六卷五十回　清光緒三十二年(1906)上海書局石印本　六冊

330000－1701－0051326　普 813.57/7513/4/c2　集部/小說類/短篇之屬

燕山外史註釋八卷　(清)陳球撰　(清)若騤子輯注　清光緒三十二年(1906)上海海左書局石印本　一册

330000－1701－0051330　普 813.57/7537　集部/小說類/長篇之屬

雪月梅全傳六卷五十回　(清)陳朗撰　(清)董孟汾評釋　清末石印本　六册

330000－1701－0051331　普 813.57/4433　集部/小說類/長篇之屬

新出繪圖上海大少爺回頭看十六回　(清)范渭濱撰　清光緒三十三年(1907)小說圖書館石印本　一册

330000－1701－0051332　普 813.57/6724/c1　集部/小說類/長篇之屬

繡像明季英雄珍珠錦繡袍四卷四十回　清光緒二十六年(1900)文宜書局石印本　四册

330000－1701－0051334　GP05917　集部/別集類/清別集

效學樓述文三卷　(清)馬綱章撰　清光緒三十四年(1908)京師鉛印本　一册

330000－1701－0051335　GP05926　類叢部/叢書類/彙編之屬

別下齋叢書初集二十三種　(清)蔣光煦編　清道光海昌蔣氏別下齋刻本　一册　存一種

330000－1701－0051336　普 813.57/7513/4/c4　集部/小說類/短篇之屬

燕山外史註釋八卷　(清)陳球撰　(清)若騤子輯注　清光緒上海袖海山房石印本　二册

330000－1701－0051338　普 813.57/7537/2　類叢部/叢書類/彙編之屬

申報館叢書正集五十七種附錄三種續集一百四十二種　(清)尊聞閣主編　蔡爾康編續集　清同治至光緒上海申報館鉛印本　八册　存一種

330000－1701－0051339　普 813.57/4414　集部/小說類/長篇之屬

嶺南逸史二十八回　(清)黄巖撰　(清)醉園狂客評　清嘉慶十四年(1809)刻本　八册

330000－1701－0051341　SBC2828　子部/術數類/相宅相墓之屬

重刊人子須知資孝地理心學統宗三十九卷　(明)徐善繼　(明)徐善述撰　明萬曆十一年(1583)曾璠刻本　四册　存二卷(穴法一至二)

330000－1701－0051342　GP14190　子部/農家農學類/園藝之屬/花卉

秘傳花鏡六卷圖一卷　(清)陳淏子撰　清康熙刻本　清悟蝶子題記　六册

330000－1701－0051343　普 813.57/4441　集部/小說類/長篇之屬

新史奇觀演義全傳四卷二十二回　(清)蓬蒿子撰　清同治三年(1864)刻本　四册

330000－1701－0051344　GP05919　史部/地理類/雜志之屬

常州賦一卷　(清)褚邦慶撰　清光緒四年(1878)刻本　一册

330000－1701－0051345　普 232.08/4423　子部/宗教類/道教之屬

道貫真源十八種　(清)董德寧輯　清乾隆至嘉慶古越集陽樓刻本　二册　存二種

330000－1701－0051346　SBC2830　子部/宗教類/佛教之屬/論疏

鼓山永和尚禪林疏語一卷　清道光十七年(1837)界如全抄本　一册

330000－1701－0051347　普 813.57/6874　集部/小說類/長篇之屬

繡像贈履奇情傳四卷二十回　清光緒三十二年(1906)上海書局石印本　四册

330000－1701－0051349　普 813.57/7537/3/c1　集部/小說類/長篇之屬

雪月梅傳十卷五十回　(清)陳朗撰　(清)董孟汾評釋　清乾隆四十年(1775)德華堂刻本　五册

330000－1701－0051350　GP14177　子部/小說家類/異聞之屬

廣新聞八卷　(清)無悶居士編　清末刻本　一冊　存二卷(一至二)

330000－1701－0051351　GP05928　類叢部/叢書類/自著之屬

頤志齋叢書二十二種　(清)丁晏撰　清道光至同治山陽丁氏六蓺堂刻同治元年(1862)彙印本　一冊　存一種

330000－1701－0051353　SBC2831　子部/儒家類/儒學之屬/性理

三先生類要五卷　(明)徐用檢輯　明萬曆刻本　一冊　存三卷(三至五)

330000－1701－0051354　普 813.57/7537/3/c2　集部/小說類/長篇之屬

雪月梅傳十卷五十回　(清)陳朗撰　(清)董孟汾評釋　清乾隆四十年(1775)德華堂刻本　十冊

330000－1701－0051355　普 813.57/7513/5/c2　集部/小說類/短篇之屬

燕山外史註釋二卷　(清)陳球撰　(清)若駁子輯注　清光緒三十四年(1908)藝大裕記石印本　二冊

330000－1701－0051358　普 232.085/4299　子部/宗教類/道教之屬/經文

玉樞經籥二十四卷首一卷末一卷　(清)姚復莊撰　清道光二十五年(1845)鄞邑袁青湘洞梵閣木活字印本　六冊

330000－1701－0051362　GP14179、GP14178　類叢部/叢書類/彙編之屬

申報館叢書正集五十七種附錄三種續集一百四十二種　(清)尊聞閣主編　蔡爾康編續集　清同治至光緒上海申報館鉛印本　二冊　存二種

330000－1701－0051365　GP14192　子部/藝術類/遊藝之屬/棋弈

弈潛齋集譜初編十五種二編三種三編五種　(清)鄧元鏸輯　清光緒弈潛齋刻本　二冊　存五種

330000－1701－0051367　SBC2832　史部/編年類/斷代之屬

昭代典則二十八卷　(明)黃光昇撰　明萬曆二十八年(1600)周曰校萬卷樓刻本　二冊　存六卷(三至四、十八至二十一)

330000－1701－0051369　普 813.57/4468　集部/小說類/長篇之屬

繪圖花田金玉緣四卷十六回　清光緒二十年(1894)上海書局石印本　四冊

330000－1701－0051372　GP05929　類叢部/叢書類/彙編之屬

槐廬叢書四十六種　(清)朱記榮編　清光緒三年至十五年(1877－1889)吳縣朱氏槐廬家塾刻本　一冊　存一種

330000－1701－0051373　普 813.57/4442　集部/小說類/長篇之屬

醒世姻緣傳一百回　(清)西周生撰　清同治九年(1870)刻本　二十冊

330000－1701－0051374　SBC2833　子部/藝術類/書畫之屬/法帖

絳帖平六卷　(宋)姜夔撰　清抄本　一冊　存五卷(二至六)

330000－1701－0051375　SBC2829　集部/總集類/選集之屬/斷代

中州集十卷首一卷中州樂府一卷　(金)元好問輯　明末海虞毛氏汲古閣刻本　六冊　存六卷(六至十、中州樂府)

330000－1701－0051376　普 813.57/7513/6/c1　集部/小說類/短篇之屬

燕山外史註釋八卷　(清)陳球撰　(清)傅傳輯註　清光緒十二年(1886)刻本　二冊　存四卷(一至四)

330000－1701－0051378　普 813.57/4442/3　集部/小說類/長篇之屬

繡像醒世姻緣傳一百回　(清)西周生撰　清光緒二十年(1894)上海書局石印本　十二冊

330000－1701－0051379　GP14194　子部/藝術類/遊藝之屬/棋弈

尊天爵齋奕存一卷　(清)傅延燾輯　清道光二十一年(1841)尊天爵齋刻本　一冊

330000－1701－0051380　SBC2834　史部/地理類/山川之屬/水志

西湖志摘錄三卷　清末抄本　三冊

330000－1701－0051381　普 813.57/7513/6/c2　集部/小說類/短篇之屬

燕山外史註釋八卷　(清)陳球撰　(清)傅傳輯註　清光緒十二年(1886)刻本　四冊

330000－1701－0051382　GP14180　類叢部/叢書類/彙編之屬

申報館叢書正集五十七種附錄三種續集一百四十二種　(清)尊聞閣主編　蔡爾康編續集　清同治至光緒上海申報館鉛印本　二冊　存一種

330000－1701－0051383　普 813.57/4447　集部/小說類/長篇之屬

檮杌閒評五十卷五十回首一卷　清京都刻本　十二冊

330000－1701－0051384　普 813.57/4485　集部/小說類/長篇之屬

聖朝鼎盛萬年清八集七十六回　清光緒石印本　八冊

330000－1701－0051385　普 813.57/7513/6/c3　集部/小說類/短篇之屬

燕山外史註釋八卷　(清)陳球撰　(清)傅傳輯註　清光緒十二年(1886)刻本　四冊

330000－1701－0051386　GP05930　經部/小學類/文字之屬

重文二卷　(清)丁午撰　清光緒八年(1882)刻田園雜著朱印本　一冊

330000－1701－0051388　GP14181　子部/小說家類/雜事之屬

天香樓外史誌異八卷　(明)思貞子撰　(明)薛朝選　(清)袁枚輯　清光緒二十六年(1900)德記書局石印本　二冊

330000－1701－0051390　GP05931　類叢部/叢書類/郡邑之屬

衆香室叢書五十九種　金武祥編　清光緒至民國江陰金氏刻本　一冊　存一種

330000－1701－0051391　普 813.57/7537.2/c2　集部/小說類/長篇之屬

繪圖兒女濃情傳六卷五十回　(清)陳朗撰　(清)董孟汾評釋　清宣統二年(1910)萃英書局石印本　六冊

330000－1701－0051392　普 813.57/7513/7　集部/小說類/短篇之屬

燕山外史二卷　(清)陳球撰　清醇雅堂刻本　二冊

330000－1701－0051395　GP14212　集部/曲類/彈詞之屬

粵謳一卷　(清)招子庸輯　清光緒三十年(1904)五桂堂刻本　一冊

330000－1701－0051396　GP05932　經部/小學類/文字之屬/說文

說文管見三卷　(清)胡秉虔撰　清光緒七年(1881)鄞縣林植海望益山房書局刻本　一冊

330000－1701－0051397　普 813.57/4487　集部/曲類/彈詞之屬

新鐫繡像描金鳳十二卷四十六回　清光緒二年(1876)刻本　十二冊

330000－1701－0051398　普 813.57/7552　集部/小說類/長篇之屬

淚珠緣說傳初集十六回二集十六回　陳栩撰　清光緒二十六年(1900)杭州大觀報館鉛印本　十四冊

330000－1701－0051400　普 813.57/7772/c1　集部/小說類/長篇之屬

閨門秘術四卷五十回　清光緒二十七年(1901)文宜書局石印本　一冊

330000－1701－0051401　SBC2835　集部/總集類/選集之屬/通代

選詩補註八卷　(元)劉履撰　**選詩補遺二卷續編四卷**　(元)劉履輯　明刻本　潘景鄭跋

二册　存三卷(續編二至四)

330000－1701－0051402　GP14182　子部/小說家類/異聞之屬
試場異聞錄五種　(清)呂相燮輯　清同治九年(1870)廣東大文堂刻本　十册

330000－1701－0051403　普813.57/4637.3/c1　集部/小說類/長篇之屬
繡像南唐演義薛家將六卷一百回　(清)如蓮居士編　清光緒二十五年(1899)上海書局石印本　六册

330000－1701－0051405　普813.57/4512　集部/小說類/短篇之屬
第九才子書平鬼傳四卷十回　(清)劉璋撰　清光緒十九年(1893)上海古香閣石印本　四册

330000－1701－0051406　SBC2836　集部/總集類/選集之屬/通代
古今文韻集十二卷　(清)李士麟輯　清末抄本　汪采庭跋　四册

330000－1701－0051407　普813.57/8045　集部/小說類/長篇之屬
結水滸全傳七十卷一百四十回末一卷　(清)俞萬春撰　(清)范辛來　(清)邵祖恩評　清光緒二十二年(1896)慎記書莊石印本　八册

330000－1701－0051408　普232.089/7745　子部/宗教類/道教之屬
古書隱樓藏書三十八種　(清)閔一得輯　清刻本　十四册

330000－1701－0051412　普234/2742　子部/叢編
子書百家　(清)崇文書局編　清光緒元年(1875)湖北崇文書局刻本　一册　存二種

330000－1701－0051414　普813.57/4637.3/c2　集部/小說類/長篇之屬
繡像南唐演義薛家將十卷一百回　(清)如蓮居士編　清光緒二十五年(1899)上海書局石印本　五册

330000－1701－0051415　普813.57/7738　集部/小說類/長篇之屬
繪圖開闢演義四卷八十回　(明)周游撰　(明)王黌釋　清光緒二十三年(1897)上海醉六堂石印本　四册

330000－1701－0051416　GP05934　集部/小說類/短篇之屬
滑稽小說世界奇聞初集四卷二集四卷　(清)午夢菴輯　清光緒三十四年(1908)石印本　八册

330000－1701－0051418　SBC2837　史部/雜史類/斷代之屬
建文遜國記一卷　(明)鄭曉撰　清抄本　一册

330000－1701－0051421　普813.57/4637.2/2　集部/小說類/長篇之屬
異說後唐三集薛丁山征西樊梨花全傳十卷九十回　(清)中都逸叟編次　清刻本　十册

330000－1701－0051422　普813.57/7738/2　集部/小說類/長篇之屬
新刻按鑑編纂開闢衍繹通俗志傳六卷八十回　(明)周游撰　(明)王黌釋　清道光十年(1830)刻本　六册

330000－1701－0051423　普813.57/4637.3/2　集部/小說類/長篇之屬
新刻異說南唐演義全傳十卷一百回　(清)如蓮居士編　清刻本　八册　缺二卷(九至十)

330000－1701－0051424　GP05938　類叢部/叢書類
戰史叢書　清光緒上海商務印書館鉛印本　一册　存一種

330000－1701－0051425　普813.57/4637.2/3　集部/小說類/長篇之屬
異說征西演義全傳六卷四十回　(清)中都逸叟原本　(清)恂莊主人編次　清刻本　六册

330000－1701－0051426　SBC2838　史部/編年類/斷代之屬
新刻陳眉公訂正通紀會纂四卷　(明)諸燮撰

（明）鍾惺定　（明）陳繼儒訂正　清初刻本　二冊　存二卷（一至二）

330000－1701－0051427　普 234/3403/c2　子部/醫家類/養生之屬/導引、氣功
易筋經二卷　題（北魏）達摩祖師撰　（唐）釋般剌密諦譯義　**洗髓經一卷**　（明）邱玄清撰　清刻本　一冊

330000－1701－0051429　普 813.57/7740/c2　集部/小說類/長篇之屬
繪圖第二奇書八卷六十四回　（清）隨緣下士撰　（清）寄旅散人評　清光緒二十年（1894）上海復古書齋石印本　八冊

330000－1701－0051430　GP14183　子部/農家農學類/園藝之屬/花卉
秘傳花鏡六卷圖一卷　（清）陳淏子撰　清光緒三十年（1904）上海書局石印本　六冊

330000－1701－0051432　普 813.57/7772/c2　集部/小說類/長篇之屬
閨門秘術四卷五十回　清光緒二十七年（1901）文宜書局石印本　四冊

330000－1701－0051433　SBC2842　史部/地理類/山川之屬/山志
武夷志畧四卷　（明）徐表然撰　明萬曆四十七年（1619）孫世昌刻本　汪西洚跋　二冊　存一卷（行集）

330000－1701－0051434　SBC2839　集部/別集類/明別集
羅經魁硃卷一卷　（明）羅應台撰　清抄本　一冊

330000－1701－0051436　普 234/4434/c1　子部/叢編
子書百家　（清）崇文書局編　清光緒元年（1875）湖北崇文書局刻本　四冊　存一種

330000－1701－0051437　普 813.57/7772/2　集部/小說類/長篇之屬
閨門秘術四卷五十回　清光緒二十七年（1901）上海萃英書局石印本　四冊

330000－1701－0051439　GP14188　子部/藝術類/書畫之屬
蘭蕙同心錄不分卷　（清）許鼐龢撰　清木抄本　二冊

330000－1701－0051440　GP14214　集部/總集類/酬唱之屬
女子自立集一卷　（清）何孟广輯　清末石印本　一冊

330000－1701－0051441　GP05949　新學/史志/別國史
英吉利史三卷　（日本）須永金三郎撰　廣智書局譯　清光緒二十九年（1903）上海上海廣智書局鉛印本　二冊

330000－1701－0051444　普 813.57/7877　集部/小說類/長篇之屬
新鐫陰陽鬪異說傳奇四卷十六回　清同治五年（1866）刻本　二冊

330000－1701－0051445　GP05950　集部/總集類/選集之屬/通代
夢華廬賦海三十卷　（清）夢華廬主人選　清光緒十二年（1886）上海點石齋石印本　八冊

330000－1701－0051447　普 813.57/8012　集部/小說類/長篇之屬
金石緣全傳八卷二十四回首一卷　清道光二十八年（1848）刻本　四冊

330000－1701－0051448　SBC2841　集部/別集類/清別集
漁洋山人精華錄十卷　（清）王士禛撰　（清）林佶編　清康熙三十九年（1700）林佶寫刻本　楊賓鏞跋　九冊　缺一卷（三）

330000－1701－0051452　普 813.57/8012/2　集部/小說類/長篇之屬
金石緣全傳八卷二十四回　清同治九年（1870）刻本　四冊

330000－1701－0051453　普 813.57/4637.4　集部/小說類/長篇之屬
說唐前傳十卷六十八回說唐小英雄傳二卷十六回說唐薛家府傳六卷四十二回　（清）如蓮

居士撰　清漁古山房刻本　十八册

330000－1701－0051454　普 813.57/8014　集部/小說類/長篇之屬
新編金琴蓀暗殺案慘劇記二卷十四章　(清)治逸撰　清宣統二年(1910)上海亞東書局石印本　一册

330000－1701－0051456　普 913.2023/0200/c2　史部/金石類/金之屬/圖像
陶齋吉金錄八卷　(清)端方撰　清光緒三十四年(1908)上海有正書局石印本　八册

330000－1701－0051457　SBC2845　子部/宗教類/其他宗教之屬/伊斯蘭教
辟邪紀實三卷附一卷　(清)天下第一傷心人撰　清抄本　一册

330000－1701－0051459　普 813.57/4637.4/2　集部/小說類/長篇之屬
說唐前傳十卷六十八回說唐小英雄傳二卷十六回說唐薛家府傳六卷四十二回　(清)如蓮居士撰　清小西山房刻本　十六册　缺二卷(首一至二)

330000－1701－0051460　SBC2848　史部/紀傳類/正史之屬
二十一史　明刻明清遞修本　一册　存一種

330000－1701－0051461　SBC2840　集部/別集類/唐五代別集
分類補註李太白詩二十五卷　(唐)李白撰　(宋)楊齊賢集注　(元)蕭士贇補注　**分類編次李太白文五卷**　(唐)李白撰　(明)郭雲鵬編次　明嘉靖二十二年(1543)吳會郭雲鵬寶善堂刻本　十册　存十卷(一至五、八至九、二十八至三十)

330000－1701－0051462　普 913.2023/0200/c3　史部/金石類/金之屬/圖像
陶齋吉金錄八卷　(清)端方撰　清光緒三十四年(1908)上海有正書局石印本　李延适跋　八册

330000－1701－0051463　普 813.57/4637.5　集部/小說類/長篇之屬
新刻異說反唐演傳十卷一百回　(清)如蓮居士編　清刻本　十册

330000－1701－0051464　SBC2844　集部/詞類/別集之屬
曝書亭集詞註七卷　(清)朱彝尊撰　(清)李富孫注　清嘉慶十九年(1814)嘉興李氏校經廎刻道光九年(1829)補刻本　四册

330000－1701－0051465　普 813.57/8045/2　集部/小說類/長篇之屬
結水滸全傳七十卷一百四十回末一卷　(清)俞萬春撰　(清)范辛來　(清)邵祖恩評　清同治十年(1871)玉屏山館刻本　二十册

330000－1701－0051466　SBC2846　史部/詔令奏議類/奏議之屬
奏疏類編七卷　清抄本　六册　缺一卷(一)

330000－1701－0051468　GP05954　子部/儒家類/儒學之屬/蒙學
註釋發蒙針度初集四卷補集一卷　(清)王惟梅編　清同治八年(1869)刻本　四册

330000－1701－0051470　SBC2843　集部/別集類/清別集
曝書亭集八十卷附錄一卷　(清)朱彝尊撰
笛漁小稾十卷　(清)朱昆田撰　清康熙五十三年(1714)朱稻孫刻本　二十一册

330000－1701－0051472　普 813.57/8022/2　集部/小說類/長篇之屬
新編前明正德白牡丹傳八卷四十六回　(清)翁山撰　清光緒二十九年(1903)上海日新書局石印本　四册

330000－1701－0051473　普 913.2023/0200/c4　史部/金石類/金之屬/圖像
陶齋吉金錄八卷　(清)端方撰　清光緒三十四年(1908)上海有正書局石印本　八册

330000－1701－0051474　SBC2847　子部/術數類/相宅相墓之屬
秘傳堪輿類纂人天共寶十二卷　(明)黃慎輯　清初抄本　李經軒跋　六册　存六卷(四至六、十至十二)

330000－1701－0051475　普 813.57/4637.6　集部/小說類/長篇之屬

説唐前傳十卷八十八回説唐小英雄傳二卷十六回説唐薛家府傳六卷四十二回　(清)如蓮居士撰　清聚盛堂刻本　八册　缺十卷(説唐前傳一至十)

330000－1701－0051478　普 813.57/8024/c1　集部/小說類/長篇之屬

義俠好逑傳四卷十八回　(清)名教中人編次　(清)游方外客批評　清經國堂刻本　四册

330000－1701－0051480　普 913.2023/0200.2　史部/金石類/金之屬/圖像

陶齋吉金續錄二卷　(清)端方撰　清宣統元年(1909)石印本　二册

330000－1701－0051482　普 813.57/4644　集部/小說類/長篇之屬

女舉人十七回　(清)如如女史撰　清光緒二十九年(1903)上海同人社石印本　一册

330000－1701－0051483　普 813.57/8024/c2　集部/小說類/長篇之屬

義俠好逑傳四卷十八回　(清)名教中人編次　(清)游方外客批評　清經國堂刻本　四册

330000－1701－0051486　普 813.57/8024/2　集部/小說類/長篇之屬

義俠好逑傳四卷十八回　(清)名教中人編次　(清)游方外客批評　清善成堂刻本　四册

330000－1701－0051487　普 813.57/8221　集部/小說類/長篇之屬

繪圖劍俠飛仙傳六卷四十回　清末石印本　二册

330000－1701－0051490　GP05956　史部/史評類/史論之屬

洪稚存先生評史十八卷　(清)洪亮吉撰　(清)費有容評點　清光緒二十九年(1903)史學齋石印本　四册

330000－1701－0051491　普 813.57/4714/c1　集部/小說類/長篇之屬

繪圖秘本殺子報全傳四卷二十回　清末石印本　一册

330000－1701－0051492　普 813.57/8031　集部/小說類/長篇之屬

遼天鶴唳記四卷十六回　(日本)田太郎撰　(清)氣凌霄漢者評話　清光緒三十年(1904)石印本　四册

330000－1701－0051493　普 234/4434/5　子部/宗教類/道教之屬/雜著

抱朴子内篇二十卷外篇五十卷　(晉)葛洪撰　**校勘記一卷内篇佚文一卷外篇佚文一卷**　(清)繼昌等輯　清嘉慶十八年至二十二年(1813－1817)繼昌金陵道署刻本　十六册

330000－1701－0051494　普 813.57/8322　集部/小說類/長篇之屬

增訂精忠演義説本全傳二十卷八十回　(清)錢彩編　(清)金豐增訂　清奎元堂刻本　六册

330000－1701－0051495　GP14228　集部/戲劇類

最新名班京調　清末石印本　九册　存四十四種

330000－1701－0051496　GP05951　子部/小說家類/雜事之屬

寄蝸殘贅十六卷　(清)汪堃撰　清同治十一年(1872)不懼無悶齋刻本　八册

330000－1701－0051501　GP05957　史部/政書類/軍政之屬/邊政

西北邊界圖地名譯漢攷證二卷　(清)許景澄撰　清光緒二十八年(1902)上海藻文書局石印本　二册

330000－1701－0051503　普 813.57/8322/2　集部/小說類/長篇之屬

增訂精忠演義説本全傳二十卷八十回　(清)錢彩編　(清)金豐增訂　清大文堂刻本　十二册

330000－1701－0051504　普 813.57/4714/c3　集部/小說類/長篇之屬

繪圖秘本殺子報全傳四卷二十回　清末石印

本　四册

330000－1701－0051505　GP05959　經部/四書類/總義之屬/傳說

三魚堂四書大全四十六卷　(清)陸隴其輯　清康熙四十一年(1702)當湖陸氏刻本　三十二册

330000－1701－0051506　GP14235　集部/曲類/曲藝之屬

新刻周老龍還披風全本一卷　清末石印本　一册

330000－1701－0051507　普 813.57/8342/2　集部/小說類/長篇之屬

繪像鐵花仙史二十六回　(清)雪封山人輯　(清)一嘯居士評點　清光緒十七年(1891)鉛印本　四册

330000－1701－0051508　GP05952　子部/小說家類/瑣語之屬

客窗閒話八卷續八卷　(清)吳熾昌撰　清光緒元年(1875)刻本　八册

330000－1701－0051509　普 813.57/4774　集部/小說類/長篇之屬

衛生小說醫界現形記四卷　(清)郁聞堯撰　清光緒三十二年(1906)上海商務印書館鉛印本　四册

330000－1701－0051510　普 813.57/9000　集部/小說類/長篇之屬

金石緣全傳八卷二十四回首一卷　清咸豐三年(1853)刻本　四册

330000－1701－0051512　普 813.57/4810　集部/小說類/長篇之屬

英雲夢傳八卷　(清)九容樓主人松雲氏撰　(清)掃花頭陀剩齋氏評　清嘉慶十年(1805)書業堂刻本　八册

330000－1701－0051513　SBC2858　集部/別集類/清別集

臨川初刻集唐二卷　(清)柴杰撰　**邗江雜詠詩餘一卷**　(清)柴才撰　清道光二十九年(1849)抄本　汪德振跋　一册

330000－1701－0051514　普 813.57/9013　子部/小說家類/諧謔之屬

嘻談錄二卷嘻談續錄二卷　(清)小石道人撰　清光緒刻本　二册　缺二卷(嘻談錄上、下)

330000－1701－0051516　普 234/4434/3/c1　類叢部/叢書類/彙編之屬

新斠平津館叢書十集三十四種　(清)孫星衍編　清光緒十年至十一年(1884－1885)吳縣朱氏槐廬家塾刻十五年至十七年(1889－1891)補刻本　六册　存三種

330000－1701－0051519　普 813.57/9037　類叢部/叢書類/彙編之屬

申報館叢書正集五十七種附錄三種續集一百四十二種　(清)尊聞閣主編　蔡爾康編續集　清同治至光緒上海申報館鉛印本　一册　存一種

330000－1701－0051520　普 813.57/8376　集部/小說類/長篇之屬

繡像鐵冠圖四卷五十回　(清)南畝老農撰　清光緒三十三年(1907)上海書局石印本　四册

330000－1701－0051521　普 913.2023/1033　史部/金石類/金之屬/圖像

泊如齋重修宣和博古圖錄三十卷　(宋)王黼等撰　明萬曆十六年(1588)泊如齋刻本立堂印本　十六册

330000－1701－0051526　SBC2854　子部/術數類/相宅相墓之屬

新刊地理五經四書解義郭璞葬經一卷　(晉)郭璞撰　(元)吳征刪定　(明)鄭謐注釋　明末刻本　二册

330000－1701－0051528　GP05953　類叢部/類書類/專類之屬

壹是紀始二十二卷補遺一卷　(清)魏崧撰　清光緒十九年(1893)刻本　八册

330000－1701－0051530　SBC2856　集部/總集類/氏族之屬

餐秀集一卷　（清）沈惟一纂輯　清抄本　一冊

330000－1701－0051531　普 813.57/9114/c1　集部/小說類/長篇之屬

繡像第三奇書玉鴛鴦三卷十二回　（清）煙水散人撰　清末石印本　二冊

330000－1701－0051532　普 813.57/8547　集部/小說類/短篇之屬

新出奇異雙鐔記二卷二十回　（清）鐵菴隱士撰　清光緒二十七年（1901）上海書局石印本　四冊

330000－1701－0051534　GP05962　經部/四書類/總義之屬

御製繙譯四書（滿漢合璧）六卷　（清）高宗弘曆敕譯　（清）鄂爾泰等譯　清乾隆二十年（1755）武英殿刻本　十二冊

330000－1701－0051536　普 813.57/9114/c2　集部/小說類/長篇之屬

繡像第三奇書玉鴛鴦四卷十二回　（清）煙水散人撰　清光緒二十一年（1895）上海書局石印本　二冊

330000－1701－0051537　普 913.2023/1033/2　史部/金石類/總志之屬/圖像

三古圖三種　（清）黃晟輯　明萬曆三十一年（1603）吳萬化寶古堂刻清乾隆十八年（1753）天都黃晟亦政堂重修本　十八冊　存一種

330000－1701－0051538　普 234/4434/3/c2　類叢部/叢書類/彙編之屬

新斠平津館叢書十集三十四種　（清）孫星衍編　清光緒十年至十一年（1884－1885）吳縣朱氏槐廬家塾刻十五年至十七年（1889－1891）補刻本　八冊　存三種

330000－1701－0051542　普 234/4434/c3　子部/叢編

子書百家　（清）崇文書局編　清光緒元年（1875）湖北崇文書局刻本　四冊　存一種

330000－1701－0051545　普 234/9584/c1　子部/宗教類/道教之屬

性命雙脩萬神圭旨四卷　清刻本　四冊

330000－1701－0051547　普 813.57/4842　集部/小說類/長篇之屬

繪圖牡丹奇緣四卷十二回　（清）散鶴山人撰　清光緒二十二年（1896）上海書局石印本　一冊

330000－1701－0051549　普 814.04/7534/c1　集部/詩文評類/文評之屬

全唐文紀事一百二十二卷首一卷　（清）陳鴻墀撰　清同治十二年（1873）廣州巴陵方功惠刻本　章嶔題記　三十二冊

330000－1701－0051550　普 234/9584/c2　子部/宗教類/道教之屬

性命雙脩萬神圭旨四卷　清康熙九年（1670）刻本　四冊

330000－1701－0051552　普 252.1/4428/2　子部/宗教類/其他宗教之屬/基督教

舊約全書不分卷　清光緒十九年（1893）美國聖經會鉛印本　一冊

330000－1701－0051553　SBC2853　經部/小學類/訓詁之屬/爾雅

爾雅二卷　（晉）郭璞注　小爾雅一卷　（漢）孔鮒撰　（宋）宋咸注　明末刻本　一冊

330000－1701－0051555　SBC2850　子部/叢編

二十子全書　（明）吳勉學編　明萬曆新安吳勉學刻本　二冊　存二種

330000－1701－0051556　SBC2849　集部/總集類/郡邑之屬

東海詩選□□卷　清抄本　二冊　存二卷（中集二至三）

330000－1701－0051557　SBC2852　史部/傳記類/別傳之屬

晏子春秋四卷　明萬曆吳勉學刻二十子全書本　清汪文臺校並跋　一冊

330000－1701－0051558　SBC2851　集部/總集類/彙編之屬

漢魏六朝一百三家集(漢魏六朝百三名家集) (明)張溥編 明婁東張氏刻本 三册 存三種

330000－1701－0051559 普 323.09/7107.02/c5 史部/政書類

九通 (清)□□輯 清光緒八年至二十二年(1882－1896)浙江書局刻本 一百二十册 存一種

330000－1701－0051560 普 813.57/5000/c1 集部/小説類/長篇之屬

繪圖睢陽忠毅録四卷十六回 (清)素庵主人編 清光緒二十年(1894)上海書局石印本 四册

330000－1701－0051561 SBC2855 類叢部/類書類/通類之屬

類書讀三十卷 (宋)吳淑撰並注 (明)馬士斐裁定 明末刻本 一册 存五卷(一至五)

330000－1701－0051562 普 813.59/2246 集部/小説類/長篇之屬

新編批評繡像後七國樂田演義四卷十八回 (清)徐震撰 清經國堂刻本 四册

330000－1701－0051563 普 252.49/1021 子部/宗教類/其他宗教之屬/基督教

小先知書註釋不分卷 (英國)霍約瑟輯著 清宣統二年(1910)上海美華書館鉛印本 一册

330000－1701－0051564 普 913.2023/2643/c1 史部/金石類/金之屬/圖像

恒軒所見所藏吉金録不分卷 (清)吳大澂輯 清光緒十一年(1885)吳大澂刻本 二册

330000－1701－0051565 普 813.57/5000/c2 集部/小説類/長篇之屬

繪圖睢陽忠毅録四卷十六回 (清)素庵主人編 清光緒二十年(1894)上海書局石印本 四册

330000－1701－0051566 善 008696 集部/總集類/彙編之屬

韓柳文抄不分卷 清抄本 一册

330000－1701－0051567 普 813.6/3124 史部/傳記類/別傳之屬/事狀

呂祖全傳一卷 (清)汪象旭重訂 **呂純陽祖師全傳後卷一卷** (清)汪象旭輯 清光緒十一年(1885)滬上刻本 四册

330000－1701－0051568 普 913.2023/2643/c2 史部/金石類/金之屬/圖像

恒軒所見所藏吉金録不分卷 (清)吳大澂輯 清光緒十一年(1885)吳大澂刻本 二册

330000－1701－0051569 普 252.5/0024 子部/宗教類/其他宗教之屬/基督教

聖經新遺詔全書不分卷 (清)高德譯訂 清咸豐三年(1853)刻本 一册

330000－1701－0051570 普 913.2023/2643/c3 史部/金石類/金之屬/圖像

恒軒所見所藏吉金録不分卷 (清)吳大澂輯 清光緒十一年(1885)吳大澂刻本 二册

330000－1701－0051572 普 913.2023/2643/c4 史部/金石類/金之屬/圖像

恒軒所見所藏吉金録不分卷 (清)吳大澂輯 清光緒十一年(1885)吳大澂刻本 二册

330000－1701－0051574 善 008695 集部/總集類/選集之屬/通代

名世文宗二十二卷 (明)王世貞輯 (明)鍾惺增定 明刻本 清姚燮跋 八册

330000－1701－0051576 普 323.09/7107.02/3 史部/政書類/通制之屬

欽定續文獻通考二十六卷首一卷 (清)嵇璜 (清)曹仁虎等纂修 清光緒二十八年(1902)上海點石齋石印本 二十四册

330000－1701－0051577 GP05968 史部/編年類/斷代之屬

東周紀年一卷 (清)張坊撰 清乾隆三十二年(1767)刻本 一册

330000－1701－0051578 普 814.04/7534/c2 集部/詩文評類/文評之屬

全唐文紀事一百二十二卷首一卷 (清)陳鴻墀撰 清同治十二年(1873)廣州巴陵方功惠

刻本　三十二册

330000－1701－0051579　普 253/1034/2　子部/宗教類/其他宗教之屬/基督教

七克七卷　(西班牙)龐迪我撰　清嘉慶三年(1798)京都始胎大堂刻本　四册

330000－1701－0051581　普 813.7/6525　集部/小說類/長篇之屬

時髦現行記八卷　葛嘯儂撰　清末上海掃葉山房石印本　四册

330000－1701－0051582　GP05975　類叢部/叢書類/彙編之屬

武英殿聚珍版書　清刻本　四册　存一種

330000－1701－0051584　普 813.57/5012　子部/小說家類/異聞之屬

三五夢因記一卷　(清)東亞無情子撰　(清)江左笑笑生評　**狐狸夢一卷**　(日本)藤田豐山撰　(清)江左笑笑生譯述　清光緒二十九年(1903)上海文明書局鉛印本　一册

330000－1701－0051585　善 008700　子部/雜著類/雜纂之屬

說郛抄不分卷　清抄本　一册

330000－1701－0051587　普 813.57/8611　集部/小說類/長篇之屬

足本大字繡像第一俠義奇女傳四卷五十三回　清光緒上海廣益書局石印本　一册

330000－1701－0051588　善 008699　集部/總集類/選集之屬/通代

詩歸五十一卷　(明)鍾惺　(明)譚元春輯　明萬曆四十五年(1617)刻本　十二册

330000－1701－0051589　普 323.09/7107.02/4　史部/政書類

九通　(清)□□輯　清光緒二十七年(1901)上海圖書集成局鉛印本　三十六册　存一種

330000－1701－0051590　GP05976　史部/政書類/邦計之屬

浙江清理財政說明書不分卷　(清)浙江清理財政局編　清宣統元年(1909)石印本　六册

330000－1701－0051591　普 913.1449/6051/c1　類叢部/叢書類/彙編之屬

蟫隱廬叢書十八種　羅振常編　清宣統二年至民國二十五年(1910－1936)上虞羅氏膳寫及鉛印本三十三年(1944)吳興周延年彙印本　一册　存一種

330000－1701－0051592　普 813.9/1051/c1　新學/雜著/小說

偵探小說墮溷花十二回　王國維譯　清光緒三十二年(1906)上海震東學社鉛印本　二册

330000－1701－0051593　普 814.04/7534/(2)　集部/詩文評類/文評之屬

全唐文紀事一百二十二卷首一卷　(清)陳鴻墀撰　清同治十二年(1873)廣州巴陵方功惠刻本　四十册

330000－1701－0051594　GP05971　經部/周禮類/傳說之屬

宋黄宣獻公周禮說五卷首一卷末一卷　(宋)黄度撰　(清)陳金鑑輯　清道光十年(1830)剡東陳氏五馬山樓刻本　二册

330000－1701－0051595　善 008694　集部/總集類/選集之屬/斷代

周文歸二十卷　(明)鍾惺輯　明崇禎十三年(1640)刻本　八册

330000－1701－0051596　GP05972　經部/四書類/總義之屬/傳說

四書改錯二十二卷　(清)毛奇齡撰　清嘉慶十六年(1811)金孝柏學圃刻本　六册

330000－1701－0051597　普 813.57/8611/2　集部/小說類/長篇之屬

繪圖第一俠義奇女傳八卷五十三回　(清)好古主人撰　清光緒二十五年(1899)上海萃文齋石印本　二册

330000－1701－0051598　善 008698　集部/總集類/選集之屬/通代

詩歸五十一卷　(明)鍾惺　(明)譚元春輯　明萬曆四十五年(1617)刻本　五册　存十五卷(古詩歸一至十五)

330000－1701－0051600　普 323.09/7107.02/5/c1　史部/政書類

九通全書　(清)□□輯　清光緒二十七年至二十八年(1901－1902)貫吾齋石印本　十四冊　存一種

330000－1701－0051601　普 813.57/5013/c2　集部/小說類/長篇之屬

繪圖新出情天劫小說八回　(清)東亞寄生撰　清宣統元年(1909)上海蔣春記書莊石印本　一冊

330000－1701－0051602　普 813.9/1051/c2　新學/雜著/小說

偵探小說墮溷花十二回　王國維譯　清光緒三十二年(1906)上海震東學社鉛印本　二冊

330000－1701－0051603　GP05977　經部/易類/傳說之屬

易義繼志二十三卷首一卷　(清)童模撰　清道光十四年(1834)刻本　三冊　缺一卷(十六)

330000－1701－0051604　普 913.1449/6051/c2　類叢部/叢書類/彙編之屬

蟫隱廬叢書十八種　羅振常編　清宣統二年至民國二十五年(1910－1936)上虞羅氏謄寫及鉛印本三十三年(1944)吳興周延年彙印本　一冊　存一種

330000－1701－0051605　GP05973　經部/四書類/論語之屬/傳說

論語集注旁證二十卷　(清)梁章鉅撰　清光緒十三年(1887)廣百宋齋鉛印本　四冊

330000－1701－0051606　普 813.9/2044　新學/雜著/小說

偵探小說大復仇九章　(英國)柯南達爾撰　(清)奚若譯　清光緒三十年(1904)上海小說林社鉛印本　一冊

330000－1701－0051607　普 813.57/5041/c1　集部/小說類/長篇之屬

忠孝勇烈奇女傳四卷三十二回　清光緒四年(1878)常州道生堂刻本　四冊

330000－1701－0051609　普 323.09/7107.02/5/c2　史部/政書類

九通全書　(清)□□輯　清光緒二十七年至二十八年(1901－1902)貫吾齋石印本　十四冊　存一種

330000－1701－0051610　GP14231　集部/曲類/寶卷之屬

西瓜寶卷不分卷　清光緒諸炳儒抄本　漢淨題記　一冊

330000－1701－0051611　普 913.1449/6051/c3　類叢部/叢書類/彙編之屬

蟫隱廬叢書十八種　羅振常編　清宣統二年至民國二十五年(1910－1936)上虞羅氏謄寫及鉛印本三十三年(1944)吳興周延年彙印本　一冊　存一種

330000－1701－0051612　GP05974　經部/書類/傳說之屬

尚書既見一卷　(清)莊存與撰　清乾隆五十八年(1793)味經齋刻本　一冊

330000－1701－0051613　善 008701　集部/總集類/選集之屬/通代

古逸書三十卷首一卷末一卷　(明)潘基慶輯　明萬曆刻本　三十二冊

330000－1701－0051616　普 813.9/5222/c1　新學/雜著/小說

偵探小說生死自由十六回　(清)暫生生譯　清光緒二十九年(1903)惠學書局鉛印本　一冊

330000－1701－0051617　善 008702　類叢部/叢書類/自著之屬

四六全書五種　(明)李日華撰　明崇禎武林魯重民刻本　二十二冊

330000－1701－0051618　普 323.09/7107.04/c1　史部/政書類/通制之屬

文獻通考正續合編三十二卷首一卷　(清)盧宣旬編　清嘉慶略識字齋刻本　二十四冊

330000－1701－0051620　普 813.57/5041/c2　集部/小說類/長篇之屬

忠孝勇烈奇女傳四卷三十二回 清光緒四年(1878)常州樂善堂刻本 四冊

330000－1701－0051621 普 813.57/8784 集部/小說類/短篇之屬
繪圖銀瓶梅四卷二十三回 清光緒二十六年(1900)上海書局石印本 四冊

330000－1701－0051622 普 814.08/00231 集部/總集類/選集之屬/通代
古文翼八卷 (清)唐德宜編 清同治十二年(1873)常熟黃氏萩文堂刻本 八冊

330000－1701－0051623 GP14232 集部/曲類/寶卷之屬
普陀觀音寶卷一卷 清光緒二十六年(1900)常州彭門徐氏刻本 一冊

330000－1701－0051625 普 813.9/5222/c2 新學/雜著/小說
偵探小說生死自由十六回 (清)暫生生譯 清光緒二十九年(1903)惠學書局鉛印本 一冊

330000－1701－0051627 善 008697 集部/總集類/選集之屬/斷代
新刊荆州先生精選周漢文十二卷 (明)唐順之輯 明刻清修本 十冊

330000－1701－0051629 普 813.57/8784/2 集部/小說類/短篇之屬
繪圖增像第五奇書銀瓶梅四卷二十三回 清末石印本 四冊

330000－1701－0051632 善 008703 集部/總集類/氏族之屬
徐氏詩鈔不分卷 (清)徐大亨等撰 清抄本 一冊

330000－1701－0051633 普 913.2023/3301 史部/金石類/金之屬
西清古鑑四十卷錢錄十六卷 (清)梁詩正 (清)蔣溥等纂修 清光緒十四年(1888)上海鴻文書局石印本 二十一冊 缺十七卷(西清古鑑二十一、錢錄一至十六)

330000－1701－0051637 普 813.57/8785 集部/小說類/長篇之屬
鋒劍春秋十卷六十回 清同治四年(1865)四和堂刻本 十冊

330000－1701－0051638 普 323.09/7107.04/c2 史部/政書類/通制之屬
文獻通考正續合編三十二卷首一卷 (清)盧宣旬編 清嘉慶略識字齋刻本 二十六冊

330000－1701－0051639 普 814.08/0042 集部/總集類/選集之屬/通代
古文析觀詳解六卷 (清)章懋勳注 清乾隆七年(1742)三餘堂刻本 六冊

330000－1701－0051641 善 008707 集部/總集類/選集之屬/通代
古文約選不分卷 清咸豐九年(1859)臥翁道人抄本 一冊

330000－1701－0051642 普 813.57/8814 集部/小說類/長篇之屬
繡像繪圖第一奇女傳十二卷六十六回 清光緒十六年(1890)上海進步書局石印本 六冊

330000－1701－0051643 普 323.092/0014 類叢部/叢書類/彙編之屬
平津館叢書六集三十五種 (清)孫星衍編 清嘉慶蘭陵孫氏刻本 一冊 存一種

330000－1701－0051644 普 814.08/0044 集部/總集類/選集之屬/通代
古文約選不分卷 (清)允禮輯 (清)方苞訂 清同治八年(1869)四川督署刻本 十二冊

330000－1701－0051645 善 008706 子部/雜著類/雜纂之屬
叢錄不分卷 清抄本 二冊

330000－1701－0051646 普 813.57/5258 集部/小說類/長篇之屬
希夷夢四十卷 (清)汪寄撰 清光緒四年(1878)翠筠山房刻本 二十冊

330000－1701－0051647 GP05979 史部/雜史類/斷代之屬

周書解義十卷　(清)潘振注　清嘉慶十年(1805)月林堂刻本　四册

330000－1701－0051648　普 323.09/7107.041　史部/政書類/通制之屬
正續文獻通考識大編二十四卷　(清)方若珽輯　清康熙十一年(1672)刻二十四年(1685)潘方吉兼山堂補刻本　十二册

330000－1701－0051649　普 813.57/8819　集部/小說類/長篇之屬
繪圖第一情書聽月樓全傳四卷二十回　清光緒十九年(1893)石印本　四册

330000－1701－0051650　善 008708　集部/總集類/選集之屬/通代
五古正宗一卷七古正宗□□卷　清抄本　二册　存三卷(五古正宗、七古正宗三至四)

330000－1701－0051651　普 913.2023/3301/3　史部/金石類/金之屬
西清古鑑四十卷錢錄十六卷　(清)梁詩正(清)蔣溥等纂修　清乾隆十六年(1751)武英殿刻本　二十四册

330000－1701－0051652　善 008705　集部/總集類/氏族之屬
杭郡朱氏詩鈔不分卷　清抄本　五册

330000－1701－0051653　普 814.08/0042/c1　類叢部/叢書類/彙編之屬
望三益齋叢書十八種　(清)吳棠編　清咸豐至光緒吳氏望三益齋刻本　二册　存一種

330000－1701－0051656　GP14266　子部/醫家類/醫案之屬
杏軒醫案初集一卷　(清)程文囿撰　清嘉慶九年(1804)刻本　一册

330000－1701－0051657　GP05980　子部/醫家類/類編之屬
鄭氏遺書四卷末一卷　(清)鄭奠一撰　清嘉慶十七年(1812)刻本　四册

330000－1701－0051659　普 814.08/0042/c2　類叢部/叢書類/彙編之屬
望三益齋叢書十八種　(清)吳棠編　清咸豐至光緒吳氏望三益齋刻本　二册　存一種

330000－1701－0051662　普 814.08/0442/c3　集部/總集類/選集之屬/通代
謝疊山先生文章軌範七卷　(宋)謝枋得輯　清刻本　二册

330000－1701－0051663　GP14269　集部/總集類/選集之屬/斷代
欽定國朝詩別裁集三十二卷　(清)沈德潛纂評　清乾隆二十六年(1761)刻本　六册

330000－1701－0051664　普 323.0921/2810/c1　史部/政書類/通制之屬
西漢會要七十卷　(宋)徐天麟撰　清光緒五年(1879)嶺南學海堂刻本　十册

330000－1701－0051666　善 008704　集部/總集類/氏族之屬
藤溪朱氏文略七卷　朱承業輯　稿本　四册

330000－1701－0051668　普 913.2023/3792/(2)　史部/金石類/錢幣之屬/雜著
吉金所見錄十六卷首一卷末一卷　(清)初尚齡撰　清嘉慶二十四年(1819)萊陽初氏古香書屋刻道光七年(1827)補刻本　王修跋　三册　存十五卷(三至十六、末)

330000－1701－0051669　普 323.0921/2810/c2　史部/政書類/通制之屬
西漢會要七十卷　(宋)徐天麟撰　清光緒五年(1879)嶺南學海堂刻本　十册

330000－1701－0051671　善 008710　子部/雜著類/雜纂之屬
攷證文雜鈔不分卷　清抄本　七册

330000－1701－0051672　GP05982　類叢部/叢書類/自著之屬
頤志齋叢書二十二種　(清)丁晏撰　清道光至同治山陽丁氏六蓺堂刻同治元年(1862)彙印本　二册　存二種

330000－1701－0051674　善 008709　集部/總集類/選集之屬/通代

五古正宗五卷五律正宗一卷七律正宗一卷 清抄本 二册

330000－1701－0051675 普 913.2023/4090/c1 史部/金石類/錢幣之屬/圖像
吉金志存四卷 (清)李光庭撰 清咸豐九年(1859)刻本 四册

330000－1701－0051676 普 814.08/0442/2 集部/總集類/選集之屬/通代
謝疊山先生文章軌範七卷 (宋)謝枋得輯 清光緒謝氏家塾朱墨套印本 四册

330000－1701－0051677 GP14271 集部/詞類/别集之屬
夢影詞三卷 (清)王錫元撰 清光緒二十七年(1901)刻本 二册

330000－1701－0051678 普 814.08/1031 集部/總集類/選集之屬/通代
文章練要左傳評十卷 (清)王源撰輯 清乾隆九年(1744)居業堂刻本 八册

330000－1701－0051679 GP14248 集部/曲類/曲藝之屬
寧波灘簧不分卷 清末石印本 一册

330000－1701－0051681 普 813.57/5514/4/c1 集部/小説類/長篇之屬
增評補像全圖金玉緣一百二十回首一卷 (清)曹霑 (清)高鶚撰 (清)王希廉 (清)張新之 (清)姚燮評 清光緒三十四年(1908)求不負齋石印本 十六册

330000－1701－0051683 GP14272 子部/雜著類/雜説之屬
麗濾薈錄十四卷 (清)蔣超伯撰 清同治五年(1866)刻本 清志雲題記 六册

330000－1701－0051684 GP05983 類叢部/叢書類/彙編之屬
武英殿聚珍版書一百四十八種 清乾隆四十二年(1777)福建刻道光至同治遞修光緒二十一年(1895)增刻本 十二册 存一種

330000－1701－0051685 善 008714 集部/總集類/彙編之屬
古樂府辭不分卷 清抄本 一册

330000－1701－0051686 普 913.2023/4090/c2 史部/金石類/錢幣之屬/圖像
吉金志存四卷 (清)李光庭撰 清咸豐九年(1859)刻本 四册

330000－1701－0051687 善 008719 子部/儒家類/儒學之屬/性理
儒學性理摘要一卷 清釋禪照抄本 一册

330000－1701－0051688 普 814.08/1094 集部/總集類/選集之屬/通代
古文分編集評初集五卷二集五卷三集八卷四集四卷 (清)于光華輯 清務本堂刻本 二十册

330000－1701－0051690 普 323.092/1000/2/c2 類叢部/類書類/通類之屬
玉海二百卷辭學指南四卷詩攷一卷詩地理攷六卷漢藝文志攷證十卷通鑑地理通釋十四卷漢制攷四卷踐阼篇集解一卷急就篇補注四卷小學紺珠十卷姓氏急就篇二卷六經天文編二卷周易鄭康成注一卷周書王會補注一卷通鑑答問五卷 (宋)王應麟撰 **校補玉海瑣記二卷王深寧先生[應麟]年譜一卷** (清)張大昌撰 清光緒九年至十六年(1883－1890)浙江書局刻本 一册 存五卷(漢制攷一至四、踐阼篇集解)

330000－1701－0051691 善 008718 集部/總集類/氏族之屬
海寧朱氏詩鈔三卷 清抄本 一册

330000－1701－0051692 善 008715 集部/總集類/氏族之屬
海昌朱氏詩鈔不分卷 清抄本 一册

330000－1701－0051694 普 913.2023/4090/c3 史部/金石類/錢幣之屬/圖像
吉金志存四卷 (清)李光庭撰 清咸豐九年(1859)刻本 四册

330000－1701－0051696 善 008712 集部/總集類/尺牘之屬

尺牘燼餘六卷　清抄本　六册

330000－1701－0051697　普 323.092/1000/2/c3　類叢部/類書類/通類之屬
玉海二百卷辭學指南四卷詩攷一卷詩地理攷六卷漢藝文志攷證十卷通鑑地理通釋十四卷漢制攷四卷踐阼篇集解一卷急就篇補注四卷小學紺珠十卷姓氏急就篇二卷六經天文編二卷周易鄭康成注一卷周書王會補注一卷通鑑答問五卷　(宋)王應麟撰　**校補玉海瑣記二卷王深寧先生[應麟]年譜一卷**　(清)張大昌撰　清光緒九年至十六年(1883－1890)浙江書局刻本　一册　存四卷(漢制攷一至四)

330000－1701－0051698　GP14250　集部/曲類/曲藝之屬
新刻花錦城姑蘇趙聖關山歌刻傳二卷　清末石印本　一册

330000－1701－0051699　普 323.0921/2810/2/c1　史部/政書類/通制之屬
西漢會要七十卷　(宋)徐天麟撰　清光緒十年(1884)江蘇書局刻本　十册

330000－1701－0051700　GP05986　經部/詩類/傳說之屬
詩經精義集抄四卷　(清)梁中孚撰　(清)汪汝式參訂　清道光七年(1827)寧國梁中孚刻本　四册

330000－1701－0051703　普 323.0921/2810/2/c2　史部/政書類/通制之屬
西漢會要七十卷　(宋)徐天麟撰　清光緒十年(1884)江蘇書局刻本　十册

330000－1701－0051704　普 814.08/1112　集部/總集類/郡邑之屬
容城三賢集十二卷　(清)張斐然　(清)楊茝編　清道光十六年(1836)正義書院刻本　十二册

330000－1701－0051705　普 323.0921/2810/2/c3　史部/政書類/通制之屬
西漢會要七十卷　(宋)徐天麟撰　清光緒十年(1884)江蘇書局刻本　十册

330000－1701－0051706　善 008717　集部/總集類/選集之屬/通代
御定歷代賦彙一百四十卷補遺二十二卷外集二十卷逸句二卷目錄四卷　(清)陳元龍輯　清康熙四十五年(1706)内府刻本　四十八册

330000－1701－0051707　普 323.092/1000　史部/政書類/通制之屬
漢制攷四卷　(宋)王應麟撰　清康基田刻本　一册

330000－1701－0051708　GP05987　經部/易類/傳說之屬
易卦私箋二卷　(清)蔣衡撰　清嘉慶元年(1796)刻本　二册

330000－1701－0051709　GP05988　經部/三禮總義類/名物制度之屬
任釣臺先生遺書四卷　(清)任啓運撰　清嘉慶十五年(1810)敬修堂刻本　四册

330000－1701－0051710　普 323.0921/2810/2/c4　史部/政書類/通制之屬
西漢會要七十卷　(宋)徐天麟撰　清光緒十年(1884)江蘇書局刻本　章嶔題簽　十册

330000－1701－0051712　善 008713　集部/總集類/選集之屬/通代
永懷堂古文正集十卷　(明)葛鼒　(明)葛鼏輯　明崇禎六年(1633)永懷堂刻本　二十册

330000－1701－0051713　GP14273　子部/宗教類/佛教之屬/經疏
金剛經集註四卷心經註一卷　(後秦)釋鳩摩羅什譯　(明)成祖朱棣集註　清光緒二十年(1894)刻本　四册

330000－1701－0051714　GP06000　史部/史評類/考訂之屬
捷錄法原旁注十二卷　(清)錢炅輯　清康熙二十五年(1686)錢氏刻本　十册

330000－1701－0051715　普 814.08/1052　集部/總集類/選集之屬/通代
古文未曾有集八卷　(清)王復禮評選　清康熙刻本　四册

330000－1701－0051716　普 323.092/1000/2/c5　類叢部/類書類/通類之屬

玉海二百卷辭學指南四卷詩攷一卷詩地理攷六卷漢藝文志攷證十卷通鑑地理通釋十四卷漢制攷四卷踐阼篇集解一卷急就篇補注四卷小學紺珠十卷姓氏急就篇二卷六經天文編二卷周易鄭康成注一卷周書王會補注一卷通鑑答問五卷　(宋)王應麟撰　**校補玉海瑣記二卷王深寧先生[應麟]年譜一卷**　(清)張大昌撰　清光緒九年至十六年(1883－1890)浙江書局刻本　一冊　存四卷(漢制攷一至四)

330000－1701－0051718　GP14252　集部/曲類/曲藝之屬

搶美記一卷　清末石印本　一冊

330000－1701－0051720　普 814.08/1088/c1　集部/總集類/郡邑之屬

三節合編三卷　林氏編　清宣統二年至三年(1910－1911)太平陳氏志澄閣木活字印本　一冊

330000－1701－0051721　GP06004　史部/史抄類

會心堂綱鑑鈔畧十八卷　(清)周焯輯　清嘉慶十八年(1813)書三味樓刻本　四冊

330000－1701－0051722　普 323.0923/2810/2/c1　史部/政書類/通制之屬

東漢會要四十卷　(宋)徐天麟撰　清光緒十年(1884)江蘇書局刻本　八冊

330000－1701－0051724　GP14274　史部/政書類

三通序不分卷　(清)吳巖輯　(清)康綸筠校　清光緒二十七年(1901)成都書局刻本　三冊

330000－1701－0051725　普 323.0923/2810/2/c2　史部/政書類/通制之屬

東漢會要四十卷　(宋)徐天麟撰　清光緒十年(1884)江蘇書局刻本　八冊

330000－1701－0051726　普 814.08/1088/c2　集部/總集類/郡邑之屬

三節合編三卷　林氏編　清宣統二年至三年(1910－1911)太平陳氏志澄閣木活字印本　一冊

330000－1701－0051727　普 323.0923/2810/2/c3　史部/政書類/通制之屬

東漢會要四十卷　(宋)徐天麟撰　清光緒十年(1884)江蘇書局刻本　章嶔題簽　八冊

330000－1701－0051728　GP06009　經部/小學類/音韻之屬

騷賦通韻考六卷　(清)徐汾撰　清刻本　一冊

330000－1701－0051731　普 813.57/5514/4/c3　集部/小說類/長篇之屬

增評加批金玉緣圖說十六卷一百二十回首一卷　(清)曹霑　(清)高鶚撰　(清)蝶薌仙史評訂　清末石印本　十五冊　缺一卷(十二)

330000－1701－0051732　普 913.2023/6047　史部/金石類/總志之屬/圖像

三古圖三種　(清)黃晟輯　明萬曆三十一年(1603)吳萬化寶古堂刻清乾隆十八年(1753)天都黃晟亦政堂重修本　五冊　存一種

330000－1701－0051733　普 323.0923/2810/2/c4　史部/政書類/通制之屬

東漢會要四十卷　(宋)徐天麟撰　清光緒十年(1884)江蘇書局刻本　八冊

330000－1701－0051734　善 008720　經部/小學類/音韻之屬

音學五書五種　(清)顧炎武撰　清康熙六年(1667)山陽張氏符山堂刻本　十四冊

330000－1701－0051735　GP06005　史部/編年類/通代之屬

朱子綱目輯畧四卷　(清)周宗濂撰　清嘉慶十八年至十九年(1813－1814)書三味樓刻本　二冊

330000－1701－0051736　GP14276　史部/政書類/儀制之屬/專志/科舉校規

東瀛參觀學校記不分卷　呂珮芬撰　清光緒

三十四年(1908)呂氏晚節香齋鉛印本　一冊

330000－1701－0051737　GP06007　史部/編年類/通代之屬
甲子紀元集成九卷　(清)吳晉德輯　清道光十二年至十四年(1832－1834)妙韞閣刻本　十冊

330000－1701－0051738　普323.0923/2810　史部/政書類/通制之屬
東漢會要四十卷　(宋)徐天麟撰　清光緒五年(1879)嶺南學海堂刻本　八冊

330000－1701－0051740　普813.57/5514/4/c4　集部/小說類/長篇之屬
增評補像全圖金玉緣一百二十回首一卷　(清)曹霑　(清)高鶚撰　(清)王希廉　(清)張新之　(清)姚燮評　清光緒三十四年(1908)求不負齋石印本　十六冊

330000－1701－0051741　普814.08/1021　集部/總集類/選集之屬/通代
古文近道集八卷　(清)王贇元輯　清咸豐十年(1860)山陰王氏培槐軒刻本　二冊

330000－1701－0051742　GP14253　集部/曲類/曲藝之屬
新刻綉像劉二姐全本一卷　清末刻本　一冊

330000－1701－0051743　GP06006　類叢部/類書類/專類之屬
年華錄四卷　(清)全祖望撰　清嘉慶二十年(1815)日新堂刻本　二冊

330000－1701－0051744　普913.2023/6047.02/c1　類叢部/叢書類/彙編之屬
十萬卷樓叢書五十一種　(清)陸心源編　清光緒歸安陸氏刻本(歲時廣記卷六原缺)　二冊　存一種

330000－1701－0051745　GP06008　史部/傳記類/別傳之屬/年譜
先君子蕺山先生[劉宗周]年譜二卷　(清)劉汋編　清乾隆證人堂刻本　一冊

330000－1701－0051747　普813.57/5514/4/c5　集部/小說類/長篇之屬
增評補像全圖金玉緣一百二十回首一卷　(清)曹霑　(清)高鶚撰　(清)王希廉　(清)張新之　(清)姚燮評　清光緒三十四年(1908)求不負齋石印本　十六冊

330000－1701－0051749　普323.0923/2810/(2)　史部/政書類/通制之屬
東漢會要四十卷　(宋)徐天麟撰　清光緒五年(1879)嶺南學海堂刻本　十冊

330000－1701－0051750　普813.57/5514/4/c6　集部/小說類/長篇之屬
增評補像全圖金玉緣一百二十回首一卷　(清)曹霑　(清)高鶚撰　(清)王希廉　(清)張新之　(清)姚燮評　清光緒十八年(1892)文選石印本　十六冊

330000－1701－0051752　普814.08/1021/2　集部/總集類/選集之屬/通代
古文近道集八卷　(清)王贇元輯　清同治七年(1868)山陰王氏培槐軒刻本　二冊

330000－1701－0051753　GP14255　集部/曲類/曲藝之屬
新編月明珠不分卷　清末石印本　一冊

330000－1701－0051755　普913.2023/6047.02/c2　類叢部/叢書類/彙編之屬
十萬卷樓叢書五十一種　(清)陸心源編　清光緒歸安陸氏刻本(歲時廣記卷六原缺)　二冊　存一種

330000－1701－0051756　GP06013　史部/雜史類/斷代之屬
世本十卷　(清)秦嘉謨輯補　清嘉慶二十三年(1818)琳琅仙館刻本　六冊

330000－1701－0051758　GP14279、G608925、G010669　史部/政書類/邦交之屬
籌鄂龜鑑七卷首一卷俄事新書二卷　(清)陳俠君輯　清光緒二十二年(1896)上海書局石印本　六冊　缺二卷(一至二)

330000－1701－0051759　GP06014　史部/政書類/通制之屬

政學録初稾八卷　(清)陸言撰　清道光十二年(1832)無錫鄒鳴鶴刻本　八册

330000－1701－0051761　普 913.2023/7243/c1　史部/金石類/金之屬

長安獲古編二卷補一卷　(清)劉喜海撰　清同治東武劉氏刻光緒三十一年(1905)丹徒劉鶚補刻本　三册

330000－1701－0051762　普 813.57/5514/6/c1　集部/小説類/長篇之屬

增評補圖石頭記一百二十卷一百二十回首一卷　(清)曹霑　(清)高鶚撰　(清)王希廉　(清)張新之　(清)姚燮評　清末鉛印本　十六册

330000－1701－0051763　普 323.0923/2810/4　史部/政書類/通制之屬

東漢會要四十卷　(宋)徐天麟撰　清末抄本　八册

330000－1701－0051764　普 913.2023/7243/c2　史部/金石類/金之屬

長安獲古編二卷補一卷　(清)劉喜海撰　清同治東武劉氏刻光緒三十一年(1905)丹徒劉鶚補刻本　三册

330000－1701－0051766　GP06017　經部/易類/傳説之屬

周易擇言六卷　(清)鮑作雨撰　清同治三年(1864)瑞安項傅梅甌城刻本　六册

330000－1701－0051767　普 913.2023/7243/(2)　史部/金石類/金之屬

長安獲古編二卷補一卷　(清)劉喜海撰　清同治東武劉氏刻光緒三十一年(1905)丹徒劉鶚補刻本　二册

330000－1701－0051768　普 813.57/5514/6/c2　集部/小説類/長篇之屬

增評補圖石頭記一百二十卷一百二十回首一卷　(清)曹霑　(清)高鶚撰　(清)王希廉　(清)張新之　(清)姚燮評　清末鉛印本　十四册　缺九卷(首、一百五至一百十二)

330000－1701－0051769　普 814.08/1122/(2)　類叢部/叢書類/彙編之屬

正誼堂全書六十三種　(清)張伯行編　(清)楊浚重編　清同治五年(1866)福州正誼書院刻本　二百四册

330000－1701－0051772　GP14280　子部/雜著類/雜纂之屬

宋稗類鈔三十六卷　(清)潘永因輯　清宣統三年(1911)上海藜光社石印本　六册

330000－1701－0051773　普 913.2023/7243/(2)/c2　史部/金石類/金之屬

長安獲古編二卷補一卷　(清)劉喜海撰　清同治東武劉氏刻光緒三十一年(1905)丹徒劉鶚補刻本　二册

330000－1701－0051774　GP06018　史部/雜史類

宋遼金元別史五種　(清)席世臣輯　清乾隆至嘉慶南沙席氏掃葉山房刻本　二十册　存一種

330000－1701－0051775　普 813.57/5514/6/c3　集部/小説類/長篇之屬

增評加批金玉緣圖説十六卷一百二十回首一卷　(清)曹霑　(清)高鶚撰　(清)蝶薌仙史評訂　清末石印本　十五册

330000－1701－0051776　普 323.0924/4660/c1　史部/政書類/通制之屬

三國會要二十二卷首一卷　楊晨撰　清光緒二十六年(1900)江蘇書局刻本　六册

330000－1701－0051777　GP14258　子部/藝術類/篆刻之屬

篆學瑣著二十八種　(清)顧湘輯　清道光二十年(1840)海虞顧氏刻本　十二册

330000－1701－0051779　普 323.0924/4660/c2　史部/政書類/通制之屬

三國會要二十二卷首一卷　楊晨撰　清光緒二十六年(1900)江蘇書局刻本　章嶔題簽　六册

330000－1701－0051782　普 813.57/5514/7　集部/小説類/長篇之屬

紅樓夢一百二十回 （清）曹霑 （清）高鶚撰 清經綸堂刻本 二十四冊

330000－1701－0051784 普 323.0924/4660/c3 史部/政書類/通制之屬
三國會要二十二卷首一卷 楊晨撰 清光緒二十六年(1900)江蘇書局刻本 六冊

330000－1701－0051785 GP06037 子部/天文曆算類/天文之屬
圜天圖説三卷續編二卷首一卷 （清）李明徹撰 清嘉慶二十四年(1819)松梅軒刻道光元年(1821)增刻本 五冊

330000－1701－0051786 普 814.08/1122/2/(2) 類叢部/叢書類/彙編之屬
正誼堂全書六十三種續刻五種 （清）張伯行編 （清）楊浚重編 清同治五年(1866)福州正誼書院刻同治八年至光緒十三年(1869－1887)續刻本 一百五十八冊 缺十一卷(司馬溫公文集九至十四、范文正公文集一至五)

330000－1701－0051787 GP14259 史部/政書類/邦計之屬/貿易
整頓土貨條議一卷 （清）咨商部編 清光緒刻本 一冊

330000－1701－0051788 普 323.0924/4660/c4 史部/政書類/通制之屬
三國會要二十二卷首一卷 楊晨撰 清光緒二十六年(1900)江蘇書局刻本 六冊

330000－1701－0051789 普 813.57/5514/10 集部/小説類/長篇之屬
增評補像全圖金玉緣一百二十回首一卷 （清）曹霑 （清）高鶚撰 （清）王希廉 （清）張新之 （清）姚燮評 清光緒十四年(1888)石印本 十六冊

330000－1701－0051790 GP14283 集部/總集類/酬唱之屬
春蟄吟一卷 （清）王鵬運撰輯 清光緒刻本 一冊

330000－1701－0051791 GP06038 集部/詩文評類/文法之屬/文法
鶴山家塾試帖二卷附鈔一卷 （清）魏成憲編 清嘉慶刻本 一冊

330000－1701－0051794 善 008721 史部/紀傳類/正史之屬
元史二百十卷目錄二卷 （明）宋濂 （明）王禕等撰 明洪武三年(1370)内府刻明清重修本 五十冊

330000－1701－0051795 GP06039 史部/政書類/儀制之屬/典禮
宋陵成規一卷 清萃渙堂木活字印本 一冊

330000－1701－0051796 GP14284 子部/藝術類/遊藝之屬/聯語
楹聯續錄二卷 （清）林慶銓輯 清光緒十七年(1891)刻本 二冊

330000－1701－0051800 GP14261 集部/別集類/元別集
清閟閣全集十二卷 （元）倪瓚撰 （清）曹培廉校 清康熙五十二年(1713)曹培廉城書室刻本 四冊

330000－1701－0051801 GP06021 史部/傳記類/總傳之屬/釋道
繪圖歷代神仙傳二十四卷 （清）□□撰 清宣統元年(1909)上海掃葉山房石印本 八冊

330000－1701－0051802 GP06040 類叢部/叢書類/自著之屬
楊潭西先生遺書六種 （清）楊陸榮撰 清康熙至乾隆刻本 一冊 存一種

330000－1701－0051804 普 813.57/5514/13 集部/小説類/長篇之屬
紅樓夢一百二十卷一百二十回 （清）曹霑 （清）高鶚撰 （清）王希廉評 清道光十二年(1832)吳縣王氏刻本 二十四冊

330000－1701－0051806 善 008723 史部/編年類/通代之屬
新鐫通鑑會纂十卷 （明）王世貞撰 （明）諸燮輯 **潘氏總論一卷** （元）潘榮撰 明末書林慎餘齋刻本 八冊

330000－1701－0051807　GP14285　集部/總集類/彙編之屬
涵通樓師友文鈔　(清)唐岳編　清咸豐四年(1854)臨桂唐氏涵通樓刻本　一册　存三種

330000－1701－0051808　GP06022　子部/農家農學類/園藝之屬/花卉
九華新譜一卷　(清)吳昇撰　清末鉛印本　一册

330000－1701－0051810　GP06041　子部/雜著類/雜說之屬
通鑑綱目譏貶異端摘要一卷　(清)王相能撰　清嘉慶十二年(1807)刻本　一册

330000－1701－0051811　善008722　史部/雜史類/斷代之屬
戰國策十二卷　(明)陳仁錫　(明)鍾惺評　明末刻本　四册

330000－1701－0051813　GP06023　史部/地理類/水利之屬
畿輔河道水利叢書八種　(清)吳邦慶輯　清道光四年(1824)益津吳氏刻本　二册　存一種

330000－1701－0051814　普813.57/5514/14　集部/小說類/長篇之屬
紅樓夢一百二十回　(清)曹霑　(清)高鶚撰　清刻本　二十四册

330000－1701－0051817　GP14262　子部/雜著類/雜說之屬
鰲峰書院講學録不分卷　(清)祖濟齋撰　清乾隆刻本　一册

330000－1701－0051818　GP06042　經部/小學類/訓詁之屬/方言
越言釋二卷　(清)茹敦和撰　清光緒四年(1878)仁和葛元煦嘯園刻本　清於青題記　二册

330000－1701－0051819　普813.57/5514/15　集部/小說類/長篇之屬
紅樓夢一百二十回　(清)曹霑　(清)高鶚撰　清三讓堂刻本　五册

330000－1701－0051820　GP06024　類叢部/叢書類/郡邑之屬
武林掌故叢編一百八十七種　(清)丁丙編　清光緒三年至二十六年(1877－1900)錢塘丁氏嘉惠堂刻本　二册　存一種

330000－1701－0051822　普323.093/0003/c1　史部/職官類/官制之屬/專志
大唐六典三十卷　(唐)玄宗李隆基撰　(唐)李林甫等注　清光緒二十一年(1895)廣雅書局刻本　章嶔題簽並記　四册

330000－1701－0051823　普323.093/0003/c2　史部/職官類/官制之屬/專志
大唐六典三十卷　(唐)玄宗李隆基撰　(唐)李林甫等注　清光緒二十一年(1895)廣雅書局刻本　四册

330000－1701－0051824　GP14291　史部/目録類/總録之屬/私撰
書目答問五卷別録一卷國朝著述諸家姓名略一卷　(清)張之洞撰　清光緒五年(1879)刻本　一册

330000－1701－0051827　善008731　史部/傳記類/總傳之屬/通代
歷朝名人小傳八卷　(清)惕齋撰　清抄本　六册

330000－1701－0051828　善008724　史部/紀事本末類/通代之屬
通鑑紀事本末二百三十九卷　(宋)袁樞撰　(明)張溥論正　明末刻本　四十八册

330000－1701－0051829　善008728　史部/傳記類/日記之屬
客晥紀行二卷客晥錄一卷　(清)周廣業撰　清抄本　一册

330000－1701－0051831　善008725　史部/史評類/考訂之屬
東周列國攷畧二卷　(清)朱元炅輯　清抄本　一册

330000－1701－0051832　善008726　史部/史評類/考訂之屬

東周列國歿畧二卷 (清)朱元炅輯　清末抄本　一冊

330000－1701－0051833　普 008727　史部/紀傳類/別史之屬

重訂古史全本六十卷 (宋)蘇轍撰　**史拾不分卷** (明)吳弘基輯　明刻本(卷一至二配清抄本)　十六冊

330000－1701－0051834　普 323.093/0003/c3　史部/職官類/官制之屬/專志

大唐六典三十卷 (唐)玄宗李隆基撰　(唐)李林甫等注　清光緒二十一年(1895)廣雅書局刻本　四冊

330000－1701－0051835　普 323.093/0003/2　史部/職官類/官制之屬/專志

大唐六典三十卷 (唐)玄宗李隆基撰　(唐)李林甫等注　清嘉慶五年(1800)掃葉山房刻本　六冊

330000－1701－0051838　普 813.57/5514.02　集部/小說類/長篇之屬

後紅樓夢三十回附刻詩二回 (清)逍遙子撰　清刻本　十二冊

330000－1701－0051839　GP06025　類叢部/叢書類/郡邑之屬

武林掌故叢編一百八十七種 (清)丁丙編　清光緒三年至二十六年(1877－1900)錢塘丁氏嘉惠堂刻本　二冊　存一種

330000－1701－0051840　普 323.093/1033/2/c1　史部/政書類/通制之屬

唐會要一百卷 (宋)王溥撰　清光緒十年(1884)江蘇書局刻本　二十四冊

330000－1701－0051842　GP14286　史部/紀傳類/正史之屬

四史　清光緒十一年(1885)上海同文書局石印本　十五冊　存一種

330000－1701－0051845　普 813.57/5514.02/2　集部/小說類/長篇之屬

後紅樓夢三十回首一卷 (清)逍遙子撰　清末抄本　八冊

330000－1701－0051846　普 323.093/1033/2/c2　史部/政書類/通制之屬

唐會要一百卷 (宋)王溥撰　清光緒十年(1884)江蘇書局刻本　二十四冊

330000－1701－0051849　普 913.2023/0200/c1　史部/金石類/金之屬/圖像

陶齋吉金錄八卷 (清)端方撰　清光緒三十四年(1908)上海有正書局石印本　八冊

330000－1701－0051850　普 323.093/1033/2/c3　史部/政書類/通制之屬

唐會要一百卷 (宋)王溥撰　清光緒十年(1884)江蘇書局刻本　二十四冊

330000－1701－0051852　普 813.57/5514.02/3　集部/小說類/長篇之屬

後紅樓夢四卷三十回首一卷 (清)逍遙子撰　清宣統元年(1909)上海有益齋石印本　四冊

330000－1701－0051853　GP06045　子部/雜著類/雜說之屬

冷廬雜識八卷 (清)陸以湉撰　清咸豐六年(1856)刻本　八冊

330000－1701－0051854　普 323.093/1033/2/c4　史部/政書類/通制之屬

唐會要一百卷 (宋)王溥撰　清光緒十年(1884)江蘇書局刻本　二十四冊

330000－1701－0051857　GP06046　經部/小學類/訓詁之屬/方言

越言釋二卷 (清)茹敦和撰　清道光二十九年(1849)仁和葛氏嘯園刻本　二冊

330000－1701－0051861　GP06047　類叢部/叢書類/彙編之屬

花雨樓叢鈔十一種續鈔十一種附一種 (清)張壽榮編　清光緒八年至十四年(1882－1888)蛟川張氏花雨樓刻本　一冊　存一種

330000－1701－0051863　普 323.0937/1033/c1　史部/政書類/通制之屬

五代會要三十卷 (宋)王溥撰　清光緒十二年(1886)江蘇書局刻本　六冊

330000－1701－0051865　普 813.57/5514.02/4　集部/小說類/長篇之屬

後紅樓夢三十回附刻詩二回　(清)逍遙子撰　清刻本　八册

330000－1701－0051868　善 008730　史部/傳記類/總傳之屬/家乘

[浙江杭州]平陽汪氏遷杭支譜五卷首一卷　(清)汪廷璐纂修　稿本　項士元題記　六册　存五卷(首、一、三上、四、五下)

330000－1701－0051869　普 813.57/5514.02/5　集部/小說類/長篇之屬

後紅樓夢三十回附刻詩二回　(清)逍遙子撰　清光緒刻本　因巢題記　六册

330000－1701－0051870　普 323.0937/1033/c2　史部/政書類/通制之屬

五代會要三十卷　(宋)王溥撰　清光緒十二年(1886)江蘇書局刻本　六册

330000－1701－0051872　GP06048　史部/地理類/外紀之屬

英法俄德四國志略四卷　(清)沈敦和輯譯　清光緒二十二年(1896)上海圖書集成印書局鉛印本　一册

330000－1701－0051873　普 323.0937/1033/c4　史部/政書類/通制之屬

五代會要三十卷　(宋)王溥撰　清光緒十二年(1886)江蘇書局刻本　六册

330000－1701－0051874　普 813.57/5514.02/6　集部/小說類/長篇之屬

繪圖後紅樓夢六卷三十回附詩二卷二回　(清)逍遙子撰　清宣統二年(1910)上海章福記石印本　六册

330000－1701－0051877　善 008729　史部/傳記類/總傳之屬/家乘

花園朱氏茶院公世系總圖不分卷　宋史道學朱熹傳一卷　(元)脫脫撰　**桃源三太孺人家訓一卷**　清同治十二年至十三年(1873－1874)抄本　清孤露餘生跋　一册

330000－1701－0051879　普 814.08/1210　集部/總集類/郡邑之屬

會稽掇英總集二十卷　(宋)孔延之輯　**校正會稽掇英總集札記一卷**　(清)杜丙杰撰　清道光元年(1821)山陰杜氏浣花宗塾刻本　二册

330000－1701－0051882　GP06028　集部/别集類/清别集

雙貞紀傳詩詞鈔一卷　(清)朱錫祁輯　清光緒十年(1884)星子衙齋刻本　二册

330000－1701－0051884　善 008739　子部/天文曆算類/曆法之屬

大清光緒十七年七政經緯躔度時憲書一卷　清光緒刻本　一册

330000－1701－0051886　GP06029　類叢部/叢書類/自著之屬

澤古齋全集五種　(清)吴士模撰　清光緒十九年(1893)刻本　一册　存一種

330000－1701－0051888　GP14301　史部/雜史類/斷代之屬

三朝聞見錄一卷　朱孔彰撰　清木活字印本　一册

330000－1701－0051889　普 814.08/1122.2　類叢部/叢書類/彙編之屬

正誼堂叢書五十五種　(清)張伯行編　清康熙至雍正正誼堂刻本　六册　存一種

330000－1701－0051890　普 814.08/1213　集部/總集類/選集之屬/通代

山曉閣選古文全集三十二卷　清康熙二十年(1681)金閶文雅堂刻本　十六册

330000－1701－0051894　GP06030、GP06031　類叢部/叢書類/自著之屬

林文忠公遺集四種　(清)林則徐撰　清光緒三山林氏刻本　二册　存二種

330000－1701－0051895　GP14302　史部/傳記類/總傳之屬/姓名

史姓韻編六十四卷　(清)汪輝祖撰　清光緒上海中西書局石印本　四册

330000－1701－0051899　普 813.57/5514.021/2/c1　類叢部/叢書類/彙編之屬
申報館叢書正集五十七種附録三種續集一百四十二種　(清)尊聞閣主編　蔡爾康編續集　清同治至光緒上海申報館鉛印本　十册　存一種

330000－1701－0051900　普 814.08/1213(2)/c2　集部/總集類/郡邑之屬
會稽掇英總集二十卷　(宋)孔延之輯　**校正會稽掇英總集札記一卷**　(清)杜丙杰撰　清道光元年(1821)山陰杜氏浣花宗塾刻本　四册

330000－1701－0051902　GP14303　集部/别集類/清别集
清素堂詩集九卷詞鈔一卷　(清)石鈞撰　清乾隆六十年(1795)白雪書屋刻本　四册

330000－1701－0051904　普 813.57/5514.021/2/c2　類叢部/叢書類/彙編之屬
申報館叢書正集五十七種附録三種續集一百四十二種　(清)尊聞閣主編　蔡爾康編續集　清同治至光緒上海申報館鉛印本　九册　存一種

330000－1701－0051905　GP06050　新學/工藝/工學/塘工河工路工
各國鐵路圖攷四卷　(清)劉啓彤譯　清光緒二十二年(1896)倉山書局石印本　八册

330000－1701－0051908　善 008736　史部/雜史類/斷代之屬
明季實録四卷　(清)顧炎武輯　清抄本　四册

330000－1701－0051909　普 813.57/5514.021/2/c3　集部/小説類/長篇之屬
紅樓復夢一百卷一百回首一卷　(清)陳少海撰　清嘉慶十年(1805)刻本　二十四册

330000－1701－0051913　普 813.57/5514.022　類叢部/叢書類/彙編之屬
申報館叢書正集五十七種附録三種續集一百四十二種　(清)尊聞閣主編　蔡爾康編續集　清同治至光緒上海申報館鉛印本　八册　存一種

330000－1701－0051915　普 814.08/1367　集部/總集類/選集之屬/通代
古文約選不分卷　(清)允禮輯　(清)方苞訂　清雍正十一年(1733)果親王府刻本　十册

330000－1701－0051916　GP14296　子部/儒家類/儒學之屬/性理
近思録集解十四卷　(宋)葉采撰　清初吳郡邵仁泓刻本　二册

330000－1701－0051918　普 323.094/4028/2　類叢部/叢書類/彙編之屬
武英殿聚珍版書一百四十八種　清乾隆四十二年(1777)福建刻道光至同治遞修光緒二十一年(1895)增刻本　六册　存一種

330000－1701－0051920　GP14305　集部/總集類/選集之屬/通代
高等國文學教科書不分卷　程先甲編撰　清江楚書局刻本　二册

330000－1701－0051921　善 008745　子部/儒家類/儒學之屬
孔氏家語十卷　(三國魏)王肅注　明崇禎毛氏汲古閣刻本　二册

330000－1701－0051922　善 008735　史部/地理類/專志之屬/古跡
闕里誌二十四卷　(明)陳鎬撰　(清)孔胤植重修　明崇禎刻清雍正修補本　十册

330000－1701－0051926　GP06056　集部/别集類/唐五代别集
韓筆酌蠡三十卷　(唐)韓愈撰　(清)盧軒編　清雍正八年(1730)歙州程崟刻本　六册

330000－1701－0051928　普 814.08/1727　子部/儒家類/儒學之屬/性理
斯文正統十二卷　(清)刁包輯　清同治三年(1864)刁懷璟刻本　十二册

330000－1701－0051929　普 813.57/5514.022/3　集部/小説類/長篇之屬

紅樓夢補四十八回 (清)歸鋤子撰 清道光十二年(1832)杭州虞氏刻本 十六册

330000－1701－0051931 GP14306 類叢部/叢書類/自著之屬
頤志齋叢書二十二種 (清)丁晏撰 清道光至同治山陽丁氏六蓺堂刻同治元年(1862)彙印本 二册 存一種

330000－1701－0051932 普813.57/5514.023 集部/小説類/長篇之屬
紅樓圓夢三十回 (清)夢夢先生撰 清嘉慶十九年(1814)紅薔閣刻本 三册

330000－1701－0051933 普814.08/1728/c1 集部/總集類/選集之屬/通代
斯文精萃不分卷 (清)尹繼善輯 清乾隆二十九年(1764)刻本 十二册

330000－1701－0051934 善008734 史部/地理類/專志之屬/古跡
闕里誌二十四卷 (明)陳鎬撰 (清)孔胤植重修 明崇禎刻清雍正修補本 十册

330000－1701－0051935 普323.095/1050/c1 史部/政書類/通制之屬
重校元典章六十卷附新集一卷 清光緒三十四年(1908)修訂法律館刻本 二十四册

330000－1701－0051937 普814.08/1728/c2 集部/總集類/選集之屬/通代
斯文精萃不分卷 (清)尹繼善輯 清乾隆二十九年(1764)刻本 十二册

330000－1701－0051938 普813.57/5514.024 集部/小説類/長篇之屬
補紅樓夢四十八回 (清)嫏嬛山樵撰 清咸豐六年(1856)刻本 十六册

330000－1701－0051939 GP14298 集部/詞類/别集之屬
東鷗草堂詞二卷 (清)周星譽撰 **勉憙集一卷** (清)周星詒撰 清同治譚儀刻本 一册

330000－1701－0051940 普323.095/1050/c2 史部/政書類/通制之屬
重校元典章六十卷附新集一卷 清光緒三十四年(1908)修訂法律館刻本 二十四册

330000－1701－0051941 GP06058 類叢部/叢書類/自著之屬
留書種閣集九種 (清)黄炳垕撰 清同治六年至光緒二十年(1867－1894)餘姚黄氏留書種閣刻本 一册 存一種

330000－1701－0051944 GP06059 類叢部/叢書類/自著之屬
八紘譯史(陸雲士雜著)八種附一種 (清)陸次雲撰 清康熙懷古堂刻本 二册 存二種

330000－1701－0051945 普323.095/1050/c3 史部/政書類/通制之屬
重校元典章六十卷附新集一卷 清光緒三十四年(1908)修訂法律館刻本 二十四册

330000－1701－0051947 GP06060 類叢部/叢書類/彙編之屬
王益吾所刻書十種 王先謙編 清光緒九年至十年(1883－1884)長沙王氏刻本 三册 存二種

330000－1701－0051949 GP14299 子部/雜著類/雜説之屬
白虎通疏證十二卷 (清)陳立撰 清光緒元年(1875)淮南書局刻本 四册

330000－1701－0051954 善008740 史部/地理類/水利之屬
塘工紀畧二卷續一卷 (清)連仲愚撰 稿本 三册

330000－1701－0051956 GP06062 經部/小學類/音韻之屬/韻書
詩韻辨字增註五卷 (清)張澐卿輯 清光緒七年(1881)張澐卿刻本 一册

330000－1701－0051957 GP14184 子部/藝術類/遊藝之屬/棋弈
新刻象棋譜式一卷 清末刻本 一册

330000－1701－0051960 GP06032 類叢部/叢書類/自著之屬

林文忠公遺集四種　(清)林則徐撰　清光緒三山林氏刻本　二冊　存一種

330000－1701－0051963　GP06064　經部/周禮類/傳說之屬
周禮折衷四卷　(宋)魏了翁撰　清同治十三年(1874)望三益齋刻本　二冊

330000－1701－0051965　GP06065　史部/傳記類/總傳之屬
道南書院錄五卷　(明)金賁亨輯　清金籍刻本　三冊

330000－1701－0051966　GP14311　子部/術數類/數學之屬
太玄經不分卷法言不分卷　(漢)楊雄撰　清初刻本　一冊

330000－1701－0051967　善 008751　類叢部/類書類/通類之屬
增訂二三場羣書備考四卷　(明)袁黄撰　(明)袁儼注　(明)沈昌世增　明崇禎刻本　八冊

330000－1701－0051968　GP06033　類叢部/叢書類/自著之屬
橘蔭軒全集七種　(清)陳錦撰　清光緒山陰陳氏橘蔭軒刻本　一冊　存一種

330000－1701－0051970　GP14300　經部/叢編
通藝錄十九種附二種　(清)程瑤田撰　清嘉慶刻本　二十三冊　存十三種

330000－1701－0051971　善 008750　子部/雜著類/雜說之屬
讀書筆記一卷　(明)祝允明撰　明末刻本　乘雲跋　一冊

330000－1701－0051974　普 323.096/0104　史部/政書類/通制之屬
明會要八十卷　(清)龍文彬撰　清光緒廣雅書局刻本　二十冊

330000－1701－0051975　普 814.08/2714　集部/總集類/選集之屬/通代
古文約編十卷　(清)倪承茂訂　**歷朝文一卷**　(清)潘大鋼訂　清乾隆五年(1740)清芬書屋刻本　清陳士林批　十冊

330000－1701－0051976　普 323.096/1213/c1　子部/雜著類/雜編之屬
古香齋鑒賞袖珍春明夢餘錄七十卷　(清)孫承澤撰　清光緒九年(1883)刻本　二十四冊

330000－1701－0051977　普 323.096/0104/2/c1　史部/政書類/通制之屬
明會要八十卷　(清)龍文彬撰　清光緒十三年(1887)永懷堂刻本　二十冊

330000－1701－0051978　GP05990　經部/詩類/傳說之屬
詩經申義十卷　(清)吳士模撰　清光緒十七年(1891)澤古齋刻本　四冊

330000－1701－0051979　普 323.096/0104/2/c2　史部/政書類/通制之屬
明會要八十卷　(清)龍文彬撰　清光緒十三年(1887)永懷堂刻本　十九冊　缺四卷(六十四至六十七)

330000－1701－0051980　普 323.096/1213/c2　子部/雜著類/雜編之屬
古香齋鑒賞袖珍春明夢餘錄七十卷　(清)孫承澤撰　清光緒九年(1883)刻本　二十四冊

330000－1701－0051982　普 814.08/2624/2　集部/總集類/選集之屬/通代
古文觀止十二卷　(清)吳乘權　(清)吳大職輯　清光緒二十四年(1898)膠州成文堂刻本　六冊

330000－1701－0051983　普 913.203/2643.06/c1　類叢部/叢書類/彙編之屬
蟫隱廬叢書十八種　羅振常編　清宣統二年至民國二十五年(1910－1936)上虞羅氏謄寫及鉛印本三十三年(1944)吳興周延年彙印本　二冊　存一種

330000－1701－0051985　GP14312　類叢部/叢書類/自著之屬
萬涵堂遺稿二種　(清)程霖壽撰　清光緒二

十七年(1901)長沙媐園刻朱印本　一册　存一種

330000－1701－0051986　普 814.08/2624/3　集部/總集類/選集之屬/通代

三味堂古文觀止十二卷　(清)吳乘權　(清)吳大職輯　清光緒六年(1880)紹興墨潤堂刻本　六册

330000－1701－0051988　普 323.096/3004　史部/雜史類/斷代之屬

皇朝掌故彙編内編六十卷首一卷外編四十卷首一卷　張壽鏞等輯　清光緒二十八年(1902)求實書社鉛印本　六十册

330000－1701－0051989　普 323.097/3004/c2　史部/雜史類/斷代之屬

皇朝掌故彙編内編六十卷首一卷外編四十卷首一卷　張壽鏞等輯　清光緒二十八年(1902)求實書社鉛印本　六十册

330000－1701－0051990　普 913.203/2643.06/c2　類叢部/叢書類/彙編之屬

蟫隱廬叢書十八種　羅振常編　清宣統二年至民國二十五年(1910－1936)上虞羅氏謄寫及鉛印本三十三年(1944)吳興周延年彙印本　二册　存一種

330000－1701－0051991　GP14313　集部/詞類/别集之屬

漱泉詞一卷　(清)成肇麐撰　清光緒刻本　一册

330000－1701－0051992　普 814.08/2749/2/c1　集部/詩文評類/文評之屬

文章指南五卷　(明)歸有光選　(清)許佐蒐輯　清光緒二年(1876)古歙許氏皖江節署刻本　五册

330000－1701－0051994　普 913.203/2643.06/c3　類叢部/叢書類/彙編之屬

蟫隱廬叢書十八種　羅振常編　清宣統二年至民國二十五年(1910－1936)上虞羅氏謄寫及鉛印本三十三年(1944)吳興周延年彙印本　二册　存一種

330000－1701－0051996　普 814.08/2624/10/c1　集部/總集類/選集之屬/通代

古文觀止十二卷　(清)吳乘權　(清)吳大職輯　清浙蘭慎言堂刻本(卷三至四配清末鉛印本、卷九至十配清刻本)　六册

330000－1701－0051997　GP05992　史部/目録類/總録之屬/私撰

讀書敏求記四卷　(清)錢曾撰　清雍正四年(1726)吳興趙孟升松雪齋刻乾隆十年(1745)沈尚傑雙桂草堂剜版六十年(1795)沈炎耆英堂重修本　四册

330000－1701－0051999　普 220.8/4042　子部/宗教類/佛教之屬/大藏

頻伽精舍校刊大藏經　釋宗仰等輯　清宣統元年至民國二年(1909－1913)迦陵羅詩氏頻伽精舍上海鉛印本　四百十三册

330000－1701－0052000　普 814.08/2749/2/c2　集部/詩文評類/文評之屬

文章指南五卷　(明)歸有光選　(清)許佐蒐輯　清光緒二年(1876)古歙許氏皖江節署刻本　五册

330000－1701－0052002　GP06067　子部/天文曆算類

星算補遺十六種　(清)董毓琦撰　清同治五年(1866)髀算山房刻光緒十二年(1886)續刻本　三册　存七種

330000－1701－0052004　普 814.08/2624/10/c2　集部/總集類/選集之屬/通代

古文觀止十二卷　(清)吳乘權　(清)吳大職輯　清浙蘭慎言堂刻本　六册

330000－1701－0052005　普 814.08/2749/2/c3　集部/詩文評類/文評之屬

文章指南五卷　(明)歸有光選　(清)許佐蒐輯　清光緒二年(1876)古歙許氏皖江節署刻本　五册

330000－1701－0052009　普 814.08/2749.2　集部/總集類/選集之屬/通代

古文舉例五卷論文要言一卷　(明)歸有光編

清光緒三十一年(1905)杭州史學堂蘇州刻本　六冊

330000－1701－0052010　GP14317　集部/詞類/別集之屬
瘦吟樓詞一卷賦一卷　(清)沈時棟撰　清刻本　一冊

330000－1701－0052011　普 323.097/3497　史部/政書類/通制之屬
皇朝政典類纂五百卷目錄六卷　(清)席裕福輯　清光緒二十九年(1903)上海圖書集成局鉛印本　一百二十冊

330000－1701－0052012　GP06068　集部/別集類/清別集
小書巢詩課偶存四卷續存六卷存稿一卷　(清)陸以莊撰　清道光二十七年(1847)五羊官舍刻本　八冊

330000－1701－0052013　普 913.3111/3261　史部/金石類
金石三例　(清)盧見曾編　清乾隆二十年(1755)盧見曾刻本　四冊　存一種

330000－1701－0052014　GP05994　史部/史評類/史論之屬
讀史偶得二卷　(清)楊鍾寶撰　清道光九年(1829)刻本　一冊

330000－1701－0052015　普 814.08/2477/c2　集部/總集類/選集之屬/通代
唐宋八大家類選十四卷　(清)儲欣輯　清乾隆十年(1745)受祉堂刻本　六冊

330000－1701－0052017　普 814.08/2624/12　集部/總集類/選集之屬/通代
繪圖增批古文觀止十二卷　(清)吳乘權(清)吳大職輯　清光緒三十四年(1908)浙紹明達書莊石印本　雪園題記　二冊

330000－1701－0052019　GP05996　經部/小學類/訓詁之屬/群雅
續廣雅三卷　(清)劉燦輯　(清)王塈訂　清道光二十五年(1845)鄞邑陸鑑刻本　一冊

330000－1701－0052022　普 913.3111/8011/(2)　史部/金石類
金石全例　(清)朱記榮輯　清光緒刻十八年(1892)吳縣朱氏彙印本　四冊　存一種

330000－1701－0052023　GP06069　經部/儀禮類/傳說之屬
儀禮章句十七卷　(清)吳廷華撰　清光緒二十四年(1898)蘇州書局刻本　四冊

330000－1701－0052028　普 814.08/2477.2　集部/總集類/選集之屬/斷代
重訂七種文選　(清)儲欣輯　清乾隆五十年(1785)二南堂刻本　二十二冊

330000－1701－0052029　GP06070　史部/編年類/通代之屬
尺木堂綱鑑易知錄二十卷　(清)吳乘權(清)周之炯　(清)周之燦輯　清光緒十三年(1887)上海點石齋石印本　十冊

330000－1701－0052030　GP05998　經部/四書類/總義之屬/傳說
四書續談內編二卷補一卷外編二卷補一卷(清)戚學標撰　清嘉慶二十四年(1819)四明青照樓刻本　二冊

330000－1701－0052034　GP14320　集部/別集類
味靜齋詩存八卷　徐嘉撰　清光緒十三年(1887)刻本　二冊

330000－1701－0052039　普 814.08/2847/c1　集部/總集類/選集之屬/通代
古文淵鑒六十四卷　(清)徐乾學等輯注　清淵鑑齋刻本　三十六冊

330000－1701－0052040　GP14330　史部/傳記類/總傳之屬/家乘
王氏族譜二十卷　清刻本　二冊　存四卷(十七至二十)

330000－1701－0052041　GP14326　子部/道家類
莊子南華真經十卷　(晉)郭象注　(唐)陸德明音義　清光緒十一年(1885)傳忠書局刻本

六册

330000－1701－0052042　普 913.2323/2530/c1　史部/金石類/金之屬

敬吾心室彝器款識不分卷　(清)朱善旂撰　清光緒三十四年(1908)平湖朱氏影印本　二册

330000－1701－0052044　普 913.3111/3261/2/c1　類叢部/叢書類/彙編之屬

隨盦徐氏叢書十種續編十種　徐乃昌編　清光緒至民國南陵徐氏刻本　二册　存一種

330000－1701－0052047　普 913.2323/2530/c2　史部/金石類/金之屬

敬吾心室彝器款識不分卷　(清)朱善旂撰　清光緒三十四年(1908)平湖朱氏影印本　二册

330000－1701－0052048　普 814.08/2847/c2　集部/總集類/選集之屬/通代

古文淵鑒六十四卷　(清)徐乾學等輯注　清淵鑑齋刻本　二十八册

330000－1701－0052049　普 814.08/1728/2　集部/總集類/選集之屬/通代

斯文精萃不分卷　(清)尹繼善輯　清乾隆七年(1742)刻本　二十册

330000－1701－0052050　GP06074　史部/傳記類/總傳之屬/人表

疑年録四卷　(清)錢大昕撰　**續疑年録四卷**　(清)吴修編　清嘉慶十八年(1813)海鹽吴修刻二十三年(1818)增補本　一册　存四卷(續一至四)

330000－1701－0052051　普 913.3251/1023/c1　史部/金石類/石之屬/目録

輿地碑記目四卷　(宋)王象之撰　清同治九年(1870)吴縣潘祖蔭滂喜齋刻本　二册

330000－1701－0052053　普 913.2323/2530/c3　史部/金石類/金之屬

敬吾心室彝器款識不分卷　(清)朱善旂撰　清光緒三十四年(1908)平湖朱氏影印本　二册

330000－1701－0052054　GP14327　類叢部/叢書類/彙編之屬

益雅堂叢書(七經緯書)四十種　(清)傅世洵編　清古微書屋刻本　圻士題簽並記　朱師轍跋　八册

330000－1701－0052055　GP14331　經部/小學類/文字之屬/字書/訓蒙

倉頡篇三卷　(清)孫星衍輯　**倉頡篇續本一卷**　(清)任大椿輯　**倉頡篇補本二卷**　(清)陶方琦輯　**倉頡篇補本續一卷**　(清)龔道耕輯　清光緒二十三年(1897)成都龔氏刻民國二十三年(1934)渭南嚴氏補刻本　二册

330000－1701－0052056　普 913.2323/2530/c4　史部/金石類/金之屬

敬吾心室彝器款識不分卷　(清)朱善旂撰　清光緒三十四年(1908)平湖朱氏影印本　二册

330000－1701－0052057　普 913.3111/3261/2/c2　類叢部/叢書類/彙編之屬

隨盦徐氏叢書十種續編十種　徐乃昌編　清光緒至民國南陵徐氏刻本　二册　存一種

330000－1701－0052059　普 814.08/2847/4/c1　集部/總集類/選集之屬/通代

古文淵鑒六十四卷　(清)徐乾學等輯注　清康熙内府刻四色套印本　二十四册

330000－1701－0052060　普 913.3251/1023/c2　史部/金石類/石之屬/目録

輿地碑記目四卷　(宋)王象之撰　清同治九年(1870)吴縣潘祖蔭滂喜齋刻本　二册

330000－1701－0052061　GP06034　集部/別集類/清別集

松夢寮詩稿六卷　(清)丁丙撰　清光緒二十五年(1899)丁氏刻本　二册

330000－1701－0052062　普 913.3111/7234　類叢部/叢書類/彙編之屬

槐廬叢書四十六種　(清)朱記榮編　清光緒三年至十五年(1877－1889)吴縣朱氏槐廬家塾刻本　四册　存一種

330000－1701－0052067　普814.08/2847/4/c3　集部/總集類/選集之屬/通代
古文淵鑒六十四卷　(清)徐乾學等輯注　清刻本[卷三十六至三十七配清康熙四十九年(1710)内府刻四色套印本]　四十六册

330000－1701－0052069　普814.08/2683/c1　集部/總集類/選集之屬/通代
涵芬樓古今文鈔一百卷　吴曾祺輯　清宣統三年(1911)上海商務印書館鉛印本　一百册

330000－1701－0052070　普913.3251/1213　子部/藝術類/書畫之屬/總論
庚子消夏記碑帖攷一卷　(清)孫承澤撰　清嘉慶二十二年(1817)刻本　一册

330000－1701－0052075　GP06036　集部/詞類/類編之屬
蒙香室叢書四種　馮煦輯　清光緒刻本　一册　存一種

330000－1701－0052076　普913.3251/1262/c1　類叢部/叢書類/彙編之屬
平津館叢書六集三十五種　(清)孫星衍編　清嘉慶蘭陵孫氏刻本　五册　存一種

330000－1701－0052077　普913.3111/7234/2　類叢部/叢書類/彙編之屬
連筠簃叢書十二種　(清)楊尚文編　清道光二十七年至二十九年(1847－1849)靈石楊氏刻本(羣書治要卷四、十三、二十原缺)　二册　存一種

330000－1701－0052079　普913.3251/1262/c3　類叢部/叢書類/彙編之屬
平津館叢書六集三十五種　(清)孫星衍編　清嘉慶蘭陵孫氏刻本　五册　存一種

330000－1701－0052085　普814.08/2683/c4　集部/總集類/選集之屬/通代
涵芬樓古今文鈔一百卷　吴曾祺輯　清宣統二年(1910)上海商務印書館鉛印本　一百册

330000－1701－0052086　普913.3111/8011/c1　史部/金石類
金石全例　(清)朱記榮輯　清光緒刻十八年(1892)吳縣朱氏彙印本　二册　存一種

330000－1701－0052087　普913.3111/8011/c2　史部/金石類
金石全例　(清)朱記榮輯　清光緒刻十八年(1892)吳縣朱氏彙印本　四册　存一種

330000－1701－0052088　普814.08/26321/c1　集部/總集類/選集之屬/通代
桐城吴氏古文讀本十三卷　(清)吳汝綸評選　清光緒三十一年(1905)上海文明書局鉛印本　四册

330000－1701－0052089　普913.3251/1260.02/c1　史部/金石類/郡邑之屬/目録
補寰宇訪碑錄五卷失編一卷　(清)趙之謙撰　清同治三年(1864)刻二金蜨堂所著書本　清莫友芝批校　二册

330000－1701－0052090　普814.08/26321/c2　集部/總集類/選集之屬/通代
桐城吴氏古文讀本十三卷　(清)吳汝綸評選　清光緒三十一年(1905)上海文明書局鉛印本　四册

330000－1701－0052091　GP14328　類叢部/類書類/通類之屬
事類賦三十卷　(宋)吳淑撰並注　清乾隆二十九年(1764)刻本　三册

330000－1701－0052093　普913.33/0200/c3　史部/金石類/石之屬/通考
匋齋臧石記四十四卷首一卷臧甎記二卷　(清)端方輯　清宣統二年(1910)上海商務印書館石印本　十二册

330000－1701－0052094　普913.3251/1260.02/c2　史部/金石類/郡邑之屬/目録
補寰宇訪碑錄五卷失編一卷　(清)趙之謙撰　清同治三年(1864)刻二金蜨堂所著書本　清佚名批校　二册

330000－1701－0052095　普913.2323/2610/(2)/c1　史部/金石類/金之屬/圖像
兩罍軒彝器圖釋十二卷　(清)吳雲撰　清同治十一年(1872)刻本　六册

330000－1701－0052098　普 913.3251/3672
史部/金石類/石之屬/目録
萬邑西南山石刻記二卷南浦郡報善寺兩唐碑釋文一卷　況周頤撰　清光緒二十九年(1903)白巖講舍刻蕙風叢書本　高野侯題簽並記　一冊

330000－1701－0052099　普 913.33/0200/c4
史部/金石類/石之屬/通考
匋齋臧石記四十四卷首一卷臧甎記二卷　(清)端方輯　清宣統二年(1910)上海商務印書館石印本　十二冊

330000－1701－0052101　普 913.203/7110/c2　類叢部/叢書類/彙編之屬
文選樓叢書三十三種　(清)阮亨編　清嘉慶至道光阮元刻道光二十二年(1842)阮亨彙印本　四冊　存一種

330000－1701－0052102　GP06078　史部/政書類/通制之屬
文獻通考紀要二卷　清乾隆博陵尹會一刻本　四冊

330000－1701－0052105　普 814.08/4004.01/3/c1　集部/總集類/選集之屬/通代
古文苑二十一卷　(宋)章樵注　清刻本　六冊

330000－1701－0052107　普 913.203/7110/c4　類叢部/叢書類/彙編之屬
文選樓叢書三十三種　(清)阮亨編　清嘉慶至道光阮元刻道光二十二年(1842)阮亨彙印本　四冊　存一種

330000－1701－0052108　普 814.08/2872
子部/雜著類/雜說之屬
經史辨體不分卷　(清)徐與喬輯評　清稼史齋刻本　十六冊

330000－1701－0052110　普 814.08/4004.01/3/c2　集部/總集類/選集之屬/通代
古文苑二十一卷　(宋)章樵注　清刻本　六冊

330000－1701－0052114　GP14334　子部/宗教類/佛教之屬/總録
三國佛教畧史三卷　(日本)島地墨　(日本)生田得能撰　(清)釋聽雲　(清)釋海秋譯　清宣統三年(1911)京師龍泉孤兒院石印本　二冊

330000－1701－0052116　普 814.08/2847/2/c1　集部/總集類/選集之屬/通代
古文淵鑒六十四卷　(清)徐乾學等輯注　清同治十二年(1873)浙江書局刻本　三十二冊

330000－1701－0052119　普 814.08/3034
史部/目録類/總録之屬/地方
淮安藝文志十卷　(清)□□輯　清同治十二年(1873)刻本　八冊

330000－1701－0052120　普 814.08/4004.02/c1　集部/總集類/選集之屬/通代
續古文苑二十卷　(清)孫星衍輯　清光緒九年(1883)江蘇書局刻本　六冊

330000－1701－0052121　GP14336　類叢部/叢書類/彙編之屬
仰視千七百二十九鶴齋叢書四十種　(清)趙之謙編　清光緒會稽趙氏刻本　二冊　存一種

330000－1701－0052122　普 913.2323/2610/(2)/c2　史部/金石類/金之屬/圖像
兩壘軒彝器圖釋十二卷　(清)吳雲撰　清同治十一年(1872)刻本　六冊

330000－1701－0052123　普 814.08/2847/2/c4　集部/總集類/選集之屬/通代
古文淵鑒六十四卷　(清)徐乾學等輯注　清同治十二年(1873)浙江書局刻本　三十二冊

330000－1701－0052124　GP06081　類叢部/叢書類/彙編之屬
崇文書局彙刻書三十一種　(清)崇文書局編　清光緒元年至三年(1875－1877)湖北崇文書局刻本　二冊　存一種

330000－1701－0052125　GP14338　經部/春秋總義類/專著之屬
春秋讀本一卷　(清)胡師鴻纂　清抄本

一册

330000－1701－0052126　普 814.08/2847/2/c6　集部/總集類/選集之屬/通代
古文淵鑒六十四卷　(清)徐乾學等輯注　清同治十二年(1873)浙江書局刻本　三十二册

330000－1701－0052127　普 814.08/3141　集部/總集類/選集之屬/通代
秦漢文鈔十二卷　(明)馮有翼輯　(明)汪德元訂　清光緒十三年(1887)婁東味菜廬刻本　六册

330000－1701－0052128　普 814.08/4004.02/c3　集部/總集類/選集之屬/通代
續古文苑二十卷　(清)孫星衍輯　清光緒九年(1883)江蘇書局刻本　六册

330000－1701－0052129　普 913.2323/2610/(2)/c3　史部/金石類/金之屬/圖像
兩罍軒彝器圖釋十二卷　(清)吳雲撰　清同治十一年(1872)刻本　四册

330000－1701－0052130　GP06084　史部/傳記類/科舉録之屬
己未詞科錄十二卷首一卷　(清)秦瀛輯　清光緒十四年(1888)木活字印本　十二册

330000－1701－0052134　GP06082　子部/雜著類/雜說之屬
老學庵筆記十卷　(宋)陸游撰　清光緒三年(1877)湖北崇文書局刻崇文書局彙刻書本　單丕批並跋　二册

330000－1701－0052137　普 913.2323/3234/c1　史部/金石類/金之屬/圖像
攀古廔彝器款識二卷　(清)潘祖蔭撰　清同治十一年(1872)京師潘氏滂喜齋刻本　二册

330000－1701－0052139　普 913.203/2699/c2　史部/金石類/金之屬/文字
筠清館金石文字五卷　(清)吳榮光撰　清道光二十二年(1842)南海吳榮光筠清館刻本　五册

330000－1701－0052140　普 814.08/3340/c2　集部/總集類/選集之屬/通代
古文眉詮七十九卷首一卷　(清)浦起龍輯　清乾隆九年(1744)蘇州三吳書院刻本　二十三册　缺三卷(十八至二十)

330000－1701－0052141　GP06086　史部/編年類
資治通鑑彙刻　清同治至光緒江蘇書局刻本　十册　存一種

330000－1701－0052142　普 814.08/4004.02/2　類叢部/叢書類/彙編之屬
新斠平津館叢書十集三十四種　(清)孫星衍編　清光緒十年至十一年(1884－1885)吳縣朱氏槐廬家塾刻十五年至十七年(1889－1891)補刻本　八册　存一種

330000－1701－0052143　GP06085　類叢部/叢書類/彙編之屬
文選樓叢書三十三種　(清)阮亨編　清嘉慶至道光阮元刻道光二十二年(1842)阮亨彙印本　八册　存一種

330000－1701－0052144　普 814.08/2847/3/c1　集部/總集類/選集之屬/通代
古文淵鑒六十四卷　(清)徐乾學等輯注　清康熙四十九年(1710)內府刻四色套印本　二十三册　缺三卷(一至三)

330000－1701－0052148　GP06083　子部/雜著類/雜說之屬
蛾述集十六卷　(清)陳庭學輯　清嘉慶二十年(1815)六君子齋刻本　四册

330000－1701－0052149　普 913.2323/3234/c2　史部/金石類/金之屬/圖像
攀古廔彝器款識二卷　(清)潘祖蔭撰　清同治十一年(1872)京師潘氏滂喜齋刻本　二册

330000－1701－0052152　普 814.08/4004.02/4　集部/總集類/選集之屬/通代
續古文苑二十卷　(清)孫星衍輯　清嘉慶十二年(1807)刻本　二十册

330000－1701－0052153　GP14339　史部/傳記類/別傳之屬/年譜

賈芝房[敦艮]自纂年譜一卷　(清)賈敦艮撰　稿本　一冊

330000－1701－0052154　普 814.08/3543　類叢部/叢書類/彙編之屬

武英殿聚珍版書一百三十八種　清木活字印本　四冊　存一種

330000－1701－0052155　GP14348　集部/詞類/總集之屬

復堂詞錄□□卷　(清)譚獻輯　清末稿本　四冊　存九卷(三至十一)

330000－1701－0052157　普 913.203/2874　史部/金石類/金之屬/文字

從古堂款識學十六卷　(清)徐同柏撰　(清)徐士燕輯　清光緒三十二年(1906)蒙學報館石印本　八冊

330000－1701－0052158　普 814.08/4004.02/2/c3　集部/總集類/選集之屬/通代

續古文苑二十卷　(清)孫星衍輯　清嘉慶十二年(1807)刻本　七冊　缺二卷(一至二)

330000－1701－0052159　普 913.33/1146　史部/金石類/石之屬/文字

石鼓文釋存一卷補注一卷　(清)張燕昌撰　清光緒二十八年(1902)貴池劉世珩刻本　一冊

330000－1701－0052160　GP06089　類叢部/叢書類/家集之屬

江都陳氏叢書七種　(清)陳本禮　(清)陳逢衡撰　清嘉慶至道光刻本　十六冊　存一種

330000－1701－0052166　GP06090　類叢部/叢書類/彙編之屬

振綺堂叢刊八種　(清)□□輯　清嘉慶至光緒汪氏振綺堂刻本　二冊　存一種

330000－1701－0052168　GP14349　集部/總集類/題詠之屬

曝書亭著書硯題辭不分卷　(清)方惟祺編　清咸豐刻本　二冊

330000－1701－0052169　普 913.2323/3234/c3　史部/金石類/金之屬/圖像

攀古廔彝器款識二卷　(清)潘祖蔭撰　清同治十一年(1872)京師潘氏滂喜齋刻本　二冊

330000－1701－0052172　普 814.08/4004.02/4(2)/c2　類叢部/叢書類/彙編之屬

平津館叢書八集三十九種　(清)孫星衍編　清嘉慶蘭陵孫氏刻本　八冊　存一種

330000－1701－0052176　普 814.08/4015、普 814.08/4015.2　類叢部/叢書類/自著之屬

桐閣全書二十四種　(清)李元春撰　清道光至咸豐刻本　三十三冊　存二種

330000－1701－0052178　普 814.08/3340(3)　集部/總集類/選集之屬/通代

古文眉詮七十九卷首一卷　(清)浦起龍輯　清乾隆九年(1744)蘇州三吳書院刻本　十四冊

330000－1701－0052180　GP06097　類叢部/叢書類/彙編之屬

趙氏藏書十六種　(清)趙承恩編　清同治至光緒金谿趙氏紅杏山房補刻重印本　四冊　存一種

330000－1701－0052185　GP06098　類叢部/叢書類/彙編之屬

申報館叢書正集五十七種附錄三種續集一百四十二種　(清)尊聞閣主編　蔡爾康編續集　清同治至光緒上海申報館鉛印本　六冊　存一種

330000－1701－0052186　普 913.203/2699/c1　史部/金石類/金之屬/文字

筠清館金石文字五卷　(清)吳榮光撰　清道光二十二年(1842)南海吳榮光筠清館刻本　五冊

330000－1701－0052187　GP06091、GP06092　類叢部/叢書類/自著之屬

槐軒全集二十一種附九種　(清)劉沅撰　清咸豐至民國刻彙印本　十二冊　存二種

330000－1701－0052195　普 814.08/3714.2/2　集部/總集類/選集之屬/通代

茂經樓詳訂古文評註全集十卷　(清)過珙(清)黄越選評　清咸豐二年(1852)刻本　十冊

330000－1701－0052197　GP06099　史部/目録類
葉氏存古叢書四種　葉銘輯　清宣統二年(1910)西泠印社鉛印本　三冊　存一種

330000－1701－0052198　普814.08/4022、普814.08/4022.2　集部/總集類/選集之屬/通代
文章正宗復刻三十卷續十二卷　(宋)真德秀輯　清乾隆三十三年(1768)福建楊仲興刻本　二十四冊

330000－1701－0052202　GP06100　史部/傳記類/職官録之屬/總録
浙省江右同官錄一卷　清光緒三十二年(1906)刻朱墨套印本　二冊

330000－1701－0052204　普814.08/4022/2/c2、普814.08/4022.2/2　集部/别集類/宋别集
西山真文忠公全集八種　(宋)真德秀撰　清同治三年(1864)刻本　二十九冊　存一種

330000－1701－0052208　GP06102　經部/四書類/總義之屬/傳説
四書箋解十一卷　(清)王夫子撰　清光緒二十年(1894)鄂藩官廨刻本　四冊

330000－1701－0052211　GP14354　史部/傳記類/日記之屬
游歷日本考查商務日記二卷　(清)劉學詢撰　清光緒二十五年(1899)香山劉氏上海石印本　二冊

330000－1701－0052213　普814.08/4004　集部/總集類/選集之屬/通代
古文苑九卷　清光緒五年(1879)宜都楊氏飛青閣刻本　三冊

330000－1701－0052214　GP06103　類叢部/叢書類/自著之屬
清獻堂全編八種　(清)趙佑撰　清乾隆刻本　六冊　存一種

330000－1701－0052219　GP14355　集部/别集類/清别集
冷香室遺稿一卷　(清)王佩珩撰　清光緒二十六年(1900)刻本　一冊

330000－1701－0052221　普913.3252/1026/c1　史部/金石類/石之屬/目録
話雨樓碑帖目錄四卷　(清)王鯤撰　清道光十五年(1835)刻本　四冊

330000－1701－0052222　GP14356　集部/别集類/清别集
善卷堂四六十卷　(清)陸繁弨撰　(清)吳自高注　清道光二年(1822)刻本　四冊

330000－1701－0052224　GP06094　史部/傳記類/總傳之屬/斷代
東林列傳二十四卷末二卷　(清)陳鼎撰　清康熙五十年(1711)刻本　二十四冊

330000－1701－0052226　普913.3252/1026/c2　史部/金石類/石之屬/目録
話雨樓碑帖目錄四卷　(清)王鯤撰　清道光十五年(1835)刻民國九年(1920)勝谿柳棄疾印本　二冊

330000－1701－0052227　GP06104　史部/地理類/雜志之屬
中吴紀聞六卷　(宋)龔明之撰　清嘉慶十七年(1812)木活字印本　二冊

330000－1701－0052230　善008747　集部/别集類/宋别集
趙清獻公集十卷目錄二卷　(宋)趙抃撰　明萬曆十六年(1588)詹思謙刻清趙埅印本　六冊

330000－1701－0052232　普814.08/4004/2　集部/總集類/選集之屬/通代
古文苑九卷　清刻本　四冊

330000－1701－0052233　善008749　子部/雜著類/雜説之屬
老學庵筆記十卷　(宋)陸游撰　明萬曆商濬

刻稗海本　佚名過録清張謙宜批校並跋　三冊

330000－1701－0052237　GP06105　史部/紀事本末類/斷代之屬
明末紀事補遺十卷　(清)南沙三餘氏撰　清刻本　六冊

330000－1701－0052238　GP14361　類叢部/叢書類/彙編之屬
正覺樓叢刻(正覺樓叢書)二十九種　(清)崇文書局編　清光緒崇文書局刻本　三冊　存一種

330000－1701－0052241　普 913.2423/2547/c3　類叢部/叢書類/彙編之屬
後知不足齋叢書四十七種　(清)鮑廷爵編　清同治至光緒常熟鮑氏刻本　二冊　存二種

330000－1701－0052242　普 814.08/4004/3/c2　集部/總集類/選集之屬/通代
古文苑九卷　清嘉慶十四年(1809)蘭陵孫氏刻岱南閣叢書本　清胡蔭庭題記　二冊

330000－1701－0052243　普 913.203/4491/c1　史部/金石類/金之屬/文字
歷代鐘鼎彝器款識法帖二十卷　(宋)薛尚功輯　**歷代鐘鼎彝器款識法帖札記一卷**　劉世珩撰　清光緒二十九年(1903)貴池劉氏玉海堂武昌刻三十三年(1907)增刻本　四冊

330000－1701－0052244　GP14362　集部/別集類/清別集
劫火紀焚一卷　(清)何鏞撰　清光緒十一年(1885)上海萃珍齋木活字印本　一冊

330000－1701－0052245　GP06106　史部/雜史類/斷代之屬
西清筆記二卷　(清)沈初撰　清刻本　一冊

330000－1701－0052246　普 913.2423/2547/c4　類叢部/叢書類/彙編之屬
後知不足齋叢書四十七種　(清)鮑廷爵編　清同治至光緒常熟鮑氏刻本　二冊　存一種

330000－1701－0052247　善 008748　集部/別集類/清別集
覆瓿集不分卷　(清)紀惠庵撰　稿本　清周悅讓跋　清龔易園批並跋　二冊

330000－1701－0052249　GP14363　集部/別集類/清別集
聽桐廬殘草一卷　(清)王繼穀撰　清光緒六年(1880)宗源瀚刻本　一冊

330000－1701－0052251　GP06107　子部/儒家類/儒學之屬/蒙學
六藝綱目二卷附字原一卷發原一卷　(元)舒天民撰　(元)舒恭注　(明)趙宜中附注　清道光二十八年(1848)東武劉喜海刻本　二冊

330000－1701－0052255　普 814.08/4004.01/c2　集部/總集類/選集之屬/通代
古文苑二十一卷　(宋)章樵注　清光緒十二年(1886)江蘇書局刻本　四冊

330000－1701－0052258　普 913.203/4491/c2　史部/金石類/金之屬/文字
歷代鐘鼎彝器款識法帖二十卷　(宋)薛尚功輯　**歷代鐘鼎彝器款識法帖札記一卷**　劉世珩撰　清光緒二十九年(1903)貴池劉氏玉海堂武昌刻三十三年(1907)增刻本　四冊

330000－1701－0052259　GP06108　史部/地理類/雜志之屬
明州繫年錄七卷　(清)董沛撰　清光緒四年(1878)刻本　三冊

330000－1701－0052260　普 913.2423/2672　史部/金石類/錢幣之屬/圖像
遯盦古泉存八卷　吳隱輯　清宣統元年(1909)西泠印社拓本　八冊

330000－1701－0052261　普 814.08/4004.01/c1　集部/總集類/選集之屬/通代
古文苑二十一卷　(宋)章樵注　清光緒十二年(1886)江蘇書局刻本　四冊

330000－1701－0052262　GP14364　經部/叢編
五經精義五種三十一卷　(清)黄淦撰　清嘉慶五年至九年(1800－1804)刻武林尊德堂印

本　程耿批並題記　二冊　存一種

330000－1701－0052269　GP06109　史部/地理類/水利之屬
畿輔安瀾志五十六卷　(清)王履泰撰　清嘉慶木活字印本　二十四冊

330000－1701－0052270　普 913.2423/2700/c1　類叢部/叢書類/家集之屬
觀古閣叢刻十五種　(清)鮑康編　清嘉慶十一年至光緒二十一年(1806－1895)歙縣鮑氏刻本　一冊　存一種

330000－1701－0052271　普 814.08/4040　集部/總集類/選集之屬/通代
文韻集十二卷　(清)李士麟輯　清康熙三十年(1691)敬恕堂刻本　十冊

330000－1701－0052274　普 913.24/3701　類叢部/叢書類/彙編之屬
墨海金壺一百十五種　(清)張海鵬編　清嘉慶十三年至十六年(1808－1811)海虞張海鵬刻二十二年(1817)彙印本　四冊　存一種

330000－1701－0052277　普 913.2423/2700/c2　類叢部/叢書類/家集之屬
觀古閣叢刻十五種　(清)鮑康編　清嘉慶十一年至光緒二十一年(1806－1895)歙縣鮑氏刻本　一冊　存一種

330000－1701－0052279　普 913.2423/2744　史部/金石類/錢幣之屬/圖像
古今錢略三十二卷首一卷末一卷　(清)倪模撰　清光緒五年(1879)望江倪氏兩疆勉齋刻本　十六冊

330000－1701－0052281　善 008746　子部/道家類
十二段錦總訣不分卷　(清)潘霨輯　清抄本　一冊

330000－1701－0052286　GP14365　子部/藝術類/書畫之屬/總論
畫禪室隨筆四卷　(明)董其昌撰　(清)楊補輯　清刻本　二冊

330000－1701－0052288　普 814.08/4217.2　集部/總集類/選集之屬/通代
古文辭類纂七十四卷　(清)姚鼐輯　**續古文辭類纂三十四卷**　王先謙輯　清光緒三十年(1904)上海商務印書館鉛印本　十二冊

330000－1701－0052290　普 814.08/4060.04　集部/總集類/選集之屬/通代
文苑英華選六十卷　(清)宮夢仁輯　清思敬堂刻本　二十四冊

330000－1701－0052296　GP06110　史部/史評類/史論之屬
史通訓故補二十卷　(清)黃叔琳撰　清乾隆十二年(1747)黃氏養素堂刻本　四冊

330000－1701－0052297　普 814.08/4299　集部/總集類/選集之屬/通代
乾坤正氣集一百一十種五百七十四卷首一卷　(清)姚瑩　(清)顧沅　(清)潘錫恩輯　清道光二十八年(1848)涇縣潘氏袁江節署刻光緒十八年(1892)涇縣潘駿文重印本　一百五十八冊　缺十卷(易齋集、致身錄、于忠肅公集一至四、張文僖集、劉兩谿文集一至三)

330000－1701－0052298　普 814.08/4054　集部/總集類/選集之屬/通代
古文筆法(古文筆法百篇)二十卷首一卷　(清)李扶九輯　(清)黃黼注　清末上海進步書局石印本　四冊

330000－1701－0052301　GP14367　集部/別集類/清別集
夜餘錄一卷宦海餘生紀畧一卷　(清)蔡瑞年撰　清光緒刻本　一冊

330000－1701－0052304　GP06111　史部/詔令奏議類/奏議之屬
孝肅包公奏議十卷　(宋)包拯撰　(清)張純修輯　清同治九年(1870)四明包芳國天祿閣刻本　四冊

330000－1701－0052305　普 913.203/4491/3/c4　史部/金石類/金之屬/文字
歷代鐘鼎彝器款識法帖二十卷　(宋)薛尚功

撰　清嘉慶二年(1797)儀徵阮元小琅環僊館刻本　十冊

330000－1701－0052307　GP06096　經部/四書類/總義之屬/傳說
四書繹三十卷　(清)陳景惇撰　清道光三十年(1850)金陵寶仁堂刻本　二十冊

330000－1701－0052308　普 814.08/4054/3　集部/總集類/選集之屬/通代
古文筆法(古文筆法百篇)八卷　(清)李扶九輯　(清)黃黼注　清光緒三十年(1904)申江書局石印本　四冊

330000－1701－0052310　善 008758　集部/別集類/漢魏六朝別集
陶淵明集十卷附錄二卷　(晉)陶潛撰　明刻清修本　四冊

330000－1701－0052312　普 913.2423/3438.06/c1　類叢部/叢書類/彙編之屬
觀自得齋叢書二十三種別集六種　(清)徐士愷編　清光緒十三年至二十年(1887－1894)石埭徐氏刻本　一冊　存一種

330000－1701－0052313　GP06121　史部/雜史類/斷代之屬
行素齋雜記二卷　(清)繼昌撰　清光緒二十七年(1901)湖南臬署刻本　二冊

330000－1701－0052314　普 913.33/2643　史部/金石類/石之屬
漢沙南侯獲刻石雙鉤本一卷　(清)吳大澂鉤摹　**沙南侯獲刻石釋文一卷**　(清)張之洞撰　清同治十二年(1873)吳縣潘氏滂喜齋刻本　一冊

330000－1701－0052316　GP06113　集部/別集類/清別集
培遠堂手札節要三卷首一卷附錄一卷　(清)陳弘謀撰　清同治十一年(1872)刻本　二冊

330000－1701－0052317　普 913.33/2138　史部/金石類/石之屬/文字
思古齋雙鉤漢碑篆額三卷　(清)何澂輯　清光緒九年(1883)刻本　三冊

330000－1701－0052319　普 814.08/4054/4　集部/總集類/選集之屬/通代
古文筆法(古文筆法百篇)八卷　(清)李扶九輯　(清)黃黼注　清光緒二十九年(1903)石印本　一冊

330000－1701－0052320　GP06122　子部/叢編
清渠叢書九種　(清)馮澂撰　清光緒二十三年(1897)上海著易堂書局石印本　六冊

330000－1701－0052321　普 913.2423/3438.06/c2　類叢部/叢書類/彙編之屬
觀自得齋叢書二十三種別集六種　(清)徐士愷編　清光緒十三年至二十年(1887－1894)石埭徐氏刻本　一冊　存一種

330000－1701－0052322　善 008757　集部/別集類/清別集
師儉堂古今詩集不分卷　(清)朱兆熊撰　清抄本　一冊

330000－1701－0052323　普 913.203/4491/3/c1　史部/金石類/金之屬/文字
歷代鐘鼎彝器款識法帖二十卷　(宋)薛尚功撰　清嘉慶二年(1797)儀徵阮元小琅環僊館刻本　四冊

330000－1701－0052324　普 913.2423/3438.06/c3　類叢部/叢書類/彙編之屬
觀自得齋叢書二十三種別集六種　(清)徐士愷編　清光緒十三年至二十年(1887－1894)石埭徐氏刻本　一冊　存一種

330000－1701－0052325　GP14380　史部/政書類/邦計之屬
更定萍鄉礦路大槩辦法一卷　(清)張贊宸輯　清光緒三十年(1904)刻本　一冊

330000－1701－0052327　GP06115　史部/地理類/總志之屬
歷代輿地沿革險要圖說一卷　楊守敬　饒敦秩撰　王尚德繪　清光緒二十四年(1898)上海文賢閣石印本　一冊

330000－1701－0052328　普 913.2423/1124/

2　史部/金石類/錢幣之屬/雜著

錢志新編二十卷　(清)張崇懿輯　清道光十年(1830)古婁尹湘酌春堂刻本　四冊

330000－1701－0052329　普913.203/4491/3/c2　史部/金石類/金之屬/文字

歷代鐘鼎彝器款識法帖二十卷　(宋)薛尚功撰　清嘉慶二年(1797)儀徵阮元小琅環僊館刻本　四冊

330000－1701－0052331　普008756　集部/總集類/選集之屬/斷代

中州集十卷首一卷中州樂府一卷　(金)元好問輯　明末海虞毛氏汲古閣刻本　十一冊

330000－1701－0052332　普913.203/4491/3/c3　史部/金石類/金之屬/文字

歷代鐘鼎彝器款識法帖二十卷　(宋)薛尚功撰　清嘉慶二年(1797)儀徵阮元小琅環僊館刻本　四冊

330000－1701－0052333　GP06116　經部/三禮總義類/名物制度之屬

廟制圖考四卷　(清)萬斯同撰　清乾隆三十年(1765)辨志堂刻本　一冊

330000－1701－0052337　GP06117　類叢部/叢書類/彙編之屬

雅雨堂藏書十三種　(清)盧見曾編　清乾隆二十一年(1756)德州盧氏雅雨堂刻增修本　一冊　存一種

330000－1701－0052341　普913.2423/4377/2　史部/金石類/錢幣之屬/文字

古泉叢話三卷又一卷　(清)戴熙撰　清同治十一年(1872)潘氏滂喜齋刻本　一冊　存三卷(一至三)

330000－1701－0052344　GP06118　經部/易類/傳說之屬

周易鄭氏爻辰一卷　(清)謝家禾撰　清嘉慶二十五年(1820)五存齋刻本　一冊

330000－1701－0052345　普913.2423/1124/2(2)　史部/金石類/錢幣之屬/雜著

錢志新編二十卷　(清)張崇懿輯　清道光十年(1830)古婁尹湘酌春堂刻本　八冊

330000－1701－0052346　GP06123　史部/地理類/水利之屬

迴瀾紀要二卷　(清)徐端撰　清道光九年(1829)刻本　二冊

330000－1701－0052347　普814.08/4094/c2　類叢部/叢書類/自著之屬

李文貞公全集三十九種　(清)李光地撰　清乾隆元年(1736)李清植刻嘉慶六年(1801)補刻本　三冊　存一種

330000－1701－0052349　普913.2423/7227/c1　類叢部/叢書類/家集之屬

觀古閣叢刻十五種　(清)鮑康編　清嘉慶十一年至光緒二十一年(1806－1895)歙縣鮑氏刻本　一冊　存一種

330000－1701－0052350　普913.2423/7227/c2　類叢部/叢書類/家集之屬

觀古閣叢刻十五種　(清)鮑康編　清嘉慶十一年至光緒二十一年(1806－1895)歙縣鮑氏刻本　一冊　存一種

330000－1701－0052351　GP14372　子部/天文曆算類/算書之屬

算學十書　(清)賈步緯輯　清同治至光緒江南機器製造總局刻本暨鉛印本　一冊　存二種

330000－1701－0052353　普814.08/4217、普814.08/4217.02　集部/總集類/選集之屬/通代

古文辭類纂七十四卷　(清)姚鼐輯　**續古文辭類纂三十四卷**　王先謙輯　清光緒十九年(1893)思賢講舍刻本　章嶔題記　二十四冊

330000－1701－0052356　普913.33/2688　類叢部/叢書類/自著之屬

魏稼孫先生全集三種　(清)魏錫曾撰　清光緒九年(1883)羊城刻本　六冊　存一種

330000－1701－0052357　普913.33/2242/2　史部/傳記類/別傳之屬/墓誌

崔敬邕墓誌銘一卷　清光緒三十二年(1906)

丹徒劉氏影印本　一册

330000－1701－0052358　普 913.33/2688/(2)　類叢部/叢書類/自著之屬

魏稼孫先生全集三種　(清)魏錫曾撰　清光緒九年(1883)羊城刻本　十一册　存一種

330000－1701－0052362　GP14384　類叢部/叢書類/家集之屬

得一山房四種　(清)唐景崧等撰　清光緒十九年(1893)刻本　五册　存二種

330000－1701－0052363　善 008755　史部/金石類/郡邑之屬/目録

補寰宇訪碑録五卷失編一卷　(清)趙之謙撰　清同治三年(1864)刻二金蝀堂所著書本　佚名批校　二册

330000－1701－0052365　善 008753　類叢部/叢書類/彙編之屬

寶顏堂祕笈二百二十八種　(明)陳繼儒編　明萬曆至泰昌繡水沈氏刻本　一百三十二册　存一百十九種

330000－1701－0052367　善 008754　史部/金石類/郡邑之屬/目録

寰宇訪碑録十二卷　(清)孫星衍　(清)邢澍撰　清嘉慶七年(1802)蘭陵孫氏刻平津館叢書本　清龔橙批校　六册

330000－1701－0052371　GP06120　集部/別集類/清別集

初學集二十卷　(清)錢謙益撰　(清)錢曾箋注　**牧翁先生[錢謙益]年譜一卷**　(清)葛萬里編　清宣統三年(1911)上海國學扶輪社石印本　十二册

330000－1701－0052375　普 913.2423/8393　史部/金石類/錢幣之屬

錢譜不分卷　清道光十七年(1837)張炘刻本　四册

330000－1701－0052376　普 913.33/2880/c1　史部/金石類/石之屬/文字

宋徐鼎臣臨秦碣石頌一卷　清同治六年(1867)海虞楊氏刻本　一册

330000－1701－0052379　善 008767　經部/叢編

五經旁訓　(元)李恕旁訓　明萬曆二十三年(1595)鄭汝璧、田疇等刻本　四册　存一種

330000－1701－0052382　GP06124　史部/地理類/水利之屬

安瀾紀要二卷　(清)徐端撰　清道光九年(1829)刻本　二册

330000－1701－0052384　普 913.33/2880/c2　史部/金石類/石之屬/文字

宋徐鼎臣臨秦碣石頌一卷　清同治六年(1867)海虞楊氏刻本　一册

330000－1701－0052387　普 913.203/7110/4/c4　史部/金石類/金之屬/文字

積古齋鐘鼎彝器款識十卷　(清)阮元　(清)朱爲弼撰　清光緒五年(1879)武昌刻本　六册

330000－1701－0052389　普 814.08/4217/4、普 814.08/4217.02/2　集部/總集類/選集之屬/通代

古文辭類纂七十四卷　(清)姚鼐輯　**續古文辭類纂三十四卷**　王先謙輯　清光緒十八年(1892)吳縣朱記榮上海刻席氏掃葉山房印本　二十册

330000－1701－0052392　GP06133　類叢部/叢書類/彙編之屬

雅雨堂藏書十三種　(清)盧見曾編　清乾隆二十一年(1756)德州盧氏雅雨堂刻增修本　四册　存一種

330000－1701－0052393　GP06125　史部/政書類/邦計之屬/鹽法

欽定重修兩浙鹽法志三十卷首一卷　(清)馮培　(清)潘庭筠等纂修　清嘉慶七年(1802)刻本　二十四册

330000－1701－0052394　GP14376　集部/別集類/清別集

大野草堂詩一卷蜈巢詞一卷白癡詞餘一卷　(清)張文田撰　清光緒十三年(1887)刻本

一册

330000－1701－0052395　普 913.203/7110/4/c2　史部/金石類/金之屬/文字
積古齋鐘鼎彝器款識十卷　(清)阮元　(清)朱爲弼撰　清光緒五年(1879)武昌刻本　六册

330000－1701－0052396　普 814.08/4217/5　集部/總集類/選集之屬/通代
古文辭類纂十五卷　(清)姚鼐輯　**續古文辭類纂十卷**　王先謙輯　清光緒二十年(1894)上海圖書集成印書局鉛印本　六册　存十五卷(一至十五)

330000－1701－0052398　GP06134　子部/雜著類/雜纂之屬
紅杏山房聞見隨筆二十八卷　(清)盧秉鈞撰　清光緒十八年(1892)戎州盧氏刻本　八册

330000－1701－0052400　普 913.2423/9002　史部/金石類/錢幣之屬
便覽寶泉誌不分卷　(清)新安小謫仙編　清道光十三年(1833)花隱香巢刻本　一册

330000－1701－0052403　善 008766　子部/法家類
管子二十四卷　(唐)房玄齡注　(明)張榜等評　明刻管韓合刻本　佚名批校　四册

330000－1701－0052404　普 814.08/4299.08　集部/總集類/選集之屬/通代
乾坤正氣集一百一十種五百七十四卷首一卷　(清)姚瑩　(清)顧沅　(清)潘錫恩輯　清道光二十八年(1848)涇縣潘氏袁江節署刻本　丁立中跋　二册　存一卷(首)

330000－1701－0052406　GP06135　經部/小學類/文字之屬/說文
說文續字彙二卷　(清)靜觀齋主人輯　清光緒十二年(1886)上海積山書局石印本　二册

330000－1701－0052407　普 913.33/3131　史部/金石類/石之屬/文字
韓蘄王碑釋文一卷　(清)顧沅撰　清道光長洲顧氏刻本　二册

330000－1701－0052413　GP06136　新學/格致總
藝器記珠一卷　(清)徐建寅撰　清光緒十年(1884)江南製造總局石印本　一册

330000－1701－0052414　GP14387　史部/史評類/史論之屬
歷代史論十二卷宋史論三卷元史論一卷　(明)張溥撰　**明史論四卷**　(清)谷應泰撰　**左傳史論二卷**　(清)高士奇撰　清光緒五年(1879)西江裴氏刻本　十二册

330000－1701－0052415　普 814.08/4217/6/c1　集部/總集類/選集之屬/通代
古文辭類纂七十五卷附錄一卷　(清)姚鼐輯　**古文辭類纂校勘記一卷**　(清)李承淵撰　清光緒二十七年(1901)滁州李氏求要堂刻本　六册　缺三十二卷(一至三十一、附錄)

330000－1701－0052421　GP14388　史部/地理類/水利之屬
迴瀾紀要二卷　(清)徐端撰　清道光九年(1829)刻本　二册

330000－1701－0052424　普 814.08/4217/6/c3　集部/總集類/選集之屬/通代
古文辭類纂七十五卷附錄一卷　(清)姚鼐輯　**古文辭類纂校勘記一卷**　(清)李承淵撰　清光緒二十七年(1901)滁州李氏求要堂刻本　十二册

330000－1701－0052425　GP06126　經部/易類/傳說之屬
漢宋易學解不分卷　(清)王希伊撰　清光緒九年(1883)維揚徐文德齋刻本　二册

330000－1701－0052427　普 814.08/4316　集部/總集類/氏族之屬
建溪集前編四卷後編二卷　(清)戴聰輯　清道光十三年(1833)戴氏九靈山房刻本　四册　存四卷(前編一至四)

330000－1701－0052431　普 814.08/4217/6/c4　集部/總集類/選集之屬/通代
古文辭類纂七十五卷附錄一卷　(清)姚鼐輯

古文辭類纂校勘記一卷　(清)李承淵撰　清光緒二十七年(1901)滁州李氏求要堂刻本　十二冊

330000－1701－0052438　普 814.08/4418/c2　集部/總集類/選集之屬/通代
古文析義六卷二編八卷　(清)林雲銘輯注　清刻本　十四冊

330000－1701－0052440　普 814.08/4217/9　集部/總集類/選集之屬/通代
古文辭類纂七十五卷　(清)姚鼐輯　清同治八年(1869)問竹軒刻本　十六冊

330000－1701－0052443　GP06128　子部/兵家類/兵法之屬
兵鑑全集四卷　(清)徐宗幹輯　**火攻答一卷**　(明)王鳴鶴撰　清咸豐二年(1852)斯未信齋刻本　四冊

330000－1701－0052446　普 913.24464/2700　類叢部/叢書類/家集之屬
觀古閣叢刻十五種　(清)鮑康編　清嘉慶十一年至光緒二十一年(1806－1895)歙縣鮑氏刻本　三冊　存一種

330000－1701－0052447　普 814.08/4418/2　集部/總集類/選集之屬/通代
古文析義六卷　(清)林雲銘輯注　清康熙二十一年(1682)刻本　二冊

330000－1701－0052448　GP06138　新學/雜著
經世述要四卷　(清)徐立清輯　清光緒二十九年(1903)石印本　四冊

330000－1701－0052450　善 008765　經部/小學類
澤存堂五種　(清)張士俊輯　清康熙張士俊澤存堂刻本　六冊　存一種

330000－1701－0052451　GP14397　集部/別集類/清別集
愛國女士丁志先遺著不分卷　(清)丁志先撰　清光緒三十年(1904)丁謙刻本　一冊

330000－1701－0052453　GP06139　集部/總集類/氏族之屬
慎行堂三世詩存三種　徐寶炘　徐寶華輯　清咸豐九年(1859)、民國九年(1920)刻民國九年(1920)彙印本　一冊　存一種

330000－1701－0052454　GP14390　經部/春秋總義類/傳說之屬
春秋傳三十卷　(宋)胡安國撰　清刻本　十冊

330000－1701－0052457　普 913.33/44221　史部/金石類/石之屬/文字
夏承碑一卷　(清)高學治輯　清光緒十九年(1893)上海蜚英館影印本　一冊

330000－1701－0052458　GP06140　集部/總集類/氏族之屬
慎行堂三世詩存三種　徐寶炘　徐寶華輯　清咸豐九年(1859)、民國九年(1920)刻民國九年(1920)彙印本　一冊　存一種

330000－1701－0052459　普 814.08/4418/3　集部/總集類/選集之屬/通代
古文析義六卷二編八卷　(清)林雲銘輯注　清經綸堂刻本　六冊

330000－1701－0052460　GP14392　類叢部/叢書類/彙編之屬
半厂叢書初編十種　(清)譚獻編　清同治至光緒仁和譚氏刻本　三冊　存一種

330000－1701－0052461　GP14398　類叢部/叢書類/彙編之屬
漸西村舍彙刊(漸西村舍叢刻)四十四種　(清)袁昶編　清光緒十六年至二十四年(1890－1898)桐廬袁氏刻本　四冊　存一種

330000－1701－0052462　GP06129　集部/別集類/清別集
韻篁樓吟稾二卷　(清)王文瑞撰　清末刻本　二冊

330000－1701－0052463　善 008764　子部/儒家類/儒學之屬/經濟
法言十卷　(漢)揚雄撰　明萬曆二十年

(1592)新安程氏刻漢魏叢書本　佚名批　一册

330000－1701－0052464　GP06141　史部/傳記類/職官録之屬/總録
清秘述聞十六卷　(清)法式善編　清嘉慶四年(1799)刻本　四册

330000－1701－0052468　GP14393　子部/雜著類/雜纂之屬
憂盛編一卷　(清)沈祖燕編　清光緒三十二年(1906)木活字印本　培批並跋　一册

330000－1701－0052470　普 814.08/4418/4　集部/總集類/選集之屬/通代
古文析義十四卷　(清)林雲銘輯注　清書業堂刻本　六册

330000－1701－0052472　GP06142、GP06143　類叢部/叢書類/彙編之屬
武英殿聚珍版書一百四十八種　清乾隆四十二年(1777)福建刻道光至同治遞修光緒二十一年(1895)增刻本　二册　存二種

330000－1701－0052474　善 008763　集部/別集類/明別集
敬和堂詩一卷　(明)許孚遠撰　清抄本　一册

330000－1701－0052476　GP14394　子部/儒家類/儒學之屬/禮教
裕昆要録一卷　(清)陳延益輯　清光緒十一年(1885)刻本　一册

330000－1701－0052481　普 913.33/44221.2/c2　史部/金石類/石之屬/文字
漢陽萬氏所藏漢石經殘字不分卷　(清)萬立輯　清光緒二十七年(1901)漢陽萬氏石印本　一册

330000－1701－0052482　普 913.24464/2700/2/c1　類叢部/叢書類/家集之屬
觀古閣叢刻十五種　(清)鮑康編　清嘉慶十一年至光緒二十一年(1806－1895)歙縣鮑氏刻本　二册　存一種

330000－1701－0052483　GP14400　史部/史評類/史論之屬
東萊先生音註唐鑑二十四卷　(宋)范祖禹撰　(宋)吕祖謙注　明刻本　十册

330000－1701－0052484　GP06153　經部/易類/傳說之屬
易學提綱一卷　(清)胡先鉅手錄　(清)趙樹棠校對　清咸豐元年(1851)時還居刻本　一册

330000－1701－0052485　普 814.08/4217/12/c1、普 814.08/4217.02/9　集部/總集類/選集之屬/通代
古文辭類纂七十四卷　(清)姚鼐輯　**續古文辭類纂三十四卷**　王先謙輯　清光緒三十三年(1907)上海商務印書館鉛印本　十二册

330000－1701－0052486　普 913.24464/2700/2/c2　類叢部/叢書類/家集之屬
觀古閣叢刻十五種　(清)鮑康編　清嘉慶十一年至光緒二十一年(1806－1895)歙縣鮑氏刻本　二册　存一種

330000－1701－0052488　普 913.33/4073　史部/金石類/郡邑之屬
惠山聽松石床題字一卷　(清)吳雲撰　清同治五年(1866)歸安吳雲二百蘭亭齋刻本　一册

330000－1701－0052489　善 008762　子部/雜著類/雜說之屬
隣幾雜誌一卷　(宋)江休復撰　明刻本　一册

330000－1701－0052490　普 813.56/5071/3/c2/1　集部/小說類/長篇之屬
東周列國全志二十三卷一百八回　(清)蔡奡評點　清光緒鍊石齋書局石印本　一册　存一卷(八)

330000－1701－0052491　普 814.08/4217/12/c2　集部/總集類/選集之屬/通代
古文辭類纂七十四卷　(清)姚鼐輯　**續古文辭類纂三十四卷**　王先謙輯　清光緒三十三

年(1907)上海商務印書館鉛印本　七冊　存六十四卷(一至三十、四十一至七十四)

330000－1701－0052492　GP06144　經部/小學類/音韻之屬/韻書

佩文韻遡原五卷　(清)劉家鎮輯　清道光二十九年(1849)石芝山館刻本　二冊

330000－1701－0052495　善008759　集部/別集類/漢魏六朝別集

鮑明遠集十卷　(南朝宋)鮑照撰　明刻本　二冊

330000－1701－0052496　GP06154　經部/小學類/音韻之屬/韻書

新纂五方元音二卷　(清)樊騰鳳撰　清末山右致和堂刻本　二冊

330000－1701－0052497　善008760　類叢部/叢書類/彙編之屬

寶顔堂祕笈二百二十八種　(明)陳繼儒編　明萬曆至泰昌繡水沈氏刻本　一冊　存彙集二種

330000－1701－0052498　GP14402　史部/政書類/律令之屬/治獄

提牢備考四卷　(清)趙舒翹撰　清光緒十九年(1893)東甌官舍刻本　二冊

330000－1701－0052502　GP06147　經部/小學類/文字之屬/字書/字典

字彙十二卷首一卷末一卷韻法直圖一卷　(明)梅膺祚撰　**韻法橫圖一卷**　(明)李世澤撰　清刻本　一冊　存三卷(末、韻法直圖、韻法橫圖)

330000－1701－0052504　普913.2484/2700/c1　類叢部/叢書類/家集之屬

觀古閣叢刻十五種　(清)鮑康編　清嘉慶十一年至光緒二十一年(1806－1895)歙縣鮑氏刻本　一冊　存一種

330000－1701－0052505　GP14403　子部/兵家類/兵法之屬

中華古代陣法圖攷一卷　(清)胡敏修編輯　清末抄本　一冊

330000－1701－0052506　普913.2484/2700/c2　類叢部/叢書類/家集之屬

觀古閣叢刻十五種　(清)鮑康編　清嘉慶十一年至光緒二十一年(1806－1895)歙縣鮑氏刻本　一冊　存一種

330000－1701－0052507　GP14416　集部/別集類/清別集

海秋詩集二十六卷後集一卷　(清)湯鵬撰　**評跋附錄一卷**　清道光十八年(1838)刻同治十二年(1873)湯壽銘增修本　九冊　缺一卷(後集)

330000－1701－0052509　GP06149　經部/小學類/音韻之屬/韻書

韻辨一隅八卷補遺一卷　(清)諸玉衡撰　清道光二十二年至二十四年(1842－1844)金氏味經瘦閣刻咸豐五年(1855)古楂谿郁氏宜稼堂補刻本　四冊

330000－1701－0052511　普913.2484/2700/c4　類叢部/叢書類/家集之屬

觀古閣叢刻十五種　(清)鮑康編　清嘉慶十一年至光緒二十一年(1806－1895)歙縣鮑氏刻本　二冊　存一種

330000－1701－0052515　GP06151　經部/小學類/音韻之屬

韻徵十六卷　(清)安吉撰　(清)安念祖纂錄　清道光十七年(1837)親仁堂刻本　六冊

330000－1701－0052517　GP06159　經部/小學類/文字之屬/字書/字典

經韻集字析解二卷經有韻無字一卷拾遺補註一卷全韻字數一卷　(清)熊守謙撰　(清)彭良敞集注　清刻本　六冊

330000－1701－0052518　GP14406　子部/儒家類/儒學之屬/勸學

輶軒語七卷　(清)張之洞撰　清光緒四年(1878)敏德堂潘氏刻本　二冊

330000－1701－0052520　GP14417　類叢部/叢書類/自著之屬

章氏遺書二種　(清)章學誠撰　清光緒三年

至四年(1877－1878)貴陽章氏刻十九年(1893)補刻本　五冊

330000－1701－0052525　善008769　子部/叢編
先秦諸子合編　(明)馮夢禎編　明萬曆三十年(1602)緜眇閣刻本　一冊　存二種

330000－1701－0052527　普814.08/4217.02/3　集部/總集類/選集之屬/通代
古文辭類纂十五卷　(清)姚鼐輯　**續古文辭類纂十卷**　王先謙輯　清光緒二十四年(1898)慎記書莊石印本　三冊　存十卷(續古文辭類纂一至十)

330000－1701－0052528　GP14418　類叢部/叢書類/家集之屬
董氏叢書十六種　(清)董金鑑編　清光緒三十二年(1906)會稽董氏取斯家塾刻本　一冊　存一種

330000－1701－0052529　GP06165　新學/政治法律
政學叢書　清光緒上海商務印書館鉛印本　一冊　存一種

330000－1701－0052530　善008773　類叢部/叢書類/彙編之屬
快閣藏書十一種　(明)唐琳編　明天啓唐氏快閣刻本　二冊　存二種

330000－1701－0052531　普913.33/4422/c3　史部/金石類/石之屬
燕然山銘不分卷　清宣統元年(1909)浙江官紙局石印本　一冊

330000－1701－0052533　普323.097/3540　史部/政書類/通制之屬
欽定大清會典八十卷　(清)托津等撰　清嘉慶二十三年(1818)武英殿刻本　二十冊

330000－1701－0052534　善008761　類叢部/叢書類/彙編之屬
寶顏堂祕笈二百二十八種　(明)陳繼儒編　明萬曆至泰昌繡水沈氏刻本　一冊　存彙集二種

330000－1701－0052535　GP14419　史部/傳記類/別傳之屬/事狀
慈闈瑣記二卷　(清)孫仁述撰　清光緒三十三年(1907)刻本　一冊

330000－1701－0052536　GP06166　類叢部/叢書類/彙編之屬
武英殿聚珍版書一百四十八種　清乾隆四十二年(1777)福建刻道光同治遞修光緒二十一年(1895)增刻本　章嶔題簽　一冊　存一種

330000－1701－0052537　善008770　史部/紀傳類/正史之屬
十七史　(明)毛晉編　明崇禎元年至十七年(1628－1644)毛氏汲古閣刻清順治五年至十三年(1648－1656)補刻本　章嶔題記　七十八冊　存七種

330000－1701－0052538　普913.2484/2700.02/c1　類叢部/叢書類/家集之屬
觀古閣叢刻十五種　(清)鮑康編　清嘉慶十一年至光緒二十一年(1806－1895)歙縣鮑氏刻本　一冊　存一種

330000－1701－0052541　善008774　集部/總集類/彙編之屬
翠娛閣評選行笈必攜十種　(明)陸雲龍編　明崇禎陸雲龍翠娛閣刻本　四冊　存一種

330000－1701－0052543　普913.2484/2700.02/c2　類叢部/叢書類/家集之屬
觀古閣叢刻十五種　(清)鮑康編　清嘉慶十一年至光緒二十一年(1806－1895)歙縣鮑氏刻本　一冊　存一種

330000－1701－0052544　GP06167　新學
江南製造局譯書　(清)江南製造局編　清光緒江南製造局鉛印本　一冊　存一種

330000－1701－0052545　普814.08/4418.2/3　集部/總集類/選集之屬/通代
古文析義十六卷　(清)林雲銘輯注　清光緒二十七年(1901)聯墨堂刻本　十六冊

330000－1701－0052546　普913.2484/2700.02/(2)　類叢部/叢書類/家集之屬

觀古閣叢刻十五種　(清)鮑康編　清嘉慶十一年至光緒二十一年(1806－1895)歙縣鮑氏刻本　一册　存一種

330000－1701－0052548　善 008772　集部/詞類/類編之屬

宋名家詞六十一種　(明)毛晉編　明崇禎虞山毛氏汲古閣刻本　三册　存三種

330000－1701－0052550　普 323.097/3540/2　史部/政書類/通制之屬

大清會典一百六十二卷　(清)伊桑阿等纂修　清康熙刻本　七十九册　缺二卷(九十四至九十五)

330000－1701－0052553　普 913.2484/7243/c1　類叢部/叢書類/家集之屬

觀古閣叢刻十五種　(清)鮑康編　清嘉慶十一年至光緒二十一年(1806－1895)歙縣鮑氏刻本　一册　存一種

330000－1701－0052554　普 913.33/4474.2　史部/金石類/郡邑之屬/圖像

寰宇貞石圖六卷　(清)楊守敬輯　清宣統元年(1909)宜都楊守敬飛青閣影印剪貼本　六册

330000－1701－0052555　GP06168　子部/雜著類/雜纂之屬

陳刻二種　(清)陳世修輯　清光緒元年至二年(1875－1876)陳氏庸閒齋刻本　二册　存一種

330000－1701－0052557　普 814.08/4418.2　集部/總集類/選集之屬/通代

古文析義十六卷　(清)林雲銘輯注　清經元堂刻本　十六册

330000－1701－0052559　善 008771　集部/戲劇類/傳奇之屬

繡刻演劇十本六十種　(明)毛晉編　明末毛氏汲古閣刻本　三册　存二種

330000－1701－0052561　普 913.2484/7243/c2　類叢部/叢書類/家集之屬

觀古閣叢刻十五種　(清)鮑康編　清嘉慶十一年至光緒二十一年(1806－1895)歙縣鮑氏刻本　一册　存一種

330000－1701－0052562　普 814.08/4217.02/5　集部/總集類/選集之屬/通代

續古文辭類纂三十四卷　王先謙輯　清光緒八年(1882)長沙王氏虚受堂刻本　八册

330000－1701－0052563　GP06161　子部/術數類/占卜之屬

河洛精蘊九卷　(清)江永撰　清乾隆三十九年(1774)旌德黄聖謙藴真書屋刻五十年(1785)印本　四册

330000－1701－0052564　善 008775　類叢部/叢書類/彙編之屬

稗海四十八種續集二十二種　(明)商濬編　明萬曆商氏半埜堂刻清康熙至乾隆修補重訂本(齊東野語卷八至十、癸辛雜識續集卷下配抄本)　七十六册　存六十七種

330000－1701－0052565　善 008768　類叢部/叢書類/彙編之屬

津逮祕書十五集一百四十種　(明)毛晉編　明崇禎虞山毛氏汲古閣刻本　十四册　存二種

330000－1701－0052567　GP14422　集部/別集類/清別集

戲寄一卷　(清)何兆聯撰　清道光刻本　一册

330000－1701－0052568　普 814.08/4418.2/2　集部/總集類/選集之屬/通代

古文析義十六卷　(清)林雲銘輯注　清刻本　十六册

330000－1701－0052570　普 913.33/4726/c1　史部/金石類/石之屬/文字

金薤琳琅二十卷　(明)都穆撰　金薤琳琅補遺一卷　(清)宋振譽撰　清乾隆四十三年(1778)汪荻洲刻本　四册

330000－1701－0052573　GP06169　類叢部/叢書類/自著之屬

查菿湖先生雜著二種二卷　(清)查奕慶撰

清咸豐七年(1857)刻本　一册

330000－1701－0052575　普 323.097/3540.2　史部/政書類/通制之屬

欽定大清會典事例九百二十卷目録八卷　(清)托津等撰　清嘉慶二十五年(1820)武英殿刻本　一百九十二册

330000－1701－0052576　普 913.33/4726/c2　史部/金石類/石之屬/文字

金薤琳琅二十卷　(明)都穆撰　**金薤琳琅補遺一卷**　(清)宋振譽撰　清乾隆四十三年(1778)汪荻洲刻本　四册

330000－1701－0052578　GP06170　新學/理學/理學

論理學綱要不分卷附録演習問題一卷　(日本)十時彌撰　(清)田吳炤譯　清光緒三十一年(1905)上海商務印書館鉛印本　一册

330000－1701－0052582　GP14423　史部/政書類/公牘檔册之屬

程中丞庚子函牘鈔略一卷　程德全撰　李遜編　清宣統元年(1909)鉛印本　一册

330000－1701－0052583　普 913.33/4726/c3　史部/金石類/石之屬/文字

金薤琳琅二十卷　(明)都穆撰　**金薤琳琅補遺一卷**　(清)宋振譽撰　清乾隆四十三年(1778)汪荻洲刻本　四册

330000－1701－0052585　普 814.08/4443/c2　集部/總集類/選集之屬/通代

古文雅正十四卷　(清)蔡世遠輯　清同治七年(1868)湘鄉曾氏刻本　八册

330000－1701－0052589　普 913.33/4726/c4　史部/金石類/石之屬/文字

金薤琳琅二十卷　(明)都穆撰　**金薤琳琅補遺一卷**　(清)宋振譽撰　清乾隆四十三年(1778)汪荻洲刻本　四册

330000－1701－0052590　普 814.08/4443/c1　集部/總集類/選集之屬/通代

古文雅正十四卷　(清)蔡世遠輯　清同治七年(1868)湘鄉曾氏刻本　八册

330000－1701－0052591　GP14424　集部/別集類/唐五代別集

顧華陽集三卷　(唐)顧況撰　(清)顧名端輯　**子非熊詩一卷**　(唐)顧非熊撰　(清)顧名端輯　**顧華陽集補遺一卷**　(清)顧履成輯　清道光十九年(1839)黄鶴山莊刻本　一册

330000－1701－0052592　GP06164　集部/曲類/曲韻曲譜曲律之屬

中州全韻二十二卷首一卷　(清)周昂輯　清乾隆此宜閣刻本　四册

330000－1701－0052597　普 913.203/7110/(2)　類叢部/叢書類/彙編之屬

文選樓叢書三十三種　(清)阮亨編　清嘉慶至道光阮元刻道光二十二年(1842)阮亨彙印本　二册　存一種

330000－1701－0052599　普 814.08/4436　集部/總集類/選集之屬/通代

古文類選十四卷　(清)黄道恩編並評　清道光二十九年(1849)小嫏嬛山館刻本　六册

330000－1701－0052603　GP14409　集部/別集類/清別集

靈峯存稿不分卷　夏震武撰　清宣統二年(1910)鉛印本　一册

330000－1701－0052604　GP14425　史部/史評類/史論之屬

讀史論畧二卷　(清)杜詔撰　清光緒二十七年(1901)武林載記刻本　二册

330000－1701－0052606　GP06173　經部/叢編

十三經古注　(明)葛鼒　(明)金蟠校　明崇禎十二年(1639)金蟠刻清同治八年(1869)浙江書局重修本　三册　存一種

330000－1701－0052607　善 008785　子部/叢編

六子書　(明)顧春編　明嘉靖十二年(1533)吳郡顧氏世德堂刻本　四册　存一種

330000－1701－0052609　善 008778　類叢部/叢書類/彙編之屬

漢魏叢書三十八種　(明)程榮編　明萬曆二十年(1592)新安程氏刻本　四册　存一種

330000－1701－0052610　普 913.203/7110/(3)　類叢部/叢書類/彙編之屬

文選樓叢書三十三種　(清)阮亨編　清嘉慶至道光阮元刻道光二十二年(1842)阮亨彙印本　四册　存一種

330000－1701－0052611　GP06178　史部/雜史類

宋遼金元别史五種　(清)席世臣輯　清乾隆至嘉慶南沙席氏掃葉山房刻本　十二册　存一種

330000－1701－0052612　普 913.33/7110　類叢部/叢書類/彙編之屬

文選樓叢書三十三種　(清)阮亨編　清嘉慶至道光阮元刻道光二十二年(1842)阮亨彙印本　一册　存一種

330000－1701－0052613　普 814.08/4443/2　集部/總集類/選集之屬/通代

重訂古文雅正十四卷　(清)蔡世遠輯　清同治三年(1864)刻本　八册

330000－1701－0052616　善 008780　類叢部/叢書類/彙編之屬

漢魏叢書三十八種　(明)程榮編　明萬曆二十年(1592)新安程氏刻本　一册　存一種

330000－1701－0052619　善 008779　類叢部/叢書類/彙編之屬

漢魏叢書三十八種　(明)程榮編　明萬曆二十年(1592)新安程氏刻本　一册　存一種

330000－1701－0052620　普 814.08/4217.02/10　集部/總集類/選集之屬/通代

續古文辭類纂二十八卷　(清)黎庶昌輯　清光緒二十一年(1895)金陵狀元閣刻本　十二册

330000－1701－0052621　GP06179　經部/小學類/文字之屬/字書/訓蒙

養蒙針度五卷　(清)潘子聲撰　清嘉慶十四年(1809)刻本　四册

330000－1701－0052622　GP14411　集部/别集類/元别集

剡源佚文二卷佚詩六卷　(元)戴表元撰　(清)孫鏘編　清光緒二十一年(1895)奉化孫鏘刻本　一册

330000－1701－0052623　善 008783　類叢部/叢書類/彙編之屬

漢魏叢書三十八種　(明)程榮編　明萬曆二十年(1592)新安程氏刻本　二册　存一種

330000－1701－0052629　善 008784　子部/雜著類/雜説之屬

論衡三十卷　(漢)王充撰　明刻本[卷一至五配明萬曆二十年(1592)新安程氏刻漢魏叢書本]　六册

330000－1701－0052631　普 814.08/4443/3　集部/總集類/選集之屬/通代

古文雅正十四卷　(清)蔡世遠輯　清光緒二十二年(1896)上海圖書集成印書局鉛印本　四册

330000－1701－0052636　普 814.08/4443.02　集部/總集類/選集之屬/通代

續選古文雅正十四卷　(清)林有席輯評　清道光二十二年(1842)刻本　八册

330000－1701－0052637　善 008782　類叢部/叢書類/彙編之屬

漢魏叢書三十八種　(明)程榮編　明萬曆二十年(1592)新安程氏刻本　四册　存一種

330000－1701－0052638　GP06174　經部/小學類

雷刻四種　(清)雷浚輯　清光緒二年至十年(1876－1884)吳縣雷氏刻本　二册　存一種

330000－1701－0052640　普 913.33/4433　史部/金石類/石之屬

石鼓然疑一卷　(清)莊述祖撰　清光緒八年(1882)循陔堂刻本　莊先識題記　一册

330000－1701－0052644　普 814.08/4446　集部/總集類/選集之屬/通代

古學鴻裁十二卷詩學鴻裁二卷　(清)范樫

(清)周采輯　清順治十七年(1660)文錦堂刻本　十二册

330000－1701－0052647　GP06181　經部/易類/傳說之屬

鄭氏易譜十二卷　(明)鄭旒撰　清道光六年(1826)梁廷枏刻本　四册

330000－1701－0052648　善008777　子部/雜著類/雜說之屬

論衡三十卷　(漢)王充撰　明萬曆二十年(1592)新安程氏刻漢魏叢書本　竹翁批校　十四册

330000－1701－0052649　善008781　類叢部/叢書類/彙編之屬

漢魏叢書三十八種　(明)程榮編　明萬曆二十年(1592)新安程氏刻本　四册　存一種

330000－1701－0052650　普814.08/4434　集部/總集類/選集之屬/通代

東萊集註類編觀瀾文集甲集二十五卷乙集二十五卷丙集二十卷　(宋)林之奇編　(宋)呂祖謙注　**東萊集註古文觀瀾文集甲集附攷一卷乙集附攷一卷丙集附攷一卷續攷一卷**　(清)方功惠撰　清光緒十年(1884)方氏碧琳瑯館刻本　六册　存二十二卷(丙集一至二十、附攷、續攷)

330000－1701－0052651　GP06175　子部/雜著類/雜說之屬

瞽客漫談一卷　(清)姚錫範撰　清道光十八年(1838)掃葉山房刻本　一册

330000－1701－0052652　GP14426　史部/傳記類/日記之屬

隨使隨筆一卷(清光緒三十一年八月二十日至三十二年五月初三日)　(清)蔡琦撰　清末鉛印本　一册

330000－1701－0052653　GP06183　經部/叢編

通志堂經解一百四十種　(清)納蘭成德輯　清康熙十九年(1680)納蘭成德刻本　六册　存一種

330000－1701－0052656　普913.3111/1041　史部/金石類/石之屬/義例

碑版文廣例十卷　(清)王芑孫撰　清道光二十一年(1841)長洲王氏刻本　十册

330000－1701－0052658　善008776　類叢部/叢書類/彙編之屬

稗海四十八種續集二十二種　(明)商濬編　明萬曆商氏半埜堂刻清康熙振鷺堂重編補刻本(學齋佔畢纂卷一、青箱雜記卷一至三配抄本)　六十八册

330000－1701－0052661　普814.08/4480　類叢部/叢書類/彙編之屬

敦煌石室遺書十三種　羅振玉等編　清宣統元年(1909)誦芬室鉛印本　二册　存七種

330000－1701－0052662　普814.08/4610　集部/總集類/氏族之屬

原獻文錄四卷詩錄三卷原故文錄一卷詩錄一卷　(清)賀瑞麟輯　清光緒六年(1880)刻本　八册

330000－1701－0052663　普913.3111/1041/(2)/c1　史部/金石類/石之屬/義例

碑版文廣例十卷　(清)王芑孫撰　清道光二十一年(1841)長洲王氏刻本　四册

330000－1701－0052665　普913.395152/1043　史部/金石類/郡邑之屬/題跋

關中漢唐存碑跋不分卷　(清)王志沂輯　清道光七年(1827)刻本　一册

330000－1701－0052666　普913.3111/1041/(2)/c2　史部/金石類/石之屬/義例

碑版文廣例十卷　(清)王芑孫撰　清道光二十一年(1841)長洲王氏刻本　四册

330000－1701－0052667　普913.33/7233　史部/金石類/石之屬

奇觚室樂石文述二卷　(清)劉心源撰　清光緒二十五年(1899)劉心源刻本　二册

330000－1701－0052668　普814.08/4217.022/2　集部/總集類/選集之屬/通代

續古文辭類纂二十八卷　(清)黎庶昌輯　清

光緒十六年(1890)金陵書局刻本　十二册

330000－1701－0052669　普 814.08/4880
集部/總集類/選集之屬/通代
古文詞畧讀本二十四卷　(清)梅曾亮輯　清光緒三十一年(1905)京師宏道學舍鉛印本　章嶔題記　四册

330000－1701－0052671　普 913.33/7244
史部/金石類/石之屬/文字
魏劉懿墓志銘一卷　清光緒有正書局影印本　一册

330000－1701－0052673　GP14430　集部/別集類/清別集
頻羅庵遺集十六卷　(清)梁同書撰　清嘉慶二十二年(1817)仁和陸貞一杭州刻本　五册

330000－1701－0052674　普 814.08/4217.022/3　集部/總集類/選集之屬/通代
續古文辭類纂二十八卷　(清)黎庶昌輯　清光緒十五年(1889)上海商務印書館鉛印本　十册　缺五卷(十二至十三、二十六至二十八)

330000－1701－0052676　普 814.08/4880/2/c2　集部/總集類/選集之屬/通代
古文詞畧二十四卷　(清)梅曾亮輯　清同治六年(1867)合肥李氏刻本　五册

330000－1701－0052677　普 814.08/4880/2/c3　集部/總集類/選集之屬/通代
古文詞畧二十四卷　(清)梅曾亮輯　清同治六年(1867)合肥李氏刻本　五册

330000－1701－0052679　GP06177　史部/雜史類
宋遼金元別史五種　(清)席世臣輯　清乾隆至嘉慶南沙席氏掃葉山房刻本　十二册　存一種

330000－1701－0052680　善 008789　子部/叢編
六子書　(明)顧春編　明刻本　十一册　存三種

330000－1701－0052681　普 814.08/6030/3
集部/總集類/選集之屬/通代
東萊先生古文關鍵二卷　(宋)吕祖謙評　(宋)蔡文子註　(清)徐樹屏考異　清乾隆十八年(1753)浙西顧氏讀畫齋刻本　二册

330000－1701－0052684　普 323.097/3540.3
史部/政書類/通制之屬
欽定大清會典圖一百三十二卷目録二卷　(清)慶桂等纂修　清嘉慶十六年(1811)刻本　二十八册

330000－1701－0052690　善 008786　子部/叢編
六子書　(明)顧春編　明嘉靖十二年(1533)吴郡顧氏世德堂刻本　二册　存一種

330000－1701－0052691　普 814.08/6030/4
集部/總集類/選集之屬/通代
東萊先生古文關鍵二卷　(宋)吕祖謙評　(宋)蔡文子註　(清)徐樹屏考異　清光緒二十四年(1898)湞灣尚友堂刻本　二册

330000－1701－0052692　GP06184　經部/小學類/音韻之屬/古今韻説
六書音均表五卷　(清)段玉裁撰　清乾隆四十一年(1776)富順官廨刻本　二册

330000－1701－0052693　普 814.08/6030/2/c3　類叢部/叢書類/郡邑之屬
金華叢書六十八種　(清)胡鳳丹編　清同治七年至光緒八年(1868－1882)永康胡氏退補齋刻民國補刻本　二册　存一種

330000－1701－0052694　善 008787　子部/叢編
六子書　(明)顧春編　明刻本　二册　存一種

330000－1701－0052695　普 814.08/6030/2/c4　類叢部/叢書類/郡邑之屬
金華叢書六十八種　(清)胡鳳丹編　清同治七年至光緒八年(1868－1882)永康胡氏退補齋刻民國補刻本　二册　存一種

330000－1701－0052696　普 323.097/3540.

3/(2)/c1　史部/政書類/通制之屬

欽定大清會典圖一百三十二卷目錄二卷　(清)慶桂等纂修　清嘉慶十六年(1811)刻本　四十三冊

330000－1701－0052697　普 913.33/7448/c1　史部/金石類/石之屬

初拓美人董氏墓誌銘不分卷　清光緒有正書局影印本　一冊

330000－1701－0052699　普 814.08/6030/5　集部/總集類/選集之屬/通代

東萊先生古文關鍵二卷　(宋)呂祖謙評　(宋)蔡文子註　(清)徐樹屏考異　清光緒元年(1875)粵東番禺韓氏經畬草堂刻本　二冊

330000－1701－0052700　GP14431　經部/小學類/文字之屬/說文/傳說

說文解字斠詮十四卷　(清)錢坫撰　清嘉慶十二年(1807)嘉定錢氏吉金樂石齋刻十六年(1811)印本　八冊

330000－1701－0052701　善 008791　子部/叢編

六子書　(明)顧春編　明嘉靖十二年(1533)吳郡顧氏世德堂刻本　八冊　存一種

330000－1701－0052704　普 323.097/3540.3/(2)/c2　史部/政書類/通制之屬

欽定大清會典圖一百三十二卷目錄二卷　(清)慶桂等纂修　清嘉慶十六年(1811)刻本　四十冊

330000－1701－0052705　善 008788　子部/叢編

六子書　(明)顧春編　明刻本　二冊　存一種

330000－1701－0052706　普 913.33/6051.92　史部/金石類/石之屬/文字

碑別字補五卷　羅振玉輯　清光緒二十七年(1901)上虞羅氏刻本　一冊

330000－1701－0052708　普 814.08/6073　集部/總集類/選集之屬/通代

晚邨先生八家古文精選八卷　(清)呂留良輯　(清)呂葆中批點　清康熙四十三年(1704)呂氏家塾刻本　三冊　存五卷(一至五)

330000－1701－0052709　普 913.33/7448/c2　史部/金石類/石之屬

初拓美人董氏墓誌銘不分卷　清光緒有正書局影印本　一冊

330000－1701－0052710　善 008790　子部/叢編

六子書　(明)顧春編　明嘉靖十二年(1533)吳郡顧氏世德堂刻本　十二冊　存三種

330000－1701－0052711　GP06186　類叢部/叢書類/自著之屬

上湖遺集八種　(清)汪師韓撰　清乾隆刻本　四冊　存二種

330000－1701－0052712　普 913.395152/2818　史部/地理類/專志之屬/古跡

褒谷古蹟輯畧一卷　(清)徐廷鈺等輯注　清同治十三年(1874)刻本　一冊

330000－1701－0052714　普 814.082/4420/17/c2　集部/總集類/選集之屬/通代

文選六十卷　(南朝梁)蕭統輯　(唐)李善注　明末海虞毛氏汲古閣刻本　十冊

330000－1701－0052716　普 913.395152/6051　類叢部/叢書類/彙編之屬

晨風閣叢書二十二種　沈宗畸編　清宣統元年(1909)番禺沈氏刻本　一冊　存一種

330000－1701－0052717　GP14432　經部/詩類/傳說之屬

詩經庭訓便覽五卷　(清)潘炳鋼撰　清乾隆五十九年(1794)崇文堂刻本　三冊

330000－1701－0052719　GP14414　集部/別集類/清別集

樫華館全集四種　(清)路德撰　(清)閻敬銘輯　清光緒七年(1881)解梁刻本　一冊　存一種

330000－1701－0052721　普 913.3449/2510/c1　類叢部/叢書類/彙編之屬

廣雅書局叢書一百五十九種　徐紹棨編　清光緒廣雅書局刻民國九年(1920)番禺徐紹棨彙編重印本　一冊　存一種

330000－1701－0052725　普 323.097/3547　史部/政書類

九通　(清)□□輯　清光緒八年至二十二年(1882－1896)浙江書局刻本　四十冊　存一種

330000－1701－0052726　普 814.082/4420/18/c1　集部/總集類/選集之屬/通代

文選六十卷　(南朝梁)蕭統輯　(唐)李善注　**文選考異十卷**　(清)胡克家撰　清嘉慶十四年(1809)鄱陽胡克家刻本　四十一冊　存六十卷(一至六十)

330000－1701－0052727　善 008792　子部/叢編

六子書　(明)顧春編　明嘉靖十二年(1533)吳郡顧氏世德堂刻本　十冊　存一種

330000－1701－0052729　GP14415　經部/春秋穀梁傳類/文字音義之屬

穀梁春秋經傳古義疏十一卷　廖平撰　清光緒二十六年(1900)日新書局刻本　十冊

330000－1701－0052730　普 913.3449/2510/c2　類叢部/叢書類/彙編之屬

廣雅書局叢書一百五十九種　徐紹棨編　清光緒廣雅書局刻民國九年(1920)番禺徐紹棨彙編重印本　一冊　存一種

330000－1701－0052731　普 814.08/6614/c1　集部/總集類/選集之屬/通代

全上古三代秦漢三國六朝文七百四十一卷　(清)嚴可均輯　清光緒十三年至十九年(1887－1893)黃岡王氏廣州刻本　章嶔題簽並記　八十冊

330000－1701－0052737　GP14434　經部/周禮類/傳說之屬

周禮政要二卷　(清)孫詒讓撰　清光緒鉛印本　二冊

330000－1701－0052739　GP06188　經部/小學類/文字之屬/說文/專著

說文解字羣經正字二十八卷　(清)邵瑛撰　清嘉慶二十一年(1816)桂隱書屋刻本　十冊

330000－1701－0052741　普 814.08/6614.081　史部/目錄類/專錄之屬

全上古三代秦漢三國晉南北朝文編目一百三卷　(清)嚴可均輯　(清)蔣壑編　清光緒五年(1879)刻本　二十四冊

330000－1701－0052742　普 814.082/4420/18/c2　集部/總集類/選集之屬/通代

文選六十卷　(南朝梁)蕭統輯　(唐)李善注　**文選考異十卷**　(清)胡克家撰　清嘉慶十四年(1809)鄱陽胡克家刻本　二十四冊

330000－1701－0052744　GP14435　經部/周禮類/傳說之屬

周禮政要二卷　(清)孫詒讓撰　清光緒二十八年(1902)鉛印本　一冊

330000－1701－0052746　普 913.395171/1023　類叢部/叢書類/郡邑之屬

金華叢書六十八種　(清)胡鳳丹編　清同治七年至光緒八年(1868－1882)永康胡氏退補齋刻民國補刻本　一冊　存一種

330000－1701－0052747　普 814.08/6614/c2　集部/總集類/選集之屬/通代

全上古三代秦漢三國六朝文七百四十一卷　(清)嚴可均輯　清光緒十三年至十九年(1887－1893)黃岡王氏廣州刻本　八十冊

330000－1701－0052748　普 913.423/0143　史部/金石類/玉之屬/圖像

宋淳熙敕編古玉圖譜一百卷　(宋)龍大淵等編　清乾隆四十四年(1779)歙縣江春康山草堂刻本　十六冊

330000－1701－0052750　GP14436　集部/總集類/題詠之屬

梅竹聯吟一卷　(清)張雲璈　(清)梁玉繩　(清)梁履繩撰　清乾隆五十年(1785)刻本　一冊

330000－1701－0052751　普 008796　類叢

部/叢書類/彙編之屬

尚白齋鐫陳眉公訂正祕笈二十一種　（明）陳繼儒編　明萬曆沈氏尚白齋刻本　二册　存三種

330000－1701－0052752　普814.08/7433　集部/總集類/選集之屬/通代

古今文致不分卷　（清）陸泓輯　清光緒二十二年（1896）抄本　三册

330000－1701－0052754　善008794　類叢部/叢書類/彙編之屬

亦政堂鐫陳眉公家藏彙祕笈（寶顔堂彙祕笈）四十二種　（明）陳繼儒編　明萬曆沈氏亦政堂刻本　二册　存一種

330000－1701－0052757　普913.395171/1023/2　史部/金石類/郡邑之屬

蜀碑記十卷　（宋）王象之撰　清刻本　二册

330000－1701－0052758　普814.08/7746　集部/總集類/選集之屬/通代

宫閨文選二十六卷姓氏小録不分卷　（清）周壽昌輯　清道光二十六年（1846）小蓬萊山館刻本　八册

330000－1701－0052759　善008795　類叢部/叢書類/彙編之屬

亦政堂鐫陳眉公普祕笈一集五十種　（明）陳繼儒編　明萬曆沈氏亦政堂刻本　一册　存一種

330000－1701－0052760　GP06195　類叢部/叢書類/彙編之屬

峭帆樓叢書十八種　趙詒琛編　清宣統三年至民國八年（1911－1919）新陽趙氏峭帆樓刻本　一册　存一種

330000－1701－0052761　善008793　類叢部/叢書類/彙編之屬

格致叢書　（明）胡文煥編　明萬曆虎林胡氏文會堂刻本　四册　存二種

330000－1701－0052762　普814.08/7746/2　集部/總集類/選集之屬/通代

歷代宫閨文選二十六卷姓氏小録一卷　（清）周壽昌輯　清宣統三年（1911）上海群學社鉛印本　六册

330000－1701－0052763　普814.082/4420/19　集部/總集類/選集之屬/通代

文選六十卷　（南朝梁）蕭統輯　（唐）李善注　清光緒二十一年（1895）上海古香閣石印本　十二册

330000－1701－0052767　普913.423/2523　史部/金石類/總志之屬/圖像

三古圖三種　（清）黄晟輯　明萬曆三十一年（1603）吳萬化寶古堂刻清乾隆十八年（1753）天都黄晟亦政堂重修本　一册　存一種

330000－1701－0052768　善008798　類叢部/叢書類/彙編之屬

尚白齋鐫陳眉公家藏祕笈續函（寶顔堂續祕笈）五十種　（明）陳繼儒編　明萬曆沈氏尚白齋刻本　一册

330000－1701－0052769　GP14439　經部/禮記類/傳說之屬

禮記增訂旁訓六卷　（清）徐立綱撰　清末李光明莊刻本　六册

330000－1701－0052770　普814.08/8003　集部/總集類/選集之屬/通代

古文釋義新編八卷　（清）余誠輯　清光緒二十年（1894）滄雅局刻本　八册

330000－1701－0052776　普323.097/3547/3　史部/政書類/通制之屬

皇朝通典一百卷　（清）嵇璜　（清）曹仁虎等纂修　清光緒元年（1875）廣東學海堂刻本　三十二册

330000－1701－0052778　善008797　類叢部/叢書類/彙編之屬

亦政堂鐫陳眉公家藏彙祕笈（寶顔堂彙祕笈）四十二種　（明）陳繼儒編　明萬曆沈氏亦政堂刻本　四册　存一種

330000－1701－0052783　GP14440　經部/小學類/音韻之屬/等韻

切韻指掌圖一卷　（宋）司馬光撰　清宣統二

年(1910)豐城熊羅宿舊補史堂刻本　一冊

330000－1701－0052785　普 814.082/4420/21　集部/總集類/選集之屬/通代
文選六十卷　(南朝梁)蕭統輯　(唐)李善注　**文選考異十卷**　(清)胡克家撰　清光緒六年(1880)四明林氏刻本　二十冊　存五十七卷(一至五十七)

330000－1701－0052786　GP14447　子部/藝術類/書畫之屬
醉蘇齋畫訣一卷　(清)戴以恒撰　清光緒十七年(1891)葉銘刻本　一冊

330000－1701－0052787　普 814.08/8003/2　集部/總集類/選集之屬/通代
古文釋義新編八卷　(清)余誠輯　清光緒十二年(1886)刻本　四冊

330000－1701－0052788　普 913.3449/4469/c1　史部/金石類/石之屬/通考
語石十卷　葉昌熾撰　清宣統元年(1909)刻本　四冊

330000－1701－0052789　普 008799　類叢部/叢書類/彙編之屬
津逮祕書十五集一百四十種　(明)毛晉編　明崇禎虞山毛氏汲古閣刻本　二冊　存一種

330000－1701－0052790　普 814.08/8064.2/3　類叢部/叢書類/自著之屬
曾文正公全集十六種　(清)曾國藩撰　清光緒十四年(1888)上海鴻文書局鉛印本　六冊　存一種

330000－1701－0052792　普 913.3464/3308　子部/藝術類/書畫之屬/題跋
退庵題跋二卷　(清)梁章鉅撰　清福州梁氏刻杭縣鄭氏小琳瑯館印本　二冊

330000－1701－0052795　普 323.097/3547/4/c1　史部/政書類
九通全書　(清)□□輯　清光緒二十七年至二十八年(1901－1902)貫吾齋石印本　六冊　存一種

330000－1701－0052796　普 913.3449/4469/c2　史部/金石類/石之屬/通考
語石十卷　葉昌熾撰　清宣統元年(1909)刻蘇州振新書社印本　四冊

330000－1701－0052802　GP14441　集部/詩文評類/制藝之屬
制義叢話二十四卷題名一卷　(清)梁章鉅撰　清咸豐九年(1859)知足知不足齋刻本　十二冊　存二十四卷(一至二十四)

330000－1701－0052803　普 913.3449/4469/c3　史部/金石類/石之屬/通考
語石十卷　葉昌熾撰　清宣統元年(1909)刻蘇州振新書社印本　四冊

330000－1701－0052804　普 814.08/8064　集部/總集類/選集之屬/通代
古文四象四卷　(清)曾國藩輯　清光緒三十四年(1908)趙氏京師鉛印本　四冊

330000－1701－0052806　普 814.082/4420.001　集部/總集類/選集之屬/通代
文選李注補正四卷　(清)孫志祖輯　清光緒十五年(1889)番禺陶敦刻本　章嶔題簽　二冊

330000－1701－0052809　普 323.097/3547/4/c2　史部/政書類
九通全書　(清)□□輯　清光緒二十七年至二十八年(1901－1902)貫吾齋石印本　六冊　存一種

330000－1701－0052816　普 814.082/4420.001/2　類叢部/叢書類/彙編之屬
受經堂叢書　張選青輯　清嘉慶漢州張氏刻本　二冊　存一種

330000－1701－0052817　善 008808　子部/叢編
六子書　(明)顧春編　明刻本　六冊　存一種

330000－1701－0052819　普 814.08/8064.2/2/c3　類叢部/叢書類/自著之屬
曾文正公全集十六種　(清)曾國藩撰　清同

治至光緒傳忠書局刻本　二十一冊　存一種

330000－1701－0052821　GP14442　經部/群經總義類/傳說之屬
經解入門八卷　(清)江藩撰　清光緒十四年(1888)鴻寶齋石印本　一冊

330000－1701－0052822　普814.08/8064.2　集部/總集類/選集之屬/通代
經史百家雜鈔二十六卷　(清)曾國藩輯　清光緒三十二年(1906)上海商務印書館鉛印本　十冊

330000－1701－0052824　善008801　類叢部/叢書類/彙編之屬
古今逸史四十二種　(明)吳琯編　明萬曆新安吳琯刻本　四冊　存一種

330000－1701－0052827　普814.08/8064.2/(2)/c1　集部/總集類/選集之屬/通代
經史百家雜鈔二十六卷　(清)曾國藩輯　清光緒三十二年(1906)上海商務印書館鉛印本　十二冊

330000－1701－0052829　善008809　子部/叢編
六子書　(明)顧春編　明刻本　六冊　存一種

330000－1701－0052830　普814.082/4420.001/3　集部/總集類/選集之屬/通代
文選李注補正四卷　(清)孫志祖輯　清光緒十五年(1889)番禺陶敦刻本　二冊

330000－1701－0052831　GP06201　子部/雜著類/雜記之屬
癡山隨筆二卷　張之純撰　清宣統三年(1911)木活字印本　一冊

330000－1701－0052832　普814.08/8064.2/(2)/c4　集部/總集類/選集之屬/通代
經史百家雜鈔二十六卷　(清)曾國藩輯　清光緒三十二年(1906)上海商務印書館鉛印本　十一冊　缺二卷(一至二)

330000－1701－0052834　GP14451　集部/別集類/清別集
遣陽瑣語三卷旅中雜詩一卷　(清)譚汝玉撰　清光緒二十六年(1900)求在我簃刻本　一冊

330000－1701－0052838　普814.082/4420.01　集部/總集類/選集之屬/通代
梁昭明文選十二卷　(南朝梁)蕭統輯　(明)張鳳翼纂注　明萬曆刻本　聞斯題簽　十二冊

330000－1701－0052839　普814.082/0845/4/c3　集部/總集類/選集之屬/通代
六朝文絜四卷　(清)許槤輯並評　清光緒三年(1877)馮氏讀有用書齋刻朱墨套印本　二冊

330000－1701－0052840　普814.082/1032/c2　集部/總集類/彙編之屬
漢魏六朝名家集初刻四十種　丁福保編　清宣統三年(1911)無錫丁氏鉛印本　二十二冊　存二十四種

330000－1701－0052841　普913.3958/4741.01/c1　史部/金石類/郡邑之屬/文字
高麗國永樂好太王碑釋文纂攷一卷　鄭文焯撰　清光緒二十六年(1900)平湖朱氏經注經齋刻大鶴山房全書本　陳錫鈞批　一冊

330000－1701－0052843　GP06203　類叢部/叢書類/郡邑之屬
武林往哲遺箸五十二種後編十種　(清)丁丙編　清光緒二十年至二十六年(1894－1900)錢塘丁氏嘉惠堂刻本　六冊　存一種

330000－1701－0052845　普913.3958/4741.01/c2　史部/金石類/郡邑之屬/文字
高麗國永樂好太王碑釋文纂攷一卷　鄭文焯撰　清光緒二十六年(1900)平湖朱氏經注經齋刻長興王氏印本　一冊

330000－1701－0052846　普913.3958/4741.01/c3　類叢部/叢書類/自著之屬
大鶴山房全書十種　鄭文焯撰　清光緒至民國刻民國九年(1920)蘇州交通圖書館彙印本

一册　存一種

330000－1701－0052847　普 814.082/0845/4/c4　集部/總集類/選集之屬/通代

六朝文絜四卷　（清）許槤輯並評　清光緒三年(1877)馮氏讀有用書齋刻朱墨套印本　二册

330000－1701－0052854　普 814.082/4420.01/2　集部/總集類/選集之屬/通代

文選十二卷　（南朝梁）蕭統輯　（明）張鳳翼纂註　明金閶葉敬溪刻本　十二册

330000－1701－0052858　普 913.33/7716.07　類叢部/叢書類/自著之屬

十二硯齋三種　（清）汪鋆撰　清同治至光緒儀徵汪氏刻本　二册　存一種

330000－1701－0052859　善 008810　子部/叢編

六子書　（明）顧春編　明嘉靖十二年(1533)吳郡顧氏世德堂刻本　十册　存二種

330000－1701－0052861　普 913.4449/2844　史部/金石類/玉之屬

玉譜類編四卷　（清）徐壽基撰　清光緒十五年(1889)源陽官署刻本　四册

330000－1701－0052862　普 323.097/3547.2/c1　史部/政書類

九通　（清）□□輯　清光緒八年至二十二年(1882－1896)浙江書局刻本　四十册　存一種

330000－1701－0052864　普 913.33/7716.071　史部/金石類/石之屬/文字

瘞鶴銘攷補一卷校勘記一卷　（清）翁方綱撰　**山樵書外紀一卷**　（清）張開福撰　清光緒三十四年(1908)端方刻本　一册

330000－1701－0052867　普 323.097/3547.2/c4　史部/政書類

九通　（清）□□輯　清光緒八年至二十二年(1882－1896)浙江書局刻本　四十册　存一種

330000－1701－0052868　普 814.082/4420.011　集部/總集類/選集之屬/通代

文選瀹註三十卷　（南朝梁）蕭統輯　（明）孫鑛評　（明）閔齊華注　明末烏程閔齊華刻清康熙二十年(1681)柯維楨重修本　十六册

330000－1701－0052869　普 913.3464/5365　類叢部/叢書類/彙編之屬

風雨樓祕笈留真十種　鄧實編　清宣統元年至民國六年(1909－1917)順德鄧氏風雨樓影印本　一册　存一種

330000－1701－0052870　善 008803　類叢部/叢書類/彙編之屬

增定古今逸史五十五種　（明）吳琯編　明萬曆吳琯刻本　四册　存一種

330000－1701－0052871　普 814.082/0845/6　集部/總集類/選集之屬/通代

六朝文絜四卷　（清）許槤輯並評　清末石印本　二册

330000－1701－0052872　普 623.097/3547.2/3　史部/政書類

九通全書　（清）□□輯　清光緒二十七年至二十八年(1901－1902)貫吾齋石印本　五册　存一種

330000－1701－0052874　善 008802　類叢部/叢書類/彙編之屬

古今逸史四十二種　（明）吳琯編　明萬曆新安吳琯刻本　二册　存二種

330000－1701－0052875　GP06206　集部/別集類/清別集

伯琴詩存一卷　（清）潘詠撰　清同治十二年(1873)刻本　一册

330000－1701－0052876　普 623.097/3547.2/4　史部/政書類

九通　（清）□□輯　清光緒二十八年(1902)上海鴻寶書局石印本　八册　存一種

330000－1701－0052877　普 814.082/0845/7　集部/總集類/選集之屬/通代

六朝文絜四卷　（清）許槤輯並評　清光緒九

年(1883)巴陵方氏刻朱墨套印本　一册

330000－1701－0052878　普 913.3464/6051/c1　史部/金石類/石之屬/通考

讀碑小箋一卷　羅振玉撰　清光緒唐風樓刻本　一册

330000－1701－0052879　GP14456　子部/術數類/陰陽五行之屬

董銀峰秘傳走馬曆日一卷　(明)董潛撰　清刻本　一册

330000－1701－0052880　善 008815　集部/總集類/彙編之屬

元白長慶集一百四十一卷　(明)馬元調編　明萬曆松江馬元調魚樂軒刻本　十一册　存六十七卷(元氏長慶集一至六十、補遺一至六、附録)

330000－1701－0052882　普 814.082/4420.013/2/c1　集部/總集類/選集之屬/通代

文選集釋二十四卷　(清)朱珔撰　清光緒元年(1875)涇川朱氏梅村家塾刻本　十二册

330000－1701－0052883　普 814.082/0845/8　集部/總集類/選集之屬/通代

六朝文絜四卷　(清)許槤輯並評　清光緒八年(1882)南蘭陵薛氏刻朱墨套印本　二册

330000－1701－0052884　普 913.34/3814　子部/工藝類/文房四寶之屬/硯

海天旭日硯記一卷　(清)劉瀚輯　清光緒十六年(1890)刻本　一册

330000－1701－0052885　普 913.3464/6051/c2　史部/金石類/石之屬/通考

讀碑小箋一卷　羅振玉撰　清光緒唐風樓刻本　一册

330000－1701－0052886　GP06208　經部/叢編

通志堂經解一百四十種　(清)納蘭成德輯　清康熙十九年(1680)納蘭成德刻本　一册　存一種

330000－1701－0052887　普 814.082/0845/9　集部/總集類/選集之屬/通代

六朝文絜四卷　(清)許槤輯並評　清光緒七年(1881)適時軒刻朱墨套印本　盛我磻題記　二册

330000－1701－0052888　GP06215　集部/別集類/清別集

雲程詩鈔二卷　(清)徐子青撰　清光緒三十年(1904)龍津差次刻本　二册

330000－1701－0052889　善 008807　類叢部/叢書類/彙編之屬

增定古今逸史五十五種　(明)吳琯編　明萬曆吳琯刻本　一册　存二種

330000－1701－0052892　普 814.082/4420.013/2/c3　集部/總集類/選集之屬/通代

文選集釋二十四卷　(清)朱珔撰　清光緒元年(1875)涇川朱氏梅村家塾刻本　十二册

330000－1701－0052894　GP06209　類叢部/叢書類/郡邑之屬

常州先哲遺書七十二種　盛宣懷編　清光緒二十一年至三十三年(1895－1907)武進盛氏思惠齋刻宣統彙印本　二册　存一種

330000－1701－0052897　普 913.3464/6051/2　類叢部/叢書類/自著之屬

陸庵所著書三種　羅振玉撰　清光緒刻本　一册　存一種

330000－1701－0052898　善 008806　類叢部/叢書類/彙編之屬

祕書廿一種　(清)汪士漢編　清康熙七年(1668)新安汪氏重編印古今逸史本　二册　存一種

330000－1701－0052899　善 008814　集部/總集類/選集之屬/通代

文紀十四種　(明)梅鼎祚輯　明崇禎刻本　三册　存二種

330000－1701－0052902　GP06216　類叢部/類書類/專類之屬

壹是紀始二十二卷補遺一卷　(清)魏崧撰　清光緒十四年(1888)甬北寄廬刻本　八册

330000－1701－0052908　GP06210　類叢部/叢書類/自著之屬
徐位山先生六種　(清)徐文靖撰　清雍正至乾隆刻志寧堂彙印本　二冊　存一種

330000－1701－0052909　普 814.082/0845/13　集部/總集類/選集之屬/通代
六朝文絜四卷　(清)許槤輯並評　清光緒五年(1879)吳門刻朱墨套印本　一冊

330000－1701－0052910　普 913.3464/6051/3/c1　史部/金石類/石之屬/通考
讀碑小箋一卷　羅振玉撰　清光緒唐風樓刻本　一冊

330000－1701－0052917　善 008813　集部/總集類/彙編之屬
唐宋八大家文鈔　(明)茅坤編　明崇禎元年(1628)方應祥刻本　六冊　存一種

330000－1701－0052918　GP06217　類叢部/叢書類/自著之屬
春在堂全書三十六種　(清)俞樾撰　清同治至光緒刻光緒末彙印本　六冊　存一種

330000－1701－0052919　GP14469　類叢部/叢書類/自著之屬
庸盦全集十種　(清)薛福成撰　清光緒十年至二十四年(1884－1898)無錫薛氏刻本　四冊　存一種

330000－1701－0052921　GP06212　經部/儀禮類/傳說之屬
禮經校釋二十二卷　曹元弼撰　清光緒十八年(1892)刻三十四年(1908)補刻本　十二冊

330000－1701－0052922　普 913.3464/6051/3/c2　史部/金石類/石之屬/通考
讀碑小箋一卷　羅振玉撰　清光緒唐風樓刻本　一冊

330000－1701－0052923　GP06218　類叢部/叢書類/自著之屬
春在堂全書三十六種　(清)俞樾撰　清同治至光緒刻光緒末彙印本　四冊　存一種

330000－1701－0052924　普 814.082/4420.014　集部/總集類/選集之屬/通代
六臣註文選六十卷　(南朝梁)蕭統撰　(唐)李善　(唐)呂延濟　(唐)劉良　(唐)張銑　(唐)李周翰　(唐)呂向注　清康熙梅塾石渠閣影宋刻本　三十一冊

330000－1701－0052925　普 323.097/3547.3/c1　史部/政書類
九通　(清)□□輯　清光緒八年至二十二年(1882－1896)浙江書局刻本　一百六十冊　存一種

330000－1701－0052928　普 814.08/8742/2　集部/總集類/郡邑之屬
麟溪集二十二卷　(明)鄭大和輯　(明)鄭璽續輯　**別篇一卷**　(明)鄭宗敬輯　清刻本　六冊

330000－1701－0052930　善 008812　集部/總集類/彙編之屬
唐宋八大家文鈔　(明)茅坤編　明崇禎四年(1631)茅著刻本　六冊　存一種

330000－1701－0052934　GP14459　史部/職官類/官箴之屬
欽定訓飭州縣規條一卷　(清)田文鏡　(清)李衛撰　清雍正八年(1730)刻本　一冊

330000－1701－0052935　普 811.17/2528.5　集部/別集類/清別集
騰笑集八卷　(清)朱彝尊撰　清康熙二十五年(1686)刻本　一冊

330000－1701－0052937　善 008805　類叢部/叢書類/彙編之屬
古今逸史四十二種　(明)吳琯編　明萬曆新安吳琯刻本　二冊　存一種

330000－1701－0052938　普 913.3766/3423　史部/金石類/石之屬
秦漢金石六種雙鉤本不分卷　(清)褚峻撰　清光緒四年(1878)刻本　一冊

330000－1701－0052939　普 913.51405/3/479　類叢部/叢書類/自著之屬

傳經堂叢書十二種　(清)洪頤煊撰　清嘉慶至道光臨海洪氏刻本　四冊　存一種

330000－1701－0052941　普 323.097/3547.3/c4　史部/政書類
九通　(清)□□輯　清光緒八年至二十二年(1882－1896)浙江書局刻本　一百六十冊　存一種

330000－1701－0052942　善 008811　集部/總集類/選集之屬/斷代
唐詩品彙九十卷拾遺十卷詩人爵里詳節一卷　(明)高棅輯　(清)張恂訂　明末關中張恂刻本　二冊　存十卷(拾遺一至十)

330000－1701－0052943　善 008804　類叢部/叢書類/彙編之屬
祕書廿一種　(清)汪士漢編　清康熙七年(1668)新安汪氏重編印古今逸史本　四冊　存一種

330000－1701－0052945　GP14460　史部/政書類/邦計之屬
兩浙宦游紀畧四種　(清)戴槃撰　清同治七年(1868)刻本　一冊　存三種

330000－1701－0052948　GP06219　經部/易類/傳說之屬
易理正旨十卷　(清)沈鳴珮撰　清咸豐五年(1855)刻本　十冊

330000－1701－0052949　普 814.082/0845　集部/總集類/選集之屬/通代
六朝文絜四卷　(清)許槤輯並評　清道光五年(1825)海昌許氏享金寶石齋刻朱墨套印本　二冊

330000－1701－0052952　普 814.08/8064.2/2/c2　類叢部/叢書類/自著之屬
曾文正公全集十六種　(清)曾國藩撰　清同治至光緒傳忠書局刻本　二十四冊　存一種

330000－1701－0052953　GP14472　子部/醫家類/兒科之屬/通論
生生福幼編五種附論一種　(清)莊一夔等撰　清光緒二十四年(1898)景文齋刻本　一冊

330000－1701－0052958　普 814.082/0845/2　集部/總集類/選集之屬/通代
六朝文絜四卷　(清)許槤輯並評　清光緒五年(1879)刻朱墨套印本　章嶔題記　二冊

330000－1701－0052961　GP06220　子部/雜著類/雜纂之屬
玩珠小記一卷　(清)劉名譽撰　清光緒三十一年(1905)刻本　一冊

330000－1701－0052963　普 814.082/4420.014/(2)　集部/總集類/選集之屬/通代
六臣註文選六十卷　(南朝梁)蕭統撰　(唐)李善　(唐)呂延濟　(唐)劉良　(唐)張銑　(唐)李周翰　(唐)呂向注　清康熙梅塾石渠閣影宋刻本　三十冊

330000－1701－0052964　GP06224　子部/儒家類/儒學之屬/禮教
聖諭十六條附律易解一卷　(清)聖祖玄燁撰　(清)夏炘繹　清同治九年(1870)江蘇書局刻本　一冊

330000－1701－0052965　善 008800　子部/醫家類/類編之屬
薛氏醫按二十四種　(明)吳琯編　明萬曆刻本　二冊　存一種

330000－1701－0052968　善 008817　集部/總集類/彙編之屬
唐宋八大家文鈔　(明)茅坤編　明萬曆七年(1579)茅一桂刻本　十二冊　存二種

330000－1701－0052971　善 008816　集部/總集類/彙編之屬
唐宋八大家文鈔　(明)茅坤編　明崇禎元年(1628)方應祥刻本　二冊　存一種

330000－1701－0052973　普 814.082/1120/c3　集部/總集類/選集之屬/通代
漢魏六朝女子文選二卷　張維輯　清宣統三年(1911)海鹽朱是刻本　一冊

330000－1701－0052974　普 814.082/1120/c4　集部/總集類/選集之屬/通代
漢魏六朝女子文選二卷　張維輯　清宣統三

年(1911)海鹽朱是刻本　一册

330000－1701－0052976　普 814.082/1133　集部/總集類/彙編之屬

漢魏六朝一百三家集(漢魏六朝百三名家集)　(明)張溥編　清光緒三年(1877)滇南唐氏壽考堂刻本　一百二十册

330000－1701－0052978　善 008820　史部/紀傳類/正史之屬

十七史　(明)毛晉編　明崇禎元年至十七年(1628－1644)毛氏汲古閣刻本　二十四册　存一種

330000－1701－0052980　善 008828　類叢部/叢書類/彙編之屬

津逮祕書十五集一百四十種　(明)毛晉編　明崇禎虞山毛氏汲古閣刻本　一册　存一種

330000－1701－0052981　GP14463　史部/目録類/專録之屬

敦煌石室記一卷　羅振玉輯　清宣統三年(1911)鉛印本　一册

330000－1701－0052984　善 008827　類叢部/叢書類/彙編之屬

津逮祕書十五集一百四十種　(明)毛晉編　明崇禎虞山毛氏汲古閣刻本　二册　存一種

330000－1701－0052986　普 814.08/8064.3/2/c1　類叢部/叢書類/自著之屬

曾文正公全集十六種　(清)曾國藩撰　清同治至光緒傳忠書局刻本　二册　存一種

330000－1701－0052987　GP14466　集部/別集類/清別集

紉佩僊館文鈔一卷　(清)趙瀛撰　清光緒十三年(1887)木活字印本　一册

330000－1701－0052988　普 814.08/8064.3/2/c2　類叢部/叢書類/自著之屬

曾文正公全集十六種　(清)曾國藩撰　清同治至光緒傳忠書局刻本　二册　存一種

330000－1701－0052990　善 008825　類叢部/叢書類/彙編之屬

稗海四十六種續稗海二十四種　(明)商濬編　明萬曆商氏半埜堂刻本　八册　存一種

330000－1701－0052992　善 008838　集部/總集類/彙編之屬

漢魏六朝一百三家集(漢魏六朝百三名家集)　(明)張溥編　明婁東張氏刻本　一册　存一種

330000－1701－0052993　善 008819　集部/總集類/彙編之屬

八代文鈔　(明)李賓編　明末刻本　九册　存三種

330000－1701－0052994　普 814.08/8081　集部/總集類/選集之屬/通代

天下才子必讀書十五卷　(清)金聖歎選評　清宣統二年(1910)上海國學進化社鉛印本　六册

330000－1701－0052998　普 814.082/1133/2　集部/總集類/彙編之屬

漢魏六朝一百三家集(漢魏六朝百三名家集)　(明)張溥編　清光緒十八年(1892)善化章經濟堂刻本　一百二十册

330000－1701－0053000　GP06221　類叢部/叢書類/自著之屬

頤志齋叢書二十二種　(清)丁晏撰　清道光至同治山陽丁氏六蓺堂刻同治元年(1862)彙印本　一册　存一種

330000－1701－0053001　善 008823　類叢部/叢書類/彙編之屬

廣漢魏叢書九十六種　(明)何允中編　明刻本　四册　存一種

330000－1701－0053002　普 913.395122/1264/c1　史部/金石類/總志之屬/目録

至聖林廟碑目六卷　(清)孔昭薰　(清)孔憲庚編　清光緒二十二年(1896)徐氏積學齋刻本　一册

330000－1701－0053004　普 913.5323/7433/c1　類叢部/叢書類/自著之屬

潛園總集十七種　(清)陸心源撰　清同治至

光緒刻本　四冊　存一種

330000－1701－0053005　普 913.395122/1264/c2　史部/金石類/總志之屬/目録
至聖林廟碑目六卷　（清）孔昭薫　（清）孔憲庚編　清光緒二十二年（1896）徐氏積學齋刻本　一冊

330000－1701－0053006　GP06225　類叢部/叢書類/自著之屬
宋金仁山先生遺書八種附六種　（宋）金履祥撰　清雍正至乾隆金華金氏刻光緒十三年（1887）鎮海謝駿德補刻本　六冊　存一種

330000－1701－0053008　GP14467　類叢部/叢書類/自著之屬
王漁洋遺書三十八種　（清）王士禛撰　清刻本　四冊　存一種

330000－1701－0053009　善 008837　集部/總集類/選集之屬/斷代
唐人選唐詩八種　（明）毛晉編　明崇禎元年（1628）海虞毛氏汲古閣刻本　二冊　存一種

330000－1701－0053010　普 814.082/4420.015　集部/總集類/選集之屬/通代
昭明文選六臣彙註疏解十九卷　（清）顧施禎輯　清康熙二十五年（1686）建安鄭氏心耕堂刻本　十二冊

330000－1701－0053011　普 913.395122/1264/c3　史部/金石類/總志之屬/目録
至聖林廟碑目六卷　（清）孔昭薫　（清）孔憲庚編　清光緒二十二年（1896）徐氏積學齋刻本　一冊

330000－1701－0053012　善 008822　史部/紀傳類/正史之屬
十七史　（明）毛晉編　明崇禎元年至十七年（1628－1644）毛氏汲古閣刻本　八冊　存一種

330000－1701－0053013　普 913.395122/1264/c4　史部/金石類/總志之屬/目録
至聖林廟碑目六卷　（清）孔昭薫　（清）孔憲庚編　清光緒二十二年（1896）徐氏積學齋刻本　一冊

330000－1701－0053015　善 008818　集部/總集類/彙編之屬
唐宋八大家文鈔　（明）茅坤編　明萬曆七年（1579）茅一桂刻本　四冊　存一種

330000－1701－0053016　普 913.395122/1264/2　史部/金石類/總志之屬/目録
至聖林廟碑目六卷　（清）孔昭薫　（清）孔憲庚編　清道光十八年（1838）刻本　一冊

330000－1701－0053018　GP14474　經部/儀禮類/傳說之屬
儀禮注疏五十卷　（漢）鄭玄注　（唐）賈公彥疏　清嘉慶十一年（1806）陽城張敦仁刻本　十冊

330000－1701－0053019　善 008836　集部/總集類/彙編之屬
五唐人詩集五種　（明）毛晉編　明末毛氏汲古閣刻本　二冊　存一種

330000－1701－0053022　普 913.5323/7433/c2　史部/金石類/石之屬/文字
千甓亭古塼圖釋二十卷　（清）陸心源撰　清光緒十七年（1891）吳興陸氏石印潛園總集本　張宗祥題記　四冊

330000－1701－0053024　普 323.097/3547.3/3/c1、普 323.097/3547.3/3/c2　史部/政書類
九通全書　（清）□□輯　清光緒二十七年至二十八年（1901－1902）貫吾齋石印本　姜復滔題記　四十冊　存二種

330000－1701－0053025　善 008826　類叢部/叢書類/彙編之屬
稗海四十六種續稗海二十四種　（明）商濬編　明萬曆商氏半埜堂刻本　二冊　存一種

330000－1701－0053026　普 814.082/4420.016　集部/總集類/選集之屬/通代
文選古字通疏證六卷　（清）薛傳均撰　清道光二十年（1840）刻本　一冊

330000－1701－0053027　GP06226　史部/詔令奏議類/奏議之屬

兵垣奏議一卷　（明）陳子龍撰　清光緒二十三年（1897）諸暨陳遹聲刻本　二冊

330000－1701－0053028　善008833　類叢部/叢書類/彙編之屬

津逮祕書十五集一百四十種　（明）毛晉編　明崇禎虞山毛氏汲古閣刻本　二冊　存二種

330000－1701－0053029　普814.082/4420.0161　經部/小學類/音韻之屬/古今音說

蕭選韻系二卷　（清）李名奇輯注　清光緒十年（1884）上海同文書局石印本　二冊

330000－1701－0053030　普323.097/3547.3/3/c3　史部/政書類

九通全書　（清）□□輯　清光緒二十七年至二十八年（1901－1902）貫吾齋石印本　二十冊　存一種

330000－1701－0053032　普814.082/4420.017　集部/總集類/選集之屬/通代

文選通叚字會四卷　（清）杜宗玉撰　清光緒二十二年（1896）湖北孝感學署刻本　四冊

330000－1701－0053033　善008821　史部/紀傳類/正史之屬

史記一百三十卷　（漢）司馬遷撰　（南朝宋）裴駰集解　明崇禎十四年（1641）毛氏汲古閣刻十七史本　佚名批並跋　十二冊

330000－1701－0053034　善008824　類叢部/叢書類/彙編之屬

廣漢魏叢書九十六種　（明）何允中編　明刻本　六冊　存一種

330000－1701－0053035　普913.5323/7433/c3　類叢部/叢書類/自著之屬

潛園總集十七種　（清）陸心源撰　清同治至光緒刻本　十冊　存一種

330000－1701－0053038　普814.082/4420.018/c3　集部/總集類/選集之屬/通代

文選音義八卷　（清）余蕭客撰　清乾隆二十三年（1758）靜勝堂刻本　八冊

330000－1701－0053043　善008834　集部/總集類/彙編之屬

唐六名家集六種　（明）毛晉編　明末海虞毛氏汲古閣刻本　一冊　存一種

330000－1701－0053045　普323.097/3547.3/3/c4　史部/政書類

九通全書　（清）□□輯　清光緒二十七年至二十八年（1901－1902）貫吾齋石印本　二十冊　存一種

330000－1701－0053046　普814.082/4420.02　集部/總集類/選集之屬/通代

文選補遺四十卷首一卷　（元）陳仁子輯　（元）譚紹烈纂類　清道光二十五年（1845）瑯嬛館刻本　十冊

330000－1701－0053047　GP14485　子部/雜著類/雜說之屬

黼社筆談三卷　（清）張時中撰　清光緒十六年（1890）廩延徐振翰刻本　一冊

330000－1701－0053051　善008831　類叢部/叢書類/彙編之屬

津逮祕書十五集一百四十種　（明）毛晉編　明崇禎虞山毛氏汲古閣刻本　五冊　存二種

330000－1701－0053052　善008832　類叢部/叢書類/彙編之屬

津逮祕書十五集一百四十種　（明）毛晉編　明崇禎虞山毛氏汲古閣刻本　五冊　存二種

330000－1701－0053053　普814.082/4420.02/（2）　集部/總集類/選集之屬/通代

文選補遺四十卷首一卷　（元）陳仁子輯　（元）譚紹烈纂類　清道光二十五年（1845）瑯嬛館刻本　十四冊

330000－1701－0053055　普814.082/4420.02/2　集部/總集類/選集之屬/通代

文選補遺四十卷　（元）陳仁子輯　（元）譚紹烈纂類　清乾隆二年（1737）陳文煜刻本　十五冊　缺一卷（一）

330000－1701－0053056　普814.082/1133/4/c2　集部/總集類/彙編之屬

漢魏六朝一百三家集(漢魏六朝百三名家集) (明)張溥編 明婁東張氏刻本[江醴陵集二卷、沈隱侯集二卷、陶隱居集一卷、梁丘司空集一卷、任中丞集一卷、王左丞集一卷、陸太常集一卷、劉戶曹集一卷、王詹事集一卷、劉秘書集一卷、劉豫章集一卷、劉庶子集一卷、庾度支集一卷、何記室集一卷、吳朝請集一卷、陳後主集一卷、徐僕射集二卷、沈侍中集一卷、江令君集二卷、陳張散騎集一卷、高令公集一卷、溫侍讀集一卷、邢特進集一卷、魏特進集一卷、庾開府集二卷、王司空集一卷配清光緒十八年(1892)善化章經濟堂刻本] 九十冊 存九十種

330000－1701－0053058 GP14477、G006286 集部/別集類/明別集

澤農吟三卷 (明)陶允嘉撰 明末刻本 二冊 存二卷(一、三)

330000－1701－0053060 善 008830 類叢部/叢書類/彙編之屬

津逮祕書十五集一百四十種 (明)毛晉編 明崇禎虞山毛氏汲古閣刻本 六冊 存一種

330000－1701－0053061 善 008829 類叢部/叢書類/彙編之屬

津逮祕書十五集一百四十種 (明)毛晉編 明崇禎虞山毛氏汲古閣刻本 十六冊 存一種

330000－1701－0053067 善 008835 類叢部/叢書類/彙編之屬

格致叢書 (明)胡文煥編 明萬曆虎林胡氏文會堂刻本 八冊 存二種

330000－1701－0053068 GP06235 類叢部/叢書類/自著之屬

徐位山先生六種 (清)徐文靖撰 清雍正至乾隆刻志寧堂彙印本 四冊 存一種

330000－1701－0053070 GP14478 子部/雜著類

琅嬛覺世經四卷 (清)陳太初編 清嘉慶八年(1803)雲門抱蘭軒木活字印本 四冊

330000－1701－0053073 GP06230 子部/雜著類/雜考之屬

援鶉堂筆記五十卷 (清)姚範撰 **援鶉堂筆記舛誤一卷補遺一卷** (清)方東樹撰 清道光十五年(1835)姚氏刻本 十二冊

330000－1701－0053075 善 008839 史部/紀傳類/正史之屬

北史一百卷 (唐)李延壽撰 明萬曆十九年至二十一年(1591－1593)南京國子監刻本 三十冊

330000－1701－0053080 普 913. 395151/4713/c1 史部/金石類/郡邑之屬/文字

山右石刻叢編四十卷 (清)胡聘之撰 清光緒二十五年至二十七年(1899－1901)刻本 王修跋 二十二冊 存三十七卷(四至四十)

330000－1701－0053083 善 008841 史部/紀傳類/正史之屬

孫月峰先生批評史記一百三十卷褚先生附餘一卷 (漢)司馬遷撰 (明)孫鑛評 明崇禎九年(1636)刻本 十六冊

330000－1701－0053085 普 913. 395151/4713/c2 史部/金石類/郡邑之屬/文字

山右石刻叢編四十卷 (清)胡聘之撰 清光緒二十五年至二十七年(1899－1901)刻本 二十四冊

330000－1701－0053086 GP06241 子部/術數類/占候之屬

中天皇極太素三卷首一卷尾一卷 (清)夏寶璜撰 清光緒十四年(1888)刻本 一冊

330000－1701－0053087 普 814.0821/2477 集部/總集類/選集之屬/斷代

西漢文選四卷 (清)儲欣評選 清乾隆四十五年(1780)受祉堂刻本 四冊

330000－1701－0053090 GP06242 集部/別集類/清別集

三雁紀遊一卷東甌紀遊一卷 (清)戴啓文撰 清光緒二十五年(1899)刻本 一冊

330000－1701－0053091 GP14490 類叢部/

叢書類/彙編之屬

文選樓叢書三十三種 （清）阮亨編 清嘉慶至道光阮元刻道光二十二年(1842)阮亨彙印本 二冊 存一種

330000－1701－0053092 善008840 史部/紀傳類/正史之屬

史記一百三十卷 （漢）司馬遷撰 （南朝宋）裴駰集解 （唐）司馬貞索隱 （唐）張守節正義 （明）陳仁錫評 明崇禎刻本 清姚燮跋 十五冊 缺十卷(一百十三至一百二十二)

330000－1701－0053093 GP06243 史部/傳記類/別傳之屬

胡氏崇祀鄉賢錄文二卷詩詞三卷 （清）胡鳳丹編 清同治退補齋刻本 一冊

330000－1701－0053094 普814.0821/7722/2 集部/總集類/選集之屬/斷代

兩漢策要十二卷 （宋）陶叔獻輯 清光緒十三年(1887)上海同文書局石印本(卷三原缺) 八冊

330000－1701－0053100 GP14491 子部/雜著類/雜說之屬

退庵隨筆二十二卷附退庵自訂年譜一卷 （清）梁章鉅撰 清道光十七年(1837)刻同治十一年(1872)梁恭辰重修本 八冊 缺一卷(退庵自訂年譜)

330000－1701－0053102 普814.082/1133.03 集部/總集類/選集之屬/通代

漢魏六朝一百三家集題詞一卷 （明）張溥撰 清道光七年(1827)張氏清芬閣刻本 一冊

330000－1701－0053106 普814.082/3420 集部/總集類/彙編之屬

漢魏六朝諸家文集 （明）□□編 明刻本 二十五冊

330000－1701－0053107 普323.097/3547.306 史部/政書類/通制之屬

皇朝通考劄記一卷 （清）黃壽袞撰 清光緒三十一年(1905)鉛印本 一冊

330000－1701－0053110 GP06232 類叢部/叢書類/自著之屬

玉津閣叢書甲集十二種乙集十二種 （清）胡徵元撰 清光緒至民國刻本 一冊 存一種

330000－1701－0053116 普914/0345 史部/地理類/遊記之屬/紀行

乘槎筆記二卷 （清）斌椿撰 清光緒十一年(1885)掃葉山房刻本 二冊

330000－1701－0053117 善008844 史部/紀傳類/正史之屬

史記一百三十卷 （漢）司馬遷撰 （南朝宋）裴駰集解 清初古吳書業趙氏刻十七史本 清葉裕仁校並跋 十二冊

330000－1701－0053118 普814.0825/4234 集部/總集類/選集之屬/斷代

南北朝文鈔二卷 （清）彭兆蓀輯 清光緒八年(1882)紫雲室刻本 二冊

330000－1701－0053119 GP14483 集部/別集類/清別集

賡獻集一卷 （清）奕訢撰 清同治元年(1862)刻本 一冊

330000－1701－0053120 普323.097/3547.4 史部/政書類/通制之屬

欽定大清會典一百卷 （清）允祹等撰 清同治至光緒刻本 二十四冊

330000－1701－0053122 普814.0825/4234/2/c1 集部/總集類/選集之屬/斷代

南北朝文鈔二卷 （清）彭兆蓀輯 清光緒八年(1882)紫雲室刻本 二冊

330000－1701－0053123 普913.533/7433/c1、普913.533/7433.2/c1 類叢部/叢書類/自著之屬

存齋雜纂 （清）陸心源撰 清光緒吳興陸氏十萬卷樓刻本 三冊 存一種

330000－1701－0053124 普814.082/4420/(2)/c2 集部/總集類/選集之屬/通代

文選六十卷 （南朝梁）蕭統輯 （唐）李善注 **文選考異十卷** （清）胡克家撰 清同治八年(1869)湖北崇文書局刻本 十九冊 缺十

三卷(二十七至二十九、考異一至十)

330000－1701－0053125　普914/0724　類叢部/叢書類/彙編之屬
鐵香室叢刻初集四種續集六種　(清)李世勛編　清光緒刻本　一冊　存一種

330000－1701－0053126　普814.0825/4234/2/c2　集部/總集類/選集之屬/斷代
南北朝文鈔二卷　(清)彭兆蓀輯　清光緒八年(1882)紫雲室刻本　四冊

330000－1701－0053127　普913.5323/3458　子部/藝術類/篆刻之屬
漢晝第一輯二卷　狄葆賢輯　清光緒上海有正書局影印本　二冊

330000－1701－0053128　普914/2633/c2　類叢部/叢書類/彙編之屬
無錫薛氏遺稾　清光緒石印本　二冊　存一種

330000－1701－0053129　普914/4435/3　史部/地理類/遊記之屬/紀行
出使英法義比四國日記六卷(清光緒十六年正月十一日至十七年二月三十日)　(清)薛福成撰　清光緒二十年(1894)孫谿校經堂刻本　六冊

330000－1701－0053130　普814.0825/4234/3/c2　集部/總集類/選集之屬/斷代
南北朝文鈔二卷　(清)彭兆蓀輯　清光緒八年(1882)紫雲室刻本　一冊

330000－1701－0053133　普914/4435.2/c1　類叢部/叢書類/自著之屬
庸盦全集十種　(清)薛福成撰　清光緒十年至二十四年(1884－1898)無錫薛氏刻本　十冊　存一種

330000－1701－0053136　GP14484　經部/詩類
陳氏毛詩五種　(清)陳奐撰　清道光至咸豐吳門南園陳氏掃葉山莊刻本　十二冊

330000－1701－0053137　普914/4435.2/c2　類叢部/叢書類/自著之屬
庸盦全集十種　(清)薛福成撰　清光緒十年至二十四年(1884－1898)無錫薛氏刻本　十冊　存一種

330000－1701－0053138　普913.533/7433/c2、普913.533/7433.2/c2　類叢部/叢書類/自著之屬
存齋雜纂　(清)陸心源撰　清光緒吳興陸氏十萬卷樓刻本　三冊　存一種

330000－1701－0053139　GP14493　經部/小學類/文字之屬/字書/字體
復古編二卷　(宋)張有撰　**復古編校正一卷**　(清)葛鳴陽撰　**復古編附錄一卷**　(清)葛鳴陽輯　**曾樂軒稿一卷**　(宋)張維撰　**安陸集一卷**　(宋)張先撰　清光緒八年(1882)淮南書局刻本　三冊

330000－1701－0053140　普914/8324/(2)　史部/地理類/外紀之屬
歐游隨筆二卷　(清)錢德培撰　清光緒木活字印本　二冊

330000－1701－0053141　GP06244　新學/兵制/槍炮
火器新術一卷　(清)黃方慶撰　清光緒十七年(1891)章灝抄本　清章灝題記　一冊

330000－1701－0053142　普914/4435.2/c3　類叢部/叢書類/自著之屬
庸盦全集十種　(清)薛福成撰　清光緒十年至二十四年(1884－1898)無錫薛氏刻本　十冊　存一種

330000－1701－0053143　普814.082/4420/5/c2　集部/總集類/選集之屬/通代
文選六十卷　(南朝梁)蕭統輯　(唐)李善注　(清)何焯評　清光緒二十四年(1898)上海古香閣石印本　六冊

330000－1701－0053144　普814.082/4420/6/c1　集部/總集類/選集之屬/通代
文選六十卷　(南朝梁)蕭統輯　(唐)李善注　(清)何焯評　清羊城翰墨園刻朱墨套印本

十二册

330000－1701－0053146　普 914/2633.2　史部/地理類/遊記之屬/紀行

隨軺筆記四卷　（清）吴宗濂撰　清光緒二十八年（1902）上海著易堂鉛印本　四册

330000－1701－0053147　GP06245　史部/政書類/律令之屬/治獄

大廉三獄二卷　（清）王德溥撰　清光緒六年（1880）刻本　二册

330000－1701－0053148　普 323.097/3547.4/3　史部/政書類/通制之屬

欽定大清會典一百卷　（清）允祹等撰　清光緒刻本　二十册

330000－1701－0053149　普 914/2728　史部/地理類/遊記之屬/紀行

西征紀程四卷　（清）鄒代鈞撰　清光緒十七年（1891）鉛印本　二册

330000－1701－0053150　普 814.082/4420/4/c2　集部/總集類/選集之屬/通代

文選六十卷　（南朝梁）蕭統輯　（唐）李善注　**文選考異十卷**　（清）胡克家撰　清光緒六年（1880）四明林氏刻本　二十册　缺十卷（考異一至十）

330000－1701－0053151　GP06233　子部/天文曆算類/算書之屬

董方立遺書五種　（清）董祐誠撰　清光緒五年（1879）江南製造局刻本　一册

330000－1701－0053153　GP06246　集部/總集類/氏族之屬

孝義集一卷　（清）何集成编　清雍正木活字印本　一册

330000－1701－0053155　普 323.097/3547.4/4　史部/政書類/通制之屬

欽定大清會典一百卷　（清）張廷玉等纂修　清光緒十九年（1893）上海圖書集成印書局鉛印本　八册

330000－1701－0053156　普 814.082/4420/3/c2　集部/總集類/選集之屬/通代

文選六十卷　（南朝梁）蕭統輯　（唐）李善注　**文選考異十卷**　（清）胡克家撰　清宣統三年（1911）上海會文堂粹記石印本　十六册

330000－1701－0053157　普 914/3423　史部/傳記類/日記之屬

西行日記二卷（清光緒六年至七年）　池仲祐撰　清光緒三十四年（1908）上海商務印書館鉛印本　一册

330000－1701－0053158　普 913.533/7433.3/c1　類叢部/叢書類/自著之屬

存齋雜纂　（清）陸心源撰　清光緒吴興陸氏十萬卷樓刻本　二册　存一種

330000－1701－0053159　普 814.0825/4777/c2　集部/總集類/彙編之屬

六朝四家全集　（清）胡鳳丹輯　清同治九年（1870）永康胡氏退補齋刻本　四册　存四種

330000－1701－0053161　普 814.082/4420/3/c1　集部/總集類/選集之屬/通代

文選六十卷　（南朝梁）蕭統輯　（唐）李善注　**文選考異十卷**　（清）胡克家撰　清宣統三年（1911）上海會文堂粹記石印本　十六册

330000－1701－0053162　GP14505　經部/四書類/總義之屬/傳說

四書集註十九卷　（宋）朱熹撰　清光緒三十二年（1906）上海商務印書館鉛印本　一册　存二卷（孟子六至七）

330000－1701－0053163　普 914/8324　史部/地理類/外紀之屬

歐游隨筆二卷　（清）錢德培撰　清光緒木活字印本　四册

330000－1701－0053164　普 913.533/7433.3/c2　類叢部/叢書類/自著之屬

存齋雜纂　（清）陸心源撰　清光緒吴興陸氏十萬卷樓刻本　二册　存一種

330000－1701－0053165　GP14507　類叢部/叢書類/彙編之屬

槐廬叢書四十六種　（清）朱記榮编　清光緒

三年至十五年(1877－1889)吳縣朱氏槐廬家塾刻本　八冊　存一種

330000－1701－0053166　普 814.0825/4777/c3　集部/總集類/彙編之屬
六朝四家全集　(清)胡鳳丹輯　清同治九年(1870)永康胡氏退補齋刻本　五冊　缺二卷(庾開府集上之下、下之下)

330000－1701－0053167　普 913.533/7433.4　類叢部/叢書類/自著之屬
存齋雜纂　(清)陸心源撰　清光緒吳興陸氏十萬卷樓刻本　三冊　存一種

330000－1701－0053169　GP14497　子部/醫家類/兒科之屬/痘疹
秘授痘科六十四症一卷　清抄本　一冊

330000－1701－0053170　GP14508　史部/地理類/遊記之屬/紀勝
桂游日記三卷　(清)張維屏撰　清道光十七年(1837)聽松廬刻本　一冊

330000－1701－0053172　普 914/4435/c1　史部/地理類/遊記之屬/紀行
出使英法義比四國日記六卷(清光緒十六年正月十一日至十七年二月三十日)　(清)薛福成撰　清光緒二十二年(1896)上海圖書集成印書局鉛印本　三冊

330000－1701－0053174　普 323.097/3547.4/5　史部/政書類/通制之屬
欽定大清會典八十卷　(清)托津等撰　清嘉慶二十三年(1818)武英殿刻本　四十冊

330000－1701－0053175　普 914/4435/c2　史部/地理類/遊記之屬/紀行
出使英法義比四國日記六卷(清光緒十六年正月十一日至十七年二月三十日)　(清)薛福成撰　清光緒二十二年(1896)上海圖書集成印書局鉛印本　二冊　缺二卷(三至四)

330000－1701－0053176　善 008848　經部/小學類/音韻之屬/韻書
韻譜本義十卷　(明)茅溱輯　明萬曆三十二年(1604)丹徒茅溱刻本　十冊

330000－1701－0053177　善 008846　經部/小學類/文字之屬/說文
說文解字十二卷　(漢)許慎撰　(宋)李燾重編　明萬曆二十六年(1598)陳大科刻毛氏汲古閣印本　十六冊

330000－1701－0053178　普 914/4435/2/c1　史部/地理類/遊記之屬/紀行
出使英法義比四國日記六卷(清光緒十六年正月十一日至十七年二月三十日)　(清)薛福成撰　清光緒十八年(1892)石印本　三冊

330000－1701－0053179　普 814.082/4420/6/c2　集部/總集類/選集之屬/通代
文選六十卷　(南朝梁)蕭統輯　(唐)李善注　(清)何焯評　清乾隆三十七年(1772)長洲葉樹藩海錄軒刻朱墨套印本　十二冊

330000－1701－0053180　善 008853　子部/儒家類/儒家之屬
荀子二十卷　(唐)楊倞注　明末刻本　六冊

330000－1701－0053181　普 914/4435/2/c2　史部/地理類/遊記之屬/紀行
出使英法義比四國日記六卷(清光緒十六年正月十一日至十七年二月三十日)　(清)薛福成撰　清光緒十八年(1892)石印本　三冊

330000－1701－0053182　普 914.2/7532　史部/地理類/外紀之屬
嘆咭唎紀畧二卷　(清)陳逢衡撰　清刻本　一冊　存一卷(下)

330000－1701－0053183　普 323.097/3592　史部/政書類/通制之屬
欽定大清會典一百卷　(清)崑岡等撰　清光緒二十五年(1899)石印本　三十六冊

330000－1701－0053184　善 008854　集部/楚辭類
楚辭章句十七卷附錄一卷　(漢)王逸撰　明萬曆刻本　四冊

330000－1701－0053185　普 914.2/3104　史部/地理類/外紀之屬
海錄三種　(清)謝清高口述　(清)楊炳南筆

述　清道光刻本　一册　存一種

330000－1701－0053186　善 008855　集部/別集類/漢魏六朝別集
嵇中散集十卷　(晉)嵇康撰　明程榮刻本刻本　四册

330000－1701－0053187　普 323.097/3592/3/c1　史部/政書類/通制之屬
欽定大清會典一百卷　(清)崑岡等撰　清光緒三十四年(1908)上海商務印書館石印本　十册

330000－1701－0053188　善 008845　集部/詞類/類編之屬
宋名家詞六十一種　(明)毛晉編　明崇禎虞山毛氏汲古閣刻本　二十册　存三十種

330000－1701－0053189　普 914.4/2633/c1　史部/地理類/遊記之屬/紀行
隨軺游紀初集四卷　(清)吳宗濂譯纂　清光緒時務報館石印本　一册

330000－1701－0053190　普 814.0825/4777/c4　集部/總集類/彙編之屬
六朝四家全集　(清)胡鳳丹輯　清同治九年(1870)永康胡氏退補齋刻本　六册

330000－1701－0053191　善 008852　經部/春秋穀梁傳類/正文之屬
春秋穀梁傳十二卷　明刻本　六册

330000－1701－0053192　普 914.2/4351/c1　史部/地理類/外紀之屬
英軺日記十二卷　(清)載振撰　清光緒二十九年(1903)上海文明編譯書局鉛印本　四册

330000－1701－0053193　普 814.082/4420/8　集部/總集類/選集之屬/通代
文選六十卷　(南朝梁)蕭統輯　(唐)李善注　**文選考異十卷**　(清)胡克家撰　清同治八年(1869)潯陽萬氏刻本　二十册　缺十卷(考異一至十)

330000－1701－0053194　普 914.4/2633/c2　史部/地理類/遊記之屬/紀行
隨軺游紀初集四卷　(清)吳宗濂譯纂　清光緒時務報館石印本　一册

330000－1701－0053195　普 323.097/3592/3/c2　史部/政書類/通制之屬
欽定大清會典一百卷　(清)崑岡等撰　清宣統元年(1909)上海商務印書館石印本　十册

330000－1701－0053198　普 914.2/4351/c2　史部/地理類/外紀之屬
英軺日記十二卷　(清)載振撰　清光緒二十九年(1903)上海文明編譯書局鉛印本　四册

330000－1701－0053199　普 914.4/7042　新學/史志/别國史
法國新志四卷　(英國)該勒低輯　(英國)傅紹蘭　(英國)秀耀春口譯　(清)潘松　(清)范熙庸筆述　清光緒二十四年(1898)江南製造局刻本　二册

330000－1701－0053201　普 914.2/7283　史部/地理類/外紀之屬
英軺日記二卷　(清)劉錫鴻撰　清光緒鉛印本　二册

330000－1701－0053203　普 814.082/4420/2/c2　集部/總集類/選集之屬/通代
文選六十卷　(南朝梁)蕭統輯　(唐)李善注　**文選考異十卷**　(清)胡克家撰　清光緒六年(1880)四明林氏刻本　二十四册

330000－1701－0053204　普 814.083/0081　集部/總集類/選集之屬/斷代
唐人三家集　(清)秦恩復編　清宣統三年(1911)藏古圖書館據清嘉慶至道光秦氏石研齋影宋刻本影印本　八册

330000－1701－0053210　普 914.7/0863　史部/政書類/軍政之屬/邊政
西北邊界圖地名譯漢攷證二卷　(清)許景澄撰　清光緒二十八年(1902)上海藻文書局石印本　二册

330000－1701－0053213　普 814.083/1133　集部/總集類/彙編之屬
初唐四傑集　(清)項家達編　清乾隆四十六

年(1781)星渚項氏刻本　六冊

330000－1701－0053214　普 814.082/4420/11　集部/總集類/選集之屬/通代
文選六十卷　(南朝梁)蕭統輯　(唐)李善注　明末海虞毛氏汲古閣刻清康熙二十五年(1686)錢士謐重修本　十二冊

330000－1701－0053215　普 913.71/2527　子部/藝術類/篆刻之屬/印論
印典八卷　(清)朱象賢輯　清康熙六十一年(1722)吳縣朱氏就閏堂刻乾隆重修本　一冊

330000－1701－0053220　普 814.082/4420/17/c1　集部/總集類/選集之屬/通代
文選六十卷　(南朝梁)蕭統輯　(唐)李善注　明末海虞毛氏汲古閣刻本　二十冊

330000－1701－0053222　普 814.083/2116　集部/總集類/選集之屬/通代
唐宋八大家集選十二卷　(清)盧元昌編　清順治十五年(1658)金閶王遇升刻本　九冊　缺一卷(唐韓文公集選二)

330000－1701－0053223　GP06253　史部/地理類/雜志之屬
日下舊聞四十二卷　(清)朱彝尊輯　(清)朱昆田補遺　清康熙二十六年至二十七年(1687－1688)刻本　二十冊

330000－1701－0053230　普 814.082/4420.07/5/c2　集部/總集類/選集之屬/通代
重訂文選集評十五卷首一卷葉星衛附註一卷　(清)于光華輯　清乾隆三十七年(1772)友于堂刻本　十五冊　缺一卷(葉星衛附註)

330000－1701－0053231　普 915.7115/2　史部/政書類
自強學齋治平十議　(清)自強學齋主人輯　清光緒十九年至二十三年(1893－1897)文瑞樓石印本　二冊　存一種

330000－1701－0053232　普 915.1/1840/2/(2)　史部/地理類
李氏五種　(清)李兆洛撰　清同治九年至十一年(1870－1872)合肥李鴻章刻本　八冊　存二種

330000－1701－0053233　普 913.715/2644/c1　史部/金石類/璽印之屬/通考
封泥攷略十卷　(清)吳式芬　(清)陳介祺藏並輯　清光緒三十年(1904)石印本　十冊

330000－1701－0053234　普 913.715/2644/c2　史部/金石類/璽印之屬/通考
封泥攷略十卷　(清)吳式芬　(清)陳介祺藏並輯　清光緒三十年(1904)石印本　十冊

330000－1701－0053235　普 814.083/2116/(2)　集部/總集類/選集之屬/通代
唐宋八大家集選十二卷　(清)盧元昌編　清順治十五年(1658)金閶王遇升刻本　十冊

330000－1701－0053236　善 008843　子部/雜著類/雜纂之屬
王太蒙先生類纂批評灼艾集十八卷　(明)萬表輯　(明)王佐纂評　明刻本　八冊　缺四卷(七至十)

330000－1701－0053240　普 915.1/1840.2/2　史部/地理類/總志之屬/通代
歷代地理志韻編今釋二十卷　(清)李兆洛撰　清光緒上海蜚英館石印本　五冊

330000－1701－0053241　普 814.082/4420.07/6　集部/總集類/選集之屬/通代
重訂文選集評十五卷首一卷末一卷　(清)于光華輯　清經綸堂刻本　十六冊

330000－1701－0053242　普 814.082/4420.07/3　集部/總集類/選集之屬/通代
重訂文選集評十五卷首一卷末一卷　(清)于光華輯　清乾隆四十三年(1778)錫山啓秀堂刻本　八冊

330000－1701－0053243　GP14513　史部/地理類/雜志之屬
會稽三賦四卷　(宋)王十朋撰　(明)南逢吉注　(明)尹壇補注　清咸豐尺木堂刻本　二冊

330000－1701－0053244　普 915.1/1847/c1

史部/地理類

問影樓輿地叢書第一集十五種　胡思敬編　清光緒三十四年(1908)新昌胡氏京師鉛印本　十冊

330000－1701－0053245　善 008842　子部/儒家類/儒學之屬/性理

性理指歸二十八卷　(明)姚舜牧撰　明萬曆三十八年(1610)刻本　八冊　存十六卷(一至十六)

330000－1701－0053246　普 913.715/7281　史部/金石類

抱殘守缺齋所藏三代文字　(清)劉鶚輯　清光緒劉氏抱殘守缺齋石印本　四冊　存一種

330000－1701－0053247　善 008847　集部/別集類/明別集

念菴羅先生集十三卷　(明)羅洪先撰　明嘉靖刻本　二冊　存四卷(四至七)

330000－1701－0053252　普 814.083/2191　集部/總集類/選集之屬/斷代

唐四家古文選十三卷　(清)何焯評點　清初挹秀齋刻本　退庵跋　十冊

330000－1701－0053254　善 008849　史部/雜史類/斷代之屬

國語二十一卷　(三國吳)韋昭注　(宋)宋庠補音　(明)穆文熙輯評　明萬曆劉懷恕刻春秋戰國評苑本　二冊

330000－1701－0053256　普 915.1/1840.2/4　史部/地理類

李氏五種　(清)李兆洛撰　清光緒元年(1875)羊城馬氏集益齋刻本　十九冊　存一種

330000－1701－0053258　普 814.082/4420.07/7　集部/總集類/選集之屬/通代

重訂文選集評十五卷首一卷末一卷　(清)于光華輯　清咸豐十年(1860)右文堂刻本　十五冊　缺一卷(一)

330000－1701－0053259　普 814.083/3547/c1　集部/總集類/選集之屬/通代

御選唐宋文醇五十八卷目錄一卷　(清)高宗弘曆輯　清光緒三年(1877)浙江書局刻本　二十四冊

330000－1701－0053263　普 814.083/2477　集部/總集類/選集之屬/通代

唐宋大家全集錄十種　(清)儲欣編　清康熙四十四年(1705)松鱗堂刻本　章鋆題記　四十冊

330000－1701－0053264　普 915.1/1847/c2　史部/地理類

問影樓輿地叢書第一集十五種　胡思敬編　清光緒三十四年(1908)新昌胡氏京師鉛印本　九冊　存十四種

330000－1701－0053265　普 814.083/3547/c3　集部/總集類/選集之屬/通代

御選唐宋文醇五十八卷目錄一卷　(清)高宗弘曆輯　清光緒三年(1877)浙江書局刻本　十八冊　存五十四卷(五至五十八)

330000－1701－0053266　普 814.082/4420.072　集部/總集類/選集之屬/通代

文選考異四卷　(清)孫志祖撰　清光緒刻本　二冊

330000－1701－0053269　普 913.543/1036　史部/金石類/陶之屬/字書

竹里秦漢瓦當文存不分卷　(清)王福田撰　清咸豐二年(1852)嘉興竹田里王氏七橋草堂刻本　二冊

330000－1701－0053270　普 814.083/2477/2/c2　集部/總集類/選集之屬/通代

唐宋大家全集錄十種　(清)儲欣編　清光緒八年(1882)江蘇書局刻本　三十二冊

330000－1701－0053271　普 915.1/1847/c3　史部/地理類

問影樓輿地叢書第一集十五種　胡思敬編　清光緒三十四年(1908)新昌胡氏京師鉛印本　十冊

330000－1701－0053272　普 814.082/4420.072/2　類叢部/叢書類/彙編之屬

受經堂叢書　張選青輯　清嘉慶漢州張氏刻本　二册　存一種

330000－1701－0053274　普814.083/3547/2　集部/總集類/選集之屬/通代
御選唐宋文醇五十八卷目錄一卷　(清)高宗弘曆輯　清乾隆刻三色套印本　十册　存三十一卷(二十八至五十八)

330000－1701－0053276　普915/3144　史部/政書類
四譯館考十卷　(清)江蘩撰　清康熙刻本　二册

330000－1701－0053277　普814.082/4420.04　集部/總集類/選集之屬/通代
昭明選騷初學讀本四卷　(清)孫人龍輯　清乾隆十二年(1747)一經代授山房刻本　一册

330000－1701－0053278　普915.1/1880/c1　史部/地理類
皇朝藩屬輿地叢書六集二十八種　(清)浦□編　清光緒二十九年(1903)金匱浦氏靜寄東軒石印本(元史譯文證補卷七至八、十三、十六至十七、十九至二十一、二十五、二十八原缺)　四十八册

330000－1701－0053279　普814.083/2477.2　集部/總集類/選集之屬/通代
唐宋八大家類選十四卷　(清)儲欣輯　清雍正元年(1723)受祉堂刻本　十六册

330000－1701－0053280　普915/3146、G009073　類叢部/叢書類/自著之屬
悔齋集八種　(清)汪楫撰　清康熙至雍正刻彙印本　二册　存三種

330000－1701－0053281　普814.082/4420.072/3　集部/總集類/選集之屬/通代
文選考異四卷　(清)孫志祖撰　清光緒刻本　二册

330000－1701－0053282　普915.07903/0043　史部/詔令奏議類/奏議之屬
公車上書記一卷　康有爲撰　清光緒二十一年(1895)羊城文緣堂刻本　一册

330000－1701－0053283　普814.082/4420.0722　集部/總集類/選集之屬/通代
文選六十卷　(南朝梁)蕭統輯　(唐)李善注　**文選考異十卷**　(清)胡克家撰　清同治八年(1869)湖北崇文書局刻本　四册　存十卷(考異一至十)

330000－1701－0053284　普814.083/2477.2/2　集部/總集類/選集之屬/通代
唐宋八大家類選十四卷　(清)儲欣輯　清光緒十八年(1892)湖北官書處刻本　六册

330000－1701－0053286　普915/4444　類叢部/叢書類/彙編之屬
新陽趙氏叢刊十四種　(清)趙元益編　清光緒十一年至二十八年(1885－1902)新陽趙氏刻本　一册　存一種

330000－1701－0053288　GP06254　類叢部/叢書類/彙編之屬
稗海四十八種續集二十二種　(明)商濬編　明萬曆商氏半埜堂刻清康熙振鷺堂重編補刻本　一册　存一種

330000－1701－0053289　普814.082/4420.07/2　集部/總集類/選集之屬/通代
重訂文選集評十五卷首一卷末一卷　(清)于光華輯　清同治十一年(1872)江蘇書局刻本　十六册

330000－1701－0053290　普915.1/2122　史部/地理類/雜志之屬
地志便覽二卷地理圖便覽一卷附志一卷附錄一卷　(清)崔暕撰　清咸豐十年(1860)長沙崔氏守真道齋刻本　四册

330000－1701－0053291　普915/5012/c1　史部/地理類
舟車所至　(清)鄭光祖輯　清道光二十三年(1843)琴川鄭氏青玉山房刻本　四册　缺十六卷(番境補遺、海上紀畧、斑錄一至五、附編、雜述一至八)

330000－1701－0053292　普814.083/2477.2/3　集部/總集類/選集之屬/通代

唐宋八大家類選十四卷 (清)儲欣輯 清光緒九年(1883)靜遠堂刻本 十二冊

330000－1701－0053294 普 913.715/8702 史部/金石類

陸㕡晉古錄 羅振玉輯 清光緒二十九年(1903)上虞羅氏石印本 一冊 存一種

330000－1701－0053295 普 814.082/4420.07/2(2) 集部/總集類/選集之屬/通代

重訂文選集評十五卷首一卷葉星衛附註一卷 (清)于光華輯 清同治十一年(1872)江蘇書局刻本 十五冊 缺一卷(九)

330000－1701－0053296 普 814.083/2694 集部/總集類/選集之屬/通代

唐宋八家精選層級集讀本四卷 (清)吳煒編 清乾隆二十四年(1759)紫陽書院刻本 八冊

330000－1701－0053298 普 814.082/4420.073/2 集部/總集類/選集之屬/通代

文選旁證四十六卷 (清)梁章鉅撰 清道光十八年(1838)刻本 十二冊

330000－1701－0053300 普 915/5012/c2 史部/地理類

舟車所至 (清)鄭光祖輯 清道光二十三年(1843)琴川鄭氏青玉山房刻本 二冊 存五卷(西藏紀聞、採硫日記、臺灣使槎錄、海島逸志、海錄)

330000－1701－0053301 普 915.1/2128 史部/地理類/總志之屬

一統志案說十六卷 (清)顧炎武撰 清道光七年(1827)張青選清芬閣木活字印本 十二冊

330000－1701－0053302 普 814.082/4420.0722/2/c1 集部/總集類/選集之屬/通代

文選六十卷 (南朝梁)蕭統輯 (唐)李善注 **文選考異十卷** (清)胡克家撰 清光緒六年(1880)四明林植梅刻本 四冊 存十卷(考異一至十)

330000－1701－0053305 普 913.61/1044/c1 類叢部/叢書類/自著之屬

陶廬叢刻第二集十種 王樹枏撰 清光緒九年至民國十四年(1883－1925)新城王氏刻本暨鉛印本 一冊 存一種

330000－1701－0053308 GP06255 史部/傳記類/總傳之屬/通代

古今聖賢圖考三種 (清)顧沅輯 清道光十年(1830)刻本 六冊 存一種

330000－1701－0053309 普 814.082/4420.0722/2/c5 集部/總集類/選集之屬/通代

文選六十卷 (南朝梁)蕭統輯 (唐)李善注 **文選考異十卷** (清)胡克家撰 清光緒六年(1880)四明林植梅刻本 四冊 存十卷(考異一至十)

330000－1701－0053310 普 915.1/2140 類叢部/叢書類/彙編之屬

武英殿聚珍版書一百四十八種 清乾隆四十二年(1777)福建刻道光至同治遞修光緒二十一年(1895)增刻本 十六冊 存一種

330000－1701－0053311 普 915.1/1880/c4 史部/地理類

皇朝藩屬輿地叢書六集二十八種 (清)浦□編 清光緒二十九年(1903)金匱浦氏靜寄東軒石印本(元史譯文證補卷七至八、十三、十六至十七、十九至二十一、二十五、二十八原缺) 四十六冊 缺三卷(蒙古游牧記六至八)

330000－1701－0053312 普 814.082/4420.074 類叢部/叢書類/彙編之屬

聚學軒叢書六十種 劉世珩編 清光緒貴池劉氏刻本 八冊 存一種

330000－1701－0053313 善 008851 史部/傳記類/別傳之屬

蘇長公外紀十二卷 (明)王世貞輯 (明)璩之璞校補 明萬曆二十二年(1594)璩氏燕石齋刻二十三年(1595)重修本 三冊 缺二卷(四至五)

330000－1701－0053314 普 913.61/1044/c2

類叢部/叢書類/自著之屬

陶廬叢刻第二集十種 王樹枏撰 清光緒九年至民國十四年(1883－1925)新城王氏刻本暨鉛印本 一册 存一種

330000－1701－0053316 GP14515 史部/地理類/遊記之屬/紀行

西征日記一卷 (清)汪振聲撰 清光緒二十六年(1900)夢花軒刻本 一册

330000－1701－0053318 普 814.083/3423/3/c2 集部/總集類/選集之屬/通代

唐宋八家文讀本三十卷 (清)沈德潛輯 清乾隆十五年(1750)小欝林刻本 雪漁題簽 十册

330000－1701－0053319 普 915/7115/c1 史部/地理類/外紀之屬

適可齋記言四卷記行六卷 (清)馬建忠撰 清光緒二十二年(1896)刻本 二册 存六卷(記行一至六)

330000－1701－0053320 普 814.082/4420.074/2 類叢部/叢書類/家集之屬

績溪胡氏叢書十種 (清)胡培系編 清同治十年至光緒二年(1871－1876)世澤樓刻本暨木活字印本 二十册 存一種

330000－1701－0053322 普 915/7115/c2、普 915/7115/c3 史部/地理類/外紀之屬

適可齋記言四卷記行六卷 (清)馬建忠撰 清光緒二十二年(1896)刻本 四册

330000－1701－0053323 GP14516 史部/地理類/雜志之屬

藤陰雜記十二卷 (清)戴璐撰 清光緒三年(1877)浙江吳興會館刻本 二册

330000－1701－0053325 普 915.1/2140/2/c2 類叢部/叢書類/彙編之屬

岱南閣叢書二十種 (清)孫星衍編 清乾隆五十年至嘉慶十四年(1785－1809)蘭陵孫氏刻本 八册 存一種

330000－1701－0053327 GP06252 史部/地理類/雜志之屬

日下舊聞四十二卷 (清)朱彝尊輯 (清)朱昆田補遺 清康熙二十六年至二十七年(1687－1688)刻本 十六册

330000－1701－0053328 普 814.082/4420.0722/3 集部/總集類/選集之屬/通代

文選六十卷 (南朝梁)蕭統輯 (唐)李善注 **文選考異十卷** (清)胡克家撰 清嘉慶十四年(1809)鄱陽胡克家刻本 四册 存十卷(考異一至十)

330000－1701－0053330 普 814.083/3423/4 集部/總集類/選集之屬/通代

唐宋八家文讀本三十卷首一卷 (清)沈德潛輯 清光緒二十四年(1898)上海江左書林石印本 六册

330000－1701－0053333 普 814.082/4420.0722/4/c1 集部/總集類/選集之屬/通代

文選六十卷 (南朝梁)蕭統輯 (唐)李善注 **文選考異十卷** (清)胡克家撰 清嘉慶十四年(1809)鄱陽胡克家刻本 四册 存十卷(考異一至十)

330000－1701－0053334 GP14517 史部/時令類

月令粹編二十四卷圖說一卷 (清)秦嘉謨撰 清嘉慶十七年(1812)江都秦嘉謨琳琅仙館刻本 六册

330000－1701－0053335 普 814.082/4420.0722/4/c4 集部/總集類/選集之屬/通代

文選六十卷 (南朝梁)蕭統輯 (唐)李善注 **文選考異十卷** (清)胡克家撰 清嘉慶十四年(1809)鄱陽胡克家刻本 四册 存十卷(考異一至十)

330000－1701－0053337 普 814.083/3423/5 集部/總集類/選集之屬/通代

唐宋八家文讀本三十卷 (清)沈德潛輯 清嘉慶十八年(1813)刻本 十六册

330000－1701－0053338 普 814.083/3706/4/c2 集部/總集類/選集之屬/斷代

初唐四傑文集二十一卷 (清)□□編 清光

緒五年(1879)淮南書局刻本　四冊

330000－1701－0053339　普 814.082/4420.073/c1　集部/總集類/選集之屬/通代
文選旁證四十六卷　(清)梁章鉅撰　清光緒八年(1882)吳下刻本　十二冊

330000－1701－0053340　普 814.083/3423/6　集部/總集類/選集之屬/通代
唐宋八家文讀本三十卷首一卷　(清)沈德潛輯　清宣統元年(1909)上海掃葉山房石印本　六冊

330000－1701－0053341　普 814.082/4420.073/c3　集部/總集類/選集之屬/通代
文選旁證四十六卷　(清)梁章鉅撰　清光緒八年(1882)吳下刻本　十二冊

330000－1701－0053342　普 814.082/4420.075/(2)　集部/總集類/選集之屬/通代
昭明文選集成六十卷首二卷　(南朝梁)蕭統輯　(清)方廷珪評注　清乾隆三十二年(1767)古榕方氏倣范軒刻本　十九冊　存五十八卷(三至六十)

330000－1701－0053344　普 814.083/4280/c2　集部/總集類/選集之屬/斷代
唐文粹一百卷　(宋)姚鉉輯　**唐文粹補遺二十六卷**　(清)郭麐輯　清光緒九年(1883)、十一年(1885)江蘇書局刻本　二十冊

330000－1701－0053345　GP14518　子部/農家農學類/蠶桑之屬
蠶桑新論一卷　(清)吳錫璋撰　清光緒二十九年(1903)刻本　一冊

330000－1701－0053346　善 008857　集部/總集類/選集之屬/通代
古樂苑五十二卷前卷一卷衍錄四卷總目二卷　(明)梅鼎祚輯　明萬曆十九年(1591)東越呂胤昌刻本　十六冊　存四十七卷(一至十五、十九至二十一、二十五至三十六、四十至四十五、四十九至五十二,前卷,衍錄一至四,總目一至二)

330000－1701－0053347　普 915.1/1840/c2　史部/地理類
李氏五種　(清)李兆洛撰　清光緒四年(1878)順德馬貞榆刻本　十二冊

330000－1701－0053349　普 915.1/2140/2/c3　史部/地理類/總志之屬/斷代
元和郡縣圖志四十卷　(唐)李吉甫撰　**闕卷逸文一卷**　(清)孫星衍輯　**元和郡縣補志九卷**　(清)嚴觀輯　清光緒六年(1880)、八年(1882)金陵書局刻本(卷十九至二十、二十三至二十四、三十五至三十六原缺)　八冊

330000－1701－0053352　普 915.1/22101/c3　史部/地理類/總志之屬/斷代
輿地紀勝二百卷首一卷　(宋)王象之撰　清咸豐五年(1855)南海伍崇曜粵雅堂刻十年(1860)重修本(卷五十四、一百三十六、一百四十至一百四十四、一百七十二、一百九十四、二百原缺)　二十二冊

330000－1701－0053353　普 814.082/4420.08　類叢部/叢書類/彙編之屬
融經館叢書十一種　(清)徐友蘭編　清光緒六年至十一年(1880－1885)會稽徐氏八杉齋刻本　九冊　存一種

330000－1701－0053355　普 814.083/4280.02/2　集部/總集類/選集之屬/斷代
唐文粹補遺二十六卷　(清)郭麐輯　清光緒十一年(1885)江蘇書局刻本　四冊

330000－1701－0053356　GP06251　史部/傳記類/總傳之屬/列女
貞節闡幽錄二卷首一卷　(清)吳大本輯　清刻本　二冊

330000－1701－0053357　GP06256　史部/傳記類/總傳之屬/郡邑
嘉慶道光魏塘人物記六卷　(清)汪能肅撰　清道光刻本　二冊

330000－1701－0053358　普 814.082/8890　集部/總集類/選集之屬/通代
八代文粹二百二十卷目錄十八卷　(清)簡棨　(清)陳崇哲輯　清光緒十一年(1885)富順

攷雋堂刻本　六十四册

330000－1701－0053359　GP14519　史部/政書類/邦計之屬/衡制

度量衡新議一卷　葉在揚撰　清光緒三十一年(1905)石印本　一册

330000－1701－0053361　普 915.1/1840/c3　史部/地理類

李氏五種　(清)李兆洛撰　清光緒十四年(1888)掃葉山房刻本　十一册　缺一卷(紀元編一)

330000－1701－0053363　普 814.082/4420.08/(2)　類叢部/叢書類/彙編之屬

融經館叢書十一種　(清)徐友蘭編　清光緒六年至十一年(1880－1885)會稽徐氏八杉齋刻本　十册　存一種

330000－1701－0053365　善 008856　集部/總集類/選集之屬/通代

古文品外録二十四卷　(明)陳繼儒輯並評　明萬曆刻本　八册　存二十二卷(一至十八、二十一至二十四)

330000－1701－0053367　GP14520　史部/政書類/公牘檔册之屬

駁蘇杭甬路案説帖一卷　汪大燮撰　清宣統元年(1909)鉛印本　一册

330000－1701－0053368　普 814.082/4420.08/2　類叢部/叢書類/彙編之屬

文林綺繡五種　(明)淩迪知編　清光緒十九年(1893)上洋鴻寶齋石印本　二册　存一種

330000－1701－0053369　普 915.1/22101/(2)　史部/地理類/總志之屬/斷代

輿地紀勝二百卷首一卷　(宋)王象之撰　清咸豐五年(1855)南海伍崇曜粤雅堂刻十年(1860)重修本(卷五十四、一百三十六、一百四十至一百四十四、一百七十二、一百九十四、二百原缺)　二十二册

330000－1701－0053370　普 915.1/2222　史部/地理類/總志之屬/斷代

太平寰宇記二百卷目録二卷　(宋)樂史撰　(清)陳蘭森補闕　**大清一統志表不分卷**　(清)徐午輯　**朝代紀元表一卷**　(清)萬廷蘭撰　清乾隆五十八年(1793)萬廷蘭等刻本　四十八册

330000－1701－0053371　普 814.0821/1120　集部/總集類/選集之屬/斷代

西漢文二十卷東漢文二十卷　(明)張采輯　明崇禎六年(1633)金閶委宛齋刻本　十八册

330000－1701－0053372　普 915.1/1412/c1　類叢部/叢書類/彙編之屬

鷙園叢刻五種　(清)吴丙湘編　清光緒十一年(1885)儀徵吴氏刻本　一册　存一種

330000－1701－0053374　普 915.1/2140/2(2)、普 915.1/2140.02/c1　史部/地理類/總志之屬/斷代

元和郡縣圖志四十卷　(唐)李吉甫撰　**闕卷逸文一卷**　(清)孫星衍輯　**元和郡縣補志九卷**　(清)嚴觀輯　清光緒六年(1880)、八年(1882)金陵書局刻本(卷十九至二十、二十三至二十四、三十五至三十六原缺)　八册

330000－1701－0053375　普 915.1/1840/2　史部/地理類

李氏五種　(清)李兆洛撰　清同治九年至十一年(1870－1872)合肥李鴻章刻本　十册　存四種

330000－1701－0053376　普 915.1/1412/c2　類叢部/叢書類/彙編之屬

鷙園叢刻五種　(清)吴丙湘編　清光緒十一年(1885)儀徵吴氏刻本　一册　存一種

330000－1701－0053377　普 814.08/2683.08　集部/總集類/選集之屬/通代

涵芬樓古今文鈔目録不分卷　吴曾祺輯　清宣統二年(1910)上海商務印書館鉛印本　四册

330000－1701－0053378　普 814.083/4445　集部/總集類/彙編之屬

唐宋八大家文鈔　(明)茅坤編　明崇禎金閶黄玉堂刻本　三十六册

330000－1701－0053379　GP06258　集部/別集類/清別集

抱玉堂集八卷　(清)周二夔撰　清道光二十年(1840)董醇刻二十七年(1847)補刻本　二冊

330000－1701－0053380　GP06268　集部/詞類/別集之屬

甲子生夢餘詞一卷　(清)汪适孫撰　清道光十七年(1837)錢唐振綺堂刻本　一冊

330000－1701－0053381　普814.083/4280/(2)/c3　集部/總集類/選集之屬/斷代

唐文粹一百卷　(宋)姚鉉輯　清光緒九年(1883)江蘇書局刻本　清朱啟勳跋並過錄清勵鶚、清譚獻批點　十六冊

330000－1701－0053382　GP06259　集部/別集類/清別集

東井詩鈔四卷文鈔二卷　(清)黄定文撰　清道光元年(1821)康紹鏞刻本　二冊

330000－1701－0053383　普814.082/4420.08/3　類叢部/叢書類/彙編之屬

文選四種　(清)徐叔蓓輯　清光緒二十年(1894)上海文盛書局石印本　三冊　存一種

330000－1701－0053384　普915.1/2140.02/c2　史部/地理類/總志之屬/斷代

元和郡縣補志九卷　(清)嚴觀輯　清光緒八年(1882)金陵書局刻本　二冊

330000－1701－0053385　GP06269　集部/別集類/清別集

倚晴樓集　(清)黄燮清撰　清道光至同治海鹽黄氏拙宜園刻本　一冊　存一種

330000－1701－0053387　普915.1/2210/c1　史部/地理類/總志之屬/斷代

元豐九域志十卷　(宋)王存等纂修　清光緒八年(1882)金陵書局刻本　四冊

330000－1701－0053388　普915.1/2140.02/c3　史部/地理類/總志之屬/斷代

元和郡縣補志九卷　(清)嚴觀輯　清光緒八年(1882)金陵書局刻本　二冊

330000－1701－0053389　普915.1/2210/c2　史部/地理類/總志之屬/斷代

元豐九域志十卷　(宋)王存等纂修　清光緒八年(1882)金陵書局刻本　四冊

330000－1701－0053390　普915.1/2210/c3　史部/地理類/總志之屬/斷代

元豐九域志十卷　(宋)王存等纂修　清光緒八年(1882)金陵書局刻本　四冊

330000－1701－0053392　GP06270　集部/詞類/別集之屬

香草溪詞二卷　(清)沈蓮生撰　清嘉慶刻本　清姚優莊題記　一冊

330000－1701－0053393　GP14523　經部/書類/傳說之屬

尚書大傳考纂三卷附錄一卷備考一卷源委一卷補遺一卷　(清)董豐垣撰　清乾隆九年(1744)董氏槐古齋刻本　二冊

330000－1701－0053394　普915.1/2140.021　史部/地理類/總志之屬

補元和郡縣志四十七鎮圖說一卷　(清)龐鴻書撰　清光緒貴州調查局鉛印本　一冊

330000－1701－0053396　普951.1/1731　類叢部/叢書類/自著之屬

顧氏式種　(清)顧觀光撰　清光緒五年(1879)刻二十八年(1902)印本　二冊　存一種

330000－1701－0053397　普814.082/4420.083/c1　類叢部/叢書類/自著之屬

杭大宗七種叢書　(清)杭世駿撰　清乾隆杭賓仁羊城刻本　一冊　存一種

330000－1701－0053398　普814.083/4404/2　集部/總集類/選集之屬/斷代

欽定全唐文一千卷目錄三卷　(清)董誥等輯　清嘉慶十九年(1814)內府刻本　二百七十冊

330000－1701－0053399　普915.1/21401/c4　類叢部/叢書類/彙編之屬

岱南閣叢書二十一種　(清)孫星衍編　清光

緒六年至七年(1880－1881)刻本　二冊　存一種

330000－1701－0053400　GP14524　史部/政書類/公牘檔冊之屬
杭州八旗駐防調查報告一卷　金梁編　清光緒八旗調查會鉛印本　一冊

330000－1701－0053401　普 814.083/4280/2/c3　集部/總集類/選集之屬/斷代
文粹一百卷　(宋)姚鉉輯　**文粹補遺二十六卷**　(清)郭麐輯　清光緒十六年(1890)杭州許增榆園刻十八年(1892)補刻後印本　二十冊　存一百卷(一至一百)

330000－1701－0053402　普 915.1/2222/2　史部/地理類/總志之屬/斷代
太平寰宇記二百卷目錄二卷　(宋)樂史撰　清光緒八年(1882)金陵書局刻本(卷四、一百十三至一百十九原缺)　三十六冊

330000－1701－0053403　普 915.1/21401/2　類叢部/叢書類/彙編之屬
岱南閣叢書二十種　(清)孫星衍編　清乾隆五十年至嘉慶十四年(1785－1809)蘭陵孫氏刻本　一冊　存一種

330000－1701－0053405　GP14526　新學
江南製造局譯書　(清)江南製造局編　清光緒江南製造局鉛印本　二冊　存一種

330000－1701－0053406　普 814.082/4420.083/c3　類叢部/叢書類/自著之屬
杭大宗七種叢書　(清)杭世駿撰　清乾隆杭賓仁羊城刻本　一冊　存一種

330000－1701－0053407　GP06271　集部/詞類/別集之屬
拗蓮詞一卷　(清)盛曉心撰　清懷谷樓刻本　一冊

330000－1701－0053408　普 915.1/21401/3　類叢部/叢書類/彙編之屬
岱南閣叢書二十種　(清)孫星衍編　清乾隆五十年至嘉慶十四年(1785－1809)蘭陵孫氏刻本　二冊　存一種

330000－1701－0053409　GP14527　新學
江南製造局譯書　(清)江南製造局編　清光緒江南製造局鉛印本　二冊　存一種

330000－1701－0053410　普 814.082/4420.09　類叢部/叢書類/彙編之屬
受經堂叢書　張選青輯　清嘉慶漢州張氏刻本　四冊　存一種

330000－1701－0053411　GP06272　集部/詞類/別集之屬
耔香堂詞三卷　(清)孫鼎煊撰　清乾隆刻本　三冊

330000－1701－0053412　GP06260　類叢部/叢書類/郡邑之屬
留香室叢刻十種　(清)祝昌泰　(清)梁章鉅編　清嘉慶十六年至十七年(1811－1812)浦城祝氏留香室刻本　三冊　存一種

330000－1701－0053413　GP14528　新學/兵制/海軍
外國師船圖表八卷雜說三卷圖一卷　(清)許景澄等編　清光緒二十二年(1896)浙江官書局石印本　四冊

330000－1701－0053414　普 814.083/4404/3/c2　集部/總集類/選集之屬/斷代
欽定全唐文一千卷目錄三卷　(清)董誥等輯　清嘉慶十九年(1814)內府刻本　五百冊　缺三卷(目錄一至三)

330000－1701－0053415　善 008860　史部/地理類/山川之屬/山志
續修龍虎山志六卷　(元)元明善撰　(明)張國祥　(明)張顯庸續撰　明天啓刻本　二冊

330000－1701－0053416　GP06273　集部/別集類/清別集
青櫺館詞槀初鈔一卷賦槀初鈔一卷賦槀附鈔一卷　(清)倪象占撰　清刻本　一冊

330000－1701－0053418　普 915.1/2222/5　史部/地理類/總志之屬/斷代
太平寰宇記二百卷目錄二卷　(宋)樂史撰　(清)陳蘭森補闕　清乾隆七年(1742)樂淑刻

五十八年(1793)樂之篪、樂蕤賓續刻本　三十二冊

330000－1701－0053419　GP06274　類叢部/叢書類/自著之屬

獨學廬全稿七種　(清)石韞玉撰　清乾隆至嘉慶刻本　一冊　存一種

330000－1701－0053420　GP06261　集部/別集類/清別集

孟鄰堂文鈔十六卷　(清)楊椿撰　清嘉慶二十五年(1820)紅梅閣刻本　六冊

330000－1701－0053421　善 008861　類叢部/叢書類/彙編之屬

漢魏叢書三十八種　(明)程榮編　明萬曆二十年(1592)新安程氏刻本　四十冊　存三十四種

330000－1701－0053422　善 008859　史部/雜史類/斷代之屬

戰國策十卷　(宋)鮑彪校注　(元)吳師道補正　(明)穆文熙輯評　明萬曆劉懷恕刻春秋戰國評苑本　四冊

330000－1701－0053424　GP06262　集部/詞類/別集之屬

秋碧詞一卷　(清)潘曾綬撰　清刻本　一冊

330000－1701－0053425　普 814.082/4420.09/2　集部/總集類/選集之屬/通代

文選理學權輿八卷　(清)汪師韓撰　**文選理學權輿補一卷**　孫志祖輯　清光緒十五年(1889)讀畫齋刻本　三冊　缺一卷(一)

330000－1701－0053426　GP14500　集部/別集類/清別集

投筆集一卷　(清)錢謙益撰　清刻本　子范題簽並記　一冊

330000－1701－0053428　普 814.0847/1181/2/c3　集部/總集類/選集之屬/斷代

金文最一百二十卷首一卷　(清)張金吾輯　清光緒八年至九年(1882－1883)伍氏粵雅堂刻本　四十冊

330000－1701－0053429　普 915.1/2277/c1　史部/地理類/總志之屬/斷代

輿地廣記三十八卷　(宋)歐陽忞撰　(清)黃丕烈校勘　**校勘輿地廣記札記二卷**　(清)黃丕烈撰　清光緒六年(1880)金陵書局刻本　四冊

330000－1701－0053430　普 814.082/4420.4　集部/總集類/選集之屬/通代

文選各家詩集四卷　(清)陳光明輯　清光緒五年(1879)醉經堂刻本　二冊

330000－1701－0053431　GP06263　類叢部/叢書類/彙編之屬

古今說部叢書二百七十二種　國學扶輪社編　清宣統二年至民國二年(1910－1913)上海國學扶輪社鉛印本　六冊　存一種

330000－1701－0053432　GP14501　集部/戲劇類/傳奇之屬

憐香伴傳奇二卷三十六齣　(清)李漁撰　(清)玄洲逸叟批評　清康熙刻本　二冊

330000－1701－0053433　普 915.1/2277/c2　史部/地理類/總志之屬/斷代

輿地廣記三十八卷　(宋)歐陽忞撰　(清)黃丕烈校勘　**校勘輿地廣記札記二卷**　(清)黃丕烈撰　清光緒六年(1880)金陵書局刻本　四冊

330000－1701－0053434　普 915.1/2277/c3　史部/地理類/總志之屬/斷代

輿地廣記三十八卷　(宋)歐陽忞撰　(清)黃丕烈校勘　**校勘輿地廣記札記二卷**　(清)黃丕烈撰　清光緒六年(1880)金陵書局刻本　四冊

330000－1701－0053435　普 814.0847/4420/c1　集部/總集類/選集之屬/斷代

金文雅十六卷作者考一卷　(清)莊仲方輯　清光緒十七年(1891)江蘇書局刻本　四冊

330000－1701－0053436　普 814.0847/4420/c2　集部/總集類/選集之屬/斷代

金文雅十六卷作者考一卷　(清)莊仲方輯

清光緒十七年(1891)江蘇書局刻本　四冊

330000－1701－0053438　普915.1/2474　史部/地理類/總志之屬/斷代
廣輿記二十四卷圖一卷　(明)陸應陽輯　明末刻本　六冊

330000－1701－0053439　普915.1/2277/2　類叢部/叢書類/彙編之屬
武英殿聚珍版書一百四十八種　清乾隆四十二年(1777)福建刻道光至同治遞修光緒二十一年(1895)增刻本　八冊　存一種

330000－1701－0053440　GP06275　集部/詞類/別集之屬
小紅樓詞四卷　(清)程瑜撰　清刻本　一冊

330000－1701－0053442　GP06264　集部/詞類/別集之屬
怡亭詞二卷　(清)姜寧撰　清嘉慶刻本　一冊

330000－1701－0053443　普814.083/4404　集部/總集類/選集之屬/斷代
欽定全唐文一千卷目錄三卷　(清)董誥等輯　清光緒二十七年(1901)廣雅書局刻本　二百冊

330000－1701－0053444　善008858　集部/總集類/選集之屬/通代
詩家全體十四卷　(明)李之用輯　明萬曆二十六年(1598)邵武府學刻本　十二冊　存十卷(一至十)

330000－1701－0053445　GP14529　經部/儀禮類/傳説之屬
儀禮鄭注句讀十七卷附監本正誤一卷石本誤字一卷　(清)張爾岐撰　清刻本　四冊

330000－1701－0053446　GP14503　經部/春秋左傳類/傳説之屬
左繡三十卷首一卷　(清)馮李驊　(清)陸浩評輯　清松盛堂刻本　十二冊

330000－1701－0053447　GP06276　集部/詞類/別集之屬
石帆詞二卷　(清)劉可培撰　清刻本　一冊

330000－1701－0053448　普915.1/2474.02/c1　史部/地理類/總志之屬/斷代
廣輿記二十四卷圖一卷　(明)陸應陽輯　(清)蔡方炳增輯　清康熙刻本　十二冊

330000－1701－0053449　普915.1/2277/2(2)　類叢部/叢書類/彙編之屬
武英殿聚珍版書一百四十八種　清乾隆四十二年(1777)福建刻道光至同治遞修光緒二十一年(1895)增刻本　六冊　存一種

330000－1701－0053450　普814.085/1112　集部/總集類/郡邑之屬
容城三賢集十二卷　(清)張斐然　(清)楊莅編　清光緒二十四年(1898)臨安俞廷獻刻本　十一冊

330000－1701－0053451　GP06265　集部/詞類/總集之屬
吳儲合稾二卷　(清)儲夢熊編　清道光五年(1825)泰州儲氏杭州衙署刻本　一冊

330000－1701－0053452　GP06277　集部/別集類/清別集
勁節樓題辭彙鈔三卷　(清)徐德源輯　清咸豐七年(1857)楓江徐氏刻本　一冊

330000－1701－0053453　普915.1/2697　類叢部/叢書類/彙編之屬
明辨齋叢書三十二種　(清)余肇鈞編　清同治元年至九年(1862－1870)長沙余氏刻本　一冊　存一種

330000－1701－0053454　普915.1/2474.02/c2　史部/地理類/總志之屬/斷代
廣輿記二十四卷圖一卷　(明)陸應陽輯　(清)蔡方炳增輯　清康熙刻本　十二冊

330000－1701－0053455　善008862　史部/史抄類
歷代史纂左編一百四十二卷　(明)唐順之撰　明萬曆三十九年(1611)吳用先等刻本　六十二冊　缺六卷(四十至四十五)

330000－1701－0053456　GP14530　史部/史抄類

廿一史約編八卷首一卷　(清)鄭元慶撰　清康熙刻上洋江左書林印本　八冊

330000－1701－0053457　普 915.1/2474.02/c3　史部/地理類/總志之屬/斷代

廣輿記二十四卷圖一卷　(明)陸應陽輯　(清)蔡方炳增輯　清康熙刻本　八冊

330000－1701－0053458　GP14531　子部/宗教類/佛教之屬/諸宗

牧牛圖頌一卷附淨修指要一卷　(明)釋普明撰　(明)釋袾宏輯　清光緒元年(1875)杭州昭慶慧空經房刻本　一冊

330000－1701－0053459　GP06266　集部/詞類/別集之屬

屏山春夢詞二卷　(清)許田撰　清刻本　一冊

330000－1701－0053460　GP06278　集部/詞類/別集之屬

白蕉詞艸一卷　(清)陸培撰　清雍正刻本　一冊

330000－1701－0053461　普 915.1/2934/c1　類叢部/叢書類/自著之屬

北江全集七種　(清)洪亮吉撰　清乾隆至嘉慶刻彙印本　十一冊　存一種

330000－1701－0053463　GP06267　集部/曲類/散曲之屬

秋水庵花影集五卷　(明)施紹莘撰　清小嫏嬛刻本　八冊

330000－1701－0053465　普 814.085/4037/(2)　集部/總集類/彙編之屬

金元明八大家文選　(清)李祖陶編　清道光二十五年(1845)吉安刻本　二十二冊

330000－1701－0053466　GP06279　集部/詞類/總集之屬

國朝名家詩餘四十卷附刻二卷　(清)孫默編　清康熙休寧孫氏留松閣刻本　一冊　存七卷(烏絲詞一至四、衍愚詞、廣陵倡和詞、江橋倡和詞)

330000－1701－0053467　普 915.1/2934/c2　類叢部/叢書類/自著之屬

北江全集七種　(清)洪亮吉撰　清乾隆至嘉慶刻彙印本　二十四冊　存一種

330000－1701－0053468　普 814.085/4037/(3)　集部/總集類/彙編之屬

金元明八大家文選　(清)李祖陶編　清道光二十五年(1845)吉安刻本　二十二冊

330000－1701－0053469　普 915.1/2934/2/c1　類叢部/叢書類/自著之屬

洪北江全集二十一種　(清)洪亮吉撰　清光緒三年至五年(1877－1879)洪用懃授經堂刻本　二十冊　存一種

330000－1701－0053470　普 814.085/4412/c2　集部/總集類/選集之屬/斷代

元文類七十卷目錄三卷　(元)蘇天爵輯　清光緒十五年(1889)江蘇書局刻本　十冊

330000－1701－0053471　GP14549　集部/別集類/清別集

培遠堂偶存稿十卷　(清)陳弘謀撰　清乾隆三十年(1765)刻本　八冊

330000－1701－0053472　普 915.1/2934/c3　類叢部/叢書類/自著之屬

北江全集七種　(清)洪亮吉撰　清乾隆至嘉慶刻彙印本　十二冊　存一種

330000－1701－0053473　普 814.083/4404/1　集部/總集類/選集之屬/斷代

欽定全唐文姓氏韻編一卷　(清)董誥等輯　清嘉慶刻本　一冊

330000－1701－0053474　GP06280　史部/政書類/軍政之屬/邊政

籌海圖編十三卷　(明)鄭若曾撰　明天啓四年(1624)胡維極刻本　八冊

330000－1701－0053475　普 814.085/4412/c3　集部/總集類/選集之屬/斷代

元文類七十卷目錄三卷　(元)蘇天爵輯　清

光緒十五年(1889)江蘇書局刻本　十冊

330000－1701－0053476　GP14550　集部/別集類/漢魏六朝別集

庾子山集十六卷總釋一卷　(北周)庾信撰　(清)倪璠注　**庾子山[信]年譜一卷**　(清)倪璠撰　清金閶書業堂刻本　十二冊

330000－1701－0053477　普 915.1/2934/2/c2　類叢部/叢書類/自著之屬

洪北江全集二十一種　(清)洪亮吉撰　清光緒三年至五年(1877－1879)洪用懃授經堂刻本　二十冊　存一種

330000－1701－0053478　普 814.085/7232　集部/總集類/選集之屬/通代

元明八大家古文十三卷　(清)劉肇虞撰　清乾隆二十九年(1764)步月樓刻本　十二冊

330000－1701－0053479　GP06281　集部/詞類/總集之屬

陽春白雪八卷外集一卷　(宋)趙聞禮輯　清道光十年(1830)錢塘瞿氏清吟閣刻本　清姚燮題記　一冊

330000－1701－0053480　善 008864　史部/史抄類

歷代史纂左編一百四十二卷　(明)唐順之撰　明嘉靖四十年(1561)胡宗憲刻本　三十七冊　存五十二卷(六至八、十一至十二、三十八至四十、四十三至四十八、五十一至五十八、六十三至六十五、六十七至七十一、八十六至八十七、八十九至九十二、一百六至一百七、一百十二至一百二十一、一百二十六至一百二十七、一百四十一至一百四十二)

330000－1701－0053481　善 008866　類叢部/類書類/通類之屬

北堂書鈔一百六十卷　(唐)虞世南撰　(明)陳禹謨補注　明萬曆二十八年(1600)陳禹謨刻本　十六冊

330000－1701－0053482　GP14551　類叢部/叢書類/自著之屬

疇隱廬叢書　丁福保撰　清光緒二十六年(1900)無錫竢實學堂木活字印本　一冊　存一種

330000－1701－0053484　普 915.1/2935/c1　史部/地理類/總志之屬/斷代

大清一統志四百二十四卷　(清)和珅等纂修　清光緒二十七年(1901)上海寶善齋石印本　六十冊

330000－1701－0053485　GP14553　史部/政書類/邦計之屬/俸餉

增修籌餉事例條款不分卷籌餉事例一卷增修現行常例一卷　清同治刻本　四冊

330000－1701－0053486　善 008865　類叢部/類書類/通類之屬

北堂書鈔一百六十卷　(唐)虞世南撰　(明)陳禹謨補注　明萬曆二十八年(1600)陳禹謨刻本(卷八十七至九十二配抄本)　十二冊

330000－1701－0053487　普 814.085/7260　集部/總集類/郡邑之屬

中州名賢文表內集三十卷　(明)劉昌輯　清光緒三十年(1904)鴻文書局石印本　六冊

330000－1701－0053488　GP14532　子部/術數類/陰陽五行之屬

增廣玉匣記通書六卷　清刻本　二冊

330000－1701－0053489　普 915.1/2935/c2　史部/地理類/總志之屬/斷代

大清一統志四百二十四卷　(清)和珅等纂修　清光緒二十七年(1901)上海寶善齋石印本　六十冊

330000－1701－0053490　GP06282　類叢部/叢書類/彙編之屬

融經館叢書十一種　(清)徐友蘭編　清光緒六年至十一年(1880－1885)會稽徐氏八杉齋刻本　二冊　存一種

330000－1701－0053491　GP06285　集部/戲劇類/總集之屬/傳奇

玉燕堂四種曲　(清)張堅撰　清乾隆刻本　十冊

330000－1701－0053492　普 814.085/7260.02　集部/總集類/郡邑之屬
續中州名賢文表六十八卷　邵松年輯　清光緒三十年(1904)鴻文書局石印本　二十二冊

330000－1701－0053493　GP06290　集部/別集類/清別集
香南雪北廬詩一卷詞一卷　(清)吳藻撰　清咸豐六年(1856)評花仙館木活字印本　一冊

330000－1701－0053494　普 008867　類叢部/類書類/通類之屬
北堂書鈔一百六十卷　(唐)虞世南撰　(明)陳禹謨補注　明萬曆二十八年(1600)陳禹謨刻本(卷二十至二十八、八十五至八十九、一百三十六至一百三十八、一百五十二至一百六十配抄本)　四十冊

330000－1701－0053495　GP06283　類叢部/叢書類/自著之屬
岣嶁叢書九種　(清)曠敏本撰　清乾隆刻彙印本　二冊　存一種

330000－1701－0053497　GP06291　集部/別集類/清別集
百藥山房詩初集十卷　(清)黃若濟撰　清道光九年(1829)刻本　二冊

330000－1701－0053498　普 915.1/2935/2　史部/地理類/總志之屬/斷代
大清一統志四百二十四卷　(清)和珅等纂修　清光緒二十八年(1902)上海寶善齋石印本　六十冊

330000－1701－0053500　普 915.1/2222/(2)　史部/地理類/總志之屬/斷代
太平寰宇記二百卷目錄二卷　(宋)樂史撰　(清)陳蘭森補闕　清乾隆五十八年(1793)萬廷蘭等刻本　二十八冊

330000－1701－0053501　GP14554　經部/詩類/傳說之屬
詩經集註八卷首一卷　(宋)朱熹撰　清魏文星堂刻本　四冊

330000－1701－0053502　GP06284　子部/工藝類/文房四寶之屬/墨
百十二家墨錄題詞五卷　(清)邱學敏輯　清乾隆刻本　一冊

330000－1701－0053503　GP14534　子部/雜著類
養正百詠一卷　清光緒二十六年(1900)何氏樹人齋刻本　一冊

330000－1701－0053504　GP06292　集部/別集類/清別集
小東山草堂駢體文鈔十卷　(清)張泰青撰　清道光十五年(1835)溫州刻本　四冊

330000－1701－0053505　普 814.086/0853　集部/總集類/課藝之屬
明文才調集不分卷　(清)許振禕輯　清光緒十七年(1891)大梁東河行署刻本　四冊

330000－1701－0053507　普 915.1/2935/4　史部/地理類/總志之屬/斷代
大清一統志四百二十四卷　(清)和珅等纂修　清光緒二十三年(1897)杭州竹簡齋石印本　六十冊

330000－1701－0053508　GP06293　集部/別集類/清別集
篁村集十二卷　(清)陸錫熊撰　清嘉慶十三年至十四年(1808－1809)無求安居松江刻本　四冊

330000－1701－0053510　GP06294　類叢部/叢書類/自著之屬
簡松草堂全集　(清)張雲璈撰　清道光簡松草堂刻本　四冊　存一種

330000－1701－0053511　GP14556　史部/傳記類/別傳之屬/事狀
元處士張莘疇先生記跡二卷　(元)張爚撰　**詩集一卷**　清光緒木活字印本　二冊

330000－1701－0053512　GP06295　集部/別集類/清別集
最樂堂文集六卷　(清)喬光烈撰　(清)牛運震評　清刻本　四冊

330000－1701－0053514　普 814.086/1131
集部/總集類/彙編之屬
明八大家集　(清)張汝瑚編　清康熙二十一年(1682)溫陵書林、郢雪書林刻本　二十四冊

330000－1701－0053515　普 915.1/2935/3
史部/地理類/總志之屬/斷代
大清一統志四百二十四卷目錄二卷　(清)和珅等纂修　清乾隆刻本　一百四十冊

330000－1701－0053516　普 915.1/2935.04
史部/地理類/總志之屬/斷代
大清一統志輯要五十卷　(清)洪亮吉撰　清光緒二十八年(1902)山左輿圖局石印本　十二冊

330000－1701－0053517　GP06296　集部/別集類/清別集
叢碧山房詩初集十四卷二集六卷三集十一卷四集十卷五集五卷和陶詩集一卷文集八卷雜集三卷　(清)龐塏撰　清康熙刻本　十冊　缺一卷(和陶詩集)

330000－1701－0053519　普 915.1/2222/3
史部/地理類/總志之屬/斷代
太平寰宇記二百卷目錄二卷　(宋)樂史撰　(清)陳蘭森補闕　清嘉慶八年(1803)刻紅杏山房印本　四十冊

330000－1701－0053520　GP14557　集部/別集類/清別集
可園詩鈔外集(可園外集)四卷　三多撰　清光緒十六年(1890)刻本　一冊　存一卷(柳營謠)

330000－1701－0053522　普 915.1/2935.08
史部/地理類/總志之屬/斷代
太平寰宇記二百卷目錄二卷　(宋)樂史撰　(清)陳蘭森補　**朝代紀元表一卷**　(清)萬廷蘭撰　**大清一統志表不分卷**　(清)徐午輯　清乾隆五十八年(1793)萬廷蘭等刻本　八冊　缺大清一統志表

330000－1701－0053525　GP06286　集部/詞類/別集之屬
綠雪館詩鈔六卷詞八卷百和詞一卷　(清)張鴻卓撰　清道光書三味樓刻本　四冊

330000－1701－0053526　普 814.086/4400
集部/總集類/選集之屬/斷代
明雷石菴尚書胡二峯侍郎遺集二卷　李根源　黃膺輯　清宣統二年(1910)刻本　一冊

330000－1701－0053527　善 008868　集部/總集類/選集之屬/斷代
南朝齊文十二卷　(清)張采輯　明崇禎刻本　六冊

330000－1701－0053528　善 008869　類叢部/類書類/通類之屬
文苑彙雋二十四卷　(明)孫丕顯輯　明萬曆三十六年(1608)刻本　四冊

330000－1701－0053529　GP06297　集部/別集類/清別集
如不及齋文鈔二卷　(清)章甫撰　清嘉慶十五年(1810)桐城章氏刻本　二冊

330000－1701－0053531　GP06287　類叢部/叢書類/自著之屬
萬青閣全集二十種　(清)趙吉士撰　清康熙趙繼抃等刻本　三冊　存四種

330000－1701－0053532　GP14560　史部/叢編之屬
石鼓文定本五種　(清)沈梧撰　清光緒十六年(1890)沈氏古華山館刻本　四冊

330000－1701－0053533　普 915.1/3060　史部/地理類/總志之屬/斷代
皇朝輿地畧一卷　(清)六承如輯　**皇朝輿地韻編一卷**　(清)李兆洛撰　**皇朝內府輿地圖縮摹本一卷**　(清)六嚴繪　清光緒十年(1884)湖北官書處刻本　二冊

330000－1701－0053534　普 814.086/4438
集部/總集類/選集之屬/斷代
明文授讀六十二卷　(清)黃宗羲輯　清康熙三十八年(1699)四明張錫琨味芹堂刻本　三十二冊

330000－1701－0053537　GP06299　集部/詞類/類編之屬
梁溪詞選二十一種　(清)侯晰編　清醉書闗刻本　二冊

330000－1701－0053538　善 008870　經部/三禮總義類/通禮雜禮之屬
文公家禮儀節八卷　(明)丘濬撰　明刻本　四冊

330000－1701－0053539　GP14542　集部/別集類/清別集
二十七年風雲夢詩略一卷　趙濬撰　清宣統三年(1911)鉛印本　一冊

330000－1701－0053540　普 915.1/2222/4　史部/地理類/總志之屬/斷代
太平寰宇記二百卷目錄二卷　(宋)樂史撰　(清)陳蘭森補闕　清乾隆五十八年(1793)萬廷蘭等刻嘉慶印本　七十七冊

330000－1701－0053541　GP14562　新學/工藝/汽機總
製機理法八卷圖一卷　(英國)覺顯祿斯撰　(英國)傅蘭雅口譯　(清)華備鈺筆述　清光緒二十五年(1899)江南製造局刻本(圖爲石印本)　四冊

330000－1701－0053542　善 008871　子部/儒家類/儒學之屬/性理
性理大全書七十卷　(明)胡廣等撰　明景泰六年(1455)書林魏氏仁實堂刻本　二冊　存三卷(一至三)

330000－1701－0053544　GP14563　集部/總集類/氏族之屬
寧都三魏全集八十三卷　(清)林時益編　清道光二十五年(1845)寧都謝庭綬紱園書塾刻本　二冊　存三卷(魏叔子日錄一至三)

330000－1701－0053545　GP14543　子部/雜著類/雜說之屬
仁學一卷　(清)譚嗣同撰　清光緒國民報社鉛印本　一冊

330000－1701－0053546　GP06288　集部/別集類/清別集
卓廬初草四卷　(清)陳墉撰　清道光十二年(1832)刻本　二冊

330000－1701－0053547　善 008872　類叢部/類書類/通類之屬
三才圖會一百六卷　(明)王圻輯　(明)王思義續輯　明萬曆刻本　李經軒跋　十三冊　存二十四卷(天文一至四、地理六至十三、十六、身體一至七、時令一至四)

330000－1701－0053548　善 008873　類叢部/類書類/通類之屬
三才圖會一百六卷　(明)王圻輯　(明)王思義續輯　明萬曆三十七年(1609)刻王爾賓重修本　十六冊　存十六卷(地理一至十六)

330000－1701－0053549　GP14544　類叢部/叢書類/自著之屬
榕村全書三十二種附十種　(清)李光地撰　清道光九年(1829)安溪李維迪刻本　一冊　存一種

330000－1701－0053551　GP06300　集部/別集類/明別集
新喻梁石門先生集十卷首一卷末一卷　(明)梁寅撰　清乾隆十五年(1750)崇安暨用其刻本　六冊

330000－1701－0053552　普 814.086/4438/(2)/c1　集部/總集類/選集之屬/斷代
明文授讀六十二卷　(清)黃宗羲輯　清康熙三十八年(1699)四明張錫琨味芹堂刻本　二十八冊

330000－1701－0053553　GP06303　集部/別集類/清別集
三松堂詩集二十卷詩續集六卷文集四卷水雲笛譜一卷三松自定年譜一卷　(清)潘奕雋撰　清嘉慶刻本　六冊　存二十六卷(詩集一至二十、詩續集一至六)

330000－1701－0053554　GP06289　類叢部/叢書類/自著之屬
天香全集十一種附一種　(清)舒夢蘭撰　清

乾隆至道光刻彙印本　一冊　存一種

330000－1701－0053556　GP06302　集部/別集類/清別集
寶奎堂集十二卷　(清)陸錫熊撰　清嘉慶十五年(1810)無求安居刻本　四冊

330000－1701－0053557　GP14565　史部/政書類/邦計之屬/荒政
常寧忠字一團義田記二卷　(清)廖樹蘅編　清光緒刻本　一冊

330000－1701－0053558　GP06304　類叢部/叢書類/彙編之屬
楝亭藏書十二種　(清)曹寅編　清康熙四十五年(1706)揚州詩局刻本　二冊　存一種

330000－1701－0053559　普814.086/4438/(2)/c3　集部/總集類/選集之屬/斷代
明文授讀六十二卷　(清)黃宗羲輯　清康熙三十八年(1699)四明張錫琨味芹堂刻本　三十六冊

330000－1701－0053561　GP14566　子部/術數類/占卜之屬
天機鈐訣二卷　清末程平甫抄本　二冊

330000－1701－0053562　普814.086/4438.02　集部/總集類/選集之屬/斷代
明文授讀補鈔不分卷　(清)黃宗羲輯　清末抄本　一冊

330000－1701－0053563　GP06305　集部/別集類/清別集
還珠堂詩鈔六卷　(清)厲同勳撰　清道光二十八年(1848)刻本　一冊　存一卷(和陶百詩鈔)

330000－1701－0053568　GP06306　集部/詞類/總集之屬
閩詞鈔四卷　(清)葉申薌輯　清道光十四年(1834)閩中葉氏天籟軒刻天籟軒五種本　清蔡鴻鑑題記　四冊

330000－1701－0053570　GP06307　集部/別集類/清別集
海葯軒遺稿三卷　(清)葉元堦撰　清道光二十二年(1842)刻本　二冊

330000－1701－0053571　HJL6069　集部/別集類/清別集
退思存稿五卷附仕隱圖題詞一卷木犀香館詩草一卷都門唱和詩一卷　(清)范志熙撰　清光緒十四年(1888)木犀香館刻本　四冊

330000－1701－0053572　HJL6070　集部/別集類/清別集
唐中丞遺集二十七卷　(清)唐訓方撰　清光緒十七年(1891)歸吾廬刻本　四冊　存五卷(奏稿一至四、條教)

330000－1701－0053573　HJH6079　子部/儒家類/儒學之屬/經濟
皇朝經世文編一百二十卷姓名總目二卷　(清)賀長齡輯　清光緒十三年(1887)上海廣百宋齋鉛印本　二十四冊

330000－1701－0053574　HJL6382　集部/別集類/清別集
小有天主人詩鈔五卷　(清)吳奎撰　清同治三年(1864)木活字印本　二冊

330000－1701－0053575　HJL0961　類叢部/叢書類/彙編之屬
昭代叢書合刻十集五百六十種附一種　(清)張潮　(清)張漸編　(清)楊復吉　(清)沈楙悳續編　清道光吳江沈氏世楷堂刻本　一百六十冊　存四百二十九種

330000－1701－0053576　HJL6376　集部/別集類/清別集
施忠愍公遺集七卷　(明)施邦曜撰　(清)沈復粲輯　清咸豐刻光緒四年(1878)重修本　二冊

330000－1701－0053577　HJH6080　集部/別集類/清別集
罘罳山人西征集三十一卷　(清)隆觀易撰　清光緒四年至五年(1878－1879)刻本　八冊

330000－1701－0053578　HJL6377　集部/別集類/清別集

龍壁山房詩草(龍壁山房庚申集)十七卷 (清)王拯撰 清刻本 六冊

330000－1701－0053579 HJL6081 集部/別集類/清別集
暢園遺稿十卷(大野草堂詩八卷白癡詞二卷) (清)張邁撰 清光緒三十年(1904)刻本 一冊

330000－1701－0053581 HJL6375 集部/別集類/明別集
月鹿堂文集八卷 (明)張師繹撰 清道光六年(1826)武進張湄刻本 四冊

330000－1701－0053584 HJL6378 集部/別集類/清別集
水流雲在館詩鈔六卷奏議二卷 (清)宋晉撰 清光緒十二年(1886)、十三年(1887)刻本 四冊

330000－1701－0053585 HJL6085 集部/別集類/清別集
也儂遺稿四卷詩草十卷 (清)王慶善撰 (清)王繼善輯 清光緒二十八年(1902)金陵宜春閣木活字印本 四冊 存四卷(也儂遺稿一至四)

330000－1701－0053586 HJL6379 集部/別集類/清別集
靜觀書屋詩集七卷 (清)章鶴齡撰 清同治十三年(1874)劉瑞芬皖城刻本 二冊

330000－1701－0053589 HJL6107 集部/別集類/清別集
墖印樓詩存一卷 (清)章士珠撰 清光緒刻本 一冊

330000－1701－0053591 HJL6383 集部/別集類/清別集
陶龕詩鈔八卷 (清)羅信南撰 清光緒十八年(1892)武昌刻本 六冊

330000－1701－0053593 普915.1/3631 史部/地理類/總志之屬/通代
天下郡國利病書一百二十卷 (清)顧炎武撰 清道光成都龍萬育敷文閣刻光緒五年(1879)桐華書屋薛氏家塾重修本 五十三冊

330000－1701－0053594 HJL6108 集部/別集類/清別集
寫經堂文鈔二卷詩鈔四卷 (清)蔡篪撰 同光集一卷 (清)徐濬撰 清光緒六年(1880)刻本 二冊

330000－1701－0053596 普814.086/3144 集部/總集類/選集之屬/斷代
明文英華十卷 (清)顧有孝輯 清康熙二十六年(1687)吳郡寶翰樓刻本 十二冊

330000－1701－0053597 HJL6384 集部/別集類/清別集
含清堂詩存十卷 (清)徐光第撰 清同治三年(1864)汴城刻本 四冊

330000－1701－0053599 普814.083/5032/c1 集部/總集類/選集之屬/斷代
唐人三家集 (清)秦恩復編 清嘉慶至道光秦氏石研齋影宋刻本 四冊

330000－1701－0053600 HJL6380 類叢部/叢書類/自著之屬
郭氏叢刻十三種 (清)郭柏蒼撰 清光緒刻本 一冊 存一種

330000－1701－0053601 HJL6109 集部/別集類/清別集
比玉樓遺稿四卷 (清)黃鈞宰撰 清光緒二十年(1894)楊文鼎等甬江刻本 一冊

330000－1701－0053602 GP06308 集部/別集類/清別集
餐花室詩稿十卷詩餘一卷 (清)嚴錫康撰 清咸豐十一年(1861)刻本 二冊

330000－1701－0053603 普814.086/4477/c1 集部/總集類/選集之屬/斷代
明文在一百卷 (清)薛熙輯 清光緒十五年(1889)江蘇書局刻本 十冊

330000－1701－0053604 普915.1/2210/2 史部/地理類/總志之屬/斷代
元豐九域志十卷 (宋)王存等纂修 清乾隆

聚德堂刻本　五册

330000－1701－0053605　普 814.086/4477/c4　集部/總集類/選集之屬/斷代
明文在一百卷　(清)薛熙輯　清光緒十五年(1889)江蘇書局刻本　十册

330000－1701－0053606　普 915.1/3631/2　史部/地理類/總志之屬/通代
天下郡國利病書一百二十卷　(清)顧炎武撰　清光緒二十七年(1901)上海圖書集成印書局鉛印本　二十六册　缺九卷(四十四至五十二)

330000－1701－0053607　GP14590　集部/別集類/清別集
養一齋集二十六卷首一卷劄記九卷詞三卷詩話十卷李杜詩話三卷四書文不分卷試帖一卷　(清)潘德輿撰　清道光至同治刻本　十六册　存四十一卷(一至二十六、首,四書文,詞一至三,試帖,劄記一至九)

330000－1701－0053608　普 814.083/5032/c2　集部/總集類/選集之屬/斷代
唐人三家集　(清)秦恩復編　清嘉慶至道光秦氏石研齋影宋刻本　四册

330000－1701－0053609　HJL6381　集部/別集類/清別集
古香山館存稾十六卷　(清)彭洋中撰　(清)曾紀鳳編　清同治十三年(1874)湘鄉彭氏刻本　六册

330000－1701－0053610　GP06309　集部/詞類/別集之屬
擷紅詞館吟草四卷　(清)蕭承萼撰　清道光刻本　一册　存二卷(一至二)

330000－1701－0053612　普 814.083/5032/2　集部/總集類/選集之屬/斷代
唐人三家集　(清)秦恩復編　清宣統三年(1911)藏古圖書館據清嘉慶至道光秦氏石研齋影宋刻本影印本　八册

330000－1701－0053613　普 814.086/4044　集部/總集類/課藝之屬
繼述堂塾課彙編不分卷　(清)李衢亭編　清光緒二年(1876)刻本　四十册

330000－1701－0053614　GP06317　集部/別集類/清別集
誦芬堂詩鈔十卷二集六卷三集六卷四集四卷文稿二卷　(清)郭儀霄撰　清道光九年至十三年(1829－1833)刻本　一册　存六卷(二集一至六)

330000－1701－0053615　普 915.1/2210/2(2)　史部/地理類/總志之屬/斷代
元豐九域志十卷　(宋)王存等纂修　清乾隆聚德堂刻本　四册

330000－1701－0053616　HJL6111　類叢部/叢書類/自著之屬
問青園集十二種　(清)王晉之撰　清光緒二十二年(1896)薊州王氏刻本　四册

330000－1701－0053617　普 915.1/3631/3(2)　史部/地理類/總志之屬/通代
天下郡國利病書一百二十卷　(清)顧炎武撰　清道光成都龍萬育敷文閣刻本　六十四册

330000－1701－0053618　普 814.087/3494/c2　集部/總集類/選集之屬/斷代
國朝文匯甲前集二十卷甲集六十卷乙集七十卷丙集三十卷丁集二十卷　國學扶輪社編　清宣統元年(1909)上海國學扶輪社石印本　一百一册

330000－1701－0053619　普 915.1/3600　史部/地理類/總志之屬/斷代
皇朝輿地畧一卷　(清)六承如輯　**皇朝輿地韻編一卷**　(清)李兆洛撰　**皇朝內府輿地圖縮摹本一卷**　(清)六嚴繪　清同治四年(1865)四知堂刻本　三册

330000－1701－0053621　普 814.086/7290　集部/總集類/氏族之屬
馬忠節父子合集四卷　(清)劉尚文輯　清光緒二十四年(1898)馬鴻年刻本　一册

330000－1701－0053622　GP14572　新學/算學/形學

幾何原本例題十一卷複習例題六卷補遺一卷 (清)宗森寶譯 清光緒二十九年(1903)鉛印本 二册

330000－1701－0053623 GP06318 集部/別集類/清別集

候濤山房吟草十二卷 (清)謝佑琦撰 清道光二十二年(1842)四川洪雅縣署刻本 四册

330000－1701－0053624 GP06310 集部/別集類/清別集

清平山館詩鈔九卷 (清)徐訒撰 清道光二十年(1840)刻本 三册

330000－1701－0053625 普814.083/7244.2 集部/總集類/彙編之屬

精選增批八家文抄九卷 (清)陳兆崙編 清宣統二年(1910)上海石竹山房石印本 六册

330000－1701－0053626 普814.083/7244 集部/總集類/選集之屬/通代

海峰先生精選八家文鈔二卷 (清)劉大櫆選 清光緒二年(1876)邢邱劉氏刻本 章嶔題記 二册

330000－1701－0053627 普915.1/3600/(2) 史部/地理類/總志之屬/斷代

皇朝輿地畧一卷 (清)六承如輯 **皇朝輿地韻編一卷** (清)李兆洛撰 **皇朝內府輿地圖縮摹本一卷** (清)六嚴繪 清同治四年(1865)四知堂刻本 一册

330000－1701－0053628 GP06311 集部/別集類/清別集

澥陸詩鈔九卷 (清)顧于觀撰 清乾隆刻本 一册

330000－1701－0053629 GP14591 史部/政書類/公牘檔册之屬

寶蘇銅圓局舊廠收支盈餘盤查存數總册一卷 (清)陸桂星編 清光緒三十二年(1906)鉛印本 一册

330000－1701－0053630 普814.083/7433、普814.083/7433.2/c1 類叢部/叢書類/自著之屬

潛園總集十七種 (清)陸心源撰 清同治至光緒刻本 二十六册 存一種

330000－1701－0053633 普915.1/3600/2 史部/地理類/總志之屬/斷代

皇朝輿地畧一卷 (清)六承如輯 (清)馮焌光增補 清同治二年(1863)廣州寶華坊刻本 六册

330000－1701－0053634 普915.1/3631/4 史部/地理類/總志之屬/通代

天下郡國利病書一百二十卷 (清)顧炎武撰 清光緒慎記書莊石印本 二十四册

330000－1701－0053635 HJL6113 集部/別集類/清別集

翠螺閣詩稾四卷詞稾一卷 (清)凌祉媛撰 **舞鏡集一卷** (清)丁丙撰 清咸豐四年(1854)丁氏延慶堂刻本 四册

330000－1701－0053636 普915.1/3631/3(3) 史部/地理類/總志之屬/通代

天下郡國利病書一百二十卷 (清)顧炎武撰 清道光成都龍萬育敷文閣刻本 五十七册 缺五卷(一百八至一百十二)

330000－1701－0053639 普814.087/3494/(3) 集部/總集類/選集之屬/斷代

國朝文匯甲前集二十卷甲集六十卷乙集七十卷丙集三十卷丁集二十卷 國學扶輪社編 清宣統元年(1909)上海國學扶輪社石印本 三十七册 缺一百二十八卷(九至十,甲集一至六十,乙集一至四、二十五至二十八、四十一至四十四、四十七至四十八、五十三至五十四,丙集一至三十,丁集一至二十)

330000－1701－0053640 GP06319 集部/曲類/曲評曲話曲目之屬

詞麈五卷 (清)方成培撰 清道光九年(1829)刻本 二册

330000－1701－0053641 普915.1/3631.04 史部/地理類/總志之屬/通代

天下郡國利病書詳節十八卷 (清)顧炎武撰 (清)蔣錫礽節錄 清光緒二十八年(1902)

紹文石印書局石印本　七冊

330000－1701－0053642　GP06312　類叢部/叢書類/自著之屬
詠梅軒叢書三種附一種　（清）謝蘭生撰　清道光二十九年至三十年（1849－1850）詠梅軒刻本　一冊　存一種

330000－1701－0053643　普915.1/2210/3　類叢部/叢書類/彙編之屬
武英殿聚珍版書一百四十八種　清乾隆四十二年（1777）福建刻道光至同治遞修光緒二十一年（1895）增刻本　八冊　存一種

330000－1701－0053644　普814.087/4037.2/c1　集部/總集類/彙編之屬
國朝文録續編四十九種附一種　（清）李祖陶編　清同治七年（1868）敖陽李氏刻本　三十四冊

330000－1701－0053645　普814.084/0015　集部/總集類/彙編之屬
三宋人集　（清）方功惠編　清光緒七年（1881）巴陵方氏碧琳琅館刻本　六冊

330000－1701－0053647　普915.1/36103　史部/地理類/總志之屬/通代
今古地理述十八卷首三卷末一卷　（清）王子音撰　（清）萬承風等補　（清）顔伯燾等注　清嘉慶十二年（1807）京師文會堂刻本　十三冊　缺九卷（三至四、八、十一至十六）

330000－1701－0053648　普915.1/36311/2/c1　史部/地理類/總志之屬/通代
讀史方輿紀要一百三十卷方輿全圖總説四卷　（清）顧祖禹撰　清光緒二十七年（1901）上海圖書集成印書局鉛印本暨石印本　三十冊　缺七卷（三十九至四十五）

330000－1701－0053649　普814.083/7433.2/c2　類叢部/叢書類/自著之屬
潛園總集十七種　（清）陸心源撰　清同治至光緒刻本　六冊　存一種

330000－1701－0053650　HJL6386　類叢部/叢書類/彙編之屬
半厂叢書初編十種　（清）譚獻編　清同治至光緒仁和譚氏刻本　一冊　存一種

330000－1701－0053651　HJL6114　類叢部/叢書類/自著之屬
期不負齋全集二種　（清）周家楣撰　清光緒二十一年（1895）刻本　六冊　存一種

330000－1701－0053652　GP06320　集部/別集類/清別集
息園草四卷　（清）姚陶撰　清康熙刻本　二冊

330000－1701－0053653　普915.1/2210/4　類叢部/叢書類/彙編之屬
武英殿聚珍版書一百四十八種　清乾隆四十二年（1777）福建刻道光至同治遞修光緒二十一年（1895）增刻本　八冊　存一種

330000－1701－0053654　普814.087/4037.2/c2　集部/總集類/彙編之屬
國朝文録續編四十九種附一種　（清）李祖陶編　清同治七年（1868）敖陽李氏刻本　三十冊　存四十九種

330000－1701－0053655　普915.1/22101/c1　史部/地理類/總志之屬/斷代
輿地紀勝二百卷首一卷　（宋）王象之撰　清咸豐五年（1855）南海伍崇曜粤雅堂刻十年（1860）重修本（卷五十四、一百三十六、一百四十至一百四十四、一百七十二、一百九十四、二百原缺）　二十四冊

330000－1701－0053656　普814.087/3503　集部/總集類/選集之屬/斷代
皇清文穎一百卷首二十四卷目録六卷　（清）張廷玉等輯　清乾隆十二年（1747）武英殿刻本　三十冊　存一百卷（一至一百）

330000－1701－0053658　普814.084/3471　集部/總集類/氏族之屬
沈氏三先生文集六十二卷　（宋）□□輯　清光緒二十二年（1896）浙江書局刻本（長興集卷四至十二、三十一、三十三至四十一原缺）　十冊

330000－1701－0053659　HJL6387　類叢部/叢書類/家集之屬

如皋冒氏叢書三十四種附二種　冒廣生輯　清光緒至民國如皋冒氏刻本　一册　存一種

330000－1701－0053661　GP06313　類叢部/叢書類/郡邑之屬

浦城遺書(浦城宋元明儒遺書)十四種　(清)梁章鉅　(清)祝昌泰編　清嘉慶十六年至十九年(1811－1814)浦城祝氏留香室刻道光十四年(1834)彙印本　一册　存一種

330000－1701－0053662　普814.084/1002　集部/總集類/選集之屬/斷代

宋人經義約鈔一卷　(清)不夜山人輯　**作義要訣一卷**　(清)倪士毅撰　清光緒二十四年(1898)河南刻本　一册

330000－1701－0053663　普915.1/36311/2/c2　史部/地理類/總志之屬/通代

讀史方輿紀要一百三十卷方輿全圖總說四卷　(清)顧祖禹撰　清光緒二十七年(1901)上海圖書集成印書局鉛印本暨石印本　二十八册　缺十六卷(十至十八、三十九至四十五)

330000－1701－0053665　普814.087/4037.2/c3　集部/總集類/彙編之屬

國朝文錄續編四十九種附一種　(清)李祖陶編　清同治七年(1868)敖陽李氏刻本　三十册　存四十九種

330000－1701－0053666　普814.087/0022　集部/總集類/課藝之屬

安定書院小課一卷　(清)高樾生等撰　**梅花書院小課一卷**　(清)唐秀林等撰　清光緒三年(1877)刻本　一册

330000－1701－0053668　普915.1/36103/2　史部/地理類/總志之屬/通代

今古地理述十八卷首三卷末一卷　(清)王子音撰　(清)萬承風等補　(清)顏伯燾等注　清光緒三年(1877)刻本　二十册

330000－1701－0053669　普916.1/36311/c2　史部/地理類/總志之屬/通代

讀史方輿紀要一百三十卷輿圖要覽四卷　(清)顧祖禹撰　清嘉慶十七年(1812)成都敷文閣刻本　六十八册

330000－1701－0053671　GP06314　集部/別集類/清別集

種竹軒詩鈔八卷　(清)王豫撰　清刻本　一册

330000－1701－0053672　普814.087/4037/2/(2)　集部/總集類/彙編之屬

國朝文錄續編四十九種附一種　(清)李祖陶編　清同治七年(1868)敖陽李氏刻本　三十册

330000－1701－0053673　GP14595　史部/地理類/水利之屬

楚北水利隄防紀要二卷　(清)俞昌烈撰　清同治四年(1865)湖北藩署刻本　一册

330000－1701－0053674　HJL6388　集部/別集類/清別集

墨壽閣詩集四卷墨壽閣詞鈔一卷　(清)汪承慶撰　**尺雲樓詞鈔一卷**　(清)陳升撰　**紫芳心館詞一卷**　(清)錢恩棨撰　清光緒二十七年(1901)刻本　三册

330000－1701－0053675　普915.1/22101/c2　史部/地理類/總志之屬/斷代

輿地紀勝二百卷首一卷　(宋)王象之撰　清咸豐五年(1855)南海伍崇曜粵雅堂刻十年(1860)重修本(卷五十四、一百三十六、一百四十至一百四十四、一百七十二、一百九十四、二百原缺)　章嶔題記　二十四册

330000－1701－0053677　GP14596　史部/金石類/郡邑之屬

高要金石略四卷　(清)彭泰來撰　清刻本　梁鼎芬跋　一册

330000－1701－0053678　GP06315　集部/別集類/清別集

珁研亝吟艸一卷　(清)方成珪撰　清道光二十六年(1846)木活字印本　一册

330000－1701－0053679　普814.087/0043

集部/總集類/選集之屬
燼餘彙鈔不分卷　(清)方觀瀾輯　清光緒三十年(1904)刻本　一册

330000－1701－0053680　普 814.087/4211/2　集部/總集類/彙編之屬
易堂九子文鈔九種　(清)彭玉雯編　清道光十七年(1837)彭氏刻本　十二册

330000－1701－0053681　GP06324　集部/別集類/清別集
望益軒詩集三卷詞一卷　(清)蔣國楨撰　清光緒二十六年(1900)章江刻本　一册

330000－1701－0053682　GP14579　史部/目録類/專録之屬
小學考五十卷　(清)謝啓昆撰　清光緒十五年(1889)上海鴻文書局石印本　六册

330000－1701－0053683　GP06316　集部/別集類/清別集
留餘堂詩鈔八卷二集八卷新安紀行草一卷　(清)夏之盛撰　清道光二十六年至二十七年(1846－1847)錢塘夏氏刻本　四册

330000－1701－0053685　GP14580　史部/政書類/律令之屬/律例
審看擬式四卷首一卷末一卷　(清)剛毅輯　清光緒十八年(1892)浙江書局刻本　二册

330000－1701－0053686　GP14581　集部/別集類/清別集
廣四時讀書樂詩試帖一卷　(清)奕訢撰　清咸豐刻本　一册

330000－1701－0053687　GP14582　集部/別集類/清別集
廣四時讀書樂詩試帖一卷　(清)奕訢撰　清咸豐刻本　一册

330000－1701－0053688　HJL6117　集部/別集類/清別集
乖庵文錄二卷　秦樹聲撰　清光緒三十四年(1908)河南刻本　一册

330000－1701－0053689　HJL6118　集部/別集類/清別集
薇花吟館初稿六卷　(清)龔顯曾撰　清同治三年(1864)刻本　二册

330000－1701－0053690　普 814.084/2661　類叢部/叢書類/彙編之屬
正誼堂全書六十三種續刻五種　(清)張伯行編　(清)楊浚重編　清同治五年(1866)福州正誼書院刻同治八年至光緒十三年(1869－1887)續刻本　四册　存一種

330000－1701－0053691　普 915.1/36311/2/c3　史部/地理類/總志之屬/通代
讀史方輿紀要一百三十卷方輿全圖總説四卷　(清)顧祖禹撰　清光緒二十七年(1901)上海圖書集成印書局鉛印本暨石印本　三十二册

330000－1701－0053692　普 814.087/0812　集部/總集類/課藝之屬
崇文書院課藝九集不分卷　(清)許承綬　(清)鄒在寅編　清光緒十七年(1891)刻本　四册

330000－1701－0053694　普 814.087/0852.2/2　史部/傳記類/別傳之屬/事狀
詒煒集五卷　(清)許振禕輯　清光緒十八年(1892)東河節署刻本　一册

330000－1701－0053695　HJH5031　類叢部/叢書類/彙編之屬
武英殿聚珍版書一百四十八種　清乾隆四十二年(1777)福建刻道光至同治遞修光緒二十一年(1895)增刻本　九册　存一種

330000－1701－0053696　GP06325　集部/別集類/清別集
塞上吟四卷　(清)方聯甲撰　清同治十二年(1873)武昌郡廨刻本　二册

330000－1701－0053699　HJL6134　集部/別集類/清別集
恥不逮齋文集三卷附錄一卷補遺一卷首一卷　(清)熊其英撰　清光緒十六年至十七年(1890－1891)蘇州五畝園刻本　四册

330000－1701－0053700　普 814.087/0853
集部/總集類/課藝之屬
國朝文才調集不分卷　(清)許振禕輯　清光緒十九年(1893)毓蘭書屋刻本　十六册

330000－1701－0053701　GP14598　類叢部/叢書類/自著之屬
讀易樓合刻十種　(清)倪元垣撰　清嘉慶至道光刻本　一册　存一種

330000－1701－0053705　普 814.084/6030/c2　集部/總集類/選集之屬/斷代
宋文鑑一百五十卷目錄三卷　(宋)呂祖謙輯　清光緒十二年(1886)江蘇書局刻本　二十四册

330000－1701－0053706　HJL6135　集部/總集類/題詠之屬
題江南曾文正公祠百詠一卷　朱孔彰撰　清光緒十三年(1887)金陵刻本　一册

330000－1701－0053707　普 814.084/6030/c3　集部/總集類/選集之屬/斷代
宋文鑑一百五十卷目錄三卷　(宋)呂祖謙輯　清光緒十二年(1886)江蘇書局刻本　二十四册

330000－1701－0053708　HJL6389　集部/總集類/氏族之屬
袁氏家集八種　(清)袁鎮嵩輯　清光緒十六年(1890)邃懷堂刻本　三册

330000－1701－0053709　普 814.087/4245/c2　集部/總集類/選集之屬/斷代
國朝文錄八十二卷　(清)姚椿輯　清咸豐元年(1851)張祥河終南山館刻本　三十二册

330000－1701－0053710　GP06327　集部/別集類/清別集
茶香閣遺草二卷附錄一卷　(清)黃婉璚撰　清道光十年(1830)刻本　一册

330000－1701－0053712　普 814.084/6030.04　集部/總集類/選集之屬/通代
古文五刪五十二卷　(明)張溥輯　明末段君定刻本　四册　存十二卷(宋文鑑刪一至十二)

330000－1701－0053713　GP14599　史部/目録類/總録之屬/私撰
述史樓藏書目一卷　清抄本　一册

330000－1701－0053714　普 814.087/3747.2　史部/傳記類/科舉録之屬
湖南闈墨三卷　(清)王禔等撰　清光緒十一年(1885)衡鑑堂刻本　一册

330000－1701－0053715　GP06329　子部/儒家類/儒學之屬/性理
性理會通七十卷續編四十二卷　(明)鍾人傑輯　明崇禎刻本　清馮靄亭跋　十八册　存四十二卷(續編一至四十二)

330000－1701－0053716　HJH5022　集部/別集類/清別集
倚晴樓集　(清)黄燮清撰　清咸豐至同治海鹽黃氏拙宜園刻本　六册　存二種

330000－1701－0053717　普 814.087/1036　集部/總集類/選集之屬/斷代
湖海文傳七十五卷　(清)王昶輯　清道光十七年(1837)經訓堂刻同治五年(1866)印本　十六册

330000－1701－0053719　普 814.084/6073/c1　集部/總集類/選集之屬/通代
晚邨先生八家古文精選八卷　(清)呂留良輯　(清)呂葆中批點　清康熙四十三年(1704)呂氏家塾刻本　八册

330000－1701－0053720　普 814.087/3821　集部/總集類/氏族之屬
海虞三陶先生集合刻三種　(清)楊沂孫輯　清光緒七年(1881)海虞楊同福貴池縣署刻本　八册

330000－1701－0053721　普 915.1/36311/3　史部/地理類/總志之屬/通代
讀史方輿紀要一百三十卷輿圖要覽四卷　(清)顧祖禹撰　清嘉慶十七年(1812)成都敷文閣刻本　六十四册

330000－1701－0053722　GP06328　集部/總集類/酬唱之屬
恬園唱酬集二卷　（清）周長森　（清）俞敦培編　清同治十三年（1874）刻本　一册

330000－1701－0053723　普814.087/4245/2/c1　集部/總集類/選集之屬/斷代
國朝文錄八十二卷　（清）姚椿輯　清光緒二十六年（1900）掃葉山房石印本　十六册

330000－1701－0053725　HJL6138　集部/別集類/清別集
植庵集十卷　（清）李慎傳撰　（清）丁壽恒刪定　清光緒十年（1884）李氏刻本　十册

330000－1701－0053727　普814.087/4245/2/c2　集部/總集類/選集之屬/斷代
國朝文錄八十二卷　（清）姚椿輯　清光緒二十六年（1900）掃葉山房石印本　十六册

330000－1701－0053728　HJL6390　集部/別集類/清別集
卅六芙蓉仙館詩存六卷　（清）張曾望撰　清光緒二十二年（1896）木活字印本　一册

330000－1701－0053729　普814.087/1042　集部/總集類/課藝之屬
格致課藝全編十三卷續編四卷　（清）王韜編　（清）趙元益續編　清光緒二十九年（1903）上海書局石印本　十五册

330000－1701－0053730　普814.087/4245/2(2)　集部/總集類/選集之屬/斷代
國朝文錄八十二卷　（清）姚椿輯　清光緒二十六年（1900）掃葉山房石印本　十三册　缺十卷（一至六、三十六至三十九）

330000－1701－0053731　普814.084/6073/c2　集部/總集類/選集之屬/通代
晚邨先生八家古文精選八卷　（清）呂留良輯　（清）呂葆中批點　清康熙四十三年（1704）呂氏家塾刻本　五册

330000－1701－0053733　GP06330　類叢部/叢書類/彙編之屬
廣雅書局叢書一百五十九種　徐紹棨編　清光緒廣雅書局刻民國九年（1920）番禺徐紹棨彙編重印本　一册　存一種

330000－1701－0053734　普915.1/36311/5　史部/地理類/總志之屬/通代
讀史方輿紀要一百三十卷方輿全圖總説四卷　（清）顧祖禹撰　清光緒二十九年（1903）上海益吾齋石印本　二十四册

330000－1701－0053735　普915.1/36311.031/c1　史部/地理類/總志之屬/通代
註釋讀史方輿紀要序二卷　（清）李式揆撰　清光緒二十八年（1902）養拙山房刻本　李一飛題簽並記　二册

330000－1701－0053736　HJL5024　類叢部/叢書類/彙編之屬
武英殿聚珍版書一百三十八種　清木活字印本　十册　存一種

330000－1701－0053737　普814.087/4022　集部/總集類/課藝之屬
經心書院集四卷　左紹佐輯　清光緒十四年（1888）湖北官書處刻本　四册

330000－1701－0053738　普814.0842/4420/c1　集部/總集類/選集之屬/斷代
南宋文範七十卷外編四卷作者考二卷　（清）莊仲方輯　清光緒十四年（1888）江蘇書局刻本　十六册

330000－1701－0053739　普814.087/4391/c2　類叢部/叢書類/家集之屬
丹徒戴氏叢刻七種　（清）戴肇辰編　清同治至光緒刻本　十册　存一種

330000－1701－0053741　普915.1/36311.031/c2　史部/地理類/總志之屬/通代
註釋讀史方輿紀要序二卷　（清）李式揆撰　清光緒二十八年（1902）養拙山房刻本　二册

330000－1701－0053742　普915.1/36311.04/c1　史部/地理類/總志之屬/斷代
方輿紀要簡覽三十四卷　（清）顧祖禹撰　（清）潘鐸輯　清咸豐八年（1858）紅杏書屋刻本　十二册

330000－1701－0053743　普 915.1/36311.04/c2　史部/地理類/總志之屬/斷代
方輿紀要簡覽三十四卷　(清)顧祖禹撰　(清)潘鐸輯　清咸豐八年(1858)紅杏書屋刻本　十二冊

330000－1701－0053744　普 814.087/0853/2　集部/總集類/課藝之屬
國朝文才調集不分卷　(清)許振禕輯　清光緒十七年(1891)大梁東河行署刻本　八冊

330000－1701－0053745　GP14583　集部/別集類/清別集
岵屺懷音一卷　(清)奕訢撰　清同治刻本　一冊

330000－1701－0053747　普 814.0842/4420/c3　集部/總集類/選集之屬/斷代
南宋文範七十卷外編四卷作者考二卷　(清)莊仲方輯　清光緒十四年(1888)江蘇書局刻本　十五冊　存七十二卷(一至七十、作者考一至二)

330000－1701－0053749　HJL6139　集部/別集類/清別集
蘿薲山館遺集五卷　(清)郭嵩燾撰　清光緒十年(1884)刻本　四冊

330000－1701－0053750　普 915.1/36311.06　史部/地理類/總志之屬/斷代
方輿類纂二十八卷首一卷　(清)顧祖禹撰　(清)溫汝能輯　清嘉慶十三年(1808)文畬堂刻本　三十二冊

330000－1701－0053751　普 814.087/1046　集部/總集類/彙編之屬
信芳閣家藏集八種　(清)王相編　清道光八年(1828)百花萬卷草堂刻本　十冊

330000－1701－0053752　普 814.0842/4432/c2　集部/總集類/選集之屬/斷代
南宋文錄錄二十四卷　(清)董兆熊輯　清光緒十七年(1891)蘇州書局刻本　六冊

330000－1701－0053753　GP14584　集部/別集類/清別集
岵屺懷音一卷　(清)奕訢撰　清同治刻本　一冊

330000－1701－0053754　普 814.087/0853.2　史部/傳記類/別傳之屬/事狀
詒煒集五卷侍香集一卷　(清)許振禕輯　清光緒二十三年(1897)廣州節署刻本　二冊

330000－1701－0053756　普 814.087/4024/c1　集部/總集類/酬唱之屬
鴻案珠圍集四卷　(清)李化楠編　清乾隆二十一年(1756)刻本　四冊

330000－1701－0053757　HJL6391　集部/別集類/清別集
醒予山房文存十二卷　(清)劉愚撰　清同治元年(1862)成都刻四年(1865)孔廣燾、光緒劉氏增刻本　六冊

330000－1701－0053759　普 814.0842/7547　集部/總集類/彙編之屬
南宋羣賢小集七十四種　(宋)陳起編　(清)顧修重輯　清嘉慶六年(1801)石門顧氏讀畫齋刻本　三十二冊　存七十三種

330000－1701－0053760　普 814.087/4024/c2　集部/總集類/酬唱之屬
鴻案珠圍集四卷　(清)李化楠編　清乾隆二十一年(1756)刻本　三冊　缺一卷(二)

330000－1701－0053761　HJL6140　集部/總集類/選集之屬/斷代
愛吾廬稿三種　蔣蕚編　清光緒十二年(1886)宜興蔣氏刻本　五冊　存二種

330000－1701－0053762　普 915.1/36311.2/2/c1　史部/地理類/總志之屬/通代
讀史方輿紀要歷代州域形勢九卷　(清)顧祖禹撰　清嘉慶十年(1805)友蘭堂刻本　四冊

330000－1701－0053763　普 323.097/3592.2/c1　史部/政書類/通制之屬
欽定大清會典事例一千二百二十卷目錄八卷　(清)崑岡等撰　清光緒二十五年(1899)石印本　三百五十二冊　缺一百二十八卷(二百三十四至二百三十七、八百至九百二十三)

330000－1701 －0053764　普 915.1/3644/(2)　史部/地理類/總志之屬/斷代
廣輿記二十四卷圖一卷　(明)陸應陽輯 (清)蔡方炳增輯　清康熙二十五年(1686)吳郡寶翰樓刻本　十六册

330000－1701－0053765　普 915.1/36311.2/2/c3　史部/地理類/總志之屬/通代
讀史方輿紀要歷代州域形勢九卷　(清)顧祖禹撰　**附統論歷朝形勢一卷**　(清)朱棠撰　清嘉慶十年(1805)友蘭堂刻道光增刻本　八册

330000－1701－0053766　普 915.1/36311.2/2(3)　史部/地理類/總志之屬/通代
讀史方輿紀要歷代州域形勢十卷　(清)顧祖禹撰　**附統論歷朝形勢一卷**　(清)朱棠撰　清嘉慶十年(1805)友蘭堂刻道光三十年(1850)續刻光緒十五年(1889)長沙傳忠書局印本　十二册

330000－1701－0053767　GP06334　集部/別集類/清別集
二娛小廬詩鈔五卷詞鈔二卷詩鈔補編一卷　(清)尤維熊撰　清嘉慶十七年(1812)刻本　清姚燮題記　四册

330000－1701 －0053768　普 814.087/4414/c1　子部/藝術類/書畫之屬/題跋
五湖漁莊圖題詞四卷　(清)葉承桂輯　清咸豐三年(1853)烏程陸長春石林園刻本　二册

330000－1701－0053770　HJL6392　集部/別集類/清別集
退遂齋詩鈔八卷續集二卷　(清)倪鴻撰　清光緒七年(1881)泉州、十年(1884)濟南刻本　五册

330000－1701－0053773　GP06335　類叢部/叢書類/郡邑之屬
金華文萃　(清)胡鳳丹編　清同治七年至光緒八年(1868－1882)永康胡氏退補齋刻民國補刻本　八册　存一種

330000－1701－0053775　HJL6142　集部/總集類/郡邑之屬
龍泉園集(龍泉師友遺稿合編)八種　李樹屏輯　清光緒二十年(1894)刻本　四册

330000－1701－0053777　普 915.1/3644/3　史部/地理類/總志之屬/斷代
廣輿記二十四卷圖一卷　(明)陸應陽輯 (清)蔡方炳增輯　清嘉慶七年(1802)聚文堂刻本　十六册

330000－1701 －0053778　HJH6393　集部/別集類/宋別集
苕溪集五十五卷　(宋)劉一止撰　清宣統三年(1911)歸安朱祖謀刻本　四册

330000－1701－0053781　普 814.0847/1181/c1　集部/總集類/選集之屬/斷代
金文最六十卷首一卷　(清)張金吾輯　清光緒二十一年(1895)蘇州書局刻本　十六册

330000－1701－0053782　普 814.087/1151　集部/總集類/彙編之屬
白雲洞山集遺三卷首一卷　(清)張振珂編輯　清光緒九年(1883)刻本　一册

330000－1701 －0053783　HJH6143　經部/詩類/傳說之屬
虞東學詩十二卷首一卷　(清)顧鎮撰　清光緒十八年(1892)誦芬堂刻本　六册

330000－1701 －0053784　普 814.0844/2741　類叢部/叢書類/自著之屬
藝風所著書　繆荃孫撰　清光緒至民國刻本　二册　存一種

330000－1701－0053785　HJL6394　集部/別集類/清別集
小酉腴山館詩集八卷文集十二卷小酉腴山館主人[吳大廷]自著年譜二卷　(清)吳大廷撰　清光緒五年(1879)刻本　八册

330000－1701 －0053788　普 814.087/1617　集部/總集類/彙編之屬
滑稽詩文集第一集四卷　汪錫純編纂　清宣統二年(1910)石印本　四册

330000－1701－0053790　HJL6078　類叢部/叢書類/自著之屬
柏堂遺書(方柏堂全集)八種附一種　(清)方宗誠撰　清光緒元年至十二年(1875－1886)桐城方氏刻本　五十册

330000－1701－0053791　普 915.1/3983　史部/地理類/總志之屬/斷代
新斠注地里志十六卷　(清)錢坫撰　清嘉慶二年(1797)岑陽官舍刻本　四册

330000－1701－0053792　HJL6396　集部/別集類/清別集
劍虹居文集二卷　(清)秦煥撰　清光緒三十一年(1905)秦氏刻本　四册

330000－1701－0053794　普 814.087/4032　集部/總集類/選集之屬/斷代
皇朝文典一百卷　(清)李澄編　清嘉慶刻本　三十二册

330000－1701－0053795　普 814.087/4414/c2　子部/藝術類/書畫之屬/題跋
五湖漁莊圖題詞四卷　(清)葉承桂輯　清咸豐三年(1853)石林園刻本　二册

330000－1701－0053796　普 814.0847/1181/c2　集部/總集類/選集之屬/斷代
金文最六十卷首一卷　(清)張金吾輯　清光緒二十一年(1895)蘇州書局刻本　十六册

330000－1701－0053797　GP14564　集部/別集類/唐五代別集
昌黎先生詩集注十一卷年譜一卷　(唐)韓愈撰　(清)顧嗣立删補　清康熙三十八年(1699)長洲顧嗣立秀野艸堂刻本　八册

330000－1701－0053798　普 814.0847/1181/2/c1　集部/總集類/選集之屬/斷代
金文最一百二十卷首一卷　(清)張金吾輯　清光緒八年至九年(1882－1883)伍氏粵雅堂刻本　三十二册　缺十六卷(八十七至九十四、九十七至一百四)

330000－1701－0053799　普 814.087/1010/c1　集部/總集類/郡邑之屬
西泠五布衣遺箸五種　(清)丁丙輯　清同治至光緒錢塘丁氏當歸草堂刻本　十册

330000－1701－0053800　普 814.087/4429　集部/總集類/彙編之屬
二黃合稿二卷　(清)黄崇惺　(清)黄家鼎撰　(清)廷愷編　清光緒八年(1882)刻本　沈仲玖題記　一册

330000－1701－0053802　普 915.1/3983.01　史部/地理類/總志之屬/斷代
新斠注地里志十六卷　(清)錢坫撰　(清)徐松集釋　清同治十三年(1874)會稽章氏刻本　清朱愈信批校並跋　八册

330000－1701－0053803　GP14610　子部/儒家類/儒學之屬/性理
朱子語類八十卷　(清)程川輯　清雍正刻本　十二册

330000－1701－0053804　GP06336　集部/別集類/宋別集
陳克齋先生集十七卷　(宋)陳文蔚撰　清康熙刻本　四册

330000－1701－0053805　普 814.087/4432　集部/總集類/彙編之屬
陸陳二先生文鈔　(清)葉裕仁輯　清同治九年至光緒二年(1870－1876)安道書院刻本　四册

330000－1701－0053806　普 814.087/1010/c2　集部/總集類/郡邑之屬
西泠五布衣遺箸五種　(清)丁丙輯　清同治至光緒錢塘丁氏當歸草堂刻本　九册

330000－1701－0053807　普 814.087/4036　類叢部/叢書類/彙編之屬
漸西村舍彙刊(漸西村舍叢刻)四十四種　(清)袁昶編　清光緒十六年至二十四年(1890－1898)桐廬袁氏刻本　五册　存一種

330000－1701－0053808　普 814.087/4432.2　集部/總集類/彙編之屬
陸陳二先生詩文鈔　(清)葉裕仁輯　清同治九年至光緒二年(1870－1876)安道書院刻本

八册

330000－1701－0053809　普915.1/4054　史部/地理類/總志之屬

李氏歷代輿地沿革圖校勘記一卷　(清)惲毓嘉等撰　清光緒十四年(1888)毘陵惲氏家塾刻本　二册

330000－1701－0053811　GP06337　經部/小學類/文字之屬/說文/專著

說文字原一卷　(漢)許慎撰　(宋)徐鉉切音　清乾隆四十四年(1779)福禮堂刻本　一册

330000－1701－0053812　普814.087/7244　集部/總集類/酬唱之屬

揚芬集十卷續刻一卷　(清)陶欽輯　清嘉慶十四年(1809)經鋤山堂刻本　四册

330000－1701－0053813　普814.087/1010/c3　集部/總集類/郡邑之屬

西泠五布衣遺箸五種　(清)丁丙輯　清同治至光緒錢塘丁氏當歸草堂刻本　章嶔題簽　八册　存三種

330000－1701－0053814　GP14609　集部/別集類/明別集

何大復先生集三十八卷　(明)何景明撰　**附錄一卷**　清乾隆十五年(1750)何氏賜策堂刻本　八册

330000－1701－0053815　普915.1/4344/c1　史部/地理類/總志之屬/斷代

皇朝直省府廳州縣歌括一卷　(清)蔣升撰　清光緒二十四年(1898)上海慈母堂印書局鉛印本　一册

330000－1701－0053816　GP06342　經部/小學類/文字之屬/字書

偏旁舉略一卷　(清)姚文田輯　清末杭州朱氏抱經堂刻本　一册

330000－1701－0053817　普814.087/7110.2/c1、普814.087/7110.202/c1、普814.087/7110.2022/c1　集部/總集類/課藝之屬

學海堂集十六卷　(清)阮元輯　**二集二十二卷**　(清)吳瀾修輯　**三集二十四卷**　(清)張維屏輯　**四集二十八卷**　(清)金錫齡輯　清道光五年(1825)、十八年(1838)、咸豐九年(1859)、光緒十二年(1886)啓秀山房刻本　二十四册　缺二十八卷(四集一至二十八)

330000－1701－0053818　普814.087/4036/(2)/c2　類叢部/叢書類/彙編之屬

漸西村舍彙刊(漸西村舍叢刻)四十四種　(清)袁昶編　清光緒十六年至二十四年(1890－1898)桐廬袁氏刻本　二册　存一種

330000－1701－0053820　GP06339　經部/小學類/音韻之屬

詩雙聲疊韻譜一卷　(清)鄧廷楨撰　清道光十八年(1838)刻本　一册

330000－1701－0053821　普814.087/2514/c2　集部/總集類/選集之屬/斷代

國朝古文彙鈔初集一百七十六卷首一卷　(清)朱珔輯　**二集一百卷首一卷**　(清)楊文蓀輯　清道光二十七年(1847)吳江沈氏世美堂刻咸豐二年(1852)印本　八十册　存一百七十七卷(初集首、一至一百七十六)

330000－1701－0053822　普915.1/4344/c2　史部/地理類/總志之屬/斷代

皇朝直省府廳州縣歌括一卷　(清)蔣升撰　清光緒二十四年(1898)上海慈母堂印書局鉛印本　一册

330000－1701－0053825　普814.087/4439　集部/總集類/課藝之屬

嘉會堂課選不分卷　(清)蕭治輝編　清光緒二十六年(1900)刻本　二册

330000－1701－0053826　普915.1/4344/2　史部/地理類/總志之屬/斷代

皇朝直省府廳州縣歌括一卷　(清)蔣升撰　清末抄本　一册

330000－1701－0053827　普814.087/7110.2/c2、普814.087/7110.202/c2、普814.087/7110.2022/c2　集部/總集類/課藝之屬

學海堂集十六卷　(清)阮元輯　**二集二十二卷**　(清)吳瀾修輯　**三集二十四卷**　(清)張

維屏輯　**四集二十八卷**　（清）金錫齡輯　清道光五年（1825）、十八年（1838）、咸豐九年（1859）、光緒十二年（1886）啓秀山房刻本　二十四册　缺二十八卷（四集一至二十八）

330000－1701－0053828　GP06340　經部/小學類/文字之屬/字書
小學答問一卷　章炳麟撰　清宣統元年（1909）刻本　一册

330000－1701－0053829　普 915.1/4432　集部/别集類/清别集
西征集四卷首一卷　（清）黄家鼎撰　清光緒八年（1882）補不足齋刻本　二册

330000－1701－0053830　普 814.087/2514.2/c2　集部/總集類/選集之屬/斷代
國朝古文彙鈔初集一百七十六卷首一卷　（清）朱琦輯　**二集一百卷首一卷**　（清）楊文蓀輯　清道光二十七年（1847）吴江沈氏世美堂刻咸豐二年（1852）印本　四十册　存一百一卷（二集首、一至一百）

330000－1701－0053831　普 915.1/4511　子部/藝術類/書畫之屬/畫譜
泛槎圖一卷續一卷三集一卷四集一卷　（清）張寶繪　清嘉慶二十四年至道光六年（1819－1826）羊城尚古齋張氏刻本　四册

330000－1701－0053832　普 814.087/7435.2/c1　集部/總集類/課藝之屬
校經堂二集九卷　（清）陸寶忠輯　清光緒十四年（1888）刻本　四册

330000－1701－0053833　GP06341　經部/詩類/傳説之屬
詩説二卷　（清）王照圓撰　清光緒八年（1882）東路廳署刻本　二册

330000－1701－0053834　普 814.087/1035/c1　子部/儒家類/儒學之屬
皇朝蓄艾文編八十卷　（清）于寶軒輯　清光緒二十九年（1903）上海官書局鉛印本　四十册

330000－1701－0053835　GP14611　集部/詞類/總集之屬
花菴絶妙詞選十卷　（宋）黄昇輯　明末毛氏汲古閣刻詞苑英華本　清夏伯音跋　十册

330000－1701－0053836　普 814.087/7435.2/c3　集部/總集類/課藝之屬
校經堂二集九卷　（清）陸寶忠輯　清光緒十四年（1888）刻本　三册

330000－1701－0053838　普 814.087/4440　集部/總集類/選集之屬/通代
國朝文雅正所見集十六卷　（清）林有席評輯　（清）林大佐編次　清道光十年（1830）菜根樂刻本　十二册

330000－1701－0053839　普 814.087/4037/c1　集部/總集類/彙編之屬
國朝文錄四十種　（清）李祖陶編　清道光十九年（1839）瑞州府鳳儀書院刻本　三十六册

330000－1701－0053840　GP14612　類叢部/叢書類/彙編之屬
榆園叢刻十五種附一種　（清）許增編　清同治至光緒刻本　二册　存一種

330000－1701－0053841　SBC2786　子部/宗教類/佛教之屬/大藏
徑山藏　明萬曆十七年（1589）至清嘉慶五臺、嘉興、徑山等地刻本　五百九十三册　存七百三十七種

330000－1701－0053843　HJL6088　集部/别集類/清别集
十二梅花書屋詩六卷　（清）郭慶藩撰　清光緒十五年（1889）郭氏泊然盦自刻本　二册

330000－1701－0053844　普 814.087/7497/2　集部/總集類/選集之屬/斷代
切問齋文鈔三十卷　（清）陸燿輯　清同治八年（1869）金陵錢氏刻本　八册

330000－1701－0053845　GP06343　類叢部/叢書類/自著之屬
蘜圃十種　（清）胡重撰　清嘉慶十六年（1811）秀水金氏月香書屋刻本　一册　存一種

330000－1701－0053846　HJL6403　集部/别集類/清别集

獨善堂文集八卷　(清)王大經撰　(清)周右編　清嘉慶二十二年(1817)周右春暉堂刻本　六册

330000－1701－0053847　GP14615　史部/政書類

不礙軒讀律六種　(清)王有孚輯　清嘉慶十二年(1807)刻本　五册

330000－1701－0053848　HJL6089　集部/别集類/清别集

學圃文存四卷詩存七卷對聯附存一卷　(清)梁景先撰　清光緒十九年(1893)誦芬堂刻本　六册

330000－1701－0053849　普814.087/7513　集部/總集類/課藝之屬

春江書院課藝二卷　(清)陳承澍編　清光緒二十九年(1903)鉛印本　二册

330000－1701－0053850　普814.087/7497/2(2)　集部/總集類/選集之屬/斷代

切問齋文鈔三十卷　(清)陸燿輯　清同治八年(1869)金陵錢氏刻本　十二册

330000－1701－0053851　普323.097/3592.2/c2　史部/政書類/通制之屬

欽定大清會典事例一千二百二十卷目錄八卷　(清)崑岡等撰　清光緒二十五年(1899)石印本　三百七十二册　缺三十四卷(九十二至一百二十五)

330000－1701－0053853　HJL6399　集部/别集類/明别集

無欲齋詩鈔一卷　(明)鹿善繼撰　清道光四年(1824)范陽鹿氏刻本　一册

330000－1701－0053855　GP06344　集部/曲類/曲韻曲譜曲律之屬

新定九成宫大成南北宫詞譜八十一卷閏一卷總目三卷　(清)周祥鈺　(清)鄒金生等輯　清乾隆十一年(1746)内府樂部刻朱墨套印本　四十八册　缺一卷(總目中)

330000－1701－0053857　普814.087/4496　集部/總集類/題詠之屬

篝鐙教讀圖題贈三卷附錄一卷　(清)蔣光煦輯　清道光刻本　一册

330000－1701－0053858　普814.087/7548.02　類叢部/類書類/通類之屬

重編留青新集二十四卷　(清)馮善長輯　清光緒十六年(1890)上海鉛印本　十六册

330000－1701－0053859　HJL6398　集部/别集類/清别集

陋軒詩十二卷　(清)吳嘉紀撰　**陋軒詩續二卷**　(清)吳嘉紀撰　(清)夏荃輯　清嘉慶繆中刻道光二十年(1840)夏氏補刻本　十二册

330000－1701－0053860　普814.087/4037/c2　集部/總集類/彙編之屬

國朝文錄四十種　(清)李祖陶編　清道光十九年(1839)瑞州府鳳儀書院刻本　三十册　存三十二種

330000－1701－0053862　GP14616　集部/别集類/清别集

曝書亭集外稿八卷　(清)朱彝尊撰　(清)馮登府　(清)朱墨林輯　清嘉慶二十二年(1817)刻道光二年(1822)印本　二册

330000－1701－0053863　普814.087/7540　集部/總集類/選集之屬/斷代

正氣集三卷　(清)王夫之　(清)黄宗羲　(清)顧炎武撰　陳去病輯　清光緒三十年(1904)刻本　三册

330000－1701－0053865　普814.087/7710.04　集部/總集類/課藝之屬

詁經精舍文鈔不分卷　清抄本　三册

330000－1701－0053866　HJL6400　集部/總集類/酬唱之屬

西泠酬倡集五卷二集五卷三集五卷　(清)秦緗業等撰　清光緒刻本　四册　存十卷(一至五、二集一至五)

330000－1701－0053867　GP14617　子部/天文曆算類/算書之屬

弧角七政圖算一卷 （清）蔡綬綵撰 清光緒二十一年(1895)順邑龍江真步堂刻本 一冊

330000－1701－0053868 普 814.087/4037/(2)/c2 集部/總集類/彙編之屬

國朝文錄四十種 （清）李祖陶編 清道光十九年(1839)瑞州府鳳儀書院刻本 三十冊 存二十九種

330000－1701－0053869 HJL6401 集部/別集類/清別集

潘方伯公遺稿六卷 （清）潘駿文撰 潘學祖 潘延祖編 清光緒二十二年(1896)都門刻本 六冊

330000－1701－0053870 普 814.087/7545 集部/總集類/課藝之屬

小題大觀不分卷 （清）陳其泰評選 清同治三年(1864)行素齋刻本 四冊

330000－1701－0053871 GP14618 經部/書類/傳說之屬

古文尚書攷二卷 （清）惠棟撰 清乾隆五十七年(1792)讀經樓刻本 一冊

330000－1701－0053872 普 814.087/77301/c2 集部/總集類/課藝之屬

馮岐課藝合編五卷首一卷 （清）屠福謙編 清光緒十七年(1891)刻本 四冊

330000－1701－0053873 普 814.087/4620 類叢部/叢書類/彙編之屬

受經堂彙稾五種 （清）楊紹文編 清道光三年(1823)刻本 四冊

330000－1701－0053875 普 915.1/4577/c1 類叢部/叢書類/彙編之屬

新陽趙氏叢刊十四種 （清）趙元益編 清光緒十一年至二十八年(1885－1902)新陽趙氏刻本 二冊 存一種

330000－1701－0053876 HJL6091 類叢部/叢書類/自著之屬

葵園四種 王先謙撰 清光緒至民國長沙王氏刻本 十四冊 存三種

330000－1701－0053877 普 814.087/7744 集部/總集類/課藝之屬

海竹樓時文讀本不分卷 （清）周恭壽輯 清道光十三年(1833)周恭壽刻本 六冊

330000－1701－0053878 HJH6402 類叢部/叢書類/自著之屬

周孟侯先生全書五種附錄一卷 （明）周拱辰撰 清道光二十七年(1847)刻光緒元年(1875)補刻本 二冊 存一種

330000－1701－0053879 普 814.087/7548 集部/總集類/選集之屬/通代

憑山閣留青集選四卷 （清）陳枚輯 清康熙十二年(1673)刻本 二冊

330000－1701－0053880 普 814.087/4037/(3) 集部/總集類/彙編之屬

國朝文錄四十種 （清）李祖陶編 清道光十九年(1839)瑞州府鳳儀書院刻本 十六冊 存二十六種

330000－1701－0053882 普 915.1/4577/c2 類叢部/叢書類/彙編之屬

新陽趙氏叢刊十四種 （清）趙元益編 清光緒十一年至二十八年(1885－1902)新陽趙氏刻本 一冊 存一種

330000－1701－0053883 GP06348 集部/別集類/清別集

雨峯詩鈔八卷 （清）齊翀撰 清乾隆四十四年(1779)婺源齊學裘刻本 一冊

330000－1701－0053884 普 814.087/4621 集部/總集類/選集之屬/斷代

國朝古文正的五卷 （清）楊彝珍纂輯 **遜學齋文鈔一卷** （清）孫衣言撰 **移芝室古文一卷** （清）楊彝珍撰 清光緒六年(1880)獨山莫氏鉛印本 六冊

330000－1701－0053885 普 915.1/4577/c3 類叢部/叢書類/彙編之屬

新陽趙氏叢刊十四種 （清）趙元益編 清光緒十一年至二十八年(1885－1902)新陽趙氏刻本 一冊 存一種

330000－1701－0053887　HJL6092　集部/别集類/清別集

高石齋文鈔三卷射洪縣修志議一卷　(清)劉光謨撰　清光緒十年(1884)四川富順縣刻本　三冊

330000－1701－0053888　HJL6405　集部/别集類/清別集

鳴鶴堂詩集十一卷文集十卷　(清)任源祥撰　(清)瞿源洙集評　(清)任道鎔彙輯　清光緒十五年(1889)刻本　五冊

330000－1701－0053889　普814.088/2530　集部/總集類/選集之屬

師友贈言一卷　(清)朱守訓輯　清同治四年(1865)成都刻本　一冊

330000－1701－0053890　普814.087/8000　集部/總集類/選集之屬/斷代

八旗文經五十六卷作者攷三卷敘錄一卷　(清)盛昱　(清)楊鍾羲輯　清光緒二十七年(1901)武昌刻本　十二冊

330000－1701－0053891　普814.087/4037/(4)/c2　集部/總集類/彙編之屬

國朝文錄四十種　(清)李祖陶編　清道光十九年(1839)瑞州府鳳儀書院刻本　三十四冊

330000－1701－0053894　GP14623　集部/詩文評類/文評之屬

文心雕龍十卷　(南朝梁)劉勰撰　清光緒元年(1875)湖北崇文書局刻民國元年(1912)鄂官書處重印子書百家本　蔣伯潛校並跋　二冊

330000－1701－0053895　HJL6093　集部/别集類/清別集

世澤堂遺稿三卷　(清)載澂撰　清光緒十五年(1889)刻本　三冊

330000－1701－0053896　普814.087/8097.02　集部/總集類/選集之屬/斷代

國朝駢體正宗續編八卷　(清)張鳴珂輯　清光緒十四年(1888)寒松閣刻本　四冊

330000－1701－0053897　普814.087/4634/c1　集部/總集類/課藝之屬

天問堂課藝四卷　(清)楊兆鋆輯　清光緒二十一年(1895)金陵同文館木活字印本　四冊

330000－1701－0053898　GP06345　集部/别集類/清別集

謙齋詩集八卷首一卷遺集十二卷首一卷　(清)蔡仲光撰　清咸豐三年(1853)蕭山蔡氏篤慶堂刻本　八冊

330000－1701－0053899　GP14624　子部/雜著類/雜考之屬

潛邱劄記六卷　(清)閻若璩撰　**左汾近稾一卷**　(清)閻詠撰　清乾隆十年(1745)閻學林眷西堂刻本　六冊

330000－1701－0053901　HJL6406　類叢部/叢書類/自著之屬

左文襄公全集七種附二種首一卷　(清)左宗棠撰　清光緒刻本　一百二十冊　缺一種

330000－1701－0053902　普814.087/2617　集部/總集類/彙編之屬

國朝文徵四十卷　(清)吳翌鳳編輯　清咸豐元年(1851)吳江沈懋德世美堂刻本　邵裴子題記　二十四冊

330000－1701－0053904　HJH6094　集部/詩文評類/詩評之屬

漁隱叢話前集六十卷後集四十卷　(宋)胡仔撰　清乾隆五年至六年(1740－1741)海鹽楊佑啓耘經樓刻本　七冊　存七十四卷(前集一至九、二十九至六十,後集一至三十三)

330000－1701－0053905　GP06346　集部/别集類/清別集

謙齋詩集八卷首一卷遺集十二卷首一卷　(清)蔡仲光撰　清咸豐三年(1853)蕭山蔡氏篤慶堂刻本　十冊

330000－1701－0053906　GP06347　集部/别集類/清別集

玉芝堂文集六卷詩集三卷　(清)邵齊燾撰　清乾隆刻本　二冊

330000－1701－0053907　GP14625　集部/總

集類/選集之屬/斷代
自嬰堂叢刊不分卷 (清)張榮澤等撰 清光緒刻本 清陳慶均題簽 一冊

330000－1701－0053908 GP14626 新學/報章
新聞報時務通論不分卷 (清)新聞報館編 清光緒二十八年(1902)上海新聞報館鉛印本 八冊

330000－1701－0053911 普915.1/46101/c1 類叢部/叢書類/郡邑之屬
台州叢書(名山堂叢書)九種 (清)宋世犖編 清嘉慶至道光臨海宋氏刻本 二冊 存一種

330000－1701－0053913 普814.089/0044 集部/總集類/選集之屬/通代
欽定四書文 (清)方苞輯 清乾隆五年(1740)武英殿刻本 十一冊 存四種

330000－1701－0053914 普814.089/3033 集部/總集類/課藝之屬
辨志文會課藝初集六卷 (清)葉意深等撰 (清)宗源瀚輯 清光緒六年(1880)刻本 六冊

330000－1701－0053915 普814.089/3033/(2)/c1 集部/總集類/課藝之屬
辨志文會課藝初集六卷 (清)葉意深等撰 (清)宗源瀚輯 清光緒六年(1880)刻本 四冊

330000－1701－0053916 普814.089/3033/(2)/c2 集部/總集類/課藝之屬
辨志文會課藝初集六卷 (清)葉意深等撰 (清)宗源瀚輯 清光緒六年(1880)刻本 四冊

330000－1701－0053917 普814.08911/7260 集部/總集類/郡邑之屬
中州名賢文表內集三十卷 (明)劉昌輯 清康熙四十五年(1706)錢塘汪氏刻本 四冊

330000－1701－0053918 普915.1/46101/c3 類叢部/叢書類/郡邑之屬
台州叢書(名山堂叢書)九種 (清)宋世犖編 清嘉慶至道光臨海宋氏刻本 二冊 存一種

330000－1701－0053919 普814.087/4634/c2 集部/總集類/課藝之屬
天問堂課藝四卷 (清)楊兆鋆輯 清光緒二十一年(1895)金陵同文館木活字印本 四冊

330000－1701－0053920 普814.08913/6039/c1 集部/總集類/郡邑之屬
湖南文徵一百九十卷首一卷目錄六卷姓氏傳四卷 (清)羅汝懷輯 清同治十年(1871)刻本 一百冊

330000－1701－0053921 GP06349 集部/別集類/清別集
雨峯詩鈔八卷 (清)齊翀撰 清乾隆四十四年(1779)婺源齊學裘刻本 一冊

330000－1701－0053922 普814.087/4646 集部/別集類/清別集
或陋居選文不分卷 (清)楊鶴鳴評選 清光緒十二年(1886)楊叔懌刻本 二十冊

330000－1701－0053923 普814.087/2637 集部/總集類/課藝之屬
小題指南初集不分卷二集不分卷三集不分卷 (清)吳次歐輯 清同治十二年(1873)文盛堂刻本 六冊

330000－1701－0053924 普915.1/46101/c5 類叢部/叢書類/郡邑之屬
台州叢書(名山堂叢書)九種 (清)宋世犖編 清嘉慶至道光臨海宋氏刻本 二冊 存一種

330000－1701－0053925 GP14635 集部/別集/清別集
養知書屋遺集(養知書屋文集二十八卷詩集十五卷郭侍郎奏疏十二卷) (清)郭嵩燾撰 王先謙編 清光緒十八年(1892)養知書屋刻本 二十八冊

330000－1701－0053926 普323.097/3592.2/2/c1 史部/政書類/通制之屬

欽定大清會典事例一千二百二十卷目錄八卷　（清）崑岡等撰　清光緒三十四年（1908）上海商務印書館石印本　一百五十冊

330000－1701－0053929　普 814.087/2641　集部/總集類/課藝之屬
八銘堂塾鈔初集不分卷二集不分卷　（清）吳懋政編　清光緒十四年（1888）學庫山房刻本　十冊

330000－1701－0053930　普 915.1/46102　類叢部/叢書類/彙編之屬
申報館叢書正集五十七種附錄三種續集一百四十二種　（清）尊聞閣主編　蔡爾康編續集　清同治至光緒上海申報館鉛印本　三冊　存一種

330000－1701－0053931　普 814.08913/6039/c3　集部/總集類/郡邑之屬
湖南文徵一百九十卷首一卷目錄六卷姓氏傳四卷　（清）羅汝懷輯　清同治十年（1871）刻本　一百冊

330000－1701－0053932　普 814.08923/7540/c1　類叢部/叢書類/彙編之屬
百尺樓叢書　陳去病編　清光緒至民國鉛印本　一冊　存一種

330000－1701－0053933　普 814.08913/2644　集部/總集類/課藝之屬
湘雅扶輪集十二卷　（清）吳樹梅輯　清光緒二十六年（1900）長沙節署刻本　十二冊

330000－1701－0053935　GP06350　集部/別集類/清別集
雨峯詩鈔八卷　（清）齊翀撰　清光緒二年（1876）揚州隨安室刻本　二冊

330000－1701－0053937　普 814.087/1012　集部/總集類/選集之屬/斷代
四瑞詩文集四卷　（清）□□輯　清乾隆三十六年（1771）刻本　二冊

330000－1701－0053938　GP06351　集部/別集類/清別集
太鶴山人集十三卷　（清）端木國瑚撰　清道光二十年（1840）瑞安洪坤刻本　四冊

330000－1701－0053939　普 814.087/4711　集部/總集類/課藝之屬
沅水校經堂課集一卷　（清）胡元玉訂　清光緒二十三年（1897）刻本　一冊

330000－1701－0053940　普 814.087/2663　集部/總集類/選集之屬/斷代
謝琴文鈔一卷詩鈔八卷聯吟一卷　（清）吳景潮編　清嘉慶二十年（1815）松風草堂刻本　清張鑣、清黃榮題記　十冊

330000－1701－0053941　普 814.087/4748　集部/總集類/選集之屬/斷代
國朝文棟八卷　（清）胡嘉銓輯　清光緒十二年（1886）刻本　二冊

330000－1701－0053942　普 915.1/46102/2　類叢部/叢書類/自著之屬
春融堂集三種　（清）王昶撰　清嘉慶青浦王氏塾南書舍刻本　二冊　存一種

330000－1701－0053943　HJL6120　集部/別集類/清別集
胡文忠公遺集十卷首一卷　（清）胡林翼撰　（清）閻敬銘　（清）厲雲官　（清）盛康輯　清同治三年（1864）武昌節署刻本　八冊

330000－1701－0053945　GP06352　集部/別集類/清別集
太鶴山人集十三卷　（清）端木國瑚撰　清道光二十年（1840）瑞安洪坤刻本　六冊

330000－1701－0053946　普 814.08923/7540/c2　類叢部/叢書類/彙編之屬
百尺樓叢書　陳去病編　清光緒至民國鉛印本　一冊　存一種

330000－1701－0053947　HJL6407　集部/總集類/選集之屬/通代
東瀛詩選四十卷補遺四卷　（清）俞樾輯　清光緒九年（1883）刻本　十六冊

330000－1701－0053948　普 814.08923/7540/c3　類叢部/叢書類/彙編之屬

百尺樓叢書　陳去病編　清光緒至民國鉛印本　一冊　存一種

330000－1701－0053949　普 814.08913/9020　集部/總集類/郡邑之屬

常德文徵九卷首一卷　清刻本　三冊

330000－1701－0053951　普 814.087/2663/(2)/c2　集部/總集類/選集之屬/斷代

謝琴文鈔一卷詩鈔八卷聯吟一卷　(清)吳景潮編　清嘉慶二十年(1815)松風草堂刻本　四冊

330000－1701－0053952　GP06353　集部/別集類/清別集

詠梅軒姚公遺蹟詩鈔一卷　(清)姚懷祥撰　(清)謝蘭生編　清道光二十九年(1849)刻本　一冊

330000－1701－0053953　HJL6408　集部/別集類/清別集

退一步齋詩集十六卷文集四卷　(清)方濬師撰　(清)呂景端編校　清光緒三十年(1904)刻本　十冊

330000－1701－0053954　普 323.097/3592.2/2/c2　史部/政書類/通制之屬

欽定大清會典事例一千二百二十卷目錄八卷　(清)崑岡等撰　清光緒三十四年(1908)上海商務印書館石印本　一百五十冊

330000－1701－0053955　普 814.08914/1131/c1　集部/總集類/郡邑之屬

廬陽三賢集　(清)張樹聲編　清光緒元年(1875)合肥張氏毓秀堂刻本　六冊

330000－1701－0053956　HJL6121　集部/別集類/清別集

秋聲館遺集八卷　(清)歐陽勳撰　清咸豐九年(1859)刻本　四冊

330000－1701－0053957　普 814.087/1017　集部/總集類/選集之屬/斷代

清暉贈言十卷附錄一卷石谷子傳一卷　(清)徐永宣等輯　清道光十六年(1836)刻本　四冊

330000－1701－0053958　GP14638　子部/醫家類/類編之屬

壽世彙編五種　(清)祝寶森編　清同治六年(1867)海寧祝氏刻本　一冊

330000－1701－0053959　普 814.087/5040　集部/總集類/題詠之屬

半圓思補圖誌一卷　清光緒金華金震東石印本　一冊

330000－1701－0053960　普 814.087/2812/c2　集部/總集類/選集之屬/斷代

國朝二十四家文鈔二十四卷　(清)徐斐然輯　清道光十年(1830)文光堂刻本　八冊

330000－1701－0053962　GP06354　集部/別集類/清別集

主靜軒舟車吟草一卷　(清)黃秩林撰　**附錄**

安慶大觀亭遊記一卷　(清)孫丙章撰　清道光二十七年(1847)刻本　一冊

330000－1701－0053963　普 915.1/46111/c1　史部/地理類/遊記之屬/紀行

河海崑崙錄四卷　裴景福撰　清宣統元年(1909)上海文明書局鉛印本　四冊

330000－1701－0053964　普 814.08914/1131/c2　集部/總集類/郡邑之屬

廬陽三賢集　(清)張樹聲編　清光緒元年(1875)合肥張氏毓秀堂刻本　四冊

330000－1701－0053965　普 915.1/46111/c2　史部/地理類/遊記之屬/紀行

河海崑崙錄四卷　裴景福撰　清宣統元年(1909)上海文明書局鉛印本　仁則題記　四冊

330000－1701－0053966　HJH6122　集部/別集類/清別集

賦梅書屋詩初集六卷二集三卷三集二卷　(清)宋廷樑撰　清光緒十七年至二十三年(1891－1897)刻本　三冊

330000－1701－0053967　普 814.087/2812/2　集部/總集類/選集之屬/斷代

國朝二十四家文鈔二十四卷　(清)徐斐然輯

清乾隆六十年(1795)刻本　十二册

330000－1701－0053968　普814.08924/0078　集部/總集類/課藝之屬

敷文書院課藝初集不分卷二集不分卷　(清)高鵬年等編次　清同治九年(1870)、光緒四年至五年(1878－1879)刻本　八册

330000－1701－0053969　GP14639　史部/政書類/軍政之屬/兵制

浙江改編陸師巡防隊試辦章程一卷　清宣統元年(1909)參謀處石印所石印本　一册

330000－1701－0053970　普915.1/4628.01/2/c1　史部/地理類/遊記之屬/紀勝

徐霞客遊記十卷　(明)徐弘祖撰　(明)李寄輯　(明)季夢良編　**外編一卷**　(清)徐鎮輯　**補編一卷**　(清)葉廷甲輯　清乾隆四十一年(1776)徐鎮刻嘉慶十三年(1808)葉廷甲水心齋修版增刻本　九册　缺一卷(一)

330000－1701－0053971　GP06355　集部/別集類/清別集

東嶠草堂詩鈔四卷　(清)徐傅撰　清道光二十八年(1848)刻本　一册

330000－1701－0053972　普915.1/4628.01/c2　史部/地理類/遊記之屬/紀勝

徐霞客遊記十卷　(明)徐弘祖撰　(明)李寄輯　(明)季夢良編　**外編一卷**　(清)徐鎮輯　**補編一卷**　(清)葉廷甲輯　清乾隆四十一年(1776)徐鎮刻嘉慶十三年(1808)葉廷甲水心齋修版增刻本　十册

330000－1701－0053973　普915.1/4628.01/2/c3　史部/地理類/遊記之屬/紀勝

徐霞客遊記十卷　(明)徐弘祖撰　(明)李寄輯　(明)季夢良編　**外編一卷**　(清)徐鎮輯　**補編一卷**　(清)葉廷甲輯　清乾隆四十一年(1776)徐鎮刻嘉慶十三年(1808)葉廷甲水心齋修版增刻本　五册　存五卷(一至五)

330000－1701－0053974　普814.08914/7242/2　類叢部/叢書類/郡邑之屬

貴池先哲遺書(唐石簃叢書、唐石簃彙刻貴池先哲遺書)十七種附刻一種續刊一種附一種　劉世珩編　清光緒二十四年至民國九年(1898－1920)貴池劉氏唐石簃刻民國十五年(1926)續刻彙印本　十二册　存一種

330000－1701－0053975　普814.087/5360/c2　集部/總集類/選集之屬/斷代

八旗文經五十六卷作者攷三卷敘錄一卷　(清)盛昱　(清)楊鍾羲輯　清光緒二十七年(1901)武昌刻本　十二册

330000－1701－0053976　普814.08915/4081　集部/總集類/郡邑之屬

江西十家稿　(清)袁棨編　清嘉慶刻本　十册

330000－1701－0053977　GP14640　經部/易類/傳說之屬

來瞿唐先生易註十五卷首一卷末一卷圖一卷　(明)來知德撰　清嘉慶十四年(1809)刻本　程耿題記　十册

330000－1701－0053978　普814.087/2812.2　集部/總集類/彙編之屬

今文偶見四十八卷　(清)徐斐然輯　清嘉慶刻本　十二册

330000－1701－0053979　GP14628　子部/藝術類/遊藝之屬/雜藝

七巧八分圖十六卷補遺一卷　(清)錢芸吉撰　(清)王念慈編繪　清同治十三年至光緒元年(1874－1875)廬陵王氏求是齋刻藍印本　八册

330000－1701－0053980　HJL6123　集部/別集類/清別集

范伯子詩集十九卷　(清)范當世撰　清光緒三十四年(1908)刻本　四册

330000－1701－0053981　普814.08924/0808　類叢部/叢書類/家集之屬

安吉施氏遺著五種　(清)戴翊清　(清)朱廷燮編　清光緒十七年(1891)刻本　二册

330000－1701－0053984　普814.087/3003　集部/總集類/彙編之屬

漢上消閒集十六卷 宦應清編 清宣統三年(1911)振華印書館鉛印本 六册

330000－1701－0053985 普 814.087/1035/c3 子部/儒家類/儒學之屬

皇朝蓄艾文編八十卷 (清)于寶軒輯 清光緒二十九年(1903)上海官書局鉛印本 四十册

330000－1701－0053986 GP14641 經部/詩類/傳說之屬

詩識名解十五卷 (清)姚炳撰 清康熙四十七年(1708)錢塘姚氏聽秋樓刻本 四册

330000－1701－0053987 GP06356 集部/別集類/清別集

東崦草堂詩鈔四卷 (清)徐傅撰 清道光二十八年(1848)刻本 一册

330000－1701－0053988 HJL6125 集部/別集類/清別集

古椿軒詩鈔二卷 (清)莊善孫撰 莊鍾蔭編 清光緒二十六年至二十七年(1900－1901)木活字印本 一册

330000－1701－0053989 GP14629 集部/別集類/清別集

文耍一卷 (清)俞樾撰 清光緒二十六年(1900)刻本 清浪鷹題記 一册

330000－1701－0053990 HJL6404 集部/別集類/清別集

鳴鶴堂詩集十一卷文集十卷 (清)任源祥撰 (清)瞿源洙集評 (清)任道鎔彙輯 清光緒十五年(1889)刻本 二册 存十一卷(詩集一至十一)

330000－1701－0053991 GP14642 新學/地學/地理學

地理志問答不分卷 (美國)博馬利亞撰 清光緒二十二年(1896)上海美華書館鉛印本 一册

330000－1701－0053992 普 915.1/4628.01 史部/地理類/遊記之屬/紀勝

徐霞客遊記十卷 (明)徐弘祖撰 (明)李寄輯 (明)季夢良編 **外編一卷** (清)徐鎮輯 **補編一卷** (清)葉廷甲輯 清光緒三十四年(1908)集成圖書公司鉛印本 八册

330000－1701－0053993 普 814.08999/7132 集部/總集類/氏族之屬

小峨眉山館五種 (清)馬國偉 (清)馬用俊編 清嘉慶十八年(1813)棣園刻本 五册

330000－1701－0053994 HJL6409 集部/別集類/清別集

峴嶕山房詩集初編八卷 (清)董文渙撰 清同治九年(1870)刻本 四册

330000－1701－0053995 GP14643 集部/別集類/清別集

師竹軒詩集四卷 (清)劉樹堂撰 **韻香閣詩草一卷** (清)孔祥淑撰 清光緒十五年(1889)刻本 三册

330000－1701－0053996 HJL6126 集部/別集類/清別集

周武壯公遺書九卷年譜一卷外集三卷別集一卷附錄一卷 (清)周盛傳撰 清光緒三十一年(1905)周家駒金陵刻本 十册

330000－1701－0053997 GP06357 集部/別集類/清別集

春酓草堂詩鈔二卷 (清)李世望撰 清嘉慶十一年(1806)刻本 二册

330000－1701－0053998 HJL6410 集部/別集類/清別集

梧竹軒詩鈔十卷附丁酉後賸稿一卷 (清)徐兆英撰 清光緒二十七年(1901)愛虞堂刻本 四册

330000－1701－0053999 GP14630 集部/總集類/選集之屬/斷代

唐詩三百首註疏六卷 (清)孫洙編 (清)章燮注 **續選一卷姓氏小傳一卷** (清)于慶元輯 清道光十四年至十七年(1834－1837)漁古山房刻本 清漱霞子題記 二册 存六卷(一至六)

330000－1701－0054000 普 814.08923/3099

集部/總集類/郡邑之屬
吳風二卷 (清)宋犖輯 清康熙三十三年(1694)刻本 二冊

330000－1701－0054001 GP06358 集部/別集類/清別集
有此廬詩鈔一卷 (清)金孝維撰 清道光二十二年(1842)刻本 一冊

330000－1701－0054002 普915.1/4628.01/2(3)/c1 史部/地理類/遊記之屬/紀勝
徐霞客遊記十卷 (明)徐弘祖撰 (明)李寄輯 (明)季夢良編 **外編一卷** (清)徐鎮輯 **補編一卷** (清)葉廷甲輯 清乾隆四十一年(1776)徐鎮刻嘉慶十三年(1808)葉廷甲水心齋修版增刻本 一冊 存一卷(四)

330000－1701－0054003 普814.08921/2615 集部/總集類/郡邑之屬
容城三賢集十二卷 (清)張斐然 (清)楊茝編 清光緒二十四年(1898)臨安俞廷獻刻本 十二冊

330000－1701－0054004 普915.1/46461 史部/傳記類/日記之屬
南還日記二卷(清道光十六年四月二十二日至八月初四日)癸卯北行日記一卷乙巳南還日記一卷 (清)楊廷桂撰 清同治六年(1867)芸香堂刻本 二冊

330000－1701－0054005 普814.08923/3167 集部/總集類/郡邑之屬
徐州二遺民集十卷 馮煦編 清光緒十九年(1893)臨川桂中行刻本 五冊

330000－1701－0054006 GP06359 集部/別集類/清別集
海峯詩集十一卷 (清)劉大櫆撰 清刻本 四冊

330000－1701－0054007 普915.1/4628.01/2(3)/c2 史部/地理類/遊記之屬/紀勝
徐霞客遊記十卷 (明)徐弘祖撰 (明)李寄輯 (明)季夢良編 **外編一卷** (清)徐鎮輯 **補編一卷** (清)葉廷甲輯 清光緒七年(1881)瘦影山房木活字印本 十二冊

330000－1701－0054008 HJL6411 集部/別集類/清別集
晚香閣詩集五卷 (清)徐文炳撰 清光緒十三年(1887)刻本 二冊

330000－1701－0054009 HJL6127 集部/別集類/清別集
樂志簃集二十七卷 (清)沈祥龍撰 清光緒二十六年至二十七年(1900－1901)刻本 四冊

330000－1701－0054010 普814.08924/1111 集部/總集類/郡邑之屬
天台三高士遺集五種五卷 (清)金文田輯 清宣統三年(1911)木活字印本 一冊

330000－1701－0054011 普323.097/3592.3/c1 史部/政書類/通制之屬
欽定大清會典圖二百七十卷首一卷 (清)崑岡等撰 清光緒石印本 七十四冊

330000－1701－0054012 HJL6412 子部/藝術類/書畫之屬/題跋
五湖魚莊圖題詞四卷 (清)葉承桂輯 **太湖竹枝詞二卷** (清)葉承桂撰 清咸豐三年(1853)石林園刻本 三冊

330000－1701－0054013 普814.08923/3438 集部/總集類/郡邑之屬
松陵文錄二十四卷 (清)凌淦輯 清同治十三年(1874)刻本 十二冊

330000－1701－0054014 GP14631 集部/別集類/清別集
胡石田偶存稿不分卷 (清)胡彥穎撰 清乾隆十五年(1750)安定書院刻本 二冊

330000－1701－0054016 GP06360 集部/別集類/清別集
紅蕉館詩鈔十八卷 (清)潘曾瑩撰 清道光刻本 二冊

330000－1701－0054017 普814.08922/6073 類叢部/叢書類/家集之屬

德州田氏叢書十五種　(清)田同之編　清康熙至乾隆田氏刻彙印本　一册　存一種

330000－1701－0054018　普 915.1/4628.01/3/c1　史部/地理類/遊記之屬/紀勝

徐霞客遊記十卷　(明)徐弘祖撰　(明)李寄輯　(明)季夢良編　**外編一卷**　(清)徐鎮輯　**補編一卷**　(清)葉廷甲輯　清光緒七年(1881)瘦影山房木活字印本　十册

330000－1701－0054019　普 814.08923/4487　集部/總集類/郡邑之屬

毗陵六逸詩鈔二十四卷　(清)孫讜編　清康熙五十六年(1717)山陰孫讜刻本　七册　存十八卷(白雲樓詩鈔一、香草堂詩鈔一至五、西林詩鈔一至五、芑野詩鈔一至四、梅坪詩鈔一至三)

330000－1701－0054022　HJL6128　集部/別集類/清別集

椽園遺稿二卷　(清)楊品金撰　清光緒十三年(1887)椽園刻本　二册

330000－1701－0054024　普 814.08923/1032　集部/總集類/郡邑之屬

婁水文徵八十卷　(清)王寶仁編輯　(清)陸熯　(清)季錫疇同輯　**婁水文徵姓氏考略一卷**　(清)周煜編　清道光十二年(1832)閒有餘齋刻本　二十四册

330000－1701－0054027　HJL6413　集部/別集類/清別集

誰園詩存一卷　(清)鮑宗軾撰　清光緒二年(1876)歙縣黄錫三刻本　二册

330000－1701－0054028　普 814.08923/7521　集部/總集類/郡邑之屬

國朝金陵文鈔十六卷首一卷末一卷　陳作霖等輯　清光緒二十三年(1897)刻本　十六册

330000－1701－0054029　普 814.087/3040　集部/總集類/選集之屬/斷代

最近四大家古文鈔四卷　寄古齋編纂　清光緒三十四年(1908)寄古齋鉛印本　四册

330000－1701－0054031　普 915.1/4631　史部/地理類/雜志之屬

游記體中國地理一卷　馮巽占撰　清宣統二年(1910)北京財政學堂鉛印本　一册

330000－1701－0054032　普 814.087/6000/2　集部/總集類/選集之屬/斷代

同人集十二卷　(清)冒襄輯　清咸豐九年(1859)冒溶木活字印本　六册　存六卷(一至六)

330000－1701－0054034　普 814.087/3099.2　集部/總集類/選集之屬/斷代

國朝三家文鈔三十二卷　(清)宋犖　(清)許汝霖編　清康熙三十三年(1694)刻本　十册

330000－1701－0054035　GP14646　經部/群經總義類/文字音義之屬

十三經集字摹本不分卷分畫便查一卷韻有經無各字摘錄一卷　(清)彭玉雯撰　清道光二十九年(1849)江右彭玉雯刻本　六册

330000－1701－0054036　普 323.097/3592.3/c2　史部/政書類/通制之屬

欽定大清會典圖二百七十卷首一卷　(清)崑岡等撰　清光緒石印本　四十八册　缺一百六卷(一百七至一百二十四、一百三十九至二百二十六)

330000－1701－0054037　普 814.08999/7171　集部/總集類/氏族之屬

區太史文集十二卷　(明)區大相撰　**碧山草堂稿一卷雙源洞稿一卷玉陽稿一卷**　(清)區懷瑞撰　**超堂稿不分卷**　(清)區懷年撰　**區大司徒遊江門稿一卷羅陽區公詩一卷羅陽區公記一卷**　清刻本　七册

330000－1701－0054038　普 915.1/4677/c1　史部/地理類/遊記之屬/紀行

辛卯侍行記六卷　(清)陶保廉撰　清光緒二十三年(1897)養樹山房刻本　六册

330000－1701－0054039　GP06361　集部/別集類/清別集

匑芳園詩鈔八卷　(清)何夢瑤撰　清乾隆十七年(1752)刻本　一册

330000－1701－0054040　GP14633　子部/術數類/命書相書之屬
子平四言集腋六卷　(清)廖冀亨撰　清道光三十年(1850)求可堂刻本　四册

330000－1701－0054041　普 814.08999/7210　集部/總集類/氏族之屬
清芬集十卷　(清)劉寶楠輯　清道光十八年(1838)刻本　六册

330000－1701－0054043　普 814.087/3134　集部/總集類/課藝之屬
萍鄉課士新藝四卷續編四卷課士略說一卷　顧家相纂　清光緒二十七年至二十八年(1901－1902)會稽顧氏萍鄉縣署刻本　七册

330000－1701－0054044　GP06362　集部/別集類/清別集
白鶴山房詩鈔四卷二集五卷　(清)葉紹本撰　清嘉慶十二年(1807)榕城使院、二十二年(1817)保陽使署刻本　四册

330000－1701－0054045　GP14634　子部/術數類/命書相書之屬
增訂五星集腋十卷續編一卷　(清)廖冀亨輯　(清)程枚增訂　清同治十二年(1873)刻本　九册　存十卷(一至十)

330000－1701－0054046　普 814.082/4420/6(2)/c2　集部/總集類/選集之屬/通代
文選六十卷　(南朝梁)蕭統輯　(唐)李善注　(清)何焯評　清江右彥彬堂刻朱墨套印本　十六册

330000－1701－0054047　普 814.08999/7421/c2　類叢部/叢書類/家集之屬
陸氏傳家集十六種附一種　(清)陸迺普編　清同治十一年(1872)羲經堂刻本　五册

330000－1701－0054049　普 814.08992/3153　集部/總集類/郡邑之屬
潮州耆舊集三十七卷　(清)馮奉初編　清道光二十九年(1849)李氏愛吾鼎齋刻本　十六册

330000－1701－0054050　普 814.08924/1200　類叢部/叢書類/郡邑之屬
永嘉叢書十五種　(清)孫衣言編　清同治至光緒瑞安孫氏詒善祠塾刻光緒武昌書局彙印本　六册　存二種

330000－1701－0054052　普 915.1/4677/c3　史部/地理類/遊記之屬/紀行
辛卯侍行記六卷　(清)陶保廉撰　清光緒二十三年(1897)養樹山房刻本　六册

330000－1701－0054054　GP06363　集部/別集類/清別集
鶴半巢詩存十卷續鈔五卷詞館剩稿二卷　(清)馮培撰　清嘉慶三年至八年(1798－1803)刻本　一册　存五卷(續鈔一至五)

330000－1701－0054055　普 814.08992/2114　集部/總集類/郡邑之屬
粵十三家集　(清)伍元薇輯　清道光二十年(1840)南海伍氏詩雪軒刻本　四十册

330000－1701－0054056　普 814.082/4420/7(2)　集部/總集類/選集之屬/通代
文選六十卷　(南朝梁)蕭統輯　(唐)李善注　**文選考異十卷**　(清)胡克家撰　清同治八年(1869)湖北崇文書局刻本　二十册　缺十卷(考異一至十)

330000－1701－0054058　普 814.087/3237.2　史部/傳記類/科舉録之屬
[道光辛卯科]浙江闈墨不分卷　清道光十一年(1831)聚奎堂刻本　一册

330000－1701－0054060　GP06364　史部/傳記類/日記之屬
庚子十二月赴行在日記一卷(清光緒二十六年至二十七年)　吳慶坻撰　清光緒鉛印本　一册

330000－1701－0054061　GP14652　史部/地理類/雜志之屬
中外地輿圖說集成一百三十卷首三卷　(清)同康廬輯　清光緒二十年(1894)上海順成書局石印本　二十四册

330000－1701－0054062　GP06365　史部/傳

記類/日記之屬
庚子十二月赴行在日記一卷(清光緒二十六年至二十七年) 吳慶坻撰 清光緒鉛印本 一册

330000－1701－0054063 GP14653 史部/紀傳類/正史之屬
漢書引經異文録證六卷 (清)繆祐孫撰 清光緒十一年(1885)刻本 二册

330000－1701－0054064 普 814.08999/7421/c4 類叢部/叢書類/家集之屬
陸氏傳家集十六種附一種 (清)陸迺普編 清同治十一年(1872)羲經堂刻本 五册

330000－1701－0054065 普 814.087/3237.23 史部/傳記類/科舉録之屬
[道光癸卯科]浙江闈墨不分卷 清道光二十三年(1843)聚奎堂刻本 一册

330000－1701－0054067 GP14649 集部/總集類/選集之屬/斷代
唐賢三昧集三卷 (清)王士禛輯 清乾隆五十二年(1787)聽雨齋刻本 三册

330000－1701－0054068 普 814.08924/2509 集部/總集類/課藝之屬
紫陽書院課藝八集不分卷 (清)朱文炳 (清)許郊編校 清光緒十八年(1892)刻本 張宗祥題記 四册

330000－1701－0054069 GP06366 集部/小説類/長篇之屬
新鐫玉茗堂批點按鑑糸補北宋志傳十卷五十回 清乾隆刻本 四册

330000－1701－0054070 普 814.087/3237.25 史部/傳記類/科舉録之屬
[道光丙午科]浙江闈墨不分卷 清道光二十六年(1846)聚奎堂刻本 一册

330000－1701－0054073 GP14650 類叢部/叢書類/自著之屬
田園雜著八種 (清)丁午撰 清光緒錢唐丁氏刻本 一册 存一種

330000－1701－0054074 GP06367 類叢部/叢書類/彙編之屬
武英殿聚珍版書五十三種 清同治十二年(1874)江西書局刻本 六册 存一種

330000－1701－0054075 HJL6087 集部/別集類/清別集
左庵詩餘七卷 (清)繼昌撰 清光緒刻本 七册

330000－1701－0054076 普 915.1/5925/c1 類叢部/叢書類/彙編之屬
申報館叢書正集五十七種附録三種續集一百四十二種 (清)尊聞閣主編 蔡爾康編續集 清同治至光緒上海申報館鉛印本 十四册 存一種

330000－1701－0054077 普 814.087/3237.3 史部/傳記類/科舉録之屬
[咸豐辛亥科]浙江闈墨不分卷 清咸豐元年(1851)聚奎堂刻本 一册

330000－1701－0054079 普 814.08924/2524/c2 集部/總集類/郡邑之屬
當湖文繫初編二十八卷 (清)朱壬林纂輯 清光緒十五年(1889)刻本 十二册

330000－1701－0054080 GP14651 集部/別集類/明別集
龍谿王先生全集二十二卷 (明)王畿撰 (明)丁賓編 清光緒八年(1882)刻本 八册 存十四卷(一至十四)

330000－1701－0054082 普 814.087/3237.43 史部/傳記類/科舉録之屬
[同治丁卯科]浙江闈墨不分卷 清同治六年(1867)聚奎堂刻本 一册

330000－1701－0054083 GP06368 集部/別集類/清別集
紺寒亭詩集十卷文集四卷 (清)趙俞撰 清康熙刻本 四册

330000－1701－0054084 普 915.1/5925/c2 類叢部/叢書類/彙編之屬
申報館叢書正集五十七種附録三種續集一百

四十二種　(清)尊聞閣主編　蔡爾康編續集　清同治至光緒上海申報館鉛印本　十四册　存一種

330000－1701－0054085　普 814.087/3237.45　史部/傳記類/科舉録之屬
[同治庚午科]浙江闈墨不分卷　清同治九年(1870)聚奎堂刻本　一册

330000－1701－0054086　HJL6414　集部/别集類/清别集
鴻旅山莊集七卷外集三卷詩集四卷　(清)郭世嶔撰　清光緒二十五年(1899)漳江書院刻本　六册

330000－1701－0054087　普 323.2/7474　類叢部/叢書類/彙編之屬
津河廣仁堂叢書八十四種　(清)□□編　清光緒津河廣仁堂刻本　一册　存一種

330000－1701－0054089　普 814.08924/2524/c3　集部/總集類/郡邑之屬
當湖文繫初編二十八卷　(清)朱壬林纂輯　清光緒十五年(1889)刻本　十二册

330000－1701－0054090　普 814.08999/0104　集部/總集類/郡邑之屬
碧漪集四卷　譚新嘉輯　清宣統三年(1911)嘉興譚氏刻朱印本　二册

330000－1701－0054092　普 814.087/3237.54　史部/傳記類/科舉録之屬
[光緒癸巳恩科]浙江闈墨不分卷　清光緒十九年(1893)聚奎堂刻本　一册

330000－1701－0054094　GP06369　經部/小學類/文字之屬/説文/專著
説文分韻易知録五卷部首重文五卷説文分畫易知録一卷　(清)許巽行撰　清光緒五年(1879)華亭許嘉德刻松江葆素堂許氏印本　十册

330000－1701－0054095　普 814.087/3237.55　史部/傳記類/科舉録之屬
[光緒甲午科]浙江闈墨不分卷　清光緒二十年(1894)聚奎堂刻本　一册

330000－1701－0054096　普 915.1/6107/c1　子部/叢編
子書百家　(清)崇文書局編　清光緒元年(1875)湖北崇文書局刻本　二册　存一種

330000－1701－0054098　普 814.087/3237.59/c1　史部/傳記類/科舉録之屬
[光緒庚子辛丑科]浙江闈墨不分卷　清光緒二十八年(1902)聚奎堂刻朱印本　一册

330000－1701－0054101　普 323.2092/2541/c1　史部/傳記類/總傳之屬/仕宦
歷代名臣言行錄二十四卷　(清)朱桓輯　清光緒十三年(1887)上海廣百宋齋鉛印本　十二册

330000－1701－0054102　普 915.1/6107/c2　子部/叢編
子書百家　(清)崇文書局編　清光緒元年(1875)湖北崇文書局刻本　二册　存一種

330000－1701－0054103　GP06370　類叢部/叢書類/彙編之屬
廣雅書局叢書一百五十九種　徐紹棨編　清光緒廣雅書局刻民國九年(1920)番禺徐紹棨彙編重印本　三册　存一種

330000－1701－0054104　普 814.087/3237.59/c2　史部/傳記類/科舉録之屬
[光緒庚子辛丑科]浙江闈墨不分卷　清光緒二十八年(1902)聚奎堂刻本　一册

330000－1701－0054106　普 814.08924/2644　集部/總集類/郡邑之屬
僊居集二十四卷　(清)王壽宣輯　清光緒木活字印本　八册

330000－1701－0054107　普 814.087/3237.59/c3　史部/傳記類/科舉録之屬
[光緒庚子辛丑科]浙江闈墨不分卷　清光緒二十八年(1902)聚奎堂刻本　一册

330000－1701－0054109　普 915.1/6107/2/c1　史部/地理類/山川之屬/合志
山水二經合刻　清乾隆天都黄氏槐蔭草堂刻本　四册　存一種

330000－1701－0054110　GP06371　類叢部/叢書類/自著之屬
澹勤室著述六種　（清）傅壽彤撰　清道光至光緒刻彙印本　四册　存一種

330000－1701－0054111　普 323.2092/2541/c2　史部/傳記類/總傳之屬/仕宦
歷代名臣言行錄二十四卷　（清）朱桓輯　清光緒十七年(1891)上海廣百宋齋鉛印本　十二册

330000－1701－0054114　普 814.087/6639　集部/總集類/題詠之屬
薦堇思報感蓼廢吟兩圖題辭三卷　（清）沈祥龍輯　清光緒二十一年(1895)刻本　二册

330000－1701－0054115　GP06372　史部/傳記類/日記之屬
建昌行記一卷　吳慶坻撰　清光緒鉛印本　一册

330000－1701－0054116　普 915.1/6107/2/c2　史部/地理類/山川之屬/合志
山水二經合刻　清乾隆天都黄氏槐蔭草堂刻本　一册　存一種

330000－1701－0054117　HJH6418　集部/別集類/唐五代別集
李長吉歌詩四卷外集一卷首一卷　（唐）李賀撰　（清）王琦彙解　清宣統元年(1909)上海文瑞樓石印本　四册

330000－1701－0054118　GP06377　集部/別集類/清別集
寫經堂文鈔二卷詩鈔四卷　（清）蔡篪撰　**同光集一卷**　（清）徐濬撰　清光緒六年(1880)刻本　一册

330000－1701－0054119　GP06373　史部/傳記類/日記之屬
建昌行記一卷　吳慶坻撰　清光緒鉛印本　一册

330000－1701－0054120　HJL6151　類叢部/叢書類/自著之屬
彭文敬公集五種　（清）彭蘊章撰　清道光至同治刻同治彙印本　十五册　存四種

330000－1701－0054121　普 951.0382/7438.013/c2　史部/紀傳類/別史之屬
南唐書十八卷　（宋）陸游撰　（清）湯運泰註　**南唐書音釋一卷**　（元）戚光輯　清道光二年(1822)青浦湯氏綠籖山房刻本　六册

330000－1701－0054122　普 814.087/6877　史部/政書類/邦交之屬
經濟彙編　（美國）哈門脱輯　清末石印本暨鉛印本　五册　存五種

330000－1701－0054123　GP14664　經部/儀禮類/分篇之屬
喪服表一卷殤服表一卷　（清）孔繼汾輯　清光緒三十年(1904)江陰季氏栩園刻本　一册

330000－1701－0054125　普 814.08924/3164/c2　集部/別集類/清別集
蓮漪文鈔八卷　（清）汪曰楨輯　清咸豐九年至同治二年(1859－1863)刻本　二册

330000－1701－0054126　普 915.1/6107/2/c3　史部/地理類/山川之屬/合志
山水二經合刻　清乾隆天都黄氏槐蔭草堂刻本　二册　存一種

330000－1701－0054127　GP06374　集部/別集類/清別集
芙蓉亭詩鈔八卷首一卷　（清）蔡榮名撰　清光緒十六年(1890)刻本　一册

330000－1701－0054128　普 951.0382/7438.013/c1　史部/紀傳類/別史之屬
南唐書十八卷　（宋）陸游撰　（清）湯運泰註　**南唐書音釋一卷**　（元）戚光輯　清道光二年(1822)青浦湯氏綠籖山房刻本　六册

330000－1701－0054130　GP06375　集部/別集類/清別集
燃藜閣詩鈔四卷首一卷　（清）蔡濤撰　清光緒七年(1881)刻本　一册

330000－1701－0054131　普 814.08924/3164/c3　集部/別集類/清別集

蓮漪文鈔八卷 (清)汪曰楨輯 清咸豐九年至同治二年(1859－1863)刻本 二册

330000－1701－0054132 普915.1/6107/3/c1 類叢部/叢書類/彙編之屬
水經山海經合刻二種 (清)項薩編 清康熙五十四年(1715)歙縣項氏羣玉書堂刻本 二册 存一種

330000－1701－0054133 GP14656 經部/春秋公羊傳類/傳說之屬
春秋公羊經傳解詁十二卷 (漢)何休撰 (唐)陸德明音義 **重刊宋紹熙公羊傳注附音本校記一卷** (清)魏彥撰 清道光四年(1824)揚州汪氏問禮堂影刻宋紹熙本同治二年(1863)印本 二册

330000－1701－0054134 普814.08999/7722 史部/傳記類/總傳之屬/家乘
[浙江紹興]後郇周氏淵源錄十三卷 (清)周源纂修 清道光十二年(1832)引碧齋刻本 四册

330000－1701－0054139 普814.08924/3164/2/c2 集部/別集類/清別集
蓮漪文鈔八卷 (清)汪曰楨輯 清咸豐九年至同治二年(1859－1863)刻本 二册

330000－1701－0054142 HJH5080 類叢部/叢書類/彙編之屬
武英殿聚珍版書一百四十八種 清乾隆四十二年(1777)福建刻道光至同治遞修光緒二十一年(1895)增刻本 五册 存一種

330000－1701－0054143 普323.2092/2541/2 史部/傳記類/總傳之屬/仕宦
歷代名臣言行錄二十四卷 (清)朱桓輯 清同治四年(1865)刻本 三十二册

330000－1701－0054144 普915.1/6107/3/c2 類叢部/叢書類/彙編之屬
水經山海經合刻二種 (清)項薩編 清康熙五十四年(1715)歙縣項氏羣玉書堂刻本 二册 存一種

330000－1701－0054146 普814.08924/3164/2/c3 集部/別集類/清別集
蓮漪文鈔八卷 (清)汪曰楨輯 清咸豐九年至同治二年(1859－1863)刻本 二册

330000－1701－0054147 GP14667 子部/藝術類/書畫之屬/書法書品
大瓢偶筆八卷鐵函齋書跋四卷 (清)楊賓撰 (清)楊霈輯 **大瓢所論碑帖纂列總目備覽一卷** (清)楊霈輯 清道光二十七年(1847)鐵嶺楊霈粵東糧道署刻本 清鈍盦跋 六册

330000－1701－0054148 HJH6423 集部/別集類/清別集
遲鴻軒詩續一卷文續一卷 (清)楊峴撰 清光緒十九年(1893)刻本 劉承幹題記 一册

330000－1701－0054150 普814.087/7110 集部/總集類/課藝之屬
詁經精舍文集十四卷 (清)阮元輯 清嘉慶六年(1801)揚州阮氏琅嬛僊館刻文選樓叢書本 章嶔題記 六册

330000－1701－0054151 普915.1/6107/4 子部/小說家類/異聞之屬
山海經十八卷 (晉)郭璞傳 清乾隆刻本 一册

330000－1701－0054152 普951.0385/3314 類叢部/叢書類/自著之屬
藤花亭十七種 (清)梁廷枏撰 清道光八年至十三年(1828－1833)刻本 十六册 存四種

330000－1701－0054154 普323.2092/2541/4/c1 史部/傳記類/總傳之屬/仕宦
歷代名臣言行錄二十四卷首一卷 (清)朱桓輯 清光緒三十年(1904)上海商務印書館鉛印本 八册

330000－1701－0054155 普814.087/7110/(2) 類叢部/叢書類/彙編之屬
文選樓叢書三十三種 (清)阮亨編 清嘉慶至道光阮元刻道光二十二年(1842)阮亨彙印本 三册 存一種

330000－1701－0054157 普814.08924/3246

集部/總集類

浙江考卷雅正集不分卷 (清)潘世恩輯 清嘉慶十年(1805)刻本 清尚桓題記 一册

330000－1701－0054158 普 814.08999/7722/1 集部/總集類/氏族之屬

海虞三陶先生集合刻三種 (清)楊沂孫輯 清光緒七年(1881)海虞楊同福貴池縣署刻本 八册

330000－1701－0054162 HJL4557 集部/總集類/彙編之屬

唐詩百名家全集 (清)席啓寓輯 清康熙四十一年(1702)洞庭席氏琴川書屋刻光緒八年(1882)重修本 六十四册

330000－1701－0054164 GP06378 集部/别集類/清别集

景文堂詩集十三卷 (清)戚學標撰 (清)王期煋等注釋 清嘉慶刻本 二册

330000－1701－0054165 GP14659 新學/算學/代數

代數菁華錄十六卷 (英國)傅蘭雅 (清)華蘅芳譯 清光緒二十三年(1897)上海書局石印本 四册

330000－1701－0054166 普 915.1/6107/5 子部/小説家類/異聞之屬

山海經十八卷 (晋)郭璞傳 清刻本 二册

330000－1701－0054169 普 951.0385/3314/(2) 類叢部/叢書類/自著之屬

藤花亭十七種 (清)梁廷枏撰 清道光八年至十三年(1828－1833)刻本 八册 存四種

330000－1701－0054170 普 814.08999/77221 類叢部/叢書類/家集之屬

五周先生集六種 冒廣生輯 清光緒二十二年(1896)如皋冒氏水繪盦刻冒氏叢書本 清程銘敬題記 一册

330000－1701－0054171 普 323.2092/2541/4/c2 史部/傳記類/總傳之屬/仕宦

歷代名臣言行錄二十四卷首一卷 (清)朱桓輯 清光緒三十年(1904)上海商務印書館鉛印本 八册

330000－1701－0054172 GP14669 類叢部/叢書類/家集之屬

傅氏續錄 (清)傅以禮編 清光緒演慎齋刻本 三册 存一種

330000－1701－0054174 GP06381 集部/别集類/清别集

珠邨草堂集一卷 (清)張千里撰 清道光十三年(1833)四明刻本 一册

330000－1701－0054175 普 323.2092/2541/5 史部/傳記類/總傳之屬/仕宦

歷代名臣言行錄二十四卷 (清)朱桓輯 清光緒十二年(1886)上海文瑞樓石印本 十六册

330000－1701－0054178 GP06383 集部/别集類/清别集

志壑堂詩集十二卷 (清)唐夢賚撰 清刻本 三册 存十卷(一至六、九至十二)

330000－1701－0054179 HJL6424 集部/别集類/清别集

遲鴻軒詩棄四卷文棄二卷 (清)楊峴撰 清光緒十一年至十三年(1885－1887)刻本 二册

330000－1701－0054180 普 915.1/6107/6/c1 類叢部/叢書類/彙編之屬

經訓堂叢書二十一種 (清)畢沅編 清乾隆至嘉慶鎮洋畢氏刻本 三册 存一種

330000－1701－0054182 GP14670 類叢部/叢書類/彙編之屬

榆園叢刻十五種附一種 (清)許增編 清同治至光緒刻本 一册 存一種

330000－1701－0054183 普 814.087/7110.02/c2 集部/總集類/課藝之屬

詁經精舍文續集八卷 (清)羅文俊輯 清道光二十二年(1842)刻本 四册

330000－1701－0054185 GP06384 史部/政

書類/邦計之屬/貿易
各國通商條約十六卷 （清）浙江通商洋務總局編 清光緒二十八年（1902）浙江官書局刻本 十冊

330000－1701－0054186 GP14661 子部/天文曆算類/天文之屬
天文歌略一卷 （清）葉瀾撰 清末刻本 一冊

330000－1701－0054187 普 951.0387/8303 史部/傳記類/別傳之屬
吳越錢氏志二十四卷首一卷 （清）錢文瀚輯 清嘉慶三年（1798）錢文瀚刻本 十五冊 缺一卷（二十）

330000－1701－0054188 GP06379 集部/別集類/清別集
雙佩齋詩集八卷文集四卷駢體文集一卷 （清）王友亮撰 **補梅書屋詩草一卷** （清）王麟生撰 清嘉慶刻本 四冊

330000－1701－0054190 GP14671 子部/藝術類/遊藝之屬/聯語
聖教集對一卷續集一卷 （清）鹿仙舊史（張炳堃）撰 清同治湖北崇文書局刻本 一冊

330000－1701－0054191 GP14662 史部/金石類/總志之屬/通考
獨笑齋金石攷略四卷 鄭業斅撰 清光緒十三年（1887）刻本 四冊

330000－1701－0054192 HJL6426 集部/別集類/清別集
隨安廬文集六卷詩集六卷補遺一卷畫意百絕一卷畫意續詠一卷贅翁吟草三卷 （清）亢樹滋撰 清光緒刻本 五冊

330000－1701－0054193 普 915.1/6107/6/c3 類叢部/叢書類/彙編之屬
經訓堂叢書二十一種 （清）畢沅編 清乾隆至嘉慶鎮洋畢氏刻本 三冊 存一種

330000－1701－0054194 HJL6153 類叢部/叢書類/自著之屬
庸庵全集十種 （清）薛福成撰 清光緒十年至二十四年（1884－1898）無錫薛氏刻本 四十八冊

330000－1701－0054195 普 814.087/7110.021 集部/總集類/課藝之屬
詁經精舍三集經解二卷辭賦三卷 （清）俞樾編 清同治六年（1867）刻本 二冊

330000－1701－0054196 普 814.08999/1137 集部/總集類/氏族之屬
張氏家傳詩文集一卷 （明）張光遠撰 清張鋐張鏵刻本 一冊

330000－1701－0054199 GP06385 集部/別集類/清別集
安雅堂全集七種 （清）宋琬撰 清順治至乾隆刻本 十五冊 存六種

330000－1701－0054200 普 951.0387/8326 史部/雜史類/斷代之屬
吳越備史四卷 題（宋）范坰 （宋）林禹撰
吳越備史補遺一卷雜考一卷 （明）錢受徵輯 清嘉慶九年（1804）刻本 二冊

330000－1701－0054203 普 951.0387/8326/2/c1 類叢部/叢書類/郡邑之屬
武林掌故叢編一百八十七種 （清）丁丙編 清光緒三年至二十六年（1877－1900）錢塘丁氏嘉惠堂刻本 二冊 存一種

330000－1701－0054204 HJL6349 類叢部/叢書類/自著之屬
謝程山先生全書十二種 （清）謝文洊撰 清道光三十年（1850）劉煜刻本 四十冊

330000－1701－0054205 普 951.0387/8326/2/c2 類叢部/叢書類/郡邑之屬
武林掌故叢編一百八十七種 （清）丁丙編 清光緒三年至二十六年（1877－1900）錢塘丁氏嘉惠堂刻本 二冊 存一種

330000－1701－0054206 HJL6425 集部/別集類/清別集
養拙居詩稿二十四卷文稿八卷尺牘十二卷 （清）張朝桂撰 清道光三十年（1850）刻本

二册　存八卷(文稿一至八)

330000－1701－0054207　普 814.08999/80101　集部/總集類/氏族之屬
先賢金忠潔閶齋兩先生集八卷　(清)金仁溥輯　清金氏禮耕堂木活字印本　五册

330000－1701－0054208　普 814.265/2874/2　集部/別集類/漢魏六朝別集
徐孝穆全集六卷　(南朝陳)徐陵撰　(清)吳兆宜箋注　**備考一卷**　(清)徐文炳撰　清光緒四年(1878)西齋別墅刻本　四册

330000－1701－0054210　普 814.087/7110.021/1　集部/總集類/課藝之屬
詁經精舍三集經解二卷辭賦三卷戊辰己巳庚午年官師課合刻六卷　(清)俞樾編　清同治六年至九年(1867－1870)刻本　六册

330000－1701－0054211　HJL6427　集部/別集類/清別集
駕雲螭室詩錄六卷　(清)周文禾撰　清光緒十四年(1888)宋道南滬上文藝齋刻本　一册

330000－1701－0054213　普 915.04/5245/c1　史部/紀傳類/正史之屬
二十四史　清同治至光緒五省官書局據汲古閣本等合刻光緒五年(1879)湖北書局彙印本　一百册　存一種

330000－1701－0054214　普 814.265/2874/3　集部/別集類/漢魏六朝別集
徐孝穆全集六卷　(南朝陳)徐陵撰　(清)吳兆宜箋注　**備考一卷**　(清)徐文炳撰　清善化經濟書堂刻本　六册

330000－1701－0054215　普 814.087/7110.022/c1　集部/總集類/課藝之屬
詁經精舍三集己巳年官師課合刻二卷　(清)俞樾編　清同治八年(1869)刻本　二册

330000－1701－0054217　GP06380　經部/易類/傳說之屬
周易遵述不分卷周易賸義不分卷　(清)蔣本撰　清道光十年(1830)檇李王氏信芳閣木活字印本　十六册

330000－1701－0054218　GP06386　集部/別集類/清別集
寄菴詩鈔二卷　(清)葛其龍撰　清光緒四年(1878)刻本　一册

330000－1701－0054221　普 814.08999/2590　集部/總集類/氏族之屬
金陵朱氏家集三十種　(清)朱緒曾輯　清道光二十年(1840)刻本　十册

330000－1701－0054222　普 915.1/7117/6(2)　類叢部/叢書類/彙編之屬
武英殿聚珍版書一百四十八種　清乾隆四十二年(1777)福建刻道光至同治遞修光緒二十一年(1895)增刻本　十二册　存一種

330000－1701－0054223　HJL6152　類叢部/叢書類/自著之屬
緣督廬遺書六種　(清)葉昌熾撰　清末至民國初遞刻本　二册　存一種

330000－1701－0054224　普 323.20922/1034　史部/傳記類/總傳之屬/仕宦
漢名臣言行錄十二卷　(清)夏之芳輯　清乾隆十七年(1752)積翠軒刻本　六册

330000－1701－0054225　HJL6428　集部/別集類/清別集
碧螺山館詩鈔六卷　(清)金蘭撰　清咸豐六年(1856)刻本　四册

330000－1701－0054226　普 814.087/7110.023　集部/總集類/課藝之屬
詁經精舍三集戊辰年官師課合刻二卷　(清)俞樾編　清同治七年(1868)刻本　二册

330000－1701－0054227　GP06387　類叢部/叢書類/自著之屬
徐位山先生六種　(清)徐文靖撰　清雍正至乾隆刻志寧堂彙印本　六册　存一種

330000－1701－0054229　普 814.265/2874/6　集部/別集類/漢魏六朝別集
徐孝穆全集六卷　(南朝陳)徐陵撰　(清)吳兆宜箋注　**備考一卷**　(清)徐文炳撰　清揚州藝古堂刻本　二册

330000－1701－0054230　GP06392　經部/春秋左傳類/傳說之屬

左傳經世鈔二十三卷　(清)魏禧評點　(清)彭家屏參訂　清乾隆十三年(1748)夏邑彭家屏刻本　十二册

330000－1701－0054231　普 814.087/7110.022/c2　集部/總集類/課藝之屬

詁經精舍三集已巳年官師課合刻二卷　(清)俞樾編　清同治八年(1869)刻本　二册

330000－1701－0054232　GP06388　集部/別集類/宋別集

栲栳山人詩集三卷　(元)岑安卿撰　(清)張廷枚重編　清乾隆四十七年(1782)羅山張氏寶墨齋刻本　一册

330000－1701－0054233　普 814.08924/3651/c1　集部/總集類/郡邑之屬

縉雲文徵二十卷補編一卷　(清)湯成烈編錄　清道光三十年(1850)刻本　八册

330000－1701－0054234　HJL6131　集部/別集類/清別集

樂道堂集十種　(清)奕訢撰　清咸豐至光緒刻本　六册　存二種

330000－1701－0054235　普 323.2092/2553.04　史部/傳記類/總傳之屬/仕宦

歷代名臣傳節錄三十卷　(清)蕭培元錄訂　(清)崇厚增輯　清同治九年(1870)完顏崇厚雲蔭堂刻本　十册

330000－1701－0054237　GP06389　集部/總集類/彙編之屬

元人集十種　(明)毛晉編　明崇禎十一年(1638)海虞毛氏汲古閣刻本　二册　存一種

330000－1701－0054238　普 814.087/7110.026　集部/總集類/課藝之屬

詁經精舍課藝六集十二卷　(清)俞樾編　清光緒十一年(1885)刻本　四册

330000－1701－0054239　普 814.08924/3651/c2　集部/總集類/郡邑之屬

縉雲文徵二十卷補編一卷　(清)湯成烈編錄　清光緒二年(1876)刻本　八册

330000－1701－0054240　普 915.04/5245/c2　史部/紀傳類/正史之屬

二十四史　清同治至光緒五省官書局據汲古閣本等合刻光緒五年(1879)湖北書局彙印本　一百册　存一種

330000－1701－0054241　普 814.08999/25901/c1　集部/總集類/氏族之屬

藤溪朱氏文略八卷　朱承業輯　清宣統三年(1911)刻本　四册

330000－1701－0054242　普 814.269/0020/c1　集部/別集類/漢魏六朝別集

庾子山集十六卷總釋一卷　(北周)庾信撰　(清)倪璠注　**庾子山[信]年譜一卷**　(清)倪璠撰　清康熙二十六年(1687)崇岫堂刻本　章嶔題簽　十二册

330000－1701－0054243　GP06390　類叢部/叢書類/彙編之屬

金峨山館叢書(望三益齋叢書)十一種　(清)郭傳璞編　清光緒八年至十六年(1882－1890)鄞郭氏刻二十年(1894)鎮海邵氏彙印本　四册　存一種

330000－1701－0054244　普 323.2092/2625　史部/傳記類/總傳之屬/通代

安危注四卷　(清)吴甡輯　清康熙吴氏刻本　六册

330000－1701－0054245　普 814.08999/8877　集部/總集類/氏族之屬

東浦集六卷首一卷　(明)管藍等撰　(清)管名簥輯　**醫俗軒遺稾一卷**　(清)管名簥撰　清光緒二十一年(1895)半耕堂木活字印本　一册

330000－1701－0054247　普 814.087/7110.027/c2　集部/總集類/課藝之屬

詁經精舍課藝七集十二卷　(清)俞樾編　清光緒二十一年(1895)刻本　四册

330000－1701－0054249　普 814.08999/25901/c2　集部/總集類/氏族之屬

藤溪朱氏文略八卷　朱承業輯　清宣統三年(1911)刻本　四冊

330000－1701－0054250　GP06391　集部/詞類/詞話之屬
詞苑萃編二十四卷　(清)馮金伯輯　清嘉慶十一年(1806)刻本　八冊

330000－1701－0054251　GP14675　史部/雜史類/斷代之屬
六合紀事四卷　(清)周長森撰　清同治十一年(1872)刻光緒十二年(1886)印本　一冊

330000－1701－0054252　HJL6132　集部/別集類/清別集
古餘薌閣集一卷　(清)慕昌溎撰　清宣統元年(1909)南皮張氏代興堂刻本　一冊

330000－1701－0054253　普915.1/6107.012/3/c1　子部/小說家類/異聞之屬
山海經箋疏十八卷圖讚一卷訂譌一卷敘錄一卷　(清)郝懿行撰　清光緒十二年(1886)上海還讀樓刻本　四冊

330000－1701－0054254　普814.269/0020/c3　集部/別集類/漢魏六朝別集
庾子山集十六卷總釋一卷　(北周)庾信撰　(清)倪璠注　庾子山[信]年譜一卷　(清)倪璠撰　清康熙二十六年(1687)崇岫堂刻本　十二冊

330000－1701－0054255　普814.087/7110.027/c3　集部/總集類/課藝之屬
詁經精舍課藝七集十二卷　(清)俞樾編　清光緒二十一年(1895)刻本　四冊

330000－1701－0054256　GP06393　集部/別集類/宋別集
宋王忠文公文集五十卷目錄四卷　(宋)王十朋撰　(清)唐傳鉎重編　梅溪王忠文公[十朋]年譜一卷　(清)徐炯文編　清雍正六年(1728)唐傳鉎刻厯就堂印本　十四冊

330000－1701－0054257　普814.08999/2643/2　類叢部/叢書類/家集之屬
吳氏一家稿十種　(清)吳清鵬輯　清咸豐五年(1855)錢塘吳氏刻本　十七冊　缺二卷(灌園居試帖、笏庵詩試帖)

330000－1701－0054258　普814.21/4428　類叢部/叢書類/郡邑之屬
畿輔叢書　(清)王灝編　清光緒五年至十八年(1879－1892)定州王氏謙德堂刻三十二年(1906)彙印本(元和郡縣圖志卷十九至二十、二十三至二十四、三十五至三十六)　一冊　存一種

330000－1701－0054260　普814.087/7110.028　集部/總集類/課藝之屬
詁經精舍課藝八集十二卷　(清)俞樾編　清光緒二十三年(1897)刻本　四冊

330000－1701－0054261　GP06394　集部/別集類/清別集
雅坪詩藁四十卷　(清)陸棻撰　清康熙四十七年(1708)陸奎勳傳經閣刻本　八冊

330000－1701－0054262　HJL6133　集部/別集類/清別集
小初詩稿十八卷　(清)王之藩撰　清同治元年(1862)刻光緒元年(1875)增修本　四冊

330000－1701－0054263　普915.1/6107.012/3/c2　子部/小說家類/異聞之屬
山海經箋疏十八卷圖讚一卷訂譌一卷敘錄一卷　(清)郝懿行撰　清光緒二十一年(1895)上海書局石印本[圖讚、訂譌配清光緒十七年(1891)上海仿古齋石印本]　六冊

330000－1701－0054264　普814.269/0020/4　集部/別集類/漢魏六朝別集
庾子山集十六卷總釋一卷　(北周)庾信撰　(清)倪璠注　庾子山[信]年譜一卷　(清)倪璠撰　清大文堂刻本　十二冊

330000－1701－0054265　普915.1/6107/8　子部/小說家類/異聞之屬
山海經十八卷　(晉)郭璞傳　清乾隆寶仁堂刻本　四冊

330000－1701－0054266　普814.21/5460/c1　集部/總集類/彙編之屬

漢魏六朝名家集初刻四十種　丁福保編　清宣統三年(1911)無錫丁氏鉛印本　一册　存一種

330000－1701－0054267　普 323.2094/2540　史部/傳記類/總傳之屬/仕宦

宋名臣言行錄前集十卷後集十四卷續集八卷別集二十六卷外集十七卷　(宋)□□輯　清道光元年(1821)歙縣洪氏績學堂刻二十二年(1842)丹徒包氏補版同治七年(1868)臨川桂氏重修印本　十二册

330000－1701－0054268　普 814.269/0020/5　集部/別集類/漢魏六朝別集

庾子山集十六卷總釋一卷　(北周)庾信撰　(清)倪璠注　**庾子山[信]年譜一卷**　(清)倪璠撰　清金閶書業堂刻本　六册

330000－1701－0054270　普 814.08924/4413　集部/總集類/郡邑之屬

甬東正氣集四卷　(清)董琅輯　清光緒七年(1881)董沛刻本　一册

330000－1701－0054272　普 814.21/5460/c2　集部/總集類/彙編之屬

漢魏六朝名家集初刻四十種　丁福保編　清宣統三年(1911)無錫丁氏鉛印本　一册　存一種

330000－1701－0054273　普 915.1/6107.012/3/c3　子部/小說家類/異聞之屬

山海經箋疏十八卷圖讚一卷訂譌一卷敘錄一卷　(清)郝懿行撰　清光緒十七年(1891)上海仿古齋石印本　一册　存三卷(圖贊、訂譌、敘錄)

330000－1701－0054274　普 814.269/0020/6/c2　集部/別集類/漢魏六朝別集

庾子山集十六卷總釋一卷　(北周)庾信撰　(清)倪璠注　**庾子山[信]年譜一卷**　(清)倪璠撰　清道光十九年(1839)同文堂刻本　十二册

330000－1701－0054275　普 915.04/5245/2　史部/紀傳類/正史之屬

二十四史附考證　清刻本　九十六册　存一種

330000－1701－0054278　普 814.269/0020/7/c2　集部/別集類/漢魏六朝別集

庾子山集十六卷總釋一卷　(北周)庾信撰　(清)倪璠注　**庾子山[信]年譜一卷**　(清)倪璠撰　清同治八年(1869)刻本　十二册

330000－1701－0054281　普 814.08924/4444/c1　類叢部/叢書類/彙編之屬

漸西村舍彙刊(漸西村舍叢刻)四十四種　(清)袁昶編　清光緒十六年至二十四年(1890－1898)桐廬袁氏刻本　二册　存一種

330000－1701－0054282　HJL6429　集部/別集類/清別集

獨慎齋詩鈔八卷　(清)梁承誥撰　清光緒九年(1883)刻本　二册

330000－1701－0054283　GP06395　類叢部/叢書類/彙編之屬

二老閣叢書四十二種　(清)鄭風編　清康熙至嘉慶刻本　一册　存一種

330000－1701－0054285　普 915.1/6107.01/c1　子部/叢編

子書百家　(清)崇文書局編　清光緒元年(1875)湖北崇文書局刻本　一册　存一種

330000－1701－0054287　GP14679　類叢部/叢書類/自著之屬

武陵山人遺書十種　(清)顧觀光撰　清光緒九年(1883)獨山莫祥芝上海刻本　八册

330000－1701－0054288　HJL6096　集部/別集類/清別集

鶴澗詩龕集八卷蕡波詞一卷　(清)萬釗撰　清光緒十九年(1893)刻本　二册

330000－1701－0054290　HJL6430　集部/別集類/清別集

思貽堂詩集十二卷續存八卷第三集四卷　(清)黃文琛撰　清咸豐元年至同治七年(1851－1868)刻本　六册

330000－1701－0054291　普 814.08924/4444/c2　類叢部/叢書類/彙編之屬

漸西村舍彙刊(漸西村舍叢刻)四十四種　(清)袁昶編　清光緒十六年至二十四年(1890－1898)桐廬袁氏刻本　二册　存一種

330000－1701－0054292　普 814.08999/2792　類叢部/叢書類/彙編之屬

雲自在龕叢書五集十九種　繆荃孫輯　清光緒江陰繆氏刻本　四册　存一種

330000－1701－0054293　普 915.1/6107.01/c2　子部/叢編

子書百家　(清)崇文書局編　清光緒元年(1875)湖北崇文書局刻本　一册　存一種

330000－1701－0054294　普 814.3/3413/c1　類叢部/叢書類/彙編之屬

觀古堂彙刻書　葉德輝編　清光緒至民國長沙葉氏刻本　二册　存一種

330000－1701－0054295　普 814.23/4422/c1　集部/别集類/漢魏六朝别集

蔡中郎集六卷補遺一卷　(漢)蔡邕撰　(清)劉嗣奇校增　清康熙三十四年(1695)莘野劉嗣奇耆英堂刻四十八年(1709)後印本　四册

330000－1701－0054296　GP14683　集部/别集類/清别集

三奇遊草一卷　(清)王陽開撰　清乾隆四十二年(1777)刻本　一册

330000－1701－0054297　普 915.1/6107.01/c3　子部/叢編

子書百家　(清)崇文書局編　清光緒元年(1875)湖北崇文書局刻本　一册　存一種

330000－1701－0054298　HJL6095　集部/别集類/清别集

石船居古今體詩賸稿十六卷　(清)李超瓊撰　清光緒刻本　四册

330000－1701－0054300　普 915.1/6107.014/c1　子部/小説家類/異聞之屬

山海經廣注十八卷　(清)吴任臣撰　清乾隆刻本　四册

330000－1701－0054301　普 915.1/6107.014/c2　子部/小説家類/異聞之屬

山海經廣注十八卷讀山海經語一卷山海經雜述一卷圖五卷　(清)吴任臣撰　清乾隆五十一年(1786)金閶書業堂刻本　六册

330000－1701－0054302　HJL6097　類叢部/叢書類/彙編之屬

漸西村舍彙刊(漸西村舍叢刻)四十四種　(清)袁昶編　清光緒十六年至二十四年(1890－1898)桐廬袁氏刻本　六册　存三種

330000－1701－0054303　普 814.08999/4010　集部/總集類/氏族之屬

查氏文鈔四卷　(清)查世佑輯　清道光七年(1827)刻本　四册

330000－1701－0054304　普 814.23/4422/c3　集部/别集類/漢魏六朝别集

蔡中郎集六卷補遺一卷　(漢)蔡邕撰　(清)劉嗣奇校增　清康熙三十四年(1695)莘野劉嗣奇耆英堂刻本　二册

330000－1701－0054305　HJL6432　集部/别集類/清别集

止所齋古文偶鈔八卷　(清)辜湰撰　清光緒二十四年(1898)刻本　四册

330000－1701－0054306　GP06404　集部/别集類/清别集

韞山詩稿九卷　(清)朱鳳森撰　清道光刻本　二册

330000－1701－0054307　HJL6433　集部/别集類/清别集

柈湖文錄八卷首一卷詩錄六卷首一卷釣者風一卷　(清)吴敏樹撰　清同治八年(1869)長沙刻本　八册

330000－1701－0054308　GP06405　集部/别集類/清别集

竹初詩鈔十六卷　(清)錢維喬撰　(清)錢中釴　(清)錢伯坰編次　清嘉慶十三年(1808)刻本　五册

330000－1701－0054310　GP06409　集部/别

集類/清別集
山礬書屋詩二集九卷 (清)郭鳳撰 清道光三年(1823)刻本 二冊

330000－1701－0054311 普814.23/4422/(2) 集部/別集類/漢魏六朝別集
蔡中郎集六卷補遺一卷 (漢)蔡邕撰 (清)劉嗣奇校增 清康熙三十四年(1695)莘野劉嗣奇耆英堂刻四十八年(1709)後印本 五冊

330000－1701－0054313 GP14692 經部/儀禮類/傳說之屬
儀禮十七卷 (漢)鄭玄注 (唐)陸德明音義 **附校錄一卷續校一卷** (清)黃丕烈撰 清同治九年(1870)楚北崇文書局刻本 二冊

330000－1701－0054314 GP14685 類叢部/叢書類/彙編之屬
崇文書局彙刻書三十一種 (清)崇文書局編 清光緒元年至三年(1875－1877)湖北崇文書局刻本 二冊 存一種

330000－1701－0054315 GP06406 集部/別集類/清別集
蘭玉堂詩集十二卷詩續集十一卷 (清)張雲錦撰 清乾隆刻本 四冊

330000－1701－0054316 HJL6434 集部/別集類/清別集
求是山房遺集四卷 (清)鄂恒撰 清光緒十年(1884)刻本 二冊

330000－1701－0054317 HJL6146 集部/別集類/清別集
劉葆真太史遺稾二卷 (清)劉可毅撰 清宣統二年(1910)刻本 一冊

330000－1701－0054318 普915.1/6107.07 類叢部/叢書類/彙編之屬
經訓堂叢書二十一種 (清)畢沅編 清乾隆至嘉慶鎮洋畢氏刻本 四冊 存一種

330000－1701－0054319 GP06396 集部/別集類/清別集
家園草一卷 (清)謝閶祚撰 清乾隆刻本 一冊

330000－1701－0054320 普814.3/3413/c3 類叢部/叢書類/彙編之屬
觀古堂彙刻書 葉德輝編 清光緒至民國長沙葉氏刻本 二冊 存一種

330000－1701－0054321 HJL6435 集部/別集類/清別集
佩蘅詩鈔八卷 (清)寶鋆撰 清咸豐九年(1859)刻本 四冊

330000－1701－0054322 HJL6147 集部/別集類/清別集
守默齋詩稿一卷雜著三卷 (清)何應祺撰 清光緒三十二年(1906)羊城刻本 四冊

330000－1701－0054323 普814.23/4422.2/c1 類叢部/叢書類/彙編之屬
十萬卷樓叢書五十一種 (清)陸心源編 清光緒歸安陸氏刻本(歲時廣記卷六原缺) 二冊 存一種

330000－1701－0054324 GP14693 子部/叢編
子書百家 (清)崇文書局編 清光緒元年(1875)湖北崇文書局刻民國元年(1912)鄂官書處重印本 二冊 存一種

330000－1701－0054325 普814.08924/4457/c1 類叢部/叢書類/郡邑之屬
台州叢書(名山堂叢書)九種 (清)宋世犖編 清嘉慶至道光臨海宋氏刻本 三冊 存一種

330000－1701－0054327 GP06397 集部/別集類/清別集
虞州集十六卷 (清)陳奕禧撰 清康熙陳世泰刻本 五冊

330000－1701－0054328 HJL6148 集部/別集類/清別集
蘇鄰遺詩二卷 (清)李鴻裔撰 清光緒十四年(1888)遵義黎氏日本刻本 一冊

330000－1701－0054329 普915.1/6107.07/c1 子部/叢編
二十二子(二十二子彙函) (清)浙江書局編

清光緒元年至三年(1875－1877)浙江書局刻本　三冊　存一種

330000－1701－0054330　普 915.1/6107.07/c2　子部/叢編

二十二子(二十二子彙函)　(清)浙江書局編　清光緒元年至三年(1875－1877)浙江書局刻本　三冊　存一種

330000－1701－0054331　普 817.3/4007/(4)/c2　集部/别集類/唐五代别集

李義山文集十卷　(唐)李商隱撰　(清)徐樹穀箋　(清)徐炯注　清康熙四十七年(1708)崑山徐氏花谿草堂刻本　十冊

330000－1701－0054336　普 915.1/6107.012/c1　類叢部/叢書類/自著之屬

郝氏遺書三十三種　(清)郝懿行撰　清嘉慶至光緒刻彙印本　四冊　存一種

330000－1701－0054337　普 814.08924/4457/c2　類叢部/叢書類/郡邑之屬

台州叢書(名山堂叢書)九種　(清)宋世犖編　清嘉慶至道光臨海宋氏刻本　三冊　存一種

330000－1701－0054339　HJL6436　類叢部/叢書類/自著之屬

何文貞公遺書三種　(清)何桂珍撰　清光緒十年(1884)六安涂氏求我齋刻本　二冊　存二種

330000－1701－0054340　普 814.23/4422.2/c2　集部/别集類/漢魏六朝别集

蔡中郎集六卷　(漢)蔡邕撰　清初刻本　二冊

330000－1701－0054341　HJL6150　集部/别集類/清别集

鮚埼亭詩集十卷　(清)全祖望撰　清光緒十六年(1890)慈谿童氏大鄮山館刻本　四冊

330000－1701－0054342　GP06399　集部/别集類/清别集

棄餘詩草六卷　(清)張廷枚撰　清乾隆六十年(1795)寶墨齋刻本　一冊　存一卷(一)

330000－1701－0054344　GP06407　集部/别集類/清别集

八指頭陀詩集十卷補遺一卷述一卷詞一卷雜文一卷　釋敬安撰　清光緒十四年(1888)義寧陳三立刻二十四年(1898)湘潭葉德輝續刻本　二冊

330000－1701－0054345　GP14696　集部/總集類/選集之屬/斷代

國朝古文正的五卷　(清)楊彝珍纂輯　**遜學齋文鈔一卷**　(清)孫衣言撰　**移芝室古文一卷**　(清)楊彝珍撰　清光緒六年(1880)獨山莫氏鉛印本　莫棠跋　六冊

330000－1701－0054346　HJH6144　類叢部/叢書類/彙編之屬

刻鵠齋叢書十六種　(清)胡念修編　清光緒二十三年至二十七年(1897－1901)刻鵠齋刻本　四冊　存一種

330000－1701－0054347　普 814.08999/4090　集部/總集類/氏族之屬

奏雅世業十卷　(明)來日升　(清)來集之　(明)來燕雯撰　清順治來氏倘湖小築刻本　四冊　缺一卷(元成論)

330000－1701－0054348　GP14688　子部/雜著類/雜説之屬

媿生叢錄二卷附先妻趙孺人事述一卷　李詳撰　清宣統元年(1909)江寧刻本　一冊

330000－1701－0054349　HJL6437　集部/别集類/清别集

雪蕉館排律二卷　(清)福振撰　清光緒十一年(1885)刻本　二冊

330000－1701－0054350　HJL6145　集部/别集類/清别集

出山草譜八卷　(清)湯肇熙撰　清光緒十年(1884)昆陽縣署刻本　六冊

330000－1701－0054352　普 323.20924/2540/2　史部/傳記類/總傳之屬/仕宦

宋名臣言行錄前集十卷後集十四卷續集八卷别集二十六卷外集十七卷　(宋)□□輯　清

道光元年(1821)歙縣洪氏績學堂刻二十二年(1842)丹徒包氏補版同治七年(1868)臨川桂氏重修印本　十二册

330000－1701－0054353　GP06400　集部/別集類/清別集

睡香花室詩鈔一卷　(清)汪紉蘭撰　清刻本　一册

330000－1701－0054354　普 814.3/4007/4　集部/別集類/唐五代別集

樊南文集詳註八卷　(唐)李商隱撰　(清)馮浩注　清乾隆四十五年(1780)馮氏德聚堂刻本　四册

330000－1701－0054355　普 814.08924/4480　集部/總集類/氏族之屬

四明黄氏一家稿七十卷首一卷附録一卷　(清)黄家鼎輯　清光緒十八年(1892)補不足齋刻本　一册　存十卷(首、一至八、附録)

330000－1701－0054356　普 915.1/6107.012/c2　類叢部/叢書類/自著之屬

郝氏遺書三十三種　(清)郝懿行撰　清嘉慶至光緒刻彙印本　四册　存一種

330000－1701－0054357　普 814.3/0147　集部/別集類/唐五代別集

顔魯公文集十五卷補遺一卷附録一卷　(唐)顔真卿撰　**顔魯公文集年譜一卷**　(宋)留元剛編　清嘉慶七年(1802)顔崇槼刻本　二册

330000－1701－0054359　普 814.08924/4748/c2　集部/總集類/課藝之屬

敬修堂詞賦課鈔十六卷附金臺課藝一卷　(清)胡敬輯　清同治十一年(1872)山陰俞氏刻本　六册

330000－1701－0054360　GP06401　集部/別集類/清別集

懷人詩草一卷　(清)羅以智撰　清刻本　一册

330000－1701－0054363　GP06402　集部/別集類/清別集

懷人詩草一卷　(清)羅以智撰　清刻本　一册

330000－1701－0054364　普 915.1/6107.012/2/c1　子部/小説家類/異聞之屬

山海經箋疏十八卷圖讚一卷訂譌一卷敘録一卷　(清)郝懿行撰　清光緒七年(1881)刻本　四册

330000－1701－0054365　GP06410　集部/別集類/清別集

研雲堂詩六卷續集六卷　(清)錢以塏撰　清嘉慶十七年(1812)魏塘錢氏刻本　四册

330000－1701－0054366　普 814.3/4007.2/c2　類叢部/叢書類/彙編之屬

望三益齋叢書十八種　(清)吴棠編　清咸豐至光緒吴氏望三益齋刻本　四册　存一種

330000－1701－0054368　GP14690　集部/別集類/清別集

海門經義一卷　(清)李符清撰　清乾隆五十九年(1794)石松齋刻本　一册

330000－1701－0054370　GP06413　子部/醫家類/傷寒金匱之屬/傷寒論

醫效秘傳三卷　(清)葉桂撰　清道光十一年(1831)吴氏貯春仙館刻本　姚宣甫題記　三册

330000－1701－0054371　GP06403　集部/別集類/明別集

方正學先生遜志齋集二十四卷拾補一卷　(明)方孝孺撰　(明)張紹謙纂定　**方正學先生遜志齋集外紀一卷**　(明)張紹謙纂定　明崇禎十六年(1643)張紹謙刻清康熙三十七年至四十四年(1698－1705)俞化鵬重修本　十二册

330000－1701－0054372　GP14691　集部/別集類/清別集

海門文鈔不分卷詩鈔十三卷　(清)李符清撰　清嘉慶三年(1798)鏡古堂刻本　三册

330000－1701－0054374　普 814.08924/7522　集部/總集類/選集之屬/斷代

蕢洲聞詠集三卷　(清)陳鑾輯　清嘉慶十七

年(1812)刻本　二冊

330000－1701－0054375　普 915.1/6107.012/2/c2　子部/小說家類/異聞之屬
山海經箋疏十八卷圖讚一卷訂譌一卷敘錄一卷　(清)郝懿行撰　清光緒七年(1881)刻本　四冊

330000－1701－0054376　普 814.3/4007.2/(2)　類叢部/叢書類/彙編之屬
望三益齋叢書十八種　(清)吳棠編　清咸豐至光緒吳氏望三益齋刻本　四冊　存一種

330000－1701－0054377　普 915.1/6107.07/3　子部/小說家類/異聞之屬
山海經十八卷圖五卷　(晉)郭璞傳　(清)畢沅校正　清光緒十六年(1890)學庫山房刻本　六冊

330000－1701－0054378　GP06412　集部/別集類/清別集
拗堂詩集八卷　(清)景星杓撰　清乾隆七年(1742)刻本　一冊

330000－1701－0054379　普 814.08999/4385　類叢部/叢書類/家集之屬
丹徒戴氏叢刻七種　(清)戴肇辰編　清同治至光緒刻本　六冊　存一種

330000－1701－0054380　普 814.08924/7535　集部/總集類/郡邑之屬
東甌先正文錄十二卷栝蒼先正文錄三卷補遺一卷　(清)陳遇春輯　清道光十四年(1834)刻本　十六冊

330000－1701－0054381　普 814.3/1020/c2　集部/別集類/唐五代別集
王右丞集二十八卷首一卷末一卷　(唐)王維撰　(清)趙殿成箋注　清乾隆刻本　八冊

330000－1701－0054383　普 915.1/6340/c1　類叢部/叢書類/郡邑之屬
台州叢書續編十三種　(清)王棻等編　清光緒王棻等刻本　八冊　存一種

330000－1701－0054385　普 915.1/6107.07/4　子部/小說家類/異聞之屬
山海經十八卷圖五卷　(晉)郭璞傳　(清)畢沅校正　清光緒二十三年(1897)文瑞樓鉛印本　四冊

330000－1701－0054386　GP06414　集部/別集類/清別集
邵子湘全集三十卷　(清)邵長蘅撰　清康熙三十二年至三十八年(1693－1699)宋犖青門艸堂刻本　十冊

330000－1701－0054387　普 915.1/6107.07/5　子部/小說家類/異聞之屬
山海經十八卷圖五卷　(晉)郭璞傳　(清)畢沅校正　清光緒十四年(1888)掃葉山房刻朱墨套印本　四冊

330000－1701－0054388　普 814.08999/4385/(2)　類叢部/叢書類/家集之屬
丹徒戴氏叢刻七種　(清)戴肇辰編　清同治至光緒刻本　十冊　存一種

330000－1701－0054389　普 915.1/6340/c2　類叢部/叢書類/郡邑之屬
台州叢書續編十三種　(清)王棻等編　清光緒王棻等刻本　八冊　存一種

330000－1701－0054390　GP14699　史部/傳記類/日記之屬
日遊瑣識一卷(清光緒三十年五月二十八日至八月二十三日)　李寶淦撰　清光緒三十二年(1906)鉛印本　一冊

330000－1701－0054392　普 814.3/1020/c3　集部/別集類/唐五代別集
王右丞集二十八卷首一卷末一卷　(唐)王維撰　(清)趙殿成箋注　清乾隆刻本　十冊

330000－1701－0054393　普 915.1/6107.2/c1　子部/叢編
子書百家　(清)崇文書局編　清光緒元年(1875)湖北崇文書局刻本　一冊　存一種

330000－1701－0054394　普 814.23/4422.3/(2)　集部/別集類/漢魏六朝別集
蔡中郎集十卷末一卷外紀一卷外集四卷

（漢）蔡邕撰　清光緒十六年（1890）番禺陶氏愛廬刻本　二冊

330000－1701－0054395　GP14700　史部/傳記類/日記之屬
丁未年浙江警察日記不分卷　（清）王廷樑撰　清光緒三十四年（1908）鉛印本　一冊

330000－1701－0054396　普 814.08999/4410　集部/總集類/氏族之屬
東浦集六卷首一卷　（明）管藍等撰　（清）管名簥輯　**醫俗軒遺槀一卷**　（清）管名簥撰　清光緒二十一年（1895）半耕堂木活字印本　二冊

330000－1701－0054397　普 915.1/6107.2/c2　子部/叢編
子書百家　（清）崇文書局編　清光緒元年（1875）湖北崇文書局刻本　一冊　存一種

330000－1701－0054399　普 814.3/1020/（2）　集部/别集類/唐五代别集
王右丞集二十八卷首一卷末一卷　（唐）王維撰　（清）趙殿成箋注　清乾隆刻本　十二冊

330000－1701－0054400　普 814.24/0440.2　集部/别集類/漢魏六朝别集
漢丞相諸葛忠武侯集二十二卷　（三國魏）諸葛亮撰　（明）諸葛羲基編　清乾隆十三年（1748）刻本　六冊

330000－1701－0054402　GP14702　子部/天文曆算類/算書之屬
微積集證四卷　（清）林傳甲撰　清光緒二十六年（1900）長沙督學使署刻本　一冊

330000－1701－0054405　HJL6099　集部/别集類/清别集
湘麋閣遺詩四卷蘭當詞二卷　（清）陶方琦撰　清光緒十六年（1890）鄂局刻本　二冊

330000－1701－0054406　HJL6100　集部/别集類/清别集
筱帆詩集二卷　（清）徐大昌撰　清光緒二十五年（1899）武昌刻本　一冊

330000－1701－0054407　HJL6101　集部/别集類/清别集
春柳堂詩稿三卷　（清）張宜泉撰　清光緒十五年（1889）刻本　一冊

330000－1701－0054408　普 915.1/6340/（2）　類叢部/叢書類/郡邑之屬
台州叢書續編十三種　（清）王棻等編　清光緒王棻等刻本　十冊　存一種

330000－1701－0054409　普 915.1/4628.01/3/c2　史部/地理類/遊記之屬/紀勝
徐霞客遊記十卷　（明）徐弘祖撰　（明）李寄輯　（明）季夢良編　**外編一卷**　（清）徐鎮輯　**補編一卷**　（清）葉廷甲輯　清光緒七年（1881）瘦影山房木活字印本　十九冊

330000－1701－0054411　普 323.20925/4412　史部/傳記類/總傳之屬/斷代
元朝名臣事略十五卷　（元）蘇天爵撰　清光緒五年（1879）定州王氏謙德堂刻畿輔叢書本　章嶔題記　四冊

330000－1701－0054413　HJL6102　集部/别集類/清别集
希古堂文甲集二卷乙集六卷　（清）譚宗浚撰　清光緒十六年（1890）羊城刻本　四冊

330000－1701－0054415　普 323.20925/4412/2　類叢部/叢書類/彙編之屬
武英殿聚珍版書一百四十八種　清乾隆四十二年（1777）福建刻道光至同治遞修光緒二十一年（1895）增刻本　五冊　存一種

330000－1701－0054416　GP14704　子部/醫家類/方書之屬/成方藥目
萬承志堂丸散膏丹全集不分卷　（清）萬承志堂編　清光緒十一年（1885）杭州萬承志堂刻本　一冊

330000－1701－0054417　普 915.1/6147/c1　史部/地理類/總志之屬
圖史提綱三卷　（清）胡宣慶編　清同治九年（1870）星沙胡氏松桂園刻道生書坊印本　一冊

330000－1701－0054418　普 915.1/6147/c2　史部/地理類/總志之屬

圖史提綱三卷　(清)胡宣慶編　清光緒十七年(1891)長沙胡氏刻本　一冊

330000－1701－0054419　普 915.1/6466/c1　類叢部/叢書類/自著之屬

夢紅豆村全集　(清)黄大華撰　清光緒至民國刻本暨鉛印本　一冊　存一種

330000－1701－0054420　普 915.1/6147/c3　史部/地理類/總志之屬

圖史提綱三卷　(清)胡宣慶編　清光緒十七年(1891)長沙胡氏刻本　一冊

330000－1701－0054421　普 814.08924/7741　集部/總集類

障海迴瀾集三卷　(清)陶式玉撰　清康熙刻本　一冊

330000－1701－0054422　HJL6103　類叢部/叢書類/自著之屬

壺奩類稿五種　(清)胡念修撰　清光緒刻彙印本　八冊　存三種

330000－1701－0054423　GP14705　子部/醫家類/方書之屬/成方藥目

萬承志堂丸散膏丹全集不分卷　(清)萬承志堂編　清光緒十一年(1885)杭州萬承志堂刻本　一冊

330000－1701－0054424　普 915.1/6444/c2　類叢部/叢書類/自著之屬

夢紅豆村全集　(清)黄大華撰　清光緒至民國刻本暨鉛印本　一冊　存一種

330000－1701－0054425　普 814.08924/8020　集部/總集類/郡邑之屬

慈谿文徵　清光緒十八年(1892)赭山楊氏經畬塾刻本　一冊　存二種

330000－1701－0054426　普 814.3/4007.3/c3　集部/別集類/唐五代別集

樊南文集詳註八卷　(唐)李商隱撰　(清)馮浩注　清乾隆四十五年(1780)馮氏德聚堂刻同治七年(1868)桐鄉馮寶圻重修醉六堂印本　章嶔題記　四冊

330000－1701－0054427　GP06415　集部/別集類/清別集

心吾子詩鈔十卷　(清)程尚濂撰　清嘉慶二年(1797)刻本　五冊

330000－1701－0054428　HJL5107　類叢部/叢書類/自著之屬

養雲山莊遺稿三種　(清)劉瑞芬撰　清光緒十九年至二十二年(1893－1896)劉世璋刻本　四冊　存一種

330000－1701－0054429　普 915.1/6444/c3　類叢部/叢書類/自著之屬

夢紅豆村全集　(清)黄大華撰　清光緒至民國刻本暨鉛印本　一冊　存一種

330000－1701－0054431　普 814.3/4007.3/c4　集部/別集類/唐五代別集

樊南文集詳註八卷　(唐)李商隱撰　(清)馮浩注　清乾隆四十五年(1780)馮氏德聚堂刻同治七年(1868)桐鄉馮寶圻重修本　四冊

330000－1701－0054433　GP06417　史部/傳記類/總傳之屬/列女

善女人傳二卷　(清)彭際清撰　清同治十一年(1872)常熟刻本　一冊

330000－1701－0054436　普 915.1/7100/2/c1　史部/地理類/山川之屬/水志

水道提綱二十八卷　(清)齊召南撰　清光緒四年(1878)津門徐士鑾霞城精舍刻本　八冊

330000－1701－0054437　GP06416　集部/總集類/郡邑之屬

東甌詩存四十卷　(清)曾唯輯　清乾隆五十五年(1790)刻本　十四冊

330000－1701－0054438　普 814.24/0440.2/2　子部/宗教類/道教之屬/道藏

道藏輯要　(清)蔣予蒲輯　清嘉慶刻本　十二冊　存一種

330000－1701－0054439　普 814.3/4023　集部/別集類/唐五代別集

李衛公文集二十卷別集十卷外集四卷補遺一卷　(唐)李德裕撰　清光緒十六年(1890)常慊慊齋刻本　六冊

330000－1701－0054440　GP14724　子部/法家類

韓非子集解二十卷首一卷　(清)王先慎撰　清光緒二十二年(1896)刻本　六冊

330000－1701－0054441　HJL6438　類叢部/叢書類/自著之屬

李忠武公遺書五卷　(清)李續賓撰　清光緒十七年(1891)李光久甌江巡署刻本　四冊

330000－1701－0054442　HJL6104　類叢部/叢書類/彙編之屬

漸西村舍彙刊(漸西村舍叢刻)四十四種　(清)袁昶編　清光緒十六年至二十四年(1890－1898)桐廬袁氏刻本　四冊　存一種

330000－1701－0054443　普814.08999/4411　類叢部/叢書類/家集之屬

雙雲堂傳集七種　(清)范□編　清光緒十年至十七年(1884－1891)甬上范氏刻本　八冊　存四種

330000－1701－0054444　普323.20927/1099　類叢部/叢書類/彙編之屬

津河廣仁堂叢書八十四種　(清)□□編　清光緒津河廣仁堂刻本　六冊　存一種

330000－1701－0054446　GP06418　史部/傳記類/總傳之屬/列女

善女人傳二卷　(清)彭際清撰　清同治十一年(1872)常熟刻本　一冊

330000－1701－0054447　HJL6105　集部/別集類/清別集

玉屏山館詩草四卷　(清)彭祖潤撰　清光緒十三年(1887)刻本　四冊

330000－1701－0054449　普814.3/4026/c1　集部/別集類/唐五代別集

李太白文集三十六卷　(唐)李白撰　(清)王琦輯注　清乾隆寶笏樓刻二十五年(1760)增刻本　十四冊

330000－1701－0054450　普323.20927/2504　史部/傳記類/總傳之屬

從政觀法錄三十卷　(清)朱方增撰　清道光十年(1830)刻本　八冊

330000－1701－0054451　HJL6171　類叢部/叢書類/自著之屬

大鶴山房全書十種　鄭文焯撰　清光緒至民國刻民國九年(1920)蘇州交通圖書館彙印本　八冊

330000－1701－0054452　普814.08953/4480/2　類叢部/叢書類/彙編之屬

敦煌石室遺書十三種　羅振玉等編　清宣統元年(1909)誦芬室鉛印本　一冊　存一種

330000－1701－0054453　GP14737　子部/儒家類/儒學之屬/家訓

湖南善化黃氏義莊條規不分卷附范文正公事實一則　(清)黃仁濟編訂　清光緒二十三年(1897)刻本　一冊

330000－1701－0054455　普915.1/7100/c1　史部/地理類/山川之屬/水志

水道提綱二十八卷　(清)齊召南撰　清乾隆四十年至四十一年(1775－1776)浦江戴殿海刻本　八冊

330000－1701－0054457　普915.1/7100/c3　史部/地理類/山川之屬/水志

水道提綱二十八卷　(清)齊召南撰　清乾隆四十年至四十一年(1775－1776)浦江戴殿海刻本　八冊

330000－1701－0054459　普814.3/4026/c2　集部/別集類/唐五代別集

李太白文集三十六卷　(唐)李白撰　(清)王琦輯注　清乾隆寶笏樓刻二十五年(1760)增刻本　十二冊　缺四卷(三十三至三十六)

330000－1701－0054460　普915.1/7100/c2　史部/地理類/山川之屬/水志

水道提綱二十八卷　(清)齊召南撰　清光緒四年(1878)津門徐士鑾霞城精舍刻本　劉景山題記　八冊

330000－1701－0054462　普 915.1/7100/2/c3　史部/地理類/山川之屬/水志

水道提綱二十八卷　(清)齊召南撰　清光緒四年(1878)津門徐士鑾霞城精舍刻本　八冊

330000－1701－0054466　普 814.08971/0103/c2　集部/總集類/郡邑之屬

蜀秀集九卷　(清)譚宗浚輯　清光緒五年(1879)成都試院刻本　八冊

330000－1701－0054467　GP14739　子部/雜著類/雜說之屬

定香亭筆談四卷　(清)阮元撰　清光緒二十五年(1899)浙江書局刻本　八冊

330000－1701－0054468　普 915.1/7100/3　史部/地理類/山川之屬/水志

水道提綱二十八卷天度刊誤一卷　(清)齊召南撰　清光緒二十四年(1898)新化三味書室刻本　八冊

330000－1701－0054469　HJL6440　集部/別集類/清別集

楓南山館遺集七卷末一卷　(清)莊受祺撰　(清)莊怡孫輯　**維摩室遺訓四卷**　(清)莊受祺撰　(清)莊怡孫分類摘錄　莊鍾濟編　清光緒元年(1875)、民國二年(1913)莊氏刻本　四冊

330000－1701－0054474　GP14729　類叢部/叢書類/彙編之屬

萬園叢書十一種　(清)平步青編　清同治至光緒山陰平氏安越堂刻本　一冊　存一種

330000－1701－0054476　GP06419　史部/政書類/邦計之屬/荒政

得一錄十六卷　(清)余治輯　清同治十一年(1872)汴省刻本　八冊

330000－1701－0054477　普 814.24/0440.3/2　類叢部/叢書類/自著之屬

諸葛忠武侯全集五種　(三國蜀)諸葛亮撰　(清)張澍輯　清同治元年(1862)聚珍齋木活字印本　八冊

330000－1701－0054478　普 915.1/7117/2(2)　史部/地理類/山川之屬/水志

水經注不分卷　(北魏)酈道元撰　(清)戴震校訂　清乾隆刻本　六冊

330000－1701－0054479　普 814.3/1044　集部/總集類/彙編之屬

初唐四傑集　(清)項家達編　清乾隆四十六年(1781)星渚項氏刻本　五冊　存一種

330000－1701－0054481　GP14741　集部/別集類/明別集

溪園詩稿九卷遺稿五卷梅花百詠一卷　(明)駱象賢撰　清嘉慶十年(1805)木活字印本　一冊　存九卷(詩稿一至九)

330000－1701－0054483　GP14730　子部/藝術類/遊藝之屬/聯語

天香書院精訂四時塾對新編一卷　(清)胡文祥撰　清天香書院刻本　一冊

330000－1701－0054484　普 814.3/1044.2/c1　集部/別集類/唐五代別集

王子安集註二十卷首一卷末一卷　(唐)王勃撰　(清)蔣清翊注　清光緒九年(1883)吳縣蔣氏雙唐碑館刻本　章鈺題簽　六冊

330000－1701－0054485　普 323.20927/3027　史部/傳記類/職官録之屬/總録

安徽同官錄四卷　清光緒三十四年(1908)安徽藩經歷司鉛印本　四冊

330000－1701－0054486　HJL6441　集部/別集類/清別集

半行庵詩存稿八卷　(清)貝青喬撰　(清)葉廷琯輯　清同治五年(1866)葉廷琯等刻本　二冊

330000－1701－0054487　普 915.4/7439　史部/地理類/外紀之屬

陸澄溪赴印考察記一卷(清光緒三十一年四月初九至八月二十七日)附錫蘭印度茶書稿一卷　陸澄溪撰　清宣統元年(1909)油印本　二冊

330000－1701－0054488　普 814.3/1044.2/c2　集部/別集類/唐五代別集

王子安集註二十卷首一卷末一卷 （唐）王勃撰 （清）蔣清翊注 清光緒九年（1883）吳縣蔣氏雙唐碑館刻本 六冊

330000－1701－0054489 GP14742 子部/叢編

子書百家 （清）崇文書局編 清光緒元年（1875）湖北崇文書局刻本 一冊 存一種

330000－1701－0054490 GP14731 史部/地理類/遊記之屬/紀行

越南游歷記一卷 （清）嚴璩等撰 清光緒三十一年（1905）鉛印本 一冊

330000－1701－0054492 普 814.24/4460 集部/總集類/彙編之屬

漢魏六朝一百三家集（漢魏六朝百三名家集） （明）張溥編 明婁東張氏刻本 一冊 存一種

330000－1701－0054493 GP06420 類叢部/叢書類/自著之屬

頤志齋叢書二十二種 （清）丁晏撰 清咸豐至同治山陽丁氏六蓺堂刻同治元年（1862）彙印本 十六冊

330000－1701－0054494 普 323.20927/3246 史部/傳記類/總傳之屬

熙朝宰輔錄一卷 （清）潘世恩輯 （清）沈桂芬增補 （清）王文韶續增 清光緒三十一年（1905）刻本 二冊

330000－1701－0054495 HJL6442 集部/別集類/清別集

敦夙堂集二卷 （清）張承頤撰 清同治十二年（1873）刻本 清張珮綸跋 一冊

330000－1701－0054496 GP14743 史部/史評類/史論之屬

欽定古今儲貳金鑑六卷 （清）高宗弘曆等撰 清光緒二十一年（1895）浙江官書局刻本 四冊

330000－1701－0054498 GP06429 集部/別集類/清別集

秋坪詩存十四卷 （清）陳登龍撰 清道光二十三年（1843）刻本 清姚燮題記 四冊

330000－1701－0054499 HJL6443 集部/別集類/清別集

南園詩文鈔十一卷 （清）李紘撰 清嘉慶二十五年（1820）李友槤刻本 六冊

330000－1701－0054501 GP06421 史部/傳記類/總傳之屬

二十四史人物類考四十六卷 （清）程維周輯 清光緒二十九年（1903）上海緯文閣石印本 八冊

330000－1701－0054502 普 814.24/5544/c1 集部/別集類/漢魏六朝別集

曹集銓評十卷 （三國魏）曹植撰 （清）丁晏詮評 **曹集逸文一卷** （清）丁晏輯 **魏陳思王［曹植］年譜一卷附錄一卷** （清）丁晏撰 清同治十一年（1872）金陵書局刻本 二冊

330000－1701－0054504 普 915.1/7117/7 類叢部/叢書類/彙編之屬

崇文書局彙刻書三十一種 （清）崇文書局編 清光緒元年至三年（1875－1877）湖北崇文書局刻本 十二冊 存一種

330000－1701－0054506 普 814.24/5544/c3 集部/別集類/漢魏六朝別集

曹集銓評十卷 （三國魏）曹植撰 （清）丁晏詮評 **曹集逸文一卷** （清）丁晏輯 **魏陳思王［曹植］年譜一卷附錄一卷** （清）丁晏撰 清同治十一年（1872）金陵書局刻本 二冊

330000－1701－0054507 普 915.1/7117/8/c1 史部/地理類/山川之屬/合志

山水二經合刻 清乾隆天都黃氏槐蔭草堂刻本 十一冊 存一種

330000－1701－0054508 普 915.1/7117/8/c2 史部/地理類/山川之屬/合志

山水二經合刻 清乾隆天都黃氏槐蔭草堂刻本 十七冊 存一種

330000－1701－0054509 普 915.1/7117/8/c3 史部/地理類/山川之屬/合志

山水二經合刻 清乾隆天都黃氏槐蔭草堂刻

本　二十三册　存一種

330000－1701－0054510　普 915.1/7117/8/c4　史部/地理類/山川之屬/合志

山水二經合刻　清乾隆天都黄氏槐蔭草堂刻本　十二册　存一種

330000－1701－0054511　普 915.1/7117/9/c2　類叢部/叢書類/彙編之屬

水經山海經合刻二種　（清）項薩編　清康熙五十四年(1715)歙縣項氏羣玉書堂刻本　十册　存一種

330000－1701－0054512　普 915.1/7117/9/c3　類叢部/叢書類/彙編之屬

水經山海經合刻二種　（清）項薩編　清康熙五十四年(1715)歙縣項氏羣玉書堂刻本　二十四册　存一種

330000－1701－0054513　普 915.1/7117/9/c4　類叢部/叢書類/彙編之屬

水經山海經合刻二種　（清）項薩編　清康熙五十四年(1715)歙縣項氏羣玉書堂刻本　九册　存一種

330000－1701－0054514　HJL6154　集部/别集類/清别集

趙文恪公遺集二卷自訂年譜不分卷　（清）趙光撰　清光緒十六年(1890)刻本[趙文恪公自訂年譜爲清光緒十六年(1890)昆明趙廷璜木活字印本]　四册

330000－1701－0054515　GP14734　子部/農家農學類/總論之屬

補農書二卷　（明）沈□撰　（清）張履祥補　清光緒二十三年(1897)然藜閣木活字印本　一册

330000－1701－0054516　HJL6444　集部/别集類/清别集

齊莊中正堂詩鈔十七卷首一卷　（清）殷兆鏞撰　清光緒五年(1879)鴛湖世翰林家刻本　六册

330000－1701－0054517　HJL6445　集部/别集類/清别集

樊山集二十八卷續集二十八卷公牘三卷批判十五卷時文一卷　樊增祥撰　**二家詠古詩一卷二家試帖二卷二家詞鈔五卷**　樊增祥編　清光緒十九年至三十二年(1893－1906)刻本　二十四册

330000－1701－0054518　HJL6155　集部/别集類/清别集

曇雲閣詩集八卷附録一卷外集一卷詞鈔一卷　（清）曹楙堅撰　清光緒三年(1877)曼陀羅館刻本　四册

330000－1701－0054519　HJL6156　集部/别集類/清别集

二遠堂文集十一卷詩集七卷　（清）鄧廷羅撰　清刻本　十册

330000－1701－0054520　普 951.04/5245/5　史部/紀傳類/正史之屬

二十四史附考證　清光緒二十九年(1903)五洲同文局石印本　一百册　存一種

330000－1701－0054521　普 951.04/5245/6　史部/紀傳類/正史之屬

二十四史附考證　清光緒二十八年(1902)武林竹簡齋石印本　三十二册　存一種

330000－1701－0054522　GP14745　集部/别集類/清别集

弢園尺牘十二卷　（清）王韜撰　清光緒滬北淞隱盧鉛印本　四册

330000－1701－0054523　HJL5346　類叢部/叢書類/彙編之屬

子才新舊叢刻　繆學賢輯　清宣統元年(1909)上海賴古堂鉛印本　七册　存一種

330000－1701－0054525　HJL5345　集部/别集類/清别集

鬱華閣遺集四卷　（清）盛昱撰　清光緒三十一年(1905)有正書局石印本　一册

330000－1701－0054526　普 323.20927/3656/c1、普 323.20927/3656.2　史部/傳記類/總傳之屬/仕宦

滿洲名臣傳四十八卷漢名臣傳三十二卷

(清)國史館撰　清京都琉璃廠榮錦書坊刻本　八十冊

330000－1701－0054527　普951.04/5245/7　史部/紀傳類/正史之屬

二十四史附考證　清光緒十四年(1888)上海圖書集成印書局鉛印本　六十冊　存一種

330000－1701－0054529　GP06432　集部/總集類/選集之屬/斷代

唐詩貫珠六十卷　(清)胡以梅輯並箋釋　清素心堂刻本　二十冊

330000－1701－0054530　普814.08981/4043　集部/總集類/郡邑之屬

明滇南五名臣遺集　李根源輯　清宣統二年(1910)刻本　四冊

330000－1701－0054531　普323.20927/3656/c2　史部/傳記類/總傳之屬/仕宦

滿洲名臣傳四十八卷漢名臣傳三十二卷　(清)國史館撰　清京都琉璃廠榮錦書坊刻本　三十一冊　存三十一卷(漢名臣傳一至三十一)

330000－1701－0054532　普814.3/4026/(3)/c3　集部/別集類/唐五代別集

李太白文集三十六卷　(唐)李白撰　(清)王琦輯注　清乾隆寶笏樓刻二十五年(1760)增刻本　十二冊

330000－1701－0054533　GP06422　集部/別集類/清別集

脩齊堂詩鈔五卷唫花小草一卷尺牘四卷　(清)李承烈撰　清道光十五年(1835)李小蓮刻本　二冊　缺四卷(尺牘一至四)

330000－1701－0054534　普814.08999/4480.2/c1　史部/傳記類/總傳之屬/家乘

[浙江蕭山]蕭山埭上黃氏家譜三十卷首一卷續錄一卷搜遺錄一卷　(清)黃憲等纂修　**黃氏詞翰錄四卷詞翰續錄二卷備遺錄二卷昭潛錄一卷附一卷**　(清)黃春林纂　清光緒二十一年(1895)萃渙堂木活字印本　二冊　存二卷(詞翰續錄一至二)

330000－1701－0054535　普814.3/4026/(3)/c4　集部/別集類/唐五代別集

李太白文集三十六卷　(唐)李白撰　(清)王琦輯注　清乾隆寶笏樓刻二十五年(1760)增刻本　清茹香持跋　十二冊

330000－1701－0054536　GP06433　經部/小學類

姚刻三韻(姚氏叢刻)三種　(清)姚覲元輯　清光緒二年(1876)歸安姚覲元川東官舍刻本　十四冊　存一種

330000－1701－0054537　普951.04/5245/8　史部/紀傳類/正史之屬

二十四史附考證　清光緒十八年(1892)武林竹簡齋石印本　三十二冊　存一種

330000－1701－0054538　普323.20927/3656/c3　史部/傳記類/總傳之屬/仕宦

滿洲名臣傳四十八卷漢名臣傳三十二卷　(清)國史館撰　清京都琉璃廠榮錦書坊刻本　三十二冊　存三十二卷(漢名臣傳一至三十二)

330000－1701－0054539　HJL6448　集部/總集類/彙編之屬

國初十大家詩鈔　(清)王相編　清道光十年(1830)秀水王氏信芳閣木活字印本　二冊　存一種

330000－1701－0054540　普814.08999/4480.2/c2　史部/傳記類/總傳之屬/家乘

[浙江蕭山]蕭山埭上黃氏家譜三十卷首一卷續錄一卷搜遺錄一卷　(清)黃憲等纂修　**黃氏詞翰錄四卷詞翰續錄二卷備遺錄二卷昭潛錄一卷附一卷**　(清)黃春林纂　清光緒二十一年(1895)萃渙堂木活字印本　一冊　存二卷(詞翰續錄一至二)

330000－1701－0054542　普814.3/4026/(3)/c5　集部/別集類/唐五代別集

李太白文集三十六卷　(唐)李白撰　(清)王琦輯注　清乾隆寶笏樓刻二十五年(1760)增刻本　十二冊　缺四卷(三十三至三十六)

330000－1701－0054543　普 814.3/1108/c2　類叢部/叢書類/彙編之屬

武英殿聚珍版書一百四十八種　清乾隆四十二年(1777)福建刻道光至同治遞修光緒二十一年(1895)增刻本　六册　存一種

330000－1701－0054544　HJL6159　集部/別集類/明別集

虎谷集十九卷　(明)王雲鳳撰　(清)雷學淇輯　清嘉慶二十一年(1816)王思仁刻本　六册

330000－1701－0054545　普 814.08999/44801　集部/總集類/氏族之屬

黄氏家集初編六種　(清)黄家鼎編　清光緒十七年(1891)四明黄氏補不足齋刻本　十二册

330000－1701－0054546　普 951.04/5245/9　史部/紀傳類/正史之屬

二十四史附考證　清光緒二十八年(1902)竢實齋石印本　三十册　存一種

330000－1701－0054548　普 814.3/1108.2/c2　類叢部/叢書類/彙編之屬

結一廬朱氏賸餘叢書四種　(清)朱澂編　清光緒三十年至三十一年(1904－1905)仁和朱氏刻三十二年(1906)印本　六册　存一種

330000－1701－0054550　普 814.3/4026/5(2)　集部/別集類/唐五代別集

李太白文集三十六卷　(唐)李白撰　(清)王琦輯注　清乾隆聚錦堂刻本　十册

330000－1701－0054552　普 814.08999/44801.3　集部/總集類/氏族之屬

黄氏家集三編五種　(清)黄家鼎編　清光緒四明黄氏補不足齋刻本　六册

330000－1701－0054556　GP06426　類叢部/叢書類/彙編之屬

三餘書屋叢書五種　(清)蔡學蘇編　清光緒盱江蔡氏刻本　一册　存一種

330000－1701－0054557　GP06436　集部/別集類/清別集

白鄉詩鈔十卷文鈔四卷歷代詠史樂府二十卷　(清)董元憲撰　清道光二十九年(1849)刻本　清姚燮題記　十册

330000－1701－0054559　普 814.08999/4490　集部/總集類/氏族之屬

蔡氏九儒書九種　(明)蔡有鵾編　(清)蔡重補編　清同治七年(1868)盱南蔡學蘇三餘書屋刻本　六册

330000－1701－0054561　普 814.3/1108.2/c3　類叢部/叢書類/彙編之屬

結一廬朱氏賸餘叢書四種　(清)朱澂編　清光緒三十年至三十一年(1904－1905)仁和朱氏刻三十二年(1906)印本　四册　存一種

330000－1701－0054562　普 814.241/0011、普 814.25/2300/2、普 814.25/7731.4/2　集部/總集類/彙編之屬

漢魏六朝一百三家集(漢魏六朝百三名家集)　(明)張溥編　清光緒十八年(1892)善化章經濟堂刻本　三册　存三種

330000－1701－0054563　普 814.3/1142/c2　集部/別集類/唐五代別集

唐丞相曲江張文獻公集十二卷附録一卷千秋金鑑録五卷　(唐)張九齡撰　清雍正十三年(1735)張世緯、張世績、張世綱刻本　六册

330000－1701－0054564　GP06437　集部/總集類/選集之屬/斷代

全唐詩鈔八十卷補遺十六卷　(清)吳成儀輯　清嘉慶十三年(1808)刻本　二十四册

330000－1701－0054565　普 951.04/7433/c2　類叢部/叢書類/自著之屬

潛園總集十七種　(清)陸心源撰　清同治至光緒刻本　十册　存一種

330000－1701－0054568　普 814.3/4026.06　集部/別集類/唐五代別集

李集札記一卷　劉世珩輯　清光緒三十四年(1908)影印本　一册

330000－1701－0054569　普 814.244/0440.3/2(2)　類叢部/叢書類/自著之屬

諸葛忠武侯全集五種　(三國蜀)諸葛亮撰　(清)張澍輯　清同治元年(1862)聚珍齋木活字印本　六册　存三種

330000－1701－0054570　GP14763　子部/藝術類/遊藝之屬/雜藝

益智陰騭文不分卷　(清)童叶庚撰　清光緒十七年(1891)稿本　七册

330000－1701－0054571　GP06427　集部/别集類/清别集

江宜笏先生詩文存畧六卷　(清)江球撰　清同治十年(1871)木活字印本　二册

330000－1701－0054572　普323.20927/3565.3/2/c1、普323.20927/3565.4/c1　史部/傳記類/總傳之屬/仕宦

貳臣傳十二卷逆臣傳四卷　(清)國史館撰　清都城琉璃廠半松居士刻本　八册

330000－1701－0054573　GP14735　子部/儒家類/儒學之屬/勸學

先正遺規四卷　(清)汪正輯　清光緒十九年(1893)浙江書局刻本　二册

330000－1701－0054574　HJL6172　集部/别集類/清别集

雪巖詩鈔二卷　(清)林夢斗撰　(清)鄭開禧輯　清道光十三年(1833)鄭開禧刻本　一册

330000－1701－0054576　GP06428　子部/醫家類/醫話醫論之屬

友漁齋醫話六種　(清)黄凱鈞撰　清嘉慶十七年(1812)刻本　三册

330000－1701－0054578　普323.20927/3565.3/2/c2、普323.20927/3565.4(4)　史部/傳記類/總傳之屬/仕宦

貳臣傳十二卷逆臣傳四卷　(清)國史館撰　清都城琉璃廠半松居士刻本　七册

330000－1701－0054579　HJL6446　集部/别集類/清别集

東塾集六卷申范一卷　(清)陳澧撰　清光緒十八年(1892)廣東菊坡精舍刻本　三册　缺一卷(申范)

330000－1701－0054581　普951.04/7433/c1　史部/紀傳類/正史之屬

宋史翼四十卷　(清)陸心源輯　清光緒三十三年(1907)歸安陸氏刻潛園總集本　章嶔題記　十册

330000－1701－0054583　普814.3/1142.07　集部/别集類/唐五代别集

曲江集考證二卷張曲江[九齡]年譜一卷　(清)溫汝适撰　清嘉慶二十二年(1817)温汝适珎恕堂刻本　二册

330000－1701－0054584　GP06438　史部/傳記類/别傳之屬

磨盾餘談二卷　(清)張炳撰　清咸豐四年(1854)刻本　一册

330000－1701－0054585　HJL6173　集部/别集類/清别集

野航詩鈔二卷　(清)嚴仙藜撰　(清)鄭開禧輯　清道光十三年(1833)鄭開禧刻本　一册

330000－1701－0054586　GP14736　集部/别集類/明别集

楊椒山公垂範集四卷　(明)楊繼盛撰　清同治四年(1865)刻本　一册

330000－1701－0054587　普323.20927/3565.3/2/c3、普323.20927/3565.4/c2　史部/傳記類/總傳之屬/仕宦

貳臣傳十二卷逆臣傳四卷　(清)國史館撰　清都城琉璃廠半松居士刻本　八册

330000－1701－0054588　普814.08999/5560　集部/總集類/氏族之屬

曹氏傳芳録五種六卷　(清)曹希璨編　清宣統元年(1909)木活字印本　二册

330000－1701－0054589　普915.1/7117.01/c1　史部/地理類/山川之屬/水志

水經注圖一卷附録一卷　(清)汪士鐸撰　清咸豐十一年(1861)刻本　一册

330000－1701－0054590　普814.3/4026.2/2　集部/别集類/唐五代别集

李太白文集三十卷　(唐)李白撰　清光緒十

四年(1888)湖北官書處刻民國元年(1912)印本　四冊

330000－1701－0054591　普 323.20927/3565.3/2(2)/c2　史部/傳記類/總傳之屬/仕宦

貳臣傳十二卷逆臣傳四卷　(清)國史館撰　清都城琉璃廠半松居士刻本　四冊　缺十二卷(一至十二)

330000－1701－0054592　GP14764　經部/周禮類/傳說之屬

周禮精華六卷　(清)陳龍標輯　清嘉慶十一年(1806)刻本　四冊

330000－1701－0054593　普 814.3/4026.2/3　集部/別集類/唐五代別集

李太白文集三十卷　(唐)李白撰　清光緒十三年(1887)上海積山書局石印本　四冊

330000－1701－0054594　GP06439　集部/別集類/明別集

六如詩鈔不分卷　(明)唐寅撰　清汪敦甫抄本　一冊

330000－1701－0054597　GP06440　新學

中國財政紀畧一卷　(日本)東邦協會纂　吳銘譯　清光緒二十八年(1902)上海廣智書局鉛印本　一冊

330000－1701－0054598　HJL6447　集部/別集類/清別集

心盦詩存十二卷　(清)何兆瀛撰　**孟久初斆詩一卷**　(清)何保恒撰　清同治十二年(1873)江寧何氏武林刻本　六冊

330000－1701－0054599　普 915.1/7117.01/c2　史部/地理類/山川之屬/水志

水經注圖一卷附錄一卷　(清)汪士鐸撰　清咸豐十一年(1861)刻同治元年(1862)重修本　一冊

330000－1701－0054600　GP14746　集部/詩文評類/詩評之屬

養自然齋詩話十卷　(清)鍾駿聲撰　清同治十三年(1874)仁和鍾氏京師刻本　十冊

330000－1701－0054604　普 951.040144/1053/2　類叢部/叢書類/自著之屬

船山遺書五十八種　(清)王夫之撰　清順德龍氏刻本　五冊　存一種

330000－1701－0054605　普 915.1/7117.01/c3　史部/地理類/山川之屬/水志

水經注圖一卷附錄一卷　(清)汪士鐸撰　清咸豐十一年(1861)刻同治元年(1862)重修本　一冊

330000－1701－0054606　普 915.1/7117.01/c4　史部/地理類/山川之屬/水志

水經注圖一卷附錄一卷　(清)汪士鐸撰　清咸豐十一年(1861)刻同治元年(1862)重修本　一冊

330000－1701－0054607　HJL6176　集部/總集類/氏族之屬

新安二江先生集　(清)江振鴻編　清嘉慶九年(1804)揚州康山草堂刻本　四冊

330000－1701－0054608　普 814.244/0440.4　類叢部/叢書類/彙編之屬

正誼堂全書六十三種續刻五種　(清)張伯行編　(清)楊浚重編　清同治五年(1866)福州正誼書院刻同治八年至光緒十三年(1869－1887)續刻本　二冊　存一種

330000－1701－0054609　普 951.040144/1053/3　史部/史評類

船山史論八種　(清)王夫之撰　清道光二十七年(1847)聽雨軒刻本　四冊　存一種

330000－1701－0054610　HJL6449　類叢部/叢書類/自著之屬

半巖廬所箸書九種　(清)邵懿辰撰　清宣統三年至民國二十年(1911－1931)仁和邵氏家祠刻本　二冊　存一種

330000－1701－0054612　GP06442　新學/政治法律/制度

治國要務一卷　(英國)韋廉臣撰　清光緒二十一年(1895)上海廣學會鉛印本　一冊

330000－1701－0054614　普 915.1/7117.01/

c5　史部/地理類/山川之屬/水志
水經注圖一卷附録一卷　(清)汪士鐸撰　清咸豐十一年(1861)刻同治元年(1862)重修本　一冊

330000－1701－0054616　普951.040144/1053/3/(2)　史部/史評類
船山史論八種　(清)王夫之撰　清道光二十七年(1847)聽雨軒刻本　三冊　存一種

330000－1701－0054617　GP06443　新學/政治法律/制度
治國要務一卷　(英國)韋廉臣撰　清光緒二十五年(1899)上海廣學會鉛印本　一冊

330000－1701－0054618　普814.244/0440.5　史部/傳記類/別傳之屬/事狀
忠武誌八卷　(清)張鵬翮輯　清康熙冰雪堂刻本　八冊

330000－1701－0054619　HJL6450　集部/別集類/清別集
玉井山館集二十五卷(玉井山館文略五卷文續三卷詩十五卷詩餘一卷西行日記一卷)　(清)許宗衡撰　清同治四年至九年(1865－1870)刻本　五冊

330000－1701－0054620　普915.1/7117/10　史部/地理類/山川之屬/水志
水經注四十卷補遺一卷附録二卷　(北魏)酈道元撰　(清)全祖望校　清光緒十四年(1888)薛福成寧波崇實書院刻本　十六冊

330000－1701－0054621　普951.040144/1053/4　類叢部/叢書類/自著之屬
船山遺書五十八種　(清)王夫之撰　清光緒二十四年(1898)申昌書莊石印本　二冊　存一種

330000－1701－0054622　GP06444　新學/政治法律/制度
治國要務一卷　(英國)韋廉臣撰　清光緒二十五年(1899)上海廣學會鉛印本　一冊

330000－1701－0054623　普814.3/4026.2/5　集部/別集類/唐五代別集
李太白文集三十卷　(唐)李白撰　清光緒十四年(1888)湖北官書處刻本　四冊

330000－1701－0054624　普323.20927/3565.3/3/c2　史部/傳記類/總傳之屬/斷代
貳臣傳八卷逆臣傳二卷　(清)國史館撰　清京都琉璃廠榮錦書坊刻本　二冊　存二卷(逆臣傳一至二)

330000－1701－0054625　HJL5394　類叢部/叢書類/家集之屬
桐城方氏七代遺書二十種　(清)方昌翰輯　清光緒十四年(1888)刻本　六冊　存一種

330000－1701－0054626　普323.20927/3565.3/3/c4　史部/傳記類/總傳之屬/斷代
貳臣傳八卷逆臣傳二卷　(清)國史館撰　清京都琉璃廠榮錦書坊刻本　二冊　存二卷(逆臣傳一至二)

330000－1701－0054627　HJL6177　類叢部/叢書類/家集之屬
如皋冒氏叢書三十四種附二種　冒廣生輯　清光緒至民國如皋冒氏刻本　四冊　存一種

330000－1701－0054628　普915.1/7117.011　史部/地理類/山川之屬/水志
水經注圖說殘稾四卷　(清)董祐誠撰　**今水經一卷表一卷**　(清)黄宗羲撰　清光緒六年(1880)會稽章氏刻本　一冊

330000－1701－0054630　HJL6451　集部/別集類/清別集
柯亭子文集八卷駢體文集八卷詩初集八卷詩二集十卷詩三集三卷　(清)周沐潤撰　清道光二十八年至二十九年(1848－1849)刻本　九冊　缺二卷(駢體文集七至八)

330000－1701－0054631　普814.25/2300　集部/別集類/漢魏六朝別集
傅鶉觚集五卷　(晉)傅玄撰　**傅子校勘記一卷**　(清)方濬師撰　清光緒二年(1876)廣州書局刻本　二冊

330000－1701－0054633　HJH6198　集部/別集類/明別集

疑雲集四卷　(明)王彥泓撰　清末補拙齋石印本　二冊

330000－1701－0054634　普 915.1/7117.012/c1　史部/地理類/山川之屬/水志
水經注疏要刪四十卷補遺一卷　楊守敬撰　清光緒三十一年(1905)楊守敬觀海堂刻本　八冊　缺一卷(補遺)

330000－1701－0054636　普 951.040144/4032　史部/史評類/考訂之屬
舊聞證誤四卷　(宋)李心傳撰　清乾隆四十七年(1782)刻函海本　章嶔題記　一冊

330000－1701－0054637　GP14767　類叢部/叢書類/自著之屬
黃梨洲遺書十種　(清)黃宗羲撰　清光緒三十一年(1905)杭州羣學社石印本　十二冊

330000－1701－0054638　HJH6199　集部/詞類/類編之屬
三家宮詞三卷二家宮詞二卷　(明)毛晉編　清宣統三年(1911)上海掃葉山房石印本　一冊

330000－1701－0054639　GP06459　集部/別集類/清別集
孟亭居士文稿五卷詩稿四卷經進槀一卷　(清)馮浩撰　清嘉慶七年(1802)桐鄉馮集梧刻本　八冊

330000－1701－0054640　普 951.04091/8017　史部/雜史類/斷代之屬
隆平集二十卷　(宋)曾鞏撰　清康熙四十年(1701)南豐彭氏七業堂刻本　章嶔題記　十冊

330000－1701－0054641　GP06445　集部/別集類/清別集
華藏室詩鈔一卷　(清)許延敬撰　清道光二十五年(1845)刻本　一冊

330000－1701－0054642　HJH6200　史部/史評類/詠史之屬
十國宮詞一卷　(清)吳省蘭撰　清宣統三年(1911)上海掃葉山房石印本　一冊

330000－1701－0054643　普 915.1/7117.012/c2　史部/地理類/山川之屬/水志
水經注疏要刪四十卷補遺一卷　楊守敬撰　清光緒三十一年(1905)楊守敬觀海堂刻本　六冊　缺一卷(補遺)

330000－1701－0054645　普 915.1/7117.012/(2)　史部/地理類/山川之屬/水志
水經注疏要刪四十卷補遺一卷　楊守敬撰　清光緒三十一年(1905)楊守敬觀海堂刻本　六冊

330000－1701－0054646　GP06460　集部/別集類/清別集
海六詩鈔四卷　(清)鍾駕鰲撰　清嘉慶刻本　一冊

330000－1701－0054647　GP14750　類叢部/叢書類/自著之屬
白石道人四種　(宋)姜夔撰　清同治十年(1871)桂林倪鴻野水閒鷗館刻本　二冊

330000－1701－0054649　普 814.3/7447　類叢部/叢書類/彙編之屬
正誼堂全書六十三種續刻五種　(清)張伯行編　(清)楊浚重編　清同治五年(1866)福州正誼書院刻同治八年至光緒十三年(1869－1887)續刻本　二冊　存一種

330000－1701－0054651　普 814.25/2300.2　類叢部/叢書類/自著之屬
觀古堂所著書二十種　葉德輝撰　清光緒長沙葉氏刻本　一冊　存一種

330000－1701－0054652　普 951.04092/0057.07　史部/編年類/通代之屬
御批續資治通鑑綱目二十七卷　(明)商輅等撰　(清)聖祖玄燁批　清康熙宋犖刻本　十二冊

330000－1701－0054653　普 915.1/7117.013　史部/地理類/山川之屬/水志
水經注疏要刪補遺四十卷　楊守敬撰　清宣統元年(1909)刻本　六冊

330000－1701－0054654　GP06446　集部/別

集類/清别集

寫韻樓詩鈔一卷 （清）王瑤芬撰　清同治十年（1871）京江榷署刻本　一册

330000－1701－0054656　普 814.3/4480.2/2/c1　集部/别集類/唐五代别集

新刊五百家註音辯昌黎先生文集四十卷 （唐）韓愈撰　（宋）魏仲舉輯注　清乾隆四十九年（1784）刻本　十六册

330000－1701－0054657　普 814.3/1240/c1　集部/總集類/彙編之屬

三唐人集 （清）馮焌光編　清光緒南海馮氏讀有用書齋刻本　二册　存一種

330000－1701－0054658　GP06447　集部/别集類/清别集

紅杏詞二卷附天台紀游一卷 （清）李方湛撰　清嘉慶九年（1804）刻本　一册

330000－1701－0054660　普 814.3/4480.2/2/c3　集部/别集類/唐五代别集

重刊五百家註音辯昌黎先生文集四十卷 （唐）韓愈撰　（宋）魏仲舉輯注　清刻本　守愚批校並題記　十六册

330000－1701－0054661　GP14770　集部/别集類/清别集

柏梘山房文集十六卷文續集一卷詩集十卷詩續集二卷駢體文二卷 （清）梅曾亮撰　清宣統三年（1911）上海國學扶輪社石印本　八册

330000－1701－0054662　普 814.3/1240/c2　集部/總集類/彙編之屬

三唐人集 （清）馮焌光編　清光緒南海馮氏讀有用書齋刻本　一册　存一種

330000－1701－0054663　普 814.3/1736/c1　類叢部/叢書類/彙編之屬

結一廬朱氏賸餘叢書四種 （清）朱澂編　清光緒三十年至三十一年（1904－1905）仁和朱氏刻三十二年（1906）印本　一册　存一種

330000－1701－0054664　GP06448　集部/别集類/清别集

紅心詞一卷 （清）沈起鳳撰　清刻本　一册

330000－1701－0054665　普 814.3/4026.2/8　集部/别集類/唐五代别集

李太白文集三十卷 （唐）李白撰　清康熙五十六年（1717）吴門繆曰芑雙泉草堂刻本　十册

330000－1701－0054666　普 814.3/1736/c2　類叢部/叢書類/彙編之屬

結一廬朱氏賸餘叢書四種 （清）朱澂編　清光緒三十年至三十一年（1904－1905）仁和朱氏刻三十二年（1906）印本　一册　存一種

330000－1701－0054667　普 915.1/7117.014/c1　史部/地理類/山川之屬/水志

水經注釋四十卷首一卷附録二卷刊誤十二卷 （清）趙一清撰　清光緒六年（1880）蛟川張氏花雨樓刻本　二十册

330000－1701－0054668　GP14771　經部/小學類/訓詁之屬/群雅

拾雅二十卷 （清）夏味堂撰　（清）夏紀堂注　清嘉慶二十五年（1820）刻本　四册

330000－1701－0054669　GP06451　經部/三禮總義類/通禮雜禮之屬

朱子家禮八卷首一卷 （宋）朱熹撰　（明）丘濬輯　（明）楊廷筠補　**四禮初稿四卷** （明）宋纁輯　**四禮約言四卷** （明）吕維祺撰　清嘉慶六年（1801）寶寧堂刻本　六册

330000－1701－0054670　普 814.3/4480.2/3　集部/别集類/唐五代别集

新刊五百家註音辯昌黎先生文集四十卷 （唐）韓愈撰　（宋）魏仲舉輯注　清乾隆四十九年（1784）刻本　十册

330000－1701－0054671　普 814.25/7731/2/c2　集部/别集類/漢魏六朝别集

靖節先生集十卷 （晉）陶潛撰　（清）陶澍注　**靖節先生集諸本序録一卷** （清）陶澍編輯　**靖節先生［陶潛］年譜攷異二卷** （清）陶澍撰　清光緒九年（1883）江蘇書局刻本　四册

330000－1701－0054672　普 814.3/1736/c3　類叢部/叢書類/彙編之屬

結一廬朱氏賸餘叢書四種　（清）朱澂編　清光緒三十年至三十一年（1904－1905）仁和朱氏刻三十二年（1906）印本　一冊　存　種

330000－1701－0054673　普 814.3/7447/2　集部/别集類/唐五代别集

唐陸宣公文集四卷首一卷　（唐）陸贄撰　（清）張伯行編　清康熙四十八年（1709）刻正誼堂全書本　曹博文題記　四冊

330000－1701－0054674　普 814.3/1736/（2）　類叢部/叢書類/彙編之屬

結一廬朱氏賸餘叢書四種　（清）朱澂編　清光緒三十年至三十一年（1904－1905）仁和朱氏刻三十二年（1906）印本　二冊　存一種

330000－1701－0054675　GP06452　史部/地理類/專志之屬/古跡

石柱記箋釋五卷　（清）鄭元慶撰　清康熙四十一年（1702）鄭元慶魚計亭刻本　二冊

330000－1701－0054677　普 915.1/7117.014/c2　史部/地理類/山川之屬/水志

水經注釋四十卷首一卷附錄二卷刊誤十二卷　（清）趙一清撰　清光緒六年（1880）蛟川張氏花雨樓刻本　二十冊

330000－1701－0054679　普 814.3/4480.201/c1　集部/别集類/唐五代别集

韓集補注一卷　（清）沈欽韓撰　（清）胡承珙訂　清光緒十五年（1889）廣雅書局刻本　章嶔題記　一冊

330000－1701－0054680　GP06453　史部/政書類/儀制之屬/典禮

文廟彙考十卷　（清）蔣乙經　（清）龔繩正撰　清道光刻本　四冊

330000－1701－0054681　GP14773　新學/學校

郵傳部高等實業學堂章程不分卷　（清）郵傳部上海高等實業學堂編　清末鉛印本　一冊

330000－1701－0054682　普 814.3/7516　集部/别集類/唐五代别集

陳伯玉文集三卷詩集二卷附錄一卷　（唐）陳子昂撰　清道光二十二年（1842）春林柯道麟刻本　四冊

330000－1701－0054684　普 814.3/4480.201/c2　集部/别集類/唐五代别集

韓集補注一卷　（清）沈欽韓撰　（清）胡承珙訂　清光緒十五年（1889）廣雅書局刻本　一冊

330000－1701－0054685　GP06458　集部/别集類/清别集

雕青館詩草一卷　（清）汪曰杼撰　清咸豐十一年（1861）汪曰楨刻本　一冊

330000－1701－0054686　普 814.25/7731/2/c3　集部/别集類/漢魏六朝别集

靖節先生集十卷　（晉）陶潛撰　（清）陶澍注　**靖節先生集諸本序錄一卷**　（清）陶澍編輯　**靖節先生［陶潛］年譜攷異二卷**　（清）陶澍撰　清光緒九年（1883）江蘇書局刻本　陳光漢題簽並批校　三冊　存十一卷（一至十、序錄）

330000－1701－0054687　普 814.3/2167　集部/總集類/彙編之屬

初唐四傑集　（清）項家達編　清乾隆四十六年（1781）星渚項氏刻本　二冊　存一種

330000－1701－0054689　GP06463　類叢部/叢書類/彙編之屬

别下齋叢書二十七種　（清）蔣光煦編　清道光海昌蔣氏别下齋刻咸豐六年（1856）續刻本　四冊　存一種

330000－1701－0054690　普 814.25/7731/3/c2　集部/别集類/漢魏六朝别集

靖節先生集十卷　（晉）陶潛撰　（清）陶澍注　**靖節先生集諸本序錄一卷**　（清）陶澍編輯　**靖節先生［陶潛］年譜攷異二卷**　（清）陶澍撰　清道光二十年（1840）惜陰書舍刻本　五冊

330000－1701－0054691　GP14775　子部/術數類/相宅相墓之屬

秘藏千里眼二卷　（元）釋法心撰　清刻本

二冊

330000－1701－0054692　普 814.3/2603　集部/總集類/彙編之屬
三唐人集　（清）馮焌光編　清光緒南海馮氏讀有用書齋刻本　二冊　存一種

330000－1701－0054693　普 814.25/7731/5　集部/別集類/漢魏六朝別集
陶靖節集十卷總論一卷附錄一卷　（晉）陶潛撰　（宋）湯漢箋注　清末抄本　三冊

330000－1701－0054694　普 814.25/7731/9　集部/別集類/漢魏六朝別集
陶淵明集十卷首一卷末一卷　（晉）陶潛撰　清末刻三色套印本　二冊

330000－1701－0054695　GP06465　集部/別集類/清別集
葦間詩集五卷　（清）姜宸英撰　（清）唐執玉輯　清道光四年（1824）葉元塏睿吾樓刻本　六冊

330000－1701－0054696　普 814.3/7731　集部/別集類/唐五代別集
駱臨海集十卷　（唐）駱賓王撰　清嘉慶二十五年（1820）松林宗祠刻本　章嶔題記　四冊

330000－1701－0054697　普 814.3/4480.3/c1　集部/別集類/唐五代別集
昌黎先生集四十卷外集十卷遺文一卷　（唐）韓愈撰　（宋）廖瑩中校正　**朱子校昌黎先生集傳一卷**　（宋）朱熹撰　**韓集點勘四卷**　（清）陳景雲撰　清同治八年至九年（1869－1870）江蘇書局刻本　清鹵樵題記　十冊　缺四卷（韓集點勘一至四）

330000－1701－0054698　普 323.20927/3565.4（3）　史部/傳記類/總傳之屬/仕宦
貳臣傳十二卷　（清）國史館撰　清都城琉璃廠半松居士刻本　八冊

330000－1701－0054699　普 915.1/7117.014/3　史部/地理類/山川之屬/水志
水經注釋四十卷首一卷附錄二卷水經注箋刊誤十二卷　（清）趙一清撰　清乾隆五十一年（1786）趙氏小山堂刻五十九年（1794）重修本　二十冊

330000－1701－0054700　普 323.20927/3565.4（4）　史部/傳記類/總傳之屬/仕宦
貳臣傳十二卷　（清）國史館撰　清都城琉璃廠半松居士刻本　十二冊

330000－1701－0054701　普 814.3/7731.2　集部/總集類/彙編之屬
初唐四傑集　（清）項家達編　清乾隆四十六年（1781）星渚項氏刻本　四冊　存一種

330000－1701－0054702　GP14785　集部/別集類/清別集
寄盦詩稿二卷詞稿一卷　（清）孫汝懌撰　清宣統三年（1911）刻本　一冊　存二卷（詩稿一至二）

330000－1701－0054703　普 323.20927/3565.4/2　史部/傳記類/總傳之屬/仕宦
貳臣傳八卷　（清）國史館撰　清京都琉璃廠榮錦書坊刻本　八冊

330000－1701－0054705　普 951.04092/2847/c1　史部/編年類/通代之屬
資治通鑑後編一百八十四卷　（清）徐乾學撰　清光緒浙江書局刻馮一梅等校印本　五十七冊

330000－1701－0054706　普 814.3/4480.3/c2　集部/別集類/唐五代別集
昌黎先生集四十卷外集十卷遺文一卷　（唐）韓愈撰　（宋）廖瑩中校正　**朱子校昌黎先生集傳一卷**　（宋）朱熹撰　**韓集點勘四卷**　（清）陳景雲撰　清同治八年至九年（1869－1870）江蘇書局刻本　十冊　缺四卷（韓集點勘一至四）

330000－1701－0054707　HJL6452　集部/別集類/宋別集
宋左丞相陸公全書八卷續編二卷　（宋）陸秀夫撰　（清）王夢熊輯　（清）陶性堅續輯　清道光十五年至十六年（1835－1836）五柳堂刻本　四冊

330000－1701－0054708　GP06461　集部/別集類/清別集

蕉窗詩鈔二十卷　(清)齊學裘撰　清道光刻本　三册

330000－1701－0054709　普 323.219/3013 類叢部/叢書類/彙編之屬

廣雅書局叢書一百五十九種　徐紹棨編　清光緒廣雅書局刻民國九年(1920)番禺徐紹棨彙編重印本　二十四册　存一種

330000－1701－0054710　普 814.3/2603/(2)　集部/總集類/彙編之屬

三唐人集　(清)馮焌光編　清光緒南海馮氏讀有用書齋刻本　一册　存一種

330000－1701－0054713　普 814.3/3136　集部/别集類/唐五代别集

顧華陽集三卷　(唐)顧況撰　(清)顧名端輯　**顧華陽集補遺一卷**　(清)顧履成輯　清咸豐五年(1855)海鹽顧炳章雙峯堂刻本　二册

330000－1701－0054714　HJL6453　集部/别集類/清別集

哀生閣初稿四卷續稿三卷　(清)王大經撰　清光緒十一年(1885)平湖王氏刻本　六册

330000－1701－0054715　GP14787　集部/别集類/清别集

問湘樓駢文初稿四卷　(清)胡念修撰　清光緒二十四年(1898)杭州刻朱印本　二册

330000－1701－0054716　普 814.3/4480.3/c3　集部/别集類/唐五代别集

昌黎先生集四十卷外集十卷遺文一卷　(唐)韓愈撰　(宋)廖瑩中校正　**朱子校昌黎先生集傳一卷**　(宋)朱熹撰　**韓集點勘四卷**　(清)陳景雲撰　清同治八年至九年(1869－1870)江蘇書局刻本　章嶔題記　十册　缺四卷(韓集點勘一至四)

330000－1701－0054717　普 323.219/3013.04/c1　史部/政書類/職官之屬/官制

歷代職官表六卷　(清)黄本驥纂　清光緒八年(1882)王氏校刻本　二册

330000－1701－0054718　普 915.1/7117.014/4　史部/地理類/山川之屬/水志

水經注釋四十卷首一卷附錄二卷水經注箋刊誤十二卷　(清)趙一清撰　清光緒六年(1880)會稽章氏刻本　十四册　缺十二卷(水經注箋刊誤一至十二)

330000－1701－0054719　普 951.04092/2847/c2　史部/編年類/通代之屬

資治通鑑後編一百八十四卷　(清)徐乾學撰　清光緒浙江書局刻本　四十八册

330000－1701－0054720　普 814.3/7731.4 集部/别集類/唐五代别集

駱賓王文集十卷　(唐)駱賓王撰　**駱賓王文集考異一卷**　(清)顧廣圻撰　清宣統三年(1911)上海文瑞樓石印本　二册

330000－1701－0054721　普 814.3/4480.3/c5　集部/别集類/唐五代别集

昌黎先生集四十卷外集十卷遺文一卷　(唐)韓愈撰　(宋)廖瑩中校正　**朱子校昌黎先生集傳一卷**　(宋)朱熹撰　**韓集點勘四卷**　(清)陳景雲撰　清同治八年至九年(1869－1870)江蘇書局刻本　十册　缺四卷(韓集點勘一至四)

330000－1701－0054722　普 814.3/3136/2/c3　集部/别集類/唐五代别集

顧華陽集三卷　(唐)顧況撰　**顧華陽集補遺一卷國佐公詩補遺一卷**　(清)顧球輯　清同治元年(1862)海鹽顧炳章雙峯堂刻民國二十年(1931)重印本　二册　缺一卷(國佐公詩補遺)

330000－1701－0054723　普 323.219/3013.04/c2　史部/政書類/職官之屬/官制

歷代職官表六卷　(清)黄本驥纂　清光緒八年(1882)王氏校刻本　三册

330000－1701－0054724　GP14788　史部/政書類/律令之屬/律例

律例便覽八卷諸圖一卷附蒸檢紀要一卷理訟芻言一卷　(清)蔡嵩年　(清)蔡逢年編　**處分則例圖要六卷**　(清)蔡逢年編　清光緒四

年(1878)刻本　四冊　存九卷(一至八、諸圖)

330000－1701－0054725　GP06462　集部/別集類/清別集
螺齋詩鈔十卷　(清)傅廷標撰　**澄香閣吟二卷**　(清)郭蕙撰　清道光十八年(1838)傅宗傑刻本　四冊

330000－1701－0054726　HJL6454　集部/別集類/清別集
半巖廬遺集二卷　(清)邵懿辰撰　清光緒三十四年(1908)邵章等刻本　一冊

330000－1701－0054728　GP14776　史部/傳記類/總傳之屬/郡邑
海寧鄉賢錄不分卷　(清)許湝祥輯　清光緒二十九年(1903)刻本　二冊

330000－1701－0054729　HJL6201　類叢部/叢書類/自著之屬
求益齋全集五種　(清)強汝詢撰　清光緒二十四年(1898)江蘇書局刻本　八冊

330000－1701－0054730　普814.3/3136/2/c4　集部/別集類/唐五代別集
顧華陽集三卷　(唐)顧況撰　**顧華陽集補遺一卷國佐公詩補遺一卷**　(清)顧球輯　清同治元年(1862)海鹽顧炳章雙峯堂刻本　二冊　缺一卷(國佐公詩補遺)

330000－1701－0054731　普323.219/6715　史部/職官類/官制之屬/專志
詞林典故八卷　(清)張廷玉等撰　清乾隆十三年(1748)武英殿刻本　八冊

330000－1701－0054732　GP14777　史部/傳記類/別傳之屬/事狀
太常袁公[袁昶]行畧一卷附一卷　袁允橚等撰　清光緒三十一年(1905)商務印書館石印本　一冊

330000－1701－0054733　GP06466　集部/別集類/清別集
正誼堂文集不分卷詩集二十卷　(清)董以寧撰　清康熙刻本　八冊

330000－1701－0054734　普814.25/7731.2　集部/別集類/漢魏六朝別集
陶淵明文集十卷　(晉)陶潛撰　清光緒五年(1879)番禺俞秀山刻本　三冊

330000－1701－0054735　普951.04092/2847.06/c1　史部/編年類/通代之屬
資治通鑑後編校勘記十五卷　夏震武撰　清光緒二十四年(1898)浙江書局刻本　四冊

330000－1701－0054736　普814.3/4480.4　集部/別集類/唐五代別集
朱文公校昌黎先生文集四十卷外集十卷遺文一卷　(唐)韓愈撰　(宋)朱熹考異　(宋)王伯大音釋　(明)朱吾弼重編　**朱文公校昌黎先生集傳一卷**　明萬曆新安朱崇沐刻天德堂印本　十六冊

330000－1701－0054737　HJL6202　集部/總集類/郡邑之屬
聞湖詩續鈔七卷　(清)李王猷輯　清咸豐四年(1854)刻本　四冊

330000－1701－0054738　普814.3/7772　集部/別集類/唐五代別集
唐歐陽先生文集八卷附錄一卷　(唐)歐陽詹撰　(明)徐𤊹輯　清道光十年(1830)刻光緒二十二年(1896)補刻本　四冊

330000－1701－0054740　普323.219/6715.2　史部/職官類/官制之屬/專志
皇朝詞林典故六十四卷　(清)朱珪等撰　清光緒十三年(1887)刻本　三十四冊

330000－1701－0054741　普951.04092/2847.06/c3　史部/編年類/通代之屬
資治通鑑後編校勘記十五卷　夏震武撰　清光緒二十四年(1898)浙江書局刻本　四冊

330000－1701－0054742　GP14789　史部/地理類/專志之屬/書院
剡山二戴兩書院學約一卷　蔡元培撰　清光緒二十六年(1900)刻本　一冊

330000－1701－0054743　HJL6203　集部/別集類/清別集

湖唐林館駢體文二卷　(清)李慈銘撰　清光緒十年(1884)刻本　二册

330000－1701－0054744　普 915.1/7117/11　類叢部/叢書類/彙編之屬
武英殿聚珍版書三十九種　清乾隆浙江刻本　十七册　存一種

330000－1701－0054745　普 814.3/7772/2　集部/總集類/選集之屬/斷代
王氏彙刻唐人集七種　(清)王遐春輯　清嘉慶十五年(1810)福鼎王氏麟後山房刻本　二册　存一種

330000－1701－0054746　GP14778　集部/別集類/清別集
陳迦陵儷體文集十卷　(清)陳維崧撰　清康熙二十八年(1689)陳宗石患立堂刻本　三册

330000－1701－0054747　普 951.04092/4040/c1　史部/編年類/斷代之屬
續資治通鑑長編五百二十卷目錄二卷　(宋)李燾撰　清光緒七年(1881)浙江書局刻本　一百二十册

330000－1701－0054748　HJL6468　集部/別集類/清別集
心嚮往齋詩集二卷　(清)孔繼鑅撰　清道光二十九年(1849)王相刻本　二册

330000－1701－0054749　GP06467　集部/總集類/酬唱之屬
歸舟倡和詩一卷　(清)范廷謀撰　清稼石堂刻本　一册

330000－1701－0054750　GP14790　集部/別集類/清別集
米堆山人文鈔七卷　(清)張揆方撰　清乾隆刻本　四册

330000－1701－0054752　GP06469　集部/別集類/清別集
荆川文集十八卷　(明)唐順之撰　(清)唐執玉勘較　清康熙五十一年(1712)武進唐執玉刻本　十二册

330000－1701－0054753　HJL6204　集部/別集類/清別集
松夢寮詩稿六卷　(清)丁内撰　清光緒二十五年(1899)丁氏刻本　二册

330000－1701－0054754　GP06468　集部/別集類/清別集
鴛水聯唫集二十卷　(清)岳鴻慶撰　清道光刻本　清姚燮題記　三册　存十八卷(一至十八)

330000－1701－0054755　HJL6464　集部/別集類/清別集
月齋文集八卷詩集四卷　(清)張穆撰　(清)吴履敬　(清)吴式訓編　清咸豐八年(1858)壽陽祁寯藻北京刻本　保樞跋　四册

330000－1701－0054756　GP06470　集部/別集類/清別集
綠蘿山莊詩集三十三卷　(清)胡浚撰　清嘉慶八年(1803)刻本　十二册

330000－1701－0054757　GP14791　集部/詞類/類編之屬
蒙香室叢書四種　馮煦輯　清光緒刻本　一册　存一種

330000－1701－0054758　HJL6205　集部/別集類/清別集
吟紅館詩草一卷雙聲閣詩草一卷古井居詩草一卷　(清)姚其慶撰　清光緒二十九年(1903)刻本　一册

330000－1701－0054760　GP14779　經部/書類/傳說之屬
尚書大傳四卷　(漢)鄭玄注　**尚書大傳補遺一卷**　(清)盧見曾撰　**尚書大傳考異一卷續補遺一卷**　(清)盧文弨撰　清嘉慶五年(1800)山陰沈氏刻愛日艸廬印本　二册

330000－1701－0054761　HJL5199　類叢部/叢書類/彙編之屬
武英殿聚珍版書一百四十八種　清乾隆四十二年(1777)福建刻道光至同治遞修光緒二十一年(1895)增刻本　八册　存一種

330000－1701－0054762　普 814.3/9000　集部/別集類/唐五代別集
制詔集二十卷　(唐)常袞撰　清光緒七年至九年(1881－1883)閩郭伯蒼沁泉山館刻本　四册

330000－1701－0054763　普 814.3/4480.62/c2　集部/別集類/唐五代別集
韓子粹言一卷　(唐)韓愈撰　(清)李光地選　清康熙五十二年(1713)教忠堂刻本　二册

330000－1701－0054764　GP14792　子部/醫家類/方書之屬/單方驗方
濟世經驗彙編　(清)毛世洪輯　清光緒三年(1877)蕭山聚奎齋刻本　一册

330000－1701－0054765　HJL6206　集部/別集類/清別集
雙罍館詩存二卷　(清)洪錫爵撰　清宣統元年(1909)成都洪氏刻本　二册

330000－1701－0054766　普 323.21923/8346/c1　類叢部/叢書類/彙編之屬
正覺樓叢刻(正覺樓叢書)二十九種　(清)崇文書局編　清光緒崇文書局刻本　一册　存一種

330000－1701－0054767　GP14780　史部/史評類/史論之屬
欽定古今儲貳金鑑六卷　(清)高宗弘曆等撰　清光緒二十一年(1895)浙江官書局刻本　四册

330000－1701－0054768　普 814.25/7731.2/2/c3　集部/別集類/漢魏六朝別集
陶淵明文集十卷　(晉)陶潛撰　清宣統元年(1909)上海著易堂書局石印本　四册

330000－1701－0054769　GP06474　集部/別集類/清別集
定羌吟二卷　(清)吳名琅撰　清乾隆四十四年(1779)養雲書屋刻本　一册

330000－1701－0054770　普 951.04092/4040/c4　史部/編年類/斷代之屬
續資治通鑑長編五百二十卷目錄二卷　(宋)李燾撰　清光緒七年(1881)浙江書局刻本　一百二十册

330000－1701－0054771　HJL6207　類叢部/叢書類/彙編之屬
榆園叢刻十五種附一種　(清)許增編　清同治至光緒刻本　三册　存一種

330000－1701－0054772　普 814.38/6072/(2)　集部/別集類/唐五代別集
羅昭諫集八卷　(唐)羅隱撰　清康熙九年(1670)渤海張瓚瑞榴堂刻道光四年(1824)平江吳墉補刻本　二册

330000－1701－0054773　普 814.3/4480.8　集部/別集類/唐五代別集
昌黎先生集四十卷遺文一卷　(唐)韓愈撰　(宋)廖瑩中校正　清同治九年(1870)廣東述古堂刻本　八册

330000－1701－0054774　GP06471　集部/別集類/清別集
榮性堂文集八卷　(清)吳俊撰　清嘉慶刻本　四册

330000－1701－0054775　HJL5200　類叢部/叢書類/彙編之屬
武英殿聚珍版書一百四十八種　清乾隆四十二年(1777)福建刻道光至同治遞修光緒二十一年(1895)增刻本　六册　存一種

330000－1701－0054776　HJL6208　集部/別集類/清別集
指所齋文集四卷駢體文一卷　(清)高錫基撰　清光緒十四年(1888)刻本　四册

330000－1701－0054777　GP06475　集部/總集類/題詠之屬
杏花雙燕圖詠一卷　(清)吳嵩梁撰　清乾隆六十年(1795)刻本　一册

330000－1701－0054779　GP06473　集部/別集類/清別集
香草齋詩註六卷　(清)黃任撰　(清)陳應魁注　清嘉慶十九年(1814)陳應奎刻本　四册

330000－1701－0054781　普 915.1/7117.015/c1　史部/地理類/山川之屬/水志

水經注圖四十卷補一卷　楊守敬撰　清光緒三十一年(1905)宜都楊氏觀海堂刻朱墨套印本　八册

330000－1701－0054782　普 814.38/6072/2　集部/別集類/唐五代別集

羅昭諫集八卷　(唐)羅隱撰　清康熙九年(1670)渤海張瓚瑞榴堂刻道光四年(1824)平江吳墉補刻本　二册

330000－1701－0054783　HJL6209　集部/總集類/氏族之屬

李氏詩存合刻五種　(清)李浩編　清道光五年(1825)賜硯堂刻光緒二十五年(1899)印本　六册

330000－1701－0054784　GP14793　史部/傳記類/日記之屬

北行日記一卷(清光緒六年七月十三日至十月二十一日)　(清)薛寶田撰　清光緒六年(1880)刻本　一册

330000－1701－0054785　GP06476　集部/別集類/清別集

鶴石山房詩稿二卷　(清)黄徵乂撰　清道光元年(1821)刻本　一册

330000－1701－0054787　HJL5201　類叢部/叢書類/彙編之屬

武英殿聚珍版書五十三種　清同治十三年(1874)江西書局刻本　十二册　存一種

330000－1701－0054788　普 814.25/7731.2/5　集部/別集類/漢魏六朝別集

陶淵明集十卷　(晉)陶潛撰　清光緒二年(1876)桐城徐氏刻本　二册

330000－1701－0054789　GP06477　集部/總集類/選集之屬/斷代

國朝詩的六十二卷　(清)陶煊選　(清)張璨輯　清康熙六十年(1721)陶煊廣陵刻本　二十四册

330000－1701－0054790　普 814.25/7731.2/6/c1　集部/別集類/漢魏六朝別集

陶淵明文集十卷　(晉)陶潛撰　清光緒五年(1879)番禺俞秀山刻本　二册

330000－1701－0054791　普 814.25/7731.2/6/c2　集部/別集類/漢魏六朝別集

陶淵明文集十卷　(晉)陶潛撰　清光緒五年(1879)番禺俞秀山刻本　二册

330000－1701－0054792　普 915.1/7117.015/c2　史部/地理類/山川之屬/水志

水經注圖四十卷補一卷　楊守敬撰　清光緒三十一年(1905)宜都楊氏觀海堂刻朱墨套印本　八册

330000－1701－0054793　普 915.1/7117.06　史部/地理類/山川之屬/水志

水經注匯校四十卷首一卷　(清)楊希閔撰　**水經注釋附錄二卷**　(清)趙一清輯　清光緒七年(1881)福州刻本　十二册

330000－1701－0054795　HJL6467　集部/別集類/清別集

知止堂詩錄十二卷文集八卷文集補遺一卷詞錄三卷　(清)朱綬撰　清道光二十年至二十二年(1840－1842)董國華等刻本　清趙彦修批並跋　四册

330000－1701－0054796　普 915.1/7117.062　史部/地理類/山川之屬/水志

水經注四十卷首一卷　(北魏)酈道元撰　王先謙校　**水經注附錄二卷**　(清)趙一清輯　清光緒二十三年(1897)新化三味書室刻本　十六册

330000－1701－0054797　HJL6210　集部/別集類/清別集

拙尊園叢稿六卷　(清)黎庶昌撰　清光緒江南李光明莊刻本　劉承幹題簽　四册

330000－1701－0054798　HJL6211　類叢部/叢書類/彙編之屬

虛霩居叢書　(清)曾之編　清光緒刻本　四册　存一種

330000－1701－0054800　GP06478、GP06490

集部/别集類/清别集

陶園文集八卷詩集二十四卷詩餘二卷六如亭傳奇二卷　(清)張九鉞撰　清道光二十三年(1843)張氏賜錦樓刻本　清姚燮題記　十三册　存三十二卷(文集一至八、詩集一至二十四)

330000－1701－0054801　普 915.1/7117.062/2/c1　史部/地理類/山川之屬/水志

水經注四十卷首一卷　(北魏)酈道元撰　王先謙校　**水經注附錄二卷**　(清)趙一清輯　清光緒二十年(1894)寶善書局石印本　二十册

330000－1701－0054804　普 814.38/8387　史部/傳記類/别傳之屬

誠應武肅王[錢鏐]集□□卷　(五代)錢鏐撰　(清)錢槐等輯　清嘉慶十六年(1811)刻本　四册　存九卷(首、一至四、末一至四)

330000－1701－0054805　普 915.1/7117.062/2/c2　史部/地理類/山川之屬/水志

水經注四十卷首一卷　(北魏)酈道元撰　王先謙校　**水經注附錄二卷**　(清)趙一清輯　清光緒二十年(1894)寶善書局石印本　二十册

330000－1701－0054806　普 814.25/7731.2/7/c1　集部/别集類/漢魏六朝别集

陶淵明文集十卷　(晉)陶潛撰　清光緒十四年(1888)會稽陶濬宣稷山樓影宋刻本　二册

330000－1701－0054807　HJL6214　類叢部/叢書類/自著之屬

景紫堂全書十一種　(清)夏炘撰　清咸豐至同治刻同治元年(1862)王光甲等彙印本　二十二册

330000－1701－0054808　GP14796　史部/史評類/史論之屬

浙江四大家史論合編四卷　(清)杭世駿等撰　(清)李蔭鑾輯　清光緒二十八年(1902)刻本　二册

330000－1701－0054809　GP06481　集部/别集類/清别集

蕉窗賦存一卷　(清)齊學裘撰　清道光十五年(1835)刻本　一册

330000－1701－0054810　普 814.4/0012　集部/别集類/宋别集

高東谿先生集二卷首一卷附錄一卷　(宋)高登撰　清咸豐二年(1852)刻本　一册

330000－1701－0054811　普 915.1/7117.062/3/c1　史部/地理類/山川之屬/水志

水經注四十卷首一卷　(北魏)酈道元撰　王先謙校　**水經注附錄二卷**　(清)趙一清輯　清光緒十八年(1892)思賢講舍刻本　十六册

330000－1701－0054812　GP06482　集部/總集類/郡邑之屬

海上詩逸六卷　(清)宋蓮輯　清道光十年(1830)刻本　二册

330000－1701－0054813　GP14797　史部/地理類/雜志之屬

甌江小記一卷　(清)郭鍾岳撰　清光緒四年(1878)和天倪齋刻本　一册

330000－1701－0054814　普 323.21923/8346/c2　類叢部/叢書類/彙編之屬

正覺樓叢刻(正覺樓叢書)二十九種　(清)崇文書局編　清光緒崇文書局刻本　一册　存一種

330000－1701－0054815　HJL6466　集部/别集類/清别集

藤花亭散體文初集十卷　(清)梁廷枏撰　清道光刻本　四册

330000－1701－0054816　普 323.21923/8346/c3　類叢部/叢書類/彙編之屬

正覺樓叢刻(正覺樓叢書)二十九種　(清)崇文書局編　清光緒崇文書局刻本　一册　存一種

330000－1701－0054817　普 915.1/7117.062/3/c2　史部/地理類/山川之屬/水志

水經注四十卷首一卷　(北魏)酈道元撰　王先謙校　**水經注附錄二卷**　(清)趙一清輯

清光緒十八年(1892)思賢講舍刻本　十六册

330000－1701－0054819　GP14781　史部/史評類/史論之屬

欽定古今儲貳金鑑六卷　(清)高宗弘曆等撰　清光緒二十一年(1895)浙江官書局刻本　四册

330000－1701－0054820　普 814. 4/0012/2/c2　類叢部/叢書類/彙編之屬

正誼堂全書六十三種續刻五種　(清)張伯行編　(清)楊浚重編　清同治五年(1866)福州正誼書院刻同治八年至光緒十三年(1869－1887)續刻本　一册　存一種

330000－1701－0054821　普 323. 21923/8346/c4　類叢部/叢書類/彙編之屬

正覺樓叢刻(正覺樓叢書)二十九種　(清)崇文書局編　清光緒崇文書局刻本　一册　存一種

330000－1701－0054822　HJL5670　集部/别集類/清别集

三恥齋初稿十二卷　(清)吳坤修撰　清同治四年(1865)鳩江戎幄刻本　四册

330000－1701－0054823　HJL6465　集部/别集類/清别集

紅蕉吟館詩存十二卷　(清)嚴廷中撰　清道光十六年(1836)刻本　一册　存六卷(一至六)

330000－1701－0054824　GP06483　類叢部/叢書類/彙編之屬

武英殿聚珍版書　清刻本　三册　存一種

330000－1701－0054825　HJL6215　集部/别集類/清别集

雪竹樓詩稿十四卷文稿一卷首一卷　(清)黄道讓撰　清同治六年(1867)刻本　四册　存十卷(一至十)

330000－1701－0054826　普 814.25/7731.2/7/c2　集部/别集類/漢魏六朝别集

陶淵明文集十卷　(晋)陶潛撰　清光緒十四年(1888)會稽陶濬宣稷山樓影宋刻本　二册

330000－1701－0054827　普 814. 4/0012/2/c3　類叢部/叢書類/彙編之屬

正誼堂全書六十三種續刻五種　(清)張伯行編　(清)楊浚重編　清同治五年(1866)福州正誼書院刻同治八年至光緒十三年(1869－1887)續刻本　一册　存一種

330000－1701－0054828　普 323. 21924/3841/c1　類叢部/叢書類/彙編之屬

廣雅書局叢書一百五十九種　徐紹棨編　清光緒廣雅書局刻民國九年(1920)番禺徐紹棨彙編重印本　三册　存一種

330000－1701－0054830　GP06479　集部/别集類/清别集

戊申粤遊草一卷附録一卷續附録一卷　(清)黄爵滋撰　清道光刻本　一册

330000－1701－0054831　GP06484　集部/詞類/别集之屬

西湖柳枝詞五卷　(清)王昶輯　清嘉慶六年(1801)刻本　一册

330000－1701－0054832　GP06485　集部/總集類/選集之屬/斷代

羣雅集四十卷二集十八卷　(清)王豫輯　清嘉慶十二年至十六年(1807－1811)刻本　十六册

330000－1701－0054833　GP06480　集部/總集類/郡邑之屬

國朝山左詩鈔六十卷　(清)盧見曾輯　清乾隆二十三年(1758)德州盧見曾雅雨堂刻本　二十册

330000－1701－0054834　普 323. 21924/3841/c2　類叢部/叢書類/彙編之屬

廣雅書局叢書一百五十九種　徐紹棨編　清光緒廣雅書局刻民國九年(1920)番禺徐紹棨彙編重印本　三册　存一種

330000－1701－0054835　HJL6216　類叢部/叢書類/家集之屬

劉氏傳家集二十八種　(清)劉青芝編　清乾隆刻本　二册　存一種

330000－1701－0054836　普 814.4/0013　集部/别集類/宋别集
廬陵宋丞相信國公文忠烈先生全集十六卷　（宋）文天祥撰　（清）文有焕等編輯　清雍正三年（1725）文氏五桂堂刻乾隆二年（1737）增刻本　六册

330000－1701－0054837　HJL6462　集部/别集類/清别集
撼山草堂遺稾三卷補録一卷　（清）陳起書撰　清同治五年（1866）刻本　一册

330000－1701－0054838　GP14801　集部/别集類/清别集
壯悔堂文集十卷遺稿一卷　（清）侯方域撰　（清）賈開宗等評點　清刻本　清小復題記　四册

330000－1701－0054840　HJL6217　集部/别集類/清别集
知止齋詩集十六卷　（清）翁心存撰　清光緒三年（1877）常熟毛文彬刻書局刻本　四册

330000－1701－0054841　普 814.4/1031.3　集部/别集類/宋别集
王荊公文集注八卷　（宋）王安石撰　（清）沈欽韓注　清刻本　八册

330000－1701－0054842　HJH6463　集部/别集類/清别集
嵇庵詩集十卷文集二卷　（清）梅植之撰　清道光十六年（1836）王瓚華刻二十三年（1843）、二十四年（1844）黄國華續刻本　夢茗題記　四册

330000－1701－0054843　普 814.25/7731.2/8　集部/别集類/漢魏六朝别集
陶淵明文集十卷　（晉）陶潛撰　清同治二年（1863）何氏篤慶堂刻本　二册

330000－1701－0054844　GP06486　集部/總集類/選集之屬/通代
瀛奎律髓四十九卷　（元）方回輯　**重刻律髓記言一卷**　（清）吴寶芝撰　清康熙五十年至五十一年（1711－1712）吴寶芝黄葉邨莊刻本　十册

330000－1701－0054845　普 915.1/7117.063　史部/地理類/山川之屬/水志
水經注四十卷補遺一卷附錄二卷　（北魏）酈道元撰　（清）全祖望校　清光緒十四年（1888）薛福成寧波崇實書院刻本　十六册

330000－1701－0054846　普 814.3/4697/c2　集部/總集類/彙編之屬
初唐四傑集　（清）項家達編　清乾隆四十六年（1781）星渚項氏刻本　四册　存一種

330000－1701－0054847　GP14800　史部/傳記類/總傳之屬/郡邑
國朝天台耆舊傳八卷　（清）金文田輯　清光緒二十八年（1902）天台齊品亨堂木活字印本　清張邁題記　二册

330000－1701－0054849　普 814.4/1031.4/c1　集部/别集類/宋别集
王臨川文集四卷　（宋）王安石撰　清宣統二年（1910）上海會文堂書局石印本　四册

330000－1701－0054850　普 814.4/0013/2　集部/别集類/宋别集
廬陵宋丞相信國公文忠烈先生全集十六卷文忠烈公從祀原案錄一卷　（宋）文天祥撰　（清）文有焕等編輯　清雍正三年（1725）文氏五桂堂刻道光二十三年（1843）補刻本　十二册

330000－1701－0054851　普 814.3/4697/(2)　集部/總集類/彙編之屬
初唐四傑集　（清）項家達編　清乾隆四十六年（1781）星渚項氏刻本　五册　存一種

330000－1701－0054852　GP06489　集部/詩文評類
朱飲山千金譜二十九卷三韻易知十卷　（清）朱變撰　清乾隆五十五年（1790）治怒齋刻本　十册

330000－1701－0054853　普 915.1/7117.064　史部/地理類/山川之屬/水志
水經注釋四十卷首一卷附錄二卷水經注箋刊

誤十二卷　(清)趙一清撰　清乾隆五十一年(1786)趙氏小山堂刻本　六册　存十二卷(水經注箋刊誤一至十二)

330000－1701－0054854　普 323.21924/3481/2　類叢部/叢書類/彙編之屬
正覺樓叢刻(正覺樓叢書)二十九種　(清)崇文書局編　清光緒崇文書局刻本　三册　存一種

330000－1701－0054855　普 814.4/1031.4/c4　集部/别集類/宋别集
王臨川文集四卷　(宋)王安石撰　清宣統二年(1910)上海會文堂書局石印本　四册

330000－1701－0054856　普 814.25/7731.201　類叢部/叢書類/彙編之屬
玉海堂景宋元本叢書　劉世珩編　清光緒至民國貴池劉氏玉海堂影刻本　四册　存一種

330000－1701－0054857　普 814.3/4731/c1　集部/别集類/唐五代别集
河東先生文集六卷　(唐)柳宗元撰　清宣統二年(1910)上海會文堂書局石印本　六册

330000－1701－0054858　GP06487　集部/别集類/清别集
瘦人詩餘四卷　(清)李葵芬撰　清嘉慶五年(1800)刻本　一册

330000－1701－0054860　普 814.3/4731/c2　集部/别集類/唐五代别集
河東先生文集六卷　(唐)柳宗元撰　清宣統二年(1910)上海會文堂書局石印本　六册

330000－1701－0054861　HJL6461　集部/别集類/清别集
枕琴山館詩稿四卷　(清)陸模撰　清道光二十四年(1844)刻本　一册

330000－1701－0054862　HJL6160　集部/别集類/清别集
有真意齋詩稿六卷　(清)賀祥麟撰　清同治六年(1867)賀宏勳桐蔭山房刻本　四册

330000－1701－0054863　GP06488　集部/别集類/清别集
陶園文集八卷詩集二十四卷詩餘二卷六如亭傳奇二卷　(清)張九鉞撰　清道光二十三年(1843)張氏賜錦樓刻本　清姚燮題記　一册　存二卷(詩餘一至二)

330000－1701－0054864　GP06492　集部/别集類/清别集
御製詩初集四十四卷目錄四卷二集九十卷目錄十卷　(清)高宗弘曆撰　清乾隆刻本　三十八册

330000－1701－0054867　普 915.1/7117.064/2　史部/地理類/山川之屬/水志
水經注釋四十卷首一卷附錄二卷水經注箋刊誤十二卷　(清)趙一清撰　清光緒六年(1880)會稽章氏刻本　七册　存十卷(水經注箋刊誤一至十)

330000－1701－0054868　HJL6161　集部/别集類/清别集
小重山房詩續錄十二卷　(清)張祥河撰　**先溫和公[張祥河]年譜一卷**　(清)張茂辰等編　清光緒元年(1875)刻本　四册

330000－1701－0054869　GP06493　集部/詩文評類/詩評之屬
而菴說唐詩二十二卷首一卷　(清)徐增撰　清乾隆二十三年(1758)文茂堂刻本　八册

330000－1701－0054872　普 814.25/7731.3/c2　集部/别集類/漢魏六朝别集
陶淵明集八卷首一卷末一卷　(晉)陶潛撰　清光緒五年(1879)廣州翰墨園刻朱墨套印本　二册

330000－1701－0054873　普 814.4/1047/c2　集部/别集類/宋别集
宋王忠文公文集五十卷目錄四卷　(宋)王十朋撰　(清)唐傳鉎重編　**梅溪王忠文公[十朋]年譜一卷**　(清)徐炯文編　清光緒二年(1876)溫州梅溪書院刻本　十六册

330000－1701－0054874　GP06494　集部/别集類/清别集

樗寮先生全集七種四十三卷　(清)姚椿撰　清道光至咸豐刻本　一册　存一種

330000－1701－0054875　普915.1/7117.07　史部/地理類/山川之屬/水志

水經釋地八卷　(清)孔繼涵撰　清光緒六年(1880)會稽章氏刻本　二册

330000－1701－0054877　GP06495　集部/别集類/清别集

四牧齋詩集一卷　(清)黄華撰　清康熙四十一年(1702)黄巘刻本　一册

330000－1701－0054878　普814.4/1047/c3　集部/别集類/宋别集

宋王忠文公文集五十卷目錄四卷　(宋)王十朋撰　(清)唐傳鉎重編　**梅溪王忠文公[十朋]年譜一卷**　(清)徐炯文編　清光緒二年(1876)溫州梅溪書院刻本　十六册

330000－1701－0054881　GP06496　集部/别集類/清别集

畬香草存三卷續刻一卷　(清)倪元坦撰　清嘉慶二十四年(1819)涵和堂刻本　一册

330000－1701－0054883　GP14809　史部/金石類/石之屬/目録

十二硯齋金石過眼錄十八卷　(清)汪鋆撰　清光緒元年(1875)儀徵汪鋆刻本　伯雲題簽並記　四册

330000－1701－0054885　HJL6162　史部/詔令奏議類/奏議之屬

耐菴奏議存稿十二卷公牘存稿四卷文存六卷詩存三卷　(清)賀長齡撰　清光緒八年(1882)刻本　十二册

330000－1701－0054886　普814.3/4731.6　集部/别集類/唐五代别集

唐柳先生外集一卷　(唐)柳宗元撰　清光緒四年(1878)合肥蒯氏刻本　一册

330000－1701－0054887　HJL6460　集部/别集類/清别集

詅癡小草四卷　(清)張焜楊撰　清道光十八年(1838)刻本　一册　存三卷(一至三)

330000－1701－0054888　普814.25/7731.3/2　集部/别集類/漢魏六朝别集

陶淵明集十卷首一卷末一卷　(晉)陶潛撰　清木活字五色套印本　四册

330000－1701－0054889　普814.4/0013/4　集部/别集類/宋别集

宋丞相文山先生全集二十卷　(宋)文天祥撰　清康熙十二年(1673)吉水曾弘刻本　十册

330000－1701－0054890　GP06497　類叢部/叢書類/自著之屬

鹿洲全集七種　(清)藍鼎元撰　清刻本　一册　存一種

330000－1701－0054891　HJL6163　史部/詔令奏議類/奏議之屬

耐菴奏議存稿十二卷公牘存稿四卷文存六卷詩存三卷　(清)賀長齡撰　清光緒八年(1882)刻本　十二册

330000－1701－0054892　普814.4/1047/2　集部/别集類/宋别集

宋王忠文公文集五十卷目錄四卷　(宋)王十朋撰　(清)唐傳鉎重編　**梅溪王忠文公[十朋]年譜一卷**　(清)徐炯文編　清雍正六年(1728)唐傳鉎刻鴈就堂印本　十二册　存二十七卷(二十四至五十)

330000－1701－0054894　普814.4/0013/5　集部/别集類/宋别集

重刊文信國公全集十七卷首一卷　(宋)文天祥撰　清道光二十五年(1845)刻本　十二册

330000－1701－0054895　普323.2194/2627/c2　類叢部/叢書類/彙編之屬

武英殿聚珍版書一百三十八種　清木活字印本　一册　存一種

330000－1701－0054896　GP14810　類叢部/叢書類/彙編之屬

風雨樓叢書二十三種　鄧實編　清宣統順德鄧氏鉛印本　二册　存一種

330000－1701－0054897　普814.3/6036　集部/總集類/選集之屬/斷代

唐人三家集　(清)秦恩復編　清嘉慶至道光秦氏石研齋影宋刻本　四冊　存一種

330000－1701－0054899　HJH6178　集部/別集類/唐五代別集

杜工部集二十卷　(唐)杜甫撰　(清)錢謙益箋註　(清)何焯評點　**諸家詩話一卷唱酬題詠附錄一卷附錄一卷**　清宣統上海國學扶輪社、神州國光社鉛印本　八冊

330000－1701－0054901　普 814.4/0013.2　集部/別集類/宋別集

文信國公集二十卷首一卷　(宋)文天祥撰　清同治七年(1868)楚醴景萊書室刻本　十六冊

330000－1701－0054902　普 814.4/1047/3　集部/別集類/宋別集

宋王忠文公文集五十卷目錄四卷　(宋)王十朋撰　(清)唐傳鉎重編　**梅溪王忠文公[十朋]年譜一卷**　(清)徐炯文編　清雍正六年(1728)唐傳鉎刻鴈就堂印本　十二冊

330000－1701－0054903　普 814.3/7228/c2　類叢部/叢書類/彙編之屬

結一廬朱氏賸餘叢書四種　(清)朱澂編　清光緒三十年至三十一年(1904－1905)仁和朱氏刻三十二年(1906)印本　五冊　存一種

330000－1701－0054904　GP06499　集部/總集類/郡邑之屬

崇川列朝詩選彙存二卷各家詩鈔彙存五十二卷首八卷補遺六十一卷　(清)王藻輯　清咸豐七年(1857)有嘉樹軒刻本　二十冊

330000－1701－0054906　普 323.2194/2627/2/c1　類叢部/叢書類/彙編之屬

十萬卷樓叢書五十一種　(清)陸心源編　清光緒歸安陸氏刻本(歲時廣記卷六原缺)　一冊　存一種

330000－1701－0054907　HJL6459　集部/別集類/清別集

澹蘜軒詩初稾四卷詞一卷　(清)張緡英撰　清道光二十年(1840)宛鄰書屋刻本　二冊

330000－1701－0054908　HJL6179　集部/總集類/彙編之屬

二黃合稿二卷　(清)黃崇惺　(清)黃家鼎撰　(清)廷愷編　清光緒八年(1882)刻本　一冊

330000－1701－0054910　普 814.3/7228/(2)　類叢部/叢書類/彙編之屬

結一廬朱氏賸餘叢書四種　(清)朱澂編　清光緒三十年至三十一年(1904－1905)仁和朱氏刻三十二年(1906)印本　六冊　存一種

330000－1701－0054911　普 323.2194/2627/2/c2　類叢部/叢書類/彙編之屬

十萬卷樓叢書五十一種　(清)陸心源編　清光緒歸安陸氏刻本(歲時廣記卷六原缺)　一冊　存一種

330000－1701－0054913　普 915.1/71401/c1　史部/地理類/山川之屬/水志

永定河志三十二卷　(清)李逢亨纂　清嘉慶二十年(1815)刻本　十六冊

330000－1701－0054914　普 323.2194/2627/c1　類叢部/叢書類/彙編之屬

武英殿聚珍版書　清木活字印本　章嶔題記　一冊　存一種

330000－1701－0054915　普 814.4/0013.3　集部/總集類/彙編之屬

四忠遺集　(清)羅文謙編　清光緒二十三年(1897)湘南書局刻本　六冊　存一種

330000－1701－0054916　普 915.1/71401/c2　史部/地理類/山川之屬/水志

永定河志三十二卷　(清)李逢亨纂　清嘉慶二十年(1815)刻本　十六冊

330000－1701－0054917　普 915.1/7326　史部/地理類/山川之屬/水志

三省黃河全圖不分卷　易順鼎等纂　顧潮等測繪　清光緒十六年(1890)上海鴻文書局石印本　五冊

330000－1701－0054918　HJL6180　類叢部/叢書類/自著之屬

善思齋集四種　(清)徐宗亮撰　清光緒桐城徐氏刻本　六冊　存二種

330000－1701－0054919　GP06498　集部/別集類/清別集
儷紫軒偶存一卷　(清)萬青選輯　清乾隆四十一年(1776)刻本　一冊

330000－1701－0054921　普 814.4/0013.4　類叢部/叢書類/彙編之屬
正誼堂全書六十三種續刻五種　(清)張伯行編　(清)楊浚重編　清同治五年(1866)福州正誼書院刻同治八年至光緒十三年(1869－1887)續刻本　二冊　存一種

330000－1701－0054922　普 814.25/7731.4/c1　集部/總集類/彙編之屬
六朝四家全集　(清)胡鳳丹輯　清同治九年(1870)永康胡氏退補齋刻本　一冊　存一種

330000－1701－0054925　普 814.25/7731.4/c2　集部/總集類/彙編之屬
六朝四家全集　(清)胡鳳丹輯　清同治九年(1870)永康胡氏退補齋刻本　一冊　存一種

330000－1701－0054929　普 814.3/7424　集部/別集類/唐五代別集
重刊校正笠澤叢書四卷補遺詩一卷續補遺一卷　(唐)陸龜蒙撰　清大疊山房刻本　二冊

330000－1701－0054931　普 915.1/71401.02　史部/地理類/山川之屬/水志
永定河續志十六卷首一卷原編序例一卷　(清)朱其詔修　(清)蔣廷皋纂　清光緒六年(1880)刻八年(1882)重修十八年(1892)修補印本　十一冊

330000－1701－0054932　普 814.25/7731.6　集部/別集類/漢魏六朝別集
景唐刊卷子本陶文一卷　(晉)陶潛撰　清光緒十五年(1889)德清傅氏日本東京刻朱印本　一冊

330000－1701－0054933　普 814.3/7424/2　集部/別集類/唐五代別集
重刊校正笠澤叢書四卷補遺詩一卷續補遺一卷　(唐)陸龜蒙撰　清大疊山房刻本　王存善題記　一冊

330000－1701－0054938　普 814.3/7424/4/c1　集部/別集類/唐五代別集
重刊校正笠澤叢書四卷補遺詩一卷續補遺一卷　(唐)陸龜蒙撰　清東山草堂刻本　二冊

330000－1701－0054940　普 915.1/7720　史部/地理類/遊記之屬/紀行
辛卯侍行記六卷　(清)陶保廉撰　清光緒二十三年(1897)養樹山房刻本　六冊

330000－1701－0054941　普 814.3/7424/4/c2　集部/別集類/唐五代別集
重刊校正笠澤叢書四卷補遺詩一卷續補遺一卷　(唐)陸龜蒙撰　清東山草堂刻本　一冊

330000－1701－0054944　GP14820　集部/詞類/別集之屬
蕉心閣詞一卷　(清)周繼煦撰　清光緒二十六年(1900)貴築高晉年成都刻本　一冊

330000－1701－0054945　普 814.25/7731.7/2　集部/別集類/漢魏六朝別集
陶淵明詩一卷雜文一卷　(晉)陶潛撰　清光緒元年(1875)影宋紹熙曾集刻本　一冊

330000－1701－0054946　GP14822　子部/雜著類/雜說之屬
賨存四卷　(清)胡式鈺撰　清道光二十一年(1841)刻本　四冊

330000－1701－0054947　普 814.4/0042　類叢部/叢書類/彙編之屬
武英殿聚珍版書一百四十八種　清乾隆四十二年(1777)福建刻道光至同治遞修光緒二十一年(1895)增刻本　四冊　存一種

330000－1701－0054948　普 915.1/7774　史部/地理類/總志之屬/通代
歷代疆域表三卷圖一卷　(清)段長基撰　(清)段搢書參注　清嘉慶二十年(1815)味古

山房刻本　五冊

330000－1701－0054949　普 814.262/0413.02　類叢部/叢書類/家集之屬

冒氏叢書(如皋冒氏叢書)三十四種附二種　冒廣生編　清光緒至民國如皋冒氏刻本　一冊　存一種

330000－1701－0054950　普 814.4/1080.2/c1　類叢部/叢書類/彙編之屬

正誼堂全書六十三種續刻五種　(清)張伯行編　(清)楊浚重編　清同治五年(1866)福州正誼書院刻同治八年至光緒十三年(1869－1887)續刻本　二冊　存一種

330000－1701－0054952　GP14824　集部/別集類/清別集

焚餘草存一卷後刻一卷　(清)范薇撰　清光緒十八年(1892)黄大華刻二十年(1894)增刻本　一冊

330000－1701－0054954　HJL6181　集部/別集類/清別集

可園文存十六卷　陳作霖撰　清宣統元年(1909)刻本　四冊

330000－1701－0054955　HJL6182　集部/別集類/清別集

烏石山房詩存十二卷　(清)龔易圖撰　清光緒九年(1883)雙驂園刻本　二冊　存六卷(一至六)

330000－1701－0054956　HJL6183　集部/別集類/清別集

津門徵獻詩八卷　(清)華鼎元撰　清光緒十二年(1886)刻本　四冊

330000－1701－0054957　HJL6184　集部/別集類/清別集

樂道堂集十種　(清)奕訢撰　清咸豐至光緒刻本　十冊　存一種

330000－1701－0054958　HJL6458　集部/別集類/清別集

頤素堂詩鈔八卷　(清)顧禄撰　清道光五年(1825)蘇州刻增刻本　二冊

330000－1701－0054960　HJL6186　集部/別集類/清別集

萃錦唫十八卷　(清)奕訢撰　清光緒十一年(1885)刻十九年(1893)增刻本　二十冊

330000－1701－0054961　HJL6455　集部/別集類/清別集

拜竹詩堪詩存四卷釣船笛譜一卷　(清)馮登府撰　清道光九年(1829)、十四年(1834)刻本　二冊

330000－1701－0054962　HJL6471　集部/別集類/清別集

琴軒詩鈔三卷眠絲詞一卷　(清)楊紹炯撰　清咸豐七年(1857)刻本　一冊

330000－1701－0054963　HJL6164　類叢部/叢書類/自著之屬

寄龕全集　(清)孫德祖撰　清光緒刻本　十五冊　存六種

330000－1701－0054964　HJL6472　集部/別集類/清別集

月蕖軒詩草一卷詩餘一卷月蕖軒傳述畧一卷　(清)袁鏡蓉撰　清道光二十八年(1848)刻本　二冊

330000－1701－0054965　HJL6470　集部/別集類/清別集

古月軒詩存五卷文存二卷西江泛宅集三卷試帖偶存一卷　(清)朱仲林撰　**浣霞軒詩稿一卷浣霞軒寓草一卷試帖拾遺一卷過庭集一卷**　(清)朱駜成撰　**車笠同盟集一卷**　(清)朱宗湛等撰　清光緒十年(1884)栞川書屋刻本　六冊

330000－1701－0054966　HJL6165　類叢部/叢書類/自著之屬

潛園總集十七種　(清)陸心源撰　清同治至光緒刻本　十六冊　存二種

330000－1701－0054967　HJL6166　集部/別集類/清別集

湖陰文鈔二卷　(清)張海珊撰　(清)張特桂輯　清同治十二年(1873)刻本　四冊

330000－1701－0054968　HJL6473　集部/别集類/清別集

海天樓詩鈔十二卷　(清)喻福基撰　清咸豐六年(1856)刻本　四册

330000－1701－0054969　HJL6167　集部/别集類/清別集

報暉堂集三十卷首一卷　(清)黄維申撰　清光緒十八年(1892)刻本　八册

330000－1701－0054970　HJL6474　集部/别集類/清別集

信芳閣詩草五卷詩餘一卷附刻信芳閣自題八圖一卷　(清)陳蘊蓮撰　清咸豐元年(1851)刻本　六册

330000－1701－0054971　HJL6168　集部/别集類/清別集

清嘯閣詩草十六卷嶽遊草一卷湘湄驪唱一卷　(清)夏獻雲撰　清光緒十八年(1892)尊德堂刻本　四册

330000－1701－0054972　HJL6475　集部/别集類/清別集

疏野堂集十卷　(清)歸令瑜撰　清同治八年(1869)刻本　二册

330000－1701－0054973　HJL6476　集部/别集類/清別集

綠漪艸堂文集三十卷首一卷別集二卷外集二卷詩集二十卷首一卷研華館詞三卷　(清)羅汝懷撰　(清)羅式常輯　清光緒九年(1883)湘潭羅式常長沙刻本　十册　缺二十四卷(詩集首、一至二十,研華館詞一至三)

330000－1701－0054975　HJL6478　集部/别集類/清別集

陔蘭書屋詩集六卷詩二集一卷　(清)潘曾綬撰　**睡香花室詩鈔一卷**　(清)汪紉蘭撰　清道光刻本　四册

330000－1701－0054976　HJL6188　集部/别集類/清別集

可園詩存二十八卷詞存四卷　陳作霖撰　清宣統二年(1910)刻本　六册

330000－1701－0054977　HJL6189　集部/别集類/清別集

嘯雲軒詩集五卷文集六卷附錄一卷　(清)程畹撰　清光緒十三年(1887)刻本　二册　存七卷(文集一至六、附錄)

330000－1701－0054978　HJL6190　集部/别集類/清別集

尺牘齋詩鈔八卷　(清)蔡元燮撰　清光緒八年(1882)刻本　二册

330000－1701－0054979　HJL6191　集部/别集類/清別集

延秋吟館詩鈔四卷續鈔四卷　(清)張聯桂撰　清光緒十一年(1885)、十八年(1892)刻本　二册

330000－1701－0054980　HJL6479　集部/别集類/清別集

寒香館文鈔八卷詩鈔四卷　(清)賀熙齡撰　**皇清誥授朝議大夫掌四川道監察御史加二級前翰林院編修京畿道監察御史提督湖北學政賀蔗農先生[熙齡]崇祀鄉賢錄一卷**　清道光二十八年(1848)刻本　二册　缺四卷(詩鈔一至四)

330000－1701－0054981　HJL6192　集部/别集類/清別集

遠志齋文稿四卷詩稿二卷　(清)葛士達撰　(清)段鎮等輯　清光緒九年(1883)黎陽縣署刻本　六册

330000－1701－0054982　HJL6480　集部/别集類/清別集

壯學齋文集十二卷　(清)周樹槐撰　清咸豐二年(1852)刻本　六册

330000－1701－0054983　HJL6481　集部/别集類/清別集

紉香草堂詩集十卷試帖一卷　(清)李廷棨撰　清道光十五年(1835)刻咸豐三年(1853)增刻本　五册

330000－1701－0054984　HJL6193　集部/别集類/清別集

獄鐙小稿三卷　(清)趙光祖撰　清光緒刻本　一冊

330000－1701－0054985　HJL6194　集部/別集類/清別集
青草堂集十二卷二集十六卷三集十六卷補集七卷　(清)趙國華撰　清同治十一年至光緒二十一年(1872－1895)濟南刻民國十二年(1923)修補本　十六冊

330000－1701－0054986　HJL6483　集部/別集類/清別集
惜味齋存稿十四卷　(清)楊炳撰　清咸豐元年(1851)刻本　四冊

330000－1701－0054987　HJL6195　集部/別集類/清別集
食舊德齋雜著不分卷　(清)劉嶽雲撰　清光緒八年(1882)刻本　二冊

330000－1701－0054988　HJL6484　集部/別集類/清別集
琴韻閣遺草一卷　(清)沈鳳撰　**琴韻閣悼亡詩一卷**　(清)陳偕燦撰　清咸豐三年(1853)小維摩室刻本　一冊

330000－1701－0054989　HJL6196　集部/別集類/清別集
傳樸堂詩稿四卷補遺一卷　(清)葛金烺撰　**弢華館詩稿一卷**　(清)葛嗣溁撰　清光緒二十一年(1895)刻三十三年(1907)補刻本　二冊

330000－1701－0054990　HJL6485　集部/別集類/清別集
養拙居詩稿二十四卷文稿八卷尺牘十二卷　(清)張朝桂撰　清道光三十年(1850)刻本　六冊　存二十四卷(一至二十四)

330000－1701－0054992　HJL6486　集部/別集類/清別集
怡亭詩集六卷文集二十卷　(清)張紳撰　清道光十三年(1833)留香書屋刻本　八冊

330000－1701－0054993　HJL6219　集部/別集類/清別集
冠悔堂詩鈔八卷賦鈔四卷楹語三卷附錄一卷　(清)楊浚撰　清光緒十八年至二十年(1892－1894)刻本　十五冊

330000－1701－0054994　HJL6220　集部/別集類/清別集
小睡足寮詩錄四卷續錄四卷補錄二卷　(清)秦敏樹撰　**小睡足寮二友詩錄一卷**　(清)陸恩澍撰　(清)鳳錫綸撰　清光緒十三年至宣統二年(1887－1910)刻本　二冊

330000－1701－0054995　HJL6221　集部/別集類/清別集
古餘薌閣遺詩一卷　(清)慕昌溎撰　清光緒三十二年(1906)鉛印本　一冊

330000－1701－0054996　HJL6487　類叢部/叢書類/自著之屬
儆居遺書十一種　(清)黃式三撰　清同治至光緒刻本　四冊　存一種

330000－1701－0054997　HJL6222　集部/別集類/清別集
秋濤閣吟草三卷　(清)朱詒泰撰　清光緒三十一年(1905)刻本　璋年跋　一冊

330000－1701－0054998　HJL6223　集部/別集類/清別集
宜雅堂詩錄六卷　(清)顧翰撰　清光緒二十八年(1902)顧氏義莊刻本　一冊

330000－1701－0054999　HJL6224　集部/別集類/清別集
延桂山房吟稿八卷詞草一卷文集一卷別集一卷　(清)王惟成撰　清光緒二十六年(1900)刻本　四冊

330000－1701－0055000　HJL6488　集部/別集類/清別集
聽梧山館詩鈔五卷　(清)鄭良弼撰　清道光刻本　一冊

330000－1701－0055001　HJL6489　集部/別集類/清別集
笏庵詩鈔十卷　(清)吳清鵬撰　清道光刻本　二冊

330000－1701－0055002　HJL6225　集部/別集類/清別集

函雅堂集四十卷書序攷異一卷答問一卷　王詠霓撰　清光緒二十二年(1896)刻本　十四冊

330000－1701－0055004　HJL6227　集部/別集類/清別集

竹屋詩鈔一卷　(清)張虞東撰　清光緒二十七年(1901)琳琅新館刻本　一冊

330000－1701－0055005　HJL6228　集部/別集類/清別集

趣園詩鈔七卷首一卷　(清)李嶸撰　清光緒九年(1883)叢桂堂刻本　四冊

330000－1701－0055006　HJH6229　集部/總集類/尺牘之屬

名賢手札八種　(清)郭慶藩輯　清光緒二十五年(1899)上海文盛書局石印本　四冊

330000－1701－0055007　HJL6230　類叢部/叢書類/自著之屬

隨山館全集七種附刻三種　(清)汪瑔撰　清光緒刻本　十三冊

330000－1701－0055008　HJL6494　集部/別集類/清別集

海雲堂詩鈔八卷文鈔一卷　(清)嚴學淦撰　清嘉慶二十二年(1817)刻本　清趙彥修跋　四冊

330000－1701－0055009　HJL6490　集部/別集類/清別集

清歡堂詩稿二卷補編一卷　(清)呂家岳撰　清嘉慶二十一年(1816)刻本　一冊

330000－1701－0055010　HJL6491　集部/別集類/清別集

霜紅龕集四十卷　(清)傅山撰　**附錄三卷年譜一卷**　丁寶銓輯　清宣統三年(1911)山陽丁氏刻本　十二冊

330000－1701－0055011　HJL6492　集部/別集類/清別集

恥躬堂文鈔十卷詩鈔十六卷　(清)彭士望撰　清道光四年(1824)、咸豐二年(1852)彭玉雯刻本　八冊

330000－1701－0055012　HJL6231　集部/別集類/清別集

緣天蘭若詩鈔一卷續一卷　(清)釋含澈撰　清咸豐三年(1853)刻本　一冊

330000－1701－0055013　HJL6232　集部/別集類/清別集

晚香堂賦集初編二卷二編一卷試帖一卷詩鈔五卷文鈔一卷駢文一卷　(清)劉鳳苞撰　清光緒二十五年至二十七年(1899－1901)刻本　八冊

330000－1701－0055014　HJL6495　集部/別集類/清別集

因寄軒文初集十卷二集六卷補遺一卷　(清)管同撰　**坿刻小異遺文一卷**　(清)管嗣復撰　清光緒五年(1879)顧雲等刻本　四冊

330000－1701－0055016　HJL6496　集部/別集類/清別集

萬善花室文稿六卷　(清)方履籛撰　**附錄一卷**　(清)李兆洛等撰　清光緒十二年(1886)小峄山館刻本　三冊

330000－1701－0055018　HJH5276　集部/別集類/宋別集

朱子文集大全類編一百十一卷首一卷　(宋)朱熹撰　(清)朱玉訂補　清雍正八年(1730)紫陽書院刻乾隆十五年(1750)考亭書院印本　四十八冊

330000－1701－0055019　HJL6235　集部/別集類/清別集

止足齋詩存三卷養年別墅圖卷題詠一卷　(清)銘安撰　清光緒三十一年(1905)京師刻本　一冊

330000－1701－0055020　HJL6502　集部/別集類/清別集

溉餘唫草六卷　(清)丁繁培撰　清道光五年(1825)養蘭居刻本　四冊

330000－1701－0055021　HJL6236　集部/別

集類/清別集

古杼秋館文集二卷詩草一卷　(清)侯楨撰　清同治十二年(1873)木活字印本　二冊

330000－1701－0055022　HJL6497　集部/別集類/清別集

閑吟處詩鈔六卷　(清)華文桂撰　清道光刻本　二冊

330000－1701－0055023　HJL6499　集部/別集類/清別集

桂留山房詩集十二卷詞集一卷　(清)沈學淵撰　清道光二十四年(1844)郁松年刻本　四冊

330000－1701－0055024　HJL6498　集部/別集類/清別集

夢恬書屋詩鈔一卷續鈔一卷三集一卷擬古樂府一卷桃花緣填辭一卷　(清)徐朝彝撰　清道光刻本　二冊

330000－1701－0055025　HJL6237　集部/別集類/明別集

唐文恪公文集十六卷首一卷　(明)唐文獻撰　清道光三十年(1850)唐天溥寶研山房刻本　六冊

330000－1701－0055027　HJL6240　集部/別集類/明別集

白蘇齋類集十八卷　(明)袁宗道撰　清光緒七年(1881)刻本　四冊

330000－1701－0055028　HJL6241　集部/別集類/明別集

蔡忠烈公遺集不分卷　(明)蔡道憲撰　(清)鄧顯鶴編　清道光十一年(1831)趙亨鈐、胡均等刻本　四冊

330000－1701－0055029　GP06500　集部/詞類/別集之屬

蓮社詞二卷　(清)雷葆廉撰　清道光刻本　一冊

330000－1701－0055030　普 814.4/1080.2/c2　類叢部/叢書類/彙編之屬

正誼堂全書六十三種續刻五種　(清)張伯行編　(清)楊浚重編　清同治五年(1866)福州正誼書院刻同治八年至光緒十三年(1869－1887)續刻本　二冊　存一種

330000－1701－0055031　普 915.1/7535　類叢部/叢書類/自著之屬

番禺陳氏東塾叢書初函四種附一種　(清)陳澧撰　清咸豐至光緒刻本　二冊　存二種

330000－1701－0055032　GP06501　集部/詞類/別集之屬

綠語樓倚聲續集二卷　(清)唐壽萼撰　清道光二十一年(1841)刻本　一冊

330000－1701－0055033　HJL6500　類叢部/叢書類/自著之屬

姚伯山先生全集四種　(清)姚柬之撰　清道光二十八年(1848)刻本　十二冊

330000－1701－0055034　普 323.2194/2627/3　類叢部/叢書類/彙編之屬

榕園叢書六十二種續刻三種　(清)張丙炎編　(清)張允青重編　清同治真州張氏廣東刻民國二年(1913)重修印本　一冊　存三種

330000－1701－0055035　普 814.4/1103　類叢部/叢書類/自著之屬

代耕堂全集六種附存三種　(清)李嘉績撰　清光緒刻本　一冊　存一種

330000－1701－0055036　普 814.4/0077　集部/別集類/宋別集

馮秋水先生評定存雅堂遺藁十三卷　(宋)方鳳撰　(清)馮如京評　(清)張燧輯評　清同治十三年至光緒元年(1874－1875)刻本　四冊

330000－1701－0055037　普 814.3/40271　集部/總集類/彙編之屬

三唐人集　(清)馮焌光編　清光緒南海馮氏讀有用書齋刻本　六冊　存一種

330000－1701－0055038　GP06503　集部/詞類/別集之屬

雪帷韻竹詞不分卷　(清)孫錫撰　清乾隆四十五年(1780)刻本　一冊

330000－1701－0055039　普 814.4/1143　類叢部/叢書類/自著之屬

張宣公全集三種　(宋)張栻撰　清道光二十九年(1849)緜邑洗墨池刻咸豐四年(1854)緜邑南軒祠補刻本　八冊　存一種

330000－1701－0055040　普 323.2197/3308/c1　史部/職官類/官制之屬

樞垣記略二十八卷　(清)梁章鉅撰　(清)朱智等續纂　清光緒元年(1875)鉛印本　六冊

330000－1701－0055041　GP06516　經部/詩類/傳說之屬

葉太史參補古今大方詩經大全十五卷首一卷小序一卷綱領一卷圖一卷　(明)葉向高編　明萬曆書林余氏閩芝城建邑刻本　八冊

330000－1701－0055042　HJL6504　集部/別集類/清別集

程侍郎遺集初編十卷　(清)程恩澤撰　(清)何紹基編　清道光二十五年(1845)張穆𣅀喜齋刻本　八冊

330000－1701－0055043　普 814.3/40271/2　集部/總集類/彙編之屬

三唐人集　(清)馮焌光編　清光緒南海馮氏讀有用書齋刻本　四冊　存一種

330000－1701－0055044　HJH5293　類叢部/叢書類/彙編之屬

武英殿聚珍版書一百四十八種　清乾隆四十二年(1777)福建刻道光至同治遞修光緒二十一年(1895)增刻本　四冊　存一種

330000－1701－0055045　普 323.2197/3308/c2　史部/職官類/官制之屬

樞垣記略二十八卷　(清)梁章鉅撰　(清)朱智等續纂　清光緒元年(1875)鉛印本　六冊

330000－1701－0055046　GP06517　集部/詞類/別集之屬

啖蔗詞四卷　(清)吳展成撰　清刻本　一冊

330000－1701－0055047　普 814.3/40271.2　集部/別集類/唐五代別集

習之先生文集二卷　(唐)李翱撰　清宣統三年(1911)上海會文堂書局石印本　一冊

330000－1701－0055048　普 814.4/0427　集部/別集類/宋別集

晞髮集十卷　(宋)謝翱撰　清初刻本　四冊

330000－1701－0055049　普 915.1/8177　史部/地理類/輿圖之屬/水圖

七省沿海全圖不分卷　(清)邵廷烈撰　清道光二十三年(1843)刻三色套印本　一冊

330000－1701－0055051　HJL6501　集部/別集類/清別集

碧霞山館詩續集六卷又續集二卷　(清)黃錞撰　清道光二十五年(1845)刻本　二冊

330000－1701－0055052　GP06504　集部/詞類/別集之屬

紫雲詞一卷　(清)丁煒撰　清刻本　一冊

330000－1701－0055053　普 814.262/2300/c1　類叢部/叢書類/家集之屬

傅氏家書　(清)傅以禮編　清光緒二十年(1894)福州演慎齋刻本　一冊　存一種

330000－1701－0055054　普 323.2197/3308/c3　史部/職官類/官制之屬

樞垣記略二十八卷　(清)梁章鉅撰　(清)朱智等續纂　清光緒元年(1875)鉛印本　六冊

330000－1701－0055055　普 814.3/4046　類叢部/叢書類/彙編之屬

石研齋校刻書七種　(清)秦恩復編　清嘉慶至道光秦氏石研齋刻本　一冊　存一種

330000－1701－0055056　普 814.4/114311　類叢部/叢書類/彙編之屬

正誼堂全書六十三種續刻五種　(清)張伯行編　(清)楊浚重編　清同治五年(1866)福州正誼書院刻同治八年至光緒十三年(1869－1887)續刻本　四冊　存一種

330000－1701－0055057　普 951.04092/4040/2/c1　史部/編年類/斷代之屬

續資治通鑑長編五百二十卷目錄二卷　(宋)李燾撰　清嘉慶二十四年至二十五年(1819

-1820)海虞張氏愛日精廬木活字印本(卷一、一百三十二至一百四十三、一百五十一至一百五十五、三百八十六至三百九十一配抄本)　一百冊

330000-1701-0055058　HJL6811　類叢部/類書類/通類之屬
欽定古今圖書集成一萬卷目錄三十二卷　(清)蔣廷錫　(清)陳夢雷等輯　清光緒十年(1884)上海圖書集成書局鉛印本　一千六百二十八冊　缺一卷(禮儀典三百四十八)

330000-1701-0055059　GP14826　子部/農家農學類/總論之屬
築圩圖説一卷　(清)孫峻撰並繪　清光緒刻本　一冊

330000-1701-0055060　GP06518　集部/詞類/別集之屬
靜惕堂詞不分卷　(清)曹溶撰　清康熙四十六年(1707)朱丕戭刻本　二冊

330000-1701-0055061　普814.4/0427/2　集部/別集類/宋別集
晞髮集十卷遺集二卷補一卷　(宋)謝翱撰　**附天地間集一卷**　(宋)謝翱輯　清嘉慶二十一年(1816)留香室刻本　三冊

330000-1701-0055062　GP06505　集部/詞類/別集之屬
曼香詞一卷　(清)吳翌鳳撰　清刻本　一冊

330000-1701-0055064　普915.1/8380　新學/地學/地志學
海道圖説十五卷附長江圖説一卷　(英國)金約翰輯　(英國)傅蘭雅　(美國)金楷理口譯　(清)王德均筆述　清光緒二十年(1894)上海書局石印本　八冊

330000-1701-0055065　GP06520　集部/詞類/別集之屬
穜芸仙館詞二卷　(清)馮登府撰　清道光刻本　一冊

330000-1701-0055066　HJL6503　集部/別集類/清別集
研六室文鈔十卷　(清)胡培翬撰　清道光十七年(1837)涇川書院刻本　八冊

330000-1701-0055067　GP06506　集部/詞類/別集之屬
瑤碧詞一卷　(清)陳彬華撰　清刻本　一冊

330000-1701-0055069　普814.3/4046/2　類叢部/叢書類/彙編之屬
粤雅堂叢書一百八十五種　(清)伍崇曜編　清道光二十九年至光緒十一年(1849-1885)南海伍氏刻彙印本　一冊　存一種

330000-1701-0055070　GP07575　子部/天文曆算類/算書之屬
矩象測繪一卷　(清)吳錫釗撰　清光緒十七年(1891)杏雨山房刻本　一冊

330000-1701-0055072　GP06507　集部/別集類/清別集
雲山一懶翁集三卷附刻一卷　(元)姚璉撰　清乾隆五十六年(1791)姚任道刻本　二冊

330000-1701-0055073　普814.262/2300/c2　類叢部/叢書類/家集之屬
傅氏家書　(清)傅以禮編　清光緒二十年(1894)福州演慎齋刻本　一冊　存一種

330000-1701-0055074　普814.3/4062　集部/別集類/唐五代別集
唐皮日休文藪十卷　(唐)皮日休撰　清光緒二十一年(1895)合肥李氏蘭雪堂刻本　四冊

330000-1701-0055075　GP06521　集部/詞類/別集之屬
萬竹樓詞三卷　(清)朱和義撰　清道光三十年(1850)刻本　一冊

330000-1701-0055076　普915.1/8380/2/c3　新學/地學/地志學
海道圖説十五卷附長江圖説一卷　(英國)金約翰輯　(英國)傅蘭雅　(美國)金楷理口譯　(清)王德均筆述　清光緒江南機器製造總局刻本　十冊

330000-1701-0055077　普323.2197/3448

史部/傳記類/職官録之屬/總録
清秘述聞十六卷 (清)法式善編 清嘉慶四年(1799)刻本 三冊

330000－1701－0055078 HJL6505 集部/別集類/清別集
彊恕堂文稿不分卷 (清)李道融撰 清道光二十二年(1842)刻本 一冊

330000－1701－0055079 GP06508 集部/別集類/清別集
陔蘭書屋詩集六卷詩二集三卷補遺一卷文集一卷睡香花室詞一卷秋碧詞一卷 (清)潘曾綬撰 清刻本 一冊 存一卷(睡香花室詞)

330000－1701－0055080 普915.1/7144/c1 類叢部/叢書類/彙編之屬
崇文書局彙刻書三十一種 (清)崇文書局編 清光緒元年至三年(1875－1877)湖北崇文書局刻本 一冊 存一種

330000－1701－0055081 普814.4/0442 集部/別集類/宋別集
謝疊山公文集八卷首一卷末一卷 (宋)謝枋得撰 清嘉慶六年(1801)謝氏蘊德堂刻本 四冊

330000－1701－0055082 HJL6242 集部/別集類/宋別集
海南白先生正集二十卷別集八卷附集二卷續集十卷 (宋)葛長庚撰 清道光二十九年(1849)刻本 二冊

330000－1701－0055083 普814.4/1150、普814.4/1151.02 類叢部/叢書類/彙編之屬
武英殿聚珍版書一百四十八種 清乾隆四十二年(1777)福建刻道光至同治遞修光緒二十一年(1895)增刻本 十四冊 存一種

330000－1701－0055084 普814.3/4427 集部/別集類/唐五代別集
新刊權載之文集五十卷補刻一卷 (唐)權德輿撰 清嘉慶十一年(1806)朱氏刻本 十冊 缺二十八卷(一至二十七、補刻)

330000－1701－0055085 GP14831 子部/雜著類/雜說之屬
釀蜜集四卷 (清)浦起龍撰 清光緒二十七年(1901)靜寄東軒家塾刻本 四冊

330000－1701－0055086 普814.264/3427 集部/總集類/彙編之屬
漢魏六朝一百三家集(漢魏六朝百三名家集) (明)張溥編 明婁東張氏刻本 八冊 存一種

330000－1701－0055087 普323.2197/3448/(2)/c1 史部/傳記類/職官録之屬/總録
清秘述聞十六卷 (清)法式善編 清嘉慶四年(1799)刻本 六冊

330000－1701－0055088 普915.1/8380/2/c4 新學/地學/地志學
海道圖說十五卷附長江圖說一卷 (英國)金約翰輯 (英國)傅蘭雅 (美國)金楷理口譯 (清)王德均筆述 清光緒江南機器製造總局刻本 十冊

330000－1701－0055089 普915.1/7144/c2 類叢部/叢書類/彙編之屬
崇文書局彙刻書三十一種 (清)崇文書局編 清光緒元年至三年(1875－1877)湖北崇文書局刻本 一冊 存一種

330000－1701－0055090 普915.1/7144/c3 類叢部/叢書類/彙編之屬
崇文書局彙刻書三十一種 (清)崇文書局編 清光緒元年至三年(1875－1877)湖北崇文書局刻本 一冊 存一種

330000－1701－0055091 GP06509 集部/詞類/類編之屬
宋名家詞六十一種 (明)毛晉編 明崇禎虞山毛氏汲古閣刻本 一冊 存一種

330000－1701－0055092 GP06522 集部/詞類/別集之屬
夢綠庵詞二卷 (清)沈星煒撰 清刻本 一冊

330000－1701－0055093 普814.4/2540/2 集部/別集類/宋別集

晦庵先生朱文公文集一百卷續集十一卷別集十卷目錄二卷　(宋)朱熹撰　清同治十二年(1873)六安涂氏求我齋刻本　三十二冊

330000－1701－0055094　GP06523　子部/雜著類/雜說之屬
榆巢雜識二卷　(清)趙慎畛撰　清光緒浙江官紙總局鉛印本　二冊

330000－1701－0055095　HJL6243　集部/別集類/宋別集
方泉先生詩集三卷　(宋)周文璞撰　清宣統元年(1909)上海國光社石印本　一冊

330000－1701－0055096　HJL6506　集部/別集類/清別集
畫餘偶存九卷　(清)段永源撰　清道光二十八年至同治九年(1848－1870)滇南段氏雲生四壁書屋刻本　四冊

330000－1701－0055097　普 814.4/0862/c1　類叢部/叢書類/郡邑之屬
永嘉叢書十三種　(清)孫衣言編　清同治至光緒瑞安孫氏詒善祠塾刻本　四冊　存一種

330000－1701－0055098　HJL6244　集部/別集類/明別集
凌忠介公詩集二卷奏疏六卷　(明)凌義渠撰　清光緒四年(1878)刻本　四冊

330000－1701－0055099　普 915.1/83801　史部/政書類/軍政之屬/邊政
新編沿海險要圖說十六卷新編長江險要圖說五卷　余宏淦撰　清光緒二十九年(1903)鴻文書局石印本　二冊

330000－1701－0055100　普 814.3/4428　集部/別集類/唐五代別集
樊川文集二十卷外集一卷別集一卷　(唐)杜牧撰　清光緒二十二年(1896)景蘇園影宋刻本　四冊

330000－1701－0055101　普 814.4/0862/c2　類叢部/叢書類/郡邑之屬
永嘉叢書十三種　(清)孫衣言編　清同治至光緒瑞安孫氏詒善祠塾刻本　四冊　存一種

330000－1701－0055102　GP06524　集部/詞類/總集之屬
吳中七家詞七卷　清道光刻本(二白詞原缺)　一冊

330000－1701－0055103　GP06510　集部/詞類/別集之屬
斷水詞三卷　(清)樂鈞撰　清嘉慶刻本　一冊

330000－1701－0055104　普 814.4/2540/3/c2　集部/別集類/宋別集
晦庵先生朱文公文集一百卷續集五卷別集七卷目錄二卷　(宋)朱熹撰　(清)臧眉錫等訂　清康熙二十七年(1688)蔡方炳、臧眉錫刻本　三十六冊

330000－1701－0055105　HJL6245　集部/別集類/清別集
荻灘詩稿十二卷　(清)謝鴻撰　清嘉慶五年(1800)春草堂刻本　二冊

330000－1701－0055106　普 814.264/3427/2　集部/總集類/彙編之屬
漢魏六朝一百三家集(漢魏六朝百三名家集)　(明)張溥編　明婁東張氏刻本　二冊　存一種

330000－1701－0055107　普 814.4/0862/c3　類叢部/叢書類/郡邑之屬
永嘉叢書十三種　(清)孫衣言編　清同治至光緒瑞安孫氏詒善祠塾刻本　四冊　存一種

330000－1701－0055108　GP06511　集部/詞類/別集之屬
蘭素詞一卷　(清)沈彥曾撰　清道光二年(1822)刻本　一冊

330000－1701－0055109　普 951.04092/4040.02/c1　史部/編年類/斷代之屬
續資治通鑑長編拾補六十卷　(清)秦緗業等輯注　清光緒九年(1883)浙江書局刻本　十六冊

330000－1701－0055110　普 915.1/7147/c1　史部/地理類/山川之屬/水志

皇朝輿地水道源流五卷　(清)胡宣慶撰　清光緒十七年(1891)長沙胡氏刻本　一册

330000－1701－0055111　普814.4/0862/c5　類叢部/叢書類/郡邑之屬

永嘉叢書十三種　(清)孫衣言編　清同治至光緒瑞安孫氏詒善祠塾刻本　一册　存一種

330000－1701－0055113　普323.2197/3448/(2)/c2　史部/傳記類/職官録之屬/總録

清秘述聞十六卷　(清)法式善編　清嘉慶四年(1799)刻本　六册

330000－1701－0055114　普814.264/4032　類叢部/叢書類/彙編之屬

邵武徐氏叢書初刻十四種　(清)徐幹編　清光緒邵武徐氏刻本　一册　存一種

330000－1701－0055115　普915.1/7147/c2　史部/地理類/山川之屬/水志

皇朝輿地水道源流五卷　(清)胡宣慶撰　清光緒十七年(1891)長沙胡氏刻本　一册

330000－1701－0055117　HJL6247　集部/別集類/清別集

夢硯齋遺稿八卷　(清)唐樹義撰　清同治四年(1865)唐鄂生綏定郡齋刻本　三册

330000－1701－0055120　HJL6507　集部/別集類/清別集

柏梘山房文集十六卷文續集一卷詩集十卷詩續集二卷駢體文二卷　(清)梅曾亮撰　清咸豐六年(1856)楊以增、楊紹穀等慎修書屋刻同治三年(1864)補刻本　八册

330000－1701－0055121　GP06512　集部/詞類/別集之屬

憶雲詞甲稾一卷乙稾一卷丙稾一卷丁稾一卷删存一卷補遺一卷　(清)項廷紀撰　清刻本　一册　存一卷(憶雲詞甲稾)

330000－1701－0055123　普814.265/2874/c2　集部/別集類/漢魏六朝別集

徐孝穆全集六卷　(南朝陳)徐陵撰　(清)吳兆宜箋注　**備考一卷**　(清)徐文炳撰　清光緒二年(1876)廣東翰墨園刻本　四册

330000－1701－0055124　普323.2197/3448/(3)　史部/傳記類/職官録之屬/總録

清秘述聞十六卷　(清)法式善編　清嘉慶四年(1799)刻本　四册

330000－1701－0055125　HJL6248　集部/別集類/清別集

湖東集四卷　(清)范凌霦撰　清咸豐十一年(1861)刻本　四册

330000－1701－0055126　普814.4/2540/4/c2　集部/別集類/宋別集

朱子文集大全類編一百十一卷首一卷　(宋)朱熹撰　(清)朱玉訂補　清雍正八年(1730)紫陽書院刻道光二十年(1840)考亭書院重修本　三十二册

330000－1701－0055128　GP06513　集部/別集類/明別集

鯤溟先生詩集四卷奏疏一卷　(明)郭諫臣撰　清嘉慶七年(1802)吳郡郭氏刻本　二册

330000－1701－0055129　普951.04092/4040.02/c4　史部/編年類/斷代之屬

續資治通鑑長編拾補六十卷　(清)秦緗業等輯注　清光緒九年(1883)浙江書局刻本　十六册

330000－1701－0055130　普814.265/2874/(2)/c1　集部/別集類/漢魏六朝別集

徐孝穆全集六卷　(南朝陳)徐陵撰　(清)吳兆宜箋注　**備考一卷**　(清)徐文炳撰　清光緒二年(1876)廣東翰墨園刻本　三册

330000－1701－0055131　普323.2197/3448/2　史部/傳記類/職官録之屬/總録

清秘述聞十六卷　(清)法式善編　清嘉慶四年(1799)刻本　四册

330000－1701－0055134　GP06514　集部/別集類/清別集

緘石集一卷　(清)胡濱撰　清木活字印本　清曉舟題記　一册

330000－1701－0055136　普814.265/2874/(2)/c2　集部/別集類/漢魏六朝別集

徐孝穆全集六卷 （南朝陳）徐陵撰 （清）吳兆宜箋注 **備考一卷** （清）徐文炳撰 清光緒二年(1876)廣東翰墨園刻本 二册

330000－1701－0055137 GP14830 史部/目録類/總録之屬/官修

各省官局書目一卷 清光緒二十一年(1895)黔省提督學署刻本 一册

330000－1701－0055138 普 915.1/7271 史部/地理類/山川之屬/水志

長江圖說十二卷首一卷 （清）馬徵麟等撰 清同治十年(1871)湖北崇文書局刻本(卷一至二原缺) 五册

330000－1701－0055139 普 951.04092/4040.05/(2)/c1 史部/紀事本末類

紀事本末彙刻八種 （清）廣雅書局輯 清光緒廣雅書局刻本 二十四册 存一種

330000－1701－0055140 HJL6249 集部/别集類/清别集

又其次齋詩集七卷 （清）吳世涵撰 清咸豐二年(1852)宜園刻本 四册

330000－1701－0055141 HJL6250 類叢部/叢書類/自著之屬

函樓全集九種 （清）易佩紳撰 清光緒易氏刻本 二十四册

330000－1701－0055142 HJL6508 集部/别集類/清别集

壺園詩鈔選十卷賦鈔二卷五代新樂府一卷雜著不分卷詩外集六卷 （清）徐寶善撰 清道光刻本 六册

330000－1701－0055143 普 951.04092/4040.05/(2)/c2 史部/紀事本末類

紀事本末彙刻八種 （清）廣雅書局輯 清光緒廣雅書局刻本 二十四册 存一種

330000－1701－0055144 普 814.3/4432/2 集部/别集類/唐五代别集

唐黃御史集八卷附錄一卷 （唐）黃滔撰 清刻民國四年(1915)黃斌重修本 四册

330000－1701－0055145 普 915.1/8734/2/c1 類叢部/叢書類/自著之屬

北江全集七種 （清）洪亮吉撰 清乾隆至嘉慶刻彙印本 二册 存一種

330000－1701－0055146 普 915.1/8734/2/c2 類叢部/叢書類/自著之屬

北江全集七種 （清）洪亮吉撰 清乾隆至嘉慶刻彙印本 四册 存一種

330000－1701－0055147 普 915.1/8734/2/c3、普 915.1/8734.2/5 類叢部/叢書類/自著之屬

洪北江全集二十一種 （清）洪亮吉撰 清光緒三年至五年(1877－1879)洪用懃授經堂刻本 六册 存二種

330000－1701－0055148 HJL6509 類叢部/叢書類/自著之屬

斯未信齋全集二種 （清）徐宗幹撰 清咸豐五年(1855)刻本 十二册

330000－1701－0055150 普 814.4/1040 類叢部/叢書類/彙編之屬

武英殿聚珍版書一百三十八種 清乾隆武英殿木活字印本 十六册 存一種

330000－1701－0055152 GP06515 類叢部/類書類/專類之屬

麗句集六卷 （明）許之吉輯 明刻本 六册

330000－1701－0055154 GP06526 集部/總集類/酬唱之屬

游龍杖歌一卷 （清）湯金釗輯 清道光二十八年(1848)刻本 一册

330000－1701－0055156 普 814.4/2540.2/c3 集部/别集類/宋别集

朱子集一百四卷目錄二卷 （宋）朱熹撰 清咸豐十年至同治元年(1860－1862)浙江紫霞洲祠堂刻本 四十册

330000－1701－0055158 普 3232197/3448.02 史部/傳記類/職官録之屬/總録

清秘述聞續八卷 （清）王家相編 清道光元年(1821)王家相刻本 四册

330000－1701－0055160　普 814.4/2540.3　集部/別集類/宋別集
朱子分類文選九卷　(宋)朱熹撰　(清)朱澤澐輯　清咸豐二年(1852)姚椿刻本　二冊

330000－1701－0055161　普 814.4/1031/3　集部/別集類/宋別集
王臨川全集一百卷目錄二卷　(宋)王安石撰　清光緒九年(1883)聽香館刻本　二十冊

330000－1701－0055162　普 915.1/8746/c1　史部/地理類/叢編之屬
歷代輿地圖四十五種　楊守敬撰　熊會貞等繪　清光緒三十二年至宣統三年(1906－1911)楊氏觀海堂刻朱墨套印本　章嶔題記　三十四冊

330000－1701－0055163　普 951.04093/7556/c1　史部/紀事本末類
紀事本末五種　(清)□□輯　清同治十二年至十三年(1873－1874)江西書局刻本　二十冊　存一種

330000－1701－0055166　普 323.2197/3448.02/2/c1　史部/傳記類/職官録之屬/總録
清秘述聞續十六卷補一卷　(清)王家相編　(清)錢維福補續　清光緒刻本　四冊

330000－1701－0055168　HJH6252　類叢部/叢書類/彙編之屬
國粹叢書四十九種　(清)國學保存會編　清光緒至宣統鉛印本　一冊　存一種

330000－1701－0055169　普 814.3/4480.06/c1　集部/別集類/唐五代別集
韓集點勘四卷　(清)陳景雲撰　清同治九年(1870)江蘇書局刻本　一冊

330000－1701－0055170　普 814.4/2548　集部/別集類/宋別集
韋齋集十二卷　(宋)朱松撰　**玉瀾集一卷**　(宋)朱槔撰　清同治七年(1868)紫霞洲祠堂刻本　四冊

330000－1701－0055171　普 814.4/1031/5　集部/別集類/宋別集
王臨川全集一百卷目錄二卷　(宋)王安石撰　清光緒九年(1883)溧陽繆氏小峘山館刻本　十六冊

330000－1701－0055173　HJH6253　集部/總集類/尺牘之屬
國朝名人書札二卷　吴曾祺輯　清宣統二年(1910)上海商務印書館鉛印本　四冊

330000－1701－0055174　普 814.3/4480.06/c2　集部/別集類/唐五代別集
韓集點勘四卷　(清)陳景雲撰　清同治九年(1870)江蘇書局刻本　一冊

330000－1701－0055175　普 951.04093/7556/c2　史部/紀事本末類
紀事本末五種　(清)□□輯　清同治十二年至十三年(1873－1874)江西書局刻本　二十冊　存一種

330000－1701－0055178　普 323.2197/3448.02/2/c2　史部/傳記類/職官録之屬/總録
清秘述聞續十六卷補一卷　(清)王家相編　(清)錢維福補續　清光緒刻本　四冊

330000－1701－0055179　GP06527　集部/詞類/別集之屬
意香閣詞二卷　(清)李澧撰　清嘉慶五年(1800)刻本　二冊

330000－1701－0055180　普 814.4/1031/4　集部/別集類/宋別集
王臨川全集一百卷目錄二卷　(宋)王安石撰　清光緒刻本　十六冊

330000－1701－0055181　HJL6512　集部/別集類/清別集
梅花閣集十六卷　(清)程直仞撰　清道光十五年(1835)刻本　八冊

330000－1701－0055183　HJH6255　集部/詞類/別集之屬
濯絳宧存稾一卷　劉毓盤撰　清宣統元年(1909)刻本　一冊

330000－1701－0055184　HJL6256　集部/別

集類/清别集

冠悔堂詩鈔八卷　(清)楊浚撰　清光緒十八年(1892)刻本　八册

330000－1701－0055186　HJH6511　集部/總集類/選集之屬/通代

古文觀止十二卷　(清)吳乘權　(清)吳大職輯　清光緒三十二年(1906)掃葉山房刻本　六册

330000－1701－0055188　普 323.2197/4336　史部/職官類/官制之屬/專志

編定京官官制清單不分卷　(清)載澤等纂　清末浙江書局刻本　一册

330000－1701－0055189　普 814.4/2548/2　集部/别集類/宋别集

韋齋集十二卷　(宋)朱松撰　清禮耕堂刻本　四册

330000－1701－0055191　普 951.04093/7556/c3　史部/紀事本末類

紀事本末五種　(清)□□輯　清同治十二年至十三年(1873－1874)江西書局刻本　二十册　存一種

330000－1701－0055192　GP06531　類叢部/叢書類/自著之屬

王漁洋遺書三十八種　(清)王士禛撰　清刻本　七十五册　存三十七種

330000－1701－0055194　GP06528　集部/詞類/别集之屬

湘瑟詞四卷　(清)錢芳標撰　清康熙刻本　二册

330000－1701－0055196　普 814.4/2618/(2)　集部/别集類/宋别集

鶴山文鈔三十二卷　(宋)魏了翁撰　清同治十三年(1874)望三益齋刻本　十册

330000－1701－0055197　HJL6513　類叢部/叢書類/自著之屬

湯文正公全集七種　(清)湯斌撰　清同治九年(1870)蘇廷魁等刻本　三十二册

330000－1701－0055199　HJL6257　類叢部/叢書類/自著之屬

黎文肅公遺書七種　(清)黎培敬撰　清光緒十七年(1891)湘潭黎氏刻本　八册　存四種

330000－1701－0055200　普 915.1/8734/c2　類叢部/叢書類/彙編之屬

廣雅書局叢書一百五十九種　徐紹棨編　清光緒廣雅書局刻民國九年(1920)番禺徐紹棨彙編重印本　三册　存二種

330000－1701－0055201　GP06529　史部/傳記類/科舉録之屬

詞科掌錄十七卷餘話七卷　(清)杭世駿輯　清乾隆仁和杭氏道古堂刻本　六册

330000－1701－0055203　普 814.3/4480.07　類叢部/叢書類/彙編之屬

新陽趙氏叢刊十四種　(清)趙元益編　清光緒十一年至二十八年(1885－1902)新陽趙氏刻本　二册　存一種

330000－1701－0055204　普 323.47/4409/2/c1　史部/政書類/通制之屬

廣治平畧三十六卷　(清)蔡方炳撰　清同治九年(1870)漁古山房刻本　八册

330000－1701－0055205　HJL6514　集部/總集類/酬唱之屬

漸源唱和集四卷唱和續集八卷三集十卷　王詠霓編　清光緒刻本　八册

330000－1701－0055206　普 323.47/4409/2/c2　史部/政書類/通制之屬

廣治平畧三十六卷　(清)蔡方炳撰　清同治九年(1870)漁古山房刻本　八册

330000－1701－0055207　普 323.47/4409/2/c3　史部/政書類/通制之屬

廣治平畧三十六卷　(清)蔡方炳撰　清同治九年(1870)漁古山房刻本　八册

330000－1701－0055209　普 814.4/1206　集部/别集類/宋别集

燭湖集二十卷附編二卷　(宋)孫應時撰　(清)孫景洛等輯　清嘉慶八年(1803)孫氏靜

遠軒刻本　十二册

330000－1701－0055210　普323.47/4409/2/c4　史部/政書類/通制之屬

廣治平畧三十六卷　（清）蔡方炳撰　清同治九年（1870）漁古山房刻本　十册

330000－1701－0055211　GP14832　類叢部/叢書類/家集之屬

玉山朱氏遺書二種　（清）諸可寶編　清光緒二十六年（1900）玉山書院刻民國四年（1915）印本　二册　存一種

330000－1701－0055212　普814.3/4480.071　集部/别集類/唐五代别集

韓文起十二卷　（唐）韓愈撰　（清）林雲銘評註　**韓文公[愈]年譜一卷**　（清）林雲銘撰　清康熙三十二年（1693）林氏建陽刻本　四册

330000－1701－0055213　普915.1/8734.2/2　類叢部/叢書類/彙編之屬

廣雅書局叢書一百五十九種　徐紹棨編　清光緒廣雅書局刻民國九年（1920）番禺徐紹棨彙編重印本　四册　存一種

330000－1701－0055214　普915.1/8746/c4　史部/地理類/叢編之屬

歷代輿地圖四十五種　楊守敬撰　熊會貞等繪　清光緒三十二年至宣統三年（1906－1911）楊氏觀海堂刻朱墨套印本　三十四册　存一種

330000－1701－0055216　GP06530　集部/詞類/類編之屬

宋名家詞六十一種　（明）毛晉編　明崇禎虞山毛氏汲古閣刻本　一册　存一種

330000－1701－0055217　普814.4/2628　集部/總集類/彙編之屬

三宋人集　（清）方功惠編　清光緒七年（1881）巴陵方氏碧琳琅館刻本　一册　存一種

330000－1701－0055218　HJL6259　類叢部/叢書類/家集之屬

合肥王氏家集四種　（清）王尚辰編　清光緒木活字印本　八册

330000－1701－0055219　普814.4/4070/（2）　類叢部/叢書類/郡邑之屬

武林往哲遺箸五十二種後編十種　（清）丁丙編　清光緒二十年至二十六年（1894－1900）錢塘丁氏嘉惠堂刻本　六册　存一種

330000－1701－0055221　普915.1/8734/c1　類叢部/叢書類/彙編之屬

廣雅書局叢書一百五十九種　徐紹棨編　清光緒廣雅書局刻民國九年（1920）番禺徐紹棨彙編重印本　二册　存一種

330000－1701－0055222　普814.4/1206/2　集部/别集類/宋别集

燭湖集二十卷附編二卷　（宋）孫應時撰　（清）孫景洛等輯　清嘉慶八年（1803）孫氏靜遠軒刻本　六册

330000－1701－0055224　GP06532　集部/别集類/清别集

百美新詠一卷集詠一卷圖傳一卷　（清）顧希源撰　清嘉慶十年（1805）集腋軒刻本　漁隱題記　四册

330000－1701－0055225　普915.1/8734.2/3　類叢部/叢書類/自著之屬

北江全集七種　（清）洪亮吉撰　清乾隆至嘉慶刻彙印本　四册　存一種

330000－1701－0055227　普915.1/8772/c1　史部/地理類/總志之屬/斷代

楚漢諸侯疆域志三卷　（清）劉文淇撰　清光緒二年（1876）金陵刻本　一册

330000－1701－0055228　普814.4/1310　類叢部/叢書類/彙編之屬

武英殿聚珍版書三十九種　清乾隆浙江刻本　八册　存一種

330000－1701－0055229　普814.4/2734　集部/别集類/宋别集

道鄉先生文集四十卷補遺一卷附録一卷　（宋）鄒浩撰　清光緒二十五年（1899）刻本　六册

330000－1701－0055230　HJL6516　集部/別集類/清別集
綠雲僊館詩藁十二卷玉鏡臺詞一卷　(清)溫啓封撰　清同治九年(1870)長沙學署刻本　二冊

330000－1701－0055233　普915.1/8772/c2　史部/地理類/總志之屬/斷代
楚漢諸侯疆域志三卷　(清)劉文淇撰　清光緒二年(1876)金陵刻本　一冊

330000－1701－0055234　普814.4/2734/2　集部/別集類/宋別集
道鄉先生文集四十卷補遺一卷附錄一卷　(宋)鄒浩撰　清道光十一年(1831)無錫鄒禾刻十三年(1833)印本　八冊

330000－1701－0055235　HJL6260　集部/別集類/清別集
龍岡山人古文鈔十卷詩鈔十八卷駢體文鈔四卷古今體詩鈔二卷　(清)洪良品撰　清光緒四年至十八年(1878－1892)刻本　十冊

330000－1701－0055236　普915.1/8772/c3　史部/地理類/總志之屬/斷代
楚漢諸侯疆域志三卷　(清)劉文淇撰　清光緒二年(1876)金陵刻本　一冊

330000－1701－0055238　普814.4/1728/c1　類叢部/叢書類/郡邑之屬
武林往哲遺箸五十二種後編十種　(清)丁丙編　清光緒二十年至二十六年(1894－1900)錢塘丁氏嘉惠堂刻本　一冊　存一種

330000－1701－0055239　普915.1/8772/c4　史部/地理類/總志之屬/斷代
楚漢諸侯疆域志三卷　(清)劉文淇撰　清光緒二年(1876)金陵刻本　一冊

330000－1701－0055240　HJL6517　集部/別集類/清別集
張亨甫全集二十七卷文集六卷首一卷　(清)張際亮撰　(清)李雲誥輯　清咸豐建寧孔慶衢刻同治六年(1867)李雲誥補刻本　二十冊

330000－1701－0055241　普814.4/2737　集部/別集類/宋別集
宋國錄流塘詹先生集三卷　(宋)詹初撰　清乾隆休寧詹氏刻本　一冊

330000－1701－0055242　普915.1/8772/2/c1　類叢部/叢書類/彙編之屬
廣雅書局叢書一百五十九種　徐紹棨編　清光緒廣雅書局刻民國九年(1920)番禺徐紹棨彙編重印本　一冊　存一種

330000－1701－0055243　普814.4/1728/c2　類叢部/叢書類/郡邑之屬
武林往哲遺箸五十二種後編十種　(清)丁丙編　清光緒二十年至二十六年(1894－1900)錢塘丁氏嘉惠堂刻本　一冊　存一種

330000－1701－0055244　普814.4/1728/c3　類叢部/叢書類/郡邑之屬
武林往哲遺箸五十二種後編十種　(清)丁丙編　清光緒二十年至二十六年(1894－1900)錢塘丁氏嘉惠堂刻本　一冊　存一種

330000－1701－0055246　普814.4/4099　類叢部/叢書類/彙編之屬
武英殿聚珍版書三十九種　清乾隆浙江刻本　二十冊　存一種

330000－1701－0055247　普814.4/1728/c4　類叢部/叢書類/郡邑之屬
武林往哲遺箸五十二種後編十種　(清)丁丙編　清光緒二十年至二十六年(1894－1900)錢塘丁氏嘉惠堂刻本　一冊　存一種

330000－1701－0055248　普814.4/2743　集部/別集類/宋別集
倪石陵書一卷　(宋)倪樸撰　清道光十三年(1833)慎德堂木活字印本　一冊

330000－1701－0055249　普915.1/8772/2/c2　類叢部/叢書類/彙編之屬
廣雅書局叢書一百五十九種　徐紹棨編　清光緒廣雅書局刻民國九年(1920)番禺徐紹棨彙編重印本　一冊　存一種

330000－1701－0055250　HJL6518　集部/別集類/清別集

冬生艸堂文録四卷詩録八卷　（清）夏寶晉撰　清咸豐三年（1853）刻本　六册

330000－1701－0055251　普 323.28/2220　史部/職官類/官箴之屬

劉簾舫先生吏治三書六卷　（清）劉衡撰　清同治八年（1869）黔陽官署刻本　一册

330000－1701－0055252　普 814.4/1779　集部/别集類/宋别集

司馬文正公傳家集八十卷目録二卷　（宋）司馬光撰　**年譜一卷附録一卷**　（清）陳弘謀編　清乾隆六年（1741）桂林陳氏培遠堂刻本　十二册

330000－1701－0055253　普 814.4/4099/2/c1　集部/别集類/宋别集

絜齋集二十四卷　（宋）袁燮撰　**宋儒袁正獻公從祀録六卷**　清同治十一年至光緒二年（1872－1876）浙江四明袁氏進修堂刻本　八册

330000－1701－0055254　普 915.1/8772/2/c3　類叢部/叢書類/彙編之屬

廣雅書局叢書一百五十九種　徐紹棨編　清光緒廣雅書局刻民國九年（1920）番禺徐紹棨彙編重印本　一册　存一種

330000－1701－0055255　HJL6261　集部/别集類/清别集

潄六山房全集十一卷　（清）吴昆田撰　清光緒刻本　六册

330000－1701－0055256　普 814.4/1779.3　集部/别集類/宋别集

司馬溫公文集八十卷目録二卷　（宋）司馬光撰　明崇禎元年（1628）吴時亮等刻清康熙四十七年（1708）、同治九年（1870）重修本　二十四册

330000－1701－0055257　普 814.4/1735　集部/别集類/宋别集

河南先生文集二十七卷附録一卷　（宋）尹洙撰　清宣統二年（1910）守政書局木活字印本　四册

330000－1701－0055258　普 915.1/8772/2/c4　類叢部/叢書類/彙編之屬

廣雅書局叢書一百五十九種　徐紹棨編　清光緒廣雅書局刻民國九年（1920）番禺徐紹棨彙編重印本　一册　存一種

330000－1701－0055259　普 814.4/4099/2/c2　集部/别集類/宋别集

絜齋集二十四卷　（宋）袁燮撰　**宋儒袁正獻公從祀録六卷**　清同治十一年至光緒二年（1872－1876）浙江四明袁氏進修堂刻本　八册

330000－1701－0055261　HJL6519　集部/别集類/清别集

聲遠堂文鈔四卷　（清）王翼鳳撰　清咸豐二年（1852）刻本　一册

330000－1701－0055262　HJL6262　集部/别集類/清别集

王壯武公遺集二十四卷首一卷　（清）王鑫撰　清光緒十八年（1892）湘鄉王氏江寧刻本　十二册

330000－1701－0055263　普 915.1/87771/c1　史部/地理類/總志之屬/通代

歷代疆域表三卷圖一卷　（清）段長基撰　（清）段搢書參注　清嘉慶二十年（1815）味古山房刻本　五册

330000－1701－0055264　普 814.4/1735/2　集部/别集類/宋别集

河南先生文集二十七卷附録一卷　（宋）尹洙撰　清光緒六年（1880）韓江官署刻本　三册

330000－1701－0055265　普 814.4/2772　類叢部/叢書類/郡邑之屬

浦城遺書（浦城宋元明儒遺書）十四種　（清）梁章鉅　（清）祝昌泰編　清嘉慶十六年至十九年（1811－1814）浦城祝氏留香室刻道光十四年（1834）彙印本　一册　存一種

330000－1701－0055266　HJL6804　集部/總集類/選集之屬/斷代

欽定全唐文一千卷目録三卷　（清）董誥等輯

清嘉慶十九年(1814)內府刻本　一千四冊

330000－1701－0055267　HJL6520　集部/別集類/清別集
東洲艸堂詩鈔二十七卷詩餘一卷　(清)何紹基撰　清同治六年(1867)長沙無園刻本　六冊

330000－1701－0055268　普 915.1/8783/c1　史部/政書類/軍政之屬/邊政
中俄界約斠注七卷首一卷　錢恂撰　清光緒二十年(1894)上海醉六堂刻本　二冊

330000－1701－0055269　普 814.4/1779.2　集部/別集類/宋別集
司馬溫公文集十四卷　(宋)司馬光撰　(清)張伯行訂　清康熙四十八年(1709)儀封張伯行正誼堂刻本　六冊

330000－1701－0055270　普 915.1/8783/c2　史部/政書類/軍政之屬/邊政
中俄界約斠注七卷首一卷　錢恂撰　清光緒二十年(1894)上海醉六堂刻本　二冊

330000－1701－0055271　普 915.1/8783/c3　史部/政書類/軍政之屬/邊政
中俄界約斠注七卷首一卷　錢恂撰　清光緒二十年(1894)上海醉六堂刻本　二冊

330000－1701－0055272　普 915.1/8783/c4　史部/政書類/軍政之屬/邊政
中俄界約斠注七卷首一卷　錢恂撰　清光緒二十年(1894)上海醉六堂刻本　二冊

330000－1701－0055273　HJL6263　集部/別集類/清別集
樂志堂詩略二卷文略四卷附錄一卷　(清)譚瑩撰　清光緒元年(1875)南海譚氏刻本　六冊

330000－1701－0055274　普 915.1/8783/c5　史部/政書類/軍政之屬/邊政
中俄界約斠注七卷首一卷　錢恂撰　清光緒二十年(1894)上海醉六堂刻本　吳士鑑批校　二冊

330000－1701－0055275　普 915.1/87771/c2　史部/史表類/通代之屬
二十四史三表三種二十卷　(清)段長基撰　(清)段搢書編注　清嘉慶二十二年(1817)小酉山房刻本　五冊　存一種

330000－1701－0055276　HJL6522　類叢部/叢書類/自著之屬
彭文敬公集五種　(清)彭蘊章撰　清道光至同治刻同治彙印本　十二冊

330000－1701－0055277　普 814.4/4099/3　集部/別集類/宋別集
絜齋集二十四卷　(宋)袁燮撰　**宋儒袁正獻公從祀錄六卷**　清同治十一年至光緒二年(1872－1876)浙江四明袁氏進修堂刻本　六冊

330000－1701－0055278　GP06533　集部/總集類/選集之屬/通代
買愁集四卷　(清)錢尚濠撰　清刻本　四冊

330000－1701－0055281　普 915.1/87771/c3　史部/史表類/通代之屬
二十四史三表三種二十卷　(清)段長基撰　(清)段搢書編注　清嘉慶二十二年(1817)小酉山房刻本　五冊　存一種

330000－1701－0055282　普 814.4/1779.5　集部/別集類/宋別集
司馬文正公集八十二卷目錄二卷首一卷　(宋)司馬光撰　(清)喬人傑等重訂　清乾隆九年(1744)刻本　二十冊

330000－1701－0055283　普 814.4/2825　集部/別集類/宋別集
節孝先生文集三十卷事實一卷附載一卷語錄一卷　(宋)徐積撰　清宣統三年(1911)山陽徐氏刻本　六冊

330000－1701－0055284　普 814.4/4228　類叢部/叢書類/彙編之屬
武英殿聚珍版書一百三十八種　清乾隆武英殿木活字印本　六冊　存一種

330000－1701－0055285　GP06539　經部/

叢編
通志堂經解一百四十種　(清)納蘭成德輯　清康熙十九年(1680)納蘭成德刻本　八册　存一種

330000－1701－0055286　普 323.28/8000　史部/職官類/官箴之屬
重刊金庸齋先生居官必覽二卷　(清)金庸齋撰　清道光十三年(1833)仕學齋刻本　二册

330000－1701－0055288　普 323.47/2138/c1　新學/議論/論政
新政真詮六卷　何啓　胡禮垣撰　清光緒二十七年(1901)格致新報館鉛印本　八册

330000－1701－0055289　普 814.4/4400　集部/别集類/宋别集
黄青社先生伐檀集二卷　(宋)黄庶撰　清乾隆三十年(1765)寧州緝香堂刻本　二册

330000－1701－0055290　普 323.289/0043/c1　史部/職官類/官箴之屬
平平言四卷　(清)方大湜撰　清光緒二十五年(1899)黔省課吏局刻本　四册

330000－1701－0055291　普 323.47/2138/c2　新學/議論/論政
新政真詮六卷　何啓　胡禮垣撰　清光緒二十七年(1901)格致新報館鉛印本　四册　存四卷(三至六)

330000－1701－0055292　普 915.1/8937/c2　史部/雜史類/外紀之屬
皇朝藩部要略十八卷　(清)祁韻士纂　(清)毛嶽生編　**皇朝藩部世系表四卷**　(清)祁韻士纂　(清)宋景昌增輯　清光緒十年(1884)浙江書局刻本　八册

330000－1701－0055293　普 814.4/2880/c2　集部/别集類/宋别集
徐騎省集三十卷　(宋)徐鉉撰　**徐集補遺一卷附札記一卷**　(清)朱孔彰撰　清光緒十七年(1891)黟縣李宗煝刻本　六册

330000－1701－0055294　普 915.1/8937/c4　史部/雜史類/外紀之屬
皇朝藩部要略十八卷　(清)祁韻士纂　(清)毛嶽生編　**皇朝藩部世系表四卷**　(清)祁韻士纂　(清)宋景昌增輯　清光緒十年(1884)浙江書局刻本　八册

330000－1701－0055295　GP06540　史部/詔令奏議類/奏議之屬
靳文襄公奏疏八卷　(清)靳輔撰　清穆治豫刻本　八册

330000－1701－0055297　普 323.289/0043/c2　史部/職官類/官箴之屬
平平言四卷　(清)方大湜撰　清光緒十八年(1892)資州官廨刻本　四册

330000－1701－0055299　普 814.4/4400/2　集部/别集類/宋别集
黄青社先生伐檀集二卷　(宋)黄庶撰　清同治六年至七年(1867－1868)江西義寧黄氏雙井堂冲和堂刻本　二册

330000－1701－0055300　普 814.4/2880/(2)　集部/别集類/宋别集
徐騎省集三十卷　(宋)徐鉉撰　**徐集補遺一卷附錄一卷**　(清)朱孔彰輯　**徐騎省集校勘記一卷**　(清)李英元撰　清光緒十六年至十七年(1890－1891)黟南李宗煝刻十九年(1893)重校本　八册

330000－1701－0055302　普 814.4/1790　類叢部/叢書類/彙編之屬
正誼堂全書　(清)張伯行編　清康熙刻本　二册　存一種

330000－1701－0055304　普 323.37/4216　子部/小説家類/雜事之屬
客舍偶聞一卷　(清)彭貽孫撰　清末嵊縣裘翰興抄本　一册

330000－1701－0055306　GP06542　集部/别集類/清别集
測海集六卷　(清)彭紹升撰　清嘉慶二十四年(1819)刻本　一册

330000－1701－0055307　普 814.4/1790/2　類叢部/叢書類/彙編之屬

正誼堂全書六十三種續刻五種　（清）張伯行編　（清）楊浚重編　清同治五年（1866）福州正誼書院刻同治八年至光緒十三年（1869－1887）續刻本　一册　存一種

330000－1701－0055309　GP14878　經部/易類/傳說之屬
周易本義四卷筮儀一卷卦歌一卷圖說一卷　（宋）朱熹撰　清文苑堂刻本　二册

330000－1701－0055311　HJL6267　集部/別集類/清別集
味無味齋駢文二卷詩鈔七卷雜文一卷　（清）董兆熊撰　清同治十三年至光緒二年（1874－1876）刻本　二册

330000－1701－0055312　GP06543　集部/別集類/清別集
測海集六卷　（清）彭紹升撰　清嘉慶二十四年（1819）刻本　一册

330000－1701－0055313　普 814.4/44001　集部/別集類/宋別集
宋端明殿學士蔡忠惠公文集三十六卷首一卷　（宋）蔡襄撰　**宋蔡忠惠公別紀補遺二卷**　（明）徐𤊹編　（明）宋珏增補　清雍正十二年至乾隆五年（1734－1740）蔡仕舢、蔡廷魁遜敏齋刻光緒十九年（1893）重修本　七册　缺二卷（補遺一至二）

330000－1701－0055314　HJL6264　類叢部/叢書類/自著之屬
羅忠節公遺集八種　（清）羅澤南撰　清咸豐至同治刻本　十册

330000－1701－0055315　HJL6265　集部/別集類/清別集
怡雲山館詩存八卷　（清）楊柄錕撰　清光緒九年（1883）錦城刻本　五册

330000－1701－0055316　普 915.1/9426/c1　史部/地理類/總志之屬/斷代
三國郡縣表附考證八卷　（清）吳增僅撰　楊守敬補正　清光緒二十二年（1896）木活字印本　章嶔題記　四册

330000－1701－0055317　普 814.4/2120/c1　類叢部/叢書類/彙編之屬
正誼堂全書六十三種續刻五種　（清）張伯行編　（清）楊浚重編　清同治五年（1866）福州正誼書院刻同治八年至光緒十三年（1869－1887）續刻本　二册　存一種

330000－1701－0055318　HJL6266　集部/別集類/清別集
怡志堂詩初編八卷　（清）朱琦撰　清咸豐九年（1859）木活字印本　四册

330000－1701－0055319　普 814.4/3036/2/c1　集部/別集類/宋別集
宗忠簡公集八卷首一卷　（宋）宗澤撰　**忠簡公[宗澤]年譜一卷**　（宋）喬行簡編　清光緒二十四年（1898）義烏黃卿夔刻本　四册

330000－1701－0055321　普 814.4/2120/c2　類叢部/叢書類/彙編之屬
正誼堂全書六十三種續刻五種　（清）張伯行編　（清）楊浚重編　清同治五年（1866）福州正誼書院刻同治八年至光緒十三年（1869－1887）續刻本　一册　存一種

330000－1701－0055322　普 915.1/9426/c2　史部/地理類/總志之屬/斷代
三國郡縣表附考證八卷　（清）吳增僅撰　楊守敬補正　清光緒二十二年（1896）木活字印本　四册

330000－1701－0055323　GP06544　集部/別集類/清別集
月壺題畫詩一卷　（清）瞿應紹撰　清道光三十年（1850）刻本　一册

330000－1701－0055324　HJL6268　類叢部/叢書類/自著之屬
覆瓿集十三種附一種　（清）張文虎撰　清同治至光緒刻本　十二册

330000－1701－0055325　普 814.4/3036/2/c3　集部/別集類/宋別集
宗忠簡公集八卷首一卷　（宋）宗澤撰　**忠簡公[宗澤]年譜一卷**　（宋）喬行簡編　清光緒

二十四年(1898)義烏黄卿夔刻本　四冊

330000－1701－0055326　普 915.1/9475　類叢部/叢書類/彙編之屬

廣雅書局叢書一百五十九種　徐紹棨編　清光緒廣雅書局刻民國九年(1920)番禺徐紹棨彙編重印本　二十四冊　存一種

330000－1701－0055327　GP06545　集部/别集類/清别集

月壺題畫詩一卷　(清)瞿應紹撰　清道光三十年(1850)刻本　一冊

330000－1701－0055329　普 814.4/3036/3　類叢部/叢書類/郡邑之屬

金華文萃　(清)胡鳳丹編　清同治七年至光緒八年(1868－1882)永康胡氏退補齋刻民國補刻本　二冊　存一種

330000－1701－0055330　GP06546　集部/總集類/題詠之屬

罷讀樓彙刻贈言十卷　(清)陳登之輯　清道光十八年(1838)刻本　十冊

330000－1701－0055334　普 814.4/2273　史部/傳記類/别傳之屬

宋丞相崔清獻公言行錄内集二卷外集三卷　(宋)崔與之撰　(明)崔爔輯　清道光三十年(1850)芹桂堂刻本　三冊

330000－1701－0055335　GP06547　子部/儒家類/儒學之屬

困知記二卷續二卷三續一卷四續一卷續補一卷外編一卷附錄一卷　(明)羅欽順撰　清乾隆二十一年(1756)刻嘉慶四年(1799)補刻本　八冊

330000－1701－0055336　普 915.1/9475　類叢部/叢書類/彙編之屬

廣雅書局叢書一百五十九種　徐紹棨編　清光緒廣雅書局刻民國九年(1920)番禺徐紹棨彙編重印本　十五冊　存一種

330000－1701－0055337　GP06534　集部/别集類/宋别集

宋邵康節先生伊川擊壤集十卷三世名賢一卷　(宋)邵雍撰　(明)吳泰注　清康熙八年(1669)邵泰定、邵養貞刻本　五冊

330000－1701－0055342　GP06548　經部/小學類/音韻之屬/韻書

詩韻辨字增註五卷　(清)張澐卿輯　清光緒七年(1881)張澐卿刻本　一冊

330000－1701－0055344　普 814.4/4407　集部/别集類/宋别集

宋黄文節公文集三十二卷外集二十四卷别集十九卷首四卷　(宋)黄庭堅撰　**黄青社先生伐檀集二卷**　(宋)黄庶撰　清乾隆三十年(1765)江右寧州緝香堂刻本　質園題記　四十冊

330000－1701－0055345　普 814.4/2330　類叢部/叢書類/家集之屬

傅氏續錄　(清)傅以禮編　清光緒演慎齋刻本　三冊　存一種

330000－1701－0055346　普 915.1/94771　史部/地理類/總志之屬/通代

歷代沿革表三卷　(清)段長基撰　(清)段搢書参注　清嘉慶二十年(1815)味古山房刻本　七冊

330000－1701－0055347　HJL6521　集部/别集類/清别集

犀禪山館集不分卷　(清)汪和撰　(清)劉壽曾輯　清光緒元年(1875)金陵刻本　一冊

330000－1701－0055349　GP06549　類叢部/叢書類/自著之屬

确山所著書　(清)宋世犖撰　清嘉慶刻本　一冊　存一種

330000－1701－0055351　HJL6523　集部/别集類/清别集

蛉石齋詩鈔四卷　(清)黎恂撰　清同治四年(1865)敦復堂刻本　二冊

330000－1701－0055352　GP14948　史部/金石類

龍門山造像錄存二卷　清抄本　定叔題記　二冊

330000－1701－0055353　HJL6269　集部/別集類/清別集

古紅梅閣集八卷附錄一卷　(清)劉履芬撰

紫藤花館詩餘一卷　(清)劉觀藻撰　清光緒六年(1880)蘇州刻本　二冊

330000－1701－0055354　普 915.1/94771/2　史部/史表類/通代之屬

二十四史三表三種二十卷　(清)段長基撰　(清)段搢書編注　清嘉慶二十二年(1817)小酉山房刻本　五冊　存一種

330000－1701－0055356　普 814.4/4407/2　集部/別集類/宋別集

宋黃文節公文集三十二卷外集二十四卷別集十九卷首四卷　(宋)黃庭堅撰　清乾隆三十年(1765)江右寧州緝香堂刻本　三十冊

330000－1701－0055357　普 814.4/3036/4　集部/別集類/宋別集

宋宗忠簡公集八卷　(宋)宗澤撰　(宋)樓鑰輯　(清)王延曾重輯　清康熙三十年(1691)刻本　二冊

330000－1701－0055358　HJL6524　集部/別集類/清別集

西漚全集十卷外集八卷　(清)李惺撰　清同治七年(1868)李氏刻本　十六冊

330000－1701－0055360　HJL6805　集部/總集類/選集之屬/通代

御選宋金元明四朝詩三百二卷首二卷姓名爵里十三卷　(清)聖祖玄燁選　(清)張豫章等編　清康熙四十八年(1709)内府刻本　一百五十六冊

330000－1701－0055362　HJL5334　類叢部/叢書類/彙編之屬

武英殿聚珍版書一百四十八種　清乾隆四十二年(1777)福建刻道光至同治遞修光緒二十一年(1895)增刻本(簡齋集卷九至十二配清木活字印本)　二冊　存一種

330000－1701－0055363　GP14962　類叢部/叢書類/彙編之屬

古逸叢書二十六種　(清)黎庶昌編　清光緒八年至十年(1882－1884)黎庶昌日本東京使署影刻本　一冊　存一種

330000－1701－0055364　HJL6525　集部/別集類/清別集

蟲鳥吟十卷　(清)蕭德宣撰　清同治五年(1866)刻本　四冊

330000－1701－0055365　GP06551　集部/別集類/清別集

甌北詩鈔十五卷　(清)趙翼撰　清乾隆湛貽堂刻本　四冊

330000－1701－0055366　普 814.4/4407/3　集部/別集類/宋別集

宋黃文節公文集三十二卷外集二十四卷別集十九卷首四卷　(宋)黃庭堅撰　清同治七年(1868)江右義寧黃氏雙井堂、冲和堂刻本　三十冊

330000－1701－0055368　HJL6526　集部/別集類/清別集

蜨庵詩鈔八卷　(清)楊棨撰　**蜨庵賦鈔二卷**　(清)楊棨撰　(清)包國璋注　清同治二年(1863)楊氏刻本　四冊

330000－1701－0055370　普 814.4/3036/5　類叢部/叢書類/郡邑之屬

金華叢書六十八種　(清)胡鳳丹編　清同治七年至光緒八年(1868－1882)永康胡氏退補齋刻民國補刻本　二冊　存一種

330000－1701－0055371　HJL6270　類叢部/叢書類/自著之屬

槐卿遺著二種　(清)沈衍慶撰　清同治元年(1862)刻光緒補刻本　四冊

330000－1701－0055372　GP06535　史部/政書類/律令之屬

治浙成規八卷　清道光刻本　八冊

330000－1701－0055373　GP06552　集部/總集類/郡邑之屬

粵西詩載二十五卷文載七十五卷叢載三十卷　(清)汪森輯　清康熙四十四年(1705)汪氏

梅雪堂刻本　六册　存三十卷(叢載一至三十)

330000－1701－0055376　HJL6271　集部/別集類/清別集

娛志堂詩鈔四卷附雪鷗詞鈔一卷　(清)黎庶蕃撰　清同治四年(1865)刻本　四册

330000－1701－0055377　普814.4/3043　集部/別集類/清別集

南陽集六卷　(宋)趙湘撰　清道光二年(1822)胡氏刻本　一册

330000－1701－0055379　GP06553　類叢部/叢書類/自著之屬

心齋十種　(清)任兆麟撰　清乾隆五十年至五十五年(1785－1790)震澤任氏忠敏家塾刻本　一册　存一種

330000－1701－0055380　GP14879　子部/儒家類/儒學之屬/蒙學

小學集解六卷小學輯説一卷　(清)張伯行輯注　清同治四年(1865)晉陽藩署刻本　四册

330000－1701－0055381　GP06536　集部/詞類/總集之屬

花菴絶妙詞選十卷　(宋)黄昇輯　明末毛氏汲古閣刻詞苑英華本　清姚燮題記　二册

330000－1701－0055383　HJL6530　集部/別集類/清別集

小槃州詩集二卷小槃洲箋譾一卷　(清)洪鼎撰　清咸豐二年至三年(1852－1853)刻本　二册

330000－1701－0055384　HJL6272　集部/別集類/清別集

壯懷堂詩初稿十卷　(清)林直撰　清咸豐六年(1856)福州刻本　二册

330000－1701－0055389　普915.2/1035/c1　史部/地理類/雜志之屬

談瀛錄三卷　(清)王之春撰　清光緒六年(1880)上洋文藝齋刻本　二册

330000－1701－0055390　HJH6529　類叢部/叢書類/自著之屬

趣園初集五種　(清)陳鍾祥撰　清咸豐十年(1860)刻本　四册　存二種

330000－1701－0055391　HJL6273　集部/別集類/清別集

石泉集四卷　(清)郭柏蔭撰　清同治刻本　一册

330000－1701－0055396　普814.4/3418　類叢部/叢書類/家集之屬

洪氏晦木齋叢書二十種　(清)洪汝奎編　清同治八年至宣統元年(1869－1909)刻本　四册　存二種

330000－1701－0055397　HJL6527　集部/總集類/彙編之屬

陸陳二先生詩文鈔　(清)葉裕仁輯　清同治九年至光緒二年(1870－1876)安道書院刻本　八册

330000－1701－0055398　HJL6274　集部/別集類/清別集

未灰齋文集八卷外集一卷　(清)徐鼒撰　清光緒三年(1877)六合徐氏刻敝帚齋遺書本　清李慈銘題簽並跋　四册

330000－1701－0055399　HJH6528　集部/別集類/清別集

補學軒文集四卷駢體二卷　(清)鄭獻甫撰　清咸豐十一年(1861)刻本　六册

330000－1701－0055400　HJL6275　集部/別集類/清別集

讀書延年堂集六十一種　(清)熊少牧撰　清道光二十一年至光緒三年(1841－1877)洞泉草堂長沙刻本　十八册　存五種

330000－1701－0055401　GP06555　集部/總集類/選集之屬/斷代

本朝應制和聲集六卷首三卷二集三卷首一卷補編一卷　(清)沈德潛　(清)王居正輯並評　清乾隆十五年(1750)刻本　十册　缺四卷(二集一至三、補編)

330000－1701－0055402　普814.4/4414　集

部/别集類/宋别集

安陽集五十卷 (宋)韓琦撰 **忠獻韓魏王别錄三卷** (宋)王巖叟撰 **忠獻韓魏工遺事一卷** (宋)強至撰 **忠獻韓魏王家傳十卷** (明)郭璞校 清康熙五十六年(1717)崐山徐樹敏晚香書屋刻乾隆五年(1740)蔣光祖補刻本 十册

330000－1701－0055405 普 814.4/4414.2 類叢部/叢書類/彙編之屬

正誼堂全書六十三種續刻五種 (清)張伯行編 (清)楊浚重編 清同治五年(1866)福州正誼書院刻同治八年至光緒十三年(1869－1887)續刻本 六册 存一種

330000－1701－0055406 HJL6276 集部/别集類/清别集

志隱齋詩鈔八卷 (清)王文瑋撰 清咸豐六年(1856)刻本 二册

330000－1701－0055407 GP14973 史部/金石類/石之屬/文字

瘞鶴銘玫補一卷校勘記一卷 (清)翁方綱撰 **山樵書外紀一卷** (清)張開福撰 清光緒三十四年(1908)端方刻朱印本 一册

330000－1701－0055408 普 814.4/44221/c3 集部/總集類/氏族之屬

范文正公忠宣公全集七十三卷 (宋)范仲淹 (宋)范純仁撰 清康熙四十六年(1707)吴郡范氏歲寒堂刻本 石國藩題記 六册 存二十五卷(范忠宣公全集一至二十五)

330000－1701－0055409 普 915.2/1035/c2 史部/地理類/雜志之屬

談瀛錄三卷 (清)王之春撰 清光緒六年(1880)上洋文藝齋刻本 二册

330000－1701－0055410 HJL6278 集部/别集類/清别集

小醉經室詩集六卷 (清)徐廷珍撰 清光緒十年(1884)江都徐氏刻本 二册

330000－1701－0055411 HJL6531 集部/别集類/清别集

種香山館詩集四卷補遺一卷文集四卷 (清)謝蘭生撰 清光緒十二年(1886)謝氏家塾刻本 四册

330000－1701－0055412 GP06567 集部/詩文評類/制藝之屬

制義叢話二十四卷題名一卷 (清)梁章鉅撰 清咸豐九年(1859)刻本 八册

330000－1701－0055413 普 915.2/1130./c1 史部/傳記類/日記之屬

癸卯東游日記一卷(清光緒二十九年) 張謇撰 清光緒二十九年(1903)江蘇通州翰墨林書局鉛印本 一册

330000－1701－0055414 普 814.4/44231/2 類叢部/叢書類/郡邑之屬

永嘉叢書十三種 (清)孫衣言編 清同治至光緒瑞安孫氏詒善祠塾刻本 六册 存一種

330000－1701－0055417 HJL6279 集部/别集類/清别集

雪蕉齋詩鈔四卷補編一卷 (清)王德馨撰 **鍼餘集殘稿一卷** (清)邵匹蘭撰 **留硯山房遺草一卷** (清)王朝清撰 清光緒二十六年至三十年(1900－1904)刻本 四册

330000－1701－0055418 GP06569 集部/别集類/清别集

道腴堂詩編二十卷 (清)鮑鉁撰 清乾隆刻本 六册

330000－1701－0055420 普 814.4/44231/2/(2)/c1 類叢部/叢書類/郡邑之屬

永嘉叢書十三種 (清)孫衣言編 清同治至光緒瑞安孫氏詒善祠塾刻本 十册 存一種

330000－1701－0055421 普 915.2/3113 史部/地理類/遊記之屬/紀行

扶桑述覽一卷 汪張黻撰 清光緒三十三年(1907)農工商部印刷科鉛印本 徐映璞題簽並跋 一册

330000－1701－0055422 GP06570 集部/别集類/清别集

柯庭餘習十二卷 (清)汪文柏撰 清乾隆六

年(1741)刻本　四冊

330000－1701－0055423　HJL6280　集部/別集類/清別集
承恩堂詩集十卷　(清)恩錫撰　清同治十三年(1874)袁江節署刻本　五冊

330000－1701－0055425　普 814.4/44231/2/(2)/c2　類叢部/叢書類/郡邑之屬
永嘉叢書十三種　(清)孫衣言編　清同治至光緒瑞安孫氏詒善祠塾刻本　十冊　存一種

330000－1701－0055426　HJL6281　集部/別集類/清別集
蔗餘軒詩鈔六卷　(清)車元春撰　清同治十二年(1873)刻本　二冊

330000－1701－0055427　普 814.4/3424　類叢部/叢書類/家集之屬
洪氏晦木齋叢書二十種　(清)洪汝奎編　清同治八年至宣統元年(1869－1909)刻本　一冊　存一種

330000－1701－0055428　HJL6282　集部/別集類/清別集
劬書室遺集十六卷　(清)金錫齡撰　清光緒二十一年(1895)刻本　五冊

330000－1701－0055429　GP06556　經部/詩類/傳說之屬
詩經申義十卷　(清)吳士模撰　清光緒十七年(1891)澤古齋刻本　四冊

330000－1701－0055430　普 814.4/44141　類叢部/叢書類/彙編之屬
武英殿聚珍版書一百四十八種　清乾隆四十二年(1777)福建刻道光至同治遞修光緒二十一年(1895)增刻本　九冊　存一種

330000－1701－0055431　普 814.4/4428　集部/別集類/宋別集
蘇子美文集六卷　(宋)蘇舜欽撰　清同治六年(1867)中江賓興會刻本　二冊

330000－1701－0055432　普 915.2/3765　史部/地理類/外紀之屬
增註東洋詩史三卷　(日本)濯足扶桑客撰　清光緒二十九年(1903)江陰中西實學書館木活字印本　三冊

330000－1701－0055434　GP06571　集部/別集類/清別集
書巖集四卷　(清)薛士學撰　清康熙刻本　二冊

330000－1701－0055436　GP06557　經部/詩類/傳說之屬
詩經申義十卷　(清)吳士模撰　清光緒十七年(1891)澤古齋刻本　四冊

330000－1701－0055437　HJL6277　集部/別集類/清別集
偶齋詩草内集八卷外集八卷内次集十卷外次集十卷　(清)寶廷撰　(清)壽富　(清)富壽編　清光緒十九年(1893)刻本　十冊

330000－1701－0055438　普 814.4/3432　集部/別集類/宋別集
盤洲文集八十卷首一卷末一卷　(宋)洪适撰　**盤洲文集校記一卷**　(清)洪汝奎撰　清同治溼縣洪氏晦木齋刻光緒十年(1884)續刻本　十二冊

330000－1701－0055440　普 814.4/4422/c1　類叢部/叢書類/郡邑之屬
永嘉叢書十三種　(清)孫衣言編　清同治至光緒瑞安孫氏詒善祠塾刻本　一冊　存一種

330000－1701－0055442　GP06559　新學/史志/諸國史
節本泰西新史攬要八卷　(英國)李提摩太譯　周慶雲節錄　清光緒二十七年(1901)周慶雲夢坡室刻本　二冊

330000－1701－0055443　HJL6532　集部/別集類/清別集
明志齋詩草二卷　(清)蔡嘉佺撰　清光緒十七年(1891)蔡希邠桂林泉署刻本　二冊

330000－1701－0055444　普 814.4/4422/c2　類叢部/叢書類/郡邑之屬
永嘉叢書十三種　(清)孫衣言編　清同治至

光緒瑞安孫氏詒善祠塾刻本　一册　存一種

330000－1701－0055446　普 814.4/4422/c3　類叢部/叢書類/郡邑之屬

永嘉叢書十三種　(清)孫衣言編　清同治至光緒瑞安孫氏詒善祠塾刻本　一册　存一種

330000－1701－0055447　GP06572　集部/總集類/選集之屬/斷代

同林倡和一卷　(清)趙信輯　清乾隆二十四年(1759)賜錦堂刻本　一册

330000－1701－0055448　普 915.2/1130./c2　史部/傳記類/日記之屬

癸卯東游日記一卷(清光緒二十九年)　張謇撰　清光緒二十九年(1903)江蘇通州翰墨林書局鉛印本　一册

330000－1701－0055449　G000001　子部/醫家類/診法之屬/脈經脈訣

圖註脈訣辨真四卷脈訣附方一卷　題(晉)王叔和撰　(明)張世賢注　清刻本　一册　存二卷(三至四)

330000－1701－0055451　HJL6283　集部/別集類/清別集

抱真書屋詩鈔八卷　(清)陸應穀撰　清道光二十四年(1844)刻本　二册

330000－1701－0055453　普 814.4/44221/c2　集部/總集類/氏族之屬

范文正公忠宣公全集七十三卷　(宋)范仲淹　(宋)范純仁撰　清康熙四十六年(1707)吴郡范氏歲寒堂刻本　六册　存二十五卷(范忠宣公全集一至二十五)

330000－1701－0055455　普 915.2/4004　史部/地理類/遊記之屬/紀行

東航紀遊一卷　(清)李文幹撰　清光緒三十三年(1907)京師京華書局鉛印本　一册

330000－1701－0055456　HJL6533　集部/別集類/清別集

麓生詩文合集十卷　(清)何元普撰　清光緒元年(1875)繡川何氏刻本　十册

330000－1701－0055458　普 814.4/4428.2/2　集部/別集類/宋別集

蘇學士文集十六卷　(宋)蘇舜欽撰　清宣統三年(1911)北京龍文閣書局石印本　張宗祥過錄清何焯、清錢泰吉、清唐仁壽等批校並跋　六册

330000－1701－0055460　普 814.4/3438/c1　類叢部/叢書類/家集之屬

洪氏晦木齋叢書二十種　(清)洪汝奎編　清同治八年至宣統元年(1869－1909)刻本　四册　存二種

330000－1701－0055461　G000002　子部/醫家類/醫經之屬/難經

圖註八十一難經辨真四卷　(明)張世賢撰　清刻本　一册　存二卷(三至四)

330000－1701－0055462　普 814.4/4430/c1　集部/別集類/宋別集

水心文集二十九卷　(宋)葉適撰　清乾隆二十年(1755)溫州府學刻本　九册　缺三卷(七至九)

330000－1701－0055463　GP06573　史部/傳記類/別傳之屬

姜貞毅先生挽章不分卷　(清)姜安節　(清)姜實節輯　清康熙刻本　一册

330000－1701－0055465　GP06563　類叢部/叢書類/家集之屬

半帆樓叢書(鄔氏家集)二十七種　鄔慶時編　清光緒至民國刻本　一册　存一種

330000－1701－0055467　普 915.2/2141　類叢部/叢書類/彙編之屬

鐵香室叢刻初集四種續集六種　(清)李世勖編　清光緒刻本　一册　存一種

330000－1701－0055468　普 814.4/3438/c3　類叢部/叢書類/家集之屬

洪氏晦木齋叢書二十種　(清)洪汝奎編　清同治八年至宣統元年(1869－1909)刻本　四册　存二種

330000－1701－0055471　GP07574　集部/別

集類/清别集

夜餘録一卷宦海餘生紀略一卷 （清）蔡瑞年撰　清光緒刻本　一册

330000－1701－0055472　GP06564　史部/傳記類/别傳之屬/事狀

抱璞守貞録四卷首一卷 （清）胡鳳丹輯　清光緒十年(1884)永康退補齋刻本　一册

330000－1701－0055476　普 814.4/4423　集部/總集類/氏族之屬

范文正公忠宣公全集七十三卷 （宋）范仲淹（宋）范純仁撰　清康熙四十六年(1707)吴郡范氏歲寒堂刻道光十年(1830)印本　十六册　缺二十五卷(范忠宣公全集一至二十五)

330000－1701－0055477　HJL6534　集部/别集類/清别集

緑天蘭臭集八卷 （清）釋含澈撰　清光緒十五年(1889)潛西精舍刻本　八册

330000－1701－0055478　GP06574　集部/詞類/别集之屬

七情賦一卷 （清）郭毓撰　清乾隆刻本　一册

330000－1701－0055479　GP06565　集部/總集類/酬唱之屬

放翁生日設祀詩二卷 （清）吕屐山等撰　清嘉慶八年(1803)借樹山房刻本　一册

330000－1701－0055480　G000003　子部/醫家類/針灸之屬/經絡腧穴

奇經八脈考一卷 （明）李時珍撰　清刻本　一册

330000－1701－0055481　GP14887　子部/藝術類/書畫之屬/書法書品

書小史十卷 （宋）陳思撰　清光緒二十二年(1896)杭州丁丙八千卷樓刻朱印本　二册

330000－1701－0055483　GP06566　集部/别集類/清别集

養拙居詩稿二十四卷文稿八卷尺牘十二卷 （清）張朝桂撰　清道光三十年(1850)刻本　六册　存二十四卷(一至二十四)

330000－1701－0055487　HJL6284　集部/别集類/清别集

徐竹所先生遺稿二卷 （清）徐文錫撰　清刻咸豐二年(1852)韓崇印本　一册

330000－1701－0055489　普 915.2/44031/c1　史部/地理類/遊記之屬/紀行

東游日記一卷(清光緒十九年五月初四至七月初六) （清）黄慶澄撰　清光緒二十年(1894)刻本　一册

330000－1701－0055491　普 915.2/44031/c2　史部/地理類/遊記之屬/紀行

東游日記一卷(清光緒十九年五月初四至七月初六) （清）黄慶澄撰　清光緒二十年(1894)刻本　一册

330000－1701－0055492　普 814.4/4430/c2　集部/别集類/宋别集

水心文集二十九卷 （宋）葉適撰　清乾隆二十年(1755)溫州府學刻本　十六册

330000－1701－0055493　GP06575　集部/别集類/清别集

燕超堂詩稿二卷 （清）陸元溥撰　清乾隆刻本　一册

330000－1701－0055494　GP14888　史部/金石類/石之屬/目録

話雨樓碑帖目錄四卷 （清）王鯤撰　清道光十五年(1835)刻本　二册

330000－1701－0055495　普 814.4/4423/(2)/c1　集部/總集類/氏族之屬

范文正公忠宣公全集七十三卷 （宋）范仲淹（宋）范純仁撰　清康熙四十六年(1707)吴郡范氏歲寒堂刻道光十年(1830)印本　十二册　缺二十五卷(范忠宣公全集一至二十五)

330000－1701－0055496　普 814.4/3818/c2　集部/别集類/宋别集

游定夫先生集六卷首一卷末一卷 （宋）游酢撰　清同治六年(1867)和州官舍刻本　二册

330000－1701－0055497　普 814.4/4430/c3　集部/别集類/宋别集

水心文集二十九卷　(宋)葉適撰　清乾隆二十年(1755)溫州府學刻本　十二册

330000-1701-0055498　HJL6285　集部/別集類/清別集

求自得之室文鈔十二卷尚絅廬詩存二卷　(清)吳嘉賓撰　清同治五年(1866)吳嘉善廣州刻本　六册

330000-1701-0055501　GP06576　集部/別集類/清別集

管邨詩稿六卷　(清)萬言撰　清刻本　一册

330000-1701-0055502　普 814.4/4423/(2)/c2　集部/總集類/氏族之屬

范文正公忠宣公全集七十三卷　(宋)范仲淹　(宋)范純仁撰　清康熙四十六年(1707)吳郡范氏歲寒堂刻本　八册　存三十卷(范文正公集一至十三、別集一至四、政府奏議一至二、尺牘一至三、年譜、補遺、建立義莊規矩、褒賢集一至三、補編一至二)

330000-1701-0055505　HJL6286　集部/別集類/清別集

老學後盦自訂詩二集六卷詞二集二卷　(清)何兆瀛撰　清光緒十三年(1887)武林刻本　二册

330000-1701-0055506　GP14891　集部/別集類/清別集

南雷文定前集十一卷後集四卷三集三卷四集四卷附錄一卷　(清)黃宗羲撰　清康熙二十七年(1688)靳治荆刻本　八册

330000-1701-0055509　HJL6536　集部/別集類/清別集

石樵先生遺集　(清)張安保撰　(清)張丙炎輯　清光緒七年(1881)刻本　四册

330000-1701-0055510　GP14982　類叢部/叢書類/自著之屬

大鶴山房全書十種　鄭文焯撰　清光緒至民國刻民國九年(1920)蘇州交通圖書館彙印本　八册

330000-1701-0055511　普 915.2/4433　集部/別集類/清別集

日本雜事詩二卷　(清)黃遵憲撰　清光緒五年(1879)同文館鉛印本　二册

330000-1701-0055514　HJL6537　集部/別集類/清別集

儀宋堂文二集十卷　(清)吳嘉淦撰　清光緒五年(1879)刻本　四册

330000-1701-0055515　G000004　子部/醫家類/綜合之屬/通論

醫方論四卷　(清)費伯雄撰　清末鉛印本　一册

330000-1701-0055516　普 814.4/4430/6　集部/別集類/宋別集

水心先生文集二十九卷補遺一卷　(宋)葉適撰　清同治九年(1870)瑞安孫氏詒善祠塾刻永嘉叢書本　佚名批校　八册

330000-1701-0055518　GP06577　集部/別集類/清別集

對山樓詩稿十六卷　(清)王焘撰　清康熙刻本　四册

330000-1701-0055519　普 814.4/4022　集部/別集類/宋別集

西山先生真文忠公文集五十五卷目錄二卷　(宋)真德秀撰　明萬曆二十六年(1598)金學曾景賢堂刻崇禎十一年至清康熙四年(1638-1665)遞修本　十六册

330000-1701-0055520　普 814.4/4423.2/c2　集部/別集類/宋別集

范文正公文集十卷　(宋)范仲淹撰　清光緒元年(1875)柳福存愚山房刻本　四册

330000-1701-0055521　普 814.3/44321、普 814.3/4444　集部/總集類/選集之屬/斷代

王氏彙刻唐人集七種　(清)王遐春輯　清嘉慶十五年(1810)福鼎王氏麟後山房刻本　四册　存二種

330000-1701-0055522　HJL6538　集部/別集類/清別集

雲左山房詩鈔八卷附一卷詩餘一卷試帖一卷

（清）林則徐撰　清光緒十二年（1886）福州林氏刻本　二冊

330000－1701－0055523　GP06578　集部/別集類/清別集
脩齊堂詩鈔五卷唫花小草一卷尺牘四卷　（清）李承烈撰　清道光十五年（1835）李小蓮刻本　二冊　存四卷（尺牘一至四）

330000－1701－0055525　普915.2/2141.2　集部/別集類/清別集
使東雜詠一卷　（清）何如璋撰　清末鉛印本　一冊

330000－1701－0055530　普915.2/4433.2/c1　史部/地理類/外紀之屬
日本國志四十卷首一卷　（清）黄遵憲輯　清光緒二十四年（1898）浙江書局刻本　十冊

330000－1701－0055531　普915.2/4433.2/c2　史部/地理類/外紀之屬
日本國志四十卷首一卷　（清）黄遵憲輯　清光緒二十四年（1898）浙江書局刻本　十冊

330000－1701－0055532　普814.4/4430.2/c1　類叢部/叢書類/郡邑之屬
永嘉叢書十三種　（清）孫衣言編　清同治至光緒瑞安孫氏詒善祠塾刻本　四冊　存一種

330000－1701－0055533　GP06579　集部/別集類/清別集
脩齊堂詩鈔五卷唫花小草一卷尺牘四卷　（清）李承烈撰　清道光十五年（1835）李小蓮刻本　二冊　存四卷（尺牘一至四）

330000－1701－0055534　普814.4/4423.2/2　集部/別集類/宋別集
范文正公文集十卷　（宋）范仲淹撰　清光緒元年（1875）柳福存愚山房刻本　明止舒題記　六冊

330000－1701－0055535　普915.2/2310　類叢部/叢書類/自著之屬
饔喜廬所著書　（清）傅雲龍撰　清光緒鉛印本暨石印本　十四冊　存一種

330000－1701－0055536　GP06586　集部/別集類/清別集
蕭樓詩稿二十卷　（清）陳權撰　（清）顧逸訂　清道光十一年（1831）綠字山房刻本　四冊

330000－1701－0055537　普814.4/4430.2/c3　集部/別集類/宋別集
水心先生別集十六卷　（宋）葉適撰　清同治九年（1870）瑞安孫氏詒善祠塾刻永嘉叢書本　佚名批校　四冊

330000－1701－0055538　GP14988　史部/金石類
行素草堂金石叢書（孫谿朱氏金石叢書）十六種　（清）朱記榮輯　清光緒吳縣朱氏刻十四年（1888）彙印本　八冊　存二種

330000－1701－0055539　GP06581　集部/別集類/清別集
燕香居詩稿七卷　（清）葉恕撰　清道光二十六年（1846）崇敬堂刻本　二冊

330000－1701－0055540　普915.2/4542/c1　史部/地理類/遊記之屬/紀行
藟盦東游日記一卷（清光緒三十三年三月二十一日至六月十九日）　樓藜然撰　清光緒三十三年（1907）鉛印本　一冊

330000－1701－0055541　GP06587　類叢部/叢書類/彙編之屬
津河廣仁堂叢書八十四種　（清）□□編　清光緒津河廣仁堂刻本　一冊　存一種

330000－1701－0055542　普915.2/4542/c2　史部/地理類/遊記之屬/紀行
藟盦東游日記一卷（清光緒三十三年三月二十一日至六月十九日）　樓藜然撰　清光緒三十三年（1907）鉛印本　一冊

330000－1701－0055543　GP07573　集部/詞類/別集之屬
耨雲軒詞二卷　（清）馬汾撰　清道光二十八年（1848）嘉興馬夢餘家刻本　一冊

330000－1701－0055544　普814.4/4433　類叢部/叢書類/郡邑之屬

金華叢書六十八種 （清）胡鳳丹編 清同治七年至光緒八年（1868－1882）永康胡氏退補齋刻民國補刻本 四冊 存一種

330000－1701－0055545 GP06582 子部/醫家類/眼科之屬
眼科易秘四卷 （清）呂熊飛撰 清光緒二年（1876）刻本 二冊

330000－1701－0055546 普 814.4/44231 集部/别集類/宋别集
艮齋先生薛常州浪語集三十五卷 （宋）薛季宣撰 清同治十年（1871）金陵書局刻本 六冊

330000－1701－0055547 G000005 子部/醫家類/類編之屬
圖註脈訣難經二種附三種 明馮翥刻本 一冊 存一種

330000－1701－0055548 普 814.4/4430.3 集部/别集類/宋别集
水心文鈔十卷 （宋）葉適撰 （清）方桑如選 清乾隆五十五年（1790）希古堂刻本 六冊

330000－1701－0055549 GP06583 子部/醫家類/溫病之屬/瘟疫
松峯説疫六卷 （清）劉奎撰 清嘉慶刻本 六冊

330000－1701－0055550 普 814.4/4453.04/c2 集部/别集類/宋别集
蘇長公小品二卷 （宋）蘇軾撰 （明）王納諫輯並評 清康熙三十三年（1694）刻本 二冊

330000－1701－0055552 普 814.4/4022/2 集部/别集類/宋别集
西山先生真文忠公文集五十五卷目録二卷補遺一卷 （宋）真德秀撰 **西山真文忠公年譜一卷** （清）真采編 清同治四年（1865）浦城真氏拱極堂刻本 二十八冊

330000－1701－0055554 GP06584 子部/雜著類/雜考之屬
四寸學六卷 （清）張雲璈撰 清道光十一年（1831）簡松草堂刻本 二冊

330000－1701－0055556 GP06585 集部/總集類/尺牘之屬
式古堂尺牘不分卷 （清）張雲翼撰 清刻本 二冊

330000－1701－0055558 普 915.2/2741/c1 史部/政書類/儀制之屬/專志/科舉校規
日遊彙編四卷 繆荃孫輯 清光緒二十九年（1903）高等學堂刻本 一冊

330000－1701－0055559 普 814.4/4022.2 類叢部/叢書類/彙編之屬
正誼堂全書六十三種續刻五種 （清）張伯行編 （清）楊浚重編 清同治五年（1866）福州正誼書院刻同治八年至光緒十三年（1869－1887）續刻本 二冊 存一種

330000－1701－0055560 GP06588 集部/别集類/宋别集
宋蘇文忠公海外集四卷 （宋）蘇軾撰 **蘇文忠公［軾］年譜一卷** （清）王宗稷編 清乾隆四十年（1775）稽古堂刻本 四冊

330000－1701－0055561 普 814.4/4437 集部/總集類/氏族之屬
三蘇全集四種 （清）弓翊清等編 清道光七年至十二年（1827－1832）眉州三蘇祠刻本 三冊 存一種

330000－1701－0055562 GP14993 史部/金石類/石之屬/目録
魏造象目錄一卷 清末抄本 一冊

330000－1701－0055563 普 814.4/4027 集部/别集類/宋别集
宋李忠定公奏議選十五卷文集選二十九卷首四卷目錄二卷 （宋）李綱撰 （明）左光先等選 明崇禎十二年（1639）李氏刻清康熙四十四年（1705）李榮芳、乾隆二十七年（1762）徐時作遞修本 十六冊

330000－1701－0055565 GP14994 集部/别集類/清别集
白田草堂存稿二十四卷 （清）王懋竑撰 **先考王公府君［懋竑］行狀一卷** （清）王箴聽等

撰　**崇祀鄉賢錄一卷**　清乾隆十七年(1752)刻本　六冊

330000－1701－0055568　GP06589　集部/別集類/清別集

匏邨詩稿不分卷　(清)毛端士撰　清康熙二十九年(1690)刻本　一冊

330000－1701－0055570　G000006　子部/農家農學類/獸醫之屬

新刊纂圖元亨療馬集六卷　(明)喻仁　(明)喻傑撰　清刻本　四冊　存四卷(二至三、五至六)

330000－1701－0055573　HJL6287　集部/別集類/清別集

豹隱堂文集三卷　(清)趙蓮城撰　清同治九年(1870)杏華村舍刻本　二冊

330000－1701－0055574　M000012、M004158　集部/小說類/長篇之屬

增注繪圖官場現形記五編六十卷　(清)李寶嘉撰　(清)歐陽淦增注　清光緒二十九年(1903)石印本　四冊　存十六卷(正編五至十二、續編二十一至二十四、三編二十五至二十八)

330000－1701－0055575　普 323. 407215/4431　類叢部/叢書類/家集之屬

董氏叢書十六種　(清)董金鑑編　清光緒三十二年(1906)會稽董氏取斯家塾刻本　一冊　存一種

330000－1701－0055576　HJL6288　集部/別集類/清別集

琴源山房遺詩六卷　(清)言友恂撰　清同治七年(1868)刻本　一冊

330000－1701－0055577　普 814. 4/4027/(2)　集部/別集類/宋別集

宋李忠定公奏議選十五卷文集選二十九卷首四卷目錄二卷　(宋)李綱撰　(明)左光先等選　明崇禎十二年(1639)李氏刻清康熙四十四年(1705)李榮芳、乾隆二十七年(1762)徐時作遞修本　十六冊

330000－1701－0055579　HJL6539　集部/總集類/郡邑之屬

國朝金陵詩徵四十八卷　(清)朱緒曾編　清光緒十三年(1887)德清俞樾刻本　十六冊

330000－1701－0055580　HJL6289　集部/別集類/清別集

讀秋水齋詩十六卷　(清)陸黻恩撰　清同治七年(1868)刻本　二冊

330000－1701－0055581　G000007、G007419　子部/醫家類/溫病之屬/瘟疫

瘟疫明辨四卷末一卷　(清)鄭奠一撰　清光緒十五年(1889)掃葉山房刻本　二冊

330000－1701－0055582　HJL6290　集部/別集類/清別集

純甫古文鈔六卷　(清)戴棡撰　清同治九年(1870)刻本　二冊

330000－1701－0055583　普 323. 407215/8423　史部/政書類/儀制之屬/典禮

奏摺譜一卷　(清)饒旬宣撰　清光緒十九年(1893)京都榮錄堂刻本　一冊

330000－1701－0055584　普 814. 4/40271　類叢部/叢書類/彙編之屬

正誼堂全書六十三種續刻五種　(清)張伯行編　(清)楊浚重編　清同治五年(1866)福州正誼書院刻同治八年至光緒十三年(1869－1887)續刻本　二冊　存一種

330000－1701－0055585　HJL6291　集部/別集類/清別集

追甫詩集二卷　(清)閻其相撰　清道光二十九年(1849)刻本　一冊

330000－1701－0055586　普 925. 109847/4414　史部/傳記類/總傳之屬/忠孝

梨里忠節錄二卷首一卷　(清)蔡丙圻撰　清光緒十六年(1890)刻本　一冊

330000－1701－0055587　普 323. 46/2141　史部/詔令奏議類/奏議之屬

何黃如先生遺編一卷　(清)何楷撰　(清)孫聖和輯　清孫聖和刻本　二冊

330000－1701－0055588　G000008、G004023、G007381　子部/醫家類/醫案之屬

吳醫彙講十一卷　(清)唐大烈輯　清乾隆五十七年(1792)吳門唐氏問心草堂刻本　六冊　存九卷(一至三、五至七、九至十一)

330000－1701－0055590　普 814.4/4032/c2　集部/別集類/宋別集

姑溪居士文集五十卷後集二十卷　(宋)李之儀撰　**附錄一卷校勘記一卷**　(清)吳葑撰　清宣統三年(1911)金陵督糧道署刻本　三冊　缺五十卷(一至五十)

330000－1701－0055591　GP07579　史部/傳記類/總傳之屬/通代

人壽金鑑二十二卷　(清)程得齡輯　清嘉慶二十四年至二十五年(1819－1820)安東程氏柳衣園刻本　八冊

330000－1701－0055593　GP06590　集部/別集類/清別集

自怡集不分卷　(清)王大經撰　清刻本　清姚燮題記　四冊

330000－1701－0055594　普 915.2/7596/2　史部/傳記類/日記之屬

乙巳東游日記一卷(清光緒三十一年)　陳榮昌撰　**中華鐵路小言一卷**　(日本)小川資源撰　錢良駿譯　清光緒三十一年(1905)雲南官書局鉛印本　一冊

330000－1701－0055595　HJL6293　集部/別集類/清別集

絜香吟館小草一卷　(清)齡文撰　清光緒十二年(1886)刻本　一冊

330000－1701－0055597　普 814.4/4056/c2　集部/別集類/宋別集

旴江先生全集三十七卷外集三卷門人錄一卷　(宋)李覯撰　**旴江先生[李覯]年譜一卷**　(宋)陳次公編　清雍正五年(1727)鶴城李氏刻十一年(1733)補刻本　十冊　缺三卷(外集一至三)

330000－1701－0055598　HJL6294　集部/總集類/選集之屬/斷代

同館律詩精萃六卷七言長律鈔一卷　(清)蔣攸銛輯　清道光刻本　六冊

330000－1701－0055599　GP06591　集部/別集類/清別集

棗花樓詩略八卷　(清)程得齡撰　清道光十二年(1832)刻本　二冊

330000－1701－0055600　G000009、G004749、G006136、G006767　子部/醫家類/方書之屬/歷代方書

醫方集解六卷增訂本草備要不分卷醫方湯頭歌括一卷經絡歌訣一卷續增日食菜物一卷　(清)汪昂撰　清刻本　五冊　缺一卷(一)

330000－1701－0055602　GP06593　集部/別集類/清別集

孟塗初集十卷　(清)劉開撰　清嘉慶刻本　二冊

330000－1701－0055603　普 915.4/3461/c1　史部/地理類/雜志之屬

佛國記一卷　(晉)釋法顯撰　清光緒八年(1882)四明羣玉山房刻本　清邱震題記　一冊

330000－1701－0055605　HJL6540　集部/別集類/清別集

醉山草堂詩集二卷文集二卷　(清)黃仲騏撰　清光緒三年(1877)、六年(1880)溈寧學署刻本　四冊

330000－1701－0055606　GP14995　史部/傳記類/別傳之屬/事狀

皇清敕封孺人先妣周太孺人行述一卷　(清)林慶恩　(清)林庚華撰　清道光刻本　一冊

330000－1701－0055607　GP06595　集部/別集類/清別集

詩娛室詩集二十四卷　(清)黃安濤撰　清道光十四年(1834)黃安濤刻本　六冊

330000－1701－0055608　GP15027　集部/別集類/清別集

迂齋詩鈔八卷外集一卷　(清)梁煦南撰　清

光緒十四年(1888)刻本　二册

330000－1701－0055609　HJL6541　集部/別集類/清別集

萬壑松風樓詩十四卷　(清)王吉人撰　清同治九年(1870)寧海主一堂刻本　四册

330000－1701－0055610　GP06596　集部/別集類/清別集

約言書屋詩鈔四卷　(清)吳宗元撰　清嘉慶十一年(1806)刻本　一册

330000－1701－0055612　GP06594　集部/別集類/明別集

懷麓堂全集(懷麓堂詩稿二十卷文稾三十卷詩後稿十卷文後稿二十卷文後續稿十卷)　(明)李東陽撰　**明大師李文正公[東陽]年譜一卷**　(清)朱景英編　清康熙刻乾隆十一年(1746)補刻本　二十四册

330000－1701－0055613　HJL6542　集部/別集類/清別集

釣魚篷山館集六卷寓杭日記一卷瞻雲錄一卷　(清)劉佳撰　**附錄一卷**　(清)劉履芬撰　清同治十三年(1874)蘇州刻本　四册

330000－1701－0055614　GP14996、G005947、G008354、G009936　集部/別集類/清別集

竹生吟館詩草不分卷　(清)周師濂撰　清道光稿本　清周師濂、清陳石谿題記　五册

330000－1701－0055615　普814.4/4056/2　集部/別集類/宋別集

盱江先生全集三十七卷外集三卷　(宋)李覯撰　清光緒十九年(1893)盱江書院刻本　四册　存三十七卷(一至三十七)

330000－1701－0055616　G000010　史部/地理類/方志之屬/郡縣志

[道光]嘉興府志六十卷首三卷　(清)于尚齡纂修　清道光二十年(1840)刻本　三十六册　存五十六卷(一至十五、十八至三十四、三十七至六十)

330000－1701－0055617　普915.2/2644　史部/地理類/遊記之屬/紀行

丙午扶桑游記三卷　(清)吳蔭培撰　清光緒鉛印本　一册

330000－1701－0055618　普814.4/4454/c1　集部/別集類/宋別集

范石湖詩集二十卷　(宋)范成大撰　清康熙二十七年(1688)黃昌衢藜照樓刻本　四册　存四卷(一至四)

330000－1701－0055619　普814.4/4056/3　集部/別集類/宋別集

盱江先生全集三十七卷外集三卷　(宋)李覯撰　清光緒十九年(1893)盱江書院刻本　八册　存三十七卷(一至三十七)

330000－1701－0055620　HJL6543　集部/別集類/清別集

適園叢稿十二卷　(清)袁學瀾撰　清同治十一年(1872)序香溪艸堂刻本　六册

330000－1701－0055622　普915.4/3461/c2　史部/地理類/雜志之屬

佛國記一卷　(晉)釋法顯撰　清光緒八年(1882)四明羣玉山房刻本　一册

330000－1701－0055625　普814.4/4070/c1　類叢部/叢書類/郡邑之屬

武林往哲遺箸五十二種後編十種　(清)丁丙編　清光緒二十年至二十六年(1894－1900)錢塘丁氏嘉惠堂刻本　七册　存一種

330000－1701－0055626　普925.108/1047　子部/藝術類/書畫之屬/畫譜

毓秀堂畫傳四卷　(清)王墀繪　清光緒九年(1883)上海點石齋石印本　四册

330000－1701－0055628　HJL6295　類叢部/叢書類/彙編之屬

半厂叢書初編十種　(清)譚獻編　清同治至光緒仁和譚氏刻本　八册　存一種

330000－1701－0055630　G000011　集部/曲類/彈詞之屬

新刻綉義妖傳□□卷□□回　清刻本　三册　存七卷(十三至十四、十七至二十一)

330000－1701－0055632　普 814.4/4070/c2　類叢部/叢書類/郡邑之屬
武林往哲遺箸五十二種後編十種　（清）丁丙編　清光緒二十年至二十六年（1894－1900）錢塘丁氏嘉惠堂刻本　七冊　存一種

330000－1701－0055633　GP14999　集部/總集類/彙編之屬
蔭玉閣五種　（清）葉書輯　清光緒臨海葉氏木活字印本　一冊　存一種

330000－1701－0055634　HJL6296　集部/總集類/氏族之屬
韡秀山房存稿十卷　（清）馬功儀等撰　清光緒刻本　四冊

330000－1701－0055635　HJL6544　集部/別集類/清別集
春星閣詩鈔十五卷　（清）楊季鸞撰　清道光九年（1829）刻本　四冊

330000－1701－0055638　GP06606　集部/別集類/清別集
姚端恪公文集十八卷詩集十二卷外集十八卷末一卷　（清）姚文然撰　清康熙二十四年（1685）姚士塈等刻本　八冊

330000－1701－0055639　GP06598　子部/雜著類/雜說之屬
讀史比事五卷　（清）林揭撰　清光緒四年（1878）蔡盛儔刻本　二冊

330000－1701－0055641　HJL6545　類叢部/叢書類/自著之屬
覆瓿集十三種附一種　（清）張文虎撰　清同治至光緒刻本　四冊　存七種

330000－1701－0055642　普 814.4/4453.3　集部/別集類/宋別集
宋蘇文忠公海外集四卷　（宋）蘇軾撰　**蘇文忠公[軾]年譜一卷**　（清）王宗稷編　清乾隆四十年（1775）稽古堂刻本　四冊

330000－1701－0055646　HJL6297　集部/別集類/清別集
倚晴樓集五種　（清）黃燮清撰　清咸豐至光緒刻本　二十四冊

330000－1701－0055647　GP06610　集部/別集類/清別集
青芝山館詩集二十二卷　（清）樂鈞撰　清道光二十年（1840）刻本　六冊

330000－1701－0055649　G000012、G006744　集部/小說類/長篇之屬
東周列國全志二十三卷一百八回　（清）蔡奡評點　清刻本　八冊　存八卷（十三、十五至二十、二十三）

330000－1701－0055651　GP15003　類叢部/叢書類/彙編之屬
嘯園叢書五十七種　（清）葛元煦編　清光緒二年至七年（1876－1881）仁和葛氏刻本　一冊　存一種

330000－1701－0055652　GP15011　類叢部/叢書類/彙編之屬
嘯園叢書五十七種　（清）葛元煦編　清光緒二年至七年（1876－1881）仁和葛氏刻本　二冊　存一種

330000－1701－0055654　普 814.4/4453.4/c1　子部/藝術類/書畫之屬/題跋
東坡題跋二卷　（宋）蘇軾撰　（清）溫一貞輯　清乾隆五十年（1785）又賞齋刻本　四冊

330000－1701－0055655　M000125　類叢部/叢書類/彙編之屬
增訂漢魏叢書九十六種　（清）王謨編　清宣統三年（1911）上海大通書局石印本　七冊　存十五種

330000－1701－0055656　HJL6546　集部/別集類/清別集
知止齋遺編三卷附錄一卷　（清）任重光撰　（清）徐葆辰編　**知止堂外編一卷**　（清）任重光輯　清光緒十八年（1892）任元濬刻本　三冊　缺一卷（中）

330000－1701－0055657　HJL6547　集部/別集類/清別集
角山樓詩鈔十六卷　（清）趙克宜撰　清道光

刻增修本　六册

330000－1701－0055658　普814.4/4453.4/c2　子部/藝術類/書畫之屬/題跋
東坡題跋二卷　(宋)蘇軾撰　(清)温一貞輯　清同治十一年(1872)刻本　二册

330000－1701－0055659　GP06607　類叢部/叢書類/自著之屬
惜抱軒遺書三種　(清)姚鼐撰　清光緒五年(1879)桐城徐宗亮刻本　四册

330000－1701－0055660　G000013　類叢部/叢書類/彙編之屬
申報館叢書正集五十七種附録三種續集一百四十二種　(清)尊聞閣主編　蔡爾康編續集　清同治至光緒上海申報館鉛印本　十二册　存一種

330000－1701－0055661　GP06599　類叢部/叢書類/郡邑之屬
武林掌故叢編一百八十七種　(清)丁丙編　清光緒三年至二十六年(1877－1900)錢塘丁氏嘉惠堂刻本　一册　存一種

330000－1701－0055662　普814.4/4454/c2　集部/别集類/宋别集
石湖居士詩集三十五卷　(宋)范成大撰　(清)顧嗣皋等重訂　清康熙二十七年(1688)姑蘇顧氏依園刻本(卷三十五原缺)　四册

330000－1701－0055663　普925.108/1781　史部/史抄類
綱目四鑑録十六卷　(清)尹會一輯　**綱目四鑑録續編十六卷**　(清)尹嘉銓輯　清乾隆刻本　十二册

330000－1701－0055664　普814.4/4453.4/c3　子部/藝術類/書畫之屬/題跋
東坡題跋二卷　(宋)蘇軾撰　(清)温一貞輯　清乾隆五十年(1785)又賞齋刻本　二册

330000－1701－0055667　HJL6551　集部/别集類/清别集
如舟吟館詩鈔一卷　(清)瑞常撰　清光緒四年(1878)刻本　一册

330000－1701－0055668　G000014　子部/小說家類/異聞之屬
情史類畧二十四卷　(明)馮夢龍輯　清道光二十八年(1848)經綸堂刻本　九册　存十六卷(一至二、五至十三、二十至二十四)

330000－1701－0055670　GP06600　集部/别集類/清别集
改吟齋爐餘什一一卷　(清)葉樹枚撰　清道光十四年(1834)刻本　一册

330000－1701－0055671　HJL6552　集部/别集類/清别集
十三峯書屋全集八卷　(清)李榕撰　清光緒二十五年(1899)袖海山房石印本　四册

330000－1701－0055672　普814.4/4453.5/2　集部/總集類/氏族之屬
三蘇全集四種　(清)弓翊清等編　清道光七年至十二年(1827－1832)眉州三蘇祠刻本　三十一册　存一種

330000－1701－0055673　普323.47/2230　子部/儒家類/儒學之屬
治事文編二卷　湯壽潛輯　**婺學治事文續編二卷**　(清)繼良輯　清光緒二十四年(1898)、二十八年(1902)鉛印本　四册

330000－1701－0055675　GP06608　類叢部/叢書類/自著之屬
正誼堂全集八種　(清)董沛撰　清同治至光緒刻本　二册　存一種

330000－1701－0055676　G000015、G004033　集部/曲類/彈詞之屬
天雨花三十回　(清)陶貞懷撰　清道光二十一年(1841)刻本　二册　存三回(十四、二十七至二十八)

330000－1701－0055677　HJL6298　集部/别集類/清别集
存愚詩存二卷文存一卷　(清)柳福培撰　清同治十二年(1873)刻本　二册

330000－1701－0055680　普814.4/4458　集部/總集類/氏族之屬

三蘇全集四種　(清)弓翊清等編　清道光七年至十二年(1827－1832)眉州三蘇祠刻本　二十一冊　存一種

330000－1701－0055681　HJL6299　集部/總集類/彙編之屬

弘正四傑詩集　(清)張祖同編　清光緒二十一年(1895)長沙張氏湘雨樓刻本　十六冊

330000－1701－0055682　HJL6553　集部/別集類/清別集

三硯齋詩賸一卷　(清)趙彥修撰　清光緒八年(1882)趙氏刻本　一冊

330000－1701－0055684　GP06601　集部/別集類/清別集

水西吟一卷　(清)丘綸撰　清康熙刻本　一冊

330000－1701－0055686　普 814.4/4480/c2　集部/別集類/宋別集

莆陽知稼翁集二卷　(宋)黄公度撰　(宋)黄沃編　明天啓五年(1625)黄崇翰刻清道光九年(1829)重修本　二冊

330000－1701－0055688　普 814.4/4922　集部/別集類/宋別集

忠正德文集十卷　(宋)趙鼎撰　**附錄一卷**　清光緒二年(1876)浙江山陰謝氏刻本　四冊

330000－1701－0055689　HJL6548　集部/別集類/清別集

句溪雜箸六卷　(清)陳立撰　(清)陳汝恭檢輯　(清)劉恭冕　(清)劉壽曾擇存　清道光二十三年(1843)揚州刻同治增修本　二冊

330000－1701－0055691　HJL6300　集部/別集類/清別集

求有益齋詩鈔八卷　(清)李道悠撰　清光緒二十六年(1900)刻本　四冊

330000－1701－0055692　GP06602　集部/別集類/清別集

見星廬館閣詩話二卷　(清)林聯桂撰　清道光三年(1823)刻本　二冊

330000－1701－0055693　普 814.4/4922/2　集部/別集類/宋別集

忠正德文集十卷　(宋)趙鼎撰　**附錄一卷**　清道光十一年(1831)會稽吳傑刻本　四冊

330000－1701－0055694　GP06609　類叢部/叢書類/自著之屬

正誼堂全集八種　(清)董沛撰　清同治至光緒刻本　二冊　存一種

330000－1701－0055697　普 814.4/4458/(2)/c2　集部/總集類/氏族之屬

三蘇全集四種　(清)弓翊清等編　清道光七年至十二年(1827－1832)眉州三蘇祠刻本　十八冊　存一種

330000－1701－0055698　HJL6549　集部/別集類/清別集

香南居士集二十一卷　(清)崇恩撰　清同治刻本　八冊

330000－1701－0055700　G000016、G004777、G004924　集部/曲類/彈詞之屬

繡像説唱麒麟豹傳十卷六十回　(清)陸士珍撰　清光緒元年(1875)玉積山房刻本　五冊　存五卷(一、四至五、八、十)

330000－1701－0055701　普 925.108/7722　子部/宗教類/佛教之屬/總録

釋氏稽古略四卷　(元)釋覺岸撰　**釋鑑稽古略續集三卷**　(明)釋幻輪撰　清光緒十二年(1886)釋清道刻本　五冊

330000－1701－0055703　HJL6301　集部/別集類/明別集

知我軒近說三卷正志稿十卷　(明)林貴兆撰　清宣統二年(1910)太平陳氏木活字印本　五冊

330000－1701－0055704　普 323.47/3027/c1　子部/儒家類/儒學之屬/經濟

躬恥齋經世十八篇一卷　(清)宗稷辰撰　清光緒二十七年(1901)會稽宗能述鉛印本　一冊

330000－1701－0055705　GP06603　集部/別

集類/清別集

硯鄰居士遺稿二卷　(清)任國任撰　清道光十九年(1839)碧梧山房刻本　一冊

330000-1701-0055706　普323.47/3027/c2　子部/儒家類/儒學之屬/經濟

躬恥齋經世十八篇一卷　(清)宗稷辰撰　清光緒二十七年(1901)會稽宗能述鉛印本　一冊

330000-1701-0055707　普814.4/4481　集部/別集類/宋別集

蘇魏公文集七十二卷首一卷目錄二卷附錄一卷　(宋)蘇頌撰　清道光二十二年(1842)福建蘇廷玉刻本　清莊守齋校　二十冊

330000-1701-0055708　普323.47/3027/c3　子部/儒家類/儒學之屬/經濟

躬恥齋經世十八篇一卷　(清)宗稷辰撰　清光緒二十七年(1901)會稽宗能述鉛印本　一冊

330000-1701-0055710　GP06605　集部/總集類/郡邑之屬

國朝山左詩續鈔三十二卷　(清)張鵬展輯　清嘉慶十八年(1813)刻本　十六冊

330000-1701-0055711　G000017　子部/醫家類/診法之屬/歷代脈學

脉訣考證一卷蘋湖脉學一卷　清同治六年(1867)文淵堂刻本　一冊

330000-1701-0055712　普814.4/4936　類叢部/叢書類/彙編之屬

武英殿聚珍版書一百三十八種　清同治十三年(1874)江西書局刻本(南陽集卷一至三配鎮海樂漣耕抄本)　一冊　存一種

330000-1701-0055713　GP06611　集部/別集類/清別集

庚子生春詩二卷　(清)錢儀吉撰　清道光二十年(1840)刻本　一冊

330000-1701-0055714　普323.47/4050　新學/議論/通論

預籌中國十二年新政策一卷　(英國)李提摩太撰　清光緒三十四年(1908)上海美華書館鉛印本　一冊

330000-1701-0055715　GP06612　集部/別集類/宋別集

雙溪集十二卷　(宋)王炎撰　清康熙五十七年(1718)婺源王氏刻本　六冊

330000-1701-0055716　HJL6302　類叢部/叢書類/自著之屬

正誼堂全集八種　(清)董沛撰　清同治至光緒刻本　二十二冊

330000-1701-0055717　GP15034　經部/叢編

五經四書讀本九種　清康熙紫陽朱錫旂崇道堂刻本　二冊　存一種

330000-1701-0055718　普915.93/5302　史部/地理類/外紀之屬

越南地輿圖說六卷首一卷　(清)盛慶紱撰　清光緒九年(1883)永新盛氏求忠堂刻本　二冊

330000-1701-0055719　普814.4/4936/2　類叢部/叢書類/彙編之屬

武英殿聚珍版書五十三種　清同治十三年(1874)江西書局刻本　三冊　存一種

330000-1701-0055722　普814.4/4488/2　集部/別集類/宋別集

杜清獻公集十九卷首一卷附錄一卷補遺一卷清獻集佚篇攷一卷　(宋)杜範撰　**杜清獻公集校注一卷**　(清)王蜺　(清)王棻撰　**杜清獻公[範]年譜一卷**　(清)王棻撰　清同治九年(1870)吳縣孫氏九峰書院刻光緒六年(1880)重修本　八冊

330000-1701-0055723　GP06613　集部/總集類/氏族之屬

廬江錢氏詩匯　(清)錢儀吉輯　清道光刻本　一冊　存一種

330000-1701-0055725　普915.4/3570　史部/地理類/外紀之屬

印度國志一卷新志一卷　(清)學部編譯圖書

局編　清光緒三十三年(1907)學部編譯圖書局鉛印本　二册

330000－1701－0055726　普916.19/0034/c1　史部/地理類/外紀之屬

黑蠻風土記一卷　(英國)立溫斯敦撰　(清)史錦鏞譯語　(清)沈定年述文　清光緒五年(1879)鉛印本　一册

330000－1701－0055727　HJH6303　類叢部/叢書類/彙編之屬

雲自在龕叢書五集十九種　繆荃孫輯　清光緒江陰繆氏刻本　四册　存一種

330000－1701－0055729　普916.19/0034/c2　史部/地理類/外紀之屬

黑蠻風土記一卷　(英國)立溫斯敦撰　(清)史錦鏞譯語　(清)沈定年述文　清光緒五年(1879)鉛印本　一册

330000－1701－0055731　HJL6554　類叢部/叢書類/自著之屬

趣園初集五種　(清)陳鍾祥撰　清咸豐十年(1860)刻本　十册

330000－1701－0055732　HJL6305　集部/別集類/清別集

左文襄公書牘節要二十六卷　(清)左宗棠撰　清光緒二十八年(1902)刻本　十二册

330000－1701－0055735　HJL6306　集部/別集類/清別集

聽秋山館吟草二卷　(清)張煥祚撰　清同治九年(1870)江陽官廨刻本　二册

330000－1701－0055736　HJL6555　類叢部/叢書類/自著之屬

水田居全集七種附一種　(清)賀貽孫撰　清道光至同治敕書樓刻本　二十四册　存六種

330000－1701－0055737　普814.4/4488/(3)　集部/別集類/宋別集

杜清獻公集十九卷首一卷附錄一卷補遺一卷清獻集佚篇攷一卷　(宋)杜範撰　**杜清獻公集校注一卷**　(清)王蜺　(清)王棻撰　**杜清獻公[範]年譜一卷**　(清)王棻撰　清同治九年(1870)吳縣孫氏九峰書院刻光緒六年(1880)重修本　六册

330000－1701－0055739　普915.5/3570　史部/地理類/外紀之屬

波斯志一卷　(清)學部編譯圖書局編　清光緒三十三年(1907)學部編譯圖書局鉛印本　一册

330000－1701－0055742　HJL6307　類叢部/叢書類/自著之屬

趣園初集五種　(清)陳鍾祥撰　清咸豐十年(1860)刻本　二册　存一種

330000－1701－0055744　HJL6559　集部/別集類/明別集

寶綸堂集十卷拾遺一卷　(明)陳洪綬撰　(清)陳字購輯　清光緒十四年(1888)會稽董氏取斯堂木活字印本　八册

330000－1701－0055745　G000018　子部/醫家類/類編之屬

公餘醫錄六種　(清)陳念祖撰　清刻本　一册　存一種

330000－1701－0055746　普814.4/4950/c1　集部/別集類/宋別集

趙清獻公集十卷目錄二卷　(宋)趙抃撰　清南陽趙氏刻本　四册

330000－1701－0055747　HJL6309　集部/別集類/清別集

海宗詩草八卷　(清)徐受撰　清同治十一年(1872)古柗書屋刻本　二册

330000－1701－0055749　普814.4/4488　集部/別集類/宋別集

杜清獻公集十九卷首一卷附錄一卷補遺一卷　(宋)杜範撰　清同治九年(1870)吳縣孫氏九峰書院刻本　十册

330000－1701－0055752　普814.4/4950/c2　集部/別集類/宋別集

趙清獻公集十卷目錄二卷　(宋)趙抃撰　清南陽趙氏刻本　四册

330000－1701－0055753　普 915.51/3570
史部/地理類/外紀之屬
阿富汗土耳基斯坦志一卷阿富汗斯坦志一卷附新志一卷土耳基司丹志一卷東土耳基司丹志一卷　（清）學部編譯圖書局編　清光緒三十三年(1907)學部編譯圖書局鉛印本　一冊

330000－1701－0055754　GP06628　經部/易類/傳說之屬
易研八卷首一卷圖一卷　（清）胡翹元撰　清嘉慶二十四年(1819)文英堂刻本　八冊

330000－1701－0055755　GP06614　集部/別集類/清別集
友漁齋詩集十卷續集六卷　（清）黄凱鈞撰　清嘉慶刻本　三冊

330000－1701－0055758　HJL6556　集部/別集類/清別集
十髪居士集七十卷　程頌萬撰　清光緒二十一年至民國十七年(1895－1928)寧鄉程氏鹿川閣刻本　十六冊　存六十卷(石巢詩集一至十二、楚望閣詩集一至十、定巢詞集一至十、鹿川文集一至十二、鹿川詩集一至十六)

330000－1701－0055760　普 917.1/2310　史部/地理類/外紀之屬
游歷英屬地加納大圖經八卷　（清）傅雲龍撰　清光緒二十八年(1902)石印本　二冊

330000－1701－0055761　普 915.7/3570　史部/地理類/外紀之屬
西比里亞志一卷新志一卷　（清）學部編譯圖書局編　清光緒三十四年(1908)學部編譯圖書局鉛印本　一冊

330000－1701－0055762　普 814.4/5034　集部/別集類/宋別集
鄮峯真隱漫錄五十卷　（宋）史浩撰　（宋）周鑄編　**史子朴語十卷**　（宋）史彌大撰　清乾隆四十二年(1777)會稽繼錦堂刻本　十二冊　缺九卷(史子樸語二至十)

330000－1701－0055763　HJL6308　集部/別集類/清別集
敦夙好齋詩初編十二卷首一卷續編十一卷首一卷　（清）葉名澧撰　清光緒十六年(1890)葉兆綱刻本　八冊

330000－1701－0055764　GP15036　史部/史評類/史論之屬
四千年史論驚奇十二卷　（清）□□輯　清光緒至宣統鉛印本　二冊

330000－1701－0055765　G000019　子部/醫家類/類編之屬
本草醫方合編　（清）汪昂編　清道光十年(1830)五雲樓刻本　一冊　存三卷(首、增訂本草備要、醫方集解一)

330000－1701－0055766　GP06615　集部/曲類/曲韻曲譜曲律之屬
樂府傳聲二卷　（清）徐大椿撰　清光緒七年(1881)刻本　二冊

330000－1701－0055767　GP06629　集部/別集類/清別集
隱拙齋文鈔六卷附詞科試卷一卷　（清）沈廷芳撰　清乾隆十九年(1754)刻本　四冊

330000－1701－0055768　普 917.2/2310　類叢部/叢書類/自著之屬
饔喜廬所著書　（清）傅雲龍撰　清光緒鉛印本暨石印本　一冊　存一種

330000－1701－0055769　普 915.7/5514/c1　類叢部/叢書類/彙編之屬
振綺堂叢書　清汪氏振綺堂刻本　一冊　存一種

330000－1701－0055770　普 814.4/4467/2　集部/別集類/宋別集
霽山先生詩文集五卷　（宋）林景熙撰　清康熙三十二年(1693)沈士尊等白下刻本　四冊

330000－1701－0055771　HJL6310　集部/別集類/清別集
惜心書屋詩鈔六卷褁存艱貞集一卷皖遊雜錄賸存一卷　（清）王正誼撰　清同治二年(1863)惜心書屋刻本　四冊

330000－1701－0055773　G000020　子部/醫家類/婦科之屬/通論

女科仙方四卷　(清)傅山撰　清光緒八年(1882)成都兩儀堂刻本　一冊　存一卷(一)

330000－1701－0055775　GP06616　集部/詞類/别集之屬

翠浮閣詞二集一卷　(清)魏謙升撰　清咸豐四年(1854)刻本　一冊

330000－1701－0055776　GP06630　集部/總集類/選集之屬/斷代

宋四名家詩　(清)周之鱗　(清)柴升編　清康熙三十二年(1693)有文堂刻本　四冊

330000－1701－0055777　普814.4/5046　集部/别集類/宋别集

淮海集十七卷後集二卷詞一卷　(宋)秦觀撰　**淮海集補遺一卷**　(宋)秦觀撰　(清)王敬之　(清)茆泮林　(清)金長福輯　**淮海文集攷證一卷**　(清)王敬之　(清)茆泮林　(清)金長福撰　**重編淮海先生年譜節要一卷**　(清)秦瀛編　(清)王敬之節要　清道光十七年(1837)王敬之等刻二十一年(1841)增刻本　六冊

330000－1701－0055778　GP15038　史部/史抄類

增定課兒鑑畧妥註善本五卷　(明)李廷機撰　清乾隆大文堂刻本　二冊

330000－1701－0055779　普814.4/4437/(2)　集部/總集類/氏族之屬

三蘇全集四種　(清)弓翊清等編　清道光七年至十二年(1827－1832)眉州三蘇祠刻本　四冊　存一種

330000－1701－0055780　普918.1/2310　史部/地理類/外紀之屬

游歷巴西圖經十卷　(清)傅雲龍撰　清光緒二十八年(1902)石印本　二冊

330000－1701－0055781　普918.5/2310　史部/地理類/外紀之屬

游歷秘魯圖經四卷　(清)傅雲龍撰　清光緒二十八年(1902)石印本　二冊

330000－1701－0055782　GP06617　集部/詞類/别集之屬

翠浮閣詞一卷　(清)魏謙升撰　清道光十六年(1836)刻本　一冊

330000－1701－0055784　普814.4/5046/(2)/c2　集部/别集類/宋别集

淮海集十七卷後集二卷詞一卷　(宋)秦觀撰　**淮海集補遺一卷**　(宋)秦觀撰　(清)王敬之　(清)茆泮林　(清)金長福輯　**淮海文集攷證一卷**　(清)王敬之　(清)茆泮林　(清)金長福撰　**重編淮海先生年譜節要一卷**　(清)秦瀛編　(清)王敬之節要　清道光十七年(1837)王敬之等刻二十一年(1841)增刻本　八冊

330000－1701－0055785　GP06618　集部/詞類/别集之屬

翠浮閣詞一卷　(清)魏謙升撰　清道光十六年(1836)刻本　一冊

330000－1701－0055786　普814.4/4437/(3)　集部/總集類/氏族之屬

三蘇全集四種　(清)弓翊清等編　清道光七年至十二年(1827－1832)眉州三蘇祠刻本　四冊　存二種

330000－1701－0055787　GP06632　集部/别集類/清别集

陸次山集一卷　(清)陸璣撰　**蜀遊圖題辭一卷**　(清)王淳等撰　清道光十四年(1834)刻本　一冊

330000－1701－0055788　GP06619　集部/别集類/清别集

霞光集詩四卷柳外詞二卷　(清)沈鍾撰　清康熙五十六年(1717)刻本　三冊

330000－1701－0055789　普814.4/5046.2　集部/别集類/宋别集

淮海集四十卷後集六卷長短句三卷　(宋)秦觀撰　清嘉慶十一年(1806)刻本　六冊

330000－1701－0055790　普814.4/4664/

(3)　集部/别集類/宋别集

楊龜山先生集四十二卷首一卷末一卷　(宋)楊時撰　清康熙四十六年(1707)延平楊繩祖刻本(卷末原缺)　八册

330000－1701－0055791　普 814.4/4664/3　集部/别集類/宋别集

楊龜山先生集四十二卷首一卷末一卷　(宋)楊時撰　清光緒九年(1883)張國正刻道南祠玉華山館印本(卷末原缺)　十册

330000－1701－0055793　GP15039　經部/三禮總義類

确山所著書二種　(清)宋世犖撰　清光緒四年(1878)刻本　二册　存一種

330000－1701－0055795　普 919/3570　史部/地理類/外紀之屬

俾路芝志一卷馬留土股志一卷紐吉尼亞島志一卷西里伯島志一卷新志一卷　(清)學部編譯圖書局編　清光緒三十三年(1907)學部編譯圖書局鉛印本　一册

330000－1701－0055796　GP06620　集部/别集類/清别集

陶山詩錄十二卷前錄二卷露蟬吟詞鈔一卷詞續鈔一卷　(清)唐仲冕撰　清嘉慶十六年(1811)崇川酌民言堂刻本　一册　存一卷(露蟬吟詞鈔)

330000－1701－0055798　GP06633　類叢部/叢書類/彙編之屬

抱經堂叢書十六種　(清)盧文弨編　清乾隆至嘉慶刻彙印本　三册　存一種

330000－1701－0055799　普 814.4/44371　集部/總集類/氏族之屬

三蘇全集四種　(清)弓翊清等編　清道光七年至十二年(1827－1832)眉州三蘇祠刻本　二册　存一種

330000－1701－0055800　普 919/4448/c1　新學/游記

東南海島圖經十卷　(清)世增譯　張美翊述　清光緒二十六年(1900)上海石印本(卷七至十原缺)　三册

330000－1701－0055801　普 919/4448/c2　新學/游記

東南海島圖經十卷　(清)世增譯　張美翊述　清光緒二十六年(1900)上海石印本(卷七至十原缺)　三册

330000－1701－0055802　普 814.4/5722/c2　集部/别集類/宋别集

鐔津文集十九卷首一卷　(宋)釋契嵩撰　清光緒二十八年(1902)揚州藏經院刻本　四册

330000－1701－0055803　GP06621　集部/别集類/清别集

陶山詩錄十二卷前錄二卷露蟬吟詞鈔一卷詞續鈔一卷　(清)唐仲冕撰　清嘉慶十六年(1811)崇川酌民言堂刻本　一册　存一卷(露蟬吟詞鈔)

330000－1701－0055804　普 814.4/44371/(2)/c1　集部/總集類/氏族之屬

三蘇全集四種　(清)弓翊清等編　清道光七年至十二年(1827－1832)眉州三蘇祠刻本　三册　存一種

330000－1701－0055805　普 814.4/4664/2　集部/别集類/宋别集

楊龜山先生集四十二卷首一卷末一卷　(宋)楊時撰　清光緒九年(1883)張國正刻道南祠玉華山館印本(卷末原缺)　十册

330000－1701－0055806　GP06622　集部/詞類/别集之屬

雲起樓詞二種　(清)齊學裘撰　清同治十年(1871)天空海闊之居刻本　一册

330000－1701－0055809　普 814.4/6020　集部/别集類/宋别集

豫章羅先生文集十六卷首一卷末一卷　(宋)羅從彦撰　(元)吳紹宗輯　清光緒二十三年(1897)泰興縣署刻本　四册　缺一卷(末)

330000－1701－0055811　普 915.7/5514/c2　類叢部/叢書類/彙編之屬

振綺堂叢書　清汪氏振綺堂刻本　一册　存

一種

330000－1701－0055812　普 814.4/44371/(2)/c4　類叢部/叢書類/彙編之屬
知不足齋叢書一百九十五種　(清)鮑廷博編　(清)鮑士恭續編　清乾隆三十七年至道光三年(1772－1823)長塘鮑氏刻彙印本　三冊　存一種

330000－1701－0055813　GP06623　類叢部/叢書類/自著之屬
隨園三十種　(清)袁枚撰　清刻本　一冊　存一種

330000－1701－0055816　HJL6313　集部/別集類/清別集
敦艮吉齋文存四卷詩存二卷　(清)徐子苓撰　**劫餘小錄一卷**　(清)徐元叔撰　清光緒十二年(1886)刻本　六冊

330000－1701－0055817　HJL6314　集部/總集類/彙編之屬
慈雲閣詩鈔九種十二卷　(清)左宗棠輯　清同治十二年(1873)刻本　一冊

330000－1701－0055818　HJL6315　類叢部/叢書類/家集之屬
陸氏傳家集十六種附一種　(清)陸迺普編　清同治十一年(1872)義經堂刻本　四冊　缺附一種

330000－1701－0055819　普 951.04093/7556/2　史部/紀事本末類
歷朝紀事本末九種　(清)陳如升　(清)朱記榮輯　(清)捷記主人增輯　清光緒二十九年(1903)上海文盛書局石印本　六冊　存一種

330000－1701－0055820　普 814.4/6020.2　集部/別集類/宋別集
羅豫章先生文集十卷　(宋)羅從彥撰　(清)張伯行訂　清康熙四十八年(1709)正誼堂刻本　二冊

330000－1701－0055821　G000021　子部/醫家類/綜合之屬/雜著
筆花醫鏡四卷　(清)江涵暾撰　清光緒十一年(1885)刻本　一冊　存一卷(二)

330000－1701－0055822　GP06625　集部/詞類/別集之屬
浮玉詞初集三卷　(清)葉光耀撰　清康熙刻本　二冊

330000－1701－0055825　普 814.4/4664/4　集部/別集類/宋別集
宋楊文靖公集四十卷　(宋)楊時撰　(清)楊心尼補輯　清康熙三十三年(1694)楊慶徵刻乾隆三十八年(1773)楊心尼重修本　八冊

330000－1701－0055828　M000134　子部/藝術類/書畫之屬/總論
佩文齋書畫譜一百卷　(清)孫岳頒等輯　清光緒九年(1883)上海同文書局石印本　十二冊　存七十四卷(七至至八十)

330000－1701－0055829　GP06626　集部/詞類/別集之屬
琢春詞二卷　(清)江炳炎撰　清乾隆刻本　清姚燮題記　一冊　存一卷(一)

330000－1701－0055830　G000022、G007593　子部/醫家類/方書之屬/單方驗方
醫方藥性二卷　(明)羅必煒撰　清刻本　二冊

330000－1701－0055831　普 951.04093/7556/4/c1　史部/紀事本末類
紀事本末彙刻八種　(清)廣雅書局輯　清光緒廣雅書局刻本　十六冊　存一種

330000－1701－0055833　GP15043　集部/別集類/清別集
香蘇山館古體詩鈔十四卷今體詩鈔十六卷　(清)吳嵩梁撰　清道光刻本　八冊

330000－1701－0055835　G000023、G004026　子部/醫家類/類編之屬
吳氏醫學述　(清)吳儀洛輯　清刻本　三冊　存一種

330000－1701－0055836　HJL6558　集部/別集類/清別集

且樸齋詩稿六卷茶贊吟一卷　(清)徐懋曙撰　(清)姚子莊輯　清光緒二十五年(1899)刻本　一冊

330000－1701－0055837　普 915.8/2844　類叢部/叢書類/彙編之屬
知不足齋叢書一百九十五種　(清)鮑廷博編　(清)鮑士恭續編　清乾隆三十七年至道光三年(1772－1823)長塘鮑氏刻彙印本　三冊　存一種

330000－1701－0055838　GP06624　類叢部/叢書類/自著之屬
隨園三十種　(清)袁枚撰　清刻本　一冊　存一種

330000－1701－0055841　HJL6316　集部/總集類/郡邑之屬
滇詩拾遺六卷　(清)陳榮昌輯　清宣統元年(1909)昆明刻本　六冊

330000－1701－0055842　普 951.04093/7556/4/c2　史部/紀事本末類
紀事本末彙刻八種　(清)廣雅書局輯　清光緒廣雅書局刻本　十六冊　存一種

330000－1701－0055844　GP15044　經部/書類/分篇之屬
鴻範通論一卷詩小說一卷庚實齋讀書年月譜一卷　(清)蔣光焴撰　清同治刻本　一冊

330000－1701－0055845　G000024　集部/曲類/彈詞之屬
新刻東調珠蝴蝶四集三十二卷　清刻本　一冊　存十五卷(初集一至八、二集一至七)

330000－1701－0055846　普 919/4448/2　新學/游記
東南海島圖經三卷澳大利亞洲志擬稿一卷檀香山羣島志擬稿一卷　(清)世增譯　張美翊述　清光緒二十三年(1897)南清河王氏小方壺齋鉛印本　二冊

330000－1701－0055847　普 814.4/6020.2/2　集部/別集類/宋別集
羅豫章先生集十二卷首一卷末一卷　(宋)羅從彥撰　(清)黄植亨重訂　**豫章羅先生[從彥]年譜一卷**　(元)吳紹宗編　清光緒九年(1883)古燕張國正延平郡署刻本　四冊

330000－1701－0055848　G000025　集部/小說類/長篇之屬
忠烈俠義傳一百二十回　(清)石玉崑撰　清光緒八年(1882)聚珍堂木活字印本　六冊　存三十回(三十一至六十)

330000－1701－0055851　普 951.04093/7556/5/c1　史部/紀事本末類
歷朝紀事本末七種　(清)陳如升　(清)朱記榮輯　清光緒二十一年(1895)上海積山書局石印本　八冊　存一種

330000－1701－0055852　GP06636　經部/易類/傳說之屬
易門十二卷義畧一卷圖說一卷　(清)樂涵撰　清道光八年(1828)刻本　六冊

330000－1701－0055854　普 814.4/6020.2/3　集部/別集類/宋別集
羅豫章先生集十二卷首一卷末一卷　(宋)羅從彥撰　(清)黄植亨重訂　清光緒八年(1882)盱江謝甘棠刻本　六冊

330000－1701－0055857　HJL6318　集部/總集類/郡邑之屬
青山詩選六卷　(清)姚瀚等撰　(清)桂超萬等輯　清同治十三年至光緒元年(1874－1875)皖城刻本　二冊

330000－1701－0055858　普 814.4/4727　集部/別集類/宋別集
胡少師總集六卷首一卷　(宋)胡舜陟撰　(清)胡培翬編　**乙巳泗州錄一卷乙酉避亂錄一卷吴門忠告一卷**　(宋)胡舜申撰　**宮詞集句一卷**　(宋)胡偉撰　清同治二年(1863)績溪金紫胡肇智刻本　二冊

330000－1701－0055859　GP06637　集部/別集類/清別集
長春花館詩集十二卷　(清)張恕撰　**長春花館詩集附編一卷**　(清)張鼎輔撰　**長春花館**

詩集附一卷　(清)張庭學撰　清同治七年(1868)刻本　二冊

330000－1701－0055861　HJL6319　集部/總集類/郡邑之屬
貞豐詩萃五卷　(清)陶煦輯　清咸豐十一年至同治三年(1861－1864)元和陶煦儀一堂刻本　二冊

330000－1701－0055862　普 951.04093/7556/5/c2　史部/紀事本末類
歷朝紀事本末七種　(清)陳如升　(清)朱記榮輯　清光緒二十一年(1895)上海積山書局石印本　八冊　存一種

330000－1701－0055864　普 919.11/3570　史部/地理類/外紀之屬
阿達曼羣島志一卷新志一卷婆羅島志一卷　(清)前編書局纂　清光緒三十四年(1908)學部編譯圖書局鉛印本　一冊

330000－1701－0055865　普 951.04093/7556/5/c3　史部/紀事本末類
歷朝紀事本末七種　(清)陳如升　(清)朱記榮輯　清光緒二十一年(1895)上海積山書局石印本　八冊　存一種

330000－1701－0055866　HJL6803　史部/政書類/通制之屬
欽定大清會典一百卷首一卷事例一千二百二十卷目錄八卷圖二百七十卷　(清)崑岡等撰　清光緒二十五年(1899)石印本　四百九十四冊

330000－1701－0055867　GP06638　集部/曲類/散曲之屬
選聲集二卷　(清)吳綺輯　清刻本　一冊

330000－1701－0055868　HJL6560　集部/別集類/清別集
雲聆詩錄四卷　(清)張祥澐撰　清刻本　二冊

330000－1701－0055870　GP06634　集部/總集類/氏族之屬
廬江錢氏詩匯　(清)錢儀吉輯　清道光刻本　一冊　存一種

330000－1701－0055871　HJL6320　集部/總集類/郡邑之屬
青浦續詩傳八卷　(清)何其超輯　清光緒三十一年(1905)熊祖詒木活字印本　八冊

330000－1701－0055875　GP06639　集部/詩文評類/詩評之屬
詩筏八卷　(清)陶開虞撰　清順治十六年(1659)金閶擁萬堂刻本　六冊

330000－1701－0055876　普 814.4/4664　集部/別集類/宋別集
楊龜山先生集四十二卷首一卷末一卷　(宋)楊時撰　清康熙四十六年(1707)延平楊繩祖刻本(卷末原缺)　十冊

330000－1701－0055877　GP15048　史部/雜史類
皖路函件摘要不分卷　潘世杰編　清宣統三年(1911)蕪湖大馬路啓新印刷所鉛印本　一冊

330000－1701－0055878　普 919.13/3570　史部/地理類/外紀之屬
爪哇志一卷新誌一卷蘇門答拉志一卷新志一卷　(清)學部編譯圖書局編　清光緒三十三年(1907)學部編譯圖書局鉛印本　一冊

330000－1701－0055879　HJL6321　類叢部/叢書類/自著之屬
求是堂全集六種　(清)胡承珙撰　清道光歙縣胡氏刻本　六冊　存一種

330000－1701－0055881　普 814.4/4727/2　集部/別集類/宋別集
胡少師總集六卷首一卷　(宋)胡舜陟撰　(清)胡培翬編　**乙巳泗州錄一卷乙酉避亂錄一卷吳門忠告一卷**　(宋)胡舜申撰　**宮詞集句一卷**　(宋)胡偉撰　**胡少師[舜陟]年譜二卷**　(清)胡培翬編　(清)胡培系補編　清道光十九年(1839)績溪金紫胡培翬刻光緒十年(1884)胡廷楨增刻本　六冊

330000－1701－0055882　普 951.04093/

7556/7　史部/紀事本末類
歷朝紀事本末七種　(清)陳如升　(清)朱記榮輯　清光緒十四年(1888)上海書業公所鉛印本　八冊　存一種

330000－1701－0055883　HJL6561　集部/別集類/清別集
豸華堂文鈔二十卷首一卷　(清)金應麟撰　清光緒元年(1875)刻本　四冊　存八卷(乙部駢文一至八)

330000－1701－0055884　GP15049　史部/地理類/專志之屬/書院
浙江求是書院章程一卷　(清)浙江求是書院編　清光緒石印本　一冊

330000－1701－0055886　GP06640　類叢部/叢書類/郡邑之屬
浦城遺書(浦城宋元明儒遺書)十四種　(清)梁章鉅　(清)祝昌泰編　清嘉慶十六年至十九年(1811－1814)浦城祝氏留香室刻道光十四年(1834)彙印本　二冊　存一種

330000－1701－0055888　G000026、G006829　子部/醫家類/本草之屬/歷代綜合本草
本草綱目五十二卷　(明)李時珍撰　**本草綱目拾遺十卷首一卷**　(清)趙學敏輯　清光緒十九年(1893)上海鴻寶齋石印本　六冊　缺三十卷(一至三十)

330000－1701－0055889　普 814.4/6020.2/4　類叢部/叢書類/彙編之屬
正誼堂全書六十三種續刻五種　(清)張伯行編　(清)楊浚重編　清同治五年(1866)福州正誼書院刻同治八年至光緒十三年(1869－1887)續刻本　二冊　存一種

330000－1701－0055890　GP06635　經部/易類/傳說之屬
易庸四卷　(清)周幹撰　清道光三十年(1850)震澤鎮硯華堂刻本　四冊

330000－1701－0055891　HJL6562　集部/別集類/清別集
陳禮部詩稿十六卷月波樓琴言三卷　(清)陳其錕撰　清咸豐二年(1852)刻本　四冊

330000－1701－0055893　普 814.4/4664/(2)　集部/別集類/宋別集
楊龜山先生集四十二卷首一卷末一卷　(宋)楊時撰　清康熙四十六年(1707)延平楊繩祖刻本(卷末原缺)　十冊

330000－1701－0055896　普 814.4/4727/3　集部/別集類/宋別集
胡少師總集六卷首一卷　(宋)胡舜陟撰　(清)胡培翬編　**乙巳泗州錄一卷乙酉避亂錄一卷吳門忠告一卷**　(宋)胡舜申撰　**宮詞集句一卷**　(宋)胡偉撰　清道光十九年(1839)績溪金紫胡培翬刻本　二冊

330000－1701－0055897　GP06641　集部/詞類/別集之屬
鏡虹吟室詞集二卷　(清)孔昭虔撰　清道光十七年(1837)刻本　一冊

330000－1701－0055902　普 814.4/6030　集部/別集類/宋別集
呂東萊先生文集二十卷首一卷　(宋)呂祖謙撰　(清)王崇炳輯　清雍正元年(1723)金華陳思臚敬勝堂刻本　八冊

330000－1701－0055903　普 814.4/44371/2　集部/別集類/宋別集
斜川集六卷附錄二卷　(宋)蘇過撰　(清)周永年輯　**斜川集訂誤一卷**　(清)吳長元撰　清乾隆五十三年(1788)武進趙懷玉亦有生齋刻本　三冊

330000－1701－0055904　HJL6322　集部/總集類/郡邑之屬
廣濟耆舊詩集十二卷　(清)夏槐輯　清光緒十三年(1887)松江金山縣署刻本　六冊

330000－1701－0055905　M000143　集部/總集類/彙編之屬
簡學齋清夜齋手書詩稿合印二卷　(清)陳沆　(清)魏源撰　清宣統三年(1911)影印本　一冊

330000－1701－0055906　GP06642　集部/詞

類/别集之屬

蝶園詞一卷　(清)潘曾綬撰　清刻本　一册

330000－1701－0055907　普 920.987/7544/c1　史部/傳記類/總傳之屬/列女

外國列女傳八卷　陳壽彭譯　(清)薛紹徽編　清光緒三十二年(1906)金陵江楚編譯官書總局石印本　三册

330000－1701－0055908　GP06658　集部/詞類/别集之屬

餐花吟館詞鈔四卷　(清)嚴駿生撰　清嘉慶江寧顧晴崖刻本　二册

330000－1701－0055909　HJL6563　集部/别集類/清别集

筆花書屋詩鈔二卷　(清)嵇文駿撰　清同治九年(1870)嵇有慶刻本　二册

330000－1701－0055911　GP15051　子部/雜著類/雜説之屬

墨商三卷補遺一卷　王景羲撰　清宣統二年(1910)刻本　二册

330000－1701－0055912　G000027　子部/醫家類/方書之屬/單方驗方

四科簡效方四卷　(清)王士雄撰　清光緒十一年(1885)越州徐氏刻本　二册

330000－1701－0055913　GP06643　集部/詞類/别集之屬

蘭葉詞一卷　(清)林蕃鍾撰　清刻本　一册

330000－1701－0055914　HJL6564　類叢部/叢書類

一蒂十七實齋全集　清刻本　二册　存一種

330000－1701－0055915　普 920.987/7544/c2　史部/傳記類/總傳之屬/列女

外國列女傳八卷　陳壽彭譯　(清)薛紹徽編　清光緒三十二年(1906)金陵江楚編譯官書總局石印本　三册

330000－1701－0055916　普 814.4/4730　類叢部/叢書類/郡邑之屬

常州先哲遺書七十二種　盛宣懷編　清光緒二十一年至三十三年(1895－1907)武進盛氏思惠齋刻宣統彙印本　四册　存三種

330000－1701－0055917　普 814.4/6030/2　類叢部/叢書類/郡邑之屬

金華叢書六十八種　(清)胡鳳丹編　清同治七年至光緒八年(1868－1882)永康胡氏退補齋刻民國補刻本　八册　存一種

330000－1701－0055918　HJL6323　集部/總集類/氏族之屬

新安先集二十卷　(清)朱之榛輯　清同治十三年(1874)蘇州刻本　六册

330000－1701－0055919　普 814.4/4442　類叢部/叢書類/自著之屬

石林遺書十三種　(宋)葉夢得撰　清光緒至宣統長沙葉氏觀古堂刻本　二册　存一種

330000－1701－0055920　GP06644　集部/詞類/别集之屬

執虛詞鈔一卷　(清)吴蔚光撰　清乾隆三十九年(1774)刻本　一册

330000－1701－0055921　普 920.987/7544/c3　史部/傳記類/總傳之屬/列女

外國列女傳八卷　陳壽彭譯　(清)薛紹徽編　清光緒三十二年(1906)金陵江楚編譯官書總局石印本　三册

330000－1701－0055922　普 814.4/7232/c1　類叢部/叢書類/郡邑之屬

永嘉叢書十三種　(清)孫衣言編　清同治至光緒瑞安孫氏詒善祠塾刻本　一册　存一種

330000－1701－0055925　HJL6565　集部/别集類/清别集

邃懷堂文集箋註十六卷　(清)袁翼撰　(清)朱舲箋註　清咸豐八年(1858)古唐朱氏古懽齋刻本　六册

330000－1701－0055926　普 920.987/7544/c4　史部/傳記類/總傳之屬/列女

外國列女傳八卷　陳壽彭譯　(清)薛紹徽編　清光緒三十二年(1906)金陵江楚編譯官書總局石印本　一册

330000－1701－0055927　GP06645　集部/別集類/清別集

小鷗波館文鈔二卷駢體文鈔二卷詩鈔十二卷詩補鈔二卷詞鈔一卷又二卷　(清)潘曾瑩撰　清道光二十五年(1845)刻本　一冊　存二卷(詞鈔一至二)

330000－1701－0055928　普 814.4/4442/2　集部/別集類/宋別集

石林居士建康集八卷補遺一卷　(宋)葉夢得撰　**石林先生兩鎮建康紀年略一卷**　(清)葉廷琯撰　清道光二十四年(1844)吳中葉廷琯刻本　二冊

330000－1701－0055930　HJL6324　集部/別集類/清別集

竹瑞堂詩鈔十八卷　(清)黃德華撰　清同治三年(1864)刻本　四冊

330000－1701－0055931　GP06646　集部/詞類/總集之屬

清嘯集二卷　(清)項以淳輯　清康熙二十七年(1688)刻嘉慶十年(1805)補刻本　四冊

330000－1701－0055932　HJL5397　集部/別集類/宋別集

王荆文公詩五十卷補遺一卷　(宋)王安石撰　(宋)李壁箋注　清乾隆五年至六年(1740－1741)武原張宗松清綺齋刻本　八冊

330000－1701－0055933　GP06659　經部/叢編

十三經注疏附考證　(清)□□輯　清乾隆四年(1739)武英殿刻本　六冊　存一種

330000－1701－0055934　G000028　集部/小説類/長篇之屬

東周列國全志二十三卷一百八回　(清)蔡奡評點　清末築野書屋鉛印本　一冊　存二卷(十二至十三)

330000－1701－0055935　普 915.91/6014　新學/游記

東埔治以北探路記十五卷　(法國)晃西士加尼撰　清光緒二十五年(1899)味經刊書處刻本　八冊

330000－1701－0055936　普 814.4/4443　類叢部/叢書類/郡邑之屬

常州先哲遺書七十二種　盛宣懷編　清光緒二十一年至三十三年(1895－1907)武進盛氏思惠齋刻宣統彙印本　二冊　存一種

330000－1701－0055937　普 814.4/6030.2　集部/總集類/選集之屬/斷代

宋四家文集　(清)張伯行編　清康熙四十八年至五十年(1709－1711)儀封張伯行正誼堂刻道光二十六年(1846)古歙洪錫謙重修本　二冊　存一種

330000－1701－0055939　普 814.4/4730/2　類叢部/叢書類/彙編之屬

武英殿聚珍版書一百四十八種　清乾隆四十二年(1777)福建刻道光至同治遞修光緒二十一年(1895)增刻本　八冊　存一種

330000－1701－0055940　HJL6566　集部/別集類/清別集

躬恥齋文鈔二十卷首一卷文後編六卷詩鈔十四卷首一卷詩後編七卷　(清)宗稷辰撰　清咸豐元年(1851)、九年(1859)越峴山館刻本　二十四冊

330000－1701－0055941　GP15053　史部/政書類/儀制之屬/專志/科舉校規

學部第一次審定初等小學暫用書目表一卷　(清)學部編　清光緒三十二年(1906)學部鉛印本　一冊

330000－1701－0055944　普 951.041/1022/c1　史部/紀傳類/別史之屬

東都事略一百三十卷　(宋)王偁撰　清光緒九年(1883)淮南書局刻本　八冊

330000－1701－0055945　普 951.041/1022/c2　史部/紀傳類/別史之屬

東都事略一百三十卷　(宋)王偁撰　清光緒九年(1883)淮南書局刻本　章嶔題簽並記　八冊

330000－1701－0055946　普 951.041/1022/

2/c1　史部/紀傳類/别史之屬

東都事略一百三十卷　(宋)王偁撰　清五峯閣影宋刻本　十二冊

330000 - 1701 - 0055947　普 951.041/1022/2/c3　史部/紀傳類/别史之屬

東都事略一百三十卷　(宋)王偁撰　清五峯閣影宋刻本　十四冊

330000 - 1701 - 0055948　普 951.041/1022/3　史部/紀傳類/别史之屬

東都事略一百三十卷　(宋)王偁撰　清振鷺堂影宋刻本　八冊

330000 - 1701 - 0055949　普 951.0414/9913　史部/詔令奏議類/奏議之屬

孝肅包公奏議十卷　(宋)包拯撰　(宋)張田編　清道光二十四年(1844)包氏刻本　二冊

330000 - 1701 - 0055950　普 951.0414/9913/2　史部/詔令奏議類/奏議之屬

孝肅包公奏議十卷　(宋)包拯撰　(清)張純修輯　清同治九年(1870)四明包芳國天禄閣刻本　四冊

330000 - 1701 - 0055951　普 951.0414/9913/3　集部/總集類/郡邑之屬

廬陽三賢集　(清)張樹聲編　清光緒元年(1875)合肥張氏毓秀堂刻本　二冊　存一種

330000 - 1701 - 0055953　HJH6325　類叢部/叢書類/自著之屬

隨園三十種　(清)袁枚撰　清刻本　六冊　存一種

330000 - 1701 - 0055954　HJL6567　集部/别集類/清别集

妙香館文鈔四卷詩鈔四卷詠物全韻一卷　(清)銘岳撰　清道光二十九年(1849)刻本　四冊

330000 - 1701 - 0055956　普 814.4/4448　類叢部/叢書類/彙編之屬

洪刻五種　清刻道光二十七年(1847)洪氏至德堂重修印本　三冊　存一種

330000 - 1701 - 0055957　HJL6568　集部/别集類/清别集

嘯古堂詩集八卷遺集一卷芬陀利室詞集五卷遺集一卷　(清)蔣敦復撰　**麗農山人事實雜録一卷**　(清)王韜輯　清光緒十一年(1885)長洲王韜淞隱廬刻本　四冊

330000 - 1701 - 0055958　普 814.4/7298　類叢部/叢書類/彙編之屬

武英殿聚珍版書一百三十八種　清乾隆武英殿木活字印本　二十四冊　存一種

330000 - 1701 - 0055960　HJL6327　集部/别集類/清别集

東蘿遺稿三卷　(清)陸損之撰　清道光二十五年(1845)匏廬刻本　一冊

330000 - 1701 - 0055962　普 814.4/4448/2　類叢部/叢書類/彙編之屬

正誼堂全書六十三種續刻五種　(清)張伯行編　(清)楊浚重編　清同治五年(1866)福州正誼書院刻同治八年至光緒十三年(1869 - 1887)續刻本　五冊　存一種

330000 - 1701 - 0055964　HJL6328　集部/别集類/清别集

欽齋詩稾四卷　(清)蘇惇元撰　清道光刻本　二冊

330000 - 1701 - 0055965　G000029　子部/醫家類/醫案之屬

一得集三卷　(清)釋心禪撰　清光緒十六年(1890)永禪室刻本　一冊

330000 - 1701 - 0055967　HJL6329　集部/别集類/清别集

因齋詩存二卷　(清)劉成忠撰　清光緒十四年(1888)刻本　一冊

330000 - 1701 - 0055968　普 814.4/4453/(2)　集部/總集類/氏族之屬

三蘇全集四種　(清)弓翊清等編　清道光七年至十二年(1827 - 1832)眉州三蘇祠刻本　四十四冊　存一種

330000 - 1701 - 0055969　普 814.4/7425　集

部/别集類/宋别集

宋左丞相陸公全書八卷續編二卷 (宋)陸秀夫撰 (清)王夢熊輯 (清)陶性堅續輯 清道光十五年至十六年(1835－1836)五柳堂刻本 一册 缺二卷(續編一至二)

330000－1701－0055970 GP15055 集部/别集類/清别集

缾水齋詩集十七卷别集二卷詩話一卷附録一卷 (清)舒位撰 清光緒十二年(1886)邊保樞刻十七年(1891)增修本 六册 存二十卷(詩集一至十七、别集一至二、附録)

330000－1701－0055971 G000030 子部/醫家類/方書之屬/單方驗方

林韋亭輯著方記二卷 (清)林清標撰 清末刻本 一册

330000－1701－0055972 HJL6330 集部/别集類/清别集

悔翁詩鈔十五卷補遺一卷詩餘五卷筆記六卷 (清)汪士鐸撰 清光緒九年(1883)合肥張氏味古齋刻本 四册

330000－1701－0055973 普 951.0419/0501/c1 類叢部/叢書類/彙編之屬

十萬卷樓叢書五十一種 (清)陸心源編 清光緒歸安陸氏刻本(歲時廣記卷六原缺) 八册 存一種

330000－1701－0055974 普 915.93/2722 史部/地理類/外紀之屬

安南志畧十九卷首一卷 (元)黎崱撰 清光緒十年(1884)日本東京岸吟香上海樂善堂鉛印本 四册

330000－1701－0055976 GP06647 集部/别集類/清别集

笛家詞四卷 (清)胡金勝撰 清道光四年(1824)刻本 一册

330000－1701－0055977 普 814.4/6071 集部/别集類/宋别集

羅鄂州小集六卷 (宋)羅願撰 **羅郢州遺文一卷** (宋)羅頌撰 清光緒十九年(1893)黟縣李氏刻本 二册

330000－1701－0055978 HJL6569 集部/别集類/清别集

補學軒文集續刻散體四卷駢體四卷 (清)鄭獻甫撰 清同治十一年(1872)況逢春桂林刻本 六册

330000－1701－0055979 普 814.4/4453/2 集部/别集類/宋别集

東坡集四十卷後集二十卷奏議十五卷内制集十卷樂語一卷外制集三卷應詔集十卷續集十二卷 (宋)蘇軾撰 **東坡集校記二卷** 繆荃孫撰 **東坡先生[蘇軾]年譜一卷** (宋)王宗稷撰 **東坡先生[蘇軾]墓志銘一卷** (宋)蘇轍撰 清光緒三十四年至宣統元年(1908－1909)寶華盦刻本 四十册

330000－1701－0055980 HJL6331 集部/别集類/清别集

守經堂詩集十卷附自著書一卷 (清)沈筠撰 清光緒九年至十三年(1883－1887)刻民國九年(1920)印本 四册

330000－1701－0055982 G000031 子部/醫家類/醫案之屬

江陰柳氏醫學叢書(柳選四家醫案)四種 (清)柳寶詒編 清末石印本 一册 存一種

330000－1701－0055983 普 951.0419/0501/c2 類叢部/叢書類/彙編之屬

十萬卷樓叢書五十一種 (清)陸心源編 清光緒歸安陸氏刻本(歲時廣記卷六原缺) 七册 存一種

330000－1701－0055984 普 814.4/7426 類叢部/叢書類/彙編之屬

武英殿聚珍版書一百四十八種 清乾隆四十二年(1777)福建刻道光至同治遞修光緒二十一年(1895)增刻本 四册 存一種

330000－1701－0055986 普 951.0419/0501/(2) 類叢部/叢書類/彙編之屬

十萬卷樓叢書五十一種 (清)陸心源編 清光緒歸安陸氏刻本(歲時廣記卷六原缺) 六

冊　存一種

330000－1701－0055987　HJL6570　集部/別集類/清別集

昨夢齋文集四卷　(清)彭泰來撰　清同治四年(1865)刻本　二冊

330000－1701－0055988　普 814.4/6071/2　類叢部/叢書類/彙編之屬

粤雅堂叢書一百八十五種　(清)伍崇曜編　清道光二十九年至光緒十一年(1849－1885)南海伍氏刻彙印本　二冊　存一種

330000－1701－0055990　普 951.0419/4027　類叢部/叢書類/彙編之屬

邵武徐氏叢書初刻十四種　(清)徐榦編　清光緒邵武徐氏刻本　二冊　存一種

330000－1701－0055991　HJL6571　集部/別集類/清別集

慎盦文鈔二卷詩鈔二卷　(清)左宗植撰　清光緒元年(1875)刻本　二冊　存二卷(文鈔一至二)

330000－1701－0055992　普 814.4/7232/c2　類叢部/叢書類/郡邑之屬

永嘉叢書十三種　(清)孫衣言編　清同治至光緒瑞安孫氏詒善祠塾刻本　一冊　存一種

330000－1701－0055993　普 814.4/7438　類叢部/叢書類/自著之屬

陸放翁全集六種　(宋)陸游撰　明末海虞毛氏汲古閣刻清初毛扆增刻彙印本　十二冊　存一種

330000－1701－0055994　普 915.93/27221　史部/地理類/外紀之屬

安南志略二十卷　(元)黎崱撰　清抄本　六冊

330000－1701－0055995　G000032　子部/醫家類/類編之屬

增評醫方集解二十三卷增補本草備要八卷重校舊本湯頭歌訣一卷　(清)汪昂編　清末石印本　一冊　存六卷(四至九)

330000－1701－0055997　HJL6572　集部/別集類/清別集

慷齋詩鈔二卷文鈔一卷　(清)劉廷枚撰　清光緒十八年(1892)京師刻本　一冊

330000－1701－0055998　HJH6332　類叢部/叢書類/家集之屬

沈氏三代家言五種　(清)沈申祐編　清光緒十二年(1886)會稽沈氏刻本　四冊　存一種

330000－1701－0055999　普 814.4/6077　類叢部/叢書類/彙編之屬

武英殿聚珍版書五十三種　清同治十三年(1874)江西書局刻本　八冊　存一種

330000－1701－0056000　普 814.4/7232/c3　集部/別集類/宋別集

劉給諫文集五卷　(宋)劉安上撰　清同治十二年(1873)瑞安孫氏武昌局刻本　單丕批校　一冊

330000－1701－0056002　普 915.93/2814/c1　史部/地理類/外紀之屬

越南輯略二卷　(清)徐延旭撰　清光緒三年(1877)梧州郡署刻本　二冊

330000－1701－0056004　G000033　子部/醫家類/類編之屬

喻氏醫書三種　(清)喻昌撰　清光緒二十六年(1900)上海掃葉山房石印本　一冊　存一種

330000－1701－0056006　普 814.4/7211　集部/別集類/宋別集

屏山全集二十卷　(宋)劉子翬撰　清道光十八年(1838)溫陵李廷鈺秋柯草堂刻本　十冊

330000－1701－0056007　HJL6333　集部/別集類/清別集

璞山存稿十二卷　(清)曹藍田撰　(清)曹榮綬等輯　清光緒二十二年(1896)刻本　四冊

330000－1701－0056008　GP06648　集部/詞類/別集之屬

寄龕詞四卷　(清)孫德祖撰　清同治九年(1870)山陰許純模刻本　一冊

330000－1701－0056011　普 915.93/2814/c2　史部/地理類/外紀之屬

越南輯略二卷　(清)徐延旭撰　清光緒三年(1877)梧州郡署刻本　二册

330000－1701－0056012　HJL6334　集部/別集類/清別集

友石齋詩集八卷　(清)高錫恩撰　**我盦遺稿二卷**　(清)高炳麟撰　清光緒十五年(1889)高駿麟等刻本　四册

330000－1701－0056013　GP06649　集部/別集類/清別集

聶許齋詩鈔六卷　(清)陳鴻儔撰　**古懽齋詩鈔一卷**　(清)陳鴻漸撰　清道光二十五年(1845)陳詩翼陝西安康縣署刻本　二册

330000－1701－0056014　普 814.4/7211/2　集部/別集類/宋別集

劉屏山先生集二十卷　(宋)劉子翬撰　清康熙三十九年(1700)刻本　六册

330000－1701－0056018　普 814.4/7233　類叢部/叢書類/郡邑之屬

永嘉叢書十三種　(清)孫衣言編　清同治至光緒瑞安孫氏詒善祠塾刻本　二册　存一種

330000－1701－0056019　普 915.93/2814/c3　史部/地理類/外紀之屬

越南輯略二卷　(清)徐延旭撰　清光緒三年(1877)梧州郡署刻本　二册

330000－1701－0056022　GP06650　集部/別集類/清別集

澹園遺詩不分卷　(清)王立誠撰　(清)張淦輯　清咸豐六年(1856)木活字印本　一册

330000－1701－0056023　GP07584　史部/史評類/考訂之屬

東周列國攷畧二卷　(清)朱元炅輯　清光緒十三年(1887)刻本　二册

330000－1701－0056024　GP06661　類叢部/叢書類/自著之屬

歸雲別集十種　(明)陳士元撰　清道光十三年(1833)應城吳毓梅刻本　四十六册　存八種

330000－1701－0056025　HJL6343　集部/別集類/清別集

小滄溟館初集六卷二集九卷三集十二卷四集六卷五集五卷　(清)朱瀚撰　清道光十三年至咸豐八年(1833－1858)刻本　十八册

330000－1701－0056026　普 915.93/2814/c4　史部/地理類/外紀之屬

越南輯略二卷　(清)徐延旭撰　清光緒三年(1877)梧州郡署刻本　二册

330000－1701－0056027　普 814.4/7233/(2)　集部/別集類/宋別集

蒙川遺稾四卷補遺一卷　(宋)劉黻撰　清光緒元年(1875)瑞安孫氏詒善祠塾刻永嘉叢書本　王張威題記　一册

330000－1701－0056029　普 915.8/3880　史部/地理類/遊紀之屬

韓游日記一卷　(清)遵養齋主人撰　清光緒木活字印本　一册

330000－1701－0056030　普 814.4/7212　集部/別集類/宋別集

岳忠武王文集八卷首一卷末一卷　(宋)岳飛撰　(清)黃邦寧纂修　清乾隆三十五年(1770)刻本　四册

330000－1701－0056031　GP00351　子部/藝術類/書畫之屬/畫譜

後梅花喜神譜一卷　(清)鄭淳繪　清道光刻本　二册

330000－1701－0056034　GP06651　集部/詞類/類編之屬

琴畫樓詞鈔二十五卷　(清)王昶輯　清乾隆三泖漁莊刻本　二册

330000－1701－0056039　HJL6344　集部/別集類/清別集

大梅山館集四種五十五卷　(清)姚燮撰　清道光十三年至咸豐六年(1833－1856)大梅山館刻本　十五册　存二種

330000－1701－0056040　普 814.4/7212/2　集部/别集類/宋别集

岳忠武王文集八卷首一卷末一卷　（宋）岳飛撰　（清）黄邦寧纂修　清乾隆三十五年(1770)刻嘉慶二十一年(1816)補刻本　四冊

330000－1701－0056041　GP06652　集部/别集類/清别集

鏤空集四卷　（清）姚之駰撰　清刻本　二冊

330000－1701－0056045　普 814.4/7212/3　集部/别集類/宋别集

岳忠武王文集八卷首一卷末一卷　（宋）岳飛撰　清道光二十七年(1847)揚州刻本　四冊

330000－1701－0056046　普 814.4/7238/c1　類叢部/叢書類/郡邑之屬

永嘉叢書十三種　（清）孫衣言編　清同治至光緒瑞安孫氏詒善祠塾刻本　一冊　存一種

330000－1701－0056047　GP06653　集部/詞類/别集之屬

浣雪詞鈔二卷　（清）毛際可撰　（清）李天馥（清）王士禛評　清刻本　一冊

330000－1701－0056048　HJL6345　集部/别集類/清别集

梧生文鈔十卷詩鈔九卷詞鈔一卷　（清）傅桐撰　清同治三年至光緒七年(1864－1881)刻本　六冊

330000－1701－0056049　普 814.4/7212/4　集部/别集類/宋别集

岳忠武王集八卷　（宋）岳飛撰　（清）梁玉繩編　**年譜一卷**　（清）梁玉繩撰　清嘉慶十二年(1807)杭州廟塾刻本　二冊

330000－1701－0056050　普 814.4/7238/c4　類叢部/叢書類/郡邑之屬

永嘉叢書十三種　（清）孫衣言編　清同治至光緒瑞安孫氏詒善祠塾刻本　一冊　存一種

330000－1701－0056051　普 925.10916/4453/c1　類叢部/叢書類/自著之屬

竹柏山房十五種附刻八種　（清）林春溥撰　清嘉慶至咸豐竹柏山房刻本　一冊　存一種

330000－1701－0056053　GP06654　集部/别集類/清别集

琴韻樓詩二卷　（清）胡緣撰　清嘉慶十三年(1808)刻本　一冊

330000－1701－0056054　普 814.4/7212/5　集部/别集類/宋别集

岳忠武王文集八卷首一卷末一卷　（宋）岳飛撰　（清）黄邦寧纂修　清光緒十二年(1886)上海簡玉山房刻本　陳斯白題記　四冊

330000－1701－0056055　M000051　子部/儒家類/儒學之屬/蒙學

增訂發蒙三字經一卷　（宋）王應麟撰　（清）許印芳增訂　清刻本　一冊

330000－1701－0056056　HJL6574　類叢部/叢書類/自著之屬

毋不敬齋全書十七種附一種　（清）方濬撰　清光緒十五年(1889)方剛中、方敦吉濟南刻本　十六冊　存七種

330000－1701－0056057　GP07585　史部/史評類/考訂之屬

東周列國攷畧二卷　（清）朱元炅輯　清光緒十三年(1887)刻本　二冊

330000－1701－0056058　普 814.4/7244/c2　類叢部/叢書類/彙編之屬

武英殿聚珍版書一百三十八種　清乾隆武英殿木活字印本　四冊　存一種

330000－1701－0056060　普 951.0419/9300/c1　史部/紀事本末類/斷代之屬

三朝北盟會編二百五十卷首一卷　（宋）徐夢莘撰　**三朝北盟會編校勘記二卷補遺一卷**　（清）袁祖安等撰　清光緒三年至五年(1877－1879)如皋袁祖安越東鉛印本　四十冊

330000－1701－0056061　GP15058　集部/戲劇類/傳奇之屬

邯鄲夢傳奇二卷三十齣　（明）湯顯祖撰　清刻本　四冊

330000－1701－0056062　普 814.4/7212/6/c2　集部/别集類/宋别集

岳忠武王文集八卷首一卷末一卷　（宋）岳飛撰　（清）黃邦寧纂修　清光緒二年（1876）刻本　四冊

330000－1701－0056064　普 814.4/7212/7　類叢部/叢書類/彙編之屬
半畝園叢書三十種　（清）吳坤修編　清同治新建吳氏皖城刻本　二冊　存一種

330000－1701－0056067　普 915.8/8734　史部/地理類/外紀之屬
金剛山志二卷　（朝鮮）鄭海吉撰　清刻本　一冊

330000－1701－0056068　GP07583　史部/史評類/考訂之屬
東周列國攷畧二卷　（清）朱元炅輯　清光緒十三年（1887）刻本　二冊

330000－1701－0056071　GP15062　集部/總集類/題詠之屬
蘭蕙同心錄不分卷　（清）許鼒龢撰　清光緒十七年（1891）石印本　一冊

330000－1701－0056072　GP06656　集部/總集類/題詠之屬
陳秋坪先生遺墨題詠不分卷首一卷　（清）甘澍輯　清道光二十六年（1846）西泠官廨刻本　二冊

330000－1701－0056073　G000034　子部/醫家類/針灸之屬/針法灸法
太乙神鍼方一卷　（清）范毓𮩝撰　清抄本　一冊

330000－1701－0056074　普 951.0419/9300/c3　史部/紀事本末類/斷代之屬
三朝北盟會編二百五十卷首一卷　（宋）徐夢莘撰　**三朝北盟會編校勘記二卷補遺一卷**　（清）袁祖安等撰　清光緒三年至五年（1877－1879）如皋袁祖安越東鉛印本　四十冊

330000－1701－0056075　普 814.4/7443　集部/別集類/宋別集
象山先生全集三十六卷　（宋）陸九淵撰　**附錄少湖徐先生學則辯一卷**　（明）徐階撰　清雍正二年（1724）刻本　八冊

330000－1701－0056077　M000055　史部/傳記類/別傳之屬
陸春江中丞哀輓錄一卷　清宣統二年（1910）鉛印本　一冊

330000－1701－0056078　普 814.4/7500　集部/別集類/宋別集
龍川文集三十卷　（宋）陳亮撰　清康熙四十八年（1709）永康陳氏聚星堂刻嘉慶二十五年（1820）應錫价印本　八冊

330000－1701－0056079　HJL6335　集部/別集類/清別集
沈文忠公集十卷自訂年譜一卷　（清）沈兆霖撰　（清）錢保塘編　清同治八年（1869）刻本　四冊

330000－1701－0056080　HJH6580　類叢部/叢書類/自著之屬
鄭子尹遺書五種　（清）鄭珍撰　清咸豐至同治刻本　一冊　存一種

330000－1701－0056084　GP06657　集部/別集類/清別集
笛倚樓詩草二卷　（清）吳元鏡撰　清咸豐四年（1854）刻本　清姚燮題記　一冊

330000－1701－0056085　HJL6336　集部/別集類/清別集
繆武烈公遺集六卷首一卷　（清）繆梓撰　清光緒七年（1881）溧陽繆氏刻本　四冊

330000－1701－0056086　HJL6575　集部/別集類/清別集
休復居詩集六卷文集六卷附一卷　（清）毛嶽生撰　清道光二十四年（1844）嘉定黃氏西溪草廬刻本　三冊

330000－1701－0056088　G000035　子部/醫家類/類編之屬
本草醫方合編　（清）汪昂編　清光緒十七年（1891）珍藝書局鉛印本　一冊　存一種

330000－1701－0056089　GP06662　經部/孝

經類/傳說之屬

孝經傳說圖解二卷 (清)金栢巖 (清)戴蓮洲撰 (清)黄紫眉繪圖 清同治十年(1871)梅溪書院東甌師古齋刻本 二册

330000-1701-0056091 GP15067 集部/別集類/清別集

吟翠樓詩稿一卷附刻一卷 (清)孫佩蘭撰 清光緒十四年至十五年(1888-1889)刻本 一册

330000-1701-0056093 普 925.10916/4453/c2 類叢部/叢書類/自著之屬

竹柏山房十五種附刻八種 (清)林春溥撰 清嘉慶至咸豐竹柏山房刻本 一册 存一種

330000-1701-0056096 HJL6576 類叢部/叢書類/自著之屬

平湖顧氏遺書五種 (清)顧廣譽撰 清光緒三年(1877)顧鴻昇刻本 四册 存三種

330000-1701-0056097 HJL6337 集部/別集類/清別集

小鷗波館詩鈔十卷詞鈔一卷 (清)潘曾瑩撰 清道光刻本 二册

330000-1701-0056098 HJL6338 類叢部/叢書類/自著之屬

蕙風叢書七種附一種 況周頤撰 清光緒刻民國十四年(1925)上海中國書店彙印本 一册 存一種

330000-1701-0056099 GP15068 史部/政書類/律令之屬/律例

處分則例圖要六卷 (清)蔡逢年編 清同治四年(1865)刻本 二册

330000-1701-0056100 GP00356 子部/藝術類/書畫之屬/畫譜

沈石田靈隱山圖卷不分卷 (明)沈周繪 清宣統三年(1911)上海文明書局影印本 一册

330000-1701-0056101 普 915.8147/0829 史部/政書類/邦交之屬

中俄國際約注五卷提綱一卷 (清)施紹常撰 清光緒三十一年(1905)上海商務印書館鉛印本 吳士鑑批 二册

330000-1701-0056103 G000036 子部/醫家類/傷寒金匱之屬

活人指掌賦一卷 (元)吳恕撰 清抄本 一册

330000-1701-0056104 GP06663 史部/傳記類/別傳之屬

蔣母節孝徐安人家傳不分卷 (清)莊仲方等撰 (清)蔣光焴編 清刻本 一册

330000-1701-0056105 普 814.4/7443.2 類叢部/叢書類/彙編之屬

半畝園叢書三十種 (清)吳坤修編 清同治新建吳氏皖城刻本 三册 存一種

330000-1701-0056106 G000037 子部/醫家類/方書之屬/單方驗方

古今方補註□□卷 清抄本 一册 存一卷(五)

330000-1701-0056107 普 814.4/7500/2 集部/別集類/宋別集

龍川文集三十卷補遺一卷 (宋)陳亮撰 **附錄二卷** (清)應寶時補編 **札記一卷** (明)宋廷輔撰 清同治八年(1869)永康應寶時刻本 九册 存三十二卷(一至三十、附錄上、補遺)

330000-1701-0056108 GP06664 子部/雜著類/雜考之屬

松崖筆記三卷 (清)惠棟撰 清道光二年(1822)吳門玉照堂刻本 一册

330000-1701-0056110 G000038 子部/醫家類/醫案之屬

吳門治驗錄四卷 (清)顧金壽撰 清抄本 四册

330000-1701-0056111 普 814.4/7500/3 集部/別集類/宋別集

龍川文集三十卷 (宋)陳亮撰 **辨譌考異二卷** (清)胡鳳丹撰 **附錄二卷** 清光緒元年(1875)湖北崇文書局刻本 十册

330000－1701－0056112　普 814.4/7443/3　集部/別集類/宋別集
象山先生全集三十六卷　(宋)陸九淵撰　**附錄少湖徐先生學則辯一卷**　(明)徐階撰　清宣統二年(1910)江左書林鉛印本　八册

330000－1701－0056113　普 915.9/1199/c1　史部/地理類/外紀之屬
東西洋考十二卷　(明)張燮撰　明萬曆四十六年(1618)金陵王起宗刻本　六册

330000－1701－0056114　普 915.9/1199/c2　史部/地理類/外紀之屬
東西洋考十二卷　(明)張燮撰　明萬曆四十六年(1618)金陵王起宗刻本　六册

330000－1701－0056115　GP15069　子部/儒家類/儒學之屬/勸學
輶軒語七卷　(清)張之洞撰　清光緒二年(1876)退補齋刻本　岑某題記　一册

330000－1701－0056117　GP06667　史部/地理類/專志之屬/書院
信江書院志十卷首一卷末一卷附編一卷　(清)鍾世楨輯　清同治六年(1867)刻光緒二十七年(1901)增刻本　四册

330000－1701－0056118　GP06665　類叢部/叢書類/自著之屬
五研齋全集四種　(清)沈赤然撰　清嘉慶刻本　十册　存一種

330000－1701－0056120　普 925.1092/2699/2/c1　史部/傳記類/別傳之屬/年譜
歷代名人年譜十卷附存疑及生卒年月無攷一卷　(清)吳榮光撰　清信都萬忍堂刻本　十册

330000－1701－0056122　普 814.4/7500/4　集部/別集類/宋別集
龍川文集三十卷　(宋)陳亮撰　清康熙四十八年(1709)永康陳氏聚星堂刻嘉慶二十五年(1820)應錫价印本　十四册

330000－1701－0056123　GP15125　史部/傳記類/總傳之屬/釋道
善慧大士傳錄四卷　(宋)樓穎輯　清光緒三年至六年(1877－1880)刻本　二册

330000－1701－0056124　GP00378　子部/藝術類/書畫之屬/法帖
歐陽文忠公瀧岡阡表不分卷　(宋)歐陽修書　清宣統三年(1911)江西開智書局影印明拓本　一册

330000－1701－0056125　普 814.4/7500/6　集部/別集類/宋別集
龍川文集三十卷首一卷　(宋)陳亮撰　**辨譌考異二卷**　(清)胡鳳丹撰　**附錄二卷**　清宣統三年(1911)埽葉山房石印本　八册

330000－1701－0056126　普 925.1092/2699/2/c2　史部/傳記類/別傳之屬/年譜
歷代名人年譜十卷附存疑及生卒年月無攷一卷　(清)吳榮光撰　清信都萬忍堂刻本　十册

330000－1701－0056127　GP06668　史部/地理類/輿圖之屬/全國
大清中外壹統輿圖(皇朝中外壹統輿圖)三十一卷首一卷　(清)鄒世詒　(清)晏啓鎮編　(清)李廷簫　(清)汪士鐸增訂　清同治二年(1863)湖北撫署刻本　三十二册

330000－1701－0056128　普 915.9/4498　史部/地理類/外紀之屬
西洋朝貢典錄三卷　(明)黄省曾撰　清末抄本　一册

330000－1701－0056133　普 814.4/7500/8　集部/別集類/宋別集
龍川文集三十卷首一卷　(宋)陳亮撰　清道光二十九年(1849)義烏陳坡刻本　五册

330000－1701－0056135　HJL6577　集部/別集類/清別集
存吾春齋文鈔十卷　(清)劉繹撰　清同治八年(1869)刻本　六册

330000－1701－0056136　G000039、G004664　子部/醫家類/醫經之屬/内經
黄帝素問宣明方論十五卷　(金)劉完素撰

清末石印本　二冊　存六卷(一、五至九)

330000－1701－0056137　GP07586　類叢部/類書類/通類之屬
編珠二卷　(隋)杜公瞻撰　**編珠補遺二卷續編珠二卷**　(清)高士奇輯　清刻本　二冊

330000－1701－0056138　HJL6578　類叢部/叢書類/家集之屬
養志居僅存稿十種　(清)陳克劬編　清光緒十一年至十九年(1885－1893)丹徒陳氏刻本　八冊　存七種

330000－1701－0056142　GP06669　史部/地理類/輿圖之屬/全國
大清中外壹統輿圖(皇朝中外壹統輿圖)三十一卷首一卷　(清)鄒世詒　(清)晏啓鎮編　(清)李廷簫　(清)汪士鐸增訂　清同治二年(1863)湖北撫署刻本　八冊

330000－1701－0056145　GP06670　史部/地理類/輿圖之屬/全國
大清中外壹統輿圖(皇朝中外壹統輿圖)三十一卷首一卷　(清)鄒世詒　(清)晏啓鎮編　(清)李廷簫　(清)汪士鐸增訂　清同治二年(1863)湖北撫署刻本　八冊

330000－1701－0056146　普 814.4/7500/7　集部/別集類/宋別集
龍川文集三十卷首一卷　(宋)陳亮撰　清光緒二十七年(1901)義烏陳玉梁崇本堂刻本　六冊

330000－1701－0056147　G000040　子部/醫家類/類編之屬
婦嬰至寶三種六卷　(清)徐尚慧編　**催生符一卷**　(清)蔡松汀撰　**產後編二卷**　(清)傅山撰　**隨緣便錄一卷**　清光緒元年(1875)刻本　二冊

330000－1701－0056148　普 814.4/7500/9/c2　類叢部/叢書類/郡邑之屬
金華叢書六十八種　(清)胡丹鳳編　清同治七年至光緒八年(1868－1882)永康胡氏退補齋刻民國補刻本　六冊　存一種

330000－1701－0056153　普 814.4/7523/2/(2)　類叢部/叢書類/郡邑之屬
永嘉叢書十三種　(清)孫衣言編　清同治至光緒瑞安孫氏詒善祠塾刻本　八冊　存一種

330000－1701－0056156　普 925.109/1171　史部/傳記類/總傳之屬/通代
帝鑑圖說不分卷　(明)張居正等撰　清純忠堂刻本　四冊

330000－1701－0056157　G000041、G001910　集部/曲類/彈詞之屬
來生福彈詞三十六回　(清)橘中逸叟撰　清刻本　六冊　存九回(三至九、三十、三十六)

330000－1701－0056159　GP06666　類叢部/叢書類/自著之屬
五研齋全集四種　(清)沈赤然撰　清嘉慶刻本　三冊　存一種

330000－1701－0056162　GP06671　集部/別集類/清別集
問己齋詩集四卷　(清)張培基撰　清光緒二年(1876)刻本　四冊

330000－1701－0056165　普 814.4/7523/3　集部/別集類/宋別集
宋陳文節公詩集五卷文集十九卷首一卷末一卷　(宋)陳傅良撰　清道光十四年(1834)杭州詁經精舍刻本　八冊

330000－1701－0056167　HJL6339　集部/總集類/選集之屬/斷代
道咸同光四朝詩史甲集八卷首一卷　孫雄輯　清宣統二年(1910)刻本　十冊

330000－1701－0056171　HJL6340　史部/傳記類/總傳之屬/列女
彤史貞孝錄不分卷　(清)□□輯　清光緒二十年(1894)京師刻本　一冊

330000－1701－0056172　GP06676　集部/別集類/元別集
趙文敏公松雪齋全集十卷外集一卷續集一卷　(元)趙孟頫撰　**附錄一卷**　清嘉慶五年(1800)刻本　四冊

330000－1701－0056174　普 814.4/75231　集部/别集類/宋别集
後山先生集二十四卷首一卷　(宋)陳師道撰　清光緒十一年(1885)番禺陶福祥愛廬刻本　六册

330000－1701－0056176　普 951.042/0000/c1　類叢部/叢書類/彙編之屬
岱南閣叢書二十一種　(清)孫星衍編　清光緒六年至七年(1880－1881)刻本　二册　存一種

330000－1701－0056177　GP07587　史部/地理類/總志之屬/斷代
皇朝輿地圖説(皇朝直省輿圖説)六卷　(清)馬晉羲輯　清光緒二十八年(1902)上海蒙學報館石印本　六册

330000－1701－0056179　HJL6579　集部/别集類/清别集
王文直公遺集六卷首一卷　(清)王東槐撰　清光緒七年(1881)刻本　四册

330000－1701－0056180　普 925.109/2553　史部/傳記類/總傳之屬/仕宦
高安三傳合編三種　(清)朱軾　(清)蔡世遠輯　清光緒二十一年(1895)江蘇書局刻本　十六册　存一種

330000－1701－0056182　HJL6581　類叢部/叢書類/自著之屬
武陵山人遺書十種續刊二種　(清)顧觀光撰　清光緒九年(1883)獨山莫祥芝上海刻高桂等續刻民國四年(1915)金山高煌修補彙印本　十一册　缺續刊一種

330000－1701－0056183　HJL6341　集部/别集類/清别集
嘯古堂文集八卷　(清)蔣敦復撰　清同治七年(1868)應寶時上海道署刻本　二册

330000－1701－0056186　GP06672　集部/别集類/清别集
耐畊堂文集十六卷首一卷　(清)羅棨撰　清康熙刻本　八册

330000－1701－0056187　HJL6342　集部/别集類/清别集
百尺樓詩集二卷　(清)陳浩撰　清光緒二十年(1894)刻本　一册

330000－1701－0056189　普 951.042/0000/c2　類叢部/叢書類/彙編之屬
岱南閣叢書二十一種　(清)孫星衍編　清光緒六年至七年(1880－1881)刻本　二册　存一種

330000－1701－0056191　G000043、G004036、G006665　子部/醫家類/類編之屬
張氏醫書七種　(清)張璐等撰　清刻本　十三册　存一種

330000－1701－0056192　普 814.4/7504　集部/總集類/選集之屬/斷代
宋四家文集　(清)張伯行編　清康熙四十八年至五十年(1709－1711)儀封張伯行正誼堂刻道光二十六年(1846)古歙洪錫謙重修本　二册　存一種

330000－1701－0056194　HJL6347　集部/别集類/清别集
仰蕭樓文集一卷國朝經學名儒記一卷　(清)張星鑑撰　清光緒六年(1880)刻九年(1883)補刻本　一册

330000－1701－0056195　GP06673　集部/别集類/明别集
王忠文公集二十五卷　(明)王禕撰　清嘉慶十四年(1809)義烏鳳林王氏刻本　十册

330000－1701－0056198　普 925.109/2764　史部/傳記類/總傳之屬/仕宦
道齊正軌二十卷　(清)鄒鳴鶴撰　清道光三十年(1850)無錫鄒氏刻本　八册

330000－1701－0056199　GP07582　史部/紀傳類/正史之屬
新唐書糾謬二十卷　(宋)吳縝撰　**錢校補遺一卷附録一卷**　(清)錢大昕撰　清乾隆三十七年至道光三年(1772－1823)長塘鮑氏刻同治十一年(1872)嶺南蘇氏修補印本　四册

330000－1701－0056201　普 814.4/7504/2　類叢部/叢書類/彙編之屬
正誼堂全書六十三種續刻五種　(清)張伯行編　(清)楊浚重編　清同治五年(1866)福州正誼書院刻同治八年至光緒十三年(1869－1887)續刻本　二册　存一種

330000－1701－0056203　GP06677　史部/雜史類/斷代之屬
劫餘雜識一卷　(清)李光霽撰　清光緒二十五年(1899)石印本　一册

330000－1701－0056206　GP06678　經部/群經總義類/授受源流之屬
傳經表一卷附通經表一卷　(清)畢沅撰　清光緒九年(1883)蛟川松筠書屋刻本　一册　缺一卷(通經表)

330000－1701－0056207　GP06674　集部/別集類/明別集
此觀堂集十二卷　(明)羅萬藻撰　清乾隆二十一年(1756)躍齋刻本　六册

330000－1701－0056208　M000071　類叢部/叢書類/自著之屬
陶廬叢刻二十種　王樹枏撰　清光緒至民國新城王氏刻本　一册　存一種

330000－1701－0056209　普 951.042/0000/3　類叢部/叢書類/彙編之屬
國粹叢書四十九種　(清)國學保存會編　清光緒至宣統鉛印本　一册　存一種

330000－1701－0056210　GP06675　集部/別集類/清別集
思補齋文集四卷　(清)劉星煒撰　清光緒二十年(1894)刻本　二册

330000－1701－0056213　普 925.1086/3022　史部/傳記類/總傳之屬/斷代
勝國宰輔錄三卷　(清)宗能徵撰　清光緒三十四年(1908)鉛印本　三册

330000－1701－0056214　G000044　子部/藝術類/書畫之屬/書法書品
五雲樓增訂四體書法□□卷　清咸豐六年(1856)刻本　一册　存二卷(上、中)

330000－1701－0056215　HJL6594　集部/別集類/清別集
瑞榴堂詩四卷　(清)托渾布撰　清道光十八年(1838)刻本　二册

330000－1701－0056217　GP06680　集部/總集類/酬唱之屬
海鷗詩鈔詠物不分卷　(清)春艸軒主人輯　清刻本　一册

330000－1701－0056220　HJL6348　集部/總集類/選集之屬/斷代
八旗文經五十六卷作者考三卷敘錄一卷　(清)盛昱　(清)楊鍾羲輯　清光緒二十七年(1901)武昌刻本　十二册

330000－1701－0056221　普 951.042/0000.2　史部/雜史類/斷代之屬
竊憤南渡錄一卷續錄一卷附南渡錄大畧一卷　(宋)辛棄疾撰　清刻本　一册

330000－1701－0056222　GP06685　子部/天文曆算類/算書之屬
北極經緯度分表不分卷　(清)齊彦槐撰　清光緒刻本　一册

330000－1701－0056224　GP06681　集部/別集類/清別集
繡佛齋草一卷附錄諸賢題詠　(清)陳氏撰　清刻本　一册

330000－1701－0056226　普 814.4/7523/2　類叢部/叢書類/郡邑之屬
永嘉叢書十三種　(清)孫衣言編　清同治至光緒瑞安孫氏詒善祠塾刻本　十册　存一種

330000－1701－0056227　HJL6583　集部/別集類/清別集
寶德堂詩鈔十卷附存二卷　(清)周衡撰　清光緒二年(1876)刻本　六册

330000－1701－0056228　GP06686　史部/政書類/律令之屬/刑制
大清宣統新法令不分卷　商務印書館輯　清

宣統二年(1910)上海商務印書館鉛印本　二十冊

330000－1701－0056229　HJL6351　類叢部/叢書類/自著之屬
寒松閣集五種　(清)張鳴珂撰　清光緒十年至二十四年(1884－1898)嘉興張氏刻本　六冊

330000－1701－0056230　普925.1086/7522　類叢部/叢書類/郡邑之屬
常州先哲遺書七十二種　盛宣懷編　清光緒二十一年至三十三年(1895－1907)武進盛氏思惠齋刻宣統彙印本　四冊　存一種

330000－1701－0056231　普951.042/1013/c1　類叢部/叢書類/郡邑之屬
永嘉叢書十三種　(清)孫衣言編　清同治至光緒瑞安孫氏詒善祠塾刻本　一冊　存一種

330000－1701－0056232　普814.4/7530　類叢部/叢書類/自著之屬
北溪先生全集八種　(宋)陳淳撰　清光緒八年(1882)薌江鄭圭海種香別業刻本　八冊

330000－1701－0056235　HJL6584　集部/別集類/清別集
爾爾書屋詩草八卷　(清)史夢蘭撰　清光緒元年(1875)刻本　二冊

330000－1701－0056236　GP06682　集部/別集類/清別集
巢青閣詩一卷偶集詩一卷越遊草一卷吳興客紀一卷付雪詞一卷　(清)陸進撰　清康熙刻本　一冊

330000－1701－0056238　HJL6585　集部/別集類/清別集
春暉閣詩鈔選六卷　(清)蔣湘南撰　清同治八年(1869)馬氏家塾刻本　二冊

330000－1701－0056243　普814.4/7544　集部/別集類/宋別集
本堂先生文集九十六卷首一卷佚文一卷佚詩一卷　(宋)陳著撰　**附錄二卷校錄二卷**　(清)樊景瑞撰　清光緒十九年(1893)四明陳氏刻本(卷九十五至九十六原缺)　十二冊

330000－1701－0056245　HJL6350　集部/別集類/清別集
唯心詩集三卷　(清)釋昌仁撰　清光緒十三年(1887)刻本　三冊

330000－1701－0056246　普925.1087/1012　類叢部/叢書類/彙編之屬
上湖綺語五種　清道光二十一年(1841)刻本　二冊　存一種

330000－1701－0056248　GP06683　集部/別集類/清別集
艮齋集七種　(清)尤侗撰　清康熙刻本　十六冊

330000－1701－0056251　G000045　經部/小學類/文字之屬/字書/字典
玉篇校刊札記一卷　(清)鄧顯鶴撰　清咸豐元年(1851)新化鄧顯鶴東山精舍刻本　一冊

330000－1701－0056255　普925.1087/2648/c1　史部/傳記類/職官録之屬/歷朝
樞垣題名四種附錄一卷　(清)吳孝銘等撰　清道光十八年(1838)刻本　二冊

330000－1701－0056256　HJL6586　集部/別集類/清別集
蘧庵文集二卷詩集二卷菉斐館制義一卷仕止錄四卷　(清)周漢傑撰　清咸豐四年(1854)周梁棟刻本　四冊

330000－1701－0056257　普814.4/7580　集部/別集類/宋別集
石堂先生遺集二十二卷　(宋)陳普撰　**附錄石堂先生傳一卷**　(明)閔文振撰　清道光二十二年(1842)刻本　八冊

330000－1701－0056259　G000046　子部/醫家類/推拿按摩外治之屬
理瀹駢文摘要不分卷　(清)吳師機撰　清光緒三年(1877)吳縣潘敏德堂刻本　三冊

330000－1701－0056260　HJL6353　集部/別集類/清別集

濂亭文集八卷　（清）張裕釗撰　（清）查燕緒編　清光緒八年（1882）查氏木漸齋蘇州刻本　四冊

330000－1701－0056263　普951.042/1013/c2　類叢部/叢書類/郡邑之屬
永嘉叢書十三種　（清）孫衣言編　清同治至光緒瑞安孫氏詒善祠塾刻本　一冊　存一種

330000－1701－0056265　普951.042/7213　史部/雜史類/斷代之屬
錢塘遺事十卷　（元）劉一清撰　清嘉慶四年（1799）席世臣掃葉山房刻本　四冊

330000－1701－0056267　普951.042/7213/2/c1　類叢部/叢書類/郡邑之屬
武林掌故叢編一百八十七種　（清）丁丙編　清光緒三年至二十六年（1877－1900）錢塘丁氏嘉惠堂刻本　一冊　存一種

330000－1701－0056268　普951.042/7213/2/c2　類叢部/叢書類/郡邑之屬
武林掌故叢編一百八十七種　（清）丁丙編　清光緒三年至二十六年（1877－1900）錢塘丁氏嘉惠堂刻本　一冊　存一種

330000－1701－0056270　普951.042/7213/2/c3　類叢部/叢書類/郡邑之屬
武林掌故叢編一百八十七種　（清）丁丙編　清光緒三年至二十六年（1877－1900）錢塘丁氏嘉惠堂刻本　一冊　存一種

330000－1701－0056271　普951.042/7213/3　史部/雜史類/斷代之屬
錢塘遺事十卷　（元）劉一清撰　清刻本　二冊

330000－1701－0056273　普951.0421/9200/c1　史部/編年類/斷代之屬
建炎以來繫年要錄二百卷　（宋）李心傳撰　清光緒五年至八年（1879－1882）仁壽蕭氏刻本　四十八冊

330000－1701－0056274　HJL6354　集部/別集類/清別集
蘇盦文錄二卷駢文錄五卷詩錄八卷詞錄一卷　（清）楊葆光撰　清光緒九年（1883）杭州刻本　五冊

330000－1701－0056275　普925.1087/2648/c2　史部/傳記類/職官録之屬/歷朝
樞垣題名四種附錄一卷　（清）吳孝銘等撰　清道光十八年（1838）刻咸豐增刻本　一冊

330000－1701－0056276　普951.0421/9200/(2)/c1　史部/編年類/斷代之屬
建炎以來繫年要錄二百卷　（宋）李心傳撰　清光緒五年至八年（1879－1882）仁壽蕭氏刻本　六十冊

330000－1701－0056277　HJL6355　類叢部/叢書類/自著之屬
蔣侑石遺書三種　（清）蔣曰豫撰　清光緒三年（1877）蓮池書局刻本　五冊

330000－1701－0056278　HJL6582　集部/別集類/清別集
餘園詩稿四卷詞稿四卷　（清）陸文鍵撰　清光緒十四年（1888）、十六年（1890）樂志堂刻本　三冊　缺二卷（詞稿三至四）

330000－1701－0056279　HJL6587　集部/別集類/清別集
樹廬文鈔十卷　（清）彭士望撰　清道光四年（1824）南昌彭玉雯刻本　四冊

330000－1701－0056280　普915.9/7529/2　史部/地理類/雜志之屬
海國聞見錄二卷　（清）陳倫炯撰　清乾隆五十八年（1793）馬俊良、林秉璐浙江刻本　章嶔題簽　三冊

330000－1701－0056281　普951.0421/9201/c1　類叢部/叢書類/彙編之屬
廣雅書局叢書一百五十九種　徐紹棨編　清光緒廣雅書局刻民國九年（1920）番禺徐紹棨彙編重印本　六冊　存一種

330000－1701－0056284　普951.0421/9201/c2　類叢部/叢書類/彙編之屬
廣雅書局叢書一百五十九種　徐紹棨編　清光緒廣雅書局刻民國九年（1920）番禺徐紹棨

彙編重印本　六冊　存一種

330000－1701－0056285　普 951.0421/9201/(2)　類叢部/叢書類/彙編之屬

廣雅書局叢書一百五十九種　徐紹棨編　清光緒廣雅書局刻民國九年(1920)番禺徐紹棨彙編重印本　十冊　存一種

330000－1701－0056286　HJL6589　類叢部/叢書類/自著之屬

研經堂遺書　(清)胡焯撰　清光緒刻本　四冊　存一種

330000－1701－0056287　HJL6357　集部/別集類/清別集

退復軒詩集四卷文集二卷　(清)錫縝撰　清光緒刻本　四冊

330000－1701－0056288　普 915.91/6000/c1　史部/地理類/遊記之屬/紀行

越南游歷記一卷　(清)嚴璩等撰　清光緒三十一年(1905)鉛印本　一冊

330000－1701－0056289　普 915.91/6000/c2　史部/地理類/遊記之屬/紀行

越南游歷記一卷　(清)嚴璩等撰　清光緒三十一年(1905)鉛印本　一冊

330000－1701－0056290　普 951.0421/9400　史部/雜史類/斷代之屬

建炎復辟記一卷　清光緒十八年(1892)龍鳳鑣知服齋抄本　一冊

330000－1701－0056292　HJL6358　類叢部/叢書類/自著之屬

郁山房集五種　(清)趙樹吉撰　清光緒七年至十一年(1881－1885)汗青簃刻本　五冊

330000－1701－0056294　普 951.043/4042　史部/雜史類/外紀之屬

元寇紀略二卷年表一卷　(日本)大橋順撰　**黑韃事略一卷**　(宋)彭大雅編　(宋)徐霆疏　清光緒二十九年(1903)江蘇通州翰墨林編譯印書局鉛印本　一冊

330000－1701－0056296　HJL6591　集部/別集類/清別集

且飲樓詩選四卷續集一卷補編一卷　(清)顧晞元撰　清光緒六年(1880)刻本　一冊

330000－1701－0056300　GP06687　集部/總集類/選集之屬/通代

歷代詩發四十二卷　(清)邵幹輯　(清)范大士輯並評　清康熙三十七年(1698)虛白山房刻本　十二冊

330000－1701－0056302　HJL6592　集部/別集類/清別集

漆室吟八卷百柱堂詩藁八卷　(清)王柏心撰　清同治三年(1864)、十二年(1873)監利王氏刻本　二冊

330000－1701－0056305　普 814.4/72121/c2　集部/別集類/宋別集

苕溪集五十五卷　(宋)劉一止撰　清宣統三年(1911)歸安朱祖謀刻本　四冊

330000－1701－0056306　普 814.4/7772　集部/別集類/宋別集

歐陽文忠公全集一百五十三卷首一卷附錄五卷　(宋)歐陽修撰　清光緒十九年(1893)澹雅書局刻本　三十六冊

330000－1701－0056308　G000047　子部/醫家類/方書之屬/單方驗方

濟世養生集一卷便易經驗集一卷　(清)毛世洪輯　(清)汪瑜增訂　清嘉慶十五年(1810)雙輝堂刻本　一冊

330000－1701－0056309　HJL6593　類叢部/叢書類/彙編之屬

募園叢書十一種　(清)平步青編　清同治至光緒山陰平氏安越堂刻本　一冊　存一種

330000－1701－0056310　普 814.4/72121/(2)　集部/別集類/宋別集

苕溪集五十五卷　(宋)劉一止撰　清宣統三年(1911)歸安朱祖謀刻本　十冊

330000－1701－0056311　普 951.044/4092　史部/地理類/總志之屬/斷代

遼史地理志考五卷　(清)李慎儒撰　清光緒

二十八年(1902)丹徒李氏刻本　二冊

330000－1701－0056314　G000048　子部/醫家類/眼科之屬

程松崖先生眼科應驗良方一卷　(明)程玠撰　清光緒十二年(1886)刻本　一冊

330000－1701－0056318　GP06689　子部/雜著類/雜纂之屬

嘯亭雜錄十卷續錄三卷　(清)昭槤撰　清宣統元年(1909)中國圖書公司鉛印本　四冊

330000－1701－0056319　普 951.044/5245、普 951.044/7167/c1　史部/紀傳類/正史之屬

二十四史　清同治至光緒五省官書局據汲古閣本等合刻光緒五年(1879)湖北書局彙印本　二十冊　存一種

330000－1701－0056321　GP07588　經部/詩類/詩序之屬

詩序廣義二十四卷總論一卷　(清)姜炳璋撰　清嘉慶二十年(1815)四明姜人寬尊行堂刻本　十二冊

330000－1701－0056323　普 951.044/5245/1　史部/紀傳類/正史之屬

遼金元三史語解四十六卷　(清)高宗弘曆敕撰　清光緒四年(1878)江蘇書局刻本　二冊　存十卷(欽定遼史語解一至十)

330000－1701－0056327　普 925.108/8044　史部/傳記類/總傳之屬/仕宦

公侯鑒三卷　(清)余治輯　清同治五年(1866)刻姑蘇圓妙觀得見齋印本　一冊

330000－1701－0056329　普 814.5/4774　類叢部/叢書類/郡邑之屬

金華叢書六十八種　(清)胡鳳丹編　清同治七年至光緒八年(1868－1882)永康胡氏退補齋刻民國補刻本　四冊　存一種

330000－1701－0056333　GP06697　集部/別集類/清別集

歸宫詹集四卷　(清)歸允肅撰　(清)歸朝煦編　清嘉慶十年(1805)玉鑰堂刻本　四冊

330000－1701－0056334　HJL6359　集部/別集類/清別集

兩勉疆齋古今體詩存四卷文存二卷　(清)倪文蔚撰　清光緒九年(1883)桂林節署、十一年(1885)羊城節署刻本　四冊

330000－1701－0056335　G000049　類叢部/叢書類/彙編之屬

滂喜齋叢書五十種　(清)潘祖蔭編　清同治至光緒吴縣潘氏京師刻本　一冊　存二種

330000－1701－0056336　普 951.044/5245/(2)、普 951.044/7167/c2　史部/紀傳類/正史之屬

二十四史　清同治至光緒五省官書局據汲古閣本等合刻光緒五年(1879)湖北書局彙印本　十八冊　存一種

330000－1701－0056337　普 814.5/0808/c1　類叢部/叢書類/郡邑之屬

金華叢書六十八種　(清)胡鳳丹編　清同治七年至光緒八年(1868－1882)永康胡氏退補齋刻民國補刻本　五冊　存一種

330000－1701－0056338　GP06690　史部/政書類/通制之屬

水利荒政合刻二卷　(明)東皋居士輯　清道光二十五年(1845)東臯草堂刻本　一冊

330000－1701－0056340　GP06698　史部/傳記類/科舉録之屬/諸貢録

明狀元圖考三卷　(明)顧鼎臣撰　(明)黃應澄繪圖　(明)黃應纘書考　**國朝三元題詠二卷**　(清)□□輯　清咸豐六年(1856)福元書室刻本　四冊

330000－1701－0056341　HJL6595　類叢部/叢書類/自著之屬

觀象廬叢書十八種　(清)呂調陽撰　清光緒十四年(1888)葉長高刻本　五十二冊　存十七種

330000－1701－0056343　普 925.108/8090　史部/傳記類/總傳之屬/列女

中國女史二十一卷正誤一卷　(清)金炳麟

（清）王以銓輯　清宣統元年（1909）杭州中合公司鉛印本　六冊

330000－1701－0056347　普 951.044/5245/2　史部/紀傳類/正史之屬
二十四史附考證　清刻本　八冊　存一種

330000－1701－0056349　普 814.5/4777　集部/别集類/元别集
重刻柳待制文集二十卷標目二卷　（元）柳貫撰　**外編附錄一卷**　（元）黄溍　（明）宋濂等撰　清嘉慶十三年（1808）柳氏愛竹居木活字印本　十冊

330000－1701－0056350　GP06699　史部/雜史類/外紀之屬
戡靖教匪述編十二卷　（清）石香村居士撰　清末京都琉璃廠刻本　四冊

330000－1701－0056352　GP06691　新學/地學/地理學
地球説畧一卷　（美國）褘理哲撰　清咸豐六年（1856）寧波華花聖經書房鉛印本　一冊

330000－1701－0056353　普 814.5/0808/c2　類叢部/叢書類/郡邑之屬
金華叢書六十八種　（清）胡鳳丹編　清同治七年至光緒八年（1868－1882）永康胡氏退補齋刻民國補刻本　二冊　存一種

330000－1701－0056354　普 814.5/0821　類叢部/叢書類/彙編之屬
正誼堂全書六十三種續刻五種　（清）張伯行編　（清）楊浚重編　清同治五年（1866）福州正誼書院刻同治八年至光緒十三年（1869－1887）續刻本　二冊　存一種

330000－1701－0056359　HJL6362　集部/總集類/郡邑之屬
國朝金陵文鈔十六卷首一卷末一卷　陳作霖等輯　清光緒二十三年（1897）刻本　十六冊

330000－1701－0056360　普 814.5/0842　集部/别集類/元别集
至正集八十一卷附錄一卷　（元）許有壬撰　清宣統三年（1911）河南教育總會石印本　十冊

330000－1701－0056362　普 925.1087/3432　史部/傳記類/總傳之屬/仕宦
滿漢名臣傳不分卷　（清）國史館撰　清末抄本　二冊　存祝世昌、祖澤洪、鮑承先、耿仲明、王世選、全節、鄧長春、吴汝玠、祖澤潤、祖大壽十人列傳

330000－1701－0056363　GP06695　集部/别集類/清别集
李養一先生文集二十四卷　（清）李兆洛撰　清咸豐元年（1851）維風堂刻本　十冊

330000－1701－0056366　HJH6361　類叢部/叢書類/自著之屬
悔餘菴集三種　（清）何栻撰　清同治四年（1865）鳩江戎幄刻本　十六冊　存二種

330000－1701－0056367　普 814.5/4777/2　集部/别集類/元别集
重刻柳待制文集二十卷標目二卷　（元）柳貫撰　**外編附錄一卷**　（元）黄溍　（明）宋濂等撰　清道光二十一年（1841）木活字印本　八冊

330000－1701－0056369　普 951.044/5245/4　史部/紀傳類/正史之屬
二十四史附考證　清光緒十八年（1892）武林竹簡齋石印本　三冊　存一種

330000－1701－0056370　普 814.5/1724　類叢部/叢書類/彙編之屬
漸西村舍彙刊（漸西村舍叢刻）四十四種　（清）袁昶編　清光緒十六年至二十四年（1890－1898）桐廬袁氏刻本　四冊　存一種

330000－1701－0056372　GP06700　史部/地理類/雜志之屬
三晉見聞錄一卷　（清）齊翀撰　清刻本　一冊

330000－1701－0056374　普 925.1087/3573/c1　類叢部/叢書類/彙編之屬
清風室叢書二十種　（清）錢保塘編　清同治十年至民國二十五年（1871－1936）海寧錢氏

清風室刻本　一冊　存一種

330000－1701－0056376　普 925.1087/3573/c2　類叢部/叢書類/彙編之屬

清風室叢書二十種　(清)錢保塘編　清同治十年至民國二十五年(1871－1936)海寧錢氏清風室刻本　一冊　存一種

330000－1701－0056379　G000050　類叢部/叢書類/郡邑之屬

台州叢書(名山堂叢書)九種　(清)宋世犖編　清嘉慶至道光臨海宋氏刻本　三冊　存一種

330000－1701－0056380　HJL6363　類叢部/叢書類/郡邑之屬

貴池先哲遺書(唐石簃叢書、唐石簃彙刻貴池先哲遺書)十七種附刻一種續刊一種附一種　劉世珩編　清光緒二十四年至民國九年(1898－1920)貴池劉氏唐石簃刻民國十五年(1926)續刻彙印本　十二冊　存一種

330000－1701－0056382　GP06701　史部/傳記類/總傳之屬/儒林

台學源流七卷　(明)金賁亨撰　清道光金文煒刻同治八年(1869)同善會補刻本　一冊

330000－1701－0056384　普 814.5/6010/c1　類叢部/叢書類/郡邑之屬

武林往哲遺箸五十二種後編十種　(清)丁丙編　清光緒二十年至二十六年(1894－1900)錢塘丁氏嘉惠堂刻本　一冊　存一種

330000－1701－0056385　HJL6596　類叢部/叢書類/自著之屬

李文恭公遺集三種　(清)李星沅撰　清同治四年(1865)芋香山館刻本　三十三冊

330000－1701－0056388　HJH6364　類叢部/叢書類/郡邑之屬

粟香室叢書五十九種　金武祥編　清光緒至民國江陰金氏刻本　一冊　存一種

330000－1701－0056390　GP06702　史部/地理類/專志之屬/祠墓

兩浙防護陵寢祠墓錄不分卷　(清)阮元輯　清嘉慶七年(1802)刻本　二冊

330000－1701－0056392　普 814.5/2120　集部/别集類/元别集

道園學古錄十八卷類集一卷增刻一卷　(元)虞集撰　清乾隆六年(1741)刻本　八冊

330000－1701－0056393　普 814.5/6010/c2　類叢部/叢書類/郡邑之屬

武林往哲遺箸五十二種後編十種　(清)丁丙編　清光緒二十年至二十六年(1894－1900)錢塘丁氏嘉惠堂刻本　一冊　存一種

330000－1701－0056394　普 925.1087/5574　史部/傳記類/總傳之屬/文苑

東軒吟社畫像一卷附記傳題詞一卷　(清)費丹旭繪　(清)黄士珣記　(清)諸可寶傳　(清)汪曾唯輯　清光緒二年(1876)泉唐汪氏振綺堂刻本　二冊

330000－1701－0056395　HJL6365　集部/别集類/清别集

榕風樓詩存二卷　(清)楊渼臯撰　清光緒十年(1884)刻本　一冊

330000－1701－0056399　GP07077　集部/總集類/酬唱之屬

竹西春社鈔五卷續鈔一卷菜香書屋春社存鈔一卷　(清)愛素生輯　清嘉慶刻本　二冊

330000－1701－0056401　HJL6366　集部/别集類/清别集

舒嘯樓詩稿四卷　(清)李曾裕撰　清同治九年(1870)刻本　二冊

330000－1701－0056403　普 925.1087/5574/2/c1　史部/傳記類/總傳之屬/文苑

東軒吟社畫像一卷附記傳題詞一卷　(清)費丹旭繪　(清)黄士珣記　(清)諸可寶傳　(清)汪曾唯輯　清光緒二年(1876)泉唐汪氏振綺堂刻清末增刻本　一冊

330000－1701－0056404　普 925.1087/5574/2/c2　史部/傳記類/總傳之屬/文苑

東軒吟社畫像一卷附記傳題詞一卷　(清)費丹旭繪　(清)黄士珣記　(清)諸可寶傳

(清)汪曾唯輯　清光緒二年(1876)泉唐汪氏振綺堂刻清末增刻本　一册

330000－1701－0056405　普925.1087/5574/2/c3　史部/傳記類/總傳之屬/文苑
東軒吟社畫像一卷附記傳題詞一卷　(清)費丹旭繪　(清)黄士珣記　(清)諸可寶傳　(清)汪曾唯輯　清光緒二年(1876)泉唐汪氏振綺堂刻清末增刻本　一册

330000－1701－0056406　普814.5/7542　集部/別集類/元別集
陳定宇先生文集十六卷別集一卷　(元)陳櫟撰　**定宇先生年表一卷**　(清)陳嘉基編　清康熙三十三年(1694)休寧陳嘉基刻本　清禮庭題記　四册

330000－1701－0056408　HJL6597　集部/別集類/清別集
補竹軒文集六卷詩集三卷　(清)鮑源深撰　清光緒十四年(1888)刻本　四册

330000－1701－0056416　HJL6599　集部/別集類/清別集
漚羅盦詩稿八卷　(清)法良撰　清道光二十七年(1847)刻本　二册

330000－1701－0056420　普814.5/8077　集部/總集類/郡邑之屬
廬陽三賢集　(清)張樹聲編　清光緒元年(1875)合肥張氏毓秀堂刻本　一册　存一種

330000－1701－0056423　GP06704　集部/別集類/清別集
玉山閣集十四卷　(清)徐鑠慶撰　清道光十年(1830)刻本　四册

330000－1701－0056425　HJL6598　集部/別集類/清別集
汪梅村先生集十二卷外集一卷　(清)汪士鐸撰　清光緒七年(1881)刻本　四册

330000－1701－0056428　HJL6600　集部/別集類/清別集
紉秋山館詩鈔二卷集句一卷外稿一卷　(清)謝章華撰　清咸豐刻本　四册

330000－1701－0056431　普814.5/8077/(2)　集部/總集類/郡邑之屬
廬陽三賢集　(清)張樹聲編　清光緒元年(1875)合肥張氏毓秀堂刻本　二册　存一種

330000－1701－0056432　HJL6368　集部/別集類/清別集
棠溪文鈔八卷　(清)沈用增撰　清光緒四年(1878)鄂城刻本　四册

330000－1701－0056433　G000051　子部/醫家類/方書之屬/單方驗方
萬方類纂八卷　(清)宋穆撰　清刻本　一册　存一卷(射集及補遺)

330000－1701－0056434　普814.4/7772/9　集部/別集類/宋別集
歐陽文忠公全集一百五十三卷首一卷附録五卷　(宋)歐陽修撰　清嘉慶二十四年(1819)歐陽衡刻本　十八册

330000－1701－0056435　GP06706　史部/詔令奏議類/奏議之屬
同治中興京外奏議約編八卷　(清)陳弢輯　清光緒元年(1875)篋劍囊琴之室刻本　八册

330000－1701－0056437　HJL6369　類叢部/叢書類/自著之屬
仙心閣集四種十二卷　(清)彭慰高撰　清光緒刻本　四册

330000－1701－0056438　普925.1087/8324/c1　類叢部/叢書類/自著之屬
衎石齋合稾　(清)錢儀吉撰　清光緒三年(1877)嘉興錢氏羊城刻本　一册　存一種

330000－1701－0056440　普925.1087/8324/c2　類叢部/叢書類/自著之屬
衎石齋合稾　(清)錢儀吉撰　清光緒三年(1877)嘉興錢氏羊城刻本　一册　存一種

330000－1701－0056442　GP06705　史部/詔令奏議類/奏議之屬
同治中興京外奏議約編八卷　(清)陳弢輯　清光緒元年(1875)篋劍囊琴之室刻本　八册

330000－1701－0056445　普 814.5/8077/2
集部/總集類/郡邑之屬
廬陽三賢集　(清)張樹聲編　清光緒元年(1875)合肥張氏毓秀堂刻本　四冊　存一種

330000－1701－0056451　GP06707　史部/詔令奏議類/奏議之屬
同治中興京外奏議約編八卷　(清)陳弢輯　清光緒元年(1875)篋劍囊琴之室刻本　八冊

330000－1701－0056452　HJL6370　集部/別集類/清別集
鐵華仙館集六卷　(清)秦賡彤撰　清光緒錫山秦氏刻本　劉承幹題記　二冊

330000－1701－0056454　G000052　子部/醫家類/婦科之屬/產科
達生保嬰編一卷附保嬰集要一卷　(清)亟齋居士撰　清刻本　一冊

330000－1701－0056455　GP06708　子部/藝術類/遊藝之屬/聯語
詩賦類聯采新十二卷　清光緒十三年(1887)上海積山書局石印本　六冊

330000－1701－0056457　普 925.1092/2699/4/c1　史部/傳記類/別傳之屬/年譜
歷代名人年譜十卷附存疑及生卒年月無攷一卷　(清)吳榮光撰　清光緒元年(1875)南海張蔭桓刻本　三十冊

330000－1701－0056463　普 925.1092/4647　史部/傳記類/別傳之屬/年譜
四朝先賢六家年譜　(清)楊希閔撰　清光緒四年(1878)新城楊希閔福州刻本　六冊

330000－1701－0056465　普 814.5/2120/4
集部/別集類/元別集
虞文靖公道園全集七十六卷　(元)虞集撰　清光緒元年(1875)陵陽書局刻本(文遺稾十六卷原缺)　十二冊　缺十二卷(詩遺藁一至八、文三十四至三十七)

330000－1701－0056466　普 925.1092/46471　史部/傳記類
豫章先賢九家年譜　(清)楊希閔輯　清光緒四年(1878)刻本　七冊　存一種

330000－1701－0056468　GP06709　子部/天文曆算類/算書之屬
中西算學叢鈔六種　(清)江衡編　清光緒二十二年至二十三年(1896－1897)石印本　八冊

330000－1701－0056469　普 925.10924/1028/c1　史部/傳記類/總傳之屬/通代
於越先賢像傳贊二卷　(清)王齡撰　(清)任熊繪像　清咸豐七年(1857)蕭山王氏養龢堂刻同治九年(1870)王暐昌印本　六冊

330000－1701－0056471　普 925.10924/1028/c2　史部/傳記類/總傳之屬/通代
於越先賢像傳贊二卷　(清)王齡撰　(清)任熊繪像　清咸豐七年(1857)蕭山王氏養龢堂刻光緒三年(1877)張氏印本　王存善題記　二冊

330000－1701－0056472　普 925.10924/1028/c3　史部/傳記類/總傳之屬/通代
於越先賢像傳贊二卷　(清)王齡撰　(清)任熊繪像　清咸豐七年(1857)蕭山王氏養龢堂刻光緒三年(1877)張氏印本　二冊

330000－1701－0056473　GP00467　子部/藝術類/書畫之屬/法帖
臨濟正傳虎丘隆禪師碑一卷　(宋)徐林撰　(元)趙孟頫書　清末影印本　清紫薔跋　一冊

330000－1701－0056474　普 951.044/5245/6　史部/紀傳類/正史之屬
二十四史附考證　清光緒二十八年(1902)武林竹簡齋石印本　三冊　存一種

330000－1701－0056479　普 814.5/8710　集部/別集類/元別集
師山先生文集八卷遺文五卷附錄一卷　(元)鄭玉撰　**濟美錄四卷**　(明)鄭燭輯　明嘉靖十四年(1535)鄭氏家塾刻清道光二十三年(1843)善道堂修補印本　三冊　缺四卷(濟美錄一至四)

330000－1701－0056480　普951.044/5245/7　史部/紀傳類/正史之屬

二十四史附考證　清光緒十四年(1888)上海圖書集成印書局鉛印本　八册　存一種

330000－1701－0056481　G000053　子部/醫家類/婦科之屬/通論

婦科雜證一卷藥性摘録一卷　(清)文晟輯　清末刻本　一册

330000－1701－0056482　普814.4/7772.5　集部/總集類/選集之屬/通代

唐宋大家全集録十種　(清)儲欣編　清遺清堂刻本　一册　存一種

330000－1701－0056483　GP06714　集部/别集類/清别集

琅嬛詩集四卷　(清)陳太初撰　清嘉慶八年(1803)雲門抱蘭軒木活字印本　四册

330000－1701－0056485　GP06710　類叢部/類書類/通類之屬

重編留青新集二十四卷　(清)馮善長輯　清光緒十六年(1890)上海鉛印本　十二册

330000－1701－0056486　普951.044/5245/8　史部/紀傳類/正史之屬

二十四史附考證　清光緒二十八年(1902)竢實齋石印本　三册　存一種

330000－1701－0056487　GP06711　史部/地理類/外紀之屬

海島逸誌六卷　(清)王大海撰　清嘉慶十一年(1806)漳園刻本　二册

330000－1701－0056488　普814.4/7797/c1　類叢部/叢書類/彙編之屬

正誼堂全書六十三種續刻五種　(清)張伯行編　(清)楊浚重編　清同治五年(1866)福州正誼書院刻同治八年至光緒十三年(1869－1887)續刻本　四册　存一種

330000－1701－0056490　普814.6/0011　集部/别集類/明别集

方孩未先生集十六卷　(明)方震孺撰　(清)李兆洛編　清嘉慶二十二年(1817)壽春方肇樹德堂刻本　四册

330000－1701－0056491　普814.4/7797/c2　類叢部/叢書類/彙編之屬

正誼堂全書六十三種續刻五種　(清)張伯行編　(清)楊浚重編　清同治五年(1866)福州正誼書院刻同治八年至光緒十三年(1869－1887)續刻本　二册　存一種

330000－1701－0056492　G000054、G004699　子部/醫家類/傷寒金匱之屬/傷寒論

張仲景傷寒論辯證廣註十四卷首一卷中寒論辯證廣註三卷首一卷　(清)汪琥撰　清康熙刻本　二册　存十卷(傷寒論辯證廣註首、一至二、八至十四)

330000－1701－0056493　普925.1092/2699/4/c2　史部/傳記類/别傳之屬/年譜

歷代名人年譜十卷附存疑及生卒年月無攷一卷　(清)吴榮光撰　清光緒元年(1875)南海張蔭桓刻本　十册

330000－1701－0056495　GP06713　史部/史評類/史學之屬

新史學一卷　(日本)浮田和民撰　侯士綰譯　清光緒二十九年(1903)上海文明書局鉛印本　二册

330000－1701－0056496　HJL6371　集部/别集類/清别集

石琴詩鈔十二卷　(清)李映菉撰　清同治三年(1864)天香堂刻本　四册

330000－1701－0056497　HJL6372　集部/别集類/清别集

尊小學齋文集六卷詩集一卷詩餘一卷　(清)余治撰　**余孝惠先生[治]年譜一卷**　(清)吴師澄編　清光緒九年(1883)古吴得見齋刻本　四册

330000－1701－0056499　HJL5462　集部/别集類/清别集

嘯雲軒詩集六卷　(清)程畹撰　清光緒刻本　四册

330000－1701－0056500　HJL6374　集部/别

集類/清別集

榴實山莊文稿一卷詩鈔六卷詞鈔一卷試律二卷 （清）吳存義撰 清同治至光緒刻本 六冊

330000－1701－0056501 HJL6601 集部/別集類/清別集

樂志堂文集十八卷 （清）譚瑩撰 清咸豐九年(1859)吏隱園刻本 六冊

330000－1701－0056502 HJL6602 集部/別集類/清別集

健修堂詩集二十二卷空青館詞槀三卷 （清）邊浴禮撰 清咸豐十一年(1861)刻本 八冊

330000－1701－0056503 HJL6603 集部/別集類/清別集

龠翁詩鈔四卷 （清）錢辰撰 **寄生吟草一卷** （清）錢家吉撰 清光緒八年(1882)錢國祥南錢草堂刻本 二冊

330000－1701－0056504 HJL6604 集部/別集類/清別集

知白齋詩草二卷 （清）王檏撰 清光緒八年(1882)刻本 二冊

330000－1701－0056505 HJL6605 類叢部/叢書類/自著之屬

藤花亭合刻十種 （清）梁廷柟撰 清道光八年至十年(1828－1830)刻本 十二冊

330000－1701－0056506 HJH6218 集部/別集類/清別集

劉忠誠公遺集六十七卷首一卷 （清）劉坤一撰 （清）歐陽輔之編 清宣統元年至民國十年(1909－1921)刻本 六十四冊

330000－1701－0056507 HJL6606 集部/別集類/清別集

薜荔山莊詩稿一卷試律詩稿一卷附詞一卷四書文稿一卷文稿一卷 （清）成瑞撰 （清）黃濬等評 清道光刻本 四冊

330000－1701－0056508 HJL6607 集部/別集類/清別集

懷古田舍詩鈔三十三卷 （清）徐榮撰 清道光刻本 八冊

330000－1701－0056509 HJH6608 集部/別集類/清別集

無近名齋文鈔四卷二編二卷外編一卷雜著二卷二編一卷 （清）彭翊撰 清光緒十年(1884)彭祖賢鄂江節署刻本 四冊

330000－1701－0056510 HJL6304 集部/總集類/郡邑之屬

湖南文徵一百九十卷首一卷目錄六卷姓氏傳四卷 （清）羅汝懷輯 清同治十年(1871)刻本 一百冊

330000－1701－0056511 HJL6610 集部/別集類/清別集

雨香書屋詩續鈔四卷 （清）雷以諴撰 清同治七年(1868)江漢書院刻本 四冊

330000－1701－0056512 HJL6612 集部/別集類/清別集

拙修集十卷 （清）吳廷棟撰 清同治十年(1871)六安涂氏求我齋刻本 四冊

330000－1701－0056513 HJL6613 集部/別集類/清別集

粲花佩葉山房詩稿六卷 （清）陳鼎雯撰 （清）陳鍾蕃編 清光緒十七年(1891)刻本 四冊

330000－1701－0056514 HJL6614 集部/別集類/清別集

禝龡亭集三十二卷後集十二卷 （清）祁寯藻撰 清咸豐七年(1857)刻本 六冊

330000－1701－0056515 HJL5517 集部/總集類/彙編/斷代

王韋合刻二種十六卷 （清）項絪編 清康熙項氏玉淵堂刻本 四冊 存一種

330000－1701－0056516 HJL6615 集部/別集類/清別集

籀經堂類藁二十四卷齊陳氏韶舞樂疊通釋二卷 （清）陳慶鏞撰 （清）陳棨仁輯 清光緒九年(1883)刻本 十二冊

330000－1701－0056517　HJL2401　集部/別集類/清別集

春藹堂集十八卷　(清)陳奕禧撰　清康熙四十六年(1707)刻本　二册　存二卷(一至二)

330000－1701－0056519　HJL3702　類叢部/叢書類/彙編之屬

正誼堂叢書五十五種　(清)張伯行編　清康熙至雍正正誼堂刻本　二册　存一種

330000－1701－0056520　HJL6617　集部/別集類/清別集

管注秋水軒尺牘四卷續刻一卷　(清)許思湄撰　(清)婁世瑞注釋　(清)管斯駿補注　清光緒十四年(1888)上海簡玉山房刻朱墨套印本　五册

330000－1701－0056521　HJL3323　集部/別集類/清別集

金東山文集十二卷　(清)金門詔撰　清乾隆四十一年(1776)刻本　六册

330000－1701－0056522　HJL3751　集部/別集類/明別集

倪文貞公文集十七卷續編三卷首一卷詩集二卷奏疏十二卷講編四卷　(明)倪元璐撰　(清)倪會鼎訂正　(清)倪安世輯　清乾隆三十六年至三十七年(1771－1772)倪安世刻四十二年(1777)續刻印本　六册　存三十三卷(文集首、一至二十,奏疏一至十二)

330000－1701－0056523　HJH2656　集部/別集類/宋別集

黄詩全集五十八卷　(宋)黄庭堅撰　清乾隆五十四年(1789)南康謝氏樹經堂刻本　十二册

330000－1701－0056524　HJL6618　類叢部/叢書類/自著之屬

鄒叔子遺書六種附二種　(清)鄒漢勛撰　清光緒八年(1882)鄒代鈞刻本　十四册

330000－1701－0056525　HJL6619　集部/別集類/清別集

餘甘軒詩鈔十二卷詩餘一卷首一卷　(清)何曰愈撰　清光緒七年(1881)閩南節署刻本　四册

330000－1701－0056526　HJL6620　集部/別集類/清別集

小林壑詩鈔八卷　(清)鍾鼎撰　**荻塘櫂歌一卷**　(清)鍾鼎撰　(清)鍾祖孝注　清光緒九年(1883)刻本　四册

330000－1701－0056527　HJL6621　集部/別集類/清別集

移芝室全集　(清)楊彝珍撰　清光緒二十二年(1896)楊世猷等刻本　十册　存九種

330000－1701－0056528　HJL3645　集部/詞類/別集之屬

紅櫚書屋詞集九卷　(清)孔繼涵撰　清乾隆二十八年至二十九年(1763－1764)四雨莊張氏刻本　二册　存五卷(四至八)

330000－1701－0056529　HJL3401　集部/別集類/清別集

野鴻詩的一卷　(清)黄子雲撰　清乾隆二年(1737)長吟閣刻本　一册

330000－1701－0056530　HJL3398　集部/詩文評類/詩評之屬

聲調前譜一卷續譜一卷後譜一卷　(清)趙執信撰　清乾隆二十四年(1759)德州盧見曾雅雨堂刻本　一册

330000－1701－0056531　HJL3457　類叢部/叢書類/自著之屬

埜柏先生類稿八種　(清)宋在詩撰　清乾隆三十年(1765)刻本　二册　存一種

330000－1701－0056532　HJL2646　集部/總集類/酬唱之屬

寓園贈答詩鈔一卷　(清)程沆輯　清乾隆刻本　一册

330000－1701－0056533　HJL6622　集部/別集類/清別集

松閟閣詩鈔二卷　(清)慶霖撰　清光緒十一年(1885)刻本　一册

330000－1701－0056534　HJL6623　集部/別集類/清別集
歗雲山人文鈔八卷　(清)林樹梅撰　**附刻高雨農夫子贈序一卷高雨農夫子札一卷**　(清)高澍然撰　清道光十九年(1839)刻本　二冊

330000－1701－0056535　HJL4830　類叢部/叢書類/自著之屬
介石堂集三種　(清)郭起元撰　清乾隆刻本　六冊

330000－1701－0056536　HJL3317　類叢部/叢書類/自著之屬
介石堂集三種　(清)郭起元撰　清乾隆刻本　十二冊　存二種

330000－1701－0056537　HJL6808　史部/詔令奏議類/詔令之屬
九朝聖訓七百六十二卷　清同治至光緒鉛印本　四百四十八冊

330000－1701－0056538　HJL2745　集部/別集類/清別集
半舫齋編年詩二十卷　(清)夏之蓉撰　清乾隆三十六年(1771)夏味堂等刻本　三冊　缺四卷(十七至二十)

330000－1701－0056539　HJH3449　集部/別集類/清別集
卷施閣詩集二十卷文甲集十卷文乙集十卷附鮚軒詩八卷　(清)洪亮吉撰　清乾隆六十年(1795)至嘉慶初貴陽節署刻本　十冊　缺十卷(文乙集九至十、鮚軒詩一至八)

330000－1701－0056540　HJL3400　集部/詩文評類/詩評之屬
漁洋詩話三卷　(清)王士禛撰　清雍正三年(1725)刻本　二冊

330000－1701－0056541　HJL3428　集部/別集類/明別集
馮少墟集二十二卷續集四卷　(明)馮從吾撰　清康熙十二年(1673)盩厔李氏刻本　十八冊

330000－1701－0056542　普 925.1093/0077/6　史部/傳記類/總傳之屬/通代
尚友錄二十二卷補遺一卷　(明)廖用賢輯　(清)張伯琮補輯　清光緒二十六年(1900)著易堂書局鉛印本　六冊

330000－1701－0056548　普 925.1093/0077/7　史部/傳記類/總傳之屬/通代
尚友錄二十二卷補遺一卷　(明)廖用賢輯　(清)張伯琮補輯　清光緒著易堂鉛印本　十二冊

330000－1701－0056551　G000055　子部/醫家類/外科之屬/通論
重訂外科正宗十二卷　(明)陳實功撰　(清)張鷟翼重訂　清刻本　四冊　存八卷(三至十)

330000－1701－0056552　普 925.1093/0077/4　史部/傳記類/總傳之屬/通代
校正尚友錄二十二卷補遺一卷　(明)廖用賢輯　(清)張伯琮補輯　清光緒二十五年(1899)上海益記書莊石印本　六冊

330000－1701－0056553　普 814.5/2603/c1　集部/別集類/元別集
楚國文憲公雪樓程先生文集三十卷附錄一卷　(元)程鉅夫撰　(元)程大本輯　**楚國文憲公雪樓程先生[鉅夫]年譜一卷**　(元)程世京編　清宣統二年(1910)陶氏涉園刻本　十冊

330000－1701－0056555　G000056　子部/醫家類/眼科之屬
秘傳眼科龍木醫書總論十卷附葆光道人秘傳眼科一卷　(明)葆光道人撰　清大文堂刻本　三冊　存七卷(一至四、八至十)

330000－1701－0056557　普 925.1093/0077/5　史部/傳記類/總傳之屬/通代
校正尚友錄二十二卷補遺一卷　(明)廖用賢輯　(清)張伯琮補輯　清光緒十八年(1892)上海書局石印本　六冊

330000－1701－0056560　普 814.5/2612/c1　類叢部/叢書類/郡邑之屬
武林往哲遺箸五十二種後編十種　(清)丁丙

編　清光緒二十年至二十六年(1894－1900)錢塘丁氏嘉惠堂刻本　一册　存一種

330000－1701－0056562　普 925.1093/0077.02　史部/傳記類/總傳之屬/通代
校正尚友錄續集二十二卷　(清)張亮基輯　清光緒二十四年(1898)上海鴻寶齋石印本　六册

330000－1701－0056563　HJL6624　類叢部/叢書類/自著之屬
陸桴亭先生遺書二十二種　(清)陸世儀撰　(清)唐受祺編　**尊道先生[陸世儀]年譜一卷**　(清)淩錫祺編輯　**桴亭先生[陸世儀]行狀行實一卷**　(清)陳瑚　(清)陸允正撰　清光緒二十五年至二十六年(1899－1900)太倉唐受祺京師刻本　二十八册

330000－1701－0056564　普 814.5/2612/c2　類叢部/叢書類/郡邑之屬
武林往哲遺箸五十二種後編十種　(清)丁丙編　清光緒二十年至二十六年(1894－1900)錢塘丁氏嘉惠堂刻本　一册　存一種

330000－1701－0056565　G000057　子部/醫家類/方書之屬/單方驗方
醫方湯頭歌括一卷經絡歌訣一卷　(清)汪昂撰　清刻本　二册

330000－1701－0056566　普 814.5/2612/c3　類叢部/叢書類/郡邑之屬
武林往哲遺箸五十二種後編十種　(清)丁丙編　清光緒二十年至二十六年(1894－1900)錢塘丁氏嘉惠堂刻本　一册　存一種

330000－1701－0056570　HJH0201　類叢部/類書類/專類之屬
佩文韻府一百六卷　(清)張玉書　(清)蔡升元等輯　**韻府拾遺一百六卷**　(清)汪灝　(清)何焯等輯　清刻本　九十一册　存一百四十二卷(佩文韻府七十一至一百六、韻府拾遺一至一百六)

330000－1701－0056576　普 925.1093/0077.02 /4　史部/傳記類/總傳之屬/通代
校正尚友錄續集二十二卷　(清)張亮基輯　清光緒二十五年(1899)上海益記書莊石印本　六册

330000－1701－0056577　G000058　子部/醫家類/方書之屬/單方驗方
醫方湯頭歌訣一卷經絡歌訣一卷　(清)汪昂撰　清刻本　二册

330000－1701－0056578　HJL6625　集部/別集類/清別集
自鳴稿二卷　(清)王壽康撰　清咸豐五年(1855)槎東別墅刻本　二册

330000－1701－0056582　普 925.1093/0077.02/4　史部/傳記類/總傳之屬/通代
尚友錄續集二十二卷　(清)張亮基輯　清光緒十四年(1888)上海點石齋石印本　四册

330000－1701－0056583　普 814.5/2632　類叢部/叢書類/自著之屬
草廬吴文正公全書十三種　(元)吴澄撰　清乾隆初吴氏刻二十一年(1756)萬璜校刻道光補刻彙印本　二十册　存二種

330000－1701－0056585　G000059　子部/醫家類/方書之屬/單方驗方
醫方湯頭歌訣一卷　(清)汪昂撰　清刻本　一册

330000－1701－0056587　HJL6626　集部/別集類/清別集
吴文節公遺集八十卷　(清)吴文鎔撰　清咸豐七年(1857)吴養原刻本　十六册

330000－1701－0056589　G000060　子部/醫家類/本草之屬/歷代綜合本草
經絡歌訣一卷醫方湯頭歌訣一卷　(清)汪昂撰　清刻本　三册

330000－1701－0056590　GP06725　集部/總集類/選集之屬/斷代
唐三體詩六卷　(宋)周弼輯　(清)高士奇補注　**續唐三體詩八卷**　(清)高士奇輯　清康熙高士奇朗潤堂刻本　二册　存八卷(續唐三體詩一至八)

330000－1701－0056591　HJL0506　經部/叢編

御纂七經五種　(清)李光地等撰　清康熙至乾隆内府刻本　二十四冊　存一種

330000－1701－0056592　HJL6627　集部/別集類/清別集

市隱書屋詩槀五卷市隱卮言二卷文槀十一卷　(清)亢樹滋撰　清刻本　四冊

330000－1701－0056593　普 925.1093/0077.05　史部/傳記類/總傳之屬/通代

增廣尚友録統編二十二卷　(清)應祖錫輯　清光緒二十八年(1902)鴻寶齋石印本　十二冊

330000－1701－0056595　普 814.4/7772/5　集部/別集類/宋別集

歐陽文忠公集一百五卷　(宋)歐陽修撰　**廬陵歐陽文忠公[修]年譜一卷**　(宋)胡柯編　清康熙二十一年(1682)吉水曾弘焉文堂刻本　十八冊

330000－1701－0056596　G000061　子部/醫家類/本草之屬/神農本草經

本草崇原集説三卷附本草經讀一卷　(清)張志聰撰　(清)高世栻訂　(清)仲學輅集説　清宣統二年(1910)錢塘仲氏刻本　一冊　存一卷(一)

330000－1701－0056599　GP06726　子部/術數類/數學之屬

皇極經世易知八卷首一卷　(清)何夢瑤撰　清光緒十三年(1887)校經山房刻本　八冊

330000－1701－0056600　普 814.6/0023　集部/別集類/明別集

重刊校正唐荆川先生文集十二卷外集三卷附録一卷補遺五卷　(明)唐順之撰　清光緒三十年(1904)江南書局刻本　十冊

330000－1701－0056603　普 925.1093/0077.02/3　史部/傳記類/總傳之屬/通代

校正尚友録續集二十二卷　(清)張亮基輯　清光緒二十六年(1900)著易堂鉛印本　六冊

330000－1701－0056606　GP06727　史部/政書類/邦交之屬

約章成案匯覽甲篇十卷乙篇四十二卷　(清)北洋洋務局輯　清光緒三十一年(1905)上海點石齋石印本　十冊　存十卷(甲篇一至十)

330000－1701－0056607　普 814.6/0023/2/c2　集部/別集類/明別集

唐荆川先生文集十八卷補遺一卷附録一卷　(明)唐順之撰　清光緒二十一年(1895)武進盛氏思惠齋刻朱印本　八冊

330000－1701－0056608　普 814.5/2638.2/c1　類叢部/叢書類/彙編之屬

正誼堂全書六十三種續刻五種　(清)張伯行編　(清)楊浚重編　清同治五年(1866)福州正誼書院刻同治八年至光緒十三年(1869－1887)續刻本　二冊　存一種

330000－1701－0056609　普 814.6/0023/3　集部/別集類/明別集

重刊校正唐荆川先生文集十二卷外集三卷附録一卷補遺五卷　(明)唐順之撰　清光緒三十年(1904)江南書局刻本　十冊

330000－1701－0056611　HJL6628　集部/別集類/清別集

一規八棱研齋詩鈔六卷類鈔一卷詞鈔一卷文鈔一卷時文一卷　(清)徐廷華撰　清光緒九年(1883)武昌刻本　三冊　存八卷(一至六、類鈔、時文)

330000－1701－0056612　HJH8434　史部/政書類/通制之屬

通志略五十二卷　(宋)鄭樵撰　明嘉靖二十九年(1550)陳宗夔等刻清乾隆十三年(1748)于敏中金匱山房印本　三十二冊

330000－1701－0056613　普 814.5/2638.2/c2　類叢部/叢書類/彙編之屬

正誼堂全書六十三種續刻五種　(清)張伯行編　(清)楊浚重編　清同治五年(1866)福州正誼書院刻同治八年至光緒十三年(1869－1887)續刻本　一冊　存一種

330000－1701－0056615　HJL6629　類叢部/叢書類/自著之屬
息柯居士全集十二種　（清）楊翰撰　清同治至光緒刻本　六册　存一種

330000－1701－0056619　普 814.4/8017/3　集部/别集類/宋别集
南豐先生元豐類藁五十卷　（宋）曾鞏撰　**續附南豐先生[曾鞏]行狀碑誌哀挽一卷**　明萬曆二十五年（1597）查溪曾敏才、曾敏行等刻清順治十五年（1658）康熙二十七年（1688）遞修本　二十册

330000－1701－0056620　普 814.5/2644/2/c2　集部/别集類/元别集
重刻吴淵穎集十二卷　（元）吴萊撰　（明）宋濂編　（清）查遴輯　**附録一卷**　清康熙四十九年（1710）浦江吴氏豹文堂刻雍正元年（1723）重修本　二册　存九卷（一、五至十二）

330000－1701－0056622　普 814.6/0026/c2　集部/别集類/明别集
甫田集三十五卷　（明）文徵明撰　**附録一卷**　（明）文嘉撰　清宣統三年（1911）上海千頃堂書莊、會文學社書莊鉛印本　十二册

330000－1701－0056623　普 814.6/0026/c1　集部/别集類/明别集
甫田集三十五卷　（明）文徵明撰　**附録一卷**　（明）文嘉撰　清宣統三年（1911）上海千頃堂書莊、會文學社書莊鉛印本　十一册　缺四卷（八至十一）

330000－1701－0056624　HJL6630　類叢部/叢書類/自著之屬
記過齋藏書七種　（清）蘇源生撰　清道光至光緒鄢陵蘇氏刻本　七册　存四種

330000－1701－0056632　普 814.6/0026/c3　集部/别集類/明别集
甫田集三十五卷　（明）文徵明撰　**附録一卷**　（明）文嘉撰　清宣統三年（1911）上海千頃堂書莊、會文學社書莊鉛印本　十二册

330000－1701－0056633　HJL5402　集部/别集類/清别集
御製詩餘集二十卷目録三卷　（清）高宗弘曆撰　清内府刻本　十二册

330000－1701－0056644　HJL3254　集部/詩文評類/文評之屬
文心雕龍十卷　（南朝梁）劉勰撰　（清）黄叔琳輯注　清乾隆六年（1741）黄氏養素堂刻本　二册

330000－1701－0056645　M000201　子部/藝術類/書畫之屬/畫譜
任渭長四種　（清）任熊繪　清咸豐至光緒蕭山王氏養龢堂刻本　一册　存一種

330000－1701－0056646　GP06732　類叢部/叢書類/彙編之屬
挹秀山房叢書十一種　（清）朱克敬編　清同治至光緒刻光緒十年（1884）挹秀山房湘南彙印本　五册　存一種

330000－1701－0056647　普 951.044/7167/c3　史部/紀傳類/正史之屬
二十四史　清同治至光緒五省官書局據汲古閣本等合刻光緒五年（1879）湖北書局彙印本　八册　存一種

330000－1701－0056648　GP06733　史部/雜史類/斷代之屬
晉文春秋一卷異同附載一卷　（清）鄭杰訂注　清乾隆刻本　二册

330000－1701－0056650　普 951.044/7167/2/c1　史部/紀傳類/正史之屬
遼史拾遺二十四卷　（清）厲鶚撰　**遼史紀年表一卷西遼紀年表一卷**　（清）汪遠孫撰　清道光元年至二年（1821－1822）錢塘汪氏振綺堂刻本　十册

330000－1701－0056651　普 951.044/7167/2/c2　史部/紀傳類/正史之屬
遼史拾遺二十四卷　（清）厲鶚撰　**遼史紀年表一卷西遼紀年表一卷**　（清）汪遠孫撰　清道光元年至二年（1821－1822）錢塘汪氏振綺

堂刻本　四册

330000－1701－0056652　普951.044/7167.02/c1　史部/紀傳類/正史之屬

遼史拾遺補五卷　(清)楊復吉撰　清光緒三年(1877)江蘇書局刻本　二册

330000－1701－0056653　普951.044/7167.02/c2　史部/紀傳類/正史之屬

遼史拾遺補五卷　(清)楊復吉撰　清光緒三年(1877)江蘇書局刻本　二册

330000－1701－0056654　普951.044/7167.02/c3　史部/紀傳類/正史之屬

遼史拾遺補五卷　(清)楊復吉撰　清光緒三年(1877)江蘇書局刻本　二册

330000－1701－0056655　普951.044/7167.02/2　史部/紀傳類/正史之屬

遼史拾遺補五卷　(清)楊復吉撰　清道光五年(1825)錢塘汪氏振綺堂刻本　二册

330000－1701－0056656　HJL6631　集部/別集類/清別集

梅莊詩鈔十六卷　(清)華長卿撰　(清)華鼎元輯　清同治八年至九年(1869－1870)華氏東觀室都門刻本　四册

330000－1701－0056657　HJL6633　集部/別集類/清別集

朱九江先生集十卷首四卷　(清)朱次琦撰　簡朝亮編　清光緒二十年至二十三年(1894－1897)簡氏讀書草堂刻本　四册

330000－1701－0056658　HJL6632　集部/別集類/清別集

夏仲子集六卷　(清)夏炯撰　清咸豐五年(1855)夏燮鄱陽官廨刻本　三册

330000－1701－0056661　HJL3237　集部/詞類/別集之屬

紅萼詞二卷　(清)孔傳鐸撰　(清)顧彩評　清康熙闕里孔氏刻本　二册

330000－1701－0056663　普814.6/0030　集部/別集類/明別集

六如居士全集六種　(明)唐寅撰　清嘉慶六年(1801)長沙唐仲冕果克山房刻本　七册　存四種

330000－1701－0056664　G000062　史部/地理類/方志之屬/郡縣志

[同治]湖州府志九十六卷首一卷　(清)宗源瀚　(清)楊榮緒　(清)郭式昌修　(清)周學濬　(清)陸心源　(清)汪曰楨纂　清同治十一年至十三年(1872－1874)愛山書院刻光緒九年(1883)印本　二十册　存四十九卷(首、一至十六、五十九至七十三、七十七至九十三)

330000－1701－0056665　HJL6634　集部/別集類/清別集

西圃集十卷續集六卷題畫詩一卷題畫詩續一卷文集四卷文集補遺一卷　(清)潘遵祁撰　清同治十一年至光緒二十三年(1872－1897)刻本　六册

330000－1701－0056666　普925.1093/4483/c1　史部/傳記類/總傳之屬/姓名

歷代名賢列女氏姓譜一百五十七卷　(清)蕭智漢輯　清嘉慶二十年(1815)刻本　一百二十册

330000－1701－0056667　HJL1884　子部/藝術類/書畫之屬/題跋

銷夏錄六卷　(清)高士奇撰　(清)劉堅刪訂　清乾隆四年(1739)修潔齋刻本　二册

330000－1701－0056671　HJLA375　新學/理學/理學

哲學新詮一卷　(日本)中島力撰　(清)田吳炤譯　清光緒三十一年(1905)上海商務印書館鉛印本　一册

330000－1701－0056672　G000063　子部/醫家類/方書之屬/單方驗方

絳雪園古方選註不分卷　(清)王子接輯　清刻本　一册

330000－1701－0056674　GP06715　子部/天文曆算類/天文之屬

詠梅軒仰觀錄二卷　(清)謝蘭生撰　清同治刻本　清經軒批　一册

330000－1701－0056676　HJL5488　子部/雜著類/雜說之屬
炙硯瑣談三卷　(清)湯大奎撰　清乾隆五十七年(1792)趙氏亦有生齋刻嘉慶補刻本　二册

330000－1701－0056678　HJL6635　集部/別集類/清別集
功甫小集十一卷　(清)潘曾沂撰　清刻本　一册　存八卷(一至八)

330000－1701－0056680　普814.6/0030/(2)　集部/別集類/明別集
六如居士全集六種　(明)唐寅撰　清嘉慶六年(1801)長沙唐仲冕果克山房刻本　十二册　存五種

330000－1701－0056681　GP06716　類叢部/叢書類/郡邑之屬
酌古準今十五種　清道光至光緒刻本　一册　存一種

330000－1701－0056684　HJL5323　集部/別集類/清別集
玲瓏簾詞一卷　(清)吳焯撰　清雍正刻本　一册

330000－1701－0056685　GP06734、GP06735、GP06736、GP06737　集部/總集類/彙編之屬
詩詞雜俎十二種　(明)毛晉輯　明天啓至崇禎海虞毛氏汲古閣刻本　四册　存五種

330000－1701－0056686　普814.4/8017/6　集部/別集類/宋別集
元豐類稿五十卷　(宋)曾鞏撰　清康熙四十九年(1710)長嶺曾國光西爽堂刻本　十二册

330000－1701－0056689　G000064　子部/醫家類/本草之屬/歷代綜合本草
湯液本草三卷　(元)王好古撰　清刻本　一册　存一卷(中)

330000－1701－0056690　M000234　史部/地理類/山川之屬/山志
重修南海普陀山志二十卷首一卷　(清)秦耀曾輯　清道光十二年(1832)刻民國四年(1915)趙希伊補刻民國六年(1917)定海監獄工場印本　三册　缺一卷(十六)

330000－1701－0056691　普925.1093/4483/c3　史部/傳記類/總傳之屬/姓名
歷代名賢列女氏姓譜一百五十七卷　(清)蕭智漢輯　清嘉慶二十年(1815)刻本　一百二十册

330000－1701－0056692　普925.1093/0077/c2　史部/傳記類/總傳之屬/通代
尚友錄二十二卷補遺一卷　(明)廖用賢輯　(清)張伯琮補輯　清康熙浙蘭林天祿齋刻本　二十二册

330000－1701－0056695　HJL3181　集部/詞類/別集之屬
蒼梧詞十二卷　(清)董元愷撰　清康熙二十六年(1687)刻本　二册

330000－1701－0056697　HJL6636　集部/別集類/清別集
花宜館詩鈔十六卷續存一卷無腔村笛二卷　(清)吳振棫撰　清同治四年(1865)京師刻本　六册

330000－1701－0056703　HJL6642　集部/別集類/清別集
籀經堂集十四卷補遺二卷　(清)陳慶鏞撰　(清)何秋濤　(清)龔顯曾輯　清同治十三年(1874)誦芬堂木活字印本　四册

330000－1701－0056704　GP06717　子部/天文曆算類/天文之屬
詠梅軒仰觀錄二卷　(清)謝蘭生撰　清咸豐七年(1857)刻本　一册

330000－1701－0056706　普925.1093/0077/c4　史部/傳記類/總傳之屬/通代
尚友錄二十二卷補遺一卷　(明)廖用賢輯　(清)張伯琮補輯　清康熙刻乾隆印本　二十

一冊　缺一卷(一)

330000－1701－0056708　G000065　子部/醫家類/方書之屬/歷代方書
唐王燾先生外臺秘要方四十卷　(唐)王燾撰　清刻本　一冊　存一卷(二十七)

330000－1701－0056709　普 925.1093/0077/c3　史部/傳記類/總傳之屬/通代
尚友錄二十二卷補遺一卷　(明)廖用賢輯　(清)張伯琮補輯　清康熙浙蘭林天禄齋刻五鳳樓印本　二十冊　缺二卷(二十至二十一)

330000－1701－0056710　普 925.1093/0077/2/c1　史部/傳記類/總傳之屬/通代
尚友錄二十二卷補遺一卷　(明)廖用賢輯　(清)張伯琮補輯　清康熙刻古婺正業堂修補印本　十六冊

330000－1701－0056713　G000066　子部/醫家類/婦科之屬/產科
產寶一卷　(清)倪枝維撰　(清)潘霨增輯　清光緒三年(1877)湖北藩署刻本　一冊

330000－1701－0056714　HJL6646　集部/別集類/清別集
恩暉堂詩集六卷帖體詩三卷律賦一卷　(清)王藻撰　清咸豐三年(1853)刻本　六冊

330000－1701－0056715　GP06740　集部/別集類/清別集
維園詩鈔一卷　(清)楊建撰　清光緒十三年(1887)上海刻本　一冊

330000－1701－0056716　HJH3129　集部/別集類/清別集
御製文餘集二卷　(清)仁宗顒琰撰　清嘉慶內府刻本　二冊

330000－1701－0056717　G000067　子部/醫家類/醫經之屬/內經
內經知要二卷　(清)李中梓輯並注　清刻本　一冊　存一卷(下)

330000－1701－0056720　普 925.1093/5044　類叢部/叢書類/自著之屬
止園叢書二十三種　(清)史夢蘭撰　清道光至光緒刻本　四冊　存一種

330000－1701－0056723　HJH6772　集部/別集類/清別集
芸架詩稿二十一卷　(清)王緝修撰　清乾隆刻本　一冊　存十卷(一至十)

330000－1701－0056724　GP06741　集部/別集類/清別集
孫思奮遺詩一卷　(清)孫思奮撰　清光緒二十六年(1900)章門刻本　清星有題記　一冊

330000－1701－0056726　HJL0344　經部/三禮總義類/通禮雜禮之屬
司馬氏書儀十卷　(宋)司馬光撰　清雍正元年(1723)汪氏刻本　二冊

330000－1701－0056732　G004451　集部/曲類/寶卷之屬
雙英不分卷　清鳳鳴軒顧永記抄本　二冊

330000－1701－0056733　HJL5414　集部/別集類/清別集
九峰文鈔二卷　(清)宋景關輯　清乾隆五十八年(1793)刻本　一冊

330000－1701－0056737　HJL3235　集部/詩文評類/詩評之屬
五代詩話十二卷　(清)王士禛輯　清乾隆十三年(1748)北平黃叔琳養素堂刻本　六冊

330000－1701－0056740　HJL6637　類叢部/叢書類/家集之屬
全州蔣氏叢刻八種　(清)蔣琦齡編　清咸豐至光緒全州蔣氏刻本　二冊　存一種

330000－1701－0056741　普 925.1093/0077/2/c2　史部/傳記類/總傳之屬/通代
尚友錄二十二卷補遺一卷　(明)廖用賢輯　(清)張伯琮補輯　清康熙刻古婺正業堂修補印本　十二冊

330000－1701－0056742　普 814.4/7772/3　集部/別集類/宋別集
歐陽文忠公全集一百五十三卷首一卷附錄五

卷　(宋)歐陽修撰　清嘉慶二十四年(1819)歐陽衡刻本　二十四册

330000－1701－0056744　HJL3820　集部/別集類/清別集

葛莊分體詩鈔十二卷　(清)劉廷璣撰　清康熙刻本　六册　存四卷(四、六至七、九)

330000－1701－0056745　G000068、G002612　史部/金石類/總志之屬/目録

攈古錄二十卷　(清)吳式芬撰　清末刻本　十五册　存十五卷(三至四、六至八、十一至二十)

330000－1701－0056749　HJL6638　集部/別集類/清別集

禮部遺集九卷　(清)黄富民撰　清同治九年(1870)黄安謹刻本　二册

330000－1701－0056751　HJL6639　集部/別集類/清別集

會稽山齋全集二十七卷(會稽山齋文集十二卷文續集六卷詩集五卷詩續一卷經義一卷詞一卷蒙泉子一卷)　(清)謝應芝撰　清光緒十四年(1888)刻本　四册　存十九卷(文一至十二、詩一至五、詞、蒙泉子)

330000－1701－0056753　G000069、G000435　史部/編年類/通代之屬

尺木堂綱鑑易知錄九十二卷　(清)吳乘權　(清)周之炯　(清)周之燦輯　清刻本　三十九册　存八十五卷(八至九十二)

330000－1701－0056760　普925.1093/8324/c1　類叢部/叢書類/彙編之屬

清風室叢刊二十種　(清)錢保塘編　清同治十年至民國二十五年(1871－1936)海寧錢氏清風室刻本　八册　存一種

330000－1701－0056761　HJL0010　經部/叢編

曹楝亭五種六十五卷　(清)曹寅輯　清康熙四十五年(1706)揚州使院刻本　十二册　存一種

330000－1701－0056762　G000070　類叢部/叢書類/彙編之屬

滂喜齋叢書五十種　(清)潘祖蔭編　清同治至光緒吳縣潘氏京師刻本　一册　存三種

330000－1701－0056764　GP06742　集部/別集類/清別集

茹恨集一卷　(清)吳春芳撰　清宣統二年(1910)鉛印本　一册

330000－1701－0056766　HJL6640　集部/別集類/清別集

黛方山莊詩集六卷詩餘一卷　(清)黎吉雲撰　清同治五年(1866)羅汝懷長沙刻本　二册

330000－1701－0056770　普925.1093/8324/c2　類叢部/叢書類/彙編之屬

清風室叢刊二十種　(清)錢保塘編　清同治十年至民國二十五年(1871－1936)海寧錢氏清風室刻本　八册　存一種

330000－1701－0056773　HJL6641　集部/別集類/清別集

七經樓文鈔六卷　(清)蔣湘南撰　清同治七年至九年(1868－1870)馬佩玖刻本　四册

330000－1701－0056775　HJL3188　集部/詞類/類編之屬

浙西六家詞七種　(清)龔翔麟編　清康熙龔氏玉玲瓏閣刻本　四册　存六種

330000－1701－0056776　GP06745　史部/史抄類

史記選六卷　(清)儲欣選評　清雍正元年(1723)受祉堂刻本　三册

330000－1701－0056779　G000071　史部/地理類/專志之屬/書院

白鹿書院志十九卷　(清)毛德琦原訂　(清)周兆蘭重修　清康熙刻乾隆道光同治光緒遞修本　八册

330000－1701－0056781　HJL6643　集部/別集類/清別集

省齋全集十二卷　(清)牛樹梅撰　(清)王煌等輯　**思源錄一卷**　(清)牛樹桃撰　**家言類纂六卷**　(清)牛麟撰　(清)牛樹梅輯　清同

治十三年(1874)刻本　六册

330000－1701－0056785　GP06746　新學

江南製造局譯書　(清)江南製造局編　清光緒江南製造局鉛印本　七册　存一種

330000－1701－0056786　普 814.6/0040/c1　集部/别集類/明别集

高子遺書十二卷附錄一卷　(明)高攀龍撰　(明)陳龍正輯　**高忠憲公[攀龍]年譜一卷**　(明)華允誠編　清光緒二年(1876)周士錦無錫東林書院刻本　八册

330000－1701－0056787　HJH0178　經部/大戴禮記類/傳説之屬

大戴禮記十三卷　(漢)戴德撰　(北周)盧辯注　清刻本　二册

330000－1701－0056791　GP06723　子部/術數類/數學之屬

皇極經世易知八卷首一卷　(清)何夢瑤撰　清道光十三年(1833)孔繼驤滚雪樓刻咸豐九年(1859)孔廣鏞、孔廣陶重修本　四册

330000－1701－0056793　普 814.6/0040/c2　集部/别集類/明别集

高子遺書十二卷附錄一卷　(明)高攀龍撰　(明)陳龍正輯　**高忠憲公[攀龍]年譜一卷**　(明)華允誠編　清光緒二年(1876)周士錦無錫東林書院刻本　八册

330000－1701－0056795　普 925.1093/8346/c1　史部/傳記類/總傳之屬/人表

疑年錄四卷　(清)錢大昕撰　清嘉慶刻本　一册

330000－1701－0056799　普 814.6/0041/c1　集部/别集類/明别集

方正學先生遜志齋集二十四卷拾補一卷外紀一卷記畧一卷校勘記一卷　(明)方孝孺撰　(明)張紹謙纂　**方正學先生年譜一卷附辨證一卷**　(明)盧演　(明)翁明英編　清同治十二年(1873)吳縣孫氏刻本　十六册

330000－1701－0056800　普 814.4/8073　類叢部/叢書類/郡邑之屬

金華叢書六十八種　(清)胡鳳丹編　清同治七年至光緒八年(1868－1882)永康胡氏退補齋刻民國補刻本　二册　存一種

330000－1701－0056804　GP06750　經部/春秋總義類/傳説之屬

春秋氏族圖考二卷　(清)沈澄本撰　清嘉慶十九年(1814)刻本　二册

330000－1701－0056806　HJL3433　集部/詩文評類/詩評之屬

漁洋山人詩問二卷　(清)王士禛撰　(清)朗廷槐輯　**然燈記聞一卷**　(清)王士禛口授　(清)何世璂述　清乾隆三十三年(1768)王祖肅刻本　一册

330000－1701－0056807　GP06751　類叢部/叢書類/自著之屬

安溪李文貞公全集　(清)李光地撰　清刻本　八十册

330000－1701－0056809　普 814.6/0041/c2　集部/别集類/明别集

方正學先生遜志齋集二十四卷拾補一卷外紀一卷記畧一卷校勘記一卷　(明)方孝孺撰　(明)張紹謙纂　**方正學先生年譜一卷附辨證一卷**　(明)盧演　(明)翁明英編　清同治十二年(1873)吳縣孫氏刻本　十六册

330000－1701－0056810　HJL6043　集部/别集類/清别集

巢林集七卷　(清)王士禛撰　清乾隆九年(1744)刻道光十三年(1833)錢塘金氏印本　二册

330000－1701－0056812　HJL0230　經部/小學類/文字之屬/字書/字體

佩觿三卷　(宋)郭忠恕撰　清康熙四十九年(1710)刻澤存堂五種本　清吳騫批並跋　三册

330000－1701－0056814　G000072　史部/地理類/雜志之屬

黔南識略三十二卷　(清)愛必達撰　清道光二十七年(1847)刻本　四册

330000－1701－0056815　普814.4/8769/3　集部/別集類/宋別集
心史二卷　(宋)鄭思肖撰　清刻本　四冊

330000－1701－0056816　G000073　史部/地理類/雜志之屬
南溟奇甸一卷　(清)百齡撰　清抄本　一冊

330000－1701－0056818　G000109　史部/政書類
九通　(清)□□輯　清光緒八年至二十二年(1882－1896)浙江書局刻本　十五冊　存一種

330000－1701－0056820　G000074　史部/傳記類/別傳之屬/事狀
皇清覃恩誥封夫人晉封一品夫人先妣李太夫人行狀一卷　(清)喻兆蕃撰　清光緒刻本　一冊

330000－1701－0056821　HJH3169　集部/總集類/彙編之屬
元人集十種　(明)毛晉編　明崇禎十一年(1638)海虞毛氏汲古閣刻本　一冊　存一種

330000－1701－0056824　G000075　史部/傳記類/總傳之屬/家乘
[湖南平江]錄存杜姓家譜一卷　(清)□□纂修　清光緒刻本　一冊

330000－1701－0056825　普915.2/2741/c2　史部/政書類/儀制之屬/專志/科舉校規
日遊彙編四卷　繆荃孫輯　清光緒二十九年(1903)高等學堂刻本　一冊

330000－1701－0056826　普814.6/0856　集部/別集類/清別集
施忠愍公遺集七卷　(明)施邦曜撰　(清)沈復粲輯　清咸豐五年(1855)刻本　六冊

330000－1701－0056830　G000076　史部/傳記類/別傳之屬/墓誌
誥授奉政大夫同知銜特用江蘇知縣丁君松生[丙]墓誌銘一卷　(清)石中玉撰　清末刻本　一冊

330000－1701－0056833　普814.6/0041/4　集部/別集類/明別集
方正學先生遜志齋集七卷首一卷　(明)方孝孺撰　清同治三年(1864)刻本　七冊

330000－1701－0056836　G000077　史部/傳記類/別傳之屬/事狀
西林岑德固殉母事狀一卷　(清)張之洞等撰　清光緒刻本　一冊

330000－1701－0056837　普814.6/0041/5　集部/別集類/明別集
方正學先生遜志齋集二十四卷　(明)方孝孺撰　清同治八年(1869)松江方永祥刻本　十二冊

330000－1701－0056839　HJL6644　集部/別集類/清別集
存誠齋文集十二卷後集二卷　(清)何曰愈撰　清同治五年(1866)皖江藩署刻本　六冊

330000－1701－0056841　G000110　子部/藝術類/書畫之屬/法帖
歷朝聖賢篆書百體千文一卷　(清)孫枝秀集篆　清嘉慶十一年(1806)刻本　一冊

330000－1701－0056842　G000078　類叢部/叢書類/自著之屬
陶樓雜著四種　(清)黄彭年撰　清同治刻本　一冊　存一種

330000－1701－0056843　HJL5249　集部/別集類/清別集
御製詩五集一百卷目錄十二卷　(清)高宗弘曆撰　清乾隆六十年(1795)内府刻本　六十冊

330000－1701－0056845　HJL3405　集部/詞類/總集之屬
昭代詞選三十八卷　(清)蔣重光輯　清乾隆三十二年(1767)經鉏堂刻本　十二冊

330000－1701－0056847　HJL6645　集部/別集類/清別集
子良詩錄二卷附一卷　(清)馮詢撰　清同治二年(1863)廣州寶華坊刻本　二冊

330000－1701－0056848　普 925.1093/8346.02　類叢部/叢書類/自著之屬
潛園總集十七種　（清）陸心源撰　清同治至光緒刻本　三冊　存二種

330000－1701－0056849　普 814.6/0041/6　集部/別集類/明別集
遜志齋集二十四卷拾補一卷外紀一卷校勘記一卷　（明）方孝孺撰　（明）張紹謙纂　**方正學先生[孝孺]年譜一卷**　（明）盧演　（明）翁明英輯纂　清道光二十六年（1846）義烏陳氏刻本　十六冊

330000－1701－0056851　HJL3251　類叢部/叢書類/彙編之屬
微波榭叢書十一種　（清）孔繼涵編　清孔氏刻彙印本　四冊　存一種

330000－1701－0056852　普 925.1093/8346.021　類叢部/叢書類/自著之屬
潛園總集十七種　（清）陸心源撰　清同治至光緒刻本　二冊　存一種

330000－1701－0056854　HJL5416　集部/總集類/郡邑之屬
青浦詩傳三十一卷附詞三卷　（清）王昶輯　清乾隆五十九年（1794）經訓堂刻本　四冊

330000－1701－0056857　普 925.1093/8346.021/（2）c1　類叢部/叢書類/自著之屬
潛園總集十七種　（清）陸心源撰　清同治至光緒刻本　三冊　存一種

330000－1701－0056858　普 925.1093/8346.021/（2）c2　類叢部/叢書類/自著之屬
潛園總集十七種　（清）陸心源撰　清同治至光緒刻本　三冊　存一種

330000－1701－0056860　普 925.1093/8346.021/（2）c3　史部/傳記類/總傳之屬/通代
三續疑年錄十卷　（清）陸心源編　清光緒五年（1879）吳興陸氏潛園刻本　三冊

330000－1701－0056865　普 814.4/8775　類叢部/叢書類/郡邑之屬
金華叢書六十八種　（清）胡鳳丹編　清同治七年至光緒八年（1868－1882）永康胡氏退補齋刻民國補刻本　八冊　存一種

330000－1701－0056866　HJL7494　史部/地理類/雜志之屬
欽定滿洲源流考二十卷　（清）阿桂等撰　清乾隆四十二年（1777）內府刻本　八冊

330000－1701－0056872　GP06752　史部/詔令奏議類/奏議之屬
皇清奏議六十八卷首一卷　（清）琴川居士編　清都城國史館琴川居士木活字印本　四十八冊

330000－1701－0056873　普 814.6/0041/8　集部/別集類/明別集
方正學先生遜志齋集七卷首一卷　（明）方孝孺撰　清同治三年（1864）刻本　十二冊

330000－1701－0056874　普 814.46/1047　集部/別集類/金別集
元遺山先生集四十卷首一卷新樂府四卷續夷堅志四卷　（金）元好問撰　（元）張德輝類次　（清）張穆編　**遺山先生集附錄一卷**　（明）儲瓘輯　（清）華希閔　（清）施國祁增　**遺山先生集補載一卷**　（清）施國祁　（清）張穆輯　**元遺山先生[好問]年譜一卷**　（清）翁方綱編　**元遺山先生[好問]年譜一卷**　（清）施國祁編　**元遺山先生[好問]年譜二卷**　（清）凌廷堪編　清道光三十年（1850）靈石楊氏刻光緒八年（1882）京都翰文齋書坊印本　十二冊

330000－1701－0056875　G000079　類叢部/叢書類/彙編之屬
振綺堂叢書　清汪氏振綺堂刻本　二冊　存一種

330000－1701－0056878　G000111　新學/算學/代數
代數指迷一卷　同文館珠算金鍼一卷　（清）李壬叔撰　清末影印本　二冊

330000－1701－0056879　GP06753　集部/別集類/清別集
新城伯子文集八卷首一卷末一卷　（清）胡賡

善撰　清嘉慶四年(1799)歙縣胡良會東井觀室刻本　四册

330000－1701－0056880　GP06782　子部/醫家類/本草之屬/食療本草

食物本草會纂十二卷圖一卷　(清)沈李龍撰　清道光元年(1821)蕭山裕文堂刻本　八册

330000－1701－0056881　普814.46/1047/3/c1　類叢部/叢書類/自著之屬

元遺山先生全集七種　(金)元好問撰　清光緒七年(1881)讀書山房刻本　十七册

330000－1701－0056882　普814.6/0041/9　集部/别集類/明别集

方正學先生遜志齋集二十四卷拾補一卷外紀一卷附録一卷　(明)方孝孺撰　(明)張紹謙纂　(明)盧演輯訂　(明)方忠奕等編　**方正學先生年譜一卷附辨正一卷**　(明)盧演　(明)翁明英編　清康熙三十七年(1698)刻本　十六册

330000－1701－0056883　普925.1093/8346/c2　類叢部/叢書類/彙編之屬

小石山房叢書三十八種　(清)顧湘編　清道光刻同治十三年(1874)虞山顧氏補刻本　一册　存一種

330000－1701－0056884　普925.1094/2622　史部/傳記類/總傳之屬/通代

人壽金鑑二十二卷　(清)程得齡輯　清光緒元年(1875)湖北崇文書局刻本　六册

330000－1701－0056885　普925.1094/2622/2/c1　史部/傳記類/總傳之屬/通代

人壽金鑑二十二卷　(清)程得齡輯　清嘉慶二十四年至二十五年(1819－1820)安東程氏柳衣園刻本　八册

330000－1701－0056886　普925.1094/2622/2/c2　史部/傳記類/總傳之屬/通代

人壽金鑑二十二卷　(清)程得齡輯　清嘉慶二十四年至二十五年(1819－1820)安東程氏柳衣園刻本　六册

330000－1701－0056888　普925.1093/8346/c3　類叢部/叢書類/彙編之屬

小石山房叢書三十八種　(清)顧湘編　清道光刻同治十三年(1874)虞山顧氏補刻本　一册　存一種

330000－1701－0056889　普925.1093/8346/c4　類叢部/叢書類/彙編之屬

小石山房叢書三十八種　(清)顧湘編　清道光刻同治十三年(1874)虞山顧氏補刻本　一册　存一種

330000－1701－0056890　普925.1094/3246/2/c1　史部/史抄類

讀史鏡古編三十二卷　(清)潘世恩輯　清同治十三年(1874)冶城飛霞閣刻本　六册

330000－1701－0056891　HJL6647　集部/别集類/清别集

匏隱廬文稿一卷　(清)沈毓桂撰　清光緒二十三年(1897)鉛印本　一册

330000－1701－0056892　HJL6648　類叢部/叢書類/自著之屬

魯氏遺著四種附二種　(清)魯一同撰　清咸豐山陽魯氏刻本　八册　存二種

330000－1701－0056893　HJL3767　集部/曲類

自怡軒樂府五卷詞五卷詞譜二卷　(清)許寶善撰　清乾隆五十八年(1793)刻本　八册

330000－1701－0056895　HJL6649　類叢部/叢書類/自著之屬

沈蓮溪全集六種　(清)沈濂撰　清道光至咸豐秀水沈氏始言堂刻本　三册　存一種

330000－1701－0056897　普814.6/0044　類叢部/叢書類/郡邑之屬

金華叢書六十八種　(清)胡鳳丹編　清同治七年至光緒八年(1868－1882)永康胡氏退補齋刻民國補刻本　十册　存一種

330000－1701－0056898　G000080　子部/醫家類/綜合之屬/通論

醫學心悟五卷附外科十法一卷　(清)程國彭撰　清寶文堂刻本　一册　存二卷(一至二)

330000－1701－0056899　G000112　史部/傳記類/總傳之屬/仕宦
淩煙閣功臣圖一卷附大士三尊關帝三尊　(清)劉源繪　清光緒十年(1884)上海同文書局據清康熙七年(1668)吳門朱圭柱笏堂刻本影印本　一冊

330000－1701－0056900　GP06754　史部/政書類/儀制之屬/典禮
奏摺譜一卷　(清)饒旬宣撰　清光緒十三年(1887)京都松竹齋刻本　一冊

330000－1701－0056901　HJL6650　集部/別集類/清別集
華陽山房詩鈔六卷　(清)方元泰撰　(清)邵兌齋等編　清同治六年(1867)楊昌濬刻本　二冊

330000－1701－0056902　HJL6051　集部/詩文評類
彙纂詩法度鍼三十三卷首一卷　(清)徐文弼輯　清乾隆二十四年(1759)刻本　四冊

330000－1701－0056903　GP06755　集部/總集類/選集之屬/通代
文章游戲初編八卷二編八卷三編八卷四編八卷　(清)繆艮輯　清光緒二年(1876)刻本　二十四冊

330000－1701－0056904　HJL6651　集部/別集類/清別集
小松石齋集五卷　(清)趙允懷撰　清咸豐六年(1856)趙宗建舊山樓刻本　一冊

330000－1701－0056905　G000081　子部/醫家類/婦科之屬/產科
神效催生符一卷附經驗良方一卷　清光緒十二年(1886)刻本　一冊

330000－1701－0056906　普 814.46/1047/3/c3　類叢部/叢書類/自著之屬
元遺山先生全集七種　(金)元好問撰　清光緒七年(1881)讀書山房刻本　十六冊　缺二卷(附錄、補載)

330000－1701－0056907　GP06765　經部/周禮類/傳說之屬
周禮精華六卷　(清)陳龍標輯　清嘉慶十一年(1806)刻本　五冊　存五卷(一至五)

330000－1701－0056908　GP06756　史部/政書類/儀制之屬
江鄂兩督覆陳變法三卷　(清)劉坤一　(清)張之洞撰　清光緒鉛印本　一冊

330000－1701－0056909　普 925.1094/3246/2/c2　史部/史抄類
讀史鏡古編三十二卷　(清)潘世恩輯　清同治十三年(1874)冶城飛霞閣刻本　六冊

330000－1701－0056910　G000113　集部/曲類/寶卷之屬
東調何文秀傳□□卷　清刻本　一冊　存十五卷(二至十六)

330000－1701－0056912　HJL6652　集部/別集類/清別集
倚雲山房文集二卷試帖二卷南游吟草四卷　(清)王發越撰　清咸豐三年(1853)刻本　六冊

330000－1701－0056913　GP06766　經部/周禮類/傳說之屬
周禮精華六卷　(清)陳龍標輯　清嘉慶十六年(1811)刻本　五冊　存五卷(一至五)

330000－1701－0056915　普 925.1094/3246/2/c3　史部/史抄類
讀史鏡古編三十二卷　(清)潘世恩輯　清同治十三年(1874)冶城飛霞閣刻本　六冊

330000－1701－0056916　G000082　子部/醫家類/方書之屬/單方驗方
幾希錄二卷　(清)瑞五堂主人輯　清道光二十六年(1846)刻本　一冊　存一卷(二)

330000－1701－0056920　HJL5202　類叢部/叢書類/彙編之屬
抱經堂叢書十六種　(清)盧文弨編　清乾隆至嘉慶刻彙印本　八冊　存一種

330000－1701－0056921　G000083、G006445

類叢部/類書類/通類之屬

鑄史駢言十二卷 (清)孫玉田編　清光緒二年(1876)四明陳氏銀礦花館刻本　六册

330000－1701－0056922　HJL6653　集部/別集類/清別集

花隱盦遺稿一卷詩餘一卷鴛湖日記一卷 (清)潘希甫撰　清光緒九年(1883)潘氏刻本　一册

330000－1701－0056924　普 925.1094/3716　史部/傳記類/總傳之屬/通代

廿二史言行略四十二卷 (清)過元旼輯　清嘉慶十五年(1810)拜經齋刻本　十六册

330000－1701－0056925　GP06767　史部/地理類/雜志之屬

瀛壖雜志六卷 (清)王韜撰　清光緒元年(1875)刻本　二册

330000－1701－0056926　HJL4323　集部/別集類/清別集

西莊始存稿十八卷 (清)王鳴盛撰　清乾隆刻本　四册

330000－1701－0056927　HJL6654　集部/別集類/清別集

巢睫吟稿二卷 (清)張烜撰　清光緒十五年(1889)刻本　二册

330000－1701－0056929　普 951.044093/4049/c1　史部/紀事本末類

歷朝紀事本末九種 (清)陳如升　(清)朱記榮輯　(清)慎記主人增輯　清光緒二十五年(1899)上海慎記書莊石印本　二册　存一種

330000－1701－0056931　HJL6655　集部/別集類/清別集

對嶽樓詩續錄四卷 (清)孔憲彝撰　清咸豐六年(1856)刻本　一册

330000－1701－0056932　HJL2293　集部/總集類/氏族之屬

新喻三劉文集六卷首一卷 (宋)劉敞等撰　(清)暨用其輯　清乾隆十五年(1750)水西劉氏刻本　五册　缺一卷(首)

330000－1701－0056934　普 814.46/7260　集部/總集類/郡邑之屬

容城三賢集十二卷 (清)張斐然　(清)楊莛編　清光緒二十四年(1898)臨安俞廷獻刻本　五册　存四卷(容城文靖劉先生文集一至四)

330000－1701－0056935　普 951.044093/4049/c2　史部/紀事本末類

歷朝紀事本末九種 (清)陳如升　(清)朱記榮輯　(清)慎記主人增輯　清光緒二十五年(1899)上海慎記書莊石印本　二册　存一種

330000－1701－0056936　GP06768　集部/總集類/選集之屬/斷代

唐人萬首絕句選七卷 (清)王士禛輯　清同治十二年(1873)刻本　二册

330000－1701－0056937　HJL6656　集部/別集類/清別集

南雪草堂詩鈔三卷首一卷 (清)石經撰　清咸豐三年(1853)刻本　一册

330000－1701－0056938　G000114　集部/別集類/清別集

錢牧齋先生尺牘三卷 (清)錢謙益撰　清康熙顧氏如月樓刻本　二册

330000－1701－0056939　普 814.6/0177　集部/別集類/明別集

金臺稿翰譔集二十卷首一卷 (明)龔用卿撰　清光緒二十九年(1903)龔彝圖武陵南墅刻本　十册

330000－1701－0056940　G000084　集部/總集類/課藝之屬

目耕齋初集不分卷二集不分卷三集不分卷 (清)徐楷評註　(清)沈叔眉選刊　清光緒十九年(1893)寶善堂刻本　四册

330000－1701－0056941　GP06769　史部/職官類/官箴之屬

宦遊紀略六卷 (清)桂超萬撰　清同治三年(1864)養浩齋刻本　三册

330000－1701－0056942　HJL6658　集部/別

集類/清別集

鐵篴仙館宦游草六卷從戎草二卷後從戎草二卷　（清）柏春撰　清咸豐十一年（1861）毓文齋、同治二年（1863）刻本　四冊

330000－1701－0056943　普 951.044093/4049/2、普 951.047093/4049　史部/紀事本末類/斷代之屬

遼史紀事本末四十卷首一卷末一卷金史紀事本末五十二卷首一卷末一卷　（清）李有棠撰　清光緒二十九年（1903）李氏移鄂樓刻本　二十冊

330000－1701－0056945　GP06758　子部/雜著類/雜纂之屬

續同書二十四卷　（清）福申輯　清道光十九年（1839）刻本　二冊　存六卷（一至六）

330000－1701－0056946　G000115　史部/政書類/律令之屬/治獄

浙江認捐弊款全案彙鈔一卷　（清）徐士霖輯　清光緒三十四年（1908）鉛印本　一冊

330000－1701－0056949　GP06771　類叢部/叢書類/彙編之屬

學古堂日記四十種　（清）雷浚　（清）汪之昌編　清光緒十六年（1890）刻二十二年（1896）續刻本　一冊　存一種

330000－1701－0056951　G000085　新學/議論/通論

中西關繫畧論四卷續編一卷　（美國）林樂知撰　清光緒十八年（1892）上海格致書室鉛印本　一冊

330000－1701－0056952　HJL6657　集部/別集類/清別集

狘芬書屋詩稾四卷文稾一卷賦稿一卷試帖二卷制藝一卷　（清）董恂撰　清咸豐刻本　七冊

330000－1701－0056953　HJL5409　類叢部/叢書類/自著之屬

梅花草堂集三種　（清）張大復撰　明崇禎刻清初彙印本　十二冊　存一種

330000－1701－0056954　普 951.044093/4049/4　史部/紀事本末類/斷代之屬

遼史紀事本末四十卷首一卷　（清）李有棠撰　清光緒二十八年（1902）上海著易堂書局鉛印本　二冊

330000－1701－0056955　GP06772　史部/傳記類/別傳之屬/事狀

頌德紀功圖一卷甸宣輿誦一卷　（清）蔣益澧編　清同治五年（1866）富文齋刻本　二冊

330000－1701－0056956　G000116　史部/政書類/公牘檔冊之屬

中國白話小史□□章　（清）鑰新書社編　清光緒二十八年（1902）鑰新書社刻本　一冊　存一章（一）

330000－1701－0056957　G000086　類叢部/叢書類/自著之屬

儆居遺書十一種　（清）黃式三撰　清同治至光緒刻本　一冊　存一種

330000－1701－0056958　普 951.044094/4473/2　史部/雜史類

宋遼金元別史五種　（清）席世臣輯　清乾隆至嘉慶南沙席氏掃葉山房刻本　二冊　存一種

330000－1701－0056959　HJL3327　集部/詞類/總集之屬

古今詞選十二卷　（清）沈時棟輯　清康熙五十五年（1716）沈氏瘦吟樓刻本　十二冊

330000－1701－0056960　普 925.1095/8335　子部/小說家類/雜事之屬

質直談耳八卷　（清）錢肇鼇撰　清刻本　四冊

330000－1701－0056961　普 925.1094/3246/c1　史部/史抄類

讀史鏡古錄三十二卷　（清）潘世恩輯　清道光四年（1824）鳳池園刻本　八冊

330000－1701－0056962　HJL6659　集部/別集類/清別集

狷齋遺稿五卷　（清）鄒志路撰　清同治八年

(1869)刻本　一冊

330000－1701－0056963　普 925.1094/3246/c2　史部/史抄類
讀史鏡古錄三十二卷　(清)潘世恩輯　清道光四年(1824)鳳池園刻本　八冊

330000－1701－0056964　G000117　史部/傳記類/別傳之屬/事狀
誥授光禄大夫頭品頂戴三品京堂開缺江蘇巡撫陸公[元鼎]行狀一卷　(清)陳豪撰　清宣統石印本　一冊

330000－1701－0056965　HJL6660　類叢部/叢書類/家集之屬
潘氏叢刻六種　(清)潘世恩　(清)潘曾沂撰　清道光至同治刻本　二冊

330000－1701－0056966　HJL3321　集部/詩文評類/詩評之屬
說詩樂趣類編二十卷附偶咏草續集一卷　(清)伍涵芬輯　清康熙四十年(1701)華日堂刻本　四冊

330000－1701－0056967　GP06773　類叢部/叢書類/自著之屬
綠溪全集五種　(清)靳榮藩撰　清乾隆刻本　一冊　存一種

330000－1701－0056968　HJL6661　集部/別集類/清別集
野航詩鈔二卷　(清)嚴仙藜撰　(清)鄭開禧輯　清道光十三年(1833)鄭開禧刻本　一冊

330000－1701－0056970　HJL6662　集部/別集類/清別集
喝月樓詩録二十卷　(清)王鴻撰　清道光十九年(1839)刻本　四冊

330000－1701－0056971　普 925.1097/5210　史部/史評類/史論之屬
宜鑑無雙論一卷　(清)朱雲龍撰　清嘉慶元年(1796)二南軒刻本　一冊

330000－1701－0056972　普 925.109817/1020/c1　史部/傳記類/總傳之屬/斷代
國朝后妃備考一卷國朝皇子備考一卷國朝公主備考一卷　王先謙輯　清光緒十三年(1887)刻本　一冊

330000－1701－0056973　普 925.109817/1020/c2　史部/傳記類/總傳之屬/斷代
國朝后妃備考一卷國朝皇子備考一卷國朝公主備考一卷　王先謙輯　清光緒十三年(1887)刻本　一冊

330000－1701－0056974　HJL5408　集部/總集類/選集之屬/斷代
重訂唐詩別裁集二十卷　(清)沈德潛輯　清乾隆二十八年(1763)教忠堂刻本　十冊

330000－1701－0056975　GP07590　集部/別集類/清別集
燼餘詩草四卷　(清)張景渠撰　清光緒十七年(1891)金陵刻本　四冊

330000－1701－0056976　G000119　類叢部/叢書類/彙編之屬
受經堂叢書　張選青輯　清嘉慶漢州張祥齡刻本　二冊　存一種

330000－1701－0056977　GP06774　集部/別集類/清別集
春暉閣詩鈔選六卷　(清)蔣湘南撰　清道光十六年(1836)潘筠基刻本　二冊

330000－1701－0056978　GP06775　史部/傳記類/總傳之屬/仕宦
宋名臣言行錄前集十卷後集十四卷續集八卷別集二十六卷外集十七卷　(宋)□□輯　明崇禎十一年(1638)刻本　十二冊

330000－1701－0056980　普 925.1097/4034　史部/傳記類/總傳之屬/仕宦
歷代奸庸殷鑒録三十二卷首一卷　(清)董悟輯　清光緒三十年(1904)上海開智書局石印本　八冊

330000－1701－0056981　HJL6663　集部/別集類/清別集
知守齋詩初集六卷二集四卷別集一卷　(清)鄭開禧撰　清道光十二年(1832)鄭氏虛受齋

刻本　二冊

330000－1701－0056982　普 951.046/1188
史部/紀事本末類
歷朝紀事本末九種　(清)陳如升　(清)朱記榮輯　(清)捷記主人增輯　清光緒二十九年(1903)上海文盛書局石印本　一冊　存一種

330000－1701－0056984　HJL3232　集部/別集類/清別集
杕左堂詩六卷詞四卷　(清)孫致彌撰　清乾隆十九年(1754)刻本　二冊　存四卷(詞一至四)

330000－1701－0056985　HJL6664　集部/別集類/清別集
求真是齋詩草二卷　(清)恩華撰　清咸豐十一年(1861)錫璋刻本　二冊

330000－1701－0056986　GP06777　子部/醫家類/類編之屬
醫林指月十二種　(清)王琦編　清乾隆刻本　一冊　存一種

330000－1701－0056987　HJL6665　集部/別集類/清別集
清溪草堂文二卷　(清)蔣錫震撰　清光緒九年(1883)刻本　一冊

330000－1701－0056989　普 951.046/1188/2/c1　史部/紀事本末類/斷代之屬
西夏紀事本末三十六卷年表一卷　(清)張鑑撰　清光緒十年(1884)江蘇書局刻本　四冊

330000－1701－0056990　普 925.1097/6614　集部/别集類/清別集
憫忠草一卷　(清)嚴正基撰　清同治四年(1865)金陵刻本　一冊

330000－1701－0056991　G000120　子部/藝術類/書畫之屬/法帖
草書字彙十二卷　清刻本　二冊　存四卷(九至十二)

330000－1701－0056992　HJL5849　集部/別集類/清別集
春及堂初集一卷二集一卷三集一卷四集一卷蘭叢詩話一卷　(清)方世舉撰　**南堂詩鈔一卷**　(清)方世泰撰　清乾隆方承觀刻本　四冊

330000－1701－0056993　HJL6666　集部/別集類/清別集
闡道堂遺稿十二卷　(清)雲茂琦撰　清刻本　六冊

330000－1701－0056994　G000087　新學/兵制/海軍
防海新論十八卷　(德國)希理哈撰　(英國)傅蘭雅譯　(清)華蘅芳筆述　清同治十二年(1873)江南機器製造局刻本　六冊

330000－1701－0056995　普 951.046/1188/2/c2　史部/紀事本末類/斷代之屬
西夏紀事本末三十六卷年表一卷　(清)張鑑撰　清光緒十年(1884)江蘇書局刻本　四冊

330000－1701－0056997　GP06762　經部/叢編
通志堂經解一百四十種　(清)納蘭成德輯　清康熙十九年(1680)納蘭成德刻本　七冊　存一種

330000－1701－0057000　GP06778　集部/別集類/清別集
怡山集六卷前一卷後一卷　(清)任以治撰　清嘉慶二十二年(1817)刻本　一冊

330000－1701－0057001　普 951.046/1188/3　類叢部/叢書類/彙編之屬
半厂叢書初編十種　(清)譚獻編　清同治至光緒仁和譚氏刻本　四冊　存一種

330000－1701－0057002　GP06779　子部/醫家類/綜合之屬/通論
新刊簡明醫彀八卷要言一卷　(明)孫志宏撰　清乾隆十三年(1748)詒安堂刻本　八冊

330000－1701－0057003　G000118　子部/宗教類/道教之屬/戒律
陰隲文圖證不分卷　(清)費丹旭繪圖　(清)許光清集證　清末據清道光二十四年(1844)

海昌蔣光煦別下齋刻本影印本　一冊

330000－1701－0057004　HJL0669　類叢部/叢書類/彙編之屬

高安朱文端公校輯藏書(朱文端公藏書)十三種　(清)朱軾撰輯　清康熙至乾隆刻彙印本　六十四冊

330000－1701－0057006　GP06763　集部/別集類/清別集

在山草堂吟稿八卷　(清)韋光黼撰　清道光刻本　季白題記　一冊

330000－1701－0057007　普814.6/0453/c1　集部/別集類/清別集

天愚山人詩集十二卷文集十六卷　(清)謝泰宗撰　**附錄一卷**　(清)吳偉業撰　清光緒六年(1880)謝駿德靈蕤館刻本　十冊　存十七卷(文集一至十六、附錄)

330000－1701－0057008　普951.046/1188/3(2)/c1　類叢部/叢書類/彙編之屬

半厂叢書初編十種　(清)譚獻編　清同治至光緒仁和譚氏刻本　三冊　存一種

330000－1701－0057009　普951.046/1188/3(2)/c2　類叢部/叢書類/彙編之屬

半厂叢書初編十種　(清)譚獻編　清同治至光緒仁和譚氏刻本　三冊　存一種

330000－1701－0057010　GP06764　集部/別集類/明別集

金忠節公文集八卷　(明)金聲撰　清光緒十四年(1888)黟縣李氏刻本　四冊

330000－1701－0057011　普814.6/0453/c3　集部/別集類/清別集

天愚山人詩集十二卷文集十六卷　(清)謝泰宗撰　**附錄一卷**　(清)吳偉業撰　清光緒六年(1880)謝駿德靈蕤館刻本　五冊　存十七卷(文集一至十六、附錄)

330000－1701－0057012　普814.6/0453/c4　集部/別集類/清別集

天愚山人詩集十二卷文集十六卷　(清)謝泰宗撰　**附錄一卷**　(清)吳偉業撰　清光緒六年(1880)謝駿德靈蕤館刻本　四冊　存十七卷(文集一至十六、附錄)

330000－1701－0057013　普951.046/1188/4/c1　史部/紀事本末類

歷朝紀事本末七種　(清)陳如升　(清)朱記榮輯　清光緒二十一年(1895)上海積山書局石印本　二冊　存一種

330000－1701－0057014　GP06780　經部/儀禮類/傳說之屬

儀禮經注一隅二卷　(清)朱駿聲撰　清道光二十九年(1849)朱氏家塾刻本　一冊

330000－1701－0057015　普951.046/1188/4/c2　史部/紀事本末類

歷朝紀事本末九種　(清)陳如升　(清)朱記榮輯　(清)慎記主人增輯　清光緒二十五年(1899)上海慎記書莊石印本　二冊　存一種

330000－1701－0057016　GP06781　集部/總集類/選集之屬/通代

五朝名家七律英華三十六卷　(清)顧有孝　(清)趙吉士　(清)王載輯　清康熙二十六年(1687)刻本　八冊

330000－1701－0057020　普814.5/3222/c1　集部/別集類/元別集

江檻集一卷附錄一卷　(元)潘伯修撰　(清)陳樹鈞重編　**適閒詩草一卷**　(清)江左撰　清宣統二年(1910)太平陳氏木活字印本　一冊

330000－1701－0057021　GP07591　集部/別集類/清別集

燼餘詩草四卷　(清)張景渠撰　清光緒十七年(1891)金陵刻本　二冊

330000－1701－0057022　普814.6/0826　集部/別集類/清別集

施忠愍公遺集七卷　(明)施邦曜撰　(清)沈復粲輯　清咸豐刻光緒四年(1878)重修本　二冊

330000－1701－0057024　普814.5/3222/c2　集部/別集類/元別集

江檻集一卷附錄一卷　(元)潘伯修撰　(清)陳樹鈞重編　**適閩詩草一卷**　(清)江左撰　清宣統二年(1910)太平陳氏木活字印本　一冊

330000－1701－0057027　GP07592　集部/別集類/明別集

姚江孫月峰先生全集十二卷　(明)孫鑛撰　(清)孫如洵輯　清嘉慶十九年(1814)姚江孫氏靜遠軒刻本　十四冊

330000－1701－0057028　HJL6668　集部/別集類/清別集

硯芝書屋詩鈔五卷　(清)劉芝瑞撰　清嘉慶二十三年(1818)刻本　二冊

330000－1701－0057029　HJL6669　集部/別集類/清別集

舍是集八卷　(清)王翼鳳撰　清道光二十一年(1841)刻本　二冊

330000－1701－0057030　HJL6670　集部/別集類/清別集

瀟唐詩集十四卷　(清)王瑋慶撰　清嘉慶至道光刻本　四冊

330000－1701－0057031　HJL0949　類叢部/叢書類/彙編之屬

守山閣叢書一百十二種　(清)錢熙祚編　清道光二十四年(1844)金山錢氏重編增刻墨海金壺本(籀史卷二原缺)(孫氏唐韻考五卷、越史略三卷、吳郡志五十卷校勘記一卷配抄本)　佚名過錄清徐松跋　一百二十冊

330000－1701－0057032　G000088、G003719、G009567　類叢部/類書類/通類之屬

策學備纂三十二卷首一卷　(清)蔡啓盛　(清)吳熲炎等輯　清光緒十三年(1887)上海點石齋石印本　二十四冊　存十四卷(二、十至十四、二十五至三十二)

330000－1701－0057033　G000089　子部/儒家類/儒學之屬/蒙學

十四層啓蒙捷訣二卷　(清)曹原亮撰　清文光堂刻本　一冊

330000－1701－0057034　普814.5/4042　類叢部/叢書類/彙編之屬

藕香零拾三十九種　繆荃孫編　清光緒二十二年至宣統二年(1896－1910)刻本　一冊　存一種

330000－1701－0057037　HJL6671　集部/別集類/清別集

鷗汀漁隱詩集六卷　(清)陳偕燦撰　清道光二十年(1840)懺琴閣刻本　五冊

330000－1701－0057038　GP06784　集部/別集類/清別集

雙貞紀傳詩詞鈔一卷　(清)朱錫祁輯　清光緒十年(1884)星子衙齋刻本　一冊

330000－1701－0057040　GP06785　集部/別集類/清別集

陶山詩錄十二卷前錄二卷露蟬吟詞鈔一卷詞續鈔一卷　(清)唐仲冕撰　清嘉慶十六年(1811)崇川酌民言堂刻本　一冊　存二卷(前錄一至二)

330000－1701－0057041　普814.5/4146/c1　集部/別集類/元別集

丹邱生集五卷附錄一卷　(元)柯九思撰　清光緒三十四年(1908)息園刻本　一冊

330000－1701－0057042　G000090　子部/醫家類/綜合之屬/通論

醫學心悟五卷附外科十法一卷　(清)程國彭撰　清經元堂刻本　一冊　存一卷(一)

330000－1701－0057043　HJL6672　子部/雜著類/雜說之屬

何氏學四卷　(清)何治運撰　清嘉慶二十四年(1819)刻本　四冊

330000－1701－0057044　普814.6/1008/c1　類叢部/叢書類/郡邑之屬

武林往哲遺箸五十二種後編十種　(清)丁丙編　清光緒二十年至二十六年(1894－1900)錢塘丁氏嘉惠堂刻本　二冊　存一種

330000－1701－0057045　HJL6673　類叢部/叢書類/自著之屬

羲停山館集六種　(清)王景賢撰　清同治十三年(1874)三山王氏刻本　十冊

330000－1701－0057046　普 814.5/4146/c2　集部/别集類/元别集

丹邱生集五卷附錄一卷　(元)柯九思撰　清光緒三十四年(1908)息園刻本　一冊

330000－1701－0057048　GP07593　集部/别集類/明别集

震川先生集三十卷别集十卷附錄一卷補編一卷　(明)歸有光撰　(清)歸莊校勘　(清)錢謙益選定　(清)歸玠編輯　清康熙十年至十四年(1671－1675)常熟歸氏刻乾隆四十八年(1783)歸景灝等重修本　十二冊　缺一卷(補編)

330000－1701－0057050　GP07543　史部/政書類/通制之屬

城鎮鄉自治章程并選舉章程不分卷　清光緒三十四年(1908)鉛印本　一冊

330000－1701－0057053　普 814.6/1008/c4　類叢部/叢書類/郡邑之屬

武林往哲遺箸五十二種後編十種　(清)丁丙編　清光緒二十年至二十六年(1894－1900)錢塘丁氏嘉惠堂刻本　二冊　存一種

330000－1701－0057055　HJH6674　集部/别集類/清别集

守瓻堂詩文稿八卷　(清)孔繼宣撰　清咸豐元年(1851)刻本　四冊

330000－1701－0057057　G000091　經部/四書類/總義之屬

四書古註羣義彙解九種　清光緒三十年(1904)上海同文升記書局鉛印本　一冊　存一種

330000－1701－0057058　GP06790　集部/别集類/明别集

玉房集十四卷附一卷　(明)謝詔撰　明崇禎謝氏刻本　八冊

330000－1701－0057059　G000129　史部/紀傳類/正史之屬

元史譯文證補三十卷　(清)洪鈞撰　清末據清光緒二十三年(1897)元和陸氏刻本影印本(卷七至八、十三、十六至十七、十九至二十一、二十五、二十八原缺)　四冊

330000－1701－0057061　普 814.6/1017　集部/别集類/明别集

虎谷集十九卷　(明)王雲鳳撰　(清)雷學淇輯　清嘉慶二十一年(1816)王思仁刻本　八冊

330000－1701－0057064　普 814.5/4351/c1　集部/别集類/元别集

剡源佚詩六卷佚文二卷　(元)戴表元撰　(清)孫鏘編　清光緒二十一年(1895)奉化孫鏘刻本　一冊

330000－1701－0057065　HJL6675　集部/别集類/清别集

評月樓遺詩二卷末一卷　(清)陳三陛撰　清嘉慶十九年(1814)刻本　一冊

330000－1701－0057066　普 814.5/4351/c2　集部/别集類/元别集

剡源佚文二卷佚詩六卷　(元)戴表元撰　(清)孫鏘編　清光緒二十一年(1895)奉化孫鏘刻本　一冊

330000－1701－0057067　普 925.10984/4420/c2　史部/傳記類/總傳之屬/仕宦

碧血錄五卷　(清)莊仲方撰　(清)夏鸞翔繪圖　清光緒八年(1882)上海同文書局石印本　五冊

330000－1701－0057069　普 814.5/4351/2　類叢部/叢書類/郡邑之屬

剡上叢書四種　清光緒二十一年至民國七年(1895－1918)奉化孫鏘刻本　三冊　存一種

330000－1701－0057070　普 814.6/1022/c2　集部/别集類/明别集

王龍谿先生全集二十卷　(明)王畿撰　(清)莫晉校　清道光二年(1822)會稽莫晉刻本　八冊

330000－1701－0057071　G000128　子部/藝

術類/書畫之屬

諸君子臨古帖一卷 清光緒十四年(1888)上海鴻文書局石印本 一册

330000－1701－0057073 G000092 經部/叢編

古經解彙函十六種附小學彙函十四種 (清)鍾謙鈞等輯 清同治十二年(1873)粵東書局刻本 一册 存小學彙函一種

330000－1701－0057078 HJL6676 類叢部/叢書類/彙編之屬

問影樓叢刻初編九種 胡思敬編 清光緒三十四年至民國二年(1908－1913)新昌胡氏南昌刻本暨鉛印本 二册 存一種

330000－1701－0057080 M000321 類叢部/叢書類/彙編之屬

申報館叢書正集五十七種附録三種續集一百四十二種 (清)尊聞閣主編 蔡爾康編續集 清同治至光緒上海申報館鉛印本 一册 存一種

330000－1701－0057082 GP07594 集部/總集類/選集之屬/通代

御定歷代題畫詩類一百二十卷 (清)陳邦彦輯 清康熙四十六年(1707)内府刻本 三十二册

330000－1701－0057083 普 814.5/4351.04 集部/别集類/元别集

剡源文鈔四卷 清光緒十四年(1888)奉化孫鏘刻本 二册

330000－1701－0057084 GP06794 集部/别集類/清别集

小峨嵋山館詩稿二卷續稿二卷附詞稿一卷 (清)楊星曜撰 清道光刻本 三册

330000－1701－0057085 GP06786 集部/總集類/選集之屬/通代

天下才子必讀書十五卷末一卷 (清)金聖歎選評 清靈蘭堂刻本 十二册 存十五卷(一至十五)

330000－1701－0057086 HJH6677 集部/别集類/清别集

夢鷗閣詩鈔一卷 (清)許銓撰 **夢鷗閣題詞一卷** (清)吳家騏等撰 清道光二十六年(1846)刻民國九年(1920)印本 一册

330000－1701－0057087 G000127 集部/總集類/選集之屬/斷代

章譚合鈔六卷 (清)國學扶輪社編 清宣統二年(1910)上海國學扶輪社鉛印本 五册

330000－1701－0057089 普 925.10984/4420/c3 史部/傳記類/總傳之屬/仕宦

碧血録五卷 (清)莊仲方撰 (清)夏鸞翔繪圖 清光緒八年(1882)上海同文書局石印本 五册

330000－1701－0057092 G000093 集部/總集類/課藝之屬

目耕齋二刻不分卷 (清)徐楷評註 (清)沈叔眉選刊 清光緒刻本 二册

330000－1701－0057097 普 814.6/10221 集部/别集類/明别集

夏節愍全集十卷首一卷末一卷補遺一卷續補遺一卷 (明)夏完淳撰 (清)莊師洛輯 (清)陳均 (清)何其偉編 清嘉慶十二年(1807)婁縣陳氏刻同治八年(1869)重修本 二册

330000－1701－0057098 G000126 史部/金石類/金之屬/文字

歷代鐘鼎彝器款識法帖二十卷 (宋)薛尚功撰 清末石印本 一册 存五卷(十一至十五)

330000－1701－0057099 GP06795 集部/别集類/清别集

一指窩詩録一卷詩餘一卷 (清)釋達塵撰 清咸豐刻本 一册

330000－1701－0057101 GP06788 類叢部/叢書類/自著之屬

汪雙池先生叢書二十種附浙刻雙池遺書十二種 (清)汪紱撰 清道光至光緒刻光緒二十三年(1897)長安趙舒翹等彙印本 四册 存

一種

330000－1701－0057103　G000094　子部/儒家類/儒學之屬/蒙學

繪圖一字數音解釋課本二卷　(清)求是學社編輯　清光緒三十四年(1908)上海彪蒙書室石印本　二册

330000－1701－0057104　普814.5/4431/c1　集部/别集類/元别集

文獻公全集十卷首一卷補遺一卷附錄一卷日損齋筆記一卷　(元)黄溍撰　(清)宋濂　(清)王禕輯　清咸豐元年(1851)黄氏刻光緒三年(1877)補刻本　十册

330000－1701－0057106　GP00738　子部/藝術類/書畫之屬/書法書品

晋杜征南草書左傳一卷　(晋)杜預書　清光緒二十二年(1896)婺源江峯青石印本　一册

330000－1701－0057107　GP06787　子部/醫家類/婦科之屬/通論

女科輯要八卷附單養賢胎產全書一卷　(清)周紀常撰　清同治四年(1865)奎照樓刻本　四册

330000－1701－0057108　GP06796　集部/總集類/選集之屬/斷代

同岑詩選十二卷　(清)王昶　(清)顧光選　清嘉慶五年(1800)刻本　一册　存一卷(一)

330000－1701－0057110　G000095　經部/小學類/文字之屬/字書/訓蒙

澄衷蒙學堂字課圖說四卷檢字一卷類字一卷　(清)劉樹屏撰　(清)吳子城繪圖　清光緒三十二年(1906)澄衷蒙學堂石印本　七册　缺一卷(一)

330000－1701－0057111　HJL6678　集部/别集類/清别集

孌雅堂文集四卷詩集十卷詩集補遺一卷　(清)杜濬撰　**孌雅堂遺集附錄一卷**　(清)方苞等撰　清同治九年(1870)劉維楨鄂垣刻本　八册

330000－1701－0057114　G000125　史部/政書類/公牘檔册之屬

嘉善農米局徵信錄不分卷　(清)嘉善農米局編　清光緒三十二年(1906)上海時中書局鉛印本　一册

330000－1701－0057115　普951.046/1188/5　史部/紀事本末類

歷朝紀事本末九種　(清)陳如升　(清)朱記榮輯　(清)慎記主人增輯　清光緒二十五年(1899)上海慎記書莊石印本　二册　存一種

330000－1701－0057116　普951.046/1188/6　史部/紀事本末類

歷朝紀事本末七種　(清)陳如升　(清)朱記榮輯　清光緒十四年(1888)上海書業公所鉛印本　二册　存一種

330000－1701－0057118　普951.046/1188/8　史部/紀事本末類

歷朝紀事本末九種　(清)陳如升　(清)朱記榮輯　(清)慎記主人增輯　清光緒二十九年(1903)上海文林書局石印本　一册　存一種

330000－1701－0057119　GP06789　類叢部/叢書類/彙編之屬

武英殿聚珍版書一百四十八種　清乾隆四十二年(1777)福建刻道光至同治遞修光緒二十一年(1895)增刻本　二册　存一種

330000－1701－0057120　普951.047/0863/c1　史部/紀傳類/正史之屬

金史詳校十卷首一卷附史論五答一卷　(清)施國祁撰　清光緒六年(1880)會稽章氏刻本　十册

330000－1701－0057121　GP06800　子部/天文曆算類/天文之屬

躔離引蒙不分卷　(清)賈步緯撰　清光緒十八年(1892)江南製造局刻本暨鉛印本　二册

330000－1701－0057122　普951.047/0863/(2)　史部/紀傳類/正史之屬

金史詳校十卷首一卷附史論五答一卷　(清)施國祁撰　清光緒六年(1880)會稽章氏刻本　十二册

330000－1701－0057123　普951.047/0863/2/c2　類叢部/叢書類/彙編之屬
廣雅書局叢書一百五十九種　徐紹棨編　清光緒廣雅書局刻民國九年(1920)番禺徐紹棨彙編重印本　十冊　存一種

330000－1701－0057124　普951.047/0863/2/c3　類叢部/叢書類/彙編之屬
廣雅書局叢書一百五十九種　徐紹棨編　清光緒廣雅書局刻民國九年(1920)番禺徐紹棨彙編重印本　十冊　存一種

330000－1701－0057126　普951.047/0863.2/c2　史部/紀傳類/別史之屬
金源劄記二卷又劄一卷史論五答一卷吉貝居暇唱一卷　(清)施國祁撰　清嘉慶十七年(1812)、二十一年(1816)潯溪施國祁吉貝居刻本　一冊　缺一卷(吉貝居暇唱)

330000－1701－0057127　GP07544　史部/政書類/通制之屬
府廳州縣地方自治章程并選舉章程不分卷　(清)浙江地方自治籌辦處編　清宣統元年(1909)浙江地方自治籌辦處鉛印本　一冊

330000－1701－0057128　普951.047/0863.2/c3　史部/紀傳類/別史之屬
金源劄記二卷又劄一卷史論五答一卷吉貝居暇唱一卷　(清)施國祁撰　清嘉慶十七年(1812)、二十一年(1816)潯溪施國祁吉貝居刻本　一冊

330000－1701－0057129　普951.047/5245/c1　史部/紀傳類/正史之屬
二十四史　清同治至光緒五省官書局據汲古閣本等合刻光緒五年(1879)湖北書局彙印本　二十冊　存一種

330000－1701－0057130　普951.047/5245/c2　史部/紀傳類/正史之屬
二十四史　清同治至光緒五省官書局據汲古閣本等合刻光緒五年(1879)湖北書局彙印本　二十冊　存一種

330000－1701－0057132　普951.047/5245/c3　史部/紀傳類/正史之屬
二十四史　清同治至光緒五省官書局據汲古閣本等合刻光緒五年(1879)湖北書局彙印本　二十四冊　存一種

330000－1701－0057134　G000096　史部/政書類/邦交之屬
朔方交涉始末紀要一卷　(清)吳士鑑撰　清末抄本　一冊

330000－1701－0057137　普951.047/5245/2　史部/紀傳類/正史之屬
二十四史附考證　清刻本　二十四冊　存一種

330000－1701－0057138　HJL6680　集部/別集類/清別集
倭文端公遺書八卷首二卷末一卷續刊三卷　(清)倭仁撰　清光緒元年(1875)六安涂氏求我齋刻本　四冊　缺三卷(續刊一至三)

330000－1701－0057139　HJL3190　集部/詩文評類/詩評之屬
歷代詩話二十七種　(清)何文煥編　**歷代詩話考索一卷**　(清)何文煥撰　清乾隆三十五年(1770)何氏刻本　三十二冊

330000－1701－0057140　G000097、G001829、G004307、G005167、G005352　史部/地理類/外紀之屬
列國政要一百三十二卷首一卷續編九十四卷首一卷　(清)戴鴻慈　(清)端方輯　清光緒三十三年(1907)、宣統三年(1911)上海商務印書館石印本　五十二冊　存一百七十六卷(一至四、十五至二十五、四十一至四十八、五十二至六十二、六十八至九十九、一百五至一百十九,續編首、一至九十四)

330000－1701－0057143　G000124　子部/小說家類/雜事之屬
庸閒齋筆記十二卷　(清)陳其元撰　清宣統三年(1911)掃葉山房石印本　二冊　存六卷(四至六、十至十二)

330000－1701－0057145　G000098　經部/小

學類/訓詁之屬/方言

越諺三卷越諺賸語二卷 (清)范寅輯 清光緒八年(1882)谷應山房刻本 一冊 存一卷(越諺下)

330000－1701－0057147 HJL6681 集部/別集類/清別集

定盦文集三卷續集四卷文集補九卷文集補編四卷 (清)龔自珍撰 清光緒二十三年(1897)萬本書堂刻本 六冊

330000－1701－0057148 GP06801 類叢部/叢書類/自著之屬

庸盦全集十種 (清)薛福成撰 清光緒十年至二十四年(1884－1898)無錫薛氏刻本 四冊 存一種

330000－1701－0057149 普925.109846/4004/c1 史部/傳記類/總傳之屬/忠孝

李氏三忠事蹟考證不分卷 (清)李慶來輯 清道光十七年(1837)刻本 四冊

330000－1701－0057151 G000123 子部/雜著類/雜說之屬

中國魂二卷 梁啓超編 清光緒二十九年(1903)上海廣智書局鉛印本 二冊

330000－1701－0057152 普925.109846/4004/c2 史部/傳記類/總傳之屬/忠孝

李氏三忠事蹟考證不分卷 (清)李慶來輯 清道光十七年(1837)刻本 一冊

330000－1701－0057154 普951.047/5245/3 史部/紀傳類/正史之屬

二十四史 清光緒二十九年(1903)上海點石齋石印本 八冊 存一種

330000－1701－0057156 普814.5/4431/c2 集部/別集類/元別集

文獻公全集十卷首一卷補遺一卷附錄一卷日損齋筆記一卷 (元)黃溍撰 (清)宋濂 (清)王褘輯 清咸豐元年(1851)黃氏刻光緒三年(1877)補刻本 十冊

330000－1701－0057157 GP06802 類叢部/叢書類/自著之屬

郝氏遺書三十三種 (清)郝懿行撰 清嘉慶至光緒刻彙印本 四冊 存一種

330000－1701－0057158 HJL0978 類叢部/叢書類/自著之屬

經韻樓叢書九種 (清)段玉裁撰 清乾隆至道光金壇段氏刻本 三十冊

330000－1701－0057159 G000099 類叢部/叢書類/彙編之屬

雙棋景闇叢書十六種 葉德輝編 清光緒至宣統長沙葉氏郎園刻本 一冊 存二種

330000－1701－0057161 G000122 新學/議論/論政

中國宜改革新政論議二卷 何啓 胡禮垣撰 清光緒二十一年(1895)香港文裕堂鉛印本 一冊

330000－1701－0057163 普814.5/4431.2 類叢部/叢書類/郡邑之屬

金華叢書六十八種 (清)胡鳳丹編 清同治七年至光緒八年(1868－1882)永康胡氏退補齋刻民國補刻本 十一冊 存一種

330000－1701－0057165 GP07547 史部/政書類/邦計之屬

上虞北鄉鳳山兩等學堂章程彙錄不分卷 清宣統元年(1909)鉛印本 一冊

330000－1701－0057166 GP06803 集部/別集類/清別集

頤道堂詩選十四卷詩外集九卷 (清)陳文述撰 清嘉慶二十二年(1817)刻本 十冊 缺一卷(詩外集九)

330000－1701－0057169 GP00864 子部/工藝類/文房四寶之屬/硯

安吴包先生硯史序一卷附尺牘一卷 (清)包世臣書 清宣統三年(1911)影印本 一冊

330000－1701－0057173 G000100 集部/曲類

酒後茶餘不分卷 清抄本 一冊

330000－1701－0057174 普814.6/1032/2

集部/别集類/明别集

王陽明先生全集二十二卷首一卷　(明)王守仁撰　(清)俞嶙輯　清康熙十二年(1673)餘姚俞嶙自公堂刻餘姚黄氏敦厚堂印本　二十四册

330000－1701－0057177　普 925.10984/3232/c3　史部/傳記類/總傳之屬/郡邑

浙江忠義録十卷表八卷又一卷續編二卷續表九卷　(清)浙江采訪忠義總局編　清同治六年(1867)浙江采訪忠義總局刻光緒元年(1875)續刻本　三十二册

330000－1701－0057179　HJL6682　集部/别集類/清别集

意苕山館詩稿十六卷　(清)陸嵩萬撰　清光緒十八年(1892)京師刻本　四册

330000－1701－0057180　G000101　史部/政書類/公牘檔册之屬

稟啓彙存二卷　清抄本　二册

330000－1701－0057182　HJL0986　類叢部/叢書類/彙編之屬

正誼堂叢書三十二種　(清)張伯行編　清康熙四十六年(1707)刻本　一百三十册　缺十二卷(二程文集七至八、十一至十二,楊龜山先生集三至四,張南軒先生文集四至七,黄勉齋先生文集三至四)

330000－1701－0057184　GP06804　史部/傳記類/科舉録之屬/總録

國朝兩浙科名錄不分卷(清順治三年丙戌科至咸豐五年乙卯科)　(清)黄安綬輯　清咸豐七年(1857)京師刻本　二册

330000－1701－0057186　HJL6683　集部/别集類/清别集

行有恒堂初集二卷　(清)載銓撰　清道光二十八年(1848)刻本　二册

330000－1701－0057188　G000121　子部/術數類/相宅相墓之屬

羅經秘竅十卷　(明)甘霖撰　**新鐫唐氏壽域一卷**　(清)王福賢撰　清崇讓堂刻本　五册

330000－1701－0057190　普 814.5/4622　集部/别集類/元别集

楊鐵崖文集五卷史義拾遺二卷　(元)楊維楨撰　**西湖竹枝集一卷**　(元)楊維楨輯　**香奩集一卷**　(元)楊維楨　(元)王德璉撰　明諸暨陳于京刻清漱雲樓印本　四册

330000－1701－0057193　普 323.47/4672　子部/儒家類/儒學之屬/經濟

皇朝經世文編一百二十卷姓名總目二卷生存姓名一卷　(清)賀長齡輯　清道光七年(1827)刻本　八十册

330000－1701－0057198　GP07525　集部/别集類

林子遺書第四編九卷　(朝鮮)林寘民撰　清同治鉛印本　二册

330000－1701－0057199　GP06805　史部/傳記類/科舉録之屬/總録

國朝兩浙科名錄不分卷(清順治三年丙戌科至咸豐五年乙卯科)　(清)黄安綬輯　清咸豐七年(1857)京師刻本　一册

330000－1701－0057200　普 951.047/5245/6　史部/紀傳類/正史之屬

二十四史附考證　清光緒十八年(1892)武林竹簡齋石印本　八册　存一種

330000－1701－0057205　普 323.47/4672/(2)/c1　子部/儒家類/儒學之屬/經濟

皇朝經世文編一百二十卷姓名總目二卷生存姓名一卷　(清)賀長齡輯　清道光七年(1827)刻本　四十六册

330000－1701－0057206　普 323.47/4672/(2)/c2　子部/儒家類/儒學之屬/經濟

皇朝經世文編一百二十卷姓名總目二卷生存姓名一卷　(清)賀長齡輯　清道光七年(1827)刻本　九十六册

330000－1701－0057207　普 323.47/4672/(2)/c3　子部/儒家類/儒學之屬/經濟

皇朝經世文編一百二十卷姓名總目二卷生存姓名一卷　(清)賀長齡輯　清道光七年

(1827)刻本　八十冊

330000－1701－0057208　普 323.47/4672/2/c1　子部/儒家類/儒學之屬/經濟

皇朝經世文編一百二十卷姓名總目二卷　(清)賀長齡輯　清光緒十五年(1889)上海廣百宋齋鉛印本　二十四冊

330000－1701－0057213　普 814.6/1027　集部/別集類/明別集

王徵士集四卷附錄一卷　(明)王彝撰　清康熙三十九年(1700)嘉定陸廷燦刻本　四冊

330000－1701－0057214　普 951.047/5245/7　史部/紀傳類/正史之屬

二十四史附考證　清光緒二十八年(1902)武林竹簡齋石印本　八冊　存一種

330000－1701－0057215　GP06808　類叢部/叢書類/彙編之屬

廣雅書局叢書一百五十九種　徐紹棨編　清光緒廣雅書局刻民國九年(1920)番禺徐紹棨彙編重印本　一冊　存一種

330000－1701－0057219　GP07546　史部/政書類/邦計之屬

紹興府屬學堂通章一卷　(清)紹興府學堂撰　清光緒紹興府學堂刻本　一冊

330000－1701－0057220　普 814.5/4721　集部/別集類/元別集

郝文忠公陵川文集三十九卷　(元)郝經撰　(清)王鏐編　**附錄一卷　郝文忠公[經]年譜一卷**　(清)王鏐編　清乾隆三年(1738)高都王鏐刻本　二十四冊　缺一卷(年譜)

330000－1701－0057221　普 951.047/5245/8　史部/紀傳類/正史之屬

二十四史附考證　清光緒十四年(1888)上海圖書集成印書局鉛印本　十六冊　存一種

330000－1701－0057223　GP06810　集部/別集類/清別集

樂道堂集十種　(清)奕訢撰　清咸豐至光緒刻本　五冊　存一種

330000－1701－0057227　普 925.10984/3232/c1　史部/傳記類/總傳之屬/郡邑

浙江忠義錄十卷表八卷又一卷續編二卷續表九卷　(清)浙江采訪忠義總局編　清同治六年(1867)浙江采訪忠義總局刻光緒元年(1875)續刻本　三十二冊

330000－1701－0057228　普 814.6/1032/c1　集部/別集類/明別集

王文成公全書三十八卷　(明)王守仁撰　清光緒浙江書局刻本　二十四冊

330000－1701－0057230　普 951.0470913/3004/c1　史部/雜史類

宋遼金元別史五種　(清)席世臣輯　清乾隆至嘉慶南沙席氏掃葉山房刻本　四冊　存一種

330000－1701－0057231　GP06806　史部/雜史類/斷代之屬

隆平集二十卷　(宋)曾鞏撰　清康熙四十年(1701)南豐彭氏七業堂刻本　五冊

330000－1701－0057232　G000102、G000532、G000695　集部/總集類/選集之屬/通代

古文合鈔十六卷　(清)魯超編輯　清康熙燕喜堂刻本　八冊

330000－1701－0057233　GP07553　史部/雜史類/斷代之屬

皇朝掌故二卷　(清)張一鵬撰　(清)陳蔚文注　清光緒二十八年(1902)浙省貢院西橋杞廬刻本　一冊

330000－1701－0057234　普 814.6/1032.2/c2　類叢部/叢書類/自著之屬

陽明先生集要四種　(明)王守仁撰　(明)施邦曜編　清光緒五年(1879)貴州扶風山陽明祠刻本　十六冊

330000－1701－0057235　普 814.6/1032/c4　集部/別集類/明別集

王文成公全書三十八卷　(明)王守仁撰　清光緒浙江書局刻本　二十四冊

330000－1701－0057237　普 951.0470913/

3004/c3　史部/雜史類

宋遼金元別史五種　（清）席世臣輯　清乾隆至嘉慶南沙席氏掃葉山房刻本　四冊　存一種

330000－1701－0057239　普 814.6/1032/c7　集部/別集類/明別集

王文成公全書三十八卷　（明）王守仁撰　清光緒浙江書局刻民國十四年（1925）浙江圖書館補刻本　二十四冊

330000－1701－0057240　普 951.0470913/3004/3　史部/雜史類

宋遼金元別史五種　（清）席世臣輯　清乾隆至嘉慶南沙席氏掃葉山房刻本　二冊　存一種

330000－1701－0057243　普 814.6/1032/8　集部/別集類/明別集

王文成公全書三十八卷　（明）王守仁撰　清宣統元年（1909）上海集成圖書公司鉛印本　十二冊

330000－1701－0057244　GP06816　子部/術數類

中西星要　（清）倪榮桂輯　清嘉慶八年（1803）樹滋堂刻道光印本　五冊　存四種

330000－1701－0057247　普 814.6/1032.2/2　類叢部/叢書類/自著之屬

陽明先生集要四種　（明）王守仁撰　（明）施邦曜編　清乾隆五十二年（1787）濟美堂刻本　十五冊

330000－1701－0057255　GP07526　史部/政書類/公牘檔冊之屬

紹郡義倉修理並粥厂收支徵信錄一卷　清宣統鉛印本　一冊

330000－1701－0057256　普 814.6/1032.3　集部/別集類/明別集

王陽明先生全集十六卷目錄二卷　（明）王守仁撰　（清）王貽樂編　（清）陶潯批評　清道光六年（1826）柳庭芳等刻本　十六冊

330000－1701－0057257　普 814.6/1220　集部/別集類/明別集

孫忠靖公遺集八卷首一卷末一卷　（明）孫傳庭撰　清咸豐六年（1856）代州孫氏刻本　八冊

330000－1701－0057259　GP06811　史部/政書類/儀制之屬/典禮

文廟上丁禮樂備考四卷　（清）吳祖昌等輯　清同治九年（1870）江右乙藜齋刻本　四冊

330000－1701－0057260　普 323.47/4672/2/c2　子部/儒家類/儒學之屬/經濟

皇朝經世文編一百二十卷姓名總目二卷　（清）賀長齡輯　清光緒十五年（1889）上海廣百宋齋鉛印本　二十四冊

330000－1701－0057261　HJH3643　經部/群經總義類/傳說之屬

研硃集五經總類二十二卷　（明）張瑄撰　明崇禎虹化堂刻本　六冊

330000－1701－0057262　普 323.47/4672/2/c3　子部/儒家類/儒學之屬/經濟

皇朝經世文編一百二十卷姓名總目二卷　（清）賀長齡輯　清光緒十五年（1889）上海廣百宋齋鉛印本　二十四冊

330000－1701－0057263　普 323.47/4672/2/c4　子部/儒家類/儒學之屬/經濟

皇朝經世文編一百二十卷姓名總目二卷　（清）賀長齡輯　清光緒十五年（1889）上海廣百宋齋鉛印本　二十四冊

330000－1701－0057264　普 323.47/4672/3　子部/儒家類/儒學之屬/經濟

皇朝經世文編一百二十卷姓名總目二卷　（清）賀長齡輯　清光緒二十二年（1896）上海掃葉山房鉛印本　十六冊　缺二十八卷（一至二十六、姓名總目一至二）

330000－1701－0057265　普 814.5/4721/2　集部/別集類/元別集

郝文忠公陵川文集三十九卷　（元）郝經撰　（清）王鏐編　**附錄一卷　郝文忠公［經］年譜一卷**　（清）王鏐編　清乾隆三年（1738）高都

王鏐刻本　二十册　缺一卷(年譜)

330000－1701－0057267　GP07527　史部/傳記類/別傳之屬/事狀

丁君松生[丙]家傳一卷　(清)俞樾撰　**誥授奉政大夫同知銜特用江蘇知縣外舅丁松生先生行狀一卷**　(清)顧浩撰　清光緒二十五年(1899)刻本　仲毅批　一册

330000－1701－0057270　G000130　史部/地理類/外紀之屬

瀛環志略十卷　(清)徐繼畬撰　清光緒二十一年(1895)上海寶文局石印本　一册　存二卷(一至二)

330000－1701－0057271　GP06817　子部/天文曆算類/曆法之屬

天元曆理全書十二卷首一卷　題(清)徐發撰　清康熙刻本　十册

330000－1701－0057272　普 814.6/1032.4　集部/別集類/明別集

王陽明先生文鈔二十卷　(明)王守仁撰　(清)張問達輯　清康熙二十八年(1689)致和堂刻本　十二册

330000－1701－0057273　GP00861　子部/藝術類/書畫之屬

張廉卿先生楷書千字文不分卷　(清)張裕釗書　清宣統元年(1909)上海文明書局石印本　一册

330000－1701－0057276　G000103　史部/政書類/邦計之屬

淮榷志遺二卷　(清)蕭令裕撰　清同治七年(1868)刻本　一册　存一卷(一)

330000－1701－0057277　普 814.6/2662　集部/別集類/明別集

甔甀洞藳五十四卷目錄二卷　(明)吳國倫撰　清道光十年(1830)桂芬齋木活字印本　二十册

330000－1701－0057280　G000104　史部/地理類/山川之屬/山志

青原志略十三卷首一卷　(清)釋大然編　(清)施閏章補　清康熙八年(1669)方丈樓刻本　三册　存十一卷(首、一至十)

330000－1701－0057282　GP06812　子部/天文曆算類/算書之屬

董方立遺書五種　(清)董祐誠撰　清道光刻本　一册

330000－1701－0057284　GP07528　子部/儒家類/儒學之屬/禮教/家訓

誡子書一卷　(清)聶繼模撰　清光緒二十三年(1897)趙舒翹刻本　一册

330000－1701－0057286　GP00799　子部/藝術類/書畫之屬/法帖

楊忠愍公家書墨蹟一卷　(明)楊繼盛書　清光緒石印本　一册

330000－1701－0057287　普 814.6/1033/c1　集部/別集類/明別集

夏節愍全集十卷首一卷末一卷補遺一卷續補遺一卷　(明)夏完淳撰　(清)莊師洛輯　(清)陳均　(清)何其偉編　清嘉慶十二年(1807)婁縣陳氏刻同治八年(1869)重修本　二册

330000－1701－0057288　HJL3353　集部/詞類/總集之屬

瑤華集二十二卷附二卷詞人姓氏爵里表一卷　(清)蔣景祁撰　清康熙二十五年(1686)天藜閣刻本　六册

330000－1701－0057289　G000131、G000132、G000133、G000134、G000135、G000136　經部/四書類/總義之屬

四書古註羣義彙解九種　清光緒三十年(1904)上海同文升記書局鉛印本　十七册

330000－1701－0057290　GP06818　集部/別集類/清別集

秋聲館吟稿一卷　(清)符之恒撰　清乾隆四年(1739)報恩禪院刻本　一册

330000－1701－0057292　普 814.6/2671/c2　集部/別集類/明別集

吳康齋先生集十二卷首一卷　(明)吳與弼撰

清咸豐十一年(1861)崇仁謝氏刻本　六冊

330000－1701－0057293　GP06813　子部/天文曆算類/算書之屬
董方立遺書五種　(清)董祐誠撰　清道光江南製造總局刻本　一冊

330000－1701－0057294　GP00800　子部/藝術類/書畫之屬/法帖
楊忠愍公家書墨蹟一卷　(明)楊繼盛書　清光緒石印本　一冊

330000－1701－0057296　普 814.6/1033/c2　集部/別集類/明別集
夏節愍全集十卷首一卷末一卷補遺一卷續補遺一卷　(明)夏完淳撰　(清)莊師洛輯　(清)陳均　(清)何其偉編　清嘉慶十二年(1807)婁縣陳氏刻同治八年(1869)重修本　二冊

330000－1701－0057297　G000105　史部/地理類/專志之屬/寺觀
天童寺志十卷首一卷　(清)德介　(清)聞性道撰　清康熙刻咸豐元年(1851)重修本　四冊

330000－1701－0057300　普 925.10984/1043/c1　史部/傳記類/總傳之屬/忠孝
正氣集十卷　(清)王式輯　清宣統三年(1911)不讀非道書齋鉛印本　四冊

330000－1701－0057301　GP00801　子部/藝術類/書畫之屬/法帖
楊忠愍公家書墨蹟一卷　(明)楊繼盛書　清光緒石印本　一冊

330000－1701－0057303　G000106　史部/政書類/儀制之屬/典禮
照抄大婚禮節不分卷　清末抄本　二冊

330000－1701－0057304　普 814.6/1034　類叢部/叢書類/郡邑之屬
金華叢書六十八種　(清)胡鳳丹編　清同治七年至光緒八年(1868－1882)永康胡氏退補齋刻民國補刻本　十冊　存一種

330000－1701－0057308　G000107　史部/傳記類/科舉録之屬/歷科登科録
[光緒甲午恩科]會試硃卷一卷　(清)翁有成撰　清光緒二十年(1894)刻本　一冊

330000－1701－0057309　GP06819　集部/總集類/彙編之屬
彙刻建安七子集　(明)楊德周編　清乾隆二十三年(1758)刻本　六冊

330000－1701－0057310　普 925.10984/1043/c2　史部/傳記類/總傳之屬/忠孝
正氣集十卷　(清)王式輯　清宣統三年(1911)不讀非道書齋鉛印本　二冊　存五卷(一至五)

330000－1701－0057312　普 814.6/1040　集部/別集類/明別集
西昌王抑菴集四十卷首一卷　(明)王直撰　清同治六年(1867)王啓鏁刻本　十冊

330000－1701－0057313　GP07540　史部/政書類/公牘檔冊之屬
餘杭縣改訂巡警章程一卷　(清)李孝先撰　清光緒三十四年(1908)鉛印本　一冊

330000－1701－0057314　G000108　類叢部/叢書類/彙編之屬
廣雅書局叢書一百五十九種　徐紹棨編　清光緒廣雅書局刻民國九年(1920)番禺徐紹棨彙編重印本　十一冊　存一種

330000－1701－0057317　普 814.6/10421　集部/別集類/明別集
明夏赤城先生文集二十三卷首一卷　(明)夏埴撰　清光緒十九年(1893)木活字印本　六冊

330000－1701－0057318　普 925.109846/8742/c1　史部/傳記類/總傳之屬/忠孝
欽定勝朝殉節諸臣錄十二卷首一卷　(清)高宗弘曆敕撰　清嘉慶二年(1797)謝啓昆刻本　五冊

330000－1701－0057321　GP07529　史部/政書類/邦計之屬/貿易

中外通商必讀書　清光緒譯書公會鉛印本　一冊　存一種

330000－1701－0057322　GP06814　子部/天文曆算類/算書之屬
董方立遺書五種　(清)董祐誠撰　清道光刻本　一冊

330000－1701－0057323　普 814.6/1046　集部/別集類/明別集
明夏赤城先生文集二十三卷首一卷　(明)夏塤撰　清乾隆三十七年(1772)夏名賢映南軒木活字印本　六冊

330000－1701－0057326　GP07530　史部/傳記類/科舉録之屬/歷科鄉試録
[同治九年庚午科並補行同治元年壬戌恩科]江南鄉試題名錄一卷　清同治刻本　一冊

330000－1701－0057327　GP06820　子部/天文曆算類/天文之屬
欽定儀象考成三十卷首二卷　(清)允祿等撰　清乾隆刻本　十冊

330000－1701－0057328　普 814.6/2688　集部/別集類/明別集
吳竹坡先生文集五卷附載一卷詩集二十八卷　(明)吳節撰　清雍正三年(1725)吳琦星彩堂刻本　十六冊

330000－1701－0057329　GP06815　子部/小說家類/雜事之屬
遣睡雜言八卷　(清)黃凱鈞撰　清嘉慶二十年(1815)嘉善黃氏友漁齋刻本　四冊　存四卷(一至四)

330000－1701－0057333　GP07531　史部/傳記類/科舉録之屬/歷科鄉試録
[光緒二十三年舉行丁酉正科]浙江鄉試題名錄一卷　清光緒刻本　一冊

330000－1701－0057334　普 814.6/1071　集部/別集類/明別集
王王屋遺稿二卷　(明)王岸撰　清康熙王頎等刻本　二冊

330000－1701－0057335　普 814.6/3696/2　集部/別集類/明別集
吳疎山先生遺集十二卷　(明)吳悌撰　清刻本　四冊

330000－1701－0057339　HJH3239　集部/詩文評類/詩評之屬
唐音癸籤三十三卷　(明)胡震亨輯　清順治雙與堂刻本　四冊

330000－1701－0057340　HJL5457　集部/楚辭類
楚辭燈四卷附楚懷襄二王在位事蹟考一卷　(清)林雲銘撰　**屈原列傳一卷**　(漢)司馬遷撰　清康熙三十六年(1697)晉安林氏挹奎樓刻本　四冊

330000－1701－0057341　HJL3543　子部/小說家類/瑣語之屬
觚賸八卷續編四卷　(清)鈕琇輯　清康熙三十九年(1700)、四十一年(1702)臨野堂刻本　六冊

330000－1701－0057346　HJL1510　子部/宗教類/佛教之屬/總録
御選語錄十九卷　(清)世宗胤禛輯　清雍正十一年(1733)內府刻本　十四冊

330000－1701－0057351　普 814.6/2698　集部/別集類/明別集
吳疎山先生遺集十七卷　(明)吳悌撰　清乾隆二十七年至三十四年(1762－1769)刻本　三冊

330000－1701－0057354　HJL2182　集部/別集類/清別集
白華前稿六十卷後稿四十卷　(清)吳省欽撰　**[吳省欽]年譜一卷**　(清)吳敬樞撰　清乾隆四十八年(1783)刻嘉慶十五年(1810)石經堂增刻本　十六冊

330000－1701－0057356　普 925.109846/8742/c2　史部/傳記類/總傳之屬/忠孝
欽定勝朝殉節諸臣錄十二卷首一卷　(清)高宗弘曆敕撰　清嘉慶二年(1797)謝啓昆刻本

五冊

330000－1701－0057358　GP06821　類叢部/叢書類/自著之屬

周松靄先生遺書八種　(清)周春撰　清乾隆至嘉慶刻本　二冊　存一種

330000－1701－0057359　普814.6/2699　集部/別集類/明別集

吳竹坡先生文集五卷附載一卷詩集二十八卷　(明)吳節撰　清雍正三年(1725)吳琦星彩堂刻本　六冊

330000－1701－0057362　G000137、G000138、G000139、G000140、G000141、G000142、G000143、G006453、G006460　子部/術數類/相宅相墓之屬

尹一勺子四秘全書十二種　(清)尹有本輯　清嘉慶善成堂刻本　十二冊

330000－1701－0057365　G000173、G000176　史部/紀傳類/正史之屬

四史　清同治十一年(1872)成都書局刻本　三十二冊　存二種

330000－1701－0057367　HJL5421　史部/史評類/詠史之屬

廿一史彈詞註十卷　(明)楊慎撰　(清)張三異增定　(清)張仲璜註　**明紀彈詞註一卷**　(清)張三異撰　(清)張仲璜註　清雍正五年(1727)樹玉堂刻本　八冊

330000－1701－0057368　普925.109846/7234/(2)　史部/傳記類/總傳之屬/忠孝

勝朝殉揚錄三卷　(清)劉寶楠輯　清同治十年(1871)淮南書局刻本　一冊

330000－1701－0057372　普814.6/2708　類叢部/叢書類/郡邑之屬

武林往哲遺箸五十二種後編十種　(清)丁丙編　清光緒二十年至二十六年(1894－1900)錢塘丁氏嘉惠堂刻本　六冊　存一種

330000－1701－0057373　G000174　史部/紀傳類/正史之屬

二十四史　清同治至光緒五省官書局據汲古閣本等合刻光緒五年(1879)湖北書局彙印本　十六冊　存一種

330000－1701－0057379　普814.6/1095　集部/總集類/彙編之屬

明十一大家集　(清)張汝瑚評選　清康熙二十一年(1682)郢雪書林刻本　五冊　存一種

330000－1701－0057381　G000175　類叢部/叢書類/彙編之屬

水經山海經合刻二種　(清)項薩編　清康熙五十四年(1715)歙縣項氏羣玉書堂刻本　一冊　存一種

330000－1701－0057385　普951.047093/4049/2/c1　史部/紀事本末類/斷代之屬

金史紀事本末五十二卷首一卷　(清)李有棠撰　清光緒二十八年(1902)上海著易堂書局鉛印本　四冊

330000－1701－0057389　HJL0361　類叢部/叢書類/自著之屬

果堂全集三種附二種　(清)沈彤撰　清乾隆吳江沈氏果堂刻本　四冊　存四種

330000－1701－0057391　普951.047093/4049/2/c2　史部/紀事本末類/斷代之屬

金史紀事本末五十二卷首一卷　(清)李有棠撰　清光緒二十八年(1902)上海著易堂書局鉛印本　四冊

330000－1701－0057392　普814.6/1256　集部/別集類/明別集

孫石臺先生遺集二卷附錄二卷　(明)孫揚撰　(清)盧衍仁輯　清道光四年(1824)東陽孫氏仰鹿堂刻本　二冊

330000－1701－0057393　GP06825　集部/別集類/清別集

槐午山房詩草二卷　(清)張尊三撰　清光緒十七年(1891)芝田縣署刻本　一冊

330000－1701－0057396　普814.6/2711　集部/別集類/明別集

倪文貞公文集十七卷續編三卷首一卷詩集二卷奏疏十二卷講編四卷　(明)倪元璐撰

(清)倪會鼎訂正　(清)倪安世輯　清乾隆三十六年至三十七年(1771－1772)倪安世刻四十二年(1777)續刻印本　八冊　存二十一卷(文集首、一至十七、續編一至三)

330000－1701－0057397　G000177　類叢部/叢書類/自著之屬

湘綺樓全書十八種　王闓運撰　清光緒至宣統刻本　二冊　存一種

330000－1701－0057399　普 814.6/2711/(3)　集部/别集類/明别集

倪文貞公文集十七卷續編三卷首一卷詩集二卷奏疏十二卷講編四卷　(明)倪元璐撰　(清)倪會鼎訂正　(清)倪安世輯　清乾隆三十六年至三十七年(1771－1772)倪安世刻四十二年(1777)續刻印本　二冊　存十八卷(文集首、一至十七)

330000－1701－0057401　普 814.6/1280　集部/别集類/明别集

姚江孫月峯先生全集十二卷　(明)孫鑛撰　(清)孫如洵輯　清嘉慶十九年(1814)姚江孫氏静遠軒刻本　十二冊

330000－1701－0057402　GP06826　史部/政書類/邦計之屬/貿易

國朝柔遠記十八卷附編二卷　(清)王之春輯　清光緒十七年(1891)廣雅書局刻本　六冊

330000－1701－0057403　普 814.6/2271/2　集部/别集類/明别集

倪文貞公文集十七卷續編三卷首一卷詩集二卷奏疏十二卷講編四卷　(明)倪元璐撰　(清)倪會鼎訂正　(清)倪安世輯　清乾隆三十六年至三十七年(1771－1772)倪安世刻四十二年(1777)續刻印本　十一冊　存二十卷(文集一至十七、續編一至三)

330000－1701－0057406　普 814.6/1725　集部/别集類/明别集

弘藝錄三十二卷首一卷　(明)邵經邦撰　清康熙二十四年(1685)邵遠平刻本　五冊

330000－1701－0057407　GP06829　子部/雜著類/雜編之屬

古香齋鑒賞袖珍春明夢餘錄七十卷　(清)孫承澤撰　清光緒九年(1883)刻本　二十四冊

330000－1701－0057408　GP00875　子部/藝術類/書畫之屬/書法書品

完白篆書一卷　(清)鄧石如書　(清)許乃釗鈎摹　清光緒十一年(1885)寧波蔣瑞堂刻本　一冊

330000－1701－0057409　普 814.6/2711.2　集部/别集類/明别集

鴻寶應本十七卷　(明)倪元璐撰　明崇禎十五年(1642)刻清順治十四年(1657)補刻本　十二冊

330000－1701－0057410　GP07556　新學/光學/光學

光學揭要二卷　(美國)赫士口譯　(清)朱葆琛筆述　清光緒二十四年(1898)上海美華書館鉛印本　一冊

330000－1701－0057413　G000144、G000145、G000146　類叢部/叢書類/彙編之屬

武英殿聚珍版書三十九種　清乾隆浙江刻本　四冊　存三種

330000－1701－0057419　普 814.6/27111/c2　集部/别集類/明别集

二谷山人集十卷　(明)侯一元撰　清光緒十七年(1891)浙甌梅師古齋刻本　六冊

330000－1701－0057420　普 814.6/1727　集部/别集類/明别集

來禽館集二十九卷　(明)邢侗撰　清光緒十七年(1891)臨邑邢氏刻本　十二冊

330000－1701－0057423　G000178　經部/春秋左傳類/釋例之屬

春秋釋例十五卷首一卷　(晉)杜預撰　清袁氏貞節堂抄本　南公題記　四冊

330000－1701－0057427　普 814.6/27111.2　集部/别集類/明别集

二谷山人近稿十卷　(明)侯一元撰　清光緒二十年(1894)浙甌樂東綠山侯氏刻本　清汪

采廷跋　六册

330000－1701－0057431　GP07560　子部/儒家類/儒學之屬/禮教/鑑戒

範家集畧六卷　(清)秦坊輯　清道光二十一年(1841)嘉定善穗堂刻本　三册

330000－1701－0057432　GP06832　類叢部/叢書類/彙編之屬

融經館叢書十一種　(清)徐友蘭編　清光緒六年至十一年(1880－1885)會稽徐氏八杉齋刻本　一册　存一種

330000－1701－0057434　G000179　史部/地理類/雜志之屬

西石城風俗一卷　陳慶年輯　清光緒三十四年(1908)鉛印本　一册

330000－1701－0057435　普814.6/1122　集部/別集類/明別集

月鹿堂文集八卷　(明)張師繹撰　**明江西按察使司按察使夢澤張公傳一卷**　(清)黄嘉譽撰　清道光六年(1826)武進張湄刻本　八册

330000－1701－0057438　GP06827　經部/四書類/總義之屬/傳說

四書考輯要二十卷　(清)陳弘謀輯　清光緒四年(1878)賓興局刻本　十册

330000－1701－0057439　GP06828　史部/政書類/儀制之屬/典禮

文廟祀典考五十卷首一卷　(清)龐鍾璐輯　清光緒四年(1878)刻本　八册

330000－1701－0057441　GP06838　子部/醫家類/方書之屬/歷代方書

本草類方十卷　(清)年希堯輯　清雍正十三年(1735)處順堂刻本　十册

330000－1701－0057442　GP07548　史部/政書類/邦計之屬

商辦浙江全省鐵路有限公司暫定章程一卷　清光緒鉛印本　一册

330000－1701－0057443　普814.6/1133　集部/別集類/明別集

張龍湖先生文集十五卷　(明)張治撰　(清)彭思眷編　清雍正四年(1726)彭思眷刻墨香閣印本　八册

330000－1701－0057445　GP07549　史部/政書類/通制之屬

白話城鎮鄉應辦自治各事宣講本一卷附錄本處勸諭土客毋生意見文一卷　(清)浙江地方自治籌辦處輯　清宣統元年(1909)浙江地方自治籌辦處鉛印本　一册

330000－1701－0057447　GP06833　子部/小說家類/異聞之屬

見聞隨筆二十六卷　(清)齊學裘撰　清同治十年(1871)天空海闊之居刻本　七册　存二十三卷(一至二十三)

330000－1701－0057448　普814.6/1140　集部/別集類/明別集

古城文集六卷補遺一卷首一卷　(明)張吉撰　清康熙刻本　四册　存七卷(首、一至六)

330000－1701－0057449　G000180　子部/醫家類/方書之屬/單方驗方

絳雪園古方選註不分卷　(清)王子接輯　**古雋考略六卷**　(清)顧充輯　清抄本　一册　存一卷(一)

330000－1701－0057450　普814.6/2110　集部/別集類/明別集

文肅公文集三十四卷外集一卷　(明)何喬新撰　(明)羅玘校正　清康熙三十三年(1694)何源濬、何三臺等刻本　十六册

330000－1701－0057452　G000181　集部/總集類/選集之屬/斷代

唐賢三昧集三卷　(清)王士禛輯　清抄本　三册

330000－1701－0057453　G000147、G000148、G000149　史部/編年類/通代之屬

御批歷代通鑑輯覽一百二十卷綱鑑總評一卷　(清)傅恒等撰　**讀史論略一卷**　(清)杜詔撰　**歷代帝王年表一卷**　(清)萬健庵編錄　清同治十年(1871)潯陽萬氏芋栗園刻本　九

十六冊

330000－1701－0057454　普 814.6/2721　集部/别集類/明别集

重刻秫坡先生詩集三卷詞集一卷文集四卷首一卷末一卷　(明)黎貞撰　清光緒元年(1875)黎氏刻都會三賢居書屋印本　清梁鼎芬題記　四冊　缺一卷(末)

330000－1701－0057455　普 814.6/1162　集部/别集類/明别集

張忠敏公遺集十卷首一卷附錄六卷　(明)張國維撰　(清)張振珂輯　清光緒五年(1879)江蘇書局刻本　六冊

330000－1701－0057456　普 814.6/1162/2　集部/别集類/明别集

張忠敏公遺集十卷首一卷附錄六卷　(明)張國維撰　(清)張振珂輯　清光緒五年(1879)江蘇書局刻本　五冊　缺一卷(首)

330000－1701－0057457　普 814.6/2111/2/c2　集部/别集類/明别集

熊襄愍公集十卷首一卷末一卷　(明)熊廷弼撰　清嘉慶十八年(1813)熊氏腴經堂刻本　十冊

330000－1701－0057459　G000182　子部/宗教類/佛教之屬

金光明經文句記六卷　(北涼)釋曇無讖譯　(宋)釋知禮述　清抄本　一冊　存一卷(一)

330000－1701－0057460　普 814.6/2111　集部/别集類/明别集

熊襄愍公集十卷首一卷末一卷　(明)熊廷弼撰　清道光二十一年(1841)刻湖北省城彙古堂印本　五冊

330000－1701－0057463　G000183　史部/地理類/山川之屬/水志

莫愁湖志六卷首一卷　(清)馬士圖撰　清光緒八年(1882)、十七年(1891)刻本　二冊

330000－1701－0057469　普 814.6/2111/2/c1　集部/别集類/明别集

熊襄愍公集十卷首一卷末一卷　(明)熊廷弼撰　清嘉慶十八年(1813)熊氏腴經堂刻本　十冊

330000－1701－0057470　GP07555　新學/史志/諸國史

歷史叢書　清光緒上海商務印書館鉛印本　一冊　存一種

330000－1701－0057471　GP06839　新學/史志/諸國史

萬國史記二十卷　(日本)岡本監輔撰　清光緒二十七年(1901)上海兩宜齋石印本　六冊

330000－1701－0057480　GP07561　類叢部/叢書類/自著之屬

金華唐氏遺書五種附一種　(宋)唐仲友撰　(清)張作楠編　清宣統三年(1911)金華教育分會石印本　四冊

330000－1701－0057481　GP06847　集部/戲劇類/傳奇之屬

碧聲吟館叢書六種　(清)許善長撰　清光緒仁和許善長碧聲吟館刻本　一冊　存一種

330000－1701－0057482　GP07558　史部/雜史類/斷代之屬

平湖殉難錄一卷　(清)彭潤章輯　清光緒刻本　一冊

330000－1701－0057484　HJL4097　類叢部/叢書類/彙編之屬

武英殿聚珍版書一百三十八種　清乾隆武英殿木活字印本　一冊　存一種

330000－1701－0057486　普 814.6/2111/3　集部/别集類/明别集

熊襄愍公集十卷首一卷末一卷　(明)熊廷弼撰　清同治三年(1864)熊氏祠堂刻本　十冊

330000－1701－0057488　GP06841　新學/地學/地志學

地理全志下編十卷　(英國)慕維廉撰　清咸豐四年(1854)上海墨海書館刻本　一冊

330000－1701－0057492　普 814.6/2126/c1　史部/詔令奏議類/奏議之屬

明大司馬盧公奏議十卷文集一卷詩集一卷首一卷　(明)盧象昇撰　清光緒元年(1875)會稽施惠刻本　八冊

330000－1701－0057493　GP07562　經部/四書類/論語之屬/傳説

朱子論語集注訓詁攷二卷　(清)潘衍桐輯　清光緒十七年(1891)浙江書局刻本　一冊

330000－1701－0057494　普 814.6/2731.2　集部/總集類/郡邑之屬

粵十三家集　(清)伍元薇輯　清道光二十年(1840)南海伍氏詩雪軒刻本　八冊　存一種

330000－1701－0057496　G000189、G000185、G000186、G000188、G000187、G000190、G000184　類叢部/叢書類/彙編之屬

武英殿聚珍版書三十九種　清乾隆浙江刻本　三十六冊　存八種

330000－1701－0057497　普 951.047093/4049/4　史部/紀事本末類/斷代之屬

金史紀事本末五十二卷首一卷　(清)李有棠撰　清光緒石印本　四冊

330000－1701－0057503　GP07559　類叢部/叢書類/彙編之屬

士禮居叢書二十種　(清)黃丕烈編　清嘉慶至道光黃氏士禮居刻本　一冊　存一種

330000－1701－0057504　GP06849　類叢部/叢書類/自著之屬

橘蔭軒全集七種　(清)陳錦撰　清光緒山陰陳氏橘蔭軒刻本　一冊　存一種

330000－1701－0057505　HJL0021、HJL0031、HJL0431、HJL0002、HJL0270、HJL0627、HJL0626、HJL0430、HJL3547、HJL3568、HJL3551、HJL0116　類叢部/叢書類/彙編之屬

武英殿聚珍版書一百三十八種　清乾隆武英殿木活字印本　三百三十冊　存四十四種

330000－1701－0057509　普 323.47/4672/4/c1　子部/儒家類/儒學之屬/經濟

皇朝經世文編一百二十卷姓名總目二卷　(清)賀長齡輯　**皇朝經世文續編一百二十卷姓名總目二卷生存姓名總目一卷**　(清)饒玉成輯　清同治十二年(1873)江右饒玉成雙峰書屋刻光緒八年(1882)續刻本(續編卷二十五、三十六、四十三、五十一、五十六、七十三、九十六、一百至一百二、一百五、一百七、一百九、一百十四至一百十五、一百十八原缺)　七十四冊　存一百二十二卷(文編一至一百二十、姓名總目一至二)

330000－1701－0057510　普 814.6/2126/c3　史部/詔令奏議類/奏議之屬

明大司馬盧公奏議十卷文集一卷詩集一卷首一卷　(明)盧象昇撰　清光緒元年(1875)會稽施惠刻本　八冊

330000－1701－0057512　G000150　史部/紀傳類/正史之屬

漢書一百卷　(漢)班固撰　(唐)顏師古注　清光緒十三年(1887)金陵書局刻本　十六冊

330000－1701－0057514　普 951.047094/3424/2/c1　類叢部/叢書類/家集之屬

洪氏晦木齋叢書二十種　(清)洪汝奎編　清同治八年至宣統元年(1869－1909)刻本　一冊　存一種

330000－1701－0057515　普 925.109847/2717　集部/別集類/清別集

桐華舸褎忠詩鈔一卷　(清)鮑瑞駿撰　清光緒三年(1877)刻本　一冊

330000－1701－0057516　普 814.6/2126/2　史部/詔令奏議類/奏議之屬

明大司馬盧公奏議十卷文集一卷詩集一卷首一卷　(明)盧象昇撰　清光緒三十四年(1908)刻本　八冊

330000－1701－0057518　普 814.6/1171/2/c2　集部/別集類/明別集

新刻張太岳先生詩文集四十六卷　(明)張居正撰　**太師張文忠公[居正]行實一卷**　清刻本　十五冊

330000－1701－0057521　普 951.047094/

3424/2/c2　類叢部/叢書類/家集之屬
洪氏晦木齋叢書二十種　(清)洪汝奎編　清同治八年至宣統元年(1869－1909)刻本　一冊　存一種

330000－1701－0057522　普 951.048/3547　史部/紀傳類/正史之屬
遼金元三史語解四十六卷　(清)高宗弘曆敕撰　清光緒四年(1878)江蘇書局刻本　十冊

330000－1701－0057525　普 814.6/21261/c2　集部/別集類/明別集
汲古堂集二十八卷　(明)何白撰　清道光十六年(1836)東甌梅嶼守直堂刻本　十冊

330000－1701－0057526　普 814.6/1171/3　集部/別集類/明別集
新刻張太岳先生詩文集四十六卷　(明)張居正撰　**太師張文忠公[居正]行實一卷**　清刻本　十二冊

330000－1701－0057527　普 951.05/3030　史部/紀傳類/正史之屬
二十四史　清同治至光緒五省官書局據汲古閣本等合刻光緒五年(1879)湖北書局彙印本　四十冊　存一種

330000－1701－0057528　GP06851　集部/別集類/明別集
東洲賸稿二卷附錄一卷　(明)夏良勝撰　清咸豐元年(1851)刻本　一冊

330000－1701－0057530　G000151　史部/政書類/邦交之屬
丁未和會類要四卷　(清)□□編　清末鉛印本　一冊　存二卷(三至四)

330000－1701－0057532　普 951.05/3030/(2)　史部/紀傳類/正史之屬
二十四史　清同治至光緒五省官書局據汲古閣本等合刻光緒五年(1879)湖北書局彙印本　四十八冊　存一種

330000－1701－0057533　普 814.6/1171/5　集部/別集類/明別集
新刻張太岳先生詩文集四十七卷　(明)張居正撰　**太師張文忠公[居正]行實一卷　浩氣吟一卷**　(明)瞿式耜撰　清道光八年(1828)安化陶澍刻本　十二冊

330000－1701－0057534　G000216　類叢部/叢書類/彙編之屬
武英殿聚珍版書三十九種　清乾隆浙江刻本　一冊　存一種

330000－1701－0057536　普 951.05/3030/2　史部/紀傳類/正史之屬
二十四史附考證　清刻本　五十冊　存一種

330000－1701－0057538　普 925.109847/3145/c1　史部/傳記類/總傳之屬/忠孝
昭忠錄九十卷前編六卷　(清)忠義局編　清同治四年至十一年(1865－1872)江蘇忠義局刻本　五十冊

330000－1701－0057542　G000152　新學/議論/論政
公民必讀初編一卷二編一卷　孟昭常撰　清光緒三十四年(1908)預備立憲公會鉛印本　一冊　缺一卷(二編)

330000－1701－0057543　普 814.6/1171/7　集部/別集類/明別集
明張文忠公全集四十六卷附錄二卷　(明)張居正撰　清光緒二十七年(1901)紅藤碧樹山館刻本　十六冊

330000－1701－0057546　普 323.47/4672/4/c2　子部/儒家類/儒學之屬/經濟
皇朝經世文編一百二十卷姓名總目二卷　(清)賀長齡輯　**皇朝經世文續編一百二十卷姓名總目二卷生存姓名總目一卷**　(清)饒玉成輯　清同治十二年(1873)江右饒玉成雙峰書屋刻光緒八年(1882)續刻本(續編卷二十五、三十六、四十三、五十一、五十六、七十三、九十六、一百至一百二、一百五、一百七、一百九、一百十四至一百十五、一百十八原缺)　八十三冊　存一百二十二卷(文編一至一百二十、姓名總目一至二)

330000－1701－0057547　普 814.6/2740/c1

類叢部/叢書類/彙編之屬

正誼堂全書六十三種續刻五種 (清)張伯行編 (清)楊浚重編 清同治五年(1866)福州正誼書院刻同治八年至光緒十三年(1869-1887)續刻本 二冊 存一種

330000-1701-0057551 普 323.47/4672/4/c3 子部/儒家類/儒學之屬/經濟

皇朝經世文編一百二十卷姓名總目二卷 (清)賀長齡輯 **皇朝經世文續編一百二十卷姓名總目二卷生存姓名總目一卷** (清)饒玉成輯 清同治十二年(1873)江右饒玉成雙峰書屋刻光緒八年(1882)續刻本(續編卷二十五、三十六、四十三、五十一、五十六、七十三、九十六、一百至一百二、一百五、一百七、一百九、一百十四至一百十五、一百十八原缺) 七十七冊 存一百二十一卷(文編二至一百二十、總目一至二)

330000-1701-0057552 G000191 史部/傳記類/總傳之屬/技藝

歷代畫史彙傳七十二卷首一卷總目三卷附錄二卷 (清)彭蘊璨輯 清道光五年(1825)吳門彭氏尚志堂刻本 九冊 存三十卷(二十九至三十七、四十七至五十、五十五至六十四、六十八至七十二、附錄一至二)

330000-1701-0057555 G000153、G008550、G008980 史部/地理類/專志之屬/書院

東林書院志二十二卷 (清)高廷珍等撰 清光緒七年(1881)刻本 八冊

330000-1701-0057557 GP06854 新學/商務/商學

原富賸義不分卷 周仁撰撰 清光緒三十二年(1906)木活字印本 一冊

330000-1701-0057564 普 951.05/3030/4 史部/紀傳類/正史之屬

二十四史附考證 清光緒十八年(1892)武林竹簡齋石印本 十四冊 存一種

330000-1701-0057570 GP07563 類叢部/類書類/專類之屬

春秋經傳類聯三十三卷 (清)王繩曾撰 (清)屈作梅補注 清嘉慶七年(1802)刻本 二冊

330000-1701-0057574 普 951.05/3030/5 史部/紀傳類/正史之屬

二十四史附考證 清光緒二十八年(1902)武林竹簡齋石印本 十四冊 存一種

330000-1701-0057575 普 814.6/2166/c2 集部/別集類/明別集

何大復先生集三十八卷 (明)何景明撰 **附錄一卷** 清乾隆十五年(1750)何氏賜策堂刻本 八冊

330000-1701-0057576 G000154 史部/史表類/通代之屬

歷代統系錄六卷 (清)黃本騏撰 清道光十一年(1831)長沙黃氏刻本 一冊

330000-1701-0057577 GP06856 集部/別集類/清別集

南宋樂府一卷 (清)章季英撰 清光緒二年(1876)歸安趙氏成都刻本 一冊

330000-1701-0057579 普 925.109847/3145/c2 史部/傳記類/總傳之屬/忠孝

昭忠錄九十卷 (清)忠義局編 清同治四年至十一年(1865-1872)江蘇忠義局刻本 四十四冊 存二十八卷(六十三至九十)

330000-1701-0057581 普 814.6/2166/c3 集部/別集類/明別集

何大復先生集三十八卷 (明)何景明撰 **附錄一卷** 清乾隆十五年(1750)何氏賜策堂刻本 八冊

330000-1701-0057583 普 814.6/2836 類叢部/叢書類/彙編之屬

海山仙館叢書五十六種 (清)潘仕成編 清道光二十五年至咸豐元年(1845-1851)番禺潘氏刻光緒十一年(1885)增刻彙印本 六冊 存一種

330000-1701-0057584 G000192、G001582 經部/小學類/文字之屬/字書/字體

六書分類十二卷首一卷 (清)傅世垚輯 清

聽松閣刻本　三冊　存三卷(二、四、六)

330000－1701－0057585　G000155、G000321　史部/地理類/外紀之屬

海國圖志六十卷　(清)魏源撰　清道光二十九年(1849)古微堂刻本　三十一冊　存五十九卷(一、三至六十)

330000－1701－0057589　普814.6/2166/2　集部/別集類/明別集

何大復先生集三十八卷　(明)何景明撰　**附錄一卷**　清乾隆十五年(1750)何氏賜策堂刻本　十二冊

330000－1701－0057590　GP07567　集部/別集類/元別集

九靈山房集三十卷補編二卷　(元)戴良撰　**戴九靈先生[良]年譜一卷**　(清)戴殿江　(清)戴殿泗編　清乾隆三十六年(1771)浦江戴氏傳經書屋刻本　八冊

330000－1701－0057591　GP07518　子部/藝術類/遊藝之屬/博戲

漢官儀三卷　(宋)劉攽撰　清道光四年(1824)歙縣鮑氏影宋刻本　一冊

330000－1701－0057592　普323.47/4672/6　子部/儒家類/儒學之屬/經濟

皇朝經世文編一百二十卷姓名總目二卷　(清)賀長齡輯　清光緒十三年(1887)上海點石齋石印本　十二冊

330000－1701－0057593　普951.05/3193/c1　史部/紀傳類/正史之屬

元史本證五十卷　(清)汪輝祖學　(清)汪繼培補　清嘉慶七年(1802)汪氏刻本　十六冊

330000－1701－0057595　普323.47/4672/5　子部/儒家類/儒學之屬/經濟

皇朝經世文編一百二十卷姓名總目二卷　(清)賀長齡輯　清光緒二十二年(1896)上海掃葉山房鉛印本　二十四冊

330000－1701－0057596　普814.6/2740/c3　類叢部/叢書類/彙編之屬

正誼堂全書六十三種續刻五種　(清)張伯行編　(清)楊浚重編　清同治五年(1866)福州正誼書院刻同治八年至光緒十三年(1869－1887)續刻本　一冊　存一種

330000－1701－0057598　普323.47/4672/7　子部/儒家類/儒學之屬/經濟

皇朝經世文編補一百二十卷姓名總目二卷　(清)賀長齡輯　(清)張鵬飛補並輯評　清道光二十九年(1849)安康張鵬飛來鹿堂刻咸豐元年(1851)重修本　八十四冊　缺八卷(一至三、二十、八十八、一百七、總目一至二)

330000－1701－0057599　普814.6/2435　子部/宗教類/佛教之屬/諸宗

憨山老人夢遊集五十五卷　(明)釋德清撰　(明)釋福善錄　(明)釋通炯輯　清光緒五年(1879)江北刻經處刻本　二十冊

330000－1701－0057600　GP06857　類叢部/叢書類/家集之屬

安吉施氏遺著五種　(清)戴翊清　(清)朱廷燮編　清光緒十七年(1891)刻本　二冊

330000－1701－0057601　GP06846　子部/術數類/陰陽五行之屬

增廣玉匣記通書六卷　清咸豐二年(1852)刻本　二冊

330000－1701－0057602　GP07564　子部/醫家類/兒科之屬/痘疹

引痘略一卷　(清)邱熺撰　清光緒二十四年(1898)刻本　一冊

330000－1701－0057603　普925.109847/3488/c1　史部/傳記類/總傳之屬/忠孝

壬寅乍浦殉難錄一卷補遺一卷附錄一卷　(清)沈筠輯　清道光二十四年(1844)刻本　一冊

330000－1701－0057605　普323.47/4672/8　子部/儒家類/儒學之屬/經濟

皇朝經世文編一百二十卷姓名總目二卷　(清)賀長齡輯　清光緒二十四年(1898)上海宏文閣鉛印本　二十四冊

330000－1701－0057606　普951.05/3193/c2

史部/紀傳類/正史之屬
元史本證五十卷　(清)汪輝祖學　(清)汪繼培補　清嘉慶七年(1802)汪氏刻本　六冊

330000－1701－0057607　普323.47/4672.02　子部/儒家類/儒學之屬/經濟
皇朝經世文續編一百二十卷姓名總目三卷　(清)盛康輯　盛宣懷編次　清光緒二十三年(1897)武進盛氏思補樓刻本　八十冊

330000－1701－0057609　G000193　類叢部/叢書類/彙編之屬
祕書廿一種　(清)汪士漢編　清康熙七年(1668)汪士漢據明刻古今逸史板重編印本　一冊　存二種

330000－1701－0057611　普814.6/2500　集部/别集類/明别集
朱文懿公文集十二卷　(明)朱賡撰　明天啓刻本　八冊

330000－1701－0057615　普814.6/2743　集部/别集類/明别集
春草齋文集選六卷　(明)烏斯道撰　(清)熊伯龍選　(清)黄敬修評　清康熙慈谿烏震刻本　二冊

330000－1701－0057619　普951.05/4448/c1　史部/雜史類/斷代之屬
三河創業記五卷　(清)范壽金撰　清光緒三十三年(1907)石印本　二冊

330000－1701－0057620　普814.6/2501　集部/别集類/明别集
淩谿先生集十八卷　(明)朱應登撰　清道光十五年(1835)宜祿堂刻本　四冊

330000－1701－0057622　普951.05/4448/c2　史部/雜史類/斷代之屬
三河創業記五卷　(清)范壽金撰　清光緒三十三年(1907)石印本　二冊

330000－1701－0057624　普951.05/4448/c3　史部/雜史類/斷代之屬
三河創業記五卷　(清)范壽金撰　清光緒三十三年(1907)石印本　二冊

330000－1701－0057627　HJL0498　類叢部/叢書類/彙編之屬
武英殿聚珍版書一百三十八種　清乾隆武英殿木活字印本　十二冊　存三種

330000－1701－0057629　GP06859　類叢部/叢書類/彙編之屬
半厂叢書初編十種　(清)譚獻編　清同治至光緒仁和譚氏刻本　一冊　存一種

330000－1701－0057632　普814.6/2513　集部/别集類/明别集
練中丞金川集二卷遺事錄一卷　(明)練安撰　清康熙二年(1663)高檠刻本　二冊

330000－1701－0057633　GP07565　子部/醫家類/綜合之屬/通論
醫級十卷首一卷末一卷　(清)董西園撰　清乾隆四十二年(1777)刻本　十二冊

330000－1701－0057635　G000194　類叢部/叢書類/彙編之屬
續知不足齋叢書(續鮑叢書)十七種　(清)高承勳編　清渤海高氏刻本　二冊　存五種

330000－1701－0057636　普814.6/2749/(2)　集部/别集類/明别集
震川先生集三十卷别集十卷附錄一卷補編一卷　(明)歸有光撰　(清)歸莊校勘　(清)錢謙益選定　(清)歸玠編輯　清康熙十年至十四年(1671－1675)常熟歸莊、歸玠等刻本　八冊　缺一卷(補編)

330000－1701－0057640　GP06860　史部/傳記類/科舉録之屬/歷科鄉試録
光緒二十年甲午科廣東鄉試錄一卷　(清)王蔭槐　(清)唐景宗編　清光緒二十年(1894)刻本　一冊

330000－1701－0057641　GP06865　類叢部/叢書類/彙編之屬
增訂漢魏叢書八十六種　(清)王謨編　清乾隆五十六年(1791)金谿王氏刻本　一冊　存二種

330000－1701－0057644　G000156、G004870

史部/地理類/雜志之屬
宸垣識畧十六卷 （清）吳長元撰 清同治二年（1863）文淵堂刻本 八冊

330000－1701－0057645 G000195 類叢部/叢書類/彙編之屬
說鈴前集三十七種後集十六種 （清）吳震方編 清刻本 一冊 存一種

330000－1701－0057647 G000196 子部/術數類/相宅相墓之屬
地理辨正疏五卷首一卷末一卷 （清）張心言撰 清道光九年（1829）培杏書屋刻本 奎垣題記 一冊 存二卷（首、一）

330000－1701－0057648 GP06866 子部/醫家類/溫病之屬/瘟疫
瘟疫論類編五卷 （明）吳有性撰 （清）劉奎訂正 （清）劉秉錦編釋 清嘉慶四年（1799）刻本 二冊

330000－1701－0057649 普814.6/2521/c1 類叢部/叢書類/家集之屬
玉山朱氏遺書二種 （清）諸可寶編 清光緒二十六年（1900）玉山書院刻本 一冊 存一種

330000－1701－0057651 GP06862 類叢部/叢書類/自著之屬
五經歲徧齋校書三種 （清）翟云升輯 清道光東萊翟氏刻本 八冊 存一種

330000－1701－0057652 G000197、G004398 集部/小說類/長篇之屬
綉像綠牡丹全傳六卷六十四回 清刻本 五冊 存五卷（二至六）

330000－1701－0057656 普814.6/2749/2 集部/別集類/明別集
震川先生集三十卷別集十卷附錄一卷補編一卷 （明）歸有光撰 （清）歸莊校勘 （清）錢謙益選定 （清）歸玠編輯 清康熙十年至十四年（1671－1675）常熟歸氏刻乾隆四十八年（1783）歸景灝等重修本 三十二冊 缺一卷（補編）

330000－1701－0057660 普814.6/2521/c2 類叢部/叢書類/家集之屬
玉山朱氏遺書二種 （清）諸可寶編 清光緒二十六年（1900）玉山書院刻本 一冊 存一種

330000－1701－0057662 G000198、G005973 類叢部/類書類/專類之屬
商賈便覽六集□□卷 （清）吳中孚撰 清嘉慶十三年（1808）大興堂刻本 六冊 存十卷（一至十）

330000－1701－0057666 G000158 經部/春秋公羊傳類/傳說之屬
春秋公羊經傳解詁十二卷 （漢）何休撰 （唐）陸德明音義 **重刊宋紹熙公羊傳注附音本校記一卷** （清）魏彥撰 清道光四年（1824）揚州汪氏問禮堂影刻宋紹熙本同治二年（1863）印本 八冊

330000－1701－0057668 GP06863 史部/地理類/遊記之屬/紀行
西征述一卷後西征述一卷 （清）蔣湘南撰 清道光十九年（1839）刻本 一冊

330000－1701－0057669 GP07566 集部/別集類/元別集
九靈山房集三十卷首一卷補編二卷 （元）戴良撰 **戴九靈先生[良]年譜一卷** （清）戴殿江 （清）戴殿泗編 清乾隆三十七年（1772）知不足齋刻本 六冊

330000－1701－0057670 GP07521 子部/天文曆算類/天文之屬
圜天圖說三卷續編二卷首一卷 （清）李明徹撰 清嘉慶二十四年（1819）松梅軒刻道光元年（1821）增刻本 五冊

330000－1701－0057673 普814.6/2521/2 史部/傳記類
歸顧朱三先生年譜合刻 （清）金吳瀾輯 清光緒六年（1880）嘉興金氏刻本 一冊 存一種

330000－1701－0057674 G000199 子部/宗

教類/佛教之屬/經

入定不定印經一卷 (唐)釋義淨譯 **不必定入定入印經一卷** (北魏)瞿曇般若流支譯 清宣統三年(1911)常州天寧寺刻本 一冊

330000－1701－0057675 普 925.109847/3488/c2 史部/傳記類/總傳之屬/忠孝

壬寅乍浦殉難錄一卷補遺一卷附錄一卷乍浦人物備采一卷 (清)沈筠輯 **先得月樓遺詩一卷** (清)朱蘭撰 清道光二十四年(1844)刻本 一冊

330000－1701－0057676 普 814.6/2749/5 集部/別集類/明別集

震川先生集三十卷別集十卷 (明)歸有光撰 (清)歸莊校勘 (清)錢謙益選定 (清)歸玠編輯 清光緒六年(1880)常熟歸氏刻本 十二冊

330000－1701－0057678 GP06867、G008790 史部/地理類/總志之屬/斷代

詠梅軒方輿紀略一卷續編一卷附輿圖總論註釋一卷 (清)謝蘭生撰 清咸豐八年(1858)刻本 二冊

330000－1701－0057680 G000200、G009230 經部/春秋左傳類/傳說之屬

左腴三卷 (清)潘希淦撰 清道光二十九年(1849)藝蘭書屋刻本 三冊

330000－1701－0057683 GP06868 類叢部/叢書類/家集之屬

富陽夏氏叢刻七種 夏震武 夏鼎武撰 清光緒至民國刻民國九年(1920)彙印本 一冊 存一種

330000－1701－0057686 G000201 經部/樂類/樂理之屬

樂論一卷 (□)童積超撰 清抄本 一冊

330000－1701－0057687 GP06880 史部/史表類/通代之屬

歷代紀元一卷後集一卷 (清)徐光奎撰 清嘉慶二十二年(1817)刻本 一冊

330000－1701－0057689 G000202 子部/術數類/占候之屬

驗雨盤天經一卷 (清)許選青訂 清光緒十二年(1886)抄本 一冊

330000－1701－0057690 GP06869 類叢部/叢書類/自著之屬

抗希堂十六種(抗希堂全集) (清)方苞撰 清康熙至嘉慶刻彙印本 二冊 存一種

330000－1701－0057691 G000203 子部/術數類/占候之屬

茅山祈雨法二卷 (清)許選青訂 清光緒抄本 二冊

330000－1701－0057696 GP06881 史部/地理類/外紀之屬

萬國地理全集三十八卷 清末刻本 一冊

330000－1701－0057699 GP06871 史部/地理類/遊記之屬/紀行

楚遊紀略一卷附詩集一卷 (清)呂正羽編 清道光十七年(1837)弋陽官署刻本 二冊

330000－1701－0057701 普 814.6/2564 集部/別集類/明別集

山帶閣集三十三卷附錄一卷 (明)朱曰藩撰 清道光十五年(1835)宜祿堂刻本 四冊

330000－1701－0057704 普 814.6/2564/(2)/c2 集部/別集類/明別集

山帶閣集三十三卷附錄一卷 (明)朱曰藩撰 清道光十五年(1835)宜祿堂刻本 八冊

330000－1701－0057705 GP06872 史部/政書類/邦計之屬/荒政

錫山荒政存稿一卷 (清)韓芸圃撰 清嘉慶二十一年(1816)刻本 一冊

330000－1701－0057709 GP07522 子部/天文曆算類/天文之屬

圜天圖說三卷續編二卷首一卷 (清)李明徹撰 清嘉慶二十四年(1819)松梅軒刻道光元年(1821)增刻本 五冊

330000－1701－0057712 普 814.6/2602 集部/別集類/明別集

程文恭公遺稿三十二卷 （明）程文德撰 **松谿程先生［文德］年譜一卷** （明）姜寶編 明萬曆十二年(1584)永康程光裕刻清咸豐至光緒補刻本 八冊 缺一卷(松谿程先生年譜)

330000－1701－0057716 GP01016 子部/藝術類/書畫之屬/法帖
趙松雪過秦論府君阡表雪賦歸田賦一卷 （元）趙孟頫書 清宣統二年(1910)新學會社石印本 一冊

330000－1701－0057717 HJL0187、HJL8425、HJL1962、HJL1038、HJL1425、HJL1981、HJL1426、HJL5170、HJL5308、HJL3168、HJL3712、HJL3713 類叢部/叢書類/彙編之屬
武英殿聚珍版書一百三十八種 清乾隆武英殿木活字印本 二十五冊 存十二種

330000－1701－0057718 GP01017 子部/藝術類/書畫之屬/法帖
趙撝叔墨蹟一卷 （清）趙之謙書 清宣統元年(1909)中國圖書公司石印本 一冊

330000－1701－0057723 普 814.6/2608 集部/別集類/明別集
樓山堂集二十七卷 （明）吳應箕撰 清嘉慶逢原齋木活字印本 六冊

330000－1701－0057730 G000159、G008135、G008862、G010646、G009640 類叢部/叢書類/自著之屬
曾忠襄公全集四種附二種 （清）曾國荃撰 清光緒二十九年(1903)刻本 五十冊 缺十四卷(曾忠襄公奏議一至十四)

330000－1701－0057737 普 814.6/2893 集部/別集類/明別集
增訂徐文定公集五卷首二卷 （明）徐光啓撰 **李之藻文稿一卷** （明）李之藻撰 清宣統元年(1909)上海慈母堂鉛印本 四冊

330000－1701－0057738 GP06874 類叢部/叢書類/家集之屬
瑞安南堤項氏叢書 清光緒刻本 一冊 存一種

330000 － 1701 － 0057739 普 925. 109847/7521/c1 史部/傳記類/總傳之屬/忠孝
忠義紀聞錄三十卷 （清）陳繼聰撰 清光緒八年(1882)刻本 八冊

330000－1701－0057740 G000204 子部/術數類/占候之屬
寶珠祈雨四卷 （□）張羽宸述 （□）施亮生稿 清光緒十五年(1889)許以銓抄本 四冊

330000－1701－0057744 GP06875 史部/傳記類/別傳之屬/事狀
朱昌頤行述一卷 （清）朱元慶撰 清末刻本 一冊

330000－1701－0057746 普 814.6/2893.3 集部/別集類/明別集
徐文定公集四卷 （明）徐光啓撰 **年譜一卷** 清光緒二十二年(1896)上海慈母堂鉛印本 一冊

330000－1701－0057747 GP06884 集部/詞類/類編之屬
百名家詞鈔 （清）聶先 （清）曾王孫編 清刻本 一冊 存六種

330000－1701－0057748 普 814.6/2630 集部/別集類/明別集
西墅草堂遺集五卷 （明）吳沛撰 （清）吳國鼎輯 清康熙十二年(1673)刻本 二冊

330000 － 1701 － 0057749 普 925. 109847/7521/c2 史部/傳記類/總傳之屬/忠孝
忠義紀聞錄三十卷續錄十卷 （清）陳繼聰撰 清光緒八年(1882)刻九年(1883)續刻十六年(1890)印本 傅雲岑題記 八冊

330000－1701－0057750 G000160 類叢部/叢書類/郡邑之屬
武林掌故叢編一百八十七種 （清）丁丙編 清光緒三年至二十六年(1877－1900)錢塘丁氏嘉惠堂刻本 一冊 存一種

330000－1701－0057751 G000205 類叢部/

叢書類/自著之屬

春在堂全書三十種 (清)俞樾撰　清光緒二十三年(1897)石印本　三册　存十四種

330000－1701－0057753　普 814.6/3030/c1　集部/别集類/明别集

宋文憲公全集八十卷 (明)宋濂撰　**年譜二卷附錄一卷** (清)朱興悌 (清)戴殿江纂　孫鏘增輯　**潛溪錄六卷首一卷** 丁立中編輯　孫鏘增補　清宣統二年至民國五年(1910－1916)四明孫氏成都刻本　二十八册

330000－1701－0057758　G000162　史部/編年類/斷代之屬

皇朝政典挈要八卷 (日本)增田貢撰 (清)毛淦補編　清光緒二十七年(1901)知新書局石印本　三册　存七卷(一至七)

330000－1701－0057759　GP06885　子部/宗教類/道教之屬

道貫真源十八種 (清)董德寧輯　清乾隆至嘉慶古越集陽樓刻本　一册　存一種

330000－1701－0057760　G000206　史部/金石類/總志之屬

金石續編二十一卷首一卷 (清)陸耀遹撰 (清)陸增祥校訂　清光緒十九年(1893)上海醉六堂石印本　一册　存四卷(首、一至三)

330000－1701－0057763　普 814.6/3030/c3　集部/别集類/明别集

宋文憲公全集八十卷 (明)宋濂撰　**年譜二卷附錄一卷** (清)朱興悌 (清)戴殿江纂　孫鏘增輯　**潛溪錄六卷首一卷** 丁立中編輯　孫鏘增補　清宣統二年至民國五年(1910－1916)四明孫氏成都刻本　二十八册

330000－1701－0057764　普 814.6/2633　集部/别集類/明别集

吳大身先生遺集七卷首一卷末一卷 (明)吳灝之撰 (清)吳廷相 (清)吳尚絅編輯　清乾隆刻本　二册　缺一卷(末)

330000－1701－0057765　普 925.109848/1038/c1　史部/傳記類/總傳之屬/忠孝

兩浙節孝祠節孝局公牘彙鈔不分卷　清光緒刻本　二册

330000－1701－0057766　G000207　史部/金石類/總志之屬

金石萃編一百六十卷 (清)王昶撰　清光緒十九年(1893)上海醉六堂石印本　一册　存八卷(九十九至一百六)

330000－1701－0057767　普 814.6/3030/c4　集部/别集類/明别集

宋文憲公全集八十卷 (明)宋濂撰　**年譜二卷附錄一卷** (清)朱興悌 (清)戴殿江纂　孫鏘增輯　**潛溪錄六卷首一卷** 丁立中編輯　孫鏘增補　清宣統二年至民國五年(1910－1916)四明孫氏成都刻本　二十四册　缺二卷(潛溪錄首、一)

330000－1701－0057768　G000163、G007926　史部/政書類/考工之屬/營造

萬年橋誌八卷 (清)謝寄雲等輯　清光緒二十年至二十二年(1894－1896)刻本　四册

330000－1701－0057769　GP06886　集部/詞類/總集之屬

宋四家詞選一卷 (清)周濟輯　清道光刻本　一册

330000－1701－0057770　普 925.109848/1038/c2　史部/傳記類/總傳之屬/忠孝

兩浙節孝祠節孝局公牘彙鈔不分卷　清光緒刻本　二册

330000－1701－0057772　普 814.6/2762　集部/别集類/明别集

繆西垣先生文集十一卷附錄一卷 (明)繆國維撰 (清)繆彤編　清康熙繆彤刻本　八册

330000－1701－0057774　普 814.6/2649　類叢部/叢書類/彙編之屬

風雨樓叢書二十三種　鄧實編　清宣統順德鄧氏鉛印本　六册　存一種

330000－1701－0057776　GP07568　史部/傳記類/總傳之屬/家乘

[浙江桐鄉]朱氏重修遷浙支譜十卷 (清)朱

之棒纂修　朱景邁增補　清宣統元年(1909)刻民國二年(1913)印本　八冊

330000－1701－0057777　GP06887　子部/醫家類/溫病之屬/其他溫疫病證
溫熱贅言一卷　(清)寄瓢子撰　清吳氏靈鶴山房刻本　姚宣甫訂　一冊

330000－1701－0057780　普814.6/3030.2　集部/別集類/明別集
宋文憲公全集五十三卷首四卷　(明)宋濂撰　清嘉慶十五年(1810)金華府學刻道光二十二年(1842)補刻本　二十四冊

330000－1701－0057781　普814.6/2764　集部/別集類/明別集
從野堂存稿八卷外集五卷附錄一卷　(明)繆昌期撰　(清)繆之鎔編　**[繆昌期]年譜一卷**　(清)繆之鎔撰　清同治十三年(1874)海陵別業刻本　四冊

330000－1701－0057782　普814.6/2649.2　集部/總集類/郡邑之屬
嘉定四先生集(嘉定四君集)八十七卷　(明)謝三賓輯　明崇禎刻清康熙三十三年(1694)陸廷燦重修本　二冊　存二卷(松圓偈庵集一至二)

330000－1701－0057784　GP06888　子部/醫家類/喉科口齒之屬/喉痧
爛喉痧痧輯要一卷　(清)金德鑑撰　清刻本　一冊

330000－1701－0057786　G605680、G000208　子部/醫家類/綜合之屬/合刻、合抄
景岳全書六十四卷　(明)張介賓撰　清刻本　三冊　存七卷(四十至四十三、五十二至五十四)

330000－1701－0057787　普814.6/3030.2(2)　集部/別集類/明別集
宋文憲公全集五十三卷首四卷　(明)宋濂撰　清嘉慶十五年(1810)金華府學刻本　五十六冊

330000－1701－0057788　G000164　類叢部/叢書類/自著之屬
王漁洋遺書三十八種　(清)王士禛撰　清刻本　一冊　存一種

330000－1701－0057790　GP06889　集部/別集類/清別集
鶴麓山房詩稿六卷　(清)葉煒撰　清嘉慶二十五年(1820)刻本　一冊

330000－1701－0057792　普814.6/2764/2　類叢部/叢書類/郡邑之屬
常州先哲遺書七十二種　盛宣懷編　清光緒二十一年至三十三年(1895－1907)武進盛氏思惠齋刻宣統彙印本　三冊　存一種

330000－1701－0057798　G000165　史部/地理類/方志之屬/郡縣志
[光緒]黎里續志十六卷首一卷　(清)蔡丙圻纂　清光緒二十五年(1899)禊湖書院刻本　六冊　缺一卷(八)

330000－1701－0057799　普814.6/3030.3/c3　集部/別集類/明別集
宋學士全集三十二卷補遺八卷附錄二卷　(明)宋濂撰　清同治十三年(1874)永康胡氏退補齋刻金華叢書本　傅雲岑題記　三十九冊　缺一卷(一)

330000－1701－0057803　普814.6/3030.3/c4　類叢部/叢書類/郡邑之屬
金華叢書六十八種　(清)胡鳳丹編　清同治七年至光緒八年(1868－1882)永康胡氏退補齋刻民國補刻本　三十八冊　存一種

330000－1701－0057805　普925.10986/2650/c1　類叢部/叢書類/彙編之屬
崇文書局彙刻書三十一種　(清)崇文書局編　清光緒元年至三年(1875－1877)湖北崇文書局刻本　一冊　存一種

330000－1701－0057806　GP07519　子部/藝術類/遊藝之屬/博戲
漢官儀三卷　(宋)劉攽撰　清道光四年(1824)歙縣鮑氏影宋刻本　一冊

330000－1701－0057809　GP06876　史部/

叢編

史筏　(清)張承恩輯　清道光三十年(1850)墨池書舍刻本　六冊

330000－1701－0057810　普 925.10986/2650/c2　類叢部/叢書類/彙編之屬

崇文書局彙刻書三十一種　(清)崇文書局編　清光緒元年至三年(1875－1877)湖北崇文書局刻本　一冊　存一種

330000－1701－0057812　普 814.6/3105/c1　集部/别集類/明别集

青湖先生文集十四卷首一卷末一卷　(明)汪應軫撰　清同治十三年(1874)汪瑔廣州刻本　六冊

330000－1701－0057814　M000390、M006610、M007041、G611447、M007705、M008075　史部/編年類/通代之屬

御批歷代通鑑輯覽一百二十卷　(清)傅恒等撰　清光緒三十年(1904)文通書局石印本　二十八冊　存一百四卷(五至十八、二十七至四十二、四十七至一百二十)

330000－1701－0057815　GP06890　集部/别集類/清别集

寄間館詩稿二卷　(清)徐銓撰　清道光十四年(1834)刻本　二冊

330000－1701－0057816　普 814.6/2764/3　集部/别集類/明别集

從野堂存稿四卷補遺一卷附錄一卷　(明)繆昌期撰　(清)繆之鎔編　**[繆昌期]年譜一卷**　(清)繆之鎔撰　清光緒二十一年(1895)武進盛氏思惠齋刻朱印本　四冊

330000－1701－0057818　普 951.05023/8346　史部/紀傳類/正史之屬

二十四史　清同治至光緒五省官書局據汲古閣本等合刻光緒五年(1879)湖北書局彙印本　一冊　存一種

330000－1701－0057819　G000214　類叢部/叢書類/彙編之屬

武英殿聚珍版書三十九種　清乾隆浙江刻本　一冊　存一種

330000－1701－0057826　普 814.6/2772/c1、普 814.6/2818/c1　類叢部/叢書類/郡邑之屬

武林往哲遺箸五十二種後編十種　(清)丁丙編　清光緒二十年至二十六年(1894－1900)錢塘丁氏嘉惠堂刻本　十一冊　存二種

330000－1701－0057827　GP06892　集部/别集類/清别集

焦山詩錄一卷　(清)吳大田撰　清道光刻本　一冊

330000－1701－0057828　GP06877　史部/傳記類/總傳之屬/郡邑

荆門耆舊紀略三卷烈女紀略一卷　(清)胡作炳撰　清康熙刻本　一冊　缺一卷(烈女紀略)

330000－1701－0057831　G000209、G000213、G000212、G000210、G000211　類叢部/叢書類/彙編之屬

正覺樓叢刻(正覺樓叢書)二十九種　(清)崇文書局編　清光緒崇文書局刻本　五冊　存五種

330000－1701－0057832　普 951.05023/8346/(2)/c3　史部/紀傳類/正史之屬

二十四史　清同治至光緒五省官書局據汲古閣本等合刻光緒五年(1879)湖北書局彙印本　二冊　存一種

330000－1701－0057834　GP06893　集部/别集類/清别集

盟雲山館初稿一卷　(清)殳嵋生撰　清道光刻本　一冊

330000－1701－0057835　普 814.6/2772/c4、普 814.6/2828/c2　類叢部/叢書類/郡邑之屬

武林往哲遺箸五十二種後編十種　(清)丁丙編　清光緒二十年至二十六年(1894－1900)錢塘丁氏嘉惠堂刻本　十一冊　存二種

330000－1701－0057837　G000166　史部/地

理類/方志之屬/郡縣志

[嘉慶]黎里志十六卷首一卷 (清)徐達源纂 清嘉慶十年(1805)吳江徐氏孚遠堂刻本 三冊 存十二卷(五至十六)

330000 - 1701 - 0057838 普 951. 05023/8346/2 類叢部/叢書類/自著之屬

潛研堂全書十六種 (清)錢大昕撰 清乾隆至嘉慶刻本 二冊 存一種

330000 - 1701 - 0057840 GP06879 子部/天文曆算類/曆法之屬

御纂歷代三元甲子編年一卷 (清)欽天監編 清乾隆刻本 一冊

330000 - 1701 - 0057842 G000167 史部/地理類/山川之屬/山志

浮山新志三卷 (清)賴洪禧輯 清道光刻本 一冊 存一卷(一)

330000 - 1701 - 0057844 普 951. 05023/8346/3 類叢部/叢書類/自著之屬

嘉定錢氏潛研堂全書二十一種 (清)錢大昕撰 清光緒十年(1884)長沙龍氏家塾刻本 二冊 存一種

330000 - 1701 - 0057845 GP06894 集部/別集類/清別集

笛漁小稾十卷 (清)朱昆田撰 清康熙五十三年(1714)秀水朱稻孫刻本 清朱昆田題記 二冊

330000 - 1701 - 0057846 普 814. 6/3105/c3 集部/別集類/明別集

青湖先生文集十四卷首一卷末一卷 (明)汪應軫撰 清同治十三年(1874)汪瑔廣州刻本 六冊

330000 - 1701 - 0057848 GP06897 集部/別集類/清別集

友白齋存稿一卷 (清)陳鴻軒撰 清道光七年(1827)刻本 一冊

330000 - 1701 - 0057849 GP06899 集部/別集類/清別集

陶山詩錄二十八卷 (清)唐仲冕撰 清嘉慶十六年(1811)江南通州酌民言堂刻本 八冊

330000 - 1701 - 0057851 G000168 史部/地理類/山川之屬/山志

羅浮山志會編二十卷首一卷 (清)宋廣業輯 清康熙五十五年(1716)長洲宋志益刻本 一冊 存四卷(十五至十八)

330000 - 1701 - 0057852 普 814. 6/3135/c2 類叢部/叢書類/自著之屬

顧端文公遺書十五種附一種 (明)顧憲成撰 清光緒三年(1877)涇里顧氏宗祠刻本 六冊 存一種

330000 - 1701 - 0057854 普 951. 05092/4795 史部/編年類/斷代之屬

元史續編十六卷 (明)胡粹中撰 清嘉慶二十二年(1817)振古堂刻本 二冊

330000 - 1701 - 0057856 GP06898 類叢部/叢書類/自著之屬

太虛齋存稿二十三種 (清)蔡廷弼撰 清嘉慶至道光刻本 一冊 存八種

330000 - 1701 - 0057858 普 814. 6/3140 集部/別集類/明別集

炳燭齋文集初刻一卷續刻一卷 (明)顧大韶撰 清宣統元年(1909)上海國學扶輪社鉛印本 二冊

330000 - 1701 - 0057859 普 951. 05093/7556/2/c1 史部/紀事本末類

紀事本末彙刻八種 (清)廣雅書局輯 清光緒廣雅書局刻本 三冊 存一種

330000 - 1701 - 0057861 G000169 類叢部/類書類/通類之屬

太平御覽一千卷目錄十五卷 (宋)李昉等輯 清嘉慶十二年至十七年(1807 - 1812)歙縣鮑崇城刻本 一冊 存十卷(三百十五至三百二十四)

330000 - 1701 - 0057863 GP07569 集部/別集類/宋別集

山居存稾一卷 (宋)陳必復撰 **端隱吟稿一卷** (宋)林尚仁撰 **斗野稾支卷一卷** (宋)

張蘊撰　清影印本　一册

330000－1701－0057865　普 951.05093/7556/2/c2　史部/紀事本末類
紀事本末彙刻八種　(清)廣雅書局輯　清光緒廣雅書局刻本　三册　存一種

330000－1701－0057866　普 814.6/3441　集部/别集類/明别集
湛甘泉先生文集三十二卷　(明)湛若水撰　清康熙二十年(1681)黄楷刻本　十册

330000－1701－0057868　普 925.10986/2650/c4　類叢部/叢書類/彙編之屬
崇文書局彙刻書三十一種　(清)崇文書局編　清光緒元年至三年(1875－1877)湖北崇文書局刻本　一册　存一種

330000－1701－0057869　普 951.05093/7556/2/c3　史部/紀事本末類
紀事本末彙刻八種　(清)廣雅書局輯　清光緒廣雅書局刻本　三册　存一種

330000－1701－0057870　GP06900　集部/别集類/清别集
陸桴亭先生文集五卷　(清)陸世儀撰　(清)張伯行編訂　清康熙正誼堂刻本　二册

330000－1701－0057871　普 925.10986/2650/c3　史部/傳記類/總傳之屬/隱逸
高士傳三卷　(晉)皇甫謐撰　清光緒三年(1877)湖北崇文書局刻崇文書局彙刻書本　章嶔題簽　一册

330000－1701－0057872　G000170　集部/總集類/課藝之屬
春明課藝約刊不分卷　(清)朱拭之輯　清道光十三年(1833)刻本　一册

330000－1701－0057873　普 925.10986/2650/2　史部/傳記類/總傳之屬/隱逸
高士傳三卷附圖一卷　(晉)皇甫謐撰　(清)任熊繪　(清)王錫齡校　清咸豐八年(1858)蕭山王氏刻光緒三年(1877)張氏印本　二册

330000－1701－0057876　G000215、G009113、G007989　史部/地理類/外紀之屬
海國圖志一百卷首一卷　(清)魏源撰　**海國圖志續集二十五卷**　(英國)麥高爾　(英國)賈密倫　(英國)裴路撰　(美國)林樂知　(清)瞿昂來譯　(英國)傅蘭雅口譯　(清)徐建寅筆述　**海國圖志續集首一卷**　(朝鮮)鄧鏗撰　清光緒二十四年(1898)文賢閣石印本　六册　存四十六卷(四至三十六、續集十三至二十五)

330000－1701－0057877　普 814.6/2749　集部/别集類/明别集
震川先生集三十卷别集十卷附録一卷補編一卷　(明)歸有光撰　(清)歸莊校勘　(清)錢謙益選定　(清)歸玠編輯　清康熙十年至十四年(1671－1675)常熟歸莊、歸玠等刻本　十册　缺一卷(補編)

330000－1701－0057879　GP06895　子部/醫家類/兒科之屬/痘疹
重刊邱趙牛痘書三卷　(清)陳賢榮輯　**牛痘餘論一卷**　(清)陳賢榮撰　清光緒十二年(1886)四明壽嬰堂陳氏刻本　一册

330000－1701－0057882　G000217、G005063　類叢部/叢書類/郡邑之屬
涇川叢書四十四種續七種　(清)趙紹祖　(清)趙繩祖編　清嘉慶至道光涇縣趙氏古墨齋刻本　三册　存續二種

330000－1701－0057886　GP06896　集部/别集類/明别集
月當樓詩稿八卷　(明)季孟蓮撰　(清)汪有典重訂　清乾隆十四年(1749)無爲季氏刻本　二册

330000－1701－0057888　G000218　類叢部/叢書類/彙編之屬
申報館叢書正集五十七種附録三種續集一百四十二種　(清)尊聞閣主編　蔡爾康編續集　清同治至光緒上海申報館鉛印本　四册　存一種

330000－1701－0057889　普 925.10986/2650.02　類叢部/叢書類/彙編之屬

觀自得齋叢書二十三種別集六種　(清)徐士愷編　清光緒十三年至二十年(1887－1894)石埭徐氏刻本　二册　存一種

330000－1701－0057891　G000171、G002560　類叢部/叢書類/家集之屬

香海盦叢書　(清)徐琪輯　清仁和徐氏刻光緒二十年(1894)彙印本　四册　存一種

330000－1701－0057892　普925.10986/3145/c1　史部/傳記類/總傳之屬/仕宦

史外八卷　(清)汪有典撰　清同治三年(1864)廬陵尋樂山房刻本　八册

330000－1701－0057894　G000219　子部/小説家類/雜事之屬

豔史叢鈔十二種　(清)王韜編　清光緒四年(1878)弢園鉛印本　二册　存二種

330000－1701－0057896　GP07524　史部/政書類/軍政之屬/兵制

欽定五軍道里表十八卷　(清)福隆安等纂　清乾隆四十四年(1779)武英殿刻本　十册

330000－1701－0057897　GP06905　類叢部/類書類/專類之屬

新纂氏族箋釋八卷　(清)熊峻運輯　清乾隆五十五年(1790)月步樓刻本　四册

330000－1701－0057898　普925.10986/3145/c2　史部/傳記類/總傳之屬/仕宦

史外八卷　(清)汪有典撰　清同治三年(1864)廬陵尋樂山房刻本　四册

330000－1701－0057899　普814.6/3441/2　集部/别集類/明别集

湛甘泉先生文集三十二卷　(明)湛若水撰　清刻本　六册　存十八卷(一至十八)

330000－1701－0057900　M000255　子部/醫家類/綜合之屬/通論

欽定古今圖書集成醫部全録五百二十卷　(清)蔣廷錫　(清)陳夢雷等輯　清光緒二十二年至二十三年(1896－1897)石印本　五册　存四十四卷(四十一至四十八、一百五十一至一百五十九、二百五十九至二百七十七、三百七十七至三百八十四)

330000－1701－0057901　普814.6/3682　類叢部/叢書類/彙編之屬

津河廣仁堂叢書八十四種　(清)□□編　清光緒津河廣仁堂刻本　四册　存一種

330000－1701－0057902　普925.10986/3145/2/c2　史部/傳記類/總傳之屬/仕宦

史外八卷　(清)汪有典撰　清光緒三年(1877)巴陵謝維藩刻本　八册

330000－1701－0057903　GP06901　集部/别集類/清别集

雲腴仙館遺稿三卷　(清)姚樟撰　清同治刻本　一册

330000－1701－0057904　G000220　子部/小説家類/雜事之屬

豔史叢鈔十二種　(清)王韜編　清光緒四年(1878)弢園鉛印本　一册　存二種

330000－1701－0057906　GP06906　子部/藝術類/音樂之屬/琴學

誠一堂琴譜六卷琴談二卷　(清)程允基輯　清康熙四十四年(1705)程允基誠一堂刻聚錦堂印本　六册

330000－1701－0057907　普925.10986/3145/3　史部/傳記類/總傳之屬/仕宦

史外三十二卷　(清)汪有典撰　清乾隆十三年(1748)刻本　六册

330000－1701－0057908　普814.6/3682/2　集部/别集類/明别集

明况太守龍岡公治蘇政績全集十六卷補遺一卷首一卷　(明)况鍾撰　(清)况廷秀輯　清道光二十九年(1849)蘇州府刻本　六册

330000－1701－0057911　普814.6/3682/3　集部/别集類/明别集

明况太守龍岡公治蘇政績全集十六卷首一卷續集十二卷　(明)况鍾撰　(清)况廷秀輯　清乾隆二十九年(1764)刻本　五册　缺四卷(續集九至十二)

330000－1701－0057912　GP06907　子部/雜著類/雜考之屬
羣書疑辨十二卷　(清)萬斯同撰　清嘉慶二十一年(1816)刻本　六冊

330000－1701－0057913　G000172　史部/紀傳類/正史之屬
四史　清光緒十三年(1887)金陵書局刻本　十四冊　存一種

330000－1701－0057918　G000221　史部/紀傳類/正史之屬
二十四史附考證　清光緒三十三年(1907)上海華商集成圖書公司鉛印本　一冊　存一種

330000－1701－0057920　GP06908　子部/藝術類/書畫之屬
字學津梁不分卷　(清)傅起儒輯　清康熙刻本　四冊

330000－1701－0057921　普814.6/3626　集部/别集類/明别集
懷星堂全集三十卷　(明)祝允明撰　清宣統二年(1910)中國書畫會鉛印本　八冊

330000－1701－0057922　普814.6/3722　集部/别集類/明别集
祁忠惠公遺集十卷補編一卷　(明)祁彪佳撰　(清)杜煦編　(清)杜春生補編　清道光十五年(1835)刻二十二年(1842)增刻本　四冊

330000－1701－0057926　普814.6/3626.2/c1　集部/别集類/明别集
枝山文集四卷　(明)祝允明撰　清同治十三年(1874)元和祝氏刻本　四冊

330000－1701－0057929　普814.6/3626.2/c2　集部/别集類/明别集
枝山文集四卷　(明)祝允明撰　清同治十三年(1874)元和祝氏刻本　四冊

330000－1701－0057934　普814.6/3722/(2)　集部/别集類/明别集
祁忠惠公遺集十卷　(明)祁彪佳撰　(清)杜煦編　(清)杜春生補編　**祁奕喜紫芝軒逸稿一卷**　(清)堵安選　(清)杜煦　(清)杜春生輯　**商夫人錦囊集一卷**　(清)劉禮林選　(清)杜煦　(清)杜春生輯　**未焚集一卷**　(清)祁德瓊撰　(清)杜煦　(清)杜春生輯　清道光十五年(1835)刻本　八冊

330000－1701－0057936　G000222　子部/儒家類/儒學之屬
孔子集語十七卷　(清)孫星衍輯　清光緒二十三年(1897)文瑞樓石印本　一冊　存九卷(一至九)

330000－1701－0057943　GP06902　子部/雜著類/雜纂之屬
心齋雜組二卷　(清)張潮撰　清嘉慶詒清堂刻本　二冊

330000－1701－0057944　GP06904　類叢部/叢書類/彙編之屬
津逮祕書十五集一百四十種　(明)毛晉編　明崇禎虞山毛氏汲古閣刻本　五冊　存一種

330000－1701－0057949　GP06909　子部/雜著類/雜考之屬
識小編二卷　(清)董豐垣撰　清乾隆刻本　一冊

330000－1701－0057950　普925.10987/0143　集部/别集類/清别集
百美新詠一卷集詠一卷圖傳一卷　(清)顔希源撰　清嘉慶刻本　四冊　存二卷(集詠、圖傳)

330000－1701－0057952　普814.6/3730　集部/别集類/明别集
新喻梁石門先生集十卷首一卷末一卷　(明)梁寅撰　清光緒十五年(1889)射洪鍾體志刻本　六冊

330000－1701－0057953　GP06910　子部/藝術類/書畫之屬/畫法畫品
畫梅心語一卷　(清)姚燮撰　清刻本　蟾題記　一冊

330000－1701－0057954　G000252、G000253　經部/叢編
十三經註疏　(明)□□輯　明崇禎元年至十

二年(1628－1639)毛氏汲古閣刻清重修本　八冊　存二種

330000－1701－0057958　G000223、G010512、G009873　經部/群經總義類/文字音義之屬
御纂七經序錄七卷　(清)何天衢編　清道光刻本　四冊

330000－1701－0057959　GP06911　子部/藝術類/書畫之屬
畫賸一卷書眼一卷　(明)李日華撰　清刻本　蟾子題記　一冊

330000－1701－0057960　G000224、G005812、G006328　子部/宗教類/佛教之屬/經疏
大方廣佛華嚴經疏鈔會本二百二十卷　(唐)釋實叉難陀譯　(唐)釋澄觀撰　清光緒九年(1883)常昭刻經處刻本　十三冊　存三十九卷(十二至十七、一百三十六至一百四十二、一百五十一至一百七十六)

330000－1701－0057961　普925.10987/1111　類叢部/叢書類/彙編之屬
天台張氏兩銘樓叢書　(清)張廷琛編　清光緒至宣統木活字印本　二冊　存一種

330000－1701－0057962　G000225、G003813、G007582、G009638、G010047　子部/雜著類/雜考之屬
讀書記疑十六卷　(清)王懋竑撰　清同治十一年(1872)福建撫署刻本　八冊

330000－1701－0057963　GP06912　子部/雜著類/雜說之屬
賓退錄十卷　(宋)趙與旹撰　清乾隆十七年(1752)存恕堂刻本　二冊

330000－1701－0057964　GP06920　經部/小學類/文字之屬/字書/字典
經韻集字析解二卷　(清)熊守謙撰　(清)彭良敞集注　清道光十四年(1834)張鵬翂刻本　四冊

330000－1701－0057965　普814.6/3812.2　集部/總集類/彙編之屬
丘海二公文集合編　(清)焦應漢輯　(清)賈棠編　清康熙四十七年(1708)刻本　二冊　存一種

330000－1701－0057967　G000226　集部/別集類/清別集
袁太僕訓子書一卷　(清)袁熊山撰　(清)袁蓺輯　清宣統元年(1909)石印本　一冊

330000－1701－0057968　普814.6/4006　類叢部/叢書類/郡邑之屬
常州先哲遺書七十二種　盛宣懷編　清光緒二十一年至三十三年(1895－1907)武進盛氏思惠齋刻宣統彙印本　三冊　存一種

330000－1701－0057969　G000227　史部/政書類/邦計之屬/鹽法
諸暨滷晶公據一卷　清光緒肆雅堂木活字印本　一冊

330000－1701－0057970　GP06913　類叢部/叢書類/自著之屬
榕村全書三十二種附十種　(清)李光地撰　清道光九年(1829)安溪李維迪刻本　一冊　存四種

330000－1701－0057971　HJL1357　子部/天文曆算類/算書之屬
九章方程一卷　(清)方貞元撰　清光緒二十四年(1898)歸安龐氏刻本　一冊

330000－1701－0057972　G000228　史部/地理類/專志之屬
中國歷代帝王建都歌一卷五洲各國京城歌一卷　(清)許家惺撰　清光緒刻本　一冊

330000－1701－0057973　普814.6/4010　集部/別集類/明別集
紫栢老人集二十九卷首一卷　(明)釋真可撰　清刻本　十冊

330000－1701－0057975　GP06921　類叢部/叢書類/自著之屬
六譯館叢書七十三種　廖平撰　清光緒至民國刻民國十年(1921)四川存古書局彙印本　一冊　存一種

330000－1701－0057977　普 323.47/4672.023/c1　子部/儒家類/儒學之屬/經濟

皇朝經世文新增續編一百二十卷　(清)葛士濬輯　**皇朝經世文新增時務續編四十卷洋務續編八卷**　(清)甘韓輯　清光緒二十三年(1897)上海掃葉山房鉛印本　二十四冊　缺四十八卷(時務一至四十、洋務一至八)

330000－1701－0057978　普 323.47/4672.023/c2　子部/儒家類/儒學之屬/經濟

皇朝經世文新增續編一百二十卷　(清)葛士濬輯　**皇朝經世文新增時務續編四十卷洋務續編八卷**　(清)甘韓輯　清光緒二十三年(1897)上海掃葉山房鉛印本　二十四冊　缺四十八卷(時務一至四十、洋務一至八)

330000－1701－0057982　GP06914　子部/醫家類/養生之屬

蕊珠居集論二卷　(清)韋光黻撰　清道光刻本　一冊

330000－1701－0057984　G000254　史部/地理類/專志之屬/書院

白鹿書院志十九卷　(清)毛德琦原訂　(清)周兆蘭重修　清康熙五十七年(1718)刻乾隆道光同治宣統民國遞修本　八冊

330000－1701－0057985　普 925.10987/1242　史部/傳記類/總傳之屬/列女

列女傳十六卷　(漢)劉向撰　(明)汪道昆輯　(明)仇英繪圖　明萬曆刻清乾隆四十四年(1779)鮑氏知不足齋印本　八冊

330000－1701－0057986　GP06922　子部/儒家類/儒學之屬/經濟

揚子法言十三卷音義一卷　(漢)揚雄撰　(晉)李軌注　清嘉慶二十三年(1818)秦氏石研齋影宋刻本　二冊

330000－1701－0057987　HJL1435　類叢部/叢書類/彙編之屬

正覺樓叢刻(正覺樓叢書)二十九種　(清)崇文書局編　清光緒崇文書局刻本　三十六冊

330000－1701－0057989　GP06915　類叢部/叢書類/自著之屬

甌北全集八種　(清)趙翼撰　清光緒三年(1877)滇南唐氏刻本　二冊　存一種

330000－1701－0057990　HJL1359　子部/儒家類/儒學之屬/性理

習是編二卷　(清)屈成霖輯　清咸豐六年(1856)番禺許應鑅衍祥堂刻本　清沈鳳詔題簽並跋　四冊

330000－1701－0057991　HJL1916　史部/傳記類/總傳之屬/通代

於越先賢像傳贊二卷　(清)王齡撰　(清)任熊繪像　清咸豐七年(1857)蕭山王氏養龢堂刻本　二冊

330000－1701－0057993　普 925.10987/1243/c1　史部/傳記類/總傳之屬/列女

杭女表微錄十六卷首一卷　(清)孫樹禮輯　清光緒三十二年(1906)刻本　章嶔題簽並記　八冊

330000－1701－0057994　G000255　史部/編年類/通代之屬

同文堂綱鑑易知錄□□卷　(清)吳乘權等輯　清刻本　一冊　存三卷(六十三至六十五)

330000－1701－0057996　G000229、G006016　史部/地理類/山川之屬/水志

西湖志四十八卷　(清)李衛　(清)程元章修　(清)傅王露纂　清刻本　四冊　存九卷(三十八至四十六)

330000－1701－0057998　GP06924　類叢部/叢書類/彙編之屬

海山仙館叢書五十六種　(清)潘仕成編　清道光二十五年至咸豐元年(1845－1851)番禺潘氏刻光緒十一年(1885)增刻彙印本　四冊　存一種

330000－1701－0057999　GP06916　史部/政書類/邦計之屬/荒政

救荒六十策一卷　(清)寄湘漁父撰　清光緒十一年(1885)上海普育堂刻本　一冊

330000－1701－0058000　普 814.6/4437.3

集部/別集類/明別集
黃石齋先生文集十三卷 (明)黃道周撰 清康熙五十三年(1714)鄭玟刻本 葛夷之題記 十二册

330000－1701－0058003 G000230 經部/儀禮類/傳說之屬
儀禮經注一隅二卷 (清)朱駿聲撰 清道光二十九年(1849)朱氏家塾刻本 一册

330000－1701－0058004 HJL1360 史部/傳記類/別傳之屬/事狀
陸清獻公[隴其]莅嘉遺蹟三卷 (清)黃維玉輯 **陸清獻公治嘉格言一卷** (清)陸隴其撰 清同治六年(1867)、七年(1868)上海道署刻本 二册

330000－1701－0058006 HJL1436 子部/雜著類/雜說之屬
風俗通義十卷 (漢)應劭撰 清道光六年(1826)廣州喜聞過齋刻本 二册

330000－1701－0058007 普 925.10987/1243/c3 史部/傳記類/總傳之屬/列女
杭女表微錄十六卷首一卷 (清)孫樹禮輯 清光緒三十二年(1906)刻本 八册

330000－1701－0058008 HJL1817 類叢部/叢書類/彙編之屬
武英殿聚珍版書 清刻本 二册 存一種

330000－1701－0058010 普 323.47/4672.023/2/c1 子部/儒家類/儒學之屬/經濟
皇朝經世文續編一百二十卷 (清)葛士濬輯 清光緒二十四年(1898)上海宏文閣鉛印本 二十四册

330000－1701－0058012 普 323.47/4672.023/2/c2 子部/儒家類/儒學之屬/經濟
皇朝經世文續編一百二十卷 (清)葛士濬輯 清光緒二十四年(1898)上海宏文閣鉛印本 二十二册

330000－1701－0058019 HJH1434 子部/宗教類/道教之屬
返性圖十卷十集 清光緒四年(1878)析津思過齋刻本 十册

330000－1701－0058020 HJL1738 類叢部/叢書類/自著之屬
古愚老人銷夏錄十七種 (清)汪汲撰輯 清乾隆至嘉慶刻本 十六册

330000－1701－0058022 普 323.47/4672.023/4 子部/儒家類/儒學之屬/經濟
皇朝經世文續編一百二十卷 (清)葛士濬輯 清光緒二十七年(1901)上海久敬齋鉛印本 二十四册

330000－1701－0058024 G000256 史部/地理類/總志之屬
示我周行三卷 (清)鶴和堂輯 清金閶文雅堂刻本 二册 存二卷(前集、續集)

330000－1701－0058029 HJH1432 子部/雜著類/雜說之屬
顧諟錄一卷 (清)周榦撰 清抄本 一册

330000－1701－0058030 HJL1363 子部/儒家類/儒學之屬/性理
朱子語類一百四十卷 (宋)朱熹撰 (宋)黎靖德輯 清同治十一年(1872)應元書院刻本(卷七十二至七十三配抄本) 三十六册

330000－1701－0058031 普 323.47/4672.023/5 子部/儒家類/儒學之屬/經濟
皇朝經世文續編一百二十卷 (清)葛上濬輯 清光緒十四年(1888)上海圖書集成局鉛印本 三十二册

330000－1701－0058034 G000257 史部/傳記類/總傳之屬/姓名
史姓韻編六十四卷 (清)汪輝祖撰 清光緒十年(1884)石印本 一册 存五卷(十七至二十一)

330000－1701－0058039 G000258 史部/編年類/斷代之屬
清史攬要六卷 (日本)增田貢撰 清光緒二十七年(1901)杭州白話報館石印本 三册 存三卷(一、三、六)

330000－1701－0058040　普 814.6/4033　集部/别集類/明别集
白蘇齋類集十八卷　(明)袁宗道撰　清光緒七年(1881)刻本　四册

330000－1701－0058041　普 925.10987/3113　史部/傳記類/總傳之屬/郡邑
國朝江西節孝錄八十七卷　(清)江西通志局編　清光緒五年(1879)江西書局刻本　四十册

330000－1701－0058042　普 323.47/4672.024/2　子部/儒家類/儒學之屬/經濟
皇朝經世文三編八十卷　(清)陳忠倚輯　清光緒二十四年(1898)上海實文書局石印本　十六册

330000－1701－0058043　HJL1739　子部/儒家類/儒學之屬/蒙學
課子隨筆節鈔六卷　(清)張師載輯　(清)徐桐節鈔　**課子隨筆續編一卷**　(清)徐桐輯　清同治十二年(1873)刻本　四册

330000－1701－0058044　GP06925　子部/雜著類/雜考之屬
丹鉛總錄二十七卷　(明)楊慎撰　清乾隆三十年至三十九年(1765－1774)在涓書屋刻本　十册

330000－1701－0058045　G000231　史部/政書類/儀制之屬
欽定詞館儀式一卷探杏譜一卷翰林要訣一卷重校臨文便覽一卷　清光緒刻本　一册

330000－1701－0058048　普 323.47/4672.024/3　子部/儒家類/儒學之屬/經濟
皇朝經世文三編八十卷　(清)陳忠倚輯　清光緒二十七年(1901)上海書局石印本　十六册

330000－1701－0058049　GP06918　類叢部/叢書類/彙編之屬
書三味樓叢書六十五種　(清)張應時編　清嘉慶十年至道光五年(1805－1825)張氏書三味樓刻本　六册　存九種

330000－1701－0058051　G000259　史部/地理類/專志之屬/寺觀
洛陽伽藍記五卷　(北魏)楊衒之撰　**洛陽伽藍記集證一卷**　(清)吳若準撰　清光緒二十九年(1903)説劍齋刻本　一册

330000－1701－0058052　普 925.10987/3193/c2　史部/傳記類/總傳之屬/列女
越女表微錄五卷　(清)汪輝祖撰　清光緒十八年(1892)杭州浙江學院刻本　一册

330000－1701－0058056　普 323.47/4672.025　子部/儒家類/儒學之屬/經濟
皇朝經世文新編二十一卷　麥仲華輯　清光緒上海大同譯書局石印本　二十四册

330000－1701－0058057　HJL1364　子部/雜著類/雜考之屬
校訂困學紀聞集證二十卷　(宋)王應麟撰　(清)閻若璩等箋　(清)屠繼序較補　(清)萬希槐集證　清嘉慶十八年(1813)南城胡香海山壽齋刻二十四年(1819)印本　十册

330000－1701－0058059　GP06926　子部/藝術類/遊藝之屬/詩鐘
鯨華社鐘選二卷附錄一卷　(清)吕景端輯　清光緒三十一年(1905)上海通元書局石印本　一册

330000－1701－0058061　普 925.10987/3193/c5　史部/傳記類/總傳之屬/列女
越女表微錄五卷　(清)汪輝祖撰　清光緒十八年(1892)杭州浙江學院刻本　一册

330000－1701－0058062　G000232　史部/政書類/儀制之屬
部議奉天府丞張條陳變通鄉試事宜一卷　清末刻本　一册

330000－1701－0058065　G000260　經部/小學類/訓詁之屬/爾雅
爾雅正義二十卷　(清)邵晉涵撰　**爾雅釋文三卷**　(唐)陸德明撰　清乾隆五十三年(1788)餘姚邵氏面水層軒刻本　一册　存三卷(一至三)

330000－1701－0058066　G000233　史部/政書類/軍政之屬

江西萍宜萬三縣清鄉善後章程一卷附結式誓詞　清光緒三十二年(1906)木活字印本　一冊

330000－1701－0058069　HJL1742　子部/兵家類/兵法之屬

紀效新書十八卷首一卷　(明)戚繼光撰　清嘉慶九年(1804)照曠閣刻本　劉承幹題記　六冊

330000－1701－0058070　HJL1365　子部/儒家類/儒學之屬

先儒趙子言行錄二卷　(清)陳廷鈞輯　清同治九年(1870)楚北崇文書局刻本　二冊

330000－1701－0058072　G000234　子部/術數類/相宅相墓之屬

水法宗旨□□卷　清刻本　一冊　存一卷(上)

330000－1701－0058075　GP06919　類叢部/叢書類/自著之屬

楊氏全書八種三十六卷　(清)楊名時撰　清乾隆五十九年(1794)江陰葉廷甲水心草堂刻本　八冊

330000－1701－0058077　普 814.6/40331.2　集部/別集類/明別集

梨雲館類定袁中郎先生全集二十四卷附遺事錄七卷　(明)袁宏道撰　清道光九年(1829)培原書屋刻同治八年(1869)補刻本　十八冊

330000－1701－0058078　HJL1366　子部/儒家類/儒學之屬/性理

潛菴先生志學會約一卷困學錄一卷　(清)湯斌撰　清光緒四年(1878)江蘇書局刻本　一冊

330000－1701－0058079　普 925.10987/4497　類叢部/叢書類/彙編之屬

申報館叢書正集五十七種附錄三種續集一百四十二種　(清)尊聞閣主編　蔡爾康編續集　清同治至光緒上海申報館鉛印本　十冊　存一種

330000－1701－0058080　M000280　子部/農家農學類/總論之屬

御製耕織圖二卷　(清)聖祖玄燁撰　(清)焦秉貞繪　清光緒十二年(1886)點石齋石印本　一冊　存一卷(織)

330000－1701－0058084　普 323.47/4672.026　子部/儒家類/儒學之屬/經濟

皇朝經世文統編一百七卷　(清)邵之棠輯　清光緒二十七年(1901)上海寶善齋石印本　五十二冊

330000－1701－0058087　G000261　史部/地理類/雜志之屬

浙江全省輿圖並水陸道里記不分卷　(清)宗源瀚等纂　清光緒二十年(1894)石印本　施六香題記　六冊

330000－1701－0058088　HJL1743　子部/儒家類/儒學之屬/經濟

繹志十九卷　(清)胡承諾撰　清同治十一年(1872)浙江書局刻本　八冊

330000－1701－0058090　HJL1368　子部/小說家類/異聞之屬

松筠閣鈔異十二卷　(清)高承勳輯　清道光八年(1828)渤海高氏刻本　六冊

330000－1701－0058091　HJL1744　子部/工藝類/文房四寶之屬/硯

端溪硯史三卷首一卷　(清)吳繩年撰　清道光刻本　三冊

330000－1701－0058094　GP06929　子部/天文曆算類/算書之屬

讀玉鑑隨筆一卷　(清)張煜撰　清光緒三十一年(1905)北京龍雲齋刻本　一冊

330000－1701－0058096　GP06935　經部/小學類/文字之屬

虛字闡義三卷讀書說約三卷　(清)謝鼎卿撰　清光緒元年(1875)京都琉璃廠善成堂刻本　二冊

330000－1701－0058097　GP06930　子部/小說家類/雜事之屬
蘊珍齋小誌十二卷　(清)沈寅清輯　清同治十一年(1872)當湖志古堂刻本　二册

330000－1701－0058098　普 323.47/4672.027　子部/儒家類/儒學之屬/經濟
皇朝經世文四編五十二卷　(清)何良棟輯　清光緒二十八年(1902)上海鴻寶書局石印本　十二册

330000－1701－0058103　普 925.10987/4682　史部/傳記類/總傳之屬/列女
節婦傳十六卷　(清)楊錫紱撰　清乾隆二十六年(1761)刻本　六册

330000－1701－0058104　GP06936　類叢部/叢書類/彙編之屬
會稽徐氏鑄學齋叢書十三種　徐維則編　清咸豐至光緒會稽徐氏刻光緒二十六年(1900)彙印本　一册　存一種

330000－1701－0058109　HJL1745　類叢部/叢書類/自著之屬
厚庵鄧夫子遺書十九種　(清)鄧逢光撰　清刻本　四册　存八種

330000－1701－0058110　HJL1422　子部/藝術類/遊藝之屬/棋弈
奕藪四卷棊經註一卷　(明)蘇之軾撰　明刻本　四册

330000－1701－0058111　HJH1211　類叢部/叢書類/自著之屬
春在堂全書三十六種　(清)俞樾撰　清同治至光緒刻光緒末彙印本　十册　存一種

330000－1701－0058112　HJH1423　子部/藝術類/音樂之屬/樂譜
枯木禪琴譜八卷　(清)釋空塵撰　清光緒十九年(1893)刻本　四册

330000－1701－0058113　HJH1420　子部/藝術類/音樂之屬/樂譜
自遠堂琴譜不分卷　(清)吳灴輯　清抄本　一册

330000－1701－0058114　普 925.10987/5544　史部/傳記類/總傳之屬/列女
典故列女傳四卷　清光緒六年(1880)上洋江左書林刻本　四册

330000－1701－0058115　HJH1421　子部/藝術類/音樂之屬/樂譜
志喜堂琴譜不分卷　清抄本　二册

330000－1701－0058116　GP06956　類叢部/叢書類/自著之屬
王漁洋遺書三十八種　(清)王士禛撰　清刻本　一册　存一種

330000－1701－0058117　HJL1746　子部/兵家類/兵法之屬
虎鈐經二十卷　(宋)許洞撰　清刻本　四册

330000－1701－0058118　G000235　史部/傳記類/别傳之屬/事狀
庸間老人自敘一卷　(清)陳其元撰　清光緒刻本　一册

330000－1701－0058121　HJL1212　史部/金石類/金之屬
西清古鑑四十卷錢錄十六卷　(清)梁詩正(清)蔣溥等纂修　清光緒三十四年(1908)集成圖書公司石印本　二十四册

330000－1701－0058123　普 925.10987/7227/c1　類叢部/叢書類/彙編之屬
崇文書局彙刻書三十一種　(清)崇文書局編　清光緒元年至三年(1875－1877)湖北崇文書局刻本　四册　存一種

330000－1701－0058124　G000236　史部/地理類/總志之屬/通代
歷代地理沿革圖一卷　(清)六嚴繪　(清)馬徵麟增輯　清同治十年(1871)金陵刻本　一册

330000－1701－0058125　HJL1747　類叢部/叢書類/彙編之屬
海外新書五卷　(清)錢泳編　清道光十六年(1836)刻本　一册

330000－1701－0058127　GP06938　集部/別集類/清別集

大俞山房文藁六卷　(清)黄璋撰　清刻本　二冊

330000－1701－0058128　HJL1213　集部/總集類/尺牘之屬

增註文明尺牘備覽十六卷　清光緒三十二年(1906)上海文明學會石印本　十五冊　缺一卷(九)

330000－1701－0058129　GP07570　經部/小學類/文字之屬/字書/字典

正字通十二卷　(明)張自烈撰　(清)廖文英輯　**字彙舊本首一卷**　(明)梅膺祚音釋　清康熙芥子園刻本　四十冊

330000－1701－0058130　G000262　史部/政書類/邦計之屬/荒政

順直賑捐章程一卷　(清)□□輯　清光緒十六年(1890)刻本　一冊

330000－1701－0058131　GP06939　集部/總集類/郡邑之屬

吴中兩布衣集二種二十卷　(清)王之佐　(清)蔣光煦編　清道光十八年(1838)海昌蔣氏别下齋刻本　六冊

330000－1701－0058134　G000237、G000238、G003525、G003526、G009803　經部/小學類/文字之屬

楊顒若小學二種　(清)楊錫觀撰　清乾隆嘉禾瑞石軒刻本　六冊　存七卷(六書例解、六書雜說、八分書辨,六書辨通一至四)

330000－1701－0058135　普925.10987/7227/c2　類叢部/叢書類/彙編之屬

崇文書局彙刻書三十一種　(清)崇文書局編　清光緒元年至三年(1875－1877)湖北崇文書局刻本　四冊　存一種

330000－1701－0058136　GP01094　子部/藝術類/書畫之屬/書法書品

趙撝叔手札一卷　(清)趙之謙書　**附楊海琹尺牘一卷**　(清)楊翰書　清光緒三十四年(1908)則山簃石印本　一冊

330000－1701－0058137　HJL1214　集部/總集類/選集之屬/通代

古文筆法(古文筆法百篇)八卷　(清)李扶九輯　(清)黄黼注　清光緒二十九年(1903)石印本　四冊

330000－1701－0058139　普925.10987/7227/c3　類叢部/叢書類/彙編之屬

崇文書局彙刻書三十一種　(清)崇文書局編　清光緒元年至三年(1875－1877)湖北崇文書局刻本　四冊　存一種

330000－1701－0058142　G000263　史部/傳記類/别傳之屬/年譜

駱公[秉章]年譜一卷　清同治六年(1867)刻本　一冊

330000－1701－0058143　普925.10987/7227/(2)　史部/傳記類/總傳之屬/列女

古列女傳七卷　(漢)劉向撰　**續列女傳一卷**　(明)黄魯曾贊　清光緒三年(1877)湖北崇文書局刻崇文書局彙刻書本　章嶔題記　二冊

330000－1701－0058144　GP07503　類叢部/叢書類/自著之屬

文道十書四種十二卷　(清)陳景雲撰　清乾隆十九年(1754)蔣良騏刻本　四冊

330000－1701－0058145　GP06932　集部/小說類/長篇之屬

于少保萃忠全傳十卷四十回　(明)孫高亮撰　清道光十五年(1835)孫士俊刻本　六冊

330000－1701－0058147　HJL1215　史部/政書類/邦交之屬

通商條約章程成案彙編三十卷　(清)李鴻章編　清光緒十二年(1886)鐵城廣百宋齋鉛印本　十二冊

330000－1701－0058149　G000239　史部/政書類/儀制之屬/雜禮

四明同義集章程一卷　清末刻本　一冊

330000－1701－0058151　GP06940　集部/別集類/清別集
仙屏書屋初集文錄十六卷　（清）黄爵滋撰　清道光二十八年（1848）刻本　四册

330000－1701－0058153　G000264　集部/詞類/總集之屬
評花仙館詞二卷　（清）金繩武編　清咸豐三年（1853）金氏刻本　二册

330000－1701－0058155　HJL1748　類叢部/叢書類/彙編之屬
六安涂氏求我齋所刊書六種　（清）涂宗瀛編　清同治至光緒六安涂氏刻本　八册　存一種

330000－1701－0058158　GP06941　集部/楚辭類
屈子貫五卷　（清）張詩撰　清嘉慶三年（1798）刻本　二册

330000－1701－0058159　普814.6/4438　集部/别集類/明別集
董司寇文集二十卷　（明）董裕撰　清雍正十三年（1735）宸翰閣刻本　四册

330000－1701－0058160　GP01096　史部/傳記類/別傳之屬
從兄鄆城知縣吴君墓表一卷　（清）吴汝綸撰　（清）李嘉璧書　清光緒二十六年（1900）石印本　一册

330000－1701－0058162　普925.10987/7227/2　史部/傳記類/總傳之屬/列女
古列女傳七卷　（漢）劉向撰　**續列女傳一卷　列女傳攷證一卷**　（清）顧廣圻撰　清嘉慶元年（1796）顧之逵小讀書堆刻本　二册

330000－1701－0058163　GP06933　子部/儒家類/儒學之屬/性理
北溪先生四書字義二卷　（宋）陳淳撰　清刻本　二册

330000－1701－0058164　HJL1749　子部/天文曆算類/算書之屬
九章算術細草圖說九卷海島算經細草圖說一卷　（三國魏）劉徽注　（唐）李淳風等注釋　（清）李潢細草　（清）沈欽裴補草　清嘉慶二十五年（1820）語鴻堂刻本　六册

330000－1701－0058166　HJL1216　子部/醫家類/類編之屬
中東西醫通彙函　（清）朱鈞編　清光緒三十三年（1907）上海朱氏焕文書局石印本　十四册

330000－1701－0058167　普814.6/40331.3/c1　集部/別集類/明別集
瓶花齋集十卷　（明）袁宏道撰　清宣統三年（1911）抱殘守缺齋石印本　四册

330000－1701－0058168　HJL1509　史部/傳記類/別傳之屬/事狀
魏鄭公［徵］諫續錄二卷　（元）翟思忠輯　清乾隆刻本　二册

330000－1701－0058170　G000265　集部/別集類/清別集
祝英臺近山房詩集二卷詞集一卷　（清）萬貢璆撰　清木活字印本　一册　缺一卷（一）

330000－1701－0058172　HJH1750　經部/周禮類/傳說之屬
禮說十四卷首一卷　（清）惠士奇撰　清惠氏紅豆齋刻本　五册

330000－1701－0058173　HJL3546、HJL0196、HJL7913、HJL8165、HJL7602、HJL7888、HJL1040、HJL1044、HJL1037、HJL1042、HJL2298、HJL4095　類叢部/叢書類/彙編之屬
武英殿聚珍版書一百三十八種　清乾隆武英殿木活字印本　四十七册　存十三種

330000－1701－0058174　GP06945　集部/別集類/明別集
石隱園藏稿八卷首一卷　（明）畢自嚴撰　清刻本　十二册

330000－1701－0058175　HJL1758　類叢部/叢書類/彙編之屬
說鈴前集三十七種後集十六種　（清）吴震方

編　清嘉慶四年(1799)刻本　三十二册

330000－1701－0058178　GP06950　史部/雜史類/斷代之屬

金鄉紀事四卷首一卷　(清)吳堦撰　清嘉慶刻本　一册

330000－1701－0058179　普814.6/4437.2　集部/别集類/明别集

黄漳浦集五十卷首一卷目錄二卷　(明)黄道周撰　(清)陳壽祺重編　**漳浦黄先生[道周]年譜二卷**　(明)莊起儔編　清道光八年至十年(1828－1830)福州陳氏刻本　二十四册

330000－1701－0058182　G000266　史部/傳記類/别傳之屬/事狀

紀大奎行述一卷　(清)紀運璽等撰　清刻本　一册

330000－1701－0058184　G000240、G001381、G009895　子部/儒家類/儒學之屬/性理

近思錄集注十四卷　(清)江永撰　清光緒二十五年(1899)浙江官書局刻本　四册

330000－1701－0058188　GP06951　史部/傳記類/職官録之屬/總録

浙江宦鄂同鄉錄不分卷　(清)湖北浙江會館編　清光緒刻本　一册

330000－1701－0058189　HJL1217　史部/政書類/公牘檔册之屬

新文牘十卷　(清)陸春霖輯　清光緒三十四年(1908)石印本　十册

330000－1701－0058191　G000241　集部/别集類/清别集

鲐山文集十二卷附錄一卷詩集二十卷禮俗權衡二卷聲調譜二卷續譜一卷談龍錄一卷　(清)趙執信撰　清乾隆十七年(1752)、三十九年(1774)因園刻彙印本　一册　存一卷(談龍錄)

330000－1701－0058193　普814.6/4040　集部/别集類/明别集

滄溟先生集三十卷附錄一卷　(明)李攀龍撰　清道光二十七年(1847)濟南李氏刻景福堂印本　八册

330000－1701－0058195　HJL7699　類叢部/叢書類/彙編之屬

武英殿聚珍版書一百三十八種　清乾隆武英殿木活字印本　四册　存一種

330000－1701－0058197　GP07493　類叢部/叢書類/彙編之屬

武英殿聚珍版書一百四十八種　清乾隆四十二年(1777)福建刻道光至同治遞修光緒二十一年(1895)增刻本　十册　存二種

330000－1701－0058198　G000242　史部/傳記類/别傳之屬/年譜

宋白樓先生年譜不分卷　(清)宋白樓撰　清光緒二十七年(1901)木活字印本　一册

330000－1701－0058200　HJL1218　子部/醫家類/本草之屬/歷代綜合本草

本草求真九卷圖一卷主治二卷脈理求真一卷　(清)黄宫繡撰　清光緒三十四年(1908)上海緯文閣石印本　六册

330000－1701－0058201　GP07571　經部/小學類/文字之屬/字書/字典

正字通十二卷　(明)張自烈撰　(清)廖文英輯　**字彙舊本首一卷**　(明)梅膺祚音釋　清康熙弘文書院刻本　三十九册

330000－1701－0058205　GP06952　史部/地理類/專志之屬/祠墓

節孝祠編一卷續編一卷　清刻本　一册

330000－1701－0058208　HJL1219　子部/藝術類/篆刻之屬/印譜

亦愛廬印存不分卷　(清)朱錕輯　清光緒三十二年(1906)鈐印本　四册

330000－1701－0058211　普814.6/4044.1/2　集部/别集類/明别集

李氏焚書六卷　(明)李贄撰　清光緒陝西教育圖書館鉛印本　六册

330000－1701－0058212　HJL1759　子部/小説家類/雜事之屬

竹隱廬隨筆四卷 (清)鄭永禧輯 清光緒十四年(1888)竹隱廬木活字印本 四册

330000－1701－0058214 G000267 史部/史評類/史論之屬

歷朝捷錄大成二卷 (明)顧充撰 清抄本 一册 存一卷(上)

330000－1701－0058216 GP01104 子部/藝術類/書畫之屬/法帖

樂飢齋詩草一卷 (清)傅山撰並書 清宣統元年(1909)上海國學保存會影印本 鉼生題記 一册

330000－1701－0058217 GP07511 子部/雜著類/雜考之屬

潛邱劄記六卷 (清)閻若璩撰 **左汾近稾一卷** (清)閻詠撰 清乾隆十年(1745)閻學林眷西堂刻本 八册

330000－1701－0058219 普925.10987/7227/4/c1 史部/傳記類/總傳之屬/列女

列女傳八卷 (漢)劉向撰 (清)梁端校注 清道光十七年(1837)錢塘汪氏振綺堂刻同治十三年(1874)汪曾學補刻光緒元年(1875)印本 二册

330000－1701－0058220 普925.10987/7227/4/c2 史部/傳記類/總傳之屬/列女

列女傳八卷 (漢)劉向撰 (清)梁端校注 清道光十七年(1837)錢塘汪氏振綺堂刻本 二册

330000－1701－0058221 HJL1220 集部/總集類/尺牘之屬

中國最新仕商尺牘教科書二卷 周天鵬撰 清光緒三十三年(1907)紹興奎照樓書坊石印本 二册

330000－1701－0058222 HJL1514 類叢部/叢書類/彙編之屬

廣雅書局叢書一百五十九種 徐紹棨編 清光緒廣雅書局刻民國九年(1920)番禺徐紹棨彙編重印本 二册 存一種

330000－1701－0058223 HJL1222 子部/醫家類/綜合之屬/通論

儒門事親十五卷 (金)張從正撰 清宣統二年(1910)寧波汲綆齋書局石印本 六册

330000－1701－0058224 G000268、G007640、G008369 集部/别集類/明别集

明太師張文忠公文集六卷葩經全旨一卷 (明)張孚敬撰 清道光二十一年(1841)居易堂刻本 六册

330000－1701－0058225 HJL1223 史部/金石類/總志之屬

金石索十二卷首一卷 (清)馮雲鵬 (清)馮雲鵷輯 清光緒三十二年(1906)上海文新局石印本 二十四册

330000－1701－0058226 HJL1515 子部/儒家類/儒學之屬

朱子白鹿洞規條目二十卷 (清)王澍輯 清乾隆二年(1737)刻本 劉承幹題簽 一册 存一種

330000－1701－0058227 普814.6/4048/c1、普814.6/4093/c1 集部/别集類/明别集

左氏雙忠集 清道光湘鄉左氏詠史齋刻本 八册

330000－1701－0058230 HJL1225、HJL1224 類叢部/叢書類/自著之屬

潛園總集十七種 (清)陸心源撰 清同治至光緒刻本 十六册 存一種

330000－1701－0058231 普814.6/4048/c1、普814.6/4093/c2 集部/别集類/明别集

左氏雙忠集 清道光湘鄉左氏詠史齋刻本 八册

330000－1701－0058234 HJL7859、HJL7493、HJL7170 類叢部/叢書類/彙編之屬

武英殿聚珍版書一百三十八種 清乾隆武英殿木活字印本 十八册 存三種

330000－1701－0058235 HJL1511 子部/宗教類/佛教之屬

二十八經同函一百四十四卷 (清)世宗胤禛敕編 清雍正十三年(1735)内府刻本 六册

存十種

330000－1701－0058236　普 814.6/44281　集部/別集類/清別集

堵文忠公集八卷　(明)堵胤錫撰　**堵文忠公年譜一卷**　(清)周同編　**附錄一卷**　清光緒十三年(1887)刻本　四冊　缺一卷(年譜)

330000－1701－0058238　G000243　子部/宗教類/佛教之屬/總録

御選語錄十九卷　(清)世宗胤禛輯　清光緒四年(1878)金陵刻經處刻本　十二冊　存十一卷(七至十七)

330000－1701－0058239　HJH1760　子部/醫家類/溫病之屬/瘧痢

三證指南痢疾論一卷附方　(清)倪涵初撰　清光緒二十年(1894)績谿老漁刻本　一冊

330000－1701－0058241　普 814.6/4057　集部/別集類/明別集

懷麓堂全集(懷麓堂詩稿二十卷文稾三十卷詩後稿十卷文後稿三十卷文後續稿十卷)　(明)李東陽撰　**[李東陽]年譜一卷**　(清)朱景英編　**明李文正公[東陽]年譜七卷**　(清)法式善輯　(清)唐仲冕增補　清嘉慶八年(1803)茶陵李氏刻龍下學易堂印本　二十二冊

330000－1701－0058242　GP01105　子部/藝術類/書畫之屬/書法書品

曹子建洛神賦一卷　(清)劉春霖書　清光緒石印本　一冊

330000－1701－0058244　普 925.10987/7227/4/c4　史部/傳記類/總傳之屬/列女

列女傳八卷　(漢)劉向撰　(清)梁端校注　清道光十七年(1837)錢塘汪氏振綺堂刻同治十三年(1874)汪曾學補刻本　四冊

330000－1701－0058245　HJL7492　類叢部/叢書類/彙編之屬

武英殿聚珍版書一百三十八種　清乾隆武英殿木活字印本　一冊　存一種

330000－1701－0058249　G000244　史部/地理類/外紀之屬

海國圖志一百卷首一卷　(清)魏源撰　清光緒六年(1880)邵陽急當務齋刻本　二十三冊　存九十二卷(一至九十二)

330000－1701－0058253　GP07504　子部/雜著類/雜品之屬

勝飲編十八卷　(清)郎廷極輯　清康熙三十九年(1700)刻本　二冊

330000－1701－0058255　GP06964　集部/別集類/清別集

後村雜著三卷　(清)王文治撰　清康熙四十七年(1708)刻本　四冊

330000－1701－0058256　HJL6684　集部/別集類/清別集

積石文稿十八卷詩存四卷鱠餘編一卷　(清)張履撰　**南池唱和詩存一卷**　(清)張履　(清)張海珊撰　清光緒二十年(1894)刻本　八冊

330000－1701－0058258　G000269　史部/地理類/山川之屬/水志

西湖志四十八卷　(清)李衛　(清)程元章修　(清)傅王露纂　清刻本　十二冊

330000－1701－0058259　GP07494　史部/編年類/通代之屬

讀通鑑綱目條記二十卷首一卷　(清)李述來撰　清嘉慶刻本　六冊

330000－1701－0058260　HJL1229　類叢部/類書類/通類之屬

類林新咏三十六卷　(清)姚之駰撰　清刻本　十二冊

330000－1701－0058261　HJL1763　子部/雜著類/雜纂之屬

心齋雜組二卷　(清)張潮撰　清嘉慶詒清堂刻本　二冊

330000－1701－0058262　HJH1230　類叢部/叢書類/彙編之屬

崇文書局彙刻書三十一種　(清)崇文書局編　清光緒元年至三年(1875－1877)湖北崇文

書局刻本　二冊　存一種

330000－1701－0058263　GP06965　經部/四書類/總義之屬/傳說

困知錄一卷　(清)雒居仁撰　清康熙刻本　一冊

330000－1701－0058264　HJL1764　子部/雜著類/雜說之屬

求己錄三卷　陶葆廉編　清光緒二十六年(1900)刻本　劉承幹題記　三冊

330000－1701－0058265　HJL6685　集部/別集類/清別集

退結廬詩存稿三卷詩遺稿三卷　(清)蔣清瑞撰　清光緒三十四年(1908)蔣壽祺刻本　一冊

330000－1701－0058266　普814.6/44332　集部/別集類/明別集

蔡忠烈公遺集四卷　(明)蔡道憲撰　(清)鄧顯鶴編　(清)夏獻雲重輯　清光緒六年(1880)閩館刻民國十八年(1929)補刻本　四冊

330000－1701－0058267　HJH1231　子部/雜著類/雜說之屬

墨商三卷補遺一卷　王景羲撰　清宣統二年(1910)刻本　二冊

330000－1701－0058268　G000270　史部/政書類/通制之屬

廣治平略正集三十六卷續集八卷　(清)蔡方炳撰　清光緒十六年(1890)上海廣百宋齋鉛印本　六冊

330000－1701－0058270　G000245　類叢部/叢書類/彙編之屬

高安朱文端公校輯藏書(朱文端公藏書)十三種　(清)朱軾撰輯　清康熙至乾隆刻彙印本　一冊　存一種

330000－1701－0058271　HJL1766　子部/醫家類/本草之屬/歷代綜合本草

本草撮要十卷　(清)陳其瑞輯　清光緒二十八年(1902)資生堂刻本　二冊

330000－1701－0058272　HJL1233　新學/議論/通論

羣學肄言不分卷　(英國)斯賓塞爾撰　嚴復譯　清光緒二十九年(1903)上海文明書局鉛印本　四冊

330000－1701－0058273　普814.6/4200　集部/別集類/明別集

休那遺稿十二卷外集三卷姚休那先生詩集一卷白白齊貨殖傳評一卷　(明)姚康撰　清光緒十五年(1889)桐城姚氏五桂山房木活字印本　十二冊

330000－1701－0058274　GP06966　子部/雜著類/雜考之屬

燕在閣知新錄三十二卷　(清)王棠撰　清康熙豐山王氏燕在閣刻本　十四冊　存二十八卷(一至二十五、三十至三十二)

330000－1701－0058275　普925.10987/7227/5　史部/傳記類/總傳之屬/列女

列女傳八卷　(漢)劉向撰　(清)梁端校注　清宣統二年(1910)上海會文堂書局石印本　二冊　缺二卷(三至四)

330000－1701－0058276　HJL1767　子部/醫家類/婦科之屬/產科

達生編三卷附錄一卷保赤編一卷　(清)亟齋居士撰　清光緒二十八年(1902)仁餘堂刻本　一冊

330000－1701－0058277　HJL1517　子部/宗教類/道教之屬/戒律

太上感應篇集註一卷　清同治三年(1864)蘇城瑪瑙經房刻本　一冊

330000－1701－0058278　HJL6686　集部/別集類/清別集

深柳書堂賸稿一卷撫皖奏議一卷　(清)王植撰　(清)王敬勳輯　**皇清誥授光祿大夫刑部左侍郎振威將軍前安徽巡撫提督軍門顯考曉林府君[王植]行述一卷**　(清)王敬熙　(清)王敬勳撰　清光緒二十四年(1898)保陽正和堂刻本　三冊

330000－1701－0058279　HJL1768　子部/醫家類/眼科之屬
銀海指南四卷　(清)顧錫撰　清嘉慶刻本　四冊

330000－1701－0058281　普925.10987/7227/6　史部/傳記類/總傳之屬/列女
列女傳八卷　(漢)劉向撰　(清)梁端校注　清道光十七年(1837)錢塘汪氏振綺堂刻同治十三年(1874)汪曾學補刻光緒元年(1875)印本　二冊

330000－1701－0058282　GP07505　類叢部/叢書類/彙編之屬
津逮祕書十五集一百四十種　(明)毛晉編　明崇禎虞山毛氏汲古閣刻本　十二冊　存一種

330000－1701－0058283　HJL1769　子部/藝術類/書畫之屬/總論
夢園書畫錄二十五卷　(清)方濬頤撰　清光緒三年(1877)錦城柏署刻本　十冊

330000－1701－0058284　G000271　子部/道家類
南華真經十卷　(晉)郭象註　(唐)陸德明音義　清光緒二年(1876)浙江書局刻本　四冊

330000－1701－0058285　HJL1519　類叢部/叢書類/彙編之屬
雲自在龕叢書五集十九種　繆荃孫輯　清光緒江陰繆氏刻本　二冊　存一種

330000－1701－0058287　GP06954　史部/地理類/專志之屬/書院
豫南書院志一卷　(清)朱壽鏞輯　清光緒刻本　一冊

330000－1701－0058288　HJH6687　集部/總集類/選集之屬/通代
玉堂才調集三十一卷　(清)于鵬舉輯　清康熙得月樓刻本　二冊　存五卷(東、冬、江、支、陽)

330000－1701－0058289　GP06967　子部/儒家類/儒學之屬/俗訓
日知薈說四卷　(清)高宗弘曆撰　清乾隆元年(1736)刻本　四冊

330000－1701－0058291　HJL1518　子部/雜著類/雜考之屬
二初齋讀書記十卷首一卷　(清)倪思寬撰　清嘉慶八年(1803)涵和堂刻本　四冊

330000－1701－0058293　普814.6/4280/c1　類叢部/叢書類/彙編之屬
漸西村舍彙刊(漸西村舍叢刻)四十四種　(清)袁昶編　清光緒十六年至二十四年(1890－1898)桐廬袁氏刻本　二冊　存一種

330000－1701－0058294　G000272　史部/目録類/總録之屬
學古堂藏書目不分卷捐藏書目一卷　(清)□□撰　清光緒刻本　一冊

330000－1701－0058296　HJL1770　子部/天文曆算類/天文之屬
古經天象考十二卷圖說一卷　(清)雷學淇撰　清道光十九年(1839)刻本　六冊

330000－1701－0058297　普814.6/4280/c2　類叢部/叢書類/彙編之屬
漸西村舍彙刊(漸西村舍叢刻)四十四種　(清)袁昶編　清光緒十六年至二十四年(1890－1898)桐廬袁氏刻本　二冊　存一種

330000－1701－0058300　HJL7302　史部/政書類/通制之屬
建炎以來朝野雜記甲集二十卷乙集二十卷　(宋)李心傳撰　清木活字印本　二十四冊

330000－1701－0058301　HJL1520　史部/傳記類/總傳之屬/技藝
國朝畫徵錄三卷續錄二卷　(清)張庚撰　**明人附錄一卷**　清光緒十三年(1887)校經山房刻本　二冊

330000－1701－0058302　HJL1771　子部/術數類/陰陽五行之屬
新訂崇正闢謬通書十四卷　(清)李奉來編　清光緒二年(1876)刻本　六冊　缺四卷(七、十一至十三)

330000－1701－0058304　HJL6688　集部/別集類/清別集

續刊補學軒詩集十二卷文集外編四卷　(清)鄭獻甫撰　清光緒五年至八年(1879－1882)林肇元黔南節署刻本　八冊

330000－1701－0058306　普814.6/4400　類叢部/叢書類/郡邑之屬

常州先哲遺書七十二種　盛宣懷編　清光緒二十一年至三十三年(1895－1907)武進盛氏思惠齋刻宣統彙印本　一冊　存一種

330000－1701－0058307　GP06955　集部/別集類/清別集

心字香館詩鈔十卷文鈔甲集二卷　(清)黄仲畬撰　清同治六年(1867)涞陽官舍刻本　一冊　存二卷(二至三)

330000－1701－0058308　G000246　史部/詔令奏議類/奏議之屬

總理各國事務衙門奏稿一卷　清光緒抄本　一冊

330000－1701－0058311　HJL1772　子部/藝術類/音樂之屬/樂譜

蕉庵琴譜四卷　(清)秦維瀚撰　清光緒三年(1877)刻本　四冊

330000－1701－0058312　G000273　經部/春秋總義類/傳說之屬

春秋屬辭十五卷　(元)趙汸撰　清刻本　四冊

330000－1701－0058313　HJL1521　類叢部/叢書類/彙編之屬

觀自得齋叢書二十三種別集六種　(清)徐士愷編　清光緒十三年至二十年(1887－1894)石埭徐氏刻本　一冊　存一種

330000－1701－0058314　普814.6/4419　集部/別集類/明別集

薛文介公文集四卷　(明)薛三省撰　明崇禎刻本　六冊

330000－1701－0058315　普925.10987/7227.012/c1　類叢部/叢書類/自著之屬

郝氏遺書三十三種　(清)郝懿行撰　清嘉慶至光緒刻彙印本　五冊　存三種

330000－1701－0058319　HJL6689　類叢部/叢書類/自著之屬

榕園全集　(清)李彦章撰　清道光二十年(1840)李以烜刻二十七年(1847)增修本　十冊　存五種

330000－1701－0058320　HJL1427　類叢部/叢書類/彙編之屬

武英殿聚珍版書一百三十八種　清乾隆武英殿木活字印本　一冊　存一種

330000－1701－0058323　HJL1787　類叢部/叢書類/自著之屬

蕙風叢書七種附一種　況周頤撰　清光緒刻民國十四年(1925)上海中國書店彙印本　三冊　存一種

330000－1701－0058325　普925.10987/7227.012/c2　類叢部/叢書類/自著之屬

郝氏遺書三十三種　(清)郝懿行撰　清嘉慶至光緒刻彙印本　五冊　存三種

330000－1701－0058326　HJL1788　類叢部/類書類/通類之屬

玉海二百卷辭學指南四卷詩攷一卷詩地理攷六卷漢藝文志攷證十卷通鑑地理通釋十四卷漢制攷四卷踐阼篇集解一卷急就篇補注四卷小學紺珠十卷姓氏急就篇二卷六經天文編二卷周易鄭康成注一卷周書王會補注一卷通鑑答問五卷　(宋)王應麟撰　清嘉慶十一年(1806)江寧藩署刻本　一百二十冊

330000－1701－0058327　G000247　經部/春秋總義類/傳說之屬

春秋師説三卷附錄二卷　(元)趙汸撰　清刻本　一冊

330000－1701－0058329　G000277、G000278、G000279、G000301　史部/編年類/通代之屬

資治通鑑二百九十四卷　(宋)司馬光撰　(元)胡三省音注　**通鑑釋文辯誤十二卷**　(元)胡三省撰　**資治通鑑外紀十卷**　(宋)劉

恕撰　**續資治通鑑二百二十卷**　（清）畢沅撰　**明紀六十卷**　（清）陳鶴撰　清光緒二十八年（1902）上海積山書局石印本　五十七册　缺二十七卷（二百六十八至二百九十四）

330000－1701－0058331　HJL1522　子部/雜著類/雜説之屬
佔畢叢談六卷勸學巵言一卷時文蠡測一卷　（清）袁守定撰　清光緒十二年（1886）刻本　四册

330000－1701－0058334　HJL1524　類叢部/叢書類/彙編之屬
石研齋校刻書七種　（清）秦恩復編　清嘉慶至道光秦氏石研齋刻本　一册　存一種

330000－1701－0058335　普814.6/4461　集部/別集類/明別集
雪厓先生詩集内篇二卷外篇一卷　（明）蕭暅撰　清光緒三十一年（1905）蕭氏趣園刻本　一册

330000－1701－0058337　HJL1049　類叢部/叢書類/彙編之屬
武英殿聚珍版書一百三十八種　清乾隆武英殿木活字印本　一册　存一種

330000－1701－0058338　HJL1523　集部/別集類/清別集
愜心集十卷附一卷　（清）程烈撰　清乾隆五十八年（1793）移治堂刻道光十六年（1836）補刻本　二册

330000－1701－0058339　普925.10987/7227.012/c3　類叢部/叢書類/自著之屬
郝氏遺書三十三種　（清）郝懿行撰　清嘉慶至光緒刻彙印本　四册　存三種

330000－1701－0058342　GP06958　集部/別集類/明別集
洹詞十二卷　（明）崔銑撰　明嘉靖二十八年（1549）趙府味經堂刻清乾隆三十六年（1771）彰德黄邦寧重修本　六册

330000－1701－0058343　HJL6690　類叢部/叢書類/自著之屬
養雲山莊遺稿三種　（清）劉瑞芬撰　清光緒十九年至二十二年（1893－1896）劉世珒刻本　八册

330000－1701－0058345　G000276　史部/職官類/官箴之屬
學治臆説二卷續説一卷説贅一卷　（清）汪輝祖撰　清抄本　二册

330000－1701－0058346　G000248、G006333　子部/小説家類/異聞之屬
太平廣記五百卷目錄十卷　（宋）李昉等輯　清嘉慶十一年（1806）姑蘇聚文堂刻本　三十二册　存三百四十卷（三十三至八十、八十九至二百十二、三百三十三至五百）

330000－1701－0058348　HJL1525　子部/小説家類/雜事之屬
西青散記四卷　（清）史震林撰　清瓜渚草堂刻本　四册

330000－1701－0058349　HJL1236　史部/政書類/邦計之屬
江西農工商礦紀畧不分卷　清末石印本　五册

330000－1701－0058351　普323.70926/3127/c1、普323.70927/3541/c1　史部/傳記類/科舉録之屬/諸貢録
明狀元圖考三卷　（明）顧鼎臣撰　（明）黄應澄繪圖　（明）黄應纘書考　**國朝三元題詠二卷**　（清）□□輯　清咸豐六年（1856）福元書室刻本　四册

330000－1701－0058352　普323.70926/3127/c2、普323.70927/3541/c2　史部/傳記類/科舉録之屬/諸貢録
明狀元圖考三卷　（明）顧鼎臣撰　（明）黄應澄繪圖　（明）黄應纘書考　**國朝三元題詠二卷**　（清）□□輯　清咸豐六年（1856）福元書室刻本　四册

330000－1701－0058353　G000274、G000768、G005660、G007302　子部/藝術類/書畫之屬
墨香居畫識十卷　（清）馮金伯撰　清刻本

四册

330000－1701－0058354　HJL1237　子部/雜者類/雜說之屬

夢園叢說内篇八卷外篇八卷　(清)方濬頤撰　清同治十三年(1874)揚州刻本　劉承幹題簽　四册

330000－1701－0058355　HJL6691　集部/別集類/清別集

貽穀堂稿四卷　(清)黃守謙撰　**讀未見書齋詩鈔一卷**　(清)黃葆謙撰　清光緒二十八年(1902)刻本　一册

330000－1701－0058359　HJL1526　類叢部/叢書類/彙編之屬

經訓堂叢書二十一種　(清)畢沅編　清乾隆至嘉慶鎮洋畢氏刻本　四册　存一種

330000－1701－0058360　普814.6/4463　集部/別集類/明別集

范文忠公初集十二卷　(明)范景文撰　**范文忠公[景文]年譜一卷**　(清)王孫錫編　清康熙十二年(1673)范氏思仁堂刻道光五年(1825)范爾畬補刻本　四册

330000－1701－0058362　G000275　子部/儒家類/儒學之屬/禮教/家訓

雙節堂庸訓六卷　(清)汪輝祖撰　清抄本　二册

330000－1701－0058365　HJH1238　類叢部/叢書類/彙編之屬

月河精舍叢鈔五種　(清)丁寶書編　清光緒四年至十二年(1878－1886)苕溪丁氏刻本　六册　存一種

330000－1701－0058366　GP07495　類叢部/叢書類/自著之屬

鹿洲全集七種　(清)藍鼎元撰　清康熙至雍正刻彙印本　四册　存一種

330000－1701－0058367　HJL6692　集部/別集類/清別集

文靖公遺集十二卷補遺一卷詩鈔八卷　(清)寶鋆撰　清光緒三十四年(1908)蔣式芬等羊城刻本　十册

330000－1701－0058368　普814.6/4413　集部/別集類/明別集

文清公薛先生文集二十四卷　(明)薛瑄撰　(明)張鼎編輯　清初刻本　十二册

330000－1701－0058371　GP06969　子部/術數類/陰陽五行之屬

昊書八卷　(清)揭暄撰　清乾隆十九年(1754)刻本　一册

330000－1701－0058372　HJL1239　史部/政書類/邦計之屬/荒政

京津救濟善會圖說一卷文牘六卷　孫樂園輯　清光緒三十三年(1907)蘇省刷印局鉛印本　五册

330000－1701－0058373　HJL1527　子部/宗教類/佛教之屬/諸宗

佛果圜悟禪師碧岩集十卷　(宋)釋克勤撰　清順治十年至十一年(1653－1654)嘉興楞嚴寺經坊刻本　四册

330000－1701－0058376　普925.10987/7227.02/2/c1　史部/傳記類/總傳之屬/列女

廣列女傳二十卷附錄一卷　(清)劉開輯　清光緒十年(1884)皖城刻本　六册

330000－1701－0058377　普814.6/4477　集部/別集類/明別集

天爵堂續集五卷　(明)薛岡撰　清初刻本　二册　缺一卷(三)

330000－1701－0058378　HJL3245　類叢部/叢書類/彙編之屬

武英殿聚珍版書一百三十八種　清乾隆武英殿木活字印本　十二册　存一種

330000－1701－0058380　普814.6/4413.2　類叢部/叢書類/彙編之屬

正誼堂全書六十三種續刻五種　(清)張伯行編　(清)楊浚重編　清同治五年(1866)福州正誼書院刻同治八年至光緒十三年(1869－1887)續刻本　三册　存一種

330000－1701－0058382　HJL1240　子部/雜著類/雜説之屬

白虎通四卷　(漢)班固等撰　**白虎通義考一卷**　(清)莊述祖撰　**白虎通闕文一卷**　(清)莊述祖輯　(清)盧文弨訂　**白虎通校勘補遺一卷**　(清)盧文弨撰　清乾隆四十九年(1784)餘姚盧氏抱經堂刻抱經堂叢書本　劉承幹題簽並批校　四册

330000－1701－0058383　G000249　史部/地理類/方志之屬/郡縣志

[光緒]黄州府志四十卷首一卷　(清)英啓修　(清)鄧琛等纂　清光緒十年(1884)刻本　二册　存二卷(十七至十八)

330000－1701－0058385　普323.70926/4424　史部/政書類/儀制之屬/專志/科舉校規

增補貢舉考畧二種　(清)黄崇蘭輯　(清)趙學曾續輯　清道光二十四年(1844)涇邑雙桂齋刻二十七年(1847)增刻本　一册　存一種

330000－1701－0058386　普814.6/4485/c1　集部/别集類/明别集

餘姚黄忠端公集六卷　(明)黄尊素撰　清光緒十三年(1887)姚江黄氏正氣堂刻本　二册

330000－1701－0058387　普925.10987/7227.02/2/c2　史部/傳記類/總傳之屬/列女

廣列女傳二十卷附録一卷　(清)劉開輯　清光緒十年(1884)皖城刻本　章嶔題簽並記　八册

330000－1701－0058388　GP06970　類叢部/類書類/專類之屬

希姓補五卷　(明)楊慎編　(清)單隆周補　清康熙三十六年(1697)刻本　二册

330000－1701－0058390　HJL1528　子部/藝術類/書畫之屬/題跋

吴越所見書畫録六卷書畫説鈐一卷　(清)陸時化輯並撰　清光緒五年(1879)木活字印本　六册

330000－1701－0058392　G000250　類叢部/叢書類/郡邑之屬

武林掌故叢編一百八十七種　(清)丁丙編　清光緒三年至二十六年(1877－1900)錢塘丁氏嘉惠堂刻本　十二册　存一種

330000－1701－0058393　普814.6/4485/c3　集部/别集類/明别集

餘姚黄忠端公集六卷　(明)黄尊素撰　清光緒十三年(1887)姚江黄氏正氣堂刻本　一册

330000－1701－0058395　GP06971　集部/别集類/清别集

託素齋詩集四卷文集六卷　(清)黎士弘撰　**皇清誥授中大夫整飭寧夏河西河東道督理糧儲鹽法山西承宣布政使司參政享八十壽顯考媿曾府君[黎士弘]行述一卷**　(清)黎文遠等撰　清康熙刻雍正二年(1724)黎致遠增刻嘉慶七年(1802)重修本　九册　缺一卷(文集一)

330000－1701－0058397　普925.10987/7227.021　史部/傳記類/總傳之屬/列女

列女傳二卷　(漢)劉向撰　(明)汪道昆輯　(明)仇英繪圖　清光緒十二年(1886)上海同文書局石印本　二册

330000－1701－0058398　HJL5306　類叢部/叢書類/彙編之屬

武英殿聚珍版書一百三十八種　清乾隆武英殿木活字印本　二册　存一種

330000－1701－0058400　普323.70927/1018　史部/傳記類/科舉録之屬/總録

國朝虞陽科名録四卷首一卷補遺一卷附一卷　(清)王元鍾等輯　清道光三十年(1850)古虞王元鍾清暉書屋刻咸豐同治光緒增修本　四册

330000－1701－0058401　HJH1867　類叢部/叢書類/彙編之屬

藝海珠塵一百六十四種　(清)吴省蘭輯　清嘉慶南匯吴氏聽彝堂刻本　三十九册　存一百三種

330000－1701－0058402　GP06959　集部/總集類/氏族之屬

寧都三魏全集八十三卷 （清）林時益編 清康熙易堂刻本 一冊 存六卷（魏興士文集一至六）

330000－1701－0058404 GP06960 類叢部/叢書類/自著之屬

高文恪公集十一種 （清）高士奇撰 清康熙刻本 二冊 存一種

330000－1701－0058405 G000251 經部/叢編

十三經注疏附考證 （清）□□輯 清刻本 十八冊 存一種

330000－1701－0058407 GP07513 子部/儒家類/儒學之屬/性理

學蔀通辯前編三卷後編三卷續編三卷終編三卷 （明）陳建撰 清康熙十七年（1678）啓後堂刻本 四冊

330000－1701－0058409 普814.6/4611 集部/别集類/明别集

心遠樓存稿八卷 （明）楊琢撰 清康熙三十九年（1700）楊氏刻本 二冊

330000－1701－0058410 普323.70927/2704 史部/政書類/公牘檔冊之屬

鄉試鄞縣會館覈實錄不分卷 清光緒二十年（1894）刻本 一冊

330000－1701－0058411 普814.6/4723 集部/别集類/明别集

鳥鼠山人小集十六卷後集二卷擬漢樂府八卷附錄一卷補遺一卷可泉擬涯翁擬古樂府二卷顧學編二卷雍音四卷唐雅八卷 （明）胡纘宗撰 **胡氏榮哀錄二卷** （明）胡初被編 明嘉靖刻明清遞修清合邑文社修版印本 二十二冊

330000－1701－0058413 HJL5186 類叢部/叢書類/彙編之屬

武英殿聚珍版書一百三十八種 清乾隆武英殿木活字印本 四冊 存一種

330000－1701－0058415 HJL1241 類叢部/叢書類/家集之屬

崇川劉氏叢書四種 （清）劉長華編 清同治至光緒崇川劉氏刻民國十五年（1926）海寧陳氏慎初堂印本 六冊 存一種

330000－1701－0058416 HJL6693 集部/詞類/别集之屬

與稽齋叢稿十八卷 （清）吴翌鳳撰 清刻本 三冊 存十二卷（七至十八）

330000－1701－0058417 HJL6694 集部/别集類/清别集

補石山房文集四卷 （清）曹光詔撰 清光緒二十一年（1895）長沙刻本 四冊

330000－1701－0058418 HJH3963 類叢部/叢書類/彙編之屬

武英殿聚珍版書一百三十八種 清乾隆武英殿木活字印本 一冊 存一種

330000－1701－0058419 HJL6697 集部/别集類/清别集

苕間詩錄不分卷 （清）喬亦光撰 清同治刻本 一冊

330000－1701－0058421 HJL1242 史部/地理類/雜志之屬

揚州畫舫錄十八卷 （清）李斗撰 清乾隆六十年（1795）自然盦刻道光十九年（1839）重修本 八冊

330000－1701－0058424 普925.10987/8090 史部/傳記類/總傳之屬/列女

中國女史二十一卷正誤一卷 （清）金炳麟（清）王以銓輯 清宣統元年（1909）杭州中合公司鉛印本 六冊

330000－1701－0058425 HJL3318 類叢部/叢書類/彙編之屬

武英殿聚珍版書一百三十八種 清乾隆武英殿木活字印本 一冊 存一種

330000－1701－0058426 HJL6695 集部/别集類/清别集

蓬萊閣詩錄四卷 （清）陳克家撰 清同治二年（1863）刻本 四冊

330000－1701－0058427　G000315、G000323　子部/小說家類/異聞之屬
博物志十卷　（晉）張華撰　**續博物志十卷**　（唐）李石撰　清抄本　四冊

330000－1701－0058429　G000280　類叢部/叢書類/彙編之屬
廣雅書局叢書一百五十九種　徐紹棨編　清光緒廣雅書局刻民國九年（1920）番禺徐紹棨彙編重印本　一冊　存一種

330000－1701－0058430　G000316　史部/地理類/山川之屬/山志
乍浦九山補志二卷　（清）李確撰　清道光十一年（1831）丁莕生刻本　二冊

330000－1701－0058431　HJH1243　新學/兵制/槍炮
克虜伯礮說彈造法二卷附圖一卷餅藥造法一卷附圖一卷　（德國）軍政局撰　（美國）金楷理口譯　（清）李鳳苞筆述　清光緒江南機器製造總局刻本　三冊

330000－1701－0058433　普925.109876/7503/2/c1　類叢部/叢書類/郡邑之屬
武林掌故叢編一百八十七種　（清）丁丙編　清光緒三年至二十六年（1877－1900）錢塘丁氏嘉惠堂刻本　一冊　存一種

330000－1701－0058434　G000281、G000282　類叢部/叢書類/彙編之屬
武英殿聚珍版書五十三種　清同治十三年（1874）江西書局刻本　十四冊　存二種

330000－1701－0058437　普925.109876/7503/2/c2　類叢部/叢書類/郡邑之屬
武林掌故叢編一百八十七種　（清）丁丙編　清光緒三年至二十六年（1877－1900）錢塘丁氏嘉惠堂刻本　一冊　存一種

330000－1701－0058438　GP06961　集部/別集類/明別集
遯菴全集三種　（明）蔡復一撰　明刻本　六冊　存二種

330000－1701－0058439　HJL1530　子部/醫家類/綜合之屬/通論
研經言四卷　（清）莫文泉撰　清光緒五年（1879）月河莫氏刻本　二冊

330000－1701－0058440　G000317、G003375、G004995　史部/編年類/斷代之屬
續資治通鑑長編五百二十卷目錄二卷　（宋）李燾撰　清光緒七年（1881）浙江書局刻本　一百二十冊　缺二卷（目錄一至二）

330000－1701－0058441　普925.109876/7503/2/c3　類叢部/叢書類/郡邑之屬
武林掌故叢編一百八十七種　（清）丁丙編　清光緒三年至二十六年（1877－1900）錢塘丁氏嘉惠堂刻本　一冊　存一種

330000－1701－0058442　GP07506　集部/總集類/郡邑之屬
楚風補四十八卷前編一卷末編一卷　（清）廖元度輯　清乾隆十四年（1749）長沙際恒堂刻十八年（1753）積慶堂重修本　十冊

330000－1701－0058443　HJL1050　類叢部/叢書類/彙編之屬
武英殿聚珍版書一百三十八種　清乾隆武英殿木活字印本　二冊　存一種

330000－1701－0058444　HJL1531　子部/醫家類/本草之屬/歷代綜合本草
本草述三十二卷首一卷　（清）劉若金撰　清嘉慶十五年（1810）武進薛氏還讀山房刻本　二十四冊

330000－1701－0058447　普925.109877/0088　史部/傳記類/總傳之屬/郡邑
浙省節孝全錄十一卷　（清）高念曾輯　清光緒十九年（1893）刻本　三冊

330000－1701－0058448　GP06972　史部/史評類/史論之屬
讀史大畧六十卷首一卷　（清）沙張白撰　**小沙子史畧一卷**　（清）沙晉撰　清道光二十六年（1846）刻本　十二冊

330000－1701－0058449　HJL6696　集部/別集類/清別集

邃懷堂全集三十八卷　(清)袁翼撰　清光緒十三年至十四年(1887－1888)袁鎮嵩刻本　二十冊

330000－1701－0058450　GP06962　史部/傳記類/別傳之屬/年譜
吴式如[璥]自訂年譜一卷　(清)吴璥撰　清道光刻本　一冊

330000－1701－0058453　GP06973　子部/藝術類/書畫之屬/書法書品
墨池編二十卷　(宋)朱長文撰　**印典八卷**　(清)朱象賢輯　清雍正十一年(1733)吴郡朱氏刻本　十冊

330000－1701－0058456　HJL1773　子部/藝術類/音樂之屬/琴學
琴學入門二卷　(清)張鶴輯　清同治六年(1867)張鶴刻本　三冊

330000－1701－0058459　HJL3203　類叢部/叢書類/彙編之屬
武英殿聚珍版書一百三十八種　清乾隆武英殿木活字印本　八冊　存一種

330000－1701－0058460　HJL1475　類叢部/叢書類/自著之屬
心齋十種　(清)任兆麟撰　清乾隆五十年至五十五年(1785－1790)震澤任氏忠敏家塾刻本　四冊

330000－1701－0058461　G000283　集部/別集類/宋別集
梁溪先生文集一百八十卷附錄一卷　(宋)李綱撰　清抄本　六冊　存十五卷(一至十五)

330000－1701－0058463　GP06963　子部/雜著類/雜説之屬
春渚紀聞十卷　(宋)何薳撰　清嘉慶十六年(1811)祝氏留香室刻本　二冊

330000－1701－0058464　普925.109877/3877　史部/傳記類/總傳之屬/列女
褒揚貞烈一卷首一卷　清末刻本　一冊

330000－1701－0058467　HJL1774　子部/小説家類/異聞之屬
宋豔十二卷　(清)徐士鑾輯　清光緒十七年(1891)天津徐氏蝶園刻本　六冊

330000－1701－0058471　GP06974　集部/別集類/清別集
雙桂軒詩存一卷　(清)任沛霖撰　清光緒二十二年(1896)刻本　一冊

330000－1701－0058472　HJL1775　子部/小説家類/瑣語之屬
聽雨軒雜紀一卷續紀一卷餘紀一卷贅紀一卷　(清)徐承烈撰　清嘉慶十一年(1806)研雲樓刻本　四冊

330000－1701－0058475　GP07509　集部/別集類/清別集
鳴和集一卷抵掌八十吟一卷　(清)馬履泰撰　清嘉慶刻本　一冊

330000－1701－0058476　HJL1776　子部/藝術類/音樂之屬/樂譜
自遠堂琴譜十二卷　(清)吴灴輯　清嘉慶七年(1802)廣陵吴灴自遠堂吴中刻本　八冊

330000－1701－0058478　普925.109877/3193　集部/總集類/選集之屬/斷代
雙節堂贈言集録二十八卷首一卷末一卷附録一卷　(清)汪輝祖輯　清乾隆刻本　二十冊

330000－1701－0058479　GP06983　類叢部/類書類/專類之屬
縹緗對類大全二十卷　明末二乙堂書坊刻本　八冊

330000－1701－0058481　HJL1248　史部/地理類/水利之屬
新譯中國江海險要圖誌二十二卷首一卷附圖五卷　(英國)海軍海圖官局編　陳壽彭譯并增輯圖　清光緒二十七年(1901)上海經世文社石印本　五冊　存五卷(圖一至五)

330000－1701－0058482　G000284　類叢部/叢書類/自著之屬
槐軒全集二十一種附九種　(清)劉沅撰　清咸豐至民國刻彙印本　一冊　存一種

330000－1701－0058483　HJL1476　子部/醫家類/方書之屬/單方驗方

類證普濟本事方十卷坊刻王氏本備錄一卷　(宋)許叔微撰　(清)葉桂釋義　清嘉慶十九年(1814)葉鍾刻姑蘇掃葉山房印本　四冊

330000－1701－0058484　HJL6698　集部/別集類/清別集

笠東草堂遺稿二卷文集補遺一卷　(清)俞岳撰　清光緒十七年(1891)刻本　二冊

330000－1701－0058485　普 814.6/4748/c1　類叢部/叢書類/郡邑之屬

金華叢書六十八種　(清)胡鳳丹編　清同治七年至光緒八年(1868－1882)永康胡氏退補齋刻民國補刻本　四冊　存一種

330000－1701－0058486　HJL3637　類叢部/叢書類/彙編之屬

武英殿聚珍版書一百三十八種　清乾隆武英殿木活字印本　一冊　存一種

330000－1701－0058489　HJL1777　類叢部/叢書類/自著之屬

橘蔭軒全集七種　(清)陳錦撰　清光緒山陰陳氏橘蔭軒刻本　十二冊

330000－1701－0058490　GP06975　類叢部/叢書類/彙編之屬

滂喜齋叢書五十種　(清)潘祖蔭編　清同治至光緒吳縣潘氏京師刻本　二冊　存二種

330000－1701－0058491　普 814.6/4748/c3　類叢部/叢書類/郡邑之屬

金華叢書六十八種　(清)胡鳳丹編　清同治七年至光緒八年(1868－1882)永康胡氏退補齋刻民國補刻本　二冊　存一種

330000－1701－0058492　GP07514　子部/儒家類/儒學之屬/性理

讀書錄十一卷續錄十二卷　(明)薛瑄撰　清康熙石門呂氏天蓋樓刻本　二冊　存十卷(一至十)

330000－1701－0058493　GP06984　經部/小學類

小學類編六種附三種　(清)李祖望編　清咸豐至光緒江都李氏半畝園刻本　二冊　存附一種

330000－1701－0058495　HJL1249　子部/叢編

子書二十八種　(清)育文書局編　清宣統元年(1909)上海育文書局石印本　三十二冊

330000－1701－0058497　HJL3647　類叢部/叢書類/彙編之屬

武英殿聚珍版書一百三十八種　清乾隆武英殿木活字印本　二冊　存一種

330000－1701－0058498　G000285、G005834　史部/編年類/斷代之屬

東華錄擥要一百十四卷　(清)汪文安輯　清光緒二十九年(1903)上海商務印書館鉛印本　三十七冊

330000－1701－0058499　普 814.6/4772　集部/別集類/明別集

文敬胡先生集三卷　(明)胡居仁撰　清乾隆二十二年(1757)刻本　二冊

330000－1701－0058501　HJL1778　類叢部/叢書類/自著之屬

十二硯齋三種　(清)汪鋆撰　清同治至光緒儀徵汪氏刻本　二冊　存一種

330000－1701－0058502　HJL6699　集部/別集類/清別集

蜕學翁遺集六種七卷　(清)徐元潤撰　清光緒二十四年(1898)徐敦穆刻本　二冊

330000－1701－0058503　普 814.6/4772/2　類叢部/叢書類/彙編之屬

正誼堂全書六十三種續刻五種　(清)張伯行編　(清)楊浚重編　清同治五年(1866)福州正誼書院刻同治八年至光緒十三年(1869－1887)續刻本　二冊　存一種

330000－1701－0058505　GP06985　史部/編年類/通代之屬

讀通鑑綱目條記二十卷首一卷　(清)李述來撰　清嘉慶刻本　六冊

330000－1701－0058507　HJL7702　類叢部/叢書類/彙編之屬

武英殿聚珍版書一百三十八種　清乾隆武英殿木活字印本　一冊　存一種

330000－1701－0058508　G000286　史部/地理類/山川之屬/山志

黃鵠山志十二卷首一卷　（清）胡鳳丹撰　清同治十三年（1874）胡氏退補齋刻本　一冊　存二卷（十一至十二）

330000－1701－0058509　HJL1779　子部/雜著類/雜説之屬

晚翠軒筆記一卷　（清）張丙煐撰　清咸豐三年（1853）刻本　二冊

330000－1701－0058512　HJL1780　子部/小説家類

畫舫餘譚一卷三十六春小譜四卷　（清）捧花生撰　清道光六年（1826）捧花樓刻本　二冊

330000－1701－0058513　GP07515　子部/儒家類/儒學之屬/禮教/家訓

閑家編八卷　（清）王士俊輯　清雍正十二年（1734）養拙堂刻本　六冊

330000－1701－0058514　GP06976　子部/儒家類/儒學之屬

困知記二卷續二卷三續一卷四續一卷附錄一卷續補一卷　（明）羅欽順撰　明程弘傳刻清嘉慶十三年（1808）華亭盛灝元等補刻本　二冊

330000－1701－0058515　普814.6/4924　集部/別集類/明別集

趙文肅公文集二十三卷　（明）趙貞吉撰　清道光十九年（1839）内江趙富辰木活字印本　十冊

330000－1701－0058517　GP06986　經部/群經總義類/傳説之屬

經學不厭精五卷遺編二卷　（德國）花之安撰　清光緒二十二年至二十四年（1896－1898）上海美華書館鉛印本、二十九年（1903）德國傳福音總會鉛印本　七冊　存四卷（一至二、遺編一至二）

330000－1701－0058518　HJH1477　類叢部/叢書類/彙編之屬

學津討原一百七十三種　（清）張海鵬編　清嘉慶十年（1805）虞山張氏照曠閣刻本　四冊　存一種

330000－1701－0058520　HJL6700　集部/別集類/清別集

周憩亭集十卷首一卷末一卷　（清）周玉瓚撰　清光緒五年（1879）雅存堂刻本　四冊

330000－1701－0058522　HJL1041　類叢部/叢書類/彙編之屬

武英殿聚珍版書一百三十八種　清乾隆武英殿木活字印本　二冊　存一種

330000－1701－0058524　G000318　經部/詩類/傳説之屬

詩經集傳四卷　（宋）朱熹撰　清光緒十五年（1889）常郡千秋坊宛委山莊堂刻本　四冊

330000－1701－0058526　G000287　類叢部/叢書類/家集之屬

震澤先生別集四種　（明）王永熙輯　清刻本　一冊　存一種

330000－1701－0058528　HJL1782　子部/雜著類/雜纂之屬

陳刻二種　（清）陳世修輯　清康熙四十七年（1708）海鹽陳世修漱六閣刻本　二冊　存一種

330000－1701－0058529　HJL6701　集部/別集類/清別集

楊園先生全集五十四卷　（清）張履祥撰　（清）姚璉　（清）陳敬璋輯　（清）萬斛泉編次　**張楊園先生［履祥］年譜一卷**　（清）蘇惇元編　清同治十年（1871）江蘇書局刻本　十六冊

330000－1701－0058530　HJL1478　子部/兵家類/兵法之屬

洴澼百金方十四卷首一卷　（清）袁宮桂撰

清乾隆五十三年(1788)榕城嘉魚堂刻本 八冊

330000－1701－0058531 HJL8436 類叢部/叢書類/彙編之屬
武英殿聚珍版書一百三十八種 清乾隆武英殿木活字印本 二冊 存一種

330000－1701－0058532 普814.6/4925 集部/别集類/明别集
峴山集十二卷 (明)趙秉忠撰 清光緒九年(1883)刻本 六冊

330000－1701－0058533 G000319 史部/地理類/雜志之屬
浙江全省輿圖並水陸道里記不分卷 (清)宗源瀚等纂 清光緒二十年(1894)石印本 十冊

330000－1701－0058534 HJL1480 子部/儒家類/儒學之屬/俗訓
日知薈說四卷 (清)高宗弘曆撰 清乾隆元年(1736)刻本 四冊

330000－1701－0058535 GP07508 集部/總集類/選集之屬/通代
詩紀一百五十六卷目錄三十六卷 (明)馮惟訥輯 **唐詩紀一百七十卷目錄六卷** (明)方一元編 明萬曆十三年(1585)刻本 十九冊 存二百七十四卷(詩紀目錄十七至三十六、一至一百二十九,唐詩紀一至一百二十五)

330000－1701－0058537 HJL1783 子部/小說家類/異聞之屬
山海經箋疏十八卷圖讚一卷訂譌一卷敘錄一卷 (清)郝懿行撰 清光緒十二年(1886)程氏永凝堂刻本 李适題記 二冊

330000－1701－0058538 普925.109877/4771 史部/傳記類/總傳之屬/列女
胡氏三烈誌言二卷續錄一卷 清光緒二十八年(1902)嘉松分司刻本 一冊

330000－1701－0058539 GP06977 子部/宗教類/其他宗教之屬/伊斯蘭教
正教真詮二卷首一卷 (清)王岱輿撰 清光緒三十年(1904)鎮江清真寺刻本 四冊

330000－1701－0058540 普925.10989/9094 史部/傳記類/總傳之屬
南蘭五十種華景譜二卷 (清)小小楳華屋主者編 清光緒刻本 一冊

330000－1701－0058541 HJL1481 史部/政書類/律令之屬/法驗
重刊補註洗冤錄集證六卷 (清)王又槐輯 (清)李觀瀾補輯 (清)阮其新補註 (清)張錫蕃重訂 (清)文晟續輯 **作吏要言一卷** (清)葉玉屏撰 (清)朱性齋增 清同治十一年(1872)刻四色套印本 四冊

330000－1701－0058543 GP07497 史部/傳記類/科舉録之屬/歷科鄉試録
[咸豐壬子科]浙江鄉試同年齒錄不分卷 清咸豐刻本 二冊

330000－1701－0058544 HJL1482 子部/藝術類/書畫之屬/題跋
吴越所見書畫錄六卷書畫說鈴一卷 (清)陸時化輯並撰 清光緒五年(1879)木活字印本 六冊

330000－1701－0058545 HJH1251 類叢部/叢書類/彙編之屬
埽葉山房叢鈔二十六種 (清)席威編 清同治至光緒刻光緒九年(1883)彙印本 二十四冊 存一種

330000－1701－0058546 HJL6702 集部/别集類/清别集
是吾齋集八卷詩續集四卷 (清)于卿保撰 清刻本 四冊

330000－1701－0058547 HJL1483 子部/雜著類/雜說之屬
椒生隨筆八卷詩草六卷續草六卷 (清)王之春撰 清光緒七年(1881)上海文藝齋刻本 二冊 存四卷(隨筆三至六)

330000－1701－0058548 普925.1099/2630.2/c1 史部/傳記類/總傳之屬/郡邑
練川名人畫象續編三卷 (清)程祖慶編 清

道光三十年(1850)嘉定程氏刻本　一册

330000－1701－0058549　普 814.6/4625　集部/别集類/明别集
楊椒山先生集四卷椒山先生[楊繼盛]自著年譜一卷　(明)楊繼盛撰　清同治五年(1866)張景賢刻本　二册

330000－1701－0058550　G000320、G000324、G000930　史部/地理類/水利之屬
續纂江蘇水利全案正編四十卷首一卷附編十二卷　(清)李慶雲輯　清光緒十五年(1889)水利工程局木活字印本　二十二册

330000－1701－0058551　HJL6703　集部/别集類/清别集
師水齋全集十八卷　(清)崔預撰　清同治八年(1869)崔氏刻本　四册

330000－1701－0058552　HJL0429　類叢部/叢書類/彙編之屬
武英殿聚珍版書一百三十八種　清乾隆武英殿木活字印本　八册　存一種

330000－1701－0058553　HJL1252　子部/醫家類/綜合之屬/通論
御纂醫宗金鑑九十卷首一卷　(清)吳謙等撰　清光緒十八年(1892)上海圖書集成印書局鉛印本　二十四册

330000－1701－0058556　普 814.6/5013　集部/别集類/明别集
史忠正公集四卷　(明)史可法撰　**首一卷末一卷**　(清)史山清輯　清道光二十九年(1849)楚醴景萊書屋刻本　四册

330000－1701－0058557　HJL1784　子部/小説家類/異聞之屬
山海經十八卷　(晉)郭璞傳　清康熙五十三年至五十四年(1714－1715)歙縣項絪群玉書堂刻本　四册

330000－1701－0058558　HJH7911　類叢部/叢書類/彙編之屬
武英殿聚珍版書一百三十八種　清乾隆武英殿木活字印本　二册　存一種

330000－1701－0058560　GP07510　子部/儒家類/儒學之屬
實踐錄一卷　(清)德沛撰　清乾隆五年(1740)刻本　一册

330000－1701－0058561　HJL6704　類叢部/叢書類/家集之屬
董氏遺書四種　(清)董若洵編　清咸豐至同治刻彙印本　六册

330000－1701－0058562　HJL1785　集部/小説類/長篇之屬
新編五代史平話殘八卷　(宋)□□輯　清光緒三十四年至民國十四年(1908－1925)武進董氏刻本　劉承幹題記　二册

330000－1701－0058563　普 925.1099/2630.2/c2　史部/傳記類/總傳之屬/郡邑
練川名人畫象續編三卷　(清)程祖慶編　清光緒四年(1878)刻本　一册

330000－1701－0058564　HJL7180　類叢部/叢書類/彙編之屬
武英殿聚珍版書一百三十八種　清乾隆武英殿木活字印本　五册　存一種

330000－1701－0058566　普 814.6/44441/2　集部/别集類/明别集
重刻天傭子集十卷首一卷末一卷　(明)艾南英撰　(清)艾爲珖　(清)艾曰芬輯　(清)張良御等點評　清光緒五年(1879)梯雲書屋刻本　十册

330000－1701－0058567　GP07516　集部/總集類/氏族之屬
蔡氏九儒書九種　(明)蔡有鵾編　(清)蔡重補編　清雍正十一年(1733)廬峰書院刻乾隆增刻本　六册

330000－1701－0058569　普 814.4/8769/2　集部/别集類/宋别集
心史二卷　(宋)鄭思肖撰　清刻本　八册

330000－1701－0058570　HJL3189　類叢部/叢書類/彙編之屬
武英殿聚珍版書一百三十八種　清乾隆武英

殿木活字印本　四十册　存一種

330000－1701－0058571　GP01131　子部/藝術類/書畫之屬/畫法畫品

黄漳浦五月江濤送遠人圖册一卷　（明）黄道周繪　清光緒十六年(1890)石印本　一册

330000－1701－0058572　普 814.6/44441/3/c2　集部/别集類/明别集

重刻天傭子集十卷首一卷末一卷　（明）艾南英撰　（清）艾爲珖　（清）艾曰芬輯　（清）張良御等點評　清道光十六年(1836)艾舟刻本　十册

330000－1701－0058576　G000322、G002653、G007703、G009384、G009809　類叢部/叢書類/彙編之屬

武英殿聚珍版書一百四十八種　清乾隆四十二年(1777)福建刻道光至同治遞修光緒二十一年(1895)增刻本　三十册　存一種

330000－1701－0058577　HJL1786　類叢部/叢書類/彙編之屬

誦芬室叢刊二十二種　董康編　清光緒三十四年至民國十四年(1908－1925)武進董氏刻本　三册　存一種

330000－1701－0058578　HJL6705　集部/别集類/清别集

好深湛思室詩存二十二卷　（清）孫義鈞撰　清同治十二年(1873)武林孫憙刻本　四册

330000－1701－0058579　HJL1142　類叢部/叢書類/彙編之屬

武英殿聚珍版書一百三十八種　清乾隆武英殿木活字印本　三册　存一種

330000－1701－0058581　G000288　史部/史表類/通代之屬

歷代帝王統系大略一卷　清光緒三十二年(1906)北洋陸軍編譯局鉛印本　一册

330000－1701－0058583　G000330　史部/政書類/儀制之屬

喜事禮帖式一卷　（清）俞燦撰　清抄本　一册

330000－1701－0058584　HJL1492　子部/宗教類/道教之屬

彙纂功過格十二卷首一卷末一卷　清同治六年(1867)吳門章雨田刻本　九册　缺二卷(八至九)

330000－1701－0058585　HJL6706　集部/别集類/清别集

丹魁堂詩集七卷外集四卷　（清）季芝昌撰

茗韻軒遺詩一卷　（清）王塽植撰　清咸豐十一年(1861)崇川寓館、同治四年(1865)紫瑯寓館刻本　五册

330000－1701－0058587　HJL1757　類叢部/類書類/通類之屬

角山樓增補類腋六十七卷　（清）姚培謙輯　（清）趙克宜增輯　清咸豐七年(1857)丹徒趙克宜角山樓刻本　二十四册

330000－1701－0058588　普 323.70927/2793　史部/傳記類/科舉録之屬/諸貢録

[光緒乙酉科]各省選拔同年明經通譜不分卷　清光緒十二年(1886)京都龍雲齋等刻本　四册

330000－1701－0058589　GP06989　經部/小學類/文字之屬/字書/字體

漢隸字源五卷碑目一卷附字一卷　（宋）婁機撰　清光緒三年(1877)歸安姚氏咫進齋刻本　三册

330000－1701－0058590　普 925.1099/4432　史部/傳記類/總傳之屬

聖賢像贊四卷　（明）王守仁集　清康熙五十三年(1714)刻本　四册

330000－1701－0058591　HJL7683　類叢部/叢書類/彙編之屬

武英殿聚珍版書一百三十八種　清乾隆武英殿木活字印本　一册　存一種

330000－1701－0058592　普 814.6/4448　集部/别集類/明别集

春暉堂詩文集二卷首一卷　（明）葉樹人撰

春暉堂詩文集題詞一卷　清咸豐二年(1852)

葉堯蓂刻本　一冊

330000－1701－0058594　HJL1751　子部/天文曆算類/算書之屬

九數通考十一卷首一卷末一卷　(清)屈曾發撰　清乾隆三十七年(1772)豫簪堂刻同治十一年(1872)屈承幹補刻十二年(1873)德慶堂印本　六冊

330000－1701－0058598　HJH6707　類叢部/叢書類/自著之屬

錢頤壽中丞全集正編三種續編二種　(清)錢寶琛撰　清同治七年至光緒六年(1868－1880)錢鼎銘刻本　十三冊

330000－1701－0058600　HJL1508　類叢部/叢書類/彙編之屬

武英殿聚珍版書一百三十八種　清乾隆武英殿木活字印本　四冊　存一種

330000－1701－0058601　G000289　子部/藝術類/書畫之屬/總論

庚子銷夏記八卷閒者軒帖考一卷　(清)孫承澤撰　清乾隆二十五年至二十六年(1760－1761)鮑廷博、鄭竺刻本　一冊　存一卷(閒者軒帖考)

330000－1701－0058602　普 814.6/5013/2　集部/别集類/明别集

史忠正公集四卷　(明)史可法撰　**首一卷末一卷**　(清)史山清輯　清同治十年(1871)趙承恩刻本　四冊

330000－1701－0058604　HJH1495　子部/宗教類/道教之屬/戒律

太上感應篇集傳四卷　(清)惠棟箋　(清)俞樾纘義　(清)姚學塽注　清光緒二十五年(1899)刻本　二冊

330000－1701－0058606　HJL1982、HJL3648　類叢部/叢書類/彙編之屬

武英殿聚珍版書一百三十八種　清乾隆武英殿木活字印本　四冊　存二種

330000－1701－0058608　GP06990　類叢部/叢書類/彙編之屬

崇文書局彙刻書三十一種　(清)崇文書局編　清光緒元年至三年(1875－1877)湖北崇文書局刻本　一冊　存一種

330000－1701－0058609　普 814.6/5013/3　集部/别集類/明别集

史忠正公集四卷　(明)史可法撰　**首一卷末一卷**　(清)史山清輯　清乾隆五十三年(1788)教忠堂刻本　二冊

330000－1701－0058613　GP06978　子部/儒家類/儒學之屬/性理

平平錄十卷附錄一卷　(清)楊芳撰　清道光十三年(1833)華陽王文運梓潼橋刻本　四冊

330000－1701－0058616　HJL1493　子部/道家類

太上混元道德真經一卷　題孚佑上帝闡義　題八洞仙祖合注　清宣統三年(1911)上海中正輔元堂刻本　二冊

330000－1701－0058617　普 814.6/5013/5　類叢部/叢書類/郡邑之屬

畿輔叢書　(清)王灝編　清光緒五年至十八年(1879－1892)定州王氏謙德堂刻三十二年(1906)彙印本(元和郡縣圖志卷十九至二十、二十三至二十四、三十五至三十六)　二冊　存一種

330000－1701－0058618　G000290　子部/醫家類/方書之屬

方藥類纂十四卷首一卷　(清)閔祖瀛輯　稿本　八冊

330000－1701－0058620　普 814.6/4453/c1　集部/别集類/明别集

知我軒近説三卷　(明)林貴兆撰　清宣統二年(1910)太平陳氏木活字印本　三冊

330000－1701－0058621　HJH1257　子部/雜著類/雜纂之屬

宋稗類鈔八卷　(清)潘永因輯　清宣統元年(1909)上海有正書局鉛印本　八冊

330000－1701－0058625　普 814.6/4453/c2　集部/别集類/明别集

知我軒近說三卷　(明)林貴兆撰　清宣統二年(1910)太平陳氏木活字印本　三冊

330000－1701－0058626　普 323.70927/3232　史部/傳記類/科舉録之屬/歷科鄉試録
浙江鄉試題名錄五卷　清同治至光緒刻本　二冊

330000－1701－0058627　GP06979　類叢部/叢書類/彙編之屬
天台張氏兩銘樓叢書　(清)張廷琛編　清光緒至宣統木活字印本　一冊　存一種

330000－1701－0058628　HJL1862　子部/儒家類/儒學之屬/蒙學
經正錄一卷附張楊園先生學規一卷　(清)張履祥撰　清光緒元年(1875)刻本　蔣確題記　一冊

330000－1701－0058631　HJL1491　子部/宗教類/佛教之屬/諸宗
禪林寶訓筆說三卷　(清)釋智祥撰　清乾隆十五年(1750)北京潭柘寺刻本　三冊

330000－1701－0058632　普 925.109916/3144　史部/傳記類/總傳之屬/斷代
周列士傳一卷　(清)顧壽楨撰　清同治五年(1866)見素抱樸齋刻本　一冊

330000－1701－0058633　HJL6708　集部/別集類/清別集
槿花邨吟存四卷槿邨樵唱四卷　(清)夏崑林撰　清道光十八年(1838)刻本　孫五福題記　二冊　缺四卷(槿邨樵唱一至四)

330000－1701－0058634　普 814.6/4439.2　集部/別集類/明別集
黃陶菴先生全稿六卷　(明)黃淳耀撰　(清)何忠相評點　清道光二十二年(1842)金陵寶文堂刻本　四冊

330000－1701－0058635　GP06980　子部/工藝類/日用器物之屬/陶瓷
陽羨名陶錄二卷續一卷　(清)吳騫撰　清乾隆刻本　清姚燮跋　清畫禪琴隱室題記　一冊

330000－1701－0058636　HJL1490　子部/宗教類/佛教之屬
山菴雜錄二卷　(明)釋無慍撰　清同治九年(1870)三峰禪寺刻本　一冊

330000－1701－0058637　普 925.109924/2645　史部/傳記類/總傳之屬/郡邑
三祠傳輯九卷傳輯附存一卷　(清)吳大本輯　清道光勞夢鯉、史瀾刻本　四冊

330000－1701－0058638　HJH1259　子部/小說家類
顧氏明朝四十家小說四十種　(明)顧元慶編　清宣統三年(1911)上海國學扶輪社鉛印本　八冊

330000－1701－0058639　HJL6709　集部/別集類/清別集
芸海閣文集不分卷春桂樓詩集六卷　(清)吳覺撰　清同治八年(1869)刻本　六冊

330000－1701－0058640　普 323.70927/32321　史部/傳記類/科舉録之屬/歷科鄉試録
[光緒壬寅補行庚子辛丑恩正併科]浙江鄉試闈卷一卷　(清)梁錫瓚撰　清光緒二十八年(1902)刻本　一冊

330000－1701－0058644　HJL1755　子部/藝術類/篆刻之屬/印譜
歷朝印識一卷補遺一卷國朝印識二卷補遺一卷近編一卷　(清)馮承輝撰　清蘇州文學山房木活字印本　二冊

330000－1701－0058646　普 925.109924/3125　史部/傳記類/總傳之屬/郡邑
嘉慶道光魏塘人物記六卷　(清)汪能肅撰　清道光刻本　一冊　存二卷(一至二)

330000－1701－0058647　G000291　史部/地理類/山川之屬/水志
西湖志四十八卷　(清)李衛　(清)程元章修　(清)傅王露纂　清光緒四年(1878)浙江書局刻本　十冊　存二十五卷(二十四至四十八)

330000－1701－0058649　GP06994　子部/農家農學類/農藝之屬/災害防治

捕蝗要訣一卷附除蝻八要一卷　(清)錢炘和撰　清同治八年(1869)楚北崇文書局刻本　一册

330000－1701－0058651　HJL6710　集部/别集類/清别集

青藜閣詩鈔一卷　(清)劉鴻庚撰　清光緒二十四年(1898)刻本　一册

330000－1701－0058652　普 323.70927/3414/c1　史部/傳記類/科舉録之屬/諸貢録

國朝歷科館選錄不分卷附特授改補館職一卷　(清)沈廷芳輯　(清)陸費墀　(清)沈世緯重訂　清乾隆十一年(1746)刻三十一年(1766)沈世煒增刻道光二十一年(1841)翰林院遞刻本　三册

330000－1701－0058654　普 925.109924/7586/c1　史部/傳記類/總傳之屬/郡邑

越中觀感錄一卷　(清)陳錦撰　清光緒九年(1883)八杉齋刻本　一册

330000－1701－0058655　普 323.70927/3414/c2　史部/傳記類/科舉録之屬/諸貢録

國朝歷科館選錄不分卷附特授改補館職一卷　(清)沈廷芳輯　(清)陸費墀　(清)沈世緯重訂　清乾隆十一年(1746)刻三十一年(1766)沈世煒增刻光緒三十年(1904)翰林院遞刻本　二册

330000－1701－0058657　G000325　集部/總集類/選集之屬/斷代

唐人萬首絶句選七卷　(清)王士禛輯　清康熙洪氏松花書屋刻本　二册

330000－1701－0058660　HJH1868　類叢部/類書類/專類之屬

子史精華一百六十卷　(清)吳士玉　(清)吳襄等輯　清刻本　四十八册

330000－1701－0058662　普 814.6/4444　集部/别集類/明别集

吹劍集十二卷　(明)蘇葵撰　**附錄一卷**　清光緒六年(1880)蘇種德堂刻本　五册

330000－1701－0058664　GP06981　集部/别集類/清别集

梧蔭軒詩稿一卷　(清)陸宗翰撰　**搴香吟館遺稿二卷**　(清)姚偁撰　清光緒十五年(1889)刻本　一册

330000－1701－0058665　普 925.109924/7586/c2　史部/傳記類/總傳之屬/郡邑

越中觀感錄一卷　(清)陳錦撰　清光緒九年(1883)八杉齋刻本　一册

330000－1701－0058666　普 814.6/5329/c1　集部/别集類/明别集

止止堂集五卷(横槊稿三卷愚愚稿二卷)　(明)戚繼光撰　清光緒十四年(1888)山東書局刻本　四册

330000－1701－0058669　HJH1261　子部/叢編

子書二十三種　(清)浙江書局編　清光緒二十三年(1897)上海圖書集成局鉛印本　十五册　存六種

330000－1701－0058670　HJL1869　子部/法家類

管子地員篇注四卷　(清)王紹蘭撰　清光緒十七年(1891)蕭山胡燏棻寄虹山館刻本　四册

330000－1701－0058672　HJL1485　子部/醫家類/養生之屬

衛生集三卷　(清)華梧棲輯　清同治八年(1869)刻本　一册

330000－1701－0058673　HJL6711　集部/别集類/清别集

古微堂内集三卷外集七卷　(清)魏源撰　清光緒四年(1878)揚州淮南書局刻本　四册

330000－1701－0058675　普 925.109924/7586/c3　類叢部/叢書類/彙編之屬

會稽徐氏鑄學齋叢書十三種　徐維則編　清咸豐至光緒會稽徐氏刻光緒二十六年(1900)彙印本　一册　存一種

330000－1701－0058676　G000326、G000339、G003610　類叢部/類書類/專類之屬
佩文韻府一百六卷　(清)張玉書　(清)蔡升元等輯　**韻府拾遺一百六卷**　(清)汪灝(清)何焯等輯　清刻本　八十五册　存一百十卷(佩文韻府十一至七十三、七十六下至九十三、九十八至一百六，韻府拾遺三至二十二)

330000－1701－0058677　普814.6/5329/c2　集部/别集類/明别集
止止堂集五卷(横槊稿三卷愚愚稿二卷)　(明)戚繼光撰　清光緒十四年(1888)山東書局刻本　四册

330000－1701－0058679　HJL1870　史部/政書類/律令之屬/治獄
折獄龜鑑八卷首一卷　(宋)鄭克撰　清光緒八年(1882)刻本　二册

330000－1701－0058680　HJL6712　集部/别集類/清别集
周文忠公尺牘二卷雜文附録一卷　(清)周天爵撰　清同治七年(1868)蘇松太道署刻本　一册

330000－1701－0058681　GP07498　史部/傳記類/科舉録之屬/歷科鄉試録
[光緒壬午科]浙江鄉試同年齒録不分卷　清光緒刻本　二册

330000－1701－0058682　普814.6/44441　集部/别集類/明别集
重刻天傭子集十卷首一卷末一卷　(明)艾南英撰　(清)艾爲珖　(清)艾曰芬輯　(清)張良御等點評　清光緒五年(1879)梯雲書屋刻本　十册

330000－1701－0058683　GP06982　類叢部/類書類/通類之屬
三才彙編六卷　(清)龔在升撰　(清)顧理美增補　清康熙五年(1666)虞山毛氏汲古閣刻本　六册

330000－1701－0058687　HJL1488　子部/雜著類/雜考之屬
讀書脞録七卷　(清)孫志祖撰　清光緒十三年(1887)醉六堂刻本　四册

330000－1701－0058688　HJL6713　集部/别集類/清别集
雲中集六卷　(清)劉淳撰　清光緒七年(1881)岳口李綽裕堂刻本　五册　缺一卷(亨下)

330000－1701－0058689　GP06996　史部/傳記類/别傳之屬/年譜
春渚草堂居士[朱彭年]年譜一卷　(清)朱彭年撰　(清)朱澍生續　清光緒二十二年(1896)刻本　一册

330000－1701－0058690　G000327、G004871　子部/醫家類/類編之屬
沈氏尊生書五種　(清)沈金鰲撰輯　清光緒二十一年(1895)上海圖書集成局鉛印本　二十册　存四種

330000－1701－0058692　HJL6714　集部/别集類/清别集
世忠堂文集六卷守城善後紀畧一卷鄒氏家傳一卷　(清)鄒鳴鶴撰　(清)鄒覲颺輯　清同治二年(1863)錫山鄒寓刻本　八册

330000－1701－0058697　HJH1262　子部/醫家類/方書之屬/單方驗方
驗方新編十八卷首一卷　(清)鮑相璈等輯　清光緒三十年(1904)上海洽記書局石印本　五册

330000－1701－0058699　GP06997　子部/藝術類/書畫之屬/法帖
大佛頂如來密因修證了義諸菩薩萬行首楞嚴經十卷　吳芝瑛書　清光緒三十四年至宣統元年(1908－1909)文寶書局石印本　二册

330000－1701－0058701　HJH1486　史部/政書類/公牘檔册之屬
救濟文牘六卷　清光緒三十三年(1907)蘇省刷印局鉛印本　四册

330000－1701－0058702　G000292、G000293、

G000294、G002375、G003341　類叢部/叢書類/彙編之屬

申報館叢書正集五十七種附錄三種續集一百四十二種　(清)尊聞閣主編　蔡爾康編續集　清同治至光緒上海申報館鉛印本　十五冊　存三種

330000－1701－0058704　HJL1874　子部/雜著類/雜說之屬

嗇庵隨筆六卷末一卷　(清)陸文衡撰　清光緒二十三年(1897)吳江陸同壽木活字印本　二冊

330000－1701－0058709　HJL1875　史部/政書類/律令之屬/治獄

祥刑古鑑二卷附編一卷　(清)宋邦僡輯　清同治刻本　四冊

330000－1701－0058712　GP06998　子部/藝術類/書畫之屬/法帖

大佛頂如來密因修證了義諸菩薩萬行首楞嚴經十卷　吳芝瑛書　清光緒三十四年至宣統元年(1908－1909)文寶書局石印本　二冊

330000－1701－0058714　普925.10993/4421/c1　類叢部/叢書類/自著之屬

鹿洲全集七種　(清)藍鼎元撰　清康熙至雍正刻彙印本　二冊　存一種

330000－1701－0058719　HJL1878　史部/雜史類/斷代之屬

歸潛志十四卷首一卷　(元)劉祁撰　清光緒十年(1884)湘遠堂刻本　四冊

330000－1701－0058721　GP07499　史部/傳記類/科舉録之屬/歷科鄉試録

[光緒己卯科]浙江鄉試同年齒錄不分卷　清光緒刻本　二冊

330000－1701－0058722　HJL1879　子部/法家類

韓非子集解二十卷首一卷　(清)王先慎撰　清光緒二十二年(1896)刻本　六冊

330000－1701－0058725　普814.6/6012　集部/别集類/明别集

重刻一峯先生集十卷首一卷附錄二卷　(明)羅倫撰　清道光二十九年(1849)江陰羅氏刻本　七冊

330000－1701－0058727　普814.6/4439/c1　集部/别集類/明别集

陶菴集二十二卷首一卷末一卷　(明)黃淳耀撰　清光緒五年至七年(1879－1881)童式穀、宋道南刻本　八冊

330000－1701－0058730　普925.10993/4421/c2　類叢部/叢書類/自著之屬

鹿洲全集七種　(清)藍鼎元撰　清康熙至雍正刻彙印本　二冊　存一種

330000－1701－0058732　GP07501　史部/傳記類/科舉録之屬/歷科鄉試録

[光緒己丑恩科]浙江鄉試同年齒錄不分卷　清光緒刻本　四冊

330000－1701－0058734　GP07500　史部/傳記類/科舉録之屬/歷科鄉試録

[光緒乙酉科]浙江鄉試同年齒錄不分卷　清光緒刻本　二冊

330000－1701－0058735　普925.10993/4983　類叢部/叢書類/彙編之屬

月河精舍叢鈔五種　(清)丁寶書編　清光緒四年至十二年(1878－1886)苕溪丁氏刻本　二冊　存一種

330000－1701－0058736　GP07001　類叢部/叢書類/彙編之屬

十萬卷樓叢書五十一種　(清)陸心源編　清光緒歸安陸氏刻本(歲時廣記卷六原缺)　一冊　存一種

330000－1701－0058737　G000296　類叢部/叢書類/彙編之屬

花雨樓叢鈔十一種續鈔十一種附一種　(清)張壽榮編　清光緒八年至十四年(1882－1888)蛟川張氏花雨樓刻本　六冊　存續鈔一種

330000－1701－0058738　GP07002　類叢部/叢書類/自著之屬

盧菊人所著書七種 （清）盧標撰 清道光映台樓刻本 一册 存二種

330000－1701－0058740 HJL5419 類叢部/叢書類/彙編之屬
武英殿聚珍版書一百三十八種 清乾隆武英殿木活字印本 十六册 存一種

330000－1701－0058741 HJL1822 史部/傳記類/總傳之屬/儒林
理學宗傳二十六卷 （清）孫奇逢撰 （清）魏一鼇等編 清光緒六年（1880）浙江書局刻本 十二册

330000－1701－0058742 HJH3704 類叢部/叢書類/彙編之屬
武英殿聚珍版書一百三十八種 清乾隆武英殿木活字印本 十二册 存一種

330000－1701－0058743 HJL1823 子部/醫家類/傷寒金匱之屬/傷寒論
寒溫條辨七卷溫病壞證一卷 （清）楊璿撰 清光緒十九年（1893）江右醉芸軒刻本 四册

330000－1701－0058744 HJL1498 類叢部/叢書類/自著之屬
亦園亭全集五種 （清）孟超然撰 清嘉慶二十年（1815）刻本 六册 存一種

330000－1701－0058745 HJH4326 類叢部/叢書類/彙編之屬
武英殿聚珍版書一百四十八種 清乾隆四十二年（1777）福建刻道光至同治遞修光緒二十一年（1895）增刻本 十册 存一種

330000－1701－0058746 HJL1265 類叢部/類書類/專類之屬
新增説文韻府羣玉二十卷 （元）陰時夫輯 （元）陰中夫注 清祥興堂刻本 二十册

330000－1701－0058747 HJL1499 子部/雜著類/雜考之屬
二初齋讀書記十卷首一卷 （清）倪思寬撰 清嘉慶八年（1803）涵和堂刻本 四册

330000－1701－0058748 HJH1501 類叢部/類書類/通類之屬
通俗編三十八卷 （清）翟灝撰 清武林竹簡齋刻本 十二册

330000－1701－0058750 普814.6/6017/c2 集部/總集類/彙編之屬
文瑞樓彙刻書三種 （清）金檀編 清康熙至雍正桐鄉金氏文瑞樓燕翼堂刻本 六册 存一種

330000－1701－0058751 普323.70927/3544 史部/傳記類/科舉録之屬/歷科鄉試録
國朝杭州秀才錄不分卷 （清）佚名輯 稿本 二册

330000－1701－0058753 HJL1815 子部/雜著類/雜説之屬
猗覺寮雜記二卷 （宋）朱翌撰 清乾隆武英殿木活字印武英殿聚珍版書本 清謝寶樹批校並跋 一册

330000－1701－0058755 普814.6/6017/c1 集部/總集類/彙編之屬
文瑞樓彙刻書三種 （清）金檀編 清康熙至雍正桐鄉金氏文瑞樓燕翼堂刻本 六册 存一種

330000－1701－0058757 GP07486 史部/政書類/邦計之屬
兩浙宦遊記畧不分卷 （清）戴槃撰 清同治刻本 二册

330000－1701－0058758 HJH1502 子部/藝術類/音樂之屬/樂譜
五知齋琴譜八卷 （清）徐祺撰 （清）周魯封輯 清乾隆二年（1737）棲心琴社刻本 六册

330000－1701－0058759 HJH1266 類叢部/叢書類/自著之屬
不遠復齋遺書六種 （清）潘士璜輯 清光緒六年（1880）潘遵祁刻本 六册

330000－1701－0058760 HJL0533 經部/書類/傳説之屬
尚書詳解二十六卷首一卷 （宋）夏僎撰 清乾隆武英殿木活字印武英殿聚珍版書本 莫

棠題記　八冊

330000－1701－0058762　普 814.6/6017/c3　集部/總集類/彙編之屬
文瑞樓彙刻書三種　(清)金檀編　清康熙至雍正桐鄉金氏文瑞樓燕翼堂刻本　六冊　存一種

330000－1701－0058765　HJL1825　子部/術數類/數學之屬
皇極經世易知八卷首一卷　(清)何夢瑤撰　清道光十三年(1833)孔繼驤滾雪樓刻咸豐九年(1859)孔廣鏞、孔廣陶重修本　六冊

330000－1701－0058766　普 323.70927/3547　史部/傳記類/科舉録之屬/歷科登科録
國朝歷科題名碑錄初集不分卷附明洪武至崇禎各科題名錄不分卷　(清)李周望等輯　清康熙五十九年(1720)刻雍正乾隆遞增刻本　四冊

330000－1701－0058767　普 814.6/4625/2/c2　集部/別集類/明別集
楊忠愍公全集四卷首一卷　(明)楊繼盛撰　清光緒十九年(1893)味菜廬刻本　四冊

330000－1701－0058769　HJL1826　子部/宗教類/佛教之屬/總録
翻譯名義集十四卷　(宋)釋法雲編　清刻本　七冊

330000－1701－0058771　HJL7703　史部/地理類/山川之屬/水志
水經注四十卷首一卷　(北魏)酈道元撰　清乾隆武英殿木活字印武英殿聚珍版書本　莫棠跋　八冊

330000－1701－0058772　HJL6715　集部/別集類/清別集
登雲山房文稿四卷　(清)溫訓撰　(清)潘正理編　**四書文一卷梧溪石屋詩鈔六卷**　(清)溫訓撰　清道光刻本　六冊

330000－1701－0058774　G000328、G003951　子部/儒家類/儒學之屬/性理
慈溪黃氏日抄分類古今紀要十九卷　(宋)黃震撰　清乾隆三十二年(1767)刻本　七冊　缺二卷(十六至十七)

330000－1701－0058775　HJL1267　子部/儒家類/儒學之屬/禮教/家訓
治家格言繹義二卷　(清)戴翊清撰　清光緒二十九年(1903)陶氏睢寧慶生典鋪刻本　一冊

330000－1701－0058776　普 925.10994/2540　類叢部/叢書類/自著之屬
朱子遺書初刻八種二刻七種　(宋)朱熹撰　清康熙禦兒呂氏寶誥堂刻本　二冊　存一種

330000－1701－0058777　G000297　史部/傳記類/總傳之屬/儒林
宋元學案一百卷首一卷　(清)黃宗羲撰　(清)黃百家纂輯　(清)全祖望修定　清光緒五年(1879)上海文瑞樓石印本　三十二冊

330000－1701－0058782　HJL1430　子部/雜著類/雜說之屬
能改齋漫錄十八卷　(宋)吳曾撰　清乾隆武英殿木活字印武英殿聚珍版書本　莫棠題記　八冊

330000－1701－0058783　GP07482　史部/政書類/軍政之屬/兵制
浙江改編陸師巡防隊試辦章程一卷　清宣統元年(1909)參謀處石印所石印本　一冊

330000－1701－0058784　G000329　子部/醫家類/婦科之屬
婦科一百十七症發明一卷　(清)包巖撰　清光緒二十九年(1903)刻本　一冊

330000－1701－0058785　普 814.6/4625/3　集部/別集類/明別集
楊忠愍公全集四卷　(明)楊繼盛撰　清道光八年(1828)刻本　二冊

330000－1701－0058786　HJH1268　子部/雜著類/雜說之屬
柳南隨筆六卷　(清)王應奎撰　清乾隆五年(1740)虞山顧氏親仁堂刻本　六冊

330000－1701－0058788　HJL1828　子部/術數類/數學之屬

太玄集注四卷　(宋)司馬光　(宋)許翰撰　(清)孫澍增補　清道光十一年(1831)鵝溪孫氏青棠書屋刻本　清楊保彝批校並跋　四册

330000－1701－0058790　HJL1439　子部/雜著類/雜說之屬

權言一卷　(清)翟衡璣撰　清宣統元年(1909)金陵書局鉛印本　一册

330000－1701－0058791　普925.10994/7433　類叢部/叢書類/自著之屬

潛園總集十七種　(清)陸心源撰　清同治至光緒刻本　二册　存一種

330000－1701－0058795　HJL3319　集部/別集類/宋別集

景文集六十二卷　(宋)宋祁撰　清乾隆武英殿木活字印武英殿聚珍版書本　莫棠題記　十二册

330000－1701－0058797　普814.6/4625/4　集部/別集類/明別集

楊忠愍公全集四卷　(明)楊繼盛撰　清道光二十五年(1845)金雲章、王應柱刻本　四册

330000－1701－0058798　普925.10994/7433/(3)　類叢部/叢書類/自著之屬

潛園總集十七種　(清)陸心源撰　清同治至光緒刻本　四册　存一種

330000－1701－0058799　HJL1440　類叢部/叢書類/郡邑之屬

金陵叢刻十五種　(清)傅春官輯　清光緒二十三年至三十一年(1897－1905)江寧傅氏晦齋刻本　一册　存一種

330000－1701－0058800　HJL1270　類叢部/叢書類/彙編之屬

士禮居叢書二十種　(清)黃丕烈編　清嘉慶至道光黃氏士禮居刻本　四册　存一種

330000－1701－0058801　G000331　史部/地理類/山川之屬/山志

重修南海普陀山志二十卷首一卷　(清)秦耀曾輯　清道光刻本　一册　存七卷(首、一至六)

330000－1701－0058802　普814.4/8073/2/c2　集部/別集類/宋別集

仁山金先生文集四卷附錄一卷　(宋)金履祥撰　(清)金弘勳校輯　清雍正三年(1725)金弘勳春暉堂刻本　二册

330000－1701－0058804　HJL1829　子部/天文曆算類/算書之屬

則古昔齋算學十三種　(清)李善蘭編　清同治六年(1867)海寧李善蘭金陵刻本　六册

330000－1701－0058806　HJH6717　集部/別集類/清別集

孫文節公遺稿四卷　(清)孫銘恩撰　清咸豐七年(1857)刻本　二册

330000－1701－0058808　HJL1271　子部/雜著類/雜考之屬

困學紀聞二十卷　(宋)王應麟撰　(清)閻若璩箋　清同治九年(1870)揚州書局刻本　四册

330000－1701－0058809　G000332　史部/傳記類/總傳之屬/儒林

儒林宗派十六卷　(清)萬斯同撰　清光緒三十四年(1908)抄本　二册

330000－1701－0058813　普814.6/60171　集部/別集類/明別集

羅圭峯先生文集三十卷首一卷　(明)羅玘撰　清康熙二十九年(1690)羅美才刻本　八册

330000－1701－0058816　HJL1838　子部/小說家類/異聞之屬

續太平廣記八卷　(清)陸壽名輯　清嘉慶五年(1800)懷德堂刻本　八册

330000－1701－0058818　HJH1442　類叢部/叢書類/自著之屬

疇隱廬叢書　丁福保撰　清光緒二十五年(1899)無錫竢實學堂刻本　一册　存一種

330000－1701－0058819　HJL6718　集部/別

集類/清别集

雲悦山房偶存稿六卷 （清）楊維屏撰　清宣統二年(1910)侯官楊氏福州刻本　劉承幹題記　四册

330000－1701－0058820　HJL1272　子部/叢編

萬國政治藝學全書四十一種三百八十卷 (清)朱大文　(清)凌賡揚編　清光緒二十八年(1902)上海鴻文書局石印本　四十八册

330000－1701－0058822　HJL1839　子部/小説家類/異聞之屬

秋燈叢話十八卷 （清）王椷撰　清嘉慶十七年(1812)刻本　四册

330000－1701－0058824　普 814.6/4625/5　集部/别集類/明别集

楊忠愍公全集四卷 （明）楊繼盛撰　清康熙三十七年(1698)蕭山章鈺敬一齋刻本　四册

330000－1701－0058825　HJH1840　子部/雜著類/雜纂之屬

兩般秋雨盦隨筆八卷 （清）梁紹壬撰　清同文堂刻本　八册

330000－1701－0058827　普 814.6/6045　集部/别集類/明别集

吕新吾先生去僞齋文集十卷 （明）吕坤撰　清康熙十三年(1674)吕氏繩其居刻本　八册

330000－1701－0058828　HJL6719　集部/别集類/清别集

裕靖節公遺書十二卷首一卷 （清）裕謙撰　清末刻本　六册

330000－1701－0058830　GP07441　史部/政書類/儀制之屬/專志/科舉校規

富陽縣高等小學堂現定章程一卷　清末鉛印本　一册

330000－1701－0058831　G000333　類叢部/叢書類/彙編之屬

漸西村舍彙刊(漸西村舍叢刻)四十四種 (清)袁昶編　清光緒十六年至二十四年(1890－1898)桐廬袁氏刻本　二册　存一種

330000－1701－0058832　HJL1841　子部/雜著類/雜説之屬

桐陰清話八卷 （清）倪鴻撰　清同治十三年(1874)申江刻本　四册

330000－1701－0058834　HJL6720　類叢部/叢書類/郡邑之屬

三怡堂叢書二十種　張鳳臺編　清光緒三十二年至民國十二年(1906－1923)河南官書局刻本　一册　存一種

330000－1701－0058836　普 925.10995/2829　史部/傳記類/總傳之屬/家乘

誦芬詠烈編八十卷首二十五卷 （清）徐琪撰　清光緒十六年(1890)刻本　十八册

330000－1701－0058837　HJL1842　子部/儒家類/儒學之屬/蒙學

童蒙記誦編二卷 （清）周保璋撰　清光緒二十三年(1897)刻本　二册

330000－1701－0058838　普 814.6/4625/6　集部/總集類/郡邑之屬

容城三賢集十二卷 （清）張斐然　（清）楊茝編　清光緒二十四年(1898)臨安俞廷獻刻本　二册　存四卷(容城忠愍楊先生文集一至四)

330000－1701－0058839　HJL1461　子部/醫家類/兒科之屬/通論

增訂保赤輯要一卷附種子説兩則一卷 （清）吴嘉德輯　（清）吴道鎔增訂　清光緒二十三年(1897)顧泰雲等刻本　一册

330000－1701－0058842　HJL1843　子部/儒家類/儒學之屬/禮教

陳文恭公五種遺規節要 （清）陳弘謀輯並撰　清光緒十八年(1892)刻民國八年(1919)印本　六册

330000－1701－0058844　GP07485　史部/地理類/雜志之屬

游歷圖經餘紀十五卷 （清）傅雲龍撰　清光緒十五年(1889)鉛印本　四册

330000－1701－0058845　HJL6721　集部/别集類/清别集
味塵軒詩集十四卷試帖詩存一卷詩餘二卷　(清)李文瀚撰　清道光二十三年(1843)小羅浮刻本　六册

330000－1701－0058846　普925.10996/0014　史部/傳記類/總傳之屬/忠孝
自靖録考略八卷外編一卷　(清)高承埏撰　(清)高佑釲補　(清)王逢辰考證　清咸豐八年(1858)嘉興竹里王氏槐花吟館刻本　六册

330000－1701－0058847　G000298　史部/地理類/山川之屬/水志
莫愁湖志二卷首一卷　(清)馬士圖撰　清光緒八年(1882)刻本　天船居士題記　二册

330000－1701－0058848　G000334　史部/金石類/總志之屬/圖像
求古精舍金石圖四卷　(清)陳經撰　清嘉慶十八年至二十二年(1813－1817)烏程陳經說劍樓刻本　四册

330000－1701－0058851　HJL1844　子部/儒家類/儒學之屬/勸學
程氏家塾讀書分年日程三卷綱領一卷　(元)程端禮撰　清康熙二十八年(1689)當湖陸氏刻本　一册

330000－1701－0058853　普814.6/6045/2　類叢部/叢書類/自著之屬
呂新吾全集二十二種　(明)呂坤撰　明萬曆刻清同治至光緒修補印本　八册　存一種

330000－1701－0058855　普814.6/4625/7　集部/總集類/彙編之屬
四忠遺集　(清)羅文謙編　清光緒二十三年(1897)湘南書局刻本　二册　存一種

330000－1701－0058857　HJL6722　集部/别集類/清别集
海秋詩集二十六卷後集一卷　(清)湯鵬撰　**評跋附録一卷**　清道光十八年(1838)刻同治十二年(1873)湯壽銘增修本　十册

330000－1701－0058858　HJH1845　子部/叢編
十子全書　(清)王子興編　清嘉慶九年(1804)姑蘇王氏聚文堂刻本　二册　存一種

330000－1701－0058861　普814.6/4625.2　集部/别集類/明别集
楊忠愍公全集六卷　(明)楊繼盛撰　清道光三十年(1850)刻本　四册

330000－1701－0058866　GP07008　史部/政書類/邦交之屬
布國條約不分卷　清光緒鉛印本　一册

330000－1701－0058868　普323.70927/3592　史部/傳記類/科舉録之屬/歷科鄉試録
光緒己丑恩科鄉試十八省同年全錄不分卷　清光緒十五年(1889)刻本　二册

330000－1701－0058869　普925.10996/2840　史部/雜史類/斷代之屬
小腆紀傳六十五卷　(清)徐鼒撰　**小腆紀傳補遺六卷**　(清)徐承禮撰　清光緒十三年至十四年(1887－1888)六合徐氏金陵刻本　十八册

330000－1701－0058870　普323.70927/4004　史部/傳記類/科舉録之屬/歷科鄉試録
嘉慶玖年甲子科浙江鄉試錄不分卷　(清)盧蔭溥輯　清嘉慶刻本　二册

330000－1701－0058871　HJL1273　類叢部/類書類/通類之屬
事類統編九十三卷首一卷　(清)林意誠輯　清刻本　三十六册

330000－1701－0058872　普323.70927/4088　史部/傳記類/科舉録之屬
嘉善入泮題名錄二卷　(清)程兼善輯　清光緒三年(1877)嘉善林氏本立堂刻十四年(1888)補刻本　二册

330000－1701－0058873　HJH1274　類叢部/叢書類/彙編之屬
香艷叢書三百二十八種　(清)蟲天子輯　清宣統元年(1909)上海國學扶輪社鉛印本　四册　存二十二種

330000－1701－0058876　G000299　史部/地理類/專志之屬/古跡

江西考古錄十卷　(清)王謨撰　清刻本　二冊　存九卷(二至十)

330000－1701－0058878　GP07020　子部/天文曆算類/算書之屬

梅氏中西筆算合解十卷　(清)梅啓照輯　清光緒二十二年(1896)上海書局石印本　四冊

330000－1701－0058879　GP07444　史部/政書類/邦計之屬/貿易

商習慣調查問題一卷　清末修訂法律館鉛印本　一冊

330000－1701－0058880　HJL1846　子部/藝術類/書畫之屬

須靜齋雲煙過眼錄一卷　(清)潘世璜撰　(清)潘遵祁輯　清宣統三年(1911)吳縣潘氏刻朱印本　一冊

330000－1701－0058882　GP07445　史部/政書類/儀制之屬/專志/科舉校規

奏定初等小學完全簡易科章程一卷　清末刻本　一冊

330000－1701－0058883　GP07446　史部/職官類/官箴之屬

出洋須知一卷東遊指南一卷　清光緒三十年(1904)刻本　一冊

330000－1701－0058884　普323.70927/4430　史部/傳記類/科舉録之屬/歷科鄉試録

甲丁鄉試同年錄三卷　(清)董沛輯　清光緒刻本　一冊

330000－1701－0058885　HJL1443　子部/儒家類/儒學之屬/蒙學

養蒙書九種續編二種　(清)賀瑞麟輯　清范陽書屋刻本　四冊

330000－1701－0058886　GP07021　子部/小說家類/雜事之屬

稗販八卷　(清)曹斯棟輯　清乾隆五十九年(1794)曹氏飯顆山房刻本　四冊

330000－1701－0058888　HJL1847　子部/儒家類/儒學之屬/性理

延平李先生師弟子荅問一卷後錄一卷　(宋)朱熹輯　**延平荅問補錄一卷**　(明)周木輯　**宋儒龜山楊先生[時]年譜一卷豫章羅先生[從彥]事實一卷延平李先生[侗]年譜紫陽朱先生[熹]年譜一卷**　(清)毛念恃編　清光緒五年(1879)延平府署刻本　四冊

330000－1701－0058889　普323.70927/4432/c1　史部/傳記類/科舉録之屬/總録

國朝兩浙科名錄不分卷(清順治三年丙戌科至光緒二十三年丁酉科)　(清)黄安綬輯　清咸豐七年(1857)至光緒遞刻本　二冊

330000－1701－0058891　普323.70927/4432/c2　史部/傳記類/科舉録之屬/總録

國朝兩浙科名錄不分卷(清順治三年丙戌科至光緒二年丙子科)　(清)黄安綬輯　清咸豐七年(1857)至光緒遞刻本　二冊

330000－1701－0058892　普814.6/6082　類叢部/叢書類/彙編之屬

正誼堂全書六十三種續刻五種　(清)張伯行編　(清)楊浚重編　清同治五年(1866)福州正誼書院刻同治八年至光緒十三年(1869－1887)續刻本　一冊　存一種

330000－1701－0058893　GP07022　子部/小說家類/雜事之屬

稗販八卷　(清)曹斯棟輯　清乾隆五十九年(1794)曹氏飯顆山房刻本　二冊

330000－1701－0058894　普323.70927/4432/c3　史部/傳記類/科舉録之屬/總録

國朝兩浙科名錄不分卷(清順治三年丙戌科至光緒十五年己丑科)　(清)黄安綬輯　清咸豐七年(1857)至光緒遞刻本　二冊

330000－1701－0058895　普323.70927/4432/c5　史部/傳記類/科舉録之屬/總録

國朝兩浙科名錄不分卷(清順治三年丙戌科至光緒二年丙子科)　(清)黄安綬輯　清咸豐七年(1857)至光緒遞刻本　二冊

330000－1701－0058896　HJL1276　集部/總集類/選集之屬/斷代

蝶仙小史二卷首一卷　(清)延清輯　**來蝶軒詩一卷**　(清)延清撰　清光緒鉛印本　二冊

330000－1701－0058898　普 814.6/6622/c2　集部/别集類/明别集

鈐山堂集四十卷　(明)嚴嵩撰　清嘉慶十一年(1806)嚴氏刻本　十冊

330000－1701－0058900　G000300、G000391　類叢部/類書類/專類之屬

佩文韻府一百六卷　(清)張玉書　(清)蔡升元等輯　**韻府拾遺一百六卷**　(清)汪灝　(清)何焯等輯　清光緒十八年(1892)上海同文書局石印本　六十冊

330000－1701－0058902　普 814.6/6622/2/c2　集部/别集類/明别集

鈐山堂集四十卷　(明)嚴嵩撰　清嘉慶十一年(1806)嚴氏刻本　十冊

330000－1701－0058904　GP07024　新學/議論/論政

文學興國策二卷　(美國)林樂知譯　清光緒二十二年(1896)圖書集成局鉛印本　一冊

330000－1701－0058905　HJL1277　子部/宗教類/道教之屬/戒律

太上感應篇集註一卷　清同治三年(1864)蘇城瑪瑙經房刻本　一冊

330000－1701－0058907　普 814.6/4439/c2　集部/别集類/明别集

陶菴集二十二卷首一卷末一卷　(明)黄淳燿撰　清光緒五年至七年(1879－1881)童式穀、宋道南刻本　八冊

330000－1701－0058908　普 814.6/6622/3　集部/别集類/明别集

鈐山堂集四十卷　(明)嚴嵩撰　清乾隆二十三年(1758)二酉堂刻本　八冊

330000－1701－0058909　HJL6726　集部/别集類/清别集

西澗舊廬詩稿四卷　(清)劉樞撰　清同治十一年(1872)刻本　二冊

330000－1701－0058911　普 814.6/6645　集部/别集類/明别集

瞿忠宣公集十卷　(明)瞿式耜撰　清道光十五年(1835)李兆洛刻光緒十三年(1887)常熟瞿廷韶重印本　四冊

330000－1701－0058913　HJL6725　類叢部/叢書類/自著之屬

求志居全集十種附一種　(清)陳世鎔撰　清道光至光緒獨秀山莊刻本　八冊　存一種

330000－1701－0058914　GP07025　史部/政書類/邦計之屬/荒政

順直善後賑捐例章不分卷　清光緒二十七年(1901)上海商務印書館鉛印本　一冊

330000－1701－0058915　普 925.10996/2840/(2)/c2　史部/雜史類/斷代之屬

小腆紀傳六十五卷　(清)徐鼒撰　**小腆紀傳補遺六卷**　(清)徐承禮撰　清光緒十三年至十四年(1887－1888)六合徐氏金陵刻徐椿印本　十六冊

330000－1701－0058917　普 814.6/6645/2　集部/别集類/明别集

瞿忠宣公集十卷　(明)瞿式耜撰　清道光十五年(1835)常熟蔣因培、許廷誥刻本　二冊

330000－1701－0058918　GP07025/1　史部/政書類/邦計之屬/荒政

順直善後賑捐例章不分卷　清光緒二十七年(1901)上海商務印書館鉛印本　一冊

330000－1701－0058919　HJL6727　集部/别集類/清别集

此君書樓詩鈔九卷　(清)夏際堂撰　清道光刻本　四冊

330000－1701－0058920　G000335、G003885、G005233　史部/地理類/總志之屬/斷代

輿地紀勝二百卷　(宋)王象之編　**輿地紀勝補闕十卷**　(清)岑建功輯　**輿地紀勝校勘記五十二卷**　(清)劉文淇　(清)劉毓崧撰　清道光二十九年(1849)甘泉岑氏懼盈齋刻本

五十冊　存二百四十八卷(一至四十九、五十五至一百三十五、一百四十五至二百,補闕一至十,校勘記一至五十二)

330000－1701－0058921　普 814.6/4439/2　集部/别集類/明别集
知服齋叢書二十九種　(清)龍鳳鑣編　清光緒順德龍氏刻本　八冊　存一種

330000－1701－0058922　HJL1279　子部/雜著類/雜説之屬
媿生叢録二卷附先妻趙孺人事述一卷　李詳撰　清宣統元年(1909)江寧刻本　一冊

330000－1701－0058924　普 814.6/7212/c1　集部/别集類/明别集
劉文烈公全集十二卷　(明)劉理順撰　清順治十七年(1660)刻康熙四十六年(1707)覺于軒重修本　六冊

330000－1701－0058925　HJL6728　集部/别集類/清别集
尺雲軒詩集四卷秋窗疊韻詩一卷文集二卷續編一卷尺牘一卷　(清)朱實發撰　清道光十四年(1834)朱縠昌刻本　四冊

330000－1701－0058927　GP07026　經部/小學類/文字之屬/字書/字體
集篆四種　吴受福編　清光緒石印本　一冊

330000－1701－0058929　G000336　子部/藝術類/遊藝之屬/聯語
西湖楹聯四卷　清光緒二十二年(1896)暨陽周慶祺知正軒刻本　三冊　存三卷(一至三)

330000－1701－0058932　HJL1848　子部/藝術類/書畫之屬/畫録
嶽雪樓書畫録五卷　(清)孔廣陶編　清光緒十五年(1889)三十三萬卷堂刻本　五冊

330000－1701－0058933　HJL1850　子部/醫家類/外科之屬
王洪緒先生外科證治全生不分卷　(清)王維德撰　清刻本　一冊

330000－1701－0058934　G000337　子部/藝術類/遊藝之屬/聯語
西湖楹聯四卷　清光緒二十二年(1896)暨陽周慶祺知止軒刻本　一冊　存一卷(一)

330000－1701－0058936　普 814.6/7212/c3　集部/别集類/明别集
劉文烈公全集十二卷　(明)劉理順撰　清順治十七年(1660)刻康熙四十六年(1707)覺于軒重修本　五冊　存八卷(一至八)

330000－1701－0058937　G000338　史部/雜史類/斷代之屬
燼餘録甲編一卷乙編一卷　(元)徐大焯撰　清刻本　一冊

330000－1701－0058939　普 925.10996/2840/(2)/c1　史部/雜史類/斷代之屬
小腆紀傳六十五卷　(清)徐鼒撰　**小腆紀傳補遺六卷**　(清)徐承禮撰　清光緒十三年至十四年(1887－1888)六合徐氏金陵刻徐椿印本　十六冊

330000－1701－0058940　HJL6729　集部/别集類/清别集
小重山房初槀二十四卷　(清)張祥河撰　清道光刻本　七冊　存十六卷(一至十六)

330000－1701－0058942　HJL0141　經部/三禮總義類/通禮雜禮之屬
禮書綱目八十五卷首三卷　(清)江永編　清嘉慶十五年(1810)婺源俞氏刻本　十二冊

330000－1701－0058944　HJL1849　子部/醫家類/類編之屬
瓶花書屋醫書五種　(清)包松溪等編　清道光二十五年至二十七年(1845－1847)瓶花書屋刻本　三冊　存一種

330000－1701－0058945　普 814.6/7216　集部/别集類/明别集
易齋劉先生遺集二卷　(明)劉璟撰　清光緒二十七年(1901)劉氏刻本　二冊

330000－1701－0058946　G000302、G011093　新學/雜著/叢編
西史彙函正續編九種　清光緒二十二年

(1896)上海著易堂書局刻本　二冊　存一種

330000－1701－0058949　普814.6/4625.2/2　集部/别集類/明别集

楊忠愍公全集四卷　(明)楊繼盛撰　清道光二十五年(1845)金雲章、王應柱刻本　二冊

330000－1701－0058950　HJL6730　集部/别集類/清别集

抱沖齋詩集三十六卷眠琴僊館詞一卷　(清)斌良撰　**先仲兄少司寇公[斌良]年譜一卷**　(清)法良撰　清道光二十九年(1849)袁浦官署刻本　十二冊

330000－1701－0058951　HJL1851　子部/醫家類/類編之屬

瓶花書屋醫書五種　(清)包松溪等編　清道光二十五年至二十七年(1845－1847)瓶花書屋刻本　六冊　存一種

330000－1701－0058952　普925.10996/4234　類叢部/叢書類/彙編之屬

津河廣仁堂叢書八十四種　(清)□□編　清光緒津河廣仁堂刻本　一冊　存一種

330000－1701－0058953　普323.70927/4871　史部/傳記類/科舉録之屬/武試録

乾隆陸拾年乙卯恩科甘肅省武鄉試錄一卷　清乾隆六十年(1795)刻公文紙印本　清王崇煥跋　張宗祥題記　一冊

330000－1701－0058954　HJL1852　子部/藝術類/書畫之屬/總論

愛日吟廬書畫錄四卷　(清)葛金烺撰　**愛日吟廬書畫補錄一卷續錄八卷别錄四卷**　葛嗣浵撰　清宣統二年至民國二年(1910－1913)當湖葛氏上海刻本　六冊

330000－1701－0058957　HJL1445　子部/儒家類/儒學之屬/禮教/女範

曾氏女訓三卷集字避複一卷　(清)劉鑑撰　清光緒二十九年(1903)、三十四年(1908)曾氏忠襄公祠長沙刻洪憲元年(1916)增修本　四冊

330000－1701－0058958　普925.10996/4234/2/c1　類叢部/叢書類/家集之屬

長洲彭氏家集九種　(清)彭祖賢編　清同治至光緒刻本　一冊　存一種

330000－1701－0058960　普814.6/4625.3　類叢部/叢書類/彙編之屬

正誼堂全書六十三種續刻五種　(清)張伯行編　(清)楊浚重編　清同治五年(1866)福州正誼書院刻同治八年至光緒十三年(1869－1887)續刻本　一冊　存一種

330000－1701－0058961　HJL1853　類叢部/叢書類/彙編之屬

式訓堂叢書四十一種　(清)章壽康編　清光緒會稽章氏刻本　二冊　存一種

330000－1701－0058963　G000303　史部/地理類/遊記之屬/紀勝

滬游雜記四卷　(清)葛元煦編　清光緒二年(1876)刻本　四冊

330000－1701－0058965　HJL0136　經部/書類/文字音義之屬

尚書今注音疏十二卷末一卷外編一卷　(清)江聲撰　清乾隆五十八年(1793)江氏近市居刻篆文本　十二冊

330000－1701－0058967　G000304、G002112　類叢部/叢書類/彙編之屬

申報館叢書正集五十七種附錄三種續集一百四十二種　(清)尊聞閣主編　蔡爾康編續集　清同治至光緒上海申報館鉛印本　二冊　存一種

330000－1701－0058968　HJL1854　類叢部/叢書類/彙編之屬

廣雅書局叢書一百五十九種　徐紹棨編　清光緒廣雅書局刻民國九年(1920)番禺徐紹棨彙編重印本　四冊　存一種

330000－1701－0058969　普925.10996/4234/2/c2　類叢部/叢書類/家集之屬

長洲彭氏家集九種　(清)彭祖賢編　清同治至光緒刻本　一冊　存一種

330000－1701－0058971　普814.6/4635　集

部/别集類/明别集

楊大洪先生文集二卷 (明)楊漣撰 清宣統二年(1910)鄂城第二中學堂鉛印本 二冊

330000－1701－0058972 普 925.10996/4234/2/c3 類叢部/叢書類/家集之屬

長洲彭氏家集九種 (清)彭祖賢編 清同治至光緒刻本 一冊 存一種

330000－1701－0058977 HJL0137 經部/禮記類/傳說之屬

禮記二十卷 (漢)鄭玄注 **禮記釋文四卷** (唐)陸德明撰 **撫本禮記鄭注考異二卷** (清)張敦仁撰 清嘉慶十年至十一年(1805－1806)陽城張氏影刻宋撫州本 四冊

330000－1701－0058978 普 814.6/4637 集部/别集類/明别集

賀文忠公遺集四卷末一卷 (明)賀逢聖撰 清同治八年(1869)錦樹山房刻本 四冊

330000－1701－0058981 HJL1447 類叢部/叢書類/自著之屬

山門新語五種 (清)周贇撰 清光緒三十三年(1907)刻本 四冊

330000－1701－0058985 HJL1283 子部/藝術類/書畫之屬/題跋

習苦齋畫絮十卷 (清)戴熙撰 (清)惠年編輯 清光緒十九年(1893)刻本 四冊

330000－1701－0058987 HJL1448 子部/醫家類/内科之屬/其他内科病證

燥氣總論一卷 陳葆善撰 清光緒二十六年(1900)湫漻齋石印本 一冊

330000－1701－0058989 普 814.6/4694/(2) 集部/别集類/明别集

太史升菴全集八十一卷目錄二卷 (明)楊慎撰 (明)楊有仁輯 **升菴先生[楊慎]年譜一卷** 清乾隆六十年(1795)新都周氏養拙山房刻本 二十冊

330000－1701－0058991 HJL0138 經部/春秋穀梁傳類/傳說之屬

春秋穀梁經傳補注二十四卷首一卷末一卷 (清)鍾文烝補注 清光緒二年(1876)嘉善鍾氏信美室刻本 八冊

330000－1701－0058992 GP07029 子部/雜著類/雜說之屬

寄學速成法一卷附錄一卷 林文潛撰 清光緒二十七年(1901)溫州瑞安虹橋寄社刻本 一冊 缺一卷(附錄)

330000－1701－0058993 普 925.10996/4438/2/c1 史部/傳記類/總傳之屬/斷代

思舊錄一卷 (清)黄宗羲撰 清光緒五年(1879)餘姚黄氏五桂樓刻本 一冊

330000－1701－0058996 G000305 史部/地理類/專志之屬/祠墓

雷祖志二卷 (清)劉世馨輯 清嘉慶刻本 四冊

330000－1701－0058998 HJL1449 子部/天文曆算類/算書之屬

溉齋算學五種 (清)江衡撰 清光緒十四年(1888)、二十六年(1900)元和江氏一溉齋刻本 三冊

330000－1701－0059002 GP07465 史部/政書類/通制之屬

浙江城鎮鄉地方自治章程施行細則一卷 清末鉛印本 一冊

330000－1701－0059005 HJL1451 子部/儒家類/儒學之屬/禮教

弟子箴言十六卷 (清)胡達源撰 清道光十五年(1835)聞妙香軒刻本 四冊

330000－1701－0059008 HJL0139 經部/詩類/傳說之屬

毛詩禮徵十卷 (清)包世榮撰 清道光七年(1827)包世臣小倦游閣刻八年(1828)印本 四冊

330000－1701－0059009 普 925.10996/4438/2/c2 史部/傳記類/總傳之屬/斷代

思舊錄一卷 (清)黄宗羲撰 清光緒五年(1879)餘姚黄氏五桂樓刻本 一冊

330000－1701－0059010　普 814.6/4694.02/c2　子部/雜著類/雜考之屬
升菴外集一百卷　(明)楊慎撰　(明)焦竑輯　清道光二十四年(1844)桂湖刻本　二十冊

330000－1701－0059012　HJL1859　子部/宗教類/道教之屬
毋不敬編三卷續編三卷　(清)汪文煥編　清同治十二年(1873)長沙書局刻本　二冊

330000－1701－0059014　GP07033　集部/別集類/清別集
壺舟詩存七卷　(清)黃濬撰　**堂東集一卷**　(清)黃濬　(清)黃治　(清)陳楚材撰　清道光四年(1824)刻本　四冊

330000－1701－0059015　普 925.10996/4438/2/c3　史部/傳記類/總傳之屬/斷代
思舊錄一卷　(清)黃宗羲撰　清光緒五年(1879)餘姚黃氏五桂樓刻本　一冊

330000－1701－0059016　G000340、G001995　史部/地理類/水利之屬
行水金鑑一百七十五卷首一卷　(清)傅澤洪撰　清雍正三年(1725)淮揚官署刻本　四冊　存二十八卷(首、一至二十七)

330000－1701－0059018　普 814.6/7233　集部/別集類/明別集
劉練江先生集八卷　(明)劉永澄撰　(明)劉永沁輯錄　(清)劉穎編　**劉職方公[永澄]年譜一卷**　(清)劉穎編　清乾隆世德堂刻本　二冊

330000－1701－0059019　HJH1453　類叢部/叢書類/自著之屬
養晦堂集五種　(清)劉蓉撰　清光緒三年(1877)、十一年(1885)思賢講舍刻本　一冊　存一種

330000－1701－0059022　GP07468　史部/政書類/邦計之屬
浙江勸業公所試辦章程一卷　清末浙江官紙刷印總局鉛印本　一冊

330000－1701－0059023　G000306　史部/地理類/外紀之屬
日本國志四十卷首一卷　(清)黃遵憲輯　清光緒二十四年(1898)上海圖書集成印書局鉛印本　五冊　存二十二卷(十三至三十四)

330000－1701－0059024　HJL1287　子部/雜著類/雜說之屬
思補齋筆記八卷　(清)潘世恩撰　清會文齋刻本　劉承幹題簽並記　二冊

330000－1701－0059026　G000341　子部/醫家類/醫經之屬/内經
黃帝内經靈樞集注九卷　(清)張志聰撰　清光緒五年(1879)太醫院刻本　五冊　存三卷(一至三)

330000－1701－0059028　普 814.6/4694.2　集部/別集類/明別集
太史升菴遺集二十六卷　(明)楊慎撰　(明)楊金吾　(明)楊宗吾輯　清道光二十四年(1844)古桂山房刻本　四冊

330000－1701－0059029　GP07034　類叢部/叢書類/彙編之屬
江陰季氏叢刻八種　(清)季倫全編　清光緒江陰季氏栩園刻本　一冊　存一種

330000－1701－0059030　HJH1454　史部/政書類/掌故瑣記之屬
讓堂亦政錄一卷　(清)程瑤田撰　清光緒十四年(1888)固始張氏刻本　一冊

330000－1701－0059031　GP07469　史部/政書類/邦計之屬
浙江勸業公所辦事細則一卷　清末浙江官紙刷印總局鉛印本　一冊

330000－1701－0059034　HJL1288　子部/儒家類/儒學之屬
正學編八卷　(清)潘世恩輯　(清)潘曾瑋疏解　清同治六年(1867)刻本　四冊

330000－1701－0059035　HJH1860　子部/儒家類/儒學之屬/勸學
程氏家塾讀書分年日程三卷綱領一卷　(元)程端禮撰　清同治七年(1868)湖北崇文書局

刻本　二册

330000－1701－0059036　HJL0134　子部/儒家類/儒學之屬/蒙學

滿蒙合璧三字經註解二卷　(清)富俊輯註　(清)英俊譯　清道光十二年(1832)京都三槐堂書坊刻本　四册

330000－1701－0059038　普925.10996/5533　類叢部/叢書類/彙編之屬

問影樓叢刻初編九種　胡思敬編　清光緒三十四年至民國二年(1908－1913)新昌胡氏南昌刻本暨鉛印本　一册　存一種

330000－1701－0059039　HJH1455　子部/儒家類/儒學之屬/勸學

爲學大指一卷　(清)倭仁輯　清光緒十四年(1888)固始張氏刻本　一册

330000－1701－0059040　HJH6739　集部/别集類/唐五代别集

孟東野集十卷附一卷　(唐)孟郊撰　**追昔遊集三卷**　(唐)李紳撰　清宣統二年(1910)上海著易堂石印本　四册

330000－1701－0059041　HJH1861　子部/宗教類/佛教之屬/論疏

大乘起信論疏解彙集八種　清光緒十一年至民國十五年(1885－1926)金陵刻經處刻本　一册　存一種

330000－1701－0059043　GP07035　新學/議論/通論

吴京卿節本天演論一卷　(英國)赫胥黎撰　嚴復譯　(清)吴汝綸刪節　清光緒二十四年(1898)鉛印本　一册

330000－1701－0059044　HJH6740　史部/史評類/詠史之屬

明宫詞一卷　(清)程嗣章撰　清末上海掃葉山房石印本　一册

330000－1701－0059045　G000307　史部/地理類/山川之屬/山志

虎丘山志十卷首一卷　(清)顧湄撰　清宣統三年(1911)集羣圖書館鉛印本　胡栗長題記　一册

330000－1701－0059047　普925.10996/5533/2　類叢部/叢書類/彙編之屬

張氏適園叢書　張鈞衡編　清宣統三年(1911)上海國學扶輪社鉛印本　一册　存一種

330000－1701－0059048　HJL1456　子部/儒家類/儒學之屬/禮教/家訓

詒穀堂家訓二卷　(清)王子堅編　清光緒二十四年(1898)杭州任有容齋刻本　一册

330000－1701－0059050　普814.6/7237　集部/别集類/明别集

劉蕺山先生集二十四卷首一卷　(明)劉宗周撰　清乾隆十七年(1752)證人堂刻本　十册

330000－1701－0059051　HJL6741　集部/别集類/唐五代别集

駱賓王文集十卷　(唐)駱賓王撰　**駱賓王文集考異一卷**　(清)顧廣圻撰　清宣統三年(1911)上海文瑞樓石印本　二册

330000－1701－0059053　普323.70927/6791　史部/傳記類/科舉録之屬/歷科鄉試録

嘉慶二十四年己卯科直省鄉試同年譜不分卷　清光緒三十三年(1907)上海商務印書館鉛印本　一册

330000－1701－0059054　G000342　史部/地理類/水利之屬

山東黄河南岸十三州縣遷民圖説一卷　(清)黄璣編　清光緒二十二年(1896)點石齋石印本　一册

330000－1701－0059056　GP07036　史部/職官類/官制之屬

星軺指掌三卷續一卷　(英國)丁韙良撰　聯芳　慶常譯　清光緒二年(1876)鉛印本　四册

330000－1701－0059057　G000308　史部/地理類/山川之屬/山志

白雲洞志五卷　(清)黄亨輯　清光緒十三年(1887)刻本　一册

330000－1701－0059059　普 814.6/7237/(2)　集部/别集類/明别集

劉蕺山先生集二十四卷首一卷　（明）劉宗周撰　清乾隆十七年(1752)證人堂刻本　八册

330000－1701－0059062　GP07037　史部/地理類/雜志之屬

蒙古地理摘要一卷　清末石印本　一册

330000－1701－0059063　普 814.6/7237.2　集部/别集類/明别集

劉子全書四十卷首一卷　（明）劉宗周撰　（清）董瑒編　清道光四年至十五年(1824－1835)蕭山王宗炎等刻本　二十册

330000－1701－0059064　普 323.70927/7734　史部/傳記類/科舉録之屬/歷科鄉試録

同治十二年舉行癸酉正科浙江鄉試題名錄一卷　清同治刻本　一册

330000－1701－0059065　普 925.10996/7522　史部/傳記類/總傳之屬/斷代

東林列傳二十四卷末二卷　（清）陳鼎撰　清康熙刻本　六册

330000－1701－0059068　G000309　類叢部/叢書類/自著之屬

養餘齋全集四種附三種　（清）柳樹芳撰　清道光勝溪草堂刻本　一册　存一種

330000－1701－0059070　普 323.70927/8007　史部/傳記類/科舉録之屬/歷科登科録

光緒甲辰恩科會試闈墨一卷　（清）譚廷闓等撰　清光緒三十年(1904)上海商務印書館鉛印本　一册

330000－1701－0059071　普 323.70927/8359　史部/傳記類/科舉録之屬/總録

國朝湖州府科第表(吴興科第表)一卷　（清）戴璐輯　（清）沈鋐補輯　（清）錢振常續補　清同治十一年(1872)刻光緒七年(1881)續刻二十九年(1903)增刻本　二册

330000－1701－0059073　普 323.70927/8819　史部/傳記類/科舉録之屬/歷科鄉試録

海寧采芹錄韻編三卷　管元耀編　稿本　三册

330000－1701－0059076　HJL1863　子部/儒家類/儒學之屬/禮教

人範須知六卷　（清）盛隆輯　清同治二年(1863)武昌石竹山房刻本　清芝伯題記　六册

330000－1701－0059078　HJH1864　類叢部/叢書類/彙編之屬

宜稼堂叢書七種　（清）郁松年編　清道光二十年至二十二年(1840－1842)上海郁氏刻本　五册　存一種

330000－1701－0059079　GP01174　子部/藝術類/書畫之屬/法帖

蘭亭四妙不分卷　（晉）王羲之書　清光緒三十四年(1908)雙桐簃書社石印本　一册

330000－1701－0059080　HJH1865　子部/儒家類/儒學之屬/蒙學

童蒙訓三卷　（宋）吕本中撰　清抄本　一册

330000－1701－0059081　G000310、G000414、G000421、G000430　史部/地理類/山川之屬/水志

西湖志四十八卷　（清）李衛　（清）程元章修　（清）傅王露纂　清光緒四年(1878)浙江書局刻本　十五册　存三十六卷(五至十一、十四至十七、二十四至四十八)

330000－1701－0059083　GP07470　史部/政書類/通制之屬

浙江城鎮鄉地方自治章程施行細則一卷　清末鉛印本　一册

330000－1701－0059084　GP07471　史部/政書類/通制之屬

浙江布政使衙門分科治事章程一卷　清末浙江官紙刷印總局鉛印本　一册

330000－1701－0059086　GP07472　史部/政書類/通制之屬

浙江布政使衙門分科辦事細則一卷　清末浙江官紙刷印總局鉛印本　一册

330000－1701－0059087　普 814.6/7237.2/(2)　集部/别集類/明别集

劉子全書四十卷首一卷　(明)劉宗周撰　(清)董瑒編　清道光四年至十五年(1824－1835)蕭山王宗炎等刻本　二十四册

330000－1701－0059088　G000343　子部/醫家類/醫經之屬/内經

黄帝内經靈樞註證發微九卷　(明)馬蒔撰　明萬曆刻天寶堂重修本　一册　存三卷(三至五)

330000－1701－0059089　GP07473　史部/政書類/通制之屬

浙江諮議局籌辦處章程一卷　清光緒三十四年(1908)浙江巡撫部院鉛印本　一册

330000－1701－0059090　GP07474　史部/地理類/水利之屬

浙江海塘工議事會章程一卷　(清)浙江海塘工議事會編　清末石印本　一册

330000－1701－0059092　G000311　史部/地理類/山川之屬/山志

武夷山志二十四卷首一卷　(清)董天工撰　清道光二十七年(1847)五夫尺木軒刻本　一册　存四卷(六至九)

330000－1701－0059096　HJL1948　子部/小説家類/雜事之屬

竹葉亭雜記八卷　(清)姚元之撰　清光緒十九年(1893)桐城姚氏刻本　二册

330000－1701－0059097　GP07040　子部/術數類/數學之屬

得一齋算學四卷　(清)黄楙材撰　清光緒二十二年(1896)刻本　二册

330000－1701－0059098　G000344　子部/醫家類/方書之屬/單方驗方

四科簡效方四卷　(清)王士雄撰　清光緒十一年(1885)越州徐氏刻本　一册　存一卷(甲集中下部)

330000－1701－0059099　普 925.10997/2623　史部/傳記類/總傳之屬

師友緒餘一卷　(清)吴保初輯　清光緒木活字印本　一册

330000－1701－0059102　HJH0133　經部/春秋總義類/傳説之屬

欽定春秋傳説彙纂三十八卷首二卷　(清)王掞等撰　清康熙刻本　二十册

330000－1701－0059104　普 814.6/7237.3/c1　集部/别集類/明别集

劉子全書遺編二十四卷首一卷　(明)劉宗周撰　(清)沈復粲編　清道光三十年(1850)刻光緒十八年(1892)重修本　八册

330000－1701－0059107　GP07487　子部/藝術類/書畫之屬/畫譜

梅花喜神譜二卷　(宋)宋伯仁繪並輯　清道光六年(1826)七十二芙蓉仙館刻本　一册　存一卷(上)

330000－1701－0059108　HJL1452　子部/雜著類

致禮豐祥二卷　(清)黄樹穀輯　清刻本　一册

330000－1701－0059109　普 925.10997/2699　子部/儒家類/儒學之屬

起黄二卷質顧一卷廣王二卷　(清)吴光耀撰　清宣統元年(1909)刻本　五册

330000－1701－0059112　HJH6743　集部/别集類/清别集

鄭板橋全集五種　(清)鄭燮撰　清宣統元年(1909)席氏埽葉山房石印本　四册　存四種

330000－1701－0059114　普 814.6/7237.3/c2　集部/别集類/明别集

劉子全書遺編二十四卷首一卷　(明)劉宗周撰　(清)沈復粲編　清道光三十年(1850)刻光緒十八年(1892)重修本　七册

330000－1701－0059117　G000345　子部/醫家類/類編之屬

太原傅科　清光緒三十年(1904)京師刻本　一册　存一種

330000－1701－0059118　HJL1291　子部/雜著類/雜說之屬
麈史三卷　(宋)王得臣撰　清道光二十四年(1844)安州章山書屋刻本　四冊

330000－1701－0059121　普925.10997/2583　集部/别集類/清别集
雙貞紀傳詩詞鈔一卷　(清)朱錫祁輯　清光緒十年(1884)星子衙齋刻本　一冊

330000－1701－0059124　HJL0135　類叢部/叢書類/彙編之屬
抱經堂叢書十六種　(清)盧文弨編　清乾隆至嘉慶刻彙印本　十二冊　存一種

330000－1701－0059126　普814.6/7237.3/(2)/c1　集部/别集類/明别集
劉子全書遺編二十四卷首一卷　(明)劉宗周撰　(清)沈復粲編　清道光三十年(1850)刻光緒十八年(1892)重修本　十二冊

330000－1701－0059127　GP07042　史部/政書類
九通序九卷　清光緒二十八年(1902)景幡山房鉛印本　三冊

330000－1701－0059129　HJL1949　類叢部/叢書類/自著之屬
求是齋雜存六種　(清)彭崧毓撰　清同治刻本　四冊　存三種

330000－1701－0059130　HJL1292　子部/雜著類/雜說之屬
萍海墨雨四卷　(清)李匡濟撰　清光緒二年(1876)朱夢蘭刻本　二冊

330000－1701－0059131　G000346、G001595　史部/地理類/山川之屬/山志
金山志十卷　(清)盧見曾撰　**續金山志二卷**　(清)釋秋崖撰　清光緒二十七年(1901)刻本　二冊　存二卷(續金山志一至二)

330000－1701－0059134　普814.6/7237.3/(2)/c2　集部/别集類/明别集
劉子全書遺編二十四卷首一卷　(明)劉宗周撰　(清)沈復粲編　清道光三十年(1850)刻光緒十八年(1892)重修本　十二冊

330000－1701－0059136　G000312　史部/地理類/專志之屬/古跡
續修文昌橋志畧二卷續修文昌橋志二卷　清光緒八年(1882)刻本　一冊

330000－1701－0059137　GP07010　史部/目録類/總録之屬/私撰
經籍舉要一卷　(清)龍啓瑞撰　清光緒大興陳慶松刻本　一冊

330000－1701－0059138　HJH1293　類叢部/叢書類/彙編之屬
南菁札記十四種　(清)溥良編　清光緒二十年(1894)江陰使署刻本　六冊

330000－1701－0059139　G000347、G001583　史部/地理類/方志之屬/郡縣志
[同治]萬年縣志十二卷首一卷　(清)項珂修　(清)劉馥桂等纂　清同治十年(1871)刻本　十一冊　缺一卷(十二)

330000－1701－0059140　M000498　集部/别集類/清别集
聊復軒詩存一卷詩餘附存一卷　施贊唐撰　清宣統元年至三年(1909－1911)木活字印本　一冊

330000－1701－0059141　普925.10997/2168/2　史部/傳記類/總傳之屬/文苑
漁洋感舊集小傳二卷　(清)盧見曾輯　清光緒四年(1878)上海淞隱閣鉛印本　一冊

330000－1701－0059142　HJH6746　集部/别集類/清别集
牧齋全集一百六十五卷　(清)錢謙益撰　(清)錢曾箋注　清宣統二年(1910)邃漢齋鉛印本　二十四冊　存一百十二卷(初學集目録一至二、一至一百十)

330000－1701－0059143　HJL1463　子部/儒家類/儒學之屬/禮教/家訓
閑家編八卷　(清)王士俊輯　清道光二十三年(1843)王壽康曙海樓刻本　四冊

330000－1701－0059144　GP07437　類叢部/叢書類/自著之屬

嚋隱廬叢書　丁福保撰　清光緒二十九年(1903)文明書局石印本　一冊　存一種

330000－1701－0059147　普 814.6/7237.3/(3)　集部/别集類/明别集

劉子全書遺編二十四卷首一卷　(明)劉宗周撰　(清)沈復粲編　清道光十八年至三十年(1838－1850)刻本　十冊

330000－1701－0059148　HJL1294　子部/雜著類/雜纂之屬

榕陰日課十卷　楊希閔撰　清光緒二年(1876)福州刻本　四冊

330000－1701－0059151　GP07488　集部/别集類/清别集

陳滄州十種　(清)陳鵬年撰　清康熙三十七年(1698)刻本　四冊　存八種

330000－1701－0059152　G000313　史部/地理類/山川之屬/山志

重修南海普陀山志二十卷首一卷　(清)許琰撰　清乾隆五年(1740)刻本(卷七至十五、十八至二十配清道光刻本)　三冊　存十八卷(一至十五、十八至二十)

330000－1701－0059153　HJH1464　子部/儒家類/儒學之屬/性理

漢學商兑三卷　(清)方東樹撰　清光緒二十六年(1900)浙江書局刻本　四冊

330000－1701－0059154　HJH0143　類叢部/叢書類/自著之屬

石遺室叢書十九種　陳衍撰　清光緒至民國刻本　一冊　存一種

330000－1701－0059155　HJL1951　子部/小説家類/異聞之屬

酉陽雜俎二十卷續集十卷　(唐)段成式撰　清道光二十九年(1849)小嫏嬛山館刻本　六冊

330000－1701－0059157　HJL1296　子部/雜著類/雜考之屬

羣書疑辨十二卷　(清)萬斯同撰　清嘉慶二十一年(1816)供石亭刻本　六冊

330000－1701－0059158　普 925.10997/2168/c1　類叢部/叢書類/彙編之屬

古今説部叢書二百七十二種　國學扶輪社編　清宣統二年至民國二年(1910－1913)上海國學扶輪社鉛印本　一冊　存一種

330000－1701－0059159　HJH6747　集部/總集類/尺牘之屬

增廣尺牘句解初集二卷附增補音郡音義百家姓一卷二集二卷附增補重訂音義千字文一卷　(清)槐蔭館主撰　(清)少溪氏編次　清宣統三年(1911)上海朱氏煥文書局石印本　四冊

330000－1701－0059162　HJH1465　類叢部/類書類/通類之屬

事類賦三十卷　(宋)吳淑撰並注　清乾隆二十五年(1760)劍光閣刻本　四冊

330000－1701－0059163　HJL1952　類叢部/叢書類/自著之屬

篋經室叢書三種　曹元忠撰輯　清光緒十九年至二十七年(1893－1901)曹氏篋經室刻本　一冊　存一種

330000－1701－0059164　HJL1910　子部/農家農學類/總論之屬

欽定授時通考七十八卷　(清)鄂爾泰等撰　清道光六年(1826)四川藩署刻本　二十四冊

330000－1701－0059165　GP07438　集部/别集類/清别集

幽貞實録八卷　(清)黄圖珌撰　清乾隆刻本　一冊

330000－1701－0059167　普 925.10997/2168/c2　類叢部/叢書類/彙編之屬

古今説部叢書二百七十二種　國學扶輪社編　清宣統二年至民國二年(1910－1913)上海國學扶輪社鉛印本　二冊　存一種

330000－1701－0059169　HJL0144　經部/春秋總義類/專著之屬

春秋識小錄初刻三書十卷　(清)程廷祚撰　清乾隆八年(1743)三近堂刻本　八冊

330000－1701－0059170　HJL1297　類叢部/叢書類/自著之屬
二思堂叢書六種五十一卷　(清)梁章鉅撰　清同治十二年至光緒元年(1873－1875)福州梁氏刻本　八冊　存一種

330000－1701－0059171　G000314　史部/政書類/律令之屬/律例
欽定戶部則例一百卷首一卷　(清)載齡等修　(清)惠祥等纂　清同治十三年(1874)刻本　六十冊

330000－1701－0059172　普814.6/7241　集部/別集類/明別集
劉忠宣公遺集十一卷　(明)劉大夏撰　清光緒元年(1875)劉乙燃刻本　六冊

330000－1701－0059173　GP07047　集部/別集類/清別集
繡餘小草六卷　(清)扈斯哈里氏撰　清光緒二十九年(1903)上海書局石印本　四冊

330000－1701－0059175　HJH1466　類叢部/叢書類/自著之屬
六譯館叢書七十三種　廖平撰　清光緒至民國刻民國十年(1921)四川存古書局彙印本　二冊　存一種

330000－1701－0059176　HJL1912　子部/儒家類/儒學之屬
起黃二卷質顧一卷廣王二卷　(清)吳光耀撰　清宣統元年(1909)刻本　五冊

330000－1701－0059178　G000348　史部/地理類/水利之屬
海寧塘末議一卷　(清)張斯桂撰　清同治六年(1867)木活字印本　一冊

330000－1701－0059179　HJL1954　類叢部/叢書類/彙編之屬
函海一百五十二種　(清)李調元編　清乾隆綿州李氏萬卷樓刻嘉慶十四年(1809)李鼎元、道光五年(1825)李朝夔重校補刻本　一冊　存一種

330000－1701－0059183　HJH6748　集部/別集類/宋別集
王臨川全集二十四卷　(宋)王安石撰　清宣統三年(1911)上海掃葉山房石印本　十二冊

330000－1701－0059184　GP01185　史部/金石類/石之屬/文字
宋徐鼎臣臨秦碣石頌一卷　清同治六年(1867)海虞楊氏刻本　一冊

330000－1701－0059186　HJH1467　史部/政書類/律令之屬/法驗
律例館校正洗冤錄四卷　(清)律例館輯　清刻本　四冊

330000－1701－0059187　HJL1298　子部/雜著類/雜纂之屬
養一齋劄記九卷　(清)潘德輿撰　清同治十一年(1872)山陽潘氏刻本　三冊

330000－1701－0059189　GP07011　類叢部/叢書類/自著之屬
天開圖畫樓全稿　(清)郭柏蔭撰　清刻本　一冊　存一種

330000－1701－0059190　普814.6/7244/c1　集部/別集類/明別集
太師誠意伯劉文成公集二十卷首一卷　(明)劉基撰　清康熙四十六年(1707)劉元奇刻雍正八年(1730)萬里補刻乾隆南田劉氏果育堂印本　十冊

330000－1701－0059191　HJH6749　子部/小說家類/瑣語之屬
青泥蓮花記十三卷　(明)梅鼎祚撰　清宣統二年(1910)北平古槐書屋石印本　四冊

330000－1701－0059192　G000349、G000381、G000509、G006310、G008373　史部/地理類/山川之屬/山志
廬山志十五卷首一卷　(清)毛德琦撰　清康熙五十九年(1720)順德堂刻乾隆至宣統遞修本　十二冊　存十二卷(二至五、七至十二上、十三至十四)

330000－1701－0059193　HJL0146　經部/詩類/傳說之屬
毛詩故訓傳三十卷　(漢)毛亨傳　(漢)毛長撰　(漢)鄭玄箋　**鄭氏詩譜一卷**　(漢)鄭玄撰　**毛詩音義三卷**　(唐)陸德明音義　清嘉慶二十一年(1816)木瀆周氏枕經樓刻本　八册

330000－1701－0059194　M000591　經部/詩類/傳說之屬
毛鄭詩斠議一卷　羅振玉撰　清光緒十六年(1890)鉛印本　一册

330000－1701－0059195　HJL1914　子部/儒家類/儒學之屬/性理
顔氏學記十卷　(清)戴望撰　清同治十年(1871)冶城山館刻本　四册

330000－1701－0059196　HJL1955　子部/藝術類/書畫之屬
賞奇軒四種奇書　清刻本　四册

330000－1701－0059197　普323.70927/9021　史部/傳記類/科舉録之屬/歷科鄉試録
光緒二十年舉行甲午正科浙江鄉試錄一卷　清光緒二十年(1894)刻本　一册

330000－1701－0059198　G000350　史部/地理類/雜志之屬
山陰縣都圖字號坐落地名全册一卷　清抄本　一册

330000－1701－0059199　HJH1299　子部/宗教類/道教之屬/戒律
慾海慈航一卷　(清)黄正元撰　清光緒八年(1882)姑蘇元妙觀得見齋刻本　一册

330000－1701－0059200　GP07439　類叢部/叢書類/彙編之屬
武英殿聚珍版書一百三十八種　清乾隆武英殿木活字印本　十六册　存一種

330000－1701－0059201　G000351　類叢部/叢書類/彙編之屬
廣雅書局叢書一百五十九種　徐紹棨編　清光緒廣雅書局刻民國九年(1920)番禺徐紹棨彙編重印本　一册　存一種

330000－1701－0059203　普323.70927/90211　史部/傳記類/科舉録之屬/歷科鄉試録
光緒二十三年舉行丁酉正科浙江鄉試題名録一卷光緒二十五年舉行己亥正科浙江鄉試題名錄一卷　清光緒二十三年(1897)、二十五年(1899)刻本　一册

330000－1701－0059204　GP07012　集部/總集類/酬唱之屬
聽琴别館消寒詩鈔九集　(清)曾元基等撰　清道光十五年(1835)刻本　一册

330000－1701－0059206　HJL1468　子部/宗教類/佛教之屬/諸宗
方聚成禪師語録三十卷首一卷　(清)釋悟成撰　(清)釋真濟等輯　清嘉慶二十四年(1819)刻本　八册

330000－1701－0059208　GP07491　史部/傳記類/科舉録之屬/諸貢録
明貢舉考畧二卷國朝貢舉考畧三卷　(清)黄崇蘭輯　(清)趙學曾續輯　清道光二十四年(1844)雙桂齋刻本　四册

330000－1701－0059209　GP07066　集部/别集類/清别集
唐人名賢集一卷　清抄本　一册

330000－1701－0059211　HJH1300　類叢部/叢書類/彙編之屬
武英殿聚珍版書　清江蘇刻本　一册　存一種

330000－1701－0059213　GP07068　子部/儒家類/儒學之屬/禮教/女範
閨門俚訓一卷　(清)田潤撰　清光緒二十七年(1901)西泠景文齋刻本　一册

330000－1701－0059214　HJL0147　經部/小學類/音韻之屬/注音
傳音快字一卷　(清)蔡錫勇撰　清光緒三十一年(1905)湖北官書局刻本　一册

330000－1701－0059215　HJL1831　子部/儒家類/儒學之屬/性理
北溪字義二卷補遺一卷附嚴陵講義一卷
(宋)陳淳撰　清光緒九年(1883)學海堂刻本　二冊

330000－1701－0059216　HJH6751　子部/儒家類/儒學之屬/經濟
皇朝經世文新編二十一卷　麥仲華輯　清光緒二十八年(1902)瑤林書館石印本　十六冊

330000－1701－0059219　HJH1832　子部/天文曆算類/算書之屬
開方說三卷　(清)李銳撰　清同治至光緒長沙古荷花池精舍刻白芙堂算學叢書本　劉承幹題簽　二冊

330000－1701－0059220　普814.6/7244/c3　集部/別集類/明別集
太師誠意伯劉文成公集二十卷首一卷　(明)劉基撰　清康熙四十六年(1707)劉元奇刻雍正八年(1730)萬里補刻乾隆南田劉氏果育堂印本　十二冊

330000－1701－0059223　GP07015　集部/總集類/題詠之屬
邗上題襟集一卷　(清)曾燠等撰　清刻本　一冊

330000－1701－0059225　GP07016　類叢部/叢書類/彙編之屬
廣雅書局叢書一百五十九種　徐紹棨編　清光緒廣雅書局刻民國九年(1920)番禺徐紹棨彙編重印本　一冊　存一種

330000－1701－0059226　HJL1956　集部/別集類/清別集
夢東禪師遺集二卷　(清)釋際醒撰　(清)釋喚醒輯　**徹悟禪師行畧一卷**　(清)釋寬申撰　清嘉慶二十二年(1817)釋了亮等隆福寺觀音庵刻本　一冊

330000－1701－0059227　普814.6/7244/2(3)　集部/別集類/明別集
太師誠意伯劉文成公集二十卷首一卷　(明)劉基撰　清康熙四十六年(1707)劉元奇刻雍正八年(1730)萬里補刻南田劉氏果育堂印本　九冊　缺一卷(首)

330000－1701－0059228　普925.10997/3550/c1　史部/紀傳類/別史之屬
國史儒林傳二卷文苑傳二卷循吏傳一卷賢良傳二卷　(清)阮元撰　清刻本　章嶔題簽　一冊　存二卷(文苑傳一至二)

330000－1701－0059229　HJL1301　子部/雜著類/雜說之屬
浮邱子十二卷　(清)湯鵬撰　(清)湯俶昭等輯　清宣統二年(1910)掃葉山房石印本　六冊

330000－1701－0059230　普814.6/7244/3/c1　集部/別集類/明別集
太師誠意伯劉文成公集二十卷首一卷　(明)劉基撰　清光緒二十六年(1900)浙江書局刻本　十冊

330000－1701－0059231　普925.10997/3550/c2　史部/紀傳類/別史之屬
國史儒林傳二卷文苑傳二卷循吏傳一卷賢良傳二卷　(清)阮元撰　清刻本　一冊　存二卷(文苑傳一至二)

330000－1701－0059232　普814.6/7244/3/c2　集部/別集類/明別集
太師誠意伯劉文成公集二十卷首一卷　(明)劉基撰　清光緒二十六年(1900)浙江書局刻本　十冊

330000－1701－0059234　普814.6/7510　集部/別集類/明別集
陳臥子先生安雅堂稿十五卷兵垣奏議二卷　(明)陳子龍撰　**陳臥子先生傳一卷**　(清)高燮撰　清宣統二年(1910)上海時中書局鉛印本　六冊　缺二卷(兵垣奏議一至二)

330000－1701－0059235　GP01186　史部/金石類/石之屬/文字
宋徐鼎臣臨秦碣石頌一卷　清同治六年(1867)海虞楊氏刻本　張美翊題記　一冊

330000－1701－0059237　HJL6753　集部/別集類/清別集

綠雪堂遺集二十卷　(清)王衍梅撰　(清)汪雲任輯　清道光二十年(1840)盱眙汪雲任刻二十九年(1849)增刻本　八冊

330000－1701－0059238　HJL1957　子部/藝術類/書畫之屬/總論

胡氏書畫攷三種　(清)胡敬撰　清嘉慶二十一年(1816)刻本　二冊　存二種

330000－1701－0059241　G000352　史部/地理類/雜志之屬

浙江海島表一卷　清末鉛印本　一冊

330000－1701－0059242　HJL1303　史部/傳記類/總傳之屬/技藝

國朝書人輯略十一卷首一卷　震鈞輯　清光緒三十四年(1908)金陵刻本　八冊

330000－1701－0059243　普 814.6/7510/2　集部/別集類/明別集

陳臥子先生安雅堂稿十五卷兵恒奏議二卷(明)陳子龍撰　**陳臥子先生傳一卷**　(清)高燮撰　清宣統二年(1910)上海時中書局鉛印本　八冊

330000－1701－0059244　普 814.6/7773/2　集部/別集類/明別集

萬一樓集五十六卷續集六卷外集十卷　(明)駱問禮撰　清嘉慶十年(1805)余振木活字印本　四十六冊

330000－1701－0059245　GP07492　史部/傳記類/科舉録之屬/諸貢録

明貢舉考畧二卷國朝貢舉考畧三卷　(清)黃崇蘭輯　(清)趙學曾續輯　清道光二十四年(1844)雙桂齋刻本　四冊

330000－1701－0059246　HJL1834　史部/時令類

月令輯要二十四卷首一卷　(清)李光地(清)吳廷楨等輯　清康熙五十五年(1716)武英殿刻本　二十四冊

330000－1701－0059248　HJL1958　子部/農家農學類/總論之屬

農政全書六十卷　(明)徐光啓撰　清道光二十三年(1843)上壽康曙海樓刻本　二十冊

330000－1701－0059250　GP07069　子部/儒家類/儒學之屬/性理

新刻性理大全書七十卷　(明)胡廣等撰　明刻本　二十四冊

330000－1701－0059251　HJL6754　類叢部/叢書類/自著之屬

戚鶴泉所著書十一種　(清)戚學標撰　清乾隆至嘉慶刻本　六冊　存一種

330000－1701－0059253　HJL1473　子部/叢編

十子全書　(清)王子興編　清嘉慶九年(1804)姑蘇王氏聚文堂刻本　三十二冊

330000－1701－0059254　普 814.6/7510.2　集部/別集類/明別集

陳忠裕全集三十卷兵垣奏議一卷首一卷末一卷自撰年譜三卷　(明)陳子龍撰　(清)王昶輯　清嘉慶八年(1803)簳山草堂刻同治八年(1869)補修本　十冊　缺一卷(兵垣奏議)

330000－1701－0059256　HJL1835　子部/宗教類/佛教之屬

法苑珠林一百卷　(唐)釋道世撰　清光緒三年(1877)常熟照峯寺釋照塵刻本　二十六冊

330000－1701－0059257　G000353、G000445、G004872、G006070　子部/醫家類/類編之屬

萬密齋醫書十種　(明)萬全撰　清忠信堂刻本　六冊　存二種

330000－1701－0059258　HJH1305　類叢部/叢書類/彙編之屬

風雨樓叢書二十三種　鄧實編　清宣統順德鄧氏鉛印本　三冊　存二種

330000－1701－0059259　HJL6755　集部/別集類/清別集

冬巢詩集四卷　(清)汪潮生撰　清道光十七年(1837)黃承吉刻本　二冊

330000－1701－0059261　HJL1959　子部/醫家類/診法之屬/脈經脈訣

四診抉微八卷附管窺附餘一卷　(清)林之翰撰　清雍正四年(1726)玉映堂刻本　四冊

330000－1701－0059262　G000354、G000357　子部/醫家類/類編之屬

萬密齋醫書十種　(明)萬全撰　清刻本　六冊　存二種

330000－1701－0059266　HJL6756　集部/別集類/清別集

夢陔堂詩集三十五卷　(清)黃承吉撰　清道光十二年至十三年(1832－1833)江都黃承吉刻本　八冊

330000－1701－0059267　HJL1836　類叢部/類書類/專類之屬

稱謂錄三十二卷　(清)梁章鉅撰　清光緒元年至十年(1875－1884)福州梁恭辰刻本　八冊

330000－1701－0059268　HJL0148　類叢部/叢書類/彙編之屬

武英殿聚珍版書一百三十八種　清乾隆武英殿木活字印本　一冊　存一種

330000－1701－0059269　HJH1306　集部/別集類/清別集

銅梁山人詩集二十五卷詞四卷芸篚偶存二卷　(清)王汝璧撰　清光緒二十年(1894)京師刻本　一冊　存二卷(芸篚偶存一至二)

330000－1701－0059270　GP07071　集部/別集類/清別集

袁忠節公遺詩三卷　(清)袁昶撰　清宣統元年(1909)鉛印本　一冊

330000－1701－0059271　G000355、G000365　子部/醫家類/醫案之屬

古今醫案按十卷　(清)俞震輯　清宣統元年(1909)上海會文堂書局石印本　八冊　存八卷(一至二、四至五、七至十)

330000－1701－0059272　HJL1837　類叢部/類書類/通類之屬

廣事類賦四十卷　(清)華希閔撰　清刻本　八冊

330000－1701－0059274　普925.10997/3552　史部/紀傳類/別史之屬

國史儒林傳二卷文苑傳二卷循吏傳一卷賢良傳二卷　(清)阮元撰　清同治刻本　一冊　存一卷(循吏傳)

330000－1701－0059275　GP07072　集部/別集類/清別集

袁忠節公遺詩三卷　(清)袁昶撰　清宣統元年(1909)鉛印本　一冊

330000－1701－0059278　普814.6/7510.2/(3)　集部/別集類/明別集

陳忠裕全集三十卷首一卷末一卷自撰年譜三卷　(明)陳子龍撰　(清)王昶輯　清嘉慶八年(1803)簳山草堂刻本　十冊　缺一卷(兵垣奏議)

330000－1701－0059279　HJL0149　經部/小學類/訓詁之屬/方言

廣續方言四卷　程先甲輯　清光緒二十三年(1897)木活字印本　二冊

330000－1701－0059281　HJH1307　子部/儒家類/儒學之屬

河南二程全書(二程全書)六十七卷　(宋)程顥　(宋)程頤撰　清光緒三十四年(1908)澹雅局刻本　十六冊

330000－1701－0059282　HJL1960　類叢部/類書類/通類之屬

事類賦三十卷　(宋)吳淑撰並注　清劍光閣刻本　四冊

330000－1701－0059283　G000356、G006479　子部/醫家類/方書之屬/單方驗方

三朝名醫方論三種　清宣統三年(1911)寧波汲綆齋石印本　二冊　存一種

330000－1701－0059284　HJH6757　類叢部/叢書類/自著之屬

隨園三十種　(清)袁枚撰　清乾隆至嘉慶刻本　四冊　存一種

330000－1701－0059286　GP07073　類叢部/叢書類/自著之屬

岣嶁叢書九種　(清)曠敏本撰　清乾隆刻彙印本　一册　存一種

330000－1701－0059288　普814.6/7793　集部/别集類/明别集

周訥谿公全集二十七卷　(明)周怡撰　**周恭節公[怡]年譜一卷**　(明)吳可達編　(清)周登瀛增　明萬曆燕翼堂刻乾隆增刻道光印本　十册

330000－1701－0059290　HJH6758　集部/别集類/唐五代别集

重訂李義山詩集箋注三卷集外詩箋注一卷　(唐)李商隱撰　(清)朱鶴齡箋注　(清)程夢星删補　**重訂李義山[商隱]年譜一卷詩話一卷**　(清)程夢星輯　清乾隆八年(1743)東柯草堂刻本　三册　缺三卷(集外詩箋注、年譜、詩話)

330000－1701－0059292　GP07425　子部/小説家類/異聞之屬

咫聞錄十二卷　(清)慵訥居士撰　清道光九年(1829)刻本　六册

330000－1701－0059294　GP07074　集部/别集類/清别集

青櫺館詩附鈔一卷詞槀初鈔一卷賦槀附鈔一卷賦槀初鈔一卷　(清)倪象占撰　清刻本　一册

330000－1701－0059295　HJH6759　集部/總集類/氏族之屬

歸安前邱吳氏詩存二十一卷　(清)吳啓褒編　清嘉慶十五年(1810)豐澍堂刻本　四册

330000－1701－0059297　HJL1961　類叢部/類書類/通類之屬

宋人小説類編四卷補鈔一卷　(清)吳爲楫輯　清同治十年(1871)刻本　五册

330000－1701－0059302　G000358、G000359　子部/叢編

子書二十八種　(清)育文書局編　清末育文書局石印本　三册　存一種

330000－1701－0059304　普323.70927/90212　史部/傳記類/科舉録之屬/歷科鄉試録

光緒二十三年丁酉科順天鄉試同年全錄一卷　清末抄本　一册

330000－1701－0059306　HJL1310　子部/雜著類/雜考之屬

攷古質疑六卷　(宋)葉大慶撰　清同治十三年(1874)江西書局刻武英殿聚珍版叢書本　莫棠題記　一册

330000－1701－0059308　GP07075　類叢部/叢書類/自著之屬

西堂全集四種附一種　(清)尤侗撰　清康熙刻本　二册　存一種

330000－1701－0059310　HJH1457　新學/商務

商業博物誌四卷附錄一卷　(英國)尼用椅子撰　(日本)瓜生寅原譯　**商業經濟學二卷**　(日本)清水泰吉撰　(清)湖北商務報館譯　**商業開化史三卷**　(英國)器賓撰　(日本)永田健助譯　**日本商律五卷**　(清)湖北商務報館譯　**銀行論十一卷**　(日本)田尻稻次郎撰　清湖北商務報館刻本　十四册

330000－1701－0059311　HJL6760　集部/别集類/清别集

悔昨齋詩錄四卷　(清)張深撰　(清)李長榮輯　清道光二十年(1840)刻本　四册

330000－1701－0059313　普814.6/7512　集部/總集類/郡邑之屬

粤十三家集　(清)伍元薇輯　清道光二十年(1840)南海伍氏詩雪軒刻本　二册　存一種

330000－1701－0059316　普323.70927/90213　史部/傳記類/科舉録之屬/歷科登科録

光緒甲辰恩科會試題名錄一卷　清光緒三十年(1904)刻本　王修批並跋　一册

330000－1701－0059317　GP07426　子部/小

說家類/異聞之屬
對山書屋墨餘録十六卷 (清)毛祥麟撰 清同治十年(1871)杭州文元堂楊氏刻本 八册

330000－1701－0059319 HJH0154 經部/孝經類/傳說之屬
孝經一卷 (唐)玄宗李隆基注 (唐)陸德明音義 清光緒十二年(1886)湖北官書處刻本 一册

330000－1701－0059320 GP07076 集部/詞類/别集之屬
梅邊笛譜二卷篷窗翦燭集二卷 (清)李堂撰 清嘉慶冬榮草堂刻本、清道光刻本 一册

330000－1701－0059322 普925.10997/4010/c1 史部/傳記類/總傳之屬/斷代
國朝先正事略六十卷 (清)李元度撰 清光緒十三年(1887)上海點石齋石印本 八册

330000－1701－0059323 HJL6762 集部/别集類/清别集
日知堂集四卷首一卷末一卷 (清)鄭端撰 清同治十三年(1874)保定蓮花池刻本 二册

330000－1701－0059325 HJH1309 子部/醫家類/兒科之屬/通論
增訂保赤輯要一卷附種子說兩則一卷 (清)吳嘉德輯 (清)吳道鎔增訂 清光緒二十三年(1897)顧泰雲等刻本 一册

330000－1701－0059328 普814.6/8023/c1 集部/别集類/明别集
晚聞堂集十六卷 (明)余紹祉撰 清道光十七年(1837)和源單氏刻本 五册

330000－1701－0059329 HJL0155 經部/三禮總義類/通禮雜禮之屬
傅恭堂祭儀二卷 (清)潘德輿撰 清光緒三十四年(1908)江楚編譯官書局鉛印本 一册

330000－1701－0059331 HJH1311 類叢部/叢書類/彙編之屬
武英殿聚珍版書一百四十八種 清乾隆四十二年(1777)福建刻道光至同治遞修光緒二十一年(1895)增刻本 五册 存一種

330000－1701－0059332 普814.6/7532 集部/别集類/明别集
寶綸堂集十卷拾遺一卷 (明)陳洪綬撰 (清)陳字購輯 清光緒十四年(1888)會稽董氏取斯堂木活字印本 八册

330000－1701－0059333 HJL1905 子部/藝術類/書畫之屬/總論
湘管齋寓賞編六卷 (清)陳焯撰 清乾隆四十七年(1782)刻吳興陳氏聽香讀畫樓重修本 五册 缺一卷(三)

330000－1701－0059334 普814.6/8023/c2 集部/别集類/明别集
晚聞堂集十六卷 (明)余紹祉撰 清道光十七年(1837)和源單氏刻本 五册

330000－1701－0059337 普925.10997/4010/c2 史部/傳記類/總傳之屬/斷代
國朝先正事略六十卷 (清)李元度撰 清光緒十三年(1887)上海點石齋石印本 八册

330000－1701－0059338 HJL1963 類叢部/叢書類/彙編之屬
武英殿聚珍版書一百三十八種 清乾隆武英殿木活字印本 二册 存二種

330000－1701－0059340 HJL1906 類叢部/類書類/通類之屬
太平御覽一千卷目録十五卷 (宋)李昉等輯 清嘉慶十二年至十七年(1807－1812)歙縣鮑崇城刻二十三年(1818)印本 一百二十册

330000－1701－0059341 HJL0158 經部/春秋左傳類/傳說之屬
春秋左傳釋人十二卷附録一卷世系一卷年表一卷 (清)范照藜撰 清嘉慶八年(1803)河内范氏如不及齋刻本 四册

330000－1701－0059343 普814.6/8026/c1 集部/别集類/清别集
徧行堂集十六卷 (清)釋今釋撰 清宣統三年(1911)上海國學扶輪社鉛印本 八册

330000－1701－0059344　G000392　子部/術數類/雜術之屬
測字不分卷　(清)程省撰　清文聚堂刻本　二冊

330000－1701－0059345　GP07078　集部/詞類/别集之屬
清夢盦二白詞五卷附刻一卷　(清)沈傳桂撰　清道光二十五年(1845)沈傳桂清夢盦刻本　一冊

330000－1701－0059346　HJH1472　子部/叢編
十子全書　(清)王子興編　清嘉慶九年(1804)姑蘇王氏聚文堂刻本　四冊　存一種

330000－1701－0059347　HJL1964　子部/雜著類/雜考之屬
野記四卷　(明)祝允明撰　清同治十三年(1874)元和祝氏刻本　二冊

330000－1701－0059348　HJH1470　子部/叢編
十子全書　(清)王子興編　清嘉慶九年(1804)姑蘇王氏聚文堂刻本　四冊　存一種

330000－1701－0059349　HJL6763　集部/别集類/清别集
變雅堂文集四卷詩集十卷詩集補遺一卷　(清)杜濬撰　**變雅堂遺集附錄一卷**　(清)方苞等撰　清同治九年(1870)劉維楨鄂垣刻本　四冊　存六卷(文集三至四、詩集一至四)

330000－1701－0059350　普814.6/8026/c2　集部/别集類/清别集
徧行堂集十六卷　(清)釋今釋撰　清宣統三年(1911)上海國學扶輪社鉛印本　八冊

330000－1701－0059351　GP07443　史部/政書類/邦計之屬
江南籌欵總局整頓稅契章程一卷　清光緒木活字印本　一冊

330000－1701－0059352　HJL1915　史部/政書類/律令之屬
讀例存疑五十四卷　(清)薛允升撰　清光緒三十一年(1905)京師刻本　四十冊

330000－1701－0059355　普814.6/7520　集部/别集類/明别集
白沙子全集六卷首一卷附錄一卷　(明)陳獻章撰　(清)何九疇重編　清康熙四十九年(1710)何九疇、顧嗣協刻本　六冊

330000－1701－0059357　普814.6/8042/c1　集部/别集類/明别集
敬亭集十卷補遺一卷附錄一卷姜貞毅先生[埰]自著年譜一卷　(清)姜埰撰　**府君貞毅先生[姜埰]年譜續編一卷**　(清)姜安節編　清光緒十五年(1889)山東書局刻本　四冊

330000－1701－0059358　HJL6773　集部/别集類/清别集
曝書亭集八十卷附錄一卷　(清)朱彝尊撰　**笛漁小稾十卷**　(清)朱昆田撰　清康熙五十三年(1714)朱稻孫刻本　十二冊

330000－1701－0059359　HJH6764　類叢部/叢書類/彙編之屬
清風室叢刊二十種　(清)錢保塘編　清同治十年至民國二十五年(1871－1936)海寧錢氏清風室刻本　一冊　存一種

330000－1701－0059360　普925.10997/4010/4/c2　史部/傳記類/總傳之屬/斷代
國朝先正事略六十卷　(清)李元度撰　清同治五年至八年(1866－1869)循陔草堂刻本　二十四冊

330000－1701－0059361　HJL1926　史部/傳記類/總傳之屬/儒林
宋元學案一百卷首一卷考畧一卷　(清)黃宗羲撰　(清)全祖望修定　(清)王梓材　(清)馮雲濠校並考　清光緒五年(1879)長沙寄廬刻本　四十八冊

330000－1701－0059362　普323.77/15921　史部/傳記類/科舉録之屬
硃卷彙訂不分卷　吳慶坻輯　稿本　一冊

330000－1701－0059363　GP07018　史部/地理類/方志之屬/郡縣志

光緒桐鄉縣志二十四卷首四卷　（清）嚴辰纂
楊園淵源録四卷　（清）沈曰富輯　清光緒十三年（1887）蘇州陶漱藝齋刻本　一册　存四卷（楊園淵源録一至四）

330000－1701－0059364　普323.77/4073　史部/傳記類/科舉録之屬/歷科鄉試録
光緒甲午順天鄉試硃卷一卷　（清）袁勵準撰　清光緒二十年（1894）刻本　吴慶坻題簽　一册

330000－1701－0059365　G000393　類叢部/叢書類/彙編之屬
遙山一角樓叢鈔　清光緒十三年（1887）刻本　一册　存二種

330000－1701－0059366　HJH6765　集部/别集類/宋别集
宛陵先生文集六十卷　（宋）梅堯臣撰　清宣統二年（1910）上海據清康熙徐惇復白華書屋刻本影印本　十册

330000－1701－0059367　普814.6/7520/（2）　集部/别集類/明别集
白沙子全集六卷首一卷附録一卷　（明）陳獻章撰　（清）何九疇重編　清康熙四十九年（1710）何九疇、顧嗣協刻本　十二册

330000－1701－0059368　普814.6/8042/c2　集部/别集類/明别集
敬亭集十卷補遺一卷附録一卷姜貞毅先生［埰］自著年譜一卷　（清）姜埰撰　**府君貞毅先生［姜埰］年譜續編一卷**　（清）姜安節編　清光緒十五年（1889）山東書局刻本　四册

330000－1701－0059369　G000360　類叢部/叢書類/郡邑之屬
武林掌故叢編一百八十七種　（清）丁丙編　清光緒三年至二十六年（1877－1900）錢塘丁氏嘉惠堂刻本　二册　存一種

330000－1701－0059372　GP07427　子部/小説家類/異聞之屬
青溪風雨録二卷　（清）雪樵居士撰　清道光元年（1821）一枝山房刻本　二册

330000－1701－0059373　G000394　集部/别集類/清别集
屑瓊集四卷補遺一卷　（清）俞廷瑛撰　清同治刻本　一册

330000－1701－0059374　HJL1928　子部/儒家類/儒學之屬
復齋録六卷　（清）王建常撰　清光緒元年（1875）刻本　四册

330000－1701－0059375　普814.6/8047　集部/别集類/明别集
金忠節公文集八卷　（明）金聲撰　清光緒三年（1877）嘉魚孔氏檜蔭山房刻本　四册

330000－1701－0059376　GP07079　集部/總集類/題詠之屬
蘋香館紀麗一卷　（清）劉岳壽等撰　清刻本　一册

330000－1701－0059379　普814.6/7520.2/c1　集部/别集類/明别集
白沙子全集十卷古詩教解二卷首一卷末一卷　（明）陳獻章撰　（明）湛若水輯解　清乾隆三十六年（1771）陳氏碧玉樓刻本　十册

330000－1701－0059381　HJH1314　類叢部/叢書類/彙編之屬
月河精舍叢鈔五種　（清）丁寶書編　清光緒四年至十二年（1878－1886）苕溪丁氏刻本　四册　存一種

330000－1701－0059384　G000361、G003668、G003911　類叢部/叢書類/彙編之屬
古香齋袖珍十種　清同治至光緒南海孔氏刻本　一百十八册　存一種

330000－1701－0059385　GP07080　集部/曲類
坦菴詞曲六種　（清）徐石麒撰　清初南湖享書堂刻本　一册

330000－1701－0059386　普814.6/8047/2/c1　集部/别集類/明别集
金忠節公文集八卷　（明）金聲撰　清光緒十四年（1888）黟縣李氏刻本　清梁鼎芬題記

四冊

330000－1701－0059387　HJH1315　史部/傳記類/總傳之屬/儒林

道學淵源錄一百卷首一卷　(清)黄嗣東輯　**補錄補傳一卷**　(清)黄慶曾補輯　清末鉛印本　十四冊

330000－1701－0059388　HJL6768　集部/別集類/明別集

碩薖園集十卷　(明)蒲秉權撰　清光緒元年(1875)蒲氏守拙齋刻本　四冊

330000－1701－0059389　G000395　集部/總集類/郡邑之屬

湖墅叢書六種　(清)王麟輯　清光緒五年(1879)錢塘王氏刻本　一冊　存一種

330000－1701－0059390　HJL1929　子部/儒家類/儒學之屬/性理

讀書錄十一卷續錄十二卷　(明)薛瑄撰　清光緒二十年(1894)涇陽柏經正堂刻本　八冊

330000－1701－0059392　HJH1317　子部/雜著類/雜考之屬

讀書雜志八十二卷餘編二卷　(清)王念孫撰　清同治九年(1870)金陵書局刻本　二十四冊

330000－1701－0059393　HJH6769　類叢部/叢書類/彙編之屬

張氏適園叢書　張鈞衡編　清宣統三年(1911)上海國學扶輪社鉛印本　一冊　存一種

330000－1701－0059394　HJL1930　子部/叢編

十子全書　(清)王子興編　清嘉慶九年(1804)姑蘇王氏聚文堂刻本　五冊　存一種

330000－1701－0059395　HJL0159　經部/四書類/總義之屬/傳説

增訂四書集註大全四十七卷附錄一卷　(明)胡廣等輯　(清)汪份增訂　清刻本　十六冊　存二十二卷(論語集註大全一至二十、序説、讀論語孟子法)

330000－1701－0059396　普 925.10997/4010/2　史部/傳記類/總傳之屬/斷代

國朝先正事略六十卷　(清)李元度撰　清光緒九年(1883)蛟川方氏刻本　二十四冊

330000－1701－0059399　HJL1917　子部/藝術類/書畫之屬/畫錄

自怡悦齋書畫錄三十卷　(清)張大鏞撰　清道光十二年(1832)虞山張氏刻本　十冊

330000－1701－0059400　HJH6770　集部/別集類/清別集

嶺上白雲集十二卷　(清)陸懋修撰　清光緒二十三年(1897)陸潤庠刻本　一冊　存四卷(五至八)

330000－1701－0059401　HJL1318　子部/醫家類/本草之屬/歷代綜合本草

本草綱目五十二卷首一卷圖三卷奇經八脈攷一卷瀕湖脈學一卷脈訣攷證一卷　(明)李時珍撰　**本草萬方鍼線八卷藥品總目一卷**　(清)蔡烈先輯　**本草綱目拾遺十卷首一卷**　(清)趙學敏輯　清光緒十一年至十三年(1885－1887)合肥張紹棠味古齋刻本　四十冊　缺十一卷(本草綱目拾遺首、一至十)

330000－1701－0059402　G000397　子部/儒家類/儒學之屬/蒙學

選集啓蒙對類指掌不分卷　(清)趙實秋　(清)王曉亭輯　清李光明莊刻本　一冊

330000－1701－0059405　HJL0160　類叢部/叢書類/自著之屬

重訂汪子遺書　(清)汪烜撰　(清)李承超編　清同治十二年(1873)曲水書局木活字印本　十五冊　存一種

330000－1701－0059406　普 323.70927/9478　史部/政書類/律令之屬/律例

奏定考試法官應用法律會覽不分卷　(清)惜陰館編輯　清宣統二年(1910)鉛印本　二冊

330000－1701－0059408　HJH1537　子部/兵家類/兵法之屬

讀史兵略四十六卷　(清)胡林翼撰　清咸豐

十一年(1861)武昌節署刻本　十四冊　缺六卷(二十五至二十七、三十七至三十九)

330000－1701－0059409　HJL1918　子部/藝術類/音樂之屬/琴學
山門新語二卷　(清)周贇撰　清光緒十九年(1893)六聲草堂刻本　八冊

330000－1701－0059410　HJL6771　集部/詞類/總集之屬
詞綜補遺二十卷　(清)陶樑輯　清道光十四年(1834)紅豆樹館刻本　九冊　存十八卷(三至二十)

330000－1701－0059414　G000398　集部/詞類/類編之屬
吳氏石蓮庵刻山左人詞十七種　吳重熹編　清光緒二十七年(1901)海豐吳氏金陵刻本　一冊　存二種

330000－1701－0059416　HJL1919　子部/藝術類/音樂之屬/樂譜
琴譜新聲六卷　(清)曹尚絅等撰　(清)祝鳳喈評　清同治五年(1866)雙清館刻本　四冊

330000－1701－0059418　普814.6/7520.2/c2　集部/別集類/明別集
白沙子全集十卷古詩教解二卷首一卷末一卷　(明)陳獻章撰　(明)湛若水輯解　清乾隆三十六年(1771)陳氏碧玉樓刻本　十冊

330000－1701－0059419　普814.6/8047/2/c2　集部/別集類/明別集
金忠節公文集八卷　(明)金聲撰　清光緒十四年(1888)黟縣李氏刻本　四冊

330000－1701－0059420　普323.77/1072/c1　史部/政書類/儀制之屬/專志/科舉校規
三場程式一卷　(清)蔣益澧撰　清光緒二十八年(1902)刻本　一冊

330000－1701－0059421　HJL1542　子部/雜著類/雜說之屬
竇存四卷　(清)胡式鈺撰　清道光二十一年(1841)刻本　四冊

330000－1701－0059422　HJL0161　經部/叢編
石齋先生經傳九種　(明)黃道周撰　清康熙三十二年(1693)晉安鄭開極刻本　三十四冊　缺十九卷(易象正一至十二、文圖經緯一至三、餘圖總經餘圖總緯、貞圖經緯一至三)

330000－1701－0059426　HJL1544　子部/醫家類/方書之屬/單方驗方
孫真人千金方衍義三十卷　(唐)孫思邈撰　(清)張璐衍義　清嘉慶五年(1800)掃葉山房刻本　三十二冊

330000－1701－0059427　普925.10997/4010/3/c1　史部/傳記類/總傳之屬/斷代
國朝先正事略六十卷首一卷　(清)李元度撰　清光緒十二年(1886)鉛印本　十冊

330000－1701－0059428　GP07083　集部/別集類/清別集
婃雅堂別集六卷　(清)趙文哲撰　清乾隆刻本　四冊

330000－1701－0059429　普814.6/7520.3　集部/別集類/明別集
白沙子全集九卷附錄一卷　(明)陳獻章撰　清順治十二年(1655)黃之正等刻本　十冊

330000－1701－0059431　普925.10997/4010/3/c2　史部/傳記類/總傳之屬/斷代
國朝先正事略六十卷首一卷　(清)李元度撰　清光緒十二年(1886)鉛印本　十冊

330000－1701－0059432　G000399　子部/藝術類/書畫之屬/法帖
黃覲虞太史節臨皇甫碑一卷　(清)黃自元書　清光緒八年(1882)石印本　一冊

330000－1701－0059434　G000400　史部/地理類/方志之屬/郡縣志
[康熙]重修富陽縣志十卷　(清)錢晉錫纂修　清康熙二十二年(1683)刻本　三冊　存七卷(一至六、十)

330000－1701－0059435　普323.77/1592　史部/傳記類/科舉録之屬

吳氏硃卷彙存不分卷　吳慶坻輯　稿本　清陸以錧、清朱式穀跋　一冊

330000－1701－0059438　普 925.10997/4010/4/c1　史部/傳記類/總傳之屬/斷代

國朝先正事略六十卷　（清）李元度撰　清同治五年至八年（1866－1869）循陔草堂刻本　二十四冊

330000－1701－0059439　G000401　史部/地理類/山川之屬/山志

明州阿育王山志十卷　（明）郭子章撰　**明州阿育王山續志六卷**　（清）釋畹荃撰　明萬曆刻清乾隆續刻本　六冊

330000－1701－0059440　GP07017　經部/禮記類/傳說之屬

禮記二十卷　（漢）鄭玄注　**撫本禮記鄭注考異二卷**　（清）張敦仁撰　**禮記釋文四卷**　（唐）陸德明撰　清嘉慶十年至十一年（1805－1806）陽城張氏影刻宋撫州本　一冊　存二卷（考異一至二）

330000－1701－0059441　普 323.77/7527/c1　集部/總集類/課藝之屬

浙江考卷三卷　（清）陳彝編　清光緒十九年（1893）刻本　三冊

330000－1701－0059443　普 323.77/7527/c2　集部/總集類/課藝之屬

浙江考卷三卷　（清）陳彝編　清光緒十九年（1893）刻本　一冊　存一卷（一）

330000－1701－0059445　HJL1320　子部/藝術類/遊藝之屬/雜藝

續益智圖五卷　（清）李辰撰　清光緒三十四年（1908）李嵩齡長沙來青閣刻本　四冊

330000－1701－0059448　HJL1972　史部/金石類/玉之屬/圖像

古玉圖攷不分卷　（清）吳大澂撰　清光緒十五年（1889）上海同文書局石印本　四冊

330000－1701－0059449　HJH1321　子部/儒家類/儒學之屬/俗訓

聖諭廣訓直解一卷附大清刑律圖一卷　（清）□□直解　清長沙刻本　一冊

330000－1701－0059452　HJH1457/1　新學/商務

商業博物誌四卷附錄一卷　（英國）尼用椅子撰　（日本）瓜生寅原譯　清湖北商務報館刻本　五冊

330000－1701－0059453　HJL1920　類叢部/叢書類/彙編之屬

二老閣叢書四十二種　（清）鄭風編　清康熙至嘉慶刻本　四冊　存一種

330000－1701－0059455　HJH1324　子部/雜著類/雜纂之屬

翼教叢編六卷附一卷　蘇輿輯　清光緒二十四年（1898）武昌刻本　三冊

330000－1701－0059456　HJH1921　子部/農家農學類/鳥獸蟲之屬

百鳥圖說一卷百獸圖說一卷論一卷　（清）韋門道氏撰　清光緒八年（1882）上海益智書會刻本　一冊

330000－1701－0059457　HJL1973　類叢部/叢書類/家集之屬

崇川劉氏叢書四種　（清）劉長華編　清同治至光緒崇川劉氏刻民國十五年（1926）海寧陳氏慎初堂印本　六冊　存一種

330000－1701－0059458　HJL0163　類叢部/叢書類/彙編之屬

刻鵠齋叢書十六種　（清）胡念修編　清光緒二十三年至二十七年（1897－1901）刻鵠齋刻本　二冊　存一種

330000－1701－0059460　HJL1546　子部/宗教類/道教之屬

文帝全書三十二卷附文昌宮羣真著述七卷　（清）劉體恕　（清）金本存輯　**武帝彙編四卷**　清光緒二年（1876）刻本　二十冊

330000－1701－0059461　HJH1324/1　子部/雜著類/雜纂之屬

翼教叢編六卷附一卷　蘇輿輯　清光緒二十四年（1898）武昌刻本　劉承幹題記　三冊

330000－1701－0059462　HJL1922　子部/術數類/命書相書之屬
月波洞中記一卷　（三國吳）張仲達撰　清刻本　一册

330000－1701－0059463　HJL1325　子部/儒家類/儒學之屬/蒙學
小學集解六卷小學輯說一卷　（清）張伯行輯注　清同治四年（1865）晉陽藩署刻本　二册

330000－1701－0059465　HJL6775　集部/別集類/明別集
劉子全書四十卷首一卷　（明）劉宗周撰（清）董瑒編　清道光四年至十五年（1824－1835）蕭山王宗炎等刻本　二十四册

330000－1701－0059466　HJL0164　經部/書類/分篇之屬
大誓答問（泰誓答問）一卷　（清）龔自珍撰清道光十二年（1832）杭州愛日軒陸貞一刻本　一册

330000－1701－0059467　HJL1327　史部/地理類/雜志之屬
藤陰雜記十二卷　（清）戴璐撰　清光緒三年（1877）浙江吳興會館刻本　二册

330000－1701－0059468　HJL1924　子部/儒家類/儒學之屬/經濟
中說十卷　（隋）王通撰　（宋）阮逸注　清光緒十六年（1890）貴陽陳氏影宋刻本　一册

330000－1701－0059469　HJL1974　集部/總集類/氏族之屬
蔡氏九儒書九種　（明）蔡有鵾編　（清）蔡重補編　清同治七年（1868）盱南蔡學蘇三餘書屋刻本　六册

330000－1701－0059470　HJL1326　子部/宗教類/佛教之屬/總録
雲棲法彙二十九種　（明）釋袾宏撰　（明）王宇春等輯　清光緒十八年至二十五年（1892－1899）金陵刻經處刻本　三册　存一種

330000－1701－0059471　HJL0166　經部/四書類/總義之屬/傳說
劉氏家塾四書解二十卷　（清）劉豫師撰　清光緒二年（1876）劉氏家塾刻本　七册　缺二卷（一至二）

330000－1701－0059472　HJL6776　集部/別集類/清別集
清娱閣吟稾六卷　（清）鮑之蕙撰　清嘉慶十六年（1811）張潋寸草園刻本　四册

330000－1701－0059474　HJL1547　類叢部/叢書類/彙編之屬
武英殿聚珍版書五十三種　清同治十三年（1874）江西書局刻本　一册　存一種

330000－1701－0059476　HJL1931　類叢部/叢書類/自著之屬
中隱堂雜著五種　（清）方炳奎撰　清同治五年至六年（1866－1867）中隱堂刻本　一册存一種

330000－1701－0059477　HJL1548　子部/宗教類/佛教之屬
一切經音義二十五卷　（唐）釋玄應撰　**補訂新譯大方廣佛華嚴經音義二卷**　（唐）釋慧苑撰　**華嚴經音義敘錄一卷**　（清）臧庸輯　**刻華嚴經音義校勘記一卷**　（清）曹籀撰　清同治八年（1869）武林張氏寶晉齋刻本　四册

330000－1701－0059478　HJH1328　子部/雜著類/雜考之屬
合肥學舍札記十二卷　（清）陸繼輅撰　清道光十六年（1836）刻本　一册

330000－1701－0059479　HJH6778　類叢部/叢書類/自著之屬
師鄭叢書　孫雄撰　清光緒刻本　一册　存一種

330000－1701－0059480　HJL1933　史部/傳記類/總傳之屬/技藝
國朝書畫家筆錄四卷　竇鎮輯　清宣統三年（1911）木活字印本　八册

330000－1701－0059482　HJH6779　集部/總集類/酬唱之屬
清尊集十六卷　（清）汪遠孫撰輯　清道光十

九年(1839)錢塘汪氏振綺堂刻本　一册　存八卷(一至八)

330000－1701－0059484　HJL1329　子部/醫家類/綜合之屬/通論

研經言四卷　(清)莫文泉撰　清光緒五年(1879)月河莫氏刻本　二册

330000－1701－0059485　HJH1934　子部/儒家類/儒學之屬/蒙學

寄傲山房塾課新增幼學故事瓊林四卷首一卷　(清)程登吉撰　(清)鄒聖脈增補　清光緒十九年(1893)文瑞樓刻本　四册

330000－1701－0059486　HJL1330　類叢部/叢書類/自著之屬

沈蓮溪全集六種　(清)沈濂撰　清道光至咸豐秀水沈氏始言堂刻本　六册　存一種

330000－1701－0059487　HJL0167　類叢部/叢書類/自著之屬

千一齋全書　程先甲撰　清光緒至民國江寧程氏千一齋刻本　八册　存一種

330000－1701－0059488　HJH1935　經部/群經總義類/傳説之屬

十三經札記　(清)朱亦棟撰　清光緒四年(1878)武林竹簡齋刻本　六册

330000－1701－0059489　HJL1331　子部/叢編

子書百家　(清)崇文書局編　清光緒元年(1875)湖北崇文書局刻本　三册　存三種

330000－1701－0059490　HJH6781　子部/儒家類/儒學之屬/經濟

皇朝經世文續編一百二十卷　(清)葛士濬輯　清光緒十七年(1891)上海廣百宋齋鉛印本　十一册　存五十七卷(一至十四、四十三至七十一、一百七至一百二十)

330000－1701－0059491　HJL1978　類叢部/叢書類/郡邑之屬

三怡堂叢書二十種　張鳳臺編　清光緒三十二年至民國十二年(1906－1923)河南官書局刻本　二册　存一種

330000－1701－0059492　HJL1332　子部/雜著類/雜説之屬

浪跡叢談八卷　(清)梁章鉅撰　清末鉛印本　劉承幹題簽、批並跋　二册

330000－1701－0059493　HJL0168　類叢部/叢書類/自著之屬

經韻樓叢書九種　(清)段玉裁撰　清乾隆至道光金壇段氏刻本　二册　存一種

330000－1701－0059494　HJH6782　子部/儒家類/儒學之屬/經濟

皇朝經世文三編八十卷　(清)陳忠倚輯　清光緒二十四年(1898)上海寶文書局石印本　十六册

330000－1701－0059495　HJL1333　子部/工藝類/日用器物之屬/陶瓷

景德鎮陶録十卷　(清)藍浦撰　(清)鄭廷桂補輯　清光緒十七年(1891)京都書業堂刻本　四册

330000－1701－0059497　HJH6783　經部/群經總義類/授受源流之屬

傳經表一卷附通經表一卷　(清)畢沅撰　清光緒九年(1883)蛟川松筠書屋刻本　一册　缺一卷(通經表)

330000－1701－0059498　HJL1334　子部/天文曆算類/算書之屬

務民義齋算學七種十一卷　(清)徐有壬撰　清同治十二年(1873)刻本　二册　存二種

330000－1701－0059499　HJL6784　集部/別集類/清別集

金粟山房詩鈔十卷　(清)朱寯瀛撰　清光緒二十七年(1901)刻本　二册

330000－1701－0059500　HJL1550　子部/小説家類/雜事之屬

蕉軒摭録十二卷　(清)俞夢蕉撰　清咸豐二年(1852)雙桂樓刻本　六册

330000－1701－0059501　HJL6787　集部/別集類

向湖邨舍詩初集十二卷　趙藩撰　清光緒十

四年(1888)長沙刻本　六冊

330000-1701-0059502　HJL1335　子部/雜著類/雜考之屬
十駕齋養新錄二十卷餘錄三卷　(清)錢大昕撰　**錢辛楣先生年譜一卷**　(清)錢大昕編　(清)錢慶曾校注　**竹汀居士[大昕]年譜續編一卷**　(清)錢慶曾撰　清光緒二年(1876)浙江書局刻本　劉承幹題簽　八冊

330000-1701-0059503　HJL0169　類叢部/叢書類/彙編之屬
別下齋叢書初集二十三種　(清)蔣光煦編　清道光海昌蔣氏別下齋刻本　二冊　存一種

330000-1701-0059504　HJL1937　子部/雜著類/雜說之屬
潛書四卷　(清)唐甄撰　**西蜀唐圃亭先生[甄]行畧一卷**　(清)王聞遠撰　清光緒九年(1883)中江李氏刻本　四冊

330000-1701-0059506　HJL6785　集部/別集類/清別集
雪虛聲堂詩鈔三卷　(清)楊深秀撰　清光緒七年(1881)刻本　一冊

330000-1701-0059507　HJL1938　子部/兵家類/武術技巧之屬
射書四卷首一卷　(明)顧煜撰　清光緒十四年(1888)貽經書屋刻本　四冊

330000-1701-0059510　HJL1336　史部/傳記類/總傳之屬/技藝
國朝畫徵錄三卷續錄二卷　(清)張庚撰　**明人附錄一卷**　清光緒十三年(1887)校經山房刻本　二冊

330000-1701-0059511　HJL1341　子部/宗教類/道教之屬/戒律
陰隲文圖證不分卷　(清)費丹旭繪圖　(清)許光清集證　清同治九年(1870)香山鄭應鈞待鶴齋刻本　四冊

330000-1701-0059515　HJL1939　子部/藝術類/遊藝之屬/棋弈
官子譜不分卷　清刻本　一冊

330000-1701-0059516　HJL0172　經部/春秋總義類
郝氏春秋二種　(清)郝懿行撰　清道光七年(1827)海陽趙銘彝刻本　四冊

330000-1701-0059517　HJH1339　子部/叢編
二十二子(二十二子彙函)　(清)浙江書局編　清光緒元年至三年(1875-1877)浙江書局刻本　二冊　存一種

330000-1701-0059518　HJL1552　新學/工藝/雜藝
泰西藝學通攷十六卷　(清)何良棟輯　清光緒二十七年(1901)鴻寶齋書局石印本　二十三冊

330000-1701-0059519　HJH1940　子部/叢編
十子全書　(清)王子興編　清嘉慶九年(1804)姑蘇王氏聚文堂刻本　二冊　存一種

330000-1701-0059521　HJL0173　經部/群經總義類/傳說之屬
通德遺書所見錄七十二卷　(漢)鄭玄撰　(清)孔廣林輯　清光緒十六年(1890)山東書局刻本　四冊

330000-1701-0059522　HJH1984、HJH1985　類叢部/叢書類/自著之屬
周孟侯先生全書五種附錄一卷　(明)周拱辰撰　清道光二十七年(1847)刻光緒元年(1875)補刻本　五冊　存二種

330000-1701-0059523　HJL1941　子部/術數類/相宅相墓之屬
堪輿一覽二卷　(清)孫稚玉撰　清道光三年(1823)南潯瑞松堂蔣氏刻本　二冊

330000-1701-0059524　HJH0174　類叢部/叢書類/自著之屬
四錄堂類集九種　(清)嚴可均撰　清嘉慶至道光刻本　二冊　存一種

330000-1701-0059525　HJL1942　子部/醫家類/針灸之屬/針法灸法

鍼灸擇日編集一卷 （明）金循義 （明）金義孫輯 清光緒十六年（1890）上杭羅氏十瓣同心蘭室刻本 一冊

330000－1701－0059526 HJH1986 集部/總集類/尺牘之屬
名賢手札八種 （清）郭慶藩輯 清光緒十年（1884）湘陰郭氏岵瞻堂刻本 三冊 存七種

330000－1701－0059527 HJL1553 類叢部/叢書類/彙編之屬
玉海堂景宋元本叢書 劉世珩編 清光緒至民國貴池劉氏玉海堂影刻本 十二冊 存一種

330000－1701－0059528 HJL1725 子部/藝術類/篆刻之屬/印譜
對山印稿不分卷 （清）楊爕篆 （清）楊令旭 （清）楊令暐注 （清）楊森編輯 清道光鈐印本 八冊

330000－1701－0059529 HJL1555 子部/藝術類/書畫之屬/畫録
虛齋名畫錄十六卷續錄四卷補遺一卷 龐元濟輯 清宣統元年（1909）、民國十四年（1925）烏程龐氏申江刻本 二十冊 缺一卷（續錄三）

330000－1701－0059530 HJH0176 類叢部/叢書類/彙編之屬
受經堂叢書 張選青輯 清嘉慶漢州張氏刻本 一冊 存一種

330000－1701－0059531 HJL1726 類叢部/類書類/通類之屬
新雅堂奇耦典彙三十六卷首一卷 （清）梅自馨撰 清同治十二年（1873）敦厚堂刻本 十八冊

330000－1701－0059532 HJL6788 集部/別集類/清別集
澡雪堂文鈔十卷詩鈔一卷聯語一卷籌海蠡言一卷綿江別話一卷 （清）鐘體志撰 （清）趙輝編 清光緒二十年（1894）灌城刻本 六冊

330000－1701－0059533 HJL6789 集部/別集類
養源山房詩鈔七卷附錄一卷 徐士霖撰 清光緒三十四年（1908）武林刻本 二冊

330000－1701－0059535 HJL1727 子部/天文曆算類/天文之屬
圜天圖說三卷續編二卷首一卷 （清）李明徹撰 清嘉慶二十四年（1819）松梅軒刻道光元年（1821）增刻本 五冊

330000－1701－0059537 HJH6790 子部/儒家類/儒學之屬/經濟
皇朝經世文編一百二十卷姓名總目二卷 （清）賀長齡輯 清光緒二十四年（1898）上海宏文閣鉛印本 二十四冊

330000－1701－0059538 HJL1800 子部/雜著類/雜說之屬
墨商三卷補遺一卷 王景羲撰 清宣統二年（1910）刻本 二冊

330000－1701－0059540 HJH6791 子部/雜著類/雜考之屬
十駕齋養新録二十卷餘録三卷 （清）錢大昕撰 **錢辛楣先生年譜一卷** （清）錢大昕編 （清）錢慶曾校注 **竹汀居士[大昕]年譜續編一卷** （清）錢慶曾撰 清光緒二年（1876）浙江書局刻本 八冊

330000－1701－0059542 HJL1557 子部/宗教類/佛教之屬
重刻佛祖道影四卷 （清）釋守一編 清光緒六年（1880）刻本 四冊

330000－1701－0059543 HJH1802 子部/宗教類/佛教之屬
大方廣佛華嚴經音義四卷 （唐）釋慧苑撰 清抄本 一冊

330000－1701－0059544 HJH0179 經部/四書類/總義之屬/傳說
四子書説約四卷 （清）周幹撰 清抄本 一冊

330000－1701－0059545 HJL6792 集部/別集類/清別集

聽園詩鈔十六卷 （清）王楷撰 清光緒五年（1879）長沙刻本 六册

330000－1701－0059546 HJL0180 類叢部/叢書類/自著之屬
求是堂全集六種 （清）胡承珙撰 清道光歙縣胡氏刻本 二十二册 存一種

330000－1701－0059547 HJL1539 子部/雜著類/雜纂之屬
勸戒近錄初二三編合鈔十六卷四編摘鈔一卷 （清）梁恭辰撰 清光緒六年（1880）許閒山館刻本 四册

330000－1701－0059548 HJH1342 子部/藝術類/書畫之屬/畫録
虚齋名畫錄十六卷續錄四卷補遺一卷 龐元濟輯 清宣統元年（1909）、民國十四年（1925）烏程龐氏申江刻本 二十册

330000－1701－0059549 HJL1987 子部/藝術類/書畫之屬
紅豆樹館書畫記八卷 （清）陶樑輯 清光緒八年（1882）吳趨潘霨韡園刻本 六册

330000－1701－0059550 HJL6793 類叢部/叢書類/自著之屬
景袁齋叢書九種 （清）何其傑撰 清光緒刻本 八册 存八種

330000－1701－0059551 HJL1988 子部/雜著類/雜考之屬
野記四卷 （明）祝允明撰 清同治十三年（1874）元和祝氏刻本 二册

330000－1701－0059552 HJL1540 子部/儒家類/儒學之屬
同善錄十卷首一卷末一卷前一卷後一卷 （清）李承福輯 清同治元年（1862）刻本 十册

330000－1701－0059553 HJH1343 類叢部/叢書類/彙編之屬
後知不足齋叢書四十七種 （清）鮑廷爵編 清同治至光緒常熟鮑氏刻本 六册 存一種

330000－1701－0059555 HJL1990 子部/天文曆算類/算書之屬
觀我生室匯稿十種 （清）羅士琳撰 清道光刻本 十册 存一種

330000－1701－0059556 HJH0181 經部/四書類/總義之屬/傳說
四書考二十八卷考異一卷 （明）陳仁錫撰 明崇禎七年（1634）陳仁錫刻本（卷八至十配清抄本） 十四册

330000－1701－0059557 HJH1344 類叢部/類書類/專類之屬
子史精華一百六十卷 （清）吳士玉 （清）吳襄等輯 清刻本 三十八册 缺七卷（一至三、三十三至三十六）

330000－1701－0059558 HJL6795 集部/別集類/清別集
扶荔生覆瓿集十卷 （清）王濟撰 清同治十二年（1873）巴陵方氏碧琳琅館刻本 五册

330000－1701－0059559 HJL1347 子部/醫家類/方書之屬/單方驗方
經方例釋三卷附錄一卷 （清）莫文泉撰 清光緒十年（1884）月河莫氏刻本 三册

330000－1701－0059560 HJL1605 子部/雜著類/雜纂之屬
媿林漫錄二卷 （明）瞿式耜輯 清光緒十六年（1890）江蘇書局刻本 二册

330000－1701－0059561 HJL6796 集部/別集類/清別集
遠寄齋詩存一卷 （清）黄教鎔撰 **藝華詩草一卷** （清）吳淑卿等撰 **望雲集一卷** （清）吳淑卿撰 清宣統三年（1911）刻本 一册

330000－1701－0059562 HJL1606 子部/雜著類/雜說之屬
鷗陂漁話六卷吹網錄六卷 （清）葉廷琯撰 清同治八年至九年（1869－1870）刻本 劉承幹題簽並記 二册 存六卷（鷗陂漁話一至六）

330000－1701－0059563 HJL1345 子部/雜

著類/雜說之屬
晴山學論三十二卷　(清)左光然撰　清道光二十七年(1847)湖南刻本　四冊

330000－1701－0059564　HJL1607　子部/叢編
十子全書　(清)王子興編　清嘉慶九年(1804)姑蘇王氏聚文堂刻本　三冊　存一種

330000－1701－0059565　HJL1803　子部/雜著類/雜說之屬
墨子閒詁十五卷目錄一卷附錄一卷後語二卷　(清)孫詒讓撰　清光緒三十三年(1907)瑞安孫氏刻本　八冊

330000－1701－0059566　HJL1346　子部/雜著類/雜說之屬
求己錄三卷　陶葆廉編　清光緒二十五年(1899)石印本　三冊

330000－1701－0059567　HJH1608　類叢部/叢書類/自著之屬
敝帚齋遺書四種四十四卷　(清)徐鼒撰　清咸豐十一年(1861)刻本　四冊　存一種

330000－1701－0059568　HJL6797　類叢部/叢書類/自著之屬
枉川全集六種三十卷　(清)楊琪光撰　清光緒十年至十一年(1884－1885)武陵楊氏刻本　二十冊

330000－1701－0059569　HJL1609　子部/醫家類/綜合之屬/通論
慎齋遺書十卷　(明)周之幹撰　清道光二十九年(1849)目耕堂刻本　十冊

330000－1701－0059570　HJL1804　子部/雜著類/雜說之屬
淮南雜識四卷　(清)聞益編　清同治七年(1868)刻本　二冊

330000－1701－0059571　HJL1348　類叢部/叢書類/自著之屬
釀齋訓蒙雜編五種　(清)鮑東里撰　清光緒二十八年(1902)雲南官書局刻本　二冊

330000－1701－0059572　HJL1610　子部/雜著類/雜考之屬
日知錄之餘四卷　(清)顧炎武撰　清宣統二年(1910)元和鄒福保吳中刻本　二冊

330000－1701－0059573　HJH1805　子部/天文曆算類/算書之屬
新編筭學啓蒙三卷總括一卷　(元)朱世傑撰　**望海島術一卷**　**筭學啓蒙識誤一卷後記一卷**　(清)羅士琳撰　清光緒八年(1882)吳氏醉六堂刻本　二冊　缺一卷(望海島術)

330000－1701－0059574　HJL1612　史部/政書類/律令之屬/法驗
重刊補註洗冤錄集證六卷　(清)王又槐輯　(清)李觀瀾補輯　(清)阮其新補註　(清)張錫蕃重訂　(清)文晟續輯　清光緒三年至五年(1877－1879)浙江書局刻四色套印本　五冊

330000－1701－0059576　HJL1806　類叢部/叢書類/彙編之屬
趙氏藏書十六種　(清)趙承恩編　清同治至光緒金谿趙氏紅杏山房補刻重印本　八冊　存一種

330000－1701－0059577　HJL1613　經部/群經總義類/傳說之屬
匏瓜錄十卷　(清)芮長恤撰　清光緒十年(1884)毘陵懷永堂惲氏刻本　六冊

330000－1701－0059578　HJL1350　史部/目録類/總録之屬/私撰
金山錢氏家刻書目十卷　(清)錢培蓀編　清光緒四年(1878)金山錢氏刻本　十冊

330000－1701－0059579　HJL1807　子部/儒家類/儒學之屬/勸學
勸學篇二卷　(清)張之洞撰　清光緒二十四年(1898)江蘇書局刻本　二冊

330000－1701－0059580　HJL0182　經部/書類/傳說之屬
尚書後案三十卷附後辨一卷　(清)王鳴盛撰　清乾隆四十五年(1780)禮堂刻本　清鍾文

烝批校並記　六册

330000－1701－0059581　HJL1810　子部/天文曆算類
天文算學纂要二十卷附萬年書二卷推測易知四卷　(清)陳松撰　清光緒十三年(1887)永新樹德堂刻本　四册　存四卷(推測易知一至四)

330000－1701－0059582　HJL1351　史部/地理類/山川之屬/合志
山水二經合刻　清乾隆天都黃氏槐蔭草堂刻本　一册　存一種

330000－1701－0059584　HJL1352　類叢部/叢書類/彙編之屬
平津館叢書六集三十五種　(清)孫星衍編　清嘉慶蘭陵孫氏刻本　十二册

330000－1701－0059585　HJH0183　經部/群經總義類/傳說之屬
十三經札記二十二卷附十六卷　(清)朱亦棟撰　清光緒四年(1878)武林竹簡齋刻本　六册　存十一種

330000－1701－0059586　HJL1812　子部/醫家類/内科之屬/其他内科病證
甌蠱燃犀錄一卷　(清)燃犀道人撰　清光緒十九年(1893)寶鏡山房刻本　一册

330000－1701－0059587　HJL0184　子部/藝術類/篆刻之屬
篆學瑣著二十三種　(清)顧湘輯　清道光二十年(1840)海虞顧氏刻本　六册

330000－1701－0059588　HJL1353　類叢部/叢書類/自著之屬
榕村全書三十二種附十種　(清)李光地撰　清道光九年(1829)安溪李維迪刻本　六册　存一種

330000－1701－0059590　HJH6798　子部/小說家類/雜事之屬
明齋小識十二卷　(清)諸聯撰　清刻本　一册　存二卷(十一至十二)

330000－1701－0059591　HJH1814　集部/總集類/選集之屬/通代
續古文辭類纂三十四卷　王先謙輯　清光緒八年(1882)長沙王氏虚受堂刻本　八册

330000－1701－0059592　HJL1354　子部/儒家類/儒家之屬
荀子二十卷首一卷　(唐)楊倞注　王先謙集解　清光緒十七年(1891)長沙王氏思賢講舍刻本　八册

330000－1701－0059593　HJL6799　集部/别集類/清别集
中隱堂雜著五種　(清)方炳奎撰　清同治五年至六年(1866－1867)中隱堂刻本　五册　存四種

330000－1701－0059595　HJL1818　類叢部/叢書類/彙編之屬
玉海堂景宋元本叢書　劉世珩編　清光緒至民國貴池劉氏玉海堂影刻本　二册　存一種

330000－1701－0059596　HJH1614　類叢部/叢書類/彙編之屬
平津館叢書六集三十五種　(清)孫星衍編　清嘉慶蘭陵孫氏刻本　四册　存一種

330000－1701－0059597　HJL6800　集部/總集類/尺牘之屬
賴古堂全集三種　(清)周亮工輯　清宣統三年(1911)上海國學扶輪社石印本　十册　存二種

330000－1701－0059598　HJL1615　子部/儒家類/儒學之屬
癡說八卷　(清)紀蔭田撰　清道光元年(1821)懷清堂刻本　八册

330000－1701－0059600　HJL1821　子部/儒家類/儒學之屬/禮教
學述三卷首一卷　(清)朱滋澤撰　清光緒十六年(1890)刻本　一册

330000－1701－0059602　HJL1541　子部/宗教類/道教之屬
道書八種　清空青洞天刻本　二十八册

330000－1701－0059604　G000362、G004048　子部/醫家類/綜合之屬/通論

編註醫學入門七卷首一卷　(明)李梴撰　清末上海埽葉山房石印本　三冊　存三卷(一至三)

330000－1701－0059605　GP07084　集部/別集類/清別集

陶山文錄十卷　(清)唐仲冕撰　清道光二年(1822)刻本　六冊

330000－1701－0059607　HJL0186　經部/叢編

陸堂經學叢書四十三卷　(清)陸奎勳撰　清康熙五十三年至五十四年(1714－1715)陸氏小瀛山閣刻本　六冊　存十三卷(春秋義存錄首、一至十二)

330000－1701－0059608　G000402　集部/別集類/清別集

養晦堂遺集不分卷　(清)劉蓉撰　清抄本　一冊

330000－1701－0059609　普 925.10997/4010/4/c3　史部/傳記類/總傳之屬/斷代

國朝先正事略六十卷　(清)李元度撰　清同治五年至八年(1866－1869)循陔草堂刻本　二十四冊

330000－1701－0059611　G000363、G009859　子部/醫家類/傷寒金匱之屬/傷寒論

醫效秘傳三卷　(清)葉桂撰　清刻本　四冊

330000－1701－0059612　HJL1994　子部/雜著類/雜考之屬

癸巳存稿十五卷　(清)俞正燮撰　清光緒十年(1884)李宗媚武林刻本　八冊

330000－1701－0059613　G000364、G001597　史部/地理類/專志之屬/寺觀

吳山城隍廟志八卷首一卷　(清)朱文藻等輯　清光緒四年(1878)錢塘丁氏刻本　三冊　存七卷(首、一至六)

330000－1701－0059615　普 925.10997/4010/4/c4　史部/傳記類/總傳之屬/斷代

國朝先正事略六十卷　(清)李元度撰　清同治五年至八年(1866－1869)循陔草堂刻本　二十四冊

330000－1701－0059616　GP07429　子部/小說家類/雜事之屬

柳崖外編八卷　(清)徐昆撰　清乾隆五十八年(1793)晉祁書業堂刻本　四冊

330000－1701－0059617　HJL1995　子部/雜著類/雜考之屬

日知錄集釋三十二卷刊誤二卷續刊誤二卷　(清)黃汝成撰　清同治八年(1869)廣州述古堂刻本　十六冊

330000－1701－0059619　GP07085　集部/別集類/清別集

有懷堂詩藁六卷文藳二十二卷　(清)韓菼撰　清康熙四十二年(1703)韓氏有懷堂刻本　六冊　存二十二卷(文藳一至二十二)

330000－1701－0059622　HJH0188　經部/四書類/總義之屬/傳說

增補四書精繡圖像人物備考十二卷圖一卷　(明)薛應旂撰　(明)陳仁錫增定　清康熙五十八年(1719)刻本　六冊

330000－1701－0059623　普 925.10997/4010/5　史部/傳記類/總傳之屬/斷代

國朝先正事略六十卷　(清)李元度撰　清光緒二十五年(1899)上海圖書集成印書局鉛印本　八冊

330000－1701－0059627　HJL1617　子部/兵家類/操練之屬

湖北武學十八種　(德國)福克斯　(清)何福滿等選　清光緒二十六年(1900)湖北武備學堂刻本　二十四冊

330000－1701－0059630　GP07086　集部/別集類/宋別集

雙峯猥稿九卷首一卷末一卷　(宋)舒邦佐撰　清道光二十九年(1849)舒化民等刻本　四冊

330000－1701－0059634　G000366、G000485、

G000486　史部/政書類/律令之屬

秋審比較彙案二卷　（清）桑春榮等輯　**駁案續編七卷**　（清）全士潮等輯　**駁案新編三十二卷**　（清）全士潮等輯　清光緒五年（1879）上海圖書集成局鉛印本　十一册

330000－1701－0059635　HJH0189　經部/叢編

十一經音訓　（清）楊國楨等編　清光緒三年（1877）湖北崇文書局刻本　二册　存一種

330000－1701－0059637　GP07087　史部/史抄類

韻史二卷　（清）許遯翁撰　**韻史補一卷**　（清）朱玉岑撰　清光緒十三年（1887）上海廣百宋齋鉛印本　一册

330000－1701－0059641　HJL1997　子部/雜著類/雜考之屬

過庭録十六卷　（清）宋鳳翔撰　清光緒七年（1881）會稽章氏刻本　四册

330000－1701－0059642　GP07430　類叢部/叢書類/彙編之屬

申報館叢書正集五十七種附録三種續集一百四十二種　（清）尊聞閣主編　蔡爾康編續集　清同治至光緒上海申報館鉛印本　四册　存一種

330000－1701－0059643　HJL1356　子部/儒家類/儒學之屬/性理

御纂性理精義十二卷　（清）李光地等纂修　清康熙五十六年（1717）内府刻本　五册

330000－1701－0059646　HJL0190　類叢部/叢書類/彙編之屬

自得廬刊書　（清）李輈編　清光緒二十三年（1897）李氏合刻本　四册　存一種

330000－1701－0059647　M000518　類叢部/叢書類/彙編之屬

崇文書局彙刻書三十一種　（清）崇文書局編　清光緒元年至三年（1875－1877）湖北崇文書局刻民國元年（1912）鄂官書處重印本　一册　存一種

330000－1701－0059648　普925.10997/4010/7　史部/傳記類/總傳之屬/斷代

國朝先正事略十二卷首一卷　（清）李元度撰　**國朝先正事略續編四卷**　朱孔彰撰　清光緒二十八年（1902）上海錦章書局石印本　八册

330000－1701－0059650　GP07090　集部/别集類/清别集

癸丑懷人詩一卷　（清）符葆森撰　清光緒十四年（1888）江都符壽棠刻本　一册

330000－1701－0059652　G000367、G002752　集部/别集類/清别集

牧齋全集一百六十五卷　（清）錢謙益撰　（清）錢曾箋注　清宣統二年（1910）邃漢齋鉛印本　四十册

330000－1701－0059655　GP07088　史部/地理類/山川之屬/水志

東河櫂歌一卷　（宋）姚思勤撰　清道光十六年（1836）刻本　一册

330000－1701－0059656　HJL1998　類叢部/叢書類/彙編之屬

崇文書局彙刻書三十一種　（清）崇文書局編　清光緒元年至三年（1875－1877）湖北崇文書局刻本　四册　存一種

330000－1701－0059658　HJL0191　經部/樂類/律吕之屬

庚癸原音四種附一種　（清）繆闐撰　清同治五年（1866）蕪湖繆氏刻本　二册

330000－1701－0059660　GP07091　史部/傳記類/别傳之屬/事狀

許教授家傳一卷　（清）譚獻撰　**誥授奉政大夫五品銜嚴州府教授顯考壬伯府君［許仁沐］行狀一卷**　（清）許受恒等撰　清光緒刻本　一册

330000－1701－0059661　GP07089　集部/總集類/彙編之屬

陳太僕批選八家文抄九卷　（清）陳兆崙編　清光緒二十六年（1900）天津文美齋石印本

六冊

330000－1701－0059663　普925.10997/4020　史部/傳記類/總傳之屬

鶴徵錄八卷首一卷　（清）李集輯　（清）李富孫　（清）李遇孫續輯　**鶴徵後錄十二卷首一卷**　（清）李富孫輯　清嘉慶漾葭老屋刻同治十一年（1872）補刻本　六冊

330000－1701－0059664　HJL1999　子部/醫家類/綜合之屬

景岳全書發揮四卷　（清）葉桂撰　清光緒五年（1879）吳氏醉六堂刻本　清韻鏘跋　四冊

330000－1701－0059666　HJL1616　子部/兵家類/兵法之屬

兵學新法十三篇不分卷　沈桐生撰　清光緒二十七年（1901）會稽沈氏家塾刻本　一冊

330000－1701－0059671　GP07431　子部/小說家類/雜事之屬

息影偶錄八卷　（清）張埏輯　清咸豐元年（1851）刻本　八冊

330000－1701－0059672　HJL1618　新學/兵制/陸軍

德國陸軍紀略四卷　（清）許景澄撰　清光緒三十一年（1905）刻朱印本　劉承幹題記　二冊

330000－1701－0059673　HJL0192　類叢部/叢書類/自著之屬

煙嶼樓集四種　（清）徐時棟撰　清同治至光緒刻彙印本　二冊　存一種

330000－1701－0059675　G000403　史部/政書類/公牘檔冊之屬

勸民彙集一卷　（清）周礦撰　清道光四年（1824）刻本　一冊

330000－1701－0059676　HJL6801　類叢部/叢書類/自著之屬

梨洲遺著彙刊二十七種首一卷　（清）黃宗羲撰　薛鳳昌編次　清宣統二年（1910）上海時中書局鉛印本　十冊　存二十四種

330000－1701－0059677　HJL2000　子部/醫家類/方書之屬/單方驗方

類證普濟本事方十卷　（宋）許叔微撰　（清）葉桂釋義　清嘉慶十九年（1814）葉鍾刻本　十冊

330000－1701－0059679　G000368　類叢部/類書類/專類之屬

佩文韻府一百六卷　（清）張玉書　（清）蔡升元等輯　**韻府拾遺一百六卷**　（清）汪灝　（清）何焯等輯　清光緒十八年（1892）上海同文書局石印本　二十冊　存五十一卷（佩文韻府四、二十二至二十四、二十六至三十四、三十八至四十、四十五至五十、五十五至六十三、六十五至六十六、七十至七十四、八十四至九十二、九十七至一百）

330000－1701－0059681　普925.10997/4024　史部/傳記類/總傳之屬/斷代

皇朝尚友錄八卷　（清）李佩芳　（清）孫鼎輯　清光緒二十八年（1902）上海書局石印本　六冊

330000－1701－0059686　HJL0193　經部/易類

周易函書四種　（清）胡煦撰　清乾隆至嘉慶胡季堂刻本　六冊　存一種

330000－1701－0059689　G000369、G003428　集部/總集類/選集之屬/通代

御定歷代賦彙一百四十卷目錄二卷外集二十卷逸句二卷補遺二十二卷　（清）陳元龍輯　清光緒十二年（1886）雙梧書屋石印本　十五冊　存一百七十六卷（一至一百四十、目錄一至二、外集十一至二十、逸句一至二、補遺一至二十二）

330000－1701－0059690　HJL1620　子部/雜著類/雜說之屬

交翠軒筆記四卷　（清）沈濤撰　清道光二十八年（1848）刻本　四冊

330000－1701－0059694　GP07107　史部/傳記類/別傳之屬

王靖毅公列傳一卷　（清）薛斯來撰　清末刻

本　一册

330000－1701－0059695　G000370　子部/醫家類/方書之屬/單方驗方
驗方新編十八卷附眼科秘方一卷　清光緒三十一年(1905)鉛印本　一册

330000－1701－0059698　普 814.6/7546/c1　類叢部/叢書類/彙編之屬
正誼堂全書六十三種續刻五種　(清)張伯行編　(清)楊浚重編　清同治五年(1866)福州正誼書院刻同治八年至光緒十三年(1869－1887)續刻本　一册　存一種

330000－1701－0059699　G000404　子部/道家類
金丹四百字解一卷　(清)劉一明撰　清嘉慶李雲峯刻本　一册

330000－1701－0059700　GP07108　經部/詩類/傳說之屬
詩經世本古義二十八卷首一卷後一卷　(清)何楷撰　清嘉慶二十四年(1819)溪邑謝氏文林堂刻本　十四册

330000－1701－0059702　HJL1621　子部/術數類/相宅相墓之屬
葬書五種　清咸豐四年(1854)刻本　三册　存四種

330000－1701－0059703　普 814.6/7546/c2　類叢部/叢書類/彙編之屬
正誼堂全書六十三種續刻五種　(清)張伯行編　(清)楊浚重編　清同治五年(1866)福州正誼書院刻同治八年至光緒十三年(1869－1887)續刻本　一册　存一種

330000－1701－0059705　HJL6802　集部/總集類/彙編之屬
滑稽詩文集第一集四卷　汪錫純編纂　清宣統二年(1910)石印本　四册

330000－1701－0059708　GP07419　集部/別集類/元別集
鐵厓樂府註十卷咏史註八卷逸編註八卷　(元)楊維楨撰　(清)樓卜瀍註　清乾隆三十九年(1774)聯桂堂刻本　六册

330000－1701－0059709　G000405　史部/地理類/專志之屬/寺觀
金鼓洞志八卷首一卷　(清)朱文藻撰　清嘉慶十二年(1807)張復純刻本　三册　存六卷(三至八)

330000－1701－0059710　HJL1895　類叢部/叢書類/郡邑之屬
江陰叢書三十二種　金武祥編　清光緒至宣統江陰金氏粟香室嶺南刻本　四册　存一種

330000－1701－0059712　G000406　史部/地理類/專志之屬/書院
信江書院志十卷首一卷末一卷附編一卷　(清)鍾世楨輯　清同治六年(1867)刻光緒二十七年(1901)增刻本　鄢克昌跋　二册　存六卷(首、一至五)

330000－1701－0059714　HJL1622　類叢部/叢書類/自著之屬
味根山房全集五種　(清)史善長撰　清光緒番禺史氏刻本　二册　存一種

330000－1701－0059715　HJL0195　經部/小學類/文字之屬/說文
說文解字校錄十五卷說文刊誤一卷說文玉篇校錄一卷　(清)鈕樹玉撰　清光緒十一年(1885)江蘇書局刻本　清莫祁跋　十四册

330000－1701－0059716　HJL1896　子部/雜著類/雜纂之屬
宣講拾遺六卷首一卷　(清)莊跛仙輯　清光緒二十三年(1897)石印本　三册

330000－1701－0059717　HJL1369　類叢部/叢書類/彙編之屬
述記三十四種　(清)任兆麟編　清乾隆五十三年(1788)震澤任氏忠敏家塾刻映雪草堂印本　八册　存二十九種

330000－1701－0059718　HJL1623　集部/詩文評類/詩評之屬
海天琴思續錄八卷　(清)林昌彝撰　清同治八年(1869)廣州刻本　四册

330000－1701－0059720　HJL1898　子部/宗教類/道教之屬/戒律
陰隲果報圖注不分卷　(明)顔正注　(清)黄正元集證　(清)吳友如繪　清光緒鴻寶齋石印本　一册

330000－1701－0059722　GP07420　史部/地理類/遊記之屬/紀勝
南谿北遊記一卷詩一卷　(清)鄭性撰　清刻本　一册

330000－1701－0059723　普814.6/7550　集部/總集類/彙編之屬
文瑞樓彙刻書三種　(清)金檀編　清康熙至雍正桐鄉金檀文瑞樓燕翼堂刻乾隆二十四年(1759)汪垕重修本　四册　存一種

330000－1701－0059725　GP07421　子部/宗教類/佛教之屬/論疏
因明入正理論後記六卷　(清)吳樹虚撰　清道光十三年(1833)宜園刻本　清峙士、清姚燮題記　二册

330000－1701－0059726　G000407　史部/地理類/遊記之屬/紀行
黄山歷途紀畧一卷附遊具並詩草　(清)胡文銓撰　清道光十六年(1836)刻本　一册

330000－1701－0059727　GP07109　史部/地理類/輿圖之屬/郡縣
江西全省輿圖十四卷首一卷　(清)劉坤一等撰　清同治七年(1868)刻朱墨套印本　十五册

330000－1701－0059728　HJL1624　子部/小説家類/雜事之屬
吳門畫舫錄二卷　(清)西溪山人撰　清嘉慶紅樹山房刻本　四册

330000－1701－0059729　HJL0197　經部/易類/傳説之屬
周易象義集成三卷　(清)陳洪冠纂輯　清咸豐八年(1858)湖南羣玉書屋刻本　八册

330000－1701－0059730　普814.6/75501　集部/别集類/明别集
陳巖野先生全集四卷　(明)陳邦彦撰　(清)溫汝能輯　清嘉慶十年(1805)聽松閣刻本　四册

330000－1701－0059731　普814.6/8047.2　集部/别集類/明别集
金正希先生文集輯略九卷　(明)金聲撰　明末新安鄗鵬程刻本　四册

330000－1701－0059732　G000408、G001599　史部/地理類/專志之屬/書院
瀛山書院志十卷首一卷　(清)方瑞等輯　清宣統二年(1910)木活字印本　三册　存六卷(首、一、七至十)

330000－1701－0059734　HJL1625　子部/雜著類/雜説之屬
避暑錄話二卷　(宋)葉夢得撰　清道光二十五年(1845)葉鍾刻本　二册

330000－1701－0059736　GP07110　子部/醫家類/綜合之屬/通論
古今名醫彙粹八卷　(清)羅美輯　清嘉慶六年(1801)五柳居刻本　八册

330000－1701－0059737　HJL1370　子部/儒家類/儒學之屬/蒙學
蒙養必讀三卷　(清)吳鏡沆輯　清光緒十五年(1889)光州吳氏京師刻本　一册

330000－1701－0059738　普925.10997/4041/c3　史部/傳記類/總傳之屬/斷代
國朝耆獻類徵初編七百二十卷賢媛類徵初編十二卷　(清)李桓輯　清光緒十年至十六年(1884－1890)湘陰李氏刻十七年(1891)增刻本(卷六十一至六十二、一百四十五至一百四十九、一百五十二至一百五十三、一百五十五、一百六十二至一百六十四原缺)　三百册

330000－1701－0059739　HJL1897　類叢部/叢書類/郡邑之屬
江陰叢書三十二種　金武祥編　清光緒至宣統江陰金氏粟香室嶺南刻本　一册　存一種

330000－1701－0059744　HJL1626　子部/雜著類/雜説之屬

亦園脞牘八卷 （清）龔顯曾撰 清光緒四年（1878）誦芬堂木活字印本 四册

330000－1701－0059746 普 814.6/8048.2 集部/别集類/明别集

正氣堂集十六卷近稿一卷鎮閩議稿一卷洗海近事二卷餘集四卷續集七卷 （明）俞大猷撰 清道光二十一年至二十四年（1841－1844）孫氏味古書室刻本 九册 存十八卷（正氣堂集一至十六、近稿、鎮閩議稿）

330000－1701－0059747 G000409 史部/地理類/專志之屬/寺觀

吴山城隍廟志八卷首一卷 （清）朱文藻等輯 清光緒四年（1878）錢塘丁氏刻本 一册 存二卷（七至八）

330000－1701－0059748 HJL0200 經部/三禮總義類/通論之屬

禮書通故五十卷 （清）黄以周撰 清光緒十九年（1893）黄氏試館刻本 三十二册

330000－1701－0059749 HJL1371 子部/儒家類/儒學之屬/性理

藥言四卷賸稿四卷冰言十卷補録十卷 （清）李惺撰 清光緒二十七年（1901）劉養晦堂上海刻本 四册

330000－1701－0059751 GP01220 集部/總集類/尺牘之屬

明代名人尺牘（江曲書莊所藏明人尺牘）七種 鄧實輯 清光緒上海國學保存會影印本 一册 存一種

330000－1701－0059752 G000372 新學/報章

新民叢報彙編不分卷 （清）新民叢報社編 清光緒三十二年（1906）文會書社石印本 三册

330000－1701－0059754 HJL1900 子部/雜著類/雜説之屬

止園筆談八卷 （清）史夢蘭撰 清光緒四年（1878）刻止園叢書本 劉承幹題記 四册

330000－1701－0059755 G000410 史部/地理類/專志之屬/寺觀

鼎湖山慶雲寺志八卷首一卷 （清）丁易總修 （清）釋成鷲纂述 清康熙四十九年（1710）刻本 四册

330000－1701－0059757 HJL2004 類叢部/叢書類/自著之屬

舊雨草堂叢書 清光緒刻本 二册 存一種

330000－1701－0059758 HJL1901 子部/雜著類/雜説之屬

履園叢話二十四卷 （清）錢泳撰 清道光刻同治九年（1870）錢曰壽補刻本 八册

330000－1701－0059759 HJL1902 子部/雜著類/雜説之屬

椒生隨筆八卷詩草六卷續草六卷 （清）王之春撰 清光緒七年（1881）上海文藝齋刻本 四册 存八卷（隨筆一至八）

330000－1701－0059760 G000373 子部/藝術類/書畫之屬/畫譜

芥子園畫傳初集六卷二集九卷三集六卷 （清）王槩 （清）王蓍 （清）王臬輯 清光緒十四年（1888）石印本 一册 存四卷（二集一至四）

330000－1701－0059763 HJH1372 子部/藝術類/書畫之屬/總論

愛日吟廬書畫録四卷 （清）葛金烺撰 **愛日吟廬書畫補録一卷續録八卷别録四卷** 葛嗣浵撰 清宣統二年至民國二年（1910－1913）當湖葛氏上海刻本 六册

330000－1701－0059764 普 814.6/7575 集部/别集類/明别集

己吾集十四卷 （明）陳際泰撰 清順治刻本 四册

330000－1701－0059766 GP07422 類叢部/叢書類/自著之屬

清獻堂全編八種 （清）趙佑撰 清乾隆刻本 二册 存一種

330000－1701－0059769 GP07112 新學/史志/諸國史

萬國通史前編十卷 (英國)李思倫白輯譯 蔡爾康紀述 清光緒二十六年(1900)上海廣學會鉛印本 十册

330000－1701－0059770 HJL0065 經部/孝經類
今古文孝經彙刻十六種 (清)王德瑛輯 清道光十四年至十六年(1834－1836)福山王德瑛日省吾齋刻本 一册 存一種

330000－1701－0059771 G000374 史部/詔令奏議類/詔令之屬
諭旨不分卷(清光緒二十四年) 清光緒二十四年(1898)石印本 一册

330000－1701－0059772 普814.6/8328 類叢部/叢書類/彙編之屬
龍潭室叢書 龍潭室主編 清光緒至宣統鉛印本 四册 存一種

330000－1701－0059773 GP07093 類叢部/叢書類/郡邑之屬
武林掌故叢編一百八十七種 (清)丁丙編 清光緒三年至二十六年(1877－1900)錢塘丁氏嘉惠堂刻本 一册 存一種

330000－1701－0059776 HJL1903 類叢部/類書類/通類之屬
廣廣事類賦三十二卷 (清)吳世旃撰 清嘉慶元年(1796)籯經堂刻本 四册

330000－1701－0059778 HJL1373 類叢部/叢書類/自著之屬
崇雅堂集五種 (清)胡敬撰 清道光二十四年(1844)仁和胡氏刻本 一册 存一種

330000－1701－0059780 GP07113 新學/史志/諸國史
萬國通史續編十卷 (英國)李思倫白輯譯 (清)曹曾涵編 清光緒三十年(1904)上海廣學會鉛印本 十册

330000－1701－0059783 G000411 子部/儒家類/儒學之屬/禮教
陸清獻公治嘉格言一卷 (清)陸隴其撰 清同治七年(1868)上海道署刻光緒二十四年(1898)印本 一册

330000－1701－0059784 HJL0069 類叢部/叢書類/自著之屬
春在堂全書三十六種 (清)俞樾撰 清同治至光緒刻光緒末彙印本 四册 存一種

330000－1701－0059785 GP01225 集部/總集類/尺牘之屬
明代名人尺牘(江曲書莊所藏明人尺牘)七種 鄧實輯 清光緒上海國學保存會影印本 一册 存一種

330000－1701－0059786 HJL1904 類叢部/類書類/通類之屬
帝王經世圖譜十六卷附錄一卷 (宋)唐仲友撰 清道光二十八年(1848)錢塘瞿氏清吟閣刻本 四册

330000－1701－0059790 HJL0225 經部/小學類/訓詁之屬/爾雅
爾雅新義二十卷 (宋)陸佃撰 **爾雅新義敘錄一卷** (清)宋大樽輯 清嘉慶十三年(1808)陸芝榮三間草堂刻本 四册

330000－1701－0059791 HJL1374 集部/小說類/短篇之屬
續幽怪錄四卷 (唐)李復言撰 清刻朱印本 一册

330000－1701－0059793 HJL1627 類叢部/類書類/通類之屬
小知錄十二卷 (清)陸鳳藻輯 清同治十二年(1873)淮南書局刻本 四册

330000－1701－0059794 普814.6/8335 集部/別集類/明別集
清溪遺稿一卷清溪公題詞一卷不朽錄一卷 (明)錢啓忠撰 清康熙刻本 五册

330000－1701－0059797 HJL1375 子部/儒家類/儒學之屬/禮教
人範須知六卷 (清)盛隆輯 清同治二年(1863)武昌石竹山房刻本 六册

330000－1701－0059798 HJL0070 經部/儀

禮類/傳說之屬
儀禮釋官九卷首一卷　(清)胡匡衷撰　清同治八年(1869)績谿胡肇智刻本　二冊

330000 - 1701 - 0059799　普 925. 10997/4041/c1　史部/傳記類/總傳之屬/斷代
國朝耆獻類徵初編七百二十卷賢媛類徵初編十二卷　(清)李桓輯　清光緒十年至十六年(1884 - 1890)湘陰李氏刻十七年(1891)增刻本(卷六十一至六十二、一百四十五至一百四十九、一百五十二至一百五十三、一百五十五、一百六十二至一百六十四原缺)　章嶔題簽並記　二百八十一冊　缺三十九卷(二百三十四至二百四十四、四百八十三至四百八十八、四百九十一至四百九十二、六百二十三至六百四十二)

330000 - 1701 - 0059800　GP07423　史部/地理類
襄陽四略　(清)吳慶燾撰　清光緒刻本　一冊　存一種

330000 - 1701 - 0059802　GP01226　集部/總集類/尺牘之屬
明代名人尺牘(江曲書莊所藏明人尺牘)七種　鄧實輯　清光緒上海國學保存會影印本　一冊　存一種

330000 - 1701 - 0059804　HJL1628　經部/群經總義類/傳說之屬
十三經札記二十二卷附十六卷　(清)朱亦棟撰　清光緒四年(1878)武林竹簡齋刻本　六冊　存十六卷(羣書札記一至十六)

330000 - 1701 - 0059806　GP07114　子部/農家農學類/獸醫之屬
新刊纂圖元亨療馬集六卷圖像水黃牛經大全二卷駝經一卷　(明)喻仁　(明)喻傑撰　清乾隆元年(1736)刻本　八冊

330000 - 1701 - 0059809　GP07097　子部/雜著類
寸耕鈔略不分卷　(清)周心耕　(清)吳恆青輯　清嘉慶四年(1799)刻本　一冊

330000 - 1701 - 0059810　HJH0224　經部/小學類/文字之屬/說文
讀說文雜識一卷　(清)許棫撰　清光緒七年(1881)刻本　一冊

330000 - 1701 - 0059811　HJH0071　經部/儀禮類/傳說之屬
儀禮正義四十卷　(清)胡培翬撰　(清)楊大堉補　清咸豐二年(1852)沔陽陸建瀛刻同治七年(1868)沔陽陸光祖補刻本　八冊　存十六卷(一至十六)

330000 - 1701 - 0059812　HJL1376　子部/術數類/占卜之屬
大六壬大全十三卷　(清)郭載騋編　清同治十三年(1874)無錫世經堂刻本　十三冊

330000 - 1701 - 0059815　普 814. 6/8758/c1　類叢部/叢書類/彙編之屬
峭帆樓叢書十八種　趙詒琛編　清宣統三年至民國八年(1911 - 1919)新陽趙氏峭帆樓刻本　一冊　存一種

330000 - 1701 - 0059816　HJL2007　子部/儒家類/儒學之屬/性理
潛室陳先生木鍾集十一卷　(宋)陳埴撰　清同治六年(1867)陳思燏東甌郡齋刻本　四冊

330000 - 1701 - 0059817　G000375　子部/儒家類/儒學之屬/蒙學
六合圖一卷　(清)黃潤九輯　清光緒三十二年(1906)刻本　一冊

330000 - 1701 - 0059820　普 814. 6/8758/c2　類叢部/叢書類/彙編之屬
峭帆樓叢書十八種　趙詒琛編　清宣統三年至民國八年(1911 - 1919)新陽趙氏峭帆樓刻本　一冊　存一種

330000 - 1701 - 0059822　GP07115　史部/政書類/儀制之屬/專志/謚法
皇朝謚法考五卷續編一卷補編一卷　(清)鮑康輯　**皇朝謚法考續補編一卷**　(清)徐士鑾輯　**皇朝謚法考再補編一卷**　(清)王作富輯　清光緒十五年(1889)成都志古堂刻本

一册

330000－1701－0059823　HJH0066　類叢部/叢書類/自著之屬
鐵研齋叢書五種　桑宣撰　清光緒宛平桑氏鐵研齋刻本　二册　存一種

330000－1701－0059825　GP07408　經部/小學類/音韻之屬
詳註聲律發蒙一卷　(明)蘭茂撰　(清)王有道注釋　清光緒十九年(1893)務本堂刻本　一册

330000－1701－0059826　普 814.6/8785　集部/别集類/明别集
鄭少谷先生全集二十四卷首一卷　(明)鄭善夫撰　清道光四年(1824)鄭炳文桑苧古園刻本　十册

330000－1701－0059827　HJL1892　子部/儒家類/儒學之屬/俗訓
先儒正修録三卷齊治録三卷　(清)于準輯　清康熙刻本　四册

330000－1701－0059828　HJL2008　子部/雜著類
天律文案類編六十六卷首一卷末一卷　韋文淵輯　清光緒十六年(1890)刻本　八册

330000－1701－0059829　GP07099　經部/詩類/專著之屬
棣鄂堂詩經圖考一卷人物考一卷　(清)周霦輯　清刻本　一册

330000－1701－0059832　HJL1630　類叢部/類書類/通類之屬
記事珠十卷　(清)張以謙輯　清嘉慶二十一年(1816)雲間王剛知不足軒刻本　十册

330000－1701－0059834　HJL1377　子部/雜著類/雜考之屬
經史管窺六卷　(清)蕭曇撰　清嘉慶二十三年(1818)蕭氏讀五千卷齋刻本　一册

330000－1701－0059835　HJL1893　子部/儒家類/儒學之屬/禮教
弟子箴言十六卷　(清)胡達源撰　清道光十五年(1835)闈妙香軒刻本　四册

330000－1701－0059836　HJL0218　類叢部/叢書類/自著之屬
鐵研齋叢書五種　桑宣撰　清光緒宛平桑氏鐵研齋刻本　一册　存二種

330000－1701－0059838　HJL0067　經部/孝經類/傳説之屬
孝經一卷　(明)黄道周定本　(清)賀長齡輯注　清道光二十三年(1843)刻本　一册

330000－1701－0059839　普 814.6/7726/2/c2　集部/别集類/明别集
周忠介公燼餘集三卷　(明)周順昌撰　**周吏部[順昌]年譜一卷**　(明)殷獻臣編　**忠介遺事一卷**　清光緒二十九年(1903)唐文治刻本　三册

330000－1701－0059840　HJL1631　子部/雜著類/雜考之屬
合肥學舍札記十二卷　(清)陸繼輅撰　清光緒四年(1878)興國州署刻本　四册

330000－1701－0059841　HJL1894　子部/儒家類/儒學之屬/經濟
大學衍義四十三卷　(宋)真德秀撰　清同治十三年(1874)刻本　八册

330000－1701－0059844　HJL1378　子部/雜著類/雜纂之屬
培菴漫録十二卷續編一卷首一卷　(清)張立本撰　清嘉慶二十三年(1818)金匱學署刻本　六册

330000－1701－0059845　HJL1632　史部/傳記類/總傳之屬/通代
百將圖傳二卷　(清)丁日昌編　清同治八年(1869)江蘇書局刻本　二册

330000－1701－0059847　HJH1880　子部/藝術類/篆刻之屬/印譜
玉連環室印存不分卷　(清)徐氏輯　清光緒九年(1883)崇川葛氏學古齋鈐印本　三册

330000－1701－0059848　HJH0068　類叢部/叢書類/彙編之屬

宏達堂叢書　清光緒四年(1878)四川宏達堂刻本　一冊　存一種

330000－1701－0059849　GP07409　經部/小學類/文字之屬/字書/字典

正字略一卷　(清)王筠撰　清道光十二年(1832)楊煦刻本　一冊

330000－1701－0059850　HJL1379　子部/雜著類/雜編之屬

求闕齋讀書錄十卷　(清)曾國藩撰　(清)王定安編　清光緒二年(1876)都門龍文齋刻本　六冊

330000－1701－0059851　普 814.6/7726/2/(2)　集部/别集類/明别集

周忠介公燼餘集三卷　(明)周順昌撰　**周吏部[順昌]年譜一卷**　(明)殷獻臣編　**忠介遺事一卷**　清光緒二十九年(1903)唐文治刻本　二冊

330000－1701－0059852　HJL1634　集部/别集類/清别集

篤素堂集鈔三卷　(清)張英撰　清光緒十七年(1891)江蘇書局刻本　劉承幹題簽並過錄曾文正公與中江李眉生廉訪鴻裔書　一冊

330000－1701－0059853　HJL0219　類叢部/叢書類/彙編之屬

邵武徐氏叢書初刻十四種　(清)徐榦編　清光緒邵武徐氏刻本　一冊　存一種

330000－1701－0059854　HJL1881　類叢部/叢書類/彙編之屬

文選樓叢書三十三種　(清)阮亨編　清嘉慶至道光阮氏刻道光二十二年(1842)阮亨彙印本　四冊　存一種

330000－1701－0059855　HJL0074　經部/儀禮類/傳說之屬

儀禮正義四十卷　(清)胡培翬撰　(清)楊大堉補　清咸豐二年(1852)沔陽陸建瀛刻同治七年(1868)沔陽陸光祖補刻本　二十冊

330000－1701－0059856　普 814.6/7726/2/(3)　集部/别集類/明别集

周忠介公燼餘集三卷　(明)周順昌撰　**周吏部[順昌]年譜一卷**　(明)殷獻臣編　**忠介遺事一卷**　清光緒二十九年(1903)唐文治刻本　一冊　存三卷(周忠介公燼餘集一至三)

330000－1701－0059858　GP07101　類叢部/叢書類/彙編之屬

郋園先生全書一百二十九種　葉啓倬編　清光緒至民國刻民國二十四年(1935)長沙中國古書刻印社彙印本　一冊　存一種

330000－1701－0059859　HJL1882　子部/叢編

二十二子(二十二子彙函)　(清)浙江書局編　清光緒元年至三年(1875－1877)浙江書局刻本　六冊　存一種

330000－1701－0059860　G000376　史部/編年類/通代之屬

資治通鑑二百九十四卷　(宋)司馬光撰　(元)胡三省音注　清末石印本　三冊　存二十七卷(二百六十八至二百九十四)

330000－1701－0059861　G000412　史部/地理類/山川之屬/山志

清涼山志十卷　(明)釋秋厓原纂　(明)釋鎮澄編　(清)釋阿王老藏修正　清乾隆二十年(1755)釋聚用刻光緒十三年(1887)重修本　四冊

330000－1701－0059862　HJL1380　子部/雜著類/雜說之屬

有不爲齋隨筆十卷　(清)光聰諧撰　清光緒十四年(1888)蘇州藩署刻稼墨軒集本　劉承幹題記　二冊

330000－1701－0059865　HJL0220　經部/叢編

篤志齋經解五卷　(清)張應譽撰　清同治十年(1871)南皮張氏刻本　二冊

330000－1701－0059866　HJH0075　經部/小學類/文字之屬/說文

說文建首字讀一卷　（清）苗夔撰　清抄本　一冊

330000－1701－0059867　普 814.6/8790　集部/別集類/明別集

道山集六卷　（明）鄭棠撰　清木活字印本　一冊

330000－1701－0059868　GP07116　史部/地理類/雜志之屬

藤陰雜記十二卷　（清）戴璐撰　清刻本　一冊　存六卷（一至六）

330000－1701－0059869　HJL1633　類叢部/叢書類/自著之屬

庸盦全集十種　（清）薛福成撰　清光緒十年至二十四年（1884－1898）無錫薛氏刻本　四冊　存一種

330000－1701－0059870　G000377　類叢部/叢書類/郡邑之屬

武林掌故叢編一百八十七種　（清）丁丙編　清光緒三年至二十六年（1877－1900）錢塘丁氏嘉惠堂刻本　十二冊　存三種

330000－1701－0059871　HJL0221　經部/小學類/文字之屬/字書/訓蒙

倉頡篇三卷　（清）孫星衍輯　**倉頡篇續本一卷**　（清）任大椿輯　**倉頡篇補本二卷**　（清）陶方琦輯　清光緒十六年（1890）江蘇書局刻本　一冊

330000－1701－0059873　HJL1883　子部/天文曆算類/算書之屬

觀我生室匯稿十種　（清）羅士琳撰　清道光刻本　十冊　存一種

330000－1701－0059875　普 814.6/8823　集部/別集類/明別集

賜誠堂文集十六卷　（明）管紹寧撰　（清）管繩萊　（清）管貽葵重編　清光緒三年（1877）毘陵管式刻本　二冊

330000－1701－0059876　HJL0076　經部/群經總義類/傳說之屬

十三經札記　（清）朱亦棟撰　清光緒四年（1878）武林竹簡齋刻本　六冊

330000－1701－0059878　HJL1635　子部/藝術類/書畫之屬

紅豆樹館書畫記八卷　（清）陶樑輯　清光緒八年（1882）吳趨潘霨韡園刻本　六冊

330000－1701－0059879　GP07102　類叢部/叢書類/郡邑之屬

貴池先哲遺書（唐石簃叢書、唐石簃彙刻貴池先哲遺書）十七種附刻一種續刊一種附一種　劉世珩編　清光緒二十四年至民國九年（1898－1920）貴池劉氏唐石簃刻民國十五年（1926）續刻彙印本　一冊　存一種

330000－1701－0059881　HJL1885　類叢部/叢書類/家集之屬

玉山朱氏遺書二種　（清）諸可寶編　清光緒二十六年（1900）玉山書院刻本　二冊　存一種

330000－1701－0059883　普 814.6/77301　集部/別集類/明別集

陶學士先生文集二十卷　（明）陶安撰　（清）張祐校編　**陶學士先生事蹟一卷**　（明）費宏輯　**明翰林學士當塗陶主敬先生［安］年譜一卷**　（清）夏忻編　清同治六年（1867）永寧官廨刻本　六冊

330000－1701－0059884　普 811.67/7481/c3　集部/別集類/清別集

善卷堂四六十卷　（清）陸繁弨撰　（清）吳自高注　清乾隆三十五年（1770）陳明善亦園刻本　四冊

330000－1701－0059885　HJL1381　子部/雜著類/雜說之屬

鶴林玉露十六卷　（宋）羅大經撰　清乾隆進修書院刻本　十冊

330000－1701－0059887　HJH0222　經部/小學類/文字之屬/說文

說文解字十五卷標目一卷　（漢）許慎撰　（宋）徐鉉等校定　清同治十三年（1874）東吳浦氏刻本　三冊

330000－1701－0059889　HJH0077　經部/小學類/文字之屬/說文/專著

說文辨字正俗八卷　(清)李富孫撰　清嘉慶二十三年(1818)嘉興李富孫校經廎刻本　二冊

330000－1701－0059890　HJL1573　類叢部/類書類/專類之屬

廣博物志五十卷　(明)董斯張輯　清光緒五年(1879)學海堂刻本　二十四冊

330000－1701－0059892　普 814.7/0014/c1　集部/別集類/清別集

寶綸堂文鈔八卷　(清)齊召南撰　清嘉慶二年(1797)刻本　四冊

330000－1701－0059893　GP07118　史部/詔令奏議類

昭陽從政錄一卷　(清)俞麟年撰　清同治十年(1871)刻本　一冊

330000－1701－0059894　HJL1382　子部/雜著類/雜考之屬

庭立記聞四卷　(清)梁玉繩撰　(清)梁學昌輯　清嘉慶十七年(1812)刻清白士集本　清成以巢跋　二冊

330000－1701－0059895　HJL0223　經部/四書類/論語之屬/傳說

論語補註三卷　(清)劉開撰　清同治七年(1868)桐城劉氏刻本　一冊

330000－1701－0059897　G000413　史部/紀傳類/正史之屬

四史　清同治十一年(1872)成都書局刻本　十六冊　存一種

330000－1701－0059898　HJH0078　經部/小學類/文字之屬/字書

臨文便覽二種　(清)張啓泰輯　清同治十三年(1874)松竹齋刻本　一冊　存一種

330000－1701－0059899　HJL1886　類叢部/叢書類/自著之屬

漢孳室箸書　(清)陶方琦撰　清光緒湘南使院刻本　二冊　存一種

330000－1701－0059902　GP07105　子部/宗教類/佛教之屬/諸宗

異方便淨土傳燈歸元鏡三祖實錄二卷　(清)釋智達撰　清光緒二十三年(1897)廣陵藏經禪院刻本　一冊

330000－1701－0059903　HJL1572　子部/儒家類/儒學之屬/禮教

人範須知六卷　(清)盛隆輯　清同治二年(1863)武昌石竹山房刻本　六冊

330000－1701－0059904　普 814.7/0014/c2　集部/別集類/清別集

寶綸堂文鈔八卷　(清)齊召南撰　清刻本　四冊

330000－1701－0059905　HJL0314　經部/小學類/訓詁之屬/爾雅

爾雅三卷　(晉)郭璞注　(唐)陸德明音釋　清乾隆二十九年(1764)曲阜孔繼汾刻本　清孔繼涵校　一冊

330000－1701－0059906　HJL1887　類叢部/叢書類/彙編之屬

石研齋校刻書七種　(清)秦恩復編　清嘉慶至道光秦氏石研齋刻本　一冊　存一種

330000－1701－0059907　HJL1383　類叢部/類書類/專類之屬

子史精華一百六十卷　(清)吳士玉　(清)吳襄等輯　清宣統元年(1909)上海集成圖書公司石印本　八冊

330000－1701－0059908　GP07119　集部/總集類/酬唱之屬

蓑竹齋戊申詩卷三卷　檀璣撰　清宣統元年(1909)京華印書局鉛印本　一冊

330000－1701－0059910　普 814.7/0014/c3　集部/別集類/清別集

寶綸堂文鈔八卷　(清)齊召南撰　清嘉慶二年(1797)刻本　四冊

330000－1701－0059911　HJL1888　子部/儒家類/儒學之屬/禮教

聖諭十六條附律易解一卷　(清)聖祖玄燁撰

（清）夏炘繹　清同治九年（1870）江蘇書局刻本　一冊

330000－1701－0059912　G000415　子部/醫家類/醫經之屬/内經

醫經原旨六卷　（清）薛雪撰　清刻本　三冊　存三卷（四至六）

330000－1701－0059914　HJL1574　類叢部/叢書類/彙編之屬

新陽趙氏叢刊十四種　（清）趙元益編　清光緒十一年至二十八年（1885－1902）新陽趙氏刻本　二冊　存一種

330000－1701－0059916　G000380、G004075、G611226、G608093　史部/地理類/山川之屬/山志

金山志十卷　（清）盧見曾撰　**續金山志二卷**　（清）釋秋崖撰　清光緒二十七年（1901）刻本　四冊　存十卷（一至十）

330000－1701－0059918　普814.7/0014/2/c2　類叢部/叢書類/彙編之屬

金峨山館叢書（望三益齋叢書）十一種　（清）郭傳璞編　清光緒八年至十六年（1882－1890）鄞郭氏刻二十年（1894）鎮海邵氏彙印本　二冊　存一種

330000－1701－0059920　HJL0322　經部/叢編

陸堂經學叢書四十三卷　（清）陸奎勳撰　清康熙五十三年至五十四年（1714－1715）陸氏小瀛山閣刻本　一冊　存三卷（今文尚書説一至三）

330000－1701－0059921　普814.6/7731　集部/别集類/明别集

重編瓊臺會稿二十四卷首一卷　（明）丘濬撰　清光緒五年（1879）瓊山雁峯書院刻本　十二冊

330000－1701－0059922　普814.7/0014/2/c3　類叢部/叢書類/彙編之屬

金峨山館叢書（望三益齋叢書）十一種　（清）郭傳璞編　清光緒八年至十六年（1882－1890）鄞郭氏刻二十年（1894）鎮海邵氏彙印本　二冊　存一種

330000－1701－0059923　HJL1575　史部/政書類/律令之屬/法驗

洗冤録詳義四卷首一卷　（清）許槤輯　**洗冤録摭遺二卷**　（清）葛元煦輯　清光緒四年（1878）楊氏刻本　劉承幹題簽　五冊

330000－1701－0059924　GP01228　集部/别集類/明别集

黄石齋手寫詩卷不分卷　（明）黄道周撰並書　清光緒三十三年（1907）上海國粹學報館石印本　一冊

330000－1701－0059925　普814.7/0014.2　集部/别集類/清别集

寶綸堂外集十二卷　（清）齊召南撰　（清）齊毓川輯　清宣統三年（1911）上海掃葉山房石印本　二冊

330000－1701－0059926　普925.10997/4041/c2　史部/傳記類/總傳之屬/斷代

國朝耆獻類徵初編七百二十卷賢媛類徵初編十二卷　（清）李桓輯　清光緒十年至十六年（1884－1890）湘陰李氏刻十七年（1891）增刻本（卷六十一至六十二、一百四十五至一百四十九、一百五十二至一百五十三、一百五十五、一百六十二至一百六十四原缺）　二百八十六冊　缺二十六卷（三百六十九至三百九十二、四百二十三至四百二十四）

330000－1701－0059927　G000416　子部/醫家類/本草之屬/本草藥性

太醫院增補醫方捷徑□□卷　題曉星樵人輯　（明）羅必煒訂　清刻本　一冊　存三卷（七至九）

330000－1701－0059928　GP01229　集部/别集類/明别集

黄石齋手寫詩卷不分卷　（明）黄道周撰並書　清光緒三十三年（1907）上海國粹學報館石印本　一冊

330000－1701－0059929　GP07121　子部/農

家農學類/園藝之屬/花卉

茶花譜一卷茶花詠一卷茶花別名詠一卷擬詠鐘欵茶花詩一卷總說一卷 （清）樸靜子撰　清康熙五十八年(1719)刻本　一冊

330000－1701－0059932　GP07122　集部/別集類/宋別集

高東谿先生集二卷首一卷附錄一卷 （宋）高登撰　清咸豐二年(1852)刻本　清姚燮題記　一冊

330000－1701－0059933　普 814.6/77312　集部/別集類/明別集

東越証學錄十六卷 （明）周汝登撰　清木活字印本　八冊

330000－1701－0059935　GP07407　經部/小學類/音韻之屬

詳註聲律發蒙一卷 （明）蘭茂撰　（清）王有道注釋　清光緒十九年(1893)務本堂刻本　一冊

330000－1701－0059936　普 814.7/00141　集部/別集類/清別集

集虛齋學古文十二卷附離騷經解畧一卷 （清）方楘如撰　清光緒十年(1884)李詩、竺士彥淳安縣署刻本　十冊

330000－1701－0059938　GP07123　集部/楚辭類

離騷辯不分卷 （清）朱冀撰　清康熙綠筠堂刻本　一冊

330000－1701－0059939　普 814.6/7732/c1　集部/別集類/明別集

陶元暉中丞遺集二卷首一卷 （明）陶朗先撰　清光緒二十四年(1898)蘭州書局鉛印本　一冊

330000－1701－0059940　G000417　子部/醫家類/類編之屬

本草醫方合編 （清）汪昂編　清光緒十三年(1887)姑蘇掃葉山房刻本　三冊　存一種

330000－1701－0059942　普 925.10997/4041/2　史部/傳記類/總傳之屬/斷代

國朝耆獻類徵初編七百二十卷 （清）李桓輯　清光緒十年至十六年(1884－1890)湘陰李氏刻本(卷六十一至六十二、一百四十五至一百四十九、一百五十二至一百五十三、一百五十五、一百六十二至一百六十四原缺)　二百九十四冊

330000－1701－0059943　普 814.6/7732/c2　集部/別集類/明別集

陶元暉中丞遺集二卷首一卷 （明）陶朗先撰　清光緒二十四年(1898)蘭州書局鉛印本　一冊

330000－1701－0059944　普 325.2092/2073　史部/傳記類/總傳之屬/仕宦

歷代循良能吏列傳彙抄二十卷 （清）喬用遷輯　清道光二十四年(1844)刻本　十六冊

330000－1701－0059945　普 325.20927/0808/c1　史部/傳記類/職官録之屬/總録

[清光緒十二年]浙江同官錄不分卷 （清）許應鑅編　清光緒十二年(1886)刻本　八冊

330000－1701－0059946　普 814.6/7732/c3　集部/別集類/明別集

陶元暉中丞遺集二卷首一卷 （明）陶朗先撰　清光緒二十四年(1898)蘭州書局鉛印本　一冊

330000－1701－0059948　HJL2010　子部/道家類

莊子雪三卷 （清）陸樹芝撰　清嘉慶四年(1799)文選樓刻本　六冊

330000－1701－0059949　HJL1890　子部/雜著類/雜說之屬

浮邱子十二卷 （清）湯鵬撰　（清）湯俶昭等輯　清同治四年(1865)湘陰李黼堂刻本　四冊

330000－1701－0059950　HJL0080　經部/叢編

李氏成書五種 （清）李文炤撰　清四爲堂刻本　六冊　存一種

330000－1701－0059951　HJH1891　集部/

總集類/尺牘之屬

潛園友朋書問十二卷 (清)陸心源輯 清末石印本 一册 存七卷(六至十二)

330000－1701－0059952 HJL0280 經部/儀禮類/分篇之屬

喪服會通說四卷 (清)吳嘉賓撰 清咸豐元年(1851)刻本 四册

330000－1701－0059953 HJL2011 子部/叢編

二十二子(二十二子彙函) (清)浙江書局編 清光緒新化三味書室刻本 六册 存一種

330000－1701－0059954 HJL1576 史部/政書類/律令之屬/法驗

洗冤錄表四卷 (清)曾恒德撰 清刻本 二册

330000－1701－0059955 HJH1789 經部/群經總義類/文字音義之屬

十三經類記十六卷 (清)王燮元編 清咸豐元年(1851)刻本 四册

330000－1701－0059956 HJL1563 子部/農家農學類/蠶桑之屬

蠶桑萃編十五卷首一卷 (清)衛杰撰 清光緒二十五年(1899)刻本 八册

330000－1701－0059958 HJH0081 經部/叢編

重刊宋本十三經注疏四百十六卷 附十三經注疏校勘記四百十六卷 (清)阮元撰 (清)盧宣旬摘錄 清嘉慶二十年(1815)南昌府學刻本 六册 存一種

330000－1701－0059959 HJL2012 子部/道家類

老子河上公注二卷 題(漢)河上公撰 (宋)王用之重校 **老子章義二卷** (清)姚鼐撰 清道光二十五年(1845)竹山堂刻本[老子章義爲清嘉慶二十三年(1818)刻本] 清莫友芝批校並跋 一册

330000－1701－0059960 HJL1791 子部/藝術類/遊藝之屬/酒令

酒令叢鈔四卷 (清)俞敦培輯 清光緒四年(1878)藝雲軒刻本 四册

330000－1701－0059963 HJL1577 子部/宗教類/佛教之屬/經疏

大方廣佛華嚴經著述集要二十三種 (清)楊文會輯 清同治八年至民國六年(1869－1917)如皋刻經處、雞園刻經處、長沙刻經處、金陵刻經處等刻本 八册 存十八種

330000－1701－0059964 HJH1792 集部/曲類/諸宮調之屬

繪圖鳳凰山十卷七十二回 清宣統二年(1910)上海章福記書局石印本 十册

330000－1701－0059965 GP07125 類叢部/叢書類/郡邑之屬

浦城遺書(浦城宋元明儒遺書)十四種 (清)梁章鉅 (清)祝昌泰編 清嘉慶十六年至十九年(1811－1814)浦城祝氏留香室刻道光十四年(1834)彙印本 三册 存二種

330000－1701－0059966 普814.7/00141/(2)/c2 集部/别集類/清别集

集虛齋學古文十二卷附離騷經解畧一卷 (清)方椉如撰 清光緒十年(1884)李詩、竺士彦淳安縣署刻本 四册

330000－1701－0059967 HJH0082 經部/小學類/文字之屬/字書/字體

篆字彙十二卷 (清)佟世男編 清康熙三十年(1691)多山堂刻本 六册

330000－1701－0059969 HJL0084 經部/書類/傳說之屬

書經述六卷 (清)許祖京撰 清同治十三年(1874)許延穀刻本 二册

330000－1701－0059973 普814.7/00141/2 集部/别集類/清别集

集虛齋學古文十二卷附離騷經解畧一卷 (清)方椉如撰 清光緒十年(1884)李詩、竺士彦淳安縣署刻本 六册

330000－1701－0059974 G000382、G000473 史部/地理類/山川之屬/山志

盋山志八卷　（清）顧雲撰　清光緒九年(1883)金陵盋山精舍刻本　三册

330000－1701－0059976　M000641　類叢部/叢書類/家集之屬
半帆樓叢書(鄔氏家集)二十七種　鄔慶時編　清光緒至民國刻本　一册　存一種

330000－1701－0059977　普814.7/00141.2/c2　類叢部/叢書類/郡邑之屬
永嘉叢書十三種　（清）孫衣言編　清同治至光緒瑞安孫氏詒善祠塾刻本　二册　存一種

330000－1701－0059978　GP07126　集部/別集類/宋別集
海瓊白真人全集八卷　（宋）葛長庚撰　清乾隆五十七年(1792)稽古堂刻本　八册

330000－1701－0059979　G000383　史部/地理類/專志之屬/寺觀
續刻麻姑山丹霞洞天誌十七卷　（明）左宗郢編　（清）何天爵續　清康熙五十七年(1718)瀧溪曉樓刻本　五册　存十五卷(一至十五)

330000－1701－0059980　HJH2013　類叢部/叢書類/彙編之屬
峭帆樓叢書十八種　趙詒琛編　清宣統三年至民國八年(1911－1919)新陽趙氏峭帆樓刻本　一册　存一種

330000－1701－0059982　普925.10997/4047/c1　史部/傳記類/科舉録之屬
詞科掌錄十七卷餘話七卷　（清）杭世駿輯　清乾隆仁和杭氏道古堂刻本　二十册　缺四卷(餘話四至七)

330000－1701－0059984　HJL1385　子部/儒家類/儒學之屬
困知記二卷續二卷三續一卷四續一卷附錄一卷續補一卷　（明）羅欽順撰　明刻清咸豐四年(1854)補刻本　五册

330000－1701－0059986　普814.7/0018　類叢部/叢書類/自著之屬
涌翠山房集二種　（清）高延第撰　清光緒十四年(1888)山陽高氏刻本　二册　存一種

330000－1701－0059987　HJL0085　類叢部/叢書類/自著之屬
張臯文箋易詮全集十六種　（清）張惠言撰　清嘉慶八年至道光十年(1803－1830)刻本　四册　存二種

330000－1701－0059988　G000384、G001594　史部/地理類/山川之屬/山志
九華山志十二卷　（清）喻成龍　（清）李燦輯　清康熙刻乾隆十四年(1749)補修本　五册　存九卷(四至十二)

330000－1701－0059989　HJL2014　子部/宗教類/道教之屬/雜著
關聖帝君覺世真經集證二卷　（清）凌毓瑞輯　清光緒六年(1880)蜚雲閣刻本　一册

330000－1701－0059991　普814.7/0021　集部/別集類/清別集
健松齋集二十四卷續集十卷　（清）方象瑛撰　清康熙世美堂刻本　十六册　存十六卷(一至十六)

330000－1701－0059992　G000385　史部/地理類/雜志之屬
西招圖略一卷附錄前藏至西寧路程一卷　（清）松筠撰　清嘉慶三年(1798)刻本　一册

330000－1701－0059993　普925.10997/4047/c2　史部/傳記類/科舉録之屬
詞科掌錄十七卷餘話七卷　（清）杭世駿輯　清乾隆仁和杭氏道古堂刻本　十二册

330000－1701－0059994　GP01233　集部/總集類/彙編之屬
簡學齋清夜齋手書詩稿合印二卷　（清）陳沆　（清）魏源撰　清宣統三年(1911)影印本　一册

330000－1701－0059996　HJL0213　經部/叢編
陸堂經學叢書四十三卷　（清）陸奎勳撰　清康熙五十三年至五十四年(1714－1715)陸氏小瀛山閣刻本　二册　存四卷(戴禮緒言一至四)

330000－1701－0059997　普 925.10997/4047/c3　史部/傳記類/科舉録之屬

詞科掌錄十七卷餘話七卷　(清)杭世駿輯　清乾隆仁和杭氏道古堂刻本　八冊

330000－1701－0060000　普 925.10997/4411　史部/傳記類/總傳之屬/仕宦

楚疆三文忠傳三卷　(清)李元度撰　清同治九年(1870)刻本　一冊

330000－1701－0060001　HJL0214　類叢部/叢書類/自著之屬

柏堂遺書(方柏堂全集)八種附一種　(清)方宗誠撰　清光緒元年至十二年(1875－1886)桐城方氏刻本　一冊　存一種

330000－1701－0060003　GP07135　集部/别集類/清别集

諸華香處詩集十三卷首一卷　(清)邱璋撰　清嘉慶二十年(1815)刻道光六年(1826)增修本　八冊

330000－1701－0060006　HJL1793　子部/小說家類/雜事之屬

庸閒齋筆記十二卷　(清)陳其元撰　清同治十三年(1874)吳下刻本　六冊

330000－1701－0060007　HJH0086　經部/叢編

御纂七經五種　(清)李光地等撰　清雍正刻本　十四冊　存一種

330000－1701－0060008　普 814.7/0022　集部/别集類/清别集

拙吾詩槀四卷首一卷末一卷文槀一卷　(清)高鼎撰　清光緒八年(1882)刻本　四冊

330000－1701－0060009　G000386、G000387、G000388、G000389、G000390、G003421、G005160　經部/叢編

十三經註疏　(明)□□輯　明崇禎元年至十二年(1628－1639)毛氏汲古閣刻清重修本　四十四冊　存五種

330000－1701－0060010　GP07412　史部/政書類/通制之屬

城鎮鄉地方自治宣講書一卷　孟昭常撰　清宣統元年(1909)上海預備立憲公會事務所鉛印本　一冊

330000－1701－0060011　HJL2015　類叢部/叢書類/彙編之屬

十萬卷樓叢書五十一種　(清)陸心源編　清光緒歸安陸氏刻本(歲時廣記卷六原缺)　一冊　存一種

330000－1701－0060013　GP07129　史部/地理類

李氏五種　(清)李兆洛撰　清光緒四年(1878)順德馬貞榆刻本　一冊　存一種

330000－1701－0060014　HJL1794　集部/别集類/清别集

隨園老人游戲錄四卷續集二卷　(清)袁枚撰　清光緒三十二年(1906)上海文寶書局石印本　三冊

330000－1701－0060016　HJL2016　集部/别集類/宋别集

乖崖先生文集十二卷附錄一卷　(宋)張詠撰　清光緒八年(1882)獨山莫祥芝刻本　四冊

330000－1701－0060017　HJH0087　經部/小學類/文字之屬/說文

說文解字義證五十卷　(清)桂馥撰　清同治九年(1870)湖北崇文書局刻本　三十二冊

330000－1701－0060018　GP07136　類叢部/叢書類/自著之屬

鹿洲全集七種　(清)藍鼎元撰　清刻本　三冊　存一種

330000－1701－0060019　HJL1386　經部/群經總義類/傳說之屬

匏瓜錄十卷　(清)芮長恤撰　清光緒十三年(1887)冶城山館刻本　四冊

330000－1701－0060020　普 925.10997/4070　史部/傳記類/科舉録之屬/歷科登科録

國朝歷科題名碑錄初集不分卷附明洪武至崇禎各科題名錄不分卷　(清)李周望等輯　清康熙五十九年(1720)刻雍正乾隆遞增刻本

十冊

330000－1701－0060021　GP01236　史部/傳記類/别傳之屬/墓誌

梁文定公[國治]墓誌銘一卷　（清）朱珪撰　（清）梁同書書　清宣統二年（1910）石印本　一冊

330000－1701－0060022　HJL1795　子部/兵家類/操練之屬

訓練操法詳晰圖說二十二卷　袁世凱撰　清光緒二十八年（1902）昌言報館石印本　十二冊

330000－1701－0060023　普814.6/7732.2　集部/别集類/明别集

陶元暉中丞遺集二卷首一卷　（明）陶朗先撰　清光緒二十四年（1898）蘭州書局鉛印本　陶元鏞跋　一冊

330000－1701－0060024　HJH0215　類叢部/叢書類/彙編之屬

天壤閣叢書二十種　（清）王祖源　（清）王懿榮編　清同治至光緒福山王氏刻彙印本　一冊　存一種

330000－1701－0060026　G000418　史部/傳記類/總傳之屬/通代

尚友録二十二卷補遺一卷　（明）廖用賢輯　（清）張伯琮補輯　清康熙浙蘭林天禄齋刻本　二十二冊

330000－1701－0060027　M000646　類叢部/叢書類/彙編之屬

崇文書局彙刻書三十一種　（清）崇文書局編　清光緒元年至三年（1875－1877）湖北崇文書局刻民國元年（1912）鄂官書處重印本　二冊　存一種

330000－1701－0060028　HJL1798　新學/商務/商學

原富八卷　（英國）斯密亞丹撰　嚴復譯　清光緒上海南洋公學譯書院鉛印本　八冊

330000－1701－0060029　HJL1578　子部/宗教類/道教之屬/戒律

太上感應篇集註一卷　清同治三年（1864）蘇城瑪瑙經房刻本　一冊

330000－1701－0060033　HJL1387　子部/儒家類/儒學之屬/勸學

勸學篇二卷　（清）張之洞撰　清光緒二十四年（1898）兩湖書院鉛印本　一冊

330000－1701－0060035　普814.1/00221　集部/别集類/清别集

雲水集二卷　（清）高仁峒撰　清光緒十一年（1885）刻本　二冊

330000－1701－0060036　HJL2018　子部/宗教類/佛教之屬/論疏

竹窗隨筆一卷二筆一卷三筆一卷直道録一卷　（明）釋袾宏撰　清刻本　六冊

330000－1701－0060037　HJL1579　子部/宗教類/道教之屬

覺世經圖說四卷　（清）省心氏撰　（清）李淦寫圖　清光緒九年（1883）刻本　四冊

330000－1701－0060038　HJL1799　新學/醫學/方書

萬國藥方八卷　（美國）洪士提反撰　清光緒二十四年（1898）上海美華書館鉛印本　八冊

330000－1701－0060039　M000647、M607497　類叢部/叢書類/彙編之屬

崇文書局彙刻書三十一種　（清）崇文書局編　清光緒元年至三年（1875－1877）湖北崇文書局刻民國元年（1912）鄂官書處重印本　四冊　存一種

330000－1701－0060041　HJL0202　經部/小學類/文字之屬/說文/專著

說文古籀補十四卷補遺一卷附録一卷　（清）吳大澂撰　清光緒二十四年（1898）刻本　二冊

330000－1701－0060042　HJL1388　子部/儒家類/儒學之屬/勸學

先正遺規四卷　（清）汪正輯　清光緒十九年（1893）浙江書局刻本　二冊

330000－1701－0060044　普814.7/0030　類叢部/叢書類/自著之屬
柏堂遺書(方柏堂全集)八種附一種　(清)方宗誠撰　清光緒元年至十二年(1875－1886)桐城方氏刻本　二十四冊　存一種

330000－1701－0060045　G000419　子部/醫家類/診法之屬/脈經脈訣
瀕湖脈學一卷奇經八脈攷一卷　(明)李時珍撰　**脈訣附方一卷**　(明)張世賢編　清刻本　一冊

330000－1701－0060046　HJH1728　子部/儒家類/儒學之屬/蒙學
訓蒙捷徑四卷　(清)黄慶澄輯　清刻本　四冊

330000－1701－0060047　HJL1583　子部/雜著類/雜考之屬
硯耕緒錄十六卷　(清)林昌彝撰　清同治五年(1866)廣州刻本　八冊

330000－1701－0060048　HJH0089、HJH0120、HJH0102、HJH0110、HJH0046、HJH0103　經部/叢編
古經解彙函十六種附小學彙函十四種　(清)鍾謙鈞等輯　清同治十二年(1873)粵東書局刻本　三十二冊　存古經解彙函六種、小學彙函十二種

330000－1701－0060051　HJL1389　子部/雜著類/雜說之屬
此木軒雜著八卷　(清)焦袁熹撰　清光緒八年(1882)南海席氏掃葉山房刻本　八冊

330000－1701－0060052　GP07138　子部/儒家類/儒學之屬/蒙學
六藝綱目二卷附字原一卷發原一卷　(元)舒天民撰　(元)舒恭注　(明)趙宜中附注　清道光二十八年(1848)東武劉喜海刻本　二冊

330000－1701－0060054　HJL1585　類叢部/叢書類/彙編之屬
新陽趙氏叢刊十四種　(清)趙元益編　清光緒十一年至二十八年(1885－1902)新陽趙氏刻本　一冊　存一種

330000－1701－0060055　GP07130　子部/宗教類/佛教之屬
佛爾雅八卷　(清)周春撰　清刻本　一冊

330000－1701－0060057　HJH1729　子部/醫家類/本草之屬/本草藥性
雷公炮製藥性解六卷　(明)李中梓撰　清刻本　三冊

330000－1701－0060058　HJL0203　經部/小學類
雷刻四種　(清)雷浚輯　清光緒二年至十年(1876－1884)吳縣雷氏刻本　二冊　存二種

330000－1701－0060061　普814.6/7767　集部/别集類/明别集
溪園詩稿九卷遺稿五卷梅花百詠一卷　(明)駱象賢撰　清嘉慶十年(1805)木活字印本　二冊

330000－1701－0060062　G000420　集部/總集類/選集之屬/通代
古今文小品八卷　(明)陳天定輯並評　清刻本　三冊　存三卷(二至三、八)

330000－1701－0060063　HJL1390　類叢部/叢書類/自著之屬
古墨齋集十二種　(清)趙紹祖撰　清嘉慶元年至道光十四年(1796－1834)涇縣趙氏古墨齋刻本　二冊　存一種

330000－1701－0060064　HJL1730　子部/儒家類/儒學之屬/勸學
教諭語一卷　(清)謝金鑾撰　清嘉慶刻本　一冊

330000－1701－0060065　GP07139　集部/别集類/清别集
還印廬詩存二卷詞存一卷文存三卷　(清)徐球撰　清道光九年(1829)刻本　一冊

330000－1701－0060067　HJL1584　子部/雜著類/雜說之屬
瑟榭叢談二卷　(清)沈濤撰　清道光二十五

年(1845)刻本　二冊

330000－1701－0060068　HJL1731　子部/儒家類/儒學之屬/性理

平平錄十卷附錄一卷　(清)楊芳撰　清道光十三年(1833)華陽王文運梓潼橋刻本　四冊

330000－1701－0060069　GP07413　史部/詔令奏議類/奏議之屬

改訂陸軍測繪學堂圓生畢業考試出身補官任用暫行章程一卷　(清)載濤等撰　清宣統石印本　一冊

330000－1701－0060070　GP07131　子部/儒家類/儒學之屬/性理

呻吟語節錄六卷　(明)呂坤撰　(清)陳弘謀輯　清道光八年(1828)刻本　二冊

330000－1701－0060072　HJL1392　子部/儒家類/儒學之屬/禮教

聰訓齋語一卷恒產瑣言一卷　(清)張英撰　清夢蜨軒刻本　一冊

330000－1701－0060073　普 814.7/0030/2/c1　類叢部/叢書類/自著之屬

柏堂遺書(方柏堂全集)八種附一種　(清)方宗誠撰　清光緒元年至十二年(1875－1886)桐城方氏刻本　三十冊　存二種

330000－1701－0060074　GP07140　史部/政書類/儀制之屬/專志/科舉校規

國朝貢舉考畧二卷　(清)黃崇蘭輯　清嘉慶八年(1803)涇縣學署刻本　一冊

330000－1701－0060077　HJL1586　子部/雜著類/雜說之屬

宣南夢憶二卷　(清)楊懋建撰　清宣統刻本　二冊

330000－1701－0060078　HJL1732　子部/儒家類/儒學之屬/性理

潛室陳先生木鐘集十一卷　(宋)陳埴撰　清同治六年(1867)陳思燏東甌郡齋刻本　二冊

330000－1701－0060082　HJH1733　史部/地理類/山川之屬/水志

水經注釋四十卷首一卷附錄二卷水經注箋刊誤十二卷　(清)趙一清撰　清乾隆五十一年(1786)趙氏小山堂刻本　十六冊　缺十一卷(水經注箋刊誤二至十二)

330000－1701－0060084　HJH0204　經部/書類/傳說之屬

書經集傳六卷首一卷末一卷　(宋)蔡沈撰　清光緒七年(1881)金陵書局刻本　四冊

330000－1701－0060085　GP07132　類叢部/叢書類/自著之屬

雨峯全集四種　(清)齊翀撰　清道光齊學裘刻本　一冊　存一種

330000－1701－0060086　HJL1587　子部/雜著類/雜纂之屬

身世繩規不分卷　(清)朱潮增輯　清道光二十六年(1846)山陰何氏福仙堂刻本　四冊

330000－1701－0060088　HJH0096　經部/小學類/訓詁之屬/爾雅

爾雅補郭二卷　(清)翟灝撰　清光緒八年(1882)卷施誃刻本　一冊

330000－1701－0060089　HJL2021　史部/政書類/公牘檔冊之屬

程中丞庚子函牘鈔略一卷　程德全撰　李遜編　清宣統元年(1909)鉛印本　一冊

330000－1701－0060090　GP07133　類叢部/叢書類/自著之屬

雨峯全集四種　(清)齊翀撰　清道光齊學裘刻本　一冊　存一種

330000－1701－0060093　HJL1393　子部/藝術類/遊藝之屬/棋弈

弈潛齋集譜初編十五種二編三種三編五種　(清)鄧元鏸輯　清光緒弈潛齋刻本　一冊　存五種

330000－1701－0060097　GP07134　子部/儒家類/儒學之屬/性理

呻吟語六卷　(明)呂坤撰　清道光五年(1825)滇南李浩刻本　清姚燮題記　六冊

330000－1701－0060098　G000422　史部/地理類/山川之屬/水志

西湖志四十八卷　(清)李衛　(清)程元章修　(清)傅王露纂　清雍正十二年(1734)刻本　十七冊　存三十四卷(五至十九、二十三至三十三、四十一至四十八)

330000－1701－0060100　GP07144　史部/政書類/軍政之屬/邊政

秦疆治畧不分卷　(清)盧坤輯　清道光刻本　二冊

330000－1701－0060101　HJH0097　經部/叢編

九經五十一卷附四卷　(明)秦鏷訂正　清觀成堂刻本　一冊　存四卷(周易一至三、圖說)

330000－1701－0060102　普925.10997/7122　史部/傳記類/總傳之屬/歷代

歷代名將事略不分卷附演淺說一卷　(清)陸軍部輯　清光緒三十三年(1907)石印本　二冊

330000－1701－0060104　HJL0207　類叢部/叢書類/自著之屬

師伏堂叢書十五種　(清)皮錫瑞撰　清光緒十九年至三十三年(1893－1907)善化皮氏刻本　一冊　存一種

330000－1701－0060105　HJH0098　經部/儀禮類/傳說之屬

儀禮韻言二卷　(清)檀萃撰　清光緒八年(1882)埽葉山房刻本　二冊

330000－1701－0060108　普925.10997/7548　史部/傳記類/總傳之屬/斷代

敏求軒述記十六卷　(清)陳世箴輯　清道光二十八年(1848)刻本　十二冊

330000－1701－0060109　HJH0099　子部/儒家類/儒學之屬/勸學

謝退谷先生教諭語一卷　(清)謝金鑾撰　**王罕皆先生步青小題八法一卷**　(清)王步青撰　**費畊亭先生庚吉墨訣四則一卷**　(清)費庚吉撰　**徐廉峰先生寶善試帖卮言一卷**　(清)徐寶善撰　清同治十一年(1872)培槐軒刻本　一冊

330000－1701－0060113　GP07141　類叢部/叢書類/彙編之屬

清風室叢書二十種　(清)錢保塘編　清同治十年至民國二十五年(1871－1936)海寧錢氏清風室刻本　一冊　存一種

330000－1701－0060115　HJH1734　子部/道家類

道德經轉語二卷　(元)陳致虚撰　**道德經古今本考正二卷**　(清)牟目源撰　**道德經釋義二卷金玉經一卷**　(唐)呂嵒撰　(清)牟目源訂　**常清靜經一卷**　(清)牟目源訂　清嘉慶十四年(1809)鄒學鯤羊城刻本　二冊

330000－1701－0060121　GP07142　子部/工藝類

江西陶務圖說一卷　(清)李邦衛繪　清末刻本　一冊

330000－1701－0060122　GP07415　類叢部/叢書類/郡邑之屬

粟香室叢書五十九種　金武祥編　清光緒至民國江陰金氏刻本　一冊　存一種

330000－1701－0060123　HJL1395　子部/宗教類/道教之屬/戒律

太上寶筏圖說八卷　(清)黄正元纂　清光緒十八年(1892)上海鴻文書局石印本　八冊

330000－1701－0060124　HJL1736　子部/藝術類/書畫之屬/書法書品

書學南鍼六卷　(清)錢湘輯　清道光元年(1821)刻本　四冊

330000－1701－0060125　普814.6/7772/c1　集部/别集類/明别集

歐陽南野先生文集五卷　(明)歐陽德撰　(明)李春芳選　清道光十五年(1835)蜀江書室刻民國六年(1917)印本　四冊

330000－1701－0060128　HJL2022　類叢部/叢書類/自著之屬

程中丞全集六種　程德全撰　清宣統鉛印本　一册　存一種

330000－1701－0060129　HJL1945　子部/藝術類/書畫之屬/總論
古芬閣書畫記十八卷　(清)杜瑞聯輯　清光緒七年(1881)太古杜氏刻本　四十册

330000－1701－0060130　GP07143　類叢部/叢書類/彙編之屬
古逸叢書二十六種　(清)黎庶昌編　清光緒八年至十年(1882－1884)黎庶昌日本東京使署影刻本　一册　存一種

330000－1701－0060132　HJL0226　經部/四書類/論語之屬/傳説
論語話解十卷　(清)陳濬撰　清同治十三年(1874)刻光緒五年(1879)印本　五册

330000－1701－0060133　普925.10997/8324/c1　史部/傳記類/總傳之屬/斷代
碑傳集一百六十卷首二卷末二卷　(清)錢儀吉輯　清光緒十九年(1893)江蘇書局刻本　章嶔題簽　六十册

330000－1701－0060136　普814.6/7772/c2　集部/别集類/明别集
歐陽南野先生文集五卷　(明)歐陽德撰　(明)李春芳選　清道光十五年(1835)蜀江書室刻民國六年(1917)印本　四册

330000－1701－0060137　G000423　子部/醫家類/綜合之屬/雜著
醫家四要四卷　(清)程曦　(清)江誠　(清)雷大震撰　清光緒十二年(1886)養鶴山房刻本　一册　存一卷(二)

330000－1701－0060140　普325.20927/0808/c2　史部/傳記類/職官録之屬/總録
[清光緒十二年]浙江同官錄不分卷　(清)許應鑅編　清光緒十二年(1886)刻本　八册

330000－1701－0060141　普325.20927/0808/c3　史部/傳記類/職官録之屬/總録
[清光緒十二年]浙江同官錄不分卷　(清)許應鑅編　清光緒十二年(1886)刻本　八册

330000－1701－0060142　普325.20927/0808/c4　史部/傳記類/職官録之屬/總録
[清光緒十二年]浙江同官錄不分卷　(清)許應鑅編　清光緒十二年(1886)刻本　八册

330000－1701－0060144　普325.20927/0808.2　史部/傳記類/職官録之屬/總録
[清光緒六年]江蘇同官錄不分卷　(清)許應鑅輯　清光緒六年(1880)刻本　七册

330000－1701－0060145　HJL1396　子部/宗教類/道教之屬/戒律
太上寶筏圖說八卷　(清)黃正元纂　清光緒二十八年(1902)上海點石齋石印本　八册

330000－1701－0060148　普325.20927/0808.2/(2)　史部/傳記類/職官録之屬/總録
[清光緒六年]江蘇同官錄不分卷　(清)許應鑅輯　清光緒六年(1880)刻本　六册

330000－1701－0060150　HJL0227　經部/叢編
味經齋遺書八種　(清)莊存與撰　清道光莊綬甲寶研堂刻本　八册

330000－1701－0060152　G000424　子部/醫家類/綜合之屬/通論
鴻文堂詳校醫宗必讀十卷　(明)李中梓撰　清刻本　一册　存二卷(九至十)

330000－1701－0060155　HJL1588　子部/天文曆算類
星算補遺十六種　(清)董毓琦撰　清同治五年(1866)髀算山房刻光緒十二年(1886)續刻本　二册　存八種

330000－1701－0060156　普814.7/0121/2/c1　集部/别集類/清别集
定盦文集三卷續集四卷文集補九卷文集補編四卷　(清)龔自珍撰　清光緒二十三年(1897)萬本書堂刻本　六册

330000－1701－0060157　HJL1724　子部/天文曆算類/算書之屬
白芙堂算學叢書　(清)丁取忠輯　清同治至

光緒長沙古荷花池精舍刻本　三十二冊

330000－1701－0060158　GP07158　集部/別集類/清別集

秋海棠倡和詩集六卷　(清)徐德元編　清乾隆三十六年(1771)刻本　一冊

330000－1701－0060159　HJL1397　子部/雜著類/雜纂之屬

勸戒近錄六卷續錄六卷三錄六卷四錄六卷五錄六卷六錄六卷七錄六卷八錄六卷九錄六卷　(清)梁恭辰撰　清光緒二十四年(1898)順成書局石印本　八冊

330000－1701－0060160　HJH2024　史部/政書類/律令之屬/律例

讀律心得三卷蜀僚問答二卷　(清)劉衡撰　**附漁陽山人手鏡一卷**　(清)王士禛撰　**代直隸總督勸諭牧文一卷**　(清)黃輔辰撰　清同治七年(1868)楚北崇文書局刻本　一冊

330000－1701－0060161　G000425　子部/醫家類/醫案之屬

馬氏醫案並附祁案王案一卷　(清)馬俶等撰　(清)葉萬青輯　清道光十六年(1836)葉槤刻本　一冊

330000－1701－0060163　G000477、G003988　集部/戲劇類/傳奇之屬

吴吴山三婦合評牡丹亭還魂記二卷五十五齣　(明)湯顯祖撰　(清)陳同　(清)談則　(清)錢宜批點　清康熙三十三年(1694)吴氏夢園刻本　二冊

330000－1701－0060165　HJL1400　子部/醫家類/綜合之屬/通論

簡明中西滙參醫學圖說二卷　(清)王有忠編輯　清光緒三十二年(1906)上海廣益書局石印本　四冊

330000－1701－0060166　普814.7/0030/2/c2　類叢部/叢書類/自著之屬

柏堂遺書(方柏堂全集)八種附一種　(清)方宗誠撰　清光緒元年至十二年(1875－1886)桐城方氏刻本　二十四冊　存一種

330000－1701－0060168　HJL1589　子部/天文曆算類/算書之屬

體仁堂心算會通十二卷天代入門捷法一卷　(清)鄧之秀撰　清光緒三十二年(1906)石印本　五冊

330000－1701－0060169　GP07416　史部/政書類/公牘檔冊之屬

吏治輯要一卷　(清)高鶚撰　(清)通瑞譯　清道光二十四年(1844)三槐堂刻本　一冊

330000－1701－0060170　HJH1398　集部/總集類/彙編之屬

滑稽詩文集第一集四卷　汪錫純編纂　清宣統二年(1910)石印本　四冊

330000－1701－0060173　普814.7/00301/c1　類叢部/叢書類/家集之屬

求可堂兩世遺書五種　(清)廖冀亨　(清)廖鴻章撰　清光緒永定廖氏刻本　一冊　存一種

330000－1701－0060174　GP07159　集部/別集類/清別集

碧玉壺天題畫詩一卷　(清)汪喬年撰　清乾隆十五年(1750)刻本　一冊

330000－1701－0060175　G000478　史部/傳記類/總傳之屬/技藝

國朝畫徵錄三卷續錄二卷　(清)張庚撰　**明人附錄一卷**　清光緒十三年(1887)掃葉山房刻本　一冊　存三卷(一至三)

330000－1701－0060177　HJH0100　經部/叢編

十三經讀本　(清)□□編　清同治金陵書局刻本　十冊　存一種

330000－1701－0060180　G000479　集部/別集類/清別集

鶴巢詩存一卷　(清)顧淳慶撰　**皇清誥授奉政大夫守陝西潼關廳同知浙江紹興府會稽縣石潼坊顧府君[淳慶]年五十七行述一卷**　(清)顧壽楨等撰　**介卿遺艸一卷**　(清)顧家樹撰　清光緒十二年(1886)顧家相刻本

一册

330000－1701－0060181　HJL1590　子部/雜著類/雜說之屬

沮江隨筆二卷　(清)朱錫綬撰　清咸豐八年(1858)刻本　一册

330000－1701－0060182　普814.7/00301/c2　類叢部/叢書類/家集之屬

求可堂兩世遺書五種　(清)廖冀亨　(清)廖鴻章撰　清光緒永定廖氏刻本　一册　存一種

330000－1701－0060183　GP07160　集部/別集類/清別集

陶公詩評注初學讀本二卷首一卷　(清)孫人龍纂輯　清乾隆十三年(1748)刻本　一册

330000－1701－0060184　普925.10997/8324/c2　史部/傳記類/總傳之屬/斷代

碑傳集一百六十卷首二卷末二卷　(清)錢儀吉輯　清光緒十九年(1893)江蘇書局刻本　四十二册　缺五十卷(首一至二、一至四十八)

330000－1701－0060185　GP07417　集部/別集類/清別集

古微堂内集二卷外集八卷　(清)魏源撰　(清)黃象離輯　清宣統元年(1909)上海國學扶輪社鉛印本　一册　存二卷(内集一至二)

330000－1701－0060187　HJH0101　經部/小學類/訓詁之屬/爾雅

爾雅郭註補正三卷　(清)戴鎣撰　清光緒十一年(1885)海陽韓光鼒刻本　三册

330000－1701－0060189　G000480　集部/別集類/宋別集

月洞詩集二卷　(宋)王鎡撰　**附二十一世祖皞如公詩一十四首一卷**　(明)王皞如撰　清光緒十三年(1887)王人泰刻本　二册

330000－1701－0060190　HJH1591　子部/雜著類/雜說之屬

鷗陂漁話六卷吹網錄六卷　(清)葉廷琯撰　清同治八年至九年(1869－1870)刻本　二册　存六卷(鷗陂漁話一至六)

330000－1701－0060192　G000426　子部/醫家類/婦科之屬/通論

女科仙方四卷　(清)傅山撰　清刻本　三册　存三卷(二至四)

330000－1701－0060193　普925.10997/8324/c4　史部/傳記類/總傳之屬/斷代

碑傳集一百六十卷首二卷末二卷　(清)錢儀吉輯　清光緒十九年(1893)江蘇書局刻本　六十册

330000－1701－0060195　GP07161　集部/別集類/清別集

雪莊漁唱一卷　(清)許承祖撰　清乾隆刻本　一册

330000－1701－0060196　HJL0228　經部/小學類/訓詁之屬/譯語

清文彙書十二卷　(清)李延基撰　清刻本　十二册

330000－1701－0060197　G000481　集部/總集類/唱酬之屬

滇闈唱和詩鈔一卷　林紹年輯　清光緒二十九年(1903)刻本　一册

330000－1701－0060198　HJH1401　子部/儒家類/儒學之屬/蒙學

六藝綱目二卷附字原一卷發原一卷　(元)舒天民撰　(元)舒恭注　(明)趙宜中附注　清道光二十八年(1848)東武劉喜海刻本　一册

330000－1701－0060199　HJH1593　子部/天文曆算類/算書之屬

經心書院算學課程八卷　(清)曹汝川撰　清刻本　八册

330000－1701－0060200　普925.10997/8324.02/c2　史部/傳記類/總傳之屬/斷代

續碑傳集八十六卷首二卷　繆荃孫纂　清宣統二年(1910)江楚編譯書局刻本　二十四册

330000－1701－0060201　G000427　史部/地理類/山川之屬/水志

西湖志四十八卷　(清)李衛　(清)程元章修　(清)傅王露纂　清光緒四年(1878)浙江書局刻本　八冊　存十九卷(五至九、十二至二十、三十至三十四)

330000－1701－0060202　HJH2027　子部/兵家類/兵法之屬

萬勝車營圖說五卷　(清)侯紹瀛編　清光緒十三年(1887)寥山草堂刻本　二冊

330000－1701－0060203　HJH0105　經部/叢編

九經補注八種　(清)姜兆錫撰　清雍正至乾隆寅清樓刻本　二冊　存一種

330000－1701－0060204　G000482　集部/別集類/清別集

還粹集四卷　高向瀛撰　清光緒三年(1877)刻本　一冊

330000－1701－0060206　HJH1402　集部/別集類/宋別集

絜齋集二十四卷　(宋)袁燮撰　**宋儒袁正獻公從祀錄六卷**　清同治十一年至光緒二年(1872－1876)浙江四明袁氏進修堂刻本　一冊　存六卷(宋儒袁正獻公從祀錄一至六)

330000－1701－0060207　GP07162　集部/別集類/清別集

詩民漫詠一卷　(清)姚承燕撰　清同治十二年(1873)刻本　一冊

330000－1701－0060208　HJL0229　類叢部/叢書類/彙編之屬

抱經堂叢書十六種　(清)盧文弨編　清乾隆至嘉慶刻彙印本　二冊　存一種

330000－1701－0060210　HJL1403　集部/別集類/清別集

止齋遺書十六卷　(清)黄俊苑撰　清光緒元年(1875)福州南平黄氏家塾刻本　八冊

330000－1701－0060211　普925.10997/8324.02/c3　史部/傳記類/總傳之屬/斷代

續碑傳集八十六卷首二卷　繆荃孫纂　清宣統二年(1910)江楚編譯書局刻本　二十四冊

330000－1701－0060212　普325.20927/3027/c2　史部/傳記類/職官録之屬/總録

[清光緒三十四年]安徽同官錄四卷　清光緒三十四年(1908)安徽藩經歷司鉛印本　四冊

330000－1701－0060214　HJH0104　經部/叢編

御纂七經五種　(清)李光地等撰　清同治六年至九年(1867－1870)浙江書局刻本　十六冊　存一種

330000－1701－0060217　HJL0231　子部/雜著類/雜說之屬

庸書内篇二卷外篇二卷　(清)陳熾撰　清光緒二十四年(1898)上海書局石印本　四冊

330000－1701－0060219　普325.20927/4236　史部/傳記類/職官録之屬/總録

[清光緒三十二年]大清最新百官錄四卷　(清)彭汝疇編　清光緒三十二年(1906)京都福潤堂刻本　四冊

330000－1701－0060220　HJL1404　子部/小說家類/異聞之屬

陶齋誌果八卷　(清)鄭官應輯　清光緒二十六年(1900)皖江容忍居刻本　八冊

330000－1701－0060221　HJL2029　子部/雜著類/雜說之屬

實存四卷　(清)胡式鈺撰　清道光二十一年(1841)刻本　四冊

330000－1701－0060223　HJH814.4/4007/(4)　集部/別集類/唐五代別集

李義山文集十卷　(唐)李商隱撰　(清)徐樹穀箋　(清)徐炯注　清康熙四十七年(1708)崑山徐氏花谿草堂刻本　十冊

330000－1701－0060224　G000428、G011423　史部/政書類/公牘檔冊之屬

定例彙編不分卷(清光緒元年至十三年)　清光緒刻本　十八冊

330000－1701－0060226　HJH0107　經部/小學類/訓詁之屬/爾雅

爾雅註疏十一卷　(晉)郭璞注　(宋)邢昺疏

清光緒八年(1882)崇德書院刻本　六册

330000－1701－0060227　HJL0232　經部/叢編

五經合纂大成四十四卷首五卷　(清)同文書局主人輯　清光緒十一年(1885)廣百宋齋石印本　二十册

330000－1701－0060228　HJH1405　類叢部/叢書類/自著之屬

四益宧叢書　孫德謙撰　清宣統二年(1910)江蘇存古堂鉛印本　三册　存一種

330000－1701－0060229　HJL2030　子部/儒家類/儒學之屬

姚江釋毁録一卷　(清)彭定求撰　清刻本　錢綏槼跋　一册

330000－1701－0060231　GP07145　集部/詞類/别集之屬

冬生草堂詞録四卷　(清)夏寶晉撰　清咸豐元年(1851)刻本　二册

330000－1701－0060237　HJH814.3/4007.2　集部/别集類/唐五代别集

樊南文集補編十二卷　(唐)李商隱撰　(清)錢振倫　(清)錢振常箋注　**玉谿生[李商隱]年譜訂誤一卷**　(清)錢珍倫撰　清同治五年(1866)吴氏望三益齋刻本　十册

330000－1701－0060238　HJL0233　經部/小學類/訓詁之屬/爾雅

爾雅音圖三卷　(晉)郭璞注　(清)姚之麟摹圖　清光緒十年(1884)上海同文書局石印本　二册

330000－1701－0060240　GP07163　集部/詞類/别集之屬

晝溪漁唱二卷　(清)陳丙綬撰　清道光十三年(1833)武林刻本　一册

330000－1701－0060242　GP07146　類叢部/叢書類/彙編之屬

風雨樓祕笈留真十種　鄧實編　清宣統元年至民國六年(1909－1917)順德鄧氏風雨樓影印本　一册　存一種

330000－1701－0060244　普325.20927/7757　史部/傳記類/職官録之屬

關中同官録不分卷　清光緒十六年(1890)刻本　八册

330000－1701－0060246　HJL2031　類叢部/叢書類/自著之屬

楊仁山居士遺著十四種　(清)楊文會撰　清光緒至民國金陵刻經處刻本　一册　存一種

330000－1701－0060247　GP01256　集部/别集類/清别集

二金蜨堂尺牘一卷　(清)趙之謙撰　清光緒三十一年(1905)嚴氏小長蘆館石印本　一册

330000－1701－0060249　HJH0108　經部/周禮類/傳説之屬

舒恬軒周禮讀本六卷　(清)龐佑清訂　清抄本　二册　存四卷(一至四)

330000－1701－0060250　GP07164　子部/雜著類/雜説之屬

溪山講授二卷　(清)戚學標撰　清道光二年(1822)刻本　一册

330000－1701－0060251　HJL0234　經部/叢編

御纂五經　(清)李光地等纂　清光緒二十一年(1895)上海鴻寶齋石印本　十六册　缺九卷(御纂周易折中十九至二十二、欽定禮記義疏七十八至八十二)

330000－1701－0060253　HJH814.3/4007.2/c2　集部/别集類/唐五代别集

樊南文集補編十二卷　(唐)李商隱撰　(清)錢振倫　(清)錢振常箋注　**玉谿生[李商隱]年譜訂誤一卷**　(清)錢珍倫撰　清同治五年(1866)吴氏望三益齋刻本　四册

330000－1701－0060254　G000484、G001604　子部/儒家類/儒學之屬/蒙學

家塾蒙求五卷　(清)康基淵輯　清咸豐刻本　五册

330000－1701－0060255　HJH1408　史部/金石類/璽印之屬/通考

封泥攷略十卷 （清）吳式芬 （清）陳介祺藏並輯 清光緒三十年（1904）石印本 十冊

330000－1701－0060257 GP07147 史部/地理類/專志之屬/祠墓

重刻龍峰巖三賢祠誌三卷 （清）劉光東編 清康熙刻本 一冊

330000－1701－0060258 GP01258 集部/總集類/尺牘之屬

明代名人尺牘七種 鄧實輯 清光緒上海國學保存會影印本 一冊 存一種

330000－1701－0060259 HJH814.3/4007.3 集部/別集類/唐五代別集

樊南文集詳註八卷 （唐）李商隱撰 （清）馮浩注 清乾隆四十五年（1780）馮氏德聚堂刻同治七年（1868）桐鄉馮寶圻重修醉六堂印本 四冊

330000－1701－0060260 HJL0109 類叢部/類書類/專類之屬

分類字錦六十四卷 （清）何焯等纂 清刻本 六十四冊

330000－1701－0060262 G000429、G004041、G004670 子部/醫家類/綜合之屬/通論

御纂醫宗金鑑九十卷首一卷 （清）吳謙等撰 清刻本 三十三冊 存六十三卷（一至十五、十七至三十三、三十五、五十五至八十四）

330000－1701－0060264 普 325.313/2846 史部/政書類/通制之屬

東三省政略十二卷 徐世昌編 清宣統三年（1911）鉛印本 四十冊

330000－1701－0060265 普 814.4/0033 集部/別集類/清別集

南湖集三卷 （清）章永祚撰 清光緒至民國劉氏唐石簃彙刻貴池先哲遺書本 二冊

330000－1701－0060266 GP07165 類叢部/叢書類/彙編之屬

稗海四十六種續稗海二十四種 （明）商濬編 明萬曆商氏半埜堂刻本 一冊 存一種

330000－1701－0060267 普 814.7/0042/c1 集部/別集類/清別集

續東軒遺集四卷 （清）高均儒撰 清光緒七年（1881）刻本 一冊

330000－1701－0060269 普 327.139/4022 史部/史評類/史論之屬

二十世紀之怪物帝國主義一卷 （日本）幸德秋水撰 （清）趙必振譯 清光緒二十八年（1902）上海廣智書局鉛印本 一冊

330000－1701－0060270 HJH814.3/4007.3/c2 集部/別集類/唐五代別集

樊南文集詳註八卷 （唐）李商隱撰 （清）馮浩注 清乾隆四十五年（1780）馮氏德聚堂刻同治七年（1868）桐鄉馮寶圻重修醉六堂印本 四冊

330000－1701－0060271 GP07148 子部/醫家類/喉科口齒之屬

重樓玉鑰一卷 （清）鄭宏綱撰 **洞主仙師白喉治法忌表抉微一卷** （清）徐鄂輯並注 清光緒二十六年（1900）杭州刻本 一冊

330000－1701－0060274 GP07166 集部/詩文評類/制藝之屬

增訂初學起講秘訣不分卷 （清）盛元均輯 清光緒五年（1879）江曲書社刻本 一冊

330000－1701－0060275 普 925.10997/8344/c4 史部/傳記類/總傳之屬/斷代

文獻徵存錄十卷 （清）錢林撰 （清）王藻編 清咸豐八年（1858）有嘉樹軒刻本 十冊

330000－1701－0060276 HJH814.3/4023/c2 集部/別集類/唐五代別集

李衛公文集二十卷別集十卷外集四卷補遺一卷 （唐）李德裕撰 清光緒十六年（1890）常慊慊齋刻本 六冊

330000－1701－0060277 普 814.7/0038/c1 類叢部/叢書類/自著之屬

高陶堂遺集四種 （清）高心夔撰 清光緒八年（1882）平湖朱氏經注經齋刻本 四冊

330000－1701－0060278 HJH0235 經部/

詩類/傳說之屬
御纂詩義折中二十卷 (清)高宗弘曆敕撰 (清)傅恒 (清)陳兆崙等纂 清刻本 十冊

330000－1701－0060279 HJH1407 類叢部/叢書類/自著之屬
留書種閣集九種 (清)黃炳垕撰 清同治六年至光緒二十年(1867－1894)餘姚黃氏留書種閣刻本 一冊 存一種

330000－1701－0060280 普325.4/4337 史部/政書類/公牘檔冊之屬
從公三錄一卷 (清)戴肇辰撰 清同治九年(1870)刻本 一冊

330000－1701－0060281 GP07149 集部/別集類/清別集
晚翠樓詩鈔二卷 (清)朱炳清撰 清光緒十六年(1890)刻本 一冊

330000－1701－0060285 普814.7/0038/c3 類叢部/叢書類/自著之屬
高陶堂遺集四種 (清)高心夔撰 清光緒八年(1882)平湖朱氏經注經齋刻本 松照軒主人跋 四冊

330000－1701－0060286 HJL0237 類叢部/叢書類/自著之屬
鄂宰四種 (清)王筠撰 清光緒八年(1882)牟山王氏刻本 四冊

330000－1701－0060289 GP07167 史部/地理類/山川之屬/山志
瀛壖百咏一卷 (清)張湄撰 清乾隆七年(1742)刻本 一冊

330000－1701－0060290 HJH814.3/4026/c3 集部/別集類/唐五代別集
李太白文集三十六卷 (唐)李白撰 (清)王琦輯注 清乾隆寶笏樓刻二十五年(1760)增刻本 十二冊

330000－1701－0060291 普327.1/4420 新學/交涉/公法
各國交涉公法論初集四卷二集四卷三集八卷 (英國)費利摩羅巴德撰 (英國)傅蘭雅口譯 (清)俞世爵筆述 **各國交涉公法論校勘記一卷中西紀年一卷** (清)錢國祥撰 清光緒二十四年(1898)江南機器製造總局鉛印本 十六冊

330000－1701－0060292 HJL1600 子部/宗教類/道教之屬
覺世經圖說四卷 (清)省心氏撰 (清)李淦寫圖 清光緒九年(1883)刻本 四冊

330000－1701－0060294 普925.10997/8344/c1 史部/傳記類/總傳之屬/斷代
文獻徵存錄十卷 (清)錢林撰 (清)王藻編 清咸豐八年(1858)有嘉樹軒刻本 章嶔題簽 十冊

330000－1701－0060296 HJH0111 經部/小學類/文字之屬/說文
說文辨疑一卷附條記一卷 (清)顧廣圻撰 清光緒三年(1877)湖北崇文書局刻本 一冊

330000－1701－0060297 HJH1410 史部/地理類/外紀之屬
環遊地球新錄四卷 (清)李圭撰 清光緒三年(1877)刻本 四冊

330000－1701－0060298 HJL0236 經部/詩類/傳說之屬
詩句今韻譜五卷 (清)張守誠撰 清光緒二十六年(1900)皖江刻本 四冊

330000－1701－0060300 HJH814.3/4026/(3) 集部/別集類/唐五代別集
李太白文集三十六卷 (唐)李白撰 (清)王琦輯注 清乾隆寶笏樓刻二十五年(1760)增刻本 十二冊

330000－1701－0060301 普814.7/0041/c1 集部/別集類/清別集
思綺堂文集十卷 (清)章藻功撰 清康熙六十一年(1722)聚錦堂刻本 十冊

330000－1701－0060303 HJH1601 子部/儒家類/儒學之屬
起黃二卷質顧一卷廣王二卷 (清)吳光耀撰 清宣統元年(1909)刻本 五冊

330000－1701－0060305　HJL1409　類叢部/叢書類/自著之屬
春在堂全書三十六種　(清)俞樾撰　清同治至光緒刻光緒末彙印本　四册　存一種

330000－1701－0060306　普 925. 10997/8344/c2　史部/傳記類/總傳之屬/斷代
文獻徵存錄十卷　(清)錢林撰　(清)王藻編　清咸豐八年(1858)有嘉樹軒刻本　十册

330000－1701－0060307　HJH0238　經部/易類/傳說之屬
周易象義集成三卷　(清)陳洪冠纂輯　清咸豐八年(1858)湖南羣玉書屋刻本　三册

330000－1701－0060308　GP07169　類叢部/叢書類/郡邑之屬
武林掌故叢編一百八十七種　(清)丁丙編　清光緒三年至二十六年(1877－1900)錢塘丁氏嘉惠堂刻本　一册　存一種

330000－1701－0060309　HJH814.3/4026/c2　集部/別集類/唐五代別集
李太白文集三十六卷　(唐)李白撰　(清)王琦輯注　清乾隆寶笏樓刻二十五年(1760)增刻本　十二册

330000－1701－0060312　普 814.7/0041/c4　集部/別集類/清別集
思綺堂文集十卷　(清)章藻功撰　清康熙六十一年(1722)淩雲書屋刻本　十册

330000－1701－0060315　GP07168　類叢部/叢書類/郡邑之屬
武林掌故叢編一百八十七種　(清)丁丙編　清光緒三年至二十六年(1877－1900)錢塘丁氏嘉惠堂刻本　一册　存一種

330000－1701－0060316　HJL1411　經部/易類
周易函書四種　(清)胡煦撰　清乾隆至嘉慶胡季堂刻本　四册　存一種

330000－1701－0060317　普 925. 10997/8344/c3　史部/傳記類/總傳之屬/斷代
文獻徵存錄十卷　(清)錢林撰　(清)王藻編　清咸豐八年(1858)有嘉樹軒刻本　十册

330000－1701－0060318　普 814.7/0042/c2　集部/別集類/清別集
續東軒遺集四卷　(清)高均儒撰　清光緒七年(1881)刻本　一册

330000－1701－0060319　普 814.7/0042/c3　集部/別集類/清別集
續東軒遺集四卷　(清)高均儒撰　清光緒七年(1881)刻本　章嶔題記　一册

330000－1701－0060320　普 327.17/8764　新學/議論/通論
中西關係略論四卷　(美國)林樂知撰　清光緒二年(1876)鉛印本　一册

330000－1701－0060321　GP07150　集部/總集類/酬唱之屬
歸園唱和集一卷　(清)王凱泰等撰　清同治十三年(1874)儉明簡齋福州刻本　一册

330000－1701－0060323　GP07151　史部/傳記類/職官録之屬/總録
兩浙鹽務同官錄不分卷　(清)張二如等輯　清光緒二十二年(1896)刻本　二册

330000－1701－0060324　GP07152　類叢部/叢書類/自著之屬
衎石齋合稾　(清)錢儀吉撰　清道光刻本　一册　存一種

330000－1701－0060325　GP07170　集部/別集類/清別集
秋室百衲琴一卷　(清)余集撰　清嘉慶刻本　清小溥題記　一册

330000－1701－0060326　GP07153　史部/傳記類/科舉録之屬/歷科登科録
重修同治乙丑科齒錄四卷　清光緒二十二年(1896)刻本　四册

330000－1701－0060327　G000431　類叢部/叢書類/家集之屬
新城王氏家集四十種　(清)□□編　明崇禎至清康熙刻彙印本　一册　存一種

330000－1701－0060328　HJL2033　子部/宗教類/佛教之屬/論疏

選佛譜六卷　(清)釋智旭撰　清光緒十七年(1891)金陵刻經處刻本　二冊

330000－1701－0060329　HJL0112　類叢部/叢書類/彙編之屬

孫氏山淵閣叢刊十種　(清)孫葆田編　清光緒榮成孫氏問經精舍刻本　一冊　存一種

330000－1701－0060330　普 925.10997/8818/c1　子部/小說家類/雜事之屬

明僮合錄二卷　(清)碧里生編　清同治十三年(1874)刻本　一冊

330000－1701－0060331　HJH814.3/4026/5　集部/别集類/唐五代别集

李太白文集三十六卷　(唐)李白撰　(清)王琦輯注　清乾隆聚錦堂刻本　二十冊

330000－1701－0060332　HJL1412　子部/儒家類/儒學之屬/禮教/鑑戒

約書十二卷　(清)謝階樹撰　清道光二十四年(1844)宜黄謝煩、謝煌刻本　四冊

330000－1701－0060333　HJL2034　子部/儒家類/儒學之屬/勸學

讀書鐙一卷　鄒福保撰　清宣統元年(1909)江蘇存古學堂鉛印本　劉承幹跋　一冊

330000－1701－0060335　HJH1174　子部/醫家類/本草之屬/歷代綜合本草

本草綱目五十二卷首一卷圖三卷奇經八脈攷一卷瀕湖脈學一卷脈訣攷證一卷　(明)李時珍撰　**本草萬方鍼線八卷藥品總目一卷**　(清)蔡烈先輯　**本草綱目拾遺十卷首一卷**　(清)趙學敏輯　清光緒十一年至十三年(1885－1887)合肥張紹棠味古齋刻本　四十八冊

330000－1701－0060336　HJH814.3/4026/9　集部/别集類/唐五代别集

李太白文集三十六卷　(唐)李白撰　(清)王琦輯注　清刻本　十七冊

330000－1701－0060337　HJL0114　經部/孝經類/傳說之屬

孝經鄭氏注一卷　(漢)鄭玄注　(清)嚴可均輯　清光緒三十三年(1907)金陵江楚編譯官書局石印本　一冊

330000－1701－0060338　HJL2035　史部/政書類/邦計之屬

理財攷鏡十卷銀行釋義二卷附奏定釐訂各種銀行則例摺一卷　孫德全撰　清宣統二年(1910)鉛印本　五冊

330000－1701－0060339　G000487　史部/編年類

御批資治通鑑綱目全書一百九卷　清光緒石印本　八冊　存三十六卷(御批資治通鑑綱目五十一至五十九、御批續資治通鑑綱目一至二十七)

330000－1701－0060341　HJH814.3/4026/(3)/c2　集部/别集類/唐五代别集

李太白文集三十六卷　(唐)李白撰　(清)王琦輯注　清乾隆寶笏樓刻二十五年(1760)增刻本　孫伯英題記　十二冊

330000－1701－0060342　普 327.2/1240　史部/職官類/官制之屬

星軺指掌三卷續一卷　(英國)丁韙良撰　聯芳　慶常譯　清光緒二年(1876)刻本　四冊

330000－1701－0060343　HJL0115　經部/春秋總義類/傳說之屬

春秋逸傳十四卷　(清)傅上瀛撰　清光緒二十二年(1896)典學樓刻本　四冊

330000－1701－0060344　GP07405　史部/傳記類/總傳之屬/釋道

歷代仙史八卷　(清)王建章輯　清光緒七年(1881)常熟抱芳閣刻本　六冊

330000－1701－0060345　HJL2036　子部/農家農學類/蠶桑之屬

蠶桑輯要三卷　(清)沈秉成撰　清同治十年(1871)常鎮通海道署刻本　一冊

330000－1701－0060346　GP07403　史部/傳記類/總傳之屬/技藝

歷代畫史彙傳七十二卷首一卷總目三卷附錄二卷 (清)彭蘊璨輯 清道光五年(1825)吳門彭氏尚志堂刻本 二十四冊

330000－1701－0060348 HJL0117 經部/易類/傳說之屬
易說旁通十卷 (清)吳嶽撰 清同治十年(1871)佑啓堂刻本 十冊

330000－1701－0060349 HJH814.3/4026.2/6 集部/別集類/唐五代別集
李太白文集三十卷 (唐)李白撰 清康熙五十六年(1717)吳門繆曰芑雙泉草堂刻本 十冊

330000－1701－0060350 HJL1175 子部/小說家類/異聞之屬
談異八卷 (清)王景賢撰 清光緒十九年(1893)刻本 四冊

330000－1701－0060351 G000488 史部/編年類/斷代之屬
御撰資治通鑑綱目三編二十卷 (清)張廷玉等撰 清光緒文盛堂石印本 一冊 存二卷(三至四)

330000－1701－0060352 GP07171 集部/別集類/清別集
湖海樓全集五十一卷 (清)陳維崧撰 清乾隆六十年(1795)浩然堂刻本 十六冊

330000－1701－0060353 普814.7/0121/2/c3 集部/別集類/清別集
定盦文集三卷續集四卷文集補九卷文集補編四卷 (清)龔自珍撰 清光緒二十三年(1897)萬本書堂刻本 六冊

330000－1701－0060355 HJH0240 經部/周禮類/傳說之屬
周禮政要二卷 (清)孫詒讓撰 清光緒二十八年(1902)瑞安普通學堂刻本 二冊

330000－1701－0060356 HJH2043 子部/術數類/相宅相墓之屬
地理精微集六卷首一卷 (清)盛廷謨撰 (清)陳景新重編 清光緒二十四年(1898)江寧藩署刻本 四冊

330000－1701－0060358 HJL0118 經部/叢編
御纂七經五種 (清)李光地等撰 清康熙至乾隆內府刻本 三十二冊 存一種

330000－1701－0060359 G000489 史部/編年類/斷代之屬
御撰資治通鑑綱目三編二十卷 (清)張廷玉等撰 清光緒掃葉山房鉛印本 二冊

330000－1701－0060360 HJH2037 子部/兵家類/兵法之屬
諸葛武侯心書一卷白猿經風雨占圖說一卷 (清)林松唐輯 清光緒二十年(1894)刻朱墨套印本 一冊

330000－1701－0060361 HJL0241 類叢部/叢書類/郡邑之屬
永嘉叢書十三種 (清)孫衣言編 清同治至光緒瑞安孫氏詒善祠塾刻本 十冊 存一種

330000－1701－0060362 普814.7/0121/3/c2 集部/別集類/清別集
定盦文集三卷續集四卷續錄一卷古今體詩二卷雜詩一卷詞選四卷詞錄一卷文集補編四卷 (清)龔自珍撰 清光緒二十九年(1903)文瑞樓石印本 四冊

330000－1701－0060363 普925.10997/8818/c2 子部/小說家類/雜事之屬
明僮合錄二卷 (清)碧里生編 清同治六年(1867)擷芷館刻本 一冊

330000－1701－0060364 普327.51/4030 史部/政書類/公牘檔冊之屬
李文忠公外部函稿二十八卷 (清)李鴻章撰 (清)吳汝綸輯 清光緒二十八年(1902)蓮池書社鉛印本 十四冊

330000－1701－0060365 HJH814.3/4428/(2) 集部/別集類/唐五代別集
樊川文集二十卷外集一卷別集一卷 (唐)杜牧撰 清光緒二十二年(1896)景蘇園影宋刻本 六冊

330000－1701－0060366　GP07172　集部/別集類/清別集

湖海樓全集五十一卷　(清)陳維崧撰　清乾隆六十年(1795)浩然堂刻本　十六冊

330000－1701－0060367　HJH0242　經部/小學類/文字之屬/說文

說文新附攷六卷續攷一卷　(清)鈕樹玉撰　清同治十三年(1874)湖北崇文書局刻本　二冊

330000－1701－0060368　普 814.7/0121/3/c3　集部/別集類/清別集

定盦文集三卷續集四卷續錄一卷古今體詩二卷雜詩一卷詞選四卷詞錄一卷文集補編四卷　(清)龔自珍撰　清光緒二十九年(1903)文瑞樓石印本　四冊

330000－1701－0060369　HJL1177　類叢部/類書類/專類之屬

子史精華一百六十卷　(清)吴士玉　(清)吴襄等輯　清雍正五年(1727)武英殿刻本　二十六冊　存六十二卷(九十九至一百六十)

330000－1701－0060373　HJH814.3/4026.2/9　集部/別集類/唐五代別集

李翰林集三十卷　(唐)李白撰　清光緒三十二年(1906)吳隱影宋刻本　六冊

330000－1701－0060374　普 814.7/0121/4/c1　集部/別集類/清別集

定盦文集三卷續集四卷續錄一卷古今體詩二卷雜詩一卷詞選四卷詞錄一卷文集補編四卷文拾遺一卷附錄定盦時文兩篇一卷龔孝珙手抄詞一卷　(清)龔自珍撰　**定盦先生[龔自珍]年譜一卷**　吳昌綬編　清宣統元年(1909)上海國學扶輪社鉛印本　七冊

330000－1701－0060375　HJL0243　類叢部/叢書類/郡邑之屬

湖州叢書十二種　(清)陸心源編　清光緒湖城義塾刻本　四冊　存一種

330000－1701－0060377　普 814.7/0043　集部/別集類/清別集

市隱書屋文稾十一卷詩稾五卷市隱卮言二卷　(清)亢樹滋撰　清刻本　四冊

330000－1701－0060378　G000432　史部/傳記類/總傳之屬/家乘

[浙江蕭山]蕭山任氏家乘二十卷　(清)任丙炎等纂修　清同治十三年(1874)永思堂木活字印本　二十冊

330000－1701－0060379　GP07398　類叢部/叢書類/彙編之屬

稗海四十八種續集二十二種　(明)商濬編　明萬曆商氏半埜堂刻清康熙振鷺堂重編補刻本　八冊　存一種

330000－1701－0060380　HJH2038　子部/醫家類/方書之屬/單方驗方

隨山宇方鈔一卷　(清)汪曰楨撰　清光緒八年(1882)紹興安越堂刻本　一冊

330000－1701－0060382　普 327.51/4030.2/c1　史部/政書類/公牘檔冊之屬

遷移蠶池口教堂函稿二卷　(清)李鴻章撰　(清)吳汝綸輯　清光緒二十八年(1902)蓮池書社鉛印本　一冊

330000－1701－0060383　普 327.51/4030.2/c2　史部/政書類/公牘檔冊之屬

遷移蠶池口教堂函稿二卷　(清)李鴻章撰　(清)吳汝綸輯　清光緒二十八年(1902)蓮池書社鉛印本　一冊

330000－1701－0060384　HJH814.3/4026.2/4　類叢部/叢書類/彙編之屬

玉海堂景宋元本叢書　劉世珩編　清光緒至民國貴池劉氏玉海堂影刻本　六冊　存一種

330000－1701－0060385　G000434、G004039　子部/雜著類/雜品之屬

弦雪居重訂遵生八牋十九卷目錄一卷　(明)高濂撰　清光緒十年(1884)刻本　十五冊　缺一卷(十三)

330000－1701－0060387　GP07404　史部/傳記類/總傳之屬/姓名

青樓小名錄八卷　(清)趙慶楨輯　清咸豐二

年(1852)刻本　四冊

330000－1701－0060388　GP07154　史部/目録類/總録之屬/私撰

讀書敏求記四卷　(清)錢曾撰　清道光五年(1825)阮福小琅嬛僊館刻本　四冊

330000－1701－0060391　HJL0244　經部/小學類/文字之屬/字書/訓蒙

訓蒙千字文一卷　(清)何桂珍撰　清刻本　一冊

330000－1701－0060392　普814.7/0043.2　集部/别集類/清别集

隨安廬文集六卷詩集六卷補遺一卷畫意百絶一卷畫意續詠一卷　(清)亢樹滋撰　清光緒刻本　四冊

330000－1701－0060394　HJL1602　子部/宗教類/佛教之屬/經疏

妙法蓮華經綸貫一卷　(清)釋智旭撰　清刻本　一冊

330000－1701－0060395　G000490　史部/政書類

一得彙存□□卷　清末抄本　一冊　存一卷(二)

330000－1701－0060396　GP07174　史部/傳記類/别傳之屬/事狀

陸元烺[韞山]行略一卷　(清)鍾景撰　清同治十一年(1872)刻本　一冊

330000－1701－0060397　普814.7/0121.2/(3)/c2　集部/别集類/清别集

定盦文集三卷續集四卷續錄一卷古今體詩二卷己亥雜詩一卷詞四卷詞録一卷　(清)龔自珍撰　清同治七年(1868)刻本　八冊

330000－1701－0060398　HJH814.3/4428/c2　集部/别集類/唐五代别集

樊川文集二十卷外集一卷别集一卷　(唐)杜牧撰　清光緒二十二年(1896)景蘇園影宋刻本　四冊

330000－1701－0060400　G000491　集部/總集類/選集之屬/斷代

大曆詩略六卷　(清)喬億輯　清乾隆三十七年(1772)刻本　一冊

330000－1701－0060401　HJL1560　類叢部/叢書類/彙編之屬

古今説海一百三十五種　(明)陸楫等編　清道光元年(1821)苕溪邵氏酉山堂刻本　四十冊

330000－1701－0060402　GP07175　史部/傳記類/别傳之屬/事狀

皇清例封文林郎候貢廩膳生顯考遜齋府君[鏞]行述一卷　(清)李清鳳撰　清刻本　一冊

330000－1701－0060403　普925.1099912/1732　類叢部/叢書類/自著之屬

心齋十種　(清)任兆麟撰　清乾隆五十年至五十五年(1785－1790)震澤任氏忠敏家塾刻本　二冊　存二種

330000－1701－0060405　普814.7/00431　類叢部/叢書類/自著之屬

啖蔗軒全集四種附二種　(清)方士淦撰　清同治十一年(1872)兩淮運署刻本　四冊　存一種

330000－1701－0060406　HJH0119　類叢部/叢書類/自著之屬

春在堂全書(德清俞蔭甫所著書)三十六種　(清)俞樾撰　清同治至光緒刻光緒末彙印本　十二冊　存一種

330000－1701－0060407　普327.51/4030.2/2　集部/别集類/清别集

李文忠公全集六種　(清)李鴻章撰　(清)吴汝綸編録　清光緒三十一年(1905)金陵刻三十四年(1908)印本　一冊　存一種

330000－1701－0060408　HJH0245　類叢部/叢書類/彙編之屬

十萬卷樓叢書五十一種　(清)陸心源編　清光緒歸安陸氏刻本(歲時廣記卷六原缺)　二冊　存一種

330000－1701－0060409　HJL1569　子部/農家農學類/總論之屬
農政全書六十卷　(明)徐光啓撰　清道光十七年(1837)貴州刻本　三十六册

330000－1701－0060410　G000492　集部/別集類/清別集
葆香室詩草二卷詞草一卷　(清)張清婉撰　清抄本　二册

330000－1701－0060412　GP07176　子部/醫家類/類編之屬
古今醫統正脈全書四十四種　(明)王肯堂編　明萬曆二十九年(1601)新安吳勉學刻本　一册　存一種

330000－1701－0060413　HJH0246　經部/小學類/文字之屬/字書/古文
古籀餘論三卷　(清)孫詒讓撰　清光緒二十九年(1903)籀經樓刻本　一册

330000－1701－0060414　G000493　集部/別集類/清別集
餐鞠軒詩草一卷　(清)伍淡如撰　清光緒十四年(1888)刻本　一册

330000－1701－0060415　G000433　子部/醫家類/醫案之屬
三家醫案合刻　(清)吳金壽編　清道光十一年(1831)笠澤吳金壽刻誠德堂印本　二册

330000－1701－0060416　普814.7/0121/4/c3　集部/別集類/清別集
定盦文集三卷續集四卷續錄一卷古今體詩二卷雜詩一卷詞選四卷詞錄一卷文集補編四卷文拾遺一卷附錄定盦時文兩篇一卷龔孝珙手抄詞一卷　(清)龔自珍撰　**定盦先生[龔自珍]年譜一卷**　吳昌綬編　清宣統元年(1909)上海國學扶輪社鉛印本　七册

330000－1701－0060418　普814.7/0044　集部/別集類/清別集
望溪集不分卷　(清)方苞撰　(清)王兆符　(清)程崟輯　清乾隆十一年(1746)歙縣程崟刻本　八册

330000－1701－0060419　HJL1559　史部/地理類/遊記之屬/紀勝
徐霞客遊記十卷　(明)徐弘祖撰　(明)李寄輯　(明)季夢良編　**外編一卷**　(清)徐鎮輯　清乾隆四十一年(1776)徐鎮刻嘉慶十三年(1808)葉廷甲水心齋修版增刻本　十册

330000－1701－0060420　GP07177　集部/曲類/曲韻曲譜曲律之屬
一笠菴北詞廣正譜十八卷附南戲北詞正謬一卷　(明)徐廣卿撰　(清)鈕少雅樂句　(清)李玉更定　清康熙青蓮書屋刻文靖書院印本(卷十二至十三、十五原缺)　四册

330000－1701－0060421　HJL0247　經部/小學類/音韻之屬/韻書
集韻編雅十卷　(清)董文渙輯注　清同治十二年(1873)洪洞董氏刻本　四册

330000－1701－0060423　普327.511281/3434　史部/政書類/公牘檔册之屬
案事編一卷　(清)沈祖燕撰　清光緒三十四年(1908)刻本　一册

330000－1701－0060425　GP07155　經部/叢編
愈妄闕齋所著書　(清)汪大鈞撰　清光緒十九年(1893)刻本　一册

330000－1701－0060429　HJL1571　子部/雜著類/雜考之屬
日知錄集釋三十二卷刊誤二卷續刊誤二卷　(清)黃汝成撰　清道光十四年(1834)、十五年(1835)、十八年(1838)嘉定黃氏西谿草廬刻本　十六册　缺二卷(續刊誤一至二)

330000－1701－0060430　普814.7/0121/6　集部/別集類/清別集
校訂定盦全集十卷　(清)龔自珍撰　**定盦年譜藁本一卷**　(清)黃守恆撰　清宣統元年(1909)時中書局鉛印本　八册

330000－1701－0060431　GP07406　史部/雜史類/斷代之屬
彝軍紀略一卷　(清)彭洵撰　清光緒十二年

(1886)崇陽刻本　一冊

330000－1701－0060434　普 814.7/0044.2/3/c2　集部/别集類/清别集

望溪先生文集十八卷集外文十卷集外文補遺二卷　(清)方苞撰　**方望溪先生[苞]年譜一卷附録一卷**　(清)蘇惇元輯　清咸豐元年(1851)戴鈞衡刻二年(1852)增刻本　十二冊

330000－1701－0060435　普 814.7/0121.2　集部/别集類/清别集

定盦文集三卷續集四卷續録一卷古今體詩二卷己亥雜詩一卷詞選四卷詞録一卷　(清)龔自珍撰　清同治七年(1868)吴煦刻本　六冊　存七卷(一至三、續集一至四)

330000－1701－0060436　普 925.1099923/0011　類叢部/叢書類/彙編之屬

心矩齋叢書十一種　(清)蔣鳳藻編　清光緒長洲蔣氏刻本　一冊　存一種

330000－1701－0060439　HJL0121　經部/春秋總義類/傳説之屬

春秋師説三卷附録二卷　(元)趙汸撰　清康熙新安趙吉士刻本　一冊

330000－1701－0060441　普 814.7/0044.2/3/(2)/c2　集部/别集類/清别集

望溪先生文集十八卷集外文十卷集外文補遺二卷　(清)方苞撰　**方望溪先生[苞]年譜一卷附録一卷**　(清)蘇惇元輯　清咸豐元年(1851)戴鈞衡刻二年(1852)增刻本　十六冊

330000－1701－0060442　HJL1570　子部/醫家類/本草之屬/歷代綜合本草

本草綱目五十二卷首一卷圖三卷奇經八脈攷一卷脈訣攷證一卷瀕湖脈學一卷　(明)李時珍撰　**本草萬方鍼線八卷藥品總目一卷**　(清)蔡烈先輯　**本草綱目拾遺十卷首一卷**　(清)趙學敏輯　清光緒十一年至十三年(1885－1887)合肥張紹棠味古齋刻本　四十冊

330000－1701－0060444　普 814.7/0044.2/3/(2)/c3　集部/别集類/清别集

望溪先生文集十八卷集外文十卷集外文補遺二卷　(清)方苞撰　**方望溪先生[苞]年譜一卷附録一卷**　(清)蘇惇元輯　清咸豐元年(1851)戴鈞衡刻二年(1852)增刻本　清守愚跋　十六冊

330000－1701－0060445　HJL2044　類叢部/叢書類/自著之屬

春在堂全書三十六種　(清)俞樾撰　清同治至光緒刻光緒末彙印本　一冊　存一種

330000－1701－0060446　HJL0122　經部/春秋總義類/傳説之屬

春秋左氏傳補註十卷　(元)趙汸撰　清康熙新安趙吉士刻本　一冊

330000－1701－0060453　普 925.1099923/3131/c2　史部/傳記類/總傳之屬/郡邑

吴郡名賢圖傳贊二十卷　(清)顧沅輯　(清)孔繼堯繪　清道光九年(1829)長洲顧氏刻本　八冊

330000－1701－0060456　HJL2045　子部/天文曆算類/算書之屬

行素軒算稿五種　(清)華蘅芳撰　清光緒八年(1882)梁溪華氏刻本　八冊

330000－1701－0060459　普 925.1099923/2630　史部/傳記類/總傳之屬/郡邑

練川名人畫象四卷附二卷續編三卷　(清)程祖慶編　清光緒四年(1878)刻本　六冊　缺二卷(續編二至三)

330000－1701－0060460　普 925.1099923/2630/2　史部/傳記類/總傳之屬/郡邑

練川名人畫象四卷附二卷　(清)程祖慶編　清道光二十九年(1849)嘉定程氏刻本　一冊

330000－1701－0060461　普 925.1099923/3131/c1　史部/傳記類/總傳之屬/郡邑

吴郡名賢圖傳贊二十卷　(清)顧沅輯　(清)孔繼堯繪　清道光九年(1829)長洲顧氏刻本　八冊

330000－1701－0060462　GP07399　經部/四書類/論語之屬/傳説

論語集註十卷　(宋)朱熹撰　清刻本　二册

330000－1701－0060464　GP07178　子部/雜著類/雜考之屬
庭立記聞四卷　(清)梁玉繩撰　(清)梁學昌等輯　清嘉慶十七年(1812)刻清白士集本　章鈺題記　四册

330000－1701－0060465　HJH0249　經部/小學類
雷刻四種　(清)雷浚輯　清光緒二年至十年(1876－1884)吳縣雷氏刻本　六册　存二種

330000－1701－0060466　G000506　子部/宗教類/佛教之屬
華嚴綸貫一卷華嚴普賢行願懺儀一卷　(晉)釋淨源編　清抄本　一册

330000－1701－0060467　普814.7/0044.2/4/c2　集部/别集類/清别集
望溪先生文集十八卷集外文十卷集外文補遺二卷　(清)方苞撰　**方望溪先生[苞]年譜一卷附録一卷**　(清)蘇惇元輯　清咸豐元年(1851)戴鈞衡刻二年(1852)增刻本　八册　存十八卷(文集一至十八)

330000－1701－0060468　G000436　子部/醫家類/傷寒金匱之屬/傷寒論
傷寒來蘇集三種　(清)柯琴撰　清刻本　二册　存一種

330000－1701－0060470　HJL0123　經部/春秋總義類/傳説之屬
春秋屬辭十五卷　(元)趙汸撰　清康熙新安趙吉士刻本　四册

330000－1701－0060471　普814.7/0044.2/5　集部/别集類/清别集
望溪先生文集十八卷集外文十卷集外文補遺二卷　(清)方苞撰　**方望溪先生[苞]年譜一卷附録一卷**　(清)蘇惇元輯　清宣統二年(1910)上海集成圖書公司鉛印本　十册

330000－1701－0060472　HJH0250　經部/書類/傳説之屬
書經集傳六卷　(宋)蔡沈撰　清光緒六年(1880)湖州醉六堂刻本　四册

330000－1701－0060475　G000494、G000495、G004255　子部/醫家類/類編之屬
陳修園醫書三十二種　(清)陳念祖等撰　清光緒三十三年至宣統元年(1907－1909)四川善成堂刻本　六册　存二種

330000－1701－0060476　G000437　子部/醫家類/綜合之屬/通論
羣玉山房重校醫宗必讀十卷　(明)李中梓撰　清光緒九年(1883)羣玉山房刻本　一册　存二卷(一至二)

330000－1701－0060477　GP07179　集部/别集類/清别集
缾水齋詩集十七卷别集二卷　(清)舒位撰　清嘉慶二十一年(1816)揚州巴氏刻本　清湯淺榮題記　六册

330000－1701－0060480　HJL1568　子部/醫家類/類編之屬
周氏醫學叢書(周澂之評注醫書、周氏彙刻醫學叢書)初集十二種二集十一種三集六種　(清)周學海編　清光緒至宣統池陽周氏刻宣統三年(1911)福慧雙修館彙印本　七十二册

330000－1701－0060481　HJL0251　經部/小學類/音韻之屬
矩齋所學　勞乃宣撰　清光緒至民國刻本　五册　存五種

330000－1701－0060482　普814.7/0121.2/2　集部/别集類/清别集
定盦文集三卷續集四卷補編四卷餘集一卷文集補續録一卷詩集二卷詩續集一卷别集二卷　(清)龔自珍撰　清光緒二十四年(1898)浙省寶晉齋石印本　三册　缺六卷(文集補續録、詩集一至二、詩續集、别集一至二)

330000－1701－0060483　G000496、G010032　子部/術數類/占卜之屬
增删卜易六卷　(清)野鶴老人撰　(清)李文輝增删　清刻本　六册

330000－1701－0060484　HJH1184　類叢

部/叢書類/自著之屬

真西山全集(西山真文忠公全集、真文忠公全集)七種　(宋)真德秀撰　清康熙真氏家祠刻乾隆至同治三年(1864)遞修本　一百冊

330000－1701－0060486　HJL0124　經部/易類/傳說之屬

易確二十卷首一卷　(清)許桂林撰　清道光十五年(1835)江寧劉文奎局刻本　八冊

330000－1701－0060487　普814.7/00441/c2　類叢部/叢書類/彙編之屬

式訓堂叢書四十一種　(清)章壽康編　清光緒會稽章氏刻本　四冊　存一種

330000－1701－0060488　G000438　子部/醫家類/綜合之屬/通論

經綸堂詳校醫宗必讀五卷　(明)李中梓撰　清經綸堂刻本　三冊　存三卷(一至三)

330000－1701－0060490　普814.7/0121.2/3/c2　集部/别集類/清別集

定盦文集三卷續集四卷補編四卷定盦續錄一卷餘集一卷　(清)龔自珍撰　清光緒二十八年(1902)浙省文彙書局鉛印本　四冊

330000－1701－0060491　普814.7/00442　集部/别集類/清別集

竹石居文草四卷　(清)童華撰　清刻本　二冊

330000－1701－0060492　GP01330　集部/總集類/尺牘之屬

明代名人尺牘(江曲書莊所藏明人尺牘)七種　鄧實輯　清光緒上海國學保存會影印本　一冊　存一種

330000－1701－0060493　G000439　子部/醫家類/綜合之屬/通論

映雪堂詳校醫宗必讀十卷　(明)李中梓撰　清嘉慶六年(1801)刻本　一冊　存二卷(一至二)

330000－1701－0060494　G000497　類叢部/叢書類/彙編之屬

墨海金壺一百十五種　(清)張海鵬編　清嘉慶十三年至十六年(1808－1811)海虞張海鵬刻二十二年(1817)彙印本　一冊　存一種

330000－1701－0060495　HJH0252　經部/書類/分篇之屬

禹貢因一卷　(清)沈練撰　清光緒十八年(1892)溧陽沈氏歸安縣署刻本　一冊

330000－1701－0060496　GP01331　子部/藝術類/書畫之屬/書法書品

明王守仁高攀龍兩大儒手帖不分卷　(明)王守仁　(明)高攀龍書　清光緒三十二年(1906)上海國學保存會影印明代名人尺牘本　斌公題記　一冊

330000－1701－0060497　HJL0126　經部/春秋穀梁傳類/傳說之屬

春秋穀梁經傳補注二十四卷首一卷末一卷　(清)鍾文烝補注　清光緒二年(1876)嘉善鍾氏信美室刻本　八冊

330000－1701－0060500　G000498　集部/别集類/唐五代別集

杜律通解四卷　(唐)杜甫撰　(清)李文煒箋釋　清刻本　四冊

330000－1701－0060501　普814.7/0121.2/4　集部/别集類/清別集

定盦文集三卷定盦餘集一卷　(清)龔自珍撰　清道光三年(1823)刻本　三冊

330000－1701－0060502　HJL2046　子部/儒家類/儒學之屬/禮教

省言一卷　(清)劉友尚撰　清刻本　一冊

330000－1701－0060503　GP01332　集部/總集類/尺牘之屬

明代名人尺牘(江曲書莊所藏明人尺牘)七種　鄧實輯　清光緒上海國學保存會影印本　一冊　存一種

330000－1701－0060504　HJH0253　經部/小學類/文字之屬/說文/傳說

段氏說文注訂八卷　(清)鈕樹玉撰　清同治十三年(1874)湖北崇文書局刻本　二冊

330000－1701－0060505　GP07180　子部/雜著類/雜纂之屬

荷廊筆記四卷　(清)俞洵慶撰　清光緒十一年(1885)羊城富文齋刻本　四册

330000－1701－0060506　普 814.7/00443　類叢部/叢書類/自著之屬

清吟堂全集十四種　(清)高士奇撰　清康熙刻本　二册　存二種

330000－1701－0060507　G000440　子部/醫家類/本草之屬/神農本草經

本經疏證十二卷續疏六卷序疏要八卷　(清)鄒澍撰　清光緒常州長年醫局刻本　二册　存五卷(二至三、續疏四至六)

330000－1701－0060508　普 925.1099923/3131/2　史部/傳記類/總傳之屬/郡邑

吳郡名賢圖傳贊二十卷　(清)顧沅輯　(清)孔繼堯繪　清道光九年(1829)長洲顧氏刻本　十册

330000－1701－0060513　HJH0254　經部/四書類/總義之屬/傳說

四書集註十九卷　(宋)朱熹撰　清光緒三十二年(1906)上海商務印書館鉛印本　五册　缺二卷(孟子四至五)

330000－1701－0060515　普 814.7/0121.2/5　集部/别集類/清别集

定盦文集三卷續集四卷續録一卷古今體詩二卷雜詩一卷詞選四卷詞録一卷定盦餘集一卷　(清)龔自珍撰　清光緒二十八年(1902)上海鴻文書局鉛印本　三册

330000－1701－0060516　普 814.7/0047　子部/雜家類/雜說之屬

一山經說二卷雜文一卷　章梫撰　清宣統元年(1909)京華印書局鉛印本　一册　存一卷(雜文)

330000－1701－0060517　HJL2047　子部/醫家類/喉科口齒之屬/喉痧

喉痧至論一卷　(清)過鑄撰　清刻本　一册

330000－1701－0060518　G000499　集部/别集類/清别集

春蘿書屋詩一卷　(清)宋五仁撰　清嘉慶九年(1804)世恩堂刻本　一册

330000－1701－0060519　HJL0127　經部/叢編

宋本十三經註疏併經典釋文校勘記　(清)阮元撰　清嘉慶二十一年(1816)揚州阮氏文選樓刻本　三十四册

330000－1701－0060522　G000500　經部/易類/圖說之屬

易學啓蒙一卷　(宋)朱熹撰　清同治六年(1867)望三益齋刻本　一册

330000－1701－0060524　普 814.7/0121.2/6　集部/别集類/清别集

定盦文集三卷續集四卷續録一卷古今體詩二卷己亥雜詩一卷詞選四卷詞録一卷　(清)龔自珍撰　清同治七年(1868)吳煦刻本　三册

330000－1701－0060527　HJL2048　類叢部/叢書類/彙編之屬

函海一百五十二種　(清)李調元編　清乾隆綿州李氏萬卷樓刻嘉慶十四年(1809)李鼎元、道光五年(1825)李朝夔重校補刻本　四册　存一種

330000－1701－0060528　GP07400　子部/雜著類/雜編之屬

事類數目攷二十卷　(清)陳永書輯　清乾隆十四年(1749)如蘭齋刻本　四册　存十卷(一至十)

330000－1701－0060529　HJL2051　類叢部/叢書類/自著之屬

蝶訪居所輯書　(清)徐士鑾撰　清光緒津門徐氏蜨園刻民國十九年(1930)徐世章彙印本　四册　存一種

330000－1701－0060531　GP07181　類叢部/叢書類/彙編之屬

文選樓叢書三十三種　(清)阮亨編　清嘉慶至道光阮元刻道光二十二年(1842)阮亨彙印本　十八册　存一種

330000－1701－0060537　G000441　子部/叢編

釋氏十三經　清同治八年至十年(1869－1871)金陵刻經處刻本　二册　存一種

330000－1701－0060538　普 814.7/0121.2/6/1　集部/别集類/清别集

定盦文集補編四卷　(清)龔自珍撰　(清)朱之榛輯　清光緒十二年(1886)平湖朱氏刻本　一册

330000－1701－0060539　HJH0129　經部/書類/傳說之屬

尚書大傳四卷　(漢)鄭玄注　**尚書大傳補遺一卷**　(清)盧見曾撰　**尚書大傳考異一卷續補遺一卷**　(清)盧文弨撰　清嘉慶五年(1800)山陰沈氏刻愛日艸廬印本　一册

330000－1701－0060541　GP07386　子部/雜著類/雜說之屬

草木子四卷　(明)葉子奇撰　清乾隆二十七年(1762)蘇遇龍刻本　二册

330000－1701－0060544　普 814.7/0121.3/c1　集部/别集類/清别集

定盦文集補編四卷　(清)龔自珍撰　(清)朱之榛輯　清光緒十二年(1886)平湖朱氏刻本　二册

330000－1701－0060546　HJH2049　類叢部/叢書類/彙編之屬

文選樓叢書三十三種　(清)阮亨編　清嘉慶至道光阮元刻道光二十二年(1842)阮亨彙印本　十一册　存一種

330000－1701－0060547　HJH0256　經部/叢編

古經解彙函十六種附小學彙函十四種　(清)鍾謙鈞等輯　清同治十二年(1873)粵東書局刻本　四册　存古經解彙函一種

330000－1701－0060548　GP07182　集部/别集類/清别集

滄洲近詩十卷　(清)陳鵬年撰　清乾隆二十七年(1762)陳樹芝刻本　六册

330000－1701－0060550　普 814.7/00471　集部/别集類/清别集

望雲館文稿一卷詩稿一卷　(清)章鋆撰　(清)章鏊編　清光緒十四年(1888)刻本　一册

330000－1701－0060551　G000442　集部/小說類/長篇之屬

第一才子書(增像三國全圖演義)六十卷首一卷一百二十回　(明)羅本撰　(清)毛宗崗評　清光緒二十八年(1902)上海點石齋石印本　一册　存二卷(首、一)

330000－1701－0060554　HJH0130　子部/儒家類/儒學之屬/蒙學

小學纂註六卷朱子小學總論一卷　(清)高愈撰　**文公朱夫子[熹]年譜一卷**　題(宋)李方子撰　清光緒十四年(1888)蘇州掃葉山房刻本　四册

330000－1701－0060555　普 925.1099923/7521　史部/傳記類/總傳之屬/郡邑

金陵通傳四十五卷補遺四卷　陳作霖撰　**金陵通傳續傳一卷補傳一卷姓名韻編一卷**　陳詒紱輯　清光緒三十年(1904)江寧陳氏瑞華館刻民國八年(1919)增刻本　八册

330000－1701－0060556　HJL0258　經部/三禮總義類/通論之屬

讀禮條考二十卷　(清)王曜南撰　清光緒二十三年(1897)武林尚友齋石印本　六册

330000－1701－0060558　HJH0259　經部/三禮總義類/通論之屬

讀禮條考二十卷　(清)王曜南撰　清光緒二十三年(1897)武林尚友齋石印本　六册

330000－1701－0060560　普 814.7/0121.3/c3　集部/别集類/清别集

定盦文集補編四卷　(清)龔自珍撰　(清)朱之榛輯　清光緒十二年(1886)平湖朱氏刻二十八年(1902)重修本　二册

330000－1701－0060561　HJL2050　子部/醫家類/方書之屬/歷代方書

蘇沈内翰良方十卷 （宋）蘇軾 （宋）沈括撰 清光緒二十三年（1897）武強賀氏刻本 四册

330000－1701－0060562 HJL0260 類叢部/類書類/專類之屬

十三經分類政要十卷 （清）周世樟撰 清光緒二十八年（1902）教育世界社石印本 八册

330000－1701－0060565 HJH1185 類叢部/類書類/通類之屬

玉海二百卷辭學指南四卷詩攷一卷詩地理攷六卷漢藝文志攷證十卷通鑑地理通釋十四卷漢制攷四卷踐阼篇集解一卷急就篇補注四卷小學紺珠十卷姓氏急就篇二卷六經天文編二卷周易鄭康成注一卷周書王會補注一卷通鑑答問五卷 （宋）王應麟撰 清嘉慶十一年（1806）江寧藩署刻本 一百册

330000－1701－0060566 HJL1561 史部/政書類/律令之屬/刑制

明刑管見録一卷 （清）穆翰撰 清光緒三十年（1904）浙江官書局刻本 一册

330000－1701－0060567 HJH0131 經部/叢編

十三經讀本 （清）□□編 清同治金陵書局刻本 二册 存一種

330000－1701－0060568 GP07183 集部/總集類/郡邑之屬

蛟川先正文存二十卷補遺一卷 （清）陳繼聰編 清光緒八年（1882）刻本 十册

330000－1701－0060570 HJL0132 經部/小學類/訓詁之屬/群雅

拾雅二十卷 （清）夏味堂撰 （清）夏紀堂注 清道光二年（1822）刻高郵夏氏遂園印本 十册

330000－1701－0060573 G000515 集部/曲類/寶卷之屬

山西平陽府平陽邨秀女寶卷全集一卷 清光緒七年（1881）刻本 一册

330000－1701－0060575 HJL1686 子部/小說家類/異聞之屬

陰陽鏡十六卷 （清）湯承萁輯 清同治元年（1862）刻本 十六册

330000－1701－0060577 G000443、G005868 子部/農家農學類/園藝之屬/花卉

秘傳花鏡六卷圖一卷 （清）陳淏子撰 清刻本 儲椒生題記 二册 存二卷（三至四）

330000－1701－0060578 普 814.7/0121.6/c1 集部/别集類/清别集

定盦文集三卷續集四卷續録一卷古今體詩二卷己亥雜詩一卷詞選四卷詞録一卷 （清）龔自珍撰 清同治七年（1868）吳煦刻本 一册 存三卷（一至三）

330000－1701－0060580 普 814.7/0121.6/c2 集部/别集類/清别集

定盦文集三卷續集四卷續録一卷古今體詩二卷己亥雜詩一卷詞選四卷詞録一卷 （清）龔自珍撰 清同治七年（1868）吳煦刻本 一册 存三卷（一至三）

330000－1701－0060581 GP07401 類叢部/叢書類/彙編之屬

祕書廿一種 （清）汪士漢編 清康熙七年（1668）新安汪氏重編印古今逸史本 一册 存一種

330000－1701－0060584 HJL1186 集部/總集類/課藝之屬

梁溪務實學堂課文第一編 （清）尤桐輯 清光緒二十八年（1902）無錫梁溪務實學堂石印本 二册 存一種

330000－1701－0060586 GP07184 集部/别集類/宋别集

廬陵周益國文忠公集二百卷附録五卷 （宋）周必大撰 **周益國文忠公［必大］年譜一卷** （宋）周綸編 清光緒二十五年（1899）周日新堂刻本 十九册 存一百一卷（省齋文稾一至四十、平園續稾一至四十、省齋别稾一至十、詞科舊稾一至三、掖垣類稾一至七、年譜）

330000－1701－0060588 普 814.7/0121.6/2

集部/别集類/清別集

定盦文集三卷續集四卷補編四卷詞選三卷文拾遺一卷文集補二卷餘集二卷　(清)龔自珍撰　**定盦先生[龔自珍]年譜一卷**　吴昌綬編　清宣統元年(1909)上海國學扶輪社鉛印本　一册　存三卷(一至三)

330000－1701－0060591　HJL1566　子部/雜著類/雜考之屬

斠補隅録十四卷　(清)蔣光煦編　清光緒九年(1883)蔣廷黻刻本　六册

330000－1701－0060592　GP07185　子部/醫家類/類編之屬

萬密齋醫書十種　(明)萬全撰　清刻本　二十四册

330000－1701－0060593　普814.7/0121.6/3　集部/别集類/清别集

定盦文集三卷續集四卷補編四卷定盦續錄一卷餘集一卷　(清)龔自珍撰　清光緒二十八年(1902)浙省文彙書局鉛印本　一册　存三卷(一至三)

330000－1701－0060594　GP07387　子部/道家類

莊子獨見三十三卷　(清)胡文英撰　清乾隆十七年(1752)聚文堂刻本　四册

330000－1701－0060595　HJL0013　經部/小學類

小學類編六種附三種　(清)李祖望編　清咸豐至光緒江都李氏半畝園刻本　一册　存一種附一種

330000－1701－0060597　G000444　子部/叢編

二十五子彙函　(清)鴻文書局編　清光緒十九年(1893)上海鴻文書局石印本　一册　存一種

330000－1701－0060598　普814.7/0121.7　類叢部/叢書類/彙編之屬

風雨樓叢書二十三種　鄧實編　清宣統順德鄧氏鉛印本　二册　存二種

330000－1701－0060600　HJL2053　子部/雜著類/雜考之屬

十駕齋養新錄二十卷餘錄三卷　(清)錢大昕撰　**錢辛楣先生年譜一卷**　(清)錢大昕編　(清)錢慶曾校注　**竹汀居士[大昕]年譜續編一卷**　(清)錢慶曾撰　清光緒二年(1876)浙江書局刻本　八册

330000－1701－0060602　HJL1187　新學/雜著/叢編

西學大成五十六種　(清)王西清　(清)盧梯青編　清光緒十四年(1888)上海大同書局石印本　十二册

330000－1701－0060603　G000501　子部/醫家類/方書之屬/單方驗方

普濟應驗良方八卷末一卷　(清)德軒氏輯　**達生編一卷**　(清)亟齋居士撰　清同治元年(1862)興化刻本　一册　存六卷(普濟應驗良方五至八、末、達生編)

330000－1701－0060605　普814.7/0121.7/2　集部/别集類/清别集

龔定盦集外未刻詩一卷　(清)龔自珍撰　清宣統三年(1911)上海秋星社石印本　一册

330000－1701－0060609　HJH1565　史部/政書類/律令之屬/刑制

重修名法指掌圖四卷　(清)沈辛田撰　(清)徐灝重訂　清同治九年(1870)湖北崇文書局刻本　四册

330000－1701－0060610　G000502　子部/叢編

子書二十八種　(清)育文書局編　清末育文書局石印本　一册　存一種

330000－1701－0060611　普814.7/0123/c2　類叢部/叢書類/彙編之屬

半厂叢書初編十種　(清)譚獻編　清同治至光緒仁和譚氏刻本　六册　存一種

330000－1701－0060615　GP07186　集部/詞類/别集之屬

太湖竹枝詞二卷　(清)葉承桂撰　清咸豐三

年(1853)石林園刻本　一册

330000－1701－0060616　普814.7/0123/c3　類叢部/叢書類/彙編之屬
半厂叢書初編十種　(清)譚獻編　清同治至光緒仁和譚氏刻本　六册　存二種

330000－1701－0060617　HJH1564　新學/交涉/公法
公法會通十卷　(瑞典)步倫氏撰　(美國)丁韙良譯　清光緒二十四年(1898)湘西怡怡書室刻本　六册

330000－1701－0060620　普814.7/0048　集部/别集類/清别集
夢硯齋遺稿八卷　(清)唐樹義撰　清同治四年(1865)唐鄂生綏定郡齋刻本　四册

330000－1701－0060621　G000504　子部/宗教類/佛教之屬/經疏
維摩詰所説經註八卷　(後秦)釋鳩摩羅什譯　(後秦)釋僧肇注　清光緒十三年(1887)金陵刻經處刻本　二册

330000－1701－0060622　HJL2056　子部/雜著類/雜説之屬
草木子四卷　(明)葉子奇撰　清光緒元年(1875)處州府署刻本　二册

330000－1701－0060623　GP07187　經部/易類/傳説之屬
知非齋易注三卷首一卷末一卷　(清)陳懋侯撰　清光緒十四年(1888)陳懋侯刻本　一册

330000－1701－0060624　G000446　子部/醫家類/類編之屬
古今醫統正脈全書四十四種　(明)王肯堂編　清刻本　一册　存三種

330000－1701－0060625　GP07388　子部/儒家類/儒學之屬/性理
近思録集解十四卷　(宋)葉采撰　清初吳郡邵仁泓刻本　二册

330000－1701－0060626　HJH0264　類叢部/叢書類/郡邑之屬
永嘉叢書十三種　(清)孫衣言編　清同治至光緒瑞安孫氏詒善祠塾刻本　十六册　存一種

330000－1701－0060627　HJL1562　子部/醫家類/綜合之屬/通論
羣玉山房重校醫宗必讀十卷　(明)李中梓撰　清光緒九年(1883)羣玉山房刻本　五册

330000－1701－0060628　普814.7/0123/2　類叢部/叢書類/彙編之屬
半厂叢書初編十種　(清)譚獻編　清同治至光緒仁和譚氏刻本　四册　存二種

330000－1701－0060629　普814.7/0054　類叢部/叢書類/自著之屬
儀衛軒全集四種　(清)方東樹撰　清同治方宗誠刻本　六册　存一種

330000－1701－0060633　普925.1099924/0013/c1　史部/傳記類/總傳之屬/家乘
[浙江永康]應氏先型録六卷首一卷　(清)應正祿等纂修　**芝英應氏家規一卷**　(清)應杰撰　清同治五年(1866)上海道署刻本　一册

330000－1701－0060634　HJL1717　子部/宗教類/道教之屬/戒律
太上感應篇説穎四卷　(清)柯汝霖撰　清光緒五年(1879)拜善堂柯氏刻本　二册

330000－1701－0060636　普814.7/0054/(3)　類叢部/叢書類/自著之屬
儀衛軒全集四種　(清)方東樹撰　清同治方宗誠刻本　五册　存一種

330000－1701－0060637　GP07189　集部/詩文評類/詩評之屬
漁隱叢話前集六十卷後集四十卷　(宋)胡仔撰　清乾隆五年至六年(1740－1741)海鹽楊佑啓耘經樓刻本　八册

330000－1701－0060641　GP07402　集部/小説類/長篇之屬
新刻逸田叟女仙外史大奇書一百回　(清)吕熊撰　清康熙五十年(1711)釣璜軒刻本　十九册　存九十五回(一至九十五)

330000－1701－0060643　HJL0265　經部/小學類/訓詁之屬/譯語
清漢文海四十卷　(清)巴尼琿編　清道光元年(1821)江南駐防衙門刻本　二十冊

330000－1701－0060644　G000447　子部/醫家類/方書之屬/單方驗方
名醫方論四卷　(清)羅美　(清)柯琴輯並評　清康熙十四年(1675)古懷堂刻本　一冊　存一卷(一)

330000－1701－0060645　HJL1189　史部/傳記類/總傳之屬/儒林
明儒學案十六卷　(清)黃宗羲撰　清光緒二十八年(1902)上海文瀾書局石印本　八冊

330000－1701－0060647　普 925.1099924/0013/c2　史部/傳記類/總傳之屬/家乘
[浙江永康]應氏先型録六卷首一卷　(清)應正禄等纂修　**芝英應氏家規一卷**　(清)應杰撰　清同治五年(1866)上海道署刻本　一冊

330000－1701－0060648　普 814.7/0123/3/c1　類叢部/叢書類/彙編之屬
半厂叢書初編十種　(清)譚獻編　清同治至光緒仁和譚氏刻本　六冊　存一種

330000－1701－0060650　HJH0266　經部/三禮總義類/名物制度之屬
求古録禮説十六卷補遺一卷　(清)金鶚撰　**校勘記三卷**　(清)王士駿輯　清光緒二年(1876)吳縣孫憙刻本　十冊

330000－1701－0060652　HJL1190　子部/醫家類/類編之屬
薛氏醫案二十四種　(明)吳琯編　清末至民國初上海朱氏煥文書局石印本　二十四冊

330000－1701－0060654　HJL0014　類叢部/叢書類/自著之屬
石遺室叢書十九種　陳衍撰　清光緒至民國刻本　一冊　存一種

330000－1701－0060656　普 814.7/0123/3/c3　類叢部/叢書類/彙編之屬
半厂叢書初編十種　(清)譚獻編　清同治至光緒仁和譚氏刻本　四冊　存一種

330000－1701－0060660　普 814.7/0123.2　集部/别集類/清别集
復堂文續五卷　(清)譚獻撰　清光緒二十七年(1901)刻刻鵠齋叢書本　章嶔題記　四冊

330000－1701－0060662　普 814.7/0128/2　集部/别集類/清别集
定山堂古文小品二卷　(清)龔鼎孳撰　清宣統二年(1910)上海國學昌明社石印本　二冊

330000－1701－0060663　普 925.1099924/0833/c1　史部/傳記類/總傳之屬/郡邑
海寧鄉賢録一卷　(清)許湝祥輯　清光緒二十九年(1903)刻本　二冊

330000－1701－0060664　普 814.7/0128.2　集部/别集類/清别集
定山堂古文小品二卷　(清)龔鼎孳撰　清宣統二年(1910)上海國學昌明社石印本　二冊

330000－1701－0060665　GP07191　集部/别集類/唐五代别集
杜詩本義二卷　(唐)杜甫撰　(清)齊翀集注　清乾隆四十七年(1782)刻本　二冊

330000－1701－0060666　GP07389　子部/儒家類/儒學之屬/性理
近思録集解十四卷　(宋)葉采撰　清初吳郡邵仁泓刻本　二冊

330000－1701－0060667　HJL0015　經部/小學類/文字之屬/説文
説文新附攷六卷續攷一卷　(清)鈕樹玉撰　清嘉慶六年(1801)非石居刻同治七年(1868)碧螺山館補刻本　一冊

330000－1701－0060670　HJL0016　經部/小學類
雷刻四種　(清)雷浚輯　清光緒二年至十年(1876－1884)吳縣雷氏刻本　一冊　存一種

330000－1701－0060677　GP07380　類叢部/叢書類/彙編之屬
二老閣叢書四十二種　(清)鄭風編　清康熙

至嘉慶刻本　四冊　存一種

330000－1701－0060679　HJH814.3/4480.06/c3　集部/别集類/唐五代别集
韓集點勘四卷　(清)陳景雲撰　清同治九年(1870)江蘇書局刻本　一册

330000－1701－0060680　普925.1099924/0833/c2　史部/傳記類/總傳之屬/郡邑
海寧鄉賢録一卷　(清)許湝祥輯　清光緒二十九年(1903)刻本　二册

330000－1701－0060681　HJH1690　子部/叢編
二十二子(二十二子彙函)　(清)浙江書局編　清光緒元年至三年(1875－1877)浙江書局刻本　二册　存一種

330000－1701－0060683　HJH814.3/4480.06/c4　集部/别集類/唐五代别集
韓集點勘四卷　(清)陳景雲撰　清同治九年(1870)江蘇書局刻本　一册

330000－1701－0060684　HJL2064　子部/儒家類/儒學之屬/蒙學
人範六卷　(清)蔣元輯　(清)顧廣譽增輯　清光緒二十六年(1900)江南格致書院刻本　二册

330000－1701－0060685　普925.1099924/0844　史部/傳記類/總傳之屬/郡邑
武林人物新志六卷　(清)施朝幹輯　清道光十五年(1835)刻本　劉承幹題記　二册

330000－1701－0060686　HJH814.3/4480.071/(2)　集部/别集類/唐五代别集
韓文起十二卷　(唐)韓愈撰　(清)林雲銘評註　**韓文公[愈]年譜一卷**　(清)林雲銘撰　清康熙三十二年(1693)林氏建陽刻本　六册

330000－1701－0060687　HJH1691　子部/雜著類/雜考之屬
東塾讀書記二十五卷　(清)陳澧撰　清光緒二十七年(1901)邵州勸學書舍刻本(卷十三至十四、十七至二十、二十二至二十五原缺)　劉承幹題簽　六册

330000－1701－0060688　HJH0267　經部/四書類/總義之屬/傳說
四書或問三十九卷　(宋)朱熹撰　清刻本　八册　存三十四卷(論語一至二十、孟子一至十四)

330000－1701－0060689　普814.7/0064　集部/别集類/清别集
虚白室文鈔四卷詩鈔十四卷　(清)方昌翰撰　清光緒十三年(1887)刻本　六册

330000－1701－0060694　HJL1192　子部/儒家類/儒學之屬/蒙學
呂近溪先生小兒語一卷　(明)呂得勝撰　林紓述義　清光緒三十三年(1907)上海商務印書館鉛印本　一册

330000－1701－0060698　HJL1693　子部/儒家類/儒學之屬/禮教
人鑑三卷　(清)湯自銘纂　清同治十一年(1872)泰興襟江書院刻本　二册

330000－1701－0060699　HJL0020　經部/四書類/總義之屬/專著
四書摭餘說七卷　(清)曹之升撰　清嘉慶十九年(1814)刻本　四册

330000－1701－0060700　普814.7/0070　集部/别集類/清别集
章實齋先生遺書六卷附録一卷　(清)章學誠撰　清宣統二年(1910)霍邱王潛剛鉛印本　四册

330000－1701－0060701　普925.1099924/1029/(3)　類叢部/叢書類/自著之屬
率祖堂叢書(金仁山先生遺書、婺學十四種)八種附六種　(宋)金履祥撰　清雍正至乾隆金華金氏刻光緒十三年(1887)鎮海謝駿德補刻本　七册　存附一種

330000－1701－0060702　HJL1193　子部/雜著類/雜考之屬
日知録集釋三十二卷刊誤二卷續刊誤二卷　(清)黃汝成撰　清光緒三年(1877)刻本　劉承幹題簽　十五册　存三十五卷(二至三十

二、刊誤一至二、續刊誤一至二）

330000－1701－0060703　GP07390　子部/儒家類/儒學之屬/性理
二程子遺書纂二卷外書纂一卷　（宋）程顥（宋）程頤撰　（清）李光地輯　清刻本　二册

330000－1701－0060704　HJH0268　經部/小學類/文字之屬/説文
説文通訓定聲十八卷分部柬韻一卷説雅一卷古今韻準一卷　（清）朱駿聲撰　（清）朱鏡蓉參訂　**皇清敕授文林郎國子監博士銜揀選知縣揚州府學教授允倩府君［朱駿聲］行述一卷**　朱孔彰撰　清道光二十九年（1849）刻同治九年（1870）朱孔彰臨嘯閣補刻本　二十四册

330000－1701－0060705　普 814.7/0130　集部/别集類/清别集
賜硯齋集十二卷　（清）龍汝言撰　清道光十六年（1836）刻本　八册　缺五卷（八至十二）

330000－1701－0060706　GP07382　史部/傳記類/别傳之屬
誠孝録一卷　（清）謝丕勳編　清道光七年（1827）刻本　一册

330000－1701－0060707　HJL1694　子部/儒家類/儒學之屬/俗訓
萬應靈方集七卷　（清）費梧撰　清光緒十九年（1893）仙潭居敬齋刻本　四册

330000－1701－0060708　G000503　子部/醫家類/綜合之屬/通論
嵩厓尊生書十五卷　（清）景日昣撰　清刻本　一册　存二卷（一至二）

330000－1701－0060710　HJL2066　子部/兵家類/兵法之屬
讀史兵略四十六卷　（清）胡林翼撰　清咸豐十一年（1861）武昌節署刻本　十六册

330000－1701－0060712　HJH1194　史部/雜史類/斷代之屬
經略洪承疇奏對筆記二卷　（清）洪承疇撰　清光緒十六年（1890）上海廣百宋齋鉛印本　一册

330000－1701－0060715　HJL1195　集部/總集類/課藝之屬
兩江課藝匯編五卷　（清）程宗裕編　清光緒二十七年（1901）實學書社鉛印本　四册

330000－1701－0060716　HJH0637　經部/叢編
通志堂經解一百三十九種　（清）納蘭成德輯　清同治十二年（1873）粵東書局刻本　五百册　缺二卷（春秋師説附録一至二）

330000－1701－0060717　HJL2067　子部/天文曆算類/算書之屬
李氏遺書十一種　（清）李鋭撰　清道光三年（1823）儀徵阮元刻本　六册　存十種

330000－1701－0060718　普 327.5152/0035　史部/政書類/公牘檔册之屬
交還奉天省南邊地方條約一卷　清光緒刻本　一册

330000－1701－0060719　HJH1695、HJH1696　經部/四書類/總義之屬/傳説
四書典林三十卷四書古人典林十二卷　（清）江永輯　清咸豐二年（1852）慎德堂刻本　十六册

330000－1701－0060720　普 814.7/0131　集部/别集類/清别集
遺陽瑣語三卷旅中雜詩一卷　（清）譚汝玉撰　清光緒二十六年（1900）求在我簃刻本　一册

330000－1701－0060721　普 925.1099924/1029/（4）/c1　類叢部/叢書類/自著之屬
率祖堂叢書（金仁山先生遺書、婺學十四種）八種附六種　（宋）金履祥撰　清雍正至乾隆金華金氏刻光緒十三年（1887）鎮海謝駿德補刻本　八册　存附一種

330000－1701－0060723　HJL0269　經部/小學類/文字之屬/字書/字典
古今文字通釋十四卷愛吾廬題跋一卷　（清）呂世宜撰　清光緒五年（1879）龍溪林維源刻本　八册

330000－1701－0060724　G000448　子部/醫家類/傷寒金匱之屬/傷寒論

劉河間傷寒三書二十卷　(金)劉完素撰　清刻本　一册　存一卷(新刊註釋素問玄機原病式一)

330000－1701－0060725　G000505、G002731　史部/地理類/方志之屬/通志

[雍正]敕修浙江通志二百八十卷首三卷　(清)李衛　(清)嵇曾筠等修　(清)沈翼機　(清)傅王露等纂　清乾隆元年(1736)刻嘉慶十七年(1812)校補印本　六十八册　存一百七十三卷(八十五至一百七、一百十至一百三十三、一百四十一至二百四十、二百四十四至二百六十、二百六十六至二百七十、二百七十五至二百七十六、二百七十九至二百八十)

330000－1701－0060727　普 814.7/0133/c1　集部/别集類/清别集

希古堂文甲集二卷乙集六卷　(清)譚宗浚撰　清光緒十六年(1890)羊城刻本　四册

330000－1701－0060731　普 925.1099924/1029/(4)/c2　類叢部/叢書類/自著之屬

率祖堂叢書(金仁山先生遺書、婺學十四種)八種附六種　(宋)金履祥撰　清雍正至乾隆金華金氏刻光緒十三年(1887)鎮海謝駿德補刻本　八册　存附一種

330000－1701－0060732　普 327.5152/5067　史部/政書類/邦交之屬

中日馬關新約一卷　清光緒刻本　一册

330000－1701－0060733　HJL1697　子部/醫家類/醫案之屬

古今醫案按選四卷　(清)俞震輯　(清)王世雄選　清光緒三十年(1904)會稽董氏取斯堂刻本　四册

330000－1701－0060734　GP07381　史部/傳記類/别傳之屬

備乘不分卷　(清)潘曾煒等撰　清咸豐七年(1857)斆閒艸堂刻本　一册

330000－1701－0060735　普 814.7/0071　集部/總集類/郡邑之屬

粤十三家集　(清)伍元薇輯　清道光二十年(1840)南海伍氏詩雪軒刻本　三册　存一種

330000－1701－0060736　GP07192　集部/總集類/氏族之屬

金陵朱氏家集三十種　(清)朱緒曾輯　清道光二十年(1840)刻本　四册

330000－1701－0060737　HJL0041　經部/易類/傳說之屬

周易本義十卷易圖一卷五贊一卷筮儀一卷　(宋)朱熹撰　清刻本　二册

330000－1701－0060738　普 925.1099924/1029/(4)/c3　類叢部/叢書類/自著之屬

率祖堂叢書(金仁山先生遺書、婺學十四種)八種附六種　(宋)金履祥撰　清雍正至乾隆金華金氏刻光緒十三年(1887)鎮海謝駿德補刻本　四册　存附一種

330000－1701－0060739　HJL2068　子部/藝術類/遊藝之屬/棋弈

蝸簃奕錄八種　(清)黄霞等撰　(清)鮑鼎輯　清光緒蝸簃刻本　九册

330000－1701－0060740　HJL0271　類叢部/叢書類/自著之屬

煙嶼樓集四種　(清)徐時棟撰　清同治至光緒刻彙印本　二册　存一種

330000－1701－0060742　普 814.7/0133/c4　集部/别集類/清别集

希古堂文甲集二卷乙集六卷　(清)譚宗浚撰　清光緒十六年(1890)羊城刻本　八册

330000－1701－0060747　HJH1197　史部/職官類/官箴之屬

牧令全書二十三卷　(清)丁日昌輯　清同治七年(1868)江蘇書局刻本　十四册

330000－1701－0060749　普 327.5152/506　史部/政書類/邦交之屬

中日會議東三省事宜條約一卷　清光緒三十一年(1905)上海製造局圖書處鉛印本　一册

330000－1701－0060750　HJH0272、HJH0274　類叢部/叢書類/彙編之屬
崇文書局彙刻書三十一種　(清)崇义書局編　清光緒元年至三年(1875－1877)湖北崇文書局刻本　八冊　存二種

330000－1701－0060752　普814.7/0133/2　集部/别集類/清别集
希古堂文甲集二卷乙集六卷　(清)譚宗浚撰　清光緒十六年(1890)羊城刻本　四冊

330000－1701－0060753　HJL0091　經部/書類/分篇之屬
禹貢因一卷　(清)沈練撰　清光緒十八年(1892)溧陽沈氏歸安縣署刻本　一冊

330000－1701－0060756　GP07193　史部/傳記類/科舉録之屬/歷科登科録
國朝歷科題名碑録初集不分卷附明洪武至崇禎各科題名録不分卷　(清)李周望等輯　清康熙五十九年(1720)刻雍正乾隆嘉慶道光遞增刻本　章嶔題記　十二冊

330000－1701－0060757　HJH814.3/4480.2/2/c2　集部/别集類/唐五代别集
重刊五百家註音辯昌黎先生文集四十卷　(唐)韓愈撰　(宋)魏仲舉輯注　清刻本　傅雲岑題記　十二冊

330000－1701－0060759　普327.5158/4462　史部/政書類/邦計之屬/貿易
韓國條約一卷　清光緒二十五年(1899)刻本　一冊

330000－1701－0060760　HJL0275　經部/小學類/音韻之屬/韻書
音韻闡微十八卷韻譜一卷　(清)李光地等撰　清光緒七年(1881)淮南書局刻本　六冊

330000－1701－0060761　HJL1198　類叢部/叢書類/彙編之屬
埽葉山房叢鈔二十六種　(清)席威編　清同治至光緒刻光緒九年(1883)彙印本　六冊　存一種

330000－1701－0060762　HJH0092　經部/四書類/大學之屬/傳說
大學(便蒙大學)一卷　(宋)朱熹集註　清光緒五年(1879)京都龍文閣刻本　一冊

330000－1701－0060764　HJL0276　經部/小學類/訓詁之屬/爾雅
爾雅郭注義疏二十卷　(清)郝懿行撰　清光緒十三年(1887)湖北官書處刻本　八冊

330000－1701－0060766　GP07383　子部/儒家類/儒學之屬/性理
明東陽孫石臺先生定志編二卷　(清)孫揚撰　清乾隆十五年(1750)刻本　一冊

330000－1701－0060767　普814.7/0077　集部/别集類/清别集
古文雜著二卷　(清)章陶撰　清道光九年(1829)章志楷木活字印本　二冊

330000－1701－0060768　G000449　類叢部/叢書類/家集之屬
新城王氏家集四十種　(清)□□編　明崇禎至清康熙刻彙印本　二冊　存一種

330000－1701－0060770　HJH814.3/4480.2/2/(2)　集部/别集類/唐五代别集
重刊五百家註音辯昌黎先生文集四十卷　(唐)韓愈撰　(宋)魏仲舉輯注　清刻本　十二冊

330000－1701－0060771　GP07194　子部/儒家類/儒學之屬/性理
理學統宗八卷　(清)羅玉藻輯　清道光十三年(1833)八箴書屋刻本　八冊

330000－1701－0060772　HJL0279　經部/叢編類
瑞安孫氏遺書七種　(清)孫詒讓撰　清光緒廣明書社刻本暨鉛印本　一冊　存一種

330000－1701－0060774　HJL1698　子部/藝術類/篆刻之屬/印譜
大雅山房印集不分卷　(清)蘇璠篆　清同治鈐印本　四冊

330000－1701－0060778　普814.7/0078　集

部/别集類/清別集

萬善花室文稿六卷 (清)方履籛撰 **附錄一卷** (清)李兆洛等撰 清光緒十二年(1886)小唾山館刻本 三册

330000－1701－0060779 G000450 子部/宗教類/佛教之屬/諸宗

淨土三經 清同治七年(1868)刻本 一册

330000－1701－0060782 普 814.7/0084 集部/别集類/清别集

指所齋文集四卷駢體文一卷 (清)高錫基撰 清光緒十四年(1888)刻本 四册

330000－1701－0060785 G000507 子部/宗教類/佛教之屬/經

龍藏般若經節要二卷 (清)釋戒香輯 清光緒三年(1877)浙杭昭慶慧空經房刻本 一册

330000－1701－0060788 HJH814.3/4480.4/2 集部/别集類/唐五代别集

朱文公校昌黎先生文集四十卷外集十卷遺文一卷 (唐)韓愈撰 (宋)朱熹考異 (宋)王伯大音釋 **朱文公校昌黎先生集傳一卷** 明萬曆新安朱崇沐刻天德堂印本 十六册

330000－1701－0060790 HJL0094 經部/小學類/訓詁之屬/爾雅

爾雅音圖三卷 (晉)郭璞注 (清)姚之麟摹圖 清嘉慶六年(1801)南城曾燠藝學軒刻民國十五年(1926)印本 三册

330000－1701－0060791 普 814.7/0087 集部/别集類/清别集

枕經堂文鈔二卷 (清)方朔撰 清同治刻本 二册

330000－1701－0060792 HJL0281 經部/詩類/傳説之屬

毛詩復古録十二卷首一卷 (清)吴懋清撰 清光緒二十年(1894)仁和徐琪廣州學使者署刻本 六册

330000－1701－0060793 GP07391 新學/算學/數學

數學啓蒙二卷 (英國)偉烈亞力撰 清咸豐三年(1853)江蘇松江上海墨海書館鉛印本 清姚燮題記 一册

330000－1701－0060797 普 327.5173/5083 史部/政書類/公牘檔册之屬

中美通商條約一卷 清光緒二十九年(1903)刻本 一册

330000－1701－0060798 GP07201 經部/春秋左傳類/傳説之屬

左氏節萃十卷 (清)凌璿王撰 清乾隆二十六年(1761)金閶書業堂刻本 八册

330000－1701－0060799 普 814.7/0088/c1 集部/别集類/清别集

唐確慎公集十卷首一卷末一卷 (清)唐鑑撰 清光緒元年(1875)善化賀瑗刻本 六册

330000－1701－0060800 HJL1699 子部/醫家類/綜合之屬/通論

醫學實在易八卷 (清)陳念祖撰 清末五雲樓刻本 四册

330000－1701－0060801 G000508 子部/叢編

二十二子(二十二子彙函) (清)浙江書局編 清光緒元年至三年(1875－1877)浙江書局刻本 二册 存一種

330000－1701－0060802 G000451 子部/醫家類/類編之屬

薛氏醫按二十四種 (明)吴琯編 明萬曆刻本 一册 存一種

330000－1701－0060803 普 814.7/0088/c2 集部/别集類/清别集

唐確慎公集十卷首一卷末一卷 (清)唐鑑撰 清光緒元年(1875)善化賀瑗刻本 六册

330000－1701－0060805 HJL1700 新學/醫學

婦科精藴五卷 (美國)妥瑪氏撰 (清)孔慶高譯 清光緒十五年(1889)羊城博濟醫局刻本 五册

330000－1701－0060806 HJL0282、HJL0283

類叢部/叢書類/自著之屬

師伏堂叢書十五種　(清)皮錫瑞撰　清光緒十九年至三十三年(1893－1907)善化皮氏刻本　二冊　存二種

330000－1701－0060811　普925.1099924/1123/c1　史部/傳記類/總傳之屬/郡邑

有明於越三不朽名賢圖贊一卷　(明)張岱撰　清光緒十四年(1888)山陰陳錦刻本　一冊

330000－1701－0060812　GP07203　集部/別集類/清別集

一葉秋盦曲稿　(清)華諟撰　清光緒刻本　劍伯題記　一冊　存三種

330000－1701－0060813　GP07204　集部/別集類/清別集

愚荃敝帚二卷　(清)李文安撰　清光緒九年(1883)同文書局石印本　一冊

330000－1701－0060817　G000452　子部/醫家類/婦科之屬/產科

增廣大生要旨五卷　(清)唐千頃撰　(清)葉灝增訂　清光緒惠直堂申刻本　一冊　存二卷(一至二)

330000－1701－0060818　HJH1203　子部/雜著類/雜說之屬

香祖筆記十二卷　(清)王士禛撰　清宣統三年(1911)上海掃葉山房石印本　四冊

330000－1701－0060819　普330.44/4130/c1　子部/叢編

子書百家　(清)崇文書局編　清光緒元年(1875)湖北崇文書局刻本　二冊　存一種

330000－1701－0060821　GP07198　子部/醫家類/兒科之屬/痘疹

痘學真傳八卷　(清)葉大椿撰　清嘉慶二十五年(1820)書業堂刻本　四冊

330000－1701－0060822　普814.7/0090　集部/別集類/清別集

我盦遺稾二卷　(清)高炳麟撰　清光緒十五年(1889)高駿麟等刻本　一冊

330000－1701－0060824　普330.44/4130/c2　子部/叢編

子書百家　(清)崇文書局編　清光緒元年(1875)湖北崇文書局刻本　二冊　存一種

330000－1701－0060825　HJH1204　子部/宗教類/佛教之屬

覺世經果報圖證二卷　清光緒二十一年(1895)上海書局石印本　二冊

330000－1701－0060827　普814.7/0114　集部/別集類/清別集

敬學軒文集十二卷　(清)龍廷槐撰　清道光二十二年(1842)龍元偉刻本　四冊

330000－1701－0060829　HJL2069　子部/藝術類/遊藝之屬/棋弈

尊天爵齋奕存一卷　(清)傅延燾輯　清道光二十一年(1841)尊天爵齋刻本　二冊

330000－1701－0060831　HJL1720　集部/小說類/短篇之屬

聊齋志異新評十六卷　(清)蒲松齡撰　(清)王士禛評　(清)呂湛恩注　(清)但明倫批　清道光二十二年(1842)廣順但氏刻朱墨套印本　劉承幹題簽　十六冊

330000－1701－0060832　普330.44/4130/2/c1　子部/儒家類/儒學之屬/經濟

鹽鐵論十卷　(漢)桓寬撰　**校勘小識一卷**　王先謙撰　清光緒十七年(1891)思賢講舍刻本　二冊

330000－1701－0060833　G000453　類叢部/叢書類/彙編之屬

知不足齋叢書一百九十五種　(清)鮑廷博編　(清)鮑士恭續編　清乾隆三十七年至道光三年(1772－1823)長塘鮑氏刻彙印本　二冊　存一種

330000－1701－0060835　普330.44/4130/2/c2　子部/儒家類/儒學之屬/經濟

鹽鐵論十卷　(漢)桓寬撰　**校勘小識一卷**　王先謙撰　清光緒十七年(1891)思賢講舍刻本　章嶔題簽並記　二冊

330000－1701－0060837　GP07199　子部/宗教類/道教之屬

濟一子證道秘書十七種　(清)傅金銓輯　清刻本　五册　存一種

330000－1701－0060838　G000510　經部/小學類/文字之屬/說文

王氏說文三種　(清)王筠撰　清道光至咸豐刻同治四年(1865)彙印本　二册　存一種

330000－1701－0060840　HJL2070　類叢部/叢書類/自著之屬

王漁洋遺書三十八種　(清)王士禛撰　清刻本　一百十六册　存三十四種

330000－1701－0060843　普925.1099924/2104　史部/傳記類/總傳之屬/郡邑

四明人鑑不分卷　(清)劉慈孚輯　(清)虞琴繪圖　清光緒十二年(1886)石印本　四册

330000－1701－0060844　GP07384　子部/雜著類/雜品之屬

弦雪居重訂遵生八牋十九卷目錄一卷　(明)高濂撰　清嘉慶十五年(1810)刻本　十六册

330000－1701－0060845　G000511　經部/儀禮類/傳說之屬

儀禮正義四十卷　(清)胡培翬撰　(清)楊大堉補　清咸豐二年(1852)沔陽陸建瀛刻同治七年(1868)沔陽陸光祖補刻本　十二册

330000－1701－0060846　HJH1206　史部/金石類/璽印之屬

靈芬館印存二卷　(清)郭麐篆刻　清光緒二十年(1894)昌羊室刻鈐拓本　二册

330000－1701－0060848　HJL1701　子部/藝術類/遊藝之屬/雜藝

益智圖二卷　(清)童叶庚撰　清末虎林任有容齋刻本　二册

330000－1701－0060849　GP07200　子部/宗教類/道教之屬

濟一子證道秘書十七種　(清)傅金銓輯　清刻本　五册　存一種

330000－1701－0060850　普814.7/0738/c1　集部/別集類/清別集

東埭文鈔四卷詩鈔十卷　(清)郭肇撰　清光緒二十年(1894)郭氏東埭草堂刻本　四册

330000－1701－0060852　HJH1702　類叢部/叢書類/家集之屬

董氏遺書四種　(清)董若洵編　清咸豐至同治刻彙印本　一册　存二種

330000－1701－0060853　普814.7/0738/c2　集部/別集類/清別集

東埭文鈔四卷詩鈔十卷　(清)郭肇撰　清光緒二十年(1894)郭氏東埭草堂刻本　二册

330000－1701－0060854　HJH814.3/4480.5　集部/別集類/唐五代別集

韓文起十二卷　(唐)韓愈撰　(清)林雲銘評註　**韓文公[愈]年譜一卷**　(清)林雲銘撰　清康熙三十二年(1693)林氏建陽刻本　章嶔題記並批　五册

330000－1701－0060857　G000512、G003356、G004991　經部/小學類/文字之屬/字書/字典

廣金石韻府五卷附玉篇字畧一卷　(明)朱時望撰　(清)林尚葵廣輯　(清)李根校正　清康熙九年(1670)周亮工賴古堂刻大業堂朱墨套印本　欣木題記　六册

330000－1701－0060858　HJL0284　經部/小學類/文字之屬/說文

苗氏說文四種　(清)苗夔撰　清道光至咸豐壽陽祁氏漢專亭刻本　四册

330000－1701－0060859　普814.7/0163/c1　類叢部/叢書類/自著之屬

澹靜齋全集六種　(清)龔景瀚撰　清同治八年(1869)濟南郡署刻本　八册　存一種

330000－1701－0060861　HJL1703　類叢部/叢書類/彙編之屬

敏果齋七種　(清)許乃釗編　清道光十二年至二十九年(1832－1849)錢塘許氏刻彙印本　一册　存一種

330000－1701－0060862　普 330.44/4130/4/c2　類叢部/叢書類/彙編之屬
廣漢魏叢書九十六種　(明)何允中編　明刻本　三册　存一種

330000－1701－0060863　GP07216　集部/總集類/郡邑之屬
婁水琴人集十卷　(清)周煜等輯　清道光十年(1830)間有餘齋刻本　十册

330000－1701－0060864　普 814.7/0163/c2　類叢部/叢書類/自著之屬
澹靜齋全集六種　(清)龔景瀚撰　清同治八年(1869)濟南郡署刻本　八册　存一種

330000－1701－0060866　HJH814.3/4480.62　集部/别集類/唐五代别集
韓子粹言一卷　(唐)韓愈撰　(清)李光地選　清康熙五十二年(1713)教忠堂刻本　二册

330000－1701－0060867　HJL1704　子部/天文曆算類/曆法之屬
[清乾隆四十一年至光緒四年]欽定七政四餘萬年書不分卷　清光緒刻本　四册

330000－1701－0060870　HJH0022　經部/叢編
十三經注疏附考證　(清)□□輯　清同治十年(1871)廣東書局刻本　一百二十册

330000－1701－0060871　HJH814.3/4480.62/(2)　集部/别集類/唐五代别集
韓子粹言一卷　(唐)韓愈撰　(清)李光地選　清康熙五十二年(1713)教忠堂刻本　四册

330000－1701－0060872　G000454　子部/藝術類/書畫之屬/畫譜
芥子園畫傳初集六卷二集九卷三集六卷　(清)王槩　(清)王著　(清)王臬輯　清末石印本　一册　存二卷(二集五至六)

330000－1701－0060873　普 814.7/0163/2　類叢部/叢書類/自著之屬
澹靜齋全集六種　(清)龔景瀚撰　清道光六年(1826)恩錫堂刻本　八册　存一種

330000－1701－0060877　HJH814.3/4697　集部/總集類/彙編之屬
初唐四傑集　(清)項家達編　清乾隆四十六年(1781)星渚項氏刻本　四册　存一種

330000－1701－0060879　GP07385　子部/儒家類/儒學之屬/性理
增補五子近思錄詳解十四卷　(清)汪佑編　清刻本　六册

330000－1701－0060881　G000455　史部/傳記類/總傳之屬
廣卓異記二十卷　(宋)樂史撰　清道光二十七年(1847)宜黄北山黄氏僊屏書屋木活字印本　一册

330000－1701－0060883　HJL1705　子部/藝術類/篆刻之屬/印論
篆刻鍼度八卷　(清)陳克恕撰　清光緒三年(1877)刻嘯園叢書本　孔章題記　四册

330000－1701－0060884　G000514　史部/地理類/遊記之屬/紀勝
鳳臺祗謁筆記一卷　(清)董恂撰　清同治九年(1870)刻本　一册

330000－1701－0060885　GP07392　集部/總集類/酬唱之屬
蘇海餘波一卷　(清)徐琪輯　清光緒刻本　一册

330000－1701－0060886　GP07217　子部/道家類
道德經解一卷　題(唐)吕嵒釋義　題雲門魯史纂述　清刻本　一册

330000－1701－0060887　普 814.7/0163/3　類叢部/叢書類/自著之屬
澹靜齋全集六種　(清)龔景瀚撰　清道光二十年(1840)恩錫堂刻本　八册　存一種

330000－1701－0060890　G000456　子部/醫家類/溫病之屬/其他溫疫病證
溫病條辨六卷首一卷　(清)吳瑭撰　清寧波羣玉山房刻本　一册　存二卷(首、一)

330000－1701－0060891　普 925.1099924/2632/c1　史部/傳記類/總傳之屬/郡邑

蘭谿歷代人物攷一卷　(清)吳演綸撰　清光緒六年(1880)刻本　余紹宋題記　一册

330000－1701－0060892　普 814.7/0167.2/c1　類叢部/叢書類/自著之屬

東海褰冥氏三十以前舊學四種　(清)譚嗣同撰　清光緒二十三年(1897)金陵刻本　四册

330000－1701－0060893　HJL1706　子部/藝術類/遊藝之屬/博戲

漢官儀三卷　(宋)劉攽撰　清刻本　一册

330000－1701－0060894　HJH1208　子部/雜著類

格言彙編六種　(清)王乃徵編　清光緒三十四年(1908)石印本　八册

330000－1701－0060896　GP07218　子部/叢編

子書百家　(清)崇文書局編　清光緒元年(1875)湖北崇文書局刻本　一册　存一種

330000－1701－0060897　普 330.44/4130/7/c1　類叢部/叢書類/彙編之屬

增訂漢魏叢書八十六種　(清)王謨編　清乾隆五十六年(1791)金谿王氏刻本　二册　存一種

330000－1701－0060898　普 925.1099924/2632/c2　史部/傳記類/總傳之屬/郡邑

蘭谿歷代人物攷一卷　(清)吳演綸撰　清光緒六年(1880)刻本　一册

330000－1701－0060899　普 814.7/0167.2/c2　類叢部/叢書類/自著之屬

東海褰冥氏三十以前舊學四種　(清)譚嗣同撰　清光緒二十三年(1897)金陵刻本　四册

330000－1701－0060900　普 330.44/4130/7/c2　類叢部/叢書類/彙編之屬

增訂漢魏叢書八十六種　(清)王謨編　清乾隆五十六年(1791)金谿王氏刻本　二册　存一種

330000－1701－0060901　HJL0284/1　經部/小學類/文字之屬/說文

苗氏說文四種　(清)苗夔撰　清道光至咸豐壽陽祁氏漢專亭刻本　二册　存三種

330000－1701－0060903　HJH814.3/4731.2/5　集部/總集類/彙編之屬

韓柳全集一百四卷　(明)蔣之翹編　明崇禎六年(1633)檇李蔣之翹三徑草堂刻本　十册　存五十二卷(唐柳河東集一至四十五、外集一至五、遺文、附錄)

330000－1701－0060904　HJH1209　子部/宗教類/道教之屬/經文

三聖經靈驗圖註一卷　清光緒二十四年(1898)上海鴻寶齋書局石印本　一册

330000－1701－0060905　普 925.1099924/2636/c1　史部/傳記類/總傳之屬/郡邑

婺書八卷　(明)吳之器撰　清光緒二十六年(1900)刻本　清陳悌題記　四册

330000－1701－0060907　G000457　集部/總集類/選集之屬/斷代

唐人選唐詩八種　(明)毛晉編　明崇禎元年(1628)海虞毛氏汲古閣刻本　一册　存一種

330000－1701－0060908　GP07220　類叢部/叢書類/彙編之屬

國粹叢書四十九種　(清)國學保存會編　清光緒至宣統鉛印本　一册　存一種

330000－1701－0060909　HJL1210　史部/傳記類/總傳之屬/通代

洛學編四卷　(清)湯斌輯　**續編一卷**　(清)尹會一輯　清道光九年(1829)商邱陳氏刻本　六册

330000－1701－0060911　G000516　集部/曲類/寶卷之屬

湛然寶卷一卷　清光緒二年(1876)刻本　一册

330000－1701－0060912　GP07212　集部/別集類/清別集

雙白燕堂集唐詩二卷　(清)陸耀遹撰　清同

治六年(1867)刻本　一冊

330000－1701－0060915　HJL0023　經部/周禮類/傳說之屬
周官參證二卷　(清)王寶仁輯　清同治十三年(1874)舊香居刻本　一冊

330000－1701－0060916　G000458　史部/地理類/雜志之屬
黔書二卷　(清)田雯撰　清康熙刻本　一冊

330000－1701－0060917　HJL0285　經部/書類/傳說之屬
古文尚書正辭三十三卷　(清)吴光耀撰　清光緒十九年(1893)刻本　十八冊

330000－1701－0060918　普 925.1099924/2636/c2　史部/傳記類/總傳之屬/郡邑
婺書八卷　(明)吴之器撰　清光緒二十六年(1900)刻本　四冊

330000－1701－0060919　HJH814.3/7228　類叢部/叢書類/彙編之屬
結一廬朱氏賸餘叢書四種　(清)朱澂編　清光緒三十年至三十一年(1904－1905)仁和朱氏刻三十二年(1906)印本　四冊　存一種

330000－1701－0060920　HJL0024　經部/周禮類/傳說之屬
周禮節訓六卷　(清)黄叔琳輯　(清)姚培謙重訂　清光緒十二年(1886)蘇州掃葉山房刻本　二冊

330000－1701－0060921　普 332.414/3363　史部/政書類/邦計之屬/錢幣
新鐫銀經發秘二卷　(清)梁恩澤撰　清同治四年(1865)大懋堂刻本　一冊

330000－1701－0060922　HJL0286　經部/易類/傳說之屬
周易擇言六卷　(清)鮑作雨撰　清同治三年(1864)瑞安項傳梅甌城刻本　六冊

330000－1701－0060924　普 814.7/0199/c2　集部/別集類/清別集
樂志堂文集十八卷詩集十二卷文續集二卷　(清)譚瑩撰　清咸豐九年至十年(1859－1860)吏隱園刻同治續刻本　十二冊

330000－1701－0060925　HJH814.3/7731.2/2　集部/總集類/彙編之屬
初唐四傑集　(清)項家達編　清乾隆四十六年(1781)星渚項氏刻本　二冊　存一種

330000－1701－0060927　GP07207　子部/醫家類/醫理之屬/綜合
中藏經八卷附華佗内照法一卷　(漢)華佗撰　清光緒六年(1880)上虞徐氏蘭蘭山房刻本　二冊

330000－1701－0060929　普 332.42/5740　新學
江南製造局譯書　(清)江南製造局編　清光緒江南製造局鉛印本　二冊　存一種

330000－1701－0060930　HJL0290　類叢部/叢書類/自著之屬
邃雅堂全集九種　(清)姚文田撰　清嘉慶至光緒歸安姚氏刻本　六冊　存一種

330000－1701－0060931　HJH0026　經部/書類/傳說之屬
書集傳六卷　(宋)蔡沈撰　清光緒二十三年(1897)埽葉山房刻本　四冊

330000－1701－0060932　普 814.7/0199.02　集部/別集類/清別集
樂志堂文集十八卷詩集十二卷文續集二卷　(清)譚瑩撰　清咸豐九年至十年(1859－1860)吏隱園刻同治續刻本　二冊　存二卷(文續集一至二)

330000－1701－0060934　G000459　類叢部/叢書類/彙編之屬
誦芬閣叢書　清刻本　一冊　存一種

330000－1701－0060936　HJH2083　新學/天學
測候叢談四卷　(美國)金楷理口譯　(清)華蘅芳筆述　清末江南製造總局刻本　二冊

330000－1701－0060937　GP07208　集部/總

集類/題詠之屬
槐館傳經圖冊不分卷　(清)王式言輯　清道光二十八年(1848)廣東刻本　一冊

330000－1701－0060938　HJL0027　經部/書類/傳說之屬
書傳補商十七卷　(清)戴鈞衡撰　清道光至咸豐桐城戴氏刻同治七年(1868)印本　四冊

330000－1701－0060939　HJH0289　經部/小學類/文字之屬/說文
說文解字校錄十五卷說文刊誤一卷說文玉篇校錄一卷　(清)鈕樹玉撰　清光緒十一年(1885)江蘇書局刻本　八冊

330000－1701－0060940　HJL1708　子部/醫家類/本草之屬/神農本草經
神農本經校注三卷　(清)莫文泉撰　清光緒二十六年(1900)歸安月河莫氏刻本　二冊

330000－1701－0060943　普814.7/0199.03　集部/别集類/清别集
樂志堂詩略二卷文略四卷附錄一卷　(清)譚瑩撰　清光緒元年(1875)南海譚氏刻本　三冊

330000－1701－0060944　HJL0294　經部/小學類/文字之屬/說文
說文凝錦錄一卷　(清)萬光泰撰　清嘉慶二年(1797)澤經堂刻本　一冊

330000－1701－0060945　HJL1709　子部/天文曆算類/算書之屬
新編筭學啓蒙三卷總括一卷　(元)朱世傑撰　**望海島術一卷　筭學啓蒙識誤一卷**　(清)羅士琳撰　清道光十九年(1839)刻本　四冊

330000－1701－0060947　HJH2084　子部/小說家類/異聞之屬
閱微草堂筆記二十四卷　(清)紀昀撰　清光緒十三年(1887)上海廣百宋齋鉛印本　一冊　存四卷(十六至十九)

330000－1701－0060948　HJL0028　經部/小學類/文字之屬/字書/字體
復古編二卷　(宋)張有撰　**復古編校正一卷**　(清)葛鳴陽撰　**復古編附錄一卷**　(清)葛鳴陽輯　**曾樂軒稿一卷**　(宋)張維撰　**安陸集一卷**　(宋)張先撰　清光緒八年(1882)淮南書局刻本　二冊　缺二卷(曾樂軒稿、安陸集)

330000－1701－0060949　普814.7/0404　集部/别集類/清别集
湘谷初稿八卷吟稿四卷續稿六卷　(清)謝庭蘭撰　清光緒七年(1881)刻本　六冊

330000－1701－0060950　HJL0293　經部/詩類/傳說之屬
毛詩說三十卷　(清)孫燾撰　清嘉慶二十年(1815)平湖孫氏世德堂刻本　四冊

330000－1701－0060953　GP07209　類叢部/叢書類/自著之屬
澤古齋全集五種　(清)吳士模撰　清光緒十九年(1893)刻本　一冊　存一種

330000－1701－0060956　HJL1707　子部/醫家類/類編之屬
保赤彙編　(清)朱之榛編　清光緒五年(1879)蘇州刻本　四冊

330000－1701－0060958　普333.1/3004　史部/政書類/邦計之屬/荒政
永康溪岸義田錄一卷　(清)胡繼勳輯　清咸豐九年(1859)刻本　一冊

330000－1701－0060959　HJL0029　經部/周禮類/傳說之屬
周禮折衷六卷　(清)胡興栓編注　清經元堂刻本　六冊

330000－1701－0060960　G000460、G008503　子部/醫家類/本草之屬/本草藥性
太醫院增補青囊藥性賦直解十卷　題曉星樵人輯　(明)羅必煒訂　清光緒十九年(1893)經文書局刻本　二冊　存六卷(一至六)

330000－1701－0060962　HJL0292　類叢部/叢書類/自著之屬
四錄堂類集九種　(清)嚴可均撰　清嘉慶至道光刻本　二冊　存一種

330000－1701－0060963　G000517　集部/別集類/唐五代別集

唐陸宣公集二十二卷　（唐）陸贄撰　清光緒十三年(1887)上海積山書局石印本　四册

330000－1701－0060965　HJL2088　子部/藝術類/音樂之屬/樂譜

松風閣琴譜二卷　（清）程雄輯　**松風閣指法一卷**　（清）莊臻鳳撰　（清）程雄訂正　**抒懷操一卷**　（清）曹溶等填詞　（清）程雄譜曲　清文粹堂刻本　六册

330000－1701－0060966　GP07393　集部/總集類/酬唱之屬

蘇海餘波一卷　（清）徐琪輯　清光緒刻本　一册

330000－1701－0060967　普333.1/3544　史部/政書類/邦計之屬/荒政

連氏義田事略三卷　（清）連芳　（清）連蘅撰　清光緒十三年(1887)刻本　一册

330000－1701－0060968　GP07210　集部/總集類/酬唱之屬

南園寄社詩草一卷　（清）馮詢評　清同治八年(1869)刻本　一册

330000－1701－0060969　HJL0291　經部/周禮類/傳説之屬

周禮補注六卷　（清）呂飛鵬撰　清道光二十九年(1849)旌德呂氏立誠軒刻本　四册

330000－1701－0060971　G000461、G003330　子部/儒家類/儒學之屬

讀書譜八卷　（清）張廷偉編輯　清道光六年(1826)刻本　四册

330000－1701－0060973　HJL0033　經部/群經總義類/傳説之屬

通德遺書所見錄七十二卷　（漢）鄭玄撰　（清）孔廣林輯　清光緒十六年(1890)山東書局刻本　十册

330000－1701－0060974　G000518　史部/傳記類/別傳之屬/事狀

誥授資政大夫太僕寺卿軍機處行走方略館提調加一級軍功隨帶加二級顯考伯紳府君[馮光勛]行述一卷　清光緒刻本　一册

330000－1701－0060975　G000519　集部/曲類/寶卷之屬

趙氏賢孝寶卷二卷　清光緒刻本　二册

330000－1701－0060977　HJL1711　子部/術數類/相宅相墓之屬

龍經四卷　題(唐)楊筠松撰　（清）甘福校　清道光二年(1822)友恭堂刻本　一册

330000－1701－0060978　HJL2089　子部/宗教類/道教之屬

周易參同契發揮三卷釋疑一卷　（元）俞琰撰　清同治十年(1871)錢江王氏詒燕堂刻本　四册

330000－1701－0060979　GP07211　集部/別集類/清別集

對山堂詩稿不分卷附和韻梅花詩一卷　（清）陳思樂撰　清乾隆對山堂刻本　一册

330000－1701－0060980　G000520　史部/傳記類/總傳之屬/斷代

貳臣傳八卷逆臣傳二卷　（清）國史館撰　清京都琉璃廠榮錦書坊刻本　二册　存二卷(逆臣傳一至二)

330000－1701－0060981　G000462　集部/總集類/郡邑之屬

續刻嶺南即事不分卷　清光緒十六年(1890)刻本　一册

330000－1701－0060982　普336.1/4041　史部/政書類/邦計之屬/戶政

光緒會計錄三卷　（清）李希聖纂　清光緒二十二年(1896)京師刻本　一册

330000－1701－0060983　HJH2090　子部/雜著類/雜考之屬

校訂困學紀聞集證二十卷　（宋）王應麟撰　（清）閻若璩等箋　（清）屠繼序較補　（清）萬希槐集證　清嘉慶十八年(1813)南城胡香海山壽齋刻二十四年(1819)印本　十二册

330000－1701－0060985　HJL1712　子部/醫家類/内科之屬/其他内科病證
甌蠱燃犀錄一卷　(清)燃犀道人撰　清光緒十九年(1893)寶鏡山房刻本　一册

330000－1701－0060987　HJL0034　經部/群經總義類/傳說之屬
隸經文四卷續隸經文一卷　(清)江藩撰　清道光元年(1821)刻本　一册

330000－1701－0060988　普336.1/4041/2　史部/政書類/邦計之屬/戶政
光緒會計錄三卷　(清)李希聖纂　清上海時務報館據清光緒二十二年(1896)京師刻本影印本　二册

330000－1701－0060989　HJL1710　子部/雜著類/雜說之屬
習學記言序目五十卷　(宋)葉適撰　清光緒九年(1883)江陰刻本　八册

330000－1701－0060993　普814.7/0419　集部/別集類/清別集
補讀軒詩稿二卷　(清)謝燮撰　清光緒二十一年(1895)謝氏補讀軒刻本　一册

330000－1701－0060998　GP07228　子部/天文曆算類/天文之屬
天擇篇一卷　(英國)達爾文撰　馬君武譯　清末石印本　一册

330000－1701－0060999　普336.179/4443　史部/政書類/邦計之屬/賦稅
光緒財政通纂五十四卷　(清)杜翰藩編　清光緒三十一年(1905)蓉城文倫書局鉛印本　二十册

330000－1701－0061000　普814.7/0744/2　類叢部/叢書類/自著之屬
天開圖畫樓全稿　(清)郭柏蔭撰　清刻本　二册　存一種

330000－1701－0061001　GP07394　經部/叢編
十三經古注　(明)葛鼒　(明)金蟠校　明崇禎十二年(1639)金蟠刻清同治八年(1869)浙江書局重修本　二册　存一種

330000－1701－0061003　普814.7/0773/c1　類叢部/叢書類/自著之屬
種樹軒遺集三種　(清)郭長清撰　清光緒二十三年(1897)杭州刻本　二册

330000－1701－0061004　普814.7/0434　集部/別集類/清別集
謝梅莊先生遺集八卷西北域記一卷　(清)謝濟世撰　(清)趙炳麟輯　清光緒三十四年(1908)趙炳麟鉛印本　二册

330000－1701－0061005　普336.1/4497/c1　史部/政書類/律令之屬/律例
欽定戶部則例一百卷首一卷　(清)倭仁等修　(清)英傑等纂　清同治四年(1865)刻本　四十八册

330000－1701－0061006　G000521　史部/時令類
燕京歲時記一卷　(清)富察敦崇撰　清光緒三十二年(1906)上琉璃廠文德齋刻本　肖山記　一册

330000－1701－0061007　普336.1/4497/c2　史部/政書類/律令之屬/律例
欽定戶部則例一百卷首一卷　(清)倭仁等修　(清)英傑等纂　清同治四年(1865)刻本　四十八册

330000－1701－0061008　普814.7/0773/c2　類叢部/叢書類/自著之屬
種樹軒遺集三種　(清)郭長清撰　清光緒二十三年(1897)杭州刻本　二册

330000－1701－0061010　GP07229　類叢部/叢書類/彙編之屬
江陰季氏叢刻八種　(清)季綸全編　清光緒江陰季氏栩園刻本　一册　存一種

330000－1701－0061015　GP07231　類叢部/叢書類/自著之屬
蛾術堂集十四種　(清)沈豫撰　清道光十八年(1838)蕭山沈氏漢讀齋刻本　一册　存二種

330000－1701－0061016　普 814.7/0442　集部/别集類/清别集
晞鑄堂文鈔十六卷　(清)謝甘盤撰　清宣統二年(1910)刻本　八册

330000－1701－0061017　GP07395　子部/術數類/占卜之屬
河洛理數七卷　(宋)陳摶撰　清刻本　四册　存二卷(一至二)

330000－1701－0061018　HJL0035　經部/群經總義類/傳說之屬
實事求是之齋經義二卷　(清)朱大韶撰　清光緒九年(1883)刻本　二册

330000－1701－0061019　HJL1713　子部/藝術類/書畫之屬/總論
墨緣彙觀四卷　(清)安岐輯　清宣統元年(1909)端方刻本　四册

330000－1701－0061020　HJL1714　類叢部/叢書類/自著之屬
多伽羅香館叢書　張采田撰　清光緒至民國刻本暨木活字印本　一册　存一種

330000－1701－0061021　HJL1675　子部/兵家類/兵法之屬
金湯借箸十二籌十二卷　(明)李盤等撰　清末刻本　八册

330000－1701－0061022　HJL1715　子部/醫家類/兒科之屬/通論
增訂保赤輯要一卷附種子說兩則一卷　(清)吳嘉德輯　(清)吳道鎔增訂　清光緒二十三年(1897)顧泰雲等刻本　一册

330000－1701－0061023　HJL0036　經部/書類/傳說之屬
古文尚書辨八卷　(清)焦循撰　清光緒十八年(1892)刻本　三册

330000－1701－0061025　HJH814.4/0012/2　類叢部/叢書類/彙編之屬
正誼堂全書六十三種續刻五種　(清)張伯行編　(清)楊浚重編　清同治五年(1866)福州正誼書院刻同治八年至光緒十三年(1869－1887)續刻本　一册　存一種

330000－1701－0061026　HJL0037　類叢部/叢書類/彙編之屬
鐵琴銅劍樓叢書十三種　瞿啓甲編　清光緒至民國刻本暨影印本　二册　存一種

330000－1701－0061027　HJH814.4/0013　集部/别集類/宋别集
廬陵宋丞相信國公文忠烈先生全集十六卷　(宋)文天祥撰　(清)文有煥等編輯　清刻本　十六册

330000－1701－0061028　普 925.1099924/2824/c1　史部/傳記類/總傳之屬/郡邑
兩浙名賢錄六十二卷　(明)徐象梅撰　清光緒二十六年(1900)浙江書局刻本　六十二册

330000－1701－0061030　HJL1672　史部/傳記類/總傳之屬/斷代
敏求軒述記十六卷　(清)陳世箴輯　清道光二十八年(1848)刻本　劉承幹題簽　八册

330000－1701－0061031　HJL0073　經部/春秋左傳類/傳說之屬
左傳舊疏考正八卷　(清)劉文淇撰　清道光十八年(1838)儀徵劉氏青溪舊屋刻本　二册

330000－1701－0061033　HJH2092　子部/儒家類/儒學之屬/禮教
學述三卷首一卷　(清)朱滋澤撰　清光緒十四年(1888)刻本　一册

330000－1701－0061034　G000522　集部/别集類/清别集
曾文正公文鈔四卷　(清)曾國藩撰　**曾文正公文鈔校勘記一卷**　清同治十一年(1872)蘇郡刻本　四册

330000－1701－0061035　G000463　集部/别集類/漢魏六朝别集
庾子山集十六卷總釋一卷　(北周)庾信撰　(清)倪璠注　清刻本　十册　存十六卷(一、三至十六,總釋)

330000－1701－0061036　HJL2093　子部/雜

著類/雜考之屬
南潯楛語八卷 (清)蔣超伯輯　清同治十年(1871)兩廬山房刻本　四冊

330000－1701－0061039　普925.1099924/2824/c5　史部/傳記類/總傳之屬/郡邑
兩浙名賢録六十二卷 (明)徐象梅撰　清光緒二十六年(1900)浙江書局刻本　六十二冊

330000－1701－0061040　HJL1673　子部/小說家類/雜事之屬
夢厂雜著十卷 (清)俞蛟撰　清道光八年(1828)敬藝堂刻本　四冊

330000－1701－0061041　HJH814.4/0013/4/(2)　集部/別集類/宋別集
宋丞相文山先生全集二十卷 (宋)文天祥撰　清康熙十二年(1673)吉水曾弘刻本　十二冊

330000－1701－0061042　GP07396　類叢部/叢書類/彙編之屬
武英殿聚珍版書一百四十八種　清乾隆四十二年(1777)福建刻道光至同治遞修光緒二十一年(1895)增刻本　一冊　存一種

330000－1701－0061043　GP07248　史部/傳記類/雜傳之屬
牧齋晚年家乘文一卷 (清)錢謙益撰　**錢牧翁先生[謙益]年譜一卷** (清)彭城退士撰　清宣統三年(1911)上海國學扶輪社鉛印本　一冊

330000－1701－0061044　HJH2094　子部/雜著類/雜考之屬
困學紀聞二十卷 (宋)王應麟撰　(清)閻若璩箋　(清)何焯評　清乾隆桐鄉汪垕桐華書塾刻本　六冊

330000－1701－0061045　G000523　史部/地理類/遊記之屬/紀勝
奉使紀勝一卷 (清)陳階平撰　清道光刻本　一冊

330000－1701－0061046　HJL0295　經部/叢編
通志堂經解一百四十種 (清)納蘭成德輯　清康熙十九年(1680)納蘭成德刻本　六冊　存一種

330000－1701－0061047　HJH814.4/0862/c4　類叢部/叢書類/郡邑之屬
永嘉叢書十三種 (清)孫衣言編　清同治至光緒瑞安孫氏詒善祠塾刻本　四冊　存一種

330000－1701－0061048　GP07249　集部/別集類/清別集
淞陽幽篇二卷 (清)毛循齋撰　清道光十七年(1837)務滋堂刻本　二冊

330000－1701－0061049　G000464　子部/儒家類/儒學之屬
孔子家語十卷 (三國魏)王肅注　清刻本　一冊　存二卷(三至四)

330000－1701－0061050　GP07256　集部/總集類/酬唱之屬
酬贈八卷 (清)陳延恩等撰　清咸豐刻本　二冊

330000－1701－0061051　HJH814.4/0862/c5　類叢部/叢書類/郡邑之屬
永嘉叢書十三種 (清)孫衣言編　清同治至光緒瑞安孫氏詒善祠塾刻本　三冊　存一種

330000－1701－0061052　G000524　子部/宗教類/佛教之屬/諸宗
念佛警策二卷 (清)彭紹升撰　清光緒三年(1877)刻本　一冊

330000－1701－0061055　G000525　集部/曲類/寶卷之屬
現世寶卷二卷　清光緒五年(1879)刻本　二冊

330000－1701－0061056　普925.1099924/2824/(2)　史部/傳記類/總傳之屬/郡邑
兩浙名賢録六十二卷 (明)徐象梅撰　清光緒二十六年(1900)浙江書局刻本　三十二冊

330000－1701－0061057　G000526　集部/曲類/寶卷之屬

湖廣荊州府永慶縣修行梅氏花網寶卷二卷　清杭州高麗寺刻本　一冊　存一卷(下)

330000－1701－0061058　HJH0297　經部/小學類/文字之屬/說文
苗氏說文四種　(清)苗夔撰　清道光至咸豐壽陽祁氏漢專亭刻本　二冊　存一種

330000－1701－0061059　G000527　史部/地理類/雜志之屬
山東考古錄一卷　(清)顧炎武撰　**續山東考古錄三十二卷首一卷**　(清)葉圭綬撰　清光緒八年(1882)山東書局刻本　七冊

330000－1701－0061060　HJL1669　子部/小說家類/諧謔之屬
鐵槎山房見聞錄十二卷　(清)于克襄撰　清道光二十九年(1849)鐵槎山房刻本　六冊

330000－1701－0061061　GP07257　集部/別集類/清別集
秋燈倡和吟一卷　(清)金楷撰　清道光十六年(1836)刻本　一冊

330000－1701－0061062　GP07397　類叢部/叢書類/彙編之屬
武英殿聚珍版書一百四十八種　清乾隆四十二年(1777)福建刻道光至同治遞修光緒二十一年(1895)增刻本　一冊　存一種

330000－1701－0061063　G000465　子部/醫家類/眼科之屬
林氏眼科簡便驗方□□卷　(清)林士綸撰　清光緒十九年(1893)林敬堂刻本　一冊　存一卷(上)

330000－1701－0061065　HJH2095　子部/農家農學類/總論之屬
農書二十二卷　(元)王禎撰　清乾隆武英殿木活字印武英殿聚珍版書本　劉承幹題簽並記　十六冊

330000－1701－0061067　HJL2112　類叢部/叢書類/彙編之屬
藝海珠塵一百六十四種　(清)吳省蘭編　清嘉慶南匯吳氏聽彝堂刻本　六十冊　存一百五十七種

330000－1701－0061071　HJL1670　子部/小說家類/雜事之屬
里乘十卷　(清)許奉恩撰　清光緒五年(1879)常熟抱芳閣刻本　十冊

330000－1701－0061072　HJH814.4/1031.4/c2　集部/別集類/宋別集
王臨川文集四卷　(宋)王安石撰　清宣統二年(1910)上海會文堂書局石印本　四冊

330000－1701－0061073　GP07258　類叢部/叢書類/彙編之屬
稗海四十八種續集二十二種　(明)商濬編　明萬曆商氏半埜堂刻清康熙至乾隆修補重訂本　一冊　存一種

330000－1701－0061076　普 925.1099924/3030　史部/傳記類/總傳之屬/郡邑
浦陽人物記二卷　(明)宋濂撰　清道光十三年(1833)慎德堂木活字印本　一冊

330000－1701－0061077　GP07251　史部/政書類/邦計之屬
江浙鐵路風潮不分卷　墨悲輯　清光緒三十三年(1907)上海鉛印本　一冊

330000－1701－0061079　HJL0298　經部/書類/傳說之屬
尚書約注四卷末一卷　(清)任啓運撰　清光緒十二年(1886)刻本　二冊

330000－1701－0061080　HJH814.4/1031.4/c3　集部/別集類/宋別集
王臨川文集四卷　(宋)王安石撰　清宣統二年(1910)上海會文堂書局石印本　四冊

330000－1701－0061082　HJL2073　子部/儒家類/儒學之屬/禮教/鑑戒
帝學八卷　(宋)范祖禹撰　清省園刻本　四冊

330000－1701－0061083　HJL2097　子部/天文曆算類/算書之屬
翠薇山房數學十四種　(清)張作楠撰　清嘉

慶至道光金華張氏翠薇山房刻本　十六册　存九種

330000－1701－0061084　HJL1671　子部/醫家類/方書之屬/歷代方書

雞峯普濟方三十卷　（宋）張鋭撰　清道光八年(1828)長洲汪士鐘藝芸書舍刻本(卷二至三、六、八原缺)　二十四册

330000－1701－0061085　GP07252　集部/總集類/選集之屬/斷代

紅犀館詩課八卷　（清）王蒔蘭等撰　（清）姚燮輯　**丹山倡和詩一卷**　（清）姚燮等撰　**海山小集分韻詩一卷**　清同治四年(1865)刻本　四册

330000－1701－0061087　G000466　子部/醫家類/婦科之屬/產科

大生要旨五卷　（清）唐千頃撰　**續刊驗方三卷首一卷**　（清）王松堂輯　清末著易堂鉛印本　一册

330000－1701－0061088　HJH814.4/1047　集部/別集類/宋別集

宋王忠文公文集五十卷目錄四卷　（宋）王十朋撰　（清）唐傳鉎重編　**梅溪王忠文公[十朋]年譜一卷**　（清）徐炯文編　清光緒二年(1876)溫州梅溪書院刻本　十六册

330000－1701－0061089　HJL0038　經部/叢編

古經解彙函十六種附小學彙函十四種　（清）鍾謙鈞等輯　清同治十二年(1873)粵東書局刻本　六十六册

330000－1701－0061092　普925.1099924/3030/2/c1　類叢部/叢書類/郡邑之屬

金華叢書六十八種　（清）胡鳳丹編　清同治七年至光緒八年(1868－1882)永康胡氏退補齋刻民國補刻本　一册　存一種

330000－1701－0061094　HJL0299　類叢部/叢書類/自著之屬

經韻樓叢書九種　（清）段玉裁撰　清乾隆至道光金壇段氏刻本　六册　存一種

330000－1701－0061095　HJH814.4/1080.2/c3　類叢部/叢書類/彙編之屬

正誼堂全書六十三種續刻五種　（清）張伯行編　（清）楊浚重編　清同治五年(1866)福州正誼書院刻同治八年至光緒十三年(1869－1887)續刻本　二册　存一種

330000－1701－0061096　GP07253　集部/別集類/唐五代別集

寒山子詩集一卷　（唐）釋寒山撰　**天目中峯國師懷淨土詩一卷**　清光緒九年(1883)刻本　一册

330000－1701－0061099　普925.1099924/3030/2/c2　類叢部/叢書類/郡邑之屬

金華叢書六十八種　（清）胡鳳丹編　清同治七年至光緒八年(1868－1882)永康胡氏退補齋刻民國補刻本　一册　存一種

330000－1701－0061100　G000528　經部/叢編

十三經讀本　（清）□□編　清同治金陵書局刻本　二册　存一種

330000－1701－0061101　G000467　集部/曲類/寶卷之屬

珠塔寶卷全集一卷　清宣統元年(1909)杭州聚元堂石印本　一册

330000－1701－0061103　GP07254　集部/別集類/唐五代別集

寒山子詩集一卷　（唐）釋寒山撰　**天目中峯國師懷淨土詩一卷**　清光緒九年(1883)刻本　一册

330000－1701－0061105　GP07255　集部/別集類/唐五代別集

寒山子詩集一卷　（唐）釋寒山撰　**天目中峯國師懷淨土詩一卷**　清光緒九年(1883)刻本　一册

330000－1701－0061107　普925.1099924/4230　史部/雜史類/斷代之屬

平湖殉難錄一卷　（清）彭潤章輯　清光緒刻本　一册

330000－1701－0061108　HJL2075　史部/傳記類/總傳之屬
聖諭像解二十卷　(清)梁延年撰　清咸豐六年(1856)廣州味經堂書坊刻本　十冊

330000－1701－0061109　普 814.7/0812/c1　集部/別集類/清別集
重桂堂集十一卷　(清)許正綬撰　清光緒十年(1884)許傳霈、許傳霈刻本　二冊

330000－1701－0061110　HJH814.4/1143.11/c2　類叢部/叢書類/彙編之屬
正誼堂全書六十三種續刻五種　(清)張伯行編　(清)楊浚重編　清同治五年(1866)福州正誼書院刻同治八年至光緒十三年(1869－1887)續刻本　二冊　存一種

330000－1701－0061111　HJL2102　子部/儒家類/儒學之屬/蒙學
尹氏小學大全五種　(清)尹嘉銓撰　清乾隆四十年至四十一年(1775－1776)悉遵貽教堂刻本　五冊

330000－1701－0061112　GP07269　集部/別集類/清別集
春雨樓集十四卷首一卷末一卷　(清)沈彩撰　清乾隆四十七年(1782)寫刻本　二冊

330000－1701－0061113　普 814.7/0453　集部/別集類/清別集
知恥齋文集二卷詩集六卷崇祀鄉賢錄一卷　(清)謝振定撰　(清)陶澍編　清道光二十六年(1846)刻本　五冊

330000－1701－0061116　G000468　新學/政治法律/政治
列國政治通攷□□卷　清末石印本　十冊　存十七卷(二至十八)

330000－1701－0061117　GP07270　集部/別集類/清別集
雙溪書屋同人詩存二卷　(清)茅清源編　清刻本　一冊

330000－1701－0061118　普 814.7/0812/c3　集部/別集類/清別集
重桂堂集十一卷　(清)許正綬撰　清光緒十年(1884)許傳霦、許傳霈刻本　二冊

330000－1701－0061122　G000469　史部/地理類/外紀之屬
海國圖志一百卷首一卷　(清)魏源撰　清光緒二十八年(1902)文賢閣石印本　七冊　存四十卷(首、一至四、十二至四十六)

330000－1701－0061124　普 814.7/0070　類叢部/叢書類/彙編之屬
花雨樓叢鈔十一種續鈔十一種附一種　(清)張壽榮編　清光緒八年至十四年(1882－1888)蛟川張氏花雨樓刻本　二冊　存續鈔一種

330000－1701－0061126　G000470　子部/藝術類/書畫之屬/法帖
胡大川先生幻想詩一卷　(清)胡作舟撰　潘齡皋書　清宣統二年(1910)文成堂書莊石印本　一冊

330000－1701－0061132　普 814.7/0700.2　類叢部/叢書類/自著之屬
靈芬館集十種　(清)郭麐撰　清嘉慶至道光刻本　一冊　存一種

330000－1701－0061137　普 814.7/0721　集部/別集類/清別集
金峨山館文集不分卷　(清)郭傳璞撰　清光緒刻本　四冊

330000－1701－0061138　HJL0039　經部/小學類/文字之屬/字書/字典
字鑑五卷　(元)李文仲撰　清道光五年(1825)許槤挈經書塾刻本　二冊

330000－1701－0061139　HJH0300　經部/小學類/文字之屬/說文
說文解字十五卷標目一卷　(漢)許慎撰　(宋)徐鉉等校定　清刻本　八冊

330000－1701－0061140　HJL2076　史部/政書類/律令之屬/法驗
重刊補註洗冤錄集證六卷　(清)王又槐輯　(清)李觀瀾補輯　(清)阮其新補註　(清)

張錫蕃重訂　(清)文晟續輯　清道光二十四年(1844)刻四色套印本　四冊

330000－1701－0061141　HJH814.4/1779/3　集部/別集類/宋別集

司馬文正公傳家集八十卷目錄二卷　(宋)司馬光撰　**年譜一卷附錄一卷**　(清)陳弘謀編　清乾隆六年(1741)桂林陳氏培遠堂刻本　二十冊

330000－1701－0061142　普814.7/07211　集部/別集類/清別集

誦芬堂詩鈔十卷二集六卷三集六卷四集四卷文稿二卷　(清)郭儀霄撰　清道光九年至十三年(1829－1833)刻本　二冊　存二卷(文稿一至二)

330000－1701－0061145　HJH0301　經部/詩類

詩傳蒙求分韻二卷　(清)黄中輯　清咸豐九年(1859)刻本　二冊

330000－1701－0061146　GP07271　集部/別集類/清別集

梅氏詩略前集十卷　(清)梅清撰　**梅氏詩略續集十卷**　(清)梅冲抱撰　清道光五年(1825)敦睦堂刻本　四冊

330000－1701－0061149　G000529　子部/雜著類/雜考之屬

野記四卷　(明)祝允明撰　清同治十三年(1874)元和祝氏刻本　一冊　存二卷(一至二)

330000－1701－0061150　HJL1637　子部/雜著類/雜考之屬

日知錄集釋三十二卷刊誤二卷續刊誤二卷　(清)黄汝成撰　清光緒二十一年(1895)上海點石齋石印本　六冊

330000－1701－0061151　普814.7/0724　集部/別集/清別集

養知書屋遺集(養知書屋文集二十八卷詩集十五卷郭侍郎奏疏十二卷)　(清)郭嵩燾撰　王先謙編　清光緒十八年(1892)養知書屋刻本　十六冊　存四十三卷(文集一至二十八、詩集一至十五)

330000－1701－0061152　HJL2105　子部/雜著類/雜説之屬

夢園叢説内篇八卷外篇八卷　(清)方濬頤撰　清同治十三年(1874)揚州刻本　八冊

330000－1701－0061155　GP07272　史部/政書類/律令之屬/刑制

禁煙條例一卷　(清)善耆等撰　**秋審條款一卷**　(清)延杰等撰　清宣統鉛印本　一冊

330000－1701－0061156　普814.7/0724/(2)　集部/別集/清別集

養知書屋遺集(養知書屋文集二十八卷詩集十五卷郭侍郎奏疏十二卷)　(清)郭嵩燾撰　王先謙編　清光緒十八年(1892)養知書屋刻本　十二冊　存二十八卷(文集一至二十八)

330000－1701－0061157　G000471　子部/儒家類/儒學之屬/蒙學

龍文鞭影二卷　(明)蕭良有撰　(清)楊臣諍增訂　(清)陳士龍編次　**龍文鞭影二集二卷**　(清)李暉吉　(清)徐瓚輯　清光緒十二年至十三年(1886－1887)江左書林刻本　二冊　存二卷(龍文鞭影上、下)

330000－1701－0061158　G000530、G011310　子部/雜著類/雜考之屬

十科策略箋釋十卷　(明)劉定之撰　(清)劉作樑釋　(清)劉廷琨重注　**呆齋公[劉定之]年譜一卷**　(清)劉作樑撰　清雍正七年(1729)刻本　四冊

330000－1701－0061161　HJL2106　子部/雜著類/雜説之屬

費隱與知錄一卷　(清)鄭復光撰　清道光二十二年(1842)木活字印本　四冊

330000－1701－0061162　HJH0302、HJH0303　經部/小學類/文字之屬/字書/字典

大廣益會玉篇三十卷　(南朝梁)顧野王撰　(唐)孫強增字　(宋)陳彭年等重修　**玉篇校**

刊札記一卷 (清)鄧顯鶴撰 **大宋重修廣韻五卷** (宋)陳彭年等重修 清道光三十年(1850)新化鄧顯鶴東山精舍刻本 九冊

330000－1701－0061163 HJL1636 類叢部/類書類/通類之屬
新義錄一百卷 (清)孫璧文撰 清光緒二十七年(1901)兩湖書院刻本 四十冊

330000－1701－0061164 普336.1/4497 史部/政書類/律令之屬/律例
欽定戶部則例一百卷首一卷 (清)載齡等修 (清)惠祥等纂 清同治十三年(1874)刻修版印本 六十冊

330000－1701－0061166 GP07273 子部/宗教類/佛教之屬/經疏
因明入正理論疏八卷 (唐)釋窺基撰 清光緒二十二年(1896)金陵刻經處刻本 一冊 存四卷(一至四)

330000－1701－0061168 HJL2108 子部/儒家類/儒學之屬/禮教
人範須知六卷 (清)盛隆輯 清同治二年(1863)武昌石竹山房刻本 六冊

330000－1701－0061170 G000472 子部/儒家類/儒學之屬/蒙學
龍文鞭影二卷 (明)蕭良有撰 (清)楊臣諍增訂 (清)陳士龍編次 **龍文鞭影二集二卷** (清)李暉吉 (清)徐瓚輯 清光緒三年(1877)掃葉山房刻本 二冊 存二卷(二集上、下)

330000－1701－0061171 G000531、G009215 子部/藝術類/書畫之屬/法帖
御刻三希堂石渠寶笈法帖不分卷 (清)梁詩正等輯 清末石印本 四冊

330000－1701－0061172 GP07274 子部/宗教類/佛教之屬/經疏
因明入正理論疏八卷 (唐)釋窺基撰 清光緒二十二年(1896)金陵刻經處刻本 一冊 存四卷(一至四)

330000－1701－0061173 HJL0045 經部/春秋總義類/傳說之屬
春秋希通一卷 (清)程庭桂撰 清咸豐十一年(1861)刻本 一冊

330000－1701－0061176 普925.1099924/8006 史部/傳記類/總傳之屬/郡邑
國朝天台耆舊傳八卷 (清)金文田輯 清光緒二十八年(1902)天台齊品亨堂木活字印本 二冊

330000－1701－0061180 GP07275 集部/總集類/尺牘之屬
昭代名人尺牘續集二十四卷 陶湘輯 清宣統三年(1911)天寶石印局影印本 十二冊

330000－1701－0061181 G000533 集部/別集類/清別集
蹄涔集約鈔一卷又鈔一卷三鈔一卷 (清)俞鞋撰 清道光十六年(1836)刻本 一冊

330000－1701－0061182 HJH1677 經部/群經總義類/傳說之屬
十三經札記二十二卷附十六卷 (清)朱亦棟撰 清光緒四年(1878)武林竹簡齋刻本 六冊 存十六卷(羣書札記一至十六)

330000－1701－0061185 普814.7/0822 集部/別集類/清別集
望雲詩鈔五卷 (清)施山撰 清同治刻本 二冊

330000－1701－0061186 普814.7/0444 類叢部/叢書類/自著之屬
一隅草堂藁十七種外集十三種 (清)計楠撰 清嘉慶刻本 二十冊 存二十三種

330000－1701－0061187 HJL0047 經部/叢編
孔叢伯說經五稿附一種 (清)孔廣林撰 清光緒十六年(1890)山東書局刻本 二冊 存一種

330000－1701－0061189 G000474 集部/別集類/清別集
鍾山草堂遺稿 (清)溫肇江撰 清末刻本 一冊 存一種

330000－1701－0061190　HJL2078　子部/雜著類/雜考之屬
讀書雜志八十二卷餘編二卷　（清）王念孫撰　清同治九年（1870）金陵書局刻本　二十四册

330000－1701－0061191　HJH1678　子部/雜著類/雜考之屬
校訂困學紀聞集證二十卷　（宋）王應麟撰　（清）閻若璩等箋　（清）屠繼序較補　（清）萬希槐集證　清嘉慶二十二年（1817）檢香齋刻本　十册

330000－1701－0061194　HJL2110　史部/史評類/詠史之屬
廿一史彈詞註十卷　（明）楊慎撰　（清）張三異增定　（清）張仲璜註　**明史彈詞註一卷**　（清）張三異撰　（清）張仲璜註　清乾隆五十一年（1786）張任佐視履堂刻本　劉承幹題簽　八册

330000－1701－0061195　G000534　集部/總集類/彙編之屬
詩詞雜俎十二種　（明）毛晉輯　明天啓至崇禎海虞毛氏汲古閣刻本　一册　存二種

330000－1701－0061196　GP07276　史部/史評類/史論之屬
史目表二卷　（清）洪飴孫撰　清光緒四年（1878）啓秀山房刻本　一册

330000－1701－0061197　HJL0049　類叢部/叢書類/彙編之屬
後知不足齋叢書四十七種　（清）鮑廷爵編　清同治至光緒常熟鮑氏刻本　一册　存一種

330000－1701－0061198　普 814.7/0830/c3　集部/別集類/清別集
鑑止水齋集二十卷　（清）許宗彦撰　清咸豐八年（1858）德清許延穀刻本　六册

330000－1701－0061199　G000475　集部/詞類/類編之屬
四印齋所刻詞三十一種　（清）王鵬運編　清光緒臨桂王氏家塾四印齋刻本　一册　存二種

330000－1701－0061200　GP07277　史部/史評類/史論之屬
史目表二卷　（清）洪飴孫撰　清光緒四年（1878）啓秀山房刻本　一册

330000－1701－0061201　普 336.5/1074　史部/政書類/邦計之屬/錢幣
錢穀備要十卷　（清）王又槐輯　清刻本　八册

330000－1701－0061202　HJL2079　子部/醫家類/類編之屬
世補齋醫書六種後集四種　（清）陸懋修撰輯　清光緒十年（1884）刻十二年（1886）山左書局印、宣統二年（1910）陸潤庠刻本　十八册

330000－1701－0061203　普 814.7/0830/c4　集部/別集類/清別集
鑑止水齋集二十卷　（清）許宗彦撰　清咸豐八年（1858）德清許延穀刻本　六册

330000－1701－0061204　HJH814.4/1779.2/c2　集部/別集類/宋別集
司馬溫公文集十四卷　（宋）司馬光撰　（清）張伯行訂　清康熙四十八年（1709）儀封張伯行正誼堂刻光緒七年（1881）滸灣趙氏修補印本　六册

330000－1701－0061205　HJL0050　經部/小學類/文字之屬/字書/字體
隸韻十卷碑目一卷　（宋）劉球撰　**碑目攷證一卷隸韻攷證二卷**　（清）翁方綱撰　清嘉慶十五年（1810）秦恩復刻本　六册

330000－1701－0061206　HJL2111　類叢部/叢書類/彙編之屬
崇文書局彙刻書三十一種　（清）崇文書局編　清光緒元年至三年（1875－1877）湖北崇文書局刻本　四册　存一種

330000－1701－0061208　GP07278　類叢部/叢書類/自著之屬
洪北江全集二十一種　（清）洪亮吉撰　清光緒三年至五年（1877－1879）洪用懃授經堂刻

本　一册　存一種

330000－1701－0061209　HJH1679　集部/別集類/清別集
述學内篇三卷補遺一卷外篇一卷別録一卷附録一卷校勘記一卷　(清)汪中撰　(清)汪喜孫編　清同治八年(1869)揚州書局刻本　二册

330000－1701－0061211　普814.7/0831　集部/別集類/清別集
德星堂文集九卷河工集一卷　(清)許汝霖撰　清刻本　六册

330000－1701－0061213　G000535　類叢部/叢書類/自著之屬
沈歸愚詩文全集十四種　(清)沈德潛撰　清乾隆教忠堂刻本　一册　存一種

330000－1701－0061214　HJL0305　經部/樂類/律呂之屬
律音彙考八卷　(清)邱之稑撰　**琴旨申邱一卷**　(清)劉人熙撰　清光緒二十三年(1897)江南通州文廟刻本　八册

330000－1701－0061215　M000825　類叢部/叢書類/自著之屬
槐軒全集二十一種附九種　(清)劉沅撰　清咸豐至民國刻彙印本　二十四册　存一種

330000－1701－0061216　HJH814.4/1779.5/c2　集部/別集類/宋別集
司馬文正公集八十二卷目録二卷首一卷　(宋)司馬光撰　(清)喬人傑等重訂　清乾隆九年(1744)刻本　二十册

330000－1701－0061219　普925.1099924/8741/c1　史部/傳記類/總傳之屬/郡邑
金華賢達傳十二卷　(明)鄭柏撰　清康熙四十七年(1708)鄭璧刻本　六册

330000－1701－0061220　HJL1680　子部/藝術類/書畫之屬/畫譜
小山畫譜二卷　(清)鄒一桂撰　清道光二十九年(1849)吳門三松堂潘氏木活字印本　二册

330000－1701－0061221　普814.7/0832　集部/別集類/清別集
玉井山館集二十三卷(玉井山館文略五卷文續二卷詩十五卷詩餘一卷)　(清)許宗衡撰　清同治刻本　十册

330000－1701－0061223　HJL0051　經部/小學類/文字之屬/說文
說文解字注十五卷附六書音均表五卷　(清)段玉裁撰　**說文部目分韻一卷**　(清)陳煥編　清光緒元年(1875)湖北崇文書局刻本　十八册

330000－1701－0061224　HJH814.4/2540/3　集部/別集類/宋別集
晦庵先生朱文公文集一百卷續集五卷別集七卷目録二卷　(宋)朱熹撰　(清)臧眉錫等訂　清康熙二十七年(1688)蔡方炳、臧眉錫刻本　二十六册

330000－1701－0061225　HJL0306　類叢部/叢書類/家集之屬
學壽堂叢書十二種　徐紹楨編　清咸豐至光緒番禺徐氏梧州刻本　一册　存一種

330000－1701－0061227　HJH1682　類叢部/叢書類/彙編之屬
崇文書局彙刻書三十一種　(清)崇文書局編　清光緒元年至三年(1875－1877)湖北崇文書局刻本　二册　存一種

330000－1701－0061231　HJL0307　經部/書類/傳說之屬
書集傳六卷　(宋)蔡沈撰　清光緒十六年(1890)刻本　清孫家鼐題簽　四册

330000－1701－0061232　HJH1683　子部/叢編
十子全書　(清)王子興編　清嘉慶九年(1804)姑蘇王氏聚文堂刻本　一册　存一種

330000－1701－0061233　GP07259　集部/詞類/別集之屬
疏影樓詞四種　(清)姚燮撰　**種玉詞一卷**　(清)孫家穀撰　清道光十三年(1833)上湖草

堂刻本　二冊

330000－1701－0061234　普925.1099924/8741/c2　史部/傳記類/總傳之屬/郡邑
金華賢達傳十二卷　（明）鄭柏撰　清康熙四十七年(1708)鄭璧刻本　王秉章題簽並記　二冊　缺一卷(十二)

330000－1701－0061235　HJH814.4/2540/4　集部/别集類/宋别集
朱子文集大全類編一百十一卷首一卷　（宋）朱熹撰　（清）朱玉訂補　清雍正八年(1730)紫陽書院刻道光二十年(1840)考亭書院重修本　八十冊

330000－1701－0061236　G000536　集部/總集類/選集之屬/斷代
惺心詩一卷　（清）世祖福臨撰　**康熙皇帝回頭歌一卷**　（清）聖祖玄燁撰　**心命歌一卷**　**消災良方一卷**　**羅狀元詩一卷**　**乾隆皇帝勑封烈女詩一卷**　（清）高宗弘曆撰　清金陵狀元境口一得齋刻本　一冊

330000－1701－0061237　HJL2080　子部/醫家類/綜合之屬/合刻、合抄
傅青主全集八卷　（清）傅山撰　清光緒十二年(1886)汾陽田嵩峻刻本　六冊

330000－1701－0061238　HJH0052　經部/群經總義類/傳説之屬
十三經心畬二十二卷十三經補義四卷　（清）陶起庠撰　清嘉慶聚秀堂刻本　三冊　缺二卷(十三經心畬詩經一至二)

330000－1701－0061247　GP07260　集部/别集類/清别集
小木子詩三刻六卷　（清）朱休度撰　清嘉慶三年至十七年(1798－1812)刻彙印本　四冊

330000－1701－0061248　HJL2081　類叢部/叢書類/家集之屬
河南二程全書七種六十七卷　（宋）程顥　（宋）程頤撰　清光緒三十四年(1908)澹雅局刻本　二十冊

330000－1701－0061249　HJH814.4/2540.2/c2　集部/别集類/宋别集
朱子集一百四卷目錄二卷　（宋）朱熹撰　清咸豐十年至同治元年(1860－1862)浙江紫霞洲祠堂刻本　四十冊

330000－1701－0061252　HJH1684　子部/叢編
十子全書　（清）王子興編　清嘉慶九年(1804)姑蘇王氏聚文堂刻本　五冊　存一種

330000－1701－0061255　普336.57/1222/c1　史部/政書類/邦計之屬/鹽法
欽定重修兩浙鹽法志三十卷首一卷　（清）馮培　（清）潘庭筠等纂修　清同治十三年(1874)楊昌濬刻本　二十四冊

330000－1701－0061256　HJH0053　經部/周禮類/傳説之屬
周禮正義八十六卷　（清）孫詒讓撰　清光緒三十一年(1905)鉛印本　十二冊

330000－1701－0061257　普336.57/1222/c3　史部/政書類/邦計之屬/鹽法
欽定重修兩浙鹽法志三十卷首一卷　（清）馮培　（清）潘庭筠等纂修　清同治十三年(1874)楊昌濬刻本　二十四冊

330000－1701－0061258　HJH1685　子部/叢編
十子全書　（清）王子興編　清嘉慶九年(1804)姑蘇王氏聚文堂刻本　四冊　存一種

330000－1701－0061259　普814.7/1028　集部/别集類/清别集
青箱堂文集十二卷遺稿續刻一卷年譜一卷　（清）王崇簡撰　清康熙二十八年(1689)王燕刻本　六冊

330000－1701－0061260　HJH814.4/2618　集部/别集類/宋别集
鶴山文鈔三十二卷　（宋）魏了翁撰　**附刻錫山安國重校鶴山先生大全文集原目一卷**　清同治十三年(1874)望三益齋刻本　十三冊

330000－1701－0061262　HJL1638　類叢部/類書類/通類之屬

角山樓增補類腋六十七卷 (清)姚培謙輯 (清)趙克宜增輯 清光緒二十一年(1895)上海積山書局石印本 六册

330000－1701－0061263 HJL0308 經部/小學類/訓詁之屬/字詁
聖門名字纂詁二卷補遺一卷 (清)洪恩波撰 清光緒二十三年(1897)刻二十五年(1899)金陵官書局重校補正本 二册

330000－1701－0061268 GP07261 集部/別集類/清別集
皋園續稧詩錄不分卷 (清)金安清等撰 清光緒二年(1876)刻本 一册

330000－1701－0061270 HJL0309 經部/小學類/訓詁之屬/爾雅
爾雅郭註補正九卷 (清)戴鎣撰 清光緒十一年(1885)海陽韓光鼐刻本 清朱徵題記 三册

330000－1701－0061272 普 814.7/1029 集部/別集類/清別集
學耨堂文集八卷 (清)王崇炳撰 清乾隆二十五年(1760)刻五十三年(1788)印本 二册

330000－1701－0061273 G000537 史部/史抄類
韻史二卷 (清)許遯翁撰 **韻史補一卷** (清)朱玉岑撰 清光緒十年(1884)上海同文書局石印本 一册

330000－1701－0061274 HJL1639 子部/雜著類
喻耆八卷 (清)李鶴皋 (清)盛世鳴編輯 清光緒二十九年(1903)石印本 四册

330000－1701－0061275 HJH2082 新學/天學
談天十八卷首一卷附表一卷 (英國)侯失勒撰 (英國)偉烈亞力口譯 (清)李善蘭筆述 清光緒江南製造總局刻本 四册

330000－1701－0061276 HJH814.4/2618/(2)/c2 集部/別集類/宋別集
鶴山文鈔三十二卷 (宋)魏了翁撰 清同治十三年(1874)望三益齋刻本 十二册

330000－1701－0061278 普 336.57/2422 史部/政書類/邦計之屬/鹽法
兩淮鹽法志五十六卷首四卷 (清)佶山修 (清)單渠纂 (清)方濬頤等續纂 清同治九年(1870)揚州書局刻本 二十册

330000－1701－0061279 GP07283 史部/政書類
公餘隨錄二卷 (清)王德茂撰 清光緒十五年(1889)刻本 一册

330000－1701－0061281 HJH814.4/2618/(3) 集部/別集類/宋別集
鶴山文鈔三十二卷周禮折衷四卷師友雅言一卷 (宋)魏了翁撰 清同治十三年(1874)望三益齋刻本 十四册

330000－1701－0061282 HJL1640 集部/總集類/課藝之屬
各省學堂課藝匯海不分卷 湯壽潛 張謇評選 **分類三江課藝十卷附史論法程一卷** (清)月湖漁隱選 **普通蒙學課程一卷** 清光緒三十一年(1905)商業圖書部石印本 二十册

330000－1701－0061283 G000538 類叢部/叢書類/彙編之屬
楝亭藏書十二種 (清)曹寅編 清康熙四十五年(1706)揚州詩局刻本 一册 存一種

330000－1701－0061284 普 814.7/1031 集部/別集類/清別集
王崑繩文集不分卷次刻六卷 (清)王源撰 清康熙信芳齋刻本 十册

330000－1701－0061285 GP07284 集部/別集類/清別集
劫餘詩選二十一卷 (清)齊學裘撰 清同治八年(1869)天空海闊之居刻本 七册

330000－1701－0061288 普 336.57/3548 史部/政書類/邦計之屬/鹽法
清查餘岱曬鹽案畧一卷 清光緒七年(1881)刻本 一册

330000－1701－0061290　HJH814.4/2880　集部/別集類/宋別集
徐騎省集三十卷　(宋)徐鉉撰　**徐集補遺一卷附札記一卷**　(清)朱孔彰撰　清光緒十七年(1891)黟縣李宗媚刻本　六冊

330000－1701－0061291　普814.7/0834　類叢部/叢書類/郡邑之屬
湖州叢書十二種　(清)陸心源編　清光緒湖城義塾刻本　二冊　存一種

330000－1701－0061293　普814.7/1032/c1　集部/別集類/清別集
彤雲閣遺詩二卷絳雪齋文稿一卷附錄一卷　(清)王家仕撰　清同治十一年(1872)監利王氏刻本　一冊　缺一卷(附錄)

330000－1701－0061294　GP07285　新學/史志/戰記
普法戰紀十四卷　(清)張宗良口譯　(清)王韜撰輯　清同治十二年(1873)中華印務總局鉛印本　八冊

330000－1701－0061295　HJL2115　史部/紀傳類/正史之屬
二十四史附考證　清光緒十年(1884)上海同文書局石印本[史記卷一至一百三十配清光緒二十九年(1903)五洲同文局石印本]　七百十二冊

330000－1701－0061300　G000598　集部/別集類/清別集
陳清端詩集一卷　(清)陳璸撰　清抄本　一冊

330000－1701－0061301　普336.57/4440　史部/政書類/邦計之屬/鹽法
續纂兩浙鹽法備考八卷　(清)世杰撰　清光緒二十五年(1899)刻本　八冊

330000－1701－0061305　M000763　類叢部/叢書類/彙編之屬
榕園叢書六十二種續刻三種　(清)張丙炎編　(清)張允青重編　清同治真州張氏廣東刻民國二年(1913)重修印本　四冊　存一種

330000－1701－0061306　HJL0583　經部/群經總義類/傳說之屬
十三經札記　(清)朱亦棟撰　清光緒四年(1878)武林竹簡齋刻本　三冊

330000－1701－0061308　HJH814.4/2734/c2　集部/別集類/宋別集
道鄉先生文集四十卷補遺一卷附錄一卷　(宋)鄒浩撰　清光緒二十五年(1899)刻本　六冊

330000－1701－0061309　普814.7/0834/(2)　集部/別集類/清別集
澤雅堂文集八卷　(清)施補華撰　清光緒十九年(1893)陸心源刻本　清強項題簽並記　一冊

330000－1701－0061310　普336.57/4663/c1　史部/政書類/邦計之屬/鹽法
兩浙鹽法續纂備考十二卷　(清)楊昌濬等纂修　清同治十三年(1874)刻本　十二冊

330000－1701－0061311　HJL0312　經部/四書類/總義之屬/傳說
四書改錯平十四卷　(清)楊希閔撰　清光緒元年(1875)福州刻本　六冊

330000－1701－0061312　普336.57/4663/c2　史部/政書類/邦計之屬/鹽法
兩浙鹽法續纂備考十二卷　(清)楊昌濬等纂修　清同治十三年(1874)刻本　十二冊

330000－1701－0061313　普814.7/1032/c2　集部/別集類/清別集
彤雲閣遺詩二卷絳雪齋文稿一卷附錄一卷　(清)王家仕撰　清同治十一年(1872)監利王氏刻本　一冊　缺一卷(絳雪齋文稿)

330000－1701－0061314　GP07265　類叢部/叢書類/彙編之屬
國粹叢書四十九種　(清)國學保存會編　清光緒至宣統鉛印本　四冊　存二種

330000－1701－0061316　G000539　集部/曲類/寶卷之屬
浙江溫州府平陽縣白梅村七世修行玉英寶卷

不分卷　清光緒三年(1877)越郡剡北刻本　一册

330000－1701－0061320　HJL0315　類叢部/叢書類/彙編之屬

西京清麓叢書正編三十二種續編二十七種外編二十四種　(清)賀瑞麟編　清同治至民國刻本　一册　存一種

330000－1701－0061322　普 814.7/0837.02　集部/别集類/清别集

六觀樓文集拾遺一卷　(清)許鴻磐撰　清同治九年(1870)粤東節署刻本　一册

330000－1701－0061323　G000599　集部/别集類/清别集

星帶草堂詩鈔一卷　(清)陶亮采撰　稿本　一册

330000－1701－0061327　普 336.57/7413　史部/政書類/邦計之屬/鹽法

淮南鹽法紀畧十卷　(清)龐際雲等纂　清同治十二年(1873)淮南書局刻本　十册

330000－1701－0061329　HJH0054　經部/詩類

陳氏毛詩五種　(清)陳奐撰　清道光至咸豐吳門南園陳氏掃葉山莊刻本　一册　存一種

330000－1701－0061330　GP07287　史部/傳記類/别傳之屬/事狀

陳女繡君哀輓録不分卷　(清)陳庸盦撰　清光緒三十三年(1907)蘇省刷印總局鉛印本　一册

330000－1701－0061334　普 814.7/08441　類叢部/叢書類/自著之屬

古均閣遺箸二種　(清)許槤撰　清光緒十四年(1888)海寧許頌鼎刻本　四册

330000－1701－0061337　普 814.7/10341/c1　集部/别集類/清别集

半舫齋古文八卷　(清)夏之蓉撰　清乾隆三十六年(1771)夏味堂等刻本　四册

330000－1701－0061341　普 814.7/10341/c3　集部/别集類/清别集

半舫齋古文八卷　(清)夏之蓉撰　清乾隆三十六年(1771)夏味堂等刻本　四册

330000－1701－0061343　G000600　史部/傳記類/總傳之屬/列女

兩浙彙造請旌事實清册不分卷　稿本　二十九册　存咸豐八年、咸豐十一年、同治四年、同治六年、同治九年、同治十二年、光緒二年、光緒五年、光緒八年、光緒十一年、光緒十四年、光緒十七年、光緒二十年、光緒二十三年、光緒二十六年、光緒二十九年、光緒三十二年册

330000－1701－0061345　G000540　集部/曲類/寶卷之屬

彌勒佛說地藏十王寶卷二卷　清木活字印本　二册

330000－1701－0061346　M000768　類叢部/叢書類/家集之屬

番禺鄔氏所刻書二十種　鄔慶時編　清宣統元年至民國十九年(1909－1930)刻本　鄔慶時題簽　四册　存四種

330000－1701－0061349　GP07266　史部/史評類/史論之屬

讀史論畧增註三卷　(清)杜詔撰　(清)唐桂注　(清)傳傳增注　清光緒七年(1881)永嘉徐氏刻本　二册

330000－1701－0061353　GP07267　史部/史評類/史論之屬

讀史論畧二卷　(清)杜詔撰　清光緒三十四年(1908)刻本　二册

330000－1701－0061354　HJH0055　經部/易類/傳說之屬

易漢學八卷　(清)惠棟撰　清刻本　二册

330000－1701－0061355　HJH0056　類叢部/叢書類/自著之屬

平湖顧氏遺書五種　(清)顧廣譽撰　清光緒三年(1877)顧鴻昇刻本　一册　存一種

330000－1701－0061357　HJH814.4/3036/2/

c2　集部/别集類/宋别集

宗忠簡公集八卷首一卷　(宋)宗澤撰　**忠簡公[宗澤]年譜一卷**　(宋)喬行簡編　清光緒二十四年(1898)義烏黄卿夔刻本　四册

330000－1701－0061358　HJH814.4/3036/4/c2　集部/别集類/宋别集

宋宗忠簡公集八卷　(宋)宗澤撰　(宋)樓鑰輯　(清)王延曾重輯　清康熙三十年(1691)刻本　二册

330000－1701－0061359　HJL0316　經部/四書類/總義之屬/傳説

四書地理考十五卷　(清)王瑬撰　清道光十五年(1835)王氏壑舟園刻本　四册

330000－1701－0061360　HJL0058　經部/小學類/文字之屬/字書

班馬字類五卷　(宋)婁機撰　清揚州馬氏小玲瓏山館刻吴興倪氏苕溪經鉏堂印本　二册

330000－1701－0061361　HJH814.4/3036/5/c2　類叢部/叢書類/郡邑之屬

金華叢書六十八種　(清)胡鳳丹編　清同治七年至光緒八年(1868－1882)永康胡氏退補齋刻民國補刻本　二册　存一種

330000－1701－0061362　HJL0059　經部/小學類/文字之屬/説文/傳説

段氏説文注訂八卷説文新附攷六卷續攷一卷　(清)鈕樹玉撰　清嘉慶六年(1801)、道光三年(1823)吴縣鈕樹玉非石居刻同治碧螺山館補刻本　四册

330000－1701－0061363　HJH814.4/3424/c2　類叢部/叢書類/家集之屬

洪氏晦木齋叢書二十種　(清)洪汝奎編　清同治八年至宣統元年(1869－1909)刻本　一册　存一種

330000－1701－0061364　HJH0557　經部/叢編

皇清經解一千四百八卷首一卷　(清)阮元輯　清道光九年(1829)廣東學海堂刻咸豐十一年(1861)補刻本　三百六十册

330000－1701－0061367　HJL1641　集部/曲類/曲韻曲譜曲律之屬

六也曲譜初集不分卷　張芬編　清光緒三十四年(1908)蘇州振新書社石印本　四册

330000－1701－0061368　HJH0060　經部/小學類/訓詁之屬/爾雅

爾雅疏十卷　(宋)邢昺等撰　清光緒四年(1878)吴興陸氏十萬卷樓刻本　二册

330000－1701－0061369　普336.67/1100/c1　史部/政書類/邦計之屬/貿易

光緒朝海關大宗進出貨價表一卷　張謇等輯　清宣統三年(1911)通州翰墨林書局鉛印本　一册

330000－1701－0061370　普336.67/1100/c2　史部/政書類/邦計之屬/貿易

光緒朝海關大宗進出貨價表一卷　張謇等輯　清宣統三年(1911)通州翰墨林書局鉛印本　一册

330000－1701－0061372　GP07268　集部/别集類/清别集

蕉堂同咏集二卷　(清)周揆源輯　清咸豐四年(1854)刻本　二册

330000－1701－0061373　G000541　經部/小學類/音韻之屬/韻書

詩韻全璧五卷　(清)湯祥瑟輯　**初學檢韻袖珍一卷**　(清)姚文登撰　**虚字韻藪一卷**　(清)潘維城輯　清光緒十七年(1891)上海錦章圖書局石印本　六册

330000－1701－0061374　HJL0061　類叢部/叢書類/自著之屬

番禺陳氏東塾叢書初函四種附一種　(清)陳澧撰　清咸豐至光緒刻本　二册　存一種

330000－1701－0061375　GP07289　史部/政書類/邦計之屬

桐溪記畧一卷附刻一卷桐溪記畧題辭一卷　(清)戴槃撰　清咸豐八年(1858)刻本　二册

330000－1701－0061377　HJH1642　集部/小説類/短篇之屬

聊齋志異新評十六卷 (清)蒲松齡撰 (清)王士禛評 (清)呂湛恩注 (清)但明倫批 清道光二十二年(1842)廣順但氏刻朱墨套印本 十二册 存十二卷(一至十二)

330000－1701－0061380 GP07290 經部/叢編

通志堂經解一百四十種 (清)納蘭成德輯 清康熙十九年(1680)納蘭成德刻本 五册 存一種

330000－1701－0061381 HJL0062 經部/小學類/文字之屬/字書/字體

汗簡七卷 (宋)郭忠恕撰 清康熙四十二年(1703)錢唐汪立名一隅草堂刻本 一册

330000－1701－0061382 G000542 史部/傳記類/科舉録之屬/歷科鄉試録

[同治丁卯科並補甲子科]浙江鄉試硃卷一卷 (清)陳守瀾撰 清末刻本 一册

330000－1701－0061383 HJH0318 類叢部/叢書類/自著之屬

春在堂全書(德清俞蔭甫所著書)三十六種 (清)俞樾撰 清同治至光緒刻光緒末彙印本 十六册 存一種

330000－1701－0061385 G000543 史部/傳記類/科舉録之屬/諸貢録

[光緒己卯科]浙江優貢卷一卷 (清)張承紱撰 清光緒刻本 一册

330000－1701－0061387 普 336.892424/3233 史部/政書類/邦計之屬/賦税

浙江省試辦宣統四年地方歲出預算報告附册一卷 (清)浙江清理財政局編 清宣統三年(1911)石印本 一册

330000－1701－0061389 G000601 子部/宗教類/佛教之屬/諸宗

法界宗五祖略記一卷賢首五教儀開蒙一卷 (清)釋續法輯 清光緒二年(1876)、二十二年(1896)金陵刻經處刻本 一册

330000－1701－0061391 HJL0063 經部/小學類/文字之屬/說文/傳說

說文解字斠詮十四卷 (清)錢坫撰 清嘉慶十二年(1807)嘉定錢氏吉金樂石齋刻本 八册

330000－1701－0061393 GP07449 史部/政書類/律令之屬/律例

會奏酌擬各省法官變通迴避辦法摺一卷 (清)奕劻等撰 清宣統二年(1910)鉛印本 一册

330000－1701－0061394 G000544 史部/地理類/輿圖之屬/郡縣

西湖遊覽志圖一卷 (清)孫樹義等校字 (清)姜德銓摹圖 清光緒二十一年(1895)刻本 一册

330000－1701－0061395 普 336.39245/7767 史部/政書類/邦計之屬/賦税

浙江省減賦全案十卷 (清)興奎等纂 清同治十二年(1873)糧儲道庫刻本 十册

330000－1701－0061398 G000545 子部/醫家類/内科之屬/虚勞

理虚元鑑二卷 (明)汪綺石撰 (清)柯懷祖訂 清刻本 一册

330000－1701－0061402 HJL1645 類叢部/叢書類/彙編之屬

蟫隱廬叢書十八種 羅振常編 清宣統二年至民國二十五年(1910－1936)上虞羅氏謄寫及鉛印本三十三年(1944)吳興周延年彙印本 一册 存一種

330000－1701－0061403 HJL0064 經部/小學類/文字之屬/字書/字體

漢隸字源五卷碑目一卷附字一卷 (宋)婁機撰 清光緒三年(1877)川東官舍刻本 六册

330000－1701－0061404 G000602 集部/別集類/清別集

丘邦士文集十八卷 (清)丘維屏撰 清康熙五十八年(1719)刻本 四册 存十七卷(一至十七)

330000－1701－0061405 GP07298 集部/別集類/清別集

曇雲閣詩集五卷詞鈔一卷外集一卷音匏隨筆一卷詩附錄二卷　(清)曹楙堅撰　清道光二十三年(1843)刻本　五冊

330000－1701－0061407　GP07294　子部/雜著類/雜考之屬
三餘偶筆十六卷　(清)左暄撰　清嘉慶十六年(1811)桂林書屋刻本　四冊

330000－1701－0061409　G000546　子部/藝術類/書畫之屬/畫譜
芥子園畫傳四集四卷　(清)丁皐等撰輯　**芥子園圖章會纂一卷**　(清)李漁撰　清刻本　四冊　存二卷(仙佛圖、賢俊圖)

330000－1701－0061413　HJH0007　經部/四書類/總義之屬/傳說
四書朱子本義匯參四十三卷首四卷　(清)王步青輯　清大文堂刻本　十八冊

330000－1701－0061414　HJH814.4/3438/c2　類叢部/叢書類/家集之屬
洪氏晦木齋叢書二十種　(清)洪汝奎編　清同治八年至宣統元年(1869－1909)刻本　四冊　存二種

330000－1701－0061416　GP07295　子部/藝術類/遊藝之屬/聯語
邵子擊壤集摘聯六卷　(宋)邵雍撰　(清)邵同珩輯　清光緒二十三年(1897)經世山房石印本　一冊　存二卷(一至二)

330000－1701－0061417　GP07452　史部/政書類/公牘檔冊之屬
寶蘇銅圓局舊廠收支盈餘盤查存數總冊一卷　(清)陸桂星編　清光緒三十二年(1906)鉛印本　一冊

330000－1701－0061419　HJH1646　子部/藝術類/書畫之屬/畫譜
詩品畫譜不分卷　(清)諸乃方輯　清光緒石印本　一冊

330000－1701－0061421　普336.8991/2641　史部/政書類/邦計之屬/鹽法
福建票鹽志略不分卷　(清)吳大廷輯　清同治五年(1866)福建鹽局刻本　二冊

330000－1701－0061422　HJH814.4/3438/c4　類叢部/叢書類/家集之屬
洪氏晦木齋叢書二十種　(清)洪汝奎編　清同治八年至宣統元年(1869－1909)刻本　四冊　存二種

330000－1701－0061423　G000603　子部/術數類/雜術之屬
游藝錄三種　(清)李沺撰　清光緒二十年(1894)醉月山房刻本　四冊　存一種

330000－1701－0061425　普336.8992/0053　史部/政書類/邦計之屬/通紀
廣東財政說明書十六卷　(清)廣東清理財政局編　清宣統二年(1910)鉛印本　十六冊

330000－1701－0061427　GP07453　史部/政書類/公牘檔冊之屬
蘇州戶部造幣分廠續添盈餘連交代總冊一卷　清光緒三十二年(1906)鉛印本　一冊

330000－1701－0061428　GP07299　集部/別集類/清別集
蓉影詞一卷　(清)董基誠輯　清嘉慶刻本　一冊

330000－1701－0061429　HJL0321　經部/書類/傳說之屬
尚書攷辨四卷　(清)宋鑒撰　清嘉慶四年(1799)刻本　四冊

330000－1701－0061432　GP07300　集部/別集類/清別集
東岡詩賸十四卷首一卷末一卷　(清)周有聲撰　清嘉慶二十年(1815)夷白齋刻本　二冊

330000－1701－0061434　GP07296　集部/別集類/清別集
小信天巢詩鈔十八卷續鈔一卷　(清)陳石麟撰　清嘉慶十一年至十四年(1806－1809)刻本　一冊　存四卷(八至十一)

330000－1701－0061435　HJH0319　經部/小學類/音韻之屬/古今韻說

屈宋古音義三卷 (明)陳第撰 清光緒六年(1880)武昌張裕釗刻本 二册

330000－1701－0061436 HJH0008 經部/三禮總義類/通禮雜禮之屬

五禮通考二百六十二卷首四卷總目二卷 (清)秦蕙田撰 清光緒六年(1880)江蘇書局刻本 一百册

330000－1701－0061438 普 341.1/6022 新學/交涉/公法

各國交涉公法論初集四卷二集四卷三集八卷 (英國)費利摩羅巴德撰 (英國)傅蘭雅口譯 (清)俞世爵筆述 **各國交涉公法論校勘記一卷中西紀年一卷** (清)錢國祥撰 清光緒二十四年(1898)江南機器製造總局鉛印本 十六册

330000－1701－0061440 HJH0558 經部/群經總義類/文字音義之屬

經籍籑詁一百六卷補遺一百六卷首一卷 (清)阮元撰 清嘉慶十七年(1812)揚州阮元琅嬛僊館刻本 四十八册

330000－1701－0061443 GP07454 史部/政書類/邦計之屬

通海墾牧公司集股章程啓一卷 張謇等撰 清光緒二十七年(1901)鉛印本 一册

330000－1701－0061445 G000604 子部/醫家類/類編之屬

圖註難經脈訣二種 清務本堂刻本 二册 存一種

330000－1701－0061447 HJH814.4/3818 集部/別集類/宋別集

游定夫先生集六卷首一卷末一卷 (宋)游酢撰 清同治六年(1867)和州官舍刻本 二册

330000－1701－0061449 普 341.4/6022 史部/政書類/邦交之屬

各國交涉便法論六卷 (英國)費利摩羅巴德撰 (英國)傅蘭雅譯 清光緒江南製造總局鉛印本 六册

330000－1701－0061450 GP07455 史部/詔令奏議類/奏議之屬

憲政編查館核覆自治研究所章程奏摺一卷 (清)奕劻等撰 清宣統元年(1909)兼理地方自治浙江諮議局籌辦處鉛印本 一册

330000－1701－0061453 GP07297 史部/政書類/公牘檔冊之屬

守城清鄉卷存一卷 程贊清撰 清宣統二年(1910)鉛印本 一册

330000－1701－0061455 HJL0320 類叢部/叢書類/自著之屬

楚蒙山房集六種 (清)晏斯盛撰 清乾隆新喻晏氏刻道光二十一年(1841)補修本 十四册 存一種

330000－1701－0061456 HJL0560 經部/三禮總義類/通論之屬

三禮通釋二百三十卷三禮圖五十卷首一卷目錄四卷 (清)林昌彝撰 清同治三年(1864)廣州刻本 四十八册

330000－1701－0061458 GP07301 集部/別集類/清別集

魚亭詩選二卷藻香館詞一卷 (清)汪軔撰 清乾隆四十三年(1778)刻本 一册

330000－1701－0061464 G000547 子部/藝術類/書畫之屬/畫譜

南陵無雙譜一卷 (清)金古良撰並繪 清康熙刻本 二册

330000－1701－0061465 G000605、G000767 子部/醫家類/診法之屬/脈經脈訣

刪註脈訣規正二卷 (清)沈鏡刪註 清刻本 二册

330000－1701－0061467 GP07308 集部/總集類/氏族之屬

廬江錢氏詩匯 (清)錢儀吉輯 清道光刻本 一册 存一種

330000－1701－0061469 普 342.73/8708 新學/政治法律/律例

美國憲法纂釋二十一卷 (美國)海麗生撰 (清)舒高第口譯 (清)鄭昌棪筆述 清光緒

三十三年(1907)江南製造局刻本　二册

330000－1701－0061470　GP07302　史部/目録類/總録之屬/私撰
五桂樓書目四卷　(清)黄澄量撰　清光緒二十一年(1895)姚江黄安瀾刻本　影成題記　二册

330000－1701－0061473　GP07457　史部/目録類/通論之屬/藏書約
國學保存會章程一卷附藏書樓章程一卷　鄧實等編　清光緒三十二年(1906)鉛印本　一册

330000－1701－0061474　普925.1099995/1191/c1　史部/傳記類/别傳之屬/事狀
辛酉記一卷　(清)張光烈撰　清光緒十六年(1890)吳中刻本　一册

330000－1701－0061475　G000606、G000694　子部/叢編
二十二子(二十二子彙函)　(清)浙江書局編　清光緒元年至三年(1875－1877)浙江書局刻本　五册　存一種

330000－1701－0061476　HJL0427　類叢部/叢書類/自著之屬
經韻樓叢書九種　(清)段玉裁撰　清乾隆至道光金壇段氏刻本　二册　存一種

330000－1701－0061479　普344/5047　史部/政書類/律令之屬/判牘
擅殺留養一卷　清光緒二十八年(1902)刻本　一册

330000－1701－0061480　GP07309　集部/總集類/題詠之屬
萬松圖題詞一卷　(清)朱巖泉輯　清道光十四年(1834)刻本　一册

330000－1701－0061483　G000548　史部/史評類/詠史之屬
廿一史彈詞註十卷　(明)楊慎撰　(清)張三異增定　(清)張仲璜註　**明史彈詞註一卷**　(清)張三異撰　(清)張仲璜註　清乾隆五十一年(1786)張任佐視履堂刻本　五册　存七卷(五至十一)

330000－1701－0061486　HJL0278　經部/三禮總義類/名物制度之屬
禮經宫室答問二卷　(清)洪頤煊撰　清嘉慶臨海洪氏刻傳經堂叢書本　清薛壽題記　一册

330000－1701－0061487　HJL0561　經部/春秋左傳類/傳說之屬
春秋左傳杜注三十卷首一卷　(清)姚培謙撰　清光緒九年(1883)江南書局刻本　十册

330000－1701－0061488　GP01457　子部/藝術類/書畫之屬/法帖
國朝名家遺墨一卷　李其光輯　清光緒三十四年(1908)天津西普文石印書局石印本　一册

330000－1701－0061490　HJH814.4/4022/c2　集部/别集類/宋别集
西山先生真文忠公文集五十五卷目錄二卷　(宋)真德秀撰　明萬曆二十六年(1598)金學曾景賢堂刻崇禎十一年至清康熙四年(1638－1665)遞修本　二十册

330000－1701－0061491　HJL0562　經部/群經總義類/傳說之屬
有竹石齋經句說四卷　(清)吳英撰　清嘉慶璜川吳氏真意堂木活字印本　四册

330000－1701－0061492　G000549　史部/詔令奏議類/奏議之屬
奏章底稿不分卷　清抄本　四册

330000－1701－0061494　GP07459　史部/政書類/儀制之屬/專志/科舉校規
蕭山勸學所章程一卷　(清)王誦熙撰　清光緒三十二年(1906)紹興印書局鉛印本　一册

330000－1701－0061496　HJH814.4/4027/(2)　集部/别集類/宋别集
宋李忠定公奏議選十五卷文集選二十九卷首四卷目錄二卷　(宋)李綱撰　(明)左光先等選　明崇禎十二年(1639)李氏刻本　十六册

330000－1701－0061498　HJL0355　經部/群經總義類/傳説之屬

經傳攷證八卷　(清)朱彬撰　清道光二年(1822)朱氏遊道堂刻本　一冊

330000－1701－0061500　普344.02/1171　史部/政書類/律令之屬/律例

漢律類纂一卷　張鵬一輯　清光緒三十三年(1907)奉天格致學堂鉛印本　章嶔題記　一冊

330000－1701－0061503　普344.03/7118/3/c1　類叢部/叢書類/彙編之屬

岱南閣叢書二十種　(清)孫星衍編　清乾隆五十年至嘉慶十四年(1785－1809)蘭陵孫氏刻本　十二冊　存一種

330000－1701－0061504　普344.03/7118/3/c2　類叢部/叢書類/彙編之屬

岱南閣叢書二十種　(清)孫星衍編　清乾隆五十年至嘉慶十四年(1785－1809)蘭陵孫氏刻本　六冊　存一種

330000－1701－0061505　普814.7/10342.02　集部/别集類/清别集

豐川續集三十四卷　(清)王心敬撰　(清)王勍等編　清乾隆十四年至十五年(1749－1750)王勍黄州刻本　十六冊

330000－1701－0061506　普814.7/1035　集部/别集類/清别集

西江詩稿二十八卷續編一卷文稿三十二卷附編一卷　(清)王家振撰　清光緒三十四年(1908)慈谿王氏柜柳山館木活字印本　十二冊

330000－1701－0061507　普925.1099995/1191/c2　史部/傳記類/别傳之屬/事狀

辛酉記一卷　(清)張光烈撰　清光緒十六年(1890)吴中刻本　一冊

330000－1701－0061508　普814.7/1036　類叢部/叢書類/自著之屬

春融堂集三種　(清)王昶撰　清嘉慶青浦王氏塾南書舍刻光緒十八年(1892)重修本　章嶔題記　二十冊

330000－1701－0061509　普925.1099995/1191/c2/1　史部/傳記類/别傳之屬/事狀

辛酉記一卷　(清)張光烈撰　清光緒十六年(1890)吴中刻本　一冊

330000－1701－0061510　普925.1099995/1191/2/c1　史部/傳記類/别傳之屬/事狀

辛酉記一卷　(清)張光烈撰　清光緒六年(1880)錢塘刻本　一冊

330000－1701－0061511　HJH814.4/4032　集部/别集類/宋别集

姑溪居士文集五十卷後集二十卷　(宋)李之儀撰　**附録一卷校勘記一卷**　(清)吴葑撰　清宣統三年(1911)金陵督糧道署刻本　八冊

330000－1701－0061512　普925.1099995/1191/2/c2　史部/傳記類/别傳之屬/事狀

辛酉記一卷　(清)張光烈撰　清光緒六年(1880)錢塘刻本　一冊

330000－1701－0061513　普814.7/1036/(2)　類叢部/叢書類/自著之屬

春融堂集三種　(清)王昶撰　清嘉慶青浦王氏塾南書舍刻光緒十八年(1892)重修本　十六冊　存一種

330000－1701－0061514　GP07460　史部/政書類/邦計之屬

浙江清理財政局辦事細則一卷　(清)浙江清理財政局編　清末浙江官紙刷印總局鉛印本　一冊

330000－1701－0061515　HJH814.4/4056　集部/别集類/宋别集

盱江先生全集三十七卷外集三卷門人録一卷　(宋)李覯撰　清雍正五年(1727)鶴城李氏刻十一年(1733)補刻本　八冊

330000－1701－0061516　普814.7/1.361　集部/總集類/氏族之屬

高郵王氏家集十九卷　(清)王安國等撰　清咸豐七年(1857)王恩沛、王恩泰刻本　一冊　存一卷(王文肅公遺文)

330000－1701－0061517　HJL0563　類叢部/叢書類/郡邑之屬

永嘉叢書十三種　(清)孫衣言編　清同治至光緒瑞安孫氏詒善祠塾刻本　十二册　存一種

330000－1701－0061518　GP07461　史部/政書類/律令之屬

仁錢城自治會各種規約一卷　清浙江官報兼印刷局鉛印本　一册

330000－1701－0061519　HJH814.4/4070/c4　類叢部/叢書類/郡邑之屬

武林往哲遺箸五十二種後編十種　(清)丁丙編　清光緒二十年至二十六年(1894－1900)錢塘丁氏嘉惠堂刻本　七册　存一種

330000－1701－0061520　HJL0335　類叢部/叢書類/彙編之屬

學古堂日記四十種　(清)雷浚　(清)汪之昌編　清光緒十六年(1890)刻二十二年(1896)續刻本　一册　存一種

330000－1701－0061521　G000607　子部/雜著類/雜纂之屬

不可錄一卷　(清)韓榮增輯　清嘉慶十八年(1813)韓榮刻本　一册

330000－1701－0061522　HJH0006　經部/叢編

皇清經解一千四百十二卷首一卷　(清)阮元輯　清道光九年(1829)廣東學海堂刻咸豐十一年(1861)補刻同治九年(1870)續刻本　三百七十一册　缺三十九卷(四百四至四百三十四、一千一百四十六、一千一百五十一至一千一百五十五、一千三百六十四至一千三百六十五

330000－1701－0061523　GP07462　史部/政書類/邦計之屬

商辦浙江全省鐵路有限公司股東會第一次議事錄一卷　清末中合印書公司鉛印本　一册

330000－1701－0061524　HJH814.4/4070/c3　類叢部/叢書類/郡邑之屬

武林往哲遺箸五十二種後編十種　(清)丁丙編　清光緒二十年至二十六年(1894－1900)錢塘丁氏嘉惠堂刻本　七册　存一種

330000－1701－0061527　HJL0564　經部/群經總義類/傳說之屬

七經紀聞四卷　(清)管同撰　清道光十九年(1839)刻本　二册

330000－1701－0061528　HJH814.4/4070/(2)/c2　類叢部/叢書類/郡邑之屬

武林往哲遺箸五十二種後編十種　(清)丁丙編　清光緒二十年至二十六年(1894－1900)錢塘丁氏嘉惠堂刻本　六册　存一種

330000－1701－0061530　GP07306　集部/總集類/題詠之屬

迦陵先生填詞圖題詞一卷　(清)陳药洲輯　清乾隆五十九年(1794)刻本　一册

330000－1701－0061532　G000608　子部/宗教類/佛教之屬/諸宗

淨土極信錄一卷厭離濁世思歸淨土文一卷附三卷　(清)釋戒香撰　清同治十年(1871)杭州昭慶寺經房刻光緒四年(1878)印本　一册

330000－1701－0061534　GP07310　集部/别集類/清别集

樂潛堂詩二集六卷首一卷　(清)趙函撰　清道光刻本　清姚燮題記　二册

330000－1701－0061535　HJH814.4/4099/2/c3　集部/别集類/宋别集

絜齋集二十四卷　(宋)袁燮撰　**宋儒袁正獻公從祀錄六卷**　清同治十一年至光緒二年(1872－1876)浙江四明袁氏進修堂刻本　八册

330000－1701－0061536　普814.7/1039/c2　集部/别集類/清别集

晚聞居士遺集九卷首一卷　(清)王宗炎撰　清道光十年至十一年(1830－1831)杭州陸貞一愛日軒刻本　四册

330000－1701－0061537　HJL0566　經部/春秋總義類/傳說之屬

春秋屬辭辨例編六十卷首二卷　(清)張應昌撰　清同治十二年(1873)江蘇書局刻本　三十一册

330000－1701－0061538　HJH814.4/4407/2/c2　集部/别集類/宋别集

宋黄文節公文集三十二卷外集二十四卷别集十九卷首四卷　(宋)黄庭堅撰　清乾隆三十年(1765)江右寧州緝香堂刻本　三十册

330000－1701－0061539　普 814.7/1039/c3　集部/别集類/清别集

晚聞居士遺集九卷首一卷　(清)王宗炎撰　清道光十年至十一年(1830－1831)杭州陸貞一愛日軒刻本　六册

330000－1701－0061540　HJL0567　經部/四書類/總義之屬/傳説

四書圖考十三卷　(清)杜炳撰　清道光七年(1827)刻本　十二册

330000－1701－0061541　G000609　子部/術數類/相宅相墓之屬

搜地靈二卷　清宣統二年(1910)刻本　一册

330000－1701－0061542　HJL0328　經部/詩類/傳説之屬

詩集傳音釋二十卷詩圖一卷詩傳綱領一卷詩序一卷　(宋)朱熹集傳　(元)許謙音釋　(元)羅復纂輯　**校刻詩集傳音釋札記一卷**　(清)蔣光煦撰　清咸豐五年至七年(1855－1857)海昌蔣氏衍芬草堂刻本　四册

330000－1701－0061543　普 814.7/1040/c1　集部/别集類/清别集

白田草堂存稿二十四卷　(清)王懋竑撰　**先考王公府君[懋竑]行狀一卷**　(清)王箴聽等撰　**崇祀鄉賢錄一卷**　清乾隆十七年(1752)刻本　六册

330000－1701－0061544　G000550　類叢部/叢書類/彙編之屬

武英殿聚珍版書三十九種　清乾隆浙江刻本　九册　存一種

330000－1701－0061546　G000610　史部/政書類/儀制之屬

日本皇室典範義解一卷　(日本)伊藤博文撰　(清)沈紘譯　清光緒二十七年(1901)金粟齋鉛印本　一册

330000－1701－0061547　普 814.7/1040/c4　集部/别集類/清别集

白田草堂存稿二十四卷　(清)王懋竑撰　**先考王公府君[懋竑]行狀一卷**　(清)王箴聽等撰　**崇祀鄉賢錄一卷**　清乾隆十七年(1752)刻本　六册

330000－1701－0061548　GP07311　集部/别集類/清别集

飲香讀畫齋詩集四卷　(清)朱有萊撰　清道光十八年(1838)朱鈞刻本　二册

330000－1701－0061549　GP07307　集部/别集類/清别集

古香堂詩稿八卷　(清)楊大琛撰　清乾隆刻本　一册

330000－1701－0061550　HJH814.4/4414/2　集部/别集類/宋别集

安陽集五十卷　(宋)韓琦撰　**忠獻韓魏王别錄三卷**　(宋)王巖叟撰　**忠獻韓魏王遺事一卷**　(宋)強至撰　**忠獻韓魏王家傳十卷**　(明)郭瑛校　清康熙五十六年(1717)崐山徐樹敏晚香書屋刻乾隆五年(1740)蔣光祖補刻本　十三册

330000－1701－0061551　普 344.03/7118/4　史部/政書類/律令之屬/律例

故唐律疏議三十卷　(唐)長孫無忌等撰　清光緒十六年(1890)沈家本等京師敘雪堂刻本　十二册

330000－1701－0061553　HJH0324　類叢部/叢書類/自著之屬

番禺陳氏東塾叢書初函四種附一種　(清)陳澧撰　清咸豐至光緒刻本　五册　存二種

330000－1701－0061554　普 814.7/1040/(2)/c1　集部/别集類/清别集

白田草堂存稿二十四卷　(清)王懋竑撰　**先**

考王公府君[懋竑]行狀一卷 (清)王箴聽等撰 **崇祀鄉賢錄一卷** 清乾隆十七年(1752)刻本 八册

330000－1701－0061556 G000551 集部/戲劇類/傳奇之屬
繡像牡丹亭還魂記二卷五十五齣 (明)湯顯祖撰 清末石印本 一册

330000－1701－0061557 HJL0568 經部/群經總義類/傳說之屬
有竹石軒經句說七卷 (清)吳英撰 清嘉慶二十年(1815)吳氏有竹石軒刻本 六册

330000－1701－0061558 普 814.7/1040/(2)/c2 集部/别集類/清别集
白田草堂存稿二十四卷 (清)王懋竑撰 **先考王公府君[懋竑]行狀一卷** (清)王箴聽等撰 **崇祀鄉賢錄一卷** 清乾隆十七年(1752)刻本 十二册

330000－1701－0061560 G000611 類叢部/叢書類/自著之屬
安溪李文貞公解義(安溪先生解義三種)三種 (清)李光地撰 清康熙五十八年(1719)清謹軒刻本 一册

330000－1701－0061561 普 814.7/1040/2 類叢部/叢書類/彙編之屬
廣雅書局叢書一百五十九種 徐紹棨編 清光緒廣雅書局刻民國九年(1920)番禺徐紹棨彙編重印本 二册 存一種

330000－1701－0061562 GP07312 集部/别集類/清别集
壬癸詩錄一卷 (清)孔繼鑅撰 清咸豐四年(1854)刻本 一册

330000－1701－0061564 普 344.03/7118/5/c1 史部/政書類/律令之屬/律例
故唐律疏議三十卷附釋文 (唐)長孫無忌等撰 (元)王元亮重編釋文 **律音義一卷** (宋)孫奭等撰 **宋提刑洗冤集錄五卷** (宋)宋慈編 清光緒十七年(1891)江蘇書局刻蘇州振新書社印本 八册

330000－1701－0061565 普 814.7/10401/c1 類叢部/叢書類/彙編之屬
蕅園叢書十一種 (清)平步青編 清同治至光緒山陰平氏安越堂刻本 一册 存一種

330000－1701－0061566 G000552 集部/總集類/題詠之屬
京都壽福寺無名氏題壁詩一卷 (清)小逋仙手錄 **鮮民生蒙難草一卷** (清)吳敦撰 清抄本 絶夢生題記 一册

330000－1701－0061568 普 344.03/7118/5/c2 史部/政書類/律令之屬/律例
故唐律疏議三十卷附釋文 (唐)長孫無忌等撰 (元)王元亮重編釋文 **律音義一卷** (宋)孫奭等撰 **宋提刑洗冤集錄五卷** (宋)宋慈編 清光緒十七年(1891)江蘇書局刻本 八册

330000－1701－0061571 HJL0327 經部/書類/傳說之屬
書傳音釋六卷首一卷末一卷 (宋)蔡沈集傳 (元)鄒季友音釋 清咸豐五年(1855)浦城與古齋祝氏刻本 六册

330000－1701－0061572 GP07313 集部/别集類/清别集
養和山館遺稿二卷 (清)王慶楨撰 清道光二十八年(1848)王氏刻本 一册

330000－1701－0061573 普 814.7/10401/c2 類叢部/叢書類/彙編之屬
蕅園叢書十一種 (清)平步青編 清同治至光緒山陰平氏安越堂刻本 一册 存一種

330000－1701－0061575 G000553、G605627 子部/醫家類/方書之屬/單方驗方
增評童氏醫方集解二十三卷 (清)汪昂撰 (清)李保常批點 (清)費伯雄評 清光緒三十年(1904)上海六藝書局石印本 四册

330000－1701－0061578 HJH1654 類叢部/叢書類/郡邑之屬
粟香室叢書五十九種 金武祥編 清光緒至民國江陰金氏刻本 一册 存一種

330000－1701－0061580　GP07314　史部/傳記類/總傳之屬/歷代

歷代名賢齒譜九卷歷代名媛齒譜三卷　(清)易宗涒輯　清雍正三年(1725)賜書堂刻乾隆六十年(1795)補刻本　二十冊

330000－1701－0061582　普814.7/1041　集部/别集類/清别集

淵雅堂全集五十六卷(淵雅堂編年詩藁二十卷惕甫未定藁二十六卷淵雅堂詩外集二卷瑤想詞一卷讀賦卮言一卷淵雅堂文外集四卷淵雅堂編年詩續稟一卷淵雅堂文續稟一卷)　(清)王芑孫撰　**波餘遺藁一卷首一卷附錄二卷**　(清)王翼孫撰　**寫韻軒小藁二卷**　(清)曹貞秀撰　清嘉慶八年至二十五年(1803－1820)刻本　三十八冊　缺六卷(淵雅堂文外集一至四、淵雅堂編年詩續稟、淵雅堂文續稟)

330000－1701－0061583　HJL1655　子部/雜著類/雜考之屬

覺非盦筆記八卷　(清)顧堃撰　清光緒八年(1882)刻本　四冊

330000－1701－0061585　普925.1099995/2643　史部/傳記類/總傳之屬/家乘

吴氏世德錄四卷　吴重憙輯　清光緒刻本　七冊

330000－1701－0061586　HJL0570　經部/叢編

六蓺堂詩禮七編　(清)丁晏撰　清咸豐二年(1852)聊城楊以增海源閣刻本　十八冊　存六種

330000－1701－0061590　GP07475　史部/地理類/水利之屬

浙江海塘巡警局章程一卷　清末石印本　一冊

330000－1701－0061591　HJH1656　集部/小説類/長篇之屬

石頭記評贊不分卷　(清)王希廉撰　清同治十三年(1874)金陵刻本　三冊

330000－1701－0061594　G000612　集部/總集類/酬唱之屬

西湖修禊詩二卷　(清)鄂敏輯　清乾隆刻本　一冊

330000－1701－0061596　HJL1657　子部/藝術類/書畫之屬/畫法畫品

畫學心印八卷　(清)秦祖永輯　清光緒四年(1878)梁溪秦氏刻朱墨套印本　八冊

330000－1701－0061598　GP07476　史部/地理類/水利之屬

浙江海塘工程總局章程一卷　清末石印本　一冊

330000－1701－0061601　普814.7/1041/2　集部/别集類/清别集

淵雅堂全集五十六卷(淵雅堂編年詩藁二十卷惕甫未定藁二十六卷淵雅堂詩外集二卷瑤想詞一卷讀賦卮言一卷淵雅堂文外集四卷淵雅堂編年詩續稟一卷淵雅堂文續稟一卷)　(清)王芑孫撰　**波餘遺藁一卷首一卷附錄二卷**　(清)王翼孫撰　**寫韻軒小藁二卷**　(清)曹貞秀撰　清嘉慶八年至二十五年(1803－1820)刻本　十八冊

330000－1701－0061604　G000613　經部/書類/分篇之屬

洪範正論五卷　(清)胡渭撰　清乾隆四年(1739)胡紹芬刻本　一冊

330000－1701－0061605　HJH814.4/44221　集部/總集類/氏族之屬

范文正公忠宣公全集七十三卷　(宋)范仲淹　(宋)范純仁撰　清康熙四十六年(1707)吴郡范氏歲寒堂刻本　七冊　存二十五卷(范忠宣公全集一至二十五)

330000－1701－0061606　G000554　集部/别集類/清别集

夢綠草堂詩鈔十二卷附鳳蕭集二卷首一卷末一卷　(清)蔡壽祺撰　清咸豐七年(1857)京師刻本　六冊

330000－1701－0061607　GP07477　史部/地

理類/水利之屬

奏覆查勘海塘工程摺稿一卷 （清）增韞撰　清光緒石印本　一冊

330000－1701－0061610　HJL1664　子部/儒家類/儒學之屬/禮教/家訓

誡子書一卷 （清）聶繼模撰　清光緒二十三年（1897）趙舒翹刻本　一冊

330000－1701－0061611　G000555　子部/醫家類/本草之屬/神農本草經

本草三家合註三卷 （清）郭汝驄撰　**神農本草經百種錄一卷** （清）徐大椿撰　清光緒三十四年（1908）上海理文軒書莊石印本　一冊　存一卷（神農本草經百種錄）

330000－1701－0061613　HJH814.4/4423/（3）　集部/總集類/氏族之屬

范文正公忠宣公全集七十三卷 （宋）范仲淹（宋）范純仁撰　清康熙四十六年（1707）吳郡范氏歲寒堂刻本　十一冊　缺二十五卷（范忠宣公全集一至二十五）

330000－1701－0061614　HJL0571　經部/書類/分篇之屬

禹貢班義述三卷附漢麼水入尚龍谿考一卷 （清）成蓉鏡撰　清光緒十一年（1885）刻本　一冊

330000－1701－0061616　普814.7/1041.2　集部/別集類/清別集

淵雅堂文外集四卷讀賦卮言一卷 （清）王芑孫撰　清嘉慶八年至九年（1803－1804）常州王氏刻淵雅堂全集本　章嶔題記　一冊

330000－1701－0061617　HJL1665　子部/雜著類/雜說之屬

志雅堂雜鈔二卷 （宋）周密撰　清嘉慶十四年（1809）余集刻本　一冊

330000－1701－0061618　G000614　子部/儒家類/儒學之屬/蒙學

小學纂註六卷 （清）高愈撰　**文公朱夫子［熹］年譜一卷** 題（宋）李方子撰　清乾隆十六年（1751）刻本　四冊

330000－1701－0061621　HJH814.4/4423/（2）/c3　集部/總集類/氏族之屬

范文正公忠宣公全集七十三卷 （宋）范仲淹（宋）范純仁撰　清康熙四十六年（1707）吳郡范氏歲寒堂刻道光十年（1830）印本　十四冊　缺二十五卷（范忠宣公全集一至二十五）

330000－1701－0061623　HJH0329　類叢部/叢書類/自著之屬

槐軒全集二十一種附九種 （清）劉沅撰　清咸豐至民國刻彙印本　六十四冊　存八種

330000－1701－0061624　HJH814.4/4423.2　集部/別集類/宋別集

范文正公文集十卷 （宋）范仲淹撰　清光緒元年（1875）柳福存愚山房刻本　四冊

330000－1701－0061625　普814.7/1041.2/2　集部/別集類/清別集

淵雅堂詩外集二卷瑤想詞一卷讀賦卮言一卷 （清）王芑孫撰　清嘉慶八年至九年（1803－1804）常州王氏刻淵雅堂全集本　宋希軾題記　一冊

330000－1701－0061629　HJL1667　子部/工藝類/文房四寶之屬

文房圖贊一卷 （宋）林洪撰　清刻本　一冊

330000－1701－0061630　GP07316　子部/醫家類/綜合之屬/通論

石室秘籙六卷 （清）陳士鐸撰　清雍正八年（1730）宛平馬弘儒萱永堂刻綠蔭堂印本　六冊

330000－1701－0061631　HJH814.4/4430/（2）　類叢部/叢書類/郡邑之屬

永嘉叢書十三種 （清）孫衣言編　清同治至光緒瑞安孫氏詒善祠塾刻本　十冊　存一種

330000－1701－0061635　GP07479　史部/政書類/公牘檔冊之屬

浙江陸軍測繪學堂試辦簡章一卷 清宣統元年（1909）浙江督練公所參謀處石印本　一冊

330000－1701－0061636　HJH814.4/4430/4　類叢部/叢書類/郡邑之屬

永嘉叢書十三種　(清)孫衣言編　清同治至光緒瑞安孫氏詒善祠塾刻本　十册　存二種

330000－1701－0061637　普 814.7/10411　類叢部/叢書類/自著之屬
獨學廬全稿七種　(清)石韞玉撰　清乾隆至嘉慶刻本　一册　存一種

330000－1701－0061644　G000556　集部/總集類/課藝之屬
鄉會彙錦三卷　(清)趙鑑撰　清抄本　一册　存一卷(一)

330000－1701－0061645　HJH814.4/4430/4/(2)　類叢部/叢書類/郡邑之屬
永嘉叢書十三種　(清)孫衣言編　清同治至光緒瑞安孫氏詒善祠塾刻本　十六册　存二種

330000－1701－0061646　HJH0332　經部/群經總義類/傳說之屬
七經講義 九卷　潘任輯　清宣統元年(1909)江南高等學堂鉛印本　七册

330000－1701－0061648　G000557　子部/醫家類/方書之屬/單方驗方
本草萬方鍼線八卷　(清)蔡烈先輯　清同人堂刻本　一册　存四卷(五至八)

330000－1701－0061649　普 925.1099995/3111　集部/總集類/郡邑之屬
微尚齋叢刻六種　汪兆鏞輯　清宣統至民國番禺汪氏微尚齋刻本　一册　存一種

330000－1701－0061650　HJL1666　子部/工藝類/文房四寶之屬
文房圖贊續一卷　(元)羅先登撰　**十友圖贊一卷**　(明)顧元慶撰　清刻本　一册

330000－1701－0061651　M000791　類叢部/叢書類/彙編之屬
崇文書局彙刻書三十一種　(清)崇文書局編　清光緒元年至三年(1875－1877)湖北崇文書局刻民國元年(1912)鄂官書處重印本　二册　存一種

330000－1701－0061652　G000558　子部/藝術類/書畫之屬/畫法畫品
蕉雨山房筆記十二卷　清末抄本　一册　存一卷(一)

330000－1701－0061653　GP07318　史部/金石類/玉之屬/圖像
宋淳熙敕編古玉圖譜一百卷　(宋)龍大淵等編　清乾隆四十四年(1779)歙縣江春康山草堂刻本　二十册

330000－1701－0061656　HJL1668　子部/藝術類/遊藝之屬/棋弈
周嬾予先生圍棋譜一卷　(清)周嘉錫編　清同治十二年(1873)上海江左書林刻本　一册

330000－1701－0061657　HJH814.4/4430/2　類叢部/叢書類/郡邑之屬
永嘉叢書十三種　(清)孫衣言編　清同治至光緒瑞安孫氏詒善祠塾刻本　十二册　存一種

330000－1701－0061658　HJL0333　經部/易類/傳說之屬
六十四卦經史彙參二卷易經集說一卷　(清)查彬撰　清道光十九年(1839)查燮勤刻有懷堂印本　六册

330000－1701－0061659　普 814.7/10411.2　類叢部/叢書類/自著之屬
獨學廬全稿七種　(清)石韞玉撰　清乾隆至嘉慶刻本　七册　存四種

330000－1701－0061661　HJL0005　經部/叢編
仿宋相臺五經附考證　清貴州刻本　六十四册

330000－1701－0061664　HJH814.4/4430.2/c2　類叢部/叢書類/郡邑之屬
永嘉叢書十三種　(清)孫衣言編　清同治至光緒瑞安孫氏詒善祠塾刻本　四册　存一種

330000－1701－0061665　HJH2113　史部/紀傳類/正史之屬
二十四史　清同治至光緒五省官書局據汲古

閣本等合刻光緒五年(1879)湖北書局彙印本　五百冊　缺二卷(史記索隱一至二)

330000－1701－0061667　GP07319　史部/金石類/玉之屬/圖像
宋淳熙敕編古玉圖譜一百卷　(宋)龍大淵等編　清乾隆四十四年(1779)歙縣江春康山草堂刻本　二十冊

330000－1701－0061668　G000559　集部/曲類/彈詞之屬
新刻秘本唱口桃花巹全傳八卷　清刻本　一冊　存四卷(一至四)

330000－1701－0061669　HJH814.4/4430.2/c4　類叢部/叢書類/郡邑之屬
永嘉叢書十三種　(清)孫衣言編　清同治至光緒瑞安孫氏詒善祠塾刻本　三冊　存一種

330000－1701－0061671　HJL1660、HJL1659　類叢部/叢書類/家集之屬
篤素堂全集四種　(清)張英　(清)張廷玉撰　清光緒五年至十七年(1879－1891)刻彙印本　二冊　存二種

330000－1701－0061672　HJH814.4/4437/(2)/c2　集部/總集類/氏族之屬
三蘇全集四種　(清)弓翊清等編　清道光七年至十二年(1827－1832)眉州三蘇祠刻本　四冊　存一種

330000－1701－0061673　GP07320　類叢部/叢書類/自著之屬
清獻堂全編八種　(清)趙佑撰　清乾隆刻本　二冊　存一種

330000－1701－0061675　G000560　集部/曲類/彈詞之屬
新刻説本唱口玉夔龍全傳五十七卷　清刻本　一冊　存四卷(四至七)

330000－1701－0061676　HJH0334　經部/春秋總義類/傳説之屬
春秋集義十二卷　(清)周榦輯註　清咸豐四年(1854)震澤鎮硯華堂刻本　四冊

330000－1701－0061680　HJH814.4/44371/(2)/c3　集部/總集類/氏族之屬
三蘇全集四種　(清)弓翊清等編　清道光七年至十二年(1827－1832)眉州三蘇祠刻本　三冊　存一種

330000－1701－0061681　HJL0559　經部/詩類/傳説之屬
田間詩學不分卷　(清)錢澄之撰　清康熙二十八年(1689)錢氏斟雉堂刻本　四冊

330000－1701－0061684　HJH0336　經部/春秋左傳類/傳説之屬
春秋左傳杜注補輯三十卷首一卷　(清)姚培謙撰　清同治五年(1866)金陵書局刻十三經讀本本　佚名批並跋　十冊

330000－1701－0061685　HJL1661　子部/儒家類/儒學之屬/勸學
聖學入門書三卷　(清)陳瑚撰　**陸桴亭先生雜著三卷**　(清)陸世儀撰　清同治十二年(1873)刻本　一冊

330000－1701－0061686　普814.7/10411.2/(2)　類叢部/叢書類/自著之屬
獨學廬全稿七種　(清)石韞玉撰　清乾隆至嘉慶刻本　八冊　存五種

330000－1701－0061687　HJL0004　經部/叢編
御纂七經五種　(清)李光地等撰　清同治十年(1871)湖北崇文書局刻本　三十二冊　存一種

330000－1701－0061689　G000615　集部/別集類/清別集
小謨觴館詩集注八卷詩餘注一卷詩續集注二卷續集詩餘注一卷文集注四卷文續集注二卷　(清)彭兆蓀撰　(清)孫元培　(清)孫長熙注　清道光五年(1825)刻光緒十九年(1893)印本　四冊

330000－1701－0061690　G000561　集部/曲類/曲藝之屬
繡像秘本白梅亭全傳七卷　(清)□□撰　清

刻本　一冊

330000－1701－0061692　HJH814.4/44371/(2)/c2　集部/總集類/氏族之屬
三蘇全集四種　(清)弓翊清等編　清道光七年至十二年(1827－1832)眉州三蘇祠刻本　三冊　存一種

330000－1701－0061694　HJL0586　經部/小學類/文字之屬/説文/傳説
段氏説文注訂八卷　(清)鈕樹玉撰　清道光三年(1823)吳縣鈕樹玉非石居刻同治五年(1866)碧螺山館補刻本　一冊

330000－1701－0061695　GP07323　史部/政書類/律令之屬
借鐸一卷　(清)郭鐘岳編　清光緒二十三年(1897)刻本　一冊

330000－1701－0061696　HJH0337　經部/叢編
通志堂經解一百四十種　(清)納蘭成德輯　清康熙十九年(1680)納蘭成德刻本　二冊　存二種

330000－1701－0061697　HJH814.4/4453/2/c2　集部/别集類/宋别集
東坡集四十卷後集二十卷奏議十五卷内制集十卷樂語一卷外制集三卷應詔集十卷續集十二卷　(宋)蘇軾撰　**東坡集校記二卷**　繆荃孫撰　**東坡先生[蘇軾]年譜一卷**　(宋)王宗稷撰　**東坡先生[蘇軾]墓志銘一卷**　(宋)蘇轍撰　清光緒三十四年至宣統元年(1908－1909)寶華盦刻本　四十冊

330000－1701－0061699　HJL0587　類叢部/叢書類/彙編之屬
咫進齋叢書三十七種　(清)姚覲元編　清光緒九年(1883)歸安姚氏刻本　一冊　存一種

330000－1701－0061701　HJH0338　經部/小學類/文字之屬/説文
説文辨疑一卷附條記一卷　(清)顧廣圻撰　清光緒三年(1877)湖北崇文書局刻本　一冊

330000－1701－0061708　普814.7/1042/c1　集部/别集類/清别集
弢園文錄八卷文錄外編十二卷　(清)王韜撰　清光緒二十三年(1897)長洲王氏滬上鉛印本　六冊　存十二卷(外編一至十二)

330000－1701－0061711　普814.7/1042/c2　集部/别集類/清别集
弢園文錄八卷文錄外編十二卷　(清)王韜撰　清光緒九年(1883)長洲王氏香海鉛印本　五冊　存十二卷(外編一至十二)

330000－1701－0061712　普814.7/10421/c2　集部/别集類/清别集
哀生閣初稿四卷續稿三卷　(清)王大經撰　清光緒十一年(1885)平湖王氏刻本　六冊

330000－1701－0061714　GP01480　集部/總集類/尺牘之屬
明代名人尺牘七種　鄧實輯　清光緒上海國學保存會影印本　一冊　存一種

330000－1701－0061716　HJL1413　類叢部/叢書類/彙編之屬
説郛一百二十弓　(明)陶宗儀編　(明)陶珽等重編　明末刻清順治三年(1646)兩浙督學周南李際期宛委山堂印本　九十五冊　存一千三種

330000－1701－0061717　HJL0589　類叢部/叢書類/彙編之屬
真意堂五種　(清)吳志忠編　清嘉慶刻彙印本　二冊　存一種

330000－1701－0061718　HJH0339　類叢部/叢書類/彙編之屬
崇文書局彙刻書三十一種　(清)崇文書局編　清光緒元年至三年(1875－1877)湖北崇文書局刻本　四冊　存一種

330000－1701－0061719　HJL0588　經部/群經總義類/石經之屬/通考
石經補攷十二卷　(清)馮登府撰　清道光八年(1828)刻本　八冊

330000－1701－0061721　HJL1718　子部/天文曆算類/算書之屬

觀我生室匯稿十種　(清)羅士琳撰　清道光刻本[新編算學啓蒙卷一至三、算學啓蒙識配清同治十年(1871)江南機器製造局刻本]　六十四册

330000－1701－0061722　HJH0001　經部/叢編

皇清經解一千四百卷首一卷　(清)阮元輯　清道光九年(1829)廣東學海堂刻本　三百二十册

330000－1701－0061724　HJL0590　經部/儀禮類/傳說之屬

儀禮先易六卷首一卷　(清)吕仁杰撰　清道光二十六年(1846)江村師敎書屋刻咸豐七年(1857)印本　三册

330000－1701－0061725　HJL0584　類叢部/叢書類/彙編之屬

咫進齋叢書三十七種　(清)姚覲元編　清光緒九年(1883)歸安姚氏刻本　一册　存一種

330000－1701－0061726　HJL0585　經部/小學類/文字之屬/說文/專著

說文辨字正俗八卷　(清)李富孫撰　清嘉慶二十一年(1816)校經廎刻本　一册

330000－1701－0061727　HJL0582　經部/四書類/總義之屬/傳說

增批四書反身錄八卷　(清)李顒撰　(清)王心敬增批　清咸豐八年(1858)王氏藏恕堂刻本　四册

330000－1701－0061728　HJL0580　史部/傳記類/別傳之屬/年譜

孟子時事考徵四卷　(清)陳寶泉編　清嘉慶五年(1800)稡經堂刻本　一册

330000－1701－0061729　HJH0330　經部/小學類/文字之屬/說文

說文解字注十五卷附六書音均表五卷　(清)段玉裁撰　**說文部目分韻一卷**　(清)陳煥編　清乾隆至嘉慶段氏經韻樓刻同治六年至十一年(1867－1872)蘇州保息局補刻本　十六册

330000－1701－0061730　HJH814.4/4458/(2)　集部/總集類/氏族之屬

三蘇全集四種　(清)弓翊清等編　清道光七年至十二年(1827－1832)眉州三蘇祠刻本　二十九册　存一種

330000－1701－0061731　HJL0579　經部/小學類/文字之屬/說文

說文通訓定聲十八卷分部柬韻一卷說雅一卷古今韻準一卷　(清)朱駿聲撰　(清)朱鏡蓉參訂　清道光二十八年(1848)黟縣學署刻本　三十二册

330000－1701－0061732　HJH1719　史部/政書類/軍政之屬/邊政

朔方備乘六十八卷首十二卷　(清)何秋濤撰　清光緒七年(1881)刻本　二十四册

330000－1701－0061736　HJH1721　史部/政書類/軍政之屬/邊政

朔方備乘六十八卷首十二卷　(清)何秋濤撰　清光緒七年(1881)刻本　十八册　缺二十三卷(四十六至六十八)

330000－1701－0061737　HJH814.4/4488/(2)　集部/別集類/宋別集

杜清獻公集十九卷首一卷附錄一卷補遺一卷　(宋)杜範撰　清同治九年(1870)吳縣孫氏九峰書院刻本　四册

330000－1701－0061738　HJL0594　經部/小學類/文字之屬/字書/字典

續復古編四卷　(元)曹本撰　清光緒十二年(1886)歸安姚氏咫進齋據皕宋廔景元鈔本刻朱印本　二册

330000－1701－0061739　HJH814.4/4664/(2)　集部/別集類/宋別集

楊龜山先生集四十二卷首一卷末一卷　(宋)楊時撰　清康熙四十六年(1707)延平楊繩祖刻本(卷末原缺)　十册　存二十五卷(十八至四十二)

330000－1701－0061740　HJL1663　子部/儒家類/儒學之屬/性理

思辨録輯要前集二十二卷後集十三卷 (清)陸世儀撰 清道光十七年(1837)嘉興沈維鐈刻本 六册

330000－1701－0061741 HJL0597 子部/儒家類/儒學之屬/性理
御製勸善要言一卷 (清)世祖福臨撰 清光緒浙江書局刻本 一册

330000－1701－0061743 HJH814.4/4950/c3 集部/别集類/宋别集
趙清獻公集十卷目録二卷 (宋)趙抃撰 清南陽趙氏刻本 四册

330000－1701－0061745 HJL0360 類叢部/叢書類/輯佚之屬
漢學堂叢書二百十一種 (清)黄奭輯 清道光甘泉黄氏刻光緒印本 八册 存一種

330000－1701－0061746 HJH814.4/5046/(2) 集部/别集類/宋别集
淮海集十七卷後集二卷詞一卷 (宋)秦觀撰 **淮海集補遺一卷** (宋)秦觀撰 (清)王敬之 (清)茆泮林 (清)金長福輯 **淮海文集攷證一卷** (清)王敬之 (清)茆泮林 (清)金長福撰 **重編淮海先生年譜節要一卷** (清)秦瀛編 (清)王敬之節要 清道光十七年(1837)王敬之等刻二十一年(1841)增刻本 八册

330000－1701－0061747 HJL1554 類叢部/類書類/通類之屬
八編類纂二百八十五卷圖二卷六經圖六卷 (明)陳仁錫輯 清光緒七年(1881)三畏堂刻本 一百二十册

330000－1701－0061748 HJH814.4/5722 集部/别集類/宋别集
鐔津文集十九卷首一卷 (宋)釋契嵩撰 清光緒二十八年(1902)揚州藏經院刻本 四册

330000－1701－0061749 HJH0342 經部/小學類/文字之屬/説文/傳説
段氏説文注訂八卷 (清)鈕樹玉撰 清道光三年(1823)吴縣鈕樹玉非石居刻同治五年(1866)碧螺山館補刻本 二册

330000－1701－0061750 HJL6814 新學/雜著/叢編
新政應試必讀六種六卷 (清)顧厚焜選 清光緒二十七年(1901)石印本 十二册

330000－1701－0061751 HJH814.4/6030/(2) 集部/别集類/宋别集
吕東萊先生文集二十卷首一卷 (宋)吕祖謙撰 (清)王崇炳輯 清雍正元年(1723)金華陳思臚敬勝堂刻本 十二册

330000－1701－0061753 HJH814.4/6030.2/(2) 集部/總集類/選集之屬/斷代
宋四家文集 (清)張伯行編 清康熙四十八年至五十年(1709－1711)儀封張伯行正誼堂刻道光二十六年(1846)古歙洪錫謙重修本 三册 存一種

330000－1701－0061756 HJH814.4/7212/(2) 集部/别集類/宋别集
岳忠武王文集八卷首一卷末一卷 (宋)岳飛撰 (清)黄邦寧纂修 清乾隆三十五年(1770)刻本 三册 存八卷(一至七、首)

330000－1701－0061758 HJL6815 新學/史志/諸國史
泰西十八周史攬要十八卷 (英國)雅各偉德撰 (英國)季理斐譯 (清)李鼎星述稿 清光緒二十九年(1903)上海廣學會鉛印本 六册

330000－1701－0061759 HJH814.4/7212/6 集部/别集類/宋别集
岳忠武王文集八卷首一卷末一卷 (宋)岳飛撰 (清)黄邦寧纂修 清光緒二年(1876)刻本 四册

330000－1701－0061760 HJL0595 經部/小學類/音韻之屬
欽定蒙文彙書十六卷 (清)理藩院編 清光緒十七年(1891)理藩院刻本 十七册

330000－1701－0061762 HJL0596 經部/四書類/論語之屬/傳説

論語正義二十四卷 (清)劉寶楠撰 (清)劉恭冕述 清同治五年(1866)刻本 八冊

330000-1701-0061763 HJH0349 經部/三禮總義類/名物制度之屬
儀禮釋宮一卷 (宋)李如圭撰 清刻本 一冊

330000-1701-0061765 HJH814.4/72121/c3 集部/别集類/宋别集
苕溪集五十五卷 (宋)劉一止撰 清宣統三年(1911)歸安朱祖謀刻本 四冊

330000-1701-0061766 HJL0599 經部/易類/傳說之屬
周易傳義音訓八卷首一卷 (宋)吕祖謙撰 **易學啓蒙一卷** (宋)朱熹撰 清咸豐六年(1856)浦城與古齋祝鳳喈金陵刻本 八冊

330000-1701-0061767 HJL0598 經部/三禮總義類/通禮雜禮之屬
讀禮通考一百二十卷 (清)徐乾學撰 清光緒七年(1881)江蘇書局刻本 三十二冊

330000-1701-0061768 HJH814.4/7232/c4 類叢部/叢書類/郡邑之屬
永嘉叢書十三種 (清)孫衣言編 清同治至光緒瑞安孫氏詒善祠塾刻本 一冊 存一種

330000-1701-0061769 HJL0600 類叢部/叢書類/郡邑之屬
永嘉叢書十三種 (清)孫衣言編 清同治至光緒瑞安孫氏詒善祠塾刻本 十冊 存一種

330000-1701-0061770 HJL0601 經部/春秋左傳類/傳說之屬
東萊博議四卷 (宋)吕祖謙撰 **增補虛字註釋一卷** (清)馮泰松點定 清光緒七年(1881)鳳城官舍刻本 四冊

330000-1701-0061771 HJH0350 經部/小學類/文字之屬/說文
苗氏說文四種 (清)苗夔撰 清道光至咸豐壽陽祁氏漢專亭刻本 一冊 存一種

330000-1701-0061773 HJH0287 經部/四書類/總義之屬/傳說
四書經註集證十九卷 (清)吴昌宗撰 清刻本 五冊 存九卷(論語三至十、孟子一)

330000-1701-0061775 HJH0288 經部/易類
漢魏二十一家易注三十三卷 (清)孫堂輯 清嘉慶四年(1799)平湖孫堂映雪草堂刻本 八冊

330000-1701-0061776 HJH0605 經部/書類/傳說之屬
書經集傳六卷 (宋)蔡沈撰 清光緒六年(1880)湖州醉六堂刻本 四冊

330000-1701-0061777 HJH0606 經部/書類/傳說之屬
書集傳六卷 (宋)蔡沈撰 清光緒十六年(1890)京都琉璃廠刻本 四冊

330000-1701-0061778 HJH814.4/7233/c2 類叢部/叢書類/郡邑之屬
永嘉叢書十三種 (清)孫衣言編 清同治至光緒瑞安孫氏詒善祠塾刻本 二冊 存一種

330000-1701-0061779 HJH0351 經部/四書類/總義之屬/傳說
四書集註十九卷 (宋)朱熹撰 清光緒三年(1877)永康胡氏退補齋刻本 十一冊 存十二卷(大學、中庸、論語三至六、孟子一至七)

330000-1701-0061780 HJH814.4/7238/c2 類叢部/叢書類/郡邑之屬
永嘉叢書十三種 (清)孫衣言編 清同治至光緒瑞安孫氏詒善祠塾刻本 一冊 存一種

330000-1701-0061781 HJH0607 經部/書類/傳說之屬
書經集傳六卷 (宋)蔡沈撰 清光緒二年(1876)上洋大魁楨記刻本 四冊

330000-1701-0061782 HJH814.4/7238/c3 類叢部/叢書類/郡邑之屬
永嘉叢書十三種 (清)孫衣言編 清同治至光緒瑞安孫氏詒善祠塾刻本 一冊 存一種

330000－1701－0061783　HJH0419　史部/目録類/專録之屬

經義考三百卷　(清)朱彝尊撰　**經義考總目二卷**　(清)盧見曾編　清康熙秀水朱氏曝書亭刻乾隆十九年至二十年(1754－1755)德州盧見曾續刻本(卷二八六、二九九至三百原缺)　五十八册

330000－1701－0061784　HJH0608　經部/四書類/孟子之屬/傳說

監本四書　(宋)朱熹撰　清光緒四年(1878)南潯潘錦泰刻本　七册　存一種

330000－1701－0061785　HJH814.4/7443/(2)　集部/別集類/宋別集

陸象山先生文集三十六卷　(宋)陸九淵撰　**附錄少湖徐先生學則辯一卷**　(明)徐階撰　清雍正六年(1728)刻本　四册

330000－1701－0061786　HJH814.4/7500/6/c2　集部/別集類/宋別集

龍川文集三十卷首一卷　(宋)陳亮撰　**辨譌考異二卷**　(清)胡鳳丹撰　**附錄二卷**　清宣統三年(1911)埽葉山房石印本　八册

330000－1701－0061787　HJL0610、HJL0611　類叢部/叢書類/自著之屬

師伏堂叢書十五種　(清)皮錫瑞撰　清光緒十九年至三十三年(1893－1907)善化皮氏刻本　七册　存二種

330000－1701－0061788　HJL1538　子部/宗教類/道教之屬

全書正宗十六卷首一卷　(唐)呂嵒撰　(清)柳守元重訂　清嘉慶八年(1803)刻本　六十册

330000－1701－0061789　HJH814.4/7500/2/(2)　集部/別集類/宋別集

龍川文集三十卷補遺一卷　(宋)陳亮撰　**附錄二卷**　(清)應寶時補編　**札記一卷**　(明)宋廷輔撰　清同治八年(1869)永康應寶時刻本　五册

330000－1701－0061790　HJL0356　類叢部/叢書類/彙編之屬

正誼齋叢書十種　(清)汪昌序編　清康熙至道光二十年(1840)汪氏刻彙印本　二册　存一種

330000－1701－0061791　HJH814.4/7500/9　類叢部/叢書類/郡邑之屬

金華叢書六十八種　(清)胡丹鳳編　清同治七年至光緒八年(1868－1882)永康胡氏退補齋刻民國補刻本　十册　存一種

330000－1701－0061792　HJL0613　子部/藝術類/篆刻之屬

篆學瑣著二十三種　(清)顧湘輯　清道光二十年(1840)海虞顧氏刻本　八册

330000－1701－0061793　HJL0420　經部/四書類/總義之屬/傳說

四書章句集註二十八卷　(宋)朱熹撰　清影宋刻本　十三册　缺一卷(大學)

330000－1701－0061794　HJL0352　經部/小學類/文字之屬/說文

苗氏說文四種　(清)苗夔撰　清道光至咸豐壽陽祁氏漢專亭刻本　二册　存一種

330000－1701－0061796　HJH814.4/7523/2/c2　類叢部/叢書類/郡邑之屬

永嘉叢書十三種　(清)孫衣言編　清同治至光緒瑞安孫氏詒善祠塾刻本　十册　存一種

330000－1701－0061797　HJH0353　經部/儀禮類/圖說之屬

儀禮圖六卷　(清)張惠言撰　清同治九年(1870)楚北崇文書局刻本　三册

330000－1701－0061798　HJL0428　經部/三禮總義類/通論之屬

三禮通釋二百三十卷三禮圖五十卷首一卷目錄四卷　(清)林昌彝撰　清同治三年(1864)廣州刻本　四十七册

330000－1701－0061799　HJH814.4/7772/c2　集部/別集類/宋別集

歐陽文忠公全集一百五十三卷首一卷附錄五卷　(宋)歐陽修撰　清光緒十九年(1893)澹

雅書局刻本　四十冊

330000－1701－0061800　HJL2114　史部/紀傳類/正史之屬
二十四史　明崇禎至清刻本　五百三十六冊　存二十種

330000－1701－0061801　HJL0615　類叢部/叢書類/彙編之屬
咫進齋叢書三十七種　(清)姚覲元編　清光緒九年(1883)歸安姚氏刻本　二冊　存一種

330000－1701－0061802　HJL0364　類叢部/叢書類/彙編之屬
武英殿聚珍版書一百三十八種　清乾隆武英殿木活字印本　六冊　存一種

330000－1701－0061803　HJL0616　經部/春秋左傳類/傳說之屬
春秋左氏古經十二卷附五十凡一卷　(清)段玉裁撰　清道光元年(1821)經韻樓刻經韻樓叢書本　劉承幹題簽　二冊

330000－1701－0061804　HJL0617　類叢部/叢書類/自著之屬
邃雅堂全集九種　(清)姚文田撰　清嘉慶至光緒歸安姚氏刻本　二冊　存一種

330000－1701－0061806　HJL0425　經部/四書類/總義之屬/傳說
四書經註集證十九卷　(清)吳昌宗撰　清嘉慶三年(1798)江都汪廷機刻本　十冊

330000－1701－0061807　HJL1534　類叢部/類書類/專類之屬
子史精華一百六十卷　(清)吳士玉　(清)吳襄等輯　清刻本　三十六冊

330000－1701－0061808　HJL0614　經部/群經總義類/文字音義之屬
十三經注疏校勘記識語四卷　(清)汪文臺撰　清光緒三年(1877)江西書局刻本　四冊

330000－1701－0061809　HJH1533　類叢部/類書類/專類之屬
子史精華一百六十卷　(清)吳士玉　(清)吳襄等輯　清刻本　四十七冊　缺一卷(一)

330000－1701－0061810　HJL0424　經部/易類/傳說之屬
喬氏易俟十八卷圖一卷　(清)喬萊撰　清康熙寶應喬氏竹深荷淨之堂刻本　五冊

330000－1701－0061811　HJL0618　經部/小學類/音韻之屬/古今韻說
漢學諧聲二十四卷說文補考一卷說文又考一卷　(清)戚學標撰　清嘉慶九年(1804)涉縣官署刻本　四冊

330000－1701－0061812　HJH0365　經部/叢編
通志堂經解一百四十種　(清)納蘭成德輯　清康熙十九年(1680)納蘭成德刻本　六冊　存一種

330000－1701－0061813　HJH0421　經部/小學類/文字之屬/說文
說文引經攷證七卷說文引經互異說一卷　(清)陳瑑撰　清同治十三年(1874)湖北崇文書局刻本　二冊

330000－1701－0061814　HJL0422　經部/小學類/訓詁之屬/爾雅
爾雅補郭二卷　(清)翟灝撰　清仁和翟氏刻本　二冊

330000－1701－0061815　HJL0619　類叢部/叢書類/彙編之屬
文選樓叢書三十三種　(清)阮亨編　清嘉慶至道光阮氏刻道光二十二年(1842)阮亨彙印本　二十四冊　存一種

330000－1701－0061816　HJL0621　經部/小學類/文字之屬/字書/字體
隸辨八卷　(清)顧藹吉撰　清刻本　三冊　缺二卷(七－八)

330000－1701－0061817　HJL1535　類叢部/類書類/專類之屬
新訂木鐸集三十六卷　(清)時中堂編　清光緒二十年(1894)慎獨齋刻本　四十冊

330000－1701－0061818　HJH814.4/7797/c3　類叢部/叢書類/彙編之屬

正誼堂全書六十三種續刻五種　(清)張伯行編　(清)楊浚重編　清同治五年(1866)福州正誼書院刻同治八年至光緒十三年(1869－1887)續刻本　六册　存一種

330000－1701－0061819　HJL0363　類叢部/叢書類/彙編之屬

高安朱文端公校輯藏書(朱文端公藏書)十三種　(清)朱軾撰輯　清康熙至乾隆刻彙印本　一册　存一種

330000－1701－0061820　HJL0622　經部/小學類/訓詁之屬/方言

字義聲韻辨異五卷首一卷　(清)楊維增撰　清光緒二十一年(1895)刻本　二册

330000－1701－0061822　HJL0623　經部/小學類/音韻之屬

矩齋所學　勞乃宣撰　清光緒至民國刻本　二册　存一種

330000－1701－0061823　HJH0362　經部/書類/傳說之屬

書集傳六卷　(宋)蔡沈撰　清道光十三年(1833)寶仁堂刻本　四册

330000－1701－0061824　HJH814.4/8073/c2　類叢部/叢書類/郡邑之屬

金華叢書六十八種　(清)胡鳳丹編　清同治七年至光緒八年(1868－1882)永康胡氏退補齋刻民國補刻本　二册　存一種

330000－1701－0061825　HJH1438　類叢部/類書類/通類之屬

太平御覽一千卷目錄十五卷　(宋)李昉等輯　清嘉慶十二年至十七年(1807－1812)歙縣鮑崇城刻二十三年(1818)印本(卷八百八配抄本)　一百十九册　缺十三卷(七百八至七百二十)

330000－1701－0061826　HJL0366　類叢部/叢書類/自著之屬

重訂汪子遺書　(清)汪烜撰　(清)李承超編　清同治十二年(1873)曲水書局木活字印本　六册　存一種

330000－1701－0061827　HJL0624　類叢部/叢書類/自著之屬

番禺陳氏東塾叢書初函四種附一種　(清)陳澧撰　清咸豐至光緒刻本　三册　存一種

330000－1701－0061828　HJH814.4/8073/2　集部/别集類/宋别集

仁山金先生文集四卷附錄一卷　(宋)金履祥撰　(清)金弘勳校輯　清雍正三年(1725)金弘勳春暉堂刻本　四册

330000－1701－0061830　HJL0423　類叢部/叢書類/郡邑之屬

金華文萃　(清)胡鳳丹編　清同治七年至光緒八年(1868－1882)永康胡氏退補齋刻民國補刻本　八册　存一種

330000－1701－0061831　HJL0376　經部/四書類/總義之屬/傳說

四書論一卷　(清)王伊撰　清光緒二十四年(1898)常熟俞氏刻本　四册

330000－1701－0061833　HJH814.46/1047/(2)　集部/别集類/金别集

元遺山先生集四十卷首一卷新樂府四卷續夷堅志四卷　(金)元好問撰　(元)張德輝類次　(清)張穆編　**遺山先生集附錄一卷**　(明)儲瓘輯　(清)華希閔　(清)施國祁增　**遺山先生集補載一卷**　(清)施國祁　(清)張穆輯　**元遺山先生[好問]年譜一卷**　(清)翁方綱編　**元遺山先生[好問]年譜一卷**　(清)施國祁編　**元遺山先生[好問]年譜二卷**　(清)凌廷堪編　清道光三十年(1850)靈石楊氏刻光緒八年(1882)京都翰文齋書坊印本　十六册　存六種

330000－1701－0061834　HJH0636　經部/叢編

經苑二十五種　(清)錢儀吉輯　清道光至咸豐大梁書院刻同治七年(1868)王儒行等印本　七十六册　存二十四種

330000－1701－0061835　HJH1438/1　類叢部/類書類/通類之屬
太平御覽一千卷目錄十五卷　(宋)李昉等輯　清嘉慶十二年至十七年(1807－1812)歙縣鮑崇城刻二十三年(1818)印本　一冊　存七卷(七百四十至七百四十六)

330000－1701－0061837　HJH814.46/1047/3/c2　類叢部/叢書類/自著之屬
元遺山先生全集七種　(金)元好問撰　清光緒七年(1881)讀書山房刻本　十七冊

330000－1701－0061838　HJH1415　類叢部/類書類/通類之屬
淵鑑類函四百五十卷目錄四卷　(清)張英(清)王士禎等纂　清康熙清吟堂刻本　一百四十冊

330000－1701－0061839　HJL0625　史部/目録類/專録之屬
小學考五十卷　(清)謝啓昆撰　清咸豐二年(1852)謝氏樹經堂刻本　二十冊

330000－1701－0061840　HJL0632　集部/別集類/清別集
一鐙精舍甲部藁五卷　(清)何秋濤撰　清光緒五年(1879)淮南書局刻本　二冊

330000－1701－0061841　HJL0577　類叢部/叢書類/自著之屬
沈西雍先生遺著五種　(清)沈濤撰　清道光刻本　一冊　存一種

330000－1701－0061842　HJL0591　類叢部/叢書類/自著之屬
果堂全集三種附二種　(清)沈彤撰　**官爵人數表一卷**　清乾隆吳江沈氏果堂刻本(官爵人數表一卷配抄本)　子高題記　六冊　缺二種

330000－1701－0061843　HJL0377　經部/四書類/總義之屬/傳說
求自得室讀書記六卷　(清)吳嘉賓撰　清咸豐二年(1852)維揚府東大街穆近文齋刻本　六冊

330000－1701－0061844　HJH1414　類叢部/類書類/通類之屬
淵鑑類函四百五十卷目錄四卷　(清)張英(清)王士禎等纂　清康熙清吟堂刻本　一百四十冊

330000－1701－0061845　HJL0379　類叢部/叢書類/自著之屬
番禺陳氏東塾叢書初函四種附一種　(清)陳澧撰　清咸豐至光緒刻本　二冊　存一種

330000－1701－0061846　HJH814.5/0808/c3　類叢部/叢書類/郡邑之屬
金華叢書六十八種　(清)胡鳳丹編　清同治七年至光緒八年(1868－1882)永康胡氏退補齋刻民國補刻本　二冊　存一種

330000－1701－0061847　HJL0628　經部/三禮總義類/通禮雜禮之屬
司馬氏書儀十卷　(宋)司馬光撰　清同治七年(1868)江蘇書局刻本　一冊

330000－1701－0061848　HJH814.5/1724/c2　類叢部/叢書類/彙編之屬
漸西村舍彙刊(漸西村舍叢刻)四十四種　(清)袁昶編　清光緒十六年至二十四年(1890－1898)桐廬袁氏刻本　四冊　存一種

330000－1701－0061850　HJL0378　經部/群經總義類/傳說之屬
香草校書六十卷　于鬯撰　清光緒二十九年(1903)刻本　十六冊　缺十二卷(四十三至五十四)

330000－1701－0061853　HJL0631　經部/群經總義類/傳說之屬
新學僞經考十四卷　康有爲撰　清光緒十七年(1891)廣州康氏萬木草堂刻本　八冊

330000－1701－0061854　HJH814.5/4431/c2　集部/別集類/元別集
文獻公全集十卷首一卷補遺一卷附錄一卷日損齋筆記一卷　(元)黃溍撰　(清)宋濂　(清)王褘輯　清咸豐元年(1851)黃氏刻本　十冊

330000－1701－0061855　HJL0633　類叢部/叢書類/自著之屬

師伏堂叢書十五種　(清)皮錫瑞撰　清光緒十九年至三十三年(1893－1907)善化皮氏刻本　三冊　存一種

330000－1701－0061856　HJL0433、HJL0465、HJL0466、HJL0467、HJL0468　經部/叢編

篆文六經　清刻本　十三冊　存五種

330000－1701－0061859　HJL0634　子部/儒家類/儒學之屬/蒙學

六藝綱目二卷附發原一卷字原一卷　(元)舒天民撰　(元)舒恭注　(明)趙宜中附注　**重刊六藝綱目札記一卷**　(清)管禮耕撰　清光緒八年(1882)汪鳴鑾籀書誃刻本　二冊

330000－1701－0061861　HJH0367　經部/小學類/文字之屬/字書/字典

康熙字典十二集三十六卷總目一卷檢字一卷辨似一卷等韻一卷補遺一卷備考一卷　(清)張玉書等纂修　清康熙刻本　三十九冊　缺一卷(等韻)

330000－1701－0061862　HJL0620　經部/易類/傳說之屬

誠齋易傳二十卷　(宋)楊萬里撰　清乾隆武英殿木活字印武英殿聚珍版書本　清李芝綬校　十冊

330000－1701－0061863　HJH814.6/0011/(2)　集部/別集類/明別集

方孩未先生集十六卷　(明)方震孺撰　(清)李兆洛編　清嘉慶二十二年(1817)壽春方肇樹德堂刻本　十二冊

330000－1701－0061864　HJH0436　經部/小學類/文字之屬/說文

說文引經攷證七卷說文引經互異說一卷　(清)陳瑑撰　清同治十三年(1874)湖北崇文書局刻本　二冊

330000－1701－0061867　HJL0371　經部/小學類/文字之屬/字書/字典

康熙字典十二集三十六卷總目一卷檢字一卷辨似一卷等韻一卷補遺一卷備考一卷　(清)張玉書等纂修　清康熙刻本　二十八冊　缺十二卷(申集下、酉集上中下、戌集上中下、亥集上中下、補遺、備考)

330000－1701－0061868　HJH0635　經部/叢編

經苑二十五種　(清)錢儀吉輯　清道光至咸豐大梁書院刻民國十一年(1922)四存學會補刻重印本　七十九冊

330000－1701－0061869　HJH0368　經部/四書類/總義之屬/傳說

四書朱子本義匯參四十三卷首四卷　(清)王步青輯　清乾隆十年(1745)敦復堂刻本　二十九冊　缺四卷(中庸三至六)

330000－1701－0061871　HJL5209　類叢部/叢書類/自著之屬

靈芬館集六種　(清)郭麐撰　清嘉慶至道光刻本　十四冊

330000－1701－0061872　HJL0439　經部/春秋總義類/傳說之屬

春秋會要四卷　(清)姚彥渠撰　清光緒姚丙吉、姚彝典刻本　二冊

330000－1701－0061873　HJH814.6/0023/2　類叢部/叢書類/郡邑之屬

常州先哲遺書七十二種　盛宣懷編　清光緒二十一年至三十三年(1895－1907)武進盛氏思惠齋刻宣統彙印本　四冊　存一種

330000－1701－0061875　HJH814.6/0040/c3　集部/別集類/明別集

高子遺書十二卷附錄一卷　(明)高攀龍撰　(明)陳龍正輯　**高忠憲公[攀龍]年譜一卷**　(明)華允誠編　清光緒二年(1876)周士錦無錫東林書院刻本　八冊

330000－1701－0061877　HJH814.6/0040/c4　集部/別集類/明別集

高子遺書十二卷附錄一卷　(明)高攀龍撰　(明)陳龍正輯　**高忠憲公[攀龍]年譜一卷**　(明)華允誠編　清光緒二年(1876)周士錦無

錫東林書院刻本　十三冊

330000－1701－0061878　HJL0369　經部/叢編

御纂七經五種　(清)李光地等撰　清康熙至乾隆内府刻本　十六冊　存一種

330000－1701－0061879　HJH0372　經部/叢編

古經解彙函十六種附小學彙函十四種　(清)鍾謙鈞等輯　**經典釋文三十卷**　(唐)陸德明撰　**經典釋文攷證三十卷**　(清)盧文弨輯　**孟子音義二卷**　(宋)孫奭撰　清光緒十五年(1889)湘南書局刻本　八十冊

330000－1701－0061880　HJL5548　類叢部/叢書類/自著之屬

陳氏裛露軒叢書四種　(清)陳本禮撰　清嘉慶陳氏裛露軒刻本　十冊

330000－1701－0061882　HJL2693　類叢部/叢書類/自著之屬

清白士集六種　(清)梁玉繩撰　清嘉慶至道光刻本　七冊

330000－1701－0061883　HJH814.6/0041/c3　集部/别集類/明别集

方正學先生遜志齋集二十四卷拾補一卷補遺一卷外紀一卷校勘記一卷　(明)方孝孺撰　(明)張紹謙纂　**方正學先生年譜一卷附辨正紀畧一卷**　(明)盧演　(明)翁明英編　清同治十二年(1873)吴縣孫氏刻本　十六冊

330000－1701－0061885　HJH814.6/0041/c4　集部/别集類/明别集

方正學先生遜志齋集二十四卷拾補一卷外紀一卷記畧一卷校勘記一卷　(明)方孝孺撰　(明)張紹謙纂　**方正學先生年譜一卷附辨證一卷**　(明)盧演　(明)翁明英編　清同治十二年(1873)吴縣孫氏刻本　十六冊

330000－1701－0061886　HJL3244　類叢部/叢書類/家集之屬

劉氏傳家集二十八種　(清)劉青芝編　清乾隆刻本　三十三冊　存十六種

330000－1701－0061887　HJL0444　經部/詩類/傳説之屬

詩故攷異三十二卷　(清)徐華嶽輯　清道光十二年(1832)思聞齋刻本　八冊

330000－1701－0061889　HJL0445　類叢部/叢書類/自著之屬

耐安類稿五種　(清)陳偉撰　清光緒二十二年(1896)梅叔瀚等刻本　四冊　存一種

330000－1701－0061891　HJL0638　經部/叢編

通志堂經解一百三十九種　(清)納蘭成德輯　清同治十二年(1873)粤東書局刻本　四百八十冊　存一百二十六種

330000－1701－0061892　HJL0446　經部/易類/傳説之屬

讀易匯叅十五卷首一卷　(清)和瑛撰　清道光二十三年(1843)易簡書室刻本　十六冊

330000－1701－0061893　HJH814.6/0041/4/c2　集部/别集類/明别集

方正學先生遜志齋集七卷首一卷　(明)方孝孺撰　清同治三年(1864)刻本　七冊

330000－1701－0061896　HJL0450　類叢部/叢書類/自著之屬

邃雅堂全集九種　(清)姚文田撰　清嘉慶至光緒歸安姚氏刻本　六冊　存一種

330000－1701－0061897　HJH814.6/0453/c2　集部/别集類/清别集

天愚山人詩集十二卷文集十六卷　(清)謝泰宗撰　**附録一卷**　(清)吴偉業撰　清光緒六年(1880)謝駿德靈蕤館刻本　十冊　存十七卷(文集一至十六、附録)

330000－1701－0061898　HJL0449　類叢部/叢書類/彙編之屬

抱經堂叢書十六種　(清)盧文弨編　清乾隆至嘉慶刻彙印本　十二冊　存一種

330000－1701－0061899　HJH814.6/1008/c2　類叢部/叢書類/郡邑之屬

武林往哲遺箸五十二種後編十種　(清)丁丙

編　清光緒二十年至二十六年(1894－1900)錢塘丁氏嘉惠堂刻本　二册　存一種

330000－1701－0061900　HJL0451　經部/易類/傳說之屬
易經玩辭述七卷　清信學齋刻本　四册

330000－1701－0061901　HJH0383　經部/叢編
御纂七經五種　(清)李光地等撰　清同治六年至九年(1867－1870)浙江書局刻本　二十四册　存一種

330000－1701－0061902　HJH814.6/1008/c3　類叢部/叢書類/郡邑之屬
武林往哲遺箸五十二種後編十種　(清)丁丙編　清光緒二十年至二十六年(1894－1900)錢塘丁氏嘉惠堂刻本　二册　存一種

330000－1701－0061903　HJH0384　類叢部/叢書類/彙編之屬
抱經堂叢書十六種　(清)盧文弨編　清乾隆至嘉慶刻彙印本　十册　存一種

330000－1701－0061904　HJL3173　類叢部/叢書類/自著之屬
空山堂全集九種附刊二種　(清)牛運震撰　清乾隆至嘉慶刻嘉慶二十三年(1818)空山堂彙印本　四十册　存八種

330000－1701－0061905　HJL0452　經部/四書類/總義之屬/傳說
四書章句集註十九卷　(宋)朱熹撰　清刻本　九册

330000－1701－0061909　HJH814.6/1032/c6　集部/別集類/明別集
王文成公全書三十八卷　(明)王守仁撰　清光緒浙江書局刻本　二十四册

330000－1701－0061910　HJH0385　經部/春秋總義類/傳說之屬
春秋經傳日月考一卷　(清)鄒伯奇撰　**讀左傳法不分卷**　清光緒二十七年(1901)兩湖書院刻朱印本　四册

330000－1701－0061911　HJH814.6/1032/c5　集部/別集類/明別集
王文成公全書三十八卷　(明)王守仁撰　清光緒浙江書局刻本　二十四册

330000－1701－0061913　HJH0386　經部/群經總義類/傳說之屬
經學講義不分卷　(清)潘任輯　清末鉛印本　一册

330000－1701－0061916　HJL3366　類叢部/叢書類/自著之屬
潛研堂全書十六種　(清)錢大昕撰　清乾隆至嘉慶刻道光二十年(1840)錢師光重修印本　六十册

330000－1701－0061917　HJH814.6/1032/2/c2　集部/別集類/明別集
王陽明先生全集二十二卷首一卷　(明)王守仁撰　(清)俞嶙輯　清康熙十二年(1673)餘姚俞嶙自公堂刻餘姚黃氏敦厚堂印本　十二册

330000－1701－0061918　HJH814.6/1032.2/2/c2　類叢部/叢書類/自著之屬
陽明先生集要四種　(明)王守仁撰　(明)施邦曜編　清乾隆五十二年(1787)濟美堂刻本　十册

330000－1701－0061919　HJH0387　類叢部/叢書類/彙編之屬
孫氏山淵閣叢刊十種　(清)孫葆田編　清光緒榮成孫氏問經精舍刻本　一册　存一種

330000－1701－0061921　HJL0388　經部/春秋左傳類/傳說之屬
讀左日鈔十二卷補二卷　(清)朱鶴齡輯　(清)黃宗羲等訂　清康熙二十年(1681)朱鶴齡刻本　四册

330000－1701－0061923　HJL0456　類叢部/叢書類/自著之屬
千一齋全書　程先甲撰　清光緒至民國江寧程氏千一齋刻本　三册　存二種

330000－1701－0061924　HJL0392　類叢部/

叢書類/自著之屬

四錄堂類集九種 （清）嚴可均撰　清嘉慶至道光刻本　二冊　存一種

330000－1701－0061925　HJH0389　經部/小學類/文字之屬/說文

說文釋例二十卷補正二十卷 （清）王筠撰　清光緒九年（1883）成都御風樓刻本　二十冊

330000－1701－0061927　HJL0453　類叢部/叢書類/彙編之屬

御製律曆淵源三種 （清）允祿　（清）允祉等纂修　清刻本　五冊　存一種

330000－1701－0061930　HJH814.6/1032.2　類叢部/叢書類/自著之屬

陽明先生集要四種 （明）王守仁撰　（明）施邦曜編　清光緒五年（1879）貴州扶風山陽明祠刻本　十六冊

330000－1701－0061932　HJL0390　經部/叢編

通志堂經解一百四十種 （清）納蘭成德輯　清康熙十九年（1680）納蘭成德刻本　十冊　存一種

330000－1701－0061934　HJH814.6/1171/2　集部/別集類/明別集

新刻張太岳先生詩文集四十六卷 （明）張居正撰　**太師張文忠公［居正］行實一卷**　清刻本　十六冊

330000－1701－0061935　普925.1099995/5090.2　史部/傳記類/總傳之屬/家乘

［浙江紹興］會稽秦氏宗譜不分卷 （清）秦基纂修　清宣統三年（1911）石印本　二冊

330000－1701－0061936　HJL0457　類叢部/叢書類/自著之屬

四錄堂類集九種 （清）嚴可均撰　清嘉慶至道光刻本　六冊　存一種

330000－1701－0061937　G000562　集部/曲類/彈詞之屬

新刻繡像秘本美人坊全傳七卷　清刻本　一冊

330000－1701－0061938　HJH814.6/1171/5/c2　集部/別集類/明別集

重刻張太岳先生文集四十七卷 （明）張居正撰　**太師張文忠公［居正］行實一卷　浩氣吟一卷** （明）瞿式耜撰　清道光八年（1828）安化陶澍刻本　十二冊

330000－1701－0061940　GP07334　史部/地理類/水利之屬

敕修兩浙海塘通志二十卷首一卷 （清）方觀承　（清）永貴修　（清）查祥　（清）杭世駿纂　清乾隆十六年（1751）刻本　一冊

330000－1701－0061943　G000564　集部/別集類/清別集

退思軒詩集六卷補遺一卷 （清）張百熙撰　清宣統三年（1911）王式通京師鉛印本　二冊

330000－1701－0061944　普925.1099995/7529　類叢部/叢書類/自著之屬

橘蔭軒全集七種 （清）陳錦撰　清光緒山陰陳氏橘蔭軒刻本　一冊　存一種

330000－1701－0061945　HJH814.6/2126/c2　史部/詔令奏議類/奏議之屬

明大司馬盧公奏議十卷文集一卷詩集一卷首一卷 （明）盧象昇撰　清光緒元年（1875）會稽施惠刻本　八冊

330000－1701－0061948　HJH814.6/2126/c4　史部/詔令奏議類/奏議之屬

明大司馬盧公奏議十卷文集一卷詩集一卷首一卷 （明）盧象昇撰　清光緒元年（1875）會稽施惠刻本　八冊

330000－1701－0061952　HJH0393　史部/目録類/專録之屬

經義考三百卷 （清）朱彝尊撰　**經義考總目二卷** （清）盧見曾編　清康熙秀水朱氏曝書亭刻乾隆十九年至二十年（1754－1755）德州盧見曾續刻本（卷二八六、二九九至三百原缺）　四十八冊

330000－1701－0061953　普925.1099995/7726　史部/傳記類/總傳之屬/家乘

屠氏先世見聞錄二卷　(清)屠宗伊輯　清咸豐九年(1859)既勤堂木活字印本　二冊

330000－1701－0061955　HJH814.6/21261　集部/別集類/明別集
汲古堂集二十八卷　(明)何白撰　清道光十六年(1836)東甌梅嶼守直堂刻本　十冊

330000－1701－0061957　GP07335　類叢部/叢書類/彙編之屬
武英殿聚珍版書一百四十八種　清乾隆四十二年(1777)福建刻道光至同治遞修光緒二十一年(1895)增刻本　二冊　存一種

330000－1701－0061958　G000565　類叢部/叢書類/彙編之屬
塵海妙品十二種　(清)陳琰編　清宣統三年(1911)上海六藝書局石印本　四冊

330000－1701－0061961　HJH814.6/2166　集部/別集類/明別集
何大復先生集三十八卷　(明)何景明撰　**附錄一卷**　清乾隆十五年(1750)何氏賜策堂刻本　二十四冊

330000－1701－0061964　HJH814.6/2501/c3　集部/別集類/明別集
淩谿先生集十八卷　(明)朱應登撰　清道光十五年(1835)宜祿堂刻本　四冊

330000－1701－0061965　GP07328　類叢部/叢書類/自著之屬
杭大宗七種叢書　(清)杭世駿撰　清乾隆杭賓仁羊城刻本　一冊　存一種

330000－1701－0061968　HJH0464　史部/金石類/石之屬/文字
石鼓文釋存一卷補注一卷　(清)張燕昌撰　清光緒二十八年(1902)貴池劉世珩刻本　一冊

330000－1701－0061971　G000566　經部/小學類/文字之屬/字書/字典
康熙字典十二集三十六卷總目一卷檢字一卷辨似一卷等韻一卷補遺一卷備考一卷　(清)張玉書等纂修　清末石印本　六冊

330000－1701－0061973　HJL0889　類叢部/叢書類/彙編之屬
學海類編一百八十六種　(清)曹溶編　(清)陶越增訂　清康熙燕業堂陶氏木活字印本　八十冊

330000－1701－0061974　GP07329　集部/別集類/清別集
飲雪軒詩集四卷　(清)楊泰亨撰　清宣統二年(1910)經畬家塾刻本　一冊

330000－1701－0061976　GP07336　集部/別集類/宋別集
安陽集五十卷　(宋)韓琦撰　**忠獻韓魏王別錄三卷**　(宋)王巖叟撰　**忠獻韓魏王遺事一卷**　(宋)強至撰　**忠獻韓魏王家傳十卷**　(明)郭璞校　清康熙五十六年(1717)崐山徐樹敏晚香書屋刻乾隆五年(1740)蔣光祖補刻本　二十冊

330000－1701－0061977　HJL0458　經部/叢編
御纂七經五種　(清)李光地等撰　清同治十年(1871)湖北崇文書局刻本　十二冊　存一種

330000－1701－0061979　GP07330　子部/術數類/占卜之屬
河圖道原一卷　(清)朱雲龍撰　清乾隆六十年(1795)二南軒刻本　一冊

330000－1701－0061980　HJL0396　類叢部/叢書類/彙編之屬
武英殿聚珍版書一百三十八種　清乾隆武英殿木活字印本　八冊　存一種

330000－1701－0061983　HJL0823　類叢部/叢書類/彙編之屬
函海一百五十二種　(清)李調元編　清乾隆綿州李氏萬卷樓刻嘉慶十四年(1809)李鼎元、道光五年(1825)李朝夔重校補刻本　一百六十冊

330000－1701－0061985　HJH0394　經部/小學類/音韻之屬

矩齋所學 勞乃宣撰 清光緒至民國刻本 一册 存一種

330000－1701－0061989 G000616、G000617、G000618 集部/别集類/清别集

敬承堂憶存二卷詩稿刪存一卷守撫紀畧一卷(敬承堂稿) (清)鍾峻撰 清光緒十二年(1886)羊城刻本 四册

330000－1701－0061992 HJH0395 經部/小學類/文字之屬/說文/專著

說文辨字正俗八卷 (清)李富孫撰 清嘉慶二十三年(1818)嘉興李富孫校經廎刻本 四册

330000－1701－0061995 HJL8217 子部/儒家類/儒學之屬/禮教/鑑戒

欽定元承華事略補圖六卷 (元)王惲撰 (清)徐郙等補圖 清光緒二十二年(1896)武英殿刻本 一册

330000－1701－0061996 HJH0397 經部/叢編

通志堂經解一百四十種 (清)納蘭成德輯 清康熙十九年(1680)納蘭成德刻本 二册 存一種

330000－1701－0061997 HJH814.6/2564/(2) 集部/别集類/明别集

山帶閣集三十三卷附錄一卷 (明)朱曰藩撰 清道光十五年(1835)宜祿堂刻本 八册

330000－1701－0061999 GP07337 集部/别集類/清别集

泊鷗山房集三十八卷 (清)陶元藻撰 清嘉慶十八年(1813)刻本 十二册

330000－1701－0062000 HJH814.6/2602/c2 集部/别集類/明别集

程文恭公遺稿三十二卷 (明)程文德撰 明萬曆十二年(1584)永康程光裕刻清光緒十八年(1892)印本 賈欽召題記 八册

330000－1701－0062001 HJL0398 經部/易類/傳說之屬

周易臆解四卷圖說二卷 (清)楊以迴撰 清光緒十年(1884)金匱楊氏刻本 十二册

330000－1701－0062002 普814.7/0870 類叢部/叢書類/自著之屬

施愚山先生全集五種附一種 (清)施閏章撰 清康熙至乾隆刻彙印本 十二册 存一種

330000－1701－0062006 GP07331 類叢部/叢書類/彙編之屬

增訂漢魏叢書八十六種 (清)王謨編 清乾隆五十六年(1791)金谿王氏刻本 二册 存一種

330000－1701－0062007 G000567 史部/政書類/專志/科舉校規

雲路初程不分卷 清末抄本 一册

330000－1701－0062009 HJL0469 經部/春秋總義類/傳說之屬

欽定春秋傳說彙纂三十八卷首二卷 (清)王掞等撰 清康熙刻本 二十四册

330000－1701－0062011 普814.7/0870/2 類叢部/叢書類/自著之屬

施愚山先生全集五種附一種 (清)施閏章撰 清宣統二年至三年(1910－1911)上海國學扶輪社石印本 二十册

330000－1701－0062012 HJH814.6/2671 集部/别集類/明别集

吳康齋先生集十二卷首一卷 (明)吳與弼撰 清道光十五年(1835)崇仁縣署刻本 六册

330000－1701－0062013 G000568 集部/别集類/清别集

石泉集四卷首一卷末一卷 (清)郭柏蔭撰 清同治刻本 一册

330000－1701－0062014 G000619 經部/小學類/文字之屬/說文

繫傳四十卷 (五代)徐鍇撰 (五代)朱翺反切 **說文解字繫傳校勘記三卷** (清)苗夔等撰 清道光十九年(1839)祁寯藻影刻影宋抄本 一册 存三卷(校勘記一至三)

330000－1701－0062015 HJL0399 經部/

叢編
陸堂經學叢書四十三卷 (清)陸奎勳撰 清康熙五十三年至五十四年(1714－1715)陸氏小瀛山閣刻本 五冊 存十一卷(陸氏易學首、一至十)

330000－1701－0062016 HJL8218 史部/傳記類/職官録之屬
宗室王公世職章京爵秩襲次全表十卷 (清)牟其汶纂修 清光緒三十三年(1907)潤記石印局石印本 十冊

330000－1701－0062017 普344.06/0020/c1 史部/政書類/律令之屬/律例
大明律集解附例三十卷附一卷圖一卷 清光緒三十四年(1908)修訂法律館刻本 十冊

330000－1701－0062018 GP07338 集部/別集類/清別集
知非草一卷 (清)錢界撰 清道光刻本 一冊

330000－1701－0062019 GP07332 新學/圖學/測繪
行軍測繪十卷首一卷附圖一卷 (英國)連提撰 (英國)傅蘭雅口譯 (清)趙元益筆述 清光緒江南製造總局刻本 二冊

330000－1701－0062021 普344.06/0020/c2 史部/政書類/律令之屬/律例
大明律集解附例三十卷附一卷圖一卷 清光緒三十四年(1908)修訂法律館刻本 章嶔題記 十冊

330000－1701－0062024 HJL0470 經部/叢編
璜川吳氏經學叢書十五種 (清)吳志忠等輯 清道光十年(1830)璜川吳氏寶仁堂刻本 四冊 存一種

330000－1701－0062025 GP07339 集部/別集類/清別集
月樓吟草古今詩二卷 (清)黃廷議撰 (清)黃溥 (清)黃南釗同輯 **悟間唫草一卷** (清)黃廷誥撰 **羣芳谷唫草一卷** (清)陳滄龍撰 清咸豐四年(1854)木活字印本 二冊

330000－1701－0062027 HJH0401 經部/詩類
陳氏毛詩五種 (清)陳奐撰 清道光至咸豐吳門南園陳氏掃葉山莊刻本 十冊 存一種

330000－1701－0062028 普814.7/0870.2 類叢部/叢書類/自著之屬
施愚山先生全集五種附一種 (清)施閏章撰 清康熙至乾隆刻彙印本 十冊 存一種

330000－1701－0062031 G000569 史部/政書類/邦計之屬
蘇屬省預算說明書六編 (清)江蘇省蘇屬清理財政局編 清光緒鉛印本 一冊 存一編(甲)

330000－1701－0062032 普925.1099995/8324 類叢部/叢書類/彙編之屬
清風室叢書二十種 (清)錢保塘編 清同治十年至民國二十五年(1871－1936)海寧錢氏清風室刻本 十二冊 存一種

330000－1701－0062033 GP07333 子部/儒家類/儒學之屬/禮教
四本堂座右編二十四卷 (清)朱潮遠輯 清康熙五年(1666)揚州四本堂刻本 四冊

330000－1701－0062037 G000620 子部/道家類
三子合刊 (清)閔齊伋輯 明閔齊伋刻朱墨套印本 一冊 存一種

330000－1701－0062040 G000570 集部/別集類/清別集
桐韻詩刪一卷蓼花小草一卷 (清)潘本溫撰 清乾隆刻本 一冊

330000－1701－0062042 HJL0402 經部/小學類/文字之屬/說文/傳說
說文古本考十四卷 (清)沈濤撰 清光緒十年(1884)吳縣潘氏滂喜齋刻本 六冊

330000－1701－0062044 普814.7/0883 類叢部/叢書類/自著之屬

許松濱先生全集四十三卷首一卷末一卷 (清)許錫祺撰　清光緒十九年(1893)劉汝錫等刻本　八冊

330000－1701－0062045　HJL0403　經部/易類/傳説之屬
周易傳義音訓八卷首一卷　(宋)吕祖謙撰
易學啓蒙一卷　(宋)朱熹撰　清咸豐六年(1856)浦城與古齋祝鳳喈金陵刻本　八冊

330000－1701－0062046　HJH814.6/2711/(2)　集部/别集類/明别集
倪文貞公文集十七卷續編三卷首一卷詩集二卷奏疏十二卷講編四卷　(明)倪元璐撰　(清)倪會鼎訂正　(清)倪安世輯　清乾隆三十六年至三十七年(1771－1772)倪安世刻四十二年(1777)續刻印本　八冊

330000－1701－0062047　G000621　史部/傳記類/别傳之屬/事狀
皇清誥授榮禄大夫兵部尚書都察院右都御史總督雲貴等處地方軍務兼理糧餉鹽課晉贈太子少保謚文恪武陵趙公[慎畛]行狀一卷 (清)姚瑩撰　清刻本　一冊

330000－1701－0062048　HJL7094　史部/金石類/郡邑之屬
山東省保存古蹟事項統計表不分卷　高裕瑞輯　山東憲政調查局編　清宣統二年(1910)石印本　一冊

330000－1701－0062049　普814.7/10421/c3　集部/别集類/清别集
哀生閣初稿四卷續稿三卷　(清)王大經撰　清光緒十一年(1885)平湖王氏刻本　六冊

330000－1701－0062050　GP07342　類叢部/類書類/通類之屬
分類絨腋四卷　(清)涂謙撰　清同治二年(1863)刻本　四冊

330000－1701－0062051　HJL0404　經部/易類/傳説之屬
易拇五種十五卷　(清)萬年淳撰　清道光四年(1824)刻本　十冊

330000－1701－0062052　HJL0471　類叢部/叢書類/輯佚之屬
漢學堂叢書二百十一種　(清)黄奭輯　清道光甘泉黄氏刻光緒印本　八冊　存一種

330000－1701－0062055　G000571　集部/别集類/清别集
蔗餘軒詩不分卷　(清)王金洛撰　清同治十二年(1873)兩淮運署刻本　一冊

330000－1701－0062057　HJH814.6/27111　集部/别集類/明别集
二谷山人集十卷　(明)侯一元撰　清光緒十七年(1891)浙甌梅師古齋刻本　六冊

330000－1701－0062059　普814.7/0914　集部/别集類/清别集
攄梧集四卷　清嘉慶十九年(1814)刻本　二冊

330000－1701－0062060　G000622　子部/藝術類/書畫之屬/法帖
淳化祕閣法帖考正十卷附二卷　(清)王澍撰　清雍正詩鼎齋刻本　二冊

330000－1701－0062062　HJH0405　經部/小學類/文字之屬/字書/字體
名原二卷　(清)孫詒讓撰　清光緒三十一年(1905)瑞安孫氏刻本　一冊

330000－1701－0062063　G000572　集部/總集類/氏族之屬
袁氏家集八種　(清)袁鎮嵩輯　清光緒十六年(1890)邃懷堂刻本　二冊

330000－1701－0062064　HJH814.6/2740/c2　類叢部/叢書類/彙編之屬
正誼堂全書六十三種續刻五種　(清)張伯行編　(清)楊浚重編　清同治五年(1866)福州正誼書院刻同治八年至光緒十三年(1869－1887)續刻本　二冊　存一種

330000－1701－0062065　HJH0406　經部/小學類/文字之屬/字書/字體
名原二卷　(清)孫詒讓撰　清光緒三十一年(1905)瑞安孫氏刻本　一冊

330000－1701－0062067　HJL0472　類叢部/叢書類/自著之屬

朱氏羣書六種　(清)朱駿聲撰　清光緒八年(1882)臨嘯閣刻本　一冊　存二種

330000－1701－0062069　普 814.7/10421.2　集部/别集類/清别集

獨善堂文集八卷　(清)王大經撰　(清)周右編　清嘉慶二十二年(1817)周右春暉堂刻本　六冊

330000－1701－0062070　G000573　集部/别集類/清别集

留眞集古近體詩三卷　(清)楊紱章撰　清光緒二十年(1894)太平官舍刻本　一冊

330000－1701－0062072　G000623　子部/宗教類/其他宗教之屬/基督教

舊約創世記註釋五十章　(英國)翟雅各註　清宣統三年(1911)上海中國聖教書會鉛印本　一冊

330000－1701－0062073　普 925.123/4460.4　史部/傳記類/總傳之屬

純德彙編七卷首一卷　(清)董華鈞輯　**純德彙編續刻一卷**　(清)董景沛輯　清嘉慶二十三年(1818)春暉堂刻本　四冊

330000－1701－0062083　GP07340　集部/别集類/清别集

歸寔齋遺集十卷首一卷末一卷　(清)劉泳之撰　清道光二十八年(1848)刻本　清復莊題記　二冊

330000－1701－0062084　普 925.123/4460.7　史部/傳記類/總傳之屬

純德彙編七卷首一卷　(清)董華鈞輯　**純德彙編續刻一卷**　(清)董景沛輯　清嘉慶二十三年(1818)春暉堂刻本　八冊

330000－1701－0062085　HJH814.6/2764/c2　集部/别集類/明别集

從野堂存稿八卷外集五卷附錄一卷　(明)繆昌期撰　(清)繆之鎔編　**[繆昌期]年譜一卷**　(清)繆之鎔撰　清同治十三年(1874)海陵别業刻本　四冊

330000－1701－0062088　普 814.7/1043　集部/别集類/清别集

帶經堂集九十二卷　(清)王士禛撰　(清)程哲編　清康熙四十九年至五十一年(1710－1712)程哲七略書堂刻本　十二冊　存五十二卷(一至五十二)

330000－1701－0062089　HJH0474　類叢部/叢書類/彙編之屬

金峨山館叢書(望三益齋叢書)十一種　(清)郭傳璞編　清光緒八年至十六年(1882－1890)鄞郭氏刻二十年(1894)鎮海邵氏彙印本　一冊　存二種

330000－1701－0062090　GP07348　子部/藝術類/遊藝之屬/雜藝

七巧八分圖十六卷補遺一卷　(清)錢芸吉撰　(清)王念慈編繪　清同治十三年至光緒元年(1874－1875)廬陵王氏求是齋刻藍印本　二冊　存七卷(文房、武備、衣飾、舟車、陳設、器皿、業具)

330000－1701－0062091　普 925.1244/0440.4　史部/傳記類/别傳之屬/事狀

諸葛忠武侯故事五卷　(清)張澍輯　清同治元年(1862)聚珍齋木活字印諸葛忠武侯全集本　章嶔題簽　二冊

330000－1701－0062093　HJH814.6/2772/c2　類叢部/叢書類/郡邑之屬

武林往哲遺箸五十二種後編十種　(清)丁丙編　清光緒二十年至二十六年(1894－1900)錢塘丁氏嘉惠堂刻本　六冊　存一種

330000－1701－0062095　HJL6821　史部/詔令奏議類/詔令之屬

大清宣宗成皇帝聖訓一百三十卷　清末鉛印本　三十七冊　缺三十三卷(一至九、四十六至六十、一百二十二至一百三十)

330000－1701－0062096　G000624　子部/術數類/相宅相墓之屬

雪心賦正解四卷　(唐)卜應天撰　(清)孟浩

註　**辯論三十篇一卷**　（清）孟浩撰　清掃葉山房刻校經山房印本　四冊

330000－1701－0062097　普 344.07/2130　史部/政書類/律令之屬/治獄
刑案新編三十卷　（清）何福堃輯　清光緒二十八年（1902）蘭州官書局鉛印本　三十冊

330000－1701－0062098　HJL0408　經部/書類/傳說之屬
寫定尚書不分卷　（清）吳汝綸寫　清光緒十八年（1892）桐城吳氏家塾石印本　一冊

330000－1701－0062099　普 814.7/1043/（2）　集部/別集類/清別集
帶經堂集九十二卷　（清）王士禛撰　（清）程哲編　清康熙四十九年至五十一年（1710－1712）程哲七略書堂刻本　四十冊

330000－1701－0062100　HJH814.6/2772/c3　類叢部/叢書類/郡邑之屬
武林往哲遺箸五十二種後編十種　（清）丁丙編　清光緒二十年至二十六年（1894－1900）錢塘丁氏嘉惠堂刻本　六冊　存一種

330000－1701－0062102　GP07349　史部/史抄類
全部鑑略書四卷　（清）王仕雲撰　清同治十一年（1872）文德堂刻本　二冊

330000－1701－0062104　HJH814.6/2818/c3　類叢部/叢書類/郡邑之屬
武林往哲遺箸五十二種後編十種　（清）丁丙編　清光緒二十年至二十六年（1894－1900）錢塘丁氏嘉惠堂刻本　五冊　存一種

330000－1701－0062105　HJH0475　經部/詩類/傳說之屬
詩總聞二十卷　（宋）王質撰　清刻本　五冊　缺三卷（十五至十七）

330000－1701－0062106　普 344.07/2831　史部/政書類/律令之屬/刑制
重修名法指掌圖四卷　（清）沈辛田撰　（清）徐灝重訂　清同治八年（1869）桂林節署刻本　四冊

330000－1701－0062107　G000574　子部/宗教類/佛教之屬/諸宗
四衆弟子淨土詩六種　清同治十一年（1872）如皋刻經處刻本　一冊

330000－1701－0062109　HJH814.6/2818/c4　類叢部/叢書類/郡邑之屬
武林往哲遺箸五十二種後編十種　（清）丁丙編　清光緒二十年至二十六年（1894－1900）錢塘丁氏嘉惠堂刻本　五冊　存一種

330000－1701－0062110　普 814.7/1000　集部/別集類/清別集
洞庭集三十卷　（清）王慶麟撰　清嘉慶刻本　四冊　缺六卷（詩一至六）

330000－1701－0062113　普 814.7/1043/（3）　集部/別集類/清別集
帶經堂集九十二卷　（清）王士禛撰　（清）程哲編　清康熙四十九年至五十一年（1710－1712）程哲七略書堂刻本　十八冊

330000－1701－0062114　G000625　子部/藝術類/書畫之屬/法帖
淳化閣帖釋文十卷　（清）朱家標輯　清刻本　吳大澂題記　一冊

330000－1701－0062116　G000575　史部/傳記類/總傳之屬/家乘
汪氏學行記□□卷　（清）汪喜孫編　清刻本　一冊　存二卷（一至二）

330000－1701－0062118　普 814.7/10001　集部/別集類/清別集
平養堂文編十卷　王龍文撰　清宣統三年（1911）思賢書局刻本　四冊

330000－1701－0062119　HJL6822　史部/詔令奏議類/詔令之屬
大清文宗顯皇帝聖訓一百十卷　清末鉛印本　三冊　存十三卷（五至十七）

330000－1701－0062120　HJH814.6/3030/c2　集部/別集類/明別集
宋文憲公全集八十卷　（明）宋濂撰　**年譜二卷附錄一卷**　（清）朱興悌　（清）戴殿江纂

孫鏘增輯 **潛溪錄六卷首一卷** 丁立中編輯 孫鏘增補 清宣統二年至民國五年(1910-1916)四明孫氏成都刻本 二十八冊

330000-1701-0062125 G000576 集部/總集類/題詠之屬
枕泉仙館賦一卷詩鈔一卷 (清)陳維楨等撰 清咸豐四年(1854)刻本 一冊

330000-1701-0062126 HJH0477 經部/詩類/傳說之屬
詩經集傳八卷 (宋)朱熹撰 清狀元閣刻本 六冊

330000-1701-0062129 HJL6817 史部/編年類/通代之屬
御批歷代通鑑輯覽一百二十卷 (清)傅恒等撰 清光緒三十年(1904)文通書局石印本 三十二冊

330000-1701-0062132 G000577 集部/別集類/清別集
延秋吟館詩鈔四卷 (清)張聯桂撰 清光緒十一年(1885)刻本 一冊

330000-1701-0062133 普814.7/1043/2 集部/別集類/清別集
帶經堂集九十二卷 (清)王士禛撰 (清)程哲編 清康熙四十九年至五十一年(1710-1712)程哲七略書堂刻乾隆十二年(1747)黃晟重修本 十八冊

330000-1701-0062134 GP07351 類叢部/類書類/專類之屬
新增日用雜字一卷文武官階品級一卷服制一卷 (清)天祿閣輯 清光緒十三年(1887)刻本 一冊

330000-1701-0062135 普814.7/1001 集部/別集類/清別集
函雅堂集四十卷 王詠霓撰 清光緒二十二年(1896)刻本 十冊

330000-1701-0062139 HJH814.6/3030.2/c2 集部/別集類/明別集
宋文憲公全集五十三卷首四卷 (明)宋濂撰 清嘉慶十五年(1810)金華府學刻本 二十四冊

330000-1701-0062140 HJL7213 史部/金石類/總志之屬/通考
重定金石契不分卷 (清)張燕昌撰 清光緒二十二年(1896)貴池劉氏聚學軒刻本 四冊

330000-1701-0062142 HJL6818 史部/詔令奏議類/詔令之屬
大清聖祖仁皇帝聖訓六十卷 清光緒鉛印本 七冊 存三十三卷(一至九、十九至二十六、三十八至五十三)

330000-1701-0062143 G000626 集部/別集類/清別集
樊榭山房續集十卷 (清)厲鶚撰 清乾隆刻本 三冊

330000-1701-0062145 HJH814.6/3030.3 類叢部/叢書類/郡邑之屬
金華叢書六十八種 (清)胡鳳丹編 清同治七年至光緒八年(1868-1882)永康胡氏退補齋刻民國補刻本 三十八冊 存一種

330000-1701-0062146 普344.07/2831/2 史部/政書類/律令之屬/刑制
重修名法指掌圖四卷 (清)沈辛田撰 (清)徐灝重訂 清同治九年(1870)湖北崇文書局刻本 四冊

330000-1701-0062149 G000578 集部/別集類/清別集
只且園詩存二卷 (清)吳棠芝撰 清宣統三年(1911)長沙吳熙鉛印本 一冊

330000-1701-0062150 HJL0479 經部/書類/傳說之屬
尚書大傳五卷 (漢)伏勝撰 (漢)鄭玄注 (清)陳壽祺輯校 清道光十年(1830)廣州刻本 三冊

330000-1701-0062151 GP07352 史部/政書類/邦計之屬
分廠銅幣事宜覆奏摺稿不分卷 (清)陳壁撰 清光緒三十三年(1907)鉛印本 一冊

330000－1701－0062152　普 344.07/3435　史部/政書類/律令之屬/刑制
大清現行刑律案語不分卷　沈家本　俞廉三輯　清宣統三年(1911)普政社鉛印本　二十冊

330000－1701－0062154　HJL6819　史部/詔令奏議類/詔令之屬
大清高宗純皇帝聖訓三百卷　清光緒鉛印本　三十七冊　存一百四十九卷(三十九至一百七十一、一百八十三至一百九十八)

330000－1701－0062155　普 925.1244/0440.4/2　類叢部/叢書類/自著之屬
諸葛忠武侯全集五種　(三國蜀)諸葛亮撰　(清)張澍輯　清同治元年(1862)聚珍齋木活字印本　三冊　存一種

330000－1701－0062156　普 344.07/3522　史部/政書類/律令之屬/律例
大清律例總類不分卷　清光緒十五年(1889)江蘇書局刻本　四冊

330000－1701－0062159　普 925.1244/0440.7/c1　史部/傳記類/別傳之屬/事狀
忠武誌十卷　(清)張鵬翮輯　(清)周晼蘭增　清嘉慶十九年(1814)麻城周晼蘭刻本　六冊

330000－1701－0062160　普 344.07/3522/2　史部/政書類/律令之屬/律例
大清律例總類不分卷　清光緒十年(1884)剛毅刻本　八冊

330000－1701－0062161　HJL0481　經部/四書類/總義之屬/傳說
四書義經正篇二卷首一卷　(清)三魚書屋輯　清光緒二十七年(1901)上海掃葉山房石印本　四冊

330000－1701－0062163　HJL6819/1　史部/詔令奏議類/詔令之屬
大清高宗純皇帝聖訓三百卷　清光緒鉛印本　三冊　存十二卷(一百八十三至一百九十四)

330000－1701－0062165　G000579　子部/醫家類/溫病之屬/瘟疫
瘟疫條辨摘要不分卷附錄一卷　(清)呂田輯　清光緒十二年(1886)常德府善堂刻本　一冊

330000－1701－0062166　HJL6820　史部/詔令奏議類/詔令之屬
大清仁宗睿皇帝聖訓一百十卷　清末鉛印本　三冊　存八卷(十七至十八、二十一至二十六)

330000－1701－0062167　GP07353　集部/別集類/清別集
紅薇吟榭詩鈔四卷　(清)魏堃撰　清道光二十九年(1849)刻本　一冊

330000－1701－0062168　普 925.1244/0440.7/c2　史部/傳記類/別傳之屬/事狀
忠武誌十卷　(清)張鵬翮輯　(清)周晼蘭增　清嘉慶十九年(1814)麻城周晼蘭刻本　六冊

330000－1701－0062169　普 925.1244/0440.7/c3　史部/傳記類/別傳之屬/事狀
忠武誌十卷　(清)張鵬翮輯　(清)周晼蘭增　清嘉慶十九年(1814)麻城周晼蘭刻本　五冊

330000－1701－0062170　G000580　子部/宗教類/佛教之屬
道宣律師感通錄一卷　(唐)釋道宣撰　清光緒十五年(1889)江北刻經處刻本　一冊

330000－1701－0062171　GP07354　集部/別集類/清別集
心白日齋詩鈔四卷　(清)蔣志凝撰　清道光二十三年(1843)曹楙堅刻本　二冊

330000－1701－0062173　G000581　子部/宗教類/佛教之屬/經疏
無量壽經起信論三卷觀無量壽佛經約論一卷阿彌陀經約論一卷　(清)彭紹升撰　清同治十一年(1872)如皋刻經處刻本　一冊

330000－1701－0062175　HJL7216　史部/金

石類/總志之屬

金石圖說二卷 （清）牛運震集說 （清）褚峻摹圖 劉世珩編補 清光緒十九年至二十二年(1893－1896)貴池劉氏聚學軒刻本 四冊

330000－1701－0062176 GP07355、GP07356 集部/別集類/清別集

東井詩鈔四卷文鈔二卷 （清）黄定文撰 清道光元年(1821)康紹鏞刻本 清蔡鴻鑑題記 二冊

330000－1701－0062177 普 344.07/4037 史部/政書類/律令之屬/律例

大清刪除新律例不分卷 沈家本 伍廷芳編 清光緒三十一年(1905)上海書局石印本 四冊

330000－1701－0062179 G000582 子部/宗教類/佛教之屬

秉文科儀一卷 清光緒抄本 一冊

330000－1701－0062181 HJH814.6/3030.3/c2 類叢部/叢書類/郡邑之屬

金華叢書六十八種 （清）胡鳳丹編 清同治七年至光緒八年(1868－1882)永康胡氏退補齋刻民國補刻本 四十冊 存一種

330000－1701－0062182 普 925.1244/0440.7/2/c1 史部/傳記類/別傳之屬/事狀

忠武誌八卷 （清）張鵬翮輯 清康熙冰雪堂刻本 八冊

330000－1701－0062183 HJH6823 史部/政書類/通制之屬

皇朝續文獻通考三百二十卷 劉錦藻撰 清宣統二年(1910)鉛印本 八十四冊 存三百五卷(一至一百十五、一百二十三至一百七十五、一百八十二至二百十七、二百二十至三百二十)

330000－1701－0062184 普 344.07/7773 史部/政書類/律令之屬/律例

大清律例增修統纂集成四十卷督捕則例附纂二卷 （清）姚潤輯 （清）陶駿 （清）陶念霖增輯 清光緒二十五年(1899)上海文淵山房鉛印本 二十四冊

330000－1701－0062187 G000583 集部/別集類/清別集

珠泉草廬詩鈔二卷 （清）廖樹蘅撰 清光緒二十七年(1901)刻本 一冊

330000－1701－0062188 HJH814.6/3105/c2 集部/別集類/明別集

青湖先生文集十四卷首一卷末一卷 （明）汪應軫撰 清同治十三年(1874)汪瑔廣州刻本 清默盦題記 六冊

330000－1701－0062189 GP07357 集部/總集類/題詠之屬

吟紅閣題辭一卷詩餘一卷 （清）留餘主人輯 清道光刻本 一冊

330000－1701－0062190 G000627 集部/別集類/清別集

述學内篇三卷外篇一卷補遺一卷別錄一卷 （清）汪中撰 清嘉慶二十年(1815)刻本 二冊

330000－1701－0062192 HJH7964 史部/金石類

劉氏一印一研廬刻金石五種 清光緒貴池劉氏聚學軒刻本 四冊 存一種

330000－1701－0062193 HJH814.6/3140/c2 集部/別集類/明別集

炳燭齋文集初刻一卷續刻一卷 （明）顧大韶撰 清宣統元年(1909)上海國學扶輪社鉛印本 二冊

330000－1701－0062195 GP07364 子部/小說家類/異聞之屬

太平廣記五百卷目錄十卷 （宋）李昉等輯 清嘉慶十一年(1806)姑蘇聚文堂刻本 四十冊

330000－1701－0062197 HJL7962 史部/金石類/總志之屬

金石圖說二卷 （清）牛運震集說 （清）褚峻摹圖 劉世珩編補 清光緒十九年至二十二年(1893－1896)貴池劉氏聚學軒刻本 四冊

330000－1701－0062198　GP07358　集部/別集類/清別集

味無能齋詩草二卷　（清）孟廷蘭撰　清道光刻本　一冊

330000－1701－0062199　普 814.7/1004/c1　類叢部/叢書類/彙編之屬

榆園叢刻十五種附一種　（清）許增編　清同治至光緒刻本　二冊　存一種

330000－1701－0062200　普 344.07/7773/2　史部/政書類/律令之屬/律例

大清律例增修統纂集成四十卷督捕則例附纂二卷　（清）姚潤輯　（清）陶駿　（清）陶念霖增輯　清光緒十一年(1885)浙省聚文堂刻本　清章定瑜批並題記　章乃羹跋　二十四冊

330000－1701－0062202　GP07359　集部/別集類/清別集

守柔齋詩鈔四卷　（清）蘇廷魁撰　清道光刻本　一冊

330000－1701－0062204　普 814.7/1004/c2　類叢部/叢書類/彙編之屬

榆園叢刻十五種附一種　（清）許增編　清同治至光緒刻本　二冊　存一種

330000－1701－0062205　HJH814.6/3135　類叢部/叢書類/自著之屬

顧端文公遺書十五種附一種　（明）顧憲成撰　清光緒三年(1877)涇里顧氏宗祠刻本　六冊　存一種

330000－1701－0062206　GP07365　子部/小說家類/異聞之屬

見聞隨筆二十六卷見聞續筆二十四卷　（清）齊學裘撰　清光緒二年(1876)天空海闊之居刻本　清蟾子題記　十八冊

330000－1701－0062210　普 814.7/10085　類叢部/叢書類/彙編之屬

望三益齋叢書十八種　（清）吳棠編　清咸豐至光緒吳氏望三益齋刻本　三冊　存一種

330000－1701－0062211　HJH814.6/3626/c2　集部/別集類/明別集

懷星堂全集三十卷　（明）祝允明撰　清宣統二年(1910)中國書畫會鉛印本　八冊

330000－1701－0062213　GP07360　集部/別集類/清別集

問字堂集六卷　（清）孫星衍撰　清光緒十年(1884)四明是亦軒刻本　二冊

330000－1701－0062216　G000628　集部/總集類/選集之屬/斷代

萃英集一卷　（清）王篪錄　清光緒抄本　一冊

330000－1701－0062217　普 814.7/1011　集部/別集類/清別集

實事求是齋遺藁四卷　（清）汪廷珍撰　清道光二十九年(1849)刻本　四冊

330000－1701－0062220　HJH814.6/4048/c3　集部/別集類/明別集

左忠貞公集十一卷附錄一卷　（明）左懋第撰　**蘿石先生[左懋第]年譜一卷**　清道光二十七年(1847)湘鄉左氏詠史齋刻本　四冊

330000－1701－0062221　G000629　新學/史志/諸國史

泰西十八周史攬要十八卷　（英國）雅各偉德撰　（英國）季理斐譯　（清）李鼎星述稿　清光緒二十九年(1903)上海廣學會鉛印本　六冊

330000－1701－0062223　GP07361　集部/別集類/清別集

餐秀集二卷　（清）黃千人撰　清乾隆二十六年(1761)刻本　一冊　存一卷(一)

330000－1701－0062226　GP07366　集部/別集類/清別集

白雲集十七卷　（清）張賁撰　清乾隆十七年(1752)刻本　四冊　存十四卷(一至十四)

330000－1701－0062227　普 814.7/10131　類叢部/叢書類/自著之屬

問青園集十二種　（清）王晉之撰　清光緒二十二年(1896)薊州王氏刻本　二冊

330000－1701－0062228　GP07362　子部/農家農學類/園藝之屬/花卉
瓨荷譜一卷　（清）楊鍾寶撰　清道光元年（1821）寶廉堂刻本　一冊

330000－1701－0062230　HJL0409　經部/叢編
通志堂經解一百三十九種　（清）納蘭成德輯　清同治十二年（1873）粵東書局刻本　四百八十冊

330000－1701－0062231　HJH0483　經部/詩類
陳氏毛詩五種　（清）陳奐撰　清道光至咸豐吳門南園陳氏掃葉山莊刻本　一冊　存一種

330000－1701－0062232　GP07367　集部/詞類/總集之屬
瑤華集二十二卷附二卷　（清）蔣景祁撰　清康熙二十五年（1686）天藜閣刻本　八冊

330000－1701－0062236　GP07363　子部/宗教類/道教之屬
道貫真源十八種　（清）董德寧輯　清乾隆至嘉慶古越集陽樓刻本　二冊　存一種

330000－1701－0062237　G000585　集部/別集類/清別集
怡亭詩集六卷文集二十卷　（清）張紳撰　清道光十三年（1833）留香書屋刻本　二冊　存六卷（詩集一至六）

330000－1701－0062239　G000630、G003095　經部/禮記類/傳說之屬
附釋音禮記註疏六十三卷　（漢）鄭玄注　（唐）孔穎達疏　（唐）陸德明釋文　清乾隆六十年（1795）和珅影宋刻本　二十四冊

330000－1701－0062240　M001001　史部/傳記類/總傳之屬/儒林
儒林宗派十六卷　（清）萬斯同撰　清宣統三年（1911）浙江圖書館刻民國十七年（1928）補刻本　二冊

330000－1701－0062243　HJH814.6/4439/c3　集部/別集類/明別集
陶菴集二十二卷首一卷末一卷　（明）黄淳燿撰　清光緒五年至七年（1879－1881）童式穀、朱道南刻本　八冊

330000－1701－0062245　HJH0410　經部/叢編
仿宋相臺五經附考證　清光緒二年（1876）江南書局刻本　三十一冊　缺四卷（毛詩附考證七至十）

330000－1701－0062246　HJH814.6/4439/3　集部/別集類/明別集
陶菴文集七卷陶菴詩集八卷補遺三卷吾師錄一卷陶菴自監錄四卷首一卷末一卷　（明）黄淳燿撰　（清）陶應鯤輯　清乾隆二十六年（1761）刻本　六冊

330000－1701－0062247　普814.7/1016　集部/別集類/清別集
習陽集一卷補遺一卷　（清）王雲明撰　清光緒三十二年（1906）王守印刻本　一冊

330000－1701－0062248　HJH7217　史部/傳記類/職官録之屬
宗室王公世職章京爵秩襲次全表十卷　（清）牟其汶纂修　清光緒三十三年（1907）潤記石印局石印本　十冊

330000－1701－0062249　HJL0484　經部/小學類/音韻之屬/韻書
集韻十卷　（宋）丁度等撰　清康熙四十五年（1706）揚州使院刻嘉慶十九年（1814）補刻本　十冊

330000－1701－0062250　GP07368　子部/儒家類/儒學之屬/性理
新刻性理大全書七十卷　（明）胡廣等撰　明刻本　二十四冊

330000－1701－0062251　HJL0411　經部/叢編
通藝錄十八種附二種　（清）程瑤田撰　清嘉慶刻本　十八冊

330000－1701－0062252　HJH814.6/44441/3　集部/別集類/明別集

新刻天傭子全集十卷 （明）艾南英撰 （清）艾爲珖 （清）艾曰芬輯 清康熙三十八年(1699)艾爲珖刻本 十册

330000－1701－0062253 普814.7/1073/3/c1 集部/别集類
湘綺樓全集三十卷(湘綺樓文集八卷詩集十四卷箋啓八卷) 王闓運撰 清宣統二年(1910)上海國學扶輪社石印本 十二册

330000－1701－0062255 HJH0485 經部/小學類/文字之屬/説文
説文新附攷六卷續攷一卷 （清）鈕樹玉撰 清嘉慶六年(1801)非石居刻同治七年(1868)碧螺山館補刻本 二册

330000－1701－0062257 G000584 子部/宗教類/佛教之屬/經疏
應菴和尚語錄十卷 （宋）釋守詮等編 清刻本 一册 存五卷(一至五)

330000－1701－0062258 HJL8324 史部/金石類/金之屬
西清續鑑甲編二十卷附錄一卷 （清）王杰等纂修 清宣統三年(1911)上海商務印書館石印本 四十二册

330000－1701－0062260 HJH814.6/4453/c3 集部/别集類/明别集
知我軒近説三卷 （明）林貴兆撰 清宣統二年(1910)太平陳氏木活字印本 三册

330000－1701－0062261 G000586 子部/藝術類/篆刻之屬/印譜
雪廬百印二卷 （清）王琛輯並注 清光緒二十五年(1899)刻鈐印本 二册

330000－1701－0062262 普814.7/1073/3/c2 集部/别集類
湘綺樓全集三十卷(湘綺樓文集八卷詩集十四卷箋啓八卷) 王闓運撰 清宣統二年(1910)上海國學扶輪社石印本 十二册

330000－1701－0062263 HJH814.6/4453/c4 集部/别集類/明别集
知我軒近説三卷 （明）林貴兆撰 清宣統二年(1910)太平陳氏木活字印本 三册

330000－1701－0062264 GP07369 史部/地理類/遊記之屬
洞庭游草三卷游記一卷 （清）凌鳳超 （清）王之佐 （清）王棠撰 清道光刻本 一册

330000－1701－0062265 HJH814.6/4485/c2 集部/别集類/明别集
餘姚黄忠端公集六卷 （明）黄尊素撰 清光緒十三年(1887)姚江黄氏正氣堂刻本 二册

330000－1701－0062266 G000587 集部/總集類/郡邑之屬
焦山六上人詩 （清）陳任暘輯 清道光九年(1829)、光緒三十二年(1906)刻石肯堂印本 六册

330000－1701－0062267 普814.7/1020 類叢部/叢書類/自著之屬
葵園四種 王先謙撰 清光緒至民國長沙王氏刻本 十二册 存三種

330000－1701－0062268 HJH0487 經部/小學類/文字之屬/字書/古文
古籀餘論三卷 （清）孫詒讓撰 清光緒二十九年(1903)籀經樓刻朱印本 三册

330000－1701－0062270 普814.7/1073/4/c1 集部/别集類
湘綺樓全集三十卷(湘綺樓文集八卷詩集十四卷箋啓八卷) 王闓運撰 清光緒三十三年(1907)墨莊劉氏長沙刻本 九册 存十五卷(文集一至八、詩集一至七)

330000－1701－0062271 HJH814.6/4625/4/c2 集部/别集類/明别集
楊忠愍公全集四卷 （明）楊繼盛撰 清道光二十五年(1845)金雲章、王應柱刻本 四册

330000－1701－0062273 HJH814.6/4625/2 集部/别集類/明别集
楊忠愍公全集四卷首一卷 （明）楊繼盛撰 清光緒十九年(1893)味菜廬刻本 四册

330000－1701－0062274 GP07370 集部/别

集類/清别集

彝壽軒詩鈔十二卷寄庵雜著二卷煙波漁唱四卷 (清)張應昌撰 **聞妙香室詞一卷** (清)陸珊撰 **青藜精舍詩鈔一卷** (清)張應鼎撰 **話雨齋詩鈔一卷** (清)張興仁撰 清同治二年(1863)南昌旅舍刻增刻本 六冊

330000 - 1701 - 0062275 G000588 集部/别集類/清别集

餐霞集四卷 (清)郭綬之撰 清同治四年(1865)刻本 一冊

330000 - 1701 - 0062278 普 814.7/1020.2 集部/别集類/清别集

虚受堂文集十六卷 王先謙撰 清宣統二年(1910)上海國學書社石印本 六冊

330000 - 1701 - 0062279 普 814.7/1073/4/c2 集部/别集類

湘綺樓全集三十卷(湘綺樓文集八卷詩集十四卷箋啓八卷) 王闓運撰 清光緒三十三年(1907)墨莊劉氏長沙刻本 十六冊

330000 - 1701 - 0062280 HJH6889 史部/紀傳類/正史之屬

漢書疏證三十六卷後漢書疏證三十卷 (清)沈欽韓撰 清光緒二十六年(1900)浙江官書局刻本 四十冊

330000 - 1701 - 0062281 HJH814.6/4625/5/c2 集部/别集類/明别集

楊忠愍公全集四卷 (明)楊繼盛撰 清刻本 四冊

330000 - 1701 - 0062283 G000589 集部/總集類/選集之屬/通代

新鐫千家詩四卷 笠翁對韻二卷 (清)李漁撰 **唐司空圖詩品詳註一卷** (唐)司空圖撰 **敬避字樣一卷** 清光緒九年(1883)京都隆福寺路南聚珍堂書坊刻本 二冊

330000 - 1701 - 0062285 G000631 類叢部/叢書類/自著之屬

授堂遺書七種附錄二卷 (清)武億撰 清道光二十三年(1843)偃師武氏刻本 一冊 存二卷(附錄一至二)

330000 - 1701 - 0062286 GP07371 史部/政書類/律令之屬

治浙成規八卷 清道光刻本 八冊

330000 - 1701 - 0062289 HJL0412 類叢部/叢書類/自著之屬

邃雅堂全集九種 (清)姚文田撰 清嘉慶至光緒歸安姚氏刻本 四冊 存一種

330000 - 1701 - 0062290 HJH814.6/4694.02 子部/雜著類/雜考之屬

升菴外集一百卷 (明)楊慎撰 (明)焦竑輯 清道光二十四年(1844)桂湖刻本 二十冊

330000 - 1701 - 0062292 普 951.05093/7556/3/c1 史部/紀事本末類

歷朝紀事本末七種 (清)陳如升 (清)朱記榮輯 清光緒二十一年(1895)上海積山書局石印本 二冊 存一種

330000 - 1701 - 0062294 HJL1001 類叢部/叢書類/彙編之屬

抱經堂叢書十六種 (清)盧文弨編 清乾隆至嘉慶刻彙印本 二十二冊 存六種

330000 - 1701 - 0062295 普 814.7/1080 類叢部/叢書類/自著之屬

田園雜著八種 (清)丁午撰 清光緒錢唐丁氏刻本 一冊 存一種

330000 - 1701 - 0062296 GP07372 子部/雜著類/雜説之屬

重論文齋筆錄十二卷 (清)王端履撰 清道光二十六年(1846)受宜堂刻本 四冊

330000 - 1701 - 0062297 G000590 子部/宗教類/佛教之屬/諸宗

異方便淨土傳燈歸元鏡三祖實錄二卷 (清)釋智達撰 清虞邑旌教寺刻本 二冊

330000 - 1701 - 0062300 HJH814.6/4694.2/(2) 集部/别集類/明别集

太史升菴遺集二十六卷 (明)楊慎撰 (明)楊金吾 (明)楊宗吾輯 清道光二十四年

(1844)景清堂刻本　八冊

330000－1701－0062301　HJL0413　經部/叢編

經苑二十五種　(清)錢儀吉輯　清道光至咸豐大梁書院刻同治七年(1868)王儒行等印本　七十冊

330000－1701－0062302　普814.7/10801　集部/別集類/清別集

王壯武公遺集二十四卷首一卷　(清)王鑫撰　清光緒十八年(1892)湘鄉王氏江寧刻本　十二冊

330000－1701－0062303　HJL0495　經部/易類/傳說之屬

易釋四卷　易順豫撰　清刻本　四冊

330000－1701－0062304　HJL6890　史部/政書類/律令之屬/律例

新修條例不分卷　清光緒五年(1879)刻本　五十五冊

330000－1701－0062305　GP07373　史部/金石類/總志之屬

金石存十五卷　(清)吳玉搢撰　清嘉慶二十四年(1819)山陽李氏聞妙香室刻本　四冊

330000－1701－0062306　HJH814.6/4748/c2　類叢部/叢書類/郡邑之屬

金華叢書六十八種　(清)胡鳳丹編　清同治七年至光緒八年(1868－1882)永康胡氏退補齋刻民國補刻本　四冊　存一種

330000－1701－0062308　G000632　類叢部/叢書類/自著之屬

顨軒孔氏所著書七種　(清)孔廣森撰　清乾隆嘉慶刻嘉慶二十二年(1817)曲阜孔氏儀鄭堂彙印本　三冊　存二種

330000－1701－0062311　GP07374　類叢部/叢書類/彙編之屬

廣雅書局叢書一百五十九種　徐紹棨編　清光緒廣雅書局刻民國九年(1920)番禺徐紹棨彙編重印本　二冊　存一種

330000－1701－0062312　普814.7/1083/c2　集部/別集類/清別集

小隱山樵文存二卷　(清)王義祖撰　清光緒二十七年(1901)王錕刻本　二冊

330000－1701－0062315　HJH814.6/6017/c3　集部/總集類/彙編之屬

文瑞樓彙刻書三種　(清)金檀編　清康熙至雍正桐鄉金氏文瑞樓燕翼堂刻本　十四冊　存一種

330000－1701－0062316　普951.05093/7556/3/c3　史部/紀事本末類

歷朝紀事本末七種　(清)陳如升　(清)朱記榮輯　清光緒二十一年(1895)上海積山書局石印本　二冊　存一種

330000－1701－0062321　HJH814.6/6045/(2)　集部/別集類/明別集

呂新吾先生去僞齋文集十卷　(明)呂坤撰　清康熙十三年(1674)呂氏繩其居刻本　十冊

330000－1701－0062322　HJL6895　史部/金石類/總志之屬/目録

至聖林廟碑目六卷　(清)孔昭薰　(清)孔憲庚編　清光緒二十二年(1896)徐氏積學齋刻本　一冊

330000－1701－0062326　HJH0497　類叢部/叢書類/自著之屬

槐軒全集二十一種附九種　(清)劉沅撰　清咸豐至民國刻彙印本　二十一冊　存四種

330000－1701－0062327　HJH814.6/6082/c2　類叢部/叢書類/彙編之屬

正誼堂全書六十三種續刻五種　(清)張伯行編　(清)楊浚重編　清同治五年(1866)福州正誼書院刻同治八年至光緒十三年(1869－1887)續刻本　一冊　存一種

330000－1701－0062328　普814.7/10221　集部/別集類

香草文鈔一卷　于鬯撰　清宣統元年(1909)鉛印本　一冊

330000－1701－0062329　GP07377　史部/地

理類/總志之屬/斷代

廣輿記二十四卷圖一卷 (明)陸應陽輯 (清)蔡方炳增輯 清乾隆十五年(1750)三畏堂刻本 八册

330000－1701－0062331 GP01508 子部/藝術類/書畫之屬/法帖

宋拓集王書半截碑一卷 (晉)王羲之書 **唐拓太宗書溫泉銘一卷** 清宣統二年(1910)影印本 一册

330000－1701－0062332 HJH814.6/6622 集部/别集類/明别集

鈐山堂集四十卷 (明)嚴嵩撰 清嘉慶十一年(1806)嚴氏刻本 十册

330000－1701－0062333 HJL0414 史部/目録類/專録之屬

經義考三百卷 (清)朱彝尊撰 **經義考總目二卷** (清)盧見曾編 清光緒二十三年(1897)浙江書局刻本(卷二八六、二九九至三百原缺) 五十册

330000－1701－0062334 G000633 史部/地理類/山川之屬/山志

天台山方外志要十卷天台山十六景圖一卷 (清)齊召南纂 清乾隆刻本 一册 缺十卷(一至十)

330000－1701－0062335 普814.7/10222 集部/别集類/清别集

炳燭齋詩草一卷拾遺一卷 (清)王樂雝撰 **炳燭齋詩草附錄一卷** (清)王樂胥輯 清同治八年(1869)黄巖王氏木活字印本 一册

330000－1701－0062336 普951.05093/7556/6 史部/紀事本末類

歷朝紀事本末九種 (清)陳如升 (清)朱記榮輯 (清)捷記主人增輯 清光緒二十九年(1903)上海文盛書局石印本 一册 存一種

330000－1701－0062337 HJH814.6/6622/2 集部/别集類/明别集

鈐山堂集四十卷 (明)嚴嵩撰 清嘉慶十一年(1806)嚴氏刻本 十二册

330000－1701－0062338 GP07378 史部/地理類/總志之屬/斷代

廣輿記二十四卷圖一卷 (明)陸應陽輯 (清)蔡方炳增輯 清康熙二十五年(1686)刻本 八册

330000－1701－0062340 普814.7/10832/c1 集部/别集類/清别集

靜便齋集十卷 (清)王曾祥撰 清乾隆二十八年(1763)刻本 清戴采孫題記 二册

330000－1701－0062341 普814.7/1023/c1 集部/别集類/清别集

梅菴遺集三卷 (清)王維祺撰 (清)王棻編 **清芬集續集一卷** (清)王召修編 清光緒十七年(1891)臨海葉氏蔭玉閣木活字印本 一册

330000－1701－0062342 HJH814.6/7237/(2)/c2 集部/别集類/明别集

劉蕺山先生集二十四卷首一卷 (明)劉宗周撰 清乾隆十七年(1752)證人堂刻本 八册

330000－1701－0062343 普951.05093/7556/7 史部/紀事本末類

歷朝紀事本末九種 (清)陳如升 (清)朱記榮輯 (清)慎記主人增輯 清光緒二十九年(1903)上海文林書局石印本 一册 存一種

330000－1701－0062344 HJL0499 經部/小學類/音韻之屬

矩齋所學 勞乃宣撰 清光緒至民國刻本 五册 存五種

330000－1701－0062345 HJL6894 子部/藝術類/書畫之屬/書法書品

南邨帖攷不分卷 (清)程文榮撰 清道光刻本 一册

330000－1701－0062346 普814.7/10832/c2 集部/别集類/清别集

靜便齋集十卷 (清)王曾祥撰 清乾隆二十八年(1763)刻本 四册

330000－1701－0062347 普951.05093/7556/8 史部/紀事本末類

歷朝紀事本末七種 （清）陳如升 （清）朱記榮輯 清光緒十四年(1888)上海書業公所鉛印本 二册 存一種

330000－1701－0062348 普 814.7/1023/c4 集部/別集類/清別集

梅菴遺集三卷 （清）王維祺撰 （清）王棻編 **清芬集續集一卷** （清）王召修編 清光緒十七年(1891)臨海葉氏蔭玉閣木活字印本 一册

330000－1701－0062349 HJH814.6/7212/c2 集部/別集類/明別集

劉文烈公全集十二卷 （明）劉理順撰 清順治十七年(1660)刻康熙四十六年(1707)覺于軒重修本 六册

330000－1701－0062351 GP07379 子部/雜著類/雜纂之屬

重刻添補傳家寶俚言新本初集不分卷二集不分卷三集不分卷四集不分卷 （清）石成金撰 清乾隆四年(1739)刻本 四十册

330000－1701－0062352 HJH0416 類叢部/類書類/專類之屬

佩文韻府一百六卷 （清）張玉書 （清）蔡升元等輯 **韻府拾遺一百六卷** （清）汪灝 （清）何焯等輯 清康熙五十年(1711)内府刻本 七十五册 存八十七卷(佩文韻府一至十七、三十七至一百六)

330000－1701－0062353 普 951.05093/7556/9/c1 史部/紀事本末類

紀事本末五種 （清）□□輯 清同治十二年至十三年(1873－1874)江西書局刻本 四册 存一種

330000－1701－0062354 HJL6892 史部/金石類/郡邑之屬/目録

安陽縣金石録十二卷補遺一卷 （清）武億 （清）趙希璜撰 清嘉慶四年(1799)刻本 三册

330000－1701－0062356 HJH814.6/7237.2/c4 集部/別集類/明別集

劉子全書四十卷首一卷 （明）劉宗周撰 （清）董瑒編 清道光四年至十五年(1824－1835)蕭山王宗炎等刻本 二十二册

330000－1701－0062357 HJL6891 史部/目録類/總録之屬/彙刻

觀古堂書目叢刻十五種 葉德輝編 清光緒二十八年(1902)至民國湘潭葉氏刻本 十二册

330000－1701－0062358 HJL8325 史部/政書類/律令之屬/治獄

刑案匯覽六十卷首一卷末一卷拾遺備考一卷續增十六卷 （清）祝慶祺輯 **新增刑案匯覽十六卷首一卷** （清）潘文舫輯 清光緒十二年(1886)上海圖書集成局鉛印本 四十册

330000－1701－0062359 普 951.05093/7556/9/c4 史部/紀事本末類

紀事本末五種 （清）□□輯 清同治十二年至十三年(1873－1874)江西書局刻本 四册 存一種

330000－1701－0062361 HJH814.6/7237.3/c3 集部/別集類/明別集

劉子全書遺編二十四卷首一卷 （明）劉宗周撰 （清）沈復粲編 清道光三十年(1850)刻光緒十八年(1892)重修本 十二册

330000－1701－0062364 普 814.7/10241/c1 集部/別集類/清別集

綠雪堂遺集二十卷 （清）王衍梅撰 （清）汪雲任輯 清道光二十年(1840)盱眙汪雲任刻二十九年(1849)增刻本 八册

330000－1701－0062365 HJL0500 類叢部/叢書類/自著之屬

四録堂類集九種 （清）嚴可均撰 清嘉慶至道光刻本 四册 存二種

330000－1701－0062366 普 814.7/10241/c2 集部/別集類/清別集

綠雪堂遺集二十卷 （清）王衍梅撰 （清）汪雲任輯 清道光二十年(1840)盱眙汪雲任刻二十九年(1849)增刻本 八册

330000－1701－0062367　普 814.7/1085　集部/别集類/清别集
素餘堂集三十四卷　(清)于敏中撰　清嘉慶十一年(1806)于惇甫楚雄刻本　八冊

330000－1701－0062368　普 814.7/10241/(2)　集部/别集類/清别集
綠雪堂遺集二十卷　(清)王衍梅撰　(清)汪雲任輯　清道光二十年(1840)盱眙汪雲任刻二十九年(1849)增刻本　六冊

330000－1701－0062369　HJH0501　類叢部/叢書類/自著之屬
邃雅堂全集九種　(清)姚文田撰　清嘉慶至光緒歸安姚氏刻本　二冊　存一種

330000－1701－0062370　普 814.7/10242　集部/别集類/清别集
魯齋詩文選抄一卷　(清)王偉撰　**江漢行吟草選抄一卷**　(清)王承基撰　**咸豐王紹荃别駕政績一卷**　清抄本　一冊

330000－1701－0062371　普 814.7/1025　集部/别集類/清别集
已山先生文集十卷别集四卷　(清)王步青撰　**傳一卷**　清乾隆刻本　六冊　存十卷(文集一至十)

330000－1701－0062372　G000591、G006272、G006923、G006625、G007555　史部/編年類/通代之屬
資治通鑑二百九十四卷　(宋)司馬光撰　(元)胡三省音注　**通鑑釋文辯誤十二卷**　(元)胡三省撰　清同治十年(1871)湖北崇文書局刻本　一百二冊　存三百卷(四至九十二、九十六至一百六十九、一百七十至二百九十四、通鑑釋文辯誤一至十二)

330000－1701－0062373　普 814.7/1087　集部/别集類/清别集
曉庵先生文集三卷詩集二卷　(清)王錫闡撰　(清)張海珊　(清)張生洲編　清道光元年(1821)吳江俞鍾嶽刻本　二冊　存三卷(文集一至三)

330000－1701－0062374　HJH814.6/7244/2/(2)　集部/别集類/明别集
太師誠意伯劉文成公集二十卷首一卷　(明)劉基撰　清康熙四十六年(1707)劉元奇刻雍正八年(1730)萬里補刻乾隆南田劉氏果育堂印本　二十冊

330000－1701－0062376　普 814.7/1043/2(3)　集部/别集類/清别集
帶經堂全集九十二卷　(清)王士禛撰　(清)程哲校編　清乾隆十二年(1747)刻本　二十五冊　缺三卷(蠶尾續文十五至十七)

330000－1701－0062378　HJH0502　經部/小學類/文字之屬/字書/古文
古籀餘論三卷　(清)孫詒讓撰　清光緒二十九年(1903)籀經樓刻本　二冊

330000－1701－0062379　HJH814.6/7244/3/c3　集部/别集類/明别集
太師誠意伯劉文成公集二十卷首一卷　(明)劉基撰　清光緒二十六年(1900)浙江書局刻本　十冊

330000－1701－0062381　G000592、G005689　史部/地理類/輿圖之屬/郡縣
江西全省輿圖十四卷首一卷　(清)劉坤一等撰　清末石印本　十二冊　存十二卷(一至九、十一至十三)

330000－1701－0062383　HJH814.6/7244/3/c4　集部/别集類/明别集
太師誠意伯劉文成公集二十卷首一卷　(明)劉基撰　清光緒二十六年(1900)浙江書局刻本　十冊

330000－1701－0062386　G000634　子部/醫家類/類編之屬
世補齋醫書後集四種　(清)陸懋修編　清宣統二年(1910)陸潤庠刻本　一冊　存三種

330000－1701－0062389　HJL8322　史部/編年類/斷代之屬
十朝東華錄五百二十五卷同治朝東華續錄一百卷　王先謙、潘頤福撰　清光緒二十五年

(1899)石印本　八十八冊

330000－1701－0062390　普 951.05093/7556/10　史部/紀事本末類/斷代之屬
元史紀事本末二十七卷　(明)陳邦瞻撰　(明)臧懋循補　(明)張溥論正　明末太倉張溥刻本　二冊

330000－1701－0062391　G000593　子部/宗教類/其他宗教之屬/其他
觀音十二圓覺一卷　(清)彭德源撰　清刻本　一冊

330000－1701－0062392　HJL0504　類叢部/叢書類/自著之屬
經微室著書　(清)孫詒讓撰　清光緒瑞安孫氏刻本　一冊　存一種

330000－1701－0062394　普 814.7/1090　集部/別集類/清別集
容膝軒文稿八卷　清光緒二十一年至三十四年(1895－1908)刻本　二冊

330000－1701－0062397　普 814.7/1094　集部/別集類/清別集
鴻逸堂稿五卷　(清)王煒撰　清康熙刻本　四冊

330000－1701－0062400　G000595　子部/宗教類/佛教之屬/經
摩訶般若波羅蜜多心經一卷　(清)玉山老人解　清咸豐十一年(1861)三和堂三友夢覺刻同治二年(1863)甬上書錦堂樓續刻本　一冊

330000－1701－0062402　普 951.05094/1731　史部/雜史類
宋遼金元別史五種　(清)席世臣輯　清乾隆至嘉慶南沙席氏掃葉山房刻本　十冊　存一種

330000－1701－0062403　普 814.7/1043.2/c1　類叢部/叢書類/自著之屬
王漁洋遺書三十八種　(清)王士禛撰　清刻本　四冊　存一種

330000－1701－0062407　G000596　經部/小學類/訓詁之屬/字詁
繪圖速通虛字法一卷　(清)施崇恩編　清末抄本　一冊

330000－1701－0062408　HJL0505　類叢部/叢書類/彙編之屬
積學齋叢書二十種　徐乃昌編　清光緒南陵徐乃昌刻本　三冊　存一種

330000－1701－0062409　普 814.7/1043.2/c3　類叢部/叢書類/自著之屬
王漁洋遺書三十八種　(清)王士禛撰　清刻本　五冊　存一種

330000－1701－0062411　G000597　類叢部/類書類/專類之屬
佩文韻府一百六卷　(清)張玉書　(清)蔡升元等輯　**韻府拾遺一百六卷**　(清)汪灝　(清)何焯等輯　清光緒二十四年(1898)上海點石齋石印本　六冊　存二十五卷(佩文韻府一至二十五)

330000－1701－0062412　普 814.7/1100　集部/別集類/清別集
強恕齋詩鈔四卷文鈔五卷　(清)張庚撰　清乾隆二十二年(1757)刻本　二冊

330000－1701－0062414　普 951.05094/1731/(2)　史部/雜史類
宋遼金元別史五種　(清)席世臣輯　清乾隆至嘉慶南沙席氏掃葉山房刻本　十六冊　存一種

330000－1701－0062415　HJH6907　子部/雜著類/雜考之屬
日知錄集釋三十二卷刊誤二卷續刊誤二卷　(清)黃汝成撰　清同治八年(1869)廣州述古堂刻本　十三冊　缺六卷(四至九)

330000－1701－0062417　GP01522　子部/藝術類/書畫之屬/法帖
澄清堂帖一卷　(晉)王羲之書　清宣統二年(1910)影印本　一冊

330000－1701－0062418　普 814.7/1102　類叢部/叢書類/自著之屬

覆瓿集十三種附一種 (清)張文虎撰 清同治至光緒刻本 十冊

330000－1701－0062419 普 814.7/10431 集部/別集類/清別集

百柱堂全集內集三十四卷外集十九卷 (清)王柏心撰 彤雲閣遺稿一卷 (清)王家仕撰 清光緒二十四年(1898)成山唐氏貴陽刻本 八冊 缺十九卷(一至十九)

330000－1701－0062422 HJH6908 類叢部/叢書類/彙編之屬

連筠簃叢書十二種 (清)楊尚文編 清道光二十七年至二十九年(1847－1849)靈石楊氏刻本(羣書治要卷四、十三、二十原缺) 五冊 存一種

330000－1701－0062424 HJL0508 經部/易類/傳說之屬

周易孔義集說二十卷 (清)沈起元撰 清光緒八年(1882)江蘇書局刻本 八冊

330000－1701－0062425 HJL6909 史部/金石類/郡邑之屬/文字

海東金石苑四卷 (清)劉喜海撰 清光緒七年(1881)張德容二銘草堂刻本 四冊

330000－1701－0062429 普 814.7/1102/(3) 類叢部/叢書類/自著之屬

覆瓿集十三種附一種 (清)張文虎撰 清同治至光緒刻本 八冊 存三種

330000－1701－0062431 HJL6910 史部/金石類/總志之屬

金石續編二十一卷首一卷 (清)陸耀遹撰 (清)陸增祥校訂 清同治十三年(1874)毗陵雙白燕堂刻本 十冊

330000－1701－0062432 普 814.7/10432 集部/別集類/清別集

勤補拙齋文稿一卷 (清)王其淦撰 清光緒七年(1881)木活字印本 一冊

330000－1701－0062433 普 814.7/1102.2 類叢部/叢書類/自著之屬

覆瓿集十三種附一種 (清)張文虎撰 清同治至光緒刻本 二冊 存一種

330000－1701－0062435 普 814.7/10433/c1 類叢部/叢書類/自著之屬

王寬甫全集九種附刊六種 (清)王敬之撰 清道光二十一年(1841)至咸豐王氏家刻本 六冊 存十四種

330000－1701－0062437 M000925 子部/醫家類/類編之屬

徐靈胎醫學全書 (清)徐大椿撰 清光緒石印本 一冊 存二種

330000－1701－0062438 HJL0509 類叢部/叢書類/自著之屬

任氏遺書八種 (清)任啓運撰 清光緒十四年(1888)荆溪任氏家塾刻本 二冊 存三種

330000－1701－0062440 HJH0418 經部/叢編

十三經注疏三百三十三卷 (明)□□輯 清嘉慶三年(1798)金閶書業堂刻本 一百二十冊

330000－1701－0062444 普 814.7/1103/c1 集部/別集類/清別集

嬰山小園文集六卷 (清)張諴撰 清光緒二十一年(1895)刻本 二冊

330000－1701－0062448 普 814.7/1103/c2 集部/別集類/清別集

嬰山小園文集六卷 (清)張諴撰 清光緒二十一年(1895)刻本 二冊

330000－1701－0062450 HJL6849 史部/目錄類/總錄之屬/官修

欽定四庫全書簡明目錄二十卷首一卷 (清)紀昀等撰 清同治七年(1868)廣東書局刻本 十六冊

330000－1701－0062456 HJL7498 史部/政書類/通制之屬

皇朝政典類纂五百卷目錄六卷 (清)席裕福輯 清光緒二十九年(1903)上海圖書集成局鉛印本 一百二十冊

330000－1701－0062458　G000692　經部/春秋公羊傳類/傳說之屬

春秋公羊經何氏釋例十卷公羊春秋何氏解詁箋一卷左氏春秋考證二卷　（清）劉逢祿撰　清光緒二十三年（1897）廣州太清樓刻本　四冊

330000－1701－0062463　HJL0512　經部/三禮總義類/通禮雜禮之屬

四禮翼四卷　（明）呂坤撰　清同治二年（1863）王禹疇刻本　二冊

330000－1701－0062467　普814.7/10433/c2　類叢部/叢書類/自著之屬

王寬甫全集九種附刊六種　（清）王敬之撰　清道光二十一年（1841）至咸豐王氏家刻本　六冊　存十二種

330000－1701－0062470　G000635　集部/曲類/彈詞之屬

執桂亭一卷　清抄本　一冊

330000－1701－0062474　HJH6851　史部/地理類/山川之屬/山志

京口三山志　（清）□□輯　清同治至光緒刻本　十冊　存二種

330000－1701－0062475　普951.05094/1731/2　史部/紀傳類/別史之屬

續弘簡錄元史類編四十二卷　（清）邵遠平撰　清康熙刻本　十四冊

330000－1701－0062477　G000693、G011595　子部/醫家類/綜合之屬/通論

醫級十卷首一卷末一卷　（清）董西園撰　清乾隆四十二年（1777）六順堂刻本　八冊　存九卷（首、一至七、十）

330000－1701－0062478　普814.7/1105　集部/別集類/清別集

秋樵詩鈔六卷文鈔二卷　（清）張慶成撰　清道光十四年（1834）刻本　一冊　存二卷（文鈔一至二）

330000－1701－0062483　G000636　集部/曲類/寶卷之屬

皇極開玄出谷西林寶卷三卷　清刻本　一冊　存一卷（上）

330000－1701－0062486　HJL6957　史部/雜史類/斷代之屬

小腆紀年坿攷二十卷　（清）徐鼒撰　清咸豐十一年（1861）刻本　九冊　缺二卷（七至八）

330000－1701－0062489　普814.7/11332　集部/別集類/清別集

傳經精舍文集四卷詩鈔一卷　（清）張清翰撰　清末抄本　二冊

330000－1701－0062490　普814.7/1111/c1　集部/別集類/清別集

簡松草堂詩集二十卷文集十二卷附錄一卷　（清）張雲璈撰　清嘉慶刻本　十一冊

330000－1701－0062496　普951.05094/2631/c1　史部/紀傳類/正史之屬

元史新編九十五卷　（清）魏源撰　清光緒三十一年（1905）邵陽魏氏慎微堂刻本　章嶔題簽並記　三十二冊

330000－1701－0062498　HJL6958　史部/職官類/官制之屬

樞垣記略十六卷　（清）梁章鉅撰　清道光十五年（1835）刻本　八冊

330000－1701－0062500　G000696　史部/地理類/山川之屬/山志

寶華山志十五卷首一卷　（清）釋德基輯　（清）劉名芳纂　清同治釋印宗刻本　一冊　存三卷（十三至十五）

330000－1701－0062501　普814.7/1134　集部/別集類/清別集

養素堂文集三十五卷首一卷　（清）張澍撰　清道光十五年（1835）棗華書屋刻本　十六冊

330000－1701－0062506　普814.7/10442　集部/別集類/清別集

抱泉山館詩集十卷文集三卷首一卷　（清）王蒔蕙撰　**榮鞠詩鈔一卷**　（清）王予齡撰　清光緒二十七年（1901）寧波鈞和公司鉛印本　四冊

330000－1701－0062509　普 814.7/1111/c2　集部/别集類/清别集

簡松草堂詩集二十卷文集十二卷附錄一卷　(清)張雲璈撰　清嘉慶刻本　三十冊

330000－1701－0062510　HJL6959　史部/時令類

月令粹編二十四卷圖說一卷　(清)秦嘉謨撰　清嘉慶十七年(1812)江都秦嘉謨琳琅仙館刻本　六冊

330000－1701－0062511　普 951.05094/2631/c2　史部/紀傳類/正史之屬

元史新編九十五卷　(清)魏源撰　清光緒三十一年(1905)邵陽魏氏慎微堂刻本　三十二冊

330000－1701－0062513　GP01575　子部/藝術類/書畫之屬/畫譜

海上名人畫稿不分卷　(清)張熊等繪　清光緒十一年(1885)上海同文書局石印本　二冊

330000－1701－0062516　普 814.7/1137　集部/别集類/清别集

桐岡存稿八卷　(清)張遠覽撰　清光緒十六年(1890)西華縣署刻本　四冊

330000－1701－0062518　HJL6960　史部/地理類/雜志之屬

廣陵通典十卷　(清)汪中撰　清同治八年(1869)揚州書局刻本　二冊

330000－1701－0062519　普 814.7/1073　集部/别集類

湘綺樓全集三十卷(湘綺樓文集八卷詩集十四卷箋啓八卷)　王闓運撰　清光緒三十三年(1907)墨莊劉氏長沙刻本　四冊　存八卷(文集一至八)

330000－1701－0062520　HJL6852　史部/傳記類/總傳之屬/斷代

國朝耆獻類徵初編七百二十卷賢媛類徵初編十二卷　(清)李桓輯　清光緒十年至十六年(1884－1890)湘陰李氏刻十七年(1891)增刻本(卷六十一至六十二、一百四十五至一百四十九、一百五十二至一百五十三、一百五十五、一百六十二至一百六十四原缺)　二百一冊　缺一百九十八卷(二百九十九至四百八十四、賢媛類徵初編一至十二)

330000－1701－0062521　HJH7499　史部/政書類/通制之屬

皇朝續文獻通考三百二十卷　劉錦藻撰　清宣統二年(1910)鉛印本　八十八冊

330000－1701－0062523　HJL6962　史部/金石類/郡邑之屬/文字

濟州金石志八卷　(清)徐宗幹　(清)馮雲鵷輯　清道光二十五年(1845)閩中刻本　八冊

330000－1701－0062526　普 814.7/1073/2　集部/别集類

湘綺樓全集三十卷(湘綺樓文集八卷詩集十四卷箋啓八卷)　王闓運撰　清光緒三十三年(1907)墨莊劉氏長沙刻本　八冊　存十五卷(文集一至八、詩集一至七)

330000－1701－0062527　普 951.05094/3161/c2　新學/史志/别國史

蒙古史二卷　(日本)治野元三撰　歐陽瑞驊譯　清宣統三年(1911)江南圖書館鉛印本　二冊

330000－1701－0062528　普 814.7/1112　集部/别集類/清别集

蒿菴集三卷拾遺一卷閒話二卷　(清)張爾岐撰　**附錄一卷**　清光緒十五年(1889)山東書院刻本　一冊　缺二卷(閒話一至二)

330000－1701－0062530　GP01576　子部/藝術類/書畫之屬/畫譜

海上九家畫譜不分卷　(清)楊伯潤等繪　清宣統元年(1909)上海天爵堂石印本　二冊

330000－1701－0062531　普 814.7/1071/c2　集部/别集類/清别集

西亭文鈔十二卷首一卷末一卷　(清)王原撰　(清)劉汝錫編　清光緒十七年(1891)不遠復齋刻本　四冊

330000－1701－0062533　普 814.7/11371

集部/别集類/清别集

抱經堂文稿二卷　(清)張瀷撰　清道光三十年(1850)羊城刻本　一册

330000－1701－0062534　普 814.7/1071/c3　集部/别集類/清别集

西亭文鈔十二卷首一卷末一卷　(清)王原撰　(清)劉汝錫編　清光緒十七年(1891)不遠復齋刻本　四册

330000－1701－0062536　普 814.7/1138/c2　集部/别集類/清别集

濂亭文集八卷　(清)張裕釗撰　(清)查燕緒編　清光緒八年(1882)查氏木漸齋蘇州刻本　二册

330000－1701－0062537　普 814.7/1072　類叢部/叢書類/彙編之屬

十萬卷樓叢書五十一種　(清)陸心源編　清光緒歸安陸氏刻本(歲時廣記卷六原缺)　一册　存一種

330000－1701－0062542　G000637　史部/傳記類/别傳之屬/事狀

碧血丹心集一卷　(清)陳偕燦等編　清咸豐三年(1853)榕城文儒坊刻本　一册

330000－1701－0062546　普 814.7/1138/c3　集部/别集類/清别集

濂亭文集八卷　(清)張裕釗撰　(清)查燕緒編　清光緒八年(1882)查氏木漸齋蘇州刻本　清守愚題簽　二册

330000－1701－0062547　普 814.7/1114　集部/别集類/清别集

宛鄰詩二卷文三卷立山詞一卷　(清)張琦撰　**蓬室偶吟一卷**　(清)湯瑤卿撰　清宣統二年(1910)武進盛宣懷刻本　一册

330000－1701－0062550　普 814.7/1061　集部/别集類/清别集

霞舉堂集三十五卷　(清)王晫撰　清康熙三十年(1691)刻本　四册

330000－1701－0062552　G000638　類叢部/叢書類/彙編之屬

佚叢甲集　張南袱編　清光緒三十三年(1907)鉛印本　一册　存一種

330000－1701－0062557　HJL0517　類叢部/叢書類/自著之屬

邃雅堂全集九種　(清)姚文田撰　清嘉慶至光緒歸安姚氏刻本　四册　存一種

330000－1701－0062558　HJL6963　史部/地理類/雜志之屬

六朝事迹編類十四卷　(宋)張敦頤撰　清光緒十三年(1887)李濱寶章閣刻本　二册

330000－1701－0062561　普 814.7/11141　集部/别集類/清别集

宛鄰詩二卷文二卷　(清)張琦撰　**蓬室偶吟一卷**　(清)湯瑤卿撰　清光緒十七年(1891)張氏鉛印本　一册　存二卷(文一至二)

330000－1701－0062563　HJL6965　史部/金石類/郡邑之屬/文字

關中金石文字存逸考十二卷首一卷　(清)毛鳳枝撰　清光緒二十七年(1901)會稽顧氏江西萍鄉縣署刻本　十二册

330000－1701－0062567　HJL6966　史部/政書類/邦計之屬/俸餉

增修籌餉事例條款不分卷籌餉事例一卷增修現行常例一卷　清同治刻本　六册　存增修籌餉事例條款

330000－1701－0062569　普 814.7/1115　集部/别集類/清别集

文貞公集十二卷　(清)張玉書撰　清乾隆五十七年(1792)松蔭堂刻本　六册

330000－1701－0062570　HJL7370　史部/地理類/專志之屬/寺觀

聖廟志輯要三十卷首一卷　(清)鹿嗣宗等輯　清嘉慶十九年(1814)刻本　八册

330000－1701－0062571　G000639　史部/史評類/詠史之屬

今樂府(九九樂府)一卷　(清)陳梓撰　(清)鄭亦亭評　清宣統二年(1910)石印本　一册

330000－1701－0062573　HJH7157　類叢部/叢書類/彙編之屬

武英殿聚珍版書一百四十八種　清乾隆四十二年(1777)福建刻道光至同治遞修光緒二十一年(1895)增刻本　九十四册　存一種

330000－1701－0062574　普 814.7/1115/2　集部/別集類/清別集

文貞公集十二卷首一卷　(清)張玉書撰　**張文貞公年譜一卷**　(清)丁傳靖編　清光緒二十七年(1901)木活字印本　十三册

330000－1701－0062575　HJL0518　經部/春秋公羊傳類/傳説之屬

張氏公羊二種　(清)張憲和撰　清光緒刻本　四册

330000－1701－0062577　HJL6860　類叢部/叢書類/彙編之屬

鐵琴銅劍樓叢書十三種　瞿啓甲編　清光緒至民國刻本暨影印本　九册　存一種

330000－1701－0062578　G000640　集部/別集類/清別集

黛方山莊詩集六卷詩餘一卷　(清)黎吉雲撰　清同治五年(1866)羅汝懷長沙刻本　二册

330000－1701－0062579　HJL7371　史部/雜史類/斷代之屬

南漢春秋十三卷　(清)劉應麟撰　清道光七年(1827)含章書屋刻本　四册

330000－1701－0062580　HJL6968　類叢部/叢書類/彙編之屬

平津館叢書六集三十五種　(清)孫星衍編　清嘉慶蘭陵孫氏刻本　二册　存一種

330000－1701－0062581　普 814.7/1118/c1　集部/別集類/清別集

蘭玉堂詩集十二卷詩續集十一卷文集二十卷　(清)張雲錦撰　清乾隆刻本　二册　存二十卷(文集一至二十)

330000－1701－0062582　HJL0519　經部/儀禮類/傳説之屬

禮經校釋二十二卷　曹元弼撰　清光緒十八年(1892)刻三十四年(1908)補刻本　十二册

330000－1701－0062583　HJL6970　史部/金石類/郡邑之屬

關中金石記八卷　(清)畢沅撰　**關中金石記目錄一卷**　(清)蔡錫棟編　**關中金石記附記一卷**　(清)蔡汝霖輯　清光緒三十四年(1908)渭南嚴嶽蓮成都刻本　四册

330000－1701－0062588　普 814.7/1118/c2　集部/別集類/清別集

蘭玉堂詩集十二卷詩續集十一卷文集二十卷　(清)張雲錦撰　清乾隆刻本　清姚景夔題簽並記　二册　存二十卷(文集一至二十)

330000－1701－0062589　HJL6971　史部/職官類/官箴之屬

政譜五卷　(清)藍煕撰　清同治九年(1870)忠恕堂刻本　四册

330000－1701－0062593　HJH7377　史部/金石類

學古齋金石叢書四集十二種　(清)葛元煦輯　清光緒崇川葛氏學古齋刻本　八册　存一種

330000－1701－0062594　普 814.7/1120　集部/別集類/明別集

西廬文集四卷　(明)張雋撰　清宣統二年(1910)上海國學扶輪社鉛印本　二册

330000－1701－0062595　HJL7158、HJL7159　史部/政書類

三通　清乾隆十二年至十四年(1747－1749)武英殿刻本　一百二十四册　存二種

330000－1701－0062596　G000641、G005178、G006801　類叢部/叢書類/彙編之屬

武英殿聚珍版書一百四十八種　清乾隆四十二年(1777)福建刻道光至同治遞修光緒二十一年(1895)增刻本　十册　存一種

330000－1701－0062601　普 814.7/1064　集部/別集類/清別集

慎其餘齋文集二十卷　(清)王贈芳撰　清咸豐四年(1854)吉安王氏留香書屋刻本　六册

330000－1701－0062603　HJH0521　類叢部/叢書類/彙編之屬
茶簃叢書　清木活字印本　二册　存一種

330000－1701－0062604　G000642　子部/雜著類
重著併儷心香妙語四卷　(清)陳復烜輯　清刻本　四册

330000－1701－0062605　普814.7/1138.3　集部/别集類/清别集
張廉卿先生文集八卷　(清)張裕釗撰　(清)查燕緒編次　清宣統元年(1909)五色古文山房刻本　四册

330000－1701－0062608　普814.7/1067　類叢部/叢書類/自著之屬
羲停山館集六種　(清)王景賢撰　清同治十三年(1874)三山王氏刻本　三册　存一種

330000－1701－0062609　普814.7/11211　集部/别集類/清别集
翠娱軒集二卷　(清)張衢撰　清乾隆刻本　二册

330000－1701－0062612　HJL6972　史部/傳記類/别傳之屬/事狀
曾文正公事畧四卷　(清)王定安撰　清光緒元年(1875)刻本　四册

330000－1701－0062613　普814.7/1141/c2　集部/别集類/清别集
嘉樹山房集二十卷外集二卷續集二卷　(清)張士元撰　清嘉慶二十四年(1819)震澤張氏刻道光六年(1826)續刻本　十二册

330000－1701－0062615　普814.7/1071/c1　集部/别集類/清别集
西亭文鈔十二卷首一卷末一卷　(清)王原撰　(清)劉汝錫編　清光緒十七年(1891)不遠復齋刻本　四册

330000－1701－0062617　HJH6973　類叢部/叢書類/自著之屬
孫夏峰全集十二種附一種　(清)孫奇逢撰　清康熙刻道光至光緒遞刻重印本　七册　存六種

330000－1701－0062618　普814.7/1122　類叢部/叢書類/自著之屬
庸書二種附一種　(清)張貞生撰　清康熙十八年(1679)張世坤、張世坊刻本　六册　存一種

330000－1701－0062626　普814.7/1046　類叢部/叢書類/家集之屬
繡水王氏家藏集　(清)王相輯　清咸豐五年(1855)王鑿之刻本　四册　存一種

330000－1701－0062628　HJH6974　史部/政書類/邦計之屬
鄂省營制驛傳彙編四卷　(清)陳仲衡編　清光緒十五年(1889)刻本　四册

330000－1701－0062631　普814.7/11221　類叢部/叢書類/彙編之屬
正誼堂全書六十三種續刻五種　(清)張伯行編　(清)楊浚重編　清同治五年(1866)福州正誼書院刻同治八年至光緒十三年(1869－1887)續刻本　四册　存一種

330000－1701－0062634　HJL6975　史部/政書類/邦計之屬/荒政
得一録十六卷　(清)余治輯　清光緒十三年(1887)刻本　八册

330000－1701－0062636　G000643　子部/宗教類/佛教之屬/經疏
金剛般若波羅蜜經直解一卷　清道光二十四年(1844)刻本　一册

330000－1701－0062639　普814.7/1124　集部/别集類/清别集
鶴齋存稾六卷　(清)張邦樞撰　清道光二十一年(1841)淳雅堂刻本　二册

330000－1701－0062640　HJL7160　史部/編年類/斷代之屬
欽定明鑑二十四卷首一卷　(清)胡敬等輯　清嘉慶二十三年(1818)刻本　十二册

330000－1701－0062642　普814.7/1144　類

叢部/叢書類/家集之屬
篤素堂全集四種　(清)張英　(清)張廷玉撰　清光緒五年至十七年(1879－1891)刻彙印本　一冊　存一種

330000－1701－0062646　HJH0524　經部/小學類/文字之屬/說文/傳說
說文解字斠詮十四卷　(清)錢坫撰　清光緒九年(1883)淮南書局刻本　六冊

330000－1701－0062648　G000644　史部/傳記類/總傳之屬/釋道
比丘尼傳四卷　(南朝梁)釋寶唱撰　清光緒十一年(1885)金陵刻經處刻本　一冊

330000－1701－0062649　HJL7382　史部/叢編
思益堂史學四種　(清)周壽昌撰　清光緒長沙周氏小對竹軒刻本　二冊　存一種

330000－1701－0062650　普814.7/10482
集部/別集類/清別集
秋塍書屋文鈔二卷　(清)王斯年撰　清嘉慶十七年(1812)刻本　一冊

330000－1701－0062652　HJL6866　史部/目錄類/書志之屬/提要
愛日精廬藏書志三十六卷續志四卷　(清)張金吾藏並撰　清道光七年(1827)昭文張氏愛日精廬刻本　劉承幹題簽　八冊

330000－1701－0062653　普814.7/1144/2
集部/別集類/清別集
篤素堂文集四卷　(清)張英撰　清上海文瑞樓石印本　一冊

330000－1701－0062655　普925.1244/0440.7/2/c2　史部/傳記類/別傳之屬/事狀
忠武誌八卷　(清)張鵬翮輯　清康熙冰雪堂刻本　十冊

330000－1701－0062656　HJL0525　經部/叢編
御纂七經五種　(清)李光地等撰　清康熙至乾隆內府刻本　二十四冊　存一種

330000－1701－0062657　普814.7/1126/c1
集部/別集類/清別集
月齋文集八卷詩集四卷　(清)張穆撰　(清)吳履敬　(清)吳式訓編　清咸豐八年(1858)壽陽祁寯藻北京刻本　四冊

330000－1701－0062659　G000645　子部/宗教類/道教之屬/方法
濬性淵源一卷　(明)涵谷子撰　清刻本　一冊

330000－1701－0062662　普814.7/1126/c2
集部/別集類/清別集
月齋文集八卷詩集四卷　(清)張穆撰　(清)吳履敬　(清)吳式訓編　清咸豐八年(1858)壽陽祁寯藻北京刻本　四冊

330000－1701－0062664　HJH7161　史部/政書類/邦計之屬/俸餉
增修籌餉事例條款不分卷籌餉事例一卷增修現行常例一卷　清同治刻本　四冊

330000－1701－0062665　HJL6867　史部/金石類/石之屬/文字
千甓亭古塼圖釋二十卷　(清)陸心源撰　清光緒十七年(1891)吳興陸氏石印潛園總集本　劉承幹題簽並記　四冊

330000－1701－0062669　普814.7/1144.04
集部/別集類/清別集
篤素堂集鈔三卷　(清)張英撰　清光緒十七年(1891)江蘇書局刻本　一冊

330000－1701－0062670　HJL0526　類叢部/叢書類/彙編之屬
玉海堂景宋元本叢書　劉世珩編　清光緒至民國貴池劉氏玉海堂影刻本　二冊　存一種

330000－1701－0062671　普344.07/9913
新學/政治法律/刑法
新刑律修正案彙錄不分卷　勞乃宣編　清宣統二年(1910)鉛印本　一冊

330000－1701－0062674　普814.7/1053　類叢部/叢書類/家集之屬
正定王氏五種　王耕心編　清光緒二十二年

至民國六年(1896－1917)刻民國彙印本　二冊　存一種

330000－1701－0062677　GP01586　子部/藝術類/書畫之屬/畫譜
木刻飾物鞋服花様圖案不分卷　清末刻本　一冊

330000－1701－0062678　普925.1244/0440.8/c1　史部/地理類/專志之屬/祠墓
忠武祠墓志七卷首一卷末一卷　(清)李復心編　清同治五年至六年(1866－1867)山陰莫增奎沔署刻光緒續刻本　八冊

330000－1701－0062681　HJL6976　史部/政書類/軍政之屬/兵制
欽定兵部續纂處分則例四卷　(清)長齡等修　(清)慶源等纂　清道光刻本　四冊

330000－1701－0062682　普814.7/1144.04/2　集部/别集類/清别集
篤素堂集摘録二卷　(清)張英撰　清同治十三年(1874)内自省齋刻本　二冊

330000－1701－0062683　普347/4662　史部/政書類/律令之屬/治獄
式敬編五卷　(清)楊景仁輯　清光緒五年(1879)刻本　二冊

330000－1701－0062684　HJH6978　類叢部/叢書類/自著之屬
振綺堂遺書五種　(清)汪遠孫撰　清道光刻民國十一年(1922)錢唐汪氏彙印本　四冊　存一種

330000－1701－0062686　HJH6979　史部/傳記類/科舉録之屬/總録
國朝湖州府科第表(吴興科第表)一卷　(清)戴璐輯　(清)沈鉉補輯　清同治十一年(1872)刻本　二冊

330000－1701－0062687　HJL7162　史部/政書類/軍政之屬/兵制
欽定工部軍器則例六十卷　(清)劉權之等纂修　清刻本　四十冊

330000－1701－0062688　普925.1244/0440.8/c2　史部/地理類/專志之屬/祠墓
忠武祠墓志七卷首一卷末一卷　(清)李復心編　清同治五年至六年(1866－1867)山陰莫增奎沔署刻本　八冊

330000－1701－0062689　普814.7/1232　集部/别集類/清别集
愛日堂文集八卷詩集二卷外集一卷　(清)孫宗彝撰　(清)孫弓安輯　**先府君[孫宗彝]年譜一卷**　(清)孫弓安編　清乾隆三十五年(1770)高郵孫仝部刻同治九年(1870)趙普春重修本　五冊　缺二卷(詩集一至二)

330000－1701－0062690　普814.7/11441　集部/别集類/清别集
張靖達公雜著不分卷　(清)張樹聲撰　**席月山房詩存一卷**　(清)張華斗撰　清宣統二年(1910)武昌刻本　一冊

330000－1701－0062691　普347.5/7207/c1　史部/政書類/律令之屬/律例
審看擬式四卷首一卷末一卷　(清)剛毅輯　清光緒十八年(1892)浙江書局刻本　二冊

330000－1701－0062692　普347.5/7207/c3　史部/政書類/律令之屬/律例
審看擬式四卷首一卷末一卷　(清)剛毅輯　清光緒十八年(1892)浙江書局刻本　二冊

330000－1701－0062695　普814.7/1146　集部/别集類/清别集
筠心堂存稿八卷　(清)張孝時撰　清光緒五年(1879)刻本　四冊

330000－1701－0062696　HJL0527　經部/小學類/音韻之屬/韻書
古今韻會舉要三十卷禮部韻略七音三十六母通攷一卷　(元)黄公紹撰　(元)熊忠舉要　清光緒九年(1883)淮南書局刻本　十冊

330000－1701－0062699　G000646　子部/兵家類/兵法之屬
行軍臆説三卷　(清)黄秩沖撰　清同治十一年(1872)虔州刻本　二冊

330000－1701－0062700　HJL6980　史部/金石類/金之屬
長安獲古編二卷補一卷　(清)劉喜海撰　清同治東武劉氏刻光緒三十一年(1905)丹徒劉鶚補刻本　二冊

330000－1701－0062701　普 814.7/11461　集部/別集類/清別集
南蘭文集六卷　(清)張恕撰　清光緒五年(1879)刻本　二冊

330000－1701－0062702　GP01562　子部/藝術類/書畫之屬/法帖
太清樓孫過庭書譜不分卷　(唐)孫過庭撰書　清宣統三年(1911)江西開智書局石印本　一冊

330000－1701－0062703　HJL7163　史部/政書類/律令之屬/律例
欽定戶部則例一百卷首一卷　(清)載齡等修　(清)惠祥等纂　清同治十三年(1874)刻本　六十冊

330000－1701－0062706　HJL6981　史部/金石類/石之屬/通考
語石十卷　葉昌熾撰　清宣統元年(1909)刻本　十冊

330000－1701－0062707　HJH0528　類叢部/叢書類/自著之屬
邃雅堂全集九種　(清)姚文田撰　清嘉慶至光緒歸安姚氏刻本　四冊　存一種

330000－1701－0062708　G000647　集部/別集類/清別集
棲僻園詩鈔二卷　(清)朱蓮燭撰　**靜濤齋詩草一卷**　(清)朱時謙撰　清道光十八年(1838)刻本　二冊　存二卷(棲僻園詩鈔一至二)

330000－1701－0062711　普 814.7/1149　集部/別集類/清別集
舫廬文存內集四卷外集一卷餘集一卷　(清)張壽榮撰　清光緒九年(1883)蛟川張氏秋樹根齋刻本　六冊

330000－1701－0062713　普 814.7/1233/(2)　集部/別集類/清別集
孫宇台集四十卷　(清)孫治撰　清康熙二十三年(1684)孫孝楨刻本　四冊

330000－1701－0062714　HJL6982　經部/小學類/文字之屬/字書/字體
隸篇十五卷續十五卷再續十五卷金石目一卷部目一卷字目一卷　(清)翟云升撰　清道光十七年至十八年(1837－1838)五經歲徧齋刻本　十冊

330000－1701－0062716　HJL7373　史部/傳記類/總傳之屬/家乘
吳氏圖像不分卷　清刻本　一冊

330000－1701－0062719　普 814.7/1149/(2)/c2　集部/別集類/清別集
舫廬文存內集四卷外集一卷餘集一卷　(清)張壽榮撰　清光緒九年(1883)蛟川張氏秋樹根齋刻本　四冊

330000－1701－0062720　G000648　集部/別集類/清別集
耕雪詩鈔初集二卷二集二卷　(清)蔡紘撰　清六順堂刻本　二冊

330000－1701－0062721　普 814.7/1149/2　集部/別集類/清別集
舫廬文存內集四卷外集一卷餘集一卷　(清)張壽榮撰　清光緒九年(1883)蛟川張氏秋樹根齋刻本　四冊

330000－1701－0062722　普 814.7/1128　集部/別集類/清別集
遜敏齋文存二卷　(清)張經鉏撰　清光緒二十六年(1900)張惠風刻民國十四年(1925)張敬恕堂印本　一冊

330000－1701－0062726　HJL7374　史部/傳記類/總傳之屬/家乘
桐城葉氏家傳不分卷　清鉛印本　一冊

330000－1701－0062727　HJL6983　史部/金石類/金之屬/圖像
陶齋吉金錄八卷　(清)端方撰　清光緒三十

四年(1908)上海有正書局石印本　八冊

330000－1701－0062728　HJH6984　史部/政書類/邦計之屬/漕運
欽定戶部漕運全書九十六卷首一卷　(清)載齡等修　(清)福趾等纂　清光緒二年(1876)刻本　四十八冊

330000－1701－0062730　普347.5/8740　史部/政書類/律令之屬/治獄
折獄龜鑑八卷　(宋)鄭克撰　(清)胡文炳校訂　**折獄龜鑑補六卷**　(清)胡文炳輯　清光緒四年(1878)肅州胡文炳蘭石齋刻本　二冊　存八卷(折獄龜鑑一至八)

330000－1701－0062732　普814.7/1128.2　集部/别集類/清别集
遜敏齋文存二卷　(清)張經鉏撰　清光緒二十六年(1900)張惠風刻本　一冊

330000－1701－0062736　G000649、G611451　史部/政書類
九通提要十二卷　(清)柴紹炳纂　清光緒二十八年(1902)上海鉛印本　張崟題記　六冊

330000－1701－0062737　HJL0507　經部/小學類/文字之屬/字書/古文
五經文字三卷　(唐)張參撰　**新加九經字樣一卷**　(唐)唐玄度撰　清乾隆揚州馬曰璐叢書樓刻本　四冊

330000－1701－0062738　HJH6986　史部/政書類/邦計之屬/漕運
鄂省丁漕指掌十卷　(清)牟嗣龍　(清)陳汝蕃　(清)姚震榮纂　清光緒元年(1875)刻本　十冊

330000－1701－0062739　普814.7/11491　集部/别集類/清别集
秀野山房集五卷(秀野山房詩草一卷秀野山房雜著一卷抱甕吟一卷梅花詩一卷據梧草一卷)　(清)張世煒撰　清道光二年(1822)刻本　六冊

330000－1701－0062742　普347.5/8740/2/c1　史部/政書類/律令之屬/治獄
折獄龜鑑八卷首一卷　(宋)鄭克撰　清光緒八年(1882)刻本　二冊

330000－1701－0062743　普347.5/8740/2/c2　史部/政書類/律令之屬/治獄
折獄龜鑑八卷首一卷　(宋)鄭克撰　清光緒八年(1882)刻本　二冊

330000－1701－0062745　普814.7/11281/c1　集部/别集類/清别集
茹古齋文鈔二卷補遺一卷詩鈔一卷　(清)張復撰　清光緒十八年(1892)高爾夔刻本　一冊

330000－1701－0062746　普814.7/1235　集部/别集類/清别集
芧栗園雜文一卷附編一卷　(清)孫清撰　清光緒二十四年(1898)刻本　一冊

330000－1701－0062748　HJL7384　史部/史抄類
路史節讀十卷　(宋)羅泌撰　(清)廖文錦節訂　清光緒二十七年(1901)刻本　四冊

330000－1701－0062749　HJH6874　史部/地理類/總志之屬/通代
歷代宅京記二十卷　(清)顧炎武撰　清嘉慶十三年(1808)來賢堂刻本　四冊

330000－1701－0062751　普925.1244/7717.1　史部/傳記類/别傳之屬/事狀
關聖帝君全集四卷　(清)盧湛輯　清刻本　四冊

330000－1701－0062752　HJL6987　史部/政書類
吏部例章揭要六卷　(清)牟嗣龍等輯　清光緒元年(1875)藩署清查局刻本　二冊

330000－1701－0062754　G000650、G004332　集部/詞類/總集之屬
絕妙好詞箋七卷　(宋)周密輯　(清)查爲仁　(清)厲鶚箋　**絕妙好詞續鈔一卷**　(清)余集輯　**絕妙好詞又續鈔一卷**　(清)徐楙補錄　清刻本　六冊

330000－1701－0062757　普 814.7/11491.2　集部/别集類/清别集

秀野山房集五卷(秀野山房詩草一卷秀野山房雜著一卷抱甕吟一卷梅花詩一卷據梧草一卷)　(清)張世煒撰　清道光二年(1822)刻本　一册　存二卷(秀野山房詩草、秀野山房雜著)

330000－1701－0062759　普 814.7/1240/c1　類叢部/叢書類/自著之屬

師鄭叢書　孫雄撰　清光緒刻本　一册　存一種

330000－1701－0062761　HJL6875　經部/群經總義類/石經之屬/通考

歷代石經略二卷　(清)桂馥撰　清光緒九年(1883)海豐吳氏陳州郡齋刻本　二册

330000－1701－0062762　普 814.7/11281/c2　集部/别集類/清别集

茹古齋文鈔二卷補遺一卷詩鈔一卷　(清)張復撰　清光緒十八年(1892)高爾夔刻本　一册

330000－1701－0062763　HJL6988　史部/金石類/總志之屬

金石萃編補畧二卷　(清)王言撰　清光緒八年(1882)刻本　二册

330000－1701－0062764　普 814.7/1240/c2　類叢部/叢書類/自著之屬

師鄭叢書　孫雄撰　清光緒刻本　一册　存一種

330000－1701－0062765　HJL0454　類叢部/叢書類/彙編之屬

經訓堂叢書二十一種　(清)畢沅編　清乾隆至嘉慶鎮洋畢氏刻本　六册　存二種

330000－1701－0062766　HJL7385　史部/詔令奏議類/奏議之屬

沈文肅公政書七卷首一卷　(清)沈葆楨撰　清光緒六年(1880)吳門節署刻本　十二册

330000－1701－0062767　普 347.5/8740.02　史部/政書類/律令之屬/治獄

折獄龜鑑八卷　(宋)鄭克撰　(清)胡文炳校訂　**折獄龜鑑補六卷**　(清)胡文炳輯　清光緒四年(1878)甭州胡文炳蘭石齋刻本　六册　存六卷(補一至六)

330000－1701－0062768　普 925.1244/7717.12　史部/傳記類/别傳之屬/事狀

關聖帝君聖蹟圖誌全集五卷　(清)盧湛輯　清道光九年(1829)刻本　五册

330000－1701－0062770　HJH6876　新學/史志/臣民傳記

大日本中興先覺志二卷　(日本)岡本監輔撰　清光緒二十七年(1901)開導社刻本　二册

330000－1701－0062771　普 814.7/11281/2　集部/别集類/清别集

茹古齋文鈔二卷　(清)張復撰　清咸豐四年(1854)刻本　二册

330000－1701－0062773　HJL6989　史部/金石類/郡邑之屬

山左金石志二十四卷　(清)畢沅　(清)阮元撰　清嘉慶二年(1797)儀征阮氏小瑯嬛仙館刻本　十二册

330000－1701－0062774　普 814.7/1240.2　類叢部/叢書類/自著之屬

師鄭叢書　孫雄撰　清光緒鉛印本　二册　存一種

330000－1701－0062776　普 814.7/1150　類叢部/叢書類/自著之屬

張皐文箋易詮全集十六種　(清)張惠言撰　清嘉慶八年至道光十年(1803－1830)刻本　一册　存一種

330000－1701－0062777　HJL7386　史部/傳記類/别傳之屬/年譜

駱文忠公[秉章]年譜二卷　(清)駱秉章撰　清光緒二十一年(1895)張蔭恒都門刻本　二册

330000－1701－0062778　HJL7164　史部/政書類/軍政之屬/兵制

欽定中樞政考八旗三十二卷綠營四十卷

(清)明亮等修　(清)納蘇泰等纂　清道光刻本　四十一册　存四十卷(綠營一至四十)

330000－1701－0062780　HJL6877　史部/傳記類/別傳之屬/年譜

文端公[錢陳羣]年譜三卷　(清)錢儀吉編　(清)錢志澄增訂　清光緒二十年(1894)刻本　三册

330000－1701－0062781　HJL0531　經部/小學類/音韻之屬/韻書

韻雅五卷雜論一卷識餘一卷　(清)施何牧撰　清康熙刻本　十册

330000－1701－0062782　G000651、G003609　子部/宗教類/佛教之屬

法苑珠林一百卷　(唐)釋道世撰　清宣統二年(1910)昆陵天寧寺刻本　三十册

330000－1701－0062783　HJL6990　史部/政書類/軍政之屬/兵制

欽定中樞政考八旗三十二卷綠營四十卷　(清)明亮等修　(清)納蘇泰等纂　清道光五年(1825)武英殿刻本　三十二册　存三十二卷(八旗一至三十二)

330000－1701－0062785　普814.7/1150/2/c2　集部/別集類/清別集

茗柯文初編一卷二編二卷三編一卷四編一卷　(清)張惠言撰　清光緒七年(1881)刻本　二册

330000－1701－0062786　普814.7/1243　集部/別集類/清別集

申鄭軒遺文一卷附經史問答校記一卷　(清)孫志祖撰　清光緒十九年(1893)刻會稽徐氏鑄學齋叢書本　徐維則、炳題記　一册

330000－1701－0062789　HJL6993　史部/金石類/石之屬/通考

匋齋臧石記四十四卷首一卷臧甎記二卷　(清)端方輯　清宣統二年(1910)上海商務印書館石印本　十二册

330000－1701－0062790　HJL7387　史部/傳記類/別傳之屬/年譜

雪泥鴻爪前編一卷後編一卷閏編一卷　(清)邵亨豫撰　**末編一卷**　(清)邵松年　(清)邵椿年編　清光緒常熟邵氏刻本　三册

330000－1701－0062791　HJL0532　經部/詩類/傳說之屬

詩經通論十八卷前一卷　(清)姚際恒撰　(清)王篤校　清道光十七年(1837)韓城王篤四川督學署刻鐵琴山館印本　八册

330000－1701－0062792　普814.7/11321　集部/別集類/清別集

抱璞亭文集十卷　(清)張湘任撰　清光緒元年(1875)刻本　二册

330000－1701－0062793　HJL7165　史部/政書類/律令之屬/律例

新修條例不分卷　清光緒五年(1879)刻本　五十五册

330000－1701－0062794　普925.1244/7717.12/2　史部/傳記類/別傳之屬/事狀

關聖帝君聖蹟圖誌全集五卷　(清)盧湛輯　清光緒二年(1876)刻檀國顯聖殿印本　五册

330000－1701－0062797　HJL7167　史部/目錄類/總録之屬/官修

欽定四庫全書總目二百卷首一卷　(清)紀昀等撰　清同治七年(1868)廣東書局刻本　一百十二册

330000－1701－0062798　普814.7/1244　集部/別集類/清別集

誰與庵文鈔二卷孫氏先德傳一卷　(清)孫世均撰　清光緒十五年(1889)歸安孫氏守恆堂刻本　二册

330000－1701－0062801　HJL0534　經部/群經總義類/傳說之屬

七經精義　(清)黃淦撰　清嘉慶十三年(1808)集古堂刻本　十四册

330000－1701－0062802　普814.7/1133　集部/別集類/清別集

小重山房初稾二十四卷　(清)張祥河撰　**霞閣小稿一卷**　(清)張昌緒撰　清道光刻本

十册

330000－1701－0062805　普 925.1244/7717.2　史部/傳記類/別傳之屬/年譜

關帝年譜一卷　(清)柯汝霖編　清宣統二年(1910)平湖柯志頤、柯培鼎鉛印本　一册

330000－1701－0062817　普 814.7/1150/2/c3　集部/别集類/清別集

茗柯文初編一卷二編二卷三編一卷四編一卷　(清)張惠言撰　清光緒七年(1881)刻本　二册

330000－1701－0062821　HJL7168　史部/政書類/通制之屬

閩省例四十卷　清刻本　二十六册

330000－1701－0062824　普 814.7/12461　類叢部/叢書類/郡邑之屬

永嘉叢書十三種　(清)孫衣言編　清同治至光緒瑞安孫氏詒善祠塾刻光緒武昌書局彙印本　三册　存一種

330000－1701－0062827　普 814.7/1155　集部/别集類/清別集

二竹齋文集二卷　(清)張井撰　清道光十五年(1835)賜禮堂刻本　一册

330000－1701－0062829　普 347.65/0000　史部/政書類/律令之屬/法驗

檢驗便覽四卷　(清)廖章編　清末抄本　四册

330000－1701－0062835　普 814.7/1158　集部/别集類/清別集

介軒詩鈔十卷文鈔八卷外集二卷　(清)張振夔撰　清同治九年(1870)刻本　六册

330000－1701－0062838　普 347.65/0845/c1　史部/政書類/律令之屬/法驗

洗冤録詳義四卷首一卷　(清)許槤輯　清咸豐六年(1856)海寧許氏古均閣刻本　四册

330000－1701－0062839　普 814.7/1248　集部/别集類/清別集

舊言堂集四卷　(清)孫梅撰　清嘉慶十五年(1810)孫曾美粤海権廨刻本　二册

330000－1701－0062840　普 347.65/0845/c2　史部/政書類/律令之屬/法驗

洗冤録詳義四卷首一卷　(清)許槤輯　清咸豐六年(1856)海寧許氏古均閣刻本　四册

330000－1701－0062841　HJH0537　子部/藝術類/書畫之屬/書法書品

吴篆論語二卷　(清)吳大澂書　清宣統三年(1911)蘇州振新書社影印本　四册

330000－1701－0062842　普 347.65/0845/c3　史部/政書類/律令之屬/法驗

洗冤録詳義四卷首一卷　(清)許槤輯　清咸豐六年(1856)海寧許氏古均閣刻本　四册

330000－1701－0062847　HJL7169　類叢部/叢書類/彙編之屬

武英殿聚珍版書一百三十八種　清乾隆武英殿木活字印本　七册　存一種

330000－1701－0062848　普 814.7/1262/c1　集部/别集類/清別集

孫淵如先生全集二十二卷　(清)孫星衍撰　(清)王先豫編　清光緒二十年(1894)湖南思賢書局刻本　十册

330000－1701－0062850　HJH0538　經部/儀禮類/傳說之屬

儀禮韻言二卷　(清)檀萃撰　清光緒八年(1882)埽葉山房刻本　二册

330000－1701－0062853　GP01640　子部/藝術類/書畫之屬/畫法畫品

淞濱花影二卷　(清)徐月樵繪　(清)花影樓主人輯　清光緒十三年(1887)石印本　二册

330000－1701－0062854　普 814.7/1158/(2)　集部/别集類/清別集

介軒詩鈔十卷文鈔八卷外集二卷　(清)張振夔撰　清同治九年(1870)刻本　八册

330000－1701－0062856　HJH6994　史部/史抄類

二十一史約編八卷首一卷　(清)鄭元慶撰

清刻本　七册

330000－1701－0062857　GP01632　子部/藝術類/書畫之屬/畫譜
椒石畫册二卷　(清)潘嵐繪　清光緒影印本　一册

330000－1701－0062859　GP01687　子部/藝術類/書畫之屬/畫譜
晚笑堂畫傳一卷明太祖功臣圖一卷　(清)上官周繪　清乾隆刻本　六册

330000－1701－0062860　HJL6884　史部/目録類/版本之屬/專考
宋元本行格表二卷附錄一卷　(清)江標輯　(清)劉肇隅編　清光緒二十三年(1897)湘潭劉肇隅刻本　劉承幹題簽並記　二册

330000－1701－0062861　普 814.7/1262/c3　集部/別集類/清別集
孫淵如先生全集二十二卷　(清)孫星衍撰　(清)王先豫編　清光緒二十年(1894)湖南思賢書局刻本　八册　缺三卷(問字堂集一至三)

330000－1701－0062862　普 814.7/1161　類叢部/叢書類/自著之屬
寒松閣集五種　(清)張鳴珂撰　清光緒十年至二十四年(1884－1898)嘉興張氏刻本　六册

330000－1701－0062863　普 925.125/1083.2/c1　類叢部/叢書類/自著之屬
魯氏遺著四種附二種　(清)魯一同撰　清咸豐山陽魯氏刻本　一册　存一種

330000－1701－0062864　普 814.7/1262/2　集部/別集類/清別集
孫淵如先生全集二十二卷　(清)孫星衍撰　(清)朱記榮編　清光緒十一年(1885)長沙王氏刻本　八册

330000－1701－0062866　HJL6885　史部/目録類/書志之屬/提要
日本訪書志十七卷　楊守敬撰　清光緒二十三年(1897)宜都楊守敬鄰蘇園刻本　八册

330000－1701－0062867　普 347.65/0845/2　史部/政書類/律令之屬/法驗
洗冤錄詳義四卷首一卷　(清)許槤輯　**洗冤錄摭遺二卷**　(清)葛元煦輯　**洗冤錄摭遺補一卷經驗方一卷**　(清)張開運輯　清光緒十六年(1890)吳縣潘霨湖北藩署刻本　六册

330000－1701－0062868　G000652　史部/紀傳類/別史之屬
重訂古史全本六十卷　(宋)蘇轍撰　明刻本　三册　存十六卷(古史世家一至十六)

330000－1701－0062871　HJL7389　類叢部/叢書類/彙編之屬
問影樓叢刻初編九種　胡思敬編　清光緒三十四年至民國二年(1908－1913)新昌胡氏南昌刻本暨鉛印本　四册　存一種

330000－1701－0062875　普 925.125/1083.2/c2　史部/傳記類/別傳之屬/年譜
右軍[王羲之]年譜一卷　(清)魯一同撰　清咸豐六年(1856)山陽魯氏刻魯氏遺著本　張肇憲題簽並記　一册

330000－1701－0062878　HJL7390　史部/詔令奏議類/奏議之屬
毛尚書奏稿十六卷首一卷　(清)毛鴻賓撰　清宣統元年至二年(1909－1910)刻本　十六册

330000－1701－0062880　普 347.65/0845/3　史部/政書類/律令之屬/法驗
洗冤錄詳義四卷首一卷　(清)許槤輯　清光緒二年(1876)吳縣潘祖蔭滂喜齋刻本　四册

330000－1701－0062881　HJL7172　史部/目録類/總録之屬/私撰
天一閣書目四卷　(清)阮元、范邦甸等編　**附碑目一卷續增一卷**　(清)錢大昕編　(清)范懋敏續編　清嘉慶十三年(1808)揚州阮元文選樓刻本　十册

330000－1701－0062885　GP01688　子部/藝術類/書畫之屬/畫譜
墨蘭譜不分卷　(清)陳逵繪　清嘉慶三年

(1798)刻本　二冊

330000－1701－0062886　普 814.7/1273　集部/别集類/清别集

天真閣集五十四卷外集六卷　(清)孫原湘撰　**長真閣集七卷詩餘一卷**　(清)席佩蘭撰　清光緒十七年(1891)強至善南皋草廬刻本　十六冊

330000－1701－0062889　G000653　集部/曲類/彈詞之屬

海公奇案傳八種　清光緒十八年(1892)上海紫雲軒刻本　二冊　存一種

330000－1701－0062891　普 347.65/0845/4　史部/政書類/律令之屬/法驗

洗冤錄詳義四卷首一卷　(清)許槤輯　**洗冤錄摭遺二卷**　(清)葛元煦輯　清光緒二年(1876)泉唐葛氏嘯園刻本　清章定瑜批　五冊

330000－1701－0062893　普 814.7/1273/(2)　集部/别集類/清别集

天真閣集五十四卷外集六卷　(清)孫原湘撰　**長真閣集七卷詩餘一卷**　(清)席佩蘭撰　清光緒十七年(1891)強至善南皋草廬刻本　十二冊

330000－1701－0062895　普 814.7/1299　集部/别集類/清别集

愈愚賸藁二卷　(清)孫燮撰　清道光二十一年(1841)烏程孫氏怡顔堂刻本　一冊

330000－1701－0062898　普 814.7/20221/2　集部/别集類/清别集

休復居詩集六卷文集六卷附一卷　(清)毛嶽生撰　清道光二十四年(1844)嘉定黄氏西溪草廬刻本　三冊

330000－1701－0062899　普 814.7/1293　集部/别集類/清别集

膽餘軒集不分卷奏疏一卷詩一卷　(清)孫光祀撰　清孫建長刻本　八冊

330000－1701－0062901　G000654　史部/地理類/專志之屬/宫殿

御製避暑山莊圖詠一卷　(清)聖祖玄燁撰　(清)高宗弘曆和　(清)揆敘　(清)鄂爾泰等注　**御製圓明園圖詠一卷**　(清)世宗胤禛撰　(清)鄂爾泰　(清)張廷玉等注　清末大同書局石印本　二冊

330000－1701－0062902　普 347.65/3080　類叢部/叢書類/彙編之屬

岱南閣叢書二十種　(清)孫星衍編　清乾隆五十年至嘉慶十四年(1785－1809)蘭陵孫氏刻本　二冊　存一種

330000－1701－0062903　普 925.125/3199.7　史部/傳記類/别傳之屬/事狀

懷古録三卷　(清)謝應芳撰　清道光二十二年(1842)刻本　一冊

330000－1701－0062904　HJL7391　史部/傳記類/總傳之屬/仕宦

五朝名臣言行録前集十卷三朝名臣言行録十四卷　(宋)朱熹輯　**皇朝名臣言行續録八卷四朝名臣言行録十三卷别集十三卷皇朝道學名臣言行外録十七卷**　(宋)李幼武輯　清同治七年(1868)臨川桂氏刻本　十二冊

330000－1701－0062906　HJH6886　類叢部/叢書類/自著之屬

留書種閣集九種　(清)黄炳垕撰　清同治六年至光緒二十年(1867－1894)餘姚黄氏留書種閣刻本　四冊　存四種

330000－1701－0062908　HJL7392　史部/詔令奏議類/奏議之屬

彭剛直公奏稿八卷　(清)彭玉麟撰　(清)俞樾輯　清光緒十七年(1891)吳下刻本　六冊

330000－1701－0062910　HJL0539　經部/小學類/文字之屬/字書/字典

大廣益會玉篇三十卷　(南朝梁)顧野王撰　(唐)孫強增字　(宋)陳彭年等重修　清康熙刻本　十冊

330000－1701－0062912　普 814.7/1161.2　類叢部/叢書類/自著之屬

寒松閣集五種　(清)張鳴珂撰　清光緒十年

至二十四年(1884－1898)嘉興張氏刻本　六冊　存四種

330000－1701－0062914　HJL7393　史部/傳記類/職官録之屬

中州同官錄不分卷　清光緒四年(1878)刻本　四冊

330000－1701－0062915　普 814.7/1299.2　集部/別集類/清別集

補讀書齋集二卷　(清)孫燮撰　清道光二十四年(1844)烏程孫氏刻本　一冊

330000－1701－0062918　普 814.7/1161.3　類叢部/叢書類/自著之屬

寒松閣集五種　(清)張鳴珂撰　清光緒十年至二十四年(1884－1898)嘉興張氏刻本　四冊　存三種

330000－1701－0062919　HJH6888　史部/雜史類/斷代之屬

戰國策三十三卷　(漢)高誘注　**重刻剡川姚氏本戰國策札記三卷**　(清)黄丕烈撰　清同治八年(1869)湖北崇文書局刻本　五冊

330000－1701－0062921　普 814.7/1700　集部/別集類/清別集

小雅樓詩集八卷首一卷遺文二卷　(清)鄧方撰　清光緒二十六年(1900)廣州刻本　五冊

330000－1701－0062922　HJL7394　史部/編年類/斷代之屬

明紀六十卷　(清)陳鶴輯　(清)陳克家補　清同治十年(1871)江蘇書局刻本　二十冊

330000－1701－0062924　普 814.7/2023/2/c2　類叢部/叢書類/彙編之屬

春暉堂叢書十二種　(清)徐渭仁編　清道光至咸豐上海徐渭仁刻同治九年至十年(1870－1871)徐允臨補刻彙印本　一冊　存一種

330000－1701－0062925　普 814.7/2023/2/c1　類叢部/叢書類/彙編之屬

春暉堂叢書十二種　(清)徐渭仁編　清道光至咸豐上海徐渭仁刻同治九年至十年(1870－1871)徐允臨補刻彙印本　一冊　存一種

330000－1701－0062926　普 814.7/1163/c1　類叢部/叢書類/彙編之屬

果園刊書　清光緒刻本　四冊　存一種

330000－1701－0062929　普 925.13/2628.1　類叢部/叢書類/彙編之屬

王益吾所刻書十種　王先謙編　清光緒九年至十年(1883－1884)長沙王氏刻本　一冊　存一種

330000－1701－0062931　普 814.7/1163/c2　類叢部/叢書類/彙編之屬

果園刊書　清光緒刻本　四冊　存一種

330000－1701－0062933　普 814.7/1712/c1　集部/別集類/清別集

豐儉堂燼餘存稿一卷　(清)邵丙魁撰　**憩園存稿一卷**　(清)邵世恩撰　清光緒二十六年(1900)刻本　一冊

330000－1701－0062934　HJL0542　經部/小學類/文字之屬/說文/傳說

說文解字斠詮十四卷　(清)錢坫撰　清光緒九年(1883)淮南書局刻本　六冊

330000－1701－0062937　普 814.7/1163/(2)　類叢部/叢書類/彙編之屬

果園刊書　清光緒刻本　八冊　存一種

330000－1701－0062938　HJL7395　史部/編年類/通代之屬

讀通鑑綱目劄記二十卷　(清)章邦元撰　清光緒十六年至十八年(1890－1892)銅陵章氏刻本　八冊

330000－1701－0062939　普 925.13/2628.3　史部/傳記類/別傳之屬/事狀

魏鄭公[徵]諫錄五卷　(唐)王方慶輯　(清)王先恭校注　清光緒九年(1883)長沙王氏刻王益吾所刻書本　魏頌唐題記　二冊

330000－1701－0062940　普 814.7/2028　類叢部/叢書類/自著之屬

思古堂十二種書　(清)毛先舒撰　清康熙崇道堂刻本　一冊　存一種

330000－1701－0062942　普 814.7/1168/(2)/c1　集部/別集類/清別集
仰蕭樓文集一卷　(清)張星鑑撰　清光緒六年(1880)刻本　一冊

330000－1701－0062944　普 814.7/1712/c2　集部/別集類/清別集
豐儉堂爐餘存稿一卷　(清)邵丙魁撰　**憩園存稿一卷**　(清)邵世恩撰　清光緒二十六年(1900)刻本　一冊

330000－1701－0062948　GP01695　子部/藝術類/書畫之屬/畫譜
百美圖新詠不分卷　(清)吳嘉猷繪輯　清末上海琅環仙館影印本　清夏錦文題記　二冊

330000－1701－0062949　普 814.7/2022/2　類叢部/叢書類/彙編之屬
文選樓叢書三十三種　(清)阮亨編　清嘉慶至道光刻道光二十二年(1842)阮亨彙印本　八冊　存二種

330000－1701－0062950　HJL6853　史部/目録類/總録之屬/私撰
古越藏書樓書目二十卷首一卷　(清)徐樹蘭撰　清光緒三十年(1904)崇實書局石印本　八冊

330000－1701－0062952　普 814.7/1168/(2)/c2　集部/別集類/清別集
仰蕭樓文集一卷　(清)張星鑑撰　清光緒六年(1880)刻本　一冊

330000－1701－0062954　普 814.7/1713　類叢部/叢書類/自著之屬
南江邵氏遺書十四種　(清)邵晉涵撰　清乾隆至嘉慶邵氏家刻本　十四冊　存二種

330000－1701－0062955　HJL0544　經部/書類/傳說之屬
欽定書經圖說五十卷繪圖五百七十幅　(清)孫家鼐等撰　(清)詹秀林　(清)詹步魁繪圖　清光緒三十一年(1905)石印本　十六冊

330000－1701－0062957　HJL6854　史部/目録類/書志之屬/題跋
士禮居藏書題跋記六卷　(清)黄丕烈撰　清光緒十年(1884)吳縣潘祖蔭滂喜齋刻本　清姚觐元題簽並記　二冊

330000－1701－0062958　HJL7173　史部/紀事本末類/斷代之屬
欽定平定教匪紀畧四十二卷首一卷　(清)托津等撰　清嘉慶武英殿刻本　十二冊

330000－1701－0062960　普 814.7/1713/2　集部/別集類/清別集
南江文鈔十二卷詩鈔四卷札記四卷　(清)邵晉涵撰　(清)胡敬輯　清嘉慶八年(1803)邵氏面水層軒刻道光十二年(1832)胡敬印本　十二冊

330000－1701－0062962　普 925.13/2628.302、普 925.13/2628.4　類叢部/叢書類/彙編之屬
王益吾所刻書十種　王先謙編　清光緒九年至十年(1883－1884)長沙王氏刻本　三冊　存二種

330000－1701－0062964　普 814.7/2071　集部/別集類/清別集
安序堂文鈔三十卷　(清)毛際可撰　(清)林雲銘　(清)嚴允肇評　清康熙刻本　十四冊

330000－1701－0062966　HJL6855　類叢部/叢書類/家乘之屬
常熟曾氏叢書　清光緒常熟曾氏木活字印本　六冊　存一種

330000－1701－0062967　HJL0545　經部/春秋左傳類/傳說之屬
左傳舊疏考正八卷　(清)劉文淇撰　清道光十八年(1838)儀徵劉氏青溪舊屋刻本　四冊

330000－1701－0062971　GP01697　子部/藝術類/書畫之屬/法帖
草字彙十二卷　(清)石梁輯　清乾隆五十二年(1787)刻本　六冊

330000－1701－0062972　普 814.7/1170　集部/別集類/清別集
張亨甫全集二十七卷文集六卷首一卷　(清)

張際亮撰　(清)李雲誥輯　清咸豐建寧孔慶衢刻同治六年(1867)李雲誥補刻光緒十九年(1893)重印本　十册

330000－1701－0062973　HJL0546　經部/小學類/文字之屬/說文
說文解字義證五十卷　(清)桂馥撰　清同治九年(1870)湖北崇文書局刻本　四十八册

330000－1701－0062974　普 814.7/1727　類叢部/叢書類/自著之屬
用六居士所著書五種　(清)刁包撰　清道光至同治刁懷謹順積樓刻本　六册　存一種

330000－1701－0062975　HJL7175　類叢部/叢書類/彙編之屬
滂喜齋叢書五十種　(清)潘祖蔭編　清同治至光緒吳縣潘氏京師刻本　一册　存一種

330000－1701－0062976　普 814.7/2086　集部/别集類/清别集
菘耘文鈔四卷　(清)季錫疇撰　清光緒五年(1879)葉氏裹弇閣刻本　一册

330000－1701－0062978　HJH7396　史部/紀傳類/正史之屬
二十四史　明崇禎至清刻本　二百十六册　存二種

330000－1701－0062981　HJL6856　類叢部/叢書類/彙編之屬
元和江氏靈鶼閣叢書五十六種　(清)江標編　清光緒元和江氏湖南使院刻蘇州振新書社印本　十二册　存一種

330000－1701－0062982　HJH7176　史部/紀傳類/正史之屬
二十四史　清同治至光緒五省官書局據汲古閣本等合刻光緒五年(1879)湖北書局彙印本　十六册　存一種

330000－1701－0062984　HJL0547　經部/周禮類/傳說之屬
周禮三家佚注一卷　(清)孫詒讓撰　清光緒二十年(1894)瑞安孫氏刻本　一册

330000－1701－0062987　普 814.7/1172　集部/别集類/清别集
鐵瓶詩鈔九卷雜存二卷　(清)張岳齡撰　清光緒刻本　四册　缺四卷(詩鈔六至九)

330000－1701－0062989　HJL0548　經部/周禮類/傳說之屬
周禮政要二卷　(清)孫詒讓撰　清光緒二十八年(1902)瑞安普通學堂刻本　二册

330000－1701－0062991　普 814.7/1728　集部/别集類/清别集
秋根書室詩文集十四卷西行紀程二卷西征集一卷　(清)孟傳鑄撰　清宣統二年(1910)章丘孟氏錄野堂鉛印本　八册

330000－1701－0062996　HJL0549　類叢部/叢書類/郡邑之屬
永嘉叢書十三種　(清)孫衣言編　清同治至光緒瑞安孫氏詒善祠塾刻本　二十册　存一種

330000－1701－0062997　普 814.7/2103　集部/别集類/清别集
守默齋雜著三卷詩稿一卷　(清)何應祺撰　清同治五年(1866)刻十年(1871)增修本　四册

330000－1701－0062998　HJL6991　子部/雜著類/雜纂之屬
石例簡鈔四卷　(清)黄任恆輯　清光緒三十二年(1906)刻本　一册

330000－1701－0063000　普 814.7/1172/2　集部/别集類/清别集
鐵瓶詩鈔九卷雜存二卷　(清)張岳齡撰　清光緒刻本　四册　缺四卷(詩鈔六至九)

330000－1701－0063001　普 814.7/2109/c1　集部/别集類/清别集
無補集十六卷續集一卷　(清)何文煥撰　清嘉慶七年(1802)刻本　二册　存六卷(文一至五、續)

330000－1701－0063003　普 814.7/2109/c2　集部/别集類/清别集

無補集十六卷續集一卷 （清）何文煥撰 清嘉慶七年(1802)刻本 二册 存六卷(文一至五、續)

330000－1701－0063007 普 814.7/1742/c1 集部/别集類/清别集

扁善齋文存二卷詩存一卷 （清）鄧嘉緝撰 清光緒二十七年(1901)江寧鄧氏刻本 三册

330000－1701－0063011 普 814.7/1742/c3 集部/别集類/清别集

扁善齋文存二卷詩存一卷 （清）鄧嘉緝撰 清光緒二十七年(1901)江寧鄧氏刻本 三册

330000－1701－0063012 普 814.7/17421 集部/别集類/清别集

瓶菴居士文鈔四卷詩鈔四卷使粤日記二卷使蜀日記五卷 （清）孟超然撰 清嘉慶二十年(1815)福州孟氏亦園亭刻本 十册

330000－1701－0063013 HJH6898 史部/編年類/通代之屬

綱鑑正史約三十六卷附記一卷 （明）顧錫疇撰 （清）陳弘謀增訂 **甲子紀元一卷** （清）陳弘謀撰 清同治八年(1869)浙江書局刻本 二十册

330000－1701－0063014 HJH7177 史部/政書類/通制之屬

皇朝續文獻通考三百二十卷 劉錦藻撰 清宣統二年(1910)鉛印本 八十七册 缺一卷(三百五)

330000－1701－0063015 HJH6899 類叢部/叢書類/自著之屬

甌北全集八種 （清）趙翼撰 清乾隆至嘉慶湛貽堂刻本 一册 存一種

330000－1701－0063018 HJH0550 類叢部/叢書類/彙編之屬

武英殿聚珍版書一百四十八種 清乾隆四十二年(1777)福建刻道光至同治遞修光緒二十一年(1895)增刻本 二百四十二册 存五十四種

330000－1701－0063019 普 814.7/2117 集部/别集類/清别集

一鳴集五卷首一卷 （清）何豫撰 清咸豐四年(1854)雙桂軒刻本 五册

330000－1701－0063022 普 814.7/1747/c1 集部/别集類/清别集

半巖廬遺集二卷 （清）邵懿辰撰 清光緒三十四年(1908)邵章等刻本 二册

330000－1701－0063023 普 814.7/1173.2/c1 集部/别集類/清别集

楊園先生全集五十四卷 （清）張履祥撰 （清）姚璉 （清）陳敬璋輯 （清）萬斛泉編次 **張楊園先生[履祥]年譜一卷** （清）蘇惇元編 清同治十年(1871)江蘇書局刻本 十六册

330000－1701－0063026 HJL6900 史部/政書類/律令之屬/治獄

刑案匯覽八十八卷 （清）祝慶祺輯 清光緒八年(1882)寄螺軒刻本 八十册

330000－1701－0063027 普 814.7/1747/c2 集部/别集類/清别集

半巖廬遺集二卷 （清）邵懿辰撰 清光緒三十四年(1908)邵章等刻本 二册

330000－1701－0063028 普 814.7/1173.2/c2 集部/别集類/清别集

楊園先生全集五十四卷 （清）張履祥撰 （清）姚璉 （清）陳敬璋輯 （清）萬斛泉編次 **張楊園先生[履祥]年譜一卷** （清）蘇惇元編 清同治十年(1871)江蘇書局刻本 范文治題記 十六册

330000－1701－0063030 HJL7178 史部/政書類/通制之屬

東三省政略十二卷 徐世昌編 清宣統三年(1911)鉛印本 四十册

330000－1701－0063032 普 814.7/1177 集部/别集類/清别集

積石文稿十八卷詩存四卷鱠餘編一卷 （清）張履撰 **南池唱和詩存一卷** （清）張履 （清）張海珊撰 清光緒二十年(1894)刻朱印

本　七冊

330000－1701－0063033　普 814.7/1173.2/c3　集部/别集類/清别集
楊園先生全集五十四卷　(清)張履祥撰　(清)姚璉　(清)陳敬璋輯　(清)萬斛泉編次　**張楊園先生[履祥]年譜一卷**　(清)蘇惇元編　清同治十年(1871)江蘇書局刻本　十六冊

330000－1701－0063034　普 814.7/2118/c1　集部/别集類/清别集
居易初集二卷　(清)經元善撰　清光緒二十七年(1901)鉛印本　二冊

330000－1701－0063036　普 814.7/1747.2　類叢部/叢書類/自著之屬
半巖廬所著書九種　(清)邵懿辰撰　清宣統三年至民國二十年(1911－1931)仁和邵氏家祠刻本　二冊　存一種

330000－1701－0063038　HJH7397　史部/傳記類/科舉録之屬/歷科鄉試録
丁酉科十八省鄉試全同年錄不分卷　清道光十七年(1837)刻本　一冊

330000－1701－0063040　普 814.7/1747.3　集部/别集類/清别集
邵位西遺文一卷　(清)邵懿辰撰　清同治四年(1865)望三益齋刻本　一冊

330000－1701－0063041　普 814.7/2118/c2　集部/别集類/清别集
居易初集二卷　(清)經元善撰　清光緒二十七年(1901)鉛印本　二冊

330000－1701－0063043　HJL7179　類叢部/叢書類/彙編之屬
鐵琴銅劍樓叢書十三種　瞿啓甲編　清光緒至民國刻本暨影印本　十冊　存一種

330000－1701－0063044　普 814.7/1188/c1　集部/别集類/清别集
瞰蔗全集文八卷詩八卷附喪禮詳考一卷周官隨筆一卷　(清)張羲年撰　(清)錢大昕　(清)陳以綱評輯　清光緒十九年(1893)上海著易堂鉛印本　六冊

330000－1701－0063045　普 814.7/1751　集部/别集類/清别集
心白日齋集四卷　(清)尹耕雲撰　清光緒十年(1884)刻本　四冊

330000－1701－0063049　普 814.7/1751/2/c2　集部/别集類/清别集
心白日齋集四卷　(清)尹耕雲撰　清光緒十年(1884)刻本　四冊

330000－1701－0063050　普 951.05094/8000/c1　史部/紀傳類/正史之屬
元書一百二卷首一卷　曾廉撰　清宣統三年(1911)邵陽曾氏層漪堂刻本　二十冊

330000－1701－0063053　普 925.14/1000.2/c1　類叢部/類書類/通類之屬
玉海二百卷辭學指南四卷詩攷一卷詩地理攷六卷漢蓺文志攷證十卷通鑑地理通釋十四卷周書王會補注一卷漢制攷四卷踐阼篇集解一卷急就篇補注四卷姓氏急就篇二卷小學紺珠十卷六經天文編二卷周易鄭康成注一卷通鑑答問五卷　(宋)王應麟撰　**校補玉海瑣記二卷王深寧先生[應麟]年譜一卷**　(清)張大昌撰　清光緒九年至十六年(1883－1890)浙江書局刻本　一冊　存一卷(王深寧先生年譜)

330000－1701－0063054　普 814.7/1764　集部/别集類/清别集
南村草堂文鈔二十卷詩鈔二十四卷　(清)鄧顯鶴撰　清道光八年(1828)刻九年(1829)增刻、咸豐元年(1851)刻本　十冊

330000－1701－0063057　HJL7398　史部/史評類/史論之屬
國朝史論萃編甲集四卷　(清)徐兆瑋輯　清光緒二十八年(1902)鉛印本　四冊

330000－1701－0063058　HJH6992　史部/詔令奏議類/奏議之屬
同治中興京外奏議約編八卷　(清)陳弢輯　清光緒元年(1875)篋劍囊琴之室刻本　八冊

330000－1701－0063059　普 814.7/1188/c4

集部/别集類/清别集

曒蔗全集文八卷詩八卷附喪禮詳考一卷周官隨筆一卷　（清）張羲年撰　（清）錢大昕（清）陳以綱評輯　清光緒十九年(1893)上海著易堂鉛印本　六册

330000－1701－0063060　普951.05094/8000/c2　史部/紀傳類/正史之屬

元書一百二卷首一卷　曾廉撰　清宣統三年(1911)邵陽曾氏層漪堂刻本　十九册　缺七卷(五十三至五十九)

330000－1701－0063064　GP01682　子部/藝術類/書畫之屬

十竹齋畫箋不分卷　（明）胡正言輯　清彩色套印本　一册

330000－1701－0063066　HJL7181　史部/史表類/通代之屬

補歷代史表五十三卷　（清）萬斯同撰　清康熙刻本　二十册

330000－1701－0063068　普925.14/1000.2/c2　類叢部/類書類/通類之屬

玉海二百卷辭學指南四卷詩攷一卷詩地理攷六卷漢蓺文志攷證十卷通鑑地理通釋十四卷周書王會補注一卷漢制攷四卷踐阼篇集解一卷急就篇補注四卷姓氏急就篇二卷小學紺珠十卷六經天文編二卷周易鄭康成注一卷通鑑答問五卷　（宋）王應麟撰　**校補玉海瑣記二卷王深寧先生[應麟]年譜一卷**　（清）張大昌撰　清光緒九年至十六年(1883－1890)浙江書局刻本　一册　存一卷(王深寧先生年譜)

330000－1701－0063070　普951.05094/9038　史部/雜史類/斷代之屬

元朝秘史十卷續集二卷　（元）忙豁侖紐察（元）脱察安撰　清光緒三十四年(1908)葉氏觀古堂刻本　六册

330000－1701－0063071　普814.7/1774/c2　集部/别集類/清别集

邵子湘全集三十卷　（清）邵長蘅撰　**邵氏家録二卷**　（清）邵璿　（清）邵衷赤輯　清康熙三十二年至三十八年(1693－1699)宋犖青門艸堂刻本　八册

330000－1701－0063075　普925.14/1000.2/c3　類叢部/類書類/通類之屬

玉海二百卷辭學指南四卷詩攷一卷詩地理攷六卷漢蓺文志攷證十卷通鑑地理通釋十四卷周書王會補注一卷漢制攷四卷踐阼篇集解一卷急就篇補注四卷姓氏急就篇二卷小學紺珠十卷六經天文編二卷周易鄭康成注一卷通鑑答問五卷　（宋）王應麟撰　**校補玉海瑣記二卷王深寧先生[應麟]年譜一卷**　（清）張大昌撰　清光緒九年至十六年(1883－1890)浙江書局刻本　一册　存一卷(王深寧先生年譜)

330000－1701－0063080　普951.05094/9038.012　類叢部/叢書類/彙編之屬

漸西村舍彙刊(漸西村舍叢刻)四十四種　（清）袁昶編　清光緒十六年至二十四年(1890－1898)桐廬袁氏刻本　四册　存一種

330000－1701－0063085　普925.14/1000.2/c4　類叢部/類書類/通類之屬

玉海二百卷辭學指南四卷詩攷一卷詩地理攷六卷漢蓺文志攷證十卷通鑑地理通釋十四卷周書王會補注一卷漢制攷四卷踐阼篇集解一卷急就篇補注四卷姓氏急就篇二卷小學紺珠十卷六經天文編二卷周易鄭康成注一卷通鑑答問五卷　（宋）王應麟撰　**校補玉海瑣記二卷王深寧先生[應麟]年譜一卷**　（清）張大昌撰　清光緒九年至十六年(1883－1890)浙江書局刻本　一册　存一卷(王深寧先生年譜)

330000－1701－0063086　HJL6901　史部/政書類/公牘檔册之屬

定例彙編一百三十九卷(清乾隆十八年至光緒十八年)　清江西按察司衙門刻本　一百二十册

330000－1701－0063087　HJL7182　史部/傳記類/總傳之屬/仕宦

上元名宦錄一卷　（清）濮文暹等撰　清光緒三十四年(1908)刻本　一册

330000－1701－0063089　普814.7/1774/2　集部/别集類/清别集

邵子湘全集三十卷　(清)邵長蘅撰　清康熙三十二年至三十八年(1693－1699)宋犖青門艸堂刻本　十册　缺三卷(青門旅稾四至六)

330000－1701－0063092　普814.7/11882　集部/別集類/清別集
躬厚堂詩錄十卷詩初錄四卷雜文八卷絳趺山館詞錄三卷　(清)張金鏞撰　清同治三年至光緒四年(1864－1878)刻本　一册　存十四卷(一至十、詩初錄一至四)

330000－1701－0063093　普951.05094/9038.012/2　史部/雜史類/斷代之屬
元朝祕史十五卷　(元)忙豁侖紐察　(元)脫察安撰　(清)李文田注　清末石印本　四册

330000－1701－0063102　HJH7002　子部/宗教類/其他宗教之屬/基督教
教務紀略四卷首一卷　(清)李剛己輯　(清)魏家驊等修訂　**附錄新約節存一卷**　周馥輯　清光緒三十一年(1905)南洋官報局刻本　五册

330000－1701－0063103　HJL7401　類叢部/叢書類/郡邑之屬
江陰叢書三十二種　金武祥編　清光緒至宣統江陰金氏粟香室嶺南刻本　一册　存一種

330000－1701－0063105　普814.7/1774/3/c1　類叢部/叢書類/郡邑之屬
常州先哲遺書七十二種　盛宣懷編　清光緒二十一年至三十三年(1895－1907)武進盛氏思惠齋刻宣統彙印本　四册　存一種

330000－1701－0063106　HJL7003　史部/政書類/律令之屬/治獄
提牢備考四卷　(清)趙舒翹撰　清光緒十九年(1893)東甌官舍刻本　二册

330000－1701－0063108　普951.05094/9038.07　史部/地理類
鄦鄦學廬地理叢刊四種　(清)施世杰輯　清光緒二十三年(1897)會稽施氏鄦鄦學廬刻本　二册　存一種

330000－1701－0063109　HJL7004　史部/金石類/郡邑之屬/文字
常山貞石志二十四卷　(清)沈濤撰　清光緒二十年(1894)靈溪精舍刻本　十册

330000－1701－0063110　普814.7/1774/3/c2　類叢部/叢書類/郡邑之屬
常州先哲遺書七十二種　盛宣懷編　清光緒二十一年至三十三年(1895－1907)武進盛氏思惠齋刻宣統彙印本　四册　存一種

330000－1701－0063112　HJH7402　史部/傳記類/科舉録之屬
同治十三年甲戌科會試同年齒錄不分卷　清同治刻本　四册

330000－1701－0063113　普814.7/2142　集部/別集類/清別集
少保公遺書一卷　(清)柴大紀撰　清光緒二十五年(1899)柴之藩木活字印本　一册

330000－1701－0063115　HJH7005　史部/紀事本末類/通代之屬
繹史一百六十卷世系圖一卷年表一卷　(清)馬驌撰　清同治七年(1868)姑蘇亦西齋刻本　十七册

330000－1701－0063120　普814.7/1774/4　集部/別集類/清別集
邵子湘全集三十卷　(清)邵長蘅撰　清康熙三十二年至三十八年(1693－1699)宋犖青門艸堂刻光緒二十二年(1896)合江李超瓊印本　十二册

330000－1701－0063121　G000655　子部/醫家類/醫理之屬/綜合
醫林改錯二卷　(清)王清任撰　清光緒十五年(1889)掃葉山房刻本　二册

330000－1701－0063125　普814.7/1788　集部/別集類/清別集
艾廬遺稿六卷　(清)邵曾鑑撰　清光緒二十三年(1897)陳世垣刻本　二册

330000－1701－0063126　HJH7006　史部/地理類/方志之屬/通志
[雍正]敕修浙江通志二百八十卷首三卷

(清)李衛　(清)嵇曾筠等修　(清)沈翼機　(清)傅王露纂　清光緒二十五年(1899)浙江書局刻本　一百二十册

330000－1701－0063127　G000656　史部/傳記類/别傳之屬/年譜

許魯齋先生[衡]年譜一卷魯齋心法約編一卷　(清)鄭士範編　清光緒六年(1880)周正誼堂刻本　一册

330000－1701－0063130　普 951.051103/5100/c1　類叢部/叢書類/彙編之屬

漸西村舍彙刊(漸西村舍叢刻)四十四種　(清)袁昶編　清光緒十六年至二十四年(1890－1898)桐廬袁氏刻本　一册　存一種

330000－1701－0063131　HJL6902　史部/金石類/總志之屬

九鐘精舍金石跋尾甲編一卷乙編一卷　吴士鑑撰　清宣統二年(1910)刻本　一册　存一卷(甲編)

330000－1701－0063132　HJL7185　史部/史評類/史論之屬

史通通釋二十卷　(清)浦起龍撰　清乾隆十七年(1752)浦氏求放心齋刻本　十二册　缺五卷(七、十一至十二、十五至十六)

330000－1701－0063134　普 814.7/2143　集部/别集類/清别集

悔餘菴集九種　(清)何栻撰　清咸豐至同治江陰何氏刻本　九册　存七種

330000－1701－0063135　HJL0540　類叢部/叢書類/自著之屬

萬木草堂叢書　康有爲輯　清光緒至民國刻本　六册　存一種

330000－1701－0063138　普 814.7/11882.2/c1　集部/别集類/清别集

躬厚堂詩錄十卷詩初錄四卷雜文八卷綘趺山館詞錄三卷　(清)張金鏞撰　清同治三年至光緒四年(1864－1878)刻本　六册

330000－1701－0063143　HJH7403　史部/地理類/外紀之屬

泰西新史贅談一卷　金鍾麟撰　清光緒三十一年(1905)鉛印本　一册

330000－1701－0063144　普 951.051103/5100/c2　類叢部/叢書類/彙編之屬

漸西村舍彙刊(漸西村舍叢刻)四十四種　(清)袁昶編　清光緒十六年至二十四年(1890－1898)桐廬袁氏刻本　一册　存一種

330000－1701－0063145　HJL7187　類叢部/叢書類/自著之屬

藝風所著書　繆荃孫撰　清光緒至民國刻本　二册　存一種

330000－1701－0063146　G000657　類叢部/叢書類/彙編之屬

廣雅書局叢書一百五十九種　徐紹棨編　清光緒廣雅書局刻民國九年(1920)番禺徐紹棨彙編重印本　一册　存一種

330000－1701－0063147　HJL6904　史部/金石類/郡邑之屬/文字

山右石刻叢編四十卷　(清)胡聘之撰　清光緒二十五年至二十七年(1899－1901)刻本　二十册

330000－1701－0063150　HJL7188　史部/金石類

劉氏一印一研廬刻金石五種　清光緒貴池劉氏聚學軒刻本　一册　存一種

330000－1701－0063151　普 951.051103/5100/c3　類叢部/叢書類/彙編之屬

漸西村舍彙刊(漸西村舍叢刻)四十四種　(清)袁昶編　清光緒十六年至二十四年(1890－1898)桐廬袁氏刻本　一册　存一種

330000－1701－0063153　G000658　史部/傳記類/别傳之屬/年譜

陸稼書先生[隴其]年譜定本二卷附錄一卷　(清)吴光酉編　清雍正三年(1725)清風堂刻乾隆六年(1741)增刻本　二册　存二卷(年譜一至二)

330000－1701－0063154　普 814.7/2143.2　類叢部/叢書類/自著之屬

悔餘菴集三種　(清)何栻撰　清同治四年(1865)鳩江戎幄刻本　二册　存一種

330000－1701－0063155　普 814.7/11882.2/c2　集部/別集類/清別集
躬厚堂詩錄十卷詩初錄四卷雜文八卷絳趺山館詞錄三卷　(清)張金鏞撰　清同治三年至光緒四年(1864－1878)刻本　六册

330000－1701－0063156　普 951.051103/5100/c4　類叢部/叢書類/彙編之屬
漸西村舍彙刊(漸西村舍叢刻)四十四種　(清)袁昶編　清光緒十六年至二十四年(1890－1898)桐廬袁氏刻本　一册　存一種

330000－1701－0063157　HJH7404　史部/地理類/外紀之屬
西史地理通釋三卷　(清)杜宗玉撰　清光緒三十二年(1906)鉛印本　三册

330000－1701－0063159　HJL7189　史部/地理類/外紀之屬
中山傳信錄六卷　(清)徐葆光撰　清康熙六十年(1721)二友齋刻本　四册

330000－1701－0063160　普 814.7/2346　集部/別集類/清別集
惜花散人初集二卷　(清)傅槐撰　清嘉慶十四年(1809)會稽傅氏刻本　二册

330000－1701－0063162　普 814.7/1200/c1　集部/別集類/清別集
遜學齋文鈔十二卷首一卷末一卷續鈔五卷　(清)孫衣言撰　清同治十二年(1873)刻光緒增刻本　六册

330000－1701－0063167　HJH7405　史部/傳記類/職官録之屬/總録
江蘇同官錄不分卷　(清)許廷鑅輯　清光緒刻本　澹園主人題簽　一册

330000－1701－0063170　普 814.7/2393/c1　集部/別集類/清別集
灌園未定稿二卷　(清)傅懷祖撰　清光緒十三年(1887)山陰傅氏蘇州刻本　二册

330000－1701－0063172　普 814.7/2393/c2　集部/別集類/清別集
灌園未定稿二卷　(清)傅懷祖撰　清光緒十三年(1887)山陰傅氏蘇州刻本　二册

330000－1701－0063173　普 814.7/1200/c2　集部/別集類/清別集
遜學齋文鈔十二卷首一卷末一卷續鈔五卷　(清)孫衣言撰　清同治十二年(1873)刻光緒增刻本　八册

330000－1701－0063175　普 814.7/2393/c4　集部/別集類/清別集
灌園未定稿二卷　(清)傅懷祖撰　清光緒十三年(1887)山陰傅氏蘇州刻本　二册

330000－1701－0063177　普 814.7/2144　集部/別集類/清別集
自樂堂遺文一卷續刻一卷　(清)何桂芬撰　清同治八年(1869)刻本　一册　存一卷(遺文)

330000－1701－0063179　普 814.7/1200/(2)　集部/別集類/清別集
遜學齋文鈔十卷首一卷末一卷　(清)孫衣言撰　清同治十二年(1873)刻本　六册

330000－1701－0063180　普 814.7/2400　集部/別集類/清別集
儲遯菴文集十二卷　(清)儲方慶撰　**附錄一卷**　(清)魏象樞撰　清光緒二年(1876)刻本　四册

330000－1701－0063182　G000659、G003283、G007858　史部/地理類/總志之屬/斷代
太平寰宇記二百卷目錄二卷　(宋)樂史撰　(清)陳蘭森補闕　**大清一統志表不分卷**　(清)徐午輯　**朝代紀元表一卷**　(清)萬廷蘭撰　清乾隆五十八年(1793)萬廷蘭等刻本　三册　存大清一統志表

330000－1701－0063184　普 814.7/2154/c1　集部/別集類/清別集
何子清先生遺文二卷附錄一卷　(清)何忠萬撰　清光緒八年(1882)金陵翁氏茹古閣刻本

一册

330000－1701－0063185　普814.7/2400/(2)　集部/别集類/清别集

儲遯菴文集十二卷　(清)儲方慶撰　**附録一卷**　(清)魏象樞撰　清光緒二年(1876)刻本　六册

330000－1701－0063187　普814.7/2154/c2　集部/别集類/清别集

何子清先生遺文二卷附録一卷　(清)何忠萬撰　清光緒八年(1882)金陵翁氏茹古閣刻本　一册

330000－1701－0063190　普814.7/2154/c4　集部/别集類/清别集

何子清先生遺文二卷附録一卷　(清)何忠萬撰　清光緒八年(1882)金陵翁氏茹古閣刻本　一册

330000－1701－0063192　普814.7/2439　集部/别集類/清别集

帥文毅公遺集四卷　(清)帥遠燡撰　清光緒八年(1882)誦芬書屋木活字印本　二册

330000－1701－0063194　G000660　子部/雜著類/雜纂之屬

樂生集十卷　(清)耕塢臥松子輯　清光緒二十六年(1900)刻本　四册

330000－1701－0063199　普814.7/2440　集部/别集類/清别集

存研樓文集十六卷　(清)儲大文撰　(清)張耀先等輯　清光緒元年(1875)静遠堂刻本　十册

330000－1701－0063200　G000661　史部/編年類/斷代之屬

御撰資治通鑑綱目三編四十卷　(清)舒赫德等修　(清)朱珪等纂　清同治十一年(1872)江西書局刻本　十二册

330000－1701－0063201　HJL6905　史部/金石類/石之屬/文字

績語堂碑録不分卷　(清)魏錫曾撰　清光緒九年(1883)刻魏稼孫先生全集本　吴受福跋　十册

330000－1701－0063202　HJH7008　史部/政書類/律令之屬/律例

刑部酌擬律例内應行删除各條奏准通行摺一卷附清單　清光緒三十一年(1905)刻本　一册

330000－1701－0063204　HJL7191　史部/地理類/總志之屬/斷代

輿地廣記三十八卷　(宋)歐陽忞撰　(清)黄丕烈校勘　**校勘輿地廣記札記二卷**　(清)黄丕烈撰　清光緒六年(1880)金陵書局刻本　四册

330000－1701－0063211　HJL7192　史部/政書類/儀制之屬/典禮

欽定臺規四十二卷　(清)延煦等修　清光緒十八年(1892)都察院刻本　二十四册

330000－1701－0063215　HJL7407　史部/地理類/專志之屬/祠墓

東陵日記一卷西陵日記一卷　(清)潘祖蔭撰　清光緒刻本　一册

330000－1701－0063218　HJL7015　史部/目録類/總録之屬/史志

補晋書經籍志四卷　吴士鑑撰　清光緒二十一年(1895)刻朱印本　一册

330000－1701－0063220　HJL7408　史部/政書類/邦計之屬/荒政

籌濟編三十二卷首一卷　(清)楊景仁撰　清光緒四年(1878)楊氏詒硯齋刻本　六册

330000－1701－0063223　HJL7194　史部/編年類/斷代之屬

東華録三十二卷　(清)蔣良騏撰　清刻本　十二册

330000－1701－0063225　HJL6906　史部/政書類/律令之屬/律例

欽定户部則例一百卷首一卷　(清)載齡等修　(清)惠祥等纂　清同治十三年(1874)刻本　六十册

330000－1701－0063226　HJL7016　史部/目録類/總録之屬/私撰

楹書隅錄五卷續編四卷　（清）楊紹和藏並撰　清光緒二十年（1894）聊城楊氏海源閣刻宣統三年（1911）武進董康補刻本　八冊

330000－1701－0063227　HJL0551　經部/叢編

皇清經解續編一千四百三十卷　王先謙輯　清光緒十四年（1888）江陰南菁書院刻本（卷三十原缺）　三百二十冊

330000－1701－0063228　G000697　經部/小學類/文字之屬/字書

臨文便覽不分卷　（清）毛昶熙輯　清光緒二年（1876）京都松林齋刻本　二冊

330000－1701－0063231　普347.65/3782　史部/政書類/律令之屬/法驗

洗冤錄集證二卷　（清）郎錦騏纂輯　**洗冤錄補註全纂六卷**　（清）王又槐輯　（清）李觀瀾補輯　（清）阮其新補註　清道光十五年（1835）刻本　六冊

330000－1701－0063234　HJL7017　類叢部/叢書類/彙編之屬

鐵琴銅劍樓叢書十三種　瞿啓甲編　清光緒至民國刻本暨影印本　十二冊　存一種

330000－1701－0063235　普814.7/2440/2　集部/別集類/清別集

存研樓文集十六卷　（清）儲大文撰　（清）張耀先等輯　清乾隆九年（1744）吳煒、洪肇楙等刻本　二十冊

330000－1701－0063242　普814.7/1204　類叢部/叢書類/彙編之屬

文選樓叢書三十三種　（清）阮亨編　清嘉慶至道光阮元刻道光二十二年（1842）阮亨彙印本　一冊　存一種

330000－1701－0063245　G000698　子部/醫家類/類編之屬

馮氏錦囊秘錄三種五十卷　（清）馮兆張編　清嘉慶二十三年（1818）大文堂刻本　三十二冊

330000－1701－0063246　G000662　集部/別集類/清別集

北行吟記一卷　（清）李日爔撰　清光緒鉛印本　一冊

330000－1701－0063248　HJL7019　史部/目録類/總録之屬/彙刻

江刻書目三種　（清）江標輯　清光緒元和江氏師鄦室刻蘇州振新書社印本　四冊

330000－1701－0063252　HJL7410　史部/目録類/通論之屬/掌故瑣記

藏書紀事詩七卷　葉昌熾撰　清宣統二年（1910）長洲葉昌熾刻朱印本　六冊

330000－1701－0063255　普814.7/2440/（2）　集部/別集類/清別集

存研樓文集十六卷　（清）儲大文撰　（清）張耀先等輯　清光緒元年（1875）靜遠堂刻本　八冊

330000－1701－0063256　普814.7/1204/2/c1　類叢部/叢書類/彙編之屬

文選樓叢書三十三種　（清）阮亨編　清嘉慶至道光阮元刻道光二十二年（1842）阮亨彙印本　一冊　存一種

330000－1701－0063257　G000663　類叢部/叢書類/彙編之屬

益雅堂叢書十八種　（清）傅世洵編　清光緒九年（1883）文選樓刻本　一冊　存一種

330000－1701－0063259　普814.7/2477/c1　集部/別集類/清別集

在陸草堂文集六卷　（清）儲欣撰　清光緒十七年（1891）儲氏刻本　六冊

330000－1701－0063262　HJL6912　史部/金石類/總志之屬

金石摘十卷續刻不分卷　（清）陳善墀輯　清同治十二年至光緒二年（1873－1876）瀏陽縣學之不求甚解齋刻四年（1878）續刻本　十二冊

330000－1701－0063263　普 814.7/1204/2/c2　類叢部/叢書類/彙編之屬

文選樓叢書三十三種　(清)阮亨編　清嘉慶至道光阮元刻道光二十二年(1842)阮亨彙印本　一册　存一種

330000－1701－0063265　普 951.06/1111.2/c1　史部/紀傳類/正史之屬

二十四史　清同治至光緒五省官書局據汲古閣本等合刻光緒五年(1879)湖北書局彙印本　八十册　存一種

330000－1701－0063267　G000699　集部/總集類/課藝之屬

館律分韻初編六卷　(清)春暉閣主人輯　清光緒十四年(1888)上海漱六山莊石印本　六册

330000－1701－0063270　G000664　經部/叢編

九經補注八種　(清)姜兆錫撰　清雍正至乾隆寅清樓刻本　六册　存一種

330000－1701－0063271　普 814.7/1204/3　集部/别集類/清别集

儀鄭堂文一卷　(清)孔廣森撰　清嘉慶十四年(1809)抄本　一册

330000－1701－0063272　普 814.7/2477/c2　集部/别集類/清别集

在陸草堂文集六卷　(清)儲欣撰　清光緒十七年(1891)儲氏刻本　六册

330000－1701－0063275　G000700　新學/報章

西國近事彙編三十六卷　(美國)金楷理口譯　(清)姚棻　(清)蔡錫齡筆述　清光緒二十三年(1897)慎記書莊石印本　十二册

330000－1701－0063276　HJL7022、HJL7021　史部/目録類/總録之屬/私撰

持靜齋書目五卷　(清)丁日昌藏並撰　**持靜齋藏書記要二卷**　(清)丁日昌藏　(清)莫友芝撰　清同治九年(1870)豐順丁日昌刻本　七册

330000－1701－0063277　普 814.7/2504/c1　集部/别集類/清别集

求聞過齋文集四卷　(清)朱方增撰　清光緒二十年(1894)刻本　三册

330000－1701－0063279　普 951.06/1111.2/c2　史部/紀傳類/正史之屬

二十四史　清同治至光緒五省官書局據汲古閣本等合刻光緒五年(1879)湖北書局彙印本　八十册　存一種

330000－1701－0063283　普 814.7/1213/c1　集部/别集類/清别集

泰雲堂文集二卷駢體文集二卷詩集十八卷詞集三卷　(清)孫爾準撰　清同治九年(1870)刻本　六册

330000－1701－0063286　普 814.7/2504/c3　集部/别集類/清别集

求聞過齋文集四卷　(清)朱方增撰　清光緒二十年(1894)刻本　三册

330000－1701－0063287　普 814.7/2510/c1　類叢部/叢書類/自著之屬

拙盦叢稿五種　(清)朱一新撰　清光緒二十二年(1896)順德龍氏葆真堂刻本　五册　存三種

330000－1701－0063294　G000665　子部/儒家類/儒學之屬/勸學

程氏家塾讀書分年日程三卷綱領一卷　(元)程端禮撰　清同治七年(1868)湖北崇文書局刻本　二册

330000－1701－0063295　普 814.7/1213/c2　集部/别集類/清别集

泰雲堂文集二卷駢體文集二卷詩集十八卷詞集三卷　(清)孫爾準撰　清同治九年(1870)刻本　四册

330000－1701－0063297　HJL6913　史部/金石類/石之屬/文字

望堂金石文字初集三十一種二集十八種　楊守敬輯　清同治至宣統宜都楊氏飛青閣刻本　六册　存三十種

330000－1701－0063298　普 347.65/4580　史部/政書類/律令之屬/法驗

經驗過洗冤錄六卷　(清)攢敘輯　清抄本　六冊

330000－1701－0063300　G000666　子部/宗教類/其他宗教之屬

醒華博議一卷　(英國)李提摩太撰　清光緒二十四年(1898)上海廣學會鉛印本　一冊

330000－1701－0063301　GP01836　子部/藝術類/書畫之屬/畫譜

吳友如畫寶十二集不分卷　(清)吳嘉猷繪　清宣統元年(1909)上海璧園會社石印本　十三冊　存七集

330000－1701－0063302　普 814.7/2510/c2　類叢部/叢書類/自著之屬

拙盦叢稿五種　(清)朱一新撰　清光緒二十二年(1896)順德龍氏葆真堂刻本　五冊　存三種

330000－1701－0063305　普 347.65/7140　史部/政書類/律令之屬/法驗

重刊補註洗冤錄集證六卷　(清)王又槐輯　(清)李觀瀾補輯　(清)阮其新補註　(清)張錫蕃重訂　(清)文晟續輯　清道光二十四年(1844)廣州翰墨園刻四色套印本　五冊

330000－1701－0063306　普 814.7/2510.2/c1　類叢部/叢書類/自著之屬

拙盦叢稿五種　(清)朱一新撰　清光緒二十二年(1896)順德龍氏葆真堂刻本　一冊　存一種

330000－1701－0063307　普 951.06/1111.2/2　史部/紀傳類/正史之屬

二十四史附考證　清刻本　八十冊　存一種

330000－1701－0063308　HJH7198　史部/目録類/總録之屬/官修

欽定四庫全書簡明目錄二十卷　(清)紀昀等撰　清刻本　十二冊

330000－1701－0063309　普 814.7/2510.2/c2　類叢部/叢書類/自著之屬

拙盦叢稿五種　(清)朱一新撰　清光緒二十二年(1896)順德龍氏葆真堂刻本　一冊　存一種

330000－1701－0063310　HJL7413　史部/詔令奏議類/奏議之屬

林文忠公政書三集三十七卷　(清)林則徐撰　清光緒刻本　十四冊

330000－1701－0063311　GP01744　子部/藝術類/書畫之屬/畫譜

冶梅石譜二卷　(清)王寅繪　清光緒八年(1882)吳縣榮氏東瀛刻本　二冊

330000－1701－0063312　HJL6914　史部/金石類/總志之屬/圖像

金石屑四卷附編一卷　(清)鮑昌熙摹　清光緒二年至三年(1876－1877)鮑昌熙刻本　四冊

330000－1701－0063313　HJH7199　集部/總集類/尺牘之屬

歷代名人書札二卷國朝名人書札二卷　吳曾祺輯　清宣統二年(1910)上海商務印書館鉛印本　六冊

330000－1701－0063317　G000667　子部/醫家類/醫案之屬

臨證指南醫案十卷　(清)葉桂撰　(清)徐大椿評　清光緒十一年(1885)掃葉山房刻本[卷十配清光緒十年(1884)掃葉山房刻朱墨套印本]　十冊

330000－1701－0063319　G000701　經部/四書類/總義之屬/傳說

天蓋樓四書語錄四十六卷　(清)呂留良評選　(清)周在延編次　清金陵大業堂刻本　十冊

330000－1701－0063321　普 814.7/1223/c1　集部/別集類/清別集

寄龕文存四卷　(清)孫德祖撰　清光緒十年(1884)鄞縣翰墨林刻本　四冊

330000－1701－0063323　HJH7201　史部/政書類

九通　(清)□□輯　清光緒二十七年(1901)上海圖書集成局鉛印本　十册　存一種

330000－1701－0063324　普347.65/7140/(2)　史部/政書類/律令之屬/法驗
重刊補註洗冤録集證六卷　(清)王又槐輯　(清)李觀瀾補輯　(清)阮其新補註　(清)張錫蕃重訂　(清)文晟續輯　清道光二十四年(1844)廣州翰墨園刻四色套印本　四册

330000－1701－0063326　HJL7414　類叢部/叢書類/自著之屬
鄭氏四種　(清)鄭曉如撰　清同治八年(1869)廣州華文堂刻本　八册　存一種

330000－1701－0063327　HJH0554　類叢部/叢書類/自著之屬
番禺陳氏東塾叢書初函四種附一種　(清)陳澧撰　清咸豐至光緒刻本　二册　存一種

330000－1701－0063328　普814.7/1223/c2　集部/别集類/清别集
寄龕文存四卷　(清)孫德祖撰　清光緒十年(1884)鄞縣翰墨林刻本　四册

330000－1701－0063329　G000702　經部/四書類/總義之屬/傳說
四書章句集註二十六卷　(宋)朱熹撰　**四書家塾讀本句讀一卷四書章句集註定本辨一卷**　(清)吴英撰　**四書章句附考四卷**　(清)吴志忠輯　清嘉慶十六年(1811)璜川吴氏真意堂刻本　六册

330000－1701－0063331　HJL0552　經部/叢編
皇清經解一千四百八卷首一卷　(清)阮元輯　清道光九年(1829)廣東學海堂刻咸豐十一年(1861)補刻廣州鎔經鑄史齋印本　三百六十册

330000－1701－0063332　HJH7202　史部/雜史類
荆駝逸史五十一種　(清)陳湖逸士輯　清宣統三年(1911)中國圖書館石印本(三朝野紀卷五至六原缺)　十六册

330000－1701－0063333　普814.7/1227　類叢部/叢書類/自著之屬
蒼莨集二種　(清)孫鼎臣撰　清咸豐刻本　八册　存二種

330000－1701－0063336　普347.65/7140/2/c1　史部/政書類/律令之屬/法驗
重刊補註洗冤録集證六卷　(清)王又槐輯　(清)李觀瀾補輯　(清)阮其新補註　(清)張錫蕃重訂　(清)文晟續輯　清光緒三年至五年(1877－1879)浙江書局刻四色套印本　五册

330000－1701－0063340　G000703　集部/總集類/選集之屬/斷代
唐百家詩一百七十一卷　(明)朱警編　**唐詩品一卷**　(明)徐獻忠撰　清刻本　三册　存八種

330000－1701－0063342　普951.06/1111.2/3/c1　史部/紀傳類/正史之屬
二十四史附考證　清刻本　一百十二册　存一種

330000－1701－0063344　普951.06/1111.2/3/c2　史部/紀傳類/正史之屬
二十四史附考證　清刻本　九十六册　存一種

330000－1701－0063347　GP01759　子部/藝術類/書畫之屬/畫譜
六法金鍼一卷　(清)金德鑑繪　清光緒石印本　一册

330000－1701－0063350　普814.7/2514　集部/别集類/清别集
小萬卷齋文藁二十四卷　(清)朱琦撰　清道光二十六年(1846)刻本　二十四册

330000－1701－0063351　普951.06/1111.2/5/c1　史部/紀傳類/正史之屬
二十四史附考證　清光緒十八年(1892)武林竹簡齋石印本　二十四册　存一種

330000－1701－0063352　普951.06/1111.2/5/c2　史部/紀傳類/正史之屬

二十四史附考證　清光緒十八年(1892)武林竹簡齋石印本　二十四册　存一種

330000－1701－0063354　普951.06/1111.2/7　史部/紀傳類/正史之屬
二十四史附考證　清光緒三十三年(1907)上海華商集成圖書公司鉛印本　三十九册　存一種

330000－1701－0063357　普951.06/1111.2/8　史部/紀傳類/正史之屬
二十四史附考證　清光緒二十八年(1902)竢實齋石印本　二十二册　存一種

330000－1701－0063360　HJL0555　經部/叢編
御纂七經五種　(清)李光地等撰　清刻本　四十四册　存一種

330000－1701－0063365　普951.06/1736　史部/紀傳類/別史之屬
明史竊一百五卷　(明)尹守衡撰　清光緒十二年(1886)刻本　十八册

330000－1701－0063367　GP02028　經部/小學類/音韻之屬/韻書
唐寫本唐韻殘卷二卷　(唐)孫愐撰　清光緒三十四年(1908)上海國粹學報館影印本　一册

330000－1701－0063369　G000668　集部/別集類/清別集
泳川草堂詩鈔六卷　(清)陳溥撰　清嘉慶八年(1803)興詩堂刻本　一册

330000－1701－0063372　普951.060144/5235/c1　史部/編年類/斷代之屬
欽定明鑑二十四卷首一卷　(清)胡敬等輯　清同治九年(1870)湖北崇文書局刻本　十册

330000－1701－0063373　HJL0556　經部/小學類/文字之屬/說文/傳說
說文發疑六卷　(清)張行孚撰　清光緒九年(1883)安吉張氏邗上寓廬刻本　二册

330000－1701－0063374　HJH7203　史部/史評類/史論之屬
讀史論畧二卷　(清)杜詔撰　清光緒二十八年(1902)大學堂刻本　二册

330000－1701－0063378　G000704　經部/叢編
省吾堂四種　(清)蔣光弼輯　清刻本　二册　存一種

330000－1701－0063379　普951.060144/5235/c2　史部/編年類/斷代之屬
欽定明鑑二十四卷首一卷　(清)胡敬等輯　清嘉慶二十三年(1818)刻本　八册

330000－1701－0063380　G000669　子部/天文曆算類/曆法之屬
洪潮和長男彬海孫正中曾孫堂麟通書一卷　(清)洪潮和等撰　清光緒三十年(1904)繼成堂刻本　一册

330000－1701－0063381　HJH0435　經部/叢編
皇清經解一千四百卷首一卷　(清)阮元輯　清道光九年(1829)廣東學海堂刻本　一百九十八册　缺七百二十八卷(二十八至四十一上、四十五至五十一、六十至八十三、八十七至八十九、一百五十四至一百六十九、一百九十七至一百九十八、二百一至二百二十二、二百四十一至二百五十一、二百五十六至三百十三、三百三十至三百四十、三百五十九至三百七十七、三百九十至三百九十七、四百二十八至四百三十九、四百四十九至四百六十一、四百六十八至四百七十八、四百八十八至五百一、五百四至五百二十三、五百四十七至六百三十五、六百五十九至六百六十、六百九十四至七百十六、七百七十七至八百八、八百五十至九百三十、九百九十一至一千十二、一千十九至一千三十五、一千三十九至一千四十四、一千七十九至一千一百二十六、一千一百三十九至一千一百四十六、一千一百五十一至一千一百五十五、一千一百八十五至一千二百一、一千二百二十四至一千二百三十一、一千二百四十至一千二百四十七、一千二百五十至一千二百五十四、一千二百七十三至一千二百九十、一千三百十八至一千三百二十六、一千三百二十一至一千三百七十七、一千三百九十二至一千四百)

330000－1701－0063385　HJL7204　類叢部/類書類/通類之屬

三才畧三卷　(清)蔣德鈞輯　**讀史論略一卷**　(清)杜詔撰　清末刻本　一册

330000－1701－0063387　G000705　子部/工藝類/觀賞之屬/雜賞

禮塔龕考古偶編一卷　(清)張金鑑輯　清光緒三年(1877)刻本　一册

330000－1701－0063390　HJL7205　史部/傳記類/總傳之屬/斷代

國朝先正事略六十卷　(清)李元度撰　清同治五年至八年(1866－1869)循陔草堂刻本　二十册

330000－1701－0063392　普951.060144/5235/c3　史部/編年類/斷代之屬

欽定明鑑二十四卷首一卷　(清)胡敬等輯　清嘉慶二十三年(1818)刻本　六册

330000－1701－0063395　GP01872　子部/藝術類/書畫之屬/畫譜

性安廬畫稿四卷　(清)姚鍾葆繪　清光緒二十九年(1903)上海讀畫齋石印本　一册　存二卷(三至四)

330000－1701－0063397　普951.060144/5235/3　史部/編年類/斷代之屬

欽定明鑑二十四卷首一卷　(清)胡敬等輯　清嘉慶二十三年(1818)刻本　二十四册

330000－1701－0063398　HJH7206　史部/雜史類/斷代之屬

張文襄幕府紀聞二卷　辜鴻銘撰　清宣統二年(1910)鉛印本　二册

330000－1701－0063402　HJL7024　史部/政書類/邦計之屬/荒政

籌濟編三十二卷首一卷　(清)楊景仁撰　清光緒四年(1878)楊氏詒硯齋刻本　六册

330000－1701－0063405　HJL7207　史部/目録類/總録之屬/私撰

孫氏祠堂書目内編四卷外編三卷　(清)孫星衍撰　清光緒九年(1883)德化李氏木犀軒刻木犀軒叢書本　清汪士鐸批　二册

330000－1701－0063406　HJL7418　類叢部/叢書類/自著之屬

汪雙池先生叢書二十種附浙刻雙池遺書十二種　(清)汪紱撰　清道光至光緒刻光緒二十三年(1897)長安趙舒翹等彙印本　二册　存一種

330000－1701－0063408　GP01873　子部/藝術類/書畫之屬/畫譜

蝴蝶秋齋藏冊不分卷　(清)唐光照輯　清光緒五年(1879)刻本　一册

330000－1701－0063409　HJH7026　史部/政書類/通制之屬

通志略五十二卷　(宋)鄭樵撰　明嘉靖二十九年(1550)陳宗夔等刻清乾隆十三年(1748)于敏中金匱山房印本　二十四册

330000－1701－0063412　普814.7/2514/(2)/c2　集部/别集類/清别集

小萬卷齋詩藁三十二卷詩續藁十二卷詩遺藁一卷文藁二十四卷經進藁四卷　(清)朱琦撰　清光緒十一年(1885)朱臧成嘉樹山房刻本　十二册　存二十四卷(文藁一至二十四)

330000－1701－0063413　HJL7027　史部/金石類/郡邑之屬

墨妙亭碑目攷二卷附攷一卷　(清)張鑑撰　清光緒十年(1884)江蘇書局刻本　四册

330000－1701－0063416　HJL7419　史部/傳記類/别傳之屬/事狀

天后聖母聖蹟圖誌全集二卷　(清)上洋壽思堂輯　清道光十二年(1832)上洋壽思堂刻本　二册

330000－1701－0063417　G000670　子部/儒家類/儒學之屬/勸學

士箴一卷　清同治十二年(1873)刻本　一册

330000－1701－0063418　HJL7028　類叢部/叢書類/彙編之屬
平津館叢書六集三十五種　(清)孫星衍編　清嘉慶蘭陵孫氏刻本　五册　存一種

330000－1701－0063423　HJL7421　史部/編年類/斷代之屬
東華錄詳節二十四卷　(清)鄔樹庭編　清光緒二十六年(1900)上海東文學堂石印本　十六册

330000－1701－0063424　HJL7210　類叢部/叢書類/家集之屬
觀古閣叢刻十五種　(清)鮑康編　清嘉慶十一年至光緒二十一年(1806－1895)歙縣鮑氏刻本　一册　存一種

330000－1701－0063425　HJH7029　史部/史表類/通代之屬
廿一史四譜五十四卷　(清)沈炳震撰　清同治十年(1871)武林吳氏清來堂刻本　二十四册

330000－1701－0063433　G000706　子部/藝術類/書畫之屬/書法書品
絳帖目錄一卷　王存善編　清光緒三十二年(1906)仁和王氏鉛印本　一册

330000－1701－0063434　HJL7030　史部/編年類/通代之屬
御批歷代通鑑輯覽一百二十卷　(清)傅恒等撰　清同治十年(1871)浙江書局刻朱墨套印本　四十八册

330000－1701－0063436　普 814.7/2514.2　集部/別集類/清別集
小萬卷齋經進藁四卷詩藁三十二卷文藁二十四卷　(清)朱琦撰　清道光六年(1826)、九年(1829)、二十六年(1846)刻本　二十册

330000－1701－0063439　G000671、G003795　史部/地理類/遊記之屬/紀行
東游紀事六卷　關賡麟撰　清光緒二十九年(1903)鉛印本　二册

330000－1701－0063441　G000707　集部/總集類/選集之屬/通代
五朝名家七律英華三十六卷　(清)顧有孝　(清)趙吉士　(清)王載輯　清康熙二十六年(1687)金閶寶翰樓刻本　八册

330000－1701－0063442　HJL7031　史部/目録類/總録之屬/彙刻
江刻書目三種　(清)江標輯　清光緒元和江氏師鄦室刻蘇州振新書社印本　四册

330000－1701－0063443　HJL7212　類叢部/叢書類/彙編之屬
鐵琴銅劍樓叢書十三種　瞿啓甲編　清光緒至民國刻本暨影印本　一册　存一種

330000－1701－0063445　HJL6924　類叢部/叢書類/彙編之屬
式訓堂叢書四十一種　(清)章壽康編　清光緒會稽章氏刻本　二册　存一種

330000－1701－0063447　HJL7422　史部/政書類/律令之屬/律例
例學新編十六卷　(清)楊士驤輯　清光緒三十二年(1906)上海明溥書局石印本　十二册

330000－1701－0063448　HJH7032　史部/傳記類/總傳之屬/忠孝
湖南褒忠錄初藁不分卷　(清)郭嵩燾等輯　清同治十二年(1873)仁和王文韶木活字印本　十六册

330000－1701－0063449　G000672　集部/別集類/清別集
山水清音二卷　(清)鄭桂森　(清)陳石蓮撰　清咸豐八年(1858)珍恕堂刻本　一册

330000－1701－0063451　普 951.0603/1116　類叢部/叢書類/彙編之屬
小方壺齋叢書三十六種　(清)王錫祺編　清光緒十二年至二十一年(1886－1895)南清河王氏鉛印本　一册　存一種

330000－1701－0063454　HJL7033　史部/政書類/邦計之屬/鹽法
四川鹽法志四十卷首一卷　(清)丁寶楨等纂　清光緒刻本　二十册

330000－1701－0063456　普 814.7/25142　集部/別集類/清別集
知足齋詩集二十卷詩續集四卷文集六卷進呈文稿二卷　（清）朱珪撰　清嘉慶九年（1804）阮元刻十一年（1806）大興朱氏增修本　六冊　存十二卷（詩續集一至四、文集一至六、進呈文稿一至二）

330000－1701－0063457　普 951.06092/1099/c1　史部/編年類/斷代之屬
明通鑑九十卷前編四卷附編六卷首一卷　（清）夏燮撰　清光緒二十九年（1903）上海點石齋書局石印本　十六冊

330000－1701－0063459　G000673　子部/藝術類/書畫之屬/書法書品
草字入門不分卷　許桐君撰　清光緒三十四年（1908）湖南育材編譯社石印本　一冊

330000－1701－0063460　HJL7034　史部/金石類/郡邑之屬/目錄
安陽縣金石錄十二卷　（清）武億　（清）趙希璜撰　清刻本　四冊

330000－1701－0063461　HJL6926　史部/編年類/斷代之屬
欽定明鑑二十四卷首一卷　（清）胡敬等輯　清嘉慶二十三年（1818）刻本　徐游城題記　六冊

330000－1701－0063464　普 951.06092/1099/c2　史部/編年類/斷代之屬
明通鑑九十卷前編四卷附編六卷首一卷　（清）夏燮撰　清光緒二十九年（1903）上海點石齋書局石印本　十六冊

330000－1701－0063465　普 814.7/25143　集部/別集類/清別集
怡志堂文初編六卷詩初編八卷　（清）朱琦撰　清光緒十八年（1892）刻本　四冊

330000－1701－0063466　普 951.06092/1099/c3　史部/編年類/斷代之屬
明通鑑九十卷前編四卷附編六卷首一卷　（清）夏燮撰　清光緒二十九年（1903）上海點石齋書局石印本　十五冊　缺五卷（首、前編一至四）

330000－1701－0063468　G000708　集部/別集類/清別集
賞雨茅屋詩集十五卷外集一卷　（清）曾燠撰　清嘉慶十五年（1810）刻本　清程銘題記　六冊

330000－1701－0063469　普 814.7/2520　集部/別集類/清別集
清芬閣集十二卷　（清）朱采撰　清光緒三十四年（1908）歸安趙氏鉛印本　八冊

330000－1701－0063470　HJL7425　史部/史評類/史論之屬
四千年史論驚奇十二卷　（清）□□輯　清光緒至宣統鉛印本　二冊

330000－1701－0063471　HJL7037　史部/政書類/軍政之屬/兵制
欽定中樞政考續纂四卷　（清）景善等撰　清道光十二年（1832）刻本　四冊

330000－1701－0063472　HJH6927　史部/政書類/通制之屬
續文獻通考纂二十二卷　（明）王圻撰　清心遠堂刻本　十一冊

330000－1701－0063473　普 951.06092/1099/2/c1　史部/編年類/斷代之屬
明通鑑九十卷前編四卷附編六卷首一卷　（清）夏燮撰　清光緒二十三年（1897）湖北官書處刻本　四十冊

330000－1701－0063474　HJL7218、HJL7222　史部/政書類
三通　清乾隆十二年至十四年（1747－1749）武英殿刻本　一百十九冊　存二種

330000－1701－0063475　普 814.7/2521/2/(2)　集部/別集類/清別集
梅崖居士文集三十卷首一卷外集八卷　（清）朱仕琇撰　清乾隆四十七年（1782）新城魯仕驥刻道光重修本　十二冊

330000－1701－0063476　GP02063　集部/總集類/尺牘之屬

昭代名人尺牘二十四卷小傳二十四卷　(清)吳修輯　清光緒三十四年(1908)上海集古齋石印本　二十六册

330000－1701－0063477　G000709　子部/藝術類/書畫之屬/法帖

國朝四十名家墨蹟不分卷　(清)沈鈞輯　清光緒三十四年(1908)上海教育圖書館石印本　三册

330000－1701－0063478　HJH6928　新學/史志/諸國史

歐羅巴通史四卷　(日本)箕作元八　(日本)峰岸米撰　(清)胡景伊　(清)徐有成　(清)唐人傑譯　清光緒二十六年(1900)東亞譯書會鉛印本　四册

330000－1701－0063479　G000674　子部/醫家類/溫病之屬/瘧痢

治痢奇方妙論一卷　(清)倪涵初撰　清崇德堂刻本　一册

330000－1701－0063480　HJL7038　史部/目録類/總録之屬/私撰

天一閣書目四卷　(清)阮元、范邦甸等編

附碑目一卷續增一卷　(清)錢大昕編　(清)范懋敏續編　清嘉慶十三年(1808)揚州阮元文選樓刻本　十册　缺一卷(續增)

330000－1701－0063481　HJH7427　史部/傳記類/科舉録之屬/諸貢録

國朝館選錄不分卷　清刻本　一册

330000－1701－0063482　G000710、G010130　類叢部/叢書類/自著之屬

隨園三十種　(清)袁枚撰　清乾隆至嘉慶刻本　十册　存一種

330000－1701－0063484　HJL7219　史部/金石類/總志之屬

金石萃編一百六十卷　(清)王昶撰　清嘉慶十年(1805)青浦王氏經訓堂刻本　六十四册

330000－1701－0063485　HJH6929　史部/史抄類

南北史捃華八卷　(清)周嘉猷輯　清光緒二年(1876)永康胡氏退補齋刻本　四册

330000－1701－0063487　GP02047　集部/總集類/尺牘之屬

昭代名人尺牘續集二十四卷　陶湘輯　清宣統三年(1911)天寶石印局影印本　十二册

330000－1701－0063488　HJL7039　史部/目録類/總録之屬/官修

欽定天祿琳琅書目十卷　(清)于敏中等撰

欽定天祿琳琅書目後編二十卷　(清)彭元瑞等撰　清光緒十年(1884)長沙王氏刻本　十册

330000－1701－0063489　G000675　經部/易類/傳說之屬

易說六卷　(清)惠士奇撰　清嘉慶十五年(1810)璜川吳氏真意堂刻本　二册

330000－1701－0063490　GP01878　子部/藝術類/書畫之屬/畫譜

蘭譜一卷竹譜一卷　(清)王寅繪　清光緒八年(1882)合肥李氏東瀛刻本　二册

330000－1701－0063491　普814.7/2528/c2　集部/别集類/清别集

曝書亭集八十卷附錄一卷　(清)朱彝尊撰

笛漁小稾十卷　(清)朱昆田撰　清光緒十五年(1889)會稽陶氏寒梅館刻本　二十四册

330000－1701－0063492　HJL6931　史部/詔令奏議類/奏議之屬

張靖達公奏議八卷首一卷　(清)張樹聲撰　(清)何嗣焜編　繆荃孫　劉世珩訂正　清光緒二十五年(1899)刻本　四册

330000－1701－0063495　GP02064　集部/總集類/尺牘之屬

昭代名人尺牘二十四卷小傳二十四卷　(清)吳修輯　清光緒三十四年(1908)上海集古齋石印本　十四册

330000－1701－0063496　HJL7040　史部/金石類/錢幣之屬/文字

古泉叢話三卷又一卷　(清)戴熙撰　清同治十一年(1872)潘氏滂喜齋刻本　一冊

330000－1701－0063497　HJL7041　類叢部/叢書類/彙編之屬

玉海堂景宋元本叢書　劉世珩編　清光緒至民國貴池劉氏玉海堂影刻本　四冊　存一種

330000－1701－0063498　G000676　史部/政書類/軍政之屬

鄉守輯要合鈔十卷　(清)許乃釗編　清刻本　二冊

330000－1701－0063499　HJL7220　史部/政書類/通制之屬

欽定大清會典圖一百三十二卷目錄二卷　(清)慶桂等纂修　清嘉慶十六年(1811)刻本　十七冊　缺二卷(一百十一至一百十二)

330000－1701－0063503　HJH6932　史部/傳記類/總傳之屬/儒林

程子年譜十二卷首一卷終一卷　(清)池生春　(清)諸星杓編　清咸豐五年(1855)味經室刻本　二冊　存六卷(明道先生年譜四至五、伊川先生年譜一至三、終)

330000－1701－0063506　HJL7043　史部/紀傳類/正史之屬

兩漢刊誤補遺十卷附録一卷　(宋)吳仁傑撰　清光緒十八年(1892)寄傲軒刻本　二冊

330000－1701－0063507　普814.7/2528/4　集部/別集類/清別集

曝書亭集八十卷附録一卷　(清)朱彝尊撰　**笛漁小稾十卷**　(清)朱昆田撰　清康熙五十三年(1714)朱稻孫刻雍正重修本　十一冊

330000－1701－0063510　G000677、G006531、G011572　子部/宗教類/佛教之屬/經

大佛頂如來密因修證了義諸菩薩萬行首楞嚴經十卷　(唐)釋般剌密帝譯　(唐)釋彌伽釋迦譯語　(唐)房融筆受　清宣統三年(1911)應明刻本　曾代國題記　三冊

330000－1701－0063512　HJL7044　史部/叢編

思益堂史學四種　(清)周壽昌撰　清光緒長沙周氏小對竹軒刻本　四冊　存一種

330000－1701－0063514　GP01915　子部/藝術類/書畫之屬/法帖

歷朝聖賢篆書百體千文一卷　(清)孫枝秀集篆　清光緒十年(1884)上海同文書局影印本　一冊

330000－1701－0063517　HJH7428　史部/職官類

吳門從政錄一卷　陳光淞撰　清宣統三年(1911)江寧印刷廠鉛印本　一冊

330000－1701－0063520　普814.7/2528/5/c4　集部/別集類/清別集

曝書亭集八十卷附錄一卷　(清)朱彝尊撰　**笛漁小稾十卷**　(清)朱昆田撰　清康熙五十三年(1714)朱稻孫刻雍正重修本　十二冊

330000－1701－0063523　普814.7/2528.2　集部/別集類/清別集

曝書亭集外稿八卷　(清)朱彝尊撰　(清)馮登府　(清)朱墨林輯　清嘉慶二十二年(1817)刻本　四冊

330000－1701－0063524　GP01919　子部/藝術類/書畫之屬/法帖

唐顧升瘞琴銘不分卷　(唐)顧升撰並書　清宣統影印本　一冊

330000－1701－0063525　普814.7/2528.2/(3)　集部/別集類/清別集

曝書亭集外稿八卷　(清)朱彝尊撰　(清)馮登府　(清)朱墨林輯　清嘉慶二十二年(1817)刻本　一冊

330000－1701－0063527　GP02080　史部/金石類/石之屬/文字

思古齋雙鉤漢碑篆額三卷　(清)何澂輯　清光緒九年(1883)刻本　三冊

330000－1701－0063529　普347.65/7140/2/c2　史部/政書類/律令之屬/法驗

重刊補註洗冤錄集證六卷　(清)王又槐輯　(清)李觀瀾補輯　(清)阮其新補註　(清)

張錫蕃重訂　(清)文晟續輯　清光緒三年至五年(1877－1879)浙江書局刻四色套印本　五冊

330000－1701－0063530　普 347.65/7140/2/c3　史部/政書類/律令之屬/法驗
重刊補註洗冤錄集證六卷　(清)王又槐輯　(清)李觀瀾補輯　(清)阮其新補註　(清)張錫蕃重訂　(清)文晟續輯　清光緒三年至五年(1877－1879)浙江書局刻四色套印本　五冊

330000－1701－0063531　普 347.65/7140/2/c4　史部/政書類/律令之屬/法驗
重刊補註洗冤錄集證六卷　(清)王又槐輯　(清)李觀瀾補輯　(清)阮其新補註　(清)張錫蕃重訂　(清)文晟續輯　清光緒三年至五年(1877－1879)浙江書局刻四色套印本　五冊

330000－1701－0063532　普 814.7/2528.2/2　集部/別集類/清別集
曝書亭集外稿八卷　(清)朱彝尊撰　(清)馮登府　(清)朱墨林輯　清嘉慶二十二年(1817)刻道光二年(1822)印本　四冊

330000－1701－0063533　GP01920　子部/藝術類/書畫之屬/法帖
唐顧升瘞琴銘不分卷　(唐)顧升撰並書　清宣統影印本　一冊

330000－1701－0063534　G000678、G003026　子部/宗教類/道教之屬/經文
高上玉皇本行集經三卷　玉皇心印經一卷　(明)孝宗朱祐樘注　清光緒三十三年(1907)刻本　三冊

330000－1701－0063535　普 814.7/2528.3　集部/別集類/清別集
曝書亭集箋注二十三卷　(清)朱彝尊撰　(清)孫銀槎輯注　清嘉慶五年(1800)三有堂刻九年(1804)補刻本　十冊

330000－1701－0063537　GP02081　史部/金石類/石之屬/文字
思古齋雙鉤漢碑篆額三卷　(清)何澂輯　清光緒九年(1883)刻本　三冊

330000－1701－0063538　GP01921　子部/藝術類/書畫之屬/法帖
唐顧升瘞琴銘不分卷　(唐)顧升撰並書　清宣統影印本　一冊

330000－1701－0063540　普 814.7/2528.3/(3)　集部/別集類/清別集
曝書亭集箋注二十三卷　(清)朱彝尊撰　(清)孫銀槎輯注　清嘉慶五年(1800)三有堂刻九年(1804)補刻本　八冊

330000－1701－0063542　G000679　子部/宗教類/佛教之屬/諸宗
徹悟禪師語錄二卷　(清)釋際醒說　(清)釋了亮輯　清光緒十六年(1890)揚州藏經院刻本　一冊

330000－1701－0063543　G000711　子部/術數類/相宅相墓之屬
地理正宗三卷地理指迷篇二卷　(清)金六吉臆解　清乾隆四十二年(1777)嘉德堂刻本　五冊

330000－1701－0063544　普 347.65/7140/3/c1　史部/政書類/律令之屬/法驗
重刊補註洗冤錄集證五卷　(清)王又槐輯　(清)李觀瀾補輯　(清)阮其新補註　(清)張錫蕃重訂　清道光十七年(1837)張錫蕃刻本　四冊

330000－1701－0063545　普 347.65/7140/3/c2　史部/政書類/律令之屬/法驗
重刊補註洗冤錄集證五卷　(清)王又槐輯　(清)李觀瀾補輯　(清)阮其新補註　(清)張錫蕃重訂　清道光十七年(1837)張錫蕃刻本　四冊

330000－1701－0063550　G000680　集部/別集類/清別集
樂道堂集十種　(清)奕訢撰　清咸豐至光緒刻本　二冊　存一種

330000－1701－0063552　普 347.65/7140/4

史部/政書類/律令之屬/法驗
重刊補註洗冤錄集證六卷 （清）王又槐輯 （清）李觀瀾補輯 （清）阮其新補註 （清）張錫蕃重訂 （清）文晟續輯 清光緒十八年（1892）上海圖書集成印書局鉛印本 四册

330000－1701－0063557 HJL7433 新學/政治法律/律例
日本法規大全二十五卷首一卷 （清）劉崇傑等譯 **日本法規解字一卷** 錢恂 董鴻祎編 清光緒三十三年（1907）上海商務印書館鉛印本 八十一册

330000－1701－0063558 HJH7223 史部/詔令奏議類/詔令之屬
上諭條例不分卷（清雍正十三年至乾隆十年、乾隆二十五年至五十八年 清乾隆江蘇布政使司衙門刻嘉慶元年（1796）重修本 一百四十一册

330000－1701－0063559 HJL6933 史部/傳記類/總傳之屬/忠孝
昭忠錄九十卷前編六卷補遺三十二卷補遺再續九卷三續五卷前編補遺續一卷 （清）忠義局編 清同治四年至十一年（1865－1872）、光緒三年（1877）江蘇忠義局刻本 六十八册

330000－1701－0063560 HJH7048 史部/地理類/水利之屬
吴江水考增輯五卷附編二卷 （明）沈啓撰 （清）黄象曦增輯 清光緒二十年（1894）刻本 四册

330000－1701－0063561 HJH7434 類叢部/叢書類/彙編之屬
擇是居叢書初集十九種 張鈞衡編 清光緒至民國刻朱印本 一册 存二種

330000－1701－0063562 HJH7049 史部/編年類/斷代之屬
御撰資治通鑑綱目三編二十卷 （清）張廷玉等撰 清刻本 六册

330000－1701－0063563 HJH7050 史部/政書類/通制之屬
文獻通考詳節二十四卷 （元）馬端臨撰 （清）嚴虞惇輯 清刻本 九册 缺七卷（三至九）

330000－1701－0063564 HJL7224 史部/紀傳類/正史之屬
五代史記七十四卷 （宋）歐陽修撰 （宋）徐無黨注 （清）彭元瑞增注 （清）劉鳳誥排次 清道光八年（1828）刻本 四十册

330000－1701－0063565 HJH7051 史部/雜史類/通代之屬
重訂路史全本四十七卷 （宋）羅泌撰 （宋）羅苹注 （明）吴弘基等重編 清嘉慶六年（1801）西山堂刻本 十册

330000－1701－0063566 HJL6937 史部/目録類/總録之屬/史志
國史經籍志六卷 （明）焦竑輯 清徐氏梅隱書屋刻本 五册

330000－1701－0063567 HJL7052 類叢部/叢書類/自著之屬
蕙風叢書七種附一種 況周頤撰 清光緒刻民國十四年（1925）上海中國書店彙印本 一册 存一種

330000－1701－0063568 HJL7435 史部/紀傳類/正史之屬
二十四史附考證 清乾隆武英殿刻本 六十册 存一種

330000－1701－0063570 HJL7053 史部/金石類/總志之屬
九鐘精舍金石跋尾甲編一卷乙編一卷 吴士鑑撰 清宣統二年（1910）刻本 一册 存一卷（乙編）

330000－1701－0063571 HJL6935 史部/目録類/總録之屬/私撰
五桂樓書目四卷 （清）黄澄量撰 清光緒二十一年（1895）姚江黄安瀾刻本 二册

330000－1701－0063572 HJL7054 史部/金石類/總志之屬/文字
藝風堂金石文字目十八卷 繆荃孫撰 清光

緒三十二年(1906)王先謙湖南刻本　八册

330000－1701－0063574　HJL7226、HJL7227　類叢部/叢書類/自著之屬
萬青軒全書五種　(清)萬斛泉撰　清光緒刻本　二册　存二種

330000－1701－0063575　HJL6936　史部/目録類/總録之屬/私撰
開有益齋讀書志六卷續志一卷金石文字記一卷　(清)朱緒曾撰　清光緒六年(1880)金陵翁氏茹古閣刻本　二册

330000－1701－0063576　HJL7056　史部/金石類/石之屬/文字
思古齋雙鉤漢碑篆額三卷　(清)何澂輯　清光緒九年(1883)刻本　三册

330000－1701－0063577　HJL7057　史部/傳記類/總傳之屬/姓名
青樓小名錄八卷　(清)趙慶楨輯　清咸豐二年(1852)刻本　六册

330000－1701－0063580　HJL6934　史部/目録類/總録之屬/地方
杭州藝文志十卷　吳慶坻編　清光緒三十四年(1908)錢塘吳慶坻長沙刻本　四册

330000－1701－0063581　HJL7059　史部/史評類/史論之屬
四史發伏十卷　(清)洪亮吉撰　清光緒八年(1882)小石山房刻本　四册

330000－1701－0063582　HJL7229　史部/詔令奏議類/奏議之屬
平番奏議四卷輿圖一卷　(清)那彦成撰　清咸豐三年(1853)刻本　四册

330000－1701－0063583　HJH6938　史部/編年類/通代之屬
資治通鑑二百九十四卷目錄三十卷　(宋)司馬光撰　(元)胡三省音注　**續資治通鑑二百二十卷**　(清)畢沅撰　清光緒二十五年(1899)上海蜚英館石印本　八十册

330000－1701－0063584　HJL7437　類叢部/類書類/通類之屬
太平御覽一千卷目錄十五卷　(宋)李昉等輯　清光緒二十年(1894)上海積山書局石印本　三十二册

330000－1701－0063585　HJL7061　史部/金石類/郡邑之屬
湖北金石詩一卷　(清)嚴觀撰　清光緒元年(1875)衢西張氏二銘草堂刻本　二册

330000－1701－0063586　HJL7230　類叢部/叢書類/郡邑之屬
三怡堂叢書二十種　張鳳臺編　清光緒三十二年至民國十二年(1906－1923)河南官書局刻本　四册　存一種

330000－1701－0063588　HJL7231　史部/政書類/考工之屬/營造
妃園寢工程做法册五十卷做法簡册一卷　清末石印本　九册

330000－1701－0063589　HJL7063　類叢部/叢書類/彙編之屬
别下齋叢書初集二十三種　(清)蔣光煦編　清道光海昌蔣氏别下齋刻本　一册　存一種

330000－1701－0063590　HJH7065　類叢部/叢書類/彙編之屬
惜陰軒叢書三十四種續編一種　(清)李錫齡編　清刻本　七册　存一種

330000－1701－0063591　HJL7064　類叢部/叢書類/家集之屬
洪氏晦木齋叢書二十種　(清)洪汝奎編　清同治八年至宣統元年(1869－1909)刻本　二册　存一種

330000－1701－0063592　HJL7066　史部/金石類/郡邑之屬/目録
補寰宇訪碑錄五卷失編一卷　(清)趙之謙撰　清同治三年(1864)刻二金蝶堂所著書本　二册

330000－1701－0063593　HJL7067　史部/金石類/郡邑之屬
東甌金石志十二卷　(清)戴咸弼撰　(清)

孫詒讓校補　清光緒九年(1883)刻本　四冊

330000－1701－0063594　HJL6943　史部/金石類/郡邑之屬

金石一隅録一卷　(清)段嘉謨撰　清道光二年(1822)如見齋刻本　四冊

330000－1701－0063595　HJL7068　史部/地理類/雜志之屬

廣東新語二十八卷　(清)屈大均撰　清康熙水天閣刻本　十冊　存十九卷(一至十九)

330000－1701－0063596　HJL7069　史部/傳記類/别傳之屬/年譜

歷代名人年譜十卷附存疑及生卒年月無攷一卷　(清)吴榮光撰　清光緒元年(1875)南海念初思滿齋刻本　十冊

330000－1701－0063598　HJL7439　史部/雜史類/斷代之屬

西夏書事四十二卷　(清)吴廣成撰　清道光五年(1825)小峴山房刻本　八冊

330000－1701－0063599　HJH7686　史部/目録類/總録之屬/官修

欽定四庫全書總目二百卷首一卷　(清)紀昀等撰　清同治七年(1868)廣東書局刻本　一百二十冊

330000－1701－0063601　HJL7440　史部/傳記類/總傳之屬/斷代

文獻徵存録十卷　(清)錢林撰　(清)王藻編　清咸豐八年(1858)有嘉樹軒刻本　十冊

330000－1701－0063603　HJH7070　類叢部/叢書類/彙編之屬

漢魏叢書九十四種　明末刻本　二冊　存一種

330000－1701－0063604　HJH7442　史部/詔令奏議類/詔令之屬

硃批諭旨不分卷　(清)鄂爾泰等輯　清刻朱墨套印本　一百十二冊

330000－1701－0063607　HJL7072　史部/傳記類/别傳之屬

蔡福州外紀十卷附録一卷　(明)徐𤊹撰　(清)陳甫伸訂補　清同治二年(1863)蔡學蘇石經山房刻本　四冊

330000－1701－0063614　HJL7688　類叢部/叢書類/郡邑之屬

金華叢書六十八種　(清)胡鳳丹編　清同治七年至光緒八年(1868－1882)永康胡氏退補齋刻民國補刻本　四冊　存一種

330000－1701－0063615　HJL7074　史部/傳記類/總傳之屬/仕宦

貳臣傳十二卷逆臣傳四卷　(清)國史館撰　清都城琉璃廠半松居士刻本　八冊

330000－1701－0063616　HJL6948　史部/金石類/郡邑之屬

栝蒼金石志十二卷續志四卷　(清)李遇孫輯　(清)鄒柏森校補　清同治十三年(1874)浙江處州府署刻本　六冊

330000－1701－0063617　HJL7076　史部/地理類/專志之屬/古跡

闕里廣誌二十卷　(清)宋際　(清)宋慶長撰　清同治九年(1870)刻本　十二冊

330000－1701－0063619　HJL7234　集部/别集類/明别集

正氣堂集十七卷近稿一卷鎮閩議稿一卷洗海近事二卷餘集四卷續集七卷　(明)俞大猷撰　清道光二十一年至二十四年(1841－1844)孫氏味古書室刻本　十六冊

330000－1701－0063621　HJL7078　史部/政書類

三通　清乾隆十二年至十四年(1747－1749)武英殿刻本　一百十五冊　存一種

330000－1701－0063622　HJL7691　史部/傳記類/總傳之屬/郡邑

上海曹氏鄉賢録六卷　曹驤編　清宣統三年(1911)鉛印本　一冊

330000－1701－0063623　HJL7235　史部/雜史類/斷代之屬

國語正義二十一卷　(清)董增齡撰　清光緒

六年(1880)會稽章氏式訓堂刻本　八册

330000－1701－0063625　HJL6949　史部/目録類/總録之屬/私撰
天一閣見存書目四卷首一卷末一卷　(清)薛福成撰　清光緒十五年(1889)無錫薛福成甬上崇實書院刻本　劉承幹題簽　四册

330000－1701－0063626　HJL7236　史部/編年類
資治通鑑彙刻　清同治至光緒江蘇書局刻本　十册　存一種

330000－1701－0063628　HJL7237　史部/雜史類/斷代之屬
戰國策三十三卷　(漢)高誘注　**重刻剡川姚氏本戰國策札記三卷**　(清)黃丕烈撰　清光緒三年(1877)永康胡氏退補齋刻本　五册

330000－1701－0063630　HJL6950　史部/金石類/錢幣之屬/文字
古泉叢話三卷又一卷　(清)戴熙撰　清同治十一年(1872)潘氏滂喜齋刻熙室印本　二册

330000－1701－0063631　HJL7238　史部/紀事本末類/斷代之屬
欽定平定雲南回匪方略五十卷　(清)奕訢等撰　清末鉛印本　四十八册

330000－1701－0063632　HJL7697　史部/時令類
古今類傳歲時類四卷　(清)董穀士　(清)董炳文輯　清康熙三十一年(1692)未學齋刻本　四册

330000－1701－0063633　HJL7239　史部/紀事本末類/斷代之屬
欽定平定貴州苗匪紀略四十卷　(清)奕訢等撰　清末鉛印本　四十册

330000－1701－0063634　HJL6951　史部/目録類/總録之屬/私撰
藝風藏書記八卷　繆荃孫撰　清光緒二十六年至二十七年(1900－1901)刻藝風堂彙刻本　佚名題簽並記　一册

330000－1701－0063635　HJL7240　史部/目録類/版本之屬/書影
留真譜初編十二卷　(清)楊守敬輯　清光緒二十七年(1901)宜都楊氏刻本　十二册

330000－1701－0063636　HJL7700　史部/傳記類/別傳之屬/事狀
維揚兵憲鄭公棠蔭紀二卷　(明)黃光斗輯　明崇禎黃廷詢刻本　四册

330000－1701－0063637　HJL6952　史部/地理類/遊記之屬/紀行
凝香室鴻雪因緣圖記三集六卷　(清)麟慶撰　清道光二十七年(1847)揚州刻本　六册

330000－1701－0063638　HJL7241　史部/紀事本末類/斷代之屬
欽定平定陝甘新疆回匪方略三百二十卷首一卷　(清)奕訢等撰　清光緒二十二年(1896)鉛印本　三百九册　缺二卷(二百六、二百六十六)

330000－1701－0063639　HJH7079　史部/地理類/方志之屬/通志
[雍正]河南通志八十卷　(清)田文鏡等修　(清)孫灝等纂　**[乾隆]續河南通志八十卷首四卷**　(清)阿思哈　(清)嵩貴纂修　清雍正十三年(1735)刻道光六年(1826)補刻同治八年(1869)再補刻光緒十八年(1892)、二十八年(1902)續補刻民國三年(1914)河南教育司印本　六十四册

330000－1701－0063641　HJL6955　史部/目録類/書志之屬/提要
昭德先生郡齋讀書志二十卷　(宋)晁公武撰　(宋)姚應績編　清嘉慶二十四年(1819)吳門汪氏藝芸書舍刻本　四册

330000－1701－0063642　HJL6954　史部/史評類/史論之屬
史通削繁四卷　(清)紀昀撰　清道光十三年(1833)涿州盧坤兩廣節署刻朱墨套印本　四册

330000－1701－0063645　G000712　集部/總

集類/彙編之屬
漢魏六朝一百三家集(漢魏六朝百三名家集) (明)張溥編　清光緒十八年(1892)善化章經濟堂刻本　一册　存二種

330000－1701－0063646　普 951. 06092/1099/2/c2　史部/編年類/斷代之屬
明通鑑九十卷前編四卷附編六卷首一卷 (清)夏燮撰　清光緒二十三年(1897)湖北官書處刻本　四十册

330000－1701－0063647　HJL7447　史部/傳記類/總傳之屬/文苑
國朝名家詩鈔小傳四卷 (清)鄭方坤撰　清光緒十二年(1886)萬山草堂刻本　二册

330000－1701－0063649　HJL7696　史部/史表類/通代之屬
廿一史四譜五十四卷 (清)沈炳震撰　清同治十年(1871)武林吴氏清來堂刻本　十六册

330000－1701－0063650　HJL6956　類叢部/叢書類/自著之屬
存齋雜纂 (清)陸心源撰　清光緒吴興陸氏十萬卷樓刻本　三十一册　存一種

330000－1701－0063651　HJH7080　史部/地理類/方志之屬/通志
[雍正]敕修浙江通志二百八十卷首三卷 (清)李衛　(清)嵇曾筠等修　(清)沈翼機　(清)傅王露等纂　清乾隆元年(1736)刻嘉慶十七年(1812)校補印本　一百二十册

330000－1701－0063652　HJH7705　史部/地理類/方志之屬/郡縣志
[同治]湖州府志九十六卷首一卷 (清)宗源瀚　(清)楊榮緒　(清)郭式昌修　(清)周學濬　(清)陸心源　(清)汪曰楨纂　清同治十一年至十三年(1872－1874)愛山書院刻本　四十册

330000－1701－0063653　HJL7449　史部/史抄類
南史識小録十四卷北史識小録十四卷 (清)沈名蓀　(清)朱昆田輯　(清)張應昌補正　清同治十年(1871)武林吴氏清來堂刻本　十二册

330000－1701－0063654　普 814. 7/2610/c2　集部/别集類/清别集
攜雪堂文集四卷 (清)吴可讀撰　(清)郭嵐　(清)李崇洸輯　(清)楊慶生箋注　清光緒二十六年(1900)浙江書局刻本　四册

330000－1701－0063655　HJH6816　類叢部/叢書類/輯佚之屬
玉函山房輯佚書五百九十三種附一種 (清)馬國翰輯　清光緒十年(1884)楚南湘遠堂刻本　六十册　存二百四十四種

330000－1701－0063657　普 814. 7/25281　集部/别集類/清别集
古懽齋文録四卷 (清)朱舲撰　清光緒十一年(1885)古塘朱氏刻本　四册

330000－1701－0063658　普 951. 06092/1099/2/c3　史部/編年類/斷代之屬
明通鑑九十卷前編四卷附編六卷首一卷 (清)夏燮撰　清光緒二十三年(1897)湖北官書處刻本　四十册

330000－1701－0063659　普 814.7/2161　集部/别集類/清别集
澹園詩集二卷文集二卷首一卷 (清)虞景璜撰　清宣統三年至民國三年(1911－1914)鎮海虞和欽刻本　一册　缺二卷(一至二)

330000－1701－0063661　HJH7450　史部/金石類
行素草堂金石叢書(孫谿朱氏金石叢書)十六種 (清)朱記榮輯　清光緒吴縣朱氏刻十四年(1888)彙印本　四册　存一種

330000－1701－0063662　HJL7369　史部/地理類/雜志之屬
滇雲歷年傳十二卷 (清)倪蜕撰　清道光二十六年(1846)刻本　十六册

330000－1701－0063663　G000713　史部/紀傳類/正史之屬
十七史 (明)毛晉編　明崇禎元年至十七年

(1628－1644)毛氏汲古閣刻本　四冊　存一種

330000－1701－0063664　HJL7081　史部/政書類/律令之屬/律例
大清律例根原一百二十四卷　(清)吳坤修編　清同治十年(1871)安徽敷文書局木活字印本　一百冊

330000－1701－0063667　普 951. 06092/1111/c1　史部/編年類/斷代之屬
御撰資治通鑑綱目三編二十卷　(清)張廷玉等撰　清刻本　六冊

330000－1701－0063668　普 814. 7/252811　集部/別集類/清別集
茹古堂文集十卷詩集四卷　(清)朱秉鑑撰　清道光五年(1825)冰玉軒刻本　六冊

330000－1701－0063669　HJH7451　史部/金石類/郡邑之屬
栝蒼金石志十二卷續志四卷　(清)李遇孫輯　(清)鄒柏森校補　清同治十三年(1874)浙江處州府署刻本　六冊

330000－1701－0063670　普 814. 7/2167　集部/別集類/清別集
經義齋集十八卷　(清)熊賜履撰　清康熙二十九年(1690)刻退補齋印本　十冊

330000－1701－0063671　普 814. 7/2530　集部/別集類/清別集
匯源堂叢稿九卷　(清)朱浩文撰　清光緒二十一年(1895)湖北官書局刻本　三冊

330000－1701－0063672　普 347. 65/7140/5/c1　史部/政書類/律令之屬/法驗
補註洗冤録集證四卷附刊檢骨圖格一卷　(清)王又槐輯　(清)李觀瀾補輯　(清)阮其新補注　(清)童濂刪　**作吏要言一卷**　(清)葉鎮撰　(清)朱椿增　清道光二十六年(1846)江夏彭崧毓昆明刻三色套印本　二冊

330000－1701－0063675　普 347. 65/7140/5/c2　史部/政書類/律令之屬/法驗
補註洗冤録集證四卷附刊檢骨圖格一卷　(清)王又槐輯　(清)李觀瀾補輯　(清)阮其新補注　(清)童濂刪　**作吏要言一卷**　(清)葉鎮撰　(清)朱椿增　清道光二十三年(1843)江都鍾淮刻三色套印本　二冊

330000－1701－0063676　普 347. 65/7140/5/c3　史部/政書類/律令之屬/法驗
補註洗冤録集證四卷附刊檢骨圖格一卷　(清)王又槐輯　(清)李觀瀾補輯　(清)阮其新補注　(清)童濂刪　**作吏要言一卷**　(清)葉鎮撰　(清)朱椿增　清道光二十三年(1843)江都鍾淮刻三色套印本　四冊

330000－1701－0063677　HJL7452　史部/傳記類/別傳之屬/事狀
小谷口紀事畫引[鄭祖琛]一卷　(清)鄭祖琛撰　清道光二十七年(1847)桂林官廨刻本　一冊

330000－1701－0063679　G000714　史部/紀事本末類/斷代之屬
遼史紀事本末四十卷　(清)李有棠撰　清光緒十九年(1893)李栘鄂樓刻本　四冊

330000－1701－0063680　普 814. 7/2168/c1　集部/別集類/清別集
存誠齋文集十二卷　(清)何曰愈撰　清同治五年(1866)皖江藩署刻本　四冊

330000－1701－0063682　HJL7082　史部/政書類/軍政之屬/兵制
欽定工部軍器則例六十卷　(清)劉權之等纂修　清嘉慶刻本　四十冊

330000－1701－0063683　G000681　史部/傳記類/別傳之屬/事狀
天后聖母聖蹟圖誌全集二卷　(清)上洋壽思堂輯　清同治九年(1870)刻本　二冊

330000－1701－0063684　HJL7453　史部/政書類/律令之屬/治獄
刑案成式十卷　(清)孟慶雲輯　清光緒三年(1877)墨池書屋刻本　十冊

330000－1701－0063685　普 951. 06092/1111/c3　史部/編年類/斷代之屬

御撰資治通鑑綱目三編二十卷 (清)張廷玉等撰 清刻本 四册

330000－1701－0063686 HJH7242 史部/編年類/通代之屬

資治通鑑綱目發明五十九卷 (宋)尹起莘撰 清雍正八年至十一年(1730－1733)刻嘉慶重修同治十三年(1874)補刻本 四册

330000－1701－0063687 普 814.7/2168/c2 集部/别集類/清别集

存誠齋文集十二卷 (清)何曰愈撰 清同治五年(1866)皖江藩署刻本 四册

330000－1701－0063690 HJH7083 史部/傳記類/總傳之屬/家乘

[浙江紹興]後邨周氏淵源録十三卷 (清)周源纂修 清道光十二年(1832)引碧齋刻本 四册

330000－1701－0063691 HJL7368 史部/紀傳類/正史之屬

舊唐書二百卷 (後晉)劉昫撰 **舊唐書逸文十二卷** (清)岑建功輯 **舊唐書校勘記六十六卷** (清)羅士琳等校勘 清道光二十三年至二十六年(1843－1846)懼盈齋刻同治十一年(1872)定遠方氏補刻本 八十册

330000－1701－0063692 G000715 史部/傳記類/别傳之屬/事狀

皇清敕授修職郎己卯科舉人處州府遂昌縣儒學訓導敕封文林郎四川潼川府中江縣知縣誥封奉直大夫四川雅州府天全州知州例晉奉政大夫顯考退菴府君[吴灝]行述一卷 (清)吴昇等撰 **皇清誥封朝議大夫雲南大理府知府四川候補知府加三級顯考秋漁府君[吴昇]行狀一卷** (清)吴振棫撰 **皇清誥授光禄大夫兵部尚書都察院右都御史雲貴總督先考仲雲府君[吴振棫]行狀一卷** (清)吴春杰撰 清末鉛印本 一册

330000－1701－0063694 普 951.06092/1111/2 史部/編年類/斷代之屬

御撰資治通鑑綱目三編二十卷 (清)張廷玉等撰 清大文堂刻本 六册

330000－1701－0063695 普 814.7/21681 集部/别集類/清别集

雅雨堂詩集二卷文集四卷雅雨山人出塞集一卷 (清)盧見曾撰 (清)金在恒編 清道光二十年(1840)盧樞清雅堂刻本 四册

330000－1701－0063696 HJL7709 新學/商務

理財節畧一卷 (英國)戴樂爾撰 清光緒二十六年(1900)浙江書局刻本 一册

330000－1701－0063699 HJH7084 史部/地理類/方志之屬/郡縣志

[光緒]常昭合志稿四十八卷首一卷末一卷 (清)鄭鍾祥 (清)張瀛修 (清)龐鴻文等纂 清光緒三十年(1904)木活字印本 十六册

330000－1701－0063700 G000716 集部/别集類/清别集

葭溪集二卷 (清)朱杰撰 **抱硯圖詩一卷** (清)陳梓撰 清刻本 一册

330000－1701－0063702 HJL7455 類叢部/叢書類/彙編之屬

問影樓叢刻初編九種 胡思敬編 清光緒三十四年至民國二年(1908－1913)新昌胡氏南昌刻本暨鉛印本 一册 存一種

330000－1701－0063703 HJL7710 史部/金石類/金之屬/圖像

恒軒所見所藏吉金録不分卷 (清)吴大澂輯 清光緒十一年(1885)吴大澂刻本 二册

330000－1701－0063705 普 951.06092/1111/3/c1 史部/編年類/斷代之屬

御撰資治通鑑綱目三編二十卷 (清)張廷玉等撰 清乾隆二十七年(1762)江蘇巡撫陳弘謀刻本 四册

330000－1701－0063707 普 814.7/2531 類叢部/叢書類/自著之屬

空山堂全集九種附刊二種 (清)牛運震撰 清乾隆至嘉慶刻嘉慶二十三年(1818)空山堂彙印本 六册 存一種

330000－1701－0063819　普 814.7/2230　類叢部/叢書類/自著之屬

有竹居集三種十六卷　(清)任兆麟撰　清嘉慶二十四年(1819)兩廣節署刻本　八冊

330000－1701－0063820　普 951.06092/7537/2　史部/編年類/斷代之屬

明紀六十卷　(清)陳鶴輯　(清)陳克家補　清光緒十六年(1890)上海積山書局石印本　六冊

330000－1701－0063824　HJL7460　子部/藝術類/書畫之屬/法帖

蘇米齋蘭亭考八卷　(清)翁方綱撰　清道光二十五年(1845)淮陽張氏須曼羅室刻本　一冊

330000－1701－0063825　HJL7723　史部/紀傳類/正史之屬

補梁疆域志四卷　(清)洪齮孫撰　清道光十五年(1835)江陰刻本　四冊

330000－1701－0063826　HJH8448　史部/地理類/方志之屬/郡縣志

[光緒]烏程縣志三十六卷　(清)郭式昌　(清)潘玉璿　(清)馮健修　(清)周學濬　(清)汪曰楨纂　清光緒六年至七年(1880－1881)刻本　十二冊

330000－1701－0063828　普 347.7/4421　類叢部/叢書類/自著之屬

鹿洲全集七種　(清)藍鼎元撰　清康熙至雍正刻彙印本　二冊　存一種

330000－1701－0063830　普 814.7/2548　集部/別集類/清別集

故紙偶存文二卷詩一卷越吟新附一卷　(清)朱彭年撰　**懷我好音一卷**　清光緒二十二年(1896)刻本　三冊

330000－1701－0063831　普 814.7/2233/c2　集部/別集類/清別集

鳴鶴堂詩集十一卷文集十卷　(清)任源祥撰　(清)瞿源洙集評　(清)任道鎔彙輯　清光緒十五年(1889)刻本　六冊

330000－1701－0063832　HJL7724　史部/紀傳類/正史之屬

三國志證聞三卷　(清)錢儀吉撰　清光緒十一年(1885)江蘇書局刻本　二冊

330000－1701－0063833　HJL7461　史部/金石類/總志之屬/通考

重定金石契不分卷石鼓文釋存一卷補注一卷　(清)張燕昌撰　清光緒二十二年(1896)、二十八年(1902)貴池劉氏刻本　五冊

330000－1701－0063838　HJL7726　史部/政書類/儀制之屬/典禮

澤宮序次舉要二卷附錄一卷　(清)洪恩波撰　清光緒二十三年(1897)金陵官書局刻二十五年(1899)重修本　二冊

330000－1701－0063839　普 814.7/2233/c3　集部/別集類/清別集

鳴鶴堂詩集十一卷文集十卷　(清)任源祥撰　(清)瞿源洙集評　(清)任道鎔彙輯　清光緒十五年(1889)刻本　六冊

330000－1701－0063841　普 814.7/2233/(4)　集部/別集類/清別集

鳴鶴堂詩集十一卷文集十卷　(清)任源祥撰　(清)瞿源洙集評　(清)任道鎔彙輯　清光緒十五年(1889)刻本　五冊　存十卷(文集一至十)

330000－1701－0063843　普 951.06092/7547　史部/編年類/斷代之屬

明史綱目管窺四卷　(清)陳杞撰　清嘉慶十三年(1808)刻本　四冊

330000－1701－0063846　普 814.7/2550　集部/別集類/清別集

朱杜溪先生集七卷游歷記存一卷　(清)朱書撰　清光緒十九年(1893)黃修礽刻本　三冊　缺一卷(遊歷記存)

330000－1701－0063851　普 814.7/2553　集部/別集類/清別集

朱文端公文集四卷補編四卷　(清)朱軾撰　**朱文端公[軾]年譜一卷**　(清)朱瀚編

(清)朱舲補　清同治十年至十二年(1871－1873)古唐朱舲古懽齋刻本　八册

330000－1701－0063852　普 951.06092/8742　史部/編年類/斷代之屬

御撰資治通鑑綱目三編四十卷　(清)舒赫德等修　(清)朱珪等纂　清同治十一年(1872)江西書局刻本　十二册

330000－1701－0063853　普 814.7/22331　集部/别集類/清别集

清芬樓遺稿四卷　(清)任啓運撰　清嘉慶二十二年(1817)刻本　四册

330000－1701－0063854　G000686　集部/别集類/清别集

繡餘續草一卷聽雪詞一卷　(清)歸懋儀撰　清道光三年(1823)刻本　一册

330000－1701－0063855　HJL8450　史部/傳記類/總傳之屬/斷代

國朝先正事略六十卷　(清)李元度撰　清同治五年至八年(1866－1869)循陔草堂刻本　十六册

330000－1701－0063859　HJL7463　類叢部/叢書類/彙編之屬

風雨樓叢書二十三種　鄧實編　清宣統順德鄧氏鉛印本　三册　存一種

330000－1701－0063860　普 814.7/22331/2/c1　類叢部/叢書類/自著之屬

任氏遺書八種　(清)任啓運撰　清光緒十四年(1888)荆溪任氏家塾刻本　二册　存一種

330000－1701－0063863　普 814.7/2553.2　集部/别集類/清别集

朱文端公集四卷　(清)朱軾撰　清乾隆二年(1737)刻本　四册

330000－1701－0063864　普 814.7/22331/2/c2　類叢部/叢書類/自著之屬

任氏遺書八種　(清)任啓運撰　清光緒十四年(1888)荆溪任氏家塾刻本　二册　存一種

330000－1701－0063865　普 347.7/4443.2/2　史部/政書類/律令之屬/判牘

樊山判牘四卷　樊增祥撰　清宣統三年(1911)法政學習所石印本　四册

330000－1701－0063866　HJH8051　史部/雜史類/斷代之屬

海東逸史十八卷　(清)翁洲老民撰　清光緒十年(1884)慈谿楊泰亨經畬塾刻本　二册

330000－1701－0063867　M001235　史部/政書類/公牘檔册之屬

籌辦兩廣工業學堂條議不分卷　清末廣東學務公所印刷處鉛印本　一册

330000－1701－0063871　HJL8451　史部/雜史類/斷代之屬

西夏書事四十二卷　(清)吳廣成撰　清道光五年(1825)小峴山房刻本　八册

330000－1701－0063873　HJH7464　類叢部/叢書類/彙編之屬

張氏適園叢書　張鈞衡編　清宣統三年(1911)上海國學扶輪社鉛印本　一册　存一種

330000－1701－0063875　HJL7255　史部/傳記類/總傳之屬/通代

歷代帝王紀要十二卷首一卷　(清)王大煇輯　清光緒七年(1881)蛟川周氏詒書堂刻本　二册

330000－1701－0063877　G000723　子部/雜著類/雜纂之屬

格言聯璧一卷　(清)金纓輯　**經驗良方一卷**　清光緒十六年(1890)刻本　一册

330000－1701－0063878　普 348.17/0017.5/c1　史部/政書類/律令之屬/律例

大清光緒新法令十三卷附錄一卷　商務印書館編譯所編纂　清宣統元年(1909)上海商務印書館鉛印本　二十册

330000－1701－0063880　普 348.17/0017.5/c3　史部/政書類/律令之屬/律例

大清光緒新法令十三卷附錄一卷　商務印書館編譯所編纂　清宣統元年(1909)上海商務

印書館鉛印本　二十冊

330000－1701－0063882　HJL7465　類叢部/叢書類/彙編之屬

蟫隱廬叢書十八種　羅振常編　清宣統二年至民國二十五年(1910－1936)上虞羅氏謄寫及鉛印本三十三年(1944)吳興周延年彙印本　一冊　存一種

330000－1701－0063883　HJL7256　史部/傳記類/别傳之屬

循陔錄二卷　(清)李葆森編　清光緒六年(1880)循陔書屋刻本　一冊

330000－1701－0063884　G000688、G003817、G010232、G009137　子部/術數類/命書相書之屬

神相全編十二卷首一卷　(宋)陳傳撰　(明)袁忠徹訂　清乾隆五十一年(1786)刻本　五冊　存十一卷(首、一至八、十一至十二)

330000－1701－0063888　G000724　史部/政書類/邦計之屬

教育文編不分卷　徐繼高撰　清末刻本　一冊

330000－1701－0063890　G000689　史部/傳記類/總傳之屬/斷代

昭代名人尺牘小傳二十四卷　(清)吳修撰　清道光六年(1826)刻本　二冊

330000－1701－0063891　普814.7/22331/4　類叢部/叢書類/郡邑之屬

常州先哲遺書七十二種　盛宣懷編　清光緒二十一年至三十三年(1895－1907)武進盛氏思惠齋刻宣統彙印本　一冊　存一種

330000－1701－0063895　HJL8452　史部/史評類/史論之屬

史論正鵠初集四卷二集四卷三集八卷　(清)王樹敏評點　清光緒二十七年(1901)上海久敬齋石印本　八冊　缺八卷(三集一至八)

330000－1701－0063896　G000725　史部/地理類/山川之屬/水志

水道提綱二十八卷　(清)齊召南撰　清光緒十七年(1891)湖南船山書局刻本　八冊

330000－1701－0063899　HJL8056　史部/詔令奏議類/詔令之屬

五朝聖訓一百十二卷　清乾隆四年至六年(1739－1741)武英殿刻本　三十二冊

330000－1701－0063901　HJL7467　類叢部/叢書類/郡邑之屬

台州叢書續編十三種　(清)王棻等編　清光緒王棻等刻本　二冊　存一種

330000－1701－0063902　HJL7263　史部/編年類/通代之屬

尺木堂綱鑑易知錄九十二卷明鑑易知錄十五卷　(清)吳乘權　(清)周之炯　(清)周之燦輯　清光緒二十七年(1901)上海文瑞樓鉛印本　十六冊

330000－1701－0063903　G000726　史部/史抄類

史鑑節要便讀六卷　(清)鮑東里撰　清光緒二十七年(1901)德記書局石印本　二冊

330000－1701－0063906　G000690　經部/小學類/文字之屬/字書

字學舉隅不分卷　(清)黃本驥　(清)龍啓瑞撰　清道光三十年(1850)刻本　一冊

330000－1701－0063908　普814.7/2276.02　集部/别集類/清别集

介和堂全集補遺二卷附一卷　(清)任辰旦撰　清乾隆二十年(1755)蕭山任氏家刻本　四冊

330000－1701－0063915　HJL7262　史部/史抄類

讀史鏡古編三十二卷　(清)潘世恩輯　清同治十三年(1874)冶城飛霞閣刻本　六冊

330000－1701－0063916　G000691　集部/别集類/清别集

因寄軒文初集十卷二集六卷補遺一卷　(清)管同撰　**坿刻小異遺文一卷**　(清)管嗣復撰　清光緒五年(1879)顧雲等刻本　二冊　缺十卷(初集一至十)

330000－1701－0063917　普 814.7/25641　集部/别集類/清别集
留月軒文鈔一卷三冬消夜詩一卷　(清)朱國華撰　清光緒二十八年(1902)天台木活字印本　一册

330000－1701－0063919　普 348.17/0017.51　史部/政書類/律令之屬/刑制
大清宣統新法令不分卷　商務印書館輯　清宣統元年至三年(1909－1911)上海商務印書館鉛印本　三十四册

330000－1701－0063920　HJL7261　史部/傳記類/總傳之屬/仕宦
道齊正軌二十卷　(清)鄒鳴鶴撰　清道光三十年(1850)無錫鄒氏刻本　八册

330000－1701－0063921　普 814.7/2322　集部/别集類/清别集
霜紅龕集四十卷　(清)傅山撰　**附録三卷傅青主先生[山]年譜一卷**　丁寶銓輯　清宣統三年(1911)山陽丁氏刻本　二十册

330000－1701－0063922　HJL7725　史部/政書類/儀制之屬/典禮
文廟禮器圖式三卷文昌關帝樂章祝文一卷　(清)孔繼汾撰　清同治六年(1867)刻本　八册

330000－1701－0063924　HJL8057　史部/地理類/雜志之屬
談瀛錄三卷　(清)王之春撰　清光緒六年(1880)上洋文藝齋刻本　二册

330000－1701－0063926　GP02262　子部/藝術類/書畫之屬/書法書品
唐若川篆書童訓一卷　(清)唐濟鎮書　清宣統二年(1910)石印本　一册

330000－1701－0063927　普 814.7/25641.2　集部/别集類/清别集
燕游集一卷留月軒文鈔一卷三冬消夜詩一卷　(清)朱國華撰　清光緒二十八年(1902)天台齊品亨堂木活字印本　二册

330000－1701－0063929　HJL8058　史部/地理類/遊記之屬/紀行
轉漕日記四卷(清道光十六年九月二十七日至十七年六月十二日)　(清)李均撰　清道光十七年(1837)刻本　二册

330000－1701－0063930　HJL7728　史部/金石類/錢幣之屬/圖像
古今錢略三十二卷首一卷末一卷　(清)倪模撰　清光緒五年(1879)望江倪氏兩疆勉齋刻本　十六册

330000－1701－0063931　HJH8453　史部/紀傳類/正史之屬
四史　清光緒十四年(1888)上海蜚英館石印本　八册　存一種

330000－1701－0063932　普 814.7/2293　集部/别集類/清别集
楚中草一卷　(清)任光斗撰　清光緒二十三年(1897)刻本　一册

330000－1701－0063933　HJL7260　史部/地理類/遊記之屬/紀行
蜀輶日記四卷　(清)陶澍撰　清光緒七年(1881)杜氏刻本　四册

330000－1701－0063935　普 814.7/2567/c1　集部/别集類/清别集
鶴天鯨海焚餘稿六卷　(清)朱昌頤撰　清同治五年(1866)海昌朱氏德馨堂刻本　四册

330000－1701－0063937　HJL8059　史部/雜史類/斷代之屬
十國春秋一百十四卷　(清)吳任臣撰　**拾遺一卷備考一卷　拾遺備考補**　(清)周昂輯　清乾隆五十八年(1793)昭文周氏此宜閣刻海虞戴氏漱石山房印本　二十册

330000－1701－0063938　普 348.17/0017.52　史部/政書類/律令之屬/刑制
大清新法令分類總目一卷　商務印書館輯　清宣統二年(1910)上海商務印書館鉛印本　一册

330000－1701－0063939　GP02308　子部/藝術類/書畫之屬/法帖

張季直殿撰臨伊闕佛龕碑不分卷 張謇書 清末上海通運公司石印本 二冊

330000－1701－0063940 普 814.7/2567/c2 集部/別集類/清別集
鶴天鯨海焚餘稿六卷 (清)朱昌頤撰 清同治五年(1866)海昌朱氏德馨堂刻本 四冊

330000－1701－0063942 普 814.7/2299 集部/別集類/清別集
濂墨軒文集一卷 崔炳炎撰 清光緒三十四年(1908)廣東學務公所印刷處鉛印本 一冊

330000－1701－0063946 GP02309 子部/藝術類/書畫之屬/法帖
固始張侍郎遺蹟不分卷 (清)張仁黼撰并書 清宣統元年(1909)懿文齋石印本 一冊

330000－1701－0063948 G000727 史部/政書類/通制之屬
文獻通考詳節二十四卷 (元)馬端臨撰 (清)嚴虞惇輯 清光緒鉛印本 一冊 存七卷(十八至二十四)

330000－1701－0063949 普 814.7/25721/c1 集部/別集類/清別集
虛白山房詩集四卷駢體文二卷 (清)朱鳳毛撰 清光緒十五年(1889)廣州刻朱印本 二冊

330000－1701－0063951 GP02174 子部/藝術類/書畫之屬/法帖
小萬柳堂臨王文治書一卷 吳芝瑛書 清光緒三十年(1904)石印本 一冊

330000－1701－0063953 GP02175 子部/藝術類/書畫之屬/法帖
大佛頂如來密因修證了義諸菩薩萬行首楞嚴經十卷 吳芝瑛書 清光緒三十四年至宣統元年(1908－1909)杭州小萬柳堂石印本 一冊 存五卷(一至五)

330000－1701－0063954 普 814.7/25721/c2 集部/別集類/清別集
虛白山房詩集四卷駢體文二卷 (清)朱鳳毛撰 清光緒十五年(1889)廣州刻朱印本 二冊

330000－1701－0063955 普 814.7/2574/c1 集部/別集類/清別集
結一廬遺文二卷 (清)朱學勤撰 朱溍輯 繆荃孫編 清光緒三十四年(1908)刻本 一冊

330000－1701－0063956 普 348.17/3539 史部/政書類/律令之屬/律例
欽定重修六部處分則例五十二卷 (清)文孚等修 (清)清平等纂 清同治八年(1869)金東書行刻本 二十四冊

330000－1701－0063957 G000728 史部/雜史類/斷代之屬
元朝秘史十五卷 (元)忙豁侖紐察 (元)脫察安撰 (清)李文田注 清光緒二十九年(1903)石印本 四冊

330000－1701－0063959 普 814.7/2574/c2 集部/別集類/清別集
結一廬遺文二卷 (清)朱學勤撰 朱溍輯 繆荃孫編 清光緒三十四年(1908)刻本 一冊

330000－1701－0063960 HJL7468 史部/雜史類/斷代之屬
南疆繹史勘本三十卷首二卷 (清)溫睿臨撰 (清)李瑤勘定 **繹史摭遺十八卷卹謚考八卷** (清)李瑤撰 清道光十年(1830)都城琉璃廠半松居士活字印本 二十冊

330000－1701－0063962 HJL7275 史部/金石類/金之屬/圖像
兩罍軒彝器圖釋十二卷 (清)吳雲撰 清同治十一年(1872)刻本 六冊

330000－1701－0063963 HJL7264 史部/史表類/通代之屬
歷代帝王年表三卷 (清)齊召南撰 (清)阮福續 清光緒二十八年(1902)上海煥文書局石印本 三冊

330000－1701－0063964 HJL8455 史部/編年類/通代之屬

330000－1701－0063992　HJL7733　史部/地理類/總志之屬/斷代

漢書地理志校注二卷識語一卷　(清)王紹蘭撰　清光緒二十二年(1896)蕭山陳氏遺經樓刻本　二冊

330000－1701－0063993　G000731　史部/傳記類/别傳之屬

抱冰堂弟子記一卷　清光緒武昌文藻齋鉛印本　一冊

330000－1701－0063994　GP02315　子部/藝術類/書畫之屬/書法書品

松禪老人遺墨不分卷　(清)翁同龢書　清光緒三十一年(1905)石印本　一冊

330000－1701－0063995　HJL8060　子部/雜著類/雜説之屬

瀛洲筆談十二卷首一卷　(清)阮亨撰　清嘉慶二十五年(1820)刻本　十四冊

330000－1701－0063999　HJL8062　史部/傳記類/總傳之屬/姓名

史姓韻編六十四卷　(清)汪輝祖撰　清同治九年(1870)金陵書局木活字印本　二十四冊

330000－1701－0064000　HJH7267　史部/傳記類/科舉録之屬/歷科鄉試録

光緒十四年戊子科順天鄉試同年齒錄不分卷　清光緒刻本　四冊

330000－1701－0064004　普814.7/2621　集部/别集類/清别集

質盦集二卷　白作霖撰　清光緒二十四年(1898)鉛印本　二冊

330000－1701－0064007　HJL7735　類叢部/叢書類/自著之屬

振綺堂遺書五種　(清)汪遠孫撰　清道光刻民國十一年(1922)錢唐汪氏彙印本　一冊　存一種

330000－1701－0064009　HJL7473　史部/傳記類/别傳之屬/事狀

羅壯節公表忠錄二卷首一卷末一卷　(清)羅少村輯　清光緒元年(1875)宿松羅氏刻本　一冊

330000－1701－0064012　GP02323　子部/藝術類/書畫之屬/法帖

翁相國手札一卷　(清)翁同龢書　清光緒三十四年(1908)上海有正書局石印本　一冊

330000－1701－0064013　HJH7269　史部/傳記類/科舉録之屬

咸豐六年丙辰科會試同年齒錄不分卷　清咸豐刻本　三冊

330000－1701－0064014　GP02318　子部/藝術類/書畫之屬/法帖

翁松禪寫書譜墨蹟不分卷　(清)翁同龢書　清宣統二年(1910)上海有正書局石印本　一冊

330000－1701－0064016　HJL7736　史部/紀傳類/正史之屬

南北史補志十四卷附贊一卷　(清)汪士鐸撰　清光緒四年(1878)淮南書局刻本　六冊

330000－1701－0064018　普814.7/23221/c2　集部/别集類/清别集

半溪草堂文稿二卷詩稿四卷　青陔遺稿一卷　(清)傅衡撰　清光緒十三年(1887)官書局刻本　四冊

330000－1701－0064019　G000733　經部/詩類/三家詩之屬

韓詩外傳十卷　(漢)韓嬰撰　清乾隆十七年(1752)張晉康重刻海虞毛氏本　二冊

330000－1701－0064021　普814.7/2622/c1　類叢部/叢書類/自著之屬

蘉蒔山莊遺著四種　(清)吳修祜撰　清光緒十年至十五年(1884－1889)木活字印本　一冊　存一種

330000－1701－0064023　普951.06093/4030　史部/史評類/史論之屬

明史述略七卷首一卷　(清)杭州府學堂編　(清)棣華館主補　清光緒三十四年(1908)稿本　三冊

330000－1701－0064024　HJH7474　史部/傳記類/科舉録之屬/歷科鄉試録

壬午戊子科山東鄉試同考取中名錄附張星吉所取小門生一卷　清光緒刻本　一册

330000－1701－0064025　HJL8064　史部/傳記類/别傳之屬/年譜

四朝先賢六家年譜　（清）楊希閔撰　清光緒四年（1878）新城楊希閔福州刻本　八册

330000－1701－0064028　HJH7270　史部/傳記類/科舉録之屬/歷科鄉試録

道光二十九年順天鄉試齒錄不分卷　清道光刻本　二册

330000－1701－0064031　HJL8461、HJL8462　史部/傳記類/總傳之屬/仕宦

滿洲名臣傳四十八卷漢名臣傳三十二卷　（清）國史館撰　清京都琉璃廠榮錦書坊刻本　七十六册　缺三卷（滿洲名臣傳一至二、漢名臣傳一）

330000－1701－0064032　GP02319　史部/傳記類/别傳之屬/事狀

莫猶人先生[與儔]墓表一卷　（清）曾國藩撰並書　清同治十二年（1873）刻本　一册

330000－1701－0064033　普 814.7/2622/c2　類叢部/叢書類/自著之屬

蘦蒔山莊遺著四種　（清）吴修祜撰　清光緒十年至十五年（1884－1889）木活字印本　一册　存一種

330000－1701－0064034　HJL7475　史部/職官類/官箴之屬

牧令全書二十三卷　（清）丁日昌輯　清同治七年（1868）江蘇書局刻本　一册　存一卷（欽頒州縣事宜）

330000－1701－0064035　普 951.06093/4679/c1　史部/紀事本末類

歷朝紀事本末七種　（清）陳如升　（清）朱記榮輯　清光緒二十二年（1896）上海慎記書莊石印本　一册　存一種

330000－1701－0064037　普 814.7/2581　集部/别集類/清别集

治經堂詩集十二卷日次詩二卷文集四卷　（清）朱錦琮撰　清道光刻本　六册

330000－1701－0064041　HJL7737　史部/政書類/邦計之屬/鹽法

淮鹺駁案類編八卷　（清）陳方坦輯　清光緒十八年（1892）金陵刻本　六册

330000－1701－0064042　普 951.06093/4679/c2　史部/紀事本末類

歷朝紀事本末七種　（清）陳如升　（清）朱記榮輯　清光緒二十一年（1895）上海積山書局石印本　一册　存一種

330000－1701－0064043　普 348.52/8397/c3　新學/政治法律/律例

日本法規解字不分卷　錢恂　董鴻禕撰　清宣統二年（1910）上海商務印書館鉛印本　一册

330000－1701－0064044　HJL8067　史部/傳記類/總傳之屬/仕宦

碧血錄五卷　（清）莊仲方撰　（清）夏鸞翔繪圖　清光緒八年（1882）上海同文書局石印本　五册

330000－1701－0064045　普 814.7/26231　類叢部/叢書類/彙編之屬

誦芬室叢刊二十二種　董康編　清光緒三十四年至民國十四年（1908－1925）武進董氏刻本　八册　存二種

330000－1701－0064046　G000757　經部/四書類/總義之屬/傳說

四書朱子本義匯參四十三卷首四卷　（清）王步青輯　清刻本　一册　存一卷（孟子二）

330000－1701－0064047　HJL7738　史部/傳記類/科舉録之屬/歷科鄉試録

光緒己卯科順天鄉試同年齒錄不分卷　清光緒刻本　四册

330000－1701－0064048　HJL7476　史部/地理類/專志之屬/古跡

石柱記箋釋五卷　（清）鄭元慶撰　清道光

二十八年(1848)鈕氏刻本　四册

330000－1701－0064049　G000734　集部/别集類/清别集

涵村詩集十卷　(清)秦文超撰　清光緒六年(1880)秦簣刻本　五册

330000－1701－0064050　普 814.7/2581.2　集部/别集類/清别集

治經堂集二十卷　(清)朱錦琮撰　清道光十九年(1839)瑞州刻本　八册

330000－1701－0064051　HJL8068　史部/傳記類/總傳之屬/儒林

學案小識十四卷首一卷末一卷　(清)唐鑑撰　清道光二十六年(1846)四砭齋刻本　八册

330000－1701－0064054　HJL7739　史部/傳記類/科舉録之屬/歷科登科録

光緒二十一年乙未科會試同年齒錄不分卷　清光緒宏文齋等刻本　四册

330000－1701－0064055　普 814.7/23221/c3　集部/别集類/清别集

半溪草堂文稿二卷詩稿四卷　(清)傅卓然撰　**青陔遺稿一卷**　(清)傅衡撰　清光緒十三年(1887)官書局刻本　四册

330000－1701－0064056　HJH8463　史部/傳記類/科舉録之屬/歷科鄉試録

[光緒]壬午科十八省正副榜同年全錄不分卷　清光緒八年(1882)刻本　一册

330000－1701－0064058　GP02320　史部/傳記類/總傳之屬/家乘

歐陽氏姑婦節孝家傳(曾國藩節孝傳)不分卷　(清)曾國藩撰並書　清末上海求古齋石印本　叔平題記　一册

330000－1701－0064059　G000735　類叢部/叢書類/自著之屬

陳炯齋著述二種　(清)陳徽言撰　清咸豐七年(1857)章門刻本　一册　存一種

330000－1701－0064061　普 814.7/23221/c4、普 814.7/23221.2　集部/别集類/清别集

半溪草堂文稿二卷詩稿四卷　(清)傅卓然撰　**青陔遺稿一卷**　(清)傅衡撰　清光緒十三年(1887)官書局刻本　四册

330000－1701－0064062　HJL8069　史部/傳記類/總傳之屬/通代

古今聖賢圖考三種　(清)顧沅輯　清道光十年(1830)刻本　十二册　存二種

330000－1701－0064064　HJL7272　史部/傳記類/科舉録之屬/歷科鄉試録

光緒丙子科江南鄉試同年履歷不分卷　清光緒刻本　三册

330000－1701－0064065　普 814.7/26231.2　集部/别集類/清别集

梅村集二十卷　(清)吳偉業撰　清宣統二年(1910)上海國學昌明社石印本　六册

330000－1701－0064066　HJL7740　史部/傳記類/科舉録之屬/總録

光緒乙亥年恩賜廕生同官齒錄不分卷光緒大婚己丑年恩賜廕生同官齒錄不分卷皇太后萬壽甲午年恩賜廕生同官齒錄不分卷　清光緒文德齋刻本　四册

330000－1701－0064067　GP02321　史部/傳記類/别傳之屬/墓誌

皇清誥授光禄大夫閩浙總督季公[芝昌]墓志銘不分卷　(清)曾國藩撰並書　清末石印本　抱冬題記　一册

330000－1701－0064068　HJL7273　史部/史評類/史論之屬

歷代史略六卷　柳詒徵撰　清光緒二十八年(1902)江楚書局刻本　八册

330000－1701－0064071　G000758　子部/醫家類/綜合之屬/雜著

筆花醫鏡四卷　(清)江涵暾撰　清刻本　一册　存二卷(二至三)

330000－1701－0064072　普 814.7/2588　集部/别集類/清别集

笥河文集十六卷首一卷　(清)朱筠撰　清光緒刻畿輔叢書本　章嶔題記　六册

330000－1701－0064073　普 814.7/26232/c1　類叢部/叢書類/自著之屬

蘉蒔山莊遺著四種　(清)吳修祜撰　清光緒十年至十五年(1884－1889)木活字印本　一冊　存一種

330000－1701－0064075　GP02322　子部/藝術類/書畫之屬/法帖

常熟翁相國手札一卷　(清)翁同龢撰並書　清光緒三十四年(1908)上海有正書局石印本　一冊

330000－1701－0064076　普 951.06093/4679/3　史部/紀事本末類

歷朝紀事本末九種　(清)陳如升　(清)朱記榮輯　(清)慎記主人增輯　清光緒二十九年(1903)上海文林書局石印本　一冊　存一種

330000－1701－0064078　HJL7741　史部/雜史類/斷代之屬

明季稗史彙編十六種　(清)留雲居士輯　清都城琉璃廠刻本　十三冊　存十三種

330000－1701－0064079　HJL8070　史部/雜史類/外紀之屬

皇朝藩部要略十八卷　(清)祁韻士纂　(清)毛嶽生編　**皇朝藩部世系表四卷**　(清)祁韻士纂　(清)宋景昌增輯　清道光筠淥山房刻本　十六冊

330000－1701－0064080　普 951.06093/4679/4　史部/紀事本末類

歷朝紀事本末七種　(清)陳如升　(清)朱記榮輯　清光緒十四年(1888)上海書業公所鉛印本　一冊　存一種

330000－1701－0064081　普 951.06093/4679/5/c1　史部/紀事本末類/斷代之屬

三藩紀事本末四卷　(清)楊陸榮撰　清刻本　二冊

330000－1701－0064082　普 951.06093/4679/5/c2　史部/紀事本末類/斷代之屬

三藩紀事本末四卷　(清)楊陸榮撰　清刻本　一冊

330000－1701－0064083　普 951.06093/4679/5/c3　史部/紀事本末類/斷代之屬

三藩紀事本末四卷　(清)楊陸榮撰　清刻本　二冊

330000－1701－0064084　普 951.06093/8005　史部/紀事本末類

歷朝紀事本末九種　(清)陳如升　(清)朱記榮輯　(清)捷記主人增輯　清光緒二十九年(1903)上海文盛書局石印本　六冊　存一種

330000－1701－0064086　普 951.06093/8005/4/c1　史部/紀事本末類

紀事本末五種　(清)□□輯　清同治十二年至十三年(1873－1874)江西書局刻本　二十冊　存一種

330000－1701－0064087　普 951.06093/8005/4/c4　史部/紀事本末類/斷代之屬

明史紀事本末八十卷　(清)谷應泰撰　清順治十五年(1658)刻本　十六冊

330000－1701－0064088　普 350.511/2630/c1　子部/兵家類/兵法之屬

左氏兵謀一卷兵法一卷　(清)魏禧輯　清咸豐十年(1860)湘鄉魏萬傑望雲草廬刻本　一冊

330000－1701－0064089　普 350.511/2630/c2　子部/兵家類/兵法之屬

左氏兵謀一卷兵法一卷　(清)魏禧輯　清咸豐十年(1860)湘鄉魏萬傑望雲草廬刻本　一冊

330000－1701－0064090　普 814.7/2588.2　集部/別集類/清別集

笥河詩集二十卷文集十六卷首一卷　(清)朱筠撰　(清)朱錫庚編訂　清嘉慶二十年(1815)朱錫庚椒華吟舫刻本　十四冊　缺十六卷(詩集一至十六)

330000－1701－0064091　普 814.7/2332　集部/別集類/清別集

抱犢山房集六卷　(清)嵇永仁撰　清雍正元年(1723)刻本　二冊

330000－1701－0064092　G000736　史部/詔令奏議類/奏議之屬

註陸宣公奏議十六卷首一卷唐陸宣公集十卷　(唐)陸贄撰　(宋)郎曄註　(清)馬傳庚評　**唐名臣陸宣公傳一卷年譜輯略一卷**　清光緒二十六年(1900)刻本　四冊　缺五卷(六至十)

330000－1701－0064099　普814.7/2603/c1　類叢部/叢書類/自著之屬

吳翊寅所著書七種　(清)吳翊寅撰　清光緒十九年至二十一年(1893－1895)廣州刻本　三冊　存一種

330000－1701－0064100　普951.06093/8005/5/c1　史部/紀事本末類

歷朝紀事本末七種　(清)陳如升　(清)朱記榮輯　清光緒二十一年(1895)上海積山書局石印本　八冊　存一種

330000－1701－0064101　GP02337　子部/藝術類/遊藝之屬/棋弈

餐菊齋棋評一卷　(清)周鼎撰　清同治十一年(1872)刻本　二冊

330000－1701－0064102　普814.7/2603/c2　類叢部/叢書類/自著之屬

吳翊寅所著書七種　(清)吳翊寅撰　清光緒十九年至二十一年(1893－1895)廣州刻本　三冊　存一種

330000－1701－0064103　G000759　子部/雜著類/雜考之屬

癸巳類稿十五卷　(清)俞正燮撰　清光緒十四年(1888)枕碧山館刻本　十冊

330000－1701－0064105　普951.06093/8005/5/c2　史部/紀事本末類

歷朝紀事本末七種　(清)陳如升　(清)朱記榮輯　清光緒二十一年(1895)上海積山書局石印本　八冊　存一種

330000－1701－0064107　普814.7/2641　類叢部/叢書類/自著之屬

小酉腴山館集五種　(清)吳大廷撰　清同治元年至十二年(1862－1873)刻本　三冊　存一種

330000－1701－0064108　G000737　類叢部/叢書類/自著之屬

春在堂全書三十六種　(清)俞樾撰　清同治至光緒刻光緒末彙印本　六冊　存一種

330000－1701－0064111　普951.06093/8005/6/c1　史部/紀事本末類

紀事本末彙刻八種　(清)廣雅書局輯　清光緒廣雅書局刻本　十六冊　存一種

330000－1701－0064115　普814.7/2641.2　集部/別集類/清別集

小酉腴山館詩集八卷文集十二卷小酉腴山館主人[吳大廷]自著年譜二卷　(清)吳大廷撰　清光緒五年(1879)刻本　七冊

330000－1701－0064116　G000760　史部/編年類/通代之屬

讀通鑑綱目劄記二十卷　(清)章邦元撰　清末石印本　二冊

330000－1701－0064119　G000738　集部/總集類/選集之屬/通代

古文苑二十一卷　(宋)章樵注　清光緒十二年(1886)江蘇書局刻本　四冊

330000－1701－0064120　HJL8464　史部/紀事本末類/斷代之屬

續明紀事本末十八卷首一卷　(清)倪在田輯　清光緒二十九年(1903)上海書局鉛印本　六冊

330000－1701－0064122　普951.06093/8005/6/c2　史部/紀事本末類

紀事本末彙刻八種　(清)廣雅書局輯　清光緒廣雅書局刻本　十六冊　存一種

330000－1701－0064123　HJL7477　史部/傳記類/科舉録之屬

[光緒丙午科]各省優貢同年齒錄不分卷　清光緒刻本　四冊

330000－1701－0064124　G000739　史部/政

書類/公牘檔冊之屬

浙路代表旅津紳商廢章保律公牘一卷 朱福詵等編 清宣統二年(1910)鉛印本 一冊

330000－1701－0064125 普 814.7/26411 集部/别集類/清别集

小不其山房集十卷 (清)徐有珂撰 清光緒六年至七年(1880－1881)刻本 六冊

330000－1701－0064126 普 814.7/26232/c2 類叢部/叢書類/自著之屬

䕶蒔山莊遺著四種 (清)吳修祜撰 清光緒十年至十五年(1884－1889)木活字印本 一冊 存一種

330000－1701－0064129 普 350.72/5329 子部/兵家類/兵法之屬

紀效新書十八卷首一卷 (明)戚繼光撰 清道光二十三年(1843)錢塘許乃釗刻京都琉璃廠文貴堂印本 五冊

330000－1701－0064130 普 814.7/2642/c1 集部/總集類/氏族之屬

寧都三魏全集八十三卷 (清)林時益編 清道光二十五年(1845)寧都謝庭綬紱園書塾刻本 一冊 存六卷(魏興士文集一至六)

330000－1701－0064131 GP02334 類叢部/叢書類/自著之屬

儆季雜著五種附二種 (清)黄以周撰 清光緒二十年至二十一年(1894－1895)江蘇南菁講舍刻本 一冊 存附一種

330000－1701－0064132 G000740 類叢部/叢書類/自著之屬

王漁洋遺書三十八種 (清)王士禛撰 清刻本 一冊 存四種

330000－1701－0064133 HJL7277 集部/詞類/總集之屬

仁和吳氏雙照樓景刊宋元本詞十七種 吳昌綬編 清宣統三年至民國六年(1911－1917)仁和吳氏雙照樓刻本 二十冊

330000－1701－0064135 普 951.06093/8005/7 史部/紀事本末類/斷代之屬

明朝紀事本末八十卷 (清)谷應泰撰 清同治七年(1868)朝宗書室木活字印本 二十冊

330000－1701－0064137 普 814.7/2624/c1、普 814.7/2624.2 集部/别集類/清别集

林蕙堂全集二十六卷 (清)吳綺撰 清乾隆衷白堂刻本 九冊 存十八卷(文集一至十二、文集續刻一至六)

330000－1701－0064138 GP02335 子部/藝術類/書畫之屬/畫譜

翰墨園畫譜大觀初二集不分卷 (清)駱浩泉編 (清)吳友如等繪 清光緒十八年(1892)上海鴻寶齋石印本 八冊

330000－1701－0064139 HJL7478 史部/傳記類/職官録之屬

關中同官錄不分卷 清光緒十六年(1890)刻本 八冊

330000－1701－0064140 普 814.7/2642/c2 集部/總集類/氏族之屬

寧都三魏全集八十三卷 (清)林時益編 清道光二十五年(1845)寧都謝庭綬紱園書塾刻本 一冊 存六卷(魏興士文集一至六)

330000－1701－0064141 普 350.72/5329/2/c1 子部/兵家類/兵法之屬

紀效新書十八卷首一卷 (明)戚繼光撰 清光緒二十一年(1895)上海醉經樓石印本 四冊

330000－1701－0064143 普 350.72/5329/2/c2 子部/兵家類/兵法之屬

紀效新書十八卷首一卷 (明)戚繼光撰 清光緒二十一年(1895)上海醉經樓石印本 四冊

330000－1701－0064145 普 814.7/2624/c2 集部/别集類/清别集

林蕙堂全集二十六卷 (清)吳綺撰 清乾隆衷白堂刻本 六冊 存十二卷(文集一至十二)

330000－1701－0064147 普 814.7/2642/2 集部/總集類/氏族之屬

寧都三魏全集八十三卷 （清）林時益編　清道光二十五年（1845）寧都謝庭綬紱園書塾刻本　一册　存六卷（魏興士文集一至六）

330000－1701－0064149　HJL7479　史部/職官類/官制之屬/專志
詞林典故八卷 （清）張廷玉等撰　清刻本　八册

330000－1701－0064150　G000761　子部/醫家類/類編之屬
喻氏醫書三種 （清）喻昌撰　清刻本　二册　存一種

330000－1701－0064152　G000741　子部/藝術類/音樂之屬/琴學
琴律一得二卷 （清）劉沃森撰　清光緒二十三年（1897）刻本　二册

330000－1701－0064153　普 814.7/26421/c2　集部/總集類/氏族之屬
寧都三魏全集八十三卷 （清）林時益編　清道光二十五年（1845）寧都謝庭綬紱園書塾刻本　五册　存十卷（魏昭士文集一至十）

330000－1701－0064154　普 951.06093/8005/9　史部/紀事本末類
歷朝紀事本末七種 （清）陳如升　（清）朱記榮輯　清光緒十四年（1888）上海書業公所鉛印本　八册　存一種

330000－1701－0064155　普 814.7/2635/（2）　集部/總集類/氏族之屬
寧都三魏全集八十三卷 （清）林時益編　清道光二十五年（1845）寧都謝庭綬紱園書塾刻本　十二册　存十六卷（魏季子文集一至十六）

330000－1701－0064157　G000742　類叢部/叢書類/自著之屬
古桐書屋六種 （清）劉熙載撰　清同治至光緒刻本　一册　存一種

330000－1701－0064158　普 814.7/2698/（3）　集部/别集類/清别集
白華前稿六十卷後稿四十卷 （清）吳省欽撰　**［吳省欽］年譜一卷** （清）吳敬樞撰　清乾隆四十八年（1783）刻嘉慶十五年（1810）石經堂增刻本　二十四册

330000－1701－0064159　普 814.7/2640　集部/别集類/清别集
吳學士文集四卷詩集五卷 （清）吳鼒撰　（清）薛春藜輯　（清）薛時雨　（清）譚廷獻編訂　清光緒八年（1882）番禺梁肇煌江寧藩署刻本　六册

330000－1701－0064162　HJL7480　史部/地理類/專志之屬/古跡
續山東考古錄三十二卷首一卷 （清）葉圭綬撰　清光緒八年（1882）山東書局刻本　六册

330000－1701－0064164　G000762　子部/宗教類/道教之屬/表章讚頌
慶祝表文不分卷 清光緒八年（1882）刻本　一册

330000－1701－0064166　普 814.7/26241/c3　集部/别集類/清别集
寒松堂全集十二卷 （清）魏象樞撰　清康熙四十七年（1708）刻本　十册　缺二卷（一至二）

330000－1701－0064167　HJL8073　史部/詔令奏議類/奏議之屬
掖垣題稿二卷 （明）顧九思撰　清同治六年（1867）顧氏刻本　二册

330000－1701－0064169　普 814.7/2699　集部/别集類/清别集
華峰文集六卷 吳光耀撰　清光緒二十四年（1898）刻本　二册

330000－1701－0064170　HJH7481　史部/政書類
九通 （清）□□輯　清光緒二十七年（1901）上海圖書集成局鉛印本　四十四册　存一種

330000－1701－0064171　普 350.72/5329/4　類叢部/叢書類/彙編之屬
學津討原一百七十三種 （清）張海鵬編　清嘉慶十年（1805）虞山張氏照曠閣刻本　六册

存一種

330000－1701－0064172　HJL7742　史部/雜史類/斷代之屬
欽定蒙古源流八卷　清刻本　四冊

330000－1701－0064173　HJL7278　史部/傳記類/别傳之屬/年譜
雷塘庵主[阮元]弟子記八卷　(清)張鑑撰　(清)阮常生等續　清道光二十一年(1841)甘泉羅士琳刻咸豐儀徵阮氏琅嬛仙館補刻本　劉承幹題簽　四冊

330000－1701－0064177　G000763　集部/别集類/唐五代别集
唐陸宣公集二十二卷　(唐)陸贄撰　清刻本　六冊

330000－1701－0064178　普 814.7/2704　集部/别集類/清别集
壯悔堂文集十卷　(清)侯方域撰　(清)賈開宗等評點　清嘉慶十九年(1814)睢陽侯資燦刻本　四冊

330000－1701－0064179　HJL8075　史部/詔令奏議類/奏議之屬
兵垣奏議一卷　(明)陳子龍撰　清光緒二十三年(1897)諸暨陳遹聲刻本　二冊

330000－1701－0064180　普 350.73/5329/5　子部/兵家類/兵法之屬
紀效新書十八卷首一卷　(明)戚繼光撰　清道光二十一年(1841)虎林西泉氏刻本　四冊

330000－1701－0064181　HJL7743　史部/政書類/儀制之屬/專志/謚法
皇朝謚法考五卷續編一卷補編一卷　(清)鮑康輯　清光緒三年(1877)永康胡氏退補齋刻本　二冊

330000－1701－0064183　HJL7280　史部/傳記類/科舉録之屬
道光己酉科直省舉貢同年錄不分卷　清同治十二年(1873)都門刻本　四冊

330000－1701－0064184　HJL7279　史部/傳記類/科舉録之屬
同光鄉試會硃卷履歷不分卷　清光緒刻本　一冊

330000－1701－0064185　普 814.7/2704/2/c1　集部/别集類/清别集
壯悔堂文集十卷遺稿一卷　(清)侯方域撰　(清)賈開宗等評點　**年譜一卷**　(清)侯洵撰　清刻本　湯應煌觀款　六冊

330000－1701－0064186　HJL8076　史部/詔令奏議類/奏議之屬
明胡端敏公奏議十卷　(明)胡世寧撰　**胡端敏公奏議校勘記十卷**　(清)孫樹禮　孫峻撰　清光緒十九年(1893)浙江書局刻本　四冊

330000－1701－0064188　HJL7744　史部/雜史類/斷代之屬
小腆紀年坿攷二十卷　(清)徐鼒撰　清咸豐十一年(1861)刻本　十二冊

330000－1701－0064190　HJL8469　類叢部/叢書類/自著之屬
丁文誠公遺集二種　(清)丁寶楨撰　清光緒丁體常京師刻本　二十七冊　存一種

330000－1701－0064191　普 814.7/2704/2/c2　集部/别集類/清别集
壯悔堂文集十卷遺稿一卷　(清)侯方域撰　(清)賈開宗等評點　**年譜一卷**　(清)侯洵撰　清刻本　五冊

330000－1701－0064195　HJH7745　史部/金石類/郡邑之屬/文字
關中金石文字存逸考十二卷首一卷　(清)毛鳳枝撰　清光緒二十七年(1901)會稽顧氏江西萍鄉縣署刻本　十二冊

330000－1701－0064197　普 814.7/2704/3　集部/别集類/清别集
壯悔堂文集十卷遺稿一卷　(清)侯方域撰　(清)賈開宗等評點　清刻本　十二冊

330000－1701－0064198　M001289　類叢部/叢書類/郡邑之屬
**貴池先哲遺書(唐石簃叢書、唐石簃彙刻貴池

先哲遺書)十七種附刻一種續刊一種附一種　劉世珩編　清光緒二十四年至民國九年(1898－1920)貴池劉氏唐石簃刻民國十五年(1926)續刻彙印本　二冊　存一種

330000－1701－0064199　HJL7746　集部/總集類/郡邑之屬

全蜀秇文志六十四卷首一卷　(明)楊慎編　清光緒十五年至十七年(1889－1891)雨餘山房刻本　十二冊

330000－1701－0064200　普 814.7/26241/2　集部/别集類/清别集

寒松堂全集十二卷寒松老人[魏象樞]年譜一卷　(清)魏象樞撰　清嘉慶十六年(1811)魏煜刻本　十三冊

330000－1701－0064201　普 814.7/2704/4/c1　集部/别集類/清别集

壯悔堂文集十卷遺稿一卷四憶堂詩集六卷　(清)侯方域撰　(清)賈開宗等評點　**年譜一卷**　(清)侯洵撰　清宣統元年(1909)上海掃葉山房石印本　四冊　缺六卷(四憶堂詩集一至六)

330000－1701－0064202　HJL8470　史部/史評類/史論之屬

論海四種　(清)蔡和鏘輯　清光緒二十八年(1902)石印本　四十八冊

330000－1701－0064204　普 814.7/26241/3　類叢部/叢書類/郡邑之屬

畿輔叢書　(清)王灝編　清光緒五年至十八年(1879－1892)定州王氏謙德堂刻三十二年(1906)彙印本(元和郡縣圖志卷十九至二十、二十三至二十四、三十五至三十六)　十冊　存一種

330000－1701－0064206　HJL7747　類叢部/叢書類/彙編之屬

張氏適園叢書　張鈞衡編　清宣統三年(1911)上海國學扶輪社鉛印本　一冊　存一種

330000－1701－0064207　HJL7281　史部/編年類

御批資治通鑑綱目全書一百九卷　清光緒二年至三年(1876－1877)刻本　八十二冊　缺一卷(御批資治通鑑綱目五十六)

330000－1701－0064209　普 814.7/2704/6　集部/别集類/清别集

壯悔堂文集十卷遺稿一卷首一卷四憶堂詩集六卷遺稿一卷　(清)侯方域撰　(清)賈開宗等評點　清宣統元年(1909)上海中國圖書公司鉛印本　四冊

330000－1701－0064210　普 814.7/2630/c1　集部/别集類/清别集

紫石泉山房文集十二卷　(清)吳定撰　清光緒十三年(1887)黟縣李宗煝刻本　五冊

330000－1701－0064211　HJL8471　史部/政書類

三通　清乾隆十二年至十四年(1747－1749)武英殿刻本　一百三十冊　存一種

330000－1701－0064213　HJL7482　史部/傳記類/職官録之屬/總録

江蘇同官錄不分卷　(清)許廷鑅輯　清光緒六年(1880)刻本　八冊

330000－1701－0064214　普 951.06093/8005/10　史部/紀事本末類

歷朝紀事本末九種　(清)陳如升　(清)朱記榮輯　(清)慎記主人增輯　清光緒二十九年(1903)上海文林書局石印本　三冊　存一種

330000－1701－0064215　G000743　集部/總集類/題詠之屬

湖山策馬圖題詠一卷　(清)程龍光輯　清同治六年(1867)刻本　一冊

330000－1701－0064216　普 814.7/2704/7　集部/别集類/清别集

壯悔堂文集十卷遺稿一卷四憶堂詩集六卷　(清)侯方域撰　(清)賈開宗等評點　清光緒四年(1878)舊學山房刻本　守愚題簽　六冊　存十卷(文集一至十)

330000－1701－0064218　普 951.06093/

8005.02/c1　史部/紀事本末類/斷代之屬
續明紀事本末十八卷首一卷　(清)倪在田輯　清光緒二十九年(1903)上海書局鉛印本　八冊

330000－1701－0064219　普 814.7/2706　集部/別集類/清別集
拙尊園叢稿六卷　(清)黎庶昌撰　清光緒十九年(1893)上海醉六堂石印本　二冊

330000－1701－0064222　G000764　史部/金石類/金之屬/文字
歷代鐘鼎彝器款識法帖二十卷　(宋)薛尚功撰　清末石印本　五冊

330000－1701－0064224　G000744　類叢部/叢書類/自著之屬
張皋文箋易詮全集十六種　(清)張惠言撰　清嘉慶八年至道光十年(1803－1830)刻本　四冊　存二種

330000－1701－0064226　普 814.7/2706/2　集部/別集類/清別集
拙尊園叢稿六卷　(清)黎庶昌撰　清光緒二十一年(1895)金陵狀元閣刻本　四冊

330000－1701－0064227　普 951.06093/8005.02/c2　史部/紀事本末類/斷代之屬
續明紀事本末十八卷首一卷　(清)倪在田輯　清光緒二十九年(1903)上海書局鉛印本　一冊

330000－1701－0064228　HJL7483　史部/傳記類/總傳之屬/斷代
國朝耆獻類徵初編七百二十卷賢媛類徵初編十二卷　(清)李桓輯　清光緒十年至十六年(1884－1890)湘陰李氏刻十七年(1891)增刻本(卷六十一至六十二、一百四十五至一百四十九、一百五十二至一百五十三、一百五十五、一百六十二至一百六十四原缺)　六冊　存十二卷(賢媛類徵初編一至十二)

330000－1701－0064231　G000745　史部/金石類/石之屬
校補石鼓文音訓一卷　(清)周庠撰　清光緒二十三年(1897)刻本　一冊

330000－1701－0064232　普 951.06093/8005.04　史部/紀事本末類/斷代之屬
明史紀事本末詳節六卷　林紓輯　清光緒二十八年(1902)五城學堂鉛印本　六冊

330000－1701－0064233　普 814.7/2630/c2　集部/別集類/清別集
紫石泉山房文集十二卷　(清)吳定撰　清光緒十三年(1887)黟縣李宗煝刻本　五冊

330000－1701－0064234　HJL8472　新學/史志/諸國史
泰西新史攬要二十四卷　(英國)馬懇西撰　(英國)李提摩太釋　清光緒二十三年(1897)上海美華書館鉛印本　八冊

330000－1701－0064235　G000765、G003891、G006451　史部/詔令奏議類/奏議之屬
李文忠公奏議二十卷　(清)李鴻章撰　(清)章洪鈞　(清)吳汝綸編輯　清光緒蓮池石印本　二十冊

330000－1701－0064236　G000746　類叢部/叢書類/彙編之屬
武英殿聚珍版書一百四十八種　清乾隆四十二年(1777)福建刻道光至同治遞修光緒二十一年(1895)增刻本　二冊　存一種

330000－1701－0064239　普 814.7/27061　集部/別集類/清別集
賜綺堂集二十四卷　(清)詹應甲撰　清嘉慶二十四年至道光三年(1819－1823)退一步軒刻本　八冊

330000－1701－0064240　普 814.7/2630/2　集部/別集類/清別集
紫石泉山房文集十二卷詩鈔三卷　(清)吳定撰　清光緒十三年(1887)黟縣李宗煝刻本　四冊

330000－1701－0064243　HJL7484　史部/傳記類/職官録之屬
江南江寧同官錄不分卷　清光緒二十三年(1897)刻本　四冊

330000－1701－0064244　HJL7752　史部/金石類/總志之屬

九鐘精舍金石跋尾甲編一卷乙編一卷　吳士鑑撰　清宣統二年(1910)刻本　一冊　存一卷(乙編)

330000－1701－0064245　G000766、G001130、G005799　類叢部/叢書類/彙編之屬

申報館叢書正集五十七種附錄三種續集一百四十二種　(清)尊聞閣主編　蔡爾康編續集　清同治至光緒上海申報館鉛印本　十冊　存一種

330000－1701－0064246　HJH7282　史部/編年類/通代之屬

大文堂綱鑑易知錄九十二卷　(清)吳乘權　(清)周之炯　(清)周之燦輯　清大文堂刻本　四十二冊

330000－1701－0064248　普814.7/2708　類叢部/叢書類/自著之屬

紀慎齋先生全集十二種續集七種　(清)紀大奎撰　清嘉慶十三年至咸豐二年(1808－1852)刻本　一冊　存一種

330000－1701－0064249　HJL7485　史部/傳記類/總傳之屬/儒林

學案小識十四卷首一卷末一卷　(清)唐鑑撰　清光緒十年(1884)刻本　十二冊

330000－1701－0064251　普951.06094/1032/c2　史部/紀傳類/正史之屬

明史稿三百十卷目錄三卷　(清)王鴻緒撰　清雍正敬慎堂刻本　章崧題簽並記　六十四冊

330000－1701－0064252　普814.7/26301　集部/別集類/清別集

愚谷文存十四卷　(清)吳騫撰　清嘉慶十六年(1811)刻本　二冊

330000－1701－0064253　HJL8473　史部/金石類/郡邑之屬/目録

寰宇訪碑錄十二卷　(清)孫星衍　(清)邢澍撰　清光緒九年(1883)江蘇書局刻本　四冊

330000－1701－0064255　普814.7/2717　類叢部/叢書類/自著之屬

魯氏遺著四種附二種　(清)魯一同撰　清咸豐山陽魯氏刻本　四冊　存二種

330000－1701－0064257　普814.7/26301/(2)　集部/別集類/清別集

愚谷文存十四卷　(清)吳騫撰　清嘉慶十二年(1807)刻本　六冊

330000－1701－0064258　G000748　史部/地理類/遊記之屬/紀行

雲海東遊紀二卷　(清)江慕洵撰　清光緒三十二年(1906)鉛印本　一冊

330000－1701－0064260　HJH7755　類叢部/叢書類/彙編之屬

古香齋袖珍十種　清同治至光緒南海孔氏刻本　二十四冊　存一種

330000－1701－0064261　HJL7486　史部/雜史類

荆駝逸史五十種　(清)陳湖逸士輯　清道光古槐山房木活字印本　六冊

330000－1701－0064262　HJL8078　史部/雜史類/斷代之屬

平播全書十五卷　(明)李化龍撰　清光緒刻本　十二冊

330000－1701－0064263　普814.7/2710　集部/別集類/清別集

向惕齋先生集十卷　(清)向璿撰　(清)何虞廷　(清)向宏運輯　清乾隆十二年(1747)正學軒刻本　二冊

330000－1701－0064264　HJL7283　史部/史抄類

史緯三百三十卷首一卷　(清)陳允錫輯　清康熙三十年(1691)陳允錫當湖刻三十三年(1694)陳善申江續刻同治九年(1870)羅大春泉郡輔仁堂重修本(卷四十六至四十七配抄本)　一百二十冊

330000－1701－0064267　HJL7259　史部/地理類/外紀之屬

使琉球記六卷 (清)李鼎元撰 清嘉慶師竹齋刻本 四冊

330000－1701－0064268 普 814.7/2717/(2) 類叢部/叢書類/自著之屬

魯氏遺著四種附二種 (清)魯一同撰 清咸豐山陽魯氏刻本 四冊 存二種

330000－1701－0064269 HJL8079 史部/雜史類/斷代之屬

夷氛聞記五卷 (清)梁廷枏撰 清刻本 四冊

330000－1701－0064272 G000769 子部/宗教類/佛教之屬

十界略解一卷 (清)訥堂老人撰 (清)釋杲鑑箋釋 **佛界觀心淨土圓融鏡圖説一卷** (清)金以復撰 清同治七年(1868)刻本 一冊

330000－1701－0064273 HJL7258 史部/傳記類/别傳之屬/年譜

緹園餘冬璅録一卷 (清)徐堅撰 清嘉慶二十三年(1818)話石軒刻本 一冊

330000－1701－0064274 HJL8080 史部/詔令奏議類/奏議之屬

撫黔奏疏八卷 (清)楊雍建撰 清康熙刻道光二十五年(1845)海寧楊氏述鄭齋重修本 八冊

330000－1701－0064275 HJL7257 類叢部/叢書類/自著之屬

張南山全集十二種 (清)張維屏撰 清道光至咸豐刻本 四冊 存一種

330000－1701－0064276 HJL7284 史部/紀傳類/正史之屬

元史新編九十五卷 (清)魏源撰 清光緒三十一年(1905)邵陽魏氏慎微堂刻本 三十二冊

330000－1701－0064277 HJL8474 史部/金石類/郡邑之屬/雜著

九曜石刻錄一卷 (清)周中孚撰 清道光十六年(1836)豐順張登瀛刻本 一冊

330000－1701－0064280 HJL8475 史部/傳記類/總傳之屬

金石學錄四卷 (清)李遇孫撰 清道光二年(1822)丹徒劉氏刻本 二冊

330000－1701－0064281 HJL8081 類叢部/叢書類/家集之屬

馬氏家集刻七種 (清)馬□編 清光緒刻本 二冊 存一種

330000－1701－0064282 HJL7285 類叢部/叢書類/自著之屬

葵園四種 王先謙撰 清光緒至民國長沙王氏刻本 三冊 存一種

330000－1701－0064284 G000747、G005887 子部/宗教類/佛教之屬

往生錄四卷 清刻本 二冊

330000－1701－0064287 HJL7287 史部/詔令奏議類/奏議之屬

丁文誠公奏稿二十六卷首一卷 (清)丁寶楨撰 清光緒二十二年(1896)南海羅氏成都刻本 二十七冊

330000－1701－0064292 G000770 類叢部/叢書類/家集之屬

沈端恪公遺書二種 (清)沈曰富編 清同治十二年(1873)浙江書局刻本 一冊 存一種

330000－1701－0064294 HJL8083 史部/詔令奏議類/奏議之屬

孝肅奏議十卷 (宋)包拯撰 清同治二年(1863)李瀚章省心閣刻本 四冊

330000－1701－0064296 HJL8478 史部/金石類/總志之屬/文字

鐵橋金石跋四卷 (清)嚴可均撰 清光緒古歡閣刻朱印本 一冊

330000－1701－0064297 普 814.7/2635 集部/總集類/氏族之屬

寧都三魏全集八十三卷 (清)林時益編 清道光二十五年(1845)寧都謝庭綬紱園書塾刻本 十一冊 存十六卷(魏季子文集一至十六)

330000－1701－0064298　G000749　子部/醫家類/溫病之屬/其他溫疫病證
溫病條辨六卷首一卷　(清)吴瑭撰　清刻本　五冊　存六卷(一至六)

330000－1701－0064299　普 814.7/2722　集部/別集類/清別集
樂餘園百一偶存集三十二卷　(清)鄒山撰　清乾隆四年(1739)樂餘園刻本　八冊

330000－1701－0064300　G000771　類叢部/叢書類/彙編之屬
增訂漢魏叢書八十六種　(清)王謨編　清乾隆五十六年(1791)金谿王氏刻本　一冊　存一種

330000－1701－0064303　HJL7487　史部/傳記類/科舉録之屬/歷科鄉試録
[道光己酉科]江南鄉試同年齒錄不分卷　清道光刻本　一冊

330000－1701－0064305　G000750　史部/地理類/外紀之屬
扶桑兩月記一卷　羅振玉撰　清光緒二十八年(1902)教育世界社石印本　一冊

330000－1701－0064306　普 814.7/2634/(2)　集部/總集類/氏族之屬
寧都三魏全集八十三卷　(清)林時益編　清道光二十五年(1845)寧都謝庭綬紱園書塾刻本　十九冊　存二十二卷(魏叔子文集外篇一至二十二)

330000－1701－0064307　HJL7756　史部/紀傳類/正史之屬
三國志六十五卷　(晉)陳壽撰　(南朝宋)裴松之注　清同治六年(1867)金陵書局木活字印本　二十四冊

330000－1701－0064308　G000772　類叢部/叢書類/彙編之屬
古文七種　(清)儲欣選評　清光緒九年(1883)靜遠堂刻本　二冊　存一種

330000－1701－0064309　HJL8084　史部/詔令奏議類/奏議之屬
太常遺草一卷　(明)洪文衡撰　**附一卷**　(明)高攀龍等撰　清嘉慶十九年(1814)洪氏刻本　一冊

330000－1701－0064310　普 814.7/26421/c3　集部/總集類/氏族之屬
寧都三魏全集八十三卷　(清)林時益編　清道光二十五年(1845)寧都謝庭綬紱園書塾刻本　四冊　存十卷(魏昭士文集一至十)

330000－1701－0064311　G000751　史部/職官類/官制之屬/專志
土官承襲格式一卷　清光緒刻本　一冊

330000－1701－0064312　普 814.7/26301.2　集部/別集類/清別集
愚谷文存續編二卷　(清)吴騫撰　清嘉慶十九年(1814)刻本　一冊

330000－1701－0064314　普 814.7/2727.02　集部/別集類/清別集
山木居士外集四卷　(清)魯仕驥撰　清乾隆四十七年(1782)刻本　四冊

330000－1701－0064316　普 814.7/26422　集部/總集類/氏族之屬
寧都三魏全集八十三卷　(清)林時益編　清道光二十五年(1845)寧都謝庭綬紱園書塾刻本　三冊　存八卷(魏敬士文集一至八)

330000－1701－0064317　G000752　類叢部/叢書類/彙編之屬
守山閣叢書一百十二種　(清)錢熙祚編　清道光二十四年(1844)金山錢氏重編增刻墨海金壺本(籀史卷二原缺)　一冊　存三種

330000－1701－0064321　普 814.7/2643/c1　集部/別集類/清別集
求自得之室文鈔十二卷尚絅廬詩存二卷　(清)吴嘉賓撰　清同治五年(1866)吴嘉善廣州刻本　六冊

330000－1701－0064323　HJL7286　史部/詔令奏議類/奏議之屬
卞制軍奏議十二卷　(清)卞寶第撰　清光緒二十年(1894)刻本　十二冊

330000－1701－0064324　普 814.7/2643/c2
集部/別集類/清別集
求自得之室文鈔十二卷　(清)吳嘉賓撰　清同治五年(1866)吳嘉善廣州刻本　五册

330000－1701－0064325　普 814.7/26302
類叢部/叢書類/自著之屬
有恆心齋集六種附一種　(清)程鴻詔撰　清同治刻本　六册　存一種

330000－1701－0064326　HJL8085　史部/詔令奏議類/奏議之屬
註陸宣公奏議十五卷制誥十卷别集一卷表一卷　(唐)陸贄撰　(宋)郎曄註　**附録一卷陸宣公年譜輯略一卷**　(清)江榕撰　清光緒十一年(1885)淮南書局刻本　四册

330000－1701－0064327　HJL7757　史部/紀傳類/正史之屬
五代史記七十四卷　(宋)歐陽修撰　(宋)徐無黨注　(清)彭元瑞增注　(清)劉鳳誥排次　清嘉慶二十年(1815)萍鄉劉氏雲牲書屋刻道光八年(1828)重修本　三十二册

330000－1701－0064328　G000773、G007668、G011309　子部/醫家類/類編之屬
中外醫書八種合刻　(清)羅定昌輯　清光緒刻本　三册　存二種

330000－1701－0064330　HJL7489　子部/儒家類/儒學之屬/經濟
御製資政要覽三卷　(清)世祖福臨輯　**資政要覽後序一卷**　(清)宋之繩撰　清刻本　四册

330000－1701－0064332　G000753　類叢部/叢書類/彙編之屬
紀載彙編　清光緒刻本　二册　存六種

330000－1701－0064333　普 814.7/26431
集部/別集類/清別集
夢香草四卷　(清)魏蘭汀撰　清咸豐十年(1860)得英書屋刻本　二册

330000－1701－0064337　HJH7490　史部/地理類/外紀之屬
日本國志四十卷首一卷　(清)黄遵憲輯　清光緒二十四年(1898)浙江書局刻本　十册

330000－1701－0064338　普 814.7/2631/c1
集部/別集類/清別集
古微堂内集二卷外集八卷　(清)魏源撰　(清)黄象離輯　清宣統元年(1909)上海國學扶輪社鉛印本　六册

330000－1701－0064340　普 814.7/27271
集部/別集類/清別集
丘邦士文集十八卷　(清)丘維屏撰　清光緒元年(1875)一房山家刻本　八册

330000－1701－0064341　HJH8481、HJH8482、HJH8483　集部/總集類/選集之屬/斷代
王氏彙刻唐人集七種　(清)王遐春輯　清嘉慶十五年(1810)福鼎王氏麟後山房刻本　七册　存三種

330000－1701－0064344　G000754　子部/宗教類/佛教之屬/經
大般涅槃經四十卷　(晉)釋曇無讖譯　**大般涅槃經後分二卷**　(唐)釋若那跋陀羅　(唐)釋會寧等譯　清雍正十三年(1735)刻本　十六册

330000－1701－0064347　G000774　子部/宗教類/佛教之屬
不空圓禪師語錄一卷　(清)釋真乾等編　清光緒二十六年(1900)海潮禪寺刻本　釋慧山題記　一册

330000－1701－0064349　HJL7491　史部/地理類/外紀之屬
中山傳信錄六卷　(清)徐葆光撰　清康熙六十年(1721)二友齋刻本　四册

330000－1701－0064352　普 814.7/2631/c2
集部/別集類/清別集
古微堂内集二卷外集八卷　(清)魏源撰　(清)黄象離輯　清宣統元年(1909)上海國學扶輪社鉛印本　六册

330000－1701－0064353　普 951.06094/

1032/(3)　史部/紀傳類/正史之屬
明史稿三百十卷目錄三卷　(清)王鴻緒撰　清雍正敬慎堂刻本　六十册

330000－1701－0064354　HJL8086　史部/詔令奏議類/奏議之屬
奏疏二卷　(清)孟喬芳撰　清道光二十年(1840)孟常恩刻本　二册

330000－1701－0064355　普814.7/27271/2　集部/别集類/清别集
丘邦士文集十八卷　(清)丘維屏撰　清道光十七年(1837)誰謂小齋刻本　六册

330000－1701－0064357　G000775、G004193　集部/别集類/清别集
夢東禪師遺集二卷　(清)釋際醒撰　(清)釋喚醒輯　清嘉慶二十二年(1817)釋了亮等隆福寺觀音庵刻本　二册

330000－1701－0064358　普814.7/2644　集部/别集類/清别集
佩秋閣詩稾二卷詞稾一卷駢文稾一卷　(清)吳茝撰　清光緒元年(1875)刻十四年(1888)補刻本　一册

330000－1701－0064360　普814.7/2631/2/c1　集部/别集類/清别集
古微堂内集三卷外集七卷　(清)魏源撰　清光緒四年(1878)揚州淮南書局刻本　四册

330000－1701－0064361　HJL8087　史部/詔令奏議類/奏議之屬
石林奏議十五卷　(宋)葉夢得撰　清光緒十一年(1885)吳興陸氏皕宋樓影宋刻本　二册

330000－1701－0064363　普814.7/2631/2/c2　集部/别集類/清别集
古微堂内集三卷外集七卷　(清)魏源撰　清光緒四年(1878)揚州淮南書局刻本　四册

330000－1701－0064364　普814.7/26441/c1　類叢部/叢書類/自著之屬
澤古齋全集五種　(清)吳士模撰　清光緒十九年(1893)刻本　一册　存一種

330000－1701－0064365　HJL7759　史部/紀傳類/正史之屬
史記一百三十卷　(漢)司馬遷撰　(南朝宋)裴駰集解　(唐)司馬貞索隱　(唐)張守節正義　清同治九年(1870)楚北崇文書局刻本　二十四册

330000－1701－0064367　HJL7289　史部/政書類/軍政之屬/兵制
八旗通志初集二百五十卷目錄二卷　(清)鄂爾泰　(清)涂天相等纂修　清乾隆四年(1739)武英殿刻本　七十九册　缺三卷(一百十至一百十二)

330000－1701－0064368　GP02442　子部/藝術類/書畫之屬/法帖
陸文慎公墨蹟一卷　(清)陸寶忠書　清宣統元年(1909)婁東唐氏石印本　一册

330000－1701－0064369　普814.7/1632/c1　集部/别集類/清别集
吳摯甫文集四卷附鈔深州風土記四篇一卷　(清)吳汝綸撰　清宣統二年(1910)上海國學扶輪社石印本　五册

330000－1701－0064370　普814.7/26441/c3　類叢部/叢書類/自著之屬
澤古齋全集五種　(清)吳士模撰　清光緒十九年(1893)刻本　一册　存一種

330000－1701－0064372　HJL8088　史部/詔令奏議類/奏議之屬
那文毅公奏議八十卷　(清)那彦成撰　(清)那容安輯　清道光十四年(1834)刻本　四十八册

330000－1701－0064374　G000776　集部/别集類/清别集
哀江南全韻三十首一卷　(清)吳下遺黎撰　清刻本　一册

330000－1701－0064375　普814.7/2736　類叢部/叢書類/自著之屬
鄒叔子遺書六種附二種　(清)鄒漢勛撰　清光緒八年(1882)鄒代鈞刻本　三册　存一種

330000－1701－0064376　普 814.7/1632/c2　集部/別集類/清別集
吴摯甫文集四卷附鈔深州風土記四篇一卷　(清)吴汝綸撰　清宣統二年(1910)上海國學扶輪社石印本　五册

330000－1701－0064377　HJL7495　史部/編年類/斷代之屬
續資治通鑑長編五百二十卷目録二卷　(宋)李燾撰　清光緒七年(1881)浙江書局刻本　一百二十册

330000－1701－0064379　普 814.7/2632/c5　集部/别集類/清别集
吴摯甫文集四卷附鈔深州風土記四篇一卷　(清)吴汝綸撰　清宣統元年(1909)上海國學扶輪社石印本　五册

330000－1701－0064381　普 814.7/26441.2/c1　類叢部/叢書類/自著之屬
澤古齋全集五種　(清)吴士模撰　清光緒十九年(1893)刻本　三册　存一種

330000－1701－0064382　普 814.7/2632.2/c2　類叢部/叢書類/自著之屬
桐城吴先生全書六種附二種　(清)吴汝綸撰　清光緒三十年(1904)王恩紱等刻本　五册　存二種

330000－1701－0064386　普 814.7/26441.2/c3　類叢部/叢書類/自著之屬
澤古齋全集五種　(清)吴士模撰　清光緒十九年(1893)刻本　三册　存一種

330000－1701－0064388　普 814.7/2632.2/c3　類叢部/叢書類/自著之屬
桐城吴先生全書六種附二種　(清)吴汝綸撰　清光緒三十年(1904)王恩紱等刻本　五册　存二種

330000－1701－0064391　HJL8089　史部/傳記類
豫章先賢九家年譜　(清)楊希閔輯　清光緒四年(1878)刻本　十二册

330000－1701－0064394　普 951.06094/1032/(4)　史部/傳記類/總傳之屬/斷代
明史列傳稿二百八卷目録三卷　(清)王鴻緒撰　清康熙敬慎堂刻本　四十册

330000－1701－0064397　普 951.06094/1042　史部/雜史類/斷代之屬
弇山堂别集一百卷　(明)王世貞撰　清光緒廣雅書局刻本　章嶔題簽　二十册

330000－1701－0064398　普 951.06094/1237/c1　史部/雜史類/斷代之屬
二申野録八卷　(清)孫之騄撰　清光緒二十八年(1902)刻本　八册

330000－1701－0064399　普 951.06094/1237/c2　史部/雜史類/斷代之屬
二申野録八卷　(清)孫之騄撰　清光緒二十八年(1902)刻本　八册

330000－1701－0064400　普 951.06094/1237/2　史部/雜史類/斷代之屬
二申野録八卷　(清)孫之騄撰　清刻本　四册

330000－1701－0064401　普 951.06094/1237/4/c1　史部/雜史類/斷代之屬
二申野録八卷　(清)孫之騄撰　清道光二十一年(1841)吟香館刻光緒二十七年(1901)印本　四册

330000－1701－0064402　普 951.06094/1237/4/c2　史部/雜史類/斷代之屬
二申野録八卷　(清)孫之騄撰　清道光二十一年(1841)吟香館刻光緒二十七年(1901)印本　四册

330000－1701－0064405　普 951.06094/1237/4/c3　史部/雜史類/斷代之屬
二申野録八卷　(清)孫之騄撰　清道光二十一年(1841)吟香館刻光緒二十七年(1901)印本　六册

330000－1701－0064407　普 951.06094/2320　史部/紀傳類/别史之屬
明書一百七十一卷目録二卷　(清)傅維鱗撰　清光緒五年(1879)定州王氏謙德堂刻畿輔

叢書本　章鈺題簽並記　四十五册

330000－1701－0064410　普951.06094/3428　子部/雜著類/雜説之屬

野獲編三十卷補遺四卷　（明）沈德符撰　（清）錢枋輯　清道光七年（1827）錢塘姚氏羊城扶荔山房刻同治八年（1869）補刻本　三十五册

330000－1701－0064411　普814.7/2740　集部/别集類/清别集

繆武烈公遺集六卷首一卷　（清）繆梓撰　清光緒七年（1881）溧陽繆氏刻本　四册　缺一卷（六）

330000－1701－0064412　G000832、G000833　子部/醫家類/類編之屬

薛氏醫按二十四種　（明）吳琯編　明萬曆刻本　七册　存四種

330000－1701－0064413　普814.7/2633　集部/别集類/清别集

秋笳集八卷補遺一卷　（清）吳兆騫撰　清宣統三年（1911）順德鄧氏鉛印風雨樓叢書本　章鈺題記　三册

330000－1701－0064414　普951.06094/3428/（2）　子部/雜著類/雜説之屬

野獲編三十卷補遺四卷　（明）沈德符撰　（清）錢枋輯　清道光七年（1827）錢塘姚氏羊城扶荔山房刻本　十六册　存三十卷（一至三十）

330000－1701－0064415　普814.7/2740/2　集部/别集類/清别集

繆武烈公遺集六卷首一卷　（清）繆梓撰　清光緒七年（1881）溧陽繆氏刻本　四册

330000－1701－0064416　普814.7/2634/c2　集部/總集類/氏族之屬

寧都三魏全集八十三卷　（清）林時益編　清道光二十五年（1845）寧都謝庭綬紱園書塾刻本　二十册　存二十二卷（魏叔子文集一至二十二）

330000－1701－0064417　普951.06094/3428/2　子部/雜著類/雜説之屬

萬曆野獲編三十卷　（明）沈德符撰　清刻本　十六册

330000－1701－0064419　普814.7/27401　集部/别集類/清别集

一粟軒詩集二卷補編一卷文集四卷　（清）鮑臺撰　清道光二十六年（1846）鄭兆璜刻本　四册　存四卷（文集一至四）

330000－1701－0064422　普951.06094/3428/3　子部/雜著類/雜説之屬

野獲編三十卷補遺四卷　（明）沈德符撰　（清）錢枋輯　清道光七年（1827）錢塘姚氏羊城扶荔山房刻同治八年（1869）補刻本　二十册

330000－1701－0064423　HJL8090　類叢部/叢書類/彙編之屬

十萬卷樓叢書五十一種　（清）陸心源編　清光緒歸安陸氏刻本（歲時廣記卷六原缺）　四册　存一種

330000－1701－0064425　HJL8091　類叢部/叢書類/郡邑之屬

武林掌故叢編一百八十七種　（清）丁丙編　清光緒三年至二十六年（1877－1900）錢塘丁氏嘉惠堂刻本　六册　存一種

330000－1701－0064426　普814.7/2648/（2）/c1　集部/别集類/清别集

榴實山莊文稿一卷詩鈔六卷詞鈔一卷試律二卷　（清）吳存義撰　清同治至光緒刻本　六册

330000－1701－0064427　普814.7/2648/（2）/c2　集部/别集類/清别集

榴實山莊文稿一卷詩鈔六卷詞鈔一卷試律二卷　（清）吳存義撰　清同治至光緒刻本　四册

330000－1701－0064428　普814.7/2741/c1　類叢部/叢書類/自著之屬

藝風所著書　繆荃孫撰　清光緒至民國刻本　四册　存一種

330000－1701－0064429　G000777　集部/小說類/長篇之屬

官場現形記五編六十卷　(清)李寶嘉撰　清光緒二十九年(1903)上海世界繁華報館鉛印本　三十冊

330000－1701－0064430　普 814.7/2741/c2　類叢部/叢書類/自著之屬

藝風所著書　繆荃孫撰　清光緒至民國刻本　四冊　存一種

330000－1701－0064431　普 814.7/2654/c1　集部/别集類/清别集

花宜館文略一卷　(清)吳振棫撰　清光緒二十六年(1900)錢塘吳氏刻本　一冊

330000－1701－0064433　G000834、G000835　子部/醫家類/類編之屬

薛氏醫按二十四種　(明)吳琯編　清刻本　三冊　存二種

330000－1701－0064434　普 814.7/2741.2/c1　集部/别集類

藝風堂文續集八卷外集一卷　繆荃孫撰　清宣統二年(1910)刻民國二年(1913)印本　四冊

330000－1701－0064435　普 814.7/2654/c2　集部/别集類/清别集

花宜館文略一卷　(清)吳振棫撰　清光緒二十六年(1900)錢塘吳氏刻本　一冊

330000－1701－0064436　普 814.7/2741.2/c2　集部/别集類

藝風堂文續集八卷外集一卷　繆荃孫撰　清宣統二年(1910)刻民國二年(1913)印本　四冊

330000－1701－0064437　普 814.7/2821　集部/别集類/清别集

白鵠山房駢體文鈔二卷　(清)徐熊飛撰　清嘉慶刻本　一冊

330000－1701－0064438　普 814.7/2654/2　集部/别集類/清别集

花宜館文略一卷詩鈔十六卷續存一卷無腔村笛二卷　(清)吳振棫撰　清同治四年(1865)、光緒二十六年(1900)錢塘吳氏刻本　吳秉澂跋　七冊

330000－1701－0064440　普 814.7/27411/c1　集部/别集類/清别集

古杼秋館遺稾文二卷詩一卷　(清)侯楨撰　清光緒二十三年(1897)無錫吳氏禮讓堂刻本　二冊

330000－1701－0064441　G000836　史部/傳記類/總傳之屬/斷代

邵武殉難備乘六卷首一卷　(清)虞瑞圖撰　清同治三年(1864)刻本　三冊

330000－1701－0064443　普 814.7/2821.3　集部/别集類/清别集

白鵠山房文鈔五卷　(清)徐熊飛撰　清道光二十年至二十二年(1840－1842)刻本　二冊

330000－1701－0064444　普 814.7/27411/c2　集部/别集類/清别集

古杼秋館遺稾文二卷詩一卷　(清)侯楨撰　清光緒二十三年(1897)無錫吳氏禮讓堂刻民國四年(1915)增修本　一冊

330000－1701－0064447　普 814.7/28211　集部/别集類/清别集

修吉堂文稿八卷　(清)徐倬撰　清康熙刻本　四冊

330000－1701－0064452　普 814.7/2658　集部/别集類/清别集

街南文集二十卷續集四卷　(清)吳肅公撰　清咸豐元年(1851)味塵軒刻本　十二冊

330000－1701－0064460　G000837　集部/詞類/别集之屬

草窗詞二卷補二卷　(宋)周密撰　朱祖謀輯　清光緒二十六年(1900)歸安朱氏無著盦刻本　一冊

330000－1701－0064461　普 814.7/28211.2　集部/别集類/清别集

蘋村類稿三十卷　(清)　徐倬撰　清康熙至乾隆刻本　十二冊

330000－1701－0064464　G000778　子部/醫家類/類編之屬

圖註本草醫方合編六種　(清)汪昂編　清經元堂刻本　六冊

330000－1701－0064465　普814.7/2743　集部/别集類/清别集

託素齋詩集四卷文集六卷　(清)黎士弘撰　**皇清誥授中大夫整飭寧夏河西河東道督理糧儲鹽法山西承宣布政使司參政享八十壽顯考媿曾府君[黎士弘]行述一卷**　(清)黎文遠等撰　清康熙刻雍正二年(1724)黎致遠增刻乾隆三十八年(1773)重修本　二十四冊

330000－1701－0064466　普814.7/2670　集部/别集類/清别集

密齋文集不分卷　(清)程同文撰　清程氏密齋家刻本　四冊

330000－1701－0064467　HJH8499、HJH8501　史部/政書類

九通　(清)□□輯　清光緒二十七年(1901)上海圖書集成局鉛印本　七十五冊　存二種

330000－1701－0064470　普814.7/2671　集部/總集類/氏族之屬

寧都三魏全集八十三卷　(清)林時益編　清康熙易堂刻本　十二冊　存十卷(魏伯子文集一至十)

330000－1701－0064471　GP02450　子部/藝術類/書畫之屬/書法書品

太倉沈敬亭先生真蹟一卷　(清)沈起元書　清光緒三十四年(1908)石印本　一冊

330000－1701－0064473　普814.7/2671/2/c2　集部/總集類/氏族之屬

寧都三魏全集八十三卷　(清)林時益編　清道光二十五年(1845)寧都謝庭綬紱園書塾刻本　六冊　存十卷(魏伯子文集一至十)

330000－1701－0064476　普814.7/2671/2/c4　集部/總集類/氏族之屬

寧都三魏全集八十三卷　(清)林時益編　清道光二十五年(1845)寧都謝庭綬紱園書塾刻本　六冊　存十卷(魏伯子文集一至十)

330000－1701－0064477　普814.7/2744　類叢部/叢書類/自著之屬

魯氏遺著四種附二種　(清)魯一同撰　清咸豐山陽魯氏刻本　一冊　存一種

330000－1701－0064480　G000838　類叢部/叢書類/家集之屬

左海續集十一種　(清)陳壽祺　(清)陳喬樅撰　清道光至同治刻本　一冊　存一種

330000－1701－0064482　普814.7/2671.2　集部/别集類/清别集

四此堂稿十卷　(清)魏際瑞撰　清謝階玉、謝階珍刻同治重修本　六冊

330000－1701－0064485　G000779、G002467　類叢部/類書類/專類之屬

商賈便覽六集八卷　(清)吳中孚撰　清刻本　四冊

330000－1701－0064486　普814.7/2825　集部/别集類/清别集

偶更堂文集二卷　(清)徐作肅撰　(清)徐世際　(清)徐世徵編　清康熙二十九年(1690)傳盛社刻本　二冊

330000－1701－0064487　G000839　集部/别集類/明别集

王文成公全集十六卷目録二卷　(明)王守仁撰　清道光六年(1826)湖南湘潭王文德刻本　二冊　存三卷(目録上下、一)

330000－1701－0064488　普814.7/26711/c1　集部/别集類/清别集

墨井集五卷　(清)吳歷撰　清宣統元年(1909)徐家匯印書館鉛印本　一冊

330000－1701－0064491　普814.7/26711/c2　集部/别集類/清别集

墨井集五卷　(清)吳歷撰　清宣統元年(1909)徐家匯印書館鉛印本　一冊

330000－1701－0064496　GP02455　子部/藝術類/書畫之屬/法帖

翁相國手臨漢隸三種合冊不分卷　(清)翁同龢書　清光緒三十四年(1908)上海有正書局石印本　一册

330000－1701－0064498　普814.7/2827　集部/别集類/清别集

憺園全集三十六卷　(清)徐乾學撰　清光緒九年(1883)嘉興金吳瀾刻本　十二册

330000－1701－0064503　GP02456　子部/藝術類/書畫之屬/法帖

松禪尺牘不分卷　(清)翁同龢撰並書　清光緒三十四年(1908)影印本　一册

330000－1701－0064504　普814.7/2680　集部/别集類/清别集

有正味齋詩集十六卷續集八卷駢體文二十四卷續集八卷詞集八卷續集二卷外集五卷續集二卷　(清)吳錫麒撰　清嘉慶十三年(1808)刻本　二十册

330000－1701－0064509　G000780　史部/傳記類/總傳之屬

世界豪傑譚不分卷　(清)鴻文編譯圖書館編譯　清光緒三十年(1904)上海鴻文印書局石印本　一册

330000－1701－0064511　普814.7/2764　集部/别集類/清别集

世忠堂文集六卷守城善後紀略一卷鄒氏家傳一卷　(清)鄒鳴鶴撰　(清)鄒覲颺輯　清同治二年(1863)錫山鄒寓刻光緒四年(1878)增刻本　八册

330000－1701－0064514　普814.7/2680/(2)　集部/别集類/清别集

有正味齋詩集十六卷續集八卷駢體文二十四卷續集八卷詞集八卷續集二卷外集五卷續集二卷　(清)吳錫麒撰　清嘉慶十三年(1808)刻本　八册　存三十六卷(駢體文七至二十四、詩續集一至八、詞續集一至二、駢體文續集一至八)

330000－1701－0064516　G000781、G008907　集部/小說類/長篇之屬

糊塗世界十二卷　(清)吳趼人撰　清光緒三十二年(1906)上海世界繁華報館石印本　六册

330000－1701－0064517　普814.7/2767/(2)/c2　集部/别集類/清别集

紀文達公遺集三十二卷　(清)紀昀撰　(清)紀樹馨編　清嘉慶十七年(1812)紀樹馥刻本　八册

330000－1701－0064519　普814.7/2680/2/c2　集部/别集類/清别集

有正味齋詩集十六卷續集八卷駢體文二十四卷續集八卷詞集八卷續集二卷外集五卷續集二卷　(清)吳錫麒撰　清嘉慶十三年(1808)刻本　十一册　存五十三卷(詩集一至十六、駢體文一至二十四、詞集一至八、外集一至五)

330000－1701－0064522　G000840、G003016　集部/總集類/選集之屬/通代

阮亭選古詩三十二卷　(清)王士禛輯　清刻本　五册　存十五卷(七言詩歌行鈔一至十五)

330000－1701－0064525　普814.7/2767/(3)/c2　集部/别集類/清别集

紀文達公遺集三十二卷　(清)紀昀撰　(清)紀樹馨編　清嘉慶十七年(1812)紀樹馥刻本　十二册

330000－1701－0064526　普814.7/2680.2/c1　集部/别集類/清别集

有正味齋集十六卷　(清)吳錫麒撰　清刻本　二册

330000－1701－0064527　普814.7/2680.2/c3　集部/别集類/清别集

有正味齋集十六卷　(清)吳錫麒撰　清刻本　四册

330000－1701－0064528　普814.7/2680.2/c4　集部/别集類/清别集

有正味齋集十六卷　(清)吳錫麒撰　清刻本　四册

330000－1701－0064529　普 814.7/2767/2　集部/別集類/清別集
紀文達公文集十六卷首一卷詩集十六卷　(清)紀昀撰　(清)紀樹馨編　清道光三十年(1850)小嫏嬛山館刻本　十六冊

330000－1701－0064533　普 814.7/2682　史部/政書類/公牘檔冊之屬
寧津爪印一卷遼東小印一卷　(清)程穌撰　清光緒石印本　一冊

330000－1701－0064535　G000782、G003969、G011163　史部/政書類/軍政之屬/兵制
欽定五軍道里表十八卷　(清)明亮等修　(清)常泰等纂　清抄本　十五冊　缺二卷(五、十)

330000－1701－0064536　普 814.7/2767/3　集部/別集類/清別集
紀文達公遺集三十二卷　(清)紀昀撰　(清)紀樹馨編　清嘉慶十七年(1812)紀樹馥刻本　十冊　存十六卷(文一至十六)

330000－1701－0064537　G000841　集部/別集類/清別集
曇華遺稾六卷　(清)張杲撰　清咸豐三年(1853)刻本　一冊

330000－1701－0064538　G000842　類叢部/叢書類/彙編之屬
武英殿聚珍版書一百四十八種　清乾隆四十二年(1777)福建刻道光至同治遞修光緒二十一年(1895)增刻本　一冊　存一種

330000－1701－0064540　G000843　子部/儒家類/儒學之屬/禮教/鑑戒
有山誡子錄一卷　(清)桂士杞撰　清同治六年(1867)南海桂氏刻本　一冊

330000－1701－0064545　G000783　子部/小說家類/異聞之屬
春申江之新笑談四卷　(清)坐花散人編　清光緒三十二年(1906)石印本　一冊　存二卷(三至四)

330000－1701－0064548　普 814.7/2774　集部/別集類/清別集
補園賸藁二卷　(清)包履吉撰　(清)湯嗣新輯　清光緒三十一年(1905)讀我書廬刻本　二冊

330000－1701－0064549　G000844　集部/詞類/總集之屬
詞選二卷　(清)張惠言輯　**附錄一卷**　(清)鄭善長輯　**續詞選二卷**　(清)董毅輯　清道光刻本　二冊

330000－1701－0064551　G000784、G007892、G008646、G009558　集部/總集類/選集之屬/通代
文章游戲初編八卷二編八卷三編八卷四編八卷　(清)繆艮輯　清道光五年(1825)文聚堂刻本　十四冊　存二十一卷(初編三至四、七至八,二編一至六,三編四、六至八,四編一至七)

330000－1701－0064554　HJH8500　史部/政書類/通制之屬
欽定續通志六百四十卷　(清)高宗弘曆敕撰　清光緒二十七年(1901)上海圖書集成局鉛印九通本　孟秋棕題簽　六十冊

330000－1701－0064555　普 814.7/2683　集部/別集類/清別集
吳侍讀全集二十三卷(岑華居士蘭鯨錄八卷鳳巢山樵求是錄六卷二錄四卷續錄一卷岑華居士外集二卷鳳巢山樵求是錄外集二卷)　(清)吳慈鶴撰　清嘉慶十五年至道光七年(1810－1827)刻本　八冊

330000－1701－0064557　G000845　經部/春秋左傳類/傳說之屬
春秋列國卿大夫世系表二卷　(清)顧棟高撰　清刻本　一冊

330000－1701－0064558　G000785、G004269　類叢部/叢書類/彙編之屬
申報館叢書正集五十七種附錄三種續集一百四十二種　(清)尊聞閣主編　蔡爾康編續集　清同治至光緒上海申報館鉛印本　二冊　存一種

330000－1701－0064561　G000846　集部/別集類/清別集

口頭吟二卷　(清)釋嘯溪撰　(清)張吉安選　(清)姚祖恩選　清道光羊城簡書齋刻本　二冊

330000－1701－0064563　G000786、G003905、G007878、G009492　子部/雜著類/雜纂之屬

記聞類編十四卷　蔡爾康輯　清光緒三年(1877)上海印書局鉛印本　六冊

330000－1701－0064567　普814.7/2684/c1　集部/別集類/清別集

柈湖文集十二卷　(清)吳敏樹撰　清光緒十九年(1893)思賢講舍刻本　四冊

330000－1701－0064568　普814.7/2788　集部/別集類/清別集

傳紅寫翠室賸稿一刻一卷　(清)鄔銓撰　清光緒十年(1884)刻本　一冊

330000－1701－0064570　G000847　史部/傳記類/別傳之屬/事狀

愍孝錄不分卷　王繼香輯　清光緒十年(1884)刻本　一冊

330000－1701－0064572　普814.7/2688/c2　類叢部/叢書類/自著之屬

魏稼孫先生全集三種　(清)魏錫曾撰　清光緒九年(1883)羊城刻本　一冊　存一種

330000－1701－0064573　普814.7/2684/c4　集部/別集類/清別集

柈湖文集十二卷　(清)吳敏樹撰　清光緒十九年(1893)思賢講舍刻本　四冊

330000－1701－0064574　G000787、G000788　類叢部/叢書類/彙編之屬

申報館叢書正集五十七種附錄三種續集一百四十二種　(清)尊聞閣主編　蔡爾康編續集　清同治至光緒上海申報館鉛印本　二冊　存三種

330000－1701－0064576　普814.7/2830、普814.7/2830.02　類叢部/叢書類/自著之屬

善思齋集四種　(清)徐宗亮撰　清光緒桐城徐氏刻本　二冊　存一種

330000－1701－0064578　普814.7/2803　集部/別集類/清別集

甲六集初刻一卷補遺一卷　(清)徐文心撰　清光緒三年(1877)徐賡陛羊城刻本　一冊

330000－1701－0064581　普814.7/26841　集部/別集類/清別集

程戶部集四卷首一卷　(清)程頌藩撰　(清)程頌萬編　清宣統三年(1911)麓山堂刻十髮盦家集本　清程頌萬題記　二冊

330000－1701－0064586　普814.7/2807/c2　集部/別集類/清別集

不慊齋漫存七卷　(清)徐賡陛撰　清光緒八年(1882)南海官署刻本　六冊

330000－1701－0064589　HJH8502　史部/政書類/通制之屬

皇朝通志一百二十六卷　(清)高宗弘曆敕撰　清光緒二十七年(1901)上海圖書集成局鉛印九通本　孟秋棕題簽　十二冊

330000－1701－0064593　普814.7/2807/c3　集部/別集類/清別集

不慊齋漫存九卷　(清)徐賡陛撰　清光緒八年(1882)南海官署刻本　六冊　缺二卷(八至九)

330000－1701－0064594　HJH8504　史部/政書類

九通　(清)□□輯　清光緒二十七年(1901)上海圖書集成局鉛印本　三十七冊　存一種

330000－1701－0064597　普814.7/2807.2　集部/別集類/清別集

不慊齋漫存十二卷　(清)徐賡陛撰　清光緒三十一年(1905)大通鹺廨刻本　十二冊

330000－1701－0064598　普814.7/2688.2/c2　類叢部/叢書類/自著之屬

魏稼孫先生全集三種　(清)魏錫曾撰　清光緒九年(1883)羊城刻本　十四冊

330000－1701－0064600　普814.7/2688.2/

c3　類叢部/叢書類/自著之屬
魏稼孫先生全集三種　(清)魏錫曾撰　清光緒九年(1883)羊城刻本　十四册

330000－1701－0064601　G000848　集部/別集類/清別集
有正味齋駢文箋註十六卷補注一卷　(清)吳錫麒撰　(清)葉聯芬注　清光緒十七年(1891)羊城文寶閣刻本　四册

330000－1701－0064602　普 814.7/2834　集部/別集類/清別集
徐明經文鈔二卷詩鈔二卷　(清)徐宏桓撰　清光緒十年(1884)胡鳳丹退補齋刻本　一册

330000－1701－0064603　普 814.7/2811/c1　類叢部/叢書類/家集之屬
毘陵徐氏家集　(清)徐堉輯　清光緒六年(1880)濟上刻本　一册　存二種

330000－1701－0064607　普 814.7/2688.3　類叢部/叢書類/自著之屬
魏稼孫先生全集三種　(清)魏錫曾撰　清光緒九年(1883)羊城刻本　一册　存二種

330000－1701－0064610　HJH8503、HJH8505　史部/政書類
九通　(清)□□輯　清光緒二十七年(1901)上海圖書集成局鉛印本　四十四册　存二種

330000－1701－0064611　G000849、G006037、G007687、G009211、G009820　集部/總集類/郡邑之屬
沈南疑先生檇李詩繫四十二卷　(清)沈季友輯　清康熙四十九年(1710)金南鍈敦素堂刻本　二十六册　存二十六卷(一至五、七至二十七)

330000－1701－0064612　普 814.7/2835　集部/別集類/清別集
象洞山房文藁一卷詩稿一卷　(清)徐迪惠撰　清道光二十七年(1847)刻本　二册

330000－1701－0064617　普 814.7/2811/c2　類叢部/叢書類/家集之屬
毘陵徐氏家集　(清)徐堉輯　清光緒六年(1880)濟上刻本　一册　存二種

330000－1701－0064618　普 814.7/2688.4　類叢部/叢書類/自著之屬
魏稼孫先生全集三種　(清)魏錫曾撰　清光緒九年(1883)羊城刻本　十册

330000－1701－0064619　普 814.7/2835/2　集部/別集類/清別集
象洞山房文稿一卷詩稿一卷　(清)徐迪惠撰　清宣統元年(1909)上虞徐氏留餘堂刻本　三册

330000－1701－0064622　普 814.7/2814　集部/別集類/清別集
敦艮吉齋文存四卷詩存二卷　(清)徐子苓撰　(清)徐源伯編　**劫餘小錄一卷**　(清)徐元叔撰　清光緒十二年(1886)刻本　四册　缺二卷(詩存一至二)

330000－1701－0064628　普 814.7/28141　集部/別集類/清別集
一規八棱研齋詩鈔六卷類鈔一卷詞鈔一卷文鈔一卷時文一卷　(清)徐廷華撰　清光緒九年(1883)武昌刻本　四册

330000－1701－0064631　普 814.7/2698　集部/別集類/清別集
白華前稿六十卷　(清)吳省欽撰　清乾隆四十八年(1783)刻本　十册

330000－1701－0064633　G000850　集部/別集類/金別集
元遺山詩集箋注十四卷　(金)元好問撰　(元)張德輝類次　(清)施國祁箋注　**元遺山全集年譜一卷**　(清)施國祁撰　**元遺山全集附錄一卷**　(明)儲瓘輯　(清)華希閔　**元遺山全集補載一卷**　(清)施國祁輯　清道光二年(1822)南潯蔣氏瑞松堂刻本　四册

330000－1701－0064635　普 814.7/2818　集部/別集類/清別集
滋德堂集一卷附梅花幻影圖題詞一卷　(清)徐元第撰　清宣統三年(1911)徐士琛刻本　一册

330000－1701－0064641　普 814.7/3033/c2　集部/别集類/清别集
頤情館聞過集十二卷　(清)宗源瀚撰　清光緒三年(1877)上元宗源瀚刻本　六册

330000－1701－0064642　普 814.7/3040　集部/别集類/清别集
莘齋詩鈔七卷文鈔四卷附詩餘一卷　(清)宦懋庸撰　清光緒二十年(1894)宦應清川東道署刻本　二册　存四卷(文鈔一至四)

330000－1701－0064643　HJH8506　史部/傳記類/科舉録之屬/歷科鄉試録
光緒八年壬午科順天鄉試同年齒錄不分卷　清光緒刻本　四册

330000－1701－0064644　普 814.7/3047　類叢部/叢書類/彙編之屬
二老閣叢書四十二種　(清)鄭風編　清康熙至嘉慶刻本　二册　存一種

330000－1701－0064645　HJL8507　史部/金石類/金之屬/圖像
兩罍軒彝器圖釋十二卷　(清)吳雲撰　清同治十一年(1872)刻本　六册

330000－1701－0064649　HJL8508　史部/金石類/石之屬/雜著
平津讀碑記八卷續記一卷　(清)洪頤煊撰　清嘉慶二十一年(1816)臨海洪氏刻傳經堂叢書本　清伯生題記　六册

330000－1701－0064651　普 814.7/3048　集部/别集類/清别集
綺雲樓詩草二卷楹聯一卷詞集一卷　(清)竇士鏞撰　**曇花唫一卷**　(清)杜敬撰　清宣統元年(1909)鉛印本　一册

330000－1701－0064654　HJL8509　史部/目録類/專録之屬
全上古三代秦漢三國晉南北朝文編目一百三卷　(清)嚴可均輯　(清)蔣壑編　清光緒五年(1879)刻本　十五册　缺三卷(一至三)

330000－1701－0064655　G000851　集部/别集類/清别集
二知軒詩續鈔二十二卷　(清)方濬頤撰　清同治廣州刻本　八册

330000－1701－0064658　普 814.7/3088　類叢部/叢書類/自著之屬
安静子集五種附一種　(清)安致遠撰　清康熙刻同治二年(1863)自鉏園彙印本　一册　存一種

330000－1701－0064660　普 814.7/3104　類叢部/叢書類/彙編之屬
春暉堂叢書十二種　(清)徐渭仁編　清道光至咸豐上海徐渭仁刻同治九年至十年(1870－1871)徐允臨補刻彙印本　十册　存一種

330000－1701－0064661　G000852　類叢部/叢書類/自著之屬
味蕉小寮集五種六卷　(清)蔡世鈸撰　清道光刻本　一册　存一種

330000－1701－0064662　HJL8511　新學/史志/别國史
蒙古史二卷　(日本)治野元三撰　歐陽瑞驊譯　清宣統三年(1911)江南圖書館鉛印本　二册

330000－1701－0064663　G000853　類叢部/叢書類/彙編之屬
西京清麓叢書正編三十二種續編二十七種外編二十四種　(清)賀瑞麟編　清同治至民國刻本　四册　存一種

330000－1701－0064666　G000854、G011060　類叢部/叢書類/自著之屬
顨軒孔氏所著書七種　(清)孔廣森撰　清乾隆嘉慶刻嘉慶二十二年(1817)曲阜孔氏儀鄭堂彙印本　二册　存二種

330000－1701－0064668　G000855　類叢部/叢書類/彙編之屬
稗海四十六種續稗海二十四種　(明)商濬編　明萬曆商氏半埜堂刻本　一册　存一種

330000－1701－0064671　GP02630　子部/藝術類/書畫之屬/畫譜
詩中畫二卷　(清)馬濤繪　清光緒十一年

(1885)石印本　一册

330000－1701－0064673　HJL8513　新學/史志/諸國史
萬國史畧六卷　(美國)彼德巴利撰　(清)陳壽彭譯　清光緒三十二年(1906)江楚編譯官書局石印本　四册

330000－1701－0064675　HJL8514　新學/史志/別國史
埃及近事考一卷　(清)劉鑑譯　清光緒三十三年(1907)江楚編譯官書局石印本　一册

330000－1701－0064677　HJL8515　新學/史志/諸國史
日本歷史二卷　(日本)青木武助編　張枬譯　清光緒三十二年(1906)江楚編譯官書局石印本　二册

330000－1701－0064678　普814.7/3150/c3　集部/別集類/清別集
述學內篇三卷補遺一卷外篇一卷別錄一卷附錄一卷校勘記一卷　(清)汪中撰　(清)汪喜孫編　清同治八年(1869)揚州書局刻本　二册

330000－1701－0064680　G000856　子部/雜著類/雜考之屬
日知錄集釋三十二卷首一卷刊誤二卷續刊誤二卷　(清)黃汝成撰　清光緒十三年(1887)同文書局石印本　四册

330000－1701－0064681　M001342、M006731　集部/詞類/總集之屬
庚子秋詞二卷　(清)王鵬運等撰　清末有正書局石印本　二册

330000－1701－0064684　普814.7/3150/c4　集部/別集類/清別集
述學內篇三卷補遺一卷外篇一卷別錄一卷附錄一卷校勘記一卷　(清)汪中撰　(清)汪喜孫編　清同治八年(1869)揚州書局刻本　二册

330000－1701－0064688　G000857　經部/春秋總義類/傳說之屬
春秋胡傳三十卷諸國興廢說一卷　(宋)胡安國撰　清刻本　六册

330000－1701－0064689　G000858　集部/別集類/清別集
述學內篇三卷外篇一卷補遺一卷別錄一卷校勘記一卷附錄一卷　(清)汪中撰　(清)汪喜孫編　清光緒二十二年(1896)上海古香閣石印本　三册

330000－1701－0064690　G000789　子部/藝術類/音樂之屬/樂譜
琵琶譜三卷　(清)王君錫　(清)陳牧夫傳譜　(清)華文彬等輯　清嘉慶二十四年(1819)刻小綠天印本　二册　存二卷(一至二)

330000－1701－0064694　GP02696　史部/金石類/石之屬/文字
望堂金石文字初集三十一種二集十八種　楊守敬輯　清同治至宣統宜都楊氏飛青閣刻本　寶鏞跋　十册　存三十五種

330000－1701－0064695　G000790　史部/金石類/錢幣之屬
錢錄十六卷　(清)梁詩正等輯　清光緒二十年(1894)上海積山書局石印本　四册

330000－1701－0064697　普814.7/3150/3/c1　集部/別集類/清別集
述學內篇三卷外篇一卷補遺一卷別錄一卷附錄一卷校勘記一卷　(清)汪中撰　(清)汪喜孫編　清光緒二十三年(1897)余氏寶墨齋刻本　二册

330000－1701－0064699　普814.7/3150/3/c2　集部/別集類/清別集
述學內篇三卷外篇一卷補遺一卷別錄一卷　(清)汪中撰　(清)汪喜孫編　清光緒二十年(1894)茶熟香温室刻本　二册

330000－1701－0064702　普814.7/3104/(2)　類叢部/叢書類/彙編之屬
春暉堂叢書十二種　(清)徐渭仁編　清道光至咸豐上海徐渭仁刻同治九年至十年(1870－1871)徐允臨補刻彙印本　四册　存一種

330000－1701－0064703　普 814.7/3107　集部/别集類/清别集
悔過齋未定稿七卷　(清)顧廣譽撰　清咸豐七年(1857)朱氏刻本　二册

330000－1701－0064706　普 814.7/3107.2/c1　類叢部/叢書類/自著之屬
平湖顧氏遺書五種　(清)顧廣譽撰　清光緒三年(1877)顧鴻昇刻本　二册　存二種

330000－1701－0064707　普 814.7/31501　集部/别集類/清别集
松泉詩集二十六卷文集二十二卷　(清)汪由敦撰　(清)汪承霈編　清乾隆四十三年(1778)趙翼刻本　二十册

330000－1701－0064708　普 814.7/3107.2/c2　類叢部/叢書類/自著之屬
平湖顧氏遺書五種　(清)顧廣譽撰　清光緒三年(1877)顧鴻昇刻本　二册　存二種

330000－1701－0064710　普 814.7/3107.2/(2)　類叢部/叢書類/自著之屬
平湖顧氏遺書五種　(清)顧廣譽撰　清光緒三年(1877)顧鴻昇刻本　四册　存二種

330000－1701－0064711　普 814.7/31501.2　集部/别集類/清别集
實事求是齋遺藁四卷續集一卷　(清)汪廷珍撰　清道光二十九年(1849)、光緒八年(1882)刻本　五册

330000－1701－0064713　普 814.7/3107.3/c1　類叢部/叢書類/自著之屬
平湖顧氏遺書五種　(清)顧廣譽撰　清光緒三年(1877)顧鴻昇刻本　二册　存一種

330000－1701－0064715　普 814.7/3107.3/c2　類叢部/叢書類/自著之屬
平湖顧氏遺書五種　(清)顧廣譽撰　清光緒三年(1877)顧鴻昇刻本　二册　存一種

330000－1701－0064716　普 814.7/3153　集部/别集類/清别集
江忠烈公遺集二卷附録一卷首一卷　(清)江忠源撰　清同治十二年(1873)刻本　二册

330000－1701－0064718　普 814.7/3107.3/c4　類叢部/叢書類/自著之屬
平湖顧氏遺書五種　(清)顧廣譽撰　清光緒三年(1877)顧鴻昇刻本　二册　存一種

330000－1701－0064723　普 814.7/3110　集部/别集類/清别集
盋山文録八卷詩録二卷　(清)顧雲撰　清光緒十五年(1889)南京刻本　顧石公題記　三册　缺二卷(詩録一至二)

330000－1701－0064755　M001182、M001183、G002032、M007248　集部/别集類/清别集
通雅堂詩鈔箋注十卷首一卷續集箋注二卷附薑露盦詩話一卷　(清)施山撰　(清)施煃箋注　清光緒石印本　四册

330000－1701－0064777　GP02770　子部/宗教類/佛教之屬
宋人手寫發願經一卷　清宣統上海有正書局影印本　一册

330000－1701－0064778　普 951.06094/3428.02　子部/雜著類/雜説之屬
野獲編三十卷補遺四卷　(明)沈德符撰　(清)錢枋輯　清道光七年(1827)錢塘姚氏羊城扶荔山房刻同治八年(1869)補刻本　四册　存四卷(補遺一至四)

330000－1701－0064780　GP02771　子部/儒家類/儒學之屬/禮教/家訓
晚邨先生家訓真蹟四卷　(清)吕留良撰　清光緒三十四年(1908)漢口裕記石印本　二册

330000－1701－0064785　普 951.06094/7246/c1　史部/政書類/儀制之屬/典禮
明宫史八卷　(明)劉若愚編　清宣統二年(1910)上海國學扶輪社鉛印本　二册

330000－1701－0064786　普 951.06094/7246/c2　史部/政書類/儀制之屬/典禮
明宫史八卷　(明)劉若愚編　清宣統二年(1910)上海國學扶輪社鉛印本　二册

330000－1701－0064787　M001370、M007075

類叢部/叢書類/自著之屬
觀古堂所著書二十種　葉德輝撰　清光緒長沙葉氏刻本　二冊　存一種

330000－1701－0064788　普951.06094/7246/c3　史部/政書類/儀制之屬/典禮
明宮史八卷　(明)劉若愚編　清宣統二年(1910)上海國學扶輪社鉛印本　二冊

330000－1701－0064789　普951.06094/8021/c1　類叢部/叢書類/郡邑之屬
畿輔叢書　(清)王灝編　清光緒五年至十八年(1879－1892)定州王氏謙德堂刻三十二年(1906)彙印本(元和郡縣圖志卷十九至二十、二十三至二十四、三十五至三十六)　四冊　存一種

330000－1701－0064791　普951.06094/8021/c2　類叢部/叢書類/郡邑之屬
畿輔叢書　(清)王灝編　清光緒五年至十八年(1879－1892)定州王氏謙德堂刻三十二年(1906)彙印本(元和郡縣圖志卷十九至二十、二十三至二十四、三十五至三十六)　四冊　存一種

330000－1701－0064797　普951.06094/8021/2/c1　類叢部/叢書類/郡邑之屬
畿輔叢書　(清)王灝編　清光緒五年至十八年(1879－1892)定州王氏謙德堂刻三十二年(1906)彙印本(元和郡縣圖志卷十九至二十、二十三至二十四、三十五至三十六)　六冊　存一種

330000－1701－0064799　普951.06094/8021/2/c2　類叢部/叢書類/郡邑之屬
畿輔叢書　(清)王灝編　清光緒五年至十八年(1879－1892)定州王氏謙德堂刻三十二年(1906)彙印本(元和郡縣圖志卷十九至二十、二十三至二十四、三十五至三十六)　六冊　存一種

330000－1701－0064803　普951.06096/3626　類叢部/叢書類/彙編之屬
申報館叢書正集五十七種附錄三種續集一百四十二種　(清)尊聞閣主編　蔡爾康編續集　清同治至光緒上海申報館鉛印本　二冊　存一種

330000－1701－0064809　普951.06099/3113　史部/傳記類/總傳之屬/斷代
明璫彰癉錄一卷　(明)顧爾邁編　清抄本　二冊

330000－1701－0064815　GP02776　子部/藝術類/書畫之屬/法帖
雙清堂撫臨石刻二編十卷　(清)劉樹堂書　清光緒二十年(1894)杭州石印本　二冊

330000－1701－0064818　普951.0609913/7113　史部/詔令奏議類/奏議之屬
桐城馬太傅奏略四卷　(明)馬孟禎撰　清光緒六年(1880)刻本　二冊

330000－1701－0064858　普951.066/9913　史部/詔令奏議類/奏議之屬
桂洲夏文愍公奏議二十一卷補遺一卷　(明)夏言撰　清光緒十七年(1891)江西書局刻本　十二冊

330000－1701－0064860　G000859　子部/天文曆算類/天文之屬
大清同治九年歲次庚午七政經緯宿度五星伏見目錄一卷　清同治刻本　一冊

330000－1701－0064861　GP02876　子部/藝術類/書畫之屬/書法書品
隸法彙纂十卷　(清)項懷述編　清乾隆五十一年(1786)小西山房刻本　四冊

330000－1701－0064865　G000860　子部/天文曆算類/曆法之屬
大清同治十三年歲次甲戌七政經緯宿度五星伏見目錄一卷　清同治刻本　一冊

330000－1701－0064868　G000861　子部/天文曆算類/曆法之屬
大清光緒元年歲次乙亥七政經緯宿度五星伏見目錄一卷　清光緒刻本　一冊

330000－1701－0064872　GP02895　子部/藝術類/書畫之屬/畫譜

古今名人畫稿不分卷 （清）王輩等繪　清光緒十七年(1891)上海書局石印本　三冊

330000－1701－0064874　GP02903　類叢部/叢書類/郡邑之屬

武林掌故叢編一百八十七種 （清）丁丙編　清光緒三年至二十六年(1877－1900)錢塘丁氏嘉惠堂刻本　八冊　存一種

330000－1701－0064876　HJL7496　史部/傳記類/職官録之屬

廣東同官錄不分卷 清光緒七年(1881)刻朱墨套印本　四冊

330000－1701－0064877　HJL7497　史部/編年類/通代之屬

御批歷代通鑑輯覽一百二十卷 （清）傅恒等撰　清同治十年(1871)浙江書局刻朱墨套印本　四十八冊

330000－1701－0064878　HJL7500　史部/雜史類/斷代之屬

明季南略十八卷北略二十四卷 （清）計六奇撰　清光緒十三年(1887)上海圖書集成印書局鉛印本　十冊

330000－1701－0064879　HJL7501　史部/政書類/律令之屬/律例

大清光緒新法令十三卷附錄一卷 商務印書館編譯所編纂　清宣統元年(1909)上海商務印書館鉛印本　二十冊

330000－1701－0064880　HJL7502　史部/地理類/外紀之屬

列國政要續編九十四卷首一卷 （清）戴鴻慈　（清）端方輯　清宣統三年(1911)上海商務印書館石印本　三十一冊　缺三卷(四至六)

330000－1701－0064881　HJH7503　史部/傳記類/職官録之屬/總録

[清光緒十五年秋季]大清搢紳全書不分卷 清光緒十五年(1889)榮錄堂刻本　四冊

330000－1701－0064884　HJL7760　史部/紀傳類/正史之屬

漢書補注一百卷首一卷 王先謙撰　清光緒二十六年(1900)長沙王氏虛受堂刻本　三十二冊

330000－1701－0064886　HJL7762　史部/紀傳類/正史之屬

遼金元三史語解四十六卷 （清）高宗弘曆敕撰　清光緒四年(1878)江蘇書局刻本　十冊

330000－1701－0064887　G000862　子部/天文曆算類/曆法之屬

大清光緒十年歲次甲申七政經緯宿度五星伏見目錄一卷 清光緒刻本　一冊

330000－1701－0064890　G000863　子部/天文曆算類/曆法之屬

大清光緒二十年歲次甲午七政經緯宿度五星伏見目錄一卷 清光緒刻本　一冊

330000－1701－0064898　G000864　集部/別集類/清別集

空石齋詩文合刻不分卷 （清）汪國撰　清道光二年(1822)刻本　四冊

330000－1701－0064900　GP03197　史部/金石類/石之屬/文字

思古齋雙鉤漢碑篆額三卷 （清）何澂輯　清光緒九年(1883)刻本　三冊

330000－1701－0064901　HJL7505　史部/傳記類/科舉録之屬/歷科鄉試録

光緒癸卯恩科精選直省闈藝不分卷續選直省闈藝不分卷 清光緒二十九年(1903)時中書局鉛印本　三冊

330000－1701－0064902　G000791　子部/藝術類/遊藝之屬/酒令

酒令叢鈔四卷 （清）俞敦培輯　清光緒四年(1878)藝雲軒刻本　二冊

330000－1701－0064905　G000865　子部/雜家類

桂宮梯六卷附錄一卷續附錄一卷 （清）徐謙輯　**桂宮梯音釋一卷** （清）張偉增訂　清道光十八年(1838)刻本　四冊

330000－1701－0064906　G000792　史部/目

録類/專録之屬

宋金元詞集見存卷目一卷附錄一卷 吳昌綬輯 清光緒三十三年(1907)上海鴻文書局石印本 一冊

330000－1701－0064908 普 814.7/2838 集部/别集類/清别集

敦艮齋遺書十七卷 (清)徐潤第撰 清道光二十八年(1848)徐繼畬福州刻本 十二冊

330000－1701－0064911 HJL7506 史部/傳記類/科舉録之屬/歷科登科録

精選會試闈藝不分卷 清光緒鉛印本 一冊

330000－1701－0064912 HJL7768 史部/紀傳類/正史之屬

四史 清光緒金陵書局江南書局刻本 三十二冊 存二種

330000－1701－0064914 G000866 子部/術數類/陰陽五行之屬

新編日用涓吉奇門五總龜四卷 (明)池紀註 **重刻蓂元奇門遁甲句解煙波釣叟歌一卷** (宋)趙普撰 (明)羅通遁法 (明)池紀解編 清刻本 三冊

330000－1701－0064920 普 814.7/3160/c1 集部/别集類/清别集

空石齋詩文合刻五卷 (清)汪國撰 清道光二年(1822)四明少白山房刻本 五冊

330000－1701－0064921 HJL7507 史部/詔令奏議類/奏議之屬

華制存攷不分卷 清光緒三十三年至宣統三年(1907－1911)鉛印本 十四冊

330000－1701－0064922 普 814.7/28231 集部/别集類/清别集

壺園詩鈔選十卷五代新樂府一卷詩外集六卷雜著不分卷製藝選二卷試帖二卷賦鈔二卷試帖二刻課存一卷 (清)徐寶善撰 清道光刻本 十冊

330000－1701－0064929 G000867 經部/群經總義類/文字音義之屬

十三經集字摹本不分卷分畫便查一卷韻有經無各字摘錄一卷 (清)彭玉雯撰 清道光二十九年(1849)江右彭玉雯刻本 八冊

330000－1701－0064931 G000793 類叢部/叢書類/彙編之屬

申報館叢書正集五十七種附錄三種續集一百四十二種 (清)尊聞閣主編 蔡爾康編續集 清同治至光緒上海申報館鉛印本 二冊 存一種

330000－1701－0064932 普 814.7/3160/c2 集部/别集類/清别集

空石齋詩文合刻五卷 (清)汪國撰 清道光二年(1822)四明少白山房刻本 五冊

330000－1701－0064935 普 814.7/3112 集部/别集類/清别集

玉笥山房制義不分卷 (清)顧廷綸撰 清光緒二十年(1894)顧家相等章門刻本 三冊

330000－1701－0064937 HJL7769 史部/紀傳類/正史之屬

四史 清同治十一年(1872)成都書局刻本 三十二冊 存一種

330000－1701－0064938 普 814.7/2840/c1 集部/别集類/清别集

未灰齋文集八卷外集一卷 (清)徐鼒撰 清咸豐十一年(1861)福寧郡齋刻本 四冊

330000－1701－0064939 普 951.0672/9400 類叢部/叢書類/自著之屬

樓山堂遺書五種 (明)吴應箕撰 清同治當塗夏氏刻本 四冊

330000－1701－0064941 普 814.7/3112.2 集部/别集類/清别集

玉笥山房要集四卷附文一卷 (清)顧廷綸撰 清光緒十二年(1886)顧家相刻本 四冊

330000－1701－0064945 G000794 子部/藝術類/遊藝之屬/博戲

牌譜一卷 (明)胡文煥輯 清光緒九年(1883)清和刻本 一冊

330000－1701－0064946 普 814.7/3166 集

部/别集類/清别集

白茅堂集四十六卷 （清）顧景星撰 **耳提錄一卷** （清）顧昌輯 清康熙四十三年(1704)刻乾隆二十年(1755)白茅堂續刻光緒二十八年(1902)補刻本 二十冊

330000－1701－0064948 普 814.7/31121 類叢部/叢書類/彙編之屬

二老閣叢書四十二種 （清）鄭風編 清康熙至嘉慶刻本 二冊 存一種

330000－1701－0064949 G000795 集部/總集類/課藝之屬

館律分韻初編六卷 （清）春暉閣主人輯 清光緒十四年(1888)上海鴻寶齋石印本 六冊

330000－1701－0064950 普 814.7/2840/c2 集部/别集類/清别集

未灰齋文集八卷外集一卷 （清）徐鼒撰 清咸豐十一年(1861)福寧郡齋刻本 四冊

330000－1701－0064951 G000868 子部/醫家類/醫話醫論之屬

壽世編七卷 清光緒十七年(1891)羅溪聚芳齋刻本 一冊

330000－1701－0064956 G000796 經部/小學類/音韻之屬/韻書

詩韻合璧五卷 （清）湯祥瑟輯 清咸豐七年(1857)大文堂刻銅板印本 五冊

330000－1701－0064957 普 814.7/28401 集部/别集類/清别集

居易堂集二十卷 （清）徐枋撰 清康熙刻本 十冊

330000－1701－0064959 普 814.7/31122/c1 類叢部/叢書類/彙編之屬

二老閣叢書四十二種 （清）鄭風編 清康熙至嘉慶刻本 四冊 存一種

330000－1701－0064960 HJL8516 新學/史志/别國史

日本史綱二卷 （清）江楚編譯局編 清光緒三十二年(1906)金陵江楚編譯官書局石印本 一冊

330000－1701－0064962 普 814.7/31122/c2 類叢部/叢書類/彙編之屬

二老閣叢書四十二種 （清）鄭風編 清康熙至嘉慶刻本 二冊 存一種

330000－1701－0064966 G000797 集部/總集類/郡邑之屬

山陽詩徵二十六卷 （清）丁晏輯 （清）王錫祺重編 清末鉛印本 十二冊

330000－1701－0064968 HJL8517 史部/政書類/儀制之屬/典禮

聖廟祀典圖考五卷聖蹟圖一卷孟子聖蹟圖一卷 （清）顧沅撰 清道光六年(1826)刻本 四冊

330000－1701－0064970 G000798 新學/政治法律/律例

憲法二編 方樞撰 清宣統元年(1909)奉天全省地方自治籌辦處鉛印本 一冊

330000－1701－0064974 HJL7771 史部/傳記類/别傳之屬/事狀

合肥相國七十賜壽圖一卷附壽言一卷 （清）楊宗濂 （清）盛宣懷等輯 清光緒十八年(1892)海軍石印書局石印本 六冊

330000－1701－0064977 HJL8518 史部/目録類/書志之屬/提要

昭德先生郡齋讀書志二十卷 （宋）晁公武撰 （宋）姚應績編 **附志二卷** （宋）趙希弁撰 **考證一卷考異一卷校補一卷** 王先謙撰 清光緒十年(1884)長沙王先謙刻本 九冊 缺一卷(考證)

330000－1701－0064980 普 951.068/0404、普 951.068/0404.2/c1 史部/雜史類/斷代之屬

明季北略二十四卷南略十八卷 （清）計六奇撰 清都城琉璃廠半松居士木活字印本 二十冊

330000－1701－0064981 普 951.068/0404/(2) 史部/雜史類/斷代之屬

明季北略二十四卷南略十八卷 （清）計六奇

撰　清刻本　十七冊　缺一卷(北略二十一)

330000－1701－0064982　GP02948　經部/小學類/文字之屬/字書/字體
隸韻十卷碑目一卷　(宋)劉球撰　**碑目攷證一卷隸韻攷證二卷**　(清)翁方綱撰　清嘉慶十五年(1810)秦恩復刻本　六冊

330000－1701－0064983　普951.068/0404/(3)　史部/雜史類/斷代之屬
明季北略二十四卷南略十八卷　(清)計六奇撰　清都城琉璃廠半松居士木活字印本　十六冊

330000－1701－0064984　普951.068/0404/3/c1、普951.068/0404.2/3/c1　史部/雜史類/斷代之屬
明季北略二十四卷南略十八卷　(清)計六奇撰　清光緒十三年(1887)上海圖書集成印書局鉛印本　十冊

330000－1701－0064985　普951.068/0404/3/c2、普951.068/0404.2/3/c2　史部/雜史類/斷代之屬
明季北略二十四卷南略十八卷　(清)計六奇撰　清光緒十三年(1887)上海圖書集成印書局鉛印本　十冊

330000－1701－0064986　普814.7/3180　集部/別集類/清別集
石如吟稿一卷　(清)江介撰　清道光十三年(1833)清吟閣瞿氏刻本　一冊

330000－1701－0064988　G000869　史部/傳記類/科舉録之屬
殿試策不分卷　(清)鄭沅撰　清光緒刻朱墨套印本　一冊

330000－1701－0064989　普951.068/0404.2/c2　史部/雜史類/斷代之屬
明季南略十八卷　(清)計六奇撰　清都城琉璃廠半松居士木活字印本　八冊

330000－1701－0064996　普814.7/2844/c1　集部/別集類/清別集
漱芳閣集十卷　(清)徐士芬撰　清同治十一年(1872)刻本　四冊

330000－1701－0064999　普814.7/2844/c2　集部/別集類/清別集
漱芳閣集十卷　(清)徐士芬撰　清同治十一年(1872)刻本　二冊

330000－1701－0065001　普951.068/1024　史部/雜史類/斷代之屬
嘉定屠城紀略一卷　(清)朱子素撰　**揚州十日記一卷**　(清)王秀楚撰　清宣統三年(1911)石印本　一冊

330000－1701－0065004　G000871　類叢部/叢書類/自著之屬
滇南四種　姚文棟撰　清光緒刻本　一冊　存一種

330000－1701－0065005　G000799　類叢部/叢書類/彙編之屬
平津館叢書六集三十五種　(清)孫星衍編　清嘉慶蘭陵孫氏刻本　一冊　存一種

330000－1701－0065008　普814.7/3113　集部/別集類/清別集
堯峰文鈔五十卷　(清)汪琬撰　(清)林佶編　清康熙三十二年(1693)林佶刻本　八冊

330000－1701－0065009　HJL7774　史部/傳記類/職官録之屬/總録
江南寧屬同官錄不分卷　清同治六年(1867)木活字印本　六冊

330000－1701－0065011　HJH8521　類叢部/叢書類/彙編之屬
宜稼堂叢書七種　(清)郁松年編　清道光二十年至二十二年(1840－1842)上海郁氏刻本　二十一冊　存一種

330000－1701－0065012　G000872　新學/史志/戰記
新譯日清海陸戰爭史一卷　(日本)松井廣吉撰　(清)范枕石譯　清光緒二十八年(1902)上洋會文編譯社石印本　一冊

330000－1701－0065013　G000800　集部/別

集類/清別集

好湖山樓詩鈔一卷　(清)陳霖撰　清光緒二十一年(1895)刻本　一冊

330000－1701－0065015　G000873　子部/雜著類/雜說之屬

墨子經說解二卷　(清)張惠言撰　清宣統元年(1909)國學保存會據手稿本影印本　一幅

330000－1701－0065016　普 814.7/3191.2/4　類叢部/叢書類/自著之屬

顧亭林先生遺書十種補遺十一種　(清)顧炎武撰　(清)席威　(清)朱記榮編　清蓬瀛閣刻吳縣朱記榮增刻光緒三十二年(1906)彙印本　六冊　存三種

330000－1701－0065017　普 814.7/3113/(2)/c2　集部/別集類/清別集

堯峰文鈔五十卷　(清)汪琬撰　(清)林佶編　清康熙三十二年(1693)林佶刻本　二冊　存十卷(一至十)

330000－1701－0065019　G000801　集部/詞類/總集之屬

南唐二主詞箋一卷補遺一卷　(五代)李璟　(五代)李煜撰　(清)劉繼增校箋　清光緒十六年(1890)刻朱印本　清汪培西跋　一冊

330000－1701－0065020　G000874、G007920、G008699　類叢部/叢書類/彙編之屬

西京清麓叢書正編三十二種續編二十七種外編二十四種　(清)賀瑞麟編　清同治至民國刻本　二十冊　存一種

330000－1701－0065022　HJH8522　史部/紀傳類/正史之屬

遼史拾遺二十四卷　(清)厲鶚撰　清抄本　六冊

330000－1701－0065027　普 814.7/2844.2　集部/別集類/清別集

漱芳閣時藝不分卷　(清)徐士芬撰　清咸豐刻本　二冊

330000－1701－0065029　G000802　集部/詞類/別集之屬

陽春集一卷補遺一卷　(五代)馮延巳撰　清光緒二十年(1894)刻朱印本　清汪培西跋　一冊

330000－1701－0065030　普 814.7/3113/(3)/c2　集部/別集類/清別集

堯峰文鈔五十卷　(清)汪琬撰　(清)林佶編　清康熙三十二年(1693)林佶刻本　十冊

330000－1701－0065031　普 814.7/2844.3　集部/別集類/清別集

辛庵館課詩鈔一卷歷試試帖詩鈔一卷　(清)徐士芬撰　清道光二十三年(1843)刻本　一冊

330000－1701－0065034　普 814.7/3113.04　集部/總集類/選集之屬/斷代

國朝三家文鈔三十二卷　(清)宋犖　(清)許汝霖編　清康熙三十三年(1694)刻本　四冊　存八卷(侯朝宗文鈔一至八)

330000－1701－0065036　普 814.7/3191.3　集部/別集類/清別集

亭林文集六卷餘集一卷　(清)顧炎武撰　清光緒三十二年(1906)俞鍾穎山隱居刻本　四冊

330000－1701－0065037　HJL7776　類叢部/叢書類/彙編之屬

蟫隱廬叢書十八種　羅振常編　清宣統二年至民國二十五年(1910－1936)上虞羅氏謄寫及鉛印本三十三年(1944)吳興周延年彙印本　一冊　存一種

330000－1701－0065039　普 814.7/2847/(2)　集部/別集類/清別集

憺園全集三十六卷　(清)徐乾學撰　清光緒九年(1883)嘉興金吳瀾刻本　十六冊

330000－1701－0065041　普 951.068/2619　史部/叢編

勝朝遺事初編三十二種二編十八種　(清)吳彌光輯　清道光二十二年(1842)南海吳彌光芬陀羅館刻本　二十四冊

330000－1701－0065042　G000803　史部/紀

事本末類/斷代之屬

金史紀事本末五十二卷 (清)李有棠撰 清光緒十九年(1893)李栘鄂樓刻本 六册

330000－1701－0065047 G000804 經部/小學類/文字之屬/字書/古文

新集古文四聲韻五卷附録一卷 (宋)夏竦撰 清乾隆四十四年(1779)古歙汪啓淑刻本 四册

330000－1701－0065049 HJL8092 史部/傳記類/别傳之屬/年譜

王荆公年譜考畧二十五卷首三卷雜録二卷附録一卷 (清)蔡上翔撰 清嘉慶九年(1804)金溪蔡氏存是樓木活字印本 十二册

330000－1701－0065053 普814.7/3191.4/2 類叢部/叢書類/彙編之屬

端溪叢書十九種 梁鼎芬等編 清光緒二十五年(1899)番禺端溪書院刻本 一册 存一種

330000－1701－0065055 普814.7/2849 集部/别集類/清别集

抱經齋文集不分卷 (清)徐嘉炎撰 清康熙三十八年(1699)刻本 二册

330000－1701－0065056 G000875 經部/小學類/文字之屬/字書

字學舉隅不分卷 (清)黄本驥 (清)龍啓瑞撰 清道光二十六年(1846)刻本 一册

330000－1701－0065057 G000805 經部/群經總義類/圖説之屬

六經圖六卷 (宋)楊甲撰 (宋)毛邦翰補 (清)王皜輯録 清乾隆五年(1740)六安王氏向山堂刻本 一册 存一卷(大易象數鈎深圖)

330000－1701－0065061 普814.7/3113.3 集部/别集類/清别集

鈍翁文集十六卷 (清)汪琬撰 清宣統二年(1910)上海國學扶輪社石印本 八册

330000－1701－0065062 HJL8524 新學/史志/别國史

支那史要六卷 (日本)市村瓚次郎撰 (清)陳毅譯 清光緒二十八年(1902)上海廣智書局鉛印本 四册

330000－1701－0065064 普814.7/2864/c1 類叢部/叢書類/自著之屬

煙嶼樓集四種 (清)徐時棟撰 清同治至光緒刻彙印本 八册 存一種

330000－1701－0065065 普814.7/3113.3/2 集部/别集類/清别集

鈍翁文録十六卷 (清)汪琬撰 (清)金吳瀾選刻 清光緒十三年(1887)鋤月種梅室木活字印本 六册

330000－1701－0065067 普814.7/3121 類叢部/叢書類/自著之屬

汪子遺書二種二十三卷 (清)汪縉撰 清光緒八年(1882)刻本 十册 存一種

330000－1701－0065068 普814.7/2864/c2 類叢部/叢書類/自著之屬

煙嶼樓集四種 (清)徐時棟撰 清同治至光緒刻彙印本 八册 存一種

330000－1701－0065070 G000806 子部/農家農學類/鳥獸蟲之屬

蠕範八卷 (清)李元撰 清刻同治十三年(1874)傳經堂補刻渾齋著訂各書本 清容圃主人跋 四册

330000－1701－0065073 普814.7/3123 集部/别集類/清别集

雙池文集十卷 (清)汪紱撰 清道光十四年(1834)一經堂刻本 四册

330000－1701－0065079 G000807 史部/傳記類/科舉録之屬/歷科鄉試録

歷科鄉會硃卷不分卷(道光壬辰科、道光己酉科,同治庚午科、同治辛未科、同治癸酉科、同治甲戌科) (清)程志箎等撰 清刻本 二册

330000－1701－0065081 普814.7/3125 集部/别集類/清别集

蒔花小築牖蒙草三卷 (清)江峰青撰 清光

緒十九年(1893)松江顧文善齋刻本　一册

330000－1701－0065082　HJL8525　史部/傳記類/總傳之屬/仕宦
歷代奸庸殷鑒録三十二卷首一卷　(清)董悟輯　清光緒三十年(1904)上海開智書局石印本　八册

330000－1701－0065085　HJL8093　史部/編年類/通代之屬
資治通鑑補二百九十四卷　(明)嚴衍撰　清光緒二年(1876)武進盛氏思補樓木活字印本　八十册

330000－1701－0065086　普814.7/3125/2　集部/别集類/清别集
蒔花小築牖蒙草三卷　(清)江峰青撰　清光緒十九年(1893)松江顧文善齋刻本　一册

330000－1701－0065090　普814.7/3202　集部/别集類/清别集
三松堂詩集二十卷詩續集六卷文集四卷水雲笛譜一卷三松[潘奕雋]自訂年譜一卷　(清)潘奕雋撰　清同治九年至十一年(1870－1872)潘遵祁刻本　八册　存三十卷(三松堂詩集一至二十、詩續集一至六、文集一至四)

330000－1701－0065091　普814.7/2880　集部/别集類/清别集
春暉堂文集五卷　(清)徐金誥撰　(清)馬承昭選　清咸豐七年(1857)刻本　二册

330000－1701－0065092　普951.068/2619/2/c2　史部/叢編
勝朝遺事初編三十二種二編十八種　(清)吳彌光輯　清道光二十二年(1842)南海吳彌光芬陀羅館刻光緒九年(1883)山陰宋澤元懺華盦修補本　十八册

330000－1701－0065093　G000875/1　經部/小學類/文字之屬/字書
字學舉隅不分卷　(清)黄本驥　(清)龍啓瑞撰　清刻本　一册

330000－1701－0065094　HJL7512　集部/總集類/選集之屬/通代
溥通國文讀本六卷　(清)澄衷學堂輯　清光緒三十年(1904)澄衷學堂鉛印本　六册

330000－1701－0065095　普814.7/3202/(2)　集部/别集類/清别集
三松堂詩集二十卷詩續集六卷文集四卷水雲笛譜一卷三松[潘奕雋]自訂年譜一卷　(清)潘奕雋撰　清同治九年至十一年(1870－1872)潘遵祁刻本　十册　缺一卷(水雲笛譜)

330000－1701－0065096　G000876、G006041　經部/叢編
十三經古注　(明)葛鼒　(明)金蟠校　明崇禎十二年(1639)金蟠刻清同治八年(1869)浙江書局重修本　二十五册　存八種

330000－1701－0065097　普814.7/2884　集部/别集類/清别集
南州草堂集三十卷首一卷　(清)徐釚撰　**楓江漁父圖題詞一卷青門集一卷**　(清)徐釚輯　清康熙三十四年(1695)菊莊刻本　四册

330000－1701－0065099　HJL8526　史部/金石類/總志之屬
金石萃編一百六十卷　(清)王昶撰　清光緒十九年(1893)上海醉六堂石印本　十八册

330000－1701－0065102　普951.068/2619/2/c3　史部/叢編
勝朝遺事初編三十二種二編十八種　(清)吳彌光輯　清道光二十二年(1842)南海吳彌光芬陀羅館刻光緒九年(1883)山陰宋澤元懺華盦修補本　十五册　存四十九種

330000－1701－0065103　普814.7/3207/c1　集部/别集類/清别集
潘少白先生文集八卷詩集五卷常語二卷　(清)潘諮撰　清道光二十四年(1844)陳繼昌瞻園刻本　六册

330000－1701－0065104　G000808　子部/宗教類/佛教之屬/總録
雞園語録妙高游一卷　(清)釋妙空　(鄭學川)撰　清同治十二年(1873)武林許乃釗刻

本　二册

330000－1701－0065106　HJL7784　經部/叢編
通志堂經解一百四十種　(清)納蘭成德輯　清康熙十九年(1680)納蘭成德刻本　四册　存一種

330000－1701－0065107　普 814.7/28841/c2　集部/别集類/清别集
息養廬文集十一卷　(清)徐錦華撰　清光緒二十五年(1899)徐士琛寶善堂刻本　四册

330000－1701－0065109　G000809　史部/傳記類/科舉録之屬/諸貢録
越郡試草不分卷　(清)徐言等撰　(清)張大宗評　清光緒刻本　一册

330000－1701－0065112　HJL8095　史部/史評類/考訂之屬
廿二史劄記三十六卷補遺一卷　(清)趙翼撰　清光緒二十五年(1899)湖南書局刻本　十六册

330000－1701－0065114　G000810　子部/宗教類/佛教之屬/總録
重訂教乘法數十二卷　(清)釋超海等輯　清光緒三十四年(1908)常州天寧寺刻本　六册

330000－1701－0065115　普 811.67/2886　集部/别集類/清别集
靈素堂駢體文一卷詩鈔四卷　(清)徐錦撰　清光緒十二年(1886)許景澄刻本　一册

330000－1701－0065116　普 814.7/3207/c2　集部/别集類/清别集
潘少白先生文集八卷詩集五卷常語二卷　(清)潘諮撰　清道光二十四年(1844)陳繼昌瞻園刻本　七册

330000－1701－0065118　HJL7785　史部/金石類/石之屬/文字
碑别字五卷　(清)羅振鋆輯　清光緒刻本　讖碧罯人題記　二册

330000－1701－0065120　G000877　經部/書類/傳説之屬
今文尚書三十卷　(清)孫星衍撰注　清官報書局刻本　金致淇題簽並記　謝啟明題記　二册

330000－1701－0065123　G000811　經部/書類/傳説之屬
古文尚書十卷　(漢)馬融　(漢)鄭玄注　(宋)王應麟撰集　(清)孫星衍補集　**尚書篇目表一卷**　(清)孫星衍撰　**尚書逸文二卷**　(清)江聲撰集　(清)孫星衍補訂　清乾隆六十年(1795)蘭陵孫氏問字堂刻本　四册

330000－1701－0065124　HJL8096　史部/傳記類/總傳之屬
從政觀法録三十卷　(清)朱方增撰　清道光十年(1830)刻本　八册

330000－1701－0065126　HJH7516　史部/傳記類/别傳之屬/事狀
無不足想老人由日記内摘録陽穀殉難事實一卷　(清)趙達綸撰　**魯齋詩存一卷**　(清)趙文穎撰　清光緒三十四年(1908)刻本　一册

330000－1701－0065128　G000878　集部/總集類/彙編之屬
陸陳二先生詩文鈔　(清)葉裕仁輯　清同治九年至光緒二年(1870－1876)安道書院刻本　三册　存一種

330000－1701－0065129　HJL8099　史部/職官類/官制之屬
槐廳載筆二十卷　(清)法式善撰　清嘉慶刻本　六册

330000－1701－0065132　G000812　子部/小説家類/雜事之屬
白門新柳記一卷　(清)許豫撰　**白門新柳補記一卷詞一卷**　(清)楊亨輯　**白門衰柳附記一卷**　(清)盋孏雲撰　**秦淮燈舫曲一卷**　清同治十一年(1872)姑蘇清華齋刻本　一册

330000－1701－0065133　普 814.7/3227　集部/别集類/清别集
養一齋集二十六卷首一卷劄記九卷詞三卷詩

話十卷李杜詩話三卷四書文不分卷試帖一卷　（清）潘德輿撰　清道光至同治刻本　十一冊　存二十七卷（一至二十五、首，試帖）

330000－1701－0065136　普 814.7/3003　集部/總集類/彙編之屬

漢上消閒社主詩餘一卷文鈔二卷外編四卷詩鈔二卷　宦應清編　清宣統二年（1910）漢上振華印書館鉛印本　二冊

330000－1701－0065137　G000879　子部/小說家類/異聞之屬

音釋坐花誌果八卷　（清）汪道鼎撰　（清）鶩峰樵者音釋　清光緒刻本　四冊

330000－1701－0065139　G000813　類叢部/叢書類/彙編之屬

申報館叢書正集五十七種附錄三種續集一百四十二種　（清）尊聞閣主編　蔡爾康編續集　清同治至光緒上海申報館鉛印本　一冊　存一種

330000－1701－0065140　GP03576　子部/藝術類/書畫之屬/法帖

有明名賢遺翰二卷　（清）謝若農輯　清光緒十三年（1887）漢皋文淵書局刻本　二冊

330000－1701－0065143　G000817　子部/宗教類/佛教之屬/諸宗

佛果圜悟禪師碧岩集十卷　（宋）釋克勤撰　清光緒二年（1876）釋開慧刻本　五冊

330000－1701－0065144　HJL8100　史部/傳記類/日記之屬

秦輶日記一卷（清咸豐八年六月至十月）瀋陽紀程一卷　（清）潘祖蔭撰　清吳縣潘氏刻潘文勤公雜著本　劉承幹題記　一冊

330000－1701－0065147　G000814　子部/儒家類/儒學之屬/經濟

皇朝經世文續編一百二十卷　（清）葛士濬輯　清光緒二十二年（1896）寶善書局石印本　二十冊

330000－1701－0065148　普 814.7/3013　類叢部/叢書類/自著之屬

安靜子集五種附一種　（清）安致遠撰　清康熙刻同治二年（1863）自鉏園彙印本　十一冊　存四種

330000－1701－0065149　普 350.72/5329.2　子部/兵家類/操練之屬

練兵實紀九卷雜集六卷　（明）戚繼光撰　清道光二十三年（1843）錢塘許乃釗刻本　五冊

330000－1701－0065150　普 814.7/3227/2、普 814.7/3227.2　集部/別集類/清別集

養一齋集二十六卷首一卷劄記九卷詞三卷詩話十卷李杜詩話三卷四書文不分卷試帖一卷　（清）潘德輿撰　清道光至同治刻本　二十冊

330000－1701－0065153　G000815　史部/政書類/儀制之屬/專志/科舉校規

紹興府學堂重訂章程一卷　（清）紹興府學堂輯　清光緒鉛印本　一冊

330000－1701－0065154　HJL8104　史部/傳記類/科舉録之屬

己未詞科錄十二卷首一卷　（清）秦瀛輯　清光緒十四年（1888）木活字印本　四冊

330000－1701－0065155　G000816　集部/別集類/清別集

沈子愚書四種　（清）沈祖燕撰　清光緒三十二年至宣統元年（1906－1909）刻本　一冊　存二種

330000－1701－0065159　G000880　子部/醫家類/方書之屬/單方驗方

驗方新編八卷首一卷　（清）鮑相璈輯　清咸豐十年（1860）刻本　八冊

330000－1701－0065162　普 350.72/5329.2/2/c1　子部/兵家類/操練之屬

練兵實紀九卷雜集六卷　（明）戚繼光撰　清光緒二十一年（1895）上海醉經廔石印本　四冊

330000－1701－0065163　普 350.72/5329.2/2/c2　子部/兵家類/操練之屬

練兵實紀九卷雜集六卷　（明）戚繼光撰　清

光緒二十一年(1895)上海醉經樓石印本　四册

330000－1701－0065164　普 814.7/30131　集部/别集類/清别集
安雅堂全集七種　(清)宋琬撰　清順治至乾隆刻本　八册　存一種

330000－1701－0065167　HJL8105　史部/史抄類
史畧八十七卷　(清)朱堃輯　清同治五年(1866)皖南朱氏袞麓山房刻本　二十册

330000－1701－0065168　G000881　子部/雜著類/雜説之屬
四奇合璧四卷　(清)花下解人撰　清光緒八年(1882)上海王氏刻本　一册

330000－1701－0065171　HJL7787　史部/地理類/總志之屬/斷代
太平寰宇記二百卷目録二卷　(宋)樂史撰　清光緒八年(1882)金陵書局刻本(卷四、一百十三至一百十九原缺)　三十六册

330000－1701－0065172　G000882　子部/術數類/相宅相墓之屬
入地眼全書十卷　(宋)釋靜道撰　清經綸堂刻本　四册

330000－1701－0065173　普 814.7/30131.2　集部/别集類/清别集
安雅堂全集七種　(清)宋琬撰　清順治至乾隆刻本　十一册　存六種

330000－1701－0065175　HJH8527　史部/政書類/通制之屬
皇朝續文獻通考三百二十卷　劉錦藻撰　清宣統二年(1910)鉛印本　八十八册

330000－1701－0065176　普 814.7/3239　集部/别集類/清别集
石舟文賸二卷　(清)潘汝炯撰　清嘉慶二十一年(1816)刻本　二册

330000－1701－0065177　G000883　史部/雜史類
荆駝逸史五十種　(清)陳湖逸士輯　清宣統三年(1911)中國圖書館石印本(三朝野紀卷五至六原缺)　十六册

330000－1701－0065179　普 350.72/5329.2/3　子部/兵家類/操練之屬
練兵實紀九卷雜集六卷　(明)戚繼光撰　清咸豐四年(1854)光霽堂刻本　六册

330000－1701－0065180　G000884　子部/醫家類/本草之屬/歷代綜合本草
本草綱目五十二卷圖三卷瀕湖脉學一卷奇經八脉攷一卷脉訣攷證一卷　(明)李時珍撰　**本草萬方鍼線八卷**　(清)蔡烈先輯　**本草綱目拾遺十卷**　(清)趙學敏輯　清光緒十八年(1892)上海鴻寶齋石印本　一册　存八卷(本草萬方鍼線一至八)

330000－1701－0065183　G000818　經部/詩類/傳説之屬
詩經精華十卷　(清)薛嘉穎輯　清光緒二年(1876)刻浙寧簡香齋印本　四册

330000－1701－0065186　HJL7788　史部/政書類/律令之屬/律例
欽定吏部則例　(清)恩桂等修　(清)薛鳴皐等纂　清道光二十三年(1843)刻本　四十八册

330000－1701－0065187　HJL7291　史部/詔令奏議類/奏議之屬
劉壯肅公奏議十卷首一卷　(清)劉銘傳撰　清光緒三十二年(1906)鉛印本　六册

330000－1701－0065189　HJL8528　史部/政書類/律令之屬/治獄
刑案匯覽續編三十二卷　(清)何錫儼　(清)吴潮輯　清光緒十三年(1887)退思軒刻本　三十二册

330000－1701－0065191　G000819　集部/别集類
湘綺樓夜雪集一卷夜雪後集一卷　王闓運撰　清光緒十九年(1893)長沙刻本　一册

330000－1701－0065192　HJL7292　史部/詔

令奏議類/奏議之屬

嘉定長白二先生奏議四卷 夏震武輯 **長白先生[寶廷]年譜一卷** (清)壽富輯 清宣統二年(1910)京邸鉛印本 二冊

330000－1701－0065193 普350.72/5329.2/4 子部/兵家類/操練之屬

練兵實紀九卷雜集六卷 (明)戚繼光撰 清道光十四年(1834)安康張鵬翂來鹿堂刻本 六冊

330000－1701－0065195 普814.7/3016 集部/别集類/清别集

詒晉齋集八卷後集一卷隨筆一卷 (清)永瑆撰 清道光二十八年(1848)刻本 五冊

330000－1701－0065197 普951.068/2742 類叢部/叢書類/彙編之屬

申報館叢書正集五十七種附錄三種續集一百四十二種 (清)尊聞閣主編 蔡爾康編續集 清同治至光緒上海申報館鉛印本 二冊 存一種

330000－1701－0065199 普814.7/3016/(2) 集部/别集類/清别集

詒晉齋集八卷後集一卷隨筆一卷 (清)永瑆撰 清道光二十八年(1848)刻本 四冊

330000－1701－0065200 G000820 史部/傳記類/總傳之屬

鶴徵錄八卷首一卷 (清)李集輯 (清)李富孫 (清)李遇孫續輯 **鶴徵後錄十二卷首一卷** (清)李富孫輯 清嘉慶漾葭老屋刻同治十一年(1872)補刻本 六冊

330000－1701－0065203 HJL7293 史部/詔令奏議類/奏議之屬

藏諫研齋疏稿一卷附錄一卷 (清)何金壽撰 清光緒三十三年(1907)石印本 二冊

330000－1701－0065204 普814.7/3016/2 集部/别集類/清别集

詒晉齋集八卷 (清)永瑆撰 清刻本 四冊

330000－1701－0065205 普951.068/2742/2/c1 類叢部/叢書類/彙編之屬

紀載彙編 清都城琉璃廠鉛印本 四冊

330000－1701－0065206 普814.7/3018 集部/别集類/清别集

思無邪齋文存六卷詩存八卷 (清)宫爾鐸撰 清光緒十五年(1889)刻本 二冊 存六卷(文存一至六)

330000－1701－0065209 HJL8529 子部/儒家類/儒學之屬/經濟

皇朝經世文編一百二十卷姓名總目二卷生存姓名一卷 (清)賀長齡輯 清道光七年(1827)刻本 八十冊

330000－1701－0065213 普350.74/8324 子部/兵家類

江南陸師學堂武備課程八種附課藝二卷 (清)錢德培等纂輯 清光緒二十五年(1899)南京江南陸師學堂刻本 十五冊

330000－1701－0065214 G000821 子部/宗教類/其他宗教之屬/基督教

泰西名人證道譚六卷 (英國)墨獨克輯 (美國)羅密士輯 胡頤谷譯 清宣統三年(1911)上海基督教青年合會總委辦鉛印本 一冊

330000－1701－0065215 普951.068/2742/2/c2 類叢部/叢書類/彙編之屬

紀載彙編 清都城琉璃廠鉛印本 六冊

330000－1701－0065217 HJH7789 史部/編年類/通代之屬

資治通鑑二百九十四卷 (宋)司馬光撰 (元)胡三省音注 **通鑑釋文辯誤十二卷** (元)胡三省撰 清光緒元年(1875)湖北崇文書局刻本 一百四冊

330000－1701－0065218 G000822 集部/别集類

志學齋類稾不分卷 張通典撰 清光緒鉛印本 一冊

330000－1701－0065219 HJL8530 類叢部/叢書類/彙編之屬

埽葉山房叢鈔二十六種 (清)席威編 清同

治至光緒刻光緒九年(1883)彙印本　三十二冊　存一種

330000－1701－0065223　普814.7/3244　集部/别集類/清别集
餘香草堂集四卷　(清)潘孝基撰　清嘉慶十九年(1814)刻本　一冊

330000－1701－0065224　普951.068/2840/c1　史部/雜史類/斷代之屬
小腆紀年坿攷二十卷　(清)徐鼒撰　清咸豐十一年(1861)刻本　十二冊

330000－1701－0065226　G000823　子部/術數類/相宅相墓之屬
地理辨正五卷　(清)蔣平階補傳　(清)姜垚辨正　清埽葉山房刻本　二冊

330000－1701－0065230　普814.7/3027　集部/别集類/清别集
躬耻齋文鈔二十卷首一卷文後編六卷　(清)宗稷辰撰　清咸豐九年(1859)越峴山館刻本　十四冊

330000－1701－0065231　普350.9251/1006/c1　史部/傳記類/總傳之屬/通代
百將圖傳二卷　(清)丁日昌編　清同治八年(1869)江蘇書局刻本　二冊

330000－1701－0065232　普350.9251/1006/c2　史部/傳記類/總傳之屬/通代
百將圖傳二卷　(清)丁日昌編　清同治八年(1869)江蘇書局刻本　二冊

330000－1701－0065233　普350.9251/1006/c3　史部/傳記類/總傳之屬/通代
百將圖傳二卷　(清)丁日昌編　清同治八年(1869)江蘇書局刻本　二冊

330000－1701－0065235　普951.068/2840/c2　史部/雜史類/斷代之屬
小腆紀年坿攷二十卷　(清)徐鼒撰　清光緒四年(1878)刻本　十冊

330000－1701－0065236　G000824　集部/别集類/清别集
味青館課徒草不分卷　(清)束允泰撰　清光緒十三年(1887)刻本　一冊

330000－1701－0065241　G000885　集部/曲類/曲藝之屬
最新醒世歌謠不分卷　(清)痛國遺民編　清光緒三十一年(1905)上海新學會社鉛印本　一冊

330000－1701－0065242　GP03691　子部/藝術類/書畫之屬/法帖
筠清館法帖六卷　(清)吳榮光輯　清宣統元年(1909)上海文明書局影印本　六冊

330000－1701－0065243　HJH7524　史部/地理類/外紀之屬
地球韻言四卷　(清)張士瀛撰　清光緒二十八年(1902)刻本　四冊

330000－1701－0065244　普951.068/2840/3　史部/雜史類/斷代之屬
小腆紀年坿攷二十卷　(清)徐鼒撰　清光緒十二年(1886)扶桑使廨鉛印本　六冊　存十卷(一至二、五至六、九、十一至十五)

330000－1701－0065246　G000886　類叢部/叢書類/彙編之屬
申報館叢書正集五十七種附録三種續集一百四十二種　(清)尊聞閣主編　蔡爾康編續集　清同治至光緒上海申報館鉛印本　八冊　存一種

330000－1701－0065248　HJL7296　史部/詔令奏議類/奏議之屬
劉中丞奏稿八卷　(清)劉崐撰　清光緒二十一年(1895)上海鉛印本　八冊

330000－1701－0065249　普814.7/3246/c1　集部/别集類/清别集
有真意齋文集不分卷　(清)潘世恩撰　清同治十二年(1873)刻本　二冊

330000－1701－0065250　HJL8115　史部/傳記類/别傳之屬/年譜
成山老人[唐烔]自撰年譜六卷　(清)唐烔撰　**附録一卷**　(清)唐堅撰　清宣統二年

(1910)鉛印本　三冊

330000－1701－0065252　普 814.7/3246/c2　集部/別集類/清別集

有真意齋文集不分卷　(清)潘世恩撰　清同治十二年(1873)刻本　二冊

330000－1701－0065253　HJL7525　史部/政書類/通制之屬

文獻通考詳節二十四卷　(元)馬端臨撰　(清)嚴虞惇輯　清光緒十五年(1889)上海珍藝書局鉛印本　六冊

330000－1701－0065254　HJL7790　史部/紀傳類/正史之屬

金史詳校十卷首一卷附史論五答一卷　(清)施國祁撰　清光緒六年(1880)會稽章氏刻本　六冊

330000－1701－0065258　G000825　子部/儒家類/儒家之屬

新序十卷　(漢)劉向撰　清刻本　四冊

330000－1701－0065259　G000887　經部/小學類/音韻之屬/等韻

李氏音鑑六卷首一卷　(清)李汝珍撰　清嘉慶十五年(1810)寶善堂刻本　四冊

330000－1701－0065260　普 814.7/3270　集部/別集類/清別集

潘方伯公遺稿六卷　(清)潘駿文撰　潘學祖　潘延祖編　清光緒二十二年(1896)都門刻本　六冊

330000－1701－0065265　HJL8532　史部/政書類/邦交之屬

約章成案匯覽甲篇十卷乙篇四十二卷　(清)北洋洋務局輯　清光緒三十一年(1905)上海點石齋石印本　四十六冊　存十卷(甲篇一至十)

330000－1701－0065267　普 814.7/3133　集部/別集類/清別集

東里生爐餘集三卷　(清)汪家禧撰　(清)許乃穀輯　清嘉慶二十五年(1820)武林刻本　三冊

330000－1701－0065268　HJL7526　史部/政書類/通制之屬

廣治平畧三十六卷補編八卷　(清)蔡方炳撰　清光緒十三年(1887)大同書局石印本　六冊

330000－1701－0065269　普 951.068/3035　史部/叢編

痛史二十一種附九種　樂天居士輯　清宣統至民國上海商務印書館鉛印本　十冊　存一種

330000－1701－0065272　普 814.7/3281　集部/別集類/清別集

自鏡齋文鈔一卷詩鈔一卷補遺一卷試帖一卷敂閒雜錄一卷詠花詞一卷　(清)潘曾瑋撰　清光緒十三年(1887)刻本　一冊　存三卷(文鈔、詩鈔、補遺)

330000－1701－0065273　普 814.7/3027/(2)　集部/別集類/清別集

躬恥齋文鈔二十卷首一卷文後編六卷　(清)宗稷辰撰　清咸豐元年(1851)越峴山館刻本　六冊　缺六卷(文後編一至六)

330000－1701－0065274　G000888　類叢部/叢書類/彙編之屬

唐人說薈一百六十五種　(清)陳世熙編　清同治八年(1869)右文堂刻本　二十冊

330000－1701－0065275　普 350.9251/1006/c4　史部/傳記類/總傳之屬/通代

百將圖傳二卷　(清)丁日昌編　清同治八年(1869)江蘇書局刻本　四冊

330000－1701－0065278　HJL8533　史部/地理類/總志之屬/通代

讀史方輿紀要一百三十卷方輿全圖總說四卷　(清)顧祖禹撰　清光緒二十九年(1903)上海益吾齋石印本　二十四冊

330000－1701－0065280　HJL7527　史部/雜史類/外紀之屬

中日戰輯六卷　(清)王炳耀撰　清光緒二十二年(1896)上海書局石印本　四冊

330000－1701－0065281　G000826　經部/春秋左傳類/傳說之屬

左繡三十卷首一卷　(清)馮李驊　(清)陸浩評輯　清光緒十四年(1888)上海文瑞樓刻本　十四冊

330000－1701－0065283　GP03753　子部/藝術類/書畫之屬/法帖

墨池堂選帖五卷　(明)章藻輯　清末影印本　四冊　存四卷(一至四)

330000－1701－0065288　HJL8534　史部/地理類/總志之屬/通代

天下郡國利病書一百二十卷　(清)顧炎武撰　清光緒二十九年(1903)上海益吾齋石印本　二十四冊

330000－1701－0065291　GP03756　子部/藝術類/書畫之屬/法帖

寶惲室帖四卷　(清)惲格書　清宣統元年(1909)上海書畫會影印本　四冊

330000－1701－0065293　普814.7/3135　集部/別集類/清別集

月滿樓文集十四卷首二卷詩集四十卷首二卷別集七卷　(清)顧宗泰撰　清嘉慶八年(1803)瞻園刻本　八冊

330000－1701－0065294　G000889　集部/別集類/清別集

稼蓀山館偶存初集四卷　(清)胡粟海撰　清道光二十三年(1843)稼蓀山館刻本　四冊

330000－1701－0065295　普350.92517/164　史部/傳記類/總傳之屬/斷代

長城金鏡六卷　(清)石景芬纂　清同治五年(1866)木活字印本　六冊

330000－1701－0065297　HJH7300　史部/地理類/總志之屬/通代

天下郡國利病書一百二十卷　(清)顧炎武撰　清抄本　八十九冊　缺一卷(二十九)

330000－1701－0065298　HJL7528　新學/交涉/案牘

中外通商始末記二十卷　(清)王之春纂　清光緒二十一年(1895)寶善書局石印本　六冊

330000－1701－0065300　HJL8117　史部/傳記類/別傳之屬/年譜

蘭史[王錫九]自訂年譜一卷　(清)王錫九撰　清同治六年(1867)王宗濂刻本　一冊

330000－1701－0065304　HJH8535　史部/政書類/律令之屬/律例

大清律例增修統纂集成四十卷督捕則例附纂二卷　(清)姚潤輯　(清)陶駿　(清)陶念霖增輯　清光緒二十六年(1900)浙省聚文堂刻本　二十四冊

330000－1701－0065305　普814.7/3027.2　子部/儒家類/儒學之屬/經濟

躬恥齋經世十八篇一卷　(清)宗稷辰撰　清光緒二十七年(1901)會稽宗能述鉛印本　一冊

330000－1701－0065306　G000890　子部/小說家類/雜事之屬

閒談消夏錄十二卷　(清)朱翊清撰　清同治十三年(1874)翠筠山房刻本　十二冊

330000－1701－0065307　G000891　子部/小說家類/雜事之屬

蕉軒摭錄十二卷　(清)俞夢蕉撰　清咸豐二年(1852)雙桂樓刻本　六冊

330000－1701－0065309　普814.7/3312　集部/別集類/清別集

蜕稾四卷　(清)梁玉繩撰　清嘉慶至道光刻清白士集本(卷一至二配清戴采孫抄本)　清戴采孫跋　一冊

330000－1701－0065311　HJL7529　史部/傳記類/科舉録之屬/歷科鄉試録

[光緒庚子辛丑恩正並行壬寅]直省鄉墨十二卷　清光緒二十九年(1903)通文書局石印本　七冊　缺一卷(七)

330000－1701－0065312　普814.7/3033/c1　集部/別集類/清別集

頤情館聞過集十二卷　(清)宗源翰撰　清光緒三年(1877)刻本　八冊

330000－1701－0065320　HJL8118　史部/傳記類/別傳之屬/年譜

先文忠公[沈兆霖]自訂年譜一卷　(清)沈兆霖撰　(清)沈雲驥續編　清同治元年(1862)刻本　清梁經伯題記　一冊

330000－1701－0065322　普 350.92517/2510/c1　史部/傳記類/總傳之屬/仕宦

中興將帥別傳三十卷　朱孔彰撰　清光緒二十三年(1897)江寧刻本　十冊

330000－1701－0065323　普 350.92517/2510/c2　史部/傳記類/總傳之屬/仕宦

中興將帥別傳三十卷　朱孔彰撰　清光緒二十三年(1897)江寧刻本　十冊

330000－1701－0065324　普 350.92517/2510/c3　史部/傳記類/總傳之屬/仕宦

中興將帥別傳三十卷　朱孔彰撰　清光緒二十三年(1897)江寧刻本　十冊

330000－1701－0065325　普 951.068/3192/c1　史部/雜史類/斷代之屬

明季續聞一卷　(清)汪光復撰　清宣統三年(1911)上海商務印書館鉛印本　一冊

330000－1701－0065326　普 951.068/3192/c2　史部/雜史類/斷代之屬

明季續聞一卷　(清)汪光復撰　清宣統三年(1911)上海商務印書館鉛印本　一冊

330000－1701－0065327　普 951.068/3627/c1　史部/雜史類/斷代之屬

南疆繹史勘本三十卷首二卷　(清)溫睿臨撰　(清)李瑤勘定　**繹史摭遺十八卷卹謚考八卷**　(清)李瑤撰　清道光十年(1830)都城琉璃廠半松居士活字印本　二十冊

330000－1701－0065328　普 951.068/3627/(2)/c1　史部/雜史類/斷代之屬

南疆繹史勘本三十卷首二卷　(清)溫睿臨撰　(清)李瑤勘定　**繹史摭遺十八卷卹謚考八卷**　(清)李瑤撰　清道光十年(1830)都城琉璃廠半松居士活字印本　十六冊

330000－1701－0065331　普 814.7/3143　集部/別集類/清別集

西隃山房集八卷(微尚齋詩集初編四卷詩續集二卷適適齋文集二卷)　(清)馮志沂撰　清咸豐十一年至同治八年(1861－1869)洪洞董氏刻本　二冊

330000－1701－0065332　普 814.7/3144/(2)/c2　集部/別集類/清別集

顯志堂稿十二卷　(清)馮桂芬撰　清光緒二年(1876)吳縣馮氏校邠廬刻本　六冊

330000－1701－0065334　普 814.7/3144/(3)　集部/別集類/清別集

顯志堂稿十二卷　(清)馮桂芬撰　清光緒二年(1876)吳縣馮氏校邠廬刻本　九冊

330000－1701－0065336　普 951.068/4233　類叢部/叢書類/彙編之屬

申報館叢書正集五十七種附錄三種續集一百四十二種　(清)尊聞閣主編　蔡爾康編續集　清同治至光緒上海申報館鉛印本　二冊　存一種

330000－1701－0065338　普 350.92517/2510/2　類叢部/叢書類/彙編之屬

漸學廬叢書第一集十五種　(清)胡祥鑅編　清光緒元和胡氏石印本　六冊　存一種

330000－1701－0065339　普 814.7/31442　集部/別集類/清別集

思無邪室遺集六卷附告示二道一卷　(清)顧莼撰　清道光十九年(1839)仁壽硯齋刻本　六冊

330000－1701－0065340　普 951.068/4233/2　史部/雜史類/斷代之屬

蜀碧四卷附記一卷　(清)彭遵泗撰　清刻本　四冊

330000－1701－0065342　普 814.7/31443/c1　集部/別集類/清別集

孟晉齋文集五卷　(清)顧壽楨撰　**孟晉齋[顧壽楨]年譜一卷**　(清)顧家相撰　清同治五年(1866)見素抱樸齋刻本　三冊

330000－1701－0065343　普 350.92517/

2510/3　史部/傳記類/總傳之屬/斷代
國朝先正事略續編四卷　朱孔彰撰　清光緒二十七年(1901)上海石印本　四册

330000－1701－0065344　普 814.7/31443/c2　集部/别集類/清别集
孟晉齋文集五卷周列士傳一卷　(清)顧壽楨撰　**孟晉齋[顧壽楨]年譜一卷**　(清)顧家相撰　清同治五年(1866)見素抱樸齋刻本　四册

330000－1701－0065345　普 951.068/4438　類叢部/叢書類/彙編之屬
國粹叢書四十九種　(清)國學保存會編　清光緒至宣統鉛印本　一册　存一種

330000－1701－0065348　普 814.7/31443/c3　集部/别集類/清别集
孟晉齋文集五卷　(清)顧壽楨撰　**孟晉齋[顧壽楨]年譜一卷**　(清)顧家相撰　清同治五年(1866)見素抱樸齋刻本　三册

330000－1701－0065349　G000827　新學/格致總
格致彙編不分卷　(英國)傅蘭雅輯　清光緒二年至十八年(1876－1892)上海格致書室鉛印本　二十八册

330000－1701－0065351　普 814.7/31443/2　集部/别集類/清别集
孟晉齋文集五卷　(清)顧壽楨撰　**孟晉齋[顧壽楨]年譜一卷**　(清)顧家相撰　清同治五年(1866)見素抱樸齋刻本　二册

330000－1701－0065353　G000893　子部/小説家類/瑣語之屬
珊瑚舌雕談初筆八卷　(清)許起撰　清光緒十一年(1885)弢園王氏木活字印本　四册

330000－1701－0065354　普 350.92517/2510/4/c1　史部/傳記類/總傳之屬/仕宦
中興名臣事略八卷　朱孔彰撰　清光緒二十四年(1898)上海書局石印本　一册

330000－1701－0065355　普 814.7/3375　集部/别集類/清别集
頻羅庵遺集十六卷　(清)梁同書撰　清光緒十三年(1887)蛟川修綆山莊刻本　章嶔題簽並記　八册

330000－1701－0065357　G000892　子部/小説家類/雜事之屬
常談叢錄九卷　(清)李元復撰　清道光敦仁堂刻本　八册　缺一卷(九)

330000－1701－0065359　G000828　子部/兵家類/兵法之屬
孫子書三卷　(明)趙本學解　明萬曆四十三年(1615)梁見孟刻本　三册

330000－1701－0065360　普 350.92517/2510/4/c2　史部/傳記類/總傳之屬/仕宦
中興名臣事略八卷　朱孔彰撰　清光緒二十四年(1898)上海書局石印本　四册

330000－1701－0065361　HJL7530　史部/傳記類/科舉録之屬
癸卯科直省闈墨□□卷　(清)京都大學堂評選　清光緒三十年(1904)上海煥文書局石印本　五册　存五卷(一至五)

330000－1701－0065364　GP20328　子部/藝術類/書畫之屬/畫譜
任渭長畫劍俠傳三十三象一卷　(清)任熊繪　清咸豐九年(1859)蔡容莊刻本　一册

330000－1701－0065367　普 814.7/3375/(2)/c3　集部/别集類/清别集
頻羅庵遺集十六卷　(清)梁同書撰　清光緒十三年(1887)蛟川修綆山莊刻本　六册

330000－1701－0065368　HJL7796　史部/編年類/通代之屬
資治通鑑二百九十四卷　(宋)司馬光撰　(元)胡三省音注　**通鑑釋文辯誤十二卷**　(元)胡三省撰　清嘉慶二十一年(1816)鄱陽胡克家影元刻本　一百册

330000－1701－0065370　G000829　史部/金石類/錢幣之屬/文字
古泉叢話三卷又一卷　(清)戴熙撰　清同治十一年(1872)潘氏滂喜齋刻蘇州振新書社印

本　陸樹棠跋　一册

330000－1701－0065371　HJL8538　類叢部/叢書類/自著之屬

張南山全集十二種　(清)張維屏撰　清道光至咸豐刻本　十册　存一種

330000－1701－0065372　HJL7301　類叢部/叢書類/彙編之屬

御製律曆淵源三種　(清)允祿　(清)允祉等纂修　清雍正内府刻乾隆增刻本　二十二册　存一種

330000－1701－0065373　普814.7/3147　集部/别集類/清别集

十二硯齋文錄一卷　(清)汪鋆撰　清光緒刻本　一册

330000－1701－0065374　普350.92517/2510/4/c3　史部/傳記類/總傳之屬/仕宦

中興名臣事略八卷　朱孔彰撰　清光緒二十四年(1898)上海書局石印本　一册

330000－1701－0065377　普814.7/3375/2/c1　集部/别集類/清别集

頻羅庵遺集十六卷　(清)梁同書撰　清光緒十三年(1887)蛟川修綆山莊刻本　六册

330000－1701－0065378　普814.7/3148/c2　集部/别集類/清别集

汪梅村先生集十二卷外集一卷　(清)汪士鐸撰　清光緒七年(1881)刻本　四册

330000－1701－0065379　HJL8119　史部/政書類/邦計之屬/貿易

國朝柔遠記十八卷附編二卷　(清)王之春輯　清光緒十七年(1891)廣雅書局刻本　六册

330000－1701－0065380　普814.7/3148/c3　集部/别集類/清别集

汪梅村先生集十二卷外集一卷　(清)汪士鐸撰　清光緒七年(1881)刻本　四册

330000－1701－0065382　普350.92517/2510/5　史部/傳記類/總傳之屬/仕宦

中興名臣事略八卷　朱孔彰撰　清光緒上洋仁昌成記石印書局石印本　二册

330000－1701－0065383　普814.7/3375/2/c3　集部/别集類/清别集

頻羅庵遺集十六卷　(清)梁同書撰　清嘉慶二十二年(1817)仁和陸貞一杭州刻本　六册

330000－1701－0065384　普814.7/3148.2　集部/别集類/清别集

汪梅村先生集十二卷外集一卷悔翁詩鈔十五卷補遺一卷詩餘五卷筆記六卷　(清)汪士鐸撰　清光緒七年(1881)、九年(1883)合肥張氏味古齋刻本　十二册

330000－1701－0065387　普951.068/6722/(2)　史部/雜史類/斷代之屬

明季稗史彙編十六種　(清)留雲居士輯　清都城琉璃廠刻本　十六册

330000－1701－0065389　GP04137　子部/藝術類/書畫之屬/法帖

宋拓淳化閣帖十卷　清宣統元年(1909)石印本　十册

330000－1701－0065390　HJH8539　類叢部/叢書類/自著之屬

二思堂叢書六種五十一卷　(清)梁章鉅撰　清同治十二年至光緒元年(1873－1875)福州梁氏刻本　二册　存一種

330000－1701－0065393　G000894　子部/術數類/命書相書之屬

水鏡集四卷　(清)范騋撰　清經國堂刻本　四册

330000－1701－0065396　HJL7307　史部/雜史類/斷代之屬

明末五小史(明季五藩實錄)不分卷　(清)三餘氏輯　清京都琉璃廠異史氏刻本　十二册

330000－1701－0065398　HJL7797　史部/詔令奏議類/奏議之屬

那文毅公奏議八十卷　(清)那彥成撰　(清)那容安輯　清道光十四年(1834)刻本　四十八册

330000－1701－0065401　普 814.7/3414　類叢部/叢書類/自著之屬
校禮堂全集六種　(清)淩廷堪撰　清嘉慶至道光刻本　四册　存一種

330000－1701－0065403　G000830　子部/醫家類/類編之屬
古今醫統正脈全書四十四種　(明)王肯堂編　清初刻本　一册　存一種

330000－1701－0065405　HJL8121　史部/史評類/史論之屬
史學提要輯注二卷　(宋)黃繼善撰　(清)狄寬輯註　**史學提要二卷**　(宋)黃繼善撰　(清)狄寬增訂　清乾隆二十八年(1763)刻嘉慶十一年(1806)重修本　四册

330000－1701－0065406　普 814.7/3150/c1　集部/别集類/清别集
述學内篇三卷補遺一卷外篇一卷别錄一卷附錄一卷校勘記一卷　(清)汪中撰　(清)汪喜孫編　清同治八年(1869)揚州書局刻本　二册

330000－1701－0065410　普 951.068/6722/2　史部/雜史類/斷代之屬
明季稗史彙編十六種　(清)留雲居士輯　清都城琉璃廠刻本　十册

330000－1701－0065411　HJL7798　史部/編年類/通代之屬
歷代通鑑纂要九十二卷　(明)李東陽　(明)劉機等撰　清光緒二十三年(1897)廣雅書局刻本　四十八册

330000－1701－0065412　G000895、G009500　子部/術數類/命書相書之屬
水鏡集四卷　(清)范駷撰　清刻本　四册

330000－1701－0065414　G000831、G005671、G008416、G009458　集部/總集類/選集之屬/通代
佩文齋詠物詩選四百八十六卷　(清)汪霦等輯　清康熙四十六年(1707)内府刻本　六十四册

330000－1701－0065416　HJL7531　史部/傳記類/科舉録之屬/歷科鄉試録
光緒癸卯恩科江南闈墨一卷　清光緒圖書集成局鉛印本　一册

330000－1701－0065417　普 951.068/6722/4/c1　史部/雜史類/斷代之屬
明季稗史彙編十六種　(清)留雲居士輯　清光緒二十二年(1896)上海圖書集成印書局鉛印本　六册

330000－1701－0065418　普 351.12/2837　史部/政書類/軍政之屬
欽定懲治陸軍漏洩機密等章程一卷　(清)奕劻等撰　清光緒三十四年(1908)浙江石印所石印本　一册

330000－1701－0065419　HJH7303　史部/紀傳類/正史之屬
二十四史　清刻本　八十册　存一種

330000－1701－0065420　G000896　類叢部/叢書類/自著之屬
巴山七種　(清)王侃撰　清同治四年(1865)光裕堂刻本　六册

330000－1701－0065422　普 814.7/3423　類叢部/叢書類/自著之屬
沈歸愚詩文全集十四種　(清)沈德潛撰　清乾隆教忠堂刻本　四十八册　存十一種

330000－1701－0065423　普 951.068/6722/4/c2　史部/雜史類/斷代之屬
明季稗史彙編十六種　(清)留雲居士輯　清光緒十三年(1887)上海圖書集成印書局鉛印本　六册

330000－1701－0065424　普 814.7/3688　集部/别集類/清别集
寸心知室詩文經進集一卷詩存三卷文存二卷隨筆一卷　(清)湯金釗撰　清咸豐元年(1851)刻本　六册

330000－1701－0065426　HJL7799　史部/編年類/通代之屬
歷代通鑑纂要九十二卷　(明)李東陽　(明)

劉機等撰　清光緒二十三年(1897)廣雅書局刻本　四十八册

330000－1701－0065431　普 814.7/3688/(2)　集部/别集類/清别集
寸心知室詩文六卷隨筆一卷雪泥鴻爪一卷　(清)湯金釗撰　清咸豐刻本　四册

330000－1701－0065432　普 951.068/6722/4/c3　史部/雜史類/斷代之屬
明季稗史彙編十六種　(清)留雲居士輯　清光緒二十二年(1896)上海圖書集成印書局鉛印本　六册

330000－1701－0065433　普 814.7/3424/2/c2　集部/别集類/清别集
頤綵堂文集十六卷劍舟律賦二卷　(清)沈叔埏撰　清乾隆六十年(1795)刻本　清張廷濟跋　八册　存十六卷(一至十六)

330000－1701－0065435　G000897、G005870　子部/藝術類/書畫之屬/題跋
蘇黄題跋五卷　(清)溫一貞錄　清乾隆刻同治十一年(1872)補刻本　三册　缺二卷(山谷題跋二至三)

330000－1701－0065437　普 814.7/3688/2　集部/别集類/清别集
寸心知室詩文六卷隨筆一卷雪泥鴻爪一卷存稿續編二卷奏議一卷　(清)湯金釗撰　清咸豐至同治刻本　六册

330000－1701－0065440　HJL7533　史部/政書類/通制之屬
康熙政要二十四卷　章梫撰　清宣統二年(1910)鉛印本　十二册

330000－1701－0065441　HJL8123　史部/傳記類/總傳之屬
湖北詩徵傳略四十卷　(清)丁宿章輯　清光緒七年(1881)孝感丁氏涇北草堂刻本　六册　存十四卷(一至十四)

330000－1701－0065442　HJH7800　史部/紀傳類/正史之屬
舊五代史一百五十卷目錄二卷附考證　(宋)薛居正等撰　清嘉慶元年(1796)掃葉山房刻本　十六册

330000－1701－0065443　普 814.7/3719　集部/總集類/氏族之屬
吴興長橋沈氏家集五種　沈家本編　清宣統元年(1909)刻本　九册　存一種

330000－1701－0065444　普 814.7/3424.2　集部/别集類/清别集
頤綵堂文集十六卷詩鈔十卷劍舟律賦二卷經進文藁一卷駢體文鈔二卷　(清)沈叔埏撰　**聖禾鄉農詩鈔四卷**　(清)沈玨撰　清光緒九年(1883)秀水沈宗濟刻本　十册

330000－1701－0065445　M001580、M003322　經部/小學類/訓詁之屬/爾雅
爾雅郭注義疏三卷　(清)郝懿行撰　清末上海文瑞樓影印清咸豐六年(1856)刻本　李謙光題記　八册

330000－1701－0065447　HJH7304　子部/雜著類/雜纂之屬
九朝野記四卷　(明)祝允明撰　清宣統三年(1911)時中書局鉛印本　二册

330000－1701－0065449　HJL7534　史部/政書類/邦交之屬
各國立約始末記三十卷首二卷　(清)陸元鼎編　清光緒三十二年(1906)上海商務印書館鉛印本　二十二册

330000－1701－0065450　GP03760　子部/藝術類/書畫之屬/畫譜
冶梅石譜二卷　(清)王寅繪　清末上海朝記書莊石印本　二册

330000－1701－0065452　普 814.7/3727　集部/别集類/清别集
徧行堂集十六卷　(清)釋今釋撰　清宣統三年(1911)上海國學扶輪社鉛印本　八册

330000－1701－0065453　普 352.1/2010　子部/兵家類/兵法之屬
火攻備要三卷　題(三國蜀)諸葛亮編　清光緒十年(1884)敦懷書屋刻本　三册

330000－1701－0065454　HJH7305　史部/政書類/儀制之屬/典禮
明宫史八卷　(明)劉若愚編　清宣統二年(1910)上海國學扶輪社鉛印本　二册

330000－1701－0065455　普814.7/3427/c1　集部/别集類/清别集
訒齋文鈔二卷詩鈔一卷手札四卷附録一卷　(清)褚維垕撰　清光緒二十七年(1901)刻本　一册　存三卷(文鈔一至二、詩鈔)

330000－1701－0065456　HJL8125　類叢部/叢書類/自著之屬
藝風所著書　繆荃孫撰　清光緒至民國刻本　一册　存四種

330000－1701－0065457　HJL7801　史部/雜史類/外紀之屬
皇朝藩部要略十八卷　(清)祁韻士纂　(清)毛嶽生編　**皇朝藩部世系表四卷**　(清)祁韻士纂　(清)宋景昌增輯　清光緒十年(1884)浙江書局刻本　八册

330000－1701－0065460　普814.7/3812　集部/别集類/清别集
東里類稿八卷詩一卷　(清)涂瑞撰　清乾隆三十九年(1774)陳果堂刻本　八册

330000－1701－0065461　普352.2076/2624/c1　史部/政書類/邦計之屬
江南製造局記十卷首一卷附一卷　(清)魏允恭編　清光緒三十一年(1905)上海文寶書局石印本　十册

330000－1701－0065462　普352.2076/2624/c2　史部/政書類/邦計之屬
江南製造局記十卷首一卷附一卷　(清)魏允恭編　清光緒三十一年(1905)上海文寶書局石印本　十册

330000－1701－0065463　HJL8126　史部/史表類/通代之屬
補歷代史表五十三卷　(清)萬斯同撰　清留香閣刻本　八册

330000－1701－0065464　G000931　子部/兵家類/兵法之屬
孫子十家註十三卷　(漢)曹操等撰　**敘録一卷**　(清)畢以珣撰　**遺説一卷**　(宋)鄭友賢撰　清刻本　六册

330000－1701－0065465　G000898　史部/傳記類/總傳之屬/忠孝
規復兩浙節孝總祠事蹟一卷鄉賢崇祀録一卷　(清)□□輯　清末刻本　一册

330000－1701－0065467　HJL7802　史部/紀傳類/正史之屬
二十四史　清同治至光緒五省官書局據汲古閣本等合刻光緒五年(1879)湖北書局彙印本　八册　存一種

330000－1701－0065468　G000937　子部/儒家類/儒學之屬/性理
明東陽孫石臺先生定志編二卷孫覺齋石臺二先生崇祀録一卷　(清)孫揚撰　清光緒刻本　癡憨書房主人題記　一册

330000－1701－0065470　普814.7/4000　類叢部/叢書類/自著之屬
榕園全集六種　(清)李彦章撰　清道光二十年(1840)李以烜刻二十七年(1847)增修本　傅雲岑題記　二十册　存五種

330000－1701－0065473　普814.7/3427/c2　集部/别集類/清别集
訒齋文鈔二卷詩鈔一卷手札四卷附録一卷　(清)褚維垕撰　清光緒二十七年(1901)刻本　一册　存三卷(文鈔一至二、詩鈔)

330000－1701－0065474　HJL8540　史部/史評類/考訂之屬
廿二史劄記三十六卷補遺一卷　(清)趙翼撰　清刻本　九册　存三十六卷(劄記二至三十六、補遺)

330000－1701－0065475　HJL7306　史部/傳記類/職官録之屬
八旗奉直宦浙同鄉録一卷　(清)德馨輯　清光緒七年(1881)刻十七年(1891)增刻本　一册

330000－1701－0065477　G000899　史部/傳記類/别傳之屬/事狀

哀錄二卷　（清）蔣汝中輯　清光緒三十年（1904）金陵宜春閣木活字印本　一册

330000－1701－0065480　G000932、G000979　史部/政書類/通制之屬

欽定大清會典一百卷首一卷事例一千二百二十卷目錄八卷圖二百七十卷　（清）崑岡等撰　清光緒二十五年（1899）京師官書局石印本　二十四册　存一百一卷（欽定大清會典首、一至一百）

330000－1701－0065481　GP03765　子部/藝術類/書畫之屬/法帖

國朝書家書四卷荔香室石刻二卷　（清）蔡載福輯　清宣統元年（1909）西泠印社石印本　二册　存二卷（荔香室石刻一至二）

330000－1701－0065482　普 814.7/3428/c1　集部/别集類/清别集

補讀書齋遺稾十卷　（清）沈維鐈撰　清光緒元年（1875）廣州刻本　四册

330000－1701－0065485　G000933　史部/政書類/邦計之屬

籌餉事例新章一卷　清光緒三十年（1904）上海古香閣石印本　一册

330000－1701－0065486　HJL8541　史部/編年類/通代之屬

史存三十卷　（清）劉沅撰　清咸豐十年（1860）虚受齋刻光緒重印本　十六册

330000－1701－0065490　HJL7804　類叢部/叢書類/彙編之屬

廣雅書局叢書一百五十九種　徐紹棨編　清光緒廣雅書局刻民國九年（1920）番禺徐紹棨彙編重印本　三十二册　存一種

330000－1701－0065491　HJL7311　史部/雜史類/斷代之屬

中西紀事二十四卷首一卷　（清）夏燮撰　清光緒七年（1881）慧香簃木活字印本　六册

330000－1701－0065493　普 814.7/3428/c2　集部/别集類/清别集

補讀書齋遺稾十卷　（清）沈維鐈撰　清光緒元年（1875）廣州刻本　四册

330000－1701－0065494　G000900、G008331　史部/傳記類/科舉録之屬/諸貢録

簡易明經通譜各行省優貢全錄不分卷　（清）龍雲齋主人輯　清宣統二年（1910）京師琉璃廠刻本　三册

330000－1701－0065495　GP03766　子部/藝術類/書畫之屬/法帖

國朝書家書四卷荔香室石刻二卷　（清）蔡載福輯　清宣統元年（1909）西泠印社石印本　二册　存二卷（荔香室石刻一至二）

330000－1701－0065496　普 814.7/3423.2　集部/别集類/清别集

歸愚詩鈔十四卷文鈔十二卷　（清）沈德潛撰　清乾隆刻本　章嵚題記　六册

330000－1701－0065497　G000934　子部/儒家類/儒學之屬/禮教

聰訓齋語一卷恒產瑣言一卷　（清）張英撰　清瑞文堂刻本　一册

330000－1701－0065499　普 814.7/4005/c1　集部/别集類/清别集

喜聞過齋文集十二卷　（清）李文耕撰　（清）楊勛　（清）李德蕙編　清光緒二十三年（1897）雲南經正書院刻本　四册

330000－1701－0065502　普 814.7/3428/2　集部/别集類/清别集

補讀書齋遺稾十卷　（清）沈維鐈撰　**補讀書齋集外稾一卷**　（清）沈維鐈撰　（清）沈曾樾輯　**皇清誥授榮禄大夫工部左侍郎兼署錢法堂事務加一級顯考鼎甫府君［沈維鐈］年譜一卷**　（清）沈宗涵　（清）沈宗濟撰　清光緒元年（1875）廣州刻二十五年（1899）增刻本　六册

330000－1701－0065505　GP03900　史部/傳記類/總傳之屬/郡邑

四明人鑑不分卷　（清）劉慈孚輯　（清）虞琴

繪圖　清光緒十二年(1886)石印本　四册

330000－1701－0065506　HJL7309、HJL7310　類叢部/叢書類/彙編之屬

邵武徐氏叢書初刻十四種　(清)徐榦編　清光緒邵武徐氏刻本　四册　存二種

330000－1701－0065507　G000935　新學/天學

天文啓蒙七卷　(英國)艾約瑟撰　清光緒十四年(1888)石印本　一册

330000－1701－0065508　普814.7/3424　集部/别集類/清别集

頤綵堂文集十六卷詩鈔十卷劍舟律賦二卷經進文藁一卷駢體文鈔二卷　(清)沈叔埏撰　清光緒九年(1883)秀水沈宗濟刻本　九册

330000－1701－0065509　普814.7/4005/c2　集部/别集類/清别集

喜聞過齋文集十二卷　(清)李文耕撰　(清)楊勛　(清)李德蕙編　清光緒二十三年(1897)雲南經正書院刻本　四册

330000－1701－0065510　G000901、G000902　集部/别集類/清别集

啁觚齋文録二卷詩録一卷　(清)王兆涵撰　清光緒二十八年(1902)長沙刻本　三册

330000－1701－0065512　HJL8542　子部/雜著類/雜考之屬

二初齋讀書記十卷首一卷　(清)倪思寬撰　清嘉慶八年(1803)涵和堂刻本　二册

330000－1701－0065513　HJL7537　新學/政治法律/政治

歐美政治要義十八章　(清)戴鴻慈　(清)端方編　清光緒三十四年(1908)上海商務印書館石印本　四册

330000－1701－0065515　G000936　經部/小學類/訓詁之屬/爾雅

爾雅直音二卷　(清)孫偘輯　清同治九年(1870)刻本　二册

330000－1701－0065516　HJL8127　類叢部/叢書類/家集之屬

江都汪氏叢書七種　(清)汪喜孫編　清道光汪喜孫刻本　四册　存一種

330000－1701－0065517　普814.7/3424/2/c1　集部/别集類/清别集

頤綵堂文集十六卷劍舟律賦二卷　(清)沈叔埏撰　清乾隆六十年(1795)刻本　四册

330000－1701－0065518　普814.7/4010/c2　集部/别集類/清别集

天岳山館文鈔四十卷　(清)李元度撰　清光緒六年(1880)爽溪精舍刻本　十六册

330000－1701－0065521　GP03914　新學/農政/樹藝

日本竹譜三卷附圖一卷　(日本)片山直人撰　清光緒石印本　一册

330000－1701－0065522　G000903　史部/雜史類/通代之屬

麻陽平匪自治文書一卷附平匪事略一卷附撫憲俞奏片一卷　(清)汪兆涵撰　清光緒二十八年(1902)長沙刻本　一册

330000－1701－0065523　HJL7308　史部/史表類/斷代之屬

春秋滕薛杞越莒邾許七國統表六卷　(清)魏翼龍撰　清道光十三年(1833)刻本　四册

330000－1701－0065524　普814.7/4010/c3　集部/别集類/清别集

天岳山館文鈔四十卷　(清)李元度撰　清光緒六年(1880)爽溪精舍刻本　二十册

330000－1701－0065528　HJL8543　史部/政書類/公牘檔册之屬

開縣李尚書政書八卷首一卷　(清)李宗羲撰　清光緒十一年(1885)刻本　五册

330000－1701－0065529　HJL7538　史部/傳記類/科舉録之屬/歷科鄉試録

光緒癸卯恩科浙江闈墨不分卷　(清)吴敦義等撰　清光緒二十九年(1903)石印本　二册

330000－1701－0065530　G000904　類叢部/

叢書類/郡邑之屬
粟香室叢書五十九種 金武祥編 清光緒至民國江陰金氏刻本 一冊 存一種

330000-1701-0065531 普 814.7/4011.2 集部/別集類/清別集
好雲樓二集十六卷附臨川答問一卷首一卷 (清)李聯琇撰 清光緒八年(1882)黎兆棠刻本 四冊 缺一卷(臨川答問)

330000-1701-0065532 HJL8108 史部/地理類/雜志之屬
天咫偶聞十卷 震鈞撰 清光緒三十三年(1907)甘棠轉舍刻本 八冊

330000-1701-0065534 G000938 史部/政書類/通制之屬
石渠餘紀六卷 (清)王慶雲撰 清光緒三十三年(1907)刻民國二十三年(1934)印本 六冊

330000-1701-0065535 HJL7539 類叢部/類書類/專類之屬
通鑑題解十卷 (清)金之光 (清)汪桓撰 清光緒二十八年(1902)上海富強齋石印本 六冊

330000-1701-0065536 普 352.2076/3142 史部/政書類/公牘檔冊之屬
江南製造全案一卷 (清)李鴻章撰 清光緒鉛印本 一冊

330000-1701-0065538 HJL7322 類叢部/叢書類/彙編之屬
汗筠齋叢書第一集(蘭芬齋叢書初集)四種 (清)秦鑑編 清嘉慶三年至四年(1798-1799)嘉定秦氏刻本 五冊 存一種

330000-1701-0065541 普 814.7/34311/c1 集部/別集類/清別集
沈文忠公集十卷自訂年譜一卷 (清)沈兆霖撰 (清)錢保塘編 清同治八年(1869)刻本 四冊

330000-1701-0065543 G000905 經部/小學類/文字之屬/說文
說文解字三十二卷附六書音均表五卷 (清)段玉裁撰 **說文部目分韻一卷** (清)陳煥編 **說文通檢十四卷首一卷末一卷** (清)黎永椿編 **說文解字注匡謬八卷** (清)徐承慶撰 清光緒三十四年(1908)上海江左書林石印本 二冊 存十三卷(一至十二、說文部目分韻)

330000-1701-0065545 HJL8109 史部/政書類/儀制之屬/典禮
盛京典制備考八卷首一卷 (清)崇厚等撰 清光緒四年(1878)盛京軍督署刻本 六冊

330000-1701-0065546 G000939 集部/詩文評類/詩評之屬
淄陽詩話初集四卷 (清)王樹撰 清咸豐刻本 四冊

330000-1701-0065547 GP03915 子部/藝術類/書畫之屬/畫譜
竹譜節要五卷 (元)李衎撰 **種菊法一卷** (明)陳繼儒撰 **藝菊書一卷** (明)黃省曾撰 清末石印本 一冊

330000-1701-0065549 HJL7324 類叢部/叢書類/自著之屬
程中丞全集六種 程德全撰 清宣統鉛印本 十七冊 存四種

330000-1701-0065551 G000906 集部/別集類/清別集
畫延年室詩稿六卷詩餘四卷遊吳草一卷 (清)袁起撰 **新安消夏唱酬草一卷** (清)邵亨豫 (清)袁起撰 **小蓬萊吟館酬唱草一卷** (清)朱蘭撰 **和小蓬萊吟館酬唱草一卷** (清)袁起撰 **牌舞燈詞一卷** (清)味餘老人填 清同治刻本 四冊

330000-1701-0065552 HJL8110 史部/政書類/軍政之屬/邊政
邊事彙鈔十二卷 (清)朱克敬輯 清光緒六年(1880)長沙刻本 清二分竹屋主人跋 六冊

330000-1701-0065555 HJL7540 史部/傳

記類/總傳之屬/仕宦
中興將帥别傳三十卷 朱孔彰撰 清光緒二十五年(1899)埽葉山房石印本 六册

330000－1701－0065556 G000907 類叢部/叢書類/自著之屬
瑞安項氏遺書 (清)項霽撰 清咸豐三年(1853)刻民國二十五年(1936)補刻本 二册 存一種

330000－1701－0065557 普814.7/34311/c2 集部/别集類/清别集
沈文忠公集十卷自訂年譜一卷 (清)沈兆霖撰 (清)錢保塘編 清同治八年(1869)刻本 四册

330000－1701－0065558 普814.7/4014 集部/别集類/清别集
履園詩前集五卷後集五卷續集二卷文集四卷首一卷補遺一卷 (清)李天植撰 清道光十六年(1836)刻本 十二册

330000－1701－0065560 G000908 史部/叢編
入幕須知五種附一種 (清)張廷驤輯 清光緒十年(1884)刻本 六册

330000－1701－0065561 普814.7/34311/c4 集部/别集類/清别集
沈文忠公集十卷自訂年譜一卷 (清)沈兆霖撰 (清)錢保塘編 清同治八年(1869)刻本 四册

330000－1701－0065562 HJL8111 史部/傳記類/别傳之屬/年譜
遂翁[趙昀]自訂年譜一卷 (清)趙昀撰 (清)趙繼元等補 清光緒趙繼元等刻本 一册

330000－1701－0065566 G000909 史部/地理類/雜志之屬
粤西筆述一卷 (清)張祥河輯 清光緒二十二年(1896)大興謝光綺刻本 一册

330000－1701－0065570 GP04043 子部/藝術類/書畫之屬/畫譜
古今名人畫稿初集不分卷二集不分卷三集不分卷 (清)陳伯子輯 清光緒二十三年(1897)上海順成書局石印本 六册

330000－1701－0065571 GP04088 子部/農家農學類/總論之屬
御製耕織圖不分卷 (清)聖祖玄燁撰 (清)焦秉貞繪 清光緒五年(1879)點石齋石印本 二册

330000－1701－0065572 普814.7/4017/c1 集部/别集類/清别集
邃懷堂全集三十八卷 (清)袁翼撰 清光緒十三年至十四年(1887－1888)袁鎮嵩刻本 二十册

330000－1701－0065573 普814.7/3431 集部/别集類/清别集
秋圃齋文集五卷 (清)李濬撰 清光緒三十四年(1908)刻本 四册

330000－1701－0065574 普814.7/4017/c8 集部/别集類/清别集
邃懷堂全集三十八卷 (清)袁翼撰 清光緒十三年至十四年(1887－1888)袁鎮嵩刻本 二十册

330000－1701－0065575 普814.7/4017.01 集部/别集類/清别集
邃懷堂文集箋註十六卷 (清)袁翼撰 (清)朱舲箋註 清咸豐八年(1858)古唐朱氏古懽齋刻本 八册

330000－1701－0065576 G000940、G003586、G006663、G007866、G008858、G009660、G011340 史部/編年類/通代之屬
綱鑑會編九十八卷歷代統系表略三卷歷代郡國考畧三卷歷代官制考畧二卷 (清)葉澐輯 清康熙四十二年(1703)貴德里南陽刻本 四十册 存一百一卷(一至九十八、歷代統系表略一至三)

330000－1701－0065577 HJL7325 子部/宗教類/其他宗教之屬/伊斯蘭教
天方至聖實錄二十卷首一卷 (清)劉智撰

清同治十三年(1874)京口清真寺刻本　十册

330000－1701－0065578　HJL7805　史部/政書類/軍政之屬/兵制
欽定中樞政考八旗三十二卷綠營四十卷　(清)明亮等修　(清)納蘇泰等纂　清道光五年(1825)武英殿刻本　四十册　存四十卷(綠營一至四十)

330000－1701－0065581　HJL7541　集部/總集類/尺牘之屬
歷代名媛尺牘二卷　(清)陳韶編　清光緒二十年(1894)上海書局石印本　一册

330000－1701－0065582　HJL7326　史部/金石類/郡邑之屬
墨妙亭碑目攷二卷附攷一卷　(清)張鑑撰　清光緒十年(1884)江蘇書局刻本　二册

330000－1701－0065583　HJL7806　史部/政書類/通制之屬
皇朝通典一百卷　(清)嵇璜　(清)曹仁虎等纂修　清光緒元年(1875)廣東學海堂刻本　三十二册

330000－1701－0065585　HJH8546　史部/雜史類/斷代之屬
豫軍紀略十二卷　(清)尹耕雲等纂　清同治十一年(1872)刻本　十二册

330000－1701－0065586　HJL7327　史部/紀傳類/正史之屬
遼史拾遺二十四卷　(清)厲鶚撰　**遼史拾遺補五卷**　(清)楊復吉撰　**遼史紀年表一卷西遼紀年表一卷**　(清)汪遠孫撰　清道光元年至五年(1821－1825)錢塘汪氏振綺堂刻本　十册

330000－1701－0065587　HJL7542　史部/政書類/通制之屬
熙朝紀政八卷　(清)王慶雲撰　清光緒二十八年(1902)石印本　四册

330000－1701－0065590　HJL7807　史部/政書類/通制之屬
欽定續通典一百五十卷　(清)嵇璜　(清)曹仁虎等纂修　清光緒元年(1875)廣東學海堂刻本　四十册

330000－1701－0065591　HJL7543　史部/地理類/總志之屬
歷代方輿紀要詳節二十二卷方輿全圖總說五卷　(清)顧祖禹撰　(清)蔣錫礽輯　清光緒二十八年(1902)紹文石印書局石印本　十二册

330000－1701－0065592　HJL7328　史部/政書類/儀制之屬/典禮
南巡盛典一百二十卷　(清)高晉等纂修　清乾隆三十六年(1771)武英殿刻本　三十五册　存一百十七卷(一至九十八、一百二至一百二十)

330000－1701－0065593　HJL7545　史部/傳記類/科舉録之屬/歷科鄉試録
庚子辛丑恩正併科浙江闈墨不分卷題名錄不分卷　清光緒二十八年(1902)石印本　一册

330000－1701－0065594　HJL7808　史部/政書類
三通　清乾隆十二年至十四年(1747－1749)武英殿刻本　一百十八册　存一種

330000－1701－0065595　HJH8547　類叢部/叢書類/彙編之屬
武英殿聚珍版書一百四十八種　清乾隆四十二年(1777)福建刻道光至同治遞修光緒二十一年(1895)增刻本　十一册　存一種

330000－1701－0065596　HJL7544　史部/目録類/總録之屬
學古堂藏書目五卷附刻叢書子目一卷捐藏書目一卷　(清)□□撰　清光緒刻本　二册

330000－1701－0065597　HJL7359　史部/史評類/史論之屬
史闕十四卷　(清)張岱撰　(清)鄭佶編　清道光四年(1824)烏程徐鴻本刻七年(1827)印本　六册

330000－1701－0065599　HJL7809　史部/政書類/邦計之屬/通紀

宦遊紀略六卷續一卷 （清）桂超萬撰　清光緒七年(1881)拙修齋木活字印本　四冊

330000－1701－0065600　HJL7546　史部/地理類/外紀之屬
中外輿地彙鈔七種 （清）馬冠羣撰　清光緒二十年(1894)蘇州瑞文樓石印本　四冊　存一種

330000－1701－0065601　HJH8549　史部/傳記類/總傳之屬/斷代
文獻徵存錄十卷 （清）錢林撰　（清）王藻編　清咸豐八年(1858)有嘉樹軒刻本　十冊

330000－1701－0065602　HJL8550　史部/金石類/郡邑之屬/文字
濟州金石志八卷 （清）徐宗幹　（清）馮雲鵷輯　清道光二十五年(1845)閩中刻本　十六冊

330000－1701－0065603　HJL7547　史部/史評類/史論之屬
古今史論大觀前編十五卷後編十七卷 （清）雷瑨輯　清光緒二十七年(1901)硯耕山莊石印本　十二冊

330000－1701－0065604　HJL7810　史部/政書類/律令之屬/律例
欽定禮部則例二百二卷 （清）特登額等修（清）長秀等纂　清道光二十四年(1844)刻本　二十四冊

330000－1701－0065606　HJL8551　史部/地理類/總志之屬/通代
讀史方輿紀要一百三十卷方輿全圖總說四卷 （清）顧祖禹撰　清光緒二十七年(1901)上海圖書集成印書局鉛印本暨石印本　三十二冊

330000－1701－0065607　HJL7360　史部/地理類/總志之屬/通代
天下郡國利病書詳節十八卷 （清）顧炎武撰（清）蔣錫礽節錄　清光緒二十八年(1902)紹文石印書局石印本　十冊

330000－1701－0065608　HJL7548　史部/傳記類/別傳之屬/年譜
吴竹如先生[廷棟]年譜一卷 （清）方宗誠編　清光緒四年(1878)畿輔志局刻本　一冊

330000－1701－0065609　HJL8114　史部/雜史類/斷代之屬
養吉齋叢錄二十六卷餘錄十卷 （清）吳振棫撰　清光緒二十二年(1896)刻本　劉承幹題記　八冊

330000－1701－0065610　HJL7361　集部/總集類/彙編之屬
小重山房叢書十五種 （清）張祥河輯　清刻本　二冊　存三種

330000－1701－0065611　HJL8552　新學/議論/通論
十九世紀列國政治文編十四卷 （清）邵羲輯　清光緒二十九年(1903)教育世界社鉛印本　十二冊

330000－1701－0065614　HJH7811　史部/政書類/通制之屬
唐會要一百卷 （宋）王溥撰　清木活字印本　四十冊

330000－1701－0065615　G000941　集部/別集類/清別集
樊榭山房集十卷續集十卷文集八卷 （清）厲鶚撰　清光緒七年(1881)領南述軒刻本　四冊　存十八卷(續集一至十、文集一至八)

330000－1701－0065617　HJL8128　史部/史表類/通代之屬
二十四史三表三種二十卷 （清）段長基撰（清）段搢書編注　清嘉慶二十二年(1817)小西山房刻本　十四冊　存一種

330000－1701－0065620　HJL7362　類叢部/叢書類/自著之屬
歸查叢刻七種 （清）謝希傳撰　清光緒二十四年(1898)東山草堂鉛印本　四冊

330000－1701－0065621　HJL8553　史部/詔令奏議類/詔令之屬
九朝聖訓七百六十二卷 清光緒十一年

(1885)京都擷華書局鉛印本　一百二十冊

330000－1701－0065623　G000910　史部/傳記類/總傳之屬
華嚴色相録一卷　(清)殿春生撰　清同治十二年(1873)蘭簃刻本　一冊

330000－1701－0065624　HJH7551　集部/別集類/清別集
盋山新建縣學堂賦一卷　陳作霖撰　清光緒刻本　一冊

330000－1701－0065625　GP04692　子部/藝術類/書畫之屬/法帖
國朝畫家書四卷荔香室石刻二卷　(清)蔡載福輯　清宣統元年(1909)西泠印社石印本　四冊　存四卷(一至四)

330000－1701－0065626　普 814.7/34311　集部/別集類/清別集
泰和袁西埜時文稿不分卷　(清)袁宗聖撰　清乾隆四十六年(1781)敦本堂刻本　四冊

330000－1701－0065628　HJL8129　類叢部/叢書類/自著之屬
留書種閣集九種　(清)黄炳垕撰　清同治六年至光緒二十年(1867－1894)餘姚黄氏留書種閣刻本　一冊　存一種

330000－1701－0065633　HJH7552　史部/傳記類/科舉録之屬/歷科鄉試録
[光緒己卯科]浙江鄉試同年齒録不分卷　清光緒刻本　二冊

330000－1701－0065635　G000942　子部/叢編
釋氏十三經註疏　清同治至光緒三十四年(1908)金陵刻經處刻本　五冊　存一種

330000－1701－0065636　G000911　新學/算學/形學
測量全璧初集十一卷　(清)曾仰東編譯　清光緒二十九年(1903)湖北洋務譯書局刻朱印本　五冊

330000－1701－0065637　HJL7365　史部/地理類/雜志之屬
增訂南詔野史二卷　(明)楊慎輯　(清)胡蔚訂正　清光緒六年(1880)雲南書局刻本　二冊

330000－1701－0065639　HJL8132　史部/編年類/通代之屬
資治通鑑綱目發明五十九卷　(宋)尹起莘撰　清雍正八年至十一年(1730－1733)刻嘉慶重修同治十三年(1874)補刻光緒續補刻本　四冊

330000－1701－0065640　HJH7553　史部/傳記類/職官録之屬
江西官鄂同鄉官錄不分卷　清光緒三十四年(1908)刻本　四冊

330000－1701－0065641　HJL7366　類叢部/叢書類/自著之屬
多識錄四卷附後一卷　(清)練恕撰　清道光十八年(1838)連平練氏上海官舍刻本　二冊

330000－1701－0065642　G000943　子部/術數類/數學之屬
集注太玄十卷　(宋)司馬光撰　清光緒元年(1875)湖北崇文書局刻本　二冊

330000－1701－0065643　G000912　史部/政書類/考工之屬/營造
新鐫工師雕斲正式魯班木經匠家鏡四卷首一卷　(明)午榮　(明)章嚴撰　清宣統二年(1910)上海校經山房石印本　一冊

330000－1701－0065644　普 814.7/3430.2　集部/別集類/清別集
李文忠公全集六種　(清)李鴻章撰　(清)吳汝綸編錄　清光緒三十一年(1905)金陵刻三十四年(1908)印本　七十四冊　存五種

330000－1701－0065649　G000913　子部/宗教類/佛教之屬/諸宗
萬法歸心錄三卷附祖源禪師絕句一卷　(清)釋超溟撰　清道光二十九年(1849)古山釋寶霖刻本　一冊

330000－1701－0065650　HJL8555　史部/地

理類/總志之屬/通代
天下郡國利病書一百二十卷 （清）顧炎武撰　清光緒二十七年（1901）上海圖書集成印書局鉛印本　二十八冊　缺九卷（四十四至五十二）

330000－1701－0065651　HJL7367　史部/紀傳類
南唐書合刻二種 （清）蔣國祥 （清）蔣國祚校　清振鷺堂刻本　七冊

330000－1701－0065652　HJL8133　類叢部/叢書類/自著之屬
多識錄四卷附後一卷 （清）練恕撰　清道光十八年（1838）連平練氏上海官舍刻本　四冊

330000－1701－0065660　普814.7/3129　集部/別集類/清別集
蕙襟集十二卷 （清）馮秀瑩撰　清宣統三年（1911）刻本　二冊

330000－1701－0065666　HJL7813　史部/紀事本末類/斷代之屬
平定粵匪紀略十八卷附記四卷 （清）杜文瀾撰　清同治十年（1871）京都聚珍齋木活字印本　十二冊

330000－1701－0065668　G000914　經部/小學類/訓詁之屬/群雅
別雅五卷 （清）吳玉搢撰　清乾隆七年（1742）新安程氏督經堂刻本　五冊

330000－1701－0065673　G000915　集部/別集類/清別集
端甫遺稿二卷 （清）張岳駿撰　清道光二十七年（1847）刻本　一冊

330000－1701－0065674　HJL8134　史部/政書類/邦計之屬/漕運
江蘇海運全案十二卷 （清）賀長齡等撰 **道光丙戌海運記一卷** （清）李景嶧撰　清道光六年（1826）刻本　十二冊

330000－1701－0065675　HJL7814　史部/紀事本末類/斷代之屬
聖武記十四卷 （清）魏源撰　清道光二十六年（1846）古微堂刻本　十二冊

330000－1701－0065679　普814.7/3434/2　類叢部/叢書類/自著之屬
沈西雍先生遺著五種 （清）沈濤撰　清道光刻本　二冊　存一種

330000－1701－0065680　HJH7329　史部/編年類/斷代之屬
御撰資治通鑑綱目三編二十卷 （清）張廷玉等撰　清刻本　八冊

330000－1701－0065682　HJL7816　史部/編年類
資治通鑑彙刻　清同治至光緒江蘇書局刻本　十冊　存一種

330000－1701－0065684　HJL7332　類叢部/叢書類/家集之屬
洪氏晦木齋叢書二十種 （清）洪汝奎編　清同治八年至宣統元年（1869－1909）刻本　六冊　存二種

330000－1701－0065685　G000944　集部/總集類/酬唱之屬
小詩龕同人唱和偶存二集二卷 （清）汪之選輯　清道光元年（1821）刻本　二冊

330000－1701－0065686　HJL8135　史部/史表類/通代之屬
歷代甲子紀元表一卷 （清）董醇撰　清咸豐五年（1855）東皋書堂刻本　劉承幹批　二冊

330000－1701－0065688　普814.7/3434/3　類叢部/叢書類/自著之屬
沈西雍先生遺著五種 （清）沈濤撰　清道光刻本　四冊　存一種

330000－1701－0065690　GY02024　史部/金石類/石之屬/文字
宋拓漢夏承碑一卷 （清）許槤輯　清光緒二十年（1894）秀水王氏刻本　一冊

330000－1701－0065692　HJL7817　類叢部/叢書類/郡邑之屬
永嘉叢書十五種 （清）孫衣言編　清同治至

光緒瑞安孫氏詒善祠塾刻本　一册　存一種

330000－1701－0065694　G000916　史部/史表類/斷代之屬

春秋列國表一卷　(清)馬驌撰　清光緒二十八年(1902)兩湖書院刻朱印本　一册

330000－1701－0065695　HJH7554　史部/傳記類/科舉録之屬/諸貢録

[同治癸酉科]各省選拔同年明經通譜不分卷　清同治刻本　一册

330000－1701－0065696　HJL8558　史部/傳記類/職官録之屬

楚省八旗奉直同官錄不分卷附八旗奉直會館續議章程一卷　清光緒九年(1883)刻十三年(1887)增刻本　四册

330000－1701－0065697　G000917　經部/小學類/文字之屬/説文

説文通訓定聲十八卷分部東韻一卷説雅一卷古今韻準一卷　(清)朱駿聲撰　(清)朱鏡蓉參訂　**皇清敕授文林郎國子監博士銜揀選知縣揚州府學教授允倩府君[朱駿聲]行述一卷**　朱孔彰撰　清道光二十九年(1849)刻同治九年(1870)朱孔彰臨嘯閣補刻本　二十八册

330000－1701－0065700　普 814.7/34312　集部/别集類/清别集

校經廎文稾十八卷　(清)李富孫撰　清道光元年(1821)讀書臺刻本　六册

330000－1701－0065701　普 814.7/3435　集部/别集類/清别集

寄簃文存八卷二編二卷　沈家本撰　清宣統元年(1909)、三年(1911)修訂法律館鉛印本　三册

330000－1701－0065703　G000945　集部/别集類/清别集

後森園詩集四卷　(清)張之澄撰　清康熙二十九年(1690)刻本　一册

330000－1701－0065704　HJL8136　史部/職官類/官箴之屬

學治臆説二卷績説一卷説贅一卷　(清)汪輝祖撰　清道光二年(1822)槐石堂刻本　二册

330000－1701－0065706　普 814.7/4033/c2　集部/别集類/清别集

養一齋文集二十卷李養一先生詩集四卷賦一卷詩餘一卷　(清)李兆洛撰　清光緒四年至八年(1878－1882)江陰曹佳校刻本　八册　存二十卷(一至二十)

330000－1701－0065707　GP05714　子部/藝術類/書畫之屬/畫譜

詩品畫譜不分卷　(清)諸乃方輯　清光緒十三年(1887)晚翠草堂石印本　一册

330000－1701－0065708　HJL7818　類叢部/叢書類/家集之屬

丹徒戴氏叢刻七種　(清)戴肇辰編　清同治至光緒刻本　一册　存一種

330000－1701－0065710　HJH8559　類叢部/叢書類/彙編之屬

暢園叢書甲函六種　(清)張邁編　清光緒二十年(1894)始豐張氏四明刻本　一册　存一種

330000－1701－0065712　G000918　史部/政書類/儀制之屬/專志/科舉校規

東瀛觀學記一卷　劉紹寬撰　清光緒三十一年(1905)鉛印本　一册

330000－1701－0065713　HJH7555　史部/傳記類/科舉録之屬/諸貢録

[光緒丁酉科]各省選拔同年明經通譜不分卷　清光緒二十三年(1897)京都文奎齋等刻本　四册

330000－1701－0065714　HJL8137　史部/地理類/雜志之屬

瀛壖雜志六卷　(清)王韜撰　清光緒元年(1875)刻本　二册

330000－1701－0065716　普 814.7/3438　集部/别集類/清别集

知非齋古文錄一卷　(清)沈湛鈞撰　(清)劉明祺編訂　清光緒三十二年(1906)木活字印本　一册

330000－1701－0065718　HJH8560　史部/傳記類/職官録之屬/總録

[清光緒十二年]浙江同官錄不分卷　(清)許應鑅編　清光緒十二年(1886)刻本　八冊

330000－1701－0065720　HJH7819　史部/政書類/公牘檔冊之屬

岳寶公牘初刻一卷續刻一卷　(清)英文撰　清光緒二十六年至二十八年(1900－1902)寶慶府署刻本　二冊

330000－1701－0065721　普814.7/4033/c3　集部/別集類/清別集

養一齋文集二十卷李養一先生詩集四卷賦一卷詩餘一卷　(清)李兆洛撰　清光緒四年至八年(1878－1882)江陰曹佳校刻本　八冊　存二十卷(一至二十)

330000－1701－0065722　HJL8138　史部/地理類

舟車所至　(清)鄭光祖輯　清道光二十三年(1843)琴川鄭氏青玉山房刻三十年(1850)重修本　六冊　缺十四卷(斑錄一至五、附編、雜述一至八)

330000－1701－0065723　G000946　集部/別集類/元別集

野趣有聲畫二卷　(元)楊公遠撰　(清)楊表正輯　清知白亭刻本　二冊

330000－1701－0065727　普814.7/4034/c1　集部/別集類/清別集

慎盦文鈔二卷詩鈔二卷　(清)左宗植撰　清光緒元年(1875)刻本　四冊

330000－1701－0065728　G000919　新學/史志/臣民傳記

新譯大教育家孔夫子一卷　(日本)遠藤秀三郎撰　(清)傅運森譯　清光緒二十九年(1903)上海求是學社鉛印本　一冊

330000－1701－0065729　普814.7/40171　集部/別集類/元別集

昌霅文集二卷　(元)袁君賢撰　清光緒二年(1876)木活字印本　二冊

330000－1701－0065732　G000947　集部/總集類/題詠之屬

阮太傅橘記一卷　(清)賴蘊山輯　清咸豐十年(1860)賴家園刻光緒十五年(1889)續刻本　一冊

330000－1701－0065733　HJH7556　史部/傳記類/職官録之屬

楚省八旗奉直同官錄不分卷　清光緒五年(1879)刻本　一冊

330000－1701－0065736　HJH7856　史部/政書類/儀制之屬/專志/科舉校規

奏定學堂章程不分卷　(清)張百熙　(清)榮慶　(清)張之洞纂　清光緒湖北學務處刻朱印本　四冊　缺譯學館章程、進士館章程、各學堂管理通則、實業學堂通則、任用教員通則、各學堂考試章程、各學堂獎勵章程

330000－1701－0065737　普814.7/4034/c2　集部/別集類/清別集

慎盦文鈔二卷詩鈔二卷　(清)左宗植撰　清光緒元年(1875)刻本　四冊

330000－1701－0065738　普814.7/4023　集部/別集類/清別集

穆堂別稿五十卷　(清)李紱撰　清乾隆十二年(1747)奉國堂刻本　八冊

330000－1701－0065739　GP07580　子部/藝術類/書畫之屬/畫譜

紉齋畫賸不分卷　(清)陳允升繪　清光緒二年(1876)寧波陳氏得古歡室刻本　一冊

330000－1701－0065740　HJH8561　史部/雜史類

十六國春秋一百卷　(北魏)崔鴻撰　清光緒十二年(1886)湖北官書處刻本　十二冊

330000－1701－0065741　G000948　集部/詩文評類/詩評之屬

石樵詩話八卷　(清)李樹滋撰　清道光二十九年(1849)湖湘採珍山館刻本　四冊

330000－1701－0065742　普814.7/3442　類叢部/叢書類/自著之屬

五研齋全集四種　(清)沈赤然撰　清嘉慶刻本　二冊　存一種

330000－1701－0065744　G000920　類叢部/叢書類/彙編之屬
函海一百五十二種　(清)李調元編　清乾隆綿州李氏萬卷樓刻嘉慶十四年(1809)李鼎元、道光五年(1825)李朝夔重校補刻本　二冊　存一種

330000－1701－0065746　G000949　類叢部/類書類/專類之屬
王先生十七史蒙求十六卷　(宋)王令撰　清道光二十八年(1848)大文堂刻本　四冊

330000－1701－0065748　HJH7560　史部/政書類/通制之屬
石渠餘紀六卷　(清)王慶雲撰　清光緒三十三年(1907)刻民國二十三年(1934)印本　王孝綺、王世穎題記　六冊

330000－1701－0065750　普814.7/4034.2　集部/别集類/清别集
慎盦文鈔二卷詩鈔二卷　(清)左宗植撰　清光緒元年(1875)刻本　二冊　存二卷(文鈔一至二)

330000－1701－0065752　普814.7/3442.2　類叢部/叢書類/自著之屬
五研齋全集四種　(清)沈赤然撰　清嘉慶刻本　八冊　存二種

330000－1701－0065754　普352.2076/3142.2　史部/政書類/公牘檔冊之屬
江南製造全案一卷　(清)李鴻章撰　清光緒鉛印本　一冊

330000－1701－0065757　普814.7/4035　集部/别集類/清别集
銅鼓書堂遺稿三十二卷　(清)查禮撰　(清)查淳輯　清乾隆五十七年(1792)查淳刻本　四冊

330000－1701－0065758　HJL8139　史部/傳記類/總傳之屬/仕宦
全史吏鑑十卷　(明)徐元太撰　(清)張祥雲增訂　清嘉慶八年(1803)鑑湖亭刻本　四冊

330000－1701－0065759　G000950　經部/群經總義類/傳說之屬
皇朝五經彙解二百七十卷　(清)朱鏡清輯　清光緒十四年(1888)鴻文書局石印本　三十二冊

330000－1701－0065760　G000921　類叢部/叢書類/自著之屬
王漁洋遺書三十八種　(清)王士禛撰　清刻本　一冊　存一種

330000－1701－0065761　普814.7/4023.2　集部/别集類/清别集
穆堂初稿五十卷　(清)李紱撰　清道光十一年(1831)奉國堂刻本　二十冊

330000－1701－0065764　HJH7561　史部/政書類/儀制之屬/典禮
大清通禮五十四卷　(清)來保等纂修　(清)穆克登額等續纂　清道光四年(1824)内府刻本　十二冊

330000－1701－0065766　GP07581　子部/藝術類/書畫之屬/畫譜
紉齋畫賸不分卷　(清)陳允升繪　清光緒二年(1876)甬上陳氏得古歡室刻本　四冊

330000－1701－0065769　HJL8140　史部/職官類/官箴之屬
牧令全書二十三卷　(清)丁日昌輯　清同治七年(1868)江蘇書局刻本　一冊　存六卷(劉簾舫先生吏治三書)

330000－1701－0065770　HJL8566　史部/政書類/邦計之屬/漕運
浙江海運全案重編初編八卷續編四卷新編八卷　(清)馬新貽修　(清)蔣益澧等纂　清同治六年(1867)糧儲道庫刻本　十二冊

330000－1701－0065772　普352.34/4084.07/c1　子部/兵家類/兵器之屬
火器真訣解證一卷　(清)李善蘭撰　(清)沈善蒸解證　清光緒十八年(1892)上海刻本　一冊

330000－1701－0065773　普 352.34/4084.07/c2　子部/兵家類/兵器之屬
火器真訣解證一卷　(清)李善蘭撰　(清)沈善蒸解證　清光緒十八年(1892)上海刻本　一冊

330000－1701－0065775　HJL8141　史部/政書類
國朝右文掌錄一卷　(清)宗源瀚撰　清光緒十四年(1888)刻本　一冊

330000－1701－0065776　HJH7822　類叢部/叢書類/郡邑之屬
東倉書庫叢刻初編十一種　(清)繆朝荃編　清光緒十二年至二十八年(1886－1902)太倉繆氏刻本　一冊　存一種

330000－1701－0065780　HJL7562　史部/地理類/外紀之屬
西史地理通釋三卷　(清)杜宗玉撰　清光緒三十二年(1906)鉛印本　三冊

330000－1701－0065781　HJL7823　類叢部/叢書類/自著之屬
章氏遺書二種　(清)章學誠撰　清光緒三年至四年(1877－1878)貴陽章氏刻十九年(1893)補刻本　六冊

330000－1701－0065783　普 814.7/4023.2/2　集部/別集類/清別集
穆堂初稿五十卷　(清)李紱撰　清乾隆九年(1744)安居王恕無怒軒刻本　十六冊

330000－1701－0065784　HJL7563　類叢部/叢書類/自著之屬
潛園總集十七種　(清)陸心源撰　清同治至光緒刻本　四冊　存一種

330000－1701－0065785　HJL8142　史部/地理類/遊記之屬/紀勝
鳳臺祗謁筆記一卷永寧祗謁筆記一卷　(清)董恂撰　清同治九年(1870)、十一年(1872)刻本　四冊

330000－1701－0065786　HJH7824　史部/政書類/邦計之屬/漕運
湖北漕務積弊疏一卷減漕章程一卷　(清)胡林翼撰　清刻本　一冊

330000－1701－0065787　G000951　子部/醫家類/養生之屬
老老恒言五卷　(清)曹庭棟撰　清同治九年(1870)刻本　二冊

330000－1701－0065788　HJH8567　史部/地理類/雜志之屬
湖墅小志四卷　(清)高鵬年輯　清光緒二十二年(1896)石印本　二冊

330000－1701－0065789　HJH7564、HJH7565　類叢部/叢書類/自著之屬
萬青軒全書五種　(清)萬斛泉撰　清光緒刻本　二冊　存二種

330000－1701－0065791　普 951.068/8034/c1　類叢部/叢書類/彙編之屬
邵武徐氏叢書初刻十四種　(清)徐幹編　清光緒邵武徐氏刻本　一冊　存一種

330000－1701－0065792　普 814.7/4035/(2)　集部/別集類/清別集
銅鼓書堂遺稿三十二卷　(清)查禮撰　(清)查淳輯　清乾隆五十七年(1792)查淳刻本　八冊

330000－1701－0065794　普 352.34/8041　子部/兵家類/兵器之屬
克虜伯礮彈造法二卷附圖一卷　布國軍政局撰　(美國)金楷理口譯　(清)李鳳苞筆述　清光緒江南製造局刻本　三冊

330000－1701－0065795　HJH8568　史部/地理類/山川之屬/水志
西湖志四十八卷　(清)李衛　(清)程元章修　(清)傅王露纂　清光緒四年(1878)浙江書局刻本　二十冊

330000－1701－0065799　G000922　集部/別集類/清別集
鐵堂詩鈔二卷　(清)許珌撰　清道光刻本　一冊

330000－1701－0065800　G000952　集部/別集類/清別集
南白堂詩集八卷　(清)王浩撰　清嘉慶二十五年(1820)刻本　二册

330000－1701－0065801　普814.7/40231/c1　集部/總集類/氏族之屬
李氏家集四種　(清)李菊房編　清康熙刻乾隆二十四年(1759)金氏續刻本　四册　存一種

330000－1701－0065802　普814.7/40351/c1　集部/别集類/清别集
菽原堂初集十卷　(清)查初揆撰　清嘉慶八年(1803)刻本　二册

330000－1701－0065803　普951.068/8034/c2　類叢部/叢書類/彙編之屬
邵武徐氏叢書初刻十四種　(清)徐榦編　清光緒邵武徐氏刻本　一册　存一種

330000－1701－0065808　普814.7/40231/c2　集部/總集類/氏族之屬
李氏家集四種　(清)李菊房編　清康熙刻乾隆二十四年(1759)金氏續刻本　一册　存一種

330000－1701－0065809　G000953　類叢部/叢書類/自著之屬
王漁洋遺書三十八種　(清)王士禛撰　清刻本　一册　存二種

330000－1701－0065810　普352.59/1010　新學/兵制/槍炮
礮法昂度子落高低遠近畫譜一卷　(清)丁乃文撰　清光緒十四年(1888)江南製造局鉛印本　一册

330000－1701－0065812　普814.7/3443　集部/别集類/清别集
迂齋學古編四卷　(清)法坤宏撰　清乾隆三十九年(1774)安丘辛宜岷等海上廬刻本　二册

330000－1701－0065815　普951.068/8034/c3　類叢部/叢書類/彙編之屬
邵武徐氏叢書初刻十四種　(清)徐榦編　清光緒邵武徐氏刻本　一册　存一種

330000－1701－0065817　普814.7/40351/c2　集部/别集類/清别集
菽原堂初集十卷　(清)查初揆撰　清嘉慶八年(1803)刻本　六册

330000－1701－0065820　普951.068/8034/c4　類叢部/叢書類/彙編之屬
邵武徐氏叢書初刻十四種　(清)徐榦編　清光緒邵武徐氏刻本　一册　存一種

330000－1701－0065821　普814.7/4024　集部/别集類/清别集
李舍人遺集一卷　(清)李結撰　清光緒二十二年(1896)宗鄴堂刻本　一册

330000－1701－0065822　G000923　集部/總集類/題詠之屬
花隖聯吟四卷補一卷詞一卷　(清)唐仲冕等撰　清嘉慶六年(1801)果克山房刻本　二册

330000－1701－0065827　G000925　子部/藝術類/音樂之屬/樂譜
蕉庵琴譜四卷　(清)秦維瀚撰　清光緒三年(1877)刻本　四册

330000－1701－0065828　普814.7/4026　集部/别集類/清别集
棣懷堂隨筆十一卷首一卷末一卷　(清)李象鵾撰　清同治十三年(1874)李氏刻本　七册

330000－1701－0065829　G000924　子部/法家類
管子二十四卷　(唐)房玄齡注　清光緒二十三年(1897)新化三味書局刻本　六册

330000－1701－0065831　普814.7/4037　集部/别集類/清别集
笠翁一家言全集十六卷　(清)李漁撰　清雍正芥子園刻世德堂印本　十二册

330000－1701－0065833　普814.7/3444　類叢部/叢書類/自著之屬
兼山堂集四種　(清)沈楙撰　清光緒十二年

(1886)沈申祐刻本　一冊

330000－1701－0065834　HJL8143　新學/史志/諸國史
萬國通鑑四卷　(美國)謝衛樓撰　(清)趙如光譯　清光緒八年(1882)刻本　六冊

330000－1701－0065835　G000954　集部/別集類/清別集
蜀道吟前集一卷後集一卷　(清)徐炎撰　清乾隆四十五年(1780)南白草堂刻本　一冊

330000－1701－0065836　普951.068/8034/2/c1　史部/雜史類/斷代之屬
海東逸史十八卷　(清)翁洲老民撰　清光緒十年(1884)慈谿楊泰亨經畬塾刻民國二十一年(1932)慈谿張英望雲草堂重印本　一冊

330000－1701－0065840　HJL7568　史部/紀傳類/正史之屬
史記探源八卷　(清)崔適撰　清宣統二年(1910)崔適觶廬刻本　四冊

330000－1701－0065842　普951.068/8034/2/c2　史部/雜史類/斷代之屬
海東逸史十八卷　(清)翁洲老民撰　清光緒十年(1884)慈谿楊泰亨經畬塾刻民國二十一年(1932)慈谿張英望雲草堂重印本　周劭題記　一冊

330000－1701－0065845　G000955　集部/總集類/選集之屬/斷代
彤籢雙璧二卷　(清)王維翰輯　清同治八年(1869)黃巖王氏雙硯齋木活字印本　一冊

330000－1701－0065846　HJL8144　史部/傳記類/職官録之屬
國朝御史題名不分卷　(清)黃叔璥輯　清道光刻本　二冊

330000－1701－0065847　HJL8570　史部/雜史類/斷代之屬
續唐書七十卷　(清)陳鱣撰　清道光四年(1824)士鄉堂刻本　十冊

330000－1701－0065850　普814.7/4026/2　集部/別集類/清別集
棣懷堂隨筆十一卷　(清)李象鵾撰　清道光湖南文蔚堂刻本　六冊　缺一卷(一)

330000－1701－0065853　G000926　集部/別集類/清別集
玉芝堂文集六卷詩集三卷　(清)邵齊燾撰　清光緒五年(1879)湖南節署刻本　二冊　存六卷(文集一至六)

330000－1701－0065854　HJL8571　史部/目録類/總録之屬/私撰
行素堂目睹書錄十卷　(清)朱記榮編　**汲古閣珍藏秘本書目一卷**　(清)毛扆輯　清光緒十年至十一年(1884－1885)吳縣朱記榮槐廬刻本　十冊

330000－1701－0065855　G000956　史部/史評類/史論之屬
重刊讀史論畧一卷　(清)杜詔撰　清同治五年(1866)永康胡氏退補齋刻本　一冊

330000－1701－0065858　普814.7/4037/(2)/c1　集部/別集類/清別集
笠翁一家言全集十六卷　(清)李漁撰　清雍正芥子園刻本　二十四冊

330000－1701－0065860　G000957　子部/術數類/相宅相墓之屬
重鐫官板地理天機會元三十五卷　(明)顧乃德輯　(明)徐之鏌重編　清光緒十六年(1890)學庫山房刻本　二十冊

330000－1701－0065863　HJH7826　史部/編年類
資治通鑑彙刻　清同治至光緒江蘇書局刻本　一冊　存一種

330000－1701－0065864　G000927　史部/金石類/金之屬/文字
古文審八卷首一卷　(清)劉心源撰　清光緒刻本　一冊　存二卷(七至八)

330000－1701－0065867　普814.7/4037/(2)/c2　集部/別集類/清別集
笠翁一家言全集十六卷　(清)李漁撰　清刻

本　二十四册

330000－1701－0065869　HJL8145　史部/地理類/雜志之屬
金陵待徵録十卷　（清）金鰲輯　**金陵詩徵一卷**　（清）朱緒曾輯　清光緒二年（1876）刻本　四册

330000－1701－0065870　G000958　子部/術數類/相宅相墓之屬
地理辨正疏五卷首一卷末一卷　（清）張心言撰　清道光九年（1829）培杏書屋刻本　四册

330000－1701－0065871　G000928　經部/小學類/文字之屬/字書/字體
六書通摭遺十卷　（清）畢星海輯　清嘉慶六年（1801）海鹽畢星海基聞堂刻本　一册　存四卷（一至四）

330000－1701－0065872　普 814.7/4039.2/c1　集部/别集類/清别集
恪靖侯盾鼻餘瀋一卷附聯語一卷　（清）左宗棠撰　清光緒七年（1881）刻八年（1882）補刻本　一册

330000－1701－0065874　普 814.7/4037/（4）　集部/别集類/清别集
笠翁一家言全集十六卷　（清）李漁撰　清刻本　十册

330000－1701－0065876　HJL8146　史部/職官類/官箴之屬
圖民録四卷　（清）袁守定撰　清同治十一年（1872）江西書局刻本　二册

330000－1701－0065880　G000959　集部/總集類/課藝之屬
江漢炳靈集五集□□卷　（清）張之洞輯　清同治九年（1870）刻本　二册　存二卷（第一集上、下）

330000－1701－0065881　HJL7356　類叢部/叢書類/彙編之屬
月河精舍叢鈔五種　（清）丁寶書編　清光緒四年至十二年（1878－1886）苕溪丁氏刻本　一册　存一種

330000－1701－0065882　HJL8147　史部/政書類/儀制之屬/典禮
學宫圖考三卷首一卷闕里聖蹟圖一卷　（清）寇宗撰　清咸豐六年（1856）刻本　八册

330000－1701－0065883　普 814.7/4039.2/c2　集部/别集類/清别集
恪靖侯盾鼻餘瀋一卷附聯語一卷　（清）左宗棠撰　清光緒八年（1882）刻本　一册

330000－1701－0065885　普 814.7/4039　類叢部/叢書類/自著之屬
左文襄公全集七種附二種首一卷　（清）左宗棠撰　清光緒刻本　一百十八册　缺一種

330000－1701－0065887　普 814.7/4039.2/c3　集部/别集類/清别集
恪靖侯盾鼻餘瀋一卷附聯語一卷　（清）左宗棠撰　清光緒七年（1881）刻本　一册

330000－1701－0065888　普 951.068/9342/c1　史部/雜史類/斷代之屬
靖海志四卷　（清）彭孫貽撰　（清）李延罡續補　清抄本　二册

330000－1701－0065889　G000960　史部/傳記類/科舉録之屬/總録
國朝湖州府科第表（吴興科第表）一卷　（清）戴璐輯　（清）沈鋐補輯　（清）錢振常續輯　清同治十一年（1872）刻光緒七年（1881）續刻十七年（1891）增刻本　二册

330000－1701－0065890　普 814.7/4039.2/c4　集部/别集類/清别集
恪靖侯盾鼻餘瀋一卷附聯語一卷　（清）左宗棠撰　清光緒七年（1881）刻本　一册

330000－1701－0065892　普 951.068/9342/c2　史部/雜史類/斷代之屬
靖海志四卷　（清）彭孫貽撰　（清）李延罡續補　清抄本　二册

330000－1701－0065894　普 814.7/4041　類叢部/叢書類/自著之屬
寶韋齋類稿八種　（清）李桓撰　清光緒六年（1880）武林趙寶墨齋、十三年至十七年（1887

－1891）長沙芋園刻本　十六册　存四種

330000－1701－0065895　普 951.068/7533/c1　史部/雜史類
荆駝逸史　（清）陳湖逸士輯　清刻本（三朝野紀卷五至六原缺）　三十六册

330000－1701－0065900　G000961　子部/儒家類/儒學之屬/禮教
修齊輯要二卷　（清）楊善寶輯　清嘉慶二十三年（1818）嘉直堂刻本　二册

330000－1701－0065902　普 814.7/4041/2　類叢部/叢書類/自著之屬
寶韋齋類稿八種　（清）李桓撰　清光緒六年（1880）武林趙寶墨齋、十三年至十七年（1887－1891）長沙芋園刻本　三十八册

330000－1701－0065905　普 814.7/4042/c1　集部/別集類/清別集
寒支初集十卷二集四卷　（清）李世熊撰　（清）李向旻編　清同治十三年（1874）刻本　十四册

330000－1701－0065907　普 352.59/4462　新學/兵制/槍炮
礮乘新法三卷圖一卷首一卷　（英國）英國製造官局撰　（清）舒高第口譯　（清）鄭昌棪筆述　清光緒江南製造總局鉛印本暨石印本　六册

330000－1701－0065909　普 814.7/4042/c2　集部/別集類/清別集
寒支初集十卷二集四卷　（清）李世熊撰　（清）李向旻編　清同治十三年（1874）刻本　十四册

330000－1701－0065910　HJL7569　子部/儒家類/儒學之屬
治事文編二卷　湯壽潛輯　清光緒二十四年（1898）鉛印本　一册

330000－1701－0065920　普 814.7/3463/c1　集部/別集類/清別集
受恆受漸齋集十二卷　（清）沈曰富撰　清光緒十三年（1887）沈葆光續刻本　四册

330000－1701－0065922　普 814.7/4048.7/3　類叢部/叢書類/自著之屬
隨園三十種　（清）袁枚撰　清刻本　八十九册　缺七卷（續新齊諧四至十）

330000－1701－0065923　HJH7572　史部/傳記類/別傳之屬/事狀
王貞女事實一卷　清光緒三十一年（1905）刻本　一册

330000－1701－0065928　普 814.7/3463/c2　集部/別集類/清別集
受恆受漸齋集十二卷　（清）沈曰富撰　清光緒十三年（1887）沈葆光續刻本　四册

330000－1701－0065930　GP09401　經部/小學類/音韻之屬/韻書
唐寫本唐韻殘卷二卷　（唐）孫愐撰　清光緒三十四年（1908）影印本　一册

330000－1701－0065934　G000929、G008068、G009321/1　類叢部/叢書類/彙編之屬
藝海珠塵二百六種　（清）吳省蘭輯　（清）錢熙輔增編　清嘉慶南匯吳氏聽彝堂刻道光三十年（1850）金山錢氏漱石軒增刻重印本　二十一册　存六十六種

330000－1701－0065937　HJL7574　史部/地理類/遊記之屬/紀行
河海崑崙錄四卷　裴景福撰　清宣統元年（1909）上海文明書局鉛印本　四册

330000－1701－0065939　GY12331　史部/地理類/總志之屬
歷代輿地沿革險要圖一卷　楊守敬　饒敦秩撰　清光緒五年（1879）東湖饒氏刻朱墨套印本　一册

330000－1701－0065940　HJL7831　史部/詔令奏議類/奏議之屬
平番奏議四卷輿圖一卷　（清）那彦成撰　清咸豐三年（1853）刻本　四册

330000－1701－0065941　HJL7357　史部/金石類/郡邑之屬
江寧金石記八卷待訪目二卷　（清）嚴觀撰

清嘉慶九年(1804)賜書堂刻本　四冊

330000－1701－0065942　HJL8148　類叢部/叢書類/彙編之屬
十萬卷樓叢書五十一種　(清)陸心源編　清光緒歸安陸氏刻本(歲時廣記卷六原缺)　四冊　存一種

330000－1701－0065943　HJL8574　史部/地理類/總志之屬/通代
天下郡國利病書一百二十卷　(清)顧炎武撰　清道光成都龍萬育敷文閣刻本　五十六冊

330000－1701－0065945　HJL7833　史部/紀傳類/正史之屬
四史　清同治十一年(1872)成都書局刻本　十四冊　存一種

330000－1701－0065946　HJL7575　類叢部/叢書類/彙編之屬
抱經堂叢書十六種　(清)盧文弨編　清乾隆至嘉慶刻彙印本　二冊　存一種

330000－1701－0065947　HJL8149　類叢部/叢書類/彙編之屬
問影樓叢刻初編九種　胡思敬編　清光緒三十四年至民國二年(1908－1913)新昌胡氏南昌刻本暨鉛印本　二冊　存一種

330000－1701－0065949　普814.7/3464/c1　集部/别集類/清别集
務時敏齋存稿十卷　(清)洪昌燕撰　清光緒二十年(1894)洪衍慶刻錢塘洪氏家集本　四冊

330000－1701－0065950　GP12339　子部/藝術類/書畫之屬/書法書品
家塾楷模不分卷　(清)吳錫五撰　(清)吳恩書　清末石印本　一冊

330000－1701－0065953　HJL8150　史部/職官類/官制之屬/專志
大唐六典三十卷　(唐)玄宗李隆基撰　(唐)李林甫等注　清嘉慶五年(1800)掃葉山房刻本　十冊

330000－1701－0065954　G000963　類叢部/叢書類/家集之屬
新城王氏家集四十種　(清)□□編　明崇禎至清康熙刻彙印本　一冊　存二種

330000－1701－0065956　普814.7/3464/c2　集部/别集類/清别集
務時敏齋存稿十卷　(清)洪昌燕撰　清光緒二十年(1894)洪衍慶刻錢塘洪氏家集本　四冊

330000－1701－0065957　G000962　類叢部/叢書類/自著之屬
王漁洋遺書三十八種　(清)王士禛撰　清刻本　一冊　存一種

330000－1701－0065961　普814.7/40421　集部/别集類/清别集
懷陽聚草雜作二卷　(清)袁如凱撰　清道光刻本　一冊

330000－1701－0065962　普814.7/4042.02　集部/别集類/清别集
寒支初集十卷二集四卷　(清)李世熊撰　(清)李向旻編　清同治十三年(1874)刻本　四冊　存四卷(二集一至四)

330000－1701－0065964　HJL7576　子部/藝術類/書畫之屬/法帖
御刻三希堂石渠寶笈法帖釋文十六卷　(清)梁詩正等輯　清乾隆六十年(1795)刻本　四冊

330000－1701－0065967　普814.7/34641　類叢部/叢書類/家集之屬
沈氏三代家言五種　(清)沈申祐編　清光緒十二年(1886)會稽沈氏刻本　二冊　存一種

330000－1701－0065968　HJL8151　史部/傳記類/總傳之屬/忠孝
欽定勝朝殉節諸臣錄十二卷首一卷　(清)高宗弘曆敕撰　清嘉慶二年(1797)謝啓昆刻本　八冊　缺二卷(十一至十二)

330000－1701－0065971　HJH8575　史部/詔令奏議類/詔令之屬

十朝聖訓九百二十二卷　清末石印本　七十八册　缺一百七卷（清世宗聖訓一至十、清高宗聖訓一百四十三至一百四十七、清宣宗聖訓三十九至一百三十）

330000－1701－0065973　G000964　史部/地理類/雜志之屬
東城記餘二卷　（清）楊文杰撰　清末刻朱印本　二册

330000－1701－0065974　HJL8152　史部/史抄類
廿二史紀事提要八卷　（清）吳綬撰　清嘉慶元年（1796）刻本　八册

330000－1701－0065976　普 814.7/3479　類叢部/叢書類/自著之屬
傳經堂叢書十二種　（清）洪頤煊撰　清嘉慶至道光臨海洪氏刻本　二册　存一種

330000－1701－0065977　普 814.7/4052/c1　集部/別集類/清別集
篔谷詩鈔二十卷篔谷文鈔十二卷　（清）查揆撰　清道光十五年（1835）菽原堂刻本　十册　存十二卷（文鈔一至十二）

330000－1701－0065978　M001489　類叢部/叢書類/彙編之屬
崇文書局彙刻書三十一種　（清）崇文書局編　清光緒元年至三年（1875－1877）湖北崇文書局刻民國元年（1912）鄂官書處重印本　鄭業穀、審安題記　一册　存二種

330000－1701－0065981　G000965　子部/術數類/相宅相墓之屬
地理水法要訣五卷　（清）紀大奎撰　清同治十一年（1872）刻本　二册

330000－1701－0065983　普 814.7/3484　集部/別集類/清別集
琴硯草堂詩集十卷文前集一卷後集一卷　（清）沈毓蓀撰　清咸豐六年（1856）張景渠刻本　四册

330000－1701－0065986　G000966　史部/史抄類
史鑑節要便讀六卷　（清）鮑東里撰　清光緒十三年（1887）姑胥刻本　二册

330000－1701－0065989　HJL7312　史部/雜史類/斷代之屬
海東逸史十八卷　（清）翁洲老民撰　清光緒十年（1884）慈谿楊泰亨經畬塾刻本　一册

330000－1701－0065990　普 814.7/4052/c2　集部/別集類/清別集
篔谷詩鈔二十卷文鈔十二卷　（清）查揆撰　清道光十五年（1835）菽原堂刻本　十册

330000－1701－0065991　普 352.59/8041　新學/兵制/槍炮
攻守礮法一卷附克虜伯腰箍礮說一卷克虜伯礮架說一卷船礮操法一卷礮架說一卷螺繩礮架說一卷　（美國）金楷理口譯　（清）李鳳苞筆述　清光緒江南機器製造總局刻本　一册

330000－1701－0065993　普 814.7/3494/c1　集部/別集類/清別集
田硯齋文集二卷　（清）褚榮槐撰　（清）褚元升輯　清光緒六年（1880）刻本　一册

330000－1701－0065995　普 352.59/8041.2　新學/兵制/槍炮
兵船礮法六卷　（美國）金楷理口譯　（清）朱恩錫筆述　清光緒江南機器製造總局刻本　三册

330000－1701－0065996　GP12387　史部/傳記類/別傳之屬
聖蹟圖記不分卷　（清）孔憲蘭摹　清同治十三年（1874）山東曲阜孔氏刻本　一册

330000－1701－0065997　GP12388　史部/地理類/輿圖之屬/全國
大清一統全圖不分卷　清末上海宏文閣石印本　一册

330000－1701－0065999　GP13163　子部/宗教類/佛教之屬/總録
釋迦如來應化事跡不分卷　（清）釋永珊撰並繪　清嘉慶十三年（1808）和碩豫親王裕豐刻同治八年（1869）後印本　四册

330000－1701－0066000　HJL8155　史部/編年類/斷代之屬
同治東華續錄一百卷　王先謙編　清光緒二十四年(1898)文瀾書局石印本　二十四册

330000－1701－0066002　HJL8576、HJL8577、HJL8578、HJL8579　史部/紀傳類/正史之屬
四史　清光緒二十四年(1898)上海祥記書莊石印本　二十八册

330000－1701－0066004　HJH8158　史部/雜史類/通代之屬
所知錄六卷　(清)錢澄之撰　清宣統三年(1911)上海新學會社鉛印本　二册

330000－1701－0066005　普 352.61/5011　新學/兵制/海軍
水雷秘要五卷圖一卷　(英國)史理孟撰　(清)舒高第口譯　(清)鄭昌棪筆述　清光緒江南機器製造總局刻本　六册

330000－1701－0066006　HJL8580　史部/地理類/總志之屬/通代
讀史方輿紀要一百三十卷輿圖要覽四卷　(清)顧祖禹撰　清嘉慶十七年(1812)成都敷文閣刻本　六十四册

330000－1701－0066008　普 353/4741/c1　子部/兵家類/兵法之屬
讀史兵略四十六卷　(清)胡林翼撰　清咸豐十一年(1861)武昌節署刻本　十六册

330000－1701－0066009　普 353/4741/c2　子部/兵家類/兵法之屬
讀史兵略四十六卷　(清)胡林翼撰　清咸豐十一年(1861)武昌節署刻本　十六册

330000－1701－0066010　HJL7580　史部/傳記類/别傳之屬/事狀
鄂國金佗稡編二十八卷續編三十卷　(宋)岳珂編　清光緒九年(1883)浙江書局刻本　十二册

330000－1701－0066011　普 814.7/3494/c2　集部/别集類/清别集
田硯齋文集二卷　(清)褚榮槐撰　(清)褚元升輯　清光緒六年(1880)刻本　一册

330000－1701－0066014　普 814.7/40422/c1　類叢部/叢書類/彙編之屬
漸西村舍彙刊(漸西村舍叢刻)四十四種　(清)袁昶編　清光緒十六年至二十四年(1890－1898)桐廬袁氏刻本　一册　存一種

330000－1701－0066015　G000994　集部/别集類/清别集
花宜館詩鈔七卷　(清)吴振棫撰　清道光二十五年(1845)、二十七年(1847)刻本　二册　存二卷(甲乙稾上、下)

330000－1701－0066016　G000967　史部/政書類/律令之屬/律例
大清律七言集成二卷　(清)程熙春輯　清光緒二十九年(1903)刻本　二册

330000－1701－0066017　普 814.7/3494/2　集部/别集類/清别集
田硯齋詩集六卷　(清)褚榮槐撰　褚源深編　清宣統二年(1910)嘉興褚覺鈴鉛印本　一册

330000－1701－0066018　HJL7837　類叢部/叢書類/自著之屬
師伏堂叢書十五種　(清)皮錫瑞撰　清光緒十九年至三十三年(1893－1907)善化皮氏刻本　一册　存二種

330000－1701－0066020　普 814.7/4061　子部/儒家類/儒學之屬/性理
李二曲先生集錄要四卷倪畬香先生慎獨圖説二卷　(清)李顒撰　(清)倪元坦輯　清道光二十四年(1844)揚州刻本　四册

330000－1701－0066022　G000968　子部/醫家類/本草之屬/食療本草
食物本草會纂十二卷圖一卷　(清)沈李龍撰　清道光二十三年(1843)四盛堂刻本　六册

330000－1701－0066025　HJL7582　史部/傳記類/别傳之屬
求闕齋弟子記三十二卷　(清)王定安撰　清光緒二年(1876)都門刻本　十六册

330000－1701－0066028　普 814.7/40422/c2　類叢部/叢書類/彙編之屬

漸西村舍彙刊(漸西村舍叢刻)四十四種　(清)袁昶編　清光緒十六年至二十四年(1890－1898)桐廬袁氏刻本　一冊　存一種

330000－1701－0066029　G000969　集部/別集類/清別集

澤雅堂文集八卷　(清)施補華撰　清光緒十九年(1893)刻本　二冊

330000－1701－0066032　普 814.7/40422/c3　類叢部/叢書類/彙編之屬

漸西村舍彙刊(漸西村舍叢刻)四十四種　(清)袁昶編　清光緒十六年至二十四年(1890－1898)桐廬袁氏刻本　一冊　存一種

330000－1701－0066034　HJL7838　史部/金石類

金石三例　(清)盧見曾編　清嘉慶十六年(1811)饒向榮刻本　一冊

330000－1701－0066036　HJL7315　史部/傳記類/總傳之屬/通代

尚友錄二十二卷補遺一卷　(明)廖用賢輯　(清)張伯琮補輯　清康熙浙蘭林天祿齋刻本　十二冊

330000－1701－0066037　普 814.7/4043　集部/別集類/清別集

十三峯書屋全集八卷　(清)李榕撰　清光緒二十五年(1899)袖海山房石印本　三冊　缺二卷(五至六)

330000－1701－0066038　普 814.7/3540　集部/別集類/清別集

味餘書室全集定本四十卷目錄四卷隨筆二卷　(清)仁宗顒琰撰　(清)慶桂等編　清嘉慶五年(1800)刻本　三十二冊

330000－1701－0066041　普 353/4741/c3　子部/兵家類/兵法之屬

讀史兵略四十六卷　(清)胡林翼撰　清咸豐十一年(1861)武昌節署刻本　十六冊

330000－1701－0066042　G000970　子部/雜家類/雜纂

燕蘭小譜五卷　(清)吴長元撰　**海漚小譜一卷**　(清)秋谷老人撰　清乾隆五十年(1785)刻本　二冊

330000－1701－0066043　普 814.7/4043/(2)　集部/別集類/清別集

十三峯書屋全集八卷　(清)李榕撰　清光緒二十五年(1899)袖海山房石印本　四冊

330000－1701－0066044　HJL8582　史部/地理類/外紀之屬

日本國志四十卷首一卷　(清)黄遵憲輯　清光緒二十七年(1901)上海書局石印本　十冊

330000－1701－0066045　G000995　子部/儒家類/儒學之屬/蒙學

小學韻語三卷　(明)孫石臺撰　清光緒七年(1881)雟逸山房刻本　清傳燿題記　一冊

330000－1701－0066049　HJL7316　史部/傳記類/總傳之屬

新安學繫錄十六卷　(明)程曈輯　明正德程啓刻清康熙三十五年(1696)綠蔭園重修本　四冊

330000－1701－0066051　普 814.7/4044　集部/別集類/清別集

重鐫草堂外集十五卷　(清)檀萃撰　(清)吴珏評　清嘉慶元年(1796)滇陽驛樓刻本　二冊　缺四卷(十二至十五)

330000－1701－0066052　HJL8583　史部/政書類/律令之屬/律例

大清法規大全一百六十八卷　清光緒二十七年至宣統元年(1901－1909)北京政學社石印本　四十二冊

330000－1701－0066053　HJL7839　史部/紀傳類/別史之屬

西魏書二十四卷敘錄一卷　(清)謝啓昆撰　清乾隆六十年(1795)刻光緒十八年(1892)溧陽繆氏補刻本　六冊

330000－1701－0066056　G000971　類叢部/類書類/專類之屬

王先生十七史蒙求十六卷 (宋)王令撰 清康熙四十九年(1710)海陽程宗璵刻本 二冊

330000－1701－0066059 G000996 集部/總集類/郡邑之屬

徐州二遺民集十卷 馮煦編 清光緒十九年(1893)臨川桂中行刻本 五冊

330000－1701－0066062 普814.7/4083 集部/別集類/清別集

知畏齋文稿一卷續編一卷詩稿一卷 (清)查人瑛撰 清道光刻本 六冊

330000－1701－0066063 普814.7/4217/4/c1 類叢部/叢書類/自著之屬

惜抱軒全集十種 (清)姚鼐撰 清嘉慶至道光刻本 四冊 存二種

330000－1701－0066064 普814.7/40441 集部/別集類/清別集

留春館餘齡漫筆一卷 (清)李士林撰 清光緒十五年(1889)丹徒李氏留春館刻本 一冊

330000－1701－0066065 普814.7/4217/3/c3 集部/別集類/清別集

惜抱軒文集十六卷後集十卷 (清)姚鼐撰 清光緒九年(1883)桐城徐宗亮刻本 四冊

330000－1701－0066066 G000972 集部/別集類/元別集

栖碧先生黃楊集三卷補遺一卷 (元)華幼武撰 **附錄一卷** (明)俞貞木等撰 清嘉慶元年(1796)無錫華宏源刻同治十三年(1874)華翼綸詒穀堂重修本 二冊

330000－1701－0066069 HJL7840 史部/傳記類/日記之屬

北行日記一卷(清光緒六年七月十三日至十月二十一日) (清)薛寶田撰 清光緒六年(1880)刻本 一冊

330000－1701－0066072 普353.4741/2 子部/兵家類/兵法之屬

讀史兵略十二卷 (清)胡林翼撰 清光緒三十一年(1905)上海富文書局石印本 七冊

330000－1701－0066073 GY02105 子部/藝術類/書畫之屬/法帖

墨池堂選帖五卷 (明)章藻輯 清末影印本 一冊 存一卷(一)

330000－1701－0066074 普814.7/3540/(2) 集部/別集類/清別集

味餘書室全集定本四十卷目錄四卷隨筆二卷 (清)仁宗顒琰撰 (清)慶桂等編 清刻本 三十一冊 缺一卷(目錄一)

330000－1701－0066079 普814.7/4046 集部/別集類/清別集

二水樓文集二十卷首一卷詩集十八卷 (清)李茹旻撰 清光緒十七年(1891)李鳴梧味愬廬刻本 十冊

330000－1701－0066082 HJL7584 史部/傳記類/別傳之屬/事狀

文文忠公[祥]事略四卷 (清)□□輯 清光緒八年(1882)刻本 四冊

330000－1701－0066083 普814.7/4217/4/c2 類叢部/叢書類/自著之屬

惜抱軒全集十種 (清)姚鼐撰 清嘉慶至道光刻本 三冊 存一種

330000－1701－0066084 HJH8584 史部/紀傳類/別史之屬

弘簡錄二百五十四卷 (明)邵經邦撰 清康熙刻本 五十一冊

330000－1701－0066087 普814.7/4217/3/c1 集部/別集類/清別集

惜抱軒文集十六卷後集十卷 (清)姚鼐撰 清光緒九年(1883)桐城徐宗亮刻本 四冊

330000－1701－0066088 普353/4741.07/c1 子部/兵家類/兵法之屬

讀史兵略綴言四卷 蔣廷黻撰 清宣統三年(1911)京師刻本 管元耀題記 一冊

330000－1701－0066089 G000997 集部/別集類/清別集

晚翠軒詩鈔八卷續鈔八卷 (清)戴淳撰 清道光十二年(1832)刻本 四冊

330000－1701－0066090　普 353/4741.07/c2　子部/兵家類/兵法之屬

讀史兵略綴言四卷　蔣廷黻撰　清宣統三年(1911)京師刻本　一册

330000－1701－0066092　G000973　經部/叢編

九經五十一卷附四卷　(明)秦鏷訂正　清觀成堂刻本　十册　缺四卷(附一至四)

330000－1701－0066093　HJL7585　史部/傳記類/别傳之屬/事狀

宋儒袁正獻公從祀録六卷　(清)徐時棟撰　清同治十一年(1872)四明袁氏進修堂刻本　一册

330000－1701－0066096　普 814.7/3544　集部/别集類/清别集

養餘齋紀要不分卷　(清)連蘅撰　清光緒刻本　一册

330000－1701－0066098　HJL8166　類叢部/叢書類/彙編之屬

紀載彙編　清光緒刻本　四册

330000－1701－0066102　HJL7586　史部/傳記類/别傳之屬/年譜

王文肅公[錫爵]年譜二卷　(明)王衡編　(清)王時敏續編　清光緒二十五年(1899)長沙太倉王宗愈刻本　一册

330000－1701－0066103　普 814.7/4047/(2)　集部/别集類/清别集

道古堂文集四十八卷詩集二十六卷集外文一卷集外詩一卷　(清)杭世駿撰　**軼事一卷**　(清)汪曾唯輯　清乾隆四十一年(1776)刻光緒十四年(1888)汪曾唯振綺堂增修本　十二册

330000－1701－0066105　G000974　子部/術數類/相宅相墓之屬

地理正宗六卷　(明)蕭克撰　(清)金六吉臆解　清道光七年(1827)姚榮先刻本　六册

330000－1701－0066106　G000998　子部/宗教類/道教之屬

重刊道藏輯要　(清)蔣予蒲輯　(清)閻永和增輯　清光緒三十二年(1906)成都二仙庵刻本　二册　存一種

330000－1701－0066108　普 814.7/3547/c2　集部/别集類/清别集

樂善堂全集四十卷　(清)高宗弘曆撰　清乾隆二年(1737)刻本　十二册

330000－1701－0066109　普 814.7/4047/(4)　集部/别集類/清别集

道古堂文集四十八卷詩集二十六卷集外文一卷集外詩一卷　(清)杭世駿撰　**軼事一卷**　(清)汪曾唯輯　清乾隆四十一年(1776)刻光緒十四年(1888)汪曾唯振綺堂增修本　十五册　缺三卷(集外文、集外詩、軼事)

330000－1701－0066110　GP13483　史部/傳記類/總傳之屬/仕宦

紫光閣功臣小像一卷湘軍平定粤匪戰圖一卷　(清)彭鴻年輯　(清)吳嘉猷等繪　清光緒二十七年(1901)上海點石齋石印本　一册

330000－1701－0066113　G000975、G009784　史部/詔令奏議類/詔令之屬

諭摺彙存二十二卷(清同治十三年至光緒二十七年)　清光緒二十九年(1903)上海慎記書莊石印本　十二册　存十卷(一至十)

330000－1701－0066114　普 814.7/4063　類叢部/叢書類/自著之屬

李文恭公遺集三種　(清)李星沅撰　清同治四年(1865)芋香山館刻本　十一册　存一種

330000－1701－0066115　HJH8586　史部/傳記類/科舉録之屬/歷科登科録

光緒六年庚辰科會試同年齒錄不分卷　清末刻本　四册

330000－1701－0066116　G000999　史部/目録類/通論之屬/考訂

古今僞書考一卷　(清)姚際恒撰　清光緒十八年(1892)浙江書局刻本　一册

330000－1701－0066118　HJL7587　史部/傳記類/别傳之屬/事狀

黄文貞公忠節紀略四卷 （清）柯自遂輯 （清）劉瑞芬重編 清光緒元年（1875）皖上刻本 二册

330000－1701－0066119 普 814.7/4211/2 集部/别集類/清别集

恩餘堂經進初藁十二卷續藁二十二卷三藁十一卷策問存課二卷知聖道齋讀書跋尾二卷 （清）彭元瑞撰 清嘉慶刻本 十八册

330000－1701－0066122 普 814.7/4217/5 集部/别集類/清别集

惜抱軒文集十六卷 （清）姚鼐撰 清嘉慶六年（1801）刻本 四册

330000－1701－0066123 HJL7589 類叢部/叢書類/自著之屬

藤花亭十七種 （清）梁廷枏撰 清道光八年至十三年（1828－1833）刻本 十二册 存一種

330000－1701－0066124 HJH8587 史部/政書類/公牘檔册之屬

昌平遺記一卷 （清）榮恒撰 清光緒三十二年（1906）石印本 一册

330000－1701－0066126 G000976 史部/紀傳類/正史之屬

二十四史附考證 清光緒十四年（1888）上海蜚英館石印本 八册 存一種

330000－1701－0066127 普 814.7/4075 集部/總集類/彙編之屬

易堂九子文鈔九種 （清）彭玉雯編 清道光十七年（1837）彭氏刻本 一册 存四種

330000－1701－0066128 普 353.42/4025 子部/兵家類/兵法之屬

前敵須知四卷圖一卷 （英國）克利賴撰 （清）舒高第 （清）鄭昌棪譯 清光緒江南製造總局鉛印本 五册

330000－1701－0066129 普 814.7/4047/2 集部/别集類/清别集

道古堂文集四十六卷詩集二十六卷 （清）杭世駿撰 清乾隆五十五年至五十七年（1790－1792）杭賓仁長沙黄甲書院刻本 章嶔題記 十六册

330000－1701－0066133 普 353.42/6830 新學/兵制/陸軍

行軍指要六卷 （英國）哈密撰 （美國）金楷理口譯 （清）趙元益筆述 清光緒二十七年（1901）上海製造局刻本 六册

330000－1701－0066134 G001000 集部/别集類/明别集

清署一得二卷 （明）張寧撰 清道光四年（1824）松筠軒刻本 二册

330000－1701－0066137 HJH8168 史部/地理類/專志之屬/古跡

古不夜城記一卷 （清）孫福海撰 清同治刻本 一册

330000－1701－0066138 普 814.7/4047/2（2）/c2 集部/别集類/清别集

道古堂文集四十六卷詩集二十六卷 （清）杭世駿撰 清乾隆五十五年至五十七年（1790－1792）杭賓仁長沙黄甲書院刻本 十册 存四十六卷（一至四十六）

330000－1701－0066140 G000978 史部/傳記類/總傳之屬/技藝

藝林悼友録初集一卷二集一卷附録一卷 （清）郭容光編 清光緒十八年（1892）鐵如意室刻本 雪蕉山房題簽 一册

330000－1701－0066142 HJL7591 史部/傳記類/别傳之屬

敕封天后志二卷 （清）林清標輯 清同治四年（1865）淮安林崇仁堂刻本 二册

330000－1701－0066144 HJH913.03/1123/c4 史部/金石類/總志之屬

二銘草堂金石聚十六卷 （清）張德容輯 清同治十一年（1872）衢州張氏二銘草堂刻本 十六册

330000－1701－0066147 普 814.7/4048.01/（2） 集部/别集類/清别集

袁文合箋十六卷 （清）袁枚撰 （清）王廣業

合箋　清光緒八年(1882)青箱塾刻本　四册

330000－1701－0066149　普 814.7/4079　集部/别集類/清别集
寸心草堂文鈔一卷　(清)李欣榮撰　清光緒四年(1878)刻本　一册

330000－1701－0066151　HJL8169　類叢部/叢書類/郡邑之屬
東倉書庫叢刻初編十一種　(清)繆朝荃編　清光緒十二年至二十八年(1886－1902)太倉繆氏刻本　一册　存一種

330000－1701－0066153　G001001　子部/宗教類/其他宗教之屬
大倫圖說一卷　清光緒五年(1879)刻本　一册

330000－1701－0066155　HJH913.03/1123/c2　史部/金石類/總志之屬
二銘草堂金石聚十六卷　(清)張德容輯　清同治十一年(1872)衢州張氏二銘草堂刻本　十六册

330000－1701－0066158　HJL8170　史部/傳記類/總傳之屬/技藝
宋元以來畫人姓氏錄三十六卷首一卷　(清)魯駿編　清道光十年(1830)刻本　二十册

330000－1701－0066160　HJL7844　史部/傳記類/别傳之屬/事狀
皇清誥授光禄大夫總督倉場户部侍郎琴舫廉公[兆綸]傳畧一卷　(清)王瑔撰　清光緒刻本　一册

330000－1701－0066161　普 353.51/1084　子部/兵家類/兵法之屬
乾坤大略十卷補遺一卷另記一卷　(清)王餘佑撰　清末抄本　六册

330000－1701－0066162　普 814.7/3547/(3)　集部/别集類/清别集
樂善堂全集定本三十卷　(清)高宗弘曆撰　清乾隆二十四年(1759)内府刻本　八册

330000－1701－0066163　普 814.7/4048.02/2/c1　集部/别集類/清别集
增訂袁文箋正四卷　(清)袁枚撰　(清)魏大縉箋正　清同治十三年(1874)刻本　一册

330000－1701－0066164　G001002　新學/地學/地志學
世界地理志六卷首一卷　(日本)中村五六撰　(日本)頓野廣太郎修訂　(日本)樋田保熙譯　清光緒二十八年(1902)金粟齋譯書社鉛印本　三册

330000－1701－0066167　G001003　新學/地學/地理學
地理學講義一卷　(日本)志賀重昂述　(清)薩端譯　清光緒二十九年(1903)金粟齋譯書處鉛印本　一册

330000－1701－0066169　HJH913.03/3432.2/(2)　史部/金石類/石之屬/文字
隸續二十一卷　(宋)洪适撰　清乾隆四十三年(1778)汪日秀樓松書屋刻本(卷九至十原缺)　二册

330000－1701－0066171　普 814.7/4048.02/2/c2　集部/别集類/清别集
增訂袁文箋正四卷　(清)袁枚撰　(清)魏大縉箋正　清同治十三年(1874)刻本　二册

330000－1701－0066174　HJL7845　史部/職官類/官箴之屬
宦游紀略二卷　(清)高廷瑤撰　清光緒二十六年(1900)貴筑高氏湖北蘄水官廨刻朱印本　一册

330000－1701－0066178　普 814.7/3547/2　集部/别集類/清别集
樂善堂全集定本三十卷　(清)高宗弘曆撰　清乾隆二十四年(1759)内府刻本　九册

330000－1701－0066179　HJL8171　史部/政書類/邦計之屬/荒政
長元吳豐備義倉全案八卷首一卷末一卷　(清)潘遵祁輯　清光緒三年(1877)刻本　十册

330000－1701－0066180　G001004　子部/雜

著類/雜纂之屬
清寤齋心賞編一卷 （明）王象晉輯　明刻本　一冊

330000－1701－0066181　G000980　類叢部/叢書類/彙編之屬
函海一百五十二種 （清）李調元編　清乾隆綿州李氏萬卷樓刻嘉慶十四年（1809）李鼎元、道光五年（1825）李朝夔重校補刻本　一冊　存一種

330000－1701－0066182　HJH913.03/1146/(2)　史部/金石類/總志之屬
金石契不分卷 （清）張燕昌撰　清乾隆三十六年（1771）海鹽張燕昌刻四十三年（1778）重定本　八冊

330000－1701－0066183　HJH913.03/1146/c2　史部/金石類/總志之屬
金石契不分卷 （清）張燕昌撰　清乾隆三十六年（1771）海鹽張燕昌刻四十三年（1778）重定本　四冊

330000－1701－0066184　普814.7/4048.04　集部/別集類/清別集
小倉山房文鈔不分卷 （清）袁枚撰　清抄本　二冊

330000－1701－0066188　HJL7592　史部/詔令奏議類/奏議之屬
張文毅公奏稾八卷 （清）張芾撰　清光緒二年（1876）刻本　四冊

330000－1701－0066189　G001005　子部/儒家類/儒學之屬/俗訓
先儒正修錄三卷齊治錄三卷 （清）于準輯　清康熙刻本　一冊　存一帙（齊治錄上）

330000－1701－0066190　普814.7/3547.2　集部/別集類/清別集
御製文初集三十卷目錄二卷 （清）高宗弘曆撰　清乾隆二十九年（1764）刻本　二十冊

330000－1701－0066191　普814.7/4088.2/c1　集部/別集類/清別集
湖唐林館駢體文二卷 （清）李慈銘撰　清光緒十年（1884）刻本　章嶔題簽並記　一冊

330000－1701－0066192　HJH8590　類叢部/叢書類/自著之屬
程中丞全集六種 程德全撰　清宣統鉛印本　三冊　存一種

330000－1701－0066193　普814.7/4048.4/c1　集部/別集類/清別集
小倉山房詩集三十四卷詩補遺二卷文集三十一卷外集七卷 （清）袁枚撰　清乾隆五十八年（1793）刻本　十冊　存三十卷（文集一至三十）

330000－1701－0066194　HJL8172　史部/政書類/邦計之屬/賦稅
江蘇省減賦全案八卷 （清）曾國藩等撰　清同治五年（1866）刻本　劉承幹題記　五冊

330000－1701－0066196　HJL7593　史部/傳記類/別傳之屬
濂溪志七卷濂溪遺芳集一卷 （清）周誥輯　清道光十九年（1839）道州周氏愛蓮堂刻光緒重修本　四冊

330000－1701－0066197　HJL7087　史部/金石類/郡邑之屬/文字
粵西金石略十五卷 （清）謝啓昆撰　清嘉慶六年（1801）銅鼓亭刻本　四冊

330000－1701－0066200　普814.7/4088.2/c2　集部/別集類/清別集
湖唐林館駢體文二卷 （清）李慈銘撰　清光緒十年（1884）刻本　一冊

330000－1701－0066201　G001006　集部/別集類/清別集
秋桐詩鈔二卷 （清）吳濬撰　**庚村詩鈔一卷** （清）吳棠撰　清刻本　二冊

330000－1701－0066202　G000981　子部/宗教類/佛教之屬
摩尼爥坤集要七十二種 （清）善一輯　清光緒八年（1882）杭州慈孝禪院靈禪、靈銳刻本　十三冊

330000－1701－0066204　普 814.7/4088.2/(2)　集部/别集類/清别集

湖唐林館駢體文二卷　(清)李慈銘撰　清光緒十年(1884)刻本　二册

330000－1701－0066205　普 814.7/4048.4/c3　類叢部/叢書類/自著之屬

隨園三十種　(清)袁枚撰　清乾隆至嘉慶刻本　十册　存一種

330000－1701－0066206　HJL8591　史部/傳記類/科舉録之屬/歷科登科録

光緒甲辰恩科會試闈墨一卷　(清)譚廷闓等撰　清光緒三十年(1904)上海商務印書館鉛印本　一册

330000－1701－0066207　普 353.511/1012　子部/兵家類/兵法之屬

石室秘笈兵書五種　(清)王廷學編　清光緒十二年(1886)上洋王廷學文海堂刻本　四册

330000－1701－0066208　HJH8173　史部/政書類/邦計之屬

兩浙宦游紀畧四種　(清)戴槃撰　清同治七年(1868)刻本　一册　存一種

330000－1701－0066214　普 814.7/4048.5　類叢部/叢書類/自著之屬

隨園三十六種　(清)袁枚撰　清光緒十九年(1893)倉山舊主石印本　六册　存一種

330000－1701－0066216　HJL8592　集部/總集類/選集之屬/斷代

壬寅直省闈墨選瑜三卷　清光緒二十九年(1903)鉛印本　三册

330000－1701－0066218　HJH913.03/1146/(2)/c4　史部/金石類/總志之屬

金石契不分卷　(清)張燕昌撰　清乾隆三十六年(1771)海鹽張燕昌刻四十三年(1778)重定朱印本　八册

330000－1701－0066220　GP13543　史部/傳記類/别傳之屬

岑襄勤公勳德介福圖一卷　岑春榮等輯　清光緒十七年(1891)石印本　一册

330000－1701－0066222　G001007　集部/别集類/清别集

野航詩鈔二卷　(清)嚴仙藜撰　(清)鄭開禧輯　清道光十三年(1833)鄭開禧刻本　一册

330000－1701－0066224　普 814.7/3603/c2　集部/别集類/清别集

潛菴先生遺稿五卷　(清)湯斌撰　清康熙刻乾隆九年(1744)補刻本　四册

330000－1701－0066225　G000982　經部/易類/專著之屬

讀易銘心編二卷　(清)吴錦榮撰　清咸豐七年(1857)鑒古書室刻本　鍾毓龍題記　二册

330000－1701－0066226　普 814.7/4090/c1　集部/别集類/清别集

織齋文集八卷　(清)李煥章撰　(清)張昭潛編　清光緒十三年(1887)樂安李氏尚志堂刻本　二册

330000－1701－0066227　G001008　子部/天文曆算類/算書之屬

翠薇山房數學十四種　(清)張作楠撰　清光緒二十三年(1897)上海鴻寶齋石印本　一册　存五種

330000－1701－0066228　HJL8593　史部/傳記類/總傳之屬/技藝

無聲詩史七卷　(清)姜紹書撰　清宣統二年(1910)杭州雲林閣石印本　六册

330000－1701－0066230　普 353.511/1212　子部/兵家類/兵法之屬

孫子吴子司馬法合刻　(清)孫星衍輯　清羊城菊坡精舍刻本　一册

330000－1701－0066232　GP13544　子部/藝術類/書畫之屬/畫譜

水滸全圖不分卷　(明)杜堇繪　清光緒六年(1880)刻本　二册

330000－1701－0066234　普 814.7/4048.6/3　類叢部/叢書類/自著之屬

隨園三十六種　(清)袁枚撰　清光緒十八年(1892)上海圖書集成印書局鉛印本　六册

存一種

330000－1701－0066235　普 814.7/4090/c2　集部/别集類/清别集

織齋文集八卷　(清)李煥章撰　(清)張昭潛編　清光緒十三年(1887)樂安李氏尚志堂刻本　二册

330000－1701－0066238　普 814.7/3603/2/c2　集部/别集類/清别集

湯子遺書十卷附年譜一卷附錄一卷　(清)湯斌撰　(清)王廷燦增輯　清咸豐元年(1851)芥子園刻本　六册

330000－1701－0066240　普 353.511/1321/c1　子部/兵家類/兵法之屬

武經集要四種十卷　(清)徐亦輯　清光緒十五年(1889)浙江書局刻本　二册

330000－1701－0066241　G001009　子部/術數類/相宅相墓之屬

楊曾地理元文四種附二種　(清)端木國瑚注　清道光五年(1825)刻本　二册

330000－1701－0066242　G000983　類叢部/叢書類/自著之屬

燕禧堂五種　(清)任大椿輯撰　清乾隆刻本　一册　存一種

330000－1701－0066243　普 814.7/4090/c3　集部/别集類/清别集

織齋文集八卷　(清)李煥章撰　(清)張昭潛編　清光緒十三年(1887)樂安李氏尚志堂刻本　王尚辰題記並跋　二册

330000－1701－0066244　普 353.511/1321/c2　子部/兵家類/兵法之屬

武經集要四種十卷　(清)徐亦輯　清光緒十五年(1889)浙江書局刻本　二册

330000－1701－0066245　普 353.511/1321/c3　子部/兵家類/兵法之屬

武經集要四種十卷　(清)徐亦輯　清光緒十五年(1889)浙江書局刻本　二册

330000－1701－0066246　普 814.7/4048.6/4　類叢部/叢書類/自著之屬

隨園三十種　(清)袁枚撰　清同治五年(1866)三讓睦記刻本　十二册　存一種

330000－1701－0066247　普 814.7/4092　集部/别集類/清别集

植庵集十卷　(清)李慎傳撰　(清)丁壽恒删定　清光緒十年(1884)李氏刻本　五册

330000－1701－0066250　G001010　子部/藝術類/書畫之屬/畫譜

泛槎圖六集六卷　(清)張寶繪　清光緒六年(1880)上海點石齋石印本　四册

330000－1701－0066253　G001011　史部/金石類/總志之屬

金石存十五卷　(清)吳玉搢撰　清末石印本　四册

330000－1701－0066254　G001012　經部/四書類/總義之屬/傳說

加批四書本義滙參九卷　(清)王步青輯　(清)王士龕編　清光緒二十年(1894)天章書局石印本　八册

330000－1701－0066255　HJL7849　類叢部/叢書類/彙編之屬

藏修堂叢書三十六種　(清)劉晚榮編　清光緒十六年(1890)新會劉氏藏修書屋刻本　四册　存二種

330000－1701－0066256　HJL7088　史部/紀傳類/正史之屬

二十四史　清同治至光緒五省官書局據汲古閣本等合刻光緒五年(1879)湖北書局彙印本　四十册　存一種

330000－1701－0066257　HJL7594　史部/地理類/外紀之屬

漢西域圖考七卷首一卷　(清)李光廷撰　清末石印本　四册

330000－1701－0066258　HJH913.03/2832/c1　史部/金石類/總志之屬/文字

隨軒金石文字九種　(清)徐渭仁輯　清道光十七年(1837)刻同治七年(1868)補刻本

八冊

330000－1701－0066259　HJL7850　史部/史抄類

會心堂綱鑑鈔畧十八卷　(清)周煒輯　清嘉慶十八年(1813)書三味樓刻本　四冊

330000－1701－0066260　HJL7595　史部/史評類/史論之屬

新輯分類史論大成十九卷首一卷　(清)海濱行素生輯　清光緒二十八年(1902)上海醉六堂石印本　二十冊

330000－1701－0066261　HJH913.03/2832/c3　史部/金石類/總志之屬/文字

隨軒金石文字九種　(清)徐渭仁輯　清道光十七年(1837)刻同治七年(1868)補刻本　四冊

330000－1701－0066263　HJL7851、HJL7852　類叢部/叢書類/自著之屬

萬青軒全書五種　(清)萬斛泉撰　清光緒刻本　二冊　存二種

330000－1701－0066265　G000984　類叢部/叢書類/彙編之屬

武英殿聚珍版書五十三種　清同治十三年(1874)江西書局刻本　二冊　存一種

330000－1701－0066267　HJL7089　史部/政書類/軍政之屬/兵制

欽定兵部處分則例八旗三十七卷綠營三十九卷　(清)伯麟等修　(清)糜良哲等纂　清道光刻本　三十二冊

330000－1701－0066268　HJH7853　史部/傳記類/總傳之屬/郡邑

金陵通傳四十五卷補遺四卷　陳作霖撰　**金陵通傳姓名韻編一卷**　陳詒紱輯　清光緒三十年(1904)江寧陳氏瑞華館刻本　十冊

330000－1701－0066269　HJH913.03/3432/c1　史部/金石類/石之屬/文字

隸釋二十七卷　(宋)洪适撰　清乾隆四十二年至四十三年(1777－1778)汪日秀樓松書屋刻本　六冊

330000－1701－0066270　HJL7596　史部/史抄類

史記菁華錄六卷　(清)姚祖恩輯　清光緒二十二年(1896)上海埽葉山房石印本　三冊

330000－1701－0066273　HJL7090　史部/政書類/律令之屬/律例

大清律例增修統纂集成四十卷督捕則例附纂二卷　(清)姚潤輯　(清)陶駿　(清)陶念霖增輯　清光緒十九年(1893)刻本　二十四冊

330000－1701－0066274　HJH7860　史部/紀傳類/正史之屬

二十四史　清同治至光緒五省官書局據汲古閣本等合刻光緒五年(1879)湖北書局彙印本　八冊　存一種

330000－1701－0066275　G001013　類叢部/類書類/通類之屬

策學纂要正續編十六卷　(清)戴朋　(清)黃卷輯　清道光十九年(1839)刻本　四冊

330000－1701－0066276　G000985　子部/術數類/占卜之屬

新刻增定邵康節先生梅花觀梅拆字數全集五卷　(宋)邵雍撰　清光緒十二年(1886)埽葉山房刻本　五冊

330000－1701－0066279　HJL7854　史部/編年類/通代之屬

通鑑綱目分注補遺四卷書法存疑一卷　(清)芮長恤撰　(清)繆德棻校正　清光緒十六年(1890)溧陽繆氏小岍山館刻本　四冊

330000－1701－0066280　HJL7091　史部/政書類/律令之屬/律例

大清律例增修統纂集成四十卷督捕則例附纂二卷　(清)姚潤輯　(清)陶駿　(清)陶念霖增輯　清光緒十九年(1893)刻本　二十四冊

330000－1701－0066281　HJL7597　史部/政書類/律令之屬/律例

大清律例增修統纂集成四十卷督捕則例附纂

二卷　（清）姚潤輯　（清）陶駿　（清）陶念霖增輯　清末石印本　二十四册

330000－1701－0066283　普 814.7/4217.3　類叢部/叢書類/自著之屬
劉海峰全集四種附一種　（清）劉大櫆撰　清光緒二年（1876）桐城劉氏刻本　一册　存附一種

330000－1701－0066284　普 814.7/3603/3　類叢部/叢書類/彙編之屬
趙氏藏書十六種　（清）趙承恩編　清同治至光緒金谿趙氏紅杏山房補刻重印本　四册　存一種

330000－1701－0066285　G000986　類叢部/叢書類/自著之屬
師伏堂叢書十五種　（清）皮錫瑞撰　清光緒十九年至三十三年（1893－1907）善化皮氏刻本　一册　存一種

330000－1701－0066286　HJL8594　史部/政書類/律令之屬/律例
欽定六部處分則例五十二卷　（清）文孚等修　（清）清平等纂　清光緒三十四年（1908）鉛印本　八册

330000－1701－0066288　G001014　類叢部/類書類/通類之屬
小學紺珠十卷　（宋）王應麟輯　清乾隆十七年（1752）新城陳守誠恕堂刻本　五册

330000－1701－0066289　HJH913.03/4460/(2)/c1　史部/金石類/石之屬/文字
小蓬萊閣金石文字十卷　（清）黄易輯　清道光十四年（1834）石墨軒刻本　清陳錦繪像並跋　清王瞻民、清大篪跋　五册

330000－1701－0066291　HJL8177　史部/地理類/遊記之屬/紀勝
徐霞客遊記十卷　（明）徐弘祖撰　（明）李寄輯　（明）季夢良編　**外編一卷**　（清）徐鎮輯　**補編一卷**　（清）葉廷甲輯　清乾隆四十一年（1776）刻嘉慶十三年（1808）葉氏水心齋增刻本　清沈焜題記並跋　十册

330000－1701－0066292　HJL7855　史部/編年類/通代之屬
資治通鑑綱目發明五十九卷　（宋）尹起莘撰　清雍正八年至十一年（1730－1733）刻嘉慶重修同治十三年（1874）補刻本　四册

330000－1701－0066293　HJL7092　史部/政書類/律令之屬/律例
欽定禮部則例二百二卷　（清）特登額等修　（清）長秀等纂　清道光二十四年（1844）刻本　二十四册

330000－1701－0066295　HJL7093　史部/紀事本末類/斷代之屬
西夏紀事本末三十六卷年表一卷　（清）張鑑撰　清光緒十年（1884）江蘇書局刻本　四册

330000－1701－0066296　G001015　史部/目録類/總録之屬
桂學答問一卷　康有爲撰　清末上海大同譯書局影印本　一册

330000－1701－0066297　G000987　史部/傳記類/别傳之屬/年譜
皇清誥授榮禄大夫太子少保兵部尚書都察院右都御史閩浙總督賞戴花翎晉贈太子太師諭賜祭葬予謚文靖特旨入祀福建名宦祠崇祀鄉賢祠顯考平叔府君[孫爾準]年譜一卷　（清）孫慧惇　（清）孫慧翼編　清光緒二十八年（1902）木活字印本　一册

330000－1701－0066300　普 814.7/3603.2　集部/别集類/清别集
湯子遺書節要四卷　（清）湯斌撰　（清）彭定求編輯　清道光八年（1828）休陽程氏芸香閣刻本　二册

330000－1701－0066301　HJL7832　類叢部/叢書類/自著之屬
邃雅堂全集九種　（清）姚文田撰　清嘉慶至光緒歸安姚氏刻本　六册　存一種

330000－1701－0066304　G000988　史部/雜史類/斷代之屬
元祕史李注補正十五卷　（清）高寶銓撰　清

光緒二十八年(1902)刻本　二册

330000－1701－0066305　HJL8595　史部/政書類/通制之屬

光緒政要三十四卷　沈桐生輯　清宣統元年(1909)上海崇義堂石印本　十四册　存十四卷(二十一至三十四)

330000－1701－0066307　普951.068/7533/c2　史部/雜史類

荆駝逸史　(清)陳湖逸士輯　清刻本(三朝野紀卷五至六原缺)　二十八册

330000－1701－0066309　G001016、G008640　史部/史抄類

史記菁華錄六卷　(清)姚祖恩輯　清光緒十三年(1887)上海蜚英館石印本　六册

330000－1701－0066311　HJL7099　子部/儒家類/儒學之屬/禮教/鑑戒

欽定元承華事略補圖六卷　(元)王惲撰　(清)徐郙等補圖　清光緒二十二年(1896)武英殿刻本　二册

330000－1701－0066312　G000989　集部/別集類/宋別集

后山詩十二卷　(宋)陳師道撰　(宋)任淵注　清光緒二十五年(1899)廣雅書局刻廣州登雲閣印本　四册

330000－1701－0066314　普814.7/3603.4　類叢部/叢書類/彙編之屬

正誼堂全書六十三種續刻五種　(清)張伯行編　(清)楊浚重編　清同治五年(1866)福州正誼書院刻同治八年至光緒十三年(1869－1887)續刻本　一册　存一種

330000－1701－0066315　HJL7599　史部/政書類/邦交之屬

洋務時事彙編八卷　(清)葛子源撰　清光緒二十四年(1898)上海書局石印本　十二册

330000－1701－0066317　普951.068/7533/(2)　史部/雜史類

荆駝逸史　(清)陳湖逸士輯　清刻本(三朝野紀卷五至六原缺)(三朝野紀卷一至卷二上配清抄本)　三十二册

330000－1701－0066319　HJL7858　史部/職官類/官制之屬

槐廳載筆二十卷　(清)法式善撰　清嘉慶刻本　八册

330000－1701－0066320　普814.7/4222.31　集部/別集類/清別集

測海集六卷　(清)彭紹升撰　清同治四年(1865)長洲彭恩高等刻本　二册

330000－1701－0066322　普814.7/4222.2/2　集部/別集類/清別集

一行居集八卷附儒門公案拈題一卷　(清)彭紹升撰　清同治十二年(1873)常熟刻經處刻本　四册

330000－1701－0066323　G000990　史部/金石類/總志之屬

金石索十二卷首一卷　(清)馮雲鵬　(清)馮雲鵷輯　清道光元年至十五年(1821－1835)紫琅馮氏邃古齋滋陽刻本　十二册

330000－1701－0066324　HJH8597　史部/地理類/總志之屬/通代

天下郡國利病書一百二十卷　(清)顧炎武撰　清道光成都龍萬育敷文閣刻光緒五年(1879)桐華書屋薛氏家塾重修本　六十册

330000－1701－0066325　HJL7101　史部/金石類/總志之屬

金石索十二卷首一卷　(清)馮雲鵬　(清)馮雲鵷輯　清道光元年至十五年(1821－1835)紫琅馮氏邃古齋滋陽刻本　十二册

330000－1701－0066326　HJL7607　史部/金石類/錢幣之屬/圖像

吉金志存四卷　(清)李光庭撰　清咸豐九年(1859)刻本　四册

330000－1701－0066328　G001018　集部/別集類/清別集

味閒堂賦鈔三刻二卷　(清)陶然撰　清光緒五年(1879)刻本　二册

330000－1701－0066329　HJL7608　類叢部/叢書類/家集之屬
觀古閣叢刻十五種　（清）鮑康編　清嘉慶十一年至光緒二十一年（1806－1895）歙縣鮑氏刻本　一冊　存一種

330000－1701－0066330　普814.7/3620　集部/别集類/清别集
悦親樓賡雲集四卷　（清）祝德麟撰　清乾隆四十一年（1776）刻本　二冊

330000－1701－0066332　普951.068/7533/2/c1　史部/雜史類
荆駝逸史五十種　（清）陳湖逸士輯　清道光古槐山房木活字印本　二十八冊

330000－1701－0066334　HJH7102　史部/紀傳類/正史之屬
漢書一百卷　（漢）班固撰　（唐）顔師古注
續漢志三十卷　（南朝梁）劉昭注補　清光緒十三年（1887）金陵書局刻本　十八冊

330000－1701－0066335　HJL8178　史部/詔令奏議類/奏議之屬
張大司馬奏稿四卷　（清）張亮基撰　清刻本　四冊

330000－1701－0066337　HJL8598　史部/目録類/通論之屬/掌故瑣記
皕宋樓藏書源流攷一卷　（日本）島田翰撰　清光緒三十三年（1907）武進董康京師刻本　一冊

330000－1701－0066338　普814.7/4248　集部/别集類/清别集
酌雅齋文集一卷汲雅山館詩鈔三卷　（清）彭希鄭撰　清光緒十年（1884）刻本　一冊

330000－1701－0066340　HJH913.03/4460/c3　史部/金石類/石之屬/文字
小蓬萊閣金石文字十卷　（清）黄易輯　清道光十四年（1834）石墨軒刻本　六冊

330000－1701－0066341　HJL7600　史部/政書類/通制之屬
欽定大清會典一百卷　（清）允裪等撰　清光緒二十七年（1901）上海文林石印本　六冊

330000－1701－0066342　普814.7/4222/c2　類叢部/叢書類/家集之屬
長洲彭氏家集九種　（清）彭祖賢編　清同治至光緒刻本　六冊　存一種

330000－1701－0066346　普814.7/4228　集部/别集類/清别集
求是齋文存二卷詩存二卷　（清）彭崧毓撰　清同治十一年（1872）養園刻本　二冊　存三卷（文存上下）

330000－1701－0066349　HJH7103　史部/詔令奏議類/奏議之屬
南海先生戊戌奏稿一卷　康有爲撰　清宣統三年（1911）鉛印本　一冊

330000－1701－0066356　HJL7104　史部/紀傳類/正史之屬
史記一百三十卷　（漢）司馬遷撰　（南朝宋）裴駰集解　（唐）司馬貞索隱　（唐）張守節正義　清同治五年至九年（1866－1870）金陵書局刻本　二十冊

330000－1701－0066357　HJH913.03/7243/c2　史部/金石類/總志之屬/文字
金石苑不分卷　（清）劉喜海輯　清道光二十八年（1848）劉氏刻本　六冊

330000－1701－0066360　HJL8182　類叢部/叢書類/彙編之屬
知不足齋叢書一百九十五種　（清）鮑廷博編　（清）鮑士恭續編　清乾隆三十七年至道光三年（1772－1823）長塘鮑氏刻彙印本　四冊　存一種

330000－1701－0066363　G000991　集部/總集類/彙編之屬
唐宋八大家文鈔　（明）茅坤編　明崇禎金閶黄玉堂刻本　八冊　存一種

330000－1701－0066364　HJL7603　史部/政書類/儀制之屬/典禮
文廟通考六卷首一卷　（清）牛樹梅撰　清同治十一年（1872）浙江書局刻本　二冊

330000－1701－0066367　HJH8184　類叢部/叢書類/彙編之屬

紫藤書屋叢刻六種　(清)陳□編　清乾隆五十七年(1792)秀水陳氏刻本　一冊　存二種

330000－1701－0066369　HJL8599　類叢部/叢書類/自著之屬

藤花亭合刻十種　(清)梁廷枏撰　清道光八年至十年(1828－1830)刻本　十二冊　存三種

330000－1701－0066370　HJH913.03/7243/c3　史部/金石類/總志之屬/文字

金石苑不分卷　(清)劉喜海輯　清道光二十八年(1848)劉氏刻本　六冊

330000－1701－0066371　普 827.1/4274　集部/別集類/清別集

姚鏡塘先生全集十卷　(清)姚學塽撰　清光緒九年(1883)東陽學署尊經閣刻本　六冊

330000－1701－0066372　HJL7604　史部/傳記類/別傳之屬/年譜

吳竹如先生[廷棟]年譜一卷　(清)方宗誠編　清光緒四年(1878)畿輔志局刻本　一冊

330000－1701－0066374　普 814.7/36441　集部/別集類/清別集

種松園集十二卷補遺一卷　(清)湯大坊撰　清乾隆十四年(1749)刻本　十四冊

330000－1701－0066377　HJH7605　史部/政書類/公牘檔冊之屬

退思編一卷誓心編一卷　沈祖燕撰　清宣統元年(1909)刻本　一冊

330000－1701－0066382　G000992　類叢部/叢書類/自著之屬

神羊遺著三種　(清)張豸冠撰　清刻本　六冊

330000－1701－0066384　HJH7106　史部/紀事本末類

紀事本末五種　(清)□□輯　清同治十二年至十三年(1873－1874)江西書局刻本　八十冊　存一種

330000－1701－0066387　G001019　類叢部/叢書類/自著之屬

潛廬全集五種附一種　金蓉鏡撰　清光緒三十四年(1908)、宣統二年(1910)刻本　一冊　存二種

330000－1701－0066390　HJL7107　史部/史表類/通代之屬

二十四史三表三種二十卷　(清)段長基撰　(清)段搢書編注　清嘉慶二十二年(1817)小西山房刻本　二十四冊

330000－1701－0066392　HJH913.03/8002/c1　類叢部/叢書類/自著之屬

蘇齋叢書十八種　(清)翁方綱撰　清乾隆至嘉慶刻彙印本　八冊　存一種

330000－1701－0066395　HJL7606　史部/詔令奏議類/奏議之屬

張大司馬奏稿四卷　(清)張亮基撰　清刻本　四冊

330000－1701－0066396　HJL8183　史部/傳記類/別傳之屬/年譜

先賢十五家年譜　(清)楊希閔編　清光緒四年(1878)福州刻本　十六冊

330000－1701－0066398　G001020　子部/儒家類/儒學之屬/性理

羅近溪先生語要一卷　(明)羅汝芳撰　(明)陶望齡輯　清光緒二十年(1894)江寧府城刻本　一冊

330000－1701－0066410　HJL8600　史部/史評類/考訂之屬

十七史商榷一百卷　(清)王鳴盛撰　清光緒刻本　二十三冊

330000－1701－0066411　普 951.068/7533/2/c2　史部/雜史類

荊駝逸史五十種　(清)陳湖逸士輯　清道光古槐山房木活字印本　三十二冊

330000－1701－0066412　HJL8602　史部/詔令奏議類/奏議之屬

左文襄公奏疏初編三十八卷續編七十六卷三

編六卷　（清）左宗棠撰　清光緒十六年（1890）上海圖書集成局鉛印本　二十冊

330000－1701－0066413　HJH8601　子部/雜著類/雜説之屬

歸潛記乙編一卷附一卷丙編一卷丁編三卷戊編一卷辛編之三一卷癸編之二一卷附一卷　錢恂撰　清宣統元年（1909）刻本　錢恂題記　一冊

330000－1701－0066415　G000993　集部/總集類/選集之屬/斷代

文粹一百卷　（宋）姚鉉輯　**文粹補遺二十六卷**　（清）郭麐輯　清光緒十六年（1890）杭州許增榆園刻本　二十冊　存一百卷（一至一百）

330000－1701－0066419　HJL8603　新學/史志/戰記

中東戰紀本末八卷首一卷末一卷續編四卷首一卷末一卷三編四卷　（美國）林樂知撰並譯　蔡爾康輯　**文學興國策二卷**　（美國）林樂知譯　清光緒二十二年（1896）、二十三年（1897）、二十六年（1900）上海廣學會鉛印本　十六冊　缺二卷（文學興國策上、下）

330000－1701－0066420　HJL7861　史部/地理類/雜志之屬

宸垣識畧十六卷　（清）吳長元撰　清咸豐二年（1852）藻思堂刻本　八冊

330000－1701－0066423　HJL7108　史部/金石類/郡邑之屬

江寧金石記八卷待訪目二卷　（清）嚴觀撰　清嘉慶九年（1804）賜書堂刻本　六冊

330000－1701－0066429　普814.7/4232　類叢部/叢書類/家集之屬

長洲彭氏家集九種　（清）彭祖賢編　清同治至光緒刻本　六冊　存一種

330000－1701－0066431　HJL7111　史部/金石類/郡邑之屬/文字

粵西金石略十五卷　（清）謝啓昆撰　清嘉慶六年（1801）銅鼓亭刻本　四冊

330000－1701－0066432　G001022　子部/雜著類/雜考之屬

灤源問答十二卷　（清）沈可培撰　清嘉慶二十年（1815）嘉興沈銘彝雪浪齋刻道光七年（1827）重印本　四冊

330000－1701－0066434　HJL7113　類叢部/叢書類/郡邑之屬

三怡堂叢書二十種　張鳳臺編　清光緒三十二年至民國十二年（1906－1923）河南官書局刻本　四冊　存一種

330000－1701－0066437　HJL7114　史部/政書類/律令之屬

讀例存疑五十四卷　（清）薛允升撰　清光緒三十一年（1905）京師刻本　四十冊

330000－1701－0066438　普814.7/4291　集部/别集類/清别集

瓶山草堂集六卷　（清）姚光晉撰　（清）俞樾編　清同治十年（1871）吳下刻本　一冊

330000－1701－0066440　HJL8604　史部/傳記類/總傳之屬/姓名

史姓韻編六十四卷　（清）汪輝祖撰　清光緒上海中西書局石印本　四冊

330000－1701－0066442　G001023　史部/政書類/邦計之屬

兩浙官游紀畧四種　（清）戴槃撰　清同治七年（1868）刻本　一冊　存一種

330000－1701－0066444　HJL7115　史部/政書類/邦計之屬/俸餉

增修籌餉事例條款不分卷籌餉事例一卷增修現行常例一卷　清同治刻本　四冊　存增修籌餉事例條款

330000－1701－0066445　HJL7862　史部/地理類/專志之屬/古跡

廣東考古輯要四十六卷　（清）周廣　（清）鄭業崇撰　清光緒十九年（1893）還讀書屋刻本　十冊

330000－1701－0066446　普951.06809913/2126　史部/詔令奏議類/奏議之屬

明大司馬盧公奏議十卷文集一卷詩集一卷首一卷　(明)盧象昇撰　清光緒元年(1875)會稽施惠刻本　六冊　存七卷(首、一至六)

330000－1701－0066447　HJH913.08/2509/c1　史部/金石類

行素草堂金石叢書(孫谿朱氏金石叢書)十六種　(清)朱記榮輯　清光緒吳縣朱氏刻十四年(1888)彙印本　四十冊

330000－1701－0066449　HJL7116　史部/政書類/律令之屬/律例

刪除律例一卷　沈家本輯　清光緒三十一年(1905)浙江官書局刻本　一冊

330000－1701－0066452　HJH913.03/8002/c5　類叢部/叢書類/自著之屬

蘇齋叢書十八種　(清)翁方綱撰　清乾隆至嘉慶刻彙印本　十二冊　存一種

330000－1701－0066456　HJL7117　史部/目録類/書志之屬/提要

昭德先生郡齋讀書志二十卷　(宋)晁公武撰　(宋)姚應績編　**附志二卷**　(宋)趙希弁撰　**考證一卷考異一卷校補一卷**　王先謙撰　清光緒十年(1884)長沙王先謙刻本　十冊

330000－1701－0066462　G001024　類叢部/叢書類/彙編之屬

高安朱文端公校輯藏書(朱文端公藏書)十三種　(清)朱軾撰輯　清康熙至乾隆刻彙印本　四冊　存一種

330000－1701－0066465　HJL8188　史部/地理類/外紀之屬

日本源流考二十二卷　王先謙撰　清光緒二十八年(1902)思賢書局刻本　十冊

330000－1701－0066473　HJL8190　集部/別集類/清別集

御製全韻詩五卷　(清)高宗弘曆撰　清刻本　四冊

330000－1701－0066477　普814.7/4324.2/2　集部/別集類/清別集

南山集十六卷　(清)戴名世撰　清光緒二十一年(1895)印鴻堂刻本　八冊

330000－1701－0066479　G001025　類叢部/叢書類/自著之屬

焦氏叢書九種附一種　(清)焦循撰　清嘉慶至道光江都焦氏雕菰樓刻本　十冊　存三種

330000－1701－0066480　普814.7/4294　類叢部/叢書類/自著之屬

綠溪全集五種　(清)靳榮藩撰　清乾隆刻本　三冊　存三種

330000－1701－0066482　普353.511/7231　類叢部/叢書類/彙編之屬

半畝園叢書三十種　(清)吳坤修編　清同治新建吳氏皖城刻本　八冊　存一種

330000－1701－0066486　普814.7/4324.3　集部/別集類/清別集

戴南山文鈔六卷　(清)戴名世撰　清宣統二年(1910)上海國學扶輪社鉛印本　三冊

330000－1701－0066490　HJL8191　史部/政書類/通制之屬

石渠餘紀六卷　(清)王慶雲撰　清光緒三十三年(1907)刻民國二十三年(1934)印本　六冊

330000－1701－0066491　HJH7611　史部/雜史類

路史四十七卷　(宋)羅泌撰　(宋)羅苹注　明刻本　六冊　存二十二卷(前紀一至九、後紀一至十三)

330000－1701－0066494　HJL8192　史部/政書類/儀制之屬/專志/謚法

國朝館選爵里謚法考六卷　(清)吳鼎雯輯　(清)勞崇光等續輯　清道光二十八年(1848)刻本　六冊

330000－1701－0066497　普814.7/4327/c2　類叢部/叢書類/自著之屬

西堂全集二種附一種　(清)尤侗撰　清刻本　二十四冊

330000－1701－0066499　HJH7867　史部/

職官類/官箴之屬
實政録七卷 (明)吕坤撰 清同治十一年(1872)浙江書局刻本 六册

330000－1701－0066500 普814.7/42341/c2 類叢部/叢書類/自著之屬
小謨觴館全集三種 (清)彭兆蓀撰 (清)孫元培 (清)孫長熙注 清同治十三年(1874)吴縣潘氏滂喜齋刻本 六册 存一種

330000－1701－0066502 G001072 子部/醫家類/喉科口齒之屬/通論
重録增補經驗喉科紫珍集二卷 (清)朱翔宇輯 清咸豐十年(1860)句曲楊啓葆刻本 二册

330000－1701－0066504 HJL7612 史部/金石類/總志之屬/圖像
求古精舍金石圖四卷 (清)陳經撰 清嘉慶十八年至二十二年(1813－1817)烏程陳經説劍樓刻本 三册

330000－1701－0066505 HJH7868 史部/政書類/邦計之屬/漕運
鄂省丁漕指掌十卷 (清)牟嗣龍 (清)陳汝蕃 (清)姚震榮纂 清光緒元年(1875)刻本 十册

330000－1701－0066506 HJH8605 史部/目録類/總録之屬/彙刻
彙刻書目初編十卷補編一卷 (清)顧修輯 清嘉慶四年(1799)刻本 六册

330000－1701－0066507 普353.511/1271 子部/兵家類/兵法之屬
六韜逸文一卷 (清)孫同元輯 清末刻本 一册

330000－1701－0066508 HJL8097 史部/傳記類/總傳之屬/儒林
國朝宋學淵源記二卷附記一卷 (清)江藩撰 清刻本 一册

330000－1701－0066509 G001026、G008075 經部/四書類/總義之屬/傳説
四書或問三十九卷 (宋)朱熹撰 **四書或問考異一卷** (清)劉啓發等撰 清同治十二年(1873)霍山劉氏五忠堂刻本 六册

330000－1701－0066511 普951.069/2217 史部/叢編
痛史二十一種附九種 樂天居士輯 清宣統至民國上海商務印書館鉛印本 二十五册 存十八種

330000－1701－0066512 G001073、G009325 子部/醫家類/類編之屬
薛氏醫按二十四種 (明)吴琯編 明萬曆刻本 八册 存三種

330000－1701－0066513 HJL7869 史部/雜史類/斷代之屬
海東逸史十八卷 (清)翁洲老民撰 清光緒十年(1884)慈谿楊泰亨經畬塾刻本 四册

330000－1701－0066514 HJH913.095124/4031/(2)/c2 史部/金石類/郡邑之屬
栝蒼金石志十二卷續志四卷 (清)李遇孫輯 (清)鄒柏森校補 清同治十三年(1874)浉江處州府署刻本 六册

330000－1701－0066515 HJL7614 史部/史評類/史論之屬
歷代史論十二卷宋史論三卷元史論一卷 (明)張溥撰 **左傳史論二卷** (清)高士奇撰 **明史論四卷** (清)谷應泰撰 清光緒五年(1879)西江裴氏刻本 八册

330000－1701－0066517 G001074 子部/醫家類/類編之屬
徐氏醫書八種 (清)徐大椿撰 清光緒四年(1878)掃葉山房刻本 一册 存二種

330000－1701－0066521 HJL8101 史部/傳記類/總傳之屬/郡邑
練川名人畫象四卷附二卷續編三卷 (清)程祖慶編 清光緒四年(1878)刻本 二册

330000－1701－0066522 HJH913.095124/4031/(3) 史部/金石類/郡邑之屬
栝蒼金石志十二卷續志四卷 (清)李遇孫輯 (清)鄒柏森校補 清同治十三年(1874)浉

江處州府署刻本　十六册

330000－1701－0066525　HJL7616　史部/紀事本末類/通代之屬

繹史一百六十卷世系圖一卷年表一卷　（清）馬驌撰　清康熙刻本　二十四册

330000－1701－0066527　G001075　史部/傳記類/總傳之屬

北洋浙學會同人錄一卷附稟案及章程　清光緒三十三年(1907)鉛印本　一册

330000－1701－0066528　HJL8606　史部/詔令奏議類/詔令之屬

諭摺彙存二十二卷（清同治十三年至光緒二十七年）　清光緒二十九年(1903)上海慎記書莊石印本　二十四册

330000－1701－0066530　HJL7871、HJL7886　史部/地理類

李氏五種　（清）李兆洛撰　清同治九年至十一年(1870－1872)合肥李鴻章刻本　十二册

330000－1701－0066531　普 353.5112/3133　類叢部/叢書類/彙編之屬

漸西村舍彙刊（漸西村舍叢刻）四十四種　（清）袁昶編　清光緒十六年至二十四年(1890－1898)桐廬袁氏刻本　一册　存一種

330000－1701－0066533　G001076　史部/政書類/邦交之屬

保和會譯章一卷　（清）總理各國事務衙門輯　清光緒鉛印本　一册

330000－1701－0066535　HJL7120　史部/政書類/邦計之屬/鹽法

淮鹺駁案類編八卷　（清）陳方坦輯　清光緒十八年(1892)金陵刻本　六册

330000－1701－0066536　普 814.7/4327/2　類叢部/叢書類/自著之屬

西堂全集十七種　（清）尤侗撰　清刻本　二十册

330000－1701－0066538　HJH913.095124/4351/c1　史部/金石類/郡邑之屬

東甌金石志十二卷　（清）戴咸弼撰　（清）孫詒讓校補　清光緒二十五年(1899)石印本　四册

330000－1701－0066541　G001077　新學/政治法律/制度

比利時國法條論五卷首一卷　（清）曾仰東譯　清光緒二十九年(1903)湖北洋務譯書局刻朱印本　一册

330000－1701－0066542　G001027　經部/小學類/音韻之屬/韻書

昭明文選疊韻譜一卷　清抄本　清澹逸居題簽並記　一册

330000－1701－0066543　HJH7121　史部/紀傳類/正史之屬

二十四史　清同治至光緒五省官書局據汲古閣本等合刻光緒五年(1879)湖北書局彙印本　十六册　存一種

330000－1701－0066544　HJH913.095124/4351/2/c1　史部/金石類/郡邑之屬

東甌金石志十卷校記一卷補遺一卷附錄一卷　（清）戴咸弼撰　清光緒二年(1876)浙江溫州郡庠木活字印本　五册

330000－1701－0066546　普 353.5112/6007/c1　子部/叢編

子書百家　（清）崇文書局編　清光緒元年(1875)湖北崇文書局刻本　一册　存一種

330000－1701－0066547　普 814.7/4327/3/c2　類叢部/叢書類/自著之屬

西堂全集四種附一種　（清）尤侗撰　清兩儀堂刻本　二十二册　存三種

330000－1701－0066550　G001028　經部/小學類/音韻之屬/韻書

昭明文選雙聲譜一卷　清抄本　清澹逸居題簽並記　一册

330000－1701－0066552　普 353.5112/6007/c2　子部/叢編

子書百家　（清）崇文書局編　清光緒元年(1875)湖北崇文書局刻本　一册　存一種

330000－1701－0066553　HJL8194　史部/編年類/通代之屬
紀元通攷十二卷　(清)葉維庚撰　清道光八年(1828)鍾秀山房刻本　四册

330000－1701－0066555　HJL8607　史部/金石類/總志之屬
金石萃編一百六十卷　(清)王昶撰　清嘉慶十年(1805)青浦王氏經訓堂刻同治十年(1871)嘉善錢寶傳補刻本　六十四册

330000－1701－0066556　G001078　子部/儒家類/儒學之屬/性理
踐迹錄二卷　(清)裴楠輯　清光緒二十六年(1900)刻本　二册

330000－1701－0066558　HJL7122　史部/政書類/律令之屬/治獄
刑案匯覽續編三十二卷　(清)何錫儼　(清)吳潮輯　清光緒二十六年(1900)蓉城刻本　二十册

330000－1701－0066559　普951.069/2217/1　史部/叢編
痛史二十一種附九種　樂天居士輯　清宣統至民國上海商務印書館鉛印本　四册　存二種

330000－1701－0066560　G001029　類叢部/叢書類/彙編之屬
新陽趙氏叢刊十四種　(清)趙元益編　清光緒十一年至二十八年(1885－1902)新陽趙氏刻本　三册　存一種

330000－1701－0066561　G001079　史部/史抄類
史鑑節要便讀六卷　(清)鮑東里撰　清光緒二十八年(1902)日升山房刻本　二册

330000－1701－0066562　HJH913.095124/7110/c1　史部/金石類/郡邑之屬/文字
兩浙金石志十八卷補遺一卷　(清)阮元撰　清光緒十六年(1890)浙江書局刻本　十二册

330000－1701－0066563　GP13630　子部/藝術類/書畫之屬
詩畫舫六卷　(清)點石齋輯　清光緒九年(1883)上海點石齋石印本　六册

330000－1701－0066565　HJL8195　史部/編年類/通代之屬
建元記二卷　(清)趙紹祖編　清道光十年(1830)刻本　二册

330000－1701－0066566　普814.7/4327/5　類叢部/叢書類/自著之屬
西堂全集四種附一種　(清)尤侗撰　清文富堂刻本　二十四册　存四種

330000－1701－0066568　HJH7617　史部/政書類/通制之屬
文獻通考三百四十八卷　(元)馬端臨撰　明刻本　一百十八册　缺三卷(二百五十八至二百六十)

330000－1701－0066569　G001030　類叢部/叢書類/自著之屬
振綺堂遺書五種　(清)汪遠孫撰　清道光刻民國十一年(1922)錢唐汪氏彙印本　一册　存一種

330000－1701－0066570　HJH913.095124/7110/c3　史部/金石類/郡邑之屬/文字
兩浙金石志十八卷補遺一卷　(清)阮元撰　清光緒十六年(1890)浙江書局刻本　十二册

330000－1701－0066571　G001080　子部/術數類/占卜之屬
河圖道原一卷　(清)朱雲龍撰　清乾隆六十年(1795)二南軒刻本　一册

330000－1701－0066573　HJL7125　史部/雜史類/斷代之屬
錢塘遺事十卷　(元)劉一清撰　清嘉慶四年(1799)席世臣掃葉山房刻本　四册

330000－1701－0066577　HJH913.095124/7110/c5　史部/金石類/郡邑之屬/文字
兩浙金石志十八卷補遺一卷　(清)阮元撰　清光緒十六年(1890)浙江書局刻本　十二册

330000－1701－0066578　G001036、G009643

子部/醫家類/類編之屬
證治準繩六種(醫書六種) (明)王肯堂撰 清乾隆五十八年(1793)程永培刻本 二十七冊 存四種

330000－1701－0066579 普 814.7/4431/c1 集部/别集類/清别集
變雅堂文集八卷詩集十卷附錄二卷 (清)杜濬撰 清光緒二十年(1894)黃岡沈氏刻本 六冊

330000－1701－0066580 HJL7126 史部/政書類/軍政之屬/兵制
欽定兵部續纂處分則例四卷 (清)長齡等修 (清)慶源等纂 清道光刻本 四冊

330000－1701－0066581 GP13631 子部/藝術類/書畫之屬/畫譜
點石齋叢畫十卷 (清)尊聞閣主人輯 清光緒十一年(1885)上海點石齋石印本 八冊

330000－1701－0066582 G001081 經部/小學類/文字之屬/字書
辨字通考四卷首一卷 (清)王在鎬撰 清道光二十二年(1842)刻本 四冊

330000－1701－0066583 普 814.7/4327/6 類叢部/叢書類/自著之屬
西堂全集四種附一種 (清)尤侗撰 清刻本 二十一冊 存四種

330000－1701－0066584 普 814.7/4431/c4 集部/别集類/清别集
變雅堂文集八卷詩集十卷附錄二卷 (清)杜濬撰 清光緒二十年(1894)黃岡沈氏刻本 六冊

330000－1701－0066585 G001031 集部/别集類/清别集
覺華龕詩存一卷 (清)王蔭祐撰 清光緒二十年(1894)刻本 一冊

330000－1701－0066586 普 353.5113/1213/c1 子部/叢編
子書百家 (清)崇文書局編 清光緒元年(1875)湖北崇文書局刻本 一冊 存一種

330000－1701－0066587 普 353.5113/1213/c2 子部/叢編
子書百家 (清)崇文書局編 清光緒元年(1875)湖北崇文書局刻本 一冊 存一種

330000－1701－0066589 普 814.7/44292 集部/别集類/清别集
謙齋詩集八卷首一卷遺集十二卷首一卷 (清)蔡仲光撰 清咸豐三年(1853)蕭山蔡氏篤慶堂刻本 十冊

330000－1701－0066591 G001082 子部/小説家類/雜事之屬
竹葉亭雜記四卷 (清)姚元之撰 清宣統二年(1910)上海掃葉山房石印本 二冊

330000－1701－0066592 普 951.069/4031 史部/紀事本末類/斷代之屬
明末紀事補遺十卷 (清)南沙三餘氏撰 清刻本 十冊

330000－1701－0066593 普 814.7/4430/c1 類叢部/叢書類/自著之屬
正誼堂全集八種 (清)董沛撰 清同治至光緒刻本 六冊 存一種

330000－1701－0066594 GP13633 子部/藝術類/書畫之屬/畫譜
飛影閣叢畫四卷 (清)吳嘉猷繪 清光緒十七年(1891)石印本 四冊

330000－1701－0066595 HJL7127 史部/政書類/軍政之屬/兵制
欽定兵部處分則例八旗三十七卷 (清)伯麟等修 (清)麇良哲等纂 清道光刻本 十五冊

330000－1701－0066596 普 814.7/4430/c2 類叢部/叢書類/自著之屬
正誼堂全集八種 (清)董沛撰 清同治至光緒刻本 一冊 存一種

330000－1701－0066598 普 951.069/4033 類叢部/叢書類/郡邑之屬
常州先哲遺書七十二種 盛宣懷編 清光緒二十一年至三十三年(1895－1907)武進盛氏

思惠齋刻宣統彙印本　二册　存一種

330000－1701－0066600　HJL8608　史部/目録類/通論之屬/考訂

欽定四庫全書考證一百卷　(清)王太岳　(清)曹錫寶等撰　清刻本　四十册

330000－1701－0066601　HJL7128　史部/傳記類/别傳之屬

求闕齋弟子記三十二卷　(清)王定安撰　清光緒二年(1876)都門刻本　十六册

330000－1701－0066602　G001032　子部/宗教類/佛教之屬/諸宗

古庭祖師語録輯畧四卷附録一卷　(明)釋善堅撰　清光緒二十六年(1900)刻民國二十三年(1934)補版重印本　四册

330000－1701－0066603　HJL8200　史部/傳記類/職官録之屬

江南江寧同官録不分卷　清光緒二十三年(1897)刻本　四册

330000－1701－0066604　GP13638　子部/藝術類/書畫之屬/畫譜

歷代名人畫譜不分卷　(明)顧炳輯　清光緒十四年(1888)上海崇文書局石印本　四册

330000－1701－0066606　HJL7873　史部/雜史類/斷代之屬

晉畧六十五卷序目一卷　(清)周濟撰　清光緒二年(1876)味雋齋刻本　十册

330000－1701－0066607　HJH913.203/2644/c5　史部/金石類/金之屬/文字

攈古録金文三卷　(清)吳式芬撰　清光緒二十一年(1895)吳重憙刻本　九册

330000－1701－0066608　普 814.7/4430.01　集部/别集類/清别集

滌非齋制藝僅存一卷　(清)薛湘撰　(清)曾國藩評　清光緒五年(1879)刻朱墨套印本　一册

330000－1701－0066609　HJL7129　史部/目録類/書志之屬/提要

善本書室藏書志四十卷附録一卷　(清)丁丙輯　清光緒二十五年至二十七年(1899－1901)錢唐丁立中鄂中刻本　十六册

330000－1701－0066610　普 951.069/8344/c1　類叢部/叢書類/彙編之屬

申報館叢書正集五十七種附録三種續集一百四十二種　(清)尊聞閣主編　蔡爾康編續集　清同治至光緒上海申報館鉛印本　四册　存一種

330000－1701－0066611　普 814.7/4327.2　類叢部/叢書類/自著之屬

西堂全集四種附一種　(清)尤侗撰　清學畬堂刻本　六册　存一種

330000－1701－0066612　G001083　經部/書類/分篇之屬

禹貢彙詮一卷　(清)沈練纂　清同治元年(1862)平陵家塾刻本　一册

330000－1701－0066614　普 814.7/44301　集部/别集類/清别集

貽穀堂稿四卷　(清)黃守謙撰　**讀未見書齋詩鈔一卷**　(清)黃葆謙撰　清光緒二十八年(1902)刻本　一册

330000－1701－0066615　G001033　史部/傳記類/科舉録之屬

詞科掌録十七卷餘話七卷　(清)杭世駿輯　清乾隆仁和杭氏道古堂刻本　八册

330000－1701－0066616　HJH913.203/2644/c1　史部/金石類/金之屬/文字

攈古録金文三卷　(清)吳式芬撰　清光緒二十一年(1895)吳重憙刻本　九册

330000－1701－0066617　G001084　子部/醫家類/方書之屬/單方驗方

經驗良方一卷　清刻本　一册

330000－1701－0066618　HJL7130　史部/傳記類/總傳之屬/斷代

文獻徵存録十卷　(清)錢林撰　(清)王藻編　清咸豐八年(1858)有嘉樹軒刻本　十册

330000－1701－0066619　普 814.7/44302　集部/別集類/清別集

東井詩鈔四卷文鈔二卷　(清)黄定文撰　清道光元年(1821)康紹鏞刻本　四册

330000－1701－0066620　普 951.069/8344/c2　類叢部/叢書類/彙編之屬

申報館叢書正集五十七種附錄三種續集一百四十二種　(清)尊聞閣主編　蔡爾康編續集　清同治至光緒上海申報館鉛印本　四册　存一種

330000－1701－0066622　普 814.7/43271　類叢部/叢書類/家集之屬

丹徒戴氏叢刻七種　(清)戴肇辰編　清同治至光緒刻本　一册　存一種

330000－1701－0066623　G001085　子部/雜著類/雜説之屬

忍經一卷　(元)吳亮輯　清光緒二十一年(1895)錢唐丁氏嘉惠堂刻朱印本　一册

330000－1701－0066625　普 814.7/44241/c1　子部/雜著類/雜説之屬

愛經居襍著四卷　(清)黄以恭撰　清光緒十九年(1893)刻本　一册　存二卷(一至二)

330000－1701－0066626　普 814.7/44241/c4　子部/雜著類/雜説之屬

愛經居襍著四卷　(清)黄以恭撰　清光緒十九年(1893)刻本　二册

330000－1701－0066630　G001034　類叢部/類書類/專類之屬

新增説文韻府羣玉二十卷　(元)陰時夫輯　(元)陰中夫注　清道光十一年(1831)刻本　十册

330000－1701－0066631　G001035　史部/史抄類

鹿門先生批點漢書鈔九十三卷　(明)茅坤輯並批點　明崇禎八年(1635)茅琛徵刻本　二十册

330000－1701－0066632　HJL7874　子部/儒家類/儒學之屬/禮教

五種遺規十七卷　(清)陳弘謀輯並撰　清彙文堂刻本　八册

330000－1701－0066633　HJL8202　史部/傳記類/職官録之屬

畿輔宦浙同官錄一卷　清光緒七年(1881)刻十七年(1891)增修本　一册

330000－1701－0066634　HJL7619　史部/紀傳類/別史之屬

國史儒林傳二卷文苑傳二卷循吏傳一卷賢良傳二卷　(清)阮元撰　清同治刻本　四册

330000－1701－0066635　HJH8203　類叢部/叢書類/彙編之屬

刻鵠齋叢書十六種　(清)胡念修編　清光緒二十三年至二十七年(1897－1901)刻鵠齋刻本　一册　存一種

330000－1701－0066639　HJL8205　新學/史志/諸國史

節本泰西新史攬要八卷　(英國)李提摩太譯　周慶雲節錄　清光緒二十七年(1901)周慶雲夢坡室刻本　二册

330000－1701－0066640　HJL7877　史部/地理類/雜志之屬

啓東錄六卷　(清)林壽圖撰　清光緒五年(1879)閩縣林壽圖歐齋刻本　二册

330000－1701－0066644　HJH8206　史部/政書類/掌故瑣記之屬

讓堂亦政錄一卷　(清)程瑤田撰　清光緒十四年(1888)固始張氏刻本　一册

330000－1701－0066645　HJL7132　史部/政書類/儀制之屬/典禮

大清通禮五十四卷　(清)來保等纂修　(清)穆克登額等續纂　清道光四年(1824)內府刻本　十二册

330000－1701－0066646　HJL8609　史部/目録類/總録之屬/彙刻

彙刻書目初編十卷　(清)顧修輯　**續編五卷新編一卷補編一卷**　(清)陳光照輯　清光緒元年(1875)長洲陳氏無夢園刻本　十一册

330000－1701－0066648　HJL7147　史部/地理類/外紀之屬
漢書西域傳補注二卷　(清)徐松撰　清道光九年(1829)陽湖張琦刻本　二册

330000－1701－0066649　HJL7622　史部/傳記類/總傳之屬/技藝
宋元以來畫人姓氏錄三十六卷首一卷　(清)魯駿編　清道光十年(1830)刻本　二十册

330000－1701－0066650　HJH913.203/7110/c1　類叢部/叢書類/彙編之屬
文選樓叢書三十三種　(清)阮亨編　清嘉慶至道光阮元刻道光二十二年(1842)阮亨彙印本　十册　存一種

330000－1701－0066652　HJL7879　史部/地理類/雜志之屬
金陵通紀十卷國朝金陵通紀四卷　陳作霖撰　清光緒三十三年(1907)江寧陳氏瑞華館刻本　六册

330000－1701－0066653　HJL8209　史部/政書類/儀制之屬/典禮
西巡盛典二十四卷首一卷　(清)董誥等纂修　清嘉慶十七年(1812)武英殿活字印本　十四册

330000－1701－0066654　HJL7133　史部/雜史類/斷代之屬
二申野錄八卷　(清)孫之騄撰　清刻本　四册

330000－1701－0066655　HJH913.203/7110/c3　類叢部/叢書類/彙編之屬
文選樓叢書三十三種　(清)阮亨編　清嘉慶至道光阮元刻道光二十二年(1842)阮亨彙印本　八册　存一種

330000－1701－0066657　HJL7880　類叢部/叢書類/自著之屬
天香全集十一種附一種　(清)舒夢蘭撰　清乾隆至道光刻彙印本　六册　存一種

330000－1701－0066658　HJL7623　類叢部/叢書類/彙編之屬
岱南閣叢書二十種　(清)孫星衍編　清乾隆五十年至嘉慶十四年(1785－1809)蘭陵孫氏刻本　八册　存一種

330000－1701－0066660　HJH8208　史部/紀傳類/正史之屬
二十四史　清同治至光緒五省官書局據汲古閣本等合刻光緒五年(1879)湖北書局彙印本　十六册　存一種

330000－1701－0066661　HJH913.2423/2547/c1　類叢部/叢書類/彙編之屬
後知不足齋叢書四十七種　(清)鮑廷爵編　清同治至光緒常熟鮑氏刻本　二册　存一種

330000－1701－0066664　HJL7881　史部/政書類/通制之屬
三國會要二十二卷首一卷　楊晨撰　清光緒二十六年(1900)江蘇書局刻本　六册

330000－1701－0066665　HJL8610　史部/目録類/總録之屬/彙刻
彙刻書目二十卷　(清)顧修輯　(清)朱學勤補　清光緒十二年至十五年(1886－1889)上海福瀛書局刻本　二十册

330000－1701－0066667　HJH913.2423/2547/c2　類叢部/叢書類/彙編之屬
後知不足齋叢書四十七種　(清)鮑廷爵編　清同治至光緒常熟鮑氏刻本　二册　存一種

330000－1701－0066669　HJL7624　史部/編年類/斷代之屬
皇朝政典挈要八卷　(日本)增田貢撰　(清)毛淦補編　清光緒二十八年(1902)上海書局石印本　四册

330000－1701－0066672　HJL7883　史部/地理類/遊記之屬/紀行
南游記一卷　(清)孫嘉淦撰　清道光二十四年(1844)刻朱墨套印本　一册

330000－1701－0066673　HJL7625　史部/政書類/邦交之屬
增訂教案彙編六卷首一卷　(清)程宗裕撰　清光緒二十八年(1902)寔學書社鉛印本

六册

330000 - 1701 - 0066675 HJH913.3251/1262/c4 類叢部/叢書類/彙編之屬
平津館叢書六集三十五種 (清)孫星衍編 清嘉慶蘭陵孫氏刻本 四册 存一種

330000 - 1701 - 0066676 HJH913.3251/1262/c2 類叢部/叢書類/彙編之屬
平津館叢書六集三十五種 (清)孫星衍編 清嘉慶蘭陵孫氏刻本 四册 存一種

330000 - 1701 - 0066678 HJL7626 史部/政書類/邦交之屬
中外約章纂新十卷 清光緒三十二年(1906)上海時中書局鉛印本 十册

330000 - 1701 - 0066679 HJH7884 史部/傳記類/總傳之屬/忠孝
正氣集十卷 (清)王式輯 清宣統三年(1911)不讀非道書齋鉛印本 四册

330000 - 1701 - 0066680 HJL7142 類叢部/叢書類/彙編之屬
問影樓叢刻初編九種 胡思敬編 清光緒三十四年至民國二年(1908 - 1913)新昌胡氏南昌刻本暨鉛印本 一册 存一種

330000 - 1701 - 0066681 HJL8612 史部/地理類/總志之屬/通代
天下郡國利病書一百二十卷 (清)顧炎武撰 清道光十四年(1834)山東省城雅鑒齋刻本 八十册

330000 - 1701 - 0066682 HJL8212 史部/政書類/軍政之屬/兵制
欽定中樞政考續纂四卷 (清)景善等撰 清道光十二年(1832)刻本 四册

330000 - 1701 - 0066683 HJH913.3251/1260.02/c3 史部/金石類/郡邑之屬/目録
補寰宇訪碑録五卷失編一卷 (清)趙之謙撰 清同治三年(1864)刻二金蝀堂所著書本 二册

330000 - 1701 - 0066685 HJH7885 類叢部/叢書類/彙編之屬
心矩齋叢書十一種 (清)蔣鳳藻編 清光緒長洲蔣氏刻本 一册 存一種

330000 - 1701 - 0066686 HJL7144 史部/雜史類/斷代之屬
平原拳匪紀事一卷 (清)蔣楷撰 清光緒刻本 一册

330000 - 1701 - 0066687 HJL8213 類叢部/叢書類/自著之屬
六譯館叢書七十三種 廖平撰 清光緒至民國刻民國十年(1921)四川存古書局彙印本 四册 存一種

330000 - 1701 - 0066688 HJL7627 新學/史志/戰記
中國六十年戰史十三章 (英國)艾特華斯撰 史悠明 程履祥譯校 清光緒二十九年(1903)上海美華書館鉛印本 六册

330000 - 1701 - 0066689 HJL8613 史部/政書類/通制之屬
東三省政略十二卷 徐世昌編 清宣統三年(1911)鉛印本 三十九册

330000 - 1701 - 0066693 HJL8214 史部/職官類/官箴之屬
實政録七卷 (明)吕坤撰 清同治十一年(1872)浙江書局刻本 六册

330000 - 1701 - 0066695 HJL7628 史部/詔令奏議類/奏議之屬
皇清奏議六十八卷首一卷 (清)琴川居士編 清光緒二十八年(1902)雲間麗澤學會石印本 八册

330000 - 1701 - 0066697 HJH7149 史部/編年類/通代之屬
司馬溫公稽古録二十卷 (宋)司馬光撰 清同治十一年(1872)湖北崇文書局刻本 四册

330000 - 1701 - 0066698 HJL7887 類叢部/叢書類/自著之屬
千一齋全書 程先甲撰 清光緒至民國江寧程氏千一齋刻本 一册 存一種

330000－1701－0066699　HJL8614　史部/政書類/律令之屬/律例

大清刪除新律例不分卷　沈家本　伍廷芳編　清光緒三十一年(1905)上海書局石印本　四冊

330000－1701－0066700　HJH7889　史部/傳記類/職官録之屬/總録

江蘇同官錄不分卷　(清)許廷鑅輯　清光緒六年(1880)刻本　八冊

330000－1701－0066701　HJH7629　史部/金石類/總志之屬

金石萃編一百六十卷　(清)王昶撰　清嘉慶十年(1805)青浦王氏經訓堂刻本　六十四冊

330000－1701－0066704　HJL7890　史部/傳記類/總傳之屬/姓名

元和姓纂十卷　(唐)林寶撰　(清)孫星衍　(清)洪瑩補　清光緒六年(1880)金陵書局刻本　四冊

330000－1701－0066706　HJL8615　史部/詔令奏議類/奏議之屬

曾文正公奏議十卷首一卷末一卷補編四卷　(清)曾國藩撰　(清)薛福成編　清光緒二十二年(1896)上海圖書集成印書局鉛印本　四冊

330000－1701－0066709　HJL8617　史部/紀事本末類/斷代之屬

前蒙古紀事本末二卷後蒙古紀事本末二卷　(清)韓善徵輯　清光緒三十一年(1905)上海春記石印本　四冊

330000－1701－0066712　HJH913.33/0200/c1　史部/金石類/石之屬/通考

匋齋臧石記四十四卷首一卷臧甎記二卷　(清)端方輯　清宣統二年(1910)上海商務印書館石印本　十二冊

330000－1701－0066716　HJL7631　史部/傳記類/科舉録之屬/歷科鄉試録

光緒癸卯恩科湖北鄉試錄一卷　清光緒刻本　一冊

330000－1701－0066717　HJH913.33/0200/c2　史部/金石類/石之屬/通考

匋齋臧石記四十四卷首一卷臧甎記二卷　(清)端方輯　清宣統二年(1910)上海商務印書館石印本　十二冊

330000－1701－0066718　HJH7153　史部/詔令奏議類/詔令之屬

諭摺彙存不分卷(清光緒二十一年二、三、五、八月,二十二年二、四、六、八、十二月,二十三年四、九、十一月,二十四年二、四至十一月,二十五年三至四月)　清光緒鉛印本　一百四十二冊

330000－1701－0066719　HJL8220　史部/傳記類/科舉録之屬/諸貢録

明貢舉考畧二卷　(清)黃崇蘭輯　清道光五年(1825)金閶經義堂刻本　二冊

330000－1701－0066721　HJL7893　史部/地理類/遊記之屬/紀行

辛卯侍行記六卷　(清)陶保廉撰　清光緒二十三年(1897)養樹山房刻本　六冊

330000－1701－0066722　HJL8221　史部/職官類/官箴之屬

牧令書四種　(清)□□輯　清同治湖北崇文書局刻本　二冊　存一種

330000－1701－0066723　HJL7894　史部/職官類/官制之屬

樞垣記畧十六卷　(清)梁章鉅撰　清道光刻本　六冊

330000－1701－0066724　HJH7632　史部/政書類/邦交之屬

金軺籌筆四卷和約一卷　籌俄奏疏一卷　(清)曾疾撰　清光緒九年(1883)刻本　二冊

330000－1701－0066725　HJH814.7/00141/(2)　集部/别集類/清别集

集虚齋學古文十二卷附離騷經解畧一卷　(清)方桑如撰　清光緒十年(1884)李詩、竺士彦淳安縣署刻本　四冊

330000－1701－0066728　HJL8222　史部/職

官類/官箴之屬

居官日省錄六卷 （清）覺羅烏爾通阿撰　清同治十二年（1873）京都同立堂刻本　三冊

330000－1701－0066730　HJL7895　史部/職官類/官箴之屬

牧令全書二十三卷 （清）丁日昌輯　清同治七年（1868）江蘇書局刻本　十一冊　存十四卷（牧令書輯要一至十、保甲書輯要一至四）

330000－1701－0066731　HJL8223　史部/職官類/官箴之屬

平平言四卷 （清）方大湜撰　清光緒十三年（1887）常德府署刻本　四冊

330000－1701－0066732　HJH7633　史部/傳記類/科舉録之屬

經濟特科同徵錄四卷 清光緒三十年（1904）北洋官報局鉛印本　一冊

330000－1701－0066733　HJL8224　史部/政書類/通制之屬

吾學錄初編二十四卷 （清）吳榮光撰　清同治九年（1870）江蘇書局刻本　劉承幹跋　六冊

330000－1701－0066735　HJH7634　史部/詔令奏議類/奏議之屬

唐陸宣公奏議讀本四卷首一卷 （唐）陸贄撰　（清）汪銘謙輯　（清）馬傳庚評點　清道光九年（1829）貽安堂刻本　二冊

330000－1701－0066737　HJL7635　史部/傳記類/職官録之屬

八旗奉直宦浙同鄉錄一卷 （清）德馨輯　清光緒七年（1881）刻十七年（1891）增刻本　一冊

330000－1701－0066739　HJL8618　史部/地理類/外紀之屬

列國政要一百三十二卷首一卷譯名對照表一卷 （清）戴鴻慈　（清）端方輯　清光緒三十三年（1907）上海商務印書館石印本　三十二冊

330000－1701－0066740　HJL8225　史部/紀傳類/正史之屬

遼史拾遺補五卷 （清）楊復吉撰　清光緒三年（1877）江蘇書局刻本　二冊

330000－1701－0066741　HJH7636　史部/目録類/通論之屬/掌故瑣記

雪泥屋遺書目錄一卷補遺一卷 （清）牟房輯　清道光二十三年（1843）棲霞牟氏刻本　清孫文卿批　一冊

330000－1701－0066742　HJL8226　史部/紀傳類/正史之屬

舊五代史一百五十卷目錄二卷附考證 （宋）薛居正等撰　清嘉慶元年（1796）掃葉山房刻本　十二冊

330000－1701－0066743　HJH8227　子部/宗教類/其他宗教之屬/基督教

教務輯要四卷 （清）徐家幹編　清光緒二十四年（1898）湖北官書局刻本　四冊

330000－1701－0066745　HJH915.1/1840/（2）　史部/地理類

李氏五種 （清）李兆洛撰　清光緒二十四年（1898）上海掃葉山房石印本　八冊

330000－1701－0066748　HJL8229　史部/政書類

查辦南洲善後事宜四卷 清光緒十一年（1885）文煒刻本　四冊

330000－1701－0066749　HJH915.1/1840/2/c2　史部/地理類

李氏五種 （清）李兆洛撰　清同治九年至十一年（1870－1872）合肥李鴻章刻本　十冊

330000－1701－0066750　HJL8230　史部/政書類/通制之屬

元朝典故編年攷十卷 （清）孫承澤撰　清光緒順德龍氏刻螺樹山房叢書本　梁鼎芬題記　四冊

330000－1701－0066751　HJL7896　史部/政書類/軍政之屬/兵制

駐粵八旗志二十四卷首一卷 （清）長善等纂修　清光緒五年（1879）刻本　二十五冊

330000－1701－0066752　HJH915.1/1840/2/c3　史部/地理類
李氏五種　(清)李兆洛撰　清同治九年至十一年(1870－1872)合肥李鴻章刻本　十冊

330000－1701－0066753　HJH8231　史部/史表類/通代之屬
歷代帝王年表一卷紀元同異攷略一卷　黄大華撰　清光緒二十六年(1900)夢紅豆郵刻本　一冊

330000－1701－0066754　HJL7897　史部/金石類/總志之屬
金石萃編補正四卷　(清)方履籛撰　清光緒二十年(1894)上海醉六堂石印本　四冊

330000－1701－0066756　HJH8620　史部/目録類/總録之屬/官修
欽定四庫全書總目二百卷首一卷　(清)紀昀等撰　清乾隆六十年(1795)浙江刻本　一百十一冊

330000－1701－0066759　HJL8232　史部/政書類/儀制之屬/典禮
盛京典制備考八卷首一卷　(清)崇厚等撰　清光緒四年(1878)盛京軍督署刻本　六冊

330000－1701－0066760　HJH925.10997/8324/c3　史部/傳記類/總傳之屬/斷代
碑傳集一百六十卷首二卷末二卷　(清)錢儀吉輯　清光緒十九年(1893)江蘇書局刻本　六十冊

330000－1701－0066761　HJL7899　史部/政書類/通制之屬
石渠餘紀六卷　(清)王慶雲撰　清光緒三十三年(1907)刻民國二十三年(1934)印本　六冊

330000－1701－0066762　HJH915.1/1880/c2　史部/地理類
皇朝藩屬輿地叢書六集二十八種　(清)浦□編　清光緒二十九年(1903)金匱浦氏静寄東軒石印本(元史譯文證補卷七至八、十三、十六至十七、十九至二十一、二十五、二十八原缺)　四十八冊

330000－1701－0066763　HJH925.10997/8324/c5　史部/傳記類/總傳之屬/斷代
碑傳集一百六十卷首二卷末二卷　(清)錢儀吉輯　清光緒十九年(1893)江蘇書局刻本　六十冊

330000－1701－0066764　HJL7908　史部/政書類/通制之屬
西漢會要七十卷　(宋)徐天麟撰　清光緒十年(1884)江蘇書局刻本　六冊

330000－1701－0066765　HJL8233　史部/職官類/官箴之屬
爲政忠告四卷　(元)張養浩撰　清道光十一年(1831)碧鮮齋刻本　二冊

330000－1701－0066766　HJH925.10997/8324.02/c4　史部/傳記類/總傳之屬/斷代
續碑傳集八十六卷首二卷　繆荃孫纂　清宣統二年(1910)江楚編譯書局刻本　二十四冊

330000－1701－0066767　HJL7900　史部/地理類/雜志之屬
清嘉錄十二卷　(清)顧禄撰　清道光十年(1830)刻本　六冊

330000－1701－0066768　HJH925.10997/8324.02　史部/傳記類/總傳之屬/斷代
續碑傳集八十六卷首二卷　繆荃孫纂　清宣統二年(1910)江楚編譯書局刻本　二十四冊

330000－1701－0066769　HJL8234　史部/地理類/雜志之屬
六朝事迹編類十四卷　(宋)張敦頤撰　清光緒十三年(1887)李濱寳章閣刻本　四冊

330000－1701－0066772　HJL8235　史部/政書類/邦計之屬/鹽法
四川鹽法志四十卷首一卷　(清)丁寳楨等纂　清光緒刻本　二十冊

330000－1701－0066774　HJH915.1/1880/c3　史部/地理類
皇朝藩屬輿地叢書六集二十八種　(清)浦□

編　清光緒二十九年(1903)金匱浦氏靜寄東軒石印本(元史譯文證補卷七至八、十三、十六至十七、十九至二十一、二十五、二十八原缺)　四十八册

330000－1701－0066775　HJH8237　史部/職官類/官箴之屬
治梟善後芻議二卷　(清)蕭文昭撰　清光緒三十四年(1908)杭州文彙書局石印本　一册

330000－1701－0066777　HJL8624　史部/政書類
三通　清同治廣東學海堂刻本　四十册　存一種

330000－1701－0066779　HJL7902、HJL7903、HJL7904　史部/地理類
黔志四種　(清)熊湛英輯　清光緒刻本　四册　存三種

330000－1701－0066781　HJH915.1/2140/2/c1　史部/地理類/總志之屬/斷代
元和郡縣圖志四十卷　(唐)李吉甫撰　**闕卷逸文一卷**　(清)孫星衍輯　清光緒六年(1880)金陵書局刻本(卷十九至二十、二十三至二十四、三十五至三十六原缺)　八册

330000－1701－0066782　HJH7641　史部/傳記類/別傳之屬
潛齋尚書六十賜壽圖四卷　(清)李實輯　清光緒三十三年(1907)京師官書局鉛印本　一册

330000－1701－0066783　HJL7641/1　史部/傳記類/別傳之屬
潛齋尚書六十賜壽圖四卷　(清)李實輯　清光緒三十三年(1907)京師官書局鉛印本　一册

330000－1701－0066784　HJL7905　史部/地理類/雜志之屬
山東考古錄一卷　(清)顧炎武撰　**續山東考古錄三十二卷首一卷**　(清)葉圭綬撰　清光緒八年(1882)山東書局刻本　一册　存一卷(山東考古錄)

330000－1701－0066785　HJH925.1099924/2824/c2　史部/傳記類/總傳之屬/郡邑
兩浙名賢錄六十二卷　(明)徐象梅撰　清光緒二十六年(1900)浙江書局刻本　六十二册

330000－1701－0066786　HJL7642　史部/傳記類/科舉録之屬/歷科鄉試録
[光緒十四年戊子科]江南鄉試同年齒錄不分卷　清光緒刻本　一册

330000－1701－0066787　HJL8625　史部/傳記類/總傳之屬/斷代
國朝耆獻類徵初編七百二十卷　(清)李桓輯　清光緒十年至十六年(1884－1890)湘陰李氏刻本(卷六十一至六十二、一百四十五至一百四十九、一百五十二至一百五十三、一百五十五、一百六十二至一百六十四原缺)　二百九十四册

330000－1701－0066788　HJH925.1099924/2824/c3　史部/傳記類/總傳之屬/郡邑
兩浙名賢錄六十二卷　(明)徐象梅撰　清光緒二十六年(1900)浙江書局刻本　六十二册

330000－1701－0066789　HJL7643　史部/傳記類/總傳之屬/仕宦
上元名宦錄一卷　(清)濮文暹等撰　清宣統刻本　一册

330000－1701－0066790　HJH925.1099924/2824/c4　史部/傳記類/總傳之屬/郡邑
兩浙名賢錄六十二卷　(明)徐象梅撰　清光緒二十六年(1900)浙江書局刻本　六十二册

330000－1701－0066793　HJL7906　史部/史表類/通代之屬
帝王廟謚年諱譜一卷　(清)陸費墀撰　清刻本　一册

330000－1701－0066796　HJL7907　史部/政書類/通制之屬
三國會要二十二卷首一卷　楊晨撰　清光緒二十六年(1900)江蘇書局刻本　六册

330000－1701－0066798　HJH925.14/7212.2　史部/傳記類/別傳之屬/事狀

鄂國金佗稡編二十八卷續編三十卷　(宋)岳珂編　清光緒九年(1883)浙江書局刻本　十二册

330000－1701－0066799　HJL7909　史部/政書類/軍政之屬/兵制
欽定中樞政考八旗三十二卷緑營四十卷　(清)明亮等修　(清)納蘇泰等纂　清道光刻本　三十二册　存三十二卷(八旗一至三十二)

330000－1701－0066801　HJH925.14/7212.2/c2　史部/傳記類/别傳之屬/事狀
鄂國金佗稡編二十八卷續編三十卷　(宋)岳珂編　清光緒九年(1883)浙江書局刻本　十二册

330000－1701－0066802　HJL7910　史部/地理類/外紀之屬
日本國志四十卷首一卷　(清)黄遵憲輯　清光緒十六年(1890)羊城富文齋刻二十二年(1896)重修本　十四册

330000－1701－0066804　HJL7647　史部/傳記類/職官録之屬
湖北簡明官册不分卷　清光緒三十年(1904)木活字印本　三册

330000－1701－0066805　HJL7912　史部/叢編
思益堂史學四種　(清)周壽昌撰　清光緒長沙周氏小對竹軒刻本　二册　存一種

330000－1701－0066811　HJL8239　史部/職官類/官箴之屬
福惠全書三十二卷　(清)黄六鴻撰　清刻本　十六册

330000－1701－0066817　HJL7914　史部/紀傳類/别史之屬
金源劄記二卷又劄一卷史論五答一卷吉貝居暇唱一卷　(清)施國祁撰　清嘉慶十七年(1812)、二十一年(1816)潯溪施國祁吉貝居刻本　一册　存二卷(金源劄記上、下)

330000－1701－0066819　普814.7/4328　集部/别集類/清别集
書經集句文稿續編選本二卷續編一卷　(清)戴槃撰　清同治八年(1869)刻本　四册

330000－1701－0066821　HJL8240　史部/地理類/方志之屬/郡縣志
[萬曆]閩都記三十三卷　(明)王應山纂　清道光十一年(1831)求放心齋刻本　四册

330000－1701－0066822　HJH925.17/1010.7/c2　史部/傳記類/别傳之屬
宜堂類編二十五卷　(清)丁中立編　清光緒二十六年(1900)錢塘丁氏嘉惠堂刻本　十册

330000－1701－0066825　G001086　史部/政書類/儀制之屬/專志/科舉校規
奏定學堂章程不分卷　(清)張百熙　(清)榮慶　(清)張之洞撰　清末江西官書局石印本　五册

330000－1701－0066827　HJH925.17/1010.7/(2)/c4　史部/傳記類/别傳之屬
宜堂類編二十五卷　(清)丁中立編　清光緒二十六年(1900)錢塘丁氏嘉惠堂刻本　八册

330000－1701－0066829　HJL7649　史部/傳記類/别傳之屬
劉澹齊傳狀碑銘不分卷　清乾隆刻本　一册

330000－1701－0066837　普814.7/4426/c1　集部/别集類/清别集
敬孚類稿十六卷　(清)蕭穆撰　清光緒三十二年至三十三年(1906－1907)刻本　章嶔題記　四册

330000－1701－0066839　HJL8242　史部/政書類/邦交之屬
中外交涉類要表四卷光緒通商綜覈表十六卷附中西紀年周始表一卷　(清)錢學嘉撰　清光緒十四年(1888)刻二十年(1894)印本　二册

330000－1701－0066840　HJH925.17/8064.79/c3　史部/傳記類/别傳之屬
求闕齋弟子記三十二卷　(清)王定安撰　清光緒二年(1876)都門刻本　十六册

330000－1701－0066844　G001087　史部/傳記類/總傳之屬/忠孝
義舉合祀彙編不分卷　(清)胡光國輯　清光緒三十四年(1908)愚園刻本　一冊

330000－1701－0066845　HJH7650　史部/政書類/公牘檔冊之屬
案事編一卷　(清)沈祖燕撰　清光緒三十四年(1908)刻本　一冊

330000－1701－0066846　普 814.7/4426/c3　集部/别集類/清别集
敬孚類稿十六卷　(清)蕭穆撰　清光緒三十二年至三十三年(1906－1907)刻本　六冊

330000－1701－0066847　HJH925.17/8064.79/c5　史部/傳記類/别傳之屬
求闕齋弟子記三十二卷　(清)王定安撰　清光緒二年(1876)都門刻本　十六冊

330000－1701－0066848　普 814.7/4428　集部/别集類/清别集
晚學集八卷未谷詩集四卷　(清)桂馥撰　(清)孔憲彝編　清道光二十一年(1841)闕里孔氏刻桂氏遺書本　二冊　存八卷(晚學集一至八)

330000－1701－0066852　G001088　子部/儒家類/儒學之屬/禮教
五種遺規輯要　(清)陳弘謀輯並撰　(清)楊恩澍等輯　清同治九年(1870)龍山書院刻本　一冊　存一種

330000－1701－0066854　HJH925.21/7757　新學/史志/臣民傳記
大日本中興先覺志二卷　(日本)岡本監輔撰　清光緒二十七年(1901)開導社刻本　二冊

330000－1701－0066855　HJL7915　史部/地理類/總志之屬/斷代
楚漢諸侯疆域志三卷　(清)劉文淇撰　清光緒二年(1876)金陵刻本　一冊

330000－1701－0066856　G001037　集部/别集類/清别集
鑑止水齋集二十卷　(清)許宗彦撰　清咸豐八年(1858)德清許延穀刻本　六冊

330000－1701－0066858　HJH925.21/7757/c4　新學/史志/臣民傳記
大日本中興先覺志二卷　(日本)岡本監輔撰　清光緒二十七年(1901)開導社刻本　二冊

330000－1701－0066860　HJL8243　史部/政書類/邦計之屬/荒政
欽定康濟錄四卷　(清)陸曾禹撰　(清)倪國璉釐正　清同治三年(1864)浙江撫署刻本　三冊

330000－1701－0066865　HJH814.6/7244/c2　集部/别集類/明别集
太師誠意伯劉文成公集二十卷首一卷　(明)劉基撰　清康熙四十六年(1707)劉元奇刻雍正八年(1730)萬里補刻乾隆南田劉氏果育堂印本　十冊

330000－1701－0066866　HJL7916　史部/紀傳類/正史之屬
二十四史　清同治至光緒五省官書局據汲古閣本等合刻光緒五年(1879)湖北書局彙印本　四冊　存一種

330000－1701－0066867　HJH951.00144/7282.012/c5　史部/史評類/史論之屬
史通通釋二十卷附錄一卷　(清)浦起龍撰　清光緒二十年(1894)金匱浦氏上海積山書局石印本　八冊

330000－1701－0066869　G001089　子部/儒家類/儒學之屬/禮教
五種遺規十七卷　(清)陳弘謀輯並撰　清刻本　一冊　存一種

330000－1701－0066871　G001038、G010520　史部/編年類/通代之屬
綱鑑正史約三十六卷　(明)顧錫疇撰　明崇禎刻本　十六冊

330000－1701－0066873　HJL8244　史部/政書類/律令之屬/律例
新頒大清律纂修條例二卷　清同治九年(1870)刻本　二冊

330000－1701－0066874　HJH951.00144/7282.012/c4　史部/史評類/史論之屬

史通通釋二十卷附錄一卷　(清)浦起龍撰　清光緒二十年(1894)金匱浦氏上海積山書局石印本　八册

330000－1701－0066876　GP13640　子部/藝術類/書畫之屬/畫譜

詩品畫譜不分卷　(清)諸乃方輯　清光緒十三年(1887)晚翠草堂石印本　一册

330000－1701－0066880　G001090　新學/學校

日本東京府師範學校章程不分卷附預備科規程不分卷　(清)翁崑熹譯　清光緒二十八年(1902)正學堂刻本　一册

330000－1701－0066881　HJL7917　史部/紀傳類/正史之屬

校刊史記集解索引正義札記五卷　(清)張文虎撰　清同治十一年(1872)金陵書局刻本　二册

330000－1701－0066882　G001091　子部/儒家類/儒學之屬/性理

習是編二卷　(清)屈成霖輯　清咸豐六年(1856)番禺許應鑅衍祥堂刻本　四册

330000－1701－0066883　HJH951.00144/7282.04/3/c2　史部/史評類/史論之屬

史通削繁四卷　(清)紀昀撰　清道光十三年(1833)涿州盧坤兩廣節署刻朱墨套印本　四册

330000－1701－0066886　G001092　子部/天文曆算類/算書之屬

白芙堂算學叢書　(清)丁取忠輯　清同治至光緒長沙古荷花池精舍刻本　一册　存一種

330000－1701－0066888　HJH814.6/7510/c2　集部/别集類/明别集

陳臥子先生安雅堂稿十五卷兵垣奏議二卷　(明)陳子龍撰　**陳臥子先生傳一卷**　(清)高燮撰　清宣統二年(1910)上海時中書局鉛印本　六册　存十五卷(一至十五)

330000－1701－0066889　HJL8245　史部/地理類/外紀之屬

策鰲雜摭八卷首一卷　(清)葉慶頤輯　清光緒十五年(1889)滬上刻本　四册

330000－1701－0066890　G001039　子部/小說家類/雜事之屬

世說新語三卷釋名一卷佚文一卷攷證一卷　(南朝宋)劉義慶撰　(南朝梁)劉孝標注　**引用書目一卷**　葉德輝輯　**校勘小識二卷**　王先謙撰　清光緒十七年(1891)王先謙思賢講舍刻本　六册

330000－1701－0066892　G001040　史部/傳記類/總傳之屬/仕宦

宋名臣言行錄前集十卷後集十四卷續集八卷别集二十六卷外集十七卷　(宋)□□輯　明崇禎十一年(1638)刻本　七册

330000－1701－0066893　HJH814.6/7510.2/(2)　集部/别集類/明别集

陳忠裕全集三十卷首一卷末一卷自撰年譜三卷　(明)陳子龍撰　(清)王昶輯　清嘉慶八年(1803)簳山草堂刻本　十二册

330000－1701－0066895　HJL8246　史部/職官類/官箴之屬

佐治藥言一卷續一卷　(清)汪輝祖撰　清道光十二年(1832)刻本　一册

330000－1701－0066897　GP13641　子部/藝術類/書畫之屬

九歌圖不分卷　(戰國)屈原撰　(宋)米芾書　(明)陳洪授繪　清光緒十年(1884)上海同文書局石印本　一册

330000－1701－0066898　G001093　類叢部/叢書類/自著之屬

春在堂全書三十六種　(清)俞樾撰　清同治至光緒刻光緒末彙印本　十二册　存一種

330000－1701－0066899　HJL8247　史部/職官類/官箴之屬

欽定訓飭州縣規條一卷　(清)田文鏡　(清)李衛撰　清道光十二年(1832)刻本　一册

330000－1701－0066900　HJH7919　史部/編年類/通代之屬
資治通鑑二百九十四卷　(宋)司馬光撰　(元)胡三省音注　**通鑑釋文辯誤十二卷**　(元)胡三省撰　清嘉慶二十一年(1816)鄱陽胡克家影元刻本　一百冊

330000－1701－0066901　HJL915.1/2140/2(2)/c2　史部/地理類/總志之屬/斷代
元和郡縣圖志四十卷　(唐)李吉甫撰　**闕卷逸文一卷**　(清)孫星衍輯　清光緒六年(1880)金陵書局刻本(卷十九至二十、二十三至二十四、三十五至三十六原缺)　六冊

330000－1701－0066904　G001094　經部/小學類/音韻之屬/韻書
詩韻合璧五卷　(清)湯祥瑟輯　清光緒四年(1878)味香書屋刻本　五冊

330000－1701－0066905　GP13642　子部/藝術類/書畫之屬/法帖
名人尺牘墨寶第一集六卷　文明書局輯　清宣統二年(1910)上海文明書局影印本　六冊

330000－1701－0066906　HJH814.6/7520.2/c3　集部/别集類/明别集
白沙子全集十卷古詩教解二卷首一卷末一卷　(明)陳獻章撰　(明)湛若水輯解　清乾隆三十六年(1771)陳氏碧玉樓刻本　十冊

330000－1701－0066910　HJH915.1/21401/c1　類叢部/叢書類/彙編之屬
岱南閣叢書二十一種　(清)孫星衍編　清光緒六年至七年(1880－1881)刻本　二冊　存一種

330000－1701－0066911　普814.7/4346　集部/别集類/清别集
純甫古文鈔六卷　(清)戴楫撰　清同治九年(1870)刻本　二冊

330000－1701－0066912　HJH915.1/21401/c2　類叢部/叢書類/彙編之屬
岱南閣叢書二十一種　(清)孫星衍編　清光緒六年至七年(1880－1881)刻本　二冊　存一種

330000－1701－0066914　G001095　子部/雜著類/雜說之屬
七修類藁五十一卷續藁七卷　(明)郎瑛撰　清乾隆四十年(1775)耕烟草堂刻本　二十冊

330000－1701－0066916　G001041　史部/雜史類/斷代之屬
淮軍平捻記十二卷　(清)周世澄撰　清光緒刻本　六冊

330000－1701－0066918　HJL8248　史部/職官類/官箴之屬
牧民忠告一卷　(元)張養浩撰　清道光十二年(1832)刻本　一冊

330000－1701－0066919　HJH7651、HJH7652　史部/政書類/邦計之屬
兩浙宦游紀畧四種　(清)戴槃撰　清同治七年(1868)刻本　二冊　存二種

330000－1701－0066921　HJH814.6/7520.2/c4　集部/别集類/明别集
白沙子全集十卷古詩教解二卷首一卷末一卷　(明)陳獻章撰　(明)湛若水輯解　清乾隆三十六年(1771)陳氏碧玉樓刻本　十冊

330000－1701－0066922　普814.7/4362　集部/别集類/清别集
裘文達公奏議一卷文集六卷補遺一卷詩集十二卷　(清)裘曰修撰　清嘉慶七年(1802)裘行簡刻本　六冊

330000－1701－0066924　G001096　子部/雜著類/雜說之屬
七修類藁五十一卷續藁七卷　(明)郎瑛撰　清乾隆四十年(1775)耕烟草堂刻本　十六冊

330000－1701－0066925　HJL8249　史部/職官類/官箴之屬
牧令全書二十三卷　(清)丁日昌輯　清同治七年(1868)江蘇書局刻本　一冊　存二卷(牧民忠告一至二)

330000－1701－0066926　HJH915.1/2222/

(2)/c2　史部/地理類/總志之屬/斷代
太平寰宇記二百卷目錄二卷　(宋)樂史撰　(清)陳蘭森補闕　清乾隆五十八年(1793)萬廷蘭等刻本　三十冊

330000－1701－0066927　G001097　類叢部/叢書類/彙編之屬
申報館叢書正集五十七種附錄三種續集一百四十二種　(清)尊聞閣主編　蔡爾康編續集　清同治至光緒上海申報館鉛印本　八冊　存一種

330000－1701－0066928　G001042　經部/小學類/訓詁之屬/爾雅
爾雅郭注義疏十九卷　(清)郝懿行撰　清道光三十年(1850)木犀香館刻本　八冊

330000－1701－0066932　普 814.7/4362/(2)　集部/別集類/清別集
裘文達公文集六卷詩集十二卷　(清)裘曰修撰　清嘉慶七年(1802)裘行簡刻本　六冊

330000－1701－0066934　HJH814.6/7726/2　集部/別集類/明別集
周忠介公燼餘集三卷　(明)周順昌撰　**周吏部[順昌]年譜一卷**　(明)殷獻臣編　**忠介遺事一卷**　清光緒二十九年(1903)唐文治刻本　三冊

330000－1701－0066935　G001098　史部/史評類/史論之屬
讀史大畧六十卷首一卷　(清)沙張白撰　**小沙子史畧一卷**　(清)沙晉撰　清光緒二十七年(1901)上海祥記書莊石印本　二冊

330000－1701－0066937　G001043　經部/小學類/訓詁之屬/爾雅
爾雅疏十卷　(宋)邢昺等撰　清光緒四年(1878)吳興陸氏十萬卷樓刻本　清孫德祖題記並校　一冊

330000－1701－0066939　HJL7653　史部/傳記類/總傳之屬/列女
越女表微錄五卷　(清)汪輝祖撰　清光緒十八年(1892)杭州浙江學院刻本　一冊

330000－1701－0066941　普 814.7/4373　集部/別集類/清別集
風希堂文集四卷　(清)戴殿泗撰　清道光八年(1828)九靈山房刻本　二冊

330000－1701－0066942　G001099　史部/傳記類/別傳之屬
王舍人哀輓錄一卷附王君仲舒哀輓錄一卷　清宣統二年(1910)瑞安務本局石印本　一冊

330000－1701－0066945　HJH951.00144/7282.04/3/c5　史部/史評類/史論之屬
史通削繁四卷　(清)紀昀撰　清道光十三年(1833)涿州盧坤兩廣節署刻朱墨套印本　四冊

330000－1701－0066947　普 814.7/4373/2　集部/別集類/清別集
風希堂詩集六卷文集四卷　(清)戴殿泗撰　清道光八年(1828)九靈山房刻本　四冊

330000－1701－0066953　G001044　集部/別集類
武城吟草一卷　傅崇黻撰　清末刻本　一冊

330000－1701－0066956　GY02195　史部/金石類/石之屬/文字
宋拓漢石經殘本一卷　清光緒三十四年(1908)龍文閣、富強齋石印本　一冊

330000－1701－0066957　HJL7920　史部/傳記類/日記之屬
隨軺載筆　(清)董醇撰　清咸豐元年(1851)刻本　四冊　存一種

330000－1701－0066959　G001045　集部/總集類/郡邑之屬
勾江詩緒七種　(清)施江濤　(清)董正國等輯　清東井堂刻本　二冊

330000－1701－0066963　HJH814.6/7732.2/c2　集部/別集類/明別集
陶元暉中丞遺集二卷首一卷　(明)陶朗先撰　清光緒二十四年(1898)蘭州書局鉛印本　一冊

330000－1701－0066965　普 814.7/4377　集部/別集類/清別集

習苦齋詩集八卷古文四卷　(清)戴熙撰　清同治六年(1867)錢塘張曜刻本　四册

330000－1701－0066967　HJH7655　類叢部/叢書類/彙編之屬

暢園叢書甲函六種　(清)張邁編　清光緒二十年(1894)始豐張氏四明刻本　二册　存二種

330000－1701－0066970　HJH915.1/2277/c4　史部/地理類/總志之屬/斷代

輿地廣記三十八卷　(宋)歐陽忞撰　(清)黄丕烈校勘　**校勘輿地廣記札記二卷**　(清)黄丕烈撰　清光緒六年(1880)金陵書局刻本　四册

330000－1701－0066972　HJL8255　史部/地理類/雜志之屬

佛國記一卷　(晉)釋法顯撰　清光緒八年(1882)四明羣玉山房刻本　一册

330000－1701－0066974　普 951.06903/2643　史部/雜史類

太和縣禦寇始末二卷　(明)吳世濟撰　清道光元年(1821)刻本　朱懷新題記　二册

330000－1701－0066976　HJL8256　史部/地理類/外紀之屬

越南地輿圖說六卷首一卷　(清)盛慶紱撰　清光緒九年(1883)永新盛氏求忠堂刻本　二册

330000－1701－0066978　HJL7921　類叢部/叢書類/彙編之屬

自得廬刊書　(清)李輈編　清光緒二十三年(1897)李氏合刻本　四册　存一種

330000－1701－0066980　HJL7656　類叢部/叢書類/彙編之屬

蟫隱廬叢書十八種　羅振常編　清宣統二年至民國二十五年(1910－1936)上虞羅氏謄寫及鉛印本三十三年(1944)吳興周延年彙印本　一册　存一種

330000－1701－0066981　G001100　子部/雜著類/雜說之屬

中國腦二卷　寅半生輯　清光緒二十九年(1903)刻本　二册

330000－1701－0066982　HJL915.1/2277/c5　史部/地理類/總志之屬/斷代

輿地廣記三十八卷　(宋)歐陽忞撰　(清)黄丕烈校勘　**校勘輿地廣記札記二卷**　(清)黄丕烈撰　清光緒六年(1880)金陵書局刻本　四册

330000－1701－0066983　HJH951.0023/4447/c3　史部/史表類/通代之屬

歷代史表五十九卷首一卷末一卷　(清)萬斯同撰　清光緒十五年(1889)廣雅書局刻朱印本　六册

330000－1701－0066984　HJH814.6/7772/c3　集部/别集類/明别集

歐陽南野先生文集五卷　(明)歐陽德撰　(明)李春芳選　清道光十五年(1835)蜀江書室刻民國六年(1917)印本　四册

330000－1701－0066987　普 814.7/4377.3　集部/别集類/清别集

習苦齋詩集八卷古文四卷　(清)戴熙撰　清同治六年(1867)錢塘張曜刻本　二册　存四卷(古文一至四)

330000－1701－0066988　HJH7657　史部/政書類/律令之屬/律例

欽定大清商律一卷　(清)商部制訂　清光緒三十年(1904)刻本　一册

330000－1701－0066991　HJL8258　史部/職官類/官箴之屬

鄉官私議一卷　(清)蔣楷撰　清末刻朱印本　一册

330000－1701－0066992　HJH951.0023/4447/c4　類叢部/叢書類/彙編之屬

廣雅書局叢書一百五十九種　徐紹棨編　清光緒廣雅書局刻民國九年(1920)番禺徐紹棨彙編重印本　六册　存一種

330000－1701－0066993　HJL7922　史部/詔令奏議類/奏議之屬
韓大中丞奏議十二卷　(清)韓文綺撰　清道光刻本　十二冊

330000－1701－0066994　G001046　集部/別集類/清別集
觶廬詩集二卷　崔適撰　清光緒十六年(1890)刻本　一冊

330000－1701－0066995　GP13652　經部/小學類/文字之屬/字書/字體
集篆四種　吳受福編　清光緒石印本　一冊

330000－1701－0066998　HJH8259　史部/職官類/官箴之屬
鄂吏約一卷　(清)嚴樹森撰　清同治元年(1862)湖北撫署刻本　一冊

330000－1701－0067000　普353.5113/4012/c1　子部/叢編
二十二子(二十二子彙函)　(清)浙江書局編　清光緒元年至三年(1875－1877)浙江書局刻本　六冊　存一種

330000－1701－0067001　GP13653　子部/藝術類/書畫之屬/法帖
小萬柳堂臨董書孝經一卷　吳芝瑛書　清光緒三十一年(1905)石印本　一冊

330000－1701－0067003　HJL8260　史部/叢編
入幕須知五種附一種　(清)張廷驤輯　清光緒十八年(1892)浙江書局刻本　六冊

330000－1701－0067004　普353.5113/4012/c2　子部/叢編
二十二子(二十二子彙函)　(清)浙江書局編　清光緒元年至三年(1875－1877)浙江書局刻本　六冊　存一種

330000－1701－0067005　G001101　子部/雜著類
續救劫回生經訓四卷　(清)羅定城爲善堂輯　清光緒二十四年(1898)上海申利印刷公司石印本　一冊

330000－1701－0067006　普353.5113/4012/c3　子部/叢編
二十二子(二十二子彙函)　(清)浙江書局編　清光緒元年至三年(1875－1877)浙江書局刻本　六冊　存一種

330000－1701－0067007　HJH951.0023/4447/2/(2)　史部/史表類/通代之屬
補歷代史表五十三卷　(清)萬斯同撰　清留香閣刻本　八冊

330000－1701－0067008　普353.5113/4012/c4　子部/叢編
二十二子(二十二子彙函)　(清)浙江書局編　清光緒元年至三年(1875－1877)浙江書局刻本　六冊　存一種

330000－1701－0067009　HJL7923　史部/政書類/儀制之屬/專志/科舉校規
續增科場條例不分卷(清同治六年至九年、光緒十四年至二十年、光緒二十三年至二十七年)　(清)□□輯　清光緒刻本　八冊

330000－1701－0067011　GP13654　集部/總集類/尺牘之屬
明代名人尺牘七種　鄧實輯　清光緒上海國學保存會影印本　一冊　存一種

330000－1701－0067012　HJH915.1/3631/3　史部/地理類/總志之屬/通代
天下郡國利病書一百二十卷　(清)顧炎武撰　清道光成都龍萬育敷文閣刻本　六十八冊

330000－1701－0067013　HJH814.6/8047/2/c3　集部/別集類/明別集
金忠節公文集八卷　(明)金聲撰　清光緒十四年(1888)黟縣李氏刻本　四冊

330000－1701－0067014　HJH951.0023/4447/2　史部/史表類/通代之屬
補歷代史表五十三卷　(清)萬斯同撰　清留香閣刻本　六冊

330000－1701－0067016　HJL8261　史部/政書類/通制之屬
文獻通考詳節二十四卷　(元)馬端臨撰

（清）嚴虞惇輯　清乾隆二十九年（1764）巖有禧繩武堂刻本　十册

330000－1701－0067017　HJL7924　史部/政書類/通制之屬

五代會要三十卷　（宋）王溥撰　清光緒十二年（1886）江蘇書局刻本　六册

330000－1701－0067018　普 951.06903/5200/c1　類叢部/叢書類/彙編之屬

學津討原一百七十三種　（清）張海鵬編　清嘉慶十年（1805）虞山張氏照曠閣刻本　八册　存一種

330000－1701－0067019　HJH814.6/8047/2/c4　集部/別集類/明別集

金忠節公文集八卷　（明）金聲撰　清光緒十四年（1888）黟縣李氏刻本　林根亭題記　四册

330000－1701－0067020　HJH951.00911/1102　史部/紀傳類/正史之屬

校刊史記集解索隱正義札記五卷　（清）張文虎撰　清同治十一年（1872）金陵書局刻本　二册

330000－1701－0067022　普 951.06903/5200/c3　類叢部/叢書類/彙編之屬

學津討原一百七十三種　（清）張海鵬編　清嘉慶十年（1805）虞山張氏照曠閣刻本　八册　存一種

330000－1701－0067023　HJL7926　史部/政書類/通制之屬

閩省例四十卷　清刻本　二十五册

330000－1701－0067024　HJH915.1/3631/2/c2　史部/地理類/總志之屬/通代

天下郡國利病書一百二十卷　（清）顧炎武撰　清光緒二十七年（1901）上海圖書集成印書局鉛印本　二十八册　缺三卷（一百四至一百六）

330000－1701－0067025　G001047　經部/叢編

五經旁訓辨體合訂　（清）徐立綱輯　清乾隆五十四年（1789）懋德堂刻本　二册　存一種

330000－1701－0067027　HJL8262　史部/地理類/外紀之屬

越南輯略二卷　（清）徐延旭撰　清光緒三年（1877）梧州郡署刻本　六册

330000－1701－0067029　G001102　新學/商務/商學

萬國商業地理志不分卷　（英國）嘉檀德撰（清）上海廣智書局譯　清光緒二十八年（1902）上海廣智書局石印本　一册

330000－1701－0067030　普 951.06903/5200/（2）　類叢部/叢書類/彙編之屬

學津討原一百七十三種　（清）張海鵬編　清嘉慶十年（1805）虞山張氏照曠閣刻本　六册　存一種

330000－1701－0067031　普 353.5113/4012/（2）　子部/叢編

二十二子（二十二子彙函）　（清）浙江書局編　清光緒元年至三年（1875－1877）浙江書局刻本　四册　存一種

330000－1701－0067032　G001048　史部/傳記類/科舉録之屬/總録

國朝兩浙科名錄不分卷（清順治三年丙戌科至光緒二年丙子科）　（清）黃安綬輯　清咸豐七年（1857）至光緒遞刻本　二册

330000－1701－0067034　G001103　子部/宗教類/其他宗教之屬/基督教

聖亞爾方騷勞特里垓傳三卷　（清）蔣升（清）龔柴譯　清光緒二十一年（1895）上海慈母堂鉛印本　一册

330000－1701－0067035　HJH915.1/36311/（2）　史部/地理類/總志之屬/通代

讀史方輿紀要一百三十卷輿圖要覽四卷　（清）顧祖禹撰　清嘉慶十七年（1812）成都敷文閣刻光緒五年（1879）蜀南桐華書屋薛氏家塾修補本　六十册

330000－1701－0067036　GP13668　史部/金石類/石之屬/文字

宋拓漢夏承碑一卷 (清)許槤輯 清光緒二十年(1894)秀水王氏刻本 一冊

330000－1701－0067037 普951.06903/5200/2 類叢部/叢書類/彙編之屬

申報館叢書正集五十七種附錄三種續集一百四十二種 (清)尊聞閣主編 蔡爾康編續集 清同治至光緒上海申報館鉛印本 八冊 存一種

330000－1701－0067038 普814.7/4096 集部/別集類/清別集

西漚全集十卷外集八卷 (清)李惺撰 清同治七年(1868)李氏刻本 十六冊

330000－1701－0067039 G001104 經部/叢編

五經體註大全七十二卷 (清)嚴氏家塾主人輯 清同治五年(1866)刻本 四冊 存一種

330000－1701－0067041 HJH951.00911/1102/c3 史部/紀傳類/正史之屬

校刊史記集解索隱正義札記五卷 (清)張文虎撰 清同治十一年(1872)金陵書局刻本 二冊

330000－1701－0067042 HJH814.7/0014/(2) 集部/別集類/清別集

寶綸堂文鈔八卷 (清)齊召南撰 清嘉慶二年(1797)刻本 章梫過錄越縵堂日記 八冊

330000－1701－0067043 HJL7925 類叢部/叢書類/彙編之屬

埽葉山房叢鈔二十六種 (清)席威編 清同治至光緒刻光緒九年(1883)彙印本 二十四冊 存一種

330000－1701－0067045 HJL8263 史部/編年類/通代之屬

資治通鑑二百九十四卷 (宋)司馬光撰 (元)胡三省音注 (明)陳仁錫評 **通鑑釋文辯誤十二卷** (元)胡三省撰 明天啓五年(1625)長洲陳仁錫刻本 四冊 存十二卷(通鑑釋文辯誤一至十二)

330000－1701－0067047 HJH951.00911/1176/3 史部/紀傳類/正史之屬

二十四史 清同治至光緒五省官書局據汲古閣本等合刻光緒五年(1879)湖北書局彙印本 十六冊 存一種

330000－1701－0067048 G001049 類叢部/叢書類/彙編之屬

廣雅書局叢書一百五十九種 徐紹棨編 清光緒廣雅書局刻民國九年(1920)番禺徐紹棨彙編重印本 一冊 存一種

330000－1701－0067050 普814.7/4152 集部/別集類/清別集

蘭雪集八卷 (清)柯振嶽撰 清嘉慶二十三年(1818)藏修齋刻本 十二冊

330000－1701－0067051 HJL8264 史部/金石類/錢幣之屬/雜著

錢志新編二十卷 (清)張崇懿輯 清道光十年(1830)古婁尹湘酌春堂刻本 十冊

330000－1701－0067053 G001105 史部/紀事本末類/斷代之屬

聖武記十四卷 (清)魏源撰 清刻本 十二冊

330000－1701－0067054 HJH814.7/0014/c4 集部/別集類/清別集

寶綸堂文鈔八卷 (清)齊召南撰 清嘉慶二年(1797)刻本 四冊

330000－1701－0067058 HJL7927 類叢部/叢書類

陸庵叢書 清刻本 一冊

330000－1701－0067059 HJL8265 史部/政書類/邦計之屬/鹽法

四川官運鹽案類編九十卷首一卷(丁丑至辛丑) (清)唐炯輯 (清)王季寅續輯 (清)夏旹重訂 (清)華國英增輯 清光緒七年(1881)成都官鹽總局刻光緒二十八年(1902)增刻本 二十四冊

330000－1701－0067060 G001106 集部/總集類/氏族之屬

三朱遺編 (清)楊伯潤輯 清光緒十五年

(1889)嘉興楊氏刻本　一冊

330000－1701－0067061　普 814.7/4152/(2)/c1　集部/別集類/清別集
蘭雪集八卷　(清)柯振嶽撰　清嘉慶二十三年(1818)藏修齋刻本　六冊

330000－1701－0067063　M001659　集部/詞類/詞譜之屬
詞律二十卷　(清)萬樹撰　**詞律拾遺八卷**　(清)徐本立撰　**詞律補遺一卷**　(清)杜文瀾撰　清光緒石印本　十二冊

330000－1701－0067066　普 814.7/44281　集部/別集類/清別集
斯友堂集二卷　(清)蔣嶟撰　(清)蔣爲槩編　清同治十年(1871)蔣志杰皖城刻本　二冊

330000－1701－0067067　G001050　子部/雜著類/雜纂之屬
學箔二卷　(明)趙撝謙撰　清初刻本　四冊

330000－1701－0067068　普 814.7/4152/(2)/c2　集部/別集類/清別集
蘭雪集八卷　(清)柯振嶽撰　清嘉慶二十三年(1818)藏修齋刻本　八冊

330000－1701－0067073　普 814.7/43771　集部/別集類/清別集
書經集句文稿一卷賦稿一卷書經試帖一卷續編一卷　(清)戴槃撰　清道光刻本　六冊

330000－1701－0067074　HJH814.7/0014/2　集部/別集類/清別集
寶綸堂文鈔八卷詩鈔六卷　(清)齊召南撰　清光緒十三年(1887)郭傳璞金峨山館刻本　二冊　缺六卷(詩鈔一至六)

330000－1701－0067075　普 814.7/4152/(2)/c3　集部/別集類/清別集
蘭雪集八卷　(清)柯振嶽撰　清嘉慶二十三年(1818)藏修齋刻本　六冊　缺一卷(一)

330000－1701－0067077　G001107　史部/地理類/雜志之屬
松江竹枝詞一卷　(清)黃霆撰　清光緒元年(1875)思柏廬刻本　一冊

330000－1701－0067079　普 814.7/44291/c1　集部/總集類/氏族之屬
黃氏家集三編五種　(清)黃家鼎編　清光緒四明黃氏補不足齋刻本　一冊　存一種

330000－1701－0067083　HJL7929　史部/地理類/遊記之屬/紀勝
南越遊記三卷　(清)陳徽言撰　清咸豐七年(1857)章門刻本　二冊

330000－1701－0067085　普 814.7/44291/c2　集部/總集類/氏族之屬
黃氏家集三編五種　(清)黃家鼎編　清光緒四明黃氏補不足齋刻本　一冊　存一種

330000－1701－0067086　GY02203/1　子部/藝術類/書畫之屬/法帖
雙清堂石刻前編一卷　(清)劉樹堂書　清光緒二十年(1894)杭州石印本　一冊

330000－1701－0067087　G001108　子部/農家農學類/園藝之屬
湖北茶葉說明書一卷　清末鉛印本　一冊

330000－1701－0067088　HJL7663　類叢部/叢書類/彙編之屬
蟫隱廬叢書十八種　羅振常編　清宣統二年至民國二十五年(1910－1936)上虞羅氏謄寫及鉛印本三十三年(1944)吳興周延年彙印本　一冊　存一種

330000－1701－0067089　普 814.7/44291/c3　集部/總集類/氏族之屬
黃氏家集三編五種　(清)黃家鼎編　清光緒四明黃氏補不足齋刻本　一冊　存一種

330000－1701－0067090　普 951.0693/1712/2/c2　類叢部/叢書類/彙編之屬
邵武徐氏叢書初刻十四種　(清)徐榦編　清光緒邵武徐氏刻本　四冊　存二種

330000－1701－0067092　HJL8266　史部/編年類
資治通鑑彙刻　清同治至光緒江蘇書局刻本

一冊　存一種

330000－1701－0067093　普814.7/4382　集部/别集類/清别集
味經山館文鈔四卷行述一卷　(清)戴均衡撰　清咸豐三年(1853)刻本　二冊

330000－1701－0067094　HJL7930　類叢部/叢書類/自著之屬
香禪精舍集十種附一種另附四種　(清)潘鍾瑞撰　清光緒長洲潘氏香禪精舍刻本　二冊　存一種

330000－1701－0067095　G001109　子部/藝術類/遊藝之屬/雜藝
朋簪雅聚二卷　(清)三然主人輯　清光緒二十一年(1895)奉天彩盛字局刻本　一冊

330000－1701－0067096　普814.7/4202　集部/别集類/清别集
虚直軒文集十卷　(清)姚文然撰　清道光九年(1829)賢良祠刻本　八冊

330000－1701－0067100　G001051　集部/别集類/清别集
白華堂文集二卷外集二卷詩集八卷　(清)王焯撰　清嘉慶刻本　二冊

330000－1701－0067101　普814.7/4403/c1　集部/别集類/清别集
逢原齋文鈔四卷補遺一卷駢體文一卷詩鈔三卷　(清)華文漪撰　清道光六年(1826)林滋秀刻本　二冊　缺二卷(補遺、駢體文)

330000－1701－0067103　普951.0693/1712/2/c3　類叢部/叢書類/彙編之屬
邵武徐氏叢書初刻十四種　(清)徐榦編　清光緒邵武徐氏刻本　二冊　存一種

330000－1701－0067104　G001052　集部/總集類/選集之屬/斷代
國朝常州駢體文録三十一卷　屠寄輯　**結一宧駢體文一卷**　屠寄撰　清末石印本　六冊

330000－1701－0067105　HJL8267　史部/傳記類/職官録之屬/總録

清秘述聞十六卷　(清)法式善編　**清秘述聞續十六卷**　(清)王家相　(清)魏茂林　(清)錢維福編　**清秘述聞補一卷**　(清)錢維福編　清光緒十四年(1888)嘉善錢維福刻本　八冊

330000－1701－0067106　HJL7932　新學/史志/别國史
日本外史二十二卷　(日本)賴襄撰　(清)錢懌評　清光緒十五年(1889)上海讀史堂刻本　八冊

330000－1701－0067109　普814.7/4403/c2　集部/别集類/清别集
逢原齋文鈔四卷補遺一卷駢體文一卷詩鈔三卷　(清)華文漪撰　清道光六年(1826)林滋秀刻本　二冊　缺二卷(補遺、駢體文)

330000－1701－0067112　普814.7/4204　子部/雜著類/雜説之屬
讀海外奇書室雜著一卷　姚文棟撰　清光緒十一年(1885)上海姚氏鉛印本　一冊

330000－1701－0067115　普814.7/44221　類叢部/叢書類/家集之屬
雙雲堂傳集七種　(清)范□編　清光緒十年至十七年(1884－1891)甬上范氏刻本　二冊　存一種

330000－1701－0067118　普814.7/44221/(2)　類叢部/叢書類/家集之屬
雙雲堂傳集七種　(清)范□編　清光緒十年至十七年(1884－1891)甬上范氏刻本　四冊　存一種

330000－1701－0067119　G001110　史部/政書類/公牘檔冊之屬
圭山存牘一卷　(清)李鍾玨撰　清光緒二十一年(1895)李鍾玨寧陽官廨刻本　一冊

330000－1701－0067120　普814.7/4204/(2)　子部/雜著類/雜説之屬
東槎雜著一卷　姚文棟撰　清光緒十九年(1893)刻本　二冊

330000－1701－0067121　G001053　類叢部/

類書類/通類之屬

重刻萬卷讀餘六卷 (清)康鏡泉撰　清光緒二十三年(1897)刻本　五册

330000－1701－0067123　普 814.7/44221/2　類叢部/叢書類/家集之屬

雙雲堂傳集七種 (清)范□編　清光緒十年至十七年(1884－1891)甬上范氏刻本　四册　存一種

330000－1701－0067127　普 814.7/4206　類叢部/叢書類/自著之屬

邃雅堂全集九種 (清)姚文田撰　清嘉慶至光緒歸安姚氏刻本　五册　存一種

330000－1701－0067129　G001111　集部/總集類/酬唱之屬

鳴秋合籟一卷 (清)錢維喬輯　清乾隆刻本　一册

330000－1701－0067130　G001054　史部/政書類

九通 (清)□□輯　清光緒二十七年(1901)上海圖書集成局鉛印本　十六册　存一種

330000－1701－0067132　普 814.7/44222　類叢部/叢書類/家集之屬

黄氏家集十一種 (清)黄喬松編　清嘉慶十五年至二十五年(1810－1820)番禺黄氏嶺海樓刻本　一册　存一種

330000－1701－0067137　普 814.7/4423　集部/别集類/清别集

正誼堂文集不分卷詩集二十卷 (清)董以寧撰　清康熙刻本　五册　缺二十卷(詩集一至二十)

330000－1701－0067142　普 814.7/4423.2　集部/别集類/清别集

正誼堂文集不分卷詩集二十卷 (清)董以寧撰　清康熙刻本　四册　缺二十卷(詩集一至二十)

330000－1701－0067143　G001056　史部/政書類/公牘檔册之屬

明冤錄一卷 (清)劉肇甲撰　清末石印本　一册

330000－1701－0067144　HJH951.00911/1773/6/c2　類叢部/叢書類/彙編之屬

古香齋袖珍十種　清同治至光緒南海孔氏刻本　二十四册　存一種

330000－1701－0067145　HJH951.00911/2230/c3　史部/紀傳類/正史之屬

史記探源八卷 (清)崔適撰　清宣統二年(1910)崔適觶廬刻本　四册

330000－1701－0067148　普 814.7/4207/c1　集部/别集類/清别集

無近名齋文鈔四卷二編二卷外編一卷雜著二卷二編一卷 (清)彭翊撰　清光緒十年(1884)彭祖賢鄂江節署刻本　四册

330000－1701－0067150　HJH951.00911/2230/c4　史部/紀傳類/正史之屬

史記探源八卷 (清)崔適撰　清宣統二年(1910)崔適觶廬刻本　震彦題簽　四册

330000－1701－0067153　G001112　史部/史抄類

戰國策選四卷 (清)儲欣評選　清尺木堂刻本　四册

330000－1701－0067154　HJH814.7/00141.2　類叢部/叢書類/郡邑之屬

永嘉叢書十三種 (清)孫衣言編　清同治至光緒瑞安孫氏詒善祠塾刻本　二册　存一種

330000－1701－0067156　HJH951.00911/2749/c2　史部/紀傳類/正史之屬

史記一百三十卷 (漢)司馬遷撰　(明)歸有光評點　**方望溪平點史記四卷** (清)方苞撰　清光緒二年至四年(1876－1878)武昌張氏刻本　二十册

330000－1701－0067158　HJH951.00911/2749/c3　史部/紀傳類/正史之屬

史記一百三十卷 (漢)司馬遷撰　(明)歸有光評點　**方望溪平點史記四卷** (清)方苞撰　清光緒二年至四年(1876－1878)武昌張氏刻本　二十册

330000－1701－0067160　G001057　集部/詞類/别集之屬
稻香館粲香詞四卷補遺一卷　(清)方受穀撰　**詞林正韻三卷發凡一卷**　(清)戈載輯　清光緒十二年(1886)禾郡稻香館刻本　二册
存四卷(詞林正韻一至三、發凡)

330000－1701－0067161　HJL7666　子部/雜著類/雜説之屬
恩福堂筆記二卷　(清)英和撰　清刻本　劉承幹題記　二册

330000－1701－0067162　G001113、G004074　新學/政治法律
憲政研究日記不分卷　羅希倫撰　清末稿本　二册

330000－1701－0067163　普814.7/42341/2/c1　集部/别集類/清别集
小謨觴館詩集八卷詩餘一卷詩續集二卷文集四卷文續集二卷詩餘附録一卷　(清)彭兆蓀撰　清嘉慶十一年(1806)韓江寓舍刻本　六册

330000－1701－0067166　普814.7/4207/c2　集部/别集類/清别集
無近名齋文鈔四卷二編二卷外編一卷雜著二卷二編一卷　(清)彭翊撰　清光緒十年(1884)彭祖賢鄂江節署刻本　四册

330000－1701－0067168　G001114　新學/政治法律/律例
英國憲法史不分卷　(日本)松平康國編　麥孟華譯　清光緒二十九年(1903)上海廣智書局鉛印本　三册

330000－1701－0067169　普814.7/4404　集部/别集類/清别集
榆西僊館初稾四十三卷　(清)蔣詩撰　清道光刻本　四册

330000－1701－0067173　HJH951.00911/4467/c8　史部/史抄類
史記菁華録六卷　(清)姚祖恩輯　清光緒九年(1883)廣州翰墨園刻朱墨套印本　六册

330000－1701－0067174　普814.7/4222/2　集部/别集類/清别集
二林居集二十四卷　(清)彭紹升撰　清嘉慶四年(1799)味初堂刻本　四册

330000－1701－0067175　G001058　集部/别集類/清别集
晨葩書屋偶存集二卷　(清)朱階吉撰　清道光四年(1824)鴻慶堂刻本　二册

330000－1701－0067176　HJH814.7/0038/c2　類叢部/叢書類/自著之屬
高陶堂遺集四種　(清)高心夔撰　清光緒八年(1882)平湖朱氏經注經齋刻本　四册

330000－1701－0067178　HJL7667　史部/傳記類/職官録之屬/總録
湖北省江蘇同官錄不分卷　清光緒十年(1884)刻本　二册

330000－1701－0067179　HJH951.00911/4467/c4　史部/史抄類
史記菁華錄六卷　(清)姚祖恩輯　清光緒九年(1883)廣州翰墨園刻朱墨套印本　六册

330000－1701－0067180　G001115　子部/雜著類/雜考之屬
讀書雜志八十二卷餘編二卷　(清)王念孫撰　清同治九年(1870)金陵書局刻本　二册
存二卷(餘編一至二)

330000－1701－0067183　G001059、G004719　史部/史評類/史論之屬
史通訓故補二十卷　(清)黄叔琳撰　清乾隆十二年(1747)黄氏養素堂刻本　十二册

330000－1701－0067184　G001116　集部/别集類/清别集
雲臥山莊别集五卷　(清)郭崑燾撰　清光緒十年(1884)湘陰郭氏岵瞻堂刻本　二册

330000－1701－0067185　普814.7/4406/c2　集部/别集類/清别集
豫齋集二卷　(清)萬方煦撰　清光緒七年(1881)刻本　二册

330000－1701－0067186　HJH814.7/0041/c3　集部/別集類/清別集
思綺堂文集十卷　(清)章藻功撰　清康熙六十一年(1722)聚錦堂刻本　十冊

330000－1701－0067188　G001060　集部/總集類/酬唱之屬
桃花村盍簪錄一卷　江峯青輯　清光緒三十四年(1908)石印本　一冊

330000－1701－0067192　普814.7/4406/c3　集部/別集類/清別集
豫齋集二卷　(清)萬方煦撰　清光緒七年(1881)刻本　陶濬宣跋　二冊

330000－1701－0067194　G001117　集部/別集類/清別集
寄盦詩稿二卷詞稿一卷　(清)孫汝懌撰　清宣統三年(1911)刻本　二冊　缺一卷(詩稿二)

330000－1701－0067195　HJH915.1/36311/3/c2　史部/地理類/總志之屬/通代
讀史方輿紀要一百三十卷輿圖要覽四卷　(清)顧祖禹撰　清嘉慶十七年(1812)成都敷文閣刻本　九十六冊

330000－1701－0067196　普814.7/42342　類叢部/叢書類/家集之屬
長洲彭氏家集九種　(清)彭祖賢編　清同治至光緒刻本　十二冊　存一種

330000－1701－0067197　G001061　類叢部/叢書類/自著之屬
杭大宗七種叢書　(清)杭世駿撰　清乾隆杭賓仁羊城刻本　一冊　存二種

330000－1701－0067199　HJH951.00913/8740.2/3/c3　史部/政書類/通制之屬
通志略五十二卷　(宋)鄭樵撰　明嘉靖二十九年(1550)陳宗夔等刻清乾隆十三年(1748)于敏中金匱山房印本　二十八冊

330000－1701－0067201　普814.7/4408　集部/別集類/清別集
經古篋存草四卷　(清)葉廉鍔撰　清宣統三年(1911)刻本　二冊

330000－1701－0067203　G001118　類叢部/叢書類/彙編之屬
宜稼堂叢書七種　(清)郁松年編　清道光二十年至二十二年(1840－1842)上海郁氏刻本　四冊　存一種

330000－1701－0067205　HJH814.7/0041/c2　集部/別集類/清別集
思綺堂文集十卷　(清)章藻功撰　清康熙六十一年(1722)聚錦堂刻本　十冊

330000－1701－0067208　普814.7/4409　類叢部/叢書類/自著之屬
愛梅樓襍箸八種附二種　(清)林慶炳撰輯　清光緒八年至十五年(1882－1889)刻本　四冊　存一種

330000－1701－0067209　HJL7933　類叢部/叢書類/自著之屬
中復堂全集九種附一種　(清)姚瑩撰　清道光刻本　六冊　存一種

330000－1701－0067210　普814.7/4211/(2)/c2　集部/別集類/清別集
恩餘堂經進初藁十二卷續藁二十二卷三藁十一卷策問存課二卷知聖道齋讀書跋尾二卷　(清)彭元瑞撰　清嘉慶刻本　十七冊

330000－1701－0067211　HJL7669　史部/傳記類/總傳之屬/列女
外國列女傳八卷　陳壽彭譯　(清)薛紹徽編　清光緒三十二年(1906)金陵江楚編譯官書總局石印本　三冊

330000－1701－0067212　HJH951.00913/8740.2/3/(2)　史部/政書類/通制之屬
通志略五十二卷　(宋)鄭樵撰　清乾隆十四年(1749)錢塘汪啓淑飛鴻堂刻本　二十四冊

330000－1701－0067213　HJL8268　史部/地理類/雜志之屬
白下瑣言十卷　(清)甘熙撰　清光緒十六年(1890)築野堂刻本　四冊

330000－1701－0067215　G001062　集部/別集類/清別集
國香三瑞詩一卷　(清)徐琪撰　清光緒刻本　一冊

330000－1701－0067216　HJH814.7/0042/(2)　集部/別集類/清別集
續東軒遺集四卷　(清)高均儒撰　清光緒七年(1881)刻本　三冊

330000－1701－0067217　G001063　經部/三禮總義類/名物制度之屬
四禘通釋三卷　崔適撰　清光緒二十年(1894)刻本　一冊

330000－1701－0067220　G001119　集部/別集類/宋別集
黃青社先生伐檀集二卷　(宋)黃庶撰　清同治六年至七年(1867－1868)江西義寧黃氏雙井堂沖和堂刻本　二冊

330000－1701－0067221　普814.7/4410/c2　集部/別集類/清別集
來雨軒存稿四卷　(清)莫晉撰　清道光十六年(1836)刻本　四冊

330000－1701－0067223　HJL7934　史部/地理類/外紀之屬
三洲日記八卷　(清)張蔭桓撰　清光緒二十二年(1896)京都刻本　八冊

330000－1701－0067229　G001064　史部/史表類/通代之屬
歷代政要表二卷　(清)胡子清編　清光緒二十九年(1903)長沙刻本　一冊

330000－1701－0067231　G001120　史部/傳記類/日記之屬
入都日記一卷(清光緒十三年)　(清)李圭撰　清光緒刻本　一冊

330000－1701－0067234　G001065　子部/術數類/相宅相墓之屬
地理辨正疏五卷首一卷末一卷　(清)張心言撰　清道光九年(1829)培杏書屋刻本　三冊　缺二卷(首、一)

330000－1701－0067235　普814.7/4410/2　集部/別集類/清別集
來雨軒存稿四卷　(清)莫晉撰　清道光十六年(1836)刻十九年(1839)印本　四冊

330000－1701－0067237　HJH951.00922/2674　史部/編年類/通代之屬
資治通鑑地理今釋十六卷　(清)吳熙載撰　清光緒八年(1882)江蘇書局刻本　三冊

330000－1701－0067238　HJL7935　史部/地理類/雜志之屬
粵西筆述一卷　(清)張祥河輯　清道光二十五年(1845)刻本　一冊

330000－1701－0067242　G001121　集部/別集類/清別集
倚雲樓遺草一卷詞草一卷附二卷　(清)朱美英撰　清道光二十二年(1842)刻本　一冊

330000－1701－0067243　G001066　子部/術數類/陰陽五行之屬
董公選要覽一卷附錄一卷　(明)董潛撰　清光緒二十四年(1898)浙江官書局刻本　一冊

330000－1701－0067244　HJH915.1/36311/3/(3)　史部/地理類/總志之屬/通代
讀史方輿紀要一百三十卷輿圖要覽四卷　(清)顧祖禹撰　清嘉慶十七年(1812)成都敷文閣刻光緒五年(1879)蜀南桐華書屋薛氏家塾修補本　七十四冊

330000－1701－0067245　HJL7672　類叢部/叢書類/彙編之屬
邵武徐氏叢書初刻十四種　(清)徐榦編　清光緒邵武徐氏刻本　一冊　存一種

330000－1701－0067246　普814.7/4410/3　集部/別集類/清別集
來雨軒存稿四卷　(清)莫晉撰　清道光十六年(1836)刻十九年(1839)印本　二冊

330000－1701－0067248　普814.7/4741/4　集部/別集類/清別集
胡文忠公遺集八十六卷首一卷　(清)胡林翼撰　(清)鄭敦謹　(清)曾國荃輯　(清)胡

鳳丹重編　清光緒元年(1875)湖北崇文書局刻本　三十二册

330000－1701－0067250　HJL7936　史部/目録類/總録之屬/私撰
知聖道齋讀書跋尾二卷　(清)彭元瑞撰　清嘉慶刻本　二册

330000－1701－0067252　普 814.7/42341/(2)　類叢部/叢書類/自著之屬
小謨觴館全集三種　(清)彭兆蓀撰　(清)孫元培　(清)孫長熙注　清同治十三年(1874)吴縣潘氏滂喜齋刻本　四册　存一種

330000－1701－0067254　普 353.5113/4012/3　子部/兵家類/兵法之屬
燕丹子三卷　(清)孫星衍校　**孫子十家註十三卷**　(清)孫星衍　(清)吳人驥撰　**孫子十家註遺説一卷**　(宋)鄭友賢撰　**孫子敘錄一卷**　(清)畢以珣撰　清嘉慶二年(1797)兗州觀察署刻本　五册　缺二卷(遺説、敘錄)

330000－1701－0067256　G001067　類叢部/叢書類/彙編之屬
重校拜經樓叢書七種　(清)吳騫原編　(清)□□重編　清光緒十一年(1885)會稽章氏鄂渚刻本　一册　存一種

330000－1701－0067258　普 814.7/44101　集部/别集類/清别集
范忠貞公全集四卷首一卷附錄一卷　(清)范承謨撰　清光緒二十一年(1895)龍錫慶刻本　四册

330000－1701－0067259　HJH7937　史部/政書類/邦計之屬/賦稅
程安德三縣賦考二卷　(清)凌介禧輯　清同治三年(1864)刻本　一册

330000－1701－0067260　G001122　史部/金石類/郡邑之屬/文字
兩浙金石志十八卷補遺一卷　(清)阮元撰　清道光四年(1824)廣州刻本　一册　存二卷(一至二)

330000－1701－0067261　HJL8270　史部/地理類/外紀之屬
五洲地理志略三十六卷首一卷　王先謙撰　清宣統二年(1910)湖南學務公所刻本　十册

330000－1701－0067262　HJH814.7/0044/c2　集部/别集類/清别集
望溪集不分卷　(清)方苞撰　(清)王兆符　(清)程崟輯　清乾隆十一年(1746)歙縣程崟刻本　七册

330000－1701－0067263　HJH951.00921/2800/c3　子部/叢編
二十二子(二十二子彙函)　(清)浙江書局編　清光緒元年至三年(1875－1877)浙江書局刻本　四册　存一種

330000－1701－0067264　HJH7938　類叢部/叢書類/自著之屬
振綺堂遺書五種　(清)汪遠孫撰　清道光刻民國十一年(1922)錢唐汪氏彙印本　二册　存一種

330000－1701－0067265　G001068　子部/術數類/相宅相墓之屬
雪心賦正解四卷　(唐)卜應天撰　(清)孟浩註　**辯論三十篇一卷**　(清)孟浩撰　清掃葉山房刻校經山房印本　一册　存一卷(辯論三十篇)

330000－1701－0067267　普 814.7/4741.2　集部/别集類/清别集
胡文忠公遺集十卷首一卷　(清)胡林翼撰　(清)閻敬銘　(清)厲雲官　(清)盛康輯　清同治三年(1864)武昌節署刻本　八册

330000－1701－0067268　HJL8271　史部/政書類/邦計之屬/鹽法
兩淮鹽法志五十六卷首四卷　(清)信山修　(清)單渠纂　(清)方濬頤等續纂　清同治九年(1870)揚州書局刻本　三十二册

330000－1701－0067269　HJH951.00921/2800/c4　子部/叢編
二十二子(二十二子彙函)　(清)浙江書局編　清光緒元年至三年(1875－1877)浙江書局

刻本　四冊　存一種

330000－1701－0067270　HJL7674　類叢部/叢書類/自著之屬

箋經室叢書三種　曹元忠撰輯　清光緒十九年至二十七年(1893－1901)曹氏箋經室刻本　一冊　存一種

330000－1701－0067276　GP20093　子部/藝術類/書畫之屬/畫譜

虞山景圖畫冊一卷　(清)李德繪　清光緒影印本　一冊

330000－1701－0067277　G001069　子部/術數類/相宅相墓之屬

地理知本金鎖秘二卷　(清)鄧恭撰　清光緒紫貴堂刻本　奎垣題記　四冊

330000－1701－0067278　G001123、G009386　史部/地理類/山川之屬/山志

徑山志十四卷　(明)宋奎光撰　明天啓四年(1624)李燁然刻本　六冊

330000－1701－0067279　HJH814.7/0044.2/3　集部/别集類/清别集

望溪先生文集十八卷集外文十卷集外文補遺二卷　(清)方苞撰　**方望溪先生[苞]年譜一卷附錄一卷**　(清)蘇惇元輯　清咸豐元年(1851)戴鈞衡刻二年(1852)增刻本　十二冊

330000－1701－0067281　普814.7/4741.2/2/c1　集部/别集類/清别集

胡文忠公遺集十卷首一卷　(清)胡林翼撰　(清)閻敬銘　(清)厲雲官　(清)盛康輯　清同治五年(1866)刻本　八冊

330000－1701－0067282　HJH915.1/36311/3/(4)　史部/地理類/總志之屬/通代

讀史方輿紀要一百三十卷輿圖要覽四卷　(清)顧祖禹撰　清嘉慶十七年(1812)成都敷文閣刻本　四十八冊

330000－1701－0067283　普814.7/44101.2　集部/别集類/清别集

范忠貞公集十卷　(清)范承謨撰　(清)劉可書編　清康熙刻本　六冊　存八卷(一至八)

330000－1701－0067284　HJH951.00922/1000/c3、HJH951.00922/1000.2/c3　類叢部/類書類/通類之屬

玉海二百卷辭學指南四卷詩攷一卷詩地理攷六卷漢藝文志攷證十卷通鑑地理通釋十四卷周書王會補注一卷漢制攷四卷踐阼篇集解一卷急就篇補注四卷姓氏急就篇二卷小學紺珠十卷六經天文編二卷周易鄭康成注一卷通鑑答問五卷　(宋)王應麟撰　**校補玉海瑣記二卷王深寧先生[應麟]年譜一卷**　(清)張大昌撰　清光緒九年至十六年(1883－1890)浙江書局刻本　五冊　存十九卷(通鑑地理通釋一至十四、通鑑答問一至五)

330000－1701－0067285　HJL7939　類叢部/叢書類/彙編之屬

崇文書局彙刻書三十一種　(清)崇文書局編　清光緒元年至三年(1875－1877)湖北崇文書局刻本　四冊　存一種

330000－1701－0067287　普814.7/4741.2/2/c2　集部/别集類/清别集

胡文忠公遺集十卷首一卷　(清)胡林翼撰　(清)閻敬銘　(清)厲雲官　(清)盛康輯　清同治五年(1866)刻本　八冊

330000－1701－0067288　HJH951.00922/1000/c5、HJH951.00922/1000.2/c4　類叢部/類書類/通類之屬

玉海二百卷辭學指南四卷詩攷一卷詩地理攷六卷漢藝文志攷證十卷通鑑地理通釋十四卷周書王會補注一卷漢制攷四卷踐阼篇集解一卷急就篇補注四卷姓氏急就篇二卷小學紺珠十卷六經天文編二卷周易鄭康成注一卷通鑑答問五卷　(宋)王應麟撰　**校補玉海瑣記二卷王深寧先生[應麟]年譜一卷**　(清)張大昌撰　清光緒九年至十六年(1883－1890)浙江書局刻本　五冊　存十九卷(通鑑地理通釋一至十四、通鑑答問一至五)

330000－1701－0067289　HJL8272　史部/政書類/律令之屬/律例

欽定吏部則例　(清)恩桂等修　(清)薛鳴皐等纂　清道光二十三年(1843)刻本　四十

八冊

330000－1701－0067290 HJL7675 類叢部/叢書類/彙編之屬

蟫隱廬叢書十八種 羅振常編 清宣統二年至民國二十五年(1910－1936)上虞羅氏謄寫及鉛印本三十三年(1944)吳興周延年彙印本 一冊 存一種

330000－1701－0067291 普814.7/4741.2/3 集部/别集類/清别集

胡文忠公遺集十卷首一卷 (清)胡林翼撰 (清)閻敬銘 (清)厲雲官 (清)盛康輯 清同治七年(1868)吳申甫醉六堂刻本 八冊

330000－1701－0067293 G001124 經部/小學類/訓詁之屬/字詁

字說一卷 (清)吳大澂撰 清光緒二十六年(1900)思賢講舍刻本 一冊

330000－1701－0067294 HJH7940 史部/地理類/水利之屬

浙西水利備考不分卷 (清)王鳳生撰 清光緒四年(1878)浙江書局刻本 四冊

330000－1701－0067295 G001070 類叢部/叢書類/彙編之屬

廣漢魏叢書九十六種 (明)何允中編 明刻本 一冊 存一種

330000－1701－0067297 普814.7/4741.2/4/c2 集部/别集類/清别集

胡文忠公遺集十卷首一卷 (清)胡林翼撰 (清)閻敬銘 (清)厲雲官 (清)盛康輯 清同治三年(1864)武昌節署刻本 八冊

330000－1701－0067298 G001125 經部/小學類/文字之屬/字書/訓蒙

澄衷蒙學堂字課圖說四卷檢字一卷類字一卷 (清)劉樹屏撰 (清)吳子城繪圖 清光緒石印本 四冊 存二卷(三至四)

330000－1701－0067299 HJH915.1/36311/3/(2) 史部/地理類/總志之屬/通代

讀史方輿紀要一百三十卷輿圖要覽四卷 (清)顧祖禹撰 清嘉慶十七年(1812)成都敷文閣刻光緒五年(1879)蜀南桐華書屋薛氏家塾修補本 九十二冊

330000－1701－0067300 HJL7941 史部/目録類/總録之屬/官修

欽定天祿琳琅書目十卷 (清)于敏中等撰
欽定天祿琳琅書目後編二十卷 (清)彭元瑞等撰 清光緒十年(1884)長沙王氏刻本 二十冊

330000－1701－0067302 G001071 子部/醫家類/方書之屬/單方驗方

經驗選秘六卷 (清)胡增彬輯 清同治十年(1871)杭州刻本 一冊

330000－1701－0067304 普814.7/4741.2/4/c3 集部/别集類/清别集

胡文忠公遺集十卷首一卷 (清)胡林翼撰 (清)閻敬銘 (清)厲雲官 (清)盛康輯 清同治三年(1864)武昌節署刻本 五冊

330000－1701－0067308 普353.5115/1772 子部/兵家類/兵法之屬

軍禮司馬瀍攷徵二卷逸文一卷 (清)黄以周撰 清光緒十八年(1892)定海黄氏試館刻本 一冊

330000－1701－0067309 普814.7/47412/c1 集部/别集類/清别集

研六室文鈔十卷補遺一卷附墓志銘一卷行狀一卷 (清)胡培翬撰 清光緒四年(1878)胡培系世澤樓刻本 四冊

330000－1701－0067312 HJH814.7/0044.2/3(2) 集部/别集類/清别集

望溪先生文集十八卷集外文十卷集外文補遺二卷 (清)方苞撰 **方望溪先生[苞]年譜一卷附錄一卷** (清)蘇惇元輯 清咸豐元年(1851)戴鈞衡刻二年(1852)增刻本 十四冊

330000－1701－0067314 普814.7/4222/c1 類叢部/叢書類/家集之屬

長洲彭氏家集九種 (清)彭祖賢編 清同治至光緒刻本 六冊 存一種

330000－1701－0067318 HJL7942 類叢部/

叢書類/彙編之屬

擇是居叢書初集十九種 張鈞衡編 清光緒至民國刻民國十五年(1926)吳興張氏彙印本 一册 存一種

330000－1701－0067319 G001126 史部/政書類/公牘檔冊之屬

廣東機器造紙公司收歸官辦整頓條議歷辦全案不分卷 清光緒抄本 一册

330000－1701－0067320 HJH814.7/0044.2/4 集部/別集類/清別集

望溪先生文集十八卷集外文十卷集外文 (清)方苞撰 **方望溪先生[苞]年譜一卷附錄一卷** (清)蘇惇元輯 清咸豐元年(1851)戴鈞衡刻二年(1852)增刻本 十四册

330000－1701－0067321 普814.7/47412/c3 集部/別集類/清別集

研六室文鈔十卷補遺一卷附墓志銘一卷行狀一卷 (清)胡培翬撰 清光緒四年(1878)胡培系世澤樓刻本 四册

330000－1701－0067324 HJL915.1/36311.2/2/c4 史部/地理類/總志之屬/通代

讀史方輿紀要歷代州域形勢九卷 (清)顧祖禹撰 **附統論歷朝形勢一卷** (清)朱棠撰 清嘉慶十年(1805)友蘭堂刻道光增刻本 八册

330000－1701－0067326 G001127 史部/傳記類/總傳之屬/技藝

丁壬煙語一卷 (清)李舜卿撰 清光緒十一年(1885)刻本 一册

330000－1701－0067331 普353.513/4034 類叢部/叢書類/彙編之屬

漸西村舍彙刊(漸西村舍叢刻)四十四種 (清)袁昶編 清光緒十六年至二十四年(1890－1898)桐廬袁氏刻本 一册 存一種

330000－1701－0067336 G001128 集部/總集類/尺牘之屬

歷代王侯將相簡書四卷 (清)王廷學輯 清光緒十年(1884)上洋文海書局刻本 二册 存二卷(一至二)

330000－1701－0067337 普353.513/4034/2 類叢部/叢書類/彙編之屬

漸西村舍彙刊(漸西村舍叢刻)四十四種 (清)袁昶編 清光緒十六年至二十四年(1890－1898)桐廬袁氏刻本 一册 存一種

330000－1701－0067338 普814.7/4222.3/c1 類叢部/叢書類/彙編之屬

正覺樓叢刻(正覺樓叢書)二十九種 (清)崇文書局編 清光緒崇文書局刻本 二册 存一種

330000－1701－0067339 普814.7/4411 類叢部/叢書類/彙編之屬

西京清麓叢書正編三十二種續編二十七種外編二十四種 (清)賀瑞麟編 清同治至民國刻本 九册 存一種

330000－1701－0067341 普814.7/4745/c1 集部/別集類/清別集

韓湘南先生遺文一卷 (清)韓棟撰 清光緒八年(1882)繩正堂刻本 一册

330000－1701－0067343 G001169 集部/別集類/清別集

午亭文編五十卷 (清)陳廷敬撰 (清)林佶輯錄 清康熙四十七年(1708)林佶刻乾隆四十三年(1778)印本 十册

330000－1701－0067344 HJH951.00922/1114/c2 史部/編年類/斷代之屬

資治通鑑彙刻 清同治至光緒江蘇書局刻本 二册 存一種

330000－1701－0067345 普814.7/4745/c2 集部/別集類/清別集

韓湘南先生遺文一卷 (清)韓棟撰 清光緒八年(1882)繩正堂刻本 一册

330000－1701－0067346 HJL7677 史部/傳記類/別傳之屬

新寧劉宮保七十賜壽圖不分卷 清上海點石齋石印本 八册

330000－1701－0067350　普 814.7/42341.01/2　類叢部/叢書類/自著之屬
小謨觴館全集三種　(清)彭兆蓀撰　(清)孫元培　(清)孫長熙注　清光緒鎮洋繆朝荃刻三十二年(1906)彙印本　八冊　存二種

330000－1701－0067351　HJH951.00922/1114/c3　史部/編年類/斷代之屬
資治通鑑彙刻　清同治至光緒江蘇書局刻本　一冊　存一種

330000－1701－0067352　普 814.7/4222.3/c3　類叢部/叢書類/彙編之屬
正覺樓叢刻(正覺樓叢書)二十九種　(清)崇文書局編　清光緒崇文書局刻本　二冊　存一種

330000－1701－0067353　HJH951.00922/1114/(2)/c2　史部/編年類/斷代之屬
資治通鑑彙刻　清同治至光緒江蘇書局刻本　一冊　存一種

330000－1701－0067354　普 814.7/4748　集部/别集類/清别集
崇雅堂詩鈔十卷刪餘詩一卷應制存稿一卷文鈔二卷定鄉雜著二卷　(清)胡敬撰　清道光二十六年(1846)刻本　六冊

330000－1701－0067356　G001170　子部/儒家類/儒學之屬/經濟
揚子法言十三卷音義一卷　(漢)揚雄撰　(晉)李軌注　清嘉慶二十三年(1818)秦氏石研齋影宋刻本　一冊

330000－1701－0067357　普 814.7/44111　集部/别集類/清别集
亦佳室詩鈔四卷　(清)蘇廷玉撰　清咸豐五年(1855)刻本　一冊

330000－1701－0067358　普 814.7/4412、普 814.7/4412.2　集部/别集類/清别集
實其文齋文鈔八卷制藝一卷兵部公牘二卷詩錄六卷　(清)黄雲鵠撰　清同治十一年(1872)刻本　十三冊

330000－1701－0067361　HJH7945　類叢部/叢書類/彙編之屬
問影樓叢刻初編九種　胡思敬編　清光緒三十四年至民國二年(1908－1913)新昌胡氏南昌刻本暨鉛印本　一冊　存一種

330000－1701－0067362　G001129　集部/總集類/課藝之屬
巧搭最新不分卷　(清)雷堃　(清)周麟書等撰　清光緒九年(1883)刻本　四冊

330000－1701－0067364　普 353.516/4027/c1　子部/兵家類/兵法之屬
金湯借箸十二籌十二卷　(明)李盤等撰　清末刻本　八冊

330000－1701－0067366　HJH915.1/36311.2/2/c2　史部/地理類/總志之屬/通代
讀史方輿紀要歷代州域形勢九卷　(清)顧祖禹撰　**附統論歷朝形勢一卷**　(清)朱棠撰　清嘉慶十年(1805)友蘭堂刻道光增刻本　八冊

330000－1701－0067367　普 814.7/4748/(2)/c2　集部/别集類/清别集
崇雅堂詩鈔十卷刪餘詩一卷文鈔二卷駢體文鈔四卷應制存稿一卷定鄉雜著二卷　(清)胡敬撰　清道光二十六年(1846)刻本　六冊

330000－1701－0067368　普 353.516/4027/c2　子部/兵家類/兵法之屬
金湯借箸十二籌十二卷　(明)李盤等撰　清末刻本　十冊

330000－1701－0067369　HJL7678　史部/詔令奏議類/詔令之屬
諭摺彙存不分卷(清光緒十七年九月至十八年四月、二十年二月至二十三年八月、二十三年十月至二十五年六月、二十八年四月至三十三年九月)　清光緒鉛印本　八百三十五冊

330000－1701－0067372　普 814.7/4763　集部/别集類/清别集
鵬南文鈔十七卷首一卷　(清)胡嗣運撰　**達齋存稿七卷**　(清)胡榮珂撰　清光緒二十三

年(1897)刻本　六冊

330000－1701－0067374　HJL7946　史部/雜史類/斷代之屬

南疆繹史勘本三十卷首二卷　(清)溫睿臨撰　(清)李瑤勘定　**繹史摭遺十八卷卹謚考八卷**　(清)李瑤撰　清木活字印本　十一冊　存五十五卷(二至三十、繹史摭遺一至十八、卹謚考一至八)

330000－1701－0067376　普814.7/42341.2/(2)　集部/別集類/清別集

小謨觴館文集四卷　(清)彭兆蓀撰　清光緒六年(1880)存存軒刻本　胡栗長跋　一冊

330000－1701－0067377　HJH915.1/36311.2/2/(2)　史部/地理類/總志之屬/通代

讀史方輿紀要歷代州域形勢十卷　(清)顧祖禹撰　**附統論歷朝形勢一卷**　(清)朱棠撰　清嘉慶十年(1805)友蘭堂刻道光三十年(1850)續刻光緒十五年(1889)長沙傳忠書局印本　十冊

330000－1701－0067378　HJH951.00922/1779.08/2　史部/編年類

資治通鑑彙刻　清同治至光緒江蘇書局刻本　十冊　存一種

330000－1701－0067380　HJL8273　史部/地理類

域外叢書九種　(清)王蘊香輯　清道光二十二年(1842)靜觀齋刻本　二冊　存一種

330000－1701－0067383　普814.7/4763.2/c2　集部/別集類/清別集

鵬南文鈔補遺十二卷　(清)胡嗣運撰　**錐股齋存稿四卷秋漁雜唱一卷**　(清)胡昌佑撰　清光緒三十三年(1907)刻本　四冊

330000－1701－0067384　HJH951.00922/1779.08/2/c3　史部/編年類

資治通鑑彙刻　清同治至光緒江蘇書局刻本　十冊　存一種

330000－1701－0067385　G001131　集部/別集類/唐五代別集

昌黎先生集四十卷外集十卷遺文一卷　(唐)韓愈撰　(宋)廖瑩中校正　**朱子校昌黎先生集傳一卷**　(宋)朱熹撰　**韓集點勘四卷**　(清)陳景雲撰　清宣統二年(1910)上海埽葉山房石印本　十二冊

330000－1701－0067387　普353.517/1021　子部/兵家類/操練之屬

王壯武公練勇芻言五卷附一卷　(清)王鑫撰　清末抄本　一冊

330000－1701－0067388　HJL7947　史部/職官類/官箴之屬

學治臆說二卷續說一卷說贅一卷　(清)汪輝祖撰　清道光廣西刻本　一冊

330000－1701－0067390　HJH951.00922/1779.3/2/c2　史部/編年類/通代之屬

司馬溫公稽古錄二十卷附校勘記一卷　(宋)司馬光撰　清光緒五年(1879)江蘇書局刻本　四冊

330000－1701－0067391　HJL8274　史部/傳記類/職官録之屬/總録

清秘述聞十六卷　(清)法式善編　清嘉慶四年(1799)刻本　八冊

330000－1701－0067393　GY02220　史部/金石類/金之屬/文字

歷代鐘鼎彝器款識法帖二十卷　(宋)薛尚功輯　**歷代鐘鼎彝器款識法帖札記一卷**　劉世珩撰　清嘉慶十二年至光緒三十三年(1807－1907)平津館刻本　四冊

330000－1701－0067394　HJH951.00922/1779.3/2/c3　史部/編年類/通代之屬

司馬溫公稽古錄二十卷附校勘記一卷　(宋)司馬光撰　清光緒五年(1879)江蘇書局刻本　四冊

330000－1701－0067395　HJH915.1/4677/c2　史部/地理類/遊記之屬/紀行

辛卯侍行記六卷　(清)陶保廉撰　清光緒二十三年(1897)養樹山房刻本　六冊

330000－1701－0067398　普814.7/4767　集

部/别集類/清别集

葆璞堂文集四卷 （清）胡煦撰　清乾隆三十七年(1772)刻本　四册

330000－1701－0067400　G001132　新學/雜著/叢編

帝國叢書五種 （清）出洋學生編輯所編　清光緒二十八年(1902)上海商務印書館鉛印本　一册　存一種

330000－1701－0067401　HJL7948　子部/儒家類/儒學之屬/禮教

五種遺規十七卷 （清）陳弘謀輯並撰　清光緒二十一年(1895)浙江書局刻本　十册

330000－1701－0067402　HJH915.1/4677/c4　史部/地理類/遊記之屬/紀行

辛卯侍行記六卷 （清）陶保廉撰　清光緒二十三年(1897)養樹山房刻本　六册

330000－1701－0067406　HJL8284、HJL8285、HJL8286　史部/編年類/斷代之屬

東華錄天命朝四卷天聰朝十一卷崇德朝八卷順治朝三十六卷康熙朝一百十卷雍正朝二十六卷東華續錄乾隆朝一百二十卷嘉慶朝五十卷道光朝六十卷咸豐朝一百卷 王先謙編　清光緒刻本　二百二十四册

330000－1701－0067407　HJH951.00922/2674/c4　史部/編年類/通代之屬

資治通鑑地理今釋十六卷 （清）吳熙載撰　清光緒八年(1882)江蘇書局刻本　三册

330000－1701－0067408　普814.7/4418　類叢部/叢書類/彙編之屬

後知不足齋叢書四十七種 （清）鮑廷爵編　清同治至光緒常熟鮑氏刻本　二册　存一種

330000－1701－0067409　HJL8275　史部/雜史類/斷代之屬

山東軍興紀畧二十二卷 （清）張曜編　清光緒刻本　十册

330000－1701－0067410　普814.7/42341.2　集部/别集類/清别集

小謨觴館文集四卷 （清）彭兆蓀撰　清光緒六年(1880)存存軒刻本　二册

330000－1701－0067412　HJH915.1/4628.01/c2　史部/地理類/遊記之屬/紀勝

徐霞客遊記十卷 （明）徐弘祖撰　（明）李寄輯　（明）季夢良編　**外編一卷** （清）徐鎮輯　**補編一卷** （清）葉廷甲輯　清光緒三十四年(1908)集成圖書公司鉛印本　八册

330000－1701－0067415　HJH951.00922/6031/2/c2　史部/編年類

資治通鑑彙刻　清同治至光緒江蘇書局刻本　六十册　存一種

330000－1701－0067417　G001133　類叢部/叢書類/彙編之屬

經訓堂叢書二十一種 （清）畢沅編　清末影印本　一册　存一種

330000－1701－0067418　HJL7949　史部/地理類/雜志之屬

嶺南叢述六十卷 （清）鄧淳輯　清道光十年(1830)刻十五年(1835)重修本　十六册

330000－1701－0067421　HJL8276、HJL8278、HJL8277　新學/雜著/叢編

西學啓蒙十六種 （英國）赫德編　（英國）艾約瑟譯　清光緒十二年(1886)總税務司署刻本　六册　存三種

330000－1701－0067422　普353.517/4005　子部/兵家類/操練之屬

講武新編一卷 （清）李文盛著　（清）褚焻編次　清同治元年(1862)稿本　一册

330000－1701－0067423　普814.7/4772　類叢部/叢書類/自著之屬

郝氏遺書三十三種 （清）郝懿行撰　清嘉慶至光緒刻彙印本　十六册　存七種

330000－1701－0067424　HJH915.1/46101/c2　類叢部/叢書類/郡邑之屬

台州叢書(名山堂叢書)九種 （清）宋世犖編　清嘉慶至道光臨海宋氏刻本　二册　存一種

330000－1701－0067425　HJH951.00922/6031/2/c4　史部/編年類
資治通鑑彙刻　清同治至光緒江蘇書局刻本　六十册　存一種

330000－1701－0067426　普814.7/42341.01/3　集部/别集類/清别集
小謨觴館文注四卷續注二卷　(清)彭兆蓀撰　(清)孫元培　(清)孫長熙注　清光緒二十年(1894)刻本　二册　存四卷(文注一至四)

330000－1701－0067428　G001134　子部/藝術類/遊藝之屬/詩鐘
詩鐘彙編初集一卷　(清)當湖惜霜僊史編輯　清光緒二十六年(1900)李廬鉛印本　一册

330000－1701－0067429　HJH915.1/46101/c4　類叢部/叢書類/郡邑之屬
台州叢書(名山堂叢書)九種　(清)宋世犖編　清嘉慶至道光臨海宋氏刻本　二册　存一種

330000－1701－0067431　HJH951.00922/7246/2　史部/編年類
資治通鑑彙刻　清同治至光緒江蘇書局刻本　十册　存一種

330000－1701－0067432　HJH951.00922/7246/2/c4　史部/編年類
資治通鑑彙刻　清同治至光緒江蘇書局刻本　十册　存一種

330000－1701－0067433　HJL7950　史部/政書類/通制之屬
東漢會要四十卷　(宋)徐天麟撰　清光緒十年(1884)江蘇書局刻本　六册

330000－1701－0067434　HJL8279　類叢部/叢書類/彙編之屬
文選樓叢書三十三種　(清)阮亨編　清嘉慶至道光阮元刻道光二十二年(1842)阮亨彙印本　六册　存一種

330000－1701－0067436　HJH915.1/6107.07/2/c4　子部/叢編
二十二子(二十二子彙函)　(清)浙江書局編　清光緒元年至三年(1875－1877)浙江書局刻本　三册　存一種

330000－1701－0067439　G001135　史部/政書類/邦計之屬/衡制
中西權度合數攷一卷　(清)楊毓煇撰　清光緒二十三年(1897)壽椿廬石印本　一册

330000－1701－0067440　普814.7/4777/c1　集部/别集類/清别集
退補齋詩存十六卷文存十二卷首二卷　(清)胡鳳丹撰　(清)王柏心等删定　清同治十二年(1873)永康胡氏退補齋刻本　八册

330000－1701－0067441　G001171　新學/史志/臣民傳記
地球一百名人傳一卷　(英國)李提摩太譯　林朝圻述　清光緒二十七年(1901)上海廣學會譯箸圖書集成局鉛印本　一册

330000－1701－0067444　G001136、G008180　類叢部/叢書類/自著之屬
琴志樓叢書四十六種　易順鼎撰　清光緒刻本　二册　存三種

330000－1701－0067445　G001172　史部/雜史類/斷代之屬
大清一統史略十一卷　(日本)佐藤楚材輯　清光緒二十八年(1902)石印本　十八册　存七卷(一至七)

330000－1701－0067446　普814.7/4420　集部/别集類/清别集
鷗跡集二十一卷　(清)蔡受撰　清光緒三年(1877)成山書室刻本　四册

330000－1701－0067450　普353.517/4044　子部/兵家類
兵鏡類編四十卷首一卷　(清)李蕊輯　清光緒九年至十年(1883－1884)三吾李氏刻本　十六册

330000－1701－0067451　普814.7/4780　集部/别集類/清别集
椽筆樓初集二卷　(清)胡鉉撰　清宣統三年(1911)國光書局鉛印本　二册

330000－1701－0067452　HJL7951　史部/史評類/史學之屬

文史通義八卷補編一卷校讎通義三卷　(清)章學誠撰　**文史通義識語三卷附錄一卷**　(清)劉咸炘撰　清刻本　章梫批並記　六册

330000－1701－0067454　普814.7/4421　集部/別集類/清別集

拙存堂文初集八卷　(清)蔣衡撰　清乾隆六年(1741)刻本　六册

330000－1701－0067456　HJL8281　史部/地理類/雜志之屬

海國聞見錄二卷　(清)陳倫炯撰　清道光三年(1823)易理齋刻本　二册

330000－1701－0067457　普814.7/42341/2/c2　集部/別集類/清別集

小謨觴館詩集八卷詩餘一卷詩續集二卷文集四卷文續集二卷　(清)彭兆蓀撰　清嘉慶十一年(1806)韓江寓舍刻本　冬邁批並跋　二册　存十三卷(小謨觴館詩集一至八、詩餘、文集一至四)

330000－1701－0067459　HJH814.7/0054/(2)　類叢部/叢書類/自著之屬

儀衛軒全集四種　(清)方東樹撰　清同治方宗誠刻本　十册　存二種

330000－1701－0067460　G001137　子部/醫家類/方書之屬

時方歌括二卷　(清)陳念祖撰　清刻本　一册

330000－1701－0067461　普353.517/4044/(2)　子部/兵家類

兵鏡類編四十卷首一卷　(清)李蕊輯　清光緒九年至十年(1883－1884)三吾李氏刻本　二十册

330000－1701－0067463　G001173　史部/政書類/儀制之屬/專志/科舉校規

欽定科場條例六十卷首一卷　(清)奎潤等修　(清)詹鴻謨等纂　清光緒刻本　二十七册　存四十一卷(首、一、二十一至五十八、六十)

330000－1701－0067464　HJH915.1/6107.07/2/c3　子部/叢編

二十二子(二十二子彙函)　(清)浙江書局編　清光緒元年至三年(1875－1877)浙江書局刻本　三册　存一種

330000－1701－0067466　普353.517/4441　子部/兵家類/操練之屬

地營圖說一卷　(清)蔡標撰　清光緒十八年(1892)滇南李光翰刻本　一册

330000－1701－0067467　HJH7952　史部/金石類

劉氏一印一研廬刻金石五種　清光緒貴池劉氏聚學軒刻本　四册　存一種

330000－1701－0067470　HJH915.1/7100/2/c2　史部/地理類/山川之屬/水志

水道提綱二十八卷　(清)齊召南撰　清光緒四年(1878)津門徐士鑾霞城精舍刻本　八册

330000－1701－0067472　G001174　史部/政書類/律令之屬/治獄

夜城腥浪一卷　(清)聞棒大覺生編　清光緒刻本　一册

330000－1701－0067473　普814.7/4782　類叢部/叢書類/自著之屬

壺盦類稿五種　(清)胡念修撰　清光緒刻彙印本　十册

330000－1701－0067474　普814.7/4235　集部/別集類/清別集

莪園白話不分卷　(清)彭灃撰　清光緒九年(1883)皖湖李振綱刻本　二册

330000－1701－0067475　普353.517/5043　子部/兵家類/兵法之屬

洴澼百金方十四卷首一卷　(清)袁宫桂撰　清道光二十六年(1846)榕城嘉魚堂刻本　八册

330000－1701－0067477　G001138　子部/道家類

李巽菴讀老牖窺三卷　(清)李日升撰　清乾隆四十八年(1783)李衡刻本　一册

330000－1701－0067479　普353.517/5043/2/(2)/c1　子部/兵家類/兵法之屬

洴澼百金方十四卷首一卷　(清)袁宫桂撰　清道光二十年(1840)陳階平刻光緒印本　五册

330000－1701－0067480　HJL915.1/7100/2/c4　史部/地理類/山川之屬/水志

水道提綱二十八卷　(清)齊召南撰　清光緒四年(1878)津門徐士鑾霞城精舍刻本　八册

330000－1701－0067481　普353.517/5043/2/(2)/c2　子部/兵家類/兵法之屬

洴澼百金方十四卷首一卷　(清)袁宫桂撰　清道光二十年(1840)陳階平刻本　五册

330000－1701－0067482　普353.517/5043/3　子部/兵家類/兵法之屬

洴澼百金方十四卷首一卷　(清)袁宫桂撰　清道光刻本　十册

330000－1701－0067484　普353.517/5043/4　子部/兵家類/兵法之屬

洴澼百金方十四卷首一卷　(清)袁宫桂撰　清乾隆五十三年(1788)榕城嘉魚堂刻本　十二册

330000－1701－0067485　G001139　史部/雜史類/斷代之屬

明季稗史彙編十六種　(清)留雲居士輯　清都城琉璃廠刻本　一册　存一種

330000－1701－0067486　HJL7953　史部/史表類/通代之屬

二十四史三表三種二十卷　(清)段長基撰　(清)段搢書編注　清嘉慶二十二年(1817)小西山房刻本　十二册　存一種

330000－1701－0067491　HJH915.1/7117/6　史部/地理類/山川之屬/水志

水經注四十卷首一卷　(北魏)酈道元撰　清乾隆四十二年(1777)福建刻道光至同治遞修光緒二十一年(1895)增刻本　李次九過録趙一清跋並校　十六册　存一種

330000－1701－0067494　G001140　史部/傳記類/雜傳之屬

雁門童子死事略一卷　(清)侯元慶等撰　清咸豐刻本　一册

330000－1701－0067495　HJH7954　史部/政書類/軍政之屬/兵制

欽定中樞政考八旗三十二卷綠營四十卷　(清)明亮等修　(清)納蘇泰等纂　清道光刻本　三十九册　存三十九卷(綠營一至三十九)

330000－1701－0067496　G001175　史部/政書類/公牘檔册之屬

援守井研記畧一卷　(清)董貽清撰　清同治刻本　一册

330000－1701－0067497　普814.7/4438.2/2　類叢部/叢書類/彙編之屬

粵雅堂叢書一百八十五種　(清)伍崇曜編　清道光二十九年至光緒十一年(1849－1885)南海伍氏刻彙印本　五册　存一種

330000－1701－0067498　G001141　史部/政書類/律令之屬/律例

憲法古義三卷　湯壽潛撰　清光緒三十一年(1905)上海點石齋書局鉛印本　靈鳳題記　一册

330000－1701－0067500　G001176　子部/儒家類/儒學之屬/勸學

師法要言五卷　(清)王聯龢輯　清同治六年(1867)槐蔭書屋刻本　二册

330000－1701－0067502　HJH915.1/8380/2/c1　新學/地學/地志學

海道圖説十五卷附長江圖説一卷　(英國)金約翰輯　(英國)傅蘭雅　(美國)金楷理口譯　(清)王德均筆述　清光緒江南機器製造總局刻本　十册

330000－1701－0067503　HJH915.1/8380/2/c2　新學/地學/地志學

海道圖説十五卷附長江圖説一卷　(英國)金

約翰輯 （英國）傅蘭雅 （美國）金楷理口譯 （清）王德均筆述 清光緒江南機器製造總局刻本 十册

330000－1701－0067504 G001142 子部/雜著類/雜說之屬
破邪論不分卷 清光緒三十四年（1908）潛廬刻本 一册

330000－1701－0067506 普 814.7/4440/c2 集部/别集類/清别集
莫宧文草一卷詩草一卷 黄壽衮撰 清光緒三十四年（1908）山陰黄璟石印本 二册

330000－1701－0067507 HJH814.7/0088/c3 集部/别集類/清别集
唐確慎公集十卷首一卷末一卷 （清）唐鑑撰 清光緒元年（1875）善化賀瑗刻本 六册

330000－1701－0067508 G001177 史部/職官類/官箴之屬
治臯善後芻議二卷 （清）蕭文昭撰 清光緒三十四年（1908）杭州文彙書局石印本 一册

330000－1701－0067509 GY03012 史部/金石類/金之屬/圖像
攀古廔彝器款識二卷 （清）潘祖蔭撰 清同治十一年（1872）京師潘氏滂喜齋刻本 二册

330000－1701－0067513 普 814.7/4440/2/c2 集部/别集類/清别集
莫宧草文一卷詩一卷 黄壽衮撰 清光緒二十五年（1899）刻本 二册

330000－1701－0067514 G001178 集部/别集類/清别集
遐憩山房詩四卷痛飲詞一卷 （清）楊希閔撰 清同治元年（1862）福州刻本 清長白山氏題記 一册

330000－1701－0067519 G001179 史部/地理類/雜志之屬
閩嶠輶軒録二卷 （清）卞寶第撰 清刻本 二册

330000－1701－0067520 HJH951.00923/3507/c2 史部/編年類
御批資治通鑑綱目全書一百九卷 清康熙刻本 八十册

330000－1701－0067523 HJH814.7/0090/c2 集部/别集類/清别集
我盦遺稾二卷 （清）高炳麟撰 清光緒十五年（1889）高駿麟等刻本 一册

330000－1701－0067524 G001143 史部/政書類/邦計之屬/賦税
捐釐新章不分卷 （清）浙江通省鹽茶牙釐總局編 清同治二年（1863）刻本 一册

330000－1701－0067525 HJH951.00923/3507/（2）/c2 史部/編年類
御批資治通鑑綱目全書一百九卷 清康熙刻本 七十六册

330000－1701－0067526 HJH814.7/0121/2/c2 集部/别集類/清别集
定盦文集三卷續集四卷文集補九卷文集補編四卷 （清）龔自珍撰 清光緒二十三年（1897）萬本書堂刻本 六册

330000－1701－0067529 HJH951.00924/3186/c2 史部/編年類/通代之屬
綱鑑正史約三十六卷附記一卷 （明）顧錫疇撰 （清）陳弘謀增訂 **甲子紀元一卷** （清）陳弘謀撰 清同治八年（1869）浙江書局刻本 二十册

330000－1701－0067530 G001144 經部/小學類/訓詁之屬/譯語
續方言二卷 （清）杭世駿撰 清刻本 一册

330000－1701－0067532 HJH814.7/0121/3 集部/别集類/清别集
定盦文集三卷續集四卷文集補九卷文集補編四卷 （清）龔自珍撰 清光緒二十九年（1903）文瑞樓石印本 四册

330000－1701－0067533 HJH951.00924/3186/c4 史部/編年類/通代之屬
綱鑑正史約三十六卷附記一卷 （明）顧錫疇撰 （清）陳弘謀增訂 **甲子紀元一卷** （清）

陳弘謀撰　清同治八年(1869)浙江書局刻本　十九册　缺一卷(三十六)

330000－1701－0067534　HJH951.00925/3547　史部/編年類/通代之屬

御批歷代通鑑輯覽一百二十卷　(清)傅恒等撰　清同治十年(1871)浙江書局刻朱墨套印本　四十八册

330000－1701－0067535　HJH814.7/0121/3/c4　集部/别集類/清别集

定盦文集三卷續集四卷文集補九卷文集補編四卷　(清)龔自珍撰　清光緒二十九年(1903)文瑞樓石印本　守愚題簽並記　四册

330000－1701－0067537　G001145　史部/雜史類/斷代之屬

國語二十一卷　(三國吳)韋昭注　**校刊明道本韋氏解國語札記一卷**　(清)黄丕烈撰　**國語明道本攷異四卷**　(清)汪遠孫撰　清光緒二十一年(1895)寶善堂刻本　四册　缺四卷(國語明道本攷異一至四)

330000－1701－0067538　HJL8287　史部/編年類/通代之屬

續資治通鑑二百二十卷　(清)畢沅撰　清光緒三十一年(1905)新化三味書局刻本　八十册

330000－1701－0067539　HJH951.00925/3547/c3　史部/編年類/通代之屬

御批歷代通鑑輯覽一百二十卷　(清)傅恒等撰　清同治十年(1871)浙江書局刻朱墨套印本　四十八册

330000－1701－0067540　HJH814.7/0121/4/c2　集部/别集類/清别集

定盦文集三卷續集四卷續録一卷古今體詩二卷雜詩一卷詞選四卷詞録一卷文集補編四卷文拾遺一卷附録定盦時文兩篇一卷龔孝珙手抄詞一卷　(清)龔自珍撰　**定盦先生[龔自珍]年譜一卷**　吴昌綬編　清宣統元年(1909)上海國學扶輪社鉛印本　七册

330000－1701－0067541　HJH951.00925/3547/c4　史部/編年類/通代之屬

御批歷代通鑑輯覽一百二十卷　(清)傅恒等撰　清同治十年(1871)浙江書局刻朱墨套印本　四十八册

330000－1701－0067542　普814.7/4307/c2　類叢部/叢書類/彙編之屬

風雨樓叢書二十三種　鄧實編　清宣統順德鄧氏鉛印本　一册　存一種

330000－1701－0067544　G001146　子部/宗教類/道教之屬

道書二十三種　(清)劉一明撰　清光緒三年至六年(1877－1880)上海翼化堂刻本　二册　存二種

330000－1701－0067546　HJH951.0096/2500/c3　史部/史抄類

史畧八十七卷　(清)朱堃輯　清同治五年(1866)皖南朱氏衮麓山房刻本　二十册

330000－1701－0067547　普814.7/4786　集部/别集類/清别集

賡颺集四卷　(清)胡會恩撰　清初刻本　二册

330000－1701－0067549　HJL8288　史部/編年類/斷代之屬

明大政纂要六十三卷　(明)譚希思編　清光緒二十一年(1895)湖南思賢書局刻本　二十八册

330000－1701－0067551　普814.7/44231/c1　集部/别集類/清别集

楓南山館遺集七卷末一卷　(清)莊受祺撰　(清)莊怡孫輯　清光緒元年(1875)刻本　二册

330000－1701－0067552　HJH951.009817/1065/c2　史部/史評類/考訂之屬

十七史商榷一百卷　(清)王鳴盛撰　清乾隆五十二年(1787)洞涇草堂刻本(卷一至五配抄本)　二十四册

330000－1701－0067553　G001180、G006187、G006100、G006105　史部/政書類/公牘檔册

之屬
浙江地方自治籌辦處文報不分卷 （清）浙江地方自治籌辦處編　清宣統鉛印本　十冊

330000－1701－0067554　GY03024　史部/金石類/石之屬/文字
小蓬萊閣金石文字十卷 （清）黄易輯　**陵苕館續刻五種五卷** （清）高學治輯　清道光二十二年（1842）高學治陵苕館刻二十三年（1843）續刻本　仲英題記　十二冊

330000－1701－0067555　HJH915.1/8746/c2　史部/地理類/叢編之屬
歷代輿地圖四十五種　楊守敬撰　熊會貞等繪　清光緒三十二年至宣統三年（1906－1911）楊氏觀海堂刻朱墨套印本　三十四冊

330000－1701－0067557　普814.7/44231/c2　集部/别集類/清别集
楓南山館遺集七卷末一卷 （清）莊受祺撰　（清）莊怡孫輯　清光緒元年（1875）刻本　二冊

330000－1701－0067558　普814.7/4796　集部/别集類/清别集
深柳草堂時文一卷 （清）胡榮瞻撰　（清）孫勳烈增輯　（清）孫鼎烈評　清光緒二十一年（1895）刻本　三冊

330000－1701－0067559　HJH951.009817/1065/（2）/c2　史部/史評類/考訂之屬
十七史商榷一百卷 （清）王鳴盛撰　清乾隆五十二年（1787）洞涇草堂刻本　八冊

330000－1701－0067560　HJL7957　類叢部/叢書類/自著之屬
儆居遺書十一種 （清）黄式三撰　清同治至光緒刻本　四冊　存一種

330000－1701－0067561　HJH814.7/0121/6/c2　集部/别集類/清别集
校訂定盦全集十卷 （清）龔自珍撰　**定盦年譜藁本一卷** （清）黄守恆撰　清宣統元年（1909）時中書局鉛印本　八冊

330000－1701－0067562　普814.7/4440/2/c3　集部/别集類/清别集
莫宦草文一卷詩一卷　黄壽袞撰　清光緒二十五年（1899）刻本　一冊　存一卷（文）

330000－1701－0067563　G001147　史部/雜史類/斷代之屬
晉史乘一卷　清刻本　勵乃驥跋　一冊

330000－1701－0067564　普814.7/4307/c1　集部/别集類/清别集
謫麐堂遺集文二卷詩二卷補遺一卷 （清）戴望撰　清宣統三年（1911）鉛印風雨樓叢書本　章嶔題簽並記　一冊

330000－1701－0067567　G001181　子部/術數類/陰陽五行之屬
楊公造命衍義十八卷 （清）劉應對撰　清乾隆五十年（1785）刻本　六冊

330000－1701－0067568　HJL8289　史部/史評類/考訂之屬
錢陟園考訂資治通鑑綱目全書五十九卷續資治通鑑綱目二十七卷 （清）錢選撰　清光緒八年（1882）惜物軒滬瀆刻本　六十冊　存五十九卷（一至五十九）

330000－1701－0067569　HJH951.009817/1065/（4）　史部/史評類/考訂之屬
十七史商榷一百卷 （清）王鳴盛撰　清乾隆五十二年（1787）洞涇草堂刻本　二十冊

330000－1701－0067570　普814.7/42341.01　集部/别集類/清别集
小謨觴館詩集注八卷詩餘注一卷詩續集注二卷續集詩餘注一卷文集注四卷文續集注二卷 （清）彭兆蓀撰　（清）孫元培　（清）孫長熙注　清光緒二十年（1894）泉唐汪氏刻本　八冊

330000－1701－0067571　HJH814.7/0121.2/（2）　集部/别集類/清别集
定盦文集三卷續集四卷文集補五卷 （清）龔自珍撰　清同治七年（1868）吴煦刻本　六冊

330000－1701－0067572　普814.7/4310/c1　集部/别集類/清别集

東原文集十卷　(清)戴震撰　清乾隆曲阜孔氏刻微波榭叢書本　章嶔題簽並記　二冊

330000－1701－0067573　G001182　集部/別集類

養花軒詩集一卷　徐官海撰　清宣統元年(1909)鉛印本　胡長風題記　一冊

330000－1701－0067574　普 814.7/4424　集部/別集類/清別集

鄉會墨存稿一卷澹香軒試帖一卷　(清)董似穀撰　清同治刻本　一冊

330000－1701－0067575　HJL7958　史部/紀傳類/別史之屬

七家後漢書　(清)汪文臺輯　清光緒八年(1882)太平崔國榜等刻本　六冊

330000－1701－0067576　G001148　集部/別集類/清別集

筍花詩草二卷　(清)鄭家蘭撰　清道光三年(1823)刻本　一冊

330000－1701－0067577　普 814.7/4440.2　集部/別集類/清別集

小沖言事二卷　黃壽袞撰　清光緒三十二年(1906)鉛印本　二冊

330000－1701－0067578　HJH951.009821/3491/c2　史部/史表類/通代之屬

廿一史四譜五十四卷　(清)沈炳震撰　清同治十年(1871)武林吳氏清來堂刻本　十六冊

330000－1701－0067580　HJH951.009821/3491/c3　史部/史表類/通代之屬

廿一史四譜五十四卷　(清)沈炳震撰　清同治十年(1871)武林吳氏清來堂刻本　十六冊

330000－1701－0067581　G001183、G004321　史部/傳記類/別傳之屬/年譜

延平四先生年譜四種　(清)毛念恃編　清乾隆十年(1745)湰陽張坦刻本　二冊

330000－1701－0067582　HJL7959　史部/雜史類/斷代之屬

晉署六十五卷序目一卷　(清)周濟撰　清光緒二年(1876)味雋齋刻本　十冊

330000－1701－0067584　HJH8290　史部/時令類

月令粹編二十四卷圖說一卷　(清)秦嘉謨撰　清嘉慶十七年(1812)江都秦嘉謨琳琅仙館刻本　八冊　存二十二卷(圖說、一至二十一)

330000－1701－0067585　普 814.7/4802　集部/別集類/清別集

績學堂詩鈔四卷首一卷文鈔六卷首一卷　(清)梅文鼎撰　清乾隆梅穀成刻本　十冊

330000－1701－0067586　普 814.7/44401/c1　類叢部/叢書類/彙編之屬

廣雅書局叢書一百五十九種　徐紹棨編　清光緒廣雅書局刻民國九年(1920)番禺徐紹棨彙編重印本　一冊　存一種

330000－1701－0067588　HJH951.01093/7175　史部/紀事本末類/通代之屬

繹史一百六十卷世系圖一卷年表一卷　(清)馬驌撰　清光緒三十年(1904)浙江書局刻本　五十冊

330000－1701－0067589　HJH915.1/8746/c3　史部/地理類/叢編之屬

歷代輿地圖四十五種　楊守敬撰　熊會貞等繪　清光緒三十二年至宣統三年(1906－1911)楊氏觀海堂刻朱墨套印本　三十四冊

330000－1701－0067592　G001149　史部/傳記類/別傳之屬

陶公匱記不分卷　(清)張榮澤等撰　清光緒刻本　一冊

330000－1701－0067593　普 814.7/4880/c1　集部/別集類/清別集

柏梘山房文集十六卷文續集一卷詩集十卷詩續集二卷駢體文二卷　(清)梅曾亮撰　清咸豐六年(1856)楊以增、楊紹穀等慎修書屋刻同治三年(1864)補刻本　八冊

330000－1701－0067594　普 814.7/44401/c2　類叢部/叢書類/彙編之屬

廣雅書局叢書一百五十九種 徐紹棨編 清光緒廣雅書局刻民國九年(1920)番禺徐紹棨彙編重印本 一冊 存一種

330000－1701－0067595 HJH7965 史部/政書類/儀制之屬/典禮
大清通禮五十卷 (清)來保等纂修 清乾隆刻本 十二冊

330000－1701－0067597 G001184 子部/道家類
道德經註釋二卷 (唐)呂喦衍義 清光緒二十二年(1896)刻本 二冊

330000－1701－0067599 HJH814.7/0121.2/(3) 集部/别集類/清别集
定盦文集三卷續集四卷文集補五卷 (清)龔自珍撰 清同治七年(1868)吴煦刻本 四冊

330000－1701－0067600 HJH951.01093/7175/3/(2) 史部/紀事本末類/通代之屬
繹史一百六十卷世系圖一卷年表一卷 (清)馬驌撰 清康熙刻本 四十冊

330000－1701－0067604 HJH915.1/8937/c3 史部/雜史類/外紀之屬
皇朝藩部要略十八卷 (清)祁韻士纂 (清)毛嶽生編 **皇朝藩部世系表四卷** (清)祁韻士纂 (清)宋景昌增輯 清光緒十年(1884)浙江書局刻本 八冊

330000－1701－0067607 普814.7/4240 集部/别集類/清别集
樹廬文鈔十卷 (清)彭士望撰 清道光四年(1824)南昌彭玉雯刻本 四冊

330000－1701－0067608 G001185 子部/術數類/命書相書之屬
子平真詮一卷 (清)沈孝瞻撰 清光緒二十一年(1895)湘陰李星科報暉草堂刻本 一冊

330000－1701－0067611 HJH915.1/8937/c1 史部/雜史類/外紀之屬
皇朝藩部要略十八卷 (清)祁韻士纂 (清)毛嶽生編 **皇朝藩部世系表四卷** (清)祁韻士纂 (清)宋景昌增輯 清光緒十年(1884)浙江書局刻本 八冊

330000－1701－0067613 普814.7/4880/c4 集部/别集類/清别集
柏梘山房文集十六卷文續集一卷詩集十卷詩續集二卷駢體文二卷 (清)梅曾亮撰 清咸豐六年(1856)楊以增、楊紹穀等慎修書屋刻本 八冊

330000－1701－0067614 普814.7/44342 集部/别集類/清别集
七經樓文鈔六卷 (清)蔣湘南撰 清同治七年至九年(1868－1870)馬佩玖刻本 四冊

330000－1701－0067616 HJH8291 史部/傳記類/總傳之屬/技藝
墨林今話十八卷 (清)蔣寶齡撰 **墨林今話續編一卷** (清)蔣茝生撰 清咸豐二年(1852)刻本 六冊

330000－1701－0067619 普814.7/4880/(2)/c2 集部/别集類/清别集
柏梘山房文集十六卷文續集一卷詩集十卷詩續集二卷駢體文二卷 (清)梅曾亮撰 清咸豐六年(1856)楊以增、楊紹穀等慎修書屋刻同治三年(1864)補刻本 六冊

330000－1701－0067620 G001150 集部/戲劇類/雜劇之屬
吟風閣譜二卷 (清)楊潮觀撰 清刻本 一冊

330000－1701－0067621 G001186 集部/總集類/課藝之屬
浙江詩課九卷浙江考卷一卷浙士解經録四卷 (清)阮元訂 清嘉慶再到亭刻本 一冊 存十一卷(一至七、浙士解經録一至四)

330000－1701－0067623 GY03025 史部/地理類/方志之屬/郡縣志
[光緒]諸暨縣志六十一卷 陳遹聲修 (清)蔣鴻藻纂 清刻本 一冊 存三卷(四十三至四十五)

330000－1701－0067624 普814.7/44342/2 集部/别集類/清别集

七經樓文鈔六卷 (清)蔣湘南撰 清道光二十七年(1847)刻本 四冊

330000－1701－0067625 HJH915.1/9475/c3 史部/地理類/總志之屬/通代

歷代地理沿革表四十七卷 (清)陳芳績撰 清光緒二十一年(1895)刻廣雅書局叢書本 章嶔題簽並跋 二十四冊

330000－1701－0067626 HJH7967 史部/金石類/金之屬

奇觚室吉金文述二十卷首一卷 (清)劉心源撰 清光緒二十八年(1902)石印本 二十冊

330000－1701－0067627 普814.7/4880/2 集部/别集類/清别集

柏梘山房文集十六卷文續集一卷詩集十卷詩續集二卷駢體文二卷 (清)梅曾亮撰 清光緒二十七年(1901)鉛印本 六冊

330000－1701－0067628 HJL8294 史部/傳記類/總傳之屬/郡邑

兩浙名賢錄六十二卷 (明)徐象梅撰 清光緒二十六年(1900)浙江書局刻本 六十二冊

330000－1701－0067629 普814.7/4435 類叢部/叢書類/自著之屬

庸盦全集十種 (清)薛福成撰 清光緒十年至二十四年(1884－1898)無錫薛氏刻本 十冊 存三種

330000－1701－0067632 G001151 子部/儒家類/儒學之屬/經濟

中説十卷 (隋)王通撰 (宋)阮逸注 清光緒十六年(1890)貴陽陳氏影宋刻本 一冊

330000－1701－0067634 普814.7/4880/3 集部/别集類/清别集

柏梘山房文集十六卷文續集一卷詩集十卷詩續集二卷駢體文二卷 (清)梅曾亮撰 清宣統三年(1911)上海國學扶輪社石印本 八冊

330000－1701－0067635 普811.17/44322/c1 集部/别集類/清别集

青萍軒文錄二卷附詩錄一卷 (清)薛福保撰 清光緒八年(1882)江蘇刻本 一冊 存二卷(文錄一至二)

330000－1701－0067636 HJH814.7/0121.2/3 集部/别集類/清别集

定盦文集三卷續集四卷補編四卷定盦續錄一卷餘集一卷 (清)龔自珍撰 清光緒二十八年(1902)浙省文彙書局鉛印本 四冊

330000－1701－0067637 普814.7/4442/(2)/c2 集部/别集類/清别集

聊齋先生文集二卷 (清)蒲松齡撰 清宣統元年(1909)國學扶輪社鉛印本 二冊

330000－1701－0067638 HJH921.514/1000/2/c6 類叢部/類書類/通類之屬

玉海二百卷辭學指南四卷詩攷一卷詩地理攷六卷漢藝文志攷證十卷通鑑地理通釋十四卷周書王會補注一卷漢制攷四卷踐阼篇集解一卷急就篇補注四卷姓氏急就篇二卷小學紺珠十卷六經天文編二卷周易鄭康成注一卷通鑑答問五卷 (宋)王應麟撰 **校補玉海瑣記二卷王深寧先生[應麟]年譜一卷** (清)張大昌撰 清光緒九年至十六年(1883－1890)浙江書局刻本 一冊 存二卷(姓氏急就篇一至二)

330000－1701－0067639 HJL8295 史部/編年類

資治通鑑彙刻 清同治至光緒江蘇書局刻本 四十八冊 存一種

330000－1701－0067643 HJH915.1/9475/(2)/c2 史部/地理類/總志之屬/通代

歷代地理沿革表四十七卷 (清)陳芳績撰 清光緒二十一年(1895)刻廣雅書局叢書本 余紹宋題簽並跋 十五冊

330000－1701－0067645 普811.17/44322/c3 集部/别集類/清别集

青萍軒文錄二卷附詩錄一卷 (清)薛福保撰 清光緒八年(1882)江蘇刻本 一冊 存二卷(文錄一至二)

330000－1701－0067647 HJH814.7/0121.3/c2 集部/别集類/清别集

定盦文集補編四卷　(清)龔自珍撰　(清)朱之榛輯　清光緒十二年(1886)平湖朱氏刻本　二冊

330000－1701－0067649　普814.7/4433　集部/別集類/清別集
葉鶴塗文集二卷　(清)葉滐撰　清乾隆四十八年(1783)淩世御刻本　四冊

330000－1701－0067650　HJL7969　史部/地理類/總志之屬/斷代
楚漢諸侯疆域志三卷　(清)劉文淇撰　清光緒二年(1876)金陵刻本　一冊

330000－1701－0067652　G001187、G001188　集部/總集類/選集之屬/斷代
唐三體詩六卷　(宋)周弼輯　(清)高士奇補注　**續唐三體詩八卷**　(清)高士奇輯　清康熙高士奇朗潤堂刻本　四冊

330000－1701－0067654　HJH814.7/0123　類叢部/叢書類/彙編之屬
半厂叢書初編十種　(清)譚獻編　清同治至光緒仁和譚氏刻本　六冊　存一種

330000－1701－0067660　HJH921.514/1000/2/c5　類叢部/類書類/通類之屬
玉海二百卷辭學指南四卷詩攷一卷詩地理攷六卷漢藝文志攷證十卷通鑑地理通釋十四卷周書王會補注一卷漢制攷四卷踐阼篇集解一卷急就篇補注四卷姓氏急就篇二卷小學紺珠十卷六經天文編二卷周易鄭康成注一卷通鑑答問五卷　(宋)王應麟撰　**校補玉海瑣記二卷王深寧先生[應麟]年譜一卷**　(清)張大昌撰　清光緒九年至十六年(1883－1890)浙江書局刻本　一冊　存二卷(姓氏急就篇一至二)

330000－1701－0067661　普814.7/4442　集部/別集類/清別集
聊齋先生文集二卷　(清)蒲松齡撰　清宣統二年(1910)國學扶輪社鉛印本　一冊

330000－1701－0067663　普814.7/4920/c1　集部/別集類/清別集
趙裘萼公賸藁四卷　(清)趙熊詔撰　清光緒二十三年(1897)浙江書局刻本　二冊

330000－1701－0067664　G001152　史部/金石類/金之屬
漢建安弩機一卷　(清)吳雲撰　清光緒六年(1880)刻本　一冊

330000－1701－0067665　普814.7/44332　集部/別集類/清別集
真有益齋文編十卷　(清)黃安濤撰　清道光二十三年(1843)刻本　二冊

330000－1701－0067666　普814.7/4434　集部/別集類/清別集
甘莊恪公全集十六卷　(清)甘汝來撰　清乾隆五十六年(1791)奉新甘氏賜福堂刻本　四冊

330000－1701－0067668　普814.7/4431.2　集部/別集類/清別集
變雅堂文集四卷詩集十卷詩集補遺一卷　(清)杜濬撰　**變雅堂遺集附錄一卷**　(清)方苞等撰　清同治九年(1870)劉維楨鄂垣刻本　八冊

330000－1701－0067670　普814.7/4431.2/2　集部/別集類/清別集
變雅堂文集四卷詩集十卷詩集補遺一卷　(清)杜濬撰　**變雅堂遺集附錄一卷**　(清)方苞等撰　清同治九年(1870)劉維楨鄂垣刻本　二冊　存五卷(一至四、遺集附錄)

330000－1701－0067672　普814.7/4431.3　集部/別集類/清別集
變雅堂文集四卷詩集十卷詩集補遺一卷　(清)杜濬撰　**變雅堂遺集附錄一卷**　(清)方苞等撰　清同治九年(1870)劉維楨鄂垣刻本　六冊　缺八卷(詩集五至十、詩集補遺、遺集附錄)

330000－1701－0067673　普814.7/44311　集部/別集類/清別集
壺舟文存二卷　(清)黃濬撰　陳樹鈞編　清宣統三年(1911)太平陳氏枕經閣木活字印本

一册

330000－1701－0067674　普 814.7/44311/(2)/c1　集部/别集類/清别集
壺舟文存二卷　(清)黄濬撰　陳樹鈞編　清宣統三年(1911)太平陳氏枕經閣木活字印本　二册

330000－1701－0067675　普 951.07023/4440　史部/編年類/斷代之屬
皇朝大事紀年二卷　(清)黄壽衮定　(清)黄之焱編　清光緒二十八年(1902)石印本　一册

330000－1701－0067677　G001153　子部/小說家類/雜事之屬
屑玉叢談初集六卷　(清)錢徵　蔡爾康輯　清光緒上海中華圖書館石印本　六册

330000－1701－0067678　普 814.7/44311/(2)/c3　集部/别集類/清别集
壺舟文存二卷　(清)黄濬撰　陳樹鈞編　清宣統三年(1911)太平陳氏枕經閣木活字印本　二册

330000－1701－0067680　普 814.7/44312　集部/别集類/清别集
讀孟居文集六卷　(清)蔣汾功撰　清抄本　二册

330000－1701－0067681　G001189　史部/編年類/通代之屬
尺木堂綱鑑易知錄九十二卷明鑑易知錄十五卷　(清)吴乘權　(清)周之炯　(清)周之燦輯　清光緒十五年(1889)上海廣百宋齋鉛印本　十六册

330000－1701－0067682　HJH925.1093/0077/c1　史部/傳記類/總傳之屬/通代
尚友錄二十二卷補遺一卷　(明)廖用賢輯　(清)張伯琮補輯　清康熙浙蘭林天祿齋刻本　二十二册

330000－1701－0067683　普 814.7/4245　集部/别集類/清别集
通藝閣文集六卷補編一卷　(清)姚椿撰　清道光二十八年(1848)木活字印本　六册

330000－1701－0067685　普 814.7/4310/c2　類叢部/叢書類/彙編之屬
微波榭叢書十一種　(清)孔繼涵編　清孔氏刻彙印本　四册　存一種

330000－1701－0067686　HJH814.7/0123/c4　類叢部/叢書類/彙編之屬
半厂叢書初編十種　(清)譚獻編　清同治至光緒仁和譚氏刻本　六册　存一種

330000－1701－0067688　普 814.7/4920/c3　集部/别集類/清别集
趙裘萼公賸藁四卷　(清)趙熊詔撰　清光緒二十三年(1897)浙江書局刻本　二册

330000－1701－0067689　HJH925.1093/4483/c2　史部/傳記類/總傳之屬/姓名
歷代名賢列女氏姓譜一百五十七卷　(清)蕭智漢輯　清嘉慶二十年(1815)刻本　一百二十册

330000－1701－0067690　普 814.7/4432/2　集部/别集類/清别集
唐堂集五十卷附冬錄一卷　(清)黄之雋撰　清乾隆六年(1741)刻本　十六册

330000－1701－0067691　HJL7972　史部/金石類/錢幣之屬/圖像
古今錢略三十二卷首一卷末一卷　(清)倪模撰　清光緒五年(1879)望江倪氏兩疆勉齋刻本　十五册　缺一卷(首)

330000－1701－0067692　HJH814.7/0123/3/c2　類叢部/叢書類/彙編之屬
半厂叢書初編十種　(清)譚獻編　清同治至光緒仁和譚氏刻本　六册　存一種

330000－1701－0067693　普 814.7/4299　類叢部/叢書類/自著之屬
中復堂全集九種附一種　(清)姚瑩撰　清道光刻本　八册　存二種

330000－1701－0067695　普 814.7/4920/2　集部/别集類/清别集

趙裘萼公剩藳四卷　(清)趙熊詔撰　清乾隆二年(1737)趙侗斅刻本　一冊

330000－1701－0067696　G001154　子部/小說家類

香豔小品五種　沈宗畸輯　清宣統元年(1909)石印本　五冊

330000－1701－0067697　普 814.7/44321/c1　集部/別集類/清別集

歸盦文稾八卷　(清)葉裕仁撰　清光緒八年(1882)蔣銘勳校刻本　四冊

330000－1701－0067698　G001190　子部/醫家類/類編之屬

丹溪附餘六種　(元)朱震亨撰　清慎修堂刻本　二冊　存一種

330000－1701－0067699　HJH951.01093/7175/3　史部/紀事本末類/通代之屬

繹史一百六十卷世系圖一卷年表一卷　(清)馬驌撰　清康熙刻本　四十八冊

330000－1701－0067700　普 814.7/44321/c2　集部/別集類/清別集

歸盦文稾八卷　(清)葉裕仁撰　清光緒八年(1882)蔣銘勳校刻本　四冊

330000－1701－0067701　普 353.517/5660　子部/兵家類/兵法之屬

兵法圓機三卷　(清)揭暄撰　清光緒十八年(1892)揚州文選樓刻本　一冊

330000－1701－0067703　HJL7973　史部/雜史類

荆駝逸史五十種　(清)陳湖逸士輯　清道光古槐山房木活字印本(明亡述畧二卷配抄本)　繆荃孫批　三十冊

330000－1701－0067704　普 951.0703/2700　史部/雜史類/斷代之屬

庚辛錄十四卷　清光緒二十八年(1902)勾東譯社鉛印本　一冊　存二卷(一至二)

330000－1701－0067705　HJH814.7/0133/c4　集部/別集類/清別集

希古堂文甲集二卷乙集六卷　(清)譚宗浚撰　清光緒十六年(1890)羊城刻本　四冊

330000－1701－0067707　普 814.7/4443/c1　集部/別集類/清別集

樊山集二十八卷續集二十八卷公牘三卷批判十五卷時文一卷　樊增祥撰　**二家詠古詩一卷二家試帖二卷二家詞鈔五卷**　樊增祥編　清光緒十九年至三十二年(1893－1906)刻本　二十四冊

330000－1701－0067708　普 814.7/4435.2　集部/別集類/清別集

庸盦文別集六卷　(清)薛福成撰　(清)薛瑩中輯　清光緒二十九年(1903)石印本　六冊

330000－1701－0067709　HJH951.0163/4067/8/c3　史部/雜史類/斷代之屬

國語二十一卷　(三國吳)韋昭注　**校刊明道本韋氏解國語札記一卷**　(清)黃丕烈撰　**國語明道本攷異四卷**　(清)汪遠孫撰　清同治八年(1869)湖北崇文書局刻本　五冊

330000－1701－0067712　G001191　子部/醫家類/類編之屬

東垣十書　清光緒七年(1881)上海文盛書局石印本　一冊　存三種

330000－1701－0067713　普 814.7/4435.3/c2　類叢部/叢書類/自著之屬

庸盦全集十種　(清)薛福成撰　清光緒十年至二十四年(1884－1898)無錫薛氏刻本　四冊　存一種

330000－1701－0067714　G001155　史部/金石類/錢幣之屬/雜著

癖泉臆說六卷　高煥文撰　清宣統三年(1911)高氏泉壽山房石印本　一冊

330000－1701－0067715　HJH814.7/0133/c2　集部/別集類/清別集

希古堂文甲集二卷乙集六卷　(清)譚宗浚撰　清光緒十六年(1890)羊城刻本　四冊

330000－1701－0067717　普 353.517/7235　子部/兵家類/兵法之屬

臨陣心法一卷 (清)劉連捷撰 清光緒十六年(1890)金陵刻本 一册

330000－1701－0067720 普 814.7/4924 類叢部/叢書類/自著之屬
清獻堂全編八種 (清)趙佑撰 清乾隆刻本 六册 存一種

330000－1701－0067721 普 814.7/4443/c2 集部/别集類/清别集
樊山集二十八卷續集二十八卷公牘三卷批判十五卷時文一卷 樊增祥撰 **二家詠古詩一卷二家試帖二卷二家詞鈔五卷** 樊增祥編 清光緒十九年至三十二年(1893－1906)刻本 二十四册

330000－1701－0067722 HJH951.0163/4067/11 類叢部/叢書類/彙編之屬
士禮居叢書二十種 (清)黄丕烈編 清嘉慶至道光黄氏士禮居刻本 三册 存一種

330000－1701－0067723 普 814.7/4435.3/2/c2 類叢部/叢書類/自著之屬
庸盦全集十種 (清)薛福成撰 清光緒二十三年(1897)上海醉六堂石印本 二册 存一種

330000－1701－0067724 HJH925.10984/3232/c2 史部/傳記類/總傳之屬/郡邑
浙江忠義録十卷表八卷又一卷續編二卷續表九卷 (清)浙江采訪忠義總局編 清同治六年(1867)浙江采訪忠義總局刻光緒元年(1875)續刻本 三十二册

330000－1701－0067725 HJH814.7/0163/(2) 類叢部/叢書類/自著之屬
澹静齋全集六種 (清)龔景瀚撰 清同治八年(1869)濟南郡署刻本 六册 存一種

330000－1701－0067730 普 814.7/4435.3/2/c3 類叢部/叢書類/自著之屬
庸盦全集十種 (清)薛福成撰 清光緒二十三年(1897)上海醉六堂石印本 二册 存一種

330000－1701－0067732 普 814.7/4930/c2 集部/别集類/清别集
悲盦居士詩賸一卷文存一卷 (清)趙之謙撰 清光緒十六年(1890)刻本 趙士鴻、谷韡跋 一册 存一卷(文存)

330000－1701－0067735 HJL7978 史部/傳記類/總傳之屬/郡邑
金陵通傳四十五卷補遺四卷 陳作霖撰 **金陵通傳姓名韻編一卷** 陳詒紱輯 清光緒三十年(1904)江寧陳氏瑞華館刻本 十册

330000－1701－0067736 普 814.7/4435.3/3 集部/别集類/清别集
庸盦海外文編四卷 (清)薛福成撰 清光緒二十二年(1896)石印本 一册

330000－1701－0067737 G001192 子部/醫家類/方書之屬/單方驗方
家珍集一卷 清光緒木活字印本 一册

330000－1701－0067738 G001193、G005134、G011331 集部/詞類/總集之屬
詞綜三十八卷 (清)朱彝尊輯 (清)汪森(清)王昶增輯 清碧梧書屋刻本 七册

330000－1701－0067741 HJH7678/1 史部/詔令奏議類/詔令之屬
諭摺彙存不分卷(清光緒二十二年八月、九月、二十三年八月) 清光緒鉛印本 十七册

330000－1701－0067742 普 814.7/4930/c3 集部/别集類/清别集
悲盦居士詩賸一卷文存一卷 (清)趙之謙撰 清光緒十六年(1890)刻本 一册 存一卷(文存)

330000－1701－0067745 HJL7979 類叢部/叢書類/彙編之屬
清風室叢書二十種 (清)錢保塘編 清同治十年至民國二十五年(1871－1936)海寧錢氏清風室刻本 一册 存一種

330000－1701－0067746 普 814.7/4435.4 類叢部/叢書類/自著之屬
庸盦全集十種 (清)薛福成撰 清光緒十年至二十四年(1884－1898)無錫薛氏刻本 四

十八册

330000－1701－0067751　HJH951.0165/0002　史部/雜史類/斷代之屬

戰國策三十三卷　(漢)高誘注　**重刻剡川姚氏本戰國策札記三卷**　(清)黄丕烈撰　清光緒二十二年(1896)上海鴻寶齋石印本　五册

330000－1701－0067752　HJL7980　史部/傳記類/總傳之屬/郡邑

金陵先正言行錄六卷　陳作霖撰　清江楚書局刻本　一册

330000－1701－0067753　普814.7/4930.2　集部/别集類/清别集

悲盦居士四書文一卷　(清)趙之謙撰　清光緒十一年(1885)刻本　一册

330000－1701－0067754　普814.7/44431　集部/别集類/明别集

隰西草堂詩集五卷文集三卷遯渚唱和集一卷　(明)萬壽祺撰　(清)孫運錦輯　清咸豐七年(1857)正誼堂刻本　三册

330000－1701－0067755　HJL7981　史部/傳記類/總傳之屬/列女

廣列女傳二十卷附錄一卷　(清)劉開輯　清光緒十年(1884)皖城刻本　六册

330000－1701－0067756　HJH951.0165/0002/c3　史部/雜史類/斷代之屬

戰國策三十三卷　(漢)高誘注　**重刻剡川姚氏本戰國策札記三卷**　(清)黄丕烈撰　清光緒二十二年(1896)上海鴻寶齋石印本　五册

330000－1701－0067757　G001156　集部/别集類/清别集

遜學齋文鈔十二卷首一卷末一卷續鈔五卷詩鈔十卷續鈔五卷　(清)孫衣言撰　清同治三年(1864)、十二年(1873)刻光緒增刻本　十册

330000－1701－0067759　G001194、G008603　子部/儒家類/儒學之屬

文中子中説十卷　題(隋)王通撰　(宋)阮逸注　明敬忍居刻本　二册

330000－1701－0067761　普814.7/44351/c1　類叢部/叢書類/自著之屬

袖海樓雜箸四種　(清)黄汝成撰　清道光十八年(1838)嘉定黄氏西谿草廬刻本　二册

330000－1701－0067762　HJH951.0165/0002/4　史部/雜史類/斷代之屬

戰國策三十三卷　(漢)高誘注　**重刻剡川姚氏本戰國策札記三卷**　(清)黄丕烈撰　清光緒三年(1877)永康胡氏退補齋刻本　五册

330000－1701－0067763　HJH951.0165/0002/4/c2　史部/雜史類/斷代之屬

戰國策三十三卷　(漢)高誘注　**重刻剡川姚氏本戰國策札記三卷**　(清)黄丕烈撰　清光緒三年(1877)永康胡氏退補齋刻本　四册　存三十三卷(一至三十三)

330000－1701－0067764　M001768　集部/詞類/總集之屬

景刊宋金元明本詞四十種　吴昌綬編　陶湘續編　清宣統三年至民國六年(1911－1917)仁和吴氏雙照樓刻民國六年至十三年(1917－1924)武進陶氏涉園續刻本　一册　存一種

330000－1701－0067765　普355/2624　史部/政書類/軍政之屬/兵制

聽黃鸝館外篇二卷　(清)魏邦翰撰　清光緒十年(1884)湘潭黎景嵩署刻本　魏頌唐跋　一册

330000－1701－0067766　普814.7/44441　類叢部/叢書類/自著之屬

寫經齋全集八種　(清)葉大莊撰　清光緒刻本　四册　存四種

330000－1701－0067767　普814.7/49301　集部/别集類/清别集

紉佩僊館文鈔一卷　(清)趙瀛撰　清光緒十三年(1887)木活字印本　一册

330000－1701－0067768　G001195　子部/雜著類/雜説之屬

定香亭筆談四卷　(清)阮元撰　清光緒十年

(1884)瀨江宋氏刻本　四冊

330000－1701－0067771　G001196　集部/總集類/選集之屬/通代

文選六十卷　(南朝梁)蕭統輯　(唐)李善注　**文選考異十卷**　(清)胡克家撰　清宣統三年(1911)上海會文堂石印本　十六冊

330000－1701－0067773　普814.7/4931　集部/別集類/清別集

肖巖文鈔四卷　(清)趙良霨撰　清嘉慶刻本　六冊

330000－1701－0067775　HJH951.0165/0002/8/c3　類叢部/叢書類/彙編之屬

士禮居叢書二十種　(清)黄丕烈編　清嘉慶至道光黄氏士禮居刻本　五冊　存一種

330000－1701－0067777　普814.7/44351/c2　類叢部/叢書類/自著之屬

袖海樓雜箸四種　(清)黄汝成撰　清道光十八年(1838)嘉定黄氏西谿草廬刻本　繆朝荃跋　三冊

330000－1701－0067778　HJH7679　史部/編年類/通代之屬

資治通鑑綱目五十九卷　(宋)朱熹撰　(明)陳仁錫評　**資治通鑑綱目續編一卷**　(明)陳桱撰　(明)陳仁錫評　**資治通鑑綱目前編二十五卷**　(明)南軒撰　(明)陳仁錫評　**續資治通鑑綱目二十七卷**　(明)商輅等撰　(明)陳仁錫評　清嘉慶九年(1804)姑蘇聚文堂刻本　一百二十冊　存五十九卷(一至五十九)

330000－1701－0067779　G001197　子部/小說家類/雜事之屬

今世說八卷　(清)王晫撰　清刻本　二冊

330000－1701－0067780　普814.7/4940/c1　集部/總集類/彙編之屬

二趙公文集二種五十四卷　(清)趙侗斆編　清光緒十八年至十九年(1892－1893)浙江書局刻本　十二冊　存一種

330000－1701－0067781　HJL8296　史部/紀事本末類

紀事本末五種　(清)□□輯　清同治十二年至十三年(1873－1874)江西書局刻本　八十冊　存一種

330000－1701－0067782　GY03039　史部/金石類/石之屬/文字

望堂金石文字初集三十一種二集十八種　楊守敬輯　清同治至宣統宜都楊氏飛青閣刻本　六冊　存三十五種

330000－1701－0067784　G001157　子部/小說家類/雜事之屬

右台仙館筆記十六卷　(清)俞樾撰　清宣統二年(1910)上海朝記書莊、蘇州振新書社石印本　八冊

330000－1701－0067786　G001198　史部/雜史類/斷代之屬

團匪肇亂紀畧一卷　**都門紀變百詠一卷**　(清)杞廬撰　清末石印本　二冊

330000－1701－0067787　普356.12/4160　新學/兵制/陸軍

西國陸軍制考略八卷　(英國)柯里撰　(英國)傅蘭雅口譯　(清)范本禮筆述　清光緒江南製造局刻本　四冊

330000－1701－0067789　HJH925.10984/3232/c4　史部/傳記類/總傳之屬/郡邑

浙江忠義録十卷表八卷又一卷續編二卷續表九卷　(清)浙江采訪忠義總局編　清同治六年(1867)浙江采訪忠義總局刻光緒元年(1875)續刻本　三十二冊

330000－1701－0067790　HJL7983　史部/雜史類/斷代之屬

周書斠補四卷　(清)孫詒讓撰　清光緒二十六年(1900)刻本　一冊

330000－1701－0067792　G001158　子部/小說家類/異聞之屬

夷堅志五十卷　(宋)洪邁撰　清宣統三年(1911)上海黎光社石印本　十六冊

330000－1701－0067794　普814.7/4436　集部/總集類/氏族之屬

黄氏家集三編五種 （清）黄家鼎編　清光緒四明黄氏補不足齋刻本　四册　存一種

330000－1701－0067796　普 356.12/7731　新學/兵制/陸軍
列國陸軍制不分卷 （美國）歐潑登撰　（美國）林樂知　（清）瞿昂來譯　清光緒江南機器製造總局刻本　三册

330000－1701－0067798　G001159　集部/總集類/選集之屬/斷代
近人詩錄一卷 清光緒二十九年（1903）上海商務印書館鉛印本　一册

330000－1701－0067799　HJL7984　史部/雜史類/斷代之屬
粤氛紀事十三卷 （清）謝山居士輯　清同治八年（1869）刻本　六册

330000－1701－0067800　HJH951.0165/2623　史部/雜史類/斷代之屬
戰國策十卷 （宋）鮑彪校注　（元）吴師道補正　清乾隆文盛堂刻本　李次九批並跋　六册

330000－1701－0067802　普 814.7/4438/c1　類叢部/叢書類/彙編之屬
二老閣叢書四十二種 （清）鄭風編　清康熙至嘉慶刻本　四册　存一種

330000－1701－0067803　普 814.7/4307/2　集部/别集類/清别集
謫麐堂遺集四卷 （清）戴望撰　清宣統三年（1911）歸安陸氏刻本　二册

330000－1701－0067804　普 356.14143/7767　新學/兵制/陸軍
德國陸軍考四卷 （法國）歐盟撰　（清）吴宗濂譯文　（清）潘元善執筆　清光緒二十七年（1901）江南製造局鉛印本　四册

330000－1701－0067805　HJL7985　類叢部/叢書類/家集之屬
毘陵謝氏叢書十六種 （清）謝蘭生撰並編　清光緒毘陵謝氏瑞雲堂刻本暨鉛印本　二册　存一種

330000－1701－0067806　HJL8298　史部/傳記類/總傳之屬/列女
典故列女傳四卷 清西湖寶文堂刻本　四册

330000－1701－0067809　G001160　史部/詔令奏議類/奏議之屬
許尚書奏摺一卷 （清）許應騤撰　**文御史奏摺一卷** （清）文悌撰　清光緒刻本　一册

330000－1701－0067810　普 814.7/4438/c2　類叢部/叢書類/彙編之屬
二老閣叢書四十二種 （清）鄭風編　清康熙至嘉慶刻本　四册　存一種

330000－1701－0067812　普 814.7/4315/2　集部/别集類/清别集
横山詩文鈔 （清）裘璉撰　清康熙刻裘氏絳雲居彙印本　八册

330000－1701－0067814　G001161　經部/小學類/訓詁之屬/爾雅
爾雅蒙求二卷 （清）李拔式撰　清光緒十五年（1889）深柳書屋刻本　二册

330000－1701－0067815　普 814.7/4438/（2）　類叢部/叢書類/彙編之屬
二老閣叢書四十二種 （清）鄭風編　清康熙至嘉慶刻本　六册　存一種

330000－1701－0067816　普 814.7/4324/4　集部/别集類/清别集
南山集十四卷補遺三卷 （清）戴名世撰　**南山先生［戴名世］年譜一卷** 清光緒二十六年（1900）木活字印本　八册

330000－1701－0067818　HJH925.10984/4420/c1　史部/傳記類/總傳之屬/仕宦
碧血錄五卷 （清）莊仲方撰　（清）夏鸞翔繪圖　清光緒八年（1882）上海同文書局石印本　五册

330000－1701－0067819　普 814.7/4438.2　集部/别集類/清别集
南雷文定前集十一卷後集四卷三集三卷四集四卷附錄一卷 （清）黄宗羲撰　清黄氏家塾刻本　八册

330000－1701－0067821　普 356.5/2633/c1　史部/政書類/軍政之屬/邊政
湖南苗防屯政考十五卷首一卷補編一卷　(清)但湘良撰　清光緒九年(1883)、十六年(1890)蒲圻但氏辰沅道署刻本　十六冊

330000－1701－0067822　普 356.5/2633/c2　史部/政書類/軍政之屬/邊政
湖南苗防屯政考十五卷首一卷補編一卷　(清)但湘良撰　清光緒九年(1883)、十六年(1890)蒲圻但氏辰沅道署刻本　十六冊

330000－1701－0067823　HJH925.10984/4420/c4　史部/傳記類/總傳之屬/仕宦
碧血錄五卷　(清)莊仲方撰　(清)夏鸞翔繪圖　清光緒八年(1882)上海同文書局石印本　五冊

330000－1701－0067824　G001163、G001162　類叢部/叢書類/彙編之屬
武英殿聚珍版書一百四十八種　清乾隆四十二年(1777)福建刻道光至同治遞修光緒二十一年(1895)增刻本　十冊　存二種

330000－1701－0067825　HJL8299　類叢部/叢書類/彙編之屬
文選樓叢書三十三種　(清)阮亨編　清嘉慶至道光阮元刻道光二十二年(1842)阮亨彙印本　二冊　存一種

330000－1701－0067826　HJH814.7/0199　集部/别集類/清别集
樂志堂文集十八卷詩集十二卷文續集二卷　(清)譚瑩撰　清咸豐九年至十年(1859－1860)吏隱園刻本　十二冊

330000－1701－0067827　普 814.7/4307/3　集部/别集類/清别集
謫麐堂遺集四卷　(清)戴望撰　清光緒元年(1875)會稽趙之謙刻本　一冊

330000－1701－0067833　GY03042　史部/金石類/金之屬
敬吾心室彝器款識不分卷　(清)朱善旂撰　清光緒三十四年(1908)平湖朱氏影印本　二冊

330000－1701－0067834　HJH925.10987/1243/c2　史部/傳記類/總傳之屬/列女
杭女表微錄十六卷首一卷　(清)孫樹禮輯　清光緒三十二年(1906)刻本　八冊

330000－1701－0067835　普 814.7/4310.2/4/c2　集部/總集類/彙編之屬
戴段合刻二種　(清)張壽榮輯　清光緒十年(1884)鎮海張氏刻本　六冊　存一種

330000－1701－0067836　HJH925.10987/1243/c4　史部/傳記類/總傳之屬/列女
杭女表微錄十六卷首一卷　(清)孫樹禮輯　清光緒三十二年(1906)刻本　八冊

330000－1701－0067837　G001164　子部/宗教類/道教之屬
悟真篇三註三卷　(宋)薛道光　(宋)陸墅　(元)陳致虛撰　**金丹四百字註解一卷**　(明)彭好古注　清花聚菴刻本　四冊

330000－1701－0067838　HJH925.10987/3193/c4　史部/傳記類/總傳之屬/列女
越女表微錄五卷　(清)汪輝祖撰　清光緒十八年(1892)杭州浙江學院刻本　一冊

330000－1701－0067839　普 814.7/4444　集部/别集類/清别集
有懷堂詩藁六卷文藁二十二卷　(清)韓菼撰　清康熙四十二年(1703)韓氏有懷堂刻本　四冊

330000－1701－0067840　HJL7680　類叢部/叢書類/自著之屬
左文襄公全集七種附二種首一卷　(清)左宗棠撰　清光緒刻本　十冊　存一種

330000－1701－0067841　HJL8301　史部/紀傳類/别史之屬
東都事略一百三十卷　(宋)王偁撰　清振鷺堂影宋刻本　十冊

330000－1701－0067842　G001199　史部/金石類/金之屬/文字

積古齋鐘鼎彝器款識十卷　(清)阮元　(清)朱爲弼撰　清光緒十九年(1893)上海積山書局石印本　五册

330000－1701－0067843　普 951.07092/1020/2　史部/編年類/斷代之屬
東華錄天命朝一卷天聰崇德三卷順治七卷康熙二十一卷雍正十三卷續錄乾隆四十八卷嘉慶十四卷道光十三卷　王先謙編　清末鉛印本　六十册

330000－1701－0067844　HJH925.10987/3193/c3　史部/傳記類/總傳之屬/列女
越女表微錄五卷　(清)汪輝祖撰　清光緒十八年(1892)杭州浙江學院刻本　一册

330000－1701－0067845　HJH814.7/0721/c2　集部/别集類/清别集
金峨山館文集不分卷　(清)郭傳璞撰　清光緒刻本　四册

330000－1701－0067846　HJH7681　類叢部/叢書類/自著之屬
儆居遺書十一種　(清)黄式三撰　清同治至光緒刻本　四册　存一種

330000－1701－0067847　HJL8302　史部/傳記類/别傳之屬/年譜
文端公[錢陳羣]年譜三卷　(清)錢儀吉編　(清)錢志澄增訂　清光緒二十年(1894)刻本　三册

330000－1701－0067849　HJL7986　史部/雜史類/斷代之屬
湘軍記二十卷　(清)王定安撰　清光緒十五年(1889)江南書局刻本　八册

330000－1701－0067850　HJH7682　史部/傳記類/總傳之屬/家乘
[浙江湖州]續修南潯周氏家譜八卷首一卷　周慶雲纂修　清宣統三年(1911)鉛印本　二册

330000－1701－0067851　HJH925.10987/7227/4/c3　史部/傳記類/總傳之屬/列女
列女傳八卷　(漢)劉向撰　(清)梁端校注　清道光十七年(1837)錢塘汪氏振綺堂刻同治十三年(1874)汪曾學補刻光緒元年(1875)印本　二册

330000－1701－0067852　普 814.7/44443/c1　集部/别集類/清别集
白湖詩藳八卷文藳八卷　(清)葉燕撰　清嘉慶二十三年(1818)葉氏又次居刻本　五册　缺七卷(一至七)

330000－1701－0067856　HJH814.7/0724/c3　集部/别集類/清别集
養知書屋遺集(養知書屋文集二十八卷詩集十五卷郭侍郎奏疏十二卷)　(清)郭嵩燾撰　王先謙編　清光緒十八年(1892)養知書屋刻本　十六册　存四十三卷(文集一至二十八、詩集一至十五)

330000－1701－0067859　G001202　史部/地理類/遊記之屬/紀行
乘槎筆記二卷　(清)斌椿撰　清同治十年(1871)醉六堂刻本　二册

330000－1701－0067860　G001165　子部/雜著類/雜考之屬
十駕齋養新錄二十卷餘錄三卷　(清)錢大昕撰　清嘉慶十年(1805)刻十六年(1811)補刻本　八册

330000－1701－0067861　G001201　史部/雜史類/斷代之屬
逸周書十卷附錄一卷　(清)盧文弨編　清刻本　三册

330000－1701－0067862　HJH925.10987/7227/4/c5　史部/傳記類/總傳之屬/列女
列女傳八卷　(漢)劉向撰　(清)梁端校注　清道光十七年(1837)錢塘汪氏振綺堂刻本　二册

330000－1701－0067863　HJL7987　史部/雜史類/斷代之屬
平定關隴紀畧十三卷　(清)易孔昭等撰　清光緒十三年(1887)刻本　十三册

330000－1701－0067865　G001166　子部/宗

教類/道教之屬

古本周易参同契集註二卷附錄一卷　(清)仇兆鰲輯　清刻本　六冊

330000－1701－0067868　HJH925.109877/0088/(2)　史部/傳記類/總傳之屬/郡邑

浙省節孝全錄十一卷　(清)高念曾輯　清光緒十九年(1893)刻本　十冊

330000－1701－0067869　普951.07092/1020.09　史部/編年類/斷代之屬

讀東華錄一卷　竇士鏞撰　清宣統三年(1911)鉛印本　一冊

330000－1701－0067870　G001167　新學/史志/諸國史

泰西新史攬要二十四卷　(英國)馬懇西撰　(英國)李提摩太釋　清光緒二十一年(1895)上海美華書館鉛印本　八冊

330000－1701－0067871　普814.7/44443/c2　集部/別集類/清別集

白湖詩藁八卷文藁八卷　(清)葉燕撰　清嘉慶二十三年(1818)葉氏又次居刻本　五冊　存八卷(文藁一至八)

330000－1701－0067874　普356.5/6649/c1　史部/政書類/軍政之屬/邊政

三省邊防備覽十四卷　(清)嚴如熤輯　清道光二年(1822)刻本　八冊

330000－1701－0067875　G001203　子部/天文曆算類/曆法之屬

大清光緒三十年至三十四年時憲書四卷　清光緒欽天監刻朱墨套印本　四冊

330000－1701－0067876　G001168　經部/叢編

御纂七經五種　(清)李光地等撰　清光緒三十年(1904)上海育文書局石印本　十三冊　存四種

330000－1701－0067877　普356.5/6649/c2　史部/政書類/軍政之屬/邊政

三省邊防備覽十四卷　(清)嚴如熤輯　清道光二年(1822)刻本　六冊

330000－1701－0067878　普356.5/6649/c3　史部/政書類/軍政之屬/邊政

三省邊防備覽十四卷　(清)嚴如熤輯　清道光二年(1822)刻本　六冊

330000－1701－0067881　普951.07092/1020.2　史部/編年類/斷代之屬

東華錄天命朝四卷天聰朝十一卷崇德朝八卷順治朝三十六卷康熙朝一百十卷雍正朝二十六卷東華續錄乾隆朝一百二十卷嘉慶朝五十卷道光朝六十卷　王先謙編　清光緒十三年(1887)廣百宋齋鉛印本　七十六冊

330000－1701－0067882　G001205　類叢部/叢書類/彙編之屬

荔牆叢刻十三種　(清)汪曰楨編　清同治至光緒烏程汪氏刻本　一冊　存一種

330000－1701－0067883　G001204、G003402、G007794　類叢部/叢書類/彙編之屬

通學齋叢書五十三種　(清)鄒淩沅編　清光緒二十五年(1899)通學齋鉛印本　十七冊　存二十種

330000－1701－0067885　G001206　子部/醫家類/類編之屬

南雅堂醫書全集　(清)陳念祖撰　清光緒元年(1875)刻本　二冊　存一種

330000－1701－0067887　G001207　集部/小說類/短篇之屬

淞隱漫錄十二卷　(清)王韜撰　清光緒石印本　二冊

330000－1701－0067888　HJH7683　史部/傳記類/總傳之屬/仕宦

五朝名臣言行錄前集十卷後集十四卷　(宋)朱熹輯　明建昌郡齋刻本　五冊

330000－1701－0067889　HJL8304　史部/雜史類/斷代之屬

明季北略二十四卷南略十八卷　(清)計六奇撰　清刻本　二十四冊

330000－1701－0067890　G001232　史部/地理類/方志之屬/郡縣志

同治上海縣志三十二卷首一卷末一卷 （清）應寶時等修 （清）俞樾 （清）方宗誠纂 清同治十年（1871）吳門臬署刻十一年（1872）南園志局重校光緒八年（1882）補版印本 十一冊 存二十三卷（一至二、九至二十九）

330000－1701－0067892 普356.5/6649.2/1 史部/政書類/軍政之屬/邊政

苗防備覽二十二卷 （清）嚴如熤撰 清道光二十三年（1843）紹義堂刻本 六冊

330000－1701－0067893 HJH814.7/0812/c2 集部/別集類/清別集

重桂堂集十一卷 （清）許正綬撰 清光緒十年（1884）許傳霙、許傳霈刻本 二冊

330000－1701－0067894 普356.5/664.29/c1 史部/政書類/軍政之屬/邊政

苗防備覽二十二卷 （清）嚴如熤撰 清道光二十三年（1843）紹義堂刻本 八冊

330000－1701－0067895 普356.5/664.29/c2 史部/政書類/軍政之屬/邊政

苗防備覽二十二卷 （清）嚴如熤撰 清道光二十三年（1843）紹義堂刻本 六冊

330000－1701－0067896 普356.5/664.29/c3 史部/政書類/軍政之屬/邊政

苗防備覽二十二卷 （清）嚴如熤撰 清道光二十三年（1843）紹義堂刻本 八冊

330000－1701－0067897 普356.5/6649.2/（2） 史部/政書類/軍政之屬/邊政

苗防備覽二十二卷 （清）嚴如熤撰 清道光二十三年（1843）紹義堂刻本 九冊

330000－1701－0067898 G001233 集部/別集類/清別集

青嶁遺稿二卷 （清）盛錦撰 （清）沈德潛評 清乾隆二十六年（1761）刻同治十一年（1872）重修本 二冊

330000－1701－0067900 HJH814.7/0830 集部/別集類/清別集

鑑止水齋集二十卷 （清）許宗彥撰 清咸豐八年（1858）德清許延穀刻本 六冊

330000－1701－0067901 HJH951.03/7267/c3 史部/紀傳類/正史之屬

二十四史 清同治至光緒五省官書局據汲古閣本等合刻光緒五年（1879）湖北書局彙印本 四十冊 存一種

330000－1701－0067902 HJL8305 類叢部/叢書類/自著之屬

樓山堂遺書五種 （明）吳應箕撰 清同治當塗夏氏刻本 四冊

330000－1701－0067904 HJL7988 史部/雜史類/斷代之屬

山東軍興紀畧二十二卷 （清）張曜編 清光緒十一年（1885）徑北草堂刻本 十冊

330000－1701－0067905 HJH814.7/0830/c2 集部/別集類/清別集

鑑止水齋集二十卷 （清）許宗彥撰 清咸豐八年（1858）德清許延穀刻本 六冊

330000－1701－0067906 G001234 經部/詩類/傳說之屬

毛詩傳箋二十卷 （漢）毛亨傳 （漢）毛萇撰 （漢）鄭玄箋 **鄭氏詩譜一卷** （漢）鄭玄撰 **毛詩音義三卷** （唐）陸德明撰 清同治十一年（1872）江南書局刻本 徐行恭題記 六冊

330000－1701－0067907 普814.7/4310.2/4（2） 集部/總集類/彙編之屬

戴段合刻二種 （清）張壽榮輯 清光緒十年（1884）鎮海張氏刻本 四冊 存一種

330000－1701－0067908 G001237 集部/總集類/選集之屬/通代

古文未曾有集八卷 （清）王復禮評選 清嘉慶十九年（1814）大酉堂刻本 八冊

330000－1701－0067909 HJL7989 史部/叢編

桐華館史翼五種 （清）金德輿輯 清嘉慶桐華館刻本 四冊 存一種

330000－1701－0067910 HJH951.04/7433/c3 類叢部/叢書類/自著之屬

潛園總集十七種　(清)陸心源撰　清同治至光緒刻本　十册　存一種

330000－1701－0067912　HJH951.03/7267.02/(2)/c2　史部/紀傳類/正史之屬
舊唐書二百卷　(後晉)劉昫撰　**舊唐書逸文十二卷**　(清)岑建功輯　**舊唐書校勘記六十六卷**　(清)羅士琳等校勘　清道光二十三年至二十六年(1843－1846)懼盈齋刻同治十一年(1872)定遠方氏補刻本　四册　存十二卷(逸文一至十二)

330000－1701－0067913　HJH951.03/7267/c4　史部/紀傳類/正史之屬
二十四史　清同治至光緒五省官書局據汲古閣本等合刻光緒五年(1879)湖北書局彙印本　四十册　存一種

330000－1701－0067914　HJL8306　史部/雜史類/斷代之屬
先撥志始二卷　(明)文秉撰　清同治二年(1863)當塗夏燮江西省寓刻本　二册

330000－1701－0067918　G001235　集部/總集類/郡邑之屬
方城遺獻八卷續刻一卷　(清)李成經輯　清乾隆五十二年(1787)德馨堂刻本　錦垣題簽　四册

330000－1701－0067919　G001208　類叢部/叢書類/彙編之屬
惜陰軒叢書三十四種續編一種　(清)李錫齡編　清光緒十四年(1888)長沙惜陰書局刻本　六册　存一種

330000－1701－0067920　HJL8307　類叢部/叢書類/自著之屬
振綺堂遺書五種　(清)汪遠孫撰　清道光刻民國十一年(1922)錢唐汪氏彙印本　五册　存一種

330000－1701－0067921　普814.7/4323　類叢部/叢書類/家集之屬
丹徒戴氏叢刻七種　(清)戴肇辰編　清同治至光緒刻本　一册　存一種

330000－1701－0067923　G001236　類叢部/叢書類/彙編之屬
武英殿聚珍版書一百四十八種　清乾隆四十二年(1777)福建刻道光至同治遞修光緒二十一年(1895)增刻本　六册　存一種

330000－1701－0067924　普814.7/4612/c1　集部/别集類/清别集
一枝山房詩鈔一卷文鈔一卷　(清)楊三鼎撰　**華庭詩鈔一卷賦鈔一卷夏蟲自語一卷**　(清)楊德榮撰　清光緒七年(1881)會稽楊德熙刻本　一册

330000－1701－0067925　G001209　類叢部/叢書類/自著之屬
五經歲徧齋校書三種　(清)翟云升輯　清道光東萊翟氏刻本　一册　存一種

330000－1701－0067926　G001238　史部/史評類/史論之屬
洪稚存先生評史十八卷　(清)洪亮吉撰　(清)龔熙評點　清光緒三十一年(1905)杭州兩浙采辦書報處石印本　二册

330000－1701－0067928　HJL8308　史部/傳記類/總傳之屬/文苑
國朝詩人徵略六十卷二編六十四卷　(清)張維屏撰　清道光二十二年(1842)刻本(二編卷十二、十四、十六、二十四、二十六、三十二、四十二原缺)　十六册

330000－1701－0067929　普814.7/4612/c2　集部/别集類/清别集
一枝山房詩鈔一卷文鈔一卷　(清)楊三鼎撰　**華庭詩鈔一卷賦鈔一卷夏蟲自語一卷**　(清)楊德榮撰　清光緒七年(1881)會稽楊德熙刻本　一册

330000－1701－0067931　HJH951.04/7433/c4　類叢部/叢書類/自著之屬
潛園總集十七種　(清)陸心源撰　清同治至光緒刻本　十册　存一種

330000－1701－0067932　普814.7/4940/c2　集部/總集類/彙編之屬

二趙公文集二種五十四卷　(清)趙侗斆編　清光緒十八年至十九年(1892－1893)浙江書局刻本　十二冊　存一種

330000－1701－0067933　G001239　子部/醫家類/婦科之屬/通論
竹林寺婦科秘方二卷　清末眠雲室抄本　二冊

330000－1701－0067934　普 356.61/4479　史部/政書類/軍政之屬/兵制
新定楚軍營制一卷　清刻本　一冊

330000－1701－0067935　HJH814.7/0870.2/(2)　類叢部/叢書類/自著之屬
施愚山先生全集五種附一種　(清)施閏章撰　清康熙至乾隆刻彙印本　十冊　缺五十卷(施愚山先生學餘詩集一至五十)

330000－1701－0067936　普 814.7/4626/c1　集部/別集類/清別集
遲鴻軒詩棄四卷文棄二卷　(清)楊峴撰　清光緒十一年至十三年(1885－1887)刻本　一冊　存二卷(文棄一至二)

330000－1701－0067939　G001210　史部/政書類/公牘檔冊之屬
上海商業會議公所文牘章程一卷　清末鉛印本　一冊

330000－1701－0067940　HJH925.10994/7433/(2)　類叢部/叢書類/自著之屬
潛園總集十七種　(清)陸心源撰　清同治至光緒刻本　十冊　存一種

330000－1701－0067941　普 356.6907/2344　新學/兵制/槍炮
格林礮操法一卷　(美國)傅蘭克令撰　(英國)傅蘭雅口譯　(清)徐建寅筆述　清光緒江南製造局刻本　一冊

330000－1701－0067942　G001240、G003007、G007956　史部/雜史類/通代之屬
最近支那史二卷　(日本)河野通之　(日本)石村貞一輯　清光緒上海振東室學社影印本　四冊

330000－1701－0067943　HJL7990　史部/編年類/斷代之屬
東華續錄同治朝一百卷　王先謙編　清光緒刻本(卷一配抄本)　五十四冊　缺二十卷(二、十二、三十三至三十五、四十二至五十、六十九至七十、九十五至九十八)

330000－1701－0067944　HJH951.04092/2847.06/c2　史部/編年類/通代之屬
資治通鑑後編校勘記十五卷　夏震武撰　清光緒二十四年(1898)浙江書局刻本　四冊

330000－1701－0067945　HJH951.03/7772/c2　史部/紀傳類/正史之屬
二十四史　清同治至光緒五省官書局據汲古閣本等合刻光緒五年(1879)湖北書局彙印本　四十冊　存一種

330000－1701－0067946　HJH951.03/7772/c4　史部/紀傳類/正史之屬
二十四史　清同治至光緒五省官書局據汲古閣本等合刻光緒五年(1879)湖北書局彙印本　四十冊　存一種

330000－1701－0067947　普 814.7/4944　類叢部/叢書類/彙編之屬
荔牆叢刻十三種　(清)汪曰楨編　清同治至光緒烏程汪氏刻本　二冊　存二種

330000－1701－0067948　G001211　子部/工藝類/日用器物之屬/器具
湖船錄一卷　(清)厲鶚撰　清同治九年(1870)胡氏退補齋刻本　周祖揆題記　一冊

330000－1701－0067949　HJL7991　史部/傳記類/總傳之屬/姓名
內閣漢票簽中書舍人題名一卷續編一卷補遺一卷續補遺一卷　(清)鮑康等輯　清咸豐至光緒刻本　二冊

330000－1701－0067951　普 814.7/4626/c2　集部/別集類/清別集
遲鴻軒詩棄四卷文棄二卷　(清)楊峴撰　清光緒十一年至十三年(1885－1887)刻本　一冊　存二卷(文棄一至二)

330000－1701－0067952　HJL8309　史部/傳記類/總傳之屬/通代
廿二史言行略四十二卷　(清)過元昳輯　清嘉慶十五年(1810)拜經齋刻本　十二册

330000－1701－0067953　G001241　史部/編年類/通代之屬
讀通鑑綱目劄記二十卷　(清)章邦元撰　清光緒二十八年(1902)鑄記書局石印本　三册

330000－1701－0067954　HJH951.04092/2847.06/c4　史部/編年類/通代之屬
資治通鑑後編校勘記十五卷　夏震武撰　清光緒二十四年(1898)浙江書局刻本　四册

330000－1701－0067956　G001212　史部/傳記類/别傳之屬/事狀
暨陽輿頌一卷　(清)江陰禮延書院輯　清光緒二十四年(1898)江陰禮延書院刻本　一册

330000－1701－0067958　HJH951.030144/4432/3/c4　史部/史評類/史論之屬
東萊先生音註唐鑑二十四卷　(宋)范祖禹撰　(宋)吕祖謙注　清光緒十八年(1892)浙江書局刻本　四册

330000－1701－0067959　普 814.7/4310.2/2　集部/别集類/清别集
戴東原集十二卷　(清)戴震撰　**戴東原先生[震]年譜一卷覆校札記一卷**　(清)段玉裁撰　清宣統二年(1910)渭南嚴氏孝義家塾成都刻民國十六年(1927)補刻本　六册

330000－1701－0067960　HJH951.030144/4432/3/c3　史部/史評類/史論之屬
東萊先生音註唐鑑二十四卷　(宋)范祖禹撰　(宋)吕祖謙注　清光緒十八年(1892)浙江書局刻本　四册

330000－1701－0067962　M001703　類叢部/叢書類/家集之屬
崇川劉氏叢書四種　(清)劉長華編　清同治至光緒崇川劉氏刻民國十五年(1926)海寧陳氏慎初堂印本　五册　存一種

330000－1701－0067963　HJH951.04092/4040/c2　史部/編年類/斷代之屬
續資治通鑑長編五百二十卷目錄二卷　(宋)李燾撰　清光緒七年(1881)浙江書局刻本　一百二十册

330000－1701－0067964　普 814.7/4950/2　集部/别集類/清别集
趙恭毅公剩藁八卷　(清)趙申喬撰　(清)趙侗斆編　清乾隆二年(1737)趙侗斆刻本　四册

330000－1701－0067966　HJL8310　史部/紀事本末類
紀事本末五種　(清)□□輯　清同治十二年至十三年(1873－1874)江西書局刻本　四册　存一種

330000－1701－0067967　HJL7992　史部/雜史類/斷代之屬
淮軍平捻記十二卷　(清)周世澄撰　清光緒刻本　四册

330000－1701－0067968　普 356.75/2402　新學/兵制/營壘
營城揭要二卷附圖　(英國)儲意比撰　(英國)傅蘭雅口譯　(清)徐壽筆述　清光緒江南機器製造局刻本　二册

330000－1701－0067970　HJH951.030144/4432/6/c4　史部/史評類/史論之屬
東萊先生音註唐鑑二十四卷　(宋)范祖禹撰　(宋)吕祖謙注　明刻本　東園、清紉香齋主人蕙卿題記　四册

330000－1701－0067972　HJL7994　史部/雜史類/斷代之屬
湖北節義錄十二卷補遺一卷　(清)黄昌輔輯　清同治九年(1870)湖北崇文書局刻本　十三册

330000－1701－0067973　G001213　集部/詞類/總集之屬
詞壇妙品十卷　(清)張淵懿輯　清宣統三年(1911)石印本　五册

330000－1701－0067974　普 356.75/2667

新學/兵制/營壘

營壘圖説一卷圖一卷 (比利時)伯里牙芒著 (美國)金楷理口譯 (清)李鳳苞筆述 清光緒間江南製造總局刻本 一冊

330000－1701－0067976 JG00001 史部/傳記類/總傳之屬/家乘

[湖南]二甲李氏續修族譜四十卷首一卷 (清)李應奇修 (清)李紳纂 清光緒二十二年(1896)隴西堂木活字印本 三十一冊 存三十七卷(首、一至十、十四至二十四、二十六至四十)

330000－1701－0067977 普 814.7/4626.3 集部/別集類/清別集

遲鴻軒詩存一卷文存一卷 (清)楊峴撰 清光緒二年(1876)吳門刻本 一冊

330000－1701－0067978 HJL7993 史部/雜史類/斷代之屬

豫軍紀略十二卷 (清)尹耕雲等纂 清同治十一年(1872)刻本 十二冊

330000－1701－0067979 M001785 類叢部/叢書類/彙編之屬

百尺樓叢書 陳去病編 清光緒至民國鉛印本 一冊 存一種

330000－1701－0067982 G001214 新學/兵制/陸軍

步兵工作教範不分卷 (日本)陸軍省編 樊炳清譯 清光緒南洋公學譯書院鉛印本 一冊

330000－1701－0067983 普 814.7/46261 類叢部/叢書類/自著之屬

楊氏全書八種三十七卷 (清)楊名時撰 清光緒三十四年至宣統元年(1908－1909)南菁高等學堂刻本 十冊

330000－1701－0067984 普 356.76/5740 新學/兵制/子藥

開地道轟藥法三卷附圖一卷 (英國)武備工程學堂編定 (英國)傅蘭雅口譯 (清)汪振聲筆述 清光緒江南製造總局刻本 二冊

330000－1701－0067985 HJH951.030144/4432/6 史部/史評類/史論之屬

東萊先生音註唐鑑二十四卷 (宋)范祖禹撰 (宋)呂祖謙注 明刻本 六冊

330000－1701－0067986 普 814.7/44461 集部/別集類/清別集

虛一齋集五卷 (清)莊培因撰 清光緒九年(1883)刻本 莊先識題記 二冊

330000－1701－0067987 HJH814.7/8064.5/5 類叢部/叢書類/自著之屬

曾文正公全集十六種 (清)曾國藩撰 清同治至光緒傳忠書局刻本 五冊 存一種

330000－1701－0067988 M001705 類叢部/叢書類/郡邑之屬

三怡堂叢書二十種 張鳳臺編 清光緒三十二年至民國十二年(1906－1923)河南官書局刻本 四冊 存一種

330000－1701－0067989 HJH814.7/1001/c2 集部/別集類/清別集

函雅堂集四十卷 王詠霓撰 清光緒二十二年(1896)刻本 十冊

330000－1701－0067990 G001215 集部/總集類/題詠之屬

庚子記念圖一卷 釋用仁繪並撰 清光緒二十七年(1901)鉛印本 一冊

330000－1701－0067991 普 814.7/4952/c1 集部/總集類/彙編之屬

二趙公文集二種五十四卷 (清)趙侗斆編 清光緒十八年至十九年(1892－1893)浙江書局刻本 四冊 存一種

330000－1701－0067992 普 357.07/4466 新學/兵制/海軍

水師操練十八卷首一卷附一卷 (英國)戰船部撰 (清)徐建寅譯 清光緒江南機器製造總局刻本 三冊

330000－1701－0067993 普 814.7/4324/6 集部/別集類/清別集

潛虛先生文集十四卷 (清)戴名世撰 清木

活字印本　八册

330000－1701－0067994　HJH814.7/8308/c2　集部/别集類/清别集

牧齋全集一百六十五卷　(清)錢謙益撰　(清)錢曾箋注　清宣統二年(1910)邃漢齋鉛印本　四十册

330000－1701－0067995　HJH951.0331/9913.3/4/c2　集部/别集類/唐五代别集

唐陸宣公集二十二卷　(唐)陸贄撰　清雍正元年(1723)年龑堯刻本　六册

330000－1701－0067996　普814.7/4626　集部/别集類/清别集

汀鷺文鈔三卷詩鈔二卷詩餘一卷　(清)楊傳第撰　清同治十一年(1872)張年橋廣州刻本　一册

330000－1701－0067997　HJL8313　史部/編年類/通代之屬

史存三十卷　(清)劉沅撰　清道光二十七年(1847)雙流劉氏刻本　十六册

330000－1701－0067998　普951.07092/1020.3　史部/編年類/斷代之屬

十朝東華錄五百二十五卷　王先謙、潘頤福撰　清光緒二十年(1894)上海積山書局石印本　六十四册

330000－1701－0067999　普814.7/4952/c4　集部/總集類/彙編之屬

二趙公文集二種五十四卷　(清)趙侗斆編　清光緒十八年至十九年(1892－1893)浙江書局刻本　四册　存一種

330000－1701－0068001　G001242　集部/别集類/清别集

壯悔堂文集十卷遺稿一卷四憶堂詩集六卷　(清)侯方域撰　(清)賈開宗等評點　**年譜一卷**　(清)侯洵撰　清宣統元年(1909)上海掃葉山房石印本　六册

330000－1701－0068002　普814.7/4447/2　集部/别集類/清别集

香聞遺集四卷　(清)薛起鳳撰　清光緒十一年(1885)彭祖賢湖北撫署刻本　一册

330000－1701－0068003　普814.7/4447　集部/别集類/清别集

香聞遺集四卷　(清)薛起鳳撰　清乾隆三十九年(1774)刻本　一册

330000－1701－0068004　HJH951.04092/4040/c3　史部/編年類/斷代之屬

續資治通鑑長編五百二十卷目錄二卷　(宋)李燾撰　清光緒七年(1881)浙江書局刻本　一百二十册

330000－1701－0068006　普814.7/4631　集部/别集類/清别集

抱山草堂遺稿二卷　(清)楊寶彝撰　清光緒二年(1876)楊峴吳門刻本　一册

330000－1701－0068007　普357.14142/4461　新學/兵制/海軍

水師章程十四卷續編六卷　(英國)水師兵部撰　(美國)林樂知口譯　(清)鄭昌棪筆述　清光緒江南製造總局刻本　十六册

330000－1701－0068008　G001216　子部/雜家類/雜纂

燕蘭小譜五卷　(清)吳長元撰　**海漚小譜一卷**　(清)秋谷老人撰　清乾隆五十年(1785)刻本　六册

330000－1701－0068009　普814.7/4634　集部/别集類/清别集

晦明軒稿不分卷壬癸金石跋一卷己庚金石跋一卷丁戊金石跋一卷　楊守敬撰　清光緒二十七年至三十三年(1901－1907)楊氏鄰蘇園刻本　章嶔題記　二册

330000－1701－0068010　HJH951.0331/9913.3/4/c3　集部/别集類/唐五代别集

唐陸宣公集二十二卷　(唐)陸贄撰　清雍正元年(1723)年龑堯刻本　四册

330000－1701－0068013　普814.7/4634/(2)　集部/别集類/清别集

晦明軒稿不分卷　楊守敬撰　清光緒二十七年至三十三年(1901－1907)楊氏鄰蘇園刻本

一册

330000－1701－0068014　G001243　史部/地理類/專志之屬/寺觀

玉皇山福星道院誌不分卷　清末刻本　一册

330000－1701－0068015　普 357.14144/4462　新學

江南製造局譯書　（清）江南製造局編　清光緒江南製造局鉛印本　一册　存一種

330000－1701－0068017　HJH814.7/8324/c3　集部/别集類/清别集

衎石齋記事稾十卷　（清）錢儀吉撰　清道光十四年（1834）刻本　五册

330000－1701－0068018　G001244　史部/傳記類/科舉録之屬/諸貢録

[宣統庚戌科]浙江選拔貢卷不分卷　（清）翁詩彦撰　清宣統二年（1910）鉛印本　一册

330000－1701－0068019　普 814.7/4954　集部/别集類/清别集

漱芳居文鈔八卷二集八卷　（清）趙青藜撰　清乾隆至嘉慶刻本　十二册　缺二卷（二集一至二）

330000－1701－0068020　HJL8314　史部/編年類/通代之屬

資治通鑑後編一百八十四卷　（清）徐乾學撰　**資治通鑑後編校勘記十五卷**　夏震武撰　清光緒浙江書局刻本　五十二册

330000－1701－0068021　HJH814.7/1023/c2　集部/别集類/清别集

梅菴遺集三卷　（清）王維祺撰　（清）王棻編　**清芬集續集一卷**　（清）王召修編　清光緒十七年（1891）臨海葉氏蔭玉閣木活字印本　一册

330000－1701－0068023　HJH814.7/8324/6　集部/别集類/清别集

衎石齋記事稾十卷　（清）錢儀吉撰　清道光十四年（1834）刻本　五册

330000－1701－0068025　HJH814.7/1023/c3　集部/别集類/清别集

梅菴遺集三卷　（清）王維祺撰　（清）王棻編　**清芬集續集一卷**　（清）王召修編　清光緒十七年（1891）臨海葉氏蔭玉閣木活字印本　一册

330000－1701－0068027　HJL7995　類叢部/叢書類/彙編之屬

峭帆樓叢書十八種　趙詒琛編　清宣統三年至民國八年（1911－1919）新陽趙氏峭帆樓刻本　三册　存一種

330000－1701－0068028　普 814.7/4448　集部/别集類/清别集

忠雅堂文集十二卷　（清）蔣士銓撰　清嘉慶二十一年（1816）藏園刻本　六册

330000－1701－0068029　HJH814.7/83241　類叢部/叢書類/彙編之屬

清風室叢書二十種　（清）錢保塘編　清同治十年至民國二十五年（1871－1936）海寧錢氏清風室刻本　四册　存一種

330000－1701－0068030　HJL8315　史部/紀傳類/正史之屬

元史新編九十五卷　（清）魏源撰　清光緒三十一年（1905）邵陽魏氏慎微堂刻本　三十二册

330000－1701－0068032　JG00002　史部/傳記類/總傳之屬/家乘

[浙江蕭山]蕭山縣前徐氏宗譜二十卷　（清）□□纂修　清光緒二十四年（1898）承德堂木活字印本　二十二册

330000－1701－0068033　普 357.5/3871　史部/政書類/軍政之屬/邊政

海防要覽二卷　（清）丁日昌　（清）李鴻章撰　（清）左錫九輯　清光緒十年（1884）長沙左錫九敦懷書屋刻本　一册

330000－1701－0068034　普 951.07092/1020.3/2　史部/編年類/斷代之屬

十朝東華錄五百二十五卷同治朝東華續錄一百卷　王先謙、潘頤福撰　清光緒二十五年

(1899)石印本　三十二册　存二百十卷(嘉慶朝一至五十、道光朝一至六十、咸豐朝一至一百)

330000－1701－0068035　普951.07092/1036　史部/編年類/斷代之屬

十一朝東華約錄二百三十二卷　(清)王祖顯輯　清光緒二十八年(1902)石印本　二十四册

330000－1701－0068038　普814.7/4645　集部/别集類/清别集

孟鄰堂文鈔十四卷　(清)楊椿撰　清嘉慶二十三年(1818)紅梅閣刻本　五册

330000－1701－0068040　HJH814.7/10241/c3　集部/别集類/清别集

綠雪堂遺集二十卷　(清)王衍梅撰　(清)汪雲任輯　清道光二十年(1840)盱眙汪雲任刻二十九年(1849)增刻本　二十册

330000－1701－0068041　普951.07092/4437/c1　史部/編年類/斷代之屬

東華錄三十二卷　(清)蔣良騏撰　清刻本　十二册

330000－1701－0068042　普951.07092/4437/c3　史部/編年類/斷代之屬

東華錄三十二卷　(清)蔣良騏撰　清刻本　十二册

330000－1701－0068043　HJH814.7/10241/c4　集部/别集類/清别集

綠雪堂遺集二十卷　(清)王衍梅撰　(清)汪雲任輯　清道光二十年(1840)盱眙汪雲任刻二十九年(1849)增刻本　八册

330000－1701－0068044　普951.07092/4437/(2)/c1　史部/編年類/斷代之屬

東華錄三十二卷　(清)蔣良騏撰　清刻本　十册

330000－1701－0068045　HJH814.7/1029/(2)　集部/别集類/清别集

學耨堂文集八卷詩稿九卷詩餘二卷　(清)王崇炳撰　清乾隆二十五年(1760)刻五十三年(1788)印本　十二册

330000－1701－0068046　普951.07092/4437/(2)/c3　史部/編年類/斷代之屬

東華錄三十二卷　(清)蔣良騏撰　清同治十一年(1872)聚錦堂刻本　八册

330000－1701－0068047　M001708　集部/别集類/清别集

嘉樹堂稿十卷　(清)陳守謙撰　清刻本　四册

330000－1701－0068049　普814.7/4648　集部/别集類/清别集

息柯全集二十一卷　(清)楊翰撰　清同治九年至十二年(1870－1873)羊城九曜山房刻本　十册

330000－1701－0068050　普814.7/6022/2　集部/别集類/清别集

丁戊之間行卷十卷　易順鼎撰　清光緒五年(1879)刻琴志樓叢書本　管元耀題簽並記　四册

330000－1701－0068051　HJH814.7/10341/c2　集部/别集類/清别集

半舫齋古文八卷　(清)夏之蓉撰　清乾隆三十六年(1771)夏味堂等刻本　四册

330000－1701－0068052　HJH814.7/8331/c1　類叢部/叢書類/自著之屬

錢頤壽中丞全集正編三種續編二種　(清)錢寶琛撰　清同治七年至光緒六年(1868－1880)錢鼎銘刻本　二册　存一種

330000－1701－0068054　普814.7/4649/c1　集部/别集類/清别集

蘇盦文錄二卷駢文錄五卷詩錄八卷詞錄一卷　(清)楊葆光撰　清光緒九年(1883)杭州刻本　五册

330000－1701－0068055　普814.7/4964　集部/别集類/清别集

青草堂集十二卷二集十六卷三集十六卷補集七卷　(清)趙國華撰　清同治十一年至光緒二十一年(1872－1895)濟南刻本　缪筌題記

十冊　存二十八卷(青草堂集一至十二、二集一至十六)

330000－1701－0068056　G001246　子部/雜著類/雜品之屬

耳學錄十卷附東汀小稿五卷　(清)葉愚撰　清嘉慶十九年(1814)刻本　清孫境題記　二冊　缺五卷(東汀小稿一至五)

330000－1701－0068057　普814.7/4649/c2　集部/别集類/清别集

蘇盦文錄二卷駢文錄五卷詩錄八卷詞錄一卷　(清)楊葆光撰　清光緒九年(1883)杭州刻本　五冊

330000－1701－0068058　HJH814.7/8332/3/c1　集部/别集類/清别集

錢南園先生遺集五卷　(清)錢灃撰　清光緒十九年(1893)保山劉樹堂浙江書局刻本　二冊

330000－1701－0068059　G001217　集部/總集類/郡邑之屬

湖墅叢書六種　(清)王麟輯　清光緒五年(1879)錢塘王氏刻本　一冊　存一種

330000－1701－0068061　普814.7/46491/c2　集部/别集類/清别集

芙蓉山館全集(芙蓉山館詩鈔八卷詩補鈔一卷詞鈔二卷詞附鈔一卷文鈔八卷附錄一卷)二十一卷　(清)楊芳燦撰　清光緒十七年(1891)木活字印本　八冊

330000－1701－0068062　JG00003　史部/傳記類/總傳之屬/家乘

[江蘇南京]齊氏四修族譜四十卷　(清)齊世遠　(清)齊修齡　(清)齊修鳳等編纂　清光緒二十六年(1900)一本堂木活字印本　十八冊　存十八卷(一、三至五、九至十、十二至十三、十七、二十二、二十五至二十七、三十一、三十三、三十五至三十六、三十八)

330000－1701－0068063　HJH814.7/8332/3/c2　集部/别集類/清别集

錢南園先生遺集五卷　(清)錢灃撰　清光緒十九年(1893)保山劉樹堂浙江書局刻本　二冊

330000－1701－0068064　普814.7/4967/c3　集部/别集類/清别集

趙忠節公遺墨一卷　(清)趙景賢撰　**溫次言先生詩錄一卷**　(清)溫汝超撰　清光緒八年(1882)歸安趙氏刻本　一冊

330000－1701－0068065　普814.7/6040　集部/别集類/清别集

尊聞居士集八卷　(清)羅有高撰　(清)彭紹升編　清光緒八年(1882)長洲彭祖賢刻本　四冊

330000－1701－0068067　HJL7996　史部/雜史類/斷代之屬

奉天錄四卷　(唐)趙元一撰　清刻本　二冊

330000－1701－0068069　G001218　子部/醫家類/類編之屬

陳修園醫書五十種　(清)陳念祖等撰　清光緒三十一年(1905)上海商務印書館鉛印本　一冊　存一種

330000－1701－0068070　普814.7/4448/2　集部/别集類/清别集

忠雅堂文集十二卷　(清)蔣士銓撰　清道光二十三年(1843)藏園刻本　六冊

330000－1701－0068071　HJH814.7/8343/c2　集部/别集類/清别集

擁石齋文集二十六卷詩集五十卷十國詞箋略一卷　(清)錢載撰　清光緒四年(1878)蘇州交通圖書館刻本　四冊　存二十七卷(文集一至二十六、十國詞箋略)

330000－1701－0068073　普814.7/4967/c4　集部/别集類/清别集

趙忠節公遺墨一卷　(清)趙景賢撰　**溫次言先生詩錄一卷**　(清)溫汝超撰　清光緒八年(1882)歸安趙氏刻本　一冊

330000－1701－0068074　普814.7/6060　集部/别集類/清别集

天南一峰集不分卷　(清)田易撰　清刻本

一册

330000－1701－0068076　普 951.07092/4861/c1　史部/編年類/斷代之屬

皇朝政典挈要六卷　（日本）增田貢撰　（清）毛澄補編　清光緒二十八年（1902）石印本　四册

330000－1701－0068077　JG00004　史部/傳記類/總傳之屬/家乘

范朱族譜不分卷　清忠孝堂木活字印本　二册

330000－1701－0068080　G001247　子部/術數類/相宅相墓之屬

陳子性藏書十二卷首一卷　（清）陳應選撰　清乾隆四十七年（1782）奎元堂刻本　六册

330000－1701－0068083　HJL7998　史部/傳記類/總傳之屬/仕宦

中興將帥别傳三十卷　朱孔彰撰　清光緒二十三年（1897）江寧刻本　十二册

330000－1701－0068087　普 814.7/6039　集部/别集類/清别集

綠漪艸堂文集三十卷首一卷别集二卷外集二卷詩集二十卷研華館詞三卷　（清）羅汝懷撰　（清）羅式常輯　清光緒九年（1883）湘潭羅式常長沙刻本　十六册

330000－1701－0068088　普 951.07092/4861/c2　史部/編年類/斷代之屬

清史攬要六卷　（日本）增田貢撰　清光緒二十八年（1902）石印本　四册

330000－1701－0068089　JG00005　史部/傳記類/總傳之屬/家乘

范氏族譜不分卷　清雙鳳堂木活字印本　二册

330000－1701－0068090　G001248　集部/别集類/宋别集

蘇東坡詩集注三十二卷失編一卷　（宋）蘇軾撰　（宋）吕祖謙編　（宋）王十朋集注　**東坡先生［蘇軾］年譜一卷**　（宋）王宗諤編　清康熙三十七年（1698）新安朱從延文蔚堂刻本　二十册

330000－1701－0068091　普 814.7/4454　集部/别集類/清别集

鶴影山人文稿不分卷　（清）范春林撰　（清）陸在豐編　清同治十年（1871）鉛印本　一册

330000－1701－0068092　HJH814.7/8346　類叢部/叢書類/自著之屬

潛研堂全書十六種　（清）錢大昕撰　清乾隆至嘉慶刻本　二十四册　存一種

330000－1701－0068093　HJL7999　類叢部/叢書類/彙編之屬

津河廣仁堂叢書八十四種　（清）□□編　清光緒津河廣仁堂刻本　六册　存一種

330000－1701－0068097　G001220　子部/小説家類/異聞之屬

音釋坐花誌果八卷　（清）汪道鼎撰　（清）鷲峰樵者音釋　清光緒二十二年（1896）吴興小善會石印本　一册　存四卷（一至四）

330000－1701－0068099　JG00006　史部/傳記類/總傳之屬/家乘

翀麓齊氏族譜□□卷　清末木活字印本　四册　存五卷（八、十至十三）

330000－1701－0068103　普 814.7/4460/2　集部/别集類/清别集

秋盦詩草一卷詞草一卷題跋一卷　（清）黄易撰　清宣統二年（1910）李汝謙石印本　一册

330000－1701－0068105　普 814.7/6022　類叢部/叢書類/自著之屬

琴志樓叢書　易順鼎撰　清光緒刻本　二册　存二種

330000－1701－0068106　HJH951.037094/7520/（2）/c2　類叢部/叢書類/彙編之屬

廣雅書局叢書一百五十九種　徐紹棨編　清光緒廣雅書局刻民國九年（1920）番禺徐紹棨彙編重印本　十册　存一種

330000－1701－0068109　HJH951.04092/4040/2/c2　史部/編年類/斷代之屬

續資治通鑑長編五百二十卷目錄二卷　(宋)李燾撰　清嘉慶二十四年至二十五年(1819－1820)海虞張氏愛日精廬木活字印本　一百冊

330000－1701－0068110　HJL8319　史部/編年類/斷代之屬
建炎以來繫年要錄二百卷　(宋)李心傳撰　清光緒五年至八年(1879－1882)仁壽蕭氏刻十一年(1885)重校本　六十冊

330000－1701－0068112　HJH951.037094/7520/(2)/c3　類叢部/叢書類/彙編之屬
廣雅書局叢書一百五十九種　徐紹棨編　清光緒廣雅書局刻民國九年(1920)番禺徐紹棨彙編重印本　六冊　存一種

330000－1701－0068113　HJL8000　史部/傳記類/别傳之屬/年譜
歷代名人年譜十卷附存疑及生卒年月無攷一卷　(清)吳榮光撰　清光緒元年(1875)南海張蔭桓刻本　十冊

330000－1701－0068114　HJH814.7/8354　集部/别集類/清别集
甘泉鄉人稿二十四卷餘稿二卷　(清)錢泰吉撰　**皇清敕授修職郎誥封朝議大夫顯考警石府君[錢泰吉]年譜一卷**　(清)錢應溥編　**四水子遺著一卷**　(清)錢友泗撰　**邠農偶吟稿一卷**　(清)錢炳森撰　清同治七年(1868)、十一年(1872)鍾氏刻光緒七年(1881)、十一年(1885)錢氏青溪官舍增刻本　五冊　缺三卷(年譜、四水子遺著、邠農偶吟稿)

330000－1701－0068116　G001221　子部/術數類/相宅相墓之屬
雪心賦正解四卷　(唐)卜應天撰　(清)孟浩註　**辯論三十篇一卷**　(清)孟浩撰　清刻本　三冊　存四卷(一至四)

330000－1701－0068117　JG00007　史部/傳記類/總傳之屬/家乘
[河南鄭州]潘氏族譜十九卷首一卷　(清)潘生江纂輯　清同治九年(1870)木活字印本　九冊　存十八卷(首、一至七、九至十三、十五至十九)

330000－1701－0068119　普814.7/4464　集部/别集類/清别集
葉忠節公遺稿十二卷　(清)葉映榴撰　(清)葉芳輯　清乾隆十年(1745)葉芳刻本　八冊

330000－1701－0068120　HJH951.038/2627/c3　史部/雜史類/斷代之屬
十國春秋一百十四卷　(清)吳任臣撰　**拾遺一卷備考一卷　拾遺備考補**　(清)周昂輯　清乾隆五十八年(1793)昭文周氏此宜閣刻本　十六冊

330000－1701－0068121　HJL8001　史部/傳記類/總傳之屬/忠孝
勝朝殉揚錄三卷　(清)劉寶楠輯　清同治十年(1871)淮南書局刻本　一冊

330000－1701－0068122　普814.7/6079　集部/别集類/清别集
冶古堂文集五卷　(清)呂履恒撰　(清)呂宣曾重編　清乾隆十五年(1750)新安呂宣曾刻本　三冊　存三卷(一至二、五)

330000－1701－0068123　HJH814.7/8354/2/c2　集部/别集類/清别集
甘泉鄉人稿二十四卷　(清)錢泰吉撰　**可讀書齋校書譜一卷**　(清)唐兆榴編　清咸豐四年(1854)讀舊書室刻本　清文秀跋　五冊

330000－1701－0068124　普814.7/4990/c2　集部/别集類/清别集
居易軒遺稿二卷　(清)趙炳龍撰　清光緒十四年(1888)長沙刻本　一冊

330000－1701－0068125　HJL8321　史部/編年類/通代之屬
歷代通鑑纂要九十二卷　(明)李東陽　(明)劉機等撰　清光緒二十三年(1897)廣雅書局刻本　四十八冊

330000－1701－0068126　普814.7/4674　類叢部/叢書類/郡邑之屬
湖州叢書十二種　(清)陸心源編　清光緒湖城義塾刻本　二冊　存一種

330000－1701－0068127　HJH951.038/2627/(2)/c3　史部/雜史類/斷代之屬
十國春秋一百十四卷　(清)吳任臣撰　**拾遺一卷備考一卷　拾遺備考補**　(清)周昂輯　清乾隆五十八年(1793)昭文周氏此宜閣刻嘉慶四年(1799)補刻本(拾遺備考配抄本)　清裴長光題記　十六冊

330000－1701－0068128　HJL8002　類叢部/叢書類/郡邑之屬
三怡堂叢書二十種　張鳳臺編　清光緒三十二年至民國十二年(1906－1923)河南官書局刻本　四冊　存一種

330000－1701－0068129　HJL814.7/1035/c2　集部/別集類/清別集
西江詩稿二十八卷續編一卷文稿三十二卷附編一卷　(清)王家振撰　清光緒三十四年(1908)慈谿王氏柜柳山館木活字印本　十二冊

330000－1701－0068131　G001222　史部/政書類/律令之屬/律例
大清光緒新法令十三卷附錄一卷　商務印書館編譯所編纂　清宣統二年(1910)上海商務印書館鉛印本　二十冊

330000－1701－0068132　普814.7/44641　集部/別集類/清別集
樹人堂文集二卷　(清)黃暉吉撰　(清)舒暢之輯　清嘉慶二十四年(1819)刻本　二冊

330000－1701－0068133　G001249　史部/詔令奏議類/奏議之屬
楊黃門奏疏不分卷　(清)楊雍建撰　清康熙二年(1663)楊雍建刻十八年(1679)楊存理增刻本　二冊

330000－1701－0068135　普814.7/4687　集部/別集類/清別集
薖園文鈔一卷　(清)楊金監撰　清光緒十六年(1890)毗陵楊氏世承堂木活字印本　一冊

330000－1701－0068137　普814.7/5014/c2　類叢部/叢書類/彙編之屬
弢園叢書　(清)王韜編　清光緒鉛印本　二冊　存一種

330000－1701－0068138　JG00008　史部/傳記類/總傳之屬/家乘
[湖南益陽]武陵龔氏十二修族譜十八卷首二卷末一卷　(清)龔親教修　(清)龔德炳　(清)龔良杜纂　清光緒三十四年(1908)木活字印本　八冊

330000－1701－0068139　HJL8316　史部/政書類/律令之屬/刑制
秋讞輯要六卷　(清)剛毅輯　清光緒十年(1884)刻本　八冊

330000－1701－0068140　普814.7/4469/c2　類叢部/叢書類/自著之屬
緣督廬遺書六種　葉昌熾撰　清末至民國初遞刻本　四冊　存一種

330000－1701－0068141　HJH951.0387/8326/2/c2　類叢部/叢書類/郡邑之屬
武林掌故叢編一百八十七種　(清)丁丙編　清光緒三年至二十六年(1877－1900)錢塘丁氏嘉惠堂刻本　二冊　存一種

330000－1701－0068142　HJL8004　史部/編年類
資治通鑑彙刻　清同治至光緒江蘇書局刻本　二冊　存一種

330000－1701－0068143　普814.7/4713/c1　集部/別集類/清別集
石笥山房集二十四卷　(清)胡天游撰　清咸豐二年(1852)山陰胡鳴泰刻本　十冊

330000－1701－0068144　HJH951.0387/8326/2/c3　類叢部/叢書類/郡邑之屬
武林掌故叢編一百八十七種　(清)丁丙編　清光緒三年至二十六年(1877－1900)錢塘丁氏嘉惠堂刻本　二冊　存一種

330000－1701－0068145　普814.7/5014/c3　集部/別集類/清別集
華陽散稿二卷　(清)史震林撰　清光緒九年(1883)王韜香海鉛印本　清紅扶題簽並記

二册

330000－1701－0068146　G001223　集部/别集類/唐五代别集

玉谿生詩箋註三卷年譜一卷首一卷樊南文集箋註八卷　(唐)李商隱撰　(清)馮浩編訂　清乾隆四十五年(1780)德聚堂刻嘉慶元年(1796)增刻本　七册　缺二卷(樊南文集箋註七至八)

330000－1701－0068148　HJL8005　史部/詔令奏議類/奏議之屬

駱文忠公奏議湘中稿十六卷續刻四川奏議十一卷附錄三卷　(清)駱秉章撰　清同治花縣駱氏刻光緒增刻本　二十六册

330000－1701－0068149　HJL8317　史部/傳記類/總傳之屬

湖北詩徵傳略四十卷　(清)丁宿章輯　清光緒七年(1881)孝感丁氏涇北草堂刻本　二十册

330000－1701－0068150　普814.7/5014/c4　集部/别集類/清别集

華陽散稿二卷　(清)史震林撰　清光緒九年(1883)王韜香海鉛印本　清竹翁批校並題記　二册

330000－1701－0068152　G001250　子部/儒家類/儒學之屬/禮教

溺女圖説一卷　(清)金光煦編　清光緒十二年(1886)溫州博古齋刻本　一册

330000－1701－0068153　普814.7/5023、G612409　集部/别集類/清别集

虹橋老屋遺稿文四卷詩五卷補遺文一卷詩一卷詞賸一卷　(清)秦緗業撰　**虎侯詩存一卷**　(清)秦光祖撰　清光緒十五年(1889)秦光簡等刻二十一年(1895)增刻本　章嶔題簽　五册　缺一卷(虎侯詩存)

330000－1701－0068154　HJH951.04/5245/c3　史部/紀傳類/正史之屬

二十四史　清同治至光緒五省官書局據汲古閣本等合刻光緒五年(1879)湖北書局彙印本　一百册　存一種

330000－1701－0068155　普814.7/4713/c3　集部/别集類/清别集

石笥山房集二十四卷　(清)胡天游撰　清咸豐二年(1852)山陰胡鳴泰刻本　十册

330000－1701－0068156　G001251　集部/别集類/清别集

陋軒詩十二卷　(清)吳嘉紀撰　**陋軒詩續二卷**　(清)吳嘉紀撰　(清)夏荃輯　清嘉慶繆中刻道光二十年(1840)夏氏補刻本　五册

330000－1701－0068157　G001224　子部/術數類/相宅相墓之屬

仁孝必讀六卷　(清)周梅梁輯　清光緒三年(1877)刻本　四册

330000－1701－0068158　HJH951.04/5245/c2　史部/紀傳類/正史之屬

二十四史　清同治至光緒五省官書局據汲古閣本等合刻光緒五年(1879)湖北書局彙印本　一百册　存一種

330000－1701－0068159　HJL8318　史部/詔令奏議類/奏議之屬

譚中丞奏稿十二卷首一卷　(清)譚鈞培撰　清光緒二十八年(1902)湖北糧署刻本　十六册

330000－1701－0068160　HJH814.7/1035/c2　類叢部/叢書類/自著之屬

春融堂集三種　(清)王昶撰　清嘉慶青浦王氏塾南書舍刻光緒十八年(1892)重修本　二十册

330000－1701－0068161　普814.7/4713/c4　集部/别集類/清别集

石笥山房集二十四卷　(清)胡天游撰　清咸豐二年(1852)山陰胡鳴泰刻本　十册

330000－1701－0068162　HJH814.7/8371/c2　集部/别集類/清别集

香樹齋詩集十八卷詩續集三十六卷文集二十八文集續鈔五卷　(清)錢陳羣撰　清乾隆刻同治九年(1870)、光緒十一年(1885)補修本

二十四册

330000－1701－0068164　普 814.7/6022.2/c1　類叢部/叢書類/自著之屬
琴志樓叢書　易順鼎撰　清光緒刻本　四册　存一種

330000－1701－0068165　普 814.7/5023/(2)　集部/别集類/清别集
虹橋老屋遺稿文四卷詩五卷補遺文一卷詩一卷詞賸一卷　(清)秦緗業撰　**虎侯詩存一卷**　(清)秦光祖撰　清光緒十五年(1889)秦光簡等刻二十一年(1895)增刻本　四册

330000－1701－0068166　G001225　史部/政書類/律令之屬
例案備較四卷　清道光九年(1829)刻本　三册　缺一卷(二)

330000－1701－0068167　HJH951.04092/4040.02/c2　史部/編年類/斷代之屬
續資治通鑑長編拾補六十卷　(清)秦緗業等輯注　清光緒九年(1883)浙江書局刻本　十六册

330000－1701－0068168　G001226　集部/總集類/選集之屬/通代
古唐詩合解十二卷古詩四卷　(清)王堯衢注　清容德堂刻本　五册

330000－1701－0068169　HJL8320　史部/編年類/斷代之屬
續資治通鑑長編拾補六十卷　(清)秦緗業等輯注　清光緒九年(1883)浙江書局刻本　十六册

330000－1701－0068170　普 814.7/4713/2　集部/别集類/清别集
石笥山房文集六卷詩集十一卷詩餘一卷　(清)胡天游撰　清道光二十六年(1846)胡學淳博平刻本　八册

330000－1701－0068171　HJL8007　史部/雜史類/斷代之屬
平浙紀略十六卷　(清)秦緗業　(清)陳鍾英撰　清同治十二年(1873)浙江書局刻本　四册

330000－1701－0068172　HJL8326　史部/政書類/邦交之屬
許竹篔先生出使函稿十四卷　(清)許景澄撰　清末鉛印本　二册　存七卷(一至七)

330000－1701－0068173　普 814.7/4469/(2)/c2　類叢部/叢書類/自著之屬
緣督廬遺書六種　葉昌熾撰　清末至民國初遞刻本　二册　存一種

330000－1701－0068174　HJH814.7/1039　集部/别集類/清别集
晚聞居士遺集九卷首一卷　(清)王宗炎撰　清道光十年至十一年(1830－1831)杭州陸貞一愛日軒刻本　四册

330000－1701－0068175　G001227　子部/儒家類/儒學之屬/經濟
法言疏證十三卷校補一卷　汪榮寶撰　清宣統三年(1911)汪氏金薤琳琅齋鉛印本　四册

330000－1701－0068176　普 814.7/4713/3/c1　集部/别集類/清别集
石笥山房集二十四卷　(清)胡天游撰　**先考稺威公[胡天游]年譜紀畧一卷**　(清)胡元琢撰　清宣統二年(1910)上海國學扶輪社石印本　十册

330000－1701－0068177　HJH951.04092/4040.02/c3　史部/編年類/斷代之屬
續資治通鑑長編拾補六十卷　(清)秦緗業等輯注　清光緒九年(1883)浙江書局刻本　十六册

330000－1701－0068178　HJL8327　史部/詔令奏議類/奏議之屬
許竹篔先生奏疏錄存二卷　(清)許景澄撰　清末鉛印本　一册

330000－1701－0068179　普 814.7/6080　集部/别集類/清别集
嶺南集六卷　(清)程含章撰　清嘉慶刻本　六册

330000－1701－0068180　G001252　子部/雜著類/雜說之屬

潙嶠芻言一卷　(清)珠泉農人撰　清光緒十二年(1886)潙濱漁隱刻本　一册

330000－1701－0068182　G001228　史部/地理類/方志之屬/郡縣志

[嘉慶]西安縣志四十八卷首一卷　(清)姚寶煃修　(清)范崇楷等纂　清嘉慶十六年(1811)刻本　四册　存二十一卷(十三至十五、二十七至四十二、四十七至四十八)

330000－1701－0068183　普814.7/5023/(3)　集部/别集類/清别集

虹橋老屋遺稿文四卷詩五卷補遺文一卷詩一卷詞賸一卷　(清)秦緗業撰　**虎侯詩存一卷**　(清)秦光祖撰　清光緒十五年(1889)秦光簡等刻二十一年(1895)增刻本　二册　缺四卷(遺稿文一至四)

330000－1701－0068184　普814.7/4472　類叢部/叢書類/家集之屬

影山草堂六種　(清)莫與儔　(清)莫友芝撰　清咸豐至光緒刻本　一册　存一種

330000－1701－0068185　HJL8008　類叢部/叢書類/彙編之屬

新陽趙氏叢刊(高齋叢刻)十四種　(清)趙元益編　清光緒十一年至二十八年(1885－1902)新陽趙氏刻本　三册　存一種

330000－1701－0068187　普814.7/6022.2/c3　類叢部/叢書類/自著之屬

琴志樓叢書　易順鼎撰　清光緒刻本　二册　存一種

330000－1701－0068189　普814.7/4713/3/c2　集部/别集類/清别集

石笥山房集二十四卷　(清)胡天游撰　**先考稺威公[胡天游]年譜紀畧一卷**　(清)胡元琢撰　清宣統二年(1910)上海國學扶輪社石印本　十册

330000－1701－0068190　JG00009　史部/傳記類/總傳之屬/家乘

[湖南湘陰]上湘天堂劉氏續修族譜十五卷首二卷　(清)劉立監等修　(清)劉賢勳　(清)劉榮碣　(清)劉良盛等纂　清宣統元年(1909)藜光堂木活字印本　十六册　缺一卷(一)

330000－1701－0068192　HJL8328　史部/政書類/邦計之屬/貿易

通商各國條約類編十八卷首一卷末一卷附錄一卷　清光緒三年(1877)畿輔通志局刻本　六册

330000－1701－0068193　普951.07092/4861.3　史部/編年類/斷代之屬

皇朝政典挈要八卷　(日本)增田貢撰　(清)毛淦補編　清光緒石印本　瀫唐題記　二册

330000－1701－0068194　普814.7/6614/c1　類叢部/叢書類/彙編之屬

心矩齋叢書十一種　(清)蔣鳳藻編　清光緒長洲蔣氏刻本　四册　存一種

330000－1701－0068195　G001253　集部/總集類/選集之屬/斷代

停雲集一卷　袁克文編　清宣統二年(1910)豹龕石印本　一册

330000－1701－0068196　HJL8009　史部/傳記類/總傳之屬/忠孝

江西忠義錄十二卷首一卷　(清)沈葆楨編　清同治十二年(1873)刻本　四册

330000－1701－0068197　普814.7/44721　類叢部/叢書類/郡邑之屬

常州先哲遺書七十二種　盛宣懷編　清光緒二十一年至三十三年(1895－1907)武進盛氏思惠齋刻宣統彙印本　一册　存一種

330000－1701－0068198　普814.7/4713/4/c2　集部/别集類/清别集

石笥山房文集五卷補遺一卷　(清)胡天游撰　清宣統元年(1909)上海國學扶輪社鉛印本　四册

330000－1701－0068199　HJH814.7/8720/(2)　集部/别集類/清别集

吞松閣集三十六卷補遺四卷　(清)鄭虎文撰　(清)馮敏昌編　清嘉慶十四年(1809)馮敏昌等刻本　十册

330000－1701－0068200　G001254　子部/儒家類/儒學之屬/性理
松陽鈔存二卷　(清)陸隴其撰　清嘉慶二十五年(1820)心太平室刻本　一册

330000－1701－0068202　普 814.7/4713/4/c3　集部/别集類/清别集
石笥山房文集五卷補遺一卷　(清)胡天游撰　清宣統元年(1909)上海國學扶輪社鉛印本　四册

330000－1701－0068203　HJL8329　類叢部/叢書類
味塵軒叢書　清道光李文瀚味塵軒木活字印本　四册　存一種

330000－1701－0068204　JG00010　史部/傳記類/總傳之屬/家乘
[江西萬載]萬載魏氏支譜十一卷首一卷　(清)魏滋圃修　清嘉慶二十一年(1816)鉅鹿堂木活字印本　八册　存八卷(首、一、三至五、七至八、十)

330000－1701－0068206　普 814.7/4713/5/c2　集部/别集類/清别集
石笥山房文集六卷詩集四卷　(清)胡天游撰　清嘉慶三年(1798)浦陽戴殿海刻本　四册

330000－1701－0068207　普 814.7/44722　集部/别集類/清别集
易安堂集三卷　(清)董學秀撰　羅時暄評閲　董思恭輯　清宣統三年(1911)刻本　二册

330000－1701－0068208　G001255、G003021、G003546、G008077、G008568、G009275　經部/易類/傳説之屬
周易廓二十四卷　(清)陳世鎔撰　清咸豐元年(1851)獨秀山莊刻本　十册

330000－1701－0068210　HJH951.041/1022/2/c2　史部/紀傳類/别史之屬
東都事略一百三十卷　(宋)王偁撰　清刻本　十二册

330000－1701－0068212　普 814.7/6031　類叢部/叢書類/家集之屬
德州田氏叢書十五種　(清)田同之編　清康熙至乾隆田氏刻彙印本　一册　存一種

330000－1701－0068213　HJL814.7/8733/(2)/c2　集部/别集類/清别集
寒村詩文選三十六卷　(清)鄭梁撰　清康熙紫蟾山房刻本　十四册

330000－1701－0068214　普 814.7/5030/2　集部/别集類/清别集
小峴山人詩集二十八卷文集六卷文續集二卷文補編一卷　(清)秦瀛撰　清嘉慶二十二年(1817)城西草堂刻道光初增刻本　十五册　存八卷(文集一至六、文續集一至二)

330000－1701－0068215　普 814.7/4713/6　集部/别集類/清别集
石笥山房文集五卷補遺一卷　(清)胡天游撰　清光緒九年(1883)隨山館刻本　四册

330000－1701－0068218　G001229　史部/地理類/方志之屬/郡縣志
[光緒]巴陵縣志六十三卷首一卷　(清)姚詩德　(清)鄭桂星修　(清)杜貴墀等纂　清光緒刻本　九册　存二十七卷(四至三十)

330000－1701－0068219　JG00011　史部/傳記類/總傳之屬/家乘
覃氏族譜□□卷　清離光堂木活字印本　十六册　存十八卷(二至十八、二十)

330000－1701－0068220　普 814.7/4477　集部/别集類/清别集
藿田集十三卷首一卷末一卷　(清)范駒撰　清道光十二年(1832)刻本　四册

330000－1701－0068221　G001256　經部/小學類/音韻之屬/韻書
欽定同文韻統六卷　(清)允祿等輯　清宣統二年(1910)理藩部仿殿本刻朱墨套印本　五册

330000－1701－0068222　HJH814.7/1040/c3　集部/别集類/清别集
白田草堂存稿二十四卷　(清)王懋竑撰　**先考王公府君[懋竑]行狀一卷**　(清)王箴聽等撰　**崇祀鄉賢錄一卷**　清乾隆刻本　六册

330000－1701－0068223　普814.7/5044　集部/别集類/清别集
乖庵文錄二卷　秦樹聲撰　清光緒三十四年(1908)河南刻本　秦幼衡題記　一册

330000－1701－0068226　G001230　史部/地理類/方志之屬/郡縣志
[光緒]河津縣志十四卷首一卷　(清)茅丕熙　(清)楊漢章修　(清)程象濂　(清)韓秉鈞纂　清光緒六年(1880)刻本　四册　存七卷(首、一至六)

330000－1701－0068227　HJL8331　史部/雜史類/斷代之屬
小腆紀傳六十五卷　(清)徐鼒撰　**小腆紀傳補遺六卷**　(清)徐承禮撰　清光緒十三年至十四年(1887－1888)六合徐氏金陵刻本　十八册

330000－1701－0068228　JG00012　史部/傳記類/總傳之屬/家乘
[湖南邵陽]邵陵卿氏續修族譜□□卷末一卷　清孝思堂木活字印本　十四册　存十五卷(一至二、十二、二十一至二十二、三十一至三十三、四十一至四十六、末)

330000－1701－0068229　普814.7/5070　集部/别集類/清别集
南岡草堂文存二卷詩選二卷續編一卷　(清)秦際唐撰　清光緒二十七年(1901)刻本　二册　存二卷(文存一至二)

330000－1701－0068230　HJH814.7/1040/c2　集部/别集類/清别集
白田草堂存稿二十四卷　(清)王懋竑撰　**先考王公府君[懋竑]行狀一卷**　(清)王箴聽等撰　**崇祀鄉賢錄一卷**　清乾隆刻本　章嶔題簽　六册

330000－1701－0068233　HJH951.0421/9200/c2　史部/編年類/斷代之屬
建炎以來繫年要錄二百卷　(宋)李心傳撰　清光緒五年至八年(1879－1882)仁壽蕭氏刻本　四十八册

330000－1701－0068234　G001257　集部/别集類/清别集
壽花堂詩集八卷夏小正分箋四卷夏小正異義二卷國語補韋四卷　(清)黄模撰　清嘉慶二十五年(1820)杭城愛日軒刻本　六册

330000－1701－0068235　普814.7/4714　集部/别集類/清别集
端敏遺書四卷　(清)胡元直撰　清光緒二十年(1894)長沙胡氏刻本　一册

330000－1701－0068236　普814.7/5083　集部/别集類/清别集
俞俞齋詩稿初集二卷文稿初集四卷詩餘一卷　(清)史念祖撰　清光緒十八年(1892)滇南刻本　四册　存四卷(文稿初集一至四)

330000－1701－0068238　HJL8010　史部/傳記類/總傳之屬/忠孝
李氏三忠事蹟考證不分卷　(清)李慶來輯　清光緒十年(1884)刻本　一册

330000－1701－0068239　HJH814.7/1041/2/c2　集部/别集類/清别集
淵雅堂全集五十六卷(淵雅堂編年詩藁二十卷惕甫未定藁二十六卷淵雅堂詩外集二卷瑶想詞一卷讀賦卮言一卷淵雅堂文外集四卷淵雅堂編年詩續稾一卷淵雅堂文續稾一卷)　(清)王芑孫撰　**波餘遺藁一卷首一卷附錄二卷**　(清)王翼孫撰　**寫韻軒小藁二卷**　(清)曹貞秀撰　清嘉慶八年至二十五年(1803－1820)刻本　十八册

330000－1701－0068240　HJL8333　類叢部/叢書類/彙編之屬
螺樹山房叢書五種　(清)龍裕光編　清光緒順德龍氏刻本　三册　存一種

330000－1701－0068241　HJH814.7/8799/2/

c4　集部/别集類/清别集
板橋集六卷　(清)鄭燮撰　清清暉書屋刻本　四册

330000－1701－0068243　普814.7/4483　集部/别集類/清别集
逢吉堂焚餘稿一卷　(清)黄錫深撰　(清)黄春輯　**逢吉堂焚餘稿題詞一卷**　(清)黄春編　清光緒三十年(1904)南海黄春刻本　一册

330000－1701－0068244　G001231　史部/地理類/方志之屬/郡縣志
[道光]承德府志六十卷首二十六卷　(清)海忠纂修　(清)廷杰　(清)李世寅重訂　清光緒十三年(1887)刻本　十二册

330000－1701－0068247　普814.7/5083/2　集部/别集類/清别集
俞俞齋詩稿初集二卷文稿初集四卷詩餘一卷　(清)史念祖撰　清光緒三十二年(1906)廣陵刻本　四册　存四卷(文稿初集一至四)

330000－1701－0068248　HJL8011　史部/地理類/遊記之屬/紀行
朝天録一卷蜀程小紀一卷　(清)方濬頤撰　清光緒四年(1878)刻本　一册

330000－1701－0068249　普814.7/4724　集部/别集類/清别集
緑蔭軒遺集六卷　(清)胡佩芳撰　清光緒二十三年(1897)金陵刻本　四册

330000－1701－0068251　普814.7/5084　集部/别集類/清别集
薇郎集二卷　(清)秦知域撰　清乾隆四樂草堂刻本　一册

330000－1701－0068252　普814.7/47241　集部/别集類/清别集
食古齋詩録四卷詩餘一卷文録一卷　(清)柳以蕃撰　清光緒十九年(1893)謝家福等刻本　二册

330000－1701－0068253　普814.7/4733/c2　集部/别集類/清别集
緑蘿山莊文集二十四卷　(清)胡浚撰　清嘉慶元年(1796)胡氏緑蘿山莊刻本　十二册

330000－1701－0068255　普814.7/4733/2　集部/别集類/清别集
緑蘿山莊文集二十四卷　(清)胡浚撰　清嘉慶元年(1796)胡氏緑蘿山莊刻本　十四册　缺四卷(二十一至二十四)

330000－1701－0068258　普814.7/4741/2/c2　集部/别集類/清别集
胡文忠公遺集八十六卷首一卷　(清)胡林翼撰　(清)鄭敦謹　(清)曾國荃輯　(清)胡鳳丹重編　清光緒二十七年(1901)上海圖書集成印書局鉛印本　八册

330000－1701－0068260　HJH814.7/10421　集部/别集類/清别集
哀生閣初稿四卷續稿三卷　(清)王大經撰　清光緒十一年(1885)平湖王氏刻本　六册

330000－1701－0068261　HJH814.7/10421.2/(2)　集部/别集類/清别集
獨善堂文集八卷　(清)王大經撰　(清)周右編　清嘉慶二十二年(1817)周右春暉堂刻本　八册

330000－1701－0068262　HJH814.7/1043/(3)/c2　集部/别集類/清别集
帶經堂集九十二卷　(清)王士禛撰　(清)程哲編　清康熙四十九年至五十一年(1710－1712)程哲七略書堂刻本　二十册

330000－1701－0068264　普814.7/6073　類叢部/叢書類/家集之屬
德州田氏叢書十五種　(清)田同之編　清康熙至乾隆田氏刻彙印本　一册　存一種

330000－1701－0068267　G001258　史部/政書類/通制之屬
吾學録初編二十四卷　(清)吴榮光撰　清道光二十九年(1849)湘西高國榮刻本　徐行恭題記　六册

330000－1701－0068269　HJL8013　史部/編年類/通代之屬
司馬溫公稽古録二十卷附校勘記一卷　(宋)

司馬光撰　清光緒五年(1879)江蘇書局刻本　四冊

330000－1701－0068271　普 814.7/4484/c1　集部/別集類/清別集

木雞書屋文鈔四卷文二集六卷三集八卷四集六卷五集六卷　(清)黄金臺撰　清道光五年至咸豐元年(1825－1851)刻同治十年(1871)黄晉爵心窗樓補刻本　八冊

330000－1701－0068273　JG00013　史部/傳記類/總傳之屬/家乘

[河南鄭州]劉氏族譜四十一卷首一卷末一卷　清同治十二年(1873)親睦堂木活字印本　四十三冊

330000－1701－0068274　G001287　史部/地理類/山川之屬/水志

水經注釋四十卷首一卷附錄二卷水經注箋刊誤十二卷　(清)趙一清撰　清乾隆五十一年(1786)趙氏小山堂刻本　二十四冊

330000－1701－0068275　HJL8014　史部/編年類/斷代之屬

御撰資治通鑑綱目三編四十卷　(清)舒赫德等修　(清)朱珪等纂　清同治十一年(1872)江西書局刻本　十二冊

330000－1701－0068277　G001259　集部/別集類/清別集

自然好學齋集五卷　(清)汪端撰　(清)汪适孫編　清道光十九年(1839)錢塘振綺堂刻本　四冊

330000－1701－0068281　HJH951.0421/9200/(2)/c2　史部/編年類/斷代之屬

建炎以來繫年要錄二百卷　(宋)李心傳撰　清光緒五年至八年(1879－1882)仁壽蕭氏刻本　六十冊

330000－1701－0068282　HJH814.7/8799/2　集部/別集類/清別集

板橋集六卷　(清)鄭燮撰　清清暉書屋刻本　四冊

330000－1701－0068283　G001260　史部/傳記類/總傳之屬/文苑

東軒吟社畫像一卷附記傳題詞一卷　(清)費丹旭繪　(清)黄士珣記　(清)諸可寶傳　(清)汪曾唯輯　清光緒二年(1876)泉唐汪氏振綺堂刻清末增刻本　一冊

330000－1701－0068284　JG00014　史部/傳記類/總傳之屬/家乘

[湖南安化]劉氏宗祠志二卷首一卷　(清)劉春焕纂修　清光緒三十年(1904)彭城堂木活字印本　一冊

330000－1701－0068285　HJH951.044/5245/c2　史部/紀傳類/正史之屬

二十四史　清同治至光緒五省官書局據汲古閣本等合刻光緒五年(1879)湖北書局彙印本　九冊　存一種

330000－1701－0068287　普 814.7/5360　類叢部/叢書類/彙編之屬

留垞叢刻八種　楊鍾羲編　清光緒十六年至宣統二年(1890－1910)刻本　一冊　存一種

330000－1701－0068289　G001261　集部/別集類/清別集

功甫小集十一卷　(清)潘曾沂撰　清嘉慶二十三年(1818)刻本　二冊　存五卷(一至五)

330000－1701－0068290　HJH814.7/8799/2/(2)　集部/別集類/清別集

板橋集六卷　(清)鄭燮撰　清刻本　六冊

330000－1701－0068291　HJL8335　史部/傳記類/別傳之屬/事狀

皇清賜進士出身誥授光祿大夫經筵講官太子太師晉贈太傅文華殿大學士兼吏部尚書管理國子監事務予告在籍諭賜祭葬謚文恭顯考葛山蔡府君[新]行述一卷　(清)蔡本仗等撰　清嘉慶刻本　一冊

330000－1701－0068292　普 814.7/6034　類叢部/叢書類/自著之屬

羅忠節公遺集八種　(清)羅澤南撰　清咸豐至同治刻長沙古書流通處印本　六冊

330000－1701－0068293　普 814.7/4484/c2

集部/别集類/清别集

木雞書屋文鈔四卷文二集六卷三集八卷四集六卷五集六卷 （清）黄金臺撰　清道光五年至咸豐元年(1825－1851)刻同治十年(1871)黄晉牖心窗樓補刻本　七册　缺七卷(一至四、五集四至六)

330000－1701－0068294　G001262　類叢部/叢書類/彙編之屬

知止軒叢書　清光緒石印本　三册　存一種

330000－1701－0068295　普 814.7/5374/c1　類叢部/叢書類/自著之屬

戚鶴泉所著書十一種 （清）戚學標撰　清乾隆至嘉慶刻本　六册　存一種

330000－1701－0068296　HJL8017　史部/編年類/通代之屬

續資治通鑑綱目二十七卷 （明）商輅等撰　清光緒刻本　二十四册

330000－1701－0068297　JG00015　史部/傳記類/總傳之屬/家乘

[湖南湘潭]湘潭長湖劉氏四修族譜□□卷别録三卷　清光緒二十八年(1902)源本堂木活字印本　四册　存四卷(四、别録一至三)

330000－1701－0068298　HJH951.047/0863/c2　史部/紀傳類/正史之屬

金史詳校十卷首一卷附史論五答一卷 （清）施國祁撰　清光緒六年(1880)會稽章氏刻本　十册

330000－1701－0068299　G001288　集部/總集類/選集之屬/通代

三十家詩鈔六卷首一卷末一卷 （清）曾國藩輯　（清）王定安增輯　清同治十三年(1874)傳忠書局刻本　六册

330000－1701－0068300　HJH814.7/1043/2/(2)　集部/别集類/清别集

帶經堂集九十二卷 （清）王士禛撰　（清）程哲編　清康熙四十九年至五十一年(1710－1712)程哲七略書堂刻乾隆十二年(1747)黄晟重修本　二十册　缺三十八卷(一至三十八)

330000－1701－0068301　普 814.7/5374/c2　類叢部/叢書類/自著之屬

戚鶴泉所著書十一種 （清）戚學標撰　清乾隆至嘉慶刻本　六册　存一種

330000－1701－0068302　普 814.7/4741/3/c2　集部/别集類/清别集

胡文忠公遺集八十六卷首一卷 （清）胡林翼撰　（清）鄭敦謹　（清）曾國荃輯　清同治六年(1867)黄鶴樓刻本　三十二册

330000－1701－0068304　普 814.7/4741/3/c3　集部/别集類/清别集

胡文忠公遺集八十六卷首一卷 （清）胡林翼撰　（清）鄭敦謹　（清）曾國荃輯　清同治六年(1867)黄鶴樓刻本　二十三册　存八十卷(七至八十六)

330000－1701－0068306　G001289　集部/别集類/清别集

道古堂文集四十六卷 （清）杭世駿撰　清乾隆五十五年至五十七年(1790－1792)杭賓仁長沙黄甲書院刻本　八册

330000－1701－0068307　普 814.7/5374/2　類叢部/叢書類/自著之屬

戚鶴泉所著書十一種 （清）戚學標撰　清乾隆至嘉慶刻本　二册　存一種

330000－1701－0068308　HJH951.047/0863/c3　史部/紀傳類/正史之屬

金史詳校十卷首一卷附史論五答一卷 （清）施國祁撰　清光緒六年(1880)會稽章氏刻本　十册

330000－1701－0068310　JG00016　史部/傳記類/總傳之屬/家乘

[湖南]湘邵劉氏續修族譜□□卷　清校書堂木活字印本　十六册　存十六卷(一至五、七至十七)

330000－1701－0068311　普 814.7/4484/3　集部/别集類/清别集

木雞書屋文鈔四卷二集六卷三集八卷四集六

卷五集六卷 （清）黄金臺撰　清道光五年至咸豐元年(1825－1851)刻同治十年(1871)黄晉馚心窗樓補刻本　四册　存十四卷(二集一至六、三集一至八)

330000－1701－0068312　普 814.7/4741/3(2)　集部/别集類/清别集
胡文忠公遺集八十六卷首一卷 （清）胡林翼撰　（清）鄭敦謹　（清）曾國荃輯　清同治三年(1864)武昌節署刻本　二十八册

330000－1701－0068313　G001263　子部/醫家類/喉科口齒之屬/喉痧
爛喉痧痧輯要一卷 （清）金德鑑撰　清光緒二十五年(1899)上海千頃堂石印本　一册

330000－1701－0068315　HJH814.7/1043.2/c2　類叢部/叢書類/自著之屬
王漁洋遺書三十八種 （清）王士禛撰　清刻本　五册　存一種

330000－1701－0068316　G001290　集部/别集類
湘綺樓全集三十卷(湘綺樓文集八卷詩集十四卷箋啓八卷) 王闓運撰　清宣統二年(1910)上海國學扶輪社石印本　十二册

330000－1701－0068319　G001264　新學/史志/别國史
東洋史要二卷 （日本）桑元隲藏撰　樊炳清譯　清光緒二十五年(1899)東文學社石印本　四册

330000－1701－0068320　HJL8019　史部/雜史類/通代之屬
重訂路史全本四十七卷 （宋）羅泌撰　（宋）羅苹注　（明）吴弘基等重編　清嘉慶六年(1801)西山堂刻本　二十四册

330000－1701－0068321　普 814.7/44841　集部/别集類/清别集
澡雪山房文集二卷 （清）董毓蘭撰　清光緒三十四年(1908)江寧刻本　二册

330000－1701－0068322　G001291　經部/小學類/文字之屬/字書/字體
鐘鼎字源五卷附録一卷 （清）汪立名撰　清光緒二年至五年(1876－1879)洞庭秦氏麟慶堂刻本　二册

330000－1701－0068325　HJH951.0470913/3004/c2　史部/雜史類
宋遼金元别史五種 （清）席世臣輯　清乾隆至嘉慶南沙席氏掃葉山房刻本　四册　存一種

330000－1701－0068326　G001265　史部/傳記類/日記之屬
東瀛觀兵紀事一卷(清光緒二十七年) （清）程恩培撰　清光緒二十七年(1901)武林鉛印本　一册

330000－1701－0068327　普 814.7/5374.2/c2　類叢部/叢書類/自著之屬
戚鶴泉所著書十一種 （清）戚學標撰　清乾隆至嘉慶刻本　二册　存一種

330000－1701－0068328　G001266　子部/醫家類/兒科之屬/痘疹
鄭氏瘄畧一卷附録一卷 （清）鄭啓壽撰　清同治九年(1870)汲浭齋刻本　一册

330000－1701－0068331　HJL8020　史部/傳記類/總傳之屬/郡邑
江陰忠義録不分卷 （清）季念詒輯　清光緒四年(1878)木活字印本　十四册

330000－1701－0068333　G001292　史部/雜史類/斷代之屬
皇朝紀略一卷 （清）何琪輯　清光緒二十七年(1901)越郡北鄉學堂刻本　一册

330000－1701－0068334　普 814.7/4487/c1　集部/别集類/清别集
滑疑集八卷 （清）韓錫胙撰　（清）宗稷辰重編　清咸豐五年(1855)石門山房刻本　四册

330000－1701－0068336　JG00017　史部/傳記類/總傳之屬/家乘
[江蘇淮安]周氏四修族譜二十卷首一卷末一卷 （清）周景沆　（清）周運春纂修　清末重厚堂木活字印本　十二册　存十一卷(二、

七、九至十五、十七至十八）

330000－1701－0068337　HJH951.05023/8346/(2)/c1　史部/紀傳類/正史之屬

二十四史　清同治至光緒五省官書局據汲古閣本等合刻光緒五年（1879）湖北書局彙印本　二冊　存一種

330000－1701－0068338　G001267　子部/術數類/相宅相墓之屬

理氣三訣三卷賴公撥砂訣一卷　（清）葉泰撰　清大成齋刻本　一冊

330000－1701－0068341　普814.7/4487/c4　集部/別集類/清別集

滑疑集八卷　（清）韓錫胙撰　（清）宗稷辰重編　清咸豐五年（1855）石門山房刻本　四冊

330000－1701－0068342　HJL8336　史部/傳記類/總傳之屬/郡邑

陳氏鄉賢錄五卷　陳鋭輯　清宣統元年（1909）靖江縣署刻本　陳鋭題記　一冊

330000－1701－0068343　普814.7/7110.2　集部/別集類/清別集

楚中文筆二卷附錄一卷　（清）阮元撰　清咸豐九年（1859）阮福刻同治阮恩年增刻本　一冊

330000－1701－0068346　HJL8021　史部/雜史類/通代之屬

華陽國志十二卷　（晉）常璩撰　**補三州郡縣目錄一卷**　（清）廖寅撰　清嘉慶十九年（1814）廖寅題襟館刻本　清葉慶垣跋　四冊

330000－1701－0068347　G001268　子部/術數類/相宅相墓之屬

羅經指南撥霧集三卷　（清）葉泰撰　清大成齋刻本　一冊

330000－1701－0068348　HJH951.05023/8346/(2)/c2　史部/紀傳類/正史之屬

二十四史　清同治至光緒五省官書局據汲古閣本等合刻光緒五年（1879）湖北書局彙印本　二冊　存一種

330000－1701－0068349　G001293、G003539、G003833、G009837、G007577　集部/總集類/課藝之屬

國朝文才調集不分卷　（清）許振禕輯　清光緒十八年（1892）江西書局刻本　七冊

330000－1701－0068351　普814.7/4487/2/c1　集部/別集類/清別集

滑疑集八卷　（清）韓錫胙撰　（清）宗稷辰重編　清同治十三年（1874）浙江處州府署刻本　四冊

330000－1701－0068352　JG00018　史部/傳記類/總傳之屬/家乘

[湖南寧鄉]武城曾氏重修族譜不分卷　（清）□□纂修　清末木活字印本　十五冊

330000－1701－0068353　普814.7/5500　集部/別集類/清別集

觀瀾堂文集八卷詩集九卷　（清）曹章撰　清康熙四十六年（1707）曹豐吉刻光緒二十二年（1896）木活字補印本　四冊

330000－1701－0068355　HJH951.05093/7556/3/c2　史部/紀事本末類

歷朝紀事本末七種　（清）陳如升　（清）朱記榮輯　清光緒二十一年（1895）上海積山書局石印本　二冊　存一種

330000－1701－0068358　HJH814.7/1073/c2　集部/別集類

湘綺樓全集三十卷（湘綺樓文集八卷詩集十四卷箋啓八卷）　王闓運撰　清光緒三十三年（1907）墨莊劉氏長沙刻本　十六冊　缺二卷（箋啓七至八）

330000－1701－0068359　普814.7/4487/2/c2　集部/別集類/清別集

滑疑集八卷　（清）韓錫胙撰　（清）宗稷辰重編　清同治十三年（1874）浙江處州府署刻本　四冊

330000－1701－0068361　G001269、G005140　子部/儒家類/儒學之屬/蒙學

小學集解六卷　（明）吳訥撰　清同治八年

(1869)江蘇書局刻本　四冊

330000 - 1701 - 0068362　普 814. 7/7110/(4)　集部/别集類/清别集

揅經室再續集八卷　(清)阮元撰　(清)阮亨輯　清道光二十六年(1846)文選樓刻本　二冊

330000 - 1701 - 0068364　HJH814. 7/1073/3/c3　集部/别集類

湘綺樓全集三十卷(湘綺樓文集八卷詩集十四卷箋啓八卷)　王闓運撰　清宣統二年(1910)上海國學扶輪社石印本　十二冊

330000 - 1701 - 0068365　JG00019　史部/傳記類/總傳之屬/家乘

[湖南湘潭]鶴嶺戴氏五修族譜二十四卷首一卷　(清)戴輔咸等纂修　清光緒十九年(1893)紫薇堂木活字印本　四十四冊　缺二卷(十二、十五)

330000 - 1701 - 0068366　HJH814. 7/8848/c4　集部/别集類/清别集

韞山堂文集八卷詩集十六卷　(清)管世銘撰　清光緒二十年(1894)吴炳讀雪山房刻本　五冊

330000 - 1701 - 0068367　HJH814. 7/8848/c1　集部/别集類/清别集

韞山堂文集八卷詩集十六卷　(清)管世銘撰　清光緒二十年(1894)吴炳讀雪山房刻本　五冊

330000 - 1701 - 0068368　HJH951. 05093/7556/3/c4　史部/紀事本末類

歷朝紀事本末七種　(清)陳如升　(清)朱記榮輯　清光緒二十一年(1895)上海積山書局石印本　二冊　存一種

330000 - 1701 - 0068370　普 814. 7/4488　集部/别集類/清别集

寫經堂文鈔二卷詩鈔四卷詞鈔一卷　(清)蔡篪撰　清光緒六年(1880)刻本　二冊

330000 - 1701 - 0068371　HJL8340　史部/傳記類/别傳之屬/年譜

皇清誥授光禄大夫特贈太子太保兵部尚書兼都察院右都御史兩江總督馬端敏公[新貽]年譜一卷　(清)馬新祐編次　清光緒三年(1877)刻本　四冊

330000 - 1701 - 0068372　HJH951. 05093/7556/9/c3　史部/紀事本末類

紀事本末五種　(清)□□輯　清同治十二年至十三年(1873 - 1874)江西書局刻本　四冊　存一種

330000 - 1701 - 0068373　普 814. 7/6043/c1　類叢部/叢書類/彙編之屬

滂喜齋叢書五十種　(清)潘祖蔭編　清同治至光緒吴縣潘氏京師刻本　一冊　存一種

330000 - 1701 - 0068374　HJH814. 7/1073/3/c4　集部/别集類

湘綺樓全集三十卷(湘綺樓文集八卷詩集十四卷箋啓八卷)　王闓運撰　清宣統二年(1910)上海國學扶輪社石印本　十二冊

330000 - 1701 - 0068375　HJH814. 7/1083　集部/别集類/清别集

小隱山樵文存二卷　(清)王義祖撰　清光緒二十七年(1901)王錕刻本　二冊

330000 - 1701 - 0068376　HJH814. 7/1085/c2　集部/别集類/清别集

素餘堂集三十四卷　(清)于敏中撰　清嘉慶十一年(1806)于惇甫楚雄刻本　琴道人題記　八冊

330000 - 1701 - 0068377　普 814. 7/7121　類叢部/叢書類/家集之屬

馬氏叢刻(關西馬氏叢書、馬氏家集)二十四種附三種　(清)馬先登編　清同治關中馬氏敦倫堂刻本　一冊　存一種

330000 - 1701 - 0068379　HJL814. 7/1090/c2　集部/别集類/清别集

容膝軒文稿八卷　清光緒二十一年至三十四年(1895 - 1908)刻本　二冊

330000 - 1701 - 0068380　HJH951. 05093/7556/9/c2　史部/紀事本末類

紀事本末五種　(清)□□輯　清同治十二年至十三年(1873－1874)江西書局刻本　四冊　存一種

330000－1701－0068381　JG00020　史部/傳記類/總傳之屬/家乘
[江西寧都]寧都麻田盧氏民籍十修族譜不分卷　(清)□□纂修　清末木活字印本　八冊

330000－1701－0068382　HJH951.05094/3161/c4　新學/史志/别國史
蒙古史二卷　(日本)治野元三撰　歐陽瑞驊譯　清宣統三年(1911)江南圖書館鉛印本　二冊

330000－1701－0068383　普814.7/7126　集部/别集類/清别集
思補過齋時文不分卷　(清)馬傳煦撰　清光緒二十一年(1895)刻本　二冊

330000－1701－0068387　HJH951.05094/3161/c3　新學/史志/别國史
蒙古史二卷　(日本)治野元三撰　歐陽瑞驊譯　清宣統三年(1911)江南圖書館鉛印本　章嶔題記　二冊

330000－1701－0068389　HJH814.7/9748　集部/别集類/清别集
大雲山房文稾初集四卷二集四卷言事二卷　(清)惲敬撰　清嘉慶二十年(1815)刻本　十冊

330000－1701－0068391　普814.7/7142　集部/别集類/清别集
馬太史匡菴文集十二卷詩前集六卷詩集六卷硯疇集文二卷硯疇集詩四卷讀史詩一卷　(清)馬世俊撰　清康熙二十八年(1689)馬氏刻本　八冊

330000－1701－0068392　普814.7/6043/c2　類叢部/叢書類/彙編之屬
滂喜齋叢書五十種　(清)潘祖蔭編　清同治至光緒吳縣潘氏京師刻本　一冊　存一種

330000－1701－0068393　HJL8341　史部/傳記類/别傳之屬
名宦鄉賢錄一卷江夏陳氏義莊條規一卷　(清)陳慶涵輯　清光緒十四年(1888)都門刻本　一冊　存一卷(名宦鄉賢錄)

330000－1701－0068395　普814.7/5504　集部/别集類/清别集
石鼓硯齋詩鈔三十二卷文鈔二十卷試帖二卷直廬集八卷　(清)曹文埴撰　清嘉慶五年(1800)曹振鏞刻本　十四冊

330000－1701－0068396　JG00021　史部/傳記類/總傳之屬/家乘
[湖南邵陽]三陽甯氏十三修家乘四十二卷　甯國枚編　清宣統元年(1909)崇禮堂木活字印本　五十六冊　存三十三卷(二至十五、二十一至二十七、三十一至四十二)

330000－1701－0068401　HJH814.7/8064/2/(4)　類叢部/叢書類/自著之屬
曾文正公全集十六種　(清)曾國藩撰　清同治至光緒傳忠書局刻本　一百二十冊　存十三種

330000－1701－0068402　普814.7/6043/c3　類叢部/叢書類/彙編之屬
滂喜齋叢書五十種　(清)潘祖蔭編　清同治至光緒吳縣潘氏京師刻本　一冊　存一種

330000－1701－0068403　HJL8342　史部/傳記類/别傳之屬/年譜
先船山公[王夫之]年譜前編一卷後編一卷　(清)王之春編　清光緒十九年(1893)刻本　二冊

330000－1701－0068404　G001294　史部/政書類/邦計之屬/荒政
籌荒述要二卷　(清)陳炳業輯　清光緒二十六年(1900)鉛印本　一冊

330000－1701－0068405　普814.7/4488/(2)/c1　集部/别集類/清别集
寫經堂文鈔二卷詩鈔四卷詞鈔一卷　(清)蔡篪撰　清光緒六年(1880)刻本　一冊

330000－1701－0068407　普814.7/4488/(2)/c2　集部/别集類/清别集

寫經堂文鈔二卷詩鈔四卷詞鈔一卷 （清）蔡篪撰 清光緒六年(1880)刻本 一册

330000－1701－0068408 G001295 新學/交涉

英字入門一卷 （清）曹驤譯 清同治十三刻本 一册

330000－1701－0068409 普 814.7/7143/c1 集部/别集類/清别集

抱潤軒文集十卷 （清）馬其昶撰 清宣統元年(1909)安徽官紙印刷局石印本 一册

330000－1701－0068410 HJL8022 史部/史抄類

讀史正氣錄十八卷 （清）姚德鈞 （清）劉秉衡輯 清光緒十五年(1889)刻本 四册

330000－1701－0068412 HJH951.0165/4441/c3 類叢部/叢書類/自著之屬

儆居遺書十一種 （清）黄式三撰 清同治至光緒刻本 四册 存一種

330000－1701－0068414 JG00022 史部/傳記類/總傳之屬/家乘

[湖南衡山]趙氏八修族譜十卷 （清）趙猋 （清）趙燮丞 （清）趙景卿等修 清光緒二十二年(1896)琴鶴堂木活字印本 八册 存八卷(一至五、七至八、十)

330000－1701－0068415 普 814.7/7143/c2 集部/别集類/清别集

抱潤軒文集十卷 （清）馬其昶撰 清宣統元年(1909)安徽官紙印刷局石印本 一册

330000－1701－0068416 HJL8343 史部/傳記類/别傳之屬/年譜

還讀我書室老人[董恂]手訂年譜二卷 （清）董恂撰 清光緒十八年(1892)刻本 二册

330000－1701－0068421 HJH951.0165/4441/c4 類叢部/叢書類/自著之屬

儆居遺書十一種 （清）黄式三撰 清同治至光緒刻本 四册 存一種

330000－1701－0068424 G001296 集部/别集類/清别集

曲園自述詩一卷 （清）俞樾撰 清光緒十六年(1890)刻春在堂全書本 小雅氏題簽並記 一册

330000－1701－0068428 HJL8344 類叢部/叢書類/郡邑之屬

東倉書庫叢刻初編十一種 （清）繆朝荃編 清光緒十二年至二十八年(1886－1902)太倉繆氏刻本 一册 存一種

330000－1701－0068432 HJH8024 史部/紀傳類/别史之屬

南唐書十八卷 （宋）陸游撰 （清）湯運泰註 **南唐書音釋一卷** （元）戚光輯 清道光二年(1822)青浦湯氏綠籤山房刻本(卷十七至十八、南唐書音釋配吳興劉氏嘉業堂抄本) 八册

330000－1701－0068433 普 814.7/7167/c3 集部/别集類/清别集

樊榭山房全集四十二卷 （清）厲鶚撰 清光緒十年(1884)汪氏振綺堂刻本 十册

330000－1701－0068435 普 814.7/7493 集部/别集類/清别集

雙白燕堂文集二卷外集八卷 （清）陸耀遹撰 清光緒四年(1878)陸祐勤興國州署刻本 四册

330000－1701－0068439 G001297 史部/史評類/史論之屬

中國歷史教科書七卷 商務印書館編 清光緒二十九年(1903)上海商務印書館鉛印本 二册

330000－1701－0068440 普 814.7/55041 集部/别集類/清别集

茹古堂文集三卷 （清）曹應樞撰 清咸豐五年(1855)唐虞勳錄古齋刻本 二册

330000－1701－0068441 JG00023 史部/傳記類/總傳之屬/家乘

[湖南]袁氏族譜□□卷首一卷 清光緒世德堂木活字印本 九册 存九卷(首、一至三、

五至九）

330000－1701－0068444　HJL8025　類叢部/叢書類/彙編之屬

問影樓叢刻初編九種　胡思敬編　清光緒三十四年至民國二年（1908－1913）新昌胡氏南昌刻本暨鉛印本　一冊　存一種

330000－1701－0068445　HJH814.7/1102/(2)　類叢部/叢書類/自著之屬

覆瓿集十三種附一種　（清）張文虎撰　清同治至光緒刻本　十二冊

330000－1701－0068446　普814.7/6616.2/c1　類叢部/叢書類/郡邑之屬

湖州叢書十二種　（清）陸心源編　清光緒湖城義塾刻本　二冊　存一種

330000－1701－0068447　HJL8346　史部/傳記類/別傳之屬/年譜

定盦先生［龔自珍］年譜一卷後記一卷　吳昌綬編　清光緒三十四年（1908）仁和吳氏雙照樓刻本　劉承幹題記　一冊

330000－1701－0068448　HJH951.021/1160/2　史部/紀傳類/正史之屬

二十四史　清同治至光緒五省官書局據汲古閣本等合刻光緒五年（1879）湖北書局彙印本　十六冊　存一種

330000－1701－0068450　HJL8027　史部/詔令奏議類/奏議之屬

黎襄勤公奏議六卷　（清）黎世序撰　清道光七年（1827）刻本　二冊

330000－1701－0068451　G001298　經部/書類/傳說之屬

書集傳六卷　（宋）蔡沈撰　明莆陽鄭氏金陵奎壁齋刻本　六冊

330000－1701－0068452　HJH951.021/1160/2/c3　史部/紀傳類/正史之屬

二十四史　清同治至光緒五省官書局據汲古閣本等合刻光緒五年（1879）湖北書局彙印本　十六冊　存一種

330000－1701－0068453　JG00024　史部/傳記類/總傳之屬/家乘

［湖南］彭氏四修族譜十二卷首一卷　（清）彭家猷　（清）彭家齊主修　清光緒三十三年（1907）隴西堂木活字印本　十冊　存十卷（首、三至七、九至十二）

330000－1701－0068454　普814.7/5514　集部/別集類/清別集

四焉齋文集八卷詩集六卷　（清）曹一士撰　（清）曹錫黼編　**梯仙閣餘課一卷**　（清）陸鳳池撰　清宣統二年（1910）木活字印本　四冊　存八卷（文集一至八）

330000－1701－0068458　HJL8347　史部/詔令奏議類/奏議之屬

錢敏肅公奏疏七卷　（清）錢鼎銘撰　清光緒六年（1880）存素堂刻本　四冊

330000－1701－0068459　HJH951.021/3131　類叢部/叢書類/自著之屬

振綺堂遺書五種　（清）汪遠孫撰　清道光刻民國十一年（1922）錢唐汪氏彙印本　二冊　存一種

330000－1701－0068460　HJH951.06092/1111/c2　史部/編年類/斷代之屬

御撰資治通鑑綱目三編二十卷　（清）張廷玉等撰　清刻本　六冊

330000－1701－0068461　HJL8028　史部/詔令奏議類/奏議之屬

文節公奏疏二卷　（清）呂賢基撰　清惇福堂刻本　二冊

330000－1701－0068462　HJH951.021/3131/c2　類叢部/叢書類/自著之屬

振綺堂遺書五種　（清）汪遠孫撰　清道光刻民國十一年（1922）錢唐汪氏彙印本　二冊　存一種

330000－1701－0068466　普814.7/5522　集部/別集類/清別集

賜書堂稿二卷　（清）曹秀先撰　清乾隆刻本　二冊

330000－1701－0068467　普 814.7/6721　類叢部/叢書類/自著之屬
路氏五種　（清）路采五撰　清光緒二十六年（1900）貽安堂刻本　五册　缺二卷（詩外餘言三至四）

330000－1701－0068468　JG00025　史部/傳記類/總傳之屬/家乘
［湖南長沙］彭氏二修會支譜三卷首三卷末二卷　（清）彭珌編纂　清光緒十六年（1890）隴西堂木活字印本　七册　缺一卷（首上）

330000－1701－0068469　普 814.7/7167/c4　集部/别集類/清别集
樊榭山房全集四十二卷　（清）厲鶚撰　清光緒十年（1884）汪氏振綺堂刻本　十册

330000－1701－0068470　HJH951.021/3484/c3　史部/紀傳類/正史之屬
漢書疏證三十六卷後漢書疏證三十卷　（清）沈欽韓撰　清光緒二十六年（1900）浙江官書局刻本　二十四册　存三十六卷（一至三十六）

330000－1701－0068471　普 814.7/5523　集部/别集類/清别集
淮南雜著二卷　（清）曹允源撰　清光緒十七年（1891）刻本　二册

330000－1701－0068472　HJL8030　史部/雜史類/斷代之屬
吴越備史四卷首一卷　（宋）錢儼撰　清道光二年（1822）南沙席氏掃葉山房刻本　四册

330000－1701－0068473　HJL8348　史部/傳記類/别傳之屬/年譜
張制軍［亮基］年譜二卷　（清）張祖祐編　清光緒三十一年（1905）張祖祐刻本　二册

330000－1701－0068474　HJH814.7/8064/2/(3)　類叢部/叢書類/自著之屬
曾文正公全集十六種　（清）曾國藩撰　清同治至光緒傳忠書局刻本　一百十九册　存十二種

330000－1701－0068476　普 814.7/7167/c5　集部/别集類/清别集
樊榭山房全集四十二卷　（清）厲鶚撰　清光緒十年（1884）汪氏振綺堂刻本　十册

330000－1701－0068477　G001299　子部/醫家類/婦科之屬/産科
達生編二卷　（清）黄惕齋輯　清刻本　一册

330000－1701－0068478　HJH951.021/3484　史部/紀傳類/正史之屬
漢書疏證三十六卷後漢書疏證三十卷　（清）沈欽韓撰　清光緒二十六年（1900）浙江官書局刻本　二十四册　存三十六卷（一至三十六）

330000－1701－0068479　HJH951.06092/1111/c4　史部/編年類/斷代之屬
御撰資治通鑑綱目三編二十卷　（清）張廷玉等撰　清刻本　四册

330000－1701－0068480　HJL8031　史部/傳記類/别傳之屬/年譜
顧亭林先生［炎武］年譜一卷　（清）張穆編　清道光二十四年（1844）刻本　一册

330000－1701－0068482　普 814.7/7167/3　集部/别集類/清别集
樊榭山房全集四十二卷　（清）厲鶚撰　清光緒十年（1884）汪氏振綺堂刻本　一册　存十五卷（文集一至八、集外曲一至二、集外詩、集外詞、集外文、輓辭、軼事）

330000－1701－0068483　HJH814.7/1115/c2　集部/别集類/清别集
文貞公集十二卷　（清）張玉書撰　清乾隆五十七年（1792）松蔭堂刻本　六册

330000－1701－0068484　HJH814.7/1138　集部/别集類/清别集
濂亭文集八卷　（清）張裕釗撰　（清）查燕緒編　清光緒八年（1882）查氏木漸齋蘇州刻本　二册

330000－1701－0068485　普 814.7/7104　集部/别集類/清别集
聽松濤館文鈔二十八卷　（清）阮文藻撰　清

光緒八年(1882)刻本　八冊

330000－1701－0068486　G001300　新學/政治法律/律例

日本法規解字一卷　錢恂　董鴻禕撰　清宣統三年(1911)上海商務印書館鉛印本　一冊

330000－1701－0068487　HJL8349　類叢部/叢書類/家集之屬

洪氏晦木齋叢書二十種　(清)洪汝奎編　清同治八年至宣統元年(1869－1909)刻本　四冊　存一種

330000－1701－0068488　HJL8033　史部/雜史類/斷代之屬

戰國策補註三十三卷　吳曾祺撰　清宣統元年(1909)上海商務印書館鉛印本　四冊

330000－1701－0068489　HJH951.06092/7537/c4　史部/編年類/斷代之屬

明紀六十卷　(清)陳鶴輯　(清)陳克家補　清同治十年(1871)江蘇書局刻本　二十冊

330000－1701－0068490　普814.7/6629　集部/别集類/清别集

嚴太僕先生集十二卷　(清)嚴虞惇撰　**皇清誥授中憲大夫太僕寺少卿嚴思菴先生[虞惇]墓表一卷**　(清)楊繩武撰　清光緒九年至十年(1883－1884)常熟嚴氏西涇草堂刻本　二冊

330000－1701－0068491　普814.7/5570　集部/别集類/清别集

香雪文鈔六卷　(清)曹學詩撰　清乾隆十年(1745)染翠軒刻本　六冊

330000－1701－0068492　普814.7/7167.2　集部/别集類/清别集

樊榭山房全集四十二卷　(清)厲鶚撰　清光緒十年(1884)汪氏振綺堂刻本　十冊　存三十卷(樊榭山房集一至十、續集十、文集一至八、游仙百詠一至三、集外詩、秋林琴雅一至四、集外曲一至二、軼事)

330000－1701－0068493　HJH814.7/1141　集部/别集類/清别集

嘉樹山房集二十卷外集二卷續集二卷　(清)張士元撰　清嘉慶二十四年(1819)震澤張氏刻道光六年(1826)續刻本　十二冊

330000－1701－0068494　HJL8034　史部/傳記類/科舉録之屬/歷科鄉試録

[道光甲午科]福建鄉試同年齒錄不分卷　清道光刻本　一冊

330000－1701－0068495　HJL8350　史部/政書類/公牘檔冊之屬

合肥李勤恪公政書十卷首一卷　(清)李瀚章撰　李經畬等編　清光緒合肥李氏石印本　十冊

330000－1701－0068496　HJH814.7/1150/2　集部/别集類/清别集

茗柯文初編一卷二編二卷三編一卷四編一卷　(清)張惠言撰　清光緒七年(1881)刻本　二冊

330000－1701－0068497　HJL8035　新學/雜著/小説

拿破崙本紀四十二章　(英國)洛加德撰　林紓　魏易譯　清光緒三十三年(1907)京師學務處官書局鉛印本　四冊

330000－1701－0068499　G001301　史部/政書類/邦計之屬/鹽法

吉林官運局第一次報告書十卷　(清)張岱杉輯　清宣統元年(1909)鉛印本　二冊

330000－1701－0068501　HJH951.06092/7537/c1　史部/編年類/斷代之屬

明紀六十卷　(清)陳鶴輯　(清)陳克家補　清同治十年(1871)江蘇書局刻本　章嶔題記　二十冊

330000－1701－0068502　普814.7/5570.2　集部/别集類/清别集

香雪文鈔十二卷　(清)曹學詩撰　清乾隆十年(1745)染翠軒刻十六年(1751)、二十六年(1761)增刻本　十二冊

330000－1701－0068503　HJH814.7/1150/2/c4　集部/别集類/清别集

茗柯文初編一卷二編二卷三編一卷四編一卷 （清）張惠言撰 清光緒七年（1881）刻本 二冊

330000－1701－0068504 HJL8036 類叢部/叢書類/自著之屬
潛園總集十七種 （清）陸心源撰 清同治至光緒刻本 一冊 存一種

330000－1701－0068505 JG00026 史部/傳記類/總傳之屬/家乘
［湖北黃岡］朱氏通譜三卷 （清）朱斯皇纂修 清光緒十九年（1893）木活字印本 一冊 存一卷（一）

330000－1701－0068506 普814.7/7180/c1 集部/別集類/清別集
芝隱室詩存八卷附存一卷續存二卷 （清）長善撰 清同治十年（1871）廣州節署芝隱室刻本 二冊 存二卷（續存一至二）

330000－1701－0068507 HJH814.7/1149/(2) 集部/別集類/清別集
舫廬文存內集四卷外集一卷餘集一卷 （清）張壽榮撰 清光緒九年（1883）蛟川張氏秋樹根齋刻本 四冊

330000－1701－0068509 普814.7/6724 集部/別集類/清別集
樫華館全集四種 （清）路德撰 （清）閻敬銘輯 清光緒七年（1881）解梁刻本 六冊 存一種

330000－1701－0068512 HJL8351 史部/傳記類/總傳之屬/文苑
東越文苑六卷首一卷 （明）陳鳴鶴撰 （清）郭柏蔚增訂 清同治十二年（1873）侯官郭元昌刻本 四冊

330000－1701－0068513 普814.7/7180/c2 集部/別集類/清別集
芝隱室詩存八卷附存一卷續存二卷 （清）長善撰 清同治十年（1871）廣州節署芝隱室刻本 二冊 存二卷（續存一至二）

330000－1701－0068516 JG00027 史部/傳記類/總傳之屬/家乘
［湖南湘鄉］洲上彭氏續修族譜十五卷首二卷 （清）彭起宜等纂修 清光緒九年（1883）孝睦堂木活字印本 十七冊

330000－1701－0068517 普814.7/5588 類叢部/叢書類/自著之屬
石屋書四種 （清）曹金籀撰 清同治仁和曹氏刻本 四冊 存一種

330000－1701－0068520 HJL8352 史部/紀傳類/別史之屬
南天痕二十六卷附錄一卷 （清）凌雪撰 清宣統二年（1910）復古社鉛印本 六冊

330000－1701－0068521 HJL814.7/1158/(2)/c2 集部/別集類/清別集
介軒詩鈔十卷文鈔八卷外集二卷 （清）張振夔撰 清同治九年（1870）刻本 八冊

330000－1701－0068522 G001302 史部/傳記類/總傳之屬/技藝
古今楹聯彙刻小傳十二卷首集一卷外集一卷 吳隱輯 清光緒三十二年（1906）西泠印社石印本 一冊

330000－1701－0068526 HJH951.06093/8005/4/c2 史部/紀事本末類
紀事本末五種 （清）□□輯 清同治十二年至十三年（1873－1874）江西書局刻本 二十冊 存一種

330000－1701－0068528 HJH951.021092/1083/c2 史部/編年類/斷代之屬
西漢年紀三十卷 （宋）王益之撰 清同治十二年（1873）永康胡氏退補齋刻金華叢書本 章嶔題簽 十冊

330000－1701－0068530 普814.7/5591 集部/別集類/清別集
聽濤園古文四卷 （清）曹耀珩撰 清道光六年（1826）曹氏刻本 八冊

330000－1701－0068531 G001303、G007839 集部/別集類/清別集
望眉草堂詩集八卷文集八卷 （清）顏嗣徽撰

清光緒刻本　五册　存八卷(詩集一至八)

330000－1701－0068532　HJH951.06093/8005/4/c3　史部/紀事本末類

紀事本末五種　(清)□□輯　清同治十二年至十三年(1873－1874)江西書局刻本　二十册　存一種

330000－1701－0068534　HJH814.7/8030/2　集部/别集類/清别集

鮚埼亭集外編五十卷　(清)全祖望撰　(清)董秉純編　(清)蔣學鏞審訂　(清)汪繼培重編　清嘉慶十六年(1811)刻本　十六册

330000－1701－0068536　HJH814.7/1168　集部/别集類/清别集

仰蕭樓文集一卷國朝經學名儒記一卷　(清)張星鑑撰　清光緒六年(1880)刻九年(1883)補刻本　清紹荷題記　章嶔題簽並跋　二册

330000－1701－0068537　HJH951.021092/4498/(2)/c2　史部/編年類/斷代之屬

兩漢紀六十卷　(宋)王銍輯　**兩漢紀校記二卷**　(清)陳璞撰　清光緒二年(1876)嶺南學海堂刻本　六册　存三十卷(前漢紀一至三十)

330000－1701－0068539　HJL8354　史部/史抄類

廿二史紀事提要八卷　(清)吳綬撰　清嘉慶元年(1796)刻本　八册

330000－1701－0068540　G001304　子部/小説家類/雜事之屬

龍輔女紅餘志二卷　(元)龍輔輯　清光緒三十一年(1905)儀征王鑒懷荃室油印本　一册

330000－1701－0068542　HJH8037　史部/傳記類/總傳之屬/家乘

[浙江湖州]續修南潯周氏家譜八卷首一卷　周慶雲纂修　清宣統三年(1911)鉛印本　二册

330000－1701－0068543　普814.7/6000　類叢部/叢書類/彙編之屬

海源閣叢書六種續刊一種　(清)楊以增編　清咸豐二年至五年(1852－1855)聊城楊氏海源閣刻本　一册　存一種

330000－1701－0068546　HJL8355　史部/雜史類/斷代之屬

大金國志四十卷　(宋)宇文懋昭撰　清嘉慶二年(1797)南沙席氏掃葉山房刻宋遼金元别史本　清王芑孫跋　二册

330000－1701－0068547　HJH814.7/8064.4/c2　集部/别集類/清别集

曾文正公文鈔四卷　(清)曾國藩撰　**曾文正公文鈔校勘記一卷**　清同治十一年(1872)蘇郡刻本　二册

330000－1701－0068548　HJH951.022014/3104/c4　史部/紀傳類/别史之屬

七家後漢書　(清)汪文臺輯　清光緒八年(1882)太平崔國榜等刻本　六册

330000－1701－0068549　HJH8038　類叢部/叢書類/自著之屬

藤花亭十七種　(清)梁廷枏撰　清道光八年至十三年(1828－1833)刻本　八册　存四種

330000－1701－0068551　HJH951.022014/3104/c3　史部/紀傳類/别史之屬

七家後漢書　(清)汪文臺輯　清光緒八年(1882)太平崔國榜等刻本　六册

330000－1701－0068553　普814.7/6010　類叢部/叢書類/家集之屬

德州田氏叢書十五種　(清)田同之編　清康熙至乾隆田氏刻彙印本　十二册　存六種

330000－1701－0068555　G001305　子部/雜著類

宣講摘要四卷　清光緒三十四年(1908)經元書室刻本　四册

330000－1701－0068557　HJH814.7/8064.4/2/c2　集部/别集類/清别集

曾文正公文鈔四卷附刻一卷　(清)曾國藩撰　清同治十二年(1873)上海醉六堂刻本　四册

330000－1701－0068558　HJH814.7/1188/c2　集部/别集類/清别集
噉蔗全集文八卷詩八卷附喪禮詳考一卷周官隨筆一卷　(清)張羲年撰　(清)錢大昕　(清)陳以綱評輯　清光緒十九年(1893)上海著易堂鉛印本　六冊

330000－1701－0068559　G001306　類叢部/叢書類/家集之屬
長洲彭氏家集九種　(清)彭祖賢編　清同治至光緒刻本　一冊　存一種

330000－1701－0068561　HJH951.023/2622/3/c4　類叢部/叢書類/彙編之屬
知不足齋叢書一百九十五種　(清)鮑廷博編　(清)鮑士恭續編　清乾隆三十七年至道光三年(1772－1823)長塘鮑氏刻彙印本　二冊　存一種

330000－1701－0068562　HJL814.7/8034.2/4　集部/别集類/清别集
湛園未定藁六卷　(清)姜宸英撰　清康熙刻本　六冊

330000－1701－0068563　普 925.14/2540.1　史部/傳記類/總傳之屬/家乘
[江西婺源]考訂朱子世家一卷　(清)江永纂修　清同治十三年(1874)涇縣黄田朱氏刻本　一冊

330000－1701－0068564　HJH951.06094/1032/c1　史部/紀傳類/正史之屬
明史稿三百十卷目錄三卷　(清)王鴻緒撰　清雍正敬慎堂刻本　六十四冊

330000－1701－0068566　G001307　集部/總集類/選集之屬/通代
趙菁衫自選古文檢不分卷　(清)趙國華輯　清宣統三年(1911)鉛印本　一冊

330000－1701－0068567　HJH951.023/3484/c4　史部/紀傳類/正史之屬
漢書疏證三十六卷後漢書疏證三十卷　(清)沈欽韓撰　清光緒二十六年(1900)浙江官書局刻本　十六冊　存三十卷(後漢書疏證一至三十)

330000－1701－0068568　普 925.14/2540.2　史部/傳記類/别傳之屬/年譜
朱子年譜四卷考異四卷　(清)王懋竑撰　**朱子論學切要語二卷**　(清)王懋竑輯　清乾隆十七年(1752)寶應王氏白田草堂刻清末浙江書局補刻本　四冊

330000－1701－0068569　HJH951.023/3484/c5　史部/紀傳類/正史之屬
漢書疏證三十六卷後漢書疏證三十卷　(清)沈欽韓撰　清光緒二十六年(1900)浙江官書局刻本　章嶔題簽　十六冊　存三十卷(後漢書疏證一至三十)

330000－1701－0068570　HJH814.7/1188/c3　集部/别集類/清别集
噉蔗全集文八卷詩八卷附喪禮詳考一卷周官隨筆一卷　(清)張羲年撰　(清)錢大昕　(清)陳以綱評輯　清光緒十九年(1893)上海著易堂鉛印本　六冊

330000－1701－0068571　普 814.7/6010/(3)　類叢部/叢書類/家集之屬
德州田氏叢書十五種　(清)田同之編　清康熙至乾隆田氏刻彙印本　六冊　存一種

330000－1701－0068572　G001308　子部/儒家類/儒家之屬
荀子二十卷校勘補遺一卷　(唐)楊倞注　(清)盧文弨　(清)謝墉輯校並補遺　清末上海文瑞樓石印本　四冊

330000－1701－0068574　普 814.7/60101　類叢部/叢書類/家集之屬
德州田氏叢書十五種　(清)田同之編　清康熙至乾隆田氏刻彙印本　二冊　存二種

330000－1701－0068575　G001309　集部/詞類/總集之屬
和珠玉詞一卷　(清)張祥齡等撰　清光緒二十年(1894)揚州晏氏刻本　一冊

330000－1701－0068577　G001310　集部/詞類/别集之屬

寄廬詞存二卷　(清)錢國珍撰　清咸豐十年(1860)江都錢氏古章安署刻本　二冊

330000－1701－0068580　HJL8357　史部/傳記類/總傳之屬/姓名
元和姓纂十卷　(唐)林寶撰　(清)孫星衍　(清)洪瑩補　清光緒六年(1880)金陵書局刻本　四冊

330000－1701－0068582　HJH8041　史部/傳記類/科舉録之屬/歷科鄉試録
道光己酉直省同年錄不分卷　清同治十二年(1873)都門刻本　三冊

330000－1701－0068583　普 814.7/7262　集部/别集類/清别集
尚絅堂詩集五十二卷詞集二卷駢體文二卷　(清)劉嗣綰撰　清同治八年(1869)刻本　十冊

330000－1701－0068584　普 814.7/7203　集部/别集類/清别集
青溪舊屋文集十卷詩集一卷　(清)劉文淇撰　清光緒九年(1883)刻本　二冊

330000－1701－0068585　HJH814.7/11881/(2)/c2　集部/别集類/清别集
冬青館甲集六卷乙集八卷　(清)張鑑撰　清道光十九年至二十六年(1839－1846)張鑑刻彙印本　六冊

330000－1701－0068588　G001270　子部/宗教類/道教之屬/戒律
萬善先資集四卷　(清)周思仁撰　清嘉慶十三年(1808)刻本　一冊

330000－1701－0068591　HJL8359　史部/傳記類/總傳之屬/仕宦
高安三傳合編三種　(清)朱軾　(清)蔡世遠輯　清光緒二十一年(1895)江蘇書局刻本　二十四冊　缺四卷(歷代名臣傳五至八)

330000－1701－0068592　HJH814.7/1200/c3　集部/别集類/清别集
遜學齋文鈔十二卷首一卷末一卷續鈔五卷　(清)孫衣言撰　清同治十二年(1873)刻光緒增刻本　八冊

330000－1701－0068594　HJH814.7/8030/(6)　集部/别集類/清别集
鮚埼亭集三十八卷首一卷全謝山先生經史問答十卷　(清)全祖望撰　清嘉慶九年(1804)餘姚史夢蛟借樹山房刻本　十二冊

330000－1701－0068595　普 814.7/7210　集部/别集類/清别集
劉葆真太史遺稾二卷　(清)劉可毅撰　清宣統二年(1910)刻本　二冊

330000－1701－0068597　HJH951.023/4464/3　史部/紀傳類/正史之屬
後漢書九十卷　(南朝宋)范曄撰　(唐)李賢注　**續漢書志三十卷**　(晉)司馬彪撰　(南朝梁)劉昭注　清同治十二年(1873)金陵書局刻二十四史本　章嶔題簽　十六冊

330000－1701－0068598　普 814.7/7214　類叢部/叢書類/自著之屬
養雲山莊遺稿三種　(清)劉瑞芬撰　清光緒十九年至二十二年(1893－1896)劉世瑋刻本　八冊

330000－1701－0068599　普 814.7/4497　集部/别集類/清别集
荻芬書屋文稾不分卷　(清)董恂撰　清刻本　二冊

330000－1701－0068601　普 814.7/7262/2　集部/别集類/清别集
尚絅堂詩集五十二卷詞集二卷駢體文二卷　(清)劉嗣綰撰　清道光六年(1826)劉延和大樹園刻本　十冊

330000－1701－0068602　HJH951.023/4464/3/c4　史部/紀傳類/正史之屬
二十四史　清同治至光緒五省官書局據汲古閣本等合刻光緒五年(1879)湖北書局彙印本　十二冊　存一種

330000－1701－0068603　普 814.7/6871/c4　類叢部/叢書類/彙編之屬
崧岱山館叢鈔　清宣統鉛印本　六冊　存

一種

330000－1701－0068604　HJH8041/1　史部/傳記類/科舉録之屬/歷科鄉試録
道光己酉直省同年錄不分卷　清同治十二年(1873)都門刻本　三冊

330000－1701－0068607　G001312　集部/別集類/清別集
因寄軒文初集十卷二集六卷補遺一卷　(清)管同撰　**坿刻小異遺文一卷**　(清)管嗣復撰　清光緒五年(1879)刻本　四冊

330000－1701－0068608　G001271、G001370　類叢部/叢書類/自著之屬
春在堂全書三十六種　(清)俞樾撰　清同治至光緒刻光緒末彙印本　十二冊　存三種

330000－1701－0068609　HJH951.023/4464/11/c3　史部/紀傳類/正史之屬
四史　清光緒金陵書局江南書局刻本　十六冊　存一種

330000－1701－0068610　普 814.7/44971　集部/別集類/清別集
雙雲堂文稿六卷詩稿六卷行述一卷　(清)范光陽撰　清康熙四十六年(1707)鄭風刻本　十冊

330000－1701－0068611　M001839　集部/別集類/宋別集
林和靖詩集四卷詩話一卷拾遺一卷附錄一卷　(宋)林逋撰　清同治十二年(1873)長洲朱氏刻本　邵裴子題記　一冊

330000－1701－0068613　G001313　集部/別集類/漢魏六朝別集
靖節先生集十卷　(晉)陶潛撰　(清)陶澍注　**靖節先生集諸本序錄一卷**　(清)陶澍編輯　**靖節先生[陶潛]年譜攷異二卷**　(清)陶澍撰　清光緒九年(1883)江蘇書局刻本　一冊　存二卷(年譜攷異上、下)

330000－1701－0068615　普 814.7/7263/c1　集部/別集類/清別集
斯馨堂古文初集二卷詩集二卷　(清)劉暐澤撰　清光緒五年(1879)劉紹昌刻本　四冊

330000－1701－0068616　G001272　子部/道家類
莊子獨見三十三卷　(清)胡文英撰　清乾隆十七年(1752)文淵堂刻本　四冊

330000－1701－0068617　HJH951.06094/1032/(2)　史部/紀傳類/正史之屬
明史稿三百十卷目錄三卷　(清)王鴻緒撰　清雍正敬慎堂刻本　七十二冊

330000－1701－0068619　普 814.7/7215　集部/別集類/清別集
燼餘稾一卷　(清)劉承本撰　清光緒二十二年(1896)刻本　一冊

330000－1701－0068620　HJH951.023092/4030/(2)　史部/編年類/斷代之屬
後漢紀三十卷　(晉)袁宏撰　**兩漢紀校記二卷**　(清)陳璞撰　清光緒二年(1876)嶺南學海堂刻本　章嶔題簽　八冊

330000－1701－0068623　普 814.7/6616.2/c2　類叢部/叢書類/郡邑之屬
湖州叢書十二種　(清)陸心源編　清光緒湖城義塾刻本　二冊　存一種

330000－1701－0068624　G001314　子部/儒家類/儒學之屬
思悲錄一卷　(清)郭鍾岳撰　清光緒二十六年(1900)和天倪齋刻本　一冊

330000－1701－0068626　HJH814.7/8030/(5)　集部/別集類/清別集
鮚埼亭集三十八卷首一卷外編五十卷全謝山先生經史問答十卷詩集十卷　(清)全祖望撰　清嘉慶九年(1804)餘姚史夢蛟借樹山房刻同治十一年(1872)印本　三十二冊

330000－1701－0068628　G001273　經部/小學類/文字之屬/說文/傳說
說文二徐箋異二十八卷　田潛撰　清宣統二年(1910)石印本　二冊

330000－1701－0068632　HJH951.023092/

4030/c2　史部/編年類/斷代之屬

兩漢紀六十卷　(宋)王銍輯　**兩漢紀校記二卷**　(清)陳璞撰　清光緒二年(1876)嶺南學海堂刻本　七册　存三十卷(後漢紀一至三十)

330000－1701－0068634　HJL8042　類叢部/叢書類/自著之屬

石遺室叢書十九種　陳衍撰　清光緒至民國刻本　一册　存一種

330000－1701－0068635　G001315　史部/編年類/通代之屬

司馬溫公稽古錄二十卷　(宋)司馬光撰　明刻本　八册

330000－1701－0068636　HJH814.7/1223/c3　集部/別集類/清別集

寄龕文存四卷　(清)孫德祖撰　清光緒十年(1884)鄞縣翰墨林刻本　四册

330000－1701－0068641　HJH951.024/3404/c4　史部/紀傳類/正史之屬

三國疆域志補注十九卷　(清)洪亮吉撰　(清)謝鍾英補注　清光緒二十四年(1898)湘中刻本　八册

330000－1701－0068644　HJH951.024/3404/c3　史部/紀傳類/正史之屬

三國疆域志補注十九卷　(清)洪亮吉撰　(清)謝鍾英補注　清光緒二十四年(1898)湘中刻本　謝觀題記　八册

330000－1701－0068645　G001316　子部/雜著類/雜説之屬

草木子四卷　(明)葉子奇撰　清光緒四年(1878)居德堂刻本　二册

330000－1701－0068647　G001274　集部/別集類/清別集

時敏堂制義不分卷　(清)朱儀訓撰　清同治十年(1871)刻本　二册

330000－1701－0068648　HJH814.7/1223/c4　集部/別集類/清別集

寄龕文存四卷　(清)孫德祖撰　清光緒十年(1884)鄞縣翰墨林刻本　四册

330000－1701－0068651　HJL8361　史部/傳記類/總傳之屬

續修仲里誌六卷　(清)仲貽熙纂修　清光緒二年(1876)仲氏五經堂刻本　五册

330000－1701－0068654　普814.7/60732　集部/別集類/清別集

思兄樓文稿一卷爨餘稿一卷　(清)羅長褘撰　清光緒刻本　一册

330000－1701－0068655　G001275　集部/別集類/清別集

時敏堂制義續編一卷　(清)朱儀訓撰　清光緒十一年(1885)刻本　一册

330000－1701－0068656　普814.7/72241/c1　集部/別集類/清別集

釣魚篷山館集六卷　(清)劉佳撰　**附錄一卷**　(清)劉履芬撰　清同治十三年(1874)蘇州刻本　一册

330000－1701－0068658　HJH951.024/7540/3　史部/紀傳類/正史之屬

四史　清光緒金陵書局江南書局刻本　八册　存一種

330000－1701－0068660　HJH814.7/8030/c3　集部/別集類/清別集

鮚埼亭集三十八卷首一卷外編五十卷全謝山先生經史問答十卷　(清)全祖望撰　清嘉慶九年(1804)餘姚史夢蛟借樹山房刻同治十一年(1872)印本　二十四册

330000－1701－0068661　普925.14/2661.2　史部/傳記類/總傳之屬/儒林

程子年譜十二卷首一卷終一卷　(清)池生春　(清)諸星杓編　清咸豐五年(1855)味經室刻本　五册

330000－1701－0068663　普814.7/72241/c2　集部/別集類/清別集

釣魚篷山館集六卷　(清)劉佳撰　**附錄一卷**　(清)劉履芬撰　清同治十三年(1874)蘇州刻本　一册

330000 - 1701 - 0068664　HJH814.7/1774/2/c2　集部/別集類/清別集

邵子湘全集三十卷　(清)邵長蘅撰　**邵氏家錄二卷**　(清)邵璿　(清)邵衷赤輯　清康熙三十二年至三十八年(1693 - 1699)宋犖青門艸堂刻四十四年(1705)彙印本　八冊

330000 - 1701 - 0068665　G001318、G008559　集部/別集類/清別集

抱經室詩文初編八卷　(清)呂傳愷撰　清光緒三十一年(1905)永康呂氏刻本　五冊

330000 - 1701 - 0068666　HJH951.024/7540/3/c4　史部/紀傳類/正史之屬

四史　清光緒金陵書局江南書局刻本　八冊　存一種

330000 - 1701 - 0068667　G001276　集部/總集類/選集之屬/通代

詠物詩選八卷　(清)俞琰輯　清雍正刻本　六冊

330000 - 1701 - 0068668　HJH814.7/8030/(3)　集部/別集類/清別集

鮚埼亭集三十八卷首一卷　(清)全祖望撰　清嘉慶九年(1804)餘姚史夢蛟借樹山房刻本　十二冊

330000 - 1701 - 0068671　HJH814.7/1262/2/c2　集部/別集類/清別集

孫淵如先生全集二十二卷　(清)孫星衍撰　(清)王先豫編　清光緒二十年(1894)湖南思賢書局刻本　介石題記　十冊

330000 - 1701 - 0068672　普814.7/72241/c3　集部/別集類/清別集

釣魚篷山館集六卷寓杭日記一卷瞻雲錄一卷　(清)劉佳撰　**附錄一卷**　(清)劉履芬撰　清同治十三年(1874)蘇州刻本　二冊

330000 - 1701 - 0068674　G001319　史部/地理類/專志之屬/祠墓

先塋誌一卷　(清)陳應麟輯　清嘉慶四年(1799)刻本　二冊

330000 - 1701 - 0068675　HJH951.024/7540/(3)/c3　史部/紀傳類/正史之屬

二十四史　清同治至光緒五省官書局據汲古閣本等合刻光緒五年(1879)湖北書局彙印本　八冊　存一種

330000 - 1701 - 0068676　普814.7/7263/c2　集部/別集類/清別集

斯馨堂古文初集二卷詩集二卷　(清)劉暐澤撰　清光緒五年(1879)劉紹昌刻本　四冊

330000 - 1701 - 0068678　HJH951.024/7540/(3)/c4　史部/紀傳類/正史之屬

二十四史　清同治至光緒五省官書局據汲古閣本等合刻光緒五年(1879)湖北書局彙印本　八冊　存一種

330000 - 1701 - 0068679　G001277　子部/天文曆算類/算書之屬

新編筭學啓蒙三卷總括一卷　(元)朱世傑撰　**望海島術一卷　筭學啓蒙識誤一卷後記一卷**　(清)羅士琳撰　清光緒八年(1882)吳氏醉六堂刻本　二冊

330000 - 1701 - 0068680　普814.7/72241/c4　集部/別集類/清別集

釣魚篷山館集六卷寓杭日記一卷瞻雲錄一卷　(清)劉佳撰　**附錄一卷**　(清)劉履芬撰　清同治十三年(1874)蘇州刻本　二冊

330000 - 1701 - 0068683　HJL8362　類叢部/叢書類/自著之屬

黃勤敏公全集九種附一種　(清)黃鉞撰　清咸豐至同治刻本　一冊　存附一種

330000 - 1701 - 0068685　普814.7/7226　集部/別集類/清別集

存吾春齋文鈔十卷　(清)劉繹撰　清同治八年(1869)刻本　十冊

330000 - 1701 - 0068687　G001278　史部/傳記類/別傳之屬

國史本傳(左宗棠本傳)一卷　清末刻本　一冊

330000 - 1701 - 0068688　HJH951.024/8324/c2　史部/紀傳類/正史之屬

三國志證聞三卷　(清)錢儀吉撰　清光緒十一年(1885)江蘇書局刻本　二冊

330000－1701－0068690　HJH951.024/8324/c3　史部/紀傳類/正史之屬
三國志證聞三卷　(清)錢儀吉撰　清光緒十一年(1885)江蘇書局刻本　二冊

330000－1701－0068692　普814.7/6811　集部/別集類/清別集
晚晴堂稿六卷續稿二卷三集一卷　(清)喻震孟撰　清光緒十五年至二十二年(1889－1896)新建喻氏刻本　二冊　缺一卷(三集)

330000－1701－0068694　G001320、G003439、G003651、G004286、G607532、G008421、G008814、G009240、G009849　類叢部/叢書類/自著之屬
李文恭公遺集三種　(清)李星沅撰　清同治四年(1865)芋香山館刻本　三十冊　缺一卷(奏議十九)

330000－1701－0068698　G001279　集部/總集類/氏族之屬
二陶遺藁四種九卷　(清)蘇輿輯　清光緒三十一年(1905)陶氏家塾刻本　三冊

330000－1701－0068699　HJH951.068/3627/c2　史部/雜史類/斷代之屬
南疆繹史勘本三十卷首二卷　(清)溫睿臨撰　(清)李瑤勘定　**繹史摭遺十八卷卹謚考八卷**　(清)李瑤撰　清道光十年(1830)都城琉璃廠半松居士活字印本　十四冊

330000－1701－0068701　普924.14/4453.42　史部/傳記類/別傳之屬
烏臺詩案一卷附錄一卷　(宋)朋九萬撰　清末元和江氏刻本　一冊

330000－1701－0068702　G001321　史部/雜史類/斷代之屬
國語二十一卷　(三國吳)韋昭注　(宋)宋庠補音　**戰國策十卷**　(宋)鮑彪校注　清嘉慶十一年(1806)姑蘇書業堂刻本　四冊　存二十一卷(一至二十一)

330000－1701－0068703　HJH8045　史部/政書類/儀制之屬/典禮
盛京典制備考八卷首一卷　(清)崇厚等撰　清光緒四年(1878)盛京軍督署刻本　六冊

330000－1701－0068705　HJL8364　史部/傳記類/別傳之屬/年譜
一西[張師誠]自記年譜一卷　(清)張師誠撰　**附述一卷**　(清)張應昌等撰　清同治八年(1869)張興言刻本　一冊

330000－1701－0068706　HJH814.7/1742/c2　集部/別集類/清別集
扁善齋文存二卷詩存一卷　(清)鄧嘉緝撰　清光緒二十七年(1901)江寧鄧氏刻本　三冊

330000－1701－0068708　普814.7/7228　集部/別集類/清別集
繩庵内集十六卷外集八卷　(清)劉綸撰　清乾隆三十九年(1774)用拙齋刻本　六冊

330000－1701－0068709　普814.7/7269　集部/別集類/清別集
思補齋文集四卷　(清)劉星煒撰　清光緒二十年(1894)刻本　四冊

330000－1701－0068710　G001322　史部/地理類/雜志之屬
欽定滿洲源流考二十卷首一卷　(清)阿桂等撰　清光緒十九年(1893)杭州便益書局石印本　四冊

330000－1701－0068712　HJH814.7/1747/c4　集部/別集類/清別集
半巖廬遺集二卷　(清)邵懿辰撰　清光緒三十四年(1908)邵章等刻本　二冊

330000－1701－0068714　HJH8046　史部/紀傳類/正史之屬
三國志六十五卷　(晉)陳壽撰　(南朝宋)裴松之注　清同治九年(1870)金陵書局刻二十四史本　清北海批並題記　八冊

330000－1701－0068715　HJH951.068/3627/(2)/c2　史部/雜史類/斷代之屬
南疆繹史勘本三十卷首二卷　(清)溫睿臨撰

（清）李瑤勘定　**繹史摭遺十八卷卹謚考八卷**　（清）李瑤撰　清道光十年（1830）都城琉璃廠半松居士活字印本　十六册

330000－1701－0068717　普 814.7/7497　集部/别集類/清别集
切問齋集十六卷　（清）陸燿撰　清乾隆五十七年（1792）暉吉堂刻本　八册

330000－1701－0068718　普 814.7/7270/c3　集部/别集類/清别集
存悔齋集二十八卷外集四卷　（清）劉鳳誥撰　清道光十年至十七年（1830－1837）刻本　八册

330000－1701－0068719　普 814.7/6614/c2　類叢部/叢書類/彙編之屬
心矩齋叢書十一種　（清）蔣鳳藻編　清光緒長洲蔣氏刻本　四册　存一種

330000－1701－0068721　HJH814.7/1747/c5　集部/别集類/清别集
半巖廬遺集二卷　（清）邵懿辰撰　清光緒三十四年（1908）邵章等刻本　四册

330000－1701－0068722　普 814.7/7497/2　集部/别集類/清别集
切問齋集十六卷　（清）陸燿撰　清乾隆五十七年（1792）暉吉堂刻本　七册

330000－1701－0068723　HJH8047　史部/紀傳類/正史之屬
二十四史　清同治至光緒五省官書局據汲古閣本等合刻光緒五年（1879）湖北書局彙印本　十四册　存一種

330000－1701－0068724　HJL8365　史部/詔令奏議類/奏議之屬
駱大司馬奏稿湘中稿十六卷　（清）駱秉章撰　清刻本　十六册

330000－1701－0068725　普 925.14/4762　史部/傳記類/别傳之屬/事狀
宋侍郎胡忠佑公事蹟錄一卷　程鳳山輯　清刻本　一册

330000－1701－0068727　普 814.7/72281　集部/别集類/清别集
九畹續集二卷　（清）劉紿攽撰　清乾隆四十三年（1778）刻本　六册

330000－1701－0068728　HJH814.7/1751/2　集部/别集類/清别集
心白日齋集六卷　（清）尹耕雲撰　清光緒十年（1884）刻本　三册

330000－1701－0068729　普 814.7/7270.2　集部/别集類/清别集
存悔齋集二十八卷外集四卷　（清）劉鳳誥撰　清道光十年至十七年（1830－1837）刻本　一册　存四卷（外集一至四）

330000－1701－0068731　普 814.7/6614/（2）　類叢部/叢書類/彙編之屬
心矩齋叢書十一種　（清）蔣鳳藻編　清光緒長洲蔣氏刻本　六册　存一種

330000－1701－0068732　普 925.14/4453.51　類叢部/叢書類/自著之屬
藤花亭十七種　（清）梁廷枏撰　清道光八年至十三年（1828－1833）刻本　十册　存一種

330000－1701－0068735　普 814.7/7500/c2　類叢部/叢書類/彙編之屬
廣雅書局叢書一百五十九種　徐紹棨編　清光緒廣雅書局刻民國九年（1920）番禺徐紹棨彙編重印本　一册　存一種

330000－1701－0068737　HJL8049　史部/詔令奏議類/詔令之屬
硃批諭旨不分卷　（清）鄂爾泰等輯　清刻朱墨套印本　一百十二册

330000－1701－0068740　普 814.7/7231/c1　類叢部/叢書類/彙編之屬
琴莧齋叢書　清光緒四年（1878）刻本　一册

330000－1701－0068741　普 814.7/7500/c3　類叢部/叢書類/彙編之屬
廣雅書局叢書一百五十九種　徐紹棨編　清光緒廣雅書局刻民國九年（1920）番禺徐紹棨彙編重印本　一册　存一種

330000－1701－0068743　HJH814.7/1774　集部/别集類/清别集
邵子湘全集三十卷　(清)邵長蘅撰　**邵氏家錄二卷**　(清)邵璿　(清)邵衷赤輯　清康熙三十二年至三十八年(1693－1699)宋犖青門艸堂刻本　八冊

330000－1701－0068744　HJH951.0259/2237.02/c2　類叢部/叢書類/彙編之屬
廣雅書局叢書一百五十九種　徐紹棨編　清光緒廣雅書局刻民國九年(1920)番禺徐紹棨彙編重印本　十冊　存一種

330000－1701－0068746　G001323、G005256　子部/術數類/占卜之屬
大六壬大全十三卷　(清)郭載騋編　清柳溪書屋刻本　十三冊

330000－1701－0068747　普814.7/7500/2　集部/别集類/清别集
句溪雜箸二卷　(清)陳立撰　清道光二十三年(1843)揚州刻本　一冊

330000－1701－0068748　HJH951.0259/2237.02/c3　類叢部/叢書類/彙編之屬
廣雅書局叢書一百五十九種　徐紹棨編　清光緒廣雅書局刻民國九年(1920)番禺徐紹棨彙編重印本　十冊　存一種

330000－1701－0068750　HJL8366　史部/詔令奏議類/奏議之屬
平番奏議四卷輿圖一卷　(清)那彦成撰　清道光刻本　四冊

330000－1701－0068751　HJH951.068/2619/2/c1　史部/叢編
勝朝遺事初編三十二種二編十八種　(清)吳彌光輯　清道光二十二年(1842)南海吳彌光芬陀羅館刻光緒九年(1883)山陰宋澤元懺華盦修補本　十八冊

330000－1701－0068752　普814.7/7231/c2　類叢部/叢書類/彙編之屬
琴覓齋叢書　清光緒四年(1878)刻本　一冊

330000－1701－0068756　G001280　子部/醫家類/兒科之屬/通論
幼科證治準繩集九卷　(明)王肯堂撰　清脩敬堂刻本　十二冊　存七卷(三至九)

330000－1701－0068757　普814.7/6673　集部/别集類/清别集
海雲堂詩鈔十四卷補遺一卷金粟香龕詞鈔二卷文鈔一卷　(清)嚴學淦撰　清光緒十八年(1892)濠州王之藩刻本　五冊　缺二卷(金粟香龕詞鈔一至二)

330000－1701－0068758　普814.7/71042　集部/别集類/清别集
竹堂集一卷　(清)馬慶蓉撰　清末刻本　一冊

330000－1701－0068759　G001281　史部/傳記類/總傳之屬/文苑
唐才子傳十卷　(元)辛文房撰　**唐才子傳考異一卷**　(清)陸芝榮撰　清嘉慶十年(1805)蕭山陸芝榮三間草堂刻本　二冊

330000－1701－0068760　HJH951.026/3148/c2　史部/紀傳類/正史之屬
南北史補志十四卷附贊一卷　(清)汪士鐸撰　清光緒四年(1878)淮南書局刻本　六冊

330000－1701－0068762　普814.7/7503/c1、普814.7/7503/c1　集部/别集類/清别集
白雲文集五卷詩集二卷續集八卷　(清)陳斌撰　清嘉慶十二年(1807)刻道光四年(1824)增刻本　六冊

330000－1701－0068764　HJH951.026/3148/c3　史部/紀傳類/正史之屬
南北史補志十四卷附贊一卷　(清)汪士鐸撰　清光緒四年(1878)淮南書局刻本　六冊

330000－1701－0068765　HJH814.7/7522.201　集部/别集類/清别集
陳檢討四六二十卷　(清)陳維崧撰　(清)程師恭注　清末上海文瑞樓石印本　八冊

330000－1701－0068768　JG00028　史部/傳記類/總傳之屬/家乘
[湖南湘潭]金紫橋王氏四修族譜二十卷

（清）王星照主修 （清）王樾庭等編纂 清光緒十四年(1888)佑啓堂木活字印本 十九册 缺一卷(十九)

330000－1701－0068769 普 814.7/7232/c1 集部/别集類/清别集

綠野齋文集四卷 （清）劉鴻翱撰 清道光七年(1827)李廷錫同懷堂刻本 八册

330000－1701－0068770 HJH951.026096/3424/c2 史部/史抄類

南史識小録十四卷北史識小録十四卷 （清）沈名蓀 （清）朱昆田輯 （清）張應昌補正 清同治十年(1871)武林吳氏清來堂刻本 八册

330000－1701－0068772 普 814.7/7503/c2、普 814.7/7503.2/c2 集部/别集類/清别集

白雲文集五卷詩集二卷續集八卷 （清）陳斌撰 清嘉慶十二年(1807)刻道光四年(1824)增刻本 六册

330000－1701－0068773 HJH951.026096/3424/(2) 史部/史抄類

南史識小録十四卷北史識小録十四卷 （清）沈名蓀 （清）朱昆田輯 （清）張應昌補正 清同治十年(1871)武林吳氏清來堂刻本 十二册

330000－1701－0068775 普 814.7/7232/c2 集部/别集類/清别集

綠野齋文集四卷 （清）劉鴻翱撰 清道光七年(1827)李廷錫同懷堂刻本 四册

330000－1701－0068776 G001282 史部/傳記類/科舉録之屬/總録

國朝湖州府科第表(吳興科第表)一卷 （清）戴璐輯 （清）沈鋐補輯 （清）錢振常續補 清同治十一年(1872)刻光緒七年(1881)續刻三十二年(1906)增刻本 二册

330000－1701－0068777 HJH814.7/7522.201/2/c2 集部/别集類/清别集

陳檢討集二十卷 （清）陳維崧撰 （清）程師恭注 清康熙三十二年(1693)有美堂刻本 四册

330000－1701－0068778 G001324 子部/藝術類/遊藝之屬/聯語

四川名勝楹聯一卷 （清）清一道人輯 清光緒十五年(1889)留影山房刻本 一册

330000－1701－0068779 普 814.7/6871/c1 類叢部/叢書類/彙編之屬

崧岱山館叢鈔 清宣統鉛印本 六册 存一種

330000－1701－0068781 普 814.7/7232.2 集部/别集類/清别集

綠野齋前後合集六卷 （清）劉鴻翱撰 （清）劉篤慶 （清）劉長慶編次 清道光二十四年(1844)刻本 六册

330000－1701－0068783 HJH951.026096/7748/3 史部/史抄類

南北史捃華八卷 （清）周嘉猷輯 清刻本 四册

330000－1701－0068784 HJH951.026096/7748/3/c4 史部/史抄類

南北史捃華八卷 （清）周嘉猷輯 清浙省聚文堂刻本 四册

330000－1701－0068786 HJH951.06903/5200/c4 類叢部/叢書類/彙編之屬

學津討原一百七十二種 （清）張海鵬編 清嘉慶十年(1805)虞山張氏照曠閣刻本 八册 存一種

330000－1701－0068787 JG00029 史部/傳記類/總傳之屬/家乘

[湖南湘鄉]湘鄉凌氏三修族譜十一卷首二卷末二卷 （清）凌兆復等纂修 清光緒三十三年至三十四年(1907－1908)光裕堂木活字印本 十四册 缺一卷(末一)

330000－1701－0068788 普 814.7/6671 集部/别集類/清别集

墨花吟館文鈔一卷達叟時文二卷詩鈔十六卷感舊懷人集二卷病几續鈔四卷憶雲集試帖一卷籲雲集試帖一卷 （清）嚴辰撰 清光緒刻

本　十册

330000－1701－0068789　G001325　子部/藝術類/遊藝之屬/聯語
楹聯新話十卷　(清)朱應鎬輯　清光緒十八年(1892)刻本　四册

330000－1701－0068791　HJH814.7/7522.201/2/c4　集部/别集類/清别集
陳檢討集二十卷　(清)陳維崧撰　(清)程師恭注　清康熙三十二年(1693)有美堂刻本　四册

330000－1701－0068792　HJL8368　史部/傳記類/總傳之屬
純德彙編七卷首一卷　(清)董華鈞輯　**純德彙編續刻一卷**　(清)董景沛輯　清嘉慶二十三年(1818)春暉堂刻本　八册

330000－1701－0068793　HJH951.0261/4014/2/c4　史部/紀傳類/正史之屬
二十四史　清同治至光緒五省官書局據汲古閣本等合刻光緒五年(1879)湖北書局彙印本　十册　存一種

330000－1701－0068794　普814.7/7233/c2　集部/别集類/清别集
劉禮部集十一卷　(清)劉逢禄撰　**麟石文鈔一卷**　(清)劉承寵撰　清道光十年(1830)思誤齋刻本　六册

330000－1701－0068796　HJH951.0261/4014/2/c2　史部/紀傳類/正史之屬
二十四史　清同治至光緒五省官書局據汲古閣本等合刻光緒五年(1879)湖北書局彙印本　十二册　存一種

330000－1701－0068797　G001326、G008754、G009257　類叢部/叢書類/自著之屬
海嶽軒叢刻九種　杜俞撰　清光緒三十三年(1907)蘇省刷印總局鉛印本　六册　存七種

330000－1701－0068798　G001283　子部/儒家類/儒家之屬
荀子二十卷校勘補遺一卷　(唐)楊倞注　(清)盧文弨　(清)謝墉輯校並補遺　清乾隆五十一年(1786)嘉善謝墉安雅堂刻本　四册

330000－1701－0068800　普814.7/7274/2　集部/别集類/清别集
古紅梅閣集八卷附録一卷　(清)劉履芬撰　**紫藤花館詩餘一卷**　(清)劉觀藻撰　清光緒六年(1880)蘇州刻本　二册

330000－1701－0068801　HJH951.06903/5200/c2　類叢部/叢書類/彙編之屬
學津討原一百七十三種　(清)張海鵬編　清嘉慶十年(1805)虞山張氏照曠閣刻本　八册　存一種

330000－1701－0068805　普814.7/7110/c1　集部/别集類/清别集
揅經室一集十四卷二集八卷三集五卷四集二卷四集詩十一卷續集九卷再續集六卷外集五卷　(清)阮元撰　(清)阮亨輯　清道光三年(1823)儀徵阮氏文選樓刻十年(1830)續刻本　章嶔題簽並記　二十四册

330000－1701－0068806　普814.7/72742　集部/别集類/清别集
晚香堂賦集初編二卷二編一卷試帖一卷詩鈔五卷文鈔一卷駢文一卷　(清)劉鳳苞撰　清光緒二十五年至二十七年(1899－1901)刻本　三册　存七卷(詩鈔一至五、文鈔、駢文)

330000－1701－0068807　HJH951.0262/3427/2/(2)/c2　史部/紀傳類/正史之屬
十七史　(明)毛晉編　明崇禎元年至十七年(1628－1644)毛氏汲古閣刻本　二十四册　存一種

330000－1701－0068809　HJL8369　史部/傳記類/别傳之屬/年譜
皇清誥授光禄大夫太子太傅兵部尚書都察院右都御史陝甘總督管巡撫事予謚莊毅顯考東巖府君[裕泰]年譜一卷　(清)長啓　(清)長善　(清)長敘編　清同治九年(1870)廣州刻本　二册

330000－1701－0068811　JG00030　史部/傳記類/總傳之屬/家乘

[安徽]太湖西源里王氏宗譜六卷首三卷 (清)王念祖纂修 清光緒十五年(1889)西源里王溢名木活字印本 十四册

330000－1701－0068812 普814.7/7233/2 集部/别集類/清别集

劉禮部集十一卷 (清)劉逢禄撰 **麟石文鈔一卷** (清)劉承寵撰 清光緒十八年(1892)延暉承慶堂刻本 六册

330000－1701－0068813 HJH951.0262/3427/5/c3 史部/紀傳類/正史之屬

二十四史 清同治至光緒五省官書局據汲古閣本等合刻光緒五年(1879)湖北書局彙印本 十六册 存一種

330000－1701－0068814 G001285 子部/雜著類/雜説之屬

鷗陂漁話六卷吹網錄六卷 (清)葉廷琯撰 清末上海掃葉山房石印本 張天漢題記 六册

330000－1701－0068816 普814.7/7277/c1 集部/别集類/清别集

劉孟塗集四十四卷 (清)劉開撰 清道光六年(1826)姚氏檗山草堂刻本 八册 缺一卷(後集八)

330000－1701－0068817 HJH951.0262/3427/5/c4 史部/紀傳類/正史之屬

二十四史 清同治至光緒五省官書局據汲古閣本等合刻光緒五年(1879)湖北書局彙印本 十六册 存一種

330000－1701－0068818 G001327 類叢部/叢書類/自著之屬

曾文正公全集十六種 (清)曾國藩撰 清同治至光緒傳忠書局刻本 一册 存一種

330000－1701－0068820 HJH814.7/7530/(2) 集部/别集類/清别集

培遠堂偶存稿十卷 (清)陳弘謀撰 清乾隆三十年(1765)刻本 六册

330000－1701－0068821 普814.7/72331 類叢部/叢書類/郡邑之屬

永嘉叢書十三種 (清)孫衣言編 清同治至光緒瑞安孫氏詒善祠塾刻本 二册 存一種

330000－1701－0068822 JG00031 史部/傳記類/總傳之屬/家乘

[湖南湘潭]中湘石羊龐氏二修族譜二十七卷末一卷 (清)龐倬夫等纂修 清光緒二十四年(1898)遺安堂木活字印本 二十七册

330000－1701－0068824 普814.7/75031 集部/别集類/清别集

頤道堂全集 (清)陳文述撰 清道光刻本 十册 存四種

330000－1701－0068827 普814.7/7277/c2 集部/别集類/清别集

劉孟塗集四十四卷 (清)劉開撰 清道光六年(1826)姚氏檗山草堂刻本 八册 缺一卷(後集八)

330000－1701－0068828 G001328 集部/别集類/清别集

趙孝子思親錄一卷 (清)趙萬全撰 (清)趙彦暉輯 清光緒三年(1877)趙彦暉刻本 一册

330000－1701－0068830 G001286 集部/總集類/選集之屬/通代

御選古文淵鑒六十四卷 (清)徐乾學等輯注 清刻本 三十二册

330000－1701－0068831 普814.7/7277/(2) 集部/别集類/清别集

劉孟塗集四十四卷 (清)劉開撰 清道光六年(1826)姚氏檗山草堂刻本 六册 缺十一卷(後集八、文集一至十)

330000－1701－0068832 HJH951.0263/4416/c2 史部/紀傳類/正史之屬

十七史 (明)毛晉編 明崇禎元年至十七年(1628－1644)毛氏汲古閣刻本 十册 存一種

330000－1701－0068833 HJH814.7/7532/c2 集部/别集類/明别集

寶綸堂集十卷拾遺一卷 (明)陳洪綬撰

(清)陳字購輯　清光緒十四年(1888)會稽董氏取斯堂木活字印本　八册

330000－1701－0068835　G001329　集部/别集類/清别集

留園詩鈔二卷　(清)吳榮撰　清咸豐六年(1856)刻本　二册

330000－1701－0068838　HJH951.07092/4437/(2)/c2　史部/編年類/斷代之屬

東華錄三十二卷　(清)蔣良騏撰　清刻本　八册

330000－1701－0068840　HJH951.0263/4416/2/c2　史部/紀傳類/正史之屬

二十四史　清同治至光緒五省官書局據汲古閣本等合刻光緒五年(1879)湖北書局彙印本　六册　存一種

330000－1701－0068841　G001330　史部/傳記類/日記之屬

日記不分卷(清光緒三十二五月十六日至宣統三年)　清抄本　一册

330000－1701－0068843　HJH951.0263/4416/2/c3　史部/紀傳類/正史之屬

二十四史　清同治至光緒五省官書局據汲古閣本等合刻光緒五年(1879)湖北書局彙印本　六册　存一種

330000－1701－0068845　普814.7/7110/c3　集部/别集類/清别集

揅經室一集十四卷二集八卷三集五卷四集二卷四集詩十一卷外集五卷續集十一卷再續集六卷　(清)阮元撰　(清)阮亨輯　清道光三年(1823)儀徵阮氏文選樓刻十年(1830)、同治十三年(1874)續刻本　二十三册　缺三卷(揅經室一集三至五)

330000－1701－0068847　G001331　新學/學校

浙江高等學堂現行章程一卷　(清)浙江高等學堂編　清宣統元年(1909)杭城中合公司鉛印本　一册

330000－1701－0068848　JG00032　史部/傳記類/總傳之屬/家乘

[四川]王氏五修族譜□□卷首一卷　(清)王運篤等修　(清)王光正等纂　清光緒十六年(1890)三槐堂木活字印本　九册　存十卷(首、一至八、十一)

330000－1701－0068849　普814.7/75031/(2)　集部/别集類/清别集

頤道堂全集　(清)陳文述撰　清道光刻本　四册　存一種

330000－1701－0068850　HJH814.7/75321.2/c2　集部/别集類/清别集

紫竹山房詩集十二卷文集二十卷　(清)陳兆崙撰　**[陳星齋]年譜一卷**　(清)陳玉繩撰　清乾隆刻本　十册

330000－1701－0068851　HJH814.7/4432　集部/别集類/清别集

唐堂集五十卷補遺二卷續八卷附冬錄一卷　(清)黄之雋撰　清乾隆六年(1741)黄法刻十三年(1748)今吾堂增修本　三十二册

330000－1701－0068852　HJH951.0266/4014/c3　史部/紀傳類/正史之屬

二十四史　清同治至光緒五省官書局據汲古閣本等合刻光緒五年(1879)湖北書局彙印本　十六册　存一種

330000－1701－0068854　G001332　史部/詔令奏議類/奏議之屬

江楚會奏變法摺三卷　(清)劉坤一　(清)張之洞撰　清光緒二十七年(1901)兩湖書院刻本　一册

330000－1701－0068856　HJH951.07092/4437/c2　史部/編年類/斷代之屬

東華錄三十二卷　(清)蔣良騏撰　清刻本　十二册

330000－1701－0068857　普814.7/7241　集部/别集類/清别集

三湖漁人全集八卷　(清)劉士璋撰　清道光二年(1822)江陵劉經裕刻本　二册　存四卷(葛道集、郢中集、竹嶼偶吟、富猗樓集一)

330000－1701－0068859　HJH951.0266/4014/c4　史部/紀傳類/正史之屬
二十四史　清同治至光緒五省官書局據汲古閣本等合刻光緒五年(1879)湖北書局彙印本　二十冊　存一種

330000－1701－0068860　HJH814.7/75351/c3　集部/別集類/清別集
東塾集六卷申范一卷　(清)陳澧撰　清光緒十八年(1892)廣東菊坡精舍刻本　三冊　缺一卷(申范)

330000－1701－0068862　普814.7/75031.2　集部/別集類/清別集
頤道堂詩選十四卷詩外集九卷詩集補遺四卷文鈔四卷　(清)陳文述撰　清嘉慶二十二年(1817)刻本　八冊　缺一卷(詩外集九)

330000－1701－0068865　HJH951.0267/2628　史部/紀傳類/正史之屬
二十四史　清同治至光緒五省官書局據汲古閣本等合刻光緒五年(1879)湖北書局彙印本　二十冊　存一種

330000－1701－0068866　HJH814.7/75351/c4　集部/別集類/清別集
東塾集六卷申范一卷　(清)陳澧撰　清光緒十八年(1892)廣東菊坡精舍刻本　三冊　缺一卷(申范)

330000－1701－0068867　HJH951.0267/2628/c3　史部/紀傳類/正史之屬
二十四史　清同治至光緒五省官書局據汲古閣本等合刻光緒五年(1879)湖北書局彙印本　十六冊　存一種

330000－1701－0068868　JG00033　史部/傳記類/總傳之屬/家乘
[江西贛州]賴氏明煙堂族譜不分卷　(清)賴邦禮主修　(清)賴應祜等纂輯　清木活字印本　八冊

330000－1701－0068869　普814.7/7242　集部/別集類/清別集
寄菴文鈔二卷續一卷續附一卷　(清)劉大紳撰　清潭西草堂刻本　四冊

330000－1701－0068870　HJH951.07093/2631/c1　史部/紀事本末類/斷代之屬
聖武記十四卷　(清)魏源撰　清道光二十六年(1846)古微堂刻本　十二冊

330000－1701－0068872　HJH814.7/44321/c3　集部/別集類/清別集
歸盦文稾八卷　(清)葉裕仁撰　清光緒八年(1882)蔣銘勳校刻本　四冊

330000－1701－0068874　HJH951.02679/0436/c3　類叢部/叢書類/自著之屬
樹經堂集三種　(清)謝啓昆撰　清乾隆至嘉慶刻本　六冊　存一種

330000－1701－0068875　普811.17/7244　類叢部/叢書類/自著之屬
養晦堂集五種　(清)劉蓉撰　清光緒三年(1877)、十一年(1885)思賢講舍刻本　一冊　存一種

330000－1701－0068877　G001363　子部/醫家類/方書之屬/歷代方書
唐王燾先生外臺秘要方四十卷　(唐)王燾撰　清光緒二十四年(1898)上海圖書集成印書局鉛印本　十六冊

330000－1701－0068878　普814.7/6671/2　集部/別集類/清別集
墨花吟館詩鈔十六卷病几續鈔四卷感舊懷人集二卷達叟時文二卷　(清)嚴辰撰　清光緒刻本　八冊

330000－1701－0068879　普814.7/7283　集部/別集類/清別集
虎溪漁叟集十八卷　(清)劉命清撰　清康熙三十八年(1699)帶玉堂刻本　六冊

330000－1701－0068881　HJH951.02679/0436/(2)/c2　類叢部/叢書類/自著之屬
樹經堂集三種　(清)謝啓昆撰　清乾隆至嘉慶刻本　三冊　存一種

330000－1701－0068882　普814.7/7244/c1

類叢部/叢書類/自著之屬

養晦堂集五種 (清)劉蓉撰 清光緒三年(1877)、十一年(1885)思賢講舍刻本 五册 存一種

330000－1701－0068883 HJL8372 史部/傳記類/總傳之屬/仕宦

史傳三編 (清)朱軾 (清)蔡世遠輯 清同治三年(1864)刻本 三十二册

330000－1701－0068884 HJH814.7/44322/c2 集部/别集類/清别集

青萍軒文錄二卷附詩錄一卷 (清)薛福保撰 清光緒八年(1882)江蘇刻本 一册 存二卷(文錄一至二)

330000－1701－0068885 G001333 史部/詔令奏議類/奏議之屬

會奏采訪遺書摺稿一卷 (清)端方撰 清光緒三十三年(1907)同文印書館鉛印本 一册

330000－1701－0068886 普814.7/7244/c4 類叢部/叢書類/自著之屬

養晦堂集五種 (清)劉蓉撰 清光緒三年(1877)、十一年(1885)思賢講舍刻本 五册 存一種

330000－1701－0068887 HJH951.00922/1779/c3 史部/編年類

資治通鑑彙刻 清同治至光緒江蘇書局刻本 一百册 存二種

330000－1701－0068888 HJH814.7/7579/c2 集部/别集類/清别集

太乙舟文集八卷 (清)陳用光撰 **觀象居詩鈔二卷** (清)陳蘭瑞撰 清道光二十三年(1843)陳大焕孝友堂武昌刻本 六册 缺二卷(詩鈔一至二)

330000－1701－0068889 普814.7/7244.2 集部/别集類/清别集

劉葆真太史遺稾二卷 (清)劉可毅撰 清宣統二年(1910)刻本 吳友梅題記 一册

330000－1701－0068892 G001334 類叢部/叢書類/彙編之屬

海源閣叢書六種續刊一種 (清)楊以增編 清咸豐二年至五年(1852－1855)聊城楊氏海源閣刻本 五册 存一種

330000－1701－0068893 普814.7/7110/(2)/c2 集部/别集類/清别集

揅經室一集十四卷二集八卷三集五卷四集二卷四集詩十一卷續集九卷再續集六卷外集五卷 (清)阮元撰 (清)阮亨輯 清道光三年(1823)儀徵阮氏文選樓刻十年(1830)續刻本 十六册 存四十二卷(二集五至八、三集一至五、四集一至二、四集詩一至十一、續集一至九、再續集一至六、外集一至五)

330000－1701－0068894 HJH951.04092/4040/c5 史部/編年類/斷代之屬

續資治通鑑長編五百二十卷目錄二卷 (宋)李燾撰 清光緒七年(1881)浙江書局刻本 一百二十册

330000－1701－0068896 G001364 子部/術數類/命書相書之屬

造命挈要八卷 (清)祝疇輯 清光緒十五年(1889)刻朱墨套印本 四册

330000－1701－0068897 HJH814.7/4434/c2 集部/别集類/清别集

甘莊恪公全集十六卷 (清)甘汝來撰 清乾隆五十六年(1791)奉新甘氏賜福堂刻本 四册

330000－1701－0068899 HJH814.7/7586/(2) 類叢部/叢書類/自著之屬

橘蔭軒全集七種 (清)陳錦撰 清光緒山陰陳氏橘蔭軒刻本 六册 存一種

330000－1701－0068900 G001335 集部/别集類/清别集

會稽山齋全集二十七卷(會稽山齋文集十二卷文續集六卷詩集五卷詩續一卷經義一卷詞一卷蒙泉子一卷) (清)謝應芝撰 清光緒十四年(1888)刻本 二册 存六卷(詩一至五、詞)

330000－1701－0068902 普814.7/75101

集部/别集類/清别集

莞青集二十一卷 （清）陳至言撰　清康熙四十八年（1709）陳氏芝泉堂刻乾隆二十六年（1761）印本　四册

330000－1701－0068903　HJH814.7/7586/(2)/c3　類叢部/叢書類/自著之屬

橘蔭軒全集七種 （清）陳錦撰　清光緒山陰陳氏橘蔭軒刻本　八册　存三種

330000－1701－0068905　JG00034　史部/傳記類/總傳之屬/家乘

［廣東五雲］五雲隴川盧氏宗譜十九卷 （清）龍俊達纂修　清光緒二十七年（1901）木活字印本　一册　存二卷（一至二）

330000－1701－0068906　HJL8375　史部/傳記類/别傳之屬/年譜

栗恭勤公［毓美］年譜二卷 （清）張壬林編（清）傅鍾沅訂正　清光緒十六年（1890）刻本　二册

330000－1701－0068907　G001365　類叢部/叢書類/郡邑之屬

台州叢書（名山堂叢書）九種 （清）宋世犖編　清嘉慶至道光臨海宋氏刻本　五册　存一種

330000－1701－0068908　HJH814.7/4435.3　類叢部/叢書類/自著之屬

庸盦全集十種 （清）薛福成撰　清光緒十年至二十四年（1884－1898）無錫薛氏刻本　四册　存一種

330000－1701－0068909　普814.7/75101/(2)　集部/别集類/清别集

莞青集二十一卷 （清）陳至言撰　清康熙四十八年（1709）陳氏芝泉堂刻乾隆二十六年（1761）印本　五册

330000－1701－0068910　普814.7/72441.2/c1　集部/别集類/清别集

海峰先生文十卷詩六卷 （清）劉大櫆撰（清）徐宗亮重編　清同治十三年（1874）刻本　六册

330000－1701－0068911　G001336　集部/别集類/清别集

山影樓詩存二卷 （清）徐光燦撰　清道光刻本　二册

330000－1701－0068912　HJH814.7/77142/c2　集部/别集類/清别集

泊鷗山房集三十八卷 （清）陶元藻撰　清嘉慶十八年（1813）刻本　八册

330000－1701－0068915　普814.7/7511　類叢部/叢書類/郡邑之屬

常州先哲遺書七十二種 盛宣懷編　清光緒二十一年至三十三年（1895－1907）武進盛氏思惠齋刻宣統彙印本　六册　存一種

330000－1701－0068916　G001366、G001856　史部/地理類/方志之屬/郡縣志

［光緒］嚴州府志三十八卷首一卷 （清）吳士進原本　（清）吳世榮續修　（清）鄒柏森（清）馬斯臧等續纂　清光緒八年至九年（1882－1883）刻十六年（1890）鶴山增刻二十三年（1897）賀良樾再增刻民國二十六年（1937）重印本　三册　存八卷（首、一至四、三十三至三十五）

330000－1701－0068917　普814.7/72441.2/c2　集部/别集類/清别集

海峰先生文十卷詩六卷 （清）劉大櫆撰（清）徐宗亮重編　清同治十三年（1874）刻本　六册

330000－1701－0068918　G001337　子部/叢編

釋氏十三經 清同治八年至十年（1869－1871）金陵刻經處刻本　二册　存一種

330000－1701－0068919　HJL814.7/7727/c2　集部/别集類/清别集

内自訟齋文集十卷 （清）周凱撰　清道光二十年（1840）愛吾廬刻本　八册

330000－1701－0068920　HJL8376　史部/傳記類/别傳之屬/事狀

玉池老人自敘一卷 （清）郭嵩燾撰　清光緒

十九年(1893)養知書屋刻本　一冊

330000－1701－0068921　普 814.7/72441.3/c1　集部/別集類/清別集
海峰文集八卷詩集十一卷　(清)劉大櫆撰　清同治十三年(1874)桐城劉繼邢邱刻本　八冊

330000－1701－0068922　HJH814.7/1774/2/c2/1　集部/別集類/清別集
邵子湘全集三十卷　(清)邵長蘅撰　**邵氏家錄二卷**　(清)邵璿　(清)邵衷赤輯　清康熙三十二年至三十八年(1693－1699)宋犖青門艸堂刻光緒二十二年(1896)合江李超瓊印本　十冊　缺二卷(邵氏家錄上、下)

330000－1701－0068923　普 814.7/7290　集部/別集類/清別集
高石齋文鈔三卷射洪縣修志議一卷　(清)劉光謨撰　清光緒十年(1884)四川富順縣刻本　三冊

330000－1701－0068924　G001338　史部/雜史類/斷代之屬
山西之怪現像一卷　清末鉛印本　一冊

330000－1701－0068925　普 814.7/7513　類叢部/叢書類/郡邑之屬
海昌叢載三十二種　(清)羊復禮編　清光緒海昌羊氏傳卷樓粵東刻本　一冊　存一種

330000－1701－0068926　HJH951.07093/2631/c2　史部/紀事本末類/斷代之屬
聖武記十四卷　(清)魏源撰　清道光二十六年(1846)古微堂刻本　十二冊

330000－1701－0068929　HJL8377　史部/地理類/專志之屬/祠墓
漂母祠志七卷首一卷　(清)胡鳳丹輯　清光緒三年(1877)胡氏退補齋刻本　二冊

330000－1701－0068930　G001339　子部/天文曆算類/天文之屬
天學問答續編四卷　(清)梅啓照撰　**附校勘記一卷**　(清)王景洛撰　清光緒刻本　四冊

330000－1701－0068931　普 814.7/7110/(3)　集部/別集類/清別集
揅經室一集十四卷二集八卷三集五卷四集二卷四集詩十一卷續集九卷外集五卷　(清)阮元撰　(清)阮亨輯　清刻本　四十冊

330000－1701－0068932　HJH814.7/4435.3/2　集部/別集類/清別集
庸盦海外文編四卷　(清)薛福成撰　清光緒二十二年(1896)上海醉六堂石印本　二冊

330000－1701－0068934　普 814.7/75141　集部/別集類/清別集
午亭文編五十卷　(清)陳廷敬撰　(清)林佶輯錄　清康熙四十七年(1708)林佶刻乾隆四十三年(1778)印本　十六冊

330000－1701－0068936　JG00035　史部/傳記類/總傳之屬/家乘
[湖南湘潭]中湘李氏三修支譜十卷　(清)李澤典　(清)李澤明修　(清)李澤洪　(清)李雲瑞纂　清光緒二十八年(1902)崇德堂木活字印本　四冊　存四卷(一至二、九至十)

330000－1701－0068937　普 814.7/72441.3/c2　集部/別集類/清別集
海峰文集八卷詩集十一卷　(清)劉大櫆撰　清同治十三年(1874)桐城劉繼邢邱刻本　八冊

330000－1701－0068941　HJH951.07093/2631/2/c2　史部/紀事本末類/斷代之屬
聖武記十四卷　(清)魏源撰　清道光二十六年(1846)古微堂刻本　十二冊

330000－1701－0068942　JG00036　史部/傳記類/總傳之屬/家乘
[湖南邵陽]張氏四修族譜不分卷　(清)張雲程等修　(清)張潤之等纂　清光緒二十年(1894)孝友堂木活字印本　十六冊

330000－1701－0068943　HJH814.7/4435.3/2/c4　集部/別集類/清別集
庸盦海外文編四卷　(清)薛福成撰　清光緒二十二年(1896)石印本　二冊

330000－1701－0068944　普 814.7/75142　集部/别集類/清别集

聽松樓遺稿四卷附録一卷　(清)陳爾士撰　(清)董祐成編　清道光刻本　二册

330000－1701－0068945　G001367　集部/詞類/總集之屬

絶妙好詞箋七卷　(宋)周密輯　(清)查爲仁　(清)厲鶚箋　清乾隆十五年(1750)宛平查氏澹宜書屋刻本　四册

330000－1701－0068946　G001340　子部/法家類

管子二十四卷　(唐)房玄齡注　清光緒五年(1879)影宋刻本　四册

330000－1701－0068950　HJH951.07093/2631/2/c3　史部/紀事本末類/斷代之屬

聖武記十四卷　(清)魏源撰　清道光二十六年(1846)古微堂刻本　十册

330000－1701－0068952　普 814.7/72441.4　集部/别集類/清别集

劉海峰稿不分卷　(清)劉大櫆撰　清光緒元年(1875)桐城劉繼邢邱刻本　三册

330000－1701－0068953　HJH814.7/4438/c4　類叢部/叢書類/彙編之屬

二老閣叢書四十二種　(清)鄭風編　清康熙至嘉慶刻本　四册　存一種

330000－1701－0068955　HJH814.7/4438/c3　類叢部/叢書類/彙編之屬

二老閣叢書四十二種　(清)鄭風編　清康熙至嘉慶刻本　四册　存一種

330000－1701－0068956　普 814.7/7413　集部/别集類

鎮亭山房詩集十八卷文集十二卷　陸廷黻撰　清光緒十七年(1891)刻本　十二册

330000－1701－0068957　HJH814.7/2071/2/c2　集部/别集類/清别集

安序堂文鈔三十卷　(清)毛際可撰　(清)林雲銘　(清)嚴允肇評　清康熙刻本　六册

330000－1701－0068961　普 814.7/7517/c1　集部/總集類/彙編之屬

陸陳二先生詩文鈔　(清)葉裕仁輯　清同治九年至光緒二年(1870－1876)安道書院刻本　六册　存一種

330000－1701－0068962　HJH951.0739/9911/c3　史部/詔令奏議類/詔令之屬

硃批諭旨不分卷　(清)鄂爾泰等輯　清光緒十三年(1887)上海點石齋石印本　三十册

330000－1701－0068963　HJL8380　史部/傳記類/别傳之屬

循孝録一卷　(清)張宗瑛輯　清末鉛印本　一册

330000－1701－0068964　HJH814.7/2154/c3　集部/别集類/清别集

何子清先生遺文二卷附録一卷　(清)何忠萬撰　清光緒八年(1882)金陵翁氏茹古閣刻本　一册

330000－1701－0068965　普 814.7/7425/c2　集部/别集類/清别集

崇百藥齋文集二十卷續集四卷三集十二卷　(清)陸繼輅撰　**五真閣吟藁一卷**　(清)陸錢惠尊撰　清光緒四年(1878)陸祐勤等興國州署刻本　十二册

330000－1701－0068968　G001369　集部/别集類/明别集

甫田集三十五卷　(明)文徵明撰　**附録一卷**　(明)文嘉撰　清宣統三年(1911)上海千頃堂書莊、會文學社書莊鉛印本　十二册

330000－1701－0068969　普 814.7/72441.5　集部/别集類/清别集

海峰文集不分卷　(清)劉大櫆撰　清乾隆縹碧軒刻本　十册

330000－1701－0068971　HJL8381　史部/傳記類/别傳之屬

方柏堂先生[宗誠]事實攷略五卷　陳澹然　方守彝　方獻彝撰　清光緒十五年(1889)木活字印本　四册

330000－1701－0068972　普 814.7/7517/c2
集部/總集類/彙編之屬

陸陳二先生詩文鈔　(清)葉裕仁輯　清同治九年至光緒二年(1870－1876)安道書院刻本　三冊　存一種

330000－1701－0068975　HJH814.7/4440
集部/别集類/清别集

莫宦文草一卷詩草一卷　黄壽衮撰　清光緒三十四年(1908)山陰黄璟石印本　二冊

330000－1701－0068977　普 814.7/7425/(2)　集部/别集類/清别集

崇百藥齋文集二十卷續集四卷三集十二卷合肥學舍札記十二卷　(清)陸繼輅撰　**五真閣吟藁一卷**　(清)陸錢惠尊撰　清光緒四年(1878)陸祐勤等興國州署刻本　十六冊

330000－1701－0068978　HJH814.7/22211/c2　集部/别集類/清别集

倭文端公遺書十卷首二卷　(清)倭仁撰　清光緒三年(1877)粵東翰元樓刻本　六冊

330000－1701－0068979　HJH814.7/7791/c4
集部/别集類/清别集

時習編六卷　(清)周炳琦撰　(清)周巖輯　清光緒十六年(1890)詒經堂刻本　二冊

330000－1701－0068981　HJH814.7/2233/c2/1　集部/别集類/清别集

鳴鶴堂詩集十一卷文集十卷　(清)任源祥撰　(清)瞿源洙集評　(清)任道鎔彙輯　清光緒十五年(1889)刻本　六冊

330000－1701－0068982　HJH814.7/4440/2
集部/别集類/清别集

莫宧草文一卷詩一卷　黄壽衮撰　清光緒二十五年(1899)刻本　二冊

330000－1701－0068984　HJH814.7/7791/c1
集部/别集類/清别集

時習編六卷　(清)周炳琦撰　(清)周巖輯　清光緒十六年(1890)詒經堂刻本　二冊

330000－1701－0068985　HJH951.0739/9911/2/c1　史部/詔令奏議類/詔令之屬

硃批諭旨不分卷　(清)鄂爾泰等輯　清刻朱墨套印本　一百十二冊

330000－1701－0068986　普 814.7/7425/2
集部/别集類/清别集

崇百藥齋文集二十卷續集四卷三集十二卷　(清)陸繼輅撰　**五真閣吟藁一卷**　(清)陸錢惠尊撰　清嘉慶二十五年至道光八年(1820－1828)刻本　六冊　缺九卷(三集五至十二、五真閣吟藁)

330000－1701－0068988　HJH814.7/2233/(2)　集部/别集類/清别集

鳴鶴堂詩集十一卷文集十卷　(清)任源祥撰　(清)瞿源洙集評　(清)任道鎔彙輯　清光緒十五年(1889)刻本　七冊

330000－1701－0068989　JG00037　史部/傳記類/總傳之屬/家乘

[浙江縉雲]臚川田氏宗譜□□卷　(清)□□纂修　清光緒十九年(1893)木活字印本　十四冊　存十五卷(四、十二至二十二)

330000－1701－0068990　普 814.7/7433　類叢部/叢書類/自著之屬

潛園總集十七種　(清)陸心源撰　清同治至光緒刻本　四冊　存一種

330000－1701－0068991　JG00038　史部/傳記類/總傳之屬/家乘

[浙江昌化]唐昌潘氏宗譜四卷　(清)潘光熚主修　清光緒七年(1881)垂裕堂木活字印本　四冊

330000－1701－0068992　G001371　集部/曲類/寶卷之屬

白氏寶卷二卷十二回　清光緒三十四年(1908)刻本　二冊

330000－1701－0068993　普 814.7/7433/2
集部/别集類/清别集

儀顧堂集二十卷　(清)陸心源撰　清光緒二十四年(1898)刻本　六冊

330000－1701－0068994　普 814.7/72441/2
集部/别集類/清别集

海峰文集八卷 (清)劉大櫆撰 清乾隆醒園刻本 八册

330000－1701－0068995 G001372、G003036 類叢部/叢書類/彙編之屬

弢園叢書 (清)王韜編 清光緒鉛印本 二册 存一種

330000－1701－0068996 普 814.7/7433/(2) 類叢部/叢書類/自著之屬

潛園總集十七種 (清)陸心源撰 清同治至光緒刻本 六册 存一種

330000－1701－0068997 普 814.7/7246 類叢部/叢書類/彙編之屬

廣雅書局叢書一百五十九種 徐紹棨編 清光緒廣雅書局刻民國九年(1920)番禺徐紹棨彙編重印本 一册 存一種

330000－1701－0068998 G001373 集部/總集類/選集之屬/通代

古文辭類纂七十四卷 (清)姚鼐輯 **續古文辭類纂三十四卷** 王先謙輯 清光緒三十三年(1907)上海商務印書館鉛印本 十二册

330000－1701－0068999 普 814.7/7260 集部/别集類/清别集

醒予山房文存十二卷 (清)劉愚撰 清同治元年(1862)成都刻四年(1865)孔廣燾、光緒劉氏增刻本 六册

330000－1701－0069002 HJH952.4433/2 史部/地理類/外紀之屬

日本國志四十卷首一卷 (清)黃遵憲輯 清光緒二十四年(1898)浙江書局刻本 十册

330000－1701－0069004 HJH952.4433/2/c2 史部/地理類/外紀之屬

日本國志四十卷首一卷 (清)黃遵憲輯 清光緒二十四年(1898)浙江書局刻本 十册

330000－1701－0069005 HJH913.03/7243.2/2/c3 史部/金石類/郡邑之屬/文字

海東金石苑四卷 (清)劉喜海撰 清光緒七年(1881)張德容二銘草堂刻本 四册

330000－1701－0069006 HJH913.03/7243.2/2/c4 史部/金石類/郡邑之屬/文字

海東金石苑四卷 (清)劉喜海撰 清光緒七年(1881)張德容二銘草堂刻本 四册

330000－1701－0069007 HJH814.7/4443/c3 集部/别集類/清别集

樊山集二十八卷續集二十八卷公牘三卷批判十五卷時文一卷 樊增祥撰 **二家詠古詩一卷二家試帖二卷二家詞鈔五卷** 樊增祥編 清光緒十九年至三十二年(1893－1906)刻本 二十四册

330000－1701－0069008 HJH951.0739/9911/2/c3 史部/詔令奏議類/詔令之屬

硃批諭旨不分卷 (清)鄂爾泰等輯 清乾隆三年(1738)刻朱墨套印本 一百十二册

330000－1701－0069009 HJH814.7/2233/(3) 集部/别集類/清别集

鳴鶴堂詩集十一卷文集十卷 (清)任源祥撰 (清)瞿源洙集評 (清)任道鎔彙輯 清光緒十五年(1889)刻本 四册 存十卷(文集一至十)

330000－1701－0069010 HJH913.023/7521/(2) 史部/金石類/總志之屬/圖像

求古精舍金石圖四卷 (清)陳經撰 清嘉慶十八年至二十二年(1813－1817)烏程陳經說劍樓刻本 六册

330000－1701－0069011 HJH814.7/22331/2/c3 類叢部/叢書類/自著之屬

任氏遺書八種 (清)任啓運撰 清光緒十四年(1888)荆溪任氏家塾刻本 二册 存一種

330000－1701－0069012 HJH951.079/9913/c1 類叢部/叢書類/自著之屬

丁文誠公遺集二種 (清)丁寶楨撰 清光緒丁體常京師刻本 二十七册 存一種

330000－1701－0069013 HJH814.7/22331/2/c4 類叢部/叢書類/自著之屬

任氏遺書八種 (清)任啓運撰 清光緒十四年(1888)荆溪任氏家塾刻本 二册 存一種

330000－1701－0069014　HJH951.07903/53201/(2)/c2　新學/史志/戰記

中東戰紀本末八卷首一卷末一卷續編四卷首一卷末一卷三編四卷　(美國)林樂知撰並譯　蔡爾康輯　**文學興國策二卷**　(美國)林樂知譯　清光緒二十二年(1896)、二十三年(1897)、二十六年(1900)上海廣學會鉛印本　十五冊　缺二卷(文學興國策上、下)

330000－1701－0069017　HJH814.7/4448/c2　集部/別集類/清別集

忠雅堂文集十二卷　(清)蔣士銓撰　清嘉慶二十一年(1816)藏園刻本　六冊

330000－1701－0069018　HJH951.07893/5260/(2)　史部/紀事本末類/斷代之屬

欽定平定雲南回匪方略五十卷首一卷欽定平定貴州苗匪紀略四十卷　(清)奕訢等撰　清光緒二十二年(1896)鉛印本　九十冊

330000－1701－0069019　HJH814.7/2322/(2)　集部/別集類/清別集

霜紅龕集四十卷　(清)傅山撰　**附錄三卷傅青主先生[山]年譜一卷**　丁寶銓輯　清宣統三年(1911)山陽丁氏刻本　十二冊

330000－1701－0069020　HJH814.7/8000/c2　集部/別集類/清別集

豸華堂文鈔二十卷首一卷　(清)金應麟撰　清光緒元年(1875)刻本　章嶔跋　二冊　存八卷(乙部駢文一至八)

330000－1701－0069023　HJH951.0739/9911.2/c1　史部/詔令奏議類/詔令之屬

世宗憲皇帝上諭內閣一百五十九卷　(清)允祿等編　(清)弘晝等續輯　清末浙江書局刻本　二十四冊

330000－1701－0069024　HJH814.7/4469　類叢部/叢書類/自著之屬

緣督廬遺書六種　葉昌熾撰　清末至民國初遞刻蘇州文學山房印本　四冊　存一種

330000－1701－0069025　HJH814.7/8000/(2)　集部/別集類/清別集

豸華堂文鈔二十卷首一卷　(清)金應麟撰　清光緒元年(1875)刻本　三冊　存八卷(乙部駢文一至八)

330000－1701－0069026　HJH951.07803/5250/(2)　史部/紀事本末類/斷代之屬

欽定平定陝甘新疆回匪方略三百二十卷首二卷　(清)奕訢等撰　清光緒二十二年(1896)鉛印本　三百二十二冊

330000－1701－0069027　HJH814.7/23221　集部/別集類/清別集

半溪草堂文稿二卷詩稿四卷　(清)傅卓然撰　**青陔遺稿一卷**　(清)傅衡撰　清光緒十三年(1887)官書局刻本　四冊

330000－1701－0069028　HJH814.7/8000.2/(2)/c2　集部/別集類/清別集

豸華堂文鈔二十卷首一卷　(清)金應麟撰　清光緒元年(1875)刻本　四冊　缺八卷(乙部駢文一至八)

330000－1701－0069030　HJH814.7/2393/c3　集部/別集類/清別集

灌園未定稿二卷　(清)傅懷祖撰　清光緒十三年(1887)山陰傅氏蘇州刻本　四冊

330000－1701－0069031　HJH814.7/8000.2/(2)/c3　集部/別集類/清別集

豸華堂文鈔二十卷首一卷　(清)金應麟撰　清光緒元年(1875)刻本　四冊　缺八卷(乙部駢文一至八)

330000－1701－0069032　HJH814.7/2440/(2)/c2　集部/別集類/清別集

存研樓文集十六卷　(清)儲大文撰　(清)張耀先等輯　清光緒元年(1875)靜遠堂刻本　八冊

330000－1701－0069033　HJH951.07703/5233/c4　史部/雜史類/斷代之屬

平浙紀略十六卷　(清)秦緗業　(清)陳鍾英撰　清同治十二年(1873)浙江書局刻本　四冊

330000－1701－0069035　HJH814.7/2477/c3

集部/別集類/清別集

在陸草堂文集六卷 (清)儲欣撰 清光緒十七年(1891)儲氏刻本 六冊

330000－1701－0069037 HJH814.7/8002 集部/別集類/清別集

復初齋文集三十五卷 (清)翁方綱撰 清道光十六年(1836)刻光緒三年至四年(1877－1878)修版印本 章嶔題簽並記 十冊

330000－1701－0069038 HJH814.7/4469/(2) 類叢部/叢書類/自著之屬

緣督廬遺書六種 葉昌熾撰 清末至民國初遞刻蘇州文學山房印本 二冊 存一種

330000－1701－0069039 HJH814.7/2504/c2 集部/別集類/清別集

求聞過齋文集四卷 (清)朱方增撰 清光緒二十年(1894)刻本 三冊

330000－1701－0069040 HJH814.7/2510/c3 類叢部/叢書類/自著之屬

拙盦叢稿五種 (清)朱一新撰 清光緒二十二年(1896)順德龍氏葆真堂刻本 五冊 存三種

330000－1701－0069041 HJH951.07703/5281/c2 類叢部/叢書類/郡邑之屬

武林掌故叢編一百八十七種 (清)丁丙編 清光緒三年至二十六年(1877－1900)錢塘丁氏嘉惠堂刻本 六冊 存一種

330000－1701－0069043 HJH814.7/8002/(2) 集部/別集類/清別集

復初齋文集三十五卷 (清)翁方綱撰 清道光十六年(1836)刻光緒三年至四年(1877－1878)修版印本 八冊

330000－1701－0069044 HJH951.078/99123/c1 史部/詔令奏議類/奏議之屬

曾文正公奏議十卷首一卷末一卷補編四卷 (清)曾國藩撰 (清)薛福成編 清同治十三年(1874)上海醉六堂刻本 十冊 缺四卷(補編一至四)

330000－1701－0069045 HJH951.07703/5281/c3 類叢部/叢書類/郡邑之屬

武林掌故叢編一百八十七種 (清)丁丙編 清光緒三年至二十六年(1877－1900)錢塘丁氏嘉惠堂刻本 六冊 存一種

330000－1701－0069047 HJH814.7/2510/c4 類叢部/叢書類/自著之屬

拙盦叢稿五種 (清)朱一新撰 清光緒二十二年(1896)順德龍氏葆真堂刻本 四冊 存三種

330000－1701－0069048 HJH814.7/8023/c2 類叢部/叢書類/自著之屬

曾惠敏公全集四種 (清)曾紀澤撰 清光緒二十年(1894)上海石印本 四冊

330000－1701－0069049 HJH814.7/4484/2 集部/別集類/清別集

木雞書屋文鈔四卷文二集六卷三集八卷四集六卷五集六卷 (清)黃金臺撰 清道光五年至咸豐元年(1825－1851)刻同治十年(1871)黃晉畇心窗樓補刻本 四冊 缺十二卷(四集一至六、五集一至六)

330000－1701－0069050 HJH814.7/8023/c3 類叢部/叢書類/自著之屬

曾惠敏公全集四種 (清)曾紀澤撰 清光緒二十年(1894)上海石印本 三冊 存三種

330000－1701－0069051 HJH951.078/99123/c4 史部/詔令奏議類/奏議之屬

曾文正公奏議十卷首一卷末一卷補編四卷 (清)曾國藩撰 (清)薛福成編 清同治十三年(1874)上海醉六堂刻本 十冊 缺四卷(補編一至四)

330000－1701－0069052 HJH814.7/2514/(2) 集部/別集類/清別集

小萬卷齋詩藁三十二卷詩續藁十二卷詩遺藁一卷文藁二十四卷經進藁四卷 (清)朱珔撰 清光緒十一年(1885)朱臧成嘉樹山房刻本 十二冊 存二十四卷(文藁一至二十四)

330000－1701－0069053 HJH814.7/8023/c3/1 類叢部/叢書類/自著之屬

曾惠敏公全集四種 (清)曾紀澤撰 清光緒二十年(1894)上海石印本 一册 存一種

330000－1701－0069054 HJH814.7/8023/2 類叢部/叢書類/自著之屬

曾惠敏公遺集四種 (清)曾紀澤撰 清光緒十九年(1893)江南製造總局鉛印本 八册

330000－1701－0069056 HJH814.7/2521/2 集部/别集類/清别集

梅崖居士文集三十卷首一卷外集八卷 (清)朱仕琇撰 清乾隆四十七年(1782)新城魯仕驥刻本 二十册

330000－1701－0069057 HJH814.7/8026/c2 集部/别集類/清别集

徧行堂集十六卷 (清)釋今釋撰 清宣統三年(1911)上海國學扶輪社鉛印本 八册

330000－1701－0069058 HJL8386 史部/詔令奏議類/奏議之屬

劉尚書奏議八卷 (清)劉秉璋撰 朱孔彰輯 清光緒三十四年(1908)江寧刻本 劉承幹題簽 八册

330000－1701－0069060 HJH814.7/2528 集部/别集類/清别集

曝書亭集八十卷附錄一卷 (清)朱彝尊撰 **笛漁小稾十卷** (清)朱昆田撰 清光緒十五年(1889)會稽陶氏寒梅館刻本 二十四册

330000－1701－0069061 HJH814.7/9748/2/c4 集部/别集類/清别集

大雲山房文稾初集四卷二集四卷 (清)惲敬撰 清光緒十四年(1888)官書處刻本 八册

330000－1701－0069062 HJL8388 史部/雜史類/斷代之屬

國語二十一卷 (三國吳)韋昭注 **校刊明道本韋氏解國語札記一卷** (清)黃丕烈撰 **國語明道本考異四卷** (清)汪遠孫撰 清光緒三年(1877)永康胡氏退補齋刻本 五册

330000－1701－0069063 HJH814.7/2528/(2) 集部/别集類/清别集

曝書亭集八十卷附錄一卷 (清)朱彝尊撰 **笛漁小稾十卷** (清)朱昆田撰 清光緒十五年(1889)會稽陶氏寒梅館刻本 十六册

330000－1701－0069064 HJH814.7/9748/2/c2 集部/别集類/清别集

大雲山房文稾初集四卷二集四卷 (清)惲敬撰 清光緒十四年(1888)官書處刻本 八册

330000－1701－0069067 HJH814.7/4487/c2 集部/别集類/清别集

滑疑集八卷 (清)韓錫胙撰 (清)宗稷辰重編 清咸豐五年(1855)石門山房刻光緒十六年(1890)補修本 四册

330000－1701－0069068 HJH814.7/2528/5/c2 集部/别集類/清别集

曝書亭集八十卷附錄一卷 (清)朱彝尊撰 **笛漁小稾十卷** (清)朱昆田撰 清康熙五十三年(1714)朱稻孫刻雍正重修本 清蔡鴻鑑題簽並記 十四册

330000－1701－0069071 HJH814.7/2528/5/c3 集部/别集類/清别集

曝書亭集八十卷附錄一卷 (清)朱彝尊撰 **笛漁小稾十卷** (清)朱昆田撰 清康熙五十三年(1714)朱稻孫刻雍正重修本 十四册

330000－1701－0069074 HJHA746 子部/雜著類/雜考之屬

日知錄集釋三十二卷刊誤二卷續刊誤二卷 (清)黃汝成撰 **策學纂要十六卷** (清)戴明 (清)黃卷輯 清末石印本 一册 存十三卷(八至十五、策學纂要五至九)

330000－1701－0069075 HJL8392 類叢部/叢書類/自著之屬

留書種閣集九種 (清)黃炳垕撰 清同治六年至光緒二十年(1867－1894)餘姚黃氏留書種閣刻本 一册 存一種

330000－1701－0069077 HJH814.7/2528.2/(2) 集部/别集類/清别集

曝書亭集外稿八卷 (清)朱彝尊撰 (清)馮登府 (清)朱墨林輯 清嘉慶二十二年(1817)刻本 二册

330000－1701－0069078　HJH814.7/25312/2/(2)　集部/别集類/清別集
尺雲軒詩集四卷秋窗疊韻詩一卷文集二卷續編一卷尺牘一卷　(清)朱實發撰　清道光十四年(1834)朱穀昌刻本　六册　缺三卷(三至四、秋窗疊韻詩)

330000－1701－0069079　HJHA747　集部/别集類/清别集
林蕙堂全集二十六卷　(清)吴綺撰　清博古堂刻本　六册　存十五卷(林蕙堂文集一至三、七至十二,文集續刻一至六)

330000－1701－0069080　HJH814.7/2528.2/c2　集部/别集類/清别集
曝書亭集外稿八卷　(清)朱彝尊撰　(清)馮登府　(清)朱墨林輯　清嘉慶二十二年(1817)刻本　四册

330000－1701－0069081　HJL8393　類叢部/叢書類/自著之屬
留書種閣集九種　(清)黄炳垕撰　清同治六年至光緒二十年(1867－1894)餘姚黄氏留書種閣刻本　一册　存一種

330000－1701－0069082　HJH814.7/4487/c3　集部/别集類/清别集
滑疑集八卷　(清)韓錫胙撰　(清)宗稷辰重編　清咸豐五年(1855)石門山房刻本　四册

330000－1701－0069083　HJHA652　史部/傳記類/總傳之屬/仕宦
滿洲名臣傳四十八卷漢名臣傳三十二卷　(清)國史館撰　清京都琉璃廠榮錦書坊刻本　五十八册　缺七卷(滿洲名臣傳十八至十九、二十九,漢名臣傳四至五、二十一、二十九)

330000－1701－0069084　HJL8394　史部/傳記類/别傳之屬/年譜
關帝年譜一卷　(清)柯汝霖編　清咸豐元年(1851)刻本　一册

330000－1701－0069085　HJH814.7/2528.3/(2)　集部/别集類/清别集
曝書亭集箋注二十三卷　(清)朱彝尊撰　(清)孫銀槎輯注　清嘉慶五年(1800)三有堂刻九年(1804)補刻本　十二册

330000－1701－0069086　HJH814.7/4649/c2/1　集部/别集類/清别集
蘇盦文録二卷駢文録五卷詩録八卷詞録一卷　(清)楊葆光撰　清光緒九年(1883)杭州刻本　五册

330000－1701－0069089　HJL8395　史部/傳記類/别傳之屬/年譜
王深寧先生[應麟]年譜一卷　(清)陳僅撰　(清)張恕編　清道光二十五年(1845)四明繼雅堂刻本　一册

330000－1701－0069090　HJH814.7/4649/(2)　集部/别集類/清别集
蘇盦文録二卷駢文録五卷詩録八卷詞録一卷　(清)楊葆光撰　清光緒九年(1883)杭州刻本　四册　缺三卷(詩録一至三)

330000－1701－0069091　HJLA749　史部/傳記類/總傳之屬
世界豪傑譚不分卷　(清)鴻文編譯圖書館編譯　清光緒三十年(1904)上海鴻文印書局石印本　二册

330000－1701－0069092　HJH814.7/46491　集部/别集類/清别集
芙蓉山館全集(芙蓉山館詩鈔八卷詩補鈔一卷詞鈔二卷詞附鈔一卷文鈔八卷附録一卷)二十一卷　(清)楊芳燦撰　清光緒十七年(1891)木活字印本　八册

330000－1701－0069093　HJL8396　史部/傳記類/别傳之屬/年譜
丹魁堂[季芝昌]自訂年譜一卷感遇録一卷　(清)季芝昌撰　清咸豐十一年(1861)江陰季氏崇川刻本　一册

330000－1701－0069095　HJHA750　類叢部/類書類/通類之屬
增廣試帖玉芙蓉五卷韻目一卷類目一卷續集二卷韻目一卷類目一卷　清末石印本　一册

存一卷(五)

330000－1701－0069099　HJLA751　子部/儒家類/儒學之屬/勸學
勸學篇書後不分卷　清末鉛印本　一冊

330000－1701－0069101　HJL8397　史部/傳記類/別傳之屬/年譜
王船山先生[夫之]年譜二卷　(清)劉毓崧編　清光緒十二年(1886)江南書局刻本　二冊

330000－1701－0069103　HJL8398　類叢部/叢書類/彙編之屬
當歸草堂叢書八種　(清)丁丙編　清同治二年至五年(1863－1866)錢塘丁氏刻本　一冊　存一種

330000－1701－0069105　HJL814.7/4674/c2　類叢部/叢書類/郡邑之屬
湖州叢書十二種　(清)陸心源編　清光緒湖城義塾刻本　六冊　存一種

330000－1701－0069106　HJL8399　史部/傳記類/別傳之屬/年譜
袁石公遺事錄七卷　(清)袁照輯　清同治八年(1869)繼善書屋刻本　二冊

330000－1701－0069107　HJH816.6086/1012/c2　集部/總集類/尺牘之屬
明人尺牘選四卷　(清)王元勳　(清)程化騄輯　清康熙四十四年(1705)碧雲樓刻本　四冊

330000－1701－0069108　HJL8401　史部/傳記類/別傳之屬/事狀
宗聖志二十卷　(清)王定安編　清光緒十六年(1890)金陵刻本　八冊

330000－1701－0069109　HJH814.7/4713/c2　集部/別集類/清別集
石笥山房集二十四卷　(清)胡天游撰　清咸豐二年(1852)山陰胡鳴泰刻本　十冊

330000－1701－0069110　HJL8402　史部/詔令奏議類/奏議之屬
韓大中丞奏議十二卷　(清)韓文綺撰　清道光刻本　十二冊

330000－1701－0069111　HJHA752　史部/政書類
經史百家序錄六種　清光緒二十八年(1902)會文學社石印本　一冊　存一種

330000－1701－0069113　HJL8403　史部/雜史類/斷代之屬
靖逆記六卷　(清)盛大士撰　清道光刻本　一冊

330000－1701－0069116　HJH814.7/4713/c5　集部/別集類/清別集
石笥山房集二十四卷　(清)胡天游撰　清咸豐二年(1852)山陰胡鳴泰刻本　十二冊

330000－1701－0069117　HJHA754　經部/小學類/文字之屬/字書/字典
康熙字典十二集三十六卷總目一卷檢字一卷辨似一卷等韻一卷補遺一卷備考一卷　(清)張玉書等纂修　清刻本　十二冊　存十二卷(申集上、戌集中、子集中下、丑集上下、卯集上下、辰集上下、酉集上、戌集中)

330000－1701－0069119　HJHA653　類叢部/類書類/通類之屬
增補事類統編九十三卷首一卷　(清)黃葆真輯　清光緒十四年(1888)上海積山書局石印本　十一冊　存八十五卷(一至八十四、首)

330000－1701－0069120　HJH814.7/4713/4　集部/別集類/清別集
石笥山房文集五卷補遺一卷　(清)胡天游撰　清宣統元年(1909)上海國學扶輪社鉛印本　四冊

330000－1701－0069122　HJH816.6087/0724/c2　集部/總集類/尺牘之屬
名賢手札八種　(清)郭慶藩輯　清光緒十年(1884)湘陰郭氏岵瞻堂刻本　四冊

330000－1701－0069123　HJH814.7/4713/5　集部/別集類/清別集
石笥山房文集六卷詩集四卷　(清)胡天游撰　清嘉慶三年(1798)浦陽戴殿海刻本　四冊

330000－1701－0069124　HJHA755　經部/小學類/文字之屬/字書/字典

康熙字典十二集三十六卷總目一卷檢字一卷辨似一卷等韻一卷補遺一卷備考一卷　(清)張玉書等纂修　清刻本　一冊　存一卷(子集中)

330000－1701－0069126　HJLA756　類叢部/叢書類/彙編之屬

武英殿聚珍版書一百三十八種　清乾隆武英殿木活字印本　一冊　存一種

330000－1701－0069128　HJH814.7/4733　集部/別集類/清別集

綠蘿山莊文集二十四卷　(清)胡浚撰　清乾隆二十一年(1756)刻本　四十冊

330000－1701－0069129　HJH8410　史部/史評類/史論之屬

讀史論畧二卷　(清)杜詔撰　清光緒二十八年(1902)大學堂刻本　二冊

330000－1701－0069133　HJH816.6087/2627.09/2/c4　史部/傳記類/總傳之屬/斷代

昭代名人尺牘小傳二十四卷　(清)吳修撰　清道光六年(1826)刻本　四冊

330000－1701－0069135　HJHA655　史部/雜史類/斷代之屬

新刊國聞新語錄二卷　(清)貪夢癡道人撰　清光緒二十五年(1899)石印本　四冊

330000－1701－0069136　HJH814.7/4741/2/c2/1　集部/別集類/清別集

胡文忠公遺集八十六卷首一卷　(清)胡林翼撰　(清)鄭敦謹　(清)曾國荃輯　(清)胡鳳丹重編　清光緒二十七年(1901)上海圖書集成印書局鉛印本　八冊

330000－1701－0069137　HJH816.6087/2627.09/2/c5　集部/總集類/尺牘之屬

昭代名人尺牘二十四卷小傳二十四卷　(清)吳修輯　清光緒三十四年(1908)西泠印社影印本　二冊　存二十四卷(小傳一至二十四)

330000－1701－0069138　HJH814.7/4741/3　集部/別集類/清別集

胡文忠公遺集八十六卷首一卷　(清)胡林翼撰　(清)鄭敦謹　(清)曾國荃輯　清同治六年(1867)黃鶴樓刻本　三十二冊

330000－1701－0069140　HJH816.6087/2683/c2　集部/總集類/尺牘之屬

國朝名人小簡二卷　吳曾祺輯　清宣統元年(1909)上海商務印書館鉛印本　二冊

330000－1701－0069141　HJHA656　集部/總集類/課藝之屬

經藝宏括不分卷　(清)同文書局主人編　清光緒十一年(1885)上海同文書局石印本　十三冊

330000－1701－0069145　HJH814.7/4741/3(2)/c2　集部/別集類/清別集

胡文忠公遺集八十六卷首一卷　(清)胡林翼撰　(清)鄭敦謹　(清)曾國荃輯　清同治三年(1864)武昌節署刻本　二十八冊

330000－1701－0069148　HJHA657　子部/雜著類/雜考之屬

東塾讀書記十五卷　(清)陳澧撰　清光緒二十四年(1898)上海江左書林刻本　三冊　缺四卷(五至八)

330000－1701－0069149　HJLA763　史部/雜史類

南潯龐氏義莊紀事一卷　清宣統三年(1911)蘇州觀西萃成印刷所鉛印本　一冊

330000－1701－0069150　HJH814.7/4741.2/4　集部/別集類/清別集

胡文忠公遺集十卷首一卷　(清)胡林翼撰　(清)閻敬銘　(清)厲雲官　(清)盛康輯　清同治三年(1864)武昌節署刻本　八冊

330000－1701－0069153　HJHA658　子部/雜著類/雜考之屬

東塾讀書記十五卷　(清)陳澧撰　清光緒二十四年(1898)上海江左書林刻本　三冊　缺四卷(五至八)

330000－1701－0069154　HJH814.7/47412/

c2 集部/別集類/清別集

研六室文鈔十卷補遺一卷附墓志銘一卷行狀一卷 (清)胡培翬撰 清光緒四年(1878)胡培系世澤樓刻本 四冊

330000－1701－0069155 HJHA659 經部/小學類/音韻之屬/韻書

新編詩韻大全五卷 (清)湯祥瑟輯 (清)華錕重編 **初學檢韻袖珍一卷** (清)姚文登輯 **虛字韻籔一卷** (清)潘維城輯 清光緒十四年(1888)同文書局石印本 三冊 缺三卷(二至三)

330000－1701－0069156 HJL8415 史部/金石類/郡邑之屬

湖北金石志十四卷 楊守敬撰 清光緒湖北通志局刻朱印本 十四冊

330000－1701－0069157 HJH814.7/2553/c2 集部/別集類/清別集

朱文端公文集四卷補編四卷 (清)朱軾撰 **朱文端公[軾]年譜一卷** (清)朱瀚編 (清)朱舲補 清同治十年至十二年(1871－1873)古唐朱舲古懽齋刻本 八冊

330000－1701－0069159 HJL814.7/4748/(2) 集部/別集類/清別集

崇雅堂詩鈔十卷刪餘詩一卷文鈔二卷駢體文鈔四卷應制存稿一卷定鄉雜著二卷 (清)胡敬撰 清道光二十六年(1846)刻本 二十冊

330000－1701－0069162 HJL814.7/4777/c2 集部/別集類/清別集

退補齋詩存十六卷文存十二卷首二卷 (清)胡鳳丹撰 (清)王柏心等刪定 清同治十二年(1873)永康胡氏退補齋刻本 六冊 存十七卷(首一、詩存一至十六)

330000－1701－0069167 HJH814.7/2574/2 集部/別集類/清別集

結一廬遺文二卷 (清)朱學勤撰 朱溍輯 繆荃孫編 清光緒三十四年(1908)刻本 四冊

330000－1701－0069168 HJH8419 史部/傳記類/總傳之屬/文苑

西湖三祠名賢考畧三卷首一卷 戴啓文撰 清光緒三十年(1904)丹徒戴啓文刻本 二冊

330000－1701－0069169 HJH814.7/4763.2 集部/別集類/清別集

鵬南文鈔補遺十二卷 (清)胡嗣運撰 **錐股齋存稿四卷秋漁雜唱一卷** (清)胡昌佑撰 清光緒三十三年(1907)刻本 四冊

330000－1701－0069171 HJH814.7/4880/c2 集部/別集類/清別集

柏梘山房文集十六卷文續集一卷詩集十卷詩續集二卷駢體文二卷 (清)梅曾亮撰 清咸豐六年(1856)楊以增、楊紹穀等慎修書屋刻同治三年(1864)補刻本 八冊

330000－1701－0069172 HJL8420 史部/金石類

行素草堂金石叢書(孫谿朱氏金石叢書)十六種 (清)朱記榮輯 清光緒吳縣朱氏刻十四年(1888)彙印本 四冊 存二種

330000－1701－0069173 HJH814.7/2610 集部/別集類/清別集

攜雪堂文集四卷 (清)吳可讀撰 (清)郭嵐 (清)李崇洸輯 (清)楊慶生箋注 清光緒二十六年(1900)浙江書局刻本 四冊

330000－1701－0069174 HJHA662 史部/地理類/遊記之屬/紀行

長春真人西遊記二卷 (元)李志常撰 清末石印本 一冊 存一卷(下)

330000－1701－0069175 HJH814.7/4880/c3 集部/別集類/清別集

柏梘山房文集十六卷文續集一卷詩集十卷詩續集二卷駢體文二卷 (清)梅曾亮撰 清咸豐六年(1856)楊以增、楊紹穀等慎修書屋刻同治三年(1864)補刻本 八冊

330000－1701－0069176 HJH814.7/4880/(2) 集部/別集類/清別集

柏梘山房文集十六卷文續集一卷詩集十卷詩續集二卷駢體文二卷 (清)梅曾亮撰 清咸

豐六年(1856)楊以增、楊紹穀等慎修書屋刻同治三年(1864)補刻本　六册

330000－1701－0069177　HJH814.7/2610/c3　集部/別集類/清別集
擕雪堂文集四卷　(清)吳可讀撰　(清)郭嵐　(清)李崇洸輯　(清)楊慶生箋注　清光緒二十六年(1900)浙江書局刻本　四册

330000－1701－0069178　HJH814.7/26141/(2)/c2　類叢部/叢書類/彙編之屬
六安涂氏求我齋所刊書六種　(清)涂宗瀛編　清同治至光緒六安涂氏刻本　四册　存一種

330000－1701－0069181　HJH814.7/4920/c2　集部/別集類/清別集
趙裘萼公賸藁四卷　(清)趙熊詔撰　清光緒二十三年(1897)浙江書局刻本　二册

330000－1701－0069182　HJH814.7/4920/c4　集部/別集類/清別集
趙裘萼公賸藁四卷　(清)趙熊詔撰　清光緒二十三年(1897)浙江書局刻本　二册

330000－1701－0069183　HJH816.6087/7743/c2　集部/總集類/尺牘之屬
賴古堂全集三種　(清)周亮工輯　清宣統三年(1911)上海國學扶輪社石印本　十六册

330000－1701－0069185　HJH814.7/26231.3　集部/別集類/清別集
梅村集四十卷目錄二卷　(清)吳偉業撰　清康熙八年(1669)顧湄等刻本　二十四册

330000－1701－0069186　HJH816.67/4048/2/c2　類叢部/叢書類/自著之屬
隨園三十種　(清)袁枚撰　清刻本　三册　存二種

330000－1701－0069187　HJL8423　史部/傳記類/總傳之屬/郡邑
中州道學存真錄四卷　(清)劉宗泗輯　(清)劉青蓮　(清)劉青芝編次　清康熙刻重修本　一册

330000－1701－0069190　HJH814.4/4922/c2　集部/別集類/宋別集
忠正德文集十卷　(宋)趙鼎撰　**附錄一卷**　清光緒二年(1876)浙江山陰謝氏刻本　四册

330000－1701－0069192　HJL8426　子部/藝術類/書畫之屬/畫譜
南巡盛典圖不分卷　清刻本　四册

330000－1701－0069193　HJLA767　史部/地理類/方志之屬/郡縣志
[乾隆]崇明縣志二十卷首一卷　(清)趙廷健修　(清)韓彦曾等纂　清乾隆二十五年(1760)刻本　一册　存二卷(一至二)

330000－1701－0069194　HJH816.67/3427/c3　集部/別集類/清別集
訒齋手札四卷附錄一卷　(清)褚維垕撰　清光緒二十七年(1901)刻本　一册

330000－1701－0069195　HJHA663　經部/禮記類/傳說之屬
禮記集說十卷　(元)陳澔撰　清刻本　十册

330000－1701－0069196　HJL8427　史部/金石類/總志之屬
金石續編二十一卷首一卷　(清)陸耀遹撰　(清)陸增祥校訂　清同治十三年(1874)毗陵雙白燕堂刻本　八册

330000－1701－0069197　HJH816.67/3427/c4　集部/別集類/清別集
訒齋手札四卷附錄一卷　(清)褚維垕撰　清光緒二十七年(1901)刻本　一册

330000－1701－0069198　HJHA768　史部/雜史類/斷代之屬
戰國策去毒二卷　(清)陸隴其評定　清同治九年(1870)六安涂氏求我齋刻本　一册　存一卷(下)

330000－1701－0069199　HJH814.7/4930　集部/別集類/清別集
悲盦居士文存一卷　(清)趙之謙撰　清光緒十六年(1890)刻本　章嶔題簽　二册

330000－1701－0069200　HJH814.7/26231/c2　類叢部/叢書類/彙編之屬

誦芬室叢刊二十二種　董康編　清光緒三十四年至民國十四年(1908－1925)武進董氏刻本　八册　存二種

330000－1701－0069201　HJH816.67/4217　集部/别集類/清别集

惜抱先生尺牘八卷　(清)姚鼐撰　清宣統元年(1909)廉氏小萬柳堂刻本　四册

330000－1701－0069202　HJLA769　集部/别集類/宋别集

斜川集六卷　(宋)蘇過撰　清刻本　一册　存二卷(五至六)

330000－1701－0069203　HJL8429　史部/紀傳類/别史之屬

尚史七十二卷　(清)李鍇撰　清乾隆三十八年(1773)悦道樓刻本　二十六册　缺一卷(世家十三)

330000－1701－0069204　HJH814.7/4940/c3、HJH814.7/4952/c2　集部/總集類/彙編之屬

二趙公文集二種五十四卷　(清)趙侗斅編　清光緒十八年至十九年(1892－1893)浙江書局刻本　十六册

330000－1701－0069205　HJH816.67/7530.207/c3　集部/别集類/清别集

培遠堂手札節存三卷　(清)陳弘謀撰　清光緒二十五年(1899)浙江官書局刻朱墨套印本　三册

330000－1701－0069206　HJHA771　子部/宗教類/道教之屬

感應篇經史摘典養正集評註八卷首一卷　(清)朱溶輯　(清)朱國榮續輯　(清)楊際春訂　清刻本　一册　存一卷(一)

330000－1701－0069207　HJH814.7/4940/c4、HJH814.7/4952/c3　集部/總集類/彙編之屬

二趙公文集二種五十四卷　(清)趙侗斅編　清光緒十八年至十九年(1892－1893)浙江書局刻本　十六册

330000－1701－0069208　HJHA664　史部/史評類/史論之屬

古今史論大觀前編十五卷後編十七卷　(清)雷瑨輯　清光緒二十七年(1901)硯耕山莊石印本　七册　存二十四卷(一至十二、後編六至十七)

330000－1701－0069209　HJH816.67/7530.207/c4　集部/别集類/清别集

培遠堂手札節存三卷　(清)陳弘謀撰　清光緒二十五年(1899)浙江官書局刻朱墨套印本　三册

330000－1701－0069210　HJLA772　集部/别集類/清别集

懷清堂集二十卷　(清)湯右曾撰　清刻本　二册　存七卷(十四至二十)

330000－1701－0069211　HJH816.67/7712/c3　集部/别集類/清别集

周文忠公尺牘二卷雜文附錄一卷　(清)周天爵撰　清同治七年(1868)蘇松太道署刻本　一册

330000－1701－0069212　HJH814.7/26241　集部/别集類/清别集

寒松堂全集十二卷　(清)魏象樞撰　清康熙四十七年(1708)刻本　十二册

330000－1701－0069213　HJH8430　類叢部/類書類/專類之屬

佩文韻府一百六卷　(清)張玉書　(清)蔡升元等輯　**韻府拾遺一百六卷**　(清)汪灝　(清)何焯等輯　清康熙五十年(1711)内府刻本　九十五册　存一百六卷(佩文韻府一至一百六)

330000－1701－0069214　HJLA773　史部/地理類/水利之屬

重濬三江水利全案二卷　清道光刻本　一册　存二卷(一至二)

330000－1701－0069215　HJH816.67/7712/

(2)　集部/别集類/清别集
周文忠公尺牘二卷雜文附錄一卷　(清)周天爵撰　清同治七年(1868)蘇松太道署刻本　二册

330000－1701－0069216　HJHA665　類叢部/叢書類/彙編之屬
經策通纂二種　(清)吳頴炎　(清)陳通聲等纂　清光緒十三年(1887)上海點石齋石印本　十一册　存一種

330000－1701－0069217　HJH814.7/2631/c3　集部/别集類/清别集
古微堂内集二卷外集八卷　(清)魏源撰　(清)黄象離輯　清宣統元年(1909)上海國學扶輪社鉛印本　六册

330000－1701－0069218　HJHA774　史部/紀傳類/正史之屬
二十四史　清同治至光緒五省官書局據汲古閣本等合刻光緒五年(1879)湖北書局彙印本　三册　存一種

330000－1701－0069219　HJHA775　類叢部/叢書類/彙編之屬
崇文書局彙刻書三十一種　(清)崇文書局編　清光緒元年至三年(1875－1877)湖北崇文書局刻本　二册　存一種

330000－1701－0069220　HJH814.7/2631/2/c2/1　集部/别集類/清别集
古微堂内集三卷外集七卷　(清)魏源撰　清光緒四年(1878)揚州淮南書局刻本　四册

330000－1701－0069222　HJH814.7/2632/c2　集部/别集類/清别集
吴摯甫文集四卷附鈔深州風土記四篇一卷　(清)吳汝綸撰　清宣統二年(1910)上海國學扶輪社石印本　五册

330000－1701－0069223　HJHA667　經部/小學類/文字之屬/字書/訓蒙
文字蒙求廣義四卷　(清)王筠撰　(清)蒯光典補注　清光緒二十七年(1901)江楚書局刻本　二册　存一卷(四)

330000－1701－0069224　HJL8431　史部/傳記類/總傳之屬/忠孝
正氣集十卷　(清)王式輯　清宣統三年(1911)不讀非道書齋鉛印本　四册

330000－1701－0069225　HJH814.7/4967　集部/别集類/清别集
趙忠節公遺墨一卷　(清)趙景賢撰　**溫次言先生詩錄一卷**　(清)溫汝超撰　清光緒八年(1882)歸安趙氏刻本　一册

330000－1701－0069226　HJH814.7/2632/c4　集部/别集類/清别集
吴摯甫文集四卷附鈔深州風土記四篇一卷　(清)吳汝綸撰　清宣統二年(1910)上海國學扶輪社石印本　五册

330000－1701－0069229　HJH814.7/4967/c2　集部/别集類/清别集
趙忠節公遺墨一卷　(清)趙景賢撰　**溫次言先生詩錄一卷**　(清)溫汝超撰　清光緒八年(1882)歸安趙氏刻本　一册

330000－1701－0069230　HJL8433　類叢部/叢書類/家集之屬
篤素堂全集四種　(清)張英　(清)張廷玉撰　清光緒五年至十七年(1879－1891)刻彙印本　二册　存一種

330000－1701－0069232　HJH814.7/5014　類叢部/叢書類/彙編之屬
弢園叢書　(清)王韜編　清光緒鉛印本　二册　存一種

330000－1701－0069233　HJH814.7/2632.2　類叢部/叢書類/自著之屬
桐城吳先生全書六種附二種　(清)吳汝綸撰　清光緒三十年(1904)王恩紱等刻本　五册　存二種

330000－1701－0069234　HJH816.67/8064.4/2/c2　集部/别集類/清别集
曾文正公家書十卷附大事記四卷家訓二卷榮哀錄一卷　(清)曾國藩撰　清光緒十九年(1893)上海圖書集成印書局鉛印本　八册

330000－1701－0069235　HJHA776　類叢部/類書類/專類之屬
子史精華一百六十卷　(清)吳士玉　(清)吳襄等輯　清宣統元年(1909)上海集成圖書公司石印本　三冊　存六十卷(八十一至一百四十)

330000－1701－0069237　HJL8437　類叢部/叢書類/自著之屬
張南山全集十二種　(清)張維屏撰　清道光至咸豐刻本　十冊　存一種

330000－1701－0069239　HJH816.67/8064/c2　類叢部/叢書類/自著之屬
曾文正公全集十六種　(清)曾國藩撰　清同治至光緒傳忠書局刻本　十冊　存一種

330000－1701－0069240　HJH814.7/2634、HJH814.7/2671/2/c3　集部/總集類/氏族之屬
寧都三魏全集八十三卷　(清)林時益編　清道光二十五年(1845)寧都謝庭綬紱園書塾刻本　二十六冊　存三十一卷(魏伯子文集一至十,)

330000－1701－0069241　HJH814.7/5023/c2　集部/別集類/清別集
虹橋老屋遺稿文四卷詩五卷　(清)秦緗業撰　清光緒十五年(1889)秦光簡等刻本　四冊

330000－1701－0069242　HJLA777　經部/四書類/孟子之屬/傳說
孟子集註七卷　(宋)朱熹撰　清刻本　劉承幹題簽　並批　一冊　存二卷(六至七)

330000－1701－0069243　HJH816.67/8064.8/2/c2　類叢部/叢書類/自著之屬
曾文正公全集十六種　(清)曾國藩撰　清同治至光緒傳忠書局刻本　十六冊　存一種

330000－1701－0069244　HJL8438　史部/金石類/郡邑之屬
栝蒼金石志十二卷續志四卷　(清)李遇孫輯　(清)鄒柏森校補　清同治十三年(1874)浙江處州府署刻本　八冊

330000－1701－0069245　HJH814.7/2634/c3、HJH814.7/2635/(2)/c2、HJH814.7/26421、HJH814.7/26422/c2、HJH814.7/2671/2　集部/總集類/氏族之屬
寧都三魏全集八十三卷　(清)林時益編　清道光二十五年(1845)寧都謝庭綬紱園書塾刻本　四十四冊　缺十七卷(魏叔子詩集一至八、日錄一至三,魏興士文集一至六)

330000－1701－0069246　HJLA779　集部/別集類/清別集
擁石齋詩集五十卷　(清)錢載撰　清乾隆刻本　四冊　存三十四卷(一至三十四)

330000－1701－0069247　HJH814.7/5030/2/c2　集部/別集類/清別集
小峴山人詩集二十八卷文集六卷文續集二卷文補編一卷　(清)秦瀛撰　清嘉慶二十二年(1817)城西草堂刻道光初增刻本　八冊　缺二十八卷(詩集一至二十八)

330000－1701－0069248　HJH8439　類叢部/叢書類/彙編之屬
鐵琴銅劍樓叢書十三種　瞿啓甲編　清光緒至民國刻本暨影印本　十六冊　存一種

330000－1701－0069250　HJLA781　類叢部/叢書類/自著之屬
古歡堂五種附一種　(清)田雯撰　清刻彙印本　二冊　存三種

330000－1701－0069251　HJLA670　史部/政書類/律令之屬/刑制
核訂現行刑律不分卷　沈家本編　清宣統元年(1909)鉛印本　四冊

330000－1701－0069252　HJL8440　史部/詔令奏議類/奏議之屬
歷代名臣奏議選三十卷　(清)趙承恩輯　清光緒二十七年(1901)上海千頃堂石印本　八冊

330000－1701－0069254　HJL814.7/5374/(2)　類叢部/叢書類/自著之屬
戚鶴泉所著書十一種　(清)戚學標撰　清乾

隆至嘉慶刻本　十冊　存三種

330000－1701－0069255　HJL8441　史部/詔令奏議類/奏議之屬
歷代名臣奏議選三十卷　(清)趙承恩輯　清光緒二十七年(1901)掃葉山房石印本　十二冊

330000－1701－0069258　HJLA671　經部/小學類/文字之屬/字書
鴻寶齋說文解字彙纂樣本一卷　鴻寶齋輯　清石印本　一冊

330000－1701－0069259　HJL8442　史部/詔令奏議類/奏議之屬
李文忠公奏議二十卷　(清)李鴻章撰　(清)章洪鈞　(清)吳汝綸編輯　清光緒蓮池石印本　二十冊

330000－1701－0069261　HJLA784　集部/別集類/清別集
栖雲閣詩十六卷　(清)高珩撰　清刻本　一冊　存四卷(十三至十六)

330000－1701－0069262　HJLA785　集部/別集類/清別集
與我周旋集詩十二卷文二卷四六一卷雜體一卷附寧武府志序一卷　(清)魏元樞撰　清乾隆五十八年(1793)清祜堂刻本　一冊　存一卷(附寧武府志序)

330000－1701－0069263　HJH816.8/1034.2/c1　子部/藝術類/遊藝之屬/聯語
西湖楹聯四卷　清光緒十五年(1889)暨陽周慶祺知正軒刻十六年(1890)增刻本　四冊

330000－1701－0069265　HJLA672　新學/政治法律/政治
路索民約論不分卷　(法國)路索撰　楊廷棟譯　清光緒二十八年(1902)吳縣楊廷棟鉛印本　一冊

330000－1701－0069266　HJH814.7/26421/(2)　集部/總集類/氏族之屬
寧都三魏全集八十三卷　(清)林時益編　清康熙易堂刻本　七冊　存十卷(魏昭士文集一至十)

330000－1701－0069268　HJLA788　子部/儒家類/儒學之屬/俗訓
訓俗遺規六卷　(清)陳弘謀撰　清光緒二十九年(1903)鉛印本　一冊

330000－1701－0069269　HJLA786　史部/傳記類/總傳之屬/斷代
國朝先正事略續編四卷　朱孔彰撰　清光緒二十六年(1900)石印本　劉承幹題記並批　四冊

330000－1701－0069272　HJH814.7/5374.2　類叢部/叢書類/自著之屬
戚鶴泉所著書十一種　(清)戚學標撰　清乾隆至嘉慶刻本　四冊　存一種

330000－1701－0069277　HJHA794　新學/史志/別國史
日本維新三十年史十二編附錄一卷　(日本)博文館輯　(清)上海廣智書局譯　清光緒二十九年(1903)上海廣智書局鉛印本　五冊　缺二編(三至四)

330000－1701－0069278　HJH814.7/6010/c2　類叢部/叢書類/家集之屬
德州田氏叢書十五種　(清)田同之編　清康熙至乾隆田氏刻彙印本　十二冊　存六種

330000－1701－0069279　HJHA674　經部/春秋左傳類/傳說之屬
東萊博議四卷　(宋)呂祖謙撰　**增補虛字註釋一卷**　(清)馮泰松點定　清末上海商務印書館鉛印本　一冊　存二卷(三至四)

330000－1701－0069280　HJHA795　集部/別集類/清別集
牧齋初學集詩註二十卷　(清)錢謙益撰　(清)錢曾箋注　清宣統二年(1910)刻本　一冊　存一卷(一)

330000－1701－0069281　HJL8445　史部/地理類/總志之屬/斷代
太平寰宇記二百卷目錄二卷　(宋)樂史撰　(清)陳蘭森補闕　**朝代紀元表一卷**　(清)萬

廷蘭撰　清刻本　四十八册

330000－1701－0069282　HJH816.8/1034.2/c2　子部/藝術類/遊藝之屬/聯語
西湖楹聯四卷　清光緒二十二年(1896)暨陽周慶祺知正軒刻本　四册

330000－1701－0069283　HJHA796　經部/四書類/總義之屬/傳說
四子書四卷　清末中國圖書公司鉛印本　一册　缺一卷(孟子)

330000－1701－0069285　HJH814.7/26441/c2、HJH814.7/26441.2/c2　類叢部/叢書類/自著之屬
澤古齋全集五種　(清)吴士模撰　清光緒十九年(1893)刻本　四册　存二種

330000－1701－0069286　HJH814.7/6010/(2)　類叢部/叢書類/家集之屬
德州田氏叢書十五種　(清)田同之編　清康熙至乾隆田氏刻彙印本　二十四册　存六種

330000－1701－0069287　HJH816.8/2143　類叢部/叢書類/自著之屬
悔餘菴集三種　(清)何栻撰　清同治四年(1865)鳩江戎幄刻本　二册　存一種

330000－1701－0069288　HJHA676　子部/儒家類/儒學之屬/性理
近思錄集注十四卷考訂朱子世家一卷　(清)江永撰　**校勘記一卷**　(清)王炳撰　清光緒二十七年(1901)上海文瑞樓石印本　一册　存二卷(一至二)

330000－1701－0069289　HJH814.7/6022.2/c2　類叢部/叢書類/自著之屬
琴志樓叢書　易順鼎撰　清光緒刻本　四册　存一種

330000－1701－0069293　HJH814.7/2648/(2)/1　集部/别集類/清别集
榴實山莊文稿一卷詩鈔六卷詞鈔一卷試律二卷　(清)吴存義撰　清同治至光緒刻本　清戴穗孫題記　四册　缺二卷(試律一至二)

330000－1701－0069294　HJH816.8/3308/c3　子部/藝術類/遊藝之屬/聯語
楹聯叢話十二卷續話四卷　(清)梁章鉅輯　清道光二十年至二十三年(1840－1843)環碧軒刻本　六册

330000－1701－0069295　HJH814.7/6614/c3　類叢部/叢書類/彙編之屬
心矩齋叢書十一種　(清)蔣鳳藻編　清光緒長洲蔣氏刻本　四册　存一種

330000－1701－0069296　HJHA678　史部/史評類/史論之屬
讀史大畧六十卷首一卷　(清)沙張白撰　**小沙子史畧一卷**　(清)沙晉撰　清末石印本　一册　存九卷(三十八至四十六)

330000－1701－0069297　HJL814.7/6614/c4　類叢部/叢書類/彙編之屬
心矩齋叢書十一種　(清)蔣鳳藻編　清光緒長洲蔣氏刻本　四册　存一種

330000－1701－0069298　HJH816.8/3308/c4　子部/藝術類/遊藝之屬/聯語
楹聯叢話十二卷續話四卷　(清)梁章鉅輯　清道光二十年至二十三年(1840－1843)環碧軒刻本　六册

330000－1701－0069299　HJH814.7/2654/c2/1　集部/别集類/清别集
花宜館文略一卷　(清)吴振棫撰　清光緒二十六年(1900)錢塘吴氏刻本　一册

330000－1701－0069300　HJH814.7/6629/(2)　集部/别集類/清别集
嚴太僕先生集十二卷　(清)嚴虞惇撰　**皇清誥授中憲大夫太僕寺少卿嚴思菴先生[虞惇]墓表一卷**　(清)楊繩武撰　清光緒九年至十年(1883－1884)常熟嚴氏西涇草堂刻本　四册

330000－1701－0069301　HJLA798　經部/禮類/周禮之屬
繪圖周禮便蒙課本六卷　(清)黄叔琳撰　清光緒三十二年(1906)南洋官書局石印本　一

冊　存二卷(一至二)

330000－1701－0069302　HJLA679　史部/政書類/邦交之屬

國際公法志一卷　蔡鍔編譯　清光緒二十九年(1903)上海廣智書局鉛印本　一冊

330000－1701－0069303　HJH816.8/3308/4/c2　子部/藝術類/遊藝之屬/聯語

楹聯叢話十二卷續話四卷　(清)梁章鉅輯　清道光二十年(1840)桂林署齋刻本　四冊　存十二卷(一至十二)

330000－1701－0069304　HJHA799　經部/詩類/傳說之屬

詩經集傳八卷　(宋)朱熹撰　清光緒十年(1884)夏序記刻本　一冊　存二卷(一至二)

330000－1701－0069306　HJLA680　新學/史志/諸國史

世界近世史二卷　(日本)松平康國撰　梁啓勳譯　清光緒二十九年(1903)上海廣智書局鉛印本　一冊　存一卷(下)

330000－1701－0069307　HJHA800　類叢部/叢書類/自著之屬

衎石齋合槀　(清)錢儀吉撰　清道光刻本　一冊　存一種

330000－1701－0069308　HJLA681　新學/史志/諸國史

歷史叢書　清光緒上海商務印書館鉛印本　三冊　存三種

330000－1701－0069309　HJHA801　類叢部/叢書類/彙編之屬

藝海珠塵一百六十四種　(清)吳省蘭輯　清嘉慶南匯吳氏聽彝堂刻本　二十八冊　存五十九種

330000－1701－0069310　HJH816.8/3308.2　子部/藝術類/遊藝之屬/聯語

巧對錄八卷　(清)梁章鉅撰　清道光二十二年(1842)刻本　二冊

330000－1701－0069311　HJH814.7/6871/c2　類叢部/叢書類/彙編之屬

崧岱山館叢鈔　清宣統鉛印本　六冊　存一種

330000－1701－0069312　HJH816.8/44231/c3　子部/藝術類/遊藝之屬/聯語

莫愁湖楹聯便覽一卷　(清)釋壽安編　清光緒五年(1879)刻光緒至民國增刻本　一冊

330000－1701－0069313　HJH814.7/2680/c2　集部/别集類/清别集

有正味齋詩集十六卷續集八卷駢體文二十四卷續集八卷詞集八卷續集二卷外集五卷續集二卷　(清)吳錫麒撰　清刻本　二十冊

330000－1701－0069314　HJH814.7/2680/(2)/c2　集部/别集類/清别集

有正味齋詩集十六卷續集八卷駢體文二十四卷續集八卷詞集八卷續集二卷外集五卷續集二卷　(清)吳錫麒撰　清嘉慶十三年(1808)刻本　十六冊　存七十一卷(駢體文一至二十四、續集一至八,詩集一至十六、續集一至八,詞集一至八、續集一至二、外集一至五)

330000－1701－0069315　普814.7/7433.2　集部/别集類/清别集

儀顧堂集八卷别稿一卷　(清)陸心源撰　清同治元年(1862)羊城刻本　二冊

330000－1701－0069319　G001341　集部/别集類/清别集

巘景留吟館贅草一卷　(清)許巨楫撰　清光緒三十一年(1905)鉛印本　一冊

330000－1701－0069320　HJH814.7/6871/c3　類叢部/叢書類/彙編之屬

崧岱山館叢鈔　清宣統鉛印本　六冊　存一種

330000－1701－0069324　普814.7/7442/c2　集部/别集類/清别集

陸堂集四十四卷(陸堂文集二十卷詩集十六卷詩續集八卷)　(清)陸奎勳撰　清雍正十三年至乾隆五年(1735－1740)小瀛山閣刻本　六冊　存二十卷(文集一至二十)

330000－1701－0069325　HJH814.7/2680.2/c2　集部/别集類/清别集
有正味齋集十六卷　(清)吳錫麒撰　清刻本　四册

330000－1701－0069328　普 925.16/7118　史部/傳記類/雜傳之屬
念貽賸紀一卷　(清)周宣智編　**念貽賸紀續編一卷**　(清)周克開編　清同治周氏刻本　一册

330000－1701－0069330　HJLA468　新學
中國財政紀畧一卷　(日本)東邦協會纂　吳銘譯　清光緒二十九年(1903)上海廣智書局鉛印本　一册

330000－1701－0069331　G001342　子部/儒家類/儒學之屬/性理
讀書錄十一卷續錄十二卷　(明)薛瑄撰　明刻本　四册

330000－1701－0069333　HJH816.8/44231/c1　子部/藝術類/遊藝之屬/聯語
莫愁湖楹聯便覽一卷　(清)釋壽安編　清光緒五年(1879)刻光緒至民國增刻本　一册

330000－1701－0069335　普 814.7/7520/c2　類叢部/叢書類/郡邑之屬
海昌叢載三十二種　(清)羊復禮編　清光緒海昌羊氏傳卷樓粵東刻本　二册　存一種

330000－1701－0069336　HJLA469　新學/議論/論政
文學興國策二卷　(美國)林樂知譯　清光緒二十二年(1896)圖書集成局鉛印本　一册

330000－1701－0069338　普 814.7/7442/c3　集部/别集類/清别集
陸堂集四十四卷(陸堂文集二十卷詩集十六卷詩續集八卷)　(清)陸奎勳撰　清雍正十三年至乾隆五年(1735－1740)小瀛山閣刻本　五册　存十七卷(文集一至十七)

330000－1701－0069342　G001343　集部/别集類/唐五代别集
李太白文集三十卷　(唐)李白撰　清末石印本　四册

330000－1701－0069343　普 925.16/5502.2　類叢部/叢書類/自著之屬
曹月川先生遺書十種　(明)曹端撰　清咸豐十一年(1861)刻本　二册　存一種

330000－1701－0069345　HJH814.7/7110/c2　集部/别集類/清别集
揅經室一集十四卷二集八卷三集五卷四集二卷四集詩十一卷續集十一卷再續集六卷外集五卷　(清)阮元撰　(清)阮亨輯　清刻本　二十四册

330000－1701－0069346　普 951.07093/1099/c1　史部/雜史類/斷代之屬
中西紀事二十四卷首一卷　(清)夏燮撰　清同治七年(1868)刻本　六册

330000－1701－0069348　普 814.7/6614/2　類叢部/叢書類/自著之屬
四錄堂類集九種　(清)嚴可均撰　清嘉慶至道光刻本　三册　存一種

330000－1701－0069350　普 814.7/74421　集部/總集類/彙編之屬
陸陳二先生詩文鈔　(清)葉裕仁輯　清同治九年至光緒二年(1870－1876)安道書院刻本　六册　存一種

330000－1701－0069351　G001344　經部/叢編
五經四書讀本九種　清恕堂刻本　六册　存一種

330000－1701－0069353　HJHA682　類叢部/叢書類/彙編之屬
十萬卷樓叢書五十一種　(清)陸心源編　清光緒歸安陸氏刻本(歲時廣記卷六原缺)　一册　存一種

330000－1701－0069354　G001374　集部/總集類/選集之屬/斷代
元詩選初集一百十四卷二集一百三卷三集一百三卷首一卷　(清)顧嗣立輯　清康熙長洲顧嗣立秀野草堂刻本　十六册　存五十二卷

(初集丙集十卷、丁集八卷、戊集二卷、庚集七卷、辛集十三卷、壬集十二卷)

330000－1701－0069355　普 951.07093/1099/c2　史部/雜史類/斷代之屬
中西紀事二十四卷首一卷　(清)夏燮撰　清同治七年(1868)刻本　六冊

330000－1701－0069360　普 951.07093/1099/c3　史部/雜史類/斷代之屬
中西紀事二十四卷首一卷　(清)夏燮撰　清同治七年(1868)刻本　六冊

330000－1701－0069362　G001345　史部/雜史類/通代之屬
最近支那史二卷　(日本)河野通之　(日本)石村貞一輯　清光緒二十九年(1903)京師大學堂刻本　二冊

330000－1701－0069364　普 814.7/74422　集部/别集類/清别集
嶺上白雲集十二卷窳翁文鈔四卷　(清)陸懋修撰　清光緒二十三年(1897)陸潤庠刻本　四冊

330000－1701－0069366　HJH814.7/7110/(2)　集部/别集類/清别集
揅經室一集十四卷二集八卷三集五卷四集二卷四集詩十一卷續集九卷再續集六卷外集五卷　(清)阮元撰　(清)阮亨輯　清刻本　二十二冊　缺五卷(外集一至五)

330000－1701－0069367　普 951.07093/1099/2　史部/雜史類/斷代之屬
中西紀事二十四卷首一卷　(清)夏燮撰　清光緒十一年(1885)京都琉璃廠木活字印本　六冊

330000－1701－0069369　HJHA683　經部/易類/傳説之屬
易象闡微不分卷　張之鋭撰　清末鉛印本　一冊

330000－1701－0069371　G001346　集部/别集類/清别集
白榆村舍記事稿四卷　(清)馬承昭撰　清末綺春閣鉛印本　四冊

330000－1701－0069372　HJH817.2/1181　集部/曲類/彈詞之屬
巧合三緣四卷十六回　清刻本　四冊

330000－1701－0069375　G001375　集部/别集類/清别集
守硯齋試帖初集四卷二集二卷　(清)王祖光撰　清光緒二十三年至二十四年(1897－1898)刻本　六冊

330000－1701－0069376　普 814.7/7444　集部/總集類/選集之屬/斷代
唐人三家集　(清)秦恩復編　清宣統三年(1911)藏古圖書館據清嘉慶至道光秦氏石研齋影宋刻本影印本　二冊　存一種

330000－1701－0069377　HJLA472　類叢部/叢書類/自著之屬
守園賸稿　(清)沈祖燕撰　清光緒刻本　二冊　存一種

330000－1701－0069378　普 951.07093/1099/3　史部/雜史類/斷代之屬
中西紀事二十四卷首一卷　(清)夏燮撰　清光緒十年(1884)江上草堂木活字印本　五冊　缺四卷(四至七)

330000－1701－0069380　普 814.7/7520/c4　類叢部/叢書類/郡邑之屬
海昌叢載三十二種　(清)羊復禮編　清光緒海昌羊氏傳卷樓粵東刻本　二冊　存一種

330000－1701－0069381　HJH817.2/1181/2/c2　集部/曲類/彈詞之屬
新刊繡像巧合三緣四卷十六回　清光緒二十一年(1895)上洋石印本　四冊

330000－1701－0069383　G001347　集部/别集類/清别集
吟秋館詩稿四卷　(清)朱葆元撰　清刻本　一冊　存二卷(一至二)

330000－1701－0069385　HJLA684　史部/地理類/外紀之屬

外國史不分卷　(清)杜宗玉輯　清末鉛印本　二册

330000－1701－0069386　普 814.7/7520.2　類叢部/叢書類/自著之屬

簡莊集三種　(清)陳鱣撰　清嘉慶十年(1805)士鄉堂刻本　六册　存二種

330000－1701－0069387　普 951.07093/1099/3/(2)　史部/雜史類/斷代之屬

中西紀事二十四卷首一卷　(清)夏燮撰　清光緒十年(1884)江上草堂木活字印本　六册

330000－1701－0069388　HJLA473　子部/藝術類/遊藝之屬/聯語

西湖楹聯四卷　清光緒二十二年(1896)暨陽周慶祺知正軒刻本　四册

330000－1701－0069389　HJH814.7/7167/c2　集部/别集類/清别集

樊榭山房全集(樊榭山房集十卷續集十卷文集八卷游仙百詠三卷秋林琴雅四卷集外曲二卷集外詩一卷集外詞一卷集外文一卷附輓辭一卷軼事一卷)四十二卷　(清)厲鶚撰　清光緒十年(1884)汪氏振綺堂刻本　十册

330000－1701－0069391　HJH817.2/1298　集部/曲類/彈詞之屬

繪圖水怪貪歡緣八卷　(清)徐品南撰　清光緒二十三年(1897)文宜書局石印本　二册

330000－1701－0069393　G001348　子部/宗教類/佛教之屬/經疏

佛説觀無量壽佛經圖頌一卷附録一卷　(南朝宋)釋畺良耶舍譯　(明)釋傳燈圖並頌　清刻本　一册

330000－1701－0069394　HJH814.7/2684/c2　集部/别集類/清别集

柈湖文集十二卷　(清)吳敏樹撰　清光緒十九年(1893)思賢講舍刻本　四册

330000－1701－0069395　普 951.07093/1099/4　史部/雜史類/斷代之屬

中西紀事二十四卷首一卷　(清)夏燮撰　清光緒七年(1881)慧香簃木活字印本　六册

330000－1701－0069396　HJHA474　史部/地理類/山川之屬/水志

莫愁湖志六卷首一卷　(清)馬士圖撰　清光緒八年(1882)、十七年(1891)刻本　二册

330000－1701－0069397　普 814.7/7520.3　類叢部/叢書類/彙編之屬

抱經堂叢書七種　朱遂翔編　清刻民國杭州朱氏抱經堂補刻印本　四册　存一種

330000－1701－0069400　HJH817.2/2017/(2)　集部/曲類/彈詞之屬

繡像雙珠鳳全傳十二卷八十回　(清)一葉主人撰　清同治二年(1863)淨雅書屋刻本　十二册

330000－1701－0069401　HJH814.7/2684/c3　集部/别集類/清别集

柈湖文集十二卷　(清)吳敏樹撰　清光緒十九年(1893)思賢講舍刻本　四册

330000－1701－0069404　HJHA685　集部/别集類/清别集

散原精舍詩二卷　陳三立撰　清末鉛印本　一册　存一卷(下)

330000－1701－0069406　普 814.7/7453/c1　集部/别集類/清别集

庚星文稿録存一卷詩稿録存一卷　(清)陸咸清撰　清光緒三十年(1904)刻本　一册

330000－1701－0069407　HJHA803　類叢部/叢書類/彙編之屬

貸園叢書初集十二種四十九卷　(清)周永年編　清乾隆五十四年(1789)歷城周氏竹西書屋重編印益都李文藻等刻本　四册　存三種

330000－1701－0069408　HJH814.7/7167/(2)　集部/别集類/清别集

樊榭山房全集(樊榭山房集十卷續集十卷文集八卷游仙百詠三卷秋林琴雅四卷集外曲二卷集外詩一卷集外詞一卷集外文一卷附輓辭一卷軼事一卷)四十二卷　(清)厲鶚撰　清光緒十年(1884)汪氏振綺堂刻本　八册　缺三卷(集外詞、集外文、輓辭)

330000－1701－0069409　普 814.7/75301/c1　集部/别集類/清别集

小迦陵館文集一卷　(清)陳寶撰　清宣統二年(1910)浙江官報兼印刷局鉛印本　一册

330000－1701－0069411　普 814.7/7453/c2　集部/别集類/清别集

庚星文稿録存一卷詩稿録存一卷　(清)陸咸清撰　清光緒三十年(1904)刻本　一册

330000－1701－0069412　普 951.07093/1099/5　類叢部/叢書類/彙編之屬

申報館叢書正集五十七種附録三種續集一百四十二種　(清)尊聞閣主編　蔡爾康編續集　清同治至光緒上海申報館鉛印本　八册　存一種

330000－1701－0069413　HJH817.2/2027　集部/曲類/彈詞之屬

繡像六美圖四集四種　(清)朱鏡江　(清)章維善撰　清同治九年(1870)刻本　三册　存一種

330000－1701－0069415　普 814.7/7521　類叢部/叢書類/自著之屬

石遺室叢書十九種　陳衍撰　清光緒至民國刻本　二册　存一種

330000－1701－0069416　普 814.7/7453/c3　集部/别集類/清别集

庚星文稿録存一卷詩稿録存一卷　(清)陸咸清撰　清光緒三十年(1904)刻本　一册

330000－1701－0069417　HJLA475　史部/政書類/律令之屬/刑制

大清刑律草案二卷　沈家本等纂修　清光緒三十四年(1908)蘇省刷印局鉛印本　一册　存一卷(二)

330000－1701－0069418　普 814.7/75301/c2　集部/别集類/清别集

小迦陵館文集一卷　(清)陳寶撰　清宣統二年(1910)浙江官報兼印刷局鉛印本　以菴題記　一册

330000－1701－0069419　HJHA686　新學/地學/地志學

世界地理志六卷首一卷　(日本)中村五六撰　(日本)頓野廣太郎修訂　(日本)樋田保熙譯　清光緒三十一年(1905)金粟齋譯書社鉛印本　一册　存二卷(首、甲)

330000－1701－0069420　普 814.7/75301/c3　集部/别集類/清别集

小迦陵館文集一卷　(清)陳寶撰　清宣統二年(1910)浙江官報兼印刷局鉛印本　一册

330000－1701－0069421　HJLA807　集部/别集類/清别集

湖海集十三卷　(清)孔尚任撰　清康熙二十八年(1689)孔氏介安堂刻本　一册　存二卷(四至五)

330000－1701－0069422　HJH814.7/7228/c2　集部/别集類/清别集

繩庵内集十六卷外集八卷　(清)劉綸撰　清乾隆三十九年(1774)用拙齋刻本　六册

330000－1701－0069424　普 951.07093/2253　類叢部/叢書類/彙編之屬

申報館叢書正集五十七種附録三種續集一百四十二種　(清)尊聞閣主編　蔡爾康編續集　清同治至光緒上海申報館鉛印本　十册　存一種

330000－1701－0069425　普 814.7/7522/2　集部/别集類/清别集

湖海樓全集五十一卷　(清)陳維崧撰　清乾隆六十年(1795)浩然堂刻本　十六册

330000－1701－0069426　HJH817.2/2567　集部/曲類/彈詞之屬

新刊全像朱買臣傳一卷　清文星堂刻本　一册

330000－1701－0069427　HJH814.7/2688.2　類叢部/叢書類/自著之屬

魏稼孫先生全集三種　(清)魏錫曾撰　清光緒九年(1883)羊城刻本　十四册

330000－1701－0069428　普 814.7/75301/c4　集部/别集類/清别集

小迦陵館文集一卷　(清)陳寳撰　清宣統二年(1910)浙江官報兼印刷局鉛印本　一冊

330000－1701－0069429　HJLA687　新學/化學

近世化學教科書一卷　(日本)大幸勇吉撰　樊炳清譯　清末刻本　二冊

330000－1701－0069430　普814.7/7474　集部/别集類/清别集

三魚堂文集十二卷外集六卷附錄一卷　(清)陸隴其撰　清康熙四十年(1701)琴川書屋刻本　四冊

330000－1701－0069431　HJLA806　集部/别集類/清别集

寒村詩文選　(清)鄭梁撰　清康熙紫蟾山房刻增修本　一冊　存一卷(寒村五丁集一)

330000－1701－0069432　G001376　集部/總集類/課藝之屬

狀元策不分卷(道光庚子科、辛丑恩科、甲辰科、乙巳恩科、乙巳科、丁未科、庚戌科)　清道光京都琉璃廠文琳堂書坊刻本　一冊

330000－1701－0069433　HJH817.2/2552/c2　集部/曲類/彈詞之屬

繡像玉連環八卷七十六回　(清)朱素仙撰　清道光三年(1823)亦芸書屋刻本　八冊

330000－1701－0069436　HJH814.7/7233　集部/别集類/清别集

劉禮部集十一卷　(清)劉逢祿撰　**麟石文鈔一卷**　(清)劉承寵撰　清道光十年(1830)思誤齋刻本　六冊

330000－1701－0069437　普951.07093/2631/c3　史部/紀事本末類/斷代之屬

聖武記十四卷　(清)魏源撰　清道光二十六年(1846)古微堂刻本　十二冊

330000－1701－0069438　普814.7/7522.2　集部/别集類/清别集

陳檢討四六二十卷　(清)陳維崧撰　(清)程師恭注　清乾隆三十五年(1770)武進陳明善亦園刻本　六冊

330000－1701－0069439　普814.7/75302　集部/别集類

綴學堂初稾四卷　陳漢章譔　清光緒十九年(1893)象山陳氏刻本　二冊

330000－1701－0069440　G001349　集部/别集類/清别集

燕石詩鈔四卷續刻一卷附錄一卷　(清)虞書撰　(清)虞孝諧　(清)虞樹蓀重輯　清光緒十九年(1893)木活字印本　二冊

330000－1701－0069444　HJHA688　集部/總集類/尺牘之屬

尺牘叢刻十七種　文明書局輯　清宣統三年(1911)上海文明書局鉛印本　一冊　存一種

330000－1701－0069446　HJH814.7/2698/(4)　集部/别集類/清别集

白華前稿六十卷後稿四十卷　(清)吳省欽撰　**[吳省欽]年譜一卷**　(清)吳敬樞撰　清乾隆四十八年(1783)刻嘉慶十五年(1810)石經堂增刻本　十六冊

330000－1701－0069447　普925.17/0900.2　史部/地理類/遊記之屬/紀行

凝香室鴻雪因緣圖記三集六卷　(清)麟慶撰　清道光二十七年(1847)揚州刻本　六冊

330000－1701－0069450　普951.07093/2631/c4　史部/紀事本末類/斷代之屬

聖武記十四卷　(清)魏源撰　清道光二十六年(1846)古微堂刻本　十二冊

330000－1701－0069451　普814.7/7532/c1　集部/别集類/明别集

寶綸堂集十卷拾遺一卷　(明)陳洪綬撰　(清)陳字購輯　清光緒十四年(1888)會稽董氏取斯堂木活字印本　八冊

330000－1701－0069452　G001377　集部/總集類/課藝之屬

仁在堂時藝綜不分卷　(清)路德輯　清道光十七年(1837)刻本　二冊

330000－1701－0069454　普814.7/7522.2/2(2)/c1　集部/别集類/清别集

陳檢討集二十卷　(清)陳維崧撰　(清)程師恭注　清漁古山房刻本　八冊

330000－1701－0069455　G001350　類叢部/類書類/通類之屬
角山樓增補類腋六十七卷　(清)姚培謙輯　(清)趙克宜增輯　清光緒二十年(1894)上海萬選書局石印本　六冊

330000－1701－0069456　普814.7/7532/c3　集部/別集類/明別集
寶綸堂集十卷拾遺一卷　(明)陳洪綬撰　(清)陳字購輯　清光緒十四年(1888)會稽董氏取斯堂木活字印本　八冊

330000－1701－0069457　普951.07093/2631/2/c1　史部/紀事本末類/斷代之屬
聖武記十四卷　(清)魏源撰　清道光二十六年(1846)古微堂刻本　十二冊

330000－1701－0069458　HJHA805　集部/別集類/清別集
午亭文編五十卷　(清)陳廷敬撰　(清)林佶輯錄　清康熙四十七年(1708)林佶刻乾隆四十三年(1778)印本　一冊　存四卷(四至七)

330000－1701－0069461　HJH814.7/2698/(2)　集部/別集類/清別集
白華前稿六十卷　(清)吳省欽撰　清乾隆四十八年(1783)刻本　三十冊

330000－1701－0069465　普814.7/75321　集部/別集類/清別集
紫竹山房文集二十卷詩集十二卷　(清)陳兆崙撰　**[陳星齋]年譜一卷**　(清)陳玉繩撰　清乾隆刻本　四冊　缺十二卷(詩集一至十二)

330000－1701－0069466　普951.07093/2631/2(2)/c1　史部/紀事本末類/斷代之屬
聖武記十四卷　(清)魏源撰　清道光二十六年(1846)古微堂刻本　八冊

330000－1701－0069467　HJHA812　集部/別集類/明別集
通川集二卷　(明)舒繧撰　明刻本　一冊　存一卷(下)

330000－1701－0069468　普814.7/7522.2/2(2)/c2　集部/別集類/清別集
陳檢討集二十卷　(清)陳維崧撰　(清)程師恭注　清刻本　九冊　缺二卷(十七至十八)

330000－1701－0069469　G001378　史部/政書類/邦計之屬
鐵路芻議一卷　(清)葛廷杰撰　清光緒二十二年(1896)梧州廣西新報鉛印本　一冊

330000－1701－0069470　普814.7/75321.2/c1　集部/別集類/清別集
紫竹山房文集二十卷詩集十二卷　(清)陳兆崙撰　**[陳星齋]年譜一卷**　(清)陳玉繩撰　清乾隆刻本　十冊

330000－1701－0069471　普925.17/0900.2/(2)/c1　史部/地理類/遊記之屬/紀行
凝香室鴻雪因緣圖記三集六卷　(清)麟慶撰　清道光二十七年(1847)揚州刻本　十二冊

330000－1701－0069473　HJHA478　集部/別集類/清別集
尊聞居士集八卷　(清)羅有高撰　(清)彭紹升編　清光緒八年(1882)長洲彭祖賢刻本　二冊

330000－1701－0069475　HJH814.4/7244　類叢部/叢書類/彙編之屬
武英殿聚珍版書一百三十八種　清乾隆武英殿木活字印本　十冊　存一種

330000－1701－0069476　普814.7/75321.2/c3　集部/別集類/清別集
紫竹山房文集二十卷詩集十二卷　(清)陳兆崙撰　**[陳星齋]年譜一卷**　(清)陳玉繩撰　清乾隆刻本　十二冊

330000－1701－0069477　普814.7/7522.2/3　集部/別集類/清別集
陳檢討集二十卷　(清)陳維崧撰　(清)程師恭注　清同治十三年(1874)大文堂刻本　八冊

330000 - 1701 - 0069479　普 951.07093/2631/2(2)/c2　史部/紀事本末類/斷代之屬
聖武記十四卷　(清)魏源撰　清道光二十二年(1842)古微堂刻本　六册

330000 - 1701 - 0069480　HJH817.2/0086　集部/曲類/彈詞之屬
繡像六美圖中外緣八卷七十六回　清光緒三十年(1904)石印本　八册

330000 - 1701 - 0069481　普 814.7/7522.201/c2　集部/别集類/清别集
陳檢討四六二十卷　(清)陳維崧撰　(清)程師恭注　清末上海文瑞樓石印本　八册

330000 - 1701 - 0069482　G001351　經部/小學類/文字之屬/字書
增訂臨文便覽不分卷　(清)張啓泰輯　(清)怡雲仙館主人重訂　清光緒七年(1881)刻本　四册

330000 - 1701 - 0069484　G001379　集部/别集類/清别集
孤鴻編四卷首二卷　(清)殷增撰　清同治十年(1871)齊莊中正堂刻本　三册

330000 - 1701 - 0069486　HJHA480　子部/儒家類/儒學之屬/蒙學
藴園課蒙草初編一卷二編一卷　童琮編訂　(清)童鎔評注　清光緒二十九年(1903)邗上刻本　二册

330000 - 1701 - 0069488　普 814.7/7522.201/2/c1　集部/别集類/清别集
陳檢討集二十卷　(清)陳維崧撰　(清)程師恭注　清康熙三十二年(1693)有美堂刻本　四册

330000 - 1701 - 0069490　普 814.7/7474/(3)　集部/别集類/清别集
三魚堂文集十二卷外集六卷附録一卷　(清)陸隴其撰　清康熙四十年(1701)嘉會堂刻本　十册

330000 - 1701 - 0069491　HJH814.7/7244/c2　類叢部/叢書類/自著之屬
養晦堂集五種　(清)劉蓉撰　清光緒三年(1877)、十一年(1885)思賢講舍刻本　五册　存一種

330000 - 1701 - 0069492　HJHA810　子部/醫家類/醫經之屬/内經
重廣補註黄帝内經素問二十四卷　(唐)王冰注　(宋)林億等校正　(宋)孫兆改誤　明嘉靖二十九年(1550)顧從德影宋刻本　一册　存四卷(三至六)

330000 - 1701 - 0069493　G001380　子部/雜著類
清光緒版刻一隅不分卷　清光緒刻本　一册

330000 - 1701 - 0069495　HJH817.2/1021　集部/曲類/彈詞之屬
繡像雲外飄香四卷十一回　清文元書莊石印本　四册

330000 - 1701 - 0069496　HJH814.7/2698/c2　集部/别集類/清别集
白華前稿六十卷　(清)吳省欽撰　清乾隆四十八年(1783)刻本　十册

330000 - 1701 - 0069497　HJH814.7/7244/c3　類叢部/叢書類/自著之屬
養晦堂集五種　(清)劉蓉撰　清光緒三年(1877)、十一年(1885)思賢講舍刻本　五册　存一種

330000 - 1701 - 0069498　HJHA811　類叢部/叢書類/自著之屬
嘉定錢氏潛研堂全書二十一種　(清)錢大昕撰　清光緒十年(1884)長沙龍氏家塾刻本　一册　存一種

330000 - 1701 - 0069499　HJH817.2/10101/c2　集部/曲類/彈詞之屬
新增繪圖雨雪亭傳二十四回　清光緒二十四年(1898)鉛印本　四册

330000 - 1701 - 0069500　普 814.7/7522.201/c3　集部/别集類/清别集
陳檢討四六二十卷　(清)陳維崧撰　(清)程師恭注　清末上海文瑞樓石印本　八册

330000－1701－0069501　G001352　子部/儒家類/儒學之屬/性理
又問一卷　(清)劉沅撰　清咸豐三年(1853)豫誠堂刻本　一册

330000－1701－0069502　普 814.7/7474/2　集部/别集類/清别集
三魚堂文集十二卷外集六卷附錄一卷　(清)陸隴其撰　清嘉慶至道光老掃葉山房刻本　八册

330000－1701－0069504　HJL814.7/2699/c2　集部/别集類/清别集
華峰文集六卷　吳光耀撰　清光緒二十四年(1898)刻本　二册

330000－1701－0069505　HJHA813　集部/别集類/清别集
曾文正公家書十卷附大事記四卷家訓二卷榮哀錄一卷　(清)曾國藩撰　清光緒十九年(1893)上海圖書集成印書局鉛印本　四册　存十卷(家書七至十、家訓一至二、大事記一至四)

330000－1701－0069506　G001382　史部/地理類/雜志之屬
潮乘備采錄二卷　(清)陳坤輯　**鱷渚迴瀾記八卷**　(清)陳坤撰　清咸豐至同治刻本　一册

330000－1701－0069507　普 814.7/7522.201/2/c3　集部/别集類/清别集
陳檢討集二十卷　(清)陳維崧撰　(清)程師恭注　清康熙三十二年(1693)有美堂刻本　六册

330000－1701－0069508　G001353、G002763　子部/醫家類/兒科之屬/痘疹
誠書痘疹三卷誠書十六卷　(清)談金章撰　清雍正十年至十一年(1732－1733)傳經堂刻本　十二册

330000－1701－0069509　普 951.07093/2631/3/c1　史部/紀事本末類/斷代之屬
聖武記十四卷　(清)魏源撰　清道光二十四年(1844)古微堂刻本　十二册

330000－1701－0069510　普 814.7/7474/2(2)　集部/别集類/清别集
三魚堂文集十二卷文集附錄一卷外集六卷全集附錄一卷賸言十二卷　(清)陸隴其撰　清末上海掃葉山房石印本　六册

330000－1701－0069514　HJH817.19/4430/2/c2　經部/小學類/訓詁之屬/字詁
新增攷正俗言智燈難字二卷雅語巧對錄一卷　(清)范寅撰　清光緒三十二年(1906)石印本　三册

330000－1701－0069515　普 814.7/7474/3　集部/别集類/清别集
三魚堂文集十二卷外集六卷附錄一卷賸言十二卷　(清)陸隴其撰　清同治七年(1868)楊昌濬武林薇署刻本　五册　缺十二卷(賸言一至十二)

330000－1701－0069516　G001354、G009452　子部/儒家類/儒家之屬
荀子二十卷首一卷　(唐)楊倞注　王先謙集解　清光緒十七年(1891)長沙王氏思賢講舍刻本　六册

330000－1701－0069517　HJLA815　類叢部/叢書類/彙編之屬
申報館叢書正集五十七種附錄三種續集一百四十二種　(清)尊聞閣主編　蔡爾康編續集　清同治至光緒上海申報館鉛印本　一册　存一種

330000－1701－0069518　普 814.7/7522.201/2(3)　集部/别集類/清别集
陳檢討四六二十卷　(清)陳維崧撰　(清)程師恭注　清乾隆三十五年(1770)武進陳明善亦園刻本　十二册

330000－1701－0069519　普 951.07093/2631/3/c2　史部/紀事本末類/斷代之屬
聖武記十四卷　(清)魏源撰　清道光二十六年(1846)古微堂刻本　十二册

330000－1701－0069520　G001383　子部/藝

術類/書畫之屬/題跋

虞山曾氏歸耕課讀兩圖題跋 （清）曾之撰 （清）曾寶章輯 清光緒十一年(1885)木活字印本 一册

330000-1701-0069521 HJH814.7/2704/2/c2 集部/别集類/清别集

壯悔堂文集十卷遺稿一卷四憶堂詩集六卷 （清）侯方域撰 （清）賈開宗等評點 清光緒四年(1878)舊學山房刻本 六册 缺六卷（詩集一至六）

330000-1701-0069522 普814.7/7474/4 集部/别集類/清别集

三魚堂文集十二卷外集六卷附録一卷賸言十二卷 （清）陸隴其撰 清同治七年(1868)楊昌濬武林薇署刻本 六册

330000-1701-0069523 G001355 子部/宗教類/道教之屬/神符

文昌大洞治瘟寶籙二卷 （清）劉體恕輯 清咸豐八年(1858)慈邑治心堂刻朱印本 一册

330000-1701-0069524 HJLA816 子部/儒家類/儒學之屬/經濟

變法平議一卷 張謇撰 清光緒中外日報館鉛印本 一册

330000-1701-0069525 普951.07093/2631/3/c3 史部/紀事本末類/斷代之屬

聖武記十四卷 （清）魏源撰 清道光二十四年(1844)古微堂刻本 十二册

330000-1701-0069526 HJHA690 經部/群經總義類/傳說之屬

朋壽室經説六卷策問一卷 （清）鄒壽祺撰 清光緒二十七年(1901)鄒壽祺刻本 一册 存一卷(一)

330000-1701-0069527 HJH817.2/0086/2/c2 集部/曲類/彈詞之屬

繡像六美圖四集四種 （清）朱鏡江 （清）章維善撰 清同治九年(1870)刻本 六册 存一種

330000-1701-0069528 普814.7/7522.201/3 集部/别集類/清别集

陳檢討四六二十卷 （清）陳維崧撰 （清）程師恭注 清乾隆三十五年(1770)武進陳明善亦園刻本 八册

330000-1701-0069531 G001356 經部/小學類/文字之屬/字書/通論

增補字學舉隅不分卷 （清）黄本驥 （清）龍啓瑞 （清）龍光甸輯 清光緒二年(1876)刻本 一册

330000-1701-0069533 普814.7/7491 類叢部/叢書類/自著之屬

梅谷十種書附一種 （清）陸烜撰 清刻彙印本 四册 存三種

330000-1701-0069537 G001357 子部/農家農學類/總論之屬

撫郡農產攷畧二卷 何剛德 黄維翰撰 **種田雜説一卷** （清）江召棠撰 清光緒三十三年(1907)蘇省刷印局鉛印本 二册

330000-1701-0069538 普951.07093/2631/5 史部/紀事本末類/斷代之屬

聖武記十四卷 （清）魏源撰 清光緒二十五年(1899)正記書局石印本 六册

330000-1701-0069541 G001358 史部/地理類/總志之屬/通代

天下郡國利病書一百二十卷 （清）顧炎武撰 清光緒二十九年(1903)上海益吾齋石印本 二十四册

330000-1701-0069542 G001384 集部/詞類/别集之屬

瘦鶴軒詞一卷續一卷 （清）趙彦俞撰 清同治十二年(1873)丹徒趙氏刻本 一册 缺一卷(續)

330000-1701-0069543 M001908、M001909、M001910、M001911、M001912、M001913 類叢部/叢書類/自著之屬

槐軒全書二十二種 （清）劉沅撰 清道光至民國刻本 十三册 存六種

330000-1701-0069544 普814.7/75341

類叢部/叢書類/家集之屬
養志居僅存稿十種 (清)陳克劬編 清光緒十一年至十九年(1885－1893)丹徒陳氏刻本 九冊 存八種

330000－1701－0069545 G001359 史部/地理類/方志之屬/郡縣志
光緒餘杭縣志稿不分卷 (清)褚成博纂 清光緒三十二年(1906)刻本 一冊

330000－1701－0069546 普 951. 07093/3142/c1 史部/雜史類/斷代之屬
國朝事略八卷 (清)金陵江楚編譯官書局輯 清光緒三十二年(1906)金陵江楚編譯官書局石印本 一冊

330000－1701－0069547 普 814. 7/7482 集部/别集類/清别集
陸善泉先生遺稿十卷 (清)陸灝撰 清光緒二十一年(1895)刻本 五冊

330000－1701－0069548 普 951. 07093/3142/c2 史部/雜史類/斷代之屬
國朝事略八卷 (清)金陵江楚編譯官書局輯 清光緒三十二年(1906)金陵江楚編譯官書局石印本 一冊

330000－1701－0069551 普 814. 7/75221 集部/别集類/清别集
紫竹山房製藝全稿 (清)陳兆崙撰 (清)顧一經等評註 清光緒三年(1877)刻本 八冊

330000－1701－0069552 G001360 史部/政書類/律令之屬/律例
大清律例增修統纂集成四十卷督捕則例附纂二卷 (清)姚潤輯 (清)陶駿 (清)陶念霖增輯 清光緒十三年(1887)刻本 清吴廷釗批校 四冊 存五卷(一至五)

330000－1701－0069553 HJHA484 類叢部/叢書類/彙編之屬
凌氏傳經堂叢書三十二種 (清)凌鎬 (清)凌鏞編 清嘉慶至道光吴興凌氏刻本 二冊 存四種

330000－1701－0069555 HJHA691 子部/儒家類/儒學之屬/蒙學
小學纂註六卷 (清)高愈撰 **文公朱夫子[熹]年譜一卷** 題(宋)李方子撰 清刻本 二冊 存三卷(三至五)

330000－1701－0069558 普 925. 17/0032. 1 史部/傳記類/别傳之屬/事狀
皇清誥授光禄大夫總督倉場户部侍郎琴舫廉公[兆綸]傳畧一卷 (清)王琜撰 清光緒刻本 一冊

330000－1701－0069565 普 814. 7/7530 集部/别集類/清别集
培遠堂偶存稿十卷 (清)陳弘謀撰 清乾隆三十年(1765)刻本 二冊

330000－1701－0069566 HJHA485 集部/别集類/明别集
周忠介公燼餘集三卷 (明)周順昌撰 **周吏部[順昌]年譜一卷** (明)殷獻臣編 **忠介遺事一卷** 清光緒二十九年(1903)唐文治等刻本 損齋居士題記 二冊

330000－1701－0069567 G001385 集部/别集類/清别集
醒栩草堂遺稿一卷 (清)蔣炳章撰 清宣統三年(1911)木活字印本 一冊

330000－1701－0069568 普 925. 17/0900. 2/(2)/c2 史部/地理類/遊記之屬/紀行
凝香室鴻雪因緣圖記三集六卷 (清)麟慶撰 清道光二十七年(1847)揚州刻本 十二冊

330000－1701－0069569 G001361 史部/地理類/外紀之屬
西史綱目三十五卷 (清)周維翰撰 清光緒二十八年至二十九年(1902－1903)經世文社石印本 三冊 存六卷(二十八至三十三)

330000－1701－0069570 普 814. 7/75342 集部/别集類/清别集
生香書屋文集四卷詩集七卷 (清)陳浩撰 清道光三多齋刻本 四冊

330000－1701－0069571 HJH814. 7/2717/c2 類叢部/叢書類/自著之屬

魯氏遺著四種附二種　(清)魯一同撰　清咸豐山陽魯氏刻本　四册　存二種

330000－1701－0069573　G001362　類叢部/叢書類/彙編之屬
江陰季氏叢刻八種　(清)季倫全編　清光緒江陰季氏栩園刻本　一册　存一種

330000－1701－0069576　HJHA692　經部/叢編
通志堂經解一百四十種　(清)納蘭成德輯　清康熙十九年(1680)納蘭成德刻本　二册　存一種

330000－1701－0069577　普 814.7/7530/(2)/c2　集部/別集類/清別集
培遠堂偶存稿十卷　(清)陳弘謀撰　清道光十七年(1837)刻本　六册

330000－1701－0069578　G001386　史部/傳記類/日記之屬
西遊日記一卷(光緒二十九年四月初四日至六月二十五日)　(清)蔣煦撰　清光緒三十一年(1905)鉛印本　一册

330000－1701－0069579　普 925.17/0032.4　類叢部/叢書類/郡邑之屬
武林掌故叢編一百八十七種　(清)丁丙編　清光緒三年至二十六年(1877－1900)錢塘丁氏嘉惠堂刻本　一册　存一種

330000－1701－0069580　普 951.07093/4917/c1　類叢部/叢書類/自著之屬
甌北全集八種　(清)趙翼撰　清乾隆至嘉慶湛貽堂刻本　一册　存一種

330000－1701－0069581　普 814.7/7530.03　類叢部/叢書類/自著之屬
培遠堂全集二十種　(清)陳弘謀撰　清道光十七年(1837)培遠堂刻本　二十四册　存一種

330000－1701－0069582　M002156　子部/藝術類/書畫之屬/書法書品
松禪老人遺墨不分卷　(清)翁同龢書　清光緒三十一年(1905)石印本　一册

330000－1701－0069583　HJLA817　經部/禮記類/傳說之屬
改良禮記圖說十卷　(清)汪基鈔撰　(清)江永校訂　清光緒三十二年(1906)焕文書局石印本　四册　缺二卷(七至八)

330000－1701－0069585　HJHA486　類叢部/叢書類/自著之屬
元和蔡氏所著書三種　(清)蔡雲撰　清道光刻本　二册　存二種

330000－1701－0069586　普 814.7/75343　類叢部/叢書類/自著之屬
陳司業集二種十一卷　(清)陳祖范撰　清乾隆刻二十九年(1764)陳鎏彙印本　五册

330000－1701－0069587　HJH814.7/2741.2/c3　集部/別集類
藝風堂文續集八卷外集一卷　繆荃孫撰　清宣統二年(1910)刻民國二年(1913)印本　四册　存八卷(一至八)

330000－1701－0069590　普 951.07093/4917/c2　類叢部/叢書類/自著之屬
甌北全集八種　(清)趙翼撰　清乾隆至嘉慶湛貽堂刻本　一册　存一種

330000－1701－0069591　G001387　史部/史評類/詠史之屬
澹香齋咏史詩一卷　(清)王廷紹撰　清光緒十七年(1891)桂垣書局刻本　一册

330000－1701－0069593　HJH814.7/2767/(2)　集部/別集類/清別集
紀文達公遺集三十二卷　(清)紀昀撰　(清)紀樹馨編　清嘉慶十七年(1812)紀樹馥刻本　十八册

330000－1701－0069594　G001388　子部/雜著類/雜說之屬
薑露盦雜記六卷　(清)施山撰　清宣統三年(1911)會稽施煃金陵刻本　一册　存三卷(一至三)

330000－1701－0069595　M002157　子部/藝術類/書畫之屬/法帖

常熟翁相國手札一卷 （清）翁同龢撰並書 清光緒三十四年(1908)上海有正書局石印本 一冊

330000－1701－0069596 HJHA693 經部/群經總義類/文字音義之屬
經典釋文三十卷 （唐）陸德明撰 **經典釋文攷證三十卷** （清）盧文弨撰 清刻本 八冊 存三十六卷(一至四、十一至三十,攷證十五至二十四、二十九至三十)

330000－1701－0069598 普925.17/0038.8 史部/傳記類/别傳之屬/事狀
文文忠公[祥]事略四卷 （清）□□輯 清光緒八年(1882)刻本 四冊

330000－1701－0069600 普951.07093/4917/c3 類叢部/叢書類/自著之屬
甌北全集八種 （清）趙翼撰 清光緒三年(1877)滇南唐氏刻本 一冊 存一種

330000－1701－0069601 G001389 史部/政書類/邦計之屬/賦稅
紹屬酒捐徵信錄不分卷(清光緒二十八年) 清光緒二十九年(1903)木活字印本 二冊

330000－1701－0069604 普814.7/75343/2 類叢部/叢書類/自著之屬
陳司業集二種十一卷 （清）陳祖范撰 清乾隆刻二十九年(1764)陳鎏彙印本 六冊

330000－1701－0069605 普925.17/0900.2/2/c1 史部/地理類/遊記之屬/紀行
凝香室鴻雪因緣圖記三集六卷 （清）麟慶撰 清光緒六年(1880)上海點石齋石印本 六冊

330000－1701－0069606 HJH814.7/2767/(3) 集部/别集類/清别集
紀文達公遺集三十二卷 （清）紀昀撰 （清）紀樹馨編 清嘉慶十七年(1812)紀樹馥刻本 十二冊

330000－1701－0069607 HJH817.2/1076/c1 集部/曲類/彈詞之屬
繡像百鳥圖十八回 （清）徐品南撰 清同治二年(1863)刻本 四冊

330000－1701－0069608 G001390 史部/政書類/邦計之屬
銀價駁議一卷 劉世珩撰 清光緒三十年(1904)南洋官報總局鉛印本 一冊

330000－1701－0069609 HJLA818 類叢部/叢書類/自著之屬
重訂方望溪先生全稿不分卷 （清）方苞撰 清刻本 二冊

330000－1701－0069611 普951.07093/4917/c4 類叢部/叢書類/自著之屬
甌北全集八種 （清）趙翼撰 清刻本 一冊 存一種

330000－1701－0069612 普925.17/0045.2 史部/傳記類/别傳之屬/年譜
皇清誥授建威將軍雲南提督署四川提督唐公[友耕]年譜一卷附錄一卷 唐鴻學編 清光緒三十四年(1908)石印本 一冊

330000－1701－0069613 普814.7/75351/c1 集部/别集類/清别集
東塾集六卷申范一卷 （清）陳澧撰 清光緒十八年(1892)廣東菊坡精舍刻本 三冊 缺一卷(申范)

330000－1701－0069614 HJH814.7/2807 集部/别集類/清别集
不慊齋漫存七卷 （清）徐賡陛撰 清光緒八年(1882)南海官署刻本 六冊

330000－1701－0069615 G001391 子部/雜著類
濟世慈航一卷 清宣統三年(1911)上海宏大善書局石印本 一冊

330000－1701－0069617 HJH817.2/1076/c4 集部/曲類/彈詞之屬
繡像百鳥圖十八回 （清）徐品南撰 清同治二年(1863)刻本 四冊

330000－1701－0069618 普814.7/75351/c2 集部/别集類/清别集

東塾集六卷申范一卷 (清)陳澧撰 清光緒十八年(1892)廣東菊坡精舍刻本 三册 缺一卷(申范)

330000－1701－0069619 HJHA487 集部/別集類/清別集
補讀山房詩稿二卷 (清)李國藩撰 **補讀詩存一卷** (清)李仲甫撰 清光緒十八年(1892)漢陽補讀山房刻本 一册

330000－1701－0069620 HJLA694 史部/政書類/邦交之屬
國際公法志一卷 蔡鍔編譯 清光緒二十九年(1903)上海廣智書局鉛印本 一册

330000－1701－0069621 HJH814.7/72441.2/c2/1 集部/別集類/清別集
海峰先生文十卷詩六卷 (清)劉大櫆撰 (清)徐宗亮重編 清同治十三年(1874)刻本 六册

330000－1701－0069624 HJH817.2/0176/c2 集部/曲類/彈詞之屬
新鐫忠孝節義龍鳳報八卷八回 清同治十一年(1872)玉燭山房刻本 四册

330000－1701－0069627 HJH814.7/28381/c2 集部/別集類/清別集
壺園詩鈔選十卷五代新樂府一卷詩外集六卷雜著不分卷製藝選二卷賦鈔二卷試帖課存二卷試帖二刻課存一卷 (清)徐寶善撰 清道光刻本 十册

330000－1701－0069628 G001392 集部/別集類/清別集
紫竹山房詩集十二卷文集二十卷 (清)陳兆崙撰 **[陳星齋]年譜一卷** (清)陳玉繩撰 清乾隆刻本 八册

330000－1701－0069630 G001425 集部/別集類/宋別集
宋王忠文公文集五十卷目錄四卷 (宋)王十朋撰 (清)唐傳鉎重編 **梅溪王忠文公[十朋]年譜一卷** (清)徐炯文編 清雍正六年(1728)唐傳鉎刻鴈就堂印同治十年(1871)補修本 十二册

330000－1701－0069633 HJHA695 史部/地理類/山川之屬/水志
水道提綱二十八卷 (清)齊召南撰 清光緒七年(1881)上海文瑞樓鉛印本 七册 缺四卷(二十五至二十八)

330000－1701－0069634 普814.7/7712 集部/別集類/清別集
盤洲文集六卷詩集二卷 (清)周璠撰 清嘉慶十六年(1811)木活字印本 四册 存四卷(文集一至三、詩集四)

330000－1701－0069635 HJHA819 集部/總集類/課藝之屬
春明詩課彙選八卷補遺一卷 (清)陳研薌原選 (清)胡俊章 (清)胡多祺增輯 清光緒七年(1881)刻本 三册 缺二卷(五至六)

330000－1701－0069636 普814.7/75381 集部/別集類/清別集
凝齋先生遺集八卷制義二卷末一卷 (清)陳道撰 (清)魯士驥輯 清光緒四年(1878)陳同恩刻本 四册

330000－1701－0069639 HJH814.7/72441.4/c2 集部/別集類/清別集
劉海峰稿不分卷 (清)劉大櫆撰 清光緒元年(1875)桐城劉繼邢邱刻本 三册

330000－1701－0069640 普951.07093/4917/c5 類叢部/叢書類/自著之屬
甌北全集八種 (清)趙翼撰 清光緒三年(1877)滇南唐氏刻本 一册 存一種

330000－1701－0069641 HJH913.0251/4926 史部/金石類/總志之屬/目録
竹崦盦金石目錄五卷 (清)趙魏藏並撰 清宣統元年(1909)錢塘吳士鑑長沙刻本 四册

330000－1701－0069642 HJH814.7/2847 集部/別集類/清別集
憺園全集三十六卷 (清)徐乾學撰 清光緒九年(1883)嘉興金吳瀾刻本 三十二册

330000－1701－0069644　HJHA488　類叢部/叢書類/彙編之屬
藕香零拾三十九種　繆荃孫編　清光緒二十二年至宣統二年(1896－1910)刻本　二册　存二種

330000－1701－0069648　HJH913.0251/4926/(2)/c2　史部/金石類/總志之屬/目録
竹崦盦金石目録五卷　(清)趙魏藏並撰　清宣統元年(1909)錢塘吳士鑑長沙刻本　五册

330000－1701－0069649　HJH814.7/7262/2/c2　集部/别集類/清别集
尚絅堂詩集五十二卷詞集二卷駢體文二卷　(清)劉嗣綰撰　清道光六年(1826)劉延和大樹園刻本　十册

330000－1701－0069651　HJHA696　子部/術數類/陰陽五行之屬
欽定協紀辨方書三十六卷　(清)允祿　(清)張照等纂修　清刻朱墨套印本　二十三册　缺一卷(三十四)

330000－1701－0069652　G001426　史部/政書類/邦計之屬
農工商部奏辦京師自來水有限公司招股簡章一卷　清光緒鉛印本　一册

330000－1701－0069653　普814.7/7540/c1　類叢部/叢書類/彙編之屬
張氏適園叢書初集七種　張鈞衡編　清宣統三年(1911)上海國學扶輪社鉛印本　一册　存一種

330000－1701－0069654　HJH814.7/2864/c3　類叢部/叢書類/自著之屬
煙嶼樓集四種　(清)徐時棟撰　清同治至光緒刻彙印本　八册　存一種

330000－1701－0069655　HJHA821　史部/詔令奏議類/奏議之屬
林文忠公政書三十七卷蒐遺一卷　(清)林則徐撰　清光緒二十四年(1898)天津文德堂石印本　一册　存十四卷(湖廣奏稿一至五、使粵奏稿一至八、兩廣奏稿一至四)

330000－1701－0069656　G001427　子部/雜著類/雜説之屬
菜根談一卷　(明)洪應明撰　清光緒十七年(1891)謝潤卿刻兩粵廣仁善堂印本　一册

330000－1701－0069658　普814.7/7713　集部/别集類/清别集
南崖集四卷　(清)陶元淳撰　清康熙詒清堂刻本　三册

330000－1701－0069659　HJH913.023/7521/c3　史部/金石類/總志之屬/圖像
求古精舍金石圖四卷　(清)陳經撰　清嘉慶十八年至二十二年(1813－1817)烏程陳經説劍樓刻本　一册

330000－1701－0069662　普925.17/0051　史部/傳記類/别傳之屬/年譜
章午峰先生[邦元]年譜一卷日記一卷　(清)章家祚撰　清光緒十八年(1892)刻本　一册

330000－1701－0069664　普925.14/7212.2/c3　史部/傳記類/别傳之屬/事狀
鄂國金佗稡編二十八卷續編三十卷　(宋)岳珂編　清光緒九年(1883)浙江書局刻本　十二册

330000－1701－0069665　HJH814.7/7270/c2　集部/别集類/清别集
存悔齋集二十八卷外集四卷　(清)劉鳳誥撰　清道光十年至十七年(1830－1837)刻本　八册

330000－1701－0069666　普951.07094/1035　史部/政書類/邦計之屬/貿易
國朝柔遠記十八卷附編二卷　(清)王之春輯　清光緒十七年(1891)廣雅書局刻本　十册

330000－1701－0069667　普814.7/7540/c2　類叢部/叢書類/彙編之屬
張氏適園叢書初集七種　張鈞衡編　清宣統三年(1911)上海國學扶輪社鉛印本　一册　存一種

330000－1701－0069668　HJH814.7/2864/c4　類叢部/叢書類/自著之屬

煙嶼樓集四種　(清)徐時棟撰　清同治至光緒刻彙印本　八冊　存一種

330000－1701－0069669　G001428　集部/別集類/清別集

養雲軒詩稿七卷　(清)周寶生撰　清道光十七年(1837)刻二十三年(1843)印本　一冊

330000－1701－0069670　G001393　史部/編年類/通代之屬

御批歷代通鑑輯覽一百二十卷　(清)傅恒等撰　清光緒五年(1879)天津煮字山房刻朱墨套印本　五十八冊

330000－1701－0069672　HJHA822　集部/總集類/尺牘之屬

新撰女子尺牘二卷　(清)商務印書館編譯所編　清光緒三十三年(1907)上海商務印書館石印本　一冊　存一卷(上)

330000－1701－0069675　HJH814.7/28841　集部/別集類/清別集

息養廬文集十一卷　(清)徐錦華撰　清光緒二十五年(1899)徐士琛寶善堂刻本　六冊

330000－1701－0069678　普925.14/7212.2/2　史部/傳記類/別傳之屬/事狀

岳鄂王金陀稡編十八卷續編十卷首一卷　(宋)岳珂輯　(清)岳士景增輯　清乾隆元年(1736)岳士景刻本　十二冊

330000－1701－0069679　HJHA697　集部/小說類/長篇之屬

品花寶鑑六十回　(清)陳森撰　清光緒三十四年至宣統元年(1908－1909)幻中了幻齋刻本　十九冊　存四十八回(一至三十八、四十四至四十八、五十二至五十六)

330000－1701－0069681　HJH814.7/7277/c3　集部/別集類/清別集

劉孟塗集四十四卷　(清)劉開撰　清道光六年(1826)姚氏檗山草堂刻本　八冊　缺一卷(後集八)

330000－1701－0069682　HJH814.7/3027/c2　集部/別集類/清別集

躬恥齋文鈔二十卷首一卷文後編六卷　(清)宗稷辰撰　清咸豐九年(1859)越峴山館刻本　十九冊

330000－1701－0069686　HJH913.023/7521/c2　史部/金石類/總志之屬/圖像

求古精舍金石圖四卷　(清)陳經撰　清嘉慶十八年至二十二年(1813－1817)烏程陳經說劍樓刻本　四冊

330000－1701－0069689　G001429　類叢部/叢書類/彙編之屬

士禮居黃氏叢書十九種附四種　(清)黃丕烈編　清嘉慶至道光黃氏士禮居刻本　一冊　存一種

330000－1701－0069690　HJHA824　子部/小說家類/雜事之屬

右台仙館筆記十六卷　(清)俞樾撰　清宣統二年(1910)上海朝記書莊、蘇州振新書社石印本　一冊　存二卷(七至八)

330000－1701－0069691　HJHA492　類叢部/叢書類/彙編之屬

峭帆樓叢書十八種　趙詒琛編　清宣統三年至民國八年(1911－1919)新陽趙氏峭帆樓刻本　四冊　存四種

330000－1701－0069692　普814.7/77141　集部/別集類/清別集

經韻樓集十二卷　(清)段玉裁撰　清光緒十年(1884)秋樹根齋刻本　八冊

330000－1701－0069693　HJHA698　新學/史志/別國史

支那通史七卷　(日本)那珂通世編　清末石印本　四冊　存三卷(二至四)

330000－1701－0069694　HJHA765　子部/小說家類/雜事之屬

右台仙館筆記十六卷　(清)俞樾撰　清宣統二年(1910)上海朝記書莊、蘇州振新書社石印本　一冊　存二卷(七至八)

330000－1701－0069697　普814.7/77142　集部/別集類/清別集

泊鷗山房集三十八卷 (清)陶元藻撰 清嘉慶十八年(1813)刻本 八冊

330000－1701－0069698 HJHA770 子部/小說家類/雜事之屬
右台仙館筆記十六卷 (清)俞樾撰 清宣統二年(1910)上海朝記書莊、蘇州振新書社石印本 一冊 存二卷(七至八)

330000－1701－0069701 G001430 子部/小說家類
古今說部精華 (清)陳琰編輯 清末石印本 一冊 存一種

330000－1701－0069703 普 951.07094/1035/(2)/c1 史部/政書類/邦計之屬/貿易
國朝柔遠記十八卷附編二卷 (清)王之春輯 清光緒十七年(1891)廣雅書局刻本 六冊

330000－1701－0069704 普 951.07094/1035/(2)/c2 史部/政書類/邦計之屬/貿易
國朝柔遠記十八卷附編二卷 (清)王之春輯 清光緒十七年(1891)廣雅書局刻本 六冊

330000－1701－0069707 HJH814.7/3027/(3) 集部/别集類/清别集
躬恥齋文鈔二十卷首一卷文後編六卷 (清)宗稷辰撰 清咸豐九年(1859)越峴山館刻本 八冊

330000－1701－0069710 HJH814.7/3107.2、HJH814.7/3107.3/c3 類叢部/叢書類/自著之屬
平湖顧氏遺書五種 (清)顧廣譽撰 清光緒三年(1877)顧鴻昇刻本 四冊 存三種

330000－1701－0069712 G001431 類叢部/叢書類/自著之屬
湯文正公全集七種 (清)湯斌撰 清同治九年(1870)蘇廷魁等刻本 二冊 存一種

330000－1701－0069713 普 814.7/7540.2 類叢部/叢書類/自著之屬
陳一齋全集五種 (清)陳梓撰 清嘉慶二十年至二十一年(1815－1816)胡氏敬義堂刻本 十二冊 存二種

330000－1701－0069715 HJH814.7/3107.2/c3、HJH814.7/3107.3/(2) 類叢部/叢書類/自著之屬
平湖顧氏遺書五種 (清)顧廣譽撰 清光緒三年(1877)顧鴻昇刻本 六冊 存三種

330000－1701－0069717 G001432 新學/格致總
格致須知二十八種 (英國)傅蘭雅編 清光緒八年至二十四年(1882－1898)刻本 一冊 存一種

330000－1701－0069722 HJLA493 史部/傳記類/科舉録之屬/歷科登科録
歷科殿試策不分卷 清光緒刻本 二冊

330000－1701－0069723 HJH814.7/7425 集部/别集類/清别集
崇百藥齋文集二十卷續集四卷三集十二卷 (清)陸繼輅撰 **五真閣吟藁一卷** (清)陸錢惠尊撰 清光緒四年(1878)陸祐勤等興國州署刻本 十二冊

330000－1701－0069724 G001433 子部/儒家類/儒學之屬/蒙學
小學集注六卷 (明)陳選撰 **小學總論一卷** (清)趙鳳翔 (清)趙慎徽編輯 **小學集注校勘記六卷首一卷** (清)高均儒錄 **小學校語一卷** (清)孫崇晉等撰 清同治元年至二年(1862－1863)刻本 四冊

330000－1701－0069725 HJHA699 史部/紀事本末類/斷代之屬
聖武記十四卷 (清)魏源撰 清刻本 十一冊 缺一卷(十四)

330000－1701－0069726 普 951.07099/4435/c1 類叢部/叢書類/彙編之屬
掌故叢編七種 掃葉山房編 清光緒掃葉山房石印本 一冊 存一種

330000－1701－0069728 G001395 集部/總集類/彙編之屬
增訂七家詩選註釋七卷 (清)張熙宇輯評 清咸豐九年(1859)泰和堂刻朱墨套印本

四册

330000－1701－0069729　普 925.17/0123.2　史部/傳記類/日記之屬

復堂日記八卷(清同治二年至光緒十六年)　(清)譚獻撰　清光緒十三年(1887)刻半厂叢書初編本　邵章跋　二册　存六卷(一至六)

330000－1701－0069730　普 925.14/7212.2/(2)　史部/傳記類/别傳之屬/事狀

鄂國金佗稡編二十八卷續編三十卷　(宋)岳珂編　清光緒九年(1883)浙江書局刻本　黄君文題記　六册　缺三十卷(續編一至三十)

330000－1701－0069734　普 951.07099/4435/c2　類叢部/叢書類/彙編之屬

掌故叢編七種　掃葉山房編　清光緒掃葉山房石印本　一册　存一種

330000－1701－0069736　HJHA825　經部/四書類/總義之屬/傳説

四書集註十九卷　(宋)朱熹撰　清光緒三十四年(1908)掃葉山房石印本　二册　存七卷(論語六至十、孟子四至五)

330000－1701－0069739　HJH814.7/7433/c2　類叢部/叢書類/自著之屬

潛園總集十七種　(清)陸心源撰　清同治至光緒刻本　四册　存一種

330000－1701－0069740　HJH913.03/1036/c1　史部/金石類/總志之屬

金石萃編一百六十卷　(清)王昶撰　清嘉慶十年(1805)青浦王氏經訓堂刻本　六十四册

330000－1701－0069741　普 814.7/7722　集部/别集類/清别集

二南文集二卷　(清)周樂撰　清道光二十二年(1842)枕湖書屋刻本　四册

330000－1701－0069742　普 925.17/0131.2/(2)　集部/别集類/清别集

遺陽瑣語三卷附旅中雜詩一卷　(清)譚汝玉撰　清光緒二十六年(1900)求在我簃刻本　一册

330000－1701－0069743　HJLA494　史部/政書類

世界統計年鑑不分卷　(日本)伊東佑穀撰　謝蔭昌輯譯　清宣統元年(1909)奉天圖書館鉛印本　一册

330000－1701－0069745　HJHA700　子部/雜著類/雜品之屬

弦雪居重訂遵生八牋十九卷目録一卷　(明)高濂撰　清光緒十年(1884)刻本　十九册　缺一卷(十六)

330000－1701－0069748　HJHA826　新學/雜著/小説

埃司蘭情俠傳二卷三十三章　(英國)哈葛特撰　林紓　魏易譯　清光緒三十年(1904)石印本　一册　存一卷(上)

330000－1701－0069750　G001396　集部/總集類/選集之屬/斷代

唐人試帖箋註四卷　(清)毛奇齡原定　(清)金神龍重訂　清虞斌刻本　一册

330000－1701－0069751　普 814.7/7724　類叢部/叢書類/自著之屬

西澗草堂全集四種附一種　(清)閻循觀撰　清乾隆三十八年(1773)樹滋堂刻本　四册　存四種

330000－1701－0069752　HJH814.7/7442　集部/别集類/清别集

陸堂集四十四卷(陸堂文集二十卷詩集十六卷詩續集八卷)　(清)陸奎勳撰　清雍正十三年至乾隆五年(1735－1740)小瀛山閣刻本　八册　存二十卷(文集一至二十)

330000－1701－0069753　G001434　子部/雜著類/雜説之屬

泖東草堂筆記二十卷　(清)沈宗祉撰　清宣統二年(1910)上海時中書局鉛印本　四册

330000－1701－0069755　HJLA827　新學/史志/臣民傳記

地球一百名人傳三卷　(英國)李提摩太譯　林朝圻述　清光緒二十九年(1903)上海廣學

會鉛印本　三冊

330000－1701－0069757　普 925.17/0712.2　史部/傳記類/別傳之屬/年譜

華野郭公[琇]年譜一卷　（清）郭廷翼編　清刻本　二冊

330000－1701－0069758　HJHA495　類叢部/叢書類/彙編之屬

貸園叢書初集十二種四十九卷　（清）周永年編　清乾隆五十四年（1789）歷城周氏竹西書屋重編印益都李文藻等刻本　一冊　存一種

330000－1701－0069761　HJHA828　史部/編年類/斷代之屬

皇朝政典挈要八卷　（日本）增田貢撰　（清）毛淦補編　清光緒石印本　一冊　存一卷（八）

330000－1701－0069763　G001397　類叢部/叢書類/彙編之屬

津河廣仁堂叢書八十四種　（清）□□編　清光緒津河廣仁堂刻本　一冊　存一種

330000－1701－0069764　普 814.7/7727　集部/别集類/清别集

內自訟齋文集十卷　（清）周凱撰　清道光二十年（1840）愛吾廬刻本　八冊

330000－1701－0069765　HJH913.03/1036/c4　史部/金石類/總志之屬

金石萃編一百六十卷　（清）王昶撰　清嘉慶十二年（1807）三泖漁莊刻本　六十四冊

330000－1701－0069769　普 925.17/0721.8　史部/傳記類/別傳之屬/事狀

輓詞彙編三卷　（清）龔尚毅　（清）郭兆芳輯　清光緒十九年（1893）養知書屋刻本　一冊

330000－1701－0069770　HJHA701　史部/紀傳類/正史之屬

二十四史附考證　清光緒二十八年（1902）竢實齋石印本　十五冊　存一種

330000－1701－0069771　HJLA829　新學/議論/通論

俄國政俗通考三卷　（美國）林樂知　（清）任廷旭譯　**俄國政俗通考續編一卷**　（美國）林樂知撰　（清）范禕譯　清光緒三十二年（1906）上海廣學會鉛印本　二冊

330000－1701－0069772　HJHA496　子部/儒家類/儒學之屬/經濟

賈子次詁十六卷　（清）王耕心撰　清光緒二十九年（1903）正定王氏刻本　二冊

330000－1701－0069773　G001435　史部/政書類/邦計之屬

直隸五道成規五卷　（清）高斌輯　清刻本　五冊

330000－1701－0069775　普 814.7/75411　集部/别集類/清别集

獨漉堂詩集十五卷文集十五卷續編一卷　（清）陳恭尹撰　**陳獨漉先生年譜一卷**　（清）溫肅編　清道光五年（1825）廣州陳氏刻本　十冊

330000－1701－0069777　HJH814.7/74421/c2　集部/總集類/彙編之屬

陸陳二先生詩文鈔　（清）葉裕仁輯　清同治九年至光緒二年（1870－1876）安道書院刻本　四冊　存一種

330000－1701－0069778　HJHA497　史部/詔令奏議類/奏議之屬

變法奏議叢鈔不分卷　（清）欣賞齋主人編　清末石印本　四冊

330000－1701－0069779　G001398　類叢部/叢書類/自著之屬

海嶽軒叢刻九種　杜俞撰　清光緒三十三年（1907）蘇省刷印總局鉛印本　一冊　存一種

330000－1701－0069782　HJHA831　子部/宗教類/其他宗教之屬/基督教

新約全書不分卷　清光緒十二年（1886）上海修文書館鉛印本　一冊

330000－1701－0069785　HJHA702　史部/傳記類/科舉録之屬/歷科鄉試録

光緒八年壬午科十八省鄉試同年錄不分卷

清光緒刻本　一冊

330000－1701－0069787　HJHA830　集部/別集類/清別集

小倉山房往還書札全集十八卷　（清）袁枚撰　清光緒十三年(1887)鉛印本　一冊　存九卷(一至九)

330000－1701－0069788　G001399　類叢部/叢書類/郡邑之屬

武林掌故叢編一百八十七種　（清）丁丙編　清光緒三年至二十六年(1877－1900)錢塘丁氏嘉惠堂刻本　一冊　存一種

330000－1701－0069789　HJH913.03/1036/2/c2　史部/金石類/總志之屬

金石萃編一百六十卷　（清）王昶撰　**金石續編二十一卷首一卷**　（清）陸耀通撰　清光緒十九年(1893)上海醉六堂石印本　二十四冊

330000－1701－0069790　HJH814.7/7474/c2　集部/別集類/清別集

三魚堂文集十二卷外集六卷附錄一卷　（清）陸隴其撰　清康熙四十年(1701)琴川書屋刻本　八冊

330000－1701－0069794　HJLA498　新學/醫學/衛生學

造化機新論一卷　（日本）細野順撰　（清）出洋學生編譯所編輯　清光緒二十九年(1903)上海商務印書館鉛印本　一冊

330000－1701－0069795　普814.7/77271　集部/別集類/清別集

丘邦士文集十八卷　（清）丘維屏撰　清光緒元年(1875)一房山家刻本　八冊

330000－1701－0069797　HJHA703　新學/史志/別國史

支那通史七卷　（日本）那珂通世編　清光緒二十五年(1899)上海東文學社石印本　五冊　存四卷(一至四)

330000－1701－0069799　HJHA832　史部/傳記類/總傳之屬/通代

尚友錄二十二卷補遺一卷　（明）廖用賢輯　（清）張伯琮補輯　清鉛印本　二冊　存七卷(五至八、十六至十八)

330000－1701－0069800　G001400　集部/別集類/清別集

可園詩鈔外四卷　三多撰　清光緒刻本　一冊　存序、題評

330000－1701－0069801　HJH814.7/7474/(2)　集部/別集類/清別集

三魚堂文集十二卷外集六卷附錄一卷　（清）陸隴其撰　清康熙四十年(1701)嘉會堂刻本　六冊

330000－1701－0069804　普814.7/7730/c1　集部/別集類/清別集

春酒堂文集一卷　（清）周容撰　清宣統二年(1910)上海國學扶輪社鉛印本　一冊

330000－1701－0069805　普925.16/7530　史部/傳記類/總傳之屬/忠孝

旌忠錄[陳良謨]五卷首一卷　（清）陳祖確輯　清光緒五年(1879)四明倉基陳氏木活字印本　二冊

330000－1701－0069807　普814.7/7730/c2　集部/別集類/清別集

春酒堂文集一卷　（清）周容撰　清宣統二年(1910)上海國學扶輪社鉛印本　一冊

330000－1701－0069809　HJHA705　集部/別集類/清別集

小倉山房詩集□□卷　（清）袁枚撰　清刻本　一冊　存三卷(一至三)

330000－1701－0069811　G001401　集部/總集類/選集之屬/斷代

可園雜纂　三多輯　清光緒十七年(1891)刻本　一冊　存一種

330000－1701－0069812　普814.7/7730/c3　集部/別集類/清別集

春酒堂文集一卷　（清）周容撰　清宣統二年(1910)上海國學扶輪社鉛印本　一冊

330000－1701－0069813　G001436　集部/別

集類/漢魏六朝别集
陶淵明文集十卷　（晉）陶潛撰　清宣統二年（1910）上海著易堂書局石印本　四册

330000－1701－0069814　HJLA500　類叢部/叢書類/彙編之屬
古今説部叢書二百七十二種　國學扶輪社編　清宣統二年至民國二年（1910－1913）上海國學扶輪社鉛印本　二册　存一種

330000－1701－0069815　G001402　史部/傳記類/别傳之屬
曼鋒三十自述一卷　汪嶔撰　清宣統二年（1910）鉛印本　一册

330000－1701－0069817　普925.14/7288.4　類叢部/叢書類/郡邑之屬
武林掌故叢編一百八十七種　（清）丁丙編　清光緒三年至二十六年（1877－1900）錢塘丁氏嘉惠堂刻本　一册　存一種

330000－1701－0069819　HJLA834　史部/地理類/總志之屬/通代
讀史方輿紀要詳節校勘記一卷天下郡國利病書詳節校勘記一卷　（清）蔣錫礽輯　清石印本　二册

330000－1701－0069820　HJHA704　新學/史志/别國史
支那通史七卷　（日本）那珂通世編　清末石印本　二册　存一卷（三）

330000－1701－0069821　G001437　集部/總集類/選集之屬/斷代
唐絶詩鈔注略二卷首一卷補注一卷　（清）馬沅選　（清）趙彦傳注　清同治十二年（1873）趙彦傳補讀齋刻光緒四年（1878）補刻本　一册

330000－1701－0069822　HJH814.7/7474/2/c2　集部/别集類/清别集
三魚堂文集十二卷文集附録一卷外集六卷全集附録一卷　（清）陸隴其撰　清嘉慶至道光老掃葉山房刻本　八册

330000－1701－0069823　HJLA501　新學/政治法律/律例
日本帝國憲法義解一卷皇室典範義解一卷　（日本）伊藤博文撰　（清）沈紘譯　清光緒二十八年（1902）金粟齋譯書社鉛印本　一册

330000－1701－0069824　HJH913.03/1036.023/c1　史部/金石類/總志之屬
金石萃編補畧二卷　（清）王言撰　清光緒八年（1882）刻本　四册

330000－1701－0069826　G001403　史部/傳記類/别傳之屬/事狀
鄉賢商巖公事略三卷　（清）傅雲龍編　清末德清傅氏籑喜廬石印本　一册

330000－1701－0069828　普925.17/0131.2　集部/别集類/清别集
邅陽瑣語三卷附旅中雜詩一卷　（清）譚汝玉撰　清光緒二十六年（1900）求在我簃刻本　二册

330000－1701－0069829　HJHA706　集部/别集類/清别集
小倉山房詩集□□卷　（清）袁枚撰　清刻本　三册　存十三卷（九至二十一）

330000－1701－0069831　HJH913.03/1036.023/c4　史部/金石類/總志之屬
金石萃編補畧二卷　（清）王言撰　清光緒八年（1882）刻本　二册

330000－1701－0069832　普925.17/0900.2/2/c2　史部/地理類/遊記之屬/紀行
凝香室鴻雪因緣圖記三集六卷　（清）麟慶撰　清光緒十年（1884）上海點石齋石印本　六册

330000－1701－0069833　HJHA835　經部/叢編
五經合纂大成四十四卷首五卷　（清）同文書局主人輯　清光緒十一年（1885）廣百宋齋石印本　四册　存八卷（禮記合纂大成首、一至二、四至八）

330000－1701－0069835　G001404　集部/别集類/清别集

籐花軒詩鈔初集一卷續集一卷 （清）陳汝庚撰　清道光十八年(1838)綠野堂刻本　一册

330000－1701－0069836　HJH814.7/7474/2(3)　集部/别集類/清别集

三魚堂文集十二卷文集附錄一卷外集六卷全集附錄一卷賸言十二卷 （清）陸隴其撰　清宣統三年(1911)上海掃葉山房石印本　八册

330000－1701－0069838　HJLA502　史部/地理類/外紀之屬

歐洲族類源流畧五卷　王樹枏撰　清光緒三十二年(1906)灌文編譯書社石印本　一册

330000－1701－0069840　G001405　史部/政書類/邦計之屬/戶政

戶部銀庫奏案輯要一卷　清光緒鉛印本　一册

330000－1701－0069841　HJH814.7/7474/3/c2　集部/别集類/清别集

三魚堂文集十二卷文集附錄一卷外集六卷全集附錄一卷 （清）陸隴其撰　清同治七年(1868)楊昌濬武林薇署刻本　五册

330000－1701－0069842　HJHA707　集部/總集類/選集之屬/通代

御選唐宋詩醇四十七卷目錄二卷 （清）高宗弘曆輯　清刻本　十四册　存三十七卷(目錄一至二、一至四、八至三十二、四十二至四十七)

330000－1701－0069843　HJLA503　史部/史抄類

宋史菁華錄三卷遼史菁華錄一卷金史菁華錄三卷元史菁華錄三卷 （清）納蘭常安輯　清光緒二十六年(1900)上海書局石印本　四册

330000－1701－0069844　普814.7/7542　集部/别集類/清别集

然後知齋四書文不分卷 （清）陳圻撰　清同治九年(1870)陳氏聚芝堂刻本　四册

330000－1701－0069845　HJH814.7/7500　類叢部/叢書類/彙編之屬

廣雅書局叢書一百五十九種　徐紹棨編　清光緒廣雅書局刻民國九年(1920)番禺徐紹棨彙編重印本　二册　存一種

330000－1701－0069847　G001406　史部/傳記類/别傳之屬

武水清音四卷附送行詩一卷 （清）闔邑士民公輯　清乾隆十三年(1748)刻本　二册

330000－1701－0069848　普925.17/0900.2/3　史部/地理類/遊記之屬/紀行

凝香室鴻雪因緣圖記三集六卷 （清）麟慶撰　清光緒十二年(1886)上海同文書局石印本　三册

330000－1701－0069849　G001438　史部/雜史類/斷代之屬

戰國策三十三卷 （漢）高誘注　**重刻剡川姚氏本戰國策札記三卷** （清）黃丕烈撰　清嘉慶刻本　六册

330000－1701－0069850　普814.7/7543　類叢部/叢書類/自著之屬

三山陳氏家刻左海全集十種 （清）陳壽祺撰　清嘉慶至道光刻本　十二册　存一種

330000－1701－0069851　HJLA505　集部/總集類/課藝之屬

制義靈樞三編不分卷 （清）周銘恩評選　清刻本　一册

330000－1701－0069853　HJHA708　子部/儒家類/儒學之屬/經濟

皇朝經世文續編一百二十卷 （清）葛士濬輯　清光緒二十二年(1896)寶善書局石印本　十九册　缺七卷(七十六至八十二)

330000－1701－0069855　G001407　經部/小學類/訓詁之屬/群雅

埤雅二十卷 （宋）陸佃撰　清康熙刻本　小洞庭山人題記　四册

330000－1701－0069856　HJH814.7/7511/c2　類叢部/叢書類/郡邑之屬

常州先哲遺書七十二種　盛宣懷編　清光緒二十一年至三十三年(1895－1907)武進盛氏思惠齋刻宣統彙印本　六册　存一種

330000－1701－0069857　普 814.7/77302　類叢部/叢書類/郡邑之屬

常州先哲遺書七十二種　盛宣懷編　清光緒二十一年至三十三年(1895－1907)武進盛氏思惠齋刻宣統彙印本　一册　存一種

330000－1701－0069858　普 925.14/7797.1　史部/傳記類/別傳之屬

道國元公濂溪周夫子[敦頤]志十五卷首一卷　(清)吳大鎔修　(清)常在輯　清康熙二十四年(1685)刻本　五册

330000－1701－0069859　HJLA506　史部/政書類/律令之屬/刑制

禁煙條例一卷　(清)善耆等撰　**秋審條款一卷**　(清)延杰等撰　清宣統鉛印本　一册

330000－1701－0069860　普 814.7/7544　類叢部/叢書類/自著之屬

運甓齋集　(清)陳勱撰　清同治光緒刻本　六册　存二種

330000－1701－0069861　普 925.17/1004.2/c2　史部/傳記類/別傳之屬/年譜

王壯節公[文雄]年譜一卷　(清)王開雲編　清咸豐四年(1854)刻本　一册

330000－1701－0069862　HJH814.7/75141/c2　集部/別集類/清別集

午亭文編五十卷　(清)陳廷敬撰　(清)林佶輯錄　清康熙四十七年(1708)林佶刻本　十六册

330000－1701－0069866　普 814.7/7732　集部/別集類/清別集

祖白遺編二卷　(清)周寶彝撰　(清)郭照輯　清咸豐九年(1859)刻本　一册

330000－1701－0069867　G001439　子部/儒家類/儒學之屬/禮教/家訓

安陽馬氏四種條規一卷　(清)馬丕瑤撰　清光緒十五年(1889)粵西撫署石印本　一册　存義莊條規

330000－1701－0069868　HJH911.11/0121/c3　史部/地理類/外紀之屬

五洲圖考不分卷　(清)龔柴　(清)許彬撰　清光緒二十八年(1902)上海徐家滙印書館鉛印本　四册

330000－1701－0069872　普 814.7/7548　類叢部/叢書類/自著之屬

求志居全集十種附一種　(清)陳世鎔撰　清道光至光緒獨秀山莊刻本　八册　存一種

330000－1701－0069873　普 814.7/7733　集部/別集類/清別集

稷山文集　陶濬宣撰　清光緒刻本　一册　存一種

330000－1701－0069876　HJHA838　經部/詩類/傳說之屬

詩經集傳八卷　(宋)朱熹撰　清刻本　一册　存一卷(五)

330000－1701－0069877　HJH814.7/7517/c2　集部/總集類/彙編之屬

陸陳二先生詩文鈔　(清)葉裕仁輯　清同治九年至光緒二年(1870－1876)安道書院刻本　六册　存一種

330000－1701－0069878　HJH911.11/1020/c1　史部/地理類/外紀之屬

五洲地理志略三十六卷首一卷　王先謙撰　清宣統二年(1910)湖南學務公所刻本　十二册

330000－1701－0069879　G001440　史部/地理類/雜志之屬

杭州鄉土地理教科書二卷杭州鄉土地理教授法二卷　何孟廬編輯　清光緒三十四年(1908)上海彪蒙書室石印本　二册

330000－1701－0069880　G001408　類叢部/叢書類/自著之屬

戚鶴泉所著書十一種　(清)戚學標撰　清乾隆至嘉慶刻本　二册　存一種

330000－1701－0069881　普 925.17/0845　史部/傳記類/別傳之屬/事狀

許槤傳一卷　**許府君家傳一卷**　(清)譚獻撰　**鄉賢許先生軼事一卷**　(清)都國樑撰　清

光緒刻本　一冊

330000－1701－0069882　普814.7/7560　類叢部/叢書類/自著之屬
賜書堂全集八種　(清)陳昌齊撰　清刻本　四冊　存七種

330000－1701－0069883　HJHA839　經部/春秋左傳類/傳說之屬
春秋左傳杜注三十卷首一卷　(清)姚培謙撰　清刻本　一冊　存三卷(二十八至三十)

330000－1701－0069885　HJH911.11/1020/c3　史部/地理類/外紀之屬
五洲地理志略三十六卷首一卷　王先謙撰　清宣統二年(1910)湖南學務公所刻本　十二冊

330000－1701－0069886　HJHA840　類叢部/叢書類/彙編之屬
函海一百五十二種　(清)李調元編　清乾隆綿州李氏萬卷樓刻嘉慶十四年(1809)李鼎元、道光五年(1825)李朝夔重校補刻本　一冊　存一種

330000－1701－0069887　G001442　史部/地理類/雜志之屬
杭州府鄉土歷史歌二卷　(清)彪蒙編譯所編輯　清宣統元年(1909)上海彪蒙書室石印本　一冊

330000－1701－0069888　HJLA510　子部/醫家類/婦科之屬/產科
達生編一卷　(清)亟齋居士撰　清光緒十九年(1893)李光明家刻本　一冊

330000－1701－0069889　普925.15/0760.2　類叢部/叢書類/郡邑之屬
武林掌故叢編一百八十七種　(清)丁丙編　清光緒三年至二十六年(1877－1900)錢塘丁氏嘉惠堂刻本　一冊　存一種

330000－1701－0069890　HJH814.7/7520　集部/別集類/清別集
簡莊文鈔六卷續編二卷河莊詩鈔一卷　(清)陳鱣撰　清光緒十四年(1888)海昌羊氏傳卷樓粵東刻海昌叢載本　章嶔題簽　二冊

330000－1701－0069891　HJH911.11/2631/4/c2　史部/地理類/外紀之屬
海國圖志一百卷首一卷　(清)魏源撰　**海國圖志續集二十五卷**　(英國)麥高爾　(英國)賈密倫　(英國)裴路撰　(美國)林樂知　(清)瞿昂來譯　(英國)傅蘭雅口譯　(清)徐建寅筆述　**海國圖志續集首一卷**　(朝鮮)鄧鏗撰　清光緒二十一年(1895)上海積山書局石印本　十六冊

330000－1701－0069893　G001409　子部/藝術類/遊藝之屬/詩鐘
丁未消夏詩鐘二卷　(清)五色煉石廬主選輯　清光緒三十三年(1907)五色煉石廬油印本　一冊

330000－1701－0069894　普814.7/7579　集部/別集類/清別集
太乙舟文集八卷　(清)陳用光撰　**觀象居詩鈔二卷**　(清)陳蘭瑞撰　清道光二十三年(1843)陳大煥孝友堂武昌刻本　六冊　缺二卷(詩鈔一至二)

330000－1701－0069895　普814.7/77332　集部/別集類/清別集
枕善齋集十六卷　(清)周爲漢撰　清道光八年(1828)刻本　四冊

330000－1701－0069898　HJLA511　史部/政書類/通制之屬
城鎮鄉地方自治宣講書一卷　孟昭常撰　清宣統元年(1909)上海預備立憲公會事務所鉛印本　一冊

330000－1701－0069899　G001410　史部/雜史類/斷代之屬
經畧洪承疇奏對筆記二卷　(清)洪承疇撰　清光緒十九年(1893)京都榮錄堂刻本　一冊

330000－1701－0069900　G001441　史部/地理類/雜志之屬
杭州府鄉土歷史歌教授法二卷　葉兆鯤編　清光緒三十四年(1908)上海彪蒙書室石印本

一册

330000－1701－0069901　普 814.7/7734　類叢部/叢書類/自著之屬

期不負齋全集二種　(清)周家楣撰　清光緒二十一年(1895)刻本　八册

330000－1701－0069902　HJH814.7/7520/c3　類叢部/叢書類/郡邑之屬

海昌叢載三十二種　(清)羊復禮編　清光緒海昌羊氏傳卷樓粤東刻本　二册　存一種

330000－1701－0069904　HJLA512　新學/議論/論政

公民必讀初編一卷二編一卷　孟昭常撰　清光緒三十四年(1908)預備立憲公會鉛印本　一册　存一卷(二編)

330000－1701－0069905　G001411　集部/詞類/别集之屬

寄龕詞問六卷　(清)孫德祖撰　清光緒二十六年(1900)長興王承湛古綏述廬刻本　一册

330000－1701－0069906　HJH814.7/7522/2/c2　集部/别集類/清别集

湖海樓全集五十一卷　(清)陳維崧撰　清乾隆六十年(1795)浩然堂刻本　十六册

330000－1701－0069907　G001412　新學/兵制/陸軍

步兵操典不分卷　(日本)陸軍省編　孟森譯述　清光緒二十七年(1901)南洋公學譯書院鉛印本　二册

330000－1701－0069908　G001443　史部/傳記類/别傳之屬/事狀

新出張文襄公事畧一卷　(清)聽雨樓主人撰　清末石印本　一册

330000－1701－0069910　HJHA709　新學/史志/别國史

中等教育日本歷史二卷附録諸國封建沿革畧一卷　(日本)萩野由之撰　劉大猷譯　清末石印本　三册　缺一卷(上)

330000－1701－0069912　HJH911.18/1083/c1　史部/地理類

小方壺齋輿地叢鈔十二帙　(清)王錫祺輯　清光緒十七年(1891)上海著易堂鉛印本　六十四册

330000－1701－0069915　HJHA710　子部/藝術類/書畫之屬/總論

清河書畫舫十二卷　(明)張丑輯　清乾隆二十八年(1763)池北草堂刻本　一册

330000－1701－0069917　G001444　史部/雜史類/斷代之屬

舟山鄉民事變記一卷　(清)丁中立撰　清末鉛印本　一册

330000－1701－0069919　G001445　史部/政書類/通制之屬

光緒政要三十四卷　沈桐生輯　清宣統元年(1909)上海崇義堂石印本　一册　存一卷(三十)

330000－1701－0069923　G001446　集部/别集類/清别集

淑園唫稾一卷　(清)余鐵生撰　**淑園題詠一卷**　(清)余鐵生輯　清末抄本　二册

330000－1701－0069925　HJH814.7/7522.2/2　集部/别集類/清别集

陳檢討集二十卷　(清)陳維崧撰　(清)程師恭注　清漁古山房刻本　六册

330000－1701－0069926　HJHA841　集部/總集類/郡邑之屬

新安二布衣詩八卷　(清)王士禛輯　清康熙四十三年(1704)新安汪洪度、吴瞻泰等刻本　一册　存四卷(五至八)

330000－1701－0069927　HJHA845　集部/總集類/選集之屬/斷代

唐詩品彙九十卷拾遺十卷詩人爵里詳節一卷　(明)高棅輯　明末刻本　一册　存七卷(十八至二十四)

330000－1701－0069931　普 925.15/4928.3/c1　子部/儒家類/儒學之屬

先儒趙子言行録二卷　(清)陳廷鈞輯　清同

治九年(1870)楚北崇文書局刻本　二冊

330000－1701－0069933　HJHA844　集部/總集類/選集之屬/通代

御選宋金元明四朝詩三百二卷首二卷姓名爵里十三卷　(清)聖祖玄燁選　(清)張豫章等編　清康熙四十八年(1709)内府刻本　一冊　存八卷(御選明詩姓名爵里一至八)

330000－1701－0069934　G001447、G006410　史部/政書類/律令之屬/治獄

成案不分卷　清抄本　四冊

330000－1701－0069935　普925.17/3494.8/c3　史部/傳記類/别傳之屬/事狀

沈文節公事實一卷　(清)沈守廉輯　清光緒八年(1882)京師刻本　一冊

330000－1701－0069936　HJH911.11/2828/(2)/c2　史部/地理類/外紀之屬

瀛環志略十卷　(清)徐繼畬撰　清同治十二年(1873)掞雲樓刻本　六冊

330000－1701－0069937　G001448、G006978、G007516、G010949、G009942　子部/儒家類/儒學之屬/性理

榕村語錄續集十六卷　(清)李光地撰　清末抄本　六冊　存十三卷(一至十一、十三、十五)

330000－1701－0069938　普925.15/4928.3/c2　子部/儒家類/儒學之屬

先儒趙子言行錄二卷　(清)陳廷鈞輯　清同治九年(1870)楚北崇文書局刻本　二冊

330000－1701－0069939　G001413　子部/儒家類/儒學之屬/禮教/家訓

詒穀堂家訓二卷　(清)王子堅編　清光緒二十四年(1898)杭州任有容齋刻本　一冊

330000－1701－0069940　HJHA846　集部/總集類/選集之屬/通代

欽定四書文　(清)方苞輯　清刻本　一冊　存三種

330000－1701－0069942　G001449　集部/别集類/清别集

窺一軒擬蘇和陶詩存一卷　(清)湯譽光撰　清咸豐三年(1853)刻本　一冊

330000－1701－0069944　普925.17/1010.7/c3　史部/傳記類/别傳之屬

宜堂類編二十五卷　(清)丁中立編　清光緒二十六年(1900)錢塘丁氏嘉惠堂刻本　十冊

330000－1701－0069945　G001414、G009224　經部/書類/傳說之屬

枕葄齋書經問答八卷首一卷　胡嗣運撰　清光緒三十四年(1908)鵬南書屋木活字印本　二冊

330000－1701－0069946　普814.7/77341　集部/别集類/清别集

陶文毅公全集六十四卷首一卷末一卷　(清)陶澍撰　清道光二十年(1840)淮北士民刻本　十九冊　缺十七卷(十八至三十四)

330000－1701－0069947　普814.7/7579/2　類叢部/叢書類/彙編之屬

清頌堂叢書八種　(清)黃奭編　清道光甘泉黃氏刻本　六冊　存一種

330000－1701－0069950　G001450、G008535　集部/别集類/清别集

莫宦文草一卷詩草一卷　黃壽袞撰　清光緒三十四年(1908)山陰黃璟石印本　二冊

330000－1701－0069951　G001415　史部/政書類/儀制之屬/專志/科舉校規

廣西謄錄章程一卷　(清)李宗庚撰　清光緒八年(1882)刻本　一冊

330000－1701－0069952　HJH911.11/2828/(2)/c1　史部/地理類/外紀之屬

瀛環志略十卷　(清)徐繼畬撰　清同治十二年(1873)掞雲樓刻本　六冊

330000－1701－0069953　HJLA513　史部/地理類/外紀之屬

歐洲族類源流畧五卷　王樹枏撰　清光緒三十二年(1906)灌文編譯書社石印本　一冊

330000－1701－0069956　G001451　子部/儒家類/儒學之屬/禮教/家訓
家庭講話三卷　(清)陸一亭撰　清紹興裘氏刻本　一册

330000－1701－0069960　G001416　新學/全體學
民種學二卷　(德國)哈伯蘭撰　(英國)魯威原譯　林紓　魏易譯　清光緒二十九年(1903)北京大學堂譯書局鉛印本　一册

330000－1701－0069962　HJHA515　子部/醫家類/兒科之屬/通論
增訂保赤輯要一卷附種子說兩則一卷　(清)吳嘉德輯　(清)吳道鎔增訂　清光緒二十三年(1897)顧泰雲等刻本　一册

330000－1701－0069963　普925.16/0082.2　史部/傳記類/別傳之屬/年譜
鹿忠節公[善繼]年譜二卷　(清)陳鋐編　清道光尋樂堂刻本　二册

330000－1701－0069965　G001417　史部/傳記類/別傳之屬
德風亭紀一卷　清光緒二十三年(1897)刻本　一册

330000－1701－0069966　G001452、G010927　史部/傳記類/別傳之屬/事狀
韜厂蹈海錄四卷　徐良弼等撰　清宣統二年(1910)蘇州鉛印本　二册　存二卷(一至二)

330000－1701－0069967　普925.17/1010.7/(2)/c1　史部/傳記類/別傳之屬
宜堂類編二十五卷　(清)丁中立編　清光緒二十六年(1900)錢塘丁氏嘉惠堂刻本　八册

330000－1701－0069968　G001418　史部/傳記類/別傳之屬
合肥相國七十賜壽圖一卷附壽言一卷　(清)楊宗濂　(清)盛宣懷等輯　清光緒十八年(1892)海軍石印書局石印本　五册　存一卷(壽言)

330000－1701－0069972　普812.57/7580/(2)　集部/戲劇類/傳奇之屬
紅樓夢傳奇八卷　(清)陳鍾麟撰　清道光十五年(1835)粵東汗青齋刻本　八册

330000－1701－0069975　G001453　集部/別集類/清別集
梅花吟一卷　(清)陶方琯撰　清光緒二十八年(1902)刻本　一册

330000－1701－0069977　HJHA847　史部/詔令奏議類/奏議之屬
曾文正公奏議補編四卷　(清)曾國藩撰　清刻本　一册　存一卷(二)

330000－1701－0069978　HJHA713　集部/總集類/選集之屬/通代
宋元明詩約鈔三百首二卷首一卷　(清)朱梓　(清)冷昌言輯　(清)華黼臣注　清咸豐五年(1855)華炯齋刻同治四年(1865)印本　一册　存二卷(首、上)

330000－1701－0069981　G001419　集部/別集類/清別集
第六絃溪文鈔四卷　(清)黃廷鑑撰　清道光刻光緒十年(1884)印後知不足齋叢書本　都廬題記　二册

330000－1701－0069982　HJH814.7/3113/(2)　集部/別集類/清別集
堯峰文鈔五十卷　(清)汪琬撰　(清)林佶編　清康熙三十二年(1693)林佶刻本　四册

330000－1701－0069984　普814.7/75801　集部/別集類/清別集
陳厚甫時文不分卷　(清)陳鍾麟撰　清文選樓刻本　三册

330000－1701－0069985　HJHA848　集部/總集類/題詠之屬
慕萊堂詩文徵存十卷　(清)李維翰輯　清光緒二十一年(1895)刻本　一册　存二卷(九至十)

330000－1701－0069986　普814.7/7738/c1　集部/別集類/清別集
萸江古文存四卷詩存三卷附朋舊詩一卷崇祀鄉賢祠錄一卷　(清)陶必銓撰　清嘉慶二十

一年(1816)陶氏愛吾廬刻本　一冊　存四卷(一至四)

330000－1701－0069987　普925.16/1172.8　史部/傳記類/别傳之屬
抱樹圖題辭六卷潭邑雞足山前明節烈文母張太孺人墓地紀源一卷　(清)文燦等輯　清道光二十五年(1845)刻本　四冊

330000－1701－0069988　G001454　史部/詔令奏議類/奏議之屬
自強條例不分卷　清末木活字印本　一冊

330000－1701－0069989　普814.7/7581　類叢部/叢書類/彙編之屬
靈峯草堂叢書十一種　陳矩編　清光緒貴陽陳氏刻本　一冊　存一種

330000－1701－0069993　HJH911.7/4040/c4　史部/地理類/外紀之屬
環遊地球新錄四卷　(清)李圭撰　清光緒四年(1878)鉛印本　四冊

330000－1701－0069995　G001455　類叢部/叢書類/彙編之屬
古今逸史四十二種　(明)吳琯編　明萬曆新安吳琯刻本　一冊　存一種

330000－1701－0069996　HJH814.7/3113/(3)　集部/别集類/清别集
堯峰文鈔五十卷　(清)汪琬撰　(清)林佶編　清康熙三十二年(1693)林佶刻本　十六冊

330000－1701－0069997　HJLA849　集部/總集類/彙編之屬
國朝嶺海詩鈔二十四卷　(清)凌陽藻輯　清道光六年(1826)刻本　一冊　存三卷(一至三)

330000－1701－0069998　普814.7/7738/c2　集部/别集類/清别集
莫江古文存四卷詩存三卷附朋舊詩一卷崇祀鄉賢祠錄一卷　(清)陶必銓撰　清嘉慶二十一年(1816)陶氏愛吾廬刻本　一冊　存四卷(一至四)

330000－1701－0070001　HJH911.7/4040/c1　史部/地理類/外紀之屬
環遊地球新錄四卷　(清)李圭撰　清光緒三年(1877)刻本　四冊

330000－1701－0070003　HJHA715　類叢部/叢書類/自著之屬
春在堂全書三十六種　(清)俞樾撰　清同治至光緒刻光緒末彙印本　二十七冊　存十九種

330000－1701－0070004　G001456　經部/叢編
重刊宋本十三經注疏四百十六卷　附十三經注疏校勘記四百十六卷　(清)阮元撰　(清)盧宣旬摘錄　清嘉慶二十年(1815)南昌府學刻本　十冊　存一種

330000－1701－0070007　HJHA850　集部/别集類/清别集
先文正公日記手蹟詩文不分卷　(清)曾國藩撰　清宣統元年(1909)上海中國圖書公司石印本　一冊

330000－1701－0070012　G001420　經部/小學類/音韻之屬/等韻
切韻求蒙不分卷四聲韻譜十六卷首一卷　(清)梁僧寶撰　清光緒十六年(1890)梁氏家塾刻本　四冊

330000－1701－0070014　G001421　集部/詞類/别集之屬
麝塵蓮寸集四卷補遺一卷　(清)汪淵撰　(清)程淑注　清光緒十六年(1890)染翰齋刻本　童大年跋　一冊

330000－1701－0070015　HJH814.7/3121/(2)　集部/别集類/清别集
汪子全集二十卷　(清)汪縉撰　清光緒八年(1882)刻民國三年(1914)蘇州瑪瑙經房印本　六冊

330000－1701－0070016　HJHA851　集部/總集類/選集之屬/通代
宋元明詩約鈔三百首二卷　(清)朱梓　(清)

泠昌言輯　清咸豐五年(1855)刻本　一册　存一卷(上)

330000－1701－0070017　HJH912.1/2740/(4)/c2　史部/地理類/輿圖之屬/全國
大清中外壹統輿圖(皇朝中外壹統輿圖)三十一卷首一卷　(清)鄒世詒　(清)晏啓鎮編　(清)李廷簫　(清)汪士鐸增訂　清同治二年(1863)湖北撫署刻本　十二册

330000－1701－0070018　普814.7/7739　集部/總集類/課藝之屬
學海堂課題不分卷　清刻本　明富詳題記　一册

330000－1701－0070020　普925.17/1012.2、普925.17/1012.8　史部/傳記類/别傳之屬/年譜
王靖毅公[懿德]年譜二卷附録四卷　(清)王家勤編　清同治刻本　三册　存三卷(王靖毅公年譜一至二、附録四)

330000－1701－0070023　HJLA521　經部/四書類/總義之屬/傳説
方孟旋先生四書薮一卷　(明)方應祥撰　(清)吳德旋　(清)李瀛　(清)陳用光選評　清道光十四年(1834)周壬福刻本　一册

330000－1701－0070025　HJHA852　子部/儒家類/儒學之屬
陶龕語録二卷　(清)羅信南撰　(清)羅信北編審　清光緒三十二年(1906)吳門刻本　一册

330000－1701－0070026　普814.7/7583　類叢部/叢書類/自著之屬
趣園初集五種　(清)陳鍾祥撰　清咸豐十年(1860)刻本　二册　存一種

330000－1701－0070028　普925.16/2103　史部/傳記類/别傳之屬
伍忠襄公[文定]事績鈔畧一卷　(清)伍隲輯　清康熙二十六年(1687)刻本　四册

330000－1701－0070029　G001422　集部/别集類/清别集
西蒉山居殘草一卷補編一卷　(清)王星諴撰　清同治十年(1871)刻本　清李慈銘題記　一册

330000－1701－0070032　普814.7/7586　類叢部/叢書類/自著之屬
橘蔭軒全集七種　(清)陳錦撰　清光緒山陰陳氏橘蔭軒刻本　八册　存二種

330000－1701－0070033　HJHA853　類叢部/叢書類/自著之屬
琴志樓叢書　易順鼎撰　清光緒刻本　一册　存一種

330000－1701－0070039　G001423　新學/醫學/内科
病理撮要一卷　(清)尹端模譯　清光緒十八年(1892)羊城博濟醫局刻本　二册

330000－1701－0070040　普925.16/2121.8　集部/總集類/郡邑之屬
池陽遺愛集五卷首一卷末一卷　(明)李呈祥　(明)施宗道輯　(清)何啓培　(清)何鑑清編　清光緒十九年(1893)何氏敬慎堂刻本　二册

330000－1701－0070042　普814.7/7586/(2)/c2　類叢部/叢書類/自著之屬
橘蔭軒全集七種　(清)陳錦撰　清光緒山陰陳氏橘蔭軒刻本　六册　存一種

330000－1701－0070043　HJHA854　集部/别集類/清别集
湖唐林館駢體文二卷　(清)李慈銘撰　清光緒十年(1884)刻本　一册　存一卷(一)

330000－1701－0070045　HJH912.224/3033/c2　史部/地理類/雜志之屬
浙江全省輿圖並水陸道里記不分卷　(清)宗源瀚等纂　清光緒二十年(1894)石印本　二十册

330000－1701－0070047　HJHA855　子部/小説家類/異聞之屬
閱微草堂筆記擇要二卷　(清)紀昀撰　(清)籜園居士選訂　清光緒十五年(1889)泉唐沈

氏刻本　一冊　存一卷(上)

330000－1701－0070048　G001424　子部/醫家類/傷寒金匱之屬/傷寒論

傷寒論翼二卷　(清)柯琴撰　清刻本　二冊

330000－1701－0070052　HJLA524　史部/政書類/儀制之屬/典禮

明宮史八卷　(明)劉若愚編　清宣統二年(1910)上海國學扶輪社鉛印本　二冊

330000－1701－0070054　HJHA716　集部/別集類/清別集

繼雅堂詩集三十四卷　(清)陳僅撰　清道光二十七年(1847)刻本　一冊　存四卷(八至十一)

330000－1701－0070056　HJH814.7/3144/(2)　集部/別集類/清別集

顯志堂稿十二卷　(清)馮桂芬撰　清光緒二年(1876)吳縣馮氏校邠廬刻本　六冊

330000－1701－0070059　HJHA856　集部/詞類/總集之屬

國朝詞綜四十八卷二集八卷　(清)王昶輯　清同治四年(1865)亦西齋刻本　一冊　存四卷(一至四)

330000－1701－0070064　G001457　子部/雜著類

天律綱紀二卷　清宣統二年(1910)天津廣善堂刻本　二冊

330000－1701－0070069　普814.7/7710/c1　集部/別集類/清別集

十誦齋集詩四卷詞一卷雜文一卷　(清)周天度撰　清乾隆四十八年(1783)刻本　二冊

330000－1701－0070070　普814.7/7710/c2　集部/別集類/清別集

十誦齋集詩四卷詞一卷雜文一卷　(清)周天度撰　清乾隆四十八年(1783)刻本　一冊

330000－1701－0070071　普814.7/7710/2/c1　集部/別集類/清別集

十誦齋集詩四卷詞一卷雜文一卷　(清)周天度撰　清光緒十年(1884)刻本　三冊

330000－1701－0070072　普814.7/7710/2/c2　集部/別集類/清別集

十誦齋集詩四卷詞一卷雜文一卷　(清)周天度撰　清光緒十年(1884)刻本　三冊　存四卷(詩一至四)

330000－1701－0070073　G001458　子部/雜著類/雜編之屬

備考摘錄一卷　清抄本　一冊

330000－1701－0070075　G001459　子部/雜著類/雜說之屬

於陵子一卷　(明)徐渭評　(清)李雨白加評　清光緒三十三年(1907)刻本　裘霆題記　一冊

330000－1701－0070078　普925.16/2602　史部/傳記類/別傳之屬/年譜

吳忠節公[應箕]年譜一卷　(清)吳蕃昌編　清順治至康熙刻本　一冊

330000－1701－0070081　HJH817.2/2583　集部/曲類/彈詞之屬

繡像四香緣四卷三十二回　(清)朱鏡江撰　清同治五年(1866)刻本　六冊

330000－1701－0070082　普925.17/1010.7/(2)/c2　史部/傳記類/別傳之屬

宜堂類編二十五卷　(清)丁中立編　清光緒二十六年(1900)錢塘丁氏嘉惠堂刻本　八冊

330000－1701－0070083　普814.7/77431　集部/別集類/清別集

紅豆樹館逸稿一卷　(清)陶樑撰　清光緒六年(1880)陶彥壽刻本　一冊

330000－1701－0070084　HJHA718　經部/叢編

皇清經解一千四百八卷首一卷　(清)阮元輯　清道光九年(1829)廣東學海堂刻咸豐十一年(1861)補刻本　三冊　存三種

330000－1701－0070085　G001501　子部/雜著類/雜說之屬

椒生隨筆八卷詩草六卷續草六卷　(清)王之春撰　清光緒七年(1881)上海文藝齋刻本　四冊　存八卷(隨筆一至八)

330000－1701－0070086　HJHA857　集部/總集類/選集之屬/斷代
本朝館閣詩二十卷附錄一卷　(清)阮學浩 (清)阮學濬輯　**續附錄一卷**　(清)阮芝生 (清)阮葵生　(清)曹文植輯　清乾隆二十三年(1758)困學書屋刻本　一冊　存二卷(十九至二十)

330000－1701－0070090　普 814.7/7744.2　集部/別集類/清別集
翁山文外十六卷　(清)屈大均撰　清宣統二年(1910)上海國學扶輪社鉛印本　五冊

330000－1701－0070092　HJLA858　子部/雜著類/雜説之屬
講義偶存二卷　(清)秦嘉澤撰　清刻本　二冊

330000－1701－0070094　G001502　集部/總集類/選集之屬/斷代
粧樓摘豔十卷首一卷　(清)錢三錫輯　清道光十三年(1833)香雨軒刻本　四冊

330000－1701－0070095　HJH814.7/3144/(5)　集部/別集類/清別集
顯志堂稿十二卷　(清)馮桂芬撰　清光緒二年(1876)吳縣馮氏校邠廬刻本　十二冊

330000－1701－0070096　普 925.16/7554.8　史部/傳記類/別傳之屬
陳忠節公紀略一卷　(清)陳宗海輯　清陳宗海刻本　一冊

330000－1701－0070097　HJH817.2/2652.2/c2　集部/曲類/彈詞之屬
繪圖白蛇傳後集四卷十六回　(清)錦黨撰　清末石印本　二冊

330000－1701－0070098　HJHA859　集部/別集類/明別集
明山先生存集四卷　(明)姚淶撰　清刻本　二冊　存二卷(二至三)

330000－1701－0070100　HJHA719　經部/叢編
皇清經解一千四百卷首一卷　(清)阮元輯　清道光九年(1829)廣東學海堂刻本　一冊　存五卷(毛詩補疏一至五)

330000－1701－0070103　普 814.7/77441　集部/別集類/清別集
海樵文鈔二卷詩鈔一卷　(清)周大槐撰　清嘉慶二十一年(1816)惜蔭堂刻本　六冊

330000－1701－0070104　G001503　經部/禮記類/傳説之屬
禮記精義六卷首一卷　(清)黄淦撰　清星沙周令德堂刻本　二冊

330000－1701－0070105　HJH814.7/3144/(4)　集部/別集類/清別集
顯志堂稿十二卷　(清)馮桂芬撰　清光緒二年(1876)吳縣馮氏校邠廬刻本　八冊

330000－1701－0070106　普 925.17/1004.2/c1　史部/傳記類/別傳之屬/年譜
王壯節公[文雄]年譜一卷　(清)王開雲編　清咸豐四年(1854)刻本　一冊

330000－1701－0070109　G001460、G005923　史部/地理類/方志之屬/郡縣志
[嘉慶]太平縣志十二卷首一卷　(清)曹夢鶴等修　(清)孔傳薪　(清)陸仁虎纂　清光緒三十四年(1908)油印本　四冊　存八卷(五至十二)

330000－1701－0070113　HJHA860　史部/傳記類/總傳之屬/通代
錢牧齋先生列朝詩集小傳十卷　(清)錢謙益撰　(清)錢陸燦輯　清康熙三十七年(1698)黄錫紱誦芬堂刻本　一冊　存二卷(乙集、丙集)

330000－1701－0070114　普 925.17/1010.9　史部/傳記類/別傳之屬
宜堂類編二十五卷　(清)丁中立編　清光緒二十六年(1900)錢塘丁氏嘉惠堂刻本　一冊　存一卷(二十四)

330000－1701－0070115　HJH814.7/3148　集部/別集類/清別集
汪梅村先生集十二卷外集一卷　(清)汪士鐸撰　清光緒七年(1881)刻本　四册

330000－1701－0070116　G001504　集部/總集類/選集之屬/斷代
詳註七家詩七卷　(清)張熙宇評選　(清)石韞甲箋註　清光緒十八年(1892)上海廣百宋齋鉛印本　四册

330000－1701－0070117　普925.16/2749.21　史部/傳記類
歸顧朱三先生年譜合刻　(清)金吳瀾輯　清光緒六年(1880)嘉興金氏刻本　一册　存一種

330000－1701－0070122　HJH817.2/2767/3　集部/曲類/彈詞之屬
錦上花四十八回　(清)修月閣主人撰　清同治十年(1871)寶樹堂刻本　十二册

330000－1701－0070123　G001461　史部/地理類/方志之屬/郡縣志
[乾隆]重修臺灣縣志十五卷首一卷　(清)魯鼎梅修　(清)王必昌纂　清乾隆十七年(1752)刻本　三册　存五卷(首、八至九、十四至十五)

330000－1701－0070124　HJHA861　集部/別集類/明別集
淳朴園稿三卷外集一卷外集補一卷　(明)沈祐撰　明崇禎七年(1634)海鹽沈氏刻本　一册　存二卷(三、外集)

330000－1701－0070125　HJH814.7/3150/c2　集部/別集類/清別集
述學内篇三卷補遺一卷外篇一卷別錄一卷附錄一卷校勘記一卷　(清)汪中撰　(清)汪喜孫編　清同治八年(1869)揚州書局刻本　二册

330000－1701－0070127　G001505、G008976　類叢部/類書類/專類之屬
經濟類考約編二卷　(清)顧九錫輯　清光緒慶槐堂鉛印本　三册

330000－1701－0070128　HJHA721　子部/藝術類/書畫之屬/畫録
虚齋名畫錄十六卷　龐元濟輯　清宣統元年(1909)烏程龐氏申江刻本　一册　存一卷(九)

330000－1701－0070130　HJLA528　史部/政書類
地方自治講演集第一集不分卷　清末北洋官報局鉛印本　一册

330000－1701－0070131　HJH814.7/3150/(2)　集部/別集類/清別集
述學内篇三卷補遺一卷外篇一卷別錄一卷附錄一卷校勘記一卷　(清)汪中撰　(清)汪喜孫編　清同治八年(1869)揚州書局刻本　四册

330000－1701－0070132　G001506、G607664、G609857　集部/詩文評類/詩評之屬
樵隱詩話十三卷　(清)林鈞撰　清光緒二年至三年(1876－1877)刻四年(1878)印本　五册　存十卷(一至十)

330000－1701－0070133　HJLA529　史部/政書類/律令之屬/律例
憲法古義三卷　湯壽潛撰　清光緒三十一年(1905)上海點石齋書局鉛印本　一册

330000－1701－0070135　G001462　子部/藝術類/書畫之屬
趙似昇女士長生冊不分卷　周嵩堯撰　清宣統三年(1911)石印本　一册

330000－1701－0070137　普925.16/3030.2、普925.16/3030.8/c3　集部/別集類/明別集
宋文憲公全集八十卷　(明)宋濂撰　**年譜二卷附錄一卷**　(清)朱興悌　(清)戴殿江纂　孫鏘增輯　**潛溪錄六卷首一卷**　丁立中編輯　孫鏘增補　清宣統二年至民國五年(1910－1916)四明孫氏成都刻本　七册　存十卷(年譜上下、附錄,潛溪錄首、一至六)

330000－1701－0070141　HJH814.7/3191.3/

(2) 集部/别集類/清别集
亭林文集六卷餘集一卷 (清)顧炎武撰 清光緒崇川葛氏學古齋刻學古齋金石叢書本 王存善題記 二册

330000-1701-0070142 HJH817.2/3054/c2 集部/曲類/彈詞之屬
繡像宋史奇書十二卷六十六回 清光緒三十二年(1906)章福記書局石印本 六册

330000-1701-0070144 G001507 史部/詔令奏議類/奏議之屬
罪言存略一卷 (清)郭嵩燾撰 清光緒十四年(1888)天津時報館鉛印本 一册

330000-1701-0070150 HJHA862 集部/小説類/短篇之屬
薄倖郎傳十二回 (清)平坨撰 清宣統三年(1911)石印本 一册 存六回(一至六)

330000-1701-0070151 HJLA723 新學/商務/商學
原富八卷 (英國)斯密亞丹撰 嚴復譯 清光緒二十七年(1901)上海南洋公學譯書院鉛印本 三册 存四卷(甲上下、乙、丙)

330000-1701-0070152 普925.17/1020.2/c1 類叢部/叢書類/自著之屬
葵園四種 王先謙撰 清光緒至民國長沙王氏刻本 三册 存一種

330000-1701-0070153 普814.7/77443/c1 集部/别集類/清别集
飄香室文詩遺稿一卷 (清)駱樹英撰 清光緒鉛印本 一册

330000-1701-0070154 G001508 子部/醫家類/喉科口齒之屬/通論
咽喉脈證通論一卷 (宋)釋□□撰 清光緒十一年(1885)刻本 一册

330000-1701-0070155 普925.16/3128.8 史部/傳記類/别傳之屬
汪忠烈文行錄二卷首一卷 (清)洪錫光 (清)方夢麟輯 (清)丁樾編 清咸豐元年(1851)刻本 六册

330000-1701-0070156 G001463 子部/雜著類/雜考之屬
困學蒙證六卷 (清)宋月樵撰 清道光十年(1830)刻本 六册

330000-1701-0070158 HJHA863 集部/總集類/選集之屬/通代
古文淵鑒六十四卷 (清)徐乾學等輯注 清康熙四十九年(1710)内府刻四色套印本 一册 存三卷(二十至二十二)

330000-1701-0070160 普814.7/77443/c2 集部/别集類/清别集
飄香室文詩遺稿一卷 (清)駱樹英撰 清光緒鉛印本 一册

330000-1701-0070161 G001464 經部/易類
周易函書四種 (清)胡煦撰 清乾隆至嘉慶胡季堂刻本 四册 存一種

330000-1701-0070162 HJLA532 史部/詔令奏議類/奏議之屬
籌辦湖北各學堂摺一卷 (清)張之洞 (清)端方撰 清末鉛印本 一册

330000-1701-0070163 普925.17/3372.8/c2 史部/傳記類/别傳之屬/事狀
詒煒集五卷侍香集一卷 (清)許振禕輯 清光緒二十三年(1897)廣州節署刻本 二册

330000-1701-0070164 HJHA724 集部/别集類/清别集
切問齋集十六卷 (清)陸燿撰 清乾隆五十七年(1792)暉吉堂刻本 一册 存一卷(二)

330000-1701-0070166 HJH814.7/3191.5 集部/别集類/清别集
亭林文集六卷 (清)顧炎武撰 清刻本 一册

330000-1701-0070167 HJH817.2/4694/2/c2 史部/史評類/詠史之屬
廿一史彈詞註十卷 (明)楊慎撰 (清)張三異增定 (清)張仲璜註 **明史彈詞註一卷** (清)張三異撰 (清)張仲璜註 清乾隆五十

一年(1786)張任佐視履堂刻本　八册

330000－1701－0070169　普 925.17/1020.2/c2　類叢部/叢書類/自著之屬
葵園四種　王先謙撰　清光緒至民國長沙王氏刻本　三册　存一種

330000－1701－0070170　普 814.7/77443/c3　集部/别集類/清别集
飄香室文詩遺稿一卷　(清)駱樹英撰　清光緒鉛印本　一册

330000－1701－0070171　HJH814.7/3202/c2　集部/别集類/清别集
三松堂詩集二十卷詩續集六卷文集四卷水雲笛譜一卷三松[潘奕雋]自訂年譜一卷　(清)潘奕雋撰　清同治九年至十一年(1870－1872)潘遵祁刻本　八册　缺一卷(水雲笛譜)

330000－1701－0070173　HJLA725　集部/總集類/選集之屬/斷代
切問齋文鈔三十卷　(清)陸燿輯　清乾隆四十年(1775)刻本　二册　存六卷(一至三、九至十一)

330000－1701－0070174　G001465　集部/别集類/清别集
樂道堂集十種　(清)奕訢撰　清咸豐至光緒刻本　一册　存一種

330000－1701－0070175　G001509　史部/傳記類/總傳之屬/技藝
擷華小錄一卷　(清)余嵩慶撰　清光緒二年(1876)刻清代燕都梨園史料本　清蝸寄居士題記　一册

330000－1701－0070176　普 814.7/7746/c1　類叢部/叢書類/自著之屬
思益堂集四種　(清)周壽昌撰　清光緒十四年(1888)王先謙等刻本　六册

330000－1701－0070178　HJH814.7/3375/(2)　集部/别集類/清别集
頻羅庵遺集十六卷　(清)梁同書撰　清光緒十三年(1887)蛟川修綆山莊刻本　六册

330000－1701－0070179　G001466　史部/政書類/儀制之屬/典禮
文廟思源錄一卷　(清)葉慶禔編　清光緒五年(1879)梅溪縣署刻本　一册

330000－1701－0070180　普 814.7/7746/c2　類叢部/叢書類/自著之屬
思益堂集四種　(清)周壽昌撰　清光緒十四年(1888)王先謙等刻本　六册

330000－1701－0070181　HJHA726　集部/别集類/清别集
木雞書屋文鈔四卷文二集六卷三集八卷四集六卷五集六卷　(清)黄金臺撰　清道光五年至咸豐元年(1825－1851)刻同治十年(1871)黄晉馚心窗樓補刻本　四册　存十卷(一至四、二集一至三、三集一至三)

330000－1701－0070183　HJH817.2/4694/3　史部/史評類/詠史之屬
廿一史彈詞註十卷　(明)楊慎撰　(清)張三異增定　(清)張仲璜註　**明紀彈詞註一卷**　(清)張三異撰　(清)張仲璜註　清道光十二年(1832)關中書院刻本　十一册

330000－1701－0070185　HJH814.7/3375/(2)/c2　集部/别集類/清别集
頻羅庵遺集十六卷　(清)梁同書撰　清光緒十三年(1887)蛟川修綆山莊刻本　六册

330000－1701－0070186　普 925.16/8004.8　類叢部/叢書類/郡邑之屬
武林掌故叢編一百八十七種　(清)丁丙編　清光緒三年至二十六年(1877－1900)錢塘丁氏嘉惠堂刻本　二册　存一種

330000－1701－0070188　G001510　子部/天文曆算類/天文之屬
中國沿海颶風及風暴標號條例一卷　(清)上海徐家匯天文臺撰　清光緒二十三年(1897)上海徐家匯天文臺鉛印本　一册

330000－1701－0070190　普 814.7/80021/c1　集部/别集類/清别集
北山文鈔四卷　(清)姜文衡撰　清咸豐六年

(1856)伴石居刻本　一册

330000－1701－0070191　HJH814.7/3375/2　集部/別集類/清別集
頻羅庵遺集十六卷　(清)梁同書撰　清嘉慶二十二年(1817)仁和陸貞一杭州刻本　六册

330000－1701－0070192　G001467　類叢部/叢書類/彙編之屬
漸西村舍彙刊(漸西村舍叢刻)四十四種　(清)袁昶編　清光緒十六年至二十四年(1890－1898)桐廬袁氏刻本　一册　存一種

330000－1701－0070193　HJH817.2/4734/3　集部/曲類/彈詞之屬
新刻珠玉圓四卷四十八回附刻一卷　(清)柳浦散人輯　清同治十一年(1872)樂善堂刻本　四册

330000－1701－0070194　普814.7/80021/c2　集部/別集類/清別集
北山文鈔四卷　(清)姜文衡撰　清咸豐六年(1856)伴石居刻本　二册

330000－1701－0070195　HJLA536　集部/別集類/清別集
日本游詩一卷　陳毓華撰　清光緒三十三年(1907)鉛印本　一册

330000－1701－0070196　HJLA727　集部/總集類/選集之屬/斷代
全唐詩九百卷目錄十二卷　(清)曹寅　(清)彭定求等輯　清刻本　一册　存六卷(元結一至二、張繼一卷、韓翃一至三)

330000－1701－0070197　G001511　史部/政書類/軍政之屬/保甲
保甲書輯要四卷　(清)徐棟輯　清同治十年(1871)黔陽官署刻本　一册

330000－1701－0070198　HJH814.7/3427/c3　集部/別集類/清別集
訒齋文鈔二卷詩鈔一卷手札四卷附錄一卷　(清)褚維垕撰　清光緒二十七年(1901)刻本　一册　存三卷(文鈔一至二、詩鈔)

330000－1701－0070199　G001468　集部/詩文評類/文評之屬
古文一隅三卷　(清)朱宗洛評選　清宣統鉛印本　一册

330000－1701－0070200　HJLA537　史部/政書類/邦計之屬/貿易
通商行船條約一卷　清光緒刻本　一册

330000－1701－0070201　普925.16/3030.8/c2　集部/別集類/明別集
宋文憲公全集八十卷　(明)宋濂撰　**年譜二卷附錄一卷**　(清)朱興悌　(清)戴殿江纂　孫鏘增輯　**潛溪錄六卷首一卷**　丁立中編輯　孫鏘增補　清宣統二年至民國五年(1910－1916)四明孫氏成都刻本　六册　存七卷(潛溪錄首、一至六)

330000－1701－0070202　普814.7/8003/c1　類叢部/叢書類/郡邑之屬
永嘉叢書十五種　(清)孫衣言編　清同治至光緒瑞安孫氏詒善祠塾刻光緒武昌書局彙印本　二册　存一種

330000－1701－0070204　普814.7/7748　集部/別集類/清別集
雲臥山房詩集二卷詩餘一卷　(清)周嘉猷撰　清咸豐二年(1852)周樂清留耕堂刻本　二册

330000－1701－0070205　HJH814.7/3427/c4　集部/別集類/清別集
訒齋文鈔二卷詩鈔一卷手札四卷附錄一卷　(清)褚維垕撰　清光緒二十七年(1901)刻本　一册　存三卷(文鈔一至二、詩鈔)

330000－1701－0070206　G001512　子部/雜著類
窺豹雜存一卷　(清)憂時居士輯　清光緒七年(1881)刻本　一册

330000－1701－0070209　普814.7/8003/c2　類叢部/叢書類/郡邑之屬
永嘉叢書十五種　(清)孫衣言編　清同治至光緒瑞安孫氏詒善祠塾刻光緒武昌書局彙印

本　二册　存一種

330000－1701－0070211　普 925.16/3030.8　集部/别集類/明别集
宋文憲公全集八十卷　(明)宋濂撰　**年譜二卷附錄一卷**　(清)朱興悌　(清)戴殿江纂　孫鏘增輯　**潛溪錄六卷首一卷**　丁立中編輯　孫鏘增補　清宣統二年至民國五年(1910－1916)四明孫氏成都刻本　六册　存七卷(潛溪錄首、一至六)

330000－1701－0070212　G001470　史部/傳記類/科舉録之屬/歷科登科録
光緒丙戌科會試硃卷一卷　(清)沈維善撰　清光緒上海積山書局石印本　一册

330000－1701－0070213　普 814.7/7757　類叢部/叢書類/自著之屬
周孟侯先生全書五種附錄一卷　(明)周拱辰撰　清道光二十七年(1847)刻光緒元年(1875)補刻本　四册　存三種

330000－1701－0070214　普 814.7/8020　集部/别集類/清别集
秋室學古錄六卷梁園歸櫂錄一卷憶漫菴賸稿一卷　(清)余集撰　(清)龔麗正輯　清道光刻本　三册

330000－1701－0070215　HJH814.7/3428/c3　集部/别集類/清别集
補讀書齋遺稾十卷　(清)沈維鐈撰　清光緒元年(1875)廣州刻本　四册

330000－1701－0070217　G001513　史部/目録類/專録之屬
宋遺民類集序例總目一卷　(清)黄允中撰　清宣統二年(1910)京師京華印書局鉛印本　一册

330000－1701－0070218　普 814.7/8006　集部/别集類/清别集
謇諤堂詩稿一卷文稿一卷　(清)金文田撰　清光緒三十四年(1908)木活字印本　二册

330000－1701－0070219　HJH909.023/4428/2/c2　史部/史表類/通代之屬
四裔編年表四卷　(清)李鳳苞輯　清光緒江南製造總局刻本　四册

330000－1701－0070220　HJLA866　史部/政書類/通制之屬
會典簡明錄一卷　(清)張祥河輯　清末鉛印本　劉承幹批　一册

330000－1701－0070222　G001469　史部/史評類/詠史之屬
前後蜀雜事詩二卷　(清)張祥齡撰　清光緒刻本　一册

330000－1701－0070223　HJH909.023/4428/2/c4　史部/史表類/通代之屬
四裔編年表四卷　(清)李鳳苞輯　清光緒江南製造總局刻本　四册

330000－1701－0070225　G001514　史部/傳記類/科舉録之屬
欽命浙江督學部院黄鑒定戊寅科試一卷　清光緒刻紫印本　一册

330000－1701－0070226　普 814.7/8007　集部/别集類/清别集
清惠堂集十卷　(清)金望欣撰　(清)陳穆堂編　清道光二十年(1840)廣陵黄錫慶刻本　四册

330000－1701－0070227　G001515　子部/醫家類/内科之屬/其他内科病證
重刻痰火點雪四卷　(明)龔居中撰　清嘉慶九年(1804)星聚樓刻本　實吾題簽　一册

330000－1701－0070229　HJH814.7/34311/c3　集部/别集類/清别集
沈文忠公集十卷自訂年譜一卷　(清)沈兆霖撰　(清)錢保塘編　清同治八年(1869)刻本　四册

330000－1701－0070230　HJH817.2/9030.02/c2　集部/曲類/彈詞之屬
新增全圖珍珠塔後傳麒麟豹三十卷六十回　(清)馬永清撰　清末鉛印本　四册

330000－1701－0070231　普 925.16/3173.2

史部/傳記類/別傳之屬/年譜

顧端文公[憲成]年譜二卷譜前一卷譜後一卷 (明)顧與沐記畧 (清)顧樞編 (清)顧貞觀訂補 清康熙刻本 一册

330000－1701－0070232 普925.17/1053.2/3/c1 史部/傳記類/別傳之屬/年譜

王船山先生[夫之]年譜二卷 (清)劉毓崧編 清光緒十二年(1886)江南書局刻本 二册

330000－1701－0070234 普814.7/7757/2 集部/別集類/清別集

聖雨齋詩文集十卷問魚篇二卷附錄一卷 (明)周拱辰撰 清道光三年(1823)聖雨齋刻本 二册 缺十卷(聖雨齋詩文集一至十)

330000－1701－0070235 G001516 子部/儒家類/儒學之屬/蒙學

六藝綱目二卷 (元)舒天民撰 (元)舒恭注 (明)趙宜中附注 清光緒二十八年(1902)紹興府學堂刻本 一册

330000－1701－0070237 HJHA865 集部/總集類/課藝之屬

制義體要十九卷 (清)陳兆崙輯 (清)孫衣言校補 清刻本 二册 存十一卷(五至十五)

330000－1701－0070239 HJHA729 類叢部/叢書類/彙編之屬

說郛一百二十弓 (明)陶宗儀編 (明)陶珽等重編 明末刻清順治三年(1646)兩浙督學周南李際期宛委山堂印本 七册 存二十八種

330000－1701－0070243 G001517 集部/總集類/選集之屬/通代

重訂古文雅正十四卷 (清)蔡世遠輯 清乾隆四十二年(1777)芥子園刻本 六册

330000－1701－0070249 HJHA868 新學/格致總

格致讀本□□卷 (英國)莫爾顯撰 (清)時中書局編譯所譯 清時中書局鉛印本 一册 存一卷(四)

330000－1701－0070252 G001471 類叢部/叢書類/彙編之屬

崇文書局彙刻書三十一種 (清)崇文書局編 清光緒元年至三年(1875－1877)湖北崇文書局刻本 四册 存一種

330000－1701－0070253 普814.7/8010 集部/別集類/清別集

甥自寬齋外集四卷 (清)金石撰 清光緒二十九年(1903)程銘敬刻本 一册

330000－1701－0070255 普814.7/7766 集部/別集類/清別集

晚華居遺集七卷 (清)周恩煦撰 劉聯官編 清宣統元年(1909)周氏鉛印本 二册

330000－1701－0070256 G001473 集部/別集類/清別集

定峰樂府十卷甲子年定峰山左雜詠一卷 (清)沙張白撰 (清)曹禾評 **諸公論樂府書一卷** (清)曹禾等撰 清道光十八年(1838)刻本 二册

330000－1701－0070258 HJH817.2/9030/3/c1 集部/曲類/彈詞之屬

孝義真蹟珍珠塔二十四回 (清)周殊士撰 清道光二十九年(1849)維揚三槐堂刻本 四册

330000－1701－0070259 G001518 史部/地理類/專志之屬/祠墓

孫氏墓田記一卷 (清)孫德祖撰 清光緒鄞縣翰墨林刻本 一册

330000－1701－0070260 G001472 類叢部/叢書類/自著之屬

沈歸愚詩文全集十四種 (清)沈德潛撰 清乾隆教忠堂刻本 一册 存二種

330000－1701－0070262 普814.7/8012 集部/別集類/清別集

高辛研齋詩稿一卷雜稿一卷 (清)俞承德撰 清咸豐六年(1856)平江三德堂刻本 一册

330000－1701－0070264 HJHA869 集部/總集類/選集之屬/通代

古文析義六卷二編八卷 （清）林雲銘輯注　清宣統元年（1909）石印本　一冊　存一卷（二編四）

330000－1701－0070265　普 814.7/8014　集部/別集類/清別集

碧城詩鈔十二卷雜著三卷 （清）俞功懋撰　清光緒十三年（1887）仙城刻本　一冊　存三卷（雜著一至三）

330000－1701－0070267　G001474　集部/別集類/清別集

裕靖節公遺書十二卷首一卷 （清）裕謙撰　清道光二十一年（1841）刻本　四冊

330000－1701－0070268　HJLA870　集部/別集類/清別集

冶古堂文集五卷 （清）呂履恒撰　（清）呂宣曾重編　清乾隆十五年（1750）新安呂宣曾刻本　一冊　存一卷（二）

330000－1701－0070269　G001475　史部/政書類/邦計之屬/俸餉

長江水師俸餉便覽三卷首一卷 （清）鍾明亮輯　清同治十一年（1872）漢皋舟署刻本　一冊

330000－1701－0070271　G001476　子部/藝術類/書畫之屬/題跋

冬心先生題畫記五卷 （清）金農撰　清同治十一年（1872）刻本　一冊

330000－1701－0070272　普 814.7/8022　集部/別集類/清別集

種月軒遺草十四卷 （清）俞得鯉撰　清乾隆十二年（1747）俞景武刻本　四冊

330000－1701－0070273　G001477　類叢部/叢書類/自著之屬

湘綺樓全書 王闓運撰　清光緒至宣統刻本　四冊　存一種

330000－1701－0070277　普 814.7/8023/c1　類叢部/叢書類/自著之屬

曾惠敏公全集四種 （清）曾紀澤撰　清光緒二十年（1894）上海石印本　四冊

330000－1701－0070278　G001520　史部/傳記類/總傳之屬/忠孝

孝弟錄二卷 （清）李文耕輯　**孝弟續錄二卷** （清）江青輯　清光緒十八年（1892）求志齋木活字印本　二冊

330000－1701－0070280　HJHA871　經部/四書類/總義之屬/傳說

四書集註十九卷 （宋）朱熹撰　清光緒二十年（1894）金陵書局刻本　劉承幹批　五冊　缺二卷（孟子六至七）

330000－1701－0070282　普 814.7/8023/c4　類叢部/叢書類/自著之屬

曾惠敏公全集四種 （清）曾紀澤撰　清光緒二十年（1894）上海石印本　四冊

330000－1701－0070283　G001521　史部/政書類/邦計之屬/荒政

長春邱真人救荒三策論一卷 （清）徐咸亨輯　清同治六年（1867）徐咸亨刻本　一冊

330000－1701－0070285　G001498　史部/政書類/律令之屬/刑制

大清現行刑律三十六卷首一卷附禁煙條例一卷秋審條款一卷 沈家本等編　清宣統二年（1910）鉛印本　六冊　存十九卷（二十至三十六、禁煙條例、秋審條款）

330000－1701－0070286　G001522　子部/天文曆算類/曆法之屬

丁未年新民日記不分卷新民日記不分卷 （清）九芝室主人編　清光緒三十一年（1905）上海鴻文書局石印本　一冊

330000－1701－0070287　普 814.7/8023/2/c2　類叢部/叢書類/自著之屬

曾惠敏公遺集四種 （清）曾紀澤撰　清光緒十九年（1893）江南製造總局鉛印本　七冊

330000－1701－0070295　G001499、G007683、G008853　史部/政書類/律令之屬

讀例存疑五十四卷 （清）薛允升撰　清光緒三十一年（1905）京師刻本　四十冊

330000－1701－0070297　普 814.7/80231

集部/别集類/清别集

思詒堂詩稿十二卷文稿一卷 （清）金衍宗撰 清同治五年（1866）刻本 一册 存一卷（文稿）

330000－1701－0070299 G001523、G008569 集部/别集類/清别集

桁山草閣詩稿五卷 （清）胡希銓撰 清光緒十年（1884）刻本 四册 存四卷（一至四）

330000－1701－0070300 HJLA730 集部/别集類/清别集

菀青集十九卷 （清）陳至言撰 清康熙四十八年（1709）陳氏芝泉堂刻本 一册 存五卷（一至五）

330000－1701－0070304 G001500 集部/别集類/清别集

忠雅堂詩集二十七卷補遺二卷銅絃詞二卷附南北曲一卷 （清）蔣士銓撰 清嘉慶三年（1798）揚州刻本 八幅

330000－1701－0070305 普 814.7/7767 類叢部/叢書類/郡邑之屬

粟香室叢書五十九種 金武祥編 清光緒至民國江陰金氏刻本 一册 存一種

330000－1701－0070310 普 814.7/8026 集部/别集類/清别集

徧行堂集十六卷 （清）釋今釋撰 清宣統三年（1911）上海國學扶輪社鉛印本 八册

330000－1701－0070312 G001524 集部/别集類/清别集

南樓吟草二卷詩餘一卷 （清）宋璇撰 清道光二十八年（1848）刻本 一册

330000－1701－0070317 普 925.16/4485.2 類叢部/叢書類/自著之屬

留書種閣集九種 （清）黄炳垕撰 清同治六年至光緒二十年（1867－1894）餘姚黄氏留書種閣刻本 一册 存一種

330000－1701－0070318 HJH817.2/4840/c3 集部/曲類/彈詞之屬

梅花韻全傳十卷四十二回 清刻本 十册

330000－1701－0070319 G001525 史部/政書類/邦計之屬

詳定商民承領沿隄各項馬頭租價及車輛費銀價目章程一卷 （清）廣東海防兼善後總局編 清末刻本 一册

330000－1701－0070321 HJHA872 子部/雜著類/雜説之屬

讀書樂□□卷 （清）三等學堂譯編 清光緒二十四年（1898）上海美華書館鉛印本 一册 存一卷（二）

330000－1701－0070322 HJHA543 集部/别集類/清别集

貳友山房詩賸一卷 （清）李燦華撰 **留春閣遺草一卷** （清）黄婉琳撰 清光緒十七年（1891）長沙刻本 一册

330000－1701－0070326 普 814.7/7777 集部/别集類/清别集

望雲書屋文集二卷 （清）歐陽厚均撰 清同治刻本 四册

330000－1701－0070329 HJHA731 子部/農家農學類/蠶桑之屬

桑蠶提要二卷 （清）方大湜撰 清刻本 一册 存一卷（二）

330000－1701－0070330 HJH814.7/3494/c3 集部/别集類/清别集

田硯齋文集二卷 （清）褚榮槐撰 （清）褚元升輯 清光緒六年（1880）刻本 一册

330000－1701－0070331 G001500/1 集部/别集類/清别集

忠雅堂文集十二卷 （清）蔣士銓撰 清嘉慶刻本 六册

330000－1701－0070332 普 814.7/8030/c1 集部/别集類/清别集

鮚埼亭集三十八卷外編五十卷全謝山先生經史問答十卷 （清）全祖望撰 **全氏世譜一卷年譜一卷** （清）董秉純撰 清嘉慶九年（1804）餘姚史夢蛟借樹山房刻同治十一年（1872）印本 章鋆題記 二十四册

330000－1701－0070335　普 814.7/7781　集部/别集類/清别集
北嶽山房文集十四卷詩集四卷　(清)閻鎮珩撰　清光緒三十一年(1905)刻本　章鈺題記　六册

330000－1701－0070336　G001526　史部/地理類/遊記之屬/紀勝
南屏百咏一卷　(清)張炳輯　清刻本　一册

330000－1701－0070339　G001527　子部/雜著類/雜纂之屬
勸戒上海國會及出洋學生文一卷　(清)張之洞撰　清光緒二十六年(1900)刻本　一册

330000－1701－0070340　HJH814.7/3547.2/(2)　集部/别集類/清别集
御製文初集三十卷目録二卷　(清)高宗弘曆撰　清刻本　六册

330000－1701－0070342　普 814.7/8030/c2　集部/别集類/清别集
鮚埼亭集三十八卷外編五十卷全謝山先生經史問答十卷　(清)全祖望撰　**全氏世譜一卷年譜一卷**　(清)董秉純撰　清嘉慶九年(1804)餘姚史夢蛟借樹山房刻同治十一年(1872)印本　二十四册

330000－1701－0070346　G001528　史部/政書類/邦計之屬
大清通郵彙編初續一卷(清光緒丁未季秋上旬至光緒戊申季春下旬)　清光緒三十四年(1908)京華印書局鉛印本　一册

330000－1701－0070348　HJHA873　新學/雜著/叢編
勵學譯編六種　(清)勵學譯社編　清光緒二十七年至二十八年(1901－1902)刻本　一册　存一種

330000－1701－0070350　HJH817.2/6048/3　集部/曲類/彈詞之屬
繡傳果報録十二卷一百回　(清)海蘭濤撰　清末鉛印本　六册

330000－1701－0070353　G001478、G008303、G010614、G009740　集部/總集類/尺牘之屬
蓬萊仙館尺牘六卷　(清)瞿國棟輯　清光緒十二年(1886)涇川半舫草堂刻本　六册

330000－1701－0070354　普 814.7/8064/2(2)　類叢部/叢書類/自著之屬
曾文正公全集十六種　(清)曾國藩撰　清同治至光緒傳忠書局刻本　一百三十八册　存十五種

330000－1701－0070355　普 814.7/7791/c2　集部/别集類/清别集
時習編六卷　(清)周炳琦撰　(清)周巖輯　清光緒十六年(1890)詒經堂刻本　二册

330000－1701－0070356　普 814.7/7791/c3　集部/别集類/清别集
時習編六卷　(清)周炳琦撰　(清)周巖輯　清光緒十六年(1890)詒經堂刻本　二册

330000－1701－0070357　HJH817.2/7534　集部/曲類/彈詞之屬
綉像芙蓉洞全傳十卷四十回　(清)陳遇乾撰　(清)陳士奇　(清)俞秀山校　清刻本　十册

330000－1701－0070360　HJH814.7/3547　集部/别集類/清别集
樂善堂全集四十卷目録四卷　(清)高宗弘曆撰　清乾隆二年(1737)刻本　二十四册

330000－1701－0070362　G001480、G001479　類叢部/叢書類/彙編之屬
武英殿聚珍版書三十九種　清乾隆浙江刻本　二册　存二種

330000－1701－0070363　普 925.16/4625　史部/傳記類/别傳之屬
楊忠愍公修齊遺言不分卷　(明)楊繼盛撰　清光緒十六年(1890)周邦翰刻本　一册

330000－1701－0070365　普 925.17/1117.8　史部/傳記類/别傳之屬/事狀
長沙張文達公榮哀録四卷　陳毅輯　清宣統元年(1909)鉛印本　章鈺題記　一册

330000－1701－0070366　HJHA732　類叢部/叢書類/自著之屬
潛研堂全書十六種　(清)錢大昕撰　清乾隆至嘉慶刻本　二冊　存一種

330000－1701－0070368　G001529　類叢部/叢書類/自著之屬
師鄭所著書　孫雄撰　清末石印本　一冊　存一種

330000－1701－0070370　普925.16/8042　史部/傳記類/別傳之屬/年譜
寧我錄一卷　(明)金世俊撰　清光緒二十三年(1897)木活字印本　一冊

330000－1701－0070371　普814.7/8030/(4)　集部/別集類/清別集
鮚埼亭集外編五十卷　(清)全祖望撰　(清)董秉純編　(清)蔣學鏞審訂　(清)汪繼培重編　清嘉慶九年(1804)餘姚史夢蛟借樹山房刻同治十一年(1872)印本　十冊　缺四卷(四十七至五十)

330000－1701－0070372　HJH817.2/7258/2/c2　集部/曲類/彈詞之屬
新刻古本劉成美忠節全傳二十五卷二十五回　清光緒四年(1878)維揚有德堂書坊刻本　十二冊

330000－1701－0070373　普925.17/1088.2　史部/傳記類/別傳之屬/年譜
栗恭勤公[毓美]年譜二卷　(清)張壬林編　(清)傅鍾沅訂正　清光緒十六年(1890)刻本　一冊

330000－1701－0070375　普925.17/1120.2　史部/傳記類/別傳之屬/年譜
一西[張師誠]自記年譜一卷　(清)張師誠撰　**附述一卷**　(清)張應昌等撰　清同治八年(1869)張興言刻本　四冊

330000－1701－0070378　HJHA545　子部/雜著類/雜說之屬
樞言一卷續樞言一卷　(清)王柏心撰　清咸豐九年(1859)慕山書屋刻本　一冊

330000－1701－0070379　G001481　史部/傳記類/別傳之屬/事狀
李鴻章(中國四十年來大事記)十二章　梁啓超撰　清末鉛印本　一冊

330000－1701－0070380　普814.7/8000/c1　集部/別集類/清別集
豸華堂文鈔二十卷首一卷　(清)金應麟撰　清光緒元年(1875)刻本　二冊　存八卷(乙部駢文一至八)

330000－1701－0070384　HJHA733　類叢部/叢書類/彙編之屬
清頌堂叢書九種附一種　(清)黃奭編　(清)潘世恩重編　清道光潘氏刻本　四冊　存一種

330000－1701－0070385　G001530　史部/傳記類/日記之屬
救濟日記一卷　(清)陸樹藩撰　清光緒三十三年(1907)蘇省印刷局鉛印本　一冊

330000－1701－0070386　普814.7/8000/c3　集部/別集類/清別集
豸華堂文鈔二十卷首一卷　(清)金應麟撰　清光緒元年(1875)刻本　二冊　存八卷(乙部駢文一至八)

330000－1701－0070389　HJH814.7/3547/(3)/c2　集部/別集類/清別集
樂善堂全集定本三十卷　(清)高宗弘曆撰　清乾隆二十四年(1759)内府刻本　八冊

330000－1701－0070390　HJH817.2/7502　集部/曲類/彈詞之屬
再生緣全傳二十卷　(清)陳端生撰　清光緒二年(1876)松盛堂刻本　二十冊

330000－1701－0070391　HJLA874　集部/總集類/選集之屬/通代
方姚平點四書文不分卷　清刻本　二冊

330000－1701－0070392　普925.17/1053.2/3/c2　史部/傳記類/別傳之屬/年譜
王船山先生[夫之]年譜二卷　(清)劉毓崧編　清光緒十二年(1886)江南書局刻本　梁鼎

芬題記　二册

330000－1701－0070393　G001482、G607037　史部/地理類/雜志之屬

新增都門紀略七卷　(清)楊靜亭等編　清光緒三十三年(1907)京都榮錄堂刻本　二册　存二卷(一至二)

330000－1701－0070395　HJLA546　史部/金石類/總志之屬/文字

鐵橋金石跋四卷　(清)嚴可均撰　清光緒三十一年(1905)秀水王寶瑩刻本　一册

330000－1701－0070397　G001531　子部/雜著類/雜說之屬

塾言一卷　陳澹然撰　清光緒二十七年(1901)金陵宜春閣號木活字印本　一册

330000－1701－0070401　普 814.7/8000.2　集部/別集類/清別集

豸華堂文鈔二十卷首一卷　(清)金應麟撰　清光緒元年(1875)刻本　三册　缺八卷(乙部騈文一至八)

330000－1701－0070403　普 814.7/8030/(2)　集部/別集類/清別集

鮚埼亭集外編五十卷　(清)全祖望撰　(清)董秉純編　(清)蔣學鏞審訂　(清)汪繼培重編　清嘉慶九年(1804)餘姚史夢蛟借樹山房刻同治十一年(1872)印本　十一册　缺三卷(一至三)

330000－1701－0070404　G001483　史部/詔令奏議類/奏議之屬

變法自強奏議彙編二十卷　(清)毛佩之撰　清光緒二十七年(1901)上海書局石印本　十册

330000－1701－0070405　G001532　子部/醫家類/醫話醫論之屬

醫原二卷　(清)石壽堂撰　清咸豐十一年(1861)留耕書屋刻本　二册

330000－1701－0070406　HJHA734　類叢部/叢書類/彙編之屬

清頌堂叢書九種附一種　(清)黄奭編　(清)潘世恩重編　清道光潘氏刻本　一册　存一種

330000－1701－0070407　HJH817.2/7502/4　集部/曲類/彈詞之屬

再生緣全傳二十卷　(清)陳端生撰　清道光三十年(1850)三益堂刻本　二十册

330000－1701－0070408　普 814.7/8000.2/(2)　集部/別集類/清別集

豸華堂文鈔二十卷首一卷　(清)金應麟撰　清光緒元年(1875)刻本　四册　缺八卷(乙部騈文一至八)

330000－1701－0070409　G001484　子部/儒家類/儒學之屬/蒙學

正蒙必讀初二三編　(清)陳蔚文編　清光緒三十一年(1905)鉛印本　一册　存一種

330000－1701－0070410　普 814.7/8030/(6)/c2　集部/別集類/清別集

鮚埼亭集三十八卷全謝山先生經史問答十卷　(清)全祖望撰　**全氏世譜一卷年譜一卷**　(清)董秉純撰　清嘉慶九年(1804)餘姚史夢蛟借樹山房刻本　十二册

330000－1701－0070411　G612356　類叢部/類書類/通類之屬

古今圖書集成一萬卷目錄四十卷　(清)蔣廷錫　(清)陳夢雷等輯　**古今圖書集成考證二十四卷**　清光緒十年(1884)上海同文書局石印本　五千二十三册　缺四十二卷(職方典九百三十七至九百五十六、一千一百四十九至一千一百五十,皇極典一百七十三至一百九十二)

330000－1701－0070412　普 814.7/80001/c1　集部/別集類/清別集

豸華堂文鈔二十卷首一卷　(清)金應麟撰　清光緒元年(1875)刻本　二册　存八卷(乙部騈文一至八)

330000－1701－0070413　HJH817.2/7712/c1　集部/曲類/彈詞之屬

繡像夢影緣四十八回　(清)鄭貞華撰　清光

緒二十一年(1895)竹簡齋石印本　十六冊

330000－1701－0070415　G001533　子部/雜著類/雜說之屬

夢園子一卷　(清)方濬頤撰　清光緒十年(1884)維揚刻本　一冊

330000－1701－0070416　G001485　新學/格致總

格致須知二十八種　(英國)傅蘭雅編　清光緒八年至二十四年(1882－1898)刻本　一冊　存一種

330000－1701－0070417　HJHA735　集部/總集類/選集之屬/通代

增批古文觀止十二卷　(清)吳乘權　(清)吳大職輯　清光緒二十七年(1901)浙紹墨潤堂石印本　李奉珂觀款　二冊　存四卷(一至二、五至六)

330000－1701－0070418　普814.7/80001/c2　集部/別集類/清別集

豸華堂文鈔二十卷首一卷　(清)金應麟撰　清光緒元年(1875)刻本　二冊　存八卷(乙部駢文一至八)

330000－1701－0070420　HJH814.7/3603　集部/別集類/清別集

潛菴先生遺稿五卷　(清)湯斌撰　清康熙刻本　清石莊批並題記　四冊

330000－1701－0070422　G001486　史部/地理類

臺灣雜詠合刻三卷　(清)楊希閔輯　清光緒七年(1881)刻本　一冊

330000－1701－0070423　HJH817.2/7712/c4　集部/曲類/彈詞之屬

繡像夢影緣四十八回　(清)鄭貞華撰　清光緒二十一年(1895)竹簡齋石印本　十六冊

330000－1701－0070424　普814.7/80001/2　集部/別集類/清別集

豸華堂文鈔八卷　(清)金應麟撰　清道光二十六年(1846)金氏刻本　清金廷尉題記　二冊

330000－1701－0070425　普814.7/8030/2(2)　集部/別集類/清別集

鮚埼亭集外編五十卷　(清)全祖望撰　(清)董秉純編　(清)蔣學鏞審訂　(清)汪繼培重編　清嘉慶十六年(1811)刻本　朱炘題記　八冊　存三十三卷(一至三十三)

330000－1701－0070426　G001487　子部/雜著類/雜纂之屬

經餘必讀八卷二編八卷　(清)雷琳　(清)錢樹棠　(清)錢樹立輯　**經餘必讀三編四卷**　(清)趙在翰輯　清光緒二年(1876)退補齋刻本　四冊　缺十二卷(二編一至八、三編一至四)

330000－1701－0070429　HJHA886　經部/四書類/總義之屬/傳說

四書左國輯要四卷　(清)周龍官輯　清乾隆二十三年(1758)山陽周龍官刻本　一冊　存二卷(三至四)

330000－1701－0070430　HJH817.2/7734　集部/曲類/彈詞之屬

繪圖筆生花十六卷三十二回　(清)邱心如撰　清光緒二十年(1894)上海書局石印本　十六冊

330000－1701－0070431　HJLA736　集部/別集類/清別集

林蕙堂文集不分卷　(清)吳綺撰　清刻本　一冊

330000－1701－0070432　G001488　史部/傳記類/別傳之屬

杭州海潮寺普照禪師塔銘一卷　(清)張大昌撰　**杭州海潮寺文錄一卷**　(清)釋普照撰　(清)釋顯振等編　**普照禪師淨業記一卷**　(清)丁丙撰　清光緒十四年(1888)刻本　一冊

330000－1701－0070433　普814.7/80001.2　集部/別集類/清別集

豸華堂文鈔二十卷首一卷　(清)金應麟撰　清光緒元年(1875)刻本　二冊　缺八卷(乙部駢文一至八)

330000－1701－0070434　普 814.7/8033　集部/别集類/清别集

尊小學齋文集六卷詩集一卷詩餘一卷家訓一卷　(清)余治撰　清光緒九年(1883)古吳得見齋刻本　三册

330000－1701－0070439　普 817.2/7502.2/3/c1　集部/曲類/彈詞之屬

再造天十六回　(清)侯芝撰　清同治八年(1869)香葉閣刻本　八册

330000－1701－0070440　G001489　子部/雜著類/雜説之屬

菜根譚一卷　(明)洪應明撰　**娑羅館清言二卷續娑羅館清言一卷**　(明)屠隆撰　清光緒南京流通經處刻本　一册

330000－1701－0070445　普 951.070991/3416.2　史部/雜史類/斷代之屬

經畧洪承疇奏對筆記二卷　(清)洪承疇撰　清光緒十六年(1890)刻本　一册

330000－1701－0070447　普 951.070991/3416.2/2　史部/雜史類/斷代之屬

經略洪承疇奏對筆記二卷　(清)洪承疇撰　清光緒十五年(1889)上海點石齋石印本　一册

330000－1701－0070449　G001490　子部/術數類/占卜之屬

增删卜易六卷　(清)野鶴老人撰　(清)李文輝增删　清咸豐元年(1851)桐石山房刻本　六册　存一卷(一)

330000－1701－0070451　HJH817.2/8852　集部/曲類/彈詞之屬

笑中緣圖説十二卷七十五回　清末石印本　四册

330000－1701－0070452　普 814.7/8033/(2)　集部/别集類/清别集

尊小學齋文集六卷詩集一卷詩餘一卷　(清)余治撰　**余孝惠先生[治]年譜一卷**　(清)吳師澄編　清光緒九年(1883)古吳得見齋刻本　四册

330000－1701－0070453　普 925.16/5329.2　史部/傳記類/别傳之屬/年譜

戚少保[繼光]年譜耆編十二卷首一卷　(明)戚祚國彙纂　(明)戚昌國集錄　清道光二十七年(1847)刻本　十册

330000－1701－0070458　G001491　史部/地理類/雜志之屬

瑞安百詠一卷　(清)黄紹第撰　清末刻本　一册

330000－1701－0070459　HJH814.7/3603/2　集部/别集類/清别集

湯子遺書十卷附年譜一卷附錄一卷　(清)湯斌撰　(清)王廷燦增輯　清咸豐元年(1851)芥子園刻本　六册

330000－1701－0070461　普 925.17/1058.8　史部/傳記類/别傳之屬/事狀

誥封一品夫人丁夫人家傳一卷附感舊吟一卷　陳夔龍撰　清宣統二年(1910)石印本　一册

330000－1701－0070462　G001534　集部/總集類/彙編之屬

小重山房叢書十五種　(清)張祥河輯　清刻本　一册　存一種

330000－1701－0070463　HJH817.2/7714　集部/曲類/彈詞之屬

新增全圖珍珠塔前傳十二卷二十四回　清光緒十八年(1892)上海書局石印本　四册

330000－1701－0070467　G001492　史部/傳記類/日記之屬

東游日記一卷(清光緒三十三年三月二十一日至六月十九日)　(清)黄黼撰　清光緒三十三年(1907)鉛印本　一册

330000－1701－0070468　HJHA737　集部/總集類/選集之屬/通代

古文析義六卷二編八卷　(清)林雲銘輯注　清宣統元年(1909)石印本　三册　存五卷(一至二,二編一至二、五)

330000－1701－0070470　普 814.7/8034　集

部/别集類/清别集

姜先生全集三十三卷首一卷附錄二卷 （清）姜宸英撰 （清）馮保燮 （清）王定祥重編 清光緒十五年(1889)慈谿馮氏毋自欺齋刻民國十九年(1930)寧波大酉山房印本(附錄二卷原缺) 十八册

330000－1701－0070471 M001972 類叢部/叢書類/彙編之屬

蟫隱廬叢書十八種 羅振常編 清宣統二年至民國二十五年(1910－1936)上虞羅氏膳寫及鉛印本三十三年(1944)吴興周延年彙印本 一册 存一種

330000－1701－0070472 G001535 集部/總集類/酬唱之屬

長沙余公兩浙攀轅集一卷 （清）周友勝 （清）劉賢斌輯 清光緒二十八年(1902)提中条署刻本 一册

330000－1701－0070475 G001493 類叢部/叢書類/彙編之屬

觀古堂彙刻書 葉德輝編 清光緒至民國長沙葉氏刻本 一册 存一種

330000－1701－0070476 普951.070991/3603 史部/政書類

三賢政書十五卷 （清）吴元炳輯 清光緒五年(1879)鉛印本 七册 存五卷(湯子遺書首、一至四)

330000－1701－0070478 G001536 集部/别集類/清别集

祥止室詩鈔十一卷 （清）沈炳垣撰 清道光十七年(1837)刻本 二册

330000－1701－0070479 HJH814.7/3603/3(2) 類叢部/叢書類/彙編之屬

趙氏藏書十六種 （清）趙承恩編 清同治至光緒金谿趙氏紅杏山房補刻重印本 三册 存一種

330000－1701－0070482 G001494 集部/詞類/别集之屬

香南雪北詞一卷 （清）吴藻撰 清道光三十年(1850)刻本 一册

330000－1701－0070487 G001495 新學/醫學/衛生學

生理衛生新教科書不分卷 （日本）日本繁雄 （日本）高橋本吉撰 董康譯 清光緒三十三年(1907)杭州學校用品店鉛印本 一册

330000－1701－0070488 普814.7/8002/c2 集部/别集類/清别集

復初齋文集三十五卷 （清）翁方綱撰 清道光十六年(1836)刻光緒三年至四年(1877－1878)修版印本 十册

330000－1701－0070490 G001537 集部/别集類/清别集

翠螺閣詩稟四卷詞稟一卷 （清）凌祉媛撰 **舞鏡集一卷** （清）丁丙撰 清咸豐四年(1854)丁氏延慶堂刻本 三册 缺一卷(舞鏡集)

330000－1701－0070492 G001496 史部/傳記類/日記之屬

精印曾文正公日記手蹟樣本一卷 中國圖書公司輯 清宣統元年(1909)中國圖書公司石印本 一册

330000－1701－0070494 G001497 史部/傳記類/職官録之屬/總録

兩浙鹽務同官錄不分卷 （清）張二如等輯 清光緒十六年(1890)刻本 二册

330000－1701－0070497 普814.7/8034.2 集部/别集類/清别集

湛園未定藁六卷 （清）姜宸英撰 清康熙二十年(1681)二老閣刻本 十二册

330000－1701－0070499 普925.17/1618.8/c1 類叢部/叢書類/自著之屬

寒松閣叢錄 （清）張鳴珂撰 清光緒刻本 一册 存一種

330000－1701－0070500 普814.7/8002/(2)/c2 集部/别集類/清别集

復初齋文集三十五卷 （清）翁方綱撰 清道光十六年(1836)刻光緒三年(1877)修版印本

八册

330000－1701－0070507　普814.7/8002/(2)/c3　集部/别集類/清别集

復初齋文集三十五卷　(清)翁方綱撰　清道光十六年(1836)刻光緒三年至四年(1877－1878)修版印本　十一册

330000－1701－0070509　G001538　集部/别集類/清别集

周君保珪庚午江南鄉試闈墨一卷　(清)周保珪撰　清末刻本　一册

330000－1701－0070514　G001539　集部/曲類/寶卷之屬

玉英寶卷一卷　清抄本　一册

330000－1701－0070515　HJL814.7/3688/(2)/c2　集部/别集類/清别集

寸心知室存稿六卷隨筆一卷先文端公[湯金釗]自訂年譜一卷　(清)湯金釗撰　清咸豐刻本　四册

330000－1701－0070516　HJLA553　史部/政書類/通制之屬

憲政俚言一卷地方自治俚言一卷　(清)徐宗德撰　清抄本　二册

330000－1701－0070517　普814.7/8034.2/2　集部/别集類/清别集

湛園未定藁六卷　(清)姜宸英撰　清康熙二十年(1681)二老閣刻本　二册

330000－1701－0070519　普814.7/8002/(2)/c4　集部/别集類/清别集

復初齋文集三十五卷　(清)翁方綱撰　清道光十六年(1836)刻光緒三年(1877)修版印本　八册

330000－1701－0070522　G001540　集部/總集類/題詠之屬

歲朝賞菊詩續集一卷　(清)潘曾瑋等撰　清光緒十年(1884)刻本　一册

330000－1701－0070523　普951.070991/7272　集部/别集類/清别集

劉武慎公全集三十卷　(清)劉長佑撰　清光緒十七年(1891)金陵刻本　二十一册　缺三卷(二十、二十九至三十)

330000－1701－0070525　HJH814.7/4017/c3　集部/别集類/清别集

遂懷堂全集三十八卷　(清)袁翼撰　清光緒十三年至十四年(1887－1888)袁鎮嵩刻本　二十册

330000－1701－0070527　G001541　集部/别集類/清别集

板橋集六卷　(清)鄭燮撰　清清暉書屋刻本　三册

330000－1701－0070528　HJHA740　類叢部/叢書類/自著之屬

左文襄公全集七種附二種首一卷　(清)左宗棠撰　清光緒刻本　九册　存一種

330000－1701－0070529　HJH814.7/4010　集部/别集類/清别集

天岳山館文鈔四十卷　(清)李元度撰　清光緒六年(1880)爽溪精舍刻本　十六册

330000－1701－0070533　HJLA554　史部/政書類/邦計之屬

財政叢書二十一種　(清)昌言報館輯　清光緒上海商務印書館鉛印本　二册　存二種

330000－1701－0070539　普925.17/1161.8/c2　類叢部/叢書類/自著之屬

寒松閣叢錄　(清)張鳴珂撰　清光緒刻本　一册　存一種

330000－1701－0070541　普814.7/9748/(2)　集部/别集類/清别集

大雲山房文槀初集四卷二集四卷言事二卷　(清)惲敬撰　清嘉慶二十年(1815)刻本　八册

330000－1701－0070542　普951.070991/7272/2/c1　集部/别集類/清别集

劉武慎公遺書二十五卷　(清)劉長佑撰　**劉武慎公[長佑]年譜三卷**　(清)鄧輔綸　(清)王政慈編　清光緒二十六年(1900)鉛印

本　二十八册

330000－1701－0070543　HJHA741　集部/總集類/彙編之屬

國朝文錄續編四十九種附一種　(清)李祖陶編　清同治七年(1868)敖陽李氏刻本　一册　存一種

330000－1701－0070544　HJLA555　新學/政治法律/律例

法律學研究術一卷　(日本)安西與四郎講述　(日本)山田義莊筆記　清光緒二十八年(1902)無錫薛瑩中傳經樓刻本　一册

330000－1701－0070547　普951.070991/7272/2/c2　集部/别集類/清别集

劉武愼公遺書二十五卷　(清)劉長佑撰　**劉武愼公[長佑]年譜三卷**　(清)鄧輔綸　(清)王政慈編　清光緒二十六年(1900)鉛印本　二十八册

330000－1701－0070548　普814.7/9748/2/c1　集部/别集類/清别集

大雲山房文稾初集四卷二集四卷　(清)惲敬撰　清光緒十四年(1888)官書處刻本　八册

330000－1701－0070551　HJLA556　史部/政書類/律令之屬/律例

欽定大清商律一卷　(清)商部制訂　清末鉛印本　一册

330000－1701－0070552　HJHA742　史部/傳記類/别傳之屬/年譜

駱文忠公[秉章]自訂年譜二卷　(清)駱秉章撰　清光緒刻本　一册　存一卷(下)

330000－1701－0070555　HJH814.7/4017/c4　集部/别集類/清别集

邃懷堂全集三十八卷　(清)袁翼撰　清光緒十三年至十四年(1887－1888)袁鎮嵩刻本　二十册

330000－1701－0070556　普814.7/9748/2/c3　集部/别集類/清别集

大雲山房文稾初集四卷二集四卷　(清)惲敬撰　清光緒十四年(1888)刻本　八册

330000－1701－0070558　HJLA557　史部/政書類/律令之屬/律例

大清律講義前編三卷　(清)蔣楷編　清宣統二年(1910)石印本　一册

330000－1701－0070560　G001542　集部/别集類/清别集

缶廬詩四卷别存三卷　吳昌碩撰　清光緒十九年(1893)刻本　一册

330000－1701－0070561　普814.7/9748/4　集部/别集類/清别集

大雲山房文稾初集四卷二集四卷言事二卷補編一卷　(清)惲敬撰　清同治八年(1869)雷信述齋刻本　靜波題簽　十册

330000－1701－0070562　HJH6812　史部/紀事本末類/斷代之屬

欽定剿平捻匪方略三百二十卷　(清)奕訢等撰　清同治十一年(1872)鉛印本　一百八册

330000－1701－0070564　HJH814.7/4023/c2　集部/别集類/清别集

穆堂别稿五十卷　(清)李紱撰　清乾隆十二年(1747)奉國堂刻本　八册

330000－1701－0070565　G001566　史部/政書類/邦計之屬/賦税

捐釐新章不分卷　(清)浙江釐捐總局編　清光緒五年(1879)刻本　一册

330000－1701－0070566　HJLA558　新學/政治法律

政學叢書　清光緒上海商務印書館鉛印本　十二册　存六種

330000－1701－0070569　G001565　子部/醫家類/方書之屬/成方藥目

胡慶餘堂丸散膏丹全集不分卷續增一卷　(清)胡光墉編　清光緒三年(1877)胡慶餘堂雪記刻本　一册

330000－1701－0070570　普951.0709911/4041　史部/詔令奏議類/詔令之屬

十朝聖訓九百二十二卷　清光緒石印本　九十册　缺一百六卷(大清穆宗毅皇帝實錄五

十五至一百六十）

330000－1701－0070573　G001544　史部/傳記類/日記之屬
簡園日記存鈔不分卷（清光緒十三年至十九年）　劉曦撰　清光緒二十年（1894）石印本　清大懽宧跋　一册

330000－1701－0070576　HJHA744　史部/傳記類/總傳之屬/儒林
程子年譜十二卷首一卷終一卷　（清）池生春（清）諸星杓編　清咸豐五年（1855）味經室刻本　三册　存八卷（首、明道先生年譜一至五、伊川先生年譜一至二）

330000－1701－0070577　普925.17/1233.8　史部/傳記類/别傳之屬/墓誌
皇清誥贈中議大夫孝廉隱谷孫公［宗濂］墓誌銘一卷　（清）梁同書撰　清末石印本　一册

330000－1701－0070578　普814.7/8034.2/3　集部/别集類/清别集
湛園未定藁六卷　（清）姜宸英撰　清康熙二十年（1681）二老閣刻本　五册

330000－1701－0070579　HJLA560　經部/群經總義類/傳説之屬
經義含孳不分卷　（清）張惠言等撰　（清）陳善編次　清嘉慶十五年（1810）刻本　一册

330000－1701－0070582　M001981、M006195　史部/金石類/郡邑之屬
湖北金石志十四卷　楊守敬撰　清光緒湖北通志局刻朱印本　四册　存七卷（三至七、十三至十四）

330000－1701－0070583　普814.7/8034.2/5　集部/别集類/清别集
湛園未定藁六卷　（清）姜宸英撰　清康熙二十年（1681）二老閣刻本　四册

330000－1701－0070586　G001567　史部/政書類/邦計之屬/賦税
溫處台釐金各貨價目一卷　（清）溫處台釐金總局輯　清同治二年（1863）刻本　一册

330000－1701－0070588　G001568　子部/醫家類/醫經之屬/難經
圖註八十一難經辨真四卷　（明）張世賢撰　清刻本　二册

330000－1701－0070589　普814.7/80341　集部/别集類/清别集
國子先生全集四種　（清）金兆燕撰　清嘉慶十二年（1807）、道光十六年（1836）贈雲軒刻本　六册　存二種

330000－1701－0070591　HJH814.7/4033　集部/别集類/清别集
養一齋文集二十卷　（清）李兆洛撰　清光緒四年（1878）刻本　八册

330000－1701－0070592　G001545　集部/總集類/選集之屬/通代
古詩賞析二十二卷　（清）張玉穀輯　清乾隆三十七年（1772）刻民國十四年（1925）蘇州振新書社印本　徐行恭題記　六册

330000－1701－0070593　G001569　集部/别集類/清别集
金果毅公家書節録一卷　（清）金雲門撰　（清）夏文葳編　清同治八年（1869）刻本　一册

330000－1701－0070596　HJH814.7/4033/c4　集部/别集類/清别集
養一齋文集二十卷　（清）李兆洛撰　清光緒四年（1878）刻本　八册

330000－1701－0070597　HJLA562　史部/傳記類/日記之屬
考察政治日記一卷（清光緒三十一年）　載澤撰　清宣統元年（1909）上海商務印書館鉛印本　一册

330000－1701－0070600　普814.7/8043.2　集部/别集類/清别集
重游泮水試草一卷　（清）俞樾撰　清光緒二十二年（1896）刻本　一册

330000－1701－0070601　普814.7/8043.2/2　集部/别集類/清别集

重游泮水試草一卷　(清)俞樾撰　清光緒二十二年(1896)刻本　一册

330000－1701－0070603　G001570　史部/傳記類/總傳之屬/姓名
内閣漢票簽中書舍人題名一卷續編一卷　(清)鮑康等輯　清咸豐十一年(1861)直房刻同治續刻本　一册

330000－1701－0070604　HJH814.7/4034/c3　集部/别集類/清别集
慎盦文鈔二卷詩鈔二卷　(清)左宗植撰　清光緒元年(1875)刻本　四册

330000－1701－0070605　G001546、G008293、G008763、G009533、G011292　史部/政書類
九通　(清)□□輯　**正三通目錄十二卷續三通目錄十四卷皇朝三通目錄十四卷**　雷君彦編　**六通訂誤六卷**　席裕福輯　清光緒二十七年(1901)上海圖書集成局鉛印本[正三通目錄十二卷續三通目錄十四卷皇朝三通目錄十四卷爲清光緒二十九年(1903)上海圖書集成局石印本]　二百七十四册　缺一種

330000－1701－0070607　普814.7/8034.3/c1　集部/别集類/清别集
文耎一卷　(清)俞樾撰　清光緒二十六年(1900)刻本　一册

330000－1701－0070608　HJH6813　史部/紀事本末類/斷代之屬
欽定剿平粵匪方略四百二十卷首一卷　(清)奕訢等撰　清同治十一年(1872)鉛印本　一百四十册

330000－1701－0070612　HJH814.7/4037/c2　集部/别集類/清别集
笠翁一家言全集十六卷　(清)李漁撰　清雍正芥子園刻本　十二册

330000－1701－0070614　普814.7/8034.3/c2　集部/别集類/清别集
文耎一卷　(清)俞樾撰　清光緒二十六年(1900)刻本　一册

330000－1701－0070620　HJHA564　類叢部/叢書類/彙編之屬
函海一百五十二種　(清)李調元編　清乾隆綿州李氏萬卷樓刻嘉慶十四年(1809)李鼎元、道光五年(1825)李朝夔重校補刻本　一册　存一種

330000－1701－0070624　HJH814.7/4037/(3)　集部/别集類/清别集
笠翁一家言全集十六卷　(清)李漁撰　清雍正芥子園刻世德堂印本　十六册

330000－1701－0070625　普951.0709911/4041/2　史部/詔令奏議類/詔令之屬
十朝聖訓九百二十二卷　清京都琉璃廠欽文書局刻本　一百六十册

330000－1701－0070628　普814.7/8050/c1　子部/小説家類/雜事之屬
夢厂雜著十卷　(清)俞蛟撰　清同治九年(1870)刻本　四册

330000－1701－0070629　HJLA565　集部/總集類/選集之屬/斷代
排律偶鈔二卷　(清)沈金鑑編次　(清)華晉德輯註　清嘉慶六年(1801)春暉書屋刻本　一册

330000－1701－0070631　普814.7/8050/c2　子部/小説家類/雜事之屬
夢厂雜著十卷　(清)俞蛟撰　清同治九年(1870)刻本　六册

330000－1701－0070633　HJH814.7/4047/c2　集部/别集類/清别集
道古堂文集四十八卷詩集二十六卷集外文一卷集外詩一卷　(清)杭世駿撰　**軼事一卷**　(清)汪曾唯輯　清乾隆四十一年(1776)刻光緒十四年(1888)汪曾唯振綺堂增修本　十八册

330000－1701－0070634　普814.7/8064.4/c1　集部/别集類/清别集
曾文正公文鈔四卷　(清)曾國藩撰　**曾文正公文鈔校勘記一卷**　清同治十一年(1872)蘇郡刻本　二册

330000－1701－0070635　普 814.7/8064.4/c3　集部/別集類/清別集

曾文正公文鈔四卷　(清)曾國藩撰　**曾文正公文鈔校勘記一卷**　清同治十一年(1872)蘇郡刻本　清平步青批並跋　二冊

330000－1701－0070637　普 814.7/8063　集部/別集類/清別集

春水船詩鈔一卷補遺一卷文鈔一卷　(清)俞思源撰　清光緒十二年(1886)平湖俞桂徵刻宣統元年(1909)俞大成印本　一冊

330000－1701－0070638　HJLA179　子部/藝術類/遊藝之屬/聯語

詩賦類聯采新十二卷　清光緒十三年(1887)上海積山書局石印本　六冊

330000－1701－0070639　普 814.7/8064.4/2　集部/別集類/清別集

曾文正公文鈔四卷附刻一卷　(清)曾國藩撰　清同治十二年(1873)上海醉六堂刻本　四冊

330000－1701－0070644　普 814.7/8064　類叢部/叢書類/自著之屬

曾文正公全集十三種　(清)曾國藩撰　清光緒十四年(1888)上海鴻文書局鉛印本　六十二冊　缺四卷(文集一至四)

330000－1701－0070647　普 814.7/8064.5/5/c2　類叢部/叢書類/自著之屬

曾文正公全集十六種　(清)曾國藩撰　清同治至光緒傳忠書局刻本　五冊　存一種

330000－1701－0070650　G001547　經部/叢編

重刊宋本十三經注疏四百十六卷　附十三經注疏校勘記四百十六卷　(清)阮元撰　(清)盧宣旬摘錄　清嘉慶二十年(1815)江西南昌府學刻本　六十三冊　存七種

330000－1701－0070651　HJLA875　史部/政書類/公牘檔冊之屬

定例彙編不分卷(清嘉慶二十五年)　清刻本　一冊

330000－1701－0070652　HJLA876　集部/別集類/清別集

天愚山人詩集十二卷文集十六卷　(清)謝泰宗撰　**附錄一卷**　(清)吳偉業撰　清光緒六年(1880)謝駿德靈蕤館刻本　一冊　存三卷(文集一至三)

330000－1701－0070653　HJLA877　集部/別集類/清別集

詩義堂集二卷　(清)彭畧撰　**詩義堂後集六卷昨夢齋文集四卷高要金石略四卷**　(清)彭泰來撰　清道光至同治四年(1865)刻本　二冊　存四卷(詩義堂後集一至四)

330000－1701－0070656　HJLA504　史部/地理類/外紀之屬

外國史不分卷　(清)杜宗玉輯　清末鉛印本　二冊

330000－1701－0070657　HJHA879　集部/別集類/清別集

浮槎山房詩稿五卷賦稿一卷　(清)郭道清撰　清光緒十七年(1891)刻本　二冊　缺四卷(二至五)

330000－1701－0070659　G001571　史部/政書類/邦計之屬/漕運

天津南北段四鄉海河工程捐務探訪各局現行規則初編一卷二編一卷三編一卷　吳籛孫撰　清宣統元年(1909)石印本　二冊

330000－1701－0070665　HJHA119　類叢部/叢書類/彙編之屬

古今說部叢書二百七十二種　國學扶輪社編　清宣統二年至民國二年(1910－1913)上海國學扶輪社鉛印本　六十冊

330000－1701－0070666　G001572　集部/詞類/類編之屬

天籟軒五種　(清)葉申薌撰　清道光閩中葉氏天籟軒刻本　二冊　存一種

330000－1701－0070670　HJHA180　集部/別集類/清別集

秋芸館文稿一卷　(清)吳勤邦撰　**心香閣文**

稿一卷 （清）郁鼎鐘撰 清光緒六年(1880)四明茹古齋鉛印本 一册

330000－1701－0070672 普814.7/8064.5/7 集部/别集類/清别集
曾文正公文集三卷詩集三卷 （清）曾國藩撰 清宣統元年(1909)上海著易堂書局鉛印本 四册

330000－1701－0070673 HJLA567 新學/政治法律
英國議事章程一卷 （英國）李提摩太口譯 （清）葭蒼室主筆述 清光緒二十八年(1902)上海廣學會鉛印本 一册

330000－1701－0070674 G001573、G008453、G009801 史部/目録類/書志之屬/提要
昭德先生郡齋讀書志二十卷首一卷 （宋）晁公武撰 （宋）姚應績編 清光緒六年(1880)會稽章氏刻本 八册

330000－1701－0070678 普814.7/8064.6 集部/别集類/清别集
求闕齋文鈔八卷 （清）曾國藩撰 清同治十二年(1873)李鴻章刻本 二册

330000－1701－0070680 HJLA181 史部/傳記類/日記之屬
道西齋日記二卷(清光緒十三年) 王詠霓撰 清光緒二十二年(1896)上海書局石印本 一册

330000－1701－0070681 HJHA880 集部/别集類/清别集
宦吳稟牘不分卷 （清）竇鎮山撰 清光緒三十年(1904)刻本 一册

330000－1701－0070684 G001574 集部/戲劇類/總集之屬/雜劇
清容外集九種 （清）蔣士銓撰 清乾隆蔣氏紅雪樓刻本 一册 存二種

330000－1701－0070685 普951.0709913/2121 史部/詔令奏議類/奏議之屬
皇清奏議六十八卷首一卷 （清）琴川居士編 清刻本 四十八册

330000－1701－0070687 HJLA881 集部/别集類/清别集
仰蕭樓文集一卷 （清）張星鑑撰 清光緒六年(1880)刻本 一册

330000－1701－0070688 普814.7/9950/2 子部/儒家類/儒學之屬/性理
餘山先生遺書十卷附錄一卷 （清）勞史撰 （清）桑調元 （清）沈廷芳編 清乾隆三十年(1765)刻本 六册

330000－1701－0070689 普814.7/8080/c1 集部/别集類/清别集
復齋文集二十一卷詩集四卷首一卷末一卷 （清）曾鏞撰 清嘉慶二十五年(1820)泰順曾鏞刻本 十三册 存二十一卷(一至二十一)

330000－1701－0070690 HJLA570 史部/政書類/儀制之屬/專志/科舉校規
重訂堂舍條規不分卷 （清）張鶴齡撰 清光緒鉛印本 一册

330000－1701－0070693 G001548 子部/醫家類/方書之屬/單方驗方
同壽錄四卷尾一卷 （清）曹□撰 （清）項天瑞輯 清光緒二十年(1894)武林項氏刻本 五册

330000－1701－0070694 普814.7/8064.6/2 集部/别集類/清别集
求闕齋文鈔不分卷 （清）曾國藩撰 清同治十一年(1872)李鴻章刻本 二册

330000－1701－0070695 HJHA882 類叢部/叢書類/彙編之屬
證regarding社叢刻 清光緒證regarding社鉛印本 一册 存一種

330000－1701－0070696 普814.7/8067/c1 史部/傳記類/别傳之屬
杭州海潮寺普照禪師塔銘一卷 （清）張大昌撰 **杭州海潮寺文錄一卷** （清）釋普照撰 （清）釋顯振等編 **普照禪師淨業記一卷** （清）丁丙撰 清光緒十四年(1888)刻本 一册

330000－1701－0070698　普 814.7/9950/3　子部/儒家類/儒學之屬/性理
餘山先生遺書十卷附録一卷　(清)勞史撰　(清)桑調元　(清)沈廷芳編　清乾隆須友堂刻本　四册

330000－1701－0070699　普 814.7/8080/c2　集部/别集類/清别集
復齋文集二十一卷詩集四卷首一卷末一卷　(清)曾鏞撰　清嘉慶二十五年(1820)泰順曾鏞刻本　十四册　存二十一卷(一至二十一)

330000－1701－0070701　G001575　集部/别集類/清别集
汀風閣詩十卷聖清勅封孺人先室鄭孺人年譜一卷　(清)戴永植撰　(清)戴世履編　清乾隆二十二年(1757)刻本　六册

330000－1701－0070703　普 814.7/8067/c2　史部/傳記類/别傳之屬
杭州海潮寺普照禪師塔銘一卷　(清)張大昌撰　**杭州海潮寺文録一卷**　(清)釋普照撰　(清)釋顯振等編　**普照禪師淨業記一卷**　(清)丁丙撰　清光緒十四年(1888)刻本　一册

330000－1701－0070704　G001549　子部/醫家類/養生之屬
老老恒言五卷　(清)曹庭棟撰　清末上海文瑞樓石印本　二册

330000－1701－0070705　HJLA572　子部/雜著類/雜纂之屬
傳家寶二卷　(清)石成金撰　清光緒十八年(1892)湖州王文光齋刻本　二册

330000－1701－0070709　普 814.7/8080/c3　集部/别集類/清别集
復齋文集二十一卷詩集四卷首一卷末一卷　(清)曾鏞撰　清嘉慶二十五年(1820)泰順曾鏞刻本　十三册　存二十一卷(一至二十一)

330000－1701－0070711　普 814.7/8071　類叢部/叢書類/家集之屬
海昌俞氏叢刻四種　(清)俞承德輯　清咸豐六年(1856)平江三德堂刻本　六册　存一種

330000－1701－0070712　HJHA883　史部/傳記類/科舉録之屬/歷科登科録
光緒甲申年闈墨不分卷　清刻本　一册

330000－1701－0070713　G001550　史部/傳記類/科舉録之屬/總録
國朝兩浙科名錄不分卷(清順治三年丙戌科至光緒二十九年癸卯恩科)　(清)黄安綬輯　清咸豐七年(1857)至光緒遞刻本　四册

330000－1701－0070716　普 814.7/8071/2　集部/别集類/清别集
翏莫子集四卷雜識一卷　(清)俞興瑞撰　**高辛硯齋雜著一卷雜稿一卷詩稿一卷**　(清)俞承德撰　清咸豐五年(1855)平江木活字印本　四册

330000－1701－0070721　HJHA182　史部/雜史類/斷代之屬
元朝祕史十五卷　清末石印本　二册

330000－1701－0070723　HJH814.7/4047/2/c2　集部/别集類/清别集
道古堂文集四十六卷詩集二十六卷　(清)杭世駿撰　清乾隆五十五年至五十七年(1790－1792)杭賓仁長沙黄甲書院刻本　十六册　存四十六卷(一至四十六)

330000－1701－0070724　普 814.7/8096　集部/别集類/清别集
取斯堂遺稿三卷　(清)俞焜撰　清光緒五年(1879)沈桂芬刻本　一册

330000－1701－0070725　G001551　子部/小説家類/雜事之屬
續板橋雜記三卷雪鴻小記一卷補遺一卷　(清)珠泉居士撰　清乾隆刻本　一册

330000－1701－0070726　HJHA884　子部/儒家類/儒學之屬/蒙學
重訂幼學須知句解四卷　(清)程允升撰　清刻本　二册　存二卷(三至四)

330000－1701－0070728　HJLA575　新學/

史志/政記

新譯列國歲計政要三卷 傅運森 白作霖 張相文譯纂 清光緒二十七年(1901)海上譯社鉛印本 十一冊

330000－1701－0070731 普 951.0709915/3808 集部/别集類/清别集

勉益齋偶存稿八卷續存稿十六卷 (清)裕謙撰 清道光十二年(1832)刻本 十三冊 缺十一卷(續存稿六至十六)

330000－1701－0070732 HJH814.7/4047/(5) 集部/别集類/清别集

道古堂文集四十八卷詩集二十六卷集外文一卷集外詩一卷 (清)杭世駿撰 **軼事一卷** (清)汪曾唯輯 清乾隆四十一年(1776)刻光緒十四年(1888)汪曾唯振綺堂增修本 十冊 存四十八卷(一至四十八)

330000－1701－0070736 普 814.7/8212 集部/别集類/清别集

刖足集内篇一卷外篇一卷鶴笙仙館詩詞雜著一卷附録一卷 (清)鍾天緯撰 清光緒二十七年至三十年(1901－1904)刻本及鉛印本 二冊

330000－1701－0070737 普 925.17/2194.1 史部/傳記類/别傳之屬/事狀

已故二品封職卓公[炳森]傳略一卷 (清)江清驥撰 清光緒刻本 一冊

330000－1701－0070738 G001576 史部/傳記類/職官録之屬/總録

[清光緒三十四年]大清搢紳全書四卷 清光緒三十四年(1908)榮禄堂刻本 一冊 存一卷(一)

330000－1701－0070742 HJHA120 類叢部/叢書類/彙編之屬

香艷叢書三百二十八種 (清)蟲天子輯 清宣統二年至三年(1910－1911)上海國學扶輪社鉛印本 八十冊

330000－1701－0070743 HJH814.7/4048.01 集部/别集類/清别集

袁文合箋十六卷 (清)袁枚撰 (清)王廣業合箋 清光緒八年(1882)青箱塾刻本 六冊

330000－1701－0070744 HJHA885 集部/别集類/清别集

小睡足寮詩録四卷補録二卷續録四卷散叟倦藁一卷 (清)秦敏樹撰 清光緒十三年至宣統二年(1887－1910)刻本 一冊 存一卷(散叟倦藁)

330000－1701－0070745 普 814.7/80711 集部/别集類/清别集

笠東草堂文稿二卷文集補遺一卷 (清)俞岳撰 清光緒十七年(1891)刻本 二冊

330000－1701－0070746 普 951.071/8033 史部/雜史類/斷代之屬

能一編二卷 (清)金安清輯 清光緒二年(1876)鉛印本 一冊

330000－1701－0070748 普 925.17/3191.2/c1 史部/傳記類/别傳之屬/年譜

顧亭林先生[炎武]年譜一卷 (清)張穆編 清道光二十四年(1844)刻本 一冊

330000－1701－0070749 G001552 類叢部/叢書類/彙編之屬

申報館叢書正集五十七種附録三種續集一百四十二種 (清)尊聞閣主編 蔡爾康編續集 清同治至光緒上海申報館鉛印本 一冊 存一種

330000－1701－0070752 G001577 類叢部/類書類/專類之屬

文選詩賦題摘豔二卷 (清)吟香堂編輯 清嘉慶十年(1805)吟香堂刻本 一冊

330000－1701－0070755 HJLA579 經部/小學類/訓詁之屬/譯語

東文新法會通二卷 廖宇春編 清光緒二十八年(1902)東亞善鄰學館石印本 二冊

330000－1701－0070758 HJHA184 史部/地理類/外紀之屬

漢西域圖考七卷首一卷 (清)李光廷撰 清末石印本 四冊

330000－1701－0070760　HJHA887　集部/別集類/明別集
白沙子全集六卷首一卷附錄一卷　(明)陳獻章撰　(清)何九疇重編　清康熙四十九年(1710)何九疇、顧嗣協刻本　一册　存一卷(首)

330000－1701－0070761　普925.17/3191.2/c2　史部/傳記類/別傳之屬/年譜
顧亭林先生[炎武]年譜一卷　(清)張穆編　清道光二十四年(1844)刻本　一册

330000－1701－0070763　G001578　子部/小說家類/異聞之屬
科場異聞錄五種　(清)呂相燮輯　清光緒二十四年(1898)順成書局石印本　一册　存二種

330000－1701－0070766　HJH814.7/4048.4/c2　類叢部/叢書類/自著之屬
隨園三十種　(清)袁枚撰　清乾隆至嘉慶刻本　十册　存一種

330000－1701－0070770　HJHA581　經部/春秋左傳類/傳說之屬
東萊博義四卷　(宋)呂祖謙撰　**增補虛字註釋一卷**　(清)馮泰松點定　清光緒三十一年(1905)上海商務印書館鉛印本　二册

330000－1701－0070771　G001579　集部/別集類/清別集
山陰周樗詩稿一卷　(清)周樗撰　清抄本　一册

330000－1701－0070773　普816.087/2714　類叢部/叢書類/自著之屬
讀易樓合刻十種　(清)倪元坦撰　清嘉慶至道光刻本　二册　存一種

330000－1701－0070774　HJLA888　史部/雜史類/斷代之屬
行素齋雜記二卷　(清)繼昌撰　清光緒二十七年(1901)湖南臬署刻本　一册　存一卷(下)

330000－1701－0070775　G001580　集部/別集類/清別集
漪蘭館詩鈔一卷漪蘭館詩餘一卷　(清)周韻僊撰　清宣統二年(1910)石印本　一册

330000－1701－0070778　HJLA889　史部/政書類/邦計之屬/貿易
各國通商條約稅則章程二十種　(清)總理各國事務衙門輯　清光緒刻本　一册　存一種

330000－1701－0070780　普951.071/9200、普951.072/9200、普951.073/9200/2、普951.074/9200/2　史部/編年類/斷代之屬
東華錄天命朝四卷天聰朝十一卷崇德朝八卷順治朝三十六卷康熙朝一百十卷雍正朝二十六卷東華續錄乾隆朝一百二十卷嘉慶朝五十卷道光朝六十卷　王先謙編　清光緒十七年(1891)廣百宋齋鉛印本　五十六册　存二百九十二卷(順治朝一至三十六、康熙朝一至一百十、雍正朝一至二十六、乾隆朝一至一百二十)

330000－1701－0070782　G001553　集部/小說類/短篇之屬
吉祥花六卷　(清)邵彬儒輯　清同治十年(1871)芸香堂刻本　二册

330000－1701－0070785　G001554　經部/小學類/文字之屬/字書/字體
篆訣辯釋不分卷　(明)陳鍾鳌撰　(清)甘受和訂定　清光緒八年(1882)常熟抱芳閣刻本　二册

330000－1701－0070786　G001555　類叢部/叢書類/自著之屬
古愚老人消夏錄十七種　(清)汪汲撰輯　清乾隆至嘉慶古愚山房刻本　二册　存一種

330000－1701－0070787　G001556、G008923、G010890　新學/地學/地理學
繪圖直省輿地教科書□□卷　清末石印本　四册　存四卷(一至四)

330000－1701－0070788　G001557、G003641、G008468、G009776　經部/小學類/訓詁之屬/字詁

普通百科新大詞典十二卷總目錄一卷分類目錄一卷異名一卷補遺一卷表一卷 （清）黄人編輯 清宣統三年（1911）上海國學扶輪社鉛印本 十三册 存十三卷（總目錄、丑、寅、卯、巳、午、未、申、酉、戌、亥、補遺、表）

330000－1701－0070793 HJL8556 史部/政書類/律令之屬/律例

新增成案所見集總編三十二卷 （清）胡肇楷 （清）王又槐輯 清光緒八年（1882）刻本 三十册

330000－1701－0070794 G001558 史部/政書類/邦計之屬/荒政

山東貧寠攷一卷 （清）仲均安繙譯 （清）張召棠筆述 清光緒二十一年（1895）上海美華書館鉛印本 一册

330000－1701－0070796 G001559 新學/議論/論政

是中國民覆南皮張尚書書一卷 （清）是中國民撰 **黃梨洲先生明夷待訪錄一卷** （清）黄宗羲撰 **勸戒上海國會及出洋學生文一卷** （清）張之洞撰 清光緒鉛印本 一册

330000－1701－0070798 HJL8621 史部/目録類/書志之屬/提要

善本書室藏書志四十卷附錄一卷 （清）丁丙輯 清光緒二十五年至二十七年（1899－1901）錢唐丁立中鄂中刻本 十六册

330000－1701－0070799 G001560 集部/總集類/選集之屬/通代

古謠諺選一卷 （清）杜文瀾輯 （清）季綸全選訂 清光緒二十六年（1900）江陰季氏栩園刻本 一册

330000－1701－0070800 G001561 史部/目録類/書志之屬/提要

東西學書錄二卷附一卷 徐維則輯 清光緒二十五年（1899）石印本 一册

330000－1701－0070801 HJL8622 史部/地理類/雜志之屬

帝京景物畧八卷 （明）劉侗 （明）于奕正撰 清乾隆刻本 六册

330000－1701－0070804 G001562、G009865、G009897 子部/醫家類/類編之屬

陳修園廿一種 （清）陳念祖等撰 清光緒二十七年（1901）新化三味書局刻本 三册 存二種

330000－1701－0070805 G001563 史部/史表類/通代之屬

歷代治權分合系統表一卷 （清）吳寶忠編 清光緒三十四年（1908）上海商務印書館石印本 一册

330000－1701－0070807 G001581 集部/別集類/清別集

眠琴館詩雜文錄三卷 （清）周超彬撰 （清）劉集勳 （清）王德基輯 清光緒十五年（1889）刻本 一册 存二卷（一至二）

330000－1701－0070808 普 925.17/2510.6 子部/雜著類/雜纂之屬

宰湘節錄一卷 （清）劉倬雲編 清光緒刻本 一册

330000－1701－0070812 G001564 子部/醫家類/方書之屬/歷代方書

刻醫無閭子醫貫六卷 （明）趙獻可撰 明刻本 二册

330000－1701－0070814 普 814.7/8274 集部/別集類/清別集

增修澡雪堂集一卷 （清）鍾體志撰 清光緒二十四年（1898）刻本 一册

330000－1701－0070817 普 814.7/8361/（2） 子部/雜著類/雜說之屬

寄廬雜記四卷 （清）錢國珍撰 清光緒刻本 二册

330000－1701－0070819 普 925.17/1173.2 類叢部/叢書類/彙編之屬

當歸草堂叢書八種 （清）丁丙編 清同治二年至五年（1863－1866）錢塘丁氏刻本 一册 存一種

330000－1701－0070821　普 814.7/8371/c1　集部/别集類/清别集

香樹齋詩集十八卷詩續集三十六卷文集二十八文集續鈔五卷　(清)錢陳羣撰　清乾隆刻同治九年(1870)、光緒十一年(1885)補修本　二十四册

330000－1701－0070828　HJHA095　新學/學校

新教育尺牘教本一卷　(清)曹銓撰　清宣統三年(1911)上海文明書局石印本　一册

330000－1701－0070829　普 951.072/4601　史部/詔令奏議類/奏議之屬

黄門奏疏二卷西臺奏議一卷　(清)楊雍建撰　清道光二十五年(1845)海寧楊氏述鄭齋刻本　二册

330000－1701－0070830　普 814.7/8308/c1　集部/别集類/清别集

牧齋全集一百六十五卷　(清)錢謙益撰　(清)錢曾箋注　清宣統二年(1910)邃漢齋鉛印本　三十一册　存一百二十一卷(初學集一至二十六、六十五至一百十,有學集一至二十九、三十四至五十,有學集補遺一至二,投筆集)

330000－1701－0070836　HJHA890　集部/别集類/清别集

鮚埼亭集外編五十卷　(清)全祖望撰　(清)董秉純編　(清)蔣學鏞審訂　(清)汪繼培重編　清嘉慶十六年(1811)刻本　二册　存七卷(二十六、二十八至三十三)

330000－1701－0070837　G001584　史部/政書類/公牘檔册之屬

浙江省城手藝傳習所報告書不分卷　(清)浙江省城手藝傳習所編　清宣統二年(1910)浙江官報兼印刷局鉛印本　一册

330000－1701－0070841　普 814.7/8308/c3　集部/别集類/清别集

牧齋全集一百六十五卷　(清)錢謙益撰　(清)錢曾箋注　清宣統二年(1910)邃漢齋鉛印本　四十册

330000－1701－0070842　普 951.072/7502　史部/雜史類/斷代之屬

順治鎮江防禦海寇記一卷　陳慶年撰　清光緒十九年(1893)抄本　一册

330000－1701－0070844　G001585　子部/醫家類/温病之屬/瘟疫

隨息居重訂霍亂論四卷　(清)王士雄撰　清光緒十三年(1887)刻本　二册

330000－1701－0070846　普 816.608/1282　集部/總集類/尺牘之屬

歷朝名媛尺牘二卷　(清)水鏡山房輯　清末水鏡山房刻本　二册

330000－1701－0070848　HJHA097　集部/别集類/清别集

秋水軒尺牘二卷　(清)許思湄撰　清宣統元年(1909)印刷社會石印本　二册

330000－1701－0070850　普 814.7/8371/c3　集部/别集類/清别集

香樹齋詩集十八卷詩續集三十六卷文集二十八文集續鈔五卷　(清)錢陳羣撰　清乾隆刻同治九年(1870)、光緒十一年(1885)補修本　二十四册

330000－1701－0070851　HJH814.7/4048.7/2　類叢部/叢書類/自著之屬

隨園三十八種　(清)袁枚撰　清光緒十八年(1892)勤裕堂鉛印本　三十六册　存三十三種

330000－1701－0070858　HJLA891　集部/别集類/清别集

敬業堂詩集五十卷　(清)查慎行撰　清刻本　清吴昂駒跋　二册　存九卷(五至十、四十六至四十八)

330000－1701－0070863　普 925.17/3191.2/3　類叢部/叢書類/彙編之屬

粤雅堂叢書一百八十五種　(清)伍崇曜編　清道光二十九年至光緒十一年(1849－1885)南海伍氏刻彙印本　二册　存一種

330000－1701－0070864　HJHA099　集部/

總集類/尺牘之屬

新撰女子尺牘二卷 (清)商務印書館編譯所編 清宣統二年(1910)上海商務印書館石印本 二冊

330000－1701－0070865 HJLA892 集部/別集類/清別集

敬業堂詩集五十卷 (清)查慎行撰 清刻本 一冊 存三卷(四十六至四十八)

330000－1701－0070866 HJHA195 史部/傳記類/別傳之屬

誅筆查錄一卷 (清)陸熊祥撰 清末石印本 一冊

330000－1701－0070868 普951.073/9200、普951.074/9200/3、普951.075/9200/2、普951.076/9200/2 史部/編年類/斷代之屬

東華全錄九朝四百二十五卷 王先謙編 清光緒十三年(1887)京都琉璃廠欽文書局刻本 一百十四冊 存二百五十六卷(雍正一至二十六、乾隆一至一百二十、嘉慶一至五十、道光一至六十)

330000－1701－0070869 HJHA963 類叢部/叢書類/自著之屬

槐軒全書二十二種 (清)劉沅撰 清道光至民國刻本 七十八冊 存十八種

330000－1701－0070870 普814.7/8308.3/2 集部/別集類/清別集

牧齋有學集五十一卷 (清)錢謙益撰 清康熙二十四年(1685)金匱山房刻本 十冊

330000－1701－0070872 HJHA584 史部/紀傳類/正史之屬

唐書二百二十五卷 (宋)歐陽修 (宋)宋祁等撰 **釋音二十五卷** (宋)董衝撰 清光緒二十八年(1902)竢實齋石印本 十六冊

330000－1701－0070873 HJHA101 經部/群經總義類/傳說之屬

四書五經義策論續編不分卷 (清)崇實齋輯 清光緒二十九年(1903)崇實學社石印本 二冊

330000－1701－0070874 普925.17/2046.8 史部/傳記類/別傳之屬/事狀

季文敏公[芝昌]崇祀浙江名宦錄一卷 清光緒五年(1879)刻本 一冊

330000－1701－0070878 普816.608/2683/3 集部/總集類/尺牘之屬

歷代名人書札二卷 吳曾祺輯 清宣統元年(1909)上海商務印書館鉛印本 二冊

330000－1701－0070879 G001586 子部/雜著類

興世全圖優讀一卷 清光緒十六年(1890)登州府承誥堂刻安仁堂林記印本 一冊

330000－1701－0070880 普814.7/8308.4/c1 集部/別集類/清別集

錢牧齋文鈔不分卷 (清)錢謙益撰 清宣統元年(1909)國學扶輪社鉛印本 四冊

330000－1701－0070881 G001640、G008981 子部/儒家類/儒學之屬/經濟

皇朝經濟文編一百二十八卷 (清)求自彊齋主人編輯 清光緒二十七年(1901)慎記書莊石印本 四十八冊

330000－1701－0070882 普925.17/2545 史部/傳記類/別傳之屬/事狀

皇清誥封太淑人先嗣妣朱太夫人行述一卷 (清)王鴻緒撰 **皇清敕授文林郎掌江南道事河南道監察御史顯考正修府君[趙正修]行述一卷** (清)趙友夔撰 清康熙刻藍印本 一冊

330000－1701－0070883 G001587 子部/醫家類/傷寒金匱之屬/綜合

軒轅碑記醫學祝由十三科二卷 清刻朱墨套印本 清汪培之題簽並記 二冊

330000－1701－0070886 普814.7/8308.4/c2 集部/別集類/清別集

錢牧齋文鈔不分卷 (清)錢謙益撰 清宣統元年(1909)國學扶輪社鉛印本 四冊

330000－1701－0070890 G001589 史部/地理類/山川之屬/水志

懷慶府八縣水道圖一卷 清光緒六年(1880)江蘇書局刻本 一冊

330000－1701－0070891 HJLA893 類叢部/類書類/通類之屬
唐類函二百卷目錄二卷 (明)俞安期輯 明萬曆三十一年(1603)東吴俞安期刻本 一冊 存七卷(目錄一至二、一至五)

330000－1701－0070892 HJLA197 新學/理學/理學
論理學綱要不分卷附錄演習問題一卷 (日本)十時彌撰 (清)田吳炤譯 清光緒三十一年(1905)上海商務印書館鉛印本 一冊

330000－1701－0070894 普814.7/8371.2 集部/别集類/清别集
香樹齋文集三十卷 (清)錢陳羣撰 清乾隆刻本 八冊

330000－1701－0070898 普814.7/8308.4/c3 集部/别集類/清别集
錢牧齋文鈔不分卷 (清)錢謙益撰 清宣統元年(1909)國學扶輪社鉛印本 四冊

330000－1701－0070903 普951.073/9913 類叢部/叢書類/彙編之屬
趙氏藏書十六種 (清)趙承恩編 清同治至光緒金谿趙氏紅杏山房補刻重印本 一冊 存一種

330000－1701－0070906 G001641 史部/傳記類/總傳之屬/仕宦
滿洲名臣傳四十八卷漢名臣傳三十二卷 (清)國史館撰 清京都琉璃廠榮錦書坊刻本 四十八冊 存四十七卷(滿洲名臣傳十七至三十二、三十四至四十八,漢名臣傳十七至三十二)

330000－1701－0070907 普814.7/8324/c4 集部/别集類/清别集
衎石齋記事稾十卷 (清)錢儀吉撰 清道光十四年(1834)刻本 五冊

330000－1701－0070909 普925.17/3191.21 史部/傳記類
歸顧朱三先生年譜合刻 (清)金吳瀾輯 清光緒六年(1880)嘉興金氏刻本 一冊 存一種

330000－1701－0070914 G001588 集部/别集類/清别集
麟洲雜記一卷 (清)錢麟書撰 清末安慶正誼書局鉛印本 一冊

330000－1701－0070916 HJHA585 集部/别集類/清别集
小雅樓詩集八卷首一卷遺文二卷 (清)鄧方撰 清光緒二十六年(1900)廣州刻本 三冊 存七卷(小雅樓詩集二至八)

330000－1701－0070920 HJLA104 類叢部/叢書類/彙編之屬
科學館叢書 清光緒上海科學儀器館鉛印本 二冊 存一種

330000－1701－0070922 HJH814.7/4088.2/c3 集部/别集類/清别集
湖唐林館駢體文二卷 (清)李慈銘撰 清光緒十年(1884)刻本 一冊

330000－1701－0070925 普814.7/8712 集部/别集類/清别集
臨野堂文集十卷詩集十三卷詩餘二卷尺牘四卷 (清)鈕琇撰 清康熙二十九年至三十八年(1690－1699)刻本 六冊 存十卷(文集一至十)

330000－1701－0070929 G001590 史部/政書類/軍政之屬/邊政
三廳屯防錄十卷首一卷 (清)傅鼐撰 (清)嚴樂園編 清抄本 二冊 存三卷(首、一至二)

330000－1701－0070930 普816.608/2683.2/c4 集部/總集類/尺牘之屬
歷代名人小簡二卷 吳曾祺輯 清宣統元年(1909)上海商務印書館鉛印本 二冊

330000－1701－0070931 HJLA105 子部/儒家類/儒學之屬/禮教/女範
評點女範粹編二卷 (清)沈綿編 (清)王嵩

齡評點　清光緒三十一年(1905)上海開明書店鉛印本　二册

330000－1701－0070932　普 925.17/2112.2　史部/傳記類/别傳之屬/年譜

德壯果公[楞泰]年譜三十二卷　(清)花沙納編　清咸豐六年(1856)致遠堂刻本　十六册

330000－1701－0070933　HJH814.7/4088.2/(2)/c2　集部/别集類/清别集

湖唐林館駢體文二卷　(清)李慈銘撰　清光緒十年(1884)刻本　二册

330000－1701－0070935　HJHA586　集部/總集類/選集之屬/通代

古唐詩合解十二卷古詩四卷　(清)王堯衢注　清刻本　四册　存八卷(三至四、七至八,古詩一至四)

330000－1701－0070936　普 814.7/8324/c5　集部/别集類/清别集

衎石齋記事稾十卷　(清)錢儀吉撰　清道光十四年(1834)刻本　五册

330000－1701－0070937　HJHA964　史部/紀傳類/正史之屬

二十四史　清同治至光緒五省官書局據汲古閣本等合刻光緒五年(1879)湖北書局彙印本　八册　存一種

330000－1701－0070938　HJHA894　子部/兵家類/兵法之屬

武學經傳三種　(明)翁溥編　明刻本　一册　存一種

330000－1701－0070939　普 814.7/8718　集部/别集類/清别集

巢經巢遺文五卷　(清)鄭珍撰　清光緒十九年(1893)貴築高培穀資州官署刻本　四册

330000－1701－0070941　普 951.073/9913/2　類叢部/叢書類/自著之屬

湯文正公遺書六種　(清)湯斌撰　清道光七年(1827)刻本　一册　存一種

330000－1701－0070942　HJHA965　集部/總集類/選集之屬/通代

樂府詩集一百卷目錄二卷　(宋)郭茂倩輯　清同治十三年(1874)湖北崇文書局刻本　十三册　缺二十六卷(二十二至三十、八十四至一百)

330000－1701－0070943　HJH814.7/4204/c2　子部/雜著類/雜說之屬

讀海外奇書室雜著一卷　姚文棟撰　清光緒十一年(1885)上海姚氏鉛印本　一册

330000－1701－0070945　HJHA587　集部/别集類/清别集

思詒堂詩稿十二卷文稿一卷　(清)金衍宗撰　清同治五年(1866)刻本　三册　存七卷(一至三、八至十一)

330000－1701－0070946　HJLA106　子部/雜著類/雜纂之屬

九朝野記四卷　(明)祝允明撰　清宣統三年(1911)時中書局鉛印本　二册

330000－1701－0070948　HJHA895　集部/别集類/清别集

拙尊園叢稿六卷　(清)黎庶昌撰　清光緒二十一年(1895)金陵狀元閣刻本　劉承幹題記　一册　存一卷(一)

330000－1701－0070950　HJLA107　子部/農家農學類/畜牧之屬

畜產叢書八種　(清)黄毅輯　清光緒三十三年(1907)上海新學會社石印本　三册　存七種

330000－1701－0070951　普 814.7/8324.2/c1　集部/别集類/清别集

衎石齋記事稾十卷續稾十卷刻楮集四卷旅逸小稾二卷　(清)錢儀吉撰　清光緒六年(1880)錢彝甫廣州刻本　五册　存十卷(續稾一至十)

330000－1701－0070952　HJH814.7/4211　集部/别集類/清别集

恩餘堂經進初藁十二卷續藁二十二卷三藁十一卷策問存課二卷知聖道齋讀書跋尾二卷

(清)彭元瑞撰　清嘉慶刻本　三十二冊　缺二卷(知聖道齋讀書跋尾一至二)

330000－1701－0070953　G001591　子部/醫家類/醫經之屬/内經
黃帝内經素問二十四卷　(明)吳崑注　明萬曆刻本　一冊　存三卷(一至三)

330000－1701－0070955　普 951.073/99131/c1　史部/詔令奏議類/奏議之屬
龔端毅公奏疏八卷附一卷浠川政譜二卷　(清)龔鼎孳撰　清光緒九年(1883)龔氏聽彝書屋刻本　五冊

330000－1701－0070956　HJHA588　集部/别集類/清别集
甘泉鄉人稿二十四卷　(清)錢泰吉撰　**皇清敕授修職郎誥封朝議大夫顯考警石府君[錢泰吉]年譜一卷**　(清)錢應溥編　**邠農偶吟稿一卷**　(清)錢炳森撰　清同治七年(1868)、十一年(1872)鍾氏刻本　三冊　存十七卷(一至六、十至二十)

330000－1701－0070957　HJHA896　類叢部/叢書類/自著之屬
陸放翁全集六種　(宋)陸游撰　明末海虞毛氏汲古閣刻清初毛扆增刻彙印本　一冊　存一種

330000－1701－0070958　普 814.7/8324.2/c3　集部/别集類/清别集
衎石齋記事稾十卷續稾十卷刻楮集四卷旅逸小稾二卷　(清)錢儀吉撰　清光緒六年(1880)錢彝甫廣州刻本　四冊　存八卷(續稾三至十)

330000－1701－0070959　HJLA200　子部/儒家類/儒學之屬/蒙學
人範六卷　(清)蔣元輯　(清)顧廣譽增輯　清光緒二十六年(1900)江南格致書院刻本　劉承幹題記　二冊

330000－1701－0070962　HJHA966　史部/紀事本末類/斷代之屬
三朝北盟會編二百五十卷首一卷　(宋)徐夢莘撰　**三朝北盟會編校勘記二卷補遺一卷**　(清)袁祖安等撰　清光緒三年至五年(1877－1879)如皋袁祖安越東鉛印本　二十冊　缺一百三十四卷(五十八至一百九十一)

330000－1701－0070963　G001592　子部/醫家類/綜合之屬/通論
古今名醫彙粹八卷　(清)羅美輯　清乾隆刻本　一冊　存一卷(六)

330000－1701－0070964　HJLA100　子部/農家農學類/畜牧之屬
畜產叢書八種　(清)黃毅輯　清光緒三十三年(1907)上海新學會社石印本　一冊　存三種

330000－1701－0070968　HJH814.7/4217/3/c2　集部/别集類/清别集
惜抱軒文集十六卷後集十卷　(清)姚鼐撰　清光緒九年(1883)桐城徐宗亮刻本　六冊

330000－1701－0070969　普 814.7/83241、普 814.7/8328　類叢部/叢書類/彙編之屬
清風室叢書二十種　(清)錢保塘編　清同治十年至民國二十五年(1871－1936)海寧錢氏清風室刻本　五冊　存二種

330000－1701－0070970　普 951.073/99131/c2　史部/詔令奏議類/奏議之屬
龔端毅公奏疏八卷附一卷浠川政譜二卷　(清)龔鼎孳撰　清光緒九年(1883)龔氏聽彝書屋刻本　五冊

330000－1701－0070971　G001642　史部/傳記類/别傳之屬
李文忠公[鴻章]榮哀錄一卷　清光緒刻本　一冊

330000－1701－0070972　HJHA590　集部/總集類/選集之屬/斷代
欽定國朝詩别裁集三十二卷　(清)沈德潛纂評　清乾隆二十六年(1761)刻本　八冊　存十六卷(一至十六)

330000－1701－0070973　HJLA108　史部/政書類/邦計之屬

江浙鐵路風潮不分卷　墨悲輯　清光緒三十三年(1907)上海鉛印本　二册

330000－1701－0070976　普814.7/8720　集部/别集類/清别集

吞松閣集三十六卷補遺四卷　(清)鄭虎文撰　(清)馮敏昌編　清嘉慶十四年(1809)馮敏昌等刻本　二十册

330000－1701－0070978　HJLA109　史部/政書類/公牘檔册之屬

浙路拒款始末記不分卷　費有容編　清光緒三十三年(1907)杭州外交政典編輯處鉛印本　一册

330000－1701－0070979　G001643　史部/傳記類/科舉録之屬/歷科登科録

[光緒己丑科]會試硃卷一卷　(清)戚揚撰　清光緒十五年(1889)刻本　一册

330000－1701－0070980　HJH814.7/4222/c3　類叢部/叢書類/家集之屬

長洲彭氏家集九種　(清)彭祖賢編　清同治至光緒刻本　六册　存一種

330000－1701－0070981　普951.07303/2000/c1　史部/政書類/通制之屬

康熙政要二十四卷　章梫撰　清宣統二年(1910)鉛印本　十二册

330000－1701－0070982　普816.608/3134　集部/總集類/尺牘之屬

分類尺牘新語廣編二十四卷補册一卷　(清)汪淇　(清)吴雯清輯並評　清康熙七年(1668)刻本　五册

330000－1701－0070983　普814.7/8331/c1　集部/别集類/清别集

存素堂文稿四卷補遺一卷　(清)錢寶琛撰　清同治九年(1870)錢鼎銘刻錢頤壽中丞全集本　錢憲樂題記　二册

330000－1701－0070984　普925.17/2572.2　史部/傳記類

歸顧朱三先生年譜合刻　(清)金吴瀾輯　清光緒六年(1880)嘉興金氏刻本　三册　存一種

330000－1701－0070985　G001593　類叢部/叢書類/家集之屬

新城王氏家集四十種　(清)□□編　明崇禎至清康熙刻彙印本　二册　存一種

330000－1701－0070986　普814.7/8720/(2)/c2　集部/别集類/清别集

吞松閣集三十六卷補遺四卷　(清)鄭虎文撰　(清)馮敏昌編　清嘉慶十四年(1809)馮敏昌等刻本　八册

330000－1701－0070987　HJLA110　新學/醫學

男女之研究不分卷　(日本)大鳥居棄三　(日本)澤田順次郎撰　(清)李正聲　(清)吴兆璜譯　清光緒三十三年(1907)上海震東學石印本　二册

330000－1701－0070988　G001644　集部/别集類/清别集

適安廬詩鈔二卷附詞鈔一卷　(清)王汝鼎撰　清光緒二十一年(1895)刻本　二册

330000－1701－0070989　普951.07303/2000/c2　史部/政書類/通制之屬

康熙政要二十四卷　章梫撰　清宣統二年(1910)鉛印本　十二册

330000－1701－0070990　HJHA988　史部/傳記類/别傳之屬

求闕齋弟子記三十二卷　(清)王定安撰　清光緒二年(1876)都門刻本　十一册　缺十卷(一至二、十九至二十六)

330000－1701－0070992　HJH814.7/4222/c4　集部/别集類/清别集

二林居集二十四卷　(清)彭紹升撰　清嘉慶四年(1799)味初堂刻本　八册

330000－1701－0070994　HJLA202　經部/四書類/總義之屬/傳説

四書章句集註二十六卷　(宋)朱熹撰　**四書家塾讀本句讀一卷四書章句集註定本辨一卷**　(清)吴英撰　**四書章句附考四卷**　(清)吴

志忠輯　清嘉慶十六年(1811)璜川吳氏真意堂刻本　一冊　存一卷(大學)

330000－1701－0070995　普951.07303/2000/c3　史部/政書類/通制之屬
康熙政要二十四卷　章梫撰　清宣統二年(1910)鉛印本　章嶔題簽並記　十二冊

330000－1701－0070996　HJH814.7/4222.3/c2　類叢部/叢書類/彙編之屬
正覺樓叢刻(正覺樓叢書)二十九種　(清)崇文書局編　清光緒崇文書局刻本　二冊　存一種

330000－1701－0070999　HJHA989　史部/傳記類/總傳之屬/儒林
學案小識十四卷首一卷末一卷　(清)唐鑑撰　清光緒十年(1884)刻本　九冊　缺三卷(五、十至十一)

330000－1701－0071000　普814.7/8723　集部/別集類/清別集
藏密廬文藁四卷　(清)鄭橋遷撰　清道光十四年(1834)刻本　四冊

330000－1701－0071001　G001645　子部/雜著類/雜說之屬
游戲三昧□□卷　(清)曾廷枚撰　清嘉慶刻本　四冊　存六卷(一至六)

330000－1701－0071003　HJH814.7/4222.2/2/c2　集部/別集類/清別集
一行居集八卷附儒門公案拈題一卷　(清)彭紹升撰　清同治十二年(1873)常熟刻經處刻本　四冊

330000－1701－0071004　普814.7/8725　集部/別集類/清別集
補學軒文集四卷駢體二卷　(清)鄭獻甫撰　清咸豐十一年(1861)刻本　六冊

330000－1701－0071006　G001646　經部/小學類/文字之屬/字書/字體
復古編二卷　(宋)張有撰　**復古編校正一卷**　(清)葛鳴陽撰　**復古編附錄一卷**　(清)葛鳴陽輯　**曾樂軒稿一卷**　(宋)張維撰　**安陸集一卷**　(宋)張先撰　清光緒八年(1882)淮南書局刻本　二冊　存二卷(一至二)

330000－1701－0071007　普814.7/83311　類叢部/叢書類/自著之屬
錢頤壽中丞全集正編三種續編二種　(清)錢寶琛撰　清同治七年至光緒六年(1868－1880)錢鼎銘刻本　四冊　存一種

330000－1701－0071009　HJLA203　類叢部/叢書類/自著之屬
徐位山先生六種　(清)徐文靖撰　清雍正至乾隆刻志寧堂彙印本　一冊　存一種

330000－1701－0071011　G001647　史部/地理類/雜志之屬
六朝事迹編類十四卷　(宋)張敦頤撰　**附識一卷**　(清)朱緒曾撰　清道光二十年(1840)金陵張氏刻本　二冊

330000－1701－0071014　HJHA592　集部/別集類/清別集
拜梅書屋詩鈔十卷　(清)周焌圻撰　**梅仙詩存一卷**　(清)周清鑑撰　(清)周焌圻選存　清刻本　三冊　缺三卷(一至三)

330000－1701－0071015　普951.0739/9911/c1　史部/詔令奏議類/詔令之屬
硃批諭旨不分卷　(清)鄂爾泰等輯　清光緒十三年(1887)上海點石齋石印本　六十冊

330000－1701－0071016　普814.7/8332/3/c4　集部/別集類/清別集
錢南園先生遺集五卷　(清)錢灃撰　清光緒十九年(1893)保山劉樹堂浙江書局刻本　二冊

330000－1701－0071017　G001596　類叢部/叢書類/彙編之屬
觀古堂彙刻書　葉德輝編　清光緒至民國長沙葉氏刻本　一冊　存一種

330000－1701－0071019　HJHA593　集部/別集類/清別集
述古堂文集十二卷　(清)錢兆鵬撰　清光緒七年(1881)刻本　三冊　缺三卷(一至三)

330000－1701－0071020　普 925.17/2582.8　子部/藝術類/書畫之屬
晴窗鑒古圖不分卷　(清)朱養儒編　清光緒二十二年(1896)涇川朱氏刻本　清華倩朔跋　二冊

330000－1701－0071023　G001648　集部/詞類/總集之屬
詞綜三十六卷　(清)朱彝尊輯　(清)汪森增輯　清康熙十七年(1678)汪氏裘杼樓刻三十年(1691)增刻乾隆九年(1744)汪氏碧梧書屋重修本　八冊

330000－1701－0071024　HJLA204　集部/別集類/清別集
晚雲樓近稿一卷　(清)釋本晝撰　清刻本　一冊

330000－1701－0071025　普 814.7/8332/3/c3　集部/別集類/清別集
錢南園先生遺集五卷　(清)錢澧撰　清光緒十九年(1893)保山劉樹堂浙江書局刻本　二冊

330000－1701－0071026　普 814.7/8725/2　類叢部/叢書類/彙編之屬
鄭小谷先生全集六種　(清)鄭獻甫撰　清光緒八年(1882)黔南節署刻本　四冊　存一種

330000－1701－0071027　HJHA990　類叢部/叢書類/自著之屬
樹經堂集三種　(清)謝啓昆撰　清乾隆至嘉慶刻本　十一冊　存二種

330000－1701－0071029　HJH814.7/42341　類叢部/叢書類/自著之屬
小謨觴館全集三種　(清)彭兆蓀撰　(清)孫元培　(清)孫長熙注　清同治十三年(1874)吳縣潘氏滂喜齋刻本　六冊　存一種

330000－1701－0071030　普 814.7/8332/2　集部/別集類/清別集
錢南園先生遺集五卷　(清)錢澧撰　清光緒二十一年(1895)刻本　四冊

330000－1701－0071031　HJHA595　集部/別集類/清別集
尊聞居士集八卷　(清)羅有高撰　(清)彭紹升編　清光緒七年(1881)寧都韓聰甫瑞金刻本　三冊　存六卷(一至六)

330000－1701－0071032　G001649　類叢部/叢書類/自著之屬
靈芬館集十種　(清)郭麐撰　清嘉慶至道光刻本　二冊　存一種

330000－1701－0071033　普 814.7/8332.2　集部/別集類/清別集
南園文存一卷　(清)錢澧撰　清道光十五年(1835)錢嘉棗玉成書屋廣州刻本　一冊

330000－1701－0071035　HJHA991　集部/總集類/選集之屬/通代
文選集釋二十四卷　(清)朱珔撰　清光緒元年(1875)涇川朱氏梅村家塾刻本　六冊　缺十二卷(一至十二)

330000－1701－0071038　HJHA596　史部/金石類/石之屬/通考
語石十卷　葉昌熾撰　清宣統元年(1909)刻蘇州振新書社印本　三冊　缺二卷(三至四)

330000－1701－0071040　HJH814.7/4327　類叢部/叢書類/自著之屬
西堂全集四種附一種　(清)尤侗撰　清刻本　十冊　存三種

330000－1701－0071041　普 814.7/8333　類叢部/叢書類/自著之屬
桐城錢飲光先生全書三種　(清)錢澄之撰　清宣統二年(1910)錢氏振風學社木活字印本　十冊　存一種

330000－1701－0071042　普 814.7/8725.2　集部/別集類/清別集
補學軒文集四卷續刻散體四卷駢體二卷續刻駢體二卷　(清)鄭獻甫撰　清光緒二年(1876)李世椿桂林楊鴻文堂刻本　十二冊

330000－1701－0071043　HJHA967　類叢部/類書類/專類之屬
佩文韻府一百六卷　(清)張玉書　(清)蔡升

元等輯　**韻府拾遺一百六卷**　（清）汪灝　（清）何焯等輯　清刻本　二十二册　存一百二卷（韻府拾遺五至一百六）

330000－1701－0071045　G001598　史部/史抄類
韻史二卷　（清）許遯翁撰　**韻史補一卷**　（清）朱玉岑撰　清光緒秀水汪漣刻本　一册

330000－1701－0071046　G001650　集部/總集類/選集之屬/斷代
金文雅十六卷作者考一卷　（清）莊仲方輯　清道光二十一年（1841）木活字印本　八册

330000－1701－0071048　HJHA205　史部/史評類/史論之屬
讀史論畧二卷　（清）杜詔撰　清刻本　二册

330000－1701－0071049　普 814.7/8343　集部/別集類/清別集
攈石齋文集二十六卷詩集五十卷十國詞箋略一卷　（清）錢載撰　清光緒四年（1878）蘇州交通圖書館刻本　四册　存二十六卷（文集一至二十六）

330000－1701－0071050　G001651　類叢部/叢書類/彙編之屬
挹秀山房叢書十一種　（清）朱克敬編　清同治至光緒刻光緒十年（1884）挹秀山房湘南彙印本　一册　存四種

330000－1701－0071051　普 814.7/8343/（2）　集部/別集類/清別集
攈石齋文集二十六卷詩集五十卷十國詞箋略一卷　（清）錢載撰　清光緒四年（1878）蘇州交通圖書館刻本　十册

330000－1701－0071053　HJLA597　集部/別集類/清別集
梅村集四十卷目錄二卷　（清）吳偉業撰　清康熙八年（1669）顧湄等刻本　二册　存八卷（二十七至三十、三十七至四十）

330000－1701－0071054　G001600、G008339、G010518、G011384　史部/地理類/總志之屬/斷代
廣輿記二十四卷圖一卷　（明）陸應陽輯　（清）蔡方炳增輯　清康熙刻本　九册　存十八卷（七至二十四）

330000－1701－0071055　HJH814.7/42341.01/c2　集部/別集類/清別集
小謨觴館詩集注八卷詩餘注一卷詩續集注二卷續集詩餘注一卷文集注四卷文集續注二卷　（清）彭兆蓀撰　（清）孫元培　（清）孫長熙注　清光緒二十年（1894）泉唐汪氏刻本　八册

330000－1701－0071057　HJLA111　經部/小學類/訓詁之屬/字詁
繪圖速通虛字法續編八卷　（清）施崇恩編　清光緒三十四年（1908）上海彪蒙書室石印本　六册

330000－1701－0071058　HJHA968　經部/叢編
通志堂經解一百三十九種　（清）納蘭成德輯　清同治十二年（1873）粵東書局刻本　七十六册　存二十六種

330000－1701－0071060　HJLA112　史部/雜史類/斷代之屬
汴圍濕襟錄一卷　（明）白愚撰　清宣統上海有正書局鉛印本　劉承幹題記　一册

330000－1701－0071063　HJHA599　集部/別集類/清別集
百美新詠一卷集詠一卷圖傳一卷　（清）顏希源撰　清嘉慶刻本　一册　存一卷（圖傳）

330000－1701－0071064　HJHA206　史部/地理類/山川之屬/水志
水道提綱二十八卷　（清）齊召南撰　清光緒七年（1881）上海文瑞樓鉛印本　八册

330000－1701－0071066　HJLA601　集部/別集類/清別集
梅村集四十卷目錄二卷　（清）吳偉業撰　清康熙八年（1669）顧湄等刻本　九册　缺二十二卷（十九至四十）

330000－1701－0071068　HJHA898　史部/

史評類/詠史之屬
南宋雜事詩七卷 （清）沈嘉轍等撰　清武林芹香齋刻本　一册　存四卷（四至七）

330000－1701－0071069　HJLA114　子部/儒家類/儒學之屬/蒙學
人範六卷 （清）蔣元輯　（清）顧廣譽增輯　清光緒三十一年（1905）鉛印本　二册

330000－1701－0071070　HJHA899　經部/春秋左傳類/傳說之屬
春秋左傳五十卷 （晉）杜預　（宋）林堯叟註釋　（唐）陸德明音義　（明）鍾惺　（明）韓范評　清刻本　一册　存三卷（三十八至四十）

330000－1701－0071071　HJHA115　類叢部/叢書類/自著之屬
黃梨洲遺書十種 （清）黃宗羲撰　清光緒三十一年（1905）杭州羣學社石印本　八册　存五種

330000－1701－0071072　HJHA208　類叢部/叢書類/彙編之屬
唐代叢書一百六十四種 （清）陳世熙編　清宣統三年（1911）上海天寶書局石印本　十二册

330000－1701－0071075　HJHA901　集部/小說類/長篇之屬
檮杌閒評五十卷五十回首一卷 清刻本　一册　存三卷（首、一至二）

330000－1701－0071076　HJHA902　子部/醫家類/方書之屬/單方驗方
驗方新編□□卷 （清）鮑相璈輯　清刻本　一册　存三卷（十二至十四）

330000－1701－0071077　HJH814.7/4327/3　類叢部/叢書類/自著之屬
西堂全集二種附一種 （清）尤侗撰　清兩儀堂刻本　二十四册

330000－1701－0071079　HJHA903　子部/小說家類/異聞之屬
閱微草堂筆記二十四卷 （清）紀昀撰　清光緒二十九年（1903）上海點石齋石印本　二册　存十二卷（一至十二）

330000－1701－0071082　HJHA792　子部/小說家類/異聞之屬
閱微草堂筆記二十四卷 （清）紀昀撰　清鉛印本　二册　存九卷（六至九、二十至二十四）

330000－1701－0071084　HJHA970　類叢部/叢書類/自著之屬
曾文正公全集十六種 （清）曾國藩撰　清同治至光緒傳忠書局刻本　十八册　存一種

330000－1701－0071085　HJHA602　集部/别集類/清别集
館課賦稿一卷 （清）吳贊撰　清刻本　一册

330000－1701－0071086　HJH814.7/42341.01/2(2)　類叢部/叢書類/自著之屬
小謨觴館全集三種 （清）彭兆蓀撰　（清）孫元培　（清）孫長熙注　清光緒鎮洋繆朝荃刻三十二年（1906）彙印本　十册　存二種

330000－1701－0071087　HJHA973　史部/史表類/斷代之屬
春秋列國表一卷 （清）馬驌撰　清光緒二十八年（1902）兩湖書院刻朱印本　一册

330000－1701－0071088　G001736　類叢部/叢書類/自著之屬
衎石齋合稾 （清）錢儀吉撰　清道光刻本　一册　存一種

330000－1701－0071089　HJLA002　子部/儒家類/儒學之屬/禮教
陳文恭公五種遺規節要 （清）陳弘謀輯並撰　清光緒十八年（1892）刻民國八年（1919）印本　六册

330000－1701－0071090　HJHA209　子部/小說家類/異聞之屬
蜨階外史四卷 （清）高繼珩撰　清宣統三年（1911）上海廣益書局石印本　劉承幹題記　二册

330000－1701－0071091　HJLA003　子部/雜著類/雜纂之屬

兩般秋雨盦隨筆八卷　(清)梁紹壬撰　清宣統元年(1909)上海掃葉山房石印本　四册

330000－1701－0071092　HJH814.7/42341.01/3/c2　集部/别集類/清别集

小謨觴館詩集注八卷詩餘注一卷詩續集注二卷續集詩餘注一卷文集注四卷文集續注二卷　(清)彭兆蓀撰　(清)孫元培　(清)孫長熙注　清光緒二十年(1894)泉唐汪氏刻本　二册　存四卷(文集注一至四)

330000－1701－0071093　HJHA210　史部/傳記類/總傳之屬/姓名

青樓小名錄八卷　(清)趙慶楨輯　清宣統二年(1910)上海國學扶輪社鉛印本　四册

330000－1701－0071095　HJLA905　集部/總集類/選集之屬/通代

經史百家雜鈔二十六卷　(清)曾國藩輯　清光緒三十二年(1906)上海商務印書館鉛印本　一册　存二卷(二十三至二十四)

330000－1701－0071096　HJHA004　類叢部/叢書類/彙編之屬

塵海妙品十二種　(清)陳琰編　清宣統三年(1911)上海六藝書局石印本　四册

330000－1701－0071097　HJHA211　子部/小説家類/瑣語之屬

觚賸八卷續編四卷　(清)鈕琇輯　清宣統三年(1911)時中書局石印本　六册

330000－1701－0071098　HJH827.1/4274/c2　集部/别集類/清别集

姚鏡塘先生全集十卷　(清)姚學塽撰　清光緒九年(1883)東陽學署尊經閣刻本　六册

330000－1701－0071099　HJLA604　類叢部/叢書類/輯佚之屬

玉函山房輯佚書五百九十三種附一種　(清)馬國翰輯　清光緒九年(1883)長沙嫏嬛館刻本　二册　存二十一種

330000－1701－0071102　HJLA007　史部/地理類/遊記之屬/紀勝

徐霞客遊記十卷　(明)徐弘祖撰　(明)李寄輯　(明)季夢良編　**外編一卷**　(清)徐鎮輯　**補編一卷**　(清)葉廷甲輯　清光緒三十四年(1908)集成圖書公司鉛印本　八册

330000－1701－0071103　HJH814.7/4307/2/c2　集部/别集類/清别集

謫麐堂遺集四卷　(清)戴望撰　清宣統三年(1911)歸安陸氏刻本　沈伯嚴題記　二册

330000－1701－0071105　HJHA185　類叢部/叢書類/自著之屬

李君實先生雜著八種　(明)李日華撰　明天啓六年(1626)至崇禎刻清康熙二十四年(1685)李氏、乾隆三十三年(1768)曹秉鈞重修本　一册　存二種

330000－1701－0071106　HJHA972　類叢部/叢書類/自著之屬

李君實先生雜著八種　(明)李日華撰　明天啓六年(1626)至崇禎刻清康熙二十四年(1685)李氏、乾隆三十三年(1768)曹秉鈞重修本　四册　存六種

330000－1701－0071108　HJH814.7/4310/4　集部/總集類/彙編之屬

戴段合刻二種　(清)張壽榮輯　清光緒十年(1884)鎮海張氏刻本　六册　存一種

330000－1701－0071110　HJHA212　子部/小説家類/瑣語之屬

青泥蓮花記十三卷　(明)梅鼎祚撰　清宣統二年(1910)北平古槐書屋石印本　四册

330000－1701－0071111　HJLA213　子部/小説家類/雜事之屬

庸盦筆記六卷　(清)薛福成撰　清宣統二年(1910)上海掃葉山房石印本　三册

330000－1701－0071113　HJHA606　集部/總集類/郡邑之屬

黄巖集三十二卷首一卷　(清)王棻　王詠霓輯　清光緒三年(1877)刻本　三册　存五卷(二十七至三十、三十二)

330000－1701－0071114　HJH814.7/4310.2/2(2)　集部/別集類/清別集
戴東原集十二卷　(清)戴震撰　**戴東原先生［震］年譜一卷覆校札記一卷**　(清)段玉裁撰　清宣統二年(1910)渭南嚴氏孝義家塾成都刻民國十六年(1927)補刻本　四册

330000－1701－0071115　HJHA009　子部/雜著類/雜纂之屬
消暑隨筆四卷　(清)潘世恩撰　清宣統三年(1911)海左書局石印本　三册

330000－1701－0071116　HJHA214　子部/小說家類/異聞之屬
諧鐸十二卷　(清)沈起鳳撰　清光緒二十一年(1895)上海廣百宋齋鉛印本　四册

330000－1701－0071117　HJLA907　新學/史志/臣民傳記
泰西名人事略二卷　(英國)季理斐撰　王臻善譯　清光緒二十九年(1903)鉛印本　二册

330000－1701－0071118　HJH814.7/4327/4　類叢部/叢書類/自著之屬
西堂全集二種附一種　(清)尤侗撰　清刻本　二十册

330000－1701－0071120　HJHA010　新學/游記
滿洲旅行記二卷　(日本)小越平隆撰　(清)克齋譯　清光緒二十八年(1902)上海廣智書局鉛印本　二册

330000－1701－0071121　HJHA804　集部/總集類/選集之屬/通代
古文觀止十二卷　(清)吳乘權　(清)吳大職輯　清末鉛印本　三册　存六卷(一至二、五至八)

330000－1701－0071122　HJHA215　子部/小說家類/雜事之屬
騙術奇談四卷　雷君曜編　清宣統元年(1909)上海掃葉山房石印本　四册

330000－1701－0071123　HJHA012　史部/地理類/外紀之屬
三洲日記八卷　(清)張蔭桓撰　清光緒三十二年(1906)上海石印本　八册

330000－1701－0071124　HJLA974　經部/春秋總義類/傳說之屬
春秋經傳日月考一卷　(清)鄒伯奇撰　**讀左傳法不分卷**　清光緒二十七年(1901)兩湖書院刻朱印本　一册

330000－1701－0071125　HJHA802　集部/總集類/選集之屬/通代
古文觀止十二卷　(清)吳乘權　(清)吳大職輯　清末鉛印本　三册　存六卷(五至十)

330000－1701－0071129　HJLA909　子部/儒家類/儒學之屬/禮教
五種遺規摘鈔十五卷　(清)陳弘謀輯並撰　(清)劉肇紳摘抄　清末掃葉山房鉛印本　八册

330000－1701－0071130　HJLA607　集部/別集類/清別集
高陽山人詩集二十卷文集十二卷　(清)劉青藜撰　(清)劉青震編　清康熙四十九年(1710)劉青震傳經堂刻本　二册　存七卷(十一至十四、文集一至三)

330000－1701－0071132　HJLA975　經部/春秋左傳類/傳說之屬
春秋左傳屬事二十卷　(明)傅遜撰　清刻朱印本　一册　存欽定四庫總目提要、春秋左傳屬事目錄、春秋畧係列國年表、春秋提要、序文

330000－1701－0071134　HJHA758　子部/儒家類/儒學之屬/禮教
五種遺規摘鈔十五卷　(清)陳弘謀輯並撰　(清)劉肇紳摘抄　清光緒二十八年(1902)上海古香閣石印本　二册　存二種

330000－1701－0071135　HJHA015　子部/雜著類/雜編之屬
人海記二卷　(清)查慎行撰　清宣統二年(1910)掃葉山房石印本　二册

330000－1701－0071136　HJHA608　類叢

部/叢書類/家集之屬
如皋冒氏叢書三十四種附二種 冒廣生輯 清光緒至民國如皋冒氏刻本 二册 存一種

330000－1701－0071137 HJH814.7/4362/c2 集部/別集類/清別集
裘文達公文集六卷補遺一卷恭和御製詩六卷詩集十二卷奏議一卷 (清)裘曰修撰 清嘉慶八年(1803)裘行簡刻同治十一年(1872)修補本 六册

330000－1701－0071138 HJHA016 集部/曲類/彈詞之屬
娛萱草彈詞三十二卷 (清)橘道人撰 清光緒二十年(1894)刻本 六册

330000－1701－0071139 HJLA976 經部/春秋左傳類/傳説之屬
讀左傳法不分卷 馬貞榆撰 清末刻朱印本 九册

330000－1701－0071141 HJHA017 子部/雜著類/雜説之屬
宣南夢憶二卷 (清)楊懋建撰 清宣統刻本 二册

330000－1701－0071143 HJHA018 子部/雜著類/雜説之屬
洳東草堂筆記二十卷 (清)沈宗祉撰 清宣統二年(1910)上海時中書局鉛印本 四册

330000－1701－0071144 HJLA190 經部/春秋左傳類/傳説之屬
讀左傳法不分卷 馬貞榆撰 清末刻朱印本 四册

330000－1701－0071145 HJH814.7/4377/(2) 集部/別集類/清別集
習苦齋詩集八卷古文四卷 (清)戴熙撰 清同治六年(1867)錢塘張曜刻本 八册

330000－1701－0071146 HJHA019 子部/小説家類/異聞之屬
閲微草堂筆記二十四卷 (清)紀昀撰 清光緒二十四年(1898)宏文閣鉛印本 六册

330000－1701－0071147 HJHA222 集部/總集類/彙編之屬
陸陳二先生詩文鈔 (清)葉裕仁輯 清同治九年至光緒二年(1870－1876)安道書院刻本 四册

330000－1701－0071153 HJHA020 史部/傳記類/總傳之屬
鏡影簫聲初集不分卷 (清)掄花館主人編 (清)徐虎朗繪圖 (清)莫釐不過分齋主人輯艷 (清)司花老人填詞 清光緒十三年(1887)日本銅版印本 二册

330000－1701－0071154 HJH814.7/4406 集部/別集類/清別集
豫齋集二卷 (清)萬方煦撰 清光緒七年(1881)刻本 二册

330000－1701－0071155 HJHA223 集部/別集類
飲冰室自由書二卷 梁啓超撰 清末鉛印本 一册

330000－1701－0071156 HJH0373 類叢部/叢書類/自著之屬
師伏堂叢書十五種 (清)皮錫瑞撰 清光緒十九年至三十三年(1893－1907)善化皮氏刻本 十二册 存七種

330000－1701－0071158 HJH814.7/4410 集部/別集類/清別集
來雨軒存稿四卷 (清)莫晉撰 清道光十六年(1836)刻本 四册

330000－1701－0071159 HJH814.7/44241/c2 子部/雜著類/雜説之屬
愛經居襍著四卷 (清)黄以恭撰 清光緒十九年(1893)刻本 一册 存二卷(一至二)

330000－1701－0071160 HJHA913 集部/總集類/尺牘之屬
賴古堂全集三種 (清)周亮工輯 清宣統三年(1911)上海國學扶輪社石印本 二册 存一種

330000－1701－0071161 HJH814.7/44241/

c3　子部/雜著類/雜説之屬
愛經居襍著四卷　(清)黄以恭撰　清光緒十九年(1893)刻本　一冊　存二卷(一至二)

330000－1701－0071162　HJHA914　集部/總集類/尺牘之屬
歷代名人書札二卷　吳曾祺輯　清宣統元年(1909)上海商務印書館鉛印本　一冊　存一卷(二)

330000－1701－0071163　HJHA999　史部/政書類/邦計之屬/荒政
烏程劉氏義莊事畧一卷　劉承幹輯　清宣統元年(1909)刻本　一冊

330000－1701－0071164　HJLA224　新學/史志/諸國史
歷史叢書　清光緒上海商務印書館鉛印本　三冊　存二種

330000－1701－0071165　HJHA191　史部/政書類/邦計之屬/荒政
烏程劉氏義莊事畧一卷　劉承幹輯　清宣統元年(1909)刻本　一冊

330000－1701－0071166　HJH814.7/4426/c2　集部/別集類/清別集
敬孚類稿十六卷　(清)蕭穆撰　清光緒三十二年至三十三年(1906－1907)刻本　四冊

330000－1701－0071167　HJL0374　經部/小學類/文字之屬/説文
苗氏説文四種　(清)苗夔撰　清道光至咸豐壽陽祁氏漢專亭刻本　四冊

330000－1701－0071168　HJHA021　新學/史志/別國史
中國文明小史一卷　(日本)田口卯吉撰　(清)劉陶譯　清光緒二十八年(1902)上海廣智書局鉛印本　一冊

330000－1701－0071169　HJHA915　集部/曲類/彈詞之屬
新出增改繡像英雄譜全傳十三卷二十六回　(清)白香女史輯　清順利公內元記書棧石印本　九冊　缺一卷(十三)

330000－1701－0071170　HJH814.7/4430/c2　類叢部/叢書類/自著之屬
正誼堂全集八種　(清)董沛撰　清同治至光緒刻本　五冊　存一種

330000－1701－0071171　HJLB002　史部/詔令奏議類/奏議之屬
籌辦湖北各學堂摺一卷　(清)張之洞　(清)端方撰　清末鉛印本　一冊

330000－1701－0071172　HJLA225　史部/政書類/儀制之屬/專志/科舉校規
强學編一卷　(清)程頌萬編　清光緒二十五年(1899)湖北自强學堂刻本　一冊

330000－1701－0071173　HJHA022　集部/戲劇類/雜劇之屬
瞿園雜劇五卷　袁蟫撰　清光緒三十四年(1908)鉛印本　一冊

330000－1701－0071175　HJH814.7/4431/c2　集部/別集類/清別集
變雅堂文集八卷詩集十卷附録二卷　(清)杜濬撰　清光緒二十年(1894)黄岡沈氏刻本　六冊

330000－1701－0071177　HJLA023　子部/農家農學類/總論之屬
農話一卷　(清)陳啓謙撰　清光緒三十三年(1907)上海商務印書館鉛印本　一冊

330000－1701－0071178　HJH814.7/4431/c3　集部/別集類/清別集
變雅堂文集八卷詩集十卷附録二卷　(清)杜濬撰　清光緒二十年(1894)黄岡沈氏刻本　六冊

330000－1701－0071179　HJL0375　經部/叢編
御纂七經五種　(清)李光地等撰　清刻本　二十四冊　存一種

330000－1701－0071180　HJH814.7/4431.2/c2　集部/別集類/清別集
變雅堂文集四卷詩集十卷　(清)杜濬撰　**變雅堂遺集附録一卷**　(清)方苞等撰　清同治

九年(1870)劉維楨鄂垣刻本　八冊

330000－1701－0071181　HJLA226　新學/政治法律/律例

歐美各國憲法不分卷　(日本)日本衆議院譯　清光緒二十八年(1902)無錫薛瑩中傳經樓刻本　一冊

330000－1701－0071182　HJLA031　子部/農家農學類/總論之屬

農話一卷　(清)陳啓謙撰　清光緒三十一年(1905)上海商務印書館鉛印本　一冊

330000－1701－0071185　HJLA227　新學/政治法律/律例

法律學綱領一卷　(日本)戶水寬人撰　清光緒二十八年(1902)無錫薛瑩中傳經樓刻本　一冊

330000－1701－0071188　HJLA228　史部/政書類/邦計之屬

奏定礦務章程三十八條一卷　(清)商部編　清末鉛印本　一冊

330000－1701－0071189　HJH814.7/44311/(2)/c2　集部/别集類/清别集

壺舟文存二卷　(清)黄濬撰　清太平可園林氏木活字印本　二冊

330000－1701－0071191　M002300　子部/叢編

二十五子彙函　(清)鴻文書局編　清上海育文書局石印本　一冊　存一種

330000－1701－0071193　G001601　史部/地理類/總志之屬/斷代

廣輿記二十四卷圖一卷　(明)陸應陽輯　明刻本　二冊　存六卷(三至五、十一至十三)

330000－1701－0071196　HJLA229　史部/政書類/邦計之屬

大清國鑛務附章一卷　清末鉛印本　一冊

330000－1701－0071197　G001602　史部/地理類/總志之屬/斷代

廣輿記二十四卷圖一卷　(明)陸應陽輯　(清)蔡方炳增輯　清康熙刻本　一冊　存一卷(三)

330000－1701－0071202　G001603、G004965、G006017　子部/醫家類/兒科之屬/通論

幼科證治準繩集九卷　(明)王肯堂撰　明刻本　八冊　存七卷(二至五、七至九)

330000－1701－0071203　G001652　集部/别集類/清别集

雙紅豆齋詩錄四卷　(清)孫原湘撰　**長真閣詩鈔二卷**　(清)席佩蘭撰　清宣統二年(1910)孫雄油印本　一冊

330000－1701－0071205　普357.5/4030/c1　史部/政書類/公牘檔冊之屬

李文忠公海軍函稿四卷　(清)李鴻章撰　(清)吳汝綸輯　清光緒二十八年(1902)蓮池書社鉛印本　二冊

330000－1701－0071207　G001653　集部/總集類/氏族之屬

吴越錢氏傳芳集一卷　(清)錢泳輯　清光緒七年(1881)陽湖錢淵、太倉錢泰階刻本　一冊

330000－1701－0071208　HJLA609　史部/傳記類/科舉録之屬/歷科登科録

欽取朝考卷不分卷　(清)蒯光典等撰　清刻本　二冊

330000－1701－0071212　普357.5/4030/c2　史部/政書類/公牘檔冊之屬

李文忠公海軍函稿四卷　(清)李鴻章撰　(清)吳汝綸輯　清光緒二十八年(1902)蓮池書社鉛印本　二冊

330000－1701－0071215　G001654　集部/别集類/清别集

湖唐林館駢體文二卷　(清)李慈銘撰　清光緒十年(1884)刻本　二冊

330000－1701－0071216　HJLA541　史部/傳記類/科舉録之屬/歷科登科録

欽取朝考卷不分卷　(清)蒯光典等撰　清刻本　一冊

330000－1701－0071218　G001655　子部/術數類/陰陽五行之屬

五行大義五卷　(隋)蕭吉撰　清嘉慶九年(1804)德清許氏刻本　二冊

330000－1701－0071222　HJHA232　子部/雜著類

遏淫篇二卷敦孝篇二卷　(清)石璿輯　清同治七年(1868)刻光緒十年(1884)印本　一冊

330000－1701－0071225　HJHA922　集部/小說類/短篇之屬

聊齋志異新評十六卷　(清)蒲松齡撰　(清)王士禛評　(清)呂湛恩注　(清)但明倫批　清朱墨套印本　一冊　存一卷(九)

330000－1701－0071227　G001656　史部/傳記類/總傳之屬/儒林

國朝漢學師承記八卷經師經義目録一卷宋學淵源記二卷附記一卷　(清)江藩撰　清光緒十三年(1887)萬卷書室刻本　二冊

330000－1701－0071228　HJHB003　子部/藝術類/書畫之屬/畫譜

點石齋畫報大全(點石齋畫報初集十卷二集十二卷三集八卷四集六卷五集四卷六集四卷)四十四卷點石齋畫冊不分卷　(清)尊聞閣主人輯　清宣統二年(1910)上海集成圖書公司石印本　九十冊

330000－1701－0071233　G001657　集部/曲類/寶卷之屬

目連卷全集不分卷　清光緒三年(1877)西湖慧空經房刻本　一冊

330000－1701－0071235　G001605　史部/地理類/總志之屬/斷代

大明一統志九十卷　(明)李賢等纂修　明嘉靖刻本　一冊　存四卷(十九至二十、二十二至二十三)

330000－1701－0071238　普 357.5/4407/c1　史部/地理類/防務之屬/海防

防海紀略二卷　(清)王之春編　清光緒六年(1880)上洋文藝齋刻本　二冊

330000－1701－0071240　HJLB004　子部/藝術類/書畫之屬/畫譜

吳友如畫寶十二集不分卷　(清)吳嘉猷繪　清宣統元年(1909)上海璧園會社石印本　二十五冊

330000－1701－0071243　普 357.5/4407/c2　史部/地理類/防務之屬/海防

防海紀略二卷　(清)王之春編　清光緒六年(1880)上洋文藝齋刻本　二冊

330000－1701－0071244　HJHA978　類叢部/叢書類/彙編之屬

武英殿聚珍版書一百四十八種　清乾隆四十二年(1777)福建刻道光至同治遞修光緒二十一年(1895)增刻本　三十冊　存五種

330000－1701－0071245　G001658　類叢部/叢書類/自著之屬

顧端文公遺書十五種附一種　(明)顧憲成撰　清光緒三年(1877)涇里顧氏宗祠刻本　四冊　存一種

330000－1701－0071246　HJHA613　集部/總集類/選集之屬/通代

唐宋八家文讀本三十卷首一卷　(清)沈德潛輯　清光緒三十四年(1908)掃葉山房石印本　三冊　存十三卷(首、一至四、九至十六)

330000－1701－0071247　HJLA233　集部/别集類/清别集

醫俗軒遺稾一卷　(清)管名簥撰　**燕臺倡和一卷**　(清)管荼簃　(清)邱子昕撰　**荼簃吟草外編一卷**　管世駿編　清宣統元年(1909)鉛印本　一冊

330000－1701－0071248　G001606　史部/地理類/方志之屬/郡縣志

[嘉慶]孝感里志十二卷首一卷　(清)張廉纂　清嘉慶二十四年(1819)暨陽芝泉張氏木活字印本　清傅墨林批並跋　一冊　存四卷(首、一至三)

330000－1701－0071250　普 357.5/4407/c3　史部/地理類/防務之屬/海防

防海紀略二卷　(清)王之春編　清光緒六年(1880)上洋文藝齋刻本　一册

330000－1701－0071252　普 357.5/4407/c4　史部/地理類/防務之屬/海防
防海紀略二卷　(清)王之春編　清光緒六年(1880)上洋文藝齋刻本　二册

330000－1701－0071253　普 357.5/4407/c5　史部/地理類/防務之屬/海防
防海紀略二卷　(清)王之春編　清光緒六年(1880)上洋文藝齋刻本　二册

330000－1701－0071254　G001659　史部/目録類/總録之屬/私撰
孫氏祠堂書目内編四卷外編三卷　(清)孫星衍撰　清光緒九年(1883)德化李氏木犀軒刻木犀軒叢書本　清竹翁跋　一册

330000－1701－0071258　G001660　子部/儒家類/儒學之屬/禮教
讀書做人譜一卷　(清)龍炳垣輯　清揚州羊翳巷懷少義塾刻本　一册

330000－1701－0071259　普 814.7/8346/(2)　類叢部/叢書類/自著之屬
潛研堂全書十六種　(清)錢大昕撰　清乾隆至嘉慶刻本　十册　存一種

330000－1701－0071260　HJHB005　史部/紀傳類/正史之屬
明史稿三百十卷目錄三卷　(清)王鴻緒撰　清雍正敬慎堂刻本　四十七册　存一百九十九卷(本紀一至十九,志一至三十五、四十至四十八,列傳一至七十二、七十八至九十、九十五至九十八、一百五十六至一百七十六、一百八十至二百五)

330000－1701－0071261　HJHA551　集部/總集類/選集之屬/通代
唐宋八家文讀本三十卷　(清)沈德潛輯　清煥文書局石印本　三册　存十五卷(十六至三十)

330000－1701－0071263　HJHA234　子部/醫家類/兒科之屬/通論
增訂保赤輯要一卷附種子說兩則一卷　(清)吳嘉德輯　(清)吳道鎔增訂　清光緒二十三年(1897)顧泰雲等刻本　一册

330000－1701－0071265　HJLA027　史部/傳記類/總傳之屬/斷代
國朝先正事略十二卷首一卷　(清)李元度撰　**國朝先正事略續編四卷**　朱孔彰撰　清光緒二十八年(1902)上海錦章書局石印本　劉承幹題簽並批　六册

330000－1701－0071266　HJHA235　史部/地理類/總志之屬/斷代
元豐九域志十卷　(宋)王存等纂修　清光緒八年(1882)金陵書局刻本　三册　缺二卷(九至十)

330000－1701－0071267　G001607　子部/醫家類/方書之屬
攝生衆妙方十一卷　(明)張時徹輯　明嘉靖二十九年(1550)四明張時徹刻本　一册　存三卷(一至三)

330000－1701－0071269　HJHA236　子部/宗教類/佛教之屬
佛爾雅八卷　(清)周春撰　清宣統二年(1910)上海國學扶輪社鉛印本　二册

330000－1701－0071271　普 357.5/4423/c2　史部/地理類/防務之屬/海防
防海備覽十卷　(清)薛傳源撰　清嘉慶六年(1801)刻本　四册

330000－1701－0071272　普 814.7/8346/3　類叢部/叢書類/自著之屬
嘉定錢氏潛研堂全書二十一種　(清)錢大昕撰　清光緒十年(1884)長沙龍氏家塾刻本　十二册　存一種

330000－1701－0071274　普 357.5/4016/c1　新學/兵制/海軍
防海新論十八卷　(德國)希理哈撰　(英國)傅蘭雅譯　(清)華蘅芳筆述　清同治十二年(1873)江南機器製造局刻本　六册

330000－1701－0071275　普 357.5/4016/c2

新學/兵制/海軍

防海新論十八卷 （德國）希理哈撰 （英國）傅蘭雅譯 （清）華蘅芳筆述 清同治十二年（1873）江南機器製造局刻本 六冊

330000－1701－0071276 普 357.5/4016/c3 新學/兵制/海軍

防海新論十八卷 （德國）希理哈撰 （英國）傅蘭雅譯 （清）華蘅芳筆述 清同治十二年（1873）江南機器製造局刻本 六冊

330000－1701－0071279 普 814.7/8346/4 類叢部/叢書類/自著之屬

潛研堂全書十六種 （清）錢大昕撰 清乾隆至嘉慶刻本 二十四冊 存一種

330000－1701－0071281 G001661 集部/別集類/清別集

舊雨軒賸稿一卷 （清）于昌進撰 **題舊雨軒圖一卷** （清）錢杜繪圖 （清）于寶之輯 **今雨樓詩一卷** （清）于寶之撰 清光緒四年至五年（1878－1879）刻本 漁村題簽 一冊

330000－1701－0071284 HJLA616 史部/政書類/公牘檔冊之屬

撫吳公牘五十卷 （清）丁日昌撰 **曾胡批牘二卷** （清）曾國藩 （清）胡林翼撰 清宣統元年（1909）南洋官書局石印本 七冊 存二十二卷（三十一至五十、曾胡批牘一至二）

330000－1701－0071287 G001608 史部/傳記類/日記之屬

夔輶日記一卷（清宣統元年正月二十八日至閏二月十二日） 孫海環撰 清宣統元年（1909）木活字印本 一冊

330000－1701－0071289 HJLA979 集部/總集類/氏族之屬

寧都三魏全集八十三卷 （清）林時益編 清康熙易堂刻本 三十六冊 缺六卷（魏叔子文集外編一至五、十五）

330000－1701－0071290 普 814.7/83584/（2） 集部/別集類/清別集

甘泉鄉人稿二十四卷餘稿二卷 （清）錢泰吉撰 **皇清敕授修職郎誥封朝議大夫顯考警石府君［錢泰吉］年譜一卷** （清）錢應溥編 **四水子遺著一卷** （清）錢友泗撰 **郊農偶吟稿一卷** （清）錢炳森撰 清同治七年（1868）、十一年（1872）鍾氏刻光緒七年（1881）、十一年（1885）錢氏青溪官舍增刻本 六冊 缺二卷（四水子遺著、郊農偶吟稿）

330000－1701－0071291 HJLA030 史部/地理類/雜志之屬

畲客風俗一卷 （清）浮雲撰 清光緒三十二年（1906）日本國東京清國留學生會館石印本 一冊

330000－1701－0071294 HJLA617 新學/議論/通論

十九世紀列國政治文編十四卷 （清）邵羲輯 清光緒二十九年（1903）教育世界社鉛印本 九冊 缺二卷（三至四）

330000－1701－0071299 G001663 集部/別集類/清別集

蒿庵遺集十二卷 （清）莊棫撰 （清）許家承輯 清光緒十二年（1886）錢塘許氏刻本 二冊

330000－1701－0071302 G001662 集部/別集類/清別集

蒿庵文集八卷首一卷 （清）莊棫撰 清光緒刻本 二冊

330000－1701－0071304 G001609 經部/小學類/文字之屬/說文

說文解字十五卷標目一卷 （漢）許慎撰 （宋）徐鉉等校定 清初海虞毛氏汲古閣刻本 六冊

330000－1701－0071305 普 814.7/83584/（3） 集部/別集類/清別集

甘泉鄉人稿二十四卷餘稿二卷 （清）錢泰吉撰 **皇清敕授修職郎誥封朝議大夫顯考警石府君［錢泰吉］年譜一卷** （清）錢應溥編 **四水子遺著一卷** （清）錢友泗撰 **郊農偶吟稿一卷** （清）錢炳森撰 清同治七年（1868）、十一年（1872）鍾氏刻光緒七年（1881）、十一

年(1885)錢氏青溪官舍增刻本　六册　缺二卷(四水子遺著、邠農偶吟稿)

330000－1701－0071306　G001664　類叢部/叢書類/自著之屬

槐軒全集二十一種附九種　(清)劉沅撰　清咸豐至民國刻彙印本　一册　存一種

330000－1701－0071307　普 357.5/4435/c1　類叢部/叢書類/自著之屬

庸盦全集十種　(清)薛福成撰　清光緒十年至二十四年(1884－1898)無錫薛氏刻本　四册　存一種

330000－1701－0071308　普 357.5/4435/c2　類叢部/叢書類/自著之屬

庸盦全集十種　(清)薛福成撰　清光緒十年至二十四年(1884－1898)無錫薛氏刻本　四册　存一種

330000－1701－0071309　G001665　集部/詞類/總集之屬

詞綜三十卷　(清)朱彝尊輯　(清)汪森增輯　清康熙十七年(1678)汪氏裘杼樓刻本　六册

330000－1701－0071310　普 357.5/4435/c3　類叢部/叢書類/自著之屬

庸盦全集十種　(清)薛福成撰　清光緒十年至二十四年(1884－1898)無錫薛氏刻本　四册　存一種

330000－1701－0071311　普 357.5/4435/(2)　類叢部/叢書類/自著之屬

庸盦全集十種　(清)薛福成撰　清光緒十年至二十四年(1884－1898)無錫薛氏刻本　五册　存一種

330000－1701－0071314　HJHA033　集部/別集類/清別集

散叟倦吟偶存□□卷　(清)秦樹敏撰　稿本　一册　存一卷(二)

330000－1701－0071315　G001610　集部/別集類/清別集

薝香小草一卷　(清)周若霖撰　清乾隆三十二年(1767)張孝元刻本　清幼來題簽　一册

330000－1701－0071318　HJHA980　集部/總集類/選集之屬/通代

御選唐宋文醇五十八卷目錄一卷　(清)高宗弘曆輯　清光緒三年(1877)浙江書局刻本　十一册　缺二十九卷(十九至二十一、二十五至二十九、三十八至五十八)

330000－1701－0071321　HJHA618　史部/紀傳類/正史之屬

四史　清光緒二十九年(1903)上海點石齋石印本　八册　存二種

330000－1701－0071322　普 357.5/6649/c1　史部/地理類/防務之屬/海防

洋防輯要二十四卷　(清)嚴如熤撰　清道光十八年(1838)刻本　十六册

330000－1701－0071323　G001666　史部/政書類/通制之屬

欽定行政綱目一卷　清末石印本　一册

330000－1701－0071328　G001667　集部/別集類/清別集

曼盦詩稿四卷首一卷　(清)歐陽述撰　清光緒三十四年(1908)刻本　二册

330000－1701－0071329　HJLA036　史部/傳記類/總傳之屬

國朝書家書小傳四卷附荔香室小傳一卷　葉銘輯　清宣統元年(1909)西泠印社鉛印本　一册

330000－1701－0071331　G001611　集部/別集類/清別集

醉綠惜紅吟草一卷　(清)汪峯青撰　清光緒二十七年(1901)刻本　一册

330000－1701－0071332　普 814.7/8354/2　集部/別集類/清別集

甘泉鄉人稿二十四卷　(清)錢泰吉撰　**可讀書齋校書譜一卷**　(清)唐兆榴編　清咸豐四年(1854)讀舊書室刻本　五册　缺一卷(可讀書齋校書譜)

330000－1701－0071333　普 357.5/6649/c2　史部/地理類/防務之屬/海防

洋防輯要二十四卷　(清)嚴如熤撰　清道光十八年(1838)刻本　十二冊

330000－1701－0071337　G001668　集部/總集類/選集之屬/斷代

唐詩英華二十四卷　(清)顧有孝輯　清初顧氏寧遠堂刻本　六冊　存二十一卷(一至二十一)

330000－1701－0071338　G001612　史部/地理類/遊記之屬/紀勝

峨眉山紀游一卷　(清)樓藜然撰　清宣統元年(1909)鉛印本　徐子香題記　一冊

330000－1701－0071339　普 816.608/5512　集部/總集類/尺牘之屬

歷朝尺牘六卷　(清)曹三德輯　清康熙三十三年(1694)刻本　一冊

330000－1701－0071340　普 951.0739/9911/c2　史部/詔令奏議類/詔令之屬

硃批諭旨不分卷　(清)鄂爾泰等輯　清光緒十三年(1887)上海點石齋石印本　六十冊

330000－1701－0071345　G001669　集部/別集類/清別集

綠猗軒文鈔二卷駢體文鈔一卷詩鈔二卷詞鈔一卷　(清)舒燾撰　清末刻本　一冊

330000－1701－0071346　普 951.0739/9911/c3　史部/詔令奏議類/詔令之屬

硃批諭旨不分卷　(清)鄂爾泰等輯　清光緒十三年(1887)上海點石齋石印本　三十冊

330000－1701－0071347　普 814.7/8354/3　集部/別集類/清別集

甘泉鄉人稿二十四卷餘稿二卷　(清)錢泰吉撰　**皇清敕授修職郎誥封朝議大夫顯考警石府君[錢泰吉]年譜一卷**　(清)錢應溥編　**四水子遺著一卷**　(清)錢友泗撰　**邠農偶吟稿一卷**　(清)錢炳森撰　清同治七年(1868)、十一年(1872)鍾氏刻光緒七年(1881)、十一年(1885)錢氏青溪官舍增刻本　七冊

330000－1701－0071350　G001613、G003022、G003583、G609230　子部/法家類

管子地員篇注四卷　(清)王紹蘭撰　清光緒十七年(1891)蕭山胡燏棻寄虹山館刻本　四冊

330000－1701－0071352　G001670　史部/傳記類/別傳之屬/事狀

誥授光禄大夫湖北巡撫文節陶公[恩培]行略一卷　(清)黃彭年撰　清光緒刻本　一冊

330000－1701－0071353　HJHA192　集部/總集類/選集之屬/通代

御選唐宋文醇五十八卷目錄一卷　(清)高宗弘曆輯　清乾隆刻本　七冊　存三十一卷(十四、二十四至三十七、三十九至四十六、五十一至五十八)

330000－1701－0071354　G001614　集部/總集類/題詠之屬

濟上鴻泥圖題冊錄存一卷三石圖題詠一卷附錄一卷　(清)張士珩輯　清宣統二年(1910)淞雲精舍鉛印本　一冊

330000－1701－0071355　普 814.7/8361　子部/雜著類/雜說之屬

寄廬雜記四卷　(清)錢國珍撰　清光緒刻本　一冊　存二卷(一至二)

330000－1701－0071358　普 816.608/7743　集部/總集類/尺牘之屬

重刻賴古堂尺牘新鈔三選藏弆集十六卷　(清)周在浚　(清)周在梁　(清)周在延輯　清道光六年(1826)北平雷氏賴古堂刻本　六冊

330000－1701－0071359　HJHA620　史部/地理類/方志之屬/郡縣志

[同治]湖州府志九十六卷首一卷　(清)宗源瀚　(清)楊榮緒　(清)郭式昌修　(清)周學濬　(清)陸心源　(清)汪曰楨纂　清同治十一年至十三年(1872－1874)愛山書院刻本　七冊　存十八卷(六十一至七十八)

330000－1701－0071360　G001615　子部/宗

教類/道教之屬/經文

玄關經二卷　(清)李昌仁撰　清光緒三十一年(1905)刻本　一册

330000－1701－0071361　普 357.5/6649/c3　史部/地理類/防務之屬/海防

洋防輯要二十四卷　(清)嚴如煜撰　清道光十八年(1838)刻本　十二册

330000－1701－0071366　普 951.07039/9911/2/c2　史部/詔令奏議類/詔令之屬

硃批諭旨不分卷　(清)鄂爾泰等輯　清乾隆三年(1738)刻朱墨套印本　一百五册

330000－1701－0071367　G001616　史部/政書類/通制之屬

文獻通考詳節二十四卷　(元)馬端臨撰　(清)嚴虞惇輯　清光緒元年(1875)清來堂刻本　十二册

330000－1701－0071370　HJLB007　經部/叢編

通志堂經解一百三十九種　(清)納蘭成德輯　清同治十二年(1873)粵東書局刻本　三十册　存十五種

330000－1701－0071372　普 816.608/8038　集部/總集類

窺豹軒詞翰法程八卷　(清)姜棨撰　清嘉慶二十三年(1818)刻本　十六册

330000－1701－0071373　G001617　集部/別集類/清別集

華藏室詩鈔一卷　(清)許延敬撰　清同治十一年(1872)刻本　一册

330000－1701－0071376　HJLA241　史部/政書類/軍政之屬/兵制

東瀛警察筆記四卷　(清)舒鴻儀撰　清光緒三十二年(1906)上海樂羣圖書局石印本　一册

330000－1701－0071381　普 816.6087/1134/c1　集部/總集類/尺牘之屬

瑤華集一卷　(清)張邁輯　清光緒二十八年(1902)始豐傳是樓木活字印本　一册

330000－1701－0071384　G001671　史部/政書類/律令之屬/律例

故唐律疏議三十卷附釋文　(唐)長孫無忌等撰　(元)王元亮重編釋文　**律音義一卷**　(宋)孫奭等撰　**宋提刑洗冤集錄五卷**　(宋)宋慈編　清光緒十七年(1891)江蘇書局刻本　八册

330000－1701－0071386　HJHB001　集部/總集類/選集之屬/通代

御選唐宋詩醇四十七卷目錄二卷　(清)高宗弘曆輯　清刻本　十九册　缺七卷(目錄一至二、三至五、八至九)

330000－1701－0071387　G001618　集部/別集類/清別集

槃薖文甲乙集五卷別錄一卷　(清)湯紀尚撰　清末刻本　二册

330000－1701－0071389　普 816.6087/1134/c2　集部/總集類/尺牘之屬

瑤華集一卷　(清)張邁輯　清光緒二十八年(1902)始豐傳是樓木活字印本　一册

330000－1701－0071392　G001672　子部/術數類/數學之屬

皇極經世緒言九卷首二卷　(宋)邵雍撰　(明)黃畿注　(清)劉斯組輯　(清)包耀復增圖注　清嘉慶四年(1799)錢塘徐樹堂刻本　十册

330000－1701－0071393　HJHA622　史部/地理類/方志之屬/郡縣志

光緒南滙縣志二十二卷首一卷末一卷　(清)金福曾　(清)顧思賢　(清)楊驤修　(清)張文虎纂　清光緒五年(1879)刻本　一册　存二卷(首、一)

330000－1701－0071394　G001619、G009870　集部/別集類/清別集

懺花盦詩存十一卷　(清)宋澤元撰　清光緒八年(1882)刻三十年(1904)文成堂印本　三册

330000－1701－0071397　HJLA242　新學/

理學/理學
倫理學大義二卷　潘任輯　清光緒三十四年(1908)江南高等學堂鉛印本　一册

330000－1701－0071398　普816.6086/1012　集部/總集類/尺牘之屬
明人尺牘選四卷　(清)王元勳　(清)程化騄輯　清康熙四十四年(1705)碧雲樓刻本　四册

330000－1701－0071400　HJLA042　類叢部/類書類/通類之屬
三才紀要三卷　(清)蔣德鈞輯　**讀史論略一卷**　(清)杜詔撰　清末江南機器製造總局刻本　劉承幹批校並題記　一册　存二卷(輿地略、讀史論略)

330000－1701－0071403　G001620　經部/小學類/文字之屬/字書/古文
古籀餘論三卷　(清)孫詒讓撰　清光緒二十九年(1903)籀經樓刻本　二册

330000－1701－0071404　HJLB008　類叢部/叢書類/自著之屬
古愚老人消夏錄十七種　(清)汪汲撰輯　清乾隆至嘉慶古愚山房刻本　二十册　存十種

330000－1701－0071405　M002310　類叢部/叢書類/郡邑之屬
三怡堂叢書二十種　張鳳臺編　清光緒三十二年至民國十二年(1906－1923)河南官書局刻本　一册　存一種

330000－1701－0071406　普816.6087/1137　集部/總集類/尺牘之屬
友聲初集五卷後集五卷新集五卷　(清)漲潮輯　**尺牘偶存十一卷**　(清)漲潮撰　清乾隆四十年(1775)心齋刻本　六册　存十卷(初集一至五、後集一至五)

330000－1701－0071407　普816.6086/1012/2　集部/總集類/尺牘之屬
明人尺牘選四卷　(清)王元勳　(清)程化騄輯　清常熟漱芳齋刻本　四册

330000－1701－0071411　G001621　集部/別集類/清別集
耕煙草堂詩鈔四卷　(清)戴梓撰　清道光二十四年(1844)荆道復刻本　四册

330000－1701－0071414　普816.6087/2627　集部/總集類/尺牘之屬
昭代名人尺牘二十四卷小傳二十四卷　(清)吳修輯　清光緒三十四年(1908)上海集古齋石印本　二十六册

330000－1701－0071415　HJHA981　史部/目録類/總録之屬/官修
欽定四庫全書總目二百卷首一卷　(清)紀昀等撰　清同治七年(1868)廣東書局刻本　三十一册　存七十四卷(一至五十六、一百三十二至一百四十九)

330000－1701－0071416　G001674　史部/地理類/遊記之屬/紀行
松亭行紀二卷　(清)高士奇撰　清朗潤堂刻本　二册

330000－1701－0071417　普816.608/1012/3　集部/總集類/尺牘之屬
明賢尺牘四卷　(清)王元勳　(清)程化騄輯　清光緒二十六年(1900)仁和許增榆園刻本　李太直題記　二册

330000－1701－0071419　G001675、G007901、G009028　子部/雜著類/雜纂之屬
兩般秋雨盦隨筆八卷　(清)梁紹壬撰　清光緒二十二年(1896)上海古香閣刻本　八册

330000－1701－0071421　G001622　類叢部/叢書類/自著之屬
亭林遺書十種　(清)顧炎武撰　清康熙吳江潘氏遂初堂刻本　六册　存五種

330000－1701－0071422　HJHA050　子部/宗教類/道教之屬
修真覺路一卷　清光緒十八年(1892)抄本　一册

330000－1701－0071423　G001676　類叢部/叢書類/郡邑之屬
武林往哲遺箸五十二種後編十種　(清)丁丙

編　清光緒二十年至二十六年(1894－1900)錢塘丁氏嘉惠堂刻本　二册　存一種

330000－1701－0071425　HJLA624　史部/地理類/方志之屬/郡縣志
[乾隆]江都縣志三十二卷　(清)五格　(清)黄湘修　(清)程夢星等纂　清刻本　二册　存五卷(四至六、十二至十三)

330000－1701－0071427　G001677　子部/雜著類/雜考之屬
日知録之餘四卷　(清)顧炎武撰　清宣統二年(1910)元和鄒福保吳中刻本　二册

330000－1701－0071429　G001623、G010126　子部/術數類/相宅相墓之屬
乾坤法竅三卷　(清)范宜賓輯　清乾隆刻本　二册

330000－1701－0071430　普816.6087/2627.09/2/c1　史部/傳記類/總傳之屬/斷代
昭代名人尺牘小傳二十四卷　(清)吳修撰　清道光六年(1826)刻本　四册

330000－1701－0071431　G002457　經部/書類/分篇之屬
禹貢川澤考二卷　(清)桂文燦撰　清光緒十二年(1886)利華印務局石印本　一册

330000－1701－0071432　HJLA625　史部/地理類/方志之屬/郡縣志
[光緒]青浦縣志三十卷首二卷末一卷　(清)汪祖綬等修　(清)熊其英　(清)邱式金纂　清光緒五年(1879)尊經閣刻本　一册　存三卷(一至三)

330000－1701－0071435　G001678　史部/雜史類/斷代之屬
南疆繹史勘本三十卷首二卷　(清)溫睿臨撰　(清)李瑤勘定　**繹史摭遺十八卷卹諡考八卷**　(清)李瑤撰　清道光九年(1829)泥活字印本　十册　存五十卷(首一至二、一至三十,繹史摭遺一至十八)

330000－1701－0071436　HJHA244　史部/地理類/雜志之屬
廣陵通典十卷　(清)汪中撰　清同治八年(1869)揚州書局刻本　二册

330000－1701－0071438　HJHA626　史部/地理類/方志之屬/郡縣志
[同治]南漳縣志集鈔二十六卷首一卷　(清)沈兆元修　(清)胡正楷纂　(清)胡心悦增纂　清嘉慶二十年(1815)刻同治四年(1865)東鶴山堂增刻本　一册　存二卷(二十五至二十六)

330000－1701－0071439　普816.6087/2627.09/2/c2　集部/總集類/尺牘之屬
昭代名人尺牘二十四卷小傳二十四卷　(清)吳修輯　清光緒三十四年(1908)西泠印社影印本　二册　存二十四卷(小傳一至二十四)

330000－1701－0071441　HJHB009　類叢部/叢書類/彙編之屬
武英殿聚珍版書三十九種　清乾隆浙江刻本　八十一册　存三十種

330000－1701－0071442　G001679　集部/别集類/清别集
霜紅龕集四十卷　(清)傅山撰　**附録三卷傅青主先生[山]年譜一卷**　丁寶銓輯　清宣統三年(1911)山陽丁氏刻本　十二册

330000－1701－0071446　普951.074/0010/c1　史部/政書類/儀制之屬/典禮
南巡盛典一百二十卷　(清)高晉等纂修　清光緒八年(1882)上海點石齋石印本　八册

330000－1701－0071447　普816.6086/4732　集部/總集類/尺牘之屬
瑤箋四卷　(明)郁濬輯　清光緒十四年(1888)四明提署鉛印本　四册

330000－1701－0071450　普816.6087/2627.09/2/c3　史部/傳記類/總傳之屬/斷代
昭代名人尺牘小傳二十四卷　(清)吳修撰　清光緒三十四年(1908)石印本　二册

330000－1701－0071451　普951.074/0010/c2　史部/政書類/儀制之屬/典禮
南巡盛典一百二十卷　(清)高晉等纂修　清

光緒八年(1882)上海點石齋石印本　八冊

330000－1701－0071452　HJHA627　史部/地理類/方志之屬/郡縣志

[咸豐]南潯鎮志四十卷首一卷　(清)汪曰楨纂　清咸豐九年至同治二年(1859－1863)刻本　一冊　存四卷(二十九至三十二)

330000－1701－0071453　普816.6086/7944/c1　類叢部/叢書類/彙編之屬

申報館叢書正集五十七種附錄三種續集一百四十二種　(清)尊聞閣主編　蔡爾康編續集　清同治至光緒上海申報館鉛印本　一冊　存一種

330000－1701－0071455　G001680　經部/小學類/文字之屬/說文

說文解字十五卷標目一卷　(漢)許慎撰　(宋)徐鉉等校定　**汲古閣說文解字校記一卷**　(清)張行孚撰　清光緒七年(1881)淮南書局刻本　十六冊

330000－1701－0071457　普816.6087/2683/c1　集部/總集類/尺牘之屬

國朝名人小簡二卷　吳曾祺輯　清宣統三年(1911)上海商務印書館鉛印本　二冊

330000－1701－0071459　普951.074/0010/c3　史部/政書類/儀制之屬/典禮

南巡盛典一百二十卷　(清)高晉等纂修　清光緒八年(1882)上海點石齋石印本　八冊

330000－1701－0071460　HJHA245　史部/傳記類/職官録之屬/總録

江蘇同官錄不分卷　(清)許廷鑅輯　清光緒六年(1880)刻本　三冊

330000－1701－0071463　普816.6086/7944/c2　類叢部/叢書類/彙編之屬

申報館叢書正集五十七種附錄三種續集一百四十二種　(清)尊聞閣主編　蔡爾康編續集　清同治至光緒上海申報館鉛印本　一冊　存一種

330000－1701－0071465　普816.6087/2683/c3　集部/總集類/尺牘之屬

國朝名人小簡二卷　吳曾祺輯　清宣統元年(1909)上海商務印書館鉛印本　二冊

330000－1701－0071467　HJHA628　史部/地理類/山川之屬/山志

重修南海普陀山志二十卷首一卷　(清)秦耀曾輯　清道光十二年(1832)刻本　一冊　存三卷(十八至二十)

330000－1701－0071469　G001681　史部/政書類/公牘檔冊之屬

南洋勸業會出品分類細目一卷　(清)南洋勸業會編　清宣統二年(1910)鉛印本　一冊

330000－1701－0071470　G001624　子部/術數類/命書相書之屬

相理衡真十卷首一卷　(清)陳釗撰　清道光十三年(1833)英德堂刻本　一冊　存二卷(首、一)

330000－1701－0071473　HJLA246　類叢部/叢書類/彙編之屬

求我齋藂譯　章宗元輯譯　清光緒章宗元求我齋刻本　二冊　存一種

330000－1701－0071475　G001682　子部/儒家類/儒學之屬/經濟

七政策要七卷　(清)孫不器撰　清光緒二十七年(1901)上海廣益書局鉛印本　一冊

330000－1701－0071476　普816.6087/4048　集部/別集類/清別集

小倉山房往還書札全集十八卷　(清)袁枚撰　清光緒十三年(1887)鉛印本　二冊

330000－1701－0071481　HJHA629　史部/地理類/方志之屬/通志

[雍正]敕修浙江通志二百八十卷首三卷　(清)李衛　(清)嵇曾筠等修　(清)沈翼機　(清)傅王露纂　清乾隆元年(1736)刻本　一冊　存三卷(二百五十三至二百五十五)

330000－1701－0071482　G001625　史部/政書類/儀制之屬/專志/科舉校規

中學堂章程一卷　清末刻本　一冊

330000－1701－0071483　HJLA247　史部/傳記類/科舉録之屬/歷科鄉試録

光緒癸卯恩科湖北闈墨不分卷　(清)張濟川等撰　清光緒衡鑒堂刻本　一册

330000－1701－0071484　普951.074/9200/c1　史部/編年類/斷代之屬

東華錄天命朝四卷天聰朝十一卷崇德朝八卷順治朝三十六卷康熙朝一百十卷雍正朝二十六卷東華續錄乾隆朝一百二十卷嘉慶朝五十卷道光朝六十卷咸豐朝一百卷同治朝一百卷　王先謙編　清光緒刻本　四十八册　存一百二十卷(乾隆朝一至一百二十)

330000－1701－0071485　G001683　史部/雜史類/斷代之屬

普天同悲錄一卷　(清)坑餘子撰　清光緒三十四年(1908)石印本　一册

330000－1701－0071487　HJLA982　經部/叢編

十一經音訓　(清)楊國楨等編　清光緒三年(1877)湖北崇文書局刻本　七册　存三種

330000－1701－0071488　G001684　子部/雜著類/雜纂之屬

消暑隨筆四卷　(清)潘世恩撰　清宣統三年(1911)海左書局石印本　三册

330000－1701－0071489　HJLA248　集部/別集類

西行紀遊草一卷　朱錕撰　清宣統元年(1909)石印本　一册

330000－1701－0071490　G001626　類叢部/叢書類/自著之屬

寄龕襍著　(清)孫德祖撰　清光緒刻本　一册　存一種

330000－1701－0071492　普951.074/9200/c1/1、G611481、G007911　史部/編年類/斷代之屬

東華錄天命朝四卷天聰朝十一卷崇德朝八卷順治朝三十六卷康熙朝一百十卷雍正朝二十六卷東華續錄乾隆朝一百二十卷嘉慶朝五十卷道光朝六十卷咸豐朝一百卷同治朝一百卷　王先謙編　清光緒刻本　四十九册　存一百二十三卷(康熙朝一百八至一百十、乾隆朝一至一百二十)

330000－1701－0071494　G001685　史部/目録類/總録之屬/官修

龍游鳳梧書院藏書目一卷　(清)張炤編　清光緒二十五年(1899)刻本　一册

330000－1701－0071495　HJLA249　集部/總集類/彙編之屬

徐何二先生賸稿二種二卷　清光緒八年(1882)不遠復齋刻本　一册

330000－1701－0071496　HJHA983　經部/叢編

十三經單注　清同治七年(1868)湖北崇文書局刻本　四册　存一種

330000－1701－0071497　G001686　子部/術數類/相宅相墓之屬

曹安峯地理原本說四卷　(清)曹家甲撰　清同治六年(1867)文奎堂刻本　五册

330000－1701－0071498　G001627　經部/小學類/文字之屬/字書/訓蒙

文字蒙求四卷　(清)王筠撰　清刻本　四册

330000－1701－0071499　HJHA065　集部/總集類/選集之屬/通代

賦則四卷首一卷　(清)鮑桂星評選　清道光二年(1822)刻本　一册

330000－1701－0071500　普951.074/9200/c2、普951.075/9200.2　史部/編年類/斷代之屬

東華錄天命朝四卷天聰朝十一卷崇德朝八卷順治朝三十六卷康熙朝一百十卷雍正朝二十六卷東華續錄乾隆朝一百二十卷嘉慶朝五十卷道光朝六十卷咸豐朝一百卷同治朝一百卷　王先謙編　清光緒上海圖書集成印書局鉛印本　三十册　存一百七十卷(乾隆朝一至一百二十、嘉慶朝一至五十)

330000－1701－0071503　普816.6087/4284　集部/總集類/尺牘之屬
海上名妓手札二卷　(清)嬌鈴女史編　清光緒二十六年(1900)上海書局石印本　二冊

330000－1701－0071504　G001628、G003454　子部/宗教類/道教之屬/戒律
陰騭文圖說四卷　(清)黄正元輯　(清)李淦寫圖　清同治八年(1869)毘陵公善堂刻本　四冊

330000－1701－0071505　普816.6087/4428　集部/總集類/尺牘之屬
曹李尺牘合選二卷　(清)曹溶　(清)李良年撰　(清)茅復輯　清河潤堂刻本　四冊

330000－1701－0071506　G001629、G010179、G009362　集部/别集類/清别集
北溪初稿二十卷文稿二卷附集一卷　(清)王文元撰　清嘉慶十七年(1812)隨善齋刻本　八冊

330000－1701－0071508　G001630　集部/别集類/清别集
自怡悦軒詩草一卷　(清)胡嗣福撰　清光緒二十一年(1895)刻本　一冊

330000－1701－0071510　G001687　史部/傳記類/總傳之屬/釋道
居士傳五十六卷　(清)彭紹升撰　清光緒金陵刻經處刻本　四冊

330000－1701－0071513　HJHA630　史部/地理類/山川之屬/山志
南嶽志八卷　(清)高自位編　(清)曠敏本纂　清乾隆十八年(1753)開雲樓刻本　六冊　存六卷(一至二、四至五、七至八)

330000－1701－0071521　HJHA932　集部/小説類/長篇之屬
增像全圖東周列國志八卷首一卷一百八回　(清)蔡奡評點　清末鉛印本　一冊　存二卷(六至七)

330000－1701－0071522　HJHA631　史部/地理類/方志之屬/郡縣志
[道光]重修寶應縣志二十八卷首一卷　(清)孟毓蘭修　(清)喬載繇等纂　清道光二十年(1840)湯氏沐華堂刻本　九冊　缺二卷(二十至二十一)

330000－1701－0071523　HJHA984　經部/叢編
十一經音訓　(清)楊國楨等編　清道光十一年(1831)崇陽楊國楨大梁書院刻本　八冊　存一種

330000－1701－0071525　普816.6087/0724　集部/總集類/尺牘之屬
名賢手札八種　(清)郭慶藩輯　清光緒十年(1884)湘陰郭氏岵瞻堂刻本　四冊

330000－1701－0071526　普925.17/2841.1　史部/傳記類/别傳之屬/事狀
建威將軍徐軍門[傳隆]生傳一卷　(清)徐傳隆輯　清宣統元年(1909)中國圖書公司鉛印本　一冊

330000－1701－0071528　HJHA250　子部/藝術類/書畫之屬
詩畫舫六卷　(清)點石齋輯　清光緒三十年(1904)上海點石齋石印本　六冊

330000－1701－0071532　HJLA632　史部/地理類/方志之屬/郡縣志
寶應縣志□□卷　清刻本　一冊　存三卷(十五至十七)

330000－1701－0071533　普816.6087/4437　集部/總集類/尺牘之屬
饔喜廬存札一卷　(清)傅范初　(清)傅范翔　(清)傅范鉅編　清末影印本　一冊

330000－1701－0071537　G001631　史部/政書類/邦計之屬/荒政
畿輔振溺全圖一卷　(清)王鴻鈞撰　清光緒十六年(1890)三善局刻本　一冊

330000－1701－0071538　HJHA251　史部/傳記類/職官録之屬/總録
[清光緒三十二年]大清中樞備覽二卷　清光緒三十二年(1906)榮録堂刻本　二冊

330000－1701－0071541　G001632　經部/書類/分篇之屬

禹貢示掌一卷　（清）尤逢辰輯　清道光十五年（1835）棣萼山房刻本　一册

330000－1701－0071543　普816.6087/1017.2　類叢部/叢書類/彙編之屬

風雨樓叢書二十三種　鄧實編　清宣統順德鄧氏鉛印本　一册　存一種

330000－1701－0071544　G001688　子部/術數類/命書相書之屬

增補星平會海命學全書十卷首一卷　（清）水中龍撰　清光緒二十三年（1897）會文堂刻本　六册

330000－1701－0071547　HJHA252　史部/傳記類/職官録之屬/總録

［清宣統元年］大清最新百官錄四卷　（清）彭汝疇編　清宣統元年（1909）京都槐蔭山房刻本　三册　缺一卷（三）

330000－1701－0071548　普816.6087/7701/2　集部/總集類/尺牘之屬

賴古堂全集三種　（清）周亮工輯　清宣統三年（1911）上海國學扶輪社石印本　六册

330000－1701－0071550　HJHA069　史部/目録類/通論之屬/藏書約

梁祠圖書館章程一卷　梁鼎芬撰　清宣統三年（1911）粵東編譯公司鉛印本　一册

330000－1701－0071551　普816.6087/1017.2/2　集部/總集類/尺牘之屬

清暉閣贈貽尺牘二卷　（清）王翬輯　清光緒元年（1875）上海申報館鉛印申報館叢書本　劍儂題記　二册

330000－1701－0071553　G001633　集部/別集類/明別集

宮詹司馬張公別山遺詩一卷　（明）張同敞撰　（清）孔自來選　**素風堂彙編瞿張兩先生浩氣吟一卷附錄一卷**　（明）瞿式耜撰　清光緒二十七年（1901）荆州刻本　一册

330000－1701－0071556　HJHA077　史部/政書類/公牘檔冊之屬

浙江重訂絲釐比較章程竝坐額冊不分卷　清光緒刻本　一册

330000－1701－0071557　G001689　子部/雜著類/雜說之屬

掃邪歸正論一卷　無雲子遺訓一卷　（清）周惟清撰　清末刻本　一册

330000－1701－0071558　HJHA936　集部/小說類/長篇之屬

飛龍傳六十回　（清）吳璿撰　清刻本　十一册　存三十五回（五至二十九、三十七至四十二、四十六至四十九）

330000－1701－0071560　普816.6087/7743　集部/總集類/尺牘之屬

賴古堂全集三種　（清）周亮工輯　清宣統三年（1911）上海國學扶輪社石印本　十六册

330000－1701－0071561　HJHA633　史部/地理類/方志之屬/郡縣志

［光緒］高淳縣志二十八卷首一卷　（清）楊福鼎修　（清）陳嘉謀纂　清光緒七年（1881）學山書院刻本　九册　缺四卷（十三至十六）

330000－1701－0071565　G001690　史部/地理類/水利之屬

山東河務行政沿習利弊報告不分卷　高裕瑞編輯　清宣統二年（1910）山東調查局石印本　一册

330000－1701－0071566　HJHA253　史部/傳記類/職官録之屬/總録

［清宣統元年］大清搢紳全書四卷　清宣統元年（1909）榮祿堂刻本　一册　存一卷（一）

330000－1701－0071567　HJHB010　經部/叢編

皇清經解一百九十卷首一卷正訛記一卷　（清）阮元輯　清光緒十一年（1885）上海點石齋石印本　十八册　存四十九卷（首、二至三、六至九、十六、二十一至二十二、二十八、三十六、四十七、五十五、六十、七十三、七十五、八十五、九十一、一百二、一百七、一百十二至一百二十四、一百二十六、一百三十至一百三十二、一百三十四、一百四十、一百四十六至一百五十一、一百七十三、一百七十五、正訛記)

330000－1701－0071569　普 816.6087/9741　集部/總集類/彙編之屬

清暉堂同人尺牘彙存四卷　(清)惲壽平輯　清咸豐七年(1857)來青閣刻本　一冊

330000－1701－0071570　HJHA634　史部/地理類/方志之屬/郡縣志

[光緒]續纂江寧府志十五卷首一卷勘誤一卷　(清)蔣啓勛　(清)趙佑宸修　(清)汪士鐸等纂　清光緒六年(1880)刻十年(1884)印本　十冊　存七卷(十至十五、勘誤)

330000－1701－0071571　G001691　史部/地理類/遊記之屬/紀行

瀛海鱗鴻記二卷　林介弼撰　清光緒二十年(1894)鉛印本　漁村題記　一冊

330000－1701－0071573　G001634　子部/雜著類/雜說之屬

槐軒約言一卷　(清)劉沅撰　清守經堂刻本　一冊

330000－1701－0071575　HJHA937　集部/總集類/課藝之屬

國朝文才調集不分卷　(清)許振禕輯　清光緒十八年(1892)上海廣百宋齋鉛印本　七冊

330000－1701－0071576　G001692　史部/傳記類/別傳之屬

永思集輓章一卷　(清)鄒天嘉輯　清康熙五十六年(1717)刻本　一冊

330000－1701－0071577　普 814.7/8728　集部/別集類/清別集

含英軒文集十六卷(學堂芻言一卷經世曝言二卷中史辨論三卷外史論要六卷記傳雜著四卷)　鄭傳笈撰　清光緒三十年(1904)競化書局鉛印本　一冊　存一卷(記傳雜著一)

330000－1701－0071578　HJHA635　集部/總集類/選集之屬/斷代

唐詩三百首註疏六卷　(清)孫洙編　(清)章燮注　清末上海掃葉山房刻本　五冊　缺一卷(二)

330000－1701－0071580　G001635　史部/政書類/儀制之屬/專志/科舉校規

兩廣高等學堂章程不分卷　清光緒三十一年(1905)兩廣學務處印刷所鉛印本　一冊

330000－1701－0071581　HJHA257　史部/傳記類/職官録之屬/總録

[清光緒三十四年]大清最新搢紳錄四卷　清光緒三十四年(1908)榮祿堂刻本　三冊　缺一卷(一)

330000－1701－0071584　G001693、G003633、G003723、G007827、G010401、G009578、G011379　子部/醫家類/方書之屬/單方驗方

驗方新編二十四卷　(清)鮑相璈輯　清刻本　十冊　存十三卷(六至十二、十五至十七、二十至二十二)

330000－1701－0071585　G001636　子部/術數類/占卜之屬

大六壬大全十三卷　(清)郭載騋編　清康熙懷慶楊衙刻本　六冊

330000－1701－0071586　HJLA072　史部/地理類/方志之屬/郡縣志

嘉靖海寧縣志九卷首一卷附錄一卷　(明)蔡完修　(明)董穀纂　清光緒二十四年(1898)許仁沐刻本　二冊

330000－1701－0071587　普 925.17/2847.8　集部/總集類/彙編之屬

壽萱堂集不分卷忘憂草堂題詞一卷　(清)徐佐治輯　清道光二十四年(1844)錢塘徐佐治刻本　五冊

330000－1701－0071589　HJHA636　史部/政書類/軍政之屬/兵制

杭州八旗駐防營志略二十五卷　(清)張大昌輯　清光緒十九年(1893)浙江書局刻本　五冊　存二十卷(六至二十五)

330000－1701－0071590　普 814.7/8733　集

部/别集類/清别集

寒村詩文選 (清)鄭梁撰 清康熙紫蟾山房刻增修本 四十册 存三十五卷(寒村見黄稿詩刪一至五,寒村五丁詩稿一至五,寒村安庸集,寒村玉堂集,寒村歸省偶錄,寒村玉堂後集,寒村寶善堂集一至二,寒村白雲軒集一至二,寒村南行雜錄,寒村高州詩集一至二,寒村見黄稿一至二,寒村五丁集一至二,寒村安庸一至二,寒村雜錄一至二、補,半生亭詩文集,寒村息尚編一至四)

330000－1701－0071591 G001637、G003982、G007805、G009565 子部/儒家類/儒學之屬/經濟

皇朝經世文續編一百二十卷姓名總目二卷 (清)盛康輯 盛宣懷編次 清光緒二十三年(1897)武進盛氏思補樓刻本 六十七册 存一百三卷(一至十三、十四至三十三、三十四至三十六、三十九至四十一、四十五至七十五、九十至一百二十、姓名總目一至二)

330000－1701－0071595 HJLA637 史部/傳記類/科舉録之屬/歷科鄉試録

[光緒己卯科]浙江鄉試第壹房至第十三房硃卷不分卷 (清)李鵬飛等撰 清光緒刻本 十三册

330000－1701－0071597 G001638 子部/儒家類/儒學之屬/經濟

皇朝經世文續新編三十卷 (清)儲桂山輯 清光緒二十八年(1902)義記書局石印本 十二册

330000－1701－0071598 普 814.7/8733/(2)/c1 集部/别集類/清别集

寒村詩文選三十六卷 (清)鄭梁撰 清康熙紫蟾山房刻本 十四册

330000－1701－0071602 HJHA073 類叢部/叢書類/自著之屬

振綺堂遺書五種 (清)汪遠孫撰 清道光刻民國十一年(1922)錢唐汪氏彙印本 一册 存一種

330000－1701－0071604 普 814.7/8733/(2)/c3 集部/别集類/清别集

寒村詩文選三十六卷 (清)鄭梁撰 清康熙紫蟾山房刻本 十五册

330000－1701－0071606 G001694 史部/傳記類/總傳之屬/仕宦

歷代名臣言行錄二十四卷首一卷 (清)朱桓輯 清光緒三十一年(1905)上海文盛堂書局石印本 八册

330000－1701－0071607 HJHA254 史部/傳記類/職官録之屬/總録

[清光緒三十二年]大清搢紳全書四卷 清光緒三十二年(1906)榮祿堂刻本 四册

330000－1701－0071608 G001639、G002995 集部/詩文評類/詩評之屬

宋詩紀事一百卷 (清)厲鶚 (清)馬曰琯輯 清乾隆十一年(1746)厲氏樊榭山房刻本 徐行恭題簽 二十四册

330000－1701－0071609 普 925.17/31911/c1 史部/傳記類/别傳之屬/年譜

雙池先生[汪烜]年譜四卷 (清)余龍光編 清同治五年(1866)婺源余氏刻本 二册

330000－1701－0071610 普 816.64/4407 集部/别集類/宋别集

山谷老人刀筆二十卷 (宋)黄庭堅撰 清同治十二年(1873)刻本 四册

330000－1701－0071611 普 925.17/2896.8 史部/傳記類/雜傳之屬

徐羅山宰山陰政績二卷 (清)徐聯奎編 清嘉慶十四年(1809)刻本 一册

330000－1701－0071613 G001695 新學/史志/帝王傳

歐洲八大帝王傳不分卷 (英國)李提摩太撰 清光緒二十五年(1899)上海廣學會鉛印本 一册

330000－1701－0071614 普 816.67/4030.2 集部/别集類/清别集

李文忠公朋僚函稿二十四卷 (清)李鴻章撰 (清)吳汝綸輯 清光緒二十八年(1902)蓮

池書社鉛印本　十二冊

330000－1701－0071615　普 814.7/8735/c1　集部/總集類/郡邑之屬
慈谿文徵　清光緒十八年(1892)赭山楊氏經畬塾刻本　一冊　存二種

330000－1701－0071616　G001700　集部/總集類/郡邑之屬
兩浙輶軒錄四十卷補遺十卷姓氏韻編二卷　(清)阮元輯　清同治六年(1867)刻本　三十二冊

330000－1701－0071617　普 925.17/31911/c2　史部/傳記類/别傳之屬/年譜
雙池先生[汪烜]年譜四卷　(清)余龍光編　清同治五年(1866)婺源余氏刻本　二冊

330000－1701－0071618　G001696　子部/小説家類/異聞之屬
蜨階外史四卷　(清)高繼珩撰　清宣統三年(1911)上海廣益書局石印本　二冊

330000－1701－0071619　普 925.17/31911.2/c3　史部/傳記類/别傳之屬/年譜
雙池先生[汪烜]年譜四卷　(清)余龍光編　清同治五年(1866)婺源余氏刻光緒九年(1883)增刻本　二冊

330000－1701－0071620　G001761　史部/傳記類/總傳之屬/通代
百將圖傳二卷　(清)丁日昌編　清同治八年(1869)江蘇書局刻本　二冊

330000－1701－0071621　普 816.64/4407/2　集部/别集類/宋别集
山谷老人刀筆二十卷　(宋)黄庭堅撰　清嘉慶十年(1805)萬承風如月山房刻本　四冊

330000－1701－0071624　HJHA939　集部/小説類/長篇之屬
繡像海上繁華夢新書初集六卷三十回二集六卷三十回後集八卷四十回　孫家振撰　清光緒三十一年至三十二年(1905－1906)上海笑林報館鉛印本　二冊　存二卷(二集一、三)

330000－1701－0071625　普 814.7/8735/c2　集部/總集類/郡邑之屬
慈谿文徵　清光緒十八年(1892)赭山楊氏經畬塾刻本　一冊　存二種

330000－1701－0071627　HJHA255　史部/傳記類/職官録之屬/總録
[清同治十年]大清搢紳全書四卷　清同治十年(1871)榮禄堂刻本　四冊

330000－1701－0071628　G001697　集部/别集類/漢魏六朝别集
陶淵明文集十卷　(晉)陶潛撰　清宣統二年(1910)上海著易堂書局石印本　四冊

330000－1701－0071630　G001698　史部/政書類/公牘檔冊之屬
南洋勸業會審查得獎名冊不分卷　清宣統二年(1910)上海商務印書館鉛印本　一冊

330000－1701－0071635　G001781　集部/總集類/氏族之屬
錢氏三世五王集五卷　(清)錢玫輯　清嘉慶十四年(1809)刻本　二冊

330000－1701－0071636　G001762　集部/詞類/類編之屬
題襟集八種　翁之潤編　清光緒二十四年(1898)宣南刻本　一冊　存一種

330000－1701－0071637　普 814.7/8764　集部/别集類/清别集
鄭靜菴先生詩集五卷文集五卷蓉渚别集一卷醒世格言一卷　(清)鄭日奎撰　清木活字印本　八冊

330000－1701－0071639　普 816.64/4407.3/2　集部/别集類/宋别集
黄山谷尺牘十卷　(宋)黄庭堅撰　清光緒三十四年(1908)上海掃葉山房石印本　四冊

330000－1701－0071640　G001699　史部/詔令奏議類/詔令之屬
諭旨一卷(清光緒三十二年)　清光緒鉛印本　一冊

330000－1701－0071643　G001763　類叢部/叢書類/家集之屬
左海續集十一種　(清)陳壽祺　(清)陳喬樅撰　清道光至同治刻本　一册　存一種

330000－1701－0071645　G001764　類叢部/叢書類/彙編之屬
藝海珠塵一百六十四種　(清)吳省蘭輯　清嘉慶南匯吳氏聽彝堂刻道光三十年(1850)金山錢氏漱石軒增刻重印本　八册　存二十種

330000－1701－0071646　G001701　集部/曲類/寶卷之屬
如如老祖化度眾生指往西方寶卷全集一卷　清杭州瑪瑙經房刻本　一册

330000－1701－0071647　普 816.64/4453　集部/總集類/尺牘之屬
增批蘇黃尺牘合編　(清)黃始箋輯　清光緒三十四年(1908)上海著易堂石印本　三册　存一種

330000－1701－0071650　G001702　經部/四書類/總義之屬/傳說
四書訓解參證十二卷補遺四卷續補編四卷　(清)張定鋆撰　清咸豐二年(1852)、同治四年(1865)、九年(1870)刻本　四册

330000－1701－0071654　HJHA078　子部/雜著類/雜纂之屬
新輯頤人奇談四卷　(清)胡澹庵編　(清)錢慎齋增訂　清光緒三十二年(1906)海上書局石印本　四册

330000－1701－0071655　普 814.7/8777　集部/别集類/清别集
寒村詩文選　(清)鄭梁撰　清康熙紫蟾山房刻增修本　十二册　存十四卷(寒村見黃稿一至二,寒村五丁集一至二,寒村安庸集一至二,寒村雜錄一至二、補,半生亭詩文集,寒村息尚編一至四)

330000－1701－0071656　HJHA256　類叢部/叢書類/彙編之屬
知不足齋叢書一百九十五種　(清)鮑廷博編　(清)鮑士恭續編　清乾隆三十七年至道光三年(1772－1823)長塘鮑氏刻彙印本　一册　存一種

330000－1701－0071657　G001703　史部/傳記類/别傳之屬/年譜
丹魁堂[季芝昌]自訂年譜一卷感遇錄一卷　(清)季芝昌撰　清咸豐十一年(1861)江陰季氏崇川刻本　一册

330000－1701－0071658　HJHA985　經部/小學類/文字之屬/字書/字典
字典考證十二集三十六卷　(清)王引之等撰　清光緒二年(1876)湖北崇文書局刻本　五册　缺六卷(辰集、巳集)

330000－1701－0071667　普 816.67/4038　集部/總集類/氏族之屬
李氏家集四種　(清)李菊房編　清康熙刻乾隆二十四年(1759)金氏續刻本　一册　存一種

330000－1701－0071668　普 814.7/8799/2/c2　集部/别集類/清别集
板橋集六卷　(清)鄭燮撰　清清暉書屋刻本　四册

330000－1701－0071670　HJLA079　集部/别集類/明别集
六如先生文韻一卷　(明)祝枝山評　(明)念菴居士輯　清末上海袖海山房石印本　一册

330000－1701－0071672　HJHA940　子部/醫家類/本草之屬/歷代綜合本草
本草綱目五十二卷　(明)李時珍撰　清芥子園刻本　二册　存二卷(一至二)

330000－1701－0071675　普 814.7/8799/2/c4　集部/别集類/清别集
板橋集六卷　(清)鄭燮撰　清清暉書屋刻本　四册

330000－1701－0071676　G001704　經部/小學類/文字之屬/說文
說文通檢十四卷首一卷末一卷　(清)黎永椿撰　清刻本　二册

330000－1701－0071677　普 816.67/4039　集部/別集類/清別集
左文襄公書牘節要二十六卷家書二卷　(清)左宗棠撰　清末刻本　二十八冊

330000－1701－0071680　HJHA941　集部/總集類/選集之屬/通代
賦學指南□□卷　清刻本　三冊　存五卷(初集三至四、二集二至四)

330000－1701－0071681　普 814.7/8799/2(2)/c2　集部/別集類/清別集
板橋集六卷　(清)鄭燮撰　清清暉書屋刻本　二冊

330000－1701－0071685　G001705　集部/別集類/清別集
粟香室文稿一卷　金武祥撰　清光緒木活字印本　一冊

330000－1701－0071687　G001765　集部/別集類/清別集
香葉草堂詩存一卷　(清)羅聘撰　清嘉慶元年(1796)刻道光十四年(1834)印本　一冊

330000－1701－0071688　G001706　子部/宗教類/道教之屬
道貫真源十八種　(清)董德寧輯　清乾隆至嘉慶古越集陽樓刻本　二冊　存一種

330000－1701－0071690　HJHA942　經部/四書類/總義之屬/傳說
四書人物類典串珠四十卷　(清)臧志仁輯　清寧波汲綆齋刻本　三冊　存六卷(一、十三至十四、二十一至二十三)

330000－1701－0071692　普 814.7/8799/3/c1　集部/別集類/清別集
板橋集六卷　(清)鄭燮撰　清三樂堂刻本　一冊

330000－1701－0071693　HJHA080　子部/小說家類/雜事之屬
金壺七墨六種　(清)黃鈞宰撰　清光緒二十一年(1895)上海掃葉山房石印本　四冊

330000－1701－0071694　普 816.66/1042　集部/總集類/尺牘之屬
國朝七名公尺牘八卷　(明)屠隆輯　清末古沙羅館抄本　五冊　存二卷(王鳳洲尺牘一至二)

330000－1701－0071699　G001707　經部/書類/分篇之屬
禹貢因一卷　(清)沈練撰　清光緒十八年(1892)溧陽沈氏歸安縣署刻本　一冊

330000－1701－0071700　G001766　史部/詔令奏議類/奏議之屬
吳光祿使閩奏稿彙存二卷　(清)吳贊誠撰　清光緒十二年(1886)潛川吳氏木活字印本　二冊

330000－1701－0071705　HJLA259　史部/傳記類/總傳之屬/通代
涵芬樓古今文鈔小傳四卷首一卷附錄一卷　商務印書館編譯所編　清宣統三年(1911)上海商務印書館鉛印本　一冊

330000－1701－0071706　普 816.66/2749/c1　集部/別集類/明別集
歸震川先生尺牘二卷　(明)歸有光撰　清康熙三十八年(1699)常熟顧楨如月樓刻本　一冊

330000－1701－0071707　G001708、G003054　子部/儒家類/儒學之屬/性理
藥言四卷藥言賸稿四卷　(清)李惺撰　清光緒三十三年(1907)江蘇提學署刻本　二冊

330000－1701－0071708　普 816.67/4048/2　類叢部/叢書類/自著之屬
隨園三十種　(清)袁枚撰　清刻本　四冊　存二種

330000－1701－0071709　HJHA944　子部/宗教類/佛教之屬
佛說大乘通玄法華真經十卷　清光緒二十三年(1897)會稽吳筠清刻本　三冊

330000－1701－0071711　G001767　集部/曲類/寶卷之屬

彌勒佛說地藏十王寶卷二卷　清光緒二十九年(1903)杭州高麗寺木活字印本　張林謙題簽並記　二冊

330000－1701－0071712　普 816.66/2749/c2　集部/别集類/明别集
歸震川先生尺牘二卷　(明)歸有光撰　清康熙三十八年(1699)常熟顧械如月樓刻本　一冊

330000－1701－0071713　HJHA986　集部/别集類/清别集
曝書亭集八十卷附録一卷　(清)朱彝尊撰　**笛漁小稾十卷**　(清)朱昆田撰　清刻本　十二冊　存六十七卷(十二至二十一、三十四至八十、笛漁小稾一至十)

330000－1701－0071715　HJHB012　集部/别集類/明别集
太史升菴全集八十一卷目録二卷　(明)楊慎撰　(明)楊有仁輯　**升菴先生[楊慎]年譜一卷**　清乾隆六十年(1795)新都周氏養拙山房刻本　十七冊　存七十四卷(一至八、十六至八十一)

330000－1701－0071718　G001709　子部/宗教類/其他宗教之屬/基督教
正教奉褒不分卷　(清)黄伯禄撰　清光緒十年(1884)上海慈母堂鉛印本　一冊

330000－1701－0071719　HJLA945　子部/雜著類/雜說之屬
醒民一喝棒一卷　贚蝯撰　清末石印本　一冊

330000－1701－0071720　G001768　集部/戲劇類/傳奇之屬
茗雪山房二種曲四卷　(清)彭劍南撰　清道光六年(1826)彭氏茗雪山房刻本　一冊　存一種

330000－1701－0071723　G001710　史部/傳記類/總傳之屬/列女
玉鈎集一卷　清光緒二十四年(1898)蔚文書局鉛印本　清苑清題記　一冊

330000－1701－0071727　G001769　子部/儒家類/儒學之屬/蒙學
弟子規一卷　(清)李毓秀撰　清濟公庠序刻本　一冊

330000－1701－0071730　G001711　類叢部/叢書類/自著之屬
傳經堂叢書十二種　(清)洪頤煊撰　清嘉慶至道光臨海洪氏刻本　六冊　存一種

330000－1701－0071731　HJHA987　集部/别集類/清别集
定山堂詩集四十三卷詩餘四卷　(清)龔鼎孳撰　**芳草詞一卷**　(清)龔士稚撰　清光緒九年(1883)聖彝書屋刻本　八冊　存十六卷(一至十六)

330000－1701－0071732　HJLA639　集部/别集類/清别集
託素齋詩集四卷文集六卷　(清)黎士弘撰　**皇清誥授中大夫整飭寧夏河西河東道督理糧儲鹽法山西承宣布政使司參政享八十壽顯考媿曾府君[黎士弘]行述一卷**　(清)黎文遠等撰　清康熙刻雍正二年(1724)黎致遠增刻本　四冊　存三卷(詩集一、文集四至五)

330000－1701－0071733　普 814.7/8799/3/c2　集部/别集類/清别集
板橋集六卷　(清)鄭燮撰　清刻本　四冊

330000－1701－0071734　普 925.17/2834.2　史部/傳記類/别傳之屬/年譜
斯未信齋主人[徐宗幹]自訂年譜一卷　(清)徐宗幹撰　清同治六年(1867)南通徐氏刻本　一冊

330000－1701－0071736　G001712　史部/地理類/外紀之屬
客韓筆記一卷　(清)許寅輝撰　清光緒三十二年(1906)長沙刻本　一冊

330000－1701－0071747　G001770　子部/儒家類/儒學之屬/禮教
養知録八卷　(清)紀昭撰　清乾隆四十九年(1784)紀汝倫刻本　一冊

330000－1701－0071751　HJHB013　史部/紀傳類/正史之屬

二十四史附考證　清光緒十年(1884)上海同文書局石印本　二冊　存二種

330000－1701－0071753　G001714　集部/別集類/清別集

缶廬詩四卷別存三卷　吳昌碩撰　清光緒十九年(1893)刻本　一冊

330000－1701－0071754　HJHA949　子部/宗教類/佛教之屬

金剛般若經註解全集五種　(明)王源靜重集　清刻本　三冊　存三種

330000－1701－0071755　G001771　集部/別集類/清別集

藉綠軒詩集六卷　(清)程贊清撰　清道光刻本　四冊

330000－1701－0071756　普 814.7/8799/10　集部/別集類/清別集

板橋集六卷　(清)鄭燮撰　清清暉書屋刻本　四冊

330000－1701－0071758　HJHB014　史部/紀傳類/正史之屬

欽定二十四史　清光緒二十八年(1902)上海文瀾書局石印本　一百冊　存十九種

330000－1701－0071759　G001772　子部/藝術類/書畫之屬/總論

畫禪室隨筆四卷　(明)董其昌撰　清乾隆三十三年(1768)董紹敏刻本　六冊

330000－1701－0071761　普 814.7/8848/c2　集部/別集類/清別集

韞山堂文集八卷詩集十六卷　(清)管世銘撰　清光緒二十年(1894)吳炳讀雪山房刻本　五冊

330000－1701－0071762　HJLA641　集部/別集類/清別集

白石山房集二十六卷　(清)李振裕撰　清康熙刻本　三冊　存三卷(二十二、二十五至二十六)

330000－1701－0071764　普 925.17/3193.2/c2　史部/傳記類/別傳之屬/年譜

病榻夢痕錄二卷錄餘一卷　(清)汪輝祖撰　清末刻本　三冊

330000－1701－0071765　普 814.7/8848/c3　集部/別集類/清別集

韞山堂文集八卷詩集十六卷　(清)管世銘撰　清光緒二十年(1894)吳炳讀雪山房刻本　五冊

330000－1701－0071766　HJHA993　類叢部/叢書類/彙編之屬

函海一百五十二種　(清)李調元編　清乾隆綿州李氏萬卷樓刻嘉慶十四年(1809)李鼎元、道光五年(1825)李朝夔重校補刻本　三十冊　存八種

330000－1701－0071769　G001773　史部/地理類/遊記之屬/紀行

南遊記一卷　(清)孫嘉淦撰　清光緒二十年(1894)始豐張氏四明刻暢園叢書甲函本　王文淵題記　一冊

330000－1701－0071770　普 816.67/4217/c2　集部/別集類/清別集

惜抱先生尺牘八卷　(清)姚鼐撰　清宣統元年(1909)廉氏小萬柳堂刻本　四冊

330000－1701－0071772　HJLA951　新學/政治法律/律例

法制教科書二卷　(日本)添田壽一撰　(清)楊兆鵬譯　清光緒三十二年(1906)上海震東學社石印本　二冊

330000－1701－0071775　普 814.7/8848/2　集部/別集類/清別集

韞山堂文集八卷詩集十六卷　(清)管世銘撰　清光緒二十年(1894)吳炳讀雪山房刻本　六冊

330000－1701－0071777　G001715　史部/傳記類/別傳之屬/年譜

張楊園先生[履祥]年譜四卷　(清)姚夏編　(清)陳梓增訂　**附錄一卷**　(清)陳梓輯　清

道光十四年(1834)補讀書齋刻本　一册

330000－1701－0071778　普 816.67/4217/2　類叢部/叢書類/彙編之屬
海源閣叢書六種續刊一種　(清)楊以增編　清咸豐二年至五年(1852－1855)聊城楊氏海源閣刻本　四册　存一種

330000－1701－0071779　HJHA643　經部/詩類/文字音義之屬
毛詩古音攷四卷附讀詩拙言一卷　(明)陳第編輯　清光緒六年(1880)武昌張裕釗刻本　三册　缺一卷(三)

330000－1701－0071785　普 814.7/8877　集部/別集類/清別集
因寄軒文初集十卷二集六卷補遺一卷　(清)管同撰　**埘刻小異遺文一卷**　(清)管嗣復撰　清光緒五年(1879)顧雲等刻九年(1883)補刻本　章鈺題記　四册

330000－1701－0071786　G001716、G011077　類叢部/叢書類/彙編之屬
拜楳山房几上書(拜梅山房几上書)二十三種　(清)陳鍾原編　清刻本　二册　存十二種

330000－1701－0071787　HJHA954　子部/宗教類/佛教之屬
佛說大乘通玄法華真經十卷　清光緒二十三年(1897)會稽吳筠清刻本　三册

330000－1701－0071788　G001774　集部/別集類/清別集
湖海樓全集五十一卷　(清)陳維崧撰　清光緒十七年至十九年(1891－1893)弇山鐸署刻本　清王子聲題記　十六册

330000－1701－0071793　HJHA644　子部/雜著類/雜考之屬
丹鉛總錄二十七卷　(明)楊慎撰　明萬曆新安汪宗尼刻本　一册　存四卷(一至四)

330000－1701－0071794　普 925.17/3202.2　史部/傳記類/別傳之屬/年譜
三松[潘奕雋]自訂年譜一卷　(清)潘奕雋撰　清道光十年(1830)吳縣潘遵祁刻本　一册

330000－1701－0071796　HJHA955　子部/宗教類/佛教之屬
佛說大乘通玄法華真經十卷　清光緒二十三年(1897)會稽吳筠清刻本　三册

330000－1701－0071797　普 816.67/0027　集部/別集類/清別集
質園尺牘二卷　(清)商盤撰　清道光二十二年(1842)余應松刻本　二册

330000－1701－0071800　HJHB015　類叢部/叢書類/自著之屬
西堂全集二種附一種　(清)尤侗撰　清刻本　二十三册　缺三卷(西堂雜組一集一至三)

330000－1701－0071805　HJLA645　史部/地理類/山川之屬/水志
永定河續志十六卷首一卷附刻一卷補錄一卷　(清)朱其詔修　(清)蔣廷臯纂　清光緒六年(1880)刻八年(1882)重修本　二册　存五卷(十四至十六、附刻、補錄)

330000－1701－0071806　G001717　新學/議論/論政
癸卯時務策一卷　江峯青撰　清宣統元年(1909)刻本　一册

330000－1701－0071809　普 925.17/3193.2/c1　類叢部/叢書類/自著之屬
龍莊遺書四種　(清)汪輝祖撰　清光緒江蘇書局刻本　三册　存一種

330000－1701－0071811　G001775　經部/小學類/文字之屬/字書/字體
六書分類十二卷首一卷　(清)傅世垚輯　清聽松閣刻本　六册

330000－1701－0071812　普 816.67/0863.013　集部/別集類/清別集
管注秋水軒尺牘四卷續刻一卷　(清)許思湄撰　(清)婁世瑞注釋　(清)管斯駿補注　清光緒十四年(1888)上海簡玉山房刻朱墨套印本　五册　缺一卷(續刻)

330000－1701－0071813　G001718　子部/宗教類

闢釋氏諸妄一卷　(明)徐光啓撰　清刻本　一册

330000－1701－0071815　G001719　經部/群經總義類/文字音義之屬
重校十三經不貳字一卷　(清)李鴻藻輯　清光緒二年(1876)滋本堂刻本　梅氏題記　一册

330000－1701－0071816　HJHA957　經部/小學類/文字之屬/字書/字體
六書通十卷　(清)閔齊伋撰　(清)畢弘述篆訂　清刻本　一册　存二卷(五至六)

330000－1701－0071818　普816.67/4448.01　集部/總集類/尺牘之屬
玉餘尺牘續編四卷　(清)莊士敏撰　清光緒十年(1884)刻本　四册

330000－1701－0071819　HJHA646　集部/别集類/清别集
三松堂詩集二十卷詩續集六卷文集四卷水雲笛譜一卷三松[潘奕雋]自訂年譜一卷　(清)潘奕雋撰　清同治九年至十一年(1870－1872)潘遵祁刻本　一册　存一卷(三松自訂年譜)

330000－1701－0071820　HJHA046　子部/宗教類/佛教之屬
科儀二卷　清光緒四年(1878)刻本　一册

330000－1701－0071822　HJHA047　子部/宗教類/佛教之屬
科儀二卷　清光緒四年(1878)刻本　一册

330000－1701－0071823　普816.67/1042　集部/别集類/清别集
弢園尺牘十二卷　(清)王韜撰　清光緒六年(1880)天南遯窟鉛印本　二册　存六卷(一至六)

330000－1701－0071825　G001776　子部/雜著類/雜説之屬
香祖筆記十二卷　(清)王士禛撰　清宣統三年(1911)上海掃葉山房石印本　四册

330000－1701－0071826　普816.67/4448.02/c1　集部/别集類/清别集
玉餘尺牘附編八卷　(清)莊士敏撰　清光緒六年(1880)大亭山館刻本　四册

330000－1701－0071827　G001720　經部/小學類/文字之屬/字書
增補字學舉隅三種三卷　(清)張仰山編　清光緒二年(1876)刻本　一册

330000－1701－0071828　G001777、G008169　史部/政書類/律令之屬/刑制
秋讞輯要六卷首一卷　(清)剛毅輯　清光緒十五年(1889)江蘇書局刻本　七册　存六卷(一至六)

330000－1701－0071831　HJHA048　集部/曲類/寶卷之屬
呂祖師降諭遵信玉曆鈔傳閻王經不分卷　清光緒二十二年(1896)蘇城瑪瑙經房刻本　一册

330000－1701－0071835　G001778　子部/雜著類
樂善録十卷首一卷　(清)丁丙撰　清光緒二十七年(1901)錢塘丁氏刻本　五册　存八卷(首、一至七)

330000－1701－0071836　普816.67/1042/3/c1　集部/别集類/清别集
弢園尺牘十二卷　(清)王韜撰　清光緒六年(1880)天南遯窟鉛印本　四册

330000－1701－0071837　普816.67/1042/3/c2　集部/别集類/清别集
弢園尺牘十二卷　(清)王韜撰　清光緒六年(1880)天南遯窟鉛印本　四册

330000－1701－0071838　G001779　子部/雜家類
鬼谷子三卷　(南朝梁)陶弘景注　**篇目考一卷附録一卷**　(清)秦恩復撰輯　清乾隆五十四年(1789)江都秦氏石研齋刻本　一册

330000－1701－0071840　普816.67/1042.2　集部/别集類/清别集

弢園尺牘續鈔六卷　(清)王韜撰　清光緒十五年(1889)鉛印本　孫異題記　二冊

330000－1701－0071841　G001780　集部/總集類/選集之屬/通代

古唐詩合解十二卷古詩四卷　(清)王堯衢注　清道光二十五年(1845)德華堂刻本　二冊

330000－1701－0071842　G001721、G006030　史部/傳記類/總傳之屬/家乘

[江蘇吴江]顧氏族譜八卷首一卷末一卷　(清)顧鼎勳纂修　清康熙四十一年(1702)務本堂刻本　二冊　存五卷(首、一至二、八、末)

330000－1701－0071844　G001722、G011389　經部/書類/傳說之屬

欽定書經圖說五十卷繪圖五百七十幅　(清)孫家鼐等撰　(清)詹秀林　(清)詹步魁繪圖　清光緒三十一年(1905)石印本　十六冊

330000－1701－0071847　HJHA814　子部/宗教類/佛教之屬

佛說大乘通玄法華真經十卷　清光緒二十三年(1897)會稽吴筠清刻本　曹仲旒題簽　三冊

330000－1701－0071853　HJHA958　集部/總集類/選集之屬/通代

詩源初集十七卷　(清)姚佺輯　清刻本　一冊　存一卷(粤)

330000－1701－0071856　普816.8/2530　類叢部/叢書類/彙編之屬

懷豳雜俎十二種　徐乃昌編　清光緒至宣統南陵徐氏刻本　二冊　存一種

330000－1701－0071857　HJHA959　經部/叢編

仿宋相臺五經附考證　清刻本　一冊　存一種

330000－1701－0071858　普925.17/3193.2/3　史部/傳記類/別傳之屬/年譜

病榻夢痕録二卷餘一卷　(清)汪輝祖撰　清嘉慶刻汪龍莊先生遺書合刊本　釣月山人題記　四冊

330000－1701－0071859　普816.67/4448.02/c2　集部/別集類/清別集

玉餘尺牘附編八卷　(清)莊士敏撰　清光緒六年(1880)大亭山館刻本　二冊

330000－1701－0071861　普925.17/3234.2/c1　史部/傳記類/別傳之屬/年譜

潘文勤公[祖蔭]年譜一卷　潘祖年编　清光緒刻本　一冊

330000－1701－0071867　HJHA960　子部/宗教類/佛教之屬

佛說大乘通玄法華真經十卷　清光緒二十三年(1897)會稽吴筠清刻本　三冊

330000－1701－0071869　HJHA961　子部/宗教類/佛教之屬

佛說大乘通玄法華真經十卷　清光緒二十三年(1897)會稽吴筠清刻本　三冊

330000－1701－0071870　普925.17/3234.2/c2　史部/傳記類/別傳之屬/年譜

潘文勤公[祖蔭]年譜一卷　潘祖年编　清光緒刻本　一冊

330000－1701－0071871　普816.8/2623　類叢部/叢書類/彙編之屬

小穜字林叢刻七種　(清)吴受福編　清光緒刻本　一冊　存二種

330000－1701－0071875　HJHA962　集部/別集類/唐五代別集

杜詩詳註二十五卷首一卷附編二卷　(唐)杜甫撰　(清)仇兆鰲輯註　清刻本　一冊　存一卷(二十五)

330000－1701－0071876　HJLA052　史部/政書類/通制之屬

地方自治制論一卷　(清)馬賽講述　(清)汪貢夫筆譯　清光緒二十八年(1902)上海廣智書局鉛印本　一冊

330000－1701－0071877　HJHA992　集部/總集類/選集之屬/斷代

國朝正雅集九十九卷首一卷　(清)符葆森輯　清咸豐六年至七年(1856－1857)京師半畝園刻本　十二册　存三十六卷(三至十一、十九至二十五、七十四至八十三、八十七至九十二、九十六至九十九)

330000－1701－0071878　普 816.67/4473　子部/雜著類
采菽堂書牘一卷黄陵書牘一卷　(清)黄陵道人撰　清光緒二十五年(1899)申江鉛印本　二册

330000－1701－0071879　HJLA053　史部/政書類/通制之屬
地方自治淺説一卷　孟森撰　清光緒三十四年(1908)上海商務印書館鉛印本　一册

330000－1701－0071880　G001782　經部/讖緯類/易緯之屬
易緯八種　(漢)鄭玄注　清道光八年(1828)福建南海吴榮光刻十年(1830)、二十七年(1847)補刻本　程耿題記　二册

330000－1701－0071882　普 925.17/3282.2　史部/傳記類/别傳之屬/年譜
潘紱庭先生[曾綬]自訂年譜一卷　(清)潘曾綬撰　(清)潘祖蔭　(清)潘祖年補編　清光緒九年(1883)吴縣潘氏刻本　一册

330000－1701－0071884　HJLA054　子部/醫家類/養生之屬/導引、氣功
健腦術一卷　(日本)記憶學會編　(清)楊蘢纂譯　清光緒三十四年(1908)上海均益圖書公司石印本　一册

330000－1701－0071886　G001723　集部/别集類/清别集
松月山莊詩鈔十六卷　(清)陸文傑撰　清道光刻本　二册

330000－1701－0071887　普 816.67/5533　集部/别集類/清别集
倦圃曹先生尺牘二卷　(清)曹溶撰　(清)胡泰選　清刻本　四册

330000－1701－0071889　HJLA994　子部/儒家類/儒學之屬/俗訓
人譜一卷人譜類記二卷　(明)劉宗周撰　清光緒三十年(1904)上海支那新書局石印本　二册　缺一卷(人譜)

330000－1701－0071891　HJLA055　新學/交涉/公法
公法通義一卷　(清)唐巘丞撰　清光緒二十八年(1902)中華編譯書館鉛印本　一册

330000－1701－0071894　普 816.8/2672/c1　史部/傳記類/總傳之屬/技藝
古今楹聯彙刻小傳十二卷首集一卷外集一卷　吴隱輯　清光緒三十二年(1906)西泠印社刻本　二册

330000－1701－0071897　HJLA198　史部/政書類/邦計之屬
教育芻言三卷　(清)陳玉澍撰　清光緒三十一年(1905)鉛印本　二册

330000－1701－0071898　G001724　類叢部/叢書類/彙編之屬
古香齋袖珍十種　清康熙至乾隆刻本　五册　存一種

330000－1701－0071899　G001783　史部/編年類/通代之屬
資治通鑑綱目發明五十九卷　(宋)尹起莘撰　清雍正八年至十一年(1730－1733)刻嘉慶重修同治十三年(1874)補刻光緒續補刻民國二十年(1931)印本　六册

330000－1701－0071900　HJLA056　新學/政治法律/政治
立憲國民讀本二卷　商務印書館編譯所編輯　清光緒三十三年(1907)上海商務印書館鉛印本　二册

330000－1701－0071902　G001725　集部/曲類/寶卷之屬
秀英寶卷二卷　清光緒十一年(1885)刻本　一册

330000－1701－0071903　普 816.8/2672/c2　史部/傳記類/總傳之屬/技藝

古今楹聯彙刻小傳十二卷首集一卷外集一卷 吳隱輯 清光緒三十二年(1906)西泠印社刻本 二冊

330000－1701－0071906 普 925.17/2608.2 史部/傳記類/別傳之屬/年譜

皇清誥授光祿大夫太子少保兵部尚書都察院右都御史湖廣總督顯考文節府君[吳文鎔]年譜一卷 (清)吳養原撰 清咸豐至同治刻本 清楊寶鏞題簽並記 二冊

330000－1701－0071908 HJLA062 新學/政治法律/律例

憲法精理二卷 周逵編譯 清光緒二十九年(1903)上海廣智書局鉛印本 一冊

330000－1701－0071909 G001726 子部/醫家類/類編之屬

周氏醫學叢書(周澂之評注醫書、周氏彙刻醫學叢書)初集十二種二集十一種三集六種 (清)周學海編 清光緒至宣統池陽周氏刻宣統三年(1911)福慧雙修館彙印本 一冊 存二集一種

330000－1701－0071912 HJHB019 子部/醫家類/兒科之屬/通論

增訂保赤輯要一卷附種子說兩則一卷 (清)吳嘉德輯 (清)吳道鎔增訂 清光緒二十三年(1897)顧泰雲等刻本 一冊

330000－1701－0071913 G001727 集部/別集類/清別集

雙桂堂詩存四卷 (清)支清彥撰 清光緒二十四年(1898)刻本 四冊

330000－1701－0071914 普 925.17/3193.2/2 史部/傳記類/別傳之屬/年譜

病榻夢痕錄二卷錄餘一卷 (清)汪輝祖撰 清嘉慶刻本 二冊

330000－1701－0071915 普 816.8/3125/c1 子部/藝術類/遊藝之屬/聯語

魏塘楹帖錄存一卷 (清)江峯青撰 清光緒刻本 一冊

330000－1701－0071916 普 925.17/34282 史部/傳記類/別傳之屬/年譜

皇清誥授榮祿大夫工部左侍郎兼署錢法堂事務加一級顯考鼎甫府君[沈維鐈]年譜一卷 (清)沈宗涵 (清)沈宗濟撰 清光緒元年(1875)廣州刻本 一冊

330000－1701－0071917 HJLA220 子部/醫家類/類編之屬

丁氏醫學叢書 丁福保編 清光緒至宣統上海文明書局鉛印本 一冊 存一種

330000－1701－0071918 HJHA995 史部/史抄類

廿一史約編八卷首一卷 (清)鄭元慶撰 清漁古山房刻本 七冊 存八卷(首、金、石、絲、竹、土、革、木)

330000－1701－0071919 普 925.17/3142.8 集部/總集類/郡邑之屬

青南輿頌六卷首一卷續刻一卷 (清)南匯芸香草堂諸子輯 清咸豐八年(1858)、同治元年(1862)刻本 十二冊

330000－1701－0071920 G001784 經部/小學類/文字之屬/說文/傳說

繫傳四十卷 (五代)徐鍇撰 (五代)朱翺反切 清光緒九年(1883)江蘇書局刻本 徐行恭題簽 八冊

330000－1701－0071921 普 816.8/3125/c2 子部/藝術類/遊藝之屬/聯語

魏塘楹帖錄存一卷 (清)江峯青撰 清光緒刻本 一冊

330000－1701－0071922 HJLA063 子部/宗教類/其他宗教之屬

四教考略一卷 (英國)季理斐譯 清光緒三十年(1904)上海廣學會鉛印本 一冊

330000－1701－0071924 普 816.8/3125/c3 子部/藝術類/遊藝之屬/聯語

魏塘楹帖錄存一卷 (清)江峯青撰 清光緒刻本 一冊

330000－1701－0071926 HJLB020 集部/別集類/清別集

壺園雜著不分卷　（清）徐寶善撰　清道光刻本　一冊

330000－1701－0071927　G001785　集部/總集類/選集之屬/斷代
御定全唐詩錄一百卷　（清）徐倬等輯　清刻本　徐行恭題簽　三十冊

330000－1701－0071928　M002644　集部/總集類/選集之屬/通代
歷朝名媛詩詞十二卷　（清）陸昶輯　清宣統三年(1911)上海掃葉山房石印本　四冊

330000－1701－0071929　普 816.8/3308/c1　子部/藝術類/遊藝之屬/聯語
楹聯叢話十二卷續話四卷　（清）梁章鉅輯　清道光二十年(1840)桂林署齋刻本　六冊

330000－1701－0071930　普 816.8/3308/c2　子部/藝術類/遊藝之屬/聯語
楹聯叢話十二卷續話四卷　（清）梁章鉅輯　清道光二十年(1840)環碧軒刻本　六冊

330000－1701－0071931　普 816.67/6073　集部/別集類/清別集
晚村家牘真蹟□□卷　清刻本　清夢齡跋　二冊　存三卷(三至五)

330000－1701－0071932　HJLA064　新學/史志/諸國史
天下五洲各大國志要一卷　（英國）李提摩太撰　（清）鑄鐵生述　清光緒二十三年(1897)上海廣學會鉛印本　一冊

330000－1701－0071933　HJHA996　史部/編年類/通代之屬
綱鑑正史約三十六卷附記一卷　（明）顧錫疇撰　（清）陳弘謀增訂　**甲子紀元一卷**　（清）陳弘謀撰　清同治八年(1869)浙江書局刻本　十九冊　缺二卷(二十八至二十九)

330000－1701－0071938　G001728　史部/編年類/通代之屬
資治通鑑外紀十卷目錄五卷　（宋）劉恕撰　清嘉慶十六年(1811)吳郡山淵堂刻本　六冊

330000－1701－0071939　普 816.8/3308/4　子部/藝術類/遊藝之屬/聯語
楹聯叢話十二卷續話四卷　（清）梁章鉅輯　清光緒二十年(1894)呂恩湛刻本　四冊　存十二卷(一至十二)

330000－1701－0071940　HJHA082　子部/天文曆算類/算書之屬
圓錐曲線解法一卷　（清）王藝撰　清光緒三十四年(1908)上海彪蒙書室石印本　一冊

330000－1701－0071941　普 816.8/3308/5/c1、普 816.8/3308/5/c2　類叢部/叢書類/彙編之屬
宜稼堂叢書七種　（清）郁松年編　清道光二十年至二十二年(1840－1842)上海郁氏刻本　四冊　存二種

330000－1701－0071942　G001729　集部/別集類/清別集
劍虹居文集二卷詩集二卷　（清）秦煥撰　清光緒三十一年(1905)秦氏刻本　二冊

330000－1701－0071943　HJHA971　類叢部/叢書類/彙編之屬
廣漢魏叢書八十種　（明）何允中編　清嘉慶刻本　七十冊　存六十六種

330000－1701－0071944　G001786　類叢部/叢書類/彙編之屬
宋劉須溪先生較書(合刻宋劉須溪點校書)九種附一種　（宋）劉辰翁評　（明）楊人駒編　明天啓四年(1624)楊人駒刻本　二冊　存一種

330000－1701－0071945　HJLB021　集部/別集類/清別集
弇榆山房詩略十卷　（清）許喬林撰　清道光二十九年(1849)刻本　一冊　存五卷(六至十)

330000－1701－0071946　G001730　子部/藝術類/書畫之屬/題跋
習苦齋畫絮十卷　（清）戴熙撰　（清）惠年編輯　清末上海文瑞樓石印本　四冊

330000－1701－0071947　G001787　集部/別集類/清別集

欸花居詩文遺稿十卷首一卷　(清)程炌撰　清光緒四年(1878)刻本　三冊

330000－1701－0071948　G001731　集部/詞類/總集之屬

二家詞鈔五卷　樊增祥輯　清末上海會文堂石印本　二冊

330000－1701－0071949　G001732　集部/別集類/唐五代別集

李長吉集四卷外卷一卷　(唐)李賀撰　(明)黃淳耀評點　(清)黎簡批點　清宣統元年(1909)上海掃葉山房石印本　二冊

330000－1701－0071950　普 925.17/3414.2　類叢部/叢書類/自著之屬

校禮堂全集六種　(清)淩廷堪撰　清嘉慶至道光刻本　一冊　存一種

330000－1701－0071956　普 816.8/3308.2/c2　子部/藝術類/遊藝之屬/聯語

巧對錄八卷　(清)梁章鉅撰　清刻本　二冊

330000－1701－0071957　普 816.8/3308.2/c3　子部/藝術類/遊藝之屬/聯語

巧對錄八卷　(清)梁章鉅撰　清道光二十九年(1849)汲綆齋刻本　二冊

330000－1701－0071958　普 816.8/4033　類叢部/類書類/專類之屬

叩鉢齋纂應酬全書行厨集十七卷應酬詩集一卷　(清)李之澎　(清)汪建封輯　清康熙刻本　十六冊

330000－1701－0071961　G001788　子部/宗教類/道教之屬

悟真篇三註三卷　(宋)薛道光　(元)陸墅　(元)陳致虛撰　清光緒二年(1876)敦仁堂刻本　二冊

330000－1701－0071963　HJLA083　子部/醫家類

戒煙原理一卷　(清)童侃撰　清光緒三十二年(1906)古吳童園石印本　一冊

330000－1701－0071967　普 925.17/3436.2/c1　類叢部/叢書類/家集之屬

沈端恪公遺書二種　(清)沈曰富編　清同治十二年(1873)浙江書局刻本　一冊　存一種

330000－1701－0071968　G001789　經部/詩類/傳說之屬

毛詩鄭箋三十卷鄭氏詩譜一卷　(漢)鄭玄撰　**毛詩音義三卷**　(唐)陸德明撰　清嘉慶二十一年(1816)木瀆周氏刻本　五冊

330000－1701－0071970　HJLA084　新學/史志/別國史

埃及近世史一卷　(日本)柴四郎撰　麥鼎華譯　清光緒二十八年(1902)上海廣智書局鉛印本　一冊

330000－1701－0071976　G001733　史部/史抄類

史記選六卷　(清)儲欣選評　清乾隆四十五年(1780)受祉堂刻本　二冊

330000－1701－0071977　HJLA085　子部/小說家類/雜事之屬

技擊餘聞一卷　林紓輯　清光緒三十四年(1908)上海商務印書館石印本　一冊

330000－1701－0071979　G001790　集部/曲類/寶卷之屬

太華山紫金嶺兩世修行劉香寶卷全集二卷　(清)□□撰　清杭城瑪瑙經房刻本　二冊

330000－1701－0071981　HJLA728　新學/史志

新史學叢書　清光緒上海通雅書局、南京明達書莊鉛印本　一冊　存一種

330000－1701－0071984　普 816.67/7530/2/c1　集部/別集類/清別集

陳文恭公手札節要三卷　(清)陳弘謀撰　清光緒十三年(1887)東莞鄧氏江西糧署刻本　一冊

330000－1701－0071985　HJHA650　集部/小說類/長篇之屬

官場現形記五編六十卷　(清)李寶嘉撰　清

光緒三十二年(1906)上海世界繁華報館鉛印本　二十三册　缺十四卷(四十三至四十四、四十九至六十)

330000-1701-0071989　普925.17/3436.2/c2　類叢部/叢書類/家集之屬
沈端恪公遺書二種　(清)沈曰富編　清同治十二年(1873)浙江書局刻本　一册　存一種

330000-1701-0071990　HJHA086　子部/儒家類/儒學之屬/蒙學
三字經註解備要一卷　(清)賀興思注解　清光緒二十六年(1900)石印本　一册

330000-1701-0071994　HJLB024　集部/别集類/清别集
雅雨堂詩集二卷文集四卷雅雨山人出塞集一卷　(清)盧見曾撰　(清)金在恒編　清道光二十年(1840)盧樞清雅堂刻本　一册　存二卷(詩集一至二)

330000-1701-0071995　G001791　經部/易類/傳說之屬
周易本義四卷　(宋)朱熹撰　清乾隆十五年(1750)黄氏槐陰草堂刻本　四册

330000-1701-0071997　普816.67/7530/2/c2　集部/别集類/清别集
陳文恭公手札節要三卷　(清)陳弘謀撰　清光緒十三年(1887)東莞鄧氏江西糧署刻本　一册

330000-1701-0071999　G001792　經部/詩類/傳說之屬
詩經集傳八卷　(宋)朱熹撰　清乾隆十五年(1750)黄氏槐陰草堂刻本　四册

330000-1701-0072000　G001734　子部/道家類
道德經二卷附錄一卷　(漢)河上公章句　**老子道德經釋文一卷**　(唐)陸德明撰　**道德經河上公章句校勘記一卷**　清刻本　二册

330000-1701-0072001　HJLA087　史部/政書類/儀制之屬/專志/科舉校規
奏定頒行全學章程一卷　清光緒二十八年(1902)上海政藝通報社鉛印本　一册

330000-1701-0072002　普816.67/7530/3/c1　集部/别集類/清别集
陳文恭公手札節要三卷　(清)陳弘謀撰　清同治七年(1868)湖北崇文書局刻本　一册

330000-1701-0072007　普816.8/4033/2　類叢部/類書類/專類之屬
叩鉢齋應酬全書十六卷應酬詩集四卷　(清)李之澎　(清)汪建封輯　清康熙二十八年(1689)刻本　八册

330000-1701-0072010　G001793　子部/醫家類/兒科之屬/通論
幼科鍼鏡六卷　(清)夏鼎撰　清刻本　二册

330000-1701-0072011　普816.67/7530/3/c2　集部/别集類/清别集
陳文恭公手札節要三卷　(清)陳弘謀撰　清同治七年(1868)湖北崇文書局刻本　一册

330000-1701-0072012　G001735　新學/幼學
普通學歌訣一卷　(清)張一鵬撰　清光緒二十六年(1900)蘇州中西小學堂刻本　一册

330000-1701-0072016　普816.67/7530/3/c3　集部/别集類/清别集
陳文恭公手札節要三卷　(清)陳弘謀撰　清同治七年(1868)湖北崇文書局刻本　一册

330000-1701-0072021　普925.17/3428.2　史部/傳記類/别傳之屬/年譜
皇清誥授榮禄大夫工部左侍郎兼署錢法堂事務加一級顯考鼎甫府君[沈維鐈]年譜一卷　(清)沈宗涵　(清)沈宗濟撰　清光緒元年(1875)廣州刻本　一册

330000-1701-0072023　普925.17/2610.8　史部/傳記類/别傳之屬/事狀
孤忠錄二卷附錄一卷　(清)袁祖志輯　清光緒十二年(1886)上海文瑞樓刻本　二册

330000-1701-0072024　普816.67/7530.2/c1　集部/别集類/清别集

培遠堂手札節存三卷　(清)陳弘謀撰　清同治十一年(1872)江蘇書局刻本　一冊

330000－1701－0072027　普816.8/4073　子部/藝術類/遊藝之屬/聯語
聯經四卷　(清)李學禮撰　清乾隆五十五年(1790)補過堂刻本　四冊

330000－1701－0072028　HJHB026　子部/藝術類/書畫之屬/畫譜
鮑小安墨影畫冊不分卷　(清)鮑鋆撰　清光緒三十二年(1906)石印本　一冊

330000－1701－0072029　G001737　類叢部/叢書類/自著之屬
衎石齋合稾　(清)錢儀吉撰　清道光刻本　一冊　存一種

330000－1701－0072031　G001794　子部/術數類/相宅相墓之屬
地學二卷　(清)沈鎬撰　清咸豐十一年(1861)經綸堂刻本　六冊

330000－1701－0072034　HJLA552　新學/雜著
富國策一卷　(清)陳熾撰　**法國賽會總章一卷一千九百年法國賽會物件分類名目一卷**　(清)潘彥譯　**各國寶星攷畧一卷**　(清)黄致堯編譯　**長生術一卷**　(英國)解佳撰　曾廣銓譯　**西伯利亞避虐記一卷**　(美國)勞立志撰　曾廣銓譯　**中外交涉記一卷**　(英國)巴克編　曾廣銓譯　**盛世元音一卷**　(清)吴沈學撰　清末鉛印本暨石印本　一冊

330000－1701－0072035　普816.67/7530.2/c2　集部/別集類/清別集
培遠堂手札節存三卷　(清)陳弘謀撰　清同治十一年(1872)江蘇書局刻本　一冊

330000－1701－0072036　G001738　史部/傳記類/總傳之屬
復社姓氏錄一卷　(清)吴翿輯　**南都防亂公揭一卷**　清道光十一年(1831)南陔堂刻本　一冊

330000－1701－0072042　HJLB027　集部/別集類/清別集
寶硯齋詩集八卷　(清)戚芸生撰　清嘉慶二十三年(1818)戚嗣曾刻本　二冊

330000－1701－0072046　G001795　子部/儒家類/儒學之屬/蒙學
隨身寶一卷　清同治十一年(1872)眉州槐源堂刻本　一冊

330000－1701－0072047　G001739　子部/雜著類/雜說之屬
浙江風俗改良淺說第一編一卷　浙江勸學所教育會編　清宣統二年(1910)浙江官報兼印刷局鉛印本　一冊

330000－1701－0072048　普816.67/7530.3/2/c1　集部/別集類/清別集
培遠堂手札節存三卷　(清)陳弘謀撰　清光緒十七年(1891)閩藩署刻本　一冊

330000－1701－0072049　G001796　子部/小說家類/雜事之屬
閒處光陰二卷　(清)彭邦鼎撰　清光緒二十四年(1898)石印本　二冊

330000－1701－0072052　G001740　史部/政書類/儀制之屬/專志/科舉校規
科名金鍼不分卷　(清)毛昶熙輯　清光緒二年(1876)大梁書院刻本　一冊

330000－1701－0072054　普816.67/7530.3/2/c2　集部/別集類/清別集
培遠堂手札節存三卷　(清)陳弘謀撰　清光緒十七年(1891)閩藩署刻本　一冊

330000－1701－0072056　HJHA092　子部/宗教類/佛教之屬
佛說大乘通玄法華真經十卷　清光緒二十三年(1897)會稽吳筠清刻本　三冊

330000－1701－0072063　G001741　史部/傳記類/總傳之屬/家乘
桐封堂唐一卷　(清)星舫老人撰　清光緒刻本　一冊

330000－1701－0072065　HJHA449　類叢

部/類書類/通類之屬
冊府元龜獨制三十卷 （明）曹胤昌輯　清刻本　一冊　存三卷（十二至十四）

330000－1701－0072066　G001742　史部/史評類/詠史之屬
南宋雜事詩七卷 （清）沈嘉轍等撰　清武林芹香齋刻本　二冊

330000－1701－0072067　HJLA121　史部/地理類/遊記之屬/紀行
西征紀程四卷 （清）鄒代鈞撰　清光緒十七年（1891）鉛印本　二冊

330000－1701－0072069　G001743　集部/別集類/清別集
通雅齋叢稿八卷 （清）成本璞撰　清宣統元年（1909）武林刻本　一冊　存一卷（一）

330000－1701－0072070　HJHA122　子部/雜著類/雜纂之屬
增廣智囊補二十八卷 （明）馮夢龍輯　清光緒三十四年（1908）上海文盛書局石印本　五冊

330000－1701－0072073　HJLB029　類叢部/叢書類/彙編之屬
養和堂叢書八種 （清）陳維申編　清乾隆刻本　八冊　存六種

330000－1701－0072078　G001744　集部/別集類/清別集
水竹幽居一卷 （清）守瓶趣生撰　清刻本　西源題簽　一冊

330000－1701－0072080　G001745　集部/總集類/選集之屬/通代
文選六十卷 （南朝梁）蕭統輯　（唐）李善注　**文選考異十卷** （清）胡克家撰　清末上海著易堂石印本　十六冊

330000－1701－0072082　G001797　子部/宗教類/道教之屬
返性圖十卷 清同治三年（1864）刻本　十冊

330000－1701－0072086　G001746、G003514　子部/雜著類/雜說之屬
無罪草四卷 （清）吳莊撰　清宣統三年（1911）天心報社鉛印本　三冊　存三卷（一至二、四）

330000－1701－0072089　HJHA126　史部/地理類/遊記之屬/紀行
航海瑣記四種 （清）余思詒撰　清光緒三十年（1904）商務印書館鉛印本　二冊　存一種

330000－1701－0072090　HJHB030　集部/別集類/清別集
知退齋稿七卷 （清）張瑛撰　清光緒二十四年（1898）刻本　一冊　存三卷（五至七）

330000－1701－0072091　HJHA452　史部/地理類/方志之屬/通志
江蘇通志纂修采訪章程不分卷 清宣統鉛印本　一冊

330000－1701－0072092　G001747、G008545　集部/詞類/別集之屬
藝雲詞四卷 （清）俞敦培撰　清同治五年（1866）儀徵汪寶樹、安平黃蘗刻本　二冊

330000－1701－0072093　HJHA267　子部/醫家類/喉科口齒之屬/白喉
洞主仙師白喉治法忌表抉微一卷 （清）耐修子輯並注　清光緒二十五年（1899）石印本　一冊

330000－1701－0072096　HJLA453　史部/政書類/邦交之屬
約章摘要不分卷 清光緒木活字印本　一冊

330000－1701－0072097　G001748　史部/傳記類/科舉録之屬/武試録
[光緒癸巳恩科]江南武鄉試題名錄一卷 清光緒刻本　一冊

330000－1701－0072098　G001798　子部/醫家類/方書之屬/單方驗方
葛仙翁肘後奇方八卷 （晉）葛洪輯　（南朝梁）陶弘景增補　**褚氏遺書一卷** （齊）褚澄編　清光緒二十二年（1896）上海圖書集成印書局鉛印本　四冊

330000－1701－0072102　HJLA454　類叢部/叢書類/自著之屬

疇隱廬叢書　丁福保撰　清光緒無錫丁氏疇隱廬石印本　一冊　存一種

330000－1701－0072104　G001799　子部/儒家類/儒學之屬/經濟

皇朝經世文編一百二十卷姓名總目二卷　(清)賀長齡輯　清光緒二十五年(1899)上海中西書局石印本　二十四冊

330000－1701－0072105　HJHB031　集部/別集類/唐五代別集

昌黎先生集四十卷外集十卷遺文一卷　(唐)韓愈撰　(宋)廖瑩中校正　**朱子校昌黎先生集傳一卷**　(宋)朱熹撰　**韓集點勘四卷**　(清)陳景雲撰　清同治八年至九年(1869－1870)江蘇書局刻本　二冊　存七卷(二至八)

330000－1701－0072110　G001800　新學/電學

電學圖說五卷　(英國)傅蘭雅譯　清光緒十三年(1887)上海益智書會刻本　一冊

330000－1701－0072111　HJLA455　集部/總集類/選集之屬/斷代

芸館試律鈔不分卷　(清)田需等撰　清刻本　一冊

330000－1701－0072113　G001801　子部/藝術類/音樂之屬/琴學

樂府外集琴譜四卷首一卷　(清)汪烜輯　清光緒九年(1883)刻十一年(1885)印本　一冊

330000－1701－0072115　HJHA456　集部/總集類/選集之屬/通代

佩文齋詠物詩選四百八十六卷　(清)汪霦等輯　清康熙四十六年(1707)内府刻本　一冊　存二十卷(李花類、杏花類、梨花類、栗類、棗類、柰類、柑類、橘類、橙類、櫂花類、柿類、楊梅類、核桃類、枇杷花類、櫻桃類、林檎花類、荔枝類、龍眼類、橄欖類、葡萄類)

330000－1701－0072116　HJHA270　子部/藝術類/書畫之屬/書法書品

吴篆論語二卷　(清)吴大澂書　清宣統三年(1911)蘇州振新書社影印本　四冊

330000－1701－0072118　G001749　史部/政書類

欽頒州縣事宜一卷　(清)田文鏡撰　清同治十年(1871)黔陽官署刻本　一冊

330000－1701－0072119　G001802　類叢部/叢書類/自著之屬

元和蔡氏所著書三種　(清)蔡雲撰　清道光刻本　二冊　存二種

330000－1701－0072120　HJLB032　史部/政書類/軍政之屬/兵制

欽定兵部處分則例八旗三十七卷綠營三十九卷　(清)伯麟等修　(清)麇良哲等纂　清道光刻本　一冊　存二卷(八旗三十六至三十七)

330000－1701－0072122　HJHA271　史部/史抄類

韻史二卷　(清)許遯翁撰　**韻史補一卷**　(清)朱玉岑撰　清光緒十年(1884)上海同文書局石印本　一冊

330000－1701－0072123　G001750　史部/地理類/雜志之屬

荆州記三卷　(南朝宋)盛弘之撰　曹元忠輯　清刻本　一冊

330000－1701－0072124　G001751　子部/雜著類/雜說之屬

桂苑功過格二十八卷首一卷　(清)陸旦明輯　清光緒二十一年(1895)虞西陸氏刻本　六冊　存二十三卷(首、一至六、十三至二十八)

330000－1701－0072125　HJHA457　類叢部/叢書類/彙編之屬

峭帆樓叢書十八種　趙詒琛編　清宣統三年至民國八年(1911－1919)新陽趙氏峭帆樓刻本　四冊　存二種

330000－1701－0072126　HJHA273　集部/總集類/尺牘之屬

尺牘叢書　清光緒上海科學書局石印本　二冊　存一種

330000－1701－0072127　G001803　史部/政書類/邦計之屬/俸餉

光緒貳拾叁年第拾伍屆總分局員司分紅清冊一卷　(清)花紅局編　清光緒二十三年(1897)鉛印本　一冊

330000－1701－0072129　G001752、G004447、G005254　史部/地理類/水利之屬

南河成案五十四卷首二卷續編一百六卷首一卷目錄二卷再續編三十八卷首一卷　清道光刻本　一百五十九冊　存二百二卷(南河成案首一至二、一至五十、五十三至五十四,續編一至三、一至一百六,再續編首、一至三十八)

330000－1701－0072134　G001804　集部/別集類/清別集

滇游草三卷　(清)張曾亮撰　清光緒十一年(1885)太和縣署刻本　一冊

330000－1701－0072135　G001805　經部/小學類

臨文便覽　(清)龍光甸　(清)龍啓瑞輯　清同治十三年(1874)刻本　一冊　存四種

330000－1701－0072140　普951.074/9200/4　史部/編年類/斷代之屬

十朝東華錄五百二十五卷　王先謙、潘頤福撰　清光緒二十年(1894)上海積山書局石印本　十四冊　存一百二十卷(乾隆東華續錄一至一百二十)

330000－1701－0072141　普816.8/44231/c2　子部/藝術類/遊藝之屬/聯語

莫愁湖楹聯便覽一卷　(清)釋壽安編　清光緒五年(1879)刻本　一冊

330000－1701－0072145　普816.67/7530.2/3　集部/別集類/清別集

培遠堂手札節存三卷　(清)陳弘謀撰　清同治三年(1864)射雕山館刻本　二冊

330000－1701－0072149　普816.8/44231/c5　子部/藝術類/遊藝之屬/聯語

莫愁湖楹聯便覽一卷　(清)釋壽安編　清光緒五年(1879)刻光緒至民國增刻本　一冊

330000－1701－0072152　普816.8/44231/c4　子部/藝術類/遊藝之屬/聯語

莫愁湖楹聯便覽一卷　(清)釋壽安編　清光緒五年(1879)刻本　一冊

330000－1701－0072153　HJHB033　子部/宗教類/佛教之屬/經疏

妙法蓮華經演義七卷　(後秦)釋鳩摩羅什譯　(清)釋一松講錄　(清)釋曉柔編定　**妙法蓮華經演義科文一卷**　(清)釋曉柔撰　清光緒五年(1879)刻本　三冊　存三卷(二之三、三之三、四之二)

330000－1701－0072156　普816.67/7530.207/c1　集部/別集類/清別集

培遠堂手札節存三卷　(清)陳弘謀撰　清光緒二十五年(1899)浙江官書局刻朱墨套印本　三冊

330000－1701－0072157　普816.67/2610　集部/別集類/清別集

兩罍軒尺牘十二卷　(清)吳雲撰　清宣統二年(1910)上海時中書局石印本　四冊

330000－1701－0072159　普925.17/2645.2　類叢部/叢書類/家集之屬

董氏叢書十六種　(清)董金鑑編　清光緒三十二年(1906)會稽董氏取斯家塾刻本　一冊　存一種

330000－1701－0072160　G001806　集部/總集類/選集之屬/通代

瀛奎律髓刊誤四十九卷　(元)方回輯　(清)紀昀刊誤　清嘉慶五年(1800)侯官李氏雙桂堂刻本　十二冊

330000－1701－0072162　普816.67/2632　集部/別集類/清別集

吳摯甫尺牘五卷補遺一卷論兒書一卷　(清)吳汝綸撰　清宣統二年(1910)上海國學扶輪社石印本　十二冊

330000－1701－0072164　普 816. 67/7530. 207/c2　集部/別集類/清別集
培遠堂手札節存三卷　(清)陳弘謀撰　清光緒二十五年(1899)浙江官書局刻朱墨套印本　三冊

330000－1701－0072166　G001753　史部/地理類/雜志之屬
壺口辨一卷　(清)吳騫撰　清光緒十七年(1891)陶闇寒梅館刻本　一冊

330000－1701－0072167　HJHA459　集部/別集類/清別集
知止齋遺編三卷附錄一卷　(清)任重光撰　(清)徐葆辰編　**知止堂外編一卷**　(清)任重光輯　清光緒十八年(1892)任元濬刻本　四冊

330000－1701－0072168　HJHA127　子部/小說家類/雜事之屬
竹葉亭雜記四卷　(清)姚元之撰　清宣統二年(1910)上海掃葉山房石印本　二冊

330000－1701－0072169　普 816. 8/44441　子部/藝術類/遊藝之屬/聯語
雙魚罌齋錄莫友芝集聯四卷　(清)莫友芝輯　清刻本　一冊

330000－1701－0072173　普 925. 17/3436. 2/c3　類叢部/叢書類/家集之屬
沈端恪公遺書二種　(清)沈曰富編　清同治十二年(1873)浙江書局刻本　一冊　存一種

330000－1701－0072175　HJHB034　子部/宗教類/佛教之屬/經
妙法蓮華經七卷　(後秦)釋鳩摩羅什譯　清刻本　二冊　存四卷(二至五)

330000－1701－0072176　G001754、G005011、G010120、G009543　集部/總集類/彙編之屬
明選古文神駒六種　清光緒二十八年(1902)京城鴻文齋石印本　八冊　存五種

330000－1701－0072177　普 925. 17/4039. 2/c1　類叢部/叢書類/自著之屬
左文襄公全集七種附二種首一卷　(清)左宗棠撰　清光緒刻本　十冊　存一種

330000－1701－0072178　普 816. 67/7530. 207/2　集部/別集類/清別集
培遠堂手札二卷　(清)陳弘謀撰　清宣統元年(1909)上海掃葉山房石印本　二冊

330000－1701－0072179　HJLA128　子部/小說家類/雜事之屬
右台仙館筆記十六卷　(清)俞樾撰　清宣統二年(1910)上海朝記書莊、蘇州振新書社石印本　劉承幹跋　八冊

330000－1701－0072182　HJHB035　子部/宗教類/佛教之屬/經
妙法蓮華經七卷　(後秦)釋鳩摩羅什譯　清刻本　一冊　存二卷(四至五)

330000－1701－0072183　普 816. 67/1137　集部/別集類/清別集
尺牘偶存十一卷　(清)漲潮撰　清乾隆四十五年(1780)張潮心齋刻本　四冊

330000－1701－0072185　G001807　集部/總集類/題詠之屬
喜雨集二卷外編一卷　(清)陳鴻誥輯　清咸豐三年(1853)刻本　一冊

330000－1701－0072187　G001755、G008315　集部/別集類/明別集
震川大全集三十卷別集十卷餘集八卷補集八卷　(明)歸有光撰　清宣統二年(1910)國學扶輪社石印本　八冊　缺十卷(別集一至十)

330000－1701－0072193　HJHA130　子部/藝術類/書畫之屬
新增百美圖說二卷　(清)李世捷輯　清光緒十三年(1887)上海積山書局石印本　二冊

330000－1701－0072196　HJLB036　類叢部/叢書類/彙編之屬
峭帆樓叢書十八種　趙詒琛編　清宣統三年至民國八年(1911－1919)新陽趙氏峭帆樓刻本　二冊　存二種

330000－1701－0072199　G001756　子部/藝

術類/篆刻之屬/印譜

二金蝶堂印譜不分卷　(清)趙之謙篆刻　(清)傅栻輯　清光緒三年(1877)傅氏有萬憙齋鈐印本　清周星詒題簽　一册

330000－1701－0072200　HJHA132　子部/藝術類/書畫之屬/畫法畫品

素養居畫學鉤深一卷　(清)董棨撰　清光緒三十二年(1906)謝城汪曰楨抄本　一册

330000－1701－0072201　普 816.67/2632/3　類叢部/叢書類/自著之屬

桐城吴先生全書六種附二種　(清)吴汝綸撰　清光緒三十年(1904)王恩紱等刻本　三册　存一種

330000－1701－0072203　G001808　經部/小學類/訓詁之屬/字詁

親屬記二卷　(清)鄭珍輯　(清)陳榘補　清光緒十二年(1886)貴陽陳氏悟蘭吟館刻本　一册

330000－1701－0072204　普 925.17/3436.2/c4　類叢部/叢書類/家集之屬

沈端恪公遺書二種　(清)沈曰富編　清同治十二年(1873)浙江書局刻本　一册　存一種

330000－1701－0072205　普 951.074/9913　史部/詔令奏議類/奏議之屬

吴煒奏議十一卷　(清)吴煒撰　清刻本　一册

330000－1701－0072206　普 816.67/7712/c1　集部/别集類/清别集

周文忠公尺牘二卷雜文附錄一卷　(清)周天爵撰　清同治七年(1868)蘇松太道署刻本　一册

330000－1701－0072207　M002675、M004749　集部/小説類/長篇之屬

繡像全圖小五義六卷一百二十四回　(清)石玉崑撰　清光緒簡青齋書局石印本　三册　存三卷(三至五)

330000－1701－0072211　G001757　子部/醫家類/綜合之屬/通論

醫學準規不分卷　(清)馬光璨撰　清宣統三年(1911)鉛印本　二册

330000－1701－0072212　G001809　類叢部/叢書類/自著之屬

東壁先生書鈔四種　(清)崔述撰　清嘉慶二年(1797)石屏陳履和映薇堂刻本　一册　存一種

330000－1701－0072216　普 816.67/7712/c2　集部/别集類/清别集

周文忠公尺牘二卷雜文附錄一卷　(清)周天爵撰　清同治七年(1868)蘇松太道署刻本　一册

330000－1701－0072218　普 925.17/4039.2/c2　史部/傳記類/别傳之屬/年譜

左文襄公[宗棠]年譜十卷　羅正鈞編　清光緒二十三年(1897)湘陰左氏刻本　惲毓孫題記　四册　存九卷(一至九)

330000－1701－0072220　G001758　子部/雜著類/雜考之屬

日知錄集釋三十二卷刊誤二卷續刊誤二卷　(清)黄汝成撰　清同治十一年(1872)湖北崇文書局刻本　十六册

330000－1701－0072221　普 816.67/2842　集部/别集類/清别集

適軒尺牘八卷　(清)徐菊生撰　清同治十三年(1874)皖城黄竹友齋刻本　二册

330000－1701－0072225　G001810　子部/醫家類/婦科之屬/產科

產後編二卷　(清)傅山撰　清刻本　一册

330000－1701－0072226　普 925.17/3494.8/c1　史部/傳記類/别傳之屬/事狀

沈文節公事實一卷　(清)沈守廉輯　清光緒八年(1882)京師刻本　一册

330000－1701－0072228　G001759　類叢部/叢書類/郡邑之屬

武林掌故叢編一百八十七種　(清)丁丙編　清光緒三年至二十六年(1877－1900)錢塘丁氏嘉惠堂刻本　一册　存一種

330000－1701－0072230　普 816.8/4980　子部/藝術類/遊藝之屬/聯語

江南趙氏楹聯叢話二卷附錄一卷　(清)趙曾望撰　清光緒十八年(1892)石印本　二册

330000－1701－0072231　G001811　史部/詔令奏議類/奏議之屬

密陳奏辦拳匪奏稿一卷　(清)□□撰　清末石印本　一册

330000－1701－0072234　G001760　集部/别集類/清别集

存吾春軒集十卷附錄一卷　(清)周大樞撰　清光緒八年(1882)刻十八年(1892)會稽陶闇補刻本　三册

330000－1701－0072236　普 925.17/2667.8　史部/傳記類/别傳之屬/事狀

誥授通奉大夫晉封榮禄大夫前署江蘇布政使原任江南蘇松太兵備道先考曉颿府君[吴煦]行狀一卷　(清)吴宗麟撰　清同治十二年(1873)刻本　一册

330000－1701－0072237　HJHA135　類叢部/叢書類/自著之屬

沈歸愚詩文全集十四種　(清)沈德潛撰　清乾隆教忠堂刻本　一册　存一種

330000－1701－0072240　HJLB037　類叢部/叢書類/家集之屬

汪氏傳家集五種　(清)汪琬撰並編　清康熙十四年至二十四年(1675－1685)刻本　六册　存四種

330000－1701－0072243　G001812　集部/總集類/選集之屬/通代

文選六十卷　(南朝梁)蕭統輯　(唐)李善注　清同治八年(1869)金陵書局刻本　十册

330000－1701－0072244　普 925.17/3494.8/c2　史部/傳記類/别傳之屬/事狀

沈文節公事實一卷　(清)沈守廉輯　清光緒八年(1882)京師刻本　一册

330000－1701－0072245　普 816.67/3191　集部/總集類/尺牘之屬

尺牘叢刻十七種　文明書局輯　清宣統三年(1911)上海文明書局鉛印本　一册　存一種

330000－1701－0072246　HJHA131　經部/小學類/文字之屬/字書/字典

康熙字典十二集三十六卷總目一卷檢字一卷辨似一卷等韻一卷補遺一卷備考一卷　(清)張玉書等纂修　清光緒二十年(1894)上海同文書局石印本　六册

330000－1701－0072247　普 816.67/8064/c1　類叢部/叢書類/自著之屬

曾文正公全集十六種　(清)曾國藩撰　清同治至光緒傳忠書局刻本　十册　存一種

330000－1701－0072248　HJHA466　史部/職官類/官箴之屬

南豐劉蓮舫先生遺書　(清)劉衡撰　清咸豐元年(1851)兩淮都轉運署刻本　一册　存一種

330000－1701－0072249　G001889　新學/醫學/内科

西醫内科全書□□卷　(清)孔慶高譯　清光緒刻本　六册　存六卷(胃腸各症一至三、肺部各症一至三)

330000－1701－0072250　G001813　子部/小説家類/瑣語之屬

客窗閒話八卷　(清)吴熾昌撰　清光緒二年(1876)刻本　四册

330000－1701－0072251　普 816.67/3234/c1　類叢部/叢書類/彙編之屬

峭帆樓叢書十八種　趙詒琛編　清宣統三年至民國八年(1911－1919)新陽趙氏峭帆樓刻本　一册　存一種

330000－1701－0072253　普 816.67/8064/c3、普 816.67/8064.8/2　類叢部/叢書類/自著之屬

曾文正公全集十六種　(清)曾國藩撰　清同治至光緒傳忠書局刻本　二十五册　存二種

330000－1701－0072255　普 816.67/3234/c2　類叢部/叢書類/彙編之屬

峭帆樓叢書十八種　趙詒琛編　清宣統三年至民國八年(1911－1919)新陽趙氏峭帆樓刻本　一冊　存一種

330000－1701－0072257　G001890　子部/雜著類/雜考之屬
日知錄集釋三十二卷刊誤二卷續刊誤二卷　(清)黃汝成撰　清同治十一年(1872)湖北崇文書局刻本　十六冊

330000－1701－0072258　G001814　子部/小說家類/瑣語之屬
客窗閒話八卷續八卷　(清)吳熾昌撰　清光緒元年(1875)刻本　八冊

330000－1701－0072260　HJLB038　類叢部/叢書類/彙編之屬
尚白齋鐫陳眉公寶顏堂祕笈十七種　(明)陳繼儒編　明萬曆沈氏尚白齋刻本　八冊　存八種

330000－1701－0072262　普816.67/3427/c1　集部/別集類/清別集
訒齋手札四卷附錄一卷　(清)褚維垕撰　清光緒二十七年(1901)刻民國五年(1916)重印本　一冊

330000－1701－0072264　G001815　類叢部/類書類/通類之屬
重編留青新集二十四卷　(清)馮善長輯　清光緒三十四年(1908)上海廣益書局鉛印本　十二冊

330000－1701－0072265　HJLA152　史部/雜史類/斷代之屬
明季三朝野史四卷　(清)顧炎武輯　清光緒三十四年(1908)上海石印本　一冊

330000－1701－0072266　普816.67/3427/c2　集部/別集類/清別集
訒齋手札四卷附錄一卷　(清)褚維垕撰　清光緒二十七年(1901)刻本　一冊

330000－1701－0072267　普816.8/7153　子部/藝術類/遊藝之屬/聯語
集蘭亭序聖教序洛神賦字聯語十四卷　(清)馬慧裕撰　清嘉慶元年至十二年(1796－1807)貽穀堂刻本　十冊

330000－1701－0072268　HJHA153　新學/史志/戰記
普法戰紀二十卷　(清)張宗良口譯　(清)王韜撰輯　清光緒二十一年(1895)弢園王氏刻本　十冊

330000－1701－0072270　普951.075/9200、普951.076/9200、普951.077/9200/3　史部/編年類/斷代之屬
十朝東華錄五百二十五卷同治朝東華續錄一百卷　王先謙、潘頤福撰　清光緒二十五年(1899)石印本　三十二冊　存二百十卷(嘉慶朝一至五十、道光朝一至六十、咸豐朝一至一百)

330000－1701－0072272　普951.07503/5231　史部/紀事本末類/斷代之屬
欽定平定教匪紀畧四十二卷首一卷　(清)托津等撰　清嘉慶武英殿刻本　三十二冊　缺十二卷(三十一至四十二)

330000－1701－0072273　普951.07503/5232/c1　史部/雜史類/斷代之屬
靖逆記六卷　(清)盛大士撰　清嘉慶二十五年(1820)文盛堂刻本　二冊

330000－1701－0072274　HJHB052　類叢部/叢書類/彙編之屬
香艷叢書三百二十八種　(清)蟲天子輯　清宣統二年至三年(1910－1911)上海國學扶輪社鉛印本　四十冊　存一百七種

330000－1701－0072280　普951.07603/5200/c1　史部/紀事本末類/斷代之屬
平定猺匪述略二卷　(清)周存義撰　清道光十四年(1834)刻本　楊世驥跋　一冊

330000－1701－0072284　G001816　集部/別集類/清別集
嘯古堂詩集八卷　(清)蔣敦復撰　清宣統三年(1911)上海廣益書局石印本　二冊

330000－1701－0072285　HJHA154　子部/

醫家類/喉科口齒之屬/喉痧
疫痧草三卷 (清)陳耕道撰 清光緒三十年(1904)魏塘紫陽氏鉛印本 一册

330000－1701－0072287 G001891 經部/叢編
御纂七經五種 (清)李光地等撰 清光緒上海鴻文書局石印本 二册 存一種

330000－1701－0072290 G001817 史部/地理類/方志之屬/郡縣志
嘉靖海寧縣志九卷首一卷附錄一卷 (明)蔡完修 (明)董穀纂 清光緒二十四年(1898)許仁沐刻本 二册

330000－1701－0072291 普951.07603/5200/c2 史部/紀事本末類/斷代之屬
平定猺匪述略二卷 (清)周存義撰 清道光十四年(1834)刻本 一册

330000－1701－0072294 普816.67/8064/2 類叢部/叢書類/自著之屬
曾文正公全集十六種 (清)曾國藩撰 清光緒十四年(1888)上海鴻文書局鉛印本 五册 存一種

330000－1701－0072297 HJHA467 經部/春秋總義類/專著之屬
春秋繁露十七卷 (漢)董仲舒撰 清刻本 二册

330000－1701－0072298 普925.17/4043 史部/傳記類/别傳之屬/墓誌
清甲午中東之役戰歿李將軍傳誌彙編一卷附張夫人事略一卷 李寅賓 李寅恭輯 清光緒安徽官紙局鉛印本 一册

330000－1701－0072306 G001818、G003033 類叢部/類書類/通類之屬
策府統宗六十五卷目錄一卷 (清)劉昌齡輯 清光緒十九年(1893)上海積山書局石印本 二十册

330000－1701－0072309 HJHA161 史部/地理類/遊記之屬/紀行
丙午日本游記一卷附錄一卷 程淯撰 清光緒三十三年(1907)鉛印本 一册

330000－1701－0072311 普816.8/8043 類叢部/叢書類/自著之屬
春在堂全書三十六種 (清)俞樾撰 清同治至光緒刻光緒末彙印本 四册 存一種

330000－1701－0072314 G001819 經部/小學類/文字之屬/字書/字典
字典考證十二集三十六卷 (清)王引之等撰 清光緒三年(1877)四明茹古齋鉛印本 三册 存二十七卷(子集至申集)

330000－1701－0072319 HJHA566、G006608 子部/術數類/相宅相墓之屬
玄空妙訣二卷 (清)丹陽子撰 曹廷杰編 清光緒三十三年(1907)吉林印書館鉛印本 二册

330000－1701－0072322 G001892 新學/雜著/小說
絕島漂流記一卷 (英國)狄福撰 沈祖芬譯 清光緒二十八年(1902)上海開明書店鉛印本 清以山跋 一册

330000－1701－0072324 普816.8/8075 子部/藝術類/遊藝之屬/聯語
集蘭亭楹聯一卷 (清)翁同書撰 清同治五年(1866)復齋刻本 一册

330000－1701－0072325 G001893 集部/總集類/題詠之屬
滄海遺珠一卷 陳栩輯 清光緒三十四年(1908)麗則社國魂叢編鉛印本 萬里跋 一册

330000－1701－0072327 普951.07603/5321/c1 史部/雜史類/斷代之屬
鴉片事略二卷 (清)李圭撰 清光緒二十一年(1895)海寧州署刻本 二册

330000－1701－0072330 G001820、G009478 史部/地理類/雜志之屬
蒙古游牧記十六卷 (清)張穆撰 (清)何秋濤補 清光緒二十年(1894)上海復古書局石印本 三册 存七卷(三至九)

330000－1701－0072332　HJHA163　史部/政書類/公牘檔冊之屬

私塾改良會章程一卷　（清）沈亮棨撰　清光緒三十二年（1906）上海商務印書館鉛印本　一册

330000－1701－0072335　HJHB054　類叢部/類書類/專類之屬

佩文韻府一百六卷　（清）張玉書　（清）蔡升元等輯　**韻府拾遺一百六卷**　（清）汪灝　（清）何焯等輯　清刻本　十三册　存七十卷（韻府拾遺四至十六、四十四至一百）

330000－1701－0072338　G001821　集部/戲劇類/傳奇之屬

琴香堂繪像第六才子書八卷　（元）高明撰　（清）金人瑞評　清乾隆三十二年（1767）松陵周氏琴香堂刻本　五册　存七卷（一至六、八）

330000－1701－0072342　G001894　子部/道家類

黄老心傳道德經定本一卷　（清）熊鏡心編　**瀛洲仙籍一卷**　（晉）許遜撰　清同治九年（1870）刻本　清徐郙跋　一册

330000－1701－0072344　普951.07603/5321/c2　史部/雜史類/斷代之屬

鴉片事略二卷　（清）李圭撰　清光緒二十一年（1895）海寧州署刻本　二册

330000－1701－0072346　普816.8/9009　子部/藝術類/遊藝之屬/聯語

楹聯集韻二卷　（清）常麟輯　清刻本　二册

330000－1701－0072348　G001895　集部/别集類/清别集

澹退齋古今體詩一卷組齋試帖一卷　（清）沈琮寶撰　清光緒三十一年（1905）刻本　一册

330000－1701－0072349　普816.67/8064.4　類叢部/叢書類/自著之屬

曾文正公四種　（清）曾國藩撰　清光緒上海商務印書館鉛印本　五册　存一種

330000－1701－0072350　普951.07603/5321/c3　史部/雜史類/斷代之屬

鴉片事略二卷　（清）李圭撰　清光緒二十一年（1895）海寧州署刻本　二册

330000－1701－0072351　HJHA166　史部/雜史類/斷代之屬

張文襄幕府紀聞二卷　辜鴻銘撰　清宣統二年（1910）鉛印本　二册

330000－1701－0072352　HJLA275　新學/游記

環瀛誌險一卷　（奥地利）愛孫孟撰　中國商務印書館編譯所譯　清光緒三十一年（1905）上海商務印書館鉛印本　一册

330000－1701－0072355　G600449　史部/金石類/總志之屬

九鐘精舍金石跋尾甲編一卷乙編一卷　吴士鑑撰　清宣統二年（1910）刻本　一册　存一卷（甲編）

330000－1701－0072360　HJLA167　子部/儒家類/儒學之屬/蒙學

小學神童詩一卷　清光緒二十年（1894）澄江吴氏刻本　一册

330000－1701－0072369　G001897　類叢部/叢書類/自著之屬

陽明先生集要三編十六卷　（明）王守仁撰　（明）施邦曜編　清宣統三年（1911）明明學社鉛印本　四册

330000－1701－0072373　普816.67/8064.4/2　集部/别集類/清别集

曾文正公家書十卷附大事記四卷家訓二卷榮哀錄一卷　（清）曾國藩撰　清光緒十九年（1893）上海圖書集成印書局鉛印本　八册

330000－1701－0072380　普817.19/4403/c2　類叢部/叢書類/彙編之屬

曼陀羅華閣叢書十六種　（清）杜文瀾編　清咸豐至光緒秀水杜氏刻光緒十八年（1892）上海掃葉山房修補印本　二十册　存一種

330000－1701－0072383　M003422　子部/藝術類/書畫之屬/畫録

環球勝地名畫錄一卷 清末上洋商務印書館鉛印本 一冊

330000－1701－0072384 G001898 子部/儒家類/儒學之屬/禮教/家訓
雙節堂庸訓四卷 (清)汪輝祖撰 清同治十一年(1872)汪立中刻本 一冊

330000－1701－0072385 HJHA171 子部/醫家類/方書之屬/單方驗方
備用藥物一卷經驗簡便良方一卷 清刻本 一冊

330000－1701－0072386 G001823 類叢部/類書類/通類之屬
策學備纂三十二卷首一卷 (清)蔡啓盛 (清)吴潁炎等輯 清光緒十四年(1888)上海點石齋石印本 二十三冊 存六卷(首、一至五)

330000－1701－0072387 普 817.1/3747 集部/曲類/曲藝之屬
湖南民歌一百六十七種 清末至民國刻本 二百四十一冊

330000－1701－0072388 普 816.67/8064.4/3 類叢部/叢書類/自著之屬
曾文正公四種 (清)曾國藩撰 清光緒上海商務印書館鉛印本 八冊

330000－1701－0072389 普 817.19/4430 經部/小學類/訓詁之屬/字詁
新增攷正俗言智燈難字二卷 (清)范寅撰 清光緒三十年(1904)石印本 一冊

330000－1701－0072390 G001899 集部/總集類/題詠之屬
肖園詩集四卷 羅燦麟輯 清光緒二十四年(1898)木活字印本 二冊

330000－1701－0072393 G600450 集部/曲類/寶卷之屬
浙江溫州府平陽縣白梅村七世修行玉英寶卷不分卷 清光緒三年(1877)越郡剡北刻本 一冊

330000－1701－0072396 HJHA172 集部/別集類/宋別集
岳忠武王文集八卷首一卷末一卷 (宋)岳飛撰 (清)黄邦寧纂修 清光緒十二年(1886)上海簡玉山房刻本 四冊

330000－1701－0072397 普 817.19/4430/2 經部/小學類/訓詁之屬/字詁
新增攷正俗言智燈難字二卷雅語巧對錄一卷 (清)范寅撰 清光緒三十二年(1906)石印本 三冊

330000－1701－0072399 普 951.077/4391/c2 類叢部/叢書類/家集之屬
丹徒戴氏叢刻七種 (清)戴肇辰編 清同治至光緒刻本 一冊 存一種

330000－1701－0072401 普 925.17/2683.4/c1 史部/傳記類/別傳之屬
磨盾餘談二卷 (清)張炳撰 清刻本 朱士恒題記 一冊

330000－1701－0072405 普 951.077/4391/c3 類叢部/叢書類/家集之屬
丹徒戴氏叢刻七種 (清)戴肇辰編 清同治至光緒刻本 一冊 存一種

330000－1701－0072406 HJHA173 子部/藝術類/遊藝之屬/詩鐘
絜園詩鐘一卷 蔡乃煌輯 清宣統二年(1910)鉛印本 一冊

330000－1701－0072415 HJHB055 類叢部/類書類/專類之屬
佩文韻府一百六卷 (清)張玉書 (清)蔡升元等輯 **韻府拾遺一百六卷** (清)汪灝 (清)何焯等輯 清刻本 九十四冊 存一百五卷(佩文韻府二至一百六)

330000－1701－0072416 G001900 集部/別集類/清別集
彭剛直公祠述事感褱詩一卷 (清)汪以誠撰 清光緒二十六年(1900)石印本 一冊

330000－1701－0072417 G001901 史部/傳記類/別傳之屬/年譜

孔孟編年三種　（清）狄子奇輯　清光緒十三年（1887）浙江書局刻本　貴食母異人題簽　一冊　存二種

330000－1701－0072420　HJLA175　類叢部/叢書類/彙編之屬
暢園叢書甲函六種　（清）張邁編　清光緒二十年（1894）始豐張氏四明刻本　一冊　存一種

330000－1701－0072424　G001902、G008873　史部/雜史類/斷代之屬
吳越備史四卷首一卷　（宋）錢儼撰　清道光九年（1829）南沙席氏掃葉山房刻本　四冊

330000－1701－0072425　普 925.17/2683.4/c2　史部/傳記類/别傳之屬
磨盾餘談二卷　（清）張炳撰　清刻本　一冊

330000－1701－0072427　HJHA280　子部/宗教類/道教之屬/戒律
慾海慈航一卷　（清）黃正元撰　清光緒八年（1882）姑蘇元妙觀得見齋刻本　一冊

330000－1701－0072431　普 925.17/4228.2　史部/傳記類/别傳之屬/年譜
追省錄一卷　（清）彭吉士撰　清同治十一年（1872）養園刻本　一冊

330000－1701－0072432　G001824　子部/小說家類/異聞之屬
剪燈新話二卷　（明）瞿祐撰　**覓燈因話二卷**　（明）邵景詹撰　清咸豐元年（1851）刻本　一冊　存二卷（覓燈因話一至二）

330000－1701－0072435　G001903　類叢部/叢書類/自著之屬
幽蘭山房藏稿四種　（清）張瑮光撰　清刻本　二冊　存二種

330000－1701－0072437　普 817.19/4430/3　經部/小學類/訓詁之屬/方言
越諺三卷越諺賸語二卷　（清）范寅輯　清光緒八年（1882）谷應山房刻本　三冊

330000－1701－0072438　G001825　集部/總集類/彙編之屬
唐四家詩集　清光緒十年（1884）尚友山房石印本　四冊　存一種

330000－1701－0072439　G001904　集部/别集類/清别集
種蕉館詩集六卷　（清）郭堃撰　**種蕉館詩集補遺一卷附錄一卷**　（清）郭振鵬輯　清光緒二十一年（1895）郭振鵬刻本　二冊

330000－1701－0072443　HJLB039　類叢部/叢書類/彙編之屬
尚白齋鐫陳眉公寶顏堂祕笈十四種尚白齋鐫陳眉公訂正祕笈二十種　（明）陳繼儒編　明萬曆沈氏尚白齋刻本　十六冊

330000－1701－0072444　G001826　集部/别集類/明别集
青藤書屋文集三十卷　（明）徐渭撰　（明）袁宏道編　清宣統三年（1911）石印本　八冊

330000－1701－0072445　普 925.17/2702/c1　史部/傳記類/别傳之屬/事狀
義民包立身事略一卷附錄一卷　（清）包祖清編　清宣統三年（1911）鉛印本　一冊

330000－1701－0072448　G001827、G007561　子部/醫家類/類編之屬
周氏醫學叢書（周澂之評注醫書、周氏彙刻醫學叢書）初集十二種二集十一種三集六種　（清）周學海編　清光緒至宣統池陽周氏刻宣統三年（1911）福慧雙修館彙印本　二冊　存二集一種

330000－1701－0072450　普 925.17/4048.41/c1　類叢部/叢書類/彙編之屬
嘯園叢書五十七種　（清）葛元煦編　清光緒二年至七年（1876－1881）仁和葛氏刻本　一冊　存一種

330000－1701－0072452　普 951.077/9200/c1　史部/編年類/斷代之屬
［咸豐朝］東華續錄六十九卷　潘頤福編　清光緒十八年（1892）上海圖書集成印書局鉛印本　十六冊

330000－1701－0072453　G001906　集部/别集類/清别集
茜雲樓詩存□卷　(清)蔡逸撰　清刻本　西源題記　一冊　存二卷(一至二)

330000－1701－0072454　普 925.17/2702/c2　史部/傳記類/别傳之屬/事狀
義民包立身事略一卷附錄一卷　(清)包祖清編　清宣統三年(1911)鉛印本　一冊

330000－1701－0072457　G001907　史部/傳記類/别傳之屬/事狀
海寧州紳士公舉鄉賢[許楗]事實一卷　杭州府志循吏傳一卷　許府君家傳一卷　(清)譚獻撰　**鄉賢許先生軼事一卷**　(清)都國棵撰　清光緒刻本　一冊

330000－1701－0072458　普 816.67/8064.7　子部/儒家類/儒學之屬/禮教/家訓
曾文正公家書一卷家訓一卷　(清)曾國藩撰　(清)凌鶚錄　清光緒二十六年(1900)刻本　二冊

330000－1701－0072459　HJLA451　史部/地理類/雜志之屬
中國通覽二卷　(日本)□□撰　商務印書館譯　清光緒二十九年(1903)上海商務印書館鉛印本　一冊

330000－1701－0072460　普 951.077/9200/c2　史部/編年類/斷代之屬
[咸豐朝]東華續錄六十九卷　潘頤福編　清光緒十八年(1892)上海圖書集成印書局鉛印本　十六冊

330000－1701－0072463　G001828　史部/政書類/公牘檔冊之屬
眾安橋岳廟公言一卷　(清)楊葆光等撰　清光緒七年(1881)刻本　一冊

330000－1701－0072465　普 925.17/4048.41/c2　類叢部/叢書類/彙編之屬
嘯園叢書五十七種　(清)葛元煦編　清光緒二年至七年(1876－1881)仁和葛氏刻本　二冊　存一種

330000－1701－0072466　HJLA282　子部/宗教類/道教之屬
關帝靈籤集唐一百四十四首一卷　清光緒二十年(1894)京都龍雲齋刻本　一冊

330000－1701－0072467　普 951.077/9200/2/c1　史部/編年類/斷代之屬
[咸豐朝]東華續錄六十九卷　潘頤福編　清末刻本　二十四冊

330000－1701－0072470　G001908、G003660、G610520、G009401　史部/政書類/律令之屬/治獄
駁案成編十六卷續編八卷　(清)洪彬輯　清乾隆式穀堂刻本　樓氏江題記　十三冊　存十五卷(一至六、八,續編一至八)

330000－1701－0072471　普 951.077/9200/2/c2　史部/編年類/斷代之屬
[咸豐朝]東華續錄六十九卷　潘頤福編　清末刻本　二十四冊

330000－1701－0072474　HJLA418　新學/史志/别國史
英吉利史三卷　(日本)須永金三郎撰　廣智書局譯　清光緒二十九年(1903)上海上海廣智書局鉛印本　二冊

330000－1701－0072477　G001909　史部/政書類/公牘檔冊之屬
稟啓彙輯二卷　清抄本　一冊

330000－1701－0072478　G001830　史部/詔令奏議類/奏議之屬
唐陸宣公奏議讀本四卷首一卷　(唐)陸贄撰　(清)汪銘謙輯　(清)馬傳庚評點　清宣統元年(1909)石印本　二冊

330000－1701－0072480　HJHA137　子部/小說家類/諧謔之屬
閒居新編四卷　(清)忘憂草堂輯　清光緒十一年(1885)忘憂草堂刻本　二冊

330000－1701－0072482　G001911、G009596、G011109　集部/總集類/課藝之屬
雲間小課三卷　(清)程其玨輯　清光緒四年

(1878)刻本　五冊

330000－1701－0072483　G001831　經部/易類/傳說之屬
周易本義四卷　(宋)朱熹撰　明末刻本　二冊

330000－1701－0072484　普951.077/9200/4　史部/編年類/斷代之屬
[咸豐朝]東華續錄一百卷　王先謙編　清光緒十九年(1893)會稽籀三倉室石印本　二十四冊

330000－1701－0072489　G001832　新學/雜著
時務彙編不分卷　清光緒三十二年(1906)鉛印本　一冊

330000－1701－0072490　G001912　類叢部/叢書類/自著之屬
孫夏峰全集十二種附一種　(清)孫奇逢撰　清康熙刻道光至光緒遞刻重印本　一冊　存一種

330000－1701－0072491　HJLB060　新學/史志/別國史
俄羅斯史二卷　(日本)山本利喜雄撰　(清)麥鼎華譯　清光緒二十九年(1903)上海廣智書局鉛印本　一冊　存一卷(二)

330000－1701－0072492　普951.077/9200/5　史部/編年類/斷代之屬
[咸豐朝]東華續錄六十九卷　潘頤福編　清光緒十三年(1887)京都琉璃廠欽文書局刻本　二十四冊

330000－1701－0072494　普817.2/0086/c2　集部/曲類/彈詞之屬
繡像六美圖中外緣八卷七十六回　清光緒二十一年(1895)石印本　二冊

330000－1701－0072495　G001833　類叢部/叢書類/自著之屬
師伏堂叢書十五種　(清)皮錫瑞撰　清光緒十九年至三十三年(1893－1907)善化皮氏刻本　四冊　存一種

330000－1701－0072496　G001915　史部/地理類/總志之屬
圖史通義一卷　(清)林傳甲撰　清光緒二十九年(1903)長沙督學使署刻本　一冊

330000－1701－0072500　G001835　史部/政書類/公牘檔冊之屬
樊山政書二十卷　樊增祥撰　清宣統二年(1910)金陵湯明林聚珍書局鉛印本　六冊　存十二卷(九至二十)

330000－1701－0072501　G001914、G001913、G003600、G003601　子部/醫家類/類編之屬
陳修園醫書三十二種　(清)陳念祖等撰　清光緒三十三年至宣統元年(1907－1909)四川善成堂刻本　五冊　存三種

330000－1701－0072503　G001916　集部/別集類/清別集
小平園詩鈔一卷　(清)周傳福撰　清光緒二十三年(1897)刻本　一冊

330000－1701－0072505　普925.17/2827　史部/傳記類/別傳之屬/事狀
建威將軍徐軍門[傳隆]生傳一卷　(清)徐傳隆輯　清宣統元年(1909)中國圖書公司鉛印本　一冊

330000－1701－0072507　HJLB041　經部/小學類/文字之屬
虛字會通法初編不分卷　(清)徐超編　清光緒三十一年(1905)上海羣學社鉛印本　三冊

330000－1701－0072510　HJLA283　子部/宗教類/佛教之屬/諸宗
勸修淨土切要一卷　(清)陳熙願撰　清末鉛印本　一冊

330000－1701－0072511　G001917　史部/史評類/詠史之屬
明史雜詠四卷　(清)嚴遂成撰　清乾隆刻本　二冊

330000－1701－0072512　普817.2/0086/2　集部/曲類/彈詞之屬
繡像六美圖四集四種　(清)朱鏡江　(清)章

維善撰　清同治九年(1870)刻本　六冊　存一種

330000－1701－0072514　普 925.17/4210.8/c1　史部/傳記類/別傳之屬/事狀
誥授光祿大夫太子少保兵部尚書詳勇巴圖魯世襲一等輕車都尉欽差巡視長江水師贈太子太保衡陽彭公[玉麟]年七十有五行狀一卷　王闓運撰　清光緒退省盦刻本　一冊

330000－1701－0072515　G001918　集部/總集類/課藝之屬
新科舉隅四卷附時務一卷　(清)唐枝中編　清光緒二十七年(1901)安岳縣署木活字印本　四冊

330000－1701－0072516　HJLB042　新學/理學/文學
國文典二卷　(日本)兒島獻吉郎撰　(清)丁永鑄譯　清光緒三十一年(1905)上海科學書局鉛印本　二冊

330000－1701－0072517　HJHA589　集部/小說類/長篇之屬
新刊繡像評講濟公傳四卷一百二十回　郭廣瑞撰　清光緒三十二年(1906)簡青齋書局石印本　一冊　存一卷(一)

330000－1701－0072520　普 817.2/0176/c1　集部/曲類/彈詞之屬
新鐫忠孝節義龍鳳報八卷八回　清同治十一年(1872)玉燭山房刻本　四冊

330000－1701－0072523　普 925.17/2718　史部/傳記類/別傳之屬/年譜
殷譜經侍郎[兆鏞]自定年譜二卷　(清)殷兆鏞撰　清宣統鉛印本　一冊

330000－1701－0072524　G001919　經部/四書類/論語之屬/傳說
論語話解十卷　(清)陳濬撰　清光緒五年(1879)津河廣仁堂刻津河廣仁堂所刻書本　渤海青題記　二冊

330000－1701－0072525　普 817.2/0176/c3　集部/曲類/彈詞之屬
新鐫忠孝節義龍鳳報八卷八回　清同治十一年(1872)玉燭山房刻本　四冊

330000－1701－0072528　HJHA141　子部/小說家類/異聞之屬
閱微草堂筆記二十四卷　(清)紀昀撰　清末上海圖書集成局鉛印本　四冊

330000－1701－0072529　HJLA421　新學/史志
萬國憲法志三卷　(清)周逵撰　**萬國官制志三卷**　(清)馮斯欒撰　**萬國商業志二卷**　(清)陳子祥編譯　清光緒二十八年至二十九年(1902－1903)上海廣智書局鉛印本　三冊

330000－1701－0072531　HJLA594　新學/學校
初等女子國文教科書八卷　何琪編輯　清光緒三十二年(1906)上海會文學社石印本　三冊　存三卷(一、六、八)

330000－1701－0072534　HJLB043　子部/儒家類/儒學之屬/蒙學
繪圖蒙學課本四卷　(清)王亨統輯　清光緒二十八年(1902)美華書館鉛印本　二冊　存二卷(二、四)

330000－1701－0072535　HJLA285　子部/宗教類/其他宗教之屬/基督教
基督教書一卷　清光緒三十三年(1907)上海美華書館鉛印本　一冊

330000－1701－0072537　普 817.2/0284　集部/戲劇類/傳奇之屬
新鐫韓祖成仙寶傳二十四卷二十四回　清光緒十九年(1893)刻本　二冊

330000－1701－0072538　G001920　集部/別集類/唐五代別集
樊川詩集四卷補遺一卷外集一卷別集一卷　(唐)杜牧撰　(清)馮集梧注　清光緒十六年(1890)湘南書局刻本　四冊

330000－1701－0072542　HJHB044　子部/天文曆算類/天文之屬
天文歌略一卷　(清)葉瀾撰　清光緒二十四

年(1898)刻本　一册

330000－1701－0072543　HJLA286　子部/宗教類/其他宗教之屬/基督教
耶穌紀要不分卷　清光緒二十八年(1902)上海廣學會鉛印本　一册

330000－1701－0072545　HJHA143　史部/政書類/儀制之屬/專志/科舉校規
三場程式一卷　(清)蔣益灃撰　清光緒刻本　一册

330000－1701－0072548　HJHA547　集部/小説類/長篇之屬
繪圖説岳全傳八卷八十回　(清)錢彩撰　清末鉛印本　二册　存二卷(六、八)

330000－1701－0072549　普925.17/4210.8/c2　史部/傳記類/别傳之屬/事狀
誥授光禄大夫太子少保兵部尚書詳勇巴圖魯世襲一等輕車都尉欽差巡視長江水師贈太子太保衡陽彭公[玉麟]年七十有五行狀一卷　王闓運撰　清光緒退省盦刻本　一册

330000－1701－0072551　HJHB045　子部/儒家類/儒學之屬/蒙學
啓蒙圖説一卷　清末蘇州蒙學堂刻本　一册

330000－1701－0072552　普816.67/8308/c2　集部/别集類/清别集
錢牧齋尺牘三卷補遺一卷　(清)錢謙益撰　清宣統二年(1910)上海商務印書館鉛印本　三册

330000－1701－0072553　G001921　經部/小學類/訓詁之屬/譯語
欽定清漢對音字式一卷　(清)福隆安等撰　清乾隆刻本　一册

330000－1701－0072554　普817.2/0472　集部/曲類/彈詞之屬
繡像詩髮緣四卷十二回　清同治五年(1866)蛟川書屋刻本　四册

330000－1701－0072560　HJHA470　集部/小説類/長篇之屬
繡像南唐演義薛家將十卷一百回　(清)如蓮居士編　清末石印本　一册　存一卷(五)

330000－1701－0072563　HJHB062　子部/宗教類/佛教之屬
觀音大士靈籤一卷　清同治九年(1870)杭州昭慶寺慧空經房刻本　一册

330000－1701－0072564　HJHA287　子部/兵家類/兵法之屬
夜間行軍戰鬬指針一卷　曲同豐撰　清光緒三十三年(1907)北洋陸軍編譯局鉛印本　一册

330000－1701－0072565　普925.17/4411.2/c1　類叢部/叢書類/彙編之屬
靈鶼閣叢書五十六種　(清)江標編　清光緒元和江氏湖南使院刻本　二册　存一種

330000－1701－0072566　普817.2/1004　集部/曲類/曲藝之屬
新刻陰陽寶扇初集十卷二集十卷三集十卷四級十卷五集十卷六集十卷七集十卷八集十卷　(清)清唱南音經師校訂　清末粵東以文堂刻本　十六册

330000－1701－0072567　G001922　集部/别集類/唐五代别集
王右丞集二十八卷首一卷末一卷　(唐)王維撰　(清)趙殿成箋注　清乾隆刻本　八册

330000－1701－0072568　普816.67/8308/2　集部/别集類/清别集
錢牧齋尺牘三卷補遺一卷　(清)錢謙益撰　清宣統二年(1910)順德鄧氏風雨樓鉛印本　三册

330000－1701－0072571　普817.2/1010　集部/曲類/彈詞之屬
綉像新刊玉盃記二卷八回　清光緒石印本　二册

330000－1701－0072572　普925.17/4033.2/2　史部/傳記類/别傳之屬/年譜
武進李申耆[兆洛]先生年譜三卷先師小德録一卷　(清)蔣彤編　清光緒十三年(1887)

嘉興金氏木活字印本　二册

330000－1701－0072573　HJLA425　史部/政書類/律令之屬/刑制
不用刑審判書六卷　（清）魏息園輯　清光緒三十三年（1907）上海商務印書館鉛印本　二册

330000－1701－0072574　HJHB064　集部/曲類/寶卷之屬
太華山紫金嶺兩世修行劉香寶卷全集中卷一卷　（清）余治編　（清）釋道修簡修　清同治十二年（1873）杭州錢塘昭慶寺慧空經房刻本　一册

330000－1701－0072575　HJHA483　集部/曲類/彈詞之屬
新增全圖文武香毬六卷七十二回　（清）二樂軒主人撰　清末石印本　三册　存三卷（二、四至五）

330000－1701－0072578　普 817.2/1010.02　集部/曲類/彈詞之屬
綉像新刊回盃記二卷八回　清光緒石印本　二册

330000－1701－0072579　HJLA426　新學/學校
京師大學堂講義初編七種二編七種　（清）京師大學堂輯　清末鉛印本　八册　存十二種

330000－1701－0072580　普 816.67/8308/4　集部/别集類/清别集
錢牧齋尺牘三卷補遺一卷　（清）錢謙益撰　清宣統二年（1910）上海商務印書館鉛印本　三册

330000－1701－0072582　普 817.2/10101　集部/曲類/彈詞之屬
新增繪圖雨雪亭傳二十四回　清光緒二十四年（1898）鉛印本　四册

330000－1701－0072583　HJHA145　史部/政書類/儀制之屬/專志
強學公會試行章程稿不分卷　清刻本　一册

330000－1701－0072585　普 817.2/10101/2　集部/曲類/彈詞之屬
新增繪圖雨雪亭傳二十四回　清宣統二年（1910）龍文書局石印本　一册

330000－1701－0072587　HJLB047　新學/重學
新編小物理學一卷附録一卷　（日本）木村駿吉撰　樊炳清譯　清末刻本　一册

330000－1701－0072588　HJLA427　史部/傳記類/科舉録之屬/歷科登科録
光緒闈墨不分卷　清刻本　一册

330000－1701－0072592　普 925.17/4690/2　史部/傳記類/别傳之屬/年譜
中議公［楊炳堃］自訂年譜八卷吹蘆小草一卷　（清）楊炳堃撰　清光緒十一年（1885）歸安楊氏刻本　七册

330000－1701－0072593　HJLB048　新學/動植物學/動物學
普通動物學一卷附録一卷　（日本）五島清太郎撰　樊炳清譯　清末刻本　一册

330000－1701－0072595　HJHA289　集部/别集類/清别集
定盦文集三卷續集四卷文集補九卷文集補編四卷　（清）龔自珍撰　清光緒二十九年（1903）文瑞樓石印本　四册

330000－1701－0072596　HJLA147　子部/儒家類/儒學之屬/性理
近思録集注十四卷考訂朱子世家一卷　（清）江永撰　清光緒十五年（1889）金陵書局刻本　劉承幹題簽　四册

330000－1701－0072597　HJLA380　子部/雜著類/雜説之屬
校邠廬逸箋四卷　（清）馮桂芬撰　清光緒十一年（1885）上海點石齋石印本　一册

330000－1701－0072599　普 925.17/4033.2　史部/傳記類/别傳之屬/年譜
武進李申耆［兆洛］先生年譜三卷先師小德録一卷　（清）蔣彤編　清道光木活字印本

二册

330000－1701－0072600　HJLA428　集部/總集類/選集之屬/斷代

同館經進賦鈔不分卷　(清)黄紹箕等撰　清光緒刻本　二册

330000－1701－0072601　普925.17/2777.4　史部/傳記類/别傳之屬/事狀

多忠勇公[隆阿]勤勞録四卷　(清)雷正綰撰　清光緒元年(1875)固原提署刻本　四册

330000－1701－0072602　普817.2/1014　集部/曲類/彈詞之屬

新刻秘本唱口一頂巾全傳七卷　(清)□□撰　清光緒刻本　一册

330000－1701－0072603　HJHA148　類叢部/叢書類/彙編之屬

清頌堂叢書九種附一種　(清)黄奭編　(清)潘世恩重編　清道光潘氏刻本　十一册　存二種

330000－1701－0072605　HJLA381　史部/政書類/邦交之屬

升恭勤公藏印邊務録二卷　(清)升泰撰　清末鉛印本　二册

330000－1701－0072606　HJHB049　新學/算學/三角八綫

高等小學幾何學一卷　(日本)田口虎之助編　(清)沈紘譯　清末江楚編譯局石印本　一册

330000－1701－0072609　普817.2/1017　集部/曲類/彈詞之屬

綉像雲琴閣全譜五十二卷五十二回　清嘉慶十七年(1812)醉墨軒刻本　八册

330000－1701－0072611　HJLA382　史部/政書類

校邠廬抗議三卷　(清)馮桂芬撰　清光緒二十四年(1898)石印本　二册

330000－1701－0072613　HJHB050　新學/算學/形學

幾何畫法一卷　(日本)印藤真楯　(日本)岡村增太郎撰　清江楚編譯局石印本　一册

330000－1701－0072614　HJHA290　新學/議論/通論

飲冰室自由書二卷　梁啓超撰　清末鉛印本　一册

330000－1701－0072615　HJLA430　集部/别集類/清别集

刪亭文集二卷　周同愈撰　清光緒三十三年(1907)上海文明書局鉛印本　一册

330000－1701－0072617　普817.1/4430　經部/小學類/訓詁之屬/字詁

新增攷正俗言智燈難字一卷　(清)范寅撰　清光緒三十二年(1906)浙紹墨潤堂石印本　一册

330000－1701－0072618　HJLA384　新學/商務

歐洲財政史一卷　(日本)小林丑三郎撰　羅普譯　清光緒二十八年(1902)上海廣智書局鉛印本　一册

330000－1701－0072619　HJLA149　集部/戲劇類/雜劇之屬

吴山三婦評箋註釋聖歎第六才子書八卷　(元)王德信　(元)關漢卿撰　(清)金人瑞　(清)陳同　(清)談則　(清)錢宜評點　(清)鄧汝寧音義　清大業堂刻致和堂印本　劉承幹題簽　六册

330000－1701－0072620　HJHB081　集部/總集類/選集之屬/通代

高等學堂國文講義八卷　唐文治輯　清宣統三年(1911)上海文明書局鉛印木　一册　存一卷(四)

330000－1701－0072622　普817.1/4430/2　經部/小學類/訓詁之屬/字詁

新增攷正俗言智燈難字二卷新增雅語巧對録一卷　(清)范寅撰　清末石印本　二册

330000－1701－0072623　普817.2/1020　集部/曲類/彈詞之屬

粵謳一卷 (清)招子庸輯 清光緒二十九年(1903)羊城守經堂刻本 一册

330000－1701－0072624 普 817.2/1021/c1 集部/曲類/彈詞之屬
繡像雲外飄香四卷十一回 清末石印本 四册

330000－1701－0072625 普 817.2/1021/c3 集部/曲類/彈詞之屬
繡像雲外飄香四卷十一回 清文元書莊石印本 一册

330000－1701－0072627 普 951.077/99131/c1 類叢部/叢書類/自著之屬
左文襄公全集七種附二種首一卷 (清)左宗棠撰 清光緒刻本 四册 存一種

330000－1701－0072628 普 951.077/99131/c2 類叢部/叢書類/自著之屬
左文襄公全集七種附二種首一卷 (清)左宗棠撰 清光緒刻本 四册 存一種

330000－1701－0072629 普 951.077/991312 史部/詔令奏議類/奏議之屬
王侍郎奏議十卷 (清)王茂蔭撰 清光緒二十五年(1899)刻本 四册

330000－1701－0072630 HJHB067 子部/宗教類/佛教之屬
指迷覺悟二卷 清光緒十七年(1891)杭州瑪瑙經房刻本 一册

330000－1701－0072633 普 817.2/1021/2 集部/曲類/彈詞之屬
綉像百花臺四卷 (清)鴛水主人編 清光緒元年(1875)刻本 四册

330000－1701－0072636 普 817.2/1021/3 集部/曲類/彈詞之屬
綉像百花臺四卷十九回 (清)鴛水主人編 清嘉慶二十五年(1820)文成齋刻本 四册

330000－1701－0072638 普 817.2/1021/4 集部/曲類/彈詞之屬
綉像雲外飄香四卷十一回 清末文元書莊石印本 一册

330000－1701－0072639 普 925.17/4411.2/c2 類叢部/叢書類/彙編之屬
靈鶼閣叢書五十六種 (清)江標編 清光緒元和江氏湖南使院刻本 二册 存一種

330000－1701－0072641 普 817.17/3434 類叢部/叢書類/自著之屬
洪北江全集二十一種 (清)洪亮吉撰 清光緒三年至五年(1877－1879)洪用懃授經堂刻本 一册 存一種

330000－1701－0072642 G001923 集部/別集類/清別集
壽藤齋詩三十五卷 (清)鮑倚雲撰 清嘉慶十三年(1808)鮑桂星刻本 八册 缺三卷(八、十三至十四)

330000－1701－0072645 普 817.17/4403/c1 類叢部/叢書類/彙編之屬
曼陀羅華閣叢書十六種 (清)杜文瀾編 清咸豐至光緒秀水杜氏刻光緒十八年(1892)上海掃葉山房修補印本 十六册 存一種

330000－1701－0072648 G001836 經部/讖緯類/總義之屬
考正古微書三十六卷 (明)孫瑴撰 清嘉慶十六年(1811)勤業堂刻本 六册

330000－1701－0072649 普 925.17/4411.2/c3 史部/傳記類/別傳之屬/年譜
黃蕘圃先生[丕烈]年譜二卷 (清)江標編 清光緒二十三年(1897)元和江氏湖南使院刻朱印本 一册

330000－1701－0072651 G001924 集部/總集類/選集之屬/斷代
元詩選癸集十卷 (清)顧嗣立輯 (清)席世臣補輯 清嘉慶三年(1798)南沙席氏刻本 十六册

330000－1701－0072652 普 816.688/8727 集部/別集類/清別集
詳註分類飲香尺牘六卷 (清)飲香居士撰 (清)慵隱子箋釋 清長沙積經堂刻本 四册

330000－1701－0072654　HJHB069　子部/宗教類/其他宗教之屬/其他
衆喜粗言五卷　（清）陳衆喜撰　清光緒二十六年（1900）杭州西湖高麗寺刻本　五册

330000－1701－0072655　普925.17/4426.2　史部/傳記類/别傳之屬/年譜
杜文正公［受田］年譜一卷　（清）杜翰等編　清咸豐九年（1859）濱州杜氏刻本　一册

330000－1701－0072659　HJLA291　史部/地理類/方志之屬/郡縣志
［乾隆］永清縣志二十五卷文徵五卷　（清）周震榮修　（清）章學誠纂　清乾隆四十四年（1779）刻本　一册　存十卷（十六至二十五）

330000－1701－0072660　HJLA434　子部/雜著類/雜説之屬
論賑芻言一卷　（清）劉鍾琳撰　清光緒三十年（1904）鉛印本　一册

330000－1701－0072664　普925.17/4411.2/c4　史部/傳記類/别傳之屬/年譜
黄蕘圃先生［丕烈］年譜二卷　（清）江標編　清光緒二十三年（1897）元和江氏湖南使院刻朱印本　一册

330000－1701－0072667　普817.2/1080　集部/曲類/彈詞之屬
繡像玉夔龍全傳六卷五十七回　清光緒十九年（1893）上海書局石印本　六册

330000－1701－0072668　G001837　子部/宗教類/道教之屬
重刊道藏輯要　（清）蔣予蒲輯　（清）閻永和增輯　清光緒三十二年（1906）成都二仙庵刻本　五册　存二種

330000－1701－0072669　普357.5/7714　史部/政書類/軍政之屬/邊政
籌海初集四卷　（清）關天培輯　清道光十六年（1836）刻本　劉承幹題簽　四册

330000－1701－0072672　G001925　集部/别集類/宋别集
秋崖先生小藁四十五卷詩集三十八卷　（宋）方岳撰　明嘉靖方謙刻清光緒二十一年（1895）清江黄澍芬重修本　章建新題記　十册

330000－1701－0072675　普816.688/8727/2　集部/别集類/清别集
詳註分類飲香尺牘六卷　（清）飲香居士撰　（清）慵隱子箋釋　清長沙積經堂刻本　二册

330000－1701－0072678　HJHA138　類叢部/叢書類/彙編之屬
申報館叢書正集五十七種附錄三種續集一百四十二種　（清）尊聞閣主編　蔡爾康編續集　清同治至光緒上海申報館鉛印本　二册　存一種

330000－1701－0072680　G001838　史部/地理類/方志之屬/郡縣志
［乾隆］獨山州志十卷　（清）劉岱修　（清）艾茂　（清）謝庭薰纂　清乾隆三十四年（1769）刻本　一册　存一卷（一）

330000－1701－0072681　普817.2/10801　集部/曲類/彈詞之屬
繡像三笑新編全集十二卷四十八回　（清）吴毓昌編　（清）周均批評　清光緒四年（1878）刻本　十二册

330000－1701－0072682　HJHB070　子部/宗教類/其他宗教之屬/其他
衆喜粗言五卷　（清）陳衆喜撰　清光緒二十六年（1900）杭州西湖高麗寺刻民國十年（1921）印本　湯龍泉跋　四册　缺一卷（二）

330000－1701－0072683　HJLB082　新學/理學/文學
讀新學書法一卷　（日本）矢野文雄撰　（清）張枏譯　清光緒三十二年（1906）金陵江楚編譯局石印本　一册

330000－1701－0072685　普357.5/8068/（2）/c1　史部/地理類/防務之屬/海防
防海輯要十八卷首一卷　（清）俞昌會撰　清道光二十二年（1842）百甓山房刻本　六册

330000－1701－0072686　HJLA436　史部/

政書類/邦計之屬/貿易
商部奏定新章 (清)商部編 清光緒鉛印本 三冊 存三種

330000－1701－0072689 普 357.5/8068/(2)/c2 史部/地理類/防務之屬/海防
防海輯要十八卷首一卷 (清)俞昌會撰 清道光二十二年(1842)百甓山房刻本 十冊

330000－1701－0072690 普 357.5/8068/(2)/c3 史部/地理類/防務之屬/海防
防海輯要十八卷首一卷約言一卷 (清)俞昌會撰 清道光二十二年(1842)百甓山房刻光緒十一年(1885)星沙明遠書局重修印本 十冊

330000－1701－0072693 普 817.2/1082 集部/曲類/彈詞之屬
新刻玉釧緣全傳三十二卷 (清)西湖居士撰 清末石印本 二十四冊

330000－1701－0072695 G001839 類叢部/叢書類/郡邑之屬
浦城遺書(浦城宋元明儒遺書)十四種 (清)梁章鉅 (清)祝昌泰編 清嘉慶十六年至十九年(1811－1814)浦城祝氏留香室刻道光十四年(1834)彙印本 一冊 存一種

330000－1701－0072700 HJLB083 新學/政治法律
法學通論二卷 (日本)鈴木喜三郎講義 (清)震生譯意 清光緒二十八年(1902)上海廣智書局鉛印本 一冊

330000－1701－0072701 HJLA292 子部/醫家類/本草之屬/歷代綜合本草
珍珠囊指掌補遺藥性賦四卷 (金)李杲輯 清善成堂刻本 二冊

330000－1701－0072702 普 817.2/10821 集部/曲類/彈詞之屬
繡像一箭緣全傳八卷三十二回 (清)環秀主人撰 清嘉慶二十三年(1818)環秀閣刻本 八冊

330000－1701－0072705 普 817.2/1082/2 集部/曲類/彈詞之屬
新刻玉釧緣全傳三十二卷 (清)西湖居士撰 清道光二十二年(1842)學庫山房刻本 三十二冊

330000－1701－0072707 G001840 史部/地理類/方志之屬/郡縣志
[咸豐]清河縣志二十四卷首一卷附編二卷 (清)吳棠修 (清)魯一同纂 清咸豐四年(1854)刻同治元年(1862)補刻四年(1865)續刻民國八年(1919)再補刻本 五冊 存十六卷(首、一至二、六至八、十四至十六、二十至二十四、附編一至二)

330000－1701－0072710 HJLB084 子部/雜著類
國民常識一卷 (清)志伊齋撰 清宣統元年(1909)集成圖書公司鉛印本 一冊

330000－1701－0072711 普 816.8/1034.2/c3 子部/藝術類/遊藝之屬/聯語
西湖楹聯四卷 清光緒十五年(1889)暨陽周慶祺知正軒刻十六年(1890)增刻本 四冊

330000－1701－0072713 普 925.17/4426.2/2 史部/傳記類/別傳之屬/年譜
杜文正公[受田]年譜一卷 (清)杜翰等編 清咸豐九年(1859)濱州杜氏刻本 一冊

330000－1701－0072718 普 816.8/1034.2/c4 子部/藝術類/遊藝之屬/聯語
西湖楹聯四卷 清光緒十五年(1889)暨陽周慶祺知正軒刻十六年(1890)增刻本 一冊

330000－1701－0072720 G001841 史部/政書類/儀制之屬/典禮
直省釋奠禮樂記六卷首一卷末一卷 (清)應寶時等輯 清光緒十七年(1891)廣東藩署刻本 四冊

330000－1701－0072724 普 817.2/1181/c2 集部/曲類/彈詞之屬
巧合三緣四卷十六回 清刻本 四冊

330000－1701－0072725 HJLA293 經部/小學類/文字之屬/字書/訓蒙

文字發凡四卷 (清)龍志澤編輯 清光緒三十二年(1906)上海廣智書局鉛印本 二冊

330000－1701－0072726 G001926 集部/曲類/寶卷之屬
鸚歌寶卷一卷附歎五更一卷 清光緒七年(1881)鎮江寶善堂刻本 一冊

330000－1701－0072728 普 817.2/1181/2 集部/曲類/彈詞之屬
新刊繡像巧合三緣四卷十六回 清光緒二十一年(1895)上洋石印本 四冊

330000－1701－0072729 HJLA420 新學/政治法律
政學叢書 清光緒上海商務印書館鉛印本 三冊 存三種

330000－1701－0072731 G001842 史部/紀傳類/正史之屬
二十四史附考證 清刻本 二冊 存一種

330000－1701－0072733 G001927 經部/易類/傳說之屬
周易本義四卷圖說一卷新增圖說一卷卦歌一卷 (宋)朱熹撰 清光緒三年(1877)永康胡氏退補齋刻本 二冊

330000－1701－0072734 普 816.8/1034.2/c5 子部/藝術類/遊藝之屬/聯語
西湖楹聯四卷 清光緒十五年(1889)暨陽周慶祺知正軒刻本 二冊

330000－1701－0072735 普 925.17/4428.1 史部/傳記類/別傳之屬/事狀
國史儒林黃仲弢先生傳一卷 伍銓萃撰 清光緒湖北漢川劉洪烈刻朱印本 一冊

330000－1701－0072736 普 817.2/1247 集部/曲類/彈詞之屬
新選瑞英屏桃花送藥四卷 清咸豐六年(1856)富桂堂刻本 四冊

330000－1701－0072739 HJLA383 新學/商務
歐洲財政史一卷 (日本)小林丑三郎撰 羅普譯 清光緒二十八年(1902)上海廣智書局鉛印本 一冊

330000－1701－0072740 HJLB085 史部/政書類/軍政之屬/兵制
警察課本初級一卷進階一卷高等一卷 (清)北洋巡警學堂編輯 清光緒三十一年(1905)鉛印本 三冊

330000－1701－0072741 HJH817.2/1298/c2 集部/曲類/彈詞之屬
繪圖水怪貪歡緣八卷 (清)徐品南撰 清光緒二十三年(1897)文宜書局石印本 二冊

330000－1701－0072743 G001928 集部/別集類/宋別集
後山先生集二十四卷 (宋)陳師道撰 清雍正八年(1730)趙鴻烈學稼軒刻本 五冊

330000－1701－0072746 G001843 史部/地理類/方志之屬/郡縣志
[乾隆]蘇州府志八十卷首一卷 (清)雅爾哈善 (清)傅椿修 (清)習寯 (清)王峻等纂 清乾隆十三年(1748)刻本 四十冊

330000－1701－0072749 HJLA385 新學/游記
滿洲旅行記二卷 (日本)小越平隆撰 (清)克齋譯 清光緒二十八年(1902)上海廣智書局鉛印本 二冊

330000－1701－0072751 普 817.2/1611 集部/曲類/彈詞之屬
繡像碧玉環十二卷七十三回 清道光吟餘閣刻本 十二冊

330000－1701－0072752 HJHB075 類叢部/叢書類/彙編之屬
申報館叢書正集五十七種附錄三種續集一百四十二種 (清)尊聞閣主編 蔡爾康編續集 清同治至光緒上海申報館鉛印本 二冊 存一種

330000－1701－0072753 G001844 史部/地理類/方志之屬/郡縣志
[乾隆]鄞縣志三十卷首一卷 (清)錢維喬修

（清）錢大昕等纂　清乾隆五十三年（1788）刻本　十一册　存二十九卷（首、一至二十三、二十六至三十）

330000－1701－0072755　G001929　類叢部/叢書類/自著之屬

亭林遺書十種　（清）顧炎武撰　清刻本　六册

330000－1701－0072756　HJHA386　子部/醫家類/喉科口齒之屬/喉痧

疫痧草三卷　（清）陳耕道撰　清光緒三十年（1904）魏塘紫陽氏鉛印本　一册

330000－1701－0072757　HJHA165　類叢部/叢書類/彙編之屬

晨風閣叢書第一集（國學粹編）五十二種　沈宗畸等編　清光緒三十四年至宣統三年（1908－1911）國學萃編社鉛印本　二册　存二種

330000－1701－0072761　普925.17/2831.2　史部/傳記類/別傳之屬/年譜

先恭勤公［徐澤醇］年譜四卷附類誄詞一卷　（清）徐彬　（清）徐桐編　清咸豐刻本　四册

330000－1701－0072762　G001930　集部/總集類/酬唱之屬

小詩龕同人唱和偶存集二卷附小詩龕四十壽言一卷　（清）汪之選輯　清嘉慶二十四年（1819）刻本　二册

330000－1701－0072767　G001931　集部/別集類/元別集

雁門集六卷詩餘一卷補遺一卷　（元）薩都剌撰　（明）薩琦編　**雁門集倡和錄一卷別錄一卷**　（清）薩龍光輯　清宣統二年至民國四年（1910－1915）薩嘉曦刻本　四册

330000－1701－0072768　HJLA387　子部/醫家類/喉科口齒之屬/白喉

白喉全生集一卷　（清）李紀方撰　清宣統元年（1909）金陵惜善堂刻本　一册

330000－1701－0072774　HJLA388　史部/傳記類/總傳之屬/仕宦

歷代名臣言行錄二十四卷　（清）朱桓輯　清光緒二十四年（1898）掃葉山房石印本　八册

330000－1701－0072775　G001845　史部/地理類/方志之屬/郡縣志

［光緒］桃源縣志十七卷首一卷末一卷　（清）余良棟修　（清）劉鳳苞纂　清光緒刻本　二册　存二卷（一至二）

330000－1701－0072776　普817.2/1611/2　集部/曲類/彈詞之屬

碧玉環十二卷七十三回　清抄本　十六册

330000－1701－0072777　HJLA142　子部/宗教類/其他宗教之屬/基督教

基督教一卷　清宣統二年（1910）鉛印本　一册

330000－1701－0072779　HJLA440　新學/學校

日本遊學指南一卷　章宗祥撰　清光緒二十七年（1901）鉛印本　一册

330000－1701－0072780　HJLA389　新學/史志/別國史

英興記二卷首一卷末一卷　（英國）鄧理槎　（英國）慕理海撰　（美國）林樂知　（清）任廷旭譯　清光緒二十四年（1898）圖書集成局鉛印本　二册

330000－1701－0072791　G001932、G003060、G609513　類叢部/叢書類/自著之屬

李竹嬾先生説部全書八種　（明）李日華撰　明天啓至崇禎刻清康熙李瑁等重修本　五册　存一種

330000－1701－0072792　G001846　史部/傳記類/別傳之屬/事狀

皇清誥授奉直大夫廣東陞補知州知陽江縣事顯考肖軒府君［童光晉］行述一卷　（清）童大昀　（清）童大盱撰　清咸豐刻本　一册

330000－1701－0072793　HJHA156　子部/宗教類/佛教之屬

覺世經果報圖證二卷　清光緒二十一年（1895）上海書局石印本　一册　缺一卷（一）

330000－1701－0072794　普 925.17/4048.41/2/c1　類叢部/叢書類/自著之屬

隨園三十八種　(清)袁枚撰　清光緒十八年(1892)勤裕堂鉛印本　一册　存一種

330000－1701－0072796　HJLA390　類叢部/類書類/專類之屬

經濟類考二卷　(清)顧九錫輯　清光緒十五年(1889)上海鴻文書局石印本　二册

330000－1701－0072800　G001847　史部/政書類/公牘檔冊之屬

歙縣館錄不分卷　(清)汪廷楝輯　清光緒三十年(1904)木活字印本　一册

330000－1701－0072801　HJHA443　經部/小學類/文字之屬/字書/字體

六書通摭遺十卷　(清)畢星海輯　清嘉慶六年(1801)海鹽畢星海基聞堂刻本　二册

330000－1701－0072802　G001933　史部/政書類/公牘檔冊之屬

查勘濠涌案畧一卷　清末刻本　一册

330000－1701－0072803　普 817.2/1648　集部/曲類/彈詞之屬

繪圖醒世善惡報八卷一百回　(清)海芝濤撰　清光緒石印本　八册

330000－1701－0072806　普 357.5/8274　史部/地理類/防務之屬/海防

籌海蠡言一卷附黜邪編一卷　(清)鍾體志撰　清光緒十一年(1885)刻本　一册

330000－1701－0072807　G001934　集部/別集類/清別集

板橋集六卷　(清)鄭燮撰　清刻本　一册　缺二卷(板橋詩鈔一至二)

330000－1701－0072808　普 816.8/1090/c2/c1　子部/藝術類/遊藝之屬/聯語

楹聯彙編八卷　(清)王榮商輯　清光緒十九年(1893)石印本　六册　存六卷(一至六)

330000－1701－0072813　G001848　史部/地理類/方志之屬/郡縣志

彭澤縣志□□卷　清刻本　一册　存一卷(十九)

330000－1701－0072816　HJHB078　史部/傳記類/科舉録之屬/歷科鄉試録

光緒八年壬午科浙江鄉試硃卷不分卷　清光緒刻本　一册

330000－1701－0072817　普 816.8/1090/c2/c2　子部/藝術類/遊藝之屬/聯語

楹聯彙編八卷　(清)王榮商輯　清光緒十九年(1893)石印本　八册

330000－1701－0072818　HJLA391　史部/雜史類/通代之屬

最近支那史二卷　(日本)河野通之　(日本)石村貞一輯　清光緒上海振東室學社影印本　四册

330000－1701－0072819　G001935　史部/職官類/官箴之屬

實政錄七卷　(明)呂坤撰　清同治十一年(1872)浙江書局刻本　六册

330000－1701－0072820　普 357.6/2672　新學/工藝/汽機總

兵船汽機六卷附一卷　(英國)息尼德撰　(英國)傅蘭雅口譯　(清)華備鈺筆述　清光緒十一年(1885)江南機器製造總局刻本　八册

330000－1701－0072821　G001849　史部/地理類/方志之屬/郡縣志

[乾隆]鄞縣志三十卷首一卷　(清)錢維喬修　(清)錢大昕等纂　清乾隆刻本　一册　存二卷(二十七至二十八)

330000－1701－0072824　HJHA446　集部/別集類/清別集

留有餘齋詩鈔初集四卷　(清)郭光啓撰　清道光二十八年(1848)家塾刻本　一册

330000－1701－0072825　G001936　集部/別集類/清別集

綠天書舍存草六卷　(清)錢楷撰　清末抄本　二册

330000－1701－0072826　普357.6/2724　新學/兵制/海軍

鐵甲叢譚五卷圖一卷　(英國)黎特撰　(清)舒高第　(清)鄭昌棪譯　清光緒江南製造總局鉛印本　一冊

330000－1701－0072828　普925.17/4048.41/2/c2　類叢部/叢書類/彙編之屬

申報館叢書正集五十七種附錄三種續集一百四十二種　(清)尊聞閣主編　蔡爾康編續集　清同治至光緒上海申報館鉛印本　一冊　存一種

330000－1701－0072830　G001850　史部/雜史類/斷代之屬

白話痛史四卷　(清)杭慎修演述　(清)浙江白話新報館編　清宣統二年(1910)杭州浙江白話新報館鉛印本　一冊

330000－1701－0072832　G001937　集部/曲類/彈詞之屬

繪圖安邦志(繡像安邦志)八卷　清宣統二年(1910)上海章福記書局石印本　七冊　存七卷(一至七)

330000－1701－0072835　普817.2/1792　集部/曲類/寶卷之屬

修行明宗月微寶卷三卷　(清)邵光緒撰　清光緒二年(1876)刻本　一冊

330000－1701－0072837　G001938　集部/曲類/彈詞之屬

繪圖定國志(繡像定國志)八卷　清宣統二年(1910)上海章福記書局石印本　七冊　存七卷(一至五、七至八)

330000－1701－0072838　普358.5/2171　史部/地理類/防務之屬/海防

虎門砲台圖說一卷　(清)陳坤輯　清末油印本　一冊

330000－1701－0072839　HJLA393　史部/詔令奏議類/奏議之屬

南海先生五上書記一卷　康有爲撰　清光緒二十三年(1897)上海大同譯書局石印本　一冊

330000－1701－0072841　普817.2/2011/2　集部/曲類/彈詞之屬

新刻真本唱口雙珠球全傳十二卷四十九卷　(清)黃子貞撰　清光緒三年(1877)梁溪刻本　十二冊

330000－1701－0072847　HJLA394　史部/詔令奏議類/奏議之屬

南海先生七上書記一卷俄彼得變政記一卷　康有爲撰　清光緒二十四年(1898)上海大同譯書局石印本　一冊

330000－1701－0072848　普361.55/3142　史部/政書類/邦計之屬/荒政

荒政輯要九卷首一卷　(清)汪志伊撰　清道光五年(1825)陝西糧道署刻本　四冊

330000－1701－0072849　G001939、G007217　子部/小說家類/異聞之屬

海國妙喻一卷海外拾遺一卷　(清)張赤山輯　清光緒十四年(1888)天津時報館鉛印本　二冊

330000－1701－0072852　G001940　集部/總集類/課藝之屬

紹興府學堂課藝不分卷　(清)徐錫麟選　清光緒三十年(1904)紹興府學堂石印本　葉槐芳跋　一冊

330000－1701－0072853　HJHA374　經部/小學類/文字之屬/說文

說文解字注十五卷附六書音均表五卷　(清)段玉裁撰　**說文部目分韻一卷**　(清)陳煥編　清光緒七年(1881)查燕緒木漸齋刻本　二十四冊

330000－1701－0072854　普368.6/4432/c1　子部/雜著類/雜說之屬

宣南夢憶二卷　(清)楊懋建撰　清光緒二十一年(1895)上海文宜書局石印本　二冊

330000－1701－0072857　HJHA397　子部/儒家類/儒學之屬/蒙學

小學韻語一卷　(清)羅澤南撰　清光緒十年

(1884)刻本　一册

330000－1701－0072858　HJHB094　類叢部/叢書類/彙編之屬

崇文書局彙刻書三十一種　(清)崇文書局編　清光緒元年至三年(1875－1877)湖北崇文書局刻本　四十二册　存十七種

330000－1701－0072859　普368.6/4432/c2　子部/雜著類/雜説之屬

宣南夢憶二卷　(清)楊懋建撰　清光緒二十一年(1895)上海文宜書局石印本　二册

330000－1701－0072863　G001852　史部/傳記類/别傳之屬/事狀

陳母張太宜人六十壽詩一卷　(清)徐時棟(清)徐時樑等撰　(清)甬上陳氏詒硯輯　清道光稿本　一册

330000－1701－0072864　普816.8/1134　子部/藝術類/遊藝之屬/聯語

漢碑集聯二卷　(清)張清藻撰　清光緒十八年(1892)錢塘張氏刻本　一册

330000－1701－0072865　G001942　史部/傳記類/總傳之屬/家乘

[江蘇鎮江]京江丁氏傳略彙録一卷　(清)丁立中等纂修　清光緒三十一年(1905)松銘堂金陵木活字印本　一册

330000－1701－0072866　G001853　新學/礦務/礦學

開礦器法圖説十卷　(美國)俺特累撰　(美國)傅蘭雅口譯　(清)王樹善筆述　清光緒二十五年(1899)江南製造局石印本　六册

330000－1701－0072867　普368.7/5766　子部/儒家類/儒學之屬/俗訓

拯嬰圖編一卷　清同治三年(1864)慈溪余楚三等刻七年(1868)武進朱日升章安印本　一册

330000－1701－0072870　G001854　子部/宗教類/佛教之屬

觀音五十三像一卷　清刻本　一册

330000－1701－0072872　G001941　子部/小説家類/雜事之屬

竹隱廬隨筆四卷　(清)鄭永禧輯　清光緒十四年(1888)竹隱廬木活字印本　二册

330000－1701－0072876　G001855　集部/别集類/明别集

歸震川先生尺牘二卷　(明)歸有光撰　清宣統元年(1909)中國書畫會石印本　秦筱立題記　二册

330000－1701－0072877　G001943　子部/醫家類/方書之屬/單方驗方

救濟灾黎賠賑散一卷　(清)陳良佐撰　清光緒四年(1878)潁川程文炳鉛印本　一册

330000－1701－0072878　普925.17/4431.8/c1　史部/地理類/專志之屬/祠墓

西湖林公祠墓誌一卷　(清)程鍾瑞輯　(清)□□增輯　清同治八年(1869)刻光緒增刻本　一册

330000－1701－0072882　G600001、G606350、G603985　史部/地理類/方志之屬/郡縣志

[光緒]青浦縣志三十卷首二卷末一卷　(清)汪祖綬等修　(清)熊其英　(清)邱式金纂　清光緒五年(1879)尊經閣刻本　六册　存十六卷(十三至二十八)

330000－1701－0072885　普925.17/4431.8/c2　史部/地理類/專志之屬/祠墓

西湖林公祠墓誌一卷　(清)程鍾瑞輯　(清)□□增輯　清同治八年(1869)刻光緒增刻本　一册

330000－1701－0072889　G001945　子部/術數類/陰陽五行之屬

擇吉會要五卷　(清)姚承輿撰　清同治七年(1868)刻本　五册

330000－1701－0072893　HJHB102　類叢部/叢書類/彙編之屬

抱經堂叢書十六種　(清)盧文弨編　清乾隆至嘉慶刻彙印本　一册　存一種

330000－1701－0072895　HJHA398　經部/

群經總義類/文字音義之屬
十三經不二字一卷 (清)李鴻藻輯　清道光二十一年(1841)英德堂刻本　一冊

330000－1701－0072896　普817.2/20111/c1　集部/曲類/彈詞之屬
新編雙玉盃全傳三十六卷三十六回 (清)醉墨軒主人撰　清上洋恒德堂刻本　東海氏幹題記　八冊

330000－1701－0072897　HJHA378　集部/別集類/清別集
存吾拙齋賦鈔一卷 (清)許有麟撰　清光緒十二年(1886)刻本　一冊

330000－1701－0072898　普925.17/4446.8　史部/傳記類/別傳之屬/事狀
貞烈題贈録二卷 (清)果仁佈輯　清道光二十六年(1846)長白果仁佈刻本　一冊

330000－1701－0072900　G001857　史部/地理類/方志之屬/郡縣志
[嘉慶]龍州紀畧二卷 (清)黄譽纂修　清嘉慶八年(1803)刻本　一冊　存一卷(二)

330000－1701－0072901　普816.8/1771/c1　子部/藝術類/遊藝之屬/聯語
邵子擊壤集摘聯六卷 (宋)邵雍撰　(清)邵同珩輯　清光緒二十三年(1897)經世山房刻本　一冊

330000－1701－0072902　G600002　集部/小説類/長篇之屬
圖像鏡花緣二十卷一百回首一卷 (清)李汝珍撰　清光緒十六年(1890)上海廣百宋齋鉛印本　三冊　存十卷(七至十三、十八至二十)

330000－1701－0072905　G001858　史部/地理類/方志之屬/郡縣志
道光會稽縣志稾二十五卷首一卷末一卷 (清)王藩　(清)沈元泰纂修　清抄本　二冊　存一卷(人物志)

330000－1701－0072906　HJHA379　子部/儒家類/儒學之屬/蒙學
小學集解六卷小學輯說一卷 (清)張伯行輯注　清同治六年(1867)楚北崇文書局刻本　劉承幹題記　三冊

330000－1701－0072907　普817.2/20111/c2　集部/曲類/彈詞之屬
新編雙玉盃全傳三十六卷 (清)醉墨軒主人撰　清上洋恒德堂刻本　六冊

330000－1701－0072908　G001946　史部/地理類/水利之屬
荆楚修疏指要 (清)胡祖翮撰　清同治十一年(1872)湖北崇文書局刻本　一冊　存一種

330000－1701－0072911　普816.8/1771/c2　子部/藝術類/遊藝之屬/聯語
邵子擊壤集摘聯六卷 (清)邵雍撰　(清)邵同珩輯　清光緒二十三年(1897)經世山房刻本　一冊

330000－1701－0072913　G600003　子部/醫家類/方書之屬/單方驗方
濟世經驗彙編 (清)毛世洪輯　清光緒三年(1877)蕭山聚奎齋刻本　一冊

330000－1701－0072914　HJHA362　史部/地理類/雜志之屬
蒙古游牧記十六卷 (清)張穆撰　(清)何秋濤補　清光緒二十年(1894)上海復古書局石印本　六冊

330000－1701－0072915　G001859　史部/地理類/方志之屬/郡縣志
[道光]建陽縣志□□卷 清道光刻本　一冊　存一卷(九)

330000－1701－0072916　G001947　集部/別集類/唐五代別集
韓文故十三卷首一卷 (唐)韓愈撰　(清)高澍然編　清道光十六年(1836)抑快軒刻本　十冊

330000－1701－0072917　普925.17/4438.2/2/c2　類叢部/叢書類/自著之屬
留書種閣集九種 (清)黄炳垕撰　清同治六年至光緒二十年(1867－1894)餘姚黄氏留書

種閣刻本　一冊　存一種

330000－1701－0072918　普 951.077/99133　史部/詔令奏議類/奏議之屬
駱文忠公奏議湘中稿十六卷　（清）駱秉章撰　清同治花縣駱氏刻本　十六冊

330000－1701－0072920　普 816.8/1771/c3　子部/藝術類/遊藝之屬/聯語
邵子擊壤集摘聯六卷　（清）邵雍撰　（清）邵同珩輯　清光緒二十三年（1897）經世山房刻本　一冊

330000－1701－0072921　HJHA363　集部/總集類/課藝之屬
經藝宏括不分卷　（清）同文書局主人編　清光緒十一年（1885）上海同文書局石印本　十六冊

330000－1701－0072922　普 817.2/2012　集部/曲類/彈詞之屬
新刻繡像花月夢八卷五十八回　（清）香雪山樵編　清光緒三十年（1904）奇書小說報館石印本　六冊

330000－1701－0072924　G001948　經部/小學類/訓詁之屬/爾雅
爾雅蒙求二卷　（清）李拔式撰　清嘉慶三年（1798）姑蘇七映堂刻本　二冊

330000－1701－0072925　普 816.8/1771/c4　子部/藝術類/遊藝之屬/聯語
邵子擊壤集摘聯六卷　（清）邵雍撰　（清）邵同珩輯　清光緒二十三年（1897）經世山房刻本　一冊

330000－1701－0072926　普 925.17/4421　史部/傳記類/别傳之屬/年譜
溧陽仙山黃劬雲［念祖］年譜二卷　（清）黃如瑾撰　（清）黃夢麟等補　清光緒二十六年（1900）溧陽黃氏木活字印本　清季誠題記　二冊

330000－1701－0072927　HJHA364　新學/雜著/叢編
西學大成五十六種　（清）王西清　（清）盧梯青編　清光緒十四年（1888）上海大同書局石印本　三冊　存六種

330000－1701－0072928　G600004　史部/地理類/方志之屬/郡縣志
［嘉慶］嘉興府志八十卷首三卷　（清）伊湯安修　（清）馮應榴　（清）沈啓震纂　清嘉慶六年（1801）刻本　六冊　存十三卷（首二至三，一至五、八至九、十二至十五）

330000－1701－0072929　普 816.8/2143/c2　類叢部/叢書類/自著之屬
悔餘菴集三種　（清）何栻撰　清同治四年（1865）鳩江戎幄刻本　二冊　存一種

330000－1701－0072933　G001860、G002897　子部/宗教類/佛教之屬/大藏
滿蒙新藏述畧四卷　（清）金鍾麟撰　清宣統元年（1909）開封茹古山房石印本　二冊

330000－1701－0072934　HJHA365　子部/雜著類/雜纂之屬
翼教叢編七卷　蘇輿輯　清光緒二十五年（1899）上海書局石印本　四冊

330000－1701－0072935　HJHA164　類叢部/叢書類/家集之屬
如皋冒氏叢書三十四種附二種　冒廣生輯　清光緒至民國如皋冒氏刻本　一冊　存四種

330000－1701－0072936　G001861　子部/術數類/陰陽五行之屬
道之大原一卷　（清）朱鎬撰　清乾隆五十四年（1789）刻本　一冊

330000－1701－0072937　HJLA400　新學/學校
湖北學議不分卷　羅振玉等撰　清光緒二十八年（1902）自強學堂木活字印本　一冊

330000－1701－0072939　HJHA366　史部/目録類/專録之屬
皇清經解敬修堂編目十六卷　（清）陶治元編　清光緒十二年（1886）石印本　四冊

330000－1701－0072940　G600005　史部/地

理類/方志之屬/郡縣志

[光緒]嘉興府志八十八卷首二卷 (清)許瑤光修 (清)吳仰賢等纂 清光緒三年至四年(1877-1878)嘉興鴛湖書院刻本 十二冊 存十九卷(五十八、六十至六十一、六十三至六十七、七十至七十三、七十九至八十一、八十三至八十六)

330000-1701-0072941 普 817.2/2017/(2)/c2 集部/曲類/彈詞之屬

繡像雙珠鳳全傳十二卷八十回 (清)一葉主人撰 清同治二年(1863)淨雅書屋刻本 十二冊

330000-1701-0072942 G001862 類叢部/叢書類/彙編之屬

漸西村舍彙刊(漸西村舍叢刻)四十四種 (清)袁昶編 清光緒十六年至二十四年(1890-1898)桐廬袁氏刻本 一冊 存一種

330000-1701-0072943 HJHA303 史部/傳記類/別傳之屬/事狀

誥授朝議大夫晉贈榮祿大夫王考葉府君[樹東]家傳一卷誥授奉政大夫晉贈榮祿大夫先考葉府君[樹東]事狀一卷 葉爾愷撰 清末石印本 二冊

330000-1701-0072944 HJLB095 子部/天文曆算類/算書之屬

算術教科書□□卷 (清)通州師範學校編 清光緒三十年(1904)通州翰墨林編譯印書局鉛印本 二冊 存一卷(上)

330000-1701-0072945 普 925.17/4438.2/2/c1 類叢部/叢書類/自著之屬

留書種閣集九種 (清)黃炳垕撰 清同治六年至光緒二十年(1867-1894)餘姚黃氏留書種閣刻本 一冊 存一種

330000-1701-0072946 HJHA367 史部/史評類/史論之屬

洪稚存先生評史十八卷 (清)洪亮吉撰 (清)費有容評點 清光緒二十九年(1903)史學齋石印本 四冊

330000-1701-0072950 HJLA401 集部/總集類/課藝之屬

惜陰書院課藝一卷 (清)褚成博編 清光緒二十七年(1901)刻本 一冊

330000-1701-0072951 G001949 史部/政書類/儀制之屬/專志/科舉校規

養正書塾章程一卷規約一卷 (清)楊文瑩等撰 清光緒二十五年(1899)刻本 一冊

330000-1701-0072952 G001863、G002816 史部/地理類/方志之屬/郡縣志

[道光]海昌備志五十二卷圖一卷附錄二卷 (清)錢泰吉等纂修 清道光二十六年至二十七年(1846-1847)刻本 六冊 存二十三卷(八至十二、十九至二十一、二十七至三十二、三十九至四十三、四十九至五十二)

330000-1701-0072954 普 951.07703/0414/c1 史部/政書類/公牘檔冊之屬

常勝軍案畧一卷 (清)謝元壽輯 清光緒二十一年(1895)成德堂木活字印本 一冊

330000-1701-0072956 HJHB103 史部/詔令奏議類/奏議之屬

奏議彙編□□卷 清刻本 四十一冊 存三十六卷(一百二十七至一百六十二)

330000-1701-0072958 HJLB096 史部/雜史類

皇朝掌故讀本二卷 (清)竇士鏞撰 (清)文明書局編 清光緒二十九年(1903)上海文明書局鉛印本 二冊

330000-1701-0072959 HJHA146 子部/宗教類/佛教之屬/經

佛說七俱胝佛母准提大明陀羅尼經一卷 (唐)釋金剛智譯 **千手千眼觀世音菩薩廣大圓滿无礙大悲心陀羅尼經一卷** (唐)釋伽梵達摩譯 **佛頂尊勝陀羅尼經一卷** (唐)釋波利譯 **穢跡金剛說神通大滿陀羅尼法術靈要門經一卷** (天竺)釋無能勝譯 清同治八年至光緒八年(1869-1882)金陵刻經處刻本 釋慧定題詞並記 一冊

330000－1701－0072963　普 951. 07703/0414/c2　史部/政書類/公牘檔冊之屬
常勝軍案畧一卷　(清)謝元壽輯　清光緒二十一年(1895)成德堂木活字印本　一冊

330000－1701－0072964　G001864　史部/地理類/方志之屬/郡縣志
[道光]懷寧縣志二十八卷首一卷末一卷　(清)王毓芳　(清)趙梅修　(清)江爾維等纂　清道光五年(1825)刻本　一冊　存五卷(二十五至二十八、末)

330000－1701－0072965　G001950　史部/政書類/公牘檔冊之屬
浙江諮議局文牘第一編不分卷　清宣統元年(1909)鉛印本　一冊

330000－1701－0072967　HJHB104　史部/詔令奏議類/奏議之屬
奏議彙編□□卷　清刻本　三十五冊　存三十四卷(一百二十七至一百四十二、一百四十四至一百四十五、一百四十七至一百六十二)

330000－1701－0072968　普 951. 07703/0414/c3　史部/政書類/公牘檔冊之屬
常勝軍案畧一卷　(清)謝元壽輯　清光緒二十一年(1895)成德堂木活字印本　一冊

330000－1701－0072970　普 951. 07703/0414/c4　史部/政書類/公牘檔冊之屬
常勝軍案畧一卷　(清)謝元壽輯　清光緒二十一年(1895)成德堂木活字印本　一冊

330000－1701－0072971　G001951、G003524　史部/政書類/公牘檔冊之屬
浙江諮議局第一屆常年會議事錄不分卷　(清)浙江諮議局編　清宣統鉛印本　二冊

330000－1701－0072972　HJLB097　新學/幼學
兒童教育鑑二卷　(德國)柴爾紫芒撰　徐傳霖口譯　陸基筆述　清光緒三十一年至三十二年(1905－1906)上海文明書局鉛印本　三冊

330000－1701－0072974　HJLA136　類叢部/叢書類/彙編之屬
汗筠齋叢書第一集(蘭芬齋叢書初集)四種　(清)秦鑑編　清嘉慶三年至四年(1798－1799)嘉定秦氏刻本　十冊

330000－1701－0072976　HJLA402　史部/政書類/儀制之屬/專志/科舉校規
江南高等師範學堂現行章程一卷　清末金陵宜春閣木活字印本　一冊

330000－1701－0072982　G001865　史部/地理類/方志之屬/郡縣志
[同治]續修元城縣志六卷首一卷　(清)吳大鏞修　(清)王仲甡纂　清抄本　三冊　存五卷(二至六)

330000－1701－0072983　G001952　子部/術數類/相宅相墓之屬
陽宅都天發用全書一卷都天滾盤珠要法一卷　(清)瞿天賚校　清刻本　清扁舟子題記　一冊

330000－1701－0072984　HJLB105　類叢部/叢書類/彙編之屬
古今說部叢書二百七十二種　國學扶輪社編　清宣統二年至民國二年(1910－1913)上海國學扶輪社鉛印本　三十冊　存二百四種

330000－1701－0072986　普 925. 17/4443. 2　子部/儒家類/儒學之屬/禮教/家訓
麟山林氏家訓一卷　(清)林良銓撰　**先考至山府君[林希祖]年譜一卷**　(清)林履莊編　清同治四年(1865)、光緒十一年(1885)大梁刻本　清謝濤題簽　二冊

330000－1701－0072988　HJLA404　史部/傳記類/科舉録之屬/歷科鄉試録
光緒丙子科湖北鄉試錄一卷　清光緒刻本　一冊

330000－1701－0072989　普 817. 2/2017/3　集部/曲類/彈詞之屬
繡像雙珠鳳十五卷十六回　清光緒刻本　四冊

330000－1701－0072990　G001866　史部/地

理類/方志之屬/郡縣志

[光緒]慈谿縣志五十六卷列傳附編一卷 (清)楊泰亨 (清)馮可鏞纂 (清)劉一桂校補 清光緒二十五年(1899)德潤書院刻民國三年(1914)慈谿縣公署印本 一冊 存一卷(一)

330000－1701－0072991 HJLB098 集部/總集類/選集之屬/斷代

國文讀本粹化新編不分卷 (清)王納善輯 清光緒三十二年(1906)上海羣學會鉛印本 一冊

330000－1701－0072992 普 951.07703/0442/c1 史部/雜史類/斷代之屬

軍興本末紀略四卷 (清)謝蘭生撰 清同治十一年(1872)木活字印本 二冊

330000－1701－0072993 HJLA038 類叢部/叢書類/家集之屬

叢睦汪氏遺書十九種 (清)汪篁編 清光緒十二年(1886)錢唐汪氏長沙刻本 一冊 存一種

330000－1701－0072994 G001953 史部/政書類/公牘檔冊之屬

常勝軍案畧一卷 (清)謝元壽輯 清光緒二十一年(1895)成德堂木活字印本 一冊

330000－1701－0072997 普 951.07703/0442/c2 史部/雜史類/斷代之屬

軍興本末紀略四卷 (清)謝蘭生撰 清同治十一年(1872)木活字印本 二冊

330000－1701－0072998 G001867 史部/地理類/方志之屬/郡縣志

[乾隆]肇慶府志二十八卷 (清)吳繩年修 (清)何夢瑤纂 清乾隆刻本 一冊 存一卷(五)

330000－1701－0072999 普 817.2/2018 集部/曲類/彈詞之屬

新刻雙玉鐲初集十五卷後集十卷 清刻本 八冊

330000－1701－0073000 HJLB099 經部/春秋左傳類/傳說之屬

經學教科書左傳政要一卷 (清)陸章琇纂 清光緒三十三年(1907)上海均益圖書公司鉛印本 一冊

330000－1701－0073001 HJHA405 經部/小學類/文字之屬/字書/訓蒙

訓蒙千字文一卷 (清)何桂珍撰 清刻本 一冊

330000－1701－0073002 普 951.07703/1226 史部/雜史類/斷代之屬

播變紀略一卷 (清)碧山野史撰 清光緒二十年(1894)川東道署刻本 一冊

330000－1701－0073003 G001954 集部/別集類/清別集

玉鎮山房近體賸稿一卷 (清)吳一嵩撰 清道光八年(1828)吳蘅、吳芜刻本 一冊

330000－1701－0073004 G001868 子部/雜著類/雜說之屬

勸寧民釋疑文一卷 (清)高英撰 清光緒刻本 一冊

330000－1701－0073006 HJLB100 子部/儒家類/儒學之屬

信學備旨三卷 (清)吳讓之撰 (清)尤惜陰評 清光緒三十四年(1908)吳讓之鉛印本 二冊

330000－1701－0073007 普 925.17/4945.8 史部/傳記類/別傳之屬

趙士春行述一卷 (清)趙延先 (清)趙萬林撰 **奉直大夫左春坊左中允兼翰林院編修晉封中憲大夫景之趙公[士春]墓誌銘一卷** (清)徐乾學撰 清康熙刻本 一冊

330000－1701－0073008 HJLA039 集部/詞類/別集之屬

藝香詞三卷 (清)吳綺撰 清康熙刻本 二冊

330000－1701－0073012 G001870 子部/宗教類/道教之屬

覺世經圖說四卷 (清)省心氏撰 (清)李淦

寫圖　清同治十二年(1873)刻本　四册

330000－1701－0073013　HJHA317　集部/別集類/清別集

引玉編三集一卷四集四卷首一卷丙午春正唱和詩一卷前三十六天詩一卷　(清)延清撰　清宣統二年(1910)石印本　一册

330000－1701－0073014　HJLB121　新學/幼學

普通習字法不分卷　(清)國粹研究會臨摹　清光緒三十四年(1908)上海均益圖書公司石印本　一册

330000－1701－0073016　G601456　集部/別集類/唐五代別集

讀杜心解六卷首二卷　(清)浦起龍撰　清雍正二年至三年(1724－1725)前澗浦氏寧我齋刻本　八册

330000－1701－0073017　G001955　史部/傳記類/科舉録之屬

科舉録不分卷　清光緒刻本　一册

330000－1701－0073018　G001956　類叢部/叢書類/彙編之屬

藝海珠塵一百六十四種　(清)吳省蘭輯　清嘉慶南匯吳氏聽彝堂刻道光三十年(1850)金山錢氏漱石軒增刻重印本　十二册　存二十種

330000－1701－0073019　G600006　史部/地理類/方志之屬/郡縣志

[同治]鄞縣志七十五卷　(清)戴枚修　(清)張恕　(清)董沛等纂　清光緒三年(1877)刻四年(1878)增刻本　七册　存十七卷(一至七、十至十九)

330000－1701－0073020　G600007　史部/地理類/方志之屬/郡縣志

[同治]鄞縣志七十五卷　(清)戴枚修　(清)張恕　(清)董沛等纂　清光緒三年(1877)刻四年(1878)增刻本　二十六册　存五十三卷(一至七、十至十一、十四至三十、三十三至四十四、四十七至五十、五十八至六十五、六十八至七十)

330000－1701－0073022　普951.07703/2123　史部/雜史類/斷代之屬

武川寇難詩草一卷　(清)何德潤撰　清光緒十三年(1887)刻本　一册

330000－1701－0073024　普951.07703/2660　史部/雜史類/斷代之屬

嘯雲軒避寇記略一卷　(清)程畹撰　清光緒十二年(1886)刻本　清朱秉成跋　一册

330000－1701－0073025　普925.17/4480.4　集部/總集類/題詠之屬

雲江泛櫂圖題辭一卷續題一卷附贈行詩一卷　(清)林用光編　清道光刻本　一册

330000－1701－0073026　普951.07703/4091　史部/雜史類/斷代之屬

劫餘雜識一卷　(清)李光霽撰　清光緒二十五年(1899)石印本　一册

330000－1701－0073028　G001958　子部/儒家類/儒學之屬/蒙學

小學集註六卷　(明)陳選撰　(清)王安又輯　清經綸元記刻本　四册

330000－1701－0073029　G601457　集部/曲類/寶卷之屬

修行明宗月微寶卷三卷　(清)邵光緒撰　清光緒二年(1876)刻本　一册

330000－1701－0073031　普925.17/4770.1　史部/傳記類/別傳之屬/事狀

河東君傳一卷　(清)顧苓撰　清光緒上虞羅氏據顧氏寫本影印本　一册

330000－1701－0073032　G001959、G007547、G007712、G008546、G008586　子部/兵家類/兵法之屬

水陸攻守戰略秘書七種　(清)澼絖道人編　清咸豐三年(1853)侯官林氏銅活字印本　十七册

330000－1701－0073033　HJLB106　類叢部/叢書類/彙編之屬

寶顏堂二十一種　(明)陳繼儒編　明萬曆刻本　二十四册　缺一種(正餅花譜)

330000－1701－0073034　普 951.07703/4344　史部/雜史類/斷代之屬

草茅一得三卷續得一卷　(清)戴鈞衡撰　清抄本　四册

330000－1701－0073035　G600008　史部/地理類/方志之屬/郡縣志

光緒南滙縣志二十二卷首一卷末一卷　(清)金福曾　(清)顧思賢　(清)楊驤修　(清)張文虎纂　清光緒五年(1879)刻本　一册　存一卷(一)

330000－1701－0073037　G601458　集部/曲類/寶卷之屬

達磨祖卷一卷　清末通濟禪院釋緣明刻本　一册

330000－1701－0073038　HJLB122　新學/學校

初等小學江蘇省地理教科書三卷　(清)啓文社總編譯部編　清光緒三十三年(1907)上海啓文社石印本　一册

330000－1701－0073040　普 925.17/4777.2　史部/傳記類/别傳之屬/事狀

皇清誥授通奉大夫晉封榮禄大夫鹽運使銜原署湖北督糧道加五級顯考月樵府君[胡鳳丹]行述一卷　胡宗楙　胡宗彦　胡宗廉等撰　清光緒刻本　一册

330000－1701－0073041　G001960　集部/别集類/清别集

葆沖書屋詩集四卷外集二卷附詩餘一卷　(清)汪如洋撰　清嘉慶刻本　二册

330000－1701－0073043　HJLB123　新學/學校

初等小學浙江省地理教科書二卷　(清)啓文社總編譯部編　清光緒三十二年(1906)上海啓文社石印本　一册

330000－1701－0073044　普 369.5/2626　史部/政書類/掌故瑣記之屬

縲絏見聞悲憤録一卷　清光緒三十二年(1906)鉛印本　一册

330000－1701－0073045　G600009　史部/地理類/方志之屬/郡縣志

[康熙]臨海縣志十五卷首一卷　(清)洪若皐纂　清康熙二十二年(1683)刻同治至光緒重印本　一册　存二卷(六至七)

330000－1701－0073046　普 951.07703/50393/c2　類叢部/叢書類/彙編之屬

申報館叢書正集五十七種附録三種續集一百四十二種　(清)尊聞閣主編　蔡爾康編續集　清同治至光緒上海申報館鉛印本　八册　存一種

330000－1701－0073047　G601459　集部/總集類/彙編之屬

唐宋八大家文鈔　(明)茅坤編　明崇禎元年(1628)方應祥刻本　四册　存一種

330000－1701－0073048　G600010　史部/地理類/方志之屬/郡縣志

[光緒]上虞縣志校續五十卷首一卷末一卷　(清)儲家藻修　(清)徐致靖纂　清光緒二十四年至二十五年(1898－1899)刻本　十二册　存三十一卷(十六至二十九、三十三至四十六、四十九至五十、末)

330000－1701－0073049　普 925.17/4967.2/c1　史部/傳記類/别傳之屬/年譜

遂翁[趙昀]自訂年譜一卷　(清)趙昀撰　(清)趙繼元等補　清光緒趙繼元等刻本　一册

330000－1701－0073050　普 369.5/4984　史部/政書類/律令之屬/治獄

提牢備考四卷　(清)趙舒翹撰　清光緒十九年(1893)東甌官舍刻本　一册　存二卷(一至二)

330000－1701－0073051　HJHB124　經部/小學類/文字之屬/字書/訓蒙

澄衷蒙學堂字課圖説四卷檢字一卷類字一卷　(清)劉樹屏撰　(清)吳子城繪圖　清光緒

石印本　一册　存一卷(三)

330000-1701-0073055　G001871、G003420、G004088、G008450　子部/醫家類/類編之屬
醫學三書　(清)雷豐編　清光緒十年至十三年(1884-1887)雷慎修堂刻本　四册　存一種

330000-1701-0073056　普951.07703/50393/c3　類叢部/叢書類/彙編之屬
申報館叢書正集五十七種附錄三種續集一百四十二種　(清)尊聞閣主編　蔡爾康編續集　清同治至光緒上海申報館鉛印本　六册　存一種

330000-1701-0073057　G601460　史部/編年類/通代之屬
綱鑑正史約三十六卷附記一卷　(明)顧錫疇撰　(清)陳弘謀增訂　**甲子紀元一卷**　(清)陳弘謀撰　清同治八年(1869)浙江書局刻本　二十册

330000-1701-0073058　普925.17/4444.8　史部/傳記類/别傳之屬/事狀
痛輓錄一卷恒園詩存一卷附紀蔡芳谷客死本末一卷　(清)蔡芬撰　(清)蔡惠編　清光緒三十三年(1907)黄嚴恒園蔡氏鉛印本　清方來題簽　一册

330000-1701-0073059　HJHA318　類叢部/叢書類/彙編之屬
粤雅堂叢書一百八十五種　(清)伍崇曜編　清道光二十九年至光緒十一年(1849-1885)南海伍氏刻彙印本　一册　存一種

330000-1701-0073060　G001872　類叢部/叢書類/郡邑之屬
乍川文獻五種附二種　(清)宋景關編　清乾隆刻彙印本　一册　存一種

330000-1701-0073061　G600011　史部/地理類/方志之屬/郡縣志
[同治]湖州府志九十六卷首一卷　(清)宗源瀚　(清)楊榮緒　(清)郭式昌修　(清)周學濬　(清)陸心源　(清)汪曰楨纂　清同治十一年至十三年(1872-1874)愛山書院刻本　七册　存十四卷(四至十七)

330000-1701-0073062　普817.2/1025　集部/曲類/彈詞之屬
新編玉鴛鴦五集二十卷二十回　清末碧梧亭刻本　六册

330000-1701-0073066　HJLB125　新學/全體學
國民體育學不分卷　(日本)西川政憲撰　楊壽桐譯　清光緒二十八年(1902)上海文明書局鉛印本　一册

330000-1701-0073067　G001886　類叢部/叢書類/自著之屬
古愚叢書七種　(清)汪汲撰輯　清乾隆至嘉慶刻二銘草堂彙印本　八册　存一種

330000-1701-0073068　普925.17/4624　史部/傳記類/别傳之屬/事狀
楊茂五哀册一卷　清光緒三十四年(1908)廣益印字局鉛印本　一册

330000-1701-0073070　普817.2/1025/2　集部/曲類/彈詞之屬
新編玉鴛鴦五集二十卷二十回　清同治七年(1868)長沙刻本　六册

330000-1701-0073072　G600012　史部/地理類/方志之屬/郡縣志
[同治]湖州府志九十六卷首一卷　(清)宗源瀚　(清)楊榮緒　(清)郭式昌修　(清)周學濬　(清)陸心源　(清)汪曰楨纂　清同治十一年至十三年(1872-1874)愛山書院刻本　三十三册　存七十五卷(四至五十六、七十二至七十三、七十七至九十六)

330000-1701-0073074　普369.5/8092　史部/政書類/律令之屬/治獄
庚辛提牢筆記一卷　(清)白曾焯撰　清光緒三十四年(1908)京華印書局鉛印本　一册

330000-1701-0073076　G001961　集部/别集類/清别集
紹德堂詩鈔八卷　(清)施騰輝撰　清嘉慶十

八年(1813)刻本　四冊

330000－1701－0073077　普 817.2/1031　集部/曲類/彈詞之屬

新增繡像玉連環四卷四十回　(清)朱素仙撰　清光緒二十五年(1899)上海鍊石書局石印本　四冊

330000－1701－0073079　HJLB126　子部/儒家類/儒學之屬/蒙學

繪圖蒙學捷徑四卷　(清)王亨統輯　清光緒美華書館鉛印本　三冊　缺一卷(一)

330000－1701－0073080　G001887　集部/別集類/清別集

伏敔堂詩錄十五卷續錄四卷首一卷附錄一卷　(清)江湜撰　清同治元年至五年(1862－1866)長洲江氏刻本　四冊

330000－1701－0073082　HJHA320　集部/戲劇類/雜劇之屬

新編時事新戲四種　清末鉛印本　一冊

330000－1701－0073084　普 951.07703/5231/c1　史部/雜史類/斷代之屬

湘軍記二十卷　(清)王定安撰　清光緒十五年(1889)江南書局刻本　八冊

330000－1701－0073085　G001962　經部/易類/圖說之屬

易圖明辨十卷　(清)胡渭輯纂　清嘉慶元年(1796)耆學齋刻本　二冊

330000－1701－0073090　G001888　子部/雜著類/雜說之屬

容齋隨筆十六卷續筆十六卷三筆十六卷四筆十六卷五筆十卷首一卷　(宋)洪邁撰　清同治十一年(1872)刻光緒元年(1875)印本　九冊

330000－1701－0073091　HJLB127　子部/儒家類/儒學之屬/俗訓

改良風俗教科書不分卷　(清)梁溪漁隱輯　清光緒三十二年(1906)譯書公會石印本　一冊

330000－1701－0073092　G001963　類叢部/叢書類/自著之屬

二思堂叢書六種五十一卷　(清)梁章鉅撰　清同治十二年至光緒元年(1873－1875)福州梁氏刻本　一冊　存一種

330000－1701－0073093　普 925.17/4977.8/2/c2　子部/藝術類/書畫之屬

趙似昇女士長生冊不分卷　周嵩堯撰　清宣統三年(1911)石印本　二冊

330000－1701－0073094　普 817.2/1036　集部/小說類/短篇之屬

新刻忠孝節義王清明投親合同記全部四卷　清威德堂刻本　四冊

330000－1701－0073096　普 951.07703/5231/c2　史部/雜史類/斷代之屬

湘軍記二十卷　(清)王定安撰　清光緒十五年(1889)江南書局刻本　八冊

330000－1701－0073097　G600013　史部/地理類/方志之屬/郡縣志

[同治]湖州府志九十六卷首一卷　(清)宗源瀚　(清)楊榮緒　(清)郭式昌修　(清)周學濬　(清)陸心源　(清)汪曰楨纂　清同治十一年至十三年(1872－1874)愛山書院刻本　二十二冊　存五十三卷(首、一至五十二)

330000－1701－0073099　HJHB107　集部/曲類/寶卷之屬

元始天尊新演還鄉寶卷不分卷　清光緒二十五年(1899)蘇州瑪瑙經房刻本　一冊

330000－1701－0073100　普 951.07703/5231/c3　史部/雜史類/斷代之屬

湘軍記二十卷　(清)王定安撰　清光緒十五年(1889)江南書局刻本　八冊

330000－1701－0073104　普 951.07703/5231/c4　史部/雜史類/斷代之屬

湘軍記二十卷　(清)王定安撰　清光緒十五年(1889)江南書局刻本　八冊

330000－1701－0073105　M002730　史部/地理類/方志之屬/郡縣志

[宣統]峨眉縣續志十卷　(清)李錦成修　(清)朱榮邦等纂　清宣統三年(1911)刻民國二十四年(1935)補刻本　一册　存一卷(一)

330000－1701－0073107　G600014　史部/地理類/方志之屬/郡縣志
[道光]平望志十八卷首一卷　(清)翁廣平纂　清光緒十三年(1887)吳江黄兆檉刻本　一册　存三卷(十六至十八)

330000－1701－0073108　普 925.17/4977.8/2/c1　子部/藝術類/書畫之屬
似昇長生册不分卷　周嵩堯撰　清宣統三年(1911)刻本　二册

330000－1701－0073109　普 817.2/1040　集部/小説類/短篇之屬
玉如意全傳四卷　清光緒抄本　四册

330000－1701－0073110　HJHA323　史部/政書類/公牘檔册之屬
上都察院鳴冤呈詞一卷　清末鉛印本　一册

330000－1701－0073111　G001873、G001874、G001875、G001876　類叢部/叢書類/郡邑之屬
乍川文獻五種附二種　(清)宋景關編　清乾隆刻彙印本　五册　存五種

330000－1701－0073113　G600015、G600057　史部/地理類/方志之屬/郡縣志
[乾隆]紹興府志八十卷首一卷　(清)李亨特修　(清)平恕　(清)徐嵩纂　清乾隆五十七年(1792)刻本　一册　存一卷(首)

330000－1701－0073114　普 951.07703/5231/2　史部/雜史類/斷代之屬
湘軍記二十卷　(清)王定安撰　清末上海書局石印本　四册

330000－1701－0073116　HJHA324　子部/儒家類/儒學之屬/禮教/鑑戒
敬脩閣唐詩便讀二卷　清光緒二十九年(1903)湖郡經文堂刻本　一册

330000－1701－0073117　普 369.84/2761/c2　史部/政書類/邦計之屬/荒政
欽定康濟錄四卷　(清)陸曾禹撰　(清)倪國璉釐正　清同治三年(1864)浙江撫署刻民國印本　三册

330000－1701－0073118　G001964　經部/小學類/音韻之屬
聲韻指南一卷　(清)劉藻撰　清乾隆二十三年(1758)刻本　一册

330000－1701－0073119　普 951.07703/5231.2/c1　史部/雜史類/斷代之屬
湘軍志十六卷　王闓運撰　清光緒十二年(1886)成都墨香書屋刻本　四册

330000－1701－0073120　HJLA412　史部/傳記類/總傳之屬/人表
光緒乙巳湖南高等學堂九表一卷　清光緒三十二年(1906)湖南高等學堂學務處鉛印本　一册

330000－1701－0073121　G001965　史部/雜史類/斷代之屬
越南朝貢過楚紀事一卷　(清)張福鑛撰　清同治十一年(1872)丹徒張氏進脩齋刻本　一册

330000－1701－0073122　普 817.2/2018.2　集部/曲類/彈詞之屬
新刻雙玉鐲全傳十卷　清刻本　四册

330000－1701－0073125　G600016　史部/地理類/方志之屬/郡縣志
[光緒]玉環廳志十四卷首一卷　(清)杜冠英　(清)胥壽榮修　(清)呂鴻燾纂　**續增二卷**　(清)胡鍾駿纂　清光緒六年(1880)刻十四年(1888)增刻本　五册　存十三卷(二至六、八至十四,續增一)

330000－1701－0073126　普 951.07703/5231.2/c2　史部/雜史類/斷代之屬
湘軍志十六卷　王闓運撰　清光緒十二年(1886)成都墨香書屋刻本　四册

330000－1701－0073127　HJHA413　集部/别集類/清别集

也存集古近體詩一百首一卷 （清）戴齊棠撰 **附刻一卷** （清）陳珊撰 **續一卷** （清）戴齊棠等撰 清同治元年(1862)聽鵬軒刻本 一冊

330000－1701－0073129 G001966 集部/別集類/清別集

木雞書屋文鈔四卷文二集六卷三集八卷四集六卷五集六卷 （清）黃金臺撰 清道光五年至咸豐元年(1825－1851)刻同治十年(1871)黃晉馚心窗樓補刻本 四冊 存十七卷(一至四、文二集一至六、三集一至四、四集四至六)

330000－1701－0073130 HJLB130 集部/總集類/彙編之屬

中學國文讀本十卷 林紓評選 清宣統三年(1911)上海商務印書館鉛印本 四冊 存四卷(二至五)

330000－1701－0073131 普 951.07703/5231.2/c3 史部/雜史類/斷代之屬

湘軍志十六卷 王闓運撰 清光緒十二年(1886)成都墨香書屋刻本 四冊

330000－1701－0073132 G600017 史部/地理類/方志之屬/郡縣志

[光緒]富陽縣志二十四卷首一卷 （清）汪文炳等修 （清）蔣敬時等纂 清光緒三十二年(1906)刻本 一冊 存一卷(三)

330000－1701－0073133 普 817.2/2021 集部/曲類/彈詞之屬

香山平曲不分卷 清抄本 一冊

330000－1701－0073134 普 951.07703/5231.2/2 史部/雜史類/斷代之屬

湘軍志十六卷 王闓運撰 清光緒十一年(1885)養翮齋刻本 四冊

330000－1701－0073135 普 369.84/2761/c3 史部/政書類/邦計之屬/荒政

欽定康濟錄四卷 （清）陸曾禹撰 （清）倪國璉釐正 清同治三年(1864)浙江撫署刻民國印本 三冊

330000－1701－0073137 普 369.84/2761/c4 史部/政書類/邦計之屬/荒政

欽定康濟錄四卷 （清）陸曾禹撰 （清）倪國璉釐正 清同治三年(1864)浙江撫署刻本 三冊

330000－1701－0073138 普 369.84/2761/c5 史部/政書類/邦計之屬/荒政

欽定康濟錄四卷 （清）陸曾禹撰 （清）倪國璉釐正 清同治三年(1864)浙江撫署刻本 三冊

330000－1701－0073139 普 369.84/2761/c6 史部/政書類/邦計之屬/荒政

欽定康濟錄四卷 （清）陸曾禹撰 （清）倪國璉釐正 清同治三年(1864)浙江撫署刻本 三冊

330000－1701－0073140 普 925.17/4902.2 史部/傳記類/別傳之屬/事狀

陽穀殉難事實一卷魯齋詩存一卷 （清）趙文龍輯 清光緒三十四年(1908)刻本 一冊

330000－1701－0073141 普 951.07703/5231.2/3 史部/雜史類/斷代之屬

湘軍志十六卷首一卷 王闓運撰 清光緒十一年(1885)斠微齋刻本 四冊

330000－1701－0073143 G001967 史部/政書類/邦計之屬

滬杭甬鐵路部借外款虧耗之駭聞一卷 （清）沈宗傅等撰 清宣統二年(1910)鉛印本 一冊

330000－1701－0073144 普 817.2/2022 集部/曲類/彈詞之屬

巧姻緣十卷 清抄本 三十冊

330000－1701－0073145 HJHA414 子部/儒家類/儒學之屬/蒙學

啓蒙問答二卷 （清）陳基撰 清光緒二十六年(1900)陳氏三百堂刻本 一冊

330000－1701－0073147 HJLA321 新學/學校

初級師範學校教科書 商務印書館編譯所編

纂　清光緒至民國上海商務印書館鉛印本　六册　存六種

330000－1701－0073149　普 925.17/5013.2　集部/別集類/清別集

史忠正公家書集不分卷　(清)史山清輯　**史忠正公集不分卷**　(清)史開純錄　清末抄本　二册

330000－1701－0073150　普 817.2/20221　集部/曲類/彈詞之屬

雙魚傳十卷　清嘉慶二十四年(1819)抄本　十册

330000－1701－0073151　普 925.17/4930.8　史部/傳記類/別傳之屬/事狀

皇清誥授奉政大夫晋朝議大夫同知銜江西議敘知縣先考撝叔府君[趙之謙]行略一卷　(清)趙壽佺　(清)趙壽俔　(清)趙壽佖撰　清光緒刻本　一册

330000－1701－0073153　普 951.07703/5231.2/3(2)　史部/雜史類/斷代之屬

湘軍志十六卷首一卷　王闓運撰　清光緒十一年(1885)斠微齋刻本　六册

330000－1701－0073154　G001968　類叢部/叢書類/自著之屬

蟄廬叢書　(清)陳虬撰　清光緒十九年至二十年(1893－1894)甌雅堂刻本　六册　存二種

330000－1701－0073156　普 817.2/1040/2　集部/小說類/短篇之屬

繪圖欺貧重富女才子傳四卷十六回　清光緒二十二年(1896)上海源記書莊石印本　四册

330000－1701－0073157　普 817.2/2027/c2　集部/曲類/彈詞之屬

繡像六美圖四集四種　(清)朱鏡江　(清)章維善撰　清同治九年(1870)刻本　一册　存一種

330000－1701－0073160　普 925.17/4649　史部/傳記類/別傳之屬/年譜

蓉裳公[楊芳燦]自訂年譜一卷　(清)楊芳燦撰　(清)余一鼇補編　**楊氏藝文拾遺不分卷　賜書堂楊氏藝文存目一卷**　(清)余一鼇輯　清光緒十三年(1887)無錫楊氏木活字印本　二册

330000－1701－0073163　普 951.07703/5231.2/4　史部/雜史類/斷代之屬

湘軍志十六卷　王闓運撰　清末刻本　二册

330000－1701－0073164　普 817.2/2030　集部/曲類/彈詞之屬

繡像雙冠誥全傳四卷十二回　(清)汪樹棠撰　清光緒四年(1878)玉積山房刻本　二册

330000－1701－0073166　G001969　集部/曲類/彈詞之屬

子虛記十卷　(清)汪藁撰　清光緒二十七年(1901)世界繁華報館鉛印本　十册

330000－1701－0073167　G600018　類叢部/叢書類/彙編之屬

經訓堂叢書二十一種　(清)畢沅編　清乾隆至嘉慶鎮洋畢氏刻本　二册　存一種

330000－1701－0073168　G001877　子部/醫家類/傷寒金匱之屬/金匱要略

金匱方歌括六卷　(清)陳念祖撰　清光緒二十七年(1901)新化三味書局刻本　一册　存三卷(一至三)

330000－1701－0073169　HJHA337　史部/詔令奏議類/奏議之屬

籌議湖北通省積穀辦法並酌擬勸懲章程奏摺不分卷　清湖北官書處刻本　一册

330000－1701－0073172　普 951.07703/5231.2/5　史部/雜史類/斷代之屬

湘軍志十六卷首一卷　王闓運撰　清光緒二十八年(1902)湖南書局刻本　六册

330000－1701－0073173　G001970　集部/別集類/清別集

天香閣雜著偶存四卷　(清)金式如撰　清光緒二十四年(1898)刻本　二册

330000－1701－0073174　普 817.2/2088　集

部/曲類/彈詞之屬
新刻繡像雙金錠全傳六卷 清光緒上海啓秀堂書社石印本 二冊

330000－1701－0073175 HJHA331 史部/政書類/公牘檔冊之屬
八旗奉直會館續議章程一卷 清刻本 一冊

330000－1701－0073176 普 817.2/1040/3 集部/小說類/短篇之屬
玉如意全傳六卷十六回 清同治十三年(1874)刻本 十冊

330000－1701－0073177 普 925.17/5580.2 史部/傳記類/別傳之屬/年譜
曹劍亭先生[錫寶]自撰年譜一卷附錄一卷 (清)曹錫寶撰 **劍亭曹公[錫寶]墓誌銘一卷** (清)朱珪撰 清光緒二十三年(1897)印書公會鉛印本 一冊

330000－1701－0073178 G001878 子部/儒家類/儒學之屬/蒙學
便蒙五字通鑑二卷 清末刻本 二冊

330000－1701－0073179 普 817.2/2088/2 集部/曲類/彈詞之屬
新刻全本雙金錠東調六卷 清刻本 一冊

330000－1701－0073180 HJHA335 史部/政書類/公牘檔冊之屬
八旗奉直會館續議章程一卷 清刻本 一冊

330000－1701－0073181 G001879 史部/傳記類/總傳之屬/仕宦
[光緒庚子春季]爵秩全覽不分卷 清光緒二十六年(1900)刻本 四冊

330000－1701－0073182 HJHA322 新學/學校
高等小學國文讀本四卷 顧倬輯 清光緒三十一年(1905)上海文明書局鉛印本 一冊 存一卷(一)

330000－1701－0073185 普 925.17/6000.3 史部/傳記類/總傳之屬/仕宦
誥授榮祿大夫布政使銜前貴州候補道烏勒興額巴圖魯羅公[應旒]出處紀事一卷 (清)董清峻撰 清光緒刻本 一冊

330000－1701－0073186 G001971 集部/總集類/郡邑之屬
郡邑拾遺正編二卷附編二卷 (清)張宿煌輯 清光緒二十一年(1895)清江東齋刻本 二冊 存二卷(正編一至二)

330000－1701－0073187 普 369.84/3110 史部/政書類/邦計之屬/荒政
濟荒要畧一卷 (清)顧甦齋輯 清道光二十九年(1849)刻本 一冊

330000－1701－0073189 HJHA333 新學/學校
初等小學堂章程不分卷 清末刻本 一冊

330000－1701－0073190 普 817.2/1044 集部/曲類/彈詞之屬
綉像蘊香丸四卷二十回 清嘉慶雅賢堂刻本 四冊

330000－1701－0073193 G600019 史部/地理類/方志之屬/郡縣志
[乾隆]鄞縣志三十卷首一卷 (清)錢維喬修 (清)錢大昕等纂 清乾隆五十三年(1788)刻本 二冊 存四卷(二十至二十一、二十九至三十)

330000－1701－0073194 HJHB108 子部/宗教類/其他宗教之屬/其他
衆喜粗言五卷 (清)陳衆喜撰 清光緒二十六年(1900)杭州西湖高麗寺刻本 一冊 存一卷(三)

330000－1701－0073195 HJHA334 史部/政書類
遵清一圖鄉約一卷 (清)俞兆蕃撰 清光緒二十二年(1896)刻本 一冊

330000－1701－0073196 HJLA336 集部/總集類/選集之屬/通代
俗語詳解小學古文讀本二卷 吳芝瑛選註 清光緒三十四年(1908)上海文明書局石印本 一冊 存一卷(下)

330000－1701－0073198　G001880　子部/術數類/命書相書之屬
新鐫神峰張先生通考闢謬命理正宗大全六卷　(明)張楠撰　清經遠堂刻本　一册　存一卷(一)

330000－1701－0073199　普 369.84/4662　史部/政書類/邦計之屬/荒政
籌濟編三十二卷首一卷　(清)楊景仁撰　清光緒五年(1879)江蘇書局刻本　八册

330000－1701－0073200　普 925.17/6031.2/c1　史部/傳記類/别傳之屬/年譜
弇山畢公[沅]年譜一卷　(清)史善長編　清同治十一年(1872)畢長慶等刻本　一册

330000－1701－0073201　G600020　史部/地理類/方志之屬/郡縣志
[光緒]遂昌縣志十二卷首一卷外編四卷　(清)胡壽海　(清)史恩緯修　(清)褚成允纂　清光緒二十二年(1896)尊經閣刻本　九册　存十一卷(二至八、外編一至四)

330000－1701－0073202　G001881、G010211、G008770　類叢部/叢書類/彙編之屬
古文七種　(清)儲欣選評　清光緒九年(1883)静遠堂刻本　十五册　存六種

330000－1701－0073203　普 817.2/2160　集部/曲類/彈詞之屬
俳體詞曲四種　清南清河王氏小方壺齋鉛印本　潛叟跋　一册

330000－1701－0073204　HJHA395　集部/小説類/長篇之屬
繪像鐵花仙史二十六回　(清)雪封山人輯　(清)一嘯居士評點　清末石印本　一册　存三回(二十四至二十六)

330000－1701－0073205　普 951.07703/5232　史部/紀事本末類/斷代之屬
平定粵匪紀略十八卷附記四卷　(清)杜文瀾撰　清同治八年(1869)羣玉齋木活字印本　十册

330000－1701－0073206　普 925.17/6031.2/c2　史部/傳記類/别傳之屬/年譜
弇山畢公[沅]年譜一卷　(清)史善長編　清同治十一年(1872)畢長慶等刻本　一册

330000－1701－0073207　普 369.84/4662/2/c1　史部/政書類/邦計之屬/荒政
籌濟編三十二卷首一卷　(清)楊景仁撰　清道光九年(1829)仁和費丙章刻本　八册

330000－1701－0073208　G600021　類叢部/叢書類/彙編之屬
漸西村舍彙刊(漸西村舍叢刻)四十四種　(清)袁昶編　清光緒十六年至二十四年(1890－1898)桐廬袁氏刻本　二册　存一種

330000－1701－0073209　普 925.17/6031.2/c3　史部/傳記類/别傳之屬/年譜
弇山畢公[沅]年譜一卷　(清)史善長編　清同治十一年(1872)畢長慶等刻本　一册

330000－1701－0073212　普 369.84/4662/2/c3　史部/政書類/邦計之屬/荒政
籌濟編三十二卷首一卷　(清)楊景仁撰　清道光九年(1829)仁和費丙章刻本　十二册

330000－1701－0073213　普 817.2/2199　集部/小説類/長篇之屬
繪圖紅情快史六卷五十六回　清末石印本　三册

330000－1701－0073214　普 925.17/6031.2/c4　史部/傳記類/别傳之屬/年譜
弇山畢公[沅]年譜一卷　(清)史善長編　清同治十一年(1872)畢長慶等刻本　一册

330000－1701－0073216　普 369.84/4662/3/c1　史部/政書類/邦計之屬/荒政
籌濟編三十二卷首一卷　(清)楊景仁撰　清光緒四年(1878)楊氏詒硯齋刻本　唐默亭題記　六册

330000－1701－0073217　G001882　經部/三禮總義類/通禮雜禮之屬
三禮從今三卷　(清)黄本驥撰　清道光二十四年(1844)刻本　一册

330000－1701－0073218　普 369.84/4662/3/c2　史部/政書類/邦計之屬/荒政
籌濟編三十二卷首一卷　(清)楊景仁撰　清光緒四年(1878)楊氏詒硯齋刻本　六冊

330000－1701－0073219　HJHA396　集部/小說類/長篇之屬
繡像七劍八俠十六義□□卷　清末石印本　一冊　存一卷(四)

330000－1701－0073220　普 369.84/4662/4　史部/政書類/邦計之屬/荒政
籌濟編三十二卷首一卷　(清)楊景仁撰　清光緒九年(1883)武昌書局刻本　八冊

330000－1701－0073221　G600022、G600860　類叢部/叢書類/彙編之屬
滂喜齋叢書五十種　(清)潘祖蔭編　清同治至光緒吳縣潘氏京師刻本　二冊　存五種

330000－1701－0073223　普 925.17/6037.1　史部/傳記類/別傳之屬/事狀
羅壯節公表忠錄二卷首一卷末一卷名宦錄一卷首一卷　(清)羅少村輯　清光緒元年(1875)宿松羅氏刻本　三冊

330000－1701－0073224　普 817.2/2221　集部/曲類/彈詞之屬
接續三下南唐全本四卷　清丹桂堂刻本　一冊

330000－1701－0073225　G001883、G003425　類叢部/叢書類/家集之屬
茹敦和遺書十四種　(清)茹敦和撰　清乾隆刻本　十二冊

330000－1701－0073226　普 817.2/2232　集部/曲類/彈詞之屬
繡像倭袍傳十二卷一百回　(清)海蘭濤撰　清刻本　十二冊

330000－1701－0073227　G001884　史部/傳記類/總傳之屬/忠孝
兩浙節孝祠節孝局公牘彙鈔不分卷　清光緒刻本　一冊

330000－1701－0073229　G600023　史部/詔令奏議類/詔令之屬
世宗憲皇帝上諭內閣一百五十九卷　(清)允祿等編　(清)弘晝等續輯　清末浙江書局刻本　一冊　存四卷(一至四)

330000－1701－0073232　G600024　史部/傳記類/別傳之屬/事狀
丁君松生[丙]家傳一卷　(清)俞樾撰　**誥授奉政大夫同知銜特用江蘇知縣外舅丁松生先生[丙]行狀一卷**　(清)顧浩撰　清光緒二十五年(1899)刻本　一冊

330000－1701－0073233　G001885　類叢部/類書類/專類之屬
經濟類考二卷　(清)顧九錫輯　清光緒十五年(1889)上海鴻文書局石印本　二冊

330000－1701－0073234　HJHA417　新學/算學/數學
數學教科書二卷　(清)葉懋宣編　清光緒三十三年(1907)上海通社鉛印本　一冊　存一卷(上)

330000－1701－0073235　G600025　史部/傳記類/別傳之屬/事狀
丁君松生[丙]家傳一卷　(清)俞樾撰　**誥授奉政大夫同知銜特用江蘇知縣外舅丁松生先生[丙]行狀一卷**　(清)顧浩撰　清光緒二十五年(1899)刻本　一冊

330000－1701－0073237　G600026　經部/春秋左傳類/傳說之屬
春秋左氏古義六卷　(清)臧壽恭撰　清光緒三十四年(1908)李薌園刻本　二冊

330000－1701－0073239　G600027　類叢部/叢書類/郡邑之屬
武林掌故叢編一百八十七種　(清)丁丙編　清光緒三年至二十六年(1877－1900)錢塘丁氏嘉惠堂刻本　九冊　存一種

330000－1701－0073240　G600028　類叢部/叢書類/郡邑之屬
武林掌故叢編一百八十七種　(清)丁丙編

清光緒三年至二十六年(1877－1900)錢塘丁氏嘉惠堂刻本　五冊　存一種

330000－1701－0073241　G600029　類叢部/叢書類/郡邑之屬
武林掌故叢編一百八十七種　(清)丁丙編　清光緒三年至二十六年(1877－1900)錢塘丁氏嘉惠堂刻本　四冊　存一種

330000－1701－0073242　HJLA438　新學/政治法律
各國憲法源泉三種合編　(德國)挨里捏克撰　(日本)美濃部達吉原譯　(清)林萬里　(清)陳承澤重譯　清光緒三十四年(1908)上海中國圖書公司鉛印本　一冊

330000－1701－0073243　HJLA368　新學/交涉/公法
國際公法不分卷　(日本)平岡定太郎撰　(清)薛瑩中校　清光緒傳經樓刻本　一冊

330000－1701－0073244　HJHA338　史部/政書類/公牘檔冊之屬
捐修京師昭忠祠奏咨原案並勸捐保獎章程一卷　清末鉛印本　一冊

330000－1701－0073245　HJLA445　新學/學校
經濟教科書不分卷　(日本)添田壽一撰　(日本)橋本海關譯　清末江楚編譯局石印本　一冊

330000－1701－0073246　HJLA437　史部/政書類/公牘檔冊之屬
浙江諮議局議員質問書一卷附巡撫諮詢事件一卷　(清)浙江諮議局編　清宣統鉛印本　一冊

330000－1701－0073247　HJHA339　史部/政書類/公牘檔冊之屬
兩江總督衙門核復江蘇諮議局原議復議甯屬宣統三年預算全案不分卷　清宣統鉛印本　一冊

330000－1701－0073248　HJLA424　新學/礦務
時務一斑不分卷　(清)張崇倫輯　清宣統二年(1910)上海中國圖書公司鉛印本　一冊

330000－1701－0073250　HJHB112　子部/宗教類/佛教之屬/經
大王觀世音經一卷　(清)莫祁錄　清光緒十七年(1891)上海博古齋石印本　一冊

330000－1701－0073251　HJLB131　新學/交涉/案牘
法國黃皮書上海撤兵冊一卷　(清)曾仰東譯　清光緒湖北洋務譯書局刻朱印本　一冊

330000－1701－0073254　HJHB132　新學/幼學
普通學初階六卷　(清)尢彭熙撰　清光緒二十七年(1901)上海華洋書局鉛印本　一冊

330000－1701－0073255　HJLB133　新學/全體學
新編中學生理書一卷　(日本)坪井次郎撰　(清)何琪譯　清光緒二十八年(1902)會文編譯社石印本　一冊

330000－1701－0073256　HJLB134　集部/詩文評類/文法之屬
江寧府中學堂國文講義一卷　(清)侯巽健撰　清末鉛印本　一冊

330000－1701－0073259　HJLB135　史部/政書類/邦計之屬/鹽法
鹽法議畧二卷　(清)王守基撰　清光緒十二年(1886)粵東刻本　二冊

330000－1701－0073260　HJHA343　史部/政書類/邦計之屬
中國電報新編一卷　(清)上海電報局編　清宣統元年(1909)石印本　一冊

330000－1701－0073262　HJHA345　史部/傳記類/別傳之屬/事狀
誥授光祿大夫頭品頂戴賞戴花翎護理山西巡撫署山西布政使授兩淮鹽運使江蓉舫公[人鏡]家傳一卷　(清)江峯青撰　清刻本　一冊

330000－1701－0073264　HJLB136　新學/商務

工商理財要術三卷　（德國）那特碰講述　（清）蒯壽樞　（清）周逵譯文　清光緒二十九年（1903）上海廣智書局鉛印本　二冊

330000－1701－0073266　HJLB137　新學/商務

工商理財要術三卷　（德國）那特碰講述　（清）蒯壽樞　（清）周逵譯文　清光緒二十九年（1903）上海廣智書局鉛印本　二冊

330000－1701－0073267　HJLB138　新學/政治法律/律例

英國憲法史不分卷　（日本）松平康國編　麥孟華譯　清光緒二十九年（1903）上海廣智書局鉛印本　三冊

330000－1701－0073268　HJHA351　史部/政書類/公牘檔冊之屬

會議詳定整頓命盜案清理詞訟遞解人犯中途脫逃及用藥迷逃隱匿案件功過罰銀並增道府功過章程一卷　清光緒刻本　一冊

330000－1701－0073269　HJLB139　新學/學校

教育叢書初集十一種二集十五種三集十一種　（清）教育世界社編譯　清光緒教育世界出板所刻本暨石印本　一冊　存一種

330000－1701－0073270　HJLB140　新學/學校

教育叢書初集十一種二集十五種三集十一種　（清）教育世界社編譯　清光緒教育世界出板所刻本暨石印本　一冊　存一種

330000－1701－0073271　HJLB141　史部/政書類/公牘檔冊之屬

支那交際往來公牘附北京語直譯一卷　金國璞　吳泰壽編　清光緒二十八年（1902）日本東京泰東同文局鉛印本　一冊

330000－1701－0073273　HJHA352　集部/別集類/金別集

元遺山先生集四十卷首一卷新樂府四卷續夷堅志四卷　（金）元好問撰　（元）張德輝類次　（清）張穆編　**遺山先生集附録一卷**　（明）儲瓘輯　（清）華希閔　（清）施國祁增　**遺山先生集補載一卷**　（清）施國祁　（清）張穆輯　**元遺山先生［好問］年譜一卷**　（清）翁方綱編　**元遺山先生［好問］年譜一卷**　（清）施國祁編　**元遺山先生［好問］年譜二卷**　（清）凌廷堪編　清道光三十年（1850）靈石楊氏刻光緒八年（1882）京都翰文齋書坊印本　一冊　存四卷（新樂府一至四）

330000－1701－0073274　HJLB142　新學/商務

中西商業通史一卷首一卷　（清）儲丙鶉編　清光緒三十二年（1906）上海震東學社石印本　一冊

330000－1701－0073276　HJLA347　新學/商務

經濟學粹四卷　（比利時）耶密邇羅貌禮撰　（英國）亞弗勒孛烈兒譯　（日本）牧山耕平重譯　清光緒三十二年（1906）金陵江楚編譯官書局石印本　二冊

330000－1701－0073277　HJLB143　新學/全體學

新編中學生理書一卷　（日本）坪井次郎撰　（清）何琪譯　清光緒二十八年（1902）會文編譯社石印本　一冊

330000－1701－0073281　HJHA422　史部/政書類/邦計之屬

掩埋備覽一卷集證一卷　（清）談熊江撰　清光緒十年（1884）刻本　一冊

330000－1701－0073282　HJLB144　新學/商務/商學

財政四綱四卷　錢恂編　清光緒二十七年（1901）鉛印本　二冊

330000－1701－0073284　HJHA325　子部/藝術類/書畫之屬

圖畫大參考書不分卷　（清）司馬海繪　清光緒三十三年（1907）上海文寶書局石印本　一冊

330000－1701－0073286　HJLB145　新學/學校

教育行政十卷補遺一卷　（日本）木場貞長撰　（清）陳毅譯　清光緒二十八年（1902）日本東京三協合資社鉛印本　二冊

330000－1701－0073287　HJLB146　史部/政書類/律令之屬/律例

大清律例講義一卷　（清）歐燊燾編　清兩江政法學堂鉛印本　一冊

330000－1701－0073288　HJLA431　新學/政治法律/律例

法制教科書二卷　（日本）添田壽一撰　（清）楊兆鵬譯　清光緒三十二年（1906）上海震東學社石印本　二冊

330000－1701－0073289　HJHA423　史部/史評類/史論之屬

最新中國歷史教科書不分卷　姚祖義編　清宣統三年（1911）上海商務印書館鉛印本　一冊

330000－1701－0073290　HJLB147　新學/理學/文學

讀新學書法一卷　（日本）矢野文雄撰　（清）張枏譯　清光緒三十二年（1906）金陵江楚編譯局石印本　一冊

330000－1701－0073291　HJHB120　子部/宗教類/佛教之屬/經

佛說觀無量壽佛經一卷　（南朝宋）釋畺良耶舍譯　**佛說阿彌陀經一卷**　（後秦）釋鳩摩羅什譯　**稱讚淨土佛攝受經一卷**　（唐）釋玄奘譯　**拔一切業障根本得生淨土神咒一卷**　（南朝宋）釋求那跋陀羅重譯　**阿彌陀經不思議神力傳一卷**　**後出阿彌陀佛偈經一卷**　（漢）□□譯　**阿彌陀鼓音聲王陀羅尼經一卷**　（南朝梁）□□譯　**觀世音菩薩得大勢菩薩受記經一卷**　（南朝宋）釋曇無竭譯　**無量壽經優波提舍一卷**　（北魏）釋菩提留支譯　**佛說阿彌陀經疏一卷**　（唐）釋元曉撰　**佛說無量壽經二卷**　（三國魏）釋康僧鎧譯　**無量壽如來會二卷**　（唐）釋菩提流志譯　**佛說大乘無量壽莊嚴經一卷**　（宋）釋法賢譯　清同治十年至光緒二十二年（1871－1896）金陵刻經處刻本　二冊

330000－1701－0073292　HJLB148　新學/地學/地志學

地理人文關係論（地理學參考）不分卷　（清）江楚編譯局編　清光緒金陵江楚編譯局石印本　一冊

330000－1701－0073296　HJHB163　集部/總集類/選集之屬/斷代

唐文粹詩選六卷　（清）王士禛輯　清康熙刻本　一冊　存一卷（四）

330000－1701－0073303　HJHA357　史部/政書類/邦計之屬

浙省釐務各詳案併冊（浙省釐務各詳案彙刊）四卷　（清）浙江布政使司　（清）浙省釐捐總局編　清光緒二十四年（1898）刻本　一冊

330000－1701－0073304　HJHA360　新學/兵制

自強軍西法類編十八卷　（清）沈敦和撰　（清）洪恩波參訂　清光緒二十四年（1898）上海順成書局石印本　二十冊

330000－1701－0073307　G002046　子部/術數類/陰陽五行之屬

擇吉會要四卷　（清）姚承輿撰　清道光二十九年（1849）刻本　四冊

330000－1701－0073311　G002047　史部/職官類/官箴之屬

佐治藥言一卷續佐治藥言一卷　（清）汪輝祖撰　清同治五年（1866）刻本　一冊

330000－1701－0073312　普925.17/4967.2/c2　史部/傳記類/別傳之屬/年譜

遂翁［趙昀］自訂年譜一卷　（清）趙昀撰　（清）趙繼元等補　清光緒趙繼元等刻本　一冊

330000－1701－0073318　G002048　史部/政書類/公牘檔冊之屬

救濟文牘六卷　清光緒三十三年（1907）蘇省

刷印局鉛印本　四册

330000－1701－0073320　普 817.2/1051　集部/曲類/彈詞之屬
綉像一捧雪全傳八卷三十二回　清嘉慶二十四年(1819)澄碧軒刻本　四册

330000－1701－0073321　G002049　集部/曲類/寶卷之屬
悉達太子寶卷全集不分卷　(清)□□撰　清刻本　一册

330000－1701－0073323　G600030　史部/地理類/山川之屬/山志
大别山志十卷首一卷　(清)胡鳳丹編纂　清同治十三年(1874)退補齋刻本　四册

330000－1701－0073326　G601461　史部/史評類/考訂之屬
東周列國攷畧二卷　(清)朱元炅輯　清光緒十三年(1887)刻本　二册

330000－1701－0073327　HJH095.1381/4411.02/c3　經部/春秋左傳類/傳說之屬
春秋左傳杜注三十卷首一卷　(清)姚培謙撰　清光緒十九年(1893)浙江書局刻民國浙江圖書館補刻本　十册

330000－1701－0073329　G002050　集部/别集類/明别集
何大復先生集三十八卷　(明)何景明撰　**附録一卷**　清乾隆十五年(1750)何氏賜策堂刻本　八册

330000－1701－0073331　G601462　史部/史評類/考訂之屬
東周列國攷畧二卷　(清)朱元炅輯　清光緒十三年(1887)刻本　二册

330000－1701－0073332　G601463、G611305　史部/史評類/考訂之屬
東周列國攷畧二卷　(清)朱元炅輯　清光緒十三年(1887)刻本　二册

330000－1701－0073333　G002051　集部/别集類/明别集
六如居士全集六種　(明)唐寅撰　清嘉慶六年(1801)長沙唐仲冕果克山房刻本　十六册

330000－1701－0073335　HJH097.0381/2540/2/c1　經部/四書類/總義之屬/傳說
四書集註十九卷　(宋)朱熹撰　**疑字辨一卷**　清光緒十八年(1892)浙江書局刻本　六册

330000－1701－0073338　G601464　史部/史抄類
古今史畧十二卷附殉難錄一卷　(清)李漁纂輯　清光緒十四年(1888)刻本　六册

330000－1701－0073339　HJLB165　史部/編年類
資治通鑑彙刻　清同治至光緒江蘇書局刻本　九十九册　存二種

330000－1701－0073340　HJH097.0381/2540/2/c2　經部/四書類/總義之屬/傳說
四書集註十九卷　(宋)朱熹撰　**疑字辨一卷**　清光緒十八年(1892)浙江書局刻本　六册

330000－1701－0073342　G601465　類叢部/類書類/專類之屬
述古分類聯珠六卷　(清)朱銓　(清)王曰睿輯　清嘉慶十五年(1810)刻本　二册

330000－1701－0073343　HJHB166　史部/編年類
資治通鑑彙刻　清同治至光緒江蘇書局刻本　六十册　存一種

330000－1701－0073344　HJH110.8/1751/c1　子部/叢編
子書百家　(清)崇文書局編　清光緒元年(1875)湖北崇文書局刻民國元年(1912)鄂官書處重印本　一百十册　缺一卷(慎子)

330000－1701－0073346　G601466　子部/天文曆算類/算書之屬
測海山房中西算學叢刻初編　(清)測海山房主人輯　清光緒二十二年(1896)上海璣衡堂石印本　六册　存二種

330000－1701－0073349　HJHB167　史部/

編年類/斷代之屬

續資治通鑑長編拾補六十卷 (清)秦緗業等輯注 清光緒九年(1883)浙江書局刻本 十六冊

330000－1701－0073352 HJHB168 史部/編年類

資治通鑑彙刻 清同治至光緒江蘇書局刻本 十冊 存一種

330000－1701－0073355 G002120 集部/別集類/清別集

伴蛩吟不分卷 (清)王桂撰 清抄本 一冊

330000－1701－0073357 G002052 子部/術數類/相宅相墓之屬

安居金鏡八卷 (清)周南 (清)呂臨輯 清乾隆四十五年(1780)周氏壽南堂刻本 十冊

330000－1701－0073358 HJHB169 類叢部/類書類/通類之屬

御定駢字類編二百四十卷 (清)吳士玉 (清)沈宗敬等奉敕輯 清雍正內府刻本 一百八冊 缺二十八卷(三十七至四十八、六十一至七十二、二百十七至二百二十)

330000－1701－0073360 G001972 經部/四書類/總義之屬/傳説

皇朝四書彙解七十五卷 (清)淩陛卿撰 清光緒二十九年(1903)上海鴻文書局石印本 十二冊

330000－1701－0073362 G002053 集部/別集類/清別集

鴻雪樓詩選初集四卷 (清)沈善寶撰 清道光十六年(1836)刻本 四冊

330000－1701－0073363 普817.2/1054/c1 集部/曲類/彈詞之屬

新刻秘本雲中落綉鞋九卷九回 清末上海文元書莊石印本 四冊

330000－1701－0073368 普817.2/1054/c2 集部/曲類/彈詞之屬

新刻秘本雲中落綉鞋九卷九回 清末上海文元書莊石印本 四冊

330000－1701－0073370 G002121 集部/戲劇類/傳奇之屬

繡刻演劇十本六十種 (明)毛晉編 明末毛氏汲古閣刻本 二冊 存一種

330000－1701－0073371 G002054 集部/別集類/清別集

白田草堂存稿二十四卷 (清)王懋竑撰 **先考王公府君[懋竑]行狀一卷** (清)王箴聽等撰 **崇祀鄉賢錄一卷** 清乾隆刻本 六冊

330000－1701－0073372 G601467、G602348、G602349、G602350 史部/紀傳類/正史之屬

二十四史附考證 清光緒二十八年(1902)史學會社石印本 二十八冊 存四種

330000－1701－0073374 G600031 史部/地理類/山川之屬/山志

武夷山志二十四卷首一卷 (清)董天工撰 清道光二十七年(1847)五夫尺木軒刻本 八冊

330000－1701－0073376 HJH114.092/4438/(2)/c3 史部/傳記類/總傳之屬/儒林

宋元學案一百卷首一卷考畧一卷 (清)黃宗羲撰 (清)全祖望修定 (清)王梓材 (清)馮雲濠校並考 清光緒五年(1879)長沙寄廬刻本 清懋勳、清孔修、浩石題記 四十冊

330000－1701－0073377 G600032 經部/小學類

小學類編六種附三種 (清)李祖望編 清咸豐至光緒江都李氏半畝園刻本 一冊 存一種

330000－1701－0073380 G001973 集部/別集類/清別集

豹皮集不分卷 (清)薛之鳳撰 (清)薛念祖輯 清光緒二十七年(1901)木活字印本 清沈同芳跋 二冊

330000－1701－0073381 G601468 子部/儒家類/儒學之屬/經濟

皇朝經世文編一百二十卷姓名總目二卷

（清）賀長齡輯　清光緒十三年（1887）上海點石齋石印本　十一册　缺十一卷（八十九至九十九）

330000－1701－0073382　G002055、G607807　類叢部/叢書類/彙編之屬
敏果齋七種　（清）許乃釗編　清道光十二年至二十九年（1832－1849）錢塘許氏刻彙印本　二十四册

330000－1701－0073383　G002122　集部/別集類/清別集
靈峯存稿不分卷　夏震武撰　清抄本　三册

330000－1701－0073384　G600033　集部/別集類/清別集
崇蘭堂詩初存十卷　（清）張預撰　清光緒二十年（1894）刻本　二册

330000－1701－0073385　G600034　史部/傳記類/別傳之屬
先聖生卒年月日考二卷　（清）孔廣牧撰　清光緒十九年（1893）浙江書局刻本　一册

330000－1701－0073390　G002056、G007774、G011069、G009731　子部/醫家類/方書之屬/單方驗方
丹溪心法附餘二十四卷首一卷　（明）方廣輯　清光緒二十五年（1899）徐氏石印本　十册　存二十一卷（首、一、五至十、十二至二十四）

330000－1701－0073391　G002057　類叢部/叢書類/彙編之屬
申報館叢書正集五十七種附錄三種續集一百四十二種　（清）尊聞閣主編　蔡爾康編續集　清同治至光緒上海申報館鉛印本　一册　存一種

330000－1701－0073393　G601469　集部/別集類/唐五代別集
孟東野集十卷附一卷　（唐）孟郊撰　**追昔遊集三卷**　（唐）李紳撰　清宣統二年（1910）上海著易堂石印本　四册

330000－1701－0073394　HJH082.7/8043/c2　類叢部/叢書類/自著之屬
春在堂全書二十三種　（清）俞樾撰　清同治至光緒刻光緒九年（1883）彙印本　九十六册

330000－1701－0073395　普817.2/1055　集部/曲類/彈詞之屬
繡像後玉蜻蜓六卷五十九回　清嘉慶環秀閣刻本　四册

330000－1701－0073398　G001974　史部/傳記類/總傳之屬/仕宦
楚疆三文忠傳三卷　（清）李元度撰　清同治九年（1870）刻本　一册

330000－1701－0073399　G002123　史部/雜史類/斷代之屬
征西紀畧四卷　（清）曾毓瑜撰　清光緒二十年（1894）京師官書局鉛印本　一册

330000－1701－0073402　HJH094.3381/3547/（2）　經部/叢編
御纂七經五種　（清）李光地等撰　清同治六年至九年（1867－1870）浙江書局刻本　二十七册　存一種

330000－1701－0073403　G001975、G008279　集部/別集類/清別集
因樹書屋詩稿十二卷　（清）沈寶森撰　清光緒二十三年（1897）刻本　八册

330000－1701－0073405　G601470　集部/別集類/清別集
養一齋文集二十卷　（清）李兆洛撰　清光緒四年（1878）刻本　八册　存十九卷（一至十九）

330000－1701－0073406　G002124　子部/醫家類/喉科口齒之屬
診術望舌篇一卷　清抄本　一册

330000－1701－0073408　HJLB162　類叢部/叢書類/彙編之屬
兩湖書院課程三種　（清）兩湖書院編　清光緒二十四年至二十六年（1898－1900）兩湖書院刻朱印本　一册　存二種

330000－1701－0073410　HJH095.0381/3507/c3　經部/叢編

御纂七經五種　（清）李光地等撰　清同治六年至九年（1867－1870）浙江書局刻本　二十冊　存一種

330000－1701－0073411　G001976　子部/藝術類/書畫之屬

最新書畫譜不分卷　（清）錦文堂書莊輯　清光緒三十四年（1908）錦文堂書莊石印本　二冊

330000－1701－0073412　G002125　類叢部/叢書類/彙編之屬

心矩齋叢書十一種　（清）蔣鳳藻編　清光緒長洲蔣氏刻本　四冊　存一種

330000－1701－0073414　G601471　集部/戲劇類/傳奇之屬

儒酸福傳奇二卷　（清）魏熙元撰　（清）汪繩武正譜　（清）倪星垣評文　清光緒十年（1884）杭州魏氏玉玲瓏館刻本　一冊

330000－1701－0073415　G001977　史部/地理類/方志之屬/郡縣志

［乾隆］海寧縣志十二卷首一卷　（清）金鼇修　（清）黃簪世續修　（清）王又曾纂　清乾隆刻本　九冊　存十一卷（二至十二）

330000－1701－0073416　G601472　子部/藝術類/遊藝之屬/聯語

莫愁湖楹聯便覽一卷　（清）釋壽安編　清光緒五年（1879）刻本　一冊

330000－1701－0073418　G001978　史部/傳記類/別傳之屬

邵陽魏府君［源］事略一卷　（清）魏耆述　清末刻本　一冊

330000－1701－0073419　HJH095.0381/3507/c4　經部/叢編

御纂七經五種　（清）李光地等撰　清同治六年至九年（1867－1870）浙江書局刻本　二十冊　存一種

330000－1701－0073420　G600035、G600459、G611801、G010794　類叢部/叢書類/自著之屬

中復堂全集九種附一種　（清）姚瑩撰　清同治六年（1867）姚濬昌安福縣署刻本　八冊　存二種

330000－1701－0073422　G002126　史部/地理類/方志之屬/郡縣志

鄞縣志□□卷　清抄本　六冊　存十九卷（列傳一至十、忠義傳、孝友傳、特行傳、隱逸傳、儒林傳一至二、文苑傳一至二、水利考）

330000－1701－0073423　G601473　史部/政書類/律令之屬/治獄

浙江認捐弊款全案彙鈔一卷　（清）徐士霖輯　清光緒三十四年（1908）鉛印本　一冊

330000－1701－0073424　HJH095.0381/3507/c6　經部/叢編

御纂七經五種　（清）李光地等撰　清同治六年至九年（1867－1870）浙江書局刻本　二十冊　存一種

330000－1701－0073429　G601474　史部/傳記類/科舉錄之屬

海寧采芹錄二卷　朱逢辰輯　清宣統三年（1911）鉛印本　二冊

330000－1701－0073430　HJH095.0381/3507/c7　經部/叢編

御纂七經五種　（清）李光地等撰　清同治六年至九年（1867－1870）浙江書局刻本　二十冊　存一種

330000－1701－0073433　普817.2/1076/c2　集部/曲類/彈詞之屬

繡像百鳥圖十八回　（清）徐品南撰　清同治二年（1863）刻本　四冊

330000－1701－0073434　G600037　類叢部/叢書類/彙編之屬

函海一百五十二種　（清）李調元編　清乾隆綿州李氏萬卷樓刻嘉慶十四年（1809）李鼎元、道光五年（1825）李朝夔重校補刻本　一冊　存一種

330000－1701－0073435　普 817.2/1076/c1　集部/曲類/彈詞之屬

繡像百鳥圖十八回　(清)徐品南撰　清同治二年(1863)刻本　四册

330000－1701－0073436　G001979　史部/目録類/總録之屬/官修

欽定四庫全書簡明目錄二十卷　(清)紀昀等撰　清刻本　蔣欽項跋　十八册

330000－1701－0073437　G601475　史部/金石類/總志之屬/題跋

枕經堂金石書畫題跋三卷　(清)方朔撰　清同治三年(1864)濟南刻本　一册

330000－1701－0073439　G002127　集部/別集類/漢魏六朝別集

徐孝穆全集六卷　(南朝陳)徐陵撰　(清)吳兆宜箋注　**備考一卷**　(清)徐文炳撰　清吳郡寶翰樓刻本　二册

330000－1701－0073440　G002058　集部/總集類/選集之屬/斷代

同館試律詩四卷首一卷　(明)徐經　(清)吳鍾駿　(清)龍英輯　清道光二十年(1840)刻本　二册

330000－1701－0073441　HJH095.0381/3507/(2)　經部/叢編

御纂七經五種　(清)李光地等撰　清同治六年至九年(1867－1870)浙江書局刻本　十一册　存一種

330000－1701－0073443　G600036　類叢部/叢書類/自著之屬

船山遺書五十八種　(清)王夫之撰　清同治四年(1865)湘鄉曾國荃金陵刻本　十八册　存一種

330000－1701－0073445　G601476　子部/雜著類/雜纂之屬

嘯亭雜錄十卷續錄三卷　(清)昭槤撰　清宣統元年(1909)中國圖書公司鉛印本　四册

330000－1701－0073448　G002059、G003287、G004292、G007772、G010864　史部/政書類/邦交之屬

洋務時事彙編八卷　(清)葛子源撰　清光緒二十四年(1898)上海書局石印本　十册

330000－1701－0073450　G001980、G008989　集部/總集類/彙編之屬

七家試帖輯註彙鈔　(清)張熙宇輯評　(清)王植桂輯註　清刻本　三册　存二種

330000－1701－0073452　G001981　史部/地理類/雜志之屬

東城記餘二卷　(清)楊文杰撰　清末刻本　一册　存一卷(二)

330000－1701－0073454　HJH811.17/3624/c2　類叢部/叢書類/自著之屬

西堂全集四種附一種　(清)尤侗撰　清康熙刻本　一册　存一種

330000－1701－0073455　普 951.07703/5232/2　史部/紀事本末類/斷代之屬

平定粵匪紀略十八卷附記四卷　(清)杜文瀾撰　清光緒七年(1881)刻本　八册

330000－1701－0073456　HJLB171　子部/天文曆算類/算書之屬

學習測繪說略一卷　清光緒兩湖書院刻本　一册

330000－1701－0073457　HJH811.17/3624/c3　類叢部/叢書類/自著之屬

西堂全集四種附一種　(清)尤侗撰　清康熙刻本　五册　存一種

330000－1701－0073458　HJH172/7530/c3　子部/儒家類/儒學之屬/禮教

五種遺規十七卷　(清)陳弘謀輯並撰　清光緒二十一年(1895)浙江書局刻本　十册

330000－1701－0073459　普 951.07703/5232/3　史部/紀事本末類/斷代之屬

平定粵匪紀略十八卷附記四卷　(清)杜文瀾撰　清同治刻本　十册

330000－1701－0073461　HJH811.17/3633　集部/別集類/清別集

健修堂詩集二十二卷空青館詞稾三卷 （清）邊浴禮撰　清咸豐十一年(1861)刻本　七册　缺三卷(空青館詞稾一至三)

330000－1701－0073462　HJLB173　子部/天文曆算類/算書之屬
平面卓記一卷 （清）湯金鑄撰　清光緒二十六年(1900)正學堂刻朱印本　一册

330000－1701－0073463　HJH172/7530/2/c2　子部/儒家類/儒學之屬/禮教
五種遺規十七卷 （清）陳弘謀輯並撰　清光緒五年(1879)江西書局刻本　十二册

330000－1701－0073464　HJH811.17/3633.2/c2　集部/別集類/清別集
健修堂詩集二十二卷空青館詞稾三卷 （清）邊浴禮撰　清咸豐十一年(1861)刻本　八册

330000－1701－0073466　G002060、G003983、G006172、G007788、G009009、G009548　子部/醫家類/綜合之屬/通論
東醫寶鑑二十四卷目錄二卷 （朝鮮）許浚撰　清刻本　十六册　存十七卷(内景篇一至四,外形篇二,雜病篇三至七、九、十一,湯液篇一至三,鍼灸篇一至二)

330000－1701－0073467　普925.17/8064.31　史部/傳記類/別傳之屬/事狀
曾相六十壽文二卷 （清）李鴻章等撰　清光緒二年(1876)上海醉六堂刻本　二册

330000－1701－0073468　HJH811.17/3635/c4　集部/別集類/清別集
金源紀事詩八卷 （清）湯運泰撰　（清）湯顯業　（清）湯顯幹注　清同治十二年(1873)淮南書局刻本　四册

330000－1701－0073470　普925.17/6080.2　史部/傳記類/別傳之屬/年譜
舜山是仲明先生[鏡]年譜一卷附薦舉各疏一卷 （清）張敬立編　（清）金吳瀾補注　清光緒十三年(1887)嘉興金吳瀾木活字印本　二册

330000－1701－0073471　G600038　類叢部/叢書類/彙編之屬
文選樓叢書三十三種 （清）阮亨編　清嘉慶至道光阮元刻道光二十二年(1842)阮亨彙印本　三册　存一種

330000－1701－0073472　HJH811.17/3635/c2　集部/別集類/清別集
金源紀事詩八卷 （清）湯運泰撰　（清）湯顯業　（清）湯顯幹注　清同治十二年(1873)淮南書局刻本　四册

330000－1701－0073473　普817.2/2583/2　集部/曲類/彈詞之屬
增廣繪像蜃樓傳六卷三十二回 （清）讀畫樓主人撰　清光緒二十一年(1895)上海書局石印本　六册

330000－1701－0073474　HJH323.09/4424/c3　史部/政書類
九通 （清）□□輯　清光緒八年至二十二年(1882－1896)浙江書局刻本　五十册　存一種

330000－1701－0073475　G002068　集部/總集類
新鑰集四卷 （清）吳春叔輯　清光緒二十九年(1903)鉛印本　四册

330000－1701－0073477　普951.07703/52321　史部/紀事本末類/斷代之屬
欽定剿平粵匪方略四百二十卷首一卷 （清）奕訢等撰　清同治十一年(1872)鉛印本　一百四十册

330000－1701－0073478　普925.17/8064.79/c1　史部/傳記類/別傳之屬
求闕齋弟子記三十二卷 （清）王定安撰　清光緒二年(1876)都門刻本　十六册

330000－1701－0073481　普817.2/2621　集部/曲類/彈詞之屬
三笑新編十二集四十八回 （清）吳毓昌撰　清嘉慶十八年(1813)刻本　十二册

330000－1701－0073483　普925.17/8064.2/5　史部/傳記類/日記之屬

求闕齋日記類鈔十卷 (清)曾國藩撰 (清)王啓原編 清光緒十年(1884)上海海昌莊刻本 二冊

330000－1701－0073484 HJLB174 子部/天文曆算類/算書之屬
三角公式輯要一卷 (清)湯金鑄撰 清光緒二十六年(1900)兩湖書院正學堂刻本 一冊

330000－1701－0073485 HJLB172 類叢部/叢書類/彙編之屬
兩湖書院課程三種 (清)兩湖書院編 清光緒二十四年至二十六年(1898－1900)兩湖書院刻朱印本 一冊 存二種

330000－1701－0073487 G600039、G605289 史部/紀事本末類/斷代之屬
平定粵匪紀略十八卷附記四卷 (清)杜文瀾撰 清同治刻本 十冊

330000－1701－0073490 普817.2/3054.2 集部/曲類/寶卷之屬
定國誌安邦中集二十卷 清刻本 四十冊

330000－1701－0073491 普925.17/8064.79/c12 史部/傳記類/別傳之屬
求闕齋弟子記三十二卷 (清)王定安撰 清光緒二年(1876)都門刻本 十六冊

330000－1701－0073492 普817.2/2624 集部/曲類/彈詞之屬
新出增改繡像英雄譜全傳十三卷二十六回 (清)白香女史輯 清順利公內元記書棧石印本 十冊

330000－1701－0073493 HJH811.17/3547.2/(2) 集部/別集類/清別集
御製詩二集九十卷目錄十卷 (清)高宗弘曆撰 清乾隆二十四年(1759)武英殿刻本 四十冊

330000－1701－0073494 普951.07703/52322 史部/傳記類/總傳之屬/仕宦
紫光閣功臣小像一卷湘軍平定粵匪戰圖一卷 (清)彭鴻年輯 (清)吳嘉猷等繪 清光緒二十七年(1901)上海點石齋石印本 一冊

330000－1701－0073498 HJH811.17/8343/c3 集部/別集類/清別集
攈石齋文集二十六卷詩集五十卷十國詞箋略一卷 (清)錢載撰 清光緒四年(1878)蘇州交通圖書館刻本 六冊 存五十一卷(詩集一至五十、十國詞箋略)

330000－1701－0073499 普925.17/6866.8 史部/傳記類/別傳之屬/事狀
先考西塘府君[喻曙]行述一卷 (清)喻長霖撰 清光緒十六年(1890)刻本 一冊

330000－1701－0073501 G600040 類叢部/叢書類/輯佚之屬
玉函山房輯佚書五百九十三種附一種 (清)馬國翰輯 清光緒十年(1884)楚南湘遠堂刻本 二十三冊 存一百三種

330000－1701－0073502 G002069 集部/總集類/彙編之屬
山曉閣文選十五種 (清)孫琮編 清康熙山曉閣刻本 十冊 存四種

330000－1701－0073503 普925.17/7106.2/c1 史部/傳記類/別傳之屬/年譜
皇清誥授光禄大夫特贈太子太保兵部尚書兼都察院右都御史兩江總督馬端敏公[新貽]年譜一卷 (清)馬新祐編次 清光緒三年(1877)刻本 一冊

330000－1701－0073504 普817.2/2634 集部/曲類/彈詞之屬
東調雙剪髮前傳八卷新調鐵胎弓後傳八卷 題(清)月湖居士撰 清道光維揚文苑堂刻本 四冊

330000－1701－0073505 普951.07703/5233/c1 史部/雜史類/斷代之屬
平浙紀略十六卷 (清)秦緗業 (清)陳鍾英撰 清同治十二年(1873)浙江書局刻本 四冊

330000－1701－0073507 HJH811.17/3303.2/c2 集部/別集類/清別集
桐乳齋詩集十二卷 (清)梁文濂撰 清乾隆

十二年(1747)梁啓心等刻本　四册

330000－1701－0073508　G001982　史部/地理類/外紀之屬

環遊地球新錄四卷　(清)李圭撰　清光緒十年(1884)上海總務司刻本　四册

330000－1701－0073510　HJH323.09/4424.02/c4　史部/政書類

九通　(清)□□輯　清光緒八年至二十二年(1882－1896)浙江書局刻本　四十册　存一種

330000－1701－0073511　HJLB176　子部/天文曆算類/算書之屬

兩湖書院算學課程二卷附一卷附表一卷　(清)兩湖書院編　清光緒二十四年(1898)兩湖書院刻本　四册

330000－1701－0073512　G601477　子部/雜著類/雜說之屬

浮邱子十二卷　(清)湯鵬撰　(清)湯俶昭等輯　清宣統二年(1910)掃葉山房石印本　六册

330000－1701－0073514　HJH811.17/8343/3/c3　集部/别集類/清别集

籜石齋詩集五十卷　(清)錢載撰　清乾隆刻本　六册

330000－1701－0073515　普925.17/8064.23　史部/傳記類/别傳之屬/事狀

曾文正公大事記四卷　(清)王定安撰　清光緒二年(1876)傳忠書局刻本　二册

330000－1701－0073516　普925.17/7106.2/c2　史部/傳記類/别傳之屬/年譜

皇清誥授光禄大夫特贈太子太保兵部尚書兼都察院右都御史兩江總督馬端敏公[新貽]年譜一卷　(清)馬新祐編次　清光緒三年(1877)刻本　一册

330000－1701－0073518　普925.17/8064.23/5　史部/傳記類/别傳之屬/事狀

曾文正公大事記四卷　(清)王定安撰　清光緒三十一年(1905)上海商務印書館鉛印本　一册

330000－1701－0073519　普951.07703/5233/c3　史部/雜史類/斷代之屬

平浙紀略十六卷　(清)秦緗業　(清)陳鍾英撰　清同治十二年(1873)浙江書局刻本　四册

330000－1701－0073520　G600456　史部/紀傳類/正史之屬

漢書一百卷　(漢)班固撰　(唐)顔師古注　清光緒十三年(1887)金陵書局刻本　十六册

330000－1701－0073521　HJLB175　子部/天文曆算類/算書之屬

兩湖書院算學課程二卷附一卷附表一卷　(清)兩湖書院編　清光緒二十四年(1898)兩湖書院刻本　三册

330000－1701－0073523　G001983　新學/學校

東國觀學記一卷　(清)朱錦綬等撰　清宣統元年(1909)江蘇學務公所鉛印本　一册

330000－1701－0073524　普925.17/8064.8　史部/傳記類/别傳之屬/事狀

曾文正公[國藩]榮哀錄一卷　(清)黄翼升等撰　清同治十一年(1872)刻本　一册

330000－1701－0073525　G002070　類叢部/叢書類/自著之屬

施愚山先生全集五種附一種　(清)施閏章撰　清宣統二年至三年(1910－1911)上海國學扶輪社石印本　十八册　存五種

330000－1701－0073526　G601478　集部/别集類/清别集

船山詩草二十卷　(清)張問陶撰　清宣統二年(1910)上海掃葉山房石印本　六册

330000－1701－0073528　普925.17/8064.23/2　史部/傳記類/别傳之屬/事狀

曾文正公大事記四卷　(清)王定安撰　清光緒十三年(1887)鴻文書局鉛印本　一册

330000－1701－0073529　G002128、G002929、

G007522　經部/四書類/總義之屬/傳說
四書集註十九卷　(宋)朱熹撰　清三多齋刻本　三冊　缺十卷(論語一至十)

330000－1701－0073531　普 951.07703/5233/c6　史部/雜史類/斷代之屬
平浙紀略十六卷　(清)秦緗業　(清)陳鍾英撰　清同治十二年(1873)浙江書局刻本　四冊

330000－1701－0073532　HJH811.17/33221/c3　集部/別集類/清別集
古春軒詩鈔二卷　(清)梁德繩撰　清咸豐二年(1852)鳳城刻本　一冊

330000－1701－0073533　G001984　經部/春秋穀梁傳類/傳說之屬
春秋穀梁傳十二卷　(明)閔齊伋裁注　清蔚文堂刻本　三冊

330000－1701－0073534　普 817.2/2640　集部/曲類/彈詞之屬
繡像秘本白梅亭七卷　(清)□□撰　清刻本　一冊

330000－1701－0073535　普 925.17/7124.8　集部/總集類/氏族之屬
小峨嵋山館四種　(清)馬國偉　(清)馬用俊編　清嘉慶十八年(1813)棣園刻本　一冊　存一種

330000－1701－0073536　普 925.17/8064.23/6　史部/傳記類/別傳之屬/事狀
曾文正公大事記四卷　(清)王定安撰　清光緒著易堂鉛印本　一冊

330000－1701－0073538　HJLB177　類叢部/叢書類/彙編之屬
兩湖書院課程三種　(清)兩湖書院編　清光緒二十四年至二十六年(1898－1900)兩湖書院刻本　一冊　存一種

330000－1701－0073541　HJH811.17/8346/c2　類叢部/叢書類/自著之屬
潛研堂全書十六種　(清)錢大昕撰　清乾隆至嘉慶刻本　四冊　存一種

330000－1701－0073542　HJL811.17/33221/2/c2　集部/別集類/清別集
古春軒詩鈔二卷　(清)梁德繩撰　清道光二十九年(1849)刻本　一冊

330000－1701－0073543　普 925.17/8064.23/3　史部/傳記類/別傳之屬/事狀
曾文正公大事記四卷　(清)王定安撰　清光緒十六年(1890)鴻寶南局鉛印本　一冊

330000－1701－0073544　普 817.2/2644　集部/曲類/彈詞之屬
新刊鳳雙飛全傳五十二回　(清)□□撰　清光緒二十五年(1899)上海書局石印本　二十六冊

330000－1701－0073546　普 925.17/7110.2/c1　史部/傳記類/別傳之屬/年譜
雷塘庵主[阮元]弟子記八卷　(清)張鑑撰　(清)阮常生等續　清道光二十一年(1841)甘泉羅士琳刻咸豐儀徵阮氏琅嬛仙館補刻本　二冊

330000－1701－0073547　HJH323.097/3547/c4　史部/政書類
九通　(清)□□輯　清光緒八年至二十二年(1882－1896)浙江書局刻本　四十冊　存一種

330000－1701－0073549　G601479、G609024、G602453　史部/地理類/方志之屬/郡縣志
[乾隆]溫州府志三十卷首一卷　(清)李琬修　(清)齊召南　(清)汪沆纂　清乾隆二十七年(1762)刻同治四年(1865)修版印本　十五冊　缺一卷(三十)

330000－1701－0073550　G002061　集部/別集類/清別集
定盦文集三卷續集四卷續錄一卷定盦文集補二卷文集補編四卷　(清)龔自珍撰　清宣統二年(1910)掃葉山房石印本　六冊

330000－1701－0073553　HJH811.17/8371/(2)　集部/別集類/清別集
香樹齋詩集十八卷　(清)錢陳羣撰　清乾隆

十六年(1751)刻本　六册

330000－1701－0073556　普925.17/7110.2/c2　史部/傳記類/别傳之屬/年譜
雷塘庵主[阮元]弟子記八卷　(清)張鑑撰　(清)阮常生等續　清道光二十一年(1841)甘泉羅士琳刻咸豐儀徵阮氏琅嬛仙館補刻本　四册

330000－1701－0073560　普925.17/7110.2/c3　史部/傳記類/别傳之屬/年譜
雷塘庵主[阮元]弟子記八卷　(清)張鑑撰　(清)阮常生等續　清道光二十一年(1841)甘泉羅士琳刻咸豐儀徵阮氏琅嬛仙館補刻本　二册

330000－1701－0073561　HJH811.17/8371.2/(2)　集部/别集類/清别集
香樹齋詩續集二十二卷　(清)錢陳羣撰　清乾隆刻本　十六册

330000－1701－0073563　G601480　集部/别集類/唐五代别集
杜詩鏡銓二十卷附諸家論杜一卷　(清)楊倫撰　**讀書堂杜工部文集註解二卷**　(清)張溍　**杜工部[甫]年譜一卷**　清同治十一年(1872)望三益齋刻本　十册

330000－1701－0073565　普817.2/26441　子部/藝術類/遊藝之屬/謎語
春燈新集不分卷　(清)魏湘洲輯　清嘉慶十三年(1808)刻本　二册

330000－1701－0073566　G001985　經部/春秋穀梁傳類/傳說之屬
春秋穀梁傳十二卷　(明)閔齊伋裁注　清尺木堂刻本　四册

330000－1701－0073570　G002062、G010208、G009664　集部/别集類/清别集
竹瑞堂詩鈔十八卷　(清)黃德華撰　清同治三年(1864)刻本　四册

330000－1701－0073573　HJH323.09/4424.02/c3、HJH323.097/3547/c3、HJH323.097/3547.2/c3、HJH323.09/7107/c3、HJH323.09/7107.02/c3　史部/政書類
九通　(清)□□輯　清光緒八年至二十二年(1882－1896)浙江書局刻本　三百九十册　存五種

330000－1701－0073574　G601481　經部/叢編
欽定篆文六經四書十種　(清)李光地等輯　清光緒九年(1883)上海同文書局石印本　九册　存九種

330000－1701－0073575　G002071　子部/小說家類/異聞之屬
巽繹編四卷　(清)楊望秦撰　清光緒二年(1876)武進楊氏刻本　四册

330000－1701－0073576　普951.07703/5236/c1　類叢部/叢書類/彙編之屬
申報館叢書正集五十七種附錄三種續集一百四十二種　(清)尊聞閣主編　蔡爾康編續集　清同治至光緒上海申報館鉛印本　二册　存一種

330000－1701－0073577　G601482　類叢部/叢書類/郡邑之屬
粟香室叢書五十九種　金武祥編　清光緒至民國江陰金氏刻本　二册　存三種

330000－1701－0073578　普951.07703/5236/c2　類叢部/叢書類/彙編之屬
申報館叢書正集五十七種附錄三種續集一百四十二種　(清)尊聞閣主編　蔡爾康編續集　清同治至光緒上海申報館鉛印本　二册　存一種

330000－1701－0073579　普951.07703/5236/2/c1　史部/雜史類/斷代之屬
吴中平寇記八卷　(清)錢勖撰　清同治刻本　二册

330000－1701－0073580　普951.07703/5236/2/c2　史部/雜史類/斷代之屬
吴中平寇記八卷　(清)錢勖撰　清同治刻本　二册

330000－1701－0073582　普951.07703/

5236/2/c3　史部/雜史類/斷代之屬
吴中平寇記八卷　(清)錢勖撰　清同治刻本　四册

330000－1701－0073584　普951.07703/5237　史部/雜史類/斷代之屬
粵氛紀事十三卷　(清)謝山居士輯　清同治八年(1869)刻本　六册

330000－1701－0073585　普951.07703/5238　史部/雜史類/斷代之屬
粵匪南北滋擾紀畧一卷　(清)姚憲之撰　清京都琉璃廠刻本　一册

330000－1701－0073586　HJH811.17/8720/c3　集部/别集類/清别集
缾水齋詩集十七卷别集二卷詩話一卷附録一卷　(清)舒位撰　清光緒十二年(1886)邊保樞刻十七年(1891)增修本　六册　存十九卷(詩集一至十七、别集一至二)

330000－1701－0073587　G600042、G600463　子部/雜著類/雜説之屬
中國魂二卷　梁啓超編　清光緒二十八年(1902)上海廣智書局鉛印本　二册

330000－1701－0073588　G600043　史部/政書類/邦計之屬
兩浙宦游紀畧四種　(清)戴槃撰　清同治七年(1868)刻本　一册　存一種

330000－1701－0073589　普951.07703/5239　史部/雜史類/斷代之屬
金陵省難紀略一卷　(清)張汝南撰　清光緒十六年(1890)上海著易堂書局鉛印本　一册

330000－1701－0073590　HJH811.17/8720/(2)/c1　集部/别集類/清别集
缾水齋詩集十七卷别集二卷詩話一卷附録一卷　(清)舒位撰　清光緒十二年(1886)邊保樞刻十七年(1891)增修本　八册

330000－1701－0073591　G600044　史部/地理類/山川之屬/水志
莫愁湖志六卷首一卷　(清)馬士圖撰　清光緒八年(1882)、十七年(1891)刻本　二册

330000－1701－0073592　HJH811.17/8720/(2)/c4　集部/别集類/清别集
缾水齋詩集十七卷别集二卷詩話一卷附録一卷　(清)舒位撰　清光緒十二年(1886)邊保樞刻十七年(1891)增修本　八册

330000－1701－0073593　G600045　經部/叢編
通藝録十九種附二種　(清)程瑶田撰　清嘉慶刻本　一册　存一種

330000－1701－0073594　普951.07703/52391　史部/雜史類
杭湖防堵記畧不分卷　(清)姚承輿撰　清末刻本　一册　存一種

330000－1701－0073596　G600046　類叢部/叢書類/彙編之屬
漸西村舍彙刊(漸西村舍叢刻)四十四種　(清)袁昶編　清光緒十六年至二十四年(1890－1898)桐廬袁氏刻本　二册　存一種

330000－1701－0073598　G600047　史部/地理類/水利之屬
淮揚水利圖説一卷淮揚治水論一卷　(清)馮道立撰　清道光十九年(1839)、二十年(1840)刻本　一册

330000－1701－0073599　普925.17/8214　類叢部/叢書類/自著之屬
培遠堂全集二十種　(清)陳弘謀撰　清道光十七年(1837)培遠堂刻本　四册　存一種

330000－1701－0073601　G002072　史部/雜史類/斷代之屬
皇朝紀略一卷　(清)何琪輯　清光緒二十七年(1901)上海普通學書室刻本　一册

330000－1701－0073605　普951.07703/52392　類叢部/叢書類/自著之屬
香禪精舍集十種附一種另附四種　(清)潘鍾瑞撰　清光緒長洲潘氏香禪精舍刻本　一册　存一種

330000－1701－0073606　G600048　類叢部/叢書類/彙編之屬

嘯園叢書五十七種　(清)葛元煦編　清光緒二年至七年(1876－1881)仁和葛氏刻本　一冊　存一種

330000－1701－0073607　G600049　新學/史志/別國史
安南史四卷　(日本)引田利章撰　毛乃庸譯　清光緒二十九年(1903)教育世界社石印本　守愚題簽　四冊

330000－1701－0073609　G002129　子部/雜著類/雜說之屬
淮南子校勘記一卷　(清)汪文臺撰　清光緒十一年(1885)刻本　一冊

330000－1701－0073611　普925.17/7110.2/c4　史部/傳記類/別傳之屬/年譜
雷塘庵主[阮元]弟子記八卷　(清)張鑑撰　(清)阮常生等續　清道光二十一年(1841)甘泉羅士琳刻咸豐儀徵阮氏琅嬛仙館補刻本　二冊

330000－1701－0073613　HJH323.097/3547/c2、HJH323.09/7107/c2、HJH323.09/7107.02/c2、HJH323.097/3547.3/c3　史部/政書類
九通　(清)□□輯　清光緒八年至二十二年(1882－1896)浙江書局刻本　四百七十冊　存四種

330000－1701－0073614　普817.2/2646　集部/曲類/彈詞之屬
新刻東調秘本白鶴圖初集八卷二集八卷三集八卷四集八卷五集八卷六集八卷　清金陵源遠堂刻本　一冊

330000－1701－0073617　普817.2/2652.2　集部/曲類/彈詞之屬
繪圖白蛇傳後集四卷十六回　(清)錦燾撰　清末石印本　四冊

330000－1701－0073618　HJH811.17/8914/c2　集部/別集類/清別集
紅蕾吟館詩稿一卷　(清)鎖瑞芝撰　清光緒六年(1880)刻本　一冊

330000－1701－0073619　G002130　子部/宗教類/道教之屬/戒律
太上感應篇一卷　清刻本　一冊

330000－1701－0073621　HJH323.097/3547.2/c2、HJH323.097/3547.3/c2　史部/政書類
九通　(清)□□輯　清光緒八年至二十二年(1882－1896)浙江書局刻本　二百冊　存二種

330000－1701－0073622　普925.17/7128.2　史部/傳記類/別傳之屬/年譜
懋亭[薩爾圖克長齡]自定年譜四卷　(清)薩爾圖克長齡撰　清道光二十一年(1841)桂叢堂刻本　四冊

330000－1701－0073624　G002074、G008194　集部/別集類/清別集
明紀事樂府四卷　(清)龍文彬撰　清光緒十一年(1885)永懷堂刻本　二冊

330000－1701－0073625　G600050　類叢部/叢書類/彙編之屬
知不足齋叢書一百九十五種　(清)鮑廷博編　(清)鮑士恭續編　清乾隆三十七年至道光三年(1772－1823)長塘鮑氏刻彙印本　一冊　存一種

330000－1701－0073626　HJH811.17/8914/c3　集部/別集類/清別集
紅蕾吟館詩稿一卷　(清)鎖瑞芝撰　清光緒六年(1880)刻本　一冊

330000－1701－0073627　HJL811.17/3424/c3　集部/別集類/清別集
人境結廬詩稿十二卷　(清)褚維塏撰　清光緒二十年(1894)餘杭褚氏刻本　六冊

330000－1701－0073628　G601483、G601404　集部/戲劇類/傳奇之屬
藏園九種曲　(清)蔣士銓撰　清乾隆漁古堂刻本　二冊　存一種

330000－1701－0073629　普817.2/2708　集部/曲類/彈詞之屬
新編盤龍鐲全傳十二卷　清武林會成堂刻本　一冊

330000－1701－0073630　G001987　經部/書類/分篇之屬
禹貢譜二卷　（清）王澍　（清）金詢撰　清康熙四十六年（1707）積書巖刻本　一冊

330000－1701－0073631　普 925.17/8064.8/2　類叢部/叢書類/自著之屬
曾文正公四種　（清）曾國藩撰　清光緒十七年（1891）上海廣百宋齋鉛印本　一冊　存一種

330000－1701－0073632　HJH811.17/9747/c2　集部/別集類/清別集
甌香館集十二卷補遺詩一卷補遺畫跋一卷　（清）惲格撰　（清）蔣光煦輯　清光緒七年（1881）刻本　四冊

330000－1701－0073633　普 951.07703/52395　史部/雜史類/斷代之屬
彝軍紀略二卷附錄一卷　（清）彭洵撰　清光緒抄本　二冊

330000－1701－0073635　普 925.17/7131.4　子部/藝術類/書畫之屬/畫譜
夢跡圖一卷　（清）寶琳繪　清光緒元年（1875）上海點石齋石印本　一冊

330000－1701－0073636　HJH811.17/3434/2/c3　集部/別集類/清別集
翠螺閣詩稾四卷詞稾一卷　（清）凌祉媛撰
舞鏡集一卷　（清）丁丙撰　清咸豐四年（1854）丁氏延慶堂刻本　二冊　缺一卷（舞鏡集）

330000－1701－0073637　G600051　史部/政書類/儀制之屬/專志/科舉校規
欽定學堂章程不分卷　（清）張百熙等編　清光緒三十年（1904）上海時中書局石印本　一冊

330000－1701－0073638　G002075　經部/書類/傳說之屬
尚書私學四卷　（清）江昱撰　清乾隆刻本　一冊

330000－1701－0073640　G601484　集部/總集類/題詠之屬
貞靜錄一卷　（清）柳大培編　清光緒十五年（1889）長沙古榴山莊刻本　清韓鴻序跋　一冊

330000－1701－0073642　G600052　類叢部/類書類/通類之屬
新義錄一百卷　（清）孫璧文撰　清光緒二十七年（1901）兩湖書院刻本　六冊　存十五卷（六至七、五十三至五十四、五十七至六十七）

330000－1701－0073643　HJH811.17/3434/2/c4　集部/別集類/清別集
翠螺閣詩稾四卷詞稾一卷　（清）凌祉媛撰
舞鏡集一卷　（清）丁丙撰　清咸豐四年（1854）丁氏延慶堂刻本　一冊　缺一卷（舞鏡集）

330000－1701－0073644　普 817.2/2713　集部/曲類/彈詞之屬
新刻繡像歸西甯四卷二十回　清末石印本　二冊

330000－1701－0073645　普 951.07703/52397　史部/雜史類/斷代之屬
嘉應平寇紀畧一卷　（清）謝國珍撰　清光緒抄本　一冊

330000－1701－0073646　G601491　史部/地理類/方志之屬/郡縣志
［光緒］諸暨縣志六十一卷　陳遹聲修　（清）蔣鴻藻纂　清宣統二年（1910）刻本　一冊　存三卷（五十四至五十六）

330000－1701－0073647　HJH811.17/3434/2（2）/c3　集部/別集類/清別集
翠螺閣詩稾四卷詞稾一卷　（清）凌祉媛撰
舞鏡集一卷　（清）丁丙撰　清咸豐四年（1854）丁氏延慶堂刻本　二冊

330000－1701－0073648　HJH811.17/9941/c1　類叢部/叢書類/自著之屬
橘蔭軒全集七種　（清）陳錦撰　清光緒山陰陳氏橘蔭軒刻本　二冊　存一種

330000－1701－0073649　G600053　類叢部/

叢書類/彙編之屬

申報館叢書正集五十七種附錄三種續集一百四十二種 （清）尊聞閣主編 蔡爾康編續集 清同治至光緒上海申報館鉛印本 一册 存一種

330000－1701－0073652 G600054、G611679、G610479 類叢部/叢書類/彙編之屬

申報館叢書正集五十七種附錄三種續集一百四十二種 （清）尊聞閣主編 蔡爾康編續集 清同治至光緒上海申報館鉛印本 七册 存一種

330000－1701－0073653 G002063 子部/醫家類/方書之屬/單方驗方

驗方新編二十四卷 （清）鮑相璈輯 清刻本 五册 存八卷（十二至十九）

330000－1701－0073654 普925.17/7144.2 史部/傳記類/別傳之屬/年譜

阿文成公[桂]年譜三十四卷 （清）那彦成編 （清）王昶勘定 （清）盧蔭溥增修 清嘉慶十八年（1813）刻本 二十四册

330000－1701－0073655 普817.2/2232/2 集部/曲類/彈詞之屬

繡像倭袍傳十二卷一百回 （清）海蘭濤撰 清刻本 二十四册

330000－1701－0073656 普817.2/17131 集部/曲類/曲藝之屬

新刻繪圖血水河二卷 清上海久敬齋石印本 二册

330000－1701－0073657 G002131 集部/別集類/清別集

止軒文習外編不分卷 王繼香撰 清光緒十年（1884）抄本 王繼香、愍老題記 一册

330000－1701－0073658 G601485 史部/地理類/總志之屬

地學歌略一卷 葉瀚 葉瀾撰 清光緒刻本 一册

330000－1701－0073659 G002064 新學/史志/別國史

支那通史七卷 （日本）那珂通世編 清光緒二十五年（1899）上海東文學社石印本 五册 存四卷（一至四）

330000－1701－0073661 G600055 史部/金石類/總志之屬

金石萃編一百六十卷 （清）王昶撰 **金石續編二十一卷首一卷** （清）陸耀遹撰 清光緒十九年（1893）上海醉六堂石印本 二十四册

330000－1701－0073662 普817.2/2724 集部/曲類/彈詞之屬

繪圖續再生緣十六卷十六回 清末石印本 八册

330000－1701－0073663 普817.2/2272 集部/曲類/彈詞之屬

繡像鸞鳳雙簫十八回 清同治四年（1865）蛟川書屋刻本 二册

330000－1701－0073664 普925.17/7144.2/(2) 史部/傳記類/別傳之屬/年譜

阿文成公[桂]年譜三十四卷 （清）那彦成編 （清）王昶勘定 （清）盧蔭溥增修 清嘉慶十八年（1813）刻本 十六册

330000－1701－0073665 HJH811.17/9941/c3 類叢部/叢書類/自著之屬

橘蔭軒全集七種 （清）陳錦撰 清光緒山陰陳氏橘蔭軒刻本 二册 存一種

330000－1701－0073666 G001989 史部/政書類/公牘檔册之屬

浙江武備學堂資料一卷創設錢江救生公所章程一卷 清末石印本暨刻本 一册

330000－1701－0073667 G601486 史部/地理類/方志之屬/郡縣志

光緒分水縣志十卷首一卷末一卷 （清）陳常鏵 （清）馮圻修 （清）臧承宣纂 清光緒三十二年（1906）刻本 六册

330000－1701－0073668 HJL811.17/3437/c2 集部/別集類/清別集

賜硯齋詩存四卷 （清）沈涵撰 清乾隆刻本 諸宗元題記 四册

330000－1701－0073670　普 817.2/2733　集部/曲類/彈詞之屬
繡像十五貫十六卷　(清)馬永清撰　清同治六年(1867)蓮溪書屋刻本　四冊

330000－1701－0073671　G002065、G009445、G011319　集部/總集類/選集之屬/通代
肄雅堂詩選八卷附録焦弱侯先生詩家二十四品論一卷　(清)胡宗禮輯　清刻本　四冊

330000－1701－0073672　HJH811.17/0413/c1　集部/别集類/清别集
璞齋集詩六卷詞一卷　(清)諸可寶撰　**清足居集一卷蕉窗詞一卷**　(清)鄧瑜撰　清光緒二十二年(1896)玉峰官舍刻本　章鈺題簽　三冊　存七卷(詩一至六、詞)

330000－1701－0073673　普 817.2/2481　集部/曲類/彈詞之屬
繪圖俠義醒世傳八卷一百回　(清)□□撰　清光緒石印本　八冊

330000－1701－0073674　普 951.07703/5281/c4　類叢部/叢書類/郡邑之屬
武林掌故叢編一百八十七種　(清)丁丙編　清光緒三年至二十六年(1877－1900)錢塘丁氏嘉惠堂刻本　六冊　存一種

330000－1701－0073675　G001990　類叢部/叢書類/彙編之屬
潘刻五種　(清)恩燾輯　清同治至光緒刻光緒二十九年(1903)北京翰文齋印本　一冊　存一種

330000－1701－0073676　G601487　類叢部/叢書類/自著之屬
衎石齋合稾　(清)錢儀吉撰　清道光刻本　一冊　存一種

330000－1701－0073677　G002066、G010525　經部/詩類/傳説之屬
詩經集傳八卷　(宋)朱熹撰　清乾隆四十年(1775)友益齋刻本　四冊

330000－1701－0073678　普 817.2/2485　集部/曲類/彈詞之屬
續刻笑中緣圖説四卷　(清)馨齋居士撰　清光緒十九年(1893)上海書局石印本　四冊

330000－1701－0073679　普 925.17/7474.1/c1　史部/傳記類/别傳之屬
景陸粹編八卷首一卷末一卷　(清)許仁沐輯　清光緒二十四年(1898)許仁沐平湖刻本　六冊

330000－1701－0073681　普 817.2/2552　集部/曲類/彈詞之屬
繡像玉連環八卷七十六回　(清)朱素仙撰　清道光三年(1823)亦芸書屋刻本　八冊

330000－1701－0073682　HJL811.17/33221/c4　集部/别集類/清别集
古春軒詩鈔二卷　(清)梁德繩撰　清咸豐二年(1852)鳳城刻本　一冊

330000－1701－0073683　G002132　集部/别集類/清别集
守約齋詩集二卷　(清)賈敦復撰　清抄本　清符葆森、清葉廷琯、清沈金藻題記　一冊

330000－1701－0073685　普 951.07703/52821　史部/雜史類/斷代之屬
粤寇起事記實一卷附記一卷　(清)半窩居士撰　清刻本　一冊

330000－1701－0073687　普 817.2/2583/c1　集部/曲類/彈詞之屬
繡像四香緣四卷三十二回　(清)朱鏡江撰　清同治五年(1866)刻本　八冊

330000－1701－0073688　G001991　集部/别集類/清别集
秋紅霓詠一卷　(清)杜元勳撰　清咸豐八年(1858)雲來山館刻本　一冊

330000－1701－0073689　G601488　史部/目録類/通論之屬/掌故瑣記
皕宋樓藏書源流攷一卷　(日本)島田翰撰　清光緒三十三年(1907)武進董康京師刻朱印本　一冊

330000－1701－0073690　普 817.2/2767　集

部/曲類/彈詞之屬
錦上花四十八回 （清）修月閣主人撰　清同治十三年(1874)學餘堂刻本　十二册

330000－1701－0073691　普 817.2/2583/c3　集部/曲類/彈詞之屬
繡像四香緣四卷三十二回 （清）朱鏡江撰　清同治五年(1866)刻本　八册

330000－1701－0073692　G600056　類叢部/類書類/專類之屬
佩文韻府一百六卷 （清）張玉書 （清）蔡升元等輯　**韻府拾遺一百六卷** （清）汪灝 （清）何焯等輯　清光緒十五年(1889)上海點石齋石印本　十八册　存九十二卷(佩文韻府一至六、十一至十五、二十二至六十九、七十四至一百六)

330000－1701－0073693　HJH811.17/75001/c2　集部/別集類/清別集
孟晉齋詩集二十四卷 （清）陳章撰　清乾隆四十四年(1779)勤有書堂刻本　六册

330000－1701－0073694　G001992　史部/傳記類/總傳之屬/列女
梅涇節孝錄四卷 （清）岳洙傅編　清道光十七年(1837)朱鍈流芳閣刻本　一册

330000－1701－0073695　普 817.2/2767/2　集部/曲類/彈詞之屬
錦上花四十八回 （清）修月閣主人撰　清嘉慶十八年(1813)刻本　十二册

330000－1701－0073697　G601489　類叢部/叢書類/彙編之屬
葝園叢書十一種 （清）平步青編　清同治至光緒山陰平氏安越堂刻本　一册　存一種

330000－1701－0073698　普 951.07703/52822　史部/雜史類/斷代之屬
鎮江勦平粵匪記二卷　陳慶年撰　清末抄本　二册

330000－1701－0073700　普 817.2/2767/3/c2　集部/曲類/彈詞之屬
錦上花四十八回 （清）修月閣主人撰　清同治元年(1862)寶樹堂刻本　十册　缺三回(三十七至三十九)

330000－1701－0073701　G600057　史部/地理類/方志之屬/郡縣志
[乾隆]紹興府志八十卷首一卷 （清）李亨特修 （清）平恕 （清）徐嵩纂　清乾隆五十七年(1792)刻本　三十五册　存七十六卷(五至八十)

330000－1701－0073704　G601490、G601041　史部/地理類/方志之屬/郡縣志
[雍正]寧波府志三十六卷首一卷 （清）曹秉仁等修 （清）萬經等纂　清道光二十六年(1846)刻本　十五册　缺一卷(七)

330000－1701－0073706　普 951.07703/52823　史部/雜史類/斷代之屬
盾鼻隨聞錄八卷 （清）汪堃撰　清光緒元年(1875)不懼無悶齋刻本　劉承幹題簽並記　二册

330000－1701－0073707　G002133　集部/別集類/清別集
餐霞僊館詩六卷 （清）賈敦艮撰　稿本　清沈金藻跋　清劉禧延題記　一册　存一卷(六)

330000－1701－0073708　G002067　類叢部/類書類/通類之屬
古學彙纂十卷 （明）周時雍輯　清刻本　二十四册

330000－1701－0073709　G001993　經部/大戴禮記類/分篇之屬
夏小正一卷附錄一卷 （漢）戴德傳 （宋）金履祥注 （清）張爾岐輯定 （清）黄叔琳增訂　清學山堂張氏刻本　一册

330000－1701－0073710　G600061　史部/傳記類/總傳之屬/文苑
西湖三祠名賢考畧三卷首一卷　戴啓文撰　清光緒三十年(1904)丹徒戴啓文刻本　二册

330000－1701－0073711　HJH814.04/7534/c3　集部/詩文評類/文評之屬

全唐文紀事一百二十二卷首一卷 （清）陳鴻墀撰　清同治十二年（1873）廣州巴陵方功惠刻本　清蔡鴻鑑題記　二十四册

330000－1701－0073713　G600062　子部/雜著類/雜說之屬
墨子閒詁十五卷目錄一卷附錄一卷後語二卷 （清）孫詒讓撰　清宣統二年（1910）瑞安孫氏刻本　七册　缺三卷（一至三）

330000－1701－0073715　G001994　史部/地理類/遊記之屬
嚴游詩記一卷登岱詩記一卷 （清）金安清撰　清末刻本　一册

330000－1701－0073719　G601492、G601887、G608772、G602292、G604091、G609774　史部/地理類/方志之屬/郡縣志
［光緒］諸暨縣志六十一卷 陳遹聲修　（清）蔣鴻藻纂　清宣統二年（1910）刻本　十一册　存四十一卷（首、一至十六、十七至二十、二十四至二十六、四十一至四十二、四十六至六十）

330000－1701－0073721　普 817.2/44443　集部/曲類/彈詞之屬
新刻秘本雅調唱口芙蓉樓全傳四集七卷 清抄本　一册

330000－1701－0073722　G002134　子部/宗教類/道教之屬/經文
三聖經靈驗圖註一卷 清光緒二十四年（1898）上海鴻寶齋書局石印本　一册

330000－1701－0073725　HJH814.08/0044/（2）　類叢部/叢書類/彙編之屬
望三益齋叢書十八種 （清）吳棠編　清咸豐至光緒吳氏望三益齋刻本　十六册　存一種

330000－1701－0073726　普 951.07703/5287/c1　史部/雜史類/斷代之屬
勦逆圖考二卷 清光緒十八年（1892）上海書局石印本　二册

330000－1701－0073727　G601493　類叢部/叢書類/彙編之屬
漸西村舍彙刊（漸西村舍叢刻）四十四種 （清）袁昶編　清光緒十六年至二十四年（1890－1898）桐廬袁氏刻本　八册　存一種

330000－1701－0073734　普 817.2/44444　集部/曲類/彈詞之屬
繡像萬花樓全傳四卷三十六回 清光緒二十二年（1896）上海文宜書局石印本　四册

330000－1701－0073736　普 817.2/3004　集部/曲類/曲藝之屬
新刻周老龍還披風全本一卷新刻周老龍借披風全本一卷新刻雙落髮全本新刻甯調十弗許全本一卷 清末石印本　四册

330000－1701－0073737　普 951.07703/5287/c2　史部/雜史類/斷代之屬
勦逆圖說全考二卷 清光緒十九年（1893）上海書局石印本　二册

330000－1701－0073739　G002135　子部/醫家類/外科之屬/外科方
劉涓子鬼遺方五卷 （齊）龔慶宣撰　清嘉慶五年（1800）掃葉山房刻本　二册

330000－1701－0073740　普 925.17/8064.2/c2　史部/傳記類/日記之屬
曾文正公手書日記不分卷（清道光二十一年正月初一日至同治十一年二月初三日） （清）曾國藩撰　清宣統元年（1909）上海中國圖書公司石印本　三十八册

330000－1701－0073741　HJH811.17/3481/（2）/c2　集部/別集類/清別集
青埵山人詩十卷 （清）洪飴孫撰　清光緒十年（1884）陳氏西江使廨刻本　二册

330000－1701－0073742　HJH811.17/3481/（2）/c3　集部/別集類/清別集
青埵山人詩十卷 （清）洪飴孫撰　清光緒十年（1884）陳氏西江使廨刻本　二册

330000－1701－0073744　普 925.17/7284.1　史部/傳記類/別傳之屬/事狀
皇清誥授資政大夫贈內閣學士立傳二品銜原任山東登萊青道鐂公［含芳］事實彙編一卷

周學熙輯　清光緒上海點石齋石印本　一冊

330000－1701－0073746　普 925.17/8064.2/c3　史部/傳記類/日記之屬

曾文正公手書日記不分卷(清道光二十一年正月初一日至同治十一年二月初三日)　(清)曾國藩撰　清宣統元年(1909)上海中國圖書公司石印本　四十冊

330000－1701－0073747　普 817.2/3050　集部/曲類/曲藝之屬

新刻綉像蜜蜂記四卷八十回　清末上海煉石書局石印本　一冊

330000－1701－0073748　普 817.2/44445　集部/曲類/曲藝之屬

新刻花錦城姑蘇趙聖關山歌刻傳二卷　清末石印本　一冊　存一卷(上)

330000－1701－0073749　HJH814.08/1122/2/c2　類叢部/叢書類/彙編之屬

正誼堂全書六十三種續刻五種　(清)張伯行編　(清)楊浚重編　清同治五年(1866)福州正誼書院刻同治八年至光緒十三年(1869－1887)續刻本　一百六十冊

330000－1701－0073754　普 951.07703/5288　史部/雜史類/斷代之屬

太平天國歌一卷　清末抄本　一冊

330000－1701－0073756　普 817.2/3054/c1　集部/曲類/彈詞之屬

繡像宋史奇書十二卷六十六回　清光緒三十二年(1906)章福記書局石印本　六冊

330000－1701－0073757　G600063　史部/地理類/山川之屬/水志

太湖備考十六卷首一卷　(清)金友理撰　**湖程紀略一卷**　(清)吳曾撰　清乾隆十五年(1750)藝蘭圃刻本　七冊　缺二卷(十至十一)

330000－1701－0073760　HJH811.17/3494/c2　集部/别集類/清别集

斲研山房詩鈔八卷　(清)沈炳垣撰　清道光六年(1826)刻本　清姚燮題記　一冊

330000－1701－0073762　G600064　史部/地理類/山川之屬/水志

太湖備考續編四卷　(清)鄭言紹撰　清光緒二十九年(1903)刻本　三冊　缺一卷(二)

330000－1701－0073764　HJH811.17/3123/c2　集部/别集類/清别集

心知堂詩稿十八卷　(清)汪仲洋撰　清道光七年(1827)刻本　四冊

330000－1701－0073765　普 817.2/44446　集部/曲類/彈詞之屬

繡像萬花樓全傳六卷　清光緒二年(1876)玉蘭軒刻本　六冊

330000－1701－0073766　G002136　經部/四書類/大學之屬/傳說

存存堂訂正大學一卷存存堂心經我註一卷　(清)王夢弼撰　清刻本　一冊

330000－1701－0073767　普 925.17/7238.2　類叢部/叢書類/家集之屬

劉氏叢刻七種　(清)劉瀚編　清光緒海天旭日研齋刻本　一冊　存一種

330000－1701－0073769　普 817.2/3054/c3　集部/曲類/彈詞之屬

繡像宋史奇書十二卷六十六回　清光緒十九年(1893)上海書局鉛印本　六冊

330000－1701－0073770　G600065　史部/雜史類/斷代之屬

元朝秘史十五卷　(元)忙豁侖紐察　(元)脫察安撰　(清)李文田注　清光緒二十九年(1903)石印本　三冊　存十二卷(一至十二)

330000－1701－0073772　G002076　集部/總集類/選集之屬/通代

分類賦鵠十二卷首一卷　(清)廣百宋齋主人輯　清光緒十二年(1886)上海同文書局石印本　十二冊

330000－1701－0073773　HJH811.17/3130/c3　類叢部/叢書類/彙編之屬

振綺堂叢刊八種　(清)□□輯　清嘉慶至光緒汪氏振綺堂刻本　一冊　存一種

330000－1701－0073774　HJH811.17/3130/c4　類叢部/叢書類/彙編之屬
振綺堂叢刊八種　(清)□□輯　清嘉慶至光緒汪氏振綺堂刻本　一冊　存一種

330000－1701－0073775　G600066、G601267　史部/雜史類/通代之屬
華陽國志十二卷　(晉)常璩撰　**補三州郡縣目録一卷**　(清)廖寅撰　清嘉慶十九年(1814)廖寅題襟館刻本　四冊

330000－1701－0073776　G002081　集部/別集類/清別集
鸞嘯堂集二卷文一卷　(清)李沂撰　清康熙刻本　六冊

330000－1701－0073777　G002137　子部/雜著類/雜說之屬
浪跡叢談八卷　(清)梁章鉅撰　清末鉛印本　二冊

330000－1701－0073779　普817.2/44447　集部/曲類/彈詞之屬
新編唐李淵選將征北鼓詞四卷　清石印本　一冊

330000－1701－0073780　普817.2/3054/2　集部/曲類/彈詞之屬
安邦誌二十卷　清道光二十九年(1849)刻本　四十冊

330000－1701－0073781　G001996　類叢部/叢書類/彙編之屬
紛欣閣叢書十四種　(清)周心如編　清嘉慶至道光浦江周氏刻本　一冊　存二種

330000－1701－0073782　G600067、G600325、G611903　史部/地理類/專志之屬/書院
東林書院志二十二卷　(清)高廷珍等撰　清光緒七年(1881)刻本　八冊

330000－1701－0073784　HJH811.17/31302/c2　集部/別集類/清別集
鶴巢詩存一卷　(清)顧淳慶撰　**皇清誥授奉政大夫守陝西潼關廳同知浙江紹興府會稽縣石潼坊顧府君[淳慶]年五十七行述一卷**　(清)顧壽楨等撰　**介卿遺艸一卷**　(清)顧家樹撰　清光緒十二年(1886)顧家相刻本　一冊

330000－1701－0073785　普925.17/7235.1　史部/傳記類/別傳之屬
劉松齋先生傳一卷　(清)楊蔚本輯　清同治十二年(1873)刻本　一冊

330000－1701－0073786　HJH811.17/31302/c3　集部/別集類/清別集
鶴巢詩存一卷　(清)顧淳慶撰　**皇清誥授奉政大夫守陝西潼關廳同知浙江紹興府會稽縣石潼坊顧府君[淳慶]年五十七行述一卷**　(清)顧壽楨等撰　**介卿遺艸一卷**　(清)顧家樹撰　清光緒十二年(1886)顧家相刻本　一冊

330000－1701－0073787　G600068　史部/紀傳類/正史之屬
元史譯文證補三十卷　(清)洪鈞撰　清末據清光緒二十三年(1897)元和陸氏刻本影印本　三冊　(卷七至八、十三、十六至十七、十九至二十一、二十五、二十八原缺)

330000－1701－0073788　普817.2/4485　集部/曲類/彈詞之屬
第八才子花箋書二卷　清末富經堂刻本　二冊

330000－1701－0073790　G002077　類叢部/叢書類/自著之屬
天香全集十一種附一種　(清)舒夢蘭撰　清乾隆至道光刻彙印本　一冊　存一種

330000－1701－0073791　G001997　類叢部/叢書類/自著之屬
惜抱軒集七種　(清)姚鼐撰　清嘉慶二年(1797)刻本　一冊　存二種

330000－1701－0073792　HJH811.17/3131/c2　類叢部/叢書類/自著之屬
振綺堂遺書五種　(清)汪遠孫撰　清道光刻民國十一年(1922)錢唐汪氏彙印本　一冊　存一種

330000－1701－0073793　普925.17/72211.8　史部/傳記類/別傳之屬/事狀
皇清誥授光禄大夫振威將軍太子少保頭品頂戴兵部尚書四川總督顯考仲良府君［劉秉璋］行狀一卷　（清）劉體乾等撰　清末刻本　一册

330000－1701－0073794　HJH811.17/3131/c3　類叢部/叢書類/自著之屬
振綺堂遺書五種　（清）汪遠孫撰　清道光刻民國十一年（1922）錢唐汪氏彙印本　一册　存一種

330000－1701－0073797　G600069　史部/紀傳類/正史之屬
二十四史附考證　清光緒十八年（1892）武林竹簡齋石印本　一册　存一種

330000－1701－0073798　普817.2/4487/c1　集部/曲類/彈詞之屬
新編新調忠孝節義黄金印全傳四卷二十四回　（清）餐花館主人編　清光緒二十七年（1901）申江書局石印本　四册

330000－1701－0073800　G001998　集部/總集類/氏族之屬
黄氏三世詩三卷　（清）黄炳垕輯　清光緒十五年（1889）刻本　一册

330000－1701－0073801　G002138　子部/術數類/數學之屬
太玄經集注十卷　（宋）司馬光撰　清嘉慶三年（1798）吴門陶氏五柳居刻本　一册　存六卷（五至十）

330000－1701－0073802　G002078　集部/別集類
也是集一卷安塞詩存一卷　英華撰　清光緒三十三年（1907）大公報館鉛印本　一册

330000－1701－0073803　G600070　史部/金石類/總志之屬
金石索十二卷首一卷　（清）馮雲鵬　（清）馮雲鵷輯　清光緒三十三年（1907）上海文新局石印本　三册　存三卷（石索二、四至五）

330000－1701－0073806　普817.2/4487/c2　集部/曲類/彈詞之屬
新編新調忠孝節義黄金印全傳四卷二十四回　（清）餐花館主人編　清上海雲記書局石印本　四册

330000－1701－0073809　HJH811.17/3131/(2)/c3　類叢部/叢書類/自著之屬
振綺堂遺書五種　（清）汪遠孫撰　清道光刻民國十一年（1922）錢唐汪氏彙印本　四册　存一種

330000－1701－0073810　G600071　史部/地理類/山川之屬/山志
武夷山志二十四卷首一卷　（清）董天工撰　清乾隆十六年（1751）武夷董氏刻本　九册　存二十三卷（二至二十四）

330000－1701－0073813　G600072　史部/地理類/山川之屬/山志
九疑山志四卷　（清）吴繩祖編　（清）樊在廷纂　清嘉慶元年（1796）吴氏退思齋刻本　二册

330000－1701－0073814　G001999　史部/地理類/專志之屬
五畝園記一卷　（清）朱心五撰　**姜虬綠詩一卷**　（清）姜虬綠撰　清末石印本　一册

330000－1701－0073816　G002079　史部/雜史類/斷代之屬
靖盜記一卷　清光緒二十二年（1896）鉛印本　一册

330000－1701－0073817　普817.2/4494　集部/曲類/彈詞之屬
新刻菴堂相會全本四集四卷　清末杭州聚元堂書局石印本　一册

330000－1701－0073820　G600073、G600454　史部/地理類/山川之屬/山志
南嶽志八卷　（清）高自位編　（清）曠敏本纂　清乾隆十八年（1753）開雲樓刻本　四册　存四卷（四至七）

330000－1701－0073822　G600074　經部/小

學類/訓詁之屬/爾雅
爾雅正郭三卷 (清)潘衍桐撰 清光緒十七年(1891)刻本 一冊

330000－1701－0073823 HJH814.08/1122/2/c1 類叢部/叢書類/彙編之屬
正誼堂全書六十三種續刻五種 (清)張伯行編 (清)楊浚重編 清同治五年(1866)福州正誼書院刻同治八年至光緒十三年(1869－1887)續刻本 一百六十冊

330000－1701－0073824 G002080 經部/四書類/總義之屬/傳說
四書襯十九卷 (清)駱培撰 清泰和堂刻本 六冊

330000－1701－0073826 G002000 史部/金石類/石之屬/文字
小蓬萊閣金石文字十卷 (清)黃易輯 **陵苕館續刻五種五卷** (清)高學治輯 清道光二十二年(1842)高學治陵苕館刻二十三年(1843)續刻本 六冊 存十二卷(一至十,續刻夏承碑、華山廟碑額)

330000－1701－0073828 普925.17/8371.2/c1 史部/傳記類/別傳之屬/年譜
文端公[錢陳羣]年譜三卷 (清)錢儀吉編 (清)錢志澄增訂 清光緒二十年(1894)刻本 三冊

330000－1701－0073829 G002082 集部/別集類/清別集
南遊草一卷 (清)陳寶琛撰 清光緒閩縣陳氏滄趣樓鉛印本 一冊

330000－1701－0073832 G600058 史部/紀事本末類/通代之屬
繹史一百六十卷世系圖一卷年表一卷 (清)馬驌撰 清康熙刻本 四十八冊

330000－1701－0073835 G002139 史部/傳記類/別傳之屬/年譜
誥封朝議大夫顯考寄生府君[堵城]年譜一卷 (清)堵煥辰輯 清光緒刻本 一冊

330000－1701－0073836 G600059 史部/紀傳類/正史之屬
史記一百三十卷 (漢)司馬遷撰 (南朝宋)裴駰集解 (唐)司馬貞索隱 (唐)張守節正義 清同治五年至九年(1866－1870)金陵書局刻本 二十冊

330000－1701－0073837 G002083 經部/叢編
五經四書讀本九種 清恕堂刻本 二冊 存一種

330000－1701－0073838 G600060 史部/紀傳類/正史之屬
二十四史 清同治至光緒五省官書局據汲古閣本等合刻光緒五年(1879)湖北書局彙印本 八冊 存一種

330000－1701－0073839 G002140 類叢部/叢書類/自著之屬
朱氏羣書六種 (清)朱駿聲撰 清光緒八年(1882)臨嘯閣刻本 一冊 存一種

330000－1701－0073841 普925.17/8371.2/c2 史部/傳記類/別傳之屬/年譜
文端公[錢陳羣]年譜三卷 (清)錢儀吉編 (清)錢志澄增訂 清光緒二十年(1894)刻本 三冊

330000－1701－0073842 G002085 經部/叢編
五經四書讀本九種 清恕堂刻本 四冊 存一種

330000－1701－0073844 HJH814.08/1122/(3) 類叢部/叢書類/彙編之屬
正誼堂全書六十三種續刻五種 (清)張伯行編 (清)楊浚重編 清同治五年(1866)福州正誼書院刻同治八年至光緒十三年(1869－1887)續刻本 一百二十六冊

330000－1701－0073847 普925.17/7474.1/c2 史部/傳記類/別傳之屬
景陸粹編八卷首一卷末一卷 (清)許仁沐輯 清光緒二十四年(1898)許仁沐平湖刻本 六冊

330000－1701－0073848　G002141　集部/別集類/清別集

虛白山房詩集四卷一簾花影樓試律詩一卷一簾花影樓律賦一卷　(清)朱鳳毛撰　清光緒十五年(1889)刻本　二册

330000－1701－0073849　G002084　史部/政書類/通制之屬

文獻通考二十四卷首一卷　(元)馬端臨撰　清光緒二十年(1894)上海點石齋石印本　二十册

330000－1701－0073852　普925.17/7474.1/c3　史部/傳記類/别傳之屬

景陸粹編八卷首一卷末一卷　(清)許仁沐輯　清光緒二十四年(1898)許仁沐平湖刻本　六册

330000－1701－0073854　普925.17/7474.1/c4　史部/傳記類/别傳之屬

景陸粹編八卷首一卷末一卷　(清)許仁沐輯　清光緒二十四年(1898)許仁沐平湖刻本　六册

330000－1701－0073856　普925.17/8371.2/c3　史部/傳記類/别傳之屬/年譜

文端公[錢陳羣]年譜三卷　(清)錢儀吉編　(清)錢志澄增訂　清光緒二十年(1894)刻本　三册

330000－1701－0073858　普817.2/3054/3　集部/曲類/彈詞之屬

繡像宋史奇書十二卷六十六回　清光緒十九年(1893)上海書局鉛印本　六册

330000－1701－0073859　G002086　史部/紀事本末類/通代之屬

繹史一百六十卷附世系圖一卷年表一卷　(清)馬驌撰　清光緒二十三年(1897)武林尚友齋石印本　二十四册

330000－1701－0073860　G600075　經部/四書類/論語之屬/傳説

朱子論語集注訓詁攷二卷　(清)潘衍桐輯　清光緒十七年(1891)浙江書局刻本　一册

330000－1701－0073861　G002001　史部/政書類/邦計之屬/荒政

浙江省城善堂宣統二年收支報告不分卷　(清)浙江省城善堂編　清宣統二年(1910)鉛印本　一册

330000－1701－0073862　普930.9/4062/c1　新學/史志/諸國史

萬國通史前編十卷　(英國)李思倫白輯譯　蔡爾康紀述　**續編十卷**　(英國)李思倫白輯譯　曹曾涵編　清光緒二十六年(1900)、三十年(1904)上海廣學會鉛印本　二十册

330000－1701－0073864　G002002　史部/政書類/邦交之屬

十九世紀外交史不分卷　(日本)平田久撰　(清)張相譯　清光緒二十八年(1902)杭州史學齋刻本　四册

330000－1701－0073865　普925.17/7474.2/2　史部/傳記類/别傳之屬/年譜

陸清獻公[隴其]年譜一卷　(清)吴光酉編　(清)陸宸徵　(清)李鉉輯　清同治七年(1868)武林薇署刻本　一册

330000－1701－0073867　HJH814.08/1122/2/c3　類叢部/叢書類/彙編之屬

正誼堂全書六十三種續刻五種　(清)張伯行編　(清)楊浚重編　清同治五年(1866)福州正誼書院刻同治八年至光緒十三年(1869－1887)續刻本　一百六十册

330000－1701－0073868　G600076、G603410　史部/傳記類/總傳之屬/列女

中國女史二十一卷正誤一卷　(清)金炳麟　(清)王以銓輯　清宣統元年(1909)杭州中合公司鉛印本　三册　存十二卷(八至十、十三至二十一)

330000－1701－0073869　G002142　類叢部/叢書類/彙編之屬

武英殿聚珍版書一百三十八種　清木活字印本　三册　存一種

330000－1701－0073872　G601494、G602185

史部/地理類/方志之屬/郡縣志
[同治]奉新縣志十六卷首一卷末一卷 （清）呂懋先修 （清）師方蔚纂 清同治十一年(1872)刻本 十二册

330000－1701－0073873 G002003 子部/藝術類/書畫之屬/法帖
鄭文公碑一卷 清光緒三十二年(1906)石印本 一册

330000－1701－0073874 普 925.17/8331.2 史部/傳記類/别傳之屬/年譜
紫雲先生[錢汝霖]年譜一卷 （清）錢聚仁編 清光緒十三年(1887)海鹽錢發榮刻民國七年(1918)印本 一册

330000－1701－0073875 G600077 史部/金石類/玉之屬/圖像
古玉圖攷不分卷 （清）吳大澂撰 清光緒十五年(1889)上海同文書局石印本 三册

330000－1701－0073877 G002087 集部/别集類/清别集
街西映柳齋集一卷 （清）汪灝撰 清抄本 一册

330000－1701－0073878 普 925.17/7474.22/c1 史部/傳記類/别傳之屬/年譜
陸稼書先生[隴其]年譜定本二卷附録一卷 （清）吳光酉編 清雍正三年(1725)清風堂刻乾隆六年(1741)增刻本 五册

330000－1701－0073879 G002004 集部/總集類/選集之屬
諸氏家集十卷 （清）諸以謙 （清）諸以敦編 清嘉慶刻本 六册

330000－1701－0073880 G002088 集部/别集類/清别集
東甌軼事隨筆二卷 （清）孟錦城輯 清同治十一年(1872)孟氏刻本 一册

330000－1701－0073882 G002143 史部/傳記類/總傳之屬/家乘
[浙江杭州]汪氏小宗譜六卷 （清）汪曾立纂修 清光緒十六年(1890)刻本 一册 存三卷(四至六)

330000－1701－0073883 普 925.17/8733.2 史部/傳記類/别傳之屬/年譜
誥授中憲大夫先寒村公[鄭梁]年譜一卷 （清）鄭勳撰 清嘉慶十三年(1808)刻本 一册

330000－1701－0073884 G600078、G600750 類叢部/叢書類/彙編之屬
十萬卷樓叢書五十一種 （清）陸心源編 清光緒歸安陸氏刻本(歲時廣記卷六原缺) 六册 存一種

330000－1701－0073886 普 925.17/7474.22/c2 史部/傳記類/别傳之屬/年譜
陸稼書先生[隴其]年譜定本二卷附録一卷 （清）吳光酉編 清雍正三年(1725)清風堂刻乾隆六年(1741)增刻本 二册

330000－1701－0073887 HJH811.17/3132/c2 集部/别集類/清别集
養心光室詩槀八卷 （清）顧福仁撰 清光緒十四年(1888)刻本 二册

330000－1701－0073889 G002089 史部/地理類/雜志之屬
都門紀略四卷 （清）楊士安編 清同治三年(1864)伴花齋刻本 一册 存二卷(都門雜記、都門會館)

330000－1701－0073890 G600079 史部/地理類/山川之屬/山志
爛柯山志十三卷 （清）鄭永禧輯 清光緒三十三年(1907)不其山館刻本 一册 存二卷(十二至十三)

330000－1701－0073891 G601495、G610000 類叢部/叢書類/彙編之屬
古逸叢書二十六種 （清）黎庶昌編 清光緒八年至十年(1882－1884)黎庶昌日本東京使署影刻本 三册 存二種

330000－1701－0073892 HJH811.17/3132.2/c2 史部/地理類/雜志之屬
城南樵唱一卷 （清）顧福仁撰 清光緒十七

年(1891)養心光室刻本　一册

330000－1701－0073893　G600080　集部/小説類/長篇之屬

金蓮仙史四卷二十四回　(清)潘昶撰　清光緒三十四年(1908)上海翼化堂刻本　四册

330000－1701－0073894　普 925.17/83311.2/c1　類叢部/叢書類/自著之屬

錢頤壽中丞全集正編三種續編二種　(清)錢寶琛撰　清同治七年至光緒六年(1868－1880)錢鼎銘刻本　一册　存一種

330000－1701－0073895　HJH811.17/3136/c2　集部/别集類/清别集

伏敔堂詩録十五卷首一卷　(清)江湜撰　清同治元年(1862)長洲江氏刻本　四册

330000－1701－0073896　G600081　史部/地理類/專志之屬/祠墓

吴山伍公廟志六卷首一卷附一卷　(清)金文淳等纂輯　清光緒二年(1876)刻本　一册

330000－1701－0073897　HJH811.17/3136/(2)/c3　集部/别集類/清别集

伏敔堂詩録十五卷首一卷　(清)江湜撰　清同治元年(1862)長洲江氏刻本　三册

330000－1701－0073898　G002090　集部/總集類/選集之屬/通代

古文筆法(古文筆法百篇)八卷　(清)李扶九輯　(清)黄黼注　清光緒二十七年(1901)上海書局石印本　三册

330000－1701－0073900　G002005　史部/傳記類/科舉録之屬/總録

國朝兩浙科名録不分卷(清順治三年丙戌科至咸豐五年乙卯科)　(清)黄安綬輯　清咸豐七年(1857)京師刻本　二册

330000－1701－0073901　G600082　史部/地理類/專志之屬/祠墓

吴山伍公廟志六卷首一卷附一卷　(清)金文淳等纂輯　清光緒二年(1876)刻本　一册

330000－1701－0073903　G601496　史部/地理類/方志之屬/郡縣志

[同治]宜黄縣志五十卷首一卷　(清)張興言等修　(清)謝煌等纂　清同治十年(1871)刻本　二十四册

330000－1701－0073904　HJH811.17/3142/c3　集部/别集類/清别集

于湘詩草一卷千里詩存一卷　(清)馮圻撰　清光緒二十六年(1900)刻本　一册

330000－1701－0073907　G600083　史部/地理類/山川之屬/山志

寶華山志十五卷首一卷　(清)釋德基輯　(清)劉名芳纂　清乾隆刻本　一册　存三卷(十三至十五)

330000－1701－0073908　HJH811.17/3148/(2)　集部/别集類/清别集

悔翁詩鈔十五卷補遺一卷詩餘五卷筆記六卷　(清)汪士鐸撰　清光緒九年(1883)合肥張氏味古齋刻本　四册

330000－1701－0073909　G002091　子部/雜著類/雜纂之屬

西吴蠶略二卷西吴菊畧一卷　(清)道塲山人星甫編輯　清刻本　一册

330000－1701－0073910　G600084　史部/地理類/山川之屬/水志

莫愁湖志六卷首一卷　(清)馬士圖撰　清光緒八年(1882)、十七年(1891)刻本　二册

330000－1701－0073911　HJH323.097/3592/c2、HJH323.097/3592.2/c3　史部/政書類/通制之屬

欽定大清會典一百卷首一卷事例一千二百二十卷目錄八卷　(清)崑岡等撰　清光緒二十五年(1899)石印本　四百二十册

330000－1701－0073913　G600085　史部/地理類/山川之屬/水志

莫愁湖志六卷首一卷　(清)馬士圖撰　清光緒八年(1882)、十七年(1891)刻本　二册

330000－1701－0073914　普 925.17/7474.22/c3　史部/傳記類/别傳之屬/年譜

陸稼書先生[隴其]年譜定本二卷附錄一卷 (清)吳光酉編 清雍正三年(1725)清風堂刻乾隆六年(1741)增刻本 六冊

330000－1701－0073916 G002006 史部/政書類/邦計之屬
周氏義莊不分卷 清道光十年(1830)刻本 一冊

330000－1701－0073917 G600086 史部/地理類/山川之屬/水志
莫愁湖志六卷首一卷 (清)馬士圖撰 清光緒八年(1882)刻本 二冊

330000－1701－0073918 G601497、G608914、G609772 史部/地理類/方志之屬/郡縣志
[光緒]嘉興府志八十八卷首二卷 (清)許瑤光修 (清)吳仰賢等纂 清光緒三年至四年(1877－1878)嘉興鴛湖書院刻五年(1879)重印本 四十二冊 存七十八卷(首一至二,一至六十七、七十六至八十一、八十六至八十八)

330000－1701－0073919 普925.17/83311.2/c2 類叢部/叢書類/自著之屬
錢頤壽中丞全集正編三種續編二種 (清)錢寶琛撰 清同治七年至光緒六年(1868－1880)錢鼎銘刻本 一冊 存一種

330000－1701－0073921 HJH811.17/3150/c3 集部/别集類/清别集
容甫先生遺詩五卷補遺一卷附錄一卷 (清)汪中撰 清光緒木活字印本 二冊

330000－1701－0073923 G600087 子部/藝術類/書畫之屬/總論
佩文齋書畫譜一百卷 (清)孫岳頒等輯 清康熙内府刻本 一冊 存一卷(九十一)

330000－1701－0073924 普817.2/3282 集部/曲類/寶卷之屬
潘公免災救難寶卷三卷前一卷 (清)潘曾沂撰 清咸豐七年(1857)吳山板橋錫祚堂刻本 一冊

330000－1701－0073925 G002144 史部/政書類/公牘檔冊之屬
浙江諮議局議決案不分卷 (清)浙江諮議局編 清宣統鉛印本 一冊

330000－1701－0073926 普925.17/7474.2/2/c1 史部/傳記類/别傳之屬/年譜
陸清獻公[隴其]年譜一卷 (清)吳光酉編 (清)陸宸徵 (清)李鉉輯 清同治七年(1868)武林薇署刻本 一冊

330000－1701－0073927 普925.17/83311.2/c3 類叢部/叢書類/自著之屬
錢頤壽中丞全集正編三種續編二種 (清)錢寶琛撰 清同治七年至光緒六年(1868－1880)錢鼎銘刻本 一冊 存一種

330000－1701－0073928 G002007 史部/傳記類/科舉録之屬/總録
國朝兩浙科名錄不分卷(清順治三年丙戌科至光緒十五年己丑科) (清)黃安綬輯 清咸豐七年(1857)至光緒遞刻本 四冊

330000－1701－0073929 HJH811.17/3183/c2 類叢部/叢書類/彙編之屬
振綺堂叢刊八種 (清)□□輯 清嘉慶至光緒汪氏振綺堂刻本 一冊 存二種

330000－1701－0073930 G600088 子部/藝術類/書畫之屬/總論
甌鉢羅室書畫過目攷四卷首一卷附一卷 (清)李玉棻撰 清光緒二十三年(1897)刻本 簃盦、楊寶鎦、沈鳳題記 一冊 存二卷(四、附)

330000－1701－0073931 HJH811.17/3183/c3 類叢部/叢書類/彙編之屬
振綺堂叢刊八種 (清)□□輯 清嘉慶至光緒汪氏振綺堂刻本 一冊 存二種

330000－1701－0073932 普925.17/7474.2/2/c2 史部/傳記類/别傳之屬/年譜
陸清獻公[隴其]年譜一卷 (清)吳光酉編 (清)陸宸徵 (清)李鉉輯 清同治七年(1868)武林薇署刻本 一冊

330000－1701－0073933 G002145 集部/别

集類/清別集

友石齋詩集八卷 （清）高錫恩撰 **我盦遺稿二卷** （清）高炳麟撰 清光緒十五年（1889）高駿麟等刻本 一册 存二卷（我盦遺稿一至二）

330000－1701－0073934 普817.2/3336 集部/曲類/彈詞之屬

繡像梁祝因緣大雙蝴蝶全傳二卷 清光緒二十七年（1901）上海書局石印本 二册

330000－1701－0073937 HJH811.17/3191/（2）/c2 集部/別集類/清別集

顧亭林先生詩箋注十七卷首一卷 （清）顧炎武撰 （清）徐嘉箋注 **顧詩箋注校補一卷** （清）李詳等撰 清光緒二十三年（1897）徐氏味静齋刻本 六册 缺一卷（顧詩箋注校補）

330000－1701－0073938 普925.17/7474.22/（2） 史部/傳記類/別傳之屬/年譜

陸稼書先生年譜定本二卷附録一卷 （清）吴光酉編 清雍正三年（1725）清風堂刻乾隆六年（1741）增刻本 六册

330000－1701－0073939 G002008 史部/地理類/專志之屬

高五王祠雜抄不分卷 清末抄本 一册

330000－1701－0073940 HJH814.08/1122 類叢部/叢書類/彙編之屬

正誼堂全書六十三種 （清）張伯行編 （清）楊浚重編 清同治五年（1866）福州正誼書院刻本 二百十四册 缺七卷（二程語録十七至十八，朱子語類輯略一至四、八）

330000－1701－0073941 G002146 類叢部/叢書類/家集之屬

沈氏三代家言五種 （清）沈申祐編 清光緒十二年（1886）會稽沈氏刻本 一册 存一種

330000－1701－0073942 普817.2/4694 史部/史評類/詠史之屬

廿一史彈詞註十卷 （明）楊慎撰 （清）張三異增定 （清）張仲璜註 **明史彈詞註一卷** （清）張三異撰 （清）張仲璜註 清乾隆五十一年（1786）張任佐視履堂刻本 八册

330000－1701－0073943 G002092、G600461、G602346 經部/叢編

皇清經解一千四百八卷 （清）阮元輯 清光緒十八年（1892）上海古香閣石印本 六十四册

330000－1701－0073947 G002147 集部/別集類/明別集

吴疎山先生遺集十二卷 （明）吴悌撰 清刻本 四册

330000－1701－0073948 普817.2/3403 集部/曲類/寶卷之屬

達磨祖卷一卷 清末通濟禪院釋緣明刻本 一册

330000－1701－0073949 普925.17/8342 史部/傳記類/別傳之屬/事狀

皇清誥授中憲大夫大理寺左少卿前都察院協理院事左副都御史先府君[錢朝鼎]行畧一卷 （清）錢瓚 （清）錢玠 （清）錢理撰 **大理寺少卿前左副都御史黍谷錢公[朝鼎]傳一卷** （清）王澧撰 **皇清誥授中憲大夫大理寺左少卿前都察院協理院事左副都御史錢府君[朝鼎]墓誌銘一卷** （清）陸燦撰 清刻本 一册

330000－1701－0073950 普925.17/7474.22/2/c3 史部/傳記類/別傳之屬/年譜

陸清獻公[隴其]年譜一卷 （清）吴光酉編 （清）陸宸徵 （清）李鉉輯 清同治七年（1868）武林薇署刻本 一册

330000－1701－0073953 普817.2/3412 集部/曲類/彈詞之屬

金魚緣二十卷 （清）孫德英撰 清末石印本 十册

330000－1701－0073955 G601498 史部/地理類/方志之屬/通志

[光緒]江西通志一百八十卷首五卷 （清）劉坤一等修 （清）劉繹等纂 清光緒六年至七年（1880－1881）刻本 一百二十册

330000－1701－0073956　普 930.9/4062/c2　新學/史志/諸國史
萬國通史前編十卷　(英國)李思倫白輯譯　蔡爾康紀述　清光緒二十六年(1900)上海廣學會鉛印本　九册　缺一卷(十)

330000－1701－0073957　HJH811.17/32371/c3　集部/別集類/清別集
萃堂詩錄一卷詞錄一卷　(清)潘鴻撰　清光緒三十三年(1907)刻本　一册

330000－1701－0073958　G002148　子部/術數類/命書相書之屬
命理約言四卷滴天髓輯要一卷命理輯要一卷　(清)陳之遴撰　清求是軒刻本　四册

330000－1701－0073959　HJH811.17/32371/c4　集部/別集類/清別集
萃堂詩錄一卷詞錄一卷　(清)潘鴻撰　清光緒三十三年(1907)刻本　一册

330000－1701－0073961　普 817.2/3530　集部/曲類/寶卷之屬
清源寶卷二卷　清光緒十七年(1891)杭州瑪瑙經房刻本　二册

330000－1701－0073963　G600092、G600089、G600091、G600090、G600093－94、G600096、G600095、G600097　史部/紀傳類/正史之屬
二十四史　清同治至光緒五省官書局據汲古閣本等合刻光緒五年(1879)湖北書局彙印本　二百九十二册　存九種

330000－1701－0073965　HJH811.17/3289/(3)　集部/別集類/清別集
小鷗波館詩鈔十卷詞鈔一卷　(清)潘曾瑩撰　清道光刻本　四册

330000－1701－0073966　普 369.844/2540　史部/政書類/邦計之屬
水難畫册一卷　(清)朱梓繪　清光緒三十二年(1906)石印本　一册

330000－1701－0073967　普 817.2/3688　集部/曲類/彈詞之屬
綉像還金鐲全傳八卷五十四回　清光緒二十二年(1896)上海書局石印本　四册

330000－1701－0073968　G002149　新學/幼學
蒙學叢編六種　清末刻本　一册

330000－1701－0073971　普 817.2/4694/2/c1　史部/史評類/詠史之屬
廿一史彈詞註十卷　(明)楊慎撰　(清)張三異增定　(清)張仲璜註　**明史彈詞註一卷**　(清)張三異撰　(清)張仲璜註　清乾隆五十一年(1786)張任佐視履堂刻本　八册

330000－1701－0073972　G601499　史部/地理類/方志之屬/郡縣志
[同治]鄞縣志七十五卷　(清)戴枚修　(清)張恕　(清)董沛等纂　清光緒三年(1877)刻四年(1878)增刻本　三十四册

330000－1701－0073974　普 925.17/7474.25/2　史部/傳記類/日記之屬
陸清獻公日記十卷(清康熙五年至六年、八年至九年、十一年、十四年、十六年至十七年、十九年至三十一年)　(清)陸隴其撰　清道光二十二年(1842)勝溪草堂刻本　四册

330000－1701－0073975　G002009　史部/編年類/通代之屬
綱鑑易知錄九十二卷明鑑易知錄十五卷　(清)吳乘權　(清)周之炯　(清)周之燦輯　清浙省務本堂刻本　四十二册

330000－1701－0073976　普 369.844/4091　史部/政書類/邦計之屬/荒政
直省天河兩屬水災圖一卷　清光緒六年(1880)刻本　一册

330000－1701－0073980　普 925.17/7474.25/3　史部/傳記類/日記之屬
三魚堂日記十卷　(清)陸隴其撰　清同治九年(1870)浙江書局刻本　四册

330000－1701－0073982　普 925.172/1747　類叢部/叢書類/自著之屬
半巖廬所箸書九種　(清)邵懿辰撰　清宣統三年至民國二十年(1911－1931)仁和邵氏家

祠刻朱印本　一册　存一種

330000－1701－0073983　G601500　史部/地理類/方志之屬/郡縣志
[光緒]餘姚縣志二十七卷首一卷末一卷（清）周炳麟修　（清）邵友濂　（清）孫德祖纂　清光緒二十五年（1899）刻本　十册　存十三卷（十六至二十七、末）

330000－1701－0073984　普817.2/4694/2/c3　史部/史評類/詠史之屬
廿一史彈詞註十卷（明）楊慎撰　（清）張三異增定　（清）張仲璜註　**明史彈詞註一卷**（清）張三異撰　（清）張仲璜註　清乾隆五十一年（1786）張任佐視履堂刻本　八册

330000－1701－0073986　G002150　集部/別集類/唐五代別集
元道州詩集二卷（唐）元結撰　清光緒十年（1884）遂甯書局刻本　一册

330000－1701－0073988　普925.17/8064.2/c2/1　史部/傳記類/日記之屬
曾文正公手書日記不分卷（清道光二十一年正月初一日至同治十一年二月初三日）（清）曾國藩撰　清宣統元年（1909）上海中國圖書公司石印本　一册

330000－1701－0073989　G002010　史部/地理類/方志之屬/郡縣志
[光緒]餘姚縣志二十七卷首一卷末一卷（清）周炳麟修　（清）邵友濂　（清）孫德祖纂　清光緒二十五年（1899）刻民國二十四年（1935）印本　一册　存一卷（二十三）

330000－1701－0073990　普369.858/2132　史部/傳記類/總傳之屬/家乘
趨庭記述[經緯]二卷（清）經元善輯　清光緒二十三年（1897）上虞經氏刻本暨石印本　二册

330000－1701－0073992　普817.2/4694/3/c2　史部/史評類/詠史之屬
廿一史彈詞註十卷（明）楊慎撰　（清）張三異增定　（清）張仲璜註　**明紀彈詞註一卷**（清）張三異撰　（清）張仲璜註　清道光十二年（1832）關中書院刻本　十一册

330000－1701－0073993　普925.17/7474.4　史部/傳記類/別傳之屬/事狀
陸清獻公[隴其]莅嘉遺蹟三卷（清）黃維玉輯　清同治六年（1867）上海道署刻本　一册

330000－1701－0073994　G002151　集部/別集類/清別集
大雲山房文稾初集四卷二集四卷言事二卷（清）惲敬撰　清同治二年（1863）惲世臨刻本　二册　存二卷（言事一至二）

330000－1701－0073995　G601501　史部/地理類/方志之屬/郡縣志
[道光]承德府志六十卷首二十六卷（清）海忠纂修　（清）廷杰　（清）李世寅重訂　清光緒十三年（1887）刻本　二十三册

330000－1701－0073997　HJL811.17/4062/c3　集部/別集類/清別集
攬青閣詩鈔二卷（清）李貽德撰　清同治六年（1867）刻本　一册

330000－1701－0074000　G002011　史部/地理類/方志之屬/郡縣志
[乾隆]邢臺縣志十八卷首一卷（清）劉蒸雯修　（清）李崧纂　清乾隆六年（1741）刻本　一册　存四卷（六至九）

330000－1701－0074001　普817.2/4694.2/c2　史部/史表類/通代之屬
廿二史說文鑑略一卷（清）楊慎撰　**增補明朝史略一卷**（清）葛用霖撰　清光緒十二年（1886）聽漁草堂鉛印本　一册

330000－1701－0074002　普817.2/4694.2/c3　史部/史表類/通代之屬
廿二史說文鑑略一卷（清）楊慎撰　**增補明朝史略一卷**（清）葛用霖撰　清光緒十二年（1886）聽漁草堂鉛印本　一册

330000－1701－0074006　G002012　史部/地理類/方志之屬/郡縣志
[乾隆]祁州志八卷（清）羅以桂　（清）王

楷修　(清)張萬銓　(清)刁錦纂　清乾隆二十一年(1756)刻同治至光緒補刻本　一冊　存二卷(七至八)

330000－1701－0074008　普370.41/1133　史部/政書類/儀制之屬/專志/科舉校規
學堂歌一卷　(清)張之洞撰　清光緒三十年(1904)刻本　一冊

330000－1701－0074009　普817.2/4729　集部/曲類/曲藝之屬
新選全本朝上鶯歌記四卷　清末廣州以文堂刻本　一冊

330000－1701－0074010　普925.17/7517.2　類叢部/叢書類/郡邑之屬
東倉書庫叢刻初編十一種　(清)繆朝荃編　清光緒十二年至二十八年(1886－1902)太倉繆氏刻本　一冊　存一種

330000－1701－0074011　普817.2/4694.2/c1　史部/史表類/通代之屬
廿二史說文鑑略一卷　(清)楊慎撰　**增補明朝史略一卷**　(清)葛用霖撰　清光緒十二年(1886)聽漁草堂鉛印本　一冊

330000－1701－0074012　HJH811.17/4079/c3　集部/别集類/清别集
寸心草堂詩鈔六卷集外詩二卷　(清)李欣榮撰　(清)汪曾本輯　清光緒十六年(1890)海幢經坊刻本　八冊

330000－1701－0074015　HJH814.083/4404.07　集部/詩文評類/文評之屬
全唐文紀事一百二十二卷首一卷　(清)陳鴻墀撰　清同治十二年(1873)廣州巴陵方功惠刻本　三十二冊

330000－1701－0074017　HJH811.17/4088　集部/别集類/清别集
白華絳跗閣詩初集(越縵堂詩初集)十卷　(清)李慈銘撰　清末石印本　六冊

330000－1701－0074018　普817.2/4731　集部/曲類/彈詞之屬
新編陶調畫中緣彈詞八卷四十回　(清)楓溪醉侯撰　清刻本　八冊

330000－1701－0074019　普925.17/7525.1　史部/傳記類/别傳之屬/事狀
褒忠錄[陳化成]四卷末一卷　(清)黄仁(清)顧夔編　清道光二十三年(1843)刻本　一冊

330000－1701－0074021　普370.951/1133　史部/詔令奏議類/奏議之屬
張相國保存國粹疏一卷　(清)張之洞撰　**書張相國保存國粹疏後一卷**　(清)曹元弼撰　清光緒三十三年(1907)木活字印本　一冊

330000－1701－0074022　HJH811.17/4091　集部/别集類/清别集
怡秋軒初稿一卷　(清)李掌珠撰　清光緒三十年(1904)淮陰耕蘭室刻本　一冊

330000－1701－0074024　HJH811.17/4092/c3　集部/别集類/清别集
敬業堂詩集五十卷　(清)查慎行撰　清康熙五十八年(1719)刻雍正增刻本　十冊

330000－1701－0074026　HJH814.083/2477/2　集部/總集類/選集之屬/通代
唐宋大家全集錄十種　(清)儲欣編　清光緒八年(1882)江蘇書局刻本　三十二冊

330000－1701－0074027　普925.178/7542　史部/傳記類/别傳之屬
抱影集一卷詩一卷詩餘一卷　(清)王振綱撰　清嘉慶刻本　二冊

330000－1701－0074028　HJH814.083/7433/c2、HJH814.083/7433.3　類叢部/叢書類/自著之屬
潛園總集十七種　(清)陸心源撰　清同治至光緒刻本　二十六冊　存一種

330000－1701－0074031　普370.952/0055　新學/學校
日本各校紀略一卷附存一卷　(清)張大鏞輯　清光緒二十五年(1899)浙江書局刻本　一冊

330000－1701－0074032　HJH811.17/4036.3　集部/別集類/清別集

漸西村人詩十三卷安般簃詩續鈔七卷　(清)袁昶撰　(清)瀨鄉樵隱編次　清光緒十六年(1890)鉛印本　清蟄𡨚題記　五冊

330000－1701－0074033　G002153　類叢部/叢書類/自著之屬

徐位山先生六種　(清)徐文靖撰　清雍正至乾隆刻志寧堂彙印本　三冊　存一種

330000－1701－0074035　HJH811.17/4047/c2　集部/別集類/清別集

道古堂詩集二十六卷　(清)杭世駿撰　清刻本　六冊

330000－1701－0074037　HJH811.17/4047/(2)　集部/別集類/清別集

道古堂詩集二十六卷　(清)杭世駿撰　清刻本　五冊

330000－1701－0074038　普951.001/1097　子部/儒家類/儒學之屬/禮教/鑑戒

欽定元承華事略補圖六卷　(元)王惲撰　(清)徐郙等補圖　清光緒二十四年(1898)上海掃葉山房石印本　二冊

330000－1701－0074039　普370.952/2741　史部/政書類/儀制之屬/專志/科舉校規

日遊彙編四卷　繆荃孫輯　清光緒二十九年(1903)高等學堂刻本　一冊

330000－1701－0074041　HJH814.08/1213/(2)/c1　集部/總集類/郡邑之屬

會稽掇英總集二十卷　(宋)孔延之輯　**校正會稽掇英總集札記一卷**　(清)杜丙杰撰　清道光元年(1821)山陰杜氏浣花宗塾刻本　四冊

330000－1701－0074042　HJH811.17/4048/2　類叢部/叢書類/自著之屬

隨園三十種　(清)袁枚撰　清同治五年(1866)三讓睦記刻本　十一冊　存一種

330000－1701－0074043　G002013　子部/藝術類/遊藝之屬/聯語

楹聯叢話十二卷續話四卷　(清)梁章鉅輯　清道光二十三年(1843)南浦廣齋刻本　二冊　存四卷(續話一至四)

330000－1701－0074045　普817.2/4734　集部/曲類/彈詞之屬

新刻俠女捨身珠玉圓四卷四十八回　(清)柳浦散人編輯　(清)西麓山人評點　清末上海文宜書局石印本　四冊

330000－1701－0074046　G002154　史部/目録類/專録之屬

皇清經解橫縮直縮編目十六卷　(清)淩忠照編　(清)張紹銘分輯　清光緒十八年(1892)上海古香閣石印本　四冊

330000－1701－0074047　HJH814.083/2477/(3)　集部/總集類/選集之屬/通代

唐宋大家全集錄十種　(清)儲欣編　清康熙四十四年(1705)松鱗堂刻本　三十二冊

330000－1701－0074049　HJL811.17/4052/c3　集部/別集類/清別集

篔谷詩鈔二十卷文鈔十二卷　(清)查揆撰　清道光十五年(1835)菽原堂刻本　十四冊　存二十卷(一至二十)

330000－1701－0074050　普370.952/2741.2　史部/政書類/儀制之屬/專志/科舉校規

日遊彙編四卷　繆荃孫輯　清光緒二十九年(1903)高等學堂刻本　一冊　存一卷(日本考察學務游記)

330000－1701－0074051　普817.2/4734/2　集部/曲類/彈詞之屬

新刻俠女捨身緣四卷四十八回　(清)柳浦散人編輯　(清)西麓山人評點　清光緒二十七年(1901)江南書局石印本　四冊

330000－1701－0074053　HJH814.08/2477/c1　集部/總集類/選集之屬/通代

唐宋八大家類選十四卷　(清)儲欣輯　清刻本　八冊

330000－1701－0074054　G002014、G009402　集部/別集類/清別集

藍戸部集二十八卷　(清)藍千秋撰　清乾隆刻本(卷二十七至二十八原缺)　八冊

330000－1701－0074056　G002093　史部/政書類/邦計之屬/貿易
便商章程一卷　清刻本　一冊

330000－1701－0074057　HJH814.084/1122　類叢部/叢書類/彙編之屬
正誼堂叢書三十二種　(清)張伯行編　清康熙四十六年(1707)刻本　四冊　存一種

330000－1701－0074058　G002015　史部/詔令奏議類/奏議之屬
問夜草七卷　(明)項應祥撰　清光緒十年(1884)項氏永思堂刻本　四冊

330000－1701－0074060　HJH811.17/4011/c3　集部/別集類/清別集
萬山草堂詩集六卷　李登雲撰　清光緒三十三年(1907)武林刻本　二冊

330000－1701－0074061　HJH811.17/4011/c4　集部/別集類/清別集
萬山草堂詩集六卷　李登雲撰　清光緒三十三年(1907)武林刻本　二冊

330000－1701－0074063　普 817.2/4734/3/c2　集部/曲類/彈詞之屬
新刻珠玉圓四卷四十八回附刻一卷　(清)柳浦散人輯　清同治十一年(1872)樂善堂刻本　四冊

330000－1701－0074064　G002094　集部/別集類/唐五代別集
樊川詩集八卷　(唐)杜牧撰　清光緒十年(1884)遂甯書局刻本　一冊

330000－1701－0074065　HJH814.083/2477/2/c3　集部/總集類/選集之屬/通代
唐宋大家全集錄十種　(清)儲欣編　清光緒八年(1882)江蘇書局刻本　三十二冊

330000－1701－0074066　普 371.107/1117　史部/政書類/儀制之屬/專志/科舉校規
欽定學堂章程不分卷　(清)張百熙等編　清光緒三十年(1904)上海時中書局石印本　五冊

330000－1701－0074068　G002016　史部/地理類/方志之屬/郡縣志
[乾隆]桐廬縣志十六卷　(清)嚴正身　(清)王德讓修　(清)金嘉琰等纂　清乾隆二十一年(1756)刻本　清高鵬年題記　四冊　存七卷(一至四、十至十一、十四)

330000－1701－0074070　普 817.2/4734/3/c3　集部/曲類/彈詞之屬
新刻珠玉圓四卷四十八回附刻一卷　(清)柳浦散人輯　清同治十一年(1872)樂善堂刻本　四冊

330000－1701－0074073　HJH390.951/5046/c2　經部/三禮總義類/通禮雜禮之屬
五禮通考二百六十二卷首四卷總目二卷　(清)秦蕙田撰　清光緒六年(1880)江蘇書局刻本　一百冊

330000－1701－0074074　HJH814.084/3471/c2　集部/總集類/氏族之屬
沈氏三先生文集六十二卷　(宋)□□輯　清光緒二十二年(1896)浙江書局刻本(長興集卷四至十二、三十一、三十三至四十一原缺)　十冊

330000－1701－0074076　普 817.2/4840/c1　集部/曲類/彈詞之屬
梅花韻全傳十卷四十二回　清道光元年(1821)鴛湖刻本　十冊

330000－1701－0074078　普 951.00144/0070/3/c1　類叢部/叢書類/自著之屬
章氏遺書二種　(清)章學誠撰　清道光十二年至十三年(1832－1833)會稽章華紱刻浙江書局補刻本　四冊　存一種

330000－1701－0074079　G002095　集部/詞類/別集之屬
山中白雲詞八卷　(宋)張炎撰　清光緒八年(1882)仁和許增娛園刻榆園叢刻本　朱師轍題記　四冊

330000－1701－0074082　普940/4420/2　新學/史志/別國史

大英國志八卷　(英國)托馬斯米爾納撰　(英國)慕維廉譯　清咸豐六年(1856)上海墨海書院刻本　二册

330000－1701－0074084　普817.2/4840/c2　集部/曲類/彈詞之屬

梅花韻全傳十卷四十二回　清道光元年(1821)鴛湖刻本　十册

330000－1701－0074085　G002017　史部/地理類/方志之屬/郡縣志

[同治]續修元城縣志六卷首一卷　(清)吴大鏞修　(清)王仲甡纂　清抄本　二册　存二卷(首、一)

330000－1701－0074086　普371.2/1117/c2　史部/政書類/儀制之屬/專志/科舉校規

奏定學堂章程不分卷　(清)張百熙　(清)榮慶　(清)張之洞撰　清光緒二十九年(1903)北京官書局鉛印本　五册

330000－1701－0074087　普944.04/1072　類叢部/叢書類/彙編之屬

榕園叢書六十二種續刻三種　(清)張丙炎編　(清)張允青重編　清同治真州張氏廣東刻民國二年(1913)重修印本　八册　存一種

330000－1701－0074089　HJH814.084/3471/c4　集部/總集類/氏族之屬

沈氏三先生文集六十二卷　(宋)□□輯　清光緒二十二年(1896)浙江書局刻本(長興集卷四至十二、三十一、三十三至四十一原缺)　十册

330000－1701－0074090　HJH811.17/4030/(2)/c2　集部/別集類/清別集

蘇鄰遺詩二卷　(清)李鴻裔撰　清光緒十四年(1888)遵義黎氏日本刻本　一册

330000－1701－0074091　HJH811.17/4030/(2)/c3　集部/別集類/清別集

蘇鄰遺詩二卷　(清)李鴻裔撰　清光緒十四年(1888)遵義黎氏日本刻本　一册

330000－1701－0074096　普817.2/3738　集部/曲類/彈詞之屬

繡像說唱海公奇案八集五十七卷　清光緒十八年(1892)上海紫雲軒刻本　十册

330000－1701－0074098　普925.17/8064.2/c1　史部/傳記類/日記之屬

曾文正公手書日記不分卷(清道光二十一年正月初一日至同治十一年二月初三日)　(清)曾國藩撰　清宣統元年(1909)上海中國圖書公司石印本　四十册

330000－1701－0074099　普371.2/1117/c1　史部/政書類/儀制之屬/專志/科舉校規

奏定學堂章程不分卷　(清)張百熙　(清)榮慶　(清)張之洞撰　清光緒鉛印本　五册

330000－1701－0074101　HJH814.084/6030/c4　集部/總集類/選集之屬/斷代

宋文鑑一百五十卷目錄三卷　(宋)吕祖謙輯　清光緒十二年(1886)江蘇書局刻本　二十四册

330000－1701－0074102　普942/4420/c1　新學/史志/別國史

大英國志八卷　(英國)托馬斯米爾納撰　(英國)慕維廉譯　清光緒七年(1881)上海益智書會刻本　二册

330000－1701－0074103　HJH811.17/4036/2/c3　類叢部/叢書類/彙編之屬

漸西村舍彙刊(漸西村舍叢刻)四十四種　(清)袁昶編　清光緒十六年至二十四年(1890－1898)桐廬袁氏刻本　三册　存一種

330000－1701－0074104　HJH811.17/4036/2/c4　類叢部/叢書類/彙編之屬

漸西村舍彙刊(漸西村舍叢刻)四十四種　(清)袁昶編　清光緒十六年至二十四年(1890－1898)桐廬袁氏刻本　三册　存一種

330000－1701－0074106　G002018　集部/總集類/選集之屬/斷代

全唐詩鈔八十卷補遺十六卷　(清)吴成儀輯　清乾隆二十四年(1759)刻本　三十二册

330000－1701－0074107　普817.2/4870　集部/曲類/曲藝之屬
遊江南二卷　清末刻本　一冊

330000－1701－0074108　G002156　子部/宗教類/佛教之屬/經
思益梵天所問經四卷　(後秦)釋鳩摩羅什譯　清光緒五年(1879)金陵刻經處刻本　一冊

330000－1701－0074109　普375.37023/3140.3/c1　史部/政書類/儀制之屬/專志/科舉校規
江南高等師範學堂現行章程一卷　清末金陵宜春閣木活字印本　一冊

330000－1701－0074110　普375.37023/3140.3/c2　史部/政書類/儀制之屬/專志/科舉校規
江南高等師範學堂現行章程一卷　清末金陵宜春閣木活字印本　一冊

330000－1701－0074111　普817.2/5014　集部/曲類/曲藝之屬
新刻秦雪梅三元記全部六卷　清末漢口漢賢堂刻本　一冊

330000－1701－0074112　HJH390.951/5046/c6　經部/三禮總義類/通禮雜禮之屬
五禮通考二百六十二卷首四卷總目二卷　(清)秦蕙田撰　清光緒六年(1880)江蘇書局刻本　一百冊

330000－1701－0074113　HJH814.084/6030/c1　集部/總集類/選集之屬/斷代
宋文鑑一百五十卷目錄三卷　(宋)呂祖謙輯　清光緒十二年(1886)江蘇書局刻本　二十四冊

330000－1701－0074114　HJH811.17/4036.2　類叢部/叢書類/彙編之屬
漸西村舍彙刊(漸西村舍叢刻)四十四種　(清)袁昶編　清光緒十六年至二十四年(1890－1898)桐廬袁氏刻本　三冊　存二種

330000－1701－0074116　HJH811.17/4036.2/c2　類叢部/叢書類/彙編之屬
漸西村舍彙刊(漸西村舍叢刻)四十四種　(清)袁昶編　清光緒十六年至二十四年(1890－1898)桐廬袁氏刻本　三冊　存二種

330000－1701－0074117　HJH814.083/3423/2/c3　集部/總集類/選集之屬/通代
唐宋八家文讀本三十卷　(清)沈德潛輯　清嘉慶十八年(1813)刻本　六冊　缺一卷(十)

330000－1701－0074119　普817.2/3874　集部/曲類/彈詞之屬
繪真記四卷四十回　(清)邀月樓主人編　清光緒二十一年(1895)上海書局石印本　四冊

330000－1701－0074120　G002019　經部/四書類/孟子之屬/傳說
孟子集編十四卷　(宋)真德秀撰　清同治七年(1868)西山祠刻本　四冊

330000－1701－0074121　HJH814.08/2683/c2　集部/總集類/選集之屬/通代
涵芬樓古今文鈔一百卷　吳曾祺輯　清宣統二年(1910)上海商務印書館鉛印本　一百冊

330000－1701－0074122　G002096　史部/金石類/總志之屬
金石彙目分編二十卷補遺十九卷附攟古錄校勘記一卷　(清)吳式芬撰　吳重憙補　清光緒海豐吳重憙刻本　十冊　存十五卷(四至六及補遺、十之二、十一及補遺、十五至十七及補遺)

330000－1701－0074123　HJH811.17/4036.6/c2　類叢部/叢書類/彙編之屬
漸西村舍彙刊(漸西村舍叢刻)四十四種　(清)袁昶編　清光緒十六年至二十四年(1890－1898)桐廬袁氏刻本　三冊　存一種

330000－1701－0074124　G002157　集部/別集類/清別集
徐烈婦詩鈔二卷回文同心梔子鏡箔圖一卷附錄一卷　(清)吳宗愛撰　(清)吳廷康輯　清咸豐二年(1852)蕭山丁氏大碧山館刻本　一冊

330000－1701－0074126　HJH811.17/3648/2

集部/别集類/清别集

懷清堂集二十卷首一卷 (清)湯右曾撰 清乾隆十一年(1746)湯氏刻本 六册

330000-1701-0074127 普817.2/5014/2 集部/曲類/曲藝之屬

新刻秦雪梅三元記全部十二卷 清末民國初上海昌文書局石印本 一册

330000-1701-0074128 HJH814.0842/4420/c2 集部/總集類/選集之屬/斷代

南宋文範七十卷外編四卷作者考二卷 (清)莊仲方輯 清光緒十四年(1888)江蘇書局刻本 十六册

330000-1701-0074129 普377.2157/2641 史部/政書類/公牘檔册之屬

鞠隱案牘彙存一卷 吴芝瑛撰 清光緒三十二年(1906)上海小萬柳堂鉛印本 一册

330000-1701-0074131 HJH811.17/3648/3 集部/别集類/清别集

懷清堂集二十卷 (清)湯右曾撰 清乾隆七年(1742)王氏刻本 四册

330000-1701-0074133 HJH814.08/2683/c3 集部/總集類/選集之屬/通代

涵芬樓古今文鈔一百卷 吴曾祺輯 清宣統二年(1910)上海商務印書館鉛印本 一百册

330000-1701-0074134 HJH811.17/36481 集部/别集類/清别集

芥舟詩集八卷 (清)祝萬年撰 清刻本 一册

330000-1701-0074138 普817.2/4007 集部/曲類/彈詞之屬

繡像六美圖四集四種 (清)朱鏡江 (清)章維善撰 清同治九年(1870)刻本 一册 存一種

330000-1701-0074139 HJH814.083/3423/3 集部/總集類/選集之屬/通代

唐宋八家文讀本三十卷 (清)沈德潛輯 清乾隆十五年(1750)小欝林刻本 十册

330000-1701-0074141 G002158 集部/别集類/清别集

赴鶴沙任途中紀事述懷一卷 清刻本 一册

330000-1701-0074142 HJH814.08/2847/c3 集部/總集類/選集之屬/通代

古文淵鑒六十四卷 (清)徐乾學等輯注 清康熙刻五色套印本 三十二册

330000-1701-0074143 普817.2/5020 集部/曲類/彈詞之屬

中秋記二十六卷 清末抄本 二十六册

330000-1701-0074144 普951.07703/5299/2/c1 史部/雜史類/斷代之屬

李秀成供一卷 (太平天國)李秀成撰 清刻本 一册

330000-1701-0074146 G002159 經部/群經總義類/文字音義之屬

相臺書塾刊正九經三傳沿革例一卷 (宋)岳珂撰 清乾隆五十二年(1787)刻本 一册

330000-1701-0074147 普951.07703/5299/2/c2 史部/雜史類/斷代之屬

李秀成供一卷 (太平天國)李秀成撰 清刻本 一册

330000-1701-0074148 G002020 經部/四書類/總義之屬/傳說

四書左國彙纂四卷 (清)高其名 (清)鄭師成輯 清道光十一年(1831)聚奎堂刻本 四册

330000-1701-0074151 G002097 類叢部/叢書類/自著之屬

家蔭堂彙刻(家蔭堂存稿)九種 (清)周際華撰 清道光十九年(1839)貴筑周氏家蔭堂刻本 一册 存二種

330000-1701-0074152 HJH323.20924/2540/c2 史部/傳記類/總傳之屬/仕宦

宋名臣言行錄前集十卷後集十四卷續集八卷别集二十六卷外集十七卷 (宋)□□輯 清道光元年(1821)歙縣洪氏績學堂刻二十二年(1842)丹徒包氏補版同治七年(1868)臨川桂

氏重修印本　十二册

330000－1701－0074153　普 951.00144/0070/4　史部/史評類/史學之屬
文史通義八卷校讐通義三卷　(清)章學誠撰　清宣統三年(1911)上海廣益書局鉛印本　四册

330000－1701－0074154　HJH814.083/3423/5/c2　集部/總集類/選集之屬/通代
唐宋八家文讀本三十卷　(清)沈德潛輯　清嘉慶十八年(1813)刻本　十六册

330000－1701－0074155　普 925.17/7710　史部/傳記類/總傳之屬/仕宦
虞山周氏兩世名宦録二卷　清同治刻本　一册

330000－1701－0074156　普 942/4420/c2　新學/史志/别國史
大英國志八卷　(英國)托馬斯米爾納撰　(英國)慕維廉譯　清光緒七年(1881)上海益智書會刻本　二册

330000－1701－0074157　普 925.18/7512.2　史部/地理類/遊記之屬/紀行
西行日記二卷(清光緒二十四年九月十日至二十五年正月二十日)　陳斐然撰　清宣統三年(1911)石印本　一册

330000－1701－0074158　普 817.2/40231　集部/曲類/寶卷之屬
存仁寶卷一卷　清光緒三十二年(1906)抄本　一册

330000－1701－0074159　G600098　類叢部/叢書類/彙編之屬
武英殿聚珍版書三十九種　清乾隆浙江刻本　四册　存一種

330000－1701－0074160　普 817.2/4086　集部/曲類/彈詞之屬
增廣繪像十美圖傳二十卷四十回　(清)松筠氏撰　清光緒二十年(1894)上海書局石印本　四册

330000－1701－0074162　G002098　子部/儒家類/儒學之屬/蒙學
小學集注六卷　(明)陳選撰　清光緒二十三年(1897)金陵書局刻本　二册

330000－1701－0074163　G600101、G600100、G600099　類叢部/叢書類/彙編之屬
武英殿聚珍版書三十九種　清乾隆浙江刻本　五册　存三種

330000－1701－0074165　普 925.17/7713.8　史部/傳記類/别傳之屬/事狀
皇清賜進士出身勅授文林郎廣東瓊州府昌化縣知縣顯考子師府君[陶元淳]行述一卷　(清)陶正靖撰　清刻本　一册

330000－1701－0074166　G002099　子部/農家農學類/鳥獸蟲之屬
衔蟬小録八卷　(清)孫蓀意撰　清嘉慶二十四年(1819)高槃等刻本　二册

330000－1701－0074167　普 951.00144/0070/5/c1　史部/史評類/史學之屬
文史通義八卷校讐通義三卷　(清)章學誠撰　清光緒二十五年(1899)新化三味堂刻本　八册

330000－1701－0074168　普 817.2/40861　集部/曲類/彈詞之屬
繪圖十八國説唱鼓詞四卷二十六回　清末上海錦章圖書局石印本　一册

330000－1701－0074169　HJH814.083/3547/c5　集部/總集類/選集之屬/通代
御選唐宋文醇五十八卷目録一卷　(清)高宗弘曆輯　清光緒三年(1877)浙江書局刻本　二十册

330000－1701－0074174　G002100　史部/雜史類/斷代之屬
周書集訓校釋十卷周書逸文一卷　(清)朱右曾撰　清道光二十六年(1846)刻本　朱師轍校　二册

330000－1701－0074175　G600102、G600105、G600107－109、G600111－112、G600134　類

叢部/叢書類/彙編之屬

知不足齋叢書一百九十五種 （清）鮑廷博編 （清）鮑士恭續編 清乾隆三十七年至道光三年（1772－1823）長塘鮑氏刻彙印本 十一冊 存十四種

330000－1701－0074176 普 817.2/4254 集部/曲類/彈詞之屬

繪圖繡像四雲亭新書全傳二十四卷 （清）彭靚娟撰 清光緒二十五年（1899）鉛印本 八冊

330000－1701－0074178 HJH814.083/3547/c4 集部/總集類/選集之屬/通代

御選唐宋文醇五十八卷目錄一卷 （清）高宗弘曆輯 清光緒三年（1877）浙江書局刻本 二十冊

330000－1701－0074179 G600103 類叢部/叢書類/彙編之屬

知不足齋叢書一百九十五種 （清）鮑廷博編 （清）鮑士恭續編 清乾隆三十七年至道光三年（1772－1823）長塘鮑氏刻彙印本 二冊 存一種

330000－1701－0074181 G600104、G600113、G600115－118、G600121－124、G600126－130、G600132、G600135－139 類叢部/叢書類/彙編之屬

知不足齋叢書一百九十五種 （清）鮑廷博編 （清）鮑士恭續編 清乾隆三十七年至道光三年（1772－1823）長塘鮑氏刻彙印本 三十一冊 存二十七種

330000－1701－0074184 G002101 集部/小說類/長篇之屬

新刻批評繡像後西遊記四十回 （清）天花才子評點 清嘉慶三年（1798）道德堂刻本 六冊

330000－1701－0074186 普 951.00144/0070/5/c2 史部/史評類/史學之屬

文史通義八卷校讐通義三卷 （清）章學誠撰 清光緒二十五年（1899）新化三味堂刻本 七冊 存八卷（一至八）

330000－1701－0074187 普 817.2/4310 集部/曲類/曲藝之屬

燈月緣二十回 （清）戴玉亭編 清同治三年（1864）刻本 五冊

330000－1701－0074188 HJH323.20924/2540/c3 史部/傳記類/總傳之屬/仕宦

宋名臣言行錄前集十卷後集十四卷續集八卷別集二十六卷外集十七卷 （宋）□□輯 清道光元年（1821）歙縣洪氏績學堂刻二十二年（1842）丹徒包氏補版同治七年（1868）臨川桂氏重修印本 十二冊

330000－1701－0074189 HJH814.08/2847/(2) 集部/總集類/選集之屬/通代

古文淵鑒六十四卷 （清）徐乾學等輯注 清康熙刻本 三十五冊 缺二卷（一至二）

330000－1701－0074190 HJH814.083/3547/c2 集部/總集類/選集之屬/通代

御選唐宋文醇五十八卷目錄一卷 （清）高宗弘曆輯 清光緒三年（1877）浙江書局刻本 二十冊

330000－1701－0074191 普 925.17/7716.8 類叢部/叢書類/郡邑之屬

武林掌故叢編一百八十七種 （清）丁丙編 清光緒三年至二十六年（1877－1900）錢塘丁氏嘉惠堂刻本 一冊 存一種

330000－1701－0074192 HJH814.0842/4432/c1 集部/總集類/選集之屬/斷代

南宋文錄錄二十四卷 （清）董兆熊輯 清光緒十七年（1891）蘇州書局刻本 六冊

330000－1701－0074193 普 817.2/5089/c1 集部/曲類/曲藝之屬

畫錦堂記十六卷 清咸豐元年（1851）抄本 十六冊

330000－1701－0074194 G002021 集部/別集類/唐五代別集

李義山詩文全集箋註十三卷 （唐）李商隱撰 （清）馮浩編 清乾隆四十五年（1780）德聚堂刻嘉慶元年（1796）增刻本 八冊

330000－1701－0074195　G002102　史部/地理類/專志之屬

黄氏祭祀田產錄一卷　（清）黄士鎬等錄　清抄本　一册

330000－1701－0074196　普 817.2/5089/c2　集部/曲類/曲藝之屬

新編畫錦堂全集十六卷　清咸豐元年（1851）抄本　十六册

330000－1701－0074198　G600106　類叢部/叢書類/彙編之屬

知不足齋叢書一百九十五種　（清）鮑廷博編　（清）鮑士恭續編　清乾隆三十七年至道光三年（1772－1823）長塘鮑氏刻彙印本　一册　存二種

330000－1701－0074201　HJH814.0847/1181/c3　集部/總集類/選集之屬/斷代

金文最六十卷首一卷　（清）張金吾輯　清光緒二十一年（1895）蘇州書局刻本　十六册

330000－1701－0074202　G002103　史部/傳記類/總傳之屬/家乘

［安徽歙縣］吴氏家譜一卷　清刻本　一册

330000－1701－0074203　G601502　史部/地理類/方志之屬/郡縣志

［同治］蘇州府志一百五十卷首三卷　（清）李銘皖　（清）譚鈞培修　（清）馮桂芬纂　清光緒八年（1882）江蘇書局刻本　七十六册　存一百四十九卷（首二至三，一至二十九、三十一至一百十七、一百二十至一百五十）

330000－1701－0074204　HJH390.951/2847/2/（2）　經部/三禮總義類/通禮雜禮之屬

讀禮通考一百二十卷　（清）徐乾學撰　清康熙三十五年（1696）徐氏刻本　二十四册

330000－1701－0074207　HJH814.08/2847/（3）　集部/總集類/選集之屬/通代

古文淵鑒六十四卷　（清）徐乾學等輯注　清康熙内府刻四色套印本　十八册　缺十四卷（三十六至四十九）

330000－1701－0074208　普 817.2/4383　集部/曲類/曲藝之屬

新編東調棕藍扇十卷　清末刻本　二册

330000－1701－0074209　G002022　集部/別集類/清別集

評月樓遺詩二卷末一卷　（清）陳三陛撰　清嘉慶十九年（1814）刻民國九年（1920）補刻本　一册

330000－1701－0074210　G002104　史部/目録類/書志之屬/提要

藏書識要□□卷　稿本　一册　存一卷（六）

330000－1701－0074211　HJH814.083/3706/4　集部/總集類/選集之屬/斷代

初唐四傑文集二十一卷　（清）□□編　清光緒五年（1879）淮南書局刻本　三册

330000－1701－0074213　普 951.00144/0070/3/c2　類叢部/叢書類/自著之屬

章氏遺書二種　（清）章學誠撰　清道光十二年至十三年（1832－1833）會稽章華紱刻浙江書局補刻本　四册　存一種

330000－1701－0074215　HJH814.0847/1181/2/c2　集部/總集類/選集之屬/斷代

金文最一百二十卷首一卷　（清）張金吾輯　清光緒八年至九年（1882－1883）伍氏粤雅堂刻本　三十六册

330000－1701－0074216　G002105　集部/別集類/清別集

述學六卷附校勘記一卷附錄一卷汪容甫先生遺文一卷附鈔一卷　（清）汪中撰　清同治五年至六年（1866－1867）成都志古堂刻本　二册

330000－1701－0074218　普 817.2/4412　集部/曲類/曲藝之屬

新刻孝子傳四卷二十八回　清光緒三十二年（1906）上海章福記石印本　四册

330000－1701－0074219　普 925.17/7741.2　史部/傳記類/別傳之屬/年譜

閻潛丘先生［若璩］年譜一卷　（清）張穆編　清道光二十七年（1847）祁氏刻本　四册

330000－1701－0074220　G601503　類叢部/叢書類/彙編之屬
平津館叢書八集三十九種　(清)孫星衍編　清嘉慶蘭陵孫氏刻本　一冊　存一種

330000－1701－0074222　G600110　類叢部/叢書類/彙編之屬
知不足齋叢書一百九十五種　(清)鮑廷博編　(清)鮑士恭續編　清乾隆三十七年至道光三年(1772－1823)長塘鮑氏刻彙印本　一冊　存一種

330000－1701－0074223　G002023　集部/別集類/清別集
晚學齋詩初集二卷　(清)鄭由熙撰　清光緒二十二年(1896)章門刻本　二冊

330000－1701－0074224　HJH814.083/4280　集部/總集類/選集之屬/斷代
唐文粹一百卷　(宋)姚鉉輯　**唐文粹補遺二十六卷**　(清)郭麐輯　清光緒九年(1883)、十一年(1885)江蘇書局刻本　二十冊

330000－1701－0074225　普925.17/7741.2/(2)/c1　史部/傳記類/別傳之屬/年譜
閻潛丘先生[若璩]年譜一卷　(清)張穆編　清道光二十七年(1847)祁氏刻本　一冊

330000－1701－0074228　G601504、G601059、G608996、G609779　史部/地理類/方志之屬/郡縣志
[同治]湖州府志九十六卷首一卷　(清)宗源瀚　(清)楊榮緒　(清)郭式昌修　(清)周學濬　(清)陸心源　(清)汪曰楨纂　清同治十一年至十三年(1872－1874)愛山書院刻本　四十冊　存九十四卷(首、一至六十七、七十一至九十六)

330000－1701－0074231　HJH390.951/2847/2/c2　經部/三禮總義類/通禮雜禮之屬
讀禮通考一百二十卷　(清)徐乾學撰　清康熙三十五年(1696)徐氏刻本　三十冊

330000－1701－0074232　HJH814.0847/1181/2/(2)　集部/總集類/選集之屬/斷代
金文最一百二十卷首一卷　(清)張金吾輯　清光緒八年至九年(1882－1883)伍氏粵雅堂刻本　二十四冊

330000－1701－0074233　G002106　類叢部/叢書類/自著之屬
播琴堂集七種　(清)金學詩輯　清播琴堂刻本　一冊　存一種

330000－1701－0074234　普951.00144/0070/3/c3　類叢部/叢書類/自著之屬
章氏遺書二種　(清)章學誠撰　清道光十二年至十三年(1832－1833)會稽章華紱刻浙江書局補刻本　四冊　存一種

330000－1701－0074235　普925.17/7741.2/(2)/c2　史部/傳記類/別傳之屬/年譜
閻潛丘先生[若璩]年譜一卷　(清)張穆編　清道光二十七年(1847)祁氏刻本　一冊

330000－1701－0074236　HJH814.08/2847/(4)/c2　集部/總集類/選集之屬/通代
古文淵鑒六十四卷　(清)徐乾學等輯注　清康熙内府刻四色套印本　二十四冊

330000－1701－0074237　普951.00144/0070/3/c4　類叢部/叢書類/自著之屬
章氏遺書二種　(清)章學誠撰　清道光十二年至十三年(1832－1833)會稽章華紱刻浙江書局補刻本　四冊　存一種

330000－1701－0074239　普817.2/4427　集部/曲類/曲藝之屬
新抄蘭香閣全部四卷　清松陵主人抄本　四冊

330000－1701－0074240　G600114　類叢部/叢書類/彙編之屬
知不足齋叢書一百九十五種　(清)鮑廷博編　(清)鮑士恭續編　清乾隆三十七年至道光三年(1772－1823)長塘鮑氏刻彙印本　一冊　存一種

330000－1701－0074241　G002107　類叢部/類書類/專類之屬
通天秘書要覽五卷附江湖切口要訣一卷續集

六卷附生產合纂一卷　(清)王纕堂編　清光緒三十二年(1906)校經山房石印本　八冊

330000－1701－0074242　G002024　集部/別集類/清別集

揅經室一集十四卷二集八卷三集五卷四集二卷四集詩十一卷續集十一卷再續集六卷外集五卷　(清)阮元撰　(清)阮亨輯　清道光三年(1823)儀徵阮氏文選樓刻十年(1830)、同治十三年(1874)續刻本　二十四冊

330000－1701－0074245　HJH814.083/4280/2　集部/總集類/選集之屬/斷代

文粹一百卷　(宋)姚鉉輯　文粹補遺二十六卷　(清)郭麐輯　清光緒十六年(1890)杭州許增榆園刻本　二十冊

330000－1701－0074246　HJH390.951/4427/c3　經部/三禮總義類/通論之屬

禮書通故五十卷　(清)黄以周撰　清光緒十九年(1893)黄氏試館刻本　三十二冊

330000－1701－0074247　普925.17/77432.2　類叢部/叢書類/家集之屬

陳氏叢書十三種　(清)陳濬　(清)陳宸書撰　清嘉慶至同治刻本　一冊　存一種

330000－1701－0074248　普817.2/4440　集部/曲類/曲藝之屬

英雄譜二十六回　清末抄本　十六冊

330000－1701－0074250　HJH814.0847/4420/c2/1　集部/總集類/選集之屬/斷代

金文雅十六卷作者考一卷　(清)莊仲方輯　清光緒十七年(1891)江蘇書局刻本　四冊

330000－1701－0074252　普925.17/7764　史部/傳記類/別傳之屬/事狀

文節公殉難事蹟不分卷　(清)□□輯　清光緒刻本　一冊

330000－1701－0074254　HJH814.085/1112/(2)　集部/總集類/郡邑之屬

容城三賢集十二卷　(清)張斐然　(清)楊茝編　清光緒二十四年(1898)臨安俞廷獻刻本　十二冊

330000－1701－0074255　G002160　類叢部/叢書類/彙編之屬

廣雅書局叢書一百五十九種　徐紹棨編　清光緒廣雅書局刻民國九年(1920)番禺徐紹棨彙編重印本　一冊　存一種

330000－1701－0074256　HJH814.08/2847/3/c2　集部/總集類/選集之屬/通代

古文淵鑒六十四卷　(清)徐乾學等輯注　清康熙刻五色套印本　四十冊

330000－1701－0074257　G002108　子部/小說家類/雜事之屬

虞初續志十卷　(清)鄭澍若輯　清嘉慶七年(1802)養花草堂刻本　六冊

330000－1701－0074259　HJH390.951/4427/c4　經部/三禮總義類/通論之屬

禮書通故五十卷　(清)黄以周撰　清光緒十九年(1893)黄氏試館刻本　三十二冊

330000－1701－0074260　HJH814.083/4280/2/c2　集部/總集類/選集之屬/斷代

文粹一百卷　(宋)姚鉉輯　文粹補遺二十六卷　(清)郭麐輯　清光緒十六年(1890)杭州許增榆園刻本　二十冊

330000－1701－0074261　G002109　集部/總集類/選集之屬/斷代

夢筆生花初編八卷二編八卷三編八卷四編八卷　(清)繆艮輯　清光緒三十三年(1907)上海書局石印本　八冊

330000－1701－0074262　G601505　史部/地理類/方志之屬/通志

[雍正]敕修浙江通志二百八十卷首三卷　(清)李衛　(清)嵇曾筠等修　(清)沈翼機　(清)傅王露等纂　清光緒二十五年(1899)浙江書局刻本　一百二十冊

330000－1701－0074263　HJH814.08/2847/2/c3　集部/總集類/選集之屬/通代

古文淵鑒六十四卷　(清)徐乾學等輯注　清同治十二年(1873)浙江書局刻本　三十二冊

330000－1701－0074265　HJH811.17/3663/

c2　集部/别集類/清别集

琴隱園詩集三十六卷詞集四卷　(清)湯貽汾撰　清光緒元年(1875)武進曹氏刻本　八册

330000－1701－0074267　HJH814.08/2847/2/c5　集部/總集類/選集之屬/通代

古文淵鑒六十四卷　(清)徐乾學等輯注　清同治十二年(1873)浙江書局刻本　三十二册

330000－1701－0074268　HJH811.17/3663/2/(2)　集部/别集類/清别集

琴隱園詩集三十六卷詞集四卷　(清)湯貽汾撰　清光緒元年(1875)武進曹氏刻本　季白題記　八册

330000－1701－0074269　HJH814.085/4412/c1　集部/總集類/選集之屬/斷代

元文類七十卷目錄三卷　(元)蘇天爵輯　清光緒十五年(1889)江蘇書局刻本　十册

330000－1701－0074270　HJH390.951/4427/c5　經部/三禮總義類/通論之屬

禮書通故五十卷　(清)黄以周撰　清光緒十九年(1893)黄氏試館刻本　三十二册

330000－1701－0074271　HJH414.11/7714/c3　經部/小學類/文字之屬/說文

說文解字注十五卷附六書音均表五卷　(清)段玉裁撰　**說文部目分韻一卷**　(清)陳煥編　清乾隆至嘉慶段氏經韻樓刻同治六年至十一年(1867－1872)蘇州保息局補刻本　十六册

330000－1701－0074272　普817.2/5284　集部/曲類/彈詞之屬

繡像採金桃全傳十二卷四十八回　清光緒二十一年(1895)中西書局石印本　六册

330000－1701－0074273　G002110　類叢部/叢書類/彙編之屬

岱南閣叢書　(清)孫星衍編　清刻本　二册　存一種

330000－1701－0074274　HJH414.11/7714/c4　經部/小學類/文字之屬/說文

說文解字注十五卷附六書音均表五卷　(清)段玉裁撰　**說文部目分韻一卷**　(清)陳煥編　清乾隆至嘉慶段氏經韻樓刻同治六年至十一年(1867－1872)蘇州保息局補刻本　十六册

330000－1701－0074275　HJH814.083/4280/2/c4　集部/總集類/選集之屬/斷代

文粹一百卷　(宋)姚鉉輯　**文粹補遺二十六卷**　(清)郭麐輯　清光緒十六年(1890)杭州許增榆園刻本　二十册

330000－1701－0074276　G002161　史部/傳記類/總傳之屬/家乘

[浙江杭州]張氏族譜五卷首一卷附一卷　(清)張景雲等纂修　清光緒二十六年至二十七年(1900－1901)世美堂刻本　一册　存一卷(附)

330000－1701－0074278　G002025　類叢部/叢書類/彙編之屬

武英殿聚珍版書一百四十八種　清乾隆四十二年(1777)福建刻道光至同治遞修光緒二十一年(1895)增刻本　二册　存一種

330000－1701－0074279　HJH414.11/7714/2/c2　經部/小學類/文字之屬/說文

說文解字注十五卷附六書音均表五卷汲古閣說文訂一卷　(清)段玉裁撰　**說文部目分韻一卷**　(清)陳煥編　清同治十一年(1872)湖北崇文書局刻本　十八册

330000－1701－0074280　HJH814.085/4412/c4　集部/總集類/選集之屬/斷代

元文類七十卷目錄三卷　(元)蘇天爵輯　清光緒十五年(1889)江蘇書局刻本　十册

330000－1701－0074281　普817.2/5487/c1　集部/曲類/彈詞之屬

新鐫繡像描金鳳十二卷四十六回　清光緒二年(1876)刻本　十二册

330000－1701－0074284　普925.17/7774.8　史部/傳記類/别傳之屬/事狀

皇清誥授光祿大夫贈太子少保予謚勤肅頭品頂戴兵部尚書都察院右都御史兩廣總督顯考

方之府君[陶勤肅]行述一卷 陶葆廉 陶保霖撰 清光緒刻本 一冊

330000－1701－0074285 G002111、G005532、G005941 集部/總集類/選集之屬/斷代
國朝律賦新機初集一卷二集一卷續集一卷餘集四卷 (清)孫理評輯 清嘉慶十六年至十九年(1811－1814)刻本 八冊

330000－1701－0074286 普 817.2/5487/c2 集部/曲類/彈詞之屬
新鐫繡像描金鳳十二卷四十六回 清光緒二年(1876)刻本 十二冊

330000－1701－0074287 HJH814.083/4280/(2) 集部/總集類/選集之屬/斷代
唐文粹一百卷 (宋)姚鉉輯 清光緒九年(1883)江蘇書局刻本 十六冊

330000－1701－0074289 HJH811.17/3677.2/c2 集部/別集類/清別集
海秋詩集二十六卷 (清)湯鵬撰 清道光十八年(1838)刻本 八冊

330000－1701－0074290 G009868 子部/醫家類/類編之屬
周氏醫學叢書(周澂之評注醫書、周氏彙刻醫學叢書)初集十二種二集十一種三集六種 (清)周學海編 清光緒至宣統池陽周氏刻宣統三年(1911)福慧雙修館彙印本 六冊 存初集四種

330000－1701－0074291 G002162 經部/大戴禮記類/分篇之屬
夏小正戴氏傳四卷 (宋)傅崧卿校注 **袁本傅崧卿本夏小正校錄一卷** (清)黃丕烈撰 清光緒十三年(1887)寶章閣刻本 一冊

330000－1701－0074292 普 817.2/5487/2 集部/曲類/彈詞之屬
新鐫繪圖描金鳳八卷四十六回 (清)馬如飛譜調 清光緒三十二年(1906)上洋海左書局石印本 八冊

330000－1701－0074293 HJH814.083/4280/(2)/c2 集部/總集類/選集之屬/斷代
唐文粹一百卷 (宋)姚鉉輯 清光緒九年(1883)江蘇書局刻本 十六冊

330000－1701－0074294 HJH811.17/4330.2 集部/別集類/清別集
招隱山房詩鈔八卷末一卷 戴啓文撰 清宣統元年(1909)鉛印本 二冊

330000－1701－0074295 HJH814.08/2847/2/c2 集部/總集類/選集之屬/通代
古文淵鑒六十四卷 (清)徐乾學等輯注 清同治十二年(1873)浙江書局刻本 三十二冊

330000－1701－0074297 G002026 經部/四書類/總義之屬/傳說
四書古人典林十二卷 (清)江永輯 清乾隆六十年(1795)金閶函三堂刻本 四冊

330000－1701－0074298 普 925.17/7781.3 集部/別集類/清別集
輿誦編一卷 (清)潘樹棠等編 清光緒十七年(1891)木活字印本 一冊

330000－1701－0074302 普 817.2/6760 集部/曲類/彈詞之屬
繡像桃柳爭春全傳八卷三十二卷 (清)野園居士編 清道光一枝山房刻本 八冊

330000－1701－0074305 HJH814.083/4280.02 集部/總集類/選集之屬/斷代
唐文粹補遺二十六卷 (清)郭麐輯 清嘉慶二十四年(1819)金勇刻本 四冊

330000－1701－0074306 普 817.2/5554 集部/曲類/彈詞之屬
新增全圖蜻蜓奇緣四卷四十回 (清)陳遇乾撰 清光緒二十一年(1895)上海書局石印本 俞國賢題記 四冊

330000－1701－0074307 G002113 子部/藝術類/篆刻之屬/印譜
補羅迦室印譜不分卷 (清)趙之琛篆刻 清宣統二年(1910)西泠印社鈐印本 一冊

330000－1701－0074308 G600119 類叢部/叢書類/彙編之屬

知不足齋叢書一百九十五種 (清)鮑廷博編 (清)鮑士恭續編 清乾隆三十七年至道光三年(1772-1823)長塘鮑氏刻彙印本 一册 存一種

330000-1701-0074309 G002027 集部/總集類/課藝之屬
鍾山書院課藝初選不分卷 (清)李小湖輯 清光緒四年(1878)刻本 二册

330000-1701-0074311 HJH811.17/4350.2 集部/總集類/酬唱之屬
雲圃秋吟一卷 (清)戴青等撰 清光緒十三年(1887)刻本 一册

330000-1701-0074312 HJH811.17/4350.2/c2 集部/總集類/酬唱之屬
雲圃秋吟一卷 (清)戴青等撰 清光緒十三年(1887)刻本 一册

330000-1701-0074313 G600120、G600125、G600131、G600133 類叢部/叢書類/彙編之屬
知不足齋叢書一百九十五種 (清)鮑廷博編 (清)鮑士恭續編 清乾隆三十七年至道光三年(1772-1823)長塘鮑氏刻彙印本 四册 存五種

330000-1701-0074314 普817.2/5554/2 集部/曲類/彈詞之屬
新增全圖蜻蜓奇緣四卷四十回 (清)陳遇乾撰 清光緒二十五年(1899)上海書局石印本 四册

330000-1701-0074315 普817.2/6782 集部/曲類/彈詞之屬
繡像落金扇全傳八卷五十回 (清)夏斐文撰 清同治十二年(1873)刻本 八册

330000-1701-0074316 G002028 集部/總集類/選集之屬/斷代
雲樣集八卷 (清)高陳謨編 清嘉慶元年(1796)刻本 四册

330000-1701-0074317 HJH811.17/4377/c2 集部/別集類/清別集
習苦齋詩集八卷古文四卷 (清)戴熙撰 清同治六年(1867)錢塘張曜刻本 二册 存八卷(詩集一至八)

330000-1701-0074319 G002114 史部/地理類/方志之屬/郡縣志
上虞縣志資料不分卷 清抄本 一册

330000-1701-0074321 HJL811.17/4406/c2 集部/別集類/清別集
埽垢山房詩鈔十二卷 (清)黄文暘撰 清嘉慶七年(1802)闕里孔憲增刻本 四册

330000-1701-0074322 G601506 史部/地理類/方志之屬/郡縣志
光緒蘭谿縣志八卷首一卷 (清)秦簧 (清)邵秉經修 (清)唐壬森纂 清光緒十三年至十五年(1887-1889)刻本 二册 存一卷(五)

330000-1701-0074323 普817.2/6033 集部/曲類/寶卷之屬
回郎寶卷一卷 (清)□□撰 清光緒二十六年(1900)陳培生抄本 一册

330000-1701-0074324 普925.17/8013.8 史部/傳記類/别傳之屬/事狀
皇清故縣學廪生祖考筠谿府君[余元遴]行述一卷 (清)余龍光撰 清道光刻本 一册

330000-1701-0074326 G002029 史部/政書類/律令之屬/治獄
刺字集四卷 沈家本撰 清光緒二十年(1894)刻本 一册

330000-1701-0074327 HJH814.083/4404/3 集部/總集類/選集之屬/斷代
欽定全唐文一千卷目録三卷 (清)董誥等輯 清嘉慶十九年(1814)内府刻本 五百四册

330000-1701-0074328 G002115 集部/别集類/清别集
固始趙公遺墨一卷 (清)趙人成撰 (清)趙長保輯 **皇清晉贈中憲大夫誥授奉政大夫賞戴藍翎福建漳州府詔安縣知縣顯考子美府君[趙人成]行述一卷** (清)趙長保輯 清光緒

二十一年(1895)石印本　一冊

330000－1701－0074333　HJH811.17/44222/c2　集部/別集類/清別集

水明樓詩六卷　(清)韓崧撰　清道光九年(1829)刻本　四冊

330000－1701－0074334　普 817.2/6048　集部/曲類/彈詞之屬

果報錄十二卷一百回　(清)海蘭濤撰　清抄本　十二冊

330000－1701－0074335　G002116　集部/總集類/選集之屬/斷代

註釋唐詩三百首六卷　(清)孫洙編　清刻本　二冊

330000－1701－0074336　G002163　史部/政書類/公牘檔冊之屬

湯氏分單不分卷　(清)湯湘畦等書　稿本　一冊

330000－1701－0074337　HJL811.17/44231/c2　集部/別集類/清別集

仙屏書屋初集詩錄十六卷後錄二卷　(清)黄爵滋撰　清道光二十九年(1849)刻本　五冊

330000－1701－0074339　HJH814.083/4404/(2)　集部/總集類/選集之屬/斷代

欽定全唐文一千卷目錄三卷　(清)董誥等輯　清光緒二十七年(1901)廣雅書局刻本　一百六十冊

330000－1701－0074340　普 925.17/8033.2　史部/傳記類/別傳之屬/年譜

余孝惠先生[治]年譜一卷　(清)吳師澄編　清光緒元年(1875)刻本　一冊

330000－1701－0074341　G002030　子部/儒家類/儒學之屬/禮教/鑑戒

範家集略六卷　(清)秦坊輯　清光緒十八年(1892)省克齋刻本　四冊

330000－1701－0074342　普 925.21/7757/c2　新學/史志/臣民傳記

大日本中興先覺志二卷　(日本)岡本監輔撰　清光緒二十七年(1901)開導社刻本　二冊

330000－1701－0074343　G002117　集部/別集類/清別集

自得草堂詩存一卷　(清)唐廷綸撰　清同治九年(1870)刻本　一冊

330000－1701－0074345　普 817.2/6048/2/c1　集部/曲類/彈詞之屬

精本果報錄十二卷一百回　(清)海芝濤撰　清光緒二十年(1894)香港賞奇書局石印本　八冊

330000－1701－0074346　HJH814.08/3340/c1　集部/總集類/選集之屬/通代

古文眉詮七十九卷首一卷　(清)浦起龍輯　清乾隆九年(1744)蘇州三吳書院刻本　二十四冊

330000－1701－0074347　G002164　集部/別集類/清別集

硯壽堂詩鈔八卷詩續鈔二卷詩餘一卷　(清)吳存楷撰　清嘉慶二十三年(1818)姑孰縣齋刻道光三年(1823)吳春燾增刻本　二冊

330000－1701－0074349　G601507　史部/地理類/方志之屬/郡縣志

[光緒]樂清縣志十六卷首一卷　(清)李登雲　(清)錢寶鎔修　(清)陳珅等纂　清光緒二十七年(1901)東甌郭博古齋刻民國元年(1912)高誼校印本　四冊　存二卷(二至三)

330000－1701－0074350　HJH811.17/4432　集部/別集類/清別集

香屑集十八卷首一卷末一卷　(清)黄之雋撰　(清)陳邦直注　清同治十年(1871)近文堂刻本　六冊

330000－1701－0074351　G002031　子部/天文曆算類/算書之屬

上虞算學堂課藝二卷　(清)支寶枏選　清光緒二十七年(1901)紹興經正書院刻本　二冊

330000－1701－0074355　普 817.2/6782.2　集部/曲類/彈詞之屬

綉像還金鐲全傳八卷五十四回　清道光元年

(1821)吾馨軒刻本　八册

330000－1701－0074357　HJH811.17/4432/2/c4　集部/别集類/清别集
香屑集十八卷首一卷末一卷　(清)黄之雋撰　(清)陳邦直注　清雍正十二年(1734)陳邦直刻遂初園印本　六册

330000－1701－0074358　普 950/9028　新學/史志/别國史
東洋史要四卷　(日本)小川銀次郎編　(清)屠長春譯　清末抄本　四册

330000－1701－0074359　普 817.2/6064　集部/曲類/寶卷之屬
圓明十報恩卷三卷　清同治七年(1868)紹城刻本　一册

330000－1701－0074360　G002118　經部/小學類/文字之屬/字書
字學舉隅不分卷　(清)黄本驥　(清)龍啓瑞撰　清刻本　一册

330000－1701－0074361　HJH811.17/4299/c2　集部/别集類/清别集
大梅山館集四種五十五卷　(清)姚燮撰　清道光十三年至咸豐六年(1833－1856)大梅山館刻本　八册　存一種

330000－1701－0074362　G601508　史部/地理類/方志之屬/郡縣志
[光緒]宣平縣志二十卷首一卷　(清)皮樹棠修　(清)祝鳳梧纂　清光緒四年(1878)刻本　四册　存十卷(首、一至九)

330000－1701－0074363　普 817.2/7258　集部/曲類/彈詞之屬
新刻古本劉成美忠節全傳二十五卷　清光緒二十五年(1899)香雪主人石印本　六册

330000－1701－0074364　HJH811.17/4299/c3　集部/别集類/清别集
大梅山館集四種五十五卷　(清)姚燮撰　清道光十三年至咸豐六年(1833－1856)大梅山館刻本　八册　存一種

330000－1701－0074365　HJH814.08/3340/(2)　集部/總集類/選集之屬/通代
古文眉詮七十九卷首一卷　(清)浦起龍輯　清乾隆九年(1744)蘇州三吳書院刻本　二十八册

330000－1701－0074366　普 817.2/6570　集部/戲劇類/傳奇之屬
新編虎蠔鏡全傳三十二卷　(清)味閑主人撰　清末抄本　四册

330000－1701－0074367　G002119　集部/總集類/尺牘之屬
尺牘新語二十四卷　(清)徐士俊　(清)汪淇評箋　清抄本　四册

330000－1701－0074368　HJH811.17/4301/c2　集部/别集類/清别集
戴簡恪公遺集八卷　(清)戴敦元撰　清同治十一年(1872)刻本　四册

330000－1701－0074370　普 925.21/7757/c3　新學/史志/臣民傳記
大日本中興先覺志二卷　(日本)岡本監輔撰　清光緒二十七年(1901)開導社刻本　二册

330000－1701－0074371　普 817.2/6570.2　集部/戲劇類/傳奇之屬
新編賜笏樓全傳三十二卷　(清)味閑主人撰　清抄本　六册

330000－1701－0074372　G002033　子部/藝術類/篆刻之屬/印譜
饋石齋印譜不分卷　(清)丁可鈞篆刻　清光緒三十年(1904)長沙葉氏觀古堂石印本　一册

330000－1701－0074374　G002234　史部/傳記類/别傳之屬/年譜
陳文肅公[大受]年譜一卷　(清)陳輝祖等輯　清光緒十六年(1890)素園刻本　一册

330000－1701－0074375　普 817.2/7258/2/c1　集部/曲類/彈詞之屬
新刻古本劉成美忠節全傳二十五卷二十五回　清光緒四年(1878)維揚有德堂書坊刻本

八册

330000－1701－0074376　普817.2/7100　集部/曲類/曲藝之屬
新刻瓦車蓬天賜雙生牙痕記四卷三十回　清末刻本　二册

330000－1701－0074377　G002034　史部/政書類/公牘檔册之屬
案事編一卷　(清)沈祖燕撰　清光緒三十四年(1908)刻本　一册

330000－1701－0074378　HJH811.17/43271/c3　集部/别集類/清别集
聽鸝山館試帖不分卷　(清)戴檠撰　清同治十一年(1872)賜禮堂刻本　一册

330000－1701－0074379　G002165　集部/總集類/題詠之屬
紀哀詩一卷紀哀詩題詞七卷首一卷　(清)施嵩編　清嘉慶刻本　四册

330000－1701－0074380　G600141、G600140　史部/紀傳類/正史之屬
二十四史　清同治至光緒五省官書局據汲古閣本等合刻光緒五年(1879)湖北書局彙印本　一百二十册　存二種

330000－1701－0074383　G601509　史部/地理類/方志之屬/郡縣志
[同治]崇陽縣志十二卷首一卷　(清)高佐廷修　(清)傅燮鼎纂　清同治五年(1866)木活字印本　三册　存三卷(五、七、十)

330000－1701－0074386　G601510　史部/地理類/方志之屬/郡縣志
[光緒]餘姚縣志二十七卷首一卷末一卷　(清)周炳麟修　(清)邵友濂　(清)孫德祖纂　清光緒二十五年(1899)刻本　十六册

330000－1701－0074387　HJH811.17/4092/c4　集部/别集類/清别集
敬業堂詩集五十卷續集六卷　(清)查慎行撰　清康熙五十八年(1719)刻雍正增刻本(續集爲清乾隆查學、查開刻本)　二十四册

330000－1701－0074388　G600142　史部/紀傳類/正史之屬
漢書補注一百卷首一卷　王先謙撰　清光緒二十六年(1900)長沙王氏虚受堂刻本　三十二册

330000－1701－0074389　HJH814.087/3494/(2)　集部/總集類/選集之屬/斷代
國朝文匯甲前集二十卷甲集六十卷乙集七十卷丙集三十卷丁集二十卷　國學扶輪社編　清宣統元年(1909)上海國學扶輪社石印本　十册　存二十卷(一至二十)

330000－1701－0074390　HJH811.17/4133　集部/别集類/清别集
九山草堂詩鈔一卷　(清)柯弘祚撰　清道光二十九年(1849)刻本　一册

330000－1701－0074392　G601511　史部/地理類/方志之屬/通志
[道光]廣東通志三百三十四卷首一卷　(清)阮元修　(清)陳昌齊等纂　清同治三年(1864)刻本　四十九册　存一百四十二卷(五十二至五十四、六十三至七十一、一百一至一百十六、一百八十六至二百三十七、二百五十八至二百九十、三百六至三百三十四)

330000－1701－0074393　HJH814.08/4004/3/c1　類叢部/叢書類/彙編之屬
岱南閣叢書二十種　(清)孫星衍編　清乾隆五十年至嘉慶十四年(1785－1809)蘭陵孫氏刻本　二册　存一種

330000－1701－0074394　HJH811.17/4133/c4　集部/别集類/清别集
九山草堂詩鈔一卷　(清)柯弘祚撰　清道光二十九年(1849)刻本　一册

330000－1701－0074396　G002235　集部/戲劇類/傳奇之屬
桃花扇傳奇四卷四十齣首一卷　(清)孔尚任撰　清刻本　二册　存二卷(三至四)

330000－1701－0074397　HJH811.17/4210/c2　集部/别集類/清别集

彭剛直公詩集八卷 （清）彭玉麟撰 （清）俞樾編 清光緒十七年(1891)德清俞樾吳下刻本 二冊

330000－1701－0074398 HJH811.17/4210/(2)/c2 集部/别集類/清别集

彭剛直公詩集八卷 （清）彭玉麟撰 （清）俞樾編 清光緒十七年(1891)德清俞樾吳下刻本 一冊

330000－1701－0074400 HJH814.087/4036/(2) 類叢部/叢書類/彙編之屬

漸西村舍彙刊(漸西村舍叢刻)四十四種 （清）袁昶編 清光緒十六年至二十四年(1890－1898)桐廬袁氏刻本 三冊 存一種

330000－1701－0074401 HJH814.08/4004.01/c3 集部/總集類/選集之屬/通代

古文苑二十一卷 （宋）章樵注 清光緒十二年(1886)江蘇書局刻本 四冊

330000－1701－0074403 G601512 類叢部/叢書類/自著之屬

隨園三十種 （清）袁枚撰 清同治五年(1866)三讓睦記刻本 二冊 存一種

330000－1701－0074405 G002166 史部/政書類/公牘檔冊之屬

杭州商務總會辛亥年收支報告清冊一卷 清宣統三年(1911)石印本 一冊

330000－1701－0074406 普951.00144/7282.012/c1 史部/史評類/史論之屬

史通通釋二十卷附錄一卷 （清）浦起龍撰 清光緒二十年(1894)金匱浦氏上海積山書局石印本 八冊

330000－1701－0074410 HJH814.08/4004.01/c4 集部/總集類/選集之屬/通代

古文苑二十一卷 （宋）章樵注 清光緒十二年(1886)江蘇書局刻本 四冊

330000－1701－0074411 普817.2/7746 集部/曲類/寶卷之屬

覺世懸燈豁然寶卷二卷 清同治十年(1871)普善堂刻本 二冊

330000－1701－0074412 HJH814.087/4037/(2) 集部/總集類/彙編之屬

國朝文錄四十種 （清）李祖陶編 清道光十九年(1839)瑞州府鳳儀書院刻本 四十冊

330000－1701－0074414 HJH814.08/4004.02/c2 集部/總集類/選集之屬/通代

續古文苑二十卷 （清）孫星衍輯 清光緒九年(1883)江蘇書局刻本 六冊

330000－1701－0074416 G002167 史部/金石類/錢幣之屬/圖像

遯盦古泉存八卷 吳隱輯 清宣統元年(1909)西泠印社拓本 八冊

330000－1701－0074417 G601513 子部/儒家類/儒學之屬/經濟

皇朝經世文新增續編一百二十卷 （清）葛士濬輯 **皇朝經世文新增時務續編四十卷洋務續編八卷** （清）甘韓輯 清光緒二十三年(1897)上海掃葉山房鉛印本 二十三冊 存一百十三卷(一至二十四、三十一至六十、六十二至一百二十)

330000－1701－0074419 HJH814.087/4037/2/(3) 集部/總集類/彙編之屬

國朝文錄續編四十九種附一種 （清）李祖陶編 清同治七年(1868)敫陽李氏刻本 二十冊

330000－1701－0074420 普817.2/7141 集部/曲類/彈詞之屬

馬如飛先生南詞小引初集二卷 （清）馬如飛撰 清光緒十二年(1886)刻本 二冊

330000－1701－0074421 HJH814.08/4004.02/2/c2 類叢部/叢書類/彙編之屬

新斠平津館叢書十集三十四種 （清）孫星衍編 清光緒十年至十一年(1884－1885)吳縣朱氏槐廬家塾刻十五年至十七年(1889－1891)補刻本 八冊 存一種

330000－1701－0074422 普951.00144/7282.012/c2 史部/史評類/史論之屬

史通通釋二十卷附錄一卷 （清）浦起龍撰

清光緒二十年(1894)金匱浦氏上海積山書局石印本　章嶔題記　八冊

330000－1701－0074423　普950.07/4493/c1　新學/史志/别國史
東洋史要二卷　(日本)桑元隲藏撰　樊炳清譯　清光緒二十五年(1899)東文學社石印本　二冊

330000－1701－0074424　普951.07703/5299/3　史部/雜史類/斷代之屬
李秀成供一卷　(太平天國)李秀成撰　清同治刻本　四冊

330000－1701－0074426　普950.07/4493/c2　新學/史志/别國史
東洋史要二卷　(日本)桑元隲藏撰　樊炳清譯　清光緒二十五年(1899)東文學社石印本　四冊

330000－1701－0074427　HJH814.085/7260/2　集部/總集類/郡邑之屬
中州名賢文表内集三十卷　(明)劉昌輯　清康熙四十五年(1706)錢塘汪氏刻本　二十冊

330000－1701－0074428　G002236、G002372　史部/紀傳類/正史之屬
二十四史附考證　清光緒二十八年(1902)武林竹簡齋石印本　一百二十七冊　存二十種

330000－1701－0074429　普951.00144/7282.012/c3　史部/史評類/史論之屬
史通通釋二十卷附録一卷　(清)浦起龍撰　清光緒二十年(1894)金匱浦氏上海積山書局石印本　八冊

330000－1701－0074430　普817.2/7142　集部/曲類/彈詞之屬
增廣繪像蜃樓傳六卷三十二回　(清)讀畫樓主人撰　清光緒二十一年(1895)上海書局石印本　六冊

330000－1701－0074431　G002036　類叢部/叢書類/自著之屬
施愚山先生全集五種附一種　(清)施閏章撰　清康熙至乾隆刻彙印本　二十冊

330000－1701－0074432　HJH814.08/4004.02/4(2)/c1　類叢部/叢書類/彙編之屬
平津館叢書八集三十九種　(清)孫星衍編　清嘉慶蘭陵孫氏刻本　八冊　存一種

330000－1701－0074433　G601514　史部/地理類/方志之屬/郡縣志
[光緒]遂昌縣志十二卷首一卷外編四卷　(清)胡壽海　(清)史恩緯修　(清)褚成允纂　清光緒二十二年(1896)尊經閣刻本　十二冊

330000－1701－0074435　普951.00144/7282.012/3/c1　史部/史評類/史論之屬
史通通釋二十卷附録一卷　(清)浦起龍撰　清光緒十一年(1885)刻本　八冊　缺一卷(附録)

330000－1701－0074436　普951.07703/5299/6　史部/雜史類/斷代之屬
李秀成供一卷續供一卷　(太平天國)李秀成撰　清光緒十八年(1892)上海書局石印本　一冊

330000－1701－0074439　HJH814.08/4022/2/c1　類叢部/叢書類/自著之屬
真西山全集(西山真文忠公全集、真文忠公全集)七種　(宋)真德秀撰　清康熙真氏家祠刻乾隆至同治三年(1864)遞修本　十九冊　存一種

330000－1701－0074440　普951.00144/7282.012/3/c2　史部/史評類/史論之屬
史通通釋二十卷附録一卷　(清)浦起龍撰　清光緒十一年(1885)刻本　八冊

330000－1701－0074441　HJH814.087/4037/(4)　集部/總集類/彙編之屬
國朝文録四十種　(清)李祖陶編　清道光十九年(1839)瑞州府鳳儀書院刻本　三十四冊

330000－1701－0074442　HJH814.086/0853/2　集部/總集類/選集之屬/斷代
明朝文才調集不分卷　(清)許振禕編　清光緒十九年(1893)毓蘭書屋刻本　八冊

330000－1701－0074445　HJH811.17/44334/c2　集部/别集類/清别集
今樵詩存八卷　(清)黄治撰　清光緒三十一年(1905)金韶刻本　四册

330000－1701－0074446　HJL811.17/44334/c5　集部/别集類/清别集
今樵詩存八卷　(清)黄治撰　清光緒三十一年(1905)金韶刻本　四册

330000－1701－0074448　普951.07703/6649　史部/雜史類/斷代之屬
洪楊禍越記事本末二卷　(清)嚴嘉榮撰　清末抄本　二册

330000－1701－0074449　G002037　史部/政書類/律令之屬/律例
大清律例彙纂三十三卷　(清)沈書城輯　清道光二十四年(1844)刻本　二十四册

330000－1701－0074450　普817.2/7258/2/c3　集部/曲類/彈詞之屬
新刻古本劉成美忠節全傳二十五卷二十五回　清刻本　三册

330000－1701－0074454　普951.07703/7574　史部/雜史類/斷代之屬
岡城枕戈記二卷　(清)陳殿蘭撰　清咸豐五年(1855)槐屋刻本　清朱懷新題記並跋　一册

330000－1701－0074455　HJH814.086/1213.02　集部/總集類/選集之屬/斷代
山曉閣選明文全集二十四卷續集八卷　(清)孫琮輯並評　清康熙刻本　二册　存八卷(續集一至八)

330000－1701－0074456　HJH814.08/4022.2/c2　類叢部/叢書類/自著之屬
真西山全集(西山真文忠公全集、真文忠公全集)七種　(宋)真德秀撰　清康熙真氏家祠刻乾隆至同治三年(1864)遞修本　十册　存一種

330000－1701－0074457　普817.2/7258.2　集部/曲類/彈詞之屬
新編後劉成美全傳三十二卷三十二回　清末刻本　六册

330000－1701－0074459　普817.2/7764　集部/曲類/彈詞之屬
繪圖月明樓四卷　清宣統三年(1911)章福記石印本　四册

330000－1701－0074460　普951.00144/7282.012/5/c1　史部/史評類/史論之屬
史通通釋二十卷附録一卷　(清)浦起龍撰　清乾隆十七年(1752)浦氏求放心齋刻本　清葉廷琯批校並跋　六册

330000－1701－0074461　HJH814.08/4022.2/(2)　類叢部/叢書類/自著之屬
真西山全集(西山真文忠公全集、真文忠公全集)七種　(宋)真德秀撰　清康熙真氏家祠刻乾隆至道光二十一年(1841)遞修本　十册　存一種

330000－1701－0074462　普951.07708/52341　史部/地理類/方志之屬/郡縣志
[光緒]周莊鎮志六卷首一卷附貞豐里庚申見聞録二卷　(清)陶煦纂　清光緒八年(1882)元和陶氏儀一堂刻本　一册　存二卷(貞豐里庚申見聞録一至二)

330000－1701－0074463　普817.2/7772　集部/曲類/彈詞之屬
鳳凰山七十二卷七十二回　清末海陵軒刻本　二十四册

330000－1701－0074464　G002038　集部/詞類/别集之屬
斷腸漱玉詞合刊二卷　(宋)朱淑真　(宋)李清照撰　清光緒石印本　一册

330000－1701－0074465　G601515、G601071、G602251、G602252　史部/地理類/方志之屬/郡縣志
[光緒]處州府志三十卷首一卷末一卷　(清)潘紹詒修　(清)周榮椿纂　清光緒三年(1877)刻本　十册　存十一卷(一至三、十、十四、二十二、二十四至二十六、二十八、三

十）

330000－1701－0074466　普 817.2/7283.2　集部/曲類/彈詞之屬
新編劉知遠磨房相會白兔記二卷　清道光五年(1825)抄本　一冊

330000－1701－0074467　普 817.2/7776　集部/曲類/彈詞之屬
繡像鳳凰圖六卷三十六回　清道光二年(1822)蘭玉軒刻本　六冊

330000－1701－0074468　G002039、G002658　史部/金石類/石之屬/文字
石鼓文鈔四卷　(清)楊世春輯　清嘉慶十三年(1808)惠迪堂刻本　三冊

330000－1701－0074470　普 817.2/7776/2　集部/曲類/彈詞之屬
繡像鳳凰圖六卷三十六回　清末上海文元書莊石印本　四冊

330000－1701－0074471　普 951.078/3100　史部/雜史類/斷代之屬
逆黨禍蜀記一卷　(清)汪堃撰　清同治五年(1866)不懼无悶齋刻本　一冊

330000－1701－0074472　普 817.2/7493　集部/曲類/曲藝之屬
繪圖拱璧緣傳奇四卷二十四回　清光緒二十一年(1895)上海文盛堂石印本　四冊

330000－1701－0074473　普 817.2/7776/3　集部/曲類/彈詞之屬
繡像鳳凰圖六卷三十六回　清同治三年(1864)味蘭軒刻本　四冊

330000－1701－0074476　普 817.2/7780　集部/戲劇類/傳奇之屬
繡像風箏誤八卷三十二回　(清)竹齋主人撰　清嘉慶十五年(1810)潄芳閣刻本　四冊

330000－1701－0074477　普 951.078/3100/2　史部/雜史類/斷代之屬
逆黨禍蜀記二卷　(清)汪堃撰　清末抄本　二冊

330000－1701－0074479　普 951.078/3442　史部/政書類/通制之屬
光緒政要三十四卷　沈桐生輯　清宣統元年(1909)上海崇義堂石印本　十九冊　存三十二卷(三至三十四)

330000－1701－0074480　普 951.078/7508　史部/雜史類/斷代之屬
同治蜀軍平黔記一卷　(清)陳慶年撰　清末抄本　一冊

330000－1701－0074482　普 951.078/9200　史部/編年類/斷代之屬
同治東華續錄一百卷　王先謙編　清光緒二十四年(1898)文瀾書局石印本　二十四冊

330000－1701－0074483　HJH811.17/44335/c2　集部/別集類/清別集
詩娛寶詩集二十四卷　(清)黄安濤撰　清道光十四年(1834)刻本　六冊

330000－1701－0074486　HJH814.087/4211　集部/總集類/彙編之屬
易堂九子文鈔九種　(清)彭玉雯編　清道光十七年(1837)彭氏刻本　三十二冊

330000－1701－0074492　普 951.078/9200/2　史部/編年類/斷代之屬
同治東華續錄一百卷　王先謙編　清光緒二十七年(1901)煥文書局石印本　二十四冊

330000－1701－0074493　普 951.00144/1011　史部/史評類/史論之屬
歷代史事政治論三百八卷　(清)席裕福撰　(清)金詠榴等編　清光緒二十九年(1903)上海點石齋書局石印本　二十八冊

330000－1701－0074495　普 951.078/9913/c1　史部/詔令奏議類/奏議之屬
左恪靖侯奏稿初編三十八卷續編七十六卷三編六卷　(清)左宗棠撰　清光緒十二年(1886)刻本　七十冊　缺六卷(三編一至六)

330000－1701－0074496　HJH811.17/4440/c2　類叢部/叢書類/彙編之屬
靈鶼閣叢書五十六種　(清)江標編　清光緒

元和江氏湖南使院刻本　三册　存一種

330000－1701－0074497　G600143　史部/紀傳類/正史之屬

漢書一百卷　（漢）班固撰　（唐）顔師古注　清同治八年(1869)金陵書局刻二十四史本　鄭雨莘題簽並記　六册　存四十六卷(五十五至一百)

330000－1701－0074498　HJH814.087/4245/c1　集部/總集類/選集之屬/斷代

國朝文録八十二卷　（清）姚椿輯　清咸豐元年(1851)張祥河終南山館刻本　三十二册

330000－1701－0074499　普951.00144/0070/11/c1　類叢部/叢書類/自著之屬

章氏遺書二種　（清）章學誠撰　清光緒三年至四年(1877－1878)貴陽章氏刻十九年(1893)補刻本　六册

330000－1701－0074500　HJH814.086/4438/c2　集部/總集類/選集之屬/斷代

明文授讀六十二卷　（清）黄宗羲輯　清康熙三十八年(1699)四明張錫琨味芹堂刻本　三十册

330000－1701－0074502　HJH811.17/4442　集部/别集類/清别集

醉月居詩鈔一卷詞鈔一卷　（清）葉世熊撰　清光緒三十年(1904)刻本　一册

330000－1701－0074503　普951.00144/1024　史部/史評類/史論之屬

史翼三十六卷　（清）王紹翰編輯　清光緒二十九年(1903)支那新書局石印本　八册

330000－1701－0074504　HJH811.17/4442/c2　集部/别集類/清别集

醉月居詩鈔一卷詞鈔一卷　（清）葉世熊撰　清光緒三十年(1904)刻本　一册

330000－1701－0074506　HJH814.087/4245/2/c3　集部/總集類/選集之屬/斷代

國朝文録八十二卷　（清）姚椿輯　清光緒二十六年(1900)掃葉山房石印本　十六册

330000－1701－0074507　G002040　子部/醫家類/綜合之屬/雜著

此事難知集二卷　（金）李杲撰　清末江陰朱氏刻本　一册

330000－1701－0074508　普951.078/9913/c2　史部/詔令奏議類/奏議之屬

左恪靖侯奏稿初編三十八卷續編七十六卷三編六卷　（清）左宗棠撰　清光緒十二年(1886)刻本　六十四册

330000－1701－0074509　G601516　史部/地理類/方志之屬/郡縣志

[光緒]續纂江寧府志十五卷首一卷勘誤一卷　（清）蔣啓勛　（清）趙佑宸修　（清）汪士鐸等纂　清光緒六年(1880)刻七年(1881)印本　十一册

330000－1701－0074515　G600144　史部/紀傳類/正史之屬

二十四史　清同治至光緒五省官書局據汲古閣本等合刻光緒五年(1879)湖北書局彙印本　二册　存一種

330000－1701－0074516　HJH814.086/4477/c2　集部/總集類/選集之屬/斷代

明文在一百卷　（清）薛熙輯　清光緒十五年(1889)江蘇書局刻本　十册

330000－1701－0074522　G600145　類叢部/叢書類/彙編之屬

正覺樓叢刻(正覺樓叢書)二十九種　（清）崇文書局編　清光緒崇文書局刻本　二册　存一種

330000－1701－0074524　G601517　史部/地理類/方志之屬/郡縣志

光緒太平續志十八卷首一卷　（清）陳汝霖修　（清）王棻等纂　清光緒二十二年(1896)刻本　四册　存九卷(二至三、七至九、十三至十六)

330000－1701－0074525　普951.00144/7282.012/5/c2　史部/史評類/史論之屬

史通通釋二十卷附録一卷　（清）浦起龍撰

清乾隆十七年(1752)浦氏求放心齋刻本　八冊　缺一卷(附錄)

330000－1701－0074526　G002041　子部/宗教類/道教之屬
中虚寶全集一卷　(清)劉修元撰　清光緒二十三年(1897)金陵蔭餘善堂朱墨套印本　一冊

330000－1701－0074527　HJH814.087/4414/c3　子部/藝術類/書畫之屬/題跋
五湖魚莊圖題詞四卷　(清)葉承桂輯　清咸豐三年(1853)石林園刻本　二冊

330000－1701－0074528　HJH811.17/44442.2　類叢部/叢書類/家集之屬
影山草堂六種　(清)莫與儔　(清)莫友芝撰　清咸豐至光緒刻本　一冊　存一種

330000－1701－0074529　G600146、G600147　類叢部/叢書類/彙編之屬
說鈴前集三十三種後集十九種續集七種　(清)吴震方編　清道光五年(1825)聚秀堂刻本　二冊　存二種

330000－1701－0074530　HJH811.17/44442.2/c2　類叢部/叢書類/家集之屬
影山草堂六種　(清)莫與儔　(清)莫友芝撰　清咸豐至光緒刻本　一冊　存一種

330000－1701－0074531　HJH814.086/4477/c3　集部/總集類/選集之屬/斷代
明文在一百卷　(清)薛熙輯　清光緒十五年(1889)江蘇書局刻本　十冊

330000－1701－0074532　普 951.078/9913/2/c1　史部/詔令奏議類/奏議之屬
左恪靖伯奏稿三十八卷　(清)左宗棠撰　清同治七年(1868)刻本　三十八冊

330000－1701－0074533　普 951.00144/7282.012/5/c3　史部/史評類/史論之屬
史通通釋二十卷附錄一卷　(清)浦起龍撰　清乾隆十七年(1752)浦氏求放心齋刻本　清心葵題記　三冊

330000－1701－0074534　HJH814.08/4094/c1　類叢部/叢書類/自著之屬
李文貞公全集三十九種　(清)李光地撰　清乾隆元年(1736)李清植刻嘉慶六年(1801)補刻本　六冊　存一種

330000－1701－0074535　G601518　史部/地理類/方志之屬/郡縣志
[咸豐]清河縣志二十四卷首一卷附編二卷　(清)吳棠修　(清)魯一同纂　清咸豐四年(1854)刻同治元年(1862)補刻四年(1865)續刻本　三冊　存十三卷(十四至二十四、附編一至二)

330000－1701－0074537　G600148　類叢部/叢書類/彙編之屬
滂喜齋叢書五十種　(清)潘祖蔭編　清同治至光緒吳縣潘氏京師刻本　二冊　存八種

330000－1701－0074539　G002042　子部/儒家類/儒學之屬/性理
荊園小語一卷　(清)申涵光撰　清同治十三年(1874)金華府署刻本　一冊

330000－1701－0074541　HJH814.086/4477/3　集部/總集類/選集之屬/斷代
明文在一百卷　(清)薛熙輯　清康熙三十二年(1693)錢大鏞、金彬刻本　二十冊

330000－1701－0074542　HJH814.087/5360/c1　集部/總集類/選集之屬/斷代
八旗文經五十六卷作者考三卷敘錄一卷　(清)盛昱　(清)楊鍾羲輯　清光緒二十七年(1901)武昌刻朱印本　十二冊

330000－1701－0074543　普 951.078/9913/2/c2　史部/詔令奏議類/奏議之屬
左恪靖伯奏稿三十八卷　(清)左宗棠撰　清同治七年(1868)刻本　三十八冊

330000－1701－0074546　普 951.00144/7282.04/3/c1　史部/史評類/史論之屬
史通削繁四卷　(清)紀昀撰　清翰墨園刻朱墨套印本　章嶔題記　四冊

330000－1701－0074547　HJH814.08/4217/

6/c2　集部/總集類/選集之屬/通代
古文辭類纂七十五卷附録一卷　（清）姚鼐輯　**古文辭類纂校勘記一卷**　（清）李承淵撰　清光緒二十七年（1901）滁州李氏求要堂刻本　十二册

330000－1701－0074548　G601519　子部/儒家類/儒學之屬/勸學
輶軒語七卷　（清）張之洞撰　清光緒二年（1876）退補齋刻本　清王抱弍跋　一册

330000－1701－0074550　HJH811.17/4447　集部/詞類/别集之屬
新樂府詞一卷　（清）萬斯同撰　清同治八年（1869）刻本　一册

330000－1701－0074552　普951.078/9913/3/c1　史部/詔令奏議類/奏議之屬
左文襄公奏疏初編三十八卷續編七十六卷三編六卷　（清）左宗棠撰　清光緒十六年（1890）上海圖書集成局鉛印本　二十册

330000－1701－0074553　普817.2/7502/c3　集部/曲類/彈詞之屬
再生緣全傳二十卷　（清）陳端生撰　清光緒二年（1876）文富堂刻本　十册　存十卷（一至十）

330000－1701－0074554　普951.00144/7282.04/2　史部/史評類/史論之屬
史通削繁四卷　（清）紀昀撰　清光緒二十一年（1895）寶善書局石印本　四册

330000－1701－0074555　HJH811.17/4447/c4　集部/詞類/别集之屬
新樂府詞一卷　（清）萬斯同撰　清同治八年（1869）刻本　一册

330000－1701－0074557　G002043、G003570　史部/紀事本末類/斷代之屬
綏寇紀略十二卷　（清）吳偉業撰　清康熙十三年（1674）鄒式金刻本　四册

330000－1701－0074558　G600149　史部/傳記類/總傳之屬/文苑
西湖三祠名賢考畧三卷首一卷　戴啓文撰　清光緒三十年（1904）丹徒戴啓文刻本　二册

330000－1701－0074559　普817.2/7502/3　集部/曲類/彈詞之屬
再生緣全傳二十卷　（清）陳端生撰　清同治二年（1863）丹桂堂刻本　二十册

330000－1701－0074560　HJH814.08/4217/7　集部/總集類/選集之屬/通代
古文辭類纂七十四卷　（清）姚鼐輯　清同治八年（1869）江蘇書局刻本　十二册

330000－1701－0074561　HJH811.17/4448/c2　集部/别集類/清别集
忠雅堂詩集二十七卷補遺二卷銅絃詞二卷附南北曲一卷　（清）蔣士銓撰　清嘉慶三年（1798）揚州刻敬書堂印本　八册

330000－1701－0074563　G601520　新學/礦務/礦學
開煤要法十二卷　（英國）士密德輯　（英國）傅蘭雅口譯　（清）王德均筆述　清光緒江南機器製造總局刻本　二册

330000－1701－0074566　HJH814.087/0853.2/c2　史部/傳記類/别傳之屬/事狀
詒煒集五卷侍香集一卷　（清）許振禕輯　清光緒二十三年（1897）廣州節署刻本　二册

330000－1701－0074567　G600150、G601265　史部/傳記類/總傳之屬/文苑
西湖三祠名賢考畧三卷首一卷　戴啓文撰　清光緒三十年（1904）丹徒戴啓文刻本　二册

330000－1701－0074568　普951.00144/7282.012/6　史部/史評類/史論之屬
史通通釋二十卷附録一卷　（清）浦起龍撰　清光緒翰墨園刻本　六册

330000－1701－0074569　普951.078/9913/3/c2　史部/詔令奏議類/奏議之屬
左文襄公奏疏初編三十八卷續編七十六卷三編六卷　（清）左宗棠撰　清光緒十六年（1890）上海圖書集成局鉛印本　二十册

330000－1701－0074570　普817.2/7502/5

集部/曲類/彈詞之屬

繡像全圖再生緣全傳二十卷　(清)陳端生撰　清光緒二十一年(1895)上海肇記書局石印本　十九冊　缺一卷(十六)

330000－1701－0074572　G600151　集部/總集類/選集之屬/通代

八代詩選二十卷　王闓運輯　清光緒十六年(1890)江蘇書局刻本　八冊

330000－1701－0074573　HJH811.17/10033/c3　集部/別集類/清別集

松齋憶存草一卷　(清)王誠撰　清光緒十二年(1886)刻本　一冊

330000－1701－0074574　普 951.00144/0070/11/c2　類叢部/叢書類/自著之屬

章氏遺書二種　(清)章學誠撰　清光緒三年至四年(1877－1878)貴陽章氏刻十九年(1893)補刻本　六冊

330000－1701－0074576　G600156　類叢部/叢書類/郡邑之屬

武林掌故叢編一百八十七種　(清)丁丙編　清光緒三年至二十六年(1877－1900)錢塘丁氏嘉惠堂刻本　一冊　存一種

330000－1701－0074578　普 951.00144/7282.04/3/c3　史部/史評類/史論之屬

史通削繁四卷　(清)紀昀撰　清道光十三年(1833)涿州盧坤兩廣節署刻朱墨套印本　陳從周題記　四冊

330000－1701－0074579　普 817.2/7502/6　集部/曲類/彈詞之屬

再生緣全傳二十卷　(清)陳端生撰　清道光二年(1822)寶仁堂刻本　十九冊　存十九卷(一至十一、十三至二十)

330000－1701－0074581　G600152　史部/地理類/山川之屬/山志

重刊麻姑山志十二卷　(清)黃家駒輯　清同治五年(1866)黃家駒洞天書屋刻本　十冊　存十卷(二至十二)

330000－1701－0074583　G601521　新學/地學/地志學

寶藏興焉十二卷　(英國)費而奔撰　(英國)傅蘭雅口譯　(清)徐壽筆述　清光緒江南製造局刻本　十六冊

330000－1701－0074585　G002044　子部/儒家類/儒學之屬/禮教/鑑戒

臣鑒錄二十卷　(清)蔣伊輯　清康熙蔣陳錫刻本　二十冊

330000－1701－0074588　普 817.2/7502/7　集部/曲類/彈詞之屬

再生緣全傳二十卷　(清)陳端生撰　清咸豐二年(1852)經畬堂刻本　二十冊

330000－1701－0074590　G600153　史部/地理類/山川之屬/水志

水道提綱二十八卷　(清)齊召南撰　清光緒四年(1878)津門徐士鑾霞城精舍刻本　六冊　存二十一卷(一至二十一)

330000－1701－0074592　HJH814.08/4217.02/c2　集部/總集類/選集之屬/通代

續古文辭類纂三十四卷　王先謙輯　清光緒八年(1882)長沙王氏虛受堂刻本　八冊

330000－1701－0074593　G002045　集部/別集類/清別集

崇雅堂詩鈔十一卷　(清)李開葉撰　清乾隆六年(1741)刻本　四冊

330000－1701－0074594　HJH811.17/1010/(2)/c3　集部/別集類/清別集

松夢寮詩稿六卷　(清)丁丙撰　清光緒二十五年(1899)丁氏刻本　三冊

330000－1701－0074595　HJH811.17/10101/c2　集部/別集類/清別集

弇山詩鈔(浙東前七子弇山詩鈔)二十二卷首二卷末二卷　(清)王霖撰　(清)王蘅編　清道光五年(1825)刻本　八冊

330000－1701－0074596　普 951.00144/0070/11/c3　類叢部/叢書類/自著之屬

章氏遺書二種　(清)章學誠撰　清光緒三年至四年(1877－1878)貴陽章氏刻十九年

(1893)補刻本　六冊

330000－1701－0074597　G600154　史部/地理類/山川之屬/水志

西湖志四十八卷　(清)李衛　(清)程元章修　(清)傅王露纂　清雍正十三年(1735)兩浙鹽驛道庫刻乾隆印本　屈伯剛跋　二十冊

330000－1701－0074598　HJH814.087/7110/c2　類叢部/叢書類/彙編之屬

文選樓叢書三十三種　(清)阮亨編　清嘉慶至道光阮元刻道光二十二年(1842)阮亨彙印本　六冊　存一種

330000－1701－0074599　G601522　史部/地理類/方志之屬/郡縣志

[光緒]黃州府志四十卷首一卷　(清)英啓修　(清)鄧琛等纂　清光緒十年(1884)刻本　二十六冊　存三十二卷(首、一至十六、十九、二十七下至四十)

330000－1701－0074603　普951.00144/7282.04/3/c4　史部/史評類/史論之屬

史通削繁四卷　(清)紀昀撰　清翰墨園刻朱墨套印本　四冊

330000－1701－0074606　HJH811.17/10102　集部/別集類/清別集

紅蝠山房詩鈔九卷二編詩鈔二卷二編詩續鈔一卷二編詩鈔補遺一卷二編詩補鈔一卷　(清)王乃斌撰　清道光至光緒刻本　六冊

330000－1701－0074607　普951.078/9913/4　類叢部/叢書類/自著之屬

左文襄公全集九種首二卷　(清)左宗棠撰　清光緒二十七年(1901)刻本　三十冊　缺七種

330000－1701－0074609　HJH811.17/10102/2/c2　集部/別集類/清別集

紅蝠山房詩鈔九卷二編詩鈔二卷二編詩補鈔一卷二編詩續鈔一卷二編詩鈔補遺一卷　(清)王乃斌撰　清道光至光緒刻本　六冊

330000－1701－0074610　HJH814.087/7110/(2)/c2　集部/總集類/課藝之屬

詁經精舍文集八卷　(清)阮元輯　清嘉慶刻本　暮騫題記　八冊

330000－1701－0074612　普951.00144/7282.04/4/c1　史部/史評類/史論之屬

史通削繁四卷　(清)紀昀撰　清光緒二十二年(1896)新化三味堂刻本　四冊

330000－1701－0074613　G600155　史部/地理類/山川之屬/水志

西湖志纂十五卷首一卷末一卷　(清)沈德潛　(清)傅王露輯　(清)梁詩正合纂　清乾隆二十年(1755)賜經堂刻二十七年(1762)增刻本　六冊

330000－1701－0074614　HJH811.17/10171　集部/別集類/清別集

菉竹書屋詩草一卷　(清)王雲驤撰　**安愚詩草一卷**　(清)王雲鳳撰　清光緒二年(1876)刻本　一冊

330000－1701－0074618　HJH811.17/1022/c2　集部/別集類/清別集

佩珊珊室詩存一卷　(清)王紉佩撰　清光緒十九年(1893)刻本　一冊

330000－1701－0074619　G601523、G604115　史部/地理類/方志之屬/通志

[光緒]甘肅新通志一百卷首五卷　升允　長庚修　安維峻纂　清宣統元年(1909)刻本　十三冊　存二十八卷(十七至三十九、四十二至四十四、六十五至六十六)

330000－1701－0074620　普951.078/99131　史部/詔令奏議類/奏議之屬

袁侍郎奏稿一卷　(清)袁希祖撰　(清)段福昌輯　(清)蔡蔭堂編　清同治十一年(1872)京師刻本　一冊

330000－1701－0074622　G601524　史部/地理類/方志之屬/郡縣志

[同治]嘉定府志四十八卷首一卷　(清)文良等修　(清)陳堯采等纂　清同治三年(1864)刻本　八冊　存十六卷(三十三至四十八)

330000－1701－0074623　普951.078/99132/

c2　史部/詔令奏議類/奏議之屬

曾文正公奏議十卷首一卷末一卷補編四卷　(清)曾國藩撰　(清)薛福成編　清同治十三年(1874)上海醉六堂刻本　十冊　缺四卷(補編一至四)

330000－1701－0074624　G601525、G601612、G601893、G601061　史部/地理類/方志之屬/郡縣志

咸淳臨安志一百卷　(宋)潛說友纂　**校栞咸淳臨安志札記三卷**　(清)黄士珣撰　清道光十年(1830)錢塘汪氏振綺堂刻本(卷九十、九十八至一百原缺)　十三冊　存五十四卷(一至二、十至二十、二十四至二十九、四十七至五十一、五十七至七十、七十五至七十七、八十一至八十三、八十八至九十七)

330000－1701－0074625　普951.078/99132/c3　史部/詔令奏議類/奏議之屬

曾文正公奏議十卷首一卷末一卷補編四卷　(清)曾國藩撰　(清)薛福成編　清同治十三年(1874)上海醉六堂刻本　八冊　缺四卷(補編一至四)

330000－1701－0074626　普951.078/99132/2　史部/詔令奏議類/奏議之屬

曾文正公奏議十卷首一卷末一卷補編四卷　(清)曾國藩撰　(清)薛福成編　清同治十二年至十三年(1873－1874)蘇郡刻本　十冊　缺四卷(補編一至四)

330000－1701－0074627　普951.078/99135、普951.078/99136、普951.078/99132/3　史部/詔令奏議類/奏議之屬

三公奏議　盛宣懷編　清光緒二年(1876)武進盛氏思補樓木活字印本　二十冊　缺一卷(曾文正公奏議補遺)

330000－1701－0074628　普951.078/99132/4　史部/詔令奏議類/奏議之屬

曾文正公奏議十卷首一卷末一卷補編四卷　(清)曾國藩撰　(清)薛福成編　清光緒二十二年(1896)上海圖書集成印書局鉛印本　四冊

330000－1701－0074629　G600157　類叢部/叢書類/彙編之屬

花雨樓叢鈔十一種續鈔十一種附一種　(清)張壽榮編　清光緒八年至十四年(1882－1888)蛟川張氏花雨樓刻本　二冊　存附一種

330000－1701－0074630　G002320　集部/小說類/長篇之屬

四大奇書第一種三國志六十卷一百二十回　(明)羅本撰　(清)毛宗崗評　清刻本　十一冊　存二十七卷(五至七、十一至十九、二十三至二十五、二十九至三十四、四十六至五十一)

330000－1701－0074631　普951.00144/7282.04/4/c2　史部/史評類/史論之屬

史通削繁四卷　(清)紀昀撰　清光緒二十二年(1896)新化三味堂刻本　四冊

330000－1701－0074633　普377.409/3234.31　史部/政書類/儀制之屬/專志/科舉校規

浙江大學堂章程一卷　清光緒二十八年(1902)刻本　一冊

330000－1701－0074635　G600158　類叢部/叢書類/彙編之屬

花雨樓叢鈔十一種續鈔十一種附一種　(清)張壽榮編　清光緒八年至十四年(1882－1888)蛟川張氏花雨樓刻本　二冊　存附一種

330000－1701－0074636　普951.00144/7282.04/5　史部/史評類/史論之屬

史通削繁四卷　(清)紀昀撰　清光緒元年(1875)凱江李氏家塾刻本　四冊

330000－1701－0074638　G600159　新學/史志/戰記

中國六十年戰史十三章　(英國)艾特華斯撰　史悠明　程履祥譯校　清光緒二十九年(1903)上海美華書館鉛印本　一冊　存一章(十三)

330000－1701－0074639　HJH811.17/1022/

c4　集部/別集類/清別集

佩珊珊室詩存一卷　（清）王紉佩撰　清光緒十九年(1893)刻本　一冊

330000－1701－0074640　G002321　集部/別集類/清別集

慎獨齋吟賸四卷　（清）童鳳三撰　清道光四年(1824)刻本　一冊　存二卷(一至二)

330000－1701－0074642　普 817.2/7781　集部/曲類/彈詞之屬

新刻連珠記鼓詞四卷三十五回　清光緒三十二年(1906)上海萃文齋石印本　四冊

330000－1701－0074643　G002322　子部/天文曆算類/曆法之屬

日用指明一卷　（美國）赫顯理撰　清宣統三年(1911)鉛印本　一冊

330000－1701－0074644　HJH814.087/1010/c4　集部/總集類/郡邑之屬

西泠五布衣遺箸五種　（清）丁丙輯　清同治至光緒錢塘丁氏當歸草堂刻本　十冊

330000－1701－0074647　HJH811.17/1024/c2　集部/別集類/清別集

雪蕉齋詩鈔四卷補編一卷　（清）王德馨撰　**鍼餘集殘稿一卷**　（清）邵匹蘭撰　**留硯山房遺草一卷**　（清）王朝清撰　清光緒二十六年至三十年(1900－1904)刻本　二冊

330000－1701－0074648　G600160　子部/小說家類/異聞之屬

音釋坐花誌果八卷　（清）汪道鼎撰　（清）鷲峰樵者音釋　清光緒十七年(1891)武林竹簡齋石印本　一冊　存二卷(一至二)

330000－1701－0074649　M002865　集部/總集類/郡邑之屬

褉湖詩拾八卷首一卷　（清）徐達源輯　清嘉慶十年(1805)刻民國九年(1920)補刻本　二冊

330000－1701－0074650　HJH814.087/7110.02/c1　集部/總集類/課藝之屬

詁經精舍文續集八卷　（清）羅文俊輯　清道光二十二年(1842)刻本　四冊

330000－1701－0074653　普 817.2/7502.2/3/c2　集部/曲類/彈詞之屬

再造天十六回　（清）侯芝撰　清同治八年(1869)刻本　八冊

330000－1701－0074654　G600161　新學/游記

東南海島圖經十卷　（清）世增譯　張美翊述　清光緒二十六年(1900)上海石印本(卷七至十原缺)　三冊

330000－1701－0074658　G600162　新學/游記

東南海島圖經十卷　（清）世增譯　張美翊述　清光緒二十六年(1900)上海石印本(卷七至十原缺)　三冊

330000－1701－0074659　G002323　類叢部/叢書類/家集之屬

余氏五稿十一卷　（清）余希嬰輯　清咸豐九年(1859)刻本　一冊

330000－1701－0074660　HJH811.17/10241/c3　集部/別集類/清別集

聽桐廬殘草一卷　（清）王繼穀撰　清光緒六年(1880)宗源瀚刻本　一冊

330000－1701－0074661　G600163　經部/小學類/文字之屬/字書/訓蒙

澄衷蒙學堂字課圖說四卷檢字一卷類字一卷　（清）劉樹屏撰　（清）吴子城繪圖　清光緒石印本　一冊　存一卷(二)

330000－1701－0074663　普 817.2/8016　集部/曲類/彈詞之屬

新編説唱彈詞合叠圖十二卷　清末刻本　一冊

330000－1701－0074666　G600164　類叢部/叢書類/彙編之屬

武英殿聚珍版書三十九種　清乾隆浙江刻本　一冊　存一種

330000－1701－0074668　HJH811.17/10283/

c2　集部/别集類/清别集

青箱堂詩三十三卷　（清）王崇簡撰　清康熙刻本　六册

330000－1701－0074670　G600165　類叢部/叢書類/彙編之屬

武英殿聚珍版書三十九種　清乾隆浙江刻本　一册　存一種

330000－1701－0074671　普817.2/7524　子部/宗教類/其他宗教之屬/其他

衆喜粗言五卷　（清）陳衆喜撰　清道光三十年(1850)刻本　三册

330000－1701－0074672　G002324　子部/儒家類/儒學之屬/蒙學

養蒙金鑑二卷首一卷　（清）林之望編　清光緒元年(1875)鄂垣藩署刻本　二册

330000－1701－0074673　HJH814.087/1035/c2　子部/儒家類/儒學之屬

皇朝蓄艾文編八十卷　（清）于寶軒輯　清光緒二十九年(1903)上海官書局鉛印本　四十册

330000－1701－0074675　普817.2/8020　集部/曲類/彈詞之屬

繡像金牌調四卷　清宣統二年(1910)上海書局石印本　二册

330000－1701－0074677　G600166、G600167　類叢部/叢書類/彙編之屬

花雨樓叢鈔十一種續鈔十一種附一種　（清）張壽榮編　清光緒八年至十四年(1882－1888)蛟川張氏花雨樓刻本　四册　存二種

330000－1701－0074678　G002325、G002326　集部/總集類/選集之屬/斷代

靜軒集唐詩鈔補遺五卷靜軒集古詩選補遺二卷　（清）唐存一撰　（清）唐精一輯　清同治十二年(1873)楊國孝刻本　四册

330000－1701－0074679　普817.2/8022　集部/曲類/彈詞之屬

新編金冠後本無雙傳八卷　清光緒十二年(1886)上浣馨香館主人抄本　四册

330000－1701－0074680　普378.22/0135/3　子部/儒家類/儒學之屬/禮教/家訓

顔氏家訓七卷　（北齊）顔之推撰　**顔氏家訓考證一卷**　（宋）沈揆撰　清咸豐七年(1857)成都志古堂刻本　二册

330000－1701－0074682　HJH811.17/1033/c2　集部/别集類/清别集

塞垣集六卷　（清）王定安撰　清宣統三年(1911)京師書局鉛印本　一册

330000－1701－0074684　普817.2/7534/c2　集部/曲類/彈詞之屬

綉像芙蓉洞全傳十卷四十回　（清）陳遇乾撰　（清）陳士奇　（清）俞秀山校　清道光十六年(1836)刻本　十册

330000－1701－0074685　普817.2/8024　集部/曲類/彈詞之屬

繡像義俠九絲縧全傳十二卷　清光緒二十三年(1897)上海受古書店、中一書局石印本　六册

330000－1701－0074686　G600168　集部/小説類/長篇之屬

圖像鏡花緣二十卷一百回首一卷　（清）李汝珍撰　清光緒十六年(1890)上海廣百宋齋鉛印本　六册

330000－1701－0074688　HJH814.087/1036/c2　集部/總集類/選集之屬/斷代

湖海文傳七十五卷　（清）王昶輯　清道光十七年(1837)經訓堂刻同治五年(1866)印本　十六册

330000－1701－0074690　普817.2/8048　集部/曲類/彈詞之屬

海公奇案傳八種　清光緒十八年(1892)上海紫雲軒刻本　一册　存一種

330000－1701－0074691　普951.00144/8346/c1　類叢部/叢書類/自著之屬

潛研堂全書十六種　（清）錢大昕撰　清乾隆至嘉慶刻本　二册　存一種

330000－1701－0074692　普817.2/7534/c3

集部/曲類/彈詞之屬
綉像芙蓉洞全傳十卷四十回 (清)陳遇乾撰 (清)陳士奇 (清)俞秀山校 清道光十六年(1836)刻本 十冊

330000－1701－0074693 HJH811.17/10351/(2) 集部/別集類/清別集
椒生詩草六卷續草六卷 (清)王之春撰 清光緒十年(1884)上洋文藝齋刻本 四冊

330000－1701－0074695 HJH814.08/4316/(2) 集部/總集類/氏族之屬
建溪集前編四卷後編二卷 (清)戴聰輯 清道光十三年(1833)戴氏九靈山房刻本 一冊 存四卷(前編一至四)

330000－1701－0074696 G600169 史部/目録類
經史歌略二卷 (清)許家惺撰 清光緒二十四年(1898)刻本 一冊

330000－1701－0074698 G601526、G602470 史部/地理類/方志之屬/通志
[道光]廣東通志三百三十四卷首一卷 (清)阮元修 (清)陳昌齊等纂 清同治三年(1864)刻本 一百二十冊

330000－1701－0074699 HJH814.087/1036/(2) 集部/總集類/選集之屬/斷代
湖海文傳七十五卷 (清)王昶輯 清道光十七年(1837)經訓堂刻同治五年(1866)印本 十二冊

330000－1701－0074700 G002327 集部/曲類/寶卷之屬
雷峰寶卷二卷 清末刻本 二冊

330000－1701－0074701 G002328 集部/曲類/寶卷之屬
瑞珠寶卷二卷 清光緒三十三年(1907)杭城文寶齋刻本 二冊

330000－1701－0074702 HJH814.08/4418/2/c2 集部/總集類/選集之屬/通代
古文析義六卷 (清)林雲銘輯注 清康熙五十五年(1716)寶經堂年刻本 十六冊

330000－1701－0074705 HJH814.087/1036/c3 集部/總集類/選集之屬/斷代
湖海文傳七十五卷 (清)王昶輯 清道光十七年(1837)經訓堂刻同治五年(1866)印本 十六冊

330000－1701－0074706 普817.2/80481 集部/曲類/彈詞之屬
新刻雅調唱口平陽傳金臺全集七集五十八卷 (清)汪澍堂撰 清末三元閣刻本 六冊

330000－1701－0074707 普951.00144/8346/c2 類叢部/叢書類/自著之屬
潛研堂全書十六種 (清)錢大昕撰 清乾隆至嘉慶刻本 二冊 存一種

330000－1701－0074708 G601527 史部/地理類/方志之屬/通志
[光緒]江西通志一百八十卷首五卷 (清)劉坤一等修 (清)劉繹等纂 清光緒六年至七年(1880－1881)刻本 一百二十冊

330000－1701－0074711 HJH814.087/7110.023/c2 集部/總集類/課藝之屬
詁經精舍三集戊辰年官師課合刻二卷 (清)俞樾編 清同治七年(1868)刻本 二冊

330000－1701－0074713 HJH814.087/1036/c4 集部/總集類/選集之屬/斷代
湖海文傳七十五卷 (清)王昶輯 清道光十七年(1837)經訓堂刻同治五年(1866)印本 十六冊

330000－1701－0074714 HJH811.17/10351/(3) 集部/別集類/清別集
椒生詩草六卷 (清)王之春撰 清光緒十年(1884)上洋文藝齋刻本 二冊

330000－1701－0074715 普951.00144/8346/c3 類叢部/叢書類/自著之屬
潛研堂全書十六種 (清)錢大昕撰 清乾隆至嘉慶刻本 二冊 存一種

330000－1701－0074717 普817.2/80701 集部/曲類/彈詞之屬
新刻繡像金陵府四卷 清末石印本 一冊

330000－1701－0074719　普 817.2/7534.2　集部/曲類/彈詞之屬
繡像義妖傳四卷五十三回　（清）陳遇乾撰　（清）陳士奇　（清）俞秀山評　清光緒二十四年（1898）上海琅嬛書莊石印本　四冊

330000－1701－0074720　HJH814.087/7110.026/c2　集部/總集類/課藝之屬
詁經精舍課藝六集十二卷　（清）俞樾編　清光緒十一年（1885）刻本　四冊

330000－1701－0074722　HJH814.08/4418/c1　集部/總集類/選集之屬/通代
古文析義六卷二編八卷　（清）林雲銘輯注　清刻本　十四冊

330000－1701－0074723　G002329　集部/別集類/明別集
陶菴文集七卷陶菴詩集八卷補遺三卷吾師錄一卷陶菴自監錄四卷首一卷末一卷　（明）黃淳燿撰　（清）陶應鯤輯　清乾隆二十六年（1761）刻道光二十四年（1844）重修本　三冊　存八卷（文集一至七、補遺一）

330000－1701－0074724　普 378.22/0135/6（2）　子部/儒家類/儒學之屬/禮教/家訓
顏氏家訓二卷　（北齊）顏之推撰　明萬曆六年（1578）茶陵顏志邦刻本　二冊

330000－1701－0074725　G601528、G603515、G610898　史部/地理類/方志之屬/通志
［光緒］山西通志一百八十四卷首一卷　（清）曾國荃　（清）張煦等修　（清）王軒　（清）楊篤等纂　清光緒十八年（1892）刻本　八十一冊　存一百五十四卷（二至三十、三十五至七十四、八十五至九十八、一百一至一百二十九、一百三十二至一百五十、一百五十三至一百五十四、一百六十四至一百八十四）

330000－1701－0074726　HJH814.087/7110.027/c1　集部/總集類/課藝之屬
詁經精舍課藝七集十二卷　（清）俞樾編　清光緒二十一年（1895）刻本　四冊

330000－1701－0074731　HJH811.17/10372　類叢部/叢書類/家集之屬
繡水王氏家藏集　（清）王相輯　清咸豐五年（1855）王褧之刻本　一冊　存一種

330000－1701－0074732　HJH814.087/7110.2/c3　集部/總集類/課藝之屬
學海堂集十六卷　（清）阮元輯　清道光五年（1825）啓秀山房刻廣州鎔經鑄史齋印本　六冊

330000－1701－0074733　HJH811.17/10372/c2　類叢部/叢書類/家集之屬
繡水王氏家藏集　（清）王相輯　清咸豐五年（1855）王褧之刻本　一冊　存一種

330000－1701－0074734　普 378.22/0135/7　類叢部/叢書類/彙編之屬
知不足齋叢書一百九十五種　（清）鮑廷博編　（清）鮑士恭續編　清乾隆三十七年至道光三年（1772－1823）長塘鮑氏刻彙印本　二冊　存一種

330000－1701－0074735　G600171　類叢部/叢書類/彙編之屬
求實齋叢書十五種　（清）蔣德鈞編　清光緒湘鄉蔣氏龍安郡署刻本　一冊　存二種

330000－1701－0074736　G601529　史部/地理類/方志之屬/郡縣志
［同治］蘇州府志一百五十卷首三卷　（清）李銘皖　（清）譚鈞培修　（清）馮桂芬纂　清光緒八年（1882）江蘇書局刻本　一冊　存四卷（一至四）

330000－1701－0074738　HJH811.17/1038　集部/別集類/清別集
味諫果齋詩集六卷文集二卷別集二卷外集一卷詩餘一卷　（清）王汝金撰　（清）戴元謙編　清光緒八年（1882）錢江刻本　八冊　存九卷（詩集一至六、別集一至二、外集）

330000－1701－0074739　HJH814.087/7110.2/c4、HJH814.087/7110.202/c4、HJH814.087/7110.2022/c4　集部/總集類/課藝之屬
學海堂集十六卷　（清）阮元輯　**二集二十二**

卷　(清)吳瀾修輯　**三集二十四卷**　(清)張維屏輯　**四集二十八卷**　(清)金錫齡輯　清道光五年(1825)、十八年(1838)、咸豐九年(1859)、光緒十二年(1886)啓秀山房刻本　二十六冊　缺二十八卷(四集一至二十八)

330000－1701－0074740　HJH814.08/4443/c3　集部/總集類/選集之屬/通代
重訂古文雅正十四卷　(清)蔡世遠輯　清光緒六年(1880)儒林堂刻本　八冊

330000－1701－0074741　HJH811.17/1039　集部/別集類/清別集
願學堂詩鈔二十八卷　(清)王宗燿撰　清咸豐十年(1860)鄞縣王氏刻本　六冊

330000－1701－0074744　普378.22/0135/8　類叢部/叢書類/彙編之屬
抱經堂叢書十六種　(清)盧文弨編　清乾隆至嘉慶刻彙印本　四冊　存一種

330000－1701－0074746　普951.00144/8346.2/c1　類叢部/叢書類/自著之屬
潛研堂全書十六種　(清)錢大昕撰　清乾隆至嘉慶刻本　二冊　存一種

330000－1701－0074747　G600172　集部/別集類/宋別集
斜川集六卷附錄二卷　(宋)蘇過撰　(清)周永年輯　**斜川集訂誤一卷**　(清)吳長元撰　清乾隆五十三年(1788)武進趙懷玉亦有生齋刻本　二冊

330000－1701－0074748　HJH814.08/4880/2/c1　集部/總集類/選集之屬/通代
古文詞畧二十四卷　(清)梅曾亮輯　清同治六年(1867)合肥李氏刻本　五冊

330000－1701－0074749　HJH811.17/1043/c2　類叢部/叢書類/家集之屬
新城王氏家集四十種　(清)□□編　明崇禎至清康熙刻彙印本　二冊　存一種

330000－1701－0074750　G002330、G002573、G009343　類叢部/叢書類/郡邑之屬
越中文獻輯存書十種　紹興公報社編　清宣統二年至民國元年(1910－1912)紹興公報社鉛印本　四冊　存六種

330000－1701－0074751　G601530　史部/地理類/方志之屬/郡縣志
[同治]蘇州府志一百五十卷首三卷　(清)李銘皖　(清)譚鈞培修　(清)馮桂芬纂　清光緒八年(1882)江蘇書局刻本　四十九冊　存一百十卷(首三,一至十四、三十一至三十八、四十一至六十五、七十至七十八、八十一至一百三、一百六至一百十、一百三十至一百三十五、一百三十九至一百四十七)

330000－1701－0074752　G600173　史部/地理類/專志之屬/寺觀
玉皇山廟誌不分卷　(清)卓炳森輯　清光緒七年(1881)刻本　一冊

330000－1701－0074753　普817.2/7534.2/2　集部/曲類/彈詞之屬
繡像義妖全傳二十八卷五十四回　(清)陳遇乾撰　(清)陳士奇　(清)俞秀山評　清光緒二年(1876)刻本　十二冊

330000－1701－0074754　HJH814.08/6030/2/c1　類叢部/叢書類/郡邑之屬
金華叢書六十八種　(清)胡鳳丹編　清同治七年至光緒八年(1868－1882)永康胡氏退補齋刻民國補刻本　二冊　存一種

330000－1701－0074755　普951.00144/8346.2/c2　類叢部/叢書類/自著之屬
潛研堂全書十六種　(清)錢大昕撰　清乾隆至嘉慶刻本　二冊　存一種

330000－1701－0074756　普817.2/8080　集部/曲類/彈詞之屬
南詞金簪記全集十二回　清末抄本　四冊

330000－1701－0074757　HJH814.087/7110.202/c3、HJH814.087/7110.2022/c3　集部/總集類/課藝之屬
學海堂集十六卷　(清)阮元輯　**二集二十二卷**　(清)吳瀾修輯　**三集二十四卷**　(清)張維屏輯　**四集二十八卷**　(清)金錫齡輯　清

道光五年(1825)、十八年(1838)、咸豐九年(1859)、光緒十二年(1886)啓秀山房刻本 十八冊 存四十六卷(二集一至二十二、三集一至二十四)

330000－1701－0074758 普951.00144/8346.2/c3 類叢部/叢書類/自著之屬
潛研堂全書十六種 (清)錢大昕撰 清乾隆至嘉慶刻本 二冊 存一種

330000－1701－0074759 G600174 史部/地理類/專志之屬/寺觀
玉皇山廟誌不分卷 (清)卓炳森輯 清光緒七年(1881)刻本 一冊

330000－1701－0074760 普817.2/8086 集部/曲類/彈詞之屬
繡像八美圖初集二十卷二十回後二集二十九集二十九回 清同治三年(1864)芸香閣刻本 四冊

330000－1701－0074762 HJH814.08/6030/2/c2 類叢部/叢書類/郡邑之屬
金華叢書六十八種 (清)胡鳳丹編 清同治七年至光緒八年(1868－1882)永康胡氏退補齋刻民國補刻本 二冊 存一種

330000－1701－0074763 G600175 史部/地理類/專志之屬/寺觀
玉皇山廟誌不分卷 (清)卓炳森輯 清光緒七年(1881)刻本 一冊

330000－1701－0074764 G002331 集部/詞類/詞譜之屬
詞譜四十卷 (清)王奕清等撰 清康熙五十四年(1715)内府刻朱墨套印本 四冊 存八卷(一至八)

330000－1701－0074765 普817.2/7703 集部/曲類/彈詞之屬
新編時調唱口鳳麟襖全傳十六卷 清刻本 二冊

330000－1701－0074766 G600176 史部/地理類/專志之屬/寺觀
玉皇山廟誌不分卷 (清)卓炳森輯 清光緒七年(1881)刻本 一冊

330000－1701－0074767 普951.00144/8346.2/2 類叢部/叢書類/自著之屬
嘉定錢氏潛研堂全書二十一種 (清)錢大昕撰 清光緒十年(1884)長沙龍氏家塾刻本 一冊 存一種

330000－1701－0074768 HJH814.08/6614/c3 集部/總集類/選集之屬/通代
全上古三代秦漢三國六朝文七百四十一卷 (清)嚴可均輯 清光緒十三年至十九年(1887－1893)黃岡王氏廣州刻本 六十五冊 缺一百二十八卷(全晉文二十七至一百十四、全齊文十九至二十六、全梁文一至三十二)

330000－1701－0074769 普817.2/8086/2 集部/曲類/彈詞之屬
繡像八美圖五卷二十二回 清光緒五年(1879)刻本 四冊

330000－1701－0074771 普817.2/7712/c2 集部/曲類/彈詞之屬
繡像夢影緣四十八回 (清)鄭貞華撰 清光緒二十一年(1895)竹簡齋石印本 十六冊

330000－1701－0074772 HJH811.17/10431/c2 集部/別集類/清別集
漁洋山人精華錄箋注十二卷補一卷年譜一卷附錄一卷 (清)王士禛撰 (清)金榮箋注 (清)徐淮纂輯 清康熙五十一年(1712)鳳翽堂刻乾隆二年(1737)印本 十二冊

330000－1701－0074773 普378.22/8024/c1 子部/儒家類/儒學之屬/禮教/女範
聶氏重編家政學二卷 曾紀芬編 清光緒三十年(1904)浙江官書局刻本 二冊

330000－1701－0074774 G600177 類叢部/叢書類/彙編之屬
仰視千七百二十九鶴齋叢書四十種 (清)趙之謙編 清光緒會稽趙氏刻本 一冊 存一種

330000－1701－0074775 G002332 集部/別

集類/唐五代別集
昌黎先生詩集注十一卷年譜一卷 （唐）韓愈撰 （清）顧嗣立刪補 清道光十六年（1836）膺德堂刻朱墨套印本 四冊

330000－1701－0074776 普378.22/8024/c2 子部/儒家類/儒學之屬/禮教/女範
聶氏重編家政學二卷 曾紀芬編 清光緒三十年（1904）浙江官書局刻本 二冊

330000－1701－0074777 普378.22/8024/c3 子部/儒家類/儒學之屬/禮教/女範
聶氏重編家政學二卷 曾紀芬編 清光緒三十年（1904）浙江官書局刻本 二冊

330000－1701－0074778 普817.2/8852/2 集部/曲類/彈詞之屬
笑中緣圖說十二卷七十五回 清末石印本 四冊

330000－1701－0074779 普378.22/8024/c4 子部/儒家類/儒學之屬/禮教/女範
聶氏重編家政學二卷 曾紀芬編 清光緒三十年（1904）浙江官書局刻本 二冊

330000－1701－0074780 普378.22/8024/c5 子部/儒家類/儒學之屬/禮教/女範
聶氏重編家政學二卷 曾紀芬編 清光緒三十年（1904）浙江官書局刻本 二冊

330000－1701－0074781 HJH814.087/2514、HJH814.087/2514.2 集部/總集類/選集之屬/斷代
國朝古文彙鈔初集一百七十六卷首一卷 （清）朱珔輯 **二集一百卷首一卷** （清）楊文蓀輯 清道光二十七年（1847）吳江沈氏世美堂刻本 一百二十冊

330000－1701－0074783 普817.2/8852/3/c1 集部/曲類/彈詞之屬
笑中緣圖說六卷 清光緒三十二年（1906）石印本 六冊

330000－1701－0074785 HJH811.17/10431/(2)/c2 集部/別集類/清別集
漁洋山人精華錄箋注十二卷補一卷年譜一卷附錄一卷 （清）王士禛撰 （清）金榮箋注 （清）徐淮纂輯 清康熙五十一年（1712）鳳翽堂刻乾隆二年（1737）印本 六冊 缺二卷（年譜、附錄）

330000－1701－0074786 普817.2/8852/3/c2 集部/曲類/彈詞之屬
笑中緣圖說六卷 清光緒三十二年（1906）石印本 一冊

330000－1701－0074787 G600178 史部/政書類/邦計之屬
兩浙宦游紀畧四種 （清）戴槃撰 清同治七年（1868）刻本 一冊 存三種

330000－1701－0074789 普817.2/88521 集部/曲類/彈詞之屬
繪圖笑中緣前金如意全傳四卷二十二回 清末石印本 一冊

330000－1701－0074790 HJH811.17/10431/(2)/c5 集部/別集類/清別集
漁洋山人精華錄箋注十二卷補一卷年譜一卷附錄一卷 （清）王士禛撰 （清）金榮箋注 （清）徐淮纂輯 清康熙五十一年（1712）鳳翽堂刻乾隆二年（1737）印本 六冊

330000－1701－0074791 G600179 史部/目録類/總録之屬/地方
杭州藝文志十卷 吳慶坻編 清光緒三十四年（1908）錢塘吳慶坻長沙刻本 四冊

330000－1701－0074794 HJH811.17/10431.01/c2 集部/別集類/清別集
漁洋山人精華錄訓纂十卷目錄二卷自撰年譜二卷補十卷 （清）王士禛撰 （清）惠棟注補 **金氏精華錄箋註辯訛一卷** （清）惠棟撰 清光緒十七年（1891）會稽徐氏述史樓刻本 十二冊

330000－1701－0074797 普817.2/9030 集部/曲類/彈詞之屬
繪圖孝義真蹟珠塔緣四卷二十四回 （清）馬如飛撰 清光緒二十八年（1902）石印本 四冊

330000－1701－0074798　G600180　類叢部/叢書類/彙編之屬
小萬卷樓叢書十七種　(清)錢培名輯　清光緒四年(1878)金山錢氏刻本　一册　存一種

330000－1701－0074799　HJH814.08/6614/(2)　集部/總集類/選集之屬/通代
全上古三代秦漢三國六朝文七百四十一卷　(清)嚴可均輯　清光緒十三年至十九年(1887－1893)黄岡王氏廣州刻本　一百册

330000－1701－0074801　普378.22/8064/3/c1　子部/儒家類/儒學之屬/禮教/家訓
曾文正公家訓二卷　(清)曾國藩撰　清光緒十六年(1890)上海鴻寶書局鉛印本　二册

330000－1701－0074802　普817.2/9030/2　集部/曲類/彈詞之屬
繪圖孝義真蹟珠塔緣四卷二十四回　(清)馬如飛撰　清光緒十九年(1893)上海書局石印本　四册

330000－1701－0074804　普378.22/8064/c1　類叢部/叢書類/自著之屬
曾文正公全集十六種　(清)曾國藩撰　清同治至光緒傳忠書局刻本　二册　存一種

330000－1701－0074805　普378.22/8064/c2　類叢部/叢書類/自著之屬
曾文正公全集十六種　(清)曾國藩撰　清同治至光緒傳忠書局刻本　二册　存一種

330000－1701－0074806　普378.22/8064/c3　類叢部/叢書類/自著之屬
曾文正公全集十六種　(清)曾國藩撰　清同治至光緒傳忠書局刻本　一册　存一種

330000－1701－0074807　G600181、G600182　類叢部/叢書類/彙編之屬
仰視千七百二十九鶴齋叢書四十種　(清)趙之謙編　清光緒會稽趙氏刻本　二册　存二種

330000－1701－0074808　HJH811.17/10431.01/2/(2)　集部/别集類/清别集
漁洋山人精華錄訓纂十卷目錄二卷自撰年譜二卷　(清)王士禛撰　(清)惠棟注補　**金氏精華錄箋註辯訛一卷**　(清)惠棟撰　清乾隆惠氏紅豆齋刻本　十二册　存十二卷(一至十、目錄一至二)

330000－1701－0074810　HJH811.17/10431.01/2/c2　集部/别集類/清别集
漁洋山人精華錄訓纂十卷目錄二卷自撰年譜二卷　(清)王士禛撰　(清)惠棟注補　**金氏精華錄箋註辯訛一卷**　(清)惠棟撰　清乾隆惠氏紅豆齋刻本　十二册　缺一卷(六)

330000－1701－0074812　普817.2/7502.2/2　集部/曲類/彈詞之屬
繪圖續再生緣十六卷十六回　清宣統元年(1909)上海章福記石印本　八册

330000－1701－0074814　G600183　史部/史表類/通代之屬
歷代帝王年表一卷紀元同異攷略一卷　黄大華撰　清光緒二十六年(1900)夢紅豆邨刻本　一册

330000－1701－0074815　HJH814.087/7435.2/c2　集部/總集類/課藝之屬
校經堂二集九卷　(清)陸寶忠輯　清光緒十四年(1888)刻本　四册

330000－1701－0074816　HJH814.087/3494　集部/總集類/選集之屬/斷代
國朝文匯甲前集二十卷甲集六十卷乙集七十卷丙集三十卷丁集二十卷　國學扶輪社編　清宣統元年(1909)上海國學扶輪社石印本　一百一册

330000－1701－0074817　HJH814.08/6614/2/c1　集部/總集類/選集之屬/通代
全上古三代秦漢三國六朝文七百四十一卷　(清)嚴可均輯　清光緒十三年至十九年(1887－1893)黄岡王氏廣州刻二十年(1894)印本　一百册

330000－1701－0074818　HJH814.087/7497　集部/總集類/選集之屬/斷代
切問齋文鈔三十卷　(清)陸燿輯　清刻本

十冊

330000－1701－0074819　HJH814.087/7497/2(2)/c2　集部/總集類/選集之屬/斷代
切問齋文鈔三十卷　(清)陸燿輯　清同治八年(1869)金陵錢氏刻本　十二冊

330000－1701－0074820　HJH814.087/2663/(2)　子部/藝術類/音樂之屬/琴學
松風草堂謝琴文鈔一卷詩鈔八卷聯吟首一卷聯吟附末一卷　(清)吳景潮編　清嘉慶二十年(1815)松風草堂刻本　四冊

330000－1701－0074821　HJH814.087/77301/c1　集部/總集類/課藝之屬
馮岐課藝合編五卷首一卷　(清)屠福謙編　清光緒十七年(1891)刻本　四冊

330000－1701－0074822　HJH814.089/3033/c2　集部/總集類/課藝之屬
辨志文會課藝初集六卷　(清)葉意深等撰　(清)宗源瀚輯　清光緒六年(1880)刻本　六冊

330000－1701－0074823　HJH814.08/6614/2/c2　集部/總集類/選集之屬/通代
全上古三代秦漢三國六朝文七百四十一卷　(清)嚴可均輯　清光緒十三年至十九年(1887－1893)黄岡王氏廣州刻二十年(1894)印本　一百冊

330000－1701－0074824　HJH814.08913/6039/c2　集部/總集類/郡邑之屬
湖南文徵一百九十卷首一卷目錄六卷姓氏傳四卷　(清)羅汝懷輯　清同治十年(1871)刻本　一百冊

330000－1701－0074825　HJH814.087/2812　集部/總集類/選集之屬/斷代
國朝二十四家文鈔二十四卷　(清)徐斐然輯　清道光十年(1830)文光堂刻本　八冊

330000－1701－0074826　HJH814.087/3040/c2　集部/總集類/選集之屬/斷代
最近四大家古文鈔四卷　寄古齋編纂　清光緒三十四年(1908)寄古齋鉛印本　四冊

330000－1701－0074828　HJH814.087/3099.2/(2)　集部/總集類/選集之屬/斷代
國朝三家文鈔三十二卷　(清)宋犖　(清)許汝霖編　清康熙三十三年(1694)刻本　二十冊

330000－1701－0074829　HJH814.08/7746/c2　集部/總集類/選集之屬/通代
宮閨文選二十六卷姓氏小録不分卷　(清)周壽昌輯　清道光二十六年(1846)小蓬萊山館刻本　八冊　缺七卷(十一至十七)

330000－1701－0074830　HJH814.08914/7242　類叢部/叢書類/郡邑之屬
貴池先哲遺書(唐石簃叢書、唐石簃彙刻貴池先哲遺書)十七種附刻一種續刊一種附一種　劉世珩編　清光緒二十四年至民國九年(1898－1920)貴池劉氏唐石簃刻民國十五年(1926)續刻彙印本　十冊　存一種

330000－1701－0074831　HJH814.087/31641/c2　集部/總集類/選集之屬/斷代
汪羅彭薛四家合鈔四種　國學扶輪社輯　清宣統二年(1910)上海國學扶輪社鉛印本　六冊

330000－1701－0074832　HJH814.08/7746/(2)　集部/總集類/選集之屬/通代
宮閨文選二十六卷姓氏小録不分卷　(清)周壽昌輯　清道光二十六年(1846)小蓬萊山館刻本　六冊

330000－1701－0074833　HJH814.08/8064.2/(2)/c2　集部/總集類/選集之屬/通代
經史百家雜鈔二十六卷　(清)曾國藩輯　清光緒三十二年(1906)上海商務印書館鉛印本　十二冊

330000－1701－0074834　HJH814.08923/4487/1　集部/總集類/郡邑之屬
毗陵六逸詩鈔二十四卷　(清)孫讜編　清康熙五十六年(1717)敬義堂刻本　四冊

330000－1701－0074835　HJH814.08/8064.2/(2)/c3　集部/總集類/選集之屬/通代

經史百家雜鈔二十六卷　(清)曾國藩輯　清光緒三十二年(1906)上海商務印書館鉛印本　十二冊

330000－1701－0074836　HJH814.08/8064.2/2/c1　類叢部/叢書類/自著之屬

曾文正公全集十六種　(清)曾國藩撰　清同治至光緒傳忠書局刻本　二十冊　存一種

330000－1701－0074837　HJH811.17/10431.4/2/c2　集部/別集類/清別集

王氏漁洋詩鈔十二卷　(清)王士禛撰　(清)邵長蘅選　清宣統二年(1910)上海時中書局影印本　八冊

330000－1701－0074839　HJH814.08924/2524/c1　集部/總集類/郡邑之屬

當湖文繫初編二十八卷　(清)朱壬林纂輯　清光緒十五年(1889)刻本　十二冊

330000－1701－0074840　HJH811.17/10431/4　集部/別集類/清別集

漁洋山人精華錄十卷　(清)王士禛撰　(清)林佶編　清康熙三十九年(1700)林佶寫刻本　五冊

330000－1701－0074841　HJH811.17/10432/(3)　集部/別集類/清別集

漆室吟八卷　(清)王柏心撰　清刻本　四冊

330000－1701－0074842　HJH811.13/4453.33/3(2)　集部/別集類/唐五代別集

杜詩鏡銓二十卷附諸家論杜一卷　(清)楊倫撰　讀書堂杜工部文集註解二卷　(清)張溍　杜工部[甫]年譜一卷　清同治十一年(1872)望三益齋刻本　十冊

330000－1701－0074843　HJH814.08924/3164/c1　集部/別集類/清別集

蓮漪文鈔八卷　(清)汪曰楨輯　清咸豐九年至同治二年(1859－1863)刻本　二冊

330000－1701－0074844　HJH814.08/8064.3/2/c3　類叢部/叢書類/自著之屬

曾文正公全集十六種　(清)曾國藩撰　清同治至光緒傳忠書局刻本　二冊　存一種

330000－1701－0074845　HJH811.13/4453.4/(3)　集部/別集類/唐五代別集

杜詩論文五十六卷　(唐)杜甫撰　(清)吳見思注　(清)潘眉評　清康熙十一年(1672)常州岱淵堂刻本　十六冊

330000－1701－0074846　HJH814.08924/3164/c4　集部/別集類/清別集

蓮漪文鈔八卷　(清)汪曰楨輯　清咸豐九年至同治二年(1859－1863)刻本　二冊

330000－1701－0074847　HJH814.08924/3164/2　集部/別集類/清別集

蓮漪文鈔八卷　(清)汪曰楨輯　清咸豐九年至同治二年(1859－1863)刻本　二冊

330000－1701－0074848　HJH811.17/1043.3/c2　集部/別集類/清別集

帶經堂集九十二卷　(清)王士禛撰　(清)程哲編　清康熙四十九年至五十一年(1710－1712)程哲七略書堂刻乾隆十二年(1747)黃晟重修本　四冊　存十六卷(二十三至三十八)

330000－1701－0074849　HJH811.13/4453.42/(2)　集部/別集類/唐五代別集

杜詩詳註二十五卷首一卷附編二卷　(唐)杜甫撰　(清)仇兆鰲輯注　清康熙刻本　十四冊

330000－1701－0074851　HJH811.17/1048/2　集部/總集類/郡邑之屬

西泠五布衣遺箸五種　(清)丁丙輯　清同治至光緒錢塘丁氏當歸草堂刻本　一冊　存一種

330000－1701－0074852　HJH811.17/10481/c3　集部/別集類/清別集

萬壑松風樓詩十四卷　(清)王吉人撰　清同治九年(1870)寧海主一堂刻本　四冊

330000－1701－0074854　HJH811.17/1060/2/c3　集部/總集類

煙霞萬古樓詩選二卷　(清)王曇撰　秋紅丈室遺詩一卷　(清)金禮嬴撰　(清)文静玉

編　**仲瞿詩錄一卷**　(清)徐渭仁撰　清道光至咸豐上海徐渭仁刻同治九年至十年(1870－1871)徐允臨補刻彙印本　清邁蟾題記　一冊

330000－1701－0074856　HJH811.13/4453.42/3(2)　集部/别集類/唐五代别集
杜詩詳註二十五卷首一卷附編二卷　(唐)杜甫撰　(清)仇兆鰲輯注　清康熙刻本　二十八冊

330000－1701－0074857　HJH814.08924/4457/(2)　類叢部/叢書類/郡邑之屬
台州叢書(名山堂叢書)九種　(清)宋世犖編　清嘉慶至道光臨海宋氏刻本　四冊　存一種

330000－1701－0074858　HJL811.17/1060/2/c4　類叢部/叢書類/彙編之屬
春暉堂叢書十二種　(清)徐渭仁編　清道光至咸豐上海徐渭仁刻同治九年至十年(1870－1871)徐允臨補刻彙印本　二冊　存二種

330000－1701－0074859　HJH811.17/1064/c2　集部/别集類/清别集
培風閣詩鈔四卷　(清)夏疇撰　清光緒十一年(1885)康城官舍刻本　一冊

330000－1701－0074860　HJH811.17/1064/c3　集部/别集類/清别集
培風閣詩鈔四卷　(清)夏疇撰　清光緒十一年(1885)康城官舍刻本　一冊

330000－1701－0074861　HJH811.13/4453.42/5(2)　集部/别集類/唐五代别集
杜詩詳註二十五卷首一卷附編二卷　(唐)杜甫撰　(清)仇兆鰲輯注　清大文堂刻本　二十四冊

330000－1701－0074862　HJH811.17/1074　集部/别集類/清别集
萩歡堂詩集十六卷　(清)王丹墀撰　清咸豐三年(1853)王慕荊刻本　四冊

330000－1701－0074866　HJH811.13/4453.43　集部/别集類/唐五代别集
杜詩集説二十卷末一卷　(唐)杜甫撰　(清)江浩然輯　**杜工部[甫]年譜一卷**　(清)朱鶴齡撰　清乾隆四十三年(1778)本立堂刻本　十二冊

330000－1701－0074868　HJH811.17/1110/c2　類叢部/叢書類/自著之屬
瑞安項氏遺書　(清)項霽撰　清咸豐三年(1853)刻民國二十五年(1936)補刻本　二冊　存一種

330000－1701－0074869　HJH811.17/1110/c4　類叢部/叢書類/自著之屬
瑞安項氏遺書　(清)項霽撰　清咸豐三年(1853)刻民國二十五年(1936)補刻本　二冊　存一種

330000－1701－0074870　HJH811.13/4453.43/c2　集部/别集類/唐五代别集
杜詩集説二十卷末一卷　(唐)杜甫撰　(清)江浩然輯　**杜工部[甫]年譜一卷**　(清)朱鶴齡撰　清乾隆四十三年(1778)嘉興江氏惇裕堂刻本　十二冊

330000－1701－0074872　HJH811.17/1111　集部/别集類/清别集
崇蘭堂詩初存十卷　(清)張預撰　清光緒二十年(1894)刻本　毓宣題記　六冊

330000－1701－0074874　HJH811.17/1111/(3)　集部/别集類/清别集
崇蘭堂詩初存十卷　(清)張預撰　清光緒二十年(1894)刻本　二冊

330000－1701－0074876　HJH811.17/1111/(3)/c2　集部/别集類/清别集
崇蘭堂詩初存十卷　(清)張預撰　清光緒二十年(1894)刻本　二冊

330000－1701－0074878　HJH814.08924/4748/c1　集部/總集類/課藝之屬
敬修堂詞賦課鈔十六卷附金臺課藝一卷　(清)胡敬輯　清同治十一年(1872)山陰俞氏刻本　六冊

330000－1701－0074881　HJH811.17/1113.

2/c2　類叢部/叢書類/自著之屬

桂馨堂集八種　（清）張廷濟撰　清道光至咸豐刻本　三冊　存一種

330000－1701－0074882　HJH811.17/1113.2/(2)　類叢部/叢書類/自著之屬

桂馨堂集八種　（清）張廷濟撰　清道光至咸豐刻本　二冊　存一種

330000－1701－0074883　HJH811.13/4453.84/2(2)　集部/别集類/唐五代别集

讀書堂杜工部詩集註解二十卷文集註解二卷編年詩史譜目一卷　（唐）杜甫撰　（清）張溍評註　清康熙三十七年(1698)張氏讀書堂刻本　十二冊　缺二卷(文集註解一至二)

330000－1701－0074884　HJL811.17/1113.3/c3　類叢部/叢書類/自著之屬

桂馨堂集八種　（清）張廷濟撰　清道光至咸豐刻本　二冊　存五種

330000－1701－0074886　HJL814.082.0845/c2　集部/總集類/選集之屬/通代

六朝文絜四卷　（清）許槤輯並評　清道光五年(1825)海昌許氏享金寶石齋刻朱墨套印本　二冊

330000－1701－0074889　HJH811.17/1117　集部/别集類/清别集

退思軒詩集六卷補遺一卷　（清）張百熙撰　清宣統三年(1911)王式通京師鉛印本　一冊

330000－1701－0074891　HJL814.082.0845/4/c1　集部/總集類/選集之屬/通代

六朝文絜四卷　（清）許槤輯並評　清光緒三年(1877)馮氏讀有用書齋刻朱墨套印本　二冊

330000－1701－0074892　HJH811.17/1117/c4　集部/别集類/清别集

退思軒詩集六卷補遺一卷　（清）張百熙撰　清宣統三年(1911)王式通京師鉛印本　一冊

330000－1701－0074893　HJH811.17/1117/c5　集部/别集類/清别集

退思軒詩集六卷補遺一卷　（清）張百熙撰　清宣統三年(1911)王式通京師鉛印本　一冊

330000－1701－0074895　HJH811.17/1117/2　集部/别集類/清别集

退思軒詩集六卷補遺一卷　（清）張百熙撰　清宣統三年(1911)王式通武昌刻本　二冊

330000－1701－0074896　HJH811.13/4453.9/c2　集部/别集類/唐五代别集

杜工部草堂詩箋二十二卷　（唐）杜甫撰　（宋）魯訔編次　（宋）蔡夢弼會箋　**杜工部草堂詩年譜二卷**　（宋）趙子櫟　（宋）魯訔撰　**杜工部草堂詩話二卷**　（宋）蔡夢弼輯　清光緒元年(1875)巴陵方氏碧琳琅館刻本　五冊

330000－1701－0074897　HJH814.08971/0103/c1　集部/總集類/郡邑之屬

蜀秀集九卷　（清）譚宗浚輯　清光緒五年(1879)成都試院刻本　八冊

330000－1701－0074898　HJL814.082.0845/4/c2　集部/總集類/選集之屬/通代

六朝文絜四卷　（清）許槤輯並評　清光緒三年(1877)馮氏讀有用書齋刻朱墨套印本　二冊

330000－1701－0074901　HJL814.082.0845/4/(2)　集部/總集類/選集之屬/通代

六朝文絜四卷　（清）許槤輯並評　清光緒三年(1877)馮氏讀有用書齋刻朱墨套印本　四冊

330000－1701－0074904　HJH814.082/0845/5　集部/總集類/選集之屬/通代

六朝文絜箋注十二卷　（清）許槤輯並評　（清）黎經誥箋注　清光緒十五年(1889)枕溢書屋刻本　二冊

330000－1701－0074906　HJH811.17/1133.2/(2)　類叢部/叢書類/彙編之屬

漸西村舍彙刊(漸西村舍叢刻)四十四種　（清）袁昶編　清光緒十六年至二十四年(1890－1898)桐廬袁氏刻本　二冊　存一種

330000－1701－0074911　HJH811.17/1134/c2　集部/别集類/清别集

暢園遺稿十卷(大野草堂詩八卷白癡詞二卷) (清)張邁撰 清光緒三十年(1904)刻本 一册

330000－1701－0074912 HJH814.082/1032/c1 集部/總集類/彙編之屬
漢魏六朝名家集初刻四十種 丁福保編 清宣統三年(1911)無錫丁氏鉛印本 三十册

330000－1701－0074914 HJH811.17/1137/c3 類叢部/叢書類/自著之屬
王漁洋遺書三十八種 (清)王士禛撰 清刻本 二册 存一種

330000－1701－0074915 HJH811.17/1141 集部/别集類/清别集
雪泉詩存四卷附秋江倚櫂圖題詠一卷 (清)張楷撰 清乾隆五十九年(1794)刻本 四册

330000－1701－0074917 HJH811.13/4458.98/(3)/c2 類叢部/類書類/專類之屬
杜韓詩句集韻三卷 (清)汪文柏輯 清康熙四十五年至四十六年(1706－1707)洞庭麟慶堂刻本 四册

330000－1701－0074919 HJH814.082/1120/c2 集部/總集類/選集之屬/通代
漢魏六朝女子文選二卷 張維輯 清宣統三年(1911)海鹽朱是刻本 一册

330000－1701－0074921 HJH811.17/1157/c3 集部/别集類/清别集
大吉羊室遺稿一卷 (清)張振凡撰 清光緒五年(1879)張聲匏刻本 一册

330000－1701－0074922 HJH814.082/1120/c5 集部/總集類/選集之屬/通代
漢魏六朝女子文選二卷 張維輯 清宣統三年(1911)海鹽朱是刻本 一册

330000－1701－0074923 HJH811.17/1157/c4 集部/别集類/清别集
大吉羊室遺稿一卷 (清)張振凡撰 清光緒五年(1879)張聲匏刻本 一册

330000－1701－0074925 HJH814.082/1133/(2) 集部/總集類/彙編之屬
漢魏六朝一百三家集(漢魏六朝百三名家集) (明)張溥編 清光緒三年(1877)滇南唐氏壽考堂刻本 六十二册

330000－1701－0074926 HJH811.17/1163/c2 集部/别集類/清别集
犖雅堂詩十一卷 (清)張景祁撰 清光緒二十三年(1897)福州吳玉田刻本 六册

330000－1701－0074927 HJH811.13/4480/c2 集部/别集類/唐五代别集
韓昌黎詩集編年箋注十二卷 (唐)韓愈撰 (清)方世舉考訂 (清)盧見曾删定 清乾隆二十三年(1758)德州盧見曾雅雨堂刻本 六册

330000－1701－0074928 HJH811.17/1177 集部/别集類/清别集
船山詩草二十卷 (清)張問陶撰 清嘉慶二十年(1815)刻本 六册

330000－1701－0074929 HJH814.08999/25901/c3 集部/總集類/氏族之屬
藤溪朱氏文略八卷 朱承業輯 清宣統三年(1911)刻本 四册

330000－1701－0074930 HJH811.17/1177/(2)/c2 集部/别集類/清别集
船山詩草二十卷 (清)張問陶撰 清嘉慶二十年(1815)刻本 八册

330000－1701－0074931 HJH811.13/4480.2 集部/别集類/唐五代别集
昌黎先生詩集注十一卷年譜一卷 (唐)韓愈撰 (清)顧嗣立删補 清康熙三十八年(1699)長洲顧嗣立秀野艸堂刻本 八册

330000－1701－0074932 HJH814.08999/25901/c4 集部/總集類/氏族之屬
藤溪朱氏文略八卷 朱承業輯 清宣統三年(1911)刻本 四册

330000－1701－0074935 HJH814.265/2874/(3) 集部/别集類/漢魏六朝别集
徐孝穆全集六卷 (南朝陳)徐陵撰 (清)吳

兆宜箋注　**備考一卷**　(清)徐文炳撰　清光緒二年(1876)廣東翰墨園刻本　六册

330000－1701－0074936　HJH811.13/4480.2/(2)/c3　集部/别集類/唐五代别集
昌黎先生詩集注十一卷年譜一卷　(唐)韓愈撰　(清)顧嗣立删補　清康熙三十八年(1699)長洲顧嗣立秀野艸堂刻本　四册

330000－1701－0074937　HJH811.13/4480.2/2/c3　集部/别集類/唐五代别集
昌黎先生詩集注十一卷年譜一卷　(唐)韓愈撰　(清)顧嗣立删補　清道光十六年(1836)膺德堂刻二十五年(1845)朱墨套印本　四册

330000－1701－0074938　HJH814.08999/2643　類叢部/叢書類/家集之屬
吴氏一家稿十種　(清)吴清鵬輯　清咸豐五年(1855)錢塘吴氏刻本　三十册　缺五卷(有正味齋律賦、試帖一至四)

330000－1701－0074939　HJH811.13/4480.206/3　集部/别集類/唐五代别集
昌黎先生詩增注証訛十一卷　(唐)韓愈撰　(清)黄鉞增注証訛　**昌黎先生[韓愈]年譜一卷**　(清)黄鉞編　清道光二十八年(1848)黄中民刻咸豐七年(1857)四明鮑氏二客軒印本　四册

330000－1701－0074940　HJH811.13/4480.206/3/c3　集部/别集類/唐五代别集
昌黎先生詩增注証訛十一卷　(唐)韓愈撰　(清)黄鉞增注証訛　**昌黎先生年譜一卷**　(清)黄鉞編　清道光二十八年(1848)黄中民刻咸豐七年(1857)四明鮑氏二客軒印本　四册

330000－1701－0074941　HJH814.08999/2643/2(2)　類叢部/叢書類/家集之屬
吴氏一家稿十種　(清)吴清鵬輯　清咸豐五年(1855)錢塘吴氏刻本　十六册

330000－1701－0074942　HJH811.13/7228/c3　集部/别集類/唐五代别集
劉賓客詩集九卷　(唐)劉禹錫撰　清雍正元年(1723)華亭趙氏涵碧齋刻本　四册

330000－1701－0074945　HJH811.17/1200　集部/别集類/清别集
遜學齋詩鈔十卷續鈔五卷　(清)孫衣言撰　清同治三年(1864)刻本　四册

330000－1701－0074946　HJH814.082/4420/2/(2)　集部/總集類/選集之屬/通代
文選六十卷　(南朝梁)蕭統輯　(唐)李善注　清乾隆二十四年(1759)懷德堂刻本　十六册

330000－1701－0074948　HJH811.17/1200/(2)　集部/别集類/清别集
遜學齋詩鈔十卷續鈔五卷　(清)孫衣言撰　清同治三年(1864)刻本　章嶔題記　二册　存十卷(一至十)

330000－1701－0074949　HJH814.08999/4385/c2　類叢部/叢書類/家集之屬
丹徒戴氏叢刻七種　(清)戴肇辰編　清同治至光緒刻本　六册　存一種

330000－1701－0074950　HJH811.17/12241/c2　集部/别集類/清别集
吟翠樓詩稿一卷附刻一卷　(清)孫佩蘭撰　清光緒十四年至十五年(1888－1889)刻本　一册

330000－1701－0074951　HJH811.17/12241/c3　集部/别集類/清别集
吟翠樓詩稿一卷附刻一卷　(清)孫佩蘭撰　清光緒十四年至十五年(1888－1889)刻本　一册

330000－1701－0074952　HJH811.14/1031/3　集部/别集類/宋别集
王荆文公詩五十卷補遺一卷　(宋)王安石撰　(宋)李壁箋注　清乾隆五年至六年(1740－1741)武原張宗松清綺齋刻本　六册

330000－1701－0074953　HJH814.08999/44801/c2　集部/總集類/氏族之屬
黄氏家集初編六種　(清)黄家鼎編　清光緒

十七年(1891)四明黄氏補不足齋刻本　十二册

330000－1701－0074954　HJH811.14/1031/3/c4　集部/别集類/宋别集

王荆文公詩五十卷補遺一卷　(宋)王安石撰　(宋)李壁箋注　清乾隆五年至六年(1740－1741)武原張宗松清綺齋刻本　十二册　缺一卷(補遺)

330000－1701－0074955　HJH814.082/4420/3/c3　集部/總集類/選集之屬/通代

文選六十卷　(南朝梁)蕭統輯　(唐)李善注　**文選考異十卷**　(清)胡克家撰　清宣統三年(1911)上海會文堂粹記石印本　十六册

330000－1701－0074956　HJL814.08999/7210/2　集部/總集類/郡邑之屬

清芬集八卷　(清)馮登府編　清道光七年(1827)勺園刻本　四册

330000－1701－0074957　HJH811.14/1188　類叢部/叢書類/彙編之屬

知不足齋叢書一百九十五種　(清)鮑廷博編　(清)鮑士恭續編　清乾隆三十七年至道光三年(1772－1823)長塘鮑氏刻彙印本　四册　存一種

330000－1701－0074958　HJH814.082/4420/4/(2)　集部/總集類/選集之屬/通代

文選六十卷　(南朝梁)蕭統輯　(唐)李善注　**文選考異十卷**　(清)胡克家撰　清光緒六年(1880)四明林氏刻本　阮毅成題記　二十四册

330000－1701－0074959　HJH814.08999/7421/c1　類叢部/叢書類/家集之屬

陸氏傳家集十六種附一種　(清)陸迺普編　清同治十一年(1872)羲經堂刻本　五册

330000－1701－0074962　HJH814.082/4420/5/c1　集部/總集類/選集之屬/通代

文選六十卷　(南朝梁)蕭統輯　(唐)李善注　(清)何焯評　清光緒二十四年(1898)上海古香閣石印本　六册

330000－1701－0074963　HJH814.08999/7421/c3　類叢部/叢書類/家集之屬

陸氏傳家集十六種附一種　(清)陸迺普編　清同治十一年(1872)羲經堂刻本　五册

330000－1701－0074964　HJH811.14/1700　集部/别集類/宋别集

宋邵康節先生伊川擊壤集十卷三世名賢一卷　(宋)邵雍撰　(明)吴泰注　清康熙八年(1669)邵泰定、邵養貞刻本　六册　缺一卷(三世名賢)

330000－1701－0074965　HJH814.082/4420/6/(2)　集部/總集類/選集之屬/通代

文選六十卷　(南朝梁)蕭統輯　(唐)李善注　(清)何焯評　清乾隆三十七年(1772)長洲葉樹藩海錄軒刻朱墨套印本　十六册

330000－1701－0074966　HJH814.23/4422/c2　集部/别集類/漢魏六朝别集

蔡中郎集六卷補遺一卷　(漢)蔡邕撰　(清)劉嗣奇校增　清康熙三十四年(1695)莘野劉嗣奇耆英堂刻本　四册　缺一卷(補遺)

330000－1701－0074967　HJH814.082/4420/6/(3)　集部/總集類/選集之屬/通代

文選六十卷　(南朝梁)蕭統輯　(唐)李善注　(清)何焯評　清羊城翰墨園刻朱墨套印本　八册

330000－1701－0074968　HJH814.082/4420/6/c4　集部/總集類/選集之屬/通代

文選六十卷　(南朝梁)蕭統輯　(唐)李善注　(清)何焯評　清乾隆三十七年(1772)長洲葉樹藩海錄軒刻朱墨套印本　十二册

330000－1701－0074969　HJH814.23/4422.2/c3　類叢部/叢書類/彙編之屬

十萬卷樓叢書五十一種　(清)陸心源編　清光緒歸安陸氏刻本(歲時廣記卷六原缺)　二册　存一種

330000－1701－0074970　HJH814.23/4422.3　集部/别集類/漢魏六朝别集

蔡中郎集十卷末一卷外紀一卷外集四卷

(漢)蔡邕撰　清光緒十六年(1890)番禺陶氏愛廬刻本　六冊

330000－1701－0074971　HJH814.082/4420/6/c3　集部/總集類/選集之屬/通代

文選六十卷　(南朝梁)蕭統輯　(唐)李善注　(清)何焯評　清羊城翰墨園刻朱墨套印本　十二冊

330000－1701－0074972　HJH814.23/4422.3/2　類叢部/叢書類/彙編之屬

海源閣叢書六種續刊一種　(清)楊以增編　清咸豐二年至五年(1852－1855)聊城楊氏海源閣刻本　六冊　存一種

330000－1701－0074973　HJH811.14/2534.2/c2、HJH811.14/3116.2/c2　類叢部/叢書類/郡邑之屬

武林往哲遺箸五十二種後編十種　(清)丁丙編　清光緒二十年至二十六年(1894－1900)錢塘丁氏嘉惠堂刻本　三冊　存二種

330000－1701－0074974　HJH814.082/4420/7/(2)/c3　集部/總集類/選集之屬/通代

文選六十卷　(南朝梁)蕭統輯　(唐)李善注　**文選考異十卷**　(清)胡克家撰　清同治八年(1869)湖北崇文書局刻本　二十四冊

330000－1701－0074975　HJH811.14/2534.2/(2)/c3、HJH811.14/3116.3/(2)/c3、HJH811.14/3831/c3　類叢部/叢書類/郡邑之屬

武林往哲遺箸五十二種後編十種　(清)丁丙編　清光緒二十年至二十六年(1894－1900)錢塘丁氏嘉惠堂刻本　五冊　存三種

330000－1701－0074977　HJH814.082/4420/2/c1　集部/總集類/選集之屬/通代

文選六十卷　(南朝梁)蕭統輯　(唐)李善注　清乾隆二十四年(1759)懷德堂刻本　十冊

330000－1701－0074978　HJH811.17/12401　集部/別集類/清別集

百一山房詩集十二卷　(清)孫士毅撰　清嘉慶二十一年(1816)刻本　四冊

330000－1701－0074979　HJH811.17/12402/c2　集部/別集類/清別集

退宜堂詩集六卷　(清)孫垓撰　清光緒十五年(1889)刻本　二冊

330000－1701－0074980　HJH814.082/4420/8/c2　集部/總集類/選集之屬/通代

文選六十卷　(南朝梁)蕭統輯　(唐)李善注　**文選考異十卷**　(清)胡克家撰　清同治八年(1869)潯陽萬氏刻本　清蔡鴻鑑題記　二十冊　缺十卷(考異一至十)

330000－1701－0074981　HJH811.17/1243/c2　集部/別集類/清別集

太倉孫子福先生遺草二卷雜文附存一卷　(清)孫壽祺撰　清光緒十九年(1893)海陽刻本　二冊

330000－1701－0074982　HJH811.17/1244/c2　集部/別集類/清別集

慈園試帖二卷　(清)孫楙撰　清光緒碧山樓刻本　一冊

330000－1701－0074985　HJH811.14/3116.2/c3　類叢部/叢書類/郡邑之屬

武林往哲遺箸五十二種後編十種　(清)丁丙編　清光緒二十年至二十六年(1894－1900)錢塘丁氏嘉惠堂刻本　一冊　存一種

330000－1701－0074986　HJH814.082/4420/12　集部/總集類/選集之屬/通代

文選六十卷　(南朝梁)蕭統輯　(唐)李善注　(清)何焯評　清乾隆三十七年(1772)長洲葉樹藩海錄軒刻朱墨套印本　清陶方琦批注　十四冊

330000－1701－0074987　HJH811.14/3116.3/(2)/c4　類叢部/叢書類/郡邑之屬

武林往哲遺箸五十二種後編十種　(清)丁丙編　清光緒二十年至二十六年(1894－1900)錢塘丁氏嘉惠堂刻本　二冊　存一種

330000－1701－0074988　HJH811.17/1287/(3)　集部/別集類/清別集

復見心齋詩草六卷　(清)孫人鳳撰　清光緒

四年至五年(1878－1879)孫詒經福州刻本 一册

330000－1701－0074990 HJH811.14/3831 類叢部/叢書類/郡邑之屬

武林往哲遺箸五十二種後編十種 (清)丁丙編 清光緒二十年至二十六年(1894－1900)錢塘丁氏嘉惠堂刻本 二册 存一種

330000－1701－0074991 HJH811.17/1288 集部/别集類/清别集

好深湛思室詩存二十二卷 (清)孫義鈞撰 清同治六年(1867)刻本 四册

330000－1701－0074992 HJH811.17/1288/c5 集部/别集類/清别集

好深湛思室詩存二十二卷 (清)孫義鈞撰 清同治十二年(1873)武林孫憙刻本 四册

330000－1701－0074993 HJH814.082/4420/15 集部/總集類/選集之屬/通代

文選六十卷 (南朝梁)蕭統輯 (唐)李善注 清同治八年(1869)金陵書局刻本 十册

330000－1701－0074994 HJH814.24/5544.2/c4 集部/别集類/漢魏六朝别集

曹集銓評十卷 (三國魏)曹植撰 (清)丁晏詮評 **曹集逸文一卷** (清)丁晏輯 **魏陳思王[曹植]年譜一卷附録一卷** (清)丁晏撰 清同治十一年(1872)金陵書局刻本 二册

330000－1701－0074995 HJH811.14/4407.2/c2 集部/别集類/宋别集

黄詩全集五十八卷 (宋)黄庭堅撰 清乾隆五十四年(1789)南康謝氏樹經堂刻本 二十册

330000－1701－0074996 HJH811.17/1747/c2 集部/别集類/清别集

半巖廬遺詩二卷 (清)邵懿辰撰 清同治十年(1871)潘祖蔭刻本 一册

330000－1701－0074997 HJH811.17/1747/c4 集部/别集類/清别集

半巖廬遺詩二卷 (清)邵懿辰撰 清同治十年(1871)潘祖蔭刻本 一册

330000－1701－0074998 HJH811.17/1747/2 集部/别集類/清别集

半巖廬遺集二卷 (清)邵懿辰撰 清光緒三十四年(1908)邵章等刻本 一册 存一卷(遺詩)

330000－1701－0074999 HJH814.082/4420/17/(2) 集部/總集類/選集之屬/通代

文選六十卷 (南朝梁)蕭統輯 (唐)李善 (唐)呂延濟 (唐)劉良 (唐)張銑 (唐)呂向 (唐)李周翰注 清乾隆三十三年(1768)雲林周氏光霽堂刻本 吳述梁題簽 十二册

330000－1701－0075000 HJH814.24/5544/c5 集部/别集類/漢魏六朝别集

曹集銓評十卷 (三國魏)曹植撰 (清)丁晏詮評 **曹集逸文一卷** (清)丁晏輯 **魏陳思王[曹植]年譜一卷附録一卷** (清)丁晏撰 清同治十一年(1872)金陵書局刻本 二册

330000－1701－0075001 HJH811.14/4407.2/3 集部/别集類/宋别集

山谷内集詩註二十卷外集詩註十七卷别集詩註二卷 (宋)黄庭堅撰 (宋)任淵 (宋)史容 (宋)史季溫注 清光緒二十一年至二十五年(1895－1899)刻本 二十册

330000－1701－0075003 HJH814.082/4420.01/2/c2 集部/總集類/選集之屬/通代

文選纂註評林十二卷 (南朝梁)蕭統輯 (明)張鳳翼纂註 明金閶葉敬溪刻本 十二册

330000－1701－0075004 HJH811.17/1752/c2 集部/别集類/清别集

白香亭詩集二卷和陶詩一卷 (清)鄧輔綸撰 清光緒十九年(1893)東河督署刻民國四年(1915)印本 二册

330000－1701－0075006 HJH811.17/2046/c3 集部/别集類/清别集

丹魁堂詩集七卷 (清)季芝昌撰 **茗韻軒遺詩一卷** (清)王堮植撰 清同治四年(1865)紫瑯寓館刻本 三册

330000－1701－0075007　HJH811.14/4427/c3　集部/别集類/宋别集

東山詩選二卷　(宋)葛紹體撰　清光緒二十七年(1901)太平陳樹鈞刻本　王舟瑶批並跋　一册

330000－1701－0075009　HJH811.17/2058/c3　類叢部/叢書類/彙編之屬

王益吾所刻書十種　王先謙編　清光緒九年至十年(1883－1884)長沙王氏刻本　一册　存一種

330000－1701－0075010　HJH814.25/7731/2/c1　集部/别集類/漢魏六朝别集

靖節先生集十卷　(晉)陶潛撰　(清)陶澍注　**靖節先生集諸本序錄一卷**　(清)陶澍編輯　**靖節先生[陶潛]年譜攷異二卷**　(清)陶澍撰　清光緒九年(1883)江蘇書局刻本　佚名過錄清姚鼐圈點、清方植之評語　四册

330000－1701－0075011　HJH811.17/2077/c2　集部/總集類/郡邑之屬

西泠五布衣遺箸五種　(清)丁丙輯　清同治至光緒錢塘丁氏當歸草堂刻本　一册　存一種

330000－1701－0075012　HJH811.14/4427/c4　集部/别集類/宋别集

東山詩選二卷　(宋)葛紹體撰　清光緒二十七年(1901)太平陳樹鈞刻本　一册

330000－1701－0075013　HJH814.082/4420.013/2/c2　集部/總集類/選集之屬/通代

文選集釋二十四卷　(清)朱珔撰　清光緒元年(1875)涇川朱氏梅村家塾刻本　十二册

330000－1701－0075014　HJH811.17/2100/c3　集部/别集類/清别集

補石草堂詩草一卷　(清)伍廖撰　清光緒鉛印本　一册

330000－1701－0075015　HJH811.14/4433/c4　集部/别集類/宋别集

林和靖詩集四卷拾遺一卷酬唱題詠附錄一卷　(宋)林逋撰　清同治十二年(1873)長洲朱氏刻本　二册

330000－1701－0075016　HJH814.082/4420.018/c1　集部/總集類/選集之屬/通代

文選音義八卷　(清)余蕭客撰　清乾隆二十三年(1758)静勝堂刻本　二册

330000－1701－0075017　HJH811.17/2124　集部/别集類/清别集

東洲艸堂詩鈔二十七卷詩餘一卷　(清)何紹基撰　清同治六年(1867)長沙無園刻本　六册

330000－1701－0075018　HJH814.25/7731/3　集部/别集類/漢魏六朝别集

靖節先生集十卷　(晉)陶潛撰　(清)陶澍注　**靖節先生集諸本序錄一卷**　(清)陶澍編輯　**靖節先生[陶潛]年譜攷異二卷**　(清)陶澍撰　清光緒九年(1883)江蘇書局刻本　四册

330000－1701－0075019　HJH811.14/4433/c2　集部/别集類/宋别集

林和靖詩集四卷拾遺一卷酬唱題詠附錄一卷　(宋)林逋撰　清同治十二年(1873)長洲朱氏刻本　二册

330000－1701－0075020　HJH811.17/2263　集部/别集類/清别集

香杜草二卷二集四卷三集一卷静讀齋詩話一卷　(清)任昌運撰　清嘉慶七年(1802)任氏静讀齋刻十一年(1806)增修光緒二十一年(1895)印本　四册

330000－1701－0075021　HJH814.25/7731.2/2/c2　集部/别集類/漢魏六朝别集

陶淵明文集十卷　(晉)陶潛撰　清宣統元年(1909)上海著易堂書局石印本　四册

330000－1701－0075022　HJH814.082/4420.018/c2　集部/總集類/選集之屬/通代

文選音義八卷　(清)余蕭客撰　清乾隆二十三年(1758)静勝堂刻本　二册

330000－1701－0075024　HJH814.082/4420.07/2/c2　集部/總集類/選集之屬/通代

重訂文選集評十五卷首一卷末一卷　(清)于

光華輯　清同治十一年(1872)江蘇書局刻本　十六冊

330000－1701－0075026　HJH811.14/4453/2/(2)　集部/別集類/宋別集
蘇東坡詩集注三十二卷失編一卷　(宋)蘇軾撰　(宋)呂祖謙編　(宋)王十朋集注　**東坡先生[蘇軾]年譜一卷**　(宋)王宗稷編　清康熙三十七年(1698)新安朱從延文蔚堂刻本　吳劒華題記　二十四冊

330000－1701－0075027　HJH814.082/4420.07/5/c1　集部/總集類/選集之屬/通代
文選集評十五卷首一卷葉星衛附註一卷　(清)于光華輯　清乾隆三十七年(1772)友于堂刻本　十六冊　存十六卷(一至十五、首)

330000－1701－0075028　HJH814.25/7731.2/5/c2　集部/別集類/漢魏六朝別集
陶淵明集十卷　(晉)陶潛撰　清光緒二年(1876)桐城徐氏刻本　二冊

330000－1701－0075031　HJH811.17/2310　集部/別集類/清別集
夢薖樓詩草一卷詩餘一卷　(清)傅霖撰　清同治四年(1865)敦敍堂刻本　一冊

330000－1701－0075032　HJH811.17/2310/c4　集部/別集類/清別集
夢薖樓詩草一卷詩餘一卷　(清)傅霖撰　清同治四年(1865)敦敍堂刻本　一冊

330000－1701－0075033　HJL811.17/2327/c3　集部/別集類/清別集
心孺詩選二十四卷　(清)傅仲辰撰　清雍正樹滋堂刻本　八冊

330000－1701－0075035　HJH811.17/2327/(2)/c2　集部/別集類/清別集
心孺詩選二十四卷　(清)傅仲辰撰　清雍正樹滋堂刻本　四冊

330000－1701－0075036　HJH814.25/7731.2/5(2)　集部/別集類/漢魏六朝別集
陶淵明集十卷　(晉)陶潛撰　清光緒二年(1876)桐城徐氏刻本　四冊

330000－1701－0075037　HJH814.082/4420.0722/2/c2　集部/總集類/選集之屬/通代
文選六十卷　(南朝梁)蕭統輯　(唐)李善注　**文選考異十卷**　(清)胡克家撰　清光緒六年(1880)四明林植梅刻本　四冊　存十卷(考異一至十)

330000－1701－0075038　HJH811.17/2503/(2)　集部/別集類/清別集
繞竹山房詩稿十卷詩餘一卷續詩稿十四卷　(清)朱文治撰　清嘉慶二十三年(1818)、咸豐五年(1855)刻本　八冊

330000－1701－0075039　HJH814.082/4420.0722/2/c3　集部/總集類/選集之屬/通代
文選六十卷　(南朝梁)蕭統輯　(唐)李善注　**文選考異十卷**　(清)胡克家撰　清光緒六年(1880)四明林植梅刻本　四冊　存十卷(考異一至十)

330000－1701－0075040　HJH814.25/7731.3/c1　集部/別集類/漢魏六朝別集
陶淵明集八卷首一卷末一卷　(晉)陶潛撰　清光緒五年(1879)廣州翰墨園刻朱墨套印本　二冊

330000－1701－0075041　HJH814.082/4420.0722/4/c3　集部/總集類/選集之屬/通代
文選六十卷　(南朝梁)蕭統輯　(唐)李善注　**文選考異十卷**　(清)胡克家撰　清嘉慶十四年(1809)鄱陽胡克家刻本　四冊　存十卷(考異一至十)

330000－1701－0075042　HJH811.17/25101　集部/別集類/清別集
曠觀樓詩存八卷　(清)朱霖撰　清光緒六年(1880)如皋朱氏刻十六年(1890)補刻本　四冊

330000－1701－0075043　HJH811.17/25101/c3　集部/別集類/清別集
曠觀樓詩存八卷　(清)朱霖撰　清光緒六年(1880)如皋朱氏刻十六年(1890)補刻本　四冊

330000－1701－0075044　HJH814.082/4420.0722/4/c2　集部/總集類/選集之屬/通代
文選六十卷　(南朝梁)蕭統輯　(唐)李善注　**文選考異十卷**　(清)胡克家撰　清嘉慶十四年(1809)鄱陽胡克家刻本　四册　存十卷(考異一至十)

330000－1701－0075045　HJH814.264/3427/c2　集部/總集類/彙編之屬
漢魏六朝一百三家集(漢魏六朝百三名家集)　(明)張溥編　明婁東張氏刻本　二册　存一種

330000－1701－0075046　HJH811.17/2518/c3　集部/别集類/清别集
聽秋館吟稿六卷　(清)朱承鉽撰　清光緒十六年(1890)刻本　二册

330000－1701－0075047　HJH814.082/4420.0722/4/(2)　集部/總集類/選集之屬/通代
文選六十卷　(南朝梁)蕭統輯　(唐)李善注　**文選考異十卷**　(清)胡克家撰　清嘉慶十四年(1809)鄱陽胡克家刻本　七册　存十卷(考異一至十)

330000－1701－0075048　HJH811.17/2520/c2　集部/别集類/清别集
小木子詩三刻六卷　(清)朱休度撰　清嘉慶三年至十七年(1798－1812)刻彙印本　六册

330000－1701－0075049　HJH814.265/2874/c1　集部/别集類/漢魏六朝别集
徐孝穆全集六卷　(南朝陳)徐陵撰　(清)吴兆宜箋注　**備考一卷**　(清)徐文炳撰　清光緒二年(1876)廣東翰墨園刻本　四册

330000－1701－0075053　HJH814.082/4420.073/c2　集部/總集類/選集之屬/通代
文選旁證四十六卷　(清)梁章鉅撰　清光緒八年(1882)吴下刻本　十二册

330000－1701－0075055　G002333　子部/術數類/相宅相墓之屬
地理四彈子四卷　(清)張鳳藻輯　清刻本　一册　存一卷(玉彈子)

330000－1701－0075056　HJH814.269/0020/c2　集部/别集類/漢魏六朝别集
庾子山集十六卷總釋一卷　(北周)庾信撰　(清)倪璠注　**庾子山[信]年譜一卷**　(清)倪璠撰　清康熙二十六年(1687)崇岫堂刻本　十二册

330000－1701－0075059　HJH811.14/7438/(2)　集部/别集類/宋别集
劍南詩鈔六卷　(宋)陸游撰　(清)楊大鶴選　清康熙二十四年(1685)毗陵楊氏刻本　十二册

330000－1701－0075061　G600184　類叢部/叢書類/自著之屬
二思堂叢書六種五十一卷　(清)梁章鉅撰　清同治十二年至光緒元年(1873－1875)福州梁氏刻本　一册　存一種

330000－1701－0075064　G600170　經部/儀禮類/傳說之屬
儀禮釋官九卷首一卷　(清)胡匡衷撰　清同治八年(1869)績谿胡肇智刻本　四册

330000－1701－0075066　HJH814.082/4420.075　集部/總集類/選集之屬/通代
昭明文選集成六十卷首二卷　(南朝梁)蕭統輯　(清)方廷珪評注　清乾隆三十二年(1767)古榕方氏倣范軒刻本　六十册

330000－1701－0075068　G600185　史部/政書類/公牘檔册之屬
諸暨鹺晶滷灰公據二卷　清光緒十九年(1893)、二十一年(1895)木活字印本　一册

330000－1701－0075069　HJH814.269/0020/6/c1　集部/别集類/漢魏六朝别集
庾子山集十六卷總釋一卷　(北周)庾信撰　(清)倪璠注　**庾子山[信]年譜一卷**　(清)倪璠撰　清道光十九年(1839)同文堂刻本　八册

330000－1701－0075070　HJH811.14/7438.2/(2)　集部/别集類/宋别集
陸放翁劍南詩選六卷　(宋)陸游撰　(清)朱

陵選　清康熙二十五年(1686)刻本　四册

330000－1701－0075072　G600186　史部/傳記類/總傳之屬
國朝畫家書小傳四卷附荔香室小傳一卷　葉銘輯　清宣統元年(1909)西泠印社鉛印本　一册

330000－1701－0075073　G002237、G002693、G006808　經部/群經總義類/傳說之屬
經塲捷訣七種　(清)蜚英館主人輯　清光緒十九年(1893)上海蜚英書局石印本　六册

330000－1701－0075074　G601531　史部/地理類/方志之屬/郡縣志
光緒順天府志一百三十卷附錄一卷　(清)萬青藜　(清)周家楣修　(清)張之洞　繆荃孫纂　清光緒十二年(1886)刻十五年(1889)海昌查光泰重修本　三十五册　存七十五卷(一至六、九至十八、三十八至三十九、四十六至八十、八十二、八十五至八十六、八十九至九十、九十五至九十八、一百三至一百八、一百十一至一百十七)

330000－1701－0075075　HJH814.269/0020/7/c1　集部/別集類/漢魏六朝別集
庾子山集十六卷總釋一卷　(北周)庾信撰　(清)倪璠注　**庾子山[信]年譜一卷**　(清)倪璠撰　清同治八年(1869)刻本　十二册

330000－1701－0075077　G002334、G002735、G005113、G007876、G011076、G009960　類叢部/叢書類/彙編之屬
申報館叢書正集五十七種附錄三種續集一百四十二種　(清)尊聞閣主編　蔡爾康編續集　清同治至光緒上海申報館鉛印本　十六册　存一種

330000－1701－0075078　G600187　史部/地理類/水利之屬
浙西水利備考不分卷　(清)王鳳生撰　清光緒四年(1878)浙江書局刻本　四册

330000－1701－0075079　HJH811.14/7523/2(2)　類叢部/叢書類/彙編之屬
武英殿聚珍版書一百四十八種　清光緒二十五年(1899)廣雅書局刻本　三册　存一種

330000－1701－0075080　G600188　史部/地理類/水利之屬
浙西水利備考不分卷　(清)王鳳生撰　清光緒四年(1878)浙江書局刻本　四册

330000－1701－0075082　G600189　史部/地理類/水利之屬
浙西水利備考不分卷　(清)王鳳生撰　清光緒四年(1878)浙江書局刻本　四册

330000－1701－0075084　G600190　史部/地理類/水利之屬
浙西水利備考不分卷　(清)王鳳生撰　清光緒四年(1878)浙江書局刻本　二册

330000－1701－0075086　HJH814.082/4420.08/c2　類叢部/叢書類/彙編之屬
融經館叢書十一種　(清)徐友蘭編　清光緒六年至十一年(1880－1885)會稽徐氏八杉齋刻本　八册　存一種

330000－1701－0075087　G600191　史部/地理類/水利之屬
浙西水利備考不分卷　(清)王鳳生撰　清光緒四年(1878)浙江書局刻本　一册

330000－1701－0075088　HJH814.3/1044/(2)　集部/總集類/彙編之屬
初唐四傑集　(清)項家達編　清乾隆四十六年(1781)星渚項氏刻本　六册　存一種

330000－1701－0075090　G002335、G009465　子部/雜著類/雜記之屬
談瀛錄六卷　(清)袁祖志撰　清光緒十年(1884)上海同文書局石印本　二册

330000－1701－0075091　G002238　經部/春秋左傳類/傳說之屬
春秋左傳(春秋左傳杜林合註)五十卷　(晉)杜預　(宋)林堯叟註釋　(唐)陸德明音義　清三讓堂刻本　一册　存二卷(一至二)

330000－1701－0075092　G600192　史部/地

理類/山川之屬/山志
武夷山志二十四卷首一卷 （清）董天工撰 清道光二十七年（1847）五夫尺木軒刻本 十冊

330000－1701－0075096 HJH814.082/4420.083/c2 類叢部/叢書類/自著之屬
杭大宗七種叢書 （清）杭世駿撰 清乾隆杭賓仁羊城刻本 一冊 存一種

330000－1701－0075097 G600193 子部/藝術類/書畫之屬/法帖
敦煌石室真蹟錄五卷附一卷 王仁俊輯並書 清宣統元年（1909）吳趨王氏石印本 一冊 存三卷（一至三）

330000－1701－0075098 G002168 經部/叢編
五經四書讀本九種 清恕堂刻本 十九冊 存一種

330000－1701－0075099 G002239 子部/雜著類/雜纂之屬
不可錄一卷 （清）陳海曙輯 清光緒三十年（1904）石印本 一冊

330000－1701－0075100 G600194 子部/藝術類/遊藝之屬/雜藝
益智圖二卷 （清）童叶庚撰 清光緒四年（1878）童叶庚睫巢刻本 一冊 存一卷（上）

330000－1701－0075102 HJH814.082/4420.083/c4 類叢部/叢書類/自著之屬
杭大宗七種叢書 （清）杭世駿撰 清乾隆杭賓仁羊城刻本 一冊 存一種

330000－1701－0075105 G002336 子部/藝術類/篆刻之屬/印譜
紅樓夢人名西廂記詞句印玩不分卷 （清）趙穆篆 葉爲銘續 （清）季悲曇輯 清光緒三十年（1904）鈐印本 四冊

330000－1701－0075106 HJH814.082/4420.09/2/c2 集部/總集類/選集之屬/通代
文選理學權輿八卷 （清）汪師韓撰 **文選理學權輿補一卷** 孫志祖輯 清光緒十五年（1889）讀畫齋刻本 四冊

330000－1701－0075107 HJH811.14/7701/c2 集部/別集類/宋別集
方泉先生詩集三卷 （宋）周文璞撰 清宣統元年（1909）上海國光社石印本 一冊

330000－1701－0075109 G002240、G007796、G010053 集部/總集類/課藝之屬
瀛社課藝不分卷 （清）岞崿山房校輯 清光緒六年（1880）岞崿山房刻本 四冊

330000－1701－0075111 G002337、G003231、G005188 子部/宗教類/佛教之屬/經疏
大方廣佛新華嚴經合論一百二十卷首一卷 （唐）釋實叉難陀譯 （唐）李通玄撰論 （唐）釋志寧釐經合論 清同治十一年（1872）金陵刻經處刻本 十八冊 存七十三卷（首、一至八、二十一至二十八、三十三至六十、六十九至七十二、八十五至一百、一百九至一百十六）

330000－1701－0075112 HJH814.0821/7722/c2 集部/總集類/選集之屬/斷代
兩漢策要十二卷 （宋）陶叔獻輯 清乾隆五十六年（1791）如皋張朝樂刻本（卷三原缺） 八冊

330000－1701－0075113 HJH811.14/7701/c3 集部/別集類/宋別集
方泉先生詩集三卷 （宋）周文璞撰 清宣統元年（1909）上海國光社石印本 一冊

330000－1701－0075114 G002241、G004065、G007748、G009728 子部/雜著類/雜說之屬
增訂盛世危言正續編九卷 鄭觀應撰 清末上海六先書局鉛印本 八冊

330000－1701－0075115 G600196 史部/地理類/水利之屬
荆州萬城隄續志十卷首一卷末一卷 （清）舒惠撰 清光緒二十年（1894）刻本（卷二、十原缺） 四冊

330000－1701－0075116 HJH811.14/7730.2/c2 類叢部/叢書類/彙編之屬

鐵琴銅劍樓叢書十三種　瞿啓甲編　清光緒至民國刻本暨影印本　一冊　存一種

330000－1701－0075118　HJH814.3/1020/c1　集部/别集類/唐五代别集

王右丞集二十八卷首一卷末一卷　(唐)王維撰　(清)趙殿成箋注　清乾隆刻本　八冊

330000－1701－0075119　G601532　史部/地理類/方志之屬/郡縣志

光緒蘭谿縣志八卷首一卷附補遺一卷　(清)秦簧　(清)邵秉經修　(清)唐壬森纂　清光緒十三年至十五年(1887－1889)刻十七年(1891)增刻本　十冊

330000－1701－0075120　G600198、G600462　史部/紀傳類/正史之屬

漢書補注一百卷首一卷　王先謙撰　清光緒二十六年(1900)長沙王氏虚受堂刻本　三十二冊

330000－1701－0075121　HJH811.17/2528/(2)　集部/别集類/清别集

曝書亭集詩註二十四卷　(清)朱彝尊撰　(清)楊謙注　**朱竹垞先生[彝尊]年譜一卷**　(清)楊謙撰　清楊氏木山閣刻本(卷二十三至二十四原缺)　四冊

330000－1701－0075122　G600197　史部/地理類/山川之屬/水志

中國江海險要圖誌二十二卷首一卷補編五卷附圖五卷　(英國)海軍海圖官局編　陳壽彭譯　清光緒二十七年(1901)上海經世文社石印本　十冊　缺五卷(圖一至五)

330000－1701－0075123　HJH814.082/8890/c2　集部/總集類/選集之屬/通代

八代文粹二百二十卷目錄十八卷　(清)簡桑　(清)陳崇哲輯　清光緒十一年(1885)富順攷雋堂刻本　六十四冊

330000－1701－0075125　G002338　子部/雜著類/雜說之屬

金穀瑣言不分卷　清抄本　一冊

330000－1701－0075128　HJH814.3/1044.2/c3　集部/别集類/唐五代别集

王子安集註二十卷首一卷末一卷　(唐)王勃撰　(清)蔣清翊注　清光緒九年(1883)吳縣蔣氏雙唐碑館刻本　六冊

330000－1701－0075129　G002242、G004353、G005798、G010392、G008662、G009099、G009571　史部/詔令奏議類/奏議之屬

恪靖奏稿續編七十六卷　(清)左宗棠撰　清末刻本　十三冊　存二十二卷(九至十、十七至二十一、二十五至三十一、六十一至六十二、六十六至七十、七十六)

330000－1701－0075130　HJH811.17/2528.2/c2　集部/别集類/清别集

曝書亭詩錄箋注十二卷　(清)朱彝尊撰　(清)江浩然箋注　清乾隆惇裕堂刻本　六冊

330000－1701－0075132　G002169　經部/叢編

五經四書讀本九種　清恕堂刻本　三冊　存一種

330000－1701－0075133　G601533、G602447　史部/地理類/方志之屬/郡縣志

[光緒]淳安縣志十六卷首一卷　(清)劉世寧原本　(清)李詩續修　(清)陳中元　(清)竺士彥續纂　清光緒十年(1884)刻本　清心齋題記　八冊

330000－1701－0075135　G601534　史部/地理類/方志之屬/郡縣志

[康熙]會稽縣志二十八卷首一卷　(清)王元臣修　(清)董欽德　(清)金炯纂　清康熙二十二年(1683)刻本　八冊

330000－1701－0075136　HJLB178　新學/圖學/測繪

兩湖書院兵法測繪學課程□□卷　(清)羅照滄撰　清木活字印本　二冊　存二卷(九至十)

330000－1701－0075137　普951.078/99132.2/c1　史部/詔令奏議類/奏議之屬

曾文正公奏議十卷首一卷末一卷補編四卷

（清）曾國藩撰 （清）薛福成編 清同治十二年至十三年（1873－1874）蘇郡刻本 四冊 存四卷（補編一至四）

330000－1701－0075139 HJLB179 新學/化學/化學
兩湖書院化學課程□□卷 清木活字印本 五冊 存三卷（一至三）

330000－1701－0075140 G002243 史部/雜史類/斷代之屬
李秀成供一卷 （太平天國）李秀成撰 清同治刻本 一冊

330000－1701－0075141 G002339 類叢部/叢書類/自著之屬
求是齋雜存六種 （清）彭崧毓撰 清同治刻本 四冊 存四種

330000－1701－0075142 HJH814.0821/7722/2/c2 集部/總集類/選集之屬/斷代
兩漢策要十二卷 （宋）陶叔獻輯 清光緒十三年（1887）上海同文書局石印本（卷三原缺） 八冊

330000－1701－0075144 HJL811.17/2528.4/2 集部/別集類/清別集
南車草一卷薇堂和章一卷 （清）朱彝尊撰 清嘉慶二十三年（1818）蔣楷刻本 二冊

330000－1701－0075145 G002170 集部/別集類/宋別集
曾南豐文集四卷 （宋）曾鞏撰 清宣統二年（1910）上海會文堂書局石印本 一冊

330000－1701－0075146 HJH811.125/7731.2/4(2) 集部/詩文評類/詩評之屬
陶詩彙注四卷首一卷末一卷 （晉）陶潛撰 （清）吳瞻泰輯 **論陶一卷** （清）吳菘撰 清康熙四十四年（1705）程崟刻本 二冊

330000－1701－0075148 HJH811.17/26431/(2)/c2 集部/別集類/清別集
圭盦詩録一卷 （清）吳觀禮撰 清光緒五年（1879）張佩綸刻本 一冊

330000－1701－0075149 HJH811.17/2533/c2 類叢部/叢書類/彙編之屬
臨海葉氏蔭玉閣叢書 （清）葉書輯 清光緒臨海葉氏木活字印本 一冊 存一種

330000－1701－0075150 HJH814.3/1044.2/(2) 集部/別集類/唐五代別集
王子安集註二十卷首一卷末一卷 （唐）王勃撰 （清）蔣清翊注 清光緒九年（1883）吳縣蔣氏雙唐碑館刻十年（1884）補刻本 八冊

330000－1701－0075151 G002244、G003463 子部/術數類/占卜之屬
嚴陵張九儀儀度六壬選日要訣不分卷 （清）張鳳藻撰 清刻本 四冊

330000－1701－0075152 HJH814.0821/3011/c2 集部/總集類/選集之屬/斷代
兩漢文刪二十四卷 （清）宗元豫輯 清康熙刻本 十二冊

330000－1701－0075153 HJLB180 類叢部/叢書類/彙編之屬
兩湖書院課程三種 （清）兩湖書院編 清光緒二十四年至二十六年（1898－1900）兩湖書院刻本 一冊 存一種

330000－1701－0075154 HJH811.17/25421 集部/別集類/清別集
抱山堂集十四卷 （清）朱彭撰 清咸豐十一年（1861）刻本 六冊

330000－1701－0075155 G002171、G005596 史部/傳記類/科舉録之屬/歷科鄉試録
[光緒]壬午科十八省正副榜同年全錄不分卷 清光緒八年（1882）刻本 二冊

330000－1701－0075156 G002340 子部/宗教類/其他宗教之屬/其他
覺世經時文不分卷 （清）張壽嵩撰 清光緒四年（1878）刻本 一冊

330000－1701－0075160 HJH811.17/2543.2 集部/別集類/清別集
壽間齋吟草八卷 （清）朱葵之撰 清光緒十年（1884）古義安郡署刻本 二冊

330000－1701－0075161　G601535、G601904、G602167　史部/地理類/方志之屬/通志

[光緒]湖南通志二百八十八卷首八卷末十九卷　(清)李瀚章等修　(清)曾國荃等纂　清光緒十一年(1885)刻本　六十六冊　存一百二十九卷(首五至八,一至七十四、八十二至八十四、八十七至八十八、一百五至一百四十五、一百九十,末十六至十九)

330000－1701－0075163　G600199　子部/天文曆算類/算書之屬

簡易庵算稿四卷　(清)劉彝程撰　清光緒二十六年(1900)江南製造局刻本　四冊

330000－1701－0075164　HJH814.3/1108/8　類叢部/叢書類/彙編之屬

武英殿聚珍版書一百三十八種　清木活字印本(張燕公集卷十六配抄本)　八冊　存一種

330000－1701－0075165　HJL811.17/2552/c3　集部/别集類/清别集

竹南精舍詩鈔四卷　(清)朱泰脩撰　清光緒八年(1882)刻本　四冊

330000－1701－0075166　G002245、G002824　集部/曲類/彈詞之屬

繪圖燈月醉世傳四卷二十回　清光緒二十二年(1896)石印本　三冊　存三卷(一至三)

330000－1701－0075168　G002341　經部/春秋左傳類/傳說之屬

春秋經傳集解三十卷　(晉)杜預撰　(唐)陸德明音義　**春秋年表一卷**　**春秋名號歸一圖二卷**　(五代)馮繼先撰　清刻本　二冊　存三卷(春秋年表、春秋名號歸一圖一至二)

330000－1701－0075169　G600200　史部/政書類/律令之屬/法驗

重刊補註洗冤錄集證六卷　(清)王又槐輯　(清)李觀瀾補輯　(清)阮其新補註　(清)張錫蕃重訂　(清)文晟續輯　清光緒三年至五年(1877－1879)浙江書局刻四色套印本　五冊

330000－1701－0075170　G601536　史部/地理類/方志之屬/郡縣志

[同治]南昌府志六十六卷首一卷末一卷　(清)許應鑅　(清)王之藩修　(清)曾作舟　(清)杜防纂　清同治十二年(1873)刻本　四十冊

330000－1701－0075171　HJH811.17/2566/(2)　集部/别集類/清别集

曝書亭集八十卷附錄一卷　(清)朱彝尊撰　**笛漁小槀十卷**　(清)朱昆田撰　清康熙五十三年(1714)朱稻孫刻雍正重修本　四冊　存十卷(笛漁小槀一至十)

330000－1701－0075172　HJH814.0825/4234/3/c1　集部/總集類/選集之屬/斷代

南北朝文鈔二卷　(清)彭兆蓀輯　清光緒二年(1876)番禺陳起榮刻本　二冊

330000－1701－0075173　HJH811.125/7731.7　集部/别集類/漢魏六朝别集

陶靖節詩集四卷　(晉)陶潛撰　(清)蔣薰評　**附東坡和陶詩一卷**　(宋)蘇軾撰　**律陶一卷**　(明)王思任輯　**敦好齋律陶纂一卷**　(清)黃槐開輯　**陶靖節詩話一卷**　(清)胡鳳丹編纂　**陶淵明詩集考異一卷**　(清)胡鳳丹撰　清文山房刻本　四冊

330000－1701－0075174　HJLB181　子部/兵家類/兵法之屬

兵法史略學八卷　陳慶年編　清光緒兩湖書院木活字印本　三冊　存三卷(六至八)

330000－1701－0075175　HJH811.17/2572　集部/别集類/清别集

一簾花影樓試律詩一卷律賦一卷　(清)朱鳳毛撰　清光緒十五年(1889)刻本　一冊

330000－1701－0075176　HJH811.17/2572/c3　集部/别集類/清别集

一簾花影樓試律詩一卷律賦一卷　(清)朱鳳毛撰　清光緒十五年(1889)刻本　一冊

330000－1701－0075178　普951.078/99132.2/c2　史部/詔令奏議類/奏議之屬

曾文正公奏議十卷首一卷末一卷補編四卷

(清)曾國藩撰　(清)薛福成編　清同治十二年至十三年(1873－1874)蘇郡刻本　四冊　存四卷(補編一至四)

330000－1701－0075179　HJH814.3/1108.2/c1　類叢部/叢書類/彙編之屬

結一廬朱氏賸餘叢書四種　(清)朱澂編　清光緒三十年至三十一年(1904－1905)仁和朱氏刻三十二年(1906)印本　四冊　存一種

330000－1701－0075180　G601537　史部/地理類/方志之屬/郡縣志

[道光]厦門志十六卷　(清)周凱等纂修　清道光十九年(1839)玉屏書院刻本　十二冊

330000－1701－0075181　G002246　類叢部/叢書類/彙編之屬

玲瓏山館叢書七十種　(清)□□編　清光緒十五年(1889)文選樓刻本　一冊　存二種

330000－1701－0075182　G600201　類叢部/叢書類/彙編之屬

水經山海經合刻二種　(清)項䌹編　清康熙五十四年(1715)歙縣項氏羣玉書堂刻本　一冊　存一種

330000－1701－0075183　HJH814.0825/4777/c1　集部/總集類/彙編之屬

六朝四家全集　(清)胡鳳丹輯　清同治九年(1870)永康胡氏退補齋刻本　六冊

330000－1701－0075184　HJH811.17/2572.2/c2　集部/别集類/清别集

虚白山房詩集四卷　(清)朱鳳毛撰　清光緒十五年(1889)廣州刻本　一冊

330000－1701－0075185　HJH811.17/2572.2/c3　集部/别集類/清别集

虚白山房詩集四卷　(清)朱鳳毛撰　清光緒十五年(1889)廣州刻本　一冊

330000－1701－0075186　G002342、G005304、G006311、G007677、G010226、G008204、G008780、G009369、G011035　史部/編年類/通代之屬

新刊通鑑輯要三十九卷首一卷　(明)袁黄輯　清光緒六年(1880)長沙奎光樓刻本　十六冊　存二十三卷(首、一至二十、二十二至二十三)

330000－1701－0075188　G600202　史部/地理類/山川之屬/水志

西湖志四十八卷　(清)李衛　(清)程元章修　(清)傅王露纂　清光緒四年(1878)浙江書局刻本　錢子駿題簽　三冊　存七卷(一至二、三十八至四十二)

330000－1701－0075190　M003184、M003474、M006819、M008441　子部/藝術類/音樂之屬/樂譜

自遠堂琴譜十二卷　(清)吴灴輯　清末校經山房成記書局石印本　十三冊

330000－1701－0075191　G002247、G003404　集部/總集類/彙編之屬

葛端調編次諸家文集　(明)葛鼒等編　明崇禎九年(1636)刻本　十六冊　存二十二種

330000－1701－0075192　HJH814.3/1142/c1　集部/别集類/唐五代别集

唐丞相曲江張文獻公集十二卷附録一卷千秋金鑑録五卷　(唐)張九齡撰　清雍正十三年(1735)張世緯、張世績、張世綱刻本　六冊

330000－1701－0075195　HJH814.083/2477/(2)　集部/總集類/選集之屬/通代

唐宋大家全集録十種　(清)儲欣編　清康熙四十四年(1705)松鱗堂刻本　八十冊

330000－1701－0075197　G002172　史部/地理類/雜志之屬

廣東鄉土地理教科書十八課　黄晦聞編　清光緒三十三年(1907)鉛印本　一冊

330000－1701－0075199　HJLB182　子部/兵家類/兵法之屬

兵法史略學八卷　陳慶年編　清光緒兩湖書院木活字印本　一冊　存一卷(一)

330000－1701－0075200　G002343、G007835、G008638　集部/别集類/清别集

後樂堂文鈔九卷詩存一卷文鈔續編九卷

(清)陳玉澍撰　清光緒二十五年至二十七年(1899－1901)鉛印本　四冊　存九卷(文鈔一至九)

330000－1701－0075201　HJH811.17/2604.2　集部/別集類/清別集
補松廬詩錄六卷　吳慶坻撰　清宣統三年(1911)湖南學務公所鉛印本　章嶔題記　二冊

330000－1701－0075202　HJH811.17/2604.2/c4　集部/別集類/清別集
補松廬詩錄六卷　吳慶坻撰　清宣統三年(1911)湖南學務公所鉛印本　二冊

330000－1701－0075204　G600203、G601250　史部/地理類/山川之屬/水志
西湖志四十八卷　(清)李衛　(清)程元章修　(清)傅王露纂　清雍正十二年(1734)刻本　六冊　存十二卷(二十三至三十四)

330000－1701－0075205　HJH811.13/1020　集部/總集類/彙編之屬
唐四家詩　(清)汪立名編　清康熙三十四年(1695)天都汪立名刻本　四冊　存一種

330000－1701－0075207　G601538　史部/地理類/方志之屬/郡縣志
同治上海縣志三十二卷首一卷末一卷　(清)應寶時等修　(清)俞樾　(清)方宗誠纂　清同治十年(1871)吳門臬署刻本　十六冊

330000－1701－0075211　G600204　史部/地理類/山川之屬/水志
西湖志四十八卷　(清)李衛　(清)程元章修　(清)傅王露纂　清雍正十三年(1735)兩浙鹽驛道庫刻乾隆印本　一冊

330000－1701－0075212　HJH811.13/1020.2　集部/別集類/唐五代別集
王右丞集二十八卷首一卷末一卷　(唐)王維撰　(清)趙殿成箋注　清乾隆刻本　八冊

330000－1701－0075213　G600205　史部/叢編
大興徐氏三種　(清)徐松撰　清道光刻本　五冊　存一種

330000－1701－0075216　G600206　經部/大戴禮記類/分篇之屬
夏小正通釋一卷　(清)梁章鉅撰　清光緒十三年(1887)浙江書局刻本　一冊

330000－1701－0075217　G601539　史部/地理類/方志之屬/郡縣志
[乾隆]續修臺灣府志二十六卷首一卷　(清)余文儀修　(清)黃佾纂　清乾隆三十九年(1774)刻本　十四冊

330000－1701－0075218　G600207　類叢部/叢書類/郡邑之屬
武林掌故叢編一百八十七種　(清)丁丙編　清光緒三年至二十六年(1877－1900)錢塘丁氏嘉惠堂刻本　一冊　存一種

330000－1701－0075219　HJH811.17/2623/c2　集部/別集類/清別集
吳詩集覽二十卷補註二十卷吳詩談藪二卷拾遺一卷　(清)吳偉業撰　(清)靳榮藩注並輯　清乾隆刻本　十六冊　存二十二卷(一至二十、吳詩談藪一至二)

330000－1701－0075220　HJH814.083/2477/2/c1　集部/總集類/選集之屬/通代
唐宋大家全集錄十種　(清)儲欣編　清光緒八年(1882)江蘇書局刻本　三十二冊

330000－1701－0075221　HJH811.17/2623/c3　集部/別集類/清別集
吳詩集覽二十卷補註二十卷吳詩談藪二卷拾遺一卷　(清)吳偉業撰　(清)靳榮藩注並輯　清乾隆四十年(1775)淩雲亭刻本　十六冊　存二十二卷(一至二十、吳詩談藪一至二)

330000－1701－0075223　G002344　子部/小說家類/異聞之屬
穆天子傳六卷首一卷末一卷　(晉)郭璞註　(清)檀萃疏　清刻本　二冊

330000－1701－0075224　HJH811.13/1020.3/c2　集部/總集類/彙編之屬
唐四家詩集　清光緒十年(1884)上海同文書

局石印本　二册　存一種

330000－1701－0075225　G600208　子部/雜著類/雜説之屬

盛世危言增訂新編十四卷　鄭觀應撰　清光緒二十一年(1895)鉛印本　八册

330000－1701－0075226　G002173　類叢部/叢書類/自著之屬

湘綺樓全書十八種　王闓運撰　清光緒至宣統刻本　一册　存一種

330000－1701－0075229　G600209　史部/編年類/通代之屬

資治通鑑補二百九十四卷　(明)嚴衍撰　清光緒二年(1876)武進盛氏思補樓木活字印本　七十册　存二百五十四卷(一至一百四十四、一百八十五至二百九十四)

330000－1701－0075230　HJH814.3/3136/2/c1　集部/别集類/唐五代别集

顧華陽集三卷　(唐)顧況撰　**顧華陽集補遺一卷國佐公詩補遺一卷**　(清)顧球輯　清同治元年(1862)海鹽顧炳章雙峯堂刻民國二十年(1931)重印本　二册

330000－1701－0075232　HJH811.13/1707.2/(2)　集部/别集類/唐五代别集

孟東野集十卷附一卷　(唐)孟郊撰　清宣統二年(1910)上海著易堂石印本　三册

330000－1701－0075233　G601540　史部/地理類/方志之屬/郡縣志

[同治]重修成都縣志十六卷首一卷　(清)李玉宣等修　(清)衷興鑑等纂　清同治十二年(1873)刻本　十六册

330000－1701－0075234　HJLB183　新學/地學/地志學

中學地理中國誌四卷　(清)王達輯　清光緒活字印本　四册

330000－1701－0075235　HJH811.17/2623/(3)　集部/别集類/清别集

吴詩集覽二十卷補註二十卷吴詩談藪二卷拾遺一卷　(清)吴偉業撰　(清)靳榮藩注並輯　清乾隆四十年(1775)淩雲亭刻本　十册　存二十二卷(一至二十、吴詩談藪一至二)

330000－1701－0075237　HJLB184　新學/地學/地志學

中學地理中國誌四卷　(清)王達輯　清光緒活字印本　四册

330000－1701－0075240　HJH814.3/3136/2/c2　集部/别集類/唐五代别集

顧華陽集三卷　(唐)顧況撰　**顧華陽集補遺一卷國佐公詩補遺一卷**　(清)顧球輯　清同治元年(1862)海鹽顧炳章雙峯堂刻民國二十年(1931)重印本　書平題記　二册

330000－1701－0075241　HJH811.17/2623/(5)　集部/别集類/清别集

吴詩集覽二十卷補註二十卷吴詩談藪二卷拾遺一卷　(清)吴偉業撰　(清)靳榮藩注並輯　清乾隆刻本　二十册　存二十卷(一至二十)

330000－1701－0075242　G002249　經部/叢編

五經四書讀本九種　清恕堂刻本　六册　存一種

330000－1701－0075245　HJH811.17/2623.2/(2)　集部/别集類/清别集

梅村詩集箋注十八卷　(清)吴偉業撰　(清)吴翌鳳箋注　清嘉慶十九年(1814)嚴榮滄浪吟榭刻本　十二册

330000－1701－0075246　HJH811.17/2623.2/2/c2　集部/别集類/清别集

梅村詩集箋注十八卷　(清)吴偉業撰　(清)吴翌鳳箋注　清光緒十年(1884)湖北官書處刻本　十二册

330000－1701－0075247　G002250、G003532、G005286、G007889、G009017　子部/雜著類/雜纂之屬

寄園寄所寄十二卷　(清)趙吉士輯　清刻本　八册　存七卷(三、五至六、九至十二)

330000－1701－0075248　G002174　類叢部/

叢書類/郡邑之屬

武林掌故叢編一百八十七種 (清)丁丙編 清光緒三年至二十六年(1877－1900)錢塘丁氏嘉惠堂刻本 二册 存一種

330000－1701－0075250 HJH814.3/3413/c2 類叢部/叢書類/彙編之屬

觀古堂彙刻書 葉德輝編 清光緒至民國長沙葉氏刻本 二册 存一種

330000－1701－0075253 HJLB185 新學/學校

正學堂學目(壬寅六月)一卷正學堂面問功課題目(壬寅六月)一卷 清光緒木活字印本 一册

330000－1701－0075255 HJLB186 經部/群經總義類/傳說之屬

兩湖文高等學堂經學課程二卷 清木活字印本 一册

330000－1701－0075259 HJH811.15/26441/c2、HJH811.15/2434/c3、HJH811.15/1110/c3、HJH811.15/8398/c3、HJH811.16/3414/c3、HJH811.16/4060/c3 類叢部/叢書類/郡邑之屬

武林往哲遺箸五十二種後編十種 (清)丁丙編 清光緒二十年至二十六年(1894－1900)錢塘丁氏嘉惠堂刻本 十一册 存六種

330000－1701－0075260 普378.22/8064/3/c2 子部/儒家類/儒學之屬/禮教/家訓

曾文正公家訓二卷 (清)曾國藩撰 清光緒十六年(1890)上海鴻寶書局鉛印本 一册

330000－1701－0075261 普378.22/8064/4 子部/儒家類/儒學之屬/禮教/家訓

曾文正公家訓二卷 (清)曾國藩撰 清末鉛印本 二册

330000－1701－0075262 HJH811.17/26231 集部/别集類/清别集

香蘇山館古體詩鈔十七卷今體詩鈔十九卷 (清)吳嵩梁撰 清刻本 四册

330000－1701－0075265 HJH811.17/26241/c2 集部/别集類/清别集

劫餘存稿一卷 (清)吳受藻撰 (清)吳積鑑編 **劫餘存稿一卷** (清)王鼎詩撰 (清)朱世篁編 清同治七年(1868)錢唐汪氏振綺堂刻本 一册

330000－1701－0075266 HJH811.17/26241/c3 集部/别集類/清别集

劫餘存稿一卷 (清)吳受藻撰 (清)吳積鑑編 **劫餘存稿一卷** (清)王鼎詩撰 (清)朱世篁編 清同治七年(1868)錢唐汪氏振綺堂刻本 一册

330000－1701－0075268 HJH811.17/26301 集部/别集類/清别集

鐵花山館詩稿八卷首一卷附試帖詩一卷紅薔吟館詩稿一卷八十自述一卷 (清)吳兆麟撰 清光緒六年(1880)刻本 三册

330000－1701－0075270 HJH811.17/26303 集部/别集類/清别集

可久長室詩存六卷 (清)吳宗麟撰 清咸豐十年(1860)上海刻本 四册

330000－1701－0075271 HJH811.13/2676 集部/别集類/唐五代别集

白香山詩長慶集二十卷後集十七卷别集一卷補遺二卷 (唐)白居易撰 (清)汪立名編訂 **白香山[居易]年譜舊本一卷** (宋)陳振孫撰 **白香山[居易]年譜一卷** (清)汪立名撰 清康熙四十一年至四十二年(1702－1703)汪立名一隅草堂刻本 八册

330000－1701－0075272 HJH811.15/1072/c3、HJH811.16/3141/c3 類叢部/叢書類/郡邑之屬

武林往哲遺箸五十二種後編十種 (清)丁丙編 清光緒二十年至二十六年(1894－1900)錢塘丁氏嘉惠堂刻本 二册 存二種

330000－1701－0075273 HJH811.17/2631/2/c3 集部/總集類/郡邑之屬

西泠五布衣遺箸五種 (清)丁丙輯 清同治至光緒錢塘丁氏當歸草堂刻本 一册 存一種

330000－1701－0075274　HJH811.17/2632/c3　集部/别集類/清别集

吴摯甫詩集一卷　（清）吴汝綸撰　清宣統二年（1910）上海國學扶輪社石印本　一冊

330000－1701－0075275　HJH811.17/2632/c4　集部/别集類/清别集

吴摯甫詩集一卷　（清）吴汝綸撰　清宣統二年（1910）上海國學扶輪社石印本　一冊

330000－1701－0075276　HJH811.15/1072/c4　類叢部/叢書類/郡邑之屬

武林往哲遺箸五十二種後編十種　（清）丁丙編　清光緒二十年至二十六年（1894－1900）錢塘丁氏嘉惠堂刻本　一冊　存一種

330000－1701－0075277　G002345　集部/戲劇類/傳奇之屬

桃花扇傳奇二卷四十齣　（清）孔尚任撰　清刻本　二冊

330000－1701－0075278　HJH811.15/1110/c4、HJH811.16/3414/c4、HJH811.16/4060/c4　類叢部/叢書類/郡邑之屬

武林往哲遺箸五十二種後編十種　（清）丁丙編　清光緒二十年至二十六年（1894－1900）錢塘丁氏嘉惠堂刻本　八冊　存三種

330000－1701－0075281　G600210　史部/地理類/外紀之屬

海國圖志一百卷首一卷　（清）魏源撰　清光緒刻本　一冊　存三卷（十一至十三）

330000－1701－0075282　HJH811.13/2676/(2)/c3　集部/别集類/唐五代别集

白香山詩長慶集二十卷後集十七卷别集一卷補遺二卷　（唐）白居易撰　（清）汪立名編訂　**白香山[居易]年譜舊本一卷**　（宋）陳振孫撰　**白香山[居易]年譜一卷**　（清）汪立名撰　清康熙四十一年至四十二年（1702－1703）汪立名一隅草堂刻本　十二冊

330000－1701－0075283　HJH811.17/26322　集部/别集類/清别集

徐烈婦詩鈔二卷附報素聞書并回文一卷　（清）吴宗愛撰　（清）楊晉藩　（清）許楣評　**同心梔子圖續編一卷**　（清）應瑩撰　**吴絳雪[宗愛]年譜一卷**　（清）俞樾撰　清同治十三年（1874）桐城吴氏雲鶴仙館刻光緒元年（1875）印本　二冊

330000－1701－0075284　HJH811.15/2434/c4　類叢部/叢書類/郡邑之屬

武林往哲遺箸五十二種後編十種　（清）丁丙編　清光緒二十年至二十六年（1894－1900）錢塘丁氏嘉惠堂刻本　一冊　存一種

330000－1701－0075285　G002346　子部/宗教類/佛教之屬/諸宗

天台四教儀集註十卷　（元）釋蒙潤撰　清同治七年（1868）杭州昭慶寺慧空經房刻本　一冊　存二卷（七至八）

330000－1701－0075286　HJL811.17/26322/(2)/c4　集部/别集類/清别集

徐烈婦詩鈔二卷附報素聞書并回文一卷　（清）吴宗愛撰　（清）楊晉藩　（清）許楣評　**同心梔子圖續編一卷**　（清）應瑩撰　**吴絳雪[宗愛]年譜一卷**　（清）俞樾撰　清同治十三年（1874）桐城吴氏雲鶴仙館刻光緒元年（1875）印本　一冊

330000－1701－0075287　HJLB187　新學/地學/地理學

輿地課程不分卷　清活字印本　八冊

330000－1701－0075288　G600211　史部/地理類/山川之屬/山志

京口三山志　（清）□□輯　清同治至光緒刻本　八冊　存一種

330000－1701－0075289　G601541　史部/地理類/方志之屬/郡縣志

[嘉慶]重刊江寧府志五十六卷附校勘記一卷　（清）呂燕昭修　（清）姚鼐纂　清光緒六年（1880）刻本　十二冊

330000－1701－0075290　G600212　史部/地理類/山川之屬/山志

南嶽志八卷　（清）高自位編　（清）曠敏本纂

清乾隆十八年(1753)開雲樓刻本　六冊

330000－1701－0075292　HJH811.13/2676/(3)　集部/別集類/唐五代別集

白香山詩長慶集二十卷後集十七卷别集一卷補遺二卷　(唐)白居易撰　(清)汪立名編訂　**白香山[居易]年譜舊本一卷**　(宋)陳振孫撰　**白香山[居易]年譜一卷**　(清)汪立名撰　清康熙四十一年至四十二年(1702－1703)汪立名一隅草堂刻本　十四冊　缺七卷(三至九)

330000－1701－0075293　HJH811.17/2634/c2　集部/總集類/氏族之屬

寧都三魏全集八十三卷　(清)林時益編　清道光二十五年(1845)寧都謝庭綬紱園書塾刻本　二冊　存八卷(魏叔子詩集一至八)

330000－1701－0075294　HJLB188　新學/圖學/測繪

兩湖書院兵法測繪學課程□□卷　(清)羅照滄撰　清正學堂刻本　二冊　存二卷(一、四)

330000－1701－0075295　G600213　史部/地理類/山川之屬/山志

石鐘山志十六卷首一卷　(清)李成謀　(清)丁義方撰　清光緒九年(1883)聽濤眺雨軒刻本　六冊　存十四卷(首、一至十二、十五)

330000－1701－0075296　HJH811.15/2434.2/c1　類叢部/叢書類/彙編之屬

武英殿聚珍版書五十三種　清同治十三年(1874)江西書局刻本　二冊　存一種

330000－1701－0075297　G002347　子部/宗教類/佛教之屬/諸宗

徑中徑又徑四卷　(清)張師誠輯　清光緒二十九年(1903)揚州藏經院刻本　二冊

330000－1701－0075298　普378.28941/0010　新學/幼學/附體操學

幼學操身一卷　(英國)慶丕　(清)翟汝舟編　清光緒十六年(1890)上海廣學會石印本　一冊

330000－1701－0075299　普378.947/0010　新學/醫學

西洋易筋經一卷　(英國)慶丕　(清)翟汝舟編　(清)天津水師學堂譯　清光緒二十一年(1895)天津水師學堂石印本　一冊

330000－1701－0075300　HJH811.17/2635/c2　集部/別集類/清別集

黃葉邨莊詩集八卷續集一卷後集一卷　(清)吳之振撰　清光緒四年(1878)吳康壽刻本　四冊

330000－1701－0075302　G002175　史部/傳記類/總傳之屬/家乘

[浙江海寧]海寧花園朱氏宗譜二十四卷首一卷末一卷　(清)朱恩綬纂修　清光緒二年(1876)奕載堂刻本　三冊　存二卷(九下、十)

330000－1701－0075303　HJH817.3/4007　集部/別集類/唐五代別集

李義山文集十卷　(唐)李商隱撰　(清)徐樹穀箋　(清)徐炯注　清康熙四十七年(1708)崑山徐氏花谿草堂刻本　四冊

330000－1701－0075304　HJH811.15/2644/c1　集部/別集類/元別集

吳淵穎先生集十二卷　(元)吳萊撰　(清)王邦采　(清)王繩曾箋　清同治九年(1870)永康應氏刻本　四冊

330000－1701－0075306　G600214　史部/地理類/山川之屬/山志

清涼山志十卷　(明)釋秋厓原纂　(明)釋鎮澄編　(清)釋阿王老藏修正　清乾隆二十年(1755)釋聚用刻光緒十三年(1887)重修本　四冊

330000－1701－0075308　G002251　集部/戲劇類/傳奇之屬

玉搔頭傳奇二卷三十齣　(清)李漁撰　(清)睡鄉祭酒(杜濬)批評　清刻本　一冊

330000－1701－0075309　HJH811.17/2635.3　集部/別集類/清別集

黄葉邨莊詩集八卷續集一卷後集一卷 （清）吳之振撰　清光緒四年（1878）吳康壽刻本　十册

330000－1701－0075310　G601542　史部/地理類/方志之屬/郡縣志
［同治］湖州府志九十六卷首一卷 （清）宗源瀚 （清）楊榮緒 （清）郭式昌修 （清）周學濬 （清）陸心源 （清）汪曰楨纂　清同治十一年至十三年（1872－1874）愛山書院刻光緒九年（1883）重印本　四十册

330000－1701－0075312　G600215　新學/史志/別國史
大英國志八卷 （英國）托馬斯米爾納撰 （英國）慕維廉譯　清光緒七年（1881）上海益智書會刻本　二册

330000－1701－0075313　HJHB189　新學/算學/代數
代數術二十五卷首一卷 （英國）華里司輯 （英國）傅蘭雅口譯 （清）華蘅芳筆述　清同治十二年（1873）江南製造總局刻本　五册　存二十一卷（五至二十五）

330000－1701－0075315　G600216　史部/地理類/山川之屬/山志
明州阿育王山志十卷 （明）郭子章撰 **明州阿育王山續志六卷** （清）釋畹荃撰　明萬曆刻清乾隆續刻本　二册　存七卷（一至七）

330000－1701－0075316　G002348　子部/天文曆算類/算書之屬
觀我生室匯稿十種 （清）羅士琳撰　清道光刻本　三册　存一種

330000－1701－0075318　HJH814.3/4007/(2)　集部/別集類/唐五代別集
李義山文集十卷 （唐）李商隱撰 （清）徐樹穀箋 （清）徐炯注　清康熙四十七年（1708）崑山徐氏花谿草堂刻本　二册

330000－1701－0075319　HJH811.17/26431/(2)/c3　集部/別集類/清別集
圭盦詩錄一卷 （清）吳觀禮撰　清光緒五年（1879）張佩綸刻本　一册

330000－1701－0075323　G601543　史部/地理類/方志之屬/郡縣志
［光緒］嘉興府志八十八卷首二卷 （清）許瑶光修 （清）吳仰賢等纂　清光緒三年至四年（1877－1878）嘉興鴛湖書院刻五年（1879）重印本　四十八册

330000－1701－0075324　G002252　經部/四書類/孟子之屬/傳說
孟子四考四卷 （清）周廣業撰　清乾隆六十年（1795）周氏省吾廬刻本　四册

330000－1701－0075325　HJH814.3/4007/(3)　集部/別集類/唐五代別集
李義山文集十卷 （唐）李商隱撰 （清）徐樹穀箋 （清）徐炯注　清康熙四十七年（1708）崑山徐氏花谿草堂刻本　四册

330000－1701－0075326　普 378.947/3210　子部/醫家類/養生之屬/導引、氣功
衛生要術不分卷 （清）潘霨輯　清咸豐八年（1858）京都琉璃廠刻本　一册

330000－1701－0075328　G002176　新學/學校
安徽師範學堂修身教科書十一章 胡元吉編　清光緒三十三年（1907）鉛印本　一册

330000－1701－0075329　G002253　子部/宗教類/道教之屬/經文
太上玉清無極總真文昌大洞僊經不分卷大洞經示讀三卷 （清）邵志錕補輯　清道光三十年至咸豐三年（1850－1853）慈西葉氏刻本　四册

330000－1701－0075330　普 378.9476/3404　子部/醫家類/養生之屬/導引、氣功
易筋經義服氣圖說一卷 題（北魏）達摩祖師撰　清光緒十年（1884）上洋席氏掃葉山房刻本　一册

330000－1701－0075331　G604144　類叢部/叢書類/彙編之屬
小石山房叢書三十八種 （清）顧湘編　清道

光刻同治十三年(1874)虞山顧氏補刻本　十六冊

330000－1701－0075334　G002254　經部/叢編

古經解彙函十六種附小學彙函十四種　(清)鍾謙鈞等輯　清同治十二年(1873)粤東書局刻本　二冊　存小學彙函三種

330000－1701－0075335　HJLB190　新學/算學/數學

平立方根表一卷　清光緒二十五年(1899)正學堂刻朱印本　一冊

330000－1701－0075336　HJH414.18/4030/(2)　經部/小學類

小學類編六種附一種　(清)李祖望編　清咸豐元年至二年(1851－1852)江都李氏半畝園刻本　六冊

330000－1701－0075337　HJLB191　經部/群經總義類/傳說之屬

兩湖文高等學堂經學課程三卷　(清)馬貞榆撰　清末刻朱印本　三冊

330000－1701－0075338　HJH811.13/2676/(4)　集部/别集類/唐五代别集

白香山詩長慶集二十卷後集十七卷别集一卷補遺二卷　(唐)白居易撰　(清)汪立名編訂　**白香山[居易]年譜舊本一卷**　(宋)陳振孫撰　**白香山[居易]年譜一卷**　(清)汪立名撰　清康熙四十一年至四十二年(1702－1703)汪立名一隅草堂刻本　十冊

330000－1701－0075340　HJH811.15/8398/c4　類叢部/叢書類/郡邑之屬

武林往哲遺箸五十二種後編十種　(清)丁丙編　清光緒二十年至二十六年(1894－1900)錢塘丁氏嘉惠堂刻本　一冊　存一種

330000－1701－0075341　G600217　史部/地理類/方志之屬/郡縣志

[嘉慶]歷陽典錄三十四卷補六卷　(清)陳廷桂纂　清同治六年(1867)新化游智開和州官舍刻光緒十二年(1886)武陵吳廷選印本　十二冊

330000－1701－0075342　G604145　集部/别集類/清别集

白田草堂存稿二十四卷　(清)王懋竑撰　**先考王公府君[懋竑]行狀一卷**　(清)王箴聽等撰　**崇祀鄉賢錄一卷**　清乾隆十七年(1752)刻本　一冊　存四卷(十九至二十二)

330000－1701－0075344　G002349　經部/詩類/傳說之屬

詩經集傳八卷　(宋)朱熹撰　清慎詒堂刻本　一冊　存二卷(一至二)

330000－1701－0075346　HJLB192　經部/群經總義類/傳說之屬

兩湖文高等學堂經學課程三卷　(清)馬貞榆撰　清末刻朱印本　三冊

330000－1701－0075348　HJH416.4/1000.07/c3　類叢部/叢書類/郡邑之屬

永嘉叢書十三種　(清)孫衣言編　清同治至光緒瑞安孫氏詒善祠塾刻本　十冊　存一種

330000－1701－0075349　普817.2/7712/c3　集部/曲類/彈詞之屬

繡像夢影緣四十八回　(清)鄭貞華撰　清光緒二十一年(1895)竹簡齋石印本　十六冊

330000－1701－0075351　G604146、G603552、G605141　集部/總集類/選集之屬/通代

御定歷代題畫詩類一百二十卷　(清)陳邦彦輯　清康熙四十六年(1707)内府刻本　六冊　存十八卷(九至十、十七至十八、六十三至六十七、九十六至九十九、一百五至一百九)

330000－1701－0075355　G602669、G610278　史部/史評類/考訂之屬

東周列國攷畧二卷　(清)朱元炅輯　清光緒十三年(1887)刻本　二冊

330000－1701－0075356　G600218　史部/地理類/山川之屬/山志

武夷山志二十四卷首一卷　(清)董天工撰　清道光二十七年(1847)五夫尺木軒刻本　一冊　存二卷(二十一至二十二)

330000－1701－0075359　HJH416.4/1000.07/c4　類叢部/叢書類/郡邑之屬
永嘉叢書十三種　(清)孫衣言編　清同治至光緒瑞安孫氏詒善祠塾刻本　十册　存一種

330000－1701－0075361　G002177　集部/別集類/唐五代別集
可之先生文集二卷　(唐)孫樵撰　清宣統二年(1910)上海會文堂石印本　一册

330000－1701－0075362　G604147　子部/小說家類/異聞之屬
太平廣記五百卷目錄十卷　(宋)李昉等輯　清嘉慶十一年(1806)姑蘇聚文堂刻本　二册　存三十三卷(二百四十一至二百七十三)

330000－1701－0075363　G002350　子部/宗教類/佛教之屬/經
金剛般若波羅蜜經一卷　(後秦)釋鳩摩羅什譯　**般若波羅蜜多心經一卷**　(唐)釋玄奘譯　清光緒十五年(1889)金陵刻經處刻本　一册

330000－1701－0075368　G600219　史部/地理類/水利之屬
海塘新志六卷續志四卷　(清)琅玕撰　清乾隆刻道光續刻本　四册　缺六卷(一至六)

330000－1701－0075369　G604148　史部/政書類/邦計之屬
江浙鐵路風潮不分卷　墨悲輯　清光緒三十三年(1907)上海鉛印本　一册

330000－1701－0075370　G602670　經部/叢編
九經五十一卷附四卷　(明)秦鏷訂正　清觀成堂刻本　二册　存十七卷(春秋一至十七)

330000－1701－0075371　普817.2/7714/c2　集部/曲類/彈詞之屬
新增全圖珍珠塔前傳十二卷二十四回　清光緒十八年(1892)上海書局石印本　四册

330000－1701－0075372　HJH416.4/1000.07/(2)　類叢部/叢書類/郡邑之屬
永嘉叢書十三種　(清)孫衣言編　清同治至光緒瑞安孫氏詒善祠塾刻本　五册　存一種

330000－1701－0075374　G600220　史部/地理類/雜志之屬
廣陵通典十卷　(清)汪中撰　清同治八年(1869)揚州書局刻本　二册

330000－1701－0075375　G604149　史部/政書類/通制之屬
光緒政要三十四卷　沈桐生輯　清宣統元年(1909)上海崇義堂石印本　一册　存二卷(一至二)

330000－1701－0075376　HJH811.17/6223/c1　集部/別集類/清別集
洗齋病學草擬存詩一卷附存詩一卷　(清)胡壽頤撰　(清)昨非居士輯　清光緒十年(1884)山陰胡氏刻本　一册　存一卷(附存詩)

330000－1701－0075377　G002178　集部/別集類/清別集
倦繡吟草一卷　(清)繆寶娟撰　清光緒四年(1878)鉛印本　一册

330000－1701－0075378　HJH811.13/2704/c2　集部/別集類/唐五代別集
唐女郎魚玄機詩一卷　(唐)魚玄機撰　清光緒二十年(1894)順德龍氏知服齋刻朱印本　一册

330000－1701－0075379　HJH811.16/0001/c1　類叢部/叢書類/郡邑之屬
金華叢書六十八種　(清)胡鳳丹編　清同治七年至光緒八年(1868－1882)永康胡氏退補齋刻民國補刻本　四册　存一種

330000－1701－0075380　G600221　史部/地理類/山川之屬/水志
莫愁湖志六卷首一卷　(清)馬士圖撰　清光緒八年(1882)刻本　二册

330000－1701－0075381　G604150　類叢部/叢書類/自著之屬
春在堂全書三十六種　(清)俞樾撰　清同治至光緒刻光緒末彙印本　十八册　存一種

330000－1701－0075383　G002179　史部/政書類
奏定陸軍營制餉章不分卷　（清）奕劻等撰　清光緒石印本　一册

330000－1701－0075384　G602671　子部/小說家類/雜事之屬
竹隱廬隨筆四卷　（清）鄭永禧輯　清光緒十四年（1888）竹隱廬木活字印本　四册

330000－1701－0075386　G604151　新學/史志/戰記
中國六十年戰史十三章　（英國）艾特華斯撰　史悠明　程履祥譯校　清光緒二十九年（1903）上海美華書館鉛印本　一册　存一章（九）

330000－1701－0075387　HJH811.1083/3547/c3　集部/總集類/選集之屬/通代
御選唐宋詩醇四十七卷目錄二卷　（清）高宗弘曆輯　清光緒七年（1881）浙江書局刻本　二十册

330000－1701－0075388　M003213　子部/儒家類/儒學之屬/蒙學
浙紹奎照樓新增繪圖幼學故事瓊林四卷首一卷　（清）程登吉撰　（清）鄒聖脈增補　（清）石韞玉重校評點　清光緒二十三年（1897）浙紹奎照樓石印本　四册

330000－1701－0075390　G600222　史部/傳記類/總傳之屬/仕宦
貳臣傳八卷　（清）國史館撰　清京都琉璃廠榮錦書坊刻本　一册　存一卷（三）

330000－1701－0075392　G602672　史部/金石類/璽印之屬/通考
封泥攷略十卷　（清）吳式芬　（清）陳介祺藏並輯　清光緒三十年（1904）石印本　十册

330000－1701－0075394　G600223　史部/地理類/山川之屬/水志
水道提綱二十八卷　（清）齊召南撰　清光緒四年（1878）津門徐士鑾霞城精舍刻本　二册　存七卷（二十二至二十八）

330000－1701－0075395　G002351　集部/小說類/長篇之屬
續封神傳四卷四回　（清）天悔生撰　清光緒三十四年（1908）上海醉經堂書莊石印本　一册

330000－1701－0075396　G604152　子部/醫家類/方書之屬
太醫院增補醫方捷徑□□卷　題曉星樵人輯　（明）羅必煒訂　清刻本　清楚善堂主人題記　一册　存三卷（七至九）

330000－1701－0075397　普817.2/7714.02　集部/曲類/彈詞之屬
新增全圖珍珠塔後傳麒麟豹三十卷六十回　（清）馬永清撰　清光緒十八年（1892）石印本　四册

330000－1701－0075398　G600224　類叢部/叢書類/彙編之屬
半厂叢書初編十種　（清）譚獻編　清同治至光緒仁和譚氏刻本　一册　存一種

330000－1701－0075399　G601544　史部/地理類/方志之屬/郡縣志
［光緒］縉雲縣志十六卷首一卷末一卷　（清）何乃容　（清）葛華修　（清）潘樹棠纂　清光緒二年至七年（1876－1881）刻本　十二册

330000－1701－0075400　G002352　子部/宗教類/佛教之屬/經疏
佛說阿彌陀經要解便蒙鈔三卷　（清）釋智旭解　（清）釋達默鈔　（清）釋達林參訂　清光緒二十三年（1897）刻本　三册

330000－1701－0075401　G604153　集部/戲劇類/總集之屬/傳奇
惺齋新曲六種　（清）夏綸撰　（清）徐夢元評　清乾隆十八年（1753）夏氏世光堂刻本　一册　存一種

330000－1701－0075402　HJH811.13/3608/2/c2　集部/別集類/唐五代別集
溫飛卿詩集七卷別集一卷集外詩一卷附錄諸家詩評一卷　（唐）溫庭筠撰　（明）曾益注

(清)顧予咸補注　(清)顧嗣立續注　清光緒八年(1882)泉唐汪氏萬軸山房刻本　二册

330000－1701－0075403　G602673　類叢部/叢書類/自著之屬
黄勤敏公全集九種附一種　(清)黄鉞撰　清咸豐至同治刻本　十册　存九種

330000－1701－0075405　G605459　子部/醫家類/本草之屬/歷代綜合本草
本草綱目五十二卷圖三卷瀕湖脈學一卷奇經八脈攷一卷脈訣攷證一卷　(明)李時珍撰
本草萬方鍼線八卷　(清)蔡烈先輯　**本草綱目拾遺十卷**　(清)趙學敏輯　清光緒十四年(1888)上海鴻寶齋石印本　一册　存四卷(本草綱目圖上、瀕湖脈學、奇經八脈攷、脈訣攷證)

330000－1701－0075406　HJH811.1083/3547/c4　集部/總集類/選集之屬/通代
御選唐宋詩醇四十七卷目錄二卷　(清)高宗弘曆輯　清光緒七年(1881)浙江書局刻本　二十册

330000－1701－0075411　G604154　集部/别集類/清别集
守硯齋試帖初集四卷二集二卷　(清)王祖光撰　清光緒二十三年至二十四年(1897－1898)刻本　二册　存二卷(二集一至二)

330000－1701－0075413　G600225　史部/地理類/水利之屬
山東運河備覽十二卷圖説一卷　(清)陸耀纂　清乾隆四十一年(1776)吴江陸耀切問齋刻本　八册　缺四卷(八至十一)

330000－1701－0075415　HJH811.13/3608/c3　集部/别集類/唐五代别集
溫飛卿詩集七卷别集一卷集外詩一卷附錄諸家詩評一卷　(唐)溫庭筠撰　(明)曾益注　(清)顧予咸補注　(清)顧嗣立續注　清康熙三十六年(1697)長洲顧氏秀野草堂刻本　二册

330000－1701－0075416　G601545　史部/地理類/方志之屬/郡縣志
[同治]長興縣志三十二卷　(清)趙定邦修　(清)周學濬　(清)丁寶書纂　清同治十三年至光緒元年(1874－1875)刻本　十六册

330000－1701－0075417　HJH811.16/0038/2/c2　集部/别集類/明别集
青邱高季迪先生詩集十八卷首一卷遺詩一卷扣舷集一卷鳧藻集五卷附錄一卷　(明)高啓撰　(清)金檀輯注　清雍正六年至七年(1728－1729)金氏文瑞樓刻乾隆印本　八册

330000－1701－0075419　G600226　經部/春秋左傳類/釋例之屬
春秋釋例十五卷首一卷　(晉)杜預撰　清嘉慶五年(1800)掃葉山房刻本　四册

330000－1701－0075421　G604155　子部/醫家類/方書之屬/成方藥目
萬承志堂丸散膏丹全集不分卷　(清)萬承志堂編　清光緒十一年(1885)杭州萬承志堂刻本　一册

330000－1701－0075423　G605460　新學/史志/諸國史
泰西新史攬要二十四卷　(英國)馬懇西撰　(英國)李提摩太釋　清光緒二十一年(1895)上海美華書館鉛印本　五册

330000－1701－0075424　HJH811.13/3608/3/c3　集部/别集類/唐五代别集
溫飛卿詩集七卷别集一卷集外詩一卷附錄諸家詩評一卷　(唐)溫庭筠撰　(明)曾益注　(清)顧予咸補注　(清)顧嗣立續注　清宣統二年(1910)上海廣益書局石印本　四册

330000－1701－0075426　G605461　新學/史志/諸國史
泰西新史攬要二十四卷　(英國)馬懇西撰　(英國)李提摩太釋　清光緒二十一年(1895)上海美華書館鉛印本　一册　存三卷(七至九)

330000－1701－0075428　G602675、G601986、G609499、G607875　集部/總集類/郡邑之屬

兩浙輶軒錄四十卷補遺十卷姓氏韻編二卷 (清)阮元輯 清光緒十六年(1890)浙江書局刻本 十四冊 存二十三卷(八、十至十一、二十二至三十二、補遺二至十)

330000－1701－0075429 普 817.2/77241 集部/曲類/彈詞之屬
繡像六美圖四集四種 (清)朱鏡江 (清)章維善撰 清同治九年(1870)刻本 一冊 存一種

330000－1701－0075430 G604156 集部/別集類/清別集
倚晴樓集 (清)黄燮清撰 清咸豐至光緒刻本 一冊 存一種

330000－1701－0075432 G601546、G601899 史部/地理類/方志之屬/郡縣志
[光緒]餘姚縣志二十七卷首一卷末一卷 (清)周炳麟修 (清)邵友濂 (清)孫德祖纂 清光緒二十五年(1899)刻本 十四冊 存二十六卷(首、三至八、十至二十七、末)

330000－1701－0075434 G605462 集部/小說類/短篇之屬
聊齋志異注十六卷 (清)吕湛恩輯注 清道光五年(1825)姑蘇步月樓刻本 一冊

330000－1701－0075435 HJH811.13/3608/4 集部/別集類/唐五代別集
溫飛卿詩集七卷別集一卷集外詩一卷附錄諸家詩評一卷 (唐)溫庭筠撰 (明)曾益注 (清)顧予咸補注 (清)顧嗣立續注 清宣統二年(1910)上海國學扶輪社石印本 四冊

330000－1701－0075436 G602676 史部/地理類/方志之屬/郡縣志
[雍正]寧波府志三十六卷首一卷 (清)曹秉仁等修 (清)萬經等纂 清道光二十六年(1846)刻本 一冊 存一卷(七)

330000－1701－0075440 HJH811.17/6680/c1 集部/別集類/清別集
餐花室詩稿十卷詩餘一卷 (清)嚴錫康撰 清咸豐十一年(1861)刻本 四冊

330000－1701－0075441 G604157 集部/戲劇類/總集之屬/傳奇
紅雪樓九種曲 (清)蔣士銓撰 清乾隆蔣氏紅雪樓刻本 三冊 存六種

330000－1701－0075442 G605463 史部/政書類/通制之屬
二十四史九通政典類要合編三百二十卷 (清)黄書霖輯 清光緒二十八年(1902)約雅堂石印本 十六冊 存七十四卷(一百七十二至二百四十五)

330000－1701－0075444 G002180 集部/別集類/清別集
英山王戎部伯唐殉難遺墨一卷 (清)王荄林輯 清光緒二十八年(1902)點石齋石印本 一冊

330000－1701－0075445 普 817.2/7729 集部/曲類/彈詞之屬
天雨花三十回 (清)陶貞懷撰 清道光二十一年(1841)有遺音齋刻本 三十冊 存二回(二十七至二十八)

330000－1701－0075446 G602678 集部/詩文評類/郡邑之屬
全浙詩話五十四卷 (清)陶元藻輯 (清)陶廷珍 (清)陶廷琡編 清乾隆五十九年至嘉慶元年(1794－1796)怡雲閣刻本 一冊 存三卷(八至十)

330000－1701－0075447 G601547、G602039 史部/地理類/方志之屬/郡縣志
同治上海縣志三十二卷首一卷末一卷 (清)應寶時等修 (清)俞樾 (清)方宗誠纂 清同治十年(1871)吳門臬署刻本 十一冊 存二十五卷(三至二十三、二十六至二十九)

330000－1701－0075448 HJH811.13/3608/4/c2 集部/別集類/唐五代別集
溫飛卿詩集七卷別集一卷集外詩一卷附錄諸家詩評一卷 (唐)溫庭筠撰 (明)曾益注 (清)顧予咸補注 (清)顧嗣立續注 清宣統二年(1910)上海國學扶輪社石印本 四冊

330000－1701－0075449　HJH951.00922/1779/4/c2　史部/編年類/通代之屬
資治通鑑二百九十四卷目錄三十卷　(宋)司馬光撰　(元)胡三省音注　清光緒二十六年(1900)圖書集成局鉛印本　四十册　缺三十卷(目錄一至三十)

330000－1701－0075450　G002354　子部/醫家類/婦科之屬/產科
達生編三卷附錄一卷　(清)亟齋居士撰　(清)武林連氏編　清同治二年至十年(1863－1871)懷少義塾刻本　一册

330000－1701－0075452　G602679　集部/別集類/清別集
恥白集一卷附一卷　(清)周光祖撰　清光緒五年(1879)古虞連氏刻本　一册

330000－1701－0075454　HJH811.17/6691/c3　集部/別集類/清別集
聽月樓遺稿二卷　(清)嚴恒撰　清光緒二十八年(1902)上海小長蘆館石印本　一册

330000－1701－0075455　G605464　史部/傳記類
豫章先賢九家年譜　(清)楊希閔輯　清光緒四年(1878)刻本　一册　存二種

330000－1701－0075456　G002255　集部/詞類/總集之屬
天下同文一卷　(元)盧摯等撰　清宣統雙照樓鉛印本　一册

330000－1701－0075457　G601548、G601062、G602452、G602576　史部/地理類/方志之屬/郡縣志
[康熙]衢州府志四十卷首一卷　(清)楊廷望　(清)金玉衡纂修　清光緒八年(1882)劉國光刻本　十二册

330000－1701－0075459　G604158　集部/別集類/清別集
壯悔堂文集十卷遺稿一卷四憶堂詩集六卷　(清)侯方域撰　(清)賈開宗等評點　清光緒四年(1878)舊學山房刻本　三册　存六卷(文集一至六)

330000－1701－0075462　HJHB194　史部/傳記類/總傳之屬/家乘
浲溪張氏宗譜不分卷　清抄本　二册

330000－1701－0075463　普817.2/7729/2　集部/曲類/彈詞之屬
校正繪圖天雨花三十卷三十回　(清)陶貞懷撰　清宣統元年(1909)上海古香閣鉛印本　十六册

330000－1701－0075464　G605465　子部/儒家類/儒學之屬/蒙學
小學韻語一卷　(清)羅澤南撰　清末浙江書局刻本　一册

330000－1701－0075466　G002181　集部/別集類/清別集
夢厂詩一卷詩餘一卷　(清)俞蛟撰　清嘉慶十六年(1811)刻本　一册

330000－1701－0075468　HJH811.17/6691.2/c2　集部/別集類/清別集
聽月樓遺稿二卷　(清)嚴恒撰　清光緒二十八年(1902)上海小長蘆館石印本　一册

330000－1701－0075469　G604159　史部/傳記類/總傳之屬/列女
杭女表微錄十六卷首一卷　(清)孫樹禮輯　清光緒三十二年(1906)刻本　八册

330000－1701－0075470　G002256　史部/金石類/金之屬/文字
古文審八卷首一卷　(清)劉心源撰　清光緒十七年(1891)嘉魚劉氏龍江樓刻本　四册

330000－1701－0075471　HJH811.17/26433/c2　集部/別集類/清別集
又其次齋詩集七卷　(清)吳世涵撰　清咸豐二年(1852)宜園刻本　四册

330000－1701－0075472　G600227　子部/雜著類/雜考之屬
札迻十二卷　(清)孫詒讓撰　清光緒二十年(1894)籀高刻本　四册

330000－1701－0075473　G604160　史部/傳記類/總傳之屬/列女
杭女表微錄十六卷首一卷　(清)孫樹禮輯　清光緒三十二年(1906)刻本　八冊

330000－1701－0075474　HJH811.13/3608/6/c2　集部/別集類/唐五代別集
溫飛卿詩集七卷別集一卷集外詩一卷附錄諸家詩評一卷　(唐)溫庭筠撰　(明)曾益注　(清)顧予咸補注　(清)顧嗣立續注　清光緒八年(1882)泉唐汪氏萬軸山房刻本　二冊

330000－1701－0075475　G602681　史部/傳記類/總傳之屬/仕宦
紫光閣功臣小像一卷湘軍平定粵匪戰圖一卷　(清)彭鴻年輯　(清)吳嘉猷等繪　清光緒二十七年(1901)上海點石齋石印本　一冊

330000－1701－0075477　HJH811.16/0038/4/(2)　集部/別集類/明別集
高季迪先生大全集十八卷　(明)高啓撰　清康熙許氏竹素園刻本　二冊

330000－1701－0075479　HJH811.17/71401/c1　集部/別集類/清別集
白華山人詩集十六卷詩說二卷　(清)厲志撰　清光緒九年(1883)厲學潮刻本　四冊

330000－1701－0075481　G605466　史部/紀傳類/正史之屬
三國志證聞三卷　(清)錢儀吉撰　清光緒十一年(1885)江蘇書局刻本　二冊

330000－1701－0075482　普817.2/7734/c2　集部/曲類/彈詞之屬
繪圖筆生花十六卷三十二回　(清)邱心如撰　清光緒二十年(1894)上海書局石印本　十六冊

330000－1701－0075483　G601550、G601549　類叢部/叢書類/郡邑之屬
武林掌故叢編一百八十七種　(清)丁丙編　清光緒三年至二十六年(1877－1900)錢塘丁氏嘉惠堂刻本　十五冊　存二種

330000－1701－0075484　G600228　史部/目録類/總録之屬
學古堂藏書目不分卷捐藏書目一卷　(清)□□撰　清光緒刻本　一冊

330000－1701－0075485　HJH811.108924/7110/c3　集部/總集類/郡邑之屬
兩浙輶軒錄四十卷補遺十卷姓氏韻編二卷　(清)阮元輯　清光緒十六年(1890)浙江書局刻本　三十二冊

330000－1701－0075486　G604161、G604530　史部/史評類/詠史之屬
讀史碎金六卷註八十卷　(清)胡文炳輯　清光緒元年(1875)蘭石齋刻本　三十七冊　存四十一卷(十三、十五至十七、十九至二十五、二十七至三十二、三十四至四十九、五十三至五十五、五十七至六十、七十四)

330000－1701－0075487　G600229　集部/別集類/清別集
秋聲館吟稿一卷　(清)符之恒撰　清乾隆四年(1739)報恩禪院刻本　一冊

330000－1701－0075488　G002257　子部/術數類/陰陽五行之屬
董公選要覽一卷附錄一卷　(明)董潛撰　清光緒二十三年(1897)彊恕齋刻本　一冊

330000－1701－0075490　G602682　經部/詩類/傳說之屬
毛詩稽古編三十卷　(清)陳啓源撰　(清)龐佑清校　**毛詩稽古編附攷一卷**　(清)費雲倬撰　清光緒九年(1883)上海同文書局石印本　八冊

330000－1701－0075491　HJHB195　子部/工藝類
圖冊一卷　清末石印本　一冊

330000－1701－0075492　HJH811.13/3608/7　集部/別集類/唐五代別集
溫飛卿詩集七卷別集一卷集外詩一卷附錄諸家詩評一卷　(唐)溫庭筠撰　(明)曾益注　(清)顧予咸補注　(清)顧嗣立續注　清光緒十三年(1887)鴻文書局刻本　二冊

330000－1701－0075494　HJH811.16/0038/5/c1　集部/別集類/明別集

青邱高季迪先生詩集十八卷首一卷遺詩一卷扣舷集一卷鳧藻集五卷附録一卷　(明)高啓撰　(清)金檀輯注　清雍正六年至七年(1728－1729)金氏文瑞樓刻乾隆墨華池館印本　八册

330000－1701－0075496　G604162　類叢部/類書類/通類之屬

太平御覽一千卷目録十五卷　(宋)李昉等輯　清嘉慶十二年至十七年(1807－1812)歙縣鮑崇城刻二十三年(1818)印本　二十册　存一百六十一卷(目録一至十五、一至五十三、四百六十五至五百五十七)

330000－1701－0075497　HJL811.17/26441/c3　集部/別集類/清別集

硯壽堂詩鈔八卷詩續鈔二卷詩餘一卷　(清)吳存楷撰　清光緒十二年(1886)鄂垣刻本　二册

330000－1701－0075498　HJH811.17/71401/c2　集部/別集類/清別集

白華山人詩集十六卷詩説二卷　(清)厲志撰　清光緒九年(1883)厲學潮刻民國二十五年(1936)浙江省立圖書館印本　四册

330000－1701－0075499　普817.2/7734/2　集部/曲類/彈詞之屬

繪圖筆生花十六卷三十二回　(清)邱心如撰　清末石印本　十六册

330000－1701－0075501　G002258　子部/術數類/陰陽五行之屬

董公選要覽一卷附録一卷　(明)董濬撰　清光緒刻本　一册

330000－1701－0075502　G602683、G602045　史部/雜史類

西巡回鑾始末記六卷　(日本)吉田良太郎口譯　(清)八詠樓主人筆述　清光緒二十八年(1902)石印本　四册　存四卷(二至三、五至六)

330000－1701－0075503　G605467　子部/叢編

子書百家　(清)崇文書局編　清光緒元年(1875)湖北崇文書局刻民國元年(1912)鄂官書處重印本　二十七册　存八十一種

330000－1701－0075505　HJH811.17/26445/c2　類叢部/叢書類/自著之屬

澤古齋全集五種　(清)吳士模撰　清光緒十九年(1893)刻本　一册　存一種

330000－1701－0075506　HJH811.13/3608/8　集部/別集類/唐五代別集

溫飛卿詩集七卷別集一卷集外詩一卷附録諸家詩評一卷　(唐)溫庭筠撰　(明)曾益注　(清)顧予咸補注　(清)顧嗣立續注　清刻本　四册

330000－1701－0075507　G604171　子部/醫家類/眼科之屬

林氏眼科簡便驗方□□卷　(清)林士綸撰　清光緒十九年(1893)林敬堂刻本　一册　存一卷(上)

330000－1701－0075508　G002259　史部/政書類/邦計之屬

浙江財政説明書二卷　(清)浙江清理財政局編　清末石印本　一册

330000－1701－0075509　G604163　子部/宗教類/佛教之屬

法苑珠林一百卷　(唐)釋道世撰　清道光七年(1827)蔣氏燕園刻本　三十六册　缺三卷(八十四至八十六)

330000－1701－0075510　HJH811.17/26461　史部/地理類/雜志之屬

南湖百詠一卷　(清)吳萃恩撰　清同治五年(1866)嘉興吳氏小匏庵刻本　一册

330000－1701－0075511　HJH811.17/26461/c3　史部/地理類/雜志之屬

南湖百詠一卷　(清)吳萃恩撰　清同治五年(1866)嘉興吳氏小匏庵刻本　一册

330000－1701－0075512　G600230　史部/傳

記類/科舉録之屬/諸貢録

[宣統己酉科]浙江拔貢卷一卷 (清)王承吉撰 清宣統鉛印本 一冊

330000－1701－0075513 HJH811.17/7159/c1 集部/別集類/清別集

誰園詩鈔六卷 (清)阮焱撰 清光緒三年(1877)刻十九年(1893)增修本 二冊

330000－1701－0075514 HJH811.108924/7110.02/(2)/c3 集部/總集類/郡邑之屬

兩浙輶軒續錄五十四卷補遺六卷姓氏韻編二卷 (清)潘衍桐輯 清光緒十七年(1891)浙江書局刻本 四十冊

330000－1701－0075515 G002355 子部/宗教類/其他宗教之屬/基督教

道原精萃七種 (清)倪懷綸編 清光緒十三年(1887)上海慈母堂鉛印本 四冊 存二種

330000－1701－0075517 G601551 史部/地理類/方志之屬/郡縣志

[乾隆]巴縣志十七卷首一卷 (清)王爾鑑修 (清)王世沿等纂 清嘉慶二十五年(1820)刻本 四冊 存八卷(二至六、九至十、十六)

330000－1701－0075519 HJH811.17/2654.2 集部/別集類/清別集

花宜館詩鈔十六卷續存一卷無腔村笛二卷 (清)吳振棫撰 清同治四年(1865)京師刻本 六冊

330000－1701－0075520 HJH811.17/2654.2/c4 集部/別集類/清別集

花宜館詩鈔十六卷續存一卷無腔村笛二卷 (清)吳振棫撰 清同治四年(1865)京師刻本 六冊

330000－1701－0075521 G601552 史部/地理類/方志之屬/郡縣志

[同治]續漢州志二十四卷首一卷補志一卷 (清)張超等修 (清)曾履中 (清)張敏行纂 清同治八年(1869)刻本 八冊 缺一卷(補志)

330000－1701－0075522 G601553 史部/地理類/方志之屬/郡縣志

[乾隆]紹興府志八十卷首一卷 (清)李亨特修 (清)平恕 (清)徐嵩纂 清乾隆五十七年(1792)刻本 一冊 存二卷(五至六)

330000－1701－0075523 HJH811.1083/3547/c6 集部/總集類/選集之屬/通代

御選唐宋詩醇四十七卷目錄二卷 (清)高宗弘曆輯 清光緒七年(1881)浙江書局刻本 二十冊

330000－1701－0075524 HJH811.1087/1106/(2)/c3 集部/總集類/選集之屬/斷代

國朝詩鐸二十六卷首一卷 (清)張應昌輯 清同治八年(1869)永康應氏秀芝堂刻本 十六冊

330000－1701－0075525 HJH811.1087/1106/(2)/c4 集部/總集類/選集之屬/斷代

國朝詩鐸二十六卷首一卷 (清)張應昌輯 清同治八年(1869)永康應氏秀芝堂刻本 十六冊

330000－1701－0075527 普817.2/7734/3 類叢部/叢書類/彙編之屬

申報館叢書正集五十七種附錄三種續集一百四十二種 (清)尊聞閣主編 蔡爾康編續集 清同治至光緒上海申報館鉛印本 十六冊 存一種

330000－1701－0075528 HJH811.1087/1036/2 集部/總集類/選集之屬/斷代

湖海詩傳四十六卷 (清)王昶輯 清同治四年(1865)蘇州綠蔭堂刻本 十六冊

330000－1701－0075529 HJHB196 史部/傳記類/職官録之屬/歷朝

清職官同年錄不分卷 清末刻本 一冊

330000－1701－0075530 G602684 集部/曲類/彈詞之屬

安邦誌二十卷 清道光二十九年(1849)刻本 二十一冊 存十三卷(七至十九)

330000－1701－0075531 G600231 集部/別集類/宋別集

趙清獻公集十卷目錄二卷　(宋)趙抃撰　清南陽趙氏刻本　陳琦題記　四冊

330000－1701－0075532　G002260　子部/藝術類/書畫之屬/畫法畫品
傳神秘要一卷　(清)蔣驥撰　清木活字印本　一冊

330000－1701－0075533　HJH811.1087/1036/c2　集部/總集類/選集之屬/斷代
湖海詩傳四十六卷　(清)王昶輯　清同治四年(1865)蘇州綠蔭堂刻本　十六冊

330000－1701－0075534　HJH811.17/7163.2/c3　類叢部/叢書類/彙編之屬
抱經堂叢書七種　朱遂翔編　清刻民國杭州朱氏抱經堂補刻印本　一冊　存一種

330000－1701－0075535　G600232　史部/雜史類/斷代之屬
淮軍平捻記十二卷　(清)周世澄撰　清光緒刻本　六冊

330000－1701－0075536　G602685　集部/小說類/長篇之屬
鏡花緣二十卷一百回　(清)李汝珍撰　清刻本　二冊　存二卷(一至二)

330000－1701－0075537　G002356　子部/儒家類
知聖篇不分卷　廖平撰　清末稿本　一冊

330000－1701－0075538　G600233　史部/地理類/山川之屬/水志
中國江海險要圖誌二十二卷首一卷補編五卷附圖五卷　(英國)海軍海圖官局編　陳壽彭譯　清光緒二十七年(1901)上海經世文社石印本　六冊　存十二卷(二十一至二十二、補編一至五、圖一至五)

330000－1701－0075539　HJH811.13/4007.2　集部/別集類/唐五代別集
玉谿生詩詳註三卷首一卷樊南文集詳註八卷首一卷　(唐)李商隱撰　(清)馮浩編訂　清醉六堂刻本　章鋆題簽　四冊　存四卷(玉谿生詩詳註首、一至三)

330000－1701－0075540　G002357　子部/宗教類/佛教之屬/經
歷朝金剛經持驗紀二卷　(清)周克復輯　**金剛經持驗續紀一卷**　(清)釋達宗輯　**金剛般若波羅蜜經一卷**　(後秦)釋鳩摩羅什譯　清道光十年(1830)刻本　一冊

330000－1701－0075541　HJHB197　史部/傳記類/日記之屬
國文日記不分卷　清末稿本　一冊

330000－1701－0075543　HJH811.108924/2661.02/c4　集部/總集類/郡邑之屬
國朝杭郡詩續輯四十六卷姓氏韻編一卷　(清)吳振棫輯　清光緒二年(1876)錢塘丁氏刻本　十六冊

330000－1701－0075544　G602686　類叢部/叢書類/彙編之屬
申報館叢書正集五十七種附錄三種續集一百四十二種　(清)尊聞閣主編　蔡爾康編續集　清同治至光緒上海申報館鉛印本　一冊　存一種

330000－1701－0075545　G600234　史部/地理類/山川之屬/山志
泰山道里記一卷　(清)聶鈫撰　清道光六年(1826)刻本　一冊

330000－1701－0075546　G002182　子部/雜著類/雜纂之屬
古學記問錄十五卷　(清)吳蔚文撰　清同治四年(1865)文瑞堂刻本　六冊

330000－1701－0075547　普378.94833/9044　子部/兵家類/武術技巧之屬
少林棍法闡宗三卷　清抄本　二冊

330000－1701－0075548　HJH811.17/7180/c2　集部/別集類/清別集
芝隱室詩存八卷附存一卷續存二卷　(清)長善撰　清同治十年(1871)廣州將軍節署刻本　四冊　缺二卷(續存一至二)

330000－1701－0075549　G600235　史部/金石類/金之屬/圖像

陶齋吉金錄八卷 (清)端方撰 清光緒三十四年(1908)上海有正書局石印本 八冊

330000－1701－0075550 G602687 類叢部/叢書類/彙編之屬

嘯園叢書五十七種 (清)葛元煦編 清光緒二年至七年(1876－1881)仁和葛氏刻本 一冊 存一種

330000－1701－0075552 HJH811.13/4007.2/3 集部/別集類/唐五代別集

玉谿生詩詳註三卷首一卷樊南文集詳註八卷首一卷 (唐)李商隱撰 (清)馮浩編訂 清乾隆四十五年(1780)德聚堂刻嘉慶元年(1796)增刻本 四冊 存四卷(玉谿生詩詳註首、一至三)

330000－1701－0075553 HJH811.1087/2661.021/(2)/c3 集部/總集類/郡邑之屬

國朝杭郡詩三輯一百卷姓氏韻編一卷 (清)丁申 (清)丁丙編 清光緒十九年(1893)錢塘丁氏刻本 四十冊

330000－1701－0075554 G002358 子部/宗教類/佛教之屬/諸宗

指月錄三十二卷 (明)瞿汝稷輯 清同治十一年(1872)杭州昭慶寺慧空經房刻本 三冊 存九卷(二十四至三十二)

330000－1701－0075556 G002183 史部/史表類/通代之屬

歷代紀元彙考八卷 (清)萬斯同撰 孫鏘校補 **皇朝紀元彙考一卷** (清)李哲濬撰 清光緒稿本 一冊

330000－1701－0075557 G600236 史部/地理類/雜志之屬

浙江全省輿圖並水陸道里記不分卷 (清)宗源瀚等纂 清光緒二十年(1894)石印本 一冊

330000－1701－0075558 HJH811.17/26601 集部/別集類/清別集

小羅浮山館詩鈔十五卷 (清)吳昇撰 清同治四年(1865)吳振棫京師刻本 十四冊

330000－1701－0075559 G602688 子部/小說家類/諧謔之屬

一夕話六卷 (清)咄咄夫撰 清刻本 一冊 存一卷(五)

330000－1701－0075560 HJH811.17/7240/c1 集部/別集類/清別集

劉文清公遺集十七卷應制詩集三卷 (清)劉墉撰 清道光六年(1826)東武劉氏味經書屋刻本 四冊

330000－1701－0075562 普387.83/2530 史部/政書類/公牘檔冊之屬

浙省鐵路始末述略一卷 朱福詵等撰 清光緒三十四年(1908)京師京華印書局鉛印本 一冊

330000－1701－0075564 G600237 類叢部/叢書類/彙編之屬

申報館叢書正集五十七種附錄三種續集一百四十二種 (清)尊聞閣主編 蔡爾康編續集 清同治至光緒上海申報館鉛印本 一冊 存一種

330000－1701－0075565 HJH811.13/4007.2/c2 集部/別集類/唐五代別集

玉谿生詩詳註三卷首一卷樊南文集詳註八卷首一卷 (唐)李商隱撰 (清)馮浩編訂 清乾隆四十五年(1780)德聚堂刻嘉慶元年(1796)增刻本 四冊 存四卷(玉谿生詩詳註首、一至三)

330000－1701－0075566 G002262、G006568 類叢部/叢書類/郡邑之屬

金華叢書六十八種 (清)胡鳳丹編 清同治七年至光緒八年(1868－1882)永康胡氏退補齋刻民國補刻本 二冊 存一種

330000－1701－0075568 HJH811.17/26601/(2) 集部/別集類/清別集

小羅浮山館詩鈔十五卷 (清)吳昇撰 清道光刻本 四冊

330000－1701－0075569 G602689、G602917 子部/雜著類/雜說之屬

七修類藁五十一卷續藁七卷　(明)郎瑛撰　清光緒六年(1880)廣州翰墨園刻本　二册　存七卷(二十七至二十九、三十七至四十)

330000－1701－0075570　G601554　史部/地理類/方志之屬/郡縣志
[乾隆]海鹽縣續圖經七卷　(清)王如珪修　(清)陳世倕　(清)錢元昌纂　清乾隆十二年(1747)刻本　一册　存一卷(一)

330000－1701－0075571　G600238　史部/地理類/山川之屬/山志
泰山小史一卷　(明)蕭協中撰　清乾隆五十四年(1789)刻本　一册

330000－1701－0075572　HJH390.951/5046/c3、HJH390.951/5046/c1　經部/三禮總義類/通禮雜禮之屬
五禮通考二百六十二卷首四卷總目二卷　(清)秦蕙田撰　清光緒六年(1880)江蘇書局刻本　二十册　存五十四卷(一百五十八至一百八十六、二百三十八至二百六十二)

330000－1701－0075574　HJH811.17/72431/c2　集部/别集類/清别集
劉文恪公詩集四卷　(清)劉權之撰　清光緒五年(1879)映藜書屋刻本　四册

330000－1701－0075575　HJH811.17/2688/c2　類叢部/叢書類/自著之屬
魏稼孫先生全集三種　(清)魏錫曾撰　清光緒九年(1883)羊城刻本　一册　存一種

330000－1701－0075576　G600239　史部/地理類/山川之屬/山志
京口三山志　(清)□□輯　清同治至光緒刻本　二册　存一種

330000－1701－0075577　普387.83/2530.2　史部/政書類/公牘檔册之屬
江浙鐵路奏稿一卷　朱福詵撰　清光緒鉛印本　一册

330000－1701－0075578　G600240　史部/地理類/山川之屬/山志
京口三山志　(清)□□輯　清同治至光緒刻本　二册　存一種

330000－1701－0075579　HJH811.17/7244/c2　類叢部/叢書類/自著之屬
養晦堂集五種　(清)劉蓉撰　清光緒三年(1877)、十一年(1885)思賢講舍刻本　一册　存一種

330000－1701－0075580　G002359　集部/别集類/清别集
茗柯文初編一卷二編二卷三編一卷四編一卷　(清)張惠言撰　清光緒七年(1881)刻本　二册

330000－1701－0075581　G602690、G602342　子部/藝術類/遊藝之屬/博戲
弔譜集成六卷首一卷緒餘一卷　(清)退菴居士輯　清道光元年(1821)刻本　二册

330000－1701－0075582　HJH811.13/4007.3/c2　集部/别集類/唐五代别集
李義山詩集三卷　(唐)李商隱撰　(清)朱鶴齡箋注　**李義山詩譜一卷附録諸家詩評一卷**　清順治十六年(1659)刻本　四册

330000－1701－0075583　HJH811.17/2704　集部/别集類/清别集
四憶堂詩集六卷遺稿一卷　(清)侯方域撰　清初刻本　三册

330000－1701－0075584　G601555　史部/地理類/方志之屬/郡縣志
[光緒]上虞縣志四十八卷首一卷末一卷附録一卷　(清)唐煦春修　(清)朱士黻纂　清光緒十七年(1891)刻本　一册　存三卷(首、一至二)

330000－1701－0075586　G002263　類叢部/叢書類/彙編之屬
琳琅秘室叢書三十種　(清)胡珽編　清光緒十四年(1888)會稽董氏取斯家塾木活字印本　二册　存一種

330000－1701－0075587　G600241　史部/地理類/山川之屬/山志
九疑山志四卷　(清)吳繩祖編　(清)樊在廷

纂　清嘉慶元年(1796)吳氏退思齋刻本　二册

330000－1701－0075588　HJH411.021/0436/2/c4　史部/目録類/專録之屬
小學考五十卷　(清)謝啓昆撰　清光緒十四年(1888)浙江書局刻本　二十册

330000－1701－0075589　HJH811.17/7244/c3　類叢部/叢書類/自著之屬
養晦堂集五種　(清)劉蓉撰　清光緒三年(1877)、十一年(1885)思賢講舍刻本　一册　存一種

330000－1701－0075590　G002184、G002185、G002186　經部/叢編
五經四書讀本九種　清恕堂刻本　十九册　存三種

330000－1701－0075591　HJH811.17/2704/2/c2　集部/别集類/清别集
四憶堂詩集六卷遺稿一卷　(清)侯方域撰　清刻本　二册　缺一卷(遺稿)

330000－1701－0075592　HJH811.17/2704/2/c3　集部/别集類/清别集
四憶堂詩集六卷遺稿一卷　(清)侯方域撰　清刻本　二册　缺一卷(遺稿)

330000－1701－0075593　普387.83/2530.3　史部/政書類/公牘檔册之屬
汪侍郎蘇杭甬路案申明書駁議一卷　朱福詵等撰　清末京華印書局鉛印本　復安老人題記　志清跋　一册

330000－1701－0075594　G601556　史部/地理類/方志之屬/郡縣志
[乾隆]濟源縣志十六卷首一卷末一卷　(清)蕭應植纂修　清乾隆二十六年(1761)刻本　六册　存十二卷(三至八、十二至十六、末)

330000－1701－0075595　G002360　集部/别集類/清别集
小停雲詩集五卷　(清)王廷魁撰　清乾隆刻本　四册　存四卷(一至四)

330000－1701－0075596　G604164　史部/政書類
九通　(清)□□輯　清光緒八年至二十二年(1882－1896)浙江書局刻本　二十七册　存一種

330000－1701－0075597　HJH811.13/4007.305/c2　集部/别集類/唐五代别集
重訂李義山詩集箋注三卷集外詩箋注一卷　(唐)李商隱撰　(清)朱鶴齡箋注　(清)程夢星删補　**重訂李義山[商隱]年譜一卷詩話一卷**　(清)程夢星輯　清乾隆八年(1743)東柯草堂刻舊學山房印本　八册

330000－1701－0075598　HJH411.021/0436/2/c5　史部/目録類/專録之屬
小學考五十卷　(清)謝啓昆撰　清光緒十四年(1888)浙江書局刻本　章嶔題簽　二十册

330000－1701－0075599　G600242　史部/地理類/山川之屬/水志
西湖志四十八卷　(清)李衛　(清)程元章修　(清)傅王露纂　清光緒四年(1878)浙江書局刻本　一册　存二卷(三至四)

330000－1701－0075600　HJH811.16/0107/(2)/c2　類叢部/叢書類/彙編之屬
新陽趙氏叢刊十四種　(清)趙元益編　清光緒十一年至二十八年(1885－1902)新陽趙氏刻本　一册　存一種

330000－1701－0075601　HJH811.17/7249/(2)/c2/1　集部/别集類/清别集
師竹軒詩集四卷　(清)劉樹堂撰　**韻香閣詩草一卷**　(清)孔祥淑撰　清光緒十五年(1889)刻本　一册

330000－1701－0075602　G600243　史部/地理類/專志之屬/祠墓
岳廟志略十卷首一卷　(清)馮培輯　清光緒五年(1879)浙江書局刻本　一册　存二卷(九至十)

330000－1701－0075605　G002264　經部/群經總義類/文字音義之屬

十三經集字一卷 （清）李鴻藻輯 清光緒八年（1882）刻本 一册

330000－1701－0075606 普 387.83/6011 史部/政書類/邦計之屬

江浙鐵路風潮不分卷 墨悲輯 清光緒三十三年（1907）上海鉛印本 一册

330000－1701－0075607 G002361 史部/地理類/水利之屬

皂李湖水利事實不分卷 （明）羅朋撰 （清）曹雲慶輯 清康熙刻重修本 一册

330000－1701－0075608 HJH411.021/0436/2/c3 史部/目録類/專録之屬

小學考五十卷 （清）謝啓昆撰 清光緒十四年（1888）浙江書局刻本 二十册

330000－1701－0075609 G600244 類叢部/類書類/通類之屬

北堂書鈔一百六十卷 （唐）虞世南撰 （清）孔廣陶校注 清光緒十四年（1888）南海孔氏三十有三萬卷堂刻本 二十册

330000－1701－0075610 HJH811.17/2704/4 集部/别集類/清别集

四憶堂詩集六卷遺稿一卷 （清）侯方域撰 清刻本 二册 缺一卷（遺稿）

330000－1701－0075611 HJH811.16/0453/c1 集部/别集類/清别集

天愚山人詩集十二卷文集十六卷 （清）謝泰宗撰 **附録一卷** （清）吳偉業撰 清光緒六年（1880）謝駿德靈蕤館刻本 六册 存十二卷（詩集一至十二）

330000－1701－0075612 HJH811.13/4007.307/c2 集部/别集類/唐五代别集

李義山詩集三卷 （唐）李商隱撰 （清）朱鶴齡箋注 （清）沈厚塽輯評 **李義山詩譜一卷附録諸家詩評一卷** 清同治九年（1870）廣州倅署刻三色套印本 章崁題簽 四册

330000－1701－0075613 G002265 史部/地理類/外紀之屬

日本國志四十卷首一卷 （清）黄遵憲輯 清光緒二十七年（1901）上海書局石印本 八册 存三十五卷（首、一至三十四）

330000－1701－0075614 普 387.973/4116 新學/工藝/工學/塘工河工路工

美國鐵路彙考十三卷 （美國）柯里輯 （美國）傅蘭雅口譯 （清）潘松筆述 清光緒二十五年（1899）江南製造總局刻本 二册

330000－1701－0075616 HJH811.17/2723/c3 集部/别集類/清别集

琴游集二卷 （清）鄔佩之撰 清光緒二十九年（1903）刻本 一册

330000－1701－0075617 G600245 史部/雜史類/斷代之屬

平浙紀略十六卷 （清）秦緗業 （清）陳鍾英撰 清同治十二年（1873）浙江書局刻本 四册

330000－1701－0075618 HJH811.17/2726 集部/别集類/清别集

海門詩鈔八卷外集四卷補録一卷附録一卷 （清）鮑臯撰 清宣統三年（1911）刻本 四册

330000－1701－0075619 HJH414.11/1088/c2 經部/小學類/文字之屬/説文

王氏説文三種 （清）王筠撰 清道光至咸豐刻同治四年（1865）彙印本 十六册 存一種

330000－1701－0075622 HJH811.17/7249.2/c3 集部/别集類/清别集

師竹軒詩集四卷 （清）劉樹堂撰 清光緒十五年（1889）天津書局石印本 一册

330000－1701－0075624 G600246 史部/地理類/山川之屬/水志

太湖備考十六卷首一卷 （清）金友理撰 **湖程紀略一卷** （清）吳曾撰 清乾隆十五年（1750）藝蘭圃刻本 八册

330000－1701－0075625 G604165 經部/叢編

重刊宋本十三經注疏四百十六卷 附十三經注疏校勘記四百十六卷 （清）阮元撰 （清）盧宣旬摘録 清嘉慶二十年（1815）南昌府學

刻本　十冊　存五種

330000－1701－0075626　G002362、G002822　史部/地理類/方志之屬/通志
[嘉慶]湖南通志二百十九卷首三卷末六卷　(清)巴哈布等修　(清)王煦等纂　清道光刻本　二冊　存六卷(四十三至四十五、一百九十七至一百九十九)

330000－1701－0075628　G002266　子部/雜著類/雜編之屬
集腋成裘不分卷　清抄本　四冊

330000－1701－0075629　HJH811.13/4007.307/c3　集部/別集類/唐五代別集
李義山詩集三卷　(唐)李商隱撰　(清)朱鶴齡箋注　(清)沈厚塽輯評　**李義山詩譜一卷附錄諸家詩評一卷**　清同治九年(1870)廣州倅署刻三色套印本　四冊

330000－1701－0075631　普388/2833　新學/船政/行船事宜
航海章程一卷附初議紀錄一卷　(美國)弗蘭克林撰　(清)鳳儀口譯　(清)徐家寶筆述　清光緒江南機器製造總局刻本　一冊　缺一卷(初議紀錄)

330000－1701－0075632　HJH811.17/7249.2/c4　集部/別集類/清別集
師竹軒詩集四卷　(清)劉樹堂撰　清光緒十五年(1889)天津書局石印本　一冊

330000－1701－0075633　G002267　集部/別集類/清別集
書札存稿一卷　(清)陳大浚撰　清末稿本　一冊

330000－1701－0075634　HJH811.16/1060/c1　類叢部/叢書類/彙編之屬
邵武徐氏叢書二集八種　(清)徐榦編　清光緒邵武徐氏刻本　二冊　存一種

330000－1701－0075635　G600247　史部/地理類/山川之屬/山志
京口三山志　(清)□□輯　清同治至光緒刻本　八冊　存一種

330000－1701－0075636　G002363　集部/總集類/彙編之屬
賦彙題解十卷　(清)倪一擎編　(清)杭世駿定　清乾隆二十三年(1758)刻本　二冊

330000－1701－0075638　HJH414.11/1088/2/(2)　經部/小學類/文字之屬/說文/傳說
說文解字句讀三十卷　(清)王筠撰　清光緒八年(1882)四川尊經書局刻本　二十冊

330000－1701－0075640　G002268　集部/詞類/別集之屬
水雲樓詞二卷續一卷　(清)蔣春霖撰　清光緒湖南思賢書局刻本　一冊

330000－1701－0075641　G600248　史部/地理類/雜志之屬
湖墅小志四卷　(清)高鵬年輯　清光緒二十二年(1896)石印本　一冊　存二卷(一至二)

330000－1701－0075642　HJL811.17/7442/(2)/c2　集部/別集類/清別集
陸堂集四十四卷(陸堂文集二十卷詩集十六卷詩續集八卷)　(清)陸奎勳撰　清雍正十三年至乾隆五年(1735－1740)小瀛山閣刻本　四冊　存十四卷(詩集一至十四)

330000－1701－0075643　G600249、G606183　史部/地理類/雜志之屬
湖墅小志四卷　(清)高鵬年輯　清光緒二十二年(1896)石印本　二冊

330000－1701－0075644　G602691　史部/地理類/方志之屬/郡縣志
光緒海寧縣志二十四卷首一卷　(清)王瑞成　(清)程雲驤修　(清)張濬等纂　清光緒二十八年(1902)刻本　十二冊

330000－1701－0075645　G600250　史部/地理類/雜志之屬
湖墅小志四卷　(清)高鵬年輯　清光緒二十二年(1896)石印本　一冊　存二卷(一至二)

330000－1701－0075647　HJH414.11/7714/c2　經部/小學類/文字之屬/說文
說文解字注十五卷附六書音均表五卷　(清)

段玉裁撰 **說文部目分韻一卷** （清）陳煥編 清乾隆至嘉慶段氏經韻樓刻同治六年至十一年（1867－1872）蘇州保息局補刻本 章嶔題簽 十六冊

330000－1701－0075649 G600251 史部/地理類/山川之屬/山志
雲臺新志十八卷首一卷末一卷 （清）謝元淮修 （清）許喬林纂 清道光十七年（1837）郁洲書院刻本 五冊 存十六卷（四至十八、末）

330000－1701－0075651 G002364、G004986 集部/別集類/宋別集
南豐先生元豐類藁五十三卷 （宋）曾鞏撰 清康熙五十六年（1717）長洲顧崧齡刻本 八冊

330000－1701－0075652 G600252、G600914 史部/地理類/山川之屬/山志
雲臺新志十八卷首一卷末一卷 （清）謝元淮修 （清）許喬林纂 清道光十七年（1837）郁洲書院刻本 三冊 存九卷（六至十、十六至十八、末）

330000－1701－0075654 G604166 史部/金石類/總志之屬/圖像
三古圖三種 （清）黃晟輯 明萬曆三十一年（1603）吳萬化寶古堂刻清乾隆十八年（1753）天都黃晟亦政堂重修本 三冊 存一種

330000－1701－0075655 G602692 類叢部/叢書類/彙編之屬
清風室叢刊二十種 （清）錢保塘編 清同治十年至民國二十五年（1871－1936）海寧錢氏清風室刻本 一冊 存一種

330000－1701－0075656 G600253 類叢部/叢書類/彙編之屬
武英殿聚珍版書五十三種 清同治十三年（1874）江西書局刻本 一冊 存一種

330000－1701－0075657 HJL811.16/1060/2/c1 集部/別集類/元別集
竹齋詩集四卷附録一卷 （元）王冕撰 清嘉慶四年（1799）王珮蘭刻本 四冊

330000－1701－0075658 G604167 史部/金石類/總志之屬/圖像
三古圖三種 （清）黃晟輯 明萬曆三十一年（1603）吳萬化寶古堂刻清乾隆十八年（1753）天都黃晟亦政堂重修本 三冊 存一種

330000－1701－0075660 HJL811.17/7442/c2 集部/別集類/清別集
陸堂集四十四卷（陸堂文集二十卷詩集十六卷詩續集八卷） （清）陸奎勳撰 清雍正十三年至乾隆五年（1735－1740）小瀛山閣刻本 二冊 存十三卷（詩集一至十三）

330000－1701－0075661 G600254 史部/地理類/總志之屬/斷代
元和郡縣圖志四十卷 （唐）李吉甫撰 **闕卷逸文一卷** （清）孫星衍輯 清光緒六年（1880）金陵書局刻本（卷十九至二十、二十三至二十四、三十五至三十六原缺） 二冊 存十三卷（五至十七）

330000－1701－0075662 G602693 集部/曲類/寶卷之屬
珠塔寶卷全集不分卷 清瑪瑙經房刻本 一冊

330000－1701－0075665 G604168 經部/小學類/文字之屬/字書/訓蒙
澄衷蒙學堂字課圖說四卷檢字一卷類字一卷 （清）劉樹屏撰 （清）吳子城繪圖 清光緒二十七年（1901）澄衷蒙學堂石印本 一冊 存二卷（檢字、類字）

330000－1701－0075667 G601557 史部/地理類/方志之屬/郡縣志
［道光］重修寶應縣志二十八卷首一卷 （清）孟毓蘭修 （清）喬載繇等纂 清道光二十年（1840）湯氏沐華堂刻本 十六冊

330000－1701－0075668 G602694 類叢部/叢書類/彙編之屬
津逮祕書十五集一百四十種 （明）毛晉編 明崇禎虞山毛氏汲古閣刻本 二冊 存一種

330000－1701－0075669　HJH811.17/4462.2/c4　集部/别集類/清別集

兩當軒集二十卷補遺二卷附録四卷　(清)黄景仁撰　**兩當軒集攷異二卷**　(清)黄志述撰　清光緒二年(1876)武進黄氏家塾刻本　六册　缺二卷(補遺一至二)

330000－1701－0075672　G600255　經部/詩類/傳說之屬

詩說十二卷詩總說一卷　(宋)劉克撰　清道光八年(1828)長洲汪士鐘藝雲書舍蘇州影宋刻本(卷九至十原缺)　四册

330000－1701－0075673　G002269　集部/詞類/別集之屬

左菴詞話二卷　(清)繼昌撰　清光緒刻本　二册

330000－1701－0075674　G601558　史部/地理類/方志之屬/郡縣志

[光緒]平湖縣志二十五卷首一卷末一卷　(清)彭潤章等修　(清)葉廉鍔等纂　**平湖殉難錄一卷**　(清)彭潤章輯　清光緒十二年(1886)刻本　十三册

330000－1701－0075675　HJH811.16/2846/c1　集部/别集類/清別集

且樸齋詩稿六卷茶贊吟一卷　(清)徐懋曙撰　(清)姚子莊輯　清光緒二十五年(1899)刻本　一册

330000－1701－0075677　G604169　子部/醫家類/本草之屬/歷代綜合本草

本草求真九卷圖一卷主治二卷脈理求真一卷　(清)黄宫繡撰　清刻本　一册　存一卷(脈理求真)

330000－1701－0075678　G002371　子部/雜著類/雜說之屬

墨子閒詁十五卷目錄一卷附錄一卷後語二卷　(清)孫詒讓撰　清光緒二十一年(1895)蘇州毛上珍木活字印本　八册

330000－1701－0075679　HJH811.17/4462.4　集部/别集類/清别集

兩當軒詩鈔十四卷悔存詞鈔二卷　(清)黄景仁撰　清嘉慶四年(1799)長寧趙希璜河南高堰廳署刻二十二年(1817)侯官鄭炳文補刻書帶草堂印本　四册

330000－1701－0075680　G002270　新學/議論/論政

公民必讀初編一卷二編一卷　孟昭常撰　清光緒三十四年(1908)預備立憲公會鉛印本　一册　存一卷(二編)

330000－1701－0075681　G602695　集部/别集類/唐五代别集

溫飛卿詩集七卷別集一卷集外詩一卷附錄諸家詩評一卷　(唐)溫庭筠撰　(明)曾益注　(清)顧予咸補注　(清)顧嗣立續注　清康熙三十六年(1697)長洲顧氏秀野草堂刻本　二册

330000－1701－0075682　G600256　史部/地理類/方志之屬/郡縣志

[大德]昌國州圖志七卷首一卷末一卷　(元)馮福京等撰　清咸豐四年(1854)甬上徐氏煙嶼樓刻宋元四明六志本　劉青藜題簽　一册　缺三卷(一至三)

330000－1701－0075683　HJH811.16/2846/(2)　集部/别集類/清别集

且樸齋詩稿六卷茶贊吟一卷　(清)徐懋曙撰　(清)姚子莊輯　清光緒二十五年(1899)刻本　四册

330000－1701－0075685　G604170　集部/别集類/清别集

白榆村舍記事稿四卷　(清)馬承昭撰　清末綺春閣鉛印本　二册　存二卷(一、三)

330000－1701－0075686　G002271　史部/目錄類/總録之屬

學古堂藏書目不分卷捐藏書目一卷　(清)□□撰　清光緒刻本　一册

330000－1701－0075690　G602696　史部/史評類/史論之屬

史通通釋二十卷附錄一卷　(清)浦起龍撰

清乾隆十七年(1752)浦氏求放心齋刻本　六册

330000－1701－0075691　HJH811.17/7451/2/c3　集部/别集類/清别集
真息齋詩鈔四卷續鈔一卷　(清)陸費瑔撰　清同治九年(1870)陸費履厚堂刻本　劍心題記　二册

330000－1701－0075694　G601559　類叢部/叢書類/彙編之屬
漸西村舍彙刊(漸西村舍叢刻)四十四種　(清)袁昶編　清光緒十六年至二十四年(1890－1898)桐廬袁氏刻本　二册　存一種

330000－1701－0075695　G600257　史部/地理類/山川之屬/山志
寶華山志十五卷首一卷　(清)釋德基輯　(清)劉名芳纂　清乾隆刻本　一册　存四卷(九至十二)

330000－1701－0075696　M003450　子部/藝術類/遊藝之屬/棋弈
橘中秘四卷　(明)朱晉楨撰　清末上海江左書林刻本　一册　存一卷(三)

330000－1701－0075697　G002272　新學/雜著
名學三卷首一卷　(英國)穆勒約翰撰　嚴復翻譯　清光緒二十八年(1902)金粟齋鉛印本　二册　存一卷(一)

330000－1701－0075698　HJH811.17/4477/c2　集部/别集類/清别集
懷亭詩錄六卷續錄六卷三錄一卷　(清)蔣學堅撰　清光緒二十一年至民國三年(1895－1914)刻本　四册

330000－1701－0075700　HJH811.17/4483/c2　集部/别集類/清别集
逢吉堂焚餘稿一卷　(清)黃錫深撰　(清)黃春輯　**逢吉堂焚餘稿題詞一卷**　(清)黃春編　清光緒三十年(1904)南海黃春刻本　一册

330000－1701－0075701　HJH811.17/7451/(2)　集部/别集類/清别集
真息齋詩鈔四卷續鈔一卷　(清)陸費瑔撰　清同治九年(1870)陸費履厚堂刻本　李廣華題記　四册

330000－1701－0075702　G600258　史部/目録類/總録之屬/私撰
海源閣藏書目一卷　(清)楊紹和撰　清光緒十四年(1888)元和江標師鄦室刻本　一册

330000－1701－0075703　HJH811.17/4487　集部/别集類/清别集
文起堂詩集十五卷首一卷　(清)韓羹卿撰　清光緒十年(1884)韓氏懷德堂刻本　四册

330000－1701－0075704　HJH811.14/4453.41/2/c2　集部/别集類/宋别集
蘇文忠詩合註五十卷首一卷　(宋)蘇軾撰　(清)馮應榴輯　清乾隆五十八年(1793)桐鄉馮氏踵息齋刻本　十六册

330000－1701－0075705　HJH811.17/44871/(2)/c2　集部/别集類/清别集
閒味軒詩鈔十卷詞鈔二卷　(清)韓欽撰　清光緒二十二年(1896)刻本　二册

330000－1701－0075706　G604173　類叢部/叢書類/自著之屬
春在堂全書三十六種　(清)俞樾撰　清同治至光緒刻光緒末彙印本　十一册　存一種

330000－1701－0075707　G002365　史部/政書類/公牘檔册之屬
杭扇價目不分卷　(清)大興文炳記撰　清末石印本　一册

330000－1701－0075708　G600259　史部/地理類/方志之屬/通志
[道光]蜀典十二卷　(清)張澍纂　清光緒二年(1876)尊經書院刻本　三册　存十卷(一至十)

330000－1701－0075709　G601560　史部/地理類/方志之屬/郡縣志
[光緒]慈谿縣志五十六卷列傳附編一卷　(清)楊泰亨　(清)馮可鏞纂　(清)劉一桂校補　清光緒二十五年(1899)德潤書院刻本

二十三冊　存五十五卷(二至五十六)

330000－1701－0075710　G002273　經部/詩類/傳說之屬
詩經集傳八卷　(宋)朱熹撰　清末李光明莊刻本　二冊　存一卷(一)

330000－1701－0075711　HJH811.17/4649/c2　集部/别集類/清别集
吟香室詩草二卷續刻一卷附刻一卷　(清)楊蘊輝撰　清光緒二十三年(1897)南海縣署刻本　二冊

330000－1701－0075713　HJH811.17/4489/c2　集部/别集類/清别集
傳樸堂詩稿四卷補遺一卷竹樊山莊詞一卷　(清)葛金烺撰　**附録一卷**　(清)譚獻　(清)許景澄　(清)沈曾植撰　**弢華館詩稿一卷**　(清)葛嗣浵撰　清光緒二十一年(1895)刻三十三年(1907)補刻民國增修本　二冊

330000－1701－0075714　G605469　史部/紀事本末類/斷代之屬
聖武記十四卷　(清)魏源撰　清道光二十六年(1846)古微堂刻本　十冊

330000－1701－0075715　G604174　類叢部/叢書類/自著之屬
春在堂全書三十六種　(清)俞樾撰　清同治至光緒刻光緒末彙印本　五冊　存一種

330000－1701－0075717　G605470　史部/紀事本末類/斷代之屬
聖武記十四卷　(清)魏源撰　清道光二十六年(1846)古微堂刻本　十二冊

330000－1701－0075718　HJH811.17/4493/c2　集部/别集類/清别集
倚晴樓集　(清)黄燮清撰　清咸豐至同治海鹽黄氏拙宜園刻本　三冊　存一種

330000－1701－0075719　HJH811.17/4493/(2)/c2　集部/别集類/清别集
倚晴樓集　(清)黄燮清撰　清咸豐至同治海鹽黄氏拙宜園刻本　二冊　存一種

330000－1701－0075720　G602697　子部/藝術類/書畫之屬/畫法畫品
水流雲在圖記二卷　陳夔龍撰　清宣統三年(1911)石印本　二冊

330000－1701－0075722　G605468　集部/總集類/選集之屬/通代
涵芬樓古今文鈔一百卷　吳曾祺輯　清宣統二年(1910)上海商務印書館鉛印本　九十九冊　缺一卷(一)

330000－1701－0075723　HJH811.16/3141/c2　類叢部/叢書類/郡邑之屬
武林往哲遺箸五十二種後編十種　(清)丁丙編　清光緒二十年至二十六年(1894－1900)錢塘丁氏嘉惠堂刻本　一冊　存一種

330000－1701－0075725　HJH811.17/4493.2/(2)/c2　集部/别集類/清别集
倚晴樓集　(清)黄燮清撰　清咸豐至同治海鹽黄氏拙宜園刻本　一冊　存一種

330000－1701－0075728　G604175　類叢部/叢書類/彙編之屬
平津館叢書六集三十五種　(清)孫星衍編　清嘉慶蘭陵孫氏刻本　七冊　存二種

330000－1701－0075729　G002274　子部/宗教類/其他宗教之屬/基督教
馬可講義□□卷　(德國)花之安撰　清光緒基督聖教協和書局鉛印本　一冊　存一卷(上)

330000－1701－0075730　G601561　史部/地理類/方志之屬/郡縣志
同治上海縣志三十二卷首一卷末一卷　(清)應寶時等修　(清)俞樾　(清)方宗誠纂　清同治十年(1871)吳門臬署刻本　十五冊　存三十一卷(三至三十二、末)

330000－1701－0075731　HJH811.14/4453.5/(2)/c1　集部/别集類/宋别集
蘇文忠公詩編註集成四十六卷集成總案四十五卷諸家雜綴酌存一卷蘇海識餘四卷牋詩圖一卷　(宋)蘇軾撰　(清)王文誥輯注　清光

緒十四年(1888)浙江書局刻本　二十三册

330000－1701－0075733　G602698　集部/總集類/選集之屬/通代
宋元明詩約鈔三百首六卷摘句一卷　(清)朱梓　(清)冷昌言輯　清道光二十一年(1841)京江華峰書屋刻本　一册　缺一卷(摘句)

330000－1701－0075734　HJH811.17/4494/2/c2　集部/別集類/清別集
范伯子詩集十九卷　(清)范當世撰　清光緒三十四年(1908)刻本　四册

330000－1701－0075735　G002366　集部/總集類/郡邑之屬
海陵竹枝詞六卷附一卷　(清)金長福等撰　清同治三年(1864)刻本　二册

330000－1701－0075738　G002187　子部/雜著類/雜考之屬
覺非盦筆記八卷　(清)顧堃撰　清光緒八年(1882)刻本　三册　存六卷(一至六)

330000－1701－0075740　HJH811.13/4046/2(2)　集部/別集類/唐五代別集
李長吉歌詩四卷外集一卷首一卷　(唐)李賀撰　(清)王琦彙解　清乾隆王氏寶笏樓刻本　六册

330000－1701－0075741　G601562、G601563　類叢部/叢書類/郡邑之屬
畿輔叢書　(清)王灝編　清光緒五年至十八年(1879－1892)定州王氏謙德堂刻三十二年(1906)彙印本(元和郡縣圖志卷十九至二十、二十三至二十四、三十五至三十六)　八册　存一種

330000－1701－0075742　HJH811.17/44971　類叢部/叢書類/自著之屬
留書種閣集九種　(清)黃炳垕撰　清同治六年至光緒二十年(1867－1894)餘姚黃氏留書種閣刻本　一册　存一種

330000－1701－0075743　M003273　子部/儒家類/儒學之屬/蒙學
三字經一卷　(宋)王應麟撰　清末李光明莊刻本　一册

330000－1701－0075744　HJL811.17/44971/2　類叢部/叢書類/自著之屬
留書種閣集九種　(清)黃炳垕撰　清同治六年至光緒二十年(1867－1894)餘姚黃氏留書種閣刻本　一册　存一種

330000－1701－0075746　G602699　史部/傳記類/總傳之屬/郡邑
海寧鄉賢錄一卷　(清)許湝祥輯　清光緒二十九年(1903)刻本　一册

330000－1701－0075747　G002367、G006868　子部/藝術類/遊藝之屬/雜藝
益智新囊三十四卷　(清)種蕉藝蘭生撰　清光緒二十九年(1903)鉛印本　八册

330000－1701－0075750　G604176　子部/醫家類/類編之屬
醫林指月十二種　(清)王琦編　清乾隆刻本　一册　存一種

330000－1701－0075751　HJH811.17/4526/c2　集部/別集類/清別集
蓑笠軒僅存稿六卷　(清)樓儼撰　清乾隆刻光緒二十七年(1901)印本　翰東題記　五册

330000－1701－0075752　HJH811.14/4453.5/(2)/c2　集部/別集類/宋別集
蘇文忠公詩編註集成四十六卷集成總案四十五卷諸家雜綴酌存一卷蘇海識餘四卷牋詩圖一卷　(宋)蘇軾撰　(清)王文誥輯注　清光緒十四年(1888)浙江書局刻本　二十三册

330000－1701－0075753　G002368、G007880　子部/小說家類/瑣語之屬
觚賸八卷續編四卷　(清)鈕琇輯　清宣統時中書局石印本　六册

330000－1701－0075754　HJH016.17/3013/c3　史部/目錄類/總錄之屬/官修
欽定四庫全書總目二百卷首一卷　(清)紀昀等撰　清同治七年(1868)廣東書局刻本　一百十八册　缺三卷(一百九十八至二百)

330000－1701－0075758　G604177　史部/地理類/方志之屬/郡縣志
[光緒]唐棲志二十卷　(清)王同纂　清光緒十五年至十六年(1889－1890)刻本　四册　存十四卷(四至九、十三至二十)

330000－1701－0075760　G002188　集部/總集類/彙編之屬
註釋七家詩帖試彙選　(清)張熙宇輯評　清光緒二十二年(1896)刻本　三册　存六種

330000－1701－0075761　G605471　類叢部/叢書類/家集之屬
如皋冒氏叢書三十四種附二種　冒廣生輯　清光緒至民國如皋冒氏刻本　二册　存一種

330000－1701－0075762　G002275　子部/宗教類/道教之屬/方法
龍門秘旨一卷　(清)高仁峒輯　清光緒二十八年(1902)上海翼化堂刻本　一册

330000－1701－0075764　G601564　史部/地理類/方志之屬/郡縣志
[嘉慶]東臺縣志四十卷　(清)周右修　(清)蔡復午等纂　清嘉慶二十二年(1817)刻本　十册

330000－1701－0075765　HJH811.17/4600/c2　集部/總集類/彙編之屬
七家試帖輯註彙鈔　(清)張熙宇輯評　(清)王植桂輯註　清光緒十六年(1890)石渠山房刻本　二册　存一種

330000－1701－0075768　G002369　類叢部/叢書類/彙編之屬
武英殿聚珍版書三十九種　清乾隆浙江刻本　一册　存一種

330000－1701－0075769　G604178　史部/地理類/方志之屬/郡縣志
[光緒]唐棲志二十卷　(清)王同纂　清光緒十五年至十六年(1889－1890)刻本　一册　存三卷(七至九)

330000－1701－0075770　G605472　史部/地理類/雜志之屬
龍井見聞録十卷附宋僧元淨外傳二卷　(清)汪孟鋗纂　清乾隆刻本　二册　存九卷(一至九)

330000－1701－0075771　HJH811.13/4458.98/(2)　類叢部/類書類/專類之屬
杜韓詩句集韻三卷　(清)汪文柏輯　清康熙四十五年至四十六年(1706－1707)練江汪氏古香樓刻本　三册

330000－1701－0075772　HJH811.13/4428/2　集部/别集類/唐五代别集
樊川詩集四卷别集一卷外集一卷詩補遺一卷　(唐)杜牧撰　(清)馮集梧注　清嘉慶六年(1801)德裕堂刻本　四册

330000－1701－0075775　HJH016.197/1134/(5)　類叢部/叢書類/自著之屬
潛園總集十七種　(清)陸心源撰　清同治至光緒刻本　二十四册　存一種

330000－1701－0075777　G002370　集部/别集類/清别集
半江水初稿二卷　(清)任文化撰　清道光二年(1822)穀詒堂刻本　一册

330000－1701－0075779　HJH811.14/4454/2/(2)　集部/别集類/宋别集
石湖居士詩集三十五卷　(宋)范成大撰　(清)顧嗣臯等重訂　清康熙二十七年(1688)姑蘇顧氏依園刻本(卷三十五原缺)　八册

330000－1701－0075780　G601565、G601802　子部/雜著類/雜編之屬
人海記二卷　(清)查慎行撰　清宣統二年(1910)掃葉山房石印本　二册

330000－1701－0075784　G002189　子部/術數類/陰陽五行之屬
三才甲子三卷附一卷　(清)游光鼎輯　清光緒二十六年(1900)姜文奎堂刻本　三册

330000－1701－0075785　HJH811.13/4007.5　集部/别集類/唐五代别集
李義山詩集十六卷　(唐)李商隱撰　(清)姚培謙箋　清乾隆五年(1740)姚氏松桂讀書堂

刻本　四册

330000－1701－0075786　HJH811.17/4650/c3　集部/别集類/清别集
飲雪軒詩集四卷　(清)楊泰亨撰　清宣統二年(1910)經畬家塾刻本　一册

330000－1701－0075787　HJH811.17/4652　集部/别集類/清别集
桐華吟館詩稿十二卷文鈔一卷詞稿二卷　(清)楊揆撰　清嘉慶十二年(1807)刻本　四册　缺一卷(文鈔)

330000－1701－0075788　HJH811.17/46741　類叢部/叢書類/彙編之屬
清風室叢刊二十種　(清)錢保塘編　清同治十年至民國二十五年(1871－1936)海寧錢氏清風室刻本　二册　存一種

330000－1701－0075789　HJH811.17/46741/c2　類叢部/叢書類/彙編之屬
清風室叢刊二十種　(清)錢保塘編　清同治十年至民國二十五年(1871－1936)海寧錢氏清風室刻本　二册　存一種

330000－1701－0075790　G002276　史部/金石類/總志之屬/目録
東巡金石録八卷　(清)崔應階　(清)梁翥鴻輯　清乾隆刻本　三册

330000－1701－0075791　HJH811.17/4695　集部/别集類/清别集
扶雅堂詩集十四卷　(清)楊炳春撰　清光緒至宣統刻本　四册

330000－1701－0075792　HJH811.13/4453.21/c2　集部/别集類/唐五代别集
杜工部集二十卷首一卷　(唐)杜甫撰　(明)王世貞等評　(清)盧坤輯評　清道光十四年(1834)芸葉盦刻六色套印本　八册

330000－1701－0075794　HJH811.16/4040/c2　集部/别集類/明别集
滄溟先生集十四卷附録一卷　(明)李攀龍撰　清光緒二十一年(1895)長沙張氏湘雨樓刻本　四册

330000－1701－0075798　G600260　類叢部/叢書類/彙編之屬
水經山海經合刻二種　(清)項薩編　清康熙五十四年(1715)歙縣項氏羣玉書堂刻本　六册　存一種

330000－1701－0075800　G602700、G602701　子部/藝術類/書畫之屬
桐陰論畫二卷首一卷附録一卷畫訣一卷續桐陰論畫一卷二編二卷三編二卷　(清)秦祖永撰　清同治三年至光緒八年(1864－1882)刻朱墨套印本　八册

330000－1701－0075801　G002277　類叢部/叢書類/自著之屬
有恆心齋集六種附一種　(清)程鴻詔撰　清同治刻本　一册　存三種

330000－1701－0075802　G604179、G605075　集部/别集類/清别集
望溪先生文集十八卷集外文十卷集外文補遺二卷　(清)方苞撰　**方望溪先生[苞]年譜一卷附録一卷**　(清)蘇惇元輯　清咸豐元年(1851)戴鈞衡刻二年(1852)增刻本　三册　存八卷(集外文三至十)

330000－1701－0075803　G600261、G611200　史部/目録類/專録之屬
小學考五十卷　(清)謝啓昆撰　清光緒十四年(1888)浙江書局刻本　二十册

330000－1701－0075804　G604180　史部/政書類/律令之屬/刑制
明刑管見録一卷　(清)穆翰撰　清光緒三十年(1904)浙江官書局刻本　一册

330000－1701－0075805　G002278　集部/曲類/寶卷之屬
普陀觀音寶卷一卷　清光緒二十年(1894)蘇城瑪瑙經房刻本　一册

330000－1701－0075806　G604181　類叢部/叢書類/彙編之屬
小石山房叢書三十八種　(清)顧湘編　清道光刻同治十三年(1874)虞山顧氏補刻本　一

冊　存二種

330000－1701－0075807　G602702　史部/地理類/專志之屬/古跡

申江勝景圖二卷　(清)吳友如繪　清光緒十年(1884)上海點石齋石印本　一冊　存一卷(下)

330000－1701－0075811　G002279　集部/曲類/寶卷之屬

七眞寶卷一卷　清末浙杭西湖慧空經房刻本　一冊

330000－1701－0075812　G604182　集部/總集類/郡邑之屬

國朝杭郡詩三輯一百卷姓氏韻編一卷　(清)丁申　(清)丁丙編　清光緒十九年(1893)錢塘丁氏刻本　六冊　存十五卷(三十六至五十)

330000－1701－0075813　G600262、G600265　類叢部/叢書類/彙編之屬

廣雅書局叢書一百五十九種　徐紹棨編　清光緒廣雅書局刻民國九年(1920)番禺徐紹棨彙編重印本　二十冊　存一種

330000－1701－0075814　G605473　史部/史評類/考訂之屬

東周列國攷畧二卷　(清)朱元炅輯　清光緒十三年(1887)刻本　二冊

330000－1701－0075815　G602703　類叢部/叢書類/彙編之屬

正誼堂全書六十三種續刻五種　(清)張伯行編　(清)楊浚重編　清同治五年(1866)福州正誼書院刻同治八年至光緒十三年(1869－1887)續刻本　一冊　存一種

330000－1701－0075816　G604183　集部/總集類/郡邑之屬

國朝杭郡詩三輯一百卷姓氏韻編一卷　(清)丁申　(清)丁丙編　清光緒十九年(1893)錢塘丁氏刻本　六冊　存十五卷(三十六至五十)

330000－1701－0075817　G605474　史部/史評類/考訂之屬

東周列國攷畧二卷　(清)朱元炅輯　清光緒十三年(1887)刻本　二冊

330000－1701－0075819　G604184　集部/總集類/郡邑之屬

國朝杭郡詩三輯一百卷姓氏韻編一卷　(清)丁申　(清)丁丙編　清光緒十九年(1893)錢塘丁氏刻本　二冊　存六卷(四十二至四十七)

330000－1701－0075820　G002280　集部/曲類/寶卷之屬

雪梅寶卷二卷　清光緒十一年(1885)杭州景文齋刻本　二冊

330000－1701－0075821　G604185　集部/總集類/郡邑之屬

國朝杭郡詩三輯一百卷姓氏韻編一卷　(清)丁申　(清)丁丙編　清光緒十九年(1893)錢塘丁氏刻本　一冊　存三卷(四十至四十二)

330000－1701－0075823　G602704　經部/小學類/音韻之屬

今韻三辨三種　(清)孫同元撰輯　清道光十九年至二十三年(1839－1843)刻本　二冊　存二種

330000－1701－0075824　G605475　史部/史評類/考訂之屬

東周列國攷畧二卷　(清)朱元炅輯　清光緒十三年(1887)刻本　二冊

330000－1701－0075825　G604186、G607213　經部/叢編

十三經古注　(明)葛鼒　(明)金蟠校　明崇禎十二年(1639)金蟠刻清同治八年(1869)浙江書局重修本　四冊　存二種

330000－1701－0075826　G605476　史部/史評類/考訂之屬

東周列國攷畧二卷　(清)朱元炅輯　清光緒十三年(1887)刻本　二冊

330000－1701－0075829　G600264　類叢部/叢書類/彙編之屬

武英殿聚珍版書三十九種　清乾隆浙江刻本　一冊　存一種

330000－1701－0075830　G002190　史部/政書類

九通提要十二卷　(清)柴紹炳纂　清光緒二十八年(1902)上海鉛印本　六冊

330000－1701－0075831　G602705　史部/史評類/史論之屬

欽定古今儲貳金鑑六卷　(清)高宗弘曆等撰　清光緒二十一年(1895)浙江官書局刻本　三冊

330000－1701－0075834　G604187　史部/地理類

李氏五種　(清)李兆洛撰　清光緒十四年(1888)掃葉山房刻本　十二冊

330000－1701－0075835　G002191　集部/總集類/題詠之屬

咏古詩一卷　清抄本　一冊

330000－1701－0075836　G602706、G603166、G607820　集部/總集類/選集之屬/斷代

文粹一百卷　(宋)姚鉉輯　**文粹補遺二十六卷**　(清)郭麐輯　清光緒十六年(1890)杭州許增榆園刻本　九冊　存五十三卷(一至二十一、九十五至一百,補遺一至二十六)

330000－1701－0075837　G600276　史部/地理類/總志之屬/斷代

元和郡縣圖志四十卷　(唐)李吉甫撰　**闕卷逸文一卷**　(清)孫星衍輯　清光緒六年(1880)金陵書局刻本(卷十九至二十、二十三至二十四、三十五至三十六原缺)　六冊

330000－1701－0075838　G604188　集部/別集類/清別集

寒松堂全集十二卷寒松老人[魏象樞]年譜一卷　(清)魏象樞撰　清嘉慶十六年(1811)魏煜刻本　三冊　存三卷(一至二、年譜)

330000－1701－0075839　G002192　集部/別集類/清別集

北門楊君詩鈔一卷　(清)融道人撰　清抄本　一冊

330000－1701－0075841　G605477　子部/小說家類/異聞之屬

瓊林霏屑八卷　(清)望海樓主人輯　清光緒三十二年(1906)上海灌文書局石印本　一冊　存一卷(四)

330000－1701－0075843　G600277　類叢部/叢書類/自著之屬

北江全集七種　(清)洪亮吉撰　清乾隆至嘉慶刻彙印本　十三冊　存一種

330000－1701－0075847　G605478　類叢部/叢書類/彙編之屬

國粹叢書四十九種　(清)國學保存會編　清光緒至宣統鉛印本　一冊　存一種

330000－1701－0075849　G002193　集部/別集類/清別集

賞心贅錄一卷　(日本)江馬聖欽撰　清光緒七年(1881)刻朱墨套印本　一冊

330000－1701－0075850　G600263、G600266、G600267、G600268、G600269、G600270、G600292、G600296、G600297、G600298　類叢部/叢書類/彙編之屬

武英殿聚珍版書五十三種　清同治十三年(1874)江西書局刻本　二十六冊　存十二種

330000－1701－0075851　HJH811.13/4453.21/(3)　集部/別集類/唐五代別集

杜工部集二十卷首一卷　(唐)杜甫撰　(明)王世貞等評　(清)盧坤輯評　清道光十四年(1834)芸葉盦刻六色套印本　二十冊

330000－1701－0075852　G602707　子部/宗教類/佛教之屬/諸宗

異方便淨土傳燈歸元鏡三祖實錄二卷　(清)釋智達撰　清虞邑旌教寺刻本　二冊

330000－1701－0075853　G605479、G007224　子部/藝術類/書畫之屬/書法書品

漢溪書法通解八卷　(清)戈守智撰　清咸豐元年(1851)刻本　二冊　存三卷(一至二、五)

330000－1701－0075855　HJH811.13/4453.22/(2)　集部/別集類/唐五代別集
杜詩集評十五卷　(唐)杜甫撰　(清)劉濬輯　清嘉慶九年(1804)海寧劉氏藜照堂刻本　八冊

330000－1701－0075857　G602708　子部/宗教類/佛教之屬/諸宗
萬峯和尚語錄一卷　(明)釋時蔚撰　(明)釋普壽錄　清光緒二十四年(1898)禪源寺刻本　擬禪題記　一冊

330000－1701－0075861　HJH811.13/4453.25/(2)　集部/別集類/唐五代別集
杜工部集二十卷附錄一卷唱酬題詠附錄一卷諸家詩話一卷　(唐)杜甫撰　(清)錢謙益箋註　清宣統二年(1910)上海鉛印本　四冊

330000－1701－0075862　G602709　子部/宗教類/佛教之屬
不空圓禪師語錄一卷　(清)釋真乾等編　清光緒二十六年(1900)海潮禪寺刻本　一冊

330000－1701－0075863　G605480　集部/戲劇類/總集之屬/傳奇
笠翁傳奇十種　(清)李漁撰　清步月樓刻本　二冊　存一種

330000－1701－0075864　G601566　集部/總集類/選集之屬/通代
文選六十卷　(南朝梁)蕭統輯　(唐)李善注　**文選考異十卷**　(清)胡克家撰　清宣統三年(1911)上海會文堂粹記石印本　十六冊

330000－1701－0075865　HJH811.13/4453.25/6/c2　集部/別集類/唐五代別集
杜工部集二十卷附錄一卷年譜一卷唱酬題詠附錄一卷諸家詩話一卷　(唐)杜甫撰　(清)錢謙益箋註　清宣統三年(1911)時中書局石印本　八冊

330000－1701－0075867　G002281　子部/宗教類/道教之屬/戒律
太上感應篇律解一卷文昌陰騭文律解一卷關帝覺世眞經律解一卷附錄一卷　(清)躬行居士輯　(清)慎餘子注　清光緒十七年(1891)陳鳳誥刻本　普潔生題記　一冊

330000－1701－0075868　G602710、G607822　經部/小學類/文字之屬/字書/字典
康熙字典十二集三十六卷總目一卷檢字一卷辨似一卷等韻一卷補遺一卷備考一卷　(清)張玉書等纂修　清康熙刻本　四十冊

330000－1701－0075869　G600271　史部/地理類/雜志之屬
湖墅小志四卷　(清)高鵬年輯　清光緒二十二年(1896)石印本　一冊　存三卷(一至三)

330000－1701－0075870　G601567　史部/地理類/方志之屬/郡縣志
[同治]長興縣志三十二卷　(清)趙定邦修　(清)周學濬　(清)丁寶書纂　清同治十三年至光緒元年(1874－1875)刻本　四冊　存八卷(二十一至二十六、三十下至三十一上)

330000－1701－0075871　G604189　集部/別集類/清別集
道古堂詩集二十六卷　(清)杭世駿撰　清乾隆五十七年(1792)杭賓仁刻本　六冊

330000－1701－0075873　G600272　史部/地理類/雜志之屬
浙江沿海圖說一卷附海島表一卷　(清)朱正元撰　清光緒二十五年(1899)上海鉛印本　一冊

330000－1701－0075875　G002282　子部/術數類/陰陽五行之屬
增廣玉匣記通書六卷　清光緒十八年(1892)汲綆齋刻本　一冊

330000－1701－0075876　G605481　史部/傳記類/科舉録之屬/歷科鄉試録
四川鄉試第三房同門錄不分卷　清光緒刻本　一冊

330000－1701－0075878　G605482　史部/傳記類/科舉録之屬/歷科鄉試録
四川鄉試第三房同門錄不分卷　清光緒刻本　一冊

330000－1701－0075879　G600273　史部/地理類/雜志之屬
蒙古地理摘要一卷　（日本）參謀部撰　軍事編譯處編譯　清末軍事廳石印處石印本　一冊

330000－1701－0075880　G601568、G601212　史部/地理類/方志之屬/郡縣志
［康熙］金華府志三十卷　（清）張藎修　（清）沈麟趾等纂　清康熙二十二年（1683）刻本　清王芸山題記　九冊　存二十四卷（一至二、六至十六、二十至三十）

330000－1701－0075882　G604190　史部/金石類/金之屬/文字
積古齋鐘鼎彝器款識十卷　（清）阮元　（清）朱爲弼撰　清光緒五年（1879）武昌刻本　四冊　存五卷（一至三、九至十）

330000－1701－0075883　G600274　史部/地理類/山川之屬/山志
爛柯山志十三卷　（清）鄭永禧輯　清光緒三十三年（1907）不其山館刻本　一冊　存四卷（一至四）

330000－1701－0075884　G605483、G606666　經部/叢編
御纂七經五種　（清）李光地等撰　清康熙至乾隆内府刻本　七冊　存一種

330000－1701－0075885　G602711　類叢部/叢書類/彙編之屬
粤雅堂叢書一百八十五種　（清）伍崇曜編　清道光二十九年至光緒十一年（1849－1885）南海伍氏刻彙印本　五冊　存一種

330000－1701－0075886　G002373　集部/曲類/曲韻曲譜曲律之屬
曲譜不分卷　清末抄本　四十四冊

330000－1701－0075887　G600275、G603835、G609745、G608010　史部/傳記類/總傳之屬/列女
中國女史二十一卷正誤一卷　（清）金炳麟　（清）王以銓輯　清宣統元年（1909）杭州中合公司鉛印本　六冊

330000－1701－0075888　G604191　史部/金石類/石之屬/義例
碑版文廣例十卷　（清）王芑孫撰　清道光二十一年（1841）長洲王氏刻本　三冊　存七卷（一至三、七至十）

330000－1701－0075889　G002283　集部/總集類/選集之屬/斷代
扣舷集二卷附　（清）徐楠撰　**題詞二卷**　（清）徐寯編　**晴軒詩鈔一卷**　（清）徐兆奎撰　清道光刻本　一冊

330000－1701－0075892　G600278　史部/目録類/書志之屬/提要
直齋書録解題二十二卷　（宋）陳振孫撰　清光緒九年（1883）江蘇書局刻本　六冊

330000－1701－0075893　G601569、G602025、G602338　集部/小説類/長篇之屬
鏡花緣二十卷一百回　（清）李汝珍撰　清刻本　十三冊　存十二卷（三至九、十二、十五至十六、十九至二十）

330000－1701－0075894　G002374　經部/小學類/音韻之屬/韻書
詩韻全璧五卷　（清）湯祥瑟輯　清光緒錦章書局石印本　一冊　存一卷（一）

330000－1701－0075895　G605484　子部/宗教類/佛教之屬/諸宗
大覺普濟玉林禪師語録十二卷　（清）釋通琇撰　（清）釋音綽等輯　（清）釋超琦彙　**大覺普濟能仁國師［釋能琇］年譜二卷**　（清）釋超琦輯　清同治十三年（1874）杭城昭慶寺慧空經房刻本　一冊　存二卷（大覺普濟能仁國師年譜一至二）

330000－1701－0075896　G600279、G603740　史部/政書類/邦交之屬
光緒丙午年交涉要覽上篇一卷中篇二卷下篇四卷　（清）北洋洋務局輯　清光緒三十四年（1908）北洋官報局鉛印本　五冊　缺一卷（下篇一）

330000－1701－0075897　G602712、G602614　集部/小說類/長篇之屬
紅樓夢一百二十卷一百二十回　(清)曹霑　(清)高鶚撰　(清)王希廉評　清道光十二年(1832)吳縣王氏刻本　十九冊　存六十七卷(七至十、十六至十八、二十三至二十九、四十至四十六、五十四至五十九、六十六至六十九、七十四至七十九、九十一至一百二十)

330000－1701－0075898　G604192　類叢部/叢書類/彙編之屬
崇文書局彙刻書三十一種　(清)崇文書局編　清光緒元年至三年(1875－1877)湖北崇文書局刻本　一冊　存一種

330000－1701－0075899　G600280、G600377　史部/政書類/邦交之屬
光緒乙巳年交涉要覽上篇二卷下篇三卷　(清)北洋洋務局輯　清光緒三十三年(1907)北洋官報局鉛印本　五冊

330000－1701－0075900　G002284　集部/總集類/尺牘之屬
尺牘稿存一卷　清末抄本　一冊

330000－1701－0075901　G605485　子部/叢編
子書百家　(清)崇文書局編　清光緒元年(1875)湖北崇文書局刻本　一冊　存一種

330000－1701－0075903　G601570　史部/雜史類/斷代之屬
啓禎記聞錄八卷　(明)葉紹袁撰　清宣統至民國上海商務印書館鉛印痛史本　闇公跋　四冊

330000－1701－0075904　G604193　史部/目録類/專録之屬
皇清經解敬修堂編目十六卷　(清)陶治元編　清光緒十二年(1886)石印本　一冊　存四卷(八至十一)

330000－1701－0075906　G605486　新學/地學/地理學
金石識別十二卷　(美國)代那撰　(美國)瑪高溫口譯　(清)華蘅芳筆述　清同治十一年(1872)江南製造局刻本　六冊

330000－1701－0075907　G602713　史部/目録類/總録之屬/私撰
申報館書目不分卷　(清)尊聞閣主編　**續集不分卷**　蔡爾康編　清光緒三年至五年(1877－1879)上海申報館鉛印本　一冊

330000－1701－0075908　G601571　子部/儒家類/儒學之屬/經濟
明夷待訪錄一卷　(清)黃宗羲撰　清光緒二十三年(1897)上海鴻文局石印本　一冊

330000－1701－0075910　G002194　類叢部/叢書類/彙編之屬
祕書廿一種　(清)汪士漢編　清刻本　一冊　存二種

330000－1701－0075912　G604194、G609244、G611453、G607684　史部/傳記類/總傳之屬/通代
中西人物通攷一百卷　(清)葉逢時輯　清光緒二十九年(1903)杭州史學齋石印本　十三冊　存六十五卷(一至五、十一至十五、二十一至二十五、三十六至八十五)

330000－1701－0075913　G002376　集部/總集類/彙編之屬
隨園同人尺牘四卷　(清)袁枚鑒定　清同治三年(1864)刻本　四冊

330000－1701－0075914　G602714　史部/目録類/總録之屬/私撰
申報館書目不分卷　(清)尊聞閣主編　**續集不分卷**　蔡爾康編　清光緒三年至五年(1877－1879)上海申報館鉛印本　一冊

330000－1701－0075915　G605487　史部/金石類/總志之屬
金石索十二卷首一卷　(清)馮雲鵬　(清)馮雲鵷輯　清道光元年至十五年(1821－1835)紫琅馮氏邃古齋滋陽刻本　一冊　存一卷(石索四)

330000－1701－0075916　G604195　史部/政

書類/儀制之屬/典禮

聖廟祀典圖考三卷首一卷附聖跡圖一卷孟子聖跡圖一卷 （清）顧沅撰　清光緒上海同文書局影印本　二册　存三卷（聖廟祀典圖考三、聖跡圖、孟子聖跡圖）

330000－1701－0075917　G602715　類叢部/叢書類/彙編之屬

埽葉山房叢鈔二十六種 （清）席威編　清同治至光緒刻光緒九年（1883）彙印本　六册　存一種

330000－1701－0075918　G602716　史部/傳記類/總傳之屬/技藝

墨林今話十八卷 （清）蔣寶齡撰　**墨林今話續編一卷** （清）蔣茝生撰　清同治十一年（1872）刻埽葉山房叢鈔本　儷笙跋　三册　存十五卷（一至十五）

330000－1701－0075919　G009734、G604196、G603234、G607555　史部/地理類/外紀之屬

萬國分類時務大成四十卷首一卷 （清）錢豐選輯　清光緒二十七年（1901）上海文盛書局石印本　二十七册

330000－1701－0075921　G002195　子部/儒家類/儒學之屬/蒙學

蒙養百詠一卷 （清）王贇元輯　清同治元年（1862）刻本　一册

330000－1701－0075922　G002285　子部/宗教類/佛教之屬/經疏

大方廣佛新華嚴經合論一百二十卷首一卷 （唐）釋實叉難陀譯　（唐）李通玄撰論　（唐）釋志寧釐經合論　清同治十一年（1872）金陵刻經處刻本　幼偉題記　六册　存二十五卷（首、一至二十四）

330000－1701－0075923　G605488　子部/藝術類/書畫之屬/總論

佩文齋書畫譜一百卷 （清）孫岳頒等輯　清光緒九年（1883）上海同文書局石印本　三册　存十九卷（四十三至五十四、八十一至八十七）

330000－1701－0075924　G002377　集部/小說類/長篇之屬

增刻紅樓夢圖詠一卷 （清）王墀繪並輯　**紅樓夢紀畧一卷廣義一卷** （清）青山山農撰　**紅樓夢論贊一卷** （清）讀花人撰　清末石印本　一册　存四卷（紀畧、廣義一至二、論贊）

330000－1701－0075926　G604197、G606992、G609242　類叢部/叢書類/彙編之屬

經策通纂二種 （清）吴頴炎　（清）陳通聲等纂　清光緒十三年（1887）上海點石齋石印本　五册　存一種

330000－1701－0075927　G605489　類叢部/類書類/通類之屬

古今圖書集成一萬卷目錄四十卷 （清）蔣廷錫　（清）陳夢雷等輯　**古今圖書集成考證二十四卷** 清光緒十年（1884）上海圖書集成書局鉛印本　五册　存三十卷（銓衡典十二至十七、三十五至四十，考工典八十六至九十二、一百九十九至二百九）

330000－1701－0075928　G600282　集部/别集類/清别集

靈素堂駢體文一卷詩鈔四卷 （清）徐錦撰　清光緒十二年（1886）許景澄刻本　一册

330000－1701－0075929　G601572　類叢部/叢書類/彙編之屬

知不足齋叢書一百九十五種 （清）鮑廷博編　（清）鮑士恭續編　清乾隆三十七年至道光三年（1772－1823）長塘鮑氏刻彙印本　一册　存二種

330000－1701－0075930　G604198、G607556、G610019、G611663、G011626　集部/總集類/選集之屬/通代

御定歷代賦彙一百四十卷目錄二卷外集二十卷逸句二卷補遺二十二卷 （清）陳元龍輯　清光緒十二年（1886）雙梧書屋石印本　十一册　存一百二十六卷（一至十八、五十二至一百二十六，外集一至二十、逸句一至二、補遺一至十一）

330000－1701－0075931　G602717、G603318

史部/地理類/雜志之屬

中外地輿圖說集成一百三十卷首三卷 （清）同康廬輯 清光緒二十年(1894)上海順成書局石印本 十四冊 存九十六卷(三十五至一百三十)

330000－1701－0075932 G600281 類叢部/類書類/專類之屬

佩文韻府一百六卷 （清）張玉書 （清）蔡升元等輯 **韻府拾遺一百六卷** （清）汪灝 （清）何焯等輯 清刻本 十三冊 存八十四卷(韻府拾遺二十三至一百六)

330000－1701－0075933 G002196、G009780 史部/傳記類/日記之屬

兼廬日記不分卷(清光緒三十一年八月初一日至三十二年三月三十日) 稿本 二冊

330000－1701－0075935 G002378 史部/地理類/遊記之屬/紀行

凝香室鴻雪因緣圖記三集六卷 （清）麟慶撰 清光緒十年(1884)上海點石齋石印本 杏過録清光緒五年跋 六冊

330000－1701－0075937 G604199 史部/雜史類/斷代之屬

拳匪紀略八卷前編二卷後編二卷圖一卷 （清）楊鳳藻等輯 清光緒二十九年(1903)上洋書局石印本 一冊 存一卷(圖)

330000－1701－0075938 G002286 集部/總集類/課藝之屬

高等學堂課藝一卷 （清）丁文蔚等撰 清末刻本 一冊

330000－1701－0075939 G605490 類叢部/叢書類/彙編之屬

武英殿聚珍版書三十九種 清乾隆浙江刻本 一冊 存一種

330000－1701－0075941 G604200、G612012 類叢部/叢書類/彙編之屬

融經館叢書十一種 （清）徐友蘭編 清光緒六年至十一年(1880－1885)會稽徐氏八杉齋刻本 三冊 存一種

330000－1701－0075946 G604201 子部/小說家類/雜事之屬

剪燈餘話三卷 （明）李禎撰 清咸豐元年(1851)刻本 一冊 存一卷(三)

330000－1701－0075947 G601573 類叢部/叢書類/彙編之屬

知不足齋叢書一百九十五種 （清）鮑廷博編 （清）鮑士恭續編 清乾隆三十七年至道光三年(1772－1823)長塘鮑氏刻彙印本 六冊 存四種

330000－1701－0075948 G600283、G609546 史部/地理類/專志之屬/古跡

桃花源志二十四卷首一卷 （清）胡鳳丹輯 清光緒三年(1877)永康胡氏退補齋刻本 十冊

330000－1701－0075949 G602718、G608977 子部/農家農學類/園藝之屬/總志

佩文齋廣羣芳譜一百卷目錄二卷 （清）汪灝等撰 清康熙刻本 六冊 存十四卷(九至二十、目錄一至二)

330000－1701－0075950 G605491 類叢部/叢書類/彙編之屬

武英殿聚珍版書三十九種 清乾隆浙江刻本 二冊 存二種

330000－1701－0075951 G600284 史部/地理類/專志之屬/祠墓

岳廟志略十卷首一卷 （清）馮培輯 清光緒五年(1879)浙江書局刻本 四冊

330000－1701－0075952 G002287 類叢部/叢書類/自著之屬

率祖堂叢書(金仁山先生遺書、婺學十四種)八種附六種 （宋）金履祥撰 清雍正至乾隆金華金氏刻光緒十三年(1887)鎮海謝駿德補刻本 二冊 存附一種

330000－1701－0075953 G002197 史部/政書類/邦計之屬/鹽法

淮鹽雜件一卷 （清）戴文儁手錄 清抄本 一冊

330000－1701－0075954　G002379　集部/別集類/清別集

義門先生集十二卷　(清)何焯撰　(清)吳雲　(清)韓崇　(清)翁大年輯　**附録一卷義門弟子姓氏録一卷**　清宣統三年(1911)中華圖書館影印本　四冊

330000－1701－0075955　G600285　史部/地理類/山川之屬/山志

爛柯山志十三卷　(清)鄭永禧輯　清光緒三十三年(1907)不其山館刻本　三冊　存十一卷(一至十一)

330000－1701－0075956　G604202　類叢部/叢書類/自著之屬

春融堂集三種　(清)王昶撰　清嘉慶青浦王氏塾南書舍刻本　一冊　存一種

330000－1701－0075957　G602719　子部/藝術類/音樂之屬/樂譜

蕉庵琴譜四卷　(清)秦維瀚撰　清光緒三年(1877)刻本　四冊

330000－1701－0075959　G605492、G605832　史部/史評類/考訂之屬

東周列國攷畧二卷　(清)朱元炅輯　清光緒十三年(1887)刻本　二冊

330000－1701－0075961　G604203、G608882　子部/雜著類/雜說之屬

七修類藁五十一卷續藁七卷　(明)郎瑛撰　清乾隆四十年(1775)耕烟草堂刻本　清蒔孫題記　五冊　存十四卷(一、二十五至二十七、三十二至三十五、四十一至四十三、續藁五至七)

330000－1701－0075962　G600286　史部/地理類/山川之屬/山志

爛柯山志十三卷　(清)鄭永禧輯　清光緒三十三年(1907)不其山館刻本　一冊　存六卷(五至十)

330000－1701－0075963　M003479　子部/叢編

萬國政治藝學全書四十一種　(清)朱大文　(清)凌賡揚編　清光緒二十八年(1902)上海鴻文書局石印本　一冊　存一種

330000－1701－0075964　G605493、G605831　史部/史評類/考訂之屬

東周列國攷畧二卷　(清)朱元炅輯　清光緒十三年(1887)刻本　二冊

330000－1701－0075965　G600287　史部/地理類/專志之屬/祠墓

汪王廟志畧一卷　(清)汪文炳撰　清光緒三十一年(1905)刻本　一冊

330000－1701－0075966　G605494、G605070、G604110　史部/地理類/方志之屬/郡縣志

[光緒]青浦縣志三十卷首二卷末一卷　(清)汪祖綬等修　(清)熊其英　(清)邱式金纂　清光緒五年(1879)尊經閣刻本　四冊　存十二卷(一至十二)

330000－1701－0075967　G604204、G604205、G602420　類叢部/叢書類/彙編之屬

申報館叢書正集五十七種附録三種續集一百四十二種　(清)尊聞閣主編　蔡爾康編續集　清同治至光緒上海申報館鉛印本　五冊　存二種

330000－1701－0075968　G002380　經部/小學類/文字之屬/字書/字體

篆書正四卷　(清)戴明說撰　(清)馬鳴蕭編　清順治刻本　四冊

330000－1701－0075970　G605495　類叢部/叢書類/自著之屬

郝氏遺書三十三種　(清)郝懿行撰　清嘉慶至光緒刻彙印本　一冊　存一種

330000－1701－0075971　G601574、G602029、G602271、G602454、G602512　類叢部/叢書類/彙編之屬

知不足齋叢書一百九十五種　(清)鮑廷博編　(清)鮑士恭續編　清乾隆三十七年至道光三年(1772－1823)長塘鮑氏刻彙印本　三十二冊　存三十五種

330000－1701－0075972　G002198　史部/史

評類
蒸山筆塵一卷　(明)商輅撰　**方洲雜言一卷**　(明)張寧撰　**琅琊漫鈔一卷**　(明)文林撰　清抄本　一冊

330000－1701－0075973　G600288　子部/藝術類/遊藝之屬/聯語
西湖楹聯四卷　清光緒二十二年(1896)暨陽周慶祺知正軒刻本　一冊　存一卷(一)

330000－1701－0075974　G602720、G608826　類叢部/叢書類/郡邑之屬
畿輔叢書　(清)王灝編　清光緒五年至十八年(1879－1892)定州王氏謙德堂刻三十二年(1906)彙印本(元和郡縣圖志卷十九至二十、二十三至二十四、三十五至三十六)　五冊　存一種

330000－1701－0075975　G600289　子部/藝術類/遊藝之屬/聯語
西湖楹聯四卷　清光緒十五年(1889)暨陽周慶祺知正軒刻十六年(1890)增刻本　一冊　存一卷(一)

330000－1701－0075977　G600290　子部/藝術類/遊藝之屬/聯語
西湖楹聯四卷　清光緒十五年(1889)暨陽周慶祺知正軒刻十六年(1890)增刻本　一冊　存一卷(一)

330000－1701－0075979　G002199　新學/史志/别國史
英民史記三卷　(英國)葛耳雲撰　(英國)馬林譯　(清)李玉書述　清光緒三十三年(1907)上海美華書館鉛印本　三冊

330000－1701－0075980　G002288　子部/儒家類/儒學之屬/禮教/家訓
明袁了凡四訓一卷　(明)袁黄撰　清光緒十五年(1889)湖北官書處刻本　一冊

330000－1701－0075982　G601575　類叢部/叢書類/彙編之屬
粤雅堂叢書一百八十五種　(清)伍崇曜編　清道光二十九年至光緒十一年(1849－1885)南海伍氏刻彙印本　一冊　存一種

330000－1701－0075983　G600291　子部/儒家類/儒學之屬/俗訓
人譜一卷人譜類記二卷　(明)劉宗周撰　清同治七年(1868)蕺山書院刻本　省吾題簽　二冊

330000－1701－0075984　G002381　集部/别集類/清别集
餘生集一卷　(清)山鳳輝撰　清光緒十四年(1888)新倉古香齋刻本　一冊

330000－1701－0075988　G605496　類叢部/叢書類/郡邑之屬
金華叢書六十八種　(清)胡鳳丹編　清同治七年至光緒八年(1868－1882)永康胡氏退補齋刻民國補刻本　一冊　存一種

330000－1701－0075989　G002200　子部/術數類/陰陽五行之屬
推背圖詳解一卷　**推背圖説一卷**　(周)姜子牙撰　(漢)嚴子陵續輯　**李淳風藏頭詩一卷**　(唐)李淳風撰　**劉伯溫燒餅歌一卷**　(明)劉基撰　**透天玄機一卷**　(明)張貞常　(明)劉伯溫撰　**黄蘗禪師詩一卷迴文碑一卷**　清末東京廣豐書局石印本　一冊

330000－1701－0075990　G600294　子部/藝術類/書畫之屬/書法書品
絳帖目録一卷　王存善編　清光緒三十二年(1906)仁和王氏鉛印本　一冊

330000－1701－0075991　G601576　類叢部/叢書類/彙編之屬
粤雅堂叢書一百八十五種　(清)伍崇曜編　清道光二十九年至光緒十一年(1849－1885)南海伍氏刻彙印本　十四冊　存五種

330000－1701－0075992　G002382　集部/總集類/酬唱之屬
茆桂題襟集二卷　(清)顧錫智等撰　(清)徐兆瑋輯　清光緒二十九年(1903)刻本　一冊

330000－1701－0075993　G604206、G604328　類叢部/叢書類/彙編之屬

嘯園叢書五十七種　(清)葛元煦編　清光緒二年至七年(1876－1881)仁和葛氏刻本　六冊　存七種

330000－1701－0075994　G600295　史部/地理類/專志之屬/寺觀
辯利院志三卷　(清)翟灝撰　(清)吳樹虛增訂　清乾隆刻道光十年(1830)印本　一冊

330000－1701－0075996　G605497　史部/地理類/專志之屬/寺觀
流香一覽一卷　(清)釋明開撰　清光緒四年(1878)刻本　一冊

330000－1701－0075998　G002289　史部/雜史類/通代之屬
窺間錄四卷首一卷末一卷　(清)鄭文燿編　清嘉慶二十三年(1818)靈山帶草堂刻本　四冊

330000－1701－0075999　G002383　史部/傳記類/科舉録之屬/歷科鄉試録
光緒二十年甲午科浙江鄉試硃卷一卷　(清)顧梓培撰　清光緒刻本　一冊

330000－1701－0076000　G602721、G609653　類叢部/叢書類/彙編之屬
觀自得齋叢書二十三種別集六種　(清)徐士愷編　清光緒十三年至二十年(1887－1894)石埭徐氏刻本　二冊　存三種

330000－1701－0076001　HJH811.14/4454/2/c3　集部/别集類/宋別集
石湖居士詩集三十五卷　(宋)范成大撰　(清)顧嗣皐等重訂　清康熙二十七年(1688)姑蘇顧氏依園刻本(卷三十五原缺)　二冊

330000－1701－0076003　G605498　集部/戲劇類/傳奇之屬
藏園九種曲　(清)蔣士銓撰　清乾隆漁古堂刻本　一冊　存一種

330000－1701－0076004　G605499　子部/藝術類/書畫之屬/畫譜
詩中畫二卷　(清)馬濤繪　清光緒十一年(1885)石印本　二冊

330000－1701－0076006　G002290　經部/四書類/總義之屬/傳說
四書釋地一卷續一卷又續二卷三續一卷附孟子生卒年月考一卷　(清)閻若璩撰　清乾隆五十二年(1787)東涪王氏眷西堂刻本　六冊

330000－1701－0076007　G605500　經部/叢編
通志堂經解一百四十種　(清)納蘭成德輯　清康熙十九年(1680)納蘭成德刻本　一冊　存一種

330000－1701－0076010　G600041、G600299、G600453　類叢部/叢書類/彙編之屬
守山閣叢書一百十二種　(清)錢熙祚編　清光緒十五年(1889)上海鴻文書局據清道光二十四年(1844)金山錢氏重編增刻墨海金壺本影印本(籀史卷二原缺)　七十冊　存八十二種

330000－1701－0076011　G601577　新學/兵制/海軍
水師保身法一卷　(法國)勒羅阿撰　(英國)伯克雷譯　(清)程鑾　(清)趙元益重譯　清光緒江南製造總局刻本　一冊

330000－1701－0076014　G002384　史部/政書類/公牘檔冊之屬
清理丁氏裕通欵目函牘摘要一卷　清宣統鉛印本　一冊

330000－1701－0076015　G605501　子部/藝術類/書畫之屬/畫譜
芥子園畫傳五卷　(清)王槩輯　清康熙刻本　一冊　存一卷(四)

330000－1701－0076016　G604207　類叢部/叢書類/彙編之屬
武英殿聚珍版書三十九種　清乾隆浙江刻本　八冊　存七種

330000－1701－0076018　G605502　史部/傳記類/總傳之屬/通代
於越先賢像傳贊二卷　(清)王齡撰　(清)任熊繪像　清咸豐七年(1857)蕭山王氏養龢堂

刻光緒三年(1877)張氏印本　一册

330000－1701－0076019　G601578　史部/地理類/方志之屬/郡縣志

[道光]平望志十八卷首一卷　(清)翁廣平纂　清光緒十三年(1887)吴江黄兆檉刻本　四册　存十三卷(首、一至八、十二至十五)

330000－1701－0076020　G002385　史部/政書類/公牘檔册之屬

會審信隆行租用南洋兵輪轇轕全案不分卷　(清)張坤德譯　清光緒石印本　一册

330000－1701－0076023　G600300　史部/目録類/通論之屬/掌故瑣記

藏書紀事詩七卷　葉昌熾撰　清宣統二年(1910)長洲葉昌熾刻本　六册

330000－1701－0076025　G600301、G605073　類叢部/叢書類/自著之屬

北江全集七種　(清)洪亮吉撰　清乾隆至嘉慶刻彙印本　二册　存一種

330000－1701－0076026　G601579、G602175　史部/地理類/方志之屬/郡縣志

[光緒]餘姚縣志二十七卷首一卷末一卷　(清)周炳麟修　(清)邵友濂　(清)孫德祖纂　清光緒二十五年(1899)刻本　六册　存八卷(十至十五、十九、二十三)

330000－1701－0076027　G605503　集部/别集類/清别集

梅村詩集箋注十八卷　(清)吴偉業撰　(清)吴翌鳳箋注　清嘉慶十九年(1814)嚴榮滄浪吟榭刻本　三册　存六卷(九至十、十四至十五、十七至十八)

330000－1701－0076028　G604208　類叢部/叢書類/彙編之屬

知不足齋叢書一百九十五種　(清)鮑廷博編　(清)鮑士恭續編　清乾隆三十七年至道光三年(1772－1823)長塘鮑氏刻彙印本　三册　存四種

330000－1701－0076032　G601580　史部/地理類/方志之屬/郡縣志

[光緒]重修嘉善縣志三十六卷首一卷　(清)江峯青修　(清)顧福仁纂　**[民國]校勘光緒嘉善縣志劄記一卷**　孫傳樞　唐步雲等纂　清光緒二十年(1894)刻民國七年(1918)印本[校勘光緒嘉善縣志劄記爲民國八年(1919)鉛印本]　一册　存十三卷(二十五至三十六、校勘光緒嘉善縣志劄記)

330000－1701－0076033　G604209、G603780　集部/小説類/長篇之屬

緑野仙踪八十回　(清)李百川撰　清道光十年(1830)刻本　二册　存八回(四至十一)

330000－1701－0076034　G602722　集部/總集類/選集之屬/斷代

欽定國朝詩别裁集三十二卷　(清)沈德潛纂評　清乾隆二十六年(1761)刻本　十一册　存三十卷(一至三十)

330000－1701－0076036　G002201、G002855　史部/政書類/邦計之屬

淛中會計見聞録不分卷　(清)黄茅山人稼軒氏輯　清抄本　四册

330000－1701－0076037　G604210、G604450、G605249　史部/政書類/通制之屬

二十四史九通政典類要合編三百二十卷　(清)黄書霖輯　清光緒二十八年(1902)約雅堂石印本　九册　存四十五卷(一百六十三至一百七十一、二百四十至二百六十九、三百九至三百十四)

330000－1701－0076038　G601581　史部/地理類/方志之屬/郡縣志

[同治]廣豐縣志十卷首一卷　(清)雙全等修　(清)顧蘭生等纂　清光緒元年(1875)刻本　一册　存三卷(八至十)

330000－1701－0076039　G600302　史部/地理類/雜志之屬

廣陵通典十卷　(清)汪中撰　清同治八年(1869)揚州書局刻本　二册

330000－1701－0076041　G002386　史部/政書類/律令之屬/律例

浙江諮議局各種規則不分卷 (清)浙江諮議局編 清末鉛印本 一册

330000－1701－0076043 G604211 子部/叢編
二十五子彙函 (清)鴻文書局編 清光緒十九年(1893)上海鴻文書局石印本 一册 存一種

330000－1701－0076044 G600303 子部/道家類
莊子雪三卷 (清)陸樹芝撰 清廣州儒雅堂刻本 幼巢批校並記 六册

330000－1701－0076045 G602723 類叢部/叢書類/彙編之屬
蟬隱廬叢書十八種 羅振常編 清宣統二年至民國二十五年(1910－1936)上虞羅氏膳寫及鉛印本三十三年(1944)吳興周延年彙印本 一册 存一種

330000－1701－0076047 G601582、G602445 史部/地理類/方志之屬/郡縣志
[嘉慶]松江府志八十四卷首二卷圖一卷 (清)宋如林修 (清)孫星衍 (清)莫晉 (清)朱湶纂 清嘉慶二十三年(1818)松江府學明倫堂刻本 四十册

330000－1701－0076049 G602724 類叢部/叢書類/彙編之屬
蟬隱廬叢書十八種 羅振常編 清宣統二年至民國二十五年(1910－1936)上虞羅氏膳寫及鉛印本三十三年(1944)吳興周延年彙印本 一册 存一種

330000－1701－0076050 HJH811.17/7500/c4 集部/別集類/清別集
冬暄艸堂遺詩二卷 (清)陳豪撰 清宣統三年(1911)刻民國五年(1916)印本 二册

330000－1701－0076051 G002202 子部/宗教類/佛教之屬
佛頂光明摩訶薩怛多般怛囉無上神咒一卷附密宗綱要譯釋陀羅尼九章 (清)釋續法輯 清光緒十三年(1887)雲音室刻本 一册

330000－1701－0076052 G600304、G600391 經部/小學類/文字之屬/說文
說文解字義證五十卷 (清)桂馥撰 清同治九年(1870)湖北崇文書局刻本 三十二册

330000－1701－0076053 G604212 類叢部/叢書類/彙編之屬
唐代叢書一百六十四種 (清)王文誥編 清嘉慶十一年(1806)弁山樓刻本 十九册 存一百六十二種

330000－1701－0076054 G002387 集部/別集類/清別集
夢松草堂詩稿二卷 (清)丁恩誥撰 清光緒二十年(1894)鉛印本 一册

330000－1701－0076056 G602725 類叢部/叢書類/彙編之屬
雅雨堂藏書十三種 (清)盧見曾編 清乾隆二十一年(1756)德州盧氏雅雨堂刻增修本 一册 存一種

330000－1701－0076057 G602726、G608472、G609436、G604439、G607717、G610262 史部/目録類/專録之屬
小學考五十卷 (清)謝啓昆撰 清光緒十四年(1888)浙江書局刻本 二十册

330000－1701－0076058 G601583 史部/地理類/方志之屬/郡縣志
[光緒]崑新兩縣續修合志五十二卷首一卷末一卷 (清)金吳瀾 (清)李福沂修 (清)汪堃 (清)朱成熙纂 清光緒六年(1880)刻本 二十四册

330000－1701－0076059 G002388 史部/傳記類/別傳之屬/事狀
顯考藍洲府君([陳豪]事略一卷 (清)陳漢第 (清)陳敬第撰 清末刻本 一册

330000－1701－0076061 G605504 類叢部/叢書類/彙編之屬
經策通纂二種 (清)吳潁炎 (清)陳通聲等纂 清光緒十三年(1887)上海點石齋石印本 一册 存一種

330000－1701－0076062　G602727　類叢部/叢書類/彙編之屬

蒿園叢書十一種　(清)平步青編　清同治至光緒山陰平氏安越堂刻本　一冊　存一種

330000－1701－0076064　G605505　類叢部/叢書類/彙編之屬

嘯園叢書五十七種　(清)葛元煦編　清光緒二年至七年(1876－1881)仁和葛氏刻本　二冊　存二種

330000－1701－0076067　G604213、G605705　集部/小說類/長篇之屬

第一才子書(三國志全圖演義)六十卷首一卷一百二十回　(明)羅本撰　(清)毛宗崗評　清光緒鉛印本　二冊　存八卷(三十四至三十七、四十六至四十九)

330000－1701－0076069　G002203　子部/宗教類/佛教之屬/經

金剛般若波羅蜜經一卷心經解一卷　(清)張振珂輯　清同治四年(1865)刻本　一冊

330000－1701－0076070　G602728、G600935　集部/戲劇類/總集之屬/傳奇

紅雪樓九種曲　(清)蔣士銓撰　清乾隆蔣氏紅雪樓刻本　十五冊　缺一卷(空谷香傳奇上)

330000－1701－0076071　G002389　史部/傳記類/總傳之屬

敕封大王將軍紀略不分卷　(清)朱壽庸編　**敕封大王將軍畫像不分卷**　(清)紫荊樹館繪　清光緒十五年(1889)上海點石齋石印本　二冊

330000－1701－0076072　G605506、G610073、G611440　史部/紀傳類/正史之屬

二十四史附考證　清光緒十八年(1892)武林竹簡齋石印本　十四冊　存三種

330000－1701－0076074　G002291　子部/兵家類/武術技巧之屬

射書四卷首一卷　(明)顧煜撰　清光緒十四年(1888)貽經書屋刻本　四冊

330000－1701－0076075　G605507　史部/紀傳類/正史之屬

欽定二十四史　清光緒二十八年(1902)上海文瀾書局石印本　八冊　存一種

330000－1701－0076076　G002390　經部/小學類/文字之屬/字書/訓蒙

楷書三千字文一卷　清末大酉山房石印本　一冊

330000－1701－0076077　G605508　子部/雜著類/雜考之屬

十駕齋養新錄二十卷餘錄三卷　(清)錢大昕撰　**錢辛楣先生年譜一卷**　(清)錢大昕編　(清)錢慶曾校注　**竹汀居士[大昕]年譜續編一卷**　(清)錢慶曾撰　清光緒二年(1876)浙江書局刻本　清譚獻題記　八冊

330000－1701－0076078　G002391　子部/醫家類/方書之屬/成方藥目

胡慶餘堂丸散膏丹全集不分卷續增一卷　(清)胡光墉編　清末刻本　清陶兆連題記　一冊

330000－1701－0076079　G002204　子部/宗教類/佛教之屬/經疏

維摩經疏八卷　(隋)釋智顗說　(唐)釋湛然略　清刻本　三冊　存三卷(二、五至六)

330000－1701－0076080　G002292　史部/金石類/石之屬/文字

大明皇陵碑文一卷　(明)朱元璋撰　清末石印本　一冊

330000－1701－0076081　G601192、G602729　集部/戲劇類/總集之屬/傳奇

紅雪樓九種曲　(清)蔣士銓撰　清乾隆蔣氏紅雪樓刻本　二冊　存一種

330000－1701－0076082　G605509　子部/雜著類/雜考之屬

十駕齋養新錄二十卷　(清)錢大昕撰　清光緒二年(1876)浙江書局刻本　七冊

330000－1701－0076083　G002293　集部/曲類/寶卷之屬

潘公免災救難寶卷一卷 (清)潘曾沂撰 清光緒二年(1876)刻本 一冊

330000－1701－0076085 G605510 類叢部/叢書類/彙編之屬

槐廬叢書四十六種 (清)朱記榮編 清光緒三年至十五年(1877－1889)吳縣朱氏槐廬家塾刻本 一冊 存一種

330000－1701－0076086 G602730 子部/藝術類/書畫之屬

賞奇軒四種合編 清刻本 一冊 存一種

330000－1701－0076088 G605511 子部/叢編

二十二子(二十二子彙函) (清)浙江書局編 清光緒元年至三年(1875－1877)浙江書局刻本 八冊 存二種

330000－1701－0076089 G002392 類叢部/叢書類/彙編之屬

微波榭叢書十一種 (清)孔繼涵編 清孔氏刻彙印本 一冊 存一種

330000－1701－0076090 G605512 子部/叢編

二十二子(二十二子彙函) (清)浙江書局編 清光緒元年至三年(1875－1877)浙江書局刻本 四冊 存一種

330000－1701－0076091 G605513 子部/叢編

二十二子(二十二子彙函) (清)浙江書局編 清光緒元年至三年(1875－1877)浙江書局刻本 六冊 存一種

330000－1701－0076092 G002393 史部/地理類/山川之屬/山志

重修南海普陀山志二十卷首一卷 (清)秦耀曾輯 清道光刻本 四冊

330000－1701－0076093 HJH811.17/7500/c5 集部/別集類/清別集

冬暄艸堂遺詩二卷 (清)陳豪撰 清宣統三年(1911)刻本 二冊

330000－1701－0076095 HJH811.17/7503.3/c1 集部/別集類/清別集

秣陵集六卷金陵歷代紀年事表一卷圖考一卷 (清)陳文述撰 清光緒十年(1884)淮南書局刻本 三冊

330000－1701－0076096 HJH811.13/4453.26/c2 集部/別集類/唐五代別集

杜工部五言詩選直解三卷七言詩選直解二卷 (唐)杜甫撰 (清)范廷謀註釋 **杜工部[甫]年譜一卷** (清)范廷謀訂 清雍正稼石堂刻本 五冊 缺一卷(七言詩選直解二)

330000－1701－0076097 HJH811.17/7503.3/c2 集部/別集類/清別集

秣陵集六卷金陵歷代紀年事表一卷圖考一卷 (清)陳文述撰 清光緒十年(1884)淮南書局刻本 三冊

330000－1701－0076100 HJH811.17/4830.2 集部/別集類/清別集

八指頭陀詩集十卷補遺一卷述一卷詞一卷雜文一卷 釋敬安撰 清光緒十四年(1888)義寧陳三立刻二十四年(1898)湘潭葉德輝續刻本 二冊

330000－1701－0076101 G002294 子部/藝術類/書畫之屬/法帖

涿拓蘭亭十三跋不分卷 (晉)王羲之撰并書 (元)趙孟頫等書跋 **翁刻天冠山題詠不分卷** (元)趙孟頫書 清光緒三十三年(1907)上海國學叢書社影印拓本 一冊

330000－1701－0076102 HJH811.13/4453.3/c2 集部/別集類/唐五代別集

讀杜心解六卷首二卷 (清)浦起龍撰 清刻本 十二冊

330000－1701－0076104 HJH811.17/7503.3/c7 集部/別集類/清別集

秣陵集六卷金陵歷代紀年事表一卷圖考一卷 (清)陳文述撰 清光緒十年(1884)淮南書局刻本 三冊

330000－1701－0076105 G002394、G612203

史部/傳記類/總傳之屬/釋道
金蓋心燈八卷 （清）閔苕旉撰 （清）鮑廷博注 （清）鮑錕評 **金蓋山純陽宮古今蹟畧一卷** （清）閔苕旉述 清光緒二年（1876）雲巢古書隱樓刻本 六冊

330000－1701－0076107 HJH016.197/1134/(4) 類叢部/叢書類/自著之屬
潛園總集十七種 （清）陸心源撰 清同治至光緒刻本 五十二冊 存一種

330000－1701－0076108 HJL811.17/7503.3/c8 集部/别集類/清别集
秣陵集六卷金陵歷代紀年事表一卷圖考一卷 （清）陳文述撰 清光緒十年（1884）淮南書局刻本 三冊

330000－1701－0076110 HJH811.13/4453.3/(4) 集部/别集類/唐五代别集
讀杜心解六卷首二卷 （清）浦起龍撰 清雍正二年至三年（1724－1725）前潤浦氏寧我齋刻本 八冊

330000－1701－0076111 HJH811.17/4917 集部/别集類/清别集
甌北詩鈔二十卷 （清）趙翼撰 清刻本 六冊 存十七卷（絶句一至二、五言古一至四、七言古一至五、七言律二至七）

330000－1701－0076114 HJH811.17/27461/c2 集部/别集類/清别集
狷齋遺稿五卷 （清）鄒志路撰 清同治八年（1869）刻本 一冊

330000－1701－0076115 HJH031.1/1000/c3 類叢部/類書類/通類之屬
玉海二百卷辭學指南四卷詩攷一卷詩地理攷六卷漢藝文志攷證十卷通鑑地理通釋十四卷周書王會補注一卷漢制攷四卷踐阼篇集解一卷急就篇補注四卷姓氏急就篇二卷小學紺珠十卷六經天文編二卷周易鄭康成注一卷通鑑答問五卷 （宋）王應麟撰 **校補玉海瑣記二卷王深寧先生［應麟］年譜一卷** （清）張大昌撰 清光緒九年至十六年（1883－1890）浙江書局刻本 一百冊 存二百四卷（一至二百、辭學指南一至四）

330000－1701－0076116 HJH811.17/27461/c3 集部/别集類/清别集
狷齋遺稿五卷 （清）鄒志路撰 清同治八年（1869）刻本 一冊

330000－1701－0076117 HJH811.13/4453.31 集部/别集類/唐五代别集
杜詩註釋二十四卷首一卷 （清）許寶善輯 清光緒三年（1877）吴縣朱氏自怡軒刻本 十二冊

330000－1701－0076119 G600305 史部/地理類/專志之屬/祠墓
吴山伍公廟志六卷首一卷附一卷 （清）金文淳等纂輯 清光緒二年（1876）刻本 二冊

330000－1701－0076120 HJH811.17/2811 集部/别集類/清别集
天生吾廬存稿三卷 （清）徐元琛撰 清光緒二十九年（1903）華雲閣鉛印本 一冊

330000－1701－0076121 G002295 史部/地理類/輿圖之屬/郡縣
廣東圖二十三卷 清同治五年（1866）刻本 三冊 缺四卷（十四、十七、二十、二十三）

330000－1701－0076123 HJH031.1/1000/c4 類叢部/類書類/通類之屬
玉海二百卷辭學指南四卷詩攷一卷詩地理攷六卷漢藝文志攷證十卷通鑑地理通釋十四卷周書王會補注一卷漢制攷四卷踐阼篇集解一卷急就篇補注四卷姓氏急就篇二卷小學紺珠十卷六經天文編二卷周易鄭康成注一卷通鑑答問五卷 （宋）王應麟撰 **校補玉海瑣記二卷王深寧先生［應麟］年譜一卷** （清）張大昌撰 清光緒九年至十六年（1883－1890）浙江書局刻本 一百冊 存二百四卷（一至二百、辭學指南一至四）

330000－1701－0076126 HJH811.17/2830 集部/别集類/清别集
薝蔔花館詩集二卷補遺一卷詞集一卷補遺一卷 （清）徐鴻謨撰 清光緒十一年（1885）徐

琪刻本　二册

330000－1701－0076130　G002296　集部/别集類/清别集

申江洋場繁華吟不分卷　清光緒十年(1884)上海五湖草廬刻本　一册

330000－1701－0076131　HJH811.14/4454.2　集部/别集類/宋别集

范石湖詩集二十卷　(宋)范成大撰　清康熙二十七年(1688)黄昌衢藜照樓刻本　清許朝校並題記　四册

330000－1701－0076132　G602731　史部/地理類/山川之屬/山志

廣雁蕩山誌二十八卷首一卷末一卷　(清)曾唯輯　清乾隆二十五年(1760)東甌郭博古齋刻同治補刻本　八册

330000－1701－0076133　G600306　類叢部/叢書類/自著之屬

林文忠公遺集四種　(清)林則徐撰　清光緒三山林氏刻本　一册　存三種

330000－1701－0076137　G002395、G007295　史部/紀傳類/正史之屬

十七史　(明)毛晉編　明崇禎元年至十七年(1628－1644)毛氏汲古閣刻本　十六册　存一種

330000－1701－0076138　HJH031.1/1144/2/c3　類叢部/類書類/通類之屬

淵鑑類函四百五十卷目錄四卷　(清)張英(清)王士禛等纂　清光緒九年(1883)上海點石齋石印本　十册

330000－1701－0076139　G002297、G005283　集部/戲劇類/傳奇之屬

牡丹亭還魂記四卷五十五齣　(明)湯顯祖撰　清刻本　四册

330000－1701－0076141　HJH811.17/2838.2/2　集部/别集類/清别集

壺園試帖課存一卷附七言排律一卷壺園試帖二刻課存一卷　(清)徐寶善撰　(清)徐志導　(清)徐志恭注釋　清光緒十九年(1893)浙江書局刻本　二册

330000－1701－0076142　HJH811.17/2838.2/c2　集部/别集類/清别集

壺園試帖二刻課存一卷　(清)徐寶善撰　(清)徐志導　(清)徐志恭注釋　清道光十七年(1837)刻本　一册

330000－1701－0076143　G604214、G604329、G611397、G607400　子部/藝術類/書畫之屬/總論

清河書畫舫十二卷鑒古百一詩一卷　(明)張丑輯　清乾隆二十八年(1763)池北草堂刻本　七册　存七卷(寅集、卯集、巳集、午集、申集、戌集、酉集)

330000－1701－0076145　HJH811.17/2838.2/2/c2　集部/别集類/清别集

壺園試帖課存一卷附七言排律一卷壺園試帖二刻課存一卷　(清)徐寶善撰　(清)徐志導　(清)徐志恭注釋　清光緒十九年(1893)浙江書局刻本　二册

330000－1701－0076146　HJH811.13/4453.33/2　集部/别集類/唐五代别集

杜詩鏡銓二十卷附諸家論杜一卷　(清)楊倫撰　**讀書堂杜工部文集註解二卷**　(清)張溍撰　清光緒十八年(1892)上海著易堂鉛印本　六册

330000－1701－0076147　HJHR031.1/1144/(2)　類叢部/類書類/通類之屬

淵鑑類函四百五十卷目錄四卷　(清)張英(清)王士禛等纂　清康熙清吟堂刻本　一百六十册

330000－1701－0076149　HJH811.16/4453/c1　集部/别集類/明别集

正志稿十卷　(明)林貴兆撰　清宣統二年(1910)太平陳氏木活字印本　二册

330000－1701－0076150　G604215、G609807、G611389　類叢部/叢書類/彙編之屬

海山仙館叢書五十六種　(清)潘仕成編　清道光二十五年至咸豐元年(1845－1851)番禺

潘氏刻光緒十一年(1885)增刻彙印本　八冊　存四種

330000－1701－0076152　HJH811.15/4624.3/(2)/c3　集部/别集類/元别集

鐵厓樂府註十卷咏史註八卷逸編註八卷　(元)楊維楨撰　(清)樓卜瀍註　清乾隆三十九年(1774)聯桂堂刻本　四冊　存十八卷(樂府註一至十、咏史註一至八)

330000－1701－0076153　G602732、G602918、G609310、G607570、G609845　經部/群經總義類/傳説之屬

皇朝五經彙解二百七十卷　(清)朱鏡清輯　清光緒十四年(1888)鴻文書局石印本　二十六冊　存二百二十五卷(三十二至四十、四十九至二百六十四)

330000－1701－0076154　G002396　經部/易類/傳説之屬

周易四卷圖説一卷卦歌一卷筮儀一卷　(宋)朱熹撰　清康熙三十年(1691)朱錫旂十笏堂刻本　二冊

330000－1701－0076156　HJH811.16/4453/c3　集部/别集類/明别集

正志稿十卷　(明)林貴兆撰　清宣統二年(1910)太平陳氏木活字印本　二冊

330000－1701－0076157　HJH811.13/4453.33/3　集部/别集類/唐五代别集

杜詩鏡銓二十卷附諸家論杜一卷　(清)楊倫撰　**讀書堂杜工部文集註解二卷**　(清)張溍撰　**杜工部[甫]年譜一卷**　清同治十一年(1872)望三益齋刻本　十二冊

330000－1701－0076158　G002298　史部/政書類/律令之屬/律例

處分則例圖要六卷　(清)蔡逢年編　**理訟芻言一卷律例便覽一卷**　(清)蔡嵩年編　清光緒四年(1878)刻本　二冊

330000－1701－0076159　HJH811.17/75222/c2　集部/别集類/清别集

陳檢討詩鈔十卷詞鈔十二卷　(清)陳維崧撰　(清)蔣景祁等輯　清康熙刻本　四冊

330000－1701－0076161　G604216　類叢部/叢書類/彙編之屬

述古叢鈔二十八種　(清)劉晚榮編　清同治至光緒古岡劉氏藏修書屋刻本　一冊　存一種

330000－1701－0076163　HJH811.16/4492/c1　集部/别集類/清别集

芙蓉亭詩鈔八卷首一卷　(清)蔡榮名撰　清光緒十六年(1890)刻本　一冊

330000－1701－0076164　G602733、G609020、G602472、G612027　子部/藝術類/書畫之屬/畫法畫品

畫學心印八卷　(清)秦祖永輯　清光緒四年(1878)梁溪秦氏刻朱墨套印本　七冊　存七卷(二至八)

330000－1701－0076165　G600307　史部/目録類/總録之屬/私撰

海源閣藏書目一卷　(清)楊紹和撰　清光緒十四年(1888)元和江標師鄦室刻本　一冊

330000－1701－0076166　G604217　集部/小説類/長篇之屬

第五才子書水滸全傳七十回　(元)施耐庵撰　(清)金人瑞評　清光緒十四年(1888)上海大同書局石印本　三冊　存二十二回(一至四、三十五至四十二、五十一至六十)

330000－1701－0076169　G602734、G602735　史部/編年類/斷代之屬

兩漢紀六十卷　(宋)王銍輯　**兩漢紀校記二卷**　(清)陳璞撰　清光緒二年(1876)嶺南學海堂刻本　十四冊

330000－1701－0076170　G604219　史部/地理類/雜志之屬

湖墅小志四卷　(清)高鵬年輯　清光緒二十二年(1896)石印本　二冊

330000－1701－0076171　G604218　史部/地理類/雜志之屬

湖墅小志四卷　(清)高鵬年輯　清光緒二十

二年(1896)石印本　二册

330000－1701－0076172　G600308　子部/藝術類/書畫之屬/畫譜

任渭長四種　(清)任熊繪　清咸豐至光緒蕭山王氏養龢堂刻本　二册　存一種

330000－1701－0076173　G604220　史部/地理類/雜志之屬

湖墅小志四卷　(清)高鵬年輯　清光緒二十二年(1896)石印本　二册

330000－1701－0076174　HJH031.1/2337/6　類叢部/類書類/專類之屬

子史精華一百六十卷　(清)吳士玉　(清)吳襄等輯　清刻本　三十六册

330000－1701－0076175　HJH811.14/4646/c2　集部/别集類/宋别集

誠齋詩集十六卷　(宋)楊萬里撰　清嘉慶七年(1802)吳江徐達源刻本　六册

330000－1701－0076178　G002300　子部/雜著類/雜説之屬

履園叢話二十四卷　(清)錢泳撰　清道光刻同治九年(1870)錢曰壽補刻本　八册

330000－1701－0076179　G604221　史部/地理類/雜志之屬

湖墅小志四卷　(清)高鵬年輯　清光緒二十二年(1896)石印本　二册

330000－1701－0076180　G604222　史部/地理類/雜志之屬

湖墅小志四卷　(清)高鵬年輯　清光緒二十二年(1896)石印本　二册

330000－1701－0076182　HJH811.17/7524/c1　集部/别集類/清别集

繼雅堂詩集三十四卷　(清)陳僅撰　清道光二十七年(1847)刻本　十六册

330000－1701－0076184　HJH811.14/4847/2/c2　集部/别集類/宋别集

宛陵先生文集六十卷　(宋)梅堯臣撰　清宣統二年(1910)上海據清康熙徐惇復白華書屋刻本影印本　十册

330000－1701－0076185　G605531　史部/政書類

九通　(清)□□輯　清光緒八年至二十二年(1882－1896)浙江書局刻本　二册　存一種

330000－1701－0076186　G601584　史部/地理類/方志之屬/郡縣志

[同治]武陵縣志三十二卷首一卷附詩徵二卷文徵二卷　(清)歐陽烈等修　(清)楊丕復纂　(清)楊彝珍續纂　清同治七年(1868)刻本　六册　存二十三卷(十至三十二)

330000－1701－0076187　G002301　子部/藝術類/書畫之屬

趙撝叔尺牘不分卷　(清)趙之謙書　清宣統元年(1909)嚼菜根齋石印本　一册

330000－1701－0076188　G604223　史部/地理類/雜志之屬

湖墅小志四卷　(清)高鵬年輯　清光緒二十二年(1896)石印本　二册

330000－1701－0076189　G002397　史部/目録類/總録之屬/私撰

書目答問五卷别録一卷國朝著述諸家姓名略一卷　(清)張之洞撰　清光緒刻本　朱師轍跋　一册

330000－1701－0076190　G605532　史部/政書類

九通　(清)□□輯　清光緒八年至二十二年(1882－1896)浙江書局刻本　一册　存一種

330000－1701－0076192　G600309　史部/地理類/雜志之屬

浙江全省輿圖並水陸道里記不分卷　(清)宗源瀚等纂　清光緒二十年(1894)石印本　二册

330000－1701－0076193　G604224　子部/小説家類/異聞之屬

音釋坐花誌果八卷　(清)汪道鼎撰　(清)鶩峰樵者音釋　清光緒十七年(1891)武林竹簡齋石印本　一册　存二卷(七至八)

330000－1701－0076195　G602737　史部/地理類/山川之屬/水志
水經注四十卷補遺一卷附錄二卷　(北魏)酈道元撰　(清)全祖望校　清光緒十四年(1888)薛福成寧波崇實書院刻本　十二冊

330000－1701－0076196　G002302　子部/藝術類/書畫之屬/畫譜
花樣不分卷　清刻本　二冊

330000－1701－0076197　HJH811.17/2841/c2　集部/別集類
養源山房詩鈔七卷養真山人詩錄一卷　徐士霖撰　清光緒三十四年(1908)武林刻本　二冊

330000－1701－0076198　HJH811.17/7530/c3　集部/總集類/彙編之屬
簡學齋清夜齋手書詩稿合印二卷　(清)陳沆(清)魏源撰　清宣統三年(1911)影印本　一冊

330000－1701－0076199　HJH811.14/4453.41/2/c1　集部/別集類/宋別集
蘇文忠詩合註五十卷首一卷　(宋)蘇軾撰(清)馮應榴輯　清乾隆五十八年(1793)桐鄉馮氏踵息齋刻本　十六冊

330000－1701－0076200　HJH811.17/2841/c4　集部/別集類
養源山房詩鈔七卷養真山人詩錄一卷　徐士霖撰　清光緒三十四年(1908)武林刻本　二冊

330000－1701－0076201　G601585　史部/地理類/方志之屬/郡縣志
[同治]臨川縣志五十四卷首一卷末一卷　(清)童範儼修　(清)陳慶齡等纂　清同治九年(1870)刻本　十五冊　存四十一卷(一至四十一)

330000－1701－0076202　HJH811.17/2848　類叢部/叢書類/彙編之屬
邵武徐氏叢書二集八種　(清)徐幹編　清光緒邵武徐氏刻本　六冊　存一種

330000－1701－0076203　G604225　史部/地理類/雜志之屬
湖墅小志四卷　(清)高鵬年輯　清光緒二十二年(1896)石印本　二冊

330000－1701－0076205　G602738　史部/地理類/方志之屬/郡縣志
[嘉定]剡錄十卷　(宋)史安之修　(宋)高似孫纂　清道光八年(1828)李式圃刻本　二冊

330000－1701－0076206　G600310　史部/地理類/外紀之屬
五洲地理志略三十六卷首一卷　王先謙撰　清宣統二年(1910)湖南學務公所刻本　四冊　存十八卷(八至十八、三十至三十六)

330000－1701－0076208　HJH811.14/4453.5/c3　集部/別集類/宋別集
蘇文忠公詩編註集成四十六卷集成總案四十五卷諸家雜綴酌存一卷蘇海識餘四卷牋詩圖一卷　(宋)蘇軾撰　(清)王文誥輯注　清光緒十四年(1888)浙江書局刻本　二十四冊

330000－1701－0076209　HJH811.17/0002/c1　集部/別集類/清別集
萃錦唫七卷　(清)奕訢撰　清光緒十六年(1890)江蘇書局刻本　五冊

330000－1701－0076210　HJH811.17/7530.2　集部/總集類/選集之屬/通代
簡學齋詩存四卷詩刪四卷館課賦存一卷續鈔一卷館課試律存一卷續鈔一卷　(清)陳沆撰　**月生試律詩存一卷**　(清)關鈞撰　清咸豐二年(1852)刻本　六冊

330000－1701－0076211　G605533　史部/政書類
九通　(清)□□輯　清光緒二十七年(1901)上海圖書集成局鉛印本　二冊　存一種

330000－1701－0076213　G002303　史部/地理類/方志之屬/郡縣志
[道光]連山綏猺廳志一卷　(清)姚柬之纂修　清道光十七年(1837)刻本　一冊

330000－1701－0076214　G002398　史部/地理類/總志之屬

歷代輿地沿革險要圖說一卷　楊守敬　饒敦秩撰　王尚德繪　清光緒二十四年(1898)石印本　一册

330000－1701－0076215　HJH811.17/2864/c2　類叢部/叢書類/自著之屬

煙嶼樓集四種　(清)徐時棟撰　清同治至光緒刻彙印本　四册　存二種

330000－1701－0076216　G602739　類叢部/叢書類/彙編之屬

敏果齋七種　(清)許乃釗編　清道光十二年至二十九年(1832－1849)錢塘許氏刻彙印本　二册　存一種

330000－1701－0076217　HJH031.1/2337　類叢部/類書類/專類之屬

子史精華一百六十卷　(清)吴士玉　(清)吴襄等輯　清乾隆五十五年(1790)張松孫刻蘇城亦西齋印本　三十二册

330000－1701－0076219　HJH811.14/4453.2/(2)　集部/别集類/宋别集

施註蘇詩四十二卷總目二卷　(宋)蘇軾撰　(宋)施元之　(宋)顧禧注　(清)顧嗣立　(清)邵長蘅　(清)宋至刪補　**王註正譌一卷**　(清)邵長蘅撰　**東坡先生[蘇軾]年譜一卷**　(宋)王宗稷編　**蘇詩續補遺二卷**　(清)馮景補註　清康熙刻本　十二册

330000－1701－0076220　G604226、G605247　子部/雜著類/雜說之屬

冷廬雜識八卷　(清)陸以湉撰　清咸豐六年(1856)刻本　六册　存六卷(一、四至八)

330000－1701－0076221　G605534　史部/政書類

九通　(清)□□輯　清光緒八年至二十二年(1882－1896)浙江書局刻本　六册　存一種

330000－1701－0076222　G600311　子部/醫家類/綜合之屬/通論

醫學集成四卷　(清)劉仕廉撰　清同治十二年(1873)醉吟山房刻本　遜龕題簽　一册　存一卷(二)

330000－1701－0076223　HJH811.17/2864/c4　類叢部/叢書類/自著之屬

煙嶼樓集四種　(清)徐時棟撰　清同治至光緒刻彙印本　四册　存二種

330000－1701－0076226　HJH811.17/0008/c2　集部/别集類/清别集

茶夢龕劫後詩稿十二卷燼餘詞一卷劫後藁一卷　(清)高望曾撰　**寫麋樓遺詞一卷**　(清)陳嘉撰　清同治九年(1870)福州刻光緒十六年(1890)杭州增修本　四册

330000－1701－0076227　G604227　史部/政書類/通制之屬

光緒政要三十四卷　沈桐生輯　清宣統元年(1909)上海崇義堂石印本　一册　存一卷(三十二)

330000－1701－0076228　HJH811.17/5084/c3　集部/别集類/清别集

小睡足寮詩錄四卷　(清)秦敏樹撰　清光緒十三年(1887)刻本　一册

330000－1701－0076229　HJH811.17/5084/c4　集部/别集類/清别集

小睡足寮詩錄四卷　(清)秦敏樹撰　清光緒十三年(1887)刻本　一册

330000－1701－0076230　G600312　史部/地理類/山川之屬/山志

明州阿育王山志十卷　(明)郭子章撰　**明州阿育王山續志六卷**　(清)釋畹荃撰　明萬曆刻清乾隆續刻本　六册

330000－1701－0076232　HJH811.14/4453.5/c4　集部/别集類/宋别集

蘇文忠公詩編註集成四十六卷集成總案四十五卷諸家雜綴酌存一卷蘇海識餘四卷牋詩圖一卷　(宋)蘇軾撰　(清)王文誥輯注　清光緒十四年(1888)浙江書局刻本[蘇文忠公詩編註集成卷一至四配清嘉慶二十四年至道光二年(1819－1822)武林王氏韻山堂刻本]

二十四册

330000－1701－0076234　HJH811.17/7533/c1　集部/别集類/清别集
囊翠樓詩稿二卷　(清)陳鴻逵撰　清光緒二十一年(1895)山陰陳氏刻本　一册

330000－1701－0076235　HJH811.17/00081/c2　類叢部/叢書類/家集之屬
求可堂兩世遺書五種　(清)廖冀亨　(清)廖鴻章撰　清光緒永定廖氏刻本　一册　存一種

330000－1701－0076236　G002304　史部/傳記類/别傳之屬/事狀
皇清敕授文林郎入祀昭忠祠雲南鶴慶州訓導推升雲南府教授顯考雪門府君[楊景程]行述一卷　(清)楊瓊撰　清刻本　一册

330000－1701－0076238　HJH031.1/2337/3/c2　類叢部/類書類/專類之屬
子史精華一百六十卷　(清)吳士玉　(清)吳襄等輯　清刻本　四十八册

330000－1701－0076239　G600315　史部/政書類/通制之屬
通志略五十二卷　(宋)鄭樵撰　清乾隆十四年(1749)錢塘汪啓淑飛鴻堂刻本　一册　存二卷(氏族略一至二)

330000－1701－0076241　HJH811.14/4453.2/(4)　集部/别集類/宋别集
施註蘇詩四十二卷總目二卷　(宋)蘇軾撰　(宋)施元之　(宋)顧禧注　(清)顧嗣立　(清)邵長蘅　(清)宋至刪補　**王註正譌一卷**　(清)邵長蘅撰　**東坡先生[蘇軾]年譜一卷**　(宋)王宗稷編　**蘇詩續補遺二卷**　(清)馮景補註　清康熙刻本　二十册

330000－1701－0076242　G002305　史部/傳記類/總傳之屬/家乘
[浙江杭州]高陽許氏家譜不分卷　(清)□□纂修　清光緒稿本　一册

330000－1701－0076243　HJH811.17/5040/c2　集部/别集類/清别集
綺窗吟草一卷　(清)申志廉撰　清光緒十八年(1892)刻本　一册

330000－1701－0076244　G601586　史部/地理類/方志之屬/郡縣志
[乾隆]海寧州志十六卷首一卷　(清)戰效曾修　(清)高瀛洲纂　清乾隆四十一年(1776)刻本　六册　存九卷(二至五、八至十二)

330000－1701－0076245　HJH811.17/00222/c2　集部/别集類/清别集
拙吾詩稾四卷首一卷末一卷文稾一卷　(清)高鼎撰　清光緒八年(1882)刻本　傅雲岑題記　四册

330000－1701－0076246　HJH811.17/4930　集部/别集類/清别集
悲盦居士詩賸一卷文存一卷　(清)趙之謙撰　清光緒十六年(1890)刻本　二册　存一卷(詩賸)

330000－1701－0076247　HJH811.17/4930/c3　集部/别集類/清别集
悲盦居士詩賸一卷文存一卷　(清)趙之謙撰　清光緒十六年(1890)刻本　一册　存一卷(詩賸)

330000－1701－0076249　HJH811.14/4453.2/(3)　集部/别集類/宋别集
施註蘇詩四十二卷總目二卷　(宋)蘇軾撰　(宋)施元之　(宋)顧禧注　(清)顧嗣立　(清)邵長蘅　(清)宋至刪補　**王註正譌一卷**　(清)邵長蘅撰　**東坡先生[蘇軾]年譜一卷**　(宋)王宗稷編　**蘇詩續補遺二卷**　(清)馮景補註　清康熙刻本　十册

330000－1701－0076251　HJH031.1/3507/c3　類叢部/類書類/通類之屬
御定駢字類編二百四十卷　(清)吳士玉　(清)沈宗敬等奉敕輯　清光緒十三年(1887)上海同文書局石印本　四十八册

330000－1701－0076252　HJH811.17/4917.2　類叢部/叢書類/自著之屬
甌北全集八種　(清)趙翼撰　清乾隆至嘉慶

湛貽堂刻本　十二册　存一種

330000－1701－0076253　G601587　史部/地理類/方志之屬/郡縣志
光緒寧海縣志二十四卷首一卷　(清)王瑞成　(清)程雲驤修　(清)張濬等纂　清光緒二十八年(1902)刻本　三册　存八卷(三至六、十七至二十)

330000－1701－0076254　G600313　史部/目録類/總録之屬/官修
欽定四庫全書總目二百卷首四卷　(清)紀昀等撰　清宣統二年(1910)存古齋石印本　三十二册

330000－1701－0076255　G601588　史部/地理類/方志之屬/郡縣志
[光緒]黄州府志四十卷首一卷　(清)英啓修　(清)鄧琛等纂　清光緒十年(1884)刻本　七册　存九卷(十九至二十七上)

330000－1701－0076256　G600314　史部/目録類/總録之屬/官修
欽定四庫全書總目二百卷首四卷　(清)紀昀等撰　清宣統二年(1910)存古齋石印本　三十二册

330000－1701－0076257　G601589　史部/地理類/方志之屬/郡縣志
[乾隆]襄陽府志四十卷首一卷　(清)陳鍔纂修　清乾隆二十五年(1760)刻本　十五册　缺二卷(三十七至三十八)

330000－1701－0076258　G600316　類叢部/叢書類/彙編之屬
稗海四十六種續稗海二十四種　(明)商濬編　明萬曆商氏半埜堂刻本　一册　存一種

330000－1701－0076259　G600317　史部/地理類/專志之屬/寺觀
天童寺志十卷首一卷　(清)德介　(清)聞性道撰　清康熙刻咸豐元年(1851)重修本　一册　存二卷(六至七)

330000－1701－0076260　G600318、G606687　史部/地理類/專志之屬/寺觀
天童寺志十卷首一卷　(清)德介　(清)聞性道撰　清康熙刻嘉慶增補本　四册

330000－1701－0076261　HJH031.1/4060/(2)　類叢部/類書類/通類之屬
太平御覽一千卷目錄十五卷　(宋)李昉等輯　清嘉慶十二年至十七年(1807－1812)歙縣鮑崇城刻二十三年(1818)印本　一百二十册

330000－1701－0076262　HJH031.1/3507/c4　類叢部/類書類/通類之屬
御定駢字類編二百四十卷　(清)吳士玉　(清)沈宗敬等奉敕輯　清光緒十三年(1887)上海同文書局石印本　四十八册

330000－1701－0076263　HJHR031.1/4060/(2)/1　類叢部/類書類/通類之屬
太平御覽一千卷目錄十五卷　(宋)李昉等輯　清嘉慶十二年至十七年(1807－1812)歙縣鮑崇城刻二十三年(1818)印本　一百二十册

330000－1701－0076264　G600319　史部/金石類/金之屬
盤亭小錄一卷　(清)劉銘傳編　清同治十二年(1873)邗江刻本　一册

330000－1701－0076265　G600320　史部/詔令奏議類/奏議之屬
教案奏議彙編八卷首一卷　(清)程宗裕編　清光緒二十七年(1901)上海書局石印本　六册

330000－1701－0076266　HJH031.1/7510/c3　類叢部/類書類/專類之屬
格致鏡原一百卷　(清)陳元龍撰　清康熙五十六年(1717)陳元龍刻雍正十三年(1735)印本　二十四册

330000－1701－0076267　G600321　史部/地理類/山川之屬/水志
西湖志四十八卷　(清)李衛　(清)程元章修　(清)傅王露纂　清光緒四年(1878)浙江書局刻本　一册　存二卷(五至六)

330000－1701－0076268　G600322　史部/地理類/山川之屬/水志

西湖志四十八卷　(清)李衛　(清)程元章修　(清)傅王露纂　清雍正十三年(1735)兩浙鹽驛道庫刻乾隆印本　四册　存九卷(一至二、五至十一)

330000－1701－0076269　G604228　史部/目録類/總録之屬/彙刻

彙刻書目二十卷　(清)顧修輯　(清)朱學勤補　清光緒十二年至十五年(1886－1889)上海福瀛書局刻本　二册　存二卷(六至七)

330000－1701－0076270　M003319、M004426、M007223、M007224、G009427　史部/紀傳類/正史之屬

二十四史附考證　清光緒二十九年(1903)五洲同文局石印本　十一册　存二種

330000－1701－0076271　G604229　子部/醫家類/方書之屬/單方驗方

外治壽世方初編四卷　(清)鄒存淦輯　清光緒三年(1877)杭州勤藝堂刻本　一册　存二卷(三至四)

330000－1701－0076273　G600323　史部/地理類/山川之屬/水志

西湖志四十八卷　(清)李衛　(清)程元章修　(清)傅王露纂　清雍正十三年(1735)兩浙鹽驛道庫刻乾隆印本　一册　存三卷(二十四至二十六)

330000－1701－0076274　HJH811.17/5360/2/c3　集部/别集類/清别集

鬱華閣遺集四卷　(清)盛昱撰　清光緒二十八年(1902)楊鍾羲武昌刻朱印本　一册

330000－1701－0076275　G002306　類叢部/類書類/專類之屬

新增說文韻府羣玉二十卷　(元)陰時夫輯　(元)陰中夫注　清刻本　十册

330000－1701－0076276　G604230　子部/醫家類/方書之屬/單方驗方

外治壽世方初編四卷　(清)鄒存淦輯　清光緒三年(1877)杭州勤藝堂刻本　一册　存二卷(三至四)

330000－1701－0076277　G002399　史部/地理類/遊記之屬/紀行

節相壯游日錄二卷　(清)李鴻章撰　(清)桃谿漁隱　(清)惺新盦主輯　清光緒二十三年(1897)上海石印本　二册

330000－1701－0076279　G600324、G600355、G608797　史部/地理類/山川之屬/水志

西湖志四十八卷　(清)李衛　(清)程元章修　(清)傅王露纂　清光緒四年(1878)浙江書局刻本　三册　存八卷(五至六、二十一至二十三、三十二至三十四)

330000－1701－0076280　G604231、G611894　子部/醫家類/方書之屬/單方驗方

外治壽世方初編四卷　(清)鄒存淦輯　清光緒三年(1877)杭州勤藝堂刻本　二册

330000－1701－0076281　HJH811.14/4453.3/(2)　集部/别集類/宋别集

東坡先生編年詩五十卷　(宋)蘇軾撰　(清)查慎行補註　**東坡先生年表一卷**　清乾隆二十六年(1761)香雨齋刻本　十二册

330000－1701－0076282　G602741　類叢部/叢書類/彙編之屬

申報館叢書正集五十七種附錄三種續集一百四十二種　(清)尊聞閣主編　蔡爾康編續集　清同治至光緒上海申報館鉛印本　二册　存一種

330000－1701－0076283　G604232　子部/醫家類/方書之屬/單方驗方

外治壽世方初編四卷　(清)鄒存淦輯　清光緒三年(1877)杭州勤藝堂刻本　一册　存二卷(三至四)

330000－1701－0076284　HJH031.2/1115/(2)　類叢部/類書類/專類之屬

佩文韻府一百六卷　(清)張玉書　(清)蔡升元等輯　**韻府拾遺一百六卷**　(清)汪灝　(清)何焯等輯　清嶺南潘氏海山仙館刻本

九十七册　存一百六卷(佩文韻府一至一百六)

330000－1701－0076286　G604233、G605983　子部/醫家類/方書之屬/單方驗方
外治壽世方初編四卷　(清)鄒存淦輯　清光緒三年(1877)杭州勤藝堂刻本　二册

330000－1701－0076287　HJH811.17/5360　類叢部/叢書類/彙編之屬
留垞叢刻八種　楊鍾羲編　清光緒十六年至宣統二年(1890－1910)刻本　一册　存一種

330000－1701－0076288　G602742　類叢部/叢書類/彙編之屬
粤雅堂叢書一百八十五種　(清)伍崇曜編　清道光二十九年至光緒十一年(1849－1885)南海伍氏刻彙印本　一册　存一種

330000－1701－0076290　G604234　子部/醫家類/婦科之屬/產科
胎產新書三種　清光緒十二年(1886)漢口成媄堂刻本　三册

330000－1701－0076292　HJH811.17/5374/c2　類叢部/叢書類/自著之屬
戚鶴泉所著書十一種　(清)戚學標撰　清乾隆至嘉慶刻本　二册　存一種

330000－1701－0076293　G002400　集部/小說類/長篇之屬
偉人小說女子救國美談七回　(清)熱誠愛國人編譯　清光緒二十八年(1902)鉛印本　一册

330000－1701－0076294　G609248、G602743、G607645、G609859　史部/職官類/官箴之屬
福惠全書三十二卷　(清)黄六鴻撰　清刻本　惜含主人題簽　十一册　存三十卷(三至三十二)

330000－1701－0076296　HJH811.17/0027/(2)/c1　集部/别集類/清别集
質園詩集三十二卷　(清)商盤撰　清嘉慶八年(1803)刻本　六册

330000－1701－0076298　G600326　類叢部/叢書類/郡邑之屬
武林掌故叢編一百八十七種　(清)丁丙編　清光緒三年至二十六年(1877－1900)錢塘丁氏嘉惠堂刻本　一册　存一種

330000－1701－0076299　HJH811.17/55331.2　集部/别集類/清别集
靜惕堂詩集四十四卷　(清)曹溶撰　清雍正三年(1725)李維鈞刻本　十册

330000－1701－0076301　G600327　史部/職官類/官箴之屬
牧令全書二十三卷　(清)丁日昌輯　清同治七年(1868)江蘇書局刻本　一册　存六卷(劉簾舫先生吏治三書)

330000－1701－0076302　G002401　史部/編年類/斷代之屬
皇朝政典挈要八卷　(日本)增田貢撰　(清)毛淦補編　清光緒二十八年(1902)五彩公司朱墨石印本　四册

330000－1701－0076303　G604235、G605008、G612194　經部/小學類
姚刻三韻(姚氏叢刻)三種　(清)姚覲元輯　清光緒二年(1876)歸安姚覲元川東官舍刻本　五册　存一種

330000－1701－0076304　HJH811.13/4453.4/c1　集部/别集類/唐五代别集
杜詩論文五十六卷　(唐)杜甫撰　(清)吳見思注　(清)潘眉評　清康熙十一年(1672)常州岱淵堂刻本　章嶔題簽並記　十二册

330000－1701－0076306　HJH811.14/4453.302/c3　類叢部/叢書類/彙編之屬
心矩齋叢書十一種　(清)蔣鳳藻編　清光緒長洲蔣氏刻本　二册　存一種

330000－1701－0076307　HJH811.17/7587　集部/别集類/清别集
遠邨唫藁一卷　(清)陳鑑撰　清同治十三年(1874)陳行端刻本　一册

330000－1701－0076308　HJH811.17/5548/

c3　集部/别集類/清别集

曼志堂遺稿二卷　(清)曹壽銘撰　清同治九年(1870)甬上鐵耕齋刻本　一册

330000－1701－0076309　HJH811.17/5548/c4　集部/别集類/清别集

曼志堂遺稿二卷　(清)曹壽銘撰　清同治九年(1870)甬上鐵耕齋刻本　一册

330000－1701－0076311　G600328、G600656、G602144、G602387、G602617　史部/地理類/山川之屬/山志

武夷山志二十四卷首一卷　(清)董天工撰　清道光二十七年(1847)五夫尺木軒刻本　八册　存二十一卷(首、一至五、十至二十四)

330000－1701－0076312　G602744　史部/地理類

臺灣雜詠合刻三卷　(清)楊希閔輯　清光緒七年(1881)刻本　一册

330000－1701－0076314　G601590　史部/地理類/方志之屬/郡縣志

[嘉慶]重修揚州府志七十二卷首一卷　(清)阿克當阿修　(清)姚文田　(清)江藩等纂　清嘉慶十五年(1810)刻本　十八册　存三十一卷(一至八、十一至三十三)

330000－1701－0076315　HJH811.17/5574/2/c2　集部/别集類/清别集

依舊草堂遺稿二卷　(清)費丹旭撰　(清)汪鉽編　清同治七年(1868)錢塘汪氏振綺堂刻本　一册

330000－1701－0076316　HJH811.17/5574/2/c3　集部/别集類/清别集

依舊草堂遺稿二卷　(清)費丹旭撰　(清)汪鉽編　清同治七年(1868)錢塘汪氏振綺堂刻本　一册

330000－1701－0076317　G600329、G600330　史部/傳記類/總傳之屬/郡邑

練川名人畫像四卷附二卷續編三卷　(清)程祖慶編　清光緒四年(1878)刻本　二册

330000－1701－0076318　G602745　子部/小說家類/異聞之屬

瓊林霏屑八卷　(清)望海樓主人輯　清光緒三十二年(1906)上海灌文書局石印本　二册　存二卷(一至二)

330000－1701－0076319　HJH811.17/0037/c2　集部/别集類/清别集

二知軒詩鈔十四卷　(清)方濬頤撰　清同治五年(1866)廣州刻本　八册

330000－1701－0076320　G002307　經部/春秋總義類/傳說之屬

公羊穀梁春秋合編附註疏纂十二卷　(明)朱泰禎撰　清刻本　俞長城題記　六册

330000－1701－0076321　G604236　類叢部/叢書類/彙編之屬

晨風閣叢書二十二種　沈宗畸編　清宣統元年(1909)番禺沈氏刻本　十六册

330000－1701－0076322　G002402　集部/小說類/長篇之屬

繡像東周列國志二十七卷首一卷一百八回　(清)蔡奡評點　清光緒三十年(1904)上海商務印書館鉛印本　九册　存二十六卷(首、一至十一、十四至二十七)

330000－1701－0076324　HJH811.14/4453.302/2　類叢部/叢書類/彙編之屬

廣雅書局叢書一百五十九種　徐紹棨編　清光緒廣雅書局刻民國九年(1920)番禺徐紹棨彙編重印本　二册　存一種

330000－1701－0076325　HJH811.14/4453.41/c1　集部/别集類/宋别集

蘇文忠詩合註五十卷首一卷　(宋)蘇軾撰　(清)馮應榴輯　清乾隆五十八年(1793)桐鄉馮氏踵息齋刻同治九年(1870)補修本　二十册

330000－1701－0076327　G002205　子部/宗教類/佛教之屬/經疏

大方廣佛華嚴經疏鈔會本二百二十卷　(唐)釋實叉難陀譯　(唐)釋澄觀撰　清末刻本　二册　存七卷(一百三十二至一百三十五、二

百九至二百十一)

330000－1701－0076331　G602746　史部/編年類/通代之屬
尺木堂綱鑑易知録九十二卷明鑑易知録十五卷　(清)吳乘權　(清)周之炯　(清)周之燦輯　清光緒十五年(1889)上海廣百宋齋鉛印本　宋毅氏題簽　一册　存七卷(六至十二)

330000－1701－0076334　HJH811.17/0037/(2)　集部/别集類/清别集
二知軒詩鈔十四卷　(清)方濬頤撰　清同治五年(1866)廣州刻本　六册

330000－1701－0076335　G602747　集部/詞類/别集之屬
香銷酒醒詞一卷附曲一卷　(清)趙慶熺撰　清同治七年(1868)西泠王氏刻本　一册

330000－1701－0076336　HJH811.14/4453.4/c2　集部/别集類/宋别集
蘇文忠公詩集五十卷目録二卷　(宋)蘇軾撰　(清)紀昀評點　清道光十四年(1834)兩廣節署刻朱墨套印本　十二册

330000－1701－0076339　HJH811.17/3027/2　集部/别集類/清别集
躬恥齋詩鈔十四卷首一卷詩後編七卷　(清)宗稷辰撰　清咸豐九年(1859)越峴山館刻本　十册

330000－1701－0076341　G604237、G611846　子部/雜著類/雜説之屬
浮邱子十二卷　(清)湯鵬撰　(清)湯俶昭等輯　清同治四年(1865)湘陰李黼堂刻本　四册

330000－1701－0076343　G602736、G602511　子部/小説家類/瑣語之屬
客窗閒話八卷續八卷　(清)吳熾昌撰　清光緒元年(1875)刻本　六册　缺四卷(續三至四、七至八)

330000－1701－0076344　HJH811.17/7701/c3　集部/别集類/清别集
湘麋閣遺詩四卷蘭當詞二卷　(清)陶方琦撰　清光緒十六年(1890)鄂局刻本　二册

330000－1701－0076347　G002308　集部/别集類/清别集
篷窩雜稿不分卷　(清)溫棐忱撰　清刻本　五册

330000－1701－0076348　HJH811.17/3027/2(3)/c2　集部/别集類/清别集
躬恥齋詩鈔十四卷首一卷詩後編七卷　(清)宗稷辰撰　清咸豐九年(1859)越峴山館刻本　七册　缺七卷(詩後編一至七)

330000－1701－0076349　G002403　經部/小學類/文字之屬/字書/字典
康熙字典十二集三十六卷總目一卷檢字一卷辨似一卷等韻一卷補遺一卷備考一卷　(清)張玉書等纂修　清末石印本　五册　缺十卷(子集上中下、丑集上中下、總目、檢字、辨似、等韻)

330000－1701－0076350　G604238　類叢部/叢書類/彙編之屬
滂喜齋叢書五十種　(清)潘祖蔭編　清同治至光緒吳縣潘氏京師刻本　一册　存一種

330000－1701－0076352　G602677　類叢部/叢書類/彙編之屬
廣雅書局叢書一百五十九種　徐紹棨編　清光緒廣雅書局刻民國九年(1920)番禺徐紹棨彙編重印本　六册　存一種

330000－1701－0076354　HJH811.14/4453.4/2　集部/别集類/宋别集
蘇文忠公詩集五十卷目録二卷　(宋)蘇軾撰　(清)紀昀評點　清同治八年(1869)韞玉山房粤東省城刻翰墨園朱墨套印本(卷一至六配民國余翼抄本)　余紹宋校點並跋　十二册

330000－1701－0076356　HJH811.17/30361　集部/别集類/清别集
嚼梅吟二卷　(清)釋寄禪撰　(清)白雲禪窟道人評　清光緒七年(1881)四明刻本　楊郁

生題記　一冊

330000－1701－0076357　HJH811.17/7701/c4　集部/别集類/清别集

湘麋閣遺詩四卷蘭當詞二卷　(清)陶方琦撰　清光緒十六年(1890)鄂局刻本　二冊

330000－1701－0076358　G002206　子部/儒家類/儒學之屬/蒙學

續神童詩一卷　(清)□□撰　清李光明莊刻本　一冊

330000－1701－0076361　HJH811.17/3044/c2　集部/别集類/清别集

學古集四卷詩論一卷　(清)宋大樽撰　清嘉慶刻本　一冊

330000－1701－0076362　HJH811.17/3044/c4　集部/别集類/清别集

學古集四卷詩論一卷　(清)宋大樽撰　清嘉慶刻本　一冊

330000－1701－0076363　HJH811.17/0061/c1　集部/别集類/清别集

嘯劍山房詩鈔十四卷試帖秋鐙課草一卷　(清)文星瑞撰　清同治九年至十二年(1870－1873)羊城刻本　四冊

330000－1701－0076365　G604239、G611273、G009374　子部/兵家類/兵法之屬

水陸攻守戰略秘書七種　(清)澼絖道人編　清咸豐三年(1853)侯官林氏銅活字印本　六冊　存四種

330000－1701－0076366　HJH811.17/0081/c1　集部/别集類/清别集

秋蟲吟一卷　(清)童鈺撰　(清)王定勳注　清乾隆二十六年(1761)古沛王氏家塾一野園刻本　一冊

330000－1701－0076367　HJH090.88381/4012/4/c2　經部/叢編

十三經注疏附考證　(清)□□輯　清同治十年(1871)廣東書局刻本　一百二十冊

330000－1701－0076369　HJH811.17/0086/c1　集部/别集類/清别集

友石齋詩集八卷　(清)高錫恩撰　**我盦遺稿二卷**　(清)高炳麟撰　清光緒十五年(1889)高駿麟等刻本　三冊　存八卷(一至八)

330000－1701－0076370　HJH811.14/4453.41/(2)　集部/别集類/宋别集

蘇文忠詩合註五十卷首一卷　(宋)蘇軾撰　(清)馮應榴輯　清乾隆五十八年(1793)桐鄉馮氏踵息齋刻同治九年(1870)補修本　十六冊

330000－1701－0076372　HJL811.17/0088/c2　集部/别集類/清别集

額粉盦集六卷　(清)高第撰　清嘉慶十七年(1812)蕭山高氏刻本　六冊

330000－1701－0076373　G002309　史部/地理類/方志之屬/郡縣志

[嘉慶]直隸瀘州志十二卷　(清)沈昭興修　(清)余觀和等纂　清嘉慶二十五年(1820)刻本　九冊　缺三卷(一、十一至十二)

330000－1701－0076374　G604240、G611272　史部/雜史類/斷代之屬

平浙紀略十六卷　(清)秦緗業　(清)陳鍾英撰　清同治十二年(1873)浙江書局刻本　四冊

330000－1701－0076376　G605535　類叢部/叢書類/彙編之屬

十萬卷樓叢書五十一種　(清)陸心源編　清光緒歸安陸氏刻本(歲時廣記卷六原缺)　一冊　存二種

330000－1701－0076377　HJH091.381/4094/2　經部/叢編

御纂七經五種　(清)李光地等撰　清同治六年至九年(1867－1870)浙江書局刻本　十冊　存一種

330000－1701－0076379　HJH811.17/77011/c1　集部/别集類/清别集

弢甫五嶽集五種　(清)桑調元撰　清乾隆二十一年(1756)修汲堂刻本　六冊

330000－1701－0076380　G604241、G609475、G608124、G610129　史部/傳記類/總傳之屬/郡邑

金陵通傳四十五卷補遺四卷　陳作霖撰　**金陵通傳姓名韻編一卷**　陳詒紱輯　清光緒三十年(1904)江寧陳氏瑞華館刻本　六冊　存三十卷(一至二十、三十六至四十五)

330000－1701－0076381　HJH811.17/31101/c2　集部/别集類/清别集

桐香館詩存二卷　(清)汪震撰　清光緒五年(1879)刻本　一冊

330000－1701－0076382　HJH811.17/31101/c4　集部/别集類/清别集

桐香館詩存二卷　(清)汪震撰　清光緒五年(1879)刻本　一冊

330000－1701－0076383　HJH811.17/0128/c2　集部/别集類/清别集

定山堂詩集四十三卷詩餘四卷　(清)龔鼎孳撰　**芳草詞一卷**　(清)龔士稚撰　清光緒九年(1883)聖彜書屋刻本　十六冊

330000－1701－0076384　HJH031.2/1115/3　類叢部/類書類/專類之屬

佩文韻府一百六卷　(清)張玉書　(清)蔡升元等輯　**韻府拾遺一百六卷**　(清)汪灝　(清)何焯等輯　清刻本　一百六十冊　存一百六卷(佩文韻府一至一百六)

330000－1701－0076385　G600331/1　子部/醫家類/針灸之屬/經絡腧穴

奇經八脈考一卷　(明)李時珍撰　**脈訣附方一卷**　(明)張世賢編　清刻本　一冊

330000－1701－0076386　HJH091.381/4094/2/c2、HJH094.3381/3547/c7　經部/叢編

御纂七經五種　(清)李光地等撰　清同治六年至九年(1867－1870)浙江書局刻本　四十二冊　存二種

330000－1701－0076387　G600331　子部/醫家類/針灸之屬/經絡腧穴

奇經八脈考一卷　(明)李時珍撰　清刻本　一冊

330000－1701－0076388　G002207　子部/儒家類/儒學之屬/蒙學

神童詩一卷　清趙元隆號刻本　都錦生題記　一冊

330000－1701－0076389　HJH091.381/4094/2/c5、HJH092. 381/1012/(2)/c2、HJH094.3381/3547/c3　經部/叢編

御纂七經五種　(清)李光地等撰　清同治六年至九年(1867－1870)浙江書局刻本　五十四冊　存三種

330000－1701－0076390　G002310　類叢部/叢書類/彙編之屬

武英殿聚珍版書　清江蘇刻本　二冊　存一種

330000－1701－0076391　G600332　集部/總集類/氏族之屬

海鹽張氏涉園叢刻七種　張元濟輯　清宣統三年(1911)海鹽張氏鉛印本　一冊　存一種

330000－1701－0076393　HJH811.17/31171/c3　集部/别集類/清别集

松聲池館詩存四卷　(清)汪璐撰　清光緒十五年(1889)錢塘汪曾唯振綺堂刻本　一冊

330000－1701－0076395　HJH811.17/31171/c4　集部/别集類/清别集

松聲池館詩存四卷　(清)汪璐撰　清光緒十五年(1889)錢塘汪曾唯振綺堂刻本　一冊

330000－1701－0076396　G600333　史部/地理類/水利之屬

續纂江蘇水利全案正編四十卷首一卷附編十二卷　(清)李慶雲輯　清光緒十五年(1889)水利工程局木活字印本　一冊　存三卷(十七至十九)

330000－1701－0076397　HJH811.17/0133/c1　集部/别集類/清别集

荔村草堂詩鈔十卷　(清)譚宗浚撰　清光緒十八年(1892)廖廷相廣州羊城刻本　五冊

330000－1701－0076398　G002311、G003222、G007806、G008639　新學/史志/諸國史

西洋通史前編十一卷　(法國)駝惵屢氏撰　(日本)村上義茂譯　清光緒二十八年(1902)上洋會文譯書社石印本　七册

330000－1701－0076399　HJH091.381/4094/2/c4、HJH094.1381/2337/c3、HJH094.2381/3547/c3、HJH094.3381/3547/c6　經部/叢編

御纂七經五種　(清)李光地等撰　清同治六年至九年(1867－1870)浙江書局刻本　九十四册　存二種

330000－1701－0076401　HJH811.17/4448/6　集部/别集類/清别集

忠雅堂集三十卷　(清)蔣士銓撰　清刻本　十册

330000－1701－0076402　HJH811.17/0143/2/c1　集部/别集類/清别集

百美新詠一卷集詠一卷圖傳一卷　(清)顧希源撰　清嘉慶十年(1805)集腋軒刻本　六册

330000－1701－0076403　HJH091.381/4094/2/c3　經部/叢編

御纂七經五種　(清)李光地等撰　清同治六年至九年(1867－1870)浙江書局刻本　十册　存一種

330000－1701－0076404　HJH031.2/1115.02/3/(2)　類叢部/類書類/專類之屬

佩文韻府一百六卷　(清)張玉書　(清)蔡升元等輯　**韻府拾遺一百六卷**　(清)汪灝　(清)何焯等輯　清刻本　十三册　存六十二卷(韻府拾遺一至四、十七至七十四)

330000－1701－0076405　G605536　經部/小學類/音韻之屬

切音捷訣一卷附幼學切音便讀一卷　(清)鄺珩輯　清光緒六年(1880)諸暨摭古堂刻本　一册

330000－1701－0076406　HJH811.17/30141　集部/别集類/清别集

九曲山房詩鈔十六卷　(清)宗聖垣撰　清嘉慶五年(1800)刻本　八册

330000－1701－0076407　G002208　史部/傳記類/别傳之屬

軍籍事拖累始末記畧一卷軍籍事拖累三年上憲會審記畧一卷　(清)項晴函撰　**靜波府君[項晴函]行畧一卷**　(清)項廷轍撰　清抄本　一册

330000－1701－0076409　HJH811.17/4448/2(2)　集部/别集類/清别集

忠雅堂詩集二十七卷補遺二卷銅絃詞二卷附南北曲一卷　(清)蔣士銓撰　清嘉慶二十二年(1817)藏園刻本　八册

330000－1701－0076411　G002405　子部/雜著類/雜説之屬

夢園叢説内篇八卷外篇八卷　(清)方濬頤撰　清同治十三年(1874)揚州刻本　四册　存八卷(外篇一至八)

330000－1701－0076412　G002312　經部/群經總義類/傳説之屬

欽定七經綱領七卷奏訂學堂章程摘錄一卷　清宣統元年(1909)學部圖書局鉛印本　一册

330000－1701－0076413　G605537　類叢部/叢書類/郡邑之屬

武林掌故叢編一百八十七種　(清)丁丙編　清光緒三年至二十六年(1877－1900)錢塘丁氏嘉惠堂刻本　五册　存一種

330000－1701－0076414　HJH811.17/4448/5/c2　集部/别集類/清别集

忠雅堂詩集二十七卷補遺二卷銅絃詞二卷附南北曲一卷　(清)蔣士銓撰　清嘉慶三年(1798)揚州刻本　十二册

330000－1701－0076416　G602748　史部/雜史類/斷代之屬

明季稗史彙編十六種　(清)留雲居士輯　清都城琉璃廠刻本　一册　存二種

330000－1701－0076417　G002209　史部/地理類/水利之屬

河工章則一卷　(清)□□編　清抄本　一册

330000－1701－0076418　HJH811.17/0246/c2　集部/别集類/清别集

太鶴山人集十三卷　(清)端木國瑚撰　清道光二十年(1840)瑞安洪坤刻本　六册

330000－1701－0076419　G002406　類叢部/叢書類/自著之屬

范聲山雜著八種　(清)范鍇撰　清道光烏程范氏刻本　二册　存一種

330000－1701－0076421　HJH090.88381/4012/2/(2)　經部/叢編

重刊宋本十三經注疏四百十六卷　附十三經注疏校勘記四百十六卷　(清)阮元撰　(清)盧宣旬摘錄　清嘉慶二十年(1815)南昌府學刻道光六年(1826)盱江朱華臨重校印本　一百二十五册　缺八卷(附釋音尚書注疏八至十一、附校勘記八至十一)

330000－1701－0076424　HJH031.2/1115.02/3/c2　類叢部/類書類/專類之屬

佩文韻府一百六卷　(清)張玉書　(清)蔡升元等輯　**韻府拾遺一百六卷**　(清)汪灝　(清)何焯等輯　清刻本　二十册　存一百六卷(韻府拾遺一至一百六)

330000－1701－0076426　HJL811.17/0246/c4　集部/别集類/清别集

太鶴山人集十三卷　(清)端木國瑚撰　清道光二十年(1840)瑞安洪坤刻本　錫琳過錄其父奉懷鶴田先生五律一首　六册

330000－1701－0076429　G602749、G602910　集部/戲劇類/傳奇之屬

桃谿雪二卷　(清)黄燮清撰　(清)李光溥評文　清光緒元年(1875)雲鶴僊館刻本　二册

330000－1701－0076431　HJH811.17/4461/c2　集部/别集類/清别集

藤香館詩刪存四卷詞刪存二卷　(清)薛時雨撰　清光緒五年(1879)刻本　四册　存四卷(詩刪存一至四)

330000－1701－0076432　G605526　類叢部/叢書類/彙編之屬

武英殿聚珍版書三十九種　清乾隆浙江刻本　二册　存一種

330000－1701－0076434　G002210　子部/藝術類/書畫之屬/法帖

山舟法書一卷　(清)梁同書書　清光緒三十三年(1907)上海均益圖書公司影印本　一册

330000－1701－0076437　HJH031.2/1115.02/3　類叢部/類書類/專類之屬

佩文韻府一百六卷　(清)張玉書　(清)蔡升元等輯　**韻府拾遺一百六卷**　(清)汪灝　(清)何焯等輯　清刻本　二十册　存一百六卷(韻府拾遺一至一百六)

330000－1701－0076438　G602750　史部/地理類/專志之屬/古跡

申江勝景圖二卷　(清)吳友如繪　清光緒十年(1884)上海點石齋石印本　三册

330000－1701－0076439　HJH811.17/4462.2　集部/别集類/清别集

兩當軒集二十卷補遺二卷附錄四卷　(清)黄景仁撰　**兩當軒集攷異二卷**　(清)黄志述撰　清光緒二年(1876)武進黄氏家塾刻本　六册

330000－1701－0076441　G002313　子部/雜著類/雜纂之屬

增廣智囊補二十八卷　(明)馮夢龍輯　清宣統二年(1910)上海文盛書局石印本　六册

330000－1701－0076442　G002407　史部/傳記類/别傳之屬

宋徵君哀輓錄一卷宋徵君墓表一卷　(清)陳黻宸撰　清宣統二年(1910)瑞安務本局石印本暨鉛印本　一册

330000－1701－0076443　G605527、G605830　史部/史評類/考訂之屬

東周列國攷畧二卷　(清)朱元炅輯　清光緒十三年(1887)刻本　二册

330000－1701－0076444　HJH811.17/0413/c4　集部/别集類/清别集

璞齋集詩六卷詞一卷　(清)諸可寶撰　**清足居集一卷蕉窗詞一卷**　(清)鄧瑜撰　清光緒

二十二年(1896)玉峰官舍刻本　六冊

330000－1701－0076446　G602751、M603446　類叢部/叢書類/彙編之屬
風雨樓叢書二十三種　鄧實編　清宣統順德鄧氏鉛印本　四冊　存一種

330000－1701－0076447　HJH090.32/7426/c3　經部/群經總義類/文字音義之屬
經典釋文三十卷　(唐)陸德明撰　**經典釋文攷證三十卷**　(清)盧文弨撰　清同治八年(1869)湖北崇文書局刻本　十二冊

330000－1701－0076448　HJH811.17/7721/2(2)/c2　集部/別集類/清別集
是程堂詩集十四卷　(清)屠倬撰　清嘉慶十九年至二十五年(1814－1820)真州官舍刻本　四冊

330000－1701－0076450　G002408　史部/地理類/外紀之屬
俾路芝志一卷馬留土股志一卷紐吉尼亞島志一卷西里伯島志一卷新志一卷　(清)學部編譯圖書局編　清光緒三十三年(1907)學部編譯圖書局鉛印本　一冊

330000－1701－0076451　G002211　子部/宗教類/佛教之屬
真心直說一卷普照禪師修心訣節要一卷　(朝鮮)釋知訥撰　**般若波羅蜜多心經直說一卷**　(明)釋德清撰　**心經說一卷**　(明)釋真可撰　清光緒十二年(1886)刻本　一冊

330000－1701－0076452　HJH091.381/4094/2(2)、HJH092.381/1012/(3)、HJH094.1381/2337/(2)、HJH094.2381/3547/(2)　經部/叢編
御纂七經五種　(清)李光地等撰　清同治六年至九年(1867－1870)浙江書局刻本　五十冊　存三種

330000－1701－0076454　HJH090.32/7426/c4　經部/群經總義類/文字音義之屬
經典釋文三十卷　(唐)陸德明撰　**經典釋文攷證三十卷**　(清)盧文弨撰　清同治八年(1869)湖北崇文書局刻本　十二冊

330000－1701－0076456　G602752、G603122、G608759　子部/藝術類/書畫之屬/畫録
虛齋名畫錄十六卷　龐元濟輯　清宣統元年(1909)烏程龐氏申江刻本　十六冊

330000－1701－0076458　HJH811.17/0414/c3　集部/別集類
自怡吟初稿四卷　謝元壽撰　清宣統三年(1911)石印本　二冊

330000－1701－0076459　G002314　史部/傳記類/別傳之屬/年譜
張蒼水[煌言]年譜一卷　(清)趙之謙編　清末鉛印本　一冊

330000－1701－0076460　HJH090.32/7426/c5　經部/群經總義類/文字音義之屬
經典釋文三十卷　(唐)陸德明撰　**經典釋文攷證三十卷**　(清)盧文弨撰　清同治八年(1869)湖北崇文書局刻本　十二冊

330000－1701－0076462　G605528　集部/小說類/長篇之屬
東周列國志二十七卷首一卷一百八回　(清)蔡奡評點　清光緒十四年(1888)上海點石齋石印本　二冊　存七卷(七至十、十五至十七)

330000－1701－0076463　HJH811.17/7721/2(2)/c4　集部/別集類/清別集
是程堂詩集十四卷　(清)屠倬撰　清嘉慶十九年至二十五年(1814－1820)真州官舍刻本　六冊

330000－1701－0076464　HJH811.17/0436/c1　史部/史評類/詠史之屬
樹經堂詠史詩八卷　(清)謝啓昆撰　清嘉慶刻本　二冊

330000－1701－0076465　G602753　史部/地理類/山川之屬/山志
重刊麻姑山志十二卷　(清)黃家駒輯　清同治五年(1866)黃家駒洞天書屋刻本　一冊　存一卷(四)

330000－1701－0076466　G002315、G003038　類叢部/叢書類/自著之屬

陳澹然三種　陳澹然撰　清光緒二十八年(1902)長沙刻本　八册　存一種

330000－1701－0076467　G605529　類叢部/叢書類/自著之屬

春在堂全書三十六種　(清)俞樾撰　清同治至光緒刻光緒末彙印本　五册　存一種

330000－1701－0076468　HJH090.381/80431/c4　經部/群經總義類/傳說之屬

古經解鉤沉三十卷　(清)余蕭客撰　清光緒二十一年(1895)杭州竹簡齋石印本　十二册

330000－1701－0076469　G602754、G602224　類叢部/叢書類/郡邑之屬

武林掌故叢編一百八十七種　(清)丁丙編　清光緒三年至二十六年(1877－1900)錢塘丁氏嘉惠堂刻本　六册　存一種

330000－1701－0076470　G604242　類叢部/叢書類/彙編之屬

廣漢魏叢書八十種　(明)何允中編　清嘉慶刻本　一册　存一種

330000－1701－0076472　HJH090.381/80431/c5　經部/群經總義類/傳說之屬

古經解鉤沉三十卷　(清)余蕭客撰　清光緒二十一年(1895)杭州竹簡齋石印本　錢玄同題記　十二册

330000－1701－0076474　HJH811.17/77211/c1　集部/別集類/清別集

寶德堂詩鈔十卷附存二卷　(清)周衡撰　清光緒二年(1876)刻本　六册

330000－1701－0076475　HJH811.17/0436/2/c2　史部/史評類/詠史之屬

樹經堂詠史詩八卷　(清)謝啓昆撰　清道光五年(1825)吳下刻本　八册

330000－1701－0076476　G604243　史部/傳記類/職官録之屬

國朝御史題名不分卷　(清)黄叔璥輯　清光緒刻本　三册

330000－1701－0076477　G605530　史部/政書類

九通　(清)□□輯　清光緒八年至二十二年(1882－1896)浙江書局刻本　十八册　存一種

330000－1701－0076478　G002409　集部/小說類/長篇之屬

初刻封神演義八卷一百回　(明)許仲琳撰　(明)鍾惺評　清乾隆四十三年(1778)經元堂刻本　七册　存七卷(一至五、七至八)

330000－1701－0076479　G602755　子部/藝術類/篆刻之屬

西泠印社印學叢書　清宣統至民國刻本暨木活字印本　二册　存一種

330000－1701－0076480　G600334　子部/雜著類/雜考之屬

十駕齋養新錄二十卷餘錄三卷　(清)錢大昕撰　**錢辛楣先生年譜一卷**　(清)錢大昕編　(清)錢慶曾校注　**竹汀居士[大昕]年譜續編一卷**　(清)錢慶曾撰　清光緒二年(1876)浙江書局刻本　八册

330000－1701－0076481　HJH811.17/0494/c2　集部/別集類/清別集

麻園遺集一卷　(清)謝烺樞撰　**絸廬初稿二卷**　(清)謝掄元撰　清宣統元年(1909)京師集成圖書公司鉛印本　一册

330000－1701－0076482　HJH090.32/7426/2/(2)　類叢部/叢書類/彙編之屬

抱經堂叢書十六種　(清)盧文弨編　清乾隆至嘉慶刻彙印本　三十二册　存一種

330000－1701－0076483　G002316、G008233　子部/雜著類/雜說之屬

荒鹿偶談四卷　(清)徐卓撰　清嘉慶刻本　二册

330000－1701－0076484　HJH811.17/77211/c4　集部/別集類/清別集

寶德堂詩鈔十卷附存二卷　(清)周衡撰　清光緒二年(1876)刻本　三册

330000－1701－0076485　HJH811.17/7723　集部/别集類/清别集
竹生吟館詩草十六卷　(清)周師濂撰　清道光九年(1829)刻本　十冊

330000－1701－0076486　HJH811.17/7740/2　集部/别集類/清别集
小十誦齋詩存四卷　(清)周南撰　清光緒十一年(1885)刻本　一冊

330000－1701－0076488　HJH811.17/77441.2/c2　集部/别集類/清别集
存吾春軒集十卷附録一卷　(清)周大樞撰　清光緒八年(1882)刻十八年(1892)會稽陶闇補刻本　五冊

330000－1701－0076489　G002317　經部/小學類/文字之屬/字書/訓蒙
雙千字文一卷　清末石印本　一冊

330000－1701－0076490　HJH811.17/7783/c2　集部/别集類/清别集
香岳詩稿一卷　(清)周鉞撰　清乾隆八年(1743)刻本　一冊

330000－1701－0076491　G002318　史部/地理類/山川之屬/水志
南湖考一卷　(明)陳紡學撰　**節録餘杭縣南湖事略一卷南湖誌考一卷**　(清)陳善撰　清光緒五年(1879)浙江官書局刻本　一冊

330000－1701－0076493　HJH811.17/7783/c3　集部/别集類/清别集
香岳詩稿一卷　(清)周鉞撰　清乾隆八年(1743)刻本　一冊

330000－1701－0076495　G601594　史部/地理類/方志之屬/郡縣志
[宣統]臨安縣志八卷首一卷末一卷　(清)彭循堯修　(清)董運昌　(清)周鼎纂　清宣統二年(1910)木活字印本　六冊

330000－1701－0076496　HJH811.17/0724/c2　集部/别集類/清别集
養知書屋遺集(養知書屋文集二十八卷詩集十五卷郭侍郎奏疏十二卷)　(清)郭嵩燾撰　王先謙編　清光緒十八年(1892)養知書屋刻本　四冊　存十五卷(詩集一至十五)

330000－1701－0076497　HJH811.17/8008/c2　集部/别集類/清别集
繡墨軒詩稿一卷詞稿一卷　(清)俞慶曾撰　清光緒二十三年(1897)刻本　一冊

330000－1701－0076499　G002319　史部/史表類/通代之屬
歷代紀年便覽一卷歷代割據諸國一卷　(清)陳鍾珂撰　**讀史論略一卷**　(清)杜詔撰　清末刻本　一冊

330000－1701－0076501　G604244　史部/地理類/方志之屬/郡縣志
[光緒]周莊鎮志六卷首一卷附貞豐里庚申見聞錄二卷　(清)陶煦纂　清光緒八年(1882)元和陶氏儀一堂刻本　三冊　存四卷(三至六)

330000－1701－0076502　HJH811.17/0733/c3　集部/别集類/清别集
清華館詩稿一卷　(清)郭沈昶撰　清同治郭華刻本　一冊

330000－1701－0076503　HJL811.17/8021.3/c1　集部/别集類/清别集
詩存四卷　(清)金德瑛撰　清乾隆三十三年(1768)如心堂刻本　四冊

330000－1701－0076504　G604245、G609417　子部/藝術類/書畫之屬/書法書品
隸法彙纂十卷　(清)項懷述編　清乾隆五十一年(1786)小酉山房刻本　四冊

330000－1701－0076505　HJH811.17/0853/c1　集部/别集類/清别集
度嶺草一卷　(清)許振禕撰　清光緒二十三年(1897)廣州節署刻本　一冊

330000－1701－0076506　HJH811.17/0733/c4　集部/别集類/清别集
清華館詩稿一卷　(清)郭沈昶撰　清同治郭華刻本　一冊

330000－1701－0076508　G604246、G603727、G602392　類叢部/類書類/專類之屬

子史精華一百六十卷　(清)吳士玉　(清)吳襄等輯　清雍正五年(1727)武英殿刻本　三十二冊

330000－1701－0076509　G602756　子部/藝術類/書畫之屬

賞奇軒合編五種　清刻本　一冊　存一種

330000－1701－0076511　HJH811.17/0744/2/c1　類叢部/叢書類/自著之屬

天開圖畫樓全稿　(清)郭柏蔭撰　清刻本　一冊　存一種

330000－1701－0076514　G605521　集部/小說類/長篇之屬

繪圖第二奇書八卷六十四回　(清)隨緣下士撰　(清)寄旅散人評　清光緒二十年(1894)上海復古書齋石印本　二冊　存三卷(一至三)

330000－1701－0076515　HJH811.17/0931/c2　類叢部/叢書類/彙編之屬

張氏適園叢書　張鈞衡編　清宣統三年(1911)上海國學扶輪社鉛印本　一冊　存一種

330000－1701－0076516　HJH811.17/0744.3/2/c1　集部/别集類/清别集

天開圖畫樓試帖四卷　(清)郭柏蔭撰　清同治七年(1868)武昌節署刻本　二冊

330000－1701－0076518　HJH811.17/8023/c2　集部/别集類/清别集

思貽堂詩集六卷　(清)金衍宗撰　清光緒至宣統鉛印本　二冊

330000－1701－0076519　G002438　子部/工藝類/日用器物之屬/器具

古器具名二卷　(明)胡文煥輯　清道光二十年(1840)王繼祖抄本　二冊

330000－1701－0076520　G604247　類叢部/叢書類/彙編之屬

古今說海一百三十五種　(明)陸楫等編　明嘉靖二十三年(1544)陸楫儼山書院雲山書院刻本　一冊　存九種

330000－1701－0076521　G602757　子部/藝術類/書畫之屬

賞奇軒合編五種　清刻本　一冊　存一種

330000－1701－0076522　G605522　類叢部/叢書類/彙編之屬

申報館叢書正集五十七種附錄三種續集一百四十二種　(清)尊聞閣主編　蔡爾康編續集　清同治至光緒上海申報館鉛印本　七冊　存一種

330000－1701－0076525　HJH811.17/0773/c3　類叢部/叢書類/自著之屬

種樹軒遺集三種　(清)郭長清撰　清光緒二十三年(1897)杭州刻本　一冊　存一種

330000－1701－0076526　G602758、G602294　史部/地理類/方志之屬/郡縣志

[光緒]嘉興府志八十八卷首二卷　(清)許瑤光修　(清)吳仰賢等纂　清光緒三年至四年(1877－1878)嘉興鴛湖書院刻本　六冊　存十二卷(六十八至七十五、八十二至八十五)

330000－1701－0076528　G606270　類叢部/叢書類/彙編之屬

粵雅堂叢書一百八十五種　(清)伍崇曜編　清道光二十九年至光緒十一年(1849－1885)南海伍氏刻彙印本　一冊　存一種

330000－1701－0076529　G002439　類叢部/類書類/通類之屬

淵鑑類函四百五十卷　(清)張英　(清)王士禛等纂　清光緒九年(1883)上海點石齋石印本　十冊

330000－1701－0076530　HJH090.3827/7110/2/c5　經部/叢編

皇清經解一千四百八卷首一卷　(清)阮元輯　清道光九年(1829)廣東學海堂刻咸豐十一年(1861)補刻本　三百六十冊

330000－1701－0076532　G601591　史部/地理類/方志之屬/郡縣志

[光緒]龍泉縣志十二卷首一卷 （清）顧國詔修 （清）張世堉纂 清光緒四年（1878）刻本 六册

330000－1701－0076533 G002410 史部/地理類/專志之屬/園林

滄浪小志二卷 （清）宋犖輯 清康熙三十五年（1696）刻本 一册

330000－1701－0076534 G600335 子部/醫家類/溫病之屬/其他溫疫病證

溫熱贅言一卷 （清）寄瓢子撰 清吳氏靈鶴山房刻本 一册

330000－1701－0076535 G602759、G606977 史部/目録類/總録之屬/地方

杭州藝文志十卷 吳慶坻編 清光緒三十四年（1908）錢塘吳慶坻長沙刻本 六册

330000－1701－0076537 G002212 集部/總集類/酬唱之屬

鴛鴦湖櫂歌五卷 （清）朱彝尊 （清）譚吉璁撰 （清）陸以誠 （清）張燕昌續 清乾隆四十年（1775）朱芳衡刻本 清古椿、清聽雲題記 三册 存四卷（鴛央湖櫂歌一百首、鴛央湖櫂歌一百首次朱太史竹垞原韻、鴛央湖櫂歌八十八首和韻、續鴛央湖櫂歌三十首）

330000－1701－0076538 HJH811.17/0788/c2 集部/别集類

藝芳老人詩存二卷 郭筠撰 清宣統二年（1910）長沙鉛印本 一册

330000－1701－0076539 G605524 史部/傳記類/總傳之屬/姓名

史姓韻編六十四卷 （清）汪輝祖撰 清光緒十年（1884）石印本 十二册

330000－1701－0076542 G605525、G611381、G607489 類叢部/叢書類/彙編之屬

融經館叢書十一種 （清）徐友蘭編 清光緒六年至十一年（1880－1885）會稽徐氏八杉齋刻本 十册 存四種

330000－1701－0076543 G604248、G609490 子部/宗教類/道教之屬

古書隱樓藏書三十八種 （清）閔一得輯 清光緒刻本 二册 存四種

330000－1701－0076544 G601592 史部/地理類/方志之屬/通志

[雍正]敕修浙江通志二百八十卷首三卷 （清）李衛 （清）嵇曾筠等修 （清）沈翼機 （清）傅王露等纂 清光緒二十五年（1899）浙江書局刻本 二十八册 存六十七卷（八十六至八十九、九十二至一百七、一百十一至一百三十、一百三十七至一百三十八、一百四十九至一百五十七、二百八至二百九、二百三十八至二百四十、二百五十三至二百五十八、二百六十一、二百七十二至二百七十五）

330000－1701－0076545 HJH811.17/0788/c3 集部/别集類

藝芳老人詩存二卷 郭筠撰 清宣統二年（1910）長沙鉛印本 一册

330000－1701－0076546 G002440 子部/儒家類/儒學之屬/勸學

勸學篇二卷 （清）張之洞撰 清光緒二十四年（1898）石印本 一册

330000－1701－0076548 G600336 史部/政書類/軍政之屬/邊政

朔方備乘六十八卷首十二卷 （清）何秋濤撰 清光緒石印本 八册

330000－1701－0076549 G602760 類叢部/叢書類/自著之屬

柏堂遺書（方柏堂全集）八種附一種 （清）方宗誠撰 清光緒元年至十二年（1875－1886）桐城方氏刻本 一册 存一種

330000－1701－0076551 G002411 子部/儒家類/儒學之屬/勸學

輶軒語七卷 （清）張之洞撰 清光緒六年（1880）文琳堂刻本 一册

330000－1701－0076552 HJH811.17/0814/c2 集部/别集類/清别集

瑞芍軒詩鈔四卷詞稿一卷 （清）許乃穀撰 清同治七年（1868）許道身刻本 二册

330000－1701－0076553　G605514　集部/詩文評類/文評之屬

文心雕龍十卷　(南朝梁)劉勰撰　(清)黄叔琳輯注　(清)紀昀評　清道光十三年(1833)盧坤兩廣節署刻朱墨套印本　四册

330000－1701－0076555　G604249　史部/紀傳類/正史之屬

二十四史　清同治至光緒五省官書局據汲古閣本等合刻光緒五年(1879)湖北書局彙印本　一册　存一種

330000－1701－0076556　G601593　史部/地理類/方志之屬/郡縣志

[宣統]臨安縣志八卷首一卷末一卷　(清)彭循堯修　(清)董運昌　(清)周鼎纂　清宣統二年(1910)木活字印本　彈山居士跋　六册

330000－1701－0076557　G602761、G612299　經部/小學類/音韻之屬/古今韻說

古韻通説二十卷通説一卷　(清)龍啓瑞撰　清光緒九年(1883)四川尊經書局刻本　四册

330000－1701－0076559　G002441　子部/雜著類/雜纂之屬

勸戒九録六卷　(清)梁恭辰撰　清光緒十年(1884)蔭緑軒刻本　二册

330000－1701－0076560　HJH811.17/0814/c3　集部/別集類/清別集

瑞芍軒詩鈔四卷詞稿一卷　(清)許乃穀撰　清同治七年(1868)許道身刻本　二册

330000－1701－0076561　G604250、G009846　集部/別集類/清別集

南洋勸業會雜詠二卷　王葆楨撰　清宣統二年(1910)鉛印本　王葆楨題記　二册

330000－1701－0076562　G600337　子部/醫家類/婦科之屬/通論

女科經綸八卷　(清)蕭壎撰　清文淵堂刻本　二册　存四卷(一至二、五至六)

330000－1701－0076563　G605515、G607093　類叢部/叢書類/自著之屬

甌北全集八種　(清)趙翼撰　清乾隆至嘉慶湛貽堂刻本　十二册　存二種

330000－1701－0076565　G602762　集部/總集類/選集之屬/斷代

網師園唐詩箋十八卷　(清)宋宗元輯　清乾隆三十二年(1767)尚絅堂刻本　枚任題記　六册

330000－1701－0076566　G002412　集部/曲類/寶卷之屬

三茅應化真君寶卷二卷　清同治十三年(1874)刻本　一册

330000－1701－0076567　G002442、G002876　子部/藝術類/書畫之屬/總論

甌鉢羅室書畫過目攷四卷首一卷附一卷　(清)李玉棻撰　清光緒上海鴻文齋石印本　四册

330000－1701－0076568　G600338　史部/目録類/總録之屬/私撰

古越藏書樓書目二十卷首一卷　(清)徐樹蘭撰　清光緒三十年(1904)崇實書局石印本　八册

330000－1701－0076570　HJH811.17/8030/2/c2　集部/別集類/清別集

鮚埼亭詩集十卷　(清)全祖望撰　清道光十四年(1834)鄭爾齡箋經閣刻本　二册

330000－1701－0076571　HJH090.3827/7110/2/(2)　經部/叢編

皇清經解一千四百八卷首一卷　(清)阮元輯　清道光九年(1829)廣東學海堂刻咸豐十一年(1861)補刻本　三百六十二册

330000－1701－0076573　G604251、G607743　類叢部/叢書類/自著之屬

王漁洋遺書三十八種　(清)王士禛撰　清刻本　二册　存一種

330000－1701－0076574　G601595　史部/地理類/方志之屬/郡縣志

[宣統]臨安縣志八卷首一卷末一卷　(清)彭循堯修　(清)董運昌　(清)周鼎纂　清宣統二年(1910)木活字印本　三册　存七卷(一

至五、七至八)

330000－1701－0076576　G002413　史部/地理類/專志之屬/祠墓

剡源先正祠全錄二卷首一卷　(清)趙霈濤輯　清光緒木活字印本　一册

330000－1701－0076577　G604252　子部/雜著類/雜考之屬

羣書疑辨十二卷　(清)萬斯同撰　清嘉慶二十一年(1816)刻本　一册　存一卷(九)

330000－1701－0076578　G600880、G600339　類叢部/叢書類/彙編之屬

知不足齋叢書一百九十五種　(清)鮑廷博編　(清)鮑士恭續編　清乾隆三十七年至道光三年(1772－1823)長塘鮑氏刻彙印本　三册　存三種

330000－1701－0076579　G604253　集部/詩文評類

煮藥漫抄二卷　(清)葉煒撰　清光緒十七年(1891)金陵刻本　一册

330000－1701－0076580　HJH811.17/8030.3/c2　集部/别集類/清别集

句餘土音三卷　(清)全祖望撰　(清)董秉純重編　清嘉慶十九年(1814)刻本　三册

330000－1701－0076581　HJH811.17/0831/c3　集部/别集類/清别集

緗芸館詩鈔一卷　(清)許之雯撰　清光緒二十五年(1899)吳下刻本　一册

330000－1701－0076583　G002443　子部/雜著類/雜説之屬

二十年來之最醒夢一卷　(清)盧懋功撰　清光緒三十三年(1907)北京益森公司鉛印本　一册

330000－1701－0076584　G601596　史部/地理類/方志之屬/郡縣志

光緒武進陽湖縣志三十卷首一卷　(清)王其淦　(清)吳康壽修　(清)湯成烈纂　清光緒五年(1879)刻本　十六册　存二十六卷(三至八、十一至三十)

330000－1701－0076586　HJH090.3832/8700/c3　經部/叢編

鄭氏佚書二十三種　(漢)鄭玄撰　(清)袁鈞輯　清光緒十四年(1888)浙江書局刻本　十册

330000－1701－0076587　G604254　類叢部/叢書類/彙編之屬

漸西村舍彙刊(漸西村舍叢刻)四十四種　(清)袁昶編　清光緒十六年至二十四年(1890－1898)桐廬袁氏刻本　一册　存一種

330000－1701－0076588　HJH811.17/0831/c4　集部/别集類/清别集

緗芸館詩鈔一卷　(清)許之雯撰　清光緒二十五年(1899)吳下刻本　一册

330000－1701－0076589　G002414　類叢部/叢書類/自著之屬

抗希堂十六種(抗希堂全集)　(清)方苞撰　清康熙至嘉慶刻彙印本　一册　存一種

330000－1701－0076590　G602763　集部/别集類/清别集

遜學齋文鈔十二卷首一卷末一卷續鈔五卷詩鈔十卷續鈔五卷　(清)孫衣言撰　清同治三年(1864)、十二年(1873)刻光緒增刻本　二册　存十卷(詩鈔一至十)

330000－1701－0076591　HJH811.17/0834/(2)/c2　集部/别集類/清别集

澤雅堂詩集六卷　(清)施補華撰　清同治十二年(1873)刻本　二册

330000－1701－0076592　HJH811.17/8030.3/2/c2　類叢部/叢書類/彙編之屬

張氏適園叢書　張鈞衡編　清宣統三年(1911)上海國學扶輪社鉛印本　一册　存二種

330000－1701－0076595　G601597　史部/地理類/方志之屬/郡縣志

[光緒]上海鄉土志一卷　李維清撰　清光緒三十三年(1907)上海勸學所鉛印本　瞿哲生題記　一册

330000－1701－0076596　G602764、G608839、G609478　子部/雜著類/雜説之屬

麗澞薈録十四卷　(清)蔣超伯撰　清同治五年(1866)刻本　七冊

330000－1701－0076597　G604255、G603102、G607791　子部/醫家類/醫案之屬

古今醫案按十卷　(清)俞震輯　清光緒九年(1883)吴江李齡壽刻二十四年(1898)烏程龐元澂印本　八冊　存八卷(一至八)

330000－1701－0076599　HJH090.3832/8700/c4　經部/叢編

鄭氏佚書二十三種　(漢)鄭玄撰　(清)袁鈞輯　清光緒十四年(1888)浙江書局刻本　十冊

330000－1701－0076601　G600340、G600465　類叢部/類書類/專類之屬

子史精華一百六十卷　(清)吳士玉　(清)吳襄等輯　清雍正五年(1727)武英殿刻本　四十八冊

330000－1701－0076602　G002415　子部/宗教類/佛教之屬/諸宗

靈峰蕅益大師梵室偶談一卷　徹悟禪師語錄二卷　(清)釋際醒説　(清)釋了亮輯　清同治十年(1871)金陵刻本　一冊

330000－1701－0076603　HJH811.17/8034/c1　集部/别集類/清别集

湛園詩稿三卷　(清)姜宸英撰　清嘉慶二十三年(1818)歲寒堂刻本　四冊

330000－1701－0076605　HJH090.3832/8700/c5　經部/叢編

鄭氏佚書二十三種　(漢)鄭玄撰　(清)袁鈞輯　清光緒十四年(1888)浙江書局刻本　十冊

330000－1701－0076606　G600341　子部/藝術類/書畫之屬

桐陰論畫二卷首一卷附錄一卷畫訣一卷續桐陰論畫一卷二編二卷三編二卷　(清)秦祖永撰　清同治三年至光緒八年(1864－1882)刻朱墨套印本　三冊　存三卷(桐陰論畫首、上,畫訣)

330000－1701－0076609　G602765、G601389　經部/叢編

十三經讀本　(清)□□編　清同治金陵書局刻本　十冊　存二種

330000－1701－0076610　G604256　子部/儒家類/儒學之屬/蒙學

三字經一卷　(宋)王應麟撰　清光緒五年(1879)刻本　一冊

330000－1701－0076611　G605516、G608391　集部/總集類/郡邑之屬

兩浙輶軒續錄五十四卷補遺六卷姓氏韻編二卷　(清)潘衍桐輯　清光緒十七年(1891)浙江書局刻本　十三冊　存二十一卷(二至七、十九、二十二、二十七至二十八、三十五至三十七、四十五至四十六、五十至五十一、五十四,補遺一至二、姓氏韻編)

330000－1701－0076612　HJH090.88381/4012/c2　經部/叢編

十三經注疏三百三十三卷　(明)□□輯　清嘉慶蘇州書坊刻本　一百二十冊

330000－1701－0076614　G602766、G608903　集部/總集類/郡邑之屬

國朝杭郡詩輯三十二卷姓氏韻編一卷　(清)吳顥輯　(清)吳振棫重輯　清同治十三年(1874)錢塘丁氏刻本　十冊　存二十一卷(一至十八、三十一至三十二、姓氏韻編)

330000－1701－0076617　G002416　史部/傳記類/科舉錄之屬/歷科登科錄

光緒庚辰科會試硃卷一卷　(清)李慈銘撰　清光緒刻本　一冊

330000－1701－0076618　G002213　子部/雜著類

成仙捷徑四卷　(清)鄭官應編輯　清光緒二十五年(1899)上海翼化堂善書坊刻本　一冊　存二卷(一至二)

330000－1701－0076619　G605517　集部/小說類/長篇之屬
繪圖第八才子書白圭志四卷首一卷十六回　(清)崔象川撰　清光緒二十一年(1895)上海書局石印本　三冊

330000－1701－0076620　G604257、G611465　集部/別集類/清別集
芙蓉池館詩草二卷　(清)羅辰撰　清道光十一年(1831)刻本　二冊

330000－1701－0076621　G601598、G606981　史部/地理類/方志之屬/郡縣志
[道光]重修寶應縣志二十八卷首一卷　(清)孟毓蘭修　(清)喬載繇等纂　清道光二十年(1840)湯氏沐華堂刻本　九冊　存二十七卷(首、一至二十六)

330000－1701－0076622　HJH811.17/10001/c2　集部/別集類/清別集
韻山堂詩集七卷補遺一卷　(清)王文誥撰　清光緒十四年(1888)浙江書局刻本　一冊

330000－1701－0076624　G600342　子部/藝術類/書畫之屬/畫譜
芥子園畫傳初集六卷二集九卷三集六卷　(清)王槩　(清)王蓍　(清)王臬輯　清光緒十四年(1888)上海天寶書局石印本　一冊　存一卷(三集一)

330000－1701－0076625　G602769　子部/藝術類/書畫之屬
賞奇軒合編五種　清光緒十二年(1886)上海同文書局石印本　一冊　存一種

330000－1701－0076626　HJH811.17/10001/c4　集部/別集類/清別集
韻山堂詩集七卷補遺一卷　(清)王文誥撰　清光緒十四年(1888)浙江書局刻本　章嶔題簽並記　一冊

330000－1701－0076627　HJH811.17/8056/(2)/c2　集部/別集類/清別集
十華小築詩鈔四卷　(清)余本愚撰　清光緒十一年(1885)休寧余遠驅刻本　二冊

330000－1701－0076628　HJH092.381/1012/(2)/c5、HJH094.2381/3547/c5、HJH094.3381/3547/c4　經部/叢編
御纂七經五種　(清)李光地等撰　清同治六年至九年(1867－1870)浙江書局刻本　七十二冊　存二種

330000－1701－0076629　G604258　新學/工藝/雜藝
電氣鍍鎳一卷　(英國)華特撰　(英國)傅蘭雅口譯　(清)徐華封筆述　清光緒六年(1880)鉛印本　一冊

330000－1701－0076630　G602770　集部/別集類/宋別集
林和靖詩集四卷拾遺一卷酬唱題詠附錄一卷　(宋)林逋撰　清同治十二年(1873)長洲朱氏刻本　一冊

330000－1701－0076631　G605518　類叢部/叢書類/自著之屬
船山遺書五十八種　(清)王夫之撰　清光緒三十一年(1905)上海商務印書館鉛印本　一冊　存一種

330000－1701－0076632　G601599、G602442、G602609　史部/地理類/方志之屬/郡縣志
[光緒]上虞縣志校續五十卷首一卷末一卷　(清)儲家藻修　(清)徐致靖纂　清光緒二十四年至二十五年(1898－1899)刻本　十冊　存二十九卷(八至十五、十九至三十二、三十六至三十八、四十七至五十)

330000－1701－0076633　HJL811.17/10001/c7　集部/別集類/清別集
韻山堂詩集七卷補遺一卷　(清)王文誥撰　清光緒十四年(1888)浙江書局刻本　四冊

330000－1701－0076635　G600343　史部/紀傳類/正史之屬
二十四史附考證　清光緒十八年(1892)武林竹簡齋石印本　一冊　存一種

330000－1701－0076636　G602771　集部/別集類/宋別集

林和靖詩集四卷拾遺一卷酬唱題詠附録一卷 (宋)林逋撰　清同治十二年(1873)長洲朱氏刻本　一册

330000－1701－0076638　G602772　集部/别集類/宋别集

林和靖詩集四卷拾遺一卷酬唱題詠附録一卷 (宋)林逋撰　清同治十二年(1873)長洲朱氏刻本　一册

330000－1701－0076639　G002444、G002445　史部/紀傳類/正史之屬

二十四史附考證　清光緒二十八年(1902)竢實齋石印本　十一册　存二種

330000－1701－0076640　G602773　集部/别集類/宋别集

林和靖詩集四卷拾遺一卷酬唱題詠附録一卷 (宋)林逋撰　清同治十二年(1873)長洲朱氏刻本　一册

330000－1701－0076641　G601600　史部/地理類/方志之屬/郡縣志

[光緒]騰越廳志稿二十卷首一卷　(清)陳宗海修　(清)趙端禮纂　清光緒十三年(1887)刻本　一册　存二卷(十四至十五)

330000－1701－0076643　G002214　集部/别集類/清别集

微波閣詞一卷　(清)蕭承萼撰　清抄本　清石根霖、清陳壽祺、清石巖美、清金安蘭題記　清何昌霖題簽　清張鴻卓跋　一册

330000－1701－0076644　G602774　集部/别集類/宋别集

林和靖詩集四卷拾遺一卷酬唱題詠附録一卷 (宋)林逋撰　清同治十二年(1873)長洲朱氏刻本　一册

330000－1701－0076646　HJH092.381/1012/(2)、HJH094.1381/2337/c2、HJH094.2381/3547/c2　經部/叢編

御纂七經五種　(清)李光地等撰　清同治六年至九年(1867－1870)浙江書局刻本　六十四册　存二種

330000－1701－0076647　HJH811.17/7563/(2)/c1　類叢部/叢書類/自著之屬

橘蔭軒全集七種　(清)陳錦撰　清光緒山陰陳氏橘蔭軒刻本　二册　存一種

330000－1701－0076648　HJH811.17/7563/(2)/c2　類叢部/叢書類/自著之屬

橘蔭軒全集七種　(清)陳錦撰　清光緒山陰陳氏橘蔭軒刻本　二册　存一種

330000－1701－0076649　G601601　史部/地理類/方志之屬/郡縣志

[光緒]越巂廳全志十二卷　(清)馬忠良修　(清)馬湘等纂　(清)孫鏘等續修　清光緒三十二年(1906)鉛印本　三册　存七卷(六至十二)

330000－1701－0076650　G605519　史部/地理類/遊記之屬/紀行

凝香室鴻雪因緣圖記三集六卷　(清)麟慶撰　清光緒十年(1884)上海點石齋石印本　二册　存二卷(一集上、二集下)

330000－1701－0076652　G605520、G612380　史部/政書類

九通　(清)□□輯　清光緒八年至二十二年(1882－1896)浙江書局刻本　七册　存一種

330000－1701－0076653　G605538　史部/紀傳類/正史之屬

明史稿三百十卷目録三卷　(清)王鴻緒撰　清雍正敬慎堂刻本　一册　存四卷(列傳七十八至八十一)

330000－1701－0076654　G605539　史部/金石類/郡邑之屬

東甌金石志十卷校記一卷補遺一卷附録一卷 (清)戴咸弼撰　清光緒二年(1876)浙江溫州郡庠木活字印本　一册　存三卷(九至十、校記)

330000－1701－0076655　G600344　新學/史志/戰記

中東戰紀本末八卷首一卷末一卷續編四卷首一卷末一卷三編四卷　(美國)林樂知撰並譯

蔡爾康輯　**文學興國策二卷**　（美國）林樂知譯　清光緒二十二年（1896）、二十三年（1897）、二十六年（1900）上海廣學會鉛印本　一冊　存一卷（續編三）

330000－1701－0076656　G600345　類叢部/叢書類/彙編之屬
花雨樓叢鈔十一種續鈔十一種附一種　（清）張壽榮編　清光緒八年至十四年（1882－1888）蛟川張氏花雨樓刻本　一冊　存一種

330000－1701－0076657　G605540　類叢部/叢書類/彙編之屬
武英殿聚珍版書一百三十八種　清木活字印本　二冊　存一種

330000－1701－0076658　G600346　類叢部/叢書類/彙編之屬
粵雅堂叢書一百八十五種　（清）伍崇曜編　清道光二十九年至光緒十一年（1849－1885）南海伍氏刻彙印本（後漢書補注卷一至二配抄本）　八冊　存一種

330000－1701－0076659　G605541　集部/詞類/詞話之屬
蓮子居詞話四卷　（清）吳衡照輯　清道光十二年（1832）錢唐汪氏振綺堂刻同治六年（1867）重修本　二冊

330000－1701－0076660　G600347　史部/地理類/雜志之屬
湖墅小志四卷　（清）高鵬年輯　清光緒二十二年（1896）石印本　二冊

330000－1701－0076661　G605542　經部/叢編
御纂七經五種　（清）李光地等撰　清乾隆刻本　二冊　存一種

330000－1701－0076662　G600348　類叢部/叢書類/彙編之屬
古今説部叢書二百七十二種　國學扶輪社編　清宣統二年至民國二年（1910－1913）上海國學扶輪社鉛印本　一冊　存一種

330000－1701－0076663　G600349　集部/總集類/郡邑之屬
越風三十卷　（清）商盤輯　清乾隆三十七年（1772）山陰王大治刻嘉慶十六年（1811）徐氏重修本　清李慈銘跋　八冊

330000－1701－0076664　G002215、G005685　史部/政書類/通制之屬
通志略五十二卷　（宋）鄭樵撰　清乾隆刻本　二十冊　缺一卷（氏族略二）

330000－1701－0076666　G605543　史部/紀傳類/正史之屬
二十四史附考證　清乾隆刻本　一冊　存一種

330000－1701－0076669　G600350　類叢部/叢書類/郡邑之屬
武林掌故叢編一百八十七種　（清）丁丙編　清光緒三年至二十六年（1877－1900）錢塘丁氏嘉惠堂刻本　十二冊　存一種

330000－1701－0076670　G605544　史部/傳記類/總傳之屬/釋道
高僧傳四集九十三卷　（清）楊文會輯　清光緒十年至十八年（1884－1892）金陵刻經處、江北刻經處刻本　四冊　存十六卷（初集首、一至十五）

330000－1701－0076671　HJH811.17/7564/2/c1　類叢部/叢書類/郡邑之屬
武林掌故叢編一百八十七種　（清）丁丙編　清光緒三年至二十六年（1877－1900）錢塘丁氏嘉惠堂刻本　二冊　存一種

330000－1701－0076672　G600351　史部/地理類/山川之屬/山志
石鐘山志十六卷首一卷　（清）李成謀　（清）丁義方撰　清光緒九年（1883）聽濤眺雨軒刻本　八冊

330000－1701－0076673　HJH811.17/75443/c2　集部/別集類/清別集
白雲山人詩草三卷附文草一卷　（清）陳桂撰　清同治刻本　一冊

330000－1701－0076675　G600352、G601921

史部/地理類/山川之屬/山志

石鐘山志十六卷首一卷 （清）李成謀 （清）丁義方撰 清光緒九年(1883)聽濤眺雨軒刻本 二册 存三卷(十三至十四、十六)

330000－1701－0076676 G605545 史部/傳記類/總傳之屬/釋道

高僧傳四集九十三卷 （清）楊文會輯 清光緒十年至十八年(1884－1892)金陵刻經處、江北刻經處刻本 四册 存十六卷(初集首、一至十五)

330000－1701－0076677 G002446 集部/總集類/氏族之屬

春星堂詩集十卷 （清）汪師韓輯 清乾隆三十八年(1773)刻本 六册 缺一卷(十)

330000－1701－0076679 G605546 史部/傳記類/總傳之屬/釋道

高僧傳四集九十三卷 （清）楊文會輯 清光緒十年至十八年(1884－1892)金陵刻經處、江北刻經處刻本 九册 存三十六卷(二集五至四十)

330000－1701－0076680 G602775 集部/別集類/宋別集

林和靖詩集四卷拾遺一卷酬唱題詠附錄一卷 （宋）林逋撰 清同治十二年(1873)長洲朱氏刻本 一册

330000－1701－0076681 G604259、G612385、G612421 類叢部/叢書類/彙編之屬

申報館叢書正集五十七種附錄三種續集一百四十二種 （清）尊聞閣主編 蔡爾康編續集 清同治至光緒上海申報館鉛印本 六册 存一種

330000－1701－0076682 G002447、G002807、G003185 集部/總集類/選集之屬/斷代

全五代詩一百卷補遺一卷 （清）李調元輯 清乾隆四十五年(1780)刻本 十六册 存四十八卷(三十八至六十四、七十一至九十、補遺)

330000－1701－0076683 G600353 史部/地理類/山川之屬/水志

西湖志四十八卷 （清）李衛 （清）程元章修 （清）傅王露纂 清光緒四年(1878)浙江書局刻本 二十册

330000－1701－0076684 G602776 集部/別集類/宋別集

林和靖詩集四卷拾遺一卷酬唱題詠附錄一卷 （宋）林逋撰 清同治十二年(1873)長洲朱氏刻本 一册

330000－1701－0076686 G602777 集部/別集類/宋別集

林和靖詩集四卷拾遺一卷酬唱題詠附錄一卷 （宋）林逋撰 清同治十二年(1873)長洲朱氏刻本 一册

330000－1701－0076687 G600354 史部/地理類/山川之屬/水志

西湖志四十八卷 （清）李衛 （清）程元章修 （清）傅王露纂 清光緒四年(1878)浙江書局刻本 八册 存二十一卷(十二至十五、十八至二十、二十七至二十九、三十二至四十、四十三至四十四)

330000－1701－0076688 G605547 史部/傳記類/總傳之屬/釋道

高僧傳四集九十三卷 （清）楊文會輯 清光緒十年至十八年(1884－1892)金陵刻經處、江北刻經處刻本 二册 存八卷(二集二十一至二十四、三十三至三十六)

330000－1701－0076689 G002417 史部/傳記類/別傳之屬/事狀

誥授資政大夫誥封光祿大夫特賞侍郎銜正一品封典布政使銜湖北鹽法武昌道浙江候補道顯考旭人府君[盛康]行述一卷 （清）盛宣懷 （清）盛宣善撰 清光緒二十八年(1902)石印本 一册

330000－1701－0076690 G602778 集部/別集類/宋別集

林和靖詩集四卷拾遺一卷酬唱題詠附錄一卷 （宋）林逋撰 清同治十二年(1873)長洲朱氏刻本 一册

330000－1701－0076692　G602779　集部/別集類/宋別集

林和靖詩集四卷拾遺一卷酬唱題詠附録一卷　（宋）林逋撰　清同治十二年（1873）長洲朱氏刻本　一册

330000－1701－0076693　G604260　史部/傳記類/科舉録之屬/歷科登科録

光緒甲辰恩科會試闈墨一卷　（清）譚廷闓等撰　清光緒三十年（1904）上海商務印書館鉛印本　一册

330000－1701－0076694　G605548　史部/傳記類/總傳之屬/釋道

高僧傳四集九十三卷　（清）楊文會輯　清光緒十年至十八年（1884－1892）金陵刻經處、江北刻經處刻本　二册　存六卷（四集一至六）

330000－1701－0076695　G602780　集部/別集類/宋別集

林和靖詩集四卷拾遺一卷酬唱題詠附録一卷　（宋）林逋撰　清同治十二年（1873）長洲朱氏刻本　一册

330000－1701－0076696　HJH811.17/8243/c2　集部/別集類/清別集

東海半人詩鈔二十四卷　（清）鍾大源撰　清嘉慶二十四年（1819）刻本　八册

330000－1701－0076697　G604261　子部/天文曆算類/算書之屬

梅氏中西筆算合解十卷　（清）梅啓照輯　清光緒二十二年（1896）上海書局石印本　一册　存三卷（三下至五上）

330000－1701－0076698　G602781　集部/別集類/宋別集

林和靖詩集四卷拾遺一卷酬唱題詠附録一卷　（宋）林逋撰　清同治十二年（1873）長洲朱氏刻本　一册

330000－1701－0076701　G605549、G605580　史部/傳記類/總傳之屬/釋道

高僧傳四集九十三卷　（清）楊文會輯　清光緒十年至十八年（1884－1892）金陵刻經處、江北刻經處刻本　八册　存三十一卷（三集一至三十、目録）

330000－1701－0076702　G602782、G607428　子部/雜著類/雜說之屬

竇存四卷　（清）胡式鈺撰　清道光二十一年（1841）刻本　四册

330000－1701－0076703　G002418　子部/雜著類/雜說之屬

鶡冠子三卷　（宋）陸佃注　（明）王宇等評　清嘉慶九年（1804）姑蘇王氏聚文堂刻十子全書本　朱師轍題記　一册

330000－1701－0076704　G604262　類叢部/叢書類/彙編之屬

知不足齋叢書一百九十五種　（清）鮑廷博編　（清）鮑士恭續編　清乾隆三十七年至道光三年（1772－1823）長塘鮑氏刻彙印本　三册　存四種

330000－1701－0076706　G601602　史部/地理類/方志之屬/郡縣志

［光緒］唐棲志二十卷　（清）王同纂　清光緒十五年至十六年（1889－1890）刻本　六册

330000－1701－0076708　G611717　子部/儒家類/儒學之屬/性理

御纂性理精義課本四卷　勞乃宣編　清光緒二十八年（1902）鉛印本　二册

330000－1701－0076709　G002448　集部/別集類/清別集

樵餘草十卷　（清）杜應譽撰　清乾隆刻本　一册

330000－1701－0076710　HJH811.17/7584/c3　集部/別集類/清別集

知非齋詩鈔一卷　（清）陳鍾英撰　清同治十一年（1872）杭州刻本　一册

330000－1701－0076711　HJH811.17/7584/c4　集部/別集類/清別集

知非齋詩鈔一卷　（清）陳鍾英撰　清同治十一年（1872）杭州刻本　一册

330000－1701－0076713　G601603　類叢部/叢書類/郡邑之屬

武林掌故叢編一百八十七種　(清)丁丙編　清光緒三年至二十六年(1877－1900)錢塘丁氏嘉惠堂刻本　二册　存一種

330000－1701－0076714　G602767　經部/小學類/音韻之屬/韻書

唐寫本唐韻殘卷二卷　(唐)孫愐撰　清光緒三十四年(1908)上海國粹學報館影印本　一册

330000－1701－0076715　G604263　類叢部/叢書類/郡邑之屬

武林掌故叢編一百八十七種　(清)丁丙編　清光緒三年至二十六年(1877－1900)錢塘丁氏嘉惠堂刻本　二册　存四種

330000－1701－0076716　HJH811.17/8308.4/c1　集部/别集類/清别集

初學集二十卷　(清)錢謙益撰　(清)錢曾箋注　**牧翁先生[錢謙益]年譜一卷**　(清)葛萬里編　清宣統三年(1911)上海國學扶輪社石印本　六册

330000－1701－0076717　G602768　經部/小學類/音韻之屬/韻書

唐寫本唐韻殘卷二卷　(唐)孫愐撰　清光緒三十四年(1908)上海國粹學報館影印本　一册

330000－1701－0076718　G002419、G005542　集部/詞類/詞話之屬

蓮子居詞話四卷　(清)吳衡照輯　清道光十二年(1832)錢唐汪氏振綺堂刻同治六年(1867)重修本　三册

330000－1701－0076719　G002449　子部/天文曆算類/算書之屬

筆算便覽五卷　(清)紀大奎撰　(清)紀大畢等輯　清嘉慶十九年(1814)臨川紀氏刻本　二册

330000－1701－0076720　HJH811.17/7540.4/c1　集部/别集類/清别集

刪後詩存十卷文集十六卷　(清)陳梓撰　清嘉慶二十年(1815)胡氏敬義堂刻本　六册　存十卷(刪後詩存一至十)

330000－1701－0076722　HJH093.381/1032/2　經部/叢編

御纂七經五種　(清)李光地等撰　清尊經閣刻本　二十四册　存一種

330000－1701－0076723　HJH811.17/7537/c3　集部/别集類/清别集

藤阿吟稿四卷　(清)陳鴻熙撰　清嘉慶二十五年(1820)會稽陳氏姑蘇刻本　四册

330000－1701－0076724　G602784　子部/宗教類/佛教之屬/總録

翻譯名義集二十卷　(宋)釋法雲編　清光緒四年(1878)金陵刻經處刻本　六册

330000－1701－0076725　HJH811.17/7586　類叢部/叢書類/自著之屬

橘蔭軒全集七種　(清)陳錦撰　清光緒山陰陳氏橘蔭軒刻本　八册　存一種

330000－1701－0076726　HJH811.17/7586/c2　類叢部/叢書類/自著之屬

橘蔭軒全集七種　(清)陳錦撰　清光緒山陰陳氏橘蔭軒刻本　八册　存一種

330000－1701－0076729　G605550　類叢部/叢書類/郡邑之屬

武林掌故叢編一百八十七種　(清)丁丙編　清光緒三年至二十六年(1877－1900)錢塘丁氏嘉惠堂刻本　八册　存一種

330000－1701－0076730　G601604　史部/地理類/方志之屬/郡縣志

[光緒]烏程縣志三十六卷　(清)郭式昌　(清)潘玉璿　(清)馮健修　(清)周學濬　(清)汪曰楨纂　清光緒六年至七年(1880－1881)刻本　一册　存三卷(三十二至三十四)

330000－1701－0076731　G002420　類叢部/叢書類/彙編之屬

心矩齋叢書十一種　(清)蔣鳳藻編　清光緒

長洲蔣氏刻本　二冊　存二種

330000－1701－0076733　G602785　史部/地理類/方志之屬
[乾隆]西域記八卷　(清)七十一撰　清光緒十一年(1885)刻本　二冊

330000－1701－0076734　G604264　類叢部/叢書類/彙編之屬
靈鶼閣叢書五十六種　(清)江標編　清光緒元和江氏湖南使院刻本　四冊　存十八種

330000－1701－0076735　G002216　子部/儒家類/儒學之屬/蒙學
讀史蒙求四卷　(清)趙之熚撰　清木活字印本　二冊

330000－1701－0076737　G002450　集部/詩文評類/詩評之屬
詩外餘言四卷　(清)玩石山人撰　清刻本　一冊　存二卷(三至四)

330000－1701－0076738　G602786、G602213　經部/詩類/傳說之屬
御纂詩義折中二十卷　(清)高宗弘曆敕撰　(清)傅恒　(清)陳兆崙等纂　清刻本　八冊

330000－1701－0076741　HJH811.17/8324/c2　集部/别集類/清别集
衎石齋記事稾十卷續稾十卷刻楮集四卷旅逸小稾二卷　(清)錢儀吉撰　清光緒六年(1880)錢彝甫廣州刻本　一冊　存四卷(刻楮集一至四)

330000－1701－0076743　G601605　史部/地理類/方志之屬/郡縣志
[光緒]靖州鄉土志四卷首一卷　金蓉鏡纂　清光緒三十四年(1908)刻本　一冊　缺二卷(三至四)

330000－1701－0076746　HJH094.2381/3547/c7　經部/叢編
御纂七經五種　(清)李光地等撰　清同治六年至九年(1867－1870)浙江書局刻本　二十八冊　存一種

330000－1701－0076750　G601606　史部/地理類/方志之屬/郡縣志
[光緒]重修嘉善縣志三十六卷首一卷　(清)江峯青修　(清)顧福仁纂　清光緒二十年(1894)刻本　一冊　存二卷(九至十)

330000－1701－0076752　HJH811.17/8324/c4　集部/别集類/清别集
衎石齋記事稾十卷續稾十卷刻楮集四卷旅逸小稾二卷　(清)錢儀吉撰　清光緒六年(1880)錢彝甫廣州刻本　一冊　存四卷(刻楮集一至四)

330000－1701－0076753　G602787　史部/金石類/郡邑之屬/圖像
荊南萃古編一卷續一卷　(清)周懋琦　(清)劉瀚輯　清光緒二十年(1894)錢塘周氏鴻寶署齋刻本　一冊

330000－1701－0076755　HJH811.17/7543/(2)　集部/别集類/清别集
蓬萊閣詩錄四卷　(清)陳克家撰　清同治二年(1863)刻本　一冊

330000－1701－0076756　G002421　子部/宗教類/佛教之屬/經疏
金剛經註解三卷　清同治十三年(1874)浙省昭慶慧空經房刻本　三冊

330000－1701－0076758　G604265　史部/金石類/郡邑之屬
栝蒼金石志十二卷續志四卷　(清)李遇孫輯　(清)鄒柏森校補　清同治十三年(1874)浙江處州府署刻本　五冊　缺六卷(七至八、續志一至四)

330000－1701－0076759　G602788　史部/地理類/輿圖之屬/水圖
峽江圖攷不分卷　(清)國璋撰　清光緒二十年(1894)上洋袖海山房書局石印本　一冊

330000－1701－0076762　G601607　史部/地理類/方志之屬/郡縣志
[光緒]撫州府志八十六卷首一卷　(清)許應鑅　(清)陳增　(清)朱澄瀾修　(清)謝煌

等纂　清光緒二年(1876)刻本　一册　存二卷(三十七至三十八)

330000－1701－0076763　G604266　經部/大戴禮記類/分篇之屬
夏小正箋疏四卷　(清)馬徵麐撰　清同治七年(1868)馬氏思古書堂刻光緒十四年(1888)德清俞氏印本　一册

330000－1701－0076764　HJL811.17/8324.2/c4　集部/别集類/清别集
衎石齋記事稾十卷續稾十卷刻楮集四卷旅逸小稾二卷　(清)錢儀吉撰　清道光刻咸豐四年(1854)蔣光焴增刻本　一册　存二卷(旅逸小稾一至二)

330000－1701－0076765　G602789　類叢部/叢書類/彙編之屬
正覺樓叢刻(正覺樓叢書)二十九種　(清)崇文書局編　清光緒崇文書局刻本　二册　存三種

330000－1701－0076766　G604267、G611988/1　史部/目録類/總録之屬/彙刻
觀古堂書目叢刻十五種　葉德輝編　清光緒二十八年(1902)至民國湘潭葉氏刻本　十四册　存十二種

330000－1701－0076767　G600356　史部/地理類/山川之屬/山志
九華山志十二卷　(清)喻成龍　(清)李燦輯　清康熙刻乾隆十四年(1749)補修本　二册　存二卷(七至八)

330000－1701－0076768　G002217　集部/别集類/清别集
井窗蛩吟集二卷中山紀游吟一卷　(清)林熙撰　**侍椿吟一卷**　(清)林桓修撰　清光緒十八年(1892)烏園讀畫亭刻本　三册

330000－1701－0076769　G600357　史部/地理類/山川之屬/山志
九疑山志四卷　(清)吴繩祖編　(清)樊在廷纂　清嘉慶元年(1796)吴氏退思齋刻本　二册

330000－1701－0076771　G002451　集部/總集類/選集之屬/斷代
湖海詩傳一卷　(清)王昶輯　**韓江櫂歌一卷**　(清)樂鈞元撰　**虚閒堂詩二卷**　(清)鐵保撰　**甎祖齋詩鈔一卷**　(清)劉銓福撰　清刻本　問青題記　一册

330000－1701－0076772　G602790　子部/宗教類/道教之屬/戒律
陰隲果報圖注一卷　(清)彭啓豐編　(清)吴友如繪　清光緒十七年(1891)點石齋石印本　一册

330000－1701－0076773　G601608　史部/地理類/方志之屬/郡縣志
[康熙]紹興府志五十八卷　(清)王之賓修　(清)董欽德纂　清康熙二十二年(1683)刻本　六册　存二十一卷(三十八至五十八)

330000－1701－0076774　G600358　史部/地理類/輿圖之屬/郡縣
江蘇全省輿圖不分卷　(清)諸可寶編　(清)吴壽萱測　(清)雷鳴夏繪　清光緒二十一年(1895)江蘇書局刻本　三册

330000－1701－0076775　G604268　史部/金石類/金之屬/文字
筠清館金石文字五卷　(清)吴榮光撰　清道光二十二年(1842)南海吴榮光筠清館刻本　四册　缺一卷(一)

330000－1701－0076778　M003569　集部/總集類/氏族之屬
陽湖錢氏家集　錢振鍠輯　清光緒三十三年(1907)木活字印本　一册　存三種

330000－1701－0076779　G604269　新學
江南製造局叢刊(江南製造局譯書)　(清)江南製造局編　清光緒江南製造局刻本暨鉛印本　一册　存一種

330000－1701－0076780　G600359　史部/政書類/軍政之屬/邊政
苗防備覽二十二卷　(清)嚴如熤撰　清道光二十三年(1843)紹義堂刻本　五册

330000－1701－0076781　G601609　史部/地理類/方志之屬/郡縣志

[雍正]寧波府志三十六卷首一卷　(清)曹秉仁等修　(清)萬經等纂　清道光二十六年(1846)刻本　三册　存七卷(二十四至二十九、三十六)

330000－1701－0076782　G002218　集部/别集類/清别集

璇璣碎錦二卷　(清)萬樹撰　清乾隆五年(1740)揚州江氏柏香堂刻本　一册

330000－1701－0076783　HJH811.17/8324.2/c3　集部/别集類/清别集

衎石齋記事稾十卷續稾十卷刻楮集四卷旅逸小稾二卷　(清)錢儀吉撰　清光緒六年(1880)錢彝甫廣州刻本　一册　存二卷(旅逸小稾一至二)

330000－1701－0076784　G604270　經部/叢編

四書五經九種　(清)鮑氏輯　清同治三年(1864)浙江撫署刻本　五册　存二種

330000－1701－0076786　G600360　類叢部/叢書類/郡邑之屬

清波小志二卷　(清)徐逢吉撰　**清波小志補一卷**　(清)陳景鐘撰　清光緒七年(1881)竹書堂刻武林掌故叢編本　章嶔、馬一笠題記　二册

330000－1701－0076787　G601610　史部/地理類/方志之屬/郡縣志

[道光]石泉縣志十卷　(清)趙德林等修　(清)張沆等纂　清道光十四年(1834)刻藍印本　一册　存二卷(四、十)

330000－1701－0076788　G602791、G605223、G606424　子部/雜著類

經史答問四卷　(清)朱駿聲撰　清光緒二十年(1894)金陵刻本　三册　存三卷(一、三至四)

330000－1701－0076789　G002452　子部/天文曆算類/算書之屬

丈量簡法一卷九容廣義一卷　(清)王勳撰　清末刻本　一册

330000－1701－0076790　G600361　史部/地理類/山川之屬/水志

莫愁湖志六卷首一卷　(清)馬士圖撰　清光緒八年(1882)、十七年(1891)刻本　一册　缺二卷(五至六)

330000－1701－0076792　G002453　集部/别集類/清别集

存菴詩集六卷　(清)嚴我斯撰　清康熙十五年(1676)愛澤樓刻本　二册

330000－1701－0076793　G604271(重複著錄)　類叢部/叢書類/自著之屬

潛園總集十七種　(清)陸心源撰　清同治至光緒刻本　一册　存一種

330000－1701－0076795　G600362、G601067　史部/地理類/方志之屬/郡縣志

[咸豐]南潯鎮志四十卷首一卷　(清)汪曰楨纂　清咸豐九年至同治二年(1859－1863)刻本　十册

330000－1701－0076796　G601611　類叢部/叢書類/彙編之屬

漸西村舍彙刊(漸西村舍叢刻)四十四種　(清)袁昶編　清光緒十六年至二十四年(1890－1898)桐廬袁氏刻本　二册　存一種

330000－1701－0076798　G604272　子部/工藝類/文房四寶之屬/叢録

文房肆攷圖說八卷　(清)唐秉鈞撰　(清)康愷繪　清乾隆嘉定唐秉鈞竹暎山莊刻本　一册　存一卷(一)

330000－1701－0076799　HJH811.17/83241/c2　類叢部/叢書類/彙編之屬

清風室叢書二十種　(清)錢保塘編　清同治十年至民國二十五年(1871－1936)海寧錢氏清風室刻本　一册　存一種

330000－1701－0076800　G600363　史部/地理類/專志之屬/祠墓

汪王廟志畧一卷　(清)汪文炳撰　清光緒三

十一年(1905)刻本　一册

330000－1701－0076801　G604273　集部/别集類/清别集
萃堂詩錄一卷詞錄一卷　(清)潘鴻撰　清光緒三十三年(1907)刻本　一册

330000－1701－0076802　G605551　類叢部/叢書類/郡邑之屬
武林掌故叢編一百八十七種　(清)丁丙編　清光緒三年至二十六年(1877－1900)錢塘丁氏嘉惠堂刻本　一册　存一種

330000－1701－0076805　G600364　經部/小學類
澤存堂五種　(清)張士俊輯　清光緒十四年(1888)上海蜚英館石印本　六册　存三種

330000－1701－0076806　G605552　子部/宗教類/佛教之屬
摩尼爛坤集要七十二種　(清)善一輯　清光緒八年(1882)杭州慈孝禪院靈禪、靈鋭刻本　十三册

330000－1701－0076809　HJH081.247/0025.2/c3　類叢部/叢書類/郡邑之屬
金華叢書六十八種　(清)胡鳳丹編　清同治七年至光緒八年(1868－1882)永康胡氏退補齋刻民國補刻本　二百七十五册

330000－1701－0076810　G002422　子部/小説家類/雜事之屬
譚史志奇八卷　(清)姚彦臣纂　清嘉慶二十五年(1820)五知堂刻本　四册

330000－1701－0076811　G600365　集部/别集類/清别集
離垢集五卷　(清)華嵒撰　清光緒十五年(1889)羅嘉杰鉛印本　二册

330000－1701－0076812　G604274　史部/傳記類/日記之屬
曾文正公手書日記不分卷(清道光二十一年正月初一日至同治十一年二月初三日)　(清)曾國藩撰　清宣統元年(1909)上海中國圖書公司石印本　二十册

330000－1701－0076814　G601613　史部/地理類/方志之屬/郡縣志
[道光]遵義府志四十八卷首一卷　(清)平翰等修　(清)鄭珍　(清)莫友芝纂　清道光二十一年(1841)刻本　二十册

330000－1701－0076816　G604275　子部/術數類/相宅相墓之屬
楊曾地理元文四種附二種　(清)端木國瑚注　清道光五年(1825)刻本　四册

330000－1701－0076819　G600367　史部/傳記類/科舉録之屬/歷科鄉試録
[光緒丁酉科]浙江鄉試同年齒錄不分卷　清光緒刻本　四册

330000－1701－0076821　G605553　子部/宗教類/佛教之屬
摩尼爛坤集要七十二種　(清)善一輯　清光緒八年(1882)杭州慈孝禪院靈禪、靈鋭刻本　十三册

330000－1701－0076822　G604276　類叢部/叢書類/彙編之屬
宜稼堂叢書七種　(清)郁松年編　清道光二十年至二十二年(1840－1842)上海郁氏刻本　清鄭雨苹題記　六册　存一種

330000－1701－0076823　G002220、G003551　史部/傳記類/總傳之屬/釋道
高僧傳四集九十三卷　(清)楊文會輯　清光緒十年至十八年(1884－1892)金陵刻經處、江北刻經處刻本　四册　存十六卷(初集首、一至十五)

330000－1701－0076825　G605554、G605447　子部/宗教類/佛教之屬
摩尼爛坤集要七十二種　(清)善一輯　清光緒八年(1882)杭州慈孝禪院靈禪、靈鋭刻本　十二册　存六十三種

330000－1701－0076827　G002423　子部/儒家類/儒學之屬/性理
理學鉤玄三卷　(日本)中江篤介撰　(南海)陳鵬譯　清光緒二十八年(1902)上海廣智書

局鉛印本　一册　存一卷(一)

330000－1701－0076829　G600368、G604861、G605084　史部/目録類/總録之屬/地方
淮安藝文志十卷　(清)□□輯　清同治十二年(1873)刻本　八册

330000－1701－0076831　HJH081/0031/(2)/c1　類叢部/叢書類/彙編之屬
稗海四十八種續集二十二種　(明)商濬編　明萬曆商氏半埜堂刻清康熙至乾隆修補重訂本　八十册

330000－1701－0076832　HJH081/2553/c2　類叢部/叢書類/彙編之屬
高安朱文端公校輯藏書十三種　(清)朱軾撰輯　清光緒二十三年(1897)朱衡等刻本　八十册

330000－1701－0076833　G002221　集部/別集類/清別集
千字文詩品五律一卷　(清)沈蓮墅撰　清光緒刻本　一册

330000－1701－0076834　G002424　史部/編年類/斷代之屬
明史要中要一卷　(清)無心道人錄　清道光二十三年(1843)抄本　一册

330000－1701－0076837　G002454　集部/別集類/清別集
散原精舍詩二卷　陳三立撰　清宣統二年(1910)上海商務印書館鉛印本　二册

330000－1701－0076839　G604277　子部/叢編
子書百家　(清)崇文書局編　清光緒元年(1875)湖北崇文書局刻民國元年(1912)鄂官書處重印本　二册　存一種

330000－1701－0076840　G002425　集部/別集類/清別集
浪遊三江詩草一卷　(清)江請纓撰　清末抄本　一册

330000－1701－0076841　G002455　子部/儒家類/儒學之屬/禮教/女範
閨範輯略一卷　(清)周範輯　清同治十三年(1874)刻本　一册

330000－1701－0076843　G609088、G600369、G607328、G607614、G602581、G609687、G610220、G611983　史部/目録類/書志之屬/提要
善本書室藏書志四十卷附録一卷　(清)丁丙輯　清光緒二十五年至二十七年(1899－1901)錢唐丁立中鄂中刻本　十六册

330000－1701－0076844　G602792、G605703、G605995　經部/叢編
御纂七經五種　(清)李光地等撰　清康熙至乾隆内府刻本　二十二册　存一種

330000－1701－0076846　G002222　類叢部/叢書類/自著之屬
經韻樓叢書九種　(清)段玉裁撰　清乾隆至道光金壇段氏刻本　二册　存二種

330000－1701－0076847　G610219　類叢部/叢書類/自著之屬
留書種閣集九種　(清)黄炳垕撰　清同治六年至光緒二十年(1867－1894)餘姚黄氏留書種閣刻本　一册　存一種

330000－1701－0076848　G604278　子部/宗教類/佛教之屬/論疏
成唯識論述記六十卷　(唐)釋窺基撰　清光緒二十七年(1901)金陵刻經處刻本　二十册

330000－1701－0076850　G602793、G600743、G601252　史部/地理類/方志之屬/郡縣志
咸淳臨安志一百卷　(宋)潛說友纂　**校栞咸淳臨安志札記三卷**　(清)黄士珣撰　清道光十年(1830)錢塘汪氏振綺堂刻本(卷九十、九十八至一百原缺)　二十册

330000－1701－0076851　G600371、G600372　集部/別集類/清別集
遜學齋文鈔十二卷首一卷末一卷續鈔五卷詩鈔十卷續鈔五卷　(清)孫衣言撰　清同治三年(1864)、十二年(1873)刻光緒增刻本　四

册　存十卷（文鈔六至九、文續鈔三至五、詩鈔一至三）

330000－1701－0076854　G002426　史部/傳記類/科舉録之屬
嘉道以來科試歲試錄不分卷　清末抄本　一册

330000－1701－0076856　G600373　史部/地理類/雜志之屬
東畬雜記附幽湖百詠一卷　（清）沈廷瑞　（清）沈濤撰　（清）沈梓補　清光緒十三年至十四年（1887－1888）濮院沈氏紅藥山房刻本　一册

330000－1701－0076857　G002456　集部/別集類/清別集
紅葉山房集十四卷外集四卷　（清）鄭祖球撰　清嘉慶二十五年（1820）刻本　十册　缺四卷（十一至十四）

330000－1701－0076858　G602794　史部/史評類/史論之屬
宜鑑無雙論一卷　（清）朱雲龍撰　清嘉慶元年（1796）二南軒刻本　一册

330000－1701－0076860　G605557　子部/宗教類/佛教之屬/論
成唯識論十卷　（天竺）護法等菩薩造　（唐）釋玄奘譯　清光緒二十二年（1896）金陵刻經處刻本　二册

330000－1701－0076863　G002427　史部/傳記類/科舉録之屬
嘉道以來科第錄不分卷　清末抄本　一册

330000－1701－0076864　G600374　集部/別集類/清別集
袁忠節公遺詩三卷　（清）袁昶撰　清宣統元年（1909）上海時中書局等鉛印本　一册

330000－1701－0076865　G605558　子部/宗教類/佛教之屬/論
成唯識論十卷　（天竺）護法等菩薩造　（唐）釋玄奘譯　清光緒二十二年（1896）金陵刻經處刻本　二册

330000－1701－0076867　G605559　子部/宗教類/佛教之屬/論
成唯識論十卷　（天竺）護法等菩薩造　（唐）釋玄奘譯　清光緒二十二年（1896）金陵刻經處刻本　二册

330000－1701－0076868　G602795　史部/地理類/水利之屬
南河成案五十四卷首二卷續編一百六卷首一卷目錄二卷再續編三十八卷首一卷　清道光刻本　十六册　存三十二卷（南河成案二十三至五十四）

330000－1701－0076869　G600375　史部/地理類/山川之屬/山志
大別山志十卷首一卷　（清）胡鳳丹編纂　清同治十三年（1874）退補齋刻本　一册　存四卷（首、一至三）

330000－1701－0076870　G605555　子部/宗教類/佛教之屬/經
大寶積經一百二十卷　（唐）釋菩提流志等譯　清光緒五年（1879）常熟刻經處刻本　二十四册

330000－1701－0076871　G600376　史部/地理類/專志之屬/寺觀
天童寺志十卷首一卷　（清）德介　（清）聞性道撰　清康熙刻咸豐元年（1851）重修本　一册　存三卷（首、一至二）

330000－1701－0076872　G002428　集部/別集類/清別集
和盤詩一卷　清末抄本　一册

330000－1701－0076873　G602796　子部/藝術類/書畫之屬/畫法畫品
水流雲在圖記二卷　陳夔龍撰　清宣統三年（1911）石印本　一册　存一卷（上）

330000－1701－0076874　G605556　子部/宗教類/佛教之屬/經疏
大方廣佛華嚴經疏鈔會本二百二十卷　（唐）釋實叉難陀譯　（唐）釋澄觀撰　清末刻本　一册　存四卷（一百三十九至一百四十二）

330000－1701－0076877　G605560　子部/宗教類/佛教之屬/論

成唯識論十卷　(天竺)護法等菩薩造　(唐)釋玄奘譯　清光緒二十二年(1896)金陵刻經處刻本　二册

330000－1701－0076878　G605561　子部/宗教類/佛教之屬/論

成唯識論十卷　(天竺)護法等菩薩造　(唐)釋玄奘譯　清光緒二十二年(1896)金陵刻經處刻本　鮑芳州題記　二册

330000－1701－0076879　G600378　史部/地理類/水利之屬

浙西水利備考不分卷　(清)王鳳生撰　清光緒四年(1878)浙江書局刻本　三册

330000－1701－0076880　G602797　類叢部/叢書類/彙編之屬

古今說部叢書二百七十二種　國學扶輪社編　清宣統二年至民國二年(1910－1913)上海國學扶輪社鉛印本　二册　存十七種

330000－1701－0076883　G605562　子部/宗教類/佛教之屬/諸宗

列祖提綱錄四十二卷首一卷　(清)釋行悅輯　清同治十三年(1874)西湖昭慶慧空經房刻本　十册

330000－1701－0076884　G002223　集部/別集類/清別集

法喜集三卷　(清)釋禪一撰　清嘉慶山舫刻本　三册

330000－1701－0076885　G600379　史部/地理類/水利之屬

浙西水利備考不分卷　(清)王鳳生撰　清光緒四年(1878)浙江書局刻本　一册

330000－1701－0076887　G601614　集部/詩文評類/詩評之屬

靜志居詩話二十四卷　(清)朱彝尊撰　(清)姚祖恩輯　清嘉慶二十四年(1819)錢塘姚祖恩扶荔山房刻本　十二册

330000－1701－0076888　G600380　史部/地理類/雜志之屬

婁東小志七卷　(清)傅振海撰　清宣統二年(1910)鉛印本　一册

330000－1701－0076889　G600381、G600382、G600383、G600384　類叢部/叢書類/自著之屬

授堂遺書七種附錄二卷　(清)武億撰　清道光二十三年(1843)偃師武氏刻本　七册　存四種

330000－1701－0076890　G002224　史部/傳記類/別傳之屬/事狀

誥授通奉大夫賞戴花翎二品銜署浙江溫處兵備道上元宗公[源瀚]行狀一卷　(清)秦賓珉撰　清末石印本　一册

330000－1701－0076894　HJL2098　子部/宗教類/佛教之屬/大藏

頻伽精舍校刊大藏經　釋宗仰等輯　清宣統元年至民國二年(1909－1913)迦陵羅詩氏頻伽精舍上海鉛印本　四百十四册

330000－1701－0076895　HJH081/0031/(2)/c2　類叢部/叢書類/彙編之屬

稗海四十八種續集二十二種　(明)商濬編　明萬曆商氏半埜堂刻清康熙至乾隆修補重訂本　八十册　缺一卷(鶴林玉露補遺)

330000－1701－0076896　HJH081/3547/2　類叢部/叢書類/彙編之屬

武英殿聚珍版書一百四十八種　清乾隆四十二年(1777)福建刻道光至同治遞修光緒二十一年(1895)增刻本　九百七十九册　存一百四十種

330000－1701－0076897　HJH081/2849.2/(3)　類叢部/叢書類/彙編之屬

觀自得齋叢書二十三種別集六種　(清)徐士愷編　清光緒十三年至二十年(1887－1894)石埭徐氏刻本　二十四册

330000－1701－0076898　HJH081.247/0025.2/(2)　類叢部/叢書類/郡邑之屬

金華叢書六十八種　(清)胡鳳丹編　清同治

七年至光緒八年(1868－1882)永康胡氏退補齋刻民國補刻本　四册　存一種

330000－1701－0076899　HJH081/4901/(2)　類叢部/叢書類/彙編之屬

峭帆樓叢書十八種　趙詒琛編　清宣統三年至民國八年(1911－1919)新陽趙氏峭帆樓刻本　二十册

330000－1701－0076904　HJH081/0031/c1　類叢部/叢書類/彙編之屬

稗海四十八種續集二十二種　(明)商濬編　明萬曆商氏半埜堂刻清康熙至乾隆修補重訂本　一百册

330000－1701－0076905　HJH081/2630/2/c2　類叢部/叢書類/彙編之屬

重刊拜經樓叢書十種　(清)吳騫原編　清光緒十一年(1885)會稽章氏鄂渚刻二十年(1894)吳縣朱氏校經堂補刻本　十二册

330000－1701－0076906　HJH081/4241/c3　類叢部/叢書類/彙編之屬

咫進齋叢書三十七種　(清)姚覲元編　清光緒九年(1883)歸安姚氏刻本　二十四册

330000－1701－0076909　HJH081/4930/c1　類叢部/叢書類/彙編之屬

仰視千七百二十九鶴齋叢書四十種　(清)趙之謙編　清光緒會稽趙氏刻本　二十四册　存三十一種

330000－1701－0076911　HJH081.2491/0025　類叢部/叢書類/郡邑之屬

永嘉叢書十三種　(清)孫衣言編　清同治至光緒瑞安孫氏詒善祠塾刻本　三十册　存十種

330000－1701－0076913　HJH081/2630/(2)　類叢部/叢書類/彙編之屬

藝海珠塵一百六十四種　(清)吳省蘭輯　清嘉慶南匯吳氏聽彝堂刻本　六十四册

330000　－　1701　－　0076917　HJH081.　2491/0025/(4)/c1　類叢部/叢書類/郡邑之屬

永嘉叢書十二種　(清)孫衣言編　清同治至光緒瑞安孫氏詒善祠塾刻本　六十册

330000－1701－0076918　HJH081/2699/2/c2　類叢部/叢書類/彙編之屬

增訂漢魏叢書八十六種　(清)王謨編　清乾隆五十六年(1791)金谿王氏刻本　八十册

330000－1701－0076920　HJH081/0178/(2)　類叢部/叢書類/彙編之屬

知服齋叢書二十九種　(清)龍鳳鑣編　清光緒順德龍氏刻本　二十六册

330000－1701－0076924　HJH081/2699/2/c3　類叢部/叢書類/彙編之屬

增訂漢魏叢書八十六種　(清)王謨編　清乾隆五十六年(1791)金谿王氏刻本　八十册

330000－1701－0076926　HJH081/2699/5　類叢部/叢書類/彙編之屬

漢魏叢書三十八種　(明)程榮編　明萬曆二十年(1592)新安程氏刻本　三十二册

330000－1701－0076929　HJH081/0848/c2　類叢部/叢書類/彙編之屬

榆園叢刻十五種附一種　(清)許增編　清同治至光緒刻本　十六册　存十六種

330000　－1701　－0076933　HJH081/2699.02/c2　類叢部/叢書類/彙編之屬

廣漢魏叢書八十種　(明)何允中編　清嘉慶刻本　八十册

330000－1701－0076934　HJH082.7/0047/2/c1　類叢部/叢書類/自著之屬

方學博全集五種　(清)方坰撰　清光緒元年(1875)王大經武昌藩署刻本　八册

330000－1701－0076935　HJH082.7/0047/2/c4　類叢部/叢書類/自著之屬

方學博全集五種　(清)方坰撰　清光緒元年(1875)王大經武昌藩署刻本　八册

330000－1701－0076936　HJH081/2706/c2　類叢部/叢書類/彙編之屬

古逸叢書二十六種　(清)黎庶昌編　清光緒八年至十年(1882－1884)黎庶昌日本東京使

署影刻本　四十九册

330000－1701－0076939　HJH081/0848/c3　類叢部/叢書類/彙編之屬

榆園叢刻十五種附一種　（清）許增編　清同治至光緒刻本　十六册　存十六種

330000－1701－0076942　HJH081/2706/c3　類叢部/叢書類/彙編之屬

古逸叢書二十六種　（清）黎庶昌編　清光緒八年至十年（1882－1884）黎庶昌日本東京使署影刻本　四十九册

330000－1701－0076943　HJH082.7/8346/（2）　類叢部/叢書類/自著之屬

嘉定錢氏潛研堂全書二十種　（清）錢大昕撰　清光緒十年（1884）長沙龍氏家塾刻本　七十四册

330000－1701－0076944　HJH081/0848/（2）　類叢部/叢書類/彙編之屬

榆園叢刻十五種附一種　（清）許增編　清同治至光緒刻民國九年（1920）補刻本　十六册　存十六種

330000－1701－0076945　HJH082.7/1053/（2）　類叢部/叢書類/自著之屬

船山遺書五十八種　（清）王夫之撰　清同治四年（1865）湘鄉曾國荃金陵刻本　一百十册　缺　卷（春秋家說二）

330000－1701－0076946　HJH081/1137.2/2　類叢部/叢書類/彙編之屬

學津討原一百七十三種　（清）張海鵬編　清嘉慶十年（1805）虞山張氏照曠閣刻本　二百三十册　缺二十三卷（綏寇紀略一至十二、補遺一至三、紀效新書十六至十八、古文參同契箋註集解一至三、古文參同契三相類集解一至二）

330000－1701－0076947　HJH081/2714　類叢部/叢書類/彙編之屬

知不足齋叢書一百九十五種　（清）鮑廷博編　（清）鮑士恭續編　清乾隆三十七年至道光三年（1772－1823）長塘鮑氏刻彙印本　二百四十册

330000－1701－0076953　HJH082.7/1053/（4）/c1　類叢部/叢書類/自著之屬

船山遺書六十二種　（清）王夫之撰　清同治四年（1865）湘鄉曾國荃金陵刻光緒十三年（1887）船山書院補刻本　章嶔題簽　一百二十册

330000－1701－0076955　HJH081/6031/c1　類叢部/叢書類/彙編之屬

經訓堂叢書二十一種　（清）畢沅編　清光緒十三年（1887）上海大同書局石印本　二十册

330000－1701－0076956　HJH081.07/0123/（2）　類叢部/叢書類/彙編之屬

半厂叢書初編十種　（清）譚獻編　清同治至光緒仁和譚氏刻本　十六册

330000－1701－0076957　HJH081/6031/c3　類叢部/叢書類/彙編之屬

經訓堂叢書二十一種　（清）畢沅編　清光緒十三年（1887）上海大同書局石印本　二十册

330000－1701－0076958　G002429　集部/別集類/清別集

退思齋詩集十一卷　（清）陳祁撰　清嘉慶刻本　一册　存一卷（南園雜詠）

330000－1701－0076959　G002458　史部/政書類/律令之屬/法驗

補註洗冤錄集證四卷附刊檢骨圖格一卷　（清）王又槐輯　（清）李觀瀾補輯　（清）阮其新補注　（清）童濂刪　**作吏要言一卷**　（清）葉鎮撰　（清）朱椿增　清道光二十三年（1843）江都鍾淮刻三色套印本　四册

330000－1701－0076962　G002430　集部/總集類/選集之屬/斷代

林嚴文鈔四卷　林紓　嚴復撰　清宣統元年（1909）上海國學扶輪社鉛印本　四册

330000－1701－0076964　HJH081/7433/c2、HJH081/7433.2/c2、HJH081/7433.3/c1　類叢部/叢書類/彙編之屬

十萬卷樓叢書五十一種　（清）陸心源編　清

光緒歸安陸氏刻本(歲時廣記卷六原缺) 一百十二冊 缺一卷(明本排字九經直音補遺)

330000－1701－0076965 G002459 史部/傳記類/科舉録之屬
詞科掌錄十七卷餘話七卷 (清)杭世駿輯 清乾隆仁和杭氏道古堂刻本 二冊 存四卷(一至四)

330000－1701－0076966 HJH082.7/1053/2/(3) 類叢部/叢書類/自著之屬
船山遺書五十八種 (清)王夫之撰 清同治四年(1865)湘鄉曾國荃金陵刻本 八十冊 存五十七種

330000－1701－0076971 G002460、G007910、G008702 集部/總集類/選集之屬/斷代
明詩綜一百卷 (清)朱彝尊輯 (清)汪森等評 清康熙刻白蓮涇印本 三十二冊

330000－1701－0076972 普951.078/99132.3/2/c1 類叢部/叢書類/自著之屬
曾文正公全集十六種 (清)曾國藩撰 清同治至光緒傳忠書局刻本 三十六冊 存一種

330000－1701－0076975 G002431 史部/地理類/外紀之屬
東倭表一卷東倭考一卷 (清)金安清撰 清刻本 一冊

330000－1701－0076976 HJH081/2741/c2 類叢部/叢書類/彙編之屬
藕香零拾三十九種 繆荃孫編 清光緒二十二年至宣統二年(1896－1910)刻本 章鈺題簽並記 三十二冊

330000－1701－0076977 G002432 類叢部/叢書類/自著之屬
愛梅樓雜著十四種 (清)林慶炳撰輯 清光緒小石渠閣刻本 一冊 存二種

330000－1701－0076978 普951.078/99132.3/2/c2 類叢部/叢書類/自著之屬
曾文正公全集十六種 (清)曾國藩撰 清同治至光緒傳忠書局刻本 二十六冊 存一種

330000－1701－0076983 G002461 集部/別集類/清別集
奎文誌喜詩一卷國香三瑞詩一卷連州鍾乳石歌一卷授經石歌一卷韓雲晶瑞歌一卷韓江赤鯉歌一卷鳶山從祀詩一卷韓江雜詩一卷梅州廿一律一卷 (清)徐琪撰 清光緒刻本 一冊

330000－1701－0076985 普951.078/99132.4 類叢部/叢書類/自著之屬
曾文正公全集十六種 (清)曾國藩撰 清光緒十四年(1888)上海鴻文書局鉛印本 九冊 存一種

330000－1701－0076986 G002433 集部/詩文評類/詩評之屬
原詩四卷 (清)葉燮撰 清抄本 一冊

330000－1701－0076987 G002225 經部/書類/傳說之屬
尚書古文疏證八卷 (清)閻若璩撰 **朱子古文書疑一卷** (清)閻詠輯 清乾隆十年(1745)眷西堂刻本(卷三原缺) 八冊

330000－1701－0076988 G601615 史部/地理類/方志之屬/郡縣志
[嘉慶]羅江縣志三十六卷 (清)李桂林修 (清)鄧林等纂 清同治四年(1865)刻本 清鼎臣題記 一冊 存十五卷(一至十五)

330000－1701－0076992 G002462 類叢部/叢書類/彙編之屬
武英殿聚珍版書一百三十八種 清木活字印本 一冊 存一種

330000－1701－0076993 普951.078/99133/c1 史部/詔令奏議類/奏議之屬
彭剛直公奏稿八卷 (清)彭玉麟撰 (清)俞樾輯 清光緒十七年(1891)吳下刻本 八冊

330000－1701－0076994 G604279、G605028 類叢部/叢書類/自著之屬
春在堂全書三十六種 (清)俞樾撰 清同治至光緒刻光緒末彙印本 九冊 存二種

330000－1701－0076996 G601616、G612303

史部/地理類/方志之屬/郡縣志

[道光]永州府志十八卷首一卷 (清)呂恩湛修 (清)宗績辰纂 清道光八年(1828)刻同治六年(1867)重校刻本 二冊 存二卷(三下、四下)

330000－1701－0077000 普951.078/99133/c2 史部/詔令奏議類/奏議之屬

彭剛直公奏稿八卷 (清)彭玉麟撰 (清)俞樾輯 清光緒十七年(1891)吳下刻本 六冊

330000－1701－0077001 G601617 集部/別集類/清別集

甲六集初刻一卷補遺一卷 (清)徐文心撰 清光緒三年(1877)徐賡陛羊城刻本 一冊

330000－1701－0077003 G604280、G602656 集部/別集類/清別集

願學堂詩鈔二十八卷 (清)王宗燿撰 清咸豐十年(1860)鄞縣王氏刻本 七冊

330000－1701－0077004 G002463 集部/別集類/清別集

雪汀殘藁一卷 (清)溫禮存撰 清雍正九年(1731)刻本 一冊

330000－1701－0077005 普951.078/99133/c3 史部/詔令奏議類/奏議之屬

彭剛直公奏稿八卷 (清)彭玉麟撰 (清)俞樾輯 清光緒十七年(1891)吳下刻本 五冊

330000－1701－0077007 G601618 集部/總集類/題詠之屬

花隝聯吟四卷補一卷詞一卷 (清)唐仲冕等撰 清嘉慶六年(1801)果克山房刻本 三冊

330000－1701－0077008 G002226 子部/宗教類/其他宗教之屬/其他

衆喜粗言五卷 (清)陳衆喜撰 清宣統二年(1910)杭州弼教坊瑪瑙寺經房刻本 五冊

330000－1701－0077009 HJH081/7446 類叢部/叢書類/彙編之屬

古今說海一百三十五種 (明)陸楫等編 清道光元年(1821)苕溪邵氏酉山堂刻本 二十四冊

330000－1701－0077013 G601619 史部/地理類/方志之屬/郡縣志

[乾隆]平原縣志十卷首一卷 (清)黃懷祖修 (清)黃兆熊纂 清乾隆十四年(1749)刻本 四冊

330000－1701－0077014 G604281 類叢部/叢書類/家集之屬

董氏遺書四種 (清)董若洵編 清咸豐至同治刻彙印本 一冊 存一種

330000－1701－0077015 普951.078/99134/c1 史部/詔令奏議類/奏議之屬

同治中興京外奏議約編八卷 (清)陳弢輯 清光緒元年(1875)篋劍囊琴之室刻本 八冊

330000－1701－0077016 HJH081/2741/c4 類叢部/叢書類/彙編之屬

藕香零拾三十九種 繆荃孫編 清光緒二十二年至宣統二年(1896－1910)刻本 三十二冊

330000－1701－0077017 G002464 集部/戲劇類/傳奇之屬

滄桑艷二卷二十齣 丁傳靖撰 清光緒三十四年(1908)丹徒丁傳靖豹隱廬刻本 一冊

330000－1701－0077018 M003650 子部/藝術類/篆刻之屬

漢畫第一輯二卷 狄葆賢輯 清光緒上海有正書局影印本 二冊

330000－1701－0077019 G604282 經部/群經總義類/傳說之屬

十三經札記二十二卷附十六卷 (清)朱亦楝撰 清光緒四年(1878)武林竹簡齋刻本 一冊 存四卷(羣書札記十至十三)

330000－1701－0077020 G002434 子部/雜著類/雜纂之屬

徑古雜錄一卷 清抄本 一冊

330000－1701－0077021 G604283 集部/曲類/寶卷之屬

湖廣荊州府永慶縣修行梅氏花綢寶卷二卷 清光緒三十二年(1906)杭州慧空經房刻本

一冊　存一卷(上)

330000－1701－0077022　普951.078/99134/c2　史部/詔令奏議類/奏議之屬

同治中興京外奏議約編八卷　(清)陳弢輯　清光緒元年(1875)篋劍囊琴之室刻本　七冊　存七卷(二至八)

330000－1701－0077024　G601620　史部/地理類/方志之屬/郡縣志

[同治]九江府志五十四卷首一卷末一卷　(清)達春布修　(清)黃鳳樓　(清)歐陽燾纂　清同治十三年(1874)刻本　一冊　存十一卷(九至十九)

330000－1701－0077026　G604284　類叢部/叢書類/郡邑之屬

金華文萃　(清)胡鳳丹編　清同治七年至光緒八年(1868－1882)永康胡氏退補齋刻民國補刻本　一冊　存一種

330000－1701－0077027　普951.078/99134/c3　史部/詔令奏議類/奏議之屬

同治中興京外奏議約編八卷　(清)陳弢輯　清光緒元年(1875)篋劍囊琴之室刻本　八冊

330000－1701－0077030　G604285、G608743、G607330　集部/別集類/清別集

思綺堂文集十卷　(清)章藻功撰　清康熙刻本　五冊　存五卷(二至三、八至十)

330000－1701－0077031　G604286　集部/詞類/別集之屬

疏影樓詞四種　(清)姚燮撰　清道光十三年(1833)上湖草堂刻本　一冊

330000－1701－0077032　G600385　史部/雜史類/斷代之屬

國語二十一卷　(三國吳)韋昭注　**校刊明道本韋氏解國語札記一卷**　(清)黃丕烈撰　**國語明道本考異四卷**　(清)汪遠孫撰　清光緒三年(1877)永康胡氏退補齋刻本　四冊

330000－1701－0077033　G600386　史部/紀傳類/正史之屬

四史　清光緒十三年(1887)金陵書局刻本　十六冊　存一種

330000－1701－0077034　G002435　子部/藝術類/音樂之屬/琴學

琴學入門二卷　(清)張鶴輯　清同治十三年(1874)心嚮往齋刻本　一冊　存一卷(下)

330000－1701－0077035　HJH081/7446/(3)　類叢部/叢書類/彙編之屬

古今說海一百三十五種　(明)陸楫等編　清道光元年(1821)苕溪邵氏酉山堂刻本　二十冊

330000－1701－0077037　G002436　集部/別集類/清別集

東齋詩刪一卷　(清)魏允札撰　清抄本　一冊

330000－1701－0077038　普951.078/99135/2　史部/詔令奏議類/奏議之屬

林文忠公政書三集三十七卷畿輔水利議一卷　(清)林則徐撰　清光緒二十四年(1898)天津文德堂石印本　五冊　缺一卷(畿輔水利議)

330000－1701－0077042　普951.078/99137　史部/傳記類/別傳之屬/事狀

吳柳堂先生誄文一卷　(清)□□輯　清光緒六年(1880)刻本　一冊

330000－1701－0077043　HJH081/2816　類叢部/叢書類/彙編之屬

隨盦徐氏叢書十種續編十種　徐乃昌編　清光緒至民國南陵徐氏刻本　章嶔題簽　十二冊　存十種

330000－1701－0077046　普951.078/9916　史部/詔令奏議類/奏議之屬

岑襄勤公奏稿三十卷首一卷　(清)岑毓英撰　清光緒二十三年(1897)武昌督糧官署刻本　十七冊　缺十五卷(十六至三十)

330000－1701－0077047　HJH081/2816.2　類叢部/叢書類/彙編之屬

鄦齋叢書二十種　徐乃昌編　清光緒二十六年(1900)南陵徐氏刻本　十六冊

330000－1701－0077048　G002437　子部/儒家類/儒學之屬/勸學

輶軒語七卷　(清)張之洞撰　清光緒刻本　一册

330000－1701－0077050　普951.07803/2430　史部/雜史類/斷代之屬

從戎紀畧一卷　(清)朱洪章撰　清光緒十九年(1893)紫陽堂刻本　一册

330000－1701－0077051　G604287、G603434　集部/總集類/選集之屬/斷代

本朝館閣詩二十卷附錄一卷　(清)阮學浩　(清)阮學濬輯　**續附錄一卷**　(清)阮芝生　(清)阮葵生　(清)曹文植輯　清乾隆二十三年(1758)困學書屋刻本　十三册　存十七卷(一、四至十九)

330000－1701－0077053　G002465　史部/紀事本末類

歷朝紀事本末七種　(清)陳如升　(清)朱記榮輯　清光緒二十一年(1895)上海積山書局石印本　一册　存一種

330000－1701－0077055　G600387　史部/地理類/山川之屬/山志

金蓋山志四卷首一卷　(清)李宗蓮輯　**金蓋山志略一卷**　(清)閔苕敷撰　清光緒二十二年(1896)烏程潘錫春古書隱樓刻本　一册　存三卷(首、一至二)

330000－1701－0077058　G604288　類叢部/叢書類/自著之屬

中復堂全集九種附一種　(清)姚瑩撰　清道光刻本　一册　存一種

330000－1701－0077059　G600389　史部/地理類/方志之屬/郡縣志

[嘉慶]干巷志六卷首一卷　(清)朱棟纂　清嘉慶六年(1801)柘湖丁氏種松山房刻民國二十二年(1933)印本　一册　存四卷(首、一至三)

330000－1701－0077060　普951.07803/5232　史部/紀事本末類/斷代之屬

欽定剿平捻匪方略三百二十卷　(清)奕訢等撰　清同治十一年(1872)鉛印本　一百册

330000－1701－0077061　G604289　史部/詔令奏議類/奏議之屬

林文忠公政書三集三十七卷　(清)林則徐撰　清光緒刻本　二册　存八卷(乙集卷湖廣奏稿一至五、丙集陝甘奏稿一、雲貴奏稿二至三)

330000－1701－0077062　G002466　史部/雜史類/斷代之屬

法越戰事紀畧一卷　(清)李應珏撰　清末刻本　一册

330000－1701－0077066　G600388　類叢部/叢書類/彙編之屬

新陽趙氏叢刊十四種　(清)趙元益編　清光緒十一年至二十八年(1885－1902)新陽趙氏刻本　一册　存一種

330000－1701－0077067　普951.07803/5232/(2)　史部/紀事本末類/斷代之屬

欽定剿平捻匪方略三百二十卷　(清)奕訢等撰　清同治十一年(1872)鉛印本　三百二十一册

330000－1701－0077068　G604290　史部/詔令奏議類/奏議之屬

許竹篔先生奏疏錄存二卷　(清)許景澄撰　清末鉛印本　一册

330000－1701－0077069　G002227　新學/雜著/小說

露漱格蘭小傳一卷　信陵騎客譯　清末稿本　一册

330000－1701－0077070　G607321　集部/總集類/選集之屬/通代

文選六十卷　(南朝梁)蕭統輯　(唐)李善注　清同治八年(1869)金陵書局刻本　十册

330000－1701－0077072　G600390　史部/地理類/水利之屬

敕修兩浙海塘通志二十卷首一卷　(清)方觀承　(清)永貴修　(清)查祥　(清)杭世駿

纂　清乾隆十六年(1751)刻本　六册

330000－1701－0077073　普951.07803/5240　史部/雜史類/斷代之屬

海昌沈又亭孝廉隨軍目覩武功記略一卷　(清)沈兆元撰　清同治六年(1867)刻本　一册

330000－1701－0077074　G601621－1637　類叢部/叢書類/彙編之屬

知不足齋叢書一百九十五種　(清)鮑廷博編　(清)鮑士恭續編　清乾隆三十七年至道光三年(1772－1823)長塘鮑氏刻彙印本　二十一册　存十六種

330000－1701－0077078　G607299、G604292　經部/叢編

十三經古注　(明)葛鼒　(明)金蟠校　明崇禎十二年(1639)金蟠刻清同治八年(1869)浙江書局重修本　二十三册　存六種

330000－1701－0077079　G002468　史部/政書類/邦交之屬

通商條約章程成案彙編三十卷　(清)李鴻章編　清光緒十二年(1886)鐵城廣百宋齋鉛印本　十二册

330000－1701－0077080　普951.07803/5250　史部/紀事本末類/斷代之屬

欽定平定陝甘新疆回匪方略三百二十卷首一卷　(清)奕訢等撰　清光緒二十二年(1896)鉛印本　八十册

330000－1701－0077081　HJH081/2816.2/(2)　類叢部/叢書類/彙編之屬

無齋叢書二十種　徐乃昌編　清光緒二十六年(1900)南陵徐氏刻本　二十册

330000－1701－0077082　G604293、G610415　集部/别集類/清别集

鷗堂詩三卷遺稿三卷　(清)馬賡良撰　清光緒五年(1879)、十五年(1889)會稽馬氏刻本　清童榦、清朱復題記　二册

330000－1701－0077085　G002232　經部/叢編

五經體註大全七十二卷　(清)嚴氏家塾主人輯　清光緒元年(1875)古香書屋刻本　十七册　存六十卷(易經大全會解一至四,書經體註大全合參一至六,詩經融註大全體要一至八,溎芳軒合纂禮記體註一、三,春秋左傳一至二十八、三十九至五十)

330000－1701－0077087　G002469　子部/醫家類/方書之屬/單方驗方

幾希錄一卷附集古方一卷　(清)瑞五堂主人輯　清光緒十四年(1888)瑞五堂金刻本　一册

330000－1701－0077088　G600392　子部/雜著類/雜考之屬

十駕齋養新錄二十卷餘錄三卷　(清)錢大昕撰　**錢辛楣先生年譜一卷**　(清)錢大昕編　(清)錢慶曾校注　**竹汀居士[大昕]年譜續編一卷**　(清)錢慶曾撰　清光緒二年(1876)浙江書局刻本　八册

330000－1701－0077090　普951.07803/5260　史部/紀事本末類/斷代之屬

欽定平定雲南回匪方略五十卷欽定平定貴州苗匪紀略四十卷　(清)奕訢等撰　清光緒二十二年(1896)鉛印本　二十二册

330000－1701－0077093　G600393　集部/别集類/唐五代别集

杜工部集二十卷附錄一卷年譜一卷諸家詩話一卷唱酬題詠附錄一卷　(唐)杜甫撰　(清)錢謙益箋註　清康熙六年(1667)季氏靜思堂刻本　十册

330000－1701－0077095　G604294、G609477　集部/别集類/清别集

善卷堂四六十卷　(清)陸繁弨撰　(清)吳自高注　清乾隆三十五年(1770)陳明善亦園刻本　三册　存八卷(三至十)

330000－1701－0077096　HJH081/2848/2/c4、HJH081/2848/c5　類叢部/叢書類/彙編之屬

邵武徐氏叢書初刻十四種二集八種　(清)徐榦編　清光緒邵武徐氏刻本　四十册

330000－1701－0077100　G600394　史部/地理類/山川之屬/水志

西湖志四十八卷　(清)李衛　(清)程元章修　(清)傅王露纂　清雍正十三年(1735)兩浙鹽驛道庫刻乾隆印本　十七册　存十七卷(一、三、八、十六、十九、二十一至二十二、二十七至二十九、三十一至三十四、三十六、四十三、四十八)

330000－1701－0077102　G604295　子部/儒家類/儒學之屬/勸學

教諭語一卷　(清)謝金鑾撰　清光緒二十二年(1896)寧郡學刻二十四年(1898)孫補三印本　一册

330000－1701－0077104　G002470　新學/游記

環瀛誌險一卷　(奥地利)愛孫孟撰　中國商務印書館編譯所譯　清光緒三十二年(1906)上海商務印書館鉛印本　一册

330000－1701－0077106　HJH081/4001　類叢部/叢書類/彙編之屬

函海一百五十一種　(清)李調元編　清乾隆綿州李氏萬卷樓刻嘉慶十四年(1809)李鼎元重校印本　一百四十册

330000－1701－0077109　G600395　史部/地理類/雜志之屬

浙江全省輿圖並水陸道里記不分卷　(清)宗源瀚等纂　清光緒二十年(1894)石印本　十六册

330000－1701－0077110　G604297　集部/別集類/清別集

娵隅集十卷　(清)趙文哲撰　清乾隆五十四年(1789)刻本　一册　存四卷(一至四)

330000－1701－0077112　G600396、G601253　史部/地理類/雜志之屬

浙江全省輿圖並水陸道里記不分卷　(清)宗源瀚等纂　清光緒二十年(1894)石印本　徐華瑜題記　六册

330000－1701－0077114　普951.07803/5262　史部/雜史類/斷代之屬

援黔錄十二卷　(清)唐炯撰　清末刻本　六册

330000－1701－0077115　G600397　史部/地理類/雜志之屬

浙江全省輿圖並水陸道里記不分卷　(清)宗源瀚等纂　清光緒二十年(1894)石印本　一册

330000－1701－0077116　G002471　經部/四書類/總義之屬/傳說

四書釋地一卷續一卷又續二卷三續一卷附孟子生卒年月考一卷　(清)閻若璩撰　清刻本　二册　存三卷(又續、三續、附)

330000－1701－0077117　G600398、G611492　史部/地理類/雜志之屬

浙江全省輿圖並水陸道里記不分卷　(清)宗源瀚等纂　清光緒二十年(1894)石印本　徐華瑜題記　施六香題記　四册

330000－1701－0077118　G604296　子部/藝術類/遊藝之屬/聯語

楹聯叢話十二卷續話四卷　(清)梁章鉅輯　清道光二十三年(1843)南浦廌齋刻本　一册　存四卷(續話一至四)

330000－1701－0077119　G002494　史部/地理類/方志之屬/郡縣志

[道光]泰州志三十六卷首一卷　(清)王有慶等修　(清)陳世鎔等纂　清道光七年(1827)刻本　十册　存三十六卷(首、一至十五、十七至三十六)

330000－1701－0077120　HJH081/2849.2/(3)/c2　類叢部/叢書類/彙編之屬

觀自得齋叢書二十三種別集六種　(清)徐士愷編　清光緒十三年至二十年(1887－1894)石埭徐氏刻本　二十四册　缺別集六種

330000－1701－0077123　HJH081/2849、HJH081/2849.2/(2)/c2　類叢部/叢書類/彙編之屬

觀自得齋叢書二十三種別集六種　(清)徐士

愷編　清光緒十三年至二十年(1887－1894)石埭徐氏刻本　二十九册

330000－1701－0077129　G600400　子部/醫家類/綜合之屬/通論
醫方簡義六卷　(清)王清源撰　清光緒二十四年(1898)杭州同善堂刻本　一册　存一卷(一)

330000－1701－0077130　G002495　子部/術數類/相宅相墓之屬
菊逸山房地理正書三種　(清)寇宗編　清京都琉璃廠刻本　四册

330000－1701－0077134　G600401　子部/醫家類/綜合之屬/通論
醫醇賸義四卷醫方論四卷　(清)費伯雄撰　清光緒三年(1877)刻本　三册　存三卷(醫醇賸義一至三)

330000－1701－0077138　普951.07803/5272　史部/紀事本末類/斷代之屬
平回志八卷首一卷　(清)楊毓秀撰　清光緒十五年(1889)劍南王氏刻本　八册

330000－1701－0077140　G600402　史部/地理類/山川之屬/水志
西湖志四十八卷　(清)李衛　(清)程元章修　(清)傅王露纂　清雍正十三年(1735)兩浙鹽驛道庫刻乾隆印本　三册　存八卷(一至二、三十五至四十)

330000－1701－0077142　G604298　集部/總集類/酬唱之屬
攀轅集不分卷　(清)徐琪輯　清光緒七年(1881)刻本　一册

330000－1701－0077143　G002496　子部/農家農學類
水法輯要二卷　(明)徐光啓輯　(清)羅仲玉補註　清道光二十五年(1845)刻本　一册

330000－1701－0077145　普951.07803/7743/c1　史部/雜史類/斷代之屬
淮軍平捻記十二卷　(清)周世澄撰　清光緒刻本　六册

330000－1701－0077146　G601638　集部/別集類/清別集
東甌記略不分卷　(清)戴槃撰　**東甌留別和章三卷**　清同治七年(1868)刻本　一册　缺三卷(東甌留別和章一至三)

330000－1701－0077150　普951.07803/7743/c2　史部/雜史類/斷代之屬
淮軍平捻記十二卷　(清)周世澄撰　清光緒刻本　六册

330000－1701－0077153　普951.07803/7743/c3　史部/雜史類/斷代之屬
淮軍平捻記十二卷　(清)周世澄撰　清光緒刻本　四册

330000－1701－0077155　G002497　史部/傳記類/總傳之屬
聖諭像解二十卷　(清)梁延年撰　清咸豐六年(1856)廣州味經堂書坊刻本　十册

330000－1701－0077156　普951.07803/7743/2/c1　類叢部/叢書類/彙編之屬
申報館叢書正集五十七種附錄三種續集一百四十二種　(清)尊聞閣主編　蔡爾康編續集　清同治至光緒上海申報館鉛印本　二册　存一種

330000－1701－0077157　HJH081/7550/(3)　類叢部/叢書類/彙編之屬
湖海樓叢書十二種　(清)陳春編　清嘉慶蕭山陳氏湖海樓刻二十四年(1819)彙印本　二十四册

330000－1701－0077159　G604299　子部/雜著類/雜纂之屬
芝菴雜記四卷　(清)陸雲錦撰　清嘉慶八年(1803)刻本　四册

330000－1701－0077160　G002231　子部/宗教類/佛教之屬/諸宗
宗鏡錄一百卷附音釋　(宋)釋延壽輯　清光緒二十五年(1899)江北刻經處刻本　二十册

330000－1701－0077162　G601639、G610138　子部/農家農學類/總論之屬

御製耕織圖二卷　(清)聖祖玄燁撰　(清)焦秉貞繪　清光緒十二年(1886)點石齋石印本　二冊

330000－1701－0077163　普 951.07803/7743/2/c2　類叢部/叢書類/彙編之屬
申報館叢書正集五十七種附錄三種續集一百四十二種　(清)尊聞閣主編　蔡爾康編續集　清同治至光緒上海申報館鉛印本　四冊　存一種

330000－1701－0077164　G002472　集部/別集類/漢魏六朝別集
庾開府哀江南賦註一卷　(北周)庾信撰　(清)徐樹穀　(清)徐炯輯　清刻本　一冊

330000－1701－0077166　普 951.07803/7743/2/c3　史部/雜史類/斷代之屬
淮軍平捻記十二卷　(清)周世澄撰　清光緒三年(1877)上海機器印書局鉛印本　二冊

330000－1701－0077167　G604300　子部/雜著類/雜考之屬
困學紀聞二十卷　(宋)王應麟撰　(清)閻若璩箋　(清)何焯評　清乾隆桐鄉汪垕桐華書塾刻本　六冊

330000－1701－0077168　G002498　集部/曲類/彈詞之屬
繪圖前笑中緣金如意全傳四卷二十二回　清光緒十九年(1893)上海書局石印本　三冊

330000－1701－0077169　G600403、G607166　史部/地理類/山川之屬/水志
西湖志四十八卷　(清)李衛　(清)程元章修　(清)傅王露纂　清光緒四年(1878)浙江書局刻本　八冊　存十九卷(十四至十五、二十四至三十四、四十三至四十八)

330000－1701－0077172　G601640　集部/別集類/清別集
春臥庵詩稿二卷　(清)袁河撰　清光緒二十年(1894)刻本　二冊

330000－1701－0077173　普 951.079/0062/c1　史部/傳記類/日記之屬
請纓日記十卷(清光緒八年七月九日至十二年九月十四日)　(清)唐景崧撰　清光緒十九年(1893)臺灣布政使署刻本　五冊

330000－1701－0077174　G600404　類叢部/叢書類/郡邑之屬
武林掌故叢編一百八十七種　(清)丁丙編　清光緒三年至二十六年(1877－1900)錢塘丁氏嘉惠堂刻本　二冊　存一種

330000－1701－0077175　G604301、G611503　史部/政書類/通制之屬
文獻通考詳節二十四卷　(元)馬端臨撰　(清)嚴虞惇輯　清乾隆二十九年(1764)嚴有禧繩武堂刻本　十冊

330000－1701－0077177　G002473　集部/別集類/清別集
述學內篇三卷　(清)汪中撰　(清)汪喜孫編　清光緒刻本　三冊

330000－1701－0077180　G601641　集部/別集類/清別集
小琅玕山館詩鈔十卷詩餘一卷　(清)嚴廷珏撰　清同治十二年(1873)申江榷署刻本　二冊

330000－1701－0077184　HJH081/4004/c3　類叢部/叢書類/彙編之屬
貸園叢書初集十二種四十九卷　(清)周永年編　清乾隆五十四年(1789)歷城周氏竹西書屋重編印益都李文藻等刻本　章嶔題簽並記　十六冊

330000－1701－0077185　G604302、G608561　史部/史評類/史論之屬
歷代史論十二卷宋史論三卷元史論一卷　(明)張溥撰　**明史論四卷**　(清)谷應泰撰　**左傳史論二卷**　(清)高士奇撰　清光緒五年(1879)西江裴氏刻本　八冊

330000－1701－0077186　普 951.079/0062/c2　史部/傳記類/日記之屬
請纓日記十卷(清光緒八年七月九日至十二年九月十四日)　(清)唐景崧撰　清光緒十

九年(1893)臺灣布政使署刻本　四册

330000－1701－0077187　G600405　史部/地理類/雜志之屬
吳興合璧四卷首一卷　(清)陳文煜撰　清光緒四年(1878)聚珍齋木活字印本　二册

330000－1701－0077189　G601642　史部/政書類/律令之屬/治獄
式敬編五卷　(清)楊景仁輯　清道光二年(1822)詒硯齋刻本　二册

330000－1701－0077190　普951.079/0062/(2)　史部/傳記類/日記之屬
請纓日記十卷(清光緒八年七月九日至十二年九月十四日)　(清)唐景崧撰　清光緒十九年(1893)臺灣布政使署刻本　三册　缺二卷(九至十)

330000－1701－0077191　G002499、G005005　集部/小說類/短篇之屬
繪圖三續今古奇觀六卷二十回　清末石印本　三册

330000－1701－0077194　G600406　史部/地理類/山川之屬/山志
廣雁蕩山誌二十八卷首一卷末一卷　(清)曾唯輯　清乾隆五十五年(1790)曾唯依綠園刻嘉慶十三年(1808)增刻同治重修本　八册

330000－1701－0077196　G002500　集部/小說類/短篇之屬
繪圖醒世第二奇書十二卷十二回　(清)天然癡叟撰　(清)墨憨主人評　清光緒石印本　二册　存八卷(一至八)

330000－1701－0077197　G601643　子部/醫家類/方書之屬/單方驗方
外治壽世方初編四卷　(清)鄒存淦輯　清光緒三年(1877)杭州勤藝堂刻本　二册

330000－1701－0077199　HJH081/4004/(2)　類叢部/叢書類/彙編之屬
貸園叢書初集十二種四十九卷　(清)周永年編　清乾隆五十四年(1789)歷城周氏竹西書屋重編印益都李文藻等刻本　十二册

330000－1701－0077201　G601644　史部/傳記類/別傳之屬/事狀
義民包立身事略一卷附錄一卷　(清)包祖清編　清宣統三年(1911)鉛印本　一册

330000－1701－0077202　普951.079/3640　史部/雜史類/斷代之屬
庚子拳匪記一卷　(清)祝芾撰　清末鉛印本　一册

330000－1701－0077205　G604303、G607603　類叢部/類書類/專類之屬
子史精華一百六十卷　(清)吳士玉　(清)吳襄等輯　清刻本　十七册　存六十一卷(一至十二、十七至二十、六十至六十三、一百二十至一百六十)

330000－1701－0077206　G601645　集部/別集類/清別集
曝書亭集八十卷附錄一卷　(清)朱彝尊撰
笛漁小槀十卷　(清)朱昆田撰　清康熙五十三年(1714)朱稻孫刻雍正重修本　一册　存十卷(笛漁小槀一至十)

330000－1701－0077207　G600407　子部/醫家類/綜合之屬/通論
映雪堂詳校醫宗必讀十卷　(明)李中梓撰　清嘉慶六年(1801)刻本(卷一配清刻本)　三册　存五卷(一、三至六)

330000－1701－0077208　G002502　集部/曲類/彈詞之屬
繪圖前笑中緣金如意全傳四卷二十二回　清末石印本　三册　存三卷(二至四)

330000－1701－0077209　普951.079/4030　子部/雜著類/雜纂之屬
記聞類編十四卷　蔡爾康輯　清光緒三年(1877)上海印書局鉛印本　六册

330000－1701－0077212　HJH081/4013/2　類叢部/叢書類/彙編之屬
佚存叢書十七種　(日本)林衡編　清光緒八年(1882)上海黄氏木活字印本　三十六册

330000－1701－0077214　G002503　集部/小

說類/長篇之屬

繪圖俠義風月傳四卷十八回 (清)名教中人編 (清)游方外客批評 清末石印本 二册 存二卷(三至四)

330000－1701－0077215 普951.079/4044 史部/紀事本末類/斷代之屬

光緒戊戌平定渦匪記事本末一卷 (清)袁大化撰 清宣統三年(1911)木活字印本 一册

330000－1701－0077216 G002504 史部/傳記類/科舉録之屬/諸貢録

國朝貢舉年表三卷 (清)陳國霖 (清)顧錫中編 清光緒十四年(1888)上海積山書局石印本 一册

330000－1701－0077219 G601646 子部/藝術類/書畫之屬/總論

甌鉢羅室書畫過目攷四卷首一卷附一卷 (清)李玉棻撰 清光緒二十三年(1897)刻本 四册

330000－1701－0077221 M003741 類叢部/叢書類/自著之屬

宗月鋤先生遺著八種 (清)宗廷輔撰 清光緒刻民國六年(1917)徐兆瑋重印本 三册 存五種

330000－1701－0077227 HJH081.99/1123/c3、HJH081.99/1123.2/c4 集部/總集類/氏族之屬

海鹽張氏涉園叢刻七種續編六種 張元濟輯 清宣統三年至民國十七年(1911－1928)海鹽張氏鉛印本 十六册

330000－1701－0077228 G604304 類叢部/叢書類/自著之屬

曾文正公全集十六種 (清)曾國藩撰 清同治至光緒傳忠書局刻本 一册 存一種

330000－1701－0077230 G604305、M602970 類叢部/叢書類/彙編之屬

郋園先生全書一百二十九種 葉啓倬編 清光緒至民國刻民國二十四年(1935)長沙中國古書刻印社彙印本 三册 存二種

330000－1701－0077232 G602798 類叢部/叢書類/彙編之屬

申報館叢書正集五十七種附錄三種續集一百四十二種 (清)尊聞閣主編 蔡爾康編續集 清同治至光緒上海申報館鉛印本 一册 存一種

330000－1701－0077236 G002229 子部/宗教類/佛教之屬/經

佛說無量壽經二卷 (三國魏)釋康僧鎧譯 **佛說觀無量壽佛經一卷** (南朝宋)釋畺良耶舍譯 **佛說阿彌陀經一卷** (後秦)釋鳩摩羅什譯 **大方廣佛華嚴經入不思議解脱境界普賢行願品一卷** (唐)釋般若譯 清同治金陵刻經處刻本 一册

330000－1701－0077237 G602799 史部/地理類/遊記之屬/紀勝

滬游雜記四卷 (清)葛元煦編 清光緒二年(1876)刻本 一册 存一卷(三)

330000－1701－0077238 G604307 類叢部/叢書類/自著之屬

亭林遺書十種 (清)顧炎武撰 清刻本 二册 存四種

330000－1701－0077239 G602800、G602121、G610062 子部/藝術類/遊藝之屬/酒令

酒令叢鈔四卷 (清)俞敦培輯 清光緒四年(1878)藝雲軒刻本 四册

330000－1701－0077241 G604308 史部/職官類/官箴之屬

平平言四卷 (清)方大湜撰 清光緒二十五年(1899)黔省課吏局刻本 一册 存一卷(二)

330000－1701－0077242 G602801 類叢部/叢書類/彙編之屬

嘯園叢書五十七種 (清)葛元煦編 清光緒二年至七年(1876－1881)仁和葛氏刻本 一册 存三種

330000－1701－0077243 HJH081.99/1123/c4 集部/總集類/氏族之屬

海鹽張氏涉園叢刻七種　張元濟輯　清宣統三年(1911)海鹽張氏鉛印本　八册

330000－1701－0077245　HJH081/4082　類叢部/叢書類/彙編之屬
惜陰軒叢書三十四種續編一種　(清)李錫齡編　清光緒二十二年(1896)長沙刻本　章嶔題簽　一百册

330000－1701－0077246　G002230　史部/地理類/雜志之屬
河套圖考一卷　(清)楊江撰　清咸豐七年(1857)關中書院監院官署刻本　一册

330000－1701－0077247　G008582、G604309　集部/總集類/選集之屬/通代
文選六十卷　(南朝梁)蕭統輯　(唐)李善注　明末海虞毛氏汲古閣刻清康熙二十五年(1686)錢士謐重修本　十二册

330000－1701－0077250　G604310　集部/曲類/寶卷之屬
觀世音菩薩本行經二卷　題(宋)釋普明編　清刻本　一册　存一卷(上)

330000－1701－0077252　HJH081.99/3111/(2)　類叢部/叢書類/家集之屬
叢睦汪氏遺書十九種　(清)汪篔編　清光緒十二年(1886)錢唐汪氏長沙刻本　三十六册

330000－1701－0077254　G602802　史部/地理類
小方壺齋輿地叢鈔十二帙　(清)王錫祺輯　清光緒十七年(1891)上海著易堂鉛印本　六册　存八十八種

330000－1701－0077258　G604312、G602660　子部/藝術類/書畫之屬
過雲樓書畫記十卷　(清)顧文彬撰　清光緒八年(1882)刻本　四册

330000－1701－0077260　G600408　子部/醫家類/綜合之屬/通論
御纂醫宗金鑑九十卷首一卷　(清)吳謙等撰　清刻本　七册　存十一卷(編輯外科心法要訣一至四、九至十三,續編三至四)

330000－1701－0077261　G604313　子部/醫家類/婦科之屬/通論
竹林寺婦科秘方一卷　(清)竹林寺僧撰　清光緒十六年(1890)顧海洲刻本　一册

330000－1701－0077264　G002505　集部/曲類/寶卷之屬
受生古典一卷　清光緒三年(1877)抄本　一册

330000－1701－0077265　G602827　子部/儒家類/儒學之屬/禮教
裕昆要録一卷　(清)陳延益輯　清光緒十一年(1885)刻本　一册

330000－1701－0077266　G604314　史部/地理類/雜志之屬
定海廳洋面島嶼表一卷附定海全境輿圖一卷　(清)錢增勳撰　清光緒三十三年(1907)鉛印本　一册

330000－1701－0077267　G604315　史部/政書類/儀制之屬/專志/科舉校規
欽定學政全書八十六卷首一卷　(清)童璜等撰　清嘉慶刻本　二册　存八卷(五十三至五十四、六十四至六十九)

330000－1701－0077269　G600409　子部/醫家類/傷寒金匱之屬/傷寒論
傷寒明理論四卷　(金)成無己撰　清刻本　一册　存二卷(三至四)

330000－1701－0077270　G002506　集部/曲類/寶卷之屬
周玄卷一卷　清光緒二十五年(1899)抄本　一册

330000－1701－0077271　G002507　集部/曲類/寶卷之屬
西瓜卷一卷　清咸豐七年(1857)抄本　一册

330000－1701－0077272　G600410　子部/醫家類/傷寒金匱之屬/傷寒論
傷寒明理論四卷　(金)成無己撰　清刻本　一册　存二卷(三至四)

330000－1701－0077274　G604316　史部/傳記類/日記之屬

庚子十二月赴行在日記一卷(清光緒二十六年至二十七年)　吳慶坻撰　清光緒鉛印本　一册

330000－1701－0077275　G002508　集部/曲類/寶卷之屬

龍燈傳一卷　清末抄本　一册

330000－1701－0077278　HJH081/8373/c1　類叢部/叢書類/彙編之屬

守山閣叢書一百十二種　(清)錢熙祚編　清光緒十五年(1889)上海鴻文書局據清道光二十四年(1844)金山錢氏重編增刻墨海金壺本影印本(籀史卷二原缺)　一百册

330000－1701－0077280　G604317、G604543　史部/金石類/總志之屬

金石萃編一百六十卷　(清)王昶撰　清嘉慶十年(1805)青浦王氏經訓堂刻同治十年(1871)嘉善錢寶傳補刻本　三十七册　存一百二卷(二至十六、十九至三十一、五十三至九十九、一百八、一百十八至一百二十七、一百四十一至一百五十六)

330000－1701－0077281　G002509　史部/雜史類/外紀之屬

西電輯要一卷　(清)陳鈺編　清光緒二十九年(1903)湖北洋務譯書局朱印本　一册

330000－1701－0077282　G600411　集部/別集類/清別集

補松廬詩錄六卷　吳慶坻撰　清宣統三年(1911)湖南學務公所鉛印本　二册

330000－1701－0077285　HJH081/7123/c4　類叢部/叢書類/彙編之屬

龍威秘書十集　(清)馬俊良編　清刻本(陶說卷四至五配另一清刻本)　七十九册　缺十四卷(赤雅二至三,陶說一至三,考槃餘事四,說文解字繫傳三十四至四十、附錄)

330000－1701－0077286　G600413　子部/宗教類/佛教之屬/論

成唯識論十卷　(天竺)護法等菩薩造　(唐)釋玄奘譯　清光緒二十二年(1896)金陵刻經處刻本　二册

330000－1701－0077287　G002510　史部/地理類/專志之屬/寺觀

竹堂寺志一卷陽山景福庵紀畧一卷　釋志明撰　清宣統元年(1909)鉛印本　一册

330000－1701－0077289　G600414、G600420、G600422、G600881　類叢部/叢書類/彙編之屬

知不足齋叢書一百九十五種　(清)鮑廷博編　(清)鮑士恭續編　清乾隆三十七年至道光三年(1772－1823)長塘鮑氏刻彙印本　六册　存五種

330000－1701－0077293　G600415、G600416、G600417、G600418、G600419、G600421、G600437　類叢部/叢書類/彙編之屬

知不足齋叢書一百九十五種　(清)鮑廷博編　(清)鮑士恭續編　清乾隆三十七年至道光三年(1772－1823)長塘鮑氏刻彙印本　十四册　存十二種

330000－1701－0077298　G002613、G004751　史部/金石類/金之屬/文字

攈古錄金文三卷　(清)吳式芬撰　清光緒二十一年(1895)吳重熹刻本　六册

330000－1701－0077299　HJH081/4082/(3)　類叢部/叢書類/彙編之屬

惜陰軒叢書三十四種續編一種　(清)李錫齡編　清光緒十四年(1888)長沙惜陰書局刻本　九十六册

330000－1701－0077300　G602803　史部/史評類/詠史之屬

明宫詞一卷　(清)程嗣章撰　清末上海掃葉山房石印本　辨蘇題記　一册

330000－1701－0077306　G601647、G609069、G609550　集部/別集類/清別集

壽雪山房詩稿八卷附越中忠節詩一卷　(清)陳廣寧撰　清嘉慶八年(1803)刻本　清薪傳

跋　四冊

330000－1701－0077307　HJH081/4082/2　類叢部/叢書類/彙編之屬

惜陰軒叢書三十四種續編一種　(清)李錫齡編　清道光二十六年(1846)宏道書院刻咸豐八年(1858)續刻本　一百二十四冊

330000－1701－0077308　G601648、G601662　類叢部/叢書類/彙編之屬

雅雨堂藏書十三種　(清)盧見曾編　清乾隆二十一年(1756)德州盧氏雅雨堂刻增修本　二冊　存三種

330000－1701－0077310　HJH081/2714/c2　類叢部/叢書類/彙編之屬

知不足齋叢書一百九十五種　(清)鮑廷博編　(清)鮑士恭續編　清乾隆三十七年至道光三年(1772－1823)長塘鮑氏刻彙印本　二百四十冊

330000－1701－0077311　G600423、G603934　子部/藝術類/書畫之屬/畫譜

芥子園畫傳初集六卷二集九卷三集六卷　(清)王槩　(清)王蓍　(清)王臬輯　清光緒十四年(1888)天寶書局石印本　五冊　存十七卷(初集一至二、二集一至九、三集一至六)

330000－1701－0077312　G600424　子部/藝術類/書畫之屬/畫譜

芥子園畫傳初集六卷二集九卷三集六卷　(清)王槩　(清)王蓍　(清)王臬輯　清末石印本　一冊　存二卷(三集三至四)

330000－1701－0077313　G602804　類叢部/叢書類/彙編之屬

通學齋叢書五十三種　(清)鄒淩沅編　清光緒二十五年(1899)通學齋鉛印本　一冊　存一種

330000－1701－0077314　HJH081/3225/(5)　類叢部/叢書類/彙編之屬

海山仙館叢書五十六種　(清)潘仕成編　清道光二十五年至咸豐元年(1845－1851)番禺潘氏刻光緒十一年(1885)增刻彙印本　一百六十冊　缺二卷(高僧傳九至十)

330000－1701－0077315　G602805　新學/史志/别國史

日本維新三十年史十二編附錄一卷　(日本)博文館輯　(清)上海廣智書局譯　清光緒二十九年(1903)上海廣智書局鉛印本　一冊　存三編(五至七)

330000－1701－0077316　G602806、G609660　史部/地理類

無鄭學廬地理叢刊四種　(清)施世杰輯　清光緒二十三年(1897)會稽施氏無鄭學廬刻本　二冊　存一種

330000－1701－0077317　G600425　史部/政書類/律令之屬/治獄

駁案彙編四十一卷　(清)朱梅臣輯　清光緒九年(1883)上海圖書集成局鉛印本　一冊　存二卷(駁案續編三至四)

330000－1701－0077318　普 951.0018/5073　史部/叢編

史學叢書四十三種　(清)□□輯　清光緒二十五年(1899)上海文瀾書局石印本　三十二冊

330000－1701－0077319　G600426　子部/宗教類/佛教之屬/經疏

佛説四十二章經註一卷佛遺教經註一卷　(宋)釋守遂註　(明)釋了童補註　清光緒十六年(1890)金陵刻經處刻本　一冊

330000－1701－0077320　G600427　子部/宗教類/佛教之屬/諸宗

性相通説一卷　(明)釋德清撰　清同治十二年(1873)金陵刻經處刻本　一冊

330000－1701－0077322　G602807　類叢部/叢書類/彙編之屬

讀畫齋叢書四十六種　(清)顧修編　清嘉慶四年至十六年(1799－1811)桐川顧氏刻本　二冊　存一種

330000－1701－0077323　G600428　史部/地

理類/山川之屬/山志

武夷山志二十四卷首一卷 (清)董天工撰 清道光二十七年(1847)五夫尺木軒刻本 八冊

330000－1701－0077324 G602808 類叢部/類書類/專類之屬

稱謂錄三十二卷 (清)梁章鉅撰 清光緒元年至十年(1875－1884)福州梁恭辰刻本 八冊

330000－1701－0077325 G002475 集部/别集類/清别集

荔村草堂詩續鈔一卷 (清)譚宗浚撰 清宣統二年(1910)譚祖任京師刻本 一冊

330000－1701－0077326 G002511 史部/地理類/方志之屬/郡縣志

[寶祐]壽昌乘不分卷 (宋)□□纂 (清)文廷式輯 清光緒三十三年(1907)武昌柯氏息園刻本 一冊

330000－1701－0077327 G600412 子部/醫家類/方書之屬/單方驗方

類證普濟本事方十卷坊刻王氏本備錄一卷 (宋)許叔微撰 (清)葉桂釋義 清嘉慶十九年(1814)葉鍾刻姑蘇掃葉山房印本 五冊

330000－1701－0077328 HJH081/7433/(4) 類叢部/叢書類/彙編之屬

十萬卷樓叢書五十一種 (清)陸心源編 清光緒歸安陸氏刻本(歲時廣記卷六原缺) 一百十二冊

330000－1701－0077329 G602809 史部/地理類/輿圖之屬/郡縣

西湖遊覽志圖一卷 (清)孫樹義等校字 (清)姜德銓摹圖 清光緒二十一年(1895)刻本 一冊

330000－1701－0077330 G600429、G601957、G602021、G612060 史部/紀傳類/正史之屬

二十四史附考證 清光緒二十八年(1902)竢實齋石印本 六十八冊 存四種

330000－1701－0077331 G602810、G602811、G604853、G609042、G610181 集部/别集類/清别集

寄龕文存四卷詩質十二卷 (清)孫德祖撰 清光緒十年(1884)鄞縣翰墨林刻山陰許方齋補修、二十五年(1899)山陰許仲卿刻本 七冊

330000－1701－0077332 G002476 集部/别集類/清别集

冬心先生續集一卷 (清)金農撰 (清)羅聘編 清乾隆三十八年(1773)刻本 一冊

330000－1701－0077334 G600430 史部/地理類/方志之屬/郡縣志

[光緒]黃巖縣志四十卷首一卷附黃巖集三十二卷首一卷 (清)陳寶善 (清)孫憙修 (清)王棻纂 (清)陳鍾英 (清)鄭錫滜續修 (清)王詠霓續纂 **黃巖志校議二卷** (清)王棻撰 清光緒三年(1877)刻六年(1880)校補刻本 八冊 存二十一卷(二十至四十)

330000－1701－0077335 G604318、G604319、G604320、G604321、G604324、G604344、G604345、G604346、G604347、G604348、G604351、G601953 類叢部/叢書類/彙編之屬

申報館叢書正集五十七種附錄三種續集一百四十二種 (清)尊聞閣主編 蔡爾康編續集 清同治至光緒上海申報館鉛印本 三十二冊 存十三種

330000－1701－0077336 G601649 集部/别集類/清别集

等閒集詩鈔一卷 (清)張敬謂撰 清光緒十九年(1893)長沙學院刻本 一冊

330000－1701－0077337 HJH081/4241/(4) 類叢部/叢書類/彙編之屬

咫進齋叢書三十七種 (清)姚覲元編 清光緒九年(1883)歸安姚氏刻本 二十四冊

330000－1701－0077338 G002512 子部/儒家類/儒學之屬/經濟

明夷待訪錄糾謬一卷 (清)李滋然撰 清宣

統三年(1911)鉛印本　一冊

330000－1701－0077341　G600431　類叢部/叢書類/彙編之屬

廣雅書局叢書一百五十九種　徐紹棨編　清光緒廣雅書局刻民國九年(1920)番禺徐紹棨彙編重印本　六冊　存一種

330000－1701－0077342　G002614、G004218　集部/小說類/短篇之屬

繪圖後聊齋志異十二卷　(清)王韜撰　清光緒三十四年(1908)上海鐵馬路玉麟局石印本　三冊　存六卷(一至二、四至五、七至八)

330000－1701－0077343　G601650　集部/戲劇類/總集之屬/雜劇

清容外集九種　(清)蔣士銓撰　清乾隆蔣氏紅雪樓刻本　一冊　存一種

330000－1701－0077345　G602812　子部/雜著類/雜纂之屬

陳刻二種　(清)陳世修輯　清光緒元年至二年(1875－1876)陳氏庸閒齋刻本　二冊　存一種

330000－1701－0077346　G600432　子部/儒家類/儒學之屬/經濟

鹽鐵論十卷　(漢)桓寬撰　**校勘小識一卷**　王先謙撰　清光緒十七年(1891)思賢講舍刻本　一冊　存六卷(一至六)

330000－1701－0077347　G601651　集部/別集類/清別集

蕉影齋詩集四卷補遺一卷　(清)謝照撰　(清)謝維藩　(清)謝鉞編　清光緒二年(1876)謝榮埭刻本　四冊

330000－1701－0077349　G600433　史部/地理類/水利之屬

浙西水利備考不分卷　(清)王鳳生撰　清光緒四年(1878)浙江書局刻本　三冊

330000－1701－0077350　G602813　史部/傳記類/總傳之屬/郡邑

金陵通傳四十五卷補遺四卷　陳作霖撰　**金陵通傳姓名韻編一卷**　陳詒紱輯　清光緒三十年(1904)江寧陳氏瑞華館刻本　二冊　存十卷(二十六至三十五)

330000－1701－0077351　G600434　類叢部/叢書類/彙編之屬

讀畫齋叢書四十六種　(清)顧修編　清嘉慶四年至十六年(1799－1811)桐川顧氏刻本　二冊　存一種

330000－1701－0077352　HJH082.4/0442/c1　類叢部/叢書類/自著之屬

謝疊山先生評注四種合刻　(宋)謝枋得撰　清光緒八年(1882)京都豫章別業刻本　四冊

330000－1701－0077353　G002513　史部/地理類/專志之屬/寺觀

圓津禪院小志六卷　(清)釋覺銘撰　清光緒二十二年(1896)刻本　二冊

330000－1701－0077354　G604322　類叢部/叢書類/彙編之屬

申報館叢書正集五十七種附錄三種續集一百四十二種　(清)尊聞閣主編　蔡爾康編續集　清同治至光緒上海申報館鉛印本　二冊　存一種

330000－1701－0077355　G601652　子部/小說家類/雜事之屬

豔史叢鈔十二種　(清)王韜編　清光緒四年(1878)弢園鉛印本　一冊　存二種

330000－1701－0077356　G602814、G608911、G609888　史部/史評類/史論之屬

歷代史略六卷　柳詒徵撰　清光緒二十八年(1902)江楚書局刻本　七冊

330000－1701－0077357　G002615　集部/戲劇類/傳奇之屬

梨花雪十二折首一折尾一折　(清)徐鄂撰　(清)秦本楨評　清末石印本　二冊　存七折(首、一至六)

330000－1701－0077358　普951.0018/5073/2　史部/叢編

史學叢書四十三種　(清)□□輯　清光緒十九年(1893)武林有三長齋石印本　二十三冊

缺八卷(史記志疑一至八)

330000－1701－0077360　HJH082.6/1205/c1　類叢部/叢書類/自著之屬
孫文恭公遺書七種　(明)孫應鼇撰　清光緒六年(1880)獨山莫氏刻本　六册

330000－1701－0077362　G602815　類叢部/叢書類/彙編之屬
式訓堂叢書四十一種　(清)章壽康編　清光緒會稽章氏刻本　一册　存一種

330000－1701－0077363　G002514　史部/傳記類/總傳之屬/忠孝
二十四悌圖一卷女二十四孝圖一卷　(清)吳嘉猷繪圖　清末石印本　一册

330000－1701－0077364　G604323　史部/地理類/遊記之屬/紀勝
滬游雜記四卷　(清)葛元煦編　清光緒二年(1876)刻本　一册　存一卷(一)

330000－1701－0077365　HJH081/4416/c2　類叢部/叢書類/彙編之屬
嘯園叢書五十八種　(清)葛元煦編　清光緒二年至七年(1876－1881)仁和葛氏刻本　七十二册

330000－1701－0077366　G602816、G606131、G605314　史部/政書類/儀制之屬/專志/科舉校規
欽定學政全書八十六卷首一卷　(清)童璜等撰　清嘉慶刻本　十三册　存四十二卷(三十七至五十二、五十五至六十三、七十至八十六)

330000－1701－0077367　HJH082.6/1205/c3　類叢部/叢書類/自著之屬
孫文恭公遺書七種　(明)孫應鼇撰　清光緒六年(1880)獨山莫氏刻本　六册

330000－1701－0077368　G601653　史部/地理類/雜志之屬
杭俗遺風一卷　(清)范祖述撰　清同治六年(1867)刻本　一册

330000－1701－0077369　G002477、G002478　史部/紀傳類/正史之屬
四史　清同治十一年(1872)成都書局刻本　四十二册　存二種

330000－1701－0077370　G002515　集部/別集類/漢魏六朝別集
陶靖節集八卷附錄一卷　(晉)陶潛撰　清末抄本　二册

330000－1701－0077371　G601654　子部/儒家類/儒學之屬/禮教
心影集四卷　(清)李士麟輯　清同治三年(1864)豫章吳蘭刻本　一册

330000－1701－0077372　HJH082.6/7541/c1　類叢部/叢書類/自著之屬
歸雲別集十種　(明)陳士元撰　清道光十三年(1833)應城吳毓梅刻本　二十册

330000－1701－0077373　HJH081/6031/2(2)　類叢部/叢書類/彙編之屬
經訓堂叢書二十一種　(清)畢沅編　清乾隆至嘉慶鎮洋畢氏刻本　二十册

330000－1701－0077374　G602817、G603117、G602058、G607337、G608409　類叢部/類書類/通類之屬
蘭雪堂古事苑定本十二卷　(清)鄧志謨輯　清乾隆十四年(1749)文翰樓刻本[卷二至三配清康熙二十五年(1686)蘭雪堂刻本]　八册

330000－1701－0077375　G604325　子部/小說家類/雜事之屬
金壺七墨六種　(清)黄鈞宰撰　清同治十二年(1873)刻本　六册

330000－1701－0077376　G002616　集部/小說類/短篇之屬
繡像繪圖今古奇觀六卷四十回　(明)抱甕老人輯　清末上海進步書局石印本　六册

330000－1701－0077377　G601655、G601661　類叢部/叢書類/郡邑之屬
武林掌故叢編一百八十七種　(清)丁丙編

清光緒三年至二十六年(1877－1900)錢塘丁氏嘉惠堂刻本　三冊　存二種

330000－1701－0077378　G002516　集部/別集類/清別集

定盦文集三卷續集四卷餘集一卷補編四卷文集補五卷　(清)龔自珍撰　清光緒二十八年(1902)上海鴻文書局石印本　三冊　缺五卷(續集一至四、餘集)

330000－1701－0077379　HJH082.6/7757　類叢部/叢書類/自著之屬

周孟侯先生全書五種附録一卷　(明)周拱辰撰　清道光二十七年(1847)刻光緒元年(1875)補刻本　十四冊

330000－1701－0077382　G002617　類叢部/叢書類/自著之屬

補不足齋雜著四種　(清)黄家鼎撰　清光緒六年(1880)鄞縣黄氏刻本　一冊　存一種

330000－1701－0077383　HJH082.6/7757/3　類叢部/叢書類/自著之屬

周孟侯先生全書五種附録一卷　(明)周拱辰撰　清道光二十七年(1847)刻光緒元年(1875)補刻本　六冊　存三種

330000－1701－0077384　G601656　經部/書類/傳說之屬

尚書考異六卷　(明)梅鷟撰　清道光五年(1825)朱琳立本齋刻本　二冊

330000－1701－0077386　G604326、G608713、G607668、G610037、G611952　子部/小說家類/雜事之屬

金壺七墨六種　(清)黄鈞宰撰　清同治十二年(1873)刻本　八冊

330000－1701－0077387　普951.0018/5073/3　史部/叢編

史學叢書四十三種　(清)□□輯　清光緒二十八年(1902)上海煥文書局點石齋石印本　三十二冊

330000－1701－0077388　G002517　史部/編年類/通代之屬

御批歷代通鑑輯覽一百二十卷　(清)傅恒等撰　清光緒二十九年(1903)通文書局石印本　三十二冊

330000－1701－0077389　HJH081/3127/c2　類叢部/叢書類/彙編之屬

讀畫齋叢書四十六種　(清)顧修編　清刻本　六十四冊

330000－1701－0077391　G601657、G602090　類叢部/叢書類/彙編之屬

風雨樓叢書二十三種　鄧實編　清宣統順德鄧氏鉛印本　七冊　存二種

330000－1701－0077392　HJH081/4428　類叢部/叢書類/彙編之屬

求實齋叢書十五種　(清)蔣德鈞編　清光緒湘鄉蔣氏龍安郡署刻本　八冊

330000－1701－0077396　G600435　史部/金石類/郡邑之屬/文字

山右石刻叢編四十卷　(清)胡聘之撰　清光緒二十五年至二十七年(1899－1901)刻本　二十冊

330000－1701－0077397　HJH081/3127/(2)　類叢部/叢書類/彙編之屬

讀畫齋叢書四十六種　(清)顧修編　清刻本　六十四冊

330000－1701－0077399　G604327　經部/小學類/音韻之屬/韻書

詩韻合璧五卷　(清)湯祥瑟輯　清光緒四年(1878)味香書屋刻本　一冊　存一卷(一)

330000－1701－0077401　HJH081/4428/(2)/c2　類叢部/叢書類/彙編之屬

求實齋叢書十五種　(清)蔣德鈞編　清光緒湘鄉蔣氏龍安郡署刻本　十冊

330000－1701－0077405　G602819、G608913　史部/地理類/山川之屬/水志

水道提綱二十八卷　(清)齊召南撰　清光緒四年(1878)津門徐士鑾霞城精舍刻本　八冊

330000－1701－0077406　HJH081/3133/(2)

類叢部/叢書類/彙編之屬

藝苑捃華四十八種 (清)顧之逵編 清同治七年(1868)刻本 二十四册

330000－1701－0077407 HJH081/1134/c1 類叢部/叢書類/彙編之屬

二酉堂叢書(張氏叢書)二十一種 (清)張澍輯 清道光元年(1821)武威張氏二酉堂刻本 十二册

330000－1701－0077409 HJH082.7/1092/c2 類叢部/叢書類/自著之屬

景紫堂全書十一種 (清)夏炘撰 清咸豐至同治刻同治元年(1862)王光甲等彙印本 二十册

330000－1701－0077410 G601658 經部/春秋左傳類/傳說之屬

春秋左氏傳賈服註輯述二十卷 (清)李貽德撰 清光緒八年(1882)江蘇書局刻本 六册

330000－1701－0077412 M003411 子部/雜著類/雜考之屬

敦書咫聞二卷附瀛洲咫聞一卷 楊晨撰 清宣統石印本 一册

330000－1701－0077413 G602818 類叢部/叢書類/自著之屬

周松靄先生遺書八種 (清)周春撰 清乾隆至嘉慶刻本 一册 存一種

330000－1701－0077414 HJH081/4429.2 類叢部/叢書類/彙編之屬

雙棋景闇叢書十六種 葉德輝編 清光緒至宣統長沙葉氏郎園刻本 五册

330000－1701－0077416 G600436 類叢部/叢書類/彙編之屬

申報館叢書正集五十七種附錄三種續集一百四十二種 (清)尊聞閣主編 蔡爾康編續集 清同治至光緒上海申報館鉛印本 一册 存一種

330000－1701－0077417 G601659 類叢部/叢書類/自著之屬

紀慎齋先生全集十二種續集七種 (清)紀大奎撰 清嘉慶十三年至咸豐二年(1808－1852)刻本 三册 存續集一種

330000－1701－0077418 G607637、G604330、G608936 子部/小說家類/瑣語之屬

六合内外瑣言二十卷 (清)屠紳撰 清宣統三年(1911)上海國學扶輪社石印本 六册

330000－1701－0077421 G604331 類叢部/叢書類/彙編之屬

國粹叢書四十九種 (清)國學保存會編 清光緒至宣統鉛印本 一册 存一種

330000－1701－0077423 G601660 集部/別集類/宋別集

岳忠武王文集八卷首一卷末一卷 (宋)岳飛撰 (清)黄邦寧纂修 清光緒二年(1876)刻本 四册

330000－1701－0077424 G602820 史部/政書類/律令之屬/刑制

明刑管見錄一卷 (清)穆翰撰 清光緒十三年(1887)陝西臬署刻本 一册

330000－1701－0077425 HJH082.7/1094/(2) 類叢部/叢書類/自著之屬

景紫堂全書十一種 (清)夏炘撰 清咸豐至同治刻同治元年(1862)王光甲等彙印本 四十七册

330000－1701－0077426 G602821、G603251、G608746、G609113、G602503、G609685、G610203 史部/傳記類/總傳之屬/郡邑

浙江忠義錄十卷表八卷又一卷續編二卷續表九卷 (清)浙江采訪忠義總局編 清同治六年(1867)浙江采訪忠義總局刻光緒元年(1875)續刻本 三十一册

330000－1701－0077427 G604332、G008154、G008670、G009046 集部/別集類/明別集

陳臥子先生安雅堂稿十五卷兵垣奏議二卷 (明)陳子龍撰 **陳臥子先生傳一卷** (清)高變撰 清宣統二年(1910)上海時中書局鉛印本 六册 存十五卷(一至十五)

330000－1701－0077429 G002618 子部/藝

330000－1701－0077474　G002521　集部/别集類/清别集

蘭谿櫂歌一卷　（清）汪啓淑撰　清乾隆刻本　一册

330000－1701－0077475　G604339　集部/别集類/清别集

南宋樂府一卷　（清）章季英撰　清光緒二年（1876）歸安趙氏成都刻本　一册

330000－1701－0077477　G002482　子部/小説家類/雜事之屬

漁磯漫鈔十卷　（清）汪琇瑩　（清）雷琳　（清）莫劍光輯　清道光二十年（1840）刻本　四册

330000－1701－0077479　HJH082.7/1173/c1　集部/别集類/清别集

楊園先生全集五十四卷　（清）張履祥撰　（清）姚璉　（清）陳敬璋輯　（清）萬斛泉編次　**張楊園先生[履祥]年譜一卷**　（清）蘇惇元編　清同治十年（1871）江蘇書局刻本　十六册

330000－1701－0077480　G600441　類叢部/叢書類/自著之屬

留書種閣集九種　（清）黄炳垕撰　清同治六年至光緒二十年（1867－1894）餘姚黄氏留書種閣刻本　一册　存一種

330000－1701－0077481　G604340　類叢部/叢書類/彙編之屬

滂喜齋叢書五十種　（清）潘祖蔭編　清同治至光緒吴縣潘氏京師刻本　清佚名題記　一册　存一種

330000－1701－0077482　G602826、G600777　類叢部/叢書類/彙編之屬

塵海妙品十二種　（清）陳琰編　清宣統三年（1911）上海六藝書局石印本　二册　存六種

330000－1701－0077484　G600442　集部/别集類/清别集

狷齋遺稿五卷　（清）鄒志路撰　清同治八年（1869）刻本　二册

330000－1701－0077485　G002522　集部/别集類/宋别集

山谷詩鈔五卷　（宋）黄庭堅撰　（清）姚惜抱選　清光緒十一年（1885）安徽聚文堂刻本　四册

330000－1701－0077487　HJH081/3136/c3　類叢部/叢書類/彙編之屬

小石山房叢書三十八種　（清）顧湘編　清道光刻同治十三年（1874）虞山顧氏補刻本　十六册

330000－1701－0077489　HJH082.7/1173/c2　集部/别集類/清别集

楊園先生全集五十四卷　（清）張履祥撰　（清）姚璉　（清）陳敬璋輯　（清）萬斛泉編次　**張楊園先生[履祥]年譜一卷**　（清）蘇惇元編　清同治十年（1871）江蘇書局刻本　十六册

330000－1701－0077490　HJH081/3136/c5　類叢部/叢書類/彙編之屬

小石山房叢書三十八種　（清）顧湘編　清道光刻同治十三年（1874）虞山顧氏補刻本　十六册

330000－1701－0077491　G600443　類叢部/叢書類/自著之屬

柏堂遺書（方柏堂全集）八種附一種　（清）方宗誠撰　清光緒元年至十二年（1875－1886）桐城方氏刻本　二册　存一種

330000－1701－0077492　G601188、G602828　類叢部/叢書類/自著之屬

陸子全書九種　（清）陸隴其撰　清光緒許仁沐刻本　二册　存三種

330000－1701－0077494　G002483　史部/地理類/外紀之屬

泰西風土事物考四卷　（清）藜床卧讀生撰　清宣統三年（1911）鉛印本　四册

330000－1701－0077496　普951.0018/8038　史部/叢編

古今史學萃珍七種十七卷　（清）余肇鈞輯

清同治八年(1869)長沙余氏明辨齋刻本　八冊

330000－1701－0077499　G002484　集部/小說類/長篇之屬
新刻濟顛大師醉菩提全傳四卷二十回　(清)天花藏舉人撰　清道光八年(1828)宏道堂刻本　一冊　存二卷(一至二)

330000－1701－0077502　G600445　子部/雜著類/雜說之屬
黼社筆談三卷　(清)張時中撰　清光緒十六年(1890)廩延徐振翰刻本　一冊

330000－1701－0077504　G600446　史部/傳記類/總傳之屬/郡邑
練川名人畫象四卷附二卷續編三卷　(清)程祖慶編　清光緒四年(1878)刻本　一冊　存三卷(續編一至三)

330000－1701－0077505　G002485　子部/小說家類/異聞之屬
閱微草堂筆記二十四卷　(清)紀昀撰　清光緒十七年(1891)上海廣百宋齋鉛印本　四冊

330000－1701－0077507　G602829　類叢部/叢書類/彙編之屬
武英殿聚珍版書一百四十八種　清乾隆四十二年(1777)福建刻道光至同治遞修光緒二十一年(1895)增刻本　一冊　存一種

330000－1701－0077508　G002523　子部/宗教類/佛教之屬
黄檗傳心法要二卷　(唐)釋希運說　(唐)裴休輯　清光緒十年(1884)金陵刻經處刻本　一冊

330000－1701－0077509　G600447　史部/傳記類/別傳之屬/事狀
沈文節公事實一卷　(清)沈守廉輯　清光緒八年(1882)京師刻本　一冊

330000－1701－0077512　G604341　類叢部/叢書類/郡邑之屬
武林掌故叢編一百八十七種　(清)丁丙編　清光緒三年至二十六年(1877－1900)錢塘丁氏嘉惠堂刻本　一冊　存一種

330000－1701－0077513　G002524　集部/曲類/寶卷之屬
珠塔寶卷全集不分卷　清瑪瑙經房刻本　二冊

330000－1701－0077514　G600448　史部/地理類/方志之屬/郡縣志
[光緒]富陽縣輿地小志一卷　(清)陳承澍修　(清)徐澹仙纂　清光緒三十年(1904)石印本　一冊

330000－1701－0077515　G002486　集部/別集類/清別集
鏡源遺照集二十卷　(清)張均輯　清道光二十七年(1847)刻本　六冊

330000－1701－0077518　G002525　集部/曲類/寶卷之屬
延壽寶卷一卷　清末常郡樂善堂善書局刻本　一冊

330000－1701－0077520　G600451　類叢部/叢書類/彙編之屬
古逸叢書二十六種　(清)黎庶昌編　清光緒八年至十年(1882－1884)黎庶昌日本東京使署影刻本　四十一冊　缺四十五卷(杜工部草堂詩箋一至四十、傳序碑銘、杜工部草堂詩話一至二、杜工部草堂詩年譜一至二)

330000－1701－0077525　HJH081/4429.3　類叢部/叢書類/彙編之屬
觀古堂彙刻書十九種　葉德輝編　清光緒長沙葉氏刻三十四年(1908)重編印本　十六冊

330000－1701－0077526　HJH081/3142/(2)　類叢部/叢書類/彙編之屬
祕書廿一種　(清)汪士漢編　清康熙七年(1668)新安汪氏重編印古今逸史本　章嶔題簽並記　十二冊

330000－1701－0077527　普951.0021/0021/c1　史部/目録類/書志之屬/提要
史略六卷　(宋)高似孫撰　清光緒九年(1883)常熟鮑氏刻後知不足齋叢書本　章嶔

題簽並記　二冊

330000－1701－0077528　HJH081/7433/(3)　類叢部/叢書類/彙編之屬

十萬卷樓叢書五十一種　(清)陸心源編　清光緒歸安陸氏刻本(歲時廣記卷六原缺)　三十六冊　存十四種

330000－1701－0077529　HJH082.7/1320/c2　類叢部/叢書類/自著之屬

授堂遺書七種附錄二卷　(清)武億撰　清道光二十三年(1843)偃師武氏刻本　十六冊

330000－1701－0077530　G002487、G003048　史部/地理類/方志之屬/郡縣志

[光緒]蓬萊縣續志十四卷　(清)鄭錫鴻　(清)江瑞采修　(清)王爾植等纂　清光緒八年(1882)刻本　七冊　存十一卷(四至十四)

330000－1701－0077531　G604342　類叢部/叢書類/彙編之屬

十萬卷樓叢書五十一種　(清)陸心源編　清光緒歸安陸氏刻本(歲時廣記卷六原缺)　二冊　存一種

330000－1701－0077533　普 951.0021/0021/c2　類叢部/叢書類/彙編之屬

後知不足齋叢書四十七種　(清)鮑廷博編　清同治至光緒常熟鮑氏刻本　二冊　存一種

330000－1701－0077534　G002488　史部/目録類/總録之屬/禁燬

全毀書目一卷抽毀書目一卷　(清)英廉編　清乾隆四十七年(1782)翰林院刻本　一冊

330000－1701－0077535　HJH081/4430　類叢部/叢書類/彙編之屬

長恩書室叢書甲集十種乙集十種　(清)莊肇麟編　清咸豐四年(1854)新昌莊氏過客軒刻本(荒政叢書十卷原缺)　三十冊

330000－1701－0077536　G604343　史部/雜史類/斷代之屬

李秀成供二卷　(太平天國)李秀成撰　清末石印本　一冊

330000－1701－0077537　普 951.0021/0021/3/c1　類叢部/叢書類/彙編之屬

古逸叢書二十六種　(清)黎庶昌編　清光緒八年至十年(1882－1884)黎庶昌日本東京使署影刻本　一冊　存一種

330000－1701－0077540　G002489　經部/書類/傳説之屬

書經大全十卷綱領一卷圖一卷　(明)胡廣等輯　**書經考異一卷**　(宋)王應麟撰　清刻本　十二冊

330000－1701－0077541　HJH081/3142/(3)　類叢部/叢書類/彙編之屬

祕書廿一種　(清)汪士漢編　清刻本　三十冊　存十八種

330000－1701－0077542　HJH082.8/4741/c2　類叢部/叢書類/自著之屬

玉津閣叢書甲集十二種乙集十二種　(清)胡薇元撰　清光緒至民國刻本　十二冊　存甲集十二種

330000－1701－0077543　普 951.0021/0021/3/c2　類叢部/叢書類/彙編之屬

古逸叢書二十六種　(清)黎庶昌編　清光緒八年至十年(1882－1884)黎庶昌日本東京使署影刻本　一冊　存一種

330000－1701－0077545　G602831　類叢部/叢書類/彙編之屬

仰視千七百二十九鶴齋叢書四十種　(清)趙之謙編　清光緒會稽趙氏刻本　二十九冊　存三十六種

330000－1701－0077546　G002490　經部/易類/傳説之屬

成均課講周易十二卷　(清)崔紀撰　清刻本　二冊　存十卷(一至十)

330000－1701－0077547　G002526　集部/曲類/寶卷之屬

延壽寶卷一卷　清宣統元年(1909)上海翼化堂善書局刻本　一冊

330000－1701－0077550　HJH082.7/1320/

(2)　類叢部/叢書類/自著之屬

授堂遺書七種附錄二卷　(清)武億撰　清道光二十三年(1843)偃師武氏刻本　十四册

330000－1701－0077551　HJH081/4457/c2　類叢部/叢書類/彙編之屬

三長物齋叢書二十五種　(清)黄本驥編　清道光二十二年至二十八年(1842－1848)湘陰蔣環刻本　八十册

330000－1701－0077553　G002621　新學/學校

法國礮臺課書摘要初編不分卷　(法國)吉禮豐授　(清)曾仰東彙譯　清光緒二十八年(1902)刻朱印本　一册

330000－1701－0077554　G002491　子部/雜著類/雜説之屬

蕎言一卷　(清)劉嶽雲撰　清光緒刻本　一册

330000－1701－0077555　HJH081/3234/(2)　類叢部/叢書類/彙編之屬

功順堂叢書十八種　(清)潘祖蔭編　清光緒吴縣潘氏刻本　二十四册

330000－1701－0077556　HJH082.7/2022/c2　類叢部/叢書類/自著之屬

焦氏遺書十種附一種　(清)焦循撰　清嘉慶至道光江都焦氏雕菰樓刻光緒二年(1876)衡陽魏氏補刻本　四十册

330000－1701－0077557　G002527　史部/地理類/總志之屬/通代

讀史方輿紀要歷代州域形勢十卷　(清)顧祖禹撰　**附統論歷朝形勢一卷**　(清)朱棠撰　清光緒二十八年(1902)湖南書局刻本　六册

330000－1701－0077558　普951.0023/0014/c1　類叢部/叢書類/彙編之屬

文選樓叢書三十三種　(清)阮亨編　清嘉慶至道光阮元刻道光二十二年(1842)阮亨彙印本　四册　存二種

330000－1701－0077559　G002492　集部/别集類/清别集

嬰山小園晚年手定藁五卷　(清)張誠撰　清光緒元年(1875)刻本　一册

330000－1701－0077561　G602832　類叢部/叢書類/彙編之屬

説郛一百二十弓　(明)陶宗儀編　(明)陶珽等重編　**説郛續四十六弓**　(明)陶珽編　(清)李際期重訂　明末刻清順治三年(1646)兩浙督學周南李際期宛委山堂印本　二册　存七種

330000－1701－0077562　G002493　史部/地理類/方志之屬/郡縣志

[道光]泰州新志刊謬二卷首一卷　(清)任鈺等纂輯　清道光十年(1830)刻本　二册

330000－1701－0077563　HJH081/3234　類叢部/叢書類/彙編之屬

功順堂叢書十八種　(清)潘祖蔭編　清光緒吴縣潘氏刻本　章鋆題簽　二十册

330000－1701－0077564　G002528　集部/總集類/彙編之屬

蘇黄題跋十二卷　(明)楊鶴編　明刻本　二册　存六卷(黄山谷題跋書後一至六)

330000－1701－0077566　HJH081/7433/c3　類叢部/叢書類/彙編之屬

十萬卷樓叢書五十一種　(清)陸心源編　清光緒歸安陸氏刻本(歲時廣記卷六原缺)　四十册　存十六種

330000－1701－0077569　G600452、G601853　子部/雜著類/雜考之屬

丹鉛總錄二十七卷　(明)楊慎撰　清乾隆三十年至三十九年(1765－1774)在涓書屋刻本　八册　存二十二卷(三至十三、十五至十七、二十至二十七)

330000－1701－0077571　普951.0023/0014/c2　類叢部/叢書類/彙編之屬

文選樓叢書三十三種　(清)阮亨編　清嘉慶至道光阮元刻道光二十二年(1842)阮亨彙印本　四册　存二種

330000－1701－0077572　HJH081/3234/

(2)/c2　類叢部/叢書類/彙編之屬

功順堂叢書十八種　(清)潘祖蔭編　清光緒吳縣潘氏刻本　二十四册

330000－1701－0077573　G002622　新學/報章

法國斐加洛報摘要不分卷　(清)林學英譯　清光緒湖北洋務譯書局刻朱印本　一册

330000－1701－0077574　G604350　集部/小說類/長篇之屬

增評補像全圖金玉緣一百二十回首一卷　(清)曹霑　(清)高鶚撰　(清)王希廉　(清)張新之　(清)姚燮評　清光緒石印本　一册　存八回(十七至二十四)

330000－1701－0077575　G002686　子部/雜著類

經史答問四卷　(清)朱駿聲撰　清光緒二十年(1894)金陵刻本　四册

330000－1701－0077576　HJH082.7/2022/2　類叢部/叢書類/自著之屬

焦氏叢書九種附一種　(清)焦循撰　清嘉慶至道光江都焦氏雕菰樓刻本　四十册

330000－1701－0077577　G602833、G608111、G609716　史部/傳記類/日記之屬

曾文正公手書日記不分卷(清道光二十一年正月初一日至同治十一年二月初三日)　(清)曾國藩撰　清宣統元年(1909)上海中國圖書公司石印本　二十八册

330000－1701－0077578　G002529、G002754、G003434、G003822、G005091、G007587、G008548、G010425　集部/總集類/選集之屬/斷代

書畫舫詩課十一卷　(清)高鳳臺輯　清道光十七年(1837)於越高鳳臺刻本　二十四册

330000－1701－0077580　G601665　類叢部/叢書類/自著之屬

施愚山先生全集五種附一種　(清)施閏章撰　清宣統二年至三年(1910－1911)上海國學扶輪社石印本　一册　存一種

330000－1701－0077581　G602834、G608790、G609400　子部/儒家類/儒學之屬/經濟

皇朝經世文編一百二十卷姓名總目二卷生存姓名一卷　(清)賀長齡輯　清道光七年(1827)刻本　三十册　存六十卷(二十五至四十九、五十五至六十二、七十至七十一、七十二至九十六)

330000－1701－0077583　普951.0023/0014/c3　類叢部/叢書類/彙編之屬

文選樓叢書三十三種　(清)阮亨編　清嘉慶至道光阮元刻道光二十二年(1842)阮亨彙印本　四册　存二種

330000－1701－0077584　G002687　子部/醫家類/方書之屬/單方驗方

秘方集驗二卷　(清)王夢蘭撰　清刻本　四册

330000－1701－0077585　HJH081/3234.2/(2)/c2　類叢部/叢書類/彙編之屬

滂喜齋叢書五十種　(清)潘祖蔭編　清同治至光緒吳縣潘氏京師刻本　三十册

330000－1701－0077586　HJH081/4930/c2　類叢部/叢書類/彙編之屬

仰視千七百二十九鶴齋叢書四十種　(清)趙之謙編　清光緒會稽趙氏刻本　二十四册　存三十一種

330000－1701－0077587　G604353、G604355　類叢部/叢書類/彙編之屬

武英殿聚珍版書一百四十八種　清乾隆四十二年(1777)福建刻道光至同治遞修光緒二十一年(1895)增刻本　三册　存二種

330000－1701－0077588　G002623　史部/政書類/邦計之屬

大清鑛務正章十五章附各國鑛地限制備考一章　(清)張之洞撰　清光緒刻本　一册

330000－1701－0077589　G002530　集部/曲類/寶卷之屬

目連三世寶卷二卷　清宣統元年至二年(1909－1910)蘇城瑪瑙經房刻本　一册

330000－1701－0077591　G602835　子部/叢編

子書百家　(清)崇文書局編　清光緒元年(1875)湖北崇文書局刻本　一冊　存一種

330000－1701－0077592　普951.0023/0014/2　史部/史表類/通代之屬

歷代帝王年表四卷　(清)齊召南撰　(清)阮福續　清光緒二十八年(1902)上海石印本　四冊

330000－1701－0077596　G604354　類叢部/叢書類/彙編之屬

武英殿聚珍版書一百四十八種　清乾隆四十二年(1777)福建刻道光至同治遞修光緒二十一年(1895)增刻本　二冊　存一種

330000－1701－0077597　G602836、G602887、G608773、G607794、G609636、G610182　經部/群經總義類/圖說之屬

六經圖十二卷　(清)鄭之僑編輯　清乾隆八年(1743)潮陽鄭之僑述堂刻本　十一冊　存十一卷(易經圖上、尚書圖上下、春秋上下、禮記圖上下、詩經圖上下、周禮圖上下)

330000－1701－0077599　普951.0023/0014/4　史部/史表類/通代之屬

歷代帝王年表十三卷　(清)齊召南撰　清浦江戴氏九靈山房刻本　二冊

330000－1701－0077600　G002531　集部/曲類/寶卷之屬

潘公免災救難寶卷三卷　(清)潘曾沂撰　清同治九年(1870)刻本　一冊

330000－1701－0077601　G002688　集部/別集類/清別集

苧村詩鈔一卷　(清)任大椿撰　清刻本　一冊

330000－1701－0077605　G602837　子部/叢編

二十二子(二十二子彙函)　(清)浙江書局編　清光緒元年至三年(1875－1877)浙江書局刻本　一冊　存一種

330000－1701－0077606　G601667　集部/總集類/彙編之屬

唐四家詩集四種附二種　(清)胡鳳丹輯　清同治九年(1870)永康胡氏退補齋刻本　二冊　存一種

330000－1701－0077607　HJH081/7164/3(2)　類叢部/叢書類/輯佚之屬

玉函山房輯佚書五百九十三種附一種　(清)馬國翰輯　清光緒十年(1884)楚南湘遠堂刻本　一百二十冊

330000－1701－0077609　G602838　類叢部/叢書類/彙編之屬

廣雅書局叢書一百五十九種　徐紹棨編　清光緒廣雅書局刻民國九年(1920)番禺徐紹棨彙編重印本　一冊　存一種

330000－1701－0077611　普951.0023/4447/c1　類叢部/叢書類/彙編之屬

廣雅書局叢書一百五十九種　徐紹棨編　清光緒廣雅書局刻民國九年(1920)番禺徐紹棨彙編重印本　六冊　存一種

330000－1701－0077612　G601668　史部/金石類/甲骨之屬/文字

殷商貞卜文字考一卷　羅振玉撰　清宣統二年(1910)玉簡齋石印蟫隱廬叢書本　思盦題記　一冊

330000－1701－0077613　HJH081.12/3713/c1　類叢部/叢書類/郡邑之屬

湖北叢書三十種　(清)趙尚輔編　清光緒十七年(1891)三餘草堂刻本　一百冊

330000－1701－0077614　G602839　集部/總集類/郡邑之屬

國朝杭郡詩三輯一百卷姓氏韻編一卷　(清)丁申　(清)丁丙編　清光緒十九年(1893)錢塘丁氏刻本　二十六冊　存六十五卷(一至十七、五十一至九十八)

330000－1701－0077616　G601669　史部/地理類/遊記之屬/紀行

東游日記一卷　(清)黄慶澄撰　清光緒二十

年(1894)刻本　一冊

330000－1701－0077618　G002532　集部/總集類/選集之屬/通代

名雋初集八卷　(清)戴咸弼編　清光緒五年(1879)嘉善愛暉書屋刻本　四冊

330000－1701－0077619　HJH081/4474/c2　類叢部/叢書類/彙編之屬

鐵華館叢書六種　(清)蔣鳳藻編　清光緒九年至十年(1883－1884)長洲蔣氏刻本　六冊

330000－1701－0077621　HJH081.12/3713/c3　類叢部/叢書類/郡邑之屬

湖北叢書三十種　(清)趙尚輔編　清光緒十七年(1891)三餘草堂刻本　一百冊

330000－1701－0077623　普951.0023/0070　史部/史表類/通代之屬

歷代紀元韻覽五卷　(清)章學誠撰　清嘉慶十二年(1807)金陵憩書樓刻本　二冊

330000－1701－0077624　HJH081/3234.2/(3)/c2　類叢部/叢書類/彙編之屬

滂喜齋叢書五十種　(清)潘祖蔭編　清同治至光緒吳縣潘氏京師刻本　十八冊

330000－1701－0077627　HJH081/7164/2　類叢部/叢書類/輯佚之屬

玉函山房輯佚書五百九十三種附一種　(清)馬國翰輯　清光緒九年(1883)長沙嫏嬛館刻本　章嶔題記　一百冊

330000－1701－0077628　普951.0023/2191　史部/地理類/總志之屬/通代

帝輿合覽二卷　(清)何炳撰　清光緒二十八年(1902)刻本　八冊

330000－1701－0077629　普951.0023/2191/2　史部/地理類/總志之屬/通代

帝輿合覽二卷　(清)何炳撰　清道光十三年(1833)嘉興王店何敬慎堂刻本　四冊

330000－1701－0077630　HJH081/3436　類叢部/叢書類/彙編之屬

晨風閣叢書二十二種　沈宗畸編　清宣統元年(1909)番禺沈氏刻本　十六冊

330000－1701－0077632　G604356　史部/地理類/雜志之屬

明州繫年錄七卷　(清)董沛撰　清光緒四年(1878)刻本　一冊　存二卷(六至七)

330000－1701－0077634　普951.0023/4410/c1　史部/史表類/通代之屬

歷代甲子紀元表一卷　(清)董醇撰　清咸豐五年(1855)東皋書堂刻本　章嶔題簽　一冊

330000－1701－0077635　G604357　子部/宗教類/佛教之屬

顯密圓通成佛心要集二卷　(遼)釋道殿輯　清同治十一年(1872)金陵刻經處刻本　一冊

330000－1701－0077636　普951.0023/4410/c2　史部/史表類/通代之屬

歷代甲子紀元表一卷　(清)董醇撰　清咸豐五年(1855)東皋書堂刻本　一冊

330000－1701－0077638　普951.0023/4410/c3　史部/史表類/通代之屬

歷代甲子紀元表一卷　(清)董醇撰　清咸豐五年(1855)東皋書堂刻本　一冊

330000－1701－0077640　G601670　新學/船政/行船事宜

水運不分卷　(清)楊志洵譯　清宣統二年(1910)郵傳部圖書通譯局鉛印本　一冊

330000－1701－0077641　普951.0023/4410/2/c2　史部/史表類/通代之屬

歷代甲子紀元表一卷　(清)董醇撰　清光緒十年(1884)歸安錢學嘉刻本　一冊

330000－1701－0077643　G604358、G604868　史部/編年類/通代之屬

資治通鑑補二百九十四卷　(明)嚴衍撰　清光緒二年(1876)武進盛氏思補樓木活字印本　十冊　存四十卷(一百四十五至一百八十四)

330000－1701－0077644　G002624　新學/學校

法國商務學堂章程三種　羅懋勲　李孟實譯　清光緒湖北洋務譯書局刻本　一册　存一種

330000－1701－0077645　G600455　子部/雜著類/雜說之屬
郎潛紀聞初筆七卷二筆八卷三筆六卷　（清）陳康祺撰　清宣統二年（1910）上海掃葉山房石印本　十册

330000－1701－0077647　普951.0023/4410/2/c1　史部/史表類/通代之屬
歷代甲子紀元表一卷　（清）董醇撰　清光緒十年（1884）歸安錢學嘉刻本　一册

330000－1701－0077649　G601671　史部/目録類/總録之屬/徵訪
徵訪明季遺書目一卷　劉世珩編　清宣統二年（1910）鉛印本　一册

330000－1701－0077650　G604359　新學/政治法律/政治
東方時局論略一卷　（朝鮮）鄧鏗撰　清光緒十五年（1889）鉛印本　一册

330000－1701－0077651　G602840　子部/藝術類/書畫之屬
桐陰論畫二卷首一卷附錄一卷畫訣一卷續桐陰論畫一卷二編二卷三編二卷　（清）秦祖永撰　清同治三年至光緒八年（1864－1882）刻朱墨套印本　二册　缺四卷（二編上下、三編上下）

330000－1701－0077652　G002689　子部/藝術類/書畫之屬/法帖
趙書天冠山詩帖一卷　（元）趙孟頫書　清咸豐七年（1857）朱氏師酉敦室刻本　一册

330000－1701－0077653　G002533　新學/議論/通論
吴京卿節本天演論一卷　（英國）赫胥黎撰　嚴復譯　（清）吳汝綸刪節　清光緒二十九年（1903）上海文明書局鉛印本　一册

330000－1701－0077654　G601672　史部/傳記類/總傳之屬/列女
典故列女傳四卷　清光緒六年（1880）上洋江左書林刻本　四册

330000－1701－0077655　G002690　史部/傳記類/别傳之屬/墓誌
皇清誥贈一品夫人陳母姜夫人墓志銘一卷　（清）俞樾撰　（清）王垿書　清末石印本　一册

330000－1701－0077656　HJH081/7550/(2)/c2　類叢部/叢書類/彙編之屬
湖海樓叢書十二種　（清）陳春編　清嘉慶蕭山陳氏湖海樓刻二十四年（1819）彙印本　章嶔題記　三十二册

330000－1701－0077657　普951.0023/4444/c1　史部/史表類/通代之屬
歷代帝王年表一卷紀元同異攷略一卷　黄大華撰　清光緒二十六年（1900）夢紅豆邨刻本　孫峻校並跋　一册

330000－1701－0077659　G002625　史部/政書類/邦交之屬
英國第七册藍皮書四卷　（清）鄭貞來譯　清光緒二十九年（1903）湖北洋務譯書局鉛印本　四册

330000－1701－0077661　G604360、G604365、G604872、G605193　史部/政書類
九通　（清）□□輯　清光緒八年至二十二年（1882－1896）浙江書局刻本　五十九册　存二種

330000－1701－0077662　G002534　史部/政書類/邦交之屬
使俄草八卷　（清）王之春撰　清光緒二十一年（1895）上海文藝齋刻本　四册

330000－1701－0077664　G602841　經部/小學類/音韻之屬/韻書
詩韻合璧五卷　（清）湯祥瑟輯　**詩腋不分卷　詞林典腋不分卷　詩腋補編不分卷　賦彙録要不分卷　分韻文選題解擇要不分卷　虚字韻藪一卷**　（清）潘維城輯　**增註字類標韻六卷**　（清）華綱撰　清光緒十二年（1886）石

印本　四冊　缺七卷（詩韻合璧一、增註字類標韻一至六）

330000－1701－0077666　G002626　新學/學校
法國沙丹公學章程一卷　林蟥逡譯　清光緒湖北洋務譯書局刻本　一冊

330000－1701－0077667　HJH081.07/1035/(3)　類叢部/叢書類/彙編之屬
月河精舍叢鈔五種　（清）丁寶書編　清光緒苕溪丁氏刻本　八冊　存四種

330000－1701－0077668　G002691　集部/總集類/選集之屬/斷代
列朝詩集乾集二卷甲集前編十一卷甲集二十二卷乙集八卷丙集十六卷丁集十六卷閏集六卷　（清）錢謙益輯　清刻本　一冊　存一卷（閏集三）

330000－1701－0077669　HJH081/4474/c3　類叢部/叢書類/彙編之屬
鐵華館叢書六種　（清）蔣鳳藻編　清光緒九年至十年（1883－1884）長洲蔣氏刻本　六冊

330000－1701－0077670　G601673　子部/醫家類/兒科之屬/通論
生生福幼編五種附論一種　（清）莊一夔等撰　清光緒二十四年（1898）景文齋刻本　一冊

330000－1701－0077672　普 951.0023/4444/c2　史部/史表類/通代之屬
歷代帝王年表一卷紀元同異攷略一卷　黄大華撰　清光緒二十六年（1900）夢紅豆邨刻本　一冊

330000－1701－0077673　G604361　子部/儒家類/儒學之屬/經濟
皇朝經世文編一百二十卷姓名總目二卷生存姓名一卷　（清）賀長齡輯　清道光七年（1827）刻本　一冊　存二卷（六至七）

330000－1701－0077674　G002627、G004603　新學/交涉/交涉
交涉要覽類編四卷二集二卷　（清）陳鈺輯（清）鄭貞來譯　清光緒二十九年（1903）湖北洋務譯書局鉛印本　四冊　缺二卷（二集一至二）

330000－1701－0077676　G002535　子部/儒家類/儒學之屬/性理
讀書錄粹語四卷　（明）薛瑄撰　（清）王鼎輯　清道光十六年（1836）刻本　四冊

330000－1701－0077677　G002692　經部/樂類/律呂之屬
樂律全書十五種　（明）朱載堉撰　明萬曆鄭藩刻增修本　三十四冊　存十二種

330000－1701－0077680　HJH081/3234.2/(2)　類叢部/叢書類/彙編之屬
滂喜齋叢書五十種　（清）潘祖蔭編　清同治至光緒吳縣潘氏京師刻本　三十冊

330000－1701－0077681　HJH081/4484/c3　史部/金石類
學古齋金石叢書四集十二種　（清）葛元煦輯　清光緒崇川葛氏學古齋刻本　三十二冊

330000－1701－0077682　G601674　類叢部/叢書類/彙編之屬
邵武徐氏叢書初刻十四種　（清）徐幹編　清光緒邵武徐氏刻本　一冊　存一種

330000－1701－0077683　普 951.0023/4444/c3　史部/史表類/通代之屬
歷代帝王年表一卷紀元同異攷略一卷　黄大華撰　清光緒二十六年（1900）夢紅豆邨刻本　一冊

330000－1701－0077684　G002536　子部/宗教類/佛教之屬/經疏
金剛般若波羅蜜經講義一卷　（清）雲峯道人撰　（清）王何功輯　**金剛經受持靈驗記一卷**　（清）吳尚采輯　**心經合參一卷**　（清）王何功輯　清光緒二年（1876）化山傳燈寺釋松溪刻本　一冊

330000－1701－0077685　G604362　子部/宗教類/佛教之屬/諸宗
淨土古佚十書　金陵刻經處編　清光緒十九年至民國三年（1893－1914）金陵刻經處刻本

一册　存一種

330000－1701－0077689　G002628　史部/政書類/邦交之屬
續定招工章程條約一卷　清同治五年(1866)刻本　一册

330000－1701－0077690　G601675　史部/史表類/通代之屬
歷代帝王年表一卷紀元同異攷略一卷　黄大華撰　清光緒二十六年(1900)夢紅豆邨刻本　一册

330000－1701－0077692　G604363　新學/地學/地理學
金石識别十二卷　(美國)代那撰　(美國)瑪高溫口譯　(清)華蘅芳筆述　清刻本　一册　存三卷(七至九)

330000－1701－0077694　HJH081/3436/c3　類叢部/叢書類/彙編之屬
晨風閣叢書二十二種　沈宗畸編　清宣統元年(1909)番禺沈氏刻本　十六册

330000－1701－0077696　G604364　史部/金石類/郡邑之屬/文字
山右石刻叢編四十卷　(清)胡聘之撰　清光緒二十五年至二十七年(1899－1901)刻本　四册　存八卷(三十三至四十)

330000－1701－0077697　G002629　史部/政書類/邦交之屬
比國通商條約税則章程四卷　清末刻本　一册

330000－1701－0077700　G601676　類叢部/叢書類/彙編之屬
振綺堂叢書初集十種二集十二種　(清)□□輯　清光緒二十年(1894)、宣統二年(1910)泉唐汪氏刻本暨鉛印本　一册　存初集三種

330000－1701－0077702　普951.0023/4431　史部/編年類/通代之屬
綱鑑會編九十八卷歷代統系表略三卷歷代郡國考畧三卷歷代官制考畧二卷　(清)葉澐輯　清康熙四十二年(1703)貴德里南陽刻本　一册　存三卷(歷代統系表略一至三)

330000－1701－0077704　G002538　集部/曲類/寶卷之屬
目連寶卷全集不分卷　清末西湖瑪瑙寺明臺經房刻本　一册

330000－1701－0077705　HJH081.07/1061/(3)　類叢部/叢書類/彙編之屬
檀几叢書五十種二集五十種餘集四十七種附政十種　(清)王晫　(清)張潮編　清康熙三十四年至三十六年(1695－1697)新安張氏霞舉堂刻本　十二册

330000－1701－0077706　G602842　經部/小學類/音韻之屬/韻書
詩韻合璧五卷　(清)湯祥瑟輯　**詩腋不分卷　詞林典腋不分卷　詩腋補編不分卷　賦彙録要不分卷　分韻文選題解擇要不分卷　虚字韻藪一卷**　(清)潘維城輯　**增註字類標韻六卷**　(清)華綱撰　清光緒十二年(1886)石印本　二册　存二卷(詩韻合璧一至二)

330000－1701－0077708　HJH081.92/2126/c2　類叢部/叢書類/郡邑之屬
嶺南遺書五十九種　(清)伍元薇　(崇曜)編　清道光十一年至同治二年(1831－1863)南海伍氏粤雅堂文字歡娱室刻光緒三十三年(1907)彙印本　八十册

330000－1701－0077709　G601677　史部/傳記類/總傳之屬/家乘
[浙江紹興]會稽陶氏族譜三十二卷附文節公殉難事蹟一卷　(清)陶在銘等纂修　清光緒二十九年(1903)刻本　一册　存二卷(三十一至三十二)

330000－1701－0077710　G602843、G601907、G607000、G608284、G609810　集部/别集類/明别集
青藤書屋文集三十卷　(明)徐渭撰　(明)袁宏道編　清宣統三年(1911)石印本　七册　存二十五卷(一至二十、二十六至三十)

330000－1701－0077712　G002630　史部/傳

記類/總傳之屬/通代
中西人物通攷一百卷 (清)葉逢時輯 清光緒二十九年(1903)杭州史學齋石印本 二十冊

330000－1701－0077716 HJH081/1182.5 類叢部/叢書類/彙編之屬
擇是居叢書初集十九種 張鈞衡編 清光緒至民國刻民國十五年(1926)吳興張氏彙印本 五十六冊

330000－1701－0077717 G601678、G602315 類叢部/叢書類/自著之屬
潛園總集十七種 (清)陸心源撰 清同治至光緒刻本 六冊 存一種

330000－1701－0077718 G002539 史部/地理類/山川之屬/水志
水經注圖一卷附錄一卷 (清)汪士鐸撰 清咸豐十一年(1861)刻同治元年(1862)重修本 一冊

330000－1701－0077719 HJH081/7269.2/(3) 類叢部/叢書類/彙編之屬
述古叢鈔二十八種 (清)劉晚榮編 清同治至光緒古岡劉氏藏修書屋刻本 四十冊

330000－1701－0077722 G602845、G602290、G609039、G609337、G607509 史部/金石類/郡邑之屬/文字
兩浙金石志十八卷補遺一卷 (清)阮元撰 清光緒十六年(1890)浙江書局刻本 十一冊 缺二卷(五至六)

330000－1701－0077728 G602846 史部/政書類/邦計之屬
兩浙宦游紀畧四種 (清)戴槃撰 清同治七年(1868)刻本 一冊 存三種

330000－1701－0077729 G604366 類叢部/叢書類/彙編之屬
申報館叢書正集五十七種附錄三種續集一百四十二種 (清)尊聞閣主編 蔡爾康編續集 清同治至光緒上海申報館鉛印本 四冊 存一種

330000－1701－0077730 G002540 子部/儒家類/儒學之屬/經濟
揚子法言十三卷音義一卷 (漢)揚雄撰 (晉)李軌注 **附攷一卷攷異一卷音義一卷** (清)徐養源撰 清嘉慶十二年(1807)稻香吟館刻本 一冊

330000－1701－0077731 HJH082.7/0044/(2) 類叢部/叢書類/自著之屬
抗希堂十六種(抗希堂全集) (清)方苞撰 清康熙至嘉慶刻彙印本 六十四冊

330000－1701－0077733 G602847 經部/群經總義類/文字音義之屬
十三經注疏校勘記識語四卷 (清)汪文臺撰 清光緒三年(1877)江西書局刻本 二冊

330000－1701－0077734 普951.0023/4447/c2 類叢部/叢書類/彙編之屬
廣雅書局叢書一百五十九種 徐紹棨編 清光緒廣雅書局刻民國九年(1920)番禺徐紹棨彙編重印本 六冊 存一種

330000－1701－0077735 G604367 史部/金石類
學古齋金石叢書四集十二種 (清)葛元煦輯 清光緒崇川葛氏學古齋刻本 四冊 存一種

330000－1701－0077737 G600457 類叢部/叢書類/自著之屬
半巖廬所箸書九種 (清)邵懿辰撰 清宣統三年至民國二十年(1911－1931)仁和邵氏家祠刻本 六冊 存一種

330000－1701－0077739 普951.0023/4447/(2) 類叢部/叢書類/彙編之屬
廣雅書局叢書一百五十九種 徐紹棨編 清光緒廣雅書局刻民國九年(1920)番禺徐紹棨彙編重印本 八冊 存一種

330000－1701－0077741 HJH082.7/0044 類叢部/叢書類/自著之屬
抗希堂十六種(抗希堂全集) (清)方苞撰 清康熙至嘉慶刻彙印本 五十冊

330000－1701－0077742　G602848　經部/叢編

皇清經解一千四百卷首一卷　(清)阮元輯　清道光九年(1829)廣東學海堂刻本　十四冊　存十種

330000－1701－0077745　G604368　類叢部/叢書類/郡邑之屬

武林掌故叢編一百八十七種　(清)丁丙編　清光緒三年至二十六年(1877－1900)錢塘丁氏嘉惠堂刻本　三冊　存三種

330000－1701－0077747　HJH081.07/1020/(3)　類叢部/叢書類/彙編之屬

南菁書院叢書四十一種　王先謙　繆荃孫編　清光緒十四年(1888)江陰南菁書院刻本　三十二冊

330000－1701－0077748　HJH081/3547/c2　類叢部/叢書類/彙編之屬

武英殿聚珍版書五十三種　清同治十三年(1874)江西書局刻本　一百二十八冊　存五十四種

330000－1701－0077752　普951.0023/4447/2c2　史部/史表類/通代之屬

歷代史表五十九卷　(清)萬斯同撰　清嘉慶元年(1796)留香閣刻七年(1802)舒石溪印本　六冊

330000－1701－0077753　G002694　子部/雜著類/雜說之屬

式古厽筆記不分卷　(清)秦鍾瑞撰　清光緒稿本　四冊

330000－1701－0077757　G600458　史部/政書類/律令之屬/律例

律例便覽八卷諸圖一卷　(清)蔡嵩年　(清)蔡逢年編　**處分則例圖要六卷**　(清)蔡逢年編　清同治四年(1865)刻本　六冊

330000－1701－0077758　HJH081/4748/c2　類叢部/叢書類/彙編之屬

宜稼堂叢書七種　(清)郁松年編　清道光二十年至二十二年(1840－1842)上海郁氏刻本　六十四冊

330000－1701－0077761　G002695、G004912　史部/詔令奏議類/奏議之屬

南臺遺疏不分卷　(清)何元英撰　(清)高熊徵輯　清康熙三十四年(1695)高熊徵刻本　二冊

330000－1701－0077762　HJH081.07/1123/c3　類叢部/叢書類/彙編之屬

花雨樓叢鈔十一種續鈔十一種附一種　(清)張壽榮編　清光緒八年至十四年(1882－1888)蛟川張氏花雨樓刻本　四十八冊　缺附一種

330000－1701－0077763　G604369、G600650、G603665　子部/醫家類/醫經之屬/内經

類經三十二卷　(明)張介賓類注　**類經圖翼十一卷附翼四卷**　(明)張介賓撰　明天啓四年(1624)會稽張介賓刻本　二十三冊　存二十二卷(四至十二、十九至三十一)

330000－1701－0077764　普951.0023/4447/2(2)/c2　史部/史表類/通代之屬

歷代史表五十九卷　(清)萬斯同撰　清嘉慶元年(1796)留香閣刻本　八冊

330000－1701－0077766　G002696　史部/傳記類/別傳之屬

國史館英果敏公傳一卷　(清)檀璣書　清光緒刻本　一冊

330000－1701－0077769　G002697、G010108　史部/傳記類/總傳之屬/斷代

廣雅書院同舍錄不分卷　(清)廖廷相編　清末刻本　二冊　存廣東、廣西

330000－1701－0077770　HJH081/2848/c4　類叢部/叢書類/彙編之屬

邵武徐氏叢書初刻十四種　(清)徐榦編　清光緒邵武徐氏刻本　章嶔題簽並批　二十冊

330000－1701－0077772　G600460　史部/地理類/山川之屬/山志

京口三山志　(清)□□輯　清同治至光緒刻本　八冊　存一種

浙江圖書館古籍普查登記目録

（七）

全國古籍普查登記目録・浙江

國家圖書館出版社
National Library of China Publishing House

330000－1701－0077797　G602853　類叢部/叢書類/彙編之屬

說鈴前集三十七種後集十六種　(清)吳震方編　清嘉慶八年(1803)刻本　二冊　存四種

330000－1701－0077798　普 951.0023/7128　史部/史表類/通代之屬

歷代年號記畧一卷附刻一卷　(清)□□撰　清同治十年(1871)亦園刻本　一冊

330000－1701－0077799　G601682　史部/地理類/水利之屬

經野規畧二卷正卷一卷後集劉公政略一卷　(明)劉光復撰　清同治五年(1866)梁溪華學烈木活字印本　四冊　缺一卷(上)

330000－1701－0077800　G602854、G607618　史部/地理類/方志之屬/郡縣志

[光緒]上虞縣志校續五十卷首一卷末一卷　(清)儲家藻修　(清)徐致靖纂　清光緒二十四年至二十五年(1898－1899)刻本　十一冊　存二十四卷(首、一至七、十六至十八、三十九至五十、末)

330000－1701－0077801　G002543　集部/曲類/寶卷之屬

湖廣荊州府永慶縣修行梅氏花網寶卷二卷　清光緒三十二年(1906)杭州慧空經房刻本　一冊　存一卷(上)

330000－1701－0077802　G002632　集部/曲類/彈詞之屬

繡像繪圖筆生花十六卷三十二回　(清)邱心如撰　清末上海進步書局石印本　六冊　存十二卷(一至六、九至十四)

330000－1701－0077804　G002544　子部/宗教類/其他宗教之屬/基督教

真道自證四卷首一卷　(清)沙守信述　清同治七年(1868)慈母堂刻本　二冊

330000－1701－0077805　G601683　經部/易類/傳說之屬

周易本義四卷圖說一卷新增圖說一卷卦歌一卷　(宋)朱熹撰　清光緒三年(1877)永康胡氏退補齋刻本　二冊

330000－1701－0077806　HJH081.07/1061/(2)　類叢部/叢書類/彙編之屬

檀几叢書五十種二集五十種餘集四十七種附政十種　(清)王晫　(清)張潮編　清康熙三十四年至三十六年(1695－1697)新安張氏霞舉堂刻本　八冊

330000－1701－0077808　G602855、G602545　子部/宗教類/道教之屬

道貫真源十八種　(清)董德寧輯　清乾隆至嘉慶古越集陽樓刻本　二冊　存一種

330000－1701－0077809　G604371　子部/宗教類/佛教之屬/經疏

金光明經玄義拾遺記□□卷　(宋)釋知禮述　清刻本　一冊　存五卷(一至五)

330000－1701－0077810　G002545　子部/宗教類/佛教之屬/經疏

略釋新華嚴經修行次第決疑論四卷　(唐)李通玄撰　清同治九年(1870)如皋刻經處刻本　二冊

330000－1701－0077811　G604372　子部/宗教類/佛教之屬/經疏

金光明經玄義拾遺記□□卷　(宋)釋知禮述　清刻本　一冊　存五卷(一至五)

330000－1701－0077812　G604373　子部/宗教類/佛教之屬/經疏

金光明經玄義拾遺記□□卷　(宋)釋知禮述　清刻本　一冊　存五卷(一至五)

330000－1701－0077813　G604374　子部/宗教類/佛教之屬/經疏

金光明經玄義拾遺記□□卷　(宋)釋知禮述　清刻本　一冊　存五卷(一至五)

330000－1701－0077814　G601684　集部/總集類/彙編之屬

弘正四傑詩集　(清)張祖同編　清光緒二十一年(1895)長沙張氏湘雨樓刻本　一冊　存一種

330000－1701－0077815　普 951.0023/7725　類叢部/叢書類/家集之屬

陶氏賢奕書樓叢書二十七種　(清)陶介亭編　清陶塏賢奕書樓抄本　二册　存一種

330000－1701－0077816　G601685　史部/史評類/詠史之屬

廿一史提綱歌二卷　(清)李兆洛編　清同治十年(1871)刻本　一册

330000－1701－0077817　G601686　史部/金石類/陶之屬/文字

秦漢瓦當文字二卷續一卷　(清)程敦撰　清乾隆五十二年(1787)横渠書院刻五十九年(1794)續刻本　三册

330000－1701－0077818　G002633　子部/儒家類/儒學之屬

答問三卷　(清)孫奇逢撰　清褎遠堂刻本　一册

330000－1701－0077819　HJH081/1223/c2　類叢部/叢書類/彙編之屬

微波榭叢書十一種　(清)孔繼涵編　清孔氏刻彙印本　六册　存七種

330000－1701－0077822　G602856　子部/天文曆算類/算書之屬

白芙堂算學叢書　(清)丁取忠輯　清同治至光緒長沙古荷花池精舍刻本　二册　存一種

330000－1701－0077823　G604375　子部/宗教類/佛教之屬/經疏

大方廣佛華嚴經疏鈔會本二百二十卷　(唐)釋實叉難陀譯　(唐)釋澄觀撰　清末刻本　一册　存三卷(一百五至一百七)

330000－1701－0077824　HJH081/1262/(2)/c1　類叢部/叢書類/彙編之屬

新斠平津館叢書十集三十三種　(清)孫星衍編　清光緒十年至十一年(1884－1885)吳縣朱氏槐廬家塾刻本　四十八册

330000－1701－0077825　G604376　史部/傳記類/别傳之屬/事狀

陶模行述一卷　(清)陶葆廉　(清)陶保霖撰　清光緒刻本　一册

330000－1701－0077826　HJH082.7/2042/2(2)　類叢部/叢書類/自著之屬

西河合集一百十九種　(清)毛奇齡撰　清康熙刻嘉慶元年(1796)印本　一百册　存一百十六種

330000－1701－0077827　G602857、G608468、G609756　史部/編年類/通代之屬

綱鑑正史約三十六卷附記一卷　(明)顧錫疇撰　(清)陳弘謀增訂　**甲子紀元一卷**　(清)陳弘謀撰　清同治八年(1869)浙江書局刻本　十二册　存二十一卷(七至十、十三至十五、十九至二十六、三十一至三十六)

330000－1701－0077828　G604377、G603190　子部/宗教類/佛教之屬/諸宗

佛果圜悟禪師碧岩集十卷　(宋)釋克勤撰　清光緒二年(1876)釋開慧刻本　五册

330000－1701－0077829　G602858、G608779　類叢部/叢書類/自著之屬

曾文正公全集十六種　(清)曾國藩撰　清同治至光緒傳忠書局刻本　五册　存一種

330000－1701－0077830　G604378、G608702、G610543　史部/地理類/防務之屬/海防

防海輯要十八卷首一卷　(清)俞昌會撰　清道光二十二年(1842)百甓山房刻本　十册　存十四卷(五至十八)

330000－1701－0077831　G002546　集部/别集類/清别集

希古堂文甲集二卷乙集六卷　(清)譚宗浚撰　清光緒十六年(1890)羊城刻本　三册　存六卷(乙集一至六)

330000－1701－0077832　G604379　史部/傳記類/别傳之屬/事狀

許教授家傳一卷　(清)譚獻撰　**誥授奉政大夫五品銜嚴州府教授顯考壬伯府君[許仁沐]行狀一卷**　(清)許受恒等撰　清光緒刻本　一册

330000－1701－0077833　G602859　史部/金

石類/石之屬

漢沙南侯獲刻石雙鉤本一卷 （清）吳大澂鉤摹 **沙南侯獲刻石釋文一卷** （清）張之洞撰 清同治十二年（1873）吳縣潘氏滂喜齋刻本 一冊 存一卷（沙南侯獲刻石釋文）

330000－1701－0077834 G002547 集部/戲劇類/傳奇之屬

巧團圓傳奇二卷三十三齣 （清）李漁撰 清康熙刻本 一冊

330000－1701－0077835 G604380 史部/地理類/專志之屬/祠墓

越中先賢祠目一卷 （清）李慈銘撰 清光緒十一年（1885）都門越祠刻本 一冊

330000－1701－0077836 G602860、G009033、G009726 史部/地理類/外紀之屬

瀛環志略十卷 （清）徐繼畬撰 清光緒二十一年（1895）上海寶文局石印本 三冊 存八卷（一至五、八至十）

330000－1701－0077837 G604381 史部/傳記類/別傳之屬/事狀

皇清敕授修職郎己卯科舉人處州府遂昌縣儒學訓導敕封文林郎四川潼川府中江縣知縣誥封奉直大夫四川雅州府天全州知州例晉奉政大夫顯考退菴府君［吳灝］行述一卷 （清）吳昇等撰 **皇清誥封朝議大夫雲南大理府知府四川候補知府加三級顯考秋漁府君［吳昇］行狀一卷** （清）吳振棫撰 **皇清誥授光禄大夫兵部尚書都察院右都御史雲貴總督先考仲雲府君［吳振棫］行狀一卷** （清）吳春杰撰 清末鉛印本 一冊

330000－1701－0077838 G601687 類叢部/叢書類/彙編之屬

榆園叢刻十五種附一種 （清）許增編 清同治至光緒刻本 八冊 存七種

330000－1701－0077839 G602862、G609323、G602489、G609840 子部/小說家類/異聞之屬

翼駉稗編八卷 （清）湯用中撰 （清）徐廷華評 清道光二十九年（1849）刻本 堯年批 八冊

330000－1701－0077840 G602861、G609830、G611651 類叢部/類書類/通類之屬

古香齋鑒賞袖珍初學記三十卷 （唐）徐堅等輯 清光緒刻本 十六冊 存二十四卷（一至十、十二至十三、十六至二十五、二十九至三十）

330000－1701－0077841 G604382 子部/宗教類/佛教之屬/諸宗

樂邦文類五卷 （宋）釋宗曉輯 清刻本 五冊

330000－1701－0077842 G002548 史部/雜史類/斷代之屬

晉畧六十五卷序目一卷 （清）周濟撰 清光緒二年（1876）味雋齋刻本 仲復題記 七冊 存五十一卷（表二、列傳一至三十六、國傳六至十一、彙傳一至七、序目）

330000－1701－0077843 G602863、G602034 集部/小說類/長篇之屬

常言道四卷十六回 （清）落魄道人編 清光緒元年（1875）得成堂刻本 三冊 存三卷（一至二、四）

330000－1701－0077844 G604383 子部/宗教類/佛教之屬/諸宗

樂邦文類五卷 （宋）釋宗曉輯 清刻本 四冊 存四卷（二至五）

330000－1701－0077845 HJH082.7/4217/(2) 類叢部/叢書類/自著之屬

惜抱軒全集十種 （清）姚鼐撰 清同治五年（1866）省心閣刻本 二十冊

330000－1701－0077846 G601688 集部/別集類/清別集

錢南園先生遺集五卷 （清）錢灃撰 清光緒二十一年（1895）刻本 四冊

330000－1701－0077847 G604384 子部/宗教類/佛教之屬/諸宗

靈峰蕅益大師選定淨土十要十卷 （清）釋智旭輯 （清）釋成時評點節略 清光緒二十年

(1894)揚州廣陵藏經禪院刻本　四冊

330000－1701－0077848　G602864、G607769　類叢部/叢書類/彙編之屬
花雨樓叢鈔十一種續鈔十一種附一種　(清)張壽榮編　清光緒八年至十四年(1882－1888)蛟川張氏花雨樓刻本　二冊　存一種

330000－1701－0077849　G002634　集部/別集類/清別集
廬山詩錄一卷　易順鼎撰　(清)張之洞評閱　清光緒三十四年(1908)影印本　一冊

330000－1701－0077850　HJH082.7/4421/(3)　類叢部/叢書類/自著之屬
鹿洲全集七種　(清)藍鼎元撰　清康熙至雍正刻彙印本　二十冊

330000－1701－0077851　G601689　集部/別集類/清別集
復見心齋詩草六卷　(清)孫人鳳撰　清光緒四年至五年(1878－1879)孫詒經福州刻本　一冊

330000－1701－0077852　G602865　新學/史志/戰記
中國六十年戰史十三章　(英國)艾特華斯撰　史悠明　程履祥譯校　清光緒二十九年(1903)上海美華書館鉛印本　二冊　存三章(十至十二)

330000－1701－0077853　HJH081/2126.2/c3　類叢部/叢書類/彙編之屬
粵雅堂叢書續集四十八種　(清)伍崇曜編　清咸豐至光緒南海伍氏刻本　九十六冊

330000－1701－0077854　G604385　子部/宗教類/佛教之屬/諸宗
宗範八卷首一卷　(清)錢伊庵輯　清光緒十二年(1886)金陵刻經處刻本　三冊

330000－1701－0077856　G607502、G602866、G608715、G609389、G609828、G612005、G610495　類叢部/類書類/通類之屬
御定駢字類編二百四十卷　(清)吳士玉　(清)沈宗敬等奉敕輯　清光緒十三年(1887)上海同文書局石印本　四十一冊　存二百五卷(二十二至三十一、三十六至九十八、一百四至一百十二、一百十八至二百四十)

330000－1701－0077857　G601690　類叢部/叢書類/家集之屬
董氏叢書十六種　(清)董金鑑編　清光緒三十二年(1906)會稽董氏取斯家塾刻本　紫蓴題記　美鍛批　一冊　存三種

330000－1701－0077858　G600466　子部/醫家類/類編之屬
醫林指月十二種　(清)王琦編　清乾隆三十二年(1767)刻寶笏樓印本　二冊　存二種

330000－1701－0077859　G602867　子部/雜著類/雜編之屬
人海記二卷　(清)查慎行撰　清宣統二年(1910)掃葉山房石印本　一冊

330000－1701－0077860　G602868　子部/雜著類/雜說之屬
二十年來之最醒夢一卷　(清)盧懋功撰　清光緒三十三年(1907)北京益森公司鉛印本　一冊

330000－1701－0077861　HJH082.7/7535/(2)　類叢部/叢書類/自著之屬
番禺陳氏東塾叢書初函四種附一種　(清)陳澧撰　清咸豐至光緒刻本　九冊

330000－1701－0077862　G602869　子部/醫家類/類編之屬
壽世彙編五種　(清)祝寶森編　清光緒三十一年(1905)紹興德裕堂刻本　二冊

330000－1701－0077863　HJH082.7/7535/(4)　類叢部/叢書類/自著之屬
番禺陳氏東塾叢書初函四種附一種　(清)陳澧撰　清咸豐至光緒刻本　十冊

330000－1701－0077864　G601691　集部/別集類/清別集
琴硯草堂詩集十卷文前集一卷後集一卷　(清)沈毓蓀撰　清咸豐六年(1856)張景渠刻本　四冊

330000－1701－0077865　G002635、G002871、G003869　史部/地理類/專志之屬/古跡
平山堂圖志十卷首一卷　(清)趙之壁纂　清乾隆三十年(1765)刻本　六冊

330000－1701－0077866　G600467　集部/別集類/清別集
鐙味齋詩存五卷　(清)曹宗瀚撰　清咸豐七年至九年(1857－1859)刻本　一冊

330000－1701－0077868　G602870　史部/地理類/雜志之屬
東畬雜記附幽湖百詠一卷　(清)沈廷瑞　(清)沈濤撰　(清)沈梓補　清光緒十三年至十四年(1887－1888)濮院沈氏紅藥山房刻本　一冊

330000－1701－0077869　G601692　集部/總集類/尺牘之屬
昭代名人尺牘二十四卷小傳二十四卷　(清)吳修輯　清光緒三十四年(1908)上海集古齋石印本　二冊　存二十四卷(小傳一至二十四)

330000－1701－0077870　G600468　子部/叢編
十子全書　(清)王子興編　清嘉慶九年(1804)姑蘇王氏聚文堂刻本　九冊　存一種

330000－1701－0077871　G602871、G602109　集部/總集類/郡邑之屬
西泠五布衣遺箸五種　(清)丁丙輯　清同治至光緒錢塘丁氏當歸草堂刻本　二冊　存三種

330000－1701－0077872　G604388　類叢部/叢書類/郡邑之屬
武林掌故叢編一百八十七種　(清)丁丙編　清光緒三年至二十六年(1877－1900)錢塘丁氏嘉惠堂刻本　五冊　存二種

330000－1701－0077873　G600469　類叢部/叢書類/自著之屬
養餘齋全集四種附三種　(清)柳樹芳撰　清道光勝溪草堂刻本　二冊　存一種

330000－1701－0077874　G604386　類叢部/叢書類/郡邑之屬
武林掌故叢編一百八十七種　(清)丁丙編　清光緒三年至二十六年(1877－1900)錢塘丁氏嘉惠堂刻本　八冊　存三種

330000－1701－0077875　G601693　類叢部/叢書類/彙編之屬
文選樓叢書三十三種　(清)阮亨編　清嘉慶至道光阮元刻道光二十二年(1842)阮亨彙印本　四冊　存一種

330000－1701－0077876　G002636　集部/總集類/選集之屬/通代
唐宋八家文讀本三十卷　(清)沈德潛輯　清乾隆十五年(1750)小鬱林刻本　九冊　存十九卷(一至六、十至十一、十五至十七、二十三至三十)

330000－1701－0077877　G604387　類叢部/叢書類/郡邑之屬
武林掌故叢編一百八十七種　(清)丁丙編　清光緒三年至二十六年(1877－1900)錢塘丁氏嘉惠堂刻本　七冊　存三種

330000－1701－0077878　HJH081.07/1137/c1、HJH081.07/1137.2/c1　類叢部/叢書類/彙編之屬
昭代叢書甲集五十種乙集四十種丙集五十六種　(清)張潮　(清)張漸輯　清康熙三十六年至四十二年(1697－1703)刻本　十二冊　存甲集五十種、乙集四十種

330000－1701－0077879　G601694　類叢部/叢書類/自著之屬
王菉友著述九種　(清)王筠撰　清道光至咸豐刻本　四冊　存一種

330000－1701－0077880　G604389　類叢部/叢書類/郡邑之屬
武林掌故叢編一百八十七種　(清)丁丙編　清光緒三年至二十六年(1877－1900)錢塘丁氏嘉惠堂刻本　二冊　存一種

330000－1701－0077881　G601695　子部/

叢編

子書百家　（清）崇文書局編　清光緒元年（1875）湖北崇文書局刻民國元年（1912）鄂官書處重印本　十三冊　存五種

330000－1701－0077882　G002637　子部/天文曆算類/天文之屬

日月蝕節要七章　（英國）慶白士編輯　（英國）季理斐譯　清光緒二十九年（1903）上海廣學會鉛印本　一冊

330000－1701－0077883　HJH081.07/1061/（3）/c2　類叢部/叢書類/彙編之屬

檀几叢書五十種二集五十種餘集四十七種附政十種　（清）王晫　（清）張潮編　清康熙三十四年至三十六年（1695－1697）新安張氏霞舉堂刻本　十二冊

330000－1701－0077884　HJH081/2168　類叢部/叢書類/彙編之屬

雅雨堂藏書十三種　（清）盧見曾編　清乾隆二十一年（1756）德州盧氏雅雨堂刻增修本　二十冊

330000－1701－0077886　HJH081.02/7537/2/c2　類叢部/叢書類/彙編之屬

唐人說薈一百六十四種　（清）陳世熙編　清宣統三年（1911）上海掃葉山房石印本　十六冊

330000－1701－0077887　G002549　集部/詞類/類編之屬

宋名家詞六十一種　（明）毛晉編　清光緒十四年（1888）錢塘汪氏刻本　十七冊　存五十一種

330000－1701－0077888　G600470　史部/雜史類/斷代之屬

乙丙紀事一卷　（清）孫奇逢撰　清光緒刻本　一冊

330000－1701－0077889　G602872　集部/總集類/彙編之屬

唐四家詩　（清）汪立名編　清康熙三十四年（1695）天都汪立名刻本　一冊　存一種

330000－1701－0077890　G600471　集部/別集類/清別集

麝塵集一卷　（清）史久榕撰　清光緒十六年（1890）刻翦秋簃叢書本　孫侖題記　一冊

330000－1701－0077891　G602873　類叢部/叢書類/彙編之屬

邵武徐氏叢書初刻十四種　（清）徐幹編　清光緒邵武徐氏刻本　二冊　存一種

330000－1701－0077893　G002550　集部/曲類/寶卷之屬

清源寶卷二卷　清光緒三十年（1904）杭州瑪瑙經房刻本　一冊

330000－1701－0077894　HJH082.7/3417/（2）　類叢部/叢書類/自著之屬

蛾術堂集十四種　（清）沈豫撰　清道光十八年（1838）蕭山沈氏漢讀齋刻本　八冊

330000－1701－0077895　HJH082.7/7535　類叢部/叢書類/自著之屬

番禺陳氏東塾叢書初函四種附一種　（清）陳澧撰　清咸豐至光緒刻本　章嶔題簽　十冊

330000－1701－0077896　G602874、G602936、G610125、G611225　史部/傳記類/總傳之屬/郡邑

甌海軼聞五十八卷　（清）孫衣言撰　清光緒刻本　十八冊　存三十八卷[一至二十一、二十三、宦業（宋）、隱逸、官師遺愛、藝術上、文苑（國朝）、氏族、文苑（宋）、文苑（元、明）、宦業（元、明、國朝）、封爵（宋、元）、科第（宋、元、明、國朝）、忠義、孝友、義行（唐、宋、元、明）、介節、名臣（宋）]

330000－1701－0077898　G002551　子部/宗教類/佛教之屬/經

佛說大白傘蓋總持達喇呢經一卷　（元）釋真智等譯　清刻本　一冊

330000－1701－0077899　G604390、G604391、G604392、G605071、G605144、G605182　史部/政書類

九通　（清）□□輯　清光緒八年至二十二年

(1882－1896)浙江書局刻本　九十三册　存二種

330000－1701－0077901　HJH082.7/7535/(2)/c3　類叢部/叢書類/自著之屬
番禺陳氏東塾叢書初函四種附一種　(清)陳澧撰　清咸豐至光緒刻本　九册

330000－1701－0077902　G600472　集部/總集類/酬唱之屬
西泠話别集一卷　(清)馬馴良輯　清光緒十三年(1887)鉛印本　一册

330000－1701－0077904　HJH082.7/7224/2/c2　類叢部/叢書類/自著之屬
劉氏遺書八種　(清)劉台拱撰　清光緒十五年(1889)廣雅書局刻廣雅書局叢書本　章嶔題簽　二册

330000－1701－0077905　G600473　集部/總集類/選集之屬/斷代
唐詩諧律二卷　(清)沈寶青選　清光緒十六年(1890)溧陽沈氏刻本　二册

330000－1701－0077906　HJH082.7/3417/(2)/c2　類叢部/叢書類/自著之屬
蛾術堂集十四種　(清)沈豫撰　清道光十八年(1838)蕭山沈氏漢讀齋刻本　十册

330000－1701－0077907　G602876　史部/傳記類/别傳之屬/事狀
皇清誥授奉政大夫晉朝議大夫同知銜江西議叙知縣先考撝叔府君[趙之謙]行略一卷　(清)趙壽佺　(清)趙壽倪　(清)趙壽佁撰　清光緒刻本　一册

330000－1701－0077908　HJH081/2168/c2　類叢部/叢書類/彙編之屬
雅雨堂藏書十三種　(清)盧見曾編　清乾隆二十一年(1756)德州盧氏雅雨堂刻增修本　二十册

330000－1701－0077909　HJH082.7/7224/c2　類叢部/叢書類/彙編之屬
廣雅書局叢書一百五十九種　徐紹棨編　清光緒廣雅書局刻民國九年(1920)番禺徐紹棨彙編重印本　二册　存一種

330000－1701－0077910　G600474　史部/政書類
九通　(清)□□輯　清光緒八年至二十二年(1882－1896)浙江書局刻本　三册　存一種

330000－1701－0077912　G604393　子部/道家類
太上混元道德真經一卷　題孚佑上帝闡義　題八洞仙祖合注　清刻本　一册

330000－1701－0077914　G002638　子部/雜著類/雜考之屬
東塾讀書記二十五卷　(清)陳澧撰　清光緒二十四年(1898)紉蘭書館刻本　四册　存十五卷(一至十二、十五至十六、二十一)

330000－1701－0077915　G002552　經部/群經總義類/傳說之屬
增訂五經體註大全五種四十卷　(清)嚴氏家塾主人輯　清光緒八年(1882)四明珎經閣銅版印本　二册　存一種

330000－1701－0077916　G600475　子部/叢編
二十二子(二十二子彙函)　(清)浙江書局編　清光緒元年至三年(1875－1877)浙江書局刻本　一册　存一種

330000－1701－0077917　G604394　子部/雜著類/雜纂之屬
任兆麟述記三卷　(清)任兆麟撰　清末石印本　一册

330000－1701－0077918　G002639　集部/總集類/選集之屬/斷代
流江送别詩文合刊一卷　(清)艾存陽等撰　清同治刻本　一册

330000－1701－0077920　G604395　子部/醫家類/綜合之屬/雜著
醫家四要四卷　(清)程曦　(清)江誠　(清)雷大震撰　清光緒十二年(1886)養鶴山房刻本　二册　存二卷(三至四)

330000－1701－0077923　HJH081.02/7537/2/c3　類叢部/叢書類/彙編之屬
唐人説薈一百六十四種　（清）陳世熙編　清宣統三年（1911）上海掃葉山房石印本　十六册

330000－1701－0077924　G604396　史部/金石類/石之屬/通考
匋齋臧石記四十四卷首一卷臧甎記二卷　（清）端方輯　清宣統二年（1910）上海商務印書館石印本　四册　存十五卷（首、一至三、二十四至二十七、三十二至三十四、三十九至四十二）

330000－1701－0077925　G600476　史部/史評類/史論之屬
刻歷朝捷録大成二卷　（明）顧充撰　清康熙四十八年（1709）上虞顧芳宗刻道光十六年（1836）重修本　二册

330000－1701－0077926　HJH081.07/1137.2/c2、HJH081.07/1137.202/c2　類叢部/叢書類/彙編之屬
昭代叢書合刻十集五百六十種附一種　（清）張潮　（清）張漸編　（清）楊復吉　（清）沈楙悳續編　清道光吳江沈氏世楷堂刻本　八册　存乙集四十四種乙集補六種

330000－1701－0077927　HJH082.7/4047　類叢部/叢書類/自著之屬
杭大宗七種叢書　（清）杭世駿撰　清乾隆杭賓仁羊城刻本　四册

330000－1701－0077929　HJH081/2341　類叢部/叢書類/彙編之屬
益雅堂叢書二十種　（清）傅世珣編　清光緒七年至十一年（1881－1885）文選樓刻本　三十二册

330000－1701－0077931　HJH082.7/7474　類叢部/叢書類/自著之屬
陸子全書九種　（清）陸隴其撰　清光緒許仁沐刻本　十二册

330000－1701－0077932　G600477　集部/別集類/清別集
偶仙詩鈔四卷　（清）祝懷真撰　清同治十一年（1872）祝維則刻本　一册

330000－1701－0077933　G604397　子部/醫家類/類編之屬
當歸草堂醫學叢書初編十種　（清）丁丙編　清光緒四年（1878）錢塘丁氏當歸草堂刻本　一册　存二種

330000－1701－0077934　G002553　類叢部/叢書類/彙編之屬
申報館叢書正集五十七種附錄三種續集一百四十二種　（清）尊聞閣主編　蔡爾康編續集　清同治至光緒上海申報館鉛印本　二册　存一種

330000－1701－0077935　G600478、G600562　集部/別集類/清別集
石柏山房詩存八卷首一卷　（清）趙文楷撰　清咸豐七年（1857）趙昀惠潮嘉道署刻本　四册

330000－1701－0077936　HJH082.7/7474/2/c3　類叢部/叢書類/自著之屬
陸子全書十八種　（清）陸隴其撰　清光緒許仁沐刻本　三十六册

330000－1701－0077938　G604398　子部/醫家類/類編之屬
醫門棒喝二種　（清）章楠撰　清同治六年（1867）聚文堂刻本　二册　存一種

330000－1701－0077939　G600479　集部/別集類/清別集
詩民漫詠一卷　（清）姚承燕撰　清同治十二年（1873）刻本　一册

330000－1701－0077941　HJH082.7/4048/3　類叢部/叢書類/自著之屬
隨園三十六種　（清）袁枚撰　清光緒十八年（1892）上海圖書集成印書局鉛印本　四十六册　存二十九種

330000－1701－0077942　G002554　子部/術數類/占卜之屬

官天福乩筆一卷　(清)丁紹芬等撰　清光緒十七年(1891)刻本　一冊

330000－1701－0077944　G600480、G612071　經部/群經總義類/文字音義之屬
經籍籑詁一百六卷補遺一百六卷首一卷　(清)阮元撰　清嘉慶十七年(1812)揚州阮元瑯嬛僊館刻本(卷七十二至七十三、補遺卷七十一至七十三配抄本)　六十二冊　存一百九十七卷(首、一至十七、二十至五十五、六十至一百六,補遺一至十七、二十至三十八、四十一至四十二、四十五至五十五、六十至一百六)

330000－1701－0077945　HJH082.7/7474/(2)　類叢部/叢書類/自著之屬
陸子全書九種　(清)陸隴其撰　清光緒許仁沐刻本　十二冊

330000－1701－0077948　G002555　子部/小說家類/諧謔之屬
增補一夕話六卷　(清)咄咄夫撰　清刻本　四冊

330000－1701－0077949　G604399　經部/易類/傳說之屬
周易傳義音訓八卷首一卷　(宋)呂祖謙撰　**易學啓蒙一卷**　(宋)朱熹撰　清咸豐六年(1856)浦城與古齋祝鳳喈金陵刻本　八冊

330000－1701－0077950　G600481　史部/編年類/通代之屬
資治通鑑二百九十四卷目錄三十卷　(宋)司馬光撰　(元)胡三省音注　**續資治通鑑二百二十卷**　(清)畢沅撰　清光緒二十五年(1899)上海蜚英館石印本　十冊　存九十八卷(三十一至四十、六十一至一百、一百八十一至一百九十、二百一至二百十、二百二十一至二百三十、二百五十至二百五十八、二百七十七至二百八十五)

330000－1701－0077951　G604400　經部/易類/傳說之屬
周易傳義音訓八卷首一卷　(宋)呂祖謙撰　**易學啓蒙一卷**　(宋)朱熹撰　清咸豐六年(1856)浦城與古齋祝鳳喈金陵刻本　八冊

330000－1701－0077952　G602875　類叢部/叢書類/郡邑之屬
武林掌故叢編一百八十七種　(清)丁丙編　清光緒三年至二十六年(1877－1900)錢塘丁氏嘉惠堂刻本　一冊　存二種

330000－1701－0077953　HJH082.7/7474/2/c2　類叢部/叢書類/自著之屬
陸子全書十八種　(清)陸隴其撰　清光緒許仁沐刻本　三十六冊

330000－1701－0077955　G002556　史部/史抄類
史記菁華錄六卷　(清)姚祖恩輯　清光緒二十八年(1902)上海書局石印本　三冊

330000－1701－0077956　G600482　史部/編年類
御批資治通鑑綱目全書一百九卷　清光緒石印本　二冊　存九卷(御批續資治通鑑綱目一至九)

330000－1701－0077958　G002640　類叢部/叢書類/自著之屬
寄龕襍著　(清)孫德祖撰　清光緒刻本　一冊　存一種

330000－1701－0077960　G600483、G600485　類叢部/叢書類/自著之屬
汪雙池先生叢書二十種附浙刻雙池遺書十二種　(清)汪紱撰　清道光至光緒刻光緒二十三年(1897)長安趙舒翹等彙印本　九冊　存二種

330000－1701－0077961　G602877　類叢部/叢書類/自著之屬
船山遺書五十八種　(清)王夫之撰　清同治四年(1865)湘鄉曾國荃金陵刻本　一冊　存一種

330000－1701－0077962　G002557、G003051　類叢部/叢書類/自著之屬
程中丞全集六種　程德全撰　清宣統鉛印本　三冊　存一種

330000－1701－0077963　HJH081.07/0123/c4　類叢部/叢書類/彙編之屬
半厂叢書初編十種　(清)譚獻編　清同治至光緒仁和譚氏刻本　二十册　缺一卷(篋中詞續四)

330000－1701－0077964　G600484　經部/小學類/文字之屬/字書
字學舉隅不分卷　(清)黄本驥　(清)龍啓瑞撰　(清)譚鍾麟增訂　清光緒二十二年(1896)廣雅書局刻本　一册

330000－1701－0077965　G602878、G601880　類叢部/叢書類/家集之屬
篤素堂全集四種　(清)張英　(清)張廷玉撰　清光緒五年至十七年(1879－1891)刻彙印本　二册　存一種

330000－1701－0077966　HJH082.7/2042/2/c2　類叢部/叢書類/自著之屬
西河合集一百十九種　(清)毛奇齡撰　清康熙李塨等刻本　一百册　存一百十六種

330000－1701－0077967　G607390、G602879、G610257　集部/别集類/清别集
紀文達公遺集三十二卷　(清)紀昀撰　(清)紀樹馨編　清嘉慶十七年(1812)紀樹馥刻本　十册　存二十五卷(文一、五至十六,詩一至八、十三至十六)

330000－1701－0077968　HJH081/2509　類叢部/叢書類/彙編之屬
槐廬叢書四十六種　(清)朱記榮編　清光緒三年至十五年(1877－1889)吴縣朱氏槐廬家塾刻本　八十册

330000－1701－0077969　G600486、G600556　集部/總集類/選集之屬/通代
古文淵鑒六十四卷　(清)徐乾學等輯注　清同治十二年(1873)浙江書局刻本　三十二册

330000－1701－0077970　G002558　子部/宗教類/道教之屬
葆真山人養性編一卷　(清)柯懷經撰　清光緒十七年(1891)海峯别墅刻本　一册

330000－1701－0077971　G600487、G611367　史部/雜史類/斷代之屬
王會篇箋釋三卷　(清)何秋濤撰　清光緒十七年(1891)江蘇書局刻本　三册

330000－1701－0077973　G602880、G612298　經部/叢編
鄭氏佚書二十三種　(漢)鄭玄撰　(清)袁鈞輯　清光緒十四年(1888)浙江書局刻本　二册　存二種

330000－1701－0077974　G604401　經部/易類/傳説之屬
周易傳義音訓八卷首一卷　(宋)吕祖謙撰　**易學啓蒙一卷**　(宋)朱熹撰　清咸豐六年(1856)浦城與古齋祝鳳喈金陵刻本　八册

330000－1701－0077975　HJH082.7/4048/4　類叢部/叢書類/自著之屬
隨園三十種　(清)袁枚撰　清乾隆至嘉慶刻本　八十册

330000－1701－0077976　G600488　集部/别集類/清别集
缾水齋詩集十七卷别集二卷詩話一卷附録一卷　(清)舒位撰　清光緒十二年(1886)邊保樞刻十七年(1891)增修本　八册

330000－1701－0077977　G604402　史部/金石類/郡邑之屬
東甌金石志十二卷　(清)戴咸弼撰　(清)孫詒讓校補　清光緒九年(1883)刻本　一册　存三卷(七至九)

330000－1701－0077979　HJH081.07/0123/c2　類叢部/叢書類/彙編之屬
半厂叢書初編十種　(清)譚獻編　清同治至光緒仁和譚氏刻本　二十册

330000－1701－0077980　G602881、G607520、G602089　子部/叢編
桐城吴先生點勘諸子七種　(清)吴汝綸評點　清宣統二年(1910)衍星社鉛印本　四册　存三種

330000－1701－0077982　G604403　子部/醫

家類/方書之屬/單方驗方

應驗簡便良方二卷 (清)孫克任輯 清退補齋刻本 一册 存一卷(下)

330000－1701－0077983 G600489 集部/别集類/清别集

百美新詠一卷集詠一卷圖傳一卷 (清)顧希源撰 清嘉慶十年(1805)集腋軒刻本 一册 缺一卷(圖傳)

330000－1701－0077986 G604404 子部/儒家類/儒學之屬/蒙學

小學纂註六卷 (清)高愈撰 **文公朱夫子[熹]年譜一卷** 題(宋)李方子撰 清同治十一年(1872)浙江書局刻本 二册

330000－1701－0077987 G600490 子部/雜著類/雜説之屬

恩福堂筆記二卷 (清)英和撰 清刻本 一册

330000－1701－0077988 G602882、G601098、G609447 史部/傳記類/别傳之屬

宜堂類編二十五卷 (清)丁中立編 清光緒二十六年(1900)錢塘丁氏嘉惠堂刻本 八册

330000－1701－0077990 G604405 子部/醫家類/類編之屬

醫門棒喝二種 (清)章楠撰 清同治六年(1867)聚文堂刻本 十册 缺二卷(傷寒論本旨一、九)

330000－1701－0077991 HJH082.7/2042/2 類叢部/叢書類/自著之屬

西河合集一百十九種 (清)毛奇齡撰 清康熙李塨等刻本(册1爲抄本) 九十五册 存一百十六種

330000－1701－0077992 HJH081.07/0123/(2)/c2 類叢部/叢書類/彙編之屬

半厂叢書初編十種 (清)譚獻編 清同治至光緒仁和譚氏刻本 十六册

330000－1701－0077994 G604406、G604928、G006270 史部/地理類/山川之屬/山志

天竺山志十二卷首一卷 (清)管庭芬撰 (清)曹籀删訂 清光緒元年(1875)上天竺法喜寺刻本 四册 存九卷(首、一至八)

330000－1701－0077995 G602883 集部/總集類/郡邑之屬

國朝杭郡詩三輯一百卷姓氏韻編一卷 (清)丁申 (清)丁丙編 清光緒十九年(1893)錢塘丁氏刻本 二册 存五卷(八十二至八十四、八十七至八十八)

330000－1701－0077996 G002559 子部/宗教類/佛教之屬/經疏

般若波羅蜜多心經註解一卷 (唐)釋玄奘譯 (明)釋宗泐 (明)釋如玘注 **金剛般若波羅蜜經註解一卷** (後秦)釋鳩摩羅什譯 (明)釋宗泐 (明)釋如玘注 清光緒二年(1876)長沙刻經處刻本 一册

330000－1701－0077997 G002641 經部/小學類/文字之屬/字書/訓蒙

百家姓一卷 (清)王作霖編輯 清光緒三十二年(1906)映雪書莊石印本 一册

330000－1701－0077999 G602884 子部/儒家類/儒學之屬/經濟

躬恥齋經世十八篇一卷 (清)宗稷辰撰 清光緒二十七年(1901)會稽宗能述鉛印本 一册

330000－1701－0078000 HJH081.07/0123/(2)/c3 類叢部/叢書類/彙編之屬

半厂叢書初編十種 (清)譚獻編 清同治至光緒仁和譚氏刻本 十六册

330000－1701－0078001 G602885、G603085、G608900、G607885、G610233 史部/時令類

月令粹編二十四卷圖説一卷 (清)秦嘉謨撰 清嘉慶十七年(1812)江都秦嘉謨琳琅仙館刻本 七册 存二十三卷(一至二十二、圖説)

330000－1701－0078003 G604407 子部/宗教類/佛教之屬/論疏

成唯識論述記六十卷 (唐)釋窺基撰 清光緒二十七年(1901)金陵刻經處刻本 二十册

330000－1701－0078004　G604408　子部/宗教類/佛教之屬/論疏

成唯識論述記六十卷　(唐)釋窺基撰　清光緒二十七年(1901)金陵刻經處刻本　二十冊

330000－1701－0078005　HJL082.7/2510/c3　類叢部/叢書類/自著之屬

拙盦叢稿五種　(清)朱一新撰　清光緒二十二年(1896)順德龍氏葆真堂刻本　十六冊

330000－1701－0078006　HJH082.7/4094/(2)　類叢部/叢書類/自著之屬

榕村全書三十二種附十種　(清)李光地撰　清道光九年(1829)安溪李維迪刻本　九十六冊　存三十種

330000－1701－0078007　G600491　史部/地理類/雜志之屬

會稽三賦一卷　(宋)王十朋撰　(宋)周世則注　(宋)史鑄增注　清刻本　一冊

330000－1701－0078008　G602886、G608807、G608150、G610523、G612178　子部/雜著類/雜考之屬

羣書疑辨十二卷　(清)萬斯同撰　清嘉慶二十一年(1816)古董水氏刻本　十一冊　存十一卷(一至八、十至十二)

330000－1701－0078010　HJH082.7/2510/(2)　類叢部/叢書類/自著之屬

拙盦叢稿五種　(清)朱一新撰　清光緒二十二年(1896)順德龍氏葆真堂刻本　八冊

330000－1701－0078011　G002642、G003522　新學/地學/地志學

地理全志不分卷　(英國)慕維廉撰　清光緒鉛印本　四冊

330000－1701－0078012　G604409　子部/宗教類/佛教之屬/諸宗

相宗八要解八種　(明)釋明昱撰　清光緒二十八年(1902)金陵刻經處刻本　三冊

330000－1701－0078013　HJH081.07/1137.02/c2、HJH081.07/1137.2/2/c3、HJH081.07/1137.3/c3、HJH081.07/1137.302/c3　類叢部/叢書類/彙編之屬

昭代叢書合刻十集五百六十種附一種　(清)張潮　(清)張漸編　(清)楊復吉　(清)沈楙悳續編　清道光吳江沈氏世楷堂刻本　一百十七冊　存四百六種

330000－1701－0078015　G002561、G005963、G011429　經部/小學類/音韻之屬

丁酉圃叢書三種十九卷　(清)丁顯撰　清光緒刻本　五冊　存二種

330000－1701－0078016　G600492　類叢部/叢書類/彙編之屬

墨海金壺一百十五種　(清)張海鵬編　清嘉慶十三年至十六年(1808－1811)海虞張海鵬刻二十二年(1817)彙印本　四冊　存一種

330000－1701－0078017　HJH081.07/7241.2/c1　類叢部/叢書類/彙編之屬

聚學軒叢書六十種　劉世珩編　清光緒貴池劉氏刻本　一百一冊

330000－1701－0078018　G602888、G603066、G606990、G609359、G610965　集部/總集類/郡邑之屬

兩浙輶軒續錄五十四卷補遺六卷姓氏韻編二卷　(清)潘衍桐輯　清光緒十七年(1891)浙江書局刻本　二十三冊　存三十五卷(一、八至十八、二十至二十一、二十三至二十四、二十九至三十四、三十八至四十、四十七至四十九、五十二至五十三,補遺三至六,姓氏韻編二)

330000－1701－0078019　G604411　類叢部/叢書類/彙編之屬

十萬卷樓叢書五十一種　(清)陸心源編　清光緒歸安陸氏刻本(歲時廣記卷六原缺)　二冊　存一種

330000－1701－0078021　HJH082.7/2736　類叢部/叢書類/自著之屬

新化鄒氏斅蓺齋遺書五種　(清)鄒漢勛撰　清光緒四年(1878)攸縣龍汝霖南昌刻本　七冊　存四種

330000－1701－0078022　M004112　子部/宗教類/佛教之屬/經

金剛般若波羅蜜經一卷般若波羅蜜多心經一卷大悲心陀羅尼咒一卷　（後秦）釋鳩摩羅什譯　清光緒二十三年（1897）石印本　一冊

330000－1701－0078023　G602889、G608707、G609362　史部/傳記類/總傳之屬/家乘

［浙江海寧］洛塘周氏家乘十二卷首一卷續修四卷首一卷　（清）周鶴慶等纂修　（清）周榮棣等續修　清道光七年（1827）硤川清白堂刻光緒十四年（1888）增刻本　七冊　存八卷（四至五中、七上中、九至十、續修二至四）

330000－1701－0078024　G600493　類叢部/叢書類/自著之屬

半巖廬所箸書九種　（清）邵懿辰撰　清宣統三年至民國二十年（1911－1931）仁和邵氏家祠刻本　六冊　存一種

330000－1701－0078025　HJH082.7/2623/(2)　類叢部/叢書類/自著之屬

香蘇山館全集十五種　（清）吳嵩梁撰　清道光二十三年（1843）石溪舫刻本　十二冊

330000－1701－0078026　G002562　集部/楚辭類

楚辭後語六卷　（宋）朱熹集注　清末刻本　一冊

330000－1701－0078027　G600494　集部/別集類/清別集

半巖廬遺集二卷　（清）邵懿辰撰　清光緒三十四年（1908）邵章等刻本　二冊

330000－1701－0078028　G602890、G611264　類叢部/叢書類/彙編之屬

學津討原一百七十三種　（清）張海鵬編　清嘉慶十年（1805）虞山張氏照曠閣刻本　八冊　存一種

330000－1701－0078029　G600495　集部/別集類/清別集

小睡足寮詩錄四卷附錄一卷　（清）秦敏樹撰　清光緒十三年（1887）刻本　一冊

330000－1701－0078030　G002643　經部/詩類/傳說之屬

毛詩禮徵十卷　（清）包世榮撰　清道光七年（1827）包世臣小倦游閣刻八年（1828）印本　六冊

330000－1701－0078031　G600496　集部/總集類/題詠之屬

題江南曾文正公祠百詠一卷　朱孔彰撰　清光緒十三年（1887）金陵刻民國二十四年（1935）朱師轍補刻本　一冊

330000－1701－0078032　G602891　類叢部/叢書類/自著之屬

洪北江全集二十一種　（清）洪亮吉撰　清光緒三年至五年（1877－1879）洪用懃授經堂刻本　一冊　存一種

330000－1701－0078033　G600497　集部/別集類/清別集

南北遊草一卷　（清）劉曉撰　清末抄本　一冊

330000－1701－0078035　G002644　集部/別集類/清別集

績谿雜感詩一卷附錄一卷　（清）高孝本撰　（清）汪澤注釋　清同治九年（1870）刻本　一冊

330000－1701－0078036　HJH081/2126/(3)/c1　類叢部/叢書類/彙編之屬

粵雅堂叢書二十集一百二十三種　（清）伍崇曜編　清道光至咸豐南海伍氏刻本　二百四十冊　缺一卷（雷文定世譜）

330000－1701－0078040　HJH082.7/2042/(2)　類叢部/叢書類/自著之屬

西河合集一百十九種　（清）毛奇齡撰　清康熙李塨等刻本　八十冊　存一百十六種

330000－1701－0078043　G002698　史部/地理類/山川之屬/山志

峨山圖志二卷　（清）黃錫燾纂　清光緒十七年（1891）刻本　二冊

330000－1701－0078045　HJH081/3143/2/

(2)　類叢部/叢書類/彙編之屬
祕書廿一種　(清)汪士漢編　清嘉慶九年(1804)披雲閣刻本　三十二册

330000－1701－0078050　G002699　子部/藝術類/書畫之屬/畫譜
畫吾自畫一卷　(清)金農繪　清末石印本　一册

330000－1701－0078052　HJH082.7/2747　類叢部/叢書類/自著之屬
安吴四種　(清)包世臣撰　清同治十一年(1872)湖北包誠注經堂刻光緒十四年(1888)重印本　十六册

330000－1701－0078053　G002700　集部/總集類/選集之屬/通代
咏物詩選註釋八卷　(清)俞琰輯　(清)易開縉　(清)孫溍鳴註　清嘉慶十五年(1810)聚盛堂刻本　四册

330000－1701－0078054　HJH082.7/2747/2　類叢部/叢書類/自著之屬
安吴四種　(清)包世臣撰　清道光二十六年(1846)白門倦游閣木活字印本　十六册

330000－1701－0078056　M003978　子部/宗教類/佛教之屬/諸宗
教觀綱宗一卷　(清)釋智旭撰　清末揚州衆香庵法雨經房刻本　一册

330000－1701－0078057　G002701　類叢部/叢書類/彙編之屬
申報館叢書正集五十七種附録三種續集一百四十二種　(清)尊聞閣主編　蔡爾康編續集　清同治至光緒上海申報館鉛印本　二册　存一種

330000－1701－0078058　G002645　集部/曲類/寶卷之屬
勸世寶卷一卷　清光緒二十五年(1899)刻本　一册

330000－1701－0078059　HJH082.7/4217/(2)/c2　類叢部/叢書類/自著之屬
惜抱軒全集十種　(清)姚鼐撰　清同治五年(1866)省心閣刻本　二十册

330000－1701－0078061　G002646　集部/曲類/寶卷之屬
希奇寶卷不分卷　清同治五年(1866)刻本　一册

330000－1701－0078062　G602892、G609350　類叢部/叢書類/自著之屬
北江全集七種　(清)洪亮吉撰　清乾隆至嘉慶刻彙印本　二十册　存六種

330000－1701－0078065　G002702　集部/曲類/彈詞之屬
綉像綉香囊傳綉香囊全傳七集四十九卷　(清)陸士珍撰　清環春閣刻本(第七集原缺)　十二册

330000－1701－0078066　G604410　集部/别集類/清别集
蕉雨山房詩鈔六種　(清)丁堯臣撰　清光緒會稽丁氏刻本　三册　存二種

330000－1701－0078067　HJH082.7/4217　類叢部/叢書類/自著之屬
惜抱軒全集十種　(清)姚鼐撰　清同治五年(1866)省心閣刻本　章嶔題簽　十六册

330000－1701－0078069　G002647、G003478　類叢部/叢書類/自著之屬
紀慎齋先生全集十二種續集七種　(清)紀大奎撰　清嘉慶十三年至咸豐二年(1808－1852)刻本　十一册　存續集五種

330000－1701－0078070　G604412、G604415　集部/戲劇類/總集之屬/傳奇
紅雪樓九種曲　(清)蔣士銓撰　清乾隆蔣氏紅雪樓刻本　清卓夫氏題記　二册　存二種

330000－1701－0078071　G601696　類叢部/叢書類/自著之屬
鄒叔子遺書六種附二種　(清)鄒漢勛撰　清光緒八年(1882)鄒代鈞刻本　十四册

330000－1701－0078072　M003857、M007074　類叢部/叢書類/彙編之屬

風雨樓叢書二十三種　鄧實編　清宣統順德鄧氏鉛印本　四冊　存一種

330000 - 1701 - 0078073　HJH081/3225/(2)/c2　類叢部/叢書類/彙編之屬
海山仙館叢書五十六種　(清)潘仕成編　清道光二十五年至咸豐元年(1845 - 1851)番禺潘氏刻光緒十一年(1885)增刻彙印本　一百二十冊

330000 - 1701 - 0078076　G604413　史部/紀傳類/正史之屬
二十四史　清同治至光緒五省官書局據汲古閣本等合刻光緒五年(1879)湖北書局彙印本　十冊　存一種

330000 - 1701 - 0078077　HJH082.7/4421/(3)/c2　類叢部/叢書類/自著之屬
鹿洲全集八種　(清)藍鼎元撰　清雍正十年(1732)刻光緒五年(1879)藍謙修補刻本　二十冊　存一種

330000 - 1701 - 0078079　G602893　子部/儒家類/儒學之屬/蒙學
寄傲山房塾課新增幼學故事瓊林四卷首一卷　(清)程登吉撰　(清)鄒聖脈增補　清光緒十四年(1888)玉山魏文星刻本　三冊　缺一卷(三)

330000 - 1701 - 0078082　G602894　子部/小說家類/雜事之屬
剪燈餘話三卷　(明)李禎撰　清咸豐元年(1851)刻本　一冊　存一卷(二)

330000 - 1701 - 0078083　G604414　史部/傳記類/科舉録之屬
[同治庚午科]浙江闈墨不分卷　清同治九年(1870)聚奎堂刻本　一冊

330000 - 1701 - 0078084　G601697　類叢部/叢書類/郡邑之屬
台州叢書續編十三種　(清)王棻等編　清光緒王棻等刻本　三冊　存一種

330000 - 1701 - 0078087　G602895　類叢部/叢書類/彙編之屬
讀畫齋叢書四十六種　(清)顧修編　清嘉慶四年至十六年(1799 - 1811)桐川顧氏刻本　一冊　存二種

330000 - 1701 - 0078088　G002648　子部/藝術類/書畫之屬/法帖
真草隸篆四體千字文一卷　(晉)王羲之書　清末上海文益書局石印本　一冊

330000 - 1701 - 0078089　G600499　集部/別集類/清別集
兩當軒集二十卷補遺二卷附錄四卷　(清)黃景仁撰　**兩當軒集攷異二卷**　(清)黃志述撰　清光緒二年(1876)武進黃氏家塾刻本　六冊

330000 - 1701 - 0078090　G602896、G603816　集部/小說類/長篇之屬
東周列國志二十七卷首一卷一百八回　(清)蔡奡評點　清光緒十六年(1890)上海點石齋石印本　二冊　存十卷(三至六、十六至二十一)

330000 - 1701 - 0078091　G002563　新學/政治法律/律例
美國憲法不分卷　(清)章宗元譯　清光緒二十八年(1902)上海文明書局鉛印本　一冊

330000 - 1701 - 0078092　HJH082.7/4421/(2)　類叢部/叢書類/自著之屬
鹿洲全集八種　(清)藍鼎元撰　清雍正十年(1732)刻光緒五年(1879)藍謙修補刻本　二十冊

330000 - 1701 - 0078093　G604416　類叢部/叢書類/自著之屬
船山遺書五十八種　(清)王夫之撰　清同治四年(1865)湘鄉曾國荃金陵刻本　五冊　存四種

330000 - 1701 - 0078095　G002703　子部/藝術類/篆刻之屬/印譜
古稀再度壽印一卷　(清)朱霞撰　清咸豐六年(1856)鈐印本　一冊

330000 - 1701 - 0078096　G600500　史部/金

石類/玉之屬/圖像
古玉圖攷不分卷 (清)吳大澂撰 清光緒十五年(1889)上海同文書局石印本 四冊

330000－1701－0078097 G601698 類叢部/叢書類/彙編之屬
當歸草堂叢書八種 (清)丁丙編 清同治二年至五年(1863－1866)錢塘丁氏刻本 二冊 存二種

330000－1701－0078099 G602897 子部/宗教類/佛教之屬/諸宗
修習止觀坐禪法要二卷六妙法門一卷 (隋)釋智顗撰 清光緒十八年(1892)、二十九年(1903)金陵刻經處刻本 一冊

330000－1701－0078100 G002649 經部/儀禮類/傳說之屬
儀禮章句十七卷 (清)吳廷華撰 清嘉慶三年(1798)刻本 二冊 存十卷(一至十)

330000－1701－0078101 G002564、G005257 集部/别集類/清别集
陳檢討集二十卷 (清)陳維崧撰 (清)程師恭注 清刻本 八冊 存十八卷(一至十八)

330000－1701－0078102 G604417 史部/金石類/總志之屬/圖像
三古圖三種 (清)黄晟輯 明萬曆三十一年(1603)吳萬化寶古堂刻清乾隆十八年(1753)天都黄晟亦政堂重修本 二冊 存一種

330000－1701－0078103 HJH082.7/31911.2/2 類叢部/叢書類/自著之屬
亭林遺書十種 (清)顧炎武撰 清康熙吳江潘氏遂初堂刻本 十冊

330000－1701－0078105 G602898 子部/醫家類/婦科之屬/通論
竹林寺婦科秘方一卷 (清)竹林寺僧撰 清光緒十六年(1890)顧海洲刻本 一冊

330000－1701－0078107 G600501、G606724 史部/史評類/詠史之屬
廿一史彈詞註十卷 (明)楊慎撰 (清)張三異增定 (清)張仲璜註 **明史彈詞註一卷** (清)張三異撰 (清)張仲璜註 清乾隆五十一年(1786)張任佐視履堂刻本 四冊 存六卷(三至七、明史彈詞註上)

330000－1701－0078108 G002565 子部/小説家類/異聞之屬
陶齋誌果八卷 (清)鄭官應輯 清光緒二十六年(1900)皖江容忍居刻本 七冊 存七卷(二至八)

330000－1701－0078109 G601699、G609437 類叢部/叢書類/彙編之屬
當歸草堂叢書八種 (清)丁丙編 清同治二年至五年(1863－1866)錢塘丁氏刻本 二冊 存三種

330000－1701－0078110 G602899、G606566 子部/雜著類/雜考之屬
札迻十二卷 (清)孫詒讓撰 清光緒二十年(1894)籀廎刻二十一年(1895)重修本 四冊

330000－1701－0078112 HJH082.7/4424/c2 類叢部/叢書類/自著之屬
脩本堂叢書十種 (清)林伯桐撰 清道光二十四年(1844)番禺林世懋刻本 章嶔題簽 十二冊

330000－1701－0078113 G602900 史部/傳記類/總傳之屬
鶴徵録八卷首一卷 (清)李集輯 (清)李富孫 (清)李遇孫續輯 **鶴徵後録十二卷首一卷** (清)李富孫輯 清嘉慶漾葭老屋刻同治十一年(1872)補刻本 清巖辰題記 六冊

330000－1701－0078115 G600502 類叢部/叢書類/自著之屬
船山遺書五十八種 (清)王夫之撰 清同治四年(1865)湘鄉曾國荃金陵刻本 一冊 存一種

330000－1701－0078117 G002704 類叢部/叢書類/彙編之屬
弢園叢書 (清)王韜編 清光緒鉛印本 一冊 存一種

330000－1701－0078118 G601700 經部/小

學類/音韻之屬/韻書

佩文詩韻釋要五卷 (清)周兆基輯 (清)陸潤庠重校 清宣統三年(1911)商務印書館據清光緒十二年(1886)刻本影印本 二冊

330000－1701－0078119 HJH082.7/31911.3 類叢部/叢書類/自著之屬

顧亭林先生遺書十種補遺十一種 (清)顧炎武撰 (清)席威 (清)朱記榮編 清蓬瀛閣刻吳縣朱記榮增刻光緒三十二年(1906)彙印本 六冊 存補遺十一種

330000－1701－0078120 G002566 史部/編年類/斷代之屬

竹書紀年二卷 (南朝梁)沈約注 清嘉慶二年(1797)石梁學署刻本 一冊

330000－1701－0078121 G600503 史部/地理類/山川之屬/水志

峽江救生船志一卷圖攷一卷 (清)程以輔等編 **行川必要一卷** (清)羅縉紳輯 清光緒三年至五年(1877－1879)水師新副中營刻本 二冊 存二卷(峽江圖攷、行川必要)

330000－1701－0078124 G602901 類叢部/叢書類/彙編之屬

粵雅堂叢書一百八十五種 (清)伍崇曜編 清道光二十九年至光緒十一年(1849－1885)南海伍氏刻彙印本 一冊 存一種

330000－1701－0078125 G601701 子部/醫家類/兒科之屬/通論

生生福幼編五種附論一種 (清)莊一夔等撰 清光緒二十四年(1898)景文齋刻本 一冊

330000－1701－0078126 HJH082.7/4427/c2 類叢部/叢書類/自著之屬

儆季雜著五種附二種 (清)黃以周撰 清光緒二十年至二十一年(1894－1895)江蘇南菁講舍刻本 十冊

330000－1701－0078128 G002567 史部/傳記類/總傳之屬/郡邑

三不朽圖贊不分卷 (清)張岱輯 清乾隆五年(1740)鳳嬉堂刻本 一冊

330000－1701－0078129 G600504 子部/藝術類/書畫之屬/畫譜

晚笑堂畫傳一卷明太祖功臣圖一卷 (清)上官周繪 清乾隆刻本 二冊

330000－1701－0078130 G602902 子部/小說家類/雜事之屬

堅瓠集六十六卷 (清)褚人獲撰 清刻本 十八冊 存三十六卷(二集一至四、三集一至四、四集一至四、五集一至四、六集一至四、七集一至四、八集一至四、九集一至四、十集一至四)

330000－1701－0078131 G002706 子部/儒家類/儒學之屬/蒙學

幼學綱要漢文解一卷 清末鉛印本 一冊

330000－1701－0078132 G600505 經部/小學類/音韻之屬/韻書

佩文詩韻釋要五卷 (清)周兆基輯 清光緒十八年(1892)浙江書局刻本 一冊

330000－1701－0078133 G601702、G608787、G609332 類叢部/叢書類/彙編之屬

藝海珠塵一百六十四種 (清)吳省蘭輯 清嘉慶南匯吳氏聽彝堂刻本 四十四冊

330000－1701－0078134 G002650 史部/地理類/山川之屬/水志

西湖志四十八卷 (清)李衛 (清)程元章修 (清)傅王露纂 清光緒四年(1878)浙江書局刻本 九冊 存二十二卷(一至四、十二至十三、十六至二十、三十至四十)

330000－1701－0078135 G600506 史部/金石類/郡邑之屬/文字

中州金石記五卷 (清)畢沅撰 清光緒八年(1882)蛟川邵氏望三益齋刻本 一冊

330000－1701－0078136 HJH082.7/4427/c4 類叢部/叢書類/自著之屬

儆季雜著五種附二種 (清)黃以周撰 清光緒二十年至二十一年(1894－1895)江蘇南菁講舍刻本 章嶔題簽並記 十冊

330000－1701－0078138 M003991 集部/

小說類/長篇之屬
繪圖增像西遊記一百回 (明)吳承恩撰 (清)陳士斌詮解 清光緒二十二年(1896)上海廣百宋齋石印本 一册 存十二回(九至二十)

330000－1701－0078139 G601703 子部/叢編
十子全書 (清)王子興編 清嘉慶九年(1804)姑蘇王氏聚文堂刻本 四册 存一種

330000－1701－0078140 G601704 經部/小學類/文字之屬/說文
苗氏說文四種 (清)苗夔撰 清道光至咸豐壽陽祁氏漢專亭刻本 八册

330000－1701－0078141 G601705 史部/地理類/雜志之屬
山東考古錄一卷 (清)顧炎武撰 **續山東考古錄三十二卷首一卷** (清)葉圭綬撰 清光緒八年(1882)山東書局刻本 七册

330000－1701－0078144 G002651 類叢部/叢書類/彙編之屬
經訓堂叢書二十一種 (清)畢沅編 清乾隆至嘉慶鎮洋畢氏刻本 一册 存一種

330000－1701－0078145 G002568 史部/政書類/公牘檔册之屬
水灾全案二卷 清抄本 四册

330000－1701－0078147 G600507 子部/藝術類/書畫之屬/畫譜
翰墨園畫譜彙新不分卷 (清)駱浩泉編 清光緒十六年(1890)上海鴻寶齋石印本 一册

330000－1701－0078148 G002569 子部/醫家類/方書之屬/單方驗方
幾希錄續刻一卷附集經驗諸方一卷 (清)金纓撰 清光緒五年(1879)刻本 一册

330000－1701－0078149 G602903、G609298、G610281 子部/小說家類/雜事之屬
耐冷譚十六卷 (清)宋咸熙撰 清道光九年(1829)武林亦西齋刻本 三册 存九卷(一至九)

330000－1701－0078150 G600508 子部/農家農學類/蠶桑之屬
喝茫蠶書八卷 (法國)喝茫勒窩滂撰 (清)鄭守箴譯 清光緒二十四年(1898)杭州蠶學館石印本 一册

330000－1701－0078151 G002707 集部/戲劇類/總集之屬/傳奇
惺齋新曲六種 (清)夏綸撰 (清)徐夢元評 清乾隆十八年(1753)夏氏世光堂刻本 十四册 存五種

330000－1701－0078154 G602904、G603106、G602388、G608195、G610169 集部/別集類/清別集
紀文達公遺集三十二卷 (清)紀昀撰 (清)紀樹馨編 清嘉慶十七年(1812)紀樹馥刻本 十册 存十六卷(文一至十六)

330000－1701－0078155 G600509 子部/農家農學類/蠶桑之屬
喝茫蠶書八卷 (法國)喝茫勒窩滂撰 (清)鄭守箴譯 清光緒二十四年(1898)杭州蠶學館石印本 一册

330000－1701－0078156 G600510 子部/農家農學類/蠶桑之屬
喝茫蠶書八卷 (法國)喝茫勒窩滂撰 (清)鄭守箴譯 清光緒二十四年(1898)杭州蠶學館石印本 一册

330000－1701－0078157 G602905 子部/宗教類/佛教之屬/諸宗
靈峰蕅益大師選定淨土十要十卷 (清)釋智旭輯 (清)釋成時評點節略 清光緒二十年(1894)揚州廣陵藏經禪院刻本 一册 存三卷(七至九)

330000－1701－0078158 G600511 子部/農家農學類/蠶桑之屬
喝茫蠶書八卷 (法國)喝茫勒窩滂撰 (清)鄭守箴譯 清光緒二十四年(1898)杭州蠶學館石印本 一册

330000－1701－0078159 G002570 史部/傳

記類/總傳之屬/忠孝
壬寅乍浦殉難録一卷補遺一卷附録一卷乍浦人物備采一卷乳水流芳録一卷瑤池冰雪編一卷 （清）沈筠輯　清光緒十四年(1888)沈守經堂沈焯刻本　褚琹戰題記　一册

330000－1701－0078162　G600512　子部/農家農學類/蠶桑之屬
喝茫蠶書八卷 （法國）喝茫勒窩滂撰　（清）鄭守箴譯　清光緒二十四年(1898)杭州蠶學館石印本　一册

330000－1701－0078163　G601706　類叢部/叢書類/自著之屬
振綺堂遺書五種 （清）汪遠孫撰　清道光刻民國十一年(1922)錢唐汪氏彙印本　一册　存一種

330000－1701－0078164　G600513　子部/農家農學類/蠶桑之屬
喝茫蠶書八卷 （法國）喝茫勒窩滂撰　（清）鄭守箴譯　清光緒二十四年(1898)杭州蠶學館石印本　一册

330000－1701－0078165　G600514　子部/農家農學類/蠶桑之屬
喝茫蠶書八卷 （法國）喝茫勒窩滂撰　（清）鄭守箴譯　清光緒二十四年(1898)杭州蠶學館石印本　一册

330000－1701－0078166　G600515　子部/農家農學類/蠶桑之屬
喝茫蠶書八卷 （法國）喝茫勒窩滂撰　（清）鄭守箴譯　清光緒二十四年(1898)杭州蠶學館石印本　一册

330000－1701－0078167　G600516　子部/農家農學類/蠶桑之屬
喝茫蠶書八卷 （法國）喝茫勒窩滂撰　（清）鄭守箴譯　清光緒二十四年(1898)杭州蠶學館石印本　一册

330000－1701－0078168　G600517　子部/農家農學類/蠶桑之屬
喝茫蠶書八卷 （法國）喝茫勒窩滂撰　（清）鄭守箴譯　清光緒二十四年(1898)杭州蠶學館石印本　一册

330000－1701－0078169　G601707　類叢部/叢書類/彙編之屬
振綺堂叢刊八種 （清）□□輯　清嘉慶至光緒汪氏振綺堂刻本　一册　存二種

330000－1701－0078170　G600531　子部/農家農學類/蠶桑之屬
喝茫蠶書八卷 （法國）喝茫勒窩滂撰　（清）鄭守箴譯　清光緒二十四年(1898)杭州蠶學館石印本　一册

330000－1701－0078171　G600518　子部/農家農學類/蠶桑之屬
喝茫蠶書八卷 （法國）喝茫勒窩滂撰　（清）鄭守箴譯　清光緒二十四年(1898)杭州蠶學館石印本　一册

330000－1701－0078172　G600519　子部/農家農學類/蠶桑之屬
喝茫蠶書八卷 （法國）喝茫勒窩滂撰　（清）鄭守箴譯　清光緒二十四年(1898)杭州蠶學館石印本　一册

330000－1701－0078173　G602906　子部/宗教類/道教之屬
天仙正理直論增註二卷 （明）伍守陽撰並注　（明）伍守虚同注　清末上海翼化堂刻本　二册

330000－1701－0078174　G600520　子部/農家農學類/蠶桑之屬
喝茫蠶書八卷 （法國）喝茫勒窩滂撰　（清）鄭守箴譯　清光緒二十四年(1898)杭州蠶學館石印本　一册

330000－1701－0078175　G600521　子部/農家農學類/蠶桑之屬
喝茫蠶書八卷 （法國）喝茫勒窩滂撰　（清）鄭守箴譯　清光緒二十四年(1898)杭州蠶學館石印本　一册

330000－1701－0078176　G600522　子部/農家農學類/蠶桑之屬

喝茫蠶書八卷 （法國）喝茫勒窩滂撰 （清）鄭守箴譯 清光緒二十四年（1898）杭州蠶學館石印本 一册

330000－1701－0078178 G600523 子部/農家農學類/蠶桑之屬
喝茫蠶書八卷 （法國）喝茫勒窩滂撰 （清）鄭守箴譯 清光緒二十四年（1898）杭州蠶學館石印本 一册

330000－1701－0078179 G601708 類叢部/叢書類/自著之屬
清吟堂全集十四種 （清）高士奇撰 清康熙刻本 二册 存一種

330000－1701－0078180 HJH082.7/31911.2/（3） 類叢部/叢書類/自著之屬
亭林先生遺書彙輯二十三種附錄三種 （清）顧炎武撰 （清）席威 （清）朱記榮編 清光緒十一年至三十二年（1885－1906）吴縣朱氏槐廬家塾刻本 二十四册

330000－1701－0078181 G600524 子部/農家農學類/蠶桑之屬
喝茫蠶書八卷 （法國）喝茫勒窩滂撰 （清）鄭守箴譯 清光緒二十四年（1898）杭州蠶學館石印本 一册

330000－1701－0078182 G600525 子部/農家農學類/蠶桑之屬
喝茫蠶書八卷 （法國）喝茫勒窩滂撰 （清）鄭守箴譯 清光緒二十四年（1898）杭州蠶學館石印本 一册

330000－1701－0078183 G600526 子部/農家農學類/蠶桑之屬
喝茫蠶書八卷 （法國）喝茫勒窩滂撰 （清）鄭守箴譯 清光緒二十四年（1898）杭州蠶學館石印本 一册

330000－1701－0078184 G600527 子部/農家農學類/蠶桑之屬
喝茫蠶書八卷 （法國）喝茫勒窩滂撰 （清）鄭守箴譯 清光緒二十四年（1898）杭州蠶學館石印本 一册

330000－1701－0078185 G600528 子部/農家農學類/蠶桑之屬
喝茫蠶書八卷 （法國）喝茫勒窩滂撰 （清）鄭守箴譯 清光緒二十四年（1898）杭州蠶學館石印本 一册

330000－1701－0078186 G011044、G002652、G003939、G007662、G008556、G009076、G009813 史部/地理類/外紀之屬
海國圖志一百卷首一卷 （清）魏源撰 清光緒刻本 十七册 存六十八卷（三至四、十至五十六、七十五至九十三）

330000－1701－0078187 G600529 子部/農家農學類/蠶桑之屬
喝茫蠶書八卷 （法國）喝茫勒窩滂撰 （清）鄭守箴譯 清光緒二十四年（1898）杭州蠶學館石印本 一册

330000－1701－0078189 G600530 子部/農家農學類/蠶桑之屬
喝茫蠶書八卷 （法國）喝茫勒窩滂撰 （清）鄭守箴譯 清光緒二十四年（1898）杭州蠶學館石印本 一册

330000－1701－0078190 G002571 類叢部/叢書類/自著之屬
小謨觴館全集三種 （清）彭兆蓀撰 （清）孫元培 （清）孫長熙注 清光緒二十年（1894）觀自得齋刻本 十册 存一種

330000－1701－0078191 G601709、G609462 類叢部/叢書類/郡邑之屬
海昌叢載三十二種 （清）羊復禮編 清光緒海昌羊氏傳卷樓粵東刻民國印本 三册 存十四種

330000－1701－0078192 G600532 子部/農家農學類/蠶桑之屬
喝茫蠶書八卷 （法國）喝茫勒窩滂撰 （清）鄭守箴譯 清光緒二十四年（1898）杭州蠶學館石印本 一册

330000－1701－0078193 G600533 子部/農家農學類/蠶桑之屬

喝茫蠶書八卷　(法國)喝茫勒窩滂撰　(清)鄭守箴譯　清光緒二十四年(1898)杭州蠶學館石印本　一册

330000－1701－0078194　G600534　子部/農家農學類/蠶桑之屬
喝茫蠶書八卷　(法國)喝茫勒窩滂撰　(清)鄭守箴譯　清光緒二十四年(1898)杭州蠶學館石印本　一册

330000－1701－0078195　G600535　子部/農家農學類/蠶桑之屬
喝茫蠶書八卷　(法國)喝茫勒窩滂撰　(清)鄭守箴譯　清光緒二十四年(1898)杭州蠶學館石印本　一册

330000－1701－0078197　G600536　子部/農家農學類/蠶桑之屬
喝茫蠶書八卷　(法國)喝茫勒窩滂撰　(清)鄭守箴譯　清光緒二十四年(1898)杭州蠶學館石印本　一册

330000－1701－0078198　G600537　子部/農家農學類/蠶桑之屬
喝茫蠶書八卷　(法國)喝茫勒窩滂撰　(清)鄭守箴譯　清光緒二十四年(1898)杭州蠶學館石印本　一册

330000－1701－0078200　G600538　子部/農家農學類/蠶桑之屬
喝茫蠶書八卷　(法國)喝茫勒窩滂撰　(清)鄭守箴譯　清光緒二十四年(1898)杭州蠶學館石印本　一册

330000－1701－0078202　G600539　子部/農家農學類/蠶桑之屬
喝茫蠶書八卷　(法國)喝茫勒窩滂撰　(清)鄭守箴譯　清光緒二十四年(1898)杭州蠶學館石印本　一册

330000－1701－0078203　G600540　子部/農家農學類/蠶桑之屬
喝茫蠶書八卷　(法國)喝茫勒窩滂撰　(清)鄭守箴譯　清光緒二十四年(1898)杭州蠶學館石印本　一册

330000－1701－0078204　G600541　子部/農家農學類/蠶桑之屬
喝茫蠶書八卷　(法國)喝茫勒窩滂撰　(清)鄭守箴譯　清光緒二十四年(1898)杭州蠶學館石印本　一册

330000－1701－0078205　G600542　子部/農家農學類/蠶桑之屬
喝茫蠶書八卷　(法國)喝茫勒窩滂撰　(清)鄭守箴譯　清光緒二十四年(1898)杭州蠶學館石印本　一册

330000－1701－0078207　G600543　子部/農家農學類/蠶桑之屬
喝茫蠶書八卷　(法國)喝茫勒窩滂撰　(清)鄭守箴譯　清光緒二十四年(1898)杭州蠶學館石印本　一册

330000－1701－0078208　HJH082.7/3144　子部/天文曆算類/算書之屬
衡齋算學遺書合刻　(清)汪萊撰　清光緒十八年(1892)汪廷棟聞梅舊塾刻本　六册　存一種

330000－1701－0078209　G600544　子部/農家農學類/蠶桑之屬
喝茫蠶書八卷　(法國)喝茫勒窩滂撰　(清)鄭守箴譯　清光緒二十四年(1898)杭州蠶學館石印本　一册

330000－1701－0078210　HJH082.7/4429/(2)　類叢部/叢書類/自著之屬
觀古堂所著書二十種　葉德輝撰　清光緒長沙葉氏刻本　十册

330000－1701－0078212　G600545　集部/别集類/清别集
曠觀樓詩存八卷　(清)朱霖撰　清光緒六年(1880)如皋朱氏刻十六年(1890)補刻本　四册

330000－1701－0078213　G002572　集部/戲劇類/總集之屬/傳奇
玉獅堂傳奇五種　(清)陳烺撰　清光緒十一年(1885)武林刻本　四册　存四種

330000－1701－0078214　G601710　史部/地理類/方志之屬/郡縣志

［嘉慶］重刊江寧府志五十六卷附校勘記一卷　（清）呂燕昭修　（清）姚鼐纂　清光緒六年（1880）刻本　十二册

330000－1701－0078215　G600546　史部/傳記類/總傳之屬/技藝

無聲詩史七卷　（清）姜紹書撰　清康熙五十九年（1720）嘉興李光暎觀妙齋刻本　清蒔孫題記　二册

330000－1701－0078218　G601711　集部/别集類/清别集

寒村詩文選　（清）鄭梁撰　清康熙紫蟾山房刻增修本　四册　存十四卷（寒村見黄稿詩删一至五、寒村安庸集一至二、寒村見黄稿一至二、半生亭詩文集一、寒村息尚編一至四）

330000－1701－0078219　HJH081/2126/（4）　類叢部/叢書類/彙編之屬

粤雅堂叢書一百八十五種　（清）伍崇曜編　清道光二十九年至光緒十一年（1849－1885）南海伍氏刻彙印本　四百三册　存一百八十三種

330000－1701－0078221　HJH814.7/4435.2　類叢部/叢書類/自著之屬

庸庵全集六種　（清）薛福成撰　清光緒二十四年（1898）時宜書局刻本　十八册

330000－1701－0078223　G002708　集部/總集類/選集之屬/通代

新鐫千家詩四卷　笠翁對韻二卷　（清）李漁撰　**唐司空圖詩品詳註一卷**　（唐）司空圖撰　**敬避字樣一卷**　清光緒十二年（1886）京都刻本　一册　存三卷（一至二、笠翁對韻一）

330000－1701－0078224　G600547　集部/總集類/選集之屬/斷代

國朝文匯甲前集二十卷甲集六十卷乙集七十卷丙集三十卷丁集二十卷　國學扶輪社編　清宣統元年（1909）上海國學扶輪社石印本　一册　存十八卷（乙集十七至三十、四十一至四十二，丙集二十七至二十八）

330000－1701－0078228　普951.0023/0014/c4　類叢部/叢書類/彙編之屬

文選樓叢書三十三種　（清）阮亨編　清嘉慶至道光阮元刻道光二十二年（1842）阮亨彙印本　二册　存二種

330000－1701－0078229　G002654　子部/宗教類/道教之屬/雜著

新鍥抱朴子内篇四卷外篇四卷　（晉）葛洪撰　明萬曆十二年（1584）慎懋官刻本（内篇卷一至二配清抄本）　四册

330000－1701－0078230　G602907　集部/别集類/清别集

樊山集二十八卷續集二十八卷公牘三卷批判十五卷時文一卷　樊增祥撰　**二家詠古詩一卷二家試帖二卷二家詞鈔五卷**　樊增祥編　清光緒十九年至三十二年（1893－1906）刻本　二册　存五卷（二家詞鈔一至五）

330000－1701－0078232　G601712　集部/總集類/題詠之屬

濟川橋題贈集一卷　（清）李忠昭編　清光緒四年（1878）刻本　一册

330000－1701－0078234　G602908　子部/宗教類/佛教之屬/諸宗

相宗八要解八種　（明）釋明昱撰　清光緒二十八年（1902）金陵刻經處刻本　一册　存二種

330000－1701－0078236　G002709　子部/宗教類/道教之屬

七真祖師列仙傳一卷　性命至理論一卷　（清）悟眞子註解　清光緒十九年（1893）刻本　一册

330000－1701－0078237　HJH082.7/31911/c2　類叢部/叢書類/自著之屬

顧亭林先生遺書十種　（清）顧炎武撰　清蓬瀛閣刻本　八册

330000－1701－0078238　HJH082.7/31911/（2）　類叢部/叢書類/自著之屬

顧亭林先生遺書十種　（清）顧炎武撰　清蓬

瀛閣刻本　十冊

330000－1701－0078240　G601713　類叢部/叢書類/郡邑之屬

武林掌故叢編一百八十七種　(清)丁丙編　清光緒三年至二十六年(1877－1900)錢塘丁氏嘉惠堂刻本　一冊　存一種

330000－1701－0078241　G002710　史部/地理類

李氏五種　(清)李兆洛撰　清同治九年至十一年(1870－1872)合肥李鴻章刻本　二冊　存一種

330000－1701－0078242　HJH081.08/1011/c3　類叢部/叢書類/家集之屬

富陽夏氏叢刻七種　夏震武　夏鼎武撰　清光緒至民國刻民國九年(1920)彙印本　四冊

330000－1701－0078245　M004002　類叢部/叢書類/彙編之屬

崇文書局彙刻書三十一種　(清)崇文書局編　清光緒元年至三年(1875－1877)湖北崇文書局刻民國元年(1912)鄂官書處重印本　四冊　存一種

330000－1701－0078246　G002574　集部/總集類/郡邑之屬

國朝杭郡詩輯三十二卷姓氏韻編一卷　(清)吳顥輯　(清)吳振棫重輯　**國朝杭郡詩續輯四十六卷姓氏韻編一卷**　(清)吳振棫輯　清同治十三年(1874)、光緒二年(1876)錢塘丁氏刻本　十九冊　存四十卷(一至二、姓氏韻編,續輯一至三十六、姓氏韻編)

330000－1701－0078247　G602909　類叢部/叢書類/郡邑之屬

武林掌故叢編一百八十七種　(清)丁丙編　清光緒三年至二十六年(1877－1900)錢塘丁氏嘉惠堂刻本　二冊　存一種

330000－1701－0078248　G601714　類叢部/叢書類/郡邑之屬

武林掌故叢編一百八十七種　(清)丁丙編　清光緒三年至二十六年(1877－1900)錢塘丁氏嘉惠堂刻本　一冊　存一種

330000－1701－0078249　G600548　集部/詞類/別集之屬

鴛鴦宜福館吹月詞二卷　(清)陳元鼎撰　清同治元年(1862)錢塘陳元鼎刻本　叔田題記　一冊

330000－1701－0078250　普 951.0023/7774　史部/史表類/通代之屬

二十四史三表三種二十卷　(清)段長基撰　(清)段搢書編注　清同治四年(1865)宜黃曾守誠刻光緒元年(1875)趙承恩紅杏山房印本　十六冊　存一種

330000－1701－0078251　HJH081.08/1011/c2　類叢部/叢書類/家集之屬

富陽夏氏叢刻七種　夏震武　夏鼎武撰　清光緒至民國刻民國九年(1920)彙印本　四冊

330000－1701－0078252　HJH082.7/4441/c3　類叢部/叢書類/自著之屬

儆居遺書十一種　(清)黃式三撰　清同治至光緒刻本　八冊　存一種

330000－1701－0078253　G600549　集部/詞類/別集之屬

清夢盦二白詞五卷附刻一卷　(清)沈傳桂撰　清道光二十五年(1845)沈傳桂清夢盦刻本　一冊

330000－1701－0078254　G600550　集部/詞類/類編之屬

天籟軒五種　(清)葉申薌撰　清道光閩中葉氏天籟軒刻本　二冊　存一種

330000－1701－0078256　G002711　史部/地理類/總志之屬/斷代

皇朝輿地韻編二卷　(清)李兆洛輯　(清)六承如等編　**皇朝輿地韻編校勘記一卷地志韻編唐志補闕正誤考異一卷**　(清)馬貞榆撰　清道光刻本　一冊

330000－1701－0078257　G601715　集部/別集類/明別集

六如居士全集六種　(明)唐寅撰　清嘉慶六

年(1801)長沙唐仲冕果克山房刻本　一册　存二種

330000－1701－0078258　G002712　史部/史評類/史論之屬

史目表二卷　(清)洪飴孫撰　清光緒二十五年(1899)京都官書局石印本　一册

330000－1701－0078259　HJH081.08/2824/c2　類叢部/叢書類/家集之屬

學壽堂叢書十二種　徐紹楨編　清咸豐至光緒番禺徐氏梧州刻本　二十六册

330000－1701－0078261　G002575　類叢部/叢書類/彙編之屬

靈峯草堂叢書十一種　陳矩編　清光緒貴陽陳氏刻本　一册　存一種

330000－1701－0078264　HJH082.7/4453/(3)　類叢部/叢書類/自著之屬

竹柏山房十五種附刻八種　(清)林春溥撰　清嘉慶至咸豐竹柏山房刻本　二十册　存十五種

330000－1701－0078265　G602911、G606129、G603735、G608760　集部/總集類/選集之屬/通代

御選古文淵鑒六十四卷　(清)徐乾學等輯注　清同治十二年(1873)浙江書局刻本　十一册　存二十七卷(一至四、二十九至三十、三十六至四十一、四十四至四十七、五十至六十)

330000－1701－0078266　G600551　集部/總集類/尺牘之屬

昭代名人尺牘續集二十四卷　陶湘輯　清宣統三年(1911)天寶石印局影印本　十八册　存十八卷(二至九、十五至二十四)

330000－1701－0078267　G002713、G007690　子部/宗教類/其他宗教之屬/基督教

教務紀略四卷首一卷　(清)李剛己輯　(清)魏家驊等修訂　清光緒三十年(1904)山東印書局鉛印本　五册

330000－1701－0078271　G602912、G602634　史部/傳記類/總傳之屬/儒林

宋元學案一百卷首一卷考畧一卷　(清)黄宗羲撰　(清)全祖望修定　(清)王梓材　(清)馮雲濠校並考　清光緒五年(1879)長沙寄廬刻本　四十八册

330000－1701－0078272　G601716、G612192　集部/别集類/清别集

崇蘭堂詩初存十卷　(清)張預撰　清光緒二十年(1894)刻本　二册

330000－1701－0078273　G600552　史部/地理類/水利之屬

浙西水利備考不分卷　(清)王鳳生撰　清光緒四年(1878)浙江書局刻本　四册

330000－1701－0078275　普951.0023/7774/(2)　史部/史表類/通代之屬

二十四史三表三種二十卷　(清)段長基撰　(清)段搢書編注　清同治四年(1865)宜黄曾守誠刻本　十三册　存一種

330000－1701－0078276　G600553　史部/地理類/水利之屬

浙西水利備考不分卷　(清)王鳳生撰　清光緒四年(1878)浙江書局刻本　四册

330000－1701－0078277　G002576　子部/術數類/命書相書之屬

燕山集五卷　(清)石楷撰　清乾隆六十年(1795)刻本　四册

330000－1701－0078280　G600554　類叢部/叢書類/自著之屬

洪北江全集二十一種　(清)洪亮吉撰　清光緒三年至五年(1877－1879)洪用懃授經堂刻本　二册　存一種

330000－1701－0078281　G601719、G602648　類叢部/叢書類/郡邑之屬

金華叢書六十八種　(清)胡鳳丹編　清同治七年至光緒八年(1868－1882)永康胡氏退補齋刻民國補刻本　六册　存二種

330000－1701－0078282　G601717　子部/小説家類/雜事之屬

明僮合錄二卷　(清)碧里生編　清同治十三年(1874)刻本　一册

330000－1701－0078283　G600555　集部/別集類/清別集

古春軒詩鈔二卷　(清)梁德繩撰　清咸豐二年(1852)鳳城刻本　一册

330000－1701－0078284　G602913、G604790、G602359、G007826、G008647、G010873、G009541　類叢部/類書類/通類之屬

新義錄一百卷首一卷　(清)孫璧文撰　清光緒八年(1882)潄石山房刻本　十九册　存四十七卷(首、一至五、八至十三、十七至二十、四十五至五十二、五十五至五十六、七十至八十、八十三至九十二)

330000－1701－0078285　G002577　集部/詩文評類/詩評之屬

藝苑名言八卷首一卷　(清)蔣瀾撰　清刻本　四册

330000－1701－0078287　G602914　集部/總集類/選集之屬/通代

咏物詩選註釋八卷　(清)俞琰輯　(清)易開縉　(清)孫溶鳴註　清嘉慶十五年(1810)聚盛堂刻本　四册

330000－1701－0078289　HJH081.07/1144　類叢部/叢書類/彙編之屬

暢園叢書甲函六種　(清)張邁編　清光緒二十年(1894)始豐張氏四明刻本　八册

330000－1701－0078290　G602915　集部/總集類/選集之屬/通代

咏物詩選註釋八卷　(清)俞琰輯　(清)易開縉　(清)孫溶鳴註　清嘉慶十五年(1810)聚盛堂刻本　四册

330000－1701－0078291　HJH082.7/4441/c4　集部/別集類/清別集

儆居集二十二卷　(清)黄式三撰　清光緒十四年(1888)刻儆居遺書本　章嶔題簽　八册

330000－1701－0078292　G601718　集部/別集類/清別集

湖東第一山詩鈔五卷　(清)宋棠撰　清同治八年(1869)刻本　一册

330000－1701－0078293　G602916　集部/總集類/選集之屬/通代

咏物詩選註釋八卷　(清)俞琰輯　(清)易開縉　(清)孫溶鳴註　清嘉慶十五年(1810)聚盛堂刻本　四册

330000－1701－0078295　普951.0023/7774/3　史部/史表類/通代之屬

二十四史三表三種二十卷　(清)段長基撰　(清)段搢書編注　清嘉慶二十二年(1817)小酉山房刻本　十六册　存一種

330000－1701－0078298　HJH081.07/2816/c2　類叢部/叢書類/彙編之屬

積學齋叢書二十種　徐乃昌編　清光緒南陵徐乃昌刻本　章嶔題簽　十六册

330000－1701－0078300　HJH082.7/4453/(2)　類叢部/叢書類/自著之屬

竹柏山房十五種附刻八種　(清)林春溥撰　清嘉慶至咸豐竹柏山房刻本　章嶔題簽並記　三十四册　存十五種

330000－1701－0078302　普951.0023/8354　史部/編年類/通代之屬

列代建元表十卷建元類聚考二卷　(清)錢東垣撰　清道光七年(1827)嘉定錢氏刻本　四册

330000－1701－0078305　HJH081.07/2816/(2)/c1　類叢部/叢書類/彙編之屬

積學齋叢書二十種　徐乃昌編　清光緒南陵徐乃昌刻本　二十册

330000－1701－0078307　G602919　集部/總集類/酬唱之屬

扶桑驪唱集一卷附錄一卷續和一卷　(清)葉煒編　清光緒十七年(1891)南京刻本　一册

330000－1701－0078308　普951.0041/4047　史部/編年類/通代之屬

中國歷史歌一卷　(清)袁桐輯　清光緒二十九年(1903)上海鏡今書局鉛印本　一册

330000－1701－0078309　G602920　集部/别集類/清别集
知悔齋詩稿八卷續稿二卷　(清)張士寬撰　清咸豐七年(1857)、同治十三年(1874)刻本　二册

330000－1701－0078311　G002578　類叢部/類書類/通類之屬
歷代政治類編十二卷　(清)柴紹炳撰　(清)姚廷謙評　清光緒二十七年(1901)上海自强局石印本　六册

330000－1701－0078315　HJH081.07/2816.2/c2　類叢部/叢書類/彙編之屬
懷豳雜俎十二種　徐乃昌編　清光緒至宣統南陵徐氏刻本　八册

330000－1701－0078316　HJH082.7/4438/c2　類叢部/叢書類/自著之屬
黄梨洲遺書十種　(清)黄宗羲撰　清光緒三十一年(1905)杭州羣學社石印本　十二册

330000－1701－0078317　HJH082.7/4438/c3　類叢部/叢書類/自著之屬
黄梨洲遺書十種　(清)黄宗羲撰　清光緒三十一年(1905)杭州羣學社石印本　十二册

330000－1701－0078318　HJH081.07/2832/2/(3)　類叢部/叢書類/彙編之屬
春暉堂叢書十二種　(清)徐渭仁編　清道光至咸豐上海徐渭仁刻同治九年至十年(1870－1871)徐允臨補刻彙印本　十二册

330000－1701－0078319　HJH082.7/4917/(2)　類叢部/叢書類/自著之屬
甌北全集八種　(清)趙翼撰　清乾隆至嘉慶湛貽堂刻本　四十六册

330000－1701－0078320　HJH081.07/2832/(3)　類叢部/叢書類/彙編之屬
春暉堂叢書十二種　(清)徐渭仁編　清道光至咸豐上海徐渭仁刻同治九年至十年(1870－1871)徐允臨補刻彙印本　六册

330000－1701－0078321　HJH081.07/2832/2/c1　類叢部/叢書類/彙編之屬
春暉堂叢書十二種　(清)徐渭仁編　清道光至咸豐上海徐渭仁刻同治九年至十年(1870－1871)徐允臨補刻彙印本　十二册

330000－1701－0078322　HJH081.07/2832/2/(2)　類叢部/叢書類/彙編之屬
春暉堂叢書十二種　(清)徐渭仁編　清道光至咸豐上海徐渭仁刻同治九年至十年(1870－1871)徐允臨補刻彙印本　十册

330000－1701－0078324　HJH081.07/3108/c4、HJH081.07/3108.2/c1　類叢部/叢書類/彙編之屬
振綺堂叢書初集十種二集十二種　(清)□□輯　清光緒二十年(1894)、宣統二年(1910)泉唐汪氏刻本暨鉛印本　十四册

330000－1701－0078325　HJH081.07/3108/c3　類叢部/叢書類/彙編之屬
振綺堂叢書初集十種二集十二種　(清)□□輯　清光緒二十年(1894)、宣統二年(1910)泉唐汪氏刻本暨鉛印本　清嚴啟豐跋　六册　存初集十種

330000－1701－0078326　HJH081.07/3108.2/c3　類叢部/叢書類/彙編之屬
振綺堂叢書初集十種二集十二種　(清)□□輯　清光緒二十年(1894)、宣統二年(1910)泉唐汪氏刻本暨鉛印本　清梁萼題記　八册　存二集十二種

330000－1701－0078327　HJH082.7/2800　類叢部/叢書類/自著之屬
徐位山先生六種　(清)徐文靖撰　清光緒二年(1876)刻本　章嶔題簽並記　二十四册

330000－1701－0078328　HJH081.07/3141/c1　類叢部/叢書類/彙編之屬
元和江氏靈鶼閣叢書五十六種　(清)江標編　清光緒元和江氏湖南使院刻蘇州振新書社印本　章嶔題記　四十八册

330000－1701－0078329　HJH082.7/2800/2　類叢部/叢書類/自著之屬
徐位山先生六種　(清)徐文靖撰　清光緒二

年(1876)刻本　二十四册

330000－1701－0078330　HJH082.7/3137/(2)　類叢部/叢書類/自著之屬
古愚老人消夏錄十七種　(清)汪汲撰輯　清乾隆至嘉慶古愚山房刻本　二十四册

330000－1701－0078331　HJH082.7/31911.2/(4)　類叢部/叢書類/自著之屬
亭林先生遺書彙輯二十三種附錄三種　(清)顧炎武撰　(清)席威　(清)朱記榮編　清光緒十一年至三十二年(1885－1906)吳縣朱氏槐廬家塾刻本　二十四册

330000－1701－0078332　HJH082.7/3193　類叢部/叢書類/自著之屬
汪龍莊先生遺書四種　(清)汪輝祖撰　清光緒八年至十二年(1882－1886)山東書局刻本　六册

330000－1701－0078333　HJH082.7/3308/c2　類叢部/叢書類/自著之屬
二思堂叢書六種五十一卷　(清)梁章鉅撰　清同治十二年至光緒元年(1873－1875)福州梁氏刻本　傅雲岑題記　十四册

330000－1701－0078334　HJH081.241/0025　類叢部/叢書類/郡邑之屬
武林掌故叢編一百八十七種　(清)丁丙編　清光緒三年至二十六年(1877－1900)錢塘丁氏嘉惠堂刻本　二百八册

330000－1701－0078335　HJH082.7/3308/(2)　類叢部/叢書類/自著之屬
二思堂叢書六種五十一卷　(清)梁章鉅撰　清同治十二年至光緒元年(1873－1875)福州梁氏刻本　十六册

330000－1701－0078336　HJH082.7/3312/(2)　類叢部/叢書類/自著之屬
清白士集六種　(清)梁玉繩撰　清嘉慶至道光刻本　七册

330000－1701－0078337　HJH082.7/3312/c2　類叢部/叢書類/自著之屬
清白士集六種　(清)梁玉繩撰　清嘉慶至道光刻本　十册

330000－1701－0078339　HJH081.245/0025/c2　類叢部/叢書類/郡邑之屬
紹興先正遺書十五種　(清)徐友蘭輯　清光緒會稽徐氏鑄學齋刻本　四十八册

330000－1701－0078340　HJH082.7/7543/(2)　類叢部/叢書類/自著之屬
三山陳氏家刻左海全集十種　(清)陳壽祺撰　清嘉慶至道光刻本　三十六册

330000－1701－0078341　HJH082.7/7543/c2　類叢部/叢書類/自著之屬
三山陳氏家刻左海全集十種　(清)陳壽祺撰　清嘉慶至道光刻本　二十四册

330000－1701－0078342　HJH082.7/3404.2　類叢部/叢書類/自著之屬
洪北江先生遺集(洪北江全集)十四種　(清)洪亮吉撰　清光緒三年(1877)洪用懃授經堂刻本　二十八册　存十四種

330000－1701－0078344　HJH082.7/8034　集部/別集類/清別集
姜先生全集三十三卷首一卷附錄二卷　(清)姜宸英撰　(清)馮保燮　(清)王定祥重編　清光緒十五年(1889)慈谿馮氏毋自欺齋刻本(附錄二卷原缺)　十六册

330000－1701－0078345　HJH082.7/8034/c2　集部/別集類/清別集
姜先生全集三十三卷首一卷附錄二卷　(清)姜宸英撰　(清)馮保燮　(清)王定祥重編　清光緒十五年(1889)慈谿馮氏毋自欺齋刻本(附錄二卷原缺)　十六册

330000－1701－0078347　HJH081.07/3164/c1　類叢部/叢書類/彙編之屬
荔牆叢刻十三種　(清)汪曰楨編　清同治至光緒烏程汪氏刻本　十六册

330000－1701－0078349　HJH082.7/8043/3　類叢部/叢書類/自著之屬
春在堂全書三十種　(清)俞樾撰　清光緒二十三年(1897)石印本　三十二册

330000－1701－0078350　HJH082.7/3404.2/2　類叢部/叢書類/自著之屬

洪北江全集二十一種　(清)洪亮吉撰　清光緒三年至五年(1877－1879)洪用懃授經堂刻本　六十四册　缺一卷(附鮚軒外集唐宋小樂府)

330000－1701－0078351　HJH082.7/8043/5　類叢部/叢書類/自著之屬

春在堂全書二十七種　(清)俞樾撰　清同治至光緒刻光緒十五年(1889)彙印本　一百册

330000－1701－0078352　HJH082.7/3404.2/2/c3　類叢部/叢書類/自著之屬

洪北江全集二十一種　(清)洪亮吉撰　清光緒三年至五年(1877－1879)洪用懃授經堂刻本　六十四册

330000－1701－0078354　HJH082.7/3404.2/2/c2　類叢部/叢書類/自著之屬

洪北江全集二十一種　(清)洪亮吉撰　清光緒三年至五年(1877－1879)洪用懃授經堂刻本　六十四册

330000－1701－0078355　HJH082.7/8043/4　類叢部/叢書類/自著之屬

春在堂全書三十四種　(清)俞樾撰　清同治至光緒刻光緒二十五年(1899)彙印本　一百四十一册

330000－1701－0078356　HJH081.07/1137.3/c1、HJH081.07/1137.302/c1、HJH081.07/1137.4/c1、HJH081.07/1137.402/c1　類叢部/叢書類/彙編之屬

昭代叢書合刻十集五百六十種附一種　(清)張潮　(清)張漸編　(清)楊復吉　(清)沈楙悳續編　清道光吳江沈氏世楷堂刻本　一百四十六册　存四百十二種附一種

330000－1701－0078357　HJH081.07/3164/c2　類叢部/叢書類/彙編之屬

荔牆叢刻十三種　(清)汪曰楨編　清同治至光緒烏程汪氏刻本　十六册

330000－1701－0078358　HJH081.07/4440　類叢部/叢書類/彙編之屬

清頌堂叢書八種　(清)黄奭編　清道光甘泉黄氏刻本　十八册

330000－1701－0078359　HJH081.07/4984/c2　子部/儒家類/儒學之屬

沈余遺書三種　(清)趙舒翹編　清光緒二十二年(1896)江蘇書局刻本　四册

330000－1701－0078365　HJH081.243/0025/2　類叢部/叢書類/郡邑之屬

湖州叢書十二種　(清)陸心源編　清光緒湖城義塾刻本　十六册

330000－1701－0078367　HJH081.241/0025/c4　類叢部/叢書類/郡邑之屬

武林掌故叢編一百八十七種　(清)丁丙編　清光緒三年至二十六年(1877－1900)錢塘丁氏嘉惠堂刻本　二百八册　缺一卷(湖山百詠一)

330000－1701－0078369　HJH081.241/0025.3/c3　類叢部/叢書類/郡邑之屬

武林往哲遺箸五十二種後編十種　(清)丁丙編　清光緒二十年至二十六年(1894－1900)錢塘丁氏嘉惠堂刻本　三十二册　存後編十種

330000－1701－0078370　HJH081.241/0025.2/(2)　類叢部/叢書類/郡邑之屬

武林往哲遺箸五十二種後編十種　(清)丁丙編　清光緒二十年至二十六年(1894－1900)錢塘丁氏嘉惠堂刻本　六十四册　缺後編十種

330000－1701－0078371　HJH081.241/0025.2/(2)/c2　類叢部/叢書類/郡邑之屬

武林往哲遺箸五十二種後編十種　(清)丁丙編　清光緒二十年至二十六年(1894－1900)錢塘丁氏嘉惠堂刻本　六十四册　缺後編十種

330000－1701－0078372　HJH081.241/0025.3/c5　類叢部/叢書類/郡邑之屬

武林往哲遺箸五十二種後編十種　(清)丁丙

編　清光緒二十年至二十六年(1894－1900)錢塘丁氏嘉惠堂刻本　三十二册　存後編十種

330000－1701－0078373　G002714　史部/雜史類/斷代之屬
金陵兵事彙畧四卷　(清)李圭撰　清光緒十三年(1887)甬上寓齋刻本　二册

330000－1701－0078375　G602921　集部/别集類/清别集
知悔齋詩稿八卷續稿二卷　(清)張士寬撰　清咸豐七年(1857)、同治十三年(1874)刻本　二册

330000－1701－0078376　G602922　集部/别集類/清别集
漁洋山人精華錄訓纂十卷目錄二卷自撰年譜二卷　(清)王士禛撰　(清)惠棟注補　**金氏精華錄箋註辯訛一卷**　(清)惠棟撰　清乾隆惠氏紅豆齋刻本　一册　存一卷(六)

330000－1701－0078378　G602923、G609838　史部/傳記類/總傳之屬/文苑
湖海詩傳小傳六卷　(清)王昶撰　清光緒四年(1878)上海淞隱閣鉛印本　二册

330000－1701－0078379　G602924、G603544、G609379、G609380　史部/詔令奏議類/奏議之屬
彭剛直公奏稿八卷　(清)彭玉麟撰　(清)俞樾輯　清末鉛印本　四册

330000－1701－0078381　G002715　子部/雜著類/雜纂
安樂銘不分卷　(清)王正朋輯　**應驗藥方一卷**　(清)王文選錄　清光緒六年(1880)刻本　一册

330000－1701－0078382　G602925、G610493　集部/小説類/短篇之屬
滑稽小説世界奇聞初集四卷二集四卷　(清)午夢菴輯　清光緒三十四年(1908)石印本　四册

330000－1701－0078383　HJLB199　子部/儒家類/儒學之屬/蒙學
白話解説□□卷　清末石印本　一册　存三卷(物類初編一、二編一,人類二編一)

330000－1701－0078385　G002579、G006121　子部/藝術類/書畫之屬/畫譜
任渭長先生畫傳四種　(清)任熊繪　清光緒十二年(1886)上海同文書局石印本　四册

330000－1701－0078386　G602926　史部/傳記類/别傳之屬/事狀
義民包立身事略一卷附錄一卷　(清)包祖清編　清宣統三年(1911)鉛印本　一册

330000－1701－0078387　G604418　史部/地理類/山川之屬/水志
西湖志四十八卷　(清)李衛　(清)程元章修　(清)傅王露纂　清光緒四年(1878)浙江書局刻本　十九册　存四十六卷(一至九、十二至四十八)

330000－1701－0078388　G002716　經部/孝經類/傳説之屬
孝經一卷　(唐)玄宗李隆基注　清末李光明莊刻本　一册

330000－1701－0078390　G002655　集部/曲類/曲韻曲譜曲律之屬
太古傳宗琵琶調西廂記曲譜二卷宮詞曲譜二卷弦索調時劇新譜二卷　(清)湯斯質輯　(清)朱廷鏐　(清)朱廷璋重訂　清乾隆十四年(1749)允祿刻本　八册

330000－1701－0078391　G602927、G606130、G609415　經部/群經總義類/傳説之屬
十三經札記二十二卷附十六卷　(清)朱亦棟撰　清光緒四年(1878)武林竹簡齋刻本　四册　缺五卷(羣書札記一至三、六至七)

330000－1701－0078392　G604419、G605108　史部/地理類/山川之屬/水志
西湖志四十八卷　(清)李衛　(清)程元章修　(清)傅王露纂　清光緒四年(1878)浙江書局刻本　二册　存六卷(七至九、二十四至二十六)

330000－1701－0078393　G604420、G604427　經部/叢編

通志堂經解一百四十種　(清)納蘭成德輯　清康熙十九年(1680)納蘭成德刻本　二十六冊　存十三種

330000－1701－0078394　G602928　類叢部/叢書類/自著之屬

紫薇花館集七種　(清)王廷鼎撰　清光緒十七年(1891)刻本　一冊　存一種

330000－1701－0078395　G002717　子部/藝術類/遊藝之屬/棋弈

桃花泉奕譜二卷　(清)范世勳撰　清刻本　一冊

330000－1701－0078397　G602929、G608890、G607300　類叢部/叢書類/自著之屬

期不負齋全集二種　(清)周家楣撰　清光緒二十一年(1895)刻本　七冊　缺二卷(政書七至八)

330000－1701－0078399　G002580　史部/地理類/外紀之屬

南洋通志不分卷　(清)任壽華撰　清末石印本　一冊

330000－1701－0078400　G602930、G608763、G602374　類叢部/叢書類/自著之屬

潛園總集十七種　(清)陸心源撰　清同治至光緒刻本　三冊　存一種

330000－1701－0078401　G604421、G604503、G606437　史部/政書類

九通　(清)□□輯　清光緒八年至二十二年(1882－1896)浙江書局刻本　四十二冊　存一種

330000－1701－0078402　HJLB217　新學/商務/商學

萬國商業地理志不分卷　(英國)嘉楂德撰　(清)上海廣智書局譯　清光緒二十八年(1902)上海廣智書局石印本　一冊

330000－1701－0078404　G002581　史部/地理類/雜志之屬

杭州府鄉土歷史歌二卷　(清)彪蒙編譯所編輯　清光緒三十四年(1908)上海彪蒙書室石印本　章濟安題記　一冊

330000－1701－0078405　G604422　史部/地理類/方志之屬/郡縣志

光緒蘭谿縣志八卷首一卷　(清)秦簧　(清)邵秉經修　(清)唐壬森纂　清光緒十三年至十五年(1887－1889)刻本　四冊

330000－1701－0078407　HJHB218　史部/地理類/總志之屬

地學歌略一卷　葉瀚　葉瀾撰　清光緒二十四年(1898)刻本　一冊

330000－1701－0078409　G604423　子部/藝術類/遊藝之屬/聯語

楹聯叢話十二卷續話四卷　(清)梁章鉅輯　清道光二十年(1840)桂林署齋刻本　一冊　存六卷(一至六)

330000－1701－0078410　G602931　集部/別集類/清別集

澤雅堂文集八卷　(清)施補華撰　清光緒二十二年(1896)陸心源刻本　沈盦題記　二冊

330000－1701－0078414　G005677　子部/農家農學類/農藝之屬/烹調

隨園食單一卷　(清)袁枚撰　清刻本　一冊

330000－1701－0078415　HJHB220　集部/別集類/清別集

曲園四書文一卷　(清)俞樾撰　清光緒十四年(1888)刻本　一冊

330000－1701－0078417　G002656　集部/別集類/清別集

松壽堂詩鈔十卷　陳夔龍撰　清宣統三年(1911)京師刻本　四冊

330000－1701－0078418　G002582　子部/醫家類/綜合之屬/雜著

抉瘾芻言一卷　杜鍾駿撰　清宣統京華印書局鉛印本　一冊

330000－1701－0078421　G002718　史部/地

理類/方志之屬/郡縣志
[嘉慶]新疆要畧四卷 (清)祁韻士輯 清光緒二十一年(1895)鴻寶書局石印本 二冊

330000－1701－0078425 G602932 新學/醫學/衛生學
生理衛生新教科書不分卷 (日本)日本繁雄 (日本)高橋本吉撰 董康譯 清光緒三十三年(1907)杭州學校用品店鉛印本 一冊

330000－1701－0078427 HJLB208 新學/政治法律/政治
政治學二卷 (清)南弘 (清)陳訓旭譯 清光緒三十二年(1906)金陵江楚編譯官書局石印本 一冊

330000－1701－0078431 G602933 子部/醫家類/溫病之屬/瘟疫
瘟疫條辨摘要不分卷 (清)吕田輯 清光緒十五年(1889)浙江書局刻本 一冊

330000－1701－0078432 HJHB211 史部/編年類/通代之屬
御批歷代通鑑輯覽一百二十卷 (清)傅恒等撰 清鉛印本 二冊 存十卷(六十一至六十五、八十一至八十五)

330000－1701－0078433 G002720、G006833 子部/小說家類/異聞之屬
北東園筆錄初編六卷續編六卷三編六卷四編六卷 (清)梁恭辰撰 清同治五年(1866)汴城許義文齋刻字店刻本 八冊

330000－1701－0078434 G602934 子部/醫家類/喉科口齒之屬
重樓玉鑰一卷 (清)鄭宏綱撰 **洞主仙師白喉治法忌表抉微一卷** (清)徐鄂輯並注 清光緒二十六年(1900)杭州刻本 一冊

330000－1701－0078436 G002583 子部/藝術類/篆刻之屬/印譜
慎思堂印譜二卷 (清)黄鷊篆 (清)張學宗輯 清咸豐五年(1855)鈐印本 二冊

330000－1701－0078437 HJHB222 集部/總集類/彙編之屬
四十家文稿 清光緒四明茹古齋石印本 一冊 存二種

330000－1701－0078438 G600558 史部/地理類/方志之屬/郡縣志
[同治]長興縣志三十二卷 (清)趙定邦修 (清)周學濬 (清)丁寶書纂 **[光緒]長興志拾遺二卷首一卷** (清)朱鎮纂 清同治十三年至光緒元年(1874－1875)刻十八年(1892)邵同珩、孫德祖增補重校刻本{[光緒]長興志拾遺爲清光緒二十三年(1897)刻本} 二十三冊

330000－1701－0078441 HJLB209 子部/醫家類/婦科之屬/產科
吾妻鏡一卷 (清)楊龔撰 清光緒二十七年(1901)鉛印本 一冊

330000－1701－0078442 G602935、G608581、G609763 類叢部/叢書類/郡邑之屬
台州叢書(名山堂叢書)九種 (清)宋世犖編 清嘉慶至道光臨海宋氏刻本 五冊 存二種

330000－1701－0078447 G600559 史部/地理類/方志之屬/郡縣志
光緒蘭谿縣志八卷首一卷附補遺一卷 (清)秦簧 (清)邵秉經修 (清)唐壬森纂 清光緒十三年至十五年(1887－1889)刻十七年(1891)增刻本 十冊

330000－1701－0078448 G002721 經部/小學類/文字之屬
益幼雜字一卷 清刻本 一冊

330000－1701－0078449 G604425 集部/詩文評類/詩評之屬
緝雅堂詩話二卷 (清)潘衍桐撰 清光緒十七年(1891)杭州刻本 一冊

330000－1701－0078450 HJLB223 新學/史志/政記
新譯列國歲計政要三卷 傅運森 白作霖 張相文譯纂 清光緒二十七年(1901)海上譯社鉛印本 一冊 存一卷(一)

330000－1701－0078452　HJLB210　子部/藝術類/書畫之屬/書法書品
馮聯棠太史錄書譜一卷　（清）馮文蔚書　清上海著易堂書局石印本　一冊

330000－1701－0078457　HJHB216　集部/别集類/清别集
欒鈞文集□□卷　（清）欒鈞撰　清刻本　一冊　存一卷（二）

330000－1701－0078458　G602937　經部/小學類/文字之屬/説文
説文解字義證五十卷　（清）桂馥撰　清同治九年（1870）湖北崇文書局刻本　一冊　存一卷（十）

330000－1701－0078459　G600560　集部/詞類/别集之屬
彊邨詞四卷　朱祖謀撰　清光緒三十一年（1905）刻本　一冊　存三卷（一至三）

330000－1701－0078460　G002657　新學/格致總
西學關鍵八卷　（英國）勃利物撰　（法國）馬雅婀增　（清）李杕譯　清光緒二十九年（1903）鴻寶齋石印本　四冊

330000－1701－0078461　G604426　史部/政書類/通制之屬
建炎以來朝野雜記甲集二十卷乙集二十卷　（宋）李心傳撰　清刻本　十二冊

330000－1701－0078462　G002584　史部/傳記類/别傳之屬/事狀
嘉善江東山先生悼詞彙錄不分卷　清宣統二年（1910）嘉郡振新社鉛印本　一冊

330000－1701－0078464　G602938、G609403　史部/目録類/總録之屬/地方
廣雅書院藏書目錄七卷附廣雅書院督署發存書籍目錄一卷　（清）朱一新編　（清）廖廷相重編　清光緒二十七年（1901）廣雅書局刻本　三冊

330000－1701－0078465　G600561　史部/地理類/山川之屬/山志
京口三山志　（清）□□輯　清同治至光緒刻本　六冊　存一種

330000－1701－0078466　HJLB224　子部/藝術類/書畫之屬/書法書品
曾惠敏公四體書法不分卷　（清）曾紀澤書　清光緒十六年（1890）上海鴻寶齋石印本　二冊

330000－1701－0078467　G607617、G602939、G600370、G610215、G608976　史部/目録類/書志之屬/提要
愛日精廬藏書志三十六卷續志四卷　（清）張金吾藏並撰　清道光七年（1827）昭文張氏愛日精廬刻本　十冊

330000－1701－0078469　G602940　類叢部/叢書類/彙編之屬
邵武徐氏叢書二集八種　（清）徐幹編　清光緒邵武徐氏刻本　一冊　存一種

330000－1701－0078470　HJHB206　經部/群經總義類
書經合纂大成六卷　清末石印本　一冊　存二卷（一至二）

330000－1701－0078472　G601720　集部/别集類/明别集
歐陽南野先生文集五卷　（明）歐陽德撰（明）李春芳選　清道光十五年（1835）蜀江書室刻民國六年（1917）印本　四冊

330000－1701－0078473　G002722　史部/傳記類/别傳之屬/事狀
柳如是事輯一卷　（清）懷圃居士輯　清光緒二十九年（1903）郭博古齋刻本　一冊

330000－1701－0078474　G600563　集部/别集類/清别集
雲錦天衣集二卷　（清）鄒寶僡撰　清光緒十一年（1885）刻本　二冊

330000－1701－0078476　G602941、G608798　史部/傳記類/總傳之屬/忠孝
勝朝殉揚錄三卷　（清）劉寶楠輯　清同治十年（1871）淮南書局刻本　二冊

330000－1701－0078478　G600564　集部/別集類/清別集
募梅精舍詩存三卷　(清)釋徹凡撰　清咸豐七年(1857)南湖興教禪院刻本　一册

330000－1701－0078479　G002723　子部/農家農學類/農藝之屬/農曆農諺
卜歲恒言二卷　(清)吳鵠撰　清光緒四年(1878)淑園刻本　一册

330000－1701－0078480　G002585　子部/醫家類/婦科之屬
寧坤秘笈三卷附濟世論一卷任氏世傳傷寒祕方一卷　(清)竹林寺僧撰　清同治七年(1868)致和堂刻本　宣盛瑞題記　一册

330000－1701－0078482　G602942、G608701、G609358、G607799、G610404　集部/别集類/唐五代别集
韓筆酌蠡三十卷　(唐)韓愈撰　(清)盧軒編　清雍正八年(1730)歙州程崟刻乾隆十四年(1749)重修本　十二册

330000－1701－0078483　G600565　集部/别集類/清别集
遠邨唫藁一卷　(清)陳鑑撰　清同治十三年(1874)陳行端刻本　一册

330000－1701－0078484　M003896　子部/叢編
子書百家　(清)崇文書局編　清光緒元年(1875)湖北崇文書局刻民國元年(1912)鄂官書處重印本　一册　存一種

330000－1701－0078486　G602943、G608856、G609692　子部/雜著類/雜考之屬
癸巳類稿十五卷　(清)俞正燮撰　清道光十三年(1833)王藻求日益齋刻本　四册　存八卷(三至四、九至十四)

330000－1701－0078487　HJLB214　新學/議論/論政
公民必讀初編一卷二編一卷　孟昭常撰　清光緒三十三年(1907)預備立憲公會鉛印本　一册　存一卷(初編)

330000－1701－0078488　G601721　類叢部/叢書類/自著之屬
師鄭所著書　孫雄撰　清末石印本　一册　存一種

330000－1701－0078489　G002586、G006173　集部/小說類/長篇之屬
增圖石頭記後編八卷三十二回　(清)□□撰　清古越誦芬閣鉛印本　四册

330000－1701－0078491　G602944　類叢部/叢書類/彙編之屬
振綺堂叢書初集十種二集十二種　(清)□□輯　清光緒二十年(1894)、宣統二年(1910)泉唐汪氏刻本暨鉛印本　一册　存二集二種

330000－1701－0078493　G601722　集部/别集類/清别集
味諫果齋詩集六卷文集二卷别集二卷外集一卷詩餘一卷　(清)王汝金撰　(清)戴元謙編　清光緒八年(1882)錢江刻本　三册　存三卷(詩集一至三)

330000－1701－0078494　G602945、G603241　集部/别集類/清别集
補松廬詩錄六卷　吳慶坻撰　清宣統三年(1911)湖南學務公所鉛印本　二册

330000－1701－0078495　G601723　史部/傳記類/科舉録之屬/總録
國朝兩浙科名錄不分卷(清順治三年丙戌科至光緒二年丙子科)　(清)黄安綬輯　清咸豐七年(1857)至光緒遞刻本　二册

330000－1701－0078496　G602946　類叢部/叢書類/彙編之屬
槐廬叢書四十六種　(清)朱記榮編　清光緒三年至十五年(1877－1889)吳縣朱氏槐廬家塾刻本　一册　存一種

330000－1701－0078497　G601724　史部/傳記類/總傳之屬/斷代
思舊錄一卷　(清)黄宗羲撰　清光緒五年(1879)餘姚黄氏五桂樓刻本　一册

330000－1701－0078498　G602947　集部/别

集類/清別集

道古堂集外詩二卷附錄一卷　（清）杭世駿撰　清光緒十三年(1887)錢塘丁氏當歸草堂刻本　一冊

330000－1701－0078499　G602948　史部/地理類/外紀之屬

歐游隨筆二卷　（清）錢德培撰　清光緒木活字印本　一冊　存一卷(下)

330000－1701－0078500　G601725、G611634　類叢部/叢書類/彙編之屬

漸西村舍彙刊(漸西村舍叢刻)四十四種　（清）袁昶編　清光緒十六年至二十四年(1890－1898)桐廬袁氏刻本　九冊　存三種

330000－1701－0078501　G602949、G609624　類叢部/叢書類/自著之屬

耐安類稿五種　（清）陳偉撰　清光緒二十二年(1896)梅叔瀚等刻本　六冊

330000－1701－0078502　G601726　類叢部/叢書類/彙編之屬

滂喜齋叢書五十種　（清）潘祖蔭編　清同治至光緒吳縣潘氏京師刻本　一冊　存一種

330000－1701－0078503　G602950、G604634、G602480、G609345、G609781、G610216　經部/叢編

拜經堂叢書十種　（清）臧琳　（清）臧庸撰　清乾隆至嘉慶武進臧氏同述觀刻本　十六冊　存一種

330000－1701－0078504　G602951、G610118、G611265　類叢部/叢書類/彙編之屬

廣雅書局叢書一百五十九種　徐紹棨編　清光緒廣雅書局刻民國九年(1920)番禺徐紹棨彙編重印本　八冊　存三種

330000－1701－0078505　G002659　經部/春秋左傳類/傳說之屬

春秋左傳三十卷首一卷　（晉）杜預注　（明）鍾惺評　清刻本　十冊

330000－1701－0078507　G604428、G607130　集部/別集類/清別集

培遠堂手札節存三卷　（清）陳弘謀撰　清光緒二十五年(1899)浙江官書局刻朱墨套印本　三冊

330000－1701－0078508　G604429　集部/總集類/氏族之屬

寧都三魏全集八十三卷　（清）林時益編　清康熙易堂刻本　六冊　存十卷(魏伯子文集一至十)

330000－1701－0078509　G600566　類叢部/叢書類/家集之屬

毘陵徐氏家集　（清）徐堉輯　清光緒六年(1880)濟上刻本　一冊　存二種

330000－1701－0078510　G002724、G005400、G006325、G609439、G008203、G009132　史部/地理類/雜志之屬

越郡闡幽錄十一種　（清）杜寶需等輯　清同治至宣統刻本　十冊　存十種

330000－1701－0078511　G600567　類叢部/叢書類/家集之屬

毘陵徐氏家集　（清）徐堉輯　清光緒六年(1880)濟上刻本　一冊　存二種

330000－1701－0078513　G604430、G607005　集部/總集類/選集之屬/斷代

全唐詩九百卷目錄十二卷　（清）曹寅　（清）彭定求等輯　清康熙四十四年至四十六年(1705－1707)揚州詩局刻本　一百二冊　存五百六十七卷(目録一至十二,第一函第一冊二卷、第二冊七卷、第三冊七卷、第四冊十三卷、第八冊十一卷、第九冊九卷、第十冊五卷,第二函第七冊十二卷、第八冊四卷、第九冊七卷,第三函第一冊五卷、第二冊七卷、第三冊二卷、第四冊二十五卷、第七冊十卷、第八冊六卷、第九冊八卷、第十冊五卷,第四函第一冊十九卷、第五冊五卷、第六冊六卷、第七冊五卷、第八冊十一卷、第九冊六卷、第十冊四卷,第五函第一冊五卷、第二冊六卷、第三冊五卷、第四冊十卷、第五冊六卷、第六冊十卷、第七冊七卷、第八冊十卷、第九冊六卷、第十冊十卷,第六函第一冊八卷、第二冊八卷、第

四册六卷、第五册八卷、第六册五卷、第七册九卷、第八至十册二十八卷，第七函第一册三十九卷、第九册十卷、第十册七卷，第八函第一册八卷、第二册八卷、第三册七卷，第十一函第七册八卷、第八册十三卷、第九册十卷、第十册九卷，第十二函第一册九卷、第二册十一卷、第三册十二卷、第四册十卷、第五册四卷、第六册八卷、第七册九卷、第八册十三卷、第九册七卷、第十册十二卷）

330000－1701－0078514　G002587　史部/政書類/公牘檔冊之屬
江西捐米章程二卷　清同治刻本　二册

330000－1701－0078515　G002588　集部/別集類/清別集
賞眉齋自喜集四卷　（清）王潤撰　清道光二十八年（1848）刻本　二册

330000－1701－0078516　G600568　集部/詩文評類/詩評之屬
對牀夜語五卷　（宋）范晞文撰　清光緒二十三年（1897）錢塘丁氏八千卷樓刻武林往哲遺箸本　狷叟題記　一册

330000－1701－0078517　G600569　集部/別集類/清別集
味靈華館詩六卷　（清）商廷煥撰　清宣統二年（1910）商衍鎏、商衍瀛刻本　一册

330000－1701－0078518　G002589　子部/儒家類/儒學之屬/禮教
弟子箴言十六卷　（清）胡達源撰　清光緒三十一年（1905）上海廣智書局鉛印本　一册

330000－1701－0078520　G002725　史部/政書類/邦計之屬/貿易
貿易須知一卷　（清）王秉元撰　清光緒十五年（1889）刻本　一册

330000－1701－0078521　G600570　史部/地理類/山川之屬/山志
明州阿育王山志十卷　（明）郭子章撰　**明州阿育王山續志六卷**　（清）釋畹荃撰　明萬曆刻清乾隆續刻本　六册

330000－1701－0078523　G002590　集部/詞類/別集之屬
太素齋詞鈔二卷　（清）勒方錡撰　清光緒十年（1884）陳仲泉刻本　二册

330000－1701－0078525　G002726　子部/宗教類/道教之屬
道貫真源十八種　（清）董德寧輯　清乾隆至嘉慶古越集陽樓刻本　四册　存一種

330000－1701－0078526　G600571　子部/天文曆算類/天文之屬
圜天圖說三卷續編二卷首一卷　（清）李明徹撰　清嘉慶二十四年（1819）松梅軒刻道光元年（1821）增刻本　三册　存三卷（續編一至二、首）

330000－1701－0078530　G600572　類叢部/叢書類/郡邑之屬
武林掌故叢編一百八十七種　（清）丁丙編　清光緒三年至二十六年（1877－1900）錢塘丁氏嘉惠堂刻本　一册　存一種

330000－1701－0078531　G002591　類叢部/叢書類/彙編之屬
式訓堂叢書四十一種　（清）章壽康編　清光緒會稽章氏刻本　一册　存二種

330000－1701－0078534　G600573　集部/別集類/清別集
憺園草二卷補遺一卷外集一卷　（清）王錚撰　清道光八年（1828）王氏刻本　一册　存二卷（一至二）

330000－1701－0078536　G600574　子部/藝術類/遊藝之屬/聯語
邵子擊壤集摘聯六卷　（清）邵雍撰　（清）邵同珩輯　清光緒二十三年（1897）經世山房刻本　一册

330000－1701－0078537　G600575　史部/地理類/雜志之屬
浙江全省輿圖並水陸道里記不分卷　（清）宗源瀚等纂　清光緒二十年（1894）石印本　二十册

330000－1701－0078538　G002592　子部/醫家類/兒科之屬/痘疹

痘疹四合全書十卷　(清)吴學損編　清刻本　三册　存三卷(痘疹心法秘本一至三)

330000－1701－0078541　G002593　集部/曲類/寶卷之屬

鸚兒寶卷一卷　清刻本　一册

330000－1701－0078543　G600576　集部/曲類/寶卷之屬

趙氏賢孝寶卷二卷　清光緒刻本　一册

330000－1701－0078544　G002594　子部/藝術類/篆刻之屬/印譜

陶雲汀宫保印存不分卷　清末鈐印本　慰題記　一册

330000－1701－0078547　G002727　經部/四書類/總義之屬/傳説

四書人物類典串珠四十卷　(清)臧志仁輯　清嘉慶刻本　十二册

330000－1701－0078549　G002660　史部/政書類/儀制之屬/專志/謚法

皇朝謚法考五卷續編一卷補編一卷　(清)鮑康輯　**皇朝謚法考續補編一卷**　(清)徐士鑾輯　清同治三年至十一年(1864－1872)刻本　一册

330000－1701－0078550　G600578　類叢部/叢書類/自著之屬

儆居遺書十一種　(清)黄式三撰　清同治至光緒刻本　四册　存一種

330000－1701－0078551　G604431、G608553　集部/别集類/唐五代别集

樊川詩集四卷補遺一卷外集一卷别集一卷　(唐)杜牧撰　(清)馮集梧注　清光緒十六年(1890)湘南書局刻本　四册

330000－1701－0078553　G002595、G003470、G006931、G008243　子部/醫家類/類編之屬

文氏醫方十種彙編　(清)文晟輯　清光緒十年(1884)刻本　四册　存四種

330000－1701－0078554　G600577　類叢部/叢書類/彙編之屬

雙楳景闇叢書十六種　葉德輝編　清光緒至宣統長沙葉氏郎園刻本　一册　存二種

330000－1701－0078556　G604432　集部/别集類/清别集

雪門詩草十四卷　(清)許瑤光撰　清同治十三年(1874)刻本　六册

330000－1701－0078559　G600579、G600617　類叢部/叢書類/自著之屬

儆居遺書十一種　(清)黄式三撰　清同治至光緒刻本　七册　存二種

330000－1701－0078560　G604433、G008392　新學

科學叢書第一集八種　樊炳清編　清光緒二十七年(1901)教育世界出板所石印本　五册　存六種

330000－1701－0078562　G600580　類叢部/叢書類/自著之屬

儆居遺書十一種　(清)黄式三撰　清同治至光緒刻本　一册　存一種

330000－1701－0078564　G002729　子部/天文曆算類/天文之屬

寰宇述要一卷　(清)馬復初撰　清同治元年(1862)刻本　一册

330000－1701－0078566　G600581　類叢部/叢書類/彙編之屬

粤雅堂叢書一百八十五種　(清)伍崇曜編　清道光二十九年至光緒十一年(1849－1885)南海伍氏刻彙印本　一册　存一種

330000－1701－0078567　G002597　子部/藝術類/篆刻之屬/印譜

詩品印譜四卷　(清)翁壽虞篆　清宣統元年(1909)鈐印本　四册

330000－1701－0078568　G604434　類叢部/叢書類/自著之屬

柏堂遺書(方柏堂全集)八種附一種　(清)方宗誠撰　清光緒元年至十二年(1875－1886)

桐城方氏刻本　一冊　存一種

330000－1701－0078572　G002661、G004214　集部/别集類/唐五代别集

李義山詩集三卷　(唐)李商隱撰　(清)朱鶴齡箋注　**李義山詩譜一卷附録諸家詩評一卷**　清刻本　二冊　存二卷(上、下)

330000－1701－0078573　G002730　經部/叢編

十三經註疏　(明)□□輯　明崇禎元年至十二年(1628－1639)毛氏汲古閣刻本　七冊　存一種

330000－1701－0078574　G604435、G605264　史部/地理類/方志之屬/郡縣志

[光緒]青浦縣志三十卷首二卷末一卷　(清)汪祖綬等修　(清)熊其英　(清)邱式金纂　清光緒五年(1879)尊經閣刻本　七冊　存二十卷(一至十二、十七至二十一、二十九至三十、末)

330000－1701－0078575　G002662、G011039　經部/四書類/論語之屬/專著

鄉黨圖考十卷　(清)江永撰　**鄉黨圖考訂訛一卷**　(清)王煥雲等撰　清乾隆三十八年(1773)潛德堂刻本　五冊　存十卷(一至十)

330000－1701－0078577　G600582　類叢部/叢書類/彙編之屬

士禮居叢書二十種　(清)黄丕烈編　清嘉慶至道光黄氏士禮居刻本　一冊　存一種

330000－1701－0078578　G604436　類叢部/叢書類/郡邑之屬

齊魯先喆遺書　清刻本　二冊　存一種

330000－1701－0078580　G604437　子部/雜著類/雜説之屬

榆巢雜識二卷　(清)趙慎畛撰　清光緒浙江官紙總局鉛印本　一冊

330000－1701－0078582　G604438　集部/别集類/清别集

題楹福墨二卷首一卷　(清)孫德祖撰　清光緒二十三年(1897)山陰許仲卿刻寄龕襍著本　微笑生題記　一冊

330000－1701－0078583　G607718　史部/史表類/通代之屬

歷代帝王年表一卷紀元同異攷略一卷　黄大華撰　清光緒二十六年(1900)夢紅豆邨刻本　一冊

330000－1701－0078584　G002663　類叢部/叢書類/自著之屬

王漁洋遺書三十八種　(清)王士禛撰　清刻本　六冊　存一種

330000－1701－0078587　G604440　史部/地理類/山川之屬/山志

西天目祖山志八卷首一卷末一卷補遺一卷　(明)釋廣賓撰　(清)釋際界增訂　清光緒二年(1876)刻本　四冊

330000－1701－0078589　G600583　類叢部/叢書類/自著之屬

春在堂全書三十六種　(清)俞樾撰　清同治至光緒刻光緒末彙印本　八冊　存一種

330000－1701－0078590　G604441　類叢部/叢書類/彙編之屬

申報館叢書正集五十七種附録三種續集一百四十二種　(清)尊聞閣主編　蔡爾康編續集　清同治至光緒上海申報館鉛印本　四冊　存一種

330000－1701－0078592　G600584、G601261　集部/總集類/選集之屬/斷代

湖海詩傳四十六卷　(清)王昶輯　清同治四年(1865)蘇州綠蔭堂刻本　十六冊

330000－1701－0078594　G002598　子部/醫家類/婦科之屬/產科

女科要畧一卷　(清)潘霨輯　清光緒三年(1877)刻本　一冊

330000－1701－0078596　G600585　類叢部/叢書類/彙編之屬

學古堂日記四十種　(清)雷浚　(清)汪之昌編　清光緒十六年(1890)刻二十二年(1896)續刻本　二冊　存一種

330000－1701－0078598　G002599　新學/政治法律/政治

溥通選舉論不分卷　（日本）丸山虎之助撰　（清）季新益編譯　清光緒二十八年（1902）上海開明書店鉛印本　一册

330000－1701－0078600　G002600、G003208　子部/宗教類/佛教之屬/論疏

成唯識論觀心法要十卷　（清）釋智旭撰　清光緒二十六年（1900）揚州藏經院刻本　九册　存九卷（一至六、八至十）

330000－1701－0078602　G600586　類叢部/叢書類/彙編之屬

石研齋校刻書七種　（清）秦恩復編　清嘉慶至道光秦氏石研齋刻本　二册　存一種

330000－1701－0078604　G604448　史部/金石類/金之屬/文字

積古齋鐘鼎彝器款識十卷　（清）阮元　（清）朱爲弼撰　清光緒十九年（1893）上海積山書局石印本　二册　存四卷（三至六）

330000－1701－0078606　G600587　史部/傳記類/總傳之屬/郡邑

蘭谿歷代人物攷一卷　（清）吳演綸撰　清光緒六年（1880）刻本　一册

330000－1701－0078607　G002601　集部/戲劇類/傳奇之屬

白獺傳不分卷　清光緒元年（1875）莫鐘山人抄本　一册

330000－1701－0078609　G600588　史部/地理類/水利之屬

安瀾紀要二卷　（清）徐端撰　清道光九年（1829）刻本　一册

330000－1701－0078610　G002664　類叢部/叢書類/自著之屬

曾文正公全集十六種　（清）曾國藩撰　清同治至光緒傳忠書局刻本　二册　存一種

330000－1701－0078611　G604449　子部/藝術類/書畫之屬/總論

甌鉢羅室書畫過目攷四卷首一卷附一卷　（清）李玉棻撰　清光緒上海鴻文齋石印本　四册

330000－1701－0078612　G002602　集部/總集類/彙編之屬

濬令大伾詩一卷　（清）程光溥撰　**玉洞藏稿一卷**　（清）劉德新撰　**登大伾詩一卷**　（清）官懋斌撰　**聽大伾道士鼓琴奏平沙落雁一卷**　（清）朱鳳森撰　**濬州雜詩五首一卷**　（清）黄璟撰　清光緒刻本　一册

330000－1701－0078616　G600589　集部/别集類/清别集

巢雲閣詩鈔二卷續鈔一卷附集陶律一卷　（清）何綸錦撰　清嘉慶刻本　二册　存二卷（一至二）

330000－1701－0078618　G604451　類叢部/叢書類/自著之屬

西堂全集四種附一種　（清）尤侗撰　清刻本　五册　存一種

330000－1701－0078620　G600590　類叢部/叢書類/彙編之屬

崇文書局彙刻書三十一種　（清）崇文書局編　清光緒元年至三年（1875－1877）湖北崇文書局刻民國元年（1912）鄂官書處重印本　一册　存一種

330000－1701－0078621　G002603　子部/藝術類/書畫之屬/畫法畫品

論畫淺說一卷　海上山英居士輯　清光緒二十三年（1897）上海商務印書館鉛印本　一册

330000－1701－0078622　G002665　集部/總集類/選集之屬/通代

東萊先生古文關鍵二卷　（宋）呂祖謙評　（宋）蔡文子註　（清）徐樹屏考異　清刻本　一册

330000－1701－0078624　G002732　集部/小説類/長篇之屬

續四才子四卷十八回　（清）步月主人撰　清光緒刻本　三册　存三卷（二至四）

330000－1701－0078625　G600591　類叢部/

叢書類/彙編之屬

崇文書局彙刻書三十一種 （清）崇文書局編 清光緒元年至三年（1875－1877）湖北崇文書局刻本 一册 存一種

330000－1701－0078626 G002604、G006268 類叢部/類書類/通類之屬

精選故事黄眉十卷 （明）鄧志謨輯 清刻本 三册 存五卷（六至十）

330000－1701－0078628 G002733 史部/地理類/雜志之屬

新湖南一卷 （清）楊毓麟撰 清光緒二十九年（1903）上海新湖南社鉛印本 一册

330000－1701－0078630 G600592 史部/傳記類/總傳之屬/列女

列女傳八卷 （漢）劉向撰 （清）梁端校注 清道光十七年（1837）錢塘汪氏振綺堂刻同治十三年（1874）汪曾學補刻本 二册

330000－1701－0078631 G002734、G010402 史部/地理類/雜志之屬

新增都門紀略七卷 （清）楊静亭等編 清末榮録堂刻本 三册 存三卷（四至六）

330000－1701－0078633 G002605 類叢部/叢書類/自著之屬

敝帚齋遺書四種四十四卷 （清）徐鼒撰 清光緒三年（1877）六合徐氏刻本 一册 存一種

330000－1701－0078634 G604452 子部/醫家類/綜合之屬/通論

御纂醫宗金鑑九十卷首一卷 （清）吳謙等撰 清刻本 二册 存四卷（十七至二十）

330000－1701－0078635 G002606 史部/職官類

吳門從政錄一卷 陳光淞撰 清宣統三年（1911）江寧印刷廠鉛印本 實甫題記 一册

330000－1701－0078637 G600593 史部/地理類/水利之屬

上虞塘工紀畧二卷續一卷三續一卷 （清）連仲愚撰 清光緒四年（1878）古虞連氏敬睦堂刻本 一册

330000－1701－0078638 G604453、G605856 子部/醫家類/綜合之屬/通論

御纂醫宗金鑑九十卷首一卷 （清）吳謙等撰 清刻本 十七册 存三十七卷（首、一至六、九至十六、十九、三十八至四十七、五十至六十）

330000－1701－0078640 G002666 類叢部/叢書類/彙編之屬

後知不足齋叢書四十七種 （清）鮑廷爵編 清同治至光緒常熟鮑氏刻本 四册 存一種

330000－1701－0078644 G002736 史部/傳記類/科舉録之屬/諸貢録

［宣統己酉科］各行省優貢全錄不分卷 清宣統二年（1910）京師刻本 一册

330000－1701－0078645 G002737 史部/政書類/公牘檔册之屬

生虚白室文甲編一卷 汪鐘霖撰 清光緒三十四年（1908）鉛印本 一册

330000－1701－0078647 M004059 子部/儒家類/儒學之屬/經濟

文中子中說一卷 （隋）王通撰 清光緒元年（1875）湖北崇文書局刻民國元年（1912）鄂官書處重印子書百家本 王張威題記 一册

330000－1701－0078648 G002738 史部/政書類/公牘檔册之屬

紹郡敬敷學堂徵信錄一卷 清光緒刻本 一册

330000－1701－0078650 G002667 子部/藝術類/遊藝之屬/棋弈

奕理析疑不分卷附全局不分卷 （清）臧念宣等撰 清抄本 一册

330000－1701－0078651 G002739 史部/政書類/公牘檔册之屬

宣統二年九月份浙洋中路水師巡防隊第五營員弁舵勇銜名清册一卷 清宣統二年（1910）稿本 一册

330000－1701－0078652　G002607　史部/地理類/遊記之屬/紀行

西樵遊覽記十四卷　(清)劉子秀撰　清乾隆南畬草堂刻道光十三年(1833)南海黄嘉圃、譚葯晨補刻本　四册

330000－1701－0078657　G002668　子部/藝術類/遊藝之屬/棋弈

奕理指歸續編一卷　(清)施紹闇撰　清抄本　一册

330000－1701－0078658　G002740　史部/傳記類/别傳之屬/年譜

重訂朱子[熹]年譜一卷　(清)褚寅亮編　清乾隆四十七年(1782)長洲褚寅亮刻本　一册

330000－1701－0078660　G002741　子部/宗教類/其他宗教之屬/其他

觀音十二圓覺一卷　(清)彭德源撰　清宣統元年(1909)上海翼化堂刻本　一册

330000－1701－0078661　G604442、G602567　集部/别集類/清别集

秋海棠倡和詩集六卷　(清)徐德元編　清乾隆三十六年(1771)刻本　二册　存二卷(一至二)

330000－1701－0078662　G002608　子部/兵家類/兵法之屬

七粒金丹一卷壯膽歌一卷　(清)林之楠撰　清光緒三十年(1904)木活字印本　一册

330000－1701－0078664　G604443　史部/地理類/專志之屬/祠墓

孫氏墓田記一卷　(清)孫德祖撰　清光緒鄞縣翰墨林刻本　一册

330000－1701－0078665　G002742　史部/金石類/錢幣之屬/圖像

古金待問録五卷補遺一卷　(清)朱楓輯　清抄本　一册

330000－1701－0078667　G002609　子部/藝術類/書畫之屬/畫法畫品

遺照摹存不分卷　(清)陳昱摹　清道光十六年(1836)刻本　一册

330000－1701－0078669　G604444　子部/宗教類/佛教之屬/諸宗

靈峰蕅益大師梵室偶談一卷　(清)釋智旭撰　**徹悟禪師語録二卷**　(清)釋際醒説　(清)釋了亮輯　清同治十年(1871)金陵刻本　一册

330000－1701－0078670　G604445　類叢部/叢書類/自著之屬

田園雜著八種　(清)丁午撰　清光緒錢唐丁氏刻本　一册　存一種

330000－1701－0078672　G604446　類叢部/叢書類/自著之屬

正誼堂全集八種　(清)董沛撰　清同治至光緒刻本　六册　存三種

330000－1701－0078674　G002669　集部/曲類/彈詞之屬

新刻秘本唱口金如意全傳七卷新刻秘本唱口報登科全傳七卷新刻秘本唱口花燈樂全傳七卷新刻秘本唱口臥雲峯全傳七卷新刻秘本唱口换玉蚦全傳七卷新刻秘本唱口金桂圖全傳七卷新刻秘本唱口八美團圓全傳七卷　清道光四年(1824)環春閣刻本　十四册

330000－1701－0078676　G600594　類叢部/叢書類/家集之屬

洪氏晦木齋叢書二十種　(清)洪汝奎編　清同治八年至宣統元年(1869－1909)刻本　八册　存二種

330000－1701－0078680　G602952　子部/小説家類/異聞之屬

見聞隨筆二卷　(清)馮甦撰　清嘉慶二十一年(1816)刻本　陳甲林題記　二册

330000－1701－0078681　G600595、G609684　經部/春秋左傳類/傳説之屬

春秋經傳集解三十卷　(晉)杜預撰　(唐)陸德明音義　**春秋年表一卷**　**春秋名號歸一圖二卷**　(五代)馮繼先撰　清光緒三年(1877)永康胡氏退補齋刻本　十一册　缺二卷(二十九至三十)

330000－1701－0078682　G002610、G008852、G009827　集部/别集類/清別集

連雲書屋存稿六卷　(清)焦和生撰　清嘉慶二十年(1815)刻本　四冊

330000－1701－0078684　G600596　史部/地理類/山川之屬/水志

揚州水道記四卷　(清)劉文淇撰　清道光十七年(1837)欲寡過齋刻同治十一年(1872)淮南書局補刻本　二冊

330000－1701－0078685　G604454　類叢部/叢書類/郡邑之屬

畿輔叢書　(清)王灝編　清光緒五年至十八年(1879－1892)定州王氏謙德堂刻三十二年(1906)彙印本(元和郡縣圖志卷十九至二十、二十三至二十四、三十五至三十六)　十三冊　存三種

330000－1701－0078686　G600597　史部/傳記類/總傳之屬/家乘

[浙江永康]應氏先型錄六卷首一卷　(清)應正祿等纂修　**芝英應氏家規一卷**　(清)應杰撰　清同治五年(1866)上海道署刻本　一冊

330000－1701－0078687　G600598　類叢部/叢書類/彙編之屬

學津討原一百七十三種　(清)張海鵬編　清嘉慶十年(1805)虞山張氏照曠閣刻本　一冊　存三種

330000－1701－0078689　G002611、G002944、G004093　史部/紀事本末類/通代之屬

通鑑紀事本末四十二卷　(宋)袁樞撰　明末刻本　四十六冊　存四十一卷(一至十二、十四至四十二)

330000－1701－0078691　G600599　子部/叢編

子書百家　(清)崇文書局編　清光緒元年(1875)湖北崇文書局刻本　一冊　存二種

330000－1701－0078694　G002670　經部/禮記類/傳說之屬

潄芳軒合纂禮記體註四卷　(清)范翔撰　清道光二十年(1840)刻本　一冊　存二卷(一至二)

330000－1701－0078695　G600600　經部/小學類/文字之屬/字書

小學答問一卷　章炳麟撰　清宣統元年(1909)刻本　一冊

330000－1701－0078696　G601727、G601963　集部/别集類/清別集

可久長室詩存六卷　(清)吳宗麟撰　清咸豐十年(1860)上海刻本　二冊

330000－1701－0078697　G002743　子部/儒家類/儒學之屬/蒙學

學堂日記圖說一卷　(清)梁溪晦齋氏輯　清光緒二十四年(1898)武林竹簡齋石印本　一冊

330000－1701－0078700　G002671　子部/雜著類/雜纂之屬

槎溪老人文選不分卷　(清)槎溪老人輯　清抄本　四冊

330000－1701－0078701　G002744　集部/别集類/清別集

陸氏雪莊集五卷附遺橘草堂偶錄杏北詩稿一卷　(清)陸榮科撰　清光緒二十年(1894)稿本　六冊

330000－1701－0078702　G600601　類叢部/叢書類/自著之屬

春在堂全書三十六種　(清)俞樾撰　清同治至光緒刻光緒末彙印本　一冊　存一種

330000－1701－0078703　G601728　集部/總集類/選集之屬/斷代

唐中興間氣集二卷　(唐)高仲武輯　清光緒十九年(1893)武進費氏影宋刻本　二冊

330000－1701－0078706　G600602　類叢部/叢書類/彙編之屬

花雨樓叢鈔十一種續鈔十一種附一種　(清)張壽榮編　清光緒八年至十四年(1882－1888)蛟川張氏花雨樓刻本　一冊　存一種

330000－1701－0078708　G002672　類叢部/叢書類/彙編之屬

唐人說薈一百六十四種　（清）陳世熙編　清宣統三年（1911）上海掃葉山房石印本　十六冊

330000－1701－0078709　G601729　史部/政書類/儀制之屬/典禮

聖廟祀典圖考五卷聖蹟圖一卷孟子聖蹟圖一卷　（清）顧沅撰　清道光六年（1826）吳門賜硯堂顧氏刻本　五冊　存五卷（一至五）

330000－1701－0078711　G600603　類叢部/叢書類/彙編之屬

武英殿聚珍版書五十三種　清同治十三年（1874）江西書局刻本　二十八冊　存二十種

330000－1701－0078713　G002745、G007875　類叢部/叢書類/彙編之屬

申報館叢書正集五十七種附錄三種續集一百四十二種　（清）尊聞閣主編　蔡爾康編續集　清同治至光緒上海申報館鉛印本　十冊　存一種

330000－1701－0078715　G601730　類叢部/叢書類/彙編之屬

後知不足齋叢書四十七種　（清）鮑廷爵編　清同治至光緒常熟鮑氏刻本　一冊　存一種

330000－1701－0078716　普951.079/7242　史部/雜史類/斷代之屬

劉大將軍臺戰實紀六卷　清光緒二十一年（1895）石印本　一冊　存"亨"冊葉十六至三十二

330000－1701－0078717　G604455　類叢部/叢書類/自著之屬

潛園總集十七種　（清）陸心源撰　清同治至光緒刻本　一冊　存一種

330000－1701－0078718　普951.079/7242.02　史部/雜史類/斷代之屬

劉大將軍戰書　清光緒石印本　一冊　存一種

330000－1701－0078719　G604456　史部/傳記類/別傳之屬/事狀

欽旌節烈樓母李太宜人家傳題辭一卷　（清）樓壽康輯　清光緒二十五年（1899）刻本　一冊

330000－1701－0078722　G602953、G603099　子部/雜著類/雜考之屬

義門讀書記五十八卷　（清）何焯撰　（清）蔣維鈞輯　清乾隆三十四年（1769）刻本　二冊　存十卷（昌黎集一至五、文選一至五）

330000－1701－0078723　G604457　類叢部/叢書類/彙編之屬

武英殿聚珍版書一百四十八種　清乾隆四十二年（1777）福建刻道光至同治遞修光緒二十一年（1895）增刻本　五冊　存三種

330000－1701－0078724　G602954、G609220、G609928　集部/總集類/選集之屬/通代

重訂歷朝詩選簡金集八卷　（清）章薇輯　（清）章深重編　清乾隆五十九年（1794）刻本　四冊

330000－1701－0078725　普951.079/7242.03　史部/雜史類/斷代之屬

劉大將軍平倭百戰百勝圖說不分卷　（清）藜床舊主撰　清光緒二十一年（1895）石印本　四冊

330000－1701－0078726　G602955　類叢部/叢書類/彙編之屬

半厂叢書初編十種　（清）譚獻編　清同治至光緒仁和譚氏刻本　十冊　存一種

330000－1701－0078728　G002839　史部/政書類/邦交之屬

邊防關係交涉書一卷續編一卷敘例一卷英人楊哈思班游記一卷英人戈登游記一卷　（英國）馬文撰　（英國）羅亨利譯　（清）瞿昂來譯　清光緒二十七年（1901）三借廬刻本　一冊

330000－1701－0078729　G602956、G608881、G611997、G610604　類叢部/類書類/通類之屬

小知錄十二卷　(清)陸鳳藻輯　清同治十二年(1873)淮南書局刻本　四册

330000－1701－0078732　G604458　類叢部/叢書類/自著之屬

船山遺書五十八種　(清)王夫之撰　清同治四年(1865)湘鄉曾國荃金陵刻本　六册　存一種

330000－1701－0078733　G602957、G608757　類叢部/類書類/通類之屬

省軒考古類編十二卷　(清)柴紹炳撰　(清)姚廷謙評　清雍正四年(1726)鐵嶺高氏雲間刻本　三册　存三卷(二、四、十二)

330000－1701－0078734　普951.079/7242.2　史部/雜史類/斷代之屬

劉大將軍平倭戰記□□卷　(清)寰宇義民輯　清末寰宇義民石印本　二册　存四卷(初集上下、四集上下)

330000－1701－0078736　G002746、G010121、G009426　子部/藝術類/書畫之屬

詩畫舫六卷　(清)點石齋輯　清光緒十四年(1888)上海點石齋石印本　六册

330000－1701－0078738　G002841　集部/曲類/寶卷之屬

雙金花一卷　清光緒二十九年(1903)沈洪元抄本　薛耀祖題記　一册

330000－1701－0078739　G602958、G608735、G610242　集部/别集類/清别集

慎其餘齋文集二十卷末一卷　(清)王贈芳撰　清咸豐四年(1854)吉安王氏留香書屋刻本　六册

330000－1701－0078741　G601731　集部/詩文評類/詩評之屬

緝雅堂詩話二卷　(清)潘衍桐撰　清光緒十七年(1891)杭州刻本　一册

330000－1701－0078742　G604459　類叢部/叢書類/彙編之屬

說郛一百二十弓　(明)陶宗儀編　(明)陶珽等重編　明末刻清順治三年(1646)兩浙督學周南李際期宛委山堂印本　一册　存三種

330000－1701－0078743　G602959　史部/雜史類/斷代之屬

武川寇難詩草一卷　(清)何德潤撰　清光緒十三年(1887)刻本　一册

330000－1701－0078744　G002842　類叢部/類書類/通類之屬

註釋白眉故事十卷　(明)許以忠集　(清)鄧志謨校　清康熙四十一年(1702)聚錦堂刻本　五册　存九卷(一至九)

330000－1701－0078745　普951.079/9200　史部/編年類/斷代之屬

[光緒朝]東華續錄二百二十卷　朱壽朋編　清宣統元年(1909)上海集成圖書公司鉛印本　六十四册

330000－1701－0078747　G602960、G602961、G609092、G609539　類叢部/叢書類/彙編之屬

漸西村舍彙刊(漸西村舍叢刻)四十四種　(清)袁昶編　清光緒十六年至二十四年(1890－1898)桐廬袁氏刻本　七册　存四種

330000－1701－0078748　G601732　史部/金石類/總志之屬/圖像

求古精舍金石圖四卷　(清)陳經撰　清嘉慶十八年至二十二年(1813－1817)烏程陳經說劍樓刻本　三册　存三卷(一至三)

330000－1701－0078749　G002747、G002748、G002749　類叢部/叢書類/彙編之屬

武英殿聚珍版書三十九種　清乾隆浙江刻本　七册　存三種

330000－1701－0078750　G600604　史部/政書類/通制之屬

二十四史九通政典類要合編三百二十卷　(清)黄書霖輯　清光緒二十八年(1902)約雅堂石印本　三十一册　存一百七十五卷(一至一百六十二、二百二十七至二百三十九)

330000－1701－0078751　G002843　子部/宗教類/佛教之屬/經疏

大方廣圓覺修多羅了義經略疏二卷　（唐）釋宗密撰　清光緒三十年（1904）揚州藏經院刻本　二册

330000－1701－0078753　G602962、G608909　類叢部/叢書類/自著之屬

觀古堂所著書二十種　葉德輝撰　清光緒長沙葉氏刻本　二册　存一種

330000－1701－0078755　普951.079/9911　史部/詔令奏議類/詔令之屬

諭旨一卷（光緒八年正月初一至十二月二十九日）　清光緒鉛印本　一册

330000－1701－0078756　G002673、G002674、G002675　集部/詩文評類/詩評之屬

朱氏四種　（清）朱玹輯　清刻本　三册

330000－1701－0078757　M003938、M004180　子部/醫家類/類編之屬

陳修園醫書四十八種　（清）陳念祖等撰　清光緒上海文盛書局石印本　二十一册　存四十七種

330000－1701－0078758　G002844　集部/曲類/寶卷之屬

新刻説唱金鳳寶卷二卷　清宣統三年（1911）上海聚元堂書局石印本　一册

330000－1701－0078759　G602963、G603123、G605953、G608904、G609710、G612368　集部/詩文評類/郡邑之屬

全浙詩話五十四卷　（清）陶元藻輯　（清）陶廷珍　（清）陶廷琡編　清乾隆五十九年至嘉慶元年（1794－1796）怡雲閣刻本　十九册　存五十一卷（一至七、十一至五十四）

330000－1701－0078760　G002845　史部/地理類/遊記之屬

萍遊摭略不分卷　（清）魏錫琦撰　清刻本　一册

330000－1701－0078761　G604460　史部/政書類/儀制之屬/專志/科舉校規

學部第一次審定初等小學暫用書目表一卷　（清）學部編　清光緒三十二年（1906）學部鉛印本　一册

330000－1701－0078762　G602964　子部/儒家類/儒學之屬/勸學

輶軒語七卷　（清）張之洞撰　清光緒二年（1876）退補齋刻本　一册

330000－1701－0078764　G604461　子部/叢編

二十二子（二十二子彙函）　（清）浙江書局編　清光緒元年至三年（1875－1877）浙江書局刻本　一册　存一種

330000－1701－0078765　G002750　史部/傳記類/總傳之屬/列女

海上名花四季大觀四卷　清光緒石印本　二册

330000－1701－0078766　普951.079/99111　史部/政書類/公牘檔冊之屬

申誡告示不分卷　清光緒刻本　一册

330000－1701－0078767　G602965、G603838、G610619　子部/雜著類/雜纂之屬

翼教叢編六卷附一卷　蘇輿輯　清光緒二十四年（1898）武昌刻本　三册

330000－1701－0078768　G002846　新學/幼學

繪圖時務三字經一卷　（清）奎照樓編　清光緒三十二年（1906）上海奎照樓書坊石印本　一册

330000－1701－0078769　G609231、G602966、G603486、G608206　集部/總集類/課藝之屬

越輶采風錄四卷　瞿鴻禨編　清光緒十四年（1888）刻本　四册

330000－1701－0078771　G002676　類叢部/類書類/專類之屬

新纂氏族箋釋八卷　（清）熊峻運輯　清文秀堂刻本　四册

330000－1701－0078772　G602968、G609638　類叢部/叢書類/自著之屬

曾文正公全集十六種　（清）曾國藩撰　清同

治至光緒傳忠書局刻本　五冊　存一種

330000－1701－0078773　G601733　集部/別集類/清別集

漁洋山人精華錄訓纂十卷目錄二卷自撰年譜二卷補十卷　(清)王士禛撰　(清)惠棟注補　**金氏精華錄箋註辯訛一卷**　(清)惠棟撰　清光緒十七年(1891)會稽徐氏述史樓刻本　十冊　存十一卷(一至九、目錄一至二)

330000－1701－0078774　G602967　類叢部/類書類/專類之屬

子史精華一百六十卷　(清)吳士玉　(清)吳襄等輯　清刻本　一冊　存二卷(一百七至一百八)

330000－1701－0078775　G002751　史部/傳記類/總傳之屬/儒林

國朝漢學師承記八卷經師經義目錄一卷宋學淵源記二卷附記一卷　(清)江藩撰　清光緒二十二年(1896)寶慶勸學書社刻本　四冊

330000－1701－0078776　G604462　經部/叢編

通志堂經解一百四十種　(清)納蘭成德輯　清康熙十九年(1680)納蘭成德刻本　一冊　存一種

330000－1701－0078778　G002847　子部/儒家類/儒學之屬/蒙學

龍文鞭影二卷二集二卷　(清)李暉吉　(清)徐瓚輯　清末石印本　一冊　存二卷(二集上、下)

330000－1701－0078780　普951.079/9913/c2　類叢部/叢書類/自著之屬

丁文誠公遺集二種　(清)丁寶楨撰　清光緒丁體常京師刻本　二十七冊　存一種

330000－1701－0078781　G601734　集部/別集類/清別集

漁洋山人精華錄訓纂十卷目錄二卷自撰年譜二卷補十卷　(清)王士禛撰　(清)惠棟注補　**金氏精華錄箋註辯訛一卷**　(清)惠棟撰　清光緒十七年(1891)會稽徐氏述史樓刻本　五冊　存五卷(四、六至九)

330000－1701－0078782　G604463　史部/傳記類/總傳之屬/家乘

[浙江海寧]海寧花園朱氏宗譜二十四卷首一卷末一卷　(清)朱恩綬纂修　清光緒二年(1876)奕載堂刻本　一冊　存一卷(首)

330000－1701－0078785　G002848　子部/小說家類/雜事之屬

秦淮豔品一卷　(清)張曦照編　**秦淮燈舫曲一卷**　(清)嬾雲譜　清光緒元年(1875)刻本　一冊

330000－1701－0078786　G602969、G603057　類叢部/叢書類/彙編之屬

嘯園叢書五十七種　(清)葛元煦編　清光緒二年至七年(1876－1881)仁和葛氏刻本　三冊　存六種

330000－1701－0078787　G002677　子部/宗教類/道教之屬

濟一子證道秘書十七種　(清)傅金銓輯　清刻本　一冊　存二種

330000－1701－0078788　普951.079/9913/c3　類叢部/叢書類/自著之屬

丁文誠公遺集二種　(清)丁寶楨撰　清光緒丁體常京師刻本　二十七冊　存一種

330000－1701－0078789　G601735、G603994、G609193　史部/紀傳類/正史之屬

二十四史　清同治至光緒五省官書局據汲古閣本等合刻光緒五年(1879)湖北書局彙印本　十七冊　存一種

330000－1701－0078790　G604464　史部/金石類/玉之屬/圖像

宋淳熙敕編古玉圖譜一百卷　(宋)龍大淵等編　清乾隆四十四年(1779)歙縣江春康山草堂刻本　三十一冊　存九十六卷(一、六至一百)

330000－1701－0078792　G002849、G010149、G008466、G009041　集部/別集類/清別集

卍竹山莊存稿二十卷　(清)徐桑撰　清咸豐

九年(1859)蘭渚卍竹莊刻本　六册

330000－1701－0078794　G602970　子部/雜著類/雜纂之屬

勸戒五錄六卷　(清)梁恭辰撰　清刻本　一册　存三卷(四至六)

330000－1701－0078795　普951.079/9913/c4　類叢部/叢書類/自著之屬

丁文誠公遺集二種　(清)丁寶楨撰　清光緒丁體常京師刻本　二十五册　存一種

330000－1701－0078796　G601736　類叢部/叢書類/自著之屬

南江邵氏遺書十四種　(清)邵晉涵撰　清乾隆至嘉慶邵氏家刻本　清芬翁跋　二册　存一種

330000－1701－0078797　G002850　史部/史評類/詠史之屬

胡曾詠史詩一卷　(唐)胡曾撰　清抄本　一册

330000－1701－0078798　G602971、G608874、G610272　子部/小説家類/雜事之屬

夢厂雜著十卷　(清)俞蛟撰　清同治九年(1870)刻本　四册

330000－1701－0078800　普951.079/99131/c1　史部/詔令奏議類/奏議之屬

嘉定長白二先生奏議四卷　夏震武輯　**長白先生[寶廷]年譜一卷**　(清)壽富輯　清宣統二年(1910)京邸鉛印本　毅侯題記　一册　存二卷(嘉定先生奏議一至二)

330000－1701－0078801　G604465　史部/紀傳類/正史之屬

四史　清同治十一年(1872)成都書局刻本　二十二册　存一種

330000－1701－0078803　G601737、G608719　經部/四書類/總義之屬/傳説

四書釋地補一卷續補一卷又續補一卷三續補一卷　(清)閻若璩撰　(清)樊廷枚校補　清嘉慶二十一年(1816)梅陽海涵堂刻本　二册　存二卷(四書釋地補、三續補)

330000－1701－0078804　G602972　類叢部/叢書類/彙編之屬

知不足齋叢書一百九十五種　(清)鮑廷博編　(清)鮑士恭續編　清乾隆三十七年至道光三年(1772－1823)長塘鮑氏刻彙印本　一册　存二種

330000－1701－0078806　普951.079/99131/c2　史部/詔令奏議類/奏議之屬

嘉定長白二先生奏議四卷　夏震武輯　**長白先生[寶廷]年譜一卷**　(清)壽富輯　清宣統二年(1910)京邸鉛印本　二册　存二卷(嘉定先生奏議一至二)

330000－1701－0078808　G002678　子部/宗教類/佛教之屬

顯密圓通成佛心要集二卷　(遼)釋道殿輯　清同治十一年(1872)金陵刻經處刻本　一册

330000－1701－0078809　G600606　集部/別集類/清別集

漁浦草堂詩集四卷補遺一卷詩餘一卷　(清)張道撰　清同治六年(1867)張預刻本　二册

330000－1701－0078810　G601738　類叢部/叢書類/自著之屬

石屋書四種　(清)曹金籀撰　清同治仁和曹氏刻本　一册　存一種

330000－1701－0078811　G602973、G610489　新學/史志/別國史

東洋史要二卷　(日本)桑元隲藏撰　樊炳清譯　清光緒二十五年(1899)東文學社石印本　三册

330000－1701－0078813　G002679　子部/宗教類/佛教之屬/經疏

藥師琉璃光王七佛本願功德經念誦儀軌二卷藥師琉璃光王七佛本願功德經念誦儀軌供養法一卷　(元)釋沙囉巴譯　清刻本　一册

330000－1701－0078814　G600607　集部/別集類/清別集

洗齋病學草擬存詩一卷附存詩一卷　(清)胡壽頤撰　(清)昨非居士輯　清光緒十年

(1884)山陰胡氏刻本　二册

330000－1701－0078815　G602974、G608524、G609870　子部/術數類/相宅相墓之屬
雪心賦正解四卷　(唐)卜應天撰　(清)孟浩註　**辯論三十篇一卷**　(清)孟浩撰　清刻本　三册　存四卷(一至四)

330000－1701－0078816　G600608　子部/醫家類/類編之屬
醫林指月十二種　(清)王琦編　清乾隆三十二年(1767)刻本　一册　存一種

330000－1701－0078817　G604466　史部/地理類/方志之屬/通志
[雍正]敕修浙江通志二百八十卷首三卷　(清)李衛　(清)嵇曾筠等修　(清)沈翼機　(清)傅王露等纂　清乾隆元年(1736)刻本　二十三册　存六十七卷(首一至三,一至二十四、一百四十四至一百四十五、一百七十一至一百七十四、一百七十八至一百八十二、二百二至二百十六、二百二十一至二百二十五、二百三十二至二百三十四、二百五十五至二百五十八、二百六十五至二百六十六)

330000－1701－0078818　G601739　史部/地理類/方志之屬/通志
[乾隆]盛京通志四十八卷首一卷　(清)宋筠等修　(清)魏樞等纂　清乾隆元年(1736)刻咸豐二年(1852)雷以諴校補印本　二十册

330000－1701－0078820　G602975　類叢部/叢書類/自著之屬
疇隱廬叢書　丁福保撰　清光緒二十五年(1899)無錫竢實學堂刻本　一册　存一種

330000－1701－0078821　G600609　集部/詞類/別集之屬
漱泉詞一卷　(清)成肇麐撰　清光緒刻本　一册

330000－1701－0078823　G002680　類叢部/叢書類/自著之屬
瘦羊錄十四種　(清)熊士鵬撰　清嘉慶至道光刻本　二册

330000－1701－0078824　G602976、G607867　類叢部/叢書類/自著之屬
悔餘菴集三種　(清)何栻撰　清同治四年(1865)鳩江戎幄刻本　二册　存一種

330000－1701－0078825　G600610　史部/傳記類/總傳之屬/仕宦
中興將帥別傳續編六卷　朱孔彰撰　清光緒三十二年(1906)江寧刻本　二册

330000－1701－0078826　G600611　史部/傳記類/總傳之屬/仕宦
中興將帥別傳續編六卷　朱孔彰撰　清光緒三十二年(1906)江寧刻本　二册

330000－1701－0078827　G002851、G006342　子部/宗教類/佛教之屬
釋禪波羅蜜次第法門十卷　(隋)釋智顗說　(唐)釋法慎記　釋灌頂再治　清光緒三十四年(1908)揚州藏經院刻本　五册

330000－1701－0078828　G601740　史部/地理類/方志之屬/郡縣志
[咸豐]南潯鎮志四十卷首一卷　(清)汪曰楨纂　清咸豐九年至同治二年(1859－1863)刻本　九册　存二十三卷(首、二、四至五、八至十七、二十七至三十、三十三、三十七至四十)

330000－1701－0078830　G604467　類叢部/叢書類/彙編之屬
經策通纂二種　(清)吳潁炎　(清)陳通聲等纂　清光緒十三年(1887)上海點石齋石印本　一册　存一種

330000－1701－0078831　G600612　新學/政治法律/律例
新譯日本法規大全二十五卷首一卷　劉崇傑譯　**日本法規解字一卷**　錢恂　董鴻禕輯　清光緒三十三年(1907)上海商務印書館鉛印本　九册　存二卷(三、二十五)

330000－1701－0078833　普951.079/99131　史部/詔令奏議類/奏議之屬
楊文敬公奏議十卷　(清)楊士驤撰　清宣統三年(1911)刻朱印本　四册

330000－1701－0078834　G002681、G009799　集部/總集類/尺牘之屬
靜山友朋信札不分卷　稿本　三冊

330000－1701－0078835　G002852　史部/傳記類/總傳之屬/忠孝
新刻女日記故事二十四孝圖說不分卷　(清)寄雲山人編　清光緒二十一年(1895)刻本　一冊

330000－1701－0078836　G002755　集部/戲劇類/總集之屬
劇本幾種不分卷　(清)錢振明録　清光緒抄本　三冊

330000－1701－0078837　G604468、G606165　集部/曲類/彈詞之屬
安邦誌二十卷　清道光二十九年(1849)刻本　二冊　存一卷(六)

330000－1701－0078839　G002756　集部/戲劇類
三官堂一卷　清光緒抄本　一冊

330000－1701－0078840　G601741　史部/地理類/方志之屬/郡縣志
[咸豐]南潯鎮志四十卷首一卷　(清)汪曰楨纂　清咸豐九年至同治二年(1859－1863)刻本　二冊　存八卷(三十三至四十)

330000－1701－0078841　G604469、G604473、G610024、G610025、G610026、G610027、G610029　類叢部/叢書類/彙編之屬
申報館叢書正集五十七種附錄三種續集一百四十二種　(清)尊聞閣主編　蔡爾康編續集　清同治至光緒上海申報館鉛印本　十三冊　存六種

330000－1701－0078842　G602977、G609352、G610399　類叢部/叢書類/彙編之屬
校經山房叢書二十七種　(清)朱記榮編　清光緒三十年(1904)孫谿朱氏槐廬家塾重編印式訓堂叢書本　九冊　存八種

330000－1701－0078843　G002682　史部/傳記類/科舉録之屬/總録
科貢表不分卷(唐建中至清光緒十七年)　稿本　一冊

330000－1701－0078845　G002853　經部/小學類/文字之屬/字書/訓蒙
繪圖四千字文一卷　(清)□□編　清光緒三十一年(1905)浙江紹興奎照樓石印本　一冊

330000－1701－0078846　普951.079/99134　史部/詔令奏議類/詔令之屬
諭摺彙存不分卷(清光緒二十年三月初一至二十九日)　清光緒鉛印本　六冊

330000－1701－0078847　G600613　集部/總集類/選集之屬/通代
詠物詩選八卷　(清)俞琰輯　清雍正刻本　四冊

330000－1701－0078848　G002757　史部/政書類/邦計之屬
諸暨糧案批稟錄一卷　(清)周鍾雅編　清光緒三十三年(1907)鉛印本　一冊

330000－1701－0078850　G601742　史部/地理類/方志之屬/郡縣志
[光緒]容城縣志八卷　(清)俞廷獻　(清)曹鵬修　(清)吳思忠纂　清光緒二十二年(1896)刻本　三冊　存六卷(二至五、六下至七)

330000－1701－0078851　G002758　史部/傳記類/科舉録之屬/歷科鄉試録
[光緒壬午科]江南鄉試硃卷不分卷　清光緒刻本　一冊

330000－1701－0078852　G600614　子部/宗教類/道教之屬/方法
濬性淵源一卷　(明)涵谷子撰　清刻本　一冊

330000－1701－0078853　G002759　子部/儒家類/儒學之屬/性理
御纂性理精義十二卷　(清)李光地等纂修　清刻本　六冊　存十一卷(二至十二)

330000－1701－0078856　G602978　史部/地

理類/雜志之屬
廣東新語二十八卷 （清）屈大均撰　清康熙刻本　一册　存三卷（二十六至二十八）

330000－1701－0078857　G607602、G600615、G600969　子部/術數類/相宅相墓之屬
葬書五種　清咸豐四年（1854）刻本　四册

330000－1701－0078860　G604471　類叢部/叢書類/彙編之屬
申報館叢書正集五十七種附録三種續集一百四十二種 （清）尊聞閣主編　蔡爾康編續集　清同治至光緒上海申報館鉛印本　一册　存一種

330000－1701－0078861　G602979　集部/總集類/選集之屬/斷代
律賦揀金録四卷賦譜一卷 （清）朱一飛輯　清乾隆刻本　四册

330000－1701－0078862　G002854　子部/儒家類/儒學之屬/禮教/女範
女子家庭模範十章附閫德正軌胎教要言 （清）蘇完瓜爾佳籛年撰　清宣統三年（1911）聚文堂刻字鋪石印本暨刻本　一册

330000－1701－0078864　普951.079/9915　史部/政書類/公牘檔册之屬
李文忠公外部函稿二十八卷 （清）李鴻章撰　（清）吴汝綸輯　清光緒二十八年（1902）蓮池書社鉛印本　十四册

330000－1701－0078865　G600616　類叢部/叢書類/彙編之屬
張氏適園叢書初集七種　張鈞衡編　清宣統三年（1911）上海國學扶輪社鉛印本　三册　存二種

330000－1701－0078866　G601743　史部/地理類/方志之屬/郡縣志
［嘉慶］漢陽縣志三十六卷 （清）裘行恕修　（清）邵翔等纂　清嘉慶二十三年（1818）刻本　四册　存十六卷（五至二十）

330000－1701－0078867　G602024、G604472、G606749、G607757、G610058　子部/小説家類/雜事之屬
見聞續筆二十四卷 （清）齊學裘撰　清光緒二年（1876）天空海闊之居刻本　六册　存十六卷（一至八、十七至二十四）

330000－1701－0078868　G602980　史部/地理類/方志之屬/郡縣志
［同治］鄞縣志七十五卷 （清）戴枚修　（清）張恕　（清）董沛等纂　清光緒三年（1877）刻四年（1878）增刻本　四册　存八卷（三十三至四十）

330000－1701－0078869　G002856　集部/曲類/寶卷之屬
慈悲普濟天醫寶卷全集一卷　清光緒二十三年（1897）刻本　一册

330000－1701－0078871　普951.07903/1230　史部/史評類/詠史之屬
庚子都門紀事詩六卷首一卷 （清）延清撰　清光緒二十八年（1902）鉛印本　二册

330000－1701－0078873　G002857、G608930　類叢部/叢書類/彙編之屬
申報館叢書正集五十七種附録三種續集一百四十二種 （清）尊聞閣主編　蔡爾康編續集　清同治至光緒上海申報館鉛印本　二册　存一種

330000－1701－0078874　G601744　史部/地理類/方志之屬/郡縣志
［同治］麗水縣志十五卷 （清）彭潤章等纂修　清同治十三年（1874）刻本　八册

330000－1701－0078875　G600618　類叢部/叢書類/自著之屬
儆居遺書十一種 （清）黄式三撰　清同治至光緒刻本　四册　存一種

330000－1701－0078876　G600619　類叢部/叢書類/自著之屬
儆居遺書十一種 （清）黄式三撰　清同治至光緒刻本　一册　存一種

330000－1701－0078879　G604474　類叢部/叢書類/彙編之屬

粤雅堂叢書一百八十五種　(清)伍崇曜編　清道光二十九年至光緒十一年(1849－1885)南海伍氏刻彙印本　五册　存一種

330000－1701－0078880　G602981　類叢部/叢書類/彙編之屬

說鈴前集三十七種後集十六種　(清)吳震方編　清嘉慶八年(1803)刻本　一册　存四種

330000－1701－0078881　G600620　類叢部/類書類/通類之屬

玉海二百卷辭學指南四卷詩攷一卷詩地理攷六卷漢蓺文志攷證十卷通鑑地理通釋十四卷周書王會補注一卷漢制攷四卷踐阼篇集解一卷急就篇補注四卷姓氏急就篇二卷小學紺珠十卷六經天文編二卷周易鄭康成注一卷通鑑答問五卷　(宋)王應麟撰　**校補玉海瑣記二卷王深寧先生[應麟]年譜一卷**　(清)張大昌撰　清光緒九年至十六年(1883－1890)浙江書局刻本　二册　存四卷(急就篇補注一至四)

330000－1701－0078882　普951.07903/2142　史部/雜史類/斷代之屬

庚子教會華人流血史五卷　柴蓮馥編　清宣統三年(1911)上海中國聖教書會鉛印本　一册

330000－1701－0078883　G601745、G601145　史部/地理類/方志之屬/郡縣志

同治上海縣志三十二卷首一卷末一卷　(清)應寶時等修　(清)俞樾　(清)方宗誠纂　清同治十年(1871)吳門臬署刻十一年(1872)南園志局重校光緒八年(1882)補版印本　十四册　存二十八卷(首、一至十七、二十四至三十二、末)

330000－1701－0078886　G604475　集部/小說類/長篇之屬

常言道四卷十六回　(清)落魄道人編　清光緒元年(1875)得成堂刻本　一册　存一卷(二)

330000－1701－0078888　G602982、G609391、G607659、G610600　史部/傳記類/總傳之屬

二十四史人物類考四十六卷　(清)程維周輯　清光緒二十九年(1903)上海緯文閣石印本　八册

330000－1701－0078889　G604476　類叢部/叢書類/彙編之屬

嘯園叢書五十七種　(清)葛元煦編　清光緒二年至七年(1876－1881)仁和葛氏刻本　一册　存一種

330000－1701－0078890　普951.07903/2143　子部/宗教類/其他宗教之屬/基督教

教案簡明要覽一卷　(清)袁□輯　清末蘇州毛上珍木活字印本　一册

330000－1701－0078891　G600622　類叢部/叢書類/自著之屬

賭棋山莊所著書七種　(清)謝章鋌撰　清光緒十年至三十年(1884－1904)刻彙印本　四册　存一種

330000－1701－0078893　G002760　史部/編年類/斷代之屬

明鑑易知錄十五卷　(明)吳乘權　(明)周之炯　(明)周之燦輯　清浙省務本堂刻本　六册

330000－1701－0078894　G002683　子部/藝術類/音樂之屬/雅樂

欽定各郊壇廟樂章不分卷　(清)張樂盛編　清咸豐四年(1854)神樂署刻本　一册

330000－1701－0078895　G600623　集部/別集類/清別集

恒園詩存一卷　(清)蔡芬撰　(清)蔡惠編　**痛輓錄一卷附紀蔡芳谷客死本末一卷**　清光緒三十三年(1907)黃嚴恒園蔡氏木活字印本　一册

330000－1701－0078897　G602983　類叢部/叢書類/彙編之屬

正覺樓叢刻(正覺樓叢書)二十九種　(清)崇文書局編　清光緒崇文書局刻本　四册　存五種

330000－1701－0078898　G604477　子部/

叢編
子書二十八種彙函　(清)文瑞樓編　清光緒二十二年至三十四年(1896－1908)鉛印本　一册　存一種

330000－1701－0078900　G002684　經部/小學類/文字之屬/字書/訓蒙
繪圖四千字文一卷　(清)□□編　清光緒三十一年(1905)浙江紹興奎照樓石印本　一册

330000－1701－0078901　G600624　集部/別集類/清別集
恒園詩存一卷　(清)蔡芬撰　(清)蔡惠編　**痛輓錄一卷附紀蔡芳谷客死本末一卷**　清光緒三十三年(1907)黄嚴恒園蔡氏木活字印本　一册

330000－1701－0078902　G600625　類叢部/叢書類/家集之屬
丹徒戴氏叢刻七種　(清)戴肇辰編　清同治至光緒刻本　一册　存一種

330000－1701－0078903　G604478　類叢部/叢書類/彙編之屬
通學齋叢書五十三種　(清)鄒淩沅編　清光緒二十五年(1899)通學齋鉛印本　六册　存十四種

330000－1701－0078904　G600626　集部/別集類/清別集
漁洋山人精華錄訓纂十卷目錄二卷自撰年譜二卷補十卷　(清)王士禛撰　(清)惠棟注補　**金氏精華錄箋註辯訛一卷**　(清)惠棟撰　清光緒十七年(1891)會稽徐氏述史樓刻本　十四册

330000－1701－0078905　G002685　史部/地理類/方志之屬/郡縣志
同治上海縣志三十二卷首一卷末一卷　(清)應寶時等修　(清)俞樾　(清)方宗誠纂　清同治十年(1871)吳門臬署刻十一年(1872)南園志局重校印本　一册　存三卷(首、一至二)

330000－1701－0078906　普951.07903/2252　史部/雜史類/斷代之屬
京津拳匪紀略前編二卷後編二卷附圖　(清)粵東僑析生　(清)長白緡雲氏輯　清光緒二十七年(1901)香港書局石印本　三册

330000－1701－0078914　G601156、G602984、G610492　集部/別集類/清別集
壯悔堂文集十卷遺稿一卷四憶堂詩集六卷　(清)侯方域撰　(清)賈開宗等評點　**年譜一卷**　(清)侯洵撰　清宣統元年(1909)上海掃葉山房石印本　三册　存九卷(一至二、六至十、遺稿、年譜)

330000－1701－0078916　G602985　史部/傳記類/總傳之屬/技藝
國朝書徵錄三卷續錄二卷　(清)張庚撰　**明人附錄一卷**　清光緒十三年(1887)掃葉山房刻本　一册　存二卷(一至二)

330000－1701－0078918　G602986　子部/醫家類/方書之屬/單方驗方
經驗秘方一卷　(清)楊馥蕉　(清)潘之偉輯　清光緒二十年(1894)聚文堂刻本　一册

330000－1701－0078921　G002761、G007666　集部/總集類/選集之屬/通代
重訂文選集評十五卷首一卷末一卷　(清)于光華輯　清三樂堂刻本　十六册

330000－1701－0078923　普951.07903/4440　史部/雜史類/斷代之屬
平原拳匪紀事一卷　(清)蔣楷撰　清光緒刻本　一册

330000－1701－0078924　G602987、G602476、G611023　子部/雜著類
樂善錄十卷首一卷　(清)丁丙撰　清光緒二十七年(1901)錢塘丁氏刻本　四册　存七卷(首、一至四、六至七)

330000－1701－0078926　G600627、G609775　集部/別集類/清別集
延秋吟館詩鈔四卷　(清)張聯桂撰　清光緒十一年(1885)刻本　二册

330000－1701－0078927　G602988　集部/別

集類/清別集

倚晴樓集　(清)黃燮清撰　清咸豐至光緒刻本　一冊　存一種

330000－1701－0078929　G604479　類叢部/叢書類/自著之屬

紫薇花館集七種　(清)王廷鼎撰　清光緒十七年(1891)刻本　一冊　存一種

330000－1701－0078930　普 951.07903/5311　類叢部/叢書類/彙編之屬

振綺堂叢書初集十種二集十二種　(清)□□輯　清光緒二十年(1894)、宣統二年(1910)泉唐汪氏刻本暨鉛印本　一冊　存二集一種

330000－1701－0078932　G002972、G011501　集部/小說類/長篇之屬

野叟曝言二十卷一百五十四回　(清)夏敬渠撰　清末石印本　十三冊　存十三卷(四、八至十九)

330000－1701－0078933　G602989　子部/宗教類/佛教之屬/經疏

首楞嚴經疏二十卷　(宋)釋子璿輯　清光緒三十二年(1906)揚州藏經院刻本　八冊

330000－1701－0078934　G602990　經部/小學類/文字之屬/字書/古文

五經文字三卷　(唐)張參撰　**新加九經字樣一卷**　(唐)唐玄度撰　**五經文字疑一卷九經字樣疑一卷**　(清)孔繼涵撰　清乾隆三十三年(1768)曲阜孔氏紅櫚書屋刻本　一冊

330000－1701－0078935　G604480、G609027、G609421、G610394　類叢部/叢書類/自著之屬

思益堂集四種　(清)周壽昌撰　清光緒十四年(1888)王先謙等刻本　九冊　存三種

330000－1701－0078936　G002858　集部/曲類/寶卷之屬

潘公免災救難寶卷一卷　(清)潘曾沂撰　清光緒二年(1876)刻上海翼化堂印本　一冊

330000－1701－0078937　G600628　集部/總集類/選集之屬/通代

歷代宮閨文選二十六卷姓氏小錄一卷　(清)周壽昌輯　清宣統三年(1911)上海群學社鉛印本　六冊

330000－1701－0078938　G604481、G610163、G611275　史部/史抄類

讀史鏡古編三十二卷　(清)潘世恩輯　清同治十三年(1874)冶城飛霞閣刻本　六冊

330000－1701－0078939　G002762　子部/宗教類/道教之屬

太上十三經注解十六卷　(清)圓嶠山紫霞洞主人注　清道光刻本　二冊

330000－1701－0078941　G604482、G608502　子部/術數類/占卜之屬

新刻增定邵康節先生梅花觀梅拆字數全集五卷　(宋)邵雍撰　清光緒十二年(1886)校經山房刻本　二冊　存二卷(一至二)

330000－1701－0078942　普 951.07903/53201　新學/史志/戰記

中東戰紀本末八卷首一卷末一卷續編四卷首一卷末一卷三編四卷　(美國)林樂知撰並譯　蔡爾康輯　**文學興國策二卷**　(美國)林樂知譯　清光緒二十二年(1896)、二十三年(1897)、二十六年(1900)上海廣學會鉛印本　十六冊

330000－1701－0078943　G600629、G603317、G607766　子部/雜著類/雜說之屬

危言四卷　湯震　(湯壽潛)撰　清光緒二十一年(1895)石印本　四冊

330000－1701－0078944　G002859　集部/戲劇類/傳奇之屬

凰求鳳傳奇二卷　(清)李漁編　(清)冷西梅客批評　清刻本　一冊

330000－1701－0078945　G602991　史部/職官類/官箴之屬

平平言四卷　(清)方大湜撰　清光緒二十五年(1899)黔省課吏局刻本　一冊　存一卷(三)

330000－1701－0078946　G604483、G604525

類叢部/叢書類/郡邑之屬

武林掌故叢編一百八十七種 (清)丁丙編 清光緒三年至二十六年(1877－1900)錢塘丁氏嘉惠堂刻本 三册 存二種

330000－1701－0078947 G600630、G609293 史部/地理類

李氏五種 (清)李兆洛撰 清同治九年至十一年(1870－1872)合肥李鴻章刻本 八册 存二種

330000－1701－0078948 G002860 集部/曲類/曲韻曲譜曲律之屬

納書楹曲譜全集二十二卷 (清)葉堂撰 清道光二十八年(1848)刻本 一册 存二卷(邯鄲記一至二)

330000－1701－0078950 G602992 類叢部/叢書類/彙編之屬

武英殿聚珍版書一百四十八種 清乾隆四十二年(1777)福建刻道光至同治遞修光緒二十一年(1895)增刻本 一册 存一種

330000－1701－0078951 G600631 集部/總集類/彙編之屬

唐四家詩集 清光緒十年(1884)上海同文書局石印本 八册

330000－1701－0078953 G604484 集部/別集類/唐五代別集

杜詩集說二十卷末一卷 (唐)杜甫撰 (清)江浩然輯 **杜工部[甫]年譜一卷** (清)朱鶴齡撰 清乾隆四十三年(1778)本立堂刻本 十二册

330000－1701－0078956 G600632 類叢部/叢書類/郡邑之屬

粟香室叢書五十九種 金武祥編 清光緒至民國江陰金氏刻本 四册 存一種

330000－1701－0078957 G604485 類叢部/叢書類/彙編之屬

稗海四十八種續集二十二種 (明)商濬編 明萬曆商氏半埜堂刻清康熙至乾隆修補重訂本 一册 存一種

330000－1701－0078958 G002973 集部/別集類/清別集

平川櫂歌一卷 (清)陸炳琦撰 清光緒三十四年(1908)石印本 一册

330000－1701－0078959 G002861 類叢部/叢書類/彙編之屬

寶顏堂祕笈二百二十八種 (明)陳繼儒編 明萬曆至泰昌繡水沈氏刻本 一册 存正集一種

330000－1701－0078962 G604486、G609214、G608558、G602500、G607552、G610092、G611761 史部/編年類/通代之屬

綱鑑會纂三十九卷首一卷 (明)王世貞編 清刻本 二十八册 存二十八卷(一、十三至三十九)

330000－1701－0078966 G600633、G600638、G600637 類叢部/叢書類/彙編之屬

王益吾所刻書十種 王先謙編 清光緒九年至十年(1883－1884)長沙王氏刻本 四册 存三種

330000－1701－0078967 普 951.07903/53201/(2)/c1 新學/史志/戰記

中東戰紀本末八卷首一卷末一卷續編四卷首一卷末一卷三編四卷 (美國)林樂知撰並譯 蔡爾康輯 **文學興國策二卷** (美國)林樂知譯 清光緒二十二年(1896)、二十三年(1897)、二十六年(1900)上海廣學會鉛印本 十五册 缺二卷(文學興國策上、下)

330000－1701－0078969 善 008876 集部/別集類/宋別集

東坡先生文集七十五卷 (宋)蘇軾撰 (明)陳仁錫評 **東坡先生詩集三十二卷** (宋)蘇軾撰 (宋)王十朋纂集 (明)陳仁錫評 明末刻本 三十三册 存一百二卷(文集一至七十四,詩集一至三、八至三十二)

330000－1701－0078970 G002974 子部/宗教類/佛教之屬/諸宗

聖箭堂述古一卷 (清)釋道霈撰 清順治十六年(1659)刻本 一册

330000－1701－0078971　G604487、G602201　類叢部/叢書類/自著之屬

橘蔭軒全集七種　(清)陳錦撰　清光緒山陰陳氏橘蔭軒刻本　二册　存一種

330000－1701－0078972　G002764　集部/別集類/清別集

陶適齋先生詩稿二卷　(清)陶金諧撰　清乾隆五十二年(1787)丁澄容膝山房刻本　二册

330000－1701－0078974　G602993　子部/醫家類/類編之屬

陳修園醫書二十三種　(清)陳念祖等撰　清光緒二十九年(1903)湖南益元書局刻本　一册　存一種

330000－1701－0078975　G600634　類叢部/叢書類/自著之屬

橘蔭軒全集七種　(清)陳錦撰　清光緒山陰陳氏橘蔭軒刻本　一册　存一種

330000－1701－0078976　G002862　經部/小學類/文字之屬/字書/訓蒙

繪圖三千字文一卷　(清)補拙居士撰　(清)姜岳注　清末文元書局石印本　一册

330000－1701－0078979　善008875　子部/儒家類/儒學之屬

重編近思録十四卷　(宋)朱熹　(宋)吕祖謙撰　明末刻本　三册　存十二卷(三至十四)

330000－1701－0078981　G602994、G608806、G610090　集部/別集類/清別集

吴摯甫文集四卷附鈔深州風土記四篇一卷　(清)吴汝綸撰　清宣統元年(1909)上海國學扶輪社石印本　四册　缺一卷(二)

330000－1701－0078982　G002863　子部/儒家類/儒學之屬/蒙學

蒙訓一卷　(清)劉沅撰　清道光二十四年(1844)刻本　一册

330000－1701－0078983　G604488　史部/地理類/專志之屬/祠墓

兩浙防護陵寢祠墓録不分卷　(清)阮元輯　清光緒十五年(1889)浙江書局刻本　二册

330000－1701－0078984　G600635　經部/小學類/文字之屬/說文

說文解字韻譜十卷　(宋)徐鍇撰　(清)馮桂芬校訂　清同治三年(1864)吳縣馮桂芬縮摹篆文刻同治六年(1867)補刻本　六册

330000－1701－0078985　G002765　子部/藝術類/書畫之屬/總論

包慎伯論文二卷論書四卷　(清)包世臣撰　清道光刻本　二册

330000－1701－0078987　G604489　類叢部/叢書類/彙編之屬

漸西村舍彙刊(漸西村舍叢刻)四十四種　(清)袁昶編　清光緒十六年至二十四年(1890－1898)桐廬袁氏刻本　一册　存一種

330000－1701－0078988　G002975　子部/藝術類/書畫之屬/畫録

小萬柳堂明清兩朝書畫扇存目録六集　廉泉輯　清宣統三年(1911)南湖小萬柳堂鉛印本　一册

330000－1701－0078989　G602995　類叢部/叢書類/郡邑之屬

武林掌故叢編一百八十七種　(清)丁丙編　清光緒三年至二十六年(1877－1900)錢塘丁氏嘉惠堂刻本　三册　存一種

330000－1701－0078992　G002864　類叢部/叢書類/彙編之屬

武英殿聚珍版書一百三十八種　清乾隆武英殿木活字印本　四册　存一種

330000－1701－0078993　G600636　子部/醫家類/類編之屬

太原傅科　清光緒三十年(1904)京師刻本　二册

330000－1701－0078994　G602996　類叢部/叢書類/郡邑之屬

武林掌故叢編一百八十七種　(清)丁丙編　清光緒三年至二十六年(1877－1900)錢塘丁氏嘉惠堂刻本　四册　存一種

330000－1701－0078995　G602997　類叢部/

叢書類/郡邑之屬

武林掌故叢編一百八十七種 （清）丁丙編 清光緒三年至二十六年(1877－1900)錢塘丁氏嘉惠堂刻本 四冊 存一種

330000－1701－0078996 G604490 類叢部/叢書類/彙編之屬

廣漢魏叢書九十六種 （明）何允中編 明刻本 一冊 存一種

330000－1701－0078997 G602998 類叢部/叢書類/郡邑之屬

武林掌故叢編一百八十七種 （清）丁丙編 清光緒三年至二十六年(1877－1900)錢塘丁氏嘉惠堂刻本 四冊 存一種

330000－1701－0078998 普951.07903/53201.3 新學/史志/戰記

中東戰紀本末八卷首一卷末一卷續編四卷首一卷末一卷三編四卷 （美國）林樂知撰並譯 蔡爾康輯 **文學興國策二卷** （美國）林樂知譯 清光緒二十二年(1896)、二十三年(1897)、二十六年(1900)上海廣學會鉛印本 四冊 存四卷(三編一至四)

330000－1701－0078999 G002865 集部/總集類/郡邑之屬

谷水口碑錄二卷 （清）童寶善輯 清光緒二十一年(1895)刻本 一冊

330000－1701－0079000 G602999 史部/地理類/專志之屬/寺觀

大昭慶律寺志十卷 （清）釋篆玉撰 清光緒八年(1882)丁氏刻武林掌故叢編本 丈寶題簽 四冊

330000－1701－0079002 G604491 類叢部/叢書類/自著之屬

柏堂遺書(方柏堂全集)八種附一種 （清）方宗誠撰 清光緒元年至十二年(1875－1886)桐城方氏刻本 六冊 存一種

330000－1701－0079003 G603000 類叢部/叢書類/郡邑之屬

武林掌故叢編一百八十七種 （清）丁丙編 清光緒三年至二十六年(1877－1900)錢塘丁氏嘉惠堂刻本 三冊 存一種

330000－1701－0079004 善008879 集部/別集類/明別集

邊華泉集八卷集稿六卷 （明）邊貢撰 明刻本 三冊 存三卷(一至三)

330000－1701－0079006 G603001 類叢部/叢書類/郡邑之屬

武林掌故叢編一百八十七種 （清）丁丙編 清光緒三年至二十六年(1877－1900)錢塘丁氏嘉惠堂刻本 二冊 存一種

330000－1701－0079007 善008877 集部/別集類/宋別集

宋南蘭孫尚書大全文集七十卷 （宋）孫覿撰 清抄本 三十冊 存六十五卷(一至四、七至六十七)

330000－1701－0079008 G600639 類叢部/叢書類/彙編之屬

十萬卷樓叢書五十一種 （清）陸心源編 清光緒歸安陸氏刻本(歲時廣記卷六原缺) 二冊 存一種

330000－1701－0079009 G603002 史部/地理類/專志之屬/寺觀

大昭慶律寺志十卷 （清）釋篆玉撰 清光緒八年(1882)丁氏刻武林掌故叢編本 常住題記 二冊 存五卷(四至八)

330000－1701－0079010 G601746、G602153 集部/詞類/別集之屬

彊邨詞三卷 朱祖謀撰 清光緒三十一年(1905)刻本 二冊

330000－1701－0079011 G604492 子部/叢編

子書百家 （清）崇文書局編 清光緒元年(1875)湖北崇文書局刻本 二冊 存四種

330000－1701－0079012 G002976 史部/傳記類/總傳之屬/釋道

新鐫七眞天仙寶傳二卷三十二回 清光緒十八年(1892)刻本 一冊

330000－1701－0079013　G600640　子部/藝術類/遊藝之屬/博戲

漢官儀三卷　（宋）劉攽撰　清道光四年(1824)歙縣鮑崇城影刻宋紹興九年(1139)臨安府刻本　一册

330000－1701－0079014　G603003　類叢部/叢書類/郡邑之屬

武林掌故叢編一百八十七種　（清）丁丙編　清光緒三年至二十六年(1877－1900)錢塘丁氏嘉惠堂刻本　一册　存一種

330000－1701－0079015　G002766、G005381　集部/總集類/選集之屬/通代

唐宋詩本七十六卷目録八卷　（清）戴第元輯　清乾隆三十八年(1773)覽珠堂刻光緒三年(1877)戴仲和補刻本　四十二册

330000－1701－0079016　G002977　集部/曲類/寶卷之屬

河南開封府花枷良愿龍圖寶卷全集二卷　清光緒刻本　二册

330000－1701－0079017　G601747　類叢部/叢書類/郡邑之屬

武林掌故叢編一百八十七種　（清）丁丙編　清光緒三年至二十六年(1877－1900)錢塘丁氏嘉惠堂刻本　七册　存六種

330000－1701－0079018　普 951.07903/53202　史部/政書類/邦交之屬

越事備考諭旨一卷奏議三卷芻言六卷案畧二卷愚説一卷　（清）劉名譽輯　清光緒二十一年(1895)桂林劉名譽刻本（愚説一卷原缺）　四册

330000－1701－0079019　G002978　集部/曲類/寶卷之屬

延壽寶卷一卷　清培本堂刻本　一册

330000－1701－0079020　G600641　集部/別集類/清別集

賦梅書屋詩初集六卷　（清）宋廷樑撰　清光緒十七年(1891)西江刻本　一册

330000－1701－0079021　G600642、G609234、G607865　史部/雜史類/斷代之屬

舌擊編五卷　（清）沈儲撰　清咸豐刻本　岸翁土人跋　五册

330000－1701－0079022　G600643　集部/別集類/清別集

江忠烈公遺集二卷附録一卷首一卷　（清）江忠源撰　清同治十二年(1873)刻本　二册

330000－1701－0079023　G600644　子部/宗教類/佛教之屬/經疏

大佛頂如來密因修證了義諸菩薩萬行首楞嚴經玄義二卷　（清）釋智旭撰　清刻本　一册

330000－1701－0079024　G002767　子部/雜著類/雜説之屬

禁火葬録一卷　清同治十三年(1874)刻本　一册

330000－1701－0079025　G002768　子部/醫家類/類編之屬

保赤彙編　（清）朱之榛編　清光緒五年(1879)蘇州刻本　四册

330000－1701－0079026　G603004　類叢部/叢書類/郡邑之屬

金華叢書六十八種　（清）胡鳳丹編　清同治七年至光緒八年(1868－1882)永康胡氏退補齋刻民國補刻本　一册　存一種

330000－1701－0079027　G604493、G604494　類叢部/叢書類/彙編之屬

榆園叢刻十五種附一種　（清）許增編　清同治至光緒刻本　三册　存二種

330000－1701－0079028　G603005　類叢部/叢書類/彙編之屬

半厂叢書初編十種　（清）譚獻編　清同治至光緒仁和譚氏刻本　一册　存一種

330000－1701－0079031　G002769　類叢部/叢書類/彙編之屬

平津館叢書六集三十五種　（清）孫星衍編　清嘉慶蘭陵孫氏刻本　一册　存二種

330000－1701－0079033　G603006　經部/

叢編
御纂七經五種 （清）李光地等撰 清康熙至乾隆刻本 一冊 存一種

330000－1701－0079036 G002979 史部/傳記類/科舉録之屬/歷科鄉試録
[光緒辛卯科]浙江鄉試硃卷一卷 （清）鄒壽祺撰 清光緒刻本 一冊

330000－1701－0079037 G601748 經部/群經總義類/傳說之屬
十三經札記二十二卷附十六卷 （清）朱亦棟撰 清光緒四年(1878)武林竹簡齋刻本 三冊 存十六卷(羣書札記一至十六)

330000－1701－0079038 G600645 類叢部/叢書類/自著之屬
王漁洋遺書三十八種 （清）王士禛撰 清刻本 一冊 存一種

330000－1701－0079039 G600646 子部/小說家類/雜事之屬
竹葉亭雜記八卷 （清）姚元之撰 清光緒十九年(1893)桐城姚氏刻本 二冊

330000－1701－0079040 G002770 子部/宗教類/道教之屬/雜著
張三丰祖師無根樹詞註解一卷 （清）劉一明注 （清）李西月增解 清刻本 一冊

330000－1701－0079041 G601749、G607513、G610625 類叢部/叢書類/彙編之屬
振綺堂叢書初集十種二集十二種 （清）□□輯 清光緒二十年(1894)、宣統二年(1910)泉唐汪氏刻本暨鉛印本 四冊 存初集六種

330000－1701－0079044 G604495 類叢部/類書類/專類之屬
佩文韻府一百六卷 （清）張玉書 （清）蔡升元等輯 **韻府拾遺一百六卷** （清）汪灝 （清）何焯等輯 清刻本 三冊 存四卷(佩文韻府十八至十九、二十下至二十一)

330000－1701－0079045 G002980 子部/藝術類/篆刻之屬/印譜
雪廬百印二卷續二卷 （清）王琛輯並注 清光緒三十一年(1905)刻鈐印本 三冊 缺一卷(續下)

330000－1701－0079046 G601750 集部/別集類/清別集
綠雪堂遺集二十卷 （清）王衍梅撰 （清）汪雲任輯 清道光二十年(1840)盱眙汪雲任刻二十九年(1849)增刻本 六冊

330000－1701－0079047 G600647 經部/大戴禮記類/傳說之屬
大戴禮記十三卷 （漢）戴德撰 （北周）盧辯注 清刻本 四冊

330000－1701－0079048 G002771 子部/宗教類/道教之屬/譜籙
呂祖師編年詩集年譜七卷 （清）火西月編 清刻本 三冊

330000－1701－0079049 G604496 類叢部/叢書類/自著之屬
隨園三十八種 （清）袁枚撰 清光緒十八年(1892)勤裕堂鉛印本 二冊 存二種

330000－1701－0079052 善008878 集部/總集類/選集之屬/斷代
唐人八家詩八種 （明）毛晉編 明崇禎十二年(1639)海虞毛氏汲古閣刻本 毛春翔題簽並記 六冊 存七種

330000－1701－0079053 G600649 史部/傳記類/總傳之屬/列女
歷代名媛圖說二卷 清光緒五年(1879)上海點石齋石印本 一冊

330000－1701－0079055 G604497、G603999 集部/總集類/選集之屬/通代
古文辭類纂七十四卷 （清）姚鼐輯 **續古文辭類纂三十四卷** 王先謙輯 清光緒三十三年(1907)上海商務印書館鉛印本 四冊 存四十一卷(十一至四十、續二十四至三十四)

330000－1701－0079057 G002981 史部/傳記類/科舉録之屬/歷科鄉試録
[光緒癸卯恩科]浙江鄉試第四房同門試卷一卷 （清）陶垂等撰 清光緒刻本 一冊

330000－1701－0079058　G600648　集部/別集類/清別集

樂道堂集十種　(清)奕訢撰　清咸豐至光緒刻本　二冊　存一種

330000－1701－0079059　G601751　子部/術數類/占卜之屬

大六壬大全十三卷　(清)郭載騋編　清康熙懷慶楊衙刻本　十二冊

330000－1701－0079060　G604498、G604794　類叢部/類書類/通類之屬

欽定古今圖書集成一萬卷目錄三十二卷　(清)蔣廷錫　(清)陳夢雷等輯　清光緒十年(1884)上海圖書集成書局鉛印本　二十一冊　存一百十三卷(目錄一至三十二,曆象彙編乾象典一,曆象彙編歲功典一,曆象彙編庶徵典一,明倫彙編官常典一,博物彙編神異典二十九,明倫彙編閨媛典十二至十六、一百三十九至一百四十五,經濟彙編銓衡典五十七至六十二,經濟彙編考工典一百七十五至一百九十八,理學彙編文學典二百三十二至二百四十六、二百五十三至二百六十,明倫彙編宮闈典五十一至五十五,皇極典一百七十三至一百七十八)

330000－1701－0079062　G002982　史部/傳記類/科舉録之屬/歷科鄉試録

[光緒癸卯恩科]浙江鄉試第捌房同門試卷一卷　(清)程宗伊等撰　清光緒刻本　一冊

330000－1701－0079063　G604499　集部/戲劇類/傳奇之屬

藏園九種曲　(清)蔣士銓撰　清乾隆煥乎堂刻本　三冊　存三種

330000－1701－0079064　G601752　子部/儒家類/儒學之屬/勸學

勸學篇二卷　(清)張之洞撰　清光緒二十四年(1898)兩湖書院刻本　一冊

330000－1701－0079065　G609094、G600651　子部/醫家類/類編之屬

韓園醫學六種　(清)潘霨編　清光緒九年至十年(1883－1884)江西書局刻本　三冊　存二種

330000－1701－0079067　G601753　子部/兵家類

江南陸師學堂武備課程八種附課藝二卷　(清)錢德培等纂輯　清光緒二十五年(1899)南京江南陸師學堂刻本　二冊　存一種

330000－1701－0079068　G604501　經部/小學類

雷刻四種　(清)雷浚輯　清光緒二年至十年(1876－1884)吴縣雷氏刻本　一冊　存一種

330000－1701－0079069　善008874　類叢部/類書類/通類之屬

玉海二百卷辭學指南四卷周書王會補注一卷詩攷一卷詩地理攷六卷漢藝文志攷證十卷通鑑地理通釋十四卷踐阼篇集解一卷漢制攷四卷姓氏急就篇二卷急就篇補注四卷小學紺珠十卷六經天文編二卷周易鄭康成注一卷通鑑答問五卷　(宋)王應麟撰　元至元六年(1340)慶元路儒學刻元明遞修本(漢藝文志攷證卷一至十、通鑑地理通釋卷一至三配抄本)　八十冊　缺一卷(周易鄭康成注)

330000－1701－0079070　G604502　集部/別集類/清別集

壯悔堂文集十卷遺稿一卷四憶堂詩集六卷　(清)侯方域撰　(清)賈開宗等評點　清光緒四年(1878)舊學山房刻本　五冊　存九卷(文集二至十)

330000－1701－0079073　G002983　類叢部/叢書類/自著之屬

春在堂全書(德清俞蔭甫所著書)三十六種　(清)俞樾撰　清同治至光緒刻光緒末彙印本　一冊　存一種

330000－1701－0079075　G603007　史部/金石類/總志之屬/目録

至聖林廟碑目六卷　(清)孔昭薰　(清)孔憲庚編　清光緒二十二年(1896)徐氏積學齋刻本　一冊

330000－1701－0079076　G601754　集部/總

集類/選集之屬/斷代

師竹吟館詩存二卷　(清)藤陰居士編　清光緒五年(1879)刻本　二冊

330000－1701－0079077　G002984　史部/政書類/邦計之屬/賦稅

浙省繭捐章程一卷　清末刻本　一冊

330000－1701－0079078　善 008883　集部/別集類/明別集

震川先生集三十卷別集十卷附錄一卷補編一卷　(明)歸有光撰　(清)歸莊校勘　(清)錢謙益選定　(清)歸玠編輯　清康熙十年至十四年(1671－1675)常熟歸莊、歸玠等刻本　十冊　缺一卷(補編)

330000－1701－0079079　G600652　史部/地理類/防務之屬/海防

江蘇沿海圖說一卷海島表一卷　(清)朱正元撰　清光緒二十五年(1899)上海鉛印本　一冊

330000－1701－0079080　G002985　史部/政書類/邦計之屬/賦稅

浙省新定茶餉捐釐章程一卷　清末刻本　一冊

330000－1701－0079081　G604504　子部/宗教類/佛教之屬/經

楞伽阿跋多羅寶經四卷　(南朝宋)釋求那跋陀羅譯　清同治九年(1870)金陵刻經處刻本　二冊

330000－1701－0079083　G601755　史部/地理類/方志之屬/郡縣志

[咸豐]邳州志二十卷首一卷　(清)董用威　(清)馬軼羣修　(清)魯一同纂　清咸豐元年(1851)刻本　四冊

330000－1701－0079084　G603008、G610615　類叢部/叢書類/自著之屬

真西山全集(西山真文忠公全集、真文忠公全集)七種　(宋)真德秀撰　清康熙真氏家祠刻乾隆至同治三年(1864)遞修本　六冊　存一種

330000－1701－0079085　G604505　子部/宗教類/佛教之屬/經

楞伽阿跋多羅寶經四卷　(南朝宋)釋求那跋陀羅譯　清同治九年(1870)金陵刻經處刻本　二冊

330000－1701－0079086　G600653、G600654　類叢部/叢書類/彙編之屬

雙楳景闇叢書十六種　葉德輝編　清光緒至宣統長沙葉氏郎園刻本　二冊　存六種

330000－1701－0079087　善 008880　集部/總集類/選集之屬/通代

六臣註文選六十卷　(南朝梁)蕭統撰　(唐)李善　(唐)呂延濟　(唐)劉良　(唐)張銑　(唐)李周翰　(唐)呂向注　明萬曆二年(1574)崔孔昕刻六年(1578)徐成位重修本　二十九冊　存五十八卷(一至三十六、三十九至六十)

330000－1701－0079088　G604506　史部/雜史類/斷代之屬

明季稗史彙編十六種　(清)留雲居士輯　清都城琉璃廠刻本　八冊　存二種

330000－1701－0079089　G002986　類叢部/叢書類/彙編之屬

木犀軒叢書二十七種續刻六種　李盛鐸編　清光緒德化李氏木犀軒刻本　一冊　存續刻一種

330000－1701－0079090　G603009、G608836、G609665、G610252　類叢部/叢書類/自著之屬

寶韋齋類稿八種　(清)李桓撰　清光緒六年(1880)武林趙寶墨齋、十三年至十七年(1887－1891)長沙芋園刻本　三十八冊　存七種

330000－1701－0079092　G604507　子部/藝術類/書畫之屬/畫譜

芥子園畫傳五卷　(清)王槩輯　清康熙十八年(1679)刻本　二冊　存二卷(三、五)

330000－1701－0079093　G002772　子部/小說家類/異聞之屬

科場異聞錄五種 (清)呂相燮輯 清光緒二十四年(1898)順成書局石印本 二冊 存一種

330000－1701－0079095 普951.07903/7727 集部/小說類/長篇之屬
救劫傳十六回 (清)艮廬居士演 清光緒杭州白話報刻本 一冊

330000－1701－0079096 G002773 子部/雜家類
天花亂墜八卷二集八卷三集八卷 (清)寅半生編 清光緒二十九年至三十三年(1903－1907)杭州崇寔齋刻本 十二冊

330000－1701－0079097 G603010、G603224 子部/宗教類/佛教之屬/諸宗
宗鏡錄一百卷附音釋 (宋)釋延壽輯 清同治二年至光緒二年(1863－1876)杭州昭慶寺慧空經房刻本 十一冊 存五十五卷(一至五十、五十六至六十)

330000－1701－0079098 善008882 集部/總集類/彙編之屬
文選遺集六種 (明)閻光世編 明末笙臺刻本 二冊 存四種

330000－1701－0079100 G002774 子部/小說家類/異聞之屬
新天花亂墜四卷 (清)硯雲居士編纂 清宣統三年(1911)石印本 四冊

330000－1701－0079101 普951.07903/8274 史部/地理類/防務之屬/海防
籌海蠡言一卷 (清)鍾體志撰 清光緒十一年(1885)刻本 一冊

330000－1701－0079104 G002775 史部/地理類/水利之屬
越州水利商畧一卷 清末鉛印本 一冊

330000－1701－0079107 G002776 史部/傳記類/別傳之屬/事狀
新出張文襄公事畧一卷 (清)聽雨樓主人撰 清宣統元年(1909)上海蔣春記書莊石印本 一冊

330000－1701－0079108 G604508、G609098、G608149 子部/藝術類/遊藝之屬/聯語
對類便讀六卷首一卷 (清)程錫類編輯 (清)葉良儀删訂 (清)汪熙珙等音注 清同治至光緒蘇州綠慎堂刻本 三冊 存五卷(二至六)

330000－1701－0079109 G603011、G603097、G603098、G603644、G607003、G611127、G608887、G609303、G608007、G609860 史部/詔令奏議類/詔令之屬
硃批諭旨不分卷 (清)鄂爾泰等輯 清光緒十三年(1887)上海點石齋石印本 五十八冊

330000－1701－0079110 普951.07903/9913 史部/詔令奏議類/奏議之屬
江楚會奏變法摺三卷 (清)劉坤一 (清)張之洞撰 清光緒刻本 三冊

330000－1701－0079112 G604509 類叢部/叢書類/自著之屬
魯氏遺著四種附二種 (清)魯一同撰 清咸豐山陽魯氏刻本 二冊 存一種

330000－1701－0079113 G002777、G003383 子部/藝術類/書畫之屬/畫譜
芥子園畫傳初集六卷二集九卷三集六卷 (清)王槩 (清)王蓍 (清)王臬輯 清光緒二十二年(1896)上海順成書局石印本 八冊

330000－1701－0079115 G002987 集部/總集類/選集之屬/斷代
朋舊遺詩合鈔二十二卷 (清)曾燠輯 清嘉慶十年(1805)賞雨茆屋刻本 二冊 存十五卷(八至二十二)

330000－1701－0079116 G603012 子部/宗教類/佛教之屬/諸宗
宗鏡錄一百卷附音釋 (宋)釋延壽輯 清刻本 二冊 存十卷(一至十)

330000－1701－0079119 G600655 類叢部/叢書類/自著之屬
北江全集七種 (清)洪亮吉撰 清乾隆至嘉

慶刻彙印本　一册　存一種

330000－1701－0079122　G604510　集部/別集類/清別集
梅村詩集箋注十八卷　(清)吳偉業撰　(清)吳翌鳳箋注　清嘉慶十九年(1814)嚴榮滄浪吟榭刻本　二册　存五卷(七至八、十四至十六)

330000－1701－0079124　M004146　集部/小說類/長篇之屬
繪像結水滸全傳八卷　(清)俞萬春撰　(清)范辛來　(清)邵祖恩評　清光緒二十二年(1896)煥文書局鉛印本　七册

330000－1701－0079125　M004365　子部/藝術類/篆刻之屬/印譜
鄰華館印存不分卷　清鈐印剪貼本　一册

330000－1701－0079127　G002988、G005854　類叢部/叢書類/彙編之屬
春暉堂叢書十二種　(清)徐渭仁編　清道光至咸豐上海徐渭仁刻同治九年至十年(1870－1871)徐允臨補刻彙印本　三册　存一種

330000－1701－0079129　G603013　集部/總集類/郡邑之屬
國朝杭郡詩輯三十二卷姓氏韻編一卷　(清)吳顥輯　(清)吳振棫重輯　清同治十三年(1874)錢塘丁氏刻本　十五册　存三十卷(三至三十二)

330000－1701－0079131　G002778、G008540　子部/藝術類/書畫之屬/畫譜
芥子園畫傳初集六卷二集九卷三集六卷　(清)王槩　(清)王蓍　(清)王臬輯　清光緒石印本　十册　存十九卷(初集一至三、五至六,二集一至九,三集一至五)

330000－1701－0079137　G604511　集部/別集類/清別集
梅村詩集箋注十八卷　(清)吳偉業撰　(清)吳翌鳳箋注　清光緒十年(1884)湖北官書處刻本　三册　存五卷(五至七、十二至十三)

330000－1701－0079140　G002779　子部/術數類/命書相書之屬
相理衡真十卷首一卷　(清)陳釗撰　清道光十三年(1833)英德堂刻本　六册

330000－1701－0079141　G002866　集部/別集類/清別集
倚晴樓集　(清)黃燮清撰　清咸豐至光緒刻本　一册　存一種

330000－1701－0079142　G604512　史部/傳記類/總傳之屬/郡邑
尊鄉錄節要四卷　(明)王弼撰　清光緒十七年(1891)盧烔刻本　一册

330000－1701－0079144　G002989　子部/天文曆算類/曆法之屬
重訂七政臺曆萬年書不分卷　(清)楊寅撰　清嘉慶十九年(1814)刻本　一册

330000－1701－0079147　G604513　史部/政書類
九通　(清)□□輯　清光緒八年至二十二年(1882－1896)浙江書局刻本　八册　存一種

330000－1701－0079148　G603014、G609325、G608292、G610597　史部/地理類/總志之屬/通代
天下郡國利病書一百二十卷　(清)顧炎武撰　清光緒二十七年(1901)上海圖書集成印書局鉛印本　二十七册　存一百十六卷(五至一百二十)

330000－1701－0079149　G002867　史部/地理類/方志之屬/郡縣志
[雍正]特開玉環志四卷　(清)張坦熊纂修　清抄本　四册

330000－1701－0079150　G002780　集部/別集類/清別集
詩稿一卷　稿本　一册

330000－1701－0079151　G604514　集部/別集類/宋別集
龍川文集三十卷　(宋)陳亮撰　**辨譌考異二卷**　(清)胡鳳丹撰　**附錄二卷**　清光緒元年(1875)湖北崇文書局刻本　五册　存十九卷

（一至十二、十七至十九、二十七至三十）

330000－1701－0079153　G603015、G607501、G609531　史部/政書類/通制之屬

光緒政要三十四卷　沈桐生輯　清宣統元年（1909）上海崇義堂石印本　二十七册　存三十一卷（一至二十五、二十七至二十九、三十一、三十三至三十四）

330000－1701－0079155　G002781　史部/政書類/律令之屬/治獄

折獄龜鑑八卷首一卷　（宋）鄭克撰　清光緒二十二年（1896）刻本　一册　存五卷（首、一至四）

330000－1701－0079156　G604515　集部/别集類/宋别集

龍川文集三十卷　（宋）陳亮撰　**辨譌考異二卷**　（清）胡鳳丹撰　**附錄二卷**　清光緒元年（1875）湖北崇文書局刻本　一册　存四卷（一至四）

330000－1701－0079157　G002868　集部/曲類/寶卷之屬

觀世音菩薩本行經二卷　題（宋）釋普明編　清刻本　二册

330000－1701－0079158　G002990　子部/雜著類/雜考之屬

校訂困學紀聞三箋二十卷　（宋）王應麟撰　（清）閻若璩等箋　（清）屠繼序校補　清嘉慶九年（1804）刻本　六册

330000－1701－0079159　G604516、G604537　類叢部/叢書類/彙編之屬

申報館叢書正集五十七種附錄三種續集一百四十二種　（清）尊聞閣主編　蔡爾康編續集　清同治至光緒上海申報館鉛印本　三册　存二種

330000－1701－0079160　G603016　史部/目録類/總録之屬/氏族

績溪金紫胡氏所箸書目二卷　（清）胡培系輯　清光緒十年（1884）績溪胡廷楨世澤樓刻本　一册

330000－1701－0079162　G002869　集部/曲類/寶卷之屬

太華山紫金嶺兩世修行劉香寶卷全集二卷　（清）□□撰　清同治八年（1869）杭州錢塘昭慶寺慧空經房刻本　張鳳題記　二册

330000－1701－0079164　G002782　史部/政書類/軍政之屬/兵制

武匡軍營制六章　清末惠愛四約文茂印務局鉛印本　一册

330000－1701－0079165　G603017、G612206　子部/醫家類/方書之屬/單方驗方

外治壽世方初編四卷　（清）鄒存淦輯　清光緒三年（1877）杭州勤藝堂刻本　二册

330000－1701－0079166　G604518、G603817　史部/傳記類/總傳之屬/列女

中國女史二十一卷正誤一卷　（清）金炳麟（清）王以銓輯　清宣統元年（1909）杭州中合公司鉛印本　二册　存七卷（一至七）

330000－1701－0079168　G002783、G009210　集部/總集類/選集之屬/斷代

明文明□□卷　（清）路德輯　清同治十二年（1873）黔陽官署刻本　四册　存四卷（一至四）

330000－1701－0079169　G604519　史部/地理類/專志之屬/寺觀

吴山城隍廟志八卷首一卷　（清）朱文藻等輯　清光緒四年（1878）錢塘丁氏刻本　四册

330000－1701－0079170　G603018、G603019　類叢部/叢書類/自著之屬

春在堂全書三十六種　（清）俞樾撰　清同治至光緒刻光緒末彙印本　二册　存二種

330000－1701－0079172　G600657、G607574、G609583　集部/别集類/明别集

宋文憲公全集五十三卷首四卷　（明）宋濂撰　清嘉慶十五年（1810）金華府學刻本　五十册

330000－1701－0079173　G002870　史部/政書類/律令之屬/刑制

三流道里表不分卷　(清)徐本等纂修　清嘉慶刻本　四冊

330000－1701－0079177　G604520　史部/金石類/石之屬/通考
語石十卷　葉昌熾撰　清宣統元年(1909)刻本　四冊

330000－1701－0079178　G600658　經部/小學類/訓詁之屬/爾雅
爾雅正郭三卷　(清)潘衍桐撰　清光緒十七年(1891)刻本　一冊

330000－1701－0079179　G002784　史部/地理類/外紀之屬
游歷日本圖經三十卷　(清)傅雲龍撰　清末影印朱印本　一冊　存一卷(二十五)

330000－1701－0079180　G604521　集部/別集類/宋別集
東山詩選二卷　(宋)葛紹體撰　清光緒二十七年(1901)太平陳樹鈞刻本　一冊

330000－1701－0079181　G603020、G603124　經部/小學類/文字之屬/說文
說文解字義證五十卷　(清)桂馥撰　清同治九年(1870)湖北崇文書局刻本　八冊　存九卷(一至九)

330000－1701－0079183　G600659　類叢部/叢書類/彙編之屬
高安朱文端公校輯藏書(朱文端公藏書)十三種　(清)朱軾撰輯　清康熙至乾隆刻彙印本　二冊　存一種

330000－1701－0079184　G604522　集部/別集類/清別集
思綺堂文集十卷　(清)章藻功撰　清康熙刻本　九冊　存九卷(二至十)

330000－1701－0079186　G002872　史部/地理類/水利之屬
江蘇水利圖說二卷　(清)李慶雲輯　陸鍾琦編　清宣統二年(1910)江蘇度支公所刻本　二冊

330000－1701－0079187　G604523　子部/宗教類/佛教之屬/諸宗
肇論略注六卷　(明)釋德清撰　清光緒十四年(1888)金陵刻經處刻本　二冊

330000－1701－0079188　G603021、G608751、G609109、G610393　類叢部/叢書類/自著之屬
徐位山先生六種　(清)徐文靖撰　清雍正至乾隆刻志寧堂彙印本　十冊　存二種

330000－1701－0079190　G600660　子部/藝術類/書畫之屬/法帖
國朝四十名家墨蹟不分卷　(清)沈鈞輯　清光緒三十四年(1908)上海教育圖書館石印本　三冊

330000－1701－0079191　G002991　子部/藝術類/篆刻之屬/印譜
彭刊五柳先生傳一卷　(清)彭玉書篆刻　清光緒二十一年(1895)刻本暨鈐印本　一冊

330000－1701－0079194　G604524　史部/地理類
李氏五種　(清)李兆洛撰　清同治九年至十一年(1870－1872)合肥李鴻章刻本　三冊　存一種

330000－1701－0079195　G601756　類叢部/叢書類/自著之屬
嘉定錢氏潛研堂全書二十一種　(清)錢大昕撰　清光緒十年(1884)長沙龍氏家塾刻本　二冊　存一種

330000－1701－0079196　G002873、G008143、G008673、G009765　集部/詩文評類/詩評之屬
海山詩屋詩話十卷　(清)李文泰輯　清光緒四年(1878)粵冬羊城森寶閣鉛印本　五冊

330000－1701－0079197　G600661　史部/政書類/律令之屬/律例
漢律類纂一卷　張鵬一輯　清光緒三十三年(1907)奉天格致學堂鉛印本　金籛孫題記　一冊

330000－1701－0079199　G601757　史部/地理類/方志之屬/郡縣志
[乾隆]富順縣志五卷首一卷　(清)段玉裁等修　(清)李芝纂　清光緒八年(1882)刻本　五冊

330000－1701－0079200　G600662　類叢部/叢書類/彙編之屬
經訓堂叢書二十一種　(清)畢沅編　清乾隆至嘉慶鎮洋畢氏刻本　二冊　存一種

330000－1701－0079202　G603022、G604940、G605210　經部/叢編
通志堂經解一百四十種　(清)納蘭成德輯　清康熙十九年(1680)納蘭成德刻本　四十冊　存十種

330000－1701－0079204　G604526　史部/政書類/公牘檔冊之屬
樊山政書二十卷　樊增祥撰　清宣統二年(1910)金陵湯明林聚珍書局鉛印本　三冊　存六卷(三至八)

330000－1701－0079205　G601758　新學/交涉/公法
萬國公法四卷　(美國)惠頓撰　(美國)丁韙良譯　清同治三年(1864)京都崇實館刻本　四冊

330000－1701－0079207　G002992　子部/藝術類/篆刻之屬/印譜
坤皋鐵筆二卷　(清)鞠履厚篆刻　清乾隆二十八年(1763)刻鈐印本　一冊　存一卷(上)

330000－1701－0079208　G002785　史部/政書類/儀制之屬/專志/科舉校規
杭州蠶學館章程一卷　(清)杭州蠶學館編　清光緒二十四年(1898)刻本　一冊

330000－1701－0079210　G601759　子部/醫家類/婦科之屬/產科
吾妻鏡一卷　(清)楊甕撰　清光緒二十七年(1901)鉛印本　一冊

330000－1701－0079212　G600663　類叢部/叢書類/彙編之屬
經訓堂叢書二十一種　(清)畢沅編　清乾隆至嘉慶鎮洋畢氏刻本　二冊　存一種

330000－1701－0079213　善 008881　經部/小學類/音韻之屬/韻書
重刊改併五音類聚四聲篇十五卷附五音集韻十五卷　(金)韓道昭撰　**新編經史正音切韻指南一卷**　(元)劉鑑撰　**新編篇韻貫珠集八卷直指玉鑰匙門法一卷**　(明)釋真空撰　明刻本　二十一冊　存二十三卷(五音類聚四聲篇二、四,五音集韻一、四至八、十至十五,新編篇韻貫珠集一至八)

330000－1701－0079214　G002874　類叢部/叢書類/彙編之屬
武英殿聚珍版書三十九種　清乾隆浙江刻本　一冊　存一種

330000－1701－0079216　G600664　集部/別集類/清別集
述學內篇三卷補遺一卷外篇一卷別錄一卷附錄一卷校勘記一卷　(清)汪中撰　(清)汪喜孫編　清同治八年(1869)揚州書局刻本　二冊

330000－1701－0079218　G002786　集部/別集類/清別集
海藏樓詩不分卷　鄭孝胥撰　清光緒三十二年(1906)鉛印本　一冊

330000－1701－0079219　G600665　經部/四書類/論語之屬/專著
鄉黨圖考十卷　(清)江永撰　清乾隆五十八年(1793)金閶書業堂刻本　四冊

330000－1701－0079221　G601760　子部/宗教類/道教之屬
周易參同契發揮三卷釋疑一卷　(元)俞琰撰　清同治十年(1871)錢江王氏詒燕堂刻本　三冊

330000－1701－0079223　G002875　集部/戲劇類/傳奇之屬
繡像繪圖牡丹亭傳奇二卷　(明)湯顯祖編　清末上海進步書局石印本　二冊

330000－1701－0079224　G600666　類叢部/叢書類/自著之屬

古均閣遺箸二種　(清)許槤撰　清光緒十四年(1888)海寧許頌鼎刻本　一册

330000－1701－0079225　G002993　史部/政書類/公牘檔冊之屬

浙江諮議局籌辦處報告甲編一卷乙編二卷補遺一卷　清光緒至宣統鉛印本　一册　存一卷(補遺)

330000－1701－0079226　G600667　類叢部/叢書類/彙編之屬

雅雨堂藏書十三種　(清)盧見曾編　清乾隆二十一年(1756)德州盧氏雅雨堂刻增修本　二册　存一種

330000－1701－0079228　G600668　類叢部/叢書類/自著之屬

郝氏遺書三十三種　(清)郝懿行撰　清嘉慶至光緒刻彙印本　一册　存一種

330000－1701－0079230　G601761　集部/别集類/清别集

暢園遺稿十卷(大野草堂詩八卷白癡詞二卷)　(清)張邁撰　清光緒三十年(1904)刻本　一册

330000－1701－0079232　G600669　史部/傳記類/科舉録之屬/諸貢録

國朝歷科館選錄不分卷附特授改補館職一卷　(清)沈廷芳輯　(清)陸費墀　(清)沈世緯重訂　清乾隆十一年(1746)刻三十一年(1766)沈世煒增刻道光翰林院遞刻本　二册

330000－1701－0079234　G601762　集部/别集類/清别集

小羅浮山館詩鈔十五卷　(清)吳昇撰　清同治四年(1865)吳振棫京師刻本　十四册

330000－1701－0079236　G600670　史部/金石類/石之屬

漢延熹西嶽華山碑考四卷　(清)阮元撰　清嘉慶十八年(1813)刻文選樓叢書本　陳豪題簽並記　一册

330000－1701－0079239　G601763　集部/總集類/選集之屬/通代

名媛詩歸三十六卷　(清)鍾惺輯　明末勉善堂刻本　八册

330000－1701－0079240　G600671　史部/傳記類/總傳之屬/家乘

[浙江海寧]海昌小桃源朱氏三世九節錄不分卷　(清)朱寶篪纂修　清光緒七年(1881)刻本　一册

330000－1701－0079241　G600672　集部/詩文評類/詩評之屬

漁隱叢話前集六十卷後集四十卷　(宋)胡仔撰　清乾隆五年至六年(1740－1741)海鹽楊佑啓耘經樓刻本　二十四册

330000－1701－0079242　G600673、G600674　集部/别集類/清别集

白雲文集五卷詩集二卷續集八卷　(清)陳斌撰　清嘉慶十二年(1807)刻道光四年(1824)增刻本　四册

330000－1701－0079243　G604527　史部/編年類/通代之屬

尺木堂綱鑑易知錄九十二卷明鑑易知錄十五卷　(清)吳乘權　(清)周之炯　(清)周之燦輯　清光緒十七年(1891)上海廣百宋齋鉛印本　一册　存七卷(明鑑易知錄一至七)

330000－1701－0079244　G600675、G600721　類叢部/叢書類/自著之屬

拙盦叢稿五種　(清)朱一新撰　清光緒二十二年(1896)順德龍氏葆真堂刻本　三册　存二種

330000－1701－0079245　G604528　史部/政書類/通制之屬

二十四史九通政典類要合編三百二十卷　(清)黃書霖輯　清光緒二十八年(1902)約雅堂石印本　十五册　存七十五卷(二百四十六至三百二十)

330000－1701－0079246　G002787、G002788　類叢部/叢書類/彙編之屬

增訂漢魏叢書八十六種 (清)王謨編 清乾隆五十六年(1791)金谿王氏刻本 二冊 存三種

330000－1701－0079247 G600676 類叢部/叢書類/自著之屬

拙盦叢稿五種 (清)朱一新撰 清光緒二十二年(1896)順德龍氏葆真堂刻本 二冊 存二種

330000－1701－0079248 G002994 經部/讖緯類/易緯之屬

易緯辨終備一卷易緯乾元序制記一卷易緯坤靈圖一卷易緯是類謀一卷易緯乾坤鑿度二卷 (漢)鄭玄注 清刻本 一冊

330000－1701－0079249 G604529 類叢部/類書類/專類之屬

子史精華一百六十卷 (清)吳士玉 (清)吳襄等輯 清光緒十三年(1887)上海同文書局石印本 八冊

330000－1701－0079250 G600677 類叢部/叢書類/彙編之屬

嘯園叢書五十七種 (清)葛元煦編 清光緒二年至七年(1876－1881)仁和葛氏刻本 一冊 存一種

330000－1701－0079251 G600678、G611231 類叢部/類書類/通類之屬

記事珠十卷 (清)張以謙輯 清嘉慶二十一年(1816)雲間王剛知不足軒刻本 十冊

330000－1701－0079252 G002789、G010511 史部/傳記類/别傳之屬/年譜

徵君孫先生[奇逢]年譜二卷 (清)湯斌等撰 (清)方苞訂正 清乾隆元年(1736)吳維垣刻本 二冊

330000－1701－0079253 G603023、G605006 集部/别集類/清别集

梅村集四十卷目錄二卷 (清)吳偉業撰 清康熙八年(1669)顧湄等刻本 八冊

330000－1701－0079254 G604531 史部/地理類/方志之屬/郡縣志

咸淳臨安志一百卷 (宋)潛說友纂 **校栞咸淳臨安志札記三卷** (清)黃士珣撰 清道光十年(1830)錢塘江氏振綺堂刻本(卷九十、九十八至一百原缺) 二十四冊

330000－1701－0079255 G002790 子部/小說家類/異聞之屬

半螺龕雜誌一卷 (清)清遠菴僧撰 清咸豐十年(1860)刻本 一冊

330000－1701－0079256 G604532、G608271 史部/詔令奏議類/奏議之屬

皇朝道咸同光奏議六十四卷 (清)王延熙 (清)王樹敏輯 清光緒二十八年(1902)上海久敬齋石印本 二十四冊 存六十三卷(一至六十三)

330000－1701－0079257 G603024、G609067、G609681、G610197 集部/别集類/明别集

鈐山堂集四十卷 (明)嚴嵩撰 清嘉慶十一年(1806)嚴氏刻本 十冊

330000－1701－0079258 G002996、G009016 類叢部/叢書類/彙編之屬

通學齋叢書五十三種 (清)鄒淩沅編 清光緒二十五年(1899)通學齋鉛印本 二冊 存一種

330000－1701－0079259 G002791 史部/政書類/公牘檔冊之屬

浙江杭甬出品協會通用章程一卷 清末鉛印本 一冊

330000－1701－0079260 G604533 史部/傳記類/總傳之屬/技藝

墨林今話十八卷 (清)蔣寶齡撰 **墨林今話續編一卷** (清)蔣茝生撰 清咸豐二年(1852)刻本 二冊 存八卷(一至八)

330000－1701－0079261 G002792 新學/史志/諸國史

歐洲十九世紀史不分卷 (美國)軒利普格質頓撰 (清)麥鼎華譯 清光緒二十八年(1902)上海廣智書局鉛印本 一冊

330000－1701－0079263 G603025 類叢部/

叢書類/自著之屬

羅忠節公遺集八種 (清)羅澤南撰 清咸豐至同治刻本 一册 存一種

330000－1701－0079264 G604534、G603368 集部/别集類/清别集

冬暄艸堂遺詩二卷 (清)陳豪撰 清宣統三年(1911)刻本 二册

330000－1701－0079265 G002793 集部/曲類/寶卷之屬

五祖黄梅寶卷二卷 清光緒元年(1875)刻本 一册

330000－1701－0079268 G603026、G603163、G608907、G602400、G609552 集部/别集類/宋别集

蘇文忠公詩編註集成四十六卷集成總案四十五卷諸家雜綴酌存一卷蘇海識餘四卷牋詩圖一卷 (宋)蘇軾撰 (清)王文誥輯注 清光緒十四年(1888)浙江書局刻本 二十四册

330000－1701－0079270 G604535、G609785 經部/詩類/傳説之屬

詩識名解十五卷 (清)姚炳撰 清康熙四十七年(1708)錢塘姚氏刻嘉慶二十二年(1817)校修本 十册

330000－1701－0079271 G002794 史部/地理類/總志之屬/斷代

皇朝内府輿地圖縮摹本一卷 (清)六嚴繪 **皇朝輿地畧一卷** (清)六承如輯 (清)馮焌光增補 **皇朝輿地韻編一卷** (清)李兆洛撰 清咸豐十年(1860)長沙刻本 一册

330000－1701－0079273 G604536、G604846、G607938 經部/書類/傳説之屬

尚書後案三十卷附後辨一卷 (清)王鳴盛撰 清乾隆四十五年(1780)禮堂刻本 八册

330000－1701－0079274 G603027 類叢部/叢書類/家集之屬

富陽夏氏叢刻七種 夏震武 夏鼎武撰 清光緒至民國刻民國九年(1920)彙印本 一册 存一種

330000－1701－0079275 G603028 子部/道家類

道德經解一卷 題(唐)吕嵒釋義 題雲門魯史纂述 清刻本 一册

330000－1701－0079277 G002795、G005238 史部/金石類/郡邑之屬

栝蒼金石志十二卷續志四卷 (清)李遇孫輯 (清)鄒柏森校補 清同治十三年(1874)浙江處州府署刻本 四册 存四卷(續志一至四)

330000－1701－0079278 G604538 子部/小説家類/雜事之屬

續板橋雜記三卷雪鴻小記一卷補遺一卷 (清)珠泉居士撰 清乾隆刻本 一册

330000－1701－0079280 G603029、G006686、G602578 史部/傳記類/總傳之屬/家乘

[浙江紹興]會稽陶氏族譜三十二卷附文節公殉難事蹟一卷 (清)陶在銘等纂修 清光緒二十九年(1903)刻本 十二册 存十九卷(一至二、八至九、十一至二十、二十六至二十七、三十一至三十二、文節公殉難事蹟)

330000－1701－0079281 善008884 子部/雜著類/雜説之屬

吕氏春秋二十六卷 (漢)高誘注 明刻本 四册

330000－1701－0079284 G002997 集部/小説類/長篇之屬

東周列國志二十七卷首一卷一百八回 (清)蔡奡評點 清光緒十四年(1888)上海點石齋石印本 八册

330000－1701－0079285 G603030 經部/叢編

御纂七經五種 (清)李光地等撰 清康熙至乾隆刻本 十六册 存一種

330000－1701－0079287 善008885 子部/法家類

管子二十四卷 (唐)房玄齡注 明刻本 六册 缺四卷(二十一至二十四)

330000－1701－0079288　G600679　類叢部/叢書類/彙編之屬
崇文書局彙刻書三十一種　（清）崇文書局編　清光緒元年至三年（1875－1877）湖北崇文書局刻本　四册　存一種

330000－1701－0079290　G002998　史部/政書類/公牘檔册之屬
浙省安徽會館存册一卷　清光緒刻本　一册

330000－1701－0079291　G603031、G606857　史部/政書類
九通　（清）□□輯　清光緒八年至二十二年（1882－1896）浙江書局刻本　六十册　存一種

330000－1701－0079293　G600680　史部/地理類/專志之屬/祠墓
越中先賢祠目一卷　（清）李慈銘撰　清光緒十一年（1885）都門越祠刻本　一册

330000－1701－0079296　G604539　子部/宗教類/佛教之屬/總録
重訂教乘法數十二卷　（清）釋超海等輯　清光緒三十四年（1908）常州天寧寺刻本　六册

330000－1701－0079298　G600681　集部/總集類/選集之屬/通代
律賦必以集二卷餘論一卷　（清）顧蒓輯　清思無邪室刻本　二册

330000－1701－0079299　G604540　集部/别集類/清别集
百美新詠一卷集詠一卷圖傳一卷　（清）顧希源撰　清嘉慶十年（1805）集腋軒刻本　一册　存一卷（百美新詠）

330000－1701－0079300　G603032　子部/農家農學類/園藝之屬/總志
佩文齋廣羣芳譜一百卷目録二卷　（清）汪灝等撰　清同治七年（1868）姑蘇亦西齋刻本　二十四册　存六十六卷（二十一至八十六）

330000－1701－0079301　G600682、G601055　類叢部/叢書類/自著之屬
紀慎齋先生全集十二種續集七種　（清）紀大奎撰　清嘉慶十三年至咸豐二年（1808－1852）刻本　二册　存二種

330000－1701－0079302　G604541　史部/地理類/方志之屬/郡縣志
光緒蘭谿縣志八卷首一卷　（清）秦簧　（清）邵秉經修　（清）唐壬森纂　清光緒十三年至十五年（1887－1889）刻本　六册　存七卷（一至三、五至八）

330000－1701－0079303　G600683、G607406　類叢部/類書類/專類之屬
稱謂錄三十二卷　（清）梁章鉅撰　清光緒元年至十年（1875－1884）福州梁恭辰刻本　七册　存二十八卷（一至二十、二十五至三十二）

330000－1701－0079304　G604542　類叢部/類書類/專類之屬
五經類編二十八卷　（清）周世樟撰　清雍正二年（1724）穀詒堂刻本　六册　存十二卷（一至二、十六至二十四、二十八）

330000－1701－0079305　M004273　史部/金石類/玉之屬/圖像
古玉圖攷不分卷　（清）吴大澂撰　清光緒十五年（1889）上海同文書局石印本　一册

330000－1701－0079306　G002999　集部/詞類/别集之屬
瓊琈山房紅樓夢詞一卷補遺一卷題名錄一卷劫火紀焚一卷　（清）何鏞撰　清光緒三年（1877）、十九年（1893）、二十年（1894）刻本　一册

330000－1701－0079307　G600684　史部/金石類/石之屬/文字
石鼓文纂釋一卷　（清）趙烈文撰　清光緒十一年（1885）靜圃刻本　一册

330000－1701－0079308　G600685　集部/别集類/清别集
百美新詠一卷集詠一卷圖傳一卷　（清）顧希源撰　清嘉慶十年（1805）集腋軒刻本　二册

330000－1701－0079310　G003000　史部/政

書類/邦計之屬/賦稅
安徽財政沿革利弊說明書不分卷 （清）安徽財政局編　清宣統鉛印本　一冊

330000－1701－0079312　G604544、G604941、G605036、G605110　史部/地理類/方志之屬/郡縣志
［道光］承德府志六十卷首二十六卷 （清）海忠纂修　（清）廷杰　（清）李世寅重訂　清光緒十三年（1887）刻本　二十三冊　存八十卷（首一至二十六、一、五至五十八）

330000－1701－0079313　G600686　集部/別集類/宋別集
施註蘇詩四十二卷總目二卷 （宋）蘇軾撰　（宋）施元之　（宋）顧禧注　（清）顧嗣立　（清）邵長蘅　（清）宋至刪補　**王註正譌一卷** （清）邵長蘅撰　**東坡先生［蘇軾］年譜一卷** （宋）王宗稷編　**蘇詩續補遺二卷** （清）馮景補註　清康熙刻本　清朱文端批並跋　十冊

330000－1701－0079315　G603033　經部/小學類/音韻之屬/韻書
詩韻合璧五卷 （清）湯祥瑟輯　**詩腋不分卷　詞林典腋不分卷　詩腋補編不分卷　賦彙錄要不分卷　分韻文選題解擇要不分卷　虛字韻藪一卷** （清）潘維城輯　**增註字類標韻六卷** （清）華綱撰　清光緒四年（1878）味香書屋刻本　四冊　存四卷（詩韻合璧二至五）

330000－1701－0079316　G604545　類叢部/叢書類/彙編之屬
武英殿聚珍版書一百三十八種 清乾隆武英殿木活字印本　六冊　存一種

330000－1701－0079317　G003001　史部/地理類/方志之屬/郡縣志
［光緒］綏遠志十卷首一卷 （清）貽穀修　（清）高賡恩纂　清光緒三十四年（1908）刻本　六冊

330000－1701－0079319　G604546　集部/別集類/唐五代別集
樊南文集詳註八卷 （唐）李商隱撰　（清）馮浩注　清乾隆四十五年（1780）馮氏德聚堂刻同治七年（1868）桐鄉馮寶圻重修醉六堂印本　五冊

330000－1701－0079320　G600687　子部/宗教類/佛教之屬/總録
釋氏稽古略四卷 （元）釋覺岸撰　**釋鑑稽古略續集三卷** （明）釋幻輪撰　清光緒十二年（1886）釋清道刻本　五冊

330000－1701－0079322　善008886　史部/政書類/公牘檔冊之屬
通簽不分卷 清抄本　二冊

330000－1701－0079323　G002796　類叢部/類書類/專類之屬
新增說文韻府羣玉二十卷 （元）陰時夫輯　（元）陰中夫注　明萬曆刻文光堂重修本　二十冊

330000－1701－0079324　善008887　集部/曲類/曲藝之屬
書錦堂記十六卷 清抄本　十二冊　缺四卷（一至四）

330000－1701－0079325　G604547　子部/藝術類/篆刻之屬
篆學瑣著二十八種 （清）顧湘輯　清道光二十年（1840）海虞顧氏刻本　一冊　存五種

330000－1701－0079326　G600688　類叢部/叢書類/彙編之屬
武英殿聚珍版書一百四十八種 清乾隆四十二年（1777）福建刻道光至同治遞修光緒二十一年（1895）增刻本　八冊　存一種

330000－1701－0079328　普951.9192/7180　史部/政書類/軍政之屬/兵制
駐粵八旗志二十四卷首一卷 （清）長善等纂修　清光緒五年（1879）刻十年（1884）增刻本　十五冊　缺一卷（首）

330000－1701－0079329　G002797　集部/別集類/唐五代別集
玉谿生詩詳註三卷首一卷 （唐）李商隱撰　（清）馮浩編訂　清乾隆四十五年（1780）德聚

堂刻嘉慶元年(1796)增刻本　四冊

330000－1701－0079331　G604548、G609435　經部/群經總義類/圖說之屬

羣經宫室圖二卷　(清)焦循撰　清光緒十一年(1885)無錫朱鑑章小暴書亭刻本　二冊

330000－1701－0079333　G600689　史部/雜史類/斷代之屬

思痛記二卷　(清)李圭撰　清光緒六年(1880)師一齋刻十三年(1887)補刻本　一冊

330000－1701－0079335　G604549　子部/宗教類/佛教之屬/諸宗

三千有門頌畧解一卷　(明)釋真覺解　清光緒十一年(1885)杭州昭慶寺慧空經房刻本　一冊

330000－1701－0079337　普 952/1020/c1　史部/地理類/外紀之屬

日本源流考二十二卷　王先謙撰　清光緒二十八年(1902)思賢書局刻本　十冊

330000－1701－0079339　G604550、G602582　類叢部/叢書類/彙編之屬

玉海堂景宋元本叢書　劉世珩編　清光緒至民國貴池劉氏玉海堂影刻本　二冊　存一種

330000－1701－0079340　G002798　史部/政書類/公牘檔冊之屬

考察南洋勸業會紀畧四卷　(清)韓葆忠編　清宣統二年(1910)鉛印本　一冊

330000－1701－0079341　善 008888　史部/傳記類/總傳之屬/仕宦

皇明應謚名臣備考錄十二卷　(明)林之盛撰　明刻本　七冊　缺二卷(十一至十二)

330000－1701－0079342　G600690　類叢部/叢書類/彙編之屬

受經堂彙稾五種　(清)楊紹文編　清道光三年(1823)刻本　二冊　存二種

330000－1701－0079344　G604551　類叢部/叢書類/自著之屬

留書種閣集九種　(清)黄炳垕撰　清同治六年至光緒二十年(1867－1894)餘姚黄氏留書種閣刻本　二冊　存一種

330000－1701－0079345　G002799　集部/別集類/宋別集

梅花衲一卷　(宋)李龏撰　清嘉慶抄本　一冊

330000－1701－0079346　普 952/1020/c2　史部/地理類/外紀之屬

日本源流考二十二卷　王先謙撰　清光緒二十八年(1902)思賢書局刻本　十冊

330000－1701－0079348　G600691　集部/總集類/選集之屬/通代

續古文苑二十卷　(清)孫星衍輯　清光緒九年(1883)江蘇書局刻本　五冊

330000－1701－0079349　G003008　子部/醫家類/外科之屬/其他外科病證

增訂花柳指迷一卷　(美國)嘉約翰輯譯　(清)林應祥筆述　清末石印本　一冊

330000－1701－0079350　G003002、G003496、G004506　類叢部/叢書類/彙編之屬

申報館叢書正集五十七種附錄三種續集一百四十二種　(清)尊聞閣主編　蔡爾康編續集　清同治至光緒上海申報館鉛印本　八冊　存一種

330000－1701－0079353　G604552、G609189、G609275　經部/三禮總義類/通禮雜禮之屬

儀禮經傳通解三十七卷　(宋)朱熹撰　**儀禮經傳通解續二十九卷**　(宋)黄榦撰　(宋)楊復訂　清康熙吕氏寶誥堂刻本(卷十五原缺)　二十四冊

330000－1701－0079354　G600692　類叢部/叢書類/彙編之屬

高安朱文端公校輯藏書(朱文端公藏書)十三種　(清)朱軾撰輯　清康熙至乾隆刻彙印本　一冊　存一種

330000－1701－0079356　G002801　類叢部/叢書類/彙編之屬

廣漢魏叢書八十種　(明)何允中編　清嘉慶

刻本　一册　存一種

330000－1701－0079358　G604553　類叢部/叢書類/彙編之屬
正誼堂全書六十三種續刻五種　（清）張伯行編　（清）楊浚重編　清同治五年（1866）福州正誼書院刻同治八年至光緒十三年（1869－1887）續刻本　十三册　存五種

330000－1701－0079359　善008889　史部/編年類/斷代之屬
皇明通紀法傳全錄二十八卷　（明）陳建撰（明）高汝栻訂　（明）吳楨增刪　**皇明法傳錄嘉隆紀六卷皇明續紀三朝法傳全錄十六卷**（明）高汝栻輯　明崇禎九年（1636）刻本　十一册　存二十六卷（三至二十八）

330000－1701－0079360　G600693　集部/別集類/清別集
曼志堂遺稿二卷　（清）曹壽銘撰　清同治九年（1870）甬上鐵耕齋刻本　一册

330000－1701－0079361　G002803　史部/金石類/總志之屬/通考
金石古文攷一卷　鄭業斆撰　清光緒二十三年（1897）金陵宜春閣石印本　一册

330000－1701－0079362　G003003、G004296、G010596　類叢部/叢書類/彙編之屬
申報館叢書正集五十七種附錄三種續集一百四十二種　（清）尊聞閣主編　蔡爾康編續集　清同治至光緒上海申報館鉛印本　四册　存一種

330000－1701－0079363　G002800　子部/雜著類
救刦回生四卷　清光緒刻本　三册　缺一卷（一）

330000－1701－0079364　G600694　史部/地理類/雜志之屬
廣東新語二十六卷　（清）屈大均撰　清康熙木天閣刻本　六册　存十九卷（一至十九）

330000－1701－0079366　G607543、G604554、G609730、G610631　子部/宗教類/佛教之屬/經疏
大佛頂如來密因修證了義諸菩薩萬行首楞嚴經文句十卷　（清）釋智旭撰　清光緒元年（1875）慧空經房刻十年（1884）印本　九册

330000－1701－0079367　普952/1042/c1　新學/史志/別國史
日本新史攬要七卷　（日本）石村貞一編輯（清）游瀛主人譯　清光緒二十五年（1899）石印本　七册

330000－1701－0079368　G600724、G600695　類叢部/叢書類/自著之屬
儆居遺書十一種　（清）黄式三撰　清同治至光緒刻本　三册　存二種

330000－1701－0079369　G600696　史部/地理類/山川之屬/山志
廣雁蕩山誌二十八卷首一卷末一卷　（清）曾唯輯　清乾隆五十五年（1790）曾唯依綠園刻嘉慶十三年（1808）增刻同治重修本　五册　存二十一卷（一至十七、二十二至二十五）

330000－1701－0079370　M004285　子部/術數類/相宅相墓之屬
地理五訣八卷陽宅三要四卷　（清）趙廷棟撰　清光緒四年（1878）上海海左書局石印本　三册　存六卷（五至八、陽宅三要三至四）

330000－1701－0079372　普952/1042/c2　新學/史志/別國史
日本新史攬要七卷　（日本）石村貞一編輯（清）游瀛主人譯　清光緒二十五年（1899）石印本　七册

330000－1701－0079373　G600697　史部/地理類/水利
浙江通志水利海防十四卷　（清）李衛　（清）嵇曾筠等修　（清）沈翼機　（清）傅王露等纂　清光緒五年（1879）墨潤堂刻本　一册　存二卷（一至二）

330000－1701－0079375　G600698、G600699　類叢部/叢書類/彙編之屬
粵雅堂叢書一百八十五種　（清）伍崇曜編

清道光二十九年至光緒十一年(1849－1885)南海伍氏刻彙印本　三冊　存四種

330000－1701－0079376　普 952/1042/c3　新學/史志/別國史
日本新史攬要七卷　(日本)石村貞一編輯　(清)游瀛主人譯　清光緒二十五年(1899)石印本　七冊

330000－1701－0079377　G003004　子部/雜著類/雜纂之屬
傳家寶吉徵三集八卷　(清)石成金撰　清刻本　八冊

330000－1701－0079379　G003005　史部/地理類/外紀之屬
西俗雜誌一卷　(清)袁祖志撰　清光緒十年(1884)上海文藝齋刻本　一冊

330000－1701－0079382　G003006　史部/傳記類/總傳之屬/釋道
衆仙傳七卷　(清)幻雲子輯　清光緒二十七年(1901)雲岫山房刻本　二冊

330000－1701－0079385　普 952/4433/c1　史部/地理類/外紀之屬
日本國志四十卷首一卷　(清)黄遵憲輯　清光緒十六年(1890)羊城富文齋刻本　十冊

330000－1701－0079386　普 952/4433/c2　史部/地理類/外紀之屬
日本國志四十卷首一卷　(清)黄遵憲輯　清光緒十六年(1890)羊城富文齋刻二十二年(1896)重修本　十四冊

330000－1701－0079388　G002804　集部/別集類/清別集
曾文正公雜著四卷　(清)曾國藩撰　(清)李瀚章輯　清光緒四年(1878)上海醉六堂刻本　四冊

330000－1701－0079389　G003009　集部/小說類/長篇之屬
繪圖水滸傳八卷九十回　(元)施耐庵撰　清末石印本　一冊　存一卷(一)

330000－1701－0079390　普 952/4433/2/c3　史部/地理類/外紀之屬
日本國志四十卷首一卷　(清)黄遵憲輯　清光緒二十四年(1898)浙江書局刻本　十冊

330000－1701－0079392　G002805　史部/傳記類/別傳之屬/事狀
曾文正公事畧四卷　(清)王定安撰　清光緒元年(1875)刻本　四冊

330000－1701－0079393　G002877　子部/小說家類/雜事之屬
豔史叢鈔十二種　(清)王韜編　清光緒四年(1878)弢園鉛印本　三冊　存六種

330000－1701－0079395　G002806　子部/宗教類/佛教之屬
參學知津二卷首一卷　(清)釋顯承撰　**地輿名目一卷**　(清)釋儀潤撰　清道光八年(1828)刻本　二冊

330000－1701－0079396　普 952/4433/2/c4　史部/地理類/外紀之屬
日本國志四十卷首一卷　(清)黄遵憲輯　清光緒二十四年(1898)浙江書局刻本　十冊

330000－1701－0079398　G003010　子部/儒家類/儒學之屬/蒙學
神童詩一卷　清公美號刻本　一冊

330000－1701－0079400　G607354、G003011、G004357、G611704、G609819、G610502　子部/儒家類/儒學之屬/禮教/鑑戒
臣鑒録二十卷　(清)蔣伊輯　清咸豐九年(1859)退思軒刻本　十一冊　存十一卷(一至二、五至十、十六至十七、二十)

330000－1701－0079402　G002878　史部/傳記類/日記之屬
日記不分卷(清光緒三十一年至三十三年)　清光緒三十一年至三十三年(1905－1907)稿本　一冊

330000－1701－0079403　善 008893　史部/編年類/通代之屬
歷代通鑑纂要九十二卷　(明)李東陽

（明）劉機等撰　明正德二年（1507）内府刻本　六冊　存九卷（二十三至二十四、三十一至三十四、四十八、五十六、八十七）

330000－1701－0079404　普 952/4433/3/c1　史部/地理類/外紀之屬
日本國志四十卷首一卷　（清）黄遵憲輯　清光緒二十四年（1898）上海圖書集成印書局鉛印本　十冊

330000－1701－0079405　G002808　子部/兵家類/兵器之屬
克虜伯礮準心法一卷　（德國）布國軍政局撰　（美國）金楷理口譯　（清）李鳳苞筆述　清光緒江南製造局刻本　一冊

330000－1701－0079406　G600700、G600713、G600716、G607566、G602592　類叢部/叢書類/彙編之屬
申報館叢書正集五十七種附錄三種續集一百四十二種　（清）尊聞閣主編　蔡爾康編續集　清同治至光緒上海申報館鉛印本　六冊　存三種

330000－1701－0079407　G604555、G603070　經部/春秋總義類/傳說之屬
御纂春秋直解十二卷　（清）傅恒等撰　清乾隆刻本　八冊

330000－1701－0079410　G604556　子部/宗教類/佛教之屬/經疏
大佛頂如來密因修證了義諸菩薩萬行首楞嚴經纂註十卷首一卷末一卷　（唐）釋般剌密帝釋　（唐）釋彌伽釋迦譯語　（唐）房融筆受　（明）釋真界纂註　清光緒三十四年（1908）金陵刻經處刻本　五冊

330000－1701－0079412　G603034　經部/小學類/文字之屬/説文
説文聲母歌括四卷　（清）宣澍甘撰　湯壽潛鑑定　清宣統元年（1909）石印本　一冊　存二卷（一至二）

330000－1701－0079413　普 952/4433/3/c2　史部/地理類/外紀之屬
日本國志四十卷首一卷　（清）黄遵憲輯　清光緒二十四年（1898）上海圖書集成印書局鉛印本　十冊

330000－1701－0079414　G003012　集部/別集類/清別集
墨汀近藝不分卷　（清）徐廷槐撰　清刻本　一冊

330000－1701－0079415　G002809　集部/曲類/寶卷之屬
白侍郎寶卷一卷　清末杭州昭慶慧空經房刻本　一冊

330000－1701－0079416　G601764　類叢部/叢書類/郡邑之屬
武林往哲遺箸五十二種後編十種　（清）丁丙編　清光緒二十年至二十六年（1894－1900）錢塘丁氏嘉惠堂刻本　清都盧題記　二冊　存一種

330000－1701－0079417　G600701　子部/藝術類/書畫之屬/畫譜
海上名人畫稿不分卷　（清）張熊等繪　清光緒十一年（1885）上海同文書局石印本　一冊

330000－1701－0079418　G604557　史部/政書類/公牘檔冊之屬
退思編一卷誓心編一卷　沈祖燕撰　清宣統元年（1909）刻本　一冊

330000－1701－0079419　G003013　史部/政書類/公牘檔冊之屬
駁蘇杭甬路案說帖一卷　汪大燮撰　清宣統元年（1909）鉛印本　一冊

330000－1701－0079420　G002810　子部/醫家類/兒科之屬/驚風
莊氏慈幼二書二卷　（清）莊一夔撰　清抄本　一冊　存一卷（遂生編）

330000－1701－0079421　普 952/4465　新學/史志/別國史
中等教育日本歷史二卷附錄諸國封建沿革畧一卷　（日本）萩野由之撰　劉大猷譯　清光緒二十七年（1901）教育世界社石印本　五冊

330000－1701－0079422　G604558　子部/宗教類/佛教之屬

破邪論二卷　（唐）釋法琳撰　清光緒三十四年（1908）揚州藏經院刻本　一册

330000－1701－0079423　G603035　集部/總集類/彙編之屬

漢魏六朝名家集初刻四十種　丁福保編　清宣統三年（1911）無錫丁氏鉛印本　一册　存一種

330000－1701－0079424　G002879　史部/史抄類

史鈔不分卷　清末稿本　一册

330000－1701－0079426　G002880　集部/總集類/選集之屬/斷代

三國文錄一卷　清末抄本　一册

330000－1701－0079427　G603036　類叢部/叢書類/彙編之屬

三長物齋叢書二十五種　（清）黄本驥編　清道光二十二年至二十八年（1842－1848）湘陰蔣環刻光緒四年（1878）古香書閣印本　九册　存六種

330000－1701－0079429　G600702、G601273、G608968、G609300　類叢部/叢書類/自著之屬

隨園三十八種　（清）袁枚撰　清光緒十八年（1892）勤裕堂鉛印本　八册　存八種

330000－1701－0079430　G604559　類叢部/叢書類/自著之屬

果堂全集三種附二種　（清）沈彤撰　清乾隆吴江沈氏果堂刻本　二册　存三種

330000－1701－0079431　G002881　類叢部/叢書類/彙編之屬

武英殿聚珍版書一百三十八種　清乾隆浙江刻本　一册　存一種

330000－1701－0079433　G604560、G602390　類叢部/叢書類/自著之屬

春在堂全書（德清俞蔭甫所著書）三十六種　（清）俞樾撰　清同治至光緒刻光緒末彙印本　三册　存二種

330000－1701－0079434　G600703　類叢部/叢書類/彙編之屬

廣雅書局叢書一百五十九種　徐紹棨編　清光緒廣雅書局刻民國九年（1920）番禺徐紹棨彙編重印本　四册　存一種

330000－1701－0079435　G002811　集部/別集類/宋別集

東坡和陶合箋四卷　（宋）蘇軾撰　（清）溫汝能輯　清光緒十八年（1892）上海五彩公司石印本　二册

330000－1701－0079439　G604561　集部/別集類/唐五代別集

杜詩偶評四卷　（唐）杜甫撰　（清）沈德潛評　清乾隆十二年（1747）潘承松賦閒草堂刻本　一册　存二卷（一至二）

330000－1701－0079440　G600704、G608163　史部/傳記類/總傳之屬/釋道

善慧大士傳錄四卷　（宋）樓穎輯　清光緒三年至六年（1877－1880）刻本　二册

330000－1701－0079441　G603037、G606311、G609465　子部/醫家類/類編之屬

韓園醫學六種　（清）潘霨編　清光緒九年至十年（1883－1884）江西書局刻本　五册　存二種

330000－1701－0079442　G002882、G010061　子部/術數類/相宅相墓之屬

地理三字經二卷　（清）程思樂撰　清乾隆六十年（1795）宏道堂刻本　二册

330000－1701－0079443　G604562　史部/金石類/郡邑之屬/文字

兩浙金石志十八卷補遺一卷　（清）阮元撰　清光緒十六年（1890）浙江書局刻本　四册　存六卷（五至六、八至十一）

330000－1701－0079447　G604563　集部/別集類/清別集

海峯詩集十一卷　（清）劉大櫆撰　清刻本　四册

330000－1701－0079448　G003014　子部/藝術類/篆刻之屬/印譜

補羅迦室印譜不分卷　(清)趙之琛篆刻　清宣統元年(1909)西泠印社鈐印本　二册

330000－1701－0079449　G002883　史部/地理類/雜志之屬

武林雜誌大觀五言不分卷　(清)李叔梅錄　清抄本　一册

330000－1701－0079450　G603038　經部/小學類

小學類編六種附三種　(清)李祖望編　清咸豐至光緒江都李氏半畝園刻本　一册　存三種附一種

330000－1701－0079451　G604564　類叢部/叢書類/彙編之屬

十萬卷樓叢書五十一種　(清)陸心源編　清光緒歸安陸氏刻本(歲時廣記卷六原缺)　一册　存一種

330000－1701－0079452　G002884、G004246　類叢部/叢書類/彙編之屬

武英殿聚珍版書三十九種　清乾隆浙江刻本　十六册　存三種

330000－1701－0079453　G600705　史部/傳記類/總傳之屬/家乘

趨庭記述[經緯]二卷　(清)經元善輯　清光緒二十三年(1897)上虞經氏刻本暨石印本　二册

330000－1701－0079454　G603042　史部/地理類/山川之屬/山志

武夷山志二十四卷首一卷　(清)董天工撰　清道光二十七年(1847)五夫尺木軒刻同治十一年(1872)校補本　八册

330000－1701－0079455　G604565　集部/別集類/清別集

今白華堂詩錄八卷詩錄補八卷詩集首二卷　(清)童槐撰　清同治八年(1869)、光緒三年(1877)童華刻本　一册　存四卷(補一至四)

330000－1701－0079458　G603039　經部/小學類/文字之屬/字書/字典

康熙字典十二集三十六卷總目一卷檢字一卷辨似一卷等韻一卷補遺一卷備考一卷　(清)張玉書等纂修　清道光七年(1827)刻本　一册　存一卷(丑集上)

330000－1701－0079459　G600706　類叢部/叢書類/郡邑之屬

嶺南遺書五十九種　(清)伍元薇　(崇曜)編　清道光十一年至同治二年(1831－1863)南海伍氏粵雅堂文字歡娛室刻光緒三十三年(1907)彙印本　一册　存一種

330000－1701－0079460　G604566　集部/別集類/清別集

培遠堂手札節存三卷　(清)陳弘謀撰　清光緒二十五年(1899)浙江官書局刻朱墨套印本　一册　存一卷(一)

330000－1701－0079463　G603040　集部/別集類/清別集

衎石齋記事稾十卷續稾十卷刻楮集四卷旅逸小稾二卷　(清)錢儀吉撰　清光緒六年(1880)錢彝甫廣州刻本　一册　存一卷(續稾七)

330000－1701－0079467　G603041、G610654　集部/詞類/總集之屬

湖州詞徵二十四卷　朱祖謀輯　清宣統三年(1911)章震福刻本　四册

330000－1701－0079468　G604567　子部/宗教類/佛教之屬/律

沙彌尼十戒相一卷　沙彌尼律儀要畧一卷毘尼日用切要一卷　(清)釋讀體輯　清同治八年(1869)昭慶寺慧空經房刻本　一册

330000－1701－0079469　G003015　集部/總集類/題詠之屬

百美新詠集詠一卷題詞一卷　(清)顏希源輯　清嘉慶十年(1805)集腋軒刻本　二册

330000－1701－0079473　善008892　集部/詞類/總集之屬

草堂詩餘九卷　(明)楊慎輯　明末刻清重修

本　五册　存六卷(一至二、四至六、八)

330000－1701－0079474　G600707　類叢部/叢書類/郡邑之屬

紹興先正遺書十五種　(清)徐友蘭輯　清光緒會稽徐氏鑄學齋刻本　一册　存一種

330000－1701－0079475　G002812　類叢部/叢書類/彙編之屬

武英殿聚珍版書一百三十八種　清乾隆浙江刻本　一册　存一種

330000－1701－0079476　G604568、G603588　集部/總集類/郡邑之屬

兩浙輶軒錄四十卷補遺十卷姓氏韻編二卷　(清)阮元輯　清同治六年(1867)刻本　七册　存十一卷(九、補遺一至十)

330000－1701－0079477　G603043　史部/地理類/山川之屬/水志

洞庭湖志十四卷　(清)綦世基撰　(清)夏大觀補輯　(清)萬年淳再訂　清道光五年(1825)刻本　三册　存六卷(一至二、五至八)

330000－1701－0079478　G600708　集部/別集類/清別集

凝齋先生遺集八卷制義二卷末一卷　(清)陳道撰　(清)魯士驥輯　清光緒四年(1878)陳同恩刻本　一册　存三卷(一至三)

330000－1701－0079479　G002813　子部/農家農學類/蠶桑之屬

蠶桑譜二卷　(清)陳啓沅撰　(清)陳錦篔繪圖　清光緒二十三年(1897)刻本　一册

330000－1701－0079482　G603044　史部/地理類/山川之屬/水志

洞庭湖志十四卷　(清)綦世基撰　(清)夏大觀補輯　(清)萬年淳再訂　清道光五年(1825)刻本　三册　存七卷(二至八)

330000－1701－0079483　G600709　類叢部/叢書類/家集之屬

沈端恪公遺書二種　(清)沈日富編　清同治十二年(1873)浙江書局刻本　一册　存一種

330000－1701－0079485　G603045　史部/地理類/山川之屬/水志

洞庭湖志十四卷　(清)綦世基撰　(清)夏大觀補輯　(清)萬年淳再訂　清道光五年(1825)刻本　一册　存三卷(二至四)

330000－1701－0079486　G003017、G008206　集部/別集類

湘綺樓文集八卷　王闓運撰　清光緒三十四年(1908)京師湘靈文社鉛印本　三册　存六卷(一至六)

330000－1701－0079487　G604569　子部/宗教類/佛教之屬/諸宗

淨土生無生論親聞記二卷　(明)釋受教撰　清光緒元年(1875)昭慶慧空經房刻本　一册

330000－1701－0079488　G603046　史部/地理類/山川之屬/水志

洞庭湖志十四卷　(清)綦世基撰　(清)夏大觀補輯　(清)萬年淳再訂　清道光五年(1825)刻本　册　存三卷(二至四)

330000－1701－0079490　G002885、G008768　類叢部/叢書類/彙編之屬

頤素堂叢書　清嘉慶至道光顧氏頤素草堂刻本　四册　存十七種

330000－1701－0079493　G601765　類叢部/叢書類/彙編之屬

十萬卷樓叢書五十一種　(清)陸心源編　清光緒歸安陸氏刻本(歲時廣記卷六原缺)　一册　存一種

330000－1701－0079494　G601766　集部/詩文評類/制藝之屬

制義叢話二十四卷題名一卷　(清)梁章鉅撰　清咸豐九年(1859)知足知不足齋刻本　一册　存四卷(一至四)

330000－1701－0079496　G003018、G008320、G010080　經部/四書類/總義之屬/傳說

四書考異七十二卷　(清)翟灝撰　清乾隆三十四年(1769)無不宜齋刻本　十册　存五十五卷(總考十八至三十六、條考一至三十六)

330000－1701－0079498　G600710　類叢部/叢書類/彙編之屬

知服齋叢書二十九種　(清)龍鳳鑣編　清光緒順德龍氏刻朱印本　一冊　存一種

330000－1701－0079499　G600711　子部/藝術類/音樂之屬/琴學

松風閣指法一卷　(清)莊臻鳳撰　(清)程雄訂正　清文粹堂刻本　二冊

330000－1701－0079500　善 008891　史部/史評類/史論之屬

讀史商語四卷　(明)王志堅輯　明萬曆四十七年(1619)刻本　一冊　存二卷(一至二)

330000－1701－0079501　普 952.031/4308/2/c1　新學/史志/別國史

日本維新三十年史十二編附録一卷　(日本)博文館輯　(清)上海廣智書局譯　清光緒二十九年(1903)上海廣智書局鉛印本　六冊

330000－1701－0079502　G003019　子部/宗教類/道教之屬/雜著

富春恒濟壇諭三卷首一卷　(清)賞妙誠編　清光緒二十二年(1896)清嘯樓刻本　一冊

330000－1701－0079503　普 952.031/4308/2/c2　新學/史志/別國史

日本維新三十年史十二編附録一卷　(日本)博文館輯　(清)上海廣智書局譯　清光緒二十九年(1903)上海廣智書局鉛印本　六冊

330000－1701－0079504　普 954/0550　新學/史志/別國史

印度史攬要三卷　(英國)亨德偉良撰　(清)任廷旭譯　清光緒二十七年(1901)上海上海美華書館鉛印本　三冊

330000－1701－0079505　普 958/1042.2　類叢部/叢書類/彙編之屬

燕貽芝館叢書　(日本)大橋德壽輯　清光緒鉛印本　二冊　存一種

330000－1701－0079506　善 008890　史部/編年類/通代之屬

新刻世史類編四十五卷首一卷　(明)李純卿草創　(明)謝遷補遺　(明)王守仁覆詳　(明)王世貞會纂　(明)李槃增修　明書林張起鵬刻本　四十八冊

330000－1701－0079507　G600712　子部/儒家類/儒學之屬/蒙學

龍文鞭影二卷　(明)蕭良有撰　(清)楊臣諍增訂　(清)陳士龍編次　**龍文鞭影二集二卷**　(清)李暉吉　(清)徐瓚輯　清光緒三年(1877)掃葉山房刻本　二冊　存二卷(二集上、下)

330000－1701－0079509　G002814　史部/地理類/方志之屬/郡縣志

[嘉慶]增修宜興縣舊志十卷首一卷末一卷　(清)李先榮原本　(清)阮升基增修　(清)甯楷等增纂　清嘉慶二年(1797)刻本　二冊　存二卷(十、末)

330000－1701－0079510　G604570　子部/宗教類/佛教之屬/諸宗

淨土生無生論親聞記二卷　(明)釋受教撰　清光緒元年(1875)昭慶慧空經房刻本　一冊

330000－1701－0079511　G603047、G612338　史部/地理類/方志之屬/郡縣志

[嘉慶]嘉興府志八十卷首三卷　(清)伊湯安修　(清)馮應榴　(清)沈啓震纂　清嘉慶六年(1801)刻本　三十七冊　缺十一卷(首一，一至二、二十五至二十八、七十二至七十三、七十九至八十)

330000－1701－0079513　G604571　子部/宗教類/佛教之屬/諸宗

淨土生無生論親聞記二卷　(明)釋受教撰　清光緒元年(1875)昭慶慧空經房刻本　一冊

330000－1701－0079514　G604572　子部/宗教類/佛教之屬/諸宗

淨土生無生論親聞記二卷　(明)釋受教撰　清光緒元年(1875)昭慶慧空經房刻本　一冊

330000－1701－0079515　G604573　子部/宗教類/佛教之屬/諸宗

淨土生無生論親聞記二卷　(明)釋受教撰

清光緒元年(1875)昭慶慧空經房刻本　一册

330000－1701－0079516　G002886　類叢部/叢書類/自著之屬

簡松草堂全集　(清)張雲璈撰　清道光簡松草堂刻本　八册　存一種

330000－1701－0079517　G604574、G604576　類叢部/叢書類/彙編之屬

申報館叢書正集五十七種附錄三種續集一百四十二種　(清)尊聞閣主編　蔡爾康編續集　清同治至光緒上海申報館鉛印本　四册　存二種

330000－1701－0079518　G600714　史部/史評類/史論之屬

千百年眼十二卷　(明)張燧撰　清光緒三十一年(1905)上海史學社石印本　六册

330000－1701－0079519　G002815　史部/傳記類/總傳之屬/家乘

[浙江紹興]浚儀玉牒趙氏世譜一卷　清抄本　二册

330000－1701－0079520　G003020　史部/傳記類/總傳之屬/列女

女子二十四孝全圖一卷　(清)吳友如繪　**車鑒錄新編一卷**　(清)吳福根編輯　清光緒二十年(1894)上海宏大善書局石印本　一册

330000－1701－0079521　G603048　史部/地理類/方志之屬/通志

[雍正]敕修浙江通志二百八十卷首三卷　(清)李衛　(清)嵇曾筠等修　(清)沈翼機　(清)傳王露等纂　清乾隆元年(1736)刻本　十五册　存四十八卷(四至十一、三十六至三十八、五十九至六十一、六十七至七十九、九十至九十四、九十九至一百四、一百三十八至一百四十三、一百六十三至一百六十六)

330000－1701－0079522　G600715　史部/傳記類/總傳之屬/仕宦

滿洲名臣傳四十八卷漢名臣傳三十二卷　(清)國史館撰　清京都琉璃廠榮錦書坊刻本　三册　存三卷(漢名臣傳五至七)

330000－1701－0079523　G604575　經部/易類/傳說之屬

漢儒易義針度四卷　(清)朱昌壽撰　**附近科文式一卷**　(清)希鼓等撰　清道光二十三年(1843)武林調香室刻本　二册

330000－1701－0079524　G600717　子部/醫家類/醫話醫論之屬

冷廬醫話五卷　(清)陸以湉撰　清光緒二十三年(1897)烏程龐元澂刻本　四册

330000－1701－0079525　G002887　集部/總集類/選集之屬/斷代

唐人選唐詩八種　(明)毛晉編　明崇禎元年(1628)海虞毛氏汲古閣刻本　二册　存一種

330000－1701－0079527　G604577　類叢部/叢書類/彙編之屬

武英殿聚珍版書一百三十八種　清乾隆浙江刻本　二册　存一種

330000－1701－0079528　G600718　集部/總集類/尺牘之屬

名賢手札八種　(清)郭慶藩輯　清光緒十年(1884)湘陰郭氏岵瞻堂刻本　四册

330000－1701－0079529　G603049　類叢部/叢書類/彙編之屬

古今逸史四十二種　(明)吳琯編　明萬曆新安吳琯刻本　二册　存一種

330000－1701－0079530　G601767　類叢部/叢書類/彙編之屬

當歸草堂叢書八種　(清)丁丙編　清同治二年至五年(1863－1866)錢塘丁氏刻本　二册　存二種

330000－1701－0079531　G600719　史部/地理類/水利之屬

上虞塘工紀畧二卷續一卷三續一卷　(清)連仲愚撰　清光緒四年(1878)古虞連氏敬睦堂刻本　一册

330000－1701－0079532　G002888　子部/儒家類/儒學之屬/性理

呂子節錄補遺二卷　(明)呂坤撰　(清)陳弘

謀評輯　清刻本　二冊

330000－1701－0079534　G601768　類叢部/叢書類/彙編之屬
當歸草堂叢書八種　(清)丁丙編　清同治二年至五年(1863－1866)錢塘丁氏刻本　四冊　存四種

330000－1701－0079535　G604578、G611412、G607771　子部/雜著類/雜纂之屬
宋稗類鈔八卷　(清)潘永因輯　清宣統元年(1909)上海有正書局鉛印本　七冊　存七卷(一至二、四至八)

330000－1701－0079536　G600720　類叢部/叢書類/自著之屬
北江全集七種　(清)洪亮吉撰　清乾隆至嘉慶刻彙印本　一冊　存一種

330000－1701－0079537　G002817、G007247、G009058　子部/醫家類/兒科之屬/痘疹
痘科類編釋意三卷　(明)翟良撰　**疹科纂要一卷**　(明)馬之騏撰　**產科秘書一卷**　清乾隆二年(1737)懷雪堂刻本　四冊

330000－1701－0079539　G002818　史部/地理類/方志之屬/郡縣志
新疆藝文志一卷新疆古蹟志一卷新疆金石志二卷　清抄本　一冊

330000－1701－0079540　G600722　經部/詩類/傳說之屬
毛詩稽古編三十卷　(清)陳啓源撰　(清)龐佑清校　**毛詩稽古編附攷一卷**　(清)費雲倬撰　清光緒九年(1883)上海同文書局石印本　八冊

330000－1701－0079542　G600723　類叢部/叢書類/自著之屬
耐安類稿五種　(清)陳偉撰　清光緒二十二年(1896)梅叔瀚等刻本　六冊

330000－1701－0079544　善 008894　集部/別集類/宋別集
蘇文忠公集選三十卷　(宋)蘇軾撰　(明)崔邦亮選　明萬曆二十七年(1599)楊四知刻本　十八冊　缺四卷(一至四)

330000－1701－0079545　G601769　子部/雜著類/雜說之屬
忍經一卷　(元)吳亮輯　清光緒二十一年(1895)錢唐丁氏嘉惠堂刻朱印本　一冊

330000－1701－0079546　G604579、G608291、G610076　史部/紀傳類/正史之屬
二十四史附考證　清光緒十年(1884)上海同文書局石印本　二十三冊　存五種

330000－1701－0079547　G002889　集部/總集類/選集之屬/通代
奇賞齋古文彙編二百三十六卷　(明)陳仁錫評選　明崇禎七年(1634)刻本　一冊　存目錄

330000－1701－0079548　G002819　史部/地理類/方志之屬/郡縣志
[道光]潁上縣志十三卷首一卷　(清)劉耀椿修　(清)李同纂　清道光六年(1826)刻本　二冊　存六卷(首、一至三、十二至十三)

330000－1701－0079549　善 008895　史部/編年類/通代之屬
少微通鑑節要五十卷外紀四卷　(宋)江贄撰　**資治通鑑節要續編三十卷**　(明)張光啓撰　明正德九年(1514)司禮監刻本　九冊　存十八卷(三十六至五十,續編四、二十三、二十七)

330000－1701－0079550　G604580、G602783、G611716　史部/目錄類/書志之屬/提要
善本書室藏書志四十卷附錄一卷　(清)丁丙輯　清光緒二十五年至二十七年(1899－1901)錢唐丁立中鄂中刻本　十六冊

330000－1701－0079551　G601770　類叢部/叢書類/彙編之屬
漸西村舍彙刊(漸西村舍叢刻)四十四種　(清)袁昶編　清光緒十六年至二十四年(1890－1898)桐廬袁氏刻本　二冊　存一種

330000－1701－0079552　G603050　史部/地理類/方志之屬/郡縣志

[光緒]嘉興府志八十八卷首二卷　(清)許瑶光修　(清)吴仰賢等纂　清光緒三年至四年(1877－1878)嘉興鴛湖書院刻五年(1879)重印本　十一册　存二十三卷(首一至二,一至三、十二至十七、二十六至三十一、五十二至五十七)

330000－1701－0079553　G604581　史部/傳記類/總傳之屬/技藝
藝林悼友録初集一卷二集一卷附録一卷　(清)郭容光編　清光緒十八年(1892)鐵如意室刻本　一册　存一卷(初集)

330000－1701－0079554　G003023　史部/詔令奏議類/奏議之屬
劉廷琛奏議一卷　(清)劉廷琛撰　清宣統三年(1911)鉛印本　一册

330000－1701－0079555　G002820　史部/地理類/方志之屬/郡縣志
[光緒]普安直隸廳志二十二卷　(清)曹昌祺等修　(清)覃夢榕等纂　清光緒十五年(1889)刻本　一册　存三卷(二至四)

330000－1701－0079556　G603051　集部/總集類/選集之屬/通代
六朝文絜四卷　(清)許槤輯並評　清光緒三年(1877)馮氏讀有用書齋刻朱墨套印本　一册　存二卷(三至四)

330000－1701－0079557　G601771　史部/詔令奏議類/奏議之屬
竹坡侍郎奏議二卷　(清)寶廷撰　清光緒二十七年(1901)刻本　二册

330000－1701－0079558　G604582　子部/宗教類/佛教之屬/諸宗
肇論三卷寶藏論一卷　(後秦)釋僧肇撰　清同治九年(1870)杭省刻經處刻本　一册

330000－1701－0079560　G603052　集部/別集類/清別集
遜學齋文鈔十二卷首一卷末一卷續鈔五卷詩鈔十卷續鈔五卷　(清)孫衣言撰　清同治三年(1864)、十二年(1873)刻光緒增刻本　一册　存二卷(文鈔四至五)

330000－1701－0079561　G604583　史部/政書類/公牘檔冊之屬
遷移蠶池口教堂函稿二卷　(清)李鴻章撰　(清)吴汝綸輯　清光緒二十八年(1902)蓮池書社鉛印本　一册

330000－1701－0079562　G002821　史部/地理類/方志之屬/郡縣志
[咸豐]安順府志五十四卷首一卷　(清)常恩修　(清)鄒漢勳等纂　清咸豐元年(1851)刻光緒十七年(1891)補刻民國八年(1919)朱墨套印本　三册　存十一卷(首、一至三、八至十一、二十一至二十三)

330000－1701－0079563　G003024　子部/術數類/命書相書之屬
增補星平會海命學全書十卷首一卷　(清)水中龍撰　清刻本　五册

330000－1701－0079564　G601772　集部/別集類/清別集
且甌集九卷　(清)項霽撰　清咸豐三年(1853)刻本　二册

330000－1701－0079565　G603053　類叢部/叢書類/彙編之屬
式訓堂叢書四十一種　(清)章壽康編　清光緒會稽章氏刻本　一册　存二種

330000－1701－0079566　G604584、G609696、G610564、G612391　集部/總集類/選集之屬/斷代
讀雪山房唐詩三十四卷　(清)管世銘選　清光緒十二年(1886)湖北官書處刻本　十二册

330000－1701－0079570　G603054　類叢部/叢書類/彙編之屬
懷豳雜俎十二種　徐乃昌編　清光緒至宣統南陵徐氏刻本　一册　存一種

330000－1701－0079571　G604585　經部/小學類/文字之屬/說文
說文通檢十四卷首一卷末一卷　(清)黎永椿撰　清末刻本　二册

330000－1701－0079572　G603055、G611090　類叢部/類書類/通類之屬

重編留青新集二十四卷　(清)馮善長輯　清光緒三十四年(1908)上海廣益書局鉛印本　五册　存十三卷(五至八、十三、十七至二十四)

330000－1701－0079573　G003025　集部/總集類/郡邑之屬

九老詩存一卷九老文存附録一卷花山九老詩文存一卷花山題詠一卷　(清)林丙恭輯　清光緒三十二年(1906)太平可園林氏木活字印本　一册

330000－1701－0079574　G604586　類叢部/叢書類/彙編之屬

振綺堂叢書二集十二種　(清)□□輯　清光緒二十年(1894)泉唐汪氏振綺堂刻朱印本　一册　存四種

330000－1701－0079575　G002890、G011146　子部/雜著類/雜品之屬

小慧集十二卷續集六卷　(清)貯香主人輯　清道光刻本　五册　存十卷(三至十二)

330000－1701－0079576　G601775　類叢部/叢書類/自著之屬

柚堂全集五種　(清)盛百二撰　清乾隆刻本　一册　存一種

330000－1701－0079577　G601774　集部/別集類/清別集

瑞芍軒詩鈔四卷詞稿一卷　(清)許乃穀撰　清同治七年(1868)許道身刻本　二册

330000－1701－0079579　G604587　子部/宗教類/佛教之屬/諸宗

寶藏論一卷　(後秦)釋僧肇撰　清光緒二十三年(1897)金陵刻經處刻本　一册

330000－1701－0079580　G604588　子部/宗教類/佛教之屬/諸宗

寶藏論一卷　(後秦)釋僧肇撰　清光緒二十三年(1897)金陵刻經處刻本　一册

330000－1701－0079582　G002891　類叢部/類書類/專類之屬

古今秘苑四卷二集四卷　(清)許之鳳輯　清道光二十六年(1846)抱青閣刻本　四册

330000－1701－0079585　G002892、G003448、G007939、G010881、G009764　子部/小說家類/雜事之屬

紫藤館雜録十六卷　(清)梁九圖撰　清道光二十五年(1845)順德梁氏紫藤館刻本　十册　存十卷(一、三、五至十、十五至十六)

330000－1701－0079588　G002893、G010173、G008865　子部/雜著類/雜纂之屬

續同書二十四卷　(清)福申輯　清道光刻本　六册　存六卷(一至三、六至八)

330000－1701－0079590　G604589　史部/地理類/山川之屬/山志

華嶽志八卷首一卷　(清)李榕撰　清道光十一年(1831)華麓楊翼武清白別墅刻本　三册　缺二卷(首、一)

330000－1701－0079592　G603058　類叢部/叢書類/彙編之屬

知不足齋叢書一百九十五種　(清)鮑廷博編　(清)鮑士恭續編　清乾隆三十七年至道光三年(1772－1823)長塘鮑氏刻彙印本　十三册　存十六種

330000－1701－0079594　G604590　史部/地理類/方志之屬/郡縣志

[同治]上饒縣志二十六卷首一卷　(清)王恩溥　(清)邢德裕修　(清)李樹藩等纂　清同治十一年(1872)刻本　二十册

330000－1701－0079595　善008896　史部/編年類/通代之屬

資治通鑑二百九十四卷　(宋)司馬光撰　(元)胡三省音注　**通鑑釋文辯誤十二卷**　(元)胡三省撰　明萬曆二十年(1592)新安吳勉學刻本　七十七册　存二百二十七卷(十六至六十一、七十八至一百七、一百二十三至一百五十四、一百七十至二百三十七、二百五十二至二百九十四、通鑑釋文辯誤五至十二)

330000－1701－0079596　G604591　史部/政書類/邦計之屬

兩浙宦游紀畧四種　(清)戴槃撰　清同治七年(1868)刻本　一冊　存一種

330000－1701－0079600　G604592、G604697　子部/宗教類/佛教之屬/經疏

大佛頂如來密因修證了義諸菩薩萬行首楞嚴經玄義二卷文句十卷　(清)釋智旭撰　清同治十三年(1874)金陵刻經處刻本　十冊

330000－1701－0079602　G604593　類叢部/叢書類/彙編之屬

增訂漢魏叢書八十六種　(清)王謨編　清乾隆五十六年(1791)金谿王氏刻本　二冊　存六種

330000－1701－0079603　G003027　子部/醫家類/方書之屬/單方驗方

驗方新編十八卷　(清)鮑相璈等輯　清光緒十七年(1891)日本横濱中華會館鉛印本　一冊

330000－1701－0079604　G600725、G601258　史部/地理類/山川之屬/山志

天台山全志十八卷　(清)張聯元輯　清康熙五十六年(1717)刻本　四冊　存十二卷(一至六、十二至十七)

330000－1701－0079607　G600726　史部/傳記類/科舉録之屬/諸貢録

越郡試草不分卷　(清)徐言等撰　(清)張大宗評　清光緒刻本　一冊

330000－1701－0079608　G604594　子部/宗教類/佛教之屬

禮佛發願文畧釋一卷　(清)釋怡山撰　清光緒六年(1880)刻本　一冊

330000－1701－0079610　G600728　類叢部/叢書類/彙編之屬

佚叢甲集　張南祴編　清光緒三十三年(1907)鉛印本　一冊　存一種

330000－1701－0079612　G603059、G609312、G602595　新學/史志/戰記

中東戰紀本末八卷首一卷末一卷續編四卷首一卷末一卷三編四卷　(美國)林樂知撰並譯　蔡爾康輯　**文學興國策二卷**　(美國)林樂知譯　清光緒二十二年(1896)、二十三年(1897)、二十六年(1900)上海廣學會鉛印本　四冊　存五卷(中東戰紀本末二至六)

330000－1701－0079613　G604595、G605898、G602146　經部/春秋左傳類/傳說之屬

春秋大事表五十卷讀春秋偶筆一卷輿圖一卷附錄一卷　(清)顧棟高輯　清乾隆十三年至十四年(1748－1749)錫山顧氏萬卷樓刻本　二十四冊

330000－1701－0079615　G601776　子部/儒家類/儒學之屬/蒙學

小學集注六卷　(明)陳選撰　**小學總論一卷**　(清)趙鳳翔　(清)趙慎徽編輯　**小學集注校勘記六卷首一卷**　(清)高均儒録　**小學校語一卷**　(清)孫崇晉等撰　清同治元年至二年(1862－1863)刻本　四冊

330000－1701－0079616　G600729　類叢部/叢書類/彙編之屬

鄦齋叢書二十種　徐乃昌編　清光緒二十六年(1900)南陵徐氏刻本　一冊　存一種

330000－1701－0079617　G002894　史部/地理類/雜志之屬

白下瑣言十卷　(清)甘熙撰　清光緒十六年(1890)築野堂刻本　一冊　存三卷(八至十)

330000－1701－0079619　G604596、G603154、G610162、G611146、G608818、G607536、G612185　集部/總集類/選集之屬/通代

唐宋詩本七十六卷目錄八卷　(清)戴第元輯　清乾隆三十八年(1773)覽珠堂刻光緒三年(1877)戴仲和補刻本　三十五冊　存七十卷(目錄三至四、一至四、五至八、十一至十八、十九至五十六、五十九至六十、六十三至七十二、七十五至七十六)

330000－1701－0079620　G600730、G601244　史部/地理類/山川之屬/山志

大別山志十卷首一卷　(清)胡鳳丹編纂　清

同治十三年(1874)退補齋刻本　二冊

330000－1701－0079621　G603060　類叢部/叢書類/彙編之屬

武英殿聚珍版書一百三十八種　清乾隆浙江刻本　一冊　存一種

330000－1701－0079622　G604597　類叢部/叢書類/自著之屬

古愚叢書七種　(清)汪汲撰輯　清乾隆至嘉慶刻二銘草堂彙印本　七冊　存一種

330000－1701－0079623　G003028　子部/宗教類/佛教之屬/經咒

密呪圓因往生集一卷　(西夏)釋智廣　(西夏)釋慧真集　(西夏)釋金剛幢譯　明萬曆四十二年(1614)刻本　一冊

330000－1701－0079624　G604598、G608919、G611303、G606774、G607947　史部/地理類/雜志之屬

欽定日下舊聞考一百六十卷譯語總目一卷　(清)于敏中　(清)竇光鼐等纂修　清乾隆武英殿刻本　四十八冊

330000－1701－0079625　G002823、G010315、G010990　史部/地理類/方志之屬/郡縣志

[乾隆]黃岡縣志二十卷首一卷　(清)王鳳儀修　(清)胡紹鼎　(清)杜乘時纂　(清)王正常續修　清乾隆五十四年(1789)刻本　九冊　存十四卷(二至十五)

330000－1701－0079626　G601777　子部/儒家類/儒學之屬/蒙學

小學集注六卷　(明)陳選撰　**小學總論一卷**　(清)趙鳳翔　(清)趙慎徽編輯　**小學集注校勘記六卷首一卷**　(清)高均儒錄　**小學校語一卷**　(清)孫崇晉等撰　清同治元年至二年(1862－1863)刻本　四冊

330000－1701－0079628　G603061　經部/小學類/文字之屬/說文

說文解字三十二卷附六書音均表五卷　(清)段玉裁撰　**說文部目分韻一卷**　(清)陳煥編　**說文通檢十四卷首一卷末一卷**　(清)黎永椿編　**說文解字注匡謬八卷**　(清)徐承慶撰　清光緒三十四年(1908)上海江左書林石印本　四冊　缺十二卷(一至十一、說文部目分韻)

330000－1701－0079629　G600731、G605113、G601270　史部/地理類/山川之屬/水志

西湖志四十八卷　(清)李衛　(清)程元章修　(清)傅王露纂　清雍正十三年(1735)兩浙鹽驛道庫刻本　五冊　存十二卷(一至二、十二至十五、十八至二十、三十五至三十七)

330000－1701－0079630　G002895　集部/曲類/寶卷之屬

真修寶卷不分卷　清同治元年(1862)刻本　一冊

330000－1701－0079632　G601778、G602588　史部/地理類/山川之屬/水志

長江圖說十二卷首一卷　(清)馬徵麟等撰　清同治十年(1871)湖北崇文書局刻本(卷一至二原缺)　五冊

330000－1701－0079634　G600732　經部/叢編

御纂七經五種　(清)李光地等撰　清同治六年至九年(1867－1870)浙江書局刻本　十冊　存一種

330000－1701－0079635　G600733　史部/傳記類/別傳之屬

景陸粹編八卷首一卷末一卷　(清)許仁沐輯　清光緒二十四年(1898)許仁沐平湖刻本　六冊

330000－1701－0079636　G600734　史部/傳記類/別傳之屬

景陸粹編八卷首一卷末一卷　(清)許仁沐輯　清光緒二十四年(1898)許仁沐平湖刻本　六冊

330000－1701－0079637　G603062　史部/雜史類/斷代之屬

劫餘雜識一卷　(清)李光霽撰　清光緒二十五年(1899)石印本　一冊

330000－1701－0079638　G003029　經部/周禮類/傳說之屬

周禮節訓六卷　(清)黄叔琳輯　(清)姚培謙重訂　清乾隆三十二年(1767)刻本　一册　存四卷(三至六)

330000－1701－0079639　G601779　集部/别集類/清别集

傳樸堂詩稿四卷補遺一卷竹樊山莊詞一卷　(清)葛金烺撰　**弢華館詩稿一卷**　(清)葛嗣滎撰　**附録一卷**　(清)譚獻　(清)許景澄　(清)沈曾植撰　清光緒二十一年(1895)刻三十三年(1907)補刻民國增修本　二册

330000－1701－0079640　G600735　類叢部/叢書類/郡邑之屬

海昌叢載三十二種　(清)羊復禮編　清光緒海昌羊氏傳卷樓粤東刻本　一册　存十種

330000－1701－0079641　G603063　子部/術數類/命書相書之屬

增補星平會海命學全書十卷首一卷　(清)水中龍撰　清刻本　六册

330000－1701－0079643　G002825、G007821、G010585、G009536　史部/目録類/總録之屬/私撰

千頃堂書目三十二卷　(清)黄虞稷編　清光緒石印本　十六册

330000－1701－0079645　G600736、G601242　史部/地理類/外紀之屬

日本國志四十卷首一卷　(清)黄遵憲輯　清光緒二十四年(1898)浙江書局刻本　十册

330000－1701－0079646　G603064、G609562　集部/别集類/清别集

洗齋病學草擬存詩一卷附存詩一卷　(清)胡壽頤撰　(清)昨非居士輯　清光緒十年(1884)山陰胡氏刻本　二册

330000－1701－0079647　G601780　集部/别集類/清别集

退思軒詩集六卷補遺一卷　(清)張百熙撰　清宣統三年(1911)王式通武昌刻本　二册

330000－1701－0079648　G003030　集部/别集類/宋别集

宋李忠定公奏議選十五卷文集選二十九卷首四卷目録二卷　(宋)李綱撰　(明)左光先等選　明崇禎十二年(1639)李氏刻本　二十册

330000－1701－0079649　G002896　子部/儒家類/儒學之屬/禮教

溺女圖説一卷　(清)金光煦編　清光緒十七年(1891)梁安淡然氏刻本　一册

330000－1701－0079650　G600737　類叢部/叢書類/自著之屬

槐軒全集二十一種附九種　(清)劉沅撰　清咸豐至民國刻彙印本　一册　存一種

330000－1701－0079651　G600738　類叢部/叢書類/自著之屬

槐軒全集二十一種附九種　(清)劉沅撰　清咸豐至民國刻彙印本　一册　存一種

330000－1701－0079652　G600739　類叢部/叢書類/自著之屬

槐軒全集二十一種附九種　(清)劉沅撰　清咸豐至民國刻彙印本　一册　存一種

330000－1701－0079653　G603065、G608473　子部/兵家類/兵法之屬

虎鈐經二十卷　(宋)許洞撰　清刻本　四册

330000－1701－0079654　G600740　類叢部/叢書類/自著之屬

槐軒全集二十一種附九種　(清)劉沅撰　清咸豐至民國刻彙印本　一册　存一種

330000－1701－0079655　G600741　類叢部/叢書類/自著之屬

槐軒全集二十一種附九種　(清)劉沅撰　清咸豐至民國刻彙印本　一册　存一種

330000－1701－0079656　G601781　類叢部/叢書類/自著之屬

止園叢書二十三種　(清)史夢蘭撰　清道光至光緒刻本　四册　存一種

330000－1701－0079657　G600742　類叢部/

叢書類/自著之屬

邃雅堂全集九種 （清）姚文田撰　清嘉慶至光緒歸安姚氏刻本　二冊　存一種

330000－1701－0079658　G002826　子部/小說家類/雜事之屬

海天餘話四卷 （清）籛壑外史撰　清末刻本　四冊

330000－1701－0079659　G601782　集部/總集類/氏族之屬

寧都三魏全集八十三卷 （清）林時益編　清道光二十五年（1845）寧都謝庭綬紱園書塾刻本　十冊　存十三卷（魏叔子文集外篇十至二十二）

330000－1701－0079660　G607525、G603067、G608703、G609459、G610652　類叢部/叢書類/自著之屬

求志居全集十種附一種 （清）陳世鎔撰　清道光至光緒獨秀山莊刻本　十二冊　存一種

330000－1701－0079662　G002827、G003493、G003892、G003989、G004503、G005111、G005292、G009684　類叢部/叢書類/彙編之屬

申報館叢書正集五十七種附錄三種續集一百四十二種 （清）尊聞閣主編　蔡爾康編續集　清同治至光緒上海申報館鉛印本　十四冊　存一種

330000－1701－0079664　G601783　史部/地理類/外紀之屬

漢西域圖考七卷首一卷 （清）李光廷撰　清同治九年（1870）刻本　四冊

330000－1701－0079666　G603069　類叢部/叢書類/彙編之屬

仰視千七百二十九鶴齋叢書四十種 （清）趙之謙編　清光緒會稽趙氏刻本　六冊　存三種

330000－1701－0079671　G603072　類叢部/叢書類/彙編之屬

知不足齋叢書一百九十五種 （清）鮑廷博編　（清）鮑士恭續編　清乾隆三十七年至道光三年（1772－1823）長塘鮑氏刻彙印本　一冊　存一種

330000－1701－0079672　G603071、G605039、G602119　史部/傳記類/總傳之屬/仕宦

滿洲名臣傳四十八卷漢名臣傳三十二卷 （清）國史館撰　清京都琉璃廠榮錦書坊刻本　三冊　存三卷（漢名臣傳一、三至四）

330000－1701－0079673　善008897　史部/編年類/通代之屬

資治通鑑綱目五十九卷 （宋）朱熹撰　明萬曆刻本　清玉堂逸史題簽　八十二冊　缺七卷（一至三、十八至二十一）

330000－1701－0079675　G603073　集部/總集類/選集之屬/斷代

湖海文傳七十五卷 （清）王昶輯　清道光十七年（1837）經訓堂刻同治五年（1866）印本　十六冊

330000－1701－0079676　G002828、G002833、G003446、G003903、G004266、G009054　類叢部/叢書類/彙編之屬

申報館叢書正集五十七種附錄三種續集一百四十二種 （清）尊聞閣主編　蔡爾康編續集　清同治至光緒上海申報館鉛印本　九冊　存二種

330000－1701－0079677　G002898　史部/雜史類/斷代之屬

越絕書十五卷 （漢）袁康撰　明嘉靖三十一年（1552）張佳胤刻本　清希齋題記　一冊

330000－1701－0079678　G603074　子部/宗教類/佛教之屬/論疏

唯識開蒙問答二卷 （元）釋雲峰集　清宣統三年（1911）揚州藏經禪院刻本　二冊

330000－1701－0079680　G603075、G601093、G609025　類叢部/叢書類/自著之屬

紫薇花館集七種 （清）王廷鼎撰　清光緒十七年（1891）刻本　八冊　缺六卷（說文佚字輯說一至二、紫薇花館詩稿二至五）

330000－1701－0079681　G604599　子部/宗教類/佛教之屬/諸宗
萬松老人評唱天童覺和尚頌古從容庵錄十卷　(宋)釋正覺頌古　(元)釋行秀評唱　(元)釋離知錄　清光緒七年(1881)姑蘇刻經處刻本　三册

330000－1701－0079682　G002829、G002834、G004504　類叢部/叢書類/彙編之屬
申報館叢書正集五十七種附錄三種續集一百四十二種　(清)尊聞閣主編　蔡爾康編續集　清同治至光緒上海申報館鉛印本　九册　存二種

330000－1701－0079683　G604600　子部/宗教類/佛教之屬/諸宗
萬松老人評唱天童覺和尚頌古從容庵錄十卷　(宋)釋正覺頌古　(元)釋行秀評唱　(元)釋離知錄　清光緒七年(1881)姑蘇刻經處刻本　三册

330000－1701－0079684　G002899、G003280　集部/總集類/選集之屬/通代
漁洋山人古詩選三十二卷　(清)王士禛選　清同治七年(1868)湘鄉曾氏刻本　七册

330000－1701－0079685　G609342、G603076、G602462、G607529　集部/總集類/選集之屬/通代
續古文苑二十卷　(清)孫星衍輯　清光緒九年(1883)江蘇書局刻本　五册　存十七卷(一至十、十四至二十)

330000－1701－0079687　G604601　子部/宗教類/佛教之屬
溈山警策句釋記二卷　(清)釋弘贊註　(清)釋開詗記　清同治十年(1871)刻本　一册

330000－1701－0079688　G002830　史部/政書類/邦計之屬
日本商務視察書四卷　(清)袁思永編　清光緒三十年(1904)鉛印本　一册　存一卷(一)

330000－1701－0079690　G002831　集部/別集類/清別集
正始堂詩鈔一卷　(清)翁時農撰　清光緒三十三年(1907)南洋官報局鉛印本　安樂題記　一册

330000－1701－0079691　G604602　集部/戲劇類/傳奇之屬
藏園九種曲　(清)蔣士銓撰　清乾隆煥乎堂刻本　一册　存一種

330000－1701－0079692　G003031　子部/藝術類/書畫之屬/畫譜
蘭竹名世不分卷　(清)吳子嘉繪　清光緒九年(1883)刻本　二册

330000－1701－0079693　G002900　集部/總集類/選集之屬/通代
五七言今體詩鈔十八卷　(清)姚鼐輯　清同治七年(1868)湘鄉曾氏刻本　三册

330000－1701－0079694　善008902　集部/別集類/宋別集
龜山先生集三十五卷附錄一卷　(宋)楊時撰　**楊龜山先生年譜一卷**　(宋)黃去疾編　明正德十二年(1517)沈暉刻本　三册　存十卷(十至十八、二十八)

330000－1701－0079696　G600744　子部/儒家類/儒學之屬/經濟
皇朝經世文三編八十卷　(清)陳忠倚輯　清光緒二十七年(1901)上海書局石印本　十六册

330000－1701－0079697　G604603　子部/宗教類/佛教之屬/諸宗
禪源諸詮集都序四卷　(唐)釋宗密撰　清光緒十八年(1892)金陵刻經處刻本　一册

330000－1701－0079698　G002832、G003902、G005695　類叢部/類書類/通類之屬
角山樓增補類腋六十七卷　(清)姚培謙輯　(清)趙克宜增輯　清咸豐七年(1857)丹徒趙克宜角山樓刻十年(1860)重修本　二十四册

330000－1701－0079700　G603077　子部/醫家類/類編之屬
中西匯通醫書五種　唐宗海撰　清光緒三十

四年(1908)上海千頃堂書局石印本　七冊　存四種

330000－1701－0079701　G600745　類叢部/叢書類/郡邑之屬
武林掌故叢編一百八十七種　(清)丁丙編　清光緒三年至二十六年(1877－1900)錢塘丁氏嘉惠堂刻本　一冊　存一種

330000－1701－0079702　G002901　子部/宗教類/佛教之屬/經
金剛般若波羅蜜經一卷　(後秦)釋鳩摩羅什譯　**般若波羅蜜多心經一卷**　(唐)釋玄奘譯　清道光二十四年(1844)思誠堂刻本　一冊

330000－1701－0079703　G604604　集部/別集類/清別集
竹窗剩稿一卷附遊台雜詠一卷　(清)釋漢兆撰　清嘉慶二十一年(1816)刻本　一冊

330000－1701－0079705　G600746　子部/小說家類/雜事之屬
竹葉亭雜記八卷　(清)姚元之撰　清光緒十九年(1893)桐城姚氏刻本　二冊

330000－1701－0079706　G604605　子部/宗教類/佛教之屬/論
十二門論宗致義記三卷　(唐)釋法藏撰　清光緒二十一年(1895)金陵刻經處刻本　一冊

330000－1701－0079707　G601784、G601798、G601955、G601956、G602069　類叢部/叢書類/彙編之屬
嘯園叢書五十七種　(清)葛元煦編　清光緒二年至七年(1876－1881)仁和葛氏刻本　五冊　存五種

330000－1701－0079708　善008901　子部/藝術類/書畫之屬/書法書品
墨池編六卷　(宋)朱長文撰　明萬曆八年(1580)虞德燁等刻本　八冊　缺二卷(二、五)

330000－1701－0079709　G600747　經部/叢編
面城樓叢刊三種　(清)曾劍撰　清嘉慶至道光南海曾氏面城樓刻本　二冊　存一種

330000－1701－0079710　G002902　集部/總集類/題詠之屬
百美新詠集詠一卷題詞一卷　(清)顏希源輯　清嘉慶十年(1805)集腋軒刻本　一冊

330000－1701－0079711　G603078　子部/宗教類/佛教之屬/論疏
大乘起信論疏解彙集八種　清光緒十一年至民國十五年(1885－1926)金陵刻經處刻本　一冊　存一種

330000－1701－0079712　G604606　子部/宗教類/佛教之屬/論
十二門論宗致義記三卷　(唐)釋法藏撰　清光緒二十一年(1895)金陵刻經處刻本　一冊

330000－1701－0079713　G600748　集部/別集類/清別集
觀河集四卷　(清)彭紹升撰　清道光三年(1823)刻同治元年(1862)合肥劉朝侍印本　一冊

330000－1701－0079714　G603079　史部/傳記類/科舉録之屬
[光緒丁酉科]浙江闈墨不分卷　清光緒二十三年(1897)聚奎堂刻本　一冊

330000－1701－0079715　G604607　子部/宗教類/佛教之屬/論
十二門論宗致義記三卷　(唐)釋法藏撰　清光緒二十一年(1895)金陵刻經處刻本　一冊

330000－1701－0079716　G002903　史部/傳記類/總傳之屬/郡邑
越中觀感錄一卷　(清)陳錦撰　清光緒九年(1883)八杉齋刻本　一冊

330000－1701－0079717　G600749　史部/傳記類/總傳之屬/儒林
程子年譜十二卷首一卷終一卷　(清)池生春　(清)諸星杓編　清咸豐五年(1855)味經室刻本　五冊

330000－1701－0079718　G601785　集部/別

集類/清别集
懶雲樓詩草四卷　(清)釋與宏撰　清道光七年(1827)小雲棲刻本　一册

330000－1701－0079719　G603080　史部/傳記類/科舉録之屬
[光緒癸巳恩科]浙江闈墨不分卷　清光緒十九年(1893)聚奎堂刻本　一册

330000－1701－0079720　G604608　子部/宗教類/佛教之屬/論
十二門論宗致義記三卷　(唐)釋法藏撰　清光緒二十一年(1895)金陵刻經處刻本　一册

330000－1701－0079721　G603081　史部/傳記類/科舉録之屬
[光緒庚子辛丑恩科]浙江闈墨不分卷　清光緒二十八年(1902)聚奎堂刻本　味經室主人題簽　一册

330000－1701－0079722　G601786　集部/别集類/清别集
寡梅精舍詩存三卷　(清)釋徹凡撰　清咸豐七年(1857)南湖興教禪院刻本　一册

330000－1701－0079723　G603082　子部/雜著類/雜説之屬
浪跡三談六卷　(清)梁章鉅撰　清咸豐七年(1857)福州梁氏刻杭縣鄭氏小琳瑯館印本　壽菴題記　三册

330000－1701－0079724　G604627　子部/宗教類/佛教之屬/諸宗
福源石屋珙禪師語錄二卷　(元)釋清珙撰　(元)釋至柔等編　清光緒十三年(1887)刻本　一册

330000－1701－0079725　G002835、G004681　史部/目録類/總録之屬/彙刻
彙刻書目初編十卷補編一卷　(清)顧修輯　清嘉慶刻本　十册

330000－1701－0079726　G604609　子部/宗教類/佛教之屬/論
十二門論宗致義記三卷　(唐)釋法藏撰　清光緒二十一年(1895)金陵刻經處刻本　一册

330000－1701－0079727　G601787　類叢部/叢書類/自著之屬
漱琴室存稾四種　(清)高驤雲撰　清道光刻彙印本　一册　存一種

330000－1701－0079728　善008900　集部/别集類/明别集
白沙先生詩教解十五卷　(明)陳獻章撰　(明)湛若水輯解　明隆慶元年(1567)李荷刻本　四册　存五卷(十一至十五)

330000－1701－0079729　G002904　史部/政書類/儀制之屬/專志/科舉校規
奏辦惠興女學校章程一卷　(清)惠興女學校編　清宣統三年(1911)惠興女學校鉛印本　一册

330000－1701－0079730　G604610　子部/宗教類/佛教之屬/論
十二門論宗致義記三卷　(唐)釋法藏撰　清光緒二十一年(1895)金陵刻經處刻本　一册

330000－1701－0079731　G600751　類叢部/叢書類/自著之屬
范氏三種　(清)范家相撰　清乾隆至嘉慶會稽范氏古趣亭刻本　一册　存一種

330000－1701－0079732　G600752　類叢部/叢書類/自著之屬
范氏三種　(清)范家相撰　清乾隆至嘉慶會稽范氏古趣亭刻本　一册　存一種

330000－1701－0079733　G604611　子部/宗教類/佛教之屬/總録
重訂教乘法數十二卷　(清)釋超海等輯　清光緒三十四年(1908)常州天寧寺刻本　六册

330000－1701－0079734　G003032　史部/金石類/總志之屬/目録
攈古錄二十卷　(清)吳式芬撰　清光緒海豐吳氏刻本　二十册

330000－1701－0079735　G601788　經部/群經總義類/文字音義之屬
十三經集字音釋四卷照畫檢字一卷　(清)黄蕙田撰　清同治九年(1870)蔣存誠刻本　三

冊　存三卷(二至四)

330000－1701－0079736　G600753　集部/曲類/曲韻曲譜曲律之屬

納書楹曲譜全集二十二卷　(清)葉堂撰　清乾隆五十七年至五十九年(1792－1794)納書楹刻本　一冊　存二卷(邯鄲記一至二)

330000－1701－0079737　G603083　史部/傳記類/總傳之屬

千齡會圖傳附詩不分卷　楊葆光編　清光緒三十四年(1908)上海時中書局石印本　一冊

330000－1701－0079739　G604612　類叢部/叢書類/彙編之屬

半厂叢書初編十種　(清)譚獻編　清同治至光緒仁和譚氏刻本　十二冊　存八種

330000－1701－0079740　G603084　史部/目録類/專録之屬

閱藏知津四十四卷總目四卷　(清)釋智旭輯　清光緒十八年(1892)金陵刻經處刻本　十冊

330000－1701－0079741　G601789　集部/別集類/清別集

夜餘錄一卷宦海餘生紀畧一卷　(清)蔡瑞年撰　清光緒刻本　一冊

330000－1701－0079742　G600754　史部/傳記類/總傳之屬/列女

杭女表微錄十六卷首一卷　(清)孫樹禮輯　清光緒三十二年(1906)刻本　八冊

330000－1701－0079744　G002836　集部/總集類/謠諺之屬

集杭諺詩一卷　(清)邵懿辰輯　清光緒二年(1876)仁和葛氏刻本　一冊

330000－1701－0079745　G002905　子部/宗教類/佛教之屬

大乘起信論一卷　(天竺)馬鳴菩薩造　(南朝陳)釋真諦譯　清康熙三年(1664)鼓山湧泉禪寺刻民國上海佛學書局印本　一冊

330000－1701－0079746　G607550、G601790　新學/史志/諸國史

節本泰西新史攬要八卷　(英國)李提摩太譯　周慶雲節錄　清光緒二十七年(1901)周慶雲夢坡室刻本　二冊

330000－1701－0079747　G603086、G603694、G607683、G610013　子部/雜著類/雜考之屬

無邪堂答問五卷　(清)朱一新撰　清光緒二十二年(1896)上海鴻寶齋石印本　五冊

330000－1701－0079748　G002837　經部/小學類/音韻之屬/韻書

詩韻便覽五卷　(清)錢福胙編　清嘉慶五年(1800)刻本　五冊

330000－1701－0079749　G002906　史部/地理類/總志之屬/斷代

漢書地理志稽疑六卷　(清)全祖望撰　清嘉慶九年(1804)朱文翰行謖草堂刻本　一冊

330000－1701－0079750　G002838　史部/紀傳類/正史之屬

二十四史附考證　清光緒二十八年(1902)武林竹簡齋石印本　一冊　存一種

330000－1701－0079752　G002907　史部/地理類/遊記之屬/紀行

朝天錄一卷蜀程小紀一卷　(清)方濬頤撰　清光緒四年(1878)刻本　一冊

330000－1701－0079754　普973.8/4422　新學/史志/戰記

一八九八年之西美戰史二卷　(法國)勃利德撰　(清)李景鎬譯　清光緒三十年(1904)江南機器製造總局鉛印本　二冊

330000－1701－0079755　G603087　經部/四書類/總義之屬/傳說

四書體註合講十九卷　(清)翁復編　清光緒刻本　一冊　存二卷(孟子四至五)

330000－1701－0079756　G002908　經部/易類/傳說之屬

周易述四十卷　(清)惠棟集注並疏　清乾隆二十五年(1760)德州盧見曾雅雨堂刻本(卷八、二十一、二十四至四十原缺)　六冊

330000－1701－0079759　普 959.3/1262/c1　新學/史志/別國史
安南史四卷　(日本)引田利章撰　毛乃庸譯　清光緒二十九年(1903)教育世界社石印本　四册

330000－1701－0079760　G003034　經部/小學類/文字之屬/説文
説文解字注十五卷附六書音均表五卷　(清)段玉裁撰　**説文部目分韻一卷**　(清)陳焕編　**説文通檢十四卷首一卷末一卷**　(清)黎永椿編　**説文解字注匡謬八卷**　(清)徐承慶撰　清光緒三十四年(1908)上海江左書林石印本　八册

330000－1701－0079761　普 959.3/1262/c2　新學/史志/別國史
安南史四卷　(日本)引田利章撰　毛乃庸譯　清光緒二十九年(1903)教育世界社石印本　四册

330000－1701－0079764　善 008899　集部/別集類/明別集
白沙子全集二十一卷　(明)陳獻章撰　(明)張詡輯　明嘉靖三十年(1551)新會蕭世延刻萬曆元年(1573)重修本　七册　缺六卷(十六至二十一)

330000－1701－0079765　普 962/7288/c1　新學/史志/別國史
埃及近事考一卷　(清)劉鑑譯　清光緒三十三年(1907)江楚編譯官書局石印本　一册

330000－1701－0079766　普 962/7288/c2　新學/史志/別國史
埃及近事考一卷　(清)劉鑑譯　清光緒三十三年(1907)江楚編譯官書局石印本　一册

330000－1701－0079768　G604613　史部/傳記類/總傳之屬/釋道
蓮宗九祖傳畧一卷　(清)釋悟開編　清道光四年(1824)刻本　一册

330000－1701－0079769　G600755　史部/傳記類/別傳之屬/事狀
愍孝録不分卷　王繼香輯　清光緒十年(1884)刻本　一册

330000－1701－0079771　善 008898　經部/詩類/三家詩之屬
詩外傳十卷　(漢)韓嬰撰　明嘉靖二十五年(1546)舒良材刻本　二册　存五卷(三至四、八至十)

330000－1701－0079772　G604614　子部/宗教類/佛教之屬/論疏
大乘百法明門論一卷八識規矩頌一卷　(明)釋廣益纂釋　清咸豐八年(1858)杭州西湖昭慶寺、光緒四年(1878)釋蓮寶刻本　一册

330000－1701－0079773　G600756　經部/叢編
拜經堂叢書十種　(清)臧琳　(清)臧庸撰　清乾隆至嘉慶武進臧氏同述觀刻本　十二册　存一種

330000－1701－0079774　G003035　新學/史志/別國史
振新金鑑三卷附廣學會書目　(英國)克禮孟撰　(清)任保羅譯　清光緒二十九年(1903)上海廣學會鉛印本　三册

330000－1701－0079775　G600757　集部/總集類/選集之屬/通代
駢體文略二十九卷　楊宗羲輯　清光緒二十年(1894)刻本　二册

330000－1701－0079776　G604615　子部/宗教類/佛教之屬/諸宗
福源石屋珙禪師語録二卷　(元)釋清珙撰　(元)釋至柔等編　清光緒十三年(1887)刻本　一册

330000－1701－0079777　G003058　子部/藝術類/書畫之屬/畫譜
芥子園畫畫五卷　(清)湖上笠翁撰　清文德堂刻本　五册

330000－1701－0079778　G609247、G603088　子部/雜著類/雜纂之屬
勸戒七録六卷　(清)梁恭辰撰　清光緒八年

(1882)蔭綠軒刻本　二册

330000－1701－0079779　G604616　子部/宗教類/佛教之屬/諸宗

福源石屋珙禪師語錄二卷　(元)釋清珙撰　(元)釋至柔等編　清光緒十三年(1887)刻本　一册

330000－1701－0079781　G604617　子部/宗教類/佛教之屬/諸宗

福源石屋珙禪師語錄二卷　(元)釋清珙撰　(元)釋至柔等編　清光緒十三年(1887)刻本　一册

330000－1701－0079782　G604618　子部/宗教類/佛教之屬/諸宗

福源石屋珙禪師語錄二卷　(元)釋清珙撰　(元)釋至柔等編　清光緒十三年(1887)刻本　一册

330000－1701－0079783　善008905　集部/總集類/選集之屬/斷代

五代七言律詩不分卷　清抄本　清章述祖題記　三册

330000－1701－0079784　G604619　子部/宗教類/佛教之屬/諸宗

福源石屋珙禪師語錄二卷　(元)釋清珙撰　(元)釋至柔等編　清光緒十三年(1887)刻本　一册

330000－1701－0079785　G604620　子部/宗教類/佛教之屬/諸宗

福源石屋珙禪師語錄二卷　(元)釋清珙撰　(元)釋至柔等編　清光緒十三年(1887)刻本　一册

330000－1701－0079786　G604621　子部/宗教類/佛教之屬/諸宗

福源石屋珙禪師語錄二卷　(元)釋清珙撰　(元)釋至柔等編　清光緒十三年(1887)刻本　一册

330000－1701－0079787　G003059　子部/宗教類/佛教之屬/諸宗

筠州黄蘗山斷際禪師傳心法要一卷黄檗斷際禪師宛陵錄一卷　(唐)釋希運説　(唐)裴休輯　**般若波羅密多心經約註一卷**　(清)翁汝進輯　清光緒五年(1879)刻本　一册

330000－1701－0079788　G604622　子部/宗教類/佛教之屬/諸宗

福源石屋珙禪師語錄二卷　(元)釋清珙撰　(元)釋至柔等編　清光緒十三年(1887)刻本　一册

330000－1701－0079789　G603089　經部/叢編

重刊宋本十三經注疏四百十六卷　附十三經注疏校勘記四百十六卷　(清)阮元撰　(清)盧宣旬摘錄　**校勘記識語四卷**　(清)汪文臺撰　清光緒十三年(1887)上海脈望仙館石印本　一册　存一種

330000－1701－0079790　G601791　史部/史評類/詠史之屬

桐華舸明季詠史詩鈔一卷　(清)鮑瑞駿撰　清同治三年(1864)刻本　一册

330000－1701－0079791　G604623　子部/宗教類/佛教之屬/諸宗

福源石屋珙禪師語錄二卷　(元)釋清珙撰　(元)釋至柔等編　清光緒十三年(1887)刻本　一册

330000－1701－0079792　G604624　子部/宗教類/佛教之屬/諸宗

福源石屋珙禪師語錄二卷　(元)釋清珙撰　(元)釋至柔等編　清光緒十三年(1887)刻本　一册

330000－1701－0079793　G002909　類叢部/叢書類/自著之屬

章氏遺書二種　(清)章學誠撰　清道光十二年至十三年(1832－1833)會稽章華紱刻浙江書局補刻、民國浙江圖書館補刻本　五册

330000－1701－0079794　G601792　經部/小學類/文字之屬/字書/字體

鐘鼎字源五卷附錄一卷　(清)汪立名撰　清光緒二年至五年(1876－1879)洞庭秦氏麟慶

堂刻本　六冊

330000－1701－0079795　G600758　經部/群經總義類/傳說之屬
經解入門八卷　（清）江藩撰　清光緒十四年（1888）鴻寶齋石印本　二冊

330000－1701－0079796　普973.092/2730　新學/史志/别國史
華盛頓泰西史畧八卷　（清）黎汝謙　（清）蔡國昭譯　清光緒二十三年（1897）新學會石印本　四冊

330000－1701－0079797　G603090、G610500　類叢部/叢書類/彙編之屬
古今説部叢書二百七十二種　國學扶輪社編　清宣統二年至民國二年（1910－1913）上海國學扶輪社鉛印本　二冊　存五種

330000－1701－0079798　G601793　史部/雜史類/斷代之屬
戰國策三十三卷　（漢）高誘注　**重刻剡川姚氏本戰國策札記三卷**　（清）黄丕烈撰　清光緒二十二年（1896）上海鴻寶齋石印本　五冊

330000－1701－0079799　G604625　子部/宗教類/佛教之屬/諸宗
福源石屋珙禪師語錄二卷　（元）釋清珙撰　（元）釋至柔等編　清光緒十三年（1887）刻本　一冊

330000－1701－0079800　G003061　類叢部/叢書類/彙編之屬
崇文書局彙刻書三十一種　（清）崇文書局編　清光緒元年至三年（1875－1877）湖北崇文書局刻本　一冊　存二種

330000－1701－0079801　G600759　子部/雜著類/雜説之屬
郎潛紀聞十四卷　（清）陳康祺撰　清光緒六年（1880）琴川刻民國三十一年（1942）重校印本　四冊

330000－1701－0079802　G003037　子部/宗教類/佛教之屬
禪浄合要一卷　（清）石谷道人撰　清光緒二十年（1894）油印本　一冊

330000－1701－0079803　G002910　子部/宗教類/佛教之屬/經疏
金剛般若波羅蜜經直解二卷　（後秦）釋鳩摩羅什譯　（清）釋袾宏解　（清）希蓮子附案　清道光十六年（1836）杭城昭慶律寺大字經房刻本　一冊

330000－1701－0079804　G604626　子部/宗教類/佛教之屬/諸宗
福源石屋珙禪師語錄二卷　（元）釋清珙撰　（元）釋至柔等編　清光緒十三年（1887）刻本　一冊

330000－1701－0079805　善008904　集部/總集類/選集之屬/斷代
皇明經濟文輯二十三卷　（明）陳其愫輯　明天啓七年（1627）陳其愫刻本　七冊　缺三卷（十七至十九）

330000－1701－0079806　G600760　史部/地理類/專志之屬/祠墓
岳廟志略十卷首一卷　（清）馮培輯　清光緒五年（1879）浙江書局刻本　四冊

330000－1701－0079807　G600761　史部/金石類/金之屬/圖像
攀古樓彝器款識二卷　（清）潘祖蔭撰　清同治十一年（1872）京師潘氏滂喜齋刻本　二冊

330000－1701－0079808　G003062　子部/宗教類/佛教之屬/諸宗
福源石屋珙禪師語錄二卷　（元）釋清珙撰　（元）釋至柔等編　清光緒刻本　一冊

330000－1701－0079810　G601794　子部/醫家類/方書之屬/單方驗方
驗方新編二十四卷　（清）鮑相璈輯　清刻本　一冊　存一卷（十七）

330000－1701－0079811　善008906　史部/編年類/通代之屬
湯睡菴先生歷朝綱鑑全史七十卷首一卷　（明）湯賓尹撰　（明）陳繼儒注　明萬曆刻本　二十冊

330000－1701－0079813　G003063　子部/宗教類/佛教之屬/經疏

大佛頂如來密因修證了義諸菩薩萬行首楞嚴經結心解十卷　(唐)釋般刺密帝譯　(唐)釋彌伽釋迦譯語　(唐)房融筆授　(唐)釋懷廸證譯　(□)釋正日結心解　清刻本　三冊

330000－1701－0079814　G003064、G005204　子部/宗教類/佛教之屬

金剛三昧經通宗記十二卷首一卷末一卷　(清)釋誅震撰　清光緒十三年(1887)刻本　三冊　存十三卷(首、一至十二)

330000－1701－0079815　G600762　類叢部/叢書類/彙編之屬

靈鶼閣叢書五十六種　(清)江標編　清光緒元和江氏湖南使院刻本　一冊　存五種

330000－1701－0079816　G002911　子部/宗教類/佛教之屬

禪淨選要四卷　(清)□□輯　清刻本　三冊　存三卷(二至四)

330000－1701－0079817　G604628　子部/宗教類/佛教之屬

曇無德部四分律刪補隨機羯磨十五卷　(清)釋道宣撰　清刻本　七冊

330000－1701－0079819　G601795　集部/總集類/酬唱之屬

鴛央湖櫂歌五卷　(清)朱彝尊　(清)譚吉璁撰　(清)陸以誠　(清)張燕昌續　清乾隆四十年(1775)朱芳衡刻本　一冊

330000－1701－0079821　G002912　類叢部/叢書類/彙編之屬

士禮居黃氏叢書十九種附四種　(清)黃丕烈編　清嘉慶至道光黃氏士禮居刻本　尤學周題記　一冊　存一種

330000－1701－0079822　G604629　經部/小學類/文字之屬/字書/字體

隸韻十卷碑目一卷　(宋)劉球撰　**碑目攷證一卷隸韻攷證二卷**　(清)翁方綱撰　清嘉慶十五年(1810)秦恩復刻本　四冊　缺七卷(二至五、八至十)

330000－1701－0079823　G003065　經部/孝經類/傳說之屬

孝經一卷　(唐)玄宗李隆基注　清末刻本　一冊

330000－1701－0079824　善008903　類叢部/類書類/通類之屬

古今合璧事類備要前集六十九卷後集八十一卷續集五十六卷　(宋)謝維新輯　**古今合璧事類備要別集九十四卷外集六十六卷**　(宋)虞載輯　明嘉靖三十一年至三十五年(1552－1556)三衢夏相刻本　六十冊

330000－1701－0079825　G600763　經部/小學類/訓詁之屬/方言

輶軒使者絕代語釋別國方言十三卷首一卷　(漢)揚雄撰　(晉)郭璞注　**續方言二卷**　(清)杭世駿撰　**續方言補一卷**　(清)程際盛撰　清光緒十七年(1891)長沙思賢講舍刻本　問天廔主人觀款　三冊

330000－1701－0079827　G600764　子部/叢編

二十二子(二十二子彙函)　(清)浙江書局編　清光緒元年至三年(1875－1877)浙江書局刻本　三冊　存一種

330000－1701－0079828　G002913、G003443、G611252、G607319、G609617、G610150　集部/別集類/清別集

恩餘堂經進初藁十二卷續藁二十二卷三藁十一卷策問存課二卷知聖道齋讀書跋尾二卷　(清)彭元瑞撰　清嘉慶刻本　十八冊

330000－1701－0079829　G003066　經部/大戴禮記類/傳說之屬

大戴禮記十三卷　(漢)戴德撰　(北周)盧辯注　清乾隆二十三年(1758)刻本　清朱駿聲題記　二冊

330000－1701－0079830　G601796、G602211　類叢部/叢書類/彙編之屬

經訓堂叢書二十一種　(清)畢沅編　清乾隆

至嘉慶鎮洋畢氏刻本　四冊　存三種

330000－1701－0079831　G604630　史部/地理類/專志之屬/寺觀

忍草庵志四卷　(清)劉繼增輯　清光緒十三年(1887)錫山尤氏遂初堂木活字印本　一冊

330000－1701－0079832　G603091　史部/傳記類/科舉録之屬/諸貢録

簡易明經通譜各行省優貢全錄不分卷　(清)龍雲齋主人輯　清宣統二年(1910)京師琉璃廠刻本　一冊

330000－1701－0079833　G003067　子部/道家類

人同錄四卷　(清)毛昇輯　清光緒二十二年(1896)片石山房刻本　二冊

330000－1701－0079834　G604631　子部/宗教類/佛教之屬/經疏

大佛頂如來密因修證了義諸菩薩萬行首楞嚴經文句十卷　(清)釋智旭撰　清光緒元年(1875)慧空經房刻本　九冊

330000－1701－0079835　G002914　子部/宗教類/佛教之屬/經疏

金剛般若波羅蜜經註解讚言四卷　(後秦)釋鳩摩羅什譯　(清)錢燮清註並讚　清光緒二十八年(1902)青山寺比丘善治刻民國九年(1920)寧波報德觀暨三寶經房印本　一冊

330000－1701－0079836　G600765　類叢部/叢書類/彙編之屬

學津討原一百七十三種　(清)張海鵬編　清嘉慶十年(1805)虞山張氏照曠閣刻本　一冊　存一種

330000－1701－0079838　G601797　類叢部/叢書類/彙編之屬

式訓堂叢書四十一種　(清)章壽康編　清光緒會稽章氏刻本　一冊　存一種

330000－1701－0079839　G603093　史部/傳記類/科舉録之屬

[光緒庚子辛丑恩科]浙江闈墨不分卷　清光緒二十八年(1902)聚奎堂刻本　一冊

330000－1701－0079840　G003039　史部/雜史類/斷代之屬

書平寇一卷　(清)馬慶容撰　清同治五年(1866)刻本　一冊

330000－1701－0079841　G600766　集部/總集類/選集之屬/通代

阮亭選古詩三十二卷　(清)王士禛輯　**惜抱軒今體詩選十八卷**　(清)姚鼐輯　清同治五年(1866)金陵書局刻本　八冊

330000－1701－0079842　G604632　類叢部/叢書類/彙編之屬

廣漢魏叢書九十六種　(明)何允中編　明刻本　四冊　存八種

330000－1701－0079843　G601799、G610021　史部/政書類/儀制之屬/典禮

聖廟祀典圖考三卷首一卷附聖跡圖一卷孟子聖跡圖一卷　(清)顧沅撰　清光緒上海同文書局影印本　二冊　存三卷(首、一至二)

330000－1701－0079844　G603092、G611270　史部/史評類/史論之屬

歷代史論十二卷宋史論三卷元史論一卷　(明)張溥撰　**明史論四卷**　(清)谷應泰撰　**左傳史論二卷**　(清)高士奇撰　清光緒刻本　三冊　存八卷(歷代史論一至三、宋史論一至二、明史論二至四)

330000－1701－0079845　G600767　類叢部/叢書類/自著之屬

曾文正公全集十六種　(清)曾國藩撰　清同治至光緒傳忠書局刻本　二十四冊　存一種

330000－1701－0079846　G002915、G004217　集部/小說類/長篇之屬

第一才子書(繡像三國志演義)六十卷首一卷一百二十回　(明)羅本撰　(清)毛宗崗評　清光緒七年(1881)常熟顧氏刻本　七冊　存二十一卷(首、一至十四、五十一至五十三、五十五至五十七)

330000－1701－0079847　G601800　類叢部/叢書類/彙編之屬

述古叢鈔二十八種 (清)劉晚榮編 清同治至光緒古岡劉氏藏修書屋刻本 二册 存一種

330000－1701－0079848 G600768 集部/詞類/詞譜之屬
詞律二十卷 (清)萬樹撰 **詞律拾遺八卷** (清)徐本立撰 **詞律補遺一卷** (清)杜文瀾撰 清同治十二年(1873)、光緒二年(1876)吳下刻本 十三册 存二十一卷(一至二十、詞律拾遺一)

330000－1701－0079851 G002916 子部/儒家類/儒學之屬/蒙學
繪圖六言雜字一卷 清宣統二年(1910)刻本 一册

330000－1701－0079852 G603094、G603095 類叢部/叢書類/彙編之屬
說郛一百二十弓 (明)陶宗儀編 (明)陶珽等重編 **說郛續四十六弓** (明)陶珽編 (清)李際期重訂 明末刻清順治三年(1646)兩浙督學周南李際期宛委山堂印本 三册 存五十三種

330000－1701－0079853 G600769 史部/地理類/外紀之屬
歐游隨筆二卷 (清)錢德培撰 清光緒木活字印本 默庵題記 二册

330000－1701－0079854 G003040 類叢部/叢書類/彙編之屬
槐廬叢書四十六種 (清)朱記榮編 清光緒三年至十五年(1877－1889)吳縣朱氏槐廬家塾刻本 一册 存一種

330000－1701－0079855 G604633 子部/宗教類/佛教之屬/諸宗
淨土論三卷 (唐)釋迦才撰 清光緒金陵刻經處刻本 一册

330000－1701－0079856 G601801 集部/小說類/長篇之屬
幻夢奇冤四卷十六章 (清)田鑄撰 清光緒三十四年(1908)改良小說社石印本 一册

330000－1701－0079857 G600770 集部/別集類/清別集
白鶴山房詩鈔十四卷 (清)葉紹本撰 清道光二年(1822)歸安葉氏刻本 四册

330000－1701－0079858 M004319 史部/金石類/金之屬/圖像
陶齋吉金錄八卷 (清)端方撰 清光緒三十四年(1908)上海有正書局石印本 四册 存四卷(二、四至五、八)

330000－1701－0079862 G002917 集部/別集類/清別集
中隱堂雜著五種 (清)方炳奎撰 清同治五年至六年(1866－1867)中隱堂刻本 一册 存一種

330000－1701－0079865 G003041 子部/宗教類/道教之屬/戒律
暗室燈二卷首一卷附一卷 (清)深山居士輯 清光緒二年(1876)西湖瑪瑙明臺經房刻本 一册

330000－1701－0079866 G601803 集部/別集類/明別集
寶綸堂集十卷拾遺一卷 (明)陳洪綬撰 (清)陳字購輯 清光緒十四年(1888)會稽董氏取斯堂木活字印本 八册

330000－1701－0079868 G604635 子部/宗教類/佛教之屬/總録
雲棲法彙二十九種 (明)釋袾宏撰 (明)王宇春等輯 清光緒十八年至二十五年(1892－1899)金陵刻經處刻本 五册 存一種

330000－1701－0079869 G600771、G600772 子部/天文曆算類/天文之屬
圜天圖說三卷續編二卷首一卷 (清)李明徹撰 清嘉慶二十四年(1819)松梅軒刻道光元年(1821)增刻本 五册

330000－1701－0079870 M004156 集部/戲劇類/雜劇之屬
增像第六才子書五卷首一卷 (元)王德信 (元)關漢卿撰 (清)金人瑞評 清光緒十五

年(1889)上海鴻寶齋石印本　二册　存二卷(一至二)

330000－1701－0079872　G600773　子部/天文曆算類/算書之屬

筆算便覽五卷　(清)紀大奎撰　(清)紀大畢等輯　清光緒十五年(1889)豫章天禄閣刻本　一册

330000－1701－0079873　G601804　史部/地理類/專志之屬/古跡

馬鬼志十六卷首一卷　(清)胡鳳丹輯　清光緒三年(1877)永康胡氏退補齋刻本　六册

330000－1701－0079874　G604636、G605020　史部/政書類/邦交之屬

約章成案匯覽甲篇十卷乙篇四十二卷　(清)北洋洋務局輯　清光緒三十一年(1905)上海點石齋石印本　七册　存十卷(甲篇一至十)

330000－1701－0079876　G600774　類叢部/叢書類/彙編之屬

漸西村舍彙刊(漸西村舍叢刻)四十四種　(清)袁昶編　清光緒十六年至二十四年(1890－1898)桐廬袁氏刻本　四册　存二種

330000－1701－0079878　G606443、G006290　類叢部/叢書類/自著之屬

王漁洋遺書三十八種　(清)王士禛撰　清刻本　八册　存一種

330000－1701－0079880　G603096、G609697、G610396　集部/别集類/明别集

祁忠惠公遺集十卷補編一卷　(明)祁彪佳撰　(清)杜煦編　(清)杜春生補編　清道光十五年(1835)刻二十二年(1842)增刻本(卷三至四配清抄本)　六册

330000－1701－0079882　G604638　子部/宗教類/佛教之屬

真心直說一卷普照禪師修心訣節要一卷　(朝鮮)釋知訥撰　**般若波羅蜜多心經直說一卷**　(明)釋德清撰　**心經說一卷**　(明)釋真可撰　清同治十三年(1874)杭州雲栖寺刻本　一册

330000－1701－0079884　G003042　集部/别集類/清别集

日吟小草四卷　(清)土吉人撰　**日吟草附錄一卷**　(清)鮑淦撰　清光緒十四年(1888)寧海主一堂刻本　二册

330000－1701－0079885　善008907　集部/别集類/宋别集

重刊嘉祐集十五卷　(宋)蘇洵撰　明嘉靖十一年(1532)太原府刻本　六册

330000－1701－0079889　G600775　史部/紀傳類/正史之屬

二十四史附考證　清光緒二十八年(1902)竢實齋石印本　五册　存一種

330000－1701－0079891　G002918　子部/宗教類/佛教之屬/諸宗

萬善同歸集六卷　(宋)釋延壽撰　清同治十一年(1872)杭州昭慶慧空經房刻本　二册

330000－1701－0079892　G603100　集部/總集類/尺牘之屬

曹李尺牘合選二卷　(清)曹溶　(清)李良年撰　(清)茅復輯　清刻本　一册　存一卷(下)

330000－1701－0079893　G003043　子部/宗教類/佛教之屬/論

金剛般若波羅蜜經破空論一卷心經釋要一卷波羅蜜經觀心釋一卷　(清)釋智旭撰　清同治十年(1871)如皋刻經處刻本　一册

330000－1701－0079894　G600776　新學/雜著/叢編

中西學門徑書七種　梁啓超編　清光緒二十四年(1898)上海大同譯書局石印本　一册

330000－1701－0079896　G603101、G610187　子部/雜著類/雜說之屬

瀛舟筆談十二卷首一卷　(清)阮亨撰　清嘉慶二十五年(1820)刻本　二册　存六卷(首、一至五)

330000－1701－0079899　G600778　史部/雜史類/斷代之屬

皇朝紀略一卷　(清)何琪輯　清光緒二十七年(1901)上海普通學書室刻本　一冊

330000－1701－0079900　G002919　史部/傳記類/總傳之屬/列女
蓮湖花榜一卷　(清)龍湖詩隱撰　清光緒二十五年(1899)滌綺池館刻本　一冊

330000－1701－0079902　G600779　子部/農家農學類/總論之屬
補農書二卷　(明)沈□撰　(清)張履祥補　清光緒二十三年(1897)然藜閣木活字印本　一冊

330000－1701－0079903　G002920　子部/宗教類/道教之屬/戒律
太上感應篇集註一卷　清光緒十二年(1886)海昌文社刻本　一冊

330000－1701－0079904　G003069　子部/宗教類/佛教之屬/經疏
妙法蓮華經科註七卷首一卷　(後秦)釋鳩摩羅什譯　(明)釋一如集註　清同治十一年(1872)刻本　八冊

330000－1701－0079906　G600780　子部/農家農學類/總論之屬
補農書二卷　(明)沈□撰　(清)張履祥補　清光緒二十三年(1897)然藜閣木活字印本　一冊

330000－1701－0079907　G600781　子部/農家農學類/總論之屬
補農書二卷　(明)沈□撰　(清)張履祥補　清光緒二十三年(1897)然藜閣木活字印本　一冊

330000－1701－0079908　G603103、G607393　類叢部/叢書類/彙編之屬
榆園叢刻十五種附一種　(清)許增編　清同治至光緒刻本　四冊　存四種

330000－1701－0079911　G600782　史部/地理類/外紀之屬
游歷英屬地加納大圖經八卷　(清)傅雲龍撰　清光緒二十八年(1902)石印本　一冊　存二卷(一至二)

330000－1701－0079912　G003044　子部/雜著類/雜纂之屬
身世繩規四卷　(清)何思永編　清同治四年(1865)刻本　二冊

330000－1701－0079913　G600783　史部/地理類/外紀之屬
游歷秘魯圖經四卷　(清)傅雲龍撰　清光緒二十八年(1902)石印本　一冊　存二卷(一至二)

330000－1701－0079914　G603104、G601375、G608813　集部/别集類/明别集
楊忠愍公全集四卷首一卷末一卷　(明)楊繼盛撰　清光緒十九年(1893)味菜廬刻本　四冊　存四卷(一至四)

330000－1701－0079916　G600784　史部/地理類/外紀之屬
游歷秘魯圖經四卷　(清)傅雲龍撰　清光緒二十八年(1902)石印本　一冊　存二卷(一至二)

330000－1701－0079917　G601805、G602136　經部/叢編
皇清經解續編一千四百三十卷　王先謙輯　清光緒十五年(1889)上海蜚英館石印本(卷三十原缺)　三十二冊

330000－1701－0079918　G603105　集部/别集類/清别集
煙霞萬古樓詩殘藁一卷　(清)王曇撰　清光緒二十六年(1900)嘉興張氏寒松閣刻本　一冊

330000－1701－0079919　G600785、G610208　集部/别集類/宋别集
劍南詩鈔六卷　(宋)陸游撰　(清)楊大鶴選　清康熙二十四年(1685)毗陵楊氏刻本　八冊　存四卷(五言古、七言律、五言絶句、七言絶句)

330000－1701－0079921　G600786　史部/地理類/雜志之屬

吉林紀事詩四卷首一卷末一卷 (清)沈兆禔撰 清宣統三年(1911)金陵湯明林聚珍書局鉛印本 二冊

330000－1701－0079923 G600787 類叢部/叢書類/彙編之屬
滂喜齋叢書五十種 (清)潘祖蔭編 清同治至光緒吳縣潘氏京師刻本 一冊 存一種

330000－1701－0079924 G603107 子部/醫家類/兒科之屬/通論
保赤要言五卷首一卷 王德森輯 清宣統二年(1910)刻民國八年(1919)印本 一冊

330000－1701－0079926 G002921 子部/宗教類/佛教之屬/經
十四經同本忠字號 清刻本 一冊

330000－1701－0079927 G600788 集部/詞類/詞話之屬
白雨齋詞話八卷詞存一卷詩鈔一卷 (清)陳廷焯撰 清光緒二十年(1894)海寧許正詩等刻本 四冊

330000－1701－0079929 G603108、G601433 子部/叢編
桐城吳先生點勘諸子七種 (清)吳汝綸評點 清宣統二年(1910)衍星社鉛印本 二冊 存二種

330000－1701－0079930 G003045 類叢部/叢書類/自著之屬
趣園初集五種 (清)陳鍾祥撰 清咸豐十年(1860)刻本 一冊 存二種

330000－1701－0079931 G609115、G603109、G603414、G608227 史部/傳記類/總傳之屬/郡邑
兩浙名賢錄六十二卷 (明)徐象梅撰 清光緒二十六年(1900)浙江書局刻本 六十冊 存六十卷(一至四十八、五十一至六十二)

330000－1701－0079934 G003046 史部/政書類/邦計之屬
江西農工商礦紀畧不分卷 清末石印本 四冊

330000－1701－0079935 G603110 子部/宗教類/佛教之屬/諸宗
止觀輔行傳弘決十卷 (唐)釋湛然撰 (隋)釋智顗說 (隋)釋灌頂記 清光緒十年(1884)刻本 十一冊 存八卷(一至八)

330000－1701－0079939 G003047 子部/術數類/相宅相墓之屬
堪輿經二卷 (明)蕭克撰 明萬曆三十九年(1611)刻本 二冊

330000－1701－0079945 G605563 史部/政書類
九通 (清)□□輯 清光緒八年至二十二年(1882－1896)浙江書局刻本 一冊 存一種

330000－1701－0079946 G600789 史部/雜史類
宋遼金元別史五種 (清)席世臣輯 清乾隆至嘉慶南沙席氏掃葉山房刻本 十二冊 存一種

330000－1701－0079947 G605564 史部/金石類/郡邑之屬
東甌金石志十二卷 (清)戴咸弼撰 (清)孫詒讓校補 清光緒九年(1883)刻本 一冊 存一卷(十二)

330000－1701－0079948 G003070 子部/醫家類/方書之屬/單方驗方
神授急救異痧奇方一卷 (清)陳念祖評 清同治十三年(1874)金陵普育堂刻本 一冊

330000－1701－0079949 普388.84/7106 史部/政書類/邦計之屬/漕運
浙江海運全案重編初編八卷續編四卷新編八卷 (清)馬新貽修 (清)蔣益澧等纂 清同治六年(1867)糧儲道庫刻本 十二冊

330000－1701－0079950 G605565 子部/宗教類/佛教之屬/經疏
淨土古佚十書 金陵刻經處編 清光緒十九年至民國四年(1893－1915)金陵刻經處刻本 一冊 存一種

330000－1701－0079951 G600790 子部/

叢編

子書百家 （清）崇文書局編　清光緒元年(1875)湖北崇文書局刻本　一册　存一種

330000－1701－0079952　G605566　子部/宗教類/佛教之屬/經疏

淨土古佚十書 金陵刻經處編　清光緒十九年至民國四年(1893－1915)金陵刻經處刻本　一册　存一種

330000－1701－0079954　G605567　子部/宗教類/佛教之屬/經疏

淨土古佚十書 金陵刻經處編　清光緒十九年至民國四年(1893－1915)金陵刻經處刻本　一册　存一種

330000－1701－0079955　G002923　子部/雜著類/雜説之屬

瀛山筆記二卷 （清）黄士塤撰　清乾隆三十年(1765)刻本　一册

330000－1701－0079956　G600791　類叢部/叢書類/自著之屬

四録堂類集九種 （清）嚴可均撰　清嘉慶至道光刻本　一册　存一種

330000－1701－0079957　G003071、G003991　類叢部/類書類/專類之屬

試帖未能免俗集分類註畧二卷 （清）徐福辰撰　清同治元年(1862)刻本　二册

330000－1701－0079958　G600792　類叢部/叢書類/自著之屬

錢頤壽中丞全集正編三種續編二種 （清）錢寶琛撰　清同治七年至光緒六年(1868－1880)錢鼎銘刻本　一册　存一種

330000－1701－0079960　G605568　子部/藝術類/音樂之屬/樂譜

琴譜新聲六卷 （清）曹尚絅等撰　（清）祝鳳喈評　清嘉慶六年(1801)春草堂刻本　二册　存二卷(三至四)

330000－1701－0079961　G003049　史部/詔令奏議類/奏議之屬

公呈浙撫奏建三忠祠稿一卷 清宣統三年(1911)鉛印本　一册

330000－1701－0079962　G002924　史部/政書類/邦計之屬

治鄞政畧一卷靜庵詩畧一卷 （清）楊懿撰　清木活字印本　一册

330000－1701－0079963　普 388.84231/3844　史部/政書類/邦計之屬/漕運

重訂江蘇海運全案原編六卷續編八卷新編六卷 （清）王毓藻輯　清光緒刻本　六册　存六卷(新編一至六)

330000－1701－0079964　G605569　子部/宗教類/佛教之屬/經疏

妙法蓮華經演義七卷科文一卷 （後秦）釋鳩摩羅什譯　（清）釋一松講録　（清）釋曉柔編定　**妙法蓮華經演義科文一卷** （清）釋曉柔撰　清光緒五年(1879)刻本　二十一册

330000－1701－0079965　G600793　史部/詔令奏議類/奏議之屬

南海先生四上書記四卷 康有爲撰　清光緒二十一年(1895)上海時務報館石印本　一册

330000－1701－0079967　G003050　集部/總集類/題詠之屬

題江南曾文正公祠百詠一卷 朱孔彰撰　清光緒十三年(1887)金陵刻民國二十四年(1935)朱師轍補刻本　一册

330000－1701－0079969　G003072　史部/目録類/總録之屬/私撰

申報館書目續集不分卷 蔡爾康編　清光緒五年(1879)上海申報館鉛印本　一册

330000－1701－0079970　普 388.84231/4612/c1　史部/政書類/邦計之屬/漕運

江蘇海運全案十二卷 （清）賀長齡等撰　**道光丙戌海運記一卷** （清）李景嶧撰　清道光六年(1826)刻本　十二册

330000－1701－0079971　G605570　子部/醫家類/類編之屬

婦嬰至寶三種六卷 （清）徐尚慧編　清道光十一年(1831)刻本　一册

330000－1701－0079972　G600794　子部/叢編
二十五子彙函　（清）鴻文書局編　清上海育文書局石印本　一冊　存一種

330000－1701－0079973　G603111、G603202　子部/宗教類/佛教之屬/諸宗
止觀輔行傳弘決十卷　（唐）釋湛然撰　（隋）釋智顗說　（隋）釋灌頂記　清光緒十年(1884)刻本　九冊　存五卷(四至五、八至十)

330000－1701－0079975　G603112　子部/宗教類/佛教之屬/諸宗
止觀輔行傳弘決十卷　（唐）釋湛然撰　（隋）釋智顗說　（隋）釋灌頂記　清光緒十年(1884)刻本　十九冊　缺卷十下

330000－1701－0079976　G002925　子部/宗教類/佛教之屬/經
佛說無量壽經二卷　（三國魏）釋康僧鎧譯
佛說阿彌陀經一卷　（後秦）釋鳩摩羅什譯
清嘉慶二十五年(1820)日茂刻本　一冊

330000－1701－0079977　G600795　子部/叢編
二十二子(二十二子彙函)　（清）浙江書局編　清光緒元年至三年(1875－1877)浙江書局刻本　四冊　存一種

330000－1701－0079978　善 008916　經部/小學類/音韻之屬
新刊古今韻府續編□□卷　明刻本　九冊　存九卷(三十二至四十)

330000－1701－0079979　普 388. 84231/4612/c2　史部/政書類/邦計之屬/漕運
江蘇海運全案不分卷　（清）賀長齡等撰　清道光六年(1826)刻本　十二冊

330000－1701－0079980　G600796、G608948　新學/報章
西國近事彙編三十六卷　（美國）金楷理口譯　（清）姚棻　（清）蔡錫齡筆述　清光緒二十三年(1897)慎記書莊石印本　三冊　存十二卷(丙子一至四、戊寅一至四、辛巳一至四)

330000－1701－0079981　G605571　史部/地理類/山川之屬/山志
清凉山志十卷　（明）釋秋厓原纂　（明）釋鎮澄編　（清）釋阿王老藏修正　清乾隆二十年(1755)釋聚用刻光緒十三年(1887)重修本　四冊

330000－1701－0079982　G003052　集部/別集類/清別集
絢華室詩憶一卷　俞陸雲撰　清光緒二十年(1894)吳下刻本　一冊

330000－1701－0079983　G603113　類叢部/叢書類/郡邑之屬
武林掌故叢編一百八十七種　（清）丁丙編　清光緒三年至二十六年(1877－1900)錢塘丁氏嘉惠堂刻本　十六冊　存一種

330000－1701－0079984　G003073、G003657、G003801、G007964、G010059　史部/編年類/斷代之屬
東華錄詳節二十四卷　（清）鄔樹庭編　清光緒二十六年(1900)上海東文學堂石印本　十四冊　存二十卷(一至四、七至二十二)

330000－1701－0079985　G604640　類叢部/叢書類/郡邑之屬
武林掌故叢編一百八十七種　（清）丁丙編　清光緒三年至二十六年(1877－1900)錢塘丁氏嘉惠堂刻本　一冊　存一種

330000－1701－0079988　G604641、G607135　史部/紀傳類/正史之屬
二十四史　清同治至光緒五省官書局據汲古閣本等合刻光緒五年(1879)湖北書局彙印本　八冊　存一種

330000－1701－0079989　G603114　經部/小學類
小學類編六種附三種　（清）李祖望編　清咸豐至光緒江都李氏半畝園刻本　二冊　存附一種

330000－1701－0079990　G605649　子部/宗

教類/佛教之屬/經疏
大佛頂如來密因修證了義諸菩薩萬行首楞嚴經圓通疏十卷 (元)釋惟則會解 (明)釋傳燈疏 清光緒三年(1877)杭州昭慶寺慧空經房刻本 十冊

330000－1701－0079991 G605572 史部/傳記類/總傳之屬/釋道
高僧傳四集九十三卷 (清)楊文會輯 清光緒十年至十八年(1884－1892)金陵刻經處、江北刻經處刻本 四冊 存十六卷(初集首、一至十五)

330000－1701－0079992 G003074 子部/宗教類/道教之屬/雜著
雲笈七籤一百二十二卷 (宋)張君房撰 清光緒二十三年(1897)石印本 四冊 存十六卷(七十二至八十七)

330000－1701－0079993 G600797 經部/叢編
古經解彙函十六種附小學彙函十四種 (清)鍾謙鈞等輯 清同治十二年(1873)粵東書局刻本 一冊 存小學彙函一種

330000－1701－0079994 G604642 子部/宗教類/佛教之屬/律
沙彌尼十戒相一卷 沙彌尼律儀要畧一卷毘尼日用切要一卷 (清)釋讀體輯 清同治八年(1869)昭慶寺慧空經房刻本 一冊

330000－1701－0079996 普390.951/2847/c1 經部/三禮總義類/通禮雜禮之屬
讀禮通考一百二十卷 (清)徐乾學撰 清光緒七年(1881)江蘇書局刻本 章嶔題簽並記 三十二冊

330000－1701－0079999 G604643 子部/宗教類/佛教之屬/律
沙彌尼十戒相一卷 沙彌尼律儀要畧一卷毘尼日用切要一卷 (清)釋讀體輯 清同治八年(1869)昭慶寺慧空經房刻本 一冊

330000－1701－0080000 G604644 子部/宗教類/佛教之屬/律
沙彌尼十戒相一卷 沙彌尼律儀要畧一卷毘尼日用切要一卷 (清)釋讀體輯 清同治八年(1869)昭慶寺慧空經房刻本 一冊

330000－1701－0080001 G605573 史部/傳記類/總傳之屬/釋道
高僧傳四集九十三卷 (清)楊文會輯 清光緒十年至十八年(1884－1892)金陵刻經處、江北刻經處刻本 四冊 存十六卷(初集首、一至十五)

330000－1701－0080002 G603115 子部/天文曆算類
兼濟堂纂刻梅勿庵先生曆算全書二十八種 (清)梅文鼎撰 (清)魏荔彤輯 (清)楊作枚訂補 清雍正元年(1723)栢鄉魏荔彤刻乾隆十四年(1749)梅汝培、咸豐九年(1859)梅體萱遞修本 一冊 存一種

330000－1701－0080003 G604645 子部/宗教類/佛教之屬/律
沙彌尼十戒相一卷 沙彌尼律儀要畧一卷毘尼日用切要一卷 (清)釋讀體輯 清同治八年(1869)昭慶寺慧空經房刻本 一冊

330000－1701－0080004 G604646 子部/宗教類/佛教之屬/律
沙彌尼十戒相一卷 沙彌尼律儀要畧一卷毘尼日用切要一卷 (清)釋讀體輯 清同治八年(1869)昭慶寺慧空經房刻本 一冊

330000－1701－0080006 普390.951/2847/c2 經部/三禮總義類/通禮雜禮之屬
讀禮通考一百二十卷 (清)徐乾學撰 清光緒七年(1881)江蘇書局刻本 馬康題記 三十二冊

330000－1701－0080007 G605574 子部/宗教類/佛教之屬
摩尼爛坤集要七十二種 (清)善一輯 清光緒八年(1882)杭州慈孝禪院靈禪、靈鋭刻本 十三冊

330000－1701－0080008 G604647 子部/宗教類/佛教之屬/律

沙彌尼十戒相一卷　沙彌尼律儀要畧一卷毘尼日用切要一卷　（清）釋讀體輯　清同治八年（1869）昭慶寺慧空經房刻本　一册

330000－1701－0080009　G600798　經部/小學類/文字之屬/説文
説文解字韻譜十卷　（宋）徐鍇撰　（清）馮桂芬校訂　清同治三年（1864）吴縣馮桂芬縮摹篆文刻同治六年（1867）補刻本　一册　存五卷（六至十）

330000－1701－0080010　G603116、G604291、G608974、G607312、G608131、G609688、G610391　類叢部/叢書類/自著之屬
潛園總集十七種　（清）陸心源撰　清同治至光緒刻本　三十二册　存一種

330000－1701－0080011　G003075　子部/宗教類/道教之屬/譜籙
吕祖年譜海山奇遇七卷　（清）火西月編　清刻本　二册　存四卷（一至四）

330000－1701－0080012　G604648　子部/宗教類/佛教之屬/律
沙彌尼十戒相一卷　沙彌尼律儀要畧一卷毘尼日用切要一卷　（清）釋讀體輯　清同治八年（1869）昭慶寺慧空經房刻本　一册

330000－1701－0080013　G604649　子部/宗教類/佛教之屬/律
沙彌尼十戒相一卷　沙彌尼律儀要畧一卷毘尼日用切要一卷　（清）釋讀體輯　清同治八年（1869）昭慶寺慧空經房刻本　一册

330000－1701－0080015　G604650　子部/宗教類/佛教之屬/律
沙彌尼十戒相一卷　沙彌尼律儀要畧一卷毘尼日用切要一卷　（清）釋讀體輯　清同治八年（1869）昭慶寺慧空經房刻本　一册

330000－1701－0080016　G605650　子部/醫家類/類編之屬
中西匯通醫書五種　唐宗海撰　清光緒三十四年（1908）上海千頃堂書局石印本　三册存二種

330000－1701－0080019　G605576　子部/宗教類/佛教之屬
摩尼燭坤集要七十二種　（清）善一輯　清光緒八年（1882）杭州慈孝禪院靈禪、靈鋭刻本　十三册

330000－1701－0080020　G605575　子部/宗教類/佛教之屬
摩尼燭坤集要七十二種　（清）善一輯　清光緒八年（1882）杭州慈孝禪院靈禪、靈鋭刻本　十三册

330000－1701－0080022　G600799　史部/時令類
月令粹編二十四卷圖説一卷　（清）秦嘉謨撰　清嘉慶十七年（1812）江都秦嘉謨琳琅仙館刻本　六册

330000－1701－0080023　G604651　子部/宗教類/佛教之屬/律
沙彌尼十戒相一卷　沙彌尼律儀要畧一卷毘尼日用切要一卷　（清）釋讀體輯　清杭州西湖慧空經房刻本　一册

330000－1701－0080024　G003076　集部/别集類/清别集
小檀欒山館詩草四卷　（清）吴鳳樓撰　清光緒九年（1883）山陰吴槎刻本　一册　存二卷（三至四）

330000－1701－0080025　G002926　子部/宗教類/道教之屬/威儀
祈雨科一卷　（清）紀慎齋撰　清光緒三十二年（1906）成都刻本　一册

330000－1701－0080026　G603118、G608749、G607364、G610236、G611890　集部/總集類/郡邑之屬
國朝杭郡詩續輯四十六卷姓氏韻編一卷　（清）吴振棫輯　清光緒二年（1876）錢塘丁氏刻本　十六册

330000－1701－0080028　普390.951/2847/c3　經部/三禮總義類/通禮雜禮之屬
讀禮通考一百二十卷　（清）徐乾學撰　清光

緒七年(1881)江蘇書局刻本　九冊　存三十四卷(八十七至一百二十)

330000－1701－0080029　G604652　子部/宗教類/佛教之屬/律
沙彌尼十戒相一卷　沙彌尼律儀要畧一卷毘尼日用切要一卷　(清)釋讀體輯　清同治八年(1869)昭慶寺慧空經房刻本　一冊

330000－1701－0080030　G605671　類叢部/叢書類/彙編之屬
津逮祕書十五集一百四十種　(明)毛晉編　明崇禎虞山毛氏汲古閣刻本　一冊　存一種

330000－1701－0080031　G605577　子部/宗教類/佛教之屬
摩尼爥坤集要七十二種　(清)善一輯　清光緒八年(1882)杭州慈孝禪院靈禪、靈鋭刻本　十冊　存五十六種

330000－1701－0080032　G003077　子部/宗教類/佛教之屬/諸宗
肇論略注六卷　(明)釋德清撰　清光緒十四年(1888)金陵刻經處刻本　二冊

330000－1701－0080034　G600800　集部/別集類/明別集
疑雨集四卷　(明)王彦泓撰　清末騷餘館刻本　四冊

330000－1701－0080035　G603119、G608695、G609948　史部/紀傳類/別史之屬
南天痕二十六卷附錄一卷　(清)凌雪撰　清宣統二年(1910)復古社鉛印本　六冊

330000－1701－0080036　G604653　子部/宗教類/佛教之屬/諸宗
高峯大師語錄一卷　(元)釋原妙撰　清光緒二年(1876)福德因緣堂刻本　一冊

330000－1701－0080037　G002927　史部/編年類/斷代之屬
南明綱目五卷　(朝鮮)鄭喬編撰　清光緒三十四年(1908)漢城普文社鉛印本　二冊

330000－1701－0080038　G600801　類叢部/叢書類/彙編之屬
知不足齋叢書一百九十五種　(清)鮑廷博編　(清)鮑士恭續編　清乾隆三十七年至道光三年(1772－1823)長塘鮑氏刻彙印本　八冊　存一種

330000－1701－0080039　普 390.951/2847/c4　經部/三禮總義類/通禮雜禮之屬
讀禮通考一百二十卷　(清)徐乾學撰　清光緒七年(1881)江蘇書局刻本　三十二冊

330000－1701－0080040　G605672　類叢部/叢書類/彙編之屬
心矩齋叢書十一種　(清)蔣鳳藻編　清光緒長洲蔣氏刻本　一冊　存一種

330000－1701－0080041　G604654　子部/宗教類/佛教之屬/諸宗
高峯大師語錄一卷　(元)釋原妙撰　清光緒二年(1876)福德因緣堂刻本　一冊

330000－1701－0080043　G604655　子部/宗教類/佛教之屬/諸宗
高峯大師語錄一卷　(元)釋原妙撰　清光緒二年(1876)福德因緣堂刻本　一冊

330000－1701－0080044　G600803　類叢部/叢書類/自著之屬
洪北江全集二十一種　(清)洪亮吉撰　清光緒三年至五年(1877－1879)洪用懃授經堂刻本　一冊　存一種

330000－1701－0080045　G600802　子部/藝術類/書畫之屬/法帖
五經背錄　(清)鄭燮書　清光緒三十四年(1908)吳縣鄭熙書帶艸堂石印本　二冊　存一種

330000－1701－0080046　G601806　史部/傳記類/別傳之屬/年譜
四朝先賢六家年譜　(清)楊希閔撰　清光緒四年(1878)新城楊希閔福州刻本　二冊　存一種

330000－1701－0080047　G003078　集部/總集類/酬唱之屬

武塘風雅集一卷　(清)徐善寳輯　清光緒三十四年(1908)鉛印本　一冊

330000－1701－0080048　普 390.951/2847/2/c1　經部/三禮總義類/通禮雜禮之屬
讀禮通考一百二十卷　(清)徐乾學撰　清康熙三十五年(1696)崑山徐氏冠山堂刻本　三十冊

330000－1701－0080049　G603120、G608730　集部/別集類/清別集
石笥山房集二十四卷　(清)胡天游撰　清咸豐二年(1852)山陰胡鳴泰刻本　九冊

330000－1701－0080050　G605673　子部/宗教類/道教之屬/經文
玄關經二卷　(清)李昌仁撰　清光緒三十一年(1905)刻本　一冊

330000－1701－0080051　G604656　史部/地理類/方志之屬/郡縣志
[光緒]平湖縣志二十五卷首一卷末一卷　(清)彭潤章等修　(清)葉廉鍔等纂　**平湖殉難録一卷**　(清)彭潤章輯　清光緒十二年(1886)刻本　十二冊

330000－1701－0080053　G605578　子部/宗教類/佛教之屬
摩尼燭坤集要七十二種　(清)善一輯　清光緒八年(1882)杭州慈孝禪院靈禪、靈鋭刻本　一冊　存四種

330000－1701－0080054　G002928　史部/傳記類/總傳之屬/技藝
繪林伐材十卷　(清)王宸輯　清乾隆刻本　九冊　存九卷(二至十)

330000－1701－0080055　G604657　子部/宗教類/佛教之屬
佛教初學課本一卷註一卷　(清)楊文會撰　清光緒三十二年(1906)金陵刻經處刻本　一冊

330000－1701－0080056　G605651　史部/目録類/總録之屬/彙刻
彙刻書目初編十卷　(清)顧修輯　**續編五卷**　**新編一卷補編一卷**　(清)陳光照輯　清光緒元年(1875)長洲陳氏無夢園刻本　十冊

330000－1701－0080057　G605674　集部/別集類/清別集
謫麐堂遺集四卷　(清)戴望撰　清光緒元年(1875)會稽趙之謙刻本　二冊

330000－1701－0080058　G600804　子部/小説家類/雜事之屬
世説新語補二十卷附釋名一卷　(南朝宋)劉義慶撰　(南朝梁)劉孝標注　(明)何良俊增補　(明)王世貞刪定　(明)王世懋批釋　(明)張文柱校注　清乾隆二十七年(1762)黄汝琳茂清書屋刻本　八冊

330000－1701－0080060　G003079　集部/別集類/清別集
瞎牛菴題畫詩一卷　(清)金彰　清光緒二十五年(1899)刻本　一冊

330000－1701－0080061　普 390.951/2847/2/c3　經部/三禮總義類/通禮雜禮之屬
讀禮通考一百二十卷　(清)徐乾學撰　清康熙三十五年(1696)崑山徐氏冠山堂刻本　三十九冊　缺二卷(六至七)

330000－1701－0080063　G601807　類叢部/叢書類/自著之屬
郝氏遺書三十三種　(清)郝懿行撰　清嘉慶至光緒刻彙印本　三冊　存一種

330000－1701－0080064　G003055　集部/別集類/清別集
丁辛老屋集二十卷　(清)王又曾撰　清乾隆四十一年(1776)刻本　四冊

330000－1701－0080066　G003056　類叢部/叢書類/自著之屬
師伏堂叢書十五種　(清)皮錫瑞撰　清光緒十九年至三十三年(1893－1907)善化皮氏刻本　一冊　存一種

330000－1701－0080067　G601808　類叢部/叢書類/自著之屬
朱氏羣書六種　(清)朱駿聲撰　清光緒八年

(1882)臨嘯閣刻本　一冊　存一種

330000－1701－0080068　G601809　子部/雜著類/雜說之屬

浮邱子十二卷　(清)湯鵬撰　(清)湯俶昭等輯　清同治四年(1865)湘陰李黼堂刻本　四冊

330000－1701－0080069　G003057　集部/曲類/寶卷之屬

白侍郎寶卷一卷　清光緒十一年(1885)步雲閣刻本　一冊

330000－1701－0080070　普390/951/2847/3　經部/三禮總義類/通禮雜禮之屬

讀禮通考一百二十卷　(清)徐乾學撰　清光緒二十四年(1898)新化三味堂刻本　三十五冊　存一百一卷(一至一百一)

330000－1701－0080071　G600812　類叢部/叢書類/彙編之屬

清風室叢書二十種　(清)錢保塘編　清同治十年至民國二十五年(1871－1936)海寧錢氏清風室刻本　一冊　存一種

330000－1701－0080072　G605675　類叢部/叢書類/彙編之屬

昭代叢書甲集五十種乙集四十種丙集五十六種　(清)張潮　(清)張漸輯　清康熙三十六年至四十二年(1697－1703)刻本　十六冊　存甲集五十種、乙集四十種

330000－1701－0080073　G600805　子部/藝術類/音樂之屬/樂譜

蕉庵琴譜四卷　(清)秦維瀚撰　清光緒三年(1877)刻本　四冊

330000－1701－0080074　普390.951/3130　類叢部/叢書類/彙編之屬

廣雅書局叢書一百五十九種　徐紹棨編　清光緒廣雅書局刻民國九年(1920)番禺徐紹棨彙編重印本　二十四冊　存一種

330000－1701－0080075　普390.951/3130/2/c1　經部/三禮總義類/通禮雜禮之屬

禮書綱目八十五卷首三卷　(清)江永編　清嘉慶十五年(1810)婺源俞氏刻本　二十四冊

330000－1701－0080076　G600806　集部/詞類/別集之屬

斷腸詞一卷　(宋)朱淑真撰　清光緒十五年(1889)況周儀刻四印齋所刻詞本　金致淇跋　一冊

330000－1701－0080077　G600807　類叢部/叢書類/彙編之屬

榆園叢刻十五種附一種　(清)許增編　清同治至光緒刻本　二冊　存一種

330000－1701－0080079　G605579　史部/傳記類/總傳之屬/釋道

高僧傳四集九十三卷　(清)楊文會輯　清光緒十年至十八年(1884－1892)金陵刻經處、江北刻經處刻本　八冊　存三十一卷(三集一至三十、目錄)

330000－1701－0080080　G003080　新學/報章

申報論二卷　清末鉛印剪貼本　二冊

330000－1701－0080081　G605580　史部/傳記類/總傳之屬/釋道

高僧傳四集九十三卷　(清)楊文會輯　清光緒十年至十八年(1884－1892)金陵刻經處、江北刻經處刻本　一冊　存五卷(三集一至四、目錄)

330000－1701－0080082　G604658　子部/宗教類/佛教之屬

折疑論集註二卷　(元)釋子成撰　(明)釋師子注　清光緒三十四年(1908)揚州藏經院刻本　一冊

330000－1701－0080083　G002930　集部/總集類/選集之屬/通代

呂祖編年詩集九卷呂氏詩鈔一卷　(清)火西月輯　清道光二十六年(1846)刻本　四冊

330000－1701－0080084　G003081　經部/小學類/文字之屬/字書/訓蒙

養蒙針度五卷　(清)潘子聲撰　清光緒十年(1884)刻本　二冊

330000－1701－0080085　G605653　子部/醫家類/傷寒金匱之屬/傷寒論

長沙方歌括六卷　(清)陳念祖撰　清末刻本　三冊

330000－1701－0080086　G604659　子部/宗教類/佛教之屬

折疑論集註二卷　(元)釋子成撰　(明)釋師子注　清光緒三十四年(1908)揚州藏經院刻本　一冊

330000－1701－0080087　G605581　史部/傳記類/總傳之屬/釋道

高僧傳四集九十三卷　(清)楊文會輯　清光緒十年至十八年(1884－1892)金陵刻經處、江北刻經處刻本　十冊　存四十卷(二集一至四十)

330000－1701－0080089　G604660　子部/宗教類/佛教之屬/總録

高峰大師語錄一卷　(元)釋元妙撰　清光緒十五年(1889)金陵刻經處刻本　一冊

330000－1701－0080090　G600808　集部/別集類/清別集

白湖詩藁八卷文藁八卷　(清)葉燕撰　清嘉慶二十三年(1818)葉氏又次居刻本　四冊　存九卷(一至七、文藁七至八)

330000－1701－0080091　G605582　史部/傳記類/總傳之屬/釋道

高僧傳四集九十三卷　(清)楊文會輯　清光緒十年至十八年(1884－1892)金陵刻經處、江北刻經處刻本　十冊　存四十卷(二集一至四十)

330000－1701－0080093　G604661　子部/宗教類/佛教之屬/經疏

佛說盂蘭盆經疏并序孝衡鈔二卷佛說盂蘭盆經疏科文一卷　(宋)釋遇榮輯　清金陵刻經處刻本　二冊

330000－1701－0080095　G605655　集部/別集類/清別集

東壄存稿不分卷東壄少作一卷　(清)謝墉撰　清乾隆五十一年(1786)安雅堂刻本　三冊

330000－1701－0080097　G600809　集部/詞類/類編之屬

詞苑英華八種　(明)毛晉編　明末毛氏汲古閣刻本　一冊　存一種

330000－1701－0080098　G604662　子部/宗教類/佛教之屬/經疏

楞伽阿跋多羅寶經四卷　(南朝宋)釋求那跋陀羅譯　(清)釋智旭疏義　**楞伽阿跋多羅寶經玄義一卷**　(清)釋智旭撰　清宣統元年(1909)常州天寧寺刻本　四冊　存四卷(一上、二至四)

330000－1701－0080099　G600810　子部/醫家類/喉科口齒之屬/白喉

洞主仙師白喉治法忌表抉微一卷　(清)耐修子輯並注　清光緒二十五年(1899)石印本　一冊

330000－1701－0080102　G600811　史部/地理類/水利之屬

浙西水利備考不分卷　(清)王鳳生撰　清光緒四年(1878)浙江書局刻本　三冊

330000－1701－0080104　G604663　史部/目録類/專録之屬

大清重刻龍藏彙記一卷　清同治九年(1870)金陵刻經處刻本　一冊

330000－1701－0080105　G603121　類叢部/叢書類/彙編之屬

式訓堂叢書四十一種　(清)章壽康編　清光緒會稽章氏刻本　一冊　存一種

330000－1701－0080106　G002931、G007867　史部/地理類/方志之屬/郡縣志

[咸豐]保安縣志八卷　(清)彭瑞麟修　(清)武東旭纂　清末抄本　二冊

330000－1701－0080107　G600813　類叢部/叢書類/彙編之屬

後知不足齋叢書四十七種　(清)鮑廷爵編　清同治至光緒常熟鮑氏刻本　一冊　存二種

330000－1701－0080109　G604664　子部/宗教類/佛教之屬/論
金剛般若波羅蜜經破空論一卷心經釋要一卷波羅蜜經觀心釋一卷　（清）釋智旭撰　清同治十年（1871）如臯刻經處刻本　一冊

330000－1701－0080110　G600814　子部/醫家類/溫病之屬/瘟疫
松峯説疫六卷　（清）劉奎撰　清刻本　四冊

330000－1701－0080111　G605656　史部/史評類/詠史之屬
讀史碎金六卷註八十卷　（清）胡文炳輯　清光緒元年（1875）蘭石齋刻本　一冊　存一卷（三十三）

330000－1701－0080113　G603125　類叢部/叢書類/彙編之屬
廣雅書局叢書一百五十九種　徐紹棨編　清光緒廣雅書局刻民國九年（1920）番禺徐紹棨彙編重印本　一冊　存一種

330000－1701－0080114　G600815　子部/藝術類/遊藝之屬/聯語
巧對錄八卷　（清）梁章鉅撰　清道光二十二年（1842）刻本　一冊　存四卷（一至四）

330000－1701－0080115　G604665　子部/宗教類/佛教之屬/經疏
勝鬘經寶窟十五卷　（唐）釋吉藏撰　清光緒二十六年（1900）金陵刻經處刻本　一冊　存十一卷（一至四、九至十五）

330000－1701－0080118　G601810　類叢部/類書類/通類之屬
省軒考古類編十二卷　（清）柴紹炳撰　（清）姚廷謙評　清雍正四年（1726）鐵嶺高氏雲間刻本　二冊

330000－1701－0080119　G600816　類叢部/叢書類/彙編之屬
刻鵠齋叢書十六種　（清）胡念修編　清光緒二十三年至二十七年（1897－1901）刻鵠齋刻本　一冊　存一種

330000－1701－0080120　G002932　類叢部/叢書類/彙編之屬
隨盦徐氏叢書十種續編十種　徐乃昌編　清光緒至民國南陵徐氏刻本　一冊　存三種

330000－1701－0080122　G600817　子部/叢編
二十二子（二十二子彙函）　（清）浙江書局編　清光緒元年至三年（1875－1877）浙江書局刻本　四冊　存一種

330000－1701－0080123　G605657　經部/叢編
通志堂經解一百四十種　（清）納蘭成德輯　清康熙十九年（1680）納蘭成德刻本　一冊　存一種

330000－1701－0080125　G600818　史部/地理類/遊記之屬/紀行
河海崑崙錄四卷　裴景福撰　清宣統元年（1909）上海文明書局鉛印本　四冊

330000－1701－0080127　G605583、G605859　史部/傳記類/總傳之屬/釋道
高僧傳四集九十三卷　（清）楊文會輯　清光緒十年至十八年（1884－1892）金陵刻經處、江北刻經處刻本　五冊　存二十卷（二集一至二十）

330000－1701－0080128　G002933　子部/儒家類/儒學之屬/經濟
揚子法言十三卷音義一卷　（漢）揚雄撰　（晉）李軌注　清嘉慶二十三年（1818）秦氏石研齋影宋刻本　一冊　存六卷（一至五、音義）

330000－1701－0080129　G600819　類叢部/叢書類/彙編之屬
聚學軒叢書六十種　劉世珩編　清光緒貴池劉氏刻本　一冊　存一種

330000－1701－0080130　G603126　史部/地理類/方志之屬/通志
［雍正］敕修浙江通志二百八十卷首三卷　（清）李衛　（清）嵇曾筠等修　（清）沈翼機　（清）傅王露等纂　清乾隆元年（1736）刻本

三十四冊　存九十一卷（一百八至一百四十三、二百二十六至二百八十）

330000－1701－0080131　G601811　經部/叢編

通志堂經解一百四十種　（清）納蘭成德輯　清康熙十九年（1680）納蘭成德刻本　三冊　存一種

330000－1701－0080132　G600820　史部/傳記類/總傳之屬/通代

人壽金鑑二十二卷　（清）程得齡輯　清光緒元年（1875）湖北崇文書局刻本　六冊

330000－1701－0080133　G605584　子部/宗教類/佛教之屬/諸宗

見祖傳戒正範四卷　（清）釋讀體撰　**寶華傳戒秘本三卷**　清同治九年（1870）杭城海潮寺刻本　四冊　缺一卷（見祖傳戒正範一）

330000－1701－0080134　G600821　類叢部/叢書類/彙編之屬

粵雅堂叢書一百八十五種　（清）伍崇曜編　清道光二十九年至光緒十一年（1849－1885）南海伍氏刻彙印本　九冊　存一種

330000－1701－0080138　G605585　子部/宗教類/佛教之屬/諸宗

見祖傳戒正範四卷　（清）釋讀體撰　**寶華傳戒秘本三卷**　清同治九年（1870）杭城海潮寺刻本　四冊

330000－1701－0080139　G002934　史部/傳記類/總傳之屬/儒林

明儒學案六十二卷師説一卷　（清）黄宗羲撰　清光緒十四年（1888）南昌縣學刻本　三十冊　存五十六卷（一至二、七至四十二、四十六至六十二、師説）

330000－1701－0080141　G600822、G602233　子部/小説家類/雜事之屬

豈有此理四卷　（清）絳雪草廬主人撰　清道光四年（1824）刻本　四冊

330000－1701－0080142　G601812　史部/金石類

金石全例　（清）朱記榮輯　清光緒刻十八年（1892）吴縣朱氏彙印本　四冊　存一種

330000－1701－0080143　G605586　子部/宗教類/佛教之屬/諸宗

見祖傳戒正範四卷　（清）釋讀體撰　**寶華傳戒秘本三卷**　清同治九年（1870）杭城海潮寺刻本　心道人題記　四冊

330000－1701－0080145　G600823　集部/別集類/清別集

曠觀樓詩存八卷　（清）朱霖撰　清光緒六年（1880）如臯朱氏刻十六年（1890）補刻本　四冊

330000－1701－0080146　G605587　子部/宗教類/佛教之屬/諸宗

見祖傳戒正範四卷　（清）釋讀體撰　**寶華傳戒秘本三卷**　清同治九年（1870）杭城海潮寺刻本　三冊　缺二卷（見祖傳戒正範二至三）

330000－1701－0080147　G600824　史部/金石類/總志之屬

金石續編二十一卷首一卷　（清）陸耀遹撰　（清）陸增祥校訂　清光緒十九年（1893）上海醉六堂石印本　六冊

330000－1701－0080148　G605658　類叢部/叢書類/彙編之屬

知不足齋叢書一百九十五種　（清）鮑廷博編　（清）鮑士恭續編　清乾隆三十七年至道光三年（1772－1823）長塘鮑氏刻彙印本　二十一冊　存二十種

330000－1701－0080149　G600825、G602305　集部/別集類/清別集

銅熨斗齋隨筆八卷　（清）沈濤撰　清光緒會稽章氏刻式訓堂叢書本　清梁濟謙、勵乃驥題記　二冊

330000－1701－0080150　G002935　史部/雜史類/斷代之屬

勦逆圖考二卷　清光緒十八年（1892）上海書局石印本　一冊　存一卷（一）

330000－1701－0080154　G601813、G605142

史部/史評類/詠史之屬
庚子都門紀事詩六卷首一卷 （清）延清撰 清光緒二十八年(1902)鉛印本 二冊

330000－1701－0080155 G605588 子部/宗教類/佛教之屬/諸宗
見祖傳戒正範四卷 （清）釋讀體撰 **寶華傳戒秘本三卷** 清同治九年(1870)杭城海潮寺刻本 三冊 存三卷(見祖傳戒正範一至三)

330000－1701－0080156 G002936 史部/傳記類/職官録之屬/總録
[清光緒三十年冬季]大清中樞備覽二卷 清光緒三十年(1904)榮錄堂刻本 二冊

330000－1701－0080157 G605589 子部/宗教類/佛教之屬/論疏
成唯識論述記六十卷 （唐）釋窺基撰 清光緒二十七年(1901)金陵刻經處刻本 二十冊

330000－1701－0080158 G601814 經部/禮記類/傳說之屬
禮記集說十卷 （元）陳澔撰 清恕堂刻本 十冊

330000－1701－0080161 G605590 子部/宗教類/佛教之屬/論疏
成唯識論述記六十卷 （唐）釋窺基撰 清光緒二十七年(1901)金陵刻經處刻本 二十冊

330000－1701－0080162 G605591 子部/宗教類/佛教之屬/論疏
成唯識論述記六十卷 （唐）釋窺基撰 清光緒二十七年(1901)金陵刻經處刻本 十九冊

330000－1701－0080165 G601821、G601834、G601878、G602008、G602022、G602553 類叢部/叢書類/彙編之屬
粤雅堂叢書一百八十五種 （清）伍崇曜編 清道光二十九年至光緒十一年(1849－1885)南海伍氏刻彙印本 三十四冊 存二十二種

330000－1701－0080166 G002937 集部/別集類/清別集
金臺尋芳雜詠六十首不分卷 （清）醉君輯 稿本 一冊

330000－1701－0080167 G605592 子部/宗教類/佛教之屬/論疏
成唯識論述記六十卷 （唐）釋窺基撰 清光緒二十七年(1901)金陵刻經處刻本 五冊 存十五卷(四十六至六十)

330000－1701－0080168 G605677 類叢部/叢書類/自著之屬
沈歸愚詩文全集十四種 （清）沈德潛撰 清乾隆教忠堂刻本 五冊 存一種

330000－1701－0080170 G605593 子部/宗教類/佛教之屬/經疏
妙法蓮華經演義七卷科文一卷 （後秦）釋鳩摩羅什譯 （清）釋一松講錄 （清）釋曉柔編定 **妙法蓮華經演義科文一卷** （清）釋曉柔撰 清光緒五年(1879)刻本 十七冊

330000－1701－0080173 G002938 子部/兵家類/武術技巧之屬
射譜輯要二卷首一卷 （清）魏振習 （清）魏遴一 （清）魏韶撰 清光緒十年(1884)簡書齋刻本 二冊

330000－1701－0080174 G605594 子部/宗教類/佛教之屬/經疏
妙法蓮華經演義七卷科文一卷 （後秦）釋鳩摩羅什譯 （清）釋一松講錄 （清）釋曉柔編定 **妙法蓮華經演義科文一卷** （清）釋曉柔撰 清光緒五年(1879)刻本 十七冊

330000－1701－0080175 普391.8/3131/c1 史部/政書類/儀制之屬/典禮
聖廟祀典圖考三卷首一卷附聖蹟圖一卷孟子聖蹟圖一卷崇聖祠攷一卷 （清）顧沅撰 清光緒上海同文書局石印本 二冊

330000－1701－0080177 G002939 子部/藝術類/遊藝之屬/謎語
擷綠山房隱語二卷 （清）葉金璜 （清）葉康瑞撰 清光緒三十二年(1906)葉氏刻本 一冊

330000－1701－0080178 G605595 子部/醫家類/類編之屬

婦嬰至寶三種六卷　(清)徐尚慧編　清同治五年(1866)刻本　一冊

330000－1701－0080179　G605678　子部/藝術類/遊藝之屬/棋弈

六家弈譜六卷　(清)王彥侗輯　清咸豐七年(1857)刻本　一冊　存三卷(一至三)

330000－1701－0080182　M004176　子部/醫家類/類編之屬

陳修園醫書七十種　(清)陳念祖等撰　清宣統元年(1909)上海廣雅啓新書局石印本　十七冊　存三十二種

330000－1701－0080183　G605596、G606125　史部/政書類

九通　(清)□□輯　清光緒八年至二十二年(1882－1896)浙江書局刻本　二冊　存一種

330000－1701－0080185　G002940　集部/總集類/課藝之屬

紹興府學堂課藝不分卷　(清)徐錫麟選　清末府學堂石印本　一冊

330000－1701－0080189　G605597　子部/宗教類/佛教之屬/論

般若燈論十五卷　(天竺)龍樹菩薩造偈　(天竺)釋分別明釋論　(唐)釋波羅頗迦羅密多羅譯　清光緒二十四年(1898)金陵刻經處刻本　三冊

330000－1701－0080190　G002941　子部/雜著類/雜說之屬

瑣語錄一卷　(清)且甌小隱撰　清末抄本　一冊

330000－1701－0080191　G605598　子部/宗教類/佛教之屬/論

雜毒海八卷　(明)釋性音重編　清光緒二十八年(1902)清河龐氏刻本　二冊

330000－1701－0080193　G605599　子部/宗教類/佛教之屬/諸宗

淨土生無生論會集不分卷　(明)釋傳燈撰　(清)釋達默集　清道光二十九年(1849)刻本　一冊

330000－1701－0080194　G605600　子部/宗教類/佛教之屬/諸宗

淨土生無生論會集不分卷　(明)釋傳燈撰　(清)釋達默集　清道光二十九年(1849)刻本　一冊

330000－1701－0080195　G605601　子部/宗教類/佛教之屬/諸宗

淨土生無生論會集不分卷　(明)釋傳燈撰　(清)釋達默集　清道光二十九年(1849)刻本　一冊

330000－1701－0080196　M004179　子部/醫家類/類編之屬

陳修園醫書四十八種　(清)陳念祖等撰　清末上海錦章圖書局石印本　二冊　存二種

330000－1701－0080198　G605681　子部/藝術類/書畫之屬

桐陰論畫二卷首一卷附錄一卷畫訣一卷續桐陰論畫一卷二編二卷三編二卷　(清)秦祖永撰　清同治三年至八年(1864－1867)刻朱墨套印本　一冊　存二卷(桐陰畫訣、續桐陰畫訣)

330000－1701－0080199　G605682、G602655　子部/藝術類/書畫之屬/總論

甌鉢羅室書畫過目攷四卷首一卷附一卷　(清)李玉棻撰　清光緒上海鴻文齋石印本　四冊

330000－1701－0080206　G605659　類叢部/叢書類/自著之屬

戚鶴泉所著書十一種　(清)戚學標撰　清乾隆至嘉慶刻本　六冊　存一種

330000－1701－0080209　G605683　新學/雜著/叢編

富強叢書正集七十七種續集一百二十一種　(清)袁俊德編　清光緒二十五年(1899)、二十七年(1901)小倉山房石印本　七冊　存一種

330000－1701－0080211　G605660、G610323　經部/叢編

皇清經解續編一千四百三十卷　王先謙輯　清光緒十四年(1888)江陰南菁書院刻本(卷三十原缺)　六册　存三十四卷(書序述聞,尚書今古文集解一至三十、校勘記,魯詩遺說考四至五)

330000－1701－0080212　M004186　史部/時令類
月令廣義摘編□卷　(清)嚴聞達纂輯　清抄本　一册　存一卷(一)

330000－1701－0080216　M004190　子部/宗教類/其他宗教之屬/基督教
樫園雨露記四卷　稿本　一册

330000－1701－0080218　G605661　經部/三禮總義類/名物制度之屬
弁服釋例八卷表一卷　(清)任大椿撰　清嘉慶元年(1796)蕭山王宗炎望賢家塾刻本　三册

330000－1701－0080224　G605662　史部/紀傳類/正史之屬
二十四史附考證　清刻本　三十九册　存一種

330000－1701－0080226　G605685　史部/目録類/總録之屬/彙刻
彙刻書目二十卷　(清)顧修輯　(清)朱學勤補　清光緒十二年至十五年(1886－1889)上海福瀛書局刻本　二十册

330000－1701－0080227　G605663　集部/別集類/清別集
抱簫山道人遺稿二卷　(清)陳鴻墀撰　清同治十二年(1873)陳宗親刻本　二册

330000－1701－0080228　G605664　類叢部/叢書類/自著之屬
曾文正公全集十六種　(清)曾國藩撰　清同治至光緒傳忠書局刻本　三册　存二種

330000－1701－0080229　G605686　類叢部/叢書類/彙編之屬
張氏適園叢書　張鈞衡編　清宣統三年(1911)上海國學扶輪社鉛印本　張崟題簽並記　二册　存二種

330000－1701－0080230　G604666　子部/宗教類/佛教之屬
註心賦四卷　(宋)釋延壽撰　清光緒三年(1877)金陵刻經處刻本　四册

330000－1701－0080231　G003082　經部/四書類/總義之屬/傳說
四書疏註撮言大全三十七卷　(清)胡斐才輯　清刻本　十册　存十五卷(中庸章句一至二,論語集註一至二、六至十、十七至十九,孟子集註二至三、十三)

330000－1701－0080232　G604667　子部/宗教類/佛教之屬
註心賦四卷　(宋)釋延壽撰　清光緒三年(1877)金陵刻經處刻本　四册

330000－1701－0080234　G604668　子部/宗教類/佛教之屬
註心賦四卷　(宋)釋延壽撰　清光緒三年(1877)金陵刻經處刻本　三册　存三卷(一、三至四)

330000－1701－0080235　G003150、G005756　子部/醫家類/方書之屬
精選集驗良方二卷　(清)關梓輯　清咸豐三年(1853)關梓刻光緒十四年(1888)八棪齋主人重印本　二册

330000－1701－0080237　G604669　子部/藝術類/書畫之屬/法帖
大佛頂如來密因修證了義諸菩薩萬行首楞嚴經十卷　吳芝瑛書　清光緒三十四年至宣統元年(1908－1909)杭州小萬柳堂石印本　二册

330000－1701－0080238　G003083　集部/別集類/清別集
謝梅莊先生遺集八卷西北域記一卷　(清)謝濟世撰　(清)趙炳麟輯　清光緒三十四年(1908)趙炳麟鉛印本　二册

330000－1701－0080239　G604670　集部/別集類/清別集

萝東禪師遺集二卷　(清)釋際醒撰　(清)釋喚醒輯　清嘉慶二十二年(1817)釋了亮等隆福寺觀音庵刻本　二册

330000－1701－0080241　普390.951/3130/2/c2　經部/三禮總義類/通禮雜禮之屬
禮書綱目八十五卷首三卷　(清)江永編　清嘉慶十五年(1810)婺源俞氏刻本　二十四册

330000－1701－0080242　善008909　子部/雜著類/雜纂之屬
諸經品節二十卷　(明)楊起元注評　明刻本　十册　存十卷(一至十)

330000－1701－0080243　G605687　類叢部/叢書類/彙編之屬
張氏適園叢書　張鈞衡編　清宣統三年(1911)上海國學扶輪社鉛印本　一册　存一種

330000－1701－0080244　G003151　類叢部/叢書類/彙編之屬
西京清麓叢書正編三十二種續編二十七種外編二十四種　(清)賀瑞麟編　清同治至民國刻本　一册　存一種

330000－1701－0080245　G604671　子部/宗教類/佛教之屬/諸宗
萬善同歸集六卷　(宋)釋延壽撰　清同治十一年(1872)杭州昭慶慧空經房刻本　二册

330000－1701－0080246　G603127　類叢部/叢書類/自著之屬
甌北全集八種　(清)趙翼撰　清光緒三年(1877)滇南唐氏刻本　二册　存一種

330000－1701－0080248　G003084　史部/地理類/水利之屬
今水經一卷　(清)黄宗羲撰　清光緒二十二年(1896)新化三味堂刻本　一册

330000－1701－0080249　G605688　類叢部/叢書類/彙編之屬
張氏適園叢書　張鈞衡編　清宣統三年(1911)上海國學扶輪社鉛印本　一册　存一種

330000－1701－0080250　G601815－1820、G601892　類叢部/叢書類/彙編之屬
申報館叢書正集五十七種附錄三種續集一百四十二種　(清)尊聞閣主編　蔡爾康編續集　清同治至光緒上海申報館鉛印本　二十册　存七種

330000－1701－0080251　G604672　子部/宗教類/佛教之屬/經
金光明經四卷　(晉)釋曇無讖譯　清同治八年(1869)釋古株刻本　一册

330000－1701－0080252　G603128、G609084、G609661　集部/别集類/明别集
劉子全書遺編二十四卷首一卷　(明)劉宗周撰　(清)沈復粲編　清道光三十年(1850)刻光緒十八年(1892)重修本　五册　存二十二卷(首、一至四、八至十五、十六至二十四)

330000－1701－0080253　G605689　類叢部/叢書類/彙編之屬
張氏適園叢書　張鈞衡編　清宣統三年(1911)上海國學扶輪社鉛印本　一册　存一種

330000－1701－0080254　G003085　史部/政書類/公牘檔册之屬
會議詳定整頓命盗案清理詞訟遞解人犯中途脱逃及用藥迷逃隱匿案件功過罰銀並增道府功過章程一卷　清光緒刻本　一册

330000－1701－0080255　普390.951/3130/(2)　類叢部/叢書類/彙編之屬
廣雅書局叢書一百五十九種　徐紹棨編　清光緒廣雅書局刻民國九年(1920)番禺徐紹棨彙編重印本　二十册　存一種

330000－1701－0080256　G003152、G009611　集部/别集類/明别集
劉蕺山文粹二卷　(明)劉宗周撰　清光緒二十一年(1895)海天旭日硯齋刻本　二册

330000－1701－0080257　G605665　類叢部/叢書類/彙編之屬
嘯園叢書五十七種　(清)葛元煦編　清光緒

二年至七年(1876－1881)仁和葛氏刻本　一冊　存一種

330000－1701－0080259　G604673　子部/宗教類/佛教之屬/經

金光明經四卷　(晉)釋曇無讖譯　清刻本　一冊

330000－1701－0080260　G605602　子部/宗教類/佛教之屬/諸宗

淨土生無生論會集不分卷　(明)釋傳燈撰　(清)釋達默集　清道光二十九年(1849)刻本　一冊

330000－1701－0080261　G603129　類叢部/叢書類/彙編之屬

武英殿聚珍版書一百四十八種　清乾隆四十二年(1777)福建刻道光至同治遞修光緒二十一年(1895)增刻本　一冊　存一種

330000－1701－0080262　普 390.951/4427/c1　經部/三禮總義類/通論之屬

禮書通故五十卷　(清)黄以周撰　清光緒十九年(1893)黄氏試館刻本　三十二冊

330000－1701－0080263　G604674　子部/宗教類/佛教之屬/經

金光明經四卷　(晉)釋曇無讖譯　清刻本　一冊

330000－1701－0080265　G604675　子部/宗教類/佛教之屬/經

金光明經四卷　(晉)釋曇無讖譯　清刻本　一冊

330000－1701－0080266　G003086　子部/農家農學類/蠶桑之屬

種桑淺要一卷養蠶淺要一卷　林志恂輯　清光緒三十年(1904)雲南蠶桑學堂刻本　一冊

330000－1701－0080267　G605690、G610353　集部/别集類/明别集

六如居士全集六種　(明)唐寅撰　清嘉慶六年(1801)長沙唐仲冕果克山房刻本　七冊　存四種

330000－1701－0080268　G603130、G609699　經部/小學類/文字之屬/字書/字典

書契原恉十四卷　(清)陳致熿撰　清咸豐五年(1855)刻北涇艸堂印本　四冊

330000－1701－0080269　G003153　子部/藝術類/遊藝之屬/棋弈

圍棋譜不分卷　清刻本　一冊

330000－1701－0080270　G605666　經部/叢編

重刊宋本十三經注疏四百十六卷　附十三經注疏校勘記四百十六卷　(清)阮元撰　(清)盧宣旬摘錄　**校勘記識語四卷**　(清)汪文臺撰　清光緒十三年(1887)上海脈望仙館石印本　五冊　存一種

330000－1701－0080271　G003087　集部/曲類/寶卷之屬

浙江杭州府錢塘縣雷峰寶卷二卷　清光緒十三年(1887)杭州景文齋刻本　一冊

330000－1701－0080272　G604676　子部/宗教類/佛教之屬/諸宗

禪門日誦不分卷　清光緒三十年(1904)刻本　一冊

330000－1701－0080273　G003154　子部/藝術類/遊藝之屬/棋弈

石室祕傳不分卷　清王氏脩竹館梓刻本　濟臣氏題簽並記　一冊

330000－1701－0080274　G605603　類叢部/叢書類/彙編之屬

雅雨堂藏書十三種　(清)盧見曾編　清乾隆二十一年(1756)德州盧氏雅雨堂刻增修本　四冊　存一種

330000－1701－0080277　普 390.951/4427/c2　經部/三禮總義類/通論之屬

禮書通故五十卷　(清)黄以周撰　清光緒十九年(1893)黄氏試館刻本　三十二冊

330000－1701－0080279　G003088　集部/别集類/清别集

埋照集二卷　(清)田登撰　清刻本　一冊

存一卷(一)

330000－1701－0080280　G605691　經部/叢編

御纂七經五種　(清)李光地等撰　清刻本　十冊　存一種

330000－1701－0080281　G604677　子部/宗教類/佛教之屬

重刻佛祖道影四卷　(清)釋守一編　清光緒六年(1880)刻本　四冊

330000－1701－0080282　G603131、G609420　子部/雜著類/雜考之屬

義門讀書記五十八卷　(清)何焯撰　(清)蔣維鈞輯　清乾隆三十四年(1769)刻本　七冊　存三十四卷(四書一至六、詩經一至二、左氏春秋一至二、穀梁春秋、公羊春秋、史記一至二、前漢書一至六、後漢書一至五、陶靖節詩、杜工部集一至六、李義山詩集一至二)

330000－1701－0080283　G605604　史部/傳記類/總傳之屬/斷代

國朝耆獻類徵初編七百二十卷　(清)李桓輯　清光緒十年至十六年(1884－1890)湘陰李氏刻本(卷六十一至六十二、一百四十五至一百四十九、一百五十二至一百五十三、一百五十五、一百六十二至一百六十四原缺)　三十二冊　存二百五十卷(一至六十、九十七至一百四、一百二十一至一百四十四、一百五十至一百五十一、一百五十四、一百五十六至一百五十八、一百八十一至一百九十六、二百十三至二百二十八、二百四十二至二百五十三、二百七十五至三百五十、三百七十一至三百七十八、三百八十七至三百九十二、四百五十五至四百六十六、五百至五百五)

330000－1701－0080284　善008910　史部/時令類

月令廣義二十四卷首一卷統紀一卷附錄一卷　(明)馮應京輯　(明)戴任增釋　明萬曆陳邦泰刻清增修本　十冊　存二十六卷(首、一至二十四、統紀)

330000－1701－0080286　普390.951/5046/c1　經部/三禮總義類/通禮雜禮之屬

五禮通考二百六十二卷首四卷總目二卷　(清)秦蕙田撰　清光緒六年(1880)江蘇書局刻本　九十冊　缺二十五卷(二百三十八至二百六十二)

330000－1701－0080287　G003089　集部/曲類/寶卷之屬

大乘法寶香山寶卷全集□□卷　清刻本　一冊　存一卷(下)

330000－1701－0080288　G003155　子部/藝術類/書畫之屬/畫譜

百幅楳花圖畫譜不分卷　(清)王寅繪　清光緒十八年(1892)石印本　一冊

330000－1701－0080289　G603132　類叢部/叢書類/彙編之屬

邵武徐氏叢書初刻十四種　(清)徐幹編　清光緒邵武徐氏刻本　二冊　存一種

330000－1701－0080291　G003091、G008663　史部/目録類/總録之屬/彙刻

續彙刻書目十二卷　(清)傅雲龍編　**補遺一卷**　(清)胡俊章補　清光緒二年至四年(1876－1878)味腴藝圃刻本　三冊　存六卷(二至四、八、十一至十二)

330000－1701－0080293　G604678　子部/宗教類/佛教之屬/諸宗

往生集三卷附普勸爲人必修淨土一卷　(明)釋祩宏輯　清同治七年(1868)刻本　一冊

330000－1701－0080294　G603133、G609472、G610508　子部/醫家類/本草之屬/歷代綜合本草

本草思辨録四卷首一卷　(清)周巖撰　清光緒三十年(1904)山陰周氏徵尚室刻本　四冊

330000－1701－0080296　G603134、G608765、G609675　子部/醫家類/溫病之屬/瘟疫

疫證集説四卷補遺一卷　余德壎輯　清宣統三年(1911)素盦鉛印本　四冊

330000－1701－0080298　G604679　子部/宗教類/佛教之屬/諸宗

靈峰蕅益大師選定淨土十要十卷　(清)釋智旭輯　(清)釋成時評點節略　清光緒二十年(1894)揚州廣陵藏經院刻本　四册

330000－1701－0080300　G603136、G608744、G607332、G609623、G610087　集部/總集類/彙編之屬
今文偶見四十八卷　(清)徐斐然輯　清嘉慶刻本　二十三册　存四十六卷(三至四十八)

330000－1701－0080301　G604680　子部/宗教類/佛教之屬/諸宗
修習止觀坐禪法要二卷六妙法門一卷　(隋)釋智顗撰　清光緒十八年(1892)、二十九年(1903)金陵刻經處刻本　一册

330000－1701－0080304　G003156　子部/術數類/相宅相墓之屬
陽宅三要四卷　(清)趙廷棟撰　清刻本　二册

330000－1701－0080305　G600826　集部/別集類/清別集
深詣齋文鈔五卷　(清)黃鐎撰　(清)王棻編　清同治九年(1870)木活字印本　二册

330000－1701－0080306　普 390.951/5046/c4　經部/三禮總義類/通禮雜禮之屬
五禮通考二百六十二卷首四卷總目二卷　(清)秦蕙田撰　清光緒六年(1880)江蘇書局刻本　一百册

330000－1701－0080307　G604681　子部/宗教類/佛教之屬/諸宗
修習止觀坐禪法要二卷六妙法門一卷　(隋)釋智顗撰　清光緒十八年(1892)、二十九年(1903)金陵刻經處刻本　一册

330000－1701－0080309　G604682　子部/宗教類/佛教之屬/諸宗
修習止觀坐禪法要二卷六妙法門一卷　(隋)釋智顗撰　清光緒十八年(1892)、二十九年(1903)金陵刻經處刻本　一册

330000－1701－0080310　G601822　集部/戲劇類/傳奇之屬
儒酸福傳奇二卷　(清)魏熙元撰　(清)汪繩武正譜　(清)倪星垣評文　清光緒十年(1884)杭州魏氏玉玲瓏館刻本　清竹侯題簽　一册

330000－1701－0080311　G604683　子部/宗教類/佛教之屬/諸宗
修習止觀坐禪法要二卷六妙法門一卷　(隋)釋智顗撰　清光緒十八年(1892)、二十九年(1903)金陵刻經處刻本　一册

330000－1701－0080313　G603137、G609547、G610154　集部/別集類/清別集
退補齋詩存十六卷文存十二卷首二卷　(清)胡鳳丹撰　(清)王柏心等刪定　清同治十二年(1873)永康胡氏退補齋刻本　八册

330000－1701－0080314　G003157　集部/總集類/選集之屬/斷代
小題清新集一卷　(清)顧聽泉　(清)王瘦石編次　清道光三十年(1850)刻本　一册

330000－1701－0080315　善 008911　集部/總集類/選集之屬/斷代
唐詩品彙九十卷拾遺十卷詩人爵里詳節一卷　(明)高棅輯　(清)張恂訂　明末關中張恂刻本　十册　缺十卷(拾遺一至十)

330000－1701－0080316　G600827　經部/易類/易占之屬
易隱八卷首一卷　(清)曹九錫輯　(明)曹璿演　清刻本　四册

330000－1701－0080317　G604684　子部/宗教類/佛教之屬/諸宗
徹悟禪師語錄二卷　(清)釋際醒說　(清)釋了亮輯　清光緒十六年(1890)揚州藏經院刻本　一册

330000－1701－0080318　G604685　子部/宗教類/佛教之屬/諸宗
徹悟禪師語錄二卷　(清)釋際醒說　(清)釋了亮輯　清光緒十六年(1890)揚州藏經院刻本　一册

330000－1701－0080320　G003092、G008235

子部/宗教類/道教之屬

道書二十三種 (清)劉一明撰 清嘉慶二十四年(1819)常郡護國庵刻本 六冊 存六種

330000－1701－0080322 G604686、G602401 類叢部/叢書類/彙編之屬

津逮祕書十五集一百四十種 (明)毛晉編 明崇禎虞山毛氏汲古閣刻本 二冊 存九種

330000－1701－0080323 G603138 類叢部/叢書類/彙編之屬

木犀軒叢書二十七種 李盛鐸編 清光緒德化李氏木犀軒刻本 一冊 存一種

330000－1701－0080324 G601823、G609953 集部/總集類/郡邑之屬

會稽掇英總集二十卷 (宋)孔延之輯 **校正會稽掇英總集札記一卷** (清)杜丙杰撰 清道光元年(1821)山陰杜氏浣花宗塾刻本 四冊

330000－1701－0080325 G605693 類叢部/類書類/專類之屬

佩文韻府一百六卷 (清)張玉書 (清)蔡升元等輯 **韻府拾遺一百六卷** (清)汪灝 (清)何焯等輯 清光緒十五年(1889)上海點石齋石印本 二冊 存八卷(佩文韻府二十一至二十五、九十三至九十五)

330000－1701－0080327 G600828 經部/小學類/訓詁之屬/爾雅

爾雅正義二十卷 (清)邵晉涵撰 **爾雅釋文三卷** (唐)陸德明撰 清乾隆五十三年(1788)餘姚邵氏面水層軒刻本 六冊

330000－1701－0080328 G605605、G606921 類叢部/類書類/通類之屬

古事比五十二卷 (清)方中德輯 清光緒十三年(1887)上海文盛堂石印本 六冊

330000－1701－0080330 G003158 集部/總集類/課藝之屬

仁在堂全集十一集續刻三集 (清)路德輯 清道光刻本 二冊 存一種

330000－1701－0080332 G600829 史部/詔令奏議類/奏議之屬

同治中興京外奏議約編八卷 (清)陳弢輯 清光緒元年(1875)篋劍囊琴之室刻本 八冊

330000－1701－0080333 G003093、G005704 子部/藝術類/書畫之屬/畫譜

芥子園四集續畫傳六卷 (清)巢勳輯 清光緒二十四年(1898)石印本 五冊

330000－1701－0080334 G605606 子部/宗教類/佛教之屬/諸宗

天童密雲禪師語錄二十二卷 (清)釋道忞編 清光緒二十五年(1899)甬江墨畊齋刻本 一冊 存四卷(五至八)

330000－1701－0080335 G600830 類叢部/叢書類/彙編之屬

廣雅書局叢書一百五十九種 徐紹棨編 清光緒廣雅書局刻民國九年(1920)番禺徐紹棨彙編重印本 三冊 存一種

330000－1701－0080336 G603139、G601920、G608781、G010201、G009382 集部/總集類/郡邑之屬

越風三十卷 (清)商盤輯 清乾隆三十四年(1769)浴凫山館刻本 清沈復粲題記 十冊

330000－1701－0080337 G605694 類叢部/類書類/專類之屬

佩文韻府一百六卷 (清)張玉書 (清)蔡升元等輯 **韻府拾遺一百六卷** (清)汪灝 (清)何焯等輯 清光緒十八年(1892)上海同文書局石印本 一冊 存二卷(佩文韻府二十三至二十四)

330000－1701－0080338 G605668 新學/格致總

格致彙編不分卷 (英國)傅蘭雅輯 清光緒二年至十八年(1876－1892)上海格致書室鉛印本 二十三冊

330000－1701－0080340 G601824 類叢部/叢書類/郡邑之屬

武林掌故叢編一百八十七種 (清)丁丙編 清光緒三年至二十六年(1877－1900)錢塘丁

氏嘉惠堂刻本　一册　存二種

330000－1701－0080341　善008912　集部/總集類/彙編之屬
元白長慶集一百四十一卷　(明)馬元調編　明萬曆松江馬元調魚樂軒刻本　三十四册

330000－1701－0080342　G600831　類叢部/叢書類/彙編之屬
崇文書局彙刻書三十一種　(清)崇文書局編　清光緒元年至三年(1875－1877)湖北崇文書局刻本　四册　存一種

330000－1701－0080343　G605607、G605854、G605156、G611475　子部/宗教類/佛教之屬/經
大方廣佛華嚴經八十卷　(唐)釋實叉難陀譯　**大方廣佛華嚴經入不思議解脱境界普賢行願品一卷**　(唐)釋般若譯　清同治七年(1868)刻本　二十八册

330000－1701－0080345　G605695、G606850　子部/小説家類/異聞之屬
音釋坐花誌果八卷　(清)汪道鼎撰　(清)鶩峰樵者音釋　清光緒刻本　三册　存六卷(一至六)

330000－1701－0080346　G604687　子部/宗教類/佛教之屬
重刻佛祖道影四卷　(清)釋守一編　清光緒六年(1880)刻本　四册

330000－1701－0080347　G603140　類叢部/叢書類/自著之屬
羅忠節公遺集八種　(清)羅澤南撰　清咸豐至同治刻本　二册　存一種

330000－1701－0080348　G003159　集部/總集類/課藝之屬
[順治乙酉科起至雍正癸丑科]本朝歷科墨卷同風集不分卷　(清)蔡家駒　(清)蔣應焻編　清金閶傳萬堂刻本　一册

330000－1701－0080350　G600832　經部/大戴禮記類/傳説之屬
大戴禮記補注十三卷序録一卷　(清)孔廣森撰　清同治十三年(1874)淮南書局刻本　四册

330000－1701－0080351　G601825　經部/小學類/訓詁之屬/方言
輶軒使者絶代語釋別國方言十三卷首一卷　(漢)揚雄撰　(晉)郭璞注　**續方言二卷**　(清)杭世駿撰　**續方言補一卷**　(清)程際盛撰　清光緒十七年(1891)長沙思賢講舍刻本　二册

330000－1701－0080352　G603141、G607585、G609560　史部/金石類/郡邑之屬/文字
粤西金石略十五卷　(清)謝啓昆撰　清嘉慶六年(1801)銅鼓亭刻本　四册

330000－1701－0080355　G605696　類叢部/叢書類/彙編之屬
古今説部叢書二百七十二種　國學扶輪社編　清宣統二年至民國二年(1910－1913)上海國學扶輪社鉛印本　三册　存三十四種

330000－1701－0080356　G605608　類叢部/叢書類/自著之屬
所願學齋書鈔四種附一種　(清)沈夢蘭撰　清光緒五年至八年(1879－1882)刻本　一册　存一種

330000－1701－0080357　G600834　類叢部/叢書類/彙編之屬
十萬卷樓叢書五十一種　(清)陸心源編　清光緒歸安陸氏刻本(歲時廣記卷六原缺)　十四册　存一種

330000－1701－0080358　G003160　史部/地理類/方志之屬/郡縣志
[康熙]和州志三十卷　(清)夏瑋修　(清)楊九思纂　(清)王瑄續修　清康熙刻本　三册　缺四卷(九至十、二十一、二十九)

330000－1701－0080360　G601826　集部/別集類/清別集
巢溪詩草不分卷　(清)江紹華撰　清同治七年(1868)刻本　一册

330000－1701－0080362　G003094　子部/雜

著類/雜說之屬
盛世危言八卷　鄭觀應輯撰　清光緒二十六年(1900)鉛印本　七冊　存七卷(二至八)

330000－1701－0080363　G601827　子部/藝術類/書畫之屬/法帖
國朝名人手蹟八集　有正書局輯　清光緒至宣統上海有正書局影印本　一冊　存一集(一)

330000－1701－0080366　G600833　子部/雜家類/雜說之屬
一山經說二卷雜文一卷　章梫撰　清宣統元年(1909)京華印書局鉛印本　一冊　存二卷(經說一至二)

330000－1701－0080367　善008913　集部/總集類/彙編之屬
元白長慶集一百四十一卷　(明)馬元調編　明萬曆松江馬元調魚樂軒刻本　十七冊

330000－1701－0080368　G605609　子部/宗教類/佛教之屬/經疏
維摩詰所說經無我疏十二卷　(明)釋傳燈撰　清光緒二十三年(1897)天台山真覺寺刻本　六冊

330000－1701－0080369　G605610、G605891　子部/宗教類/佛教之屬/經疏
維摩詰所說經無我疏十二卷　(明)釋傳燈撰　清光緒二十三年(1897)天台山真覺寺刻本　六冊

330000－1701－0080370　G605611、G605890　子部/宗教類/佛教之屬/經疏
維摩詰所說經無我疏十二卷　(明)釋傳燈撰　清光緒二十三年(1897)天台山真覺寺刻本　六冊

330000－1701－0080372　G605676　類叢部/叢書類/郡邑之屬
武林掌故叢編一百八十七種　(清)丁丙編　清光緒三年至二十六年(1877－1900)錢塘丁氏嘉惠堂刻本　十六冊　存二十八種

330000－1701－0080373　G603142、G609279、G607553　集部/別集類/清別集
姜先生全集三十三卷首一卷附錄二卷　(清)姜宸英撰　(清)馮保燮　(清)王定祥重編　清光緒十五年(1889)慈谿馮氏毋自欺齋刻本(附錄二卷原缺)　十七冊　缺一卷(目錄上)

330000－1701－0080374　普390.951/5046/c5　經部/三禮總義類/通禮雜禮之屬
五禮通考二百六十二卷首四卷總目二卷　(清)秦蕙田撰　清光緒六年(1880)江蘇書局刻本　一百冊

330000－1701－0080375　G604688　集部/別集類/清別集
夢東禪師遺集二卷　(清)釋際醒撰　(清)釋喚醒輯　清嘉慶二十二年(1817)釋了亮等隆福寺觀音庵刻本　二冊

330000－1701－0080376　G603143　子部/宗教類/道教之屬/戒律
陰隲文圖證不分卷　(清)費丹旭繪圖　(清)許光清集證　清末據清道光二十四年(1844)海昌蔣光煦別下齋刻本影印本　朱士恒題記　一冊

330000－1701－0080377　G604689　子部/雜著類/雜考之屬
瞥記七卷　(清)梁玉繩撰　清嘉慶至道光刻清白士集本　清戴秋畦題記　一冊

330000－1701－0080378　普390.951/5046/2　經部/三禮總義類/通禮雜禮之屬
五禮通考二百六十二卷首四卷總目二卷　(清)秦蕙田撰　清光緒二十二年(1896)新化三味堂刻本　一百二十冊

330000－1701－0080381　G604690　子部/宗教類/佛教之屬/諸宗
靈峰蕅益大師選定淨土十要十卷　(清)釋智旭輯　(清)釋成時評點節略　清光緒二十年(1894)揚州廣陵藏經院刻本　四冊

330000－1701－0080384　G600835　經部/小學類/文字之屬/說文/專著
許氏說文解字雙聲疊韻譜一卷　(清)鄧廷楨

撰　清光緒九年(1883)上海同文書局石印本　一册

330000－1701－0080385　G603144　類叢部/叢書類/輯佚之屬

玉函山房輯佚書五百九十三種附一種　(清)馬國翰輯　清光緒十年(1884)楚南湘遠堂刻本　七册　存十七種

330000－1701－0080386　G604691　子部/宗教類/佛教之屬/經

雜阿含經五十卷　(南朝宋)釋求那跋陀羅譯　清光緒十年至十四年(1884－1888)常熟刻經處刻本　十二册

330000－1701－0080387　G604692　子部/宗教類/佛教之屬/諸宗

靈峰蕅益大師選定淨土十要十卷　(清)釋智旭輯　(清)釋成時評點節略　清光緒二十年(1894)揚州廣陵藏經院刻本　四册

330000－1701－0080388　G003161　經部/四書類/孟子之屬/傳說

監本四書　(宋)朱熹撰　清刻本　一册　存一種

330000－1701－0080389　普390.951/5046/3　經部/三禮總義類/通禮雜禮之屬

五禮通考二百六十二卷首四卷總目二卷　(清)秦蕙田撰　清乾隆二十六年(1761)金匱秦蕙田味經窩刻本　一百十九册　缺三卷(首一,總目上、下)

330000－1701－0080390　G600836　經部/小學類/文字之屬/說文/專著

許氏說文解字雙聲疊韻譜一卷　(清)鄧廷楨撰　清光緒九年(1883)上海同文書局石印本　一册

330000－1701－0080391　G604693　子部/宗教類/佛教之屬/諸宗

靈峰蕅益大師選定淨土十要十卷　(清)釋智旭輯　(清)釋成時評點節略　清光緒二十年(1894)揚州廣陵藏經院刻本　四册

330000－1701－0080393　G604694　子部/宗教類/佛教之屬/經疏

觀經義疏妙宗鈔證義二卷　(明)釋廣承撰　清刻本　一册

330000－1701－0080394　G600837　史部/紀傳類/正史之屬

二十四史附考證　清光緒十八年(1892)武林竹簡齋石印本　四册　存一種

330000－1701－0080395　G604695　類叢部/叢書類/郡邑之屬

武林掌故叢編一百八十七種　(清)丁丙編　清光緒三年至二十六年(1877－1900)錢塘丁氏嘉惠堂刻本　四册　存一種

330000－1701－0080396　G600838　類叢部/叢書類/自著之屬

龍莊遺書四種　(清)汪輝祖撰　清光緒江蘇書局刻本　一册　存二種

330000－1701－0080397　G603145　史部/紀傳類/正史之屬

二十四史附考證　清光緒二十八年(1902)武林竹簡齋石印本　七册　存一種

330000－1701－0080398　G604696　類叢部/叢書類/郡邑之屬

武林掌故叢編一百八十七種　(清)丁丙編　清光緒三年至二十六年(1877－1900)錢塘丁氏嘉惠堂刻本　四册　存一種

330000－1701－0080399　G600839　集部/別集類/清別集

陳文恭公手札節要三卷　(清)陳弘謀撰　清同治七年(1868)湖北崇文書局刻本　一册

330000－1701－0080400　G605612　子部/叢編

萬國政治藝學全書四十一種　(清)朱大文　(清)凌賡揚編　清光緒二十八年(1902)上海鴻文書局石印本　五十四册

330000－1701－0080401　G603146　史部/地理類/總志之屬/斷代

方輿紀要簡覽三十四卷　(清)顧祖禹撰　(清)潘鐸輯　清咸豐八年(1858)紅杏書屋刻

本　十五册　存三十二卷(一至二十四、二十七至三十四)

330000－1701－0080402　G600840　史部/金石類/郡邑之屬

江寧金石記八卷待訪目二卷　(清)嚴觀撰　清嘉慶九年(1804)賜書堂刻本　四册

330000－1701－0080404　善008914　子部/雜著類/雜說之屬

論衡三十卷　(漢)王充撰　明嘉靖十四年(1535)蘇獻可通津草堂刻本　五册　存十二卷(一至九、十四至十六)

330000－1701－0080405　G600841　集部/總集類/選集之屬/通代

本事詩十二卷　(清)徐釚輯　清光緒邵武徐氏刻邵武徐氏叢書本　邵裴子題記　四册

330000－1701－0080406　G603147　子部/醫家類/傷寒金匱之屬/傷寒論

醫效秘傳三卷　(清)葉桂撰　清刻本　一册　存一卷(三)

330000－1701－0080407　G603148　集部/總集類/選集之屬/斷代

湖海詩傳四十六卷　(清)王昶輯　清嘉慶八年(1803)青浦王氏三泖漁莊刻本　一册　存三卷(十七至十九)

330000－1701－0080408　G600842　子部/藝術類/書畫之屬/法帖

固始張侍郎遺蹟不分卷　(清)張仁黼撰并書　清宣統元年(1909)懿文齋石印本　一册

330000－1701－0080409　G604698、G604716　子部/宗教類/佛教之屬/經疏

大佛頂如來密因修證了義諸菩薩萬行首楞嚴經玄義二卷文句十卷　(清)釋智旭撰　清同治十三年(1874)金陵刻經處刻本　十册

330000－1701－0080410　G605613、G609909　史部/目録類/總録之屬/官修

浙江藏書樓甲編書目不分卷乙編書目不分卷　楊復編　清光緒三十三年(1907)鉛印本　三册

330000－1701－0080411　G604699　子部/宗教類/佛教之屬/經疏

大佛頂如來密因修證了義諸菩薩萬行首楞嚴經玄義二卷文句十卷　(清)釋智旭撰　清同治十三年(1874)金陵刻經處刻本　八册　缺三卷(一至二、文句二)

330000－1701－0080412　G603149　史部/傳記類/職官録之屬

國朝御史題名不分卷　(清)黄叔璥輯　清光緒刻本　一册

330000－1701－0080413　G003162　子部/醫家類/本草之屬/歷代綜合本草

藥品化義十三卷　(清)賈所學撰　(清)李延昰補訂　清光緒三十年(1904)鉛印本　二册

330000－1701－0080414　善008915　集部/總集類/彙編之屬

詩詞雜俎十二種　(明)毛晉輯　明天啓至崇禎海虞毛氏汲古閣刻本　六册　存十一種

330000－1701－0080415　G003096　史部/雜史類/通代之屬

重訂路史全本十六卷　(宋)羅泌撰　(宋)羅苹注　(明)吴弘基等重編　清光緒二十年(1894)上海文瑞樓石印本　六册

330000－1701－0080416　G600843　集部/别集類/清别集

小謨觴館詩集注八卷詩餘注一卷詩續集注二卷續集詩餘注一卷文集注四卷文集續注二卷　(清)彭兆蓀撰　(清)孫元培　(清)孫長熙注　清光緒二十年(1894)泉唐汪氏刻本　十二册

330000－1701－0080419　G605614　子部/宗教類/佛教之屬/諸宗

天台四教儀集註十卷　(元)釋蒙潤撰　清光緒三十四年(1908)揚州藏經院刻本　四册

330000－1701－0080420　G604700　子部/宗教類/佛教之屬/總録

釋迦如來應化事蹟不分卷　(清)釋永珊撰並繪　清光緒二十三年(1897)石印本　二册

330000－1701－0080422　G605615　子部/宗教類/佛教之屬/諸宗

天台四教儀集註十卷　(元)釋蒙潤撰　清同治七年(1868)杭州昭慶寺慧空經房刻本　一冊　存二卷(一至二)

330000－1701－0080423　G603150　類叢部/類書類/專類之屬

子史精華一百六十卷　(清)吳士玉　(清)吳襄等輯　清雍正五年(1727)武英殿刻本　一冊　存三卷(八十六至八十八)

330000－1701－0080424　G605616　子部/宗教類/佛教之屬/諸宗

天台四教儀集註十卷　(元)釋蒙潤撰　清同治七年(1868)杭州昭慶寺慧空經房刻本　四冊　存八卷(三至十)

330000－1701－0080425　G003163、G003829、G008783　子部/雜著類/雜纂之屬

蕉窗必讀十卷　(清)陳宗泗輯　清康熙四十九年(1710)刻本　四冊

330000－1701－0080426　G600844　類叢部/叢書類/彙編之屬

後知不足齋叢書四十七種　(清)鮑廷爵編　清同治至光緒常熟鮑氏刻本　二冊　存一種

330000－1701－0080427　G604701　子部/宗教類/佛教之屬/律

沙彌律儀要略一卷　(明)釋袾宏輯　**毘尼日用切要一卷**　(清)釋讀體輯　清刻本　一冊

330000－1701－0080428　G605617　子部/宗教類/佛教之屬/諸宗

天台四教儀集註十卷　(元)釋蒙潤撰　清末刻本　三冊　缺三卷(八至十)

330000－1701－0080429　G603151　集部/別集類/清別集

徐烈婦詩鈔二卷回文同心梔子鏡箔圖一卷附錄一卷　(清)吳宗愛撰　(清)吳廷康輯　清咸豐二年(1852)蕭山丁氏大碧山館刻本　一冊

330000－1701－0080430　G003164　子部/雜著類/雜纂之屬

陳刻二種　(清)陳世修輯　清光緒元年至二年(1875－1876)陳氏庸閒齋刻本　一冊　存一種

330000－1701－0080431　G600845　類叢部/叢書類/彙編之屬

廣雅書局叢書一百五十九種　徐紹棨編　清光緒廣雅書局刻民國九年(1920)番禺徐紹棨彙編重印本　一冊　存一種

330000－1701－0080433　普 390.951/7533/c1　經部/三禮總義類/通禮雜禮之屬

禮書一百五十卷　(宋)陳祥道撰　清嘉慶九年(1804)福清詔溪郭龍光校經堂刻本　二十四冊

330000－1701－0080434　G605618　子部/宗教類/佛教之屬/經

大方等大集經三十卷　(晉)釋曇無讖譯　清光緒八年(1882)常熟刻經處刻本　八冊

330000－1701－0080435　G600846　史部/傳記類/別傳之屬/年譜

孔孟編年三種　(清)狄子奇輯　清道光安雅堂刻本　一冊　存一種

330000－1701－0080436　G605684、G604424、G604447、G604639　類叢部/叢書類/郡邑之屬

武林掌故叢編一百八十七種　(清)丁丙編　清光緒三年至二十六年(1877－1900)錢塘丁氏嘉惠堂刻本　二百七冊

330000－1701－0080437　G603152　類叢部/叢書類/郡邑之屬

台州叢書續編十三種　(清)王棻等編　清光緒王棻等刻本　一冊　存一種

330000－1701－0080438　G600847　類叢部/叢書類/自著之屬

正誼堂全集八種　(清)董沛撰　清同治至光緒刻本　二冊　存一種

330000－1701－0080439　G605619、G605123　子部/醫家類/醫案之屬

臨證指南醫案十卷 （清）葉桂撰 （清）徐大椿評 清刻本 三冊 存三卷（六至七、九）

330000－1701－0080440 G003165 子部/兵家類/兵法之屬
孫吴司馬法八卷 （清）孫星衍輯 清同治十年（1871）淮南書局刻本 一冊

330000－1701－0080441 G003098 經部/四書類/論語之屬/傳說
論語正義二十四卷 （清）劉寶楠撰 清末埽葉山房影印本 八冊

330000－1701－0080442 G605620 子部/藝術類/書畫之屬
桐陰論畫二卷首一卷附錄一卷畫訣二卷續桐陰論畫一卷二編二卷三編二卷 （清）秦祖永撰 清同治三年至光緒八年（1864－1882）刻朱墨套印本 一冊 存四卷（桐陰論畫下、附錄、畫訣上下）

330000－1701－0080444 G600848 史部/政書類/邦計之屬/俸餉
增修籌餉事例條款不分卷籌餉事例一卷增修現行常例一卷 清同治刻本 四冊

330000－1701－0080445 G601828 類叢部/叢書類/自著之屬
柏堂遺書（方柏堂全集）八種附一種 （清）方宗誠撰 清光緒元年至十二年（1875－1886）桐城方氏刻本 四十八冊 缺七卷（志學錄五至八、柏堂集外編十至十二）

330000－1701－0080446 普390.951/7533/c3 經部/三禮總義類/通禮雜禮之屬
禮書一百五十卷 （宋）陳祥道撰 清嘉慶九年（1804）福清韶溪郭龍光校經堂刻本 二十四冊

330000－1701－0080447 G603153 經部/詩類/傳說之屬
毛詩禮徵十卷 （清）包世榮撰 清道光七年（1827）包世臣小倦游閣刻八年（1828）印本 三冊 存五卷（二至六）

330000－1701－0080448 G003166 類叢部/叢書類/彙編之屬
漸西村舍彙刊（漸西村舍叢刻）四十四種 （清）袁昶編 清光緒十六年至二十四年（1890－1898）桐廬袁氏刻本 一冊 存一種

330000－1701－0080449 G604702 子部/宗教類/佛教之屬/諸宗
筠州黃蘗山斷際禪師傳心法要一卷黃檗斷際禪師宛陵錄一卷 （唐）釋希運說 （唐）裴休輯 **般若波羅密多心經約註一卷** （清）翁汝進輯 清光緒五年（1879）刻本 一冊

330000－1701－0080450 G604703 子部/宗教類/佛教之屬/諸宗
筠州黃蘗山斷際禪師傳心法要一卷黃檗斷際禪師宛陵錄一卷 （唐）釋希運說 （唐）裴休輯 **般若波羅密多心經約註一卷** （清）翁汝進輯 清光緒五年（1879）刻本 一冊

330000－1701－0080451 G600849 經部/小學類/文字之屬/說文/傳說
說文答問疏證六卷 （清）錢大昕撰 （清）薛傳均疏證 清光緒八年（1882）紫薇山館刻本 二冊

330000－1701－0080452 G605621 集部/戲劇類/傳奇之屬
藏園九種曲 （清）蔣士銓撰 清乾隆焕乎堂刻本 二冊 存一種

330000－1701－0080454 G003099 集部/別集類/漢魏六朝別集
陶淵明集十卷 （晉）陶潛撰 清光緒二年（1876）桐城徐氏刻本 二冊

330000－1701－0080455 善008917 史部/紀傳類/正史之屬
漢書評林一百卷 （明）凌稚隆輯 明萬曆刻本 四十冊

330000－1701－0080456 G605622 集部/總集類/選集之屬/通代
唐宋詩本七十六卷目錄八卷 （清）戴第元輯 清乾隆三十八年（1773）覽珠堂刻光緒三年（1877）戴仲和補刻本 二冊 存四卷（九至

十、七十三至七十四)

330000－1701－0080457　G600850　子部/小說家類/異聞之屬
閱微草堂筆記二十四卷　(清)紀昀撰　清道光十五年(1835)廣州刻本　十冊

330000－1701－0080458　普390.951/7533/2　經部/三禮總義類/通禮雜禮之屬
禮書一百五十卷　(宋)陳祥道撰　清光緒二年(1876)廣州菊坡精舍刻本　十四冊

330000－1701－0080459　G003167、G003937、G008795　子部/儒家類/儒學之屬/性理
呂語集粹四卷首一卷　(清)陳弘謀評輯　清光緒五年(1879)顧景濂龍城刻本　秦鑑清題簽並記　四冊

330000－1701－0080460　G605623　子部/醫家類/醫經之屬/内經
靈樞經九卷　(清)張志聰撰　清光緒十六年(1890)浙江書局刻本　一冊　存一卷(九)

330000－1701－0080461　G605652　子部/醫家類/方書之屬
時方歌括二卷　(清)陳念祖撰　清刻本　一冊

330000－1701－0080462　G603155　類叢部/叢書類/彙編之屬
木犀軒叢書二十七種　李盛鐸編　清光緒德化李氏木犀軒刻本　二冊　存三種

330000－1701－0080463　G003100、G008117　子部/小說家類/瑣語之屬
瓏瓌僊館彙輯二十世紀奇書　(清)陳琰編輯　清宣統三年(1911)上海六藝書局石印本　二冊　存一種

330000－1701－0080464　G600851　類叢部/叢書類/彙編之屬
聚學軒叢書六十種　劉世珩編　清光緒貴池劉氏刻本　八冊　存二種

330000－1701－0080465　普390.951/7533/(2)　經部/三禮總義類/通禮雜禮之屬
禮書一百五十卷　(宋)陳祥道撰　清嘉慶九年(1804)福清韶溪郭龍光校經堂刻本　二十冊

330000－1701－0080466　G601829　史部/地理類/方志之屬/郡縣志
咸淳臨安志一百卷　(宋)潛說友纂　**校栞咸淳臨安志札記三卷**　(清)黄士珣撰　清道光十年(1830)錢塘汪氏振綺堂刻本(卷九十、九十八至一百原缺)　二十四冊

330000－1701－0080468　G600852　集部/別集類/宋別集
林和靖詩集四卷拾遺一卷酬唱題詠附錄一卷　(宋)林逋撰　清同治十二年(1873)長洲朱氏刻本　二冊

330000－1701－0080469　G603155/1　類叢部/叢書類/彙編之屬
木犀軒叢書二十七種　李盛鐸編　清光緒德化李氏木犀軒刻本　一冊　存一種

330000－1701－0080470　G003168、G003535、G009373　子部/藝術類/書畫之屬/畫譜
每日古事畫不分卷國朝名人政蹟圖不分卷　(清)輿論時事報編　清宣統元年(1909)石印本　四冊

330000－1701－0080471　G003101　經部/詩類/傳說之屬
詩經集傳八卷　(宋)朱熹撰　清宣統元年(1909)上海會文學社石印本　四冊

330000－1701－0080472　G605624、G602165　類叢部/叢書類/彙編之屬
十萬卷樓叢書五十一種　(清)陸心源編　清光緒歸安陸氏刻本(歲時廣記卷六原缺)　五冊　存一種

330000－1701－0080473　普390.951/7533/(3)　經部/三禮總義類/通禮雜禮之屬
禮書一百五十卷　(宋)陳祥道撰　清嘉慶九年(1804)福清韶溪郭龍光校經堂刻本　十六冊

330000－1701－0080474　G600853　子部/

叢編

二十二子(二十二子彙函)　(清)浙江書局編　清光緒元年至三年(1875－1877)浙江書局刻本　四冊　存一種

330000－1701－0080477　G603156　類叢部/叢書類/彙編之屬

漢魏叢書三十八種　(明)程榮編　明萬曆二十年(1592)新安程氏刻本　三冊　存一種

330000－1701－0080478　G605625　經部/叢編

沈穀成先生易學四種　(清)沈善登撰　清光緒桐鄉沈氏豫恕堂刻本　四冊　存三種

330000－1701－0080479　G600854　類叢部/叢書類/自著之屬

黃梨洲遺書十種　(清)黃宗羲撰　清光緒三十一年(1905)杭州羣學社石印本　一冊　存二種

330000－1701－0080480　普390.9517/2337/c2　史部/政書類/儀制之屬/典禮

皇朝禮器圖式十八卷　(清)允祿等撰　清乾隆三十一年(1766)武英殿刻本　章鈺題簽　十五冊　缺一卷(六)

330000－1701－0080481　G603157　類叢部/叢書類/郡邑之屬

武林掌故叢編一百八十七種　(清)丁丙編　清光緒三年至二十六年(1877－1900)錢塘丁氏嘉惠堂刻本　十八冊　存十三種

330000－1701－0080482　G605626　類叢部/叢書類/彙編之屬

函海一百五十二種　(清)李調元編　清乾隆綿州李氏萬卷樓刻嘉慶十四年(1809)李鼎元、道光五年(1825)李朝夔重校補刻本　十冊　存十一種

330000－1701－0080484　G600855　經部/小學類/文字之屬/說文

說文聲母歌括四卷　(清)宣澍甘撰　湯壽潛鑑定　清宣統元年(1909)石印本　一冊

330000－1701－0080486　G604704　子部/宗教類/佛教之屬/諸宗

筠州黃蘗山斷際禪師傳心法要一卷黃檗斷際禪師宛陵錄一卷　(唐)釋希運說　(唐)裴休輯　**般若波羅密多心經約註一卷**　(清)翁汝進輯　清光緒五年(1879)刻本　一冊

330000－1701－0080488　G604705　子部/宗教類/佛教之屬/諸宗

筠州黃蘗山斷際禪師傳心法要一卷黃檗斷際禪師宛陵錄一卷　(唐)釋希運說　(唐)裴休輯　**般若波羅密多心經約註一卷**　(清)翁汝進輯　清光緒五年(1879)刻本　一冊

330000－1701－0080489　G600856　類叢部/叢書類/自著之屬

春在堂全書三十六種　(清)俞樾撰　清同治至光緒刻光緒末彙印本　八冊　存一種

330000－1701－0080490　G600857、G600862、G600863　史部/政書類/邦計之屬

兩浙宦游紀畧四種　(清)戴槃撰　清同治七年(1868)刻本　四冊　存三種

330000－1701－0080493　G604706　類叢部/叢書類/彙編之屬

塵海妙品十二種　(清)陳琰編　清宣統三年(1911)上海六藝書局石印本　二冊

330000－1701－0080494　G003169　子部/雜著類/雜纂之屬

享福錦囊三集附經驗秘方六門　(清)求志居主人撰　清光緒元年(1875)刻本　一冊

330000－1701－0080497　G003102　類叢部/叢書類/彙編之屬

挹秀山房叢書十一種　(清)朱克敬編　清同治至光緒刻光緒十年(1884)挹秀山房湘南彙印本　一冊　存一種

330000－1701－0080498　G600858　史部/地理類/雜志之屬

西石城風俗一卷　陳慶年輯　清光緒三十四年(1908)鉛印本　一冊

330000－1701－0080499　G604707　史部/金石類/璽印之屬/通考

封泥攷略十卷 （清）吳式芬 （清）陳介祺藏並輯 清光緒三十年（1904）石印本 一册 存五卷（六至十）

330000－1701－0080500 G600859 史部/傳記類/總傳之屬/家乘
至聖先師世系考一卷 （清）陳敬基輯 清宣統元年（1909）石印本 一册

330000－1701－0080502 普390.9517/2413/c1 史部/政書類/律令之屬/律例
欽定禮部則例二百二卷 （清）特登額等修 （清）長秀等纂 清道光二十四年（1844）刻本 二十四册

330000－1701－0080503 G003103、G006540 子部/宗教類/道教之屬
感應類鈔十卷 （清）史潔珵輯 清光緒二十四年（1898）刻本 二册

330000－1701－0080504 G604708 子部/宗教類/佛教之屬/諸宗
脩習止觀坐禪法要一卷六妙法門一卷 （隋）釋智顗撰 清同治十年（1871）武林善書局刻本 一册

330000－1701－0080508 G600861 類叢部/叢書類/自著之屬
桂馨堂集八種 （清）張廷濟撰 清道光至咸豐刻本 四册 存二種

330000－1701－0080509 G003170 集部/別集類/清別集
駢文一蕖一卷 （清）劉履芬撰 清同治五年（1866）刻本 一册

330000－1701－0080510 G604709 子部/宗教類/佛教之屬/諸宗
脩習止觀坐禪法要一卷六妙法門一卷 （隋）釋智顗撰 清同治十年（1871）武林善書局刻本 一册

330000－1701－0080511 G601830 類叢部/叢書類/彙編之屬
申報館叢書正集五十七種附錄三種續集一百四十二種 （清）尊聞閣主編 蔡爾康編續集 清同治至光緒上海申報館鉛印本 二册 存一種

330000－1701－0080512 G604710 子部/宗教類/佛教之屬/諸宗
脩習止觀坐禪法要一卷六妙法門一卷 （隋）釋智顗撰 清同治十年（1871）武林善書局刻本 一册

330000－1701－0080513 M004754 子部/宗教類/佛教之屬/經疏
觀楞伽阿跋多羅寶經記十八卷首一卷補遺一卷 （南朝宋）釋求那跋陀羅譯 （明）釋德清筆記 清光緒三十一年（1905）金陵刻經處刻民國三年（1914）增刻本 六册

330000－1701－0080514 G604711 子部/宗教類/佛教之屬/諸宗
脩習止觀坐禪法要一卷六妙法門一卷 （隋）釋智顗撰 清同治十年（1871）武林善書局刻本 一册

330000－1701－0080515 G605629 子部/藝術類/篆刻之屬
西泠印社印學叢書 清宣統至民國刻本暨木活字印本 二册 存一種

330000－1701－0080516 G003104 子部/宗教類/佛教之屬/經疏
華嚴法界玄鏡三卷 （唐）釋澄觀撰 **注華嚴法界觀門一卷** （唐）釋宗密撰 清光緒二十一年（1895）金陵刻經處刻本 一册

330000－1701－0080517 G605669 新學/格致總
格致彙編不分卷 （英國）傅蘭雅輯 清光緒二年至十八年（1876－1892）上海格致書室鉛印本 一册

330000－1701－0080519 G003171 集部/戲劇類/傳奇之屬
碧聲吟館叢書六種 （清）許善長撰 清光緒仁和許善長碧聲吟館刻本 一册 存一種

330000－1701－0080520 普390.9517/2413/c2 史部/政書類/律令之屬/律例

欽定禮部則例二百二卷　(清)特登額等修　(清)長秀等纂　清道光二十六年(1846)刻本　二十四册

330000－1701－0080522　G601831　類叢部/叢書類/彙編之屬

式訓堂叢書四十一種　(清)章壽康編　清光緒會稽章氏刻本　一册　存一種

330000－1701－0080523　G605628　史部/政書類/律令之屬/刑制

明刑管見錄一卷　(清)穆翰撰　清光緒三十年(1904)浙江官書局刻本　一册

330000－1701－0080525　G003172　經部/四書類/總義之屬/傳說

繪圖四書集註□□卷　(宋)朱熹集注　清光緒三十三年(1907)浙紹明達書莊石印本　一册　存三卷(孟子一至三)

330000－1701－0080527　G003105　史部/地理類/專志之屬/寺觀

阿育王舍利瑞應集一卷　(清)釋妙然輯　**舍利塔號畧註一卷**　(清)釋元賢撰　清光緒元年(1875)刻本　一册

330000－1701－0080528　G605630　史部/地理類/雜志之屬

常州賦一卷　(清)褚邦慶撰　清光緒四年(1878)刻本　一册

330000－1701－0080529　G003106　史部/傳記類/別傳之屬

含真仙蹟圖一卷　陳夔龍編　清光緒三十二年(1906)鉛印本　一册

330000－1701－0080530　普390.9517/4026.02/c1　史部/政書類/儀制之屬/典禮

大清通禮五十四卷　(清)來保等纂修　(清)穆克登額等續纂　清光緒九年(1883)江蘇書局刻本　十二册

330000－1701－0080531　G601832　史部/政書類/儀制之屬/專志/科舉校規

欽定科場條例六十卷首一卷　(清)奎潤等修　(清)詹鴻謨等纂　清光緒刻本　十一册　存十九卷(二至二十)

330000－1701－0080533　G605631　經部/春秋左傳類/傳說之屬

春秋左傳杜注三十卷首一卷　(清)姚培謙撰　清光緒十九年(1893)浙江書局刻本　十册

330000－1701－0080534　G004970　子部/醫家類/綜合之屬/通論

石室秘籙六卷　(清)陳士鐸撰　清刻本　四册　存四卷(一至三、五)

330000－1701－0080535　G603158　類叢部/叢書類/郡邑之屬

武林掌故叢編一百八十七種　(清)丁丙編　清光緒三年至二十六年(1877－1900)錢塘丁氏嘉惠堂刻本　三册　存三種

330000－1701－0080536　普390.9517/4026.02/c2　史部/政書類/儀制之屬/典禮

大清通禮五十四卷　(清)來保等纂修　(清)穆克登額等續纂　清光緒九年(1883)江蘇書局刻本　十二册

330000－1701－0080537　G003174　集部/總集類/選集之屬/通代

樂府廣序三十卷詩集廣序十卷　(清)朱嘉徵撰　清康熙清遠堂刻本　一册　存十卷(詩集廣序一至十)

330000－1701－0080538　G601833　史部/金石類/璽印之屬/通考

封泥攷略十卷　(清)吳式芬　(清)陳介祺藏並輯　清光緒三十年(1904)石印本　一册　存五卷(一至五)

330000－1701－0080539　普390.9517/4026.02/c4　史部/政書類/儀制之屬/典禮

大清通禮五十四卷　(清)來保等纂修　(清)穆克登額等續纂　清光緒九年(1883)江蘇書局刻本　十二册

330000－1701－0080540　G003107　子部/宗教類/佛教之屬/律

法海觀瀾五卷　(清)釋智旭輯　清光緒二十三年(1897)揚州藏經院刻本　二册

330000－1701－0080541　G603159　子部/宗教類/佛教之屬/諸宗
天台四教儀集註十卷　(元)釋蒙潤撰　清同治七年(1868)杭州昭慶寺慧空經房刻本　五冊

330000－1701－0080543　G003175　集部/詞類/別集之屬
竹簾館詞一卷　(清)王樹藩撰　清宣統元年(1909)寶應朱孫懷刻本　一冊

330000－1701－0080544　G003108　子部/儒家類/儒學之屬/性理
原善三卷　(清)戴震撰　清雙江李氏念劬堂刻本　一冊

330000－1701－0080545　普 390.9517/4026.02/c5　史部/政書類/儀制之屬/典禮
大清通禮五十四卷　(清)來保等纂修　(清)穆克登額等續纂　清光緒九年(1883)江蘇書局刻本　十二冊

330000－1701－0080546　G603160　子部/宗教類/佛教之屬/諸宗
天台四教儀集註十卷　(元)釋蒙潤撰　清同治七年(1868)杭州昭慶寺慧空經房刻本　五冊

330000－1701－0080547　G003176　經部/小學類/音韻之屬/韻書
詩韻全璧五卷彙錄要一卷月令粹編二十一卷字學正譌一卷詩賦類聯采新十二卷金壺字攷一卷文選題解一卷賦學指南一卷詩腋一卷詞林典腋一卷　(清)湯祥瑟輯　**初學檢韻袖珍一卷**　(清)姚文登撰　**虛字韻藪一卷**　(清)潘維城輯　清光緒二十年(1894)石印本　六冊

330000－1701－0080548　普 391.8/0036/c1　史部/政書類/儀制之屬/典禮
直省釋奠禮樂記六卷首一卷末一卷　(清)應寶時等輯　清同治十二年(1873)仁和吳恒、長洲顧澐刻本　四冊

330000－1701－0080549　G003109　史部/傳記類/別傳之屬/年譜
章太夫人年譜一卷　(清)徐友蘭輯　清光緒二十一年(1895)刻本　一冊

330000－1701－0080550　G003110　史部/傳記類/科舉録之屬/歷科鄉試録
光緒元年舉行乙亥恩科浙江鄉試題名錄一卷　清光緒刻本　一冊

330000－1701－0080551　G605632　經部/禮記類/傳說之屬
禮記集說十卷　(元)陳澔撰　清光緒十九年(1893)浙江書局刻本　十冊

330000－1701－0080553　G600864　史部/傳記類/總傳之屬/列女
列女傳八卷　(漢)劉向撰　(清)梁端校注　清道光十七年(1837)錢塘汪氏振綺堂刻同治十三年(1874)汪曾學補刻本　四冊

330000－1701－0080554　G601835　史部/目録類/書志之屬/提要
東西學書錄二卷附一卷　徐維則輯　清光緒二十五年(1899)石印本　三冊

330000－1701－0080555　普 391.8/0036/c2　史部/政書類/儀制之屬/典禮
直省釋奠禮樂記六卷首一卷末一卷　(清)應寶時等輯　清光緒十七年(1891)廣東藩署刻本　四冊

330000－1701－0080556　G002942　子部/農家農學類/農藝之屬/土壤耕作
區田輯要一卷　清刻本　一冊

330000－1701－0080557　G003111　子部/宗教類/佛教之屬/經疏
金剛經旁解一卷補註一卷心經補註一卷　(清)湯肇召輯注　清同治六年(1867)鎮海沈開祥刻本　一冊

330000－1701－0080558　G003178　史部/目録類/總録之屬/私撰
申報館書目不分卷　(清)尊聞閣主編　**續集不分卷**　蔡爾康編　清光緒三年至五年(1877－1879)上海申報館鉛印本　一冊

330000－1701－0080559　G003177　史部/詔令奏議類/奏議之屬

粵督陶覆奏培養人材摺一卷閩督許覆奏條陳變法摺一卷東撫袁覆奏條陳變法摺一卷　清光緒石印本　一册

330000－1701－0080561　G600865　集部/别集類/明别集

陳忠裕全集三十卷兵垣奏議一卷首一卷末一卷自撰年譜三卷　(明)陳子龍撰　(清)王昶輯　清嘉慶八年(1803)簳山草堂刻同治八年(1869)補修本　十册　缺一卷(兵垣奏議)

330000－1701－0080562　G604712、G604715　子部/宗教類/佛教之屬/經疏

大佛頂如來密因修證了義諸菩薩萬行首楞嚴經玄義二卷文句十卷　(清)釋智旭撰　清同治十三年(1874)金陵刻經處刻本　三册　缺八卷(文句三至十)

330000－1701－0080563　G605634　史部/地理類/山川之屬/山志

清凉山志十卷　(明)釋秋厓原纂　(明)釋鎮澄編　(清)釋阿王老藏修正　清乾隆二十年(1755)釋聚用刻光緒十三年(1887)重修本　四册

330000－1701－0080564　G600866　類叢部/叢書類/彙編之屬

式訓堂叢書四十一種　(清)章壽康編　清光緒會稽章氏刻本　六册　存十三種

330000－1701－0080565　G002943　類叢部/叢書類/彙編之屬

受經堂叢書　張選青輯　清嘉慶漢州張氏刻本　二册　存一種

330000－1701－0080566　G003179　經部/春秋左傳類/專著之屬

春秋地形五禮詩合訂不分卷　(清)顧復初撰　(清)汪韶舉集　清同治九年(1870)刻本　一册

330000－1701－0080567　G605633　史部/地理類/山川之屬/山志

清凉山志十卷　(明)釋秋厓原纂　(明)釋鎮澄編　(清)釋阿王老藏修正　清乾隆二十年(1755)釋聚用刻光緒十三年(1887)重修本　四册

330000－1701－0080568　G604713　史部/傳記類/别傳之屬

杭州海潮寺普照禪師塔銘一卷　(清)張大昌撰　**杭州海潮寺文錄一卷**　(清)釋普照撰　(清)釋顯振等編　**普照禪師淨業記一卷**　(清)丁丙撰　清光緒十四年(1888)刻本　一册

330000－1701－0080571　G604714　史部/傳記類/别傳之屬

杭州海潮寺普照禪師塔銘一卷　(清)張大昌撰　**杭州海潮寺文錄一卷**　(清)釋普照撰　(清)釋顯振等編　**普照禪師淨業記一卷**　(清)丁丙撰　清光緒十四年(1888)刻本　一册

330000－1701－0080572　G605635　史部/地理類/山川之屬/山志

清凉山志十卷　(明)釋秋厓原纂　(明)釋鎮澄編　(清)釋阿王老藏修正　清乾隆二十年(1755)釋聚用刻光緒十三年(1887)重修本　四册

330000－1701－0080573　G002945　史部/地理類/雜志之屬

嘉善故事一卷　清末抄本　一册

330000－1701－0080574　G002946　子部/醫家類/兒科之屬/痘疹

仙傳痘疹奇書三卷　(明)高我岡撰　(明)高尭臣輯　清抄本　一册

330000－1701－0080575　G002947　子部/宗教類/道教之屬/經文

三聖真經誦本一卷　清光緒二十七年(1901)蕭山來氏刻本　一册

330000－1701－0080576　G002948　類叢部/叢書類/自著之屬

杭大宗七種叢書　(清)杭世駿撰　清乾隆杭

賓仁羊城刻本　六冊

330000－1701－0080577　G002949　集部/曲類/寶卷之屬

何仙姑寶卷二卷　(清)□□撰　清光緒三十年(1904)蘇城瑪瑙經房刻本　一冊

330000－1701－0080578　G002950　史部/地理類/遊記之屬

金牛湖漁唱一卷　(清)張雲璈撰　清嘉慶十八年(1813)刻本　一冊

330000－1701－0080579　普391.8/3131/c2　史部/政書類/儀制之屬/典禮

聖廟祀典圖考三卷首一卷附聖蹟圖一卷孟子聖蹟圖一卷崇聖祠攷一卷　(清)顧沅撰　清光緒上海同文書局石印本　四冊

330000－1701－0080581　普391.8/3131/2/c1　史部/政書類/儀制之屬/典禮

聖廟祀典圖考五卷首一卷附崇聖祠攷一卷聖蹟圖一卷孟子聖蹟圖一卷　(清)顧沅撰　清道光六年(1826)刻本　十二冊

330000－1701－0080583　G003112　經部/叢編

十三經註疏　(明)□□輯　清嘉慶十八年(1813)繡谷四友堂刻本　六冊　存一種

330000－1701－0080584　G605636、G606858　史部/地理類/山川之屬/山志

清凉山志十卷　(明)釋秋厓原纂　(明)釋鎮澄編　(清)釋阿王老藏修正　清乾隆二十年(1755)釋聚用刻光緒十三年(1887)重修本　四冊

330000－1701－0080586　普391.8/3131/2/c2　史部/政書類/儀制之屬/典禮

聖廟祀典圖考五卷首一卷附崇聖祠攷一卷聖蹟圖一卷孟子聖蹟圖一卷　(清)顧沅撰　清道光六年(1826)刻本　五冊　缺三卷(崇聖祠攷、聖蹟圖、孟子聖蹟圖)

330000－1701－0080587　G605637　史部/地理類/山川之屬/山志

清凉山志十卷　(明)釋秋厓原纂　(明)釋鎮澄編　(清)釋阿王老藏修正　清乾隆二十年(1755)釋聚用刻光緒十三年(1887)重修本　二冊　存四卷(五至八)

330000－1701－0080588　G605638　史部/地理類/山川之屬/山志

清凉山志十卷　(明)釋秋厓原纂　(明)釋鎮澄編　(清)釋阿王老藏修正　清乾隆二十年(1755)釋聚用刻光緒十三年(1887)重修本　二冊　存六卷(一至四、七至八)

330000－1701－0080589　G003113　子部/雜著類/雜纂之屬

通關文二卷　(清)劉一明撰　清道光二年(1822)郡護國菴刻本　志貞子題記　一冊

330000－1701－0080590　G605639　集部/戲劇類/總集之屬/雜劇

清容外集九種　(清)蔣士銓撰　清乾隆蔣氏紅雪樓刻本　四冊　存三種

330000－1701－0080591　G003114　子部/道家類

道德經一卷　清同治十二年(1873)文聚堂刻本　一冊

330000－1701－0080592　G604717　子部/宗教類/佛教之屬/經疏

大佛頂如來密因修證了義諸菩薩萬行首楞嚴經玄義二卷文句十卷　(清)釋智旭撰　清同治十三年(1874)金陵刻經處刻本　一冊　存二卷(一至二)

330000－1701－0080595　G003115　子部/儒家類/儒學之屬/禮教

勸勉五條一卷　(清)許元杰撰　清光緒八年(1882)浙西古魏塘刻本　一冊

330000－1701－0080596　G605640　史部/傳記類/總傳之屬/釋道

佛祖正宗道影四卷　(清)釋守一編　清光緒六年(1880)蘇州瑪瑙經房刻本　二冊　存二卷(三至四)

330000－1701－0080598　G003116　子部/宗教類/佛教之屬/總録

釋教三字經一卷　（明）釋廣真撰　（清）釋敏修注　清光緒三十一年（1905）揚州藏經院刻本　一冊

330000－1701－0080599　普 392/6045　經部/三禮總義類/通禮雜禮之屬
四禮翼四卷　（明）呂坤撰　清同治十二年（1873）西安藩署刻本　一冊

330000－1701－0080601　G003117　集部/別集類/清別集
三魚堂文集十二卷附錄一卷外集六卷全集附錄一卷　（清）陸隴其撰　清嘉慶至道光老掃葉山房刻本　八冊

330000－1701－0080602　G607693/1、G603161　類叢部/叢書類/彙編之屬
武英殿聚珍版書一百四十八種　清乾隆四十二年（1777）福建刻道光至同治遞修光緒二十一年（1895）增刻本　三冊　存一種

330000－1701－0080603　善 008925　史部/詔令奏議類/奏議之屬
掌銓題稾三十四卷　（明）高拱撰　明刻本　三冊　存八卷（二十一至二十二、三十一至三十四）

330000－1701－0080604　G600867　經部/小學類/文字之屬/字書/訓蒙
倉頡篇校證三卷補遺一卷　（清）梁章鉅撰　清光緒五年（1879）梁氏刻民國十年（1921）蘇州寶華山房印本　二冊

330000－1701－0080605　G604718　子部/宗教類/佛教之屬/總録
雲水直道法寶輪宗誌四卷　清光緒四年（1878）聚奎堂刻本　二冊

330000－1701－0080607　G003118　史部/傳記類/科舉録之屬/歷科登科録
［光緒壬辰科］會試硃卷一卷　吳士鑑撰　清光緒刻本　一冊

330000－1701－0080608　G600868　集部/別集類/唐五代別集
昌黎先生詩集注十一卷年譜一卷　（唐）韓愈撰　（清）顧嗣立刪補　清光緒九年（1883）廣州翰墨園刻三色套印本　四冊

330000－1701－0080610　G003119　子部/儒家類/儒學之屬/禮教/家訓
增訂安樂銘箴便讀一卷續一卷　（清）季似亭撰　（清）徐紹裴增訂　清光緒十年（1884）刻本　一冊

330000－1701－0080611　G603168　子部/儒家類/儒學之屬
陶龕語錄二卷　（清）羅信南撰　（清）羅信北編審　清光緒三十二年（1906）吳門刻本　一冊

330000－1701－0080612　G604719　子部/宗教類/佛教之屬/諸宗
靈峰蕅益大師選定淨土十要十卷　（清）釋智旭輯　（清）釋成時評點節略　清光緒二十年（1894）揚州廣陵藏經院刻本　四冊

330000－1701－0080613　G600869　集部/別集類/唐五代別集
顧華陽集三卷　（唐）顧況撰　**顧華陽集補遺一卷國佐公詩補遺一卷**　（清）顧球輯　清同治元年（1862）海鹽顧炳章雙峯堂刻民國二十年（1931）重印本　二冊　缺一卷（國佐公詩補遺）

330000－1701－0080614　G603162　集部/別集類/清別集
通雅堂詩鈔十卷續集二卷　（清）施山撰　清光緒元年（1875）荊州刻本　一冊　存七卷（詩鈔一至七）

330000－1701－0080615　G604720　子部/宗教類/佛教之屬/諸宗
靈峰蕅益大師選定淨土十要十卷　（清）釋智旭輯　（清）釋成時評點節略　清光緒二十年（1894）揚州廣陵藏經院刻本　四冊

330000－1701－0080616　善 008920　集部/總集類/選集之屬/通代
文體明辯四十八卷　（明）徐師曾輯　（明）沈芬　（明）沈騏箋注　明崇禎十三年（1640）刻

本　八冊　存二十六卷（二十三至四十八）

330000－1701－0080618　G604721　子部/宗教類/佛教之屬/諸宗

靈峰蕅益大師選定淨土十要十卷　（清）釋智旭輯　（清）釋成時評點節略　清光緒二十年（1894）揚州廣陵藏經院刻本　四冊

330000－1701－0080620　善 008924　集部/別集類/明別集

方簡肅公文集十卷附錄一卷　（明）方良永撰　明萬曆八年（1580）刻本　二冊　缺八卷（一至六、九至十）

330000－1701－0080621　善 008918　史部/紀傳類/正史之屬

漢書評林一百卷　（明）凌稚隆輯　明萬曆刻本　二十八冊

330000－1701－0080623　G604722　子部/宗教類/佛教之屬/經疏

大佛頂如來密因修證了義諸菩薩萬行首楞嚴經宗通十卷　（明）曾鳳儀撰　清道光浙寧太白山天童寺刻本　一冊　存一卷（一）

330000－1701－0080624　G003128　集部/別集類/漢魏六朝別集

徐孝穆全集六卷　（南朝陳）徐陵撰　（清）吳兆宜箋注　**備考一卷**　（清）徐文炳撰　清光緒四年（1878）西齋別墅刻本　三冊

330000－1701－0080625　G601836　類叢部/叢書類/彙編之屬

士禮居叢書二十種　（清）黃丕烈編　清嘉慶至道光黃氏士禮居刻本　四冊　存一種

330000－1701－0080626　善 008921　集部/總集類/選集之屬/通代

史漢文統十五卷　（明）童養正輯　明崇禎刻本　十冊　存五卷（東漢文統一至五）

330000－1701－0080627　G600870　子部/儒家類/儒學之屬/經濟

揚子法言十三卷音義一卷　（漢）揚雄撰　（晉）李軌注　清嘉慶二十三年（1818）秦氏石研齋影宋刻本　一冊

330000－1701－0080629　普 394/1779　經部/三禮總義類/通禮雜禮之屬

司馬氏書儀十卷　（宋）司馬光撰　清雍正元年（1723）汪氏刻朱印本　一冊

330000－1701－0080631　G003120　史部/傳記類/科舉録之屬/歷科登科録

［光緒甲午恩科］會試硃卷一卷［光緒癸巳恩科］江西鄉試硃卷一卷　劉廷琛撰　清光緒刻本　一冊

330000－1701－0080632　G604723、G602091　類叢部/叢書類/彙編之屬

元和江氏靈鶼閣叢書五十六種　（清）江標編　清光緒元和江氏湖南使院刻蘇州振新書社印本　四冊　存四種

330000－1701－0080635　G003180　新學/議論/論政

新譯萬國垂涎中華近事三卷　（法國）畢龍　（法國）馬士克撰　（清）劉翹翰　（清）程瞻洛譯　清光緒二十八年（1902）石印本　一冊

330000－1701－0080636　G601837　子部/術數類/數學之屬

集注太玄十卷　（宋）司馬光撰　清光緒元年（1875）湖北崇文書局刻本　一冊　存四卷（一至四）

330000－1701－0080637　G600871　集部/總集類/選集之屬/斷代

湖海文傳七十五卷　（清）王昶輯　清道光十七年（1837）經訓堂刻同治五年（1866）印本　二十冊

330000－1701－0080638　善 008922　集部/總集類/彙編之屬

李何二先生詩　（明）李三才編　明萬曆三十年（1602）刻本　五冊　存一種

330000－1701－0080639　G003121　經部/儀禮類/傳說之屬

儀禮署編一卷　（清）梁啓讓編　清乾隆五十二年（1787）刻本　清汪南士批並跋　朱師轍跋　一冊

330000－1701－0080641　G603164　子部/叢編
子書百家　（清）崇文書局編　清光緒元年(1875)湖北崇文書局刻本　一冊　存一種

330000－1701－0080642　G601838　史部/叢編
史筏（清）張承恩輯　清道光三十年(1850)墨池書舍刻本　三冊

330000－1701－0080643　G605641　史部/傳記類/總傳之屬/釋道
佛祖正宗道影四卷　（清）釋守一編　清光緒六年(1880)蘇州瑪瑙經房刻本　二冊　存二卷(三至四)

330000－1701－0080644　G003181　經部/小學類/音韻之屬/韻書
詩韻合璧五卷　（清）湯祥瑟輯　**詩腋不分卷　詞林典腋不分卷　詩腋補編不分卷　賦彙錄要不分卷　分韻文選題解擇要不分卷　虚字韻藪一卷**　（清）潘維城輯　**增註字類標韻六卷**　（清）華綱撰　清光緒十二年(1886)石印本　一冊　存一卷(詩韻合璧五)

330000－1701－0080645　G600872　經部/叢編
石齋先生經傳九種　（明）黄道周撰　清康熙三十二年(1693)晉安鄭開極刻本　六冊　存二種

330000－1701－0080646　普 394/2540/c1　經部/三禮總義類/通禮雜禮之屬
朱子家禮八卷首一卷　（宋）朱熹撰　（明）丘濬輯　（明）楊廷筠補　**四禮初稿四卷**　（明）宋纁輯　**四禮約言四卷**　（明）吕維祺撰　清康熙四十年(1701)刻本　六冊

330000－1701－0080647　G603165　類叢部/叢書類/彙編之屬
崇文書局彙刻書三十一種　（清）崇文書局編　清光緒元年至三年(1875－1877)湖北崇文書局刻本　一冊　存一種

330000－1701－0080648　G003122　子部/宗教類/其他宗教之屬/基督教
四福音註釋二十一章　（清）慕雅德撰　（清）陳書紳述　清光緒三十三年(1907)中國聖教書會鉛印本　一冊

330000－1701－0080650　G603167、G611490　集部/詞類/别集之屬
新蘅詞六卷外集一卷　（清）張景祁撰　清光緒九年(1883)百億梅花仙館刻本　二冊

330000－1701－0080651　G605642　史部/紀事本末類
歷朝紀事本末九種　（清）陳如升　（清）朱記榮輯　（清）捷記主人增輯　清光緒二十八年(1902)上海捷記書局石印本　二十八冊　存四種

330000－1701－0080652　G600873　類叢部/叢書類/彙編之屬
功順堂叢書十八種　（清）潘祖蔭編　清光緒吳縣潘氏刻本　二十三冊　存十六種

330000－1701－0080653　G003123、G003458、G007563、G010235、G008752、G009177、G009658　子部/雜著類/雜説之屬
權衡一書四十一卷　（清）王植編　清刻本　二十四冊　存四十卷(一至三十八、四十至四十一)

330000－1701－0080654　G601839　子部/藝術類/書畫之屬/法帖
寶惲室帖四卷　（清）惲格書　清宣統元年(1909)上海書畫會影印本　一冊　存一卷(一)

330000－1701－0080655　善 008923　經部/小學類/音韻之屬/韻書
洪武正韻十六卷　（明）樂韶鳳　（明）宋濂等撰　明直隸監察御史劉以節刻本　五冊

330000－1701－0080656　G003124　史部/金石類/錢幣之屬
泉志十五卷　（宋）洪遵撰　清光緒元年(1875)隸釋齋刻本　一冊

330000－1701－0080657　G003182　集部/總

集類/課藝之屬
八銘堂塾鈔初集不分卷 （清）吳懋政編　清刻本　三册

330000－1701－0080658　G003125　史部/傳記類/總傳之屬
常郡宦浙同官録不分卷　清光緒二十七年（1901）刻朱墨套印本　一册

330000－1701－0080659　善 008919　史部/紀傳類/正史之屬
漢書評林一百卷 （明）凌稚隆輯　清光緒十年（1884）湘鄉劉鴻年耕雲讀月之室刻本　三十二册

330000－1701－0080660　G605643　類叢部/叢書類/郡邑之屬
武林掌故叢編一百八十七種 （清）丁丙編　清光緒三年至二十六年（1877－1900）錢塘丁氏嘉惠堂刻本　七册　存一種

330000－1701－0080661　G604724　子部/宗教類/佛教之屬/經疏
楞伽阿跋多羅寶經四卷 （南朝宋）釋求那跋陀羅譯　（清）釋智旭疏義　**楞伽阿跋多羅寶經玄義一卷** （清）釋智旭撰　清宣統元年（1909）常州天寧寺刻本　五册

330000－1701－0080662　G601840　類叢部/叢書類/彙編之屬
望三益齋叢書十八種 （清）吳棠編　清咸豐至光緒吳氏望三益齋刻本　一册　存一種

330000－1701－0080663　G605644　類叢部/叢書類/郡邑之屬
武林掌故叢編一百八十七種 （清）丁丙編　清光緒三年至二十六年（1877－1900）錢塘丁氏嘉惠堂刻本　七册　存一種

330000－1701－0080664　G604725　子部/宗教類/佛教之屬/經
楞伽阿跋多羅寶經四卷 （南朝宋）釋求那跋陀羅譯　清同治九年（1870）金陵刻經處刻本　一册　存二卷（一至二）

330000－1701－0080665　G605645　類叢部/叢書類/郡邑之屬
武林掌故叢編一百八十七種 （清）丁丙編　清光緒三年至二十六年（1877－1900）錢塘丁氏嘉惠堂刻本　一册　存一種

330000－1701－0080666　G003126　史部/傳記類/總傳之屬
浙洋水師巡防隊中路第五營員弁簡明履歷表一卷　清宣統三年（1911）稿本　一册

330000－1701－0080667　G604726　子部/宗教類/佛教之屬/經
楞伽阿跋多羅寶經四卷 （南朝宋）釋求那跋陀羅譯　清同治九年（1870）金陵刻經處刻本　一册　存二卷（一至二）

330000－1701－0080668　G003183　史部/傳記類/科舉録之屬
［道光丁酉科］直省墨是不分卷 （清）顧夔編　清道光刻本　一册

330000－1701－0080669　G605646　子部/宗教類/佛教之屬/論疏
成唯識論述記六十卷 （唐）釋窺基撰　清光緒二十七年（1901）金陵刻經處刻本　二十册

330000－1701－0080670　G603169　類叢部/叢書類/彙編之屬
榆園叢刻十五種附一種 （清）許增編　清同治至光緒刻本　十册　存九種

330000－1701－0080671　G601841、G601867　史部/金石類/郡邑之屬/文字
兩浙金石志十八卷補遺一卷 （清）阮元撰　清光緒十六年（1890）浙江書局刻本　七册　缺七卷（五至十一）

330000－1701－0080673　G605647　子部/宗教類/佛教之屬/論疏
成唯識論述記六十卷 （唐）釋窺基撰　清光緒二十七年（1901）金陵刻經處刻本　二十册

330000－1701－0080676　G003184　史部/史評類/詠史之屬
南宋雜事詩七卷 （清）沈嘉轍等撰　清同治十一年（1872）淮南書局刻本　二册

330000－1701－0080677　G604727　子部/宗教類/佛教之屬/論疏
大宗地玄文本論略注四卷首一卷　(南朝陳)釋真諦譯　(清)楊文會略注　清光緒三十二年(1906)金陵刻經處刻本　一冊

330000－1701－0080678　普 394/2540/c2　經部/三禮總義類/通禮雜禮之屬
朱子家禮八卷首一卷　(宋)朱熹撰　(明)丘濬輯　(明)楊廷筠補　**四禮初稿四卷**　(明)宋纁輯　**四禮約言四卷**　(明)呂維祺撰　清康熙四十年(1701)刻本　五冊　存九卷(首、一至八)

330000－1701－0080679　G601842　類叢部/叢書類/自著之屬
范氏三種　(清)范家相撰　清乾隆至嘉慶會稽范氏古趣亭刻本　一冊　存一種

330000－1701－0080680　G605648、G605704　子部/叢編
子書百家　(清)崇文書局編　清光緒元年(1875)湖北崇文書局刻本　六十八冊　存五十九種

330000－1701－0080681　G003186、G007859　類叢部/叢書類/自著之屬
清獻堂全編八種　(清)趙佑撰　清乾隆刻本　四冊　存一種

330000－1701－0080682　普 394/2540/(2)/c1　經部/三禮總義類/通禮雜禮之屬
朱子家禮八卷首一卷　(宋)朱熹撰　(明)丘濬輯　(明)楊廷筠補　**四禮初稿四卷**　(明)宋纁輯　**四禮約言四卷**　(明)呂維祺撰　清康熙四十年(1701)刻本　四冊

330000－1701－0080684　G601843　經部/大戴禮記類/分篇之屬
夏小正通釋一卷　(清)梁章鉅撰　清光緒十三年(1887)浙江書局刻本　一冊

330000－1701－0080685　普 394/2540/(2)/c2　經部/三禮總義類/通禮雜禮之屬
朱子家禮八卷首一卷　(宋)朱熹撰　(明)丘濬輯　(明)楊廷筠補　**四禮初稿四卷**　(明)宋纁輯　**四禮約言四卷**　(明)呂維祺撰　清康熙四十年(1701)刻本　四冊　存九卷(首、一至八)

330000－1701－0080686　G601844　集部/別集類/清別集
還印廬詩存二卷詞存一卷文存三卷　(清)徐球撰　清道光九年(1829)刻本　四冊

330000－1701－0080687　普 394/2540/2　經部/三禮總義類/通禮雜禮之屬
朱子家禮八卷首一卷　(宋)朱熹撰　(明)丘濬輯　(明)楊廷筠補　清同治十二年(1873)刻本　四冊

330000－1701－0080688　G601845　集部/別集類/清別集
補讀軒詩稿二卷　(清)謝夔撰　清光緒二十一年(1895)謝氏補讀軒刻本　一冊　存一卷(一)

330000－1701－0080689　普 399.16/2259　史部/政書類/邦計之屬
爲明白勸告事一卷　(清)岑春煊撰　清光緒刻本　一冊

330000－1701－0080690　普 399.4/3297　史部/地理類/雜志之屬
帝京歲時紀勝一卷　(清)潘榮陛撰　清乾隆刻本　一冊

330000－1701－0080693　G603170、G602406　類叢部/叢書類/郡邑之屬
紹興先正遺書十五種　(清)徐友蘭輯　清光緒會稽徐氏鑄學齋刻本　二十二冊　存九種

330000－1701－0080694　G003127　史部/傳記類/總傳之屬
浙洋水師巡防隊中路第二營管帶履歷表一卷　清宣統三年(1911)稿本　一冊

330000－1701－0080696　G604728　子部/宗教類/佛教之屬/論疏
大宗地玄文本論略注四卷首一卷　(南朝陳)釋真諦譯　(清)楊文會略注　清光緒三十二

年(1906)金陵刻經處刻本　一冊

330000－1701－0080697　G604729　子部/宗教類/佛教之屬/論疏

三論玄義二卷　(隋)釋吉藏撰　清光緒二十五年(1899)金陵刻經處刻本　一冊

330000－1701－0080698　善008929　類叢部/類書類/通類之屬

古今類書纂要增删十二卷　(明)璩崑玉輯　明崇禎七年(1634)刻本　八冊

330000－1701－0080699　G003188　集部/别集類/清别集

定山堂詩集四十三卷詩餘四卷　(清)龔鼎孳撰　清康熙十五年(1676)吴興祚刻本　二十冊

330000－1701－0080700　G604730　子部/宗教類/佛教之屬/論疏

三論玄義二卷　(隋)釋吉藏撰　清光緒二十五年(1899)金陵刻經處刻本　一冊

330000－1701－0080702　G604731　子部/宗教類/佛教之屬/論疏

三論玄義二卷　(隋)釋吉藏撰　清光緒二十五年(1899)金陵刻經處刻本　一冊

330000－1701－0080704　G603171　集部/詞類/類編之屬

西泠詞萃六種　(清)丁丙編　清光緒錢塘丁氏刻本　清戴穗孫題記　二冊

330000－1701－0080705　G604732　子部/宗教類/佛教之屬

唐大薦福寺故寺主翻經大德法藏和尚傳一卷　(新羅)崔致遠撰　清光緒二十三年(1897)金陵刻經處刻本　一冊

330000－1701－0080706　G604733　子部/宗教類/佛教之屬

唐大薦福寺故寺主翻經大德法藏和尚傳一卷　(新羅)崔致遠撰　清光緒二十三年(1897)金陵刻經處刻本　一冊

330000－1701－0080707　G604734、G604771　子部/宗教類/佛教之屬/經疏

楞伽阿跋多羅寶經註解四卷　(南朝宋)釋求那跋多羅譯　(明)釋宗泐　(明)釋如玘注　清光緒四年(1878)長沙刻經處刻本　二冊　缺一卷(四)

330000－1701－0080710　G604735　子部/宗教類/佛教之屬/經疏

楞伽阿跋多羅寶經註解四卷　(南朝宋)釋求那跋多羅譯　(明)釋宗泐　(明)釋如玘注　清光緒四年(1878)長沙刻經處刻本　四冊

330000－1701－0080711　G603172、G603173、G603174、G603175、G603176、G603803　類叢部/叢書類/彙編之屬

申報館叢書正集五十七種附録三種續集一百四十二種　(清)尊聞閣主編　蔡爾康編續集　清同治至光緒上海申報館鉛印本　十八冊　存五種

330000－1701－0080714　善008928　集部/總集類/選集之屬/通代

詩鏡九十三卷總論一卷　(明)陸時雍輯　明刻本(唐詩鏡卷二十六至二十八配明楊雍建評本)　十七冊　缺十九卷(古詩鏡十七至二十四,唐詩鏡九至十三、三十四至三十八,總論)

330000－1701－0080715　G604736　子部/宗教類/佛教之屬/總録

釋教三字經一卷　(明)釋廣真撰　(清)釋敏修注　清光緒三十一年(1905)揚州藏經院刻本　一冊

330000－1701－0080716　G600874　類叢部/叢書類/自著之屬

頤志齋叢書二十二種　(清)丁晏撰　清道光至同治山陽丁氏六蓺堂刻同治元年(1862)彙印本　二冊　存二種

330000－1701－0080718　善008926　類叢部/叢書類/彙編之屬

說郛一百二十弓　(明)陶宗儀編　(明)陶珽等重編　明末刻清順治三年(1646)兩浙督學周南李際期宛委山堂印本(卷一配抄本)　一

百二十三册　存一千二百十一種

330000－1701－0080719　G604737　子部/宗教類/佛教之屬/總録

釋教三字經一卷　(明)釋廣真撰　(清)釋敏修注　清光緒三十一年(1905)揚州藏經院刻本　一册

330000－1701－0080721　G601846　類叢部/叢書類/自著之屬

洪北江全集二十一種　(清)洪亮吉撰　清光緒三年至五年(1877－1879)洪用懃授經堂刻本　一册　存三種

330000－1701－0080722　G003129、G008596　史部/金石類/石之屬/文字

小蓬萊金石文字不分卷　(清)黄易輯　清嘉慶五年(1800)刻本　五册

330000－1701－0080723　G604738　子部/宗教類/佛教之屬/總録

釋教三字經一卷　(明)釋廣真撰　(清)釋敏修注　清光緒三十一年(1905)揚州藏經院刻本　一册

330000－1701－0080724　G003130　經部/詩類/三家詩之屬

韓詩外傳十卷　(漢)韓嬰撰　(清)周廷寀校注　**韓詩外傳校注拾遺一卷**　(清)周宗杬撰　**韓詩外傳補逸一卷**　(清)趙懷玉輯　清乾隆五十六年(1791)新安周氏營道堂刻本　二册

330000－1701－0080725　G600875　集部/别集類/清别集

百一山房集十卷　(清)應時良撰　清光緒十八年(1892)海寧鍾氏刻本　清心盦題記　四册

330000－1701－0080726　G604739　子部/宗教類/佛教之屬/諸宗

恒贊如禪師語録十卷　(清)釋達如説　(清)釋悟潔等編　(清)釋沼蘭録　清宣統二年(1910)常州天寧寺刻經處刻本　四册

330000－1701－0080727　G003131　子部/雜著類

續青雲梯一卷　(清)沈起潛撰　清光緒六年(1880)塵達堂刻本　一册

330000－1701－0080728　G604740　子部/宗教類/佛教之屬/經疏

觀經義疏妙宗鈔證義二卷　(明)釋廣承撰　清同治十三年(1874)昭慶慧空經房刻本　一册

330000－1701－0080729　G600876　史部/地理類/專志之屬/園林

約園志一卷　(清)徐樹銘輯　清光緒二十三年(1897)刻本　一册

330000－1701－0080731　G604741　子部/宗教類/佛教之屬/經疏

觀經義疏妙宗鈔證義二卷　(明)釋廣承撰　清同治十三年(1874)昭慶慧空經房刻本　一册

330000－1701－0080732　G601847　史部/地理類/專志之屬/古跡

四明古蹟四卷　(清)陳之綱輯　清道光二年(1822)是亦樓刻本　王任安題記　二册

330000－1701－0080733　G003189、G003880　集部/别集類/清别集

棲僻園詩鈔不分卷　(清)朱蓮燭撰　清抄本　二册

330000－1701－0080734　G605697　子部/醫家類/類編之屬

士材三書九卷　(明)李中梓等撰　(清)尤乘編　清康熙刻本　一册　存一卷(診家正眼二)

330000－1701－0080735　G604742　子部/宗教類/佛教之屬/經疏

觀經義疏妙宗鈔證義二卷　(明)釋廣承撰　清同治十三年(1874)昭慶慧空經房刻本　一册

330000－1701－0080737　善008931　史部/地理類/山川之屬/山志

東山志十九卷　(明)謝敏行撰　(清)謝鍾和

增補　清康熙六年(1667)謝鍾和刻本　一冊　存十卷(一至十)

330000－1701－0080738　G604743　子部/宗教類/佛教之屬/經疏

觀經義疏妙宗鈔證義二卷　(明)釋廣承撰　清同治十三年(1874)昭慶慧空經房刻本　一冊

330000－1701－0080739　G600877　子部/天文曆算類/曆法之屬

七十二候表一卷　(清)羅以智撰　**七十二候表校錄一卷**　(清)江標撰　清光緒八年(1882)海昌羊復禮刻本　一冊

330000－1701－0080743　G604744　史部/地理類/山川之屬/山志

峨山圖志二卷　(清)黃錫燾纂　清光緒十七年(1891)刻本　二冊

330000－1701－0080744　G003190　史部/地理類/雜志之屬

星溪竹枝詞一卷　(清)董溦撰　清嘉慶十五年(1810)稿本　一冊

330000－1701－0080745　G605698　子部/天文曆算類

兼濟堂纂刻梅勿庵先生曆算全書二十八種　(清)梅文鼎撰　(清)魏荔彤輯　(清)楊作枚訂補　清雍正元年(1723)栢鄉魏荔彤刻乾隆十四年(1749)梅汝培重修本　二冊　存二種

330000－1701－0080746　G601848　集部/別集類/清別集

述菴詩零一卷　(清)林崧祁撰　清宣統元年(1909)鉛印本　一冊

330000－1701－0080747　G603177　子部/宗教類/佛教之屬/論疏

成唯識論述記六十卷　(唐)釋窺基撰　清光緒二十七年(1901)金陵刻經處刻本　十五冊　存四十五卷(一至四十五)

330000－1701－0080748　G604745　子部/宗教類/佛教之屬

重刻佛祖道影四卷　(清)釋守一編　清光緒六年(1880)刻本　四冊

330000－1701－0080750　G604746　子部/宗教類/佛教之屬/諸宗

大覺普濟玉林禪師語錄十二卷　(清)釋通琇撰　(清)釋音緯等輯　(清)釋超琦彙　**大覺普濟能仁國師[釋能琇]年譜二卷**　(清)釋超琦輯　清同治十三年(1874)杭城昭慶寺慧空經房刻本　六冊

330000－1701－0080751　G603178　史部/地理類/山川之屬/山志

重修南海普陀山志二十卷首一卷　(清)秦耀曾輯　清道光刻本　三冊　存十八卷(首、一至十七)

330000－1701－0080754　G003191　經部/小學類/音韻之屬/韻書

重校增訂初學檢韻十二卷附佩文詩韻一卷　(清)姚文登輯　清光緒九年(1883)會稽唐氏棣蕚山房刻本　一冊

330000－1701－0080756　G605699　史部/傳記類/總傳之屬/釋道

高僧傳四集九十三卷　(清)楊文會輯　清光緒十年至十八年(1884－1892)金陵刻經處、江北刻經處刻本　四冊　存十六卷(初集首、一至十五)

330000－1701－0080758　G003132　經部/小學類/文字之屬/說文

說文通訓定聲十八卷分部柬韻一卷說雅一卷古今韻準一卷　(清)朱駿聲撰　(清)朱鏡蓉參訂　**皇清敕授文林郎國子監博士銜揀選知縣揚州府學教授允倩府君[朱駿聲]行述一卷**　朱孔彰撰　清道光二十九年(1849)刻同治九年(1870)朱孔彰臨嘯閣補刻本　朱師轍跋　二十四冊

330000－1701－0080759　G601851　史部/雜史類/斷代之屬

明季續聞一卷　(清)汪光復撰　清宣統三年(1911)上海商務印書館鉛印本　一冊

330000－1701－0080760　G603179　類叢部/叢書類/彙編之屬
説鈴前集三十七種後集十六種　（清）吳震方編　清刻本　一册　存一種

330000－1701－0080761　G600878　集部/別集類/清別集
玉鑑堂詩存一卷櫟寄詩存一卷　（清）汪曰楨撰　清光緒十五年（1889）刻本　一册

330000－1701－0080762　G605700　子部/宗教類/佛教之屬/諸宗
樂邦文類五卷　（宋）釋宗曉輯　清刻本　五册

330000－1701－0080763　善 008930　經部/小學類/音韻之屬/韻書
新刊增補古今名家韻學淵海大成十二卷　（明）李攀龍輯　明刻本　三册

330000－1701－0080764　善 008927　類叢部/叢書類/彙編之屬
説郛續四十六弓　（明）陶宗儀編　（明）陶珽等重編　明末刻清順治三年（1646）兩浙督學周南李際期宛委山堂印本　五十册　存四百九十二卷

330000－1701－0080767　G605701　集部/別集類/清別集
壽聞齋吟草八卷　（清）朱葵之撰　清光緒十年（1884）古義安郡署刻本　二册

330000－1701－0080769　G003192　子部/小説家類/異聞之屬
夷堅志十集二十卷　（宋）洪邁撰　清乾隆四十三年（1778）刻涇縣洪氏修補本　十册

330000－1701－0080770　G603180　子部/宗教類/佛教之屬/諸宗
靈峰藕益大師宗論十卷首一卷　（清）釋智旭撰　（清）釋成時輯　清光緒元年（1875）江北刻經處刻本　三册　存三卷（七至九）

330000－1701－0080771　G600879　子部/雜著類/雜考之屬
娱親雅言六卷　（清）嚴元照撰　清光緒十一年（1885）豑園王氏木活字印本　四册

330000－1701－0080772　G605702　子部/宗教類/佛教之屬/諸宗
四衆弟子淨土詩六種　清同治十一年（1872）如臯刻經處刻本　一册

330000－1701－0080773　G003133　史部/傳記類/總傳之屬/家乘
［浙江黃巖］黃城姜氏家譜六卷　（清）姜丹書編纂　（清）姜景華增輯　清光緒十三年至十五年（1887－1889）東禪來經堂刻本暨木活字印本　一册

330000－1701－0080774　G603181、G603786　子部/宗教類/佛教之屬/論
大智度論一百卷　（天竺）龍樹菩薩造　（後秦）釋鳩摩羅什譯　清光緒九年（1883）姑蘇刻經處刻本　慧山題簽　二十五册

330000－1701－0080778　G003134　子部/宗教類/其他宗教之屬/基督教
天道溯原三卷　（美國）丁韙良撰　清咸豐八年（1858）浙寧華花印書房鉛印本　一册

330000－1701－0080781　G603182　類叢部/叢書類/彙編之屬
紀載彙編十種　清光緒四年（1878）上海申報館鉛印申報館叢書本　侶間題簽　二册

330000－1701－0080782　G003193　子部/宗教類/道教之屬/戒律
太上寶筏圖説八卷　（清）黃正元纂　清光緒十八年（1892）上海鴻文書局石印本　八册

330000－1701－0080784　善 008932　經部/樂類/律吕之屬
苑洛志樂二十卷　（明）韓邦奇撰　明嘉靖二十七年（1548）王宏等刻本　十二册　存十四卷（一至九、十五至十九）

330000－1701－0080786　G600882　集部/別集類/清別集
吟翠樓詩稿一卷附刻一卷　（清）孫佩蘭撰　清光緒十四年至十五年（1888－1889）刻本　天行題簽　一册

330000－1701－0080787　G003194　史部/政書類/公牘檔冊之屬

稟帖一卷　清光緒刻本　一冊

330000－1701－0080788　G002951　子部/醫家類/方書之屬/單方驗方

諸方一卷　清末抄本　一冊

330000－1701－0080789　G603183　集部/總集類/酬唱之屬

宣南鴻雪集二卷　(清)潘介繁　(清)潘誠貴輯　清同治十年(1871)金華胡氏退補齋刻本　一冊

330000－1701－0080790　G003195　子部/術數類/相宅相墓之屬

新輯陽宅密奧二卷　(清)熊懋獎撰　清刻本　一冊

330000－1701－0080791　G003135、G008191　類叢部/叢書類/自著之屬

朱近漪所著書　(清)朱楓撰　清刻彙印本　二冊　存一種

330000－1701－0080794　G603184　集部/曲類/寶卷之屬

悉達太子寶卷全集不分卷　(清)□□撰　清刻本　張麟題簽　一冊

330000－1701－0080795　G605706、G607768、G612068　類叢部/類書類/通類之屬

欽定古今圖書集成一萬卷目錄三十二卷　(清)蔣廷錫　(清)陳夢雷等輯　清光緒十年(1884)上海圖書集成書局鉛印本　七冊　存四十七卷(經濟彙編考工典二百十至二百四十六、博物彙編藝術典二百八十七至二百九十二、禽蟲典一至四)

330000－1701－0080796　G002952　史部/地理類/方志之屬/郡縣志

淳祐臨安志六卷　(宋)施諤撰　清眠雲精舍抄本　二冊

330000－1701－0080797　G003196、G003430、G004016、G005296、G007308、G008309、G010403、G008678、G008965、G010616、G009627　類叢部/叢書類/彙編之屬

翠琅玕館叢書五十一種　(清)馮兆年編　清光緒羊城翠琅玕館刻本　三十四冊　存四十四種

330000－1701－0080798　G603185、G612287　子部/叢編

二十二子(二十二子彙函)　(清)浙江書局編　清光緒元年至三年(1875－1877)浙江書局刻本　四冊　存一種

330000－1701－0080799　善008935　集部/總集類/選集之屬/通代

古詩類苑一百三十卷　(明)張之象纂輯　(明)俞顯卿訂補　明萬曆三十年(1602)俞顯謨、王頫、陳甲刻本　二十冊　存一百三卷(一至四、十八、三十三至一百三十)

330000－1701－0080800　G600883　集部/別集類/清別集

沈文忠公集十卷自訂年譜一卷　(清)沈兆霖撰　(清)錢保塘編　清同治八年(1869)刻本　四冊

330000－1701－0080801　G605707　集部/總集類/氏族之屬

藤溪朱氏文略八卷　朱承業輯　清宣統三年(1911)刻本　四冊

330000－1701－0080803　G002953　史部/地理類/專志之屬/寺觀

西溪梵隱志補三卷　(清)吳彤文增輯　稿本　一冊

330000－1701－0080804　G605708、G606190、G606384　集部/總集類/氏族之屬

藤溪朱氏文略八卷　朱承業輯　清宣統三年(1911)刻本　四冊

330000－1701－0080807　G003197、G003568、G005919　集部/總集類/課藝之屬

格致書院課藝不分卷　(清)王韜編　清光緒弢園鉛印本　九冊　存丙戌、丁亥、戊子、庚寅、辛卯、己丑年

330000－1701－0080808　G003136　類叢部/

叢書類/自著之屬
鈍吟老人遺藁九種二十三卷　(清)馮班撰　清初刻彙印本　二册　存八種

330000－1701－0080809　G605709、G608184　集部/總集類/氏族之屬
藤溪朱氏文略八卷　朱承業輯　清宣統三年(1911)刻本　四册

330000－1701－0080810　普 817.2/9030/3/c2　集部/曲類/彈詞之屬
孝義真蹟珍珠塔二十四回　(清)周殊士撰　清道光二十九年(1849)維揚三槐堂刻本　六册

330000－1701－0080811　G003137　史部/金石類/璽印之屬
秦漢三十體印證二卷　(清)李陽輯　清道光二十年(1840)李氏實籀齋刻鈐印本　一册

330000－1701－0080813　G603186、G603187　類叢部/叢書類/郡邑之屬
武林掌故叢編一百八十七種　(清)丁丙編　清光緒三年至二十六年(1877－1900)錢塘丁氏嘉惠堂刻本　二册　存二種

330000－1701－0080814　G600884　集部/別集類/清別集
槐塘詩稿十六卷文稿四卷　(清)汪沆撰　清乾隆五十一年(1786)刻本　八册　存十六卷(詩稿一至十六)

330000－1701－0080815　G605710　集部/戲劇類/總集之屬/傳奇
紅雪樓九種曲　(清)蔣士銓撰　清乾隆蔣氏紅雪樓刻本　一册　存一種

330000－1701－0080816　G604747　史部/政書類/邦計之屬
江浙鐵路拒欵風潮録一卷　(清)□□輯　清末石印本　一册

330000－1701－0080817　G605711　類叢部/叢書類/自著之屬
隨園三十八種　(清)袁枚撰　清光緒十八年(1892)勤裕堂鉛印本　一册　存一種

330000－1701－0080819　普 817.2/9030.02　集部/曲類/彈詞之屬
新增全圖珍珠塔後傳麒麟豹三十卷六十回　(清)馬永清撰　清光緒二十一年(1895)石印本　四册

330000－1701－0080820　G600885　集部/別集類/清別集
劫火紀焚一卷　(清)何鏞　(何桂笙)撰　清光緒十一年(1885)上海萃珍齋木活字印本　一册

330000－1701－0080821　G605712、G603355、G605245、G608883、G608002、G610045　子部/雜著類/雜說之屬
七修類藁五十一卷續藁七卷　(明)郎瑛撰　清乾隆四十年(1775)耕烟草堂刻本　十一册　存四十三卷(一至二十六、三十至三十五、四十四至四十七、續藁一至七)

330000－1701－0080822　G600886　集部/別集類/清別集
錢牧齋文鈔不分卷　(清)錢謙益撰　清宣統元年(1909)國學扶輪社鉛印本　四冊

330000－1701－0080824　G603188、G603249、G603714　子部/宗教類/佛教之屬/經
佛本行集經六十卷　(隋)釋闍那崛多譯　清光緒三十年(1904)南昌刻經處刻本　十二册

330000－1701－0080825　G605713　類叢部/叢書類/彙編之屬
讀畫齋叢書四十六種　(清)顧修編　清嘉慶四年至十六年(1799－1811)桐川顧氏刻本　二册　存一種

330000－1701－0080826　G003198　史部/雜史類
陸沈叢書四種　(清)□□輯　清光緒二十九年(1903)石印本　一册

330000－1701－0080828　善 008933　史部/傳記類/總傳之屬/人表
歷代帝王名臣類編便覽一卷　(清)□□撰　清初抄本　一册

330000－1701－0080829　G605714　史部/政書類/邦計之屬

江浙鐵路風潮不分卷　墨悲輯　清光緒三十三年(1907)上海鉛印本　一冊

330000－1701－0080831　G603189　子部/宗教類/佛教之屬/論疏

大乘起信論疏記會本六卷　(南朝陳)釋真諦譯　(新羅)釋元曉疏　清光緒二十五年(1899)金陵刻經處刻本　二冊

330000－1701－0080832　G605715　史部/地理類/山川之屬/水志

莫愁湖志六卷首一卷　(清)馬士圖撰　清光緒八年(1882)、十七年(1891)刻本　二冊　缺一卷(七)

330000－1701－0080833　G601852　類叢部/叢書類/彙編之屬

知不足齋叢書一百九十五種　(清)鮑廷博編　(清)鮑士恭續編　清乾隆三十七年至道光三年(1772－1823)長塘鮑氏刻彙印本　一冊　存一種

330000－1701－0080834　G600887　經部/小學類/文字之屬/字書

臨文便覽二種　(清)張啓泰輯　清同治十三年(1874)刻本　一冊

330000－1701－0080835　G003199　子部/醫家類/方書之屬/單方驗方

經驗良方三卷附良方一卷　(清)陸晝邨輯　清咸豐七年(1857)刻本　六冊

330000－1701－0080836　普817.2/9041　集部/曲類/彈詞之屬

小姑孀跳米全本一卷糶米後本一卷　清末春陽堂石印本　一冊

330000－1701－0080837　G604748　集部/小説類/短篇之屬

聊齋志異十六卷　(清)蒲松齡撰　(清)何垠注釋　清道光二十三年(1843)刻本　九冊　存九卷(一至三、六至七、十、十二至十三、十五)

330000－1701－0080838　G003138　史部/政書類/律令之屬/刑制

三流道里表不分卷　(清)徐本等纂修　清同治十一年(1872)湖北讞局刻本　二冊

330000－1701－0080839　G003139　集部/別集類/清別集

六一山房續集五卷　(清)董沛撰　清光緒五年(1879)刻本　一冊

330000－1701－0080840　G603191、G603262　集部/小説類/長篇之屬

繡像夢遊上海名妓爭風傳四卷三十二回　(清)曾經涉足人撰　清光緒石印本　三冊　存三卷(二至四)

330000－1701－0080841　G605716、G606346　史部/傳記類/總傳之屬/家乘

[浙江紹興]後邨周氏淵源錄十三卷　(清)周源纂修　清道光十二年(1832)引碧齋刻本　四冊

330000－1701－0080842　善008934　集部/總集類/選集之屬/斷代

明雋十卷　(明)李先芳輯　明萬曆二十二年(1594)刻本　四冊　存四卷(一至四)

330000－1701－0080844　G603192、G603194、G603195、G603197　類叢部/叢書類/彙編之屬

申報館叢書正集五十七種附錄三種續集一百四十二種　(清)尊聞閣主編　蔡爾康編續集　清同治至光緒上海申報館鉛印本　四冊　存四種

330000－1701－0080845　G605717　類叢部/叢書類/彙編之屬

式訓堂叢書四十一種　(清)章壽康編　清光緒會稽章氏刻本　一冊　存一種

330000－1701－0080846　G003200　集部/總集類/酬唱之屬

抵掌八十一吟一卷　(清)馬履泰　(清)馬鎖成　(清)馬慶孫　(清)馬怡孫撰　清刻本　一冊

330000－1701－0080847　G600888　史部/傳記類/別傳之屬/事狀

皇清誥授通奉大夫晉封榮祿大夫鹽運使銜原署湖北督糧道加五級顯考月樵府君［胡鳳丹］行述一卷　胡宗楙　胡宗彥　胡宗廉等撰　清光緒刻本　一冊

330000－1701－0080848　G605718　類叢部/叢書類/彙編之屬

會稽徐氏鑄學齋叢書十三種　徐維則編　清咸豐至光緒會稽徐氏刻光緒二十六年(1900)彙印本　二冊　存一種

330000－1701－0080849　普817.2/9088　集部/曲類/彈詞之屬

繪圖小金錢全傳二十四卷　清光緒二十六年(1900)上海書局石印本　四冊

330000－1701－0080850　G605720、G605922　子部/宗教類/佛教之屬/經疏

大佛頂如來密因修證了義諸菩薩萬行首楞嚴經宗通十卷　(明)曾鳳儀撰　清道光浙寧太白山天童寺刻本　五冊　存五卷(六至十)

330000－1701－0080851　G003140　類叢部/叢書類/自著之屬

甌北全集八種　(清)趙翼撰　清光緒三年(1877)滇南唐氏刻本　一冊　存一種

330000－1701－0080853　G605719　類叢部/叢書類/家集之屬

安鄉潘經峯父子遺書十五種　(清)潘相　(清)潘承焯撰輯　清乾隆二十九年至嘉慶七年(1764－1802)刻咸豐元年(1851)長白廷桂印本　二冊　存一種

330000－1701－0080854　G600889　子部/雜著類/雜纂之屬

翼教叢編六卷附一卷　蘇輿輯　清光緒二十四年(1898)武昌刻本　二冊　存四卷(一至四)

330000－1701－0080855　G002954　史部/政書類/軍政之屬/邊政

朔方備乘六十八卷首十二卷　(清)何秋濤撰　清光緒石印本　八冊

330000－1701－0080856　G003201　集部/別集類/清別集

獨漉堂詩集十五卷文集十五卷續編一卷　(清)陳恭尹撰　**陳獨漉先生年譜一卷**　(清)溫肅編　清道光五年(1825)廣州陳氏刻宣統元年(1909)印本　十冊

330000－1701－0080858　G605721　史部/地理類/輿圖之屬/全國

大清中外壹統輿圖(皇朝中外壹統輿圖)三十一卷首一卷　(清)鄒世詒　(清)晏啓鎮編　(清)李廷簫　(清)汪士鐸增訂　清同治二年(1863)湖北撫署刻本　十二冊

330000－1701－0080859　G601854　子部/醫家類/醫案之屬

臨證指南醫案十卷種福堂公選溫熱論四卷　(清)葉桂撰　(清)徐大椿評　清光緒二十二年(1896)寶善書局石印本　二冊

330000－1701－0080861　G604749、G601958、G601959　類叢部/叢書類/自著之屬

春在堂全書三十六種　(清)俞樾撰　清同治至光緒刻光緒末彙印本　十一冊　存三種

330000－1701－0080862　G605722　史部/地理類/輿圖之屬/全國

大清中外壹統輿圖(皇朝中外壹統輿圖)三十一卷首一卷　(清)鄒世詒　(清)晏啓鎮編　(清)李廷簫　(清)汪士鐸增訂　清同治二年(1863)湖北撫署刻本　十八冊　存十七卷(首、北卷一至十三、十五、十八至十九)

330000－1701－0080863　G600890　集部/別集類/明別集

梨雲館類定袁中郎先生全集二十四卷　(明)袁宏道撰　清道光九年(1829)培原書屋刻本　十六冊

330000－1701－0080864　G603193、G611680　集部/總集類/郡邑之屬

國朝嵊詩鈔四卷　(清)黄晃等輯　清光緒十六年(1890)鉛印本　二冊　存二卷(三至四)

330000－1701－0080865　普 817.2/90881 集部/曲類/彈詞之屬
新編儒雅小金錢彈詞十六卷十六回　清末刻本　四冊

330000－1701－0080866　G002955　類叢部/類書類
十三經分類政要十卷　(清)周世樟撰　清光緒二十八年(1902)教育世界社石印本　八冊

330000－1701－0080867　G605723、G606677　史部/地理類/雜志之屬
揚州畫舫錄十八卷　(清)李斗撰　清乾隆六十年(1795)自然盦刻本　二冊　存九卷(五至十三)

330000－1701－0080868　G003202　集部/曲類/寶卷之屬
達摩寶卷一卷　(清)□□撰　清同治二年(1863)東魯堂刻本　一冊

330000－1701－0080870　G600891、G600893　類叢部/叢書類/郡邑之屬
海昌叢載三十二種　(清)羊復禮編　清光緒海昌羊氏傳卷樓粵東刻本　四冊　存二十一種

330000－1701－0080871　G601855　經部/小學類/文字之屬/字書
字學舉隅不分卷　(清)黄本驥　(清)龍啓瑞撰　清道光二十六年(1846)刻本　一冊

330000－1701－0080872　G605724、G606218、G609543、G610139　史部/傳記類/總傳之屬/姓名
元和姓纂十卷　(唐)林寶撰　(清)孫星衍　(清)洪瑩補　清嘉慶七年(1802)古歙洪瑩刻本　四冊

330000－1701－0080874　G603196　史部/紀傳類/正史之屬
二十四史附考證　清乾隆刻本　三冊　存一種

330000－1701－0080875　G002956　史部/政書類/通制之屬
欽定大清會典一百卷　(清)崑岡等撰　清光緒二十五年(1899)上海書局石印本　六冊

330000－1701－0080876　G003141　子部/宗教類/佛教之屬/經
金剛般若波羅蜜經二卷　(後秦)釋鳩摩羅什譯　**大方廣圓覺修多羅了義經二卷**　清刻本　一冊

330000－1701－0080877　G605725　子部/宗教類/佛教之屬/諸宗
靈峰藕益大師宗論十卷首一卷　(清)釋智旭撰　(清)釋成時輯　清光緒元年(1875)江北刻經處刻本　十冊

330000－1701－0080879　普 817.2/9272　集部/曲類/彈詞之屬
繪圖燈月傳四卷二十四回　清末上海文益書局、紹興聚元堂書莊、杭州聚元堂書莊石印本　四冊

330000－1701－0080880　G002957　史部/傳記類/總傳之屬/仕宦
歷代名臣言行錄二十四卷　(清)朱桓輯　清光緒二十八年(1902)上海自強學齋石印本　八冊

330000－1701－0080881　G605726　子部/宗教類/佛教之屬/諸宗
靈峰藕益大師宗論十卷首一卷　(清)釋智旭撰　(清)釋成時輯　清光緒元年(1875)江北刻經處刻本　十冊

330000－1701－0080882　G601856　類叢部/叢書類/彙編之屬
滂喜齋叢書五十種　(清)潘祖蔭編　清同治至光緒吳縣潘氏京師刻本　一冊　存五種

330000－1701－0080883　G002958　子部/醫家類/醫案之屬
古今醫案按十卷　(清)俞震輯　清宣統元年(1909)上海會文堂書局石印本　十冊

330000－1701－0080884　G003203　子部/宗教類/佛教之屬/經疏
大華嚴經略策一卷三聖圓融觀門一卷　(唐)

釋澄觀撰　**答順宗心要法門一卷**　(唐)釋澄觀撰　(唐)釋宗密注　**原人論一卷**　(唐)釋宗密撰　**華嚴念佛三昧論一卷**　(清)彭紹升撰　清同治十三年(1874)雞園刻經處、光緒二十一年(1895)、二十三年(1897)金陵刻經處刻本　一册

330000－1701－0080885　G605727　子部/宗教類/佛教之屬/經疏
大佛頂首楞嚴經正脈疏四十卷首一卷　(明)釋真鑑撰　清光緒二十二年(1896)金陵刻經處刻本　十四冊

330000－1701－0080886　G002959　集部/總集類/氏族之屬
家慶集一卷　(清)朱守訓等編　清末石印本　一册

330000－1701－0080887　G002960　史部/政書類/儀制之屬/專志
公車見聞錄一卷　(清)林伯桐撰　清末刻本　一冊

330000－1701－0080888　G002961　經部/詩類/傳說之屬
詩緝三十六卷　(宋)嚴粲撰　明嘉靖趙府味經堂刻本　八冊　存二十四卷(一至二十四)

330000－1701－0080889　G002962　類叢部/叢書類/彙編之屬
申報館叢書正集五十七種附錄三種續集一百四十二種　(清)尊聞閣主編　蔡爾康編續集　清同治至光緒上海申報館鉛印本　一冊　存一種

330000－1701－0080891　G003142　子部/宗教類/佛教之屬/經
十一經同本十一卷　清宣統二年(1910)刻本　一冊

330000－1701－0080892　普 817.2/9433　集部/曲類/寶卷之屬
灶皇寶卷一卷　清光緒三十二年(1906)抄本　一冊

330000－1701－0080893　G003143　子部/儒家類/儒學之屬/性理
志學錄八卷　(清)方宗誠撰　清光緒十一年(1885)刻本　一冊　存四卷(五至八)

330000－1701－0080895　普 817.27/1111　集部/曲類/彈詞之屬
千秋恨初集十二卷十二回　(清)頑石子撰　清光緒八年(1882)頑石山房刻本　二冊

330000－1701－0080896　善 008947　子部/儒家類/儒學之屬/經濟
大學衍義四十三卷　(宋)真德秀撰　明崇禎陳仁錫刻本　八冊

330000－1701－0080897　G604776　子部/宗教類/佛教之屬/諸宗
淨土晨鐘十卷　(清)周克復撰　清同治三年(1864)錢唐許氏積厚軒刻本　二冊

330000－1701－0080898　G003144　集部/曲類/寶卷之屬
珠塔寶卷全集一卷　清宣統元年(1909)杭州聚元堂石印本　一冊

330000－1701－0080899　G600892　類叢部/叢書類/自著之屬
甌北全集八種　(清)趙翼撰　清光緒三年(1877)滇南唐氏刻本　二冊　存一種

330000－1701－0080900　G003145　集部/曲類/寶卷之屬
癡夢寶卷一卷　清道光三十年(1850)抄本　季萬邦題簽並記　一冊

330000－1701－0080902　善 008946　類叢部/類書類/專類之屬
文選類林十八卷　(宋)劉攽輯　明隆慶六年(1572)傅嘉祥、高尚銋刻本　八冊　存八卷(一、五至六、九、十四、十六至十八)

330000－1701－0080904　G003146　集部/曲類/寶卷之屬
鷄修卷一卷　清嘉慶三十年九瑞堂抄本　季萬邦題簽並記　一冊

330000－1701－0080905　G003147　集部/曲

類/寶卷之屬
竇娥卷一卷　清道光十七年(1837)抄本　季萬邦題簽並記　一册

330000－1701－0080906　善008939　集部/總集類/選集之屬/通代
孫月峯先生評文選三十卷　(南朝梁)蕭統輯　(明)孫鑛評　(明)閔齊華註　明崇禎七年(1634)刻本　三十册

330000－1701－0080908　G003204　子部/宗教類/佛教之屬/經
佛說七俱胝佛母准提大明陀羅尼經一卷　(唐)釋金剛智譯　**千手千眼觀世音菩薩廣大圓滿无礙大悲心陀羅尼經一卷**　(唐)釋伽梵達摩譯　**佛頂尊勝陀羅尼經一卷**　(唐)釋波利譯　**穢跡金剛說神通大滿陀羅尼法術靈要門經一卷**　(天竺)釋無能勝譯　清同治八年至光緒八年(1869－1882)金陵刻經處刻本　一册

330000－1701－0080909　G605728　子部/宗教類/佛教之屬/諸宗
相宗八要直解八卷　(清)釋智旭撰　清同治九年(1870)金陵刻經處刻本　二册

330000－1701－0080910　G003148　子部/術數類/陰陽五行之屬
增廣玉匣記通書六卷　清光緒十四年(1888)文成堂刻本　一册　存二卷(一至二)

330000－1701－0080912　G600894　新學/全體學
全體新論一卷　(英國)合信氏　(清)陳修堂撰　清咸豐元年(1851)江蘇上海墨海書館刻本　一册

330000－1701－0080913　G003149、G008356、G009649　類叢部/叢書類/郡邑之屬
永嘉叢書十三種　(清)孫衣言編　清同治至光緒瑞安孫氏詒善祠塾刻本　十册　存一種

330000－1701－0080914　G003205　子部/宗教類/佛教之屬
西齋淨土詩四卷　(明)釋梵琦撰　清末金陵刻經處刻本　一册

330000－1701－0080917　G003277　子部/醫家類/綜合之屬/通論
諸症摘要錄不分卷　清抄本　一册

330000－1701－0080918　善008945　集部/總集類/選集之屬/斷代
皇明百家文範八卷　(明)王乾章輯　明萬曆三年(1575)王乾章刻本　三册　存五卷(二至三、六至八)

330000－1701－0080919　G600895　子部/醫家類/類編之屬
徐氏醫書六種　(清)徐大椿撰　清同治十二年(1873)湖北崇文書局刻本　一册　存一種

330000－1701－0080920　G605729、G602379　類叢部/叢書類/自著之屬
春在堂全書(德清俞蔭甫所著書)三十六種　(清)俞樾撰　清同治至光緒刻光緒末彙印本　十一册　存一種

330000－1701－0080921　G003278　子部/術數類/命書相書之屬
精刻看命一掌金一卷　(唐)釋一行撰　清末刻本　一册

330000－1701－0080922　G003206　子部/宗教類/佛教之屬/諸宗
大乘止觀法門釋要六卷　(清)釋智旭撰　清光緒二十二年(1896)揚州藏經禪院刻本　二册

330000－1701－0080924　G600896　子部/天文曆算類/算書之屬
白芙堂算學叢書　(清)丁取忠輯　清同治至光緒長沙古荷花池精舍刻本　一册　存一種

330000－1701－0080925　G003279　子部/宗教類/佛教之屬
佛祖心燈一卷五家宗派一卷　清刻本　一册

330000－1701－0080926　G604750　子部/醫家類/方書之屬/單方驗方
經驗選秘六卷　(清)胡增彬輯　清同治十年

(1871)杭州刻本　一冊

330000－1701－0080928　G003207　子部/宗教類/佛教之屬/經疏
金剛般若經疏一卷　(隋)釋智顗說　(唐)釋顯宗會　**般若波羅密多心經略疏一卷**　(唐)釋法藏述　清同治八年(1869)金陵刻經處、光緒七年(1881)長沙刻經處刻本　一冊

330000－1701－0080929　善008944　集部/總集類/氏族之屬
義門鄭氏奕葉吟集□□卷　(明)鄭允宣輯　明刻重修本　一冊　存四卷(一至四)

330000－1701－0080932　G600897　類叢部/叢書類/自著之屬
施愚山先生全集五種附一種　(清)施閏章撰　清宣統二年至三年(1910－1911)上海國學扶輪社石印本　一冊　存一種

330000－1701－0080934　G003209　子部/宗教類/佛教之屬/經
金光明最勝王經十卷　(唐)釋義淨譯　清同治十年(1871)常熟刻經處刻本　二冊

330000－1701－0080935　G604751、G605076　子部/藝術類/書畫之屬/畫譜
芥子園畫傳初集六卷二集九卷三集六卷　(清)王槩　(清)王蓍　(清)王臬輯　清光緒十三年至十四年(1887－1888)鴻文書局石印本　七冊　存十卷(初集一至四、三集一至六)

330000－1701－0080936　G603198　類叢部/叢書類/自著之屬
春在堂全書三十種　(清)俞樾撰　清光緒二十三年(1897)石印本　一冊　存二種

330000－1701－0080937　G003210　子部/宗教類/佛教之屬/經疏
妙法蓮華經通義二十卷　(明)釋德清撰　清光緒三十四年(1908)金陵刻經處刻本　四冊　存十六卷(一至十六)

330000－1701－0080938　G600898　類叢部/叢書類/自著之屬
大鶴山房全書十種　鄭文焯撰　清光緒至民國刻民國九年(1920)蘇州交通圖書館彙印本　一冊　存一種

330000－1701－0080939　善008950　類叢部/叢書類/彙編之屬
快書五十種　(明)閔景賢編　明天啓六年(1626)快堂刻本　八冊　存三十四種

330000－1701－0080940　G604752　集部/曲類/寶卷之屬
何仙姑寶卷二卷　(清)□□撰　清末刻本　一冊

330000－1701－0080941　G605730　類叢部/叢書類/彙編之屬
式訓堂叢書四十一種　(清)章壽康編　清光緒會稽章氏刻本　二冊　存一種

330000－1701－0080942　G605731、G606128　史部/金石類/郡邑之屬/文字
兩浙金石志十八卷補遺一卷　(清)阮元撰　清光緒十六年(1890)浙江書局刻本　五冊　存七卷(一至二、五至六、八至九、十七)

330000－1701－0080943　G600899　集部/總集類/選集之屬/斷代
同林倡和一卷　(清)趙信輯　清乾隆二十四年(1759)賜錦堂刻本　一冊

330000－1701－0080945　G604753　史部/地理類/防務之屬/海防
防海紀略二卷　(清)王之春編　清光緒六年(1880)上洋文藝齋刻本　二冊

330000－1701－0080946　G003211　子部/宗教類/道教之屬
太乙總真度仙道經四卷　清刻本　二冊

330000－1701－0080947　G003281　子部/小說家類/雜事之屬
花南小志二卷　(清)賈敦艮撰　清抄本　一冊

330000－1701－0080948　G604754　類叢部/叢書類/郡邑之屬

武林掌故叢編一百八十七種 (清)丁丙編 清光緒三年至二十六年(1877－1900)錢塘丁氏嘉惠堂刻本 四冊 存十一種

330000－1701－0080949 G603199、G602344、G602491 類叢部/叢書類/彙編之屬
海山仙館叢書五十六種 (清)潘仕成編 清道光二十五年至咸豐元年(1845－1851)番禺潘氏刻光緒十一年(1885)增刻彙印本 二十冊 存八種

330000－1701－0080951 G600900 史部/詔令奏議類/奏議之屬
桂洲夏文愍公奏議二十一卷補遺一卷 (明)夏言撰 清光緒十七年(1891)江西書局刻本 十二冊

330000－1701－0080952 G002963 子部/藝術類/書畫之屬/畫譜
紉齋畫賸四卷 (清)陳允升繪 清光緒七年(1881)上海點石齋石印本 一冊

330000－1701－0080953 G601857 史部/傳記類/總傳之屬/家乘
[浙江海寧]海昌祝氏宗譜十六卷首一卷 (清)祝光綬等纂修 清光緒七年(1881)西塋清淑堂刻本 六冊 存四卷(十一至十四)

330000－1701－0080955 G600901 類叢部/叢書類/彙編之屬
知不足齋叢書一百九十五種 (清)鮑廷博編 (清)鮑士恭續編 清乾隆三十七年至道光三年(1772－1823)長塘鮑氏刻彙印本 十六冊 存一種

330000－1701－0080956 G603200 子部/藝術類/書畫之屬
桐陰論畫二卷首一卷附錄一卷畫訣一卷續桐陰論畫一卷二編二卷三編二卷 (清)秦祖永撰 清同治三年至光緒八年(1864－1882)刻朱墨套印本 一冊 存一卷(桐陰論畫下)

330000－1701－0080957 G601858 史部/傳記類/總傳之屬/家乘
[浙江海寧]海昌祝氏宗譜十六卷首一卷 (清)祝光綬等纂修 清光緒七年(1881)西塋清淑堂刻本 一冊 存二卷(十三至十四)

330000－1701－0080959 G003282 史部/地理類/山川之屬/水志
西湖志四十八卷 (清)李衛 (清)程元章修 (清)傅王露纂 清光緒四年(1878)浙江書局刻本 二十冊

330000－1701－0080960 G003212 類叢部/叢書類/自著之屬
鑄鐵盦叢錄 (清)蔡爾康撰 清光緒二十年(1894)縷馨仙史稿本 一冊 存一種

330000－1701－0080963 M004704 子部/宗教類/佛教之屬/諸宗
法界安立圖三卷 (明)釋仁潮輯 清刻本 二冊

330000－1701－0080964 善008938 類叢部/叢書類/彙編之屬
五朝小說五百二十三種 (明)□□編 明末清順治三年(1646)宛委山堂彙印褒青閣重印本 二十九冊 存三百十二種

330000－1701－0080965 G600902 新學/商務/商學
萬國商業地理志不分卷 (英國)嘉楂德撰 (清)上海廣智書局譯 清光緒二十八年(1902)上海廣智書局石印本 一冊

330000－1701－0080966 G605732 史部/金石類/郡邑之屬/文字
兩浙金石志十八卷補遺一卷 (清)阮元撰 清光緒十六年(1890)浙江書局刻本 五冊 缺八卷(一至八)

330000－1701－0080967 G600904 集部/別集類/唐五代別集
河東先生文集六卷 (唐)柳宗元撰 清宣統二年(1910)上海會文堂書局石印本 六冊

330000－1701－0080968 G600903 史部/地理類/雜志之屬
都門竹枝詞一卷 (清)楊士安等撰 清光緒三年(1877)刻本 一冊

330000－1701－0080969　G603201　史部/地理類/山川之屬/山志

天台山全志十八卷　(清)張聯元輯　清康熙五十六年(1717)刻本　八册

330000－1701－0080970　G605733　經部/叢編

十三經註疏　(明)□□輯　明崇禎元年至十二年(1628－1639)毛氏汲古閣刻本　四册　存二種

330000－1701－0080971　G600905　史部/地理類/總志之屬/通代

註釋讀史方輿紀要序二卷　(清)李式揆撰　清光緒二十八年(1902)養拙山房刻本　二册

330000－1701－0080972　G600906　子部/儒家類/儒學之屬/俗訓

粗粗話不分卷　(明)陳彦修撰　清光緒二十一年(1895)奉化縣署刻本　一册

330000－1701－0080973　G603203、G604798　子部/宗教類/佛教之屬/諸宗

止觀輔行傳弘決十卷　(唐)釋湛然撰　(隋)釋智顗説　(隋)釋灌頂記　清光緒十年(1884)刻本　十册　存五卷(一至五)

330000－1701－0080974　G604755　類叢部/叢書類/郡邑之屬

武林掌故叢編一百八十七種　(清)丁丙編　清光緒三年至二十六年(1877－1900)錢塘丁氏嘉惠堂刻本　一册　存四種

330000－1701－0080975　G605734　子部/叢編

十子全書　(清)王子興編　清嘉慶九年(1804)姑蘇王氏聚文堂刻本　八册　存一種

330000－1701－0080976　G600907　類叢部/叢書類/彙編之屬

蟫隱廬叢書十八種　羅振常編　清宣統二年至民國二十五年(1910－1936)上虞羅氏謄寫及鉛印本三十三年(1944)吳興周延年彙印本　一册　存一種

330000－1701－0080977　G603204　子部/宗教類/佛教之屬/諸宗

肇論略注六卷　(明)釋德清撰　清光緒十四年(1888)金陵刻經處刻本　二册

330000－1701－0080978　G603205　子部/宗教類/佛教之屬/諸宗

肇論略注六卷　(明)釋德清撰　清光緒十四年(1888)金陵刻經處刻本　二册

330000－1701－0080979　G605735、G603687　史部/傳記類/總傳之屬/斷代

續碑傳集八十六卷首二卷　繆荃孫纂　清宣統二年(1910)江楚編譯書局刻本　二十四册

330000－1701－0080980　G603206、G606422　子部/宗教類/佛教之屬/諸宗

肇論略注六卷　(明)釋德清撰　清光緒十四年(1888)金陵刻經處刻本　二册

330000－1701－0080981　G600908　史部/地理類/山川之屬/山志

南嶽志八卷　(清)高自位編　(清)曠敏本纂　清乾隆十八年(1753)開雲樓刻本　一册　存一卷(七)

330000－1701－0080982　G604756、G609668　類叢部/類書類/通類之屬

玉海二百卷辭學指南四卷詩攷一卷詩地理攷六卷漢藝文志攷證十卷通鑑地理通釋十四卷周書王會補注一卷漢制攷四卷踐阼篇集解一卷急就篇補注四卷姓氏急就篇二卷小學紺珠十卷六經天文編二卷周易鄭康成注一卷通鑑答問五卷　(宋)王應麟撰　**校補玉海瑣記二卷王深寧先生[應麟]年譜一卷**　(清)張大昌撰　清光緒九年至十六年(1883－1890)浙江書局刻本　四册　存九卷(通鑑答問一至五、姓氏急就篇一至二、急就篇補注一至二)

330000－1701－0080984　G603207　子部/宗教類/佛教之屬/諸宗

性相通説一卷　(明)釋德清撰　清同治十二年(1873)金陵刻經處刻本　一册

330000－1701－0080985　G604757　史部/地理類/專志之屬/寺觀

吴山城隍廟志八卷首一卷 （清）朱文藻等輯 清光緒四年（1878）錢塘丁氏刻本 三冊 缺三卷（首、一至二）

330000－1701－0080986 G603208 子部/宗教類/佛教之屬/諸宗
性相通說一卷 （明）釋德清撰 清同治十二年（1873）金陵刻經處刻本 一冊

330000－1701－0080987 G601859 子部/藝術類/書畫之屬/法帖
唐顧升瘞琴銘不分卷 （唐）顧升撰並書 清宣統影印本 一冊

330000－1701－0080988 G600909 史部/政書類/邦計之屬
兩浙宦游紀畧四種 （清）戴槃撰 清同治七年（1868）刻本 一冊 存一種

330000－1701－0080989 G604758 史部/傳記類/科舉録之屬/歷科鄉試録
四川鄉試第三房同門錄不分卷 清光緒二十八年（1902）刻本 一冊

330000－1701－0080990 G003283 子部/宗教類/佛教之屬/諸宗
指月錄三十二卷 （明）瞿汝稷輯 清刻本 十六冊 存二十七卷（六至三十二）

330000－1701－0080991 G003285 子部/藝術類/書畫之屬/畫譜
虞山十八景畫冊不分卷 （清）李德繪 清光緒二十五年（1899）刻朱墨套印本 一冊

330000－1701－0080992 G600910 集部/詩文評類/詩評之屬
養一齋詩話十卷養一齋李杜詩話三卷 （清）潘德輿撰 清道光十六年（1836）刻本 四冊

330000－1701－0080993 G601860 子部/藝術類/書畫之屬/法帖
唐顧升瘞琴銘不分卷 （唐）顧升撰並書 清宣統影印本 一冊

330000－1701－0080995 G604759 史部/傳記類/科舉録之屬/歷科鄉試録
四川鄉試第三房同門錄不分卷 清光緒二十八年（1902）刻本 一冊

330000－1701－0080996 G604760 史部/傳記類/科舉録之屬/歷科鄉試録
四川鄉試第三房同門錄不分卷 清光緒二十八年（1902）刻本 一冊

330000－1701－0080997 G603209、G603210 子部/宗教類/佛教之屬/經疏
大方廣佛華嚴經著述集要二十三種 （清）楊文會輯 清同治八年至民國六年（1869－1917）如臯刻經處、雞園刻經處、長沙刻經處、金陵刻經處等刻本 二冊 存三種

330000－1701－0080998 G604761 史部/傳記類/科舉録之屬/歷科鄉試録
四川鄉試第三房同門錄不分卷 清光緒二十八年（1902）刻本 一冊

330000－1701－0081000 G600911 類叢部/叢書類/彙編之屬
鄦齋叢書二十種 徐乃昌編 清光緒二十六年（1900）南陵徐氏刻本 一冊 存一種

330000－1701－0081001 G601861 子部/藝術類/書畫之屬/法帖
唐顧升瘞琴銘不分卷 （唐）顧升撰並書 清宣統影印本 一冊

330000－1701－0081002 G604762 子部/宗教類/佛教之屬
潙山警策句釋記二卷 （清）釋弘贊註 （清）釋開詷記 清同治十年（1871）刻本 一冊

330000－1701－0081003 M004776、M007639、M008026 史部/詔令奏議類/奏議之屬
經遼疏稿十卷 （明）熊廷弼撰 清末湖北通志局刻本 十冊

330000－1701－0081005 G600912 史部/地理類/雜志之屬
浙江沿海圖說一卷附海島表一卷 （清）朱正元撰 清光緒二十五年（1899）上海鉛印本 一冊 存一卷（浙江沿海圖說）

330000－1701－0081006　G605736　史部/地理類/雜志之屬
泖水鄉歌一卷　俞金鼎撰　清宣統三年(1911)華雲閣鉛印本　一册

330000－1701－0081007　G603211　子部/宗教類/佛教之屬/經疏
大方廣佛華嚴經著述集要二十三種　(清)楊文會輯　清同治八年至民國六年(1869－1917)如皐刻經處、雞園刻經處、長沙刻經處、金陵刻經處等刻本　一册　存二種

330000－1701－0081008　G604763　集部/別集類/清別集
滄洲近詩十卷　(清)陳鵬年撰　清乾隆二十七年(1762)陳樹芝刻本　四册　缺二卷(一至二)

330000－1701－0081009　G600913　史部/地理類/雜志之屬
浙江全省輿圖並水陸道里記不分卷　(清)宗源瀚等纂　清光緒二十年(1894)石印本　三册

330000－1701－0081010　G601862　集部/別集類/唐五代別集
李長吉集四卷外卷一卷　(唐)李賀撰　(明)黄淳耀評點　(清)黎簡批點　清宣統元年(1909)上海掃葉山房石印本　一册　存二卷(一至二)

330000－1701－0081011　G003213、G003521、G003809、G005148、G008183、G011027　類叢部/類書類/通類之屬
三多齋重訂註釋采眉故事十卷　(明)陳繼儒撰　(清)鍾山煙霞逸叟增訂　清乾隆三十六年(1771)金陵王氏三多齋刻本　八册　存六卷(一、二至五、六)

330000－1701－0081012　G604764　集部/別集類/清別集
滄洲近詩十卷　(清)陳鵬年撰　清乾隆二十七年(1762)陳樹芝刻本　一册　存二卷(五至六)

330000－1701－0081015　G603212　集部/別集類/清別集
百美新詠一卷集詠一卷圖傳一卷　(清)顧希源撰　清嘉慶十年(1805)集腋軒刻本　一册

330000－1701－0081016　善008943　集部/總集類/彙編之屬
六朝詩集二十四家五十五卷　(明)薛應旂輯　明嘉靖刻本　王修跋　二册　存十一卷(陸士衡集一至七、陸士龍集一至四)

330000－1701－0081017　G604765　類叢部/叢書類/彙編之屬
張氏適園叢書　張鈞衡編　清宣統三年(1911)上海國學扶輪社鉛印本　一册　存一種

330000－1701－0081018　G605737　集部/別集類/清別集
菘耘文鈔四卷　(清)季錫疇撰　清光緒五年(1879)葉氏褱弇閣刻本　一册

330000－1701－0081019　G003286　子部/藝術類/書畫之屬
王石谷廬山白雲圖卷一卷　(清)王翬繪　清宣統二年(1910)上海世界社影印本　一册

330000－1701－0081020　G605738　史部/政書類/公牘檔册之屬
浙江諮議局議決案不分卷　(清)浙江諮議局編　清宣統鉛印本　一册

330000－1701－0081021　G603213　子部/宗教類/佛教之屬/諸宗
淨土聖賢錄九卷　(清)彭希涑撰　**淨土聖賢錄續編四卷**　(清)胡珽撰　**種蓮集一卷**　(清)陳本仁輯　清光緒元年(1875)錢塘許靈虚刻本　二册　缺九卷(一至九)

330000－1701－0081022　G003214　經部/詩類/文字音義之屬
毛詩古音攷五卷　(明)陳第編輯　清光緒六年(1880)武昌張裕釗刻本　四册

330000－1701－0081024　G601863　子部/宗教類/佛教之屬/經疏

維摩詰所説經註八卷 （後秦）釋鳩摩羅什譯 （後秦）釋僧肇注 清光緒十三年（1887）金陵刻經處刻本 清夢覺居士、清楊誠虛題記 二冊

330000－1701－0081025 G605739 史部/政書類/公牘檔冊之屬
浙江諮議局第一屆常年會議事錄不分卷 （清）浙江諮議局編 清宣統鉛印本 一冊

330000－1701－0081027 G604766 集部/詞類/類編之屬
詞苑英華八種 （明）毛晉編 明末毛氏汲古閣刻清乾隆十七年（1752）洪振珂重修本 五冊 存二種

330000－1701－0081028 G605740 史部/政書類/公牘檔冊之屬
浙江諮議局籌辦處報告甲編一卷乙編二卷補遺一卷 清光緒至宣統鉛印本 一冊 存一卷（補遺）

330000－1701－0081029 G603214 史部/金石類/金之屬
西清古鑑四十卷錢錄十六卷 （清）梁詩正 （清）蔣溥等纂修 清光緒十四年（1888）上海鴻文書局石印本 六冊 存六卷（西清古鑑三至四、二十二至二十五）

330000－1701－0081030 G600915 經部/小學類/文字之屬/字書/訓蒙
澄衷蒙學堂字課圖説四卷檢字一卷類字一卷 （清）劉樹屏撰 （清）吳子城繪圖 清光緒石印本 二冊 存一卷（四）

330000－1701－0081031 G600916 經部/小學類/文字之屬/字書/訓蒙
澄衷蒙學堂字課圖説四卷檢字一卷類字一卷 （清）劉樹屏撰 （清）吳子城繪圖 清光緒石印本 二冊 存一卷（四）

330000－1701－0081032 G600917、G604306、G606802 經部/小學類/文字之屬/字書/訓蒙
澄衷蒙學堂字課圖説四卷檢字一卷類字一卷 （清）劉樹屏撰 （清）吳子城繪圖 清光緒石印本 四冊 存三卷（二至四）

330000－1701－0081034 G604767 史部/地理類/方志之屬/郡縣志
［光緒］奉化縣志四十卷首一卷 （清）李前泮修 張美翊等纂 清光緒三十四年（1908）刻本 一冊 存二卷（一至二）

330000－1701－0081035 G003215 子部/宗教類/佛教之屬/經疏
彌陀畧解圓中鈔二卷 （明）釋大佑撰 （明）釋傳燈鈔 清同治十年（1871）刻本 二冊

330000－1701－0081036 G605741 史部/政書類/律令之屬/律例
浙江諮議局各種規則不分卷 （清）浙江諮議局編 清末鉛印本 一冊

330000－1701－0081037 G603215 子部/宗教類/佛教之屬/諸宗
安樂集二卷 （唐）釋道綽撰 清光緒二十三年（1897）金陵刻經處刻本 一冊

330000－1701－0081038 G603216 子部/宗教類/佛教之屬/諸宗
安樂集二卷 （唐）釋道綽撰 清光緒二十三年（1897）金陵刻經處刻本 一冊

330000－1701－0081039 G605742 子部/宗教類/佛教之屬/諸宗
相宗八要直解八卷 （清）釋智旭撰 清同治九年（1870）金陵刻經處刻本 二冊

330000－1701－0081040 G600934 集部/別集類/清別集
曝書亭集外稿八卷 （清）朱彝尊撰 （清）馮登府 （清）朱墨林輯 清嘉慶二十二年（1817）刻道光二年（1822）印本 四冊

330000－1701－0081041 G601864 集部/別集類/清別集
寶德堂詩鈔十卷附存二卷 （清）周衡撰 清光緒二年（1876）刻本 二冊

330000－1701－0081042 G603217 子部/宗

教類/佛教之屬/諸宗

安樂集二卷 (唐)釋道綽撰 清光緒二十三年(1897)金陵刻經處刻本 一册

330000－1701－0081043 G604768 經部/書類/分篇之屬

禹貢錐指二十卷略例一卷圖一卷 (清)胡渭撰 清康熙四十四年(1705)漱六軒刻本 十二册

330000－1701－0081044 G603218、G604799、G604802 子部/宗教類/佛教之屬/諸宗

止觀輔行傳弘決十卷 (唐)釋湛然撰 (隋)釋智顗說 (隋)釋灌頂記 清光緒十年(1884)刻本 八册 存六卷(一下、二上、三下、四上下、五上下、十下)

330000－1701－0081045 G605743 子部/宗教類/佛教之屬/諸宗

相宗八要直解八卷 (清)釋智旭撰 清同治九年(1870)金陵刻經處刻本 二册

330000－1701－0081047 G605744 子部/宗教類/佛教之屬/諸宗

相宗八要直解八卷 (清)釋智旭撰 清同治九年(1870)金陵刻經處刻本 二册

330000－1701－0081050 G003216 子部/兵家類/兵法之屬

兵法入門集要三卷 (清)知非子撰 清咸豐十年(1860)望雲草廬刻本 一册

330000－1701－0081051 G601865 子部/宗教類/佛教之屬/經疏

無量壽經起信論三卷觀無量壽佛經約論一卷阿彌陀經約論一卷 (清)彭紹升撰 清同治十一年(1872)如皋刻經處刻本 一册

330000－1701－0081052 G605745 子部/宗教類/佛教之屬/諸宗

相宗八要直解八卷 (清)釋智旭撰 清同治九年(1870)金陵刻經處刻本 二册

330000－1701－0081053 善008942 集部/楚辭類

楚辭集註八卷辯證二卷後語八卷 (宋)朱熹撰 明刻本 五册

330000－1701－0081054 G605746 子部/宗教類/佛教之屬/諸宗

相宗八要直解八卷 (清)釋智旭撰 清同治九年(1870)金陵刻經處刻本 二册

330000－1701－0081055 G603219 史部/傳記類/總傳之屬/釋道

[清光緒壬午春期]敕賜杭城長慶禪寺護國戒壇同戒錄一卷 (清)釋顯寂撰 清光緒八年(1882)浙台黄邑潞橋金師古齋木活字印本 一册

330000－1701－0081056 G605747 子部/宗教類/佛教之屬/諸宗

相宗八要直解八卷 (清)釋智旭撰 清同治九年(1870)金陵刻經處刻本 二册

330000－1701－0081057 G003217 子部/宗教類/佛教之屬

佛法本草一卷 (清)釋戒顯增補 清刻本 一册

330000－1701－0081059 G604769 史部/地理類/方志之屬/郡縣志

[康熙]海寧縣志十三卷圖一卷 (清)許三禮纂修 (清)黄承璉續纂修 清康熙二十二年(1683)刻本 三册 存五卷(三至七)

330000－1701－0081060 G605748 子部/宗教類/佛教之屬/諸宗

相宗八要直解八卷 (清)釋智旭撰 清同治九年(1870)金陵刻經處刻本 一册 存四卷(五至八)

330000－1701－0081061 善008949 集部/總集類/選集之屬/斷代

中州集十卷首一卷中州樂府一卷 (金)元好問輯 明末海虞毛氏汲古閣刻本 十册 缺一卷(中州樂府)

330000－1701－0081062 G003288 史部/傳記類/總傳之屬/列女

豔跡編一卷 (清)孫兆溎撰 (清)石室居士編 清光緒十一年(1885)滬上刻本 一册

330000－1701－0081063　G002964　子部/小說家類/異聞之屬

此君軒漫筆八卷　(清)李心衡撰　清光緒二十一年(1895)刻本　一册　存二卷(一至二)

330000－1701－0081065　G003218　子部/醫家類/養生之屬/導引、氣功

服氣祛病圖說一卷　清道光二十九年(1849)粵東糧署刻本　一册

330000－1701－0081066　G603220　子部/宗教類/佛教之屬/總録

雲棲法彙二十九種　(明)釋袾宏撰　(明)王宇春等輯　清光緒十八年至二十五年(1892－1899)金陵刻經處刻本　二册　存二種

330000－1701－0081067　善008941　經部/易類/傳說之屬

大易疏解九卷　(宋)蘇軾撰　(明)錢受益定　(明)顧賓評閱　明崇禎九年(1636)顧賓刻本　一册

330000－1701－0081068　G605749　子部/宗教類/佛教之屬/諸宗

相宗八要直解八卷　(清)釋智旭撰　清同治九年(1870)金陵刻經處刻本　一册　存四卷(五至八)

330000－1701－0081069　G604770　子部/藝術類/遊藝之屬/棋弈

子仙百局不分卷　(清)陳子仙等撰　(清)趙晉卿編　清光緒十六年(1890)刻本　一册

330000－1701－0081070　G003289、G009101　子部/雜著類/雜纂之屬

勸戒録五録六卷六録六卷七録六卷八録六卷九録六卷　(清)梁恭辰撰　清光緒八年至十年(1882－1884)刻本　八册　存二十四卷(五録一至六、六録一至六、七録一至六、八録一至三、九録四至六)

330000－1701－0081071　G605750　子部/宗教類/佛教之屬/經

佛說七俱胝佛母准提大明陀羅尼經一卷　(唐)釋金剛智譯　**千手千眼觀世音菩薩廣大圓滿无礙大悲心陀羅尼經一卷**　(唐)釋伽梵達摩譯　**佛頂尊勝陀羅尼經一卷**　(唐)釋波利譯　**穢跡金剛說神通大滿陀羅尼法術靈要門經一卷**　(天竺)釋無能勝譯　清同治八年至光緒八年(1869－1882)金陵刻經處刻本　一册

330000－1701－0081072　G003219　類叢部/叢書類/彙編之屬

申報館叢書正集五十七種附錄三種續集一百四十二種　(清)尊聞閣主編　蔡爾康編續集　清同治至光緒上海申報館鉛印本　四册　存一種

330000－1701－0081073　善008937　史部/史抄類

增定史記纂不分卷　(明)凌稚隆撰　明萬曆七年(1579)凌稚隆刻本　七册

330000－1701－0081074　G002965　子部/小說家類/異聞之屬

諧鐸十二卷　(清)沈起鳳撰　清末石印本　一册　存三卷(七至九)

330000－1701－0081075　G605751　集部/別集類/清別集

胡文忠公遺集十卷首一卷　(清)胡林翼撰　(清)閻敬銘　(清)厲雲官　(清)盛康輯　清同治七年(1868)吳申甫醉六堂刻本　八册

330000－1701－0081076　G603221　子部/宗教類/佛教之屬/論疏

大乘起信論疏解彙集八種　清光緒十一年至民國十五年(1885－1926)金陵刻經處刻本　一册　存一種

330000－1701－0081077　G003220　集部/曲類/散曲之屬

椿軒五種曲　(清)椿軒居士編　清同治三年(1864)刻本　三册　存三種

330000－1701－0081078　G603222　子部/宗教類/道教之屬

覺世經圖說四卷　(清)省心氏撰　(清)李淦寫圖　清光緒九年(1883)刻本　一册　存一

卷(元)

330000－1701－0081079　G604772　類叢部/叢書類/彙編之屬

滂喜齋叢書五十種　(清)潘祖蔭編　清同治至光緒吳縣潘氏京師刻本　一冊　存二種

330000－1701－0081080　G601866　經部/小學類/文字之屬/字書/字體

復古編二卷　(宋)張有撰　**復古編校正一卷**　(清)葛鳴陽撰　**復古編附錄一卷**　(清)葛鳴陽輯　**曾樂軒稿一卷**　(宋)張維撰　**安陸集一卷**　(宋)張先撰　清光緒八年(1882)淮南書局刻本　三冊

330000－1701－0081081　G605752　集部/別集類/清別集

定盦文集三卷續集四卷文集補編四卷文拾遺一卷文集補續錄一卷文集補一卷文集補詞選一卷文集補詞錄一卷附錄定盦時文兩篇一卷龔孝珙手抄詞一卷　(清)龔自珍撰　**定盦先生[龔自珍]年譜一卷**　吳昌綬編　清宣統元年(1909)上海國學扶輪社鉛印本　六冊

330000－1701－0081082　G603223　史部/金石類/總志之屬

金石萃編一百六十卷　(清)王昶撰　清嘉慶十年(1805)青浦王氏經訓堂刻本　六冊　存十二卷(九十七至一百七、一百十)

330000－1701－0081083　善008948　集部/總集類/選集之屬/通代

詩歸五十一卷　(明)鍾惺　(明)譚元春輯　明末刻本　九冊　缺六卷(唐詩歸三十一至三十六)

330000－1701－0081084　G003290、G008649　集部/曲類/彈詞之屬

繡像文武香球十二卷七十二回　(清)二樂軒主人撰　(清)申江逸史改編　清刻本　十一冊　存十一卷(二至十二)

330000－1701－0081085　G604773　史部/傳記類/職官録之屬

國朝御史題名不分卷　(清)黄叔瓚輯　清光緒刻本　一冊

330000－1701－0081086　G003221　集部/小說類/長篇之屬

第一才子書(增像全圖三國志演義)六十卷首一卷一百二十回　(明)羅本撰　(清)毛宗崗評　清光緒三十年(1904)上海同文升記書局鉛印本　十一冊　存四十一卷(首、一至八、二十一至二十八、三十三至四十、四十五至六十)

330000－1701－0081087　G604774　子部/宗教類/佛教之屬/經疏

觀楞伽阿跋多羅寶經記十八卷首一卷補遺一卷　(南朝宋)釋求那跋陀羅譯　(明)釋德清筆記　清光緒三十一年(1905)金陵刻經處刻民國三年(1914)增刻本　六冊

330000－1701－0081088　G605753　新學/商務/商學

原富八卷　(英國)斯密亞丹撰　嚴復譯　清光緒二十七年(1901)上海南洋公學譯書院鉛印本　八冊

330000－1701－0081089　G604775　子部/宗教類/佛教之屬/經疏

觀楞伽阿跋多羅寶經記十八卷首一卷補遺一卷　(南朝宋)釋求那跋陀羅譯　(明)釋德清筆記　清光緒三十一年(1905)金陵刻經處刻民國三年(1914)增刻本　六冊

330000－1701－0081090　G002966　子部/藝術類/篆刻之屬/印譜

鐵華盦印譜不分卷　(清)趙之琛篆刻　葉爲銘輯　清光緒三十一年(1905)西泠印社鈐拓本　六冊

330000－1701－0081091　G601875　集部/總集類/彙編之屬

唐人五十家小集　(清)江標編　清光緒二十一年(1895)元和江氏靈鶼閣刻本　十六冊

330000－1701－0081092　G603225、G609218、G602597、G607888、G610376　史部/職官類/官箴之屬

牧令全書二十三卷 （清）丁日昌輯　清同治七年（1868）江蘇書局刻本　九册　存九卷（牧令書輯要一至九）

330000－1701－0081093　G604777　子部/宗教類/佛教之屬/諸宗
淨土津梁十三種 （清）釋了慰輯　清乾隆四十九年至五十年（1784－1785）京都衍法寺刻本　二册　存一種

330000－1701－0081094　G003291　類叢部/叢書類/自著之屬
西堂全集四種附一種 （清）尤侗撰　清善成堂刻本　九册　存一種

330000－1701－0081095　G003292　集部/小説類/長篇之屬
繪圖盜窟花不分卷 （清）蔣景緘撰　清末時事報館石印本　一册

330000－1701－0081096　G605754　子部/宗教類/佛教之屬/經疏
佛説梵網經菩薩心地品合註七卷 （後秦）釋鳩摩羅什譯　（清）釋智旭註　（清）釋道昉訂　**佛説梵網經菩薩心地品玄義一卷** （清）釋智旭述　（清）釋道昉訂　**菩薩戒羯磨文釋一卷** （唐）釋玄奘譯　（清）釋智旭釋　**菩薩戒本經一卷** （晉）釋曇無讖譯　**重定授菩薩戒法一卷學菩薩戒法一卷梵網經懺悔行法一卷毘尼後集問辨一卷** （清）釋智旭述　清同治十三年（1874）金陵刻經處刻本　三册　缺八卷（一、佛説梵網經菩薩心地品玄義、菩薩戒羯磨文釋、菩薩戒本經、重定授菩薩戒法、學菩薩戒法、梵網經懺悔行法、毘尼後集問辨）

330000－1701－0081097　善008936　集部/總集類/尺牘之屬
古今翰苑瓊琚十二卷皇明宸藻一卷 （明）楊慎輯　（明）孫鑛續輯並評　明天啓元年（1621）刻本　三册　存七卷（一至四、七至八，皇明宸藻）

330000－1701－0081098　G603226　史部/地理類/山川之屬/水志
西湖志四十八卷 （清）李衛　（清）程元章修　（清）傅王露纂　清光緒四年（1878）浙江書局刻本　一册　存二卷（四十一至四十二）

330000－1701－0081099　G601868　類叢部/叢書類/彙編之屬
雅雨堂藏書十三種 （清）盧見曾編　清乾隆二十一年（1756）德州盧氏雅雨堂刻增修本　四册　存一種

330000－1701－0081100　G603227、G003928　子部/宗教類/佛教之屬
禪淨選要四卷 （清）□□輯　清刻本　二册　存二卷（一至二）

330000－1701－0081101　G002967、G003410　集部/曲類/彈詞之屬
孝義真蹟珍珠塔六卷二十四回 （清）周殊士撰　清末刻本　三册　存三卷（二、五至六）

330000－1701－0081102　G603228、G008479、G009247　子部/道家類
莊子因六卷 （清）林雲銘撰　清光緒六年（1880）白雲精舍刻本　四册

330000－1701－0081103　善008955　集部/别集類/唐五代别集
重刊分類補註李詩全集二十五卷 （唐）李白撰　（宋）楊齊賢集註　（元）蕭士贇補註　**重刊分類編次李太白文集五卷** （唐）李白撰（明）郭雲鵬編次　明霏玉齋、瑞桃堂刻本　四册　存十八卷（重刊分類補註李詩全集一至十八）

330000－1701－0081104　G603229、G609678　集部/别集類/清别集
聽雲閣集十二卷 （清）張衡撰　清光緒十八年（1892）景州李氏刻本　二册　存二卷（稧亭詩選一至二）

330000－1701－0081105　G605755　子部/宗教類/佛教之屬/經疏
佛説梵網經菩薩心地品合註七卷 （後秦）釋鳩摩羅什譯　（清）釋智旭註　（清）釋道昉訂　**佛説梵網經菩薩心地品玄義一卷** （清）釋智旭述　（清）釋道昉訂　**菩薩戒羯磨文釋一**

卷　(唐)釋玄奘譯　(清)釋智旭釋　**菩薩戒本經一卷**　(晉)釋曇無讖譯　**重定授菩薩戒法一卷學菩薩戒法一卷梵網經懺悔行法一卷毘尼後集問辨一卷**　(清)釋智旭述　清同治十三年(1874)金陵刻經處刻本　三冊　缺八卷(一、佛說梵網經菩薩心地品玄義、菩薩戒羯磨文釋、菩薩戒本經、重定授菩薩戒法、學菩薩戒法、梵網經懺悔行法、毘尼後集問辨)

330000－1701－0081106　G601869　集部/詩文評類/詩評之屬

吳興詩話十六卷首一卷　(清)戴璐撰　清嘉慶二年(1797)石鼓齋刻本　一冊　存九卷(一至八、首)

330000－1701－0081107　G605756　子部/宗教類/佛教之屬/經疏

佛說梵網經菩薩心地品合註七卷　(後秦)釋鳩摩羅什譯　(清)釋智旭註　(清)釋道昉訂　**佛說梵網經菩薩心地品玄義一卷**　(清)釋智旭述　(清)釋道昉訂　**菩薩戒羯磨文釋一卷**　(唐)釋玄奘譯　(清)釋智旭釋　**菩薩戒本經一卷**　(晉)釋曇無讖譯　**重定授菩薩戒法一卷學菩薩戒法一卷梵網經懺悔行法一卷毘尼後集問辨一卷**　(清)釋智旭述　清同治十三年(1874)金陵刻經處刻本　三冊　缺八卷(一、佛說梵網經菩薩心地品玄義、菩薩戒羯磨文釋、菩薩戒本經、重定授菩薩戒法、學菩薩戒法、梵網經懺悔行法、毘尼後集問辨)

330000－1701－0081108　G604778　子部/宗教類/佛教之屬/諸宗

慧日永明寺智覺禪師自行錄一卷　(宋)釋延壽撰　(宋)釋文冲編集　清光緒七年(1881)瑪瑙明臺經房刻本　一冊

330000－1701－0081109　G603230　子部/宗教類/佛教之屬/諸宗

摩訶止觀輔行傳弘決四十卷　(唐)釋湛然撰　清光緒許靈虛刻本　四冊　存八卷(三十三至四十)

330000－1701－0081110　G604779　子部/宗教類/佛教之屬/諸宗

慧日永明寺智覺禪師自行錄一卷　(宋)釋延壽撰　(宋)釋文冲編集　清光緒七年(1881)瑪瑙明臺經房刻本　一冊

330000－1701－0081111　G605757　史部/傳記類/總傳之屬/釋道

高僧傳四集九十三卷　(清)楊文會輯　清光緒十年至十八年(1884－1892)金陵刻經處、江北刻經處刻本　四冊　存十六卷(初集首、一至十五)

330000－1701－0081112　G604780　子部/宗教類/佛教之屬/諸宗

慧日永明寺智覺禪師自行錄一卷　(宋)釋延壽撰　(宋)釋文冲編集　清光緒七年(1881)瑪瑙明臺經房刻本　一冊

330000－1701－0081113　G605758、G605959　史部/傳記類/總傳之屬/釋道

高僧傳四集九十三卷　(清)楊文會輯　清光緒十年至十八年(1884－1892)金陵刻經處、江北刻經處刻本　六冊　缺十四卷(二集十七至二十三、三十四至四十)

330000－1701－0081114　G604781　子部/宗教類/佛教之屬/諸宗

牧牛圖頌一卷附淨修指要一卷　(明)釋普明撰　(明)釋袾宏輯　清光緒元年(1875)杭州昭慶慧空經房刻本　一冊

330000－1701－0081115　G603231　史部/傳記類/總傳之屬/釋道

善慧大士傳錄四卷　(宋)樓穎輯　清光緒三年至六年(1877－1880)刻本　一冊　存二卷(一至二)

330000－1701－0081116　G002968、G003411　集部/曲類/彈詞之屬

新刻綉像換空箱全傳二十一卷　(清)曹春江撰　清光緒十三年(1887)瑞錦樓刻本　三冊　存十一卷(一至四、十二至十四、十八至二十一)

330000－1701－0081117　G601870　集部/詞類/類編之屬

同人詞選六種　(清)孫瀜編　清咸豐三年(1853)刻本　一册

330000－1701－0081118　G603232　子部/宗教類/佛教之屬/論疏
大乘百法明門論一卷八識規矩頌一卷　(明)釋廣益纂釋　清咸豐八年(1858)杭州西湖昭慶寺、光緒四年(1878)釋蓮實刻本　一册

330000－1701－0081119　G605759　子部/宗教類/佛教之屬/經疏
妙法蓮華經玄義釋籤四十卷　(隋)釋智顗說　(隋)釋灌頂記　(唐)釋湛然釋　**法華玄義序釋籤一卷**　(隋)釋灌頂述　(唐)釋湛然釋　清光緒七年(1881)昭慶律寺經房刻本　十六册　缺六卷(三至六、十七至十八)

330000－1701－0081120　G002969、G005157　類叢部/叢書類/彙編之屬
申報館叢書正集五十七種附錄三種續集一百四十二種　(清)尊聞閣主編　蔡爾康編續集　清同治至光緒上海申報館鉛印本　三册　存一種

330000－1701－0081121　G605760　子部/宗教類/佛教之屬/經疏
妙法蓮華經玄義釋籤四十卷　(隋)釋智顗說　(隋)釋灌頂記　(唐)釋湛然釋　**法華玄義序釋籤一卷**　(隋)釋灌頂述　(唐)釋湛然釋　清光緒七年(1881)昭慶律寺經房刻本　十五册　缺十二卷(七至十、十五至十六、二十一至二十六)

330000－1701－0081122　G600918　經部/群經總義類/傳說之屬
古經解鉤沉三十卷　(清)余蕭客撰　清光緒二十一年(1895)杭州竹簡齋石印本　十二册

330000－1701－0081123　G601871　子部/醫家類/方書之屬/單方驗方
隨山宇方鈔一卷　(清)汪曰楨撰　清光緒八年(1882)紹興安越堂刻本　一册

330000－1701－0081124　善008960　經部/詩類
古名儒毛詩解十六種　(明)鍾惺輯　明擁萬堂刻本　二册　存九種

330000－1701－0081125　G002970　類叢部/叢書類/郡邑之屬
涇川叢書四十四種續七種　(清)趙紹祖　(清)趙繩祖編　清嘉慶至道光涇縣趙氏古墨齋刻本　一册　存一種

330000－1701－0081126　G605761　子部/宗教類/佛教之屬/經疏
妙法蓮華經玄義釋籤四十卷　(隋)釋智顗說　(隋)釋灌頂記　(唐)釋湛然釋　**法華玄義序釋籤一卷**　(隋)釋灌頂述　(唐)釋湛然釋　清光緒七年(1881)昭慶律寺經房刻本　十六册　缺八卷(一至二、三十一至三十六)

330000－1701－0081127　G600919　類叢部/叢書類/彙編之屬
守山閣叢書一百十二種　(清)錢熙祚編　清道光二十四年(1844)金山錢氏重編增刻墨海金壺本(籀史卷二原缺)　一册　存一種

330000－1701－0081128　G601872　集部/詞類/總集之屬
唐五代詞選三卷　(清)成肇麐輯　清光緒十三年(1887)刻本　一册

330000－1701－0081129　善008954　集部/別集類/清別集
超軼集錄一卷　(清)韓奐齋撰　稿本　一册

330000－1701－0081130　G002971　子部/醫家類/方書之屬/單方驗方
增評童氏醫方集解二十三卷　(清)汪昂撰　(清)李保常批點　(清)費伯雄評　清光緒三十年(1904)上海六藝書局石印本　四册

330000－1701－0081131　G605762　類叢部/叢書類/自著之屬
章氏遺書二種　(清)章學誠撰　清道光十二年至十三年(1832－1833)會稽章華紱刻本　五册

330000－1701－0081132　G600920　新學/史志/諸國史

列國變通興盛記四卷　(英國)李提摩太撰　清光緒二十四年(1898)上海廣學會鉛印本　一册

330000－1701－0081133　G603233　子部/宗教類/佛教之屬/諸宗

摩訶止觀輔行傳弘决四十卷　(唐)釋湛然撰　清光緒刻本　一册　存一卷(一上)

330000－1701－0081134　G604782　子部/宗教類/佛教之屬

禪淨切要一卷牧牛圖頌序一卷歌偈讚詠一卷　(清)鄉野世休輯　清末瑪瑙經房刻本　一册

330000－1701－0081135　G604783　子部/宗教類/佛教之屬

禪淨切要一卷牧牛圖頌序一卷歌偈讚詠一卷　(清)鄉野世休輯　清末瑪瑙經房刻本　一册

330000－1701－0081136　G600921、G601445　類叢部/叢書類/彙編之屬

知不足齋叢書一百九十五種　(清)鮑廷博編　(清)鮑士恭續編　清乾隆三十七年至道光三年(1772－1823)長塘鮑氏刻彙印本　四册　存二種

330000－1701－0081137　G604784　子部/宗教類/佛教之屬

禪淨切要一卷牧牛圖頌序一卷歌偈讚詠一卷　(清)鄉野世休輯　清末瑪瑙經房刻本　一册

330000－1701－0081138　G604785　子部/宗教類/佛教之屬

禪淨切要一卷牧牛圖頌序一卷歌偈讚詠一卷　(清)鄉野世休輯　清末瑪瑙經房刻本　一册

330000－1701－0081139　善008953　集部/別集類/明別集

寓林集三十二卷詩六卷　(明)黄汝亨撰　明天啓四年(1624)吳敬、吳芝等刻本　二册　存四卷(詩一、四至六)

330000－1701－0081140　善008959　類叢部/叢書類/自著之屬

王氏家藏集五種　(明)王廷相撰　明嘉靖刻本　十册　存一種

330000－1701－0081141　G604786　子部/宗教類/佛教之屬

禪淨切要一卷牧牛圖頌序一卷歌偈讚詠一卷　(清)鄉野世休輯　清末瑪瑙經房刻本　一册

330000－1701－0081142　G604787　子部/宗教類/佛教之屬

禪淨切要一卷牧牛圖頌序一卷歌偈讚詠一卷　(清)鄉野世休輯　清末瑪瑙經房刻本　一册

330000－1701－0081143　G604788、G602260　史部/雜史類/斷代之屬

拳匪紀略八卷前編二卷後編二卷圖一卷　(清)楊鳳藻等輯　清光緒二十九年(1903)上洋書局石印本　四册　存九卷(圖、一至八)

330000－1701－0081144　G600922　集部/別集類/清別集

退思軒詩集六卷補遺一卷　(清)張百熙撰　清宣統三年(1911)上海會文堂石印本　二册

330000－1701－0081145　G604789、G611088、G604095、G610279　史部/雜史類/斷代之屬

拳匪紀略八卷前編二卷後編二卷圖一卷　(清)楊鳳藻等輯　清光緒二十九年(1903)上洋書局石印本　四册　存八卷(圖、四至八、前編一至二)

330000－1701－0081146　G603235　類叢部/叢書類/彙編之屬

嘯園叢書五十七種　(清)葛元煦編　清光緒二年至七年(1876－1881)仁和葛氏刻本　二册　存三種

330000－1701－0081147　G605763　經部/禮記類/傳說之屬

禮記集說十卷　(元)陳澔撰　清光緒三年(1877)永康退補齋胡氏刻本　十册

330000－1701－0081148　G600923　類叢部/叢書類/彙編之屬

金峨山館叢書(望三益齋叢書)十一種　(清)郭傳璞編　清光緒八年至十六年(1882－1890)鄞郭氏刻二十年(1894)鎮海邵氏彙印本　一册　存二種

330000－1701－0081149　G600924　類叢部/叢書類/自著之屬

漱琴室存稾四種　(清)高驤雲撰　清道光刻彙印本　一册　存三種

330000－1701－0081150　G604791　類叢部/叢書類/彙編之屬

知不足齋叢書一百九十五種　(清)鮑廷博編　(清)鮑士恭續編　清乾隆三十七年至道光三年(1772－1823)長塘鮑氏刻彙印本　一册　存一種

330000－1701－0081151　善008952　集部/總集類/選集之屬/斷代

增定評註唐詩正聲二十二卷　(明)高棅輯　(明)郭濬評點　明天啓六年(1626)郭濬刻本　五册　存十二卷(一至十二)

330000－1701－0081152　G604792　類叢部/叢書類/彙編之屬

武英殿聚珍版書三十九種　清乾隆浙江刻本　一册　存一種

330000－1701－0081153　G600925　史部/傳記類/别傳之屬

陶公匱記不分卷　(清)張榮澤等撰　清光緒刻本　一册

330000－1701－0081154　G604793、G611681、G607993　子部/藝術類/書畫之屬/總論

佩文齋書畫譜一百卷　(清)孫岳頒等輯　清光緒九年(1883)上海同文書局石印本　三册　存十九卷(一至六、十至十五、三十至三十六)

330000－1701－0081155　G003293　類叢部/叢書類/彙編之屬

古今説海一百三十五種　(明)陸楫等編　清道光元年(1821)苕溪邵氏酉山堂刻本　十册　存六十四種

330000－1701－0081156　G601873　子部/術數類

百二漢鏡齋祕書四種　(清)程芝雲輯　清道光三年至四年(1823－1824)湖邊程氏百二漢鏡齋刻本　二册　存一種

330000－1701－0081157　善008957　史部/紀傳類/正史之屬

三國志六十五卷　(晉)陳壽撰　(南朝宋)裴松之注　(明)陳仁錫評　明天啓刻本　十一册　存四十卷(蜀書一至十五,吳書一至六、十一至二十,魏書二十二至二十)

330000－1701－0081158　G603236　子部/雜著類

茶香室叢鈔二十三卷續鈔二十五卷三鈔二十九卷四鈔二十九卷　(清)俞樾撰　清光緒刻春在堂叢書本　式園題記　三册　存七卷(一至七)

330000－1701－0081159　G600926　史部/地理類/山川之屬/水志

峽江救生船志一卷圖攷一卷　(清)程以輔等編　**行川必要一卷**　(清)羅縉紳輯　清光緒三年至五年(1877－1879)水師新副中營刻本　一册　存一卷(行川必要)

330000－1701－0081160　G603237　類叢部/叢書類/郡邑之屬

武林掌故叢編一百八十七種　(清)丁丙編　清光緒三年至二十六年(1877－1900)錢塘丁氏嘉惠堂刻本　二册　存一種

330000－1701－0081161　G600927　子部/術數類/相宅相墓之屬

葬書五種　清咸豐四年(1854)刻本　一册　存三種

330000－1701－0081162　善008956　集部/别集類/明别集

瓊臺詩文會稿重編二十四卷　(明)丘濬撰　明天啓丘爾穀等刻本　九册　存十四卷(七

至八、十三至二十四）

330000－1701－0081163　善 008961　類叢部/類書類/專類之屬
對類二十卷　明刻本　十冊　缺二卷（一、五）

330000－1701－0081164　G603238　類叢部/叢書類/郡邑之屬
武林掌故叢編一百八十七種　（清）丁丙編　清光緒三年至二十六年（1877－1900）錢塘丁氏嘉惠堂刻本　三冊　存一種

330000－1701－0081165　G603240　子部/宗教類/佛教之屬/諸宗
靈峰藕益大師宗論十卷首一卷　（清）釋智旭撰　（清）釋成時輯　清光緒元年（1875）江北刻經處刻本　八冊　存九卷（首、一、三至六、八至十）

330000－1701－0081166　善 008951　集部/總集類/選集之屬/通代
詩雋類函一百五十卷　（明）俞安期輯　（明）梅鼎祚增輯　明萬曆刻本　十冊　存五十卷（十六至二十五、六十六至七十、八十六至九十、一百十一至一百三十五、一百四十六至一百五十）

330000－1701－0081167　G603239　類叢部/叢書類/郡邑之屬
武林掌故叢編一百八十七種　（清）丁丙編　清光緒三年至二十六年（1877－1900）錢塘丁氏嘉惠堂刻本　三冊　存一種

330000－1701－0081168　G600928　類叢部/叢書類/彙編之屬
廣漢魏叢書九十六種　（明）何允中編　明刻本　一冊　存二種

330000－1701－0081169　G600929　史部/傳記類/總傳之屬
鶴徵錄八卷首一卷　（清）李集輯　（清）李富孫　（清）李遇孫續輯　**鶴徵後錄十二卷首一卷**　（清）李富孫輯　清嘉慶漾葭老屋刻同治十一年（1872）補刻本　六冊

330000－1701－0081170　G003348　子部/藝術類/書畫之屬/畫譜
冶梅石譜二卷　（清）王寅繪　清光緒六年（1880）合肥李氏日本刻本　一冊　存一卷（一）

330000－1701－0081171　善 008958　集部/總集類/選集之屬/斷代
皇明文徵七十四卷　（明）何喬遠輯　明崇禎四年（1631）溫陵何喬遠刻本　二十四冊　存五十一卷（一至五、十三至十四、十七至十八、二十三至二十七、三十三至三十八、四十四至七十四）

330000－1701－0081172　G605764　類叢部/叢書類/自著之屬
浙刻雙池遺書八種　（清）汪紱撰　清光緒二十年至二十二年（1894－1896）長安趙舒翹刻本　一冊　存二種

330000－1701－0081173　G605765　子部/道家類
太上混元道德真經一卷　題孚佑上帝闡義　題八洞仙祖合注　清刻本　一冊

330000－1701－0081174　G605766　子部/道家類
太上混元道德真經一卷　題孚佑上帝闡義　題八洞仙祖合注　清刻本　一冊

330000－1701－0081175　G605767　子部/道家類
太上混元道德真經一卷　題孚佑上帝闡義　題八洞仙祖合注　清刻本　一冊

330000－1701－0081176　G605768　子部/道家類
太上混元道德真經一卷　題孚佑上帝闡義　題八洞仙祖合注　清刻本　一冊

330000－1701－0081177　G605769　子部/道家類
太上混元道德真經一卷　題孚佑上帝闡義　題八洞仙祖合注　清刻本　一冊

330000－1701－0081178　G605770　子部/道

家類

太上混元道德真經一卷　題孚佑上帝闡義題八洞仙祖合注　清刻本　一册

330000－1701－0081179　G605771　子部/宗教類/道教之屬/經文

太上玉清無極總真文昌大洞僊經不分卷大洞經示讀三卷　(清)邵志錕補輯　清道光三十年至咸豐三年(1850－1853)慈西葉氏刻本　四册

330000－1701－0081180　G003294、G005399、G007285、G008954、G010694、G009769　集部/小說類/短篇之屬

聊齋志異新評十六卷　(清)蒲松齡撰　(清)王士禛評　(清)呂湛恩注　(清)但明倫批　清刻本　十三册　存十三卷(一至二、四、六、八至十六)

330000－1701－0081181　G600930　類叢部/叢書類/自著之屬

儆居遺書十一種　(清)黄式三撰　清同治至光緒刻本　四册　存一種

330000－1701－0081182　G003295　類叢部/叢書類/彙編之屬

武英殿聚珍版書三十九種　清乾隆浙江刻本　一册　存一種

330000－1701－0081183　G003296　子部/儒家類/儒學之屬/蒙學

呂近溪先生小兒語一卷　(明)呂得勝撰　林紓述義　清光緒三十三年(1907)上海商務印書館鉛印本　一册

330000－1701－0081184　G600931　類叢部/叢書類/家集之屬

影山草堂六種　(清)莫與儔　(清)莫友芝撰　清咸豐至光緒刻本　一册　存一種

330000－1701－0081185　G600932　史部/政書類/邦計之屬/荒政

欽定康濟錄四卷　(清)陸曾禹撰　(清)倪國璉釐正　清同治三年(1864)浙江撫署刻本　三册

330000－1701－0081187　G600933　集部/總集類/氏族之屬

寧都三魏全集八十三卷　(清)林時益編　清道光二十五年(1845)寧都謝庭綬紱園書塾刻本　六册　存十卷(魏伯子文集一至十)

330000－1701－0081189　G604795　子部/宗教類/佛教之屬/經

雜阿含經五十卷　(南朝宋)釋求那跋陀羅譯　清光緒十年至十四年(1884－1888)常熟刻經處刻民國二十二年(1933)金陵刻經處重修本　十二册

330000－1701－0081190　G605772　子部/宗教類/道教之屬/經文

太上玉清無極總真文昌大洞僊經不分卷大洞經示讀三卷　(清)邵志錕補輯　清道光三十年至咸豐三年(1850－1853)慈西葉氏刻本　三册

330000－1701－0081191　善008970　經部/四書類/總義之屬/傳說

四書集註十九卷　(宋)朱熹撰　清初刻本[大學、中庸配清康熙五十二年(1713)刻晉陽四書本]　六册

330000－1701－0081192　G605778　類叢部/叢書類/彙編之屬

武英殿聚珍版書一百四十八種　清乾隆四十二年(1777)福建刻道光至同治遞修光緒二十一年(1895)增刻本　一册　存一種

330000－1701－0081194　G605773　集部/曲類/寶卷之屬

定國誌安邦中集二十卷　清刻本　二册　存二卷(九至十)

330000－1701－0081196　G605774、G605116　類叢部/叢書類/彙編之屬

申報館叢書正集五十七種附錄三種續集一百四十二種　(清)尊聞閣主編　蔡爾康編續集　清同治至光緒上海申報館鉛印本　四册　存一種

330000－1701－0081197　G605775　類叢部/

叢書類/彙編之屬
申報館叢書正集五十七種附録三種續集一百四十二種 (清)尊聞閣主編　蔡爾康編續集　清同治至光緒上海申報館鉛印本　六冊　存一種

330000－1701－0081198　G604797　子部/宗教類/佛教之屬/諸宗
閱藏隨筆二卷 (清)釋元度撰　(清)釋太穆節解　**續閱藏隨筆一卷** (清)釋太穆撰　清宣統元年(1909)揚州天寧寺刻本　二冊

330000－1701－0081200　G003297　子部/宗教類/其他宗教之屬/基督教
洛士伐里一卷 (美國)林樂知譯　清光緒二十八年(1902)上海廣學會鉛印本　一冊

330000－1701－0081201　G003298　子部/雜著類/雜説之屬
秀才約語授趙雋堂同學一卷戊寅新增十二則授同學胡象華胡蘊華昆仲一卷 (清)吳毓珍撰　清刻本　一冊

330000－1701－0081202　G605776　史部/史評類/史論之屬
歷代史論十二卷宋史論三卷元史論一卷 (明)張溥撰　**左傳史論二卷** (清)高士奇撰　**明史論四卷** (清)谷應泰撰　清光緒二十四年(1898)上海書局石印本　五冊

330000－1701－0081206　G003299　子部/雜著類/雜説之屬
戊戌新政芻言一卷 (清)江峯青撰　清光緒二十六年(1900)刻本　一冊

330000－1701－0081207　G600936　集部/詞類/別集之屬
鴛鴦宜福館吹月詞二卷 (清)陳元鼎撰　清同治元年(1862)錢塘陳元鼎刻本　一冊

330000－1701－0081208　G605777　類叢部/叢書類/彙編之屬
申報館叢書正集五十七種附録三種續集一百四十二種 (清)尊聞閣主編　蔡爾康編續集　清同治至光緒上海申報館鉛印本　四冊　存一種

330000－1701－0081209　G604796　子部/雜著類/雜考之屬
日知録集釋三十二卷刊誤二卷續刊誤二卷 (清)黄汝成撰　清光緒刻本　十四冊　存三十一卷(二至三十二)

330000－1701－0081210　善008969　集部/別集類/元別集
李仲公先生文集三十一卷 (元)李存撰　清抄本　清經生校　三冊　存六卷(五至十)

330000－1701－0081211　G003300　子部/雜著類/雜説之屬
移民論一卷 (清)齊樹楷撰　清末鉛印本　一冊

330000－1701－0081212　善008972　子部/術數類/占候之屬
大唐開元占經一百二十卷 (唐)瞿曇悉達等撰　清抄本　三十六冊

330000－1701－0081213　G603242、G611605　類叢部/叢書類/彙編之屬
漸西村舍彙刊(漸西村舍叢刻)四十四種 (清)袁昶編　清光緒十六年至二十四年(1890－1898)桐廬袁氏刻本　二冊　存一種

330000－1701－0081214　G600937　類叢部/叢書類/自著之屬
覆瓿集十三種附一種 (清)張文虎撰　清同治至光緒刻本　二冊　存一種

330000－1701－0081215　G003301　子部/宗教類/佛教之屬/總録
慧命經一卷 (清)柳華陽撰　清光緒八年(1882)杭州瑪瑙寺經房刻本　一冊

330000－1701－0081216　G604800　子部/宗教類/佛教之屬/諸宗
止觀輔行傳弘決十卷 (唐)釋湛然撰　(隋)釋智顗説　(隋)釋灌頂記　清光緒十年(1884)刻本　七冊　存四卷(三下、四上下、九上下、十上下)

330000－1701－0081217　G003225　子部/儒家類/儒學之屬/蒙學

百千音義二種　清李光明莊刻本　一册

330000－1701－0081219　G003302　子部/農家農學類/農藝之屬/災害防治

伐蛟說一卷　(清)陳弘謀撰　清光緒元年(1875)刻二年(1876)印本　一册

330000－1701－0081222　G605779　子部/藝術類/書畫之屬/法帖

樂飢齋詩草一卷　(清)傅山撰並書　清宣統元年(1909)上海國學保存會影印本　一册

330000－1701－0081223　G003226　子部/宗教類/佛教之屬/經

大方等如來藏經一卷　(南朝宋)釋佛陀跋陀羅譯　**莊嚴菩提心經一卷**　(後秦)釋鳩摩羅什譯　**寶授菩薩菩提行經一卷**　(宋)釋法賢譯　**佛說長者女庵提遮獅子吼了義經一卷**　(南朝梁)釋□□譯　**佛說老女人經一卷**　(三國吳)釋支謙譯　**稱讚大乘功德經一卷**　(唐)釋玄奘譯　**佛說長者法志妻經一卷**　(晉)釋□□譯　**佛說堅固女經一卷**　(隋)釋那連提耶舍譯　清光緒二十二年至二十三年(1896－1897)金陵刻經處刻本　一册

330000－1701－0081225　G600938、G600982　子部/小說家類/瑣語之屬

瓏瓓僊館彙輯二十世紀奇書　(清)陳琰編輯　清宣統三年(1911)上海六藝書局石印本　八册　存二種

330000－1701－0081226　G003303　子部/藝術類/書畫之屬/畫譜

芥子園畫傳二集八卷　(清)王槩　(清)王蓍　(清)王臬輯　清嘉慶五年(1800)芥子園刻彩色套印本　一册　存四卷(蘭說一至二、竹譜一至二))

330000－1701－0081227　G605780　子部/儒家類/儒學之屬/禮教/家訓

晚邨先生家訓真蹟四卷　(清)呂留良撰　清光緒三十四年(1908)漢口裕記石印本　一册

330000－1701－0081228　G603243　史部/傳記類/總傳之屬/郡邑

越中觀感錄一卷　(清)陳錦撰　清光緒九年(1883)八杉齋刻本　一册

330000－1701－0081229　G600939　集部/别集類/清别集

古春軒詩鈔二卷　(清)梁德繩撰　清咸豐二年(1852)鳳城刻本　一册

330000－1701－0081230　G605781、G609933　經部/小學類/訓詁之屬/方言

越諺三卷越諺賸語二卷　(清)范寅輯　清光緒八年(1882)谷應山房刻本　三册

330000－1701－0081232　善008962、G004090、G006561　子部/宗教類/其他宗教之屬/其他

林子　(明)林兆恩撰　明萬曆刻本　三十九册　存二十七種

330000－1701－0081233　G600940　子部/醫家類/類編之屬

利濟十二種　(清)趙學敏輯　清同治十年(1871)錢塘張應昌吉心堂刻本　十册　存一種

330000－1701－0081234　善008968　集部/别集類/唐五代别集

李文饒公文集二十卷别集十卷外集四卷　(唐)李德裕撰　明刻本　五册　存二十一卷(文集五至二十、别集一至五)

330000－1701－0081235　G600941　集部/總集類/尺牘之屬

瑤華集一卷　(清)張邁輯　清光緒二十八年(1902)始豐傅是樓木活字印本　一册

330000－1701－0081236　G003304　集部/總集類/選集之屬/通代

新刻小學千家詩人生必讀書二卷　(清)心齋氏編　**青氈夢話一卷**　(清)說夢道人撰　清光緒十六年(1890)常郡培本堂刻本　一册

330000－1701－0081237　G003227　類叢部/叢書類/自著之屬

紀慎齋先生全集十二種續集七種　（清）紀大奎撰　清嘉慶十三年至咸豐二年(1808－1852)刻本　一冊　存續集一種

330000－1701－0081238　G600942　類叢部/叢書類/彙編之屬
正誼堂全書六十三種續刻五種　（清）張伯行編　（清）楊浚重編　清同治五年(1866)福州正誼書院刻同治八年至光緒十三年(1869－1887)續刻本　一冊　存一種

330000－1701－0081239　G601876　集部/曲類/曲藝之屬
湖南民歌一百六十七種　清末至民國刻本　二冊　存二種

330000－1701－0081240　善008967　子部/雜著類/雜說之屬
人物四鑑不分卷　（明）周旋撰　明抄本　一冊

330000－1701－0081242　善008973　史部/編年類/斷代之屬
皇明資治通紀十四卷　（明）陳建撰　**皇明續紀三卷**　（明）卜大有撰　**皇明通紀述遺十二卷**　（明）卜世昌撰　明萬曆三十二年(1604)卜世昌刻本　六冊　存十卷(一至三、六至七、十至十四)

330000－1701－0081243　G600943、G601128、G607340　類叢部/叢書類/自著之屬
王漁洋遺書三十八種　（清）王士禛撰　清刻本　三冊　存七種

330000－1701－0081245　G003228、G004510　子部/宗教類/道教之屬
道貫真源十八種　（清）董德寧輯　清乾隆至嘉慶古越集陽樓刻本　二冊　存一種

330000－1701－0081246　G003325　子部/儒家類/儒學之屬/蒙學
三字經註解備要一卷　（清）賀興思注解　清光緒十五年(1889)上海廣百宋齋鉛印本　一冊

330000－1701－0081247　G003305　子部/宗教類/佛教之屬/諸宗
天目中峯和尚廣錄三十卷　（元）釋明本撰　（元）釋慈寂輯　清光緒七年(1881)姑蘇刻經處刻本　六冊

330000－1701－0081248　G600944　子部/雜家類/雜說之屬
一山經說二卷雜文一卷　章梫撰　清宣統元年(1909)京華印書局鉛印本　一冊　存一卷(雜文)

330000－1701－0081250　G605782　集部/總集類/尺牘之屬
明代名人尺牘(江曲書莊所藏明人尺牘)七種　鄧實輯　清光緒上海國學保存會影印本　一冊　存一種

330000－1701－0081251　善008976　經部/春秋左傳類/傳說之屬
鐫侗初張先生評選左傳雋四卷　（明）張鼐選　明刻本　二冊

330000－1701－0081252　G604803　集部/別集類/明別集
宋文憲公全集八十卷　（明）宋濂撰　**年譜二卷附錄一卷**　（清）朱興悌　（清）戴殿江纂　孫鏘增輯　**潛溪錄六卷首一卷**　丁立中編輯　孫鏘增補　清宣統二年至民國五年(1910－1916)四明孫氏成都刻本　一冊　存三卷(三十二至三十四)

330000－1701－0081253　善008971　史部/目録類/總録之屬/彙刻
述古堂書目□□卷　（清）錢曾藏並撰　清抄本　二冊　存二卷(經、史)

330000－1701－0081254　G605783、G609222、G612342　集部/別集類/清別集
茶磨山人詩鈔八卷　（清）汪芑撰　清光緒十年(1884)潘祖蔭刻本　四冊

330000－1701－0081256　G600945　類叢部/叢書類/郡邑之屬
粟香室叢書五十九種　金武祥編　清光緒至民國江陰金氏刻本　一冊　存一種

330000－1701－0081257　善008966　集部/別集類/宋別集

南豐先生元豐類藁五十卷　(宋)曾鞏撰　**續附南豐先生[曾鞏]行狀碑誌哀挽一卷**　明嘉靖四十一年(1562)黄希憲刻本　九册　存四十二卷(一至三十二、四十二至五十、行狀碑誌哀挽)

330000－1701－0081259　G003229、G008764、G010212、G009635　史部/傳記類/職官録之屬/總録

職官錄不分卷(清宣統三年)　清宣統三年(1911)内閣印鑄局鉛印本　八册

330000－1701－0081260　G601877　子部/小説家類/異聞之屬

對山書屋墨餘錄十六卷　(清)毛祥麟撰　清同治十年(1871)杭州文元堂楊氏刻本　八册

330000－1701－0081261　G605784　類叢部/叢書類/彙編之屬

申報館叢書正集五十七種附錄三種續集一百四十二種　(清)尊聞閣主編　蔡爾康編續集　清同治至光緒上海申報館鉛印本　二册　存一種

330000－1701－0081262　善008975　子部/兵家類/兵法之屬

金湯借箸十二籌十二卷　(明)李盤等撰　清抄本　四册

330000－1701－0081263　G605785、G607010　類叢部/叢書類/彙編之屬

申報館叢書正集五十七種附錄三種續集一百四十二種　(清)尊聞閣主編　蔡爾康編續集　清同治至光緒上海申報館鉛印本　二册　存一種

330000－1701－0081264　G604804　類叢部/叢書類/郡邑之屬

武林掌故叢編一百八十七種　(清)丁丙編　清光緒三年至二十六年(1877－1900)錢塘丁氏嘉惠堂刻本　十二册　存七種

330000－1701－0081265　G605786　類叢部/叢書類/彙編之屬

申報館叢書正集五十七種附錄三種續集一百四十二種　(清)尊聞閣主編　蔡爾康編續集　清同治至光緒上海申報館鉛印本　一册　存一種

330000－1701－0081266　G600946、G611002　史部/政書類/儀制之屬/專志/科舉校規

欽定科場條例六十卷首一卷　(清)奎潤等修　(清)詹鴻謨等纂　清光緒刻本　二册　存二卷(五十至五十一)

330000－1701－0081267　G003230、G003528、G006719、G007565、G008572　史部/目録類/總録之屬/私撰

楹書隅錄五卷續編四卷　(清)楊紹和藏並撰　清光緒二十年(1894)聊城楊氏海源閣刻宣統三年(1911)武進董康補刻本　八册

330000－1701－0081268　G605787、G607009　類叢部/叢書類/彙編之屬

申報館叢書正集五十七種附錄三種續集一百四十二種　(清)尊聞閣主編　蔡爾康編續集　清同治至光緒上海申報館鉛印本　三册　存一種

330000－1701－0081270　G605788　類叢部/叢書類/彙編之屬

申報館叢書正集五十七種附錄三種續集一百四十二種　(清)尊聞閣主編　蔡爾康編續集　清同治至光緒上海申報館鉛印本　一册　存一種

330000－1701－0081272　G600947　集部/別集類/清別集

麻園遺集一卷　(清)謝焬樞撰　**靦廬初稿二卷**　(清)謝掄元撰　清宣統元年(1909)京師集成圖書公司鉛印本　一册

330000－1701－0081274　G605789、G607019　類叢部/叢書類/彙編之屬

申報館叢書正集五十七種附錄三種續集一百四十二種　(清)尊聞閣主編　蔡爾康編續集　清同治至光緒上海申報館鉛印本　二册

存一種

330000－1701－0081275　G605790　類叢部/叢書類/彙編之屬

申報館叢書正集五十七種附錄三種續集一百四十二種　（清）尊聞閣主編　蔡爾康編續集　清同治至光緒上海申報館鉛印本　七册　存一種

330000－1701－0081276　G604805　子部/宗教類/佛教之屬

集神州塔寺三寶感通錄四卷　（唐）釋道宣撰　清宣統元年（1909）揚州藏經院刻本　一册

330000－1701－0081277　善008977　史部/傳記類/總傳之屬/仕宦

國朝名臣傳一百二十卷　清抄本　一百二十册

330000－1701－0081278　G605791　類叢部/叢書類/彙編之屬

申報館叢書正集五十七種附錄三種續集一百四十二種　（清）尊聞閣主編　蔡爾康編續集　清同治至光緒上海申報館鉛印本　七册　存一種

330000－1701－0081279　G604806　史部/傳記類/總傳之屬/釋道

居士傳五十六卷　（清）彭紹升撰　清光緒金陵刻經處刻本　四册

330000－1701－0081280　G003232　史部/地理類/方志之屬/郡縣志

［乾隆］宣化府志四十二卷首一卷　（清）王者輔原本　（清）張志奇續修　（清）黄可潤續纂　清乾隆二十二年（1757）刻本　五册　存十四卷（十三至二十六）

330000－1701－0081281　G003306　子部/宗教類/其他宗教之屬/基督教

新約註釋四卷　（美國）杜步西等注　清宣統三年（1911）上海中國聖教書會鉛印本　四册

330000－1701－0081282　G604807　史部/傳記類/總傳之屬/釋道

居士傳五十六卷　（清）彭紹升撰　清光緒金陵刻經處刻本　四册

330000－1701－0081283　G008337、G010337　史部/史表類/通代之屬

史鑑年表彙編十四卷　（清）蕭承笏輯　清光緒十年（1884）江右養雲書屋刻本　七册　存十二卷（一至十二）

330000－1701－0081284　G605792　類叢部/類書類/通類之屬

省軒考古類編十二卷　（清）柴紹炳撰　（清）姚廷謙評　清雍正四年（1726）鐵嶺高氏雲間刻本　一册　存一卷（十二）

330000－1701－0081285　G003307　經部/小學類/音韻之屬/韻書

江氏音學十書七種附一種　（清）江有誥撰　清嘉慶至道光刻本（漢魏韻讀一卷原缺）　朱師轍批並跋　十册

330000－1701－0081287　G605793　史部/政書類/儀制之屬/典禮

文廟通考六卷首一卷　（清）牛樹梅撰　清同治十一年（1872）浙江書局刻本　一册　缺三卷（四至六）

330000－1701－0081288　G605794、G605989、G610378　子部/天文曆算類/曆法之屬

新鐫曆法便覽象吉備要通書大全二十九卷　（清）魏鑑撰　清刻本　四册　存七卷（一至二、九至十三）

330000－1701－0081289　善008974　經部/小學類/文字之屬/字書/字典

新校經史海篇直音五卷　（明）□□輯　明刻本　五册

330000－1701－0081290　G605795　子部/叢編

徐氏三種　（清）徐士業編　清刻本　一册　存一種

330000－1701－0081291　善008978　子部/醫家類/類編之屬

薛氏醫按二十四種　（明）吳琯編　明萬曆刻本　三十六册

330000－1701－0081292　G605796　子部/叢編
子書百家　(清)崇文書局編　清光緒元年(1875)湖北崇文書局刻本　一冊　存四種

330000－1701－0081293　善008980　集部/別集類/宋別集
東坡先生詩集註三十二卷　(宋)蘇軾撰　(宋)王十朋集注　明萬曆吳興茅維刻明末王永積重修本　十冊

330000－1701－0081294　G605797　新學/工藝/工學/塘工河工路工
鐵路紀要三卷　(美國)柯理編　(清)潘松譯　(清)章壽彝校　清光緒二十年(1894)江南機器製造總局刻本　一冊

330000－1701－0081295　善008982　經部/小學類/文字之屬/字書
六書古訓十五卷　(清)王棻撰　稿本　清喻鯨華、清王蜺題簽　清孫詒讓跋　三冊　存三卷(一至三)

330000－1701－0081296　G605798　史部/傳記類/總傳之屬/忠孝
孝弟圖說二卷　(清)李文耕輯　(清)徐氏重輯　清同治十三年(1874)武林有容齋刻本　一冊

330000－1701－0081297　善008981　史部/政書類/通制之屬
大統平議一卷　(清)王棻撰　清光緒稿本　一冊

330000－1701－0081298　善008965　集部/別集類/明別集
醫閭先生集九卷附錄一卷　(明)賀欽撰　明嘉靖二十三年(1544)齊宗道刻本　二冊　存五卷(一至四、附錄)

330000－1701－0081299　G003234　集部/戲劇類/雜劇之屬
銅雀臺一卷　清道光姚湘泉抄本　一冊

330000－1701－0081300　G605799　子部/宗教類/佛教之屬/經
龍藏般若經節要二卷　(清)釋戒香輯　清光緒三年(1877)浙杭昭慶慧空經房刻本　一冊

330000－1701－0081301　G003235　集部/戲劇類/雜劇之屬
花魁記一卷　清道光姚湘泉抄本　一冊

330000－1701－0081302　G003237　集部/戲劇類/雜劇之屬
梨園雜詞一卷　清道光姚湘泉抄本　一冊

330000－1701－0081303　G003236　集部/戲劇類/傳奇之屬
長生殿一卷　(清)洪昇撰　清道光姚湘泉抄本　一冊

330000－1701－0081304　G605800　子部/宗教類/佛教之屬/諸宗
靈峰蕅益大師選定淨土十要十卷　(清)釋智旭輯　(清)釋成時評點節略　清同治十一年(1872)刻本　三冊　缺一卷(十)

330000－1701－0081306　G600948　子部/叢編
韓晏合編　(清)吳鼒編　清嘉慶全椒吳氏刻本　四冊　存八卷(晏子春秋一至八)

330000－1701－0081307　善008979　子部/藝術類/書畫之屬/畫譜
元曲選圖不分卷　清繪本　二冊

330000－1701－0081309　G605801　子部/宗教類/佛教之屬/諸宗
靈峰蕅益大師選定淨土十要十卷　(清)釋智旭輯　(清)釋成時評點節略　清同治十一年(1872)刻本　二冊　存四卷(一至三、十)

330000－1701－0081311　善008964　集部/詞類/別集之屬
珂雪詞二卷補遺一卷　(清)曹貞吉撰　清康熙刻本　清老辛題記　二冊　存一卷(一)

330000－1701－0081312　善008983　史部/編年類/通代之屬
綱鑑衷斷三十卷　(明)陸儀輯　清初抄本　十冊

330000－1701－0081314 善 008984 史部/傳記類/總傳之屬/儒林

台學統一百卷 （清）王棻輯 稿本 五冊 存二十二卷（一至二十二）

330000－1701－0081316 G604808、G605271 史部/政書類/考工之屬

鏡鏡詅癡五卷 （清）鄭復光撰 （清）楊尚文繪圖 （清）張穆編校 清道光二十七年（1847）靈石楊氏刻連筠簃叢書本 清周星譽跋 二冊

330000－1701－0081317 G600949 類叢部/叢書類/自著之屬

柏堂遺書（方柏堂全集）八種附一種 （清）方宗誠撰 清光緒元年至十二年（1875－1886）桐城方氏刻本 一冊 存一種

330000－1701－0081319 G605802、G602044 子部/藝術類/遊藝之屬

閒情小錄初集八種 （清）葛元煦輯 清光緒三年（1877）葛氏嘯園刻本 五冊 存七種

330000－1701－0081320 G604809 類叢部/叢書類/彙編之屬

崇文書局彙刻書三十一種 （清）崇文書局編 清光緒元年至三年（1875－1877）湖北崇文書局刻本 一冊 存一種

330000－1701－0081322 G003238 集部/戲劇類/雜劇之屬

西廂記一卷 （元）王德信撰 清道光姚湘泉抄本 一冊

330000－1701－0081323 G003308 類叢部/叢書類/彙編之屬

新斠平津館叢書十集三十四種 （清）孫星衍編 清光緒十年至十一年（1884－1885）吳縣朱氏槐廬家塾刻十五年至十七年（1889－1891）補刻本 一冊 存一種

330000－1701－0081324 G604810 集部/別集類/清別集

尊聞居士集八卷 （清）羅有高撰 （清）彭紹升編 清光緒八年（1882）長洲彭祖賢刻本 四冊

330000－1701－0081326 G600950 子部/儒家類/儒學之屬/蒙學

父師善誘法二卷讀書作文譜十二卷 （清）唐彪撰 清刻本 傅雲岑題記 四冊

330000－1701－0081327 G605803 類叢部/叢書類/彙編之屬

申報館叢書正集五十七種附錄三種續集一百四十二種 （清）尊聞閣主編 蔡爾康編續集 清同治至光緒上海申報館鉛印本 一冊 存一種

330000－1701－0081328 G601879、G605211、G606994、G609371 子部/小說家類/異聞之屬

對山書屋墨餘錄十六卷 （清）毛祥麟撰 清同治十年（1871）杭州文元堂楊氏刻本 四冊 存十卷（一至五、九至十三）

330000－1701－0081329 G003239 集部/戲劇類/傳奇之屬

琵琶記二卷 （元）高明撰 清道光二十一年（1841）姚湘泉抄本 一冊

330000－1701－0081331 G003309 子部/術數類/相宅相墓之屬

金光斗臨經一卷 （明）周繼撰 （清）金文鎔注 清同治八年（1869）蘇州綠潤堂刻本 一冊

330000－1701－0081332 G003310 子部/宗教類/其他宗教之屬/基督教

耶穌聖教入華一卷 （美國）林樂知等輯 清光緒二十二年（1896）吳雲記書局鉛印本 一冊

330000－1701－0081333 G600951 史部/傳記類/別傳之屬/事狀

慈闈瑣記二卷 （清）孫仁述撰 清光緒三十三年（1907）刻本 一冊

330000－1701－0081334 G605804 集部/曲類/彈詞之屬

繪圖醒世善惡報八卷一百回 （清）海芝濤撰

清光緒石印本　四冊　存四卷(四至七)

330000－1701－0081335　G604811　子部/宗教類/佛教之屬/諸宗

靈峰蕅益大師選定淨土十要十卷　(清)釋智旭輯　(清)釋成時評點節略　清同治十一年(1872)刻本　一冊　存一卷(五)

330000－1701－0081336　G003240　集部/戲劇類/傳奇之屬

釵釧記一卷　(明)月榭主人撰　清道光姚湘泉抄本　一冊

330000－1701－0081337　G600952　集部/總集類/彙編之屬

琴臺正續合刻　(清)汪守正輯　清光緒十五年(1889)刻本　二冊　存六種

330000－1701－0081339　G600953　子部/兵家類/兵法之屬

軍禮司馬瀍攷徵二卷　(清)黄以周撰　清光緒十八年(1892)黄氏試館刻本　一冊

330000－1701－0081340　善 008988　史部/金石類/錢幣之屬/圖像

金石瑣存一卷　清拓本　一冊

330000－1701－0081341　G003241　類叢部/叢書類/自著之屬

珍埶宧遺書六種　(清)莊述祖撰　清光緒刻彙印本　一冊　存二種

330000－1701－0081342　善 008963　集部/別集類/唐五代別集

王右丞集二十八卷首一卷末一卷　(唐)王維撰　(清)趙殿成箋注　清乾隆刻本　九冊　缺一卷(首)

330000－1701－0081343　G600954、G607895　集部/總集類/彙編之屬

金元明八大家文選　(清)李祖陶編　清道光二十五年(1845)吉安刻本　二十冊　存七種

330000－1701－0081344　G604812　子部/宗教類/佛教之屬/經疏

妙法蓮華經科註七卷首一卷　(後秦)釋鳩摩羅什譯　(明)釋一如集註　清同治十一年(1872)刻本　四冊　存四卷(二至四、七)

330000－1701－0081345　G601881　子部/宗教類/佛教之屬/諸宗

徑中徑又徑四卷　(清)張師誠輯　清光緒二十九年(1903)揚州藏經院刻本　二冊

330000－1701－0081346　G003311　子部/宗教類/佛教之屬/律

四分戒本一卷　(後秦)釋佛陀耶舍　(後秦)釋竺佛念譯　清華山律堂刻本　一冊

330000－1701－0081347　M004717　類叢部/叢書類/家集之屬

玉山朱氏遺書二種　(清)諸可寶編　清光緒二十六年(1900)玉山書院刻本　一冊　存一種

330000－1701－0081348　善 008989　類叢部/叢書類/彙編之屬

尚白齋鐫陳眉公寶顔堂祕笈十七種　(明)陳繼儒編　明萬曆沈氏尚白齋刻本　二十二冊

330000－1701－0081349　G003312　子部/宗教類/其他宗教之屬/基督教

訓兒真言五十三章　(英國)馮馬利亞譯　清光緒二十八年(1902)刻本　一冊

330000－1701－0081351　G003313　子部/儒家類/儒學之屬/蒙學

尺木堂日記故事四卷　清刻本　一冊

330000－1701－0081352　G601882　史部/傳記類/別傳之屬/年譜

堵文忠公[允錫]年譜一卷　(清)張夏編　清同治十三年(1874)蜀山書院木活字印本　一冊

330000－1701－0081353　善 008987　子部/醫家類/方書之屬/單方驗方

醫方考六卷　(明)吳崐撰　明萬曆刻本　一冊　存二卷(一至二)

330000－1701－0081355　G600955　集部/別集類/唐五代別集

韋蘇州集十卷 （唐）韋應物撰 清宣統三年（1911）上海自強書局石印本 六冊

330000－1701－0081356 善 008992 史部/紀傳類/正史之屬
二十一史 明刻明清遞修本 八冊 存一種

330000－1701－0081358 G003242、G008409、G010807 集部/總集類/選集之屬/通代
駢體文鈔三十一卷 （清）李兆洛輯 清光緒八年（1882）上海刻本 十冊

330000－1701－0081359 G600956 經部/小學類/音韻之屬/韻書
詩韻全璧五卷 （清）湯祥瑟輯 **初學檢韻袖珍一卷** （清）姚文登撰 **虛字韻藪一卷** （清）潘維城輯 清光緒十七年（1891）上海錦章圖書局石印本 六冊

330000－1701－0081360 G604813 子部/宗教類/佛教之屬
彌陀經疏鈔事義四卷佛說阿彌陀經一卷 清昭慶經房刻本 三冊 缺一卷（四）

330000－1701－0081362 善 008991 史部/傳記類/總傳之屬/人表
疑年錄四卷 （清）錢大昕撰 清抄本 二冊

330000－1701－0081363 G601883 子部/藝術類/書畫之屬/法帖
筠清館法帖六卷 （清）吳榮光輯 清宣統元年（1909）上海文明書局影印本 六冊

330000－1701－0081364 G600957、G608935、G609809 子部/儒家類/儒學之屬
皇朝蓄艾文編八十卷 （清）于寶軒輯 清光緒二十九年（1903）上海官書局鉛印本 三十九冊 存七十八卷（一至七十二、七十五至八十）

330000－1701－0081365 善 008986 集部/别集類/明别集
高季迪先生大全集十八卷 （明）高啓撰 清康熙許氏竹素園刻本 四冊

330000－1701－0081367 G003243、G003957、G009363 子部/雜著類
宣講金鍼四卷 清光緒三十四年（1908）經元書室刻本 四冊

330000－1701－0081368 G604814 類叢部/叢書類/郡邑之屬
紹興先正遺書十五種 （清）徐友蘭輯 清光緒會稽徐氏鑄學齋刻本 一冊 存一種

330000－1701－0081369 善 008990 類叢部/叢書類/彙編之屬
尚白齋鐫陳眉公訂正祕笈二十一種 （明）陳繼儒編 明萬曆沈氏尚白齋刻本 二十冊 存十八種

330000－1701－0081372 G605805 類叢部/叢書類/彙編之屬
文林綺繡五種 （明）淩迪知編 清光緒十九年（1893）上洋鴻寶齋石印本 一冊 存一種

330000－1701－0081374 G003244 子部/天文曆算類/曆法之屬
新鐫曆法便覽象吉備要通書大全二十九卷 （清）魏鑑撰 清立言堂刻本 十二冊

330000－1701－0081375 G605806 類叢部/叢書類/彙編之屬
文林綺繡五種 （明）淩迪知編 清光緒十九年（1893）上洋鴻寶齋石印本 一冊 存一種

330000－1701－0081376 善 008985 史部/雜史類/通代之屬
國語評苑六卷 （明）穆文熙輯 明萬曆光裕堂刻本 六冊

330000－1701－0081377 G605807 類叢部/叢書類/彙編之屬
融經館叢書十一種 （清）徐友蘭編 清光緒六年至十一年（1880－1885）會稽徐氏八杉齋刻本 二冊 存一種

330000－1701－0081378 善 008995 集部/總集類/選集之屬/斷代
唐文粹一百卷 （宋）姚鉉輯 明刻本 二十二冊

330000－1701－0081380　G605808　類叢部/叢書類/彙編之屬

經策通纂二種　(清)吳頴炎　(清)陳通聲等纂　清光緒十三年(1887)上海點石齋石印本　十冊　存一種

330000－1701－0081383　G605809　史部/地理類/山川之屬/水志

西湖志四十八卷　(清)李衛　(清)程元章修　(清)傅王露纂　清刻本　八冊　存十六卷(二十四至三十三、四十三至四十八)

330000－1701－0081384　G003314　子部/儒家類/儒學之屬/經濟

傅子一卷附錄一卷　(晉)傅玄撰　清乾隆四十二年(1777)福建刻道光同治遞修光緒二十一年(1895)增刻武英殿聚珍版書本(附錄配抄本)　清許子源跋並過錄清盧文弨校　一冊

330000－1701－0081385　G601884　經部/詩類/傳說之屬

詩經集傳八卷　(宋)朱熹撰　清末李光明莊刻本　一冊　存一卷(一)

330000－1701－0081387　G605810　集部/總集類/選集之屬/斷代

普天忠憤全集十四卷首一卷　(清)孔廣德編　清光緒二十四年(1898)石印本　八冊

330000－1701－0081388　G003315　子部/宗教類/其他宗教之屬/伊斯蘭教

正教真詮二卷首一卷　(清)王岱輿撰　清嘉慶六年(1801)粵東城南清真堂刻本　五冊

330000－1701－0081390　G605811　類叢部/叢書類/彙編之屬

守山閣叢書一百十二種　(清)錢熙祚編　清光緒十五年(1889)上海鴻文書局據清道光二十四年(1844)金山錢氏重編增刻墨海金壺本影印本(籀史卷二原缺)　十六冊　存十六種

330000－1701－0081391　G003245　史部/金石類/錢幣之屬/文字

嘉蔭簃論泉截句二卷　(清)劉喜海撰　清道光十八年(1838)劉喜海嘉蔭簃刻本　一冊

330000－1701－0081393　G601885　經部/小學類/文字之屬/說文/傳說

段氏說文注訂八卷　(清)鈕樹玉撰　清同治十三年(1874)湖北崇文書局刻本　二冊

330000－1701－0081395　G003316　子部/宗教類/其他宗教之屬/基督教

福音合參不分卷　(美國)路思義編　清宣統三年(1911)上海美華書館鉛印本　一冊

330000－1701－0081396　善009000　史部/紀事本末類/斷代之屬

元史紀事本末四卷　(明)陳邦瞻編　(明)臧懋循補　明萬曆三十四年(1606)劉曰梧、徐申刻本　四冊

330000－1701－0081398　善008994　子部/宗教類/道教之屬

道言內外六卷　(明)彭好古輯　明萬曆吳勉學刻黃之寀重修清康熙文錦堂印本　十二冊

330000－1701－0081399　G601886　子部/叢編

唐開元小說六種　葉德輝輯　清宣統三年(1911)長沙葉氏觀古堂刻本　二冊

330000－1701－0081400　善008996　子部/兵家類/兵法之屬

武備志二百四十卷　(明)茅元儀輯　明天啓刻本　七十冊

330000－1701－0081402　善008999　史部/目録類/總録之屬/官修

文瀾閣四庫全書目錄四卷　張蔭椿輯　稿本　四冊

330000－1701－0081403　G003317　子部/宗教類/其他宗教之屬/伊斯蘭教

教款捷要一卷　(清)馬伯良撰　清道光十九年(1839)刻本　一冊

330000－1701－0081404　G003247　經部/小學類/音韻之屬/注音

重刊官話合聲字母序例及關係論說一卷

（清）王照撰　清光緒二十九年（1903）裱背胡同義塾刻本　一册

330000－1701－0081406　G003318　子部/宗教類/佛教之屬/諸宗

西歸行儀一卷　（清）釋古崑輯　清光緒刻本　一册

330000－1701－0081407　G605812　類叢部/叢書類/彙編之屬

說鈴前集三十七種後集十六種　（清）吳震方編　清嘉慶四年（1799）刻本　十四册　存三十三種

330000－1701－0081409　G601888、G602208、G602209、G602385　經部/叢編

通志堂經解一百四十種　（清）納蘭成德輯　清康熙十九年（1680）納蘭成德刻本　五册　存四種

330000－1701－0081410　G003319　集部/别集類/清别集

藏園詩鈔不分卷　（清）游智開撰　（朝鮮）卞元圭編　清光緒十四年（1888）歐陽瓚、晏修刻本　一册

330000－1701－0081413　G601889　集部/别集類/清别集

還印廬詩存二卷詞存一卷文存三卷　（清）徐球撰　清道光九年（1829）刻本　清孟光輔跋　二册

330000－1701－0081414　G003320　子部/宗教類/佛教之屬/經疏

妙法蓮華經演義七卷　（後秦）釋鳩摩羅什譯　（清）釋一松講錄　（清）釋曉柔編定　**妙法蓮華經演義科文一卷**　（清）釋曉柔撰　清光緒五年（1879）武林瑪瑙寺刻本　二十册

330000－1701－0081416　G601890　子部/小說家類/雜事之屬

耐冷譚十六卷　（清）宋咸熙撰　清道光九年（1829）武林亦西齋刻本　六册

330000－1701－0081417　善009001　經部/春秋總義類/傳說之屬

春秋胡傳三十卷綱領一卷提要一卷諸國興廢說一卷列國東坡圖說一卷正經音訓一卷　（宋）胡安國撰　（宋）林堯叟音註　明刻本　錢塘題記　四册

330000－1701－0081418　G600958　集部/總集類/郡邑之屬

兩浙輶軒錄四十卷補遺十卷姓氏韻編二卷　（清）阮元輯　清光緒十六年（1890）浙江書局刻本　三十二册

330000－1701－0081419　G601891　類叢部/叢書類/彙編之屬

正覺樓叢刻（正覺樓叢書）二十九種　（清）崇文書局編　清光緒崇文書局刻本　一册　存一種

330000－1701－0081420　善008998　集部/别集類/宋别集

坡仙集十六卷　（宋）蘇軾撰　（明）李贄評輯　明刻本　六册

330000－1701－0081422　善008993　史部/政書類/公牘檔册之屬

表製總論不分卷　明抄本　二册

330000－1701－0081423　善009006　史部/目録類/總録之屬/官修

文瀾閣四庫書目四卷　清末抄本　一册

330000－1701－0081424　G600959　史部/金石類/金之屬/文字

歷代鐘鼎彝器款識法帖二十卷　（宋）薛尚功撰　清嘉慶二年（1797）儀徵阮元小琅環僊館刻本　四册

330000－1701－0081425　G003248　子部/藝術類/遊藝之屬/詩鐘

奚囊寸錦三卷讀法一卷　（清）張潮撰　清乾隆刻朱墨套印本　一册　存一卷（中）

330000－1701－0081427　善009010　經部/書類/傳說之屬

尚書稗疏四卷　（清）王夫之撰　清抄本　二册　存二卷（三至四）

330000－1701－0081429　G600960　類叢部/類書類/通類之屬

小知錄十二卷　(清)陸鳳藻輯　清嘉慶九年(1804)羣玉山房刻本　六冊

330000－1701－0081430　G605813　類叢部/叢書類/彙編之屬

申報館叢書正集五十七種附錄三種續集一百四十二種　(清)尊聞閣主編　蔡爾康編續集　清同治至光緒上海申報館鉛印本　六冊　存一種

330000－1701－0081432　G600961　史部/政書類/邦計之屬

憲定紹郡育嬰堂章程不分卷　(清)紹郡育嬰堂編　清光緒十七年(1891)刻本　一冊

330000－1701－0081433　善 009002　史部/詔令奏議類/奏議之屬

林棟隆奏稿一卷　(清)林棟隆撰　稿本　一冊

330000－1701－0081434　G003249　子部/宗教類/道教之屬/戒律

全真清規一卷　(元)陸道和編集　清湖州金蓋山純陽宮刻本　一冊

330000－1701－0081435　G600962　子部/藝術類/書畫之屬/總論

甌鉢羅室書畫過目攷四卷首一卷附一卷　(清)李玉棻撰　清光緒二十三年(1897)刻本　二冊

330000－1701－0081436　善 008997　子部/法家類

韓非子二十卷　明刻本　八冊

330000－1701－0081437　G605814　類叢部/叢書類/彙編之屬

藝苑捃華四十八種　(清)顧之逵編　清同治七年(1868)刻本　十三冊　存三十六種

330000－1701－0081438　G600963　集部/總集類/選集之屬/斷代

國朝駢體正宗評本十二卷　(清)曾燠輯　(清)姚燮評　(清)張壽榮參　清光緒二十一年(1895)上海點石齋石印本　四冊

330000－1701－0081439　善 009003　集部/楚辭類

楚辭章句十七卷附錄一卷　(漢)王逸撰　明萬曆金陵唐氏益軒刻本　四冊

330000－1701－0081440　G003250　集部/曲類/寶卷之屬

純陽祖師說三世因果寶卷一卷　(清)□□撰　清光緒元年(1875)刻本　一冊

330000－1701－0081441　G600964　子部/道家類

莊子因六卷　(清)林雲銘撰　清光緒六年(1880)白雲精舍刻本　四冊

330000－1701－0081442　善 009015　史部/詔令奏議類/奏議之屬

皇明疏議輯畧三十七卷　(明)張瀚輯　明嘉靖三十年(1551)大名府刻本　二冊　存七卷(二至三、三十三至三十七)

330000－1701－0081443　G003251、G005464　子部/宗教類/佛教之屬/經疏

大佛頂如來密因修證了義諸菩薩萬行首楞嚴經宗通十卷　(明)曾鳳儀撰　清道光浙寧太白山天童寺刻本　十冊

330000－1701－0081444　G600965　集部/戲劇類/傳奇之屬

碧聲吟館叢書六種　(清)許善長撰　清光緒仁和許善長碧聲吟館刻本　一冊　存一種

330000－1701－0081445　善 009011　史部/雜史類/斷代之屬

國語二十一卷　明吳勉學刻本　二冊

330000－1701－0081447　G605815　類叢部/叢書類/彙編之屬

藝苑捃華四十八種　(清)顧之逵編　清同治刻本　五冊　存十七種

330000－1701－0081448　G600966、G601077　子部/叢編

二十二子(二十二子彙函)　(清)浙江書局編

清光緒元年至三年(1875－1877)浙江書局刻本　十二册　存二種

330000－1701－0081450　G003252　子部/宗教類/道教之屬/威儀

玄都律壇威儀品三卷　(清)陸道和編集　清末成都二仙菴刻本　三册

330000－1701－0081451　G601894　子部/藝術類/書畫之屬/書法書品

趙撝叔手札一卷　(清)趙之謙書　清光緒三十四年(1908)則山簃石印本　一册

330000－1701－0081452　善009009　經部/易類/傳說之屬

周易總義二十卷　(宋)易祓撰　清抄本　五册　缺五卷(七至八、十八至二十)

330000－1701－0081453　G600967　子部/雜著類/雜說之屬

桐陰清話八卷　(清)倪鴻撰　清同治十三年(1874)申江刻本　四册

330000－1701－0081454　G003329　集部/別集類/清別集

小詩航詩鈔三卷雜著一卷　(清)蔡聘珍撰　清道光刻本　一册　存一卷(雜著)

330000－1701－0081455　G600968　集部/別集類/清別集

小信天巢詩鈔十八卷續鈔一卷　(清)陳石麟撰　清嘉慶十一年至十四年(1806－1809)刻本　二册　存十一卷(一至十一)

330000－1701－0081456　G003253　子部/宗教類/道教之屬/威儀

玄都律壇傳戒引禮規則不分卷　清末成都二仙菴刻本　一册

330000－1701－0081457　G605816　史部/地理類/雜志之屬

海上冶遊備覽四卷　(清)指迷生輯　清光緒刻本　二册

330000－1701－0081459　G601895　史部/地理類/方志之屬/郡縣志

[同治]鄞縣志七十五卷　(清)戴枚修　(清)張恕　(清)董沛等纂　清光緒三年(1877)刻四年(1878)增刻本　三十四册

330000－1701－0081460　善009012　史部/目録類/總録之屬/私撰

亦秀閣藏書目錄不分卷　(清)蔣光焴藏並撰　清抄本　一册

330000－1701－0081461　G605817　史部/地理類/總志之屬/斷代

大清一統全省地名問答一卷　清光緒二十九年(1903)新世界文化編譯會社鉛印本　一册

330000－1701－0081462　善009008　集部/詩文評類/文法之屬

董思白論文宗旨一卷舉業蓓蕾一卷　(明)董其昌撰　(清)趙維烈輯　清康熙刻本　清留耕主人題記　一册

330000－1701－0081463　G605818、G611112、G602360、G606928　集部/小說類/短篇之屬

今古奇觀四十卷　(明)抱甕老人輯　清刻本　十一册　缺五卷(一至五)

330000－1701－0081464　G600970　子部/小說家類/雜事之屬

夢厂雜著十卷　(清)俞蛟撰　清同治九年(1870)刻本　四册

330000－1701－0081465　善009014　史部/地理類/方志之屬/郡縣志

[康熙]烏青文獻十卷首一卷末一卷　(清)張園真纂　清康熙二十七年(1688)春草堂刻本　四册　存六卷(首、一、四至五、八至九)

330000－1701－0081466　G003321　經部/叢編

五經揭要五種二十九卷　(清)許寶善編　(清)周蕙田輯錄　清刻本　十册　存十五卷(周易揭要一至三、書經揭要四至六、詩經揭要二至四、禮記揭要二至五、春秋左傳揭要三至四)

330000－1701－0081469　G600971、G608548、G610636　子部/術數類/相宅相墓之屬

地理正宗三卷地理指迷篇二卷 （清）金六吉臆解 清乾隆四十二年（1777）嘉德堂刻本 禹航題簽並跋 五册

330000－1701－0081470 G003349 集部/曲類/寶卷之屬
江南松江府華亭縣白沙邨孝修回郎寶卷一卷七七寶卷一卷喫齋經一卷花名寶卷一卷法船經一卷 清光緒十二年（1886）杭城昭慶經房刻本 一册

330000－1701－0081471 G605819 類叢部/叢書類/彙編之屬
正覺樓叢刻（正覺樓叢書）二十九種 （清）崇文書局編 清光緒崇文書局刻本 一册 存一種

330000－1701－0081473 G605820 類叢部/叢書類/彙編之屬
武英殿聚珍版書三十九種 清乾隆浙江刻本 三册 存二種

330000－1701－0081474 G003254 類叢部/類書類/專類之屬
四書典制類聯三十三卷 （清）閻其淵輯 清刻本 一册 存五卷（二十九至三十三）

330000－1701－0081475 G003350、G008062、G008178 類叢部/叢書類/彙編之屬
平津館叢書八集三十九種 （清）孫星衍編 清嘉慶蘭陵孫氏刻本 七册 存四種

330000－1701－0081476 G003322 經部/四書類/總義之屬/傳説
四書題鏡□□卷 （清）汪鯉翔撰 清刻本 一册 存八卷（二十九至三十六）

330000－1701－0081477 G605821 子部/宗教類/道教之屬/戒律
太上寶筏圖説八卷 （清）黄正元纂 清光緒十八年（1892）上海鴻文書局石印本 八册

330000－1701－0081478 G003255 子部/小説家類/異聞之屬
繪圖希奇古怪四卷 （清）李慶辰撰 清光緒鉛印本 二册 存二卷（二、四）

330000－1701－0081479 G003323 經部/四書類/總義之屬/傳説
四書題鏡□卷 （清）汪鯉翔撰 清刻本 三册 存三卷（中庸、上論、下孟）

330000－1701－0081480 G605825 經部/三禮總義類/通論之屬
讀禮條考二十卷 （清）王曜南撰 清光緒二十三年（1897）武林尚友齋石印本 六册

330000－1701－0081481 G003351 史部/傳記類/別傳之屬/年譜
章氏質菴自敘出處事畧一卷 （清）章輅撰 （清）章光祖等續 清嘉慶木活字印本 一册

330000－1701－0081482 G605822 類叢部/叢書類/彙編之屬
嘯園叢書五十七種 （清）葛元煦編 清光緒二年至七年（1876－1881）仁和葛氏刻本 一册 存一種

330000－1701－0081484 G003324 經部/四書類/總義之屬/傳説
四書題鏡□卷 （清）汪鯉翔撰 清刻本 三册 存三卷（中庸、上論、上孟）

330000－1701－0081485 G605824 史部/編年類/通代之屬
資治通鑑二百九十四卷目録三十卷 （宋）司馬光撰 （元）胡三省音注 **續資治通鑑二百二十卷** （清）畢沅撰 清光緒二十五年（1899）上海蜚英館石印本 四册 存三十卷（目録一至三十）

330000－1701－0081486 G605823 史部/地理類/遊記之屬/紀勝
湖山便覽十二卷 （清）翟灝等撰 清光緒元年（1875）杭州王維翰槐蔭堂刻本 一册 存二卷（一至二）

330000－1701－0081487 G003352 子部/儒家類/儒學之屬/性理
朱子語類日鈔五卷 （宋）朱熹撰 （清）陳灃輯 清光緒二十二年（1896）皖江節署木活字印本 一册

330000－1701－0081488　G003353　集部/曲類/寶卷之屬
湖廣荆州府永慶縣修行梅氏花糊寶卷二卷　清光緒三十二年(1906)杭州慧空經房刻本　二册

330000－1701－0081489　G003354　子部/儒家類/儒學之屬/勸學
先正讀書訣一卷　(清)周永年輯　清光緒七年(1881)蜀西馮朝楨三水刻本　一册

330000－1701－0081490　G003355　集部/總集類/選集之屬/通代
詩苑天聲二十二卷(應制集四卷應試集三卷朝堂詩七卷館課集六卷歷代樂章二卷)　(清)范與良輯並評　清順治十六年(1659)旋采堂刻本　二册　存三卷(應試集一至三)

330000－1701－0081491　G003358　集部/小説類/長篇之屬
七俠五義傳二十四卷一百二十回　(清)石玉昆撰　(清)俞樾重編　清光緒二十二年(1896)上海廣百宋齋鉛印本　四册　存十七卷(四至十五、二十至二十四)

330000－1701－0081492　G003359　類叢部/叢書類/彙編之屬
武英殿聚珍版書一百三十八種　清乾隆浙江刻本　十六册　存四種

330000－1701－0081493　G003360、G007575、G008408、G009355、G009869　集部/總集類/郡邑之屬
越風三十卷　(清)商盤輯　清乾隆三十七年(1772)山陰王大治刻嘉慶十六年(1811)徐氏重修本　九册　存二十六卷(一、六至三十)

330000－1701－0081494　G603244　集部/別集類/清別集
顧亭林先生詩箋注十七卷首一卷　(清)顧炎武撰　(清)徐嘉箋注　**顧詩箋注校補一卷**　(清)李詳等撰　清光緒二十三年(1897)徐氏味静齋刻本　六册

330000－1701－0081496　G003326　子部/儒家類/儒學之屬/經濟
經世文微八卷文故八卷　龍廷弼輯　清光緒二十八年(1902)賁園刻本　四册　存八卷(文微一至四、文故五至八)

330000－1701－0081499　G003327　史部/政書類/儀制之屬/專志/科舉校規
杭州府中學堂章程一卷　清光緒鉛印本　一册

330000－1701－0081500　G603245　類叢部/叢書類/郡邑之屬
畿輔叢書　(清)王灝編　清光緒五年至十八年(1879－1892)定州王氏謙德堂刻三十二年(1906)彙印本(元和郡縣圖志卷十九至二十、二十三至二十四、三十五至三十六)　四册　存一種

330000－1701－0081501　G603246　子部/宗教類/佛教之屬
法苑珠林一百卷　(唐)釋道世撰　清道光七年(1827)蔣氏燕園刻本　二十四册

330000－1701－0081503　G003328　史部/政書類/公牘檔册之屬
浙江諮議局第二屆第一次臨時會議決案不分卷　(清)浙江諮議局編　清宣統三年(1911)鉛印本　一册

330000－1701－0081506　G603247　類叢部/叢書類/郡邑之屬
武林掌故叢編一百八十七種　(清)丁丙編　清光緒三年至二十六年(1877－1900)錢塘丁氏嘉惠堂刻本　五册　存十三種

330000－1701－0081509　善009016　史部/詔令奏議類/奏議之屬
皇明疏議輯畧三十七卷　(明)張瀚輯　明王汝訓、萬世德刻本　九册　存二十六卷(二至五、十一至三十二)

330000－1701－0081510　G003331　集部/詞類/類編之屬
宋名家詞六十一種　(明)毛晉編　明崇禎虞山毛氏汲古閣刻本　一册　存一種

330000－1701－0081511　G003332　子部/宗教類/佛教之屬/諸宗
靈峰蕅益大師選定淨土十要十卷　（清）釋智旭輯　（清）釋成時評點節略　清同治十一年(1872)刻本　三册　缺三卷(七至九)

330000－1701－0081514　善009007　集部/總集類/課藝之屬
增定國朝館課經世宏辭十五卷　（明）王錫爵（明）沈一貫輯　明萬曆十八年(1590)周曰校萬卷樓刻本　六册　存九卷(一至九)

330000－1701－0081515　G605837　子部/雜著類/雜考之屬
日知錄集釋三十二卷刊誤二卷續刊誤二卷　(清)黄汝成撰　清同治八年(1869)廣州述古堂刻本　四册　存七卷(一至七)

330000－1701－0081516　善009019　集部/別集類/清別集
清華集不分卷　（清）戴熙撰　清抄本　一册

330000－1701－0081518　G604801　子部/宗教類/佛教之屬/諸宗
止觀輔行傳弘決十卷　（唐）釋湛然撰　（隋）釋智顗說　（隋）釋灌頂記　清光緒十年(1884)刻本　五册　存三卷(六上下、七上下、十下)

330000－1701－0081520　G003333　子部/宗教類/佛教之屬
經律異相因果錄二卷　（南朝梁）釋僧旻(南朝梁)釋寶唱等撰　（清）釋古崑摘錄　清光緒十五年(1889)杭城弼教坊瑪瑙經房刻本　一册

330000－1701－0081521　G605826　類叢部/叢書類/自著之屬
船山遺書五十八種　（清）王夫之撰　清光緒三十一年(1905)上海商務印書館鉛印本　二册　存一種

330000－1701－0081522　G603248、G603808、G607605　集部/總集類/郡邑之屬
兩浙輶軒錄四十卷補遺十卷姓氏韻編二卷　(清)阮元輯　清光緒十六年(1890)浙江書局刻本　四册　存七卷(十六至十七、三十五至三十九)

330000－1701－0081523　善009020　史部/傳記類/總傳之屬/通代
安危注四卷　（清）吳甡輯　清康熙吳氏刻本　六册

330000－1701－0081524　G600972　集部/總集類/氏族之屬
黄氏家集初編六種　（清）黄家鼎編　清光緒十七年(1891)四明黄氏補不足齋刻本　十二册

330000－1701－0081525　善009018　子部/醫家類/方書之屬/歷代方書
普濟方一百六十八卷　（明）朱橚撰　明永樂周藩刻本　清程洪溥跋　一册　存一卷(三十一)

330000－1701－0081527　G003256、G608858、G607686、G610472　集部/詩文評類/詩評之屬
餘墨偶談八卷續集八卷　（清）孫樗編　清光緒七年(1881)刻本　五册

330000－1701－0081528　G605827　新學/雜著/叢編
西學富强叢書七十七種　（清）張蔭桓編　清光緒二十二年(1896)上海鴻文書局石印本　七册　存四種

330000－1701－0081531　G604815　子部/宗教類/佛教之屬/經疏
大佛頂首楞嚴經正脈疏四十卷首一卷　（明）釋真鑑撰　清光緒二十二年(1896)金陵刻經處刻本　十四册

330000－1701－0081533　G600973　子部/天文曆算類/天文之屬
圜天圖說三卷續編二卷首一卷　（清）李明徹撰　清嘉慶二十四年(1819)松梅軒刻道光元年(1821)增刻本　五册

330000－1701－0081534　G603250　史部/地

理類/外紀之屬

歐游隨筆二卷 (清)錢德培撰 清光緒木活字印本 一冊 存一卷(上)

330000－1701－0081536 G003257 集部/別集類/清別集

文課模範五卷 (清)許□撰 稿本 一冊

330000－1701－0081537 G604816 經部/叢編

仿宋相臺五經附考證 清乾隆四十八年(1783)武英殿刻本 八冊 存一種

330000－1701－0081538 善 009021 集部/總集類/郡邑之屬

諸暨詩錄不分卷詩餘一卷 (清)佚名輯 清抄本 八冊

330000－1701－0081539 G600974 類叢部/叢書類/彙編之屬

崇文書局彙刻書三十一種 (清)崇文書局編 清光緒元年至三年(1875－1877)湖北崇文書局刻本 二冊 存一種

330000－1701－0081540 G603252 類叢部/叢書類/彙編之屬

新陽趙氏叢刊十四種 (清)趙元益編 清光緒十一年至二十八年(1885－1902)新陽趙氏刻本 二冊 存一種

330000－1701－0081541 G007665、G003258、G008913、G009489 史部/政書類/通制之屬

廣治平畧三十六卷 (清)蔡方炳撰 清小琅嬛館刻本 八冊

330000－1701－0081543 善 009017 史部/金石類/總志之屬

金石圖不分卷 (清)牛運震集說 (清)褚峻摹圖 清乾隆八年至十年(1743－1745)刻本暨拓本 四冊

330000－1701－0081544 G605828 集部/別集類/清別集

愚荃敝帚二卷 (清)李文安撰 清光緒九年(1883)同文書局石印本 一冊

330000－1701－0081545 G604817 子部/宗教類/佛教之屬/經疏

大佛頂如來密因修證了義諸菩薩萬行首楞嚴經玄義二卷文句十卷 (清)釋智旭撰 清同治十三年(1874)金陵刻經處刻本 一冊 缺二卷(一至二)

330000－1701－0081546 G600975 集部/別集類/清別集

蓮因室詩集二卷詞集一卷 (清)鄭蘭孫撰 清光緒元年(1875)刻香海盦叢書本 清許承鼎題記 二冊

330000－1701－0081547 G605829 史部/史評類/考訂之屬

東周列國攷畧二卷 (清)朱元炅輯 清光緒十三年(1887)刻本 二冊

330000－1701－0081548 G603253 史部/政書類/軍政之屬

江西萍宜萬三縣清鄉善後章程一卷附結式誓詞 清光緒三十二年(1906)木活字印本 一冊

330000－1701－0081549 G003259、G006963、G011121、G009738 集部/曲類/彈詞之屬

綉像十美圖傳四十卷 (清)松筠氏撰 清同治九年(1870)北京寶文堂刻本 四冊

330000－1701－0081550 善 009023 經部/小學類/文字之屬/字書/字體

六書分類十二卷首一卷 (清)傅世垚輯 清康熙四十四年(1705)聽松閣刻本 十六冊

330000－1701－0081551 G603254 經部/小學類/文字之屬/說文

說文提要一卷 (清)陳建侯撰 清同治十二年(1873)湖北崇文書局刻本 一冊

330000－1701－0081552 G604818、G604006 子部/醫家類/綜合之屬/通論

御纂醫宗金鑑九十卷首一卷 (清)吳謙等撰 清刻本 三冊 存七卷(續編三至九)

330000－1701－0081553 G003334 子部/宗教類/佛教之屬

憨山大師夢遊摘要二卷附東遊集法語三則一卷　(明)釋德清撰　(明)釋福善錄　清光緒二十五年(1899)釋楚禪、釋醒徹刻本　朱中翰題記　一冊

330000－1701－0081554　G603255　新學/兵制/槍炮

克虜伯礮說四卷礮操法四卷礮表八卷　(德國)布國軍政局撰　(美國)金楷理口譯　(清)李鳳苞筆述　清光緒江南機器製造總局刻本　一冊　存四卷(克虜伯礮說一至四)

330000－1701－0081555　G600976　集部/別集類/清別集

容膝軒文稿八卷　清光緒二十一年至三十四年(1895－1908)刻本　二冊

330000－1701－0081556　G604819　類叢部/叢書類/彙編之屬

咫進齋叢書三十七種　(清)姚覲元編　清光緒九年(1883)歸安姚氏刻本　三冊　存一種

330000－1701－0081557　G603256　新學/兵制/槍炮

克虜伯礮說四卷礮操法四卷礮表八卷　(德國)布國軍政局撰　(美國)金楷理口譯　(清)李鳳苞筆述　清光緒江南機器製造總局刻本　一冊　存四卷(克虜伯礮說一至四)

330000－1701－0081558　G604820　類叢部/叢書類/彙編之屬

榆園叢刻十五種附一種　(清)許增編　清同治至光緒刻民國九年(1920)補刻本　四冊　存五種

330000－1701－0081560　G600977　子部/術數類/相宅相墓之屬

雪心賦正解四卷　(唐)卜應天撰　(清)孟浩註　**辯論三十篇一卷**　(清)孟浩撰　清掃葉山房刻校經山房印本　三冊　存四卷(一至四)

330000－1701－0081561　G003260　子部/小說家類/異聞之屬

耳食錄十二卷二編八卷　(清)樂鈞撰　清道光元年(1821)青芝山館刻本　清玉麐題記　六冊　缺八卷(二編一至八)

330000－1701－0081562　G003335　子部/宗教類/佛教之屬/諸宗

三千有門頌畧解一卷　(明)釋真覺解　清光緒十一年(1885)杭州昭慶寺慧空經房刻本　一冊

330000－1701－0081563　G003336　子部/宗教類/佛教之屬/諸宗

密雲圓悟禪師天童直說九卷　(清)釋道忞　(清)釋通雲　(清)釋通門編　清刻本　三冊　存六卷(一至二、六至九)

330000－1701－0081564　G600978　史部/叢編

史論五種　(清)李祖陶撰　清光緒二十七年(1901)上海古香閣石印本　四冊

330000－1701－0081565　G604821　子部/宗教類/佛教之屬

註心賦四卷　(宋)釋延壽撰　清光緒三年(1877)金陵刻經處刻本　三冊　存三卷(二至四)

330000－1701－0081566　G603257　子部/宗教類/佛教之屬/經疏

大佛頂首楞嚴經寶鏡疏十卷疏科一卷　(清)釋溥畹撰　清刻本　十一冊

330000－1701－0081567　G605833、G602184　經部/叢編

十三經注疏三百三十三卷　(明)□□輯　明崇禎元年至十二年(1628－1639)毛氏汲古閣刻本　十一冊　存一種

330000－1701－0081568　G604822　子部/宗教類/佛教之屬

註心賦四卷　(宋)釋延壽撰　清光緒三年(1877)金陵刻經處刻本　二冊　存二卷(一至二)

330000－1701－0081570　G603258　子部/醫家類/醫案之屬

江陰柳氏醫學叢書(柳選四家醫案)四種

(清)柳寶詒編　清光緒上海文瑞樓石印本　一册　存二種

330000－1701－0081571　G003337　子部/宗教類/佛教之屬

禪淨雙修直指五種　(清)釋通琇等撰　(清)□□輯　清同治五年(1866)刻本　一册

330000－1701－0081572　善009022　經部/小學類/文字之屬/字書/字典

篇海類編二十卷　題(明)宋濂撰　**附録一卷**　(明)張嘉和輯　明刻本　八册

330000－1701－0081573　G604823　子部/宗教類/佛教之屬/諸宗

相宗八要解八種　(明)釋明昱撰　清光緒二十八年(1902)金陵刻經處刻本　一册　存三種

330000－1701－0081574　G600979　史部/政書類/儀制之屬/典禮

南巡盛典一百二十卷　(清)高晉等纂修　清光緒八年(1882)上海點石齋石印本　八册

330000－1701－0081575　G605834　類叢部/叢書類/自著之屬

蘉莳山莊遺著四種　(清)吴修祜撰　清光緒十年至十五年(1884－1889)木活字印本　一册　存一種

330000－1701－0081576　G003261　集部/戲劇類/傳奇之屬

桃花扇傳奇四卷四十齣首一卷　(清)孔尚任撰　清刻本　二册　存二卷(三至四)

330000－1701－0081577　善009028　史部/傳記類/總傳之屬/家乘

[浙江紹興]秀巷徐氏宗譜不分卷　(清)徐聖功纂修　清抄本　一册

330000－1701－0081578　G600980　史部/傳記類/别傳之屬

王舍人哀輓録一卷附王君仲舒哀輓録一卷　清宣統二年(1910)瑞安務本局石印本　一册

330000－1701－0081579　善009024　史部/傳記類/總傳之屬/家乘

[浙江杭州]張氏族譜四卷首一卷　(清)張振河　(清)張果纂修　稿本　四册

330000－1701－0081580　G605835　類叢部/叢書類/自著之屬

振綺堂遺書五種　(清)汪遠孫撰　清道光刻民國十一年(1922)錢唐汪氏彙印本　二册　存一種

330000－1701－0081581　G604824　類叢部/叢書類/彙編之屬

校經山房叢書二十七種　(清)朱記榮編　清光緒三十年(1904)孫谿朱氏槐廬家塾重編印式訓堂叢書本　五册　存四種

330000－1701－0081582　G603259　史部/地理類/專志之屬/寺觀

天童寺志十卷首一卷　(清)德介　(清)聞性道撰　清康熙刻咸豐元年(1851)重修本　四册

330000－1701－0081583　G003262　集部/戲劇類/傳奇之屬

桃花扇傳奇四卷四十齣首一卷　(清)孔尚任撰　清刻本　一册　存一卷(二)

330000－1701－0081585　G600981　集部/總集類/選集之屬/斷代

兩漢策要十二卷　(宋)陶叔獻輯　清光緒十三年(1887)上海同文書局石印本(卷三原缺)　八册

330000－1701－0081586　G003338、G007502　集部/總集類/選集之屬/斷代

兩漢策要十二卷　(宋)陶叔獻輯　清乾隆五十六年(1791)如皋張朝樂刻本(卷三原缺)　五册　存八卷(一至二、四至八、十二)

330000－1701－0081587　G605836　子部/宗教類/佛教之屬/諸宗

淨土古佚十書　金陵刻經處編　清光緒十九年至民國三年(1893－1914)金陵刻經處刻本　一册　存一種

330000－1701－0081588　G604825　類叢部/

叢書類/彙編之屬
榆園叢刻十五種附一種 (清)許增編 清同治至光緒刻民國九年(1920)補刻本 一冊 存二種

330000－1701－0081589 G003263 子部/雜著類/雜說之屬
桐陰清話八卷 (清)倪鴻撰 清咸豐八年(1858)刻本 二冊 存四卷(五至八)

330000－1701－0081591 G601896 史部/地理類/方志之屬/郡縣志
[光緒]崇明縣志十八卷 (清)林達泉 (清)譚泰來修 (清)李聯琇 (清)黃清憲等纂 清光緒七年(1881)刻本 十二冊

330000－1701－0081592 G603260、G609315、G607652、G609984 史部/目録類/總録之屬/彙刻
彙刻書目二十卷 (清)顧修輯 (清)朱學勤補 清光緒十二年至十五年(1886－1889)上海福瀛書局刻本 十七冊 存十七卷(一至五、八至十七、十九至二十)

330000－1701－0081593 善009025 類叢部/類書類/專類之屬
新鍥兩京官板校正錦堂春曉翰林查對天下萬民便覽四卷 (明)鄧仕明輯 明閩建書林陳德宗刻本 一冊

330000－1701－0081594 G604826 類叢部/叢書類/自著之屬
甌北全集八種 (清)趙翼撰 清乾隆至嘉慶湛貽堂刻本 二冊 存一種

330000－1701－0081596 G605838 子部/宗教類/佛教之屬/諸宗
法界宗五祖略記一卷賢首五教儀開蒙一卷 (清)釋續法輯 清光緒二年(1876)、二十二年(1896)金陵刻經處刻本 一冊 存一卷(賢首五教儀開蒙)

330000－1701－0081597 G601068、G603261 子部/儒家類/儒學之屬/經濟
皇朝經世文續編一百二十卷 (清)葛士濬輯 清光緒二十二年(1896)寶善書局石印本 十冊

330000－1701－0081598 M004736 集部/小說類/長篇之屬
繡像全圖小五義六卷一百二十四回 (清)石玉崑撰 清光緒簡青齋書局石印本 三冊 存三卷(三至五)

330000－1701－0081599 G003339 史部/詔令奏議類/奏議之屬
沈文肅公政書七卷首一卷 (清)沈葆楨撰 清光緒鉛印本 一冊 存一卷(二)

330000－1701－0081600 G601897、G602347、G602471、G602623 史部/紀傳類/正史之屬
二十四史附考證 清光緒二十八年(1902)竢實齋石印本 一百三冊 存十五種

330000－1701－0081601 G600983 子部/藝術類/音樂之屬/樂譜
瓶笙館修簫譜四卷 (清)舒位撰 清道光十三年(1833)錢塘汪氏振綺堂刻本 一冊

330000－1701－0081602 G605839、G606004 經部/春秋左傳類/傳說之屬
春秋左氏傳賈服註輯述二十卷 (清)李貽德撰 清同治五年(1866)餘姚朱蘭金陵書局刻本 六冊

330000－1701－0081603 G600984 子部/藝術類/音樂之屬/樂譜
瓶笙館修簫譜四卷 (清)舒位撰 清道光十三年(1833)錢塘汪氏振綺堂刻本 一冊

330000－1701－0081604 G605840 子部/天文曆算類
兼濟堂纂刻梅勿庵先生曆算全書二十八種 (清)梅文鼎撰 (清)魏荔彤輯 (清)楊作枚訂補 清雍正元年(1723)栢鄉魏荔彤刻乾隆十四年(1749)梅汝培、咸豐九年(1859)梅體萱遞修本 一冊 存一種

330000－1701－0081605 G600985 子部/藝術類/音樂之屬/樂譜
瓶笙館修簫譜四卷 (清)舒位撰 清道光十

三年(1833)錢塘汪氏振綺堂刻本　一册

330000－1701－0081606　G003264　類叢部/叢書類/彙編之屬

江陰季氏叢刻八種　(清)季綸全編　清光緒江陰季氏栩園刻本　一册　存一種

330000－1701－0081607　G003265　史部/政書類/軍政之屬/團練

團練事宜一卷寧鄉勸誡士民條約一卷　(清)朱孫詒輯　清光緒二十四年(1898)石印本　一册

330000－1701－0081608　G601898、G606634　史部/地理類/方志之屬/郡縣志

[同治]彭澤縣志十八卷　(清)趙宗耀　(清)陳文慶修　(清)歐陽燾等纂　清同治十二年(1873)刻本　十五册

330000－1701－0081609　G003266　子部/醫家類/方書之屬/單方驗方

簡便良方一卷　(清)毛瞻岵撰　清光緒二十六年(1900)刻本　一册

330000－1701－0081610　善 009029　史部/傳記類/總傳之屬/家乘

[浙江紹興]南翰徐氏宗譜不分卷　(清)徐汝璋纂修　清抄本　一册

330000－1701－0081611　G003340　集部/總集類/選集之屬/通代

六家文選六十卷　(南朝梁)蕭統撰　(唐)李善　(唐)呂延濟　(唐)劉良　(唐)張銑　(唐)李周翰　(唐)呂向注　明嘉靖丁覵刻本　十册　存三十一卷(六至八、三十三至六十)

330000－1701－0081612　G603263　經部/叢編

五經合纂大成四十四卷首五卷　(清)同文書局主人輯　清光緒十一年(1885)上海同文書局石印本　一册　存八卷(禮記合纂大成首三)

330000－1701－0081613　G603264　集部/小説類/短篇之屬

閨閣才子奇書十二卷首一卷　(清)鴛湖煙水散人撰　清光緒十八年(1892)上海中和書局石印本　四册

330000－1701－0081614　G603265、G611386　類叢部/叢書類/彙編之屬

申報館叢書正集五十七種附録三種續集一百四十二種　(清)尊聞閣主編　蔡爾康編續集　清同治至光緒上海申報館鉛印本　二册　存一種

330000－1701－0081616　G603266、G603590、G607486　類叢部/叢書類/彙編之屬

經策通纂二種　(清)吳頴炎　(清)陳通聲等纂　清光緒十三年(1887)上海點石齋石印本　九册　存一種

330000－1701－0081617　善 009031　史部/傳記類/別傳之屬/年譜

蒼山[毛雲孫]年譜知非紀不分卷　(清)毛雲孫撰　清抄本　一册

330000－1701－0081618　G603267　類叢部/叢書類/自著之屬

京塵雜録四種　(清)楊懋建撰　清光緒十二年(1886)上海同文書局石印本　二册

330000－1701－0081619　G603268、G603906　史部/目録類/專録之屬

皇清經解敬修堂編目十六卷　(清)陶治元編　清光緒十二年(1886)石印本　三册　存十二卷(一至三、八至十六)

330000－1701－0081620　G605852　類叢部/叢書類/彙編之屬

廣雅書局叢書一百五十九種　徐紹棨編　清光緒廣雅書局刻民國九年(1920)番禺徐紹棨彙編重印本　三册　存一種

330000－1701－0081621　善 009030　史部/地理類/專志之屬/祠墓

平湖陸氏景賢祠志四卷　(明)陸基忠輯　明萬曆三十三年(1605)刻本　二册

330000－1701－0081624　善 009033　史部/編年類/斷代之屬

建炎以來繫年要録二百卷　（宋）李心傳撰　清抄本　九十五册　缺一卷（一）

330000－1701－0081626　G605841　史部/傳記類/科舉録之屬/總録

國朝湖州府科第表（吳興科第表）一卷　（清）戴璐輯　（清）沈鋐補輯　（清）錢振常續輯　清同治十一年（1872）刻光緒七年（1881）續刻十七年（1891）增刻本　二册

330000－1701－0081627　善009032　史部/政書類/通制之屬

文獻通考三百四十八卷首一卷　（元）馬端臨撰　明嘉靖馮天馭刻本　八十四册

330000－1701－0081628　G600986　集部/總集類/選集之屬/通代

古文近道集八卷　（清）王贇元輯　清同治七年（1868）山陰王氏培槐軒刻本　二册

330000－1701－0081629　G003342　史部/金石類/郡邑之屬/文字

粵東金石略九卷首一卷附九曜石考二卷　（清）翁方綱撰　清光緒十七年（1891）廣州石經堂書局影印本　四册

330000－1701－0081631　善009026　史部/目録類/總録之屬

光緒重修海寧州志藝文分類稿四卷擬續修海昌藝文一卷非見齋碑録目一卷續語堂碑録目一卷續修川小志鄉校稿一卷　（清）鄒存淦纂　稿本　三册

330000－1701－0081632　G006466、G003357、G006740　集部/戲劇類/傳奇之屬

繡像風箏誤八卷三十二回　（清）竹齋主人撰　清嘉慶十五年（1810）漱芳閣刻本　六册

330000－1701－0081633　G003343　集部/曲類/彈詞之屬

來生福彈詞三十六回　（清）橘中逸叟撰　清刻本　十七册　存二十七回（一至八、十三至十四、十六至二十九、三十二、三十五至三十六）

330000－1701－0081634　G600987、G609754　子部/儒家類/儒學之屬/性理

志學録八卷　（清）方宗誠撰　清光緒三年（1877）刻本　二册

330000－1701－0081635　G605842　子部/宗教類/佛教之屬/論

中論六卷　（天竺）龍樹菩薩造　（天竺）釋青目釋　（後秦）釋鳩摩羅什譯　清光緒刻本　二册

330000－1701－0081636　善009027　史部/地理類/專志之屬/寺觀

偁山偁心寺志五卷　（清）趙甸　（清）章世法輯　清抄本　一册

330000－1701－0081637　G600988　集部/別集類/清別集

宧濛草一卷金帚集一卷　（清）馮春潮撰　清道光十年（1830）吟梅書屋刻本　一册

330000－1701－0081639　G605843　集部/別集類/清別集

韻山堂詩集七卷補遺一卷　（清）王文誥撰　清光緒十四年（1888）浙江書局刻本　一册

330000－1701－0081640　G600989　集部/別集類/漢魏六朝別集

庾子山集十六卷總釋一卷　（北周）庾信撰　（清）倪璠注　**庾子山［信］年譜一卷**　（清）倪璠撰　清金閶書業堂刻本　八册

330000－1701－0081641　G605844　經部/春秋總義類/專著之屬

春秋繁露義證十七卷首一卷攷證一卷　（清）蘇興撰　清宣統二年（1910）王先謙長沙刻本　三册　存十五卷（三至十七）

330000－1701－0081642　G003344　集部/總集類/選集之屬/通代

古文辭類纂十五卷　（清）姚鼐輯　**續古文辭類纂十卷**　王先謙輯　清光緒二十四年（1898）上海書局石印本　二册

330000－1701－0081644　G600990　類叢部/叢書類/自著之屬

任氏遺書八種　（清）任啓運撰　清光緒十四

年(1888)荆溪任氏家塾刻本　一冊　存二種

330000－1701－0081646　G605845　子部/宗教類/佛教之屬/論

雜毒海八卷　(明)釋性音重編　清光緒二十八年(1902)清河龐氏刻本　一冊　存四卷(五至八)

330000－1701－0081647　G600991　類叢部/叢書類/彙編之屬

留垞叢刻八種　楊鍾羲編　清光緒十六年至宣統二年(1890－1910)刻本　一冊　存一種

330000－1701－0081648　G003345　史部/傳記類/别傳之屬

崇孝讜言不分卷　清咸豐七年(1857)三水申氏宗祠刻本　二冊

330000－1701－0081651　G605846　史部/政書類/邦交之屬

約章成案匯覽甲篇十卷乙篇四十二卷　(清)北洋洋務局輯　清光緒三十一年(1905)上海點石齋石印本　十四冊　存十八卷(乙篇十九至二十二、二十五至二十七、三十二至四十二)

330000－1701－0081652　G600992　類叢部/叢書類/彙編之屬

廣雅書局叢書一百五十九種　徐紹棨編　清光緒廣雅書局刻民國九年(1920)番禺徐紹棨彙編重印本　一冊　存一種

330000－1701－0081653　G600993　類叢部/叢書類/彙編之屬

崇文書局彙刻書三十一種　(清)崇文書局編　清光緒元年至三年(1875－1877)湖北崇文書局刻本　二冊　存一種

330000－1701－0081655　G605847　經部/書類/傳說之屬

尚書孔傳參正三十六卷序例一卷　王先謙撰　清光緒三十年(1904)虚受堂刻本　六冊

330000－1701－0081657　G600994　史部/傳記類/總傳之屬/文苑

東軒吟社畫像一卷附記傳題詞一卷　(清)費丹旭繪　(清)黄士珣記　(清)諸可寶傳　(清)汪曾唯輯　清光緒二年(1876)泉唐汪氏振綺堂刻清末增刻本　一冊

330000－1701－0081658　G605848　子部/宗教類/佛教之屬/諸宗

往生集三卷附普勸爲人必修淨土一卷　(明)釋袾宏輯　清同治七年(1868)刻本　一冊

330000－1701－0081659　G604828　類叢部/叢書類/彙編之屬

榆園叢刻十五種附一種　(清)許增編　清同治至光緒刻民國九年(1920)補刻本　一冊　存二種

330000－1701－0081660　G003346、G003597、G008264　子部/雜著類

宣講彙編四卷　清光緒三十四年(1908)經元書室刻本　三冊　存三卷(一至二、四)

330000－1701－0081661　善009037　史部/傳記類/總傳之屬/家乘

[浙江上虞]崧里何氏宗譜八卷　(清)何大章等修　(清)何洵　(清)何簡纂　清乾隆抄本　三冊

330000－1701－0081663　G604829　集部/别集類/清别集

聊園詩存十卷詞存一卷　(清)王增祺撰　清光緒十六年至十七年(1890－1891)韓城刻本　一冊　存二卷(一至二)

330000－1701－0081664　G600995　集部/總集類/彙編之屬

陳太僕批選八家文抄九卷　(清)陳兆崙編　清光緒二十六年(1900)天津文美齋石印本　六冊

330000－1701－0081665　善009036　史部/傳記類/總傳之屬/家乘

[安徽休寧]臨溪蒸圻吴氏譜集不分卷　(清)□□纂修　清康熙抄本　一冊

330000－1701－0081666　G003347　子部/醫家類/類編之屬

醫學五則　(清)廖雲溪編　清咸豐三年至光

緒三十三年(1853－1907)刻本　二册

330000－1701－0081667　G605849　子部/宗教類/佛教之屬/經疏
妙法蓮華經科註七卷首一卷　(後秦)釋鳩摩羅什譯　(明)釋一如集註　清同治十一年(1872)刻本　八册

330000－1701－0081668　G003267、G005124　子部/術數類/占卜之屬
鼎鍥卜筮鬼谷源流斷易天機大全三卷首一卷　清經元堂刻本　三册

330000－1701－0081669　G600996　子部/醫家類/兒科之屬/通論
生生福幼編五種附論一種　(清)莊一夔等撰　清光緒二十四年(1898)景文齋刻本　一册

330000－1701－0081670　G604830　子部/宗教類/佛教之屬/經疏
佛説四十二章經註一卷佛遺教經註一卷　(宋)釋守遂註　(明)釋了童補註　清光緒十六年(1890)金陵刻經處刻本　一册

330000－1701－0081673　G605850　子部/宗教類/佛教之屬/經疏
妙法蓮華經科註七卷首一卷　(後秦)釋鳩摩羅什譯　(明)釋一如集註　清同治十一年(1872)刻本　七册　缺一卷(一)

330000－1701－0081674　G607537、G604831　經部/叢編
重刊宋本十三經注疏四百十六卷　附十三經注疏校勘記四百十六卷　(清)阮元撰　(清)盧宣旬摘録　清嘉慶二十年(1815)南昌府學刻本　二十三册　存一種

330000－1701－0081675　G605851　子部/宗教類/佛教之屬/經疏
妙法蓮華經科註七卷首一卷　(後秦)釋鳩摩羅什譯　(明)釋一如集註　清同治十一年(1872)刻本　一册　存一卷(七)

330000－1701－0081676　G600998　集部/别集類/清别集
寄龕詩稿二卷詞稿一卷　(清)孫汝懌撰　清宣統三年(1911)刻本　二册　缺一卷(詩稿二)

330000－1701－0081677　G003268　子部/醫家類/推拿按摩外治之屬
推拿廣意三卷　(清)熊應雄輯　(清)陳世凱訂　清光緒蘇州緑蔭堂刻本　一册　存一卷(上)

330000－1701－0081679　G600997　史部/政書類/通制之屬
石渠餘紀六卷　(清)王慶雲撰　清光緒三十三年(1907)刻民國二十三年(1934)印本　六册

330000－1701－0081680　G600999　史部/地理類/遊記之屬/紀行
河海崑崙録四卷　裴景福撰　清宣統元年(1909)上海文明書局鉛印本　四册

330000－1701－0081681　善009043　經部/小學類/文字之屬/説文
説文解字十二卷　(漢)許慎撰　(宋)李燾重編　明刻本　十二册

330000－1701－0081682　G605853　史部/金石類/郡邑之屬/文字
海東金石苑四卷　(清)劉喜海撰　清光緒七年(1881)張德容二銘草堂刻本　徐自衢題記　四册

330000－1701－0081683　G003418　史部/目録類/總録之屬/地方
台獻徵目録初編一卷　金嗣獻編　清宣統三年(1911)稿本　一册

330000－1701－0081684　G604832　類叢部/叢書類/彙編之屬
增訂漢魏叢書八十六種　(清)王謨編　清乾隆五十六年(1791)金谿王氏刻本　八册　存九種

330000－1701－0081685　G601000　史部/詔令奏議類/奏議之屬
石林奏議十五卷　(宋)葉夢得撰　清光緒十一年(1885)吳興陸氏皕宋樓影宋刻本　二册

330000－1701－0081686　G003269　子部/宗教類/佛教之屬/經疏

妙法蓮華經玄義十卷　(隋)釋智顗說　(隋)釋灌頂記　清刻本　二冊　存二卷(三至四)

330000－1701－0081687　善009040　史部/傳記類/總傳之屬/家乘

[浙江諸暨]孝義青石李氏三修宗譜四卷　(清)斯邁纂修　清康熙二十四年(1685)抄本　一冊

330000－1701－0081688　G601900、G602249　史部/地理類/方志之屬/郡縣志

[同治]景寧縣志十四卷首一卷末一卷　(清)周杰修　(清)嚴用光等纂　清同治十一年至十二年(1872－1873)刻本　三冊　存五卷(四至五、十一至十三)

330000－1701－0081689　G003419　經部/小學類/音韻之屬/韻書

韻學驪珠二卷　(清)沈乘麐輯　清嘉慶元年(1796)枕流居刻本　二冊

330000－1701－0081690　G604833　子部/宗教類/佛教之屬/經疏

十不二門指要鈔詳解二卷　(唐)釋湛然釋籤　(宋)釋可度詳解　(明)釋正謐分會　清福德因緣堂刻本　四冊

330000－1701－0081691　G601901　史部/地理類/方志之屬/郡縣志

[嘉慶]松江府志八十四卷首二卷圖一卷　(清)宋如林修　(清)孫星衍　(清)莫晉　(清)朱淥纂　清嘉慶二十三年(1818)松江府學明倫堂刻本　十八冊　存三十八卷(十八至五十五)

330000－1701－0081692　G604834　子部/宗教類/佛教之屬/經疏

十不二門指要鈔詳解二卷　(唐)釋湛然釋籤　(宋)釋可度詳解　(明)釋正謐分會　清福德因緣堂刻本　四冊

330000－1701－0081693　善009042　史部/傳記類/別傳之屬/年譜

葉文定公[適]年譜不分卷　(清)孫衣言撰　稿本　二冊

330000－1701－0081694　G604835　子部/宗教類/佛教之屬/經疏

十不二門指要鈔詳解二卷　(唐)釋湛然釋籤　(宋)釋可度詳解　(明)釋正謐分會　清福德因緣堂刻本　四冊

330000－1701－0081695　善009039　史部/傳記類/總傳之屬/家乘

東海徐氏宗譜不分卷　清抄本　一冊

330000－1701－0081696　G003270　子部/宗教類/佛教之屬/諸宗

修習止觀坐禪法要二卷六妙法門一卷　(隋)釋智顗撰　清光緒十八年(1892)、二十九年(1903)金陵刻經處刻本　一冊

330000－1701－0081698　G003422　類叢部/叢書類/自著之屬

坦園全集八種　(清)楊恩壽撰　清光緒長沙楊氏刻本　一冊　存一種

330000－1701－0081699　G604836　子部/宗教類/佛教之屬/諸宗

相宗八要解八種　(明)釋明昱撰　清光緒二十八年(1902)金陵刻經處刻本　一冊　存四種

330000－1701－0081700　G003423、G610345　集部/別集類/明別集

何大復先生集三十八卷　(明)何景明撰　**附錄一卷**　清乾隆十五年(1750)何氏賜策堂刻本　四冊　存十八卷(一至十八)

330000－1701－0081701　G601001　類叢部/類書類/通類之屬

古事比五十二卷　(清)方中德輯　清光緒十九年(1893)上海寶善局石印本　六冊

330000－1701－0081702　G605855　類叢部/叢書類/郡邑之屬

台州叢書續編十三種　(清)王棻等編　清光緒王棻等刻本　二冊　存一種

330000－1701－0081703　G604837　子部/宗教類/佛教之屬/諸宗

法界宗五祖略記一卷賢首五教儀開蒙一卷　(清)釋續法輯　清光緒二年(1876)、二十二年(1896)金陵刻經處刻本　一冊

330000－1701－0081704　善009047　經部/小學類/文字之屬/字書

浙垣同音千字文四卷　(清)朱一新撰　稿本　四冊

330000－1701－0081706　G604838　子部/宗教類/佛教之屬/諸宗

法界宗五祖略記一卷賢首五教儀開蒙一卷　(清)釋續法輯　清光緒二年(1876)、二十二年(1896)金陵刻經處刻本　一冊

330000－1701－0081707　善009038　史部/傳記類/總傳之屬/家乘

[浙江諸暨]白門方氏十修宗譜不分卷　(清)方渭等纂修　清嘉慶十二年(1807)抄本　六冊

330000－1701－0081708　G601902　史部/地理類/方志之屬/郡縣志

[光緒]諸暨縣志六十一卷　陳遹聲修　(清)蔣鴻藻纂　清宣統二年(1910)刻本　十八冊

330000－1701－0081709　G601002　子部/儒家類/儒學之屬/經濟

盱江經濟一斑十六卷　(宋)李覯撰　清光緒二十九年(1903)文來書局石印本　二冊

330000－1701－0081710　G003271、G003603、G008802、G009377　子部/醫家類/醫經之屬/內經

素問病機氣宜保命集三卷　(金)劉完素撰　明刻本　六冊

330000－1701－0081711　G604839　子部/宗教類/佛教之屬/諸宗

法界宗五祖略記一卷賢首五教儀開蒙一卷　(清)釋續法輯　清光緒二年(1876)、二十二年(1896)金陵刻經處刻本　一冊

330000－1701－0081712　善009046　類叢部/類書類/通類之屬

初學記三十卷　(唐)徐堅等輯　明萬曆二十五年至二十六年(1597－1598)陳大科刻清初宮偉鏐岱雲樓重修本　六冊

330000－1701－0081713　G003361　集部/別集類/宋別集

丹淵集二卷　(宋)文同撰　(清)楊體仁編輯　清鞍柏山房刻本　邵祖平跋　一冊

330000－1701－0081715　G003424　集部/別集類/明別集

天傭子集一卷續集一卷　(明)艾南英撰　明末刻本　二冊

330000－1701－0081716　G003427、G004275、G005161、G005559　類叢部/類書類/專類之屬

分類字錦六十四卷　(清)何焯等纂　清刻本　四十八冊

330000－1701－0081717　G604840　子部/宗教類/佛教之屬/諸宗

相宗八要直解八卷　(清)釋智旭撰　清同治九年(1870)金陵刻經處刻本　二冊

330000－1701－0081718　G003272　經部/群經總義類/文字音義之屬

經典釋文序錄一卷　(唐)陸德明撰　清末江楚書局刻本　一冊

330000－1701－0081719　善009052　子部/宗教類/佛教之屬

師子林天如和尚語錄□□卷　(元)釋惟則撰　(元)釋善遇輯　元刻本　俟翁題記　一冊　存三卷(三至五)

330000－1701－0081720　G604841　子部/宗教類/佛教之屬/諸宗

相宗八要直解八卷　(清)釋智旭撰　清同治九年(1870)金陵刻經處刻本　二冊

330000－1701－0081721　G604842　子部/宗教類/佛教之屬/諸宗

相宗八要直解八卷　(清)釋智旭撰　清同治九年(1870)金陵刻經處刻本　二冊

330000－1701－0081722　G601003　子部/儒家類/儒學之屬/勸學

教諭語一卷　(清)謝金鑾撰　清光緒二十二年(1896)寧郡學刻本　一册

330000－1701－0081723　G601903、G602181　史部/地理類/方志之屬/郡縣志

[同治]直隸綿州志五十五卷　(清)文棨　(清)董貽清修　(清)伍肇齡　(清)何天祥纂　清同治十二年(1873)刻本　十二册　存三十六卷(一至三十五、四十九)

330000－1701－0081724　G604843　子部/宗教類/佛教之屬/諸宗

相宗八要直解八卷　(清)釋智旭撰　清同治九年(1870)金陵刻經處刻本　一册　存四卷(五至八)

330000－1701－0081727　G601004、G602494　經部/四書類/總義之屬/傳說

四書集註十九卷　(宋)朱熹撰　清光緒三十二年(1906)上海商務印書館鉛印本　二册　存七卷(孟子一至七)

330000－1701－0081728　G003273　集部/曲類/寶卷之屬

雪山寶卷全集一卷　(清)□□撰　清光緒二年(1876)浙江西湖瑪瑙明臺經房刻本　一册

330000－1701－0081729　G604845　子部/宗教類/佛教之屬/經疏

楞伽阿跋多羅寶經註解四卷　(南朝宋)釋求那跋多羅譯　(明)釋宗泐　(明)釋如玘注　清光緒四年(1878)長沙刻經處刻本　二册

330000－1701－0081730　G003274　集部/曲類/寶卷之屬

無上圓明通正生蓮寶卷二卷掃邪歸正論一卷無雲子遺訓一卷　(清)周惟清編　清末刻本　一册

330000－1701－0081731　G003426、G602231　史部/地理類/方志之屬/通志

[雍正]敕修浙江通志二百八十卷首三卷　(清)李衛　(清)嵇曾筠等修　(清)沈翼機　(清)傅王露等纂　清乾隆元年(1736)刻嘉慶十七年(1812)校補印本　三十九册　存一百十二卷(二十五至八十四、一百四十六至一百六十三、一百七十至二百一、二百六十九至二百七十)

330000－1701－0081732　善009045　經部/小學類/文字之屬/字書/字典

大廣益會玉篇三十卷　(南朝梁)顧野王撰　(唐)孫強增字　(宋)陳彭年等重修　**玉篇廣韻指南一卷**　元刻本　一册　存二十卷(十一至三十)

330000－1701－0081733　G601005　新學/商務/商學

原富八卷　(英國)斯密亞丹撰　嚴復譯　清光緒二十八年(1902)上海南洋公學譯書院鉛印本　八册

330000－1701－0081734　G003362　史部/目錄類/書志之屬/提要

二十四史總目一卷　(清)紀曉嵐撰　**[正德]朝邑縣志二卷**　(明)韓邦靖撰　清道光九年(1829)定安莫瑞堂刻本　一册

330000－1701－0081735　G601006　類叢部/叢書類/自著之屬

汪雙池先生叢書二十種附浙刻雙池遺書十二種　(清)汪紱撰　清道光至光緒刻光緒二十三年(1897)長安趙舒翹等彙印本　一册　存一種

330000－1701－0081736　善009051　集部/別集類/唐五代別集

河東先生集四十五卷外集二卷龍城錄二卷　(唐)柳宗元撰　(唐)劉禹錫編　(宋)廖瑩中校正　**河東先生集附錄二卷集傳一卷**　明嘉靖東吳郭雲鵬濟美堂刻本　十二册

330000－1701－0081737　善009048　史部/傳記類/總傳之屬/姓名

古今萬姓統譜一百四十卷歷代帝王姓系統譜六卷氏族博攷十四卷　(明)凌迪知輯　明萬曆刻本　四十册　缺五卷(歷代帝王姓系統譜二至六)

330000－1701－0081738　G601007　子部/儒家類/儒學之屬/蒙學
正蒙必讀初二三編　(清)陳蔚文編　清光緒二十七年至二十八年(1901－1902)杞廬刻本　一冊　存一種

330000－1701－0081739　G003275　集部/曲類/寶卷之屬
梁皇寶卷全集一卷　清光緒十四年(1888)杭州慧空經房刻本　一冊

330000－1701－0081740　善009044　史部/史評類/史論之屬
刻歷朝捷錄大成二卷　(明)顧充撰　明萬曆十二年(1584)餘姚王述甫等定海學宮刻本　二冊

330000－1701－0081741　G003363　史部/金石類/金之屬/文字
攈古錄金文三卷　(清)吴式芬撰　清光緒二十一年(1895)吴重憙刻本　二冊　存二卷(二至三)

330000－1701－0081742　G601008　類叢部/叢書類/彙編之屬
仰視千七百二十九鶴齋叢書四十種　(清)趙之謙編　清光緒會稽趙氏刻本　一冊　存一種

330000－1701－0081743　G003276　集部/曲類/寶卷之屬
妙英寶卷全集一卷　清昭慶慧空經房刻本　一冊

330000－1701－0081745　G601009　集部/別集類/清別集
雪蕉齋詩鈔四卷補編一卷　(清)王德馨撰　**鹹餘集殘稿一卷**　(清)邵匹蘭撰　**留硯山房遺草一卷**　(清)王朝清撰　清光緒二十六年至三十年(1900－1904)刻本　二冊

330000－1701－0081746　G604844　子部/宗教類/佛教之屬/經疏
大佛頂如來密因修證了義諸菩薩萬行首楞嚴經玄義二卷文句十卷　(清)釋智旭撰　清同治十三年(1874)金陵刻經處刻本　八冊　存九卷(文句二至十)

330000－1701－0081747　G003364　集部/曲類/曲藝之屬
烏夜啼曲一卷　(清)徐聘卿撰　清光緒六年(1880)杭州同德堂刻本　一冊

330000－1701－0081749　善009055　史部/詔令奏議類/奏議之屬
奏章一卷　(清)戴熙撰　清稿本　一冊

330000－1701－0081751　善009050　史部/編年類/通代之屬
訂正通鑑綱目前編二十五卷　(明)南軒撰　明萬曆刻本　十二冊

330000－1701－0081752　G003365　類叢部/類書類/專類之屬
佩文韻府一百六卷　(清)張玉書　(清)蔡升元等輯　**韻府拾遺一百六卷**　(清)汪灝　(清)何焯等輯　清刻本　十七冊　存二十卷(佩文韻府一至十一上、七十四至七十六上、九十三下至九十七,韻府拾遺一至二)

330000－1701－0081753　G003494、G004845　類叢部/叢書類/彙編之屬
申報館叢書正集五十七種附錄三種續集一百四十二種　(清)尊聞閣主編　蔡爾康編續集　清同治至光緒上海申報館鉛印本　二冊　存一種

330000－1701－0081755　善009054　經部/小學類/文字之屬/說文
說文解字十五卷標目一卷　(漢)許慎撰　(宋)徐鉉等校定　清乾隆三十八年(1773)大興朱筠椒華吟舫刻本　十六冊

330000－1701－0081756　G603274　子部/宗教類/佛教之屬/經
金光明經四卷　(晉)釋曇無讖譯　清同治八年(1869)釋古株刻本　一冊

330000－1701－0081757　G601010　集部/別集類/明別集
唐荆川先生文集十八卷補遺一卷附錄一卷

（明）唐順之撰　清光緒二十一年（1895）武進盛氏思惠齋刻朱印本　四冊

330000－1701－0081758　善009053　子部/小說家類/雜事之屬
世說新語三卷　（南朝宋）劉義慶撰　（南朝梁）劉孝標注　明萬曆三十七年（1609）周氏博古堂刻本　三冊

330000－1701－0081759　善009049　子部/雜著類/雜說之屬
鄭端簡公全集八種　（明）鄭曉撰　明嘉靖至萬曆項篤壽萬卷堂刻本　二冊　存一種

330000－1701－0081760　G003495　經部/四書類/總義之屬/傳說
四書體註合講十九卷　（清）翁復編　清光緒五年（1879）味蘭軒刻本　五冊　缺五卷（論語六至十）

330000－1701－0081761　G603275　子部/宗教類/佛教之屬/經
金光明經四卷　（晉）釋曇無讖譯　清同治八年（1869）釋古株刻本　一冊

330000－1701－0081763　G603276　子部/宗教類/佛教之屬/經
金光明經四卷　（晉）釋曇無讖譯　清同治八年（1869）釋古株刻本　一冊

330000－1701－0081765　G601011　集部/小說類/短篇之屬
燕山外史註釋八卷補註一卷　（清）陳球撰　（清）若騤子輯注　清光緒五年（1879）刻本　四冊

330000－1701－0081766　G603277　子部/宗教類/佛教之屬/經
金光明經四卷　（晉）釋曇無讖譯　清同治八年（1869）釋古株刻本　一冊

330000－1701－0081767　G603278　子部/宗教類/佛教之屬/經
金光明經四卷　（晉）釋曇無讖譯　清同治八年（1869）釋古株刻本　一冊

330000－1701－0081768　G603279　子部/宗教類/佛教之屬/經
金光明經四卷　（晉）釋曇無讖譯　清同治八年（1869）釋古株刻本　一冊

330000－1701－0081770　G601012　子部/藝術類/書畫之屬
桐陰論畫二卷首一卷附錄一卷畫訣一卷續桐陰論畫一卷二編二卷三編二卷　（清）秦祖永撰　清宣統二年（1910）上海中國書畫會石印本　六冊

330000－1701－0081771　G603280　子部/宗教類/佛教之屬/經
金光明經四卷　（晉）釋曇無讖譯　清同治八年（1869）釋古株刻本　一冊

330000－1701－0081772　G003429　集部/總集類/尺牘之屬
明越郡名賢尺牘一卷　清光緒鉛印本　一冊　存第三十至六十葉

330000－1701－0081773　G601013　史部/政書類/律令之屬/治獄
駁案彙編四十一卷　（清）朱梅臣輯　清光緒九年（1883）上海圖書集成局鉛印本　十二冊

330000－1701－0081774　G603281　子部/宗教類/佛教之屬/經
金光明經四卷　（晉）釋曇無讖譯　清同治八年（1869）釋古株刻本　一冊

330000－1701－0081775　G603282　子部/宗教類/佛教之屬/經
金光明經四卷　（晉）釋曇無讖譯　清同治八年（1869）釋古株刻本　一冊

330000－1701－0081776　G603283　子部/宗教類/佛教之屬/經
金光明經四卷　（晉）釋曇無讖譯　清同治八年（1869）釋古株刻本　一冊

330000－1701－0081778　G603284　子部/宗教類/佛教之屬/經
金光明經四卷　（晉）釋曇無讖譯　清同治八年（1869）釋古株刻本　一冊

330000－1701－0081779　G603285　子部/宗教類/佛教之屬/經
金光明經四卷　（晉）釋曇無讖譯　清同治八年(1869)釋古株刻本　一冊

330000－1701－0081780　G003366　子部/醫家類/喉科口齒之屬
咽喉科松陰祕錄一卷　（清）□攀桂輯　清末嘉興曹大經抄本　一冊

330000－1701－0081781　G603286　子部/宗教類/佛教之屬/經
金光明經四卷　（晉）釋曇無讖譯　清同治八年(1869)釋古株刻本　一冊

330000－1701－0081782　G603288　子部/宗教類/佛教之屬/經
金光明經四卷　（晉）釋曇無讖譯　清同治八年(1869)釋古株刻本　一冊

330000－1701－0081783　G603287　子部/宗教類/佛教之屬/經
金光明經四卷　（晉）釋曇無讖譯　清同治八年(1869)釋古株刻本　一冊

330000－1701－0081784　G605857　集部/別集類/清別集
寄龕文存四卷　（清）孫德祖撰　清光緒十年(1884)鄞縣翰墨林刻本　四冊

330000－1701－0081785　G604847　類叢部/叢書類/彙編之屬
知不足齋叢書一百九十五種　（清）鮑廷博編　（清）鮑士恭續編　清乾隆三十七年至道光三年(1772－1823)長塘鮑氏刻彙印本　十三冊　存十一種

330000－1701－0081787　G601014　子部/叢編
二十二子(二十二子彙函)　（清）浙江書局編　清光緒元年至三年(1875－1877)浙江書局刻本　六冊　存一種

330000－1701－0081788　G603289　子部/宗教類/佛教之屬/經
金光明經四卷　（晉）釋曇無讖譯　清同治八年(1869)釋古株刻本　一冊

330000－1701－0081789　M004633　類叢部/叢書類/自著之屬
楊仁山居士遺著十四種　（清）楊文會撰　清光緒至民國金陵刻經處刻本　一冊　存一種

330000－1701－0081790　G601015　集部/總集類/彙編之屬
唐人五十家小集　（清）江標編　清光緒二十一年(1895)元和江氏靈鶼閣刻蘇州振新書社印本　十六冊

330000－1701－0081792　G003367　子部/雜著類/雜說之屬
讀書雜述十卷　（清）李鎧撰　清康熙四十年(1701)恪素堂李景賢刻同治三年(1864)麗正書院印本　二冊

330000－1701－0081793　G603269　子部/宗教類/佛教之屬/諸宗
西歸行儀一卷　（清）釋古崑輯　清同治刻本　一冊

330000－1701－0081794　G603270　子部/宗教類/佛教之屬/諸宗
西歸行儀一卷　（清）釋古崑輯　清同治刻本　一冊

330000－1701－0081795　G605858　史部/雜史類/斷代之屬
戰國策三十三卷　（漢）高誘注　**重刻剡川姚氏本戰國策札記三卷**　（清）黃丕烈撰　清嘉慶刻本　五冊　缺三卷(札記一至三)

330000－1701－0081797　G601016　子部/雜著類/雜考之屬
困學紀聞注二十卷　（清）翁元圻撰　清道光五年(1825)餘姚翁氏守福堂刻本　十四冊

330000－1701－0081798　G003431　集部/別集類/清別集
弢園尺牘十二卷　（清）王韜撰　清光緒十三年(1887)大文書局鉛印本　四冊

330000－1701－0081799　G603272　子部/宗

教類/佛教之屬/諸宗
西歸行儀一卷　(清)釋古崑輯　清同治刻本　一冊

330000－1701－0081801　G003497　集部/曲類/彈詞之屬
新刻時調一封書節義傳十卷　清刻本　一冊

330000－1701－0081802　G605860、G605861　史部/傳記類/總傳之屬/釋道
高僧傳四集九十三卷　(清)楊文會輯　清光緒十年至十八年(1884－1892)金陵刻經處、江北刻經處刻本　五冊　存五十五卷(二集十七至四十,三集一至三十、目錄)

330000－1701－0081803　G603273　類叢部/叢書類/彙編之屬
榆園叢刻十五種附一種　(清)許增編　清同治至光緒刻本　一冊　存三種

330000－1701－0081805　G003498　子部/醫家類/養生之屬/導引、氣功
易筋經外經圖說一卷八段錦圖一卷　清光緒上海同文書局石印本　一冊

330000－1701－0081806　G604848　新學/地學/地志學
東亞各港口岸志八篇　(日本)參謀本部編　(清)上海廣智書局譯　清光緒二十八年(1902)上海廣智書局鉛印本　一冊

330000－1701－0081807　G605862　集部/別集類/清別集
浙游百卅律一卷　(清)李桓撰　清同治刻本　一冊

330000－1701－0081808　G003499　史部/政書類/邦交之屬
咸豐戊午辱國條約不分卷　清末抄本　一冊

330000－1701－0081809　G605863　新學/兵制/海軍
外國師船圖表八卷雜說三卷圖一卷　(清)許景澄等編　清光緒二十二年(1896)浙江官書局石印本　四冊

330000－1701－0081811　G603271　類叢部/叢書類/彙編之屬
武英殿聚珍版書五十三種　清同治十三年(1874)江西書局刻本　八十七冊　存四十種

330000－1701－0081812　G003500　子部/工藝類/日用器物之屬/器具
湖船錄一卷　(清)厲鶚撰　清刻本　一冊

330000－1701－0081814　G003368　集部/別集類/清別集
庸盦海外文編四卷　(清)薛福成撰　清光緒二十一年(1895)蕭山陳氏刻二十三年(1897)印本　七冊

330000－1701－0081815　G003501　史部/政書類/儀制之屬/專志/科舉校規
告誡士子條約一卷　(清)浙江廵撫部院製　清光緒十七年(1891)刻本　一冊

330000－1701－0081816　G003502　子部/天文曆算類/曆法之屬
大清道光二十五年歲次乙巳時憲書不分卷　清道光二十四年(1844)刻朱墨套印本　一冊

330000－1701－0081817　G003369　史部/政書類/公牘檔冊之屬
浙江諮議局第二屆常年會議決案不分卷　(清)浙江諮議局輯　清宣統三年(1911)鉛印本　一冊

330000－1701－0081818　G003370　史部/政書類/公牘檔冊之屬
浙江諮議局籌辦處報告甲編一卷乙編二卷補遺一卷　清光緒至宣統鉛印本　一冊　存二卷(甲編)

330000－1701－0081819　G003371　集部/戲劇類/傳奇之屬
意中緣傳奇二卷　(清)李漁撰　(清)黃媛介批評　清刻本　一冊

330000－1701－0081820　G003372　集部/總集類/彙編之屬
元人集十種　(明)毛晉編　明崇禎十一年(1638)海虞毛氏汲古閣刻本　一冊　存一種

330000－1701－0081821　G003373　子部/藝術類/篆刻之屬/印譜

饕喜廬印存一卷　(清)傅雲龍輯　清末鈐印本　一冊

330000－1701－0081822　G003374　史部/編年類/斷代之屬

續資治通鑑長編拾補六十卷　(清)秦緗業等輯注　清光緒九年(1883)浙江書局刻本　八冊　存二十六卷(一至二十六)

330000－1701－0081824　G601019　類叢部/叢書類/自著之屬

西堂全集四種附一種　(清)尤侗撰　清康熙刻本　一冊　存一種

330000－1701－0081826　善009065　史部/地理類/方志之屬/郡縣志

[乾隆]靈寶縣志括記不分卷　(清)馮茲文纂　清抄本　一冊

330000－1701－0081827　G605864　集部/別集類/清別集

春在堂尺牘不分卷　(清)俞樾撰　清光緒三十三年(1907)蘇省刷印局石印本　一冊

330000－1701－0081828　G601905　史部/編年類/通代之屬

資治通鑑二百九十四卷目錄三十卷　(宋)司馬光撰　(元)胡三省音注　**續資治通鑑二百二十卷**　(清)畢沅撰　清光緒二十五年(1899)上海蜚英館石印本　四十六冊　缺三十卷(目錄一至三十)

330000－1701－0081829　G605865　史部/傳記類/別傳之屬/事狀

朱一新哀輓録一卷　(清)□□輯　清光緒二十年(1894)刻本　一冊

330000－1701－0081830　G604849、G611407、G609319、G607631、G609847　史部/編年類/通代之屬

御批歷代通鑑輯覽一百二十卷　(清)傅恒等撰　清光緒二十九年(1903)通文書局石印本　二十冊　存七十一卷(十五至二十二、三十一至三十四、四十七至五十七、六十五至八十七、九十一至一百十五)

330000－1701－0081834　善009064　集部/詞類/總集之屬

草堂詩餘五卷　(明)楊慎輯　明閔暎璧刻朱墨套印本　四冊

330000－1701－0081835　G601017　類叢部/叢書類/自著之屬

鹿洲全集七種　(清)藍鼎元撰　清康熙至雍正刻彙印本　四冊　存一種

330000－1701－0081839　G604850、G609035、G609849　新學/史志/別國史

日本維新三十年史十二編附錄一卷　(日本)博文館輯　(清)上海廣智書局譯　清光緒二十九年(1903)上海廣智書局鉛印本　三冊　存六編(一至四、十一至十二)

330000－1701－0081841　G605866、G602405　類叢部/叢書類/彙編之屬

石研齋四種　(清)秦恩復編　清乾隆至道光江都秦氏享帚精舍刻本　二冊　存一種

330000－1701－0081842　G601018　史部/政書類/邦計之屬/荒政

欽定康濟錄四卷　(清)陸曾禹撰　(清)倪國璉釐正　清同治三年(1864)浙江撫署刻本　三冊

330000－1701－0081845　G604851　集部/別集類/明別集

劉子全書遺編二十四卷首一卷　(明)劉宗周撰　(清)沈復粲編　清道光三十年(1850)刻光緒十八年(1892)重修本　一冊　存三卷(五至七)

330000－1701－0081846　善009070　子部/宗教類/佛教之屬/經

大方廣佛華嚴經八十卷　(唐)釋實叉難陀譯　**大方廣佛華嚴經入不思議解脱境界普賢行願品一卷**　(唐)釋般若譯　**華嚴綸貫一卷**　(宋)釋復菴撰　明崇禎七年(1634)黄公俊刻本　八十一冊

330000－1701－0081847　G604852、G608407　集部/總集類/彙編之屬
雙瓣香編四卷　(清)仲錕編　清咸豐五年(1855)仲錕刻本　二册

330000－1701－0081848　G601906　子部/雜著類/雜考之屬
羣書拾補三十八種　(清)盧文弨撰　清光緒十三年(1887)上海蜚英館石印本　八册

330000－1701－0081849　G003503　史部/政書類/儀制之屬/專志/科舉校規
學部奏定簡易識字學塾章程一卷　清末鉛印本　一册

330000－1701－0081851　G003433、G009031　子部/小説家類/雜事之屬
上下古今談前編四卷二十回　吳敬恒撰　清宣統三年(1911)上海文明書局鉛印本　三册　存三卷(一、三至四)

330000－1701－0081852　善009071　子部/宗教類/佛教之屬/經
大方廣佛華嚴經八十卷　(唐)釋實叉難陀譯　**大方廣佛華嚴經入不思議解脱境界普賢行願品一卷**　(唐)釋般若譯　明隆慶四年(1570)刻本(卷五十一至五十五配清抄本)　張通謨題簽　六十四册　缺十七卷(五至二十、二十五)

330000－1701－0081853　善009063　集部/別集類/明別集
玉茗堂文集十卷　(明)湯顯祖撰　明刻本　汪德振跋　四册

330000－1701－0081854　G605867　集部/別集類/清別集
會心内集二卷外集二卷　(清)劉一明撰　清嘉慶二十三年(1818)夏復恒刻本　二册

330000－1701－0081855　G601020　子部/藝術類/書畫之屬/總論
甌鉢羅室書畫過目攷四卷首一卷附一卷　(清)李玉棻撰　清光緒二十三年(1897)刻本　一册　存二卷(首、一)

330000－1701－0081857　G003504　史部/政書類/公牘檔册之屬
組織化學會章程一卷　(清)李景鎬撰　清光緒三十三年(1907)杭城中合公司鉛印本　一册

330000－1701－0081859　G601021　史部/金石類/郡邑之屬/文字
關中金石文字存逸考十二卷首一卷　(清)毛鳳枝撰　清光緒二十七年(1901)會稽顧氏江西萍鄉縣署刻本　八册

330000－1701－0081860　G604854　類叢部/叢書類/彙編之屬
集虚草堂叢書甲集九種　李國松編　清光緒三十年至三十二年(1904－1906)合肥李氏刻本　四册　存一種

330000－1701－0081861　G003505　史部/職官類/官制之屬/專志
清代捐官條例一卷　清刻本　一册

330000－1701－0081863　善009069　子部/宗教類/佛教之屬/經疏
大方廣圓覺修多羅了義經略疏註二卷　(唐)釋宗密撰　明萬曆八年(1580)黄妙善刻本　二册

330000－1701－0081864　G605868　類叢部/叢書類/自著之屬
郝氏遺書三十三種　(清)郝懿行撰　清嘉慶至光緒刻彙印本　三册　存一種

330000－1701－0081865　G003435、G608162　子部/宗教類/佛教之屬/經疏
占察善惡業報經疏二卷　(隋)釋菩提登譯　(清)釋智旭述　**占察善惡業報經玄義一卷占察善惡業報經行法一卷**　(清)釋智旭輯　清同治七年(1868)清芬堂刻本　二册

330000－1701－0081866　G605869　子部/宗教類/道教之屬/經文
玄關經二卷　(清)李昌仁撰　清光緒三十一年(1905)刻本　一册

330000－1701－0081867　G604855　類叢部/

叢書類/彙編之屬

當歸草堂叢書八種　(清)丁丙編　清同治二年至五年(1863－1866)錢塘丁氏刻本　一册　存一種

330000－1701－0081868　G601022　集部/楚辭類

楚辭章句十七卷　(漢)王逸撰　(宋)洪興祖補注　清同治十一年(1872)金陵書局刻本　四册

330000－1701－0081870　G601908　集部/別集類/清別集

樊榭山房全集(樊榭山房集十卷續集十卷文集八卷游仙百詠三卷秋林琴雅四卷集外曲二卷集外詩一卷集外詞一卷集外文一卷附輓辭一卷軼事一卷)四十二卷　(清)厲鶚撰　清光緒十年(1884)汪氏振綺堂刻本　七册　存二十四卷(一至十、續集一至十,文集一至四)

330000－1701－0081871　G003506　史部/政書類/儀制之屬/專志/科舉校規

上海王氏育材書塾章程一卷　清光緒刻本　一册

330000－1701－0081872　G003436、G006372、G007639　集部/別集類/清別集

紅葉山房集十二卷　(清)鄭祖球撰　清道光八年(1828)寶研齋刻本　四册

330000－1701－0081873　G604856　集部/曲類/寶卷之屬

浙江溫州府平陽縣白梅村七世修行玉英寶卷不分卷　清光緒三年(1877)越郡剡北刻本　一册

330000－1701－0081874　G003437　史部/政書類/公牘檔册之屬

湖北洋務譯書局章程不分卷附圖書名目不分卷　(清)陳鈺擬　清光緒二十九年(1903)湖北洋務譯書局刻本　二册

330000－1701－0081875　G601023　史部/詔令奏議類/奏議之屬

公車上書記一卷　康有爲撰　清光緒二十一年(1895)上海石印書局石印本　一册

330000－1701－0081876　善009062　史部/傳記類/日記之屬

計偕日錄不分卷(清道光二十四年春正月十五日至二十五年九月)　(清)吳璇撰　稿本　汪德振跋　一册

330000－1701－0081878　善009072　子部/宗教類/佛教之屬/經

妙法蓮華經七卷　(後秦)釋鳩摩羅什譯　清初刻同治補刻本　七册

330000－1701－0081879　G604857、G605132　子部/宗教類/佛教之屬/諸宗

天童密雲禪師語錄二十二卷　(清)釋道忞編　清光緒二十五年(1899)甬江墨畊齋刻本　四册

330000－1701－0081880　G003507　子部/宗教類/道教之屬

刻天仙正理直論增註二卷　(明)伍守陽撰並注　(明)伍守虛注　清嘉慶二十四年(1819)兩儀堂刻本　二册

330000－1701－0081882　G003438、G005264、G608106、G010041　史部/編年類/通代之屬

通鑑綱目分注補遺四卷書法存疑一卷　(清)芮長恤撰　(清)繆德棻校正　清光緒十六年(1890)溧陽繆氏小岍山館刻本　四册

330000－1701－0081884　G604858、G605114　子部/宗教類/佛教之屬/諸宗

天童密雲禪師語錄二十二卷　(清)釋道忞編　清光緒二十五年(1899)甬江墨畊齋刻本　四册

330000－1701－0081885　G603290、G605155　史部/政書類

九通　(清)□□輯　清光緒八年至二十二年(1882－1896)浙江書局刻本　六十一册　存一種

330000－1701－0081886　善009068　子部/宗教類/佛教之屬/經疏

心經旁解合糸一卷　(清)王何功輯　**金剛般**

若波羅蜜經旁解一卷 （後秦）釋鳩摩羅什譯 （清）雲峰大師乩釋 **金剛經受持靈驗記一卷** （清）吳尚采輯 清康熙愫仙刻本 一册

330000－1701－0081887 G601024 集部/別集類/清別集
西疆雜述詩四卷 （清）蕭雄撰 清光緒鉛印本 一册

330000－1701－0081889 G601025 類叢部/叢書類/家集之屬
富陽夏氏叢刻七種 夏震武 夏鼎武撰 清光緒至民國刻民國九年（1920）彙印本 一册 存一種

330000－1701－0081890 G604859 史部/傳記類/總傳之屬/列女
善女人傳二卷 （清）彭際清撰 清同治十一年（1872）常熟刻本 一册

330000－1701－0081891 G003508 子部/宗教類/佛教之屬
禪淨雙修直指五種 （清）釋通琇等撰 （清）□□輯 清光緒七年（1881）刻本 一册

330000－1701－0081892 G601909、G608892、G609409、G610221 子部/兵家類/兵法之屬
水陸攻守戰略秘書七種 （清）澼絖道人編 清咸豐三年（1853）侯官林氏銅活字印本 十四册 存四種

330000－1701－0081893 G605870 類叢部/叢書類/自著之屬
彭居士法集 （清）彭紹升撰 清同治至民國刻本 一册 存一種

330000－1701－0081894 G003440 集部/別集類/清別集
聊齋先生文集二卷 （清）蒲松齡撰 清宣統元年（1909）國學扶輪社鉛印本 一册 存一卷（上）

330000－1701－0081895 善 009061 史部/職官類/官制之屬/專志
翰林記二十卷 （明）黃佐撰 清初抄本 八册

330000－1701－0081896 G604860 類叢部/叢書類/彙編之屬
式訓堂叢書四十一種 （清）章壽康編 清光緒會稽章氏刻本 一册 存一種

330000－1701－0081897 G603291 類叢部/叢書類/彙編之屬
清風室叢書二十種 （清）錢保塘編 清同治十年至民國二十五年（1871－1936）海寧錢氏清風室刻本 十三册 存三種

330000－1701－0081899 G003441 類叢部/叢書類/郡邑之屬
越中文獻輯存書十種 紹興公報社編 清宣統二年至民國元年（1910－1912）紹興公報社鉛印本 二册 存四種

330000－1701－0081901 G604862 集部/詞類/別集之屬
西湖秋柳詞一卷 （清）楊鳳苞撰 （清）楊知新注 清光緒十年（1884）湖州楊氏春及軒刻本 一册

330000－1701－0081902 G601910 類叢部/叢書類/郡邑之屬
台州叢書（名山堂叢書）九種 （清）宋世犖編 清嘉慶至道光臨海宋氏刻本 二册 存一種

330000－1701－0081903 G003509 史部/詔令奏議類/奏議之屬
湖廣總督張湖南巡撫陳會奏擬請妥議科舉新章並改考詩賦小楷之法摺一卷 （清）張之洞 （清）陳寶箴撰 清光緒刻本 一册

330000－1701－0081904 G003442 集部/別集類/清別集
曾文正公奏疏文鈔合刊□□卷 （清）曾國藩撰 清同治十二年（1873）金陵書局刻本 一册 存二卷（曾文正公奏疏首一至二）

330000－1701－0081905 G605871 類叢部/叢書類/彙編之屬
張氏適園叢書初集七種 張鈞衡編 清宣統三年（1911）上海國學扶輪社鉛印本 九册

存六種

330000－1701－0081906　G601026　集部/別集類/清別集

薴石齋詩集五十卷　(清)錢載撰　清乾隆刻本　六冊

330000－1701－0081907　G601911、G608272　類叢部/叢書類/郡邑之屬

台州叢書(名山堂叢書)九種　(清)宋世犖編　清嘉慶至道光臨海宋氏刻本　十九冊　存七種

330000－1701－0081908　善009067　子部/雜著類/雜考之屬

北窗偶談三卷　(清)胡彥穎撰　清乾隆刻本　一冊

330000－1701－0081909　G604863　類叢部/叢書類/郡邑之屬

武林掌故叢編一百八十七種　(清)丁丙編　清光緒三年至二十六年(1877－1900)錢塘丁氏嘉惠堂刻本　二十三冊　存十一種

330000－1701－0081911　普951.00144/1198/c1　類叢部/叢書類/彙編之屬

廣雅書局叢書一百五十九種　徐紹棨編　清光緒廣雅書局刻民國九年(1920)番禺徐紹棨彙編重印本　二冊　存一種

330000－1701－0081912　G603292　類叢部/叢書類/郡邑之屬

武林掌故叢編一百八十七種　(清)丁丙編　清光緒三年至二十六年(1877－1900)錢塘丁氏嘉惠堂刻本　七冊　存十六種

330000－1701－0081913　G601027、G609485　史部/政書類/邦計之屬

理財攷鏡十卷　孫德全撰　清宣統二年(1910)鉛印本　二冊　存五卷(一至五)

330000－1701－0081914　G605872　子部/宗教類/佛教之屬/諸宗

天童和尚闢妄救略說十卷　(明)釋圓悟撰　(明)釋真啓編　明崇禎刻本　二冊　存五卷(一至二、八至十)

330000－1701－0081915　G601028　類叢部/叢書類/彙編之屬

蟫隱廬叢書十八種　羅振常編　清宣統二年至民國二十五年(1910－1936)上虞羅氏謄寫及鉛印本三十三年(1944)吳興周延年彙印本　一冊　存一種

330000－1701－0081917　G601029　集部/別集類/清別集

恥白集一卷附一卷　(清)周光祖撰　清光緒五年(1879)古虞連氏刻本　一冊

330000－1701－0081918　G601912　子部/雜著類/雜纂之屬

陳刻二種　(清)陳世修輯　清康熙四十七年(1708)海鹽陳世修漱六閣刻本　三冊　存一種

330000－1701－0081920　G605873　史部/地理類/雜志之屬

杭州鄉土地理二卷　清宣統元年(1909)仁和學堂石印本　一冊　存一卷(上編)

330000－1701－0081921　G601030　史部/詔令奏議類/奏議之屬

陸文慎公奏議一卷　(清)陸寶忠撰　唐文治選　清宣統三年(1911)鉛印本　一冊

330000－1701－0081923　善009066　經部/小學類/文字之屬/字書/字典

翰林筆削字義韻律鰲頭海篇心鏡二十卷　(明)蕭良有撰　(明)余應奎訂　明萬曆金陵唐廷仁、王廷極刻本　二十冊

330000－1701－0081924　G601031　史部/政書類/邦計之屬/荒政

順直賑捐章程一卷　(清)□□輯　清光緒十六年(1890)刻本　一冊

330000－1701－0081926　G605874　史部/地理類/雜志之屬

杭州鄉土地理教科書二卷杭州鄉土地理教授法二卷　何孟廬編輯　清光緒三十四年(1908)上海彪蒙書室石印本　章濟安題記　一冊　存二卷(一至二)

330000－1701－0081927　G601032　集部/别集類/清别集

通雅堂詩鈔十卷續集二卷　（清）施山撰　清光緒元年（1875）荆州刻本　二册　缺二卷（續集一至二）

330000－1701－0081928　G601913、G602114、G610161、G611837　子部/雜著類/雜説之屬

定香亭筆談四卷　（清）阮元撰　清光緒二十五年（1899）浙江書局刻本　四册

330000－1701－0081929　G601033　集部/别集類/清别集

樊山集二十八卷續集二十八卷公牘三卷批判十五卷時文一卷　樊增祥撰　**二家詠古詩一卷二家試帖二卷二家詞鈔五卷**　樊增祥編　清光緒十九年至三十二年（1893－1906）刻本　一册　存三卷（二家詠古詩、二家試帖一至二）

330000－1701－0081931　G003510、G007893、G009668　子部/小説家類/異聞之屬

秋燈叢話十八卷　（清）王椷撰　清同治十年（1871）鎮江三星堂刻本　六册

330000－1701－0081933　G601034　集部/别集類/清别集

梅村詩集箋注十八卷　（清）吳偉業撰　（清）吳翌鳳箋注　清光緒十年（1884）湖北官書處刻本　十二册

330000－1701－0081934　G003444　集部/總集類/課藝之屬

四書五經集錦不分卷　清刻本　二十三册

330000－1701－0081935　G601914　經部/小學類/訓詁之屬/爾雅

爾雅正義二十卷　（清）邵晉涵撰　**爾雅釋文三卷**　（唐）陸德明撰　清乾隆五十三年（1788）餘姚邵氏面水層軒刻本　九册　缺三卷（爾雅釋文一至三）

330000－1701－0081936　G605875　類叢部/叢書類/家集之屬

得一山房四種　（清）唐景崧等撰　清光緒十九年（1893）刻本　一册　存一種

330000－1701－0081937　G603293　類叢部/叢書類/自著之屬

鹿洲全集八種　（清）藍鼎元撰　清雍正十年（1732）刻光緒六年（1880）藍佐修補刻本　十一册　存三種

330000－1701－0081938　G003511　集部/總集類/選集之屬/通代

歷朝賦鈔十九卷首一卷　（清）沈鈞德點閲　清乾隆三十年（1765）然藜閣刻本　七册　存十七卷（首、一至十六）

330000－1701－0081940　G601035　子部/藝術類/書畫之屬

賞奇軒四種合編　清刻本　一册　存一種

330000－1701－0081941　G601915　類叢部/叢書類/彙編之屬

隨盦徐氏叢書十種續編十種　徐乃昌編　清光緒至民國南陵徐氏刻本　一册　存一種

330000－1701－0081943　G003512　類叢部/叢書類/彙編之屬

申報館叢書正集五十七種附録三種續集一百四十二種　（清）尊聞閣主編　蔡爾康編續集　清同治至光緒上海申報館鉛印本　四册　存一種

330000－1701－0081944　G601036　類叢部/叢書類/彙編之屬

小石山房叢書三十八種　（清）顧湘編　清道光刻同治十三年（1874）虞山顧氏補刻本　一册　存一種

330000－1701－0081945　G605876　類叢部/叢書類/彙編之屬

仰視千七百二十九鶴齋叢書四十種　（清）趙之謙編　清光緒會稽趙氏刻本　十七册　存二十三種

330000－1701－0081946　G003513、G010196、G008107、G008674、G009116、G009678　史部/政書類/邦交之屬

中外約章纂新十卷　清光緒三十年（1904）上

海時中書局鉛印本　十冊

330000－1701－0081947　G601037　類叢部/叢書類/彙編之屬

振綺堂叢刊八種　(清)□□輯　清嘉慶至光緒汪氏振綺堂刻本　二冊　存一種

330000－1701－0081948　G003376、G011089　子部/宗教類/道教之屬/戒律

太上寶筏圖說八卷　(清)黃正元纂　清光緒十八年(1892)上海鴻文書局石印本　二冊　存二卷(禮、廉)

330000－1701－0081949　普951.00144/1198/c2　類叢部/叢書類/彙編之屬

廣雅書局叢書一百五十九種　徐紹棨編　清光緒廣雅書局刻民國九年(1920)番禺徐紹棨彙編重印本　二冊　存一種

330000－1701－0081950　G603294　類叢部/叢書類/自著之屬

鹿洲全集七種　(清)藍鼎元撰　清康熙至雍正刻彙印本　二冊　存一種

330000－1701－0081951　G601916　史部/傳記類/別傳之屬/年譜

張忠烈公[煌言]年譜一卷　(清)趙之謙編　清光緒二十二年(1896)慈谿童賡年刻本　古茂題記　一冊

330000－1701－0081952　G601038、G601113、G609464　經部/小學類/文字之屬/說文/傳說

說文古籀疏證六卷原目一卷　(清)莊述祖撰　清光緒二十年(1894)武進莊殿華津郡明文堂刻本　四冊

330000－1701－0081953　善009074　子部/宗教類/佛教之屬/經

大方廣佛華嚴經八十卷　(唐)釋實叉難陀譯　**大方廣佛華嚴經入不思議解脱境界普賢行願品一卷**　(唐)釋般若譯　清康熙三十九年(1700)寧波刻本[卷十、七十七配抄本,卷七十六配明永樂十七年(1419)福賢刻本,卷七十九配明刻本]　二十六冊　存二十六卷(一至四、九至十、十六、十八、五十六至六十五、六十九至七十、七十六至八十,大方廣佛華嚴經入不思議解脱境界普賢行願品)

330000－1701－0081954　普951.00144/2233/2　類叢部/叢書類/郡邑之屬

畿輔叢書　(清)王灝編　清光緒五年至十八年(1879－1892)定州王氏謙德堂刻三十二年(1906)彙印本(元和郡縣圖志卷十九至二十、二十三至二十四、三十五至三十六)　十六冊　存一種

330000－1701－0081955　G601917　史部/金石類/石之屬/目録

十二硯齋金石過眼錄十八卷　(清)汪鋆撰　清光緒元年(1875)儀徵汪鋆刻本　一冊　存四卷(一至四)

330000－1701－0081956　G601918　集部/別集類/清別集

劫餘存稿一卷　(清)吳受藻撰　(清)吳積鑑編　**劫餘存稿一卷**　(清)王鼎詩撰　(清)朱世篁編　清同治七年(1868)錢唐汪氏振綺堂刻本　一冊

330000－1701－0081957　普951.00144/3404　史部/史評類/史論之屬

讀史論斷二十卷　(清)洪亮吉撰　清光緒二十七年(1901)和記書莊石印本　六冊

330000－1701－0081958　善009082　集部/別集類/清別集

述學內篇三卷外篇一卷補遺一卷別錄一卷　(清)汪中撰　(清)汪喜孫編　清道光刻江都汪氏叢書本　清吳熙載題記　二冊

330000－1701－0081959　普951.00144/3634　史部/史評類/史論之屬

涉史偶悟五卷　(清)溫啓封撰　(清)溫忠翰編　清光緒十年(1884)東甌道署刻本　一冊

330000－1701－0081960　普951.00144/4037　史部/叢編

史論五種附邁堂文畧一卷　(清)李祖陶撰　清同治十年(1871)敖陽李氏尚友樓刻本

六册

330000－1701－0081961　G605877　類叢部/叢書類/彙編之屬

仰視千七百二十九鶴齋叢書四十種　（清）趙之謙編　清光緒會稽趙氏刻本　五册　存六種

330000－1701－0081962　普 951. 00144/4037/（2）　史部/叢編

史論五種附邁堂文畧一卷　（清）李祖陶撰　清同治十年（1871）敖陽李氏尚友樓刻本　七册

330000－1701－0081963　善 009076　史部/地理類/專志之屬/寺觀

天童寺志十卷首一卷　（清）德介　（清）聞性道撰　清康熙刻嘉慶增補本　四册

330000－1701－0081964　善 009075　子部/宗教類/佛教之屬/經

楞嚴正脉十卷懸示一卷　（明）釋真鑑撰　明崇禎六年（1633）刻本　六册

330000－1701－0081965　普 951. 00144/4037/2　史部/叢編

史論五種　（清）李祖陶撰　清光緒二十八年（1902）上海鴻文書局石印本　二册

330000－1701－0081966　普 951. 00144/4037/3　史部/叢編

史論五種　（清）李祖陶撰　清光緒二十七年（1901）上海古香閣石印本　四册

330000－1701－0081967　G003377　子部/雜著類

增補暗室燈鑑案三卷　清同治九年（1870）刻本　一册　存一卷（中）

330000－1701－0081968　普 951. 00144/4037/4　史部/叢編

史論五種附邁堂文畧一卷又四卷　（清）李祖陶撰　清同治十年（1871）敖陽李氏尚友樓刻本　十册

330000－1701－0081969　G605878　子部/藝術類/書畫之屬/法帖

國朝畫家書四卷荔香室石刻二卷　（清）蔡載福輯　清宣統元年（1909）西泠印社石印本　六册

330000－1701－0081970　G003445　類叢部/叢書類/彙編之屬

申報館叢書正集五十七種附錄三種續集一百四十二種　（清）尊聞閣主編　蔡爾康編續集　清同治至光緒上海申報館鉛印本　一册　存一種

330000－1701－0081971　G605879　子部/宗教類/佛教之屬/律

四分律藏六十卷　（後秦）釋佛陀耶舍　（後秦）釋竺佛念譯　清末刻本　二十册

330000－1701－0081972　善 009081　集部/總集類/彙編之屬

翠娱閣評選行笈必攜十種　（明）陸雲龍編　明崇禎陸雲龍翠娱閣刻本　一册　存三種

330000－1701－0081973　G603295　類叢部/叢書類/彙編之屬

仰視千七百二十九鶴齋叢書四十種　（清）趙之謙編　清光緒會稽趙氏刻本　一册　存二種

330000－1701－0081974　G604864　子部/宗教類/佛教之屬/總録

御選語錄十九卷　（清）世宗胤禛輯　清光緒四年（1878）金陵刻經處刻本　十三册　存十八卷（一至十八）

330000－1701－0081975　G605880　子部/宗教類/佛教之屬/律

四分律藏六十卷　（後秦）釋佛陀耶舍　（後秦）釋竺佛念譯　清末刻本　十九册　缺三卷（四十三至四十五）

330000－1701－0081978　G605881　子部/宗教類/佛教之屬/經

思益梵天所問經四卷　（後秦）釋鳩摩羅什譯　清光緒五年（1879）金陵刻經處刻本　一册

330000－1701－0081979　G603296　集部/詩

文評類/類編之屬

詩觿十六種十九卷　(清)朱琰編　清乾隆至嘉慶刻本　一册　存四種

330000－1701－0081980　G604865　子部/藝術類/書畫之屬/總論

甌鉢羅室書畫過目攷四卷首一卷附一卷　(清)李玉棻撰　清光緒二十三年(1897)刻本　三册　存四卷(二至四、附)

330000－1701－0081981　G003515、G008304　史部/政書類/律令之屬/律例

大清法規大全一百六十八卷　清光緒二十七年至宣統元年(1901－1909)北京政學社石印本　三册　存十五卷(五至十四、二十七至三十一)

330000－1701－0081982　G605882　集部/別集類/清別集

小海自定詩一卷黟山紀游一卷　(清)汪淮撰　清嘉慶九年(1804)刻本　大痴士跋　一册

330000－1701－0081983　善009080　類叢部/叢書類/自著之屬

曹伯綸叢著十種　(清)曹大經撰　稿本　十七册

330000－1701－0081984　G604866　經部/小學類/文字之屬

重文二卷　(清)丁午撰　清光緒八年(1882)刻田園雜著朱印本　一册

330000－1701－0081987　G003516、G009563　子部/術數類/相宅相墓之屬

新刻楊救貧秘傳陰陽二宅便用統宗二卷　(明)邵磻溪編輯　清體元堂刻本　二册

330000－1701－0081988　G604867　子部/醫家類/方書之屬/成方藥目

胡慶餘堂丸散膏丹全集不分卷續增一卷　(清)胡光墉編　清光緒三年(1877)胡慶餘堂雪記刻本　一册

330000－1701－0081989　G605883　集部/別集類/清別集

小木子詩三刻六卷　(清)朱休度撰　清嘉慶三年至十七年(1798－1812)刻彙印本　一册　存二卷(俟寧居偶詠一至二)

330000－1701－0081990　G003447　子部/術數類/陰陽五行之屬

寶鏡圖一卷　清咸豐六年(1856)芳溪偶漁抄本　一册

330000－1701－0081991　G603297　子部/醫家類/醫經之屬/難經

圖註八十一難經辨真四卷　(明)張世賢撰　清刻本　二册

330000－1701－0081993　G003449、G007803　子部/藝術類/遊藝之屬/雜藝

益智圖二卷　(清)童叶庚撰　清抄本　二册

330000－1701－0081994　G605884、G602063、G602210　史部/傳記類/總傳之屬/仕宦

中興將帥別傳三十卷續編六卷　朱孔彰撰　清光緒二十三年(1897)、三十二年(1906)江寧刻本　十三册　存十九卷(一至十一、二十二、三十,續編一至六)

330000－1701－0081995　G603298、G603299　子部/醫家類/外科之屬/通論

瘍科臨證心得集三卷瘍科心得集方彙三卷補遺一卷家用膏丹丸散方一卷　(清)高秉鈞撰輯　**景岳新方歌不分卷**　(清)吳辰燦　(清)高秉鈞　(清)姚志仁撰　清嘉慶十一年(1806)盡心堂刻十四年(1809)盡心齋增刻本　二册　缺三卷(瘍科臨證心得集一至三)

330000－1701－0081996　G601039　集部/曲類/散曲之屬

駢枝生踏歌二卷旨一卷　(清)卜曙編　清光緒二十六年(1900)聯理枝館刻本　二册

330000－1701－0081997　善009073　子部/宗教類/佛教之屬/經

大方廣佛華嚴經八十卷　(唐)釋實叉難陀譯　**大方廣佛華嚴經入不思議解脱境界普賢行願品一卷**　(唐)釋般若譯　明萬曆杭州瑪瑙寺刻本　八十一册

330000－1701－0081999　G604869　史部/傳

記類/總傳之屬/文苑

西湖三祠名賢考畧三卷首一卷　戴啓文撰　清光緒三十年(1904)丹徒戴啓文刻本　二册

330000－1701－0082000　善009089　史部/地理類/雜志之屬

洋涇竹枝詞一卷　清同治六年(1867)毛昌善抄本　一册

330000－1701－0082001　G003450　史部/傳記類/别傳之屬

繼忠録[程懋恩]一卷　清咸豐由溪程氏刻本　一册

330000－1701－0082003　善009079　集部/别集類/清别集

何義門詩稿一卷　(清)何焯撰　清馮氏抄本　清俞光承題記　一册

330000－1701－0082005　G605885　子部/天文曆算類/算書之屬

翠薇山房數學十四種　(清)張作楠撰　清嘉慶至道光金華張氏翠微山房刻本　八册　存八種

330000－1701－0082007　G604870　史部/地理類/方志之屬/郡縣志

[天啓]海鹽縣圖經十六卷　(明)樊維城修　(明)胡震亨　(明)姚士粦纂　明天啓四年(1624)刻清乾隆十二年(1747)補刻本　四册　存八卷(三至五、十二至十六)

330000－1701－0082008　善009088　經部/易類/傳説之屬

周易統要二卷　陳道遠撰　清抄本　二册

330000－1701－0082009　G601040、G601125、G609468　子部/醫家類/婦科之屬

竹林女科證治四卷　(清)竹林寺僧撰　清光緒十七年(1891)皖江節署刻本　四册

330000－1701－0082011　G604871　經部/春秋左傳類/傳説之屬

左繡三十卷首一卷　(清)馮李驊　(清)陸浩評輯　清光緒華川書屋刻本　七册　存十七卷(二至十六、十八至十九)

330000－1701－0082013　G003451　集部/曲類/曲韻曲譜曲律之屬

問探一卷召燈一卷榮歸一卷山亭一卷　清宣統元年(1909)朱潤記抄本　一册

330000－1701－0082014　善009087　經部/群經總義類/傳説之屬

卡廬札記一卷　(清)丁泰撰　清抄本　清趙之謙批校　張宗祥跋　一册

330000－1701－0082015　G003518　子部/醫家類/推拿按摩外治之屬

推拿廣意三卷　(清)熊應雄輯　(清)陳世凱訂　清江陰學古山房刻本　一册　存一卷(上)

330000－1701－0082016　善009078　史部/金石類/郡邑之屬

武林石刻記六卷　(清)倪濤撰　清抄本　二册

330000－1701－0082019　G003452　史部/傳記類/别傳之屬

世忠録一卷　清咸豐刻本　一册

330000－1701－0082020　善009085　集部/别集類/清别集

霞外山人書翰一卷　(清)平步青撰　稿本　清了塵題簽　一册

330000－1701－0082021　善009077　史部/金石類/陶之屬

浙江甎録初藁四卷　(清)馮登府撰　稿本　一册

330000－1701－0082022　G003453　集部/别集類/清别集

鷗堂詩三卷遺稿三卷　(清)馬賡良撰　清光緒五年(1879)、十五年(1889)會稽馬氏刻本　二册

330000－1701－0082023　G603300　子部/宗教類/佛教之屬/諸宗

西歸行儀一卷　(清)釋古崑輯　清光緒刻本　一册

330000－1701－0082024　G003519　新學/雜著/叢編

哲學叢書　清光緒二十九年(1903)上海商務印書館鉛印本　一册　存一種

330000－1701－0082025　G601042、G601218、G602451　類叢部/叢書類/彙編之屬

漸西村舍彙刊(漸西村舍叢刻)四十四種　(清)袁昶編　清光緒十六年至二十四年(1890－1898)桐廬袁氏刻本　三册　存一種

330000－1701－0082028　G003520、G007713、G008481、G008809　史部/政書類/邦計之屬/荒政

得一錄十六卷　(清)余治輯　清同治八年(1869)蘇城得見齋刻本　八册

330000－1701－0082032　G601043　經部/四書類/總義之屬/傳說

四書釋地補一卷續補一卷又續補一卷三續補一卷　(清)閻若璩撰　(清)樊廷枚校補　清嘉慶二十一年(1816)梅陽海涵堂刻本　三册　缺一卷(三續補)

330000－1701－0082034　G603302、G607523、G610633　經部/叢編

御纂七經五種　(清)李光地等撰　清康熙至乾隆刻本　三册　存一種

330000－1701－0082035　善009086　集部/別集類/清別集

且閒樓詩鈔一卷　(清)鍾賢錄撰　清海槎抄本　清董念棻校　董壽慈觀款　一册

330000－1701－0082036　G601044　集部/別集類/清別集

北征詩草一卷　陶鏞撰　清光緒陶園刻本　一册

330000－1701－0082038　G003455、G010275、G009065　子部/儒家類/儒學之屬/性理

漢學商兑三卷　(清)方東樹撰　清光緒二十六年(1900)浙江書局刻本　四册

330000－1701－0082039　G007022、G003456、G008214、G009335、G011305　集部/別集類/清別集

筠心書屋詩鈔十二卷　(清)褚廷璋撰　(清)姚鼐編定　清嘉慶十一年(1806)晉江張氏鑑湖亭刻本　八册

330000－1701－0082040　G601045　新學/學校

京師大學堂講義初編七種二編七種　(清)京師大學堂輯　清末鉛印本　一册　存二種

330000－1701－0082041　G603303、G605053　集部/別集類/明別集

止止堂集五卷(横槊稿三卷愚愚稿二卷)　(明)戚繼光撰　清光緒十四年(1888)山東書局刻本　三册　缺一卷(横槊稿下)

330000－1701－0082042　G604873　史部/地理類/山川之屬/山志

西天目祖山志八卷首一卷末一卷補遺一卷　(明)釋廣賓撰　(清)釋際界增訂　清光緒二年(1876)刻本　四册

330000－1701－0082043　善009083　集部/總集類/郡邑之屬

沃洲輿頌不分卷　稿本　一册

330000－1701－0082044　G003523　集部/別集類/清別集

噉蔗全集文八卷詩八卷附喪禮詳考一卷周官隨筆一卷　(清)張羲年撰　(清)錢大昕　(清)陳以綱評輯　清光緒十九年(1893)上海著易堂鉛印本　一册　存四卷(詩七至八、喪禮詳考、周官隨筆)

330000－1701－0082045　G003457　史部/傳記類/總傳之屬

圖繪寶鑑八卷　(元)夏文彥撰　(明)毛大倫增補　清康熙借緑草堂刻本　三册

330000－1701－0082046　G601046　集部/別集類/清別集

友石齋詩集八卷　(清)高錫恩撰　**我盦遺稿二卷**　(清)高炳麟撰　清光緒十五年(1889)高駿麟等刻本　三册　存八卷(一至八)

330000－1701－0082049　G601047　集部/總

集類/郡邑之屬
兩浙輶軒續錄五十四卷補遺六卷姓氏韻編二卷　（清）潘衍桐輯　清光緒十七年(1891)浙江書局刻本　四十册

330000－1701－0082050　G603304　子部/宗教類/佛教之屬/經
增壹阿含經五十卷首一卷　（晉）釋曇摩難提譯　清光緒十二年(1886)江北刻經處刻本　十二册

330000－1701－0082051　G603305　子部/宗教類/佛教之屬/經
增壹阿含經五十卷首一卷　（晉）釋曇摩難提譯　清光緒十二年(1886)江北刻經處刻本　十二册

330000－1701－0082054　G603306　子部/宗教類/佛教之屬
憨山大師夢遊摘要二卷附東遊集法語三則一卷　（明）釋德清撰　（明）釋福善錄　清光緒二十五年(1899)釋楚禪、釋醒徹刻本　一册

330000－1701－0082057　G601048　集部/別集類/清別集
張靖達公雜著不分卷　（清）張樹聲撰　**席月山房詩存一卷**　（清）張華斗撰　清宣統二年(1910)武昌刻本　一册

330000－1701－0082059　G603307　子部/宗教類/佛教之屬
憨山大師夢遊摘要二卷附東遊集法語三則一卷　（明）釋德清撰　（明）釋福善錄　清光緒二十五年(1899)釋楚禪、釋醒徹刻本　一册

330000－1701－0082060　G605886　子部/天文曆算類/算書之屬
翠薇山房數學十四種　（清）張作楠撰　清嘉慶至道光金華張氏翠薇山房刻本　一册　存一種

330000－1701－0082061　善 009084　史部/政書類/公牘檔册之屬
嘉慶雲南勦苗檔案不分卷　（清）翁元圻輯　清抄本　八册

330000－1701－0082062　G603308　子部/叢編
子書百家　（清）崇文書局編　清光緒元年(1875)湖北崇文書局刻本　十九册　存二十種

330000－1701－0082063　G605887　類叢部/叢書類/自著之屬
寄龕襍著　（清）孫德祖撰　清光緒刻本　一册　存一種

330000－1701－0082064　G003527　集部/詞類/類編之屬
詞苑英華八種　（明）毛晉編　明末毛氏汲古閣刻本　一册　存一種

330000－1701－0082065　G605888　類叢部/叢書類/彙編之屬
津逮祕書十五集一百四十種　（明）毛晉編　明崇禎虞山毛氏汲古閣刻本　一册　存三種

330000－1701－0082069　G003459、G007693　類叢部/叢書類/彙編之屬
稗海四十八種續集二十二種　（明）商濬編　明萬曆商氏半埜堂刻清康熙至乾隆修補重訂本　三册　存一種

330000－1701－0082070　G604874、G602662　類叢部/叢書類/彙編之屬
說鈴前集三十七種後集十六種　（清）吳震方編　清嘉慶八年(1803)刻本　十一册　存二十一種

330000－1701－0082074　G605889　類叢部/叢書類/自著之屬
楊仁山居士遺著十四種　（清）楊文會撰　清光緒至民國金陵刻經處刻本　一册　存一種

330000－1701－0082076　G604875　新學/游記
滿洲旅行記二卷　（日本）小越平隆撰　（清）克齋譯　清光緒二十八年(1902)上海廣智書局鉛印本　二册

330000－1701－0082077　G003460　類叢部/叢書類/彙編之屬

平津館叢書八集三十九種　（清）孫星衍編　清嘉慶蘭陵孫氏刻本　一冊　存三種

330000－1701－0082079　G604876　子部/藝術類/遊藝之屬/謎語
擷綠山房隱語二卷　（清）葉金璜　（清）葉康瑞撰　清光緒三十二年（1906）葉氏刻本　一冊

330000－1701－0082081　G603309　史部/政書類
九通　（清）□□輯　清光緒八年至二十二年（1882－1896）浙江書局刻本　十七冊　存一種

330000－1701－0082083　G604877　集部/總集類/選集之屬/斷代
國朝駢體正宗十二卷　（清）曾燠輯　清光緒二十三年（1897）上海文淵山房石印本　六冊

330000－1701－0082086　G604878　類叢部/叢書類/彙編之屬
滂喜齋叢書五十種　（清）潘祖蔭編　清同治至光緒吳縣潘氏京師刻本　清穎季題記　一冊　存三種

330000－1701－0082087　G003461　類叢部/叢書類/彙編之屬
武英殿聚珍版書一百三十八種　清木活字印本　一冊　存一種

330000－1701－0082088　G003462　集部/別集類/清別集
景詹閣遺文一卷附遺詩一卷　（清）姚諶撰　清宣統三年（1911）歸安陸氏刻本　守愚題簽　一冊

330000－1701－0082091　G604879、G602242　史部/地理類/方志之屬/郡縣志
［光緒］海鹽縣志二十二卷首一卷末一卷　（清）王彬修　（清）徐用儀纂　清光緒三年（1877）蔚文書院刻本　二冊　存二卷（十八、末）

330000－1701－0082092　G601050、G601051　子部/天文曆算類/算書之屬
衡齋算學遺書合刻　（清）汪萊撰　清光緒十八年（1892）汪廷棟聞梅舊塾刻本　二冊

330000－1701－0082094　G605892　經部/叢編
十三經註疏附考證　（清）□□輯　清乾隆四年（1739）武英殿刻本　十六冊　存一種

330000－1701－0082097　G604880　經部/叢編
皇清經解一千四百卷首一卷　（清）阮元輯　清道光九年（1829）廣東學海堂刻本　一冊　存二卷（四百三至四百四）

330000－1701－0082098　G003464　經部/小學類/音韻之屬/韻書
詩韻合璧五卷　（清）湯祥瑟輯　**詩腋不分卷　詞林典腋不分卷　詩腋補編不分卷　詠史詩腋不分卷　賦彙錄要不分卷　分韻文選題解擇要不分卷　虛字韻藪一卷**　（清）潘維城輯　清光緒十二年（1886）石印本　五冊

330000－1701－0082099　G605893　史部/傳記類/總傳之屬/家乘
［浙江海寧］花園朱氏宗譜□□卷　（清）□□纂修　清刻本　一冊　存一卷（二十下）

330000－1701－0082101　G003529、G004401　史部/史評類/史論之屬
千百年眼十二卷　（明）張燧撰　清光緒十四年（1888）四明王氏日本東京銅板縮刻本　二冊

330000－1701－0082103　G601052　史部/叢編之屬
石鼓文定本五種　（清）沈梧撰　清光緒十六年（1890）沈氏古華山館刻本　四冊

330000－1701－0082105　G603310　子部/藝術類/書畫之屬/法帖
板橋先生真墨不分卷　（清）鄭燮書　清光緒三十四年（1908）吳縣鄭熙書帶艸堂石印本　二冊

330000－1701－0082106　G601053　類叢部/叢書類/自著之屬

止園叢書二十三種　（清）史夢蘭撰　清道光至光緒刻本　四冊　存一種

330000－1701－0082107　G604881　類叢部/叢書類/自著之屬
郝氏遺書三十三種　（清）郝懿行撰　清嘉慶至光緒刻彙印本　一冊　存一種

330000－1701－0082109　G601054　集部/詩文評類/詩評之屬
古今詩話選雋二卷　（清）盧衍仁輯　清乾隆刻本　二冊

330000－1701－0082110　G603311　子部/宗教類/佛教之屬/經
金光明經四卷　（晉）釋曇無讖譯　清同治八年（1869）釋古株刻本　一冊

330000－1701－0082111　G604882　集部/詞類/别集之屬
香銷酒醒詞一卷附曲一卷　（清）趙慶熺撰　清同治七年（1868）西泠王氏刻本　一冊　存一卷（詞）

330000－1701－0082112　G603312　子部/宗教類/佛教之屬/經
金光明經四卷　（晉）釋曇無讖譯　清同治八年（1869）釋古株刻本　一冊

330000－1701－0082114　G605894　史部/傳記類/總傳之屬/家乘
［浙江海寧］花園朱氏宗譜□□卷　（清）□□纂修　清刻本　一冊　存一卷（二十下）

330000－1701－0082115　G603313　子部/宗教類/佛教之屬/經
金光明經四卷　（晉）釋曇無讖譯　清同治八年（1869）釋古株刻本　一冊

330000－1701－0082116　G605895　史部/傳記類/總傳之屬/家乘
［浙江海寧］花園朱氏宗譜□□卷　（清）□□纂修　清刻本　一冊　存一卷（二十下）

330000－1701－0082118　G603314　子部/宗教類/佛教之屬/經
金光明經四卷　（晉）釋曇無讖譯　清同治八年（1869）釋古株刻本　一冊

330000－1701－0082119　G003530、G003968　子部/藝術類/遊藝之屬/謎語
玉荷隱語二卷羣珠集二卷　（清）費源撰　清刻本　三冊　缺一卷（玉荷隱語一）

330000－1701－0082120　G604883　類叢部/叢書類/彙編之屬
當歸草堂叢書八種　（清）丁丙編　清同治二年至五年（1863－1866）錢塘丁氏刻本　一冊　存一種

330000－1701－0082121　G603315　子部/宗教類/佛教之屬/諸宗
萬善同歸集六卷　（宋）釋延壽撰　清同治十一年（1872）杭州昭慶慧空經房刻本　一冊

330000－1701－0082125　G603316　子部/宗教類/佛教之屬/諸宗
萬善同歸集六卷　（宋）釋延壽撰　清同治十一年（1872）杭州昭慶慧空經房刻本　一冊

330000－1701－0082126　G605896　史部/傳記類/總傳之屬/家乘
［浙江海寧］花園朱氏宗譜□□卷　（清）□□纂修　清刻本　一冊　存一卷（二十下）

330000－1701－0082127　G601056　集部/别集類/唐五代别集
羅昭諫集八卷　（唐）羅隱撰　清康熙九年（1670）渤海張瓚瑞榴堂刻道光四年（1824）平江吳墉補刻本　二冊

330000－1701－0082129　G003531、G010110　子部/天文曆算類/算書之屬
九數通考十一卷首一卷末一卷　（清）屈曾發撰　清光緒十三年（1887）上海石倉石印局石印本　二冊　存二卷（首、一）

330000－1701－0082133　G604884　史部/地理類/方志之屬/郡縣志
同治上海縣志三十二卷首一卷末一卷　（清）應寶時等修　（清）俞樾　（清）方宗誠纂　清同治十年（1871）吳門臬署刻十一年（1872）南

園志局重校光緒八年(1882)補版印本　十册　存十五卷(十至十六、十八至二十、二十三至二十五、三十二、末)

330000-1701-0082135　G605897　史部/傳記類/總傳之屬/家乘

[浙江杭州]張氏族譜名壽錄一卷附張氏玉泉公支下譜一卷　(清)張景雲編　清光緒二十七年(1901)刻本　一册

330000-1701-0082136　G601057　子部/宗教類/道教之屬/神符

文昌大洞治瘟寶籙二卷　(清)劉體恕輯　清咸豐八年(1858)慈邑治心堂刻朱印本　一册

330000-1701-0082137　G603319、G602666　類叢部/叢書類/自著之屬

隨園三十八種　(清)袁枚撰　清光緒十八年(1892)勤裕堂鉛印本　二册　存二種

330000-1701-0082138　G601058　集部/別集類/清別集

越縵堂集十卷　(清)李慈銘撰　清光緒十六年(1890)王繼香刻本　四册

330000-1701-0082139　G603320　子部/宗教類/佛教之屬/諸宗

淨土古佚十書　金陵刻經處編　清光緒十九年至民國三年(1893-1914)金陵刻經處刻本　一册　存一種

330000-1701-0082141　G003533　子部/小說家類/異聞之屬

槐西雜志四卷　(清)紀昀撰　清刻本　四册

330000-1701-0082142　G003465　集部/總集類/郡邑之屬

檇李詩鈔不分卷　清光緒九年(1883)抄本　一册

330000-1701-0082144　G603321　子部/宗教類/佛教之屬/諸宗

淨土古佚十書　金陵刻經處編　清光緒十九年至民國三年(1893-1914)金陵刻經處刻本　一册　存一種

330000-1701-0082145　G603324、G605105　史部/目録類/專録之屬

閲藏知津四十四卷總目四卷　(清)釋智旭輯　清光緒十八年(1892)金陵刻經處刻本　十册　存四十四卷(一至四十四)

330000-1701-0082146　G003466　類叢部/類書類/通類之屬

鑄史駢言十二卷　(清)孫玉田編　清光緒元年(1875)鑄記書局石印本　四册

330000-1701-0082148　G603322、G603326、G610904　史部/政書類

九通　(清)□□輯　清光緒八年至二十二年(1882-1896)浙江書局刻本　一百十册　存二種

330000-1701-0082150　G003467　集部/別集類/清別集

思元齋全集七卷　(清)裕瑞撰　清嘉慶七年至十七年(1802-1812)裕瑞刻本　八册

330000-1701-0082152　G003534　子部/儒家類/儒學之屬/蒙學

新刻增廣讀本二卷　(清)□□撰　清光緒十四年(1888)古臥龍橋淥記書莊刻本　一册　存一卷(一)

330000-1701-0082154　G603323　子部/醫家類/本草之屬/歷代綜合本草

本草述三十二卷首一卷　(清)劉若金撰　清嘉慶十五年(1810)武進薛氏還讀山房刻本　二册　存二卷(七上、八上)

330000-1701-0082155　G605899　類叢部/叢書類/自著之屬

北江全集七種　(清)洪亮吉撰　清乾隆至嘉慶刻彙印本　二十二册　存三種

330000-1701-0082156　G604885　史部/紀事本末類/斷代之屬

明鑑紀事本末(明朝紀事本末)八十卷　(清)谷應泰撰　清刻本　十六册　存五十九卷(十一至二十一、二十八至七十五)

330000-1701-0082158　G603325　子部/藝

術類/書畫之屬

桐陰論畫二卷首一卷附錄一卷畫訣一卷續桐陰論畫一卷二編二卷三編二卷 （清）秦祖永撰　清同治三年至光緒八年（1864－1882）刻朱墨套印本　一冊　存二卷（三編上、下）

330000－1701－0082159　G003378、G008632、G009035、G011154　類叢部/叢書類/彙編之屬

申報館叢書正集五十七種附錄三種續集一百四十二種 （清）尊聞閣主編　蔡爾康編續集　清同治至光緒上海申報館鉛印本　六冊　存一種

330000－1701－0082161　G604886　史部/地理類/山川之屬/山志

明州阿育王山志十卷 （明）郭子章撰　**明州阿育王山續志六卷** （清）釋畹荃撰　明萬曆刻清乾隆續刻本　六冊

330000－1701－0082162　G003468　史部/政書類/軍政之屬/團練

練勇規條一卷 （清）吳定州撰　清咸豐六年（1856）刻本　一冊

330000－1701－0082164　G003379、G003380、G004267、G005017　類叢部/叢書類/彙編之屬

申報館叢書正集五十七種附錄三種續集一百四十二種 （清）尊聞閣主編　蔡爾康編續集　清同治至光緒申報館鉛印本　八冊　存二種

330000－1701－0082165　G003536　子部/宗教類/道教之屬

華陽金仙證論一卷 （清）柳華陽撰　清光緒三年（1877）刻本　一冊

330000－1701－0082166　G605900、G606291、G607663　史部/金石類/總志之屬

金石索十二卷首一卷 （清）馮雲鵬　（清）馮雲鵷輯　清光緒三十二年（1906）上海文新局石印本　二十二冊　缺一卷（金索五）

330000－1701－0082167　G604887　史部/地理類/方志之屬

［乾隆］西域記八卷 （清）七十一撰　清光緒十一年（1885）刻本　三冊　存七卷（二至八）

330000－1701－0082168　G003469　集部/別集類/清別集

韜荠詩偶一卷 （清）黃炳撰　清乾隆三十四年（1769）木活字印本　一冊

330000－1701－0082169　G605901　經部/書類/分篇之屬

禹貢川澤考二卷 （清）桂文燦撰　清光緒十二年（1886）利華印務局石印本　一冊

330000－1701－0082170　G605902　類叢部/叢書類/彙編之屬

會稽徐氏鑄學齋叢書十三種 徐維則編　清咸豐至光緒會稽徐氏刻光緒二十六年（1900）彙印本　二冊　存一種

330000－1701－0082171　G604888　子部/宗教類/佛教之屬

佛祖心燈一卷五家宗派一卷 清刻本　一冊

330000－1701－0082172　G605903　集部/別集類/唐五代別集

杜詩百篇二卷 （唐）杜甫撰　（清）張燮承集解　清咸豐九年（1859）刻張師筠著述本　梅庵跋　一冊

330000－1701－0082173　G604889　子部/宗教類/佛教之屬/論

發菩提心論二卷 （印度）天親菩薩造　（後秦）釋鳩摩羅什譯　清光緒十四年（1888）江北刻經處刻本　一冊

330000－1701－0082176　G605904　經部/小學類/文字之屬/字書/訓蒙

繪圖識字實在易二十卷 （清）施崇恩編　清光緒二十九年至三十年（1903－1904）杭州彪蒙書室石印本　一冊　存第一期第一冊

330000－1701－0082179　G605905　子部/醫家類/眼科之屬

程松崖先生眼科應驗良方一卷 （明）程玠撰　清光緒十二年（1886）刻本　一冊

330000－1701－0082180　G003381　集部/小說類/長篇之屬

紅樓夢本義約編二卷紅樓夢類聯集要一卷補遺一卷對語一卷　(清)話石主人撰　清光緒四年(1878)刻本　夢麟(夢麐)題簽並記　四冊　存二卷(上、下)

330000－1701－0082181　G003382　經部/叢編

御纂七經五種　(清)李光地等撰　清光緒三十年(1904)上海育文書局石印本　二十四冊

330000－1701－0082182　G003386　集部/曲類/曲韻曲譜曲律之屬

尋親記茶訪曲譜一卷　(元)□□撰　清宣統元年(1909)朱潤抄本　朱潤題記　一冊

330000－1701－0082183　G003384　集部/曲類/曲韻曲譜曲律之屬

長生殿疑讖曲譜一卷　(清)孔尚任撰　清宣統元年(1909)朱潤抄本　朱潤題記　一冊

330000－1701－0082184　G003385　集部/曲類/曲韻曲譜曲律之屬

琵琶記賞荷曲譜一卷　(元)高明撰　**牡丹亭勸農曲譜一卷**　(明)湯顯祖撰　清宣統元年(1909)朱潤抄本　朱潤題記　一冊

330000－1701－0082185　G003387　子部/術數類/命書相書之屬

新鐫神峰張先生通考闢謬命理正宗大全六卷　(明)張楠撰　清刻本　五冊　存五卷(二至六)

330000－1701－0082186　G003388　集部/曲類/寶卷之屬

絲絛寶卷一卷　清光緒十六年(1890)抄本　一冊

330000－1701－0082187　G003389　子部/儒家類/儒學之屬

孔子家語八卷　(明)何孟春注　(清)盧文弨校補　清同治十二年(1873)經綸堂刻本　四冊

330000－1701－0082188　G003390　子部/藝術類/書畫之屬/畫譜

南陵無雙譜一卷　(清)金古良撰並繪　清抄本　一冊

330000－1701－0082189　G003391、G006548　子部/醫家類/溫病之屬/其他溫疫病證

問心堂溫病條辨六卷首一卷　(清)吳瑭撰　清咸豐十年(1860)信義書屋刻本　四冊

330000－1701－0082190　G003392　集部/總集類/選集之屬/通代

評選古詩源四卷　(清)沈德潛評選　清光緒十八年(1892)湘南文章書局刻本　四冊

330000－1701－0082191　G003393　史部/傳記類/總傳之屬/仕宦

江寧文武陞官同慶錄一卷　清光緒三十三年(1907)鉛印本　一冊

330000－1701－0082192　G003394　集部/別集類/清別集

耐菴文集約選一卷寒香館集約選一卷　(清)賀長齡　(清)賀熙齡撰　(清)劉璈選　清同治五年(1866)台州府署木活字印本　一冊　存一卷(耐菴文集約選)

330000－1701－0082193　G003471　子部/天文曆算類/曆法之屬

新鐫曆法總覽合節象吉備要通書二十九卷附未來歷又六卷一卷　(清)魏鑑輯　清刻本　八冊　存二十二卷(三至八、十一至十四、十九至二十九,未來歷又一)

330000－1701－0082194　G003472　集部/總集類/選集之屬/通代

古文觀止十二卷　(清)吳乘權　(清)吳大職輯　清舊學山房刻本　一冊　存二卷(五至六)

330000－1701－0082197　G003473　集部/小說類/長篇之屬

玉茗堂批點繡像南北宋志傳二十卷一百回　(清)研石山樵訂正　清啓元堂刻本　八冊　存十六卷(新鐫玉茗堂批評按鑑參補南宋志傳一至八、新鐫玉茗堂批點按鑑參補北宋楊

家將傳三至十）

330000－1701－0082199　G604890　集部/曲類/寶卷之屬

目連卷全集不分卷　清光緒三年（1877）西湖慧空經房刻本　一冊

330000－1701－0082201　G604891　集部/别集類/清别集

嚼梅吟二卷　（清）釋寄禪撰　（清）白雲禪窟道人評　清光緒七年（1881）四明刻本　一冊

330000－1701－0082202　G604892　集部/别集類/清别集

嚼梅吟二卷　（清）釋寄禪撰　（清）白雲禪窟道人評　清光緒七年（1881）四明刻本　一冊

330000－1701－0082203　G003474　類叢部/叢書類/彙編之屬

葛園叢書十一種　（清）平步青編　清同治至光緒山陰平氏安越堂刻本　一冊　存一種

330000－1701－0082204　G004833　經部/小學類/文字之屬/字書/字典

商務書館華英字典不分卷　（清）商務印書館編　清光緒二十六年（1900）上海商務印書館鉛印本　一冊

330000－1701－0082207　G604893　集部/别集類/唐五代别集

羅昭諫集八卷　（唐）羅隱撰　清康熙九年（1670）渤海張瓚瑞榴堂刻道光四年（1824）平江吳墉補刻本　三冊

330000－1701－0082209　G604894　子部/宗教類/佛教之屬/諸宗

筠州黄蘗山斷際禪師傳心法要一卷黄檗斷際禪師宛陵録一卷　（唐）釋希運説　（唐）裴休輯　**般若波羅密多心經約註一卷**　（清）翁汝進輯　清光緒五年（1879）刻本　一冊

330000－1701－0082210　G604895　子部/宗教類/佛教之屬/諸宗

筠州黄蘗山斷際禪師傳心法要一卷黄檗斷際禪師宛陵録一卷　（唐）釋希運説　（唐）裴休輯　**般若波羅密多心經約註一卷**　（清）翁汝進輯　清光緒五年（1879）刻本　一冊

330000－1701－0082212　G604896　子部/宗教類/佛教之屬/諸宗

筠州黄蘗山斷際禪師傳心法要一卷黄檗斷際禪師宛陵録一卷　（唐）釋希運説　（唐）裴休輯　**般若波羅密多心經約註一卷**　（清）翁汝進輯　清光緒五年（1879）刻本　一冊

330000－1701－0082213　G003475　集部/曲類/曲韻曲譜曲律之屬

倭袍不分卷　清光緒二十四年（1898）錢振明抄本　一冊

330000－1701－0082215　G605906　集部/别集類/清别集

思綺堂文集十卷　（清）章藻功撰　清刻本　一冊　存一卷（一）

330000－1701－0082216　G003476　子部/宗教類/佛教之屬

樓閣叢書　（清）釋妙空子　（鄭學川）編　清刻本　一冊　存一種

330000－1701－0082217　G003477　史部/政書類/邦計之屬/賦税

覆陳妥酌清理財政章程摺一卷　（清）度支部撰　清宣統鉛印本　一冊

330000－1701－0082220　G003537　子部/宗教類/道教之屬

六字真目註解一卷　（清）聽月子註　清末上海翼化堂刻本　一冊

330000－1701－0082221　G604897　子部/宗教類/佛教之屬

玄籖證釋十卷　（清）釋智銓撰　清光緒十七年（1891）刻民國十八年（1929）重修本　二冊　存八卷（三至十）

330000－1701－0082224　G604898　集部/别集類/清别集

夢東禪師遺集二卷　（清）釋際醒撰　（清）釋喚醒輯　清嘉慶二十二年（1817）釋了亮等隆福寺觀音庵刻本　二冊

330000－1701－0082225　G603327　類叢部/叢書類/彙編之屬
嘯園叢書五十七種　(清)葛元煦編　清光緒二年至七年(1876－1881)仁和葛氏刻本　一冊　存三種

330000－1701－0082226　G604899　子部/宗教類/佛教之屬/經疏
大佛頂如來密因修證了義諸菩薩萬行首楞嚴經圓通疏十卷　(元)釋惟則會解　(明)釋傳燈疏　清光緒三年(1877)杭州昭慶寺慧空經房刻本　十冊

330000－1701－0082228　G601919　集部/總集類/選集之屬/斷代
禁林集八卷　(清)杭世駿輯　清乾隆二十三年(1758)刻本　二冊

330000－1701－0082229　G604900　集部/別集類/宋別集
鐔津文集十九卷首一卷　(宋)釋契嵩撰　清光緒二十八年(1902)揚州藏經院刻本　四冊

330000－1701－0082231　G003538　子部/宗教類/其他宗教之屬/基督教
天路指南一卷　(美國)倪維思撰　清光緒二十一年(1895)上海美華書館鉛印本　一冊

330000－1701－0082233　G605907　集部/戲劇類/傳奇之屬
梅花夢二卷　(清)張道撰　清光緒二十年(1894)錢塘張預長沙刻本　一冊　存一卷(上)

330000－1701－0082236　G603328　子部/醫家類/本草之屬/本草藥性
雷公炮製藥性解六卷　(明)李中梓撰　清刻本　一冊　存三卷(四至六)

330000－1701－0082237　G604901　子部/宗教類/佛教之屬/論
金剛般若波羅蜜經破空論一卷心經釋要一卷波羅蜜經觀心釋一卷　(清)釋智旭撰　清同治十年(1871)如皋刻經處刻本　一冊

330000－1701－0082238　G604902　子部/宗教類/佛教之屬/論
金剛般若波羅蜜經破空論一卷心經釋要一卷波羅蜜經觀心釋一卷　(清)釋智旭撰　清同治十年(1871)如皋刻經處刻本　一冊

330000－1701－0082239　G605908　子部/雜著類/雜考之屬
困學紀聞注二十卷　(清)翁元圻撰　清道光五年(1825)餘姚翁氏守福堂刻本　十二冊

330000－1701－0082240　G604903　子部/宗教類/佛教之屬/論
金剛般若波羅蜜經破空論一卷心經釋要一卷波羅蜜經觀心釋一卷　(清)釋智旭撰　清同治十年(1871)如皋刻經處刻本　一冊

330000－1701－0082241　G603329　子部/宗教類/佛教之屬/論疏
大乘起信論疏解彙集八種　清光緒十一年至民國十五年(1885－1926)金陵刻經處刻本　一冊　存一種

330000－1701－0082242　G601060　史部/地理類/方志之屬/郡縣志
咸淳臨安志一百卷　(宋)潛說友纂　**校栞咸淳臨安志札記三卷**　(清)黃士珣撰　清道光十年(1830)錢塘汪氏振綺堂刻本(卷九十、九十八至一百原缺)　十一冊　存四十七卷(四至十五、二十至五十、五十七至六十)

330000－1701－0082245　G604904　子部/宗教類/佛教之屬/經疏
金剛般若波羅蜜經心印疏二卷　(清)釋溥畹撰　**般若波羅蜜多心經一卷**　(唐)釋玄奘譯　**般若心經口義別一卷**　(明)釋大瓛撰　清光緒二十七年(1901)、宣統元年(1909)揚州藏經院刻本　二冊

330000－1701－0082246　G003540　史部/金石類/石之屬/文字
重建亞聖廟碑銘一卷附募啓一卷重修嘉善羅星臺記一卷　清末刻本　一冊

330000－1701－0082247　G605909、G610093　史部/政書類/律令之屬/律例

讀法圖存四卷 （清）邵繩清編 清咸豐十年（1860）虞山邵氏刻本 四冊

330000－1701－0082248 G603330 類叢部/叢書類/彙編之屬

粵雅堂叢書一百八十五種 （清）伍崇曜編 清道光二十九年至光緒十一年（1849－1885）南海伍氏刻彙印本 一冊 存一種

330000－1701－0082249 G003542、G003608、G005303、G609498、G611138、G007658、G008164、G610400、G008996、G010783 集部/別集類/清別集

御製詩初集四十四卷目錄四卷二集九十卷目錄十卷三集一百卷目錄十二卷 （清）高宗弘曆撰 清乾隆武英殿刻本 三十二冊 存八十四卷（初集三至十二、三十七至三十九，二集一至十二、十五至十七、二十四至二十五、二十八至二十九、三十九至四十、五十一至五十二、五十五至六十、七十九至八十二，三集五至七、十四至十六、二十三至二十八、三十二至三十九、四十一至四十四、六十七至六十九、七十九至八十一、八十九至九十三、九十六至九十八）

330000－1701－0082250 G003541 子部/術數類/陰陽五行之屬

天玉經内傳心印四卷 （唐）楊益撰 （清）王宗臣註 清刻本 一冊

330000－1701－0082252 G604905 子部/宗教類/佛教之屬/經疏

金剛般若波羅蜜經心印疏二卷 （清）釋溥畹撰 **般若波羅蜜多心經一卷** （唐）釋玄奘譯 **般若心經口義別一卷** （明）釋大瓆撰 清光緒二十七年（1901）、宣統元年（1909）揚州藏經院刻本 二冊

330000－1701－0082254 G605910 史部/地理類/雜志之屬

婁東小志七卷 （清）傅振海撰 清宣統二年（1910）鉛印本 一冊

330000－1701－0082255 G603331 子部/宗教類/佛教之屬/諸宗

靈峰蕅益大師選定淨土十要十卷 （清）釋智旭輯 （清）釋成時評點節略 **徹悟禪師語錄二卷** （清）釋際醒說 （清）釋了亮集 清光緒二十年（1894）揚州廣陵藏經禪院刻本 五冊

330000－1701－0082256 G604906 子部/宗教類/佛教之屬/經疏

金剛般若波羅蜜經心印疏二卷 （清）釋溥畹撰 **般若波羅蜜多心經一卷** （唐）釋玄奘譯 **般若心經口義別一卷** （明）釋大瓆撰 清光緒二十七年（1901）、宣統元年（1909）揚州藏經院刻本 二冊

330000－1701－0082257 G604907 子部/宗教類/佛教之屬/經疏

金剛般若波羅蜜經心印疏二卷 （清）釋溥畹撰 **般若波羅蜜多心經一卷** （唐）釋玄奘譯 **般若心經口義別一卷** （明）釋大瓆撰 清光緒二十七年（1901）、宣統元年（1909）揚州藏經院刻本 二冊

330000－1701－0082259 G605911 經部/叢編

四書五經九種 （清）鮑氏輯 清同治三年（1864）浙江撫署刻本 三冊 存一種

330000－1701－0082260 G003479 史部/政書類/邦計之屬/荒政

京津救濟善會圖說一卷文牘六卷 孫樂園輯 清光緒三十三年（1907）蘇省刷印局鉛印本 一冊

330000－1701－0082261 G003543 史部/傳記類/總傳之屬/忠孝

本書蒙演百孝圖一卷 （清）沈三賢繪像 （清）張吳渼撰詩 清同治五年（1866）刻本 一冊

330000－1701－0082262 G003480 子部/雜著類

息訟學好歌一卷 清光緒三十三年（1907）景啓居士刻本 一冊

330000－1701－0082263 G601063、G602043、

G602616　史部/地理類/方志之屬/郡縣志

[光緒]處州府志三十卷首一卷末一卷　(清)潘紹詒修　(清)周榮椿纂　清光緒三年(1877)刻本　二十八冊

330000－1701－0082264　G605912　集部/別集類/清別集

師竹軒詩集四卷　(清)劉樹堂撰　**韻香閣詩草一卷**　(清)孔祥淑撰　清光緒十五年(1889)刻本　一冊

330000－1701－0082265　G604908　史部/地理類/方志之屬/郡縣志

[同治]萬安縣志二十卷首一卷末一卷　(清)歐陽駿修　(清)周之鏞纂　清同治十二年(1873)刻本　一冊　存二卷(十三至十四)

330000－1701－0082267　G603332　子部/宗教類/佛教之屬/諸宗

大乘止觀法門釋要六卷　(清)釋智旭撰　清光緒二十二年(1896)揚州藏經禪院刻本　二冊

330000－1701－0082268　G604909　史部/地理類/山川之屬/山志

清涼山志十卷　(明)釋秋厓原纂　(明)釋鎮澄編　(清)釋阿王老藏修正　清乾隆二十年(1755)釋聚用刻光緒十三年(1887)重修本　四冊

330000－1701－0082269　G603333　子部/宗教類/佛教之屬/諸宗

大乘止觀法門釋要六卷　(清)釋智旭撰　清光緒二十二年(1896)揚州藏經禪院刻本　二冊

330000－1701－0082270　G603334　子部/宗教類/佛教之屬/諸宗

大乘止觀法門釋要六卷　(清)釋智旭撰　清光緒二十二年(1896)揚州藏經禪院刻本　二冊

330000－1701－0082271　G003544　史部/紀傳類/正史之屬

魏書官氏志疏證一卷　陳毅撰　清光緒二十三年(1897)刻本　一冊

330000－1701－0082273　G603335　子部/宗教類/佛教之屬/諸宗

大乘止觀法門釋要六卷　(清)釋智旭撰　清光緒二十二年(1896)揚州藏經禪院刻本　二冊

330000－1701－0082274　G604910、G604937　史部/地理類/山川之屬/山志

明州阿育王山志十卷　(明)郭子章撰　**明州阿育王山續志六卷**　(清)釋畹荃撰　明萬曆刻清乾隆續刻本　六冊

330000－1701－0082275　G601064　史部/地理類/方志之屬/郡縣志

[光緒]重修嘉善縣志三十六卷首一卷　(清)江峯青修　(清)顧福仁纂　清光緒二十年(1894)刻本　一冊　存二卷(十四至十五)

330000－1701－0082276　G603336　子部/宗教類/佛教之屬/諸宗

大乘止觀法門釋要六卷　(清)釋智旭撰　清光緒二十二年(1896)揚州藏經禪院刻本　二冊

330000－1701－0082277　G003481　經部/易類/傳說之屬

周易本義四卷　(宋)朱熹撰　(清)朱說巖解註　稿本　朱士恒題記　二冊

330000－1701－0082280　G003545　新學/算學

江西武備學堂中西算學課藝三卷　(清)張鴻勛撰　清光緒三十一年(1905)刻本　一冊

330000－1701－0082282　G605913　集部/別集類/清別集

曝書亭集八十卷附錄一卷　(清)朱彝尊撰　**笛漁小稾十卷**　(清)朱昆田撰　清刻本　六冊　存四十三卷(三十八至八十)

330000－1701－0082283　G601065、G607144　史部/地理類/方志之屬/郡縣志

[同治]續纂揚州府志二十四卷　(清)方濬頤修　(清)晏端書　(清)錢振倫等纂　清同治

十三年(1874)刻本　八册

330000－1701－0082285　G601066　史部/地理類/方志之屬/郡縣志

光緒分水縣志十卷首一卷末一卷　(清)陳常鏵　(清)馮圻修　(清)臧承宣纂　清光緒三十二年(1906)刻民國三十年(1941)印本　六册

330000－1701－0082288　G603337、G603338、G603339　子部/宗教類/佛教之屬/諸宗

止觀輔行傳弘決十卷　(唐)釋湛然撰　(隋)釋智顗說　(隋)釋灌頂記　清光緒十年(1884)刻本　十一册　存八卷(一下至三上、四上、七上、八上、九至十)

330000－1701－0082289　G003547、G009424　類叢部/叢書類/彙編之屬

敏果齋七種　(清)許乃釗編　清道光十二年至二十九年(1832－1849)錢塘許氏刻彙印本　三册　存一種

330000－1701－0082290　G601922　子部/叢編

子書百家　(清)崇文書局編　清光緒元年(1875)湖北崇文書局刻本　一册　存一種

330000－1701－0082293　G605915、G606102　類叢部/叢書類/彙編之屬

廣雅書局叢書一百五十九種　徐紹棨編　清光緒廣雅書局刻民國九年(1920)番禺徐紹棨彙編重印本　二十册　存一種

330000－1701－0082294　G603340、G603341　子部/宗教類/佛教之屬/諸宗

止觀輔行傳弘決十卷　(唐)釋湛然撰　(隋)釋智顗說　(隋)釋灌頂記　清光緒十年(1884)刻本　十册　存七卷(一下至三上、七下至十上)

330000－1701－0082295　G601923　經部/小學類

小學類編六種附三種　(清)李祖望編　清咸豐至光緒江都李氏半畝園刻本　四册　存一種

330000－1701－0082296　G003548　子部/農家農學類/鳥獸蟲之屬

百獸圖一卷　清末石印本　一册

330000－1701－0082298　G003482　集部/總集類/選集之屬/斷代

霅峥集八卷　(清)宮國苞輯　清乾隆三十三年(1768)刻本　四册

330000－1701－0082299　G603342　子部/宗教類/佛教之屬/諸宗

止觀輔行傳弘決十卷　(唐)釋湛然撰　(隋)釋智顗說　(隋)釋灌頂記　清光緒十年(1884)刻本　三册　存三卷(一上、二下、三上)

330000－1701－0082300　G605914　史部/紀傳類/正史之屬

二十四史　清同治至光緒五省官書局據汲古閣本等合刻光緒五年(1879)湖北書局彙印本　二十二册　存一種

330000－1701－0082304　G003549　子部/藝術類/書畫之屬/書法書品

六朝人手書左氏傳一卷　楊守敬輯　清宣統上海有正書局石印本　一册

330000－1701－0082305　G601924　類叢部/叢書類/自著之屬

紀慎齋先生全集十二種續集七種　(清)紀大奎撰　清嘉慶十三年至咸豐二年(1808－1852)刻本　四册　存續集一種

330000－1701－0082306　G601069　經部/禮記類/傳說之屬

禮記集說十卷　(元)陳澔撰　清恕堂刻本　十册

330000－1701－0082307　G003483　集部/曲類/曲韻曲譜曲律之屬

義男恩一卷雙合槐一卷百花臺一卷賣布一卷奇雙會一卷寶蓮燈一卷南唐一卷掛玉帶一卷打金冠一卷潼關一卷斗母閣一卷酒樓一卷頂磚一卷　清末抄本　一册

330000－1701－0082308　G605916　經部/小

學類/文字之屬/説文
説文解字注十五卷附六書音均表五卷 (清)段玉裁撰 **説文部目分韻一卷** (清)陳煥編 清光緒元年(1875)湖北崇文書局刻本 十八冊

330000－1701－0082309 G003484 集部/曲類/曲韻曲譜曲律之屬
文武陞一卷金山寺一卷訪仙一卷前鳳凰圖一卷 清光緒八年(1882)錢春帆抄本 一冊

330000－1701－0082311 G601070 史部/地理類/方志之屬/郡縣志
[光緒]上虞縣志校續五十卷首一卷末一卷 (清)儲家藻修 (清)徐致靖纂 清光緒二十四年至二十五年(1898－1899)刻本 十三冊 存三十三卷(十六至四十八)

330000－1701－0082312 G603343 子部/醫家類/綜合之屬/通論
御纂醫宗金鑑九十卷首一卷 (清)吳謙等撰 清乾隆刻本 一冊 存一卷(六十四)

330000－1701－0082313 G601925 子部/雜著類/雜説之屬
歸田瑣記八卷 (清)梁章鉅撰 清刻本 三冊 存六卷(一至六)

330000－1701－0082315 G003550 子部/宗教類/佛教之屬/總録
釋迦如來應化事跡四卷 (清)釋永珊撰並繪 清嘉慶十三年(1808)和碩豫親王裕豐刻本 四冊

330000－1701－0082316 G605917 史部/政書類
九通 (清)□□輯 清光緒八年至二十二年(1882－1896)浙江書局刻本 六十七冊 存一種

330000－1701－0082318 G601072、G602323 史部/地理類/方志之屬/郡縣志
[光緒]處州府志三十卷首一卷末一卷 (清)潘紹詒修 (清)周榮椿纂 清光緒三年(1877)刻本 十七冊 存十八卷(首、一、六至九、十一、十三至十八、二十至二十二、二十七至二十八)

330000－1701－0082319 G003485 集部/曲類/曲韻曲譜曲律之屬
唱譜一卷 清末抄本 一冊

330000－1701－0082320 G003486 集部/曲類/曲韻曲譜曲律之屬
和番一卷精忠一卷 清光緒五年(1879)錢春帆抄本 一冊

330000－1701－0082321 G601926 集部/別集類/清別集
戴南山文鈔六卷 (清)戴名世撰 清宣統二年(1910)上海國學扶輪社鉛印本 二冊 缺二卷(五至六)

330000－1701－0082322 G601073 史部/地理類/方志之屬/郡縣志
[乾隆]嚴州府志三十五卷首一卷 (清)吳士進修 (清)胡書源等纂 清乾隆二十一年(1756)刻本 二冊 存十卷(二十六至三十五)

330000－1701－0082324 G603344 子部/宗教類/佛教之屬/論疏
大乘起信論疏解彙集八種 清光緒十一年至民國十五年(1885－1926)金陵刻經處刻本 一冊 存一種

330000－1701－0082325 G601927 史部/雜史類/斷代之屬
三朝聞見錄一卷 朱孔彰撰 清木活字印本 一冊

330000－1701－0082326 G601074 史部/地理類/方志之屬/郡縣志
宋元四明六志 (清)徐時棟輯 清咸豐四年(1854)甬上徐氏煙嶼樓刻光緒五年(1879)印本 五冊 存二種

330000－1701－0082327 G603345 子部/宗教類/佛教之屬/論疏
大乘起信論疏解彙集八種 清光緒十一年至民國十五年(1885－1926)金陵刻經處刻本

一册　存一種

330000－1701－0082328　G601928、G608431、G607739　集部/詩文評類/制藝之屬

制義叢話二十四卷題名一卷　（清）梁章鉅撰　清咸豐九年(1859)知足知不足齋刻本　四册　存十三卷(四至六、十三至十五、十九至二十四、題名)

330000－1701－0082329　G601075　集部/别集類

湘綺樓全集三十卷(湘綺樓文集八卷詩集十四卷箋啓八卷)　王闓運撰　清宣統二年(1910)上海國學扶輪社石印本　十二册

330000－1701－0082330　G601929　類叢部/叢書類/彙編之屬

聚學軒叢書六十種　劉世珩編　清光緒貴池劉氏刻本　三册　存一種

330000－1701－0082331　G601076　史部/地理類/方志之屬/郡縣志

[嘉慶]重刊江寧府志五十六卷附校勘記一卷　（清）吕燕昭修　（清）姚鼐纂　清光緒六年(1880)刻本　十一册　存五十一卷(一至五十一)

330000－1701－0082336　G601078　類叢部/叢書類/彙編之屬

心矩齋叢書十一種　（清）蔣鳳藻編　清光緒長洲蔣氏刻本　八册　存一種

330000－1701－0082338　G601079　集部/總集類/選集之屬/斷代

八家四六文注八卷首一卷　（清）吳鼒輯　（清）許貞幹注　清光緒十七年(1891)味青齋刻本　十六册

330000－1701－0082340　G603346、G608135　子部/醫家類/方書之屬/單方驗方

良方集腋二卷　（清）謝元慶輯　清道光二十八年(1848)汪曜奎刻本　二册

330000－1701－0082341　G604911　子部/宗教類/佛教之屬/經

過去現在因果經四卷　（南朝宋）釋求那跋陀羅譯　清光緒十年(1884)江北刻經處刻本　一册

330000－1701－0082343　G603347　子部/醫家類/方書之屬/單方驗方

驗方新編□□卷　（清）鮑相璈輯　清刻本　一册　存一卷(十)

330000－1701－0082344　G604912　集部/總集類/選集之屬/通代

古詩箋三十二卷　（清）王士禛輯　（清）聞人倓箋　清乾隆三十一年(1766)芷蘭堂刻本　十四册　存二十二卷(五言詩一至五、八至十七,七言詩歌行鈔一至五上、八至九上)

330000－1701－0082346　G601080　經部/群經總義類/文字音義之屬

經傳釋詞十卷　（清）王引之撰　清嘉慶二十四年(1819)高郵王氏刻本　四册

330000－1701－0082348　G604913　史部/傳記類/總傳之屬/釋道

佛祖歷代通載三十六卷　（元）釋念常撰　清宣統元年(1909)江北刻經處刻本　八册

330000－1701－0082350　G603348、G605138　子部/醫家類/綜合之屬/通論

御纂醫宗金鑑九十卷首一卷　（清）吳謙等撰　清乾隆刻本　十八册　存二十七卷(四、十二至十四、二十八至三十五、三十六至四十三、六十一至六十七)

330000－1701－0082353　G003487　集部/總集類/選集之屬/通代

御選唐宋文醇五十八卷　（清）高宗弘曆輯　清刻四色套印本　十二册

330000－1701－0082354　G007994、G003552　集部/總集類/氏族之屬

留耕堂集三卷　（明）葛泰臨輯　清宣統元年(1909)鉛印本　三册

330000－1701－0082355　G605918　集部/總集類/郡邑之屬

九老詩存一卷九老文存附録一卷花山九老詩文存一卷花山題詠一卷　（清）林丙恭輯　清

光緒三十二年(1906)太平可園林氏木活字印本　一冊

330000－1701－0082358　G603349、G607487　類叢部/叢書類/彙編之屬
國朝名人著述叢編十三種　(清)□□編　清光緒五年(1879)上海淞隱閣鉛印本　三冊　存六種

330000－1701－0082359　G601930　史部/紀傳類/別史之屬
南天痕二十六卷附錄一卷　(清)凌雪撰　清宣統二年(1910)復古社鉛印本　三冊　存十三卷(一至十三)

330000－1701－0082361　G605919　經部/叢編
四書五經九種　(清)鮑氏輯　清同治三年(1864)浙江撫署刻本　一冊　存一種

330000－1701－0082362　G604914　子部/宗教類/佛教之屬/諸宗
淨土古佚十書　金陵刻經處編　清光緒十九年至民國三年(1893－1914)金陵刻經處刻本　二冊　存一種

330000－1701－0082363　G003553　史部/政書類/邦交之屬
法國條約不分卷　清光緒鉛印本　一冊

330000－1701－0082365　G605920　集部/別集類/清別集
揅經室一集十四卷二集八卷三集五卷四集二卷四集詩十一卷續集十一卷再續集六卷外集五卷　(清)阮元撰　(清)阮亨輯　清道光刻本　二冊　存四卷(二集五至八)

330000－1701－0082366　G603350　類叢部/叢書類/彙編之屬
申報館叢書正集五十七種附錄三種續集一百四十二種　(清)尊聞閣主編　蔡爾康編續集　清同治至光緒上海申報館鉛印本　十冊　存四種

330000－1701－0082367　G003554　子部/術數類/占卜之屬
銀河棹一卷　(明)張松源編　清同治元年(1862)大文堂刻本　一冊

330000－1701－0082368　G601931　子部/宗教類/佛教之屬/經咒
佛頂光明摩訶薩怛多般怛囉無上神咒一卷附密宗綱要譯釋陀羅尼九章　(清)釋續法輯　清三峯寺刻本　一冊

330000－1701－0082370　G605921、G606410　經部/小學類/文字之屬/說文/傳說
說文解字句讀三十卷　(清)王筠撰　清刻本　十四冊

330000－1701－0082374　G604915　子部/宗教類/佛教之屬/經疏
無量壽經起信論三卷觀無量壽佛經約論一卷阿彌陀經約論一卷　(清)彭紹升撰　清同治十一年(1872)如皋刻經處刻本　二冊

330000－1701－0082375　G003555、G005416　集部/小說類/長篇之屬
東周列國全志二十三卷一百八回　(清)蔡奡評點　清咸豐二年(1852)善成堂刻本　二十四冊

330000－1701－0082376　G601932　集部/別集類/清別集
棄餘詩草六卷　(清)張廷枚撰　清乾隆六十年(1795)寶墨齋刻本　二冊

330000－1701－0082378　G601081　集部/詞類/詞話之屬
周氏止庵詞辨二卷　(清)周濟撰　(清)譚獻評　**周氏止葊介存齋論詞雜箸一卷**　(清)周濟撰　清光緒三多、徐珂、趙逢年刻本　一冊

330000－1701－0082381　G605923　子部/宗教類/佛教之屬
金剛般若經註解全集五種　(明)王源靜重集　清同治八年(1869)刻本　三冊　存一種

330000－1701－0082383　G604916　子部/宗教類/佛教之屬/諸宗
肇論略注六卷　(明)釋德清撰　清光緒十四年(1888)金陵刻經處刻本　二冊

330000－1701－0082384　G601933　子部/雜著類/雜考之屬
野記四卷　(明)祝允明撰　清同治十三年(1874)元和祝氏刻本　王銓濟跋　一册

330000－1701－0082385　G601082　集部/別集類/清別集
蕉雪廬遺稾三卷　(清)孫慶曾撰　清光緒三十二年(1906)刻本　一册

330000－1701－0082387　G003556　子部/宗教類/佛教之屬/經疏
金剛經一卷大悲咒一卷心經一卷呂祖師降三十二次偈一卷　題(唐)呂洞賓撰　清光緒十七年(1891)上海翼化堂刻本　一册　缺一卷(大悲咒)

330000－1701－0082388　G601083　集部/別集類/清別集
姜先生全集三十三卷首一卷附錄二卷　(清)姜宸英撰　(清)馮保燮　(清)王定祥重編　清光緒十五年(1889)慈谿馮氏毋自欺齋刻本(附錄二卷原缺)　十六册

330000－1701－0082389　G604917　史部/地理類/方志之屬/郡縣志
[同治]九江府志五十四卷首一卷末一卷　(清)達春布修　(清)黄鳳樓　(清)歐陽燾纂　清同治十三年(1874)刻本　二十三册　存五十卷(首、一至二十八、三十至五十)

330000－1701－0082391　G003488　史部/目録類/總録之屬/官修
欽定四庫全書簡明目錄二十卷　(清)紀昀等撰　清光緒十四年(1888)上海漱六山莊石印本　四册

330000－1701－0082392　G003489　史部/目録類/總録之屬/官修
欽定四庫全書總目二百卷首一卷　(清)紀昀等撰　**四庫未收書目提要五卷**　(清)阮元撰　清光緒十四年(1888)上海漱六山莊石印本　二十册

330000－1701－0082393　G601934　類叢部/叢書類/自著之屬
水田居全集七種附一種　(清)賀貽孫撰　清道光至同治敕書樓刻本　一册　存一種

330000－1701－0082394　G601084　史部/傳記類/科舉録之屬/諸貢録
國朝歷科館選錄不分卷附特授改補館職一卷　(清)沈廷芳輯　(清)陸費墀　(清)沈世緯重訂　清乾隆十一年(1746)刻三十一年(1766)沈世煒增刻同治七年(1868)翰林院遞刻本　二册

330000－1701－0082400　G003490　史部/雜史類
蕩平髮逆圖記二十二卷首一卷　(清)杜文瀾撰　清光緒十七年(1891)上海書局石印本　四册

330000－1701－0082401　G601935、G602266、G602354、G602633　子部/宗教類/佛教之屬/諸宗
憨山老人夢遊集五十五卷　(明)釋德清撰　(明)釋福善錄　(明)釋通炯輯　清光緒五年(1879)江北刻經處刻本　二十册

330000－1701－0082402　G601085　史部/傳記類/職官録之屬/總録
清秘述聞十六卷　(清)法式善編　清嘉慶四年(1799)刻本　四册

330000－1701－0082404　G605924　經部/詩類/傳說之屬
詩經集傳八卷　(宋)朱熹撰　清光緒十九年(1893)浙江書局刻本　四册

330000－1701－0082405　G603351、G611673　集部/別集類/宋別集
月洞詩集二卷　(宋)王鎡撰　**附二十一世祖皞如公詩一十四首一卷**　(明)王皞如撰　清光緒二年(1876)元和潘紹詒刻本　二册

330000－1701－0082407　G605925　子部/宗教類/佛教之屬/諸宗
徹悟禪師遺稿二卷　(清)釋際醒撰　(清)釋了亮　(清)釋了梅等輯　清同治七年(1868)

刻本　一冊

330000－1701－0082409　G601086　史部/職官類/官制之屬
槐廳載筆二十卷　(清)法式善撰　清嘉慶刻本　四冊

330000－1701－0082410　G003491　類叢部/叢書類/彙編之屬
申報館叢書正集五十七種附錄三種續集一百四十二種　(清)尊聞閣主編　蔡爾康編續集　清同治至光緒上海申報館鉛印本　一冊　存一種

330000－1701－0082411　G003558　史部/傳記類/總傳之屬
聖喻像解二十卷　(清)梁延年撰　清光緒二十九年(1903)安徽撫署石印本　十冊

330000－1701－0082412　G604918　子部/宗教類/佛教之屬/經疏
楞伽阿跋多羅寶經四卷　(南朝宋)釋求那跋陀羅譯　(清)釋智旭疏義　**楞伽阿跋多羅寶經玄義一卷**　(清)釋智旭撰　清宣統元年(1909)常州天寧寺刻本　五冊

330000－1701－0082413　G601087　類叢部/叢書類/彙編之屬
結一廬朱氏賸餘叢書四種　(清)朱澂編　清光緒三十年至三十一年(1904－1905)仁和朱氏刻三十二年(1906)印本　四冊　存一種

330000－1701－0082414　G605926　子部/宗教類/佛教之屬
明州定應大師布袋和尚傳一卷　(元)釋曇噩撰　清同治十三年(1874)釋開慧刻本　一冊

330000－1701－0082415　G603352　類叢部/叢書類/彙編之屬
粤雅堂叢書一百八十五種　(清)伍崇曜編　清道光二十九年至光緒十一年(1849－1885)南海伍氏刻彙印本　二冊　存二種

330000－1701－0082417　G604919　子部/藝術類/遊藝之屬/雜藝
七巧八分圖十六卷補遺一卷　(清)錢芸吉撰　(清)王念慈編繪　清同治十三年至光緒元年(1874－1875)廬陵王氏求是齋刻藍印本　一冊　存目錄

330000－1701－0082419　G003565　類叢部/叢書類/彙編之屬
說鈴前集三十七種後集十六種　(清)吳震方編　清嘉慶四年(1799)刻本　一冊　存三種

330000－1701－0082420　G605927　子部/藝術類/書畫之屬/畫譜
毓秀堂畫傳四卷　(清)王墀繪　清光緒九年(1883)上海點石齋石印本　二冊　存二卷(一至二)

330000－1701－0082421　G601088、G608711、G609529、G607811　類叢部/叢書類/郡邑之屬
紹興先正遺書十五種　(清)徐友蘭輯　清光緒會稽徐氏鑄學齋刻本　二十冊　存九種

330000－1701－0082422　G003492、G004505　類叢部/叢書類/彙編之屬
申報館叢書正集五十七種附錄三種續集一百四十二種　(清)尊聞閣主編　蔡爾康編續集　清同治至光緒上海申報館鉛印本　四冊　存一種

330000－1701－0082428　G605928　史部/地理類/方志之屬/郡縣志
[道光]建德縣志二十一卷首一卷　(清)周興嶧修　(清)許錦春　(清)嚴可均纂　清道光八年(1828)刻本　四冊　缺十一卷(首、一至二、七至九、十三至十七)

330000－1701－0082429　G603353　類叢部/叢書類/彙編之屬
知不足齋叢書一百九十五種　(清)鮑廷博編　(清)鮑士恭續編　清乾隆三十七年至道光三年(1772－1823)長塘鮑氏刻彙印本　一冊　存一種

330000－1701－0082430　G601089、G602084、G608566、G609446　集部/別集類/清別集
石笥山房文集五卷補遺一卷　(清)胡天游撰

清宣統元年(1909)上海國學扶輪社鉛印本　四冊

330000－1701－0082431　G604920　類叢部/叢書類/彙編之屬

國粹叢書四十九種　(清)國學保存會編　清光緒至宣統鉛印本　一冊　存一種

330000－1701－0082433　G601090　集部/總集類/郡邑之屬

娛園詩存四卷　秦樹敏撰　清光緒十二年(1886)刻本　二冊

330000－1701－0082434　G604921　子部/宗教類/佛教之屬/論

發菩提心論二卷　(印度)天親菩薩造　(後秦)釋鳩摩羅什譯　清光緒十四年(1888)江北刻經處刻本　一冊

330000－1701－0082435　G601091　子部/儒家類/儒學之屬/禮教

化愚俗歌一卷　(清)潘席卿撰　清光緒十九年(1893)刻本　一冊

330000－1701－0082436　G603354　子部/叢編

二十五子彙函　(清)鴻文書局編　清光緒十九年(1893)上海鴻文書局石印本　三冊　存四種

330000－1701－0082439　G003559、G005984、G006765　類叢部/類書類/通類之屬

太平御覽一千卷目錄十五卷　(宋)李昉等輯　清南海李氏刻光緒十八年(1892)學海堂印本　一百十九冊　缺十卷(十五至二十四)

330000－1701－0082440　G605929　類叢部/叢書類/彙編之屬

武英殿聚珍版書一百三十八種　清乾隆武英殿木活字印本　一冊　存一種

330000－1701－0082441　G604922　子部/宗教類/佛教之屬/諸宗

天台四教儀注彙補輔宏記二十卷首一卷　(高麗)釋諦觀輯　(元)釋蒙潤集注　(清)釋性權彙補　**畧科提綱一卷**　釋諦閑排訂　清光緒二十四年(1898)刻本　十一冊

330000－1701－0082442　G601092、G608762　集部/別集類/明別集

張忠敏公遺集十卷首一卷附錄六卷　(明)張國維撰　(清)張振珂輯　清咸豐十年(1860)刻本　二冊　存三卷(附錄四至六)

330000－1701－0082446　G604923　經部/叢編

十三經注疏三百三十三卷　(明)□□輯　清刻本　一冊　存一種

330000－1701－0082447　G605930　子部/宗教類/佛教之屬

蓮花世界詩不分卷　(清)釋廣貴輯　清乾隆四十九年(1784)刻本　一冊

330000－1701－0082449　G603356、G603545、G609260　史部/編年類/通代之屬

御批歷代通鑑輯覽一百二十卷　(清)傅恒等撰　清光緒二十九年(1903)通文書局石印本　四冊　存十七卷(十九至二十六、一百十六至一百二十、四十三至四十六)

330000－1701－0082450　G003560　史部/紀傳類/正史之屬

二十四史附考證　清刻本　三十二冊　存一種

330000－1701－0082456　G604924　集部/別集類/清別集

來雨軒存稿四卷　(清)莫晉撰　清道光十六年(1836)刻本　二冊　存二卷(一至二)

330000－1701－0082457　G601094　史部/政書類/公牘檔冊之屬

退思編一卷誓心編一卷　沈祖燕撰　清宣統元年(1909)刻本　一冊

330000－1701－0082459　G601095　類叢部/叢書類/彙編之屬

金峨山館叢書(望三益齋叢書)十一種　(清)郭傳璞編　清光緒八年至十六年(1882－1890)鄞郭氏刻二十年(1894)鎮海邵氏彙印本　一冊　存二種

330000－1701－0082460　G604925　集部/總集類/選集之屬/斷代

全唐詩九百卷目錄十二卷　(清)曹寅　(清)彭定求等輯　清康熙刻本　四冊　存四十五卷(姚崇、宋璟一卷,蘇味道一卷,郭震一卷,田遊巖、王無競、賈曾、李乂、崔元童、何鸞、蔣挺一卷,崔融一卷,閻朝隱、韋元旦、邵昇、唐遠悊一卷,李適一卷,劉憲一卷,高正臣、崔知賢、席元明、韓仲宣、周彥昭、高球、弓嗣初、高瑾、王茂時、徐皓、長孫正隱、高紹、郎餘令、陳嘉言、周彥暉、高嶠、劉友賢、周思鈞一卷,蘇頲二卷,姜晞、姜晈、蔡孚、徐晶、張敬忠、史俊一卷,徐彥伯一卷,李乂一卷,盧藏用、岑羲、薛稷、馬懷素一卷,富嘉謨、吳少微、員半千、王適、閻邱均、齊澣、祝欽明、劉知幾、胡雄、張齊賢、鄭善玉、邱悅一卷,沈佺期三卷,趙冬曦、尹懋、王琚、陰行先、王熊、梁知微、李伯魚、楊重元、朱使欣一卷,張循之、王晙、張東之、袁恕己、劉幽求、章元同、王易從、盧供、牛鳳及一卷,司馬逸客、王紹宗、鄭遂初、李崇嗣、東方虬、張楚金、房融、呂太一、張紘、鄭蜀賓一卷,宋務光、李景伯、李行言、郭利貞、元希聲、李澄之、李如璧、洪子輿、寇泚、吳競一卷,武平一一卷,趙彥昭一卷,蕭至忠、李迥秀、楊廉、韋安石、竇希玠、陸景初、鄭南金、李咸、趙彥伯、于經野、盧懷慎一卷,辛替否、王景、畢乾泰、麴瞻、樊忱、孫佺、李從遠、周利用、張景源、李恒、張錫、解琬一卷,鄭愔一卷,源乾曜、徐堅、源光裕一卷,李元紘、裴漼、劉昇、蕭嵩、韋抗、李暠、韋述、陸堅、程行諶、褚琇、裴光庭、宇文融、崔沔、崔尚、胡皓一卷,李適之、房琯、李泌、郭子儀一卷,張諤、劉庭琦、鄭繇一卷,韓休、許景先、王邱、蘇晉、崔禹錫、張嘉貞、盧從愿、袁暉、王光庭、徐知仁、席豫、韓思復、劉晃一卷,賀知章一卷,儲光羲四卷,王昌齡四卷,常建一卷,杜頠、李嶷、崔亘、蔣維翰、萬楚、范朝、楊顏、王諲、王岳靈、周萬一卷,陶翰一卷)

330000－1701－0082462　G601096　集部/別集類/清別集

懶雲樓詩草四卷　(清)釋與宏撰　清道光七年(1827)小雲棲刻本　二冊

330000－1701－0082463　G604926　子部/宗教類/佛教之屬/諸宗

永嘉禪宗集註二卷　(明)釋傳燈重編並註　清同治十年(1871)刻本　一冊

330000－1701－0082465　G605931、G603663　類叢部/類書類/通類之屬

增補萬寶全書二十卷　(明)陳繼儒撰　(清)毛煥文增補　清同治十三年(1874)愛日堂刻本　二冊　存十二卷(四至十、十六至二十)

330000－1701－0082466　G601097　集部/詞類/別集之屬

花簾詞一卷　(清)吳藻撰　清道光三十年(1850)刻本　一冊

330000－1701－0082471　G604927　集部/別集類/清別集

劫火紀焚一卷　(清)何鏞撰　清光緒十一年(1885)上海萃珍齋木活字印本　一冊

330000－1701－0082472　G003566　子部/小說家類/異聞之屬

耳食錄十二卷二編八卷　(清)樂鈞撰　清同治七年(1868)藏修堂刻本　十冊

330000－1701－0082473　G605932　子部/藝術類/書畫之屬/法帖

寶惲室帖四卷　(清)惲格書　清宣統元年(1909)上海書畫會石印本　四冊

330000－1701－0082474　G604929、G607575、G609695、G610439　史部/政書類/邦交之屬

光緒丙午年交涉要覽上篇一卷中篇二卷下篇四卷　(清)北洋洋務局輯　清光緒三十四年(1908)北洋官報局鉛印本　六冊

330000－1701－0082475　G003567、G609910、G611123、G008314、G009112　子部/儒家類/儒學之屬/經濟

皇朝經世文續編一百二十卷　(清)葛士濬輯　清末鉛印本　十五冊　存七十六卷(六至八、十五至二十、二十七至三十六、四十六至五十一、五十二至七十三、七十九至八十九、

九十四至一百二、一百六至一百九、一百十六至一百二十）

330000－1701－0082477　G601099　集部/總集類/郡邑之屬

西泠五布衣遺箸五種　（清）丁丙輯　清同治至光緒錢塘丁氏當歸草堂刻本　八冊

330000－1701－0082478　G605933　子部/宗教類/佛教之屬/論疏

大乘起信論疏筆削記會閱十卷　（唐）釋法藏述疏　（唐）釋宗密錄註　（宋）釋子璿修記　（清）釋續法會編　（清）戴京曾閱定　**法界宗五祖略記一卷**　（清）釋續法輯　清光緒十五年（1889）刻本　十冊

330000－1701－0082479　SWR0088　子部/藝術類/篆刻之屬/印譜

日本何井仙郎印譜一卷　清末鈐拓本　高時顯題簽並記　一冊

330000－1701－0082482　G604930　類叢部/叢書類/彙編之屬

半厂叢書初編十種　（清）譚獻編　清同治至光緒仁和譚氏刻本　一冊　存一種

330000－1701－0082483　G003561　史部/紀傳類/正史之屬

二十一史　明刻明清遞修本　十三冊　存一種

330000－1701－0082484　G003569、G004963　子部/藝術類/書畫之屬/書法書品

漢溪書法通解八卷　（清）戈守智撰　清咸豐元年（1851）刻本　二冊　存四卷（一至四）

330000－1701－0082487　G605934　史部/地理類/總志之屬

歷代輿地沿革險要圖一卷　楊守敬　饒敦秩撰　清光緒五年（1879）東湖饒氏刻朱墨套印本　一冊

330000－1701－0082488　G003562、G611245　子部/藝術類/篆刻之屬

篆學瑣著二十八種　（清）顧湘輯　清道光二十年（1840）海虞顧氏刻本　二冊　存一種

330000－1701－0082491　G604931、G609271、G611615　集部/別集類/清別集

鮑太史詩集八卷　（清）鮑存曉撰　（清）鄭錫田輯　清光緒十二年（1886）玉屏鄭錫田刻本　四冊

330000－1701－0082492　G003563　經部/詩類/傳說之屬

詩經集傳八卷　（宋）朱熹撰　清慎詒堂刻本　一冊　存一卷（三）

330000－1701－0082493　G605935　子部/小說家類/雜事之屬

水窗春囈二卷　（清）□□撰　清光緒三年（1877）上海機器印書局鉛印本　二冊

330000－1701－0082495　G605936　史部/地理類/山川之屬/水志

西湖志四十八卷　（清）李衛　（清）程元章修　（清）傅王露纂　清光緒四年（1878）浙江書局刻本　十八冊　缺四卷（三至四、四十七至四十八）

330000－1701－0082497　G003571　子部/醫家類/類編之屬

古今醫統正脈全書四十四種　（明）王肯堂編　清刻本　六冊　存四種

330000－1701－0082499　G605937　子部/藝術類/書畫之屬/畫譜

晚笑堂畫傳一卷明太祖功臣圖一卷　（清）上官周繪　清乾隆刻本　一冊

330000－1701－0082501　G603357、G603358、G603359、G603360、G603361、G603362、G603363、G602238、G602239、G610767　類叢部/叢書類/彙編之屬

古今說部叢書二百七十二種　國學扶輪社編　清宣統二年至民國二年（1910－1913）上海國學扶輪社鉛印本　十一冊　存四十種

330000－1701－0082504　G604933　類叢部/叢書類/彙編之屬

廣漢魏叢書九十六種　（明）何允中編　明刻本　一冊　存二種

330000－1701－0082507　G605938　類叢部/叢書類/彙編之屬
粵雅堂叢書一百八十五種　(清)伍崇曜編　清道光二十九年至光緒十一年(1849－1885)南海伍氏刻彙印本　二册　存一種

330000－1701－0082508　G003572　集部/總集類/酬唱之屬
畫中九友歌用吳梅村先生韻一卷松陵畫友詩二十四首一卷　(清)趙彦修輯　清咸豐七年(1857)秋根書堂刻本　一册

330000－1701－0082509　G604934　子部/宗教類/佛教之屬
彌陀要解輔註一卷附後一卷　(清)釋慕蓮撰　清光緒二十二年(1896)刻本　一册

330000－1701－0082510　G605939　類叢部/叢書類/自著之屬
船山遺書五十八種　(清)王夫之撰　清光緒三十一年(1905)上海商務印書館鉛印本　八册　存一種

330000－1701－0082511　G604935　子部/宗教類/佛教之屬/諸宗
淨土證心集三卷　(清)釋曉柔撰　清光緒元年(1875)古杭昭慶寺刻本　一册

330000－1701－0082514　G003643　集部/詞類/别集之屬
滄江虹月詞三卷　(清)汪初撰　清刻本　一册　存二卷(一至二)

330000－1701－0082515　G003573　子部/藝術類/書畫之屬
橫雲不分卷　(清)王冶梅繪　(清)陳曼老題詩　清光緒七年(1881)刻本　一册

330000－1701－0082516　G604936　類叢部/叢書類/郡邑之屬
武林掌故叢編一百八十七種　(清)丁丙編　清光緒三年至二十六年(1877－1900)錢塘丁氏嘉惠堂刻本　二册　存一種

330000－1701－0082517　G605940　新學/理學/理學
哲學妖怪百談不分卷續不分卷　(日本)井上圓了輯　(清)徐渭臣譯　清光緒二十九年(1903)上海文明書局鉛印本　二册

330000－1701－0082518　G003644　子部/醫家類/兒科之屬/通論
幼科證治準繩集九卷　(明)王肯堂撰　清石經堂刻本　一册　存一卷(三)

330000－1701－0082520　G003574　經部/四書類/孟子之屬/傳說
孟子正義三十卷首一卷　(清)焦循撰　清末石印本　二册　存二十卷(一至五、十六至三十)

330000－1701－0082521　G605941　子部/宗教類/佛教之屬
勸發菩提心文一卷　(清)釋實賢撰　清光緒刻本　一册

330000－1701－0082522　G003646　子部/宗教類/佛教之屬/經疏
首楞嚴經疏二十卷　(宋)釋子璿輯　清光緒三十二年(1906)揚州藏經院刻本　八册

330000－1701－0082523　G607318、G608300　集部/别集類/明别集
宋文憲公全集八十卷　(明)宋濂撰　**年譜二卷附錄一卷**　(清)朱興悌　(清)戴殿江纂　孫鏘增輯　**潛溪錄六卷首一卷**　丁立中編輯　孫鏘增補　清宣統二年至民國五年(1910－1916)四明孫氏成都刻本　二十册　存六十八卷(一至六十八)

330000－1701－0082524　G003395　子部/小說家類/異聞之屬
神州雜俎二卷　清宣統二年(1910)神州日報石印本　一册　存一卷(前)

330000－1701－0082525　G603364　史部/紀傳類/正史之屬
二十四史附考證　清光緒二十九年(1903)五洲同文局石印本　八册　存一種

330000－1701－0082526　G605943　類叢部/叢書類/自著之屬

榕村全書三十二種附十種　(清)李光地撰　清道光九年(1829)安溪李維迪刻本　一冊　存一種

330000－1701－0082527　G003645、G005529　史部/紀傳類/正史之屬
二十一史　明刻明清遞修本　十九冊　存一種

330000－1701－0082528　G003396　史部/詔令奏議類/奏議之屬
憲政編查館會奏酌擬切實考驗外官章程摺一卷　(清)奕劻等撰　清光緒三十三年(1907)鉛印本　一冊

330000－1701－0082531　G603365、G610608　史部/政書類/通制之屬
二十四史九通政典類要合編三百二十卷　(清)黃書霖輯　清光緒二十八年(1902)約雅堂石印本　五十九冊　存三百十四卷(一至三百八、三百十五至三百二十)

330000－1701－0082534　G003397　子部/小說家類/異聞之屬
談屑四卷　(清)馮晟撰　(清)馮承恩　(清)馮承謨編　清同治九年(1870)刻本　清平步青批校並記　四冊

330000－1701－0082535　G603366、G608885、G609390、G607661、、G610606　史部/政書類/通制之屬
二十四史九通政典類要合編三百二十卷　(清)黃書霖輯　清光緒二十八年(1902)約雅堂石印本　五十二冊　存二百七十八卷(二十三至一百八十一、一百八十六至二百二十九、二百四十至三百十四)

330000－1701－0082536　G003398　子部/雜著類/雜說之屬
薑露盦雜記六卷　(清)施山撰　清宣統三年(1911)會稽施煃金陵刻本　二冊

330000－1701－0082537　G003399　史部/政書類/公牘檔冊之屬
任案糧戶楊泰來等第壹次仁和場升科案卷一卷　清光緒抄本　一冊

330000－1701－0082538　G003400　集部/別集類/清別集
養素居詩稿初編一卷　(清)董燿撰　**養素居詩集續編一卷**　(清)董燿著　(清)董念棻輯　清光緒十八年(1892)刻本　二冊

330000－1701－0082539　G003401　子部/藝術類/書畫之屬/畫譜
紉齋畫賸四卷　(清)陳允升繪　清光緒二年至四年(1876－1878)四明陳氏刻本　二冊

330000－1701－0082540　G003403　集部/別集類/清別集
俞昌麟手稿不分卷　(清)俞昌麟撰　稿本　二冊

330000－1701－0082541　G003405　集部/戲劇類/傳奇之屬
詩扇記傳奇二卷三十二折　(清)汪柱撰　清末抄本　二冊

330000－1701－0082542　G003406、G008181　類叢部/叢書類/彙編之屬
唐宋叢書九十二種　(明)鍾人傑　(明)張遂辰編　明末刻說郛及說郛續重編印本　十九冊　存三十六種

330000－1701－0082543　G003575、G008288　子部/雜著類/雜纂之屬
勸戒近錄初二三四合編十七卷　(清)梁恭辰撰　清光緒二十年(1894)衢城三餘堂書坊刻本　三冊　存十三卷(一至八、十三至十七)

330000－1701－0082544　G003576、G006747　類叢部/叢書類/彙編之屬
通學齋叢書五十三種　(清)鄒淩沅編　清光緒二十五年(1899)通學齋鉛印本　五冊　存五種

330000－1701－0082545　G003577　集部/別集類/清別集
慶歛軒囈語不分卷　(清)墮落風塵人撰　清光緒三十年(1904)稿本　一冊

330000－1701－0082550　G003578　子部/醫家類/類編之屬
韓園醫學六種　(清)潘霨編　清光緒吳縣潘氏敏德堂刻本　二册　存一種

330000－1701－0082551　G003579　史部/目録類/總録之屬
書目不分卷　清末抄本　一册

330000－1701－0082552　G003647　經部/小學類/訓詁之屬/爾雅
爾雅直音二卷　(清)孫偘輯　清道光元年(1821)太乙樓刻本　二册

330000－1701－0082554　G003648、G008209　集部/别集類/清别集
移芝室古文十四卷續編一卷　(清)楊彝珍撰　清光緒刻本　三册

330000－1701－0082555　G605944　子部/藝術類/書畫之屬/書法書品
漢溪書法通解八卷　(清)戈守智撰　清咸豐元年(1851)刻本　一册　存三卷(二至四)

330000－1701－0082556　G003580、G008791、G010435　子部/醫家類/醫案之屬
吳門治驗錄四卷　(清)顧金壽撰　清光緒十二年(1886)揚州文富堂刻本　四册

330000－1701－0082557　G003581　史部/傳記類/總傳之屬/列女
兩浙彙造請旌事實清冊不分卷　稿本　一册　存咸豐二年册

330000－1701－0082558　G605945、G606247　類叢部/類書類/通類之屬
省軒考古類編十二卷　(清)柴紹炳撰　(清)姚廷謙評　清雍正四年(1726)鐵嶺高氏雲間刻本　三册　缺五卷(三至四、十至十二)

330000－1701－0082561　G603367　子部/藝術類/書畫之屬/畫譜
詩中畫二卷　(清)馬濤繪　清光緒十一年(1885)石印本　二册

330000－1701－0082564　G003649　集部/總集類/酬唱之屬
盤字唱和集不分卷　(清)袁瓚等撰　(清)俞樾輯　清光緒抄本　一册

330000－1701－0082565　G605946　史部/傳記類/科舉録之屬
四川鄉試硃卷光緒丁酉科不分卷　(清)沈崇垣等撰　清光緒刻本　一册

330000－1701－0082568　G601100　史部/地理類/山川之屬/水志
水道提綱二十八卷　(清)齊召南撰　清乾隆四十年至四十一年(1775－1776)浦江戴殿海刻本　八册

330000－1701－0082569　G605947、G605451　史部/政書類/通制之屬
通志略五十二卷　(宋)鄭樵撰　清金匱山房刻本　二十四册

330000－1701－0082570　M005054、M007079　集部/曲類/曲韻曲譜曲律之屬
曲海測蠡　清光緒九年至民國五年(1883－1916)抄本　四十三册　存三十二種

330000－1701－0082571　G603369、G610199　類叢部/叢書類/彙編之屬
正誼堂全書六十三種續刻五種　(清)張伯行編　(清)楊浚重編　清同治五年(1866)福州正誼書院刻同治八年至光緒十三年(1869－1887)續刻本　二册　存一種

330000－1701－0082572　G003650　集部/總集類/選集之屬/斷代
八老會詩一卷　(清)張世慶輯　清道光十三年(1833)刻本　一册

330000－1701－0082574　G601102、G601186　類叢部/叢書類/彙編之屬
嘯園叢書五十七種　(清)葛元煦編　清光緒二年至七年(1876－1881)仁和葛氏刻本　三册　存三種

330000－1701－0082577　G603370　史部/地理類/山川之屬/山志
京口三山志　(清)□□輯　清同治至光緒刻

本　八册　存一種

330000－1701－0082578　G605948、G605453　集部/總集類/選集之屬/斷代

明文在一百卷　（清）薛熙輯　清光緒十五年(1889)江蘇書局刻本　十册

330000－1701－0082579　G601103　新學/格致總

格致須知二十八種　（英國）傅蘭雅編　清光緒八年至二十四年(1882－1898)刻本　一册　存一種

330000－1701－0082581　G605949　子部/醫家類/方書之屬/單方驗方

醫方易簡新編六卷　（清）龔自璋　（清）黄統輯　清咸豐六年(1856)羅葉祥刻本　一册　存一卷(六)

330000－1701－0082583　G601101　集部/別集類/宋別集

蘇文忠公詩集五十卷目錄二卷　（宋）蘇軾撰　（清）紀昀評點　清同治八年(1869)韞玉山房粤東省城刻翰墨園朱墨套印本　十二册

330000－1701－0082585　G603371　子部/術數類/數學之屬

集注太玄十卷　（宋）司馬光撰　清光緒元年(1875)湖北崇文書局刻本　二册

330000－1701－0082586　G605950　史部/傳記類/日記之屬

請纓日記十卷(清光緒八年七月九日至十二年九月十四日)　（清）唐景崧撰　清光緒十九年(1893)臺灣布政使署刻本　一册　存二卷(四至五)

330000－1701－0082587　G601104　經部/小學類/文字之屬/字書/字典

康熙字典十二集三十六卷總目一卷檢字一卷辨似一卷等韻一卷補遺一卷備考一卷　（清）張玉書等纂修　清光緒九年(1883)上海同文書局石印本　六册

330000－1701－0082588　G603372　類叢部/叢書類/郡邑之屬

武林掌故叢編一百八十七種　（清）丁丙編　清光緒三年至二十六年(1877－1900)錢塘丁氏嘉惠堂刻本　一册　存一種

330000－1701－0082590　G601105　子部/雜著類/雜說之屬

椒生隨筆八卷詩草六卷續草六卷　（清）王之春撰　清光緒七年(1881)上海文藝齋刻本　四册　存八卷(隨筆一至八)

330000－1701－0082591　G003652、G007649、G008781、G009143　經部/四書類/總義之屬/傳說

四書考二十八卷考異一卷　（明）陳仁錫撰　明崇禎七年(1634)陳仁錫刻本　二十册

330000－1701－0082596　G601106　類叢部/叢書類/彙編之屬

雲自在龕叢書五集十九種　繆荃孫輯　清光緒江陰繆氏刻本　一册　存一種

330000－1701－0082597　G003584、G009077　類叢部/叢書類/家集之屬

長洲彭氏家集九種　（清）彭祖賢編　清同治至光緒刻本　四册　存一種

330000－1701－0082602　G008406、G003653、G607871、G007573、G009807　集部/總集類/課藝之屬

狀元策十卷　清刻本　清鑑泉題記　十册

330000－1701－0082603　G601107　集部/總集類/彙編之屬

七家試帖輯註彙鈔　（清）張熙宇輯評　（清）王植桂輯註　清同治九年(1870)江左書林刻本　六册　存六種

330000－1701－0082608　G605951　史部/雜史類/斷代之屬

戰國策三十三卷　（漢）高誘注　**重刻剡川姚氏本戰國策札記三卷**　（清）黄丕烈撰　清嘉慶八年(1803)吳門黄氏讀未見書齋刻本　一册　存三卷(札記一至三)

330000－1701－0082609　G003585、G008561　類叢部/叢書類/彙編之屬

鐵琴銅劍樓叢書十三種　瞿啓甲編　清光緒至民國刻本暨影印本　十冊　存一種

330000－1701－0082610　G601108　集部/詞類/别集之屬
消愁集二卷附詩一卷　(清)沈蔣英撰　郭鑒編　清光緒三十三年至三十四年(1907－1908)刻本　一冊

330000－1701－0082611　G604938　子部/宗教類/佛教之屬
地藏菩薩本願經科注六卷　(清)釋靈乘輯
地藏菩薩本願經綸貫一卷地藏經科一卷　清光緒七年至八年(1881－1882)杭州慧空經房刻本　五冊　存六卷(一至四、地藏菩薩本願經綸貫、地藏經科)

330000－1701－0082612　G601109　集部/别集類/清别集
醉月居詩鈔一卷詞鈔一卷　(清)葉世熊撰　清光緒三十年(1904)刻本　一冊

330000－1701－0082613　G605952、G609476　集部/别集類/宋别集
龍川文集三十卷首一卷　(宋)陳亮撰　清光緒二十七年(1901)義烏陳玉梁崇本堂刻本　四冊　存二十一卷(十至三十)

330000－1701－0082616　G601110　子部/醫家類/方書之屬/單方驗方
驗方新編十八卷附眼科統秘一卷　清光緒三十一年(1905)日本横濱致生號鉛印本　一冊

330000－1701－0082619　G601111　類叢部/叢書類/彙編之屬
振綺堂叢刊八種　(清)□□輯　清嘉慶至光緒汪氏振綺堂刻本　一冊　存一種

330000－1701－0082622　G604939、G006921　史部/紀傳類/正史之屬
二十四史附考證　清刻本　七十三冊　存一種

330000－1701－0082624　G003587、G009568　史部/史評類/考訂之屬
十七史商榷一百卷　(清)王鳴盛撰　清光緒二十六年(1900)上海點石齋石印本　四冊

330000－1701－0082625　G601112　經部/小學類/文字之屬/說文
說文新附攷六卷續攷一卷　(清)鈕樹玉撰　清嘉慶六年(1801)非石居刻同治七年(1868)碧螺山館補刻本　二冊

330000－1701－0082627　G601936　子部/藝術類/書畫之屬
賞奇軒四種合編　清刻本　一冊　存一種

330000－1701－0082628　G603373　史部/政書類/軍政之屬/邊政
朔方備乘六十八卷首十二卷　(清)何秋濤撰　清光緒石印本　八冊

330000－1701－0082629　G601114　集部/别集類/清别集
塞垣集六卷　(清)王定安撰　清宣統三年(1911)京師書局鉛印本　一冊

330000－1701－0082632　G601115　史部/史評類/史論之屬
讀史大畧六十卷首一卷　(清)沙張白撰　**小沙子史畧一卷**　(清)沙晉撰　清咸豐七年(1857)刻本　陶承杏題記　十二冊

330000－1701－0082633　G603374　史部/傳記類/總傳之屬/郡邑
海寧鄉賢録一卷附録一卷　(清)許湝祥輯　清光緒二十九年(1903)刻本　一冊

330000－1701－0082634　G601937　集部/曲類/彈詞之屬
鳳凰山七十二卷七十二回　清末海陵軒刻本　二十冊

330000－1701－0082635　G603375　史部/傳記類/總傳之屬/郡邑
海寧鄉賢録一卷附録一卷　(清)許湝祥輯　清光緒二十九年(1903)刻本　二冊

330000－1701－0082636　G605954　子部/宗教類/佛教之屬/總録
御選語録十九卷　(清)世宗胤禛輯　清光緒

四年(1878)金陵刻經處刻本　二冊　存六卷(一至六)

330000－1701－0082638　G603376　類叢部/叢書類/自著之屬

脩本堂叢書十種　(清)林伯桐撰　清道光二十四年(1844)番禺林世懋刻本　一冊　存一種

330000－1701－0082639　G601938　類叢部/叢書類/彙編之屬

申報館叢書正集五十七種附錄三種續集一百四十二種　(清)尊聞閣主編　蔡爾康編續集　清同治至光緒上海申報館鉛印本　八冊　存一種

330000－1701－0082640　G601116　史部/政書類/邦交之屬

輶軒抗議二卷首一卷　余乾耀撰　清光緒二十年(1894)刻本　一冊

330000－1701－0082643　G601117　子部/雜著類/雜説之屬

寒松堂庸言一卷　(清)魏象樞撰　清刻本　一冊

330000－1701－0082644　G604942　子部/宗教類/佛教之屬/諸宗

念佛四大要訣一卷專修法門解謗一卷　(清)釋古崑撰　清光緒七年(1881)杭州昭慶慧空經房刻本　一冊

330000－1701－0082645　G605955　子部/宗教類/佛教之屬/經疏

佛説阿彌陀經要解一卷　(後秦)釋鳩摩羅什譯　(清)釋智旭解　清光緒十一年(1885)金陵刻經處刻本　一冊

330000－1701－0082647　G603377　經部/叢編

通志堂經解一百四十種　(清)納蘭成德輯　清康熙十九年(1680)納蘭成德刻本　四冊　存一種

330000－1701－0082648　G003589、G010553、G009694　集部/别集類/唐五代别集

李太白全集十六卷　(唐)李白撰　(清)李調元　(清)鄧在珩編　清乾隆二十九年(1764)南隆鄧氏刻本　八冊

330000－1701－0082649　G605956　史部/傳記類/總傳之屬/釋道

高僧傳四集九十三卷　(清)楊文會輯　清光緒十年至十八年(1884－1892)金陵刻經處、江北刻經處刻本　四冊　存十六卷(二集一至四、二十五至三十二、三十七至四十)

330000－1701－0082650　G601939　集部/詞類/别集之屬

和茶烟閣體物詞一卷　(清)茹敦和撰　清刻本　一冊

330000－1701－0082652　G603378　集部/别集類/清别集

衎石齋記事藁十卷　(清)錢儀吉撰　清道光刻本　五冊

330000－1701－0082653　G601118　集部/别集類/清别集

淵雅堂全集五十六卷(淵雅堂編年詩藁二十卷惕甫未定藁二十六卷淵雅堂詩外集二卷瑶想詞一卷讀賦卮言一卷淵雅堂文外集四卷淵雅堂編年詩續稾一卷淵雅堂文續稾一卷)　(清)王芑孫撰　**波餘遺藁一卷首一卷附錄二卷**　(清)王翼孫撰　**寫韻軒小藁二卷**　(清)曹貞秀撰　清嘉慶八年至二十五年(1803－1820)刻增修本　一冊　存二卷(寫韻軒小藁)

330000－1701－0082654　G003654、G007584、G009405　子部/法家類

管子二十四卷　(唐)房玄齡注　(明)劉績補注　(明)張榜等評　明天啓五年(1625)朱養純花齋刻本　四冊　存十八卷(四至二十一)

330000－1701－0082655　G605957　子部/宗教類/佛教之屬/論

發菩提心論二卷　(印度)天親菩薩造　(後秦)釋鳩摩羅什譯　清光緒十四年(1888)江北刻經處刻本　一冊

330000－1701－0082656　G601119　經部/小學類/音韻之屬

矩齋所學　勞乃宣撰　清光緒至民國刻本　二冊　存一種

330000－1701－0082657　G605958　子部/宗教類/佛教之屬

勸發菩提心文一卷　(清)釋實賢撰　清光緒刻本　一冊

330000－1701－0082658　G604943　子部/宗教類/佛教之屬/經疏

觀楞伽阿跋多羅寶經記四卷畧科一卷　(南朝宋)釋求那跋陀羅譯　(明)釋德清筆記　清光緒三年(1877)刻本　四冊

330000－1701－0082659　G003590　類叢部/叢書類

明夷閣叢書　清光緒二十八年(1902)鉛印本　一冊　存一種

330000－1701－0082660　G603379　史部/史抄類

歐陽文忠公新唐書抄二卷五代史抄二十卷　(明)茅坤輯並評　明天啓刻本　九冊　存十七卷(新唐書抄下,五代史抄三至十二、十五至二十)

330000－1701－0082661　G601120　集部/別集類/清別集

容膝軒文稿七卷　(清)王榮商撰　清光緒二十一年(1895)刻本　一冊

330000－1701－0082663　G601940　史部/雜史類/通代之屬

重訂路史全本四十七卷　(宋)羅泌撰　(宋)羅苹注　(明)吴弘基等重編　清嘉慶六年(1801)酉山堂刻本　十冊　存二十四卷(國名紀一至八、發揮一至六、餘論一至十)

330000－1701－0082665　G603380　類叢部/叢書類/自著之屬

二思堂叢書六種五十一卷　(清)梁章鉅撰　清同治十二年至光緒元年(1873－1875)福州梁氏刻本　一冊　存二種

330000－1701－0082666　G604944　子部/宗教類/佛教之屬/總録

省庵法師語錄二卷　(清)釋實賢撰　(清)彭紹升重訂　**西方發願文註一卷**　(明)釋袾宏撰　**東海若解一卷**　(唐)柳宗元撰　清咸豐元年(1851)慧空經房刻本　一冊

330000－1701－0082668　G605960　子部/宗教類/佛教之屬/總録

釋迦如來應化事蹟不分卷　(清)釋永珊撰並繪　清光緒二十三年(1897)石印本　四冊

330000－1701－0082669　G601121　史部/政書類/邦計之屬/營田

井田圖攷二卷　(清)朱克己撰　清光緒十六年(1890)山東書局刻本　二冊

330000－1701－0082670　G003591　集部/曲類/曲韻曲譜曲律之屬

占花魁不分卷風箏誤不分卷躍鯉記不分卷獅吼記不分卷　清末抄本　一冊

330000－1701－0082671　G003655、G010109、G008643　史部/政書類

三通通考節貫十卷　(清)周宗濂編　清光緒二十九年(1903)蘇州經香閣石印本　八冊

330000－1701－0082672　G601941　子部/藝術類/書畫之屬/畫譜

海上名人畫稿不分卷　(清)張熊等繪　清光緒十一年(1885)上海同文書局石印本　一冊

330000－1701－0082673　G605961、G606229　子部/農家農學類/園藝之屬/總志

佩文齋廣羣芳譜一百卷目錄二卷　(清)汪灝等撰　清同治七年(1868)姑蘇亦西齋刻本　二十四冊　存七十八卷(一至二十八、三十二至八十一)

330000－1701－0082674　G603381　類叢部/叢書類/自著之屬

春在堂全書三十六種　(清)俞樾撰　清同治至光緒刻光緒末彙印本　十二冊　存一種

330000－1701－0082678　G605962　集部/總集類/彙編之屬

漢魏六朝一百三家集(漢魏六朝百三名家集) (明)張溥編 清光緒三年(1877)滇南唐氏壽考堂刻本 二十一册 存十七種

330000－1701－0082680 G605963 集部/總集類/彙編之屬
漢魏六朝一百三家集(漢魏六朝百三名家集) (明)張溥編 清光緒三年(1877)滇南唐氏壽考堂刻本 一册 存一種

330000－1701－0082681 G605964、G606755 類叢部/類書類/專類之屬
駢文類纂四十六卷 王先謙輯 清光緒二十八年(1902)思賢書局刻本 二十四册

330000－1701－0082683 G605965 史部/政書類
九通 (清)□□輯 清光緒八年至二十二年(1882－1896)浙江書局刻本 二十三册 存一種

330000－1701－0082684 G605966 史部/政書類
九通 (清)□□輯 清光緒八年至二十二年(1882－1896)浙江書局刻本 四十四册 存一種

330000－1701－0082689 普 817.27/1414 集部/曲類/彈詞之屬
繪圖新刊楊乃武供案全集四卷十二回奇案後集四卷十二回 (清)聽雨樓主人撰 清光緒石印本 八册

330000－1701－0082693 G604945 子部/宗教類/佛教之屬/總録
省庵法師語錄二卷 (清)釋實賢撰 (清)彭紹升重訂 **西方發願文註一卷** (明)釋袾宏撰 **東海若解一卷** (唐)柳宗元撰 清同治七年(1868)刻本 一册

330000－1701－0082694 G003592、G009234 史部/傳記類/别傳之屬
清芬錄二卷 (清)陳文騄輯 清光緒十六年(1890)刻本 二册

330000－1701－0082696 G604946 子部/宗教類/佛教之屬/總録
省庵法師語錄二卷 (清)釋實賢撰 (清)彭紹升重訂 **西方發願文註一卷** (明)釋袾宏撰 **東海若解一卷** (唐)柳宗元撰 清同治七年(1868)刻本 一册

330000－1701－0082697 G003593 子部/醫家類/方書之屬
先祖考文惠公醫方不分卷 (清)祖烈輯 稿本 一册

330000－1701－0082699 G604947 子部/宗教類/佛教之屬/總録
省庵法師語錄二卷 (清)釋實賢撰 (清)彭紹升重訂 **西方發願文註一卷** (明)釋袾宏撰 **東海若解一卷** (唐)柳宗元撰 清同治七年(1868)刻本 一册

330000－1701－0082700 G603382 史部/地理類/方志之屬/郡縣志
[乾隆]偃師縣志三十卷首一卷 (清)湯毓倬 (清)孫星衍纂 清乾隆五十三年(1788)刻本 二册 存二卷(二十七至二十八)

330000－1701－0082701 G604948 子部/宗教類/佛教之屬/總録
省庵法師語錄二卷 (清)釋實賢撰 (清)彭紹升重訂 **西方發願文註一卷** (明)釋袾宏撰 **東海若解一卷** (唐)柳宗元撰 清同治七年(1868)刻本 一册

330000－1701－0082704 G604949 子部/宗教類/佛教之屬/總録
省庵法師語錄二卷 (清)釋實賢撰 (清)彭紹升重訂 **西方發願文註一卷** (明)釋袾宏撰 **東海若解一卷** (唐)柳宗元撰 清咸豐元年(1851)慧空經房刻本 一册

330000－1701－0082705 G603383 類叢部/叢書類/彙編之屬
武英殿聚珍版書一百四十八種 清乾隆四十二年(1777)福建刻道光至同治遞修光緒二十一年(1895)增刻本 十册 存二種

330000－1701－0082706 G604950 子部/宗

教類/佛教之屬/總録

省庵法師語錄二卷 （清）釋實賢撰 （清）彭紹升重訂 **西方發願文註一卷** （明）釋袾宏撰 **東海若解一卷** （唐）柳宗元撰 清同治七年(1868)刻本 一册

330000－1701－0082707 G007196、G003594 史部/雜史類/斷代之屬

從軍紀畧二卷 （清）楊玉科撰 清光緒十六年(1890)刻本 二册

330000－1701－0082710 G604951 子部/宗教類/佛教之屬/諸宗

原人論一卷 （唐）釋宗密撰 清同治十三年(1874)春雞園刻經處刻本 一册

330000－1701－0082712 G604952 子部/宗教類/佛教之屬/經疏

入楞伽心玄義一卷 （唐）釋法藏撰 清光緒十八年(1892)金陵刻經處刻本 一册

330000－1701－0082713 G003595、G609050、G610128 史部/地理類/雜志之屬

金陵通紀十卷國朝金陵通紀四卷金陵通紀補一卷 陳作霖撰 清光緒三十三年(1907)江寧陳氏瑞華館刻民國元年(1912)補刻本 五册 缺二卷(七至八)

330000－1701－0082714 G603384 類叢部/叢書類/彙編之屬

積學齋叢書二十種 徐乃昌編 清光緒南陵徐乃昌刻本 九册 存十四種

330000－1701－0082717 G003596 子部/儒家類/儒學之屬/禮教/家訓

楊忠愍公傳家寶訓不分卷 （明）楊繼盛撰 清光緒元年(1875)浙湖最樂齋善書坊刻本 一册

330000－1701－0082719 G605967 經部/小學類/文字之屬/字書/字體

六書分類十二卷首一卷 （清）傅世垚輯 清聽松閣刻本 十四册

330000－1701－0082720 G604953 子部/宗教類/佛教之屬/諸宗

禪源諸詮集都序四卷 （唐）釋宗密撰 清光緒十八年(1892)金陵刻經處刻本 一册

330000－1701－0082721 G604954 子部/宗教類/佛教之屬/諸宗

禪源諸詮集都序四卷 （唐）釋宗密撰 清光緒十八年(1892)金陵刻經處刻本 一册

330000－1701－0082723 G601942 集部/總集類/選集之屬/斷代

重訂唐詩別裁集二十卷 （清）沈德潛輯 清乾隆二十八年(1763)教忠堂刻本 八册

330000－1701－0082724 G003656 類叢部/叢書類

知聖教齋叢書 清光緒山陰杜氏刻本 二册 存一種

330000－1701－0082725 G605968 經部/小學類/文字之屬/說文/專著

唐寫本說文解字木部箋異一卷 （清）莫友芝撰 **仿唐寫本說文解字木部一卷** （漢）許慎撰 清同治二年(1863)刻本 一册

330000－1701－0082726 G604955 子部/宗教類/佛教之屬

賢首五教儀六卷 （清）釋續法輯 清末刻本 二册

330000－1701－0082729 G605969 史部/政書類/公牘檔册之屬

建築全浙師範學堂徵信實錄一卷 （清）陸桂星編 清宣統元年(1909)鉛印本 一册

330000－1701－0082730 G003598、G008847 類叢部/叢書類/彙編之屬

寶墨齋叢書十一種 （清）余廷誥編 清光緒二十三年至二十四年(1897－1898)豐城余氏寶墨齋刻本 二册 存一種

330000－1701－0082732 G601122 史部/傳記類/別傳之屬/事狀

辛酉記一卷 （清）張光烈撰 清光緒十六年(1890)吳中刻本 一册

330000－1701－0082733 G601943、G602056、

G611986　史部/傳記類/別傳之屬/年譜
四朝先賢六家年譜　(清)楊希閔撰　清光緒四年(1878)新城楊希閔福州刻本　五冊　存四種

330000－1701－0082734　G604956　子部/宗教類/佛教之屬
賢首五教儀六卷　(清)釋續法輯　清末刻本　二冊

330000－1701－0082735　G603385　類叢部/叢書類/家集之屬
如皋冒氏叢書三十四種附二種　冒廣生輯　清光緒至民國如皋冒氏刻本　九冊　存十五種

330000－1701－0082737　G605970　類叢部/叢書類/郡邑之屬
武林掌故叢編一百八十七種　(清)丁丙編　清光緒三年至二十六年(1877－1900)錢塘丁氏嘉惠堂刻本　一冊　存一種

330000－1701－0082738　G604957　子部/宗教類/佛教之屬
賢首五教儀六卷　(清)釋續法輯　清末刻本　二冊

330000－1701－0082739　G601123　經部/書類/傳說之屬
寫定尚書不分卷　(清)吳汝綸寫　清光緒十八年(1892)桐城吳氏家塾石印本　一冊

330000－1701－0082741　G605971　子部/道家類
老子章義二卷　(清)姚鼐撰　清同治九年(1870)桐城吳氏邗上刻本　一冊

330000－1701－0082742　G604958　子部/宗教類/佛教之屬/論疏
大乘法界無差別論疏二卷　(唐)釋法藏撰　清光緒二十一年(1895)金陵刻經處刻本　一冊

330000－1701－0082743　G003658　史部/傳記類/總傳之屬/仕宦
歷代名臣言行錄二十四卷　(清)朱桓輯　清光緒十七年(1891)上海廣百宋齋鉛印本　十二冊

330000－1701－0082744　G601124　新學/游記
滿洲旅行記二卷　(日本)小越平隆撰　(清)克齋譯　清光緒二十八年(1902)上海廣智書局鉛印本　一冊

330000－1701－0082745　G605972　集部/詩文評類
煮藥漫抄二卷　(清)葉煒撰　清光緒十七年(1891)金陵刻本　一冊

330000－1701－0082746　SY00537　子部/藝術類/篆刻之屬/印譜
種榆仙館印譜不分卷　(清)陳鴻壽篆刻　清道光元年(1821)刻鈐印本　四冊

330000－1701－0082747　G604959　子部/宗教類/佛教之屬
四念處四卷　(隋)釋智顗說　(唐)釋灌頂記　清光緒三年(1877)江北刻經處刻本　一冊

330000－1701－0082748　G003599　集部/別集類/清別集
濱竹遺稿　(清)鄒漢池撰　清光緒元年(1875)刻本　一冊　存一種

330000－1701－0082750　G605973　子部/宗教類/佛教之屬
佛說能淨一切眼疾病陀羅尼經一卷佛說除一切疾病陀羅尼經一卷　(唐)釋不空譯　**佛說療痔病經一卷**　(唐)釋義淨譯　清光緒六年(1880)刻本　一冊

330000－1701－0082752　G604960　子部/宗教類/佛教之屬
四念處四卷　(隋)釋智顗說　(唐)釋灌頂記　清光緒三年(1877)江北刻經處刻本　一冊

330000－1701－0082753　G601126　類叢部/叢書類/彙編之屬
荔牆叢刻十三種　(清)汪曰楨編　清同治至光緒烏程汪氏刻本　一冊　存二種

330000－1701－0082754　G003659　子部/小說家類/雜事之屬

豔史叢鈔十二種　(清)王韜編　清光緒四年(1878)弢園鉛印本　四冊　存四種

330000－1701－0082756　G604961　子部/宗教類/佛教之屬

四念處四卷　(隋)釋智顗說　(唐)釋灌頂記　清光緒三年(1877)江北刻經處刻本　一冊

330000－1701－0082757　G601944、G602052　史部/傳記類

豫章先賢九家年譜　(清)楊希閔輯　清光緒四年(1878)刻本　四冊　存四種

330000－1701－0082758　G605974　子部/宗教類/佛教之屬

佛說能淨一切眼疾病陀羅尼經一卷佛說除一切疾病陀羅尼經一卷　(唐)釋不空譯　**佛說療痔病經一卷**　(唐)釋義淨譯　清光緒六年(1880)刻本　一冊

330000－1701－0082759　G601127　類叢部/叢書類/彙編之屬

槐廬叢書四十六種　(清)朱記榮編　清光緒三年至十五年(1877－1889)吳縣朱氏槐廬家塾刻本　一冊　存一種

330000－1701－0082760　G604962　子部/宗教類/佛教之屬

四念處四卷　(隋)釋智顗說　(唐)釋灌頂記　清光緒三年(1877)江北刻經處刻本　一冊

330000－1701－0082762　G605975　子部/宗教類/佛教之屬

佛說能淨一切眼疾病陀羅尼經一卷佛說除一切疾病陀羅尼經一卷　(唐)釋不空譯　**佛說療痔病經一卷**　(唐)釋義淨譯　清光緒六年(1880)刻本　一冊

330000－1701－0082763　G604963　子部/宗教類/佛教之屬

四念處四卷　(隋)釋智顗說　(唐)釋灌頂記　清光緒三年(1877)江北刻經處刻本　一冊

330000－1701－0082764　SY00538　史部/金石類/璽印之屬/雜著

幻園金石攷秦漢私印□□卷　(清)徐文淵輯　清鈐印本　一冊　存一卷(五)

330000－1701－0082765　G605976　子部/宗教類/佛教之屬

佛說能淨一切眼疾病陀羅尼經一卷佛說除一切疾病陀羅尼經一卷　(唐)釋不空譯　**佛說療痔病經一卷**　(唐)釋義淨譯　清光緒六年(1880)刻本　一冊

330000－1701－0082766　G605977　子部/宗教類/佛教之屬

佛說能淨一切眼疾病陀羅尼經一卷佛說除一切疾病陀羅尼經一卷　(唐)釋不空譯　**佛說療痔病經一卷**　(唐)釋義淨譯　清光緒六年(1880)刻本　一冊

330000－1701－0082767　G605978　子部/宗教類/佛教之屬

佛說能淨一切眼疾病陀羅尼經一卷佛說除一切疾病陀羅尼經一卷　(唐)釋不空譯　**佛說療痔病經一卷**　(唐)釋義淨譯　清光緒六年(1880)刻本　一冊

330000－1701－0082768　G604964　史部/目錄類/專錄之屬

大清重刻龍藏彙記一卷　清同治九年(1870)金陵刻經處刻本　一冊

330000－1701－0082769　G603386　類叢部/叢書類/彙編之屬

武英殿聚珍版書一百四十八種　清乾隆四十二年(1777)福建刻道光至同治遞修光緒二十一年(1895)增刻本　五十五冊　存十種

330000－1701－0082770　普817.27/8086　集部/曲類/彈詞之屬

繡像八美圖後集四卷二十九回　清光緒二十一年(1895)上海書局石印本　二冊

330000－1701－0082771　G601945　史部/地理類/雜志之屬

永嘉郡記一卷　(南朝宋)鄭緝之撰　(清)孫詒讓輯　清光緒四年(1878)刻本　一冊

330000－1701－0082773　G605979　史部/政書類/公牘檔冊之屬

塘工議事會稟稿議案彙存一卷附收支清冊一卷　徐懋元編　清宣統元年(1909)鉛印本　一冊

330000－1701－0082774　G604965　史部/目録類/專録之屬

大清重刻龍藏彙記一卷　清同治九年(1870)金陵刻經處刻本　一冊

330000－1701－0082775　G604966　史部/目録類/專録之屬

大清重刻龍藏彙記一卷　清同治九年(1870)金陵刻經處刻本　一冊

330000－1701－0082776　G605980　史部/政書類/公牘檔冊之屬

塘工議事會稟稿議案彙存一卷附收支清冊一卷　徐懋元編　清宣統元年(1909)鉛印本　一冊

330000－1701－0082777　G003602、G610229　經部/小學類/文字之屬

虛字闡義三卷讀書說約三卷　(清)謝鼎卿撰　清光緒元年(1875)京都琉璃廠善成堂刻本　二冊

330000－1701－0082778　SY00539　史部/金石類/璽印之屬/雜著

秦漢印統八卷　(明)羅王常輯　明萬曆三十六年(1608)吳氏樹滋堂刻朱印本　二冊　存一卷(五)

330000－1701－0082780　G601946　子部/雜著類/雜說之屬

郎潛紀聞初筆七卷二筆八卷三筆六卷　(清)陳康祺撰　清宣統二年(1910)上海掃葉山房石印本　十冊

330000－1701－0082781　G601129　子部/儒家類/儒學之屬/蒙學

小學集注六卷　(明)陳選撰　清同治六年(1867)金陵書局刻本　二冊

330000－1701－0082782　G604967　子部/宗教類/佛教之屬/諸宗

佛果圜悟禪師碧岩集十卷　(宋)釋克勤撰　清光緒二年(1876)釋開慧刻本　五冊

330000－1701－0082784　G605981　史部/傳記類/别傳之屬

湖南平江縣重修唐杜左拾遺工部員外郎[甫]墓並建祠請祀集刊一卷　(清)李宗蓮輯　清光緒十年(1884)刻本　一冊

330000－1701－0082785　G601130　新學/史志/戰記

中國六十年戰史十三章　(英國)艾特華斯撰　史悠明　程履祥譯校　清光緒二十九年(1903)上海美華書館鉛印本　六冊

330000－1701－0082786　G601947　經部/書類/傳說之屬

尚書考異六卷　(明)梅鷟撰　清道光五年(1825)朱琳立本齋刻本　二冊

330000－1701－0082788　G605982　經部/小學類/文字之屬/說文/傳說

段氏說文注訂八卷　(清)鈕樹玉撰　清道光三年(1823)吳縣鈕樹玉非石居刻同治五年(1866)碧螺山館補刻本　二冊

330000－1701－0082789　G604968　類叢部/叢書類/郡邑之屬

武林掌故叢編一百八十七種　(清)丁丙編　清光緒三年至二十六年(1877－1900)錢塘丁氏嘉惠堂刻本　二冊　存一種

330000－1701－0082792　G601948　集部/别集類/漢魏六朝别集

曹集銓評十卷　(三國魏)曹植撰　(清)丁晏詮評　**曹集逸文一卷**　(清)丁晏輯　**魏陳思王[曹植]年譜一卷附錄一卷**　(清)丁晏撰　清同治十一年(1872)金陵書局刻本　二冊

330000－1701－0082793　G604969　子部/宗教類/佛教之屬/經疏

佛說無量壽經義疏六卷　(三國魏)釋康僧鎧譯　(隋)釋慧遠疏　清光緒二十年(1894)金陵刻經處刻本　二冊

330000－1701－0082794　G003661、G607507、G610159　史部/政書類/律令之屬/刑制

秋讞輯要六卷首一卷　（清）剛毅輯　清光緒十五年(1889)江蘇書局刻本　五冊　存四卷(首、一至三)

330000－1701－0082796　G604970　子部/宗教類/佛教之屬/經疏

佛說無量壽經義疏六卷　（三國魏）釋康僧鎧譯　（隋）釋慧遠疏　清光緒二十年(1894)金陵刻經處刻本　二冊

330000－1701－0082798　G604971　子部/宗教類/佛教之屬/經疏

佛說無量壽經義疏六卷　（三國魏）釋康僧鎧譯　（隋）釋慧遠疏　清光緒二十年(1894)金陵刻經處刻本　二冊

330000－1701－0082799　G003604、G008892、G008893、G009233、G009853　經部/易類

周易函書四種　（清）胡煦撰　清乾隆至嘉慶胡季堂刻本　三十六冊　存三種

330000－1701－0082800　G601131　子部/雜著類/雜說之屬

榆巢雜識二卷　（清）趙慎畛撰　清光緒浙江官紙總局鉛印本　一冊

330000－1701－0082802　G604972　史部/地理類/專志之屬/寺觀

天童寺志十卷首一卷　（清）德介　（清）聞性道撰　清康熙刻咸豐元年(1851)重修本　三冊　存七卷(一至七)

330000－1701－0082803　G601949　類叢部/叢書類/自著之屬

柏堂遺書(方柏堂全集)八種附一種　（清）方宗誠撰　清光緒元年至十二年(1875－1886)桐城方氏刻本　三冊　存一種

330000－1701－0082805　G605984　史部/政書類

九通　（清）□□輯　清光緒八年至二十二年(1882－1896)浙江書局刻本　一冊　存一種

330000－1701－0082806　G003605　子部/小說家類/雜事之屬

癸辛雜識續集二卷　（宋）周密撰　清刻本　一冊

330000－1701－0082807　G601132　集部/別集類/清別集

六觀樓文集拾遺一卷　（清）許鴻磐撰　清同治九年(1870)粵東節署刻本　一冊

330000－1701－0082810　G003662　經部/書類/傳說之屬

書經增訂旁訓四卷　（清）徐立綱旁訓　（清）□□增訂　清益智堂刻本　一冊

330000－1701－0082812　G605985　史部/傳記類/總傳之屬/技藝

墨林今話十八卷　（清）蔣寶齡撰　**墨林今話續編一卷**　（清）蔣茝生撰　清咸豐二年(1852)刻本　二冊　存八卷(十二至十八、續編)

330000－1701－0082814　G604973　子部/宗教類/佛教之屬/經疏

金剛新眼疏經偈合釋二卷　（清）釋通理撰　清末刻本　二冊

330000－1701－0082816　G601133　史部/職官類/官箴之屬

宦游紀略二卷　（清）高廷瑤撰　清光緒二十六年(1900)貴筑高氏湖北蘄水官廨刻朱印本　一冊

330000－1701－0082817　SY00535　子部/藝術類/篆刻之屬/印譜

摹古印譜五卷　（清）胡之森篆刻　清道光二十二年(1842)青琅玕館刻鈐印本　三冊

330000－1701－0082818　SY00548　子部/藝術類/篆刻之屬/印譜

稽古印鑑不分卷　（明）程齊篆刻　明刻鈐印本　二冊

330000－1701－0082821　G601134、G608159　子部/兵家類

江南陸師學堂武備課程八種附課藝二卷　（清）錢德培等纂輯　清光緒二十五年(1899)

南京江南陸師學堂刻本　三冊　存三種

330000－1701－0082822　G601950　史部/傳記類/總傳之屬/郡邑

練川名人畫象四卷附二卷　(清)程祖慶編　清道光二十九年(1849)嘉定程氏刻本　一冊

330000－1701－0082823　M004884　類叢部/叢書類/自著之屬

楊仁山居士遺著十四種　(清)楊文會撰　清光緒至民國金陵刻經處刻本　四冊　存一種

330000－1701－0082824　G003663　類叢部/叢書類/自著之屬

果堂全集三種附二種　(清)沈彤撰　清乾隆吳江沈氏果堂刻本　二冊　存一種

330000－1701－0082825　G605986　子部/儒家類/儒學之屬/經濟

繹志十九卷　(清)胡承諾撰　清同治十一年(1872)浙江書局刻本　清仰賢跋　七冊　存十七卷(一至八、十一至十九)

330000－1701－0082827　G003664　經部/春秋總義類/傳說之屬

春秋辨疑四卷　(宋)蕭楚撰　清咸豐五年(1855)刻本　二冊

330000－1701－0082829　G601135、G608822、G607703、G610086　類叢部/叢書類/自著之屬

文道十書四種十二卷　(清)陳景雲撰　清乾隆十九年(1754)蔣良騏刻本　四冊　存二種

330000－1701－0082830　G605987　史部/傳記類/科舉録之屬

四川鄉試硃卷光緒丁酉科不分卷　(清)沈崇垣等撰　清光緒刻本　一冊

330000－1701－0082831　G604974　子部/宗教類/佛教之屬/諸宗

蓮宗輯要二卷　(清)釋達淨輯　**徹悟禪師遺稿一卷**　(清)釋了梅　(清)釋了亮輯　清光緒十二年(1886)瑪瑙經房刻本　二冊

330000－1701－0082832　SY00530　子部/藝術類/篆刻之屬/印譜

暎雪堂印賞四卷　清鈐印本　清孫子賢跋　八冊

330000－1701－0082836　G601951　集部/戲劇類/傳奇之屬

桃谿雪二卷　(清)黄燮清撰　(清)李光溥評文　清光緒元年(1875)雲鶴僊館刻本　二冊

330000－1701－0082837　G603387　史部/紀傳類/正史之屬

二十四史附考證　清光緒十八年(1892)武林竹簡齋石印本　七十三冊　存七種

330000－1701－0082838　SY00552　史部/金石類/璽印之屬

吉金齋古銅印譜六卷續一卷　(清)何昆玉輯　清鈐印本　四冊　存四卷(一至二、四至五)

330000－1701－0082839　G601136　類叢部/叢書類/家集之屬

香海盦叢書　(清)徐琪輯　清仁和徐氏刻光緒二十年(1894)彙印本　二冊　存一種

330000－1701－0082840　G003606、G004993、G007624、G008779、G009647　集部/總集類/彙編之屬

漢魏六朝一百三家集(漢魏六朝百三名家集)　(明)張溥編　明婁東張氏刻本　六十八冊　存八十三種

330000－1701－0082841　SY00536　子部/藝術類/篆刻之屬/印譜

青琅玕館印存一卷　(清)胡之森篆刻　清道光二十一年(1841)刻鈐印本　一冊

330000－1701－0082843　G601137、G609673、G608071　類叢部/叢書類/自著之屬

金華唐氏遺書五種附一種　(宋)唐仲友撰　(清)張作楠編　清宣統三年(1911)金華教育分會石印本　四冊　缺二卷(悦齋文鈔六至七)

330000－1701－0082846　G601952、G611656　集部/曲類/彈詞之屬

繡像夢影緣四十八回　(清)鄭貞華撰　清光緒二十一年(1895)竹簡齋石印本　十六册

330000－1701－0082849　G601138　類叢部/叢書類/彙編之屬
漸西村舍彙刊(漸西村舍叢刻)四十四種　(清)袁昶編　清光緒十六年至二十四年(1890－1898)桐廬袁氏刻本　一册　存二種

330000－1701－0082852　G003607　類叢部/叢書類/自著之屬
傚居遺書十一種　(清)黄式三撰　清同治至光緒刻本　四册　存一種

330000－1701－0082853　G003665　子部/宗教類/道教之屬/經文
元始說先天道德經註解五卷　(宋)李嘉謀解　清刻本　一册

330000－1701－0082854　G605988　類叢部/叢書類/自著之屬
古歡室全集四種　(清)曾懿撰　清光緒三十年至三十三年(1904－1907)刻本　一册　存一種

330000－1701－0082856　G601139　集部/别集類/清别集
竹生吟館詩草十六卷　(清)周師濂撰　清道光九年(1829)刻本　四册

330000－1701－0082858　G604975　子部/宗教類/佛教之屬/諸宗
蓮宗輯要二卷　(清)釋達淨輯　**徹悟禪師遺稿一卷**　(清)釋了梅　(清)釋了亮輯　清光緒十二年(1886)瑪瑙經房刻本　二册

330000－1701－0082859　G601140　集部/别集類/清别集
邃懷堂全集三十八卷　(清)袁翼撰　清光緒十三年至十四年(1887－1888)袁鎮嵩刻本　四册　存十卷(詩集前編一至四、後編五至六、駢文箋註一至二、小清容山館詞鈔一至二)

330000－1701－0082861　G003666　子部/道家類
太上混元道德真經一卷　題孚佑上帝闡義　題八洞仙祖合注　清刻本　一册

330000－1701－0082864　G601954　類叢部/叢書類/彙編之屬
粤雅堂叢書一百八十五種　(清)伍崇曜編　清道光二十九年至光緒十一年(1849－1885)南海伍氏刻彙印本　一册　存一種

330000－1701－0082866　G605990　史部/地理類/遊記之屬/紀行
藏輶隨記一卷　陶思曾撰　清宣統三年(1911)鉛印本　一册

330000－1701－0082868　G605991　集部/總集類/謠諺之屬
杭諺詩一卷　(清)邵懿辰輯　清光緒三十四年(1908)刻本　一册

330000－1701－0082872　G605992　子部/工藝類/日用器物之屬/器具
湖船録一卷　(清)厲鶚撰　清同治九年(1870)胡氏退補齋刻本　一册

330000－1701－0082875　G605993、G608540　子部/醫家類/方書之屬/單方驗方
串雅内編四卷　(清)趙學敏輯　清光緒十四年(1888)榆園刻本　二册

330000－1701－0082876　G601141　史部/地理類/總志之屬/斷代
大清一統志四百二十四卷目録二卷　(清)和珅等纂修　清乾隆刻本　八十册　缺八十九卷(八十五至一百七十三)

330000－1701－0082878　G605994　史部/傳記類/總傳之屬/文苑
西湖三祠名賢考畧三卷首一卷　戴啓文撰　清光緒三十年(1904)丹徒戴啓文刻本　一册　存二卷(首、一)

330000－1701－0082879　G603388　子部/醫家類/本草之屬/歷代綜合本草
本草綱目五十二卷圖三卷瀕湖脉學一卷奇經八脉攷一卷脉訣攷證一卷　(明)李時珍撰　**本草萬方鍼線八卷**　(清)蔡烈先輯　**本草綱**

目拾遺十卷　(清)趙學敏輯　清光緒十九年(1893)上海鴻寶齋石印本　一册　存八卷(本草萬方鍼綫一至八)

330000－1701－0082880　G603389　史部/地理類/外紀之屬
四述奇十六卷　(清)張德彝撰　清光緒著易堂鉛印本　五册　存十卷(一至十)

330000－1701－0082884　SY00531　子部/藝術類/篆刻之屬/印譜
對山印稿不分卷　(清)楊燮篆　(清)楊令旭　(清)楊令暐注　(清)楊森編輯　清道光六年(1826)嗜鈔書齋刻鈐印本　六册

330000－1701－0082885　G605996　類叢部/叢書類/自著之屬
彭居士法集　(清)彭紹升撰　清同治至民國刻本　一册　存一種

330000－1701－0082886　G003669　史部/地理類/外紀之屬
倭都景物志一卷　(清)譚祖綸撰　清末木活字印本　一册

330000－1701－0082887　SY00577　子部/藝術類/篆刻之屬/印譜
逸園印譜不分卷　(清)楊蕉孫篆刻　清光緒二十九年(1903)鈐拓本　二册

330000－1701－0082888　G003407　集部/總集類/郡邑之屬
國朝杭郡詩輯三十二卷姓氏韻編一卷　(清)吳顥輯　(清)吳振棫重輯　**國朝杭郡詩續輯四十六卷姓氏韻編一卷**　(清)吳振棫輯　清同治十三年(1874)、光緒二年(1876)錢塘丁氏刻本　二十一册　存五十六卷(十九至三十、續輯三至四十六)

330000－1701－0082889　G605997　子部/醫家類/外科之屬
王洪緒先生外科證治全生不分卷　(清)王維德撰　**金瘡鐵扇散藥方一卷**　(清)盧福堯(清)沈大潤撰　清咸豐十一年(1861)武昌節署刻本　一册

330000－1701－0082890　G603390　子部/醫家類/本草之屬/歷代綜合本草
增訂韋氏本草備要八卷　(清)汪昂撰　(清)李保常增輯　清光緒二十二年(1896)圖書集成印書局鉛印本　一册　存一卷(一)

330000－1701－0082891　G003611、G010124、G010603、G009098、G009499　子部/小說家類/瑣語之屬
客窗閒話八卷續八卷　(清)吳熾昌撰　清光緒元年至二年(1875－1876)刻本　十六册

330000－1701－0082892　G605998　類叢部/叢書類/自著之屬
小謨觴館全集三種　(清)彭兆蓀撰　(清)孫元培　(清)孫長熙注　清光緒二十年(1894)石埭徐士愷刻本　一册　存一種

330000－1701－0082893　G603391　子部/宗教類/佛教之屬/論疏
大乘法界無差别論疏二卷　(唐)釋法藏撰　清光緒二十一年(1895)金陵刻經處刻本　一册

330000－1701－0082897　G603392　子部/宗教類/佛教之屬/諸宗
摩訶止觀輔行傳弘決四十卷　(唐)釋湛然撰　清光緒許靈虚刻本　一册　存二卷(三十五至三十六)

330000－1701－0082898　G003612、G005298　子部/叢編
萬國政治藝學全書四十一種三百八十卷　(清)朱大文　(清)凌賡揚編　清光緒二十八年(1902)上海鴻文書局石印本　三册　存一種

330000－1701－0082899　G003670　史部/地理類/外紀之屬
瀛寰瑣紀二十八卷　申報館輯　清同治十一年至十三年(1872－1874)鉛印本　清蔚之題記　一册　存一卷(二十一)

330000－1701－0082900　G003408　集部/總集類/課藝之屬

四書五經集錦不分卷　清刻本　二冊　存下論

330000－1701－0082901　G605999　子部/醫家類/内科之屬/其他内科病證
重刻痰火點雪四卷　（明）龔居中撰　清嘉慶九年（1804）星聚樓刻本　一冊　存二卷（一至二）

330000－1701－0082903　G003409　史部/政書類/通制之屬
資治新書十四卷首一卷二集二十卷　（清）李漁輯　清文光堂刻本　四冊　存十一卷（二集七至十五、十九至二十）

330000－1701－0082906　G606000　子部/醫家類/外科之屬
外科真詮二卷　（清）鄒岳撰　清同治十一年（1872）刻本　一冊　存一卷（下）

330000－1701－0082908　G603393　子部/宗教類/佛教之屬/諸宗
永覺和尚寱言一卷續一卷　（清）釋元賢撰　（清）釋道霈輯　清錢塘許靈虛刻本　一冊

330000－1701－0082909　G606001　類叢部/叢書類/彙編之屬
晨風閣叢書第一集（國學粹編）五十二種　沈宗畸等編　清光緒三十四年至宣統三年（1908－1911）國學萃編社鉛印本　一冊　存十種

330000－1701－0082913　G003671　集部/別集類/清別集
濱竹遺稿三種附一種　（清）鄒漢池撰　清刻本　二冊

330000－1701－0082914　G603394　子部/宗教類/佛教之屬/諸宗
永覺和尚寱言一卷續一卷　（清）釋元賢撰　（清）釋道霈輯　清錢塘許靈虛刻本　一冊

330000－1701－0082915　SY00574　子部/藝術類/篆刻之屬
趙之謙印譜不分卷　（清）趙之謙篆刻　清鈐拓本　三冊

330000－1701－0082916　G003412　史部/政書類/公牘檔冊之屬
邸抄輯要不分卷　清末木活字印本　一冊

330000－1701－0082917　G003413　子部/宗教類/道教之屬/戒律
陰隲果報圖注一卷　（清）彭啓豐編　（清）吳友如繪　清光緒十七年（1891）點石齋石印本　一冊

330000－1701－0082919　G603395、G603397　子部/宗教類/佛教之屬/論疏
大乘起信論疏解彙集八種　清光緒十一年至民國十五年（1885－1926）金陵刻經處刻本　三冊　存二種

330000－1701－0082925　G603396　子部/宗教類/佛教之屬/論疏
大乘起信論疏二卷首一卷　（南朝陳）釋真諦譯　（唐）釋法藏疏　（唐）釋宗密注　清光緒三年（1877）長沙刻經處刻本　二冊

330000－1701－0082926　G606002　史部/政書類/儀制之屬/典禮
文廟通考六卷首一卷　（清）牛樹梅撰　清同治十一年（1872）浙江書局刻本　二冊

330000－1701－0082927　G003414　集部/別集類/清別集
集聖教序字詩二卷　（清）金居敬撰　（清）蔣昌期等評　清咸豐九年（1859）西溪楳舍刻本　迅翁跋　一冊

330000－1701－0082928　G606003　子部/醫家類/方書之屬/成方藥目
胡慶餘堂丸散膏丹全集不分卷續增一卷　（清）胡光墉編　清光緒三年（1877）胡慶餘堂雪記刻本　一冊　缺一卷（續增）

330000－1701－0082931　G003416　集部/總集類/選集之屬/通代
古詩源十四卷　（清）沈德潛輯　清康熙五十八年（1719）竹嘯軒刻本　四冊

330000－1701－0082932　G003672　類叢部/叢書類/自著之屬

蔣侑石遺書三種 （清）蔣曰豫撰 清光緒三年(1877)蓮池書局刻本 五冊

330000－1701－0082933 G003417 集部/別集類/明別集
徐文長文集三十卷四聲猿一卷 （明）徐渭撰 （明）袁宏道評點 明萬曆四十二年(1614)鍾人傑刻本 八冊 缺一卷(四聲猿)

330000－1701－0082934 G003674、G006313、G008551 史部/史評類/史論之屬
歷代史案二十卷首一卷 （清）吳裕垂撰 （清）洪亮吉編 清刻本 五冊 存十五卷(一至十一、十七至二十)

330000－1701－0082935 G003673、G007146 經部/春秋總義類/專著之屬
春秋繁露十七卷 （漢）董仲舒撰 清刻本 二冊

330000－1701－0082941 G003675 子部/宗教類/佛教之屬/論疏
大乘起信論裂網疏六卷 （清）釋智旭撰 清光緒金陵書局刻本 慧生題記 一冊

330000－1701－0082942 普 895.61/8043 集部/總集類/選集之屬/通代
東瀛詩選四十卷補遺四卷 （清）俞樾輯 清光緒九年(1883)刻本 十二冊

330000－1701－0082944 G003676、G006886 史部/地理類/山川之屬/山志
雲臺山志八卷首一卷末一卷 （清）崔應階編 清乾隆三十七年(1772)研露樓刻本 三冊 存七卷(首、一至六)

330000－1701－0082946 G003614、G008186、G009156 史部/雜史類/通代之屬
分類歷史揭要十二卷 （清）蕭雨春編輯 清宣統二年(1910)石印本 四冊

330000－1701－0082950 SY00573 子部/藝術類/篆刻之屬/印論
印史五卷 （明）何通撰 明天啓刻鈐印本 一冊 存一卷(四)

330000－1701－0082951 G003677 經部/易類/傳說之屬
成均課講周易十二卷 （清）崔紀撰 清乾隆二十年(1755)安邑宋氏刻本 二冊

330000－1701－0082955 SY00561 子部/藝術類/篆刻之屬/印譜
七十二候印譜不分卷 （清）童晏篆刻 清光緒十二年(1886)刻鈐印本 一冊

330000－1701－0082956 G003678 經部/禮記類/傳說之屬
禮記注疏考證六十三卷 （清）齊召南撰 稿本 一冊

330000－1701－0082957 SY00570 子部/藝術類/篆刻之屬/印譜
孫梁印稿不分卷 （清）戴以恒等篆刻 清道光至咸豐鈐拓本 三冊

330000－1701－0082958 G003615、G009633 類叢部/叢書類/自著之屬
潛研堂全書十六種 （清）錢大昕撰 清乾隆至嘉慶刻道光二十年(1840)錢師光重修印本 五冊 存一種

330000－1701－0082961 SY00569 子部/藝術類/篆刻之屬/印譜
坤皋鐵筆二卷 （清）鞠履厚篆刻 清乾隆二十八年(1763)刻鈐印本 一冊 存一卷(下)

330000－1701－0082964 G003616 史部/政書類/公牘檔冊之屬
寧陽存牘一卷 李鍾玨等撰 清光緒二十四年(1898)粵東省城刻本 一冊

330000－1701－0082967 G003617 史部/政書類/邦計之屬/貿易
國朝柔遠記十八卷附編二卷 （清）王之春輯 清光緒二十二年(1896)湖北書局刻本 六冊

330000－1701－0082969 G003618、G008353 子部/宗教類/佛教之屬/經疏
大方廣佛華嚴經疏鈔懸談二十八卷首一卷 （唐）釋澄觀撰 清光緒三十三年(1907)金陵

刻經處刻本　六冊　存二十一卷(首、一至二十)

330000－1701－0082971　SY00568　史部/金石類/璽印之屬

古銅印譜一卷　(清)嚴信厚輯　清光緒二十七年(1901)嚴氏小長蘆館鈐印本　一冊

330000－1701－0082975　SY00563　子部/藝術類/篆刻之屬/印譜

横雲山民印聚一卷　清鈐拓本　一冊

330000－1701－0082979　G003619、G005860、G006795　子部/宗教類/道教之屬/戒律

太上感應篇圖說(太上寶筏圖說)八卷　(清)黄正元輯　(清)毛金蘭補　清光緒十五年(1889)上海施善昌仁濟堂刻本　五冊　存五卷(忠、信、禮、義、廉)

330000－1701－0082980　G603398　子部/宗教類/佛教之屬/論疏

大乘起信論疏解彙集八種　清光緒十一年至民國十五年(1885－1926)金陵刻經處刻本　一冊　存一種

330000－1701－0082981　普 895.704/8039　集部/别集類

滄江稿十四卷　(朝鮮)金澤榮撰　清宣統三年(1911)江蘇通州翰墨林書局鉛印本　四冊　存八卷(一至八)

330000－1701－0082982　G603399　子部/宗教類/佛教之屬/論疏

大乘起信論疏解彙集八種　清光緒十一年至民國十五年(1885－1926)金陵刻經處刻本　一冊　存一種

330000－1701－0082983　SY00566　子部/藝術類/篆刻之屬/印譜

印雋四卷　(明)梁袠篆並輯　明萬曆三十八年(1610)刻鈐印本　一冊　存一卷(二)

330000－1701－0082985　G003620　子部/農家農學類/水產之屬

小窗濠樂六卷　(明)汪砢玉撰　清抄本　一冊

330000－1701－0082989　G603400　子部/醫家類/本草之屬/歷代綜合本草

本草綱目五十二卷圖三卷奇經八脉攷一卷脉訣攷證一卷瀕湖脈學一卷　(明)李時珍撰　清順治十二年(1655)吴氏太和堂刻本　四冊　存五卷(三至七)

330000－1701－0082992　G003621　類叢部/叢書類/自著之屬

浙刻雙池遺書八種　(清)汪紱撰　清光緒二十年至二十二年(1894－1896)長安趙舒翹刻本　七冊　存七種

330000－1701－0082994　G606005　集部/别集類/唐五代别集

讀杜心解六卷首二卷　(清)浦起龍撰　清雍正二年至三年(1724－1725)前澗浦氏寧我齋刻本　十冊

330000－1701－0082995　G603401　子部/宗教類/佛教之屬

經律異相因果錄二卷　(南朝梁)釋僧旻　(南朝梁)釋寶唱等撰　(清)釋古崑摘錄　清光緒十五年(1889)杭城弼教坊瑪瑙經房刻本　一冊

330000－1701－0082999　M005084　類叢部/叢書類/彙編之屬

誦芬室叢刊二十二種　董康編　清光緒三十四年至民國十四年(1908－1925)武進董氏刻本　九冊　存一種

330000－1701－0083000　G606006　集部/總集類/彙編之屬

同岑詩鈔五種　(清)曾燠編　清道光九年(1829)刻本　一冊　存一種

330000－1701－0083001　G603402　子部/宗教類/佛教之屬/諸宗

秘藏指南二卷　(清)趙鉞編　清同治八年(1869)杭州昭慶經房刻本　一冊

330000－1701－0083003　G603403　子部/宗教類/佛教之屬/諸宗

秘藏指南二卷　(清)趙鉞編　清同治八年

(1869)杭州昭慶經房刻本　一冊

330000－1701－0083005　G003622　子部/儒家類/儒學之屬/經濟
明夷待訪錄一卷　(清)黄宗羲撰　清光緒二十四年(1898)湖南新學書局刻本　一冊

330000－1701－0083006　SY00565　子部/藝術類/篆刻之屬/印譜
竹雪軒印集八卷　(清)蔡瀋源輯　清光緒十三年(1887)刻鈐印本　四冊

330000－1701－0083008　G603404　子部/醫家類/類編之屬
陳修園醫書五十種　(清)陳念祖等撰　清光緒三十一年(1905)上海商務印書館鉛印本　八冊　存十八種

330000－1701－0083009　G606007　類叢部/叢書類/彙編之屬
湖海樓叢書十二種　(清)陳春編　清嘉慶蕭山陳氏湖海樓刻二十四年(1819)彙印本　二冊　存二種

330000－1701－0083010　G003679、G009698　經部/小學類/文字之屬/字書/字典
經韻集字析解二卷　(清)熊守謙撰　(清)彭良敞集注　清道光十年(1830)刻本　二冊

330000－1701－0083011　G603405　子部/醫家類/類編之屬
陳修園醫書五十種　(清)陳念祖等撰　清光緒三十一年(1905)上海商務印書館鉛印本　二十六冊　存四十九種

330000－1701－0083012　SY00556　史部/金石類/璽印之屬
漢銅印叢十二卷　(清)汪啓淑輯　清乾隆十七年(1752)刻鈐印本　八冊

330000－1701－0083013　G606008　類叢部/叢書類/自著之屬
曾文正公全集十六種　(清)曾國藩撰　清同治至光緒傳忠書局刻本　一冊　存一種

330000－1701－0083016　G003623　類叢部/叢書類/自著之屬
留雲山館偶存二卷　(清)費伯雄撰　清同治二年(1863)刻費氏全集本　厚香題記　一冊　存一卷(上)

330000－1701－0083018　G604976　子部/宗教類/佛教之屬/諸宗
蓮宗輯要二卷　(清)釋達淨輯　**徹悟禪師遺稿一卷**　(清)釋了梅　(清)釋了亮輯　清光緒十二年(1886)瑪瑙經房刻本　二冊

330000－1701－0083020　G604977　子部/宗教類/佛教之屬/諸宗
廬山蓮宗寶鑑十卷　(元)釋普度編　清光緒五年(1879)刻本　三冊

330000－1701－0083023　G604978　子部/宗教類/佛教之屬/諸宗
靈峰蕅益大師選定淨土十要十卷　(清)釋智旭輯　(清)釋成時評點節略　清同治六年(1867)刻本　四冊

330000－1701－0083024　G606009、G606667　類叢部/叢書類/自著之屬
經韻樓叢書九種　(清)段玉裁撰　清乾隆至道光金壇段氏刻本　二冊　存一種

330000－1701－0083025　G604979　子部/宗教類/佛教之屬/諸宗
靈峰蕅益大師選定淨土十要十卷　(清)釋智旭輯　(清)釋成時評點節略　清同治六年(1867)刻本　四冊

330000－1701－0083028　G603406、G605679、G605523、G606169、G606268、G605173　類叢部/類書類/通類之屬
增補事類統編九十三卷首一卷　(清)黄葆真輯　清光緒十四年(1888)上海積山書局石印本　十一冊　存八十六卷(一至三十四、四十三至九十三、首)

330000－1701－0083029　G606010、G608844、G607586、G609522、G610192　類叢部/叢書類/郡邑之屬
金華叢書六十八種　(清)胡鳳丹編　清同治

七年至光緒八年(1868－1882)永康胡氏退補齋刻民國補刻本　十一冊　存一種

330000－1701－0083030　G604980　子部/宗教類/佛教之屬/諸宗
靈峰蕅益大師選定淨土十要十卷　(清)釋智旭輯　(清)釋成時評點節略　清同治六年(1867)刻本　四冊

330000－1701－0083031　G003680　史部/傳記類/總傳之屬/家乘
海昌陳氏家譜□□卷　(清)陳孝虔重編　清陳欣時刻本　二冊　存三卷(七至八、十)

330000－1701－0083034　G606011　經部/叢編
通志堂經解一百四十種　(清)納蘭成德輯　清康熙十九年(1680)納蘭成德刻本　一冊　存一種

330000－1701－0083035　G603407　集部/曲類/彈詞之屬
安邦誌二十卷　清道光二十九年(1849)刻本　八冊　存八卷(二至四、六至十)

330000－1701－0083036　G604981　子部/宗教類/佛教之屬/諸宗
佛果圜悟禪師碧岩集十卷　(宋)釋克勤撰　清光緒二年(1876)釋開慧刻本　五冊

330000－1701－0083038　G606012　史部/目録類/總録之屬/彙刻
江刻書目三種　(清)江標輯　清光緒元和江氏師鄦室刻蘇州振新書社印本　一冊　存一種

330000－1701－0083039　G604982　子部/宗教類/佛教之屬/論疏
大乘法界無差別論疏二卷　(唐)釋法藏撰　清光緒二十一年(1895)金陵刻經處刻本　一冊

330000－1701－0083040　G603408、G612329　類叢部/叢書類/自著之屬
春草堂集(春草堂叢書)十三種　(清)謝堃撰　清道光二十年(1840)曲邑奎文齋刻二十五年(1845)印本　二冊　存一種

330000－1701－0083041　SNB0023　史部/傳記類/日記之屬
日記一卷　(清)□□撰　稿本　一冊

330000－1701－0083042　G604983　子部/宗教類/佛教之屬/論疏
大乘法界無差別論疏二卷　(唐)釋法藏撰　清光緒二十一年(1895)金陵刻經處刻本　一冊

330000－1701－0083044　G604984　子部/宗教類/佛教之屬/諸宗
重梓歸元直指集三卷　(五代)釋宗本撰　清同治十年(1871)杭省昭慶禪寺慧空經房刻本　三冊

330000－1701－0083045　G603409　子部/藝術類/書畫之屬
桐陰論畫二卷首一卷附錄一卷畫訣一卷續桐陰論畫一卷二編二卷三編二卷　(清)秦祖永撰　清同治三年至光緒八年(1864－1882)刻朱墨套印本　一冊　存二卷(桐陰論畫下、附錄)

330000－1701－0083046　G606013　子部/宗教類/佛教之屬/經
妙法蓮華經品目提要一卷　(清)清平山人輯　清光緒二十二年(1896)油印本　一冊

330000－1701－0083048　G003624　史部/傳記類/總傳之屬/儒林
元詩選名氏爵里攷一卷　文廟賢儒考畧一卷附考一卷　(清)徐賦輯　清刻本　一冊

330000－1701－0083049　G604985　子部/宗教類/佛教之屬
續原教論二卷　(明)沈士榮撰　清光緒元年(1875)金陵刻經處刻本　一冊

330000－1701－0083050　G604986　子部/宗教類/佛教之屬
續原教論二卷　(明)沈士榮撰　清光緒元年(1875)金陵刻經處刻本　一冊

330000－1701－0083051　G606014、G607018　類叢部/叢書類/彙編之屬
中報館叢書正集五十七種附錄三種續集一百四十二種　(清)尊聞閣主編　蔡爾康編續集　清同治至光緒上海申報館鉛印本　三冊　存一種

330000－1701－0083052　G603411　史部/地理類/山川之屬/山志
招隱山志十二卷首一卷　繆潛撰　清宣統三年(1911)刻本　四冊

330000－1701－0083053　G003681　子部/藝術類/書畫之屬/總論
龔安節先生畫訣一卷　(清)龔賢撰　**畫筌一卷**　(清)笪重光撰　(清)王翬　(清)惲格評　清桐華館刻本　一冊

330000－1701－0083054　G604987　子部/宗教類/佛教之屬/經疏
佛說觀無量壽佛經疏妙宗鈔四卷　(宋)釋智顗疏　(宋)釋知禮輯　清末刻本　二冊

330000－1701－0083055　G606015　類叢部/叢書類/自著之屬
春在堂全書三十六種　(清)俞樾撰　清同治至光緒刻光緒末彙印本　一冊　存一種

330000－1701－0083058　G603413　類叢部/叢書類/郡邑之屬
武林掌故叢編一百八十七種　(清)丁丙編　清光緒三年至二十六年(1877－1900)錢塘丁氏嘉惠堂刻本　十三冊　存十三種

330000－1701－0083059　G606016　集部/詞類/別集之屬
蔗畦詞二卷　(清)金石撰　清光緒二十八年(1902)會稽金氏刻本　一冊

330000－1701－0083060　G003705、G004225　子部/宗教類/佛教之屬/諸宗
宗鏡錄一百卷附音釋　(宋)釋延壽輯　清雍正十三年(1735)武英殿刻本　十五冊　存七十五卷(一至五十五、六十一至八十)

330000－1701－0083061　G604988　子部/宗教類/佛教之屬/經疏
大佛頂如來密因修證了義諸菩薩萬行首楞嚴經宗通十卷　(明)曾鳳儀撰　清刻本　五冊　存五卷(一至五)

330000－1701－0083064　G604989　類叢部/叢書類/郡邑之屬
武林掌故叢編一百八十七種　(清)丁丙編　清光緒三年至二十六年(1877－1900)錢塘丁氏嘉惠堂刻本　三冊　存一種

330000－1701－0083067　G606017　子部/宗教類/佛教之屬/經疏
金剛經旁解一卷補註一卷心經補註一卷　(清)湯肇召輯注　清同治六年(1867)鎮海沈開祥刻本　一冊

330000－1701－0083068　G604990　子部/宗教類/佛教之屬/諸宗
高峯大師語錄一卷　(元)釋原妙撰　清光緒二年(1876)福德因緣堂刻本　一冊

330000－1701－0083071　G003682、G011290　子部/術數類/命書相書之屬
重鐫神峯通考命理正宗六卷　(明)張楠撰　清嘉慶十年(1805)刻本　二冊　存二卷(一、五)

330000－1701－0083073　G003706　經部/書類/傳說之屬
枕葄齋書經問答八卷首一卷　胡嗣運撰　清光緒三十四年(1908)鵬南書屋木活字印本　二冊

330000－1701－0083074　G604991　子部/宗教類/佛教之屬/經疏
佛說觀無量壽佛經疏妙宗鈔四卷　(宋)釋智顗疏　(宋)釋知禮輯　清同治十二年(1873)西湖慧空經房刻本　三冊

330000－1701－0083075　G606018　類叢部/類書類/通類之屬
新刻註釋故事白眉十卷　(明)許以忠輯　清康熙二十八年(1689)文芸館刻本　一冊　存二卷(一至二)

330000－1701－0083078　G606019　子部/宗教類/佛教之屬/經

楞伽阿跋多羅寶經四卷　（南朝宋）釋求那跋陀羅譯　清同治九年（1870）金陵刻經處刻本　二冊

330000－1701－0083079　G604992　子部/宗教類/佛教之屬/經疏

佛說觀無量壽佛經疏妙宗鈔四卷　（宋）釋智顗疏　（宋）釋知禮輯　清同治十二年（1873）西湖慧空經房刻本　三冊

330000－1701－0083080　G603412　類叢部/叢書類/郡邑之屬

武林掌故叢編一百八十七種　（清）丁丙編　清光緒三年至二十六年（1877－1900）錢塘丁氏嘉惠堂刻本　三冊　存一種

330000－1701－0083081　G003683　史部/地理類/總志之屬/斷代

方輿勝畧十八卷　（明）程百二等輯　明萬曆三十八年（1610）程百二刻本　十二冊

330000－1701－0083088　G604993　子部/宗教類/佛教之屬/經疏

佛說觀無量壽佛經疏妙宗鈔四卷　（宋）釋智顗疏　（宋）釋知禮輯　清同治十二年（1873）西湖慧空經房刻本　三冊

330000－1701－0083089　G604994　子部/宗教類/佛教之屬/經疏

佛說觀無量壽佛經疏妙宗鈔四卷　（宋）釋智顗疏　（宋）釋知禮輯　清同治十二年（1873）西湖慧空經房刻本　三冊

330000－1701－0083090　G603415　子部/宗教類/佛教之屬/經疏

大華嚴經略策一卷三聖圓融觀門一卷　（唐）釋澄觀撰　**答順宗心要法門一卷**　（唐）釋澄觀撰　（唐）釋宗密注　**原人論一卷**　（唐）釋宗密撰　**華嚴念佛三昧論一卷**　（清）彭紹升撰　清同治十三年（1874）雞園刻經處、光緒二十一年（1895）、二十三年（1897）金陵刻經處刻本　一冊　存一卷（華嚴念佛三昧論）

330000－1701－0083092　G003625、G008887　子部/醫家類/醫案之屬

葉氏醫案存真三卷　（清）葉桂撰　清光緒十二年（1886）常熟抱芳閣刻本　三冊　存三卷（一至三）

330000－1701－0083095　G603416　集部/別集類/清別集

僧家竹枝詞一卷附觀音菩薩原偈一卷丁酉歌一卷　（清）釋德輝撰　清光緒二十四年（1898）武林瑪瑙明臺經房刻本　慧山題記　一冊

330000－1701－0083096　G604995　子部/藝術類/書畫之屬

書苑菁華二十卷　（宋）陳思輯　清光緒十三年（1887）同文書局石印本　二冊

330000－1701－0083097　G604996　新學/史志/別國史

華盛頓泰西史畧八卷　（清）黎汝謙　（清）蔡國昭譯　清光緒二十三年（1897）新學會石印本　四冊

330000－1701－0083099　G606020　子部/宗教類/佛教之屬/經

楞伽阿跋多羅寶經四卷　（南朝宋）釋求那跋陀羅譯　清同治九年（1870）金陵刻經處刻本　二冊

330000－1701－0083100　G603417　類叢部/叢書類/彙編之屬

湖海樓叢書十二種　（清）陳春編　清嘉慶蕭山陳氏湖海樓刻二十四年（1819）彙印本　二冊　存一種

330000－1701－0083101　G003626　子部/醫家類/喉科口齒之屬/白喉

白喉辨症（白喉辨證）一卷　（清）黃維翰撰　**吊脚痧方論一卷**　（清）徐子默撰　清末刻本　一冊

330000－1701－0083102　G604997　類叢部/叢書類/彙編之屬

申報館叢書正集五十七種附錄三種續集一百

四十二種　(清)尊聞閣主編　蔡爾康編續集　清同治至光緒上海申報館鉛印本　一冊　存一種

330000－1701－0083104　G606021　子部/宗教類/佛教之屬/經
楞伽阿跋多羅寶經四卷　(南朝宋)釋求那跋陀羅譯　清同治九年(1870)金陵刻經處刻本　二冊

330000－1701－0083105　SNB0010　史部/雜史類/斷代之屬
國朝掌故瑣記一卷　(清)陶濬宣撰　稿本　一冊

330000－1701－0083106　G606022　子部/宗教類/佛教之屬/經
楞伽阿跋多羅寶經四卷　(南朝宋)釋求那跋陀羅譯　清同治九年(1870)金陵刻經處刻本　二冊

330000－1701－0083109　G606023　子部/宗教類/佛教之屬/經
楞伽阿跋多羅寶經四卷　(南朝宋)釋求那跋陀羅譯　清同治九年(1870)金陵刻經處刻本　一冊　存二卷(三至四)

330000－1701－0083110　G604998　史部/紀傳類/別史之屬
清朝史畧十一卷　(日本)佐藤楚材編輯　清光緒二十八年(1902)上海書局石印本　六冊

330000－1701－0083111　G603418、G004019/1、G603912　子部/宗教類/佛教之屬/諸宗
靈峰蕅益大師選定淨土十要十卷　(清)釋智旭輯　(清)釋成時評點節略　清光緒二十年(1894)揚州廣陵藏經禪院刻本　四冊

330000－1701－0083112　G606024　子部/宗教類/佛教之屬/經
楞伽阿跋多羅寶經會譯四卷　(南朝宋)釋求那跋陀羅初譯　(北魏)釋菩提留支再譯　(唐)釋實叉難陀後譯　(明)釋員珂會合　清光緒三十四年(1908)金陵刻經處刻本　四冊

330000－1701－0083113　G003627　子部/天文曆算類/曆法之屬
御纂歷代三元甲子編年一卷御定萬年書一卷　(清)欽天監編　清刻本　一冊

330000－1701－0083115　G606025　子部/宗教類/佛教之屬/諸宗
列祖提綱錄四十二卷首一卷　(清)釋行悅輯　清同治十三年(1874)西湖昭慶慧空經房刻本　一冊　存六卷(三十七至四十二)

330000－1701－0083119　G003628　子部/術數類/相宅相墓之屬
近見錄一卷　(清)高雲龍輯　清道光四年(1824)步月樓刻本　一冊

330000－1701－0083120　G603419　子部/宗教類/佛教之屬/論疏
唯識開蒙問答二卷　(元)釋雲峰集　清宣統三年(1911)揚州藏經禪院刻本　二冊

330000－1701－0083122　G604999、G605041、G608490　集部/總集類/選集之屬/斷代
全唐詩三十二卷　(清)曹寅　(清)彭定求等輯　清光緒十三年(1887)上海同文書局石印本　二十冊　存二十卷(一至十六、十八至十九、二十六、三十一)

330000－1701－0083126　G603420　子部/宗教類/佛教之屬/論疏
大乘起信論疏解彙集八種　清光緒十一年至民國十五年(1885－1926)金陵刻經處刻本　一冊　存一種

330000－1701－0083128　G606026　類叢部/叢書類/郡邑之屬
紹興先正遺書十五種　(清)徐友蘭輯　清光緒會稽徐氏鑄學齋刻本　四冊　存一種

330000－1701－0083129　G603421　子部/宗教類/佛教之屬/諸宗
宗範八卷首一卷　(清)錢伊庵輯　清光緒十二年(1886)金陵刻經處刻本　一冊　存三卷(首、一至二)

330000－1701－0083133　G605000　史部/地理類/方志之屬/郡縣志

同治上海縣志三十二卷首一卷末一卷 （清）應寶時等修 （清）俞樾 （清）方宗誠纂 清同治十年(1871)吳門臬署刻十一年(1872)南園志局重校光緒八年(1882)補版印本 八册 存十三卷(四至九、二十五至三十一)

330000－1701－0083135 G606027 史部/紀傳類/正史之屬
二十四史 清同治至光緒五省官書局刻光緒五年(1879)湖北書局彙印本 二册 存一種

330000－1701－0083136 G603422 史部/傳記類/科舉録之屬/歷科鄉試録
光緒二十年甲午科浙江鄉試硃卷一卷 （清）顧梓培撰 清光緒刻本 一册

330000－1701－0083137 G605001 類叢部/叢書類/彙編之屬
滂喜齋叢書五十種 （清）潘祖蔭編 清同治至光緒吳縣潘氏京師刻本 一册 存一種

330000－1701－0083140 G603423 史部/傳記類/總傳之屬/郡邑
蘭谿歷代人物攷一卷 （清）吳演綸撰 清光緒六年(1880)刻本 一册

330000－1701－0083141 G003629 子部/宗教類/道教之屬
靈效催生秘訣一卷附錄經驗良方一卷 清光緒十年(1884)刻本 一册

330000－1701－0083144 G603424 子部/宗教類/佛教之屬/諸宗
寶藏論一卷 （後秦）釋僧肇撰 清光緒二十三年(1897)金陵刻經處刻本 一册

330000－1701－0083146 G605002 類叢部/叢書類/郡邑之屬
武林掌故叢編一百八十七種 （清）丁丙編 清光緒三年至二十六年(1877－1900)錢塘丁氏嘉惠堂刻本 二册 存一種

330000－1701－0083148 G605003 類叢部/叢書類/郡邑之屬
武林掌故叢編一百八十七種 （清）丁丙編 清光緒三年至二十六年(1877－1900)錢塘丁氏嘉惠堂刻本 六册 存十種

330000－1701－0083150 G603425 子部/宗教類/佛教之屬/總録
雲棲法彙二十九種 （明）釋袾宏撰 （明）王宇春等輯 清同治至光緒杭州刻本 四册 存一種

330000－1701－0083157 G003685 經部/群經總義類/傳說之屬
經書算學天文攷一卷 （清）陳懋齡撰 清光緒六年(1880)費氏抄本 一册

330000－1701－0083158 G606028 子部/藝術類/書畫之屬/總論
畫禪室隨筆四卷 （明）董其昌撰 清乾隆三十三年(1768)董紹敏刻本 一册 存一卷(一)

330000－1701－0083159 G603426 子部/宗教類/佛教之屬/論疏
大乘百法明門論一卷八識規矩頌一卷 （明）釋廣益纂釋 清咸豐八年(1858)杭州西湖昭慶寺、光緒四年(1878)釋蓮寶刻本 一册

330000－1701－0083161 SNB0014 史部/傳記類/日記之屬
海州病中日記一卷(清光緒十三年四月二十六日至七月二十四日) （清）陶濬宣撰 稿本 一册

330000－1701－0083162 G606029 史部/金石類/郡邑之屬/文字
關中金石文字存逸考十二卷首一卷 （清）毛鳳枝撰 清光緒二十七年(1901)會稽顧氏江西萍鄉縣署刻本 二册 存二卷(二、四)

330000－1701－0083163 G003630 經部/叢編
省吾堂四種 （清）蔣光弼輯 清常熟蔣氏省吾堂刻本 二册 存一種

330000－1701－0083166 G003686 史部/地理類/方志之屬/郡縣志
[道光]遂昌縣志十二卷首一卷 （清）朱煌修 （清）鄭培椿等纂 清道光十五年(1835)刻

本　一册　存二卷(首、一)

330000－1701－0083170　G603427　史部/傳記類/總傳之屬/釋道

佛祖正宗道影四卷　(清)釋守一編　清光緒六年(1880)蘇州瑪瑙經房刻本　一册　存一卷(二)

330000－1701－0083175　G003709　集部/總集類/題詠之屬

獨秀峰題壁詩三十首一卷　(清)□□輯　清末抄本　一册

330000－1701－0083176　G606030　類叢部/叢書類/彙編之屬

二酉堂叢書(張氏叢書)二十一種　(清)張澍輯　清道光元年(1821)武威張氏二酉堂刻本　一册　存二種

330000－1701－0083177　G003687　史部/地理類/方志之屬/郡縣志

[康熙]重修富陽縣志十卷　(清)錢晉錫纂修　清康熙刻乾隆印本　四册　存三卷(八至十)

330000－1701－0083178　G603428　子部/藝術類/遊藝之屬/聯語

集古聯句一卷　(清)鍾德祥撰　清光緒三年(1877)葛元煦嘯園刻本　一册

330000－1701－0083179　G603429　子部/宗教類/佛教之屬/諸宗

牧牛圖頌一卷　(明)釋普明撰　清光緒六年(1880)上海點石齋影印本　一册

330000－1701－0083180　G606031　集部/别集類/清别集

梅脩館詩存一卷　(清)陸韻珊撰　清光緒二十六年(1900)刻本　一册

330000－1701－0083181　SNB0016　史部/傳記類/日記之屬

宣統庚戌日記一卷　(清)□□撰　稿本　一册

330000－1701－0083182　G603430　類叢部/叢書類/彙編之屬

武英殿聚珍版書三十九種　清乾隆浙江刻本　一册　存一種

330000－1701－0083183　G003632　史部/紀事本末類

九朝紀事本末(歷朝紀事本末)九種　清末石印本　一册　存一種

330000－1701－0083184　G003688　史部/傳記類/總傳之屬/釋道

[清光緒戊戌冬期]敕賜古閩浦南椮林禪寺同戒錄一卷　(清)釋瞿沙撰　清光緒二十四年(1898)福建郭東壁刻字鋪木活字印本　一册

330000－1701－0083186　G603431　子部/藝術類/書畫之屬/題跋

賜硯齋題畫補錄一卷　(清)戴熙撰　(清)許英輯　清光緒九年(1883)蘇城壽石齋許氏刻本　一册

330000－1701－0083188　G606032　子部/宗教類/佛教之屬/論

高等佛學教科書　清光緒三十年(1904)武昌廬陵黄氏刻本　一册　存一種

330000－1701－0083190　G003634　子部/小説家類/雜事之屬

里乘十卷　(清)許奉恩撰　清光緒五年(1879)常熟抱芳閣刻本　三册　存三卷(五、七、九)

330000－1701－0083191　G606033　類叢部/叢書類/彙編之屬

廣漢魏叢書八十種　(明)何允中編　清嘉慶刻本　一册　存一種

330000－1701－0083192　G003689　史部/傳記類/總傳之屬/釋道

[清光緒癸巳秋期]敕賜旌教講寺同戒錄一卷　(清)馮福寬撰　清光緒十九年(1893)刻本　一册

330000－1701－0083194　G606034　類叢部/叢書類/自著之屬

三山陳氏家刻左海全集十種　(清)陳壽祺撰

清嘉慶至道光刻本　七冊　存三種

330000－1701－0083197　G606035　類叢部/叢書類/彙編之屬
增訂漢魏叢書八十六種　（清）王謨編　清乾隆五十六年(1791)金谿王氏刻本　一冊　存三種

330000－1701－0083198　G003690　史部/傳記類/總傳之屬/釋道
敕賜崇福禪寺同戒錄一卷　（清）永持成道人撰　清光緒二十七年(1901)刻本　一冊

330000－1701－0083199　G003635　子部/藝術類/篆刻之屬/印譜
補羅迦室印譜不分卷　（清）趙之琛篆刻　清光緒三十年(1904)鈐拓本　一冊

330000－1701－0083203　G003710　史部/傳記類/日記之屬
壺中日月不分卷(清同治八年至光緒元年)　（清）嬾雲主人撰　稿本　四冊

330000－1701－0083204　G003636　類叢部/叢書類/自著之屬
春在堂全書三十種　（清）俞樾撰　清光緒二十三年(1897)石印本　二冊　存三種

330000－1701－0083207　G003691　子部/術數類/陰陽五行之屬
董氏諏吉新書一卷　（明）董潛撰　清光緒刻本　一冊

330000－1701－0083208　G003637、G007996、G007997、G007998、G007999、G008001、G008641、G009472　史部/政書類
九通全書　（清）□□輯　清光緒二十七年至二十八年(1901－1902)貫吾齋石印本　四十冊　存五種

330000－1701－0083209　G606036　類叢部/叢書類/彙編之屬
漢魏叢書三十八種　（明）程榮編　明萬曆二十年(1592)新安程氏刻本　二冊　存五種

330000－1701－0083211　G003692　子部/宗教類/其他宗教之屬
天人一貫一卷　（美國）伊霖華撰　（清）鍾蔭棠譯　清宣統三年(1911)上海商務印書館鉛印本　一冊

330000－1701－0083212　G003711　集部/總集類/選集之屬/通代
律賦必以集二卷餘論一卷　（清）顧蒓輯　清嘉慶二十五年(1820)桂林九經堂刻本　二冊

330000－1701－0083213　G003638、G006541、G007343　子部/術數類/占卜之屬
大六壬大全十三卷　（清）郭載騋編　清刻本　三冊　存三卷(一至三)

330000－1701－0083215　G003639、G004017、G007899、G008511、G008971、G010621、G009748　類叢部/叢書類/自著之屬
曾文正公全集十六種　（清）曾國藩撰　清光緒二十九年(1903)鴻寶書局石印本　二十一冊　存十三種

330000－1701－0083218　G003712　子部/宗教類/佛教之屬/經疏
金剛般若波羅蜜經淺說二卷　（清）陳其福撰　清光緒十二年(1886)錢塘魏氏刻本　二冊

330000－1701－0083219　G605004　類叢部/叢書類/郡邑之屬
武林掌故叢編一百八十七種　（清）丁丙編　清光緒三年至二十六年(1877－1900)錢塘丁氏嘉惠堂刻本　五冊　存六種

330000－1701－0083220　G003693　史部/傳記類/總傳之屬/家乘
[江蘇]武陵宗譜彙編七卷首二卷　（清）顧步青等纂修　清嘉慶十八年(1813)刻本　四冊　存四卷(首一至二、一至二)

330000－1701－0083221　G606037、G611721　集部/别集類/清别集
虛一齋集五卷　（清）莊培因撰　清光緒九年(1883)刻本　二冊

330000－1701－0083222　G606038　子部/宗教類/佛教之屬/諸宗

大乘止觀法門釋要六卷　(清)釋智旭撰　清光緒二十二年(1896)揚州藏經禪院刻本　二册

330000－1701－0083229　G603432　史部/雜史類/通代之屬

重訂路史全本四十七卷　(宋)羅泌撰　(宋)羅苹注　(明)吴弘基等重編　清嘉慶六年(1801)西山堂刻本　四册　存二十三卷(前紀一至九、後紀一至十四)

330000－1701－0083230　G605005、G605015　類叢部/叢書類/郡邑之屬

武林掌故叢編一百八十七種　(清)丁丙編　清光緒三年至二十六年(1877－1900)錢塘丁氏嘉惠堂刻本　二册　存五種

330000－1701－0083231　SNB0025　集部/總集類/郡邑之屬

國朝紹興詩錄小傳一卷　陶濬宣輯　稿本　一册

330000－1701－0083232　G003713　集部/别集類/清别集

亙淥書屋試艸一卷　(清)王繼標著　清光緒十三年(1887)刻本　一册

330000－1701－0083234　G603433　類叢部/叢書類/自著之屬

沈歸愚詩文全集十四種　(清)沈德潛撰　清乾隆教忠堂刻本　三册　存八種

330000－1701－0083235　G606039　子部/宗教類/佛教之屬/論疏

大乘起信論疏二卷首一卷　(南朝陳)釋真諦譯　(唐)釋法藏疏　(唐)釋宗密注　清光緒三年(1877)長沙刻經處刻本　二册

330000－1701－0083238　G606040　子部/宗教類/佛教之屬/經

地藏菩薩本願經三卷　(唐)釋實叉難陀譯　清光緒三十年(1904)金陵刻經處刻本　一册

330000－1701－0083240　G003695　集部/别集類/清别集

堯峰文鈔五十卷　(清)汪琬撰　(清)林佶編　清康熙三十二年(1693)林佶刻本　六册

330000－1701－0083242　G003640、G611458　史部/政書類/律令之屬/治獄

刑案匯覽六十卷首一卷末一卷拾遺備考一卷續增十六卷　(清)祝慶祺輯　**新增刑案匯覽十六卷首一卷**　(清)潘文舫輯　清光緒十二年(1886)上海圖書集成局鉛印本　五册　存十九卷(五十一至五十二,新增刑案匯覽首、一至十六)

330000－1701－0083244　G603435　類叢部/叢書類/彙編之屬

邵武徐氏叢書初刻十四種　(清)徐幹編　清光緒邵武徐氏刻本　一册　存二種

330000－1701－0083246　G605007　集部/曲類/寶卷之屬

九品蓮臺記二卷九回　(清)釋法彙記述　(清)范珍輯並演詞　清刻本　一册　存一卷(下)

330000－1701－0083248　G606041　子部/宗教類/佛教之屬

大乘起信論一卷　(天竺)馬鳴菩薩造　(南朝陳)釋真諦譯　清光緒二十四年(1898)金陵刻經處刻本　一册

330000－1701－0083249　G603436　子部/道家類

莊子獨見三十三卷　(清)胡文英撰　清乾隆十七年(1752)文淵堂刻本　三册

330000－1701－0083251　SNB0054　史部/地理類/總志之屬/斷代

隋書地理志考證九卷補遺一卷　(清)楊守敬撰　清光緒二十七年(1901)刻本　陳漢章批校　六册

330000－1701－0083252　G003642、G011293　集部/小說類/長篇之屬

歷代神仙通鑑三集二十二卷圖一卷　(清)徐道述　(清)程毓奇續　(清)李理　(清)王太素贊　清康熙生生館刻本　二十一册　缺一卷(二十二)

330000－1701－0083253　G606042　子部/宗教類/佛教之屬/經疏

維摩詰所說經註八卷　（後秦）釋鳩摩羅什譯　（後秦）釋僧肇注　清光緒十三年（1887）金陵刻經處刻本　二冊

330000－1701－0083256　G606045、G608921、G607744、G610613、G609899　類叢部/叢書類/自著之屬

真西山全集（西山真文忠公全集、真文忠公全集）七種　（宋）真德秀撰　清康熙真氏家祠刻乾隆至同治三年（1864）遞修本　十九冊　存一種

330000－1701－0083259　G603437　子部/叢編

子書百家　（清）崇文書局編　清光緒元年（1875）湖北崇文書局刻本　四冊　存十三種

330000－1701－0083261　G003696　子部/術數類/數學之屬

六壬經緯六卷　（清）毛志道撰　清金閶書業堂刻本　二冊

330000－1701－0083262　G606043　子部/宗教類/佛教之屬/論疏

大乘起信論直解二卷　（明）釋德清撰　清光緒十六年（1890）金陵刻經處刻本　一冊

330000－1701－0083265　G606044　類叢部/叢書類/彙編之屬

函海一百五十二種　（清）李調元編　清乾隆綿州李氏萬卷樓刻嘉慶十四年（1809）李鼎元、道光五年（1825）李朝夔重校補刻本　二冊　存一種

330000－1701－0083267　SNB0052　史部/雜史類

官階古稱攷一卷　陶濬宣撰　稿本　王修跋　一冊

330000－1701－0083268　SNB0060　史部/目録類/總録之屬/官修

杭州藏書樓書目一卷　邵章編　清光緒二十八年（1902）刻朱印本　一冊

330000－1701－0083270　G606046　史部/地理類/方志之屬/郡縣志

［乾隆］嚴州府志三十五卷首一卷　（清）吳士進修　（清）胡書源等纂　清乾隆二十一年（1756）刻本　一冊　存一卷（十七）

330000－1701－0083271　G003714、G006042　集部/總集類/選集之屬/通代

繪圖增批古文觀止十二卷　（清）吳乘權　（清）吳大職輯　清光緒三十四年（1908）浙紹明達書莊石印本　三冊　存四卷（七至十）

330000－1701－0083273　G605009　類叢部/叢書類/自著之屬

王漁洋遺書三十八種　（清）王士禛撰　清刻本　一冊　存一種

330000－1701－0083274　G606047　子部/小說家類/異聞之屬

閱微草堂筆記二十四卷首一卷　（清）紀昀撰　清道光二十七年（1847）小蓬萊山館刻本　一冊　存四卷（首、一至三）

330000－1701－0083275　G603438　集部/楚辭類

楚辭新集註八卷末一卷　（清）屈復撰　（清）屈啓賢編　**楚懷襄二王在位事蹟考一卷**　（清）林雲銘撰　清乾隆三年（1738）居易堂刻本　二冊

330000－1701－0083276　G003697　史部/紀傳類/正史之屬

二十一史　明刻明清遞修本　三冊　存一種

330000－1701－0083278　G003715　經部/叢編

五經四書讀本九種　清康熙紫陽朱錫旂崇道堂刻本　一冊　存一種

330000－1701－0083280　G606048　子部/雜著類/雜說之屬

冷廬雜識八卷　（清）陸以湉撰　清咸豐六年（1856）刻本　三冊　存三卷（一至三）

330000－1701－0083282　G605010　史部/地理類/山川之屬/山志

武夷山志二十四卷首一卷 (清)董天工撰 清乾隆十六年(1751)武夷董氏刻本 一冊 存二卷(首、一)

330000-1701-0083283 G003716 集部/總集類/課藝之屬

經義模範一卷 (明)□□輯 清光緒二十七年(1901)俞陛雲吳門刻本 一冊

330000-1701-0083284 G606049、G606272 集部/小說類/短篇之屬

西湖佳話古今遺蹟十六卷 (清)墨浪子撰 清光緒十八年(1892)上海文選局石印本 二冊 存八卷(一至八)

330000-1701-0083287 G606050 類叢部/叢書類/彙編之屬

申報館叢書正集五十七種附錄三種續集一百四十二種 (清)尊聞閣主編 蔡爾康編續集 清同治至光緒上海申報館鉛印本 一冊 存一種

330000-1701-0083288 G003699 集部/總集類/選集之屬/斷代

落花倡和詩集一卷 (清)顧嘉譽 (清)金成棟輯 清康熙四十一年(1702)宜堂刻本 一冊

330000-1701-0083289 G605011 史部/地理類/方志之屬/郡縣志

[同治]續修羅江縣志二十四卷 (清)馬傳業修 (清)劉正慧等纂 清同治四年(1865)刻本 一冊 存六卷(十九至二十四)

330000-1701-0083290 G003717 類叢部/類書類/通編之屬

振綺類纂四卷 (清)翁天游 (清)宗觀輯 清康熙三年(1664)刻本 二冊

330000-1701-0083294 G605012 史部/地理類/方志之屬/郡縣志

[嘉慶]硤川續志二十卷 (清)王德浩纂 (清)曹宗載重訂 清嘉慶十七年(1812)刻本 一冊 存四卷(七至十)

330000-1701-0083296 G606051 類叢部/叢書類/彙編之屬

知不足齋叢書一百九十五種 (清)鮑廷博編 (清)鮑士恭續編 清乾隆三十七年至道光三年(1772-1823)長塘鮑氏刻彙印本 六冊 存二種

330000-1701-0083299 G003701 史部/編年類/通代之屬

尺木堂綱鑑易知錄九十二卷 (清)吳乘權 (清)周之炯 (清)周之燦輯 清刻本 五冊 存十五卷(九至十一、十五至十七、三十九至四十一、七十五至七十七、八十七至八十九)

330000-1701-0083301 G003702 子部/藝術類/書畫之屬/法帖

古鑑閣藏唐三墳記集聯搨本一卷 秦文錦編集 清宣統元年(1909)石印本 一冊

330000-1701-0083302 G003703 集部/總集類/課藝之屬

小題偶鈔一卷二集一卷 (清)竹香居士編 清道光四年(1824)萬卷書樓刻本 一冊

330000-1701-0083310 G003846、G009460 史部/傳記類/總傳之屬/儒林

學案小識十四卷首一卷末一卷 (清)唐鑑撰 清光緒十年(1884)刻本 十四冊

330000-1701-0083313 G003847 集部/別集類/清別集

歸愚文續十二卷黃山遊草一卷台山遊草一卷南巡詩一卷說詩晬語二卷浙江通省志圖說一卷歸田集一卷 (清)沈德潛撰 清乾隆刻本 一冊 存六卷(一至六)

330000-1701-0083314 G003848 子部/雜著類/雜纂之屬

九朝野記四卷 (明)祝允明撰 清宣統三年(1911)時中書局鉛印本 二冊

330000-1701-0083319 G003849 史部/政書類/邦計之屬/荒政

江山同善錄彙編二卷 余乾耀編 清光緒二十五年(1899)江山廣川與善軒木活字印本

一冊

330000－1701－0083322　G003704　史部/紀事本末類

歷朝紀事本末七種　(清)陳如升　(清)朱記榮輯　清光緒十四年(1888)上海書業公所鉛印本　三冊　存一種

330000－1701－0083324　G003694　類叢部/叢書類/彙編之屬

通學齋叢書五十三種　(清)鄒凌沅編　清光緒二十五年(1899)通學齋鉛印本　二十九冊　存四十二種

330000－1701－0083325　G606052　類叢部/叢書類/彙編之屬

武英殿聚珍版書三十九種　清乾隆浙江刻本　一冊　存一種

330000－1701－0083327　G606053　類叢部/叢書類/彙編之屬

武英殿聚珍版書三十九種　清乾隆浙江刻本　三冊　存三種

330000－1701－0083330　G003850、G004025　子部/宗教類/佛教之屬/經疏

大方廣佛華嚴經疏鈔會本二百二十卷　(唐)釋實叉難陀譯　(唐)釋澄觀撰　清末刻本　二十一冊　存七十五卷(七十一至一百三十八、一百三十九至一百四十六)

330000－1701－0083333　G606054　類叢部/叢書類/彙編之屬

武英殿聚珍版書三十九種　清乾隆浙江刻本　一冊　存一種

330000－1701－0083334　G606055　類叢部/叢書類/彙編之屬

述古叢鈔二十八種　(清)劉晚榮編　清同治至光緒古岡劉氏藏修書屋刻本　十四冊　存十種

330000－1701－0083337　G003851　史部/編年類/通代之屬

讀通鑑綱目條記二十卷首一卷　(清)李述來撰　清光緒八年(1882)羣玉山房刻本　六冊

330000－1701－0083338　G603440、G612021　集部/小說類/長篇之屬

第五才子書水滸全傳七十回　(元)施耐庵撰　(清)金人瑞評　清光緒十四年(1888)上海大同書局石印本　五冊　存四十六回(二十五至七十)

330000－1701－0083341　G601960　史部/地理類/遊記之屬/紀行

丙午日本游記一卷附錄一卷　程淯撰　清光緒三十三年(1907)鉛印本　一冊

330000－1701－0083342　G003852　史部/政書類/軍政之屬/邊政

滇南事實一卷　(清)黃夢菊撰　清道光二十九年(1849)敷文堂刻本　二冊

330000－1701－0083346　G603441、G603933　集部/小說類/長篇之屬

第一才子書(增像全圖三國演義)六十卷首一卷一百二十回　(明)羅本撰　(清)毛宗崗評　清光緒十四年(1888)上海鴻文書局石印本　五冊　存二十八卷(六至十一、二十三至二十七、四十四至六十)

330000－1701－0083348　G601961　史部/雜史類

宋遼金元別史五種　(清)席世臣輯　清乾隆至嘉慶南沙席氏掃葉山房刻本　二冊　存一種

330000－1701－0083349　SNB0050　類叢部/叢書類/彙編之屬

漸學廬叢書第一集十五種　(清)胡祥鑅編　清光緒元和胡氏石印本　陳漢章批校　二冊　存七種

330000－1701－0083350　G603442　子部/宗教類/佛教之屬

黃檗傳心法要二卷　(唐)釋希運說　(唐)裴休輯　清光緒十年(1884)金陵刻經處刻本　一冊

330000－1701－0083351　G003941　子部/宗教類/佛教之屬/諸宗

摩訶止觀輔行傳弘决四十卷 （唐）釋湛然撰　清光緒十年（1884）刻本　二十册

330000－1701－0083352　G003853　子部/宗教類/佛教之屬/諸宗

天台四教儀注彙補輔宏記二十卷首一卷 （高麗）釋諦觀輯　（元）釋蒙潤集注　（清）釋性權彙補　**畧科提綱一卷**　釋諦閑排訂　清光緒二十四年（1898）刻本　一册　存一卷（七）

330000－1701－0083353　G606056　集部/小説類/長篇之屬

第一才子書（三國志全圖演義）六十卷首一卷一百二十回 （明）羅本撰　（清）毛宗崗評　清光緒鉛印本　一册　存四卷（二十三至二十六）

330000－1701－0083354　G603443、G605194　史部/地理類/方志之屬/郡縣志

［光緒］餘姚縣志二十七卷首一卷末一卷 （清）周炳麟修　（清）邵友濂　（清）孫德祖纂　清光緒二十五年（1899）刻本　二册　存一卷（二十三）

330000－1701－0083356　G606057　類叢部/叢書類/彙編之屬

經訓堂叢書二十一種 （清）畢沅編　清光緒十三年（1887）上海大同書局石印本　一册　存二種

330000－1701－0083357　G601962、G602477　經部/叢編

古經解彙函十六種附小學彙函十四種 （清）鍾謙鈞等輯　清同治十二年（1873）粵東書局刻本　四册　存古經解彙函一種、小學彙函一種

330000－1701－0083360　G603444　類叢部/叢書類/自著之屬

振綺堂遺書五種 （清）汪遠孫撰　清道光刻民國十一年（1922）錢唐汪氏彙印本　一册　存一種

330000－1701－0083361　G606058　子部/雜著類/雜説之屬

七修類藁五十一卷續藁七卷 （明）郎瑛撰　清乾隆四十年（1775）耕烟草堂刻本　十四册　存五十一卷（一至五十一）

330000－1701－0083364　G606059　集部/總集類/選集之屬/通代

古文辭類纂十五卷 （清）姚鼐輯　**續古文辭類纂十卷**　王先謙輯　清光緒二十年（1894）上海圖書集成印書局鉛印本　八册

330000－1701－0083366　G003854、G603719　子部/宗教類/佛教之屬/諸宗

天台四教儀集註十卷 （元）釋蒙潤撰　清末刻本　三册　存八卷（三至十）

330000－1701－0083367　G601964　集部/别集類/清别集

然後知齋四書文不分卷 （清）陳圻撰　清同治九年（1870）陳氏聚芝堂刻本　四册

330000－1701－0083368　G606060、G605362　集部/小説類/長篇之屬

增評補像全圖金玉緣一百二十回首一卷 （清）曹霑　（清）高鶚撰　（清）王希廉　（清）張新之　（清）姚燮評　清光緒三十四年（1908）求不負齋石印本　十五册　存一百十二回（一至六十四、七十三至一百二十）

330000－1701－0083370　G603445　類叢部/叢書類/彙編之屬

二酉堂叢書（張氏叢書）二十一種 （清）張澍輯　清道光元年（1821）武威張氏二酉堂刻本　一册　存二種

330000－1701－0083372　G003942　子部/宗教類/佛教之屬/諸宗

止觀輔行傳弘決十卷 （唐）釋湛然述　（隋）釋智顗説　（隋）釋灌頂記　清刻本　二十册

330000－1701－0083373　G606061　子部/雜著類/雜纂之屬

宋稗類鈔三十六卷 （清）潘永因輯　清宣統三年（1911）上海藜光社石印本　十二册

330000－1701－0083374　G601965　集部/别

集類/清別集
然後知齋四書文不分卷　（清）陳圻撰　清同治九年（1870）陳氏聚芝堂刻本　一冊

330000－1701－0083375　G603446、G609112　類叢部/叢書類/彙編之屬
廣雅書局叢書一百五十九種　徐紹棨編　清光緒廣雅書局刻民國九年（1920）番禺徐紹棨彙編重印本　三冊　存一種

330000－1701－0083378　G601966　子部/儒家類/儒學之屬/勸學
勸學篇二卷　（清）張之洞撰　清光緒二十四年（1898）浙江刻本　一冊

330000－1701－0083379　G606062　子部/小說家類/異聞之屬
閱微草堂筆記二十四卷　（清）紀昀撰　清宣統元年（1909）上海廣百宋齋鉛印本　一冊　存六卷（十九至二十四）

330000－1701－0083381　G601967　集部/別集類/清別集
梅花吟一卷　（清）陶方琯撰　清光緒二十八年（1902）刻本　一冊

330000－1701－0083383　G003855　子部/宗教類/佛教之屬/諸宗
天台四教儀集註十卷　（元）釋蒙潤撰　清同治七年（1868）杭州昭慶寺慧空經房刻本　五冊

330000－1701－0083384　G603447、G603686、G603827、G603847、G602366　經部/叢編
十三經註疏　（明）□□輯　明崇禎元年至十二年（1628－1639）毛氏汲古閣刻本　一百二十冊

330000－1701－0083386　G606063　經部/小學類/訓詁之屬/譯語
單清語八卷　（清）志寬　（清）培寬撰錄　清光緒十七年（1891）刻本　八冊

330000－1701－0083388　G605013　類叢部/叢書類/郡邑之屬
留香室叢刻十種　（清）祝昌泰　（清）梁章鉅編　清嘉慶十六年至十七年（1811－1812）浦城祝氏留香室刻本　四冊　存一種

330000－1701－0083389　G606064　子部/宗教類/佛教之屬/經疏
無量壽經起信論三卷觀無量壽佛經約論一卷阿彌陀經約論一卷　（清）彭紹升撰　清同治十一年（1872）如皋刻經處刻本　一冊

330000－1701－0083391　G003856　史部/政書類/律令之屬/律例
憲政編查館會奏遵義憲法大綱暨議院選舉各法並逐年應行籌備事宜摺一卷　（清）奕劻等撰　清末鉛印本　一冊

330000－1701－0083392　G003857　集部/別集類/清別集
蘇盦詩錄外一卷　（清）楊葆光撰　清光緒十八年（1892）刻本　一冊

330000－1701－0083395　G606065　類叢部/叢書類/彙編之屬
藝苑捃華四十八種　（清）顧之逵編　清同治七年（1868）刻本　八冊　存九種

330000－1701－0083398　G605014　類叢部/類書類/專類之屬
佩文韻府一百六卷　（清）張玉書　（清）蔡升元等輯　**韻府拾遺一百六卷**　（清）汪灝　（清）何焯等輯　清刻本　二冊　存二卷（佩文韻府二十下至二十一）

330000－1701－0083399　G003858　集部/別集類/清別集
浙游百卅律一卷　（清）李桓撰　清同治刻本　一冊

330000－1701－0083400　G003943、G004918、G008139、G011071　新學/雜著/叢編
西學大成五十六種　（清）王西清　（清）盧梯青編　清光緒十四年（1888）上海大同書局石印本　五冊　存二十九種

330000－1701－0083402　G003859、G009609　集部/別集類/清別集
五石瓠齋遺稿二卷　（清）胡世敦撰　清同治

十一年(1872)涇縣丹谿胡文珍刻本　二册

330000－1701－0083404　G003860、G009423　子部/儒家類/儒學之屬/經濟

經世文鈔略不分卷　清抄本　二册

330000－1701－0083406　G003861　集部/曲類/寶卷之屬

江南松江府上海縣太平邨修行蘭英卷二卷　清光緒十年(1884)杭州瑪瑙經房刻本　一册

330000－1701－0083408　G605016　類叢部/叢書類/郡邑之屬

武林掌故叢編一百八十七種　(清)丁丙編　清光緒三年至二十六年(1877－1900)錢塘丁氏嘉惠堂刻本　一册　存三種

330000－1701－0083410　G603448　集部/别集類/清别集

石筍山房集二十四卷　(清)胡天游撰　清宣統二年(1910)上海國學扶輪社石印本　一册　存四卷(詩集五至八)

330000－1701－0083411　G606066　類叢部/叢書類/彙編之屬

藝苑捃華四十八種　(清)顧之逵編　清同治七年(1868)刻本　一册　存一種

330000－1701－0083412　G003862　子部/雜著類/雜説之屬

夢溪筆談二十六卷補筆談三卷續筆談一卷　(宋)沈括撰　明崇禎四年(1631)馬元調刻清後印本　五册

330000－1701－0083414　G603449　史部/傳記類/總傳之屬/郡邑

兩浙名賢錄六十二卷　(明)徐象梅撰　清光緒二十六年(1900)浙江書局刻本　三册　存三卷(五十至五十二)

330000－1701－0083416　G606067　史部/紀事本末類

歷朝紀事本末七種　(清)陳如升　(清)朱記榮輯　清光緒二十一年(1895)上海積山書局石印本　一册　存一種

330000－1701－0083417　G606068　史部/紀事本末類

歷朝紀事本末七種　(清)陳如升　(清)朱記榮輯　清光緒二十一年(1895)上海積山書局石印本　十八册　存一種

330000－1701－0083418　G603450、G603451　新學/學校

京師大學堂講義初編七種二編七種　(清)京師大學堂輯　清末鉛印本　二册　存四種

330000－1701－0083420　G003944、G005023、G007941　子部/雜著類/雜纂之屬

增智囊補二十八卷　(明)馮夢龍輯　清大興堂刻本　八册

330000－1701－0083422　G003863　子部/宗教類/佛教之屬/諸宗

相宗八要解八種　(明)釋明昱撰　清光緒二十八年(1902)金陵刻經處刻本　一册　存一種

330000－1701－0083423　G605017　史部/政書類/公牘檔册之屬

龍游官紳經理公租徵信錄二卷　清光緒三十一年(1905)刻本　一册

330000－1701－0083424　G606069　類叢部/叢書類/彙編之屬

正覺樓叢刻(正覺樓叢書)二十九種　(清)崇文書局編　清光緒崇文書局刻本　一册　存一種

330000－1701－0083427　G606070　集部/曲類/散曲之屬

三家曲　(清)朱靜校　清光緒二十六年(1900)刻本　二册

330000－1701－0083430　G605018　史部/政書類/公牘檔册之屬

龍游官紳經理公租徵信錄二卷　清光緒三十一年(1905)刻本　一册

330000－1701－0083431　G605019　史部/政書類/公牘檔册之屬

龍游官紳經理公租徵信錄二卷　清光緒三十

一年(1905)刻本　一冊

330000－1701－0083432　G603452　集部/别集類/清别集

帶經堂集九十二卷　(清)王士禛撰　(清)程哲編　清康熙四十九年至五十一年(1710－1712)程哲七略書堂刻本　一冊　存三卷(八十七至八十九)

330000－1701－0083433　G003864、G008080、G008608、G008851、G009258、G009851　史部/政書類/通制之屬

文獻通考三百四十八卷　(元)馬端臨撰　明刻本　八十八冊　存三百八卷(一至三十九、八十至二百五十八、二百五十九至三百四十八)

330000－1701－0083434　G003945　子部/雜著類/雜説之屬

七修類藁五十一卷續藁七卷　(明)郎瑛撰　清乾隆四十年(1775)耕烟草堂刻本　一冊　存四卷(續稾一至四)

330000－1701－0083439　G603453　類叢部/叢書類/彙編之屬

武英殿聚珍版書一百四十八種　清乾隆四十二年(1777)福建刻道光至同治遞修光緒二十一年(1895)增刻本　三冊　存一種

330000－1701－0083443　G605021　子部/宗教類/佛教之屬/諸宗

天童密雲禪師語錄二十二卷　(清)釋道忞編　清光緒二十五年(1899)甬江墨畊齋刻本　三冊　存十五卷(一至五、十三至二十二)

330000－1701－0083444　G003946　子部/醫家類/醫案之屬

江陰柳氏醫學叢書(柳選四家醫案)四種　(清)柳寶詒編　清光緒上海文瑞樓石印本　二冊　存二種

330000－1701－0083445　G004135　史部/政書類/公牘檔冊之屬

釁案一卷　清刻本　一冊

330000－1701－0083446　G605022　子部/宗教類/佛教之屬/諸宗

天童密雲禪師語錄二十二卷　(清)釋道忞編　清光緒二十五年(1899)甬江墨畊齋刻本　二冊　存十卷(十三至二十二)

330000－1701－0083447　G606071　史部/傳記類/總傳之屬/仕宦

貳臣傳十二卷　(清)國史館撰　清都城琉璃廠半松居士刻本　六冊

330000－1701－0083449　G003865　史部/政書類/儀制之屬/雜禮

罔極錄前編十一種　(清)許楹輯　清抄本　一冊

330000－1701－0083451　G605023　子部/宗教類/佛教之屬/諸宗

萬善同歸集六卷　(宋)釋延壽撰　清同治十一年(1872)杭州昭慶慧空經房刻本　一冊

330000－1701－0083453　SNB0080　史部/金石類/璽印之屬/文字

殘匋封泥輯存一卷　童心安輯　清末至民國拓本　童大年、沈善登跋　一冊

330000－1701－0083454　G606072　集部/總集類/題詠之屬

韓蘄王翠微亭題名考一卷附集字詩一卷　(清)汪繼壕等撰　清刻本　一冊

330000－1701－0083455　G605024　子部/宗教類/佛教之屬/諸宗

萬善同歸集六卷　(宋)釋延壽撰　清同治十一年(1872)杭州昭慶慧空經房刻本　一冊

330000－1701－0083456　G605025　子部/宗教類/佛教之屬/諸宗

萬善同歸集六卷　(宋)釋延壽撰　清同治十一年(1872)杭州昭慶慧空經房刻本　一冊

330000－1701－0083458　G606073　類叢部/叢書類/彙編之屬

唐代叢書一百六十四種　(清)王文誥編　清嘉慶十一年(1806)弁山樓刻本　二十九冊　存一百二十八種

330000－1701－0083460　G003947、G008261　類叢部/叢書類/彙編之屬

古今說部叢書二百七十二種　國學扶輪社編　清宣統二年至民國二年(1910－1913)上海國學扶輪社鉛印本　六冊　存一種

330000－1701－0083461　G605026　子部/宗教類/佛教之屬/經咒

瑜伽燄口施食要集一卷　清同治十二年(1873)刻本　一冊

330000－1701－0083462　G601142　史部/金石類/總志之屬/題跋

清儀閣題跋不分卷　(清)張廷濟撰　清宣統蘇州振新書社石印本　六冊

330000－1701－0083464　G601143　類叢部/叢書類/郡邑之屬

江陰叢書三十二種　金武祥編　清光緒至宣統江陰金氏粟香室嶺南刻本　一冊　存二種

330000－1701－0083465　G003948　子部/宗教類/其他宗教之屬/基督教

舊約聖書創世記不分卷　(英國)楊格非譯　清光緒三十一年(1905)漢鎮英漢書館鉛印本　一冊

330000－1701－0083468　G605027　子部/天文曆算類/天文之屬

高厚蒙求四集八種　(清)徐朝俊撰　清嘉慶十二年至二十年(1807－1815)雲間徐氏刻本　四冊　存五種

330000－1701－0083470　G601144　史部/地理類/外紀之屬

黑蠻風土記一卷　(英國)立溫斯敦撰　(清)史錦鏞譯語　(清)沈定年述文　清光緒五年(1879)鉛印本　一冊

330000－1701－0083473　G003866　子部/醫家類/溫病之屬/痧症

痧症全書三卷　(清)王凱輯　清道光二年(1822)刻本　一冊

330000－1701－0083475　G606074　類叢部/叢書類/彙編之屬

唐代叢書一百六十四種　(清)王文誥編　清嘉慶十一年(1806)弁山樓刻本　二冊　存十二種

330000－1701－0083476　G603454　類叢部/叢書類/家集之屬

吳氏一家稿十種　(清)吳清鵬輯　清咸豐五年(1855)錢塘吳氏刻本　十一冊　缺二十九卷(有正味齋駢體文一至二十四、律賦、試帖一至四)

330000－1701－0083477　G601146　集部/別集類/明別集

太師誠意伯劉文成公集二十卷首一卷　(明)劉基撰　清光緒二十六年(1900)浙江書局刻本　十冊

330000－1701－0083479　G003949　類叢部/叢書類/自著之屬

春在堂全書三十種　(清)俞樾撰　清光緒二十三年(1897)石印本　二十四冊　存二十八種

330000－1701－0083481　G605029　集部/總集類/選集之屬/斷代

全唐詩九百卷目錄十二卷　(清)曹寅　(清)彭定求等輯　清康熙刻本　一冊　存七卷(張說一至五,張均、張垍共一卷,韋嗣李、魏奉古、崔日知、崔泰之、魏知古共一卷)

330000－1701－0083482　G601147、G605032、G601216　史部/地理類/方志之屬/郡縣志

[光緒]黃巖縣志四十卷首一卷附黃巖集三十二卷首一卷　(清)陳寶善　(清)孫憙修　(清)王棻纂　(清)陳鍾英　(清)鄭錫滜續修　(清)王詠霓續纂　**黃巖志校議二卷**　(清)王棻撰　清光緒三年(1877)刻六年(1880)校補刻本　九冊　存二十三卷(首、一至二十二)

330000－1701－0083483　G003867　子部/術數類/占卜之屬

大六壬課經集二卷占驗存畧一卷　(清)郭載騋輯　明崇禎十七年(1644)徐振南刻本　二冊

330000－1701－0083487　G603455　集部/總集類/郡邑之屬
西泠五布衣遺箸五種　(清)丁丙輯　清同治至光緒錢塘丁氏當歸草堂刻本　二冊　存一種

330000－1701－0083488　G605030　集部/曲類/寶卷之屬
現世寶卷二卷　清光緒五年(1879)刻本　一冊

330000－1701－0083490　G603456　集部/總集類/郡邑之屬
西泠五布衣遺箸五種　(清)丁丙輯　清同治至光緒錢塘丁氏當歸草堂刻本　一冊　存一種

330000－1701－0083491　G605031、G603571　集部/別集類/清別集
一粟軒詩集二卷補編一卷文集四卷　(清)鮑臺撰　清道光二十六年(1846)鄭兆璜刻本　二冊　存三卷(詩集一至二、補編)

330000－1701－0083494　G601148　集部/詩文評類/詩評之屬
對牀夜語五卷　(宋)范晞文撰　清光緒二十三年(1897)錢塘丁氏八千卷樓刻朱印本　一冊

330000－1701－0083495　G606075、G603531、G606279　經部/小學類/文字之屬/字書/訓蒙
澄衷蒙學堂字課圖說四卷檢字一卷類字一卷　(清)劉樹屏撰　(清)吳子城繪圖　清光緒二十七年(1901)澄衷蒙學堂石印本　四冊　存三卷(一、三至四)

330000－1701－0083496　G603457　集部/總集類/郡邑之屬
西泠五布衣遺箸五種　(清)丁丙輯　清同治至光緒錢塘丁氏當歸草堂刻本　一冊　存一種

330000－1701－0083499　G601968　子部/醫家類/方書之屬/成方藥目
胡慶餘堂丸散膏丹全集不分卷續增一卷　(清)胡光墉編　清光緒三年(1877)胡慶餘堂雪記刻本　一冊　缺一卷(續增)

330000－1701－0083500　G003950　子部/藝術類/遊藝之屬
移情集一卷　(清)醒庵逸人撰　清抄本　一冊

330000－1701－0083502　G605033　子部/雜著類/雜說之屬
輟耕錄三十卷　(明)陶宗儀撰　清刻本　八冊

330000－1701－0083503　G601149　史部/詔令奏議類/奏議之屬
堅正堂摺稿二卷附錄一卷　(清)褚成博撰　清光緒三十一年(1905)刻本　二冊

330000－1701－0083504　G606076　史部/政書類/公牘檔冊之屬
浙路拒款始末記不分卷　費有容編　清光緒三十三年(1907)杭州外交政典編輯處鉛印本　一冊

330000－1701－0083505　G603458　類叢部/叢書類/彙編之屬
武英殿聚珍版書一百四十八種　清乾隆四十二年(1777)福建刻道光至同治遞修光緒二十一年(1895)增刻本　五冊　存一種

330000－1701－0083506　G601969　子部/醫家類/方書之屬/成方藥目
胡慶餘堂丸散膏丹全集不分卷續增一卷　(清)胡光墉編　清光緒三年(1877)胡慶餘堂雪記刻本　一冊　缺一卷(續增)

330000－1701－0083509　G606077　類叢部/類書類/通類之屬
讀書紀數略五十四卷　(清)宮夢仁輯　清康熙四十六年至四十七年(1707－1708)維揚宮夢仁刻本　十五冊　缺三卷(一至三)

330000－1701－0083510　G605034　經部/大戴禮記類/分篇之屬
夏小正一卷附錄一卷　(漢)戴德傳　(宋)金

履祥注　(清)張爾岐輯定　(清)黃叔琳增訂　清乾隆十年(1745)北平黃叔琳養素堂刻本　一册　存一卷(一)

330000－1701－0083513　G601150　集部/別集類/清別集
小羅浮山館詩鈔十五卷　(清)吳昇撰　清同治四年(1865)吳振棫京師刻本　四册

330000－1701－0083515　G603459　集部/別集類/清別集
介軒詩鈔十卷文鈔八卷外集二卷　(清)張振夔撰　清同治九年(1870)刻本　三册　存八卷(文鈔一至八)

330000－1701－0083516　G605035　史部/傳記類/別傳之屬/事狀
陶模行述一卷　(清)陶葆廉　(清)陶保霖撰　清光緒刻本　一册

330000－1701－0083517　G601970　子部/醫家類/方書之屬/成方藥目
胡慶餘堂丸散膏丹全集不分卷續增一卷　(清)胡光墉編　清光緒三年(1877)胡慶餘堂雪記刻本　一册　缺一卷(續增)

330000－1701－0083519　G603460　史部/政書類/公牘檔册之屬
浙江地方自治籌辦處文報不分卷　(清)浙江地方自治籌辦處編　清宣統鉛印本　二册

330000－1701－0083520　G601151　集部/別集類/清別集
樂道堂集十種　(清)奕訢撰　清咸豐至光緒刻本　一册　存一種

330000－1701－0083522　G603461　子部/雜著類/雜說之屬
浪跡三談六卷　(清)梁章鉅撰　清咸豐七年(1857)福州梁氏刻杭縣鄭氏小琳瑯館印本　四册

330000－1701－0083523　G003870、G008232　子部/醫家類/類編之屬
士材三書　(明)李中梓等撰　(清)尤乘編　清光緒十三年(1887)上海江左書林刻本　三册　存三種

330000－1701－0083524　G601152　類叢部/叢書類/自著之屬
邃雅堂全集九種　(清)姚文田撰　清嘉慶至光緒歸安姚氏刻本　四册　存一種

330000－1701－0083525　G605037　史部/地理類/山川之屬/山志
九疑山志四卷　(清)吳繩祖編　(清)樊在廷纂　清嘉慶元年(1796)吳氏退思齋刻同治六年(1867)增補印本　二册

330000－1701－0083526　G003720　類叢部/叢書類/彙編之屬
申報館叢書正集五十七種附錄三種續集一百四十二種　(清)尊聞閣主編　蔡爾康編續集　清同治至光緒上海申報館鉛印本　一册　存一種

330000－1701－0083527　G603462　類叢部/叢書類/郡邑之屬
武林掌故叢編一百八十七種　(清)丁丙編　清光緒三年至二十六年(1877－1900)錢塘丁氏嘉惠堂刻本　五册　存三種

330000－1701－0083530　G003871　子部/術數類/相宅相墓之屬
堪輿洩秘六卷　(清)熊起磻輯　清刻本　二册　存二卷(五至六)

330000－1701－0083531　G605038　史部/地理類/山川之屬/山志
金蓋山志四卷首一卷　(清)李宗蓮輯　**金蓋山志略一卷**　(清)閔苕旉撰　清光緒二十二年(1896)烏程潘錫春古書隱樓刻本　一册　存三卷(首、一至二)

330000－1701－0083532　G601971　子部/醫家類/方書之屬/成方藥目
胡慶餘堂丸散膏丹全集不分卷續增一卷　(清)胡光墉編　清光緒三年(1877)胡慶餘堂雪記刻本　一册

330000－1701－0083535　G606078、G610494　經部/叢編

重刊宋本十三經注疏四百十六卷　附十三經注疏校勘記四百十六卷　(清)阮元撰　(清)盧宣旬摘錄　**校勘記識語四卷**　(清)汪文臺撰　清光緒十三年(1887)上海脈望仙館石印本　二十七冊　缺五種

330000－1701－0083536　G601153　類叢部/叢書類/彙編之屬
玉海堂景宋元本叢書　劉世珩編　清光緒至民國貴池劉氏玉海堂影刻本　二冊　存一種

330000－1701－0083538　G003872　史部/職官類/官箴之屬
劉簾舫先生吏治三書六卷　(清)劉衡撰　清同治八年(1869)黔陽官署刻本　一冊

330000－1701－0083539　G003721、G004271、G008141、G011194　類叢部/叢書類/彙編之屬
申報館叢書正集五十七種附錄三種續集一百四十二種　(清)尊聞閣主編　蔡爾康編續集　清同治至光緒上海申報館鉛印本　六冊　存一種

330000－1701－0083540　SNB0091　子部/藝術類/總論之屬
稷山論書詩不分卷　(清)陶濬宣撰　稿本　一冊

330000－1701－0083541　G601972　子部/醫家類/方書之屬/成方藥目
胡慶餘堂丸散膏丹全集不分卷續增一卷　(清)胡光墉編　清光緒三年(1877)胡慶餘堂雪記刻本　一冊

330000－1701－0083542　G601154　類叢部/叢書類/彙編之屬
申報館叢書正集五十七種附錄三種續集一百四十二種　(清)尊聞閣主編　蔡爾康編續集　清同治至光緒上海申報館鉛印本　一冊　存一種

330000－1701－0083544　G601155　新學/政治法律/制度
治國要務一卷　(英國)韋廉臣撰　清光緒二十五年(1899)上海廣學會鉛印本　一冊

330000－1701－0083545　SNB0090　子部/藝術類
真跡過眼錄一卷　(清)蔡鑑撰　稿本　二冊

330000－1701－0083547　G606079　集部/總集類/選集之屬/通代
涵芬樓古今文鈔一百卷　吳曾祺輯　清宣統二年(1910)上海商務印書館鉛印本　一冊　存一卷(四十二)

330000－1701－0083548　G003722　集部/別集類/清別集
鹿洲初集二十卷　(清)藍鼎元撰　(清)曠敏本評　清刻本　二冊　存五卷(八、十七至二十)

330000－1701－0083549　G003873　新學/議論
勸戒纏足叢說一卷　(英國)立德夫人撰　清光緒二十七年(1901)上海天足會鉛印本　一冊

330000－1701－0083550　G003874　子部/宗教類/佛教之屬/論疏
大乘起信論義記七卷別記一卷　(唐)釋法藏撰　清光緒二十三年至二十四年(1897－1898)金陵刻經處刻本　二冊

330000－1701－0083552　G003952　子部/醫家類/本草之屬/本草藥性
雷公炮製藥性解六卷　(明)李中梓撰　清刻本　二冊

330000－1701－0083553　G603463　類叢部/叢書類/自著之屬
脩本堂叢書十種　(清)林伯桐撰　清道光二十四年(1844)番禺林世懋刻本　三冊　存三種

330000－1701－0083554　SNB0107　類叢部/叢書類/自著之屬
綴學堂叢書　陳漢章譔　稿本　一百三十四冊

330000－1701－0083555　G003875　子部/宗教類/佛教之屬/經

佛本行集經六十卷　(隋)釋闍那崛多譯　清光緒三十年(1904)南昌刻經處刻本　十二冊

330000－1701－0083556　SNB0089　子部/藝術類

墨妙過眼錄一卷　(清)蔡鑑撰　稿本　一冊

330000－1701－0083557　G606080　類叢部/叢書類/郡邑之屬

武林掌故叢編一百八十七種　(清)丁丙編　清光緒三年至二十六年(1877－1900)錢塘丁氏嘉惠堂刻本　一冊　存三種

330000－1701－0083559　G605040、G608951、G609370、G607557　類叢部/叢書類/彙編之屬

經策通纂二種　(清)吳頴炎　(清)陳通聲等纂　清光緒十三年(1887)上海點石齋石印本　十七冊　存一種

330000－1701－0083560　G003876　子部/儒家類/儒學之屬/禮教/家訓

袁氏世範二卷　(清)袁采撰　**集事詩鑒一卷**　(宋)方昕撰　清抄本　二冊

330000－1701－0083561　G601973、G602637、G606801、G611259、G608705、G607588、G609425、G609942、G610462　集部/總集類/選集之屬/斷代

欽定全唐文一千卷目錄三卷　(清)董誥等輯　清嘉慶十九年(1814)内府刻本　六十八冊　存二百八十八卷(目錄二至三、一至三、二十四至三十二、三十八至四十一、一百五十至一百五十二、一百五十七至一百六十、一百六十九至一百七十七、一百九十六至二百、二百九至二百十四、二百三十四至二百三十七、二百四十六至二百五十七、二百六十一至二百六十八、二百七十三至二百七十六、二百八十二至二百九十八、四百三至四百六、四百十五至四百三十四、四百三十九至四百四十三、四百四十七至四百五十五、四百六十九至四百七十三、四百八十三至四百八十七、五百五至五百九、五百二十三至五百二十六、五百三十二至五百三十六、五百四十二至五百四十五、五百五十至五百五十四、五百六十至五百六十八、五百八十九至六百七、六百二十一至六百二十四、六百三十三至六百四十九、六百五十六至六百六十四、六百八十二至六百八十四、六百八十九至六百九十八、七百三至七百七、七百五十一至七百五十四、七百五十八至七百六十八、七百七十三至七百七十五、七百八十三至七百八十五、八百五十一至八百五十五、八百六十至八百七十二、九百六至九百十一、九百三十九至九百四十四)

330000－1701－0083562　SNB0101　子部/雜著類/雜纂之屬

通藝堂勤學卮言一卷　(清)陶濬宣撰　稿本　一冊

330000－1701－0083563　G603464　類叢部/叢書類/彙編之屬

湖海樓叢書十二種　(清)陳春編　清嘉慶蕭山陳氏湖海樓刻二十四年(1819)彙印本　二冊　存一種

330000－1701－0083564　G003877　子部/藝術類/書畫之屬/畫譜

芥子園畫傳五卷　(清)王槩輯　清康熙十八年(1679)芥子園甥館刻彩色套印本　六冊

330000－1701－0083565　G003724、G005112、G008140、G010593　子部/小說家類/異聞之屬

夜譚隨錄十二卷　(清)和邦額撰　清光緒二年(1876)愛日堂刻本　十一冊　存十一卷(一至九、十一至十二)

330000－1701－0083567　G603465　集部/總集類/課藝之屬

浙江考卷三卷　(清)陳彝編　清光緒十九年(1893)刻本　一冊　存一卷(一)

330000－1701－0083568　G605042　集部/總集類/氏族之屬

藤溪朱氏文略八卷　朱承業輯　清宣統三年(1911)刻本　二冊　存四卷(五至八)

330000－1701－0083569　G606081　類叢部/叢書類/郡邑之屬
武林掌故叢編一百八十七種　(清)丁丙編　清光緒三年至二十六年(1877－1900)錢塘丁氏嘉惠堂刻本　一册　存一種

330000－1701－0083571　G003953、G007559、G008600、G009236　集部/别集類/漢魏六朝别集
武侯全書二十卷首一卷　(蜀)諸葛亮撰　(清)趙承恩輯　清光緒十年(1884)刻本　十二册

330000－1701－0083572　G603466　史部/地理類/山川之屬/山志
峨眉山志十二卷　(清)蔣超纂　清光緒十九年(1893)刻本　四册

330000－1701－0083574　G601157　類叢部/叢書類/郡邑之屬
粟香室叢書五十九種　金武祥編　清光緒至民國江陰金氏刻本　一册　存二種

330000－1701－0083576　G003954、G005885、G006354　集部/别集類/清别集
會心内集二卷外集二卷　(清)劉一明撰　清嘉慶二十三年(1818)夏復恒刻本　四册

330000－1701－0083578　G003955　子部/術數類/相宅相墓之屬
撼龍經批注校補不分卷疑龍經批注校補三卷　(唐)楊益撰　(清)高其倬批點　(清)寇宗集注　(清)榮錫勳校補　清光緒十八年(1892)巴蜀善成堂刻本　五册　缺三卷(疑龍經批注校補一至三)

330000－1701－0083586　G003725、G007844、G010410　史部/傳記類/總傳之屬/仕宦
歷代名臣言行錄二十四卷　(清)朱桓輯　清末上海會文堂石印本　八册

330000－1701－0083588　G003956　史部/傳記類/科舉録之屬
乙未科紹郡公車齒錄一卷　清刻本　一册

330000－1701－0083590　G003878　類叢部/叢書類/自著之屬
王弢園叢書二種　(清)王韜撰　清光緒十五年至十六年(1889－1890)鉛印本　二册　存一種

330000－1701－0083592　G003726　子部/雜著類/雜編之屬
論學續編不分卷　(清)□□編　清末鉛印本　一册

330000－1701－0083597　G003958　子部/宗教類/佛教之屬/諸宗
删定止觀一卷　(唐)梁肅撰　**華嚴金師子章講綱一卷**　(唐)釋法藏撰　**畧說瑜伽師地論一卷**　**諸論概要一卷**　**唯識三十頌一卷**　清宣統三年(1911)鉛印本　一册

330000－1701－0083599　G003879　集部/曲類/寶卷之屬
妙英寶卷二卷　清光緒二十六年(1900)甬江濱江廟王文正筆墨書局刻本　一册

330000－1701－0083601　G603467　類叢部/叢書類/郡邑之屬
武林掌故叢編一百八十七種　(清)丁丙編　清光緒三年至二十六年(1877－1900)錢塘丁氏嘉惠堂刻本　十四册　存十種

330000－1701－0083604　G606082　史部/叢編
西湖集覽四十四種　(清)丁丙輯　清光緒錢塘丁氏嘉惠堂刻本　一册　存五種

330000－1701－0083605　G003881　子部/宗教類/佛教之屬/諸宗
宗範八卷首一卷　(清)錢伊庵輯　清光緒十二年(1886)金陵刻經處刻本　三册

330000－1701－0083606　G003959　經部/書類/傳說之屬
今文尚書經說攷三十二卷敘錄一卷首一卷　(清)陳喬樅撰　清同治元年(1862)侯官陳氏江西刻本　三册　存五卷(二十八至三十二)

330000－1701－0083607　G003882　史部/傳

記類/總傳之屬/釋道
禪林僧寶傳三十卷首一卷臨濟宗旨一卷 (宋)釋惠洪撰 **補禪林僧寶傳一卷** (宋)釋慶老撰 清光緒五年至六年(1879－1880)常熟刻經處刻本 三冊

330000－1701－0083609 G601158、G602314、G602643 子部/藝術類/書畫之屬
桐陰論畫二卷首一卷畫訣二卷續桐陰論畫一卷二編二卷三編二卷 (清)秦祖永撰 清同治三年至光緒八年(1864－1882)刻朱墨套印本 三冊 存七卷(桐陰論畫下、畫訣上下、二編上下、三編上下)

330000－1701－0083611 G003960、G008064、G011273 集部/戲劇類/傳奇之屬
碧聲吟館叢書六種 (清)許善長撰 清光緒仁和許善長碧聲吟館刻本 三冊 存一種

330000－1701－0083612 G003883 子部/宗教類/佛教之屬/論疏
大乘起信論疏記會本六卷 (南朝陳)釋真諦譯 (新羅)釋元曉疏 清光緒二十五年(1899)金陵刻經處刻本 二冊

330000－1701－0083613 G606083 集部/別集類/宋別集
東山詩選二卷 (宋)葛紹體撰 清光緒二十七年(1901)太平陳樹鈞刻本 一冊

330000－1701－0083614 G003884 子部/宗教類/佛教之屬/論
大乘阿毗達磨雜集論十六卷 (天竺)安慧菩薩糅 (唐)釋玄奘譯 清宣統三年(1911)刻本 三冊

330000－1701－0083615 G605043 集部/別集類/清別集
劉武慎公遺書二十五卷 (清)劉長佑撰 **劉武慎公[長佑]年譜三卷** (清)鄧輔綸 (清)王政慈編 清光緒二十六年(1900)鉛印本 一冊 存一卷(二十五)

330000－1701－0083616 G601159 集部/別集類/清別集
效學樓述文三卷 (清)馬絅章撰 清光緒三十四年(1908)京師鉛印本 一冊

330000－1701－0083617 G607335、G606084、G609212 集部/別集類/清別集
半舫齋古文八卷 (清)夏之蓉撰 清乾隆三十六年(1771)夏味堂等刻本 六冊

330000－1701－0083618 G605044 新學/政治法律/律例
美國禁止華工新章不分卷 (清)中外日報館譯 清光緒三十一年(1905)中外日報館鉛印本 一冊

330000－1701－0083619 G601160 集部/別集類/清別集
效學樓述文三卷 (清)馬絅章撰 清光緒三十四年(1908)京師鉛印本 一冊

330000－1701－0083620 G603468 類叢部/叢書類/郡邑之屬
武林掌故叢編一百八十七種 (清)丁丙編 清光緒三年至二十六年(1877－1900)錢塘丁氏嘉惠堂刻本 十冊 存八種

330000－1701－0083621 G003961 類叢部/叢書類/彙編之屬
武英殿聚珍版書一百四十八種 清乾隆四十二年(1777)福建刻道光至同治遞修光緒二十一年(1895)增刻本 二冊 存一種

330000－1701－0083623 G601161 類叢部/叢書類/彙編之屬
小穜字林叢刻七種 (清)吳受福編 清光緒刻本 一冊 存一種

330000－1701－0083624 G606085 新學/理學/理學
天演論二卷 (英國)赫胥黎撰 嚴復譯 清光緒二十四年(1898)侯官嗜奇精舍石印本 一冊

330000－1701－0083625 G605045 集部/詩文評類/詩評之屬
帶經堂詩話三十卷首一卷 (清)王士禛撰 (清)張宗柟輯 清同治十二年(1873)廣州藏

修堂刻本　一册　存三卷(九至十一)

330000－1701－0083626　G601162、G606723　集部/別集類/清別集

竹生吟館墨竹詩草二卷　(清)周師濂撰　清光緒十一年(1885)會稽周氏刻本　二册

330000－1701－0083627　G606086　子部/宗教類/佛教之屬/諸宗

教觀綱宗一卷教觀綱宗釋義一卷　(清)釋智旭撰　清光緒刻本　一册

330000－1701－0083628　G601163　類叢部/叢書類/彙編之屬

腹廬類集　清光緒鉛印本　一册　存一種

330000－1701－0083629　G603469　類叢部/叢書類/郡邑之屬

武林掌故叢編一百八十七種　(清)丁丙編　清光緒三年至二十六年(1877－1900)錢塘丁氏嘉惠堂刻本　二册　存一種

330000－1701－0083630　G605046　子部/醫家類/類編之屬

韡園醫學六種　(清)潘霨編　清光緒吳縣潘氏敏德堂刻本　一册　存一種

330000－1701－0083631　G606087、G609576　史部/地理類/山川之屬/水志

太湖備考續編四卷　(清)鄭言紹撰　清光緒二十九年(1903)刻本　四册

330000－1701－0083632　G003727　子部/藝術類/書畫之屬/畫録

寶繪錄二十卷　(明)張泰階輯　清長塘鮑氏知不足齋刻本　一册　存二卷(十二至十三)

330000－1701－0083633　G601164　集部/詞類/總集之屬

絕妙好詞箋七卷　(宋)周密輯　(清)查爲仁　(清)厲鶚箋　**絕妙好詞續鈔一卷**　(清)余集輯　**絕妙好詞又續鈔一卷**　(清)徐楙補錄　清同治十一年(1872)會稽章氏刻本　三册

330000－1701－0083634　G003886　經部/小學類/音韻之屬/韻書

詩韻全璧五卷　(清)湯祥瑟輯　**虛字韻藪一卷**　(清)潘維城輯　**初學檢韻袖珍一卷**　(清)姚文登撰　清光緒十五年(1889)上海點石齋石印本　六册

330000－1701－0083635　G606088　集部/別集類/清別集

伏敔堂詩錄十五卷續錄四卷首一卷附錄一卷　(清)江湜撰　清同治元年至五年(1862－1866)長洲江氏刻本　四册

330000－1701－0083637　G605047　子部/宗教類/佛教之屬/諸宗

佛祖心燈一卷五家宗派一卷　清刻本　一册

330000－1701－0083639　G606089　子部/宗教類/佛教之屬/經

楞伽阿跋多羅寶經四卷　(南朝宋)釋求那跋陀羅譯　清同治九年(1870)金陵刻經處刻本　二册

330000－1701－0083640　G601165　類叢部/叢書類/彙編之屬

當歸草堂叢書八種　(清)丁丙編　清同治二年至五年(1863－1866)錢塘丁氏刻本　一册　存一種

330000－1701－0083641　G606090　子部/宗教類/佛教之屬/經

楞伽阿跋多羅寶經四卷　(南朝宋)釋求那跋陀羅譯　清同治九年(1870)金陵刻經處刻本　一册　存二卷(三至四)

330000－1701－0083642　G003728　集部/總集類/選集之屬/斷代

帖體類箋七卷附論作法一卷　(清)馮堯虔　(清)江三鳳　(清)顧守詒彙箋　清乾隆四十年(1775)刻本　四册

330000－1701－0083643　G601974　子部/宗教類/道教之屬/神符

文昌大洞治瘟寶籙二卷　(清)劉體恕輯　清咸豐八年(1858)慈邑治心堂刻朱印本　一册

330000－1701－0083644　G606091　集部/別集類/清別集

道古堂詩集二十六卷 （清）杭世駿撰 清乾隆刻本 六冊

330000－1701－0083645 G603470 類叢部/叢書類/郡邑之屬

武林掌故叢編一百八十七種 （清）丁丙編 清光緒三年至二十六年（1877－1900）錢塘丁氏嘉惠堂刻本 一冊 存一種

330000－1701－0083646 G601166 集部/別集類/明別集

陶元暉中丞遺集二卷首一卷 （明）陶朗先撰 清光緒二十四年（1898）蘭州書局鉛印本 一冊

330000－1701－0083647 G605048 經部/易類/傳說之屬

周易本義四卷圖說一卷新增圖說一卷卦歌一卷 （宋）朱熹撰 清光緒三年（1877）永康胡氏退補齋刻本 二冊 存二卷（一至二）

330000－1701－0083648 G003962 子部/宗教類/佛教之屬/諸宗

靈峰藕益大師宗論十卷首一卷 （清）釋智旭撰 （清）釋成時輯 清光緒元年（1875）江北刻經處刻本 十冊

330000－1701－0083649 G606092 子部/工藝類/文房四寶之屬/硯

安吳包先生硯史序一卷附尺牘一卷 （清）包世臣書 清宣統三年（1911）影印本 一冊

330000－1701－0083651 G603471 類叢部/叢書類/家集之屬

學壽堂叢書十二種 徐紹楨編 清咸豐至光緒番禺徐氏梧州刻本 十七冊 缺三十三卷（通介堂經說一至三十三）

330000－1701－0083652 G003963 子部/宗教類/佛教之屬/經疏

大佛頂首楞嚴經寶鏡疏十卷疏科一卷 （清）釋溥畹撰 清刻本 十一冊

330000－1701－0083653 G606093 子部/藝術類/書畫之屬/書法書品

趙撝叔手札一卷 （清）趙之謙書 **附楊海琴尺牘一卷** （清）楊翰書 清光緒三十四年（1908）則山簃石印本 一冊

330000－1701－0083654 G003729 集部/總集類/課藝之屬

閩中校士錄一卷 （清）吳鍾駿輯 清道光二十四年（1844）刻本 二冊

330000－1701－0083655 G601167 集部/別集類/清別集

黛方山莊詩集六卷詩餘一卷 （清）黎吉雲撰 清同治五年（1866）羅汝懷長沙刻本 二冊

330000－1701－0083656 G601975 史部/金石類/石之屬/文字

思古齋雙鉤漢碑篆額三卷 （清）何澂輯 清光緒九年（1883）刻本 三冊

330000－1701－0083657 G003730 集部/總集類/課藝之屬

新墨文翔一卷 清刻本 一冊

330000－1701－0083658 G609354、G601168、G608393 類叢部/叢書類/自著之屬

煙嶼樓集四種 （清）徐時棟撰 清同治至光緒刻彙印本 九冊 存二種

330000－1701－0083659 G007016、G606094 史部/地理類/山川之屬/山志

金山志十卷宸翰一卷 （清）盧見曾撰 清乾隆盧氏雅雨堂刻本 四冊

330000－1701－0083660 G003964 類叢部/叢書類/自著之屬

焦氏遺書十種附一種 （清）焦循撰 清嘉慶至道光江都焦氏雕菰樓刻本 一冊 存一種

330000－1701－0083661 G603472、G609500 類叢部/叢書類/家集之屬

如皋冒氏叢書三十四種附二種 冒廣生輯 清光緒至民國如皋冒氏刻本 二冊 存五種

330000－1701－0083662 G601169 集部/別集類/清別集

曼志堂遺稿二卷 （清）曹壽銘撰 清同治九

年(1870)甬上鐵耕齋刻本　一冊

330000－1701－0083663　G606095　集部/曲類/寶卷之屬
觀世音菩薩本行經二卷　題(宋)釋普明編　清刻本　一冊　存一卷(上)

330000－1701－0083664　G003731　集部/總集類/選集之屬/通代
自怡軒初學讀本不分卷　(清)許寶善評選　(清)朱樹籥輯　清乾隆刻本　清尺木主人題記　二冊

330000－1701－0083665　G003965　集部/總集類/郡邑之屬
滇南文略四十七卷首一卷　(清)袁文揆　(清)張登瀛輯　清光緒二十六年(1900)刻本　二十冊　存四十一卷(首、一至四十)

330000－1701－0083666　G003732　子部/醫家類/方書之屬/單方驗方
醫方一卷　清抄本　一冊

330000－1701－0083667　G003966　新學/政治法律/律例
俄租遼東暫行省治律一卷　李家鏊譯　清光緒二十九年(1903)上海商務印書館鉛印本　一冊

330000－1701－0083668　G003733　集部/曲類/曲評曲話曲目之屬
北曲牌名分調彙編□□卷　(清)藹堂輯　清抄本　一冊　存二卷(五至六)

330000－1701－0083669　G003734　集部/別集類/清別集
聽雨樓詩草不分卷　(清)張頌山撰　清光緒稿本　一冊

330000－1701－0083670　G003967、G004716、G007818　新學/雜著/瑣録
海上遊戲圖說四卷　(清)海上游戲主輯　清末石印本　三冊　存三卷(二至四)

330000－1701－0083671　G003735　史部/地理類/水利之屬
脩閘俻覽一卷　(清)平衡撰　清抄本　一冊

330000－1701－0083672　G003736　經部/易類/傳說之屬
周易本義四卷首一卷　(宋)朱熹撰　清浙紹奎照樓刻本　二冊

330000－1701－0083673　G003737　史部/地理類/水利之屬
河上語一卷　(清)蔣楷輯　清抄本　一冊

330000－1701－0083674　G003738　史部/傳記類/別傳之屬/事狀
皇清誥授資政大夫原任福建都轉鹽運使司鹽法道署提刑按察使司按察使顯考蘭畦府君[翁學本]暨誥封夫人顯妣高太君行述一卷
(清)翁傳煦等撰　清抄本　一冊

330000－1701－0083675　G601170　類叢部/叢書類/郡邑之屬
武林往哲遺箸五十二種後編十種　(清)丁丙編　清光緒二十年至二十六年(1894－1900)錢塘丁氏嘉惠堂刻本　二冊　存一種

330000－1701－0083676　G601171　集部/別集類/清別集
蓮香吟館遺藁一卷　(清)周觀撰　清咸豐五年(1855)刻本　一冊

330000－1701－0083677　G606096　類叢部/叢書類/郡邑之屬
武林掌故叢編一百八十七種　(清)丁丙編　清光緒三年至二十六年(1877－1900)錢塘丁氏嘉惠堂刻本　二冊　存一種

330000－1701－0083678　G601172　史部/地理類/專志之屬/祠墓
越中先賢祠目一卷　(清)李慈銘撰　清光緒十一年(1885)都門越祠刻本　彈山題簽　一冊

330000－1701－0083679　G003887、G004853、G005867　史部/政書類/律令之屬
大清法政彙編　清宣統上海政學社鉛印本　十一冊　存一種

330000－1701－0083681　G606097　集部/曲類/寶卷之屬
重刻觀世音菩薩本行經簡集二卷　（宋）釋普明撰　（清）釋淨宏簡集　清同治十年（1871）刻本　一册

330000－1701－0083683　G006459、G003888　集部/小説類/長篇之屬
狐狸緣全傳六卷二十二回　（清）醉月山人撰　清末刻本　二册　存二卷（二至三）

330000－1701－0083686　G003889　史部/地理類/外紀之屬
游歷聞見錄十八卷　（清）洪勳輯　清末石印本　一册　存四卷（一至四）

330000－1701－0083687　G606098　類叢部/叢書類/彙編之屬
武英殿聚珍版書一百三十八種　清乾隆武英殿木活字印本　一册　存一種

330000－1701－0083688　G603473　類叢部/叢書類/彙編之屬
清風室叢書二十種　（清）錢保塘編　清同治十年至民國二十五年（1871－1936）海寧錢氏清風室刻本　十一册　存十四種

330000－1701－0083690　G603474　類叢部/叢書類/彙編之屬
清風室叢書二十種　（清）錢保塘編　清同治十年至民國二十五年（1871－1936）海寧錢氏清風室刻本　三册　存六種

330000－1701－0083692　G606099　類叢部/叢書類/彙編之屬
廣雅書局叢書一百五十九種　徐紹棨編　清光緒廣雅書局刻民國九年（1920）番禺徐紹棨彙編重印本　四册　存一種

330000－1701－0083693　G606100　史部/金石類/總志之屬/圖像
求古精舍金石圖四卷　（清）陳經撰　清嘉慶十八年至二十二年（1813－1817）烏程陳經説劍樓刻本　三册

330000－1701－0083694　G605051　子部/宗教類/佛教之屬
西方願文畧釋一卷　（明）釋袾宏撰並釋　清刻本　一册

330000－1701－0083695　G606101　史部/金石類/總志之屬/圖像
求古精舍金石圖四卷　（清）陳經撰　清嘉慶十八年至二十二年（1813－1817）烏程陳經説劍樓刻本　一册　存一卷（一）

330000－1701－0083696　G003890　子部/小説家類/瑣語之屬
昔柳摭談四卷　（清）馮□輯　（清）汪人驥重輯　清光緒四年（1878）申報館鉛印申報館叢書本　清平步青跋　一册

330000－1701－0083697　G605052　類叢部/叢書類/家集之屬
吴氏一家稿十種　（清）吴清鵬輯　清咸豐五年（1855）錢塘吴氏刻本　一册　存五卷（有正味齋律賦一卷、有正味齋試帖四卷）

330000－1701－0083698　G606103　史部/紀傳類/正史之屬
二十四史附考證　清光緒十八年（1892）武林竹簡齋石印本　二十八册　存四種

330000－1701－0083699　G603475　類叢部/叢書類/彙編之屬
清風室叢書二十種　（清）錢保塘編　清同治十年至民國二十五年（1871－1936）海寧錢氏清風室刻本　一册　存二種

330000－1701－0083700　G601173　類叢部/叢書類/彙編之屬
函海一百五十二種　（清）李調元編　清乾隆綿州李氏萬卷樓刻嘉慶十四年（1809）李鼎元、道光五年（1825）李朝夔重校補刻本　一册　存一種

330000－1701－0083701　G603476　類叢部/叢書類/自著之屬
顧端文公遺書十五種附一種　（明）顧憲成撰　清光緒三年（1877）涇里顧氏宗祠刻本　十七册　存十五種

330000－1701－0083702　G601174　經部/禮記類/分篇之屬
內則章句一卷　(清)顧陳垿撰　清味菜廬木活字印本　一冊

330000－1701－0083703　G605054　類叢部/叢書類/彙編之屬
武英殿聚珍版書一百三十八種　清乾隆武英殿木活字印本　五冊　存一種

330000－1701－0083704　G003893、G005288　類叢部/叢書類/彙編之屬
申報館叢書正集五十七種附錄三種續集一百四十二種　(清)尊聞閣主編　蔡爾康編續集　清同治至光緒上海申報館鉛印本　二冊　存一種

330000－1701－0083705　G606104　類叢部/叢書類/彙編之屬
仰視千七百二十九鶴齋叢書四十種　(清)趙之謙編　清光緒會稽趙氏刻本　三十六冊

330000－1701－0083707　G003894、G004507、G007874　集部/小說類/長篇之屬
臺灣外記三十卷　(清)江日昇撰　清光緒四年(1878)上海申報館鉛印申報館叢書本　清申峯題記　七冊

330000－1701－0083708　G601175　史部/雜史類/斷代之屬
東牟攀轅錄一卷　(清)王啓增等撰　清同治刻本　一冊

330000－1701－0083709　G605055　子部/宗教類/佛教之屬/律
大方便佛報恩經七卷　清同治十一年(1872)刻本　二冊

330000－1701－0083710　G601976、G602548　史部/金石類/陶之屬/字書
竹里秦漢瓦當文存不分卷　(清)王福田撰　清咸豐二年(1852)嘉興竹田里王氏七橋草堂刻本　二冊

330000－1701－0083711　G003970、G004403　集部/總集類/選集之屬/通代
玉臺新詠十卷　(南朝陳)徐陵輯　清光緒十二年(1886)常熟抱芳閣刻本　四冊

330000－1701－0083712　G003895、G004731　史部/編年類/通代之屬
尺木堂綱鑑易知錄九十二卷　(清)吳乘權　(清)周之炯　(清)周之燦輯　清刻本　二十五冊　存五十六卷(一至五十三、八十八至九十)

330000－1701－0083713　G601176　史部/史評類/詠史之屬
樹經堂詠史詩八卷　(清)謝啓昆撰　清嘉慶刻本　一冊

330000－1701－0083714　G605056　子部/宗教類/佛教之屬/律
大方便佛報恩經七卷　清同治十一年(1872)刻本　二冊

330000－1701－0083715　G606105　子部/宗教類/佛教之屬/經疏
占察善惡業報經疏二卷　(隋)釋菩提登譯　(清)釋智旭述　**占察善惡業報經玄義一卷占察善惡業報經行法一卷**　(清)釋智旭輯　清同治七年(1868)清芬堂刻本　二冊

330000－1701－0083716　G003971　史部/傳記類/總傳之屬/斷代
漁洋感舊集小傳四卷補遺一卷　(清)盧見曾輯　清光緒四年(1878)上海淞隱閣鉛印本　四冊

330000－1701－0083718　G601977　史部/地理類/外紀之屬
瀛環志略十卷　(清)徐繼畬撰　清道光三十年(1850)刻本　五冊

330000－1701－0083719　G605057　子部/宗教類/佛教之屬/諸宗
天童密雲禪師語錄二十二卷　(清)釋道忞編　清光緒二十五年(1899)甬江墨畊齋刻本　四冊

330000－1701－0083720　G606106　子部/醫家類/兒科之屬/通論

生生福幼編五種附論一種 (清)莊一夔等撰 清光緒二十四年(1898)景文齋刻本 一册

330000－1701－0083721 G003896 史部/目録類/總録之屬/官修

欽定四庫全書簡明目錄二十卷 (清)紀昀等撰 清光緒十年(1884)上海同文書局石印本 一册 存六卷(六至十一)

330000－1701－0083722 G003972、G008630 集部/小說類/長篇之屬

新輯左公平西全傳四卷三十二回 清光緒二十七年(1901)上海書局石印本 四册

330000－1701－0083723 G601177 集部/别集類/清别集

一枝山房詩鈔一卷文鈔一卷 (清)楊三鼎撰 **華庭詩鈔一卷賦鈔一卷夏蟲自語一卷** (清)楊德榮撰 清光緒七年(1881)會稽楊德熙刻本 一册

330000－1701－0083724 G606107 類叢部/叢書類/自著之屬

率祖堂叢書(金仁山先生遺書、婺學十四種)八種附六種 (宋)金履祥撰 清雍正至乾隆金華金氏刻光緒十三年(1887)鎮海謝駿德補刻本 五册 存附一種

330000－1701－0083725 G003897 史部/史抄類

後漢書蒙拾二卷 (清)杭世駿撰 清刻本 一册

330000－1701－0083726 G003973 集部/小說類/長篇之屬

繡像野草閒花臭姻緣四卷四十回 (清)月湖漁隱撰 清光緒二十七年(1901)石印本 三册 存三卷(二至四)

330000－1701－0083727 G605058 子部/藝術類/書畫之屬/總論

字學臆參一卷附書論一卷 (清)姚孟起撰 清光緒十七年(1891)蘇州桃花塢姚氏松下清齋刻本 清仲氏題記 一册

330000－1701－0083728 G003898 史部/史評類/史論之屬

歷代史論十二卷宋史論三卷元史論一卷 (明)張溥撰 **左傳史論二卷** (清)高士奇撰 **明史論四卷** (清)谷應泰撰 清光緒二十四年(1898)上海書局石印本 六册

330000－1701－0083729 G606108 史部/政書類

九通 (清)□□輯 清光緒八年至二十二年(1882－1896)浙江書局刻本 四十六册 存一種

330000－1701－0083730 G601978 類叢部/叢書類/自著之屬

京塵雜録四種 (清)楊懋建撰 清光緒十二年(1886)上海同文書局石印本 二册

330000－1701－0083731 G601178 子部/儒家類/儒學之屬/經濟

皇朝經世文編一百二十卷姓名總目二卷生存姓名一卷 (清)賀長齡輯 清道光七年(1827)刻本 六十八册

330000－1701－0083732 G606109、G612387 史部/政書類

九通 (清)□□輯 清光緒八年至二十二年(1882－1896)浙江書局刻本 三册 存一種

330000－1701－0083733 G003974、G005279、G007531 集部/戲劇類/總集之屬

真正京調不分卷 清刻本 十册 存六十九種

330000－1701－0083734 G606110 經部/小學類/文字之屬/字書/字體

藝文備覽十二集一百二十卷檢字一卷補詳字義十四卷 (清)沙木輯 清嘉慶十一年(1806)長白阿克當阿粵東榷署刻十三年(1808)增刻印本 十一册 存六十一卷(寅集六至十、卯集一至十、辰集一至十、巳集一至十、申集六至十、戌集六至十、亥集五至十,補詳字義五至十四)

330000－1701－0083736 G601979 經部/四書類/總義之屬/傳說

四書圖考十三卷 (清)杜炳撰 清光緒十三年(1887)鴻文書局石印本 四冊

330000－1701－0083737 G603477 史部/地理類/方志之屬/郡縣志
[同治]長興縣志三十二卷 (清)趙定邦修 (清)周學濬 (清)丁寶書纂 清同治十三年至光緒元年(1874－1875)刻本 二冊 存四卷(二十三至二十六)

330000－1701－0083738 G003899 子部/小説家類/異聞之屬
譚瀛八種初集四卷 (清)吳文藻撰 清光緒二十二年(1896)上海鴻寶齋石印本 四冊

330000－1701－0083739 G603478 史部/地理類/方志之屬/郡縣志
[同治]安吉縣志十八卷首一卷 (清)汪榮 (清)劉蘭敏修 (清)張行孚 (清)丁寶書纂 清同治十三年(1874)刻本 一冊 存一卷(十二)

330000－1701－0083740 G606111、G608019 集部/別集類/清別集
寄簃文存八卷 沈家本撰 清宣統元年(1909)修訂法律館鉛印本 二冊

330000－1701－0083741 G601980 史部/雜史類/斷代之屬
支那鴉片病國史論一卷 (日本)永野吉佑撰 (清)金柯譯 清光緒二十九年(1903)上海文明書局鉛印本 一冊

330000－1701－0083742 G606112 集部/總集類/酬唱之屬
擊鉢吟偶存二卷二集二卷三集二卷四集二卷五集二卷六集二卷七集二卷 (清)曾元海等輯 清道光二十五年至同治九年(1845－1870)刻本 十冊 缺三卷(二集上下、七集上)

330000－1701－0083743 G003900、G004294、G006113、G007454 集部/小説類/長篇之屬
東周列國志二十七卷首一卷一百八回 (清)蔡奡評點 清光緒十七年(1891)石印本 八冊

330000－1701－0083744 G601981 類叢部/叢書類/郡邑之屬
武林掌故叢編一百八十七種 (清)丁丙編 清光緒三年至二十六年(1877－1900)錢塘丁氏嘉惠堂刻本 一冊 存二種

330000－1701－0083746 G603479 類叢部/叢書類/彙編之屬
武英殿聚珍版書一百四十八種 清乾隆四十二年(1777)福建刻道光至同治遞修光緒二十一年(1895)增刻本 五冊 存二種

330000－1701－0083748 G003975、G003990、G005864 類叢部/叢書類/彙編之屬
連筠簃叢書十二種 (清)楊尚文編 清末石印本(羣書治要卷四、十三、二十原缺) 四冊 存二種

330000－1701－0083749 G606113 子部/醫家類/婦科之屬/產科
新編女科指掌三卷 (清)葉其蓁撰 清雍正刻本 一冊 存一卷(一)

330000－1701－0083750 G603480 類叢部/叢書類/彙編之屬
武英殿聚珍版書一百三十八種 清乾隆武英殿木活字印本 一冊 存一種

330000－1701－0083751 G606114 類叢部/叢書類/郡邑之屬
金華叢書六十八種 (清)胡鳳丹編 清同治七年至光緒八年(1868－1882)永康胡氏退補齋刻民國補刻本 二冊 存一種

330000－1701－0083752 G003976 史部/地理類/雜志之屬
蒙古游牧記十六卷 (清)張穆撰 (清)何秋濤補 清光緒二十年(1894)上海復古書局石印本 三冊 存九卷(一至二、十至十六)

330000－1701－0083754 G003901 集部/別集類/清別集
亭皋詩鈔四卷 (清)吳綺撰 清乾隆四十一年(1776)衷白堂刻本 一冊 存二卷(一至

二）

330000－1701－0083755　G606115　子部/醫家類/綜合之屬/通論

御纂醫宗金鑑九十卷首一卷　（清）吳謙等撰　清乾隆刻本　四冊　存七卷（三十一至三十四、五十六、五十八至五十九）

330000－1701－0083757　G003977　子部/小説家類/異聞之屬

夜雨秋燈續録四卷三録四卷　（清）宣鼎撰　清末石印本　二冊　存四卷（續録三至四、三録一至二）

330000－1701－0083758　G601982　類叢部/叢書類/彙編之屬

張氏適園叢書　張鈞衡編　清宣統三年（1911）上海國學扶輪社鉛印本　二冊　存一種

330000－1701－0083760　G606116　子部/醫家類/綜合之屬/通論

御纂醫宗金鑑九十卷首一卷　（清）吳謙等撰　清乾隆刻本　一冊　存三卷（三十至三十二）

330000－1701－0083762　G003978、G010838、G009670　新學/雜著/叢編

經世齋時務叢書六種　（清）□□撰　清光緒上海賜書堂石印本　四冊　存一種

330000－1701－0083763　G603481　史部/政書類/通制之屬

通志略五十二卷　（宋）鄭樵撰　清乾隆刻本　十一冊　存二十二卷（禮略三至四、謚略一至二、樂略一至二、職官略一至七、選舉畧一至二、刑法略一至二、藝文畧一至五）

330000－1701－0083765　G606117　子部/宗教類/佛教之屬/經

無量義經一卷　（齊）釋曇摩伽陀耶舍譯　**佛説觀普賢菩薩行法經一卷**　（南朝宋）釋曇摩蜜多譯　清光緒三年（1877）江北刻經處、七年（1881）金陵刻經處刻本　一冊

330000－1701－0083766　G601983　集部/詞類/詞話之屬

古今詞話八卷　（清）沈雄撰　（清）江尚質增輯　清康熙澄輝堂刻寶翰樓印本　清姚燮題記　二冊　存六卷（詞辨一至二、詞評一至二、詞品一至二）

330000－1701－0083768　G603482　子部/醫家類/溫病之屬/痧症

痧症度鍼二卷　（清）胡鳳昌輯　清同治十二年（1873）浙江趙寶墨齋刻本　一冊

330000－1701－0083770　G003979　子部/儒家類/儒學之屬/俗訓

訓俗遺規二卷　（清）陳弘謀撰　清同治五年（1866）粵東撫署刻本　二冊

330000－1701－0083771　G606118　子部/宗教類/佛教之屬/經

楞伽阿跋多羅寶經四卷　（南朝宋）釋求那跋陀羅譯　清同治九年（1870）金陵刻經處刻本　二冊

330000－1701－0083773　G603483　類叢部/叢書類/彙編之屬

武英殿聚珍版書三十九種　清乾隆浙江刻本　二冊　存一種

330000－1701－0083774　G003980、G011332　子部/醫家類/綜合之屬/通論

辨證録十四卷洞垣全書脈訣闡微一卷　（清）陳士鐸撰　清光緒六年（1880）文奎堂刻本　十二冊

330000－1701－0083775　G607317、G605942、G606119　類叢部/叢書類/彙編之屬

漸西村舍彙刊（漸西村舍叢刻）四十四種　（清）袁昶編　清光緒十六年至二十四年（1890－1898）桐廬袁氏刻本　四冊　存一種

330000－1701－0083776　G601984　類叢部/叢書類/彙編之屬

集虛草堂叢書甲集九種　李國松編　清光緒三十年至三十二年（1904－1906）合肥李氏刻本　十三冊　存六種

330000－1701－0083777　G003981　史部/政

書類/律令之屬/治獄
琴堂必讀二卷 清刻本 一冊 存一卷(下)

330000－1701－0083778 G601985、G602061 類叢部/叢書類/彙編之屬
集虛草堂叢書甲集九種 李國松編 清光緒三十年至三十二年(1904－1906)合肥李氏刻本 十一冊 存四種

330000－1701－0083781 G606120 類叢部/叢書類/彙編之屬
滂喜齋叢書五十種 (清)潘祖蔭編 清同治至光緒吳縣潘氏京師刻本 二冊 存四種

330000－1701－0083783 G603485、G603692 類叢部/叢書類/郡邑之屬
武林掌故叢編一百八十七種 (清)丁丙編 清光緒三年至二十六年(1877－1900)錢塘丁氏嘉惠堂刻本 二冊 存一種

330000－1701－0083784 G003904、G005150、G005294 類叢部/叢書類/彙編之屬
申報館叢書正集五十七種附錄三種續集一百四十二種 (清)尊聞閣主編 蔡爾康編續集 清同治至光緒上海申報館鉛印本 六冊 存一種

330000－1701－0083785 G605059 子部/宗教類/佛教之屬/諸宗
宗鑑法林七十二卷 (清)釋性音輯 清康熙五十七年(1718)刻本 五冊 存二十二卷(三十六至四十、五十一至五十四、六十至七十二)

330000－1701－0083788 G605060 子部/宗教類/佛教之屬/經疏
妙法蓮華經科註七卷首一卷 (後秦)釋鳩摩羅什譯 (明)釋一如集註 清同治十一年(1872)刻本 六冊 存六卷(一至六)

330000－1701－0083789 G606121 類叢部/叢書類/彙編之屬
滂喜齋叢書五十種 (清)潘祖蔭編 清同治至光緒吳縣潘氏京師刻本 一冊 存一種

330000－1701－0083790 G606122 子部/醫家類/方書之屬/單方驗方
外治壽世方初編四卷 (清)鄒存淦輯 清光緒三年(1877)杭州勤藝堂刻本 二冊

330000－1701－0083791 G003906、G004038 集部/曲類/彈詞之屬
繪圖筆生花十六卷三十二回 (清)邱心如撰 清光緒二十年(1894)上海書局石印本 二冊 存二卷(二至三)

330000－1701－0083792 G601179 子部/小說家類/異聞之屬
閱微草堂筆記二十四卷 (清)紀昀撰 清光緒十四年(1888)上海點石齋石印本 清許應騤觀款 徐行恭題記 四冊

330000－1701－0083793 G601180 子部/雜著類/雜纂之屬
經餘必讀八卷 (清)雷琳 (清)錢樹棠 (清)錢樹立輯 清嘉慶八年(1803)大中堂刻本 四冊

330000－1701－0083795 G605061 類叢部/叢書類/彙編之屬
文選樓叢書三十三種 (清)阮亨編 清嘉慶至道光阮元刻道光二十二年(1842)阮亨彙印本 十一冊 存一種

330000－1701－0083796 G606123 經部/四書類/總義之屬/傳說
四書題鏡□□卷 (清)汪鯉翔撰 清乾隆刻本 一冊 存二卷(上論、下論)

330000－1701－0083797 G603487 集部/總集類/選集之屬/通代
歷代金石詩錄□□卷 周慶雲輯 清末刻藍印本 六冊 存十五卷(一至十三、十五至十六)

330000－1701－0083799 G601181、G612205 子部/雜著類/雜纂之屬
經餘必讀八卷續編八卷 (清)雷琳 (清)錢樹棠 (清)錢樹立輯 清嘉慶八年(1803)、十年(1805)大中堂刻本 八冊

330000－1701－0083800 G603488 類叢部/

叢書類/自著之屬

真西山全集(西山真文忠公全集、真文忠公全集)七種 (宋)真德秀撰 清康熙真氏家祠刻乾隆至同治三年(1864)遞修本 二十六册 存一種

330000－1701－0083801 G606124 史部/政書類

九通 (清)□□輯 清光緒八年至二十二年(1882－1896)浙江書局刻本 四十六册 存一種

330000－1701－0083802 G003907、G010880、G009761 類叢部/叢書類/彙編之屬

申報館叢書正集五十七種附録三種續集一百四十二種 (清)尊聞閣主編 蔡爾康編續集 清同治至光緒上海申報館鉛印本 四册 存二種

330000－1701－0083803 G601182、G611402 集部/總集類/選集之屬/斷代

詳註七家詩七卷 (清)張熙宇評選 (清)石暉甲箋註 清光緒十八年(1892)上海廣百宋齋鉛印本 四册

330000－1701－0083804 G601183 子部/術數類/陰陽五行之屬

諏吉新書一卷 (明)董濳撰 清光緒二十三年(1897)萬卷圖書草堂刻本 一册

330000－1701－0083805 G606126 子部/宗教類/佛教之屬/經

雜阿含經五十卷 (南朝宋)釋求那跋陀羅譯 清光緒十年至十四年(1884－1888)常熟刻經處刻本 十二册

330000－1701－0083806 G603489 類叢部/叢書類/彙編之屬

武英殿聚珍版書一百四十八種 清乾隆四十二年(1777)福建刻道光至同治遞修光緒二十一年(1895)增刻本 六册 存一種

330000－1701－0083807 G003908、G008634、G009550 類叢部/叢書類/彙編之屬

申報館叢書正集五十七種附録三種續集一百四十二種 (清)尊聞閣主編 蔡爾康編續集 清同治至光緒上海申報館鉛印本 四册 存一種

330000－1701－0083808 G601184 集部/別集類/清別集

補石草堂詩草一卷 (清)伍廖撰 清光緒鉛印本 一册

330000－1701－0083809 G605062 類叢部/叢書類/彙編之屬

武英殿聚珍版書一百四十八種 清乾隆四十二年(1777)福建刻道光至同治遞修光緒二十一年(1895)增刻本 八册 存一種

330000－1701－0083810 G603490 類叢部/叢書類/彙編之屬

武英殿聚珍版書一百四十八種 清乾隆四十二年(1777)福建刻道光至同治遞修光緒二十一年(1895)增刻本 六册 存一種

330000－1701－0083811 G003984 類叢部/叢書類/彙編之屬

崇文書局彙刻書三十一種 (清)崇文書局編 清光緒元年至三年(1875－1877)湖北崇文書局刻本 一册 存一種

330000－1701－0083812 G605063 史部/政書類/邦計之屬

兩浙官游紀畧四種 (清)戴槩撰 清同治七年(1868)刻本 一册 存一種

330000－1701－0083815 G605064 類叢部/叢書類/彙編之屬

清風室叢書二十種 (清)錢保塘編 清同治十年至民國二十五年(1871－1936)海寧錢氏清風室刻本 一册 存一種

330000－1701－0083816 G003909 史部/地理類/雜志之屬

揚州鼓吹詞序不分卷 (清)吳綺撰 清道光二十六年(1846)通聲抄本 一册

330000－1701－0083817 SNB0115 史部/傳記類/總傳之屬/姓名

史姓韻編六十四卷 (清)汪輝祖撰 清石印

本　陳漢章批校　一冊　存十八卷(四十七至六十四)

330000-1701-0083818　G605065　子部/醫家類/外科之屬
外科真詮二卷　(清)鄒岳撰　清同治十一年(1872)刻本　一冊　存一卷(下)

330000-1701-0083820　G003910、G004508、G007303　子部/雜著類/雜考之屬
日知錄三十二卷日知錄之餘四卷　(清)顧炎武撰　清乾隆六十年(1795)刻本　十六冊

330000-1701-0083821　G601185　類叢部/叢書類/彙編之屬
嘯園叢書五十七種　(清)葛元煦編　清光緒二年至七年(1876-1881)仁和葛氏刻本　一冊　存一種

330000-1701-0083823　G003985、G005505、G610115　集部/別集類/清別集
有正味齋駢體文二十四卷　(清)吳錫麒撰　(清)王廣業箋　清咸豐九年(1859)青箱塾刻本　八冊

330000-1701-0083825　G605066　類叢部/叢書類/郡邑之屬
名家西湖遊記十四種　清光緒錢塘丁氏刻本　一冊　存一種

330000-1701-0083826　G601187　史部/地理類/山川之屬/山志
新輯雁山便覽一卷　(清)釋道融撰　清同治七年(1868)刻本　一冊

330000-1701-0083827　G603491　經部/小學類/文字之屬/字書/字體
隸韻十卷碑目一卷　(宋)劉球撰　**碑目攷證一卷隸韻攷證二卷**　(清)翁方綱撰　清嘉慶十五年(1810)秦恩復刻本　二冊　存四卷(三至六)

330000-1701-0083831　G603492　經部/小學類/文字之屬/字書/字典
康熙字典十二集三十六卷總目一卷檢字一卷辨似一卷等韻一卷補遺一卷備考一卷　(清)張玉書等纂修　清康熙刻本　十二冊　存十二卷(子集上中下、丑集中下、寅集上中下、辰集上中下、巳集上)

330000-1701-0083832　G605067　子部/道家類
南華真經解内篇七卷外篇十五卷雜篇十一卷　(清)宣穎撰　清康熙六十年(1721)刻本　五冊　存十五卷(外篇一至十五)

330000-1701-0083834　G601189　集部/別集類/清別集
可園詩鈔外四卷　三多撰　清光緒刻本　一冊　存一卷(一)

330000-1701-0083835　G605068　類叢部/叢書類/彙編之屬
國學叢刊　國學叢刊社編　清宣統三年(1911)石印本　一冊　存六種

330000-1701-0083837　G603493　史部/傳記類/總傳之屬/列女
列女傳八卷　(漢)劉向撰　(清)梁端校注　清道光十七年(1837)錢塘汪氏振綺堂刻同治十三年(1874)汪曾學補刻本　一冊　存四卷(一至四)

330000-1701-0083839　G601190　集部/別集類/清別集
薝蔔花館詩集二卷補遺一卷詞集一卷補遺一卷　(清)徐鴻謨撰　清光緒十一年(1885)徐琪刻本　一冊

330000-1701-0083840　G605069　類叢部/叢書類/郡邑之屬
武林往哲遺箸五十二種後編十種　(清)丁丙編　清光緒二十年至二十六年(1894-1900)錢塘丁氏嘉惠堂刻本　一冊　存一種

330000-1701-0083841　G003912、G008469、G009047　子部/雜著類/雜說之屬
壽譩廬隨筆□卷　(清)傅蘭綬撰　稿本　五冊　存五卷(一至五)

330000-1701-0083843　G003986　子部/藝術類/音樂之屬/樂譜

琴譜新聲六卷 (清)曹尚絅等撰 (清)祝鳳喈評 清嘉慶六年(1801)春草堂刻本 四冊

330000－1701－0083844 G603494 子部/叢編

子書百家 (清)崇文書局編 清光緒元年(1875)湖北崇文書局刻本 四冊 存一種

330000－1701－0083845 G601191 集部/別集類/清別集

嶺上白雲集十二卷窳翁文鈔四卷 (清)陸懋修撰 清光緒二十三年(1897)陸潤庠刻本 一冊 存四卷(窳翁文鈔一至四)

330000－1701－0083846 G603495 新學/交涉/交涉

歐洲東方交涉記十二卷 (英國)麥高爾撰 (美國)林樂知 (清)瞿昂來譯 清光緒江南機器製造總局刻本 一冊 存五卷(一至五)

330000－1701－0083847 G003987 史部/傳記類/別傳之屬/事狀

胡母施太淑人輓言不分卷 (清)胡鳳林等編 清同治二年(1863)韞玉山房刻本 一冊

330000－1701－0083850 G603496 集部/總集類/郡邑之屬

兩浙輶軒續錄五十四卷補遺六卷姓氏韻編二卷 (清)潘衍桐輯 清光緒十七年(1891)浙江書局刻本 三冊 存五卷(補遺一至五)

330000－1701－0083852 G605072 類叢部/叢書類/自著之屬

春在堂全書三十六種 (清)俞樾撰 清同治至光緒刻光緒末彙印本 二冊 存二種

330000－1701－0083853 SNB0118 子部/小說家類/雜事之屬

世說新語六卷 (南朝宋)劉義慶撰 (南朝梁)劉孝標注 清光緒三年(1877)湖北崇文書局刻崇文書局彙刻書本 陳漢章批校並跋 三冊 缺二卷(二至三)

330000－1701－0083854 G603497、G606671 集部/總集類/郡邑之屬

兩浙輶軒續錄五十四卷補遺六卷姓氏韻編二卷 (清)潘衍桐輯 清光緒十七年(1891)浙江書局刻本 十一冊 存十七卷(三十一至三十二、四十一、四十七至五十四、補遺一至六)

330000－1701－0083856 G606127 子部/術數類/命書相書之屬

增訂五星集腋十卷續編一卷 (清)廖冀亨輯 (清)程枚增訂 清同治十二年(1873)刻本 十冊

330000－1701－0083857 G003913 子部/小說家類/瑣語之屬

滑稽叢話十卷藝苑聊話六卷楹聯佳話二卷 (清)陳琰輯 清末石印本 一冊 存四卷(藝苑聯話五至六、楹聯佳話一至二)

330000－1701－0083858 G003914 史部/政書類/公牘檔冊之屬

褋錄告示底不分卷 清諸峯抄本 一冊

330000－1701－0083860 G601193 史部/傳記類/別傳之屬/事狀

太常袁公[袁昶]行略一卷附一卷 袁允橚等撰 清光緒三十一年(1905)商務印書館石印本 一冊

330000－1701－0083862 SNB0119 子部/小說家類/異聞之屬

穆天子傳六卷附錄一卷 (晉)郭璞注 清光緒十一年(1885)朱氏槐廬家塾刻平津館叢書本 許如山題記 一冊

330000－1701－0083863 G601987 類叢部/叢書類/自著之屬

郝氏遺書三十三種 (清)郝懿行撰 清嘉慶至光緒刻彙印本 一冊 存一種

330000－1701－0083864 G601194 類叢部/叢書類/自著之屬

心齋十種 (清)任兆麟撰 清乾隆五十年至五十五年(1785－1790)震澤任氏忠敏家塾刻本 一冊 存二種

330000－1701－0083866 G003915 子部/宗教類/佛教之屬

廣弘明集三十卷　（唐）釋道宣輯　清光緒二十二年(1896)金陵經房刻本　一册　存二卷(八至九)

330000－1701－0083868　G601195　類叢部/叢書類/郡邑之屬
台州叢書(名山堂叢書)九種　（清）宋世犖編　清嘉慶至道光臨海宋氏刻本　二册　存一種

330000－1701－0083869　G601988　史部/地理類/山川之屬/水志
揚州水道記四卷　（清）劉文淇撰　清道光十七年(1837)欲寡過齋刻同治十一年(1872)淮南書局補刻本　四册

330000－1701－0083870　G003916　子部/宗教類/佛教之屬
佛果擊節錄二卷　（宋）釋重顯撰　（宋）釋克勤注　清光緒二十九年(1903)揚州藏經院刻本　一册

330000－1701－0083871　G003739　集部/別集類/清別集
學福齋試帖詩課不分卷　（清）朱文治撰　稿本　一册

330000－1701－0083872　SNB0120　史部/史抄類
南史捃華補二卷附錄一卷　清抄本　二册

330000－1701－0083873　G605074　史部/傳記類/總傳之屬/列女
善女人傳二卷　（清）彭際清撰　清同治十一年(1872)常熟刻本　一册

330000－1701－0083874　G603498　史部/紀傳類/正史之屬
二十四史附考證　清光緒十八年(1892)武林竹簡齋石印本　十册　存一種

330000－1701－0083875　G003917　子部/宗教類/佛教之屬/諸宗
八宗綱要二卷　（日本）釋凝然撰　清宣統三年(1911)揚州藏經院刻本　一册

330000－1701－0083876　SNB0144　集部/別集類/清別集
綠陰山房詩稿□□卷　臧槐撰　清末稿本　一册　存一卷(五)

330000－1701－0083877　G003918　子部/宗教類/佛教之屬/經疏
華嚴一乘十玄門一卷華嚴五十要問答二卷　（唐）釋智儼撰　清光緒二十二年(1896)金陵刻經處刻本　一册

330000－1701－0083878　G601196　史部/地理類/雜志之屬
粵東葺勝記八卷首二卷　（清）徐琪撰　清光緒二十九年(1903)刻本　一册　存一卷(首二)

330000－1701－0083880　SNB0125　子部/宗教類/佛教之屬
佛教初學課本一卷註一卷　（清）楊文會撰　清光緒三十二年(1906)金陵刻經處刻本　余重耀題簽並批　一册

330000－1701－0083881　G601989　集部/別集類/清別集
桐野詩集四卷　（清）周起渭撰　清咸豐二年(1852)陳氏世恩堂刻本　一册

330000－1701－0083882　G003992　子部/藝術類/書畫之屬/畫譜
梅花館高等習畫臨本不分卷　清末石印本　一册

330000－1701－0083883　G003740　史部/政書類/公牘檔册之屬
浙江兩級師範學堂呈送四柱清册四卷　（清）浙江兩級師範學堂編　清光緒三十三年(1907)稿本　一册

330000－1701－0083884　G606132、G611423　類叢部/叢書類/彙編之屬
武英殿聚珍版書一百四十八種　清乾隆四十二年(1777)福建刻道光至同治遞修光緒二十一年(1895)增刻本　六册　存二種

330000－1701－0083885　G601197、G608444、

G609413、G607580　集部/總集類/氏族之屬
寧都三魏全集八十三卷　（清）林時益編　清康熙易堂刻本　三十一册　存四十三卷（魏伯子文集一至四，魏叔子文集外篇一至九、詩集一至八、日錄一至三，魏季子文集一至二、五至八、十至十六、魏興士文集一至六）

330000－1701－0083887　G603499、G610872　類叢部/叢書類/彙編之屬
古逸叢書二十六種　（清）黎庶昌編　清光緒八年至十年（1882－1884）黎庶昌日本東京使署影刻本　二册　存二種

330000－1701－0083889　G003919　子部/宗教類/佛教之屬/經疏
大方廣佛華嚴經要解一卷　（宋）釋戒環集　清同治十一年（1872）金陵刻經處刻本　一册

330000－1701－0083891　G003993　類叢部/叢書類/彙編之屬
申報館叢書正集五十七種附錄三種續集一百四十二種　（清）尊聞閣主編　蔡爾康編續集　清同治至光緒上海申報館鉛印本　六册　存一種

330000－1701－0083892　G605077　子部/藝術類/音樂之屬/樂譜
與古齋琴譜四卷　（清）祝鳳喈輯　清咸豐五年（1855）浦城祝氏刻本　一册　存一卷（一）

330000－1701－0083894　G601198　類叢部/叢書類/彙編之屬
留垞叢刻八種　楊鍾羲編　清光緒十六年至宣統二年（1890－1910）刻本　一册　存一種

330000－1701－0083895　G601990　集部/别集類/明别集
雪鴻堂詩蒐逸三卷附錄一卷　（明）謝三秀撰　清咸豐元年（1851）遵義刻本　一册

330000－1701－0083896　G606133　新學/格致總
格致彙編不分卷　（英國）傅蘭雅輯　清光緒二年至十八年（1876－1892）上海格致書室鉛印本　二十四册

330000－1701－0083898　G605078　子部/宗教類/佛教之屬
禮佛發願文畧釋一卷　（清）釋怡山撰　清光緒六年（1880）刻本　一册

330000－1701－0083899　G603500　史部/紀傳類/正史之屬
漢書一百卷　（漢）班固撰　（唐）顔師古注　清同治八年（1869）金陵書局刻二十四史本　吴憲奎題記　十六册

330000－1701－0083900　G003741　集部/總集類/課藝之屬
新選小題靈源集初集不分卷　（清）魯慶元編次　清道光二十六年（1846）文淵堂刻本　一册

330000－1701－0083901　G003920　集部/别集類/明别集
楊忠愍公全集一卷自著年譜一卷赴義前一夕遺屬一卷　（明）楊繼盛撰　（清）章鈺輯　清刻本　一册

330000－1701－0083903　G606134　類叢部/叢書類/郡邑之屬
酌古準今十五種　清道光至光緒刻本　一册　存一種

330000－1701－0083904　G605079　子部/宗教類/佛教之屬
禮佛發願文畧釋一卷　（清）釋怡山撰　清光緒六年（1880）刻本　一册

330000－1701－0083905　G606135　經部/四書類/總義之屬/傳說
四書集註十九卷　（宋）朱熹撰　清光緒十八年（1892）浙江書局刻本　三册　存七卷（孟子一至七）

330000－1701－0083907　G601991　子部/藝術類/書畫之屬
過雲樓書畫記十卷　（清）顧文彬撰　清光緒八年（1882）刻本　三册　存六卷（一至六）

330000－1701－0083908　G003921　子部/宗教類/佛教之屬

溈山警策句釋記二卷　(清)釋弘贊註　清宣統二年(1910)常州天寧寺刻本　一冊

330000－1701－0083911　G605080　子部/宗教類/佛教之屬/經疏
佛說四十二章經解一卷佛遺教經解一卷八大人覺經略解一卷　(清)釋智旭撰　**大乘寶讚十首一卷**　(南朝梁)釋寶誌撰　清光緒四年(1878)杭州昭慶經房刻本　一冊

330000－1701－0083913　G003994　類叢部/叢書類/彙編之屬
申報館叢書正集五十七種附錄三種續集一百四十二種　(清)尊聞閣主編　蔡爾康編續集　清同治至光緒上海申報館鉛印本　二冊　存一種

330000－1701－0083916　G606136　集部/曲類/寶卷之屬
河南開封府花枷良愿龍圖寶卷全集二卷　清光緒刻本　二冊

330000－1701－0083917　G603501　經部/群經總義類/文字音義之屬
經籍籑詁五卷首一卷　(清)阮元撰　清光緒九年(1883)上海點石齋石印本　一冊　存一卷(二)

330000－1701－0083918　G003743　子部/宗教類/佛教之屬
金剛般若經註解全集五種　(明)王源靜重集　清刻本　二冊　存一種

330000－1701－0083920　G603502、G606924　集部/曲類/彈詞之屬
綉像芙蓉洞全傳十卷四十回　(清)陳遇乾撰　(清)陳士奇　(清)俞秀山校　清道光十六年(1836)刻本　二冊　存二卷(一、八)

330000－1701－0083921　G605081　子部/宗教類/佛教之屬/諸宗
淨土生無生論會集不分卷　(明)釋傳燈撰　(清)釋達默集　清道光二十九年(1849)刻本　一冊

330000－1701－0083923　G606137　類叢部/叢書類/郡邑之屬
名家西湖遊記十四種　清光緒錢塘丁氏刻本　二冊　存七種

330000－1701－0083924　G003922　子部/宗教類/佛教之屬/諸宗
永覺和尚洞上古轍二卷　(清)釋元賢撰　(清)釋道霖重編　清光緒刻本　一冊

330000－1701－0083926　G601992　類叢部/叢書類/自著之屬
曾文正公全集十六種　(清)曾國藩撰　清同治至光緒傳忠書局刻本　一冊　存一種

330000－1701－0083929　G605082　子部/宗教類/佛教之屬/經疏
入楞伽心玄義一卷　(唐)釋法藏撰　清光緒十八年(1892)金陵刻經處刻本　一冊

330000－1701－0083931　G601199　類叢部/叢書類/自著之屬
香雪崦叢書　(清)平步青撰　清光緒刻本　一冊　存六種

330000－1701－0083932　G003923、G007701、G009125　集部/總集類/彙編之屬
漢魏六朝一百三家集(漢魏六朝百三名家集)　(明)張溥編　清光緒十八年(1892)善化章經濟堂刻本　三十冊　存三十九種

330000－1701－0083933　G605083　史部/地理類/方志之屬/郡縣志
吳地記一卷　(唐)陸廣微撰　**吳地記後集一卷**　(宋)□□輯　清同治十二年(1873)江蘇書局刻本　一冊

330000－1701－0083934　G603503　史部/地理類/雜志之屬
河套圖考一卷　(清)楊江撰　清咸豐七年(1857)關中書院監院官署刻本　一冊

330000－1701－0083937　G606138　子部/天文曆算類/算書之屬
新纂簡捷易明算法四卷首一卷　(清)沈士桂纂輯　清刻本　二冊　存二卷(一至二)

330000－1701－0083939　G003995、G005356　子部/小說家類/雜事之屬

野語九卷　(清)伏虎道場行者編　清刻本　三册

330000－1701－0083940　G606139　子部/宗教類/佛教之屬/諸宗

性相通說一卷　(明)釋德清撰　清同治十二年(1873)金陵刻經處刻本　一册

330000－1701－0083941　G603504　集部/總集類/氏族之屬

藤溪朱氏文略八卷　朱承業輯　清宣統三年(1911)刻本　四册

330000－1701－0083942　G003744　子部/工藝類/日用器物之屬/錦繡

織繡花樣不分卷　清刻本　一册

330000－1701－0083944　G603505　集部/總集類/氏族之屬

藤溪朱氏文略八卷　朱承業輯　清宣統三年(1911)刻本　四册

330000－1701－0083945　G606140　集部/曲類/寶卷之屬

目連卷全集不分卷　清光緒三年(1877)西湖慧空經房刻本　一册

330000－1701－0083946　SNB0138　集部/別集類/清別集

稷山樓文稿一卷　陶濬宣撰　清末稿本　一册

330000－1701－0083947　G605085　子部/天文曆算類/天文之屬

圜天圖說續編二卷首一卷　(清)李明徹撰　清嘉慶二十四年(1819)松梅軒刻道光元年(1821)增刻本　一册　存一卷(下)

330000－1701－0083948　G606141　集部/曲類/寶卷之屬

目連卷全集不分卷　清光緒三年(1877)西湖慧空經房刻本　一册

330000－1701－0083949　G603506　集部/總集類/氏族之屬

藤溪朱氏文略八卷　朱承業輯　清宣統三年(1911)刻本　四册

330000－1701－0083951　G601993　史部/地理類/雜志之屬

永嘉聞見錄二卷　(清)孫同元撰　清光緒十四年(1888)端安孫氏刻本　二册

330000－1701－0083952　G606142　子部/宗教類/佛教之屬/經疏

維摩詰所說經註八卷　(後秦)釋鳩摩羅什譯　(後秦)釋僧肇注　清光緒十三年(1887)金陵刻經處刻本　二册

330000－1701－0083953　G603507　集部/總集類/氏族之屬

藤溪朱氏文略八卷　朱承業輯　清宣統三年(1911)刻本　四册

330000－1701－0083954　G601200　集部/總集類/選集之屬/通代

漢魏六朝女子文選二卷　張維輯　清宣統三年(1911)海鹽朱是刻本　陳訓慈題記　一册

330000－1701－0083956　G605086　子部/宗教類/佛教之屬/諸宗

大覺普濟玉林禪師語錄十二卷　(清)釋通琇撰　(清)釋音緯等輯　(清)釋超琦彙　**大覺普濟能仁國師[釋能琇]年譜二卷**　(清)釋超琦輯　清同治十三年(1874)杭城昭慶寺慧空經房刻本　六册

330000－1701－0083957　G603508　集部/總集類/氏族之屬

藤溪朱氏文略八卷　朱承業輯　清宣統三年(1911)刻本　四册

330000－1701－0083961　G003996、G005156、G607565、G010611　類叢部/叢書類/彙編之屬

申報館叢書正集五十七種附錄三種續集一百四十二種　(清)尊聞閣主編　蔡爾康編續集　清同治至光緒上海申報館鉛印本　四册　存一種

330000－1701－0083962　G003925　史部/金石類/錢幣之屬

古泉攷錄不分卷　清抄本　一冊

330000－1701－0083963　G003745、G006291、G008695、G009389　史部/史評類/史論之屬

于文定公讀史漫錄二十卷　(明)于慎行撰　清道光二十六年(1846)刻本　六冊

330000－1701－0083966　G003926　子部/宗教類/佛教之屬/諸宗

續指月錄二十卷首一卷尊宿集一卷　(清)聶先輯　清光緒十二年(1886)金陵刻經處刻本　五冊　存十九卷(首、一至十八)

330000－1701－0083968　G601201　集部/別集類/清別集

師竹軒詩集四卷　(清)劉樹堂撰　**韻香閣詩草一卷**　(清)孔祥淑撰　清光緒十五年(1889)刻本　一冊

330000－1701－0083970　G606143　類叢部/叢書類/彙編之屬

式訓堂叢書四十一種　(清)章壽康編　清光緒會稽章氏刻本　一冊　存一種

330000－1701－0083971　SNB0137　集部/別集類/清別集

稷山樓詩文稿不分卷　陶濬宣撰　清末稿本　三冊

330000－1701－0083973　G003746、G007905　史部/政書類

政學通纂二十卷　(清)胡兆鸞等輯　清光緒二十七年(1901)上海書局石印本　四冊

330000－1701－0083974　G003927　子部/宗教類/佛教之屬/論疏

大乘起信論裂網疏六卷　(清)釋智旭撰　清乾隆六十年(1795)善果寺刻本　二冊

330000－1701－0083975　G606144　集部/別集類/清別集

劫火紀焚一卷　(清)何鏞　(何桂笙)撰　清光緒十一年(1885)上海萃珍齋木活字印本　一冊

330000－1701－0083976　G601202　子部/宗教類/佛教之屬/諸宗

異方便淨土傳燈歸元鏡三祖實錄二卷　(清)釋智達撰　清光緒二十三年(1897)廣陵藏經禪院刻本　一冊

330000－1701－0083977　G603509　子部/宗教類/佛教之屬/諸宗

法界宗五祖略記一卷賢首五教儀開蒙一卷　(清)釋續法輯　清光緒二年(1876)、二十二年(1896)金陵刻經處刻本　一冊

330000－1701－0083978　G606145　子部/小說家類/雜事之屬

世說新語補二十卷附釋名一卷　(南朝宋)劉義慶撰　(南朝梁)劉孝標注　(明)何良俊增補　(明)王世貞刪定　(明)王世懋批釋　(明)張文柱校注　清乾隆二十七年(1762)黃汝琳茂清書屋刻本　八冊

330000－1701－0083980　G003997　類叢部/叢書類/彙編之屬

申報館叢書正集五十七種附錄三種續集一百四十二種　(清)尊聞閣主編　蔡爾康編續集　清同治至光緒上海申報館鉛印本　一冊　存一種

330000－1701－0083981　G601203　類叢部/叢書類/自著之屬

神羊遺著三種　(清)張豸冠撰　清刻本　八冊

330000－1701－0083983　G003747　史部/地理類/防務之屬/江防

防守江海要略二卷　清光緒十一年(1885)蛟川張氏花雨樓刻本　一冊

330000－1701－0083985　G601994　集部/曲類/寶卷之屬

白氏寶卷二卷十二回　清光緒三十四年(1908)刻本　二冊

330000－1701－0083987　G606146　類叢部/叢書類/郡邑之屬

武林掌故叢編一百八十七種　(清)丁丙編

清光緒三年至二十六年(1877－1900)錢塘丁氏嘉惠堂刻本　九册　存四種

330000－1701－0083988　G603510　子部/宗教類/佛教之屬/諸宗

淨土古佚十書　金陵刻經處編　清光緒十九年至民國三年(1893－1914)金陵刻經處刻本　二册　存一種

330000－1701－0083990　G003748、G007786、G008944、G010613　子部/醫家類/綜合之屬/通論

御纂醫宗金鑑九十卷首一卷　(清)吴謙等撰　清三讓堂刻本　十五册　存二十六卷(首、一至二、五、十三至十四、十六、二十一至二十二、二十九至三十、三十九至四十、四十四至四十五、五十至五十一、五十四至五十五、六十至六十二、六十八至七十一)

330000－1701－0083991　G605087　子部/宗教類/佛教之屬/諸宗

密雲圓悟禪師天童直說九卷　(清)釋道忞　(清)釋通雲　(清)釋通門編　清刻本　四册

330000－1701－0083993　G603511　子部/宗教類/佛教之屬/諸宗

淨土古佚十書　金陵刻經處編　清光緒十九年至民國三年(1893－1914)金陵刻經處刻本　二册　存一種

330000－1701－0083998　G607568、G003998　類叢部/叢書類/彙編之屬

申報館叢書正集五十七種附錄三種續集一百四十二種　(清)尊聞閣主編　蔡爾康編續集　清同治至光緒上海申報館鉛印本　二册　存一種

330000－1701－0083999　G603512　史部/傳記類/別傳之屬/事狀

誥授光禄大夫頭品頂戴三品京堂開缺江蘇巡撫陸公[元鼎]行狀一卷　(清)陳豪撰　清宣統石印本　一册

330000－1701－0084001　G605088　子部/藝術類/書畫之屬/畫譜

卅三劍客圖一卷　(清)任熊繪　清咸豐六年(1856)蔡照初刻本　二册

330000－1701－0084002　G601995　史部/地理類/專志之屬/祠墓

吴山伍公廟志六卷首一卷附一卷　(清)金文淳等纂輯　清光緒二年(1876)刻本　一册

330000－1701－0084004　G003749　史部/紀傳類/正史之屬

二十四史附考證　清光緒二十八年(1902)武林竹簡齋石印本　五册　存二種

330000－1701－0084007　G605089　集部/總集類/郡邑之屬

池陽遺愛集五卷首一卷末一卷　(明)李呈祥　(明)施宗道輯　(清)何啓培　(清)何鑑清編　清光緒十九年(1893)何氏敬慎堂刻本　二册

330000－1701－0084008　G003999　史部/紀事本末類/斷代之屬

明鑑紀事本末(明朝紀事本末)八十卷　(清)谷應泰撰　清刻本　二十四册

330000－1701－0084009　G603513　史部/地理類/外紀之屬

西俗錄一卷　靖方撰　清光緒二十九年(1903)上海澄衷學堂印書處鉛印本　一册

330000－1701－0084010　G606147　類叢部/叢書類/郡邑之屬

武林掌故叢編一百八十七種　(清)丁丙編　清光緒三年至二十六年(1877－1900)錢塘丁氏嘉惠堂刻本　五册　存一種

330000－1701－0084012　G603514　史部/傳記類/別傳之屬/事狀

顯考藍洲府君([陳豪]事略一卷　(清)陳漢第　(清)陳敬第撰　清末刻本　一册

330000－1701－0084013　G003750　史部/傳記類/科舉録之屬

[光緒丁酉科]浙江闈墨不分卷　(清)劉宗標等撰　清光緒二十三年(1897)聚奎堂刻本　一册

330000－1701－0084015　G601996　子部/雜著類/雜考之屬
癸巳類稿十五卷　(清)俞正燮撰　清道光十三年(1833)王藻求日益齋刻本　十二册

330000－1701－0084016　G606148　類叢部/叢書類/郡邑之屬
武林掌故叢編一百八十七種　(清)丁丙編　清光緒三年至二十六年(1877－1900)錢塘丁氏嘉惠堂刻本　五册　存一種

330000－1701－0084017　G605090　子部/宗教類/佛教之屬/諸宗
大覺普濟玉林禪師語録十二卷　(清)釋通琇撰　(清)釋音緯等輯　(清)釋超琦彙　**大覺普濟能仁國師[釋能琇]年譜二卷**　(清)釋超琦輯　清同治十三年(1874)杭城昭慶寺慧空經房刻本　六册

330000－1701－0084018　G003751　史部/傳記類/科舉録之屬
[光緒己丑恩科]浙江闈墨不分卷　清光緒十五年(1889)聚奎堂刻本　一册

330000－1701－0084019　G606149　類叢部/叢書類/郡邑之屬
武林掌故叢編一百八十七種　(清)丁丙編　清光緒三年至二十六年(1877－1900)錢塘丁氏嘉惠堂刻本　四册　存一種

330000－1701－0084020　G605091　子部/宗教類/佛教之屬/諸宗
大覺普濟玉林禪師語録十二卷　(清)釋通琇撰　(清)釋音緯等輯　(清)釋超琦彙　**大覺普濟能仁國師[釋能琇]年譜二卷**　(清)釋超琦輯　清同治十三年(1874)杭城昭慶寺慧空經房刻本　六册

330000－1701－0084021　G606150　集部/别集類/清别集
誰園詩鈔六卷　(清)阮焱撰　清光緒三年(1877)刻十九年(1893)增修本　二册

330000－1701－0084023　G601997　類叢部/叢書類/彙編之屬
雅雨堂藏書十三種　(清)盧見曾編　清乾隆二十一年(1756)德州盧氏雅雨堂刻增修本　二册　存一種

330000－1701－0084024　G003752　史部/雜史類
菰蘆筆記三卷　(清)楊象濟撰　清同治六年(1867)善化湯聘珍刻本　一册

330000－1701－0084025　G606151　集部/總集類/彙編之屬
漢魏六朝一百三家集(漢魏六朝百三名家集)　(明)張溥編　清光緒三年(1877)滇南唐氏壽考堂刻本　六册　存六種

330000－1701－0084027　G003753　史部/傳記類/别傳之屬/事狀
先考六峰府君[陸炳]暨先妣陳太恭人事畧一卷　陸敬修等撰　清宣統木活字印本　一册

330000－1701－0084028　G601998　子部/道家類
老子章義二卷　(清)姚鼐撰　清同治九年(1870)桐城吳氏邗上刻本　一册

330000－1701－0084029　G606152　子部/宗教類/佛教之屬/經
解深密經五卷　(唐)釋玄奘譯　清同治十年(1871)金陵刻經處刻本　一册

330000－1701－0084030　G003754　史部/政書類/邦計之屬/荒政
徐氏義倉記畧一卷　(清)徐春沅輯　清同治刻本　一册

330000－1701－0084031　G003755　子部/宗教類/佛教之屬/諸宗
永覺和尚寱言一卷續一卷　(清)釋元賢撰　(清)釋道霈輯　清錢塘許靈虛刻本　一册

330000－1701－0084032　G003756　史部/傳記類/别傳之屬
表孝録一卷　(清)沈翼清輯　清光緒十三年(1887)刻本　一册

330000－1701－0084033　G003758　史部/政

書類/律令之屬/治獄

恤囚編不分卷　(清)周馥編　清刻本　一冊

330000－1701－0084034　G003759　子部/宗教類/佛教之屬/經

大乘入楞伽經七卷　(唐)釋實叉難陀譯　清光緒三十四年(1908)金陵刻經處刻本　二冊

330000－1701－0084035　G003760　子部/醫家類/類編之屬

徐靈胎十二種全集　(清)徐大椿撰並注　清刻本　五冊　存四種

330000－1701－0084036　G003761、G004435、G006220、G008494　子部/宗教類/佛教之屬/經

大般若波羅蜜多經六百卷　(唐)釋玄奘譯　清同治十三年(1874)雞園刻經處刻本　一百九冊　存五百四十五卷(一至二十、四十一至八十、一百一至一百五十、一百五十六至一百九十、二百一至六百)

330000－1701－0084037　G003929　史部/傳記類/總傳之屬/釋道

[清光緒壬午春期]敕賜杭城長慶禪寺護國戒壇同戒錄一卷　(清)釋顯寂撰　清光緒八年(1882)浙台黃邑潞橋金師古齋木活字印本　一冊

330000－1701－0084038　G603484　史部/金石類/總志之屬

金石萃編一百六十卷　(清)王昶撰　**金石續編二十一卷首一卷**　(清)陸耀遹撰　清光緒十九年(1893)上海醉六堂石印本　三冊　存二十九卷(一至十九、二十六至三十五)

330000－1701－0084040　G003931、G009056　子部/叢編

二十五子彙函　(清)鴻文書局編　清光緒十九年(1893)上海鴻文書局石印本　二冊　存四種

330000－1701－0084041　G606153　子部/工藝類/文房四寶之屬/硯

海天旭日硯記一卷　(清)劉瀚輯　清光緒十六年(1890)刻本　一冊

330000－1701－0084042　G606154、G007238　類叢部/叢書類/彙編之屬

武英殿聚珍版書一百三十八種　清乾隆武英殿木活字印本　五冊　存一種

330000－1701－0084043　G003934　子部/宗教類/佛教之屬

真心直說一卷普照禪師修心訣節要一卷　(朝鮮)釋知訥撰　**般若波羅蜜多心經直說一卷**　(明)釋德清撰　**心經說一卷**　(明)釋真可撰　清同治十三年(1874)杭州雲栖寺刻本　一冊

330000－1701－0084044　G004001、G005314　子部/小說家類/異聞之屬

太平廣記五百卷目錄十卷　(宋)李昉等輯　清嘉慶十一年(1806)姑蘇聚文堂刻本　三十冊　存四百二十五卷(一至三十四、五十至二百四十、二百七十四至三百五十七、三百七十至四百七十、四百八十六至五百)

330000－1701－0084045　G003932　子部/宗教類/佛教之屬/諸宗

淨土聖賢錄九卷　(清)彭希涑撰　**淨土聖賢錄續編四卷**　(清)胡珽撰　**種蓮集一卷**　(清)陳本仁輯　清光緒元年(1875)錢塘許靈虛刻本　二冊　缺九卷(一至九)

330000－1701－0084046　G606155　類叢部/叢書類/自著之屬

章氏遺書二種　(清)章學誠撰　清道光十二年至十三年(1832－1833)會稽章華紱刻浙江書局補刻、民國浙江圖書館補刻本　二冊　存一種

330000－1701－0084048　G003933　子部/宗教類/佛教之屬/論

高等佛學教科書　清光緒三十年(1904)武昌廬陵黃氏刻本　一冊　存一種

330000－1701－0084049　G601204　新學/格致總

藝器記珠一卷　(清)徐建寅撰　清光緒十年

(1884)江南製造總局石印本　一冊

330000－1701－0084050　SNB0159　集部/別集類/清别集

古城冬至生遺墨一卷　(清)周慶森撰　稿本　周慶雲題簽並跋　一冊

330000－1701－0084051　G004000　子部/天文曆算類/曆法之屬

大清宣統三年歲次辛亥時憲書一卷　清宣統刻朱墨套印本　一冊

330000－1701－0084052　G003935　子部/宗教類/佛教之屬/諸宗

摩訶止觀輔行傳弘決四十卷　(唐)釋湛然撰　明天啓六年(1626)刻本　二十冊　缺二卷(三十九至四十)

330000－1701－0084053　G606156　類叢部/叢書類/自著之屬

章氏遺書二種　(清)章學誠撰　清道光十二年至十三年(1832－1833)會稽章華紱刻浙江書局補刻、民國浙江圖書館補刻本　一冊　存一種

330000－1701－0084054　G601205　史部/政書類

自強學齋治平十議　(清)自強學齋主人輯　清光緒十九年至二十三年(1893－1897)文瑞樓石印本　一冊　存一種

330000－1701－0084056　G601207　類叢部/叢書類/彙編之屬

梅香館尺牘四卷　(清)駱燦撰　清光緒十年(1884)鉛印申報館叢書本　石居士題記　一冊

330000－1701－0084057　G606157　類叢部/叢書類/彙編之屬

文選樓叢書三十三種　(清)阮亨編　清嘉慶至道光阮元刻道光二十二年(1842)阮亨彙印本　四冊　存一種

330000－1701－0084060　G601208　子部/小說家類/異聞之屬

對山書屋墨餘錄十六卷　(清)毛祥麟撰　清同治十年(1871)杭州文元堂楊氏刻本　六冊

330000－1701－0084062　G606158　類叢部/叢書類/自著之屬

章氏遺書二種　(清)章學誠撰　清光緒三年至四年(1877－1878)貴陽章氏刻十九年(1893)補刻本　二冊　存一種

330000－1701－0084063　G003936　子部/宗教類/佛教之屬

唐大薦福寺故寺主翻經大德法藏和尚傳一卷　(新羅)崔致遠撰　清光緒二十三年(1897)金陵刻經處刻本　一冊

330000－1701－0084064　G601210　子部/雜著類/雜說之屬

寓廬日記十卷　(清)張景燾撰　張福鎬編訂　清宣統三年(1911)鉛印本　二冊

330000－1701－0084065　G606159　經部/小學類/文字之屬/字書

小學答問一卷　章炳麟撰　清宣統元年(1909)刻本　一冊

330000－1701－0084066　G601999　類叢部/叢書類/彙編之屬

文選樓叢書三十三種　(清)阮亨編　清嘉慶至道光阮元刻道光二十二年(1842)阮亨彙印本　六冊　存一種

330000－1701－0084067　G606160　史部/政書類

九通　(清)□□輯　清光緒八年至二十二年(1882－1896)浙江書局刻本　六十二冊　存一種

330000－1701－0084068　G601211　類叢部/叢書類/彙編之屬

清風室叢書二十種　(清)錢保塘編　清同治十年至民國二十五年(1871－1936)海寧錢氏清風室刻本　一冊　存一種

330000－1701－0084070　G601209　集部/總集類/題詠之屬

題江南曾文正公祠百詠一卷　朱孔彰撰　清

光緒十三年(1887)金陵刻本　一册

330000－1701－0084072　SNB0183　集部/總集類/選集之屬/通代

稷山樓文選不分卷　陶濬宣輯　稿本　四册

330000－1701－0084074　G601206　類叢部/叢書類/彙編之屬

申報館叢書正集五十七種附録三種續集一百四十二種　(清)尊聞閣主編　蔡爾康編續集　清同治至光緒上海申報館鉛印本　一册　存一種

330000－1701－0084076　G605092　子部/宗教類/佛教之屬/諸宗

大覺普濟玉林禪師語録十二卷　(清)釋通琇撰　(清)釋音綽等輯　(清)釋超琦彙　**大覺普濟能仁國師[釋能琇]年譜二卷**　(清)釋超琦輯　清同治十三年(1874)杭城昭慶寺慧空經房刻本　五册　缺二卷(大覺普濟能仁國師年譜一至二)

330000－1701－0084077　G606161、G602046、G608682　集部/小說類/長篇之屬

繪圖第二奇書八卷六十四回　(清)隨緣下士撰　(清)寄旅散人評　清光緒二十年(1894)上海復古書齋石印本　八册

330000－1701－0084078　G603516、G603886　子部/藝術類/書畫之屬/畫譜

芥子園畫傳初集六卷二集九卷三集六卷　(清)王槩　(清)王蓍　(清)王臬輯　清光緒十三年至十四年(1887－1888)鴻文書局石印本　二册　存三卷(三集一至二、六)

330000－1701－0084079　SNB0136　集部/別集類/清別集

虛受堂詩節鈔一卷　王先謙撰　**節録東鷗艸堂詞一卷**　(清)周星譽撰　清末陶濬宣抄本　一册

330000－1701－0084081　G601213　史部/傳記類/總傳之屬/文苑

國朝名家詩鈔小傳四卷　(清)鄭方坤撰　清光緒十二年(1886)萬山草堂刻本　二册

330000－1701－0084082　G003938　子部/宗教類/佛教之屬/諸宗

摩訶止觀輔行傳弘決四十卷　(唐)釋湛然撰　清光緒許靈虛刻本　二十册

330000－1701－0084083　G605093　子部/宗教類/佛教之屬/諸宗

筠州黃蘗山斷際禪師傳心法要一卷黃檗斷際禪師宛陵録一卷　(唐)釋希運說　(唐)裴休輯　**般若波羅密多心經約註一卷**　(清)翁汝進輯　清光緒五年(1879)刻本　一册

330000－1701－0084084　G603517、G603574、G606409　子部/藝術類/書畫之屬/總論

佩文齋書畫譜一百卷　(清)孫岳頒等輯　清康熙内府刻本　六册　存十三卷(十八至二十二、三十二至三十三、四十七至五十、九十四至九十五)

330000－1701－0084085　G605094　子部/宗教類/佛教之屬/諸宗

筠州黃蘗山斷際禪師傳心法要一卷黃檗斷際禪師宛陵録一卷　(唐)釋希運說　(唐)裴休輯　**般若波羅密多心經約註一卷**　(清)翁汝進輯　清光緒五年(1879)刻本　一册

330000－1701－0084086　G605095　子部/宗教類/佛教之屬/諸宗

筠州黃蘗山斷際禪師傳心法要一卷黃檗斷際禪師宛陵録一卷　(唐)釋希運說　(唐)裴休輯　**般若波羅密多心經約註一卷**　(清)翁汝進輯　清光緒五年(1879)刻本　一册

330000－1701－0084087　G606162　集部/戲劇類/傳奇之屬

桃花夢傳奇四卷　陳栩填詞　(清)華痴石評文　(清)黃曉秋點拍　清光緒二十六年(1900)杭州大觀報館鉛印本　四册

330000－1701－0084088　G605096　子部/宗教類/佛教之屬/諸宗

筠州黃蘗山斷際禪師傳心法要一卷黃檗斷際禪師宛陵録一卷　(唐)釋希運說　(唐)裴休輯　**般若波羅密多心經約註一卷**　(清)翁汝進輯　清光緒五年(1879)刻本　一册

330000－1701－0084089　G601214　史部/傳記類/別傳之屬/事狀
誥授光祿大夫太子少保兵部尚書詳勇巴圖魯世襲一等輕車都尉欽差巡視長江水師贈太子太保衡陽彭公[玉麟]年七十有五行狀一卷　王闓運撰　清光緒退省盦刻本　一册

330000－1701－0084090　G603518　類叢部/叢書類/郡邑之屬
武林掌故叢編一百八十七種　(清)丁丙編　清光緒三年至二十六年(1877－1900)錢塘丁氏嘉惠堂刻本　一册　存一種

330000－1701－0084091　G605097　子部/宗教類/佛教之屬/諸宗
筠州黄蘗山斷際禪師傳心法要一卷黄檗斷際禪師宛陵録一卷　(唐)釋希運説　(唐)裴休輯　**般若波羅密多心經約註一卷**　(清)翁汝進輯　清光緒五年(1879)刻本　一册

330000－1701－0084092　G605098　子部/宗教類/佛教之屬/諸宗
筠州黄蘗山斷際禪師傳心法要一卷黄檗斷際禪師宛陵録一卷　(唐)釋希運説　(唐)裴休輯　**般若波羅密多心經約註一卷**　(清)翁汝進輯　清光緒五年(1879)刻本　一册

330000－1701－0084095　SNB0135　集部/別集類
自嬉堂信稿一卷　陶在寬撰　清末抄本　一册

330000－1701－0084097　G606163　集部/戲劇類/傳奇之屬
桃花扇傳奇四卷四十齣首一卷　(清)孔尚任撰　清光緒二十年(1894)寶善書局石印本　四册

330000－1701－0084098　G601215　史部/地理類/方志之屬/郡縣志
光緒蘭谿縣志八卷首一卷　(清)秦簧　(清)邵秉經修　(清)唐壬森纂　清光緒十三年至十五年(1887－1889)刻本　五册　存六卷(首、一、三至六)

330000－1701－0084099　G003940　子部/宗教類/佛教之屬/論疏
大乘百法明門論一卷八識規矩頌一卷　(明)釋廣益纂釋　清咸豐八年(1858)杭州西湖昭慶寺、光緒四年(1878)釋蓮寶刻本　一册

330000－1701－0084100　G606164　子部/小説家類/瑣語之屬
花間笑語五卷　(清)釀花使者撰　清咸豐九年(1859)刻本　二册　存二卷(四至五)

330000－1701－0084101　G605099　子部/宗教類/佛教之屬/諸宗
教觀綱宗釋義紀三卷　(清)釋智旭撰　**始終心要一卷**　(唐)釋湛然撰　(宋)釋從義注　**三千有門頌畧解一卷**　(宋)陳瓘撰　(明)釋真覺畧解　清光緒二十七年(1901)刻本　三册

330000－1701－0084103　G603519　子部/宗教類/佛教之屬/諸宗
淨土神珠一卷附往生要關一卷　(清)釋古崑輯　清同治刻本　一册

330000－1701－0084105　SNB0175　集部/別集類/清別集
蕉雪廬遺稾不分卷　(清)孫慶曾撰　清末抄本　清童鼎璜跋　一册

330000－1701－0084106　G603520　子部/宗教類/佛教之屬/諸宗
淨土神珠一卷附往生要關一卷　(清)釋古崑輯　清同治刻本　一册

330000－1701－0084107　G603521　子部/宗教類/佛教之屬/諸宗
淨土神珠一卷附往生要關一卷　(清)釋古崑輯　清同治刻本　一册

330000－1701－0084108　G606166　類叢部/叢書類/彙編之屬
文林綺繡五種　(明)淩迪知編　清光緒十九年(1893)上洋鴻寶齋石印本　一册　存一種

330000－1701－0084109　SNB0184　集部/總集類/選集之屬/斷代

稷山樓今體詩鈔四卷 陶濬宣輯 稿本 四册

330000－1701－0084110 G606167 類叢部/叢書類/彙編之屬

申報館叢書正集五十七種附録三種續集一百四十二種 （清）尊聞閣主編 蔡爾康編續集 清同治至光緒上海申報館鉛印本 一册 存一種

330000－1701－0084111 G603522 類叢部/叢書類/郡邑之屬

武林掌故叢編一百八十七種 （清）丁丙編 清光緒三年至二十六年（1877－1900）錢塘丁氏嘉惠堂刻本 八册 存八種

330000－1701－0084112 G605100 子部/宗教類/佛教之屬/諸宗

往生集三卷附普勸爲人必修淨土一卷 （明）釋袾宏輯 清同治七年（1868）刻本 一册

330000－1701－0084114 G606168 類叢部/叢書類/彙編之屬

申報館叢書正集五十七種附録三種續集一百四十二種 （清）尊聞閣主編 蔡爾康編續集 清同治至光緒上海申報館鉛印本 一册 存二種

330000－1701－0084115 G605101 子部/宗教類/佛教之屬/諸宗

往生集三卷附普勸爲人必修淨土一卷 （明）釋袾宏輯 清同治七年（1868）刻本 一册

330000－1701－0084116 G004002 子部/宗教類/佛教之屬

西歸行儀一卷佛説阿彌陀經禮想儀一卷 （清）釋古崑輯 清同治刻本 一册

330000－1701－0084118 G605102 子部/宗教類/佛教之屬/諸宗

往生集三卷附普勸爲人必修淨土一卷 （明）釋袾宏輯 清同治七年（1868）刻本 一册

330000－1701－0084119 G601217 史部/地理類/方志之屬/郡縣志

［光緒］金山縣志三十卷首一卷 （清）龔寶琦 （清）崔廷鏞修 （清）黄厚本等纂 清光緒四年（1878）刻本 二册 存七卷（七至十、十四至十六）

330000－1701－0084123 G605103 類叢部/叢書類/郡邑之屬

武林掌故叢編一百八十七種 （清）丁丙編 清光緒三年至二十六年（1877－1900）錢塘丁氏嘉惠堂刻本 七册 存七種

330000－1701－0084124 G603523、G606452 子部/宗教類/佛教之屬/諸宗

天隱禪師語録二十卷 （明）釋圓修説 （清）釋通琇輯 清宣統元年（1909）常州天寧寺刻本 五册

330000－1701－0084125 G601219 子部/醫家類/喉科口齒之屬

重樓玉鑰一卷 （清）鄭宏綱撰 **洞主仙師白喉治法忌表抉微一卷** （清）徐鄂輯並注 清光緒二十六年（1900）杭州刻本 一册

330000－1701－0084126 G004003 史部/地理類/水利之屬

三江水利紀略不分卷 （清）莊有恭等撰 清抄本 一册

330000－1701－0084127 G606170 類叢部/叢書類/彙編之屬

知不足齋叢書一百九十五種 （清）鮑廷博編 （清）鮑士恭續編 清乾隆三十七年至道光三年（1772－1823）長塘鮑氏刻彙印本 五册 存六種

330000－1701－0084129 G004004 子部/宗教類/佛教之屬/論

十二門論宗致義記四卷 （唐）釋法藏撰 清宣統三年（1911）江西刻經處刻本 一册 存二卷（三至四）

330000－1701－0084130 G601220 經部/書類/傳説之屬

寫定尚書不分卷 （清）吴汝綸寫 清光緒十八年（1892）桐城吴氏家塾石印本 一册

330000－1701－0084132 G004128 子部/醫

家類/類編之屬

張氏醫書七種 (清)張璐等撰 清刻本 一冊 存一種

330000－1701－0084133 G601221 子部/醫家類/綜合之屬/通論

醫學指歸二卷首一卷 (清)趙術堂撰 清同治元年(1862)高郵趙氏旌孝堂刻本 一冊

330000－1701－0084135 G004005 子部/宗教類/佛教之屬/諸宗

智證傳一卷 (宋)釋惠洪撰 (宋)釋覺慈編 **附雲巖寶鏡三昧一卷** (唐)釋良价撰 清光緒二年(1876)金陵刻經處刻本 一冊

330000－1701－0084137 G601222 子部/醫家類/兒科之屬/通論

生生福幼編五種附論一種 (清)莊一夔等撰 清光緒二十四年(1898)景文齋刻本 一冊

330000－1701－0084138 G004006 子部/醫家類/綜合之屬

岐黄要畧不分卷 清抄本 一冊

330000－1701－0084139 SNB0187 集部/總集類/選集之屬/斷代

唐詩選錄四卷 清光緒三十二年(1906)譚澤闓抄本 王修跋 四冊

330000－1701－0084140 G601223 子部/醫家類/兒科之屬/通論

生生福幼編五種附論一種 (清)莊一夔等撰 清光緒二十四年(1898)景文齋刻本 一冊

330000－1701－0084141 G601224 子部/醫家類/兒科之屬/通論

生生福幼編五種附論一種 (清)莊一夔等撰 清光緒二十四年(1898)景文齋刻本 一冊

330000－1701－0084142 G603524 子部/宗教類/佛教之屬

讀誦佛母大孔雀明王經前啓請法三卷 (唐)釋不空譯 清同治九年(1870)如臯刻經處刻本 一冊

330000－1701－0084143 G004129 集部/曲類/彈詞之屬

再生緣全傳二十卷 (清)陳端生撰 清刻本 十一冊 存九卷(五至九、十三至十四、十八、二十)

330000－1701－0084144 G004007 子部/宗教類/佛教之屬

讀誦佛母大孔雀明王經前啓請法三卷 (唐)釋不空譯 清同治九年(1870)如臯刻經處刻本 一冊

330000－1701－0084145 G004130 子部/小說家類/異聞之屬

搜神記二十卷 (晉)干寶撰 清光緒二十一年(1895)藏經史館石印本 一冊 存十卷(一至十)

330000－1701－0084146 G004008 子部/宗教類/佛教之屬

集神州塔寺三寶感通錄四卷 (唐)釋道宣撰 清宣統元年(1909)揚州藏經院刻本 一冊

330000－1701－0084147 G004009 子部/宗教類/佛教之屬/經

增壹阿含經五十卷首一卷 (晉)釋曇摩難提譯 清光緒十二年(1886)江北刻經處刻本 十二冊

330000－1701－0084149 G004010 子部/宗教類/佛教之屬/經

金光明經四卷 (晉)釋曇無讖譯 清同治八年(1869)釋古株刻本 一冊

330000－1701－0084153 G004131、G004473 集部/小說類/長篇之屬

檮杌閒評五十卷五十回首一卷 清刻本 二冊 存六卷(十一至十三、十七至十九)

330000－1701－0084154 G004132、G005153 子部/小說家類/諧謔之屬

新訂解人頤廣集八卷 (清)胡澹菴輯 (清)錢德蒼重訂 清文郁堂刻本 三冊 存六卷(一至二、五至八)

330000－1701－0084155 SNB0177 史部/史評類/詠史之屬

吴越雜事詩一卷　(清)余恩鑅撰　稿本　一册

330000－1701－0084157　G606171　類叢部/叢書類/彙編之屬

知不足齋叢書一百九十五種　(清)鮑廷博編　(清)鮑士恭續編　清乾隆三十七年至道光三年(1772－1823)長塘鮑氏刻彙印本　十二册　存十五種

330000－1701－0084158　G601225　子部/醫家類/兒科之屬/通論

生生福幼編五種附論一種　(清)莊一夔等撰　清光緒二十四年(1898)景文齋刻本　一册

330000－1701－0084159　G601226　子部/醫家類/兒科之屬/通論

生生福幼編五種附論一種　(清)莊一夔等撰　清光緒二十四年(1898)景文齋刻本　一册

330000－1701－0084162　G603525　子部/宗教類/佛教之屬/諸宗

法界宗五祖略記一卷賢首五教儀開蒙一卷　(清)釋續法輯　清光緒二年(1876)、二十二年(1896)金陵刻經處刻本　一册

330000－1701－0084166　G603526　子部/宗教類/佛教之屬/經疏

般若綱要十卷首一卷　(清)葛鼒撰　清光緒二十三年(1897)揚州藏經院刻本　四册

330000－1701－0084170　G004011　子部/宗教類/佛教之屬/經

千手千眼觀世音菩薩廣大圓滿無礙大悲心陀羅尼經一卷　(唐)釋伽梵達摩譯　清光緒二十九年(1903)河南佛學社刻經處刻本　一册

330000－1701－0084171　G606172　類叢部/叢書類/彙編之屬

申報館叢書正集五十七種附錄三種續集一百四十二種　(清)尊聞閣主編　蔡爾康編續集　清同治至光緒上海申報館鉛印本　二册　存一種

330000－1701－0084174　G606173　類叢部/叢書類/彙編之屬

申報館叢書正集五十七種附錄三種續集一百四十二種　(清)尊聞閣主編　蔡爾康編續集　清同治至光緒上海申報館鉛印本　一册　存一種

330000－1701－0084175　G603527　子部/宗教類/佛教之屬

一夢漫言二卷　(清)釋獨體撰　清光緒五年(1879)華山律堂刻本　一册

330000－1701－0084176　G004012、G005758　子部/宗教類/佛教之屬/論

雜毒海八卷　(明)釋性音重編　清光緒二十八年(1902)清河龐氏刻本　二册

330000－1701－0084178　G603528、G605166　類叢部/叢書類/自著之屬

石泉書屋全集六種　(清)李佐賢撰　清咸豐至光緒利津李氏刻本　十一册　存一種

330000－1701－0084179　G004013　子部/宗教類/佛教之屬/諸宗

蓮宗必讀二十二卷　(清)釋古崑輯　清同治七年(1868)杭州昭慶慧空經房刻本　一册

330000－1701－0084180　G004014　子部/宗教類/佛教之屬/諸宗

西歸行儀一卷　(清)釋古崑輯　清同治刻本　一册

330000－1701－0084181　G605104　集部/别集類/清別集

曝書亭集八十卷附錄一卷　(清)朱彝尊撰
笛漁小稾十卷　(清)朱昆田撰　清刻本　十一册　存八十卷(一至八十)

330000－1701－0084183　G606174、G606178、G606180　類叢部/叢書類/彙編之屬

申報館叢書正集五十七種附錄三種續集一百四十二種　(清)尊聞閣主編　蔡爾康編續集　清同治至光緒上海申報館鉛印本　四册　存三種

330000－1701－0084186　G603529　集部/詞類/總集之屬

天下同文一卷　(元)盧摯等撰　清宣統雙照

樓鉛印本　一冊

330000－1701－0084187　G605106　史部/地理類/方志之屬/郡縣志

嘉靖海寧縣志九卷首一卷附錄一卷　（明）蔡完修　（明）董穀纂　清光緒二十四年（1898）許仁沐刻本　二冊

330000－1701－0084188　G606175　類叢部/叢書類/彙編之屬

申報館叢書正集五十七種附錄三種續集一百四十二種　（清）尊聞閣主編　蔡爾康編續集　清同治至光緒上海申報館鉛印本　一冊　存一種

330000－1701－0084190　G602000　史部/地理類/山川之屬/山志

西天目祖山志八卷首一卷末一卷補遺一卷　（明）釋廣賓撰　（清）釋際界增訂　清光緒二年（1876）刻本　四冊

330000－1701－0084191　G603530　集部/總集類/選集之屬/斷代

唐人三家集　（清）秦恩復編　清嘉慶至道光秦氏石研齋影宋刻本　一冊　存一種

330000－1701－0084192　G004133、G006164　集部/小說類/長篇之屬

東周列國全志二十三卷一百八回　（清）蔡奡評點　清刻本　二冊　存二卷（六、九）

330000－1701－0084194　G606176　類叢部/叢書類/彙編之屬

申報館叢書正集五十七種附錄三種續集一百四十二種　（清）尊聞閣主編　蔡爾康編續集　清同治至光緒上海申報館鉛印本　一冊　存一種

330000－1701－0084195　SNB0180　集部/別集類/清別集

稷山樓分類詩選一卷　陶濬宣撰　稿本　一冊

330000－1701－0084196　G605107　子部/宗教類/佛教之屬/經疏

彌陀畧解圓中鈔二卷　（明）釋大佑撰　（明）釋傳燈鈔　清同治十年（1871）刻本　二冊

330000－1701－0084198　G603532　子部/小說家類/雜事之屬

豔史叢鈔十二種　（清）王韜編　清光緒四年（1878）弢園鉛印本　五冊　存九種

330000－1701－0084200　G004134　集部/別集類/清別集

閻鶴舫進士致中外大臣稟牘一卷　（清）閻鶴舫撰　清末抄本　一冊

330000－1701－0084201　G602001、G009708/1　史部/紀傳類/正史之屬

四史　清同治十一年（1872）成都書局刻本　二十八冊　存一種

330000－1701－0084202　G606177　類叢部/叢書類/彙編之屬

申報館叢書正集五十七種附錄三種續集一百四十二種　（清）尊聞閣主編　蔡爾康編續集　清同治至光緒上海申報館鉛印本　六冊　存一種

330000－1701－0084204　G605109　史部/傳記類/總傳之屬/釋道

隋天台智者大師[釋智顗]別傳一卷　（隋）釋灌頂撰　**天台智者大師傳論一卷**　（唐）梁肅撰　清光緒五年（1879）刻本　一冊

330000－1701－0084206　G603533、G606258　子部/儒家類/儒學之屬/禮教

五種遺規十七卷　（清）陳弘謀輯並撰　清光緒二十一年（1895）浙江書局刻本　二冊　存一種

330000－1701－0084207　G004015　子部/宗教類/佛教之屬

觀佛法門畧輯二卷　（清）釋真益愿輯　清光緒九年（1883）刻本　一冊

330000－1701－0084208　G602002　集部/曲類/曲韻曲譜曲律之屬

樂府傳聲二卷　（清）徐大椿撰　清光緒七年（1881）刻本　一冊

330000－1701－0084210　G606179　史部/雜史類/斷代之屬

李秀成供一卷　（太平天國）李秀成撰　清同治刻本　一冊

330000－1701－0084212　G603534　集部/總集類/選集之屬/斷代

御選唐詩三十二卷目錄三卷　（清）聖祖玄燁輯　（清）陳廷敬等輯注　清康熙五十二年（1713）内府刻朱墨套印本　十三冊　存十卷（九至十一、十四至十五、十七至二十、二十五）

330000－1701－0084214　G602003　集部/別集類/明別集

疑雨集四卷　（明）王彥泓撰　清末騷餘館刻本　四冊

330000－1701－0084215　SNB0181　集部/總集類/選集之屬/通代

稷山樓詩選八卷　陶濬宣輯　稿本　四冊

330000－1701－0084217　G004136　史部/政書類/公牘檔冊之屬

擬設浙江羣學社公啓一卷　（清）浙江羣學社編　清光緒鉛印本　一冊

330000－1701－0084218　G606181　子部/小說家類/雜事之屬

夢厂雜著十卷　（清）俞蛟撰　清同治九年（1870）刻本　二冊　存三卷（二、五至六）

330000－1701－0084219　G605111　子部/宗教類/佛教之屬/諸宗

淨土晨鐘十卷　（清）周克復撰　清同治三年（1864）錢唐許氏積厚軒刻本　二冊

330000－1701－0084220　G602004　子部/藝術類/書畫之屬/題跋

賜硯齋題畫補錄一卷　（清）戴熙撰　（清）許英輯　清光緒九年（1883）蘇城壽石齋許氏刻本　一冊

330000－1701－0084221　G004027　子部/醫家類/溫病之屬/其他溫疫病證

溫熱經緯五卷　（清）王士雄撰　（清）楊照藜（清）汪曰楨評　清同治十三年（1874）湖北崇文書局刻本　一冊　存二卷（一至二）

330000－1701－0084222　G603535　子部/叢編

子書百家　（清）崇文書局編　清光緒元年（1875）湖北崇文書局刻本　三冊　存二種

330000－1701－0084225　G605112　子部/藝術類/音樂之屬/琴學

琴學叢書十種　楊宗稷輯　清宣統三年至民國十四年（1911－1925）楊氏刻本　五冊　存四種

330000－1701－0084226　G004137、G004703、G006876　子部/雜著類/雜纂之屬

聞見叢抄三十四卷　（清）種蕉藝蘭生輯　清光緒二十六年（1900）鉛印本　六冊　存二十四卷（一、五至十四、二十二至三十四）

330000－1701－0084227　G606182、G606496　子部/藝術類/書畫之屬/總論

清河書畫舫十二卷鑒古百一詩一卷　（明）張丑輯　清乾隆二十八年（1763）池北草堂刻本　六冊　存六卷（花字號、溜字號、燕字號、波字號、紅字號、鶯字號）

330000－1701－0084228　SNB0182　集部/總集類/選集之屬/通代

稷山今體詩鈔不分卷　陶濬宣輯　稿本　三冊

330000－1701－0084229　G603536　經部/小學類/文字之屬/字書/通論

六書正譌五卷　（元）周伯琦撰　清光緒元年（1875）恭壽堂刻本　四冊　存三卷（一至三）

330000－1701－0084231　G602005、G602006、G602007　史部/紀事本末類

歷朝紀事本末七種　（清）陳如升　（清）朱記榮輯　清光緒二十一年（1895）上海積山書局石印本　十二冊　存三種

330000－1701－0084232　G603537、G603539、G603540、G603541　類叢部/叢書類/彙編之屬

申報館叢書正集五十七種附錄三種續集一百四十二種 （清）尊聞閣主編 蔡爾康編續集 清同治至光緒上海申報館鉛印本 六册 存四種

330000－1701－0084234 G004018 子部/宗教類/佛教之屬/諸宗

淨土古佚十書 金陵刻經處編 清光緒十九年至民國三年（1893－1914）金陵刻經處刻本 一册 存一種

330000－1701－0084235 G606185、G606714 子部/藝術類/書畫之屬/畫譜

芥子園畫傳初集六卷二集九卷三集六卷 （清）王槩 （清）王蓍 （清）王臬輯 清光緒十三年至十四年（1887－1888）鴻文書局石印本 四册 存五卷（初集三至六、三集六）

330000－1701－0084236 G004138 史部/政書類/公牘檔册之屬

奉化茶棧報告書一卷 奉化茶捐弊案續卷一卷 清末鉛印本 一册

330000－1701－0084238 G603538 類叢部/叢書類/彙編之屬

申報館叢書正集五十七種附錄三種續集一百四十二種 （清）尊聞閣主編 蔡爾康編續集 清同治至光緒上海申報館鉛印本 一册 存一種

330000－1701－0084241 G004019 子部/宗教類/佛教之屬/諸宗

靈峰蕅益大師選定淨土十要十卷 （清）釋智旭輯 （清）釋成時評點節略 清同治六年（1867）杭州昭慶寺經房刻本 三册 缺一卷（十）

330000－1701－0084242 G004139 子部/醫家類/眼科之屬

古歙槐塘程松崖眼科一卷 （明）程玠撰 清光緒七年（1881）錫山張氏刻本 一册

330000－1701－0084245 G004020 子部/宗教類/佛教之屬/經

金光明經四卷 （晉）釋曇無讖譯 清同治八年（1869）釋古株刻本 一册

330000－1701－0084246 G606184 子部/藝術類/書畫之屬/畫譜

芥子園畫傳初集六卷二集九卷三集六卷 （清）王槩 （清）王蓍 （清）王臬輯 清光緒十四年（1888）石印本 二册 存五卷（二集一至三、六至七）

330000－1701－0084247 G606186 子部/藝術類/書畫之屬/畫譜

芥子園畫傳四集四卷 （清）丁臯等撰輯 **芥子園圖章會纂一卷** （清）李漁撰 清末上海天寶書局石印本 一册 存一卷（一）

330000－1701－0084253 G606187、G609250、G602455、G608283 子部/天文曆算類/算書之屬

翼梅八卷續一卷 （清）江永撰 清光緒七年（1881）羣玉山房刻本 四册 存八卷（一至八）

330000－1701－0084254 G603542、G603543、G603548 子部/叢編

二十五子彙函 （清）鴻文書局編 清光緒十九年（1893）上海鴻文書局石印本 三册 存四種

330000－1701－0084255 G606188 史部/地理類/雜志之屬

上海一卷附錄一卷 （清）劍村遊客編 清光緒二十九年（1903）上海華洋書局鉛印本 一册

330000－1701－0084256 G606189 類叢部/叢書類/彙編之屬

武英殿聚珍版書三十九種 清乾隆浙江刻本 三册 存二種

330000－1701－0084259 G004021 子部/宗教類/佛教之屬/諸宗

淨土津梁十三種 （清）釋了慰輯 清乾隆四十九年至五十年（1784－1785）京都衍法寺刻本 一册 存三種

330000－1701－0084261 G004022 子部/宗

教類/佛教之屬

大乘起信論一卷　（天竺）馬鳴菩薩造　（南朝陳）釋真諦譯　清揚州衆香庵刻本　一冊

330000－1701－0084262　G605115、G605117、G605118、、G605119、G605120、G605121　類叢部/叢書類/彙編之屬

申報館叢書正集五十七種附錄三種續集一百四十二種　（清）尊聞閣主編　蔡爾康編續集　清同治至光緒上海申報館鉛印本　十一冊　存六種

330000－1701－0084263　G004140　集部/別集類/清別集

來覆留踪不分卷　清末抄本　二冊

330000－1701－0084265　G004141　集部/總集類/尺牘之屬

來件留底不分卷　清末抄本　二冊

330000－1701－0084267　G004142　史部/政書類/公牘檔冊之屬

批簿不分卷　清宣統二年(1910)稿本　一冊

330000－1701－0084268　G004024　子部/醫家類/類編之屬

徐靈胎十二種全集　（清）徐大椿撰並注　清刻本　一冊　存二種

330000－1701－0084269　G004143　史部/政書類/公牘檔冊之屬

批示簿不分卷　清宣統三年(1911)稿本　三冊

330000－1701－0084274　G004144　史部/政書類/公牘檔冊之屬

堂諭簿不分卷　清宣統二年(1910)稿本　二冊

330000－1701－0084276　G004145、G009594　集部/總集類/彙編之屬

唐詩百名家全集　（清）席啓寓輯　清康熙四十一年(1702)洞庭席氏琴川書屋刻本　四冊　存三種

330000－1701－0084277　G603546、G609376、G611444　經部/叢編

重刊宋本十三經注疏四百十六卷　附十三經注疏校勘記四百十六卷　（清）阮元撰　（清）盧宣旬摘錄　**校勘記識語四卷**　（清）汪文臺撰　清光緒十三年(1887)上海脈望仙館石印本　七冊　存五種

330000－1701－0084279　G004146　子部/叢編

徐氏三種　（清）徐士業編　清一經堂刻本　一冊

330000－1701－0084280　G603547　子部/小說家類/異聞之屬

瓊林霏屑八卷　（清）望海樓主人輯　清光緒三十二年(1906)上海灌文書局石印本　一冊

330000－1701－0084282　G004028　子部/醫家類/方書之屬/單方驗方

濟世良方六卷首一卷補遺四卷　（清）周其芬輯　（清）瑩軒氏增輯　清同治六年(1867)武昌範署刻七年(1868)湖北衡善堂印本　一冊　存二卷(首、一)

330000－1701－0084285　G603549　經部/小學類/訓詁之屬/爾雅

爾雅三卷　（晉）郭璞注　（唐）陸德明音義　清嘉慶二十二年(1817)順德張青選清芬閣刻本　三冊

330000－1701－0084286　G004147　子部/宗教類/佛教之屬/諸宗

淨土古佚十書　金陵刻經處編　清光緒十九年至民國三年(1893－1914)金陵刻經處刻本　二冊　存一種

330000－1701－0084288　G004148　子部/宗教類/佛教之屬/論

頓悟入道要門論一卷　（唐）釋慧海撰　**大珠和尚諸方門人參問語錄一卷　方聚成禪師語錄禪淨合要一卷**　（清）釋悟成撰　清宣統二年(1910)刻本　一冊

330000－1701－0084290　G603550、G603567　集部/別集類/清別集

復見心齋詩草六卷　(清)孫人鳳撰　清光緒四年至五年(1878－1879)孫詒經福州刻本　六冊

330000－1701－0084291　SNB0256　經部/小學類/文字之屬/說文
說文通津十四卷　張兆鏞撰　清末稿本　十一冊

330000－1701－0084294　G003762　史部/傳記類/總傳之屬/釋道
[清光緒癸卯秋期]敕賜雲林禪寺同戒錄一卷　(清)釋頓明編　清光緒二十九年(1903)刻本　一冊

330000－1701－0084296　G603551　集部/別集類/清別集
鐵園集三種七卷　(清)陸璣撰　清道光二十九年(1849)刻本　二冊　存二種

330000－1701－0084299　G003763　史部/傳記類/總傳之屬/釋道
敕建崇福禪寺同戒錄一卷　(清)釋惠兆編　清光緒十二年(1886)刻本　一冊

330000－1701－0084300　G004029　子部/宗教類/佛教之屬/論疏
大乘起信論疏筆削記會閱十卷　(唐)釋法藏述疏　(唐)釋宗密錄註　(宋)釋子璿修記　(清)釋續法會編　(清)戴京曾閱定　**法界宗五祖略記一卷**　(清)釋續法輯　清光緒十五年(1889)刻本　十冊

330000－1701－0084304　G606191　子部/宗教類/佛教之屬/論
十二門論一卷　(後秦)釋鳩摩羅什譯　清光緒二十一年(1895)金陵刻經處刻本　一冊

330000－1701－0084305　G603553　類叢部/叢書類/郡邑之屬
武林掌故叢編一百八十七種　(清)丁丙編　清光緒三年至二十六年(1877－1900)錢塘丁氏嘉惠堂刻本　一冊　存一種

330000－1701－0084308　G603554　類叢部/叢書類/郡邑之屬
武林掌故叢編一百八十七種　(清)丁丙編　清光緒三年至二十六年(1877－1900)錢塘丁氏嘉惠堂刻本　三冊　存一種

330000－1701－0084310　G606199　子部/宗教類/佛教之屬/諸宗
相宗八要直解八卷　(清)釋智旭撰　清同治九年(1870)金陵刻經處刻本　二冊

330000－1701－0084312　G606200　子部/宗教類/佛教之屬/論疏
大乘起信論疏記會本六卷　(南朝陳)釋真諦譯　(新羅)釋元曉疏　清光緒二十五年(1899)金陵刻經處刻本　二冊

330000－1701－0084313　G004149　子部/宗教類/佛教之屬/諸宗
天隱禪師語錄二十卷　(明)釋圓修說　(清)釋通琇輯　清宣統元年(1909)常州天寧寺刻本　二冊　存八卷(一至四、十七至二十)

330000－1701－0084314　G603555　集部/別集類/唐五代別集
重訂李義山詩集箋注三卷集外詩箋注一卷　(唐)李商隱撰　(清)朱鶴齡箋注　(清)程夢星刪補　**重訂李義山[商隱]年譜一卷詩話一卷**　(清)程夢星輯　清乾隆八年(1743)東柯草堂刻十一年(1746)重校印本　四冊

330000－1701－0084316　G606193　子部/宗教類/佛教之屬
大乘修行菩薩行門諸經要集三卷　(唐)釋智嚴譯　清光緒二十一年(1895)江北刻經處刻本　一冊

330000－1701－0084317　G003764　集部/總集類/課藝之屬
歷科墨卷文滙五卷補編一卷　(清)若紳氏輯　清道光十八年(1838)刻本　一冊　存一卷(上論)

330000－1701－0084318　G606201　子部/宗教類/佛教之屬/論疏
大乘起信論義記七卷別記一卷　(唐)釋法藏撰　清光緒二十三年至二十四年(1897－

1898)金陵刻經處刻本　二冊

330000－1701－0084319　G606194　經部/小學類/音韻之屬/韻書
射聲小譜一卷小書舟樂府三卷　(清)程定謨撰　清道光十八年(1838)程瑞楷刻十九年(1839)詒陶閣刻光緒四年(1878)補刻本　一冊　存三卷(小書舟樂府一至三)

330000－1701－0084322　G003930　史部/傳記類/總傳之屬/釋道
[清光緒戊申冬期]敕建護國萬壽戒壇大昭慶律寺同戒錄一卷　(清)釋開慧撰　清光緒三十四年(1908)刻本　一冊

330000－1701－0084324　G603556　史部/政書類/儀制之屬/典禮
直省釋奠禮樂記六卷首一卷末一卷　(清)應寶時等輯　清同治十二年(1873)仁和吳恒、長洲顧澐刻本　一冊　存二卷(一至二上)

330000－1701－0084325　G605122　子部/藝術類/書畫之屬/畫譜
泛槎圖六集六卷　(清)張寶繪　清光緒六年(1880)上海點石齋石印本　四冊

330000－1701－0084326　G003765　集部/別集類/清別集
曾文正公家書十卷附大事記四卷家訓二卷榮哀錄一卷　(清)曾國藩撰　清末文宜石印書局石印本　五冊　存十二卷(家書一至八、大事記三、家訓一至二、榮哀錄)

330000－1701－0084327　G004150　子部/宗教類/佛教之屬/諸宗
相宗八要直解八卷　(清)釋智旭撰　清同治九年(1870)金陵刻經處刻本　一冊　存一卷(六)

330000－1701－0084331　G606195　類叢部/叢書類/自著之屬
春在堂全書三十六種　(清)俞樾撰　清同治至光緒刻光緒末彙印本　三冊　存三種

330000－1701－0084332　G003766、G008312、G009429　新學/議論/通論
洋務經濟通考十六卷　(清)應祖錫撰　清光緒二十七年(1901)鴻寶齋石印本　八冊　存九卷(一至五、七至十)

330000－1701－0084333　G004151、G005316　經部/小學類
小學類編六種附三種　(清)李祖望編　清咸豐至光緒江都李氏半畝園刻本　五冊　存附一種

330000－1701－0084337　G004030　子部/醫家類/綜合之屬/通論
御纂醫宗金鑑九十卷首一卷　(清)吳謙等撰　清光緒二十九年(1903)上海經香閣石印本　三冊　存七卷(編輯外科心法要訣一至二、五至六、十至十二)

330000－1701－0084338　G003767、G007775、G008661、G009572　集部/別集類/清別集
恪靖奏稿初編三十八卷　(清)左宗棠撰　清末刻本　九冊　存十六卷(二至四、七至十五、十八至二十一)

330000－1701－0084339　G603557　史部/金石類/金之屬/文字
歷代鐘鼎彝器款識法帖二十卷　(宋)薛尚功輯　**歷代鐘鼎彝器款識法帖札記一卷**　劉世珩撰　清光緒二十九年(1903)貴池劉氏玉海堂武昌刻三十三年(1907)增刻本　四冊

330000－1701－0084340　G605124　史部/金石類/郡邑之屬/文字
關中金石文字存逸考十二卷首一卷　(清)毛鳳枝撰　清光緒二十七年(1901)會稽顧氏江西萍鄉縣署刻本　一冊　存二卷(首、一)

330000－1701－0084341　G003768　子部/雜著類/雜纂之屬
空策度津筏不分卷　(清)竹虛軒主人編　清咸豐元年(1851)刻本　三冊

330000－1701－0084342　G603558　類叢部/叢書類/郡邑之屬
紹興先正遺書十五種　(清)徐友蘭輯　清光緒會稽徐氏鑄學齋刻本　二冊　存一種

330000－1701－0084343　G004152　子部/宗教類/佛教之屬

釋顯果實錄一卷　(清)養拙山人輯　清末石印本　一册

330000－1701－0084344　G605125　子部/儒家類/儒學之屬/勸學

先正遺規四卷　(清)汪正輯　清光緒十九年(1893)浙江書局刻本　一册　存一卷(造化經綸圖、理欲生長說、身家盛衰說、省心紀、善利圖說、百稽、象髓丸、大學日程、小學日程、辨志)

330000－1701－0084345　G004031　子部/醫家類/綜合之屬/通論

御纂醫宗金鑑九十卷首一卷　(清)吴謙等撰　清光緒二十九年(1903)上海經香閣石印本　一册　存六卷(編輯外科心法要訣七至十二)

330000－1701－0084346　G003769　史部/史抄類

史鑑節要六卷　(清)鮑東里撰　清光緒二十九年(1903)杭州通記編譯局石印本　二册

330000－1701－0084347　G606196　子部/宗教類/佛教之屬/諸宗

淨土古佚十書　金陵刻經處編　清光緒十九年至民國三年(1893－1914)金陵刻經處刻本　二册　存一種

330000－1701－0084348　G004153　經部/叢編

沈穀成先生易學四種　(清)沈善登撰　清光緒桐鄉沈氏豫恕堂刻本　一册　存一種

330000－1701－0084349　G003770　史部/史抄類

史鑑節要便讀六卷　(清)鮑東里撰　清光緒二十五年(1899)上海昌記書局石印本　四册

330000－1701－0084351　G003771　新學/史志/戰記

普法戰紀二十卷　(清)張宗良口譯　(清)王韜撰輯　清光緒二十一年(1895)弢園王氏刻本　十册

330000－1701－0084352　G004154　集部/别集類/清别集

正初精舍試藝一卷　(清)朱增麟撰　清光緒十一年(1885)刻本　一册

330000－1701－0084353　G003772　史部/紀事本末類

歷朝紀事本末七種　(清)陳如升　(清)朱記榮輯　清光緒十四年(1888)上海書業公所鉛印本　二册　存一種

330000－1701－0084354　G606198　子部/宗教類/佛教之屬/諸宗

相宗八要直解八卷　(清)釋智旭撰　清同治九年(1870)金陵刻經處刻本　一册　存四卷(一至四)

330000－1701－0084356　G606197　子部/宗教類/佛教之屬/諸宗

相宗八要直解八卷　(清)釋智旭撰　清同治九年(1870)金陵刻經處刻本　一册　存四卷(一至四)

330000－1701－0084357　G003773、G010132、G007809、G009045、G009474、G010894、G011629　史部/編年類/通代之屬

資治通鑑綱目五十九卷　(宋)朱熹撰　(明)陳仁錫評　**資治通鑑綱目續編一卷**　(明)陳桱撰　(明)陳仁錫評　**資治通鑑綱目前編二十五卷**　(明)南軒撰　(明)陳仁錫評　**續資治通鑑綱目二十七卷**　(明)商輅等撰　(明)陳仁錫評　清嘉慶十三年(1808)同人堂刻本　一百十册　缺十卷(二十一至二十九、續資治通鑑綱目十八)

330000－1701－0084358　G004032　集部/小說類/長篇之屬

圖像鏡花緣二十卷一百回首一卷　(清)李汝珍撰　清光緒十七年(1891)上海廣百宋齋鉛印本　二册　存七卷(首、一至六)

330000－1701－0084359　G606202　子部/宗教類/佛教之屬/經疏

佛說梵網經菩薩心地品合註七卷 （後秦）釋鳩摩羅什譯 （清）釋智旭註 （清）釋道昉訂
佛說梵網經菩薩心地品玄義一卷 （清）釋智旭述 （清）釋道昉訂 **菩薩戒羯磨文釋一卷** （唐）釋玄奘譯 （清）釋智旭釋 **菩薩戒本經一卷** （晉）釋曇無讖譯 **重定授菩薩戒法一卷學菩薩戒法一卷梵網經懺悔行法一卷毘尼後集問辨一卷** （清）釋智旭述 清同治十三年(1874)金陵刻經處刻本 二冊 缺六卷(二至七)

330000－1701－0084361 SNB0240 史部/紀事本末類/通代之屬
通鑑長編紀事本末補佚十卷 （清）陶濬宣輯 稿本 四冊 缺二卷(三至四)

330000－1701－0084362 G004034、G004863 子部/醫家類/本草之屬/歷代綜合本草
本草綱目五十二卷 （明）李時珍撰 清同文堂刻本 三冊 存三卷(二十七、三十、四十四)

330000－1701－0084364 G601227 集部/總集類/課藝之屬
學海堂集十六卷 （清）阮元輯 清道光五年(1825)啓秀山房刻本 六冊

330000－1701－0084365 G004155 集部/別集類/清別集
惜陰書屋試藝一卷 （清）朱世銘撰 清刻本 一冊

330000－1701－0084366 G004035 子部/醫家類/診法之屬/脈經脈訣
瀕湖脈學一卷奇經八脈攷一卷脈訣攷證一卷 （明）李時珍撰 清光緒二十年(1894)同文堂刻本 一冊

330000－1701－0084367 G606203 子部/宗教類/佛教之屬/經疏
佛說梵網經菩薩心地品合註七卷 （後秦）釋鳩摩羅什譯 （清）釋智旭註 （清）釋道昉訂
佛說梵網經菩薩心地品玄義一卷 （清）釋智旭述 （清）釋道昉訂 **菩薩戒羯磨文釋一卷** （唐）釋玄奘譯 （清）釋智旭釋 **菩薩戒本經一卷** （晉）釋曇無讖譯 **重定授菩薩戒法一卷學菩薩戒法一卷梵網經懺悔行法一卷毘尼後集問辨一卷** （清）釋智旭述 清同治十三年(1874)金陵刻經處刻本 二冊 缺六卷(二至七)

330000－1701－0084368 G004156 集部/別集類/清別集
栽芸室試藝一卷 （清）鍾立經撰 清光緒二十七年(1901)刻本 一冊

330000－1701－0084373 G004157 史部/傳記類/職官録之屬/總録
浙省同官錄不分卷 清光緒九年(1883)薇垣竹葉山房木活字朱墨套印本 三冊

330000－1701－0084375 G601228、G608992 子部/小說家類/異聞之屬
酉陽雜俎二十卷續集十卷 （唐）段成式撰 清道光二十九年(1849)小嫏嬛山館刻本 五冊 存二十七卷(一至二十、續集一至七)

330000－1701－0084376 G606204 子部/宗教類/佛教之屬/經疏
佛說梵網經菩薩心地品合註七卷 （後秦）釋鳩摩羅什譯 （清）釋智旭註 （清）釋道昉訂
佛說梵網經菩薩心地品玄義一卷 （清）釋智旭述 （清）釋道昉訂 **菩薩戒羯磨文釋一卷** （唐）釋玄奘譯 （清）釋智旭釋 **菩薩戒本經一卷** （晉）釋曇無讖譯 **重定授菩薩戒法一卷學菩薩戒法一卷梵網經懺悔行法一卷毘尼後集問辨一卷** （清）釋智旭述 清同治十三年(1874)金陵刻經處刻本 二冊 缺六卷(二至七)

330000－1701－0084377 G606192 類叢部/叢書類/彙編之屬
滂喜齋叢書五十種 （清）潘祖蔭編 清同治至光緒吳縣潘氏京師刻本 一冊 存四種

330000－1701－0084380 G605126 子部/醫家類/方書之屬/單方驗方
串雅內編四卷 （清）趙學敏輯 清光緒十四年(1888)榆園刻本 一冊 存二卷(一至二)

330000－1701－0084382　G601229　史部/傳記類/總傳之屬/文苑

東軒吟社畫像一卷附記傳題詞一卷　(清)費丹旭繪　(清)黄士珣記　(清)諸可寶傳　(清)汪曾唯輯　清光緒二年(1876)泉唐汪氏振綺堂刻清末增刻本　一册

330000－1701－0084383　G603559　史部/雜史類/通代之屬

華陽國志十二卷　(晉)常璩撰　**補三州郡縣目錄一卷**　(清)廖寅撰　清嘉慶十九年(1814)廖寅題襟館刻本　四册

330000－1701－0084384　G606205　子部/儒家類/儒學之屬/蒙學

養正遺規二卷補編一卷　(清)陳弘謀編　清光緒二十二年(1896)經綸元記刻本　一册　存二卷(一至二)

330000－1701－0084385　G004037　子部/醫家類/類編之屬

公餘醫錄六種　(清)陳念祖撰　清漁古山房刻本　一册　存一種

330000－1701－0084386　G605127　子部/醫家類/診法之屬/脈經脈訣

刪註脈訣規正二卷　(清)沈鏡刪註　清刻本　一册　存一卷(下)

330000－1701－0084387　G606206　集部/戲劇類/總集之屬/傳奇

玉獅堂傳奇十種　(清)陳烺撰　清光緒十一年(1885)武林刻十七年(1891)徐光瑩增刻本　一册　存一種

330000－1701－0084388　G601230　子部/醫家類/綜合之屬/通論

慎疾芻言一卷　(清)徐大椿撰　清光緒十一年(1885)經畬書屋刻紹興裘氏印本　一册

330000－1701－0084389　G603560　類叢部/叢書類/郡邑之屬

武林掌故叢編一百八十七種　(清)丁丙編　清光緒三年至二十六年(1877－1900)錢塘丁氏嘉惠堂刻本　三册　存一種

330000－1701－0084391　G603561　類叢部/叢書類/郡邑之屬

武林掌故叢編一百八十七種　(清)丁丙編　清光緒三年至二十六年(1877－1900)錢塘丁氏嘉惠堂刻本　一册　存一種

330000－1701－0084392　G606207　經部/小學類/訓詁之屬/方言

輶軒使者絶代語釋别國方言箋疏十三卷　(漢)揚雄撰　(清)錢繹箋疏　清光緒十六年(1890)紅蝠山房刻本　六册

330000－1701－0084393　G605128　史部/傳記類/别傳之屬

含真仙蹟圖一卷　陳夔龍編　清光緒三十二年(1906)鉛印本　一册

330000－1701－0084394　G601231　集部/别集類/清别集

輓詞一卷一百二十首　(清)慧香室居士輯　清同治十二年(1873)慧香室刻本　一册

330000－1701－0084395　G606208、G606209　類叢部/叢書類/彙編之屬

小萬卷樓叢書十七種　(清)錢培名輯　清光緒四年(1878)金山錢氏刻本　十六册　存十一種

330000－1701－0084396　G004158　史部/傳記類/科舉録之屬/歷科鄉試録

[光緒己丑恩科]浙江鄉試硃卷一卷　(清)徐光烈撰　清光緒刻本　一册

330000－1701－0084397　G605129　子部/宗教類/佛教之屬/諸宗

天台四教儀注彙補輔宏記二十卷首一卷　(高麗)釋諦觀輯　(元)釋蒙潤集注　(清)釋性權彙補　**畧科提綱一卷**　釋諦閑排訂　清光緒二十四年(1898)刻本　十一册

330000－1701－0084398　G603562　史部/地理類/山川之屬/山志

南嶽志八卷　(清)高自位編　(清)曠敏本纂　清乾隆十八年(1753)開雲樓刻本　一册　存二卷(四至五)

330000－1701－0084401　G601232　類叢部/叢書類/自著之屬

陳炯齋著述二種　(清)陳徽言撰　清咸豐七年(1857)章門刻同治四年(1865)檇李吴昌言重修本　一冊

330000－1701－0084402　G605130　集部/别集類/清别集

鳳翔紀事詩存一卷　(清)張兆棟撰　清光緒四年(1878)刻本　一冊

330000－1701－0084403　G603563、G605303、G611526　史部/政書類/邦計之屬/鹽法

欽定重修兩浙鹽法志三十卷首一卷　(清)馮培　(清)潘庭筠等纂修　清同治十三年(1874)楊昌濬刻本　四冊　存六卷(一至六)

330000－1701－0084405　G601233　史部/金石類/陶之屬/文字

豐宫瓦當文攷一卷　(清)錢東垣輯　清光緒十八年(1892)嘉定濤閣刻本　一冊

330000－1701－0084406　G601236　集部/别集類/清别集

半巖廬遺詩二卷　(清)邵懿辰撰　清同治十年(1871)潘祖蔭刻本　一冊

330000－1701－0084407　G004159　史部/傳記類/科舉録之屬/歷科鄉試録

[光緒癸巳恩科]浙江鄉試硃卷一卷　(清)吴汝念撰　清光緒刻本　一冊

330000－1701－0084408　G601234　史部/傳記類/别傳之屬/事狀

辛酉記一卷　(清)張光烈撰　清光緒十六年(1890)吴中刻本　一冊

330000－1701－0084409　G605131　集部/詩文評類/詩評之屬

緝雅堂詩話二卷　(清)潘衍桐撰　清光緒十七年(1891)杭州刻本　一冊

330000－1701－0084411　G601235　集部/别集類/清别集

結一廬遺文二卷　(清)朱學勤撰　朱澂輯　繆荃孫編　清光緒三十四年(1908)刻本　一冊

330000－1701－0084413　G603564、G605209　子部/天文曆算類/天文之屬

圜天圖說三卷續編二卷首一卷　(清)李明徹撰　清嘉慶二十四年(1819)松梅軒刻道光元年(1821)增刻本　五冊　存三卷(上、中、下)

330000－1701－0084415　G606210　類叢部/叢書類/彙編之屬

小萬卷樓叢書十七種　(清)錢培名輯　清光緒四年(1878)金山錢氏刻本　二冊　存三種

330000－1701－0084416　G603565、G609524　子部/天文曆算類/天文之屬

圜天圖說三卷續編二卷首一卷　(清)李明徹撰　清嘉慶二十四年(1819)松梅軒刻道光元年(1821)增刻本　五冊

330000－1701－0084417　G605133　子部/醫家類/診法之屬/脈經脈訣

脉經十卷　題(晉)王叔和撰　清光緒十九年(1893)宜都楊守敬景蘇園影宋刻本　一冊　存三卷(四至六)

330000－1701－0084418　G004160　史部/傳記類/科舉録之屬/歷科鄉試録

[光緒癸巳恩科]浙江鄉試硃卷一卷　(清)王儒寶撰　清光緒刻本　一冊

330000－1701－0084419　G601237　集部/别集類/清别集

何子清先生遺文二卷附錄一卷　(清)何忠萬撰　清光緒八年(1882)金陵翁氏茹古閣刻本　二冊

330000－1701－0084422　G603566　子部/天文曆算類/天文之屬

圜天圖說三卷續編二卷首一卷　(清)李明徹撰　清嘉慶二十四年(1819)松梅軒刻道光元年(1821)增刻本　二冊　存二卷(上、中)

330000－1701－0084423　G004161　史部/傳記類/科舉録之屬/歷科鄉試録

[光緒癸巳恩科]浙江鄉試硃卷一卷　(清)邵仁壽撰　清光緒刻本　一冊

330000－1701－0084424　G601238、G601239　史部/目録類/總録之屬/彙刻

觀古堂書目叢刻十五種　葉德輝編　清光緒二十八年(1902)至民國湘潭葉氏刻本　二册　存二種

330000－1701－0084425　G004162　史部/傳記類/科舉録之屬/歷科鄉試録

[光緒癸巳恩科]浙江鄉試硃卷一卷　(清)董鑾撰　清光緒刻本　一册

330000－1701－0084427　G004163　史部/傳記類/科舉録之屬/歷科鄉試録

[光緒己丑恩科]浙江鄉試硃卷一卷　(清)周易藻撰　清光緒刻本　一册

330000－1701－0084428　G004164　史部/傳記類/科舉録之屬/歷科鄉試録

[光緒辛卯科]浙江鄉試硃卷一卷　(清)鍾濂撰　清光緒刻本　一册

330000－1701－0084432　G602009、G602010、G608945　類叢部/叢書類/彙編之屬

正覺樓叢刻(正覺樓叢書)二十九種　(清)崇文書局編　清光緒崇文書局刻本　三册　存三種

330000－1701－0084433　G605135　子部/宗教類/佛教之屬

憨山大師夢遊摘要二卷附東遊集法語三則一卷　(明)釋德清撰　(明)釋福善録　清光緒二十五年(1899)釋楚禪、釋醒徹刻本　一册

330000－1701－0084434　G603568　史部/傳記類/科舉録之屬/諸貢録

[光緒己卯科]浙江優貢卷一卷　(清)張承紱撰　清光緒刻本　一册

330000－1701－0084435　G004040、G004672　子部/醫家類/綜合之屬/通論

編註醫學入門七卷首一卷　(明)李梴撰　清末上海埽葉山房石印本　四册　存四卷(四至七)

330000－1701－0084436　G004165　史部/傳記類/科舉録之屬/歷科鄉試録

[光緒辛卯科]浙江鄉試硃卷一卷　(清)顧浩撰　清光緒刻本　一册

330000－1701－0084437　G606211　史部/傳記類/科舉録之屬

四川鄉試硃卷光緒丁酉科不分卷　(清)沈崇垣等撰　清光緒刻本　一册

330000－1701－0084439　G603569　史部/傳記類/科舉録之屬/諸貢録

[光緒己卯科]浙江優貢卷一卷　(清)張承紱撰　清光緒刻本　一册

330000－1701－0084440　G601240　史部/地理類/外紀之屬

日本國志四十卷首一卷　(清)黃遵憲輯　清光緒二十四年(1898)浙江書局刻本　二册　存九卷(三至七、三十至三十三)

330000－1701－0084441　G605136　集部/總集類/選集之屬/通代

六朝文絜四卷　(清)許槤輯並評　清光緒三年(1877)馮氏讀有用書齋刻朱墨套印本　四册

330000－1701－0084442　G603570　集部/別集類/清別集

金帚集一卷宦濛草一卷　(清)馮春潮撰　清道光十年(1830)吟梅書屋刻本　一册

330000－1701－0084443　G004166　史部/傳記類/科舉録之屬/歷科鄉試録

[光緒辛卯科]浙江鄉試硃卷一卷　(清)朱作棨撰　清光緒刻本　一册

330000－1701－0084444　G601241、G610890、G611946　史部/地理類/外紀之屬

日本國志四十卷首一卷　(清)黃遵憲輯　清光緒二十四年(1898)浙江書局刻本　五册　存二十三卷(十八至四十)

330000－1701－0084445　G602011　集部/戲劇類/傳奇之屬

石榴記傳奇四卷三十二齣　(清)黃振撰　清乾隆三十七年(1772)柴灣村舍刻本　二册　存二卷(一至二)

330000－1701－0084446　G606212　史部/傳記類/科舉録之屬/歷科鄉試録

四川鄉試第三房同門姓氏試卷光緒庚子辛丑恩正兩科光緒壬寅補行庚子恩正兩科不分卷　清光緒刻本　一冊

330000－1701－0084448　G004167　史部/傳記類/科舉録之屬/歷科鄉試録

[光緒辛卯科]浙江鄉試硃卷一卷　(清)翁有成撰　清光緒刻本　一冊

330000－1701－0084452　G004042　子部/醫家類/方書之屬/單方驗方

驗方新編十六卷　(清)鮑相璈輯　清刻本　一冊　存三十九卷(十二至十四)

330000－1701－0084453　G004043　集部/曲類/彈詞之屬

繡像六美圖四集四種　(清)朱鏡江　(清)章維善撰　清同治九年(1870)刻本　三冊　存一種

330000－1701－0084454　G602012　集部/別集類/清別集

志隱齋詩鈔八卷　(清)王文瑋撰　清咸豐六年(1856)刻本　二冊

330000－1701－0084457　G004044　子部/醫家類/綜合之屬/通論

訂補明醫指掌十卷　(明)皇甫中撰　(明)王肯堂等訂補　清刻本　一冊　存二卷(七至八)

330000－1701－0084458　G004168　史部/傳記類/科舉録之屬/歷科鄉試録

[光緒辛卯科]浙江鄉試硃卷一卷　(清)張聯駿撰　清光緒刻本　一冊

330000－1701－0084460　G602013　集部/別集類/清別集

無悔齋集十五卷附錄一卷　(清)周京撰　(清)厲鶚選　清乾隆十七年(1752)刻本　三冊

330000－1701－0084461　G004169　史部/傳記類/科舉録之屬/歷科鄉試録

[光緒辛卯科]浙江鄉試硃卷一卷　(清)徐宗源撰　清光緒刻本　一冊

330000－1701－0084462　G004045、G004668　子部/醫家類/綜合之屬/通論

御纂醫宗金鑑九十卷首一卷　(清)吳謙等撰　清刻本　九冊　存十二卷(六十一至六十三、六十五至六十七、六十九至七十一、七十四至七十六)

330000－1701－0084463　G004170、G010513　史部/傳記類/科舉録之屬/歷科鄉試録

[光緒辛卯科]浙江鄉試硃卷一卷　(清)孫樹義撰　清光緒刻本　二冊

330000－1701－0084465　G602014　集部/別集類/清別集

松齋憶存草一卷　(清)王誠撰　清光緒十二年(1886)刻本　一冊

330000－1701－0084466　G004046　子部/醫家類/方書之屬/單方驗方

古今名醫萬方類編三十二卷　(清)曹繩彥輯　清光緒三十年(1904)南洋中西醫學會社刻本　一冊　存一卷(三十一)

330000－1701－0084467　G602015　子部/叢編

二十二子(二十二子彙函)　(清)浙江書局編　清光緒元年至三年(1875－1877)浙江書局刻本　五冊　存一種

330000－1701－0084468　G004047　子部/宗教類/佛教之屬

大乘起信論一卷　(天竺)馬鳴菩薩造　(唐)釋實叉難陀譯　清光緒二十四年(1898)金陵刻經處刻本　一冊

330000－1701－0084469　G602016　集部/總集類/酬唱之屬

重九讌集詩一卷　(清)黎庶昌輯　清光緒影印本　一冊

330000－1701－0084475　G601243　史部/載記類

契丹國志二十七卷　(宋)葉隆禮撰　清乾隆

五十八年(1793)承恩堂刻本　一冊　存十八卷(十至二十七)

330000－1701－0084477　G601245　史部/政書類/軍政之屬/邊政

三省邊防備覽十四卷　(清)嚴如熤輯　清道光二年(1822)刻本　一冊　存三卷(六至八)

330000－1701－0084478　G601246　史部/地理類/專志之屬/祠墓

曹江孝女廟誌八卷首一卷末一卷補遺一卷　(清)金廷棟輯　(清)唐煦春增輯　清光緒八年(1882)五社公所刻本　一冊　存六卷(四至八、末)

330000－1701－0084480　G601247　史部/地理類/山川之屬/山志

四明山志九卷　(清)黄宗羲撰　清康熙黄仲簡刻本　二冊

330000－1701－0084482　G601248　史部/政書類/邦計之屬/鹽法

欽定重修兩浙鹽法志三十卷首一卷　(清)馮培　(清)潘庭筠等纂修　清同治十三年(1874)楊昌濬刻本　一冊　存一卷(二)

330000－1701－0084483　G004171　史部/傳記類/科舉録之屬/歷科鄉試録

[光緒戊子科]浙江鄉試硃卷一卷　(清)黃傳鼎撰　清光緒刻本　一冊

330000－1701－0084485　G606213　史部/傳記類/科舉録之屬/歷科鄉試録

四川鄉試第三房同門姓氏試卷光緒庚子辛丑恩正兩科光緒壬寅補行庚子恩正兩科不分卷　清光緒刻本　一冊

330000－1701－0084487　G603572　類叢部/叢書類/彙編之屬

津逮祕書十五集一百四十種　(明)毛晉編　明崇禎虞山毛氏汲古閣刻本　四冊　存一種

330000－1701－0084488　G004172　史部/傳記類/科舉録之屬/歷科鄉試録

[光緒戊子科]浙江鄉試硃卷一卷　(清)程良駪撰　清光緒刻本　一冊

330000－1701－0084490　G606214　史部/金石類/錢幣之屬/圖像

古今錢略三十二卷首一卷末一卷　(清)倪模撰　清光緒五年(1879)望江倪氏兩疆勉齋刻本　五冊　存十一卷(十九至二十九)

330000－1701－0084492　G004049　子部/醫家類/類編之屬

士材三書　(明)李中梓等撰　(清)尤乘編　清刻本　一冊　存一種

330000－1701－0084494　G605137　子部/宗教類/佛教之屬/經

大方廣佛華嚴經八十卷　(唐)釋實叉難陀譯　清刻本　一冊　存五卷(六十一至六十五)

330000－1701－0084497　G603573　類叢部/叢書類/郡邑之屬

武林掌故叢編一百八十七種　(清)丁丙編　清光緒三年至二十六年(1877－1900)錢塘丁氏嘉惠堂刻本　一冊　存三種

330000－1701－0084498　G004173　史部/傳記類/科舉録之屬/歷科鄉試録

[光緒戊子科]浙江鄉試硃卷一卷　(清)鄒士元撰　清光緒刻本　一冊

330000－1701－0084499　G606215　子部/儒家類/儒學之屬/性理

儒門法語輯要一卷　(清)彭定求撰　(清)湯金釗輯　清光緒十六年(1890)浙江書局刻本　一冊

330000－1701－0084500　G601249、G605427　史部/政書類/通制之屬

通志略五十二卷　(宋)鄭樵撰　清乾隆十三年(1748)于敏中金匱山房刻本　三十二冊

330000－1701－0084506　G004174　史部/傳記類/科舉録之屬/歷科鄉試録

[光緒丁酉科]浙江鄉試硃卷一卷　(清)吳中聲撰　清光緒刻本　一冊

330000－1701－0084507　G004050　子部/醫家類/本草之屬/本草藥性

增補本草備要八卷　(清)汪昂撰　清末石印

本　一冊　存三卷(二至四)

330000－1701－0084509　G606216　類叢部/叢書類/郡邑之屬
武林掌故叢編一百八十七種　(清)丁丙編　清光緒三年至二十六年(1877－1900)錢塘丁氏嘉惠堂刻本　五冊　存十四種

330000－1701－0084510　G004175　史部/傳記類/科舉録之屬/歷科鄉試録
[光緒丁酉科]浙江鄉試硃卷一卷　(清)邵志撰　清光緒刻本　一冊

330000－1701－0084513　G004051　子部/醫家類/方書之屬/單方驗方
驗方新編二十四卷　(清)鮑相璈輯　清刻本　二冊　存二卷(二十、二十四)

330000－1701－0084516　G603575　子部/工藝類/日用器物之屬/器具
湖船錄一卷　(清)厲鶚撰　清道光二十七年(1847)錢塘汪氏振綺堂刻本　一冊

330000－1701－0084518　G601251　史部/地理類/總志之屬/斷代
元和郡縣補志九卷　(清)嚴觀輯　清光緒八年(1882)金陵書局刻本　一冊　存五卷(五至九)

330000－1701－0084519　G004176　史部/傳記類/科舉録之屬/歷科鄉試録
[光緒丁酉科]浙江鄉試硃卷一卷　(清)徐光煦撰　清光緒刻本　一冊

330000－1701－0084523　G603576　史部/政書類/儀制之屬/專志/科舉校規
三場程式一卷　(清)蔣益澧撰　清光緒二十八年(1902)刻本　一冊

330000－1701－0084526　G004177　史部/傳記類/科舉録之屬/歷科鄉試録
[光緒甲午科]浙江鄉試硃卷一卷　(清)周積蘭撰　清光緒刻本　一冊

330000－1701－0084527　SNB0269　集部/別集類/清別集
彊邨詩存一卷　朱祖謀撰　稿本　鄭孝胥題記　龍榆生跋　一冊

330000－1701－0084528　G004052、G007283　子部/醫家類/方書之屬/單方驗方
驗方新編十六卷末一卷　(清)鮑相璈輯　清同治四年(1865)刻本　三冊　存五卷(一、六至八、十)

330000－1701－0084531　G605139、G605160　子部/藝術類/書畫之屬/總論
清河書畫舫十二卷鑒古百一詩一卷　(明)張丑輯　清乾隆二十八年(1763)池北草堂刻本　三冊　存三卷(花字號、尾字號、燕字號)

330000－1701－0084532　G602017　史部/地理類/專志之屬/古跡
皖詞紀勝一卷　徐乃昌輯　清光緒南陵徐氏小檀欒室刻朱印本　一冊

330000－1701－0084533　G603577　史部/地理類/山川之屬/山志
寶華山志十五卷首一卷　(清)釋德基輯　(清)劉名芳纂　清同治釋印宗刻本　三冊　存十三卷(首、一至十二)

330000－1701－0084535　G004053　子部/宗教類/佛教之屬/諸宗
大乘止觀法門四卷　(南朝陳)釋慧思撰　清光緒六年(1880)長沙刻經處刻本　一冊

330000－1701－0084536　G605140　類叢部/叢書類/郡邑之屬
武林掌故叢編一百八十七種　(清)丁丙編　清光緒三年至二十六年(1877－1900)錢塘丁氏嘉惠堂刻本　一冊　存一種

330000－1701－0084537　G004178　史部/傳記類/科舉録之屬/諸貢録
[光緒乙酉科]浙江選拔貢卷不分卷　(清)沈錫齡撰　清光緒刻本　一冊

330000－1701－0084538　G603578　集部/別集類/唐五代別集
李義山詩文全集箋註十三卷　(唐)李商隱撰　(清)馮浩編　清乾隆四十五年(1780)德聚

堂刻嘉慶元年(1796)增刻本　一冊　存二卷(樊南文集箋注七至八)

330000－1701－0084539　G602018　集部/戲劇類/傳奇之屬

芙蓉碣傳奇二卷十四齣　(清)張雲驤撰　(清)王以慜評點　(清)吳孝緒按拍　清光緒九年(1883)刻本　一冊　存一卷(二)

330000－1701－0084540　G606217　史部/政書類/儀制之屬/典禮

文廟通考六卷首一卷　(清)牛樹梅撰　清同治十一年(1872)浙江書局刻本　一冊　存三卷(四至六)

330000－1701－0084541　G004054　子部/宗教類/佛教之屬/諸宗

大乘止觀法門四卷　(南朝陳)釋慧思撰　清末石印本　一冊

330000－1701－0084542　G601254　類叢部/類書類/專類之屬

壹是紀始二十二卷補遺一卷　(清)魏崧撰　清光緒十九年(1893)刻本　八冊

330000－1701－0084543　SNB0270　子部/藝術類/遊藝之屬/聯語

梡鞠錄四卷　朱祖謀輯　稿本　龍榆生跋　一冊

330000－1701－0084545　G601255　類叢部/叢書類/自著之屬

潛廬全集五種附一種　金蓉鏡撰　清光緒三十四年(1908)、宣統二年(1910)刻本　一冊　存三種

330000－1701－0084546　G004055、G004869　子部/醫家類/方書之屬/單方驗方

驗方新編□□卷　(清)鮑相璈輯　清刻本　五冊　存十一卷(二至四、八至十、十二至十六)

330000－1701－0084547　G603579、G006814　集部/曲類/彈詞之屬

繪真記四卷四十回　(清)邀月樓主人編　清光緒二十一年(1895)上海書局石印本　二冊　存二卷(一至二)

330000－1701－0084549　G606219　子部/天文曆算類/曆法之屬

新鐫曆法總覽合節象吉備要通書二十九卷附未來歷又六卷一卷　(清)魏鑑輯　清刻本　一冊　存三卷(三至五)

330000－1701－0084551　G602019　史部/傳記類/總傳之屬/技藝

國朝畫徵錄三卷續錄二卷　(清)張庚撰　**明人附錄一卷**　清末萃文書局刻本　一冊　存二卷(續錄一至二)

330000－1701－0084552　G004056　子部/醫家類/方書之屬/單方驗方

驗方新編補遺一卷　(清)徐氏續輯　清澹雅局刻本　一冊

330000－1701－0084553　G601256、G607375　類叢部/叢書類/彙編之屬

會稽徐氏鑄學齋叢書十三種　徐維則編　清咸豐至光緒會稽徐氏刻光緒二十六年(1900)彙印本　二冊　存一種

330000－1701－0084555　G606220　集部/別集類/清別集

顧亭林先生詩箋注十七卷首一卷　(清)顧炎武撰　(清)徐嘉箋注　**顧詩箋注校補一卷**　(清)李詳等撰　清光緒二十三年(1897)徐氏味靜齋刻本　六冊

330000－1701－0084557　G605143　子部/藝術類/篆刻之屬

西泠印社印學叢書　清宣統至民國刻本暨木活字印本　一冊　存一種

330000－1701－0084558　G603580、G611087　經部/叢編

五經合纂大成四十四卷首五卷　(清)同文書局主人輯　清光緒十一年(1885)上海同文書局石印本　四冊　存七卷(書經合纂大成三至六、周易合纂大成二至四)

330000－1701－0084559　G601257　子部/醫家類/類編之屬

黄氏醫書(昌邑黄先生醫書)八種 (清)黄元御撰 清咸豐十年(1860)徐樹銘燮龢精舍刻本 一册 存一種

330000－1701－0084560 G004057 子部/醫家類/方書之屬
録方不分卷 清光緒三十二年(1906)煦春氏抄本 一册

330000－1701－0084561 G602020 類叢部/叢書類/彙編之屬
木犀軒叢書二十七種 李盛鐸編 清光緒德化李氏木犀軒刻本 一册 存二種

330000－1701－0084562 G004058 子部/醫家類/醫案之屬
吴詠棠脉案不分卷 吴詠棠撰 清抄本 一册

330000－1701－0084564 G603581 類叢部/叢書類/彙編之屬
武英殿聚珍版書三十九種 清乾隆浙江刻本 五册 存二種

330000－1701－0084565 G004059 子部/醫家類/醫案之屬
吴詠棠脉案不分卷 吴詠棠撰 清抄本 一册

330000－1701－0084568 G004179 史部/傳記類/科舉録之屬/諸貢録
[光緒乙酉科]浙江選拔貢卷不分卷 (清)徐承禄撰 清光緒刻本 一册

330000－1701－0084569 G601259 子部/醫家類/婦科之屬/產科
胎產心法三卷 (清)閻純璽撰 清同治十年(1871)武林刻本 一册 存一卷(一)

330000－1701－0084570 G603582 類叢部/叢書類/彙編之屬
藝苑捃華四十八種 (清)顧之逵編 清同治七年(1868)刻本 十二册 存十九種

330000－1701－0084571 G004180 史部/傳記類/科舉録之屬/諸貢録
[光緒乙酉科]浙江會覆拔貢卷不分卷 (清)鄭在德撰 清光緒刻本 一册

330000－1701－0084572 G601260 經部/群經總義類/傳説之屬
易堂問目四卷 (清)吴鼎輯 清乾隆三十七年(1772)鄒容成刻本 四册

330000－1701－0084574 G601262 史部/地理類/山川之屬/山志
京口三山志 (清)□□輯 清同治至光緒刻本 四册 存一種

330000－1701－0084575 G004181 史部/傳記類/科舉録之屬/歷科登科録
朝考卷一卷 (清)徐琪撰 清光緒刻本 一册

330000－1701－0084577 G004060 集部/戲劇類/雜劇之屬
增像第六才子書五卷首一卷 (元)王德信 (元)關漢卿撰 (清)金人瑞評 清光緒十五年(1889)上海鴻寶齋石印本 二册 存二卷(首、四)

330000－1701－0084579 G603583 類叢部/叢書類/彙編之屬
藝苑捃華四十八種 (清)顧之逵編 清同治七年(1868)刻本 五册 存八種

330000－1701－0084580 G606221 子部/儒家類/儒學之屬/蒙學
小學集注六卷 (明)陳選撰 **小學總論一卷** (清)趙鳳翔 (清)趙慎徽編輯 **小學集注校勘記六卷首一卷** (清)高均儒録 **小學校語一卷** (清)孫崇晉等撰 清同治元年至二年(1862－1863)刻本 四册

330000－1701－0084581 G004061、G005825、G009497 集部/别集類/清别集
拙尊園叢稿六卷 (清)黎庶昌撰 清光緒二十三年(1897)石印本 六册

330000－1701－0084582 G004182 史部/傳記類/科舉録之屬/歷科登科録
[光緒甲午恩科]會試硃卷一卷 (清)徐宗源

撰　清光緒刻本　一册

330000－1701－0084583　G601263、G611368　類叢部/叢書類/家集之屬

項城袁氏家集六種　丁振鐸編　清宣統三年(1911)清芬閣鉛印本　十三册　存二種

330000－1701－0084584　G004062、G008137、G011115、G009686　史部/政書類/邦交之屬

使俄草八卷　(清)王之春撰　清末上海文藝齋石印本　四册　存五卷(二至四、七至八)

330000－1701－0084587　G606222　子部/藝術類/書畫之屬/書法書品

曾惠敏公四體書法不分卷　(清)曾紀澤書　清光緒十六年(1890)上海鴻寶齋石印本　一册

330000－1701－0084588　G603584、G607036、G608568　子部/藝術類/書畫之屬/總論

佩文齋書畫譜一百卷　(清)孫岳頒等輯　清光緒九年(1883)上海同文書局石印本　十三册　存七十五卷(一至六、十六至六十二、六十七至七十四、八十一至九十四)

330000－1701－0084589　G606223　類叢部/叢書類/自著之屬

西堂全集四種附一種　(清)尤侗撰　清康熙刻本　一册　存一種

330000－1701－0084590　G601264　史部/傳記類/總傳之屬/家乘

[浙江上虞]清河張氏貽穀堂支譜不分卷　(清)張其昆纂修　清同治十三年(1874)貽穀堂刻本　一册

330000－1701－0084591　G004063、G005656　類叢部/叢書類/彙編之屬

申報館叢書正集五十七種附錄三種續集一百四十二種　(清)尊聞閣主編　蔡爾康編續集　清同治至光緒上海申報館鉛印本　二册　存一種

330000－1701－0084595　G603585、G607164　集部/别集類/清别集

御製避暑山莊詩一卷　(清)聖祖玄燁撰　(清)揆敘等注　**御製圓明園詩一卷**　(清)世宗胤禛撰　(清)鄂爾泰　(清)張廷玉等注　清末大同書局石印本　二册

330000－1701－0084596　G004183　史部/傳記類/科舉録之屬/歷科登科録

[光緒戊戌科]會試硃卷一卷　(清)黄傳鼎撰　清光緒刻本　一册

330000－1701－0084597　G606224　類叢部/叢書類/自著之屬

曾文正公全集十六種　(清)曾國藩撰　清同治至光緒傳忠書局刻本　一册　存一種

330000－1701－0084598　G004184　史部/傳記類/科舉録之屬/歷科登科録

[光緒戊戌科]會試硃卷一卷　(清)趙延泰撰　清光緒刻本　一册

330000－1701－0084599　G606225　經部/小學類/文字之屬/說文

苗氏說文四種　(清)苗夔撰　清道光至咸豐壽陽祁氏漢專亭刻本　一册　存一種

330000－1701－0084600　G603586、G605692　新學/史志/别國史

東洋史要二卷　(日本)桑元隲藏撰　樊炳清譯　清光緒二十五年(1899)東文學社石印本　二册　存一卷(上)

330000－1701－0084602　G004064　史部/政書類

自強學齋治平十議　(清)自強學齋主人輯　清光緒十九年至二十三年(1893－1897)文瑞樓石印本　一册　存一種

330000－1701－0084603　G605145　子部/宗教類/佛教之屬/諸宗

天台四教儀注彙補輔宏記二十卷首一卷　(高麗)釋諦觀輯　(元)釋蒙潤集注　(清)釋性權彙補　**畧科提綱一卷**　釋諦閑排訂　清光緒二十四年(1898)刻本　二十一册

330000－1701－0084604　G004185　史部/傳記類/科舉録之屬/歷科登科録

[光緒壬辰科]會試硃卷一卷　(清)朱本撰

清光緒刻本　一册

330000－1701－0084605　G603587　史部/政書類/公牘檔册之屬

湖北洋務譯書局章程不分卷附圖書名目不分卷　(清)陳鈺擬　清光緒二十九年(1903)湖北洋務譯書局刻本　一册

330000－1701－0084606　G004066　子部/雜著類

文羼不分卷　王繼香撰　清同治三年至十二年(1864－1873)稿本　一册

330000－1701－0084607　G606226　經部/叢編

御纂七經五種　(清)李光地等撰　清康熙至乾隆刻本　六册　存一種

330000－1701－0084608　G004186　史部/傳記類/科舉録之屬/歷科鄉試録

[光緒丁酉科]順天鄉試硃卷一卷　(清)蔣國亮撰　清光緒刻本　一册

330000－1701－0084609　G605146　子部/宗教類/佛教之屬/諸宗

天童密雲禪師語錄二十二卷　(清)釋道忞編　清光緒二十五年(1899)甬江墨畊齋刻本　四册

330000－1701－0084610　G603589　史部/地理類/專志之屬/古跡

皖詞紀勝一卷　徐乃昌輯　清光緒南陵徐氏小檀欒室刻朱印本　一册

330000－1701－0084612　G607285、G606227　史部/編年類

資治通鑑彙刻　清同治至光緒江蘇書局刻本[資治通鑑卷一百二十一至一百二十六配清光緒二十九年(1903)重慶廣學書局刻兩朝御批資治通鑑本]　九十五册　存二種

330000－1701－0084613　G605147　子部/宗教類/佛教之屬/諸宗

淨土晨鐘十卷　(清)周克復撰　清同治三年(1864)錢唐許氏積厚軒刻本　二册

330000－1701－0084614　G004187　史部/傳記類/科舉録之屬/歷科鄉試録

[光緒戊子科]順天鄉試硃卷一卷　(清)周庠撰　清光緒刻本　一册

330000－1701－0084615　G606228　經部/小學類/文字之屬/字書/字典

康熙字典十二集三十六卷總目一卷檢字一卷辨似一卷等韻一卷補遺一卷備考一卷　(清)張玉書等纂修　清康熙刻本　三十二册　存三十卷(寅集上、卯集上中下、辰集上中下、巳集上中下、午集上中下、未集上中下、申集上中下、酉集上中下、戌集上中下、亥集上中下、補遺、備考)

330000－1701－0084617　G605148　子部/宗教類/佛教之屬/經疏

佛說觀無量壽佛經圖頌一卷附錄一卷　(南朝宋)釋畺良耶舍譯　(明)釋傳燈圖並頌　清刻本　一册

330000－1701－0084619　G605149　子部/宗教類/佛教之屬/經疏

佛說觀無量壽佛經圖頌一卷附錄一卷　(南朝宋)釋畺良耶舍譯　(明)釋傳燈圖並頌　清刻本　一册

330000－1701－0084620　G605150　子部/宗教類/佛教之屬/經疏

佛說觀無量壽佛經圖頌一卷附錄一卷　(南朝宋)釋畺良耶舍譯　(明)釋傳燈圖並頌　清刻本　一册

330000－1701－0084621　G605151　子部/宗教類/佛教之屬/經疏

佛說觀無量壽佛經圖頌一卷附錄一卷　(南朝宋)釋畺良耶舍譯　(明)釋傳燈圖並頌　清刻本　一册

330000－1701－0084622　G606230　子部/醫家類/本草之屬/歷代綜合本草

本草綱目五十二卷圖三卷　(明)李時珍撰　清順治十二年(1655)刻乾隆印本　十一册　存二十卷(十至十七、三十八至四十二、四十五至四十九、五十一至五十二)

330000－1701－0084623　G605152　子部/宗教類/佛教之屬/諸宗

萬峯和尚語錄一卷　(明)釋時蔚撰　(明)釋普壽錄　清光緒二十四年(1898)禪源寺刻本　一冊

330000－1701－0084625　G004188　子部/宗教類/佛教之屬

靈鷲法昌義禪師語錄三卷　(清)釋量心編　清光緒十二年(1886)刻本　一冊

330000－1701－0084626　G603591　類叢部/叢書類/彙編之屬

守山閣叢書一百十二種　(清)錢熙祚編　清光緒十五年(1889)上海鴻文書局據清道光二十四年(1844)金山錢氏重編增刻墨海金壺本影印本(籒史卷二原缺)　七十六冊　存八十八種

330000－1701－0084627　G605153、G606470　子部/宗教類/佛教之屬/經疏

妙法蓮華經科註七卷首一卷　(後秦)釋鳩摩羅什譯　(明)釋一如集註　清同治十一年(1872)刻本　五冊　缺三卷(二至四)

330000－1701－0084629　G602023、G610478　子部/小說家類/異聞之屬

對山書屋墨餘錄十六卷　(清)毛祥麟撰　清同治十年(1871)杭州文元堂楊氏刻本　二冊　存四卷(一至四)

330000－1701－0084631　G004189　子部/宗教類/佛教之屬

芝山仁禪師語錄四卷　(清)釋真悳集錄　清同治四年(1865)刻本　一冊　存二卷(一至二)

330000－1701－0084632　G004067　經部/四書類/總義之屬

四書古註羣義彙解九種　清末鉛印本　一冊　存一種

330000－1701－0084633　G004068　集部/戲劇類

雙魚墜不分卷　清末抄本　一冊

330000－1701－0084636　G004069、G008006　子部/天文曆算類/算書之屬

古今算學叢書第三輯　(清)劉鐸輯　清光緒二十四年(1898)上海算學書局石印本　二冊　存一種

330000－1701－0084637　G606231、G606232、G612358、G610477　類叢部/叢書類/彙編之屬

申報館叢書正集五十七種附錄三種續集一百四十二種　(清)尊聞閣主編　蔡爾康編續集　清同治至光緒上海申報館鉛印本　四冊　存二種

330000－1701－0084638　G605154　子部/宗教類/佛教之屬/經

大方廣佛華嚴經八十卷　(唐)釋實叉難陀譯　**大方廣佛華嚴經入不思議解脫境界普賢行願品一卷**　(唐)釋般若譯　**修華嚴懺九會請佛結壇儀式一卷**　**華嚴普賢行願懺儀一卷**　(宋)釋淨源編集　**復菴和尚華嚴綸貫一卷**　(宋)釋復菴撰　清光緒四年(1878)刻本　六冊

330000－1701－0084639　G601266　類叢部/叢書類/家集之屬

香海盦叢書　(清)徐琪輯　清仁和徐氏刻光緒二十年(1894)彙印本　一冊　存一種

330000－1701－0084641　G601268　集部/別集類/清別集

笠杖集六卷　(清)張盛藻撰　清光緒七年(1881)刻本　一冊　存四卷(一至四)

330000－1701－0084642　G602026　史部/雜史類/斷代之屬

明季稗史彙編十六種　(清)留雲居士輯　清光緒二十二年(1896)上海圖書集成印書局鉛印本　二冊　存三種

330000－1701－0084643　G606233　史部/政書類/儀制之屬/專志/科舉校規

三場程式一卷　(清)蔣益澧撰　清光緒二十八年(1902)刻本　一冊

330000－1701－0084644　G601269　史部/地理類/山川之屬/山志

重修南海普陀山志二十卷首一卷　（清）許琰撰　清同治刻本　一冊　存五卷（首、一至四）

330000－1701－0084645　G606234　子部/宗教類/佛教之屬/經

楞伽阿跋多羅寶經會譯四卷　（南朝宋）釋求那跋陀羅初譯　（北魏）釋菩提留支再譯　（唐）釋實叉難陀後譯　（明）釋員珂會合　清光緒三十四年（1908）金陵刻經處刻本　四冊

330000－1701－0084646　G606235　子部/宗教類/佛教之屬/諸宗

八宗綱要二卷　（日本）釋凝然撰　清宣統三年（1911）揚州藏經院刻本　一冊

330000－1701－0084647　G004190　史部/傳記類/總傳之屬

陳氏先型錄二卷　（清）陳康祺編　清光緒五年（1879）刻本　一冊

330000－1701－0084648　G606236　子部/宗教類/佛教之屬/律

四分律藏六十卷　（後秦）釋佛陀耶舍　（後秦）釋竺佛念譯　清末刻本　一冊　存三卷（四十三至四十五）

330000－1701－0084649　G606237、G611149、G612191　集部/別集類/清別集

陸善泉先生遺稿十卷　（清）陸灝撰　清光緒二十一年（1895）刻本　五冊

330000－1701－0084650　G004070　子部/醫家類

景岳新方湯頭歌括一卷張景岳新方八畧一卷　（清）吳宏定輯　清乾隆三十二年（1767）湖邊浣月齋刻本　一冊

330000－1701－0084651　G602027、G610481　史部/紀事本末類

歷朝紀事本末九種　（清）陳如升　（清）朱記榮輯　（清）慎記主人增輯　清光緒二十五年（1899）上海慎記書莊石印本　二十一冊　存四種

330000－1701－0084652　G606238　經部/大戴禮記類/傳說之屬

大戴禮記補注十三卷序錄一卷　（清）孔廣森撰　清同治十三年（1874）淮南書局刻本　三冊　缺四卷（一至三、序錄）

330000－1701－0084653　G605157　子部/宗教類/佛教之屬/經疏

妙法蓮華經科註七卷首一卷　（後秦）釋鳩摩羅什譯　（明）釋一如集註　清同治十一年（1872）刻本　六冊　存六卷（一至六）

330000－1701－0084654　G004191　子部/宗教類/佛教之屬

梁武帝誌公禪師問答錄一卷　清光緒三十二年（1906）刻本　一冊

330000－1701－0084656　G601271　子部/雜著類/雜說之屬

郎潛紀聞初筆七卷二筆八卷三筆六卷　（清）陳康祺撰　清宣統二年（1910）上海掃葉山房石印本　十冊

330000－1701－0084657　G606239　史部/傳記類/總傳之屬/家乘

［浙江海寧］花園朱氏宗譜□□卷　（清）□□纂修　清刻本　一冊　存一卷（二十下）

330000－1701－0084658　G606240　史部/傳記類/總傳之屬/家乘

［浙江海寧］花園朱氏宗譜□□卷　（清）□□纂修　清刻本　一冊　存一卷（二十下）

330000－1701－0084659　G004192　集部/曲類/寶卷之屬

重刻觀世音菩薩本行經簡集二卷　（宋）釋普明撰　（清）釋淨宏簡集　清同治七年（1868）刻本　一冊

330000－1701－0084660　G606241　史部/傳記類/總傳之屬/家乘

［浙江海寧］花園朱氏宗譜□□卷　（清）□□纂修　清刻本　一冊　存一卷（二十下）

330000－1701－0084661　G004071　集部/曲類/曲韻曲譜曲律之屬

紹興戲腳本不分卷　清末抄本　二十冊

330000－1701－0084662　G606242　史部/傳記類/總傳之屬/家乘

[浙江海寧]花園朱氏宗譜□□卷　(清)□□纂修　清刻本　一冊　存一卷(二十下)

330000－1701－0084663　G004072　子部/小說家類/異聞之屬

澹園述異初編一卷二編一卷三編一卷四編一卷　(清)沈燿曾撰　清光緒二十七年(1901)上海寓言報館鉛印本　一冊

330000－1701－0084664　G601272　類叢部/叢書類/彙編之屬

正覺樓叢刻(正覺樓叢書)二十九種　(清)崇文書局編　清光緒崇文書局刻本　一冊　存二種

330000－1701－0084665　G606243　史部/傳記類/總傳之屬/家乘

[浙江海寧]花園朱氏宗譜□□卷　(清)□□纂修　清刻本　一冊　存一卷(二十下)

330000－1701－0084666　G606244　史部/傳記類/總傳之屬/家乘

[浙江海寧]花園朱氏宗譜□□卷　(清)□□纂修　清刻本　一冊　存一卷(二十下)

330000－1701－0084667　G606249　集部/別集類/清別集

象洞山房文稿一卷詩稿一卷　(清)徐迪惠撰　清宣統元年(1909)上虞徐氏留餘堂刻本　三冊

330000－1701－0084668　G606245　史部/傳記類/總傳之屬/家乘

[浙江海寧]花園朱氏宗譜□□卷　(清)□□纂修　清刻本　一冊　存一卷(二十下)

330000－1701－0084669　G606246　史部/傳記類/總傳之屬/家乘

[浙江海寧]花園朱氏宗譜□□卷　(清)□□纂修　清刻本　一冊　存一卷(二十下)

330000－1701－0084670　G606248、G608142　子部/醫家類/方書之屬/單方驗方

外治壽世方初編四卷　(清)鄒存淦輯　清光緒三年(1877)杭州勤藝堂刻本　二冊

330000－1701－0084671　G601274　類叢部/叢書類/郡邑之屬

粟香室叢書五十九種　金武祥編　清光緒至民國江陰金氏刻本　一冊　存一種

330000－1701－0084672　G606250　史部/金石類/總志之屬

金石錄三十卷　(宋)趙明誠撰　清乾隆二十七年(1762)德州盧見曾雅雨堂刻本　五冊

330000－1701－0084673　G601275　子部/宗教類/佛教之屬/總録

三國佛教畧史三卷　(日本)島地墨　(日本)生田得能撰　(清)釋聽雲　(清)釋海秋譯　清宣統三年(1911)京師龍泉孤兒院石印本　一冊

330000－1701－0084674　G606251　集部/總集類/選集之屬/通代

文選六十卷　(南朝梁)蕭統輯　(唐)李善注　明末海虞毛氏汲古閣刻本　十三冊　缺四卷(一至四)

330000－1701－0084675　G606252　經部/小學類/文字之屬/說文

說文解字義證五十卷　(清)桂馥撰　清同治九年(1870)湖北崇文書局刻本　三冊　存四卷(一至三、六)

330000－1701－0084676　G003774　子部/叢編

萬國政治藝學全書四十一種　(清)朱大文　(清)凌賡揚編　清光緒二十八年(1902)上海鴻文書局石印本　一冊　存一種

330000－1701－0084677　G003775　史部/政書類

政藝叢書癸卯全書十六種　鄧實編　清光緒二十九年(1903)政藝通報館石印本　一冊　存一種

330000－1701－0084678　G003776、G008237　子部/小說家類/雜事之屬

吳門畫舫錄二卷　（清）西溪山人撰　清嘉慶紅樹山房刻本　二冊

330000－1701－0084679　G003777、G609454　史部/雜史類/斷代之屬

養吉齋叢錄二十六卷餘錄十卷　（清）吳振棫撰　清光緒二十二年(1896)刻本　二冊　存十卷(餘錄一至十)

330000－1701－0084680　G003778　子部/宗教類/道教之屬/雜著

玄要篇一卷　（元）張三丰撰　清光緒八年(1882)浙紹本愚子刻本　一冊

330000－1701－0084681　G003779、G605392、G610402　集部/別集類/清別集

劉孟塗集四十四卷　（清）劉開撰　清道光六年(1826)姚氏檗山草堂刻本　八冊　存四十二卷(文集一至十,前集一至十,後集一至七、九至十六、十八至二十二,駢體文一至二)

330000－1701－0084682　G003780、G009000　史部/政書類/邦計之屬

籌辦萍鄉鐵路公牘四卷首一卷附萍醴鐵路始末記一卷　（清）顧家相撰　**浙江鐵路條陳一卷**　顧燮光撰　清光緒三十年至三十二年(1904－1906)河南彰德府署刻本　二冊

330000－1701－0084683　G003781　集部/別集類/清別集

貧而無諂等時文一卷　（清）□□輯　清抄本　一冊

330000－1701－0084684　G003782、G006281、G009626　史部/目録類/總録之屬/私撰

古越藏書樓書目二十卷首一卷　（清）徐樹蘭撰　清光緒三十年(1904)崇實書局石印本　七冊　存十八卷(三至二十)

330000－1701－0084685　G003783　集部/總集類/課藝之屬

明文必自集選本不分卷　清藜照樓刻本　一冊

330000－1701－0084688　G004073、G010033　新學

科學叢書第一集八種第二集　樊炳清編　清光緒二十七年(1901)教育世界出板所石印本　十冊　存第一集四種第二集六種

330000－1701－0084689　G607212、G601277　經部/叢編

十三經古注　（明）葛鼒　（明）金蟠校　明崇禎十二年(1639)金蟠刻清同治八年(1869)浙江書局重修本　七冊　存二種

330000－1701－0084690　G601276　類叢部/叢書類/郡邑之屬

武林掌故叢編一百八十七種　（清）丁丙編　清光緒三年至二十六年(1877－1900)錢塘丁氏嘉惠堂刻本　五冊　存二種

330000－1701－0084692　G004194　子部/宗教類/佛教之屬/經疏

佛說阿彌陀經疏鈔四卷　（明）釋祩宏撰　清嘉慶二十五年(1820)刻本　四冊

330000－1701－0084694　G606253　集部/別集類/明別集

黃石齋手寫詩卷不分卷　（明）黃道周撰並書　清光緒三十三年(1907)上海國粹學報館石印本　一冊

330000－1701－0084695　G606254　集部/總集類/尺牘之屬

明代名人尺牘(江曲書莊所藏明人尺牘)七種　鄧實輯　清光緒上海國學保存會影印本　一冊　存一種

330000－1701－0084696　G606255　集部/總集類/謠諺之屬

集杭諺詩一卷　（清）邵懿辰輯　清光緒二年(1876)仁和葛氏刻民國二十五年(1936)重印本　一冊

330000－1701－0084697　G004195　子部/宗教類/佛教之屬/經疏

佛說阿彌陀經疏鈔四卷事義四卷　（明）釋祩宏撰　清同治五年(1866)刻本　四冊

330000－1701－0084698　G004076　子部/雜著類/雜說之屬

仙佛真傳章句直解不分卷　清光緒二十五年(1899)刻本　一册

330000－1701－0084699　G606256　集部/總集類/尺牘之屬

明代名人尺牘(江曲書莊所藏明人尺牘)七種　鄧實輯　清光緒上海國學保存會影印本　一册　存一種

330000－1701－0084701　G605158　經部/詩類/專著之屬

毛詩品物圖攷七卷　(日本)岡元鳳纂輯　(日本)橘國雄繪圖　清光緒十二年(1886)上海積山書局石印本　一册　存三卷(一至三)

330000－1701－0084702　G606257　子部/宗教類/佛教之屬/諸宗

相宗八要解八種　(明)釋明昱撰　清光緒二十八年(1902)金陵刻經處刻本　一册　存二種

330000－1701－0084703　G004077　集部/別集類/清別集

虹橋老屋遺集詩二卷病榻吟一卷　(清)秦緗業撰　清光緒刻本　二册

330000－1701－0084705　G605159　類叢部/叢書類/彙編之屬

埽葉山房叢鈔二十六種　(清)席威編　清同治至光緒刻光緒九年(1883)彙印本　一册　存一種

330000－1701－0084706　G601278　類叢部/叢書類/彙編之屬

增訂漢魏叢書八十六種　(清)王謨編　清乾隆五十六年(1791)金谿王氏刻本　一册　存二種

330000－1701－0084709　G605161　類叢部/叢書類/彙編之屬

知不足齋叢書一百九十五種　(清)鮑廷博編　(清)鮑士恭續編　清乾隆三十七年至道光三年(1772－1823)長塘鮑氏刻彙印本　四册　存一種

330000－1701－0084711　G606259　子部/宗教類/佛教之屬/諸宗

大乘止觀法門釋要六卷　(清)釋智旭撰　清光緒二十二年(1896)揚州藏經禪院刻本　二册

330000－1701－0084712　G605162、G605185　子部/雜著類/雜考之屬

日知錄集釋三十二卷刊誤二卷續刊誤二卷　(清)黄汝成撰　清同治八年(1869)廣州述古堂刻本　十二册　存二十七卷(八至三十二、刊誤一至二)

330000－1701－0084713　G004078、G005302、G008074　集部/別集類/清別集

甘泉鄉人稿二十四卷餘稿二卷　(清)錢泰吉撰　**皇清敕授修職郎誥封朝議大夫顯考警石府君[錢泰吉]年譜一卷**　(清)錢應溥編　**四水子遺著一卷**　(清)錢友泗撰　**郊農偶吟稿一卷**　(清)錢炳森撰　清同治七年(1868)、十一年(1872)鍾氏刻光緒七年(1881)、十一年(1885)錢氏青溪官舍增刻本　五册　存二十三卷(一至二十、年譜、四水子遺著、郊農偶吟稿)

330000－1701－0084714　G004196　集部/小說類/長篇之屬

結水滸全傳七十卷一百四十回末一卷　(清)俞萬春撰　(清)范辛來　(清)邵祖恩評　清咸豐三年(1853)刻本　一册　存第一册序、目錄、圖等

330000－1701－0084715　G004079　史部/傳記類/科舉録之屬/歷科鄉試録

[道光己酉科]廣東鄉試硃卷一卷　(清)李毓瑛撰　清道光刻本　一册

330000－1701－0084718　G606260　集部/別集類/清別集

萬壑松風樓詩十四卷　(清)王吉人撰　清同治九年(1870)寧海主一堂刻本　十二册

330000－1701－0084719　G605163　子部/宗

教類/佛教之屬/論疏
大乘起信論直解二卷　(明)釋德清撰　清光緒十六年(1890)金陵刻經處刻本　一册

330000－1701－0084720　G601279　經部/叢編
古經解彙函十六種附小學彙函十四種　(清)鍾謙鈞等輯　清同治十二年(1873)粵東書局刻本　五册　存小學彙函一種

330000－1701－0084721　G606261　子部/宗教類/佛教之屬/論疏
大乘起信論疏筆削記會閱十卷　(唐)釋法藏述疏　(唐)釋宗密錄註　(宋)釋子璿修記　(清)釋續法會編　(清)戴京曾閱定　**法界宗五祖略記一卷**　(清)釋續法輯　清光緒十五年(1889)刻本　十册

330000－1701－0084722　G605164　子部/宗教類/其他宗教之屬/基督教
舊約創世記註釋五十章　(英國)翟雅各註　清宣統三年(1911)上海中國聖教書會鉛印本　一册

330000－1701－0084724　G004080　子部/儒家類/儒學之屬/蒙學
學堂日記故事圖說一卷　(清)梁溪晦齋氏輯　清同治十三年(1874)溫州府學署刻民國十八年(1929)印本　一册

330000－1701－0084725　G004197　子部/宗教類/佛教之屬/諸宗
念佛四大要訣一卷專修法門解謗一卷　(清)釋古崑撰　清光緒七年(1881)杭州昭慶慧空經房刻本　一册

330000－1701－0084726　G606262　經部/小學類/文字之屬/說文
說文解字韻譜十卷　(宋)徐鍇撰　(清)馮桂芬校訂　清同治三年(1864)吳縣馮桂芬縮摹篆文刻同治六年(1867)補刻本　二册

330000－1701－0084727　G601280　經部/小學類/文字之屬/字書/字典
字典考證十二集三十六卷　(清)王引之等撰　清光緒二年(1876)湖北崇文書局刻本　六册

330000－1701－0084729　G004081　史部/傳記類/總傳之屬/忠孝
百孝圖說四卷首一卷末一卷　(清)俞葆真編　(清)何雲梯繪圖　清同治十年(1871)河間俞氏刻本　一册

330000－1701－0084730　G004198　子部/宗教類/佛教之屬/經疏
佛遺教經解一卷　(清)釋智旭述　**佛說四十二章經解一卷**　(清)釋智旭撰　**八大人覺經略解一卷**　(漢)釋安清譯　(清)釋智旭解　**大乘寶讚十首**　清光緒四年(1878)杭州昭慶經房刻本　一册

330000－1701－0084732　G004199　史部/傳記類/總傳之屬/家乘
[浙江紹興]山陰天樂三泉王氏宗譜八卷首一卷　(清)王壽松纂修　清光緒三十年(1904)三槐堂木活字印本　一册

330000－1701－0084733　G602028　史部/目録類/總録之屬/私撰
書目答問箋補四卷　(清)江人度撰　清光緒三十年(1904)漢川江氏刻本　四册

330000－1701－0084734　G601281　集部/別集類/唐五代別集
李義山詩集三卷　(唐)李商隱撰　(清)朱鶴齡箋注　(清)沈厚塽輯評　**李義山詩譜一卷附錄諸家詩評一卷**　清同治九年(1870)廣州倅署刻三色套印本　四册

330000－1701－0084736　G004200　子部/宗教類/佛教之屬
四家語錄六卷　(唐)釋道一等撰　明萬曆刻本　一册　存一卷(六)

330000－1701－0084739　G601282　子部/叢編
二十二子(二十二子彙函)　(清)浙江書局編　清光緒元年至三年(1875－1877)浙江書局刻本　六册　存一種

330000－1701－0084740　G004082　史部/政書類/邦計之屬/賦税

編譯印花税章程一卷　陸樹藩編輯　(清)沈鑑繙譯　**續編一卷**　劉鏡人譯　清光緒二十七年(1901)鉛印本　二册

330000－1701－0084741　G601283、G608173　經部/小學類/文字之屬/字書/字典

字林考逸八卷附錄一卷　(晉)呂忱撰　(清)任大椿輯　**字林考逸補本一卷**　(清)陶方琦撰　**補附錄一卷**　(清)諸可寶撰　清光緒十六年(1890)江蘇書局刻本　四册

330000－1701－0084743　G601284　新學/雜著

時務三字經一卷　清光緒二十八年(1902)刻本　一册

330000－1701－0084745　G601285　集部/别集類/清别集

西湖櫂歌一卷鑑湖櫂歌一卷　(清)陳祖昭撰　清光緒十三年(1887)刻本　一册

330000－1701－0084747　G601286　類叢部/叢書類/彙編之屬

式訓堂叢書四十一種　(清)章壽康編　清光緒會稽章氏刻本　一册　存一種

330000－1701－0084748　G601291　類叢部/叢書類/彙編之屬

式訓堂叢書四十一種　(清)章壽康編　清光緒會稽章氏刻本　一册　存一種

330000－1701－0084750　G004083、G007702、G010718　經部/讖緯類/總義之屬

古微書三十六卷　(明)孫穀輯　清光緒十七年(1891)刻上虞連氏枕湖樓本　六册

330000－1701－0084751　G601287、G608990、G602402、G609188、G610565、G610225、G610140　類叢部/叢書類/自著之屬

中復堂全集九種附一種　(清)姚瑩撰　清同治六年(1867)姚濬昌安福縣署刻本　十册　存四種

330000－1701－0084755　G004084　經部/小學類/文字之屬/説文

説文解字十五卷標目一卷　(漢)許慎撰　(宋)徐鉉等校定　清刻本　六册

330000－1701－0084756　G606263　子部/工藝類/日用器物之屬/器具

湖船錄一卷　(清)厲鶚撰　清道光二十七年(1847)錢塘汪氏振綺堂刻本　一册

330000－1701－0084757　G605168、G606532、G608891、G609422、G608036　類叢部/叢書類/郡邑之屬

金華叢書六十八種　(清)胡鳳丹編　清同治七年至光緒八年(1868－1882)永康胡氏退補齋刻民國補刻本　五十二册　存九種

330000－1701－0084758　G601288　集部/别集類/唐五代别集

讀杜小箋三卷讀杜二箋二卷　(清)錢謙益箋　清宣統三年(1911)上海國學扶輪社石印本　一册

330000－1701－0084760　G601289　史部/地理類/遊記之屬/紀行

丙午日本游記一卷附錄一卷　程淯撰　清光緒三十三年(1907)鉛印本　一册

330000－1701－0084761　G606264　經部/小學類/文字之屬/字書/訓蒙

文字蒙求四卷　(清)王筠撰　清光緒十三年(1887)梁谿浦氏刻本　一册

330000－1701－0084762　G603592　類叢部/叢書類/輯佚之屬

玉函山房輯佚書五百九十三種附一種　(清)馬國翰輯　清光緒十年(1884)楚南湘遠堂刻本　八册　存八十種

330000－1701－0084763　G004085　史部/政書類/律令之屬/判牘

績邑唐金山祖墓盜砍盜葬兩案合刊二卷　清光緒刻本　一册

330000－1701－0084765　G004086　史部/政書類/律令之屬/判牘

越國汪公祠墓志續刊二卷附吳清山祖墓禁開

油榨全案一卷　清同治刻本　一册

330000－1701－0084766　G601290　史部/雜史類/斷代之屬

求全之毁一卷　(清)味閑老人撰　清光緒三十三年(1907)鉛印本　一册

330000－1701－0084767　G606265　史部/雜史類/斷代之屬

湘軍志十六卷　王闓運撰　清光緒十二年(1886)成都墨香書屋刻本　四册

330000－1701－0084768　G605167　類叢部/叢書類/彙編之屬

琳琅秘室叢書三十種　(清)胡珽編　清光緒十四年(1888)會稽董氏取斯家塾木活字印本　一册　存一種

330000－1701－0084769　G601292　史部/詔令奏議類/奏議之屬

南海先生戊戌奏稿一卷　康有爲撰　清宣統三年(1911)鉛印本　一册

330000－1701－0084770　G606266　史部/地理類/輿圖之屬/全國

大清中外壹統輿圖(皇朝中外壹統輿圖)三十一卷首一卷　(清)鄒世詒　(清)晏啓鎮編　(清)李廷簫　(清)汪士鐸增訂　清同治二年(1863)湖北撫署刻本　二十三册　存二十三卷(南卷一、四至六、九至十,北卷二至四、六至十九)

330000－1701－0084771　G601293　集部/别集類/清别集

眠琴閣詩鈔七卷詞鈔一卷　(清)史悠咸撰　清光緒二十年(1894)廣州廣雅書局刻本　一册

330000－1701－0084772　G606293　子部/農家農學類/蠶桑之屬

喝茫蠶書八卷　(法國)喝茫勒窩滂撰　(清)鄭守箴譯　清光緒二十四年(1898)杭州蠶學館石印本　一册

330000－1701－0084775　G601294　子部/雜著類/雜説之屬

鬭社筆談三卷　(清)張時中撰　清光緒十六年(1890)廩延徐振翰刻本　一册

330000－1701－0084776　G606267　史部/政書類

九通　(清)□□輯　清光緒八年至二十二年(1882－1896)浙江書局刻本　一百四十七册　存一種

330000－1701－0084777　G601295　集部/别集類/清别集

八指頭陀詩集十卷補遺一卷述一卷詞一卷雜文一卷　釋敬安撰　清光緒十四年(1888)義寧陳三立刻二十四年(1898)湘潭葉德輝續刻本　照古題記　二册

330000－1701－0084779　G601296　史部/傳記類/日記之屬

虎口日記一卷(清咸豐十一年九月二十九日至十二月十九日)　(清)魯叔容撰　清光緒二十二年(1896)福州刻本　一册

330000－1701－0084781　G004201　子部/儒家類/儒學之屬/禮教/家訓

晚邨先生家訓真蹟五卷　(清)吕留良撰　清康熙四十二年(1703)吕无鄗刻本　一册

330000－1701－0084782　G601297　子部/工藝類/文房四寶之屬/硯

海天旭日硯記一卷　(清)劉瀚輯　清光緒十六年(1890)刻本　一册

330000－1701－0084783　G004087、G006409、G006469、G006181、G006606　類叢部/叢書類/彙編之屬

武英殿聚珍版書　清江蘇刻本　十二册　存一種

330000－1701－0084784　G601298　史部/政書類/公牘檔册之屬

從公錄一卷續錄二卷三錄一卷　(清)戴肇辰撰　清同治刻本　三册

330000－1701－0084787　G004202　子部/宗教類/佛教之屬/諸宗

宗鑑法林七十二卷　(清)釋性音輯　清康熙

五十七年(1718)刻本　十六册

330000－1701－0084788　G601299　子部/叢編

二十二子(二十二子彙函)　(清)浙江書局編　清光緒元年至三年(1875－1877)浙江書局刻本　十册　存一種

330000－1701－0084789　G004203　史部/地理類/輿圖之屬/郡縣

肇慶府屬基圍圖一卷　(清)羅照滄等纂　清光緒刻朱印本　一册

330000－1701－0084792　G601300　類叢部/叢書類/彙編之屬

榆園叢刻十五種附一種　(清)許增編　清同治至光緒刻本　邵裴子批校　二十册　存十六種

330000－1701－0084793　G606269　類叢部/叢書類/彙編之屬

説鈴前集三十七種後集十六種　(清)吳震方編　清嘉慶四年(1799)刻本　一册　存九種

330000－1701－0084794　G004089、G004303、G004304、G004305、G004330、G011602　經部/叢編

重刊宋本十三經注疏四百十六卷　附十三經注疏校勘記四百十六卷　(清)阮元撰　(清)盧宣旬摘錄　清嘉慶二十年(1815)南昌府學刻道光六年(1826)盱江朱華臨重校印本　六册　存五種

330000－1701－0084795　G603593　史部/傳記類/總傳之屬/文苑

西湖三祠名賢考畧三卷首一卷　戴啓文撰　清光緒三十年(1904)丹徒戴啓文刻本　一册　存二卷(首、一)

330000－1701－0084797　G603594　史部/傳記類/總傳之屬/文苑

西湖三祠名賢考畧三卷首一卷　戴啓文撰　清光緒三十年(1904)丹徒戴啓文刻本　一册　存二卷(首、一)

330000－1701－0084798　G602030　經部/叢編

古經解彙函十六種附小學彙函十四種續附十種　(清)鍾謙鈞等輯　清光緒十四年(1888)上海蜚英館石印本　一册　存古經解彙函一種

330000－1701－0084800　G606294　子部/農家農學類/蠶桑之屬

喝茫蠶書八卷　(法國)喝茫勒窩滂撰　(清)鄭守箴譯　清光緒二十四年(1898)杭州蠶學館石印本　一册

330000－1701－0084801　G603595　類叢部/叢書類/郡邑之屬

武林掌故叢編一百八十七種　(清)丁丙編　清光緒三年至二十六年(1877－1900)錢塘丁氏嘉惠堂刻本　四册　存三種

330000－1701－0084802　G606271　子部/醫家類/方書之屬/單方驗方

集驗良方拔萃二卷癸卯年續補集驗良方拔萃一卷丙寅年續補集驗良方拔萃一卷丁丑年續補集驗良方拔萃一卷　(清)恬素氏輯　清咸豐九年(1859)寄漚氏刻本　一册　缺一卷(集驗良方拔萃一)

330000－1701－0084807　G004091　子部/宗教類/佛教之屬/諸宗

東悟本禪師語錄五卷　(清)釋明本撰　(清)釋通界記錄　(清)釋實福等集　清刻本　一册

330000－1701－0084808　G602031　史部/目録類/總録之屬/官修

浙江藏書樓甲編書目不分卷乙編書目不分卷　楊復編　清光緒三十三年(1907)鉛印本　二册

330000－1701－0084809　G606273、G605176、G606934　類叢部/叢書類/彙編之屬

申報館叢書正集五十七種附錄三種續集一百四十二種　(清)尊聞閣主編　蔡爾康編續集　清同治至光緒上海申報館鉛印本　六册　存一種

330000－1701－0084810　G603596　類叢部/叢書類/郡邑之屬
武林掌故叢編一百八十七種　（清）丁丙編　清光緒三年至二十六年（1877－1900）錢塘丁氏嘉惠堂刻本　十六冊　存八種

330000－1701－0084811　G004204　史部/史抄類
檇李曹太史評鐫古今全史一覽不分卷　（明）舒弘諤撰　明末刻本　一冊

330000－1701－0084813　G004205　類叢部/叢書類/彙編之屬
武英殿聚珍版書　清江蘇刻本　一冊　存一種

330000－1701－0084814　G606274　子部/醫家類/綜合之屬/通論
御纂醫宗金鑑九十卷首一卷　（清）吳謙等撰　清光緒十八年（1892）上海圖書集成印書局鉛印本　六冊　存十四卷（首、編輯外科心法要訣一至十三）

330000－1701－0084815　G004206　經部/小學類/文字之屬/說文
說文部首歌括不分卷　（清）徐道政編　清光緒三十四年（1908）上海會文學社石印本　一冊

330000－1701－0084816　G605169　史部/地理類/外紀之屬
東西洋考十二卷　（明）張燮撰　清刻本　六冊

330000－1701－0084818　SNB0292　集部/別集類/清別集
馮君木尺牘不分卷　馮幵撰　清姚壽祁抄本　章闇題記　二冊

330000－1701－0084819　G004207　集部/總集類/酬唱之屬
魏塘南浦吟一卷　（清）江峯青輯　清光緒二十六年（1900）刻本　一冊

330000－1701－0084820　G004092、G009831　經部/禮記類/文字音義之屬
禮記通識四卷　（清）芮城撰　清宣統三年（1911）芮惇敘堂木活字印本　四冊

330000－1701－0084821　G605170　經部/小學類/文字之屬/說文/專著
唐寫本說文解字木部箋異一卷　（清）莫友芝撰　**仿唐寫本說文解字木部一卷**　（漢）許慎撰　清同治二年（1863）刻本　一冊

330000－1701－0084822　G602032　類叢部/叢書類/郡邑之屬
武林掌故叢編一百八十七種　（清）丁丙編　清光緒三年至二十六年（1877－1900）錢塘丁氏嘉惠堂刻本　八冊　存一種

330000－1701－0084823　G605171　子部/藝術類/書畫之屬/書法書品
松禪老人遺墨二卷　（清）翁同龢書　清光緒三十四年（1908）上海南洋官書局影印本　二冊

330000－1701－0084825　G601301　集部/詩文評類/詩評之屬
明詩紀事甲籤三十卷乙籤二十二卷丙籤十二卷丁籤十七卷戊籤二十二卷己籤二十卷庚籤三十卷辛籤三十四卷　陳田撰　清光緒二十五年至宣統三年（1899－1911）貴陽陳從書聽詩齋刻本　三十八冊

330000－1701－0084827　G603597　子部/宗教類/佛教之屬/論疏
大乘起信論疏解彙集八種　清光緒十一年至民國十五年（1885－1926）金陵刻經處刻本　二冊　存一種

330000－1701－0084828　G004209　類叢部/類書類/通類之屬
讀書紀數略五十四卷　（清）宮夢仁輯　清康熙四十六年至四十七年（1707－1708）維揚宮夢仁刻本　十二冊

330000－1701－0084829　G603598　子部/宗教類/佛教之屬/論疏
大乘起信論疏解彙集八種　清光緒十一年至民國十五年（1885－1926）金陵刻經處刻本

二册　存一種

330000－1701－0084830　G601302　集部/别集類/清别集
甥自寬齋外集四卷　（清）金石撰　清光緒二十九年（1903）程銘敬刻本　清雪齋題記　一册

330000－1701－0084831　G605172、G606991　子部/雜著類/雜考之屬
日知録集釋三十二卷首一卷刊誤二卷續刊誤二卷　（清）黄汝成撰　清光緒二十一年（1895）上海點石齋石印本　六册

330000－1701－0084833　G603599　子部/宗教類/佛教之屬/諸宗
佛果圜悟禪師碧岩集十卷　（宋）釋克勤撰　清光緒二年（1876）釋開慧刻本　五册

330000－1701－0084834　G004210　集部/小説類/長篇之屬
紅樓夢補義一卷紅樓夢紀略一卷　（清）黄見三輯　**紅樓夢論贊一卷**　（清）梅閣評　**紅樓夢詩一卷**　（清）楊維屏撰　清抄本　一册

330000－1701－0084835　G601303　類叢部/叢書類/彙編之屬
式訓堂叢書四十一種　（清）章壽康編　清光緒會稽章氏刻本　一册　存一種

330000－1701－0084837　G602033　史部/雜史類/斷代之屬
南疆繹史勘本三十卷首二卷　（清）溫睿臨撰　（清）李瑤勘定　**繹史摭遺十八卷卹謚考八卷**　（清）李瑤撰　清道光十年（1830）都城琉璃廠半松居士活字印本　十四册　存三十五卷（一至十一、十九至三十，摭遺一至四，卹謚考一至八）

330000－1701－0084838　G004094　史部/傳記類/科舉録之屬
擲地金聲不分卷　實甫氏訂　清末刻本　五册

330000－1701－0084839　G004211　集部/總集類/課藝之屬
賦匯不分卷　稿本　一册

330000－1701－0084840　G601304　子部/儒家類/儒學之屬/經濟
皇朝經世文新編二十一卷　麥仲華輯　清光緒上海大同譯書局石印本　二十四册

330000－1701－0084841　G603600　類叢部/叢書類/自著之屬
安吴四種　（清）包世臣撰　清同治十一年（1872）湖北包誠注經堂刻光緒十四年（1888）重印本　八册　存二種

330000－1701－0084842　G004095　集部/别集類/唐五代别集
韓昌黎文啓□□卷　（唐）韓愈撰　（清）吴輅論定　清順治十七年（1660）吴氏暉壁樓刻本　十册　存三卷（一至三）

330000－1701－0084843　G004096　集部/總集類/選集之屬/通代
歷代金石詩録□□卷　周慶雲輯　清末刻藍印本　七册　存十六卷（一至十六）

330000－1701－0084844　SNB0291　子部/藝術類/遊藝之屬/聯語
稷山楹語三卷　陶濬宣輯　稿本　三册

330000－1701－0084845　G004212　子部/藝術類/書畫之屬/書法書品
曾紀澤臨書一卷　（清）曾紀澤書　清末石印本　一册

330000－1701－0084846　G605174　史部/目録類/書志之屬/題跋
士禮居藏書題跋記六卷　（清）黄丕烈撰　清末石印本　一册　存四卷（一至四）

330000－1701－0084848　G004213、G010503　新學/議論/論政
富國策三卷　（英國）法思德撰　汪鳳藻譯　清末鉛印本　二册　存二卷（二至三）

330000－1701－0084849　G603601　子部/宗教類/佛教之屬/諸宗
靈峰蕅益大師選定淨土十要十卷　（清）釋智

旭輯　(清)釋成時評點節略　清光緒二十年(1894)揚州廣陵藏經禪院刻本　四册

330000－1701－0084850　G605175　類叢部/叢書類/自著之屬

隨園三十八種　(清)袁枚撰　清光緒十八年(1892)勤裕堂鉛印本　五册　存十六種

330000－1701－0084851　G601305　史部/金石類/金之屬/文字

積古齋鐘鼎彝器款識十卷　(清)阮元　(清)朱爲弼撰　清光緒九年(1883)常熟鮑氏後知不足齋刻後知不足齋叢書本　希齋題記　四册

330000－1701－0084852　G603602　類叢部/叢書類/彙編之屬

張氏適園叢書　張鈞衡編　清宣統三年(1911)上海國學扶輪社鉛印本　一册　存一種

330000－1701－0084853　G004215　集部/别集類/清别集

白雲詩集七卷詠梅詩一卷　(清)盧存心撰　清乾隆數間草堂刻本　二册　存四卷(一至四)

330000－1701－0084854　G601306　子部/小説家類/瑣語之屬

瓏璱僊館彙輯二十世紀奇書　(清)陳琰編輯　清宣統三年(1911)上海六藝書局石印本　四册　存一種

330000－1701－0084855　G603603　子部/宗教類/佛教之屬/經疏

無量壽經起信論三卷觀無量壽佛經約論一卷阿彌陀經約論一卷　(清)彭紹升撰　清同治十一年(1872)如皋刻經處刻本　一册

330000－1701－0084859　G004216　史部/傳記類/别傳之屬/墓誌

陶先生墓表一卷　王闓運撰　清光緒十四年(1888)刻本　一册

330000－1701－0084860　G603604　子部/醫家類/溫病之屬/瘟疫

瘟疫論補注二卷　(明)吳有性撰　(清)鄭重光補注　清光緒三十三年(1907)上海掃葉山房石印本　一册

330000－1701－0084861　G004098　集部/别集類/宋别集

舒文靖集二卷事實擬册一卷　(宋)舒璘撰　**附録三卷**　(清)徐時棟輯　**校勘記三卷**　(清)孫鏘撰　清光緒二十二年(1896)四明七千卷樓刻本　二册　存五卷(舒文靖集一、校勘記一至三、事實擬册)

330000－1701－0084863　G004097　類叢部/叢書類/自著之屬

紀慎齋先生全集十二種續集七種　(清)紀大奎撰　清嘉慶十三年至咸豐二年(1808－1852)刻本　五册　存一種

330000－1701－0084864　G601307　類叢部/叢書類/自著之屬

張師筠著述三種　(清)張燮承撰　清咸豐九年至同治十一年(1859－1872)刻本　一册　存一種

330000－1701－0084865　G606275　集部/曲類/彈詞之屬

來生福彈詞八卷三十六回　(清)橘中逸叟撰　清鑄記書局石印本　六册

330000－1701－0084866　G602035　子部/雜著類/雜説之屬

浙江風俗改良淺説第一編一卷　浙江勸學所教育會編　清宣統二年(1910)浙江官報兼印刷局鉛印本　一册

330000－1701－0084867　G603605　子部/宗教類/佛教之屬/論疏

大乘起信論疏解彙集八種　清光緒十一年至民國十五年(1885－1926)金陵刻經處刻本　一册　存一種

330000－1701－0084869　G603606　集部/别集類/清别集

邃懷堂全集三十八卷　(清)袁翼撰　清光緒十三年至十四年(1887－1888)袁鎮嵩刻本

六冊　存十四卷(詩集前編一至六、後編一至六、小清容山館詞鈔一至二)

330000－1701－0084870　G004099　類叢部/叢書類/彙編之屬

天壤閣叢書二十種　(清)王祖源　(清)王懿榮編　清同治至光緒福山王氏刻彙印本　一冊　存二種

330000－1701－0084871　G601308　集部/别集類/清别集

閩游集二卷　(清)高頌禾撰　清道光二十八年(1848)刻本　一冊

330000－1701－0084872　G603607　子部/宗教類/佛教之屬/論疏

大乘起信論疏二卷首一卷　(南朝陳)釋真諦譯　(唐)釋法藏疏　(唐)釋宗密注　清光緒三年(1877)長沙刻經處刻本　二冊

330000－1701－0084873　G601309　集部/詩文評類

鐙窗瑣話八卷　(清)于源撰　清道光二十七年(1847)刻本　缽菴題簽　一冊　存四卷(一至四)

330000－1701－0084875　G603608　子部/宗教類/佛教之屬/論疏

唯識開蒙問答二卷　(元)釋雲峰集　清宣統三年(1911)揚州藏經禪院刻本　二冊

330000－1701－0084877　G603609　子部/宗教類/佛教之屬/論疏

唯識開蒙問答二卷　(元)釋雲峰集　清宣統三年(1911)揚州藏經禪院刻本　二冊

330000－1701－0084878　G601310　子部/宗教類/佛教之屬/總録

雞園語錄妙高游一卷　(清)釋妙空　(鄭學川)撰　清同治十二年(1873)武林許乃釗刻本　一冊

330000－1701－0084879　G606276　集部/别集類/清别集

小倉山房詩集三十一卷補遺一卷附錄一卷　(清)袁枚撰　清刻本　八冊

330000－1701－0084881　G605177　史部/目録類/總録之屬/官修

浙江藏書樓甲編書目不分卷乙編書目不分卷　楊復編　清光緒三十三年(1907)鉛印本　三冊

330000－1701－0084882　G004219　子部/小說家類/雜事之屬

庸閒齋筆記十二卷　(清)陳其元撰　清宣統三年(1911)掃葉山房石印本　四冊

330000－1701－0084883　G602036　史部/地理類/方志之屬/郡縣志

[道光]重修蓬萊縣志十四卷　(清)王文燾修　(清)張本等纂　清道光十九年(1839)刻本　七冊　存十二卷(一、四至十四)

330000－1701－0084884　G601311　子部/宗教類/佛教之屬/總録

雞園語錄妙高游一卷　(清)釋妙空　(鄭學川)撰　清同治十二年(1873)武林許乃釗刻本　二冊

330000－1701－0084885　M005333　史部/叢編

痛史二十一種附九種　樂天居士輯　清宣統至民國上海商務印書館鉛印本　五冊　存三種

330000－1701－0084886　G605178　史部/目録類/總録之屬/官修

浙江藏書樓甲編書目不分卷乙編書目不分卷　楊復編　清光緒三十三年(1907)鉛印本　一冊

330000－1701－0084887　G606277、G606918　史部/傳記類/總傳之屬/通代

增廣尚友錄統編二十二卷　(清)應祖錫輯　清光緒二十八年(1902)鴻寶齋石印本　十一冊　存二十卷(一至九、十二至二十二)

330000－1701－0084888　G603610　類叢部/叢書類/彙編之屬

武英殿聚珍版書一百四十八種　清乾隆四十二年(1777)福建刻道光至同治遞修光緒二十

一年(1895)增刻本　二十四册　存三種

330000－1701－0084889　G004220　子部/宗教類/道教之屬/方法
修真程途四卷首一卷附編二卷　清末刻本　十二册

330000－1701－0084890　G004100　子部/醫家類/方書之屬
太醫院增補醫方捷徑二卷　(明)羅必煒訂　清謙受堂刻本　一册

330000－1701－0084891　G606278　集部/小説類/長篇之屬
兒女英雄傳評話八卷四十回首一卷　(清)文康撰　(清)董恂評　清光緒十四年(1888)上海蜚英館石印本　二册　缺二十八回(九至三十六)

330000－1701－0084892　G601312　史部/政書類/通制之屬
石渠餘紀六卷　(清)王慶雲撰　清光緒三十三年(1907)刻民國二十三年(1934)印本　宣穎題記　六册

330000－1701－0084893　G605179　史部/傳記類/科舉録之屬/歷科鄉試録
[光緒丁酉科]浙江鄉試同年齒録不分卷　清光緒刻本　一册

330000－1701－0084895　G004101　子部/術數類/相宅相墓之屬
地理參贊玄機僊婆集十三卷　(明)張鳴鳳編集　(明)呂元　(明)杜詩評選　(明)張希堯參補　清文光堂刻本　四册　存八卷(一、四至五、九至十三)

330000－1701－0084897　G605180　集部/總集類/選集之屬/通代
古唐詩合解十二卷古詩四卷　(清)王堯衢注　清道光二十五年(1845)德華堂刻本　一册　存二卷(八至九)

330000－1701－0084898　G004221　史部/傳記類/科舉録之屬/歷科鄉試録
[光緒甲午科]浙江鄉試第捌房同門硃卷不分卷　(清)邵藕田等撰　清光緒刻本　一册

330000－1701－0084900　G605181　子部/宗教類/佛教之屬/經疏
彌陀畧解圓中鈔二卷　(明)釋大佑撰　(明)釋傳燈鈔　清同治十年(1871)刻本　二册

330000－1701－0084902　G601313　史部/傳記類/别傳之屬/事狀
韜厂蹈海録四卷　徐良弼等撰　清宣統二年(1910)蘇州鉛印本　一册　存二卷(一至二)

330000－1701－0084903　G606280　集部/小説類/長篇之屬
繡像繪圖花月痕十六卷五十二回　(清)魏秀仁撰　(清)棲霞居士評　清末石印本　一册

330000－1701－0084904　G004222　史部/傳記類/科舉録之屬/歷科鄉試録
[光緒甲午科]浙江鄉試第十房同門硃卷不分卷　(清)余本立等撰　清光緒刻本　一册

330000－1701－0084905　G606281　類叢部/叢書類/彙編之屬
藝苑捃華四十八種　(清)顧之逵編　清同治刻本　一册　存十一種

330000－1701－0084906　G004102　子部/術數類/相宅相墓之屬
重刊人子須知資孝地理心學統宗三十九卷　(明)徐善繼　(明)徐善述撰　清經綸書坊刻本　十五册　存三十六卷(一至十八、二十二至三十九)

330000－1701－0084907　G602037　子部/藝術類/書畫之屬/法帖
有明名賢遺翰二卷　(清)謝若農輯　清光緒十三年(1887)漢臯文淵書局刻本　四册

330000－1701－0084908　G601314　子部/醫家類/喉科口齒之屬
重樓玉鑰一卷　(清)鄭宏綱撰　**洞主仙師白喉治法忌表抉微一卷**　(清)徐鄂輯並注　清光緒二十六年(1900)杭州刻本　一册

330000－1701－0084911　G606282　子部/醫

家類/内科之屬

紅爐點雪四卷 （明）龔居中撰 清光緒二十五年（1899）杭州衢樽書局石印本 一册 存一卷（一）

330000－1701－0084912 G601315 類叢部/叢書類/自著之屬

率祖堂叢書（金仁山先生遺書、婺學十四種）八種附六種 （宋）金履祥撰 清雍正至乾隆金華金氏刻光緒十三年（1887）鎮海謝駿德補刻本 六册 存四種

330000－1701－0084913 G004103 子部/雜著類/雜纂之屬

分類雙魚尺素不分卷 清抄本 小蓋題記 一册

330000－1701－0084914 G606283 子部/農家農學類/蠶桑之屬

喝茫蠶書八卷 （法國）喝茫勒窩滂撰 （清）鄭守箴譯 清光緒二十四年（1898）杭州蠶學館石印本 一册

330000－1701－0084915 G606284 子部/農家農學類/蠶桑之屬

喝茫蠶書八卷 （法國）喝茫勒窩滂撰 （清）鄭守箴譯 清光緒二十四年（1898）杭州蠶學館石印本 一册

330000－1701－0084916 G605183 史部/編年類/通代之屬

綱鑑易知錄九十二卷明鑑易知錄十五卷 （清）吴乘權 （清）周之炯 （清）周之燦輯 清刻本 三十二册 存七十三卷（三至十五、十九至二十八、三十四至三十五、三十八至五十九、六十五至六十六、六十九至九十二）

330000－1701－0084917 G606285 子部/農家農學類/蠶桑之屬

喝茫蠶書八卷 （法國）喝茫勒窩滂撰 （清）鄭守箴譯 清光緒二十四年（1898）杭州蠶學館石印本 一册

330000－1701－0084919 G606286 子部/農家農學類/蠶桑之屬

喝茫蠶書八卷 （法國）喝茫勒窩滂撰 （清）鄭守箴譯 清光緒二十四年（1898）杭州蠶學館石印本 一册

330000－1701－0084920 G606287 子部/農家農學類/蠶桑之屬

喝茫蠶書八卷 （法國）喝茫勒窩滂撰 （清）鄭守箴譯 清光緒二十四年（1898）杭州蠶學館石印本 一册

330000－1701－0084921 G601316 史部/雜史類/斷代之屬

國語正義二十一卷 （清）董增齡撰 清光緒六年（1880）會稽章氏式訓堂刻本 八册

330000－1701－0084922 G606288 子部/農家農學類/蠶桑之屬

喝茫蠶書八卷 （法國）喝茫勒窩滂撰 （清）鄭守箴譯 清光緒二十四年（1898）杭州蠶學館石印本 一册

330000－1701－0084923 G605184 類叢部/叢書類/自著之屬

隨園三十種 （清）袁枚撰 清乾隆至嘉慶刻本 一册 存一種

330000－1701－0084924 G004104 子部/雜著類/雜説之屬

未信餘編一卷 （清）駝浦迂民撰 清同治九年（1870）刻本 一册

330000－1701－0084925 G004105 子部/宗教類/佛教之屬/論疏

大乘法界無差别論疏二卷 （唐）釋法藏撰 清光緒二十一年（1895）金陵刻經處刻本 一册

330000－1701－0084926 G602038 史部/地理類/水利之屬

海寧念汛大口門二限三限石塘圖説一卷 （清）李輔燿撰 （清）袁鎮嵩繪圖 清光緒七年（1881）刻本 一册

330000－1701－0084927 G606289 子部/農家農學類/蠶桑之屬

喝茫蠶書八卷 （法國）喝茫勒窩滂撰 （清）鄭守箴譯 清光緒二十四年（1898）杭州蠶學館石印本 一册

330000－1701－0084928 G606290 子部/農家農學類/蠶桑之屬
喝茫蠶書八卷 （法國）喝茫勒窩滂撰 （清）鄭守箴譯 清光緒二十四年（1898）杭州蠶學館石印本 一册

330000－1701－0084929 G601317 集部/別集類/清別集
邃懷堂文集箋註十六卷 （清）袁翼撰 （清）朱舲箋註 清咸豐八年（1858）古唐朱氏古懽齋刻本 八册

330000－1701－0084930 G605186 經部/叢編
五經四書讀本九種 清康熙紫陽朱錫旂崇道堂刻本 一册 存 種

330000－1701－0084932 G606292 子部/農家農學類/蠶桑之屬
喝茫蠶書八卷 （法國）喝茫勒窩滂撰 （清）鄭守箴譯 清光緒二十四年（1898）杭州蠶學館石印本 一册

330000－1701－0084933 G606295 子部/農家農學類/蠶桑之屬
喝茫蠶書八卷 （法國）喝茫勒窩滂撰 （清）鄭守箴譯 清光緒二十四年（1898）杭州蠶學館石印本 一册

330000－1701－0084934 G606296 子部/農家農學類/蠶桑之屬
喝茫蠶書八卷 （法國）喝茫勒窩滂撰 （清）鄭守箴譯 清光緒二十四年（1898）杭州蠶學館石印本 一册

330000－1701－0084935 G606297 子部/農家農學類/蠶桑之屬
喝茫蠶書八卷 （法國）喝茫勒窩滂撰 （清）鄭守箴譯 清光緒二十四年（1898）杭州蠶學館石印本 一册

330000－1701－0084936 G606298 子部/農家農學類/蠶桑之屬
喝茫蠶書八卷 （法國）喝茫勒窩滂撰 （清）鄭守箴譯 清光緒二十四年（1898）杭州蠶學館石印本 一册

330000－1701－0084937 G606299 子部/農家農學類/蠶桑之屬
喝茫蠶書八卷 （法國）喝茫勒窩滂撰 （清）鄭守箴譯 清光緒二十四年（1898）杭州蠶學館石印本 一册

330000－1701－0084939 G606300 子部/農家農學類/蠶桑之屬
喝茫蠶書八卷 （法國）喝茫勒窩滂撰 （清）鄭守箴譯 清光緒二十四年（1898）杭州蠶學館石印本 一册

330000－1701－0084940 G606301 子部/農家農學類/蠶桑之屬
喝茫蠶書八卷 （法國）喝茫勒窩滂撰 （清）鄭守箴譯 清光緒二十四年（1898）杭州蠶學館石印本 一册

330000－1701－0084941 G606302 子部/農家農學類/蠶桑之屬
喝茫蠶書八卷 （法國）喝茫勒窩滂撰 （清）鄭守箴譯 清光緒二十四年（1898）杭州蠶學館石印本 一册

330000－1701－0084942 G606303 子部/農家農學類/蠶桑之屬
喝茫蠶書八卷 （法國）喝茫勒窩滂撰 （清）鄭守箴譯 清光緒二十四年（1898）杭州蠶學館石印本 一册

330000－1701－0084943 G606304 子部/農家農學類/蠶桑之屬
喝茫蠶書八卷 （法國）喝茫勒窩滂撰 （清）鄭守箴譯 清光緒二十四年（1898）杭州蠶學館石印本 一册

330000－1701－0084944 G606305 子部/農家農學類/蠶桑之屬
喝茫蠶書八卷 （法國）喝茫勒窩滂撰 （清）鄭守箴譯 清光緒二十四年（1898）杭州蠶學

館石印本　一册

330000－1701－0084945　G606306　子部/農家農學類/蠶桑之屬

喝茫蠶書八卷　(法國)喝茫勒窩滂撰　(清)鄭守箴譯　清光緒二十四年(1898)杭州蠶學館石印本　一册

330000－1701－0084946　G606307　子部/農家農學類/蠶桑之屬

喝茫蠶書八卷　(法國)喝茫勒窩滂撰　(清)鄭守箴譯　清光緒二十四年(1898)杭州蠶學館石印本　一册

330000－1701－0084947　G606308　子部/農家農學類/蠶桑之屬

喝茫蠶書八卷　(法國)喝茫勒窩滂撰　(清)鄭守箴譯　清光緒二十四年(1898)杭州蠶學館石印本　一册

330000－1701－0084948　G606309　類叢部/叢書類/彙編之屬

嘯園叢書五十七種　(清)葛元煦編　清光緒二年至七年(1876－1881)仁和葛氏刻本　三十册　存四十四種

330000－1701－0084949　G004106　子部/醫家類/綜合之屬/通論

御纂醫宗金鑑九十卷首一卷　(清)吳謙等撰　清刻本　一册　存一卷(五十七)

330000－1701－0084953　G004223　史部/傳記類/科舉録之屬/歷科鄉試録

[光緒甲午科]浙江鄉試第拾陸房同門硃卷不分卷　(清)屠善生等撰　清光緒刻本　一册

330000－1701－0084954　G004224　史部/傳記類/科舉録之屬/歷科鄉試録

[光緒甲午科]浙江鄉試第拾伍房同門硃卷不分卷　(清)凌康嗣等撰　清光緒刻本　一册

330000－1701－0084955　G004107　子部/醫家類/類編之屬

薛氏醫按二十四種　(明)吳琯編　明萬曆刻本　三册　存三種

330000－1701－0084956　G601347　集部/總集類/選集之屬/通代

古文近道集八卷　(清)王贊元輯　清同治七年(1868)山陰王氏培槐軒刻本　一册　存四卷(五至八)

330000－1701－0084957　G606310　子部/宗教類/佛教之屬/經

維摩詰所説經三卷　(後秦)釋鳩摩羅什譯　清同治九年(1870)金陵刻經處刻本　一册

330000－1701－0084959　G004226　子部/宗教類/佛教之屬/論疏

成唯識論觀心法要十卷　(清)釋智旭撰　清光緒二十六年(1900)揚州藏經院刻本　十册

330000－1701－0084961　G004108　子部/醫家類/綜合之屬/通論

御纂醫宗金鑑九十卷首一卷　(清)吳謙等撰　清刻本　十四册　存十八卷(六十一至六十五、六十七至六十九、七十一至七十七、七十九、八十三至八十四)

330000－1701－0084962　G601319　史部/政書類/通制之屬

吾學録初編二十四卷　(清)吳榮光撰　清同治九年(1870)江蘇書局刻本　六册

330000－1701－0084963　G601318　史部/地理類/方志之屬/通志

[乾隆]盛京通志四十八卷首一卷　(清)宋筠等修　(清)魏樞等纂　清乾隆元年(1736)刻咸豐二年(1852)雷以諴校補印本　二十册

330000－1701－0084964　G606312　史部/傳記類/別傳之屬/事狀

太常袁公[袁昶]行畧一卷附一卷　袁允橚等撰　清光緒三十一年(1905)商務印書館石印本　一册

330000－1701－0084965　G602040　史部/傳記類/總傳之屬/列女

善女人傳二卷　(清)彭際清撰　清同治十一年(1872)常熟刻本　一册

330000－1701－0084966　G606313　史部/地

理類/山川之屬/山志

金山志十卷 （清）盧見曾撰 **續金山志二卷** （清）釋秋崖撰 清光緒二十七年（1901）刻本 一冊 存一卷（續金山志二）

330000－1701－0084967 G004227 史部/紀傳類/正史之屬

二十一史 明刻明清遞修本 二十冊 存一種

330000－1701－0084968 G602041、G603855 經部/小學類/文字之屬/字書/字體

楷法溯源十四卷帖目一卷古碑目一卷 （清）潘存輯 （清）楊守敬編 清光緒三年至四年（1877－1878）刻本 十五冊

330000－1701－0084970 G605187 集部/別集類/清別集

夢東禪師遺集二卷 （清）釋際醒撰 （清）釋喚醒輯 清嘉慶二十二年（1817）釋了亮等隆福寺觀音庵刻本 一冊

330000－1701－0084973 G605188 子部/宗教類/佛教之屬

佛教初學課本一卷註一卷 （清）楊文會撰 清光緒三十二年（1906）金陵刻經處刻本 一冊

330000－1701－0084974 G605191 類叢部/叢書類/郡邑之屬

武林掌故叢編一百八十七種 （清）丁丙編 清光緒三年至二十六年（1877－1900）錢塘丁氏嘉惠堂刻本 二冊 存四種

330000－1701－0084975 G601348 集部/別集類/清別集

倚紅樓詩草一卷 （清）潘淑正撰 清光緒十七年（1891）枕湖樓刻本 一冊

330000－1701－0084976 G605189 類叢部/叢書類/彙編之屬

漸西村舍彙刊（漸西村舍叢刻）四十四種 （清）袁昶編 清光緒十六年至二十四年（1890－1898）桐廬袁氏刻本 一冊 存二種

330000－1701－0084978 G605190 類叢部/叢書類/彙編之屬

漸西村舍彙刊（漸西村舍叢刻）四十四種 （清）袁昶編 清光緒十六年至二十四年（1890－1898）桐廬袁氏刻本 一冊 存一種

330000－1701－0084979 G606314 類叢部/類書類/通類之屬

玉海二百卷辭學指南四卷詩攷一卷詩地理攷六卷漢蓺文志攷證十卷通鑑地理通釋十四卷周書王會補注一卷漢制攷四卷踐阼篇集解一卷急就篇補注四卷姓氏急就篇二卷小學紺珠十卷六經天文編二卷周易鄭康成注一卷通鑑答問五卷 （宋）王應麟撰 **校補玉海瑣記二卷王深寧先生［應麟］年譜一卷** （清）張大昌撰 清光緒九年至十六年（1883－1890）浙江書局刻本 四冊 存十二卷（姓氏急就篇一至二、校補玉海瑣記一至二、玉海六經天文編一至二、詩地理攷一至六）

330000－1701－0084980 G606315 類叢部/類書類/通類之屬

玉海二百卷辭學指南四卷詩攷一卷詩地理攷六卷漢蓺文志攷證十卷通鑑地理通釋十四卷周書王會補注一卷漢制攷四卷踐阼篇集解一卷急就篇補注四卷姓氏急就篇二卷小學紺珠十卷六經天文編二卷周易鄭康成注一卷通鑑答問五卷 （宋）王應麟撰 **校補玉海瑣記二卷王深寧先生［應麟］年譜一卷** （清）張大昌撰 清光緒九年至十六年（1883－1890）浙江書局刻本 一冊 存二卷（校補玉海瑣記一至二）

330000－1701－0084982 G004228、G005708 集部/別集類/清別集

思綺堂文集十卷 （清）章藻功撰 清康熙刻本 十九冊

330000－1701－0084983 G606316、G606366、G606501 類叢部/類書類/通類之屬

玉海二百卷辭學指南四卷詩攷一卷詩地理攷六卷漢蓺文志攷證十卷通鑑地理通釋十四卷周書王會補注一卷漢制攷四卷踐阼篇集解一卷急就篇補注四卷姓氏急就篇二卷小學紺珠十卷六經天文編二卷周易鄭康成注一卷通鑑

答問五卷　(宋)王應麟撰　**校補玉海瑣記二卷王深寧先生[應麟]年譜一卷**　(清)張大昌撰　清光緒九年至十六年(1883－1890)浙江書局刻本　五册　存六卷(校補玉海瑣記一至二、姓氏急就篇一至二、玉海六經天文編、周書王會補注)

330000－1701－0084984　G606317　集部/總集類/酬唱之屬
清尊集十六卷　(清)汪遠孫撰輯　清道光十九年(1839)錢塘汪氏振綺堂刻本　五册

330000－1701－0084985　G605192、M605360　類叢部/叢書類/自著之屬
槐軒全集二十一種附九種　(清)劉沅撰　清咸豐至民國刻彙印本　二册　存一種

330000－1701－0084986　G606318　史部/政書類
九通　(清)□□輯　清光緒八年至二十二年(1882－1896)浙江書局刻本　一百六十册　存一種

330000－1701－0084987　G004229　子部/宗教類/佛教之屬/經疏
妙法蓮華經七卷　(後秦)釋鳩摩羅什譯　清同治五年(1866)刻光緒三十一年(1905)印本　三册

330000－1701－0084988　G004109　子部/醫家類/類編之屬
黄氏醫書八種　(清)黄元御撰　清七曲會刻本　五册　存二種

330000－1701－0084990　G601320　史部/地理類/方志之屬/郡縣志
[光緒]餘姚縣志二十七卷首一卷末一卷　(清)周炳麟修　(清)邵友濂　(清)孫德祖纂　清光緒二十五年(1899)刻本　六册　缺十三卷(十六至二十七、末)

330000－1701－0084991　G601321　集部/別集類/清別集
有真意齋詩一卷　(清)陶文鼎撰　清光緒十八年(1892)陶氏廣州刻本　一册

330000－1701－0084993　G606319　史部/政書類
九通　(清)□□輯　清光緒八年至二十二年(1882－1896)浙江書局刻本　三十九册　存一種

330000－1701－0084994　G601349　史部/地理類/遊記之屬/紀行
鈍齋東遊日記不分卷　賀綸夔撰　清宣統元年(1909)上海商務印書館鉛印本　一册

330000－1701－0084996　G004110　子部/宗教類/佛教之屬/論疏
大乘起信論疏二卷首一卷　(南朝陳)釋真諦譯　(唐)釋法藏疏　(唐)釋宗密注　清光緒三年(1877)長沙刻經處刻本　二册

330000－1701－0084997　G004111　子部/宗教類/佛教之屬
四念處四卷　(隋)釋智顗説　(唐)釋灌頂記　清光緒三年(1877)江北刻經處刻本　一册

330000－1701－0084999　G601350　集部/詞類/别集之屬
太湖竹枝詞二卷　(清)葉承桂撰　清咸豐三年(1853)石林園刻本　一册

330000－1701－0085000　G004230　類叢部/叢書類/彙編之屬
武英殿聚珍版書一百三十八種　清木活字印本　二十册　存三種

330000－1701－0085003　G004112　子部/宗教類/佛教之屬
無隱禪師略錄一卷　(清)釋□燾撰　(清)普願居士集校　清光緒二十七年(1901)揚州藏經院刻本　一册

330000－1701－0085004　G605195　子部/宗教類/佛教之屬/經疏
楞伽阿跋多羅寶經註解四卷　(南朝宋)釋求那跋多羅譯　(明)釋宗泐　(明)釋如玘注　清光緒四年(1878)長沙刻經處刻本　二册

330000－1701－0085008　G601351　類叢部/叢書類/家集之屬

黎氏家集 十二種附四種 （清）黎庶昌編 清光緒十四年至十五年（1888－1889）黎庶昌日本使署刻本暨鉛印本 一冊 存一種

330000－1701－0085009 G606320 集部/戲劇類/總集之屬/雜劇

清容外集九種 （清）蔣士銓撰 清乾隆蔣氏紅雪樓刻本 一冊 存一種

330000－1701－0085010 G602042、G610111 新學/農政/農務

農務土質論三卷圖説一卷 （美國）金福蘭格令希蘭撰 （美國）衛理口譯 （清）范熙庸筆述 清光緒二十六年（1900）江南制造局刻本 三冊

330000－1701－0085013 G004231 類叢部/叢書類/彙編之屬

崇文書局彙刻書三十一種 （清）崇文書局編 清光緒元年至三年（1875－1877）湖北崇文書局刻本 十三冊 存六種

330000－1701－0085015 G606321 史部/傳記類/科舉録之屬

［光緒壬午正科］浙江闈墨不分卷 （清）陳翊清等撰 清光緒聚奎堂刻本 一冊

330000－1701－0085017 G605196、G612010 類叢部/叢書類/彙編之屬

申報館叢書正集五十七種附錄三種續集一百四十二種 （清）尊聞閣主編 蔡爾康編續集 清同治至光緒上海申報館鉛印本 二冊 存一種

330000－1701－0085018 G004113 子部/宗教類/佛教之屬/總録

御選語錄十九卷 （清）世宗胤禛輯 清光緒刻本 一冊 存一卷（十三）

330000－1701－0085021 G606322 子部/醫家類/綜合之屬/通論

御纂醫宗金鑑九十卷首一卷 （清）吳謙等撰 清乾隆刻本 一冊 存三卷（二十七至二十九）

330000－1701－0085022 G605197 子部/宗教類/佛教之屬

顯密圓通成佛心要集二卷 （遼）釋道㲀輯 清同治十一年（1872）金陵刻經處刻本 一冊

330000－1701－0085023 G601322 類叢部/叢書類/彙編之屬

榆園叢刻十五種附一種 （清）許增編 清同治至光緒刻本 一冊 存二種

330000－1701－0085025 G605198 子部/宗教類/佛教之屬

顯密圓通成佛心要集二卷 （遼）釋道㲀輯 清同治十一年（1872）金陵刻經處刻本 一冊

330000－1701－0085026 G605199 子部/宗教類/佛教之屬

顯密圓通成佛心要集二卷 （遼）釋道㲀輯 清同治十一年（1872）金陵刻經處刻本 一冊

330000－1701－0085027 G004114 子部/宗教類/佛教之屬/論疏

大宗地玄文本論略註四卷首一卷 （南朝陳）釋真諦譯 （清）楊文會略注 清光緒三十二年（1906）金陵刻經處刻本 一冊

330000－1701－0085028 G606323 子部/雜著類/雜考之屬

日知錄集釋三十二卷刊誤二卷續刊誤二卷 （清）黃汝成撰 清同治十一年（1872）湖北崇文書局刻本 二冊 存五卷（一、刊誤一至二、續刊誤一至二）

330000－1701－0085029 G004115 子部/宗教類/佛教之屬/論

發菩提心論二卷 （印度）天親菩薩造 （後秦）釋鳩摩羅什譯 清光緒十四年（1888）江北刻經處刻本 一冊

330000－1701－0085031 G605200 史部/傳記類/總傳之屬/列女

善女人傳二卷 （清）彭際清撰 清同治十一年（1872）常熟刻本 一冊

330000－1701－0085032 G605201、G609299、G607673、G609862 子部/醫家類/類編之屬

沈氏尊生書五種 （清）沈金鰲撰輯 清宣統

元年(1909)石印本　十一册　存一種

330000－1701－0085033　G606324、G607064　史部/地理類/方志之屬/郡縣志

[嘉慶]重修揚州府志七十二卷首一卷　(清)阿克當阿修　(清)姚文田　(清)江藩等纂　清嘉慶十五年(1810)刻本　四十八册

330000－1701－0085034　G004116　子部/宗教類/佛教之屬

續原教論二卷　(明)沈士榮撰　清光緒元年(1875)金陵刻經處刻本　一册

330000－1701－0085038　G605202　類叢部/叢書類/彙編之屬

張氏適園叢書　張鈞衡編　清宣統三年(1911)上海國學扶輪社鉛印本　一册　存一種

330000－1701－0085039　G606325、G611211　子部/醫家類/本草之屬/歷代綜合本草

本草從新十八卷　(清)吴儀洛輯　清光緒七年(1881)恒德堂刻本　二册　存四卷(一、十六至十八)

330000－1701－0085040　G606326　史部/地理類/水利之屬

迴瀾紀要二卷　(清)徐端撰　清道光九年(1829)刻本　一册

330000－1701－0085041　G606327　史部/傳記類/總傳之屬/釋道

[清光緒甲申春期]敕賜杭城長慶禪寺護國戒壇同戒録一卷　(清)釋顯寂撰　清光緒十年(1884)浙台黄邑潞橋金師古齋木活字印本　一册

330000－1701－0085042　G004117、G004771　子部/醫家類/方書之屬/歷代方書

雞峯普濟方三十卷　(宋)張鋭撰　清道光八年(1828)長洲汪士鐘藝芸書舍刻本(卷二至三、六、八原缺)　九册　缺二卷(十二至十三)

330000－1701－0085044　G004118　子部/宗教類/佛教之屬/經

佛説菩薩念佛三昧經六卷　(南朝宋)釋功德直　(南朝宋)釋玄暢譯　清同治十一年(1872)常熟刻經處刻本　二册

330000－1701－0085045　G004119、G004598　子部/宗教類/佛教之屬/諸宗

淨土聖賢録九卷　(清)彭希涑撰　**淨土聖賢録續編四卷**　(清)胡珽撰　**種蓮集一卷**　(清)陳本仁輯　清光緒元年(1875)錢塘許靈虛刻本　三册　存七卷(一至七)

330000－1701－0085049　G606328　史部/紀傳類/正史之屬

四史　清光緒金陵書局江南書局刻本　八册　存一種

330000－1701－0085053　G606329　史部/紀傳類/正史之屬

四史　清光緒金陵書局江南書局刻本　八册　存一種

330000－1701－0085055　G606330　史部/紀傳類/正史之屬

二十四史　清同治至光緒五省官書局據汲古閣本等合刻光緒五年(1879)湖北書局彙印本　八册　存一種

330000－1701－0085056　G601323　史部/金石類/郡邑之屬/文字

兩浙金石志十八卷補遺一卷　(清)阮元撰　清光緒十六年(1890)浙江書局刻本　十二册

330000－1701－0085057　G004120　子部/宗教類/佛教之屬/經疏

大方廣圓覺修多羅了義經略疏二卷　(唐)釋宗密撰　清光緒十二年(1886)慧空經房刻本　一册　存一卷(上)

330000－1701－0085058　G004121　子部/宗教類/佛教之屬/諸宗

徹悟禪師遺稿二卷　(清)釋際醒撰　(清)釋了亮　(清)釋了梅等輯　清同治七年(1868)刻本　弘一法師題簽並記　一册

330000－1701－0085059　G601324　類叢部/叢書類/彙編之屬

金峨山館叢書(望三益齋叢書)十一種 (清)郭傳璞編 清光緒八年至十六年(1882-1890)鄞郭氏刻二十年(1894)鎮海邵氏彙印本 一册 存一種

330000-1701-0085060 G605203、G605204 史部/地理類/方志之屬/郡縣志

[嘉慶]羅江縣志三十六卷 (清)李桂林修 (清)鄧林等纂 **[同治]續修羅江縣志二十四卷** (清)馬傳業修 (清)劉正慧等纂 清嘉慶二十年(1815)刻同治四年(1865)續刻本 三册

330000-1701-0085061 G601352 類叢部/叢書類/自著之屬

槐軒全集二十一種附九種 (清)劉沅撰 清咸豐至民國刻彙印本 一册 存一種

330000-1701-0085062 G004233 史部/紀傳類/正史之屬

二十四史附考證 清刻本 二十一册 存一種

330000-1701-0085064 G004122 子部/宗教類/佛教之屬/諸宗

秘藏指南二卷 (清)趙鉞編 清同治八年(1869)杭州昭慶經房刻本 大智題記 一册

330000-1701-0085065 G605205 子部/儒家類/儒學之屬/性理

朱子原訂近思錄集注十四卷考訂朱子世家一卷 (清)江永撰 清同治七年(1868)楚北崇文書局刻本 四册 存三卷(一至三)

330000-1701-0085066 G601353 經部/群經總義類/文字音義之屬

十三經注疏校勘記識語四卷 (清)汪文臺撰 清光緒三年(1877)江西書局刻本 二册

330000-1701-0085067 G004124 史部/傳記類/總傳之屬/釋道

[清光緒丙申冬期]敕賜靈巖山百福靈峯講寺護國戒壇同戒錄一卷 (清)釋寂融撰 清光緒二十二年(1896)刻本 一册

330000-1701-0085069 G004123 史部/傳記類/總傳之屬/釋道

[清光緒癸巳春期]敕建太邑五獅山明因講寺同戒錄一卷 (清)釋機直撰 清光緒十九年(1893)浙台黄邑潞橋金師古齋木活字印本 一册

330000-1701-0085071 G602047 經部/小學類/文字之屬/說文

說文通訓定聲十八卷補遺十八卷分部檢韻一卷說雅一卷古今韻準一卷 (清)朱駿聲撰 (清)朱鏡蓉參訂 清光緒十九年(1893)上海鴻文書局石印本 十一册 缺二卷(說雅、古今韻準)

330000-1701-0085072 G004234 史部/編年類

資治通鑑彙刻 清同治至光緒江蘇書局刻本 九十册 存一種

330000-1701-0085075 G004125 史部/傳記類/總傳之屬/釋道

敕建崇福禪寺同戒錄一卷 (清)釋祖道撰 清光緒三十一年(1905)刻本 一册

330000-1701-0085076 G004126 史部/傳記類/總傳之屬/釋道

[清光緒甲午秋期]敕賜普慈禪寺護國興聖戒壇同戒錄一卷 (清)釋麗文撰 清光緒二十年(1894)刻本 一册

330000-1701-0085077 G601327 子部/儒家類/儒學之屬/禮教

心影集四卷 (清)李士麟輯 清同治三年(1864)豫章吳蘭刻本 一册

330000-1701-0085080 G004127 史部/傳記類/總傳之屬/釋道

敕賜長壽山永福禪寺同戒錄一卷 (清)釋定光撰 清光緒十三年(1887)刻本 一册

330000-1701-0085082 G602048 集部/小說類/長篇之屬

繪像鐵花仙史二十六回 (清)雪封山人輯 (清)一嘯居士評點 清光緒十七年(1891)鉛印本 三册 存十九回(一至十九)

330000－1701－0085085　G606331　史部/紀傳類/正史之屬

二十四史　清同治至光緒五省官書局據汲古閣本等合刻光緒五年(1879)湖北書局彙印本　八册　存一種

330000－1701－0085087　G004235、G010829　經部/群經總義類/傳說之屬

雪樵經解三十卷附録三卷　(清)馮世瀛輯　清光緒十五年(1889)著易堂書局鉛印本　金秋題記　八册

330000－1701－0085089　G602049　史部/地理類/外紀之屬

漢西域圖考七卷首一卷　(清)李光廷撰　清同治九年(1870)刻本　三册　存七卷(首、一、三至七)

330000－1701－0085091　G601325　史部/紀傳類/正史之屬

二十四史　清同治至光緒五省官書局據汲古閣本等合刻光緒五年(1879)湖北書局彙印本　八册　存一種

330000－1701－0085093　G601329　集部/别集類

養源山房詩鈔六卷　徐士霖撰　清光緒三十四年(1908)武林刻本　二册

330000－1701－0085094　G606332　史部/紀傳類/正史之屬

二十四史　清同治至光緒五省官書局據汲古閣本等合刻光緒五年(1879)湖北書局彙印本　八册　存一種

330000－1701－0085098　G602050　子部/儒家類/儒學之屬/經濟

揚子法言十三卷音義一卷　(漢)揚雄撰　(晉)李軌注　清嘉慶二十三年(1818)秦氏石研齋影宋刻本　一册　存八卷(六至十三)

330000－1701－0085099　G004252　子部/儒家類/儒學之屬/俗訓

訓俗遺規摘鈔四卷　(清)陳弘謀撰　(清)劉肇紳輯　清同治七年(1868)崇文書局刻本　二册

330000－1701－0085101　G601326　子部/儒家類/儒學之屬/禮教

心影集四卷　(清)李士麟輯　清同治三年(1864)豫章吳蘭刻本　一册

330000－1701－0085102　G004236　子部/藝術類/書畫之屬/總論

增廣繪事津梁一卷　清光緒二十一年(1895)上海袖海山房石印本　一册

330000－1701－0085103　G605206　史部/地理類/方志之屬/郡縣志

[乾隆]馬巷廳志十八卷首一卷　(清)萬友正纂修　清光緒九年(1883)丁惠深刻十九年(1893)黃家鼎校補刻本　二册　存七卷(八至十四)

330000－1701－0085104　SNB0396　子部/儒家類/儒家之屬

新語二卷　(漢)陸賈撰　**忠經一卷**　(漢)馬融撰　(漢)鄭玄注　清光緒元年(1875)湖北崇文書局刻子書百家本　陳漢章批校　一册

330000－1701－0085105　G605207、G603946　子部/醫家類/方書之屬/單方驗方

孫真人千金方衍義三十卷　(唐)孫思邈撰　(清)張璐衍義　清嘉慶五年(1800)掃葉山房刻本　二十八册　存二十五卷(三至二十七)

330000－1701－0085107　G004253　子部/宗教類/佛教之屬/經疏

金剛般若波羅密經心印疏二卷　(清)釋溥畹撰　**般若波羅蜜多心經一卷**　(唐)釋玄奘譯　**般若心經口義別一卷**　(明)釋大瓊撰　清光緒二十七年(1901)、清宣統元年(1909)揚州藏經院刻本　二册

330000－1701－0085108　G602051　史部/地理類/方志之屬/通志

浙志便覽七卷　(清)李應珏撰　清光緒十七年(1891)杭城吏隱齋刻本　清弘毅齋題記　四册

330000－1701－0085109　G004237　史部/傳

記類/總傳之屬/列女
青田縣貞孝節烈婦女表微錄□卷 清刻本 一冊 存一卷(一)

330000－1701－0085110 G605208、G608157 子部/雜著類/雜考之屬
癸巳存稿十五卷 (清)俞正燮撰 清光緒十年(1884)李宗焻武林刻本 二冊 存五卷(四至五、十三至十五)

330000－1701－0085112 G004238 史部/傳記類/總傳之屬/列女
義烏縣貞孝節烈婦女表微錄□□卷 清刻本 一冊 存四卷(三至六)

330000－1701－0085115 G606333 史部/紀傳類/正史之屬
二十四史 清同治至光緒五省官書局據汲古閣本等合刻光緒五年(1879)湖北書局彙印本 四十冊 存一種

330000－1701－0085117 G606334 史部/紀傳類/正史之屬
二十四史 清同治至光緒五省官書局據汲古閣本等合刻光緒五年(1879)湖北書局彙印本 三十九冊 存一種

330000－1701－0085118 G601330 類叢部/叢書類/郡邑之屬
金華叢書六十八種 (清)胡鳳丹編 清同治七年至光緒八年(1868－1882)永康胡氏退補齋刻民國補刻本 二冊 存五種

330000－1701－0085119 G606335 子部/醫家類/綜合之屬/通論
御纂醫宗金鑑九十卷首一卷 (清)吳謙等撰 清刻本 二十五冊 存六十五卷(四至八、十六至十七、二十一至五十五、五十八至六十九、七十七至八十三、八十七至九十)

330000－1701－0085120 G004239 史部/傳記類/別傳之屬/墓誌
皇清誥授奉直大夫議敘員外郎海寧蔣君[望曾]墓志銘一卷 (清)查燕緒撰 清末刻本 一冊

330000－1701－0085122 G004254、G005928 史部/政書類/軍政之屬
守邊五種 (清)壁昌等撰 清刻本 四冊

330000－1701－0085123 G004240 史部/地理類/方志之屬/郡縣志
[乾隆]餘姚志四十卷 (清)唐若瀛修 (清)邵晉涵纂 清抄本 一冊 存三卷(一至三)

330000－1701－0085124 G602053 史部/地理類/專志之屬/寺觀
竹堂寺志一卷陽山景福庵紀畧一卷 釋志明撰 清宣統元年(1909)鉛印本 一冊

330000－1701－0085127 G602054 史部/傳記類/別傳之屬
含真仙蹟圖一卷 陳夔龍編 清光緒三十二年(1906)鉛印本 一冊

330000－1701－0085128 G601331 類叢部/叢書類/自著之屬
煙嶼樓集四種 (清)徐時棟撰 清同治至光緒刻彙印本 一冊 存一種

330000－1701－0085129 G605212 子部/藝術類/書畫之屬/畫譜
增刻紅樓夢圖詠一卷 (清)王墀繪並輯 **紅樓夢紀畧一卷廣義一卷** (清)青山山農撰 **紅樓夢論贊一卷** (清)讀花人撰 清光緒八年(1882)上海點石齋石印本 一冊 存一卷(一)

330000－1701－0085130 G602055 經部/小學類/文字之屬/說文
說文通訓定聲十八卷分部柬韻一卷說雅一卷古今韻準一卷 (清)朱駿聲撰 (清)朱鏡蓉參訂 **皇清敕授文林郎國子監博士銜揀選知縣揚州府學教授允倩府君[朱駿聲]行述一卷** 朱孔彰撰 清道光二十九年(1849)刻同治九年(1870)朱孔彰臨嘯閣補刻本 一冊 存總目

330000－1701－0085135 G605213 類叢部/類書類/通類之屬

重編留青新集二十四卷 (清)馮善長輯　清光緒十六年(1890)上海鉛印本　一冊　存二卷(九至十)

330000－1701－0085136　G602057　史部/地理類/專志之屬/古跡
會稽名勝賦一卷 (清)葉簡裁輯　清刻本　一冊

330000－1701－0085139　G605214　子部/藝術類/篆刻之屬
適園印印一卷 (清)吳咨篆　**吳聖俞傳一卷** (清)汪昉撰　清宣統三年(1911)石印本　一冊

330000－1701－0085140　G004256、G005816　子部/宗教類/佛教之屬
金剛三昧經通宗記十二卷首一卷末一卷 (清)釋誅震撰　清康熙二十五年至二十七年(1686－1688)梁谿福城院刻本　二冊

330000－1701－0085142　G004241　新學/工藝
照像畧法一卷照像乾片法一卷 (英國)傅蘭雅譯　清光緒十三年(1887)鉛印本　一冊

330000－1701－0085143　G004242　新學/工藝/雜藝
電氣鍍金一卷電氣鍍鎳一卷 (英國)傅蘭雅譯　清光緒六年(1880)鉛印本　一冊

330000－1701－0085145　G601333　史部/地理類/雜志之屬
京師地名對二卷 (清)巴哩克杏芬輯　清光緒二十七年(1901)刻本　二冊

330000－1701－0085146　G004243　新學/格致總
格致釋器一卷 (英國)傅蘭雅編　清光緒鉛印本　一冊

330000－1701－0085147　G004257　子部/宗教類/佛教之屬
一夢漫言二卷 (清)釋獨體撰　清光緒五年(1879)華山律堂刻本　一冊

330000－1701－0085148　G605215　子部/醫家類/外科之屬/外科方
外科正宗十二卷 (明)陳實功撰　(清)徐大椿評　清光緒二十七年(1901)上洋煥文書局石印本　二冊　存四卷(五至六、十一至十二)

330000－1701－0085150　G004258　史部/地理類/專志之屬/寺觀
辯利院志三卷 (清)翟灝撰　(清)吳樹虛增訂　清乾隆刻道光十年(1830)印本　一冊

330000－1701－0085151　G601332　集部/別集類/明別集
陶菴集二十二卷首一卷末一卷 (明)黄淳燿撰　清光緒五年至七年(1879－1881)童式穀、宋道南刻本　五冊　存十二卷(一至二、七至九、十七至二十二、末)

330000－1701－0085153　G004259　子部/農家農學類/鳥獸蟲之屬
促織論一卷　清抄本　越屏氏題記　一冊

330000－1701－0085155　G004260　子部/宗教類/佛教之屬/經
金剛般若波羅密經一卷 (後秦)釋鳩摩羅什譯　清抄本　一冊

330000－1701－0085156　G004244　集部/總集類/尺牘之屬
分類尺牘備覽十卷附要訣一卷 (清)王虎榜輯　**續分類尺牘備覽四卷** (清)同文社輯　清光緒三十年(1904)上海同文社鉛印本　八冊

330000－1701－0085158　G602059　史部/金石類/錢幣之屬/雜著
癖泉臆説六卷　高煥文撰　清宣統三年(1911)高氏泉壽山房石印本　一冊

330000－1701－0085159　G004261　史部/詔令奏議類/奏議之屬
洋務密記不分卷　清末抄本　一冊

330000－1701－0085160　G004262　子部/宗教類/佛教之屬/諸宗

淨土神珠一卷附往生要關一卷　(清)釋古崑輯　清同治昭慶慧空經房刻本　一冊

330000－1701－0085162　G605216、G608392　史部/傳記類/總傳之屬/仕宦

貳臣傳十二卷逆臣傳四卷　(清)國史館撰　清都城琉璃廠半松居士刻本　八冊

330000－1701－0085163　G602060　經部/儀禮類/傳説之屬

儀禮經注一隅二卷　(清)朱駿聲撰　清道光二十九年(1849)朱氏家塾刻本　一冊

330000－1701－0085164　G605217　類叢部/叢書類/彙編之屬

邵武徐氏叢書初刻十四種　(清)徐幹編　清光緒邵武徐氏刻本　一冊　存一種

330000－1701－0085165　G004245　新學/兵制/槍炮

兵器學教程不分卷　(清)武學編譯社譯述　清宣統元年(1909)北洋陸軍編譯局鉛印本　一冊　存葉八十一至一百四十

330000－1701－0085166　G601328　集部/別集類/清別集

小迦陵館文集一卷　(清)陳寶撰　清宣統二年(1910)浙江官報兼印刷局鉛印本　一冊

330000－1701－0085168　G605218　子部/宗教類/佛教之屬

佛教初學課本一卷註一卷　(清)楊文會撰　清光緒三十二年(1906)金陵刻經處刻本　一冊

330000－1701－0085171　G605219、G605234　類叢部/叢書類/彙編之屬

平津館叢書六集三十五種　(清)孫星衍編　清嘉慶蘭陵孫氏刻本　三冊　存三種

330000－1701－0085172　G602062　類叢部/叢書類/家集之屬

陳氏叢書十三種　(清)陳濬　(清)陳宸書撰　清嘉慶至同治刻本　四冊　存一種

330000－1701－0085173　G004263、G005326　子部/醫家類/綜合之屬/合刻、合抄

景岳全書六十四卷　(明)張介賓撰　清刻本　十七冊　存四十六卷(三至三十三、四十至五十四)

330000－1701－0085175　G605220　史部/傳記類/別傳之屬

含真仙蹟圖一卷　陳夔龍編　清光緒三十二年(1906)鉛印本　一冊

330000－1701－0085177　G605221　子部/術數類/命書相書之屬

精刻看命一掌金一卷　(唐)釋一行撰　清末刻本　一冊

330000－1701－0085178　G605222　子部/術數類/命書相書之屬

精刻看命一掌金一卷　(唐)釋一行撰　清末刻本　一冊

330000－1701－0085179　G004264　史部/傳記類/總傳之屬/忠孝

孝弟忠義圖説四卷　(清)江楚編譯官書局編繪　清光緒三十二年(1906)金陵江楚編譯官書局石印本　世琠題簽　二冊

330000－1701－0085181　G605224　史部/目録類/專録之屬

經義考三百卷　(清)朱彝尊撰　**經義考總目二卷**　(清)盧見曾編　清康熙秀水朱氏曝書亭刻乾隆十九年至二十年(1754－1755)德州盧見曾續刻乾隆四十二年(1777)汪汝瑮重印本(卷二八六、二九九至三百原缺)　一冊　存七卷(二百六十二至二百六十八)

330000－1701－0085182　G004247　子部/宗教類/佛教之屬

普度金針不分卷　清刻本　一冊

330000－1701－0085183　G004265　子部/小説家類/雜事之屬

世界第一譚不分卷　(日本)村上俊藏撰　清光緒二十九年(1903)上海文明書局鉛印本　陸枕亞題記　一冊

330000－1701－0085184　G605225　子部/宗

教類/佛教之屬/經疏

大華嚴經略策一卷三聖圓融觀門一卷 （唐）釋澄觀撰 **答順宗心要法門一卷** （唐）釋澄觀撰 （唐）釋宗密注 **原人論一卷** （唐）釋宗密撰 **華嚴念佛三昧論一卷** （清）彭紹升撰 清同治十三年（1874）雞園刻經處、光緒二十一年（1895）、二十三年（1897）金陵刻經處刻本 一册

330000－1701－0085185 G601334 子部/醫家類/傷寒金匱之屬/傷寒論

傷寒附翼二卷 （清）柯琴撰 清刻本 二册

330000－1701－0085186 G603611、G607545 類叢部/叢書類/彙編之屬

木犀軒叢書二十七種 李盛鐸編 清光緒德化李氏木犀軒刻本 三十九册 存二十五種

330000－1701－0085187 G606336 史部/紀傳類/正史之屬

二十四史 清同治至光緒五省官書局據汲古閣本等合刻光緒五年（1879）湖北書局彙印本 九十七册 存一種

330000－1701－0085189 G601335 集部/曲類/寶卷之屬

現世寶卷二卷 清光緒五年（1879）刻本 一册

330000－1701－0085190 G601336 集部/曲類/寶卷之屬

清源寶卷二卷 清光緒十年（1884）杭州瑪瑙經房刻本 二册

330000－1701－0085193 G603612 集部/總集類/酬唱之屬

甲午大吉詩編一卷續編一卷 （清）許郊編 清光緒二十年（1894）刻本 一册

330000－1701－0085194 G603613、G603684 子部/醫家類/綜合之屬/通論

御纂醫宗金鑑九十卷首一卷 （清）吳謙等撰 清乾隆刻本 三册 存五卷（三十六至三十七、編輯外科心法要訣九至十一）

330000－1701－0085195 G606337、G605309 類叢部/類書類/專類之屬

佩文韻府一百六卷 （清）張玉書 （清）蔡升元等輯 **韻府拾遺一百六卷** （清）汪灝（清）何焯等輯 清刻本 十九册 存一百五卷（韻府拾遺一至三、五至一百六）

330000－1701－0085196 G603614、G611125 經部/禮記類/傳說之屬

禮記訓纂四十九卷 （清）朱彬撰 清宣統元年（1909）學部圖書局石印本 十册

330000－1701－0085197 G004268 類叢部/叢書類/彙編之屬

申報館叢書正集五十七種附錄三種續集一百四十二種 （清）尊聞閣主編 蔡爾康編續集 清同治至光緒上海申報館鉛印本 二册 存一種

330000－1701－0085198 G601337 集部/曲類/寶卷之屬

山西平陽府平陽邨秀女寶卷全集一卷 清光緒七年（1881）刻本 一册

330000－1701－0085200 G606338 子部/儒家類/儒學之屬/經濟

皇朝經世文編一百二十卷姓名總目二卷生存姓名一卷 （清）賀長齡輯 清道光七年（1827）刻本 一册 存一卷（文編一）

330000－1701－0085201 G603615 類叢部/叢書類/彙編之屬

知不足齋叢書一百九十五種 （清）鮑廷博編（清）鮑士恭續編 清乾隆三十七年至道光三年（1772－1823）長塘鮑氏刻彙印本 一册 存一種

330000－1701－0085202 G004248、G004249 子部/儒家類/儒學之屬/蒙學

繪圖蒙學課本四卷 （清）王亨統輯 清光緒二十八年（1902）美華書館鉛印本 二册 存二卷（一至二）

330000－1701－0085204 G004270 類叢部/叢書類/彙編之屬

申報館叢書正集五十七種附錄三種續集一百

四十二種　(清)尊聞閣主編　蔡爾康編續集　清同治至光緒上海申報館鉛印本　一冊　存一種

330000－1701－0085205　G601339　集部/總集類/彙編之屬
二黃合稿二卷　(清)黃崇惺　(清)黃家鼎撰　(清)廷愷編　清光緒八年(1882)刻本　二冊

330000－1701－0085206　G606339　史部/政書類/邦計之屬/荒政
欽定康濟錄四卷　(清)陸曾禹撰　(清)倪國璉釐正　清同治三年(1864)浙江撫署刻本　三冊

330000－1701－0085207　G603616　集部/總集類/選集之屬/斷代
湖海詩傳四十六卷　(清)王昶輯　清同治四年(1865)蘇州綠蔭堂刻本　十五冊　存四十三卷(一至十六、二十至四十六)

330000－1701－0085208　G606340　集部/別集類/清別集
趙裘萼公賸藁四卷　(清)趙熊詔撰　清光緒二十三年(1897)浙江書局刻本　二冊

330000－1701－0085210　G603617　史部/政書類/邦交之屬
辛丑各國和約一卷　清末刻本　一冊

330000－1701－0085211　G603618　史部/地理類/外紀之屬
增註東洋詩史三卷　(日本)濯足扶桑客撰　清光緒二十九年(1903)江陰中西實學書館木活字印本　三冊

330000－1701－0085212　G601340　集部/別集類/清別集
恥白集一卷附一卷　(清)周光祖撰　清光緒五年(1879)古虞連氏刻本　一冊

330000－1701－0085213　G601338　集部/曲類/寶卷之屬
趙氏賢孝寶卷二卷　清光緒杭州西湖昭慶寺慧空經房刻本　一冊

330000－1701－0085214　G603619　類叢部/叢書類/彙編之屬
漸學廬叢書第一集十五種　(清)胡祥鑅編　清光緒元和胡氏石印本　五冊　存一種

330000－1701－0085215　G606341　類叢部/叢書類/郡邑之屬
名家西湖山水詩十五種　清光緒錢塘丁氏嘉惠堂刻民國二十三年(1934)彙印本　五冊

330000－1701－0085217　G004273　集部/別集類/清別集
詅癡集三卷　(清)蔣廷皋撰　清同治十三年(1874)刻本　一冊

330000－1701－0085218　G606342　類叢部/叢書類/郡邑之屬
名家西湖遊記十四種　清光緒錢塘丁氏刻本　三冊　存九種

330000－1701－0085220　G004274　集部/別集類/漢魏六朝別集
徐孝穆全集六卷　(南朝陳)徐陵撰　(清)吳兆宜箋注　**備考一卷**　(清)徐文炳撰　清光緒二年(1876)廣東翰墨園刻本　三冊

330000－1701－0085221　G603620、G606907　史部/地理類/方志之屬/郡縣志
[同治]續纂揚州府志二十四卷　(清)方濬頤修　(清)晏端書　(清)錢振倫等纂　清同治十三年(1874)刻本　八冊

330000－1701－0085222　G606343　類叢部/叢書類/郡邑之屬
名家西湖遊記十四種　清光緒錢塘丁氏刻本　一冊　存一種

330000－1701－0085224　G606344　集部/別集類/清別集
道古堂文集四十八卷詩集二十六卷集外文一卷集外詩一卷　(清)杭世駿撰　**軼事一卷**　(清)汪曾唯輯　清刻本　四冊　存二十一卷(十四至十八、二十四至二十八、三十四至三十九、四十四至四十八)

330000－1701－0085225　G603621　史部/傳

記類

豫章先賢九家年譜　(清)楊希閔輯　清光緒四年(1878)刻本　一册　存二種

330000－1701－0085226　G004250　史部/紀傳類/正史之屬

四史　清同治十一年(1872)成都書局刻本　二十六册　存一種

330000－1701－0085227　G606345、G607047　集部/總集類/選集之屬/通代

經史百家雜鈔二十六卷　(清)曾國藩輯　清光緒三十二年(1906)上海商務印書館鉛印本　十册　缺四卷(一至二、十六至十七)

330000－1701－0085228　G605226　集部/別集類/清別集

衎石齋記事稾十卷續稾十卷刻楮集四卷旅逸小稾二卷　(清)錢儀吉撰　清光緒六年(1880)錢彝甫廣州刻本　一册　存四卷(刻楮集一至四)

330000－1701－0085229　G605227　子部/宗教類/佛教之屬/經

增壹阿含經五十卷首一卷　(晉)釋曇摩難提譯　清光緒十二年(1886)江北刻經處刻本　十二册

330000－1701－0085230　G004251　子部/宗教類/佛教之屬/諸宗

禪林寶訓筆説三卷　(清)釋智祥撰　清光緒十九年(1893)江北刻經處刻本　三册

330000－1701－0085231　G603622、G603624　類叢部/叢書類/彙編之屬

榆園叢刻十五種附一種　(清)許增編　清同治至光緒刻本　三册　存五種

330000－1701－0085232　G605228　子部/術數類

重刻破迷宗旨原本一卷　(清)儒童老人撰　清忠恕堂刻本　一册

330000－1701－0085233　G605229　子部/宗教類/道教之屬

濟一子證道秘書十七種　(清)傅金銓輯　清刻本　一册　存一種

330000－1701－0085234　G004276、G010775、G009629　史部/職官類/官制之屬

頒發條例不分卷　清末刻本　四十九册

330000－1701－0085235　G601345　史部/傳記類/總傳之屬/列女

越女表微録五卷　(清)汪輝祖撰　清光緒十八年(1892)杭州浙江學院刻本　一册

330000－1701－0085237　G606347　史部/傳記類/科舉録之屬

[同治丁卯科並補行甲子科]浙江鄉試硃卷一卷　(清)沈星標撰　清同治刻本　一册

330000－1701－0085238　G605230　經部/三禮總義類/名物制度之屬

求古録禮説十六卷補遺一卷　(清)金鶚撰　**校勘記三卷**　(清)王上駿輯　清光緒二年(1876)吳縣孫憙刻本　八册

330000－1701－0085239　G603623　集部/總集類/酬唱之屬

清尊集十六卷　(清)汪遠孫撰輯　清道光十九年(1839)錢塘汪氏振綺堂刻本　四册　存八卷(三至四、七至十二)

330000－1701－0085240　G004277　史部/政書類/通制之屬

資治新書十四卷首一卷二集二十卷　(清)李漁輯　清刻本　八册　存十三卷(二集八至二十)

330000－1701－0085241　G606348　類叢部/類書類/通類之屬

新刻註釋故事白眉十卷　(明)許以忠輯　清康熙二十八年(1689)文芸館刻本　一册　存三卷(三至五)

330000－1701－0085242　G605231　經部/叢編

十三經讀本　(清)□□編　清同治金陵書局刻本　三册　存一種

330000－1701－0085243　G004352　集部/詩

文評類/文法之屬/函牘格式

增註寫信必讀十卷　(清)唐藝洲撰　清末鉛印本　一冊　存三卷(六至八)

330000－1701－0085244　G606349　史部/地理類/專志之屬/寺觀

流香一覽一卷　(清)釋明開撰　清光緒四年(1878)刻本　一冊

330000－1701－0085246　G605232　子部/宗教類/佛教之屬/經

千手千眼觀世音菩薩廣大圓滿無礙大悲心陀羅尼經一卷　(唐)釋伽梵達摩譯　清光緒二十九年(1903)河南佛學社刻經處刻本　一冊

330000－1701－0085247　G606353、G606663、G608186　類叢部/叢書類/家集之屬

丹徒戴氏叢刻七種　(清)戴肇辰編　清同治至光緒刻本　六冊　存一種

330000－1701－0085251　G004355　經部/小學類/訓詁之屬/字詁

繪圖速通虛字法初編不分卷　(清)施崇恩編　清宣統元年(1909)上海彪蒙書室石印本　一冊

330000－1701－0085254　G602064　類叢部/叢書類/彙編之屬

武英殿聚珍版書一百四十八種　清乾隆四十二年(1777)福建刻道光至同治遞修光緒二十一年(1895)增刻本　一冊　存一種

330000－1701－0085266　G606351　史部/詔令奏議類/奏議之屬

太傅孫文正公手書遺摺稿不分卷　(清)孫家鼐撰　清宣統元年(1909)影印本暨鉛印本　一冊

330000－1701－0085267　G603625　類叢部/叢書類/自著之屬

振綺堂遺書五種　(清)汪遠孫撰　清道光刻民國十一年(1922)錢唐汪氏彙印本　二冊　存一種

330000－1701－0085269　G606352　類叢部/叢書類/自著之屬

船山遺書五十八種　(清)王夫之撰　清同治四年(1865)湘鄉曾國荃金陵刻本　一冊　存一種

330000－1701－0085270　G605233　史部/金石類/璽印之屬

集古官印攷十七卷集古虎符魚符攷一卷　(清)瞿中溶撰　清同治十三年(1874)嘉定瞿樹鎬刻本　一冊　存一卷(集古虎符魚符攷)

330000－1701－0085273　G603626　子部/叢編

十子全書　(清)王子興編　清嘉慶九年(1804)姑蘇王氏聚文堂刻本　二冊　存一種

330000－1701－0085274　G004278、G004512　集部/戲劇類/總集之屬/傳奇

笠翁傳奇十種　(清)李漁撰　清刻本　十六冊　存八種

330000－1701－0085277　G004356、G006166　子部/儒家類/儒學之屬/蒙學

文學初階六卷　杜亞泉編輯　清光緒三十一年(1905)上海商務印書館鉛印本　二冊　存二卷(五至六)

330000－1701－0085278　G605235、G602474、G611019　類叢部/叢書類/自著之屬

春在堂全書三十六種　(清)俞樾撰　清同治至光緒刻光緒末彙印本　二十冊　存五種

330000－1701－0085280　G602065　史部/金石類/錢幣之屬/文字

古泉叢話三卷又一卷　(清)戴熙撰　清同治十一年(1872)潘氏滂喜齋刻本　一冊

330000－1701－0085281　G606354　史部/傳記類/科舉録之屬

四川鄉試硃卷光緒丁酉科不分卷　(清)沈崇垣等撰　清光緒刻本　一冊

330000－1701－0085283　G603627　子部/叢編

子書百家　(清)崇文書局編　清光緒元年(1875)湖北崇文書局刻本　十一冊　存十種

330000－1701－0085284　G606355　經部/叢編

御纂七經五種　(清)李光地等撰　清同治六年至九年(1867－1870)浙江書局刻本　六册　存一種

330000－1701－0085287　G606356　經部/叢編

御纂七經五種　(清)李光地等撰　清同治六年至九年(1867－1870)浙江書局刻本　十册　存一種

330000－1701－0085289　G602066、G608923　集部/小説類/長篇之屬

繪圖湘軍平逆傳四卷八回　(清)醴泉居士撰　清光緒二十五年(1899)上海書局石印本　三册　存三卷(一、三至四)

330000－1701－0085290　G004358、G009862　史部/地理類/水利之屬

三江閘務全書二卷續刻四卷　(清)程鶴翥撰　(清)程式昭編　**附湯神事實録一卷**　清康熙漱玉齋刻介眉堂印本　二册　存二卷(全書上、下)

330000－1701－0085291　G606357　史部/政書類

九通　(清)□□輯　清光緒八年至二十二年(1882－1896)浙江書局刻本　五十五册　存二種

330000－1701－0085292　G605236　集部/别集類/清别集

紫竹山房製藝全稿　(清)陳兆崙撰　(清)顧一經等評註　清光緒三年(1877)刻本　五册

330000－1701－0085293　G601344　類叢部/叢書類/彙編之屬

廣漢魏叢書八十種　(明)何允中編　清嘉慶刻本　一册　存一種

330000－1701－0085296　G602067　集部/小説類/長篇之屬

繪圖睢陽忠毅録四卷十六回　(清)素庵主人編　清光緒二十年(1894)上海書局石印本　一册　存一卷(一)

330000－1701－0085298　G606358　史部/政書類

九通　(清)□□輯　清光緒八年至二十二年(1882－1896)浙江書局刻本　二十三册　存一種

330000－1701－0085299　G603628　史部/編年類/通代之屬

尺木堂綱鑑易知録九十二卷明鑑易知録十五卷　(清)吳乘權　(清)周之炯　(清)周之燦輯　清光緒十五年(1889)上海廣百宋齋鉛印本　一册　存九卷(明鑑易知録七至十五)

330000－1701－0085300　G605237　集部/别集類/清别集

紫竹山房製藝全稿　(清)陳兆崙撰　(清)顧一經等評註　清光緒三年(1877)刻本　四册

330000－1701－0085301　G004359　經部/三禮總義類/通禮雜禮之屬

四禮粹四卷　(清)龍光葵輯　清嘉慶四年(1799)刻本　一册

330000－1701－0085303　G004279　集部/别集類/清别集

水竹樓詩艸一卷　(清)董承洵撰　清乾隆二十二年(1757)刻本　一册

330000－1701－0085304　G606359　史部/政書類

九通　(清)□□輯　清光緒八年至二十二年(1882－1896)浙江書局刻本　一册　存一種

330000－1701－0085305　G004280　子部/雜著類/雜説之屬

欲海回狂集三卷内典字義譯註一卷　(清)周思仁撰　**附刻省庵法師不淨觀頌四念處頌一卷**　(清)熊秉悳選　清光緒三年(1877)昭慶慧空經房刻本　一册

330000－1701－0085306　G605238　集部/别集類/清别集

曝書亭集八十卷附録一卷　(清)朱彝尊撰　**笛漁小槀十卷**　(清)朱昆田撰　清刻本　六

冊　存三十七卷(一至三十七)

330000－1701－0085307　G603629　子部/醫家類/類編之屬
證治準繩六種(醫書六種)　(明)王肯堂撰　清乾隆五十八年(1793)程永培刻本　六冊　存一種

330000－1701－0085308　G606360　類叢部/叢書類/自著之屬
振綺堂遺書五種　(清)汪遠孫撰　清道光刻民國十一年(1922)錢唐汪氏彙印本　二冊　存一種

330000－1701－0085309　G004281　子部/宗教類/佛教之屬/經疏
勝鬘經寶窟十五卷　(唐)釋吉藏撰　清光緒二十六年(1900)金陵刻經處刻本　四冊

330000－1701－0085312　G004282　子部/宗教類/佛教之屬/經
摩訶般若波羅蜜經三十卷　(後秦)釋鳩摩羅什　(後秦)釋僧叡譯　清光緒十五年(1889)如皋刻經處刻本　八冊

330000－1701－0085313　G004360　子部/醫家類/方書之屬/單方驗方
葛仙翁肘後備急方八卷　(晉)葛洪撰　(南朝梁)陶弘景增補　清光緒十一年(1885)湖州王文光齋刻本　四冊

330000－1701－0085314　G605239　類叢部/叢書類/自著之屬
石泉書屋全集六種　(清)李佐賢撰　清咸豐至光緒利津李氏刻本　八冊　存一種

330000－1701－0085316　G606361　集部/別集類/清別集
曝書亭集八十卷附錄一卷　(清)朱彝尊撰
笛漁小稾十卷　(清)朱昆田撰　清康熙五十三年(1714)朱稻孫刻雍正重修本　一冊　存十一卷(笛漁小稾一至十、曝書亭集附錄)

330000－1701－0085317　G004283　子部/宗教類/佛教之屬/論
十住毗婆沙論十五卷　(後秦)釋鳩摩羅什譯　清光緒二十一年(1895)江北刻經處刻本　三冊

330000－1701－0085318　G603630　子部/叢編
子書百家　(清)崇文書局編　清光緒元年(1875)湖北崇文書局刻本　六冊　存十種

330000－1701－0085319　G606362　經部/叢編
御纂七經五種　(清)李光地等撰　清同治六年至九年(1867－1870)浙江書局刻本　二十冊　存一種

330000－1701－0085321　G004284　子部/宗教類/佛教之屬/經疏
請觀音經疏一卷　(隋)釋智顗說　清光緒十年(1884)許靈虚刻本　一冊

330000－1701－0085322　G605240　史部/傳記類/總傳之屬/儒林
程子年譜十二卷首一卷終一卷　(清)池生春　(清)諸星杓編　清咸豐五年(1855)味經室刻本　五冊

330000－1701－0085324　G004361　子部/醫家類/方書之屬
醫書不分卷　清抄本　一冊

330000－1701－0085325　G606363、G606364　經部/叢編
御纂七經五種　(清)李光地等撰　清同治六年至九年(1867－1870)浙江書局刻本　二十二冊　存一種

330000－1701－0085326　G602070　新學/理學/理學
天演論二卷　(英國)赫胥黎撰　嚴復譯　清光緒二十九年(1903)杭州史學齋石印本　二冊

330000－1701－0085327　G605241、G611477　集部/別集類/清別集
古香樓遺稿十卷　(清)沈長春撰　清嘉慶二十五年(1820)刻本　八冊

330000－1701－0085328　G605262、G605298　類叢部/叢書類/彙編之屬

懷豳雜俎十二種　徐乃昌編　清光緒至宣統南陵徐氏刻本　鶴公題記　三冊　存四種

330000－1701－0085329　G004362　新學/化學/化學

無機化學教科書三卷　(英國)瓊司撰　(清)徐兆熊譯述　清光緒三十四年(1908)江南機器製造總局刻本　二冊　存二卷(一至二)

330000－1701－0085330　G602071　集部/別集類/清別集

香聞遺集四卷　(清)薛起鳳撰　清乾隆三十九年(1774)刻本　一冊

330000－1701－0085331　G605242　子部/宗教類/佛教之屬

法化老和尚貪瞋癡註一卷專修淨土直說一卷山居知足歌一卷序疏一卷　(清)釋法化撰　清光緒元年(1875)杭州昭慶寺慧空經房刻本　一冊

330000－1701－0085332　G603631　子部/宗教類/佛教之屬/經疏

佛說阿彌陀經疏鈔四卷事義四卷　(明)釋袾宏撰　清同治五年(1866)刻本　二冊　存二卷(事義三至四)

330000－1701－0085333　G605243　子部/宗教類/佛教之屬

法化老和尚貪瞋癡註一卷專修淨土直說一卷山居知足歌一卷序疏一卷　(清)釋法化撰　清光緒元年(1875)杭州昭慶寺慧空經房刻本　一冊

330000－1701－0085335　G606365　類叢部/類書類/通類之屬

玉海二百卷辭學指南四卷詩攷一卷詩地理攷六卷漢藝文志攷證十卷通鑑地理通釋十四卷漢制攷四卷踐阼篇集解一卷急就篇補注四卷小學紺珠十卷姓氏急就篇二卷六經天文編二卷周易鄭康成注一卷周書王會補注一卷通鑑答問五卷　(宋)王應麟撰　清嘉慶十一年(1806)江寧藩署刻本　二冊　存三卷(六經天文編一至二、周易鄭康成注)

330000－1701－0085337　G004363、G011017　經部/群經總義類/圖說之屬

六經圖二十四卷　(清)鄭之僑編輯　清乾隆九年(1744)潮陽鄭之僑述堂刻本　十二冊

330000－1701－0085338　G605244　類叢部/叢書類/彙編之屬

士禮居叢書二十種　(清)黄丕烈編　清嘉慶至道光黄氏士禮居刻本　一冊　存一種

330000－1701－0085339　G004285　子部/宗教類/佛教之屬/經

金剛般若波羅密經一卷　(後秦)釋鳩摩羅什譯　清光緒二十四年(1898)浙江山陰孫模抄本　一冊

330000－1701－0085340　G004364　子部/宗教類/佛教之屬/諸宗

大覺普濟玉林禪師語錄十二卷　(清)釋通琇撰　(清)釋音綽等輯　(清)釋超琦彙　**大覺普濟能仁國師[釋能琇]年譜二卷**　(清)釋超琦輯　清同治十三年(1874)杭城昭慶寺慧空經房刻本　一冊　存二卷(大覺普濟能仁國師年譜一至二)

330000－1701－0085343　G003784　集部/總集類/課藝之屬

小題指南不分卷　清刻本　一冊

330000－1701－0085344　G601341、G601388、G608769、G611550、G609418、G607724、G609715、G609952、G610350　類叢部/叢書類/自著之屬

西堂全集四種附一種　(清)尤侗撰　清刻本　二十冊　存三種

330000－1701－0085348　G606367、G606502　類叢部/類書類/通類之屬

玉海二百卷辭學指南四卷詩攷一卷詩地理攷六卷漢藝文志攷證十卷通鑑地理通釋十四卷周書王會補注一卷漢制攷四卷踐阼篇集解一卷急就篇補注四卷姓氏急就篇二卷小學紺珠十卷六經天文編二卷周易鄭康成注一卷通鑑

答問五卷 (宋)王應麟撰 **校補玉海瑣記二卷王深寧先生[應麟]年譜一卷** (清)張大昌撰 清光緒九年至十六年(1883－1890)浙江書局刻本 二冊 存三卷(姓氏急就篇一至二、周書王會補注)

330000－1701－0085349 G003785 子部/醫家類/醫話醫論之屬

醫學薪傳不分卷 (清)凌奂撰 清末抄本 一冊

330000－1701－0085351 G004365 類叢部/叢書類/彙編之屬

崇文書局彙刻書三十一種 (清)崇文書局編 清光緒元年至三年(1875－1877)湖北崇文書局刻本 九冊 存一種

330000－1701－0085352 G602072 史部/政書類/公牘檔冊之屬

尺園佐治摘存一卷續紀一卷 韓靄堂輯 清宣統元年至二年(1909－1910)石印本 一冊

330000－1701－0085353 G606368 經部/叢編

御纂七經五種 (清)李光地等撰 清同治六年至九年(1867－1870)浙江書局刻本 十五冊 存一種

330000－1701－0085354 G004287 集部/別集類/清別集

百一草堂集唐初刻二卷二刻二卷三刻二卷 (清)柴才撰 (清)顧大本 (清)邱甸編 清乾隆二十五年(1760)百一草堂刻本 一冊 存一卷(三刻下)

330000－1701－0085355 G601346 類叢部/叢書類/彙編之屬

廣雅書局叢書一百五十九種 徐紹棨編 清光緒廣雅書局刻民國九年(1920)番禺徐紹棨彙編重印本 一冊 存一種

330000－1701－0085357 G606369、G608375 經部/叢編

御纂七經五種 (清)李光地等撰 清同治六年至九年(1867－1870)浙江書局刻本 三十二冊 存一種

330000－1701－0085359 G004366、G006407 子部/醫家類/方書之屬/單方驗方

驗方新編十六卷 (清)鮑相璈輯 **痧症全書三卷** (清)王凱編輯 **咽喉秘集二卷** (清)海山仙館輯 清同治三年(1864)京都文貴堂刻本 五冊 存八卷(一、九至十、十五至十六、痧症全書一至三)

330000－1701－0085360 G003786、G006680 子部/儒家類/儒學之屬

困知記二卷續二卷三續一卷四續一卷附錄一卷續補一卷外編一卷 (明)羅欽順撰 清刻本 二冊 存三卷(上、續一至二)

330000－1701－0085364 G603632 子部/宗教類/佛教之屬/經疏

佛說阿彌陀經疏鈔四卷事義四卷 (明)釋袾宏撰 清同治五年(1866)刻本 四冊 存四卷(事義一至四)

330000－1701－0085365 G606370、G608346 經部/叢編

御纂七經五種 (清)李光地等撰 清同治六年至九年(1867－1870)浙江書局刻本 二十四冊 存一種

330000－1701－0085366 G004288 子部/藝術類/書畫之屬/總論

愛日吟廬書畫錄四卷 (清)葛金烺撰 **愛日吟廬書畫補錄一卷續錄八卷別錄四卷** 葛嗣浵撰 清宣統二年至民國二年(1910－1913)當湖葛氏上海刻本 二冊 存六卷(續錄一至六)

330000－1701－0085367 G606371 經部/叢編

御纂七經五種 (清)李光地等撰 清同治六年至九年(1867－1870)浙江書局刻本 十七冊 存一種

330000－1701－0085370 G603633 子部/宗教類/佛教之屬/經疏

佛說阿彌陀經疏鈔四卷事義四卷 (明)釋袾

宏撰　清同治五年(1866)刻本　清福源題記　四冊　存四卷(一至四)

330000－1701－0085371　G605246　史部/傳記類/總傳之屬/姓名
歷代畫家姓氏便覽六卷首一卷　(清)馮津編　清道光六年(1826)德聚堂刻本　五冊　存五卷(二至六)

330000－1701－0085373　G004289　類叢部/叢書類/彙編之屬
申報館叢書正集五十七種附錄三種續集一百四十二種　(清)尊聞閣主編　蔡爾康編續集　清同治至光緒上海申報館鉛印本　一冊　存一種

330000－1701－0085374　G602073　史部/金石類
金石全例　(清)朱記榮輯　清光緒刻十八年(1892)吳縣朱氏彙印本　二冊　存一種

330000－1701－0085376　G004290　史部/紀傳類/正史之屬
明史稿三百十卷目錄三卷　(清)王鴻緒撰　清雍正敬慎堂刻本　三十三冊　存一百十九卷(目錄上中下、本紀一至十九、志一至三十九、表一至五、列傳一百五十三至二百五)

330000－1701－0085377　G603634　集部/總集類/彙編之屬
國初十大家詩鈔　(清)王相編　清道光十年(1830)秀水王氏信芳閣木活字印本　十八冊　存八種

330000－1701－0085378　G606372　子部/叢編
二十二子(二十二子彙函)　(清)浙江書局編　清光緒元年至三年(1875－1877)浙江書局刻本　十八冊　存五種

330000－1701－0085381　G004367、G010605　子部/醫家類/養生之屬
衛濟餘編十八卷　(清)王纕堂輯　清刻本　三冊　存五卷(二至三、十六至十八)

330000－1701－0085382　G003787　經部/小學類/文字之屬/說文/專著
說文古籀補十四卷補遺一卷附錄一卷　(清)吳大澂撰　清光緒二十四年(1898)刻本　一冊

330000－1701－0085384　G605248、G611128、G602262、G609317、G609744　集部/小說類/長篇之屬
一字不識之新黨三十三回　(清)虎林真小人撰　清光緒三十三年(1907)上海彪蒙書室鉛印本　八冊

330000－1701－0085385　M604836　集部/總集類/選集之屬/斷代
汪羅彭薛四家合鈔四種　國學扶輪社輯　清宣統二年(1910)上海國學扶輪社鉛印本　一冊　存一種

330000－1701－0085387　G602074　史部/地理類/水利之屬
江蘇水利圖說一卷　(清)李慶雲輯　陸鍾琦編　清宣統二年(1910)江蘇度支公所刻本　二冊

330000－1701－0085389　G603635　史部/紀傳類/正史之屬
二十四史　清同治至光緒五省官書局據汲古閣本等合刻光緒五年(1879)湖北書局彙印本　八十八冊　存九種

330000－1701－0085390　G605250　子部/雜著類/雜說之屬
二十年來之最醒夢一卷　(清)盧懋功撰　清光緒三十三年(1907)北京益森公司鉛印本　一冊

330000－1701－0085392　G004291　史部/地理類/專志之屬/書院
龍湖書院徵信錄不分卷　清光緒刻本　一冊

330000－1701－0085393　G004368　新學/政治法律/制度
比利時國政條論十六卷首一卷　(清)曾仰東譯　清光緒二十九年(1903)湖北洋務譯書局刻本　一冊　存一卷(首)

330000－1701－0085395　G605251　史部/政書類/邦計之屬
銀價駁議一卷　劉世珩撰　清光緒三十年(1904)南洋官報總局鉛印本　一冊

330000－1701－0085398　G606373　子部/叢編
二十二子(二十二子彙函)　(清)浙江書局編　清光緒元年至三年(1875－1877)浙江書局刻本　十冊　存三種

330000－1701－0085400　G605252　史部/政書類/律令之屬/律例
憲政編查館會奏遵義憲法大綱暨議院選舉各法並逐年應行籌備事宜摺一卷　(清)奕劻等撰　清末鉛印本　一冊

330000－1701－0085402　G004369　子部/醫家類/綜合之屬/通論
新刊醫林狀元壽世保元十集十卷　(明)龔廷賢撰　清刻本　四冊　存四卷(五、七至八、十)

330000－1701－0085403　G606374　子部/叢編
二十二子(二十二子彙函)　(清)浙江書局編　清光緒元年至三年(1875－1877)浙江書局刻本　八冊　存三種

330000－1701－0085405　G003788　史部/地理類/遊記之屬/紀勝
華山紀游略一卷　(清)趙嘉肇撰　清光緒八年(1882)百鑑堂刻本　一冊

330000－1701－0085406　G605253　集部/別集類/清別集
古春軒詩鈔二卷　(清)梁德繩撰　清咸豐二年(1852)鳳城刻本　一冊

330000－1701－0085408　G606375　子部/叢編
二十二子(二十二子彙函)　(清)浙江書局編　清光緒元年至三年(1875－1877)浙江書局刻本　五冊　存二種

330000－1701－0085409　G003789、G006237、G007367　集部/詩文評類/文評之屬
四六叢話三十三卷選詩叢話一卷　(清)孫梅撰　清光緒七年(1881)吳下刻本　十二冊

330000－1701－0085410　G004370　子部/宗教類/道教之屬/經文
文昌大洞仙經圖註大全三卷　清同治二年(1863)刻本　六冊

330000－1701－0085411　G605254、G610174　類叢部/叢書類/自著之屬
范氏三種　(清)范家相撰　清乾隆至嘉慶會稽范氏古趣亭刻本　二冊　存一種

330000－1701－0085412　G606376　子部/叢編
二十二子(二十二子彙函)　(清)浙江書局編　清光緒元年至三年(1875－1877)浙江書局刻本　一冊　存一種

330000－1701－0085415　G606377、G608644　子部/叢編
二十二子(二十二子彙函)　(清)浙江書局編　清光緒元年至三年(1875－1877)浙江書局刻本　六冊　存三種

330000－1701－0085416　G004293、G005008、G008434、G011114　類叢部/類書類/通類之屬
策學備纂續集四卷首一卷　(清)宋徽猷等輯　清光緒二十年(1894)上海點石齋石印本　八冊　存四卷(一至四)

330000－1701－0085418　G605255　經部/叢編
御纂七經五種　(清)李光地等撰　清同治六年至九年(1867－1870)浙江書局刻本　十六冊　存一種

330000－1701－0085419　G003790　類叢部/叢書類/彙編之屬
武英殿聚珍版書一百四十八種　清乾隆四十二年(1777)福建刻道光至同治遞修光緒二十一年(1895)增刻本　一冊　存一種

330000－1701－0085420　G004371　集部/別

集類/清別集

恩餘堂經進初藁十二卷續藁二十二卷三藁十一卷策問存課二卷知聖道齋讀書跋尾二卷 (清)彭元瑞撰 清嘉慶刻本 十八册

330000－1701－0085421 G605256 類叢部/叢書類/彙編之屬

申報館叢書正集五十七種附錄三種續集一百四十二種 (清)尊聞閣主編 蔡爾康編續集 清同治至光緒上海申報館鉛印本 一册 存一種

330000－1701－0085422 G003791、G006285、G008605 子部/術數類/相宅相墓之屬

地理辨正五卷 (清)蔣平階補傳 (清)姜垚辨正 (清)章仲山增補直解 清道光元年(1821)可久堂刻本 四册

330000－1701－0085423 G605257 子部/醫家類/喉科口齒之屬/白喉

白喉全生集一卷 (清)李紀方撰 清宣統元年(1909)金陵惜善堂刻本 一册

330000－1701－0085425 G606378 經部/叢編

御纂七經五種 (清)李光地等撰 清同治六年至九年(1867－1870)浙江書局刻本 十三册 存一種

330000－1701－0085427 G602075 史部/目録類/總録之屬/史志

隋書經籍志四卷 (唐)魏徵 (唐)長孫無忌等撰 清刻本 二册

330000－1701－0085428 G605258 子部/醫家類/方書之屬/單方驗方

四科簡效方四卷 (清)王士雄撰 清光緒十一年(1885)越州徐氏刻本 一册 存一卷(甲集)

330000－1701－0085429 G606379 經部/叢編

御纂七經五種 (清)李光地等撰 清同治六年至九年(1867－1870)浙江書局刻本 十六册 存一種

330000－1701－0085430 G004295 集部/詩文評類/詩評之屬

名賢詩話七種 清光緒二十一年(1895)兩湖書院刻本 四册 存四種

330000－1701－0085432 G003792 史部/目録類/總録之屬/私撰

書目答問五卷別錄一卷國朝著述諸家姓名略一卷 (清)張之洞撰 清末刻本 一册

330000－1701－0085433 G003796 子部/藝術類/遊藝之屬/博戲

令海一卷 清刻本 清萬松道士跋 一册

330000－1701－0085434 G606380 史部/編年類/斷代之屬

續資治通鑑長編五百二十卷目錄二卷 (宋)李燾撰 清光緒七年(1881)浙江書局刻本 五十册 存二百二十八卷(十二至十七、二十二至二十五、五十一至五十四、五十九至六十二、六十七至七十一、七十五至七十九、八十四至八十七、九十二至九十六、一百三十六至一百三十九、一百四十四至一百四十八、一百五十二至一百五十六、一百六十二至一百六十六、一百七十一至一百七十四、一百七十九至一百八十二、一百八十八至一百九十一、二百五至二百八、二百十三至二百十六、二百二十一至二百二十四、二百三十至二百三十四、二百三十八至二百四十一、二百四十七至二百五十、二百五十五至二百五十九、二百六十四至二百六十七、二百七十二至二百七十六、二百八十一至二百八十五、二百九十一至二百九十六、三百一至三百五、三百十一至三百十五、三百二十一至三百二十六、三百三十至三百三十四、三百三十九至三百四十三、三百四十九至三百五十四、三百六十至三百六十三、三百七十六至三百七十九、三百八十三至三百八十六、三百九十二至三百九十四、三百九十九至四百三、四百八至四百十一、四百十六至四百二十、四百二十六至四百三十、四百三十六至四百三十九、四百四十四至四百四十七、四百五十二至四百五十六、四百六十二至四百六十五、四百七十至四百七十三、四百

七十九至四百八十八、四百九十三至四百九十六、五百至五百三、五百八至五百十二)

330000－1701－0085437　G605259　子部/藝術類/遊藝之屬/棋弈

四子譜二卷　(清)過百齡輯　清宣統三年(1911)上海千頃堂石印本　一册　存一卷(上)

330000－1701－0085438　G004297、G611130、G607755、G609868　子部/儒家類/儒學之屬/經濟

皇朝經世文編一百二十卷姓名總目二卷　(清)賀長齡輯　清末上海江左書林鉛印本　十册　存四十八卷(姓名總目一至二、一至五、二十一至二十五、三十一至四十五、五十、六十一至七十、八十一至九十)

330000－1701－0085439　G003793　史部/傳記類/别傳之屬/事狀

朱孝子傳一卷　(清)朱立堉輯　清光緒抄本　一册

330000－1701－0085441　G003797、G010133、G008671、G009025、G010901　史部/政書類/律令之屬/律例

大清律例增修統纂集成四十卷督捕則例附纂二卷　(清)姚潤輯　(清)陶駿　(清)陶念霖增輯　清光緒二十五年(1899)上海文淵山房鉛印本　清金法批補　十三册　存二十五卷(一至四、六、九至十八、二十三、二十七至三十五)

330000－1701－0085443　G004373　集部/别集類/清别集

冰蓮庵賸稿一卷　(清)史蘊撰　清光緒二十九年(1903)鉛印本　一册

330000－1701－0085444　G003794、G009204　史部/編年類/斷代之屬

東華錄三十二卷　(清)蔣良騏撰　清刻本　九册　存二十九卷(一至二十六、三十至三十二)

330000－1701－0085445　G605260　史部/史評類/考訂之屬

東周列國攷畧二卷　(清)朱元炅輯　清光緒十三年(1887)刻本　二册

330000－1701－0085446　G004298　類叢部/叢書類/彙編之屬

唐人説薈一百六十五種　(清)陳世熙編　清刻本　一册　存二種

330000－1701－0085447　G603636　類叢部/叢書類/自著之屬

船山遺書五十八種　(清)王夫之撰　清同治四年(1865)湘鄉曾國荃金陵刻本　一册　存一種

330000－1701－0085449　G004374　子部/醫家類/兒科之屬/痘疹

治疹全書三卷首一卷尾一卷　(清)錢沛增補　清咸豐八年(1858)錢氏遺經堂刻本　二册

330000－1701－0085450　G605261　集部/戲劇類/總集之屬/雜劇

清容外集九種　(清)蔣士銓撰　清刻本　一册　存一種

330000－1701－0085452　G004375　集部/别集類/明别集

疑雨集二卷　(明)王彦泓撰　清亦園刻本　二册

330000－1701－0085455　G603637　類叢部/叢書類/彙編之屬

稗海四十八種續集二十二種　(明)商濬編　明萬曆商氏半埜堂刻清康熙至乾隆修補重訂本　一册　存一種

330000－1701－0085456　G004299　子部/術數類/陰陽五行之屬

參星秘要諏吉便覽不分卷　(清)俞榮寬輯　**寶鏡圖一卷**　(三國蜀)諸葛亮撰　清嘉慶七年(1802)刻本　紫陽蕃題記　一册

330000－1701－0085457　G004376　類叢部/叢書類/彙編之屬

拜經樓叢書(愚谷叢書)二十三種　(清)吴騫編　清乾隆至嘉慶海昌吴氏刻彙印本　一册

存二種

330000－1701－0085458　G603638　經部/三禮總義類/通禮雜禮之屬

司馬氏書儀十卷　（宋）司馬光撰　清雍正元年（1723）汪氏刻本　一册

330000－1701－0085459　G004300、G009564　集部/曲類/彈詞之屬

來生福彈詞三十六回　（清）橘中逸叟撰　清同治九年（1870）聚錦堂刻本　七册　存十二回（一至十一、十五）

330000－1701－0085461　G003798　集部/曲類/曲韻曲譜曲律之屬

千忠戮搜山打車曲譜一卷　（清）李玉撰　清末抄本　一册

330000－1701－0085462　G003799　集部/曲類/曲韻曲譜曲律之屬

白羅衫看狀曲譜一卷　清末抄本　一册

330000－1701－0085463　G003800　集部/曲類/曲韻曲譜曲律之屬

祝髮記達摩曲譜一卷醉菩提伏虎曲譜一卷　清宣統元年（1909）朱潤抄本　清朱潤題記　一册

330000－1701－0085464　G004377、G006401　類叢部/叢書類/彙編之屬

申報館叢書正集五十七種附録三種續集一百四十二種　（清）尊聞閣主編　蔡爾康編續集　清同治至光緒上海申報館鉛印本　四册　存一種

330000－1701－0085465　G603639　子部/醫家類/婦科之屬/產科

女科要畧一卷　（清）潘霨輯　清光緒三年（1877）刻本　一册

330000－1701－0085466　G004378　集部/小說類/長篇之屬

繡像續小五義一百二十四回　題（清）石玉昆撰　清光緒上海珍藝書局鉛印本　一册　存二十回（一至二十）

330000－1701－0085468　G603640　子部/醫家類/方書之屬/單方驗方

類證普濟本事方十卷坊刻王氏本備録一卷　（宋）許叔微撰　（清）葉桂釋義　清嘉慶十九年（1814）葉鍾刻姑蘇掃葉山房印本　三册　存九卷（一至六、八至九、坊刻王氏本備録）

330000－1701－0085469　G004379　子部/叢編

二十二子（二十二子彙函）　（清）浙江書局編　清光緒元年至三年（1875－1877）浙江書局刻本　一册　存一種

330000－1701－0085471　G004380　子部/醫家類/本草之屬/歷代綜合本草

本草分經不分卷　（清）姚瀾輯　清光緒十五年（1889）刻本　一册

330000－1701－0085472　G603641　子部/醫家類/方書之屬/單方驗方

類證普濟本事方十卷坊刻王氏本備録一卷　（宋）許叔微撰　（清）葉桂釋義　清嘉慶十九年（1814）葉鍾刻姑蘇掃葉山房印本　一册　存二卷（六至七）

330000－1701－0085474　G003802　集部/曲類/曲韻曲譜曲律之屬

昆曲琴挑催試秋江認子拾叫曲譜一卷　清宣統二年（1910）朱仁元抄本　清朱仁元題記　一册

330000－1701－0085475　G004381　子部/醫家類/綜合之屬/雜著

筆花醫鏡四卷　（清）江涵暾撰　**醫學輯要四卷**　（清）吳燡撰　清抄本　一册

330000－1701－0085477　G003803　集部/別集類/清別集

廬山真面不分卷　清末稿本　二册

330000－1701－0085479　G004382　類叢部/叢書類/彙編之屬

武英殿聚珍版書一百三十八種　清木活字印本　九册　存二種

330000－1701－0085481　G003804　集部/總

集類/課藝之屬
精選讀本不分卷 清末稿本 二冊

330000－1701－0085482 G605263 集部/別集類/清別集
時習編六卷 (清)周炳琦撰 (清)周巖輯 清光緒十六年(1890)詒經堂刻本 一冊

330000－1701－0085483 G603642 經部/春秋總義類/傳說之屬
春秋宗朱辨義十二卷首一卷末一卷 (清)張自超撰 清光緒七年(1881)高淳書院刻本 五冊 存九卷(首、一至八)

330000－1701－0085485 G004302 集部/別集類/明別集
金先生文錄三卷 (明)金聲撰 (清)方棨如詮次 清刻本 一冊 存一卷(中)

330000－1701－0085486 G601354、G601355、G601356 類叢部/叢書類/自著之屬
洪北江全集二十一種 (清)洪亮吉撰 清光緒三年至五年(1877－1879)洪用懃授經堂刻本 七冊 存三種

330000－1701－0085488 G605265 子部/醫家類/類編之屬
當歸草堂醫學叢書初編十種 (清)丁丙編 清光緒四年(1878)錢塘丁氏當歸草堂刻本 一冊 存二種

330000－1701－0085489 G603643 子部/叢編
子書百家 (清)崇文書局編 清光緒元年(1875)湖北崇文書局刻本 二冊 存三種

330000－1701－0085493 G603645 史部/目録類/總録之屬/私撰
海源閣藏書目一卷 (清)楊紹和撰 清光緒十四年(1888)元和江標師鄦室刻本 一冊

330000－1701－0085495 G605266 史部/政書類/邦交之屬
約章成案匯覽甲篇十卷乙篇四十二卷 (清)北洋洋務局輯 清光緒三十一年(1905)上海點石齋石印本 一冊 存四卷(七至十)

330000－1701－0085497 G603646 子部/醫家類/類編之屬
韡園醫學六種 (清)潘霨編 清光緒吳縣潘氏敏德堂刻本 二冊 存一種

330000－1701－0085498 G601343 類叢部/叢書類/彙編之屬
增訂漢魏叢書八十六種 (清)王謨編 清乾隆五十六年(1791)金谿王氏刻本 一冊 存一種

330000－1701－0085499 G603647 子部/醫家類/兒科之屬/痘疹
增補秘傳痘疹玉髓金鏡錄真本四卷圖像一卷 (明)翁仲仁撰 清刻本 二冊

330000－1701－0085500 G004383 類叢部/叢書類/自著之屬
王漁洋遺書三十八種 (清)王士禛撰 清刻本 十冊 存一種

330000－1701－0085502 G603648、G609274 經部/小學類/文字之屬/說文
說文解字十五卷標目一卷 (漢)許慎撰 (宋)徐鉉等校定 **說文校字記一卷** (清)陳昌治撰 **說文通檢十四卷首一卷末一卷** (清)黎永椿編 清同治十二年(1873)番禺陳昌治刻本 十冊

330000－1701－0085504 G004306 史部/傳記類/總傳之屬/斷代
國朝先正事略六十卷 (清)李元度撰 清刻本 二十三冊 存五十九卷(二至六十)

330000－1701－0085506 G004384 集部/別集類/清別集
□淳筆記一卷 (清)□□撰 清光緒二十八年(1902)稿本 一冊

330000－1701－0085507 G602076 集部/曲類/曲藝之屬
最新醒世歌謠不分卷 (清)痛國遺民編 清光緒三十一年(1905)上海新學會社鉛印本 一冊

330000－1701－0085508 G004385 子部/藝

術類/書畫之屬/法帖
成親王書歸去來兮辭一卷 （晉）陶潛撰 （清）永瑆書 清刻本 一冊

330000－1701－0085510 G601357 經部/春秋左傳類/傳說之屬
左通補釋三十二卷 （清）梁履繩撰 清道光九年（1829）錢塘汪氏振綺堂刻光緒元年（1875）補刻本 十冊

330000－1701－0085512 G603649 類叢部/叢書類/自著之屬
西河合集一百十九種 （清）毛奇齡撰 清康熙刻嘉慶元年（1796）印本 六冊 存一種

330000－1701－0085514 G602077 子部/術數類/占卜之屬
官天福乩筆一卷 （清）丁紹芬等撰 清光緒十七年（1891）刻本 一冊

330000－1701－0085515 G603650 史部/紀傳類/正史之屬
二十四史 清同治至光緒五省官書局據汲古閣本等合刻光緒五年（1879）湖北書局彙印本 五十冊 存三種

330000－1701－0085516 G606381 史部/紀傳類/正史之屬
史記一百三十卷 （漢）司馬遷撰 （南朝宋）裴駰集解 （唐）司馬貞索隱 （唐）張守節正義 清同治五年至九年（1866－1870）金陵書局刻本 二十冊

330000－1701－0085517 G602078 子部/術數類/占卜之屬
官天福乩筆一卷 （清）丁紹芬等撰 清光緒十七年（1891）刻本 一冊

330000－1701－0085519 G004386 集部/別集類/宋別集
黃詩全集五十八卷 （宋）黃庭堅撰 清乾隆五十四年（1789）南康謝氏樹經堂刻本 二十冊

330000－1701－0085520 G606382 集部/總集類/氏族之屬
藤溪朱氏文略八卷 朱承業輯 清宣統三年（1911）刻本 四冊

330000－1701－0085522 G602079 子部/術數類/占卜之屬
官天福乩筆一卷 （清）丁紹芬等撰 清光緒十七年（1891）刻本 一冊

330000－1701－0085523 G606383 集部/總集類/氏族之屬
藤溪朱氏文略八卷 朱承業輯 清宣統三年（1911）刻本 二冊 存四卷（一至四）

330000－1701－0085525 G602080 史部/傳記類/別傳之屬/事狀
女豪傑一卷 清光緒二十九年（1903）武林印刷所鉛印本 一冊

330000－1701－0085527 G004387 子部/醫家類/綜合之屬/雜著
醫學三字經四卷 （清）陳念祖撰 清刻本 二冊 存二卷（二至三）

330000－1701－0085528 G004308 子部/醫家類/醫案之屬
三家醫案合刻附二種 （清）吳金壽編 清道光十一年（1831）吳氏貯春僊館刻本 六冊

330000－1701－0085530 G601358 史部/金石類/石之屬/文字
金薤琳琅二十卷 （明）都穆撰 **金薤琳琅補遺一卷** （清）宋振譽撰 清乾隆四十三年（1778）汪荻洲刻本 六冊

330000－1701－0085531 G602081 類叢部/叢書類/彙編之屬
仰視千七百二十九鶴齋叢書四十種 （清）趙之謙編 清光緒會稽趙氏刻本 一冊 存一種

330000－1701－0085532 G004388 史部/雜史類/斷代之屬
熙朝新語十六卷 （清）余金輯 清嘉慶二十三年（1818）刻本 四冊 存八卷（一至六、九至十）

330000－1701－0085534　G602082　類叢部/叢書類/自著之屬
振綺堂遺書五種　(清)汪遠孫撰　清道光刻民國十一年(1922)錢唐汪氏彙印本　一册　存一種

330000－1701－0085535　G601361　經部/詩類/傳説之屬
御纂詩義折中二十卷　(清)高宗弘曆敕撰　(清)傅恒　(清)陳兆崙等纂　清道光長蘆鹽運使如山刻本　六册

330000－1701－0085536　G007984、G004389　子部/術數類/占卜之屬
新增梅花數五卷　(宋)邵雍撰　清聚秀堂刻本　二册

330000－1701－0085538　G606385　類叢部/叢書類/郡邑之屬
台州叢書續編十三種　(清)王棻等編　清光緒王棻等刻本　四册　存一種

330000－1701－0085539　G603651　類叢部/叢書類/彙編之屬
崇文書局彙刻書三十一種　(清)崇文書局編　清光緒元年至三年(1875－1877)湖北崇文書局刻本　一册　存一種

330000－1701－0085540　G602083　類叢部/叢書類/自著之屬
振綺堂遺書五種　(清)汪遠孫撰　清道光刻民國十一年(1922)錢唐汪氏彙印本　一册　存一種

330000－1701－0085543　G603652、G610589　史部/紀傳類/正史之屬
二十四史附考證　清光緒十八年(1892)武林竹簡齋石印本　九十九册　存十六種

330000－1701－0085545　G601360　子部/儒家類/儒學之屬/禮教/鑑戒
日省錄三卷補遺一卷　(清)梁文科輯　清光緒九年(1883)運道堂明州榷署刻本　一册

330000－1701－0085548　G004309　子部/醫家類/綜合之屬/通論
醫宗必讀五卷首一卷　(明)李中梓撰　清道光三十年(1850)大興堂刻本　五册

330000－1701－0085549　G004390　子部/宗教類/佛教之屬/諸宗
天台四教儀注彙補輔宏記二十卷首一卷　(高麗)釋諦觀輯　(元)釋蒙潤集注　(清)釋性權彙補　**畧科提綱一卷**　釋諦閑排訂　清光緒二十四年(1898)刻本　十一册

330000－1701－0085553　G004391　史部/傳記類/科舉録之屬/諸貢録
[宣統己酉科]浙江優貢卷一卷　(清)俞育英撰　清宣統杭州三元坊文彙書局石印本　一册

330000－1701－0085556　G004310　類叢部/叢書類/彙編之屬
張氏適園叢書　張鈞衡編　清宣統三年(1911)上海國學扶輪社鉛印本　一册　存一種

330000－1701－0085559　G004392　子部/宗教類/佛教之屬/諸宗
天台四教儀一卷　(高麗)釋諦觀輯　**附始終心要一卷**　(唐)釋湛然撰　(宋)釋從義注　**天台八教大意一卷**　(唐)釋灌頂撰　清宣統元年(1909)揚州藏經院刻本　一册

330000－1701－0085561　G004393　類叢部/叢書類/彙編之屬
武英殿聚珍版書一百四十八種　清乾隆四十二年(1777)福建刻道光至同治遞修光緒二十一年(1895)增刻本　一册　存一種

330000－1701－0085563　G004311　史部/地理類/方志之屬/郡縣志
乾道臨安志十五卷　(宋)周淙纂　清光緒竹書堂刻本(卷四至十五原缺)　一册　缺一卷(三)

330000－1701－0085564　G004394　子部/宗教類/佛教之屬/經
妙法蓮華經七卷　(後秦)釋鳩摩羅什譯　清光緒十八年(1892)刻本　七册

330000－1701－0085568　G004395　類叢部/叢書類/自著之屬
彭居士法集　(清)彭紹升撰　清同治至民國刻本　十七册　缺三卷(淨土聖賢録一至三)

330000－1701－0085571　G602085　類叢部/叢書類/彙編之屬
式訓堂叢書四十一種　(清)章壽康編　清光緒會稽章氏刻本　一册　存一種

330000－1701－0085574　G601362　子部/儒家類/儒學之屬/俗訓
人譜一卷人譜類記二卷　(明)劉宗周撰　清同治七年(1868)蕺山書院刻本　二册

330000－1701－0085575　G606386　史部/地理類/方志之屬/郡縣志
[光緒]餘姚縣志二十七卷首一卷末一卷　(清)周炳麟修　(清)邵友濂　(清)孫德祖纂　清光緒二十五年(1899)刻本　一册　存一卷(二十三)

330000－1701－0085579　G003805　集部/總集類/課藝之屬
仁在堂丁酉年新選不分卷　(清)路德輯　清末稿本　一册

330000－1701－0085580　G004312　史部/詔令奏議類/奏議之屬
郵傳部奏議類編不分卷(清光緒三十二年九月至三十四年十二月)　(清)郵傳部輯　清光緒三十四年(1908)鉛印本　六册

330000－1701－0085581　G602086　集部/詞類/類編之屬
詞學叢書六種　(清)秦恩復編　清嘉慶至道光江都秦恩復享帚精舍刻本　一册　存一種

330000－1701－0085582　G003806　集部/總集類/課藝之屬
丁丑窗課不分卷　清末稿本　一册

330000－1701－0085583　G606387　類叢部/叢書類/郡邑之屬
武林往哲遺箸五十二種後編十種　(清)丁丙編　清光緒二十年至二十六年(1894－1900)錢塘丁氏嘉惠堂刻本　四册　存四種

330000－1701－0085585　G004313　類叢部/叢書類/彙編之屬
武英殿聚珍版書一百三十八種　清木活字印本　清汪韓齋跋　十一册　存三種

330000－1701－0085588　G603653　子部/醫家類/方書之屬/單方驗方
驗方新編八卷首一卷　(清)鮑相璈輯　清咸豐十年(1860)刻本　四册　存四卷(三至五、七)

330000－1701－0085592　G601363　新學/理學/理學
哲學妖怪百談不分卷續不分卷　(日本)井上圓了輯　(清)徐渭臣譯　清光緒二十九年(1903)上海文明書局鉛印本　二册

330000－1701－0085595　G606388　子部/叢編
二十二子(二十二子彙函)　(清)浙江書局編　清光緒元年至三年(1875－1877)浙江書局刻本　四册　存一種

330000－1701－0085596　G602087　類叢部/叢書類/彙編之屬
邵武徐氏叢書二集八種　(清)徐幹編　清光緒邵武徐氏刻本　二册　存一種

330000－1701－0085597　G603654　子部/雜著類/雜考之屬
無邪堂答問五卷　(清)朱一新撰　清光緒二十二年(1896)上海鴻寶齋石印本　四册　存四卷(一至二、四至五)

330000－1701－0085598　G606389　集部/別集類/清別集
周文忠公尺牘二卷雜文附録一卷　(清)周天爵撰　清同治七年(1868)蘇松太道署刻本　一册

330000－1701－0085600　G606390、G607067　集部/總集類/彙編之屬
國朝文録四十種　(清)李祖陶編　清道光十九年(1839)瑞州府鳳儀書院刻本　三十一册

存三十八種

330000－1701－0085601　G004396、G010844、G009503　類叢部/叢書類/彙編之屬
經策通纂二種　(清)吴潁炎　(清)陳通聲等纂　清光緒十三年(1887)上海點石齋石印本　四十四册　存一種

330000－1701－0085603　G601359　集部/總集類/郡邑之屬
西泠五布衣遺箸五種　(清)丁丙輯　清同治至光緒錢塘丁氏當歸草堂刻本　一册　存二種

330000－1701－0085604　G602088　新學/電學
通物電光四卷附圖一卷　(美國)莫耳登撰　(英國)傅蘭雅口譯　王季烈筆述　清光緒二十五年(1899)江南製造局刻本　清永叔題記　一册

330000－1701－0085605　G601365　集部/别集類/清别集
胡文忠公遺集八十六卷首一卷　(清)胡林翼撰　(清)鄭敦謹　(清)曾國荃輯　(清)胡鳳丹重編　清光緒元年(1875)湖北崇文書局刻本　三十二册

330000－1701－0085610　G004397、G009726　類叢部/叢書類/彙編之屬
經策通纂二種　(清)吴潁炎　(清)陳通聲等纂　清光緒二十年(1894)上海點石齋石印本　二十四册　存一種

330000－1701－0085614　G004314　子部/宗教類/佛教之屬/諸宗
潮音旭禪師語録五卷　(清)釋通旭撰　(清)釋廣明等録　**普陀列祖録一卷**　(清)釋通旭輯　**潮音旭禪師隨録一卷**　(清)釋心明記録　清光緒二十四年(1898)南海普陀山普濟寺刻本　一册　存五卷(一至五)

330000－1701－0085616　G601364　集部/别集類/清别集
石笥山房集二十四卷　(清)胡天游撰　清咸豐二年(1852)山陰胡鳴泰刻本　十册

330000－1701－0085617　G606391　集部/戲劇類/傳奇之屬
雪中人一卷　(清)蔣士銓撰　(清)李士珠正譜　(清)錢士錫評點　清刻本　一册

330000－1701－0085618　G004315　子部/宗教類/佛教之屬/諸宗
華嚴原人論合解二卷　(唐)釋宗密論　(元)釋圓覺解　(明)楊嘉祚删合　清同治十一年(1872)釋妙然刻本　一册

330000－1701－0085622　G603655　子部/道家類
莊子獨見三十三卷　(清)胡文英撰　清乾隆十七年(1752)文淵堂刻本　四册

330000－1701－0085623　G601372　史部/傳記類/總傳之屬/郡邑
海寧鄉賢録一卷附録一卷　(清)許淮祥輯　清光緒二十九年(1903)刻本　一册

330000－1701－0085624　G606392　子部/農家農學類/農藝之屬/農曆農諺
卜歲恒言二卷　(清)吴鵠撰　清光緒四年(1878)淑園刻本　一册

330000－1701－0085625　G004316　子部/宗教類/佛教之屬/經疏
大方廣佛華嚴經普賢行願品别行疏鈔纂要□□卷　(唐)釋澄觀疏　(唐)釋宗密鈔　(清)釋道霈纂要　清康熙十九年(1680)刻本　一册　存二卷(一百十七至一百十八)

330000－1701－0085626　G606393　類叢部/類書類/通類之屬
省軒考古類編十二卷　(清)柴紹炳撰　(清)姚廷謙評　清雍正四年(1726)鐵嶺高氏雲間刻本　一册　存二卷(十至十一)

330000－1701－0085627　G603656　類叢部/叢書類/彙編之屬
式訓堂叢書四十一種　(清)章壽康編　清光緒會稽章氏刻本　二册　存一種

330000－1701－0085629　G003807　集部/總集類/課藝之屬

綠蔭書屋讀本不分卷　清末稿本　一册

330000－1701－0085630　G606394　子部/宗教類/佛教之屬/經

佛說七俱胝佛母准提大明陀羅尼經一卷　(唐)釋金剛智譯　**千手千眼觀世音菩薩廣大圓滿无礙大悲心陀羅尼經一卷**　(唐)釋伽梵達摩譯　**佛頂尊勝陀羅尼經一卷**　(唐)釋波利譯　**穢跡金剛說神通大滿陀羅尼法術靈要門經一卷**　(天竺)釋無能勝譯　清同治八年至光緒八年(1869－1882)金陵刻經處刻本　一册

330000－1701－0085633　G603657　類叢部/叢書類/彙編之屬

說鈴前集三十七種後集十六種　(清)吳震方編　清嘉慶四年(1799)刻本　二册　存四種

330000－1701－0085636　G003808　經部/書類/文字音義之屬

字學二卷　(明)葉秉敬撰　清乾隆二十八年(1763)蕉雨軒刻本　一册

330000－1701－0085638　G601366　類叢部/叢書類/彙編之屬

申報館叢書正集五十七種附錄三種續集一百四十二種　(清)尊聞閣主編　蔡爾康編續集　清同治至光緒上海申報館鉛印本　一册　存一種

330000－1701－0085639　G004317　集部/詞類/類編之屬

三家宮詞三卷二家宮詞二卷　(明)毛晉編　清同治十二年(1873)淮南書局刻本　一册　存二卷(二家宮詞一至二)

330000－1701－0085640　G607458、G606395、G608775、G609944　史部/目録類/書志之屬/提要

直齋書録解題二十二卷　(宋)陳振孫撰　清光緒九年(1883)江蘇書局刻本　六册

330000－1701－0085643　G004318　史部/政書類/邦交之屬

辛丑各國和約一卷　清末刻本　一册

330000－1701－0085644　G602092　類叢部/叢書類/彙編之屬

曼陀羅華閣叢書十六種　(清)杜文瀾編　清咸豐至光緒秀水杜氏刻光緒十八年(1892)上海掃葉山房修補印本　二册　存一種

330000－1701－0085645　G603658　類叢部/叢書類/彙編之屬

邵武徐氏叢書初刻十四種　(清)徐幹編　清光緒邵武徐氏刻本　十二册　存十種

330000－1701－0085647　G606396　類叢部/叢書類/彙編之屬

漸西村舍彙刊(漸西村舍叢刻)四十四種　(清)袁昶編　清光緒十六年至二十四年(1890－1898)桐廬袁氏刻本　一册　存三種

330000－1701－0085649　G004319　集部/別集類/明別集

蓮鬚閣文抄十八卷　(明)黎遂球撰　清刻本　二十三册

330000－1701－0085652　G606397　子部/宗教類/道教之屬/威儀

祈雨科一卷　(清)紀慎齋撰　清光緒三十二年(1906)成都刻本　一册

330000－1701－0085655　G004320　集部/小說類/長篇之屬

新刊七真因果二卷二十九回　黃永亮編　清光緒三十二年(1906)刻本　二册

330000－1701－0085657　G003810　集部/總集類/課藝之屬

考卷約選二集不分卷　(清)李錫瓚編次　清嘉慶十一年(1806)映雪齋刻本　一册

330000－1701－0085658　G603659　類叢部/叢書類/彙編之屬

邵武徐氏叢書初刻十四種　(清)徐幹編　清光緒邵武徐氏刻本　一册　存二種

330000－1701－0085659　G004400、G005595、

G011287　集部/戲劇類/雜劇之屬
芥子園繪像第六才子書八卷　（元）高明撰　清芥子園刻本　崇甫氏題記　六冊

330000－1701－0085661　G601342　類叢部/叢書類/彙編之屬
廣漢魏叢書八十種　（明）何允中編　清嘉慶刻本　一冊　存一種

330000－1701－0085662　G003811　集部/別集類/清別集
燭谿剩言二卷　（清）范鑄撰　清刻本　一冊

330000－1701－0085663　G606398　子部/雜著類/雜考之屬
讀書脞錄七卷　（清）孫志祖撰　清光緒十三年（1887）醉六堂刻本　一冊　缺三卷（一至三）

330000－1701－0085664　G004402　子部/雜著類/雜纂之屬
新輯頤人奇談四卷　（清）胡澹庵編　（清）錢慎齋增訂　清光緒石印本　一冊　存一卷（二）

330000－1701－0085665　G606399　類叢部/叢書類/家集之屬
富陽夏氏叢刻七種　夏震武　夏鼎武撰　清光緒至民國刻民國九年（1920）彙印本　一冊　存二種

330000－1701－0085666　G601368　史部/雜史類/斷代之屬
二申野錄八卷　（清）孫之騄撰　清道光二十一年（1841）吟香館刻同治六年（1867）印本　四冊

330000－1701－0085670　G004322、G007102　子部/宗教類/佛教之屬/經
妙法蓮華經七卷　（後秦）釋鳩摩羅什譯　清道光五年（1825）刻本　三冊

330000－1701－0085671　G606400　子部/醫家類/方書之屬/單方驗方
串雅內編四卷　（清）趙學敏輯　清光緒十四年（1888）榆園刻本　一冊　存二卷（一至二）

330000－1701－0085673　G004404、G005285　子部/小說家類/雜事之屬
虞初新志二十卷　（清）張潮輯　清詒清堂刻本　十二冊

330000－1701－0085675　G606401　史部/金石類/璽印之屬
秦漢三十體印證二卷　（清）李陽輯　清道光二十年（1840）李氏寶籀齋刻鈐印本　二冊

330000－1701－0085676　G004323　經部/小學類/訓詁之屬
五雅四十一卷　（明）郎奎金編　明天啓六年（1626）武林郎氏堂策檻刻本　二冊　存一種

330000－1701－0085679　G004405　子部/叢編
二十二子摘錦三十卷　（清）孫灝輯　（清）施崇恩編校　清光緒二十三年（1897）積山書局石印本　六冊

330000－1701－0085680　G603660　史部/傳記類/日記之屬
虎口日記一卷（清咸豐十一年九月二十九日至十二月十九日）　（清）魯叔容撰　清光緒二十二年（1896）福州刻本　一冊

330000－1701－0085681　G606402　類叢部/叢書類/彙編之屬
靈鶼閣叢書五十六種　（清）江標編　清光緒元和江氏湖南使院刻蘇州振新書社印本　一冊　存一種

330000－1701－0085682　G003812　集部/別集類/漢魏六朝別集
梁簡文帝集□□卷　（南朝梁）簡文帝蕭綱撰　清刻本　二冊　存一卷（一）

330000－1701－0085684　G004406　類叢部/類書類/專類之屬
新刻通用尺素見心集四卷　（清）汪文芳輯　清同治五年（1866）刻本　二冊　存二卷（一、四）

330000－1701－0085685　G603661　集部/總集類

新鑰集四卷 (清)吳春叔輯 清光緒二十九年(1903)鉛印本 一册 存一卷(三)

330000－1701－0085688 G603662 集部/戲劇類/傳奇之屬

儒酸福傳奇二卷 (清)魏熙元撰 (清)汪繩武正譜 (清)倪星垣評文 清光緒十年(1884)杭州魏氏玉玲瓏館刻本 一册

330000－1701－0085689 G004324 史部/傳記類/總傳之屬/家乘

[浙江蕭山]龕山龕山周氏續修宗譜四卷 (清)周嘉謨等纂修 清光緒十八年(1892)龕山繼志堂木活字印本 二册 存二卷(一、三)

330000－1701－0085690 G601369 史部/傳記類/别傳之屬/事狀

韜厂蹈海錄四卷 徐良弼等撰 清宣統二年(1910)蘇州鉛印本 一册 存二卷(三至四)

330000－1701－0085691 G004407 史部/傳記類/職官録之屬

江西全省同官錄二卷 清末木活字印本 一册 存一卷(上)

330000－1701－0085693 G004408 子部/宗教類/佛教之屬/經疏

佛説盂蘭盆經疏一卷 (唐)釋宗密撰 (宋)釋淨源錄疏注經 清光緒三十二年(1906)金陵刻經處刻本 一册

330000－1701－0085694 G004409 子部/宗教類/佛教之屬/經疏

佛説盂蘭盆經疏并序孝衡鈔二卷 (宋)釋遇榮輯 清刻本 二册

330000－1701－0085696 G003814 史部/傳記類/别傳之屬/事狀

先君歐陽曉晴府君[兆熊]行略一卷 (清)歐陽照等撰 清同治木活字印本 一册

330000－1701－0085697 G004410 子部/宗教類/佛教之屬

折疑論集註二卷 (元)釋子成撰 (明)釋師子注 清光緒三十四年(1908)揚州藏經院刻本 二册

330000－1701－0085699 G003815 子部/藝術類/書畫之屬/畫譜

芥子園畫傳初集五卷二集八卷 (清)王槩 (清)王蓍 (清)王臬輯 清康熙芥子園刻彩色套印本 五册 存五卷(初集一至二、四至五,二集蘭譜上下)

330000－1701－0085701 G601374 史部/傳記類/别傳之屬/事狀

輓詞彙編三卷 (清)龔尚毅 (清)郭兆芳輯 清光緒十九年(1893)養知書屋刻本 一册

330000－1701－0085704 SBC0077 史部/史抄類

歐陽文忠公新唐書抄二卷五代史抄二十卷 (明)茅坤輯並評 明萬曆七年(1579)歸安茅一桂刻本 一册 存二卷(新唐書抄上、下)

330000－1701－0085706 G601370、G607462、G609125、G610540 集部/别集類/清别集

抱泉山館詩集十卷文集三卷首一卷 (清)王蒔蕙撰 **榮鞠詩鈔一卷** (清)王予齡撰 清光緒二十七年(1901)寧波鈞和公司鉛印本 四册

330000－1701－0085707 G003816 集部/别集類/清别集

時習編六卷 (清)周炳琦撰 (清)周巖輯 清光緒十六年(1890)詒經堂刻本 一册 存三卷(四至六)

330000－1701－0085709 G004325 子部/雜著類/雜説之屬

齋素論一卷 (宋)周敦頤撰 清光緒二十六年(1900)刻本 一册

330000－1701－0085710 G606403 經部/小學類/文字之屬/字書/訓蒙

千字文釋義一卷 (清)嚴釗註 清光緒二十五年(1899)嚴氏刻本 一册

330000－1701－0085713 G004326 子部/叢編

子書二十三種 (清)浙江書局編 清光緒二

十三年(1897)上海圖書集成局鉛印本　二十七冊　存二十種

330000－1701－0085716　SBC0031　經部/小學類/音韻之屬/韻書

集韻十卷　(宋)丁度等撰　清光緒二年(1876)歸安姚觀元川東官舍刻姚氏三韻本　佚名過録清周壽昌、清韓泰華、清段玉裁跋　十冊

330000－1701－0085717　G606404　子部/天文曆算類/曆法之屬

新鐫曆法總覽合節象吉備要通書二十九卷附未來歷又六卷一卷　(清)魏鑑輯　清刻本　一冊　存一卷(十四)

330000－1701－0085718　G004411　史部/地理類/山川之屬/山志

峨眉山志十八卷　(清)蔣超纂　清抄本　六冊

330000－1701－0085719　G602093　類叢部/叢書類/彙編之屬

士禮居叢書二十種　(清)黃丕烈編　清嘉慶至道光黃氏士禮居刻本　四冊　存一種

330000－1701－0085721　G601373　集部/別集類/清別集

春酒堂文集一卷　(清)周容撰　清宣統二年(1910)上海國學扶輪社鉛印本　一冊

330000－1701－0085725　G606405　史部/傳記類/別傳之屬/事狀

皇清誥授光禄大夫贈太子少保予謚勤肅頭品頂戴兵部尚書都察院右都御史兩廣總督顯考方之府君[陶勤肅]行述一卷　陶葆廉　陶保霖撰　清光緒刻本　一冊

330000－1701－0085726　G606406　經部/儀禮類/傳說之屬

儀禮章句十七卷　(清)吳廷華撰　清乾隆五十九年(1794)金閶書業堂刻本　二冊

330000－1701－0085727　G609349、G602094、G009328　子部/小說家類/異聞之屬

閱微草堂筆記二十四卷　(清)紀昀撰　清蘇州懷德堂炳記刻民國蘇州振新書社印本　十二冊

330000－1701－0085730　G606407　集部/總集類/選集之屬/斷代

國朝六家詩鈔八卷　(清)劉執玉選編　清乾隆三十二年(1767)劉執玉詒燕樓刻本　戴鶴龕題記　六冊

330000－1701－0085733　G003818　集部/總集類/彙編之屬

宋詩鈔初集八十四種　(清)呂留良　(清)吳之振　(清)吳爾堯編　清康熙十年(1671)洲錢吳氏鑑古堂刻本　一冊　存一種

330000－1701－0085735　G606408　子部/醫家類/兒科之屬/通論

生生福幼編五種附論一種　(清)莊一夔等撰　清光緒二十四年(1898)景文齋刻本　一冊

330000－1701－0085737　G602095　子部/工藝類/文房四寶之屬/叢録

今文房四譜一卷　(清)謝崧梁撰　清光緒十六年(1890)湘鄉謝氏掔經榭刻本　一冊

330000－1701－0085738　G603664　集部/戲劇類/傳奇之屬

藏園九種曲　(清)蔣士銓撰　清乾隆煥乎堂刻本　二冊　存二種

330000－1701－0085739　G003819、G005414、G005415、G008202、G008871　史部/政書類/通制之屬

資治新書十四卷首一卷二集二十卷　(清)李漁輯　清康熙芥子園刻本　七冊　存十卷(首、三至五,二集一、四至八)

330000－1701－0085740　G606411　史部/地理類/山川之屬/山志

西天目祖山志八卷首一卷末一卷補遺一卷　(明)釋廣賓撰　(清)釋際界增訂　清光緒二年(1876)刻本　四冊

330000－1701－0085743　G602096　集部/別集類/清別集

西隃山房集八卷(微尚齋詩集初編四卷詩續

集二卷適適齋文集二卷） （清）馮志沂撰 清咸豐十一年至同治八年（1861－1869）洪洞董氏刻本 一册 缺二卷（適適齋文集一至二）

330000－1701－0085744 G003820 集部/别集類/清别集
蘭圃詩鈔八卷 （清）武廷選撰 清乾隆刻本 一册 存二卷（一至二）

330000－1701－0085747 G004327 史部/雜史類/斷代之屬
拳教析疑説一卷 （清）勞乃宣撰 **義和拳教門源流考書後一卷** （清）桂嵩慶撰 清末刻本 一册

330000－1701－0085748 G008393、G003821、G010100 類叢部/叢書類/自著之屬
楊氏全書八種三十七卷 （清）楊名時撰 清光緒三十四年至宣統元年（1908－1909）南菁高等學堂刻本 六册

330000－1701－0085750 G603666 類叢部/叢書類/彙編之屬
學津討原一百七十三種 （清）張海鵬編 清嘉慶十年（1805）虞山張氏照曠閣刻本 一册 存一種

330000－1701－0085754 G602097 類叢部/叢書類/自著之屬
觀古堂所著書二十種 葉德輝撰 清光緒長沙葉氏刻本 二册 存一種

330000－1701－0085756 G003823 集部/曲類/曲韻曲譜曲律之屬
昆曲折子戲劇本曲譜不分卷 清末抄本 一册

330000－1701－0085757 G003824 子部/儒家類/儒學之屬/蒙學
幼學一卷 清末抄本 一册

330000－1701－0085758 G003825 子部/宗教類/佛教之屬/經
大寶積經一百二十卷 （唐）釋菩提流志等譯 清光緒五年（1879）常熟刻經處刻本 二十四册

330000－1701－0085759 G003826 史部/政書類/邦計之屬/賦税
徵輸定則一卷 清光緒三十二年（1906）紹興印書局鉛印本 一册

330000－1701－0085760 SBC1407 子部/雜著類/雜説之屬
齊東野語二十卷 （宋）周密撰 明刻本（卷十六至二十配明崇禎毛氏汲古閣刻津逮秘書本） 二册 存九卷（一至四、十六至二十）

330000－1701－0085761 SBC1405 類叢部/叢書類/彙編之屬
稗海四十六種續稗海二十四種 （明）商濬編 明萬曆商氏半埜堂刻本 一册 存一種

330000－1701－0085762 G601423 史部/傳記類/日記之屬
癸卯東游日記一卷（清光緒二十九年四月至六月） 張謇撰 清光緒二十九年（1903）江蘇通州翰墨林書局鉛印本 一册

330000－1701－0085763 SBC1408 類叢部/叢書類/彙編之屬
稗海四十六種續稗海二十四種 （明）商濬編 明萬曆商氏半埜堂刻本 一册 存一種

330000－1701－0085764 G004328 史部/政書類/公牘檔册之屬
平政橋徵信錄一卷 清光緒刻本 一册

330000－1701－0085765 G004329、G603837 集部/小説類/短篇之屬
淞隱漫錄十二卷 （清）王韜撰 清光緒石印本 二册 存六卷（一至三、七至九）

330000－1701－0085766 G601371 子部/儒家類/儒學之屬/禮教
聖諭廣訓集證一卷 （清）吴旭仲輯 清光緒四年（1878）陽湖史致謨刻本 一册

330000－1701－0085768 G601379 子部/雜著類/雜纂之屬
嘯亭雜錄十卷續錄三卷 （清）昭槤撰 清宣

統元年(1909)中國圖書公司鉛印本　四册

330000－1701－0085769　SBC1459　類叢部/叢書類/彙編之屬

稗海四十六種續稗海二十四種　(明)商濬編　明萬曆商氏半埜堂刻本　一册　存一種

330000－1701－0085770　G601380　集部/别集類/清别集

松夢寮詩稿六卷　(清)丁丙撰　清光緒二十五年(1899)丁氏刻本　一册　存三卷(一至三)

330000－1701－0085773　G004331　史部/傳記類/日記之屬

南還續筆不分卷　(清)杜吉相撰　清嘉慶六年(1801)稿本　一册

330000－1701－0085774　G601381　集部/戲劇類/雜劇之屬

桃花聖解盦樂府二種　(清)李慈銘撰　清咸豐蕭山鍾駿文崇實齋刻本　一册

330000－1701－0085775　G601367　史部/政書類/邦計之屬

籌餉事例新章一卷　清光緒三十年(1904)上海古香閣石印本　一册

330000－1701－0085777　SBC0661　類叢部/叢書類/彙編之屬

稗海四十六種續稗海二十四種　(明)商濬編　明萬曆商氏半埜堂刻本　一册　存一種

330000－1701－0085781　G004333　子部/醫家類/類編之屬

證治準繩六種(醫書六種)　(明)王肯堂撰　清乾隆五十八年(1793)程永培刻本　二册　存一種

330000－1701－0085783　G601382　類叢部/叢書類/自著之屬

十二硯齋三種　(清)汪鋆撰　清同治至光緒儀徵汪氏刻本　一册　存一種

330000－1701－0085784　SBC2647　類叢部/叢書類/彙編之屬

稗海四十六種續稗海二十四種　(明)商濬編　明萬曆商氏半埜堂刻本　一册　存一種

330000－1701－0085785　G606412　史部/地理類/山川之屬/山志

西天目祖山志八卷首一卷末一卷補遺一卷　(明)釋廣賓撰　(清)釋際界增訂　清光緒二年(1876)刻本　四册

330000－1701－0085786　G004334　子部/宗教類/佛教之屬/經

大佛頂如來密因修證了義諸菩薩萬行首楞嚴經十卷　(唐)釋般剌密帝譯　(唐)釋彌伽釋伽譯語　(唐)房融筆受　(元)釋惟則會解　清刻本　一册　存三卷(四至六)

330000－1701－0085788　G004335　類叢部/叢書類/自著之屬

章氏遺書二種　(清)章學誠撰　清道光十二年至十三年(1832－1833)會稽章華紱刻浙江書局補刻本　二册

330000－1701－0085789　SBC2503　類叢部/叢書類/彙編之屬

説郛一百二十弓　(明)陶宗儀編　(明)陶珽等重編　明末刻清順治三年(1646)兩浙督學周南李際期宛委山堂印本　一册　存一種

330000－1701－0085790　G004336　史部/政書類/公牘檔册之屬

不報部各款不分卷　清末抄本　一册

330000－1701－0085791　G004337　史部/政書類/邦計之屬/賦税

正項各款不分卷　清末抄本　一册

330000－1701－0085793　G004412　子部/宗教類/佛教之屬/諸宗

宗鏡録一百卷附音釋　(宋)釋延壽輯　清雍正十三年(1735)武英殿刻本　五册　存二十五卷(七十六至一百)

330000－1701－0085794　G004338　子部/宗教類/佛教之屬

慈悲道場懺法十卷　(南朝梁)武帝蕭衍撰　清杭州瑪瑙寺明臺南房刻本　一册　存四卷

（七至十）

330000－1701－0085795　G004339　類叢部/叢書類/彙編之屬

崇文書局彙刻書三十一種　（清）崇文書局編　清光緒元年至三年（1875－1877）湖北崇文書局刻本　二冊　存一種

330000－1701－0085797　G004413　子部/宗教類/佛教之屬/律

毘尼止持會集十六卷首一卷　（清）釋讀體集　清光緒十八年（1892）刻本　八冊

330000－1701－0085799　G004340　史部/政書類/邦交之屬

大清國大巴西國會訂和好通商條約一卷　清末刻本　一冊

330000－1701－0085800　G004341　史部/政書類/邦交之屬

義國和約章程一卷義國稅則一卷義國通商章程一卷　清末刻本　一冊

330000－1701－0085801　SBC0906　類叢部/叢書類/彙編之屬

寶顔堂祕笈二百二十八種　（明）陳繼儒編　明萬曆至泰昌繡水沈氏刻本　三冊　存三種

330000－1701－0085802　G004414　集部/總集類/課藝之屬

新選無情巧搭　（清）三樂軒主人輯　清光緒十二年（1886）上海積山書局石印本　六冊

330000－1701－0085804　G004342　史部/政書類/邦交之屬

奥國通商條款一卷奥國稅則一卷奥國通商章程一卷　清末刻本　一冊

330000－1701－0085805　G606413　集部/詞類/類編之屬

詞學叢書六種　（清）秦恩復編　清嘉慶至道光江都秦恩復享帚精舍刻本　十冊

330000－1701－0085806　G004343　史部/政書類/邦交之屬

丹國條約一卷丹國稅則一卷　清末刻本　一冊

330000－1701－0085808　G601378　類叢部/叢書類/彙編之屬

古今說部叢書二百七十二種　國學扶輪社編　清宣統二年至民國二年（1910－1913）上海國學扶輪社鉛印本　一冊　存二十八種

330000－1701－0085811　G004344　史部/政書類/邦交之屬

俄國條款一卷俄國續增條約一卷俄國陸路通商章程一卷俄國續增稅則一卷改訂俄國陸路通商章程一卷　清光緒元年（1875）刻本　一冊

330000－1701－0085812　G606414　子部/儒家類/儒學之屬/性理

儒門法語輯要一卷　（清）彭定求撰　（清）湯金釗輯　清光緒十六年（1890）浙江書局刻本　一冊

330000－1701－0085813　SBC2599　類叢部/叢書類/彙編之屬

說郛一百二十弓　（明）陶宗儀編　（明）陶珽等重編　明末刻清順治三年（1646）兩浙督學周南李際期宛委山堂印本　一冊　存一種

330000－1701－0085815　G606415　類叢部/叢書類/郡邑之屬

武林掌故叢編一百八十七種　（清）丁丙編　清光緒三年至二十六年（1877－1900）錢塘丁氏嘉惠堂刻本　一冊　存一種

330000－1701－0085817　G004415　經部/小學類/音韻之屬/韻書

詩韻集成十卷　（清）余照輯　**詞林典腋一卷**　清光緒二十九年（1903）清芬堂刻本　三冊　存四卷（一、三至四、詞林典腋）

330000－1701－0085818　G605295　史部/史抄類

史記選六卷　（清）儲欣選評　清刻本　三冊

330000－1701－0085819　G004345　史部/政書類/邦交之屬

美國條款一卷美國照會一卷美國稅則一卷通

商章程善後條約一卷美國續增條約一卷 清光緒元年(1875)刻本 一冊

330000－1701－0085820 G606416 集部/別集類/清別集
思綺堂文集十卷 (清)章藻功撰 清刻本 一冊 存一卷(四)

330000－1701－0085822 G606417 類叢部/叢書類/郡邑之屬
武林掌故叢編一百八十七種 (清)丁丙編 清光緒三年至二十六年(1877－1900)錢塘丁氏嘉惠堂刻本 三冊 存三種

330000－1701－0085823 G004346 史部/政書類/邦交之屬
奧國通商條款一卷奧國稅則一卷奧國通商章程一卷 清光緒元年(1875)刻本 一冊

330000－1701－0085824 G603667 子部/宗教類/佛教之屬/諸宗
萬善同歸集六卷 (宋)釋延壽撰 清同治十一年(1872)杭州昭慶慧空經房刻本 二冊

330000－1701－0085826 SBC1503 類叢部/叢書類/彙編之屬
古今説海一百三十五種 (明)陸楫等編 明嘉靖二十三年(1544)陸楫儼山書院雲山書院刻本 一冊 存二種

330000－1701－0085828 G004347 史部/政書類/邦交之屬
美國和約章程一卷美國稅則一卷美國通商章程一卷 清光緒元年(1875)刻本 一冊

330000－1701－0085829 G004416 史部/政書類/通制之屬
文獻通考詳節二十四卷 (元)馬端臨撰 (清)嚴虞惇輯 清光緒二十五年(1899)上海書局石印本 六冊

330000－1701－0085831 G601387 集部/別集類/清別集
倚紅樓詩草一卷 (清)潘淑正撰 清光緒十七年(1891)枕湖樓刻本 一冊

330000－1701－0085832 G603668 子部/叢編
子書百家 (清)崇文書局編 清光緒元年(1875)湖北崇文書局刻民國元年(1912)鄂官書處重印本 十一冊 存十三種

330000－1701－0085833 G004348 史部/政書類/邦交之屬
丹國條約一卷丹國稅則一卷 清光緒元年(1875)刻本 一冊

330000－1701－0085835 G606418 子部/醫家類/類編之屬
徐靈胎十二種全集 (清)徐大椿撰並注 清同治三年(1864)彭樹萱善成堂刻本 一冊 存一種

330000－1701－0085836 G004349 史部/政書類/邦交之屬
長江通商統共章程一卷通商各口通共章程五條一卷 清末刻本 一冊

330000－1701－0085837 G601383 集部/別集類/清別集
蓮香吟館遺藁一卷 (清)周觀撰 清咸豐五年(1855)刻本 一冊

330000－1701－0085838 G004350 史部/政書類/邦交之屬
英國稅則條款一卷法國稅則條款一卷美國稅則條款一卷俄國陸路通商章程一卷 清末刻本 一冊

330000－1701－0085841 G606419 子部/宗教類/佛教之屬/經
佛教西來玄化應運略錄一卷 (宋)程輝編 **佛説四十二章經一卷** (漢)釋迦葉摩騰 (漢)釋竺法蘭譯 **佛遺教經一卷** (後秦)釋鳩摩羅什譯 **八大人覺經一卷** (漢)釋安清譯 清同治九年(1870)金陵刻經處刻本 一冊

330000－1701－0085846 G606420 集部/曲類/寶卷之屬
九品蓮臺記二卷九回 (清)釋法彙記述

(清)范珍輯並演詞　清同治十年(1871)常郡金鑑堂刻本　一册　存一卷(下)

330000－1701－0085847　SBC1406　類叢部/叢書類/彙編之屬

稗海四十六種續稗海二十四種　(明)商濬編　明萬曆商氏半埜堂刻本　一册　存一種

330000－1701－0085848　G601390　史部/地理類/遊記之屬/紀行

鑪藏道里最新考一卷　(清)張其勤撰　清光緒三十三年(1907)鉛印本　邵欽權題記　一册

330000－1701－0085849　G004351　經部/叢編

篆文六經四書十種　(清)張照校　清康熙内府刻本　一册　存一種

330000－1701－0085850　G004417　類叢部/叢書類/彙編之屬

文選四種　(清)徐叔蓓輯　清光緒二十年(1894)上海寶文書局石印本　三册　存一種

330000－1701－0085855　G606421　子部/宗教類/佛教之屬/總録

御選語錄十九卷　(清)世宗胤禛輯　清光緒四年(1878)金陵刻經處刻本　一册　存一卷(十三)

330000－1701－0085856　G603669、G611805　類叢部/叢書類/彙編之屬

武英殿聚珍版書一百四十八種　清乾隆四十二年(1777)福建刻道光至同治遞修光緒二十一年(1895)增刻本　六册　存一種

330000－1701－0085859　G004418、G007814　集部/總集類/選集之屬/通代

得月樓賦甲編不分卷乙編不分卷丙編不分卷丁編不分卷　(清)張元灝選評　(清)耿覲文　(清)茅謙箋註　清刻本　五册

330000－1701－0085862　G004448　子部/醫家類/類編之屬

丹溪附餘六種　(元)朱震亨撰　清慎修堂刻本　一册　存一種

330000－1701－0085863　SBC0594　類叢部/叢書類/彙編之屬

古今說海一百三十五種　(明)陸楫等編　明嘉靖二十三年(1544)陸楫儼山書院雲山書院刻本　一册　存三種

330000－1701－0085864　G004449　集部/小說類/長篇之屬

第一才子書繡像三國志演義六十卷一百二十回　(明)羅本撰　(清)毛宗崗評　清光緒三十年(1904)年商務印書館鉛印本　五册　存三十八卷(七至三十八、四十七至五十二)

330000－1701－0085865　G603670、G610166　集部/別集類/清別集

二知軒詩鈔十四卷　(清)方濬頤撰　清同治五年(1866)廣州刻本　八册

330000－1701－0085869　G606423　類叢部/叢書類/彙編之屬

郋園先生全書一百二十九種　葉啓倬編　清光緒至民國刻民國二十四年(1935)長沙中國古書刻印社彙印本　一册　存一種

330000－1701－0085873　G601392　子部/儒家類/儒學之屬/禮教/女範

聶氏重編家政學二卷　曾紀芬編　清光緒三十年(1904)浙江官書局刻本　二册

330000－1701－0085874　SBC1453　類叢部/叢書類/彙編之屬

亦政堂鐫陳眉公家藏廣秘笈五十四種　(明)陳繼儒編　明萬曆沈氏亦政堂刻本　一册　存二種

330000－1701－0085875　G603671、G603672　類叢部/叢書類/彙編之屬

邵武徐氏叢書初刻十四種二集八種　(清)徐榦編　清光緒邵武徐氏刻本　二册　存初刻一種二集一種

330000－1701－0085878　G601384　集部/別集類/清別集

曼志堂遺稿二卷　(清)曹壽銘撰　清同治九年(1870)甬上鐵耕齋刻本　一册

330000－1701－0085880　G603673　類叢部/叢書類/郡邑之屬

武林掌故叢編一百八十七種　(清)丁丙編　清光緒三年至二十六年(1877－1900)錢塘丁氏嘉惠堂刻本　一册　存一種

330000－1701－0085883　G601393　類叢部/叢書類/彙編之屬

廣雅書局叢書一百五十九種　徐紹棨編　清光緒廣雅書局刻民國九年(1920)番禺徐紹棨彙編重印本　一册　存一種

330000－1701－0085887　G603674　類叢部/叢書類/郡邑之屬

武林掌故叢編一百八十七種　(清)丁丙編　清光緒三年至二十六年(1877－1900)錢塘丁氏嘉惠堂刻本　十二册　存十三種

330000－1701－0085888　G004419　史部/傳記類/總傳之屬/通代

帝鑑圖説不分卷　(明)張居正等撰　清末石印本　一册

330000－1701－0085889　SBC2918　子部/宗教類/佛教之屬/大藏

徑山藏　明萬曆十七年(1589)至清嘉慶五臺、嘉興、徑山等地刻本　六十五册　存十九種

330000－1701－0085892　G601385　子部/雜著類/雜考之屬

讀書脞録七卷　(清)孫志祖撰　清光緒十三年(1887)醉六堂刻本　四册

330000－1701－0085894　G601391　史部/目録類/通論之屬/考訂

古今僞書考一卷　(清)姚際恒撰　清光緒十八年(1892)浙江書局刻本　一册

330000－1701－0085895　G004420　經部/小學類/文字之屬/説文

説文通檢十四卷首一卷末一卷　(清)黎永椿撰　清光緒九年(1883)羣玉山房刻本　一册　存九卷(首、一至八)

330000－1701－0085897　SBC2645　類叢部/叢書類/彙編之屬

亦政堂鐫陳眉公普秘笈一集五十種　(明)陳繼儒編　明萬曆沈氏亦政堂刻本　一册　存一種

330000－1701－0085898　G606425　經部/小學類/音韻之屬

字音攷異一卷　清光緒八年(1882)京都琉璃廠刻本　一册

330000－1701－0085899　G004421、G007968　類叢部/叢書類/自著之屬

鹿洲全集七種　(清)藍鼎元撰　清刻本　十二册　存六種

330000－1701－0085900　G606426　子部/藝術類/書畫之屬/書法書品

書法正傳一卷　(清)蔣和撰　清光緒八年(1882)刻本　一册

330000－1701－0085902　G601394　集部/別集類/清別集

傳樸堂詩稿四卷補遺一卷竹樊山莊詞一卷　(清)葛金烺撰　**附録一卷**　(清)譚獻(清)許景澄　(清)沈曾植撰　**弢華館詩稿一卷**　(清)葛嗣濚撰　清光緒二十一年(1895)刻三十三年(1907)補刻民國增修本　二册

330000－1701－0085903　G606427　集部/詞類/類編之屬

西泠詞萃六種　(清)丁丙編　清光緒錢塘丁氏刻本　二册　存二種

330000－1701－0085905　SBC2796　類叢部/叢書類/彙編之屬

尚白齋鐫陳眉公家藏秘笈續函(寶顔堂續祕笈)五十種　(明)陳繼儒編　明萬曆沈氏尚白齋刻本　一册

330000－1701－0085906　G004422　經部/小學類/音韻之屬/韻書

詩韻合璧五卷　(清)湯文潞撰　**詩腋一卷詞林典腋一卷**　清同治十二年(1873)刻本　五册

330000－1701－0085908　SBC1008　類叢部/

叢書類/彙編之屬
稗海四十六種續稗海二十四種　(明)商濬編　明萬曆商氏半埜堂刻本　二册　存一種

330000－1701－0085909　G606428　史部/金石類/郡邑之屬
墨妙亭碑目攷二卷附攷一卷　(清)張鑑撰　清光緒十年(1884)江蘇書局刻本　三册

330000－1701－0085912　G603675、G602149、G609968　史部/地理類/方志之屬/郡縣志
[光緒]黄巖縣志四十卷首一卷附黄巖集三十二卷首一卷　(清)陳寶善　(清)孫憙修　(清)王棻纂　(清)陳鍾英　(清)鄭錫滜續修　(清)王詠霓續纂　**黄巖志校議二卷**　(清)王棻撰　清光緒三年(1877)刻六年(1880)校補刻本　三十册　存七十四卷(首、一至四十,黄巖集首、一至三十二)

330000－1701－0085914　G606429　子部/宗教類/道教之屬/經文
太上玉清無極總真文昌大洞僊經不分卷大洞經示讀三卷　(清)邵志錕補輯　清道光三十年至咸豐三年(1850－1853)慈西葉氏刻本　四册

330000－1701－0085915　SBC0050　類叢部/類書類/通類之屬
三才圖會一百六卷　(明)王圻輯　(明)王思義續輯　明刻本　一册　存一卷(人事八)

330000－1701－0085916　G601386　類叢部/叢書類/彙編之屬
榆園叢刻十五種附一種　(清)許增編　清同治至光緒刻本　二册　存一種

330000－1701－0085919　G603676　類叢部/叢書類/郡邑之屬
金華叢書六十八種　(清)胡鳳丹編　清同治七年至光緒八年(1868－1882)永康胡氏退補齋刻民國補刻本　九册　存二種

330000－1701－0085920　G606430　子部/宗教類/佛教之屬/諸宗
相宗八要解八種　(明)釋明昱撰　清光緒二十八年(1902)金陵刻經處刻本　一册　存二種

330000－1701－0085924　G606431　類叢部/叢書類/自著之屬
元和蔡氏所著書三種　(清)蔡雲撰　清道光刻本　二册　存二種

330000－1701－0085925　SBC2417　子部/叢編
六子書　(明)顧春編　明嘉靖十二年(1533)吴郡顧氏世德堂刻本　一册　存一種

330000－1701－0085928　G603680　子部/宗教類/佛教之屬/諸宗
永嘉禪宗集註二卷　(明)釋傳燈重編並註　清光緒二十二年(1896)京口李培楨刻本　一册

330000－1701－0085930　G606432、G611323　類叢部/叢書類/自著之屬
儆居遺書十一種　(清)黄式三撰　清同治至光緒刻本　四册　存二種

330000－1701－0085931　SBC0501　類叢部/叢書類/自著之屬
陸放翁全集六種　(宋)陸游撰　明末海虞毛氏汲古閣刻清初毛扆增刻彙印本　五册　存二種

330000－1701－0085932　G606433　類叢部/叢書類/自著之屬
儆居遺書十一種　(清)黄式三撰　清同治至光緒刻本　一册　存一種

330000－1701－0085933　G606434　子部/農家農學類/蠶桑之屬
蠶桑萃編十五卷首一卷　(清)衛杰撰　清光緒二十六年(1900)浙江書局刻本　四册　缺七卷(首、一、三、十二至十五)

330000－1701－0085934　G004423　集部/總集類/課藝之屬
試草不分卷　(清)李爲蛟等撰　清刻本　一册

330000－1701－0085937　G004424　子部/雜著類/雜說之屬

譚子化書六卷　(五代)譚峭撰　清光緒六年(1880)刻本　一册

330000－1701－0085938　G606435　集部/詩文評類/文評之屬

文心雕龍十卷　(南朝梁)劉勰撰　(清)黃叔琳輯注　清乾隆六年(1741)黃氏養素堂刻本　二册

330000－1701－0085940　SBC2449　集部/詞類/類編之屬

宋名家詞六十一種　(明)毛晉編　明崇禎虞山毛氏汲古閣刻本　一册　存一種

330000－1701－0085941　G603678　類叢部/叢書類/彙編之屬

弢園叢書　(清)王韜編　清光緒鉛印本　一册　存一種

330000－1701－0085942　G606436、G606577　史部/政書類

九通　(清)□□輯　清光緒八年至二十二年(1882－1896)浙江書局刻本　二十四册　存一種

330000－1701－0085943　G004425　經部/小學類/音韻之屬/韻書

詩韻集成十卷　(清)余照輯　**詞林典腋一卷**　清光緒四年(1878)刻本　四册

330000－1701－0085944　G602098　集部/別集類/清別集

韋廬初集一卷續集一卷近集一卷　(清)李秉禮撰　(清)李憲喬輯　清乾隆至嘉慶刻本　二册　缺一卷(續集)

330000－1701－0085948　G606438、G606722　子部/宗教類/佛教之屬/經疏

妙法蓮華經玄義釋籤四十卷　(隋)釋智顗說　(隋)釋灌頂記　(唐)釋湛然釋　**法華玄義序釋籤一卷**　(隋)釋灌頂述　(唐)釋湛然釋　清光緒七年(1881)昭慶律寺經房刻本　七册　存十五卷(一至六、三十一至三十六、三十九至四十、法華玄義序釋籤)

330000－1701－0085949　SBC2309　類叢部/叢書類/彙編之屬

格致叢書　(明)胡文煥編　明萬曆虎林胡氏文會堂刻本　六册　存一種

330000－1701－0085951　G606439　子部/宗教類/佛教之屬/經

楞伽阿跋多羅寶經會譯四卷　(南朝宋)釋求那跋陀羅初譯　(北魏)釋菩提留支再譯　(唐)釋實叉難陀後譯　(明)釋員珂會合　清光緒三十四年(1908)金陵刻經處刻本　四册

330000－1701－0085952　G603681　子部/宗教類/佛教之屬/諸宗

天台四教儀一卷　(高麗)釋諦觀輯　**附始終心要一卷**　(唐)釋湛然撰　(宋)釋從義注　**天台八教大意一卷**　(唐)釋灌頂撰　清宣統元年(1909)揚州藏經院刻本　一册

330000－1701－0085954　G602099、G602591、G608922、G609434、G611266　類叢部/叢書類/彙編之屬

敏果齋七種　(清)許乃釗編　清道光十二年至二十九年(1832－1849)錢塘許氏刻彙印本　十五册　存六種

330000－1701－0085955　G004426　史部/傳記類/總傳之屬/家乘

合肥龔氏宗譜不分卷　(清)龔本坦纂修　清末抄本　七册

330000－1701－0085956　G603682　子部/宗教類/佛教之屬/諸宗

天台四教儀注彙補輔宏記二十卷首一卷　(高麗)釋諦觀輯　(元)釋蒙潤集注　(清)釋性權彙補　**畧科提綱一卷**　釋諦閑排訂　清光緒二十四年(1898)刻本　十一册

330000－1701－0085957　SBC2867　子部/宗教類/佛教之屬/經

地藏菩薩本願經三卷　(唐)釋實叉難陀譯　明精嚴寺刻本　三册

330000－1701－0085961　G004450　新學/醫

學/内科

西醫内科全書十六卷　(清)孔慶高譯　清光緒八年(1882)羊城博濟醫局刻本　四册　存六卷(胃腸各症上、肝部各症上、腦部各症下、肺部各症一至三)

330000－1701－0085962　G601376　集部/總集類/氏族之屬

海鹽張氏涉園叢刻七種　張元濟輯　清宣統三年(1911)海鹽張氏鉛印本　一册　存三種

330000－1701－0085963　G601377　子部/雜著類/雜説之屬

七修類藁五十一卷續藁七卷　(明)郎瑛撰　清光緒六年(1880)廣州翰墨園刻本　十一册　存五十一卷(一至五十一)

330000－1701－0085964　G004452　集部/詞類/總集之屬

清綺軒詞選擷腴不分卷　清抄本　一册

330000－1701－0085966　G004453　子部/醫家類/婦科之屬/通論

竹林寺女科秘傳不分卷　静光禪師攷定　清末抄本　一册

330000－1701－0085967　G004454　子部/醫家類/婦科之屬/產科

古竹林寺秘方女科不分卷　清光緒二十八年(1902)王省三抄本　一册

330000－1701－0085969　G004455　子部/醫家類/兒科之屬/痘疹

救偏瑣言五卷備用良方一卷　(清)費啓泰撰　清道光二十一年(1841)大文堂刻本　三册　缺二卷(四至五)

330000－1701－0085971　G601398　史部/叢編

入幕須知五種附一種　(清)張廷驤輯　清光緒十八年(1892)浙江書局刻本　六册

330000－1701－0085972　SBC2919　子部/宗教類/佛教之屬/大藏

徑山藏　明萬曆十七年(1589)至清嘉慶五臺、嘉興、徑山等地刻本　二十五册　存一種

330000－1701－0085973　G004456　子部/醫家類/醫案之屬

醫醫偶錄二卷　(清)陳念祖撰　清宣統元年(1909)刻本　一册　存一卷(一)

330000－1701－0085974　G601416　集部/别集類/清别集

甌北詩鈔二十卷　(清)趙翼撰　清宣統三年(1911)掃葉山房石印本　八册

330000－1701－0085975　G004457　史部/傳記類/總傳之屬/仕宦

浙省候補道府同通州縣同官錄不分卷　清木活字印本　二册

330000－1701－0085976　G603683　子部/宗教類/佛教之屬/諸宗

天台四教儀注彙補輔宏記二十卷首一卷　(高麗)釋諦觀輯　(元)釋蒙潤集注　(清)釋性權彙補　**畧科提綱一卷**　釋諦閑排訂　清光緒二十四年(1898)刻本　一册　存一卷(六)

330000－1701－0085977　G004458　史部/地理類/遊記之屬/紀勝

西湖百詠二卷　(宋)董嗣杲撰　(明)陳贊和韻　清乾隆四十五年(1780)羅山張廷枚寶墨齋刻本　一册

330000－1701－0085978　G004459　史部/傳記類/科舉録之屬

[光緒癸卯恩科]浙江闈墨不分卷　清光緒二十九年(1903)聚奎堂刻本　一册

330000－1701－0085979　G603685　史部/地理類/山川之屬/山志

天台山方外志三十卷　(明)釋傳燈撰　清光緒二十年(1894)佛隴真覺寺刻本　八册

330000－1701－0085980　SBC2866　子部/宗教類/佛教之屬/經

妙法蓮華經七卷　(後秦)釋鳩摩羅什譯　明崇禎刻本　一册　存一卷(一)

330000－1701－0085982　G601405　類叢部/叢書類/自著之屬

衎石齋合稾　(清)錢儀吉撰　清道光刻本　一冊　存一種

330000－1701－0085983　SBC2920　子部/宗教類/佛教之屬/大藏
徑山藏　明萬曆十七年(1589)至清嘉慶五臺、嘉興、徑山等地刻本　三十一冊　存一種

330000－1701－0085984　G601406　類叢部/叢書類/自著之屬
衎石齋合稾　(清)錢儀吉撰　清道光刻本　一冊　存一種

330000－1701－0085986　G601396　子部/藝術類/篆刻之屬/印論
篆法探源一卷　(明)朱之蕃撰　(清)李登重訂　仰嘉祥音注　**習篆要訣一卷摹印要訣一卷**　仰嘉祥輯　清宣統三年(1911)中國圖書公司石印本　一冊

330000－1701－0085987　SBC2921　子部/宗教類/佛教之屬/大藏
徑山藏　明萬曆十七年(1589)至清嘉慶五臺、嘉興、徑山等地刻本　三十四冊　存一種

330000－1701－0085988　G004460　史部/地理類/山川之屬/水志
贛灘記一卷　(清)銘東屏撰　清同治六年(1867)吳嘉桂抄本　一冊

330000－1701－0085990　G004427　子部/藝術類/遊藝之屬/博戲
龍子十三篇一卷馬弔一卷　清抄本　一冊

330000－1701－0085991　G603688　類叢部/叢書類/彙編之屬
武英殿聚珍版書一百三十八種　清乾隆武英殿木活字印本　二冊　存一種

330000－1701－0085993　G601408　子部/儒家類/儒學之屬/勸學
輶軒語七卷　(清)張之洞撰　清光緒二年(1876)退補齋刻本　一冊

330000－1701－0085995　G601407　類叢部/叢書類/自著之屬
衎石齋合稾　(清)錢儀吉撰　清道光刻本　一冊　存一種

330000－1701－0085996　G603689　史部/史抄類
廿一史約編八卷首一卷　(清)鄭元慶撰　清康熙刻本　七冊　存七卷(石、絲、竹、匏、土、革、木)

330000－1701－0085999　G004428　新學/動植物學
動物學講義一卷植物學一卷地理學一卷生理學講義一卷　(清)浙江高等學堂豫備科學生編　清末石印本　一冊

330000－1701－0086000　G601409　子部/儒家類/儒學之屬/勸學
輶軒語七卷　(清)張之洞撰　清光緒二年(1876)退補齋刻本　一冊

330000－1701－0086001　SBC2922　子部/宗教類/佛教之屬/大藏
徑山藏　明萬曆十七年(1589)至清嘉慶五臺、嘉興、徑山等地刻本　二十八冊　存一種

330000－1701－0086002　G601399　類叢部/叢書類/自著之屬
曾惠敏公遺集四種　(清)曾紀澤撰　清光緒十九年(1893)江南製造總局鉛印本　一冊　存一種

330000－1701－0086003　G603690　類叢部/叢書類/彙編之屬
武英殿聚珍版書一百四十八種　清乾隆四十二年(1777)福建刻道光至同治遞修光緒二十一年(1895)增刻本　十一冊　存三種

330000－1701－0086004　SBC2868　史部/雜史類/斷代之屬
殘明書□□卷　清抄本　四冊　存三十七卷(一至三、五至十、十二至三十八、四十)

330000－1701－0086005　G004461　史部/政書類/邦交之屬
比國條約一卷稅則一卷條款一卷　清光緒元年(1875)刻本　一冊

330000－1701－0086006　G004429　史部/詔令奏議類/奏議之屬

擬設法律學堂疏一卷　清末石印本　一冊

330000－1701－0086007　G601410　子部/儒家類/儒學之屬/勸學

輶軒語七卷　（清）張之洞撰　清光緒二年(1876)退補齋刻本　一冊

330000－1701－0086008　SBC2923　子部/宗教類/佛教之屬/大藏

徑山藏　明萬曆十七年(1589)至清嘉慶五臺、嘉興、徑山等地刻本　三十四冊　存一種

330000－1701－0086009　G004462　史部/政書類/邦交之屬

修好條規一卷通商章程一卷大清國海關稅則一卷大日本國海關稅則一卷　清光緒元年(1875)刻本　一冊

330000－1701－0086011　SBC2881　經部/春秋總義類/專著之屬

春秋繁露十七卷　（漢）董仲舒撰　明刻本　一冊　存四卷(一至四)

330000－1701－0086012　G004430　史部/地理類/山川之屬/山志

阿育王山志畧二卷　（明）郭子章撰　明天啓四年(1624)刻本　一冊

330000－1701－0086013　G603691、G606526　經部/叢編

十三經注疏三百三十三卷　（明）□□輯　明崇禎元年至十二年(1628－1639)毛氏汲古閣刻本　十三冊　存四種

330000－1701－0086014　G004463　史部/政書類/邦交之屬

中瑞通商條約一卷　清宣統刻本　一冊

330000－1701－0086015　G601395　類叢部/類書類/通類之屬

小學紺珠十卷　（宋）王應麟輯　清乾隆十七年(1752)新城陳守誠恕堂刻本　五冊

330000－1701－0086016　G004464　史部/政書類/邦交之屬

長江各口通商暫訂章程一卷　清同治刻本　一冊

330000－1701－0086017　SBC2869　史部/傳記類/總傳之屬/家乘

[安徽歙縣]巖鎮汪氏家譜不分卷　（明）汪道昆纂修　明萬曆刻本　四冊

330000－1701－0086019　SBC2924　子部/宗教類/佛教之屬/大藏

徑山藏　明萬曆十七年(1589)至清嘉慶五臺、嘉興、徑山等地刻本　三十一冊　存一種

330000－1701－0086020　G601400　類叢部/叢書類/彙編之屬

廣雅書局叢書一百五十九種　徐紹棨編　清光緒廣雅書局刻民國九年(1920)番禺徐紹棨彙編重印本　一冊　存一種

330000－1701－0086022　G004431　史部/傳記類/總傳之屬/釋道

[光緒乙酉科]玄都律壇浙江省古杭玉皇山福星觀傳戒錄一卷　清光緒十一年(1885)刻本　一冊

330000－1701－0086023　SBC2863　集部/總集類/選集之屬/通代

選詩補註八卷　（元）劉履撰　**選詩補遺二卷續編四卷**　（元）劉履輯　明刻本　一冊　存一卷(八)

330000－1701－0086025　G601401　集部/別集類/清別集

吴摯甫尺牘五卷補遺一卷論兒書一卷　（清）吴汝綸撰　清宣統二年(1910)上海國學扶輪社石印本　十二冊

330000－1701－0086026　SBC2880　集部/別集類/漢魏六朝別集

陶靖節集十卷總論一卷附錄一卷　（晉）陶潛撰　（宋）湯漢箋注　明刻本　二冊　存七卷(一至二、五至八、總論)

330000－1701－0086027　G602101　經部/小學類/訓詁之屬/群雅

廣雅疏證十卷　(清)王念孫撰　**博雅音十卷**　(隋)曹憲撰　清光緒五年(1879)淮南書局刻本　八冊

330000－1701－0086028　SBC2925　子部/宗教類/佛教之屬/大藏
徑山藏　明萬曆十七年(1589)至清嘉慶五臺、嘉興、徑山等地刻本　二十二冊　存一種

330000－1701－0086032　SBC2870　經部/小學類/音韻之屬/韻書
改併五音集韻十五卷　(金)韓道昭撰　明刻本　三冊　存六卷(六至十一)

330000－1701－0086033　SBC2926　子部/宗教類/佛教之屬/大藏
徑山藏　明萬曆十七年(1589)至清嘉慶五臺、嘉興、徑山等地刻本　九冊　存一種

330000－1701－0086037　SBC2927　子部/宗教類/佛教之屬/大藏
徑山藏　明萬曆十七年(1589)至清嘉慶五臺、嘉興、徑山等地刻本　三冊　存一種

330000－1701－0086039　SBC2928　子部/宗教類/佛教之屬/大藏
徑山藏　明萬曆十七年(1589)至清嘉慶五臺、嘉興、徑山等地刻本　一冊　存一種

330000－1701－0086040　G004432　子部/宗教類/佛教之屬
賢首五教儀六卷　(清)釋續法輯　清末刻本　二冊

330000－1701－0086041　G602102　經部/讖緯類/易緯之屬
易緯八種　(漢)鄭玄注　清刻本　二冊

330000－1701－0086042　G004433　子部/宗教類/佛教之屬/諸宗
天台四教儀一卷　(高麗)釋諦觀輯　**附始終心要一卷**　(唐)釋湛然撰　(宋)釋從義注　清光緒三十二年(1906)刻本　一冊

330000－1701－0086044　SBC2879　史部/詔令奏議類/奏議之屬
註陸宣公奏議十五卷　(唐)陸贄撰　(宋)郎曄註　明刻本　一冊　存四卷(四至七)

330000－1701－0086046　G602103　集部/別集類/清別集
鄭板橋全集五種　(清)鄭燮撰　清宣統元年(1909)席氏埽葉山房石印本　四冊

330000－1701－0086047　G004434　子部/宗教類/佛教之屬/論
瑜伽師地論一百卷　(唐)釋玄奘譯　明萬曆二十七年至二十九年(1599－1601)刻杭州香積寺印本　十五冊　存七十五卷(一至二十五、四十一至九十)

330000－1701－0086048　G602104　子部/叢編
二十二子(二十二子彙函)　(清)浙江書局編　清光緒元年至三年(1875－1877)浙江書局刻本　一冊　存一種

330000－1701－0086050　SBC2871　史部/地理類/山川之屬/山志
天台山方外志不分卷　(明)釋傳燈撰　清抄本　一冊

330000－1701－0086052　G601411、G608777、G607382、G607549、G609664、G610189　集部/總集類/氏族之屬
黃氏家集初編六種　(清)黄家鼎編　清光緒十七年(1891)四明黄氏補不足齋刻本　十二冊　缺一卷(菁山詩鈔)

330000－1701－0086054　SBC2878　史部/詔令奏議類/奏議之屬
皇明奏疏類鈔六十一卷　(明)汪宗伊輯　(明)孫維城　(明)方萬山等重輯　明萬曆十六年(1588)王用汲等刻本　一冊　存二卷(四十七至四十八)

330000－1701－0086058　SBC2872　集部/總集類/課藝之屬
科試文不分卷　明末刻朱墨套印本　一冊

330000－1701－0086059　G603693　集部/小說類/長篇之屬

繡像綠野仙踪八卷八十回　(清)李百川撰　清光緒二十二年(1896)上海書局石印本　一冊　存一卷(四)

330000－1701－0086063　G601402　子部/小說家類/異聞之屬

夷堅志五十卷　(宋)洪邁撰　清宣統三年(1911)上海黎光社石印本　八冊　存二十五卷(一至二十五)

330000－1701－0086065　G603695　類叢部/叢書類/彙編之屬

申報館叢書正集五十七種附錄三種續集一百四十二種　(清)尊聞閣主編　蔡爾康編續集　清同治至光緒上海申報館鉛印本　二冊　存一種

330000－1701－0086067　G601412　史部/雜史類/斷代之屬

嘯雲軒避寇記略一卷　(清)程畹撰　清光緒十二年(1886)刻本　一冊

330000－1701－0086069　SBC2861　集部/別集類/清別集

綠陰山房續詩稿一卷　(清)臧晉三撰　稿本　一冊

330000－1701－0086070　G603698、G603861　子部/宗教類/佛教之屬/諸宗

宗鏡錄一百卷附音釋　(宋)釋延壽輯　清雍正十三年(1735)武英殿刻本　十六冊　存七十五卷(十一至七十五、八十一至九十)

330000－1701－0086071　G602105　類叢部/叢書類/彙編之屬

漸西村舍彙刊(漸西村舍叢刻)四十四種　(清)袁昶編　清光緒十六年至二十四年(1890－1898)桐廬袁氏刻本　一冊　存一種

330000－1701－0086072　G601397　史部/目錄類/通論之屬/掌故瑣記

皕宋樓藏書源流考一卷　(日本)島田翰撰　清光緒三十三年(1907)武進董康京師刻朱印本　一冊

330000－1701－0086073　G603696　類叢部/叢書類/彙編之屬

守山閣叢書一百十二種　(清)錢熙祚編　清光緒十五年(1889)上海鴻文書局據清道光二十四年(1844)金山錢氏重編增刻墨海金壺本影印本(籀史卷二原缺)　十三冊　存二十九種

330000－1701－0086074　G606440　子部/藝術類/書畫之屬/法帖

詩話集錦一卷　潘齡皋書　清宣統石印本　一冊

330000－1701－0086075　G601403、G608606　新學/醫學

婦科精蘊五卷　(美國)妥瑪氏撰　(清)孔慶高譯　清光緒十五年(1889)羊城博濟醫局刻本　四冊　存四卷(一至四)

330000－1701－0086076　SBC2873　集部/別集類/清別集

甌北詩鈔二卷　(清)趙翼撰　清抄本　一冊

330000－1701－0086077　G606441　史部/地理類/遊記之屬/紀行

藏輶隨記一卷　陶思曾撰　清宣統三年(1911)鉛印本　權題記　一冊

330000－1701－0086078　G606442、G602564　類叢部/叢書類/家集之屬

篤素堂全集四種　(清)張英　(清)張廷玉撰　清光緒五年至十七年(1879－1891)刻彙印本　二冊　存一種

330000－1701－0086079　G602106　類叢部/叢書類/彙編之屬

心矩齋叢書十一種　(清)蔣鳳藻編　清光緒長洲蔣氏刻本　一冊　存一種

330000－1701－0086081　SBC2877　子部/雜著類/雜編之屬

研北雜錄不分卷　清抄本　二冊

330000－1701－0086083　G606444　經部/春秋左傳類/傳說之屬

春秋左氏傳賈服註輯述二十卷　(清)李貽德撰　清同治五年(1866)餘姚朱蘭金陵書局刻

本　六册

330000－1701－0086084　G601413　類叢部/叢書類/自著之屬

汪雙池先生叢書二十種附浙刻雙池遺書十二種　(清)汪紱撰　清同治至光緒刻光緒二十三年(1897)長安趙舒翹等彙印本　一册　存一種

330000－1701－0086085　G602107、G602113　集部/戲劇類/傳奇之屬

碧聲吟館叢書六種　(清)許善長撰　清光緒仁和許善長碧聲吟館刻本　二册　存二種

330000－1701－0086086　G003827　子部/宗教類/佛教之屬/經疏

般若綱要十卷首一卷　(清)葛䵍撰　清光緒二十三年(1897)揚州藏經院刻本　四册

330000－1701－0086087　SBC2874　史部/傳記類/總傳之屬/釋道

佛祖歷代通載二十二卷　(元)釋念常撰　明隆慶刻本　一册　存四卷(一至四)

330000－1701－0086088　G606445　子部/藝術類/書畫之屬/畫譜

晚笑堂畫傳一卷明太祖功臣圖一卷　(清)上官周繪　清乾隆刻本　一册

330000－1701－0086091　G004436、G004596　集部/別集類/清別集

桂坡集詩十六卷文二卷外集詩四卷文二卷續集二卷　(明)李琛等輯　清道光刻本　七册　缺三卷(外集文一至二、續集一)

330000－1701－0086093　SBC2876　類叢部/叢書類/彙編之屬

亦政堂鐫陳眉公家藏廣秘笈五十四種　(明)陳繼儒編　明萬曆沈氏亦政堂刻本　一册　存二種

330000－1701－0086094　G603697　子部/宗教類/佛教之屬/經疏

佛說盂蘭盆經疏一卷　(唐)釋宗密撰　(宋)釋淨源錄疏注經　清光緒三十二年(1906)金陵刻經處刻本　一册

330000－1701－0086095　G003828　子部/醫家類/方書之屬/成方藥目

聖恩臨門不分卷　清刻本　一册

330000－1701－0086097　G004437　子部/宗教類/佛教之屬/諸宗

天台四教儀集註十卷　(元)釋蒙潤撰　清末刻本　三册

330000－1701－0086099　G602108　類叢部/叢書類/彙編之屬

滂喜齋叢書五十種　(清)潘祖蔭編　清同治至光緒吳縣潘氏京師刻本　一册　存一種

330000－1701－0086100　SBC2859　集部/別集類/唐五代別集

杜詩五律選評不分卷　(清)高泰宇撰　稿本　一册

330000－1701－0086101　G606446　史部/地理類/山川之屬/山志

明州阿育王山志十卷　(明)郭子章撰　**明州阿育王山續志六卷**　(清)釋畹荃撰　明萬曆刻清乾隆續刻本　六册

330000－1701－0086103　G601417　集部/總集類/彙編之屬

漢魏六朝名家集初刻四十種　丁福保編　清宣統三年(1911)無錫丁氏鉛印本　三十册

330000－1701－0086105　G606447　子部/宗教類/佛教之屬

四教義六卷　(隋)釋智顗撰　清刻本　二册

330000－1701－0086106　G004438　集部/總集類/彙編之屬

唐宋八大家文鈔　(明)茅坤編　明崇禎金閶黃玉堂刻本　十七册　存七種

330000－1701－0086108　G601415　子部/儒家類/儒學之屬/經濟

袁易齋先生圖民錄四卷　(清)袁守定撰　清同治十二年(1873)湘鄉楊昌濬刻本　二册

330000－1701－0086109　G606448　子部/宗教類/佛教之屬

四教義六卷 (隋)釋智顗撰 清刻本 二冊

330000－1701－0086111 G601414 史部/金石類/總志之屬

九鐘精舍金石跋尾甲編一卷乙編一卷 吴士鑑撰 清宣統二年(1910)刻本 一冊 存一卷(甲編)

330000－1701－0086112 G606449 子部/宗教類/佛教之屬/諸宗

天台四教儀集註十卷 (元)釋蒙潤撰 清末刻本 四冊

330000－1701－0086114 G606450 子部/宗教類/佛教之屬/諸宗

天台四教儀集註十卷 (元)釋蒙潤撰 清末刻本 二冊 存五卷(一至二、八至十)

330000－1701－0086115 G602110 子部/醫家類/婦科之屬/產科

產寶一卷 (清)倪枝維撰 (清)潘霨增輯 清光緒三年(1877)湖北藩署刻本 一冊

330000－1701－0086116 SBC2875 史部/傳記類/總傳之屬/釋道

佛祖統紀五十四卷 (宋)釋志磐撰 明刻本 八冊 存四十二卷(一至四十二)

330000－1701－0086119 G606451 子部/宗教類/佛教之屬/諸宗

天台四教儀集註十卷 (元)釋蒙潤撰 清光緒三十四年(1908)揚州藏經院刻本 四冊

330000－1701－0086121 G602111 史部/地理類/專志之屬/祠墓

岳廟志略十卷首一卷 (清)馮培輯 清光緒五年(1879)浙江書局刻本 四冊

330000－1701－0086123 G602112、G609347 集部/别集類/清别集

遂懷堂全集三十八卷 (清)袁翼撰 清光緒十三年至十四年(1887－1888)袁鎮嵩刻本 三冊 存六卷(駢文箋註三至四、七至十)

330000－1701－0086126 SBC2882 史部/金石類/金之屬/通考

至大重修宣和博古圖録三十卷 (宋)王黼等撰 明刻本 一冊 存一卷(一)

330000－1701－0086127 G606453 子部/宗教類/佛教之屬/諸宗

天隱禪師語録二十卷 (明)釋圓修說 (清)釋通琇輯 清宣統元年(1909)常州天寧寺刻本 四冊 缺四卷(一至四)

330000－1701－0086128 G603699 子部/宗教類/佛教之屬/經疏

佛說阿彌陀經疏鈔四卷事義四卷 (明)釋袾宏撰 清同治五年(1866)刻本 四冊

330000－1701－0086129 G602115 類叢部/叢書類/彙編之屬

式訓堂叢書四十一種 (清)章壽康編 清光緒會稽章氏刻本 六冊 存八種

330000－1701－0086130 G601418 史部/雜史類/斷代之屬

拳教析疑說一卷 (清)勞乃宣撰 **義和拳教門源流考書後一卷** (清)桂嵩慶撰 清末木活字印本 一冊

330000－1701－0086131 G606454 子部/宗教類/佛教之屬/諸宗

天隱禪師語録二十卷 (明)釋圓修說 (清)釋通琇輯 清宣統元年(1909)常州天寧寺刻本 四冊 缺四卷(十七至二十)

330000－1701－0086136 SBC2895 史部/編年類/通代之屬

資治通鑑綱目五十九卷 (宋)朱熹撰 (宋)尹起莘發明 (元)汪克寬考異 (元)王幼學集覽 (明)陳濟正誤 明刻本 一冊 存一卷(七)

330000－1701－0086141 G603700 子部/宗教類/佛教之屬/總録

雲棲法彙二十九種 (明)釋袾宏撰 (明)王宇春等輯 清同治十年至十二年(1871－1873)刻本 四冊 存一種

330000－1701－0086142 SBC2883 類叢部/叢書類/彙編之屬

漢魏叢書三十八種 （明）程榮編　明萬曆二十年（1592）新安程氏刻本　一册　存四種

330000－1701－0086144　G603702　子部/宗教類/佛教之屬/總録

雲棲法彙二十九種 （明）釋袾宏撰　（明）王宇春等輯　清同治十年至十二年（1871－1873）刻本　四册　存一種

330000－1701－0086145　G003830、G010802　類叢部/類書類/專類之屬

試策典要不分卷 （清）蔡以封纂定　清雍正十一年（1733）古處齋刻本　二册

330000－1701－0086146　G603701　子部/宗教類/佛教之屬/經疏

佛説阿彌陀經疏鈔四卷事義四卷 （明）釋袾宏撰　清同治五年（1866）刻本　四册

330000－1701－0086148　G607704、G602116　類叢部/叢書類/彙編之屬

文選樓叢書三十三種 （清）阮亨編　清嘉慶至道光阮元刻道光二十二年（1842）阮亨彙印本　二册　存一種

330000－1701－0086149　G004439　集部/戲劇類/傳奇之屬

紅梨記四卷三十齣 （明）徐復祚撰　清環翠山房刻本　二册

330000－1701－0086151　SBC2884　史部/地理類/方志之屬/郡縣志

[延祐]四明志二十卷 （元）馬澤修　（元）袁桷纂　**[至正]四明續志十二卷** （元）王元恭修　（元）王厚孫　（元）徐亮纂　清抄本　二册　存六卷（五至七、續志十至十二）

330000－1701－0086153　G602117、G610198　集部/别集類/清别集

心孺詩選二十四卷 （清）傅仲辰撰　清雍正樹滋堂刻本　三册　存十八卷（一至十八）

330000－1701－0086154　G601421　子部/天文曆算類/算書之屬

白芙堂算學叢書 （清）丁取忠輯　清同治至光緒長沙古荷花池精舍刻本　十六册　存十一種

330000－1701－0086155　G601431　集部/别集類/清别集

香葉草堂詩存一卷 （清）羅聘撰　清嘉慶元年（1796）刻道光十四年（1834）印本　一册

330000－1701－0086156　G603703　子部/宗教類/佛教之屬/經疏

佛説阿彌陀經疏鈔四卷事義四卷 （明）釋袾宏撰　清同治五年（1866）刻本　四册

330000－1701－0086157　G003831、G008784　史部/地理類/水利之屬

閘務全書續刻四卷 （清）平衡撰　清道光刻咸豐四年（1854）補刻介眉堂印本　二册

330000－1701－0086158　G603704　子部/宗教類/佛教之屬/經疏

佛説阿彌陀經疏鈔四卷事義四卷 （明）釋袾宏撰　清同治五年（1866）刻本　二册　存四卷（一至二、事義一至二）

330000－1701－0086160　SBC2886　子部/宗教類/佛教之屬/諸宗

天目中峯和尚廣録三十卷 （元）釋明本撰　（元）釋慈寂輯　明刻本　一册　存四卷（一至四）

330000－1701－0086162　G601419、G608547　子部/法家類

韓非子集解二十卷首一卷 （清）王先慎撰　清光緒二十二年（1896）刻本　六册

330000－1701－0086166　G603705　子部/宗教類/佛教之屬/律

毘尼止持會集十六卷首一卷 （清）釋讀體集　清光緒十八年（1892）刻本　八册

330000－1701－0086167　G004440　集部/曲類/曲藝之屬

花文不分卷 清光緒三十一年（1905）刻本　一册

330000－1701－0086168　G003832、G008294、G009129　史部/政書類/通制之屬

廣治平略四十四卷　(清)蔡方炳撰　清刻本　六冊　存二十三卷(二十二至四十四)

330000－1701－0086170　G003841、G008698、G009259　類叢部/叢書類/彙編之屬
式訓堂叢書四十一種　(清)章壽康編　清光緒會稽章氏刻本　四冊　存一種

330000－1701－0086172　G004441　子部/宗教類/佛教之屬/經疏
金剛般若波羅蜜經句解易知二卷　(後秦)釋鳩摩羅什譯　**感應故事一卷**　清光緒二十九年(1903)刻本　一冊

330000－1701－0086174　G603706　子部/宗教類/佛教之屬/律
毘尼止持會集十六卷首一卷　(清)釋讀體集　清光緒十八年(1892)刻本　八冊

330000－1701－0086175　G601422　史部/金石類/石之屬/文字
小蓬萊閣金石文字十卷　(清)黃易輯　清道光十四年(1834)石墨軒刻本　五冊

330000－1701－0086176　G603707　子部/宗教類/佛教之屬/律
毘尼止持會集十六卷首一卷　(清)釋讀體集　清光緒十八年(1892)刻本　八冊

330000－1701－0086179　G603708　子部/宗教類/佛教之屬/律
毘尼止持會集十六卷首一卷　(清)釋讀體集　清光緒十八年(1892)刻本　五冊　存十一卷(首、一至二、九至十六)

330000－1701－0086180　SBC2885　經部/小學類/音韻之屬/韻書
新編篇韻貫珠集八卷　(明)釋真空撰　明刻本　一冊

330000－1701－0086182　G004442　經部/儀禮類/傳說之屬
儀禮管見三卷附一卷　(清)褚寅亮撰　清乾隆刻本　三冊

330000－1701－0086186　G004443　經部/群經總義類/文字音義之屬
十三經集字音釋四卷照畫檢字一卷　(清)黃蕙田撰　清同治九年(1870)蔣存誠刻本　一冊　存一卷(照畫檢字)

330000－1701－0086187　G003834　集部/總集類/選集之屬/通代
增補重訂千家詩註解二卷　(清)任來吉選　(清)王相註　清光緒元年(1875)本立堂刻本　一冊

330000－1701－0086189　G606455　史部/詔令奏議類/奏議之屬
曾文正公奏議十卷首一卷末一卷補編四卷　(清)曾國藩撰　(清)薛福成編　清同治十三年(1874)上海醉六堂刻本　十一冊　存十二卷(一至十、末,補編一至二、四)

330000－1701－0086191　SBC2897　子部/宗教類/佛教之屬
說一切有部品類足論十八卷　明抄本　一冊　存一卷(十一)

330000－1701－0086192　G603709　經部/小學類/文字之屬/說文
說文解字注十五卷附六書音均表五卷　(清)段玉裁撰　**說文部目分韻一卷**　(清)陳煥編　清乾隆至嘉慶段氏經韻樓刻同治六年至十一年(1867－1872)蘇州保息局補刻本　十冊　存十一卷(二、七至十五、說文部目分韻)

330000－1701－0086194　G003835　史部/政書類/儀制之屬/專志/科舉校規
兩廣方言學堂章程一卷　(清)兩廣方言學堂編　清光緒鉛印本　一冊

330000－1701－0086198　G601420　集部/別集類/明別集
石臼前集九卷後集七卷　(明)邢昉撰　清光緒十八年(1892)會稽陶在銘刻本　六冊

330000－1701－0086199　G003836、G005754　子部/醫家類/醫案之屬
臨證指南醫案十卷種福堂公選良方兼刻古吳名醫精論四卷　(清)葉桂撰　清崇德書院刻

本　二册　存四卷(種福堂公選良方兼刻古吳名醫精論一至四)

330000－1701－0086200　G603710　經部/小學類/文字之屬/說文/傳說

說文答問疏證六卷　(清)錢大昕撰　(清)薛傳均疏證　**說文經字攷一卷**　(清)陳壽祺撰　清光緒十三年(1887)鴻寶齋石印本　二册

330000－1701－0086201　SBC2896　集部/總集類

下中題文不分卷　清抄本　七册

330000－1701－0086203　G003837　子部/醫家類/綜合之屬/通論

醫醇賸義四卷醫方論四卷　(清)費伯雄撰　清光緒三年(1877)刻本　二册　存四卷(醫方論一至四)

330000－1701－0086205　G004444　類叢部/類書類/通類之屬

廣事類賦四十卷　(清)華希閔撰　清刻本　八册

330000－1701－0086206　G603711　類叢部/叢書類/彙編之屬

正覺樓叢刻(正覺樓叢書)二十九種　(清)崇文書局編　清光緒崇文書局刻本　一册　存一種

330000－1701－0086208　G601424　類叢部/叢書類/家集之屬

崇川劉氏叢書四種　(清)劉長華編　清同治至光緒崇川劉氏刻民國十五年(1926)海寧陳氏慎初堂印本　五册　存一種

330000－1701－0086210　SBC2898　集部/總集類/尺牘之屬

翰海十二卷　(明)沈佳胤輯　清抄本　二册　存四卷(一至四)

330000－1701－0086212　G603712　子部/雜著類/雜說之屬

譚子化書六卷　(五代)譚峭撰　清光緒六年(1880)刻本　一册

330000－1701－0086213　G003838、G008838　子部/雜著類/雜編之屬

伊江筆錄二卷首一卷　(清)吳熊光撰　清光緒廣雅書局刻本　周大輔跋　二册

330000－1701－0086214　G004445、G004446　類叢部/叢書類/自著之屬

郗山房集五種　(清)趙樹吉撰　清光緒七年至十一年(1881－1885)汗青簃刻本　三册　存二種

330000－1701－0086215　G003839　子部/藝術類/書畫之屬/題跋

天瓶齋書畫題跋二卷　(清)張照撰　清乾隆刻本　一册

330000－1701－0086217　G003840　史部/傳記類/別傳之屬/事狀

會稽王烈婦孫宜人[衣]哀辭一卷　(清)郭傳璞等撰　王繼香輯　清光緒元年(1875)刻本　一册

330000－1701－0086218　G003842　類叢部/叢書類/彙編之屬

廣漢魏叢書九十六種　(明)何允中編　明刻本　一册　存二種

330000－1701－0086221　G003843　史部/編年類/斷代之屬

御撰資治通鑑綱目三編二十卷　(清)張廷玉等撰　清刻本　五册　存十六卷(一至六、十一至二十)

330000－1701－0086222　G003844　子部/雜著類/雜編之屬

事親規約一卷　清刻本　一册

330000－1701－0086223　G003845　類叢部/叢書類/自著之屬

呂新吾全集二十二種　(明)呂坤撰　明萬曆刻清同治至光緒修補印本　一册　存一種

330000－1701－0086225　G004465　史部/政書類/邦交之屬

秘國條約一卷秘國照會一卷　清光緒元年(1875)刻本　一册

330000－1701－0086226　G004466　新學/學校

法國商務學堂章程三種　羅懋勲　李盂實譯　清光緒湖北洋務譯書局刻本　一冊　存一種

330000－1701－0086227　SBC2899　經部/小學類/文字之屬/字書

字考不分卷　稿本　四冊

330000－1701－0086228　G004467　史部/政書類/邦交之屬

大㗧噢國哪喴國條約一卷　清末刻本　一冊

330000－1701－0086230　G603713　類叢部/叢書類/彙編之屬

滂喜齋叢書五十種　(清)潘祖蔭編　清同治至光緒吳縣潘氏京師刻本　一冊　存一種

330000－1701－0086231　G601427　類叢部/叢書類/自著之屬

紫薇花館集七種　(清)王廷鼎撰　清光緒十七年(1891)刻本　一冊　存一種

330000－1701－0086233　G004468　史部/政書類/邦交之屬

㗧噢國哪喴國條約一卷　清光緒元年(1875)刻本　一冊

330000－1701－0086234　SBC2894　史部/傳記類/總傳之屬/家乘

阮氏宗譜不分卷　清抄本　一冊

330000－1701－0086236　SBC2900　集部/别集類/清别集

浣青詩草一卷　(清)錢孟鈿撰　清抄本　一冊

330000－1701－0086237　G601429　類叢部/叢書類/自著之屬

魯氏遺著四種附二種　(清)魯一同撰　清咸豐山陽魯氏刻本　四冊　存二種

330000－1701－0086238　SBC2904　集部/别集類/清别集

渚山文草一卷　(清)王蒔蘭撰　清抄本　一冊

330000－1701－0086239　G004469　史部/政書類/邦交之屬

布國條款一卷布國稅則一卷通商章程善後條約一卷　清光緒元年(1875)刻本　一冊

330000－1701－0086240　G603715　類叢部/叢書類/彙編之屬

昭代叢書合刻十集五百六十種附一種　(清)張潮　(清)張漸編　(清)楊復吉　(清)沈懋悳續編　清道光吳江沈氏世楷堂刻本　一冊　存甲集補四種

330000－1701－0086241　SBC2893　史部/傳記類/日記之屬

光緒二十三年日記不分卷　稿本　一冊

330000－1701－0086242　G601430　子部/雜著類/雜考之屬

癸巳存稿十五卷　(清)俞正燮撰　清光緒十年(1884)李宗煝武林刻本　八冊

330000－1701－0086243　G601426　史部/目録類/總録之屬/私撰

宋元舊本書經眼錄三卷附錄二卷　(清)莫友芝撰　清同治十二年(1873)獨山莫繩孫刻本　一冊

330000－1701－0086244　G601428　類叢部/叢書類/彙編之屬

式訓堂叢書四十一種　(清)章壽康編　清光緒會稽章氏刻本　一冊　存一種

330000－1701－0086245　SBC2903　史部/編年類/通代之屬

資治通鑑綱目五十九卷　(宋)朱熹撰　(宋)尹起莘發明　(元)劉友益書法　(元)汪克寬考異　(元)徐昭文考證　(元)王幼學集覽　(明)陳濟正誤　(明)馮智舒質實　明刻本　一冊　存一卷(五十九)

330000－1701－0086246　G603716　史部/雜史類/斷代之屬

明季稗史彙編十六種　(清)留雲居士輯　清都城琉璃廠刻本　三冊　存六種

330000－1701－0086247　SBC2906　類叢部/叢書類/彙編之屬
稗海四十六種續稗海二十四種　（明）商濬編　明萬曆商氏半埜堂刻本　一册　存二種

330000－1701－0086249　G004470　史部/政書類/邦交之屬
法國條款一卷法國照會一卷法國稅則一卷　清光緒元年(1875)刻本　一册

330000－1701－0086250　G603717　史部/雜史類/斷代之屬
明季稗史彙編十六種　（清）留雲居士輯　清都城琉璃廠刻本　一册　存四種

330000－1701－0086251　G603718　子部/宗教類/佛教之屬/諸宗
天台四教儀一卷　（高麗）釋諦觀輯　**附始終心要一卷**　（唐）釋湛然撰　（宋）釋從義注　**天台八教大意一卷**　（唐）釋灌頂撰　清宣統元年(1909)揚州藏經院刻本　一册

330000－1701－0086254　G603720、G610569　集部/小說類/長篇之屬
醒世姻緣傳一百回　（清）西周生撰　清同治九年(1870)刻本　筱榮氏題簽　十册　存三十七回(二十至五十六)

330000－1701－0086255　SBC2907　類叢部/叢書類/彙編之屬
百川學海一百種一百七十九卷　（宋）左圭編　明弘治十四年(1501)無錫華珵刻本　一册　存一種

330000－1701－0086256　SBC2891　子部/藝術類/書畫之屬
篆隸合註□卷　清抄本　一册　存二卷(一至二)

330000－1701－0086257　G603721　子部/宗教類/佛教之屬/諸宗
天台四教儀一卷　（高麗）釋諦觀輯　**附始終心要一卷**　（唐）釋湛然撰　（宋）釋從義注　清光緒三十二年(1906)刻本　一册

330000－1701－0086258　G601432　經部/小學類/文字之屬/字書/字典
字林考逸八卷附錄一卷　（晉）呂忱撰　（清）任大椿輯　**字林考逸補本一卷**　（清）陶方琦撰　**補附錄一卷**　（清）諸可寶撰　清光緒十六年(1890)江蘇書局刻本　四册

330000－1701－0086259　G602120　類叢部/叢書類/彙編之屬
鐵香室叢刻初集四種續集六種　（清）李世勛編　清光緒刻本　一册　存一種

330000－1701－0086260　G603722　子部/宗教類/佛教之屬/諸宗
天台四教儀集註十卷　（元）釋蒙潤撰　清同治七年(1868)杭州昭慶寺慧空經房刻本　五册

330000－1701－0086262　G603723　子部/宗教類/佛教之屬/諸宗
天台四教儀集註十卷　（元）釋蒙潤撰　清同治七年(1868)杭州昭慶寺慧空經房刻本　五册

330000－1701－0086263　G601439　集部/別集類/清別集
鳴鶴堂詩集十一卷文集十卷　（清）任源祥撰　（清）瞿源洙集評　（清）任道鎔彙輯　清光緒十五年(1889)刻本　四册

330000－1701－0086264　G004471　集部/總集類/選集之屬/斷代
元詩別裁八卷遺補一卷　（清）張景星等輯　清令德堂刻本　三册　存六卷(一、五至八，補遺)

330000－1701－0086265　SBC2908　類叢部/叢書類/彙編之屬
稗海四十八種續集二十二種　（明）商濬編　明萬曆商氏半埜堂刻清康熙振鷺堂重編補刻本　一册　存一種

330000－1701－0086267　G004472　類叢部/類書類/通類之屬
古事比五十二卷　（清）方中德輯　清光緒三十年(1904)上海點石齋石印本　六册

330000－1701－0086268 SBC2890 經部/群經總義類/傳說之屬

經學劄記不分卷 清抄本 二冊

330000－1701－0086269 G602122 類叢部/叢書類/彙編之屬

說鈴前集三十七種後集十六種 （清）吳震方編 清嘉慶四年（1799）刻本 十六冊 存十六種

330000－1701－0086272 G004685 史部/傳記類/總傳之屬/家乘

東浦管氏世澤編不分卷 管世駿輯 稿本 一冊

330000－1701－0086273 SBC2889 集部/別集類

月明雲澹盦吟艸一卷 稿本 一冊

330000－1701－0086274 G004686、G008387 史部/傳記類/總傳之屬/儒林

儒林宗派十六卷 （清）萬斯同撰 清抄本 二冊

330000－1701－0086276 G004474 集部/戲劇類/雜劇之屬

增像第六才子書六卷 （元）王德信 （元）關漢卿撰 （清）金人瑞評 清光緒二十七年（1901）上海書局石印本 一冊 存四卷（一至四）

330000－1701－0086277 SBC2909 類叢部/叢書類/彙編之屬

津逮祕書十五集一百四十種 （明）毛晉編 明崇禎虞山毛氏汲古閣刻本 一冊 存一種

330000－1701－0086278 SBC2901 集部/總集類/尺牘之屬

尺牘抄一卷 清抄本 一冊

330000－1701－0086279 G004475 集部/小說類/長篇之屬

足本全圖蕩寇志演義八卷七十回 （清）俞萬春撰 （清）范辛來 （清）邵祖恩參評 清光緒二十九年（1903）上海廣益書局石印本 一冊 存一卷（六）

330000－1701－0086280 G004687、G009934 子部/雜著類/雜編之屬

芸窗雜記不分卷 （清）笠生氏輯 清光緒十五年至十六年（1889－1890）稿本 二冊

330000－1701－0086282 SBC2888 集部/別集類/清別集

來雲閣詩一卷 （清）潘鴻撰 稿本 一冊

330000－1701－0086284 G602123 類叢部/叢書類/彙編之屬

說鈴前集三十七種後集十六種 （清）吳震方編 清嘉慶四年（1799）刻本 三冊 存七種

330000－1701－0086285 G004688 子部/雜著類

芸窗雜記不分卷 （清）笠生氏編 清光緒二十三年（1897）稿本 三冊

330000－1701－0086287 SBC2910 子部/儒家類/儒學之屬/性理

性理三解（啓蒙意見五卷律呂直解一卷洪範圖解一卷） （明）韓邦奇撰 清刻本 一冊 存一卷（洪範圖解）

330000－1701－0086288 G004476 集部/總集類/酬唱之屬

紅樓夢戲詠一卷 （清）楊維屏等撰 清刻本 一冊

330000－1701－0086289 G004689 子部/醫家類/外科之屬

平伏陷塌條辨一卷 （清）俞茂鯤輯錄 **癰疔斑丹條辨一卷附經候妊婦產婦出豆治法一卷** 清抄本 一冊

330000－1701－0086290 G601441 經部/叢編

重刊宋本十三經注疏四百十六卷 附十三經注疏校勘記四百十六卷 （清）阮元撰 （清）盧宣旬摘錄 清嘉慶二十年（1815）南昌府學刻本 一百二十一冊 存十種

330000－1701－0086291 G004690 子部/醫家類/溫病之屬/痧症

痧症全書三卷 （清）王凱輯 清抄本 一冊

存二卷(上、中)

330000－1701－0086292　G602124　史部/金石類/總志之屬
金石萃編補正四卷　(清)方履籛撰　清光緒二十年(1894)上海醉六堂石印本　一冊　存一卷(一)

330000－1701－0086294　G004477　子部/農家農學類/園藝之屬/花卉
將就山房菊譜二卷　(清)葉天培撰　清乾隆刻本　一冊

330000－1701－0086297　SBC2911　類叢部/叢書類/彙編之屬
稗海四十六種續稗海二十四種　(明)商濬編　明萬曆商氏半埜堂刻本　一冊　存一種

330000－1701－0086298　G004691　集部/總集類/選集之屬/通代
詩選不分卷　清抄本　一冊

330000－1701－0086299　G004692　集部/別集類/清別集
二曲集□□卷　(清)李顒撰　清述軒氏抄本　一冊　存一卷(二十二)

330000－1701－0086300　G602125　史部/雜史類/斷代之屬
國語二十一卷　(三國吳)韋昭注　**校刊明道本韋氏解國語札記一卷**　(清)黄丕烈撰　清光緒二十二年(1896)上海鴻寶齋石印本　三冊

330000－1701－0086301　G004478　集部/總集類/課藝之屬
舉業新模續選八卷首八卷末一卷　(清)周百順編　清刻本　一冊　存九卷(首五至八、五至八、末)

330000－1701－0086302　SBC2912　類叢部/叢書類/彙編之屬
稗海四十六種續稗海二十四種　(明)商濬編　明萬曆商氏半埜堂刻本　二冊　存一種

330000－1701－0086303　G004693　史部/目録類/總録之屬/私撰
鴿峯艸堂行篋書目一卷　周大輔編　清光緒二十八年(1902)周大輔稿本　一冊

330000－1701－0086304　G603724　子部/宗教類/佛教之屬/諸宗
天台四教儀注彙補輔宏記二十卷首一卷　(高麗)釋諦觀輯　(元)釋蒙潤集注　(清)釋性權彙補　**畧科提綱一卷**　釋諦閑排訂　清光緒二十四年(1898)刻本　二十冊　缺二卷(六至七)

330000－1701－0086306　G603725　類叢部/叢書類/彙編之屬
嘯園叢書五十七種　(清)葛元煦編　清光緒二年至七年(1876－1881)仁和葛氏刻本　一冊　存一種

330000－1701－0086308　G603726　史部/地理類/方志之屬/郡縣志
[同治]永新縣志二十六卷首一卷　(清)蕭玉春　(清)陳恩浩修　(清)李煒　(清)段夢龍纂　清同治十三年(1874)刻本　十二冊

330000－1701－0086309　SBC2917　集部/總集類/彙編之屬
十二家唐詩二十四卷　(明)張遜業編　明嘉靖三十一年(1552)江都黄埻東壁圖書府刻本　一冊　存一卷(駱賓王集上)

330000－1701－0086311　G004694　子部/醫家類/溫病之屬/瘟疫
隨息居重訂霍亂論四卷　(清)王士雄撰　清慎餘老人稿本　一冊

330000－1701－0086312　G004479　史部/政書類/公牘檔冊之屬
分設公所規條一卷　清末刻本　一冊

330000－1701－0086314　G004480　史部/政書類/邦計之屬/地政
丈量宣城田地告示章程一卷　清末刻本　一冊

330000－1701－0086315　G603728　史部/地理類/總志之屬/通代

讀史方輿紀要歷代州域形勢九卷　(清)顧祖禹撰　清嘉慶十年(1805)友蘭堂刻本　六册

330000－1701－0086316　G004481　子部/宗教類/佛教之屬/諸宗
宗鏡錄一百卷附音釋　(宋)釋延壽輯　清光緒二年(1876)刻本　十册　存五十卷(五十一至一百)

330000－1701－0086317　SBC2916、G009324　類叢部/類書類/通類之屬
欽定古今圖書集成一萬卷目錄四十卷　(清)蔣廷錫　(清)陳夢雷等輯　清雍正四年(1726)内府銅活字印本　十六册　存三十二卷(歲功典九十七至九十八,官常典三百五十一至三百六十、三百八十一至三百九十二、七百二十一至七百二十二,經籍典四百一至四百二,禮儀典七十一至七十二,明倫彙編氏族典五百九十五至五百九十六)

330000－1701－0086318　G603729　經部/易類/傳說之屬
周易傳義音訓八卷首一卷　(宋)呂祖謙撰　**易學啓蒙一卷**　(宋)朱熹撰　清咸豐六年(1856)浦城與古齋祝鳳喈金陵刻本　八册

330000－1701－0086319　G004482　新學/地學/地志學
亞東各國屬地志畧□□卷　(清)劉維賢譯　清光緒湖北洋務譯書局刻朱印本　一册　存一卷(上)

330000－1701－0086321　G603730　經部/易類/傳說之屬
周易傳義音訓八卷首一卷　(宋)呂祖謙撰　**易學啓蒙一卷**　(宋)朱熹撰　清咸豐六年(1856)浦城與古齋祝鳳喈金陵刻本　八册

330000－1701－0086323　G004483　新學/交涉
英美要例輯覽四種　(清)陳肇章譯　清光緒二十九年(1903)湖北洋務譯書局刻本　一册　存三種

330000－1701－0086324　G603731　經部/易類/傳說之屬
周易傳義音訓八卷首一卷　(宋)呂祖謙撰　**易學啓蒙一卷**　(宋)朱熹撰　清咸豐六年(1856)浦城與古齋祝鳳喈金陵刻本　八册

330000－1701－0086325　G601434　類叢部/叢書類/彙編之屬
漸西村舍彙刊(漸西村舍叢刻)四十四種　(清)袁昶編　清光緒十六年至二十四年(1890－1898)桐廬袁氏刻本　一册　存四種

330000－1701－0086326　G603732　經部/易類/傳說之屬
周易傳義音訓八卷首一卷　(宋)呂祖謙撰　**易學啓蒙一卷**　(宋)朱熹撰　清咸豐六年(1856)浦城與古齋祝鳳喈金陵刻本　八册

330000－1701－0086328　G601440　子部/雜著類/雜說之屬
定香亭筆談四卷　(清)阮元撰　清嘉慶五年(1800)揚州阮氏琅嬛僊館刻本　四册

330000－1701－0086329　SBC2914　子部/醫家類/類編之屬
醫學六要十九卷　(明)張三錫撰　明萬曆刻崇禎十七年(1644)張維藩等重修本　三册　存二卷(七至八)

330000－1701－0086332　G004484　新學/工藝/汽機總
汽機初級三課　(英國)哲密生撰　(清)陳秉濂譯　清光緒二十九年(1903)湖北洋務譯書局刻本　一册

330000－1701－0086333　G602126　子部/兵家類/兵法之屬
兵鑑全集四卷　(清)徐宗幹輯　**火攻答一卷**　(明)王鳴鶴撰　清咸豐二年(1852)斯未信齋刻本　四册

330000－1701－0086335　G603733　史部/紀事本末類/斷代之屬
聖武記十四卷　(清)魏源撰　清道光二十六年(1846)古微堂刻本　十二册

330000－1701－0086337　SBC0629　子部/宗

教類/佛教之屬/經

出曜經□□卷 （天竺）法救尊者造 （後秦）釋竺佛念譯 明刻本 一冊 存一卷（十二）

330000－1701－0086338 G004485 子部/雜家類/雜説之屬

增訂敬信錄不分卷 （清）周鼎臣輯 清同治五年（1866）刻本 一冊

330000－1701－0086339 G602127 史部/金石類/總志之屬/目錄

至聖林廟碑目六卷 （清）孔昭薰 （清）孔憲庚編 清光緒二十二年（1896）徐氏積學齋刻本 二冊

330000－1701－0086340 G004486 子部/宗教類/佛教之屬

勸發菩提心文一卷 （清）釋實賢撰 清光緒刻本 一冊

330000－1701－0086341 G603734 史部/政書類

九通 （清）□□輯 清光緒八年至二十二年（1882－1896）浙江書局刻本 十冊 存一種

330000－1701－0086342 SBC2913 經部/叢編

五經四書讀本九種 清嘉慶十年（1805）揚州鮑氏樗園刻本 四冊 存一種

330000－1701－0086343 G601425 經部/詩類/傳説之屬

詩經精華十卷 （清）薛嘉穎輯 清光緒二年（1876）刻浙寧簡香齋印本 三冊

330000－1701－0086344 G004695 子部/醫家類/類編之屬

喻氏醫書三種 （清）喻昌撰 清光緒三十一年（1905）新化三味書局刻本 五冊 存一種

330000－1701－0086345 G602128 子部/藝術類/書畫之屬/法帖

蘭亭四妙不分卷 （晉）王羲之書 清光緒三十四年（1908）雙桐簃書社石印本 一冊

330000－1701－0086346 G004487 子部/術數類/相宅相墓之屬

撼龍經批注校補不分卷疑龍經批注校補三卷 （唐）楊益撰 （清）高其倬批點 （清）寇宗集注 （清）榮錫勳校補 清光緒十八年（1892）巴蜀善成堂刻本 一冊 存一卷（疑龍經批注校補下）

330000－1701－0086348 G602129 史部/金石類/總志之屬/文字

觀妙齋藏金石文攷略十六卷 （清）李光暎撰 清雍正七年（1729）嘉興李光暎刻本 八冊 存十卷（一至四、十至十二、十四至十六）

330000－1701－0086349 G004488 子部/宗教類/道教之屬/方法

濬性淵源一卷 （明）涵谷子撰 清上海翼化堂刻本 一冊

330000－1701－0086350 G004696 子部/儒家類/儒學之屬/性理

時敏學堂修身科講義一卷 （清）龍志澤撰 清光緒二十八年（1902）時敏書局鉛印本 一冊

330000－1701－0086351 G602130 集部/別集類/清別集

屈翁山詩集八卷詞一卷 清康熙徐肇元硯露齋刻本 四冊

330000－1701－0086352 SBC2789 集部/總集類/課藝之屬

新刊歷舉三場文選□□卷 （元）劉齊 （元）劉霖 （元）劉貞等輯 元刻本 一冊 存書義、春秋義、古賦、昭誥章表等殘葉

330000－1701－0086353 G004489 子部/兵家類/操練之屬

湖北武學十八種 （德國）福克斯 （清）何福滿等選 清光緒二十六年（1900）湖北武備學堂刻本 三冊 存二種

330000－1701－0086354 G602131、G608218、G610143 類叢部/叢書類/自著之屬

煙嶼樓集四種 （清）徐時棟撰 清同治至光緒刻彙印本 四冊 存二種

330000－1701－0086356　G601442　類叢部/叢書類/自著之屬
蘇齋叢書十八種　(清)翁方綱撰　清乾隆至嘉慶刻彙印本　六冊　存一種

330000－1701－0086357　G004697　新學/學校
州縣學校謀始一卷　(清)方旭撰　清光緒二十九年(1903)成都官書局鉛印本　一冊

330000－1701－0086358　G601443　子部/儒家類/儒學之屬/經濟
皇朝經世文四編五十二卷　(清)何良棟輯　清光緒二十八年(1902)上海鴻寶書局石印本　十二冊

330000－1701－0086359　G605305、G608868　集部/總集類/彙編之屬
南宋羣賢小集七十四種　(宋)陳起編　(清)顧修重輯　清嘉慶六年(1801)石門顧氏讀畫齋刻本　二冊　存四種

330000－1701－0086360　G603736、G611420　集部/總集類/郡邑之屬
湖南文徵一百九十卷首一卷目錄六卷姓氏傳四卷　(清)羅汝懷輯　清同治十年(1871)刻本　一百冊

330000－1701－0086361　G004490　史部/傳記類/科舉録之屬/歷科鄉試録
[光緒甲午科]浙江鄉試硃卷不分卷　(清)佘立本等撰　清光緒刻本　一冊

330000－1701－0086362　G602132　史部/雜史類/斷代之屬
股匪總錄三卷堂匪總錄十二卷廣西道里表一卷　(清)蘇鳳文撰　清光緒十五年(1889)刻本　一冊　存三卷(一至三)

330000－1701－0086363　G004698、G010382　新學/史志/諸國史
少年世界史二卷　何琪編　清光緒二十七年(1901)山會北鄉義塾東湖通藝學堂刻本　二冊

330000－1701－0086364　G601444　子部/儒家類/儒學之屬/勸學
勸學篇二卷　(清)張之洞撰　清光緒二十四年(1898)兩湖書院刻本　二冊

330000－1701－0086366　G004491　史部/傳記類/科舉録之屬/歷科鄉試録
[光緒甲午科]浙江鄉試硃卷不分卷　(清)錢鏡蓉等撰　清光緒刻本　一冊

330000－1701－0086368　G601446　史部/目録類/版本之屬/專考
宋元本行格表二卷附錄一卷　(清)江標輯　(清)劉肇隅編　清光緒二十三年(1897)湘潭劉肇隅刻本　二冊

330000－1701－0086369　G601447　集部/戲劇類/傳奇之屬
梅花夢二卷　(清)張道撰　清光緒二十年(1894)錢塘張預長沙刻本　二冊

330000－1701－0086370　G004567　子部/醫家類/傷寒金匱之屬/綜合
集古諸方一卷　清抄本　一冊

330000－1701－0086372　G601448　類叢部/叢書類/彙編之屬
清風室叢書二十種　(清)錢保塘編　清同治十年至民國二十五年(1871－1936)海寧錢氏清風室刻本　一冊　存二種

330000－1701－0086373　G004700　類叢部/叢書類/彙編之屬
求實齋叢書十五種　(清)蔣德鈞編　清光緒湘鄉蔣氏龍安郡署刻本　一冊　存一種

330000－1701－0086374　G601449　集部/總集類/題詠之屬
題江南曾文正公祠百詠一卷　朱孔彰撰　清光緒十三年(1887)金陵刻本　愚僧題簽　一冊

330000－1701－0086375　G602133　史部/政書類/公牘檔冊之屬
浙江諮議局議決案不分卷　(清)浙江諮議局編　清宣統鉛印本　一冊

330000－1701－0086376　G602139、G608898、G608408、G609410　子部/雜著類/雜纂之屬
錢神志七卷　(清)李世熊撰　清同治十年(1871)木活字印本　七冊

330000－1701－0086377　G004492　子部/藝術類/書畫之屬
時事報圖畫雜俎不分卷　(清)時事報社編　清光緒三十四年(1908)石印本　一冊

330000－1701－0086378　G605292　集部/總集類/選集之屬/通代
近光集二十八卷　(清)汪士鋐輯　(清)徐修仁注　清康熙五十八年(1719)刻本　六冊

330000－1701－0086379　G601450、G610206　集部/別集類/清別集
平養堂文編十卷　王龍文撰　清宣統三年(1911)思賢書局刻本　四冊

330000－1701－0086381　G004493　史部/政書類/邦交之屬
日國條款一卷古巴華工條款一卷換約憑單一卷照會一卷　清末刻本　一冊

330000－1701－0086382　G601451　史部/史抄類
史記菁華錄六卷　(清)姚祖恩輯　清道光四年(1824)吳興姚氏扶荔山房刻朱墨套印本　六冊

330000－1701－0086383　G601435　集部/別集類/清別集
綠雪堂遺集二十卷　(清)王衍梅撰　(清)汪雲任輯　清道光二十年(1840)盱眙汪雲任刻二十九年(1849)增刻本　十冊

330000－1701－0086385　G602134　子部/農家農學類/總論之屬
御製耕織圖不分卷　(清)聖祖玄燁撰　(清)焦秉貞繪　清光緒五年(1879)點石齋石印本　一冊

330000－1701－0086386　G004494　史部/政書類/邦交之屬
葡萄牙國條款(葡國條款)一卷　清光緒刻本　一冊

330000－1701－0086387　G603763　子部/叢編
子書百家　(清)崇文書局編　清光緒元年(1875)湖北崇文書局刻民國元年(1912)鄂官書處重印本　紹文題記　二十五冊　存二十五種

330000－1701－0086388　善 009093　子部/宗教類/佛教之屬/經
大般若波羅蜜多經六百卷　(唐)釋玄奘譯　元至元杭州路餘杭大普寧寺刻普寧藏本　邵章題記　一冊　存一卷(五百八十七)

330000－1701－0086389　G601452　集部/總集類/選集之屬/斷代
國朝駢體正宗十二卷　(清)曾燠輯　清嘉慶十一年(1806)南城曾氏賞雨茅屋刻本　六冊

330000－1701－0086390　G004701　子部/農家農學類/畜牧之屬
良馬圖說二卷家畜玩物一卷名犬圖說二卷　清光緒九年(1883)益智書會刻本暨石印本　一冊

330000－1701－0086392　G004495　史部/政書類/邦計之屬/貿易
各國通商條約稅則章程十四種　(清)總理各國事務衙門輯　清同治刻本　一冊　存一種

330000－1701－0086393　G602135　類叢部/叢書類/彙編之屬
半厂叢書初編十種　(清)譚獻編　清同治至光緒仁和譚氏刻本　一冊　存一種

330000－1701－0086394　G601453　集部/別集類/宋別集
蘇文忠公詩編註集成四十六卷集成總案四十五卷諸家雜綴酌存一卷蘇海識餘四卷牋詩圖一卷　(宋)蘇軾撰　(清)王文誥輯注　清光緒十四年(1888)浙江書局刻本　二十四冊

330000－1701－0086395　G004496　史部/政書類/邦交之屬
布國條款一卷布國稅則一卷　清末刻本

一册

330000－1701－0086396　G004497　史部/政書類/邦交之屬
義國和約章程一卷義國稅則一卷　清末刻本　一册

330000－1701－0086397　G601454　子部/小説家類/瑣語之屬
瓏瓌僊館彙輯二十世紀奇書　（清）陳琰編輯　清宣統三年(1911)上海六藝書局石印本　四册　存一種

330000－1701－0086398　G605291　史部/紀事本末類/斷代之屬
聖武記十四卷　（清）魏源撰　清道光二十六年(1846)古微堂刻本　十二册

330000－1701－0086399　G004498　史部/政書類/邦交之屬
奏准天津新議通商條款不分卷　清末刻本　一册

330000－1701－0086400　G004568　子部/醫家類/兒科之屬/驚風
新訂小兒科臍風驚風合編並附各症不分卷（清）鮑璈輯　清同治十一年(1872)刻本　一册

330000－1701－0086401　G601455　史部/金石類/金之屬/文字
積古齋鐘鼎彝器款識十卷　（清）阮元　（清）朱爲弼撰　清光緒五年(1879)武昌刻本　二册　存六卷(五至十)

330000－1701－0086402　G004702　集部/小説類/長篇之屬
增評補像全圖金玉緣一百二十回首一卷（清）曹霑　（清）高鶚撰　（清）王希廉　（清）張新之　（清）姚燮評　清光緒三十四年(1908)求不負齋石印本　八册　存六十四回(一至四十、四十九至五十六、八十九至一百四)

330000－1701－0086403　SZD0318　經部/群經總義類/文字音義之屬
經典釋文三十卷　（唐）陸德明撰　清康熙通志堂刻通志堂經解本　清朱駿聲校　八册

330000－1701－0086406　G004569　子部/醫家類/本草之屬/本草藥性
藥性賦一卷　清抄本　一册

330000－1701－0086407　G004704　子部/醫家類/醫案之屬
江陰柳氏醫學叢書(柳選四家醫案)四種（清）柳寶詒編　清光緒石印本　一册　存一種

330000－1701－0086409　SBC2929　子部/宗教類/佛教之屬/經
佛説梵網經二卷　（後秦）釋鳩摩羅什譯　清光緒十年(1884)金陵刻經處刻本　一册

330000－1701－0086410　SBC2930　子部/宗教類/佛教之屬/諸宗
淨土津梁十三種　（清）釋了慰輯　清乾隆四十九年至五十年(1784－1785)京都衍法寺刻本　一册　存三種

330000－1701－0086412　G004705　集部/别集類/清别集
客遊小草一卷　（清）李□撰　稿本　清李嘉績、清顧復初、清朱鑑成、清祐題記　一册

330000－1701－0086413　G601436　類叢部/叢書類/彙編之屬
崇文書局彙刻書三十一種　（清）崇文書局編　清光緒元年至三年(1875－1877)湖北崇文書局刻本　一册　存一種

330000－1701－0086416　SBC2931　史部/詔令奏議類/奏議之屬
祁忠敏公揭帖稿不分卷　（明）祁彪佳撰　稿本　一册

330000－1701－0086417　G004502、G010594、G009666　類叢部/叢書類/彙編之屬
申報館叢書正集五十七種附録三種續集一百四十二種　（清）尊聞閣主編　蔡爾康編續集　清同治至光緒上海申報館鉛印本　六册　存一種

330000－1701－0086418　G004499　史部/政書類/邦交之屬

各關征免洋商船鈔章程一卷通商海關徵免船鈔章程一卷　清光緒刻本　一册

330000－1701－0086421　G004500　子部/藝術類/音樂之屬/琴學

臥雲樓琴譜八卷指法二卷　(清)馬兆辰撰　清刻本　一册　存三卷(六至八)

330000－1701－0086423　G004570　子部/醫家類/綜合之屬/通論

醫師秘笈二卷　濕熱條辨一卷　(清)薛雪撰　清末抄本　一册　存二卷(醫師秘笈下、濕熱條辨)

330000－1701－0086424　G004501　子部/宗教類/佛教之屬/諸宗

天台四教儀一卷　(高麗)釋諦觀輯　**附始終心要一卷**　(唐)釋湛然撰　(宋)釋從義注　清武林昭慶經房刻本　一册

330000－1701－0086426　SBC2932　史部/傳記類/别傳之屬/事狀

祁忠敏公傳一卷　(清)孔淵撰　稿本　一册

330000－1701－0086429　G004571　子部/醫家類/本草之屬/本草藥性

藥性賦一卷 醫方捷徑一卷　清乾隆五十年(1785)書林鄭喬林青蓮閣刻本　一册

330000－1701－0086431　G004572　史部/職官類/官箴之屬

庸吏庸言二卷　(清)劉衡撰　清刻本　一册　存一卷(下)

330000－1701－0086433　G004573　子部/藝術類/遊藝之屬/博戲

解悶一卷　(清)求放心人輯　清光緒抄本　一册

330000－1701－0086434　G004574　子部/醫家類/方書之屬/成方藥目

醫書湯訣一卷　清抄本　一册

330000－1701－0086435　G004575　集部/曲類/曲韻曲譜曲律之屬

雷峰塔覆缽曲譜一卷附十景和番　清靜觀書屋抄本　一册

330000－1701－0086436　G004576　集部/戲劇類/總集之屬/傳奇

梳妝思凡唱本一卷　清末抄本　一册

330000－1701－0086437　G004577　集部/曲類/曲韻曲譜曲律之屬

鬧房曲譜一卷　清末抄本　一册

330000－1701－0086438　G004578　史部/詔令奏議類/奏議之屬

刑部奏准通行章程一卷　清光緒刻本　一册

330000－1701－0086442　G603737、G612032　子部/小說家類/異聞之屬

太平廣記五百卷目錄十卷　(宋)李昉等輯　清嘉慶十一年(1806)姑蘇聚文堂刻本　十二册　存一百二十卷(二百十三至三百三十二)

330000－1701－0086445　G605294　子部/醫家類/類編之屬

中西匯通醫書五種　唐宗海撰　清光緒三十四年(1908)上海千頃堂書局石印本　一册　存一種

330000－1701－0086448　G603738　史部/傳記類/科舉録之屬

[光緒癸巳恩科]浙江闈墨不分卷　清光緒十九年(1893)聚奎堂刻本　稚村題記　一册

330000－1701－0086449　SBC2940　史部/傳記類/别傳之屬/事狀

祁忠敏明史列傳一卷　(清)毛奇齡撰　清抄本　一册

330000－1701－0086451　G603739　史部/傳記類/科舉録之屬

[光緒丁酉科]浙江闈墨不分卷　(清)劉宗標等撰　清光緒二十三年(1897)聚奎堂刻本　星垣題記　一册

330000－1701－0086452　SBC2939　史部/傳記類/别傳之屬/事狀

明史祁彪佳列傳一卷 (清)毛奇齡撰 清抄本 一册

330000－1701－0086455 G605307、G605284 經部/小學類/文字之屬/説文
説文解字義證五十卷 (清)桂馥撰 清同治九年(1870)湖北崇文書局刻本 三十二册

330000－1701－0086456 SBC2938 史部/傳記類/别傳之屬/年譜
祁忠惠公[彪佳]年譜一卷 (明)王思任撰 (清)梁廷枏 (清)龔沅補輯 清道光十七年(1837)山陰胡蕃畫堂刻本 一册

330000－1701－0086457 G603741、G603952 經部/群經總義類/傳説之屬
經訓比義三卷 (清)黄以周撰 清光緒二十二年(1896)南菁講舍刻本 三册

330000－1701－0086458 G004706 子部/藝術類/篆刻之屬/印譜
玉壺名印稿一卷 (清)蔡□藏 清末鈐印本 清蔡氏四十七郎題記 一册

330000－1701－0086463 G603742 子部/藝術類/書畫之屬
玉臺畫史五卷别録一卷 (清)湯漱玉輯 清道光十七年(1837)錢塘汪氏振綺堂刻本 一册

330000－1701－0086465 G004707 集部/小説類/短篇之屬
淞隱漫録十二卷續録四卷漫遊隨録二卷 (清)王韜撰 清光緒石印本 二册 存十卷(一至七、續録一、漫遊隨録一至二)

330000－1701－0086466 G606456 類叢部/叢書類/自著之屬
儆季雜著五種附二種 (清)黄以周撰 清光緒二十年至二十一年(1894－1895)江蘇南菁講舍刻本 八册 存五種

330000－1701－0086469 G603743、G603744 類叢部/叢書類/郡邑之屬
武林掌故叢編一百八十七種 (清)丁丙編 清光緒三年至二十六年(1877－1900)錢塘丁氏嘉惠堂刻本 五册 存二種

330000－1701－0086470 SBC2937 史部/傳記類/别傳之屬/年譜
祁忠敏公[彪佳]年譜一卷 (明)王思任撰 清抄本 一册

330000－1701－0086476 G606457 類叢部/叢書類/自著之屬
儆季雜著五種附二種 (清)黄以周撰 清光緒二十年至二十一年(1894－1895)江蘇南菁講舍刻本 四册 存五種附一種

330000－1701－0086482 G603745 類叢部/叢書類/彙編之屬
邵武徐氏叢書初刻十四種 (清)徐榦編 清光緒邵武徐氏刻本 一册 存二種

330000－1701－0086483 SBC2936 史部/傳記類/别傳之屬/年譜
祁忠敏公[彪佳]年譜一卷 (明)王思任撰 清抄本 一册

330000－1701－0086485 G004509 史部/傳記類/總傳之屬/儒林
濂洛關閩六先生傳一卷 (清)羅惇衍編 清道光刻本 一册 存一卷(濂洛關閩六先生傳)

330000－1701－0086488 G602137 類叢部/叢書類/彙編之屬
湖海樓叢書十二種 (清)陳春編 清嘉慶蕭山陳氏湖海樓刻二十四年(1819)彙印本 二十册 存九種

330000－1701－0086489 G004708、G009138 類叢部/叢書類/彙編之屬
平津館叢書六集三十五種 (清)孫星衍編 清嘉慶蘭陵孫氏刻本 清汪新□校並跋 四册 存七種

330000－1701－0086490 G603746 集部/曲類/寶卷之屬
雪梅寶卷二卷 清光緒十一年(1885)杭州景文齋刻本 二册

330000－1701－0086493　SBC2935　史部/傳記類/别傳之屬/事狀

右副都御史巡撫蘇松等處贈少傳兼太子太傅兵部尚書祁忠敏公[彪佳]行實一卷　(明)祁熊佳撰　清抄本　一册

330000－1701－0086500　G603747　集部/曲類/寶卷之屬

何仙姑寶卷二卷　(清)□□撰　清光緒三十年(1904)蘇城瑪瑙經房刻本　一册

330000－1701－0086503　G603748　史部/政書類/邦交之屬

奥國通商條款一卷奥國通商章程一卷奥國税則一卷　清末刻本　一册

330000－1701－0086505　G602138　經部/小學類

小學類編六種附三種　(清)李祖望編　清咸豐至光緒江都李氏半畝園刻本　二册　存一種

330000－1701－0086506　G605302　集部/總集類/選集之屬/通代

御定歷代題畫詩類一百二十卷　(清)陳邦彦輯　清康熙四十六年(1707)内府刻本　二册　存十一卷(七十五至七十九、一百十至一百十五)

330000－1701－0086508　G004709　子部/小説家類/雜事之屬

吴門畫舫録二卷　(清)西溪山人撰　清嘉慶紅樹山房刻本　二册

330000－1701－0086509　SBC2933　史部/傳記類/别傳之屬/事狀

忠敏公傳一卷　(清)朱士稚　(清)張岱撰　清抄本　一册

330000－1701－0086510　G603749　史部/政書類/邦交之屬

日國條款一卷古巴華工條款一卷换約憑單一卷照會一卷　清末刻本　一册　存一卷(日國條款)

330000－1701－0086511　SBC2934　史部/傳記類/别傳之屬/事狀

殉節中丞祁忠敏公[彪佳]傳一卷　(清)林日宣撰　稿本　一册

330000－1701－0086513　G603750　史部/政書類/邦交之屬

中瑞通商條約一卷　清宣統刻本　一册

330000－1701－0086515　G004710、G004745　經部/詩類/傳說之屬

詩經集傳八卷　(宋)朱熹撰　清慎詒堂刻本　鄭雨苹題簽並記　二册

330000－1701－0086516　G004511　子部/宗教類/佛教之屬/總録

佛法金湯二卷　(明)屠隆撰　清道光十一年(1831)寧郡寶明菴刻本　一册

330000－1701－0086517　G603751　史部/政書類/邦交之屬

中瑞通商條約一卷　清宣統刻本　一册

330000－1701－0086518　G605306　經部/叢編

皇清經解續編一千四百三十卷　王先謙輯　清光緒十五年(1889)上海蜚英館石印本(卷三十原缺)　三十二册　缺十二卷(論語平議二、孟子平議一至二、爾雅平議一至二、古書疑義舉例一至七)

330000－1701－0086519　G603752　史部/政書類/邦交之屬

中瑞通商條約一卷　清宣統刻本　一册

330000－1701－0086520　G603753　史部/政書類/邦交之屬

中瑞通商條約一卷　清宣統刻本　一册

330000－1701－0086521　G606458　類叢部/叢書類/自著之屬

儆季雜著五種附二種　(清)黄以周撰　清光緒二十年至二十一年(1894－1895)江蘇南菁講舍刻本　三册　存三種附一種

330000－1701－0086522　G603754　史部/政書類/邦交之屬

中瑞通商條約一卷　清宣統刻本　一冊

330000－1701－0086523　G603755　史部/政書類/邦交之屬

中瑞通商條約一卷　清宣統刻本　一冊

330000－1701－0086524　G602140　集部/總集類/題詠之屬

題江南曾文正公祠百詠一卷　朱孔彰撰　清光緒十三年(1887)金陵刻民國二十四年(1935)朱師轍補刻本　一冊

330000－1701－0086525　G004515、G004514、G011599　史部/紀事本末類

紀事本末五種　(清)□□輯　明末清初鬱岡山房刻本　十八冊　存二種

330000－1701－0086526　G603756　史部/政書類/邦交之屬

中瑞通商條約一卷　清宣統刻本　一冊

330000－1701－0086528　G004711　子部/醫家類/本草之屬/歷代綜合本草

本草述三十二卷首一卷　(清)劉若金撰　清嘉慶十五年(1810)武進薛鎬還讀山房刻光緒二年(1876)姑蘇來青閣印本　八冊　存十卷(首、一至九上)

330000－1701－0086529　G606459　類叢部/叢書類/自著之屬

儆季雜著五種附二種　(清)黄以周撰　清光緒二十年至二十一年(1894－1895)江蘇南菁講舍刻本　三冊　存一種附二種

330000－1701－0086530　G004513、G005234、G011597　子部/天文曆算類

兼濟堂纂刻梅勿庵先生曆算全書二十八種　(清)梅文鼎撰　(清)魏荔彤輯　(清)楊作枚訂補　清雍正元年(1723)栢鄉魏荔彤刻乾隆十四年(1749)梅汝培、咸豐九年(1859)梅體萱遞修本　三十二冊　存二十六種

330000－1701－0086532　SBC2946　史部/傳記類/別傳之屬/年譜

漱芳公紀年草一卷　稿本　一冊

330000－1701－0086533　G603757　史部/政書類/邦交之屬

奏准天津新議通商條款不分卷　清末刻本　一冊

330000－1701－0086534　G602141　集部/總集類/題詠之屬

題江南曾文正公祠百詠一卷　朱孔彰撰　清光緒十三年(1887)金陵刻民國二十四年(1935)朱師轍補刻本　一冊

330000－1701－0086535　G007066、G004712　集部/總集類/選集之屬/通代

古詩源十四卷　(清)沈德潛輯　清康熙五十八年(1719)竹嘯軒刻本　二冊

330000－1701－0086536　G606460　集部/曲類/散曲之屬

蘇隄漁唱一卷附錄一卷　(元)張可久撰　清光緒二十七年(1901)錢塘丁氏嘉惠堂刻本　一冊

330000－1701－0086537　G602142　史部/地理類/方志之屬/郡縣志

[光緒]唐棲志二十卷　(清)王同纂　清光緒十五年至十六年(1889－1890)刻本　二冊　存五卷(十二至十六)

330000－1701－0086538　G603758　子部/醫家類/兒科之屬/通論

錢氏小兒藥證直訣三卷　(宋)錢乙撰　(宋)閻孝忠輯　**附方一卷**　(宋)閻孝忠撰　**錢仲陽傳一卷**　(宋)劉跂撰　**董氏小兒斑疹備急方論一卷**　(宋)董汲撰　清康熙五十八年(1719)影宋刻本　一冊　存二卷(上、中)

330000－1701－0086539　G606461　類叢部/叢書類/彙編之屬

思賢書局刊書十九種　(清)思賢書局編　清光緒至宣統思賢書局刻本　三冊　存一種

330000－1701－0086540　G605293　史部/地理類/方志之屬/郡縣志

[同治]貴溪縣志十卷首一卷　(清)楊長杰等修　(清)黄聯珏等纂　清同治十年(1871)刻

本　九册　存七卷(四至十)

330000－1701－0086542　G602143　類叢部/叢書類/自著之屬
石遺室叢書十九種　陳衍撰　清光緒至民國刻本　一册　存二種

330000－1701－0086543　G603759　類叢部/叢書類/自著之屬
沈歸愚詩文全集十四種　(清)沈德潛撰　清乾隆教忠堂刻本　一册　存三種

330000－1701－0086544　G004713　子部/藝術類/篆刻之屬/印譜
紉佩齋集印不分卷　(清)蘭庭逸史藏　清光緒鈐印本　四册

330000－1701－0086545　G603760　集部/别集類/清别集
硯林詩集四卷　(清)丁敬撰　清嘉慶杭州愛日軒陸貞一刻本　一册　存二卷(一至二)

330000－1701－0086548　G606462　新學/工藝/工學
銀礦指南一卷圖一卷　(美國)亞倫撰　(英國)傅蘭雅口譯　(清)應祖錫筆述　清光緒十七年(1891)江南製造局刻本　一册

330000－1701－0086549　G603761　類叢部/叢書類/彙編之屬
崇文書局彙刻書三十一種　(清)崇文書局編　清光緒元年至三年(1875－1877)湖北崇文書局刻本　四册　存一種

330000－1701－0086551　G606463　類叢部/叢書類/彙編之屬
增訂漢魏叢書八十六種　(清)王謨編　清乾隆五十六年(1791)金谿王氏刻本　三册　存八種

330000－1701－0086552　G603762　類叢部/叢書類/彙編之屬
崇文書局彙刻書三十一種　(清)崇文書局編　清光緒元年至三年(1875－1877)湖北崇文書局刻本　二册　存一種

330000－1701－0086553　G004715　子部/宗教類/佛教之屬/諸宗
淨土生無生論親聞記二卷　(明)釋受教撰　清光緒元年(1875)昭慶慧空經房刻本　一册

330000－1701－0086559　G004714　子部/宗教類/佛教之屬/經疏
妙法蓮華經合論□□卷　(後秦)釋鳩摩羅什譯經　(宋)釋惠洪造論　(宋)張商英撰附論　清刻本　三册　存三卷(一、三至四)

330000－1701－0086561　G004717、G010878　類叢部/叢書類/彙編之屬
申報館叢書正集五十七種附錄三種續集一百四十二種　(清)尊聞閣主編　蔡爾康編續集　清同治至光緒上海申報館鉛印本　四册　存一種

330000－1701－0086565　G604500、G605296　史部/金石類/總志之屬
金石萃編一百六十卷　(清)王昶撰　清嘉慶十年(1805)青浦王氏經訓堂刻同治十年(1871)嘉善錢寶傳補刻本　二册　存六卷(八十九至九十二、一百六至一百七)

330000－1701－0086570　G605299　子部/藝術類/書畫之屬/總論
佩文齋書畫譜一百卷　(清)孫岳頒等輯　清康熙内府刻本　一册　存二卷(九至十)

330000－1701－0086573　G004718、G006913、G007518　子部/雜著類/雜纂之屬
福壽金鑑全錄初集二卷二集二卷　清同治九年(1870)刻本　李氏題記　四册

330000－1701－0086576　G004516　史部/地理類/外紀之屬
海國圖志五十卷　(清)魏源撰　清道光二十四年(1844)古微堂木活字印本　一册　存四卷(二十四至二十七)

330000－1701－0086584　G605300　類叢部/叢書類/自著之屬
亭林遺書十種　(清)顧炎武撰　清刻本　一册　存一種

330000－1701－0086586　G004517　史部/地理類/方志之屬/郡縣志
[道光]天門縣志三十六卷首一卷　(清)王希琮修　(清)張錫穀纂　清道光元年(1821)刻本　八冊　存三十一卷(一至三十一)

330000－1701－0086595　G601437　類叢部/叢書類/自著之屬
曾文正公全集十六種　(清)曾國藩撰　清同治至光緒傳忠書局刻本　二冊　存一種

330000－1701－0086596　G004720　集部/別集類/清別集
松花菴律古一卷　(清)吴鎮撰　清乾隆刻本　一冊

330000－1701－0086600　G004518　集部/曲類/曲藝之屬
新印校正灘簧活捉全本□□卷　(清)蘇申清客編　清末石印本　一冊　存一卷(二)

330000－1701－0086605　G605301　子部/醫家類/本草之屬/歷代綜合本草
草綱目五十二卷圖三卷奇經八脉攷一卷脉訣攷證一卷瀕湖脈學一卷　(明)李時珍撰　清順治十二年(1655)吴氏太和堂刻本　二冊　存三卷(八至十)

330000－1701－0086612　G004519　集部/詩文評類/詩評之屬
談龍録一卷　(清)趙執信撰　**漫堂詩説一卷**　(清)宋犖撰　**論學三説一卷**　(清)黄與堅撰　**詞統源流一卷**　(清)彭孫遹撰　清刻本　一冊

330000－1701－0086614　G605352　經部/易類/傳説之屬
周易傳義音訓八卷首一卷　(宋)吕祖謙撰　**易學啓蒙一卷**　(宋)朱熹撰　清咸豐六年(1856)浦城與古齋祝鳳喈金陵刻本　八冊

330000－1701－0086615　G004520　集部/總集類/選集之屬/斷代
新選秋詩又新集二卷附西湖名勝試帖補編一卷　(清)葉乃喜輯　清光緒元年(1875)杭州運署刻本　一冊　存一卷(下)

330000－1701－0086616　G004721　子部/雜著類/雜説之屬
學問尋源十六卷　(清)舒道觀撰　清道光刻本　四冊

330000－1701－0086617　G004722　子部/道家類
内丹三要論一卷　清抄本　一冊

330000－1701－0086618　SBC2945　史部/詔令奏議類/奏議之屬
奏稿副本不分卷　清抄本　二冊

330000－1701－0086620　G603764　子部/叢編
子書百家　(清)崇文書局編　清光緒元年(1875)湖北崇文書局刻民國元年(1912)鄂官書處重印本　九冊　存四種

330000－1701－0086624　G605304　集部/總集類/選集之屬/斷代
明文在一百卷　(清)薛熙輯　清光緒十五年(1889)江蘇書局刻本　十冊

330000－1701－0086626　G004521　集部/小説類/長篇之屬
西遊真詮一百回　(清)陳士斌詮解　清刻本　一冊　存四回(三至六)

330000－1701－0086627　SBC2944　子部/雜著類
赤田公書寓山主持約不分卷　(清)祁晉撰　清康熙五十一年(1712)稿本　一冊

330000－1701－0086629　G004522　集部/小説類/長篇之屬
西遊真詮二十卷一百回　(清)陳士斌詮解　清刻本　一冊　存一卷(二)

330000－1701－0086630　G603765　類叢部/類書類/專類之屬
子史精華一百六十卷　(清)吴士玉　(清)吴襄等輯　清光緒十三年(1887)上海同文書局石印本　九冊　存一百四十四卷(一至九十

六、一百十三至一百六十）

330000－1701－0086631　G601438、G008594　類叢部/叢書類/自著之屬
曾文正公全集十六種　（清）曾國藩撰　清同治至光緒傳忠書局刻本　三册　存一種

330000－1701－0086632　G606464　子部/宗教類/佛教之屬/經
妙法蓮華經七卷　（後秦）釋鳩摩羅什譯　清刻本　四册

330000－1701－0086635　G605297　集部/別集類/清別集
胡文忠公遺集十卷首一卷　（清）胡林翼撰　（清）閻敬銘　（清）厲雲官　（清）盛康輯　清同治七年(1868)吳申甫醉六堂刻本　二册　存二卷(首、一)

330000－1701－0086636　G004523　集部/小説類/長篇之屬
第五才子書水滸傳□□卷□□回　（元）施耐庵撰　（清）金人瑞評　清刻本　二册　存十卷(三十至三十九)

330000－1701－0086637　G004524　子部/醫家類/方書之屬
抄錄藥書本不分卷　清光緒三年(1877)俞三尊抄本　一册

330000－1701－0086638　SBC2943　史部/政書類/公牘檔冊之屬
贍族約不分卷　（明）祁彪佳撰　明崇禎十四年(1641)稿本　二册

330000－1701－0086640　G603766　集部/別集類/明別集
瓶花齋集十卷　（明）袁宏道撰　清宣統三年(1911)抱殘守缺齋石印本　三册　存七卷(一至七)

330000－1701－0086642　G606465、G606493、G606495　史部/紀傳類/正史之屬
二十四史　清同治至光緒五省官書局據汲古閣本等合刻光緒五年(1879)湖北書局彙印本　四十八册　存三種

330000－1701－0086644　G603767　史部/政書類/軍政之屬/邊政
朔方備乘六十八卷首十二卷　（清）何秋濤撰　清光緒石印本　八册

330000－1701－0086647　G606466、G602460　史部/傳記類/總傳之屬/儒林
理學宗傳二十六卷　（清）孫奇逢撰　（清）魏一鼇等編　清光緒六年(1880)浙江書局刻本　十册　缺四卷(一至二、六至七)

330000－1701－0086648　M604992　類叢部/叢書類/自著之屬
蕙畤山莊遺著四種　（清）吳修祜撰　清光緒十年至十五年(1884－1889)木活字印本　一册　存一種

330000－1701－0086649　G004723　子部/宗教類/佛教之屬
重訂全書宗正十六卷　（清）吳鳳洲輯　清刻本　十四册　存十二卷(一至九、十三至十四、十六)

330000－1701－0086650　G603768　集部/小説類/短篇之屬
繪圖情史二十四卷　（清）詹詹外史評輯　清宣統元年(1909)北京自強書局石印本　四册　存十八卷(四至十七、二十一至二十四)

330000－1701－0086652　G004525　子部/醫家類/綜合之屬/通論
醫門法律六卷　（清）喻昌撰　清經綸堂刻本　五册　存五卷(一至三、五至六)

330000－1701－0086653　G606467、G607240、G607840　史部/傳記類/總傳之屬/儒林
理學宗傳二十六卷　（清）孫奇逢撰　（清）魏一鼇等編　清光緒六年(1880)浙江書局刻本　九册　存十九卷(四至九、十二至二十四)

330000－1701－0086654　G605268　子部/儒家類/儒學之屬/蒙學
小學纂註六卷　（清）高愈撰　**文公朱夫子[熹]年譜一卷**　題(宋)李方子撰　清同治十一年(1872)浙江書局刻本　姚鶴生題簽

二册

330000－1701－0086656　SBC2942　史部/政書類/公牘檔冊之屬
贍族簿附贍村簿不分卷　(明)祁彪佳撰　稿本　一册

330000－1701－0086658　G606468　史部/傳記類/總傳之屬/儒林
理學宗傳二十六卷　(清)孫奇逢撰　(清)魏一鼇等編　清光緒六年(1880)浙江書局刻本　四册　存九卷(一至七、二十五至二十六)

330000－1701－0086660　G603769　集部/詩文評類/詩評之屬
詩品詩課鈔一卷　(清)鍾寶撰　**詩品一卷**　(唐)司空圖撰　清嘉慶刻本　一册

330000－1701－0086662　SBC2941　史部/傳記類/別傳之屬/事狀
誥授一品夫人先妣商太君行實一卷　(清)祁理孫撰　清刻本　一册

330000－1701－0086663　G004526　集部/小說類/長篇之屬
春秋列國□□卷　清刻本　一册　存一卷(十二)

330000－1701－0086665　G606469　史部/地理類/方志之屬/郡縣志
[光緒]淳安縣志十六卷首一卷　(清)劉世寧原本　(清)李詩續修　(清)陳中元　(清)竺士彥續纂　清光緒十年(1884)刻本　一册　存二卷(九至十)

330000－1701－0086668　G004527　子部/醫家類/本草之屬/歷代綜合本草
增訂本草備要□□卷　(清)汪昂撰　清刻本　二册　存二卷(二至三)

330000－1701－0086669　G603770　集部/詞類/詞譜之屬
詞鏡平仄圖譜三卷　(清)賴以邠撰　(清)查繼超輯　清乾隆四十八年(1783)林棲梧實章堂刻朱墨套印本　一册　存二卷(一至二)

330000－1701－0086670　G602145　史部/傳記類/總傳之屬
鶴徵錄八卷首一卷　(清)李集輯　(清)李富孫　(清)李遇孫續輯　**鶴徵後錄十二卷首一卷**　(清)李富孫輯　清嘉慶漾葭老屋刻同治十一年(1872)補刻本　七册　存八卷(一至八)

330000－1701－0086671　G603771　集部/曲類/彈詞之屬
綉像百花臺四卷　(清)鴛水主人編　清光緒元年(1875)刻本　四册

330000－1701－0086672　G004528、G004922、G006881、G007263　子部/儒家類/儒學之屬/經濟
皇朝經世文續編一百二十卷　(清)葛士濬輯　清末鉛印本　十册　存四十八卷(一至五、三十二至四十五、五十九至六十四、七十九至八十九、一百三至一百九、一百十六至一百二十)

330000－1701－0086675　G603772　史部/地理類/雜志之屬
湖墅小志四卷　(清)高鵬年輯　清光緒二十二年(1896)石印本　二册

330000－1701－0086676　G606471　集部/別集類/清別集
周文忠公尺牘二卷雜文附錄一卷　(清)周天爵撰　清同治七年(1868)蘇松太道署刻本　一册

330000－1701－0086678　G603773　史部/地理類/雜志之屬
湖墅小志四卷　(清)高鵬年輯　清光緒二十二年(1896)石印本　一册

330000－1701－0086680　G603774　史部/地理類/雜志之屬
湖墅小志四卷　(清)高鵬年輯　清光緒二十二年(1896)石印本　一册　存二卷(一至二)

330000－1701－0086681　G606472　集部/總集類/彙編之屬

漢魏六朝一百三家集(漢魏六朝百三名家集)　(明)張溥編　清光緒三年(1877)滇南唐氏壽考堂刻本　一冊　存一種

330000－1701－0086684　G606473　類叢部/叢書類/自著之屬
章氏遺書二種　(清)章學誠撰　清道光十二年至十三年(1832－1833)會稽章華紱刻浙江書局補刻本　四冊　存一種

330000－1701－0086692　G603775　類叢部/叢書類/彙編之屬
知不足齋叢書一百九十五種　(清)鮑廷博編　(清)鮑士恭續編　清乾隆三十七年至道光三年(1772－1823)長塘鮑氏刻彙印本　七冊　存九種

330000－1701－0086700　G004529　集部/小說類/長篇之屬
第五才子書水滸傳七十五卷七十回　(元)施耐庵撰　(清)金人瑞評　清芥子園刻本　四冊　存十五卷(一至八、四十四至四十六、五十三至五十六)

330000－1701－0086707　G602147　史部/地理類/方志之屬/郡縣志
咸淳臨安志一百卷　(宋)潛說友纂　**校栞咸淳臨安志札記三卷**　(清)黃士珣撰　清道光十年(1830)錢塘汪氏振綺堂刻本(卷九十、九十八至一百原缺)　十二冊　存四十九卷(五十一至八十九、九十一至九十七、札記一至三)

330000－1701－0086708　G605267　子部/醫家類/診法之屬/脈經脈訣
新刻校定脉訣指掌病式圖說一卷　(元)朱震亨撰　清刻本　一冊

330000－1701－0086712　G004579　史部/政書類
奏定女犯收贖變通畫一摺一卷　清光緒三十一年(1905)刻本　一冊

330000－1701－0086713　G004724　集部/總集類/彙編之屬
漢魏六朝一百三家集(漢魏六朝百三名家集)　(明)張溥編　清光緒十八年(1892)善化章經濟堂刻本　一冊　存一種

330000－1701－0086715　G004530　集部/小說類/長篇之屬
繪圖增像第五才子書水滸全傳十卷七十回　(元)施耐庵撰　(清)金人瑞評　清末石印本　一冊　存一卷(七)

330000－1701－0086717　G603776　類叢部/叢書類/彙編之屬
知不足齋叢書一百九十五種　(清)鮑廷博編　(清)鮑士恭續編　清乾隆三十七年至道光三年(1772－1823)長塘鮑氏刻彙印本　三冊　存三種

330000－1701－0086719　G004531、G007080　集部/小說類/短篇之屬
聊齋補遺八卷　(清)青城子編　清光緒十七年(1891)上海中華圖書館石印本　三冊　存六卷(一至二、五至八)

330000－1701－0086722　G602148　史部/詔令奏議類/奏議之屬
左恪靖伯奏稿三十八卷　(清)左宗棠撰　清同治七年(1868)刻本　二十冊　存二十卷(一至二十)

330000－1701－0086723　G605270　子部/叢編
二十二子(二十二子彙函)　(清)浙江書局編　清光緒元年至三年(1875－1877)浙江書局刻本　一冊　存一種

330000－1701－0086727　G603777、G612038　類叢部/叢書類/彙編之屬
知不足齋叢書一百九十五種　(清)鮑廷博編　(清)鮑士恭續編　清乾隆三十七年至道光三年(1772－1823)長塘鮑氏刻彙印本　七冊　存二種

330000－1701－0086728　G004532　子部/醫家類/方書之屬
臨症靈方撮要不分卷　(清)陳秋雲撰　清光

緒稿本　一册

330000－1701－0086729　G004580　史部/詔令奏議類/奏議之屬
獲匪勞績保奬章程一卷　清光緒二十年(1894)刻本　一册

330000－1701－0086732　G603778　集部/小説類/長篇之屬
繡像封神演義十卷一百回　(明)許仲琳撰　(明)鍾惺評　清光緒二十一年(1895)上海文盛書局石印本　一册　存一卷(七)

330000－1701－0086733　G004581　子部/醫家類/方書之屬/單方驗方
黑神丸方一卷　清末抄本　一册

330000－1701－0086734　G602150　集部/詩文評類/制藝之屬
制義叢話二十四卷題名一卷　(清)梁章鉅撰　清咸豐九年(1859)知足知不足齋刻本　五册　存十八卷(三至九、十三至十五、十八至二十四、題名)

330000－1701－0086741　G603779　集部/小説類/長篇之屬
繡像封神演義一百回　(明)許仲琳撰　(明)鍾惺評　清末鉛印本　一册　存十回(五十一至六十)

330000－1701－0086742　G004533　子部/醫家類/兒科之屬/痘疹
痘疹四合全書十卷　(清)吳學損編　清刻本　一册　存痘疹百問秘本第一至六十五問

330000－1701－0086747　G605285　經部/叢編
御纂七經五種　(清)李光地等撰　清同治六年至九年(1867－1870)浙江書局刻本　十二册　存一種

330000－1701－0086750　G602151　史部/傳記類/總傳之屬/列女
列女傳八卷　(漢)劉向撰　(清)梁端校注　清道光十七年(1837)錢塘汪氏振綺堂刻同治十三年(1874)汪曾學補刻本　二册

330000－1701－0086757　G004582　史部/傳記類/日記之屬
東瀛拾珠不分卷　章炳麟撰　稿本　一册

330000－1701－0086760　G004583　子部/醫家類/綜合之屬/雜著
聊復集三卷　(清)汪必昌編　清刻本　一册　存二卷(二至三)

330000－1701－0086761　G004584　子部/醫家類/針灸之屬/針法灸法
太乙神鍼一卷　(清)范毓裿撰　清末抄本　一册

330000－1701－0086762　G004585　史部/政書類/邦計之屬/貿易
萬國通商史一卷　(英國)瑣米爾士撰　(日本)古城貞吉譯　清末南洋公學譯書院鉛印本　一册

330000－1701－0086763　G004586、G006075　史部/地理類/專志之屬/古跡
申江名勝圖説二卷　(清)香國頭陀輯　清光緒十年(1884)管可壽齋刻朱墨印本　二册

330000－1701－0086764　G004587　史部/政書類/公牘檔册之屬
建築全浙師範學堂徵信實錄一卷　(清)陸桂星編　清宣統元年(1909)鉛印本　一册

330000－1701－0086765　G004588　子部/醫家類/本草之屬/歷代綜合本草
本草發明切要六卷　(明)張三錫撰　清刻本　一册　存一卷(六)

330000－1701－0086766　G004589　子部/天文曆算類/曆法之屬
大清宣統元年歲次己酉時憲書一卷　清宣統欽天監刻朱墨套印本　一册

330000－1701－0086767　G004590　子部/天文曆算類/曆法之屬
大清光緒三十四年歲次戊申時憲書不分卷　清光緒三十三年(1907)刻朱墨套印本　一册

330000－1701－0086770　G605276　經部/小

學類/文字之屬/說文
王氏說文三種 (清)王筠撰 清道光至咸豐刻同治四年(1865)彙印本 十六冊 存一種

330000－1701－0086771 G004534 子部/醫家類/傷寒金匱之屬/傷寒論
尚論張仲景傷寒論重編三百九十七法二卷首一卷後四卷 (清)喻昌撰 清刻本 三冊 缺一卷(下)

330000－1701－0086775 G004535 子部/醫家類/類編之屬
喻氏醫書三種 (清)喻昌撰 清乾隆二十八年(1763)善成堂刻本 三冊 存一種

330000－1701－0086776 G605278 經部/四書類/總義之屬/傳說
四書釋地補一卷續補一卷又續補一卷三續補一卷 (清)閻若璩撰 (清)樊廷枚校補 清嘉慶二十一年(1816)梅陽海涵堂刻本 五冊

330000－1701－0086780 G004536、G009399 子部/醫家類/本草之屬/歷代綜合本草
本草從新十八卷 (清)吳儀洛輯 清光緒七年(1881)恒德堂刻本 三冊 存十四卷(一至八、十三至十八)

330000－1701－0086783 G605279 經部/四書類/總義之屬/傳說
四書釋地補一卷續補一卷又續補一卷三續補一卷 (清)閻若璩撰 (清)樊廷枚校補 清嘉慶二十一年(1816)梅陽海涵堂刻本 五冊

330000－1701－0086785 G605325 經部/小學類/文字之屬/說文
說文新附攷六卷續攷一卷 (清)鈕樹玉撰 清嘉慶六年(1801)非石居刻同治七年(1868)碧螺山館補刻本 二冊

330000－1701－0086786 G004537 史部/政書類/儀制之屬/專志/科舉校規
欽定學堂章程不分卷 (清)張百熙等編 清光緒刻本 五冊

330000－1701－0086788 G605280 經部/叢編
御纂七經五種 (清)李光地等撰 清康熙至乾隆內府刻本 八冊 存一種

330000－1701－0086792 G605269、G605365 史部/傳記類/總傳之屬/仕宦
貳臣傳十二卷逆臣傳四卷 (清)國史館撰 清都城琉璃廠半松居士刻本 八冊

330000－1701－0086797 G606474 子部/儒家類/儒學之屬/俗訓
人譜一卷人譜類記二卷 (明)劉宗周撰 清同治七年(1868)蕺山書院刻本 一冊 缺一卷(人譜類記二)

330000－1701－0086798 G004538 史部/詔令奏議類/奏議之屬
山東試辦大學堂暫行章程摺稿一卷 袁世凱撰 清光緒刻本 一冊

330000－1701－0086803 G004539 史部/政書類/公牘檔冊之屬
澄衷學堂乙巳新訂章程一卷 清末鉛印本 一冊

330000－1701－0086804 G004725 集部/總集類/彙編之屬
漢魏六朝一百三家集(漢魏六朝百三名家集) (明)張溥編 清光緒刻本 四冊 存四種

330000－1701－0086809 G004540 史部/傳記類/科舉録之屬
[道光乙酉科]浙江魁卷不分卷 (清)徐光簡等撰 清道光五年(1825)聚奎堂刻本 一冊

330000－1701－0086813 G004541 子部/雜著類/雜說之屬
大同學十章附表 (英國)李提摩太譯 蔡爾康述 清光緒二十五年(1899)上海廣學會鉛印本 一冊

330000－1701－0086816 G605281 經部/春秋穀梁傳類/傳說之屬
春秋穀梁經傳補注二十四卷首一卷末一卷 (清)鍾文烝補注 清光緒二年(1876)嘉善鍾氏信美室刻本 八冊

330000－1701－0086819　G004726、G006271　集部/總集類/彙編之屬

漢魏六朝一百三家集(漢魏六朝百三名家集)　(明)張溥編　明婁東張氏刻本　九册　存四種

330000－1701－0086820　G602152　類叢部/叢書類/自著之屬

徐位山先生六種　(清)徐文靖撰　清雍正至乾隆刻志寧堂彙印本　一册　存一種

330000－1701－0086833　G004542、G006735　集部/别集類/唐五代别集

唐陸宣公集二十二卷　(唐)陸贄撰　清道光四年(1824)陸氏刻本　八册　存十九卷(一至六、十至二十二)

330000－1701－0086835　G605282　集部/總集類/選集之屬/通代

文選六十卷　(南朝梁)蕭統輯　(唐)李善注　(清)何焯評　清乾隆三十七年(1772)長洲葉樹藩海錄軒刻朱墨套印本　十四册

330000－1701－0086839　G602154　類叢部/叢書類/郡邑之屬

金陵叢刻十五種　(清)傅春官輯　清光緒二十三年至三十一年(1897－1905)江寧傅氏晦齋刻本　一册　存一種

330000－1701－0086842　M607812　類叢部/叢書類/彙編之屬

峭帆樓叢書十八種　趙詒琛編　清宣統三年至民國八年(1911－1919)新陽趙氏峭帆樓刻本　一册　存一種

330000－1701－0086843　G004727　類叢部/類書類/通類之屬

新刻註釋故事白眉十卷　(明)許以忠輯　清康熙二十八年(1689)文芸館刻本　一册　存三卷(六至八)

330000－1701－0086850　G605283　類叢部/叢書類/郡邑之屬

武林掌故叢編一百八十七種　(清)丁丙編　清光緒三年至二十六年(1877－1900)錢塘丁氏嘉惠堂刻本　七册　存六種

330000－1701－0086851　G004728　子部/醫家類/外科之屬/通論

外科□□卷　清刻本　一册　存一卷(二)

330000－1701－0086854　G004543　類叢部/類書類/通類之屬

廣事類賦四十卷　(清)華希閔撰　清乾隆二十九年(1764)錫山華氏劍光閣刻本　八册

330000－1701－0086855　G603781　集部/小說類/長篇之屬

結水滸全傳七十卷一百四十回末一卷　(清)俞萬春撰　(清)范辛來　(清)邵祖恩評　清光緒二十二年(1896)慎記書莊石印本　一册　存第一册序、目錄、圖等

330000－1701－0086857　G602156　類叢部/叢書類/彙編之屬

榆園叢刻十五種附一種　(清)許增編　清同治至光緒刻本　一册　存一種

330000－1701－0086859　G004729　集部/小說類/長篇之屬

東周列國全志二十三卷一百八回　(清)蔡奡評點　清咸豐二年(1852)善成堂刻本　二十三册　存二十二卷(二至二十三)

330000－1701－0086861　G004544、G004929　史部/政書類/儀制之屬/專志/科舉校規

學部奏咨輯要四卷續編四卷　(清)學部總務司案牘科編　清宣統元年(1909)鉛印本　二册　存二卷(一、續編四)

330000－1701－0086865　G602157　子部/法家類

管子二十四卷　(唐)房玄齡注　清光緒五年(1879)影宋刻本　四册

330000－1701－0086869　G004545　史部/政書類/公牘檔册之屬

安州新併書院章程一卷　清光緒十七年(1891)刻本　一册

330000－1701－0086872　G004730　集部/戲

劇類/雜劇之屬

西廂記不分卷 (元)王德信撰 清抄本 一册

330000－1701－0086873 G603782 集部/別集類/唐五代別集

昌黎先生集四十卷外集十卷遺文一卷 (唐)韓愈撰 (宋)廖瑩中校正 **朱子校昌黎先生集傳一卷** (宋)朱熹撰 **韓集點勘四卷** (清)陳景雲撰 清宣統二年(1910)上海埽葉山房石印本 十二册

330000－1701－0086876 G605273 集部/別集類/清別集

雙白燕堂文集二卷外集八卷 (清)陸耀遹撰 清光緒四年(1878)陸祐勤興國州署刻本 三册 存八卷(外集一至八)

330000－1701－0086878 G602159 經部/群經總義類/石經之屬

石經彙函四十五卷 王秉恩輯 清光緒十六年(1890)四川尊經書局刻本 三册 存二十卷(北宋汴學二體石經記、石經考文提要一至十三、石經補攷一至六)

330000－1701－0086879 G004546 史部/政書類/邦計之屬

憲政編查館奏遵辦民政財政統計編訂表式酌舉例要摺不分卷 (清)奕劻等撰 清末鉛印本 一册

330000－1701－0086881 G004547 史部/政書類/公牘檔册之屬

信成銀行公牘章程規條一卷 清光緒三十三年(1907)鉛印本 一册

330000－1701－0086882 G602158、G609964 集部/總集類/尺牘之屬

潛園友朋書問十二卷 (清)陸心源輯 清末石印本 照古題記 二册

330000－1701－0086889 G602160 史部/地理類/方志之屬/通志

[光緒]重修安徽通志三百五十卷補遺十卷 (清)吳坤修等修 (清)何紹基等纂 清光緒四年(1878)刻本 五十八册 存一百七十四卷(十七至二十、四十五至一百十五、一百二十一至一百五十三、二百五至二百四十九、二百六十六至二百六十八、三百四十三至三百五十,補遺一至十)

330000－1701－0086892 G605274 史部/雜史類/斷代之屬

國語明道本考異四卷 (清)汪遠孫撰 清道光二十六年(1846)刻振綺堂遺書本 程濟題記 一册

330000－1701－0086893 G004732 集部/總集類/尺牘之屬

名賢手札十二卷 (清)郭慶藩輯 清宣統元年(1909)廣益書局石印本 一册 存五卷(一至五)

330000－1701－0086903 G606475 集部/別集類/清別集

虹橋老屋遺稿文四卷詩五卷補遺文一卷詩一卷詞賸一卷 (清)秦緗業撰 **虎侯詩存一卷** (清)秦光祖撰 清光緒十五年(1889)秦光簡等刻二十一年(1895)增刻本 四册

330000－1701－0086905 G004548、G006009 新學/電學

通信要錄十三章 (日本)坂野鐵次郎撰 方兆鰲等譯述 清宣統元年(1909)郵傳部圖書通譯局鉛印本 二册

330000－1701－0086906 G004549 史部/傳記類/日記之屬

鑄學齋日記不分卷 清光緒二十三年至二十四年(1897－1898)稿本 一册

330000－1701－0086912 G004733 子部/雜著類/雜說之屬

大東合邦新義不分卷 (日本)森本藤吉撰 清光緒二十四年(1898)上海大同譯書局石印本 一册

330000－1701－0086915 G606476 史部/地理類/方志之屬/郡縣志

[光緒]川沙廳志十四卷首一卷末一卷 (清)

陳方瀛修　(清)俞樾等纂　清光緒五年(1879)刻本　四册

330000－1701－0086917　G004734、G006362　史部/金石類/郡邑之屬/文字
關中金石文字存逸考十二卷首一卷　(清)毛鳳枝撰　清光緒刻本　六册　存六卷(五、八至十二)

330000－1701－0086918　G606477　史部/地理類/方志之屬/郡縣志
光緒分水縣志十卷首一卷末一卷　(清)陳常鏵　(清)馮圻修　(清)臧承宣纂　清光緒三十二年(1906)刻本　六册

330000－1701－0086919　G603783　類叢部/叢書類/輯佚之屬
玉函山房輯佚書五百九十三種附一種　(清)馬國翰輯　清光緒十年(1884)楚南湘遠堂刻本　二十四册　存二百八十一種

330000－1701－0086921　G004550　史部/傳記類/日記之屬
述史樓日記不分卷　清光緒二十五年(1899)稿本　一册

330000－1701－0086925　G606478　史部/地理類/方志之屬/郡縣志
同治徐州府志二十五卷　(清)吴世熊　(清)朱忻修　(清)劉庠　(清)方駿謨纂　清同治十三年(1874)刻本　十二册

330000－1701－0086927　G004551　類叢部/叢書類/彙編之屬
武英殿聚珍版書一百三十八種　清木活字印本　十一册　存二種

330000－1701－0086930　G606479　史部/地理類/方志之屬/郡縣志
[康熙]衢州府志四十卷首一卷　(清)楊廷望　(清)金玉衡纂修　清光緒八年(1882)劉國光刻本　二册　存三卷(六、三十九至四十)

330000－1701－0086933　G607152、G606480　史部/地理類/方志之屬/郡縣志
同治上海縣志三十二卷首一卷末一卷　(清)應寶時等修　(清)俞樾　(清)方宗誠纂　清同治十年(1871)吴門臬署刻十一年(1872)南園志局重校印本　七册　存十六卷(首、一至十五)

330000－1701－0086937　G606481　史部/地理類/專志之屬/祠墓
曹江孝女廟誌八卷首一卷末一卷補遺一卷　(清)金廷棟輯　(清)唐煦春增輯　清光緒八年(1882)五社公所刻本　一册　缺五卷(首、一至四)

330000－1701－0086938　G004735　史部/編年類/通代之屬
尺木堂綱鑑易知錄九十二卷明鑑易知錄十五卷　(清)吳乘權　(清)周之炯　(清)周之燦輯　清光緒二十七年(1901)上海文瑞樓鉛印本　十三册　存八十五卷(一至十九、三十四至九十二,明鑑易知錄一至七)

330000－1701－0086943　G606482　子部/宗教類/佛教之屬/經
妙法蓮華經七卷　(後秦)釋鳩摩羅什譯　清刻本　一册　存二卷(四至五)

330000－1701－0086946　G004552　經部/易類/傳說之屬
易憲四卷卦歌一卷圖說一卷　(清)沈泓撰　清光緒十四年(1888)泉唐卓德徵刻本　三册

330000－1701－0086948　G606483　經部/叢編
重刊宋本十三經注疏四百十六卷　附十三經注疏校勘記四百十六卷　(清)阮元撰　(清)盧宣旬摘錄　**校勘記識語四卷**　(清)汪文臺撰　清光緒十三年(1887)上海脈望仙館石印本　一册　存一種

330000－1701－0086957　G004591　集部/別集類/清別集
雜著草稿不分卷　(清)□澤民撰　清光緒稿本　一册

330000－1701－0086958　G004736　經部/小學類/文字之屬

新刊分類諸事通考大全一卷 見性子訂正 **增補龍頭雜字一卷** 清上洋大魁堂刻本 一冊

330000－1701－0086959 G004553 經部/小學類/文字之屬/字書/字體

六書通十卷 (清)閔齊伋撰 (清)畢弘述篆訂 清乾隆六十年(1795)刻本 五冊

330000－1701－0086961 G605371 子部/叢編

二十二子(二十二子彙函) (清)浙江書局編 清光緒元年至三年(1875－1877)浙江書局刻本 一冊 存一種

330000－1701－0086963 G605277 集部/總集類/選集之屬/通代

全上古三代秦漢三國六朝文七百四十一卷 (清)嚴可均輯 清光緒十三年至十九年(1887－1893)黄岡王氏廣州刻本 一冊 存七卷(全晉文一百八至一百十四)

330000－1701－0086964 G004592 子部/醫家類/方書之屬/單方驗方

刀圭秘錄二卷 清末抄本 二冊

330000－1701－0086965 G605286 史部/雜史類/斷代之屬

國語二十一卷 (三國吳)韋昭注 **校刊明道本韋氏解國語札記一卷** (清)黄丕烈撰 **國語明道本攷異四卷** (清)汪遠孫撰 清同治八年(1869)湖北崇文書局刻本 四冊 缺四卷(考異一至四)

330000－1701－0086974 G004554 集部/總集類/課藝之屬

落卷第一場不分卷 清末稿本 六冊

330000－1701－0086978 G605287 史部/雜史類/斷代之屬

淮軍平捻記十二卷 (清)周世澄撰 清光緒三年(1877)上海機器印書局鉛印本 一冊

330000－1701－0086981 G004555 史部/政書類/公牘檔冊之屬

擬訂江蘇院司道各官廳經費案一卷 清宣統二年(1910)石印本 一冊

330000－1701－0086982 G004737 史部/傳記類/科舉録之屬/諸貢録

湖南校士錄存真十二卷 (清)張亨嘉輯 清光緒刻本 三冊 存九卷(二、五至十二)

330000－1701－0086985 G004556 子部/藝術類/書畫之屬/法帖

草字彙十二卷 (清)石梁輯 清光緒二十六年(1900)上海文盛書局石印本 六冊

330000－1701－0086989 G004557 集部/總集類/尺牘之屬

信稿不分卷 清抄本 一冊

330000－1701－0086990 G004738 子部/醫家類/綜合之屬/通論

御纂醫宗金鑑編輯婦科心法要訣一卷 (清)吳謙等撰 清抄本 一冊

330000－1701－0086993 G004593 史部/傳記類/日記之屬

甦菴隨筆不分卷 (清)洪翊撰 清光緒二十三年(1897)稿本 一冊

330000－1701－0086995 G004739 子部/醫家類

賦彙不分卷 清抄本 一冊

330000－1701－0086996 G004558 集部/詩文評類/詩評之屬

詩羼不分卷 (清)百悔生撰 清末稿本 一冊

330000－1701－0087000 G004594 子部/醫家類/婦科之屬/通論

女科秘要十九卷 (清)釋靜光輯 清末鴻遠書屋抄本 一冊 存七卷(十三至十九)

330000－1701－0087003 G603784 類叢部/叢書類/彙編之屬

粤雅堂叢書一百八十五種 (清)伍崇曜編 清道光二十九年至光緒十一年(1849－1885)南海伍氏刻彙印本 二十六冊 存十七種

330000－1701－0087005 G004595 史部/目

録類/專録之屬
各書類目錄不分卷 清抄本 一册

330000－1701－0087009 G004559 子部/藝術類/遊藝之屬/聯語
聯襟錄不分卷 王繼香撰 清同治六年至光緒三年(1867－1877)稿本 一册

330000－1701－0087010 G004560 集部/别集類/清别集
止軒簡尺不分卷 清光緒十二年至十四年(1886－1888)稿本 一册

330000－1701－0087011 G605347 史部/政書類/通制之屬
三國會要二十二卷首一卷 楊晨撰 清光緒二十六年(1900)江蘇書局刻本 五册

330000－1701－0087013 G004561 子部/宗教類/其他宗教之屬/基督教
大皇帝之律法三十一章 清光緒二十六年(1900)中國聖教書會鉛印本 一册

330000－1701－0087014 G004562 子部/小説家類/異聞之屬
埋憂集十卷續集二卷 (清)朱翊清撰 清光緒元年(1875)文元堂刻本 四册

330000－1701－0087017 G004740 子部/術數類/陰陽五行之屬
郝子鈎玄論不分卷 賴公羅經解畧不分卷 (明)張文介撰 清刻本暨抄本 一册

330000－1701－0087018 G004563 子部/醫家類/方書之屬/單方驗方
驗方新編十六卷 (清)鮑相璈輯 清同治三年(1864)信州鹾局刻本 五册 存九卷(一、五至八、十至十一、十五至十六)

330000－1701－0087020 G004741 子部/醫家類/内科之屬
内科抄本不分卷 清抄本 一册

330000－1701－0087021 G004597 子部/宗教類/佛教之屬/經疏
因明入正理論疏八卷 (唐)釋窺基撰 清光緒二十二年(1896)金陵刻經處刻本 二册

330000－1701－0087023 G606484 類叢部/類書類/通類之屬
讀書紀數略五十四卷 (清)宫夢仁輯 清康熙四十六年至四十七年(1707－1708)維揚宫夢仁刻本 一册 存三卷(一至三)

330000－1701－0087024 G004742 子部/醫家類/方書之屬
諸大方脉類不分卷 清抄本 一册

330000－1701－0087025 G606487 集部/别集類/清别集
時習編六卷 (清)周炳琦撰 (清)周巖輯 清光緒十六年(1890)詒經堂刻本 二册

330000－1701－0087027 G606485 類叢部/類書類/通類之屬
玉海二百卷辭學指南四卷詩攷一卷詩地理攷六卷漢蓺文志攷證十卷通鑑地理通釋十四卷周書王會補注一卷漢制攷四卷踐阼篇集解一卷急就篇補注四卷姓氏急就篇二卷小學紺珠十卷六經天文編二卷周易鄭康成注一卷通鑑答問五卷 (宋)王應麟撰 **校補玉海瑣記二卷王深寧先生[應麟]年譜一卷** (清)張大昌撰 清光緒九年至十六年(1883－1890)浙江書局刻本 二册 存六卷(通鑑地理通釋卷一至四、姓氏急就篇一至二)

330000－1701－0087029 G004564、G004875、G005882、G006970、G010874 經部/四書類/總義之屬/傳説
四書朱子本義匯參四十三卷首四卷 (清)王步青輯 清刻本 十九册 存三十四卷(中庸首、一至六，論語首、一至十、十三至二十，孟子一、四至六、九至十二)

330000－1701－0087030 G004744 集部/小説類/長篇之屬
增訂精忠演義説本全傳二十卷八十回 (清)錢彩編 (清)金豐增訂 清刻本 二册 存四卷(五至六、九至十)

330000－1701－0087032 G004565 子部/醫

家類/方書之屬/單方驗方

周氏集驗方一卷 （清）周憬輯 清宣統二年(1910)石印本 一冊

330000－1701－0087034 G606486 子部/醫家類/方書之屬/單方驗方

外治壽世方初編四卷 （清）鄒存淦輯 清光緒三年(1877)杭州勤藝堂刻本 二冊

330000－1701－0087035 G004743、G006516 集部/小説類/長篇之屬

益智堂增補註典釋義第六才子西廂十卷 （清）薛蔚讀箋 清益智堂刻本 二冊 存八卷(一至四、七至十)

330000－1701－0087036 G004599 子部/宗教類/佛教之屬/經

阿唎多羅陀羅尼阿嚕力經一卷佛説救拔焰口餓鬼陀羅尼經一卷 （唐）釋不空譯 **佛説迴向輪經一卷** （唐）尸羅達摩譯 **無垢淨光大陀羅尼經一卷** （唐）釋彌陀山譯 清光緒刻本 一冊

330000－1701－0087040 G603785 史部/地理類/雜志之屬

城南樵唱一卷 （清）顧福仁撰 清光緒十七年(1891)養心光室刻本 一冊

330000－1701－0087041 G606488 經部/叢編

十三經古注 （明）葛鼒 （明）金蟠校 明崇禎十二年(1639)金蟠刻本 二冊 存一種

330000－1701－0087042 G004566、G004759 經部/小學類/音韻之屬/韻書

詩韻合璧五卷 （清）湯文潞輯 **虛字韻藪一卷** （清）潘維城輯 清光緒四年(1878)上海淞隱閣鉛印本 二冊 存二卷(一至二)

330000－1701－0087043 G004600 子部/宗教類/道教之屬/經文

陰符經發隱一卷道德經發隱一卷沖虛經發隱一卷南華經發隱一卷 （清）楊文會注 清光緒二十二年至三十年(1896－1904)金陵刻經處刻本 一冊

330000－1701－0087046 G004601 子部/宗教類/佛教之屬

賢首五教儀開蒙增註五卷 （清）釋通理撰 清宣統元年(1909)揚州藏經院刻本 五冊

330000－1701－0087049 G606489 子部/儒家類/儒學之屬/性理

近思錄集注十四卷考訂朱子世家一卷 （清）江永撰 **校勘記一卷** （清）王炳撰 清同治八年(1869)江蘇書局刻本 二冊 存五卷(一至五)

330000－1701－0087052 G004602 子部/宗教類/佛教之屬/諸宗

恒贊如禪師語錄十卷 （清）釋達如説 （清）釋悟潔等編 （清）釋沼蘭錄 清宣統二年(1910)常州天寧寺刻經處刻本 四冊

330000－1701－0087053 G603787 子部/宗教類/佛教之屬/論

大智度論一百卷 （天竺）龍樹菩薩造 （後秦）釋鳩摩羅什譯 清光緒九年(1883)姑蘇刻經處刻本 二十五冊

330000－1701－0087059 G602161 史部/地理類/方志之屬/通志

[光緒]重修安徽通志三百五十卷補遺十卷 （清）吳坤修等修 （清）何紹基等纂 清光緒四年(1878)刻本 一冊 存三卷(二百四十七至二百四十九)

330000－1701－0087060 G603788 子部/宗教類/佛教之屬/經

金剛般若波羅蜜經一卷 （後秦）釋鳩摩羅什譯 **般若波羅蜜多心經一卷** （唐）釋玄奘譯 清光緒十五年(1889)金陵刻經處刻本 一冊

330000－1701－0087069 G603789 史部/政書類/公牘檔冊之屬

上海商業會議公所文牘章程一卷 清末鉛印本 一冊

330000－1701－0087070 G606490 子部/儒家類/儒學之屬/性理

近思録集注十四卷考訂朱子世家一卷 （清）江永撰　**校勘記一卷** （清）王炳撰　清同治八年(1869)江蘇書局刻本　二册　存十卷（五至十四）

330000－1701－0087071　G603790　集部/別集類/明別集
紫栢老人集二十九卷首一卷 （明）釋真可撰　清刻本　十册

330000－1701－0087076　G603791　子部/宗教類/佛教之屬/諸宗
宗鏡錄一百卷附音釋 （宋）釋延壽輯　清光緒二年(1876)刻本　一册　存五卷(九十六至一百)

330000－1701－0087077　G606491　集部/別集類/明別集
方正學先生遜志齋集二十四卷拾補一卷外紀一卷記畧一卷校勘記一卷 （明）方孝孺撰（明）張紹謙纂　**方正學先生年譜一卷附辨證一卷** （明）盧演　（明）翁明英編　清同治十二年(1873)吳縣孫氏刻本　十六册　缺二卷（記畧、附辨證）

330000－1701－0087080　G605290　集部/總集類/彙編之屬
琴臺正續合刻 （清）汪守正輯　清光緒十五年(1889)刻本　三册　存六種

330000－1701－0087083　G004604　子部/宗教類/佛教之屬/論
十二門論宗致義記三卷 （唐）釋法藏撰　清光緒二十一年(1895)金陵刻經處刻本　一册

330000－1701－0087085　G606492　子部/叢編
二十二子(二十二子彙函) （清）浙江書局編　清光緒元年至三年(1875－1877)浙江書局刻本　二册　存一種

330000－1701－0087086　G004605　子部/宗教類/佛教之屬
賢愚因緣經十三卷 （北魏）釋慧覺等譯　清光緒許靈虛等刻本　四册

330000－1701－0087090　G602162、G608876　子部/藝術類/篆刻之屬/印論
雲莊印話一卷 （清）阮充輯　清光緒仁和葛氏嘯園刻本　二册

330000－1701－0087093　G004606　子部/兵家類/兵法之屬
兵鏡三種 （清）鄧廷羅撰　清道光安康張鵬飛來鹿堂刻本　十六册

330000－1701－0087097　G004607　史部/傳記類/科舉録之屬/歷科鄉試録
同治癸酉科至光緒甲午科硃卷彙訂不分卷　清同治至光緒刻本　一册

330000－1701－0087098　G004608　子部/宗教類/佛教之屬/經
妙法蓮華經要解七卷 （宋）釋戒環解　清光緒三十四年(1908)刻本　五册　存六卷(一至六)

330000－1701－0087101　G004609　史部/傳記類/科舉録之屬/歷科鄉試録
[光緒癸卯恩科]浙江鄉試卷一卷 （清）柴錫堂撰　清光緒刻本　一册

330000－1701－0087103　G004610　史部/傳記類/科舉録之屬/歷科鄉試録
[光緒癸卯恩科]浙江鄉試卷一卷 （清）何焯時撰　清光緒刻本　一册

330000－1701－0087104　G004611　史部/傳記類/科舉録之屬/歷科鄉試録
[道光己亥預行庚子正科]浙江鄉試硃卷一卷 （清）程炳亨撰　清道光刻本　一册

330000－1701－0087105　G004612　史部/傳記類/科舉録之屬/歷科鄉試録
[光緒戊子科]浙江鄉試硃卷一卷 （清）程良駷撰　清光緒刻本　一册

330000－1701－0087106　G004613　史部/傳記類/科舉録之屬/歷科鄉試録
[光緒丁酉科]浙江鄉試硃卷一卷 （清）陸鋭星撰　清光緒刻本　一册

330000－1701－0087107　G004614　史部/傳記類/科舉録之屬/歷科登科録

[光緒甲午恩科]會試硃卷一卷　(清)何榮烈撰　清光緒刻本　一册

330000－1701－0087108　G004615　史部/傳記類/科舉録之屬/歷科鄉試録

[道光庚子科]會試硃卷一卷　(清)樓瓊撰　清道光刻本　一册

330000－1701－0087109　G004616　史部/傳記類/科舉録之屬/歷科鄉試録

[同治丁卯科並補行甲子科]浙江鄉試硃卷一卷　(清)朱彭年撰　清同治刻本　一册

330000－1701－0087110　G004617　史部/傳記類/科舉録之屬/歷科鄉試録

[光緒戊子科]浙江鄉試硃卷一卷　(清)張晉鑑撰　清光緒刻本　一册

330000－1701－0087111　G004618　史部/傳記類/科舉録之屬/歷科鄉試録

[光緒二十八年補行庚子辛丑恩正併科]浙江鄉試錄一卷　(清)高維虡撰　清光緒刻本　一册

330000－1701－0087112　G004619　史部/傳記類/科舉録之屬/歷科鄉試録

[光緒丁酉科]浙江鄉試硃卷一卷　(清)王者佐撰　清光緒刻本　一册

330000－1701－0087113　G004620　史部/傳記類/科舉録之屬/歷科鄉試録

[光緒癸卯恩科]浙江鄉試卷一卷　(清)陳時臬撰　清光緒刻本　一册

330000－1701－0087115　G605315　類叢部/叢書類/自著之屬

寒松閣集五種　(清)張鳴珂撰　清光緒十年至二十四年(1884－1898)嘉興張氏刻本　一册　存一種

330000－1701－0087116　G004813　子部/藝術類/書畫之屬

補雲外史蘆雁全圖一卷　(清)金熙繪　清光緒十五年(1889)上海秀文書局石印本　清邵餘康、清邵循甫題記　一册

330000－1701－0087120　G605308　經部/三禮總義類/通論之屬

禮書通故五十卷　(清)黄以周撰　清光緒十九年(1893)黄氏試館刻本　三十二册

330000－1701－0087128　G004814　子部/醫家類/醫經之屬/内經

素問靈樞類纂約註三卷　(清)汪昂撰　清刻本　一册　存一卷(下)

330000－1701－0087133　G004746　子部/醫家類/婦科之屬/產科

秘傳婦人產科百廿症不分卷　清抄本　一册

330000－1701－0087134　G004815　集部/别集類/清别集

試帖不分卷　(清)林士俊撰　清咸豐七年(1857)稿本　一册

330000－1701－0087136　G605359　史部/史抄類

南北史捃華八卷　(清)周嘉猷輯　清浙省聚文堂刻本　四册

330000－1701－0087140　G004816　子部/醫家類/綜合之屬/通論

東醫寶鑑二十四卷目錄二卷　(朝鮮)許浚撰　清刻本　十三册　存十二卷(目錄下,内景篇一至二、三下至四,外形篇三至四,雜病篇六上、十,湯液篇一至三)

330000－1701－0087141　G606494　史部/雜史類

宋遼金元別史五種　(清)席世臣輯　清乾隆至嘉慶南沙席氏掃葉山房刻本　十二册　存一種

330000－1701－0087142　G004747　新學/地學/地理學

英國藍皮書一卷　(英國)李敦撰　(清)黄文浩譯　清光緒二十九年(1903)湖北洋務譯書局刻朱印本　一册

330000－1701－0087149　G605313　史部/編

年類/通代之屬
綱鑑正史約三十六卷附記一卷 （明）顧錫疇撰 （清）陳弘謀增訂 **甲子紀元一卷** （清）陳弘謀撰 清同治八年（1869）浙江書局刻本 一冊 存一卷（甲子紀元）

330000－1701－0087153 G603792 史部/政書類/邦交之屬
比國通商條約稅則章程四卷 清末刻本 一冊

330000－1701－0087156 G603793 史部/政書類/邦交之屬
丹國條約一卷丹國稅則一卷 清末刻本 一冊

330000－1701－0087157 G004817 集部/總集類/郡邑之屬
拜石山房十二種 （清）盛坰 （清）徐驊輯 清道光二十九年至咸豐四年（1849－1854）刻本 一冊 存五種

330000－1701－0087161 G603794 子部/宗教類/道教之屬/威儀
玄都律壇傳戒引禮規則不分卷 清末成都二仙菴刻本 一冊

330000－1701－0087162 G605316 經部/四書類/總義之屬/傳說
四書題鏡□□卷 （清）汪鯉翔撰 清刻本 六冊 存六卷（中庸、下論、上孟上、上孟下、下孟上、下孟下）

330000－1701－0087164 G603795 史部/傳記類/總傳之屬/家乘
桐封堂唐一卷 （清）星舫老人撰 清光緒刻本 一冊

330000－1701－0087165 G004818 集部/別集類/清別集
笠澤雜詠一卷 清刻本 一冊

330000－1701－0087166 G004819 集部/別集類/清別集
學福齋試帖詩課不分卷 稿本 一冊

330000－1701－0087169 G602163 經部/群經總義類/授受源流之屬
傳經表一卷附通經表一卷 （清）畢沅撰 清光緒九年（1883）蛟川松筠書屋刻本 一冊 存一卷（通經表）

330000－1701－0087171 G606497 集部/戲劇類/總集之屬/傳奇
紅雪樓九種曲 （清）蔣士銓撰 清乾隆蔣氏紅雪樓刻本 二冊 存三種

330000－1701－0087172 G603796 子部/宗教類/佛教之屬/律
毘尼止持會集十六卷首一卷 （清）釋讀體集 清光緒十八年（1892）刻本 三冊 存六卷（十一至十六）

330000－1701－0087177 G004748 類叢部/叢書類/彙編之屬
觀古堂彙刻書 葉德輝編 清光緒至民國長沙葉氏刻本 一冊 存二種

330000－1701－0087179 G603797 子部/宗教類/佛教之屬/律
毘尼止持會集十六卷首一卷 （清）釋讀體集 清光緒十八年（1892）刻本 七冊 存十四卷（三至十六）

330000－1701－0087180 G602164、G606940 史部/地理類/方志之屬/郡縣志
同治上海縣志三十二卷首一卷末一卷 （清）應寶時等修 （清）俞樾 （清）方宗誠纂 清同治十年（1871）吳門臬署刻本 十四冊 缺六卷（首、一至二、十一至十三）

330000－1701－0087186 G603798、G612357 類叢部/叢書類/彙編之屬
申報館叢書正集五十七種附錄三種續集一百四十二種 （清）尊聞閣主編 蔡爾康編續集 清同治至光緒上海申報館鉛印本 二冊 存一種

330000－1701－0087187 G606498 類叢部/叢書類/彙編之屬
邵武徐氏叢書初刻十四種 （清）徐幹編 清

光緒邵武徐氏刻本　四册　存五種

330000－1701－0087193　G603799　集部/總集類/郡邑之屬

國朝嵊詩鈔四卷　（清）黄晃等輯　清光緒十六年（1890）鉛印本　二册　存二卷（一至二）

330000－1701－0087196　G004621　史部/傳記類/科舉録之屬/歷科鄉試録

［光緒二十八年補行庚子辛丑恩正併科］浙江鄉試卷一卷　（清）金燊撰　清光緒刻本　一册

330000－1701－0087197　G602166　子部/藝術類/書畫之屬/法帖

戲鴻堂法書十六卷　（明）董其昌輯　清宣統二年（1910）上海新學會社影印本　八册　存八卷（九至十六）

330000－1701－0087198　G004622　史部/傳記類/科舉録之屬/歷科鄉試録

［光緒己丑恩科］浙江鄉試硃卷一卷　（清）陳兆撰　清光緒刻本　一册

330000－1701－0087199　G605312　經部/小學類/文字之屬/説文

説文解字注十五卷附六書音均表五卷　（清）段玉裁撰　**説文部目分韻一卷**　（清）陳煥編　清乾隆至嘉慶段氏經韻樓刻同治六年至十一年（1867－1872）蘇州保息局補刻本　十五册　存十六卷（一至十五、説文部目分韻）

330000－1701－0087202　G603804、G602339、G610271　類叢部/叢書類/彙編之屬

申報館叢書正集五十七種附録三種續集一百四十二種　（清）尊聞閣主編　蔡爾康編續集　清同治至光緒上海申報館鉛印本　三册　存一種

330000－1701－0087205　G004623　史部/傳記類/科舉録之屬/歷科登科録

［光緒戊戌科］會試硃卷一卷　（清）魏鴻儀撰　清光緒刻本　一册

330000－1701－0087206　M607852　史部/雜史類/斷代之屬

湘軍記二十卷　（清）王定安撰　清末上海書局石印本　四册

330000－1701－0087208　G606499　史部/紀傳類/正史之屬

二十四史　清同治至光緒五省官書局據汲古閣本等合刻光緒五年（1879）湖北書局彙印本　十二册　存一種

330000－1701－0087209　G004624　史部/傳記類/科舉録之屬/歷科鄉試録

［道光己亥科］順天鄉試硃卷一卷　（清）顧鴻逵撰　清道光刻本　一册

330000－1701－0087210　G603801　史部/地理類/雜志之屬

湖墅小志四卷　（清）高鵬年輯　清光緒二十二年（1896）石印本　二册

330000－1701－0087212　G004820　集部/别集類/清别集

漁洋山人精華録箋注十二卷補一卷附年譜一卷　（清）王士禛撰　（清）金榮箋注　（清）徐淮纂輯　清寶華樓刻本　六册

330000－1701－0087213　G004625　史部/傳記類/科舉録之屬/諸貢録

［光緒丙午科］浙江優貢試卷一卷　駱路撰　清光緒刻本　一册

330000－1701－0087214　G004821　子部/醫家類/兒科之屬/痘疹

痲科活人全書四卷　（清）謝玉瓊輯　清同治六年（1867）湘南桂郡顔桂馨堂刻本　一册　存一卷（二）

330000－1701－0087217　G603802　子部/藝術類/書畫之屬/法帖

歷朝聖賢篆書百體千文一卷　（清）孫枝秀集篆　清光緒十年（1884）上海同文書局影印本　一册

330000－1701－0087218　G004626　史部/傳記類/科舉録之屬/歷科鄉試録

［光緒癸巳恩科］浙江鄉試硃卷一卷　（清）何壽章撰　清光緒刻本　一册

330000－1701－0087219　G004750　經部/儀禮類/傳說之屬
儀禮易讀十七卷　(清)馬駉撰　清乾隆二十年(1755)山陰縣學刻本　一冊　存四卷(一至四)

330000－1701－0087221　G602168　子部/宗教類/佛教之屬
顯密圓通成佛心要集二卷　(遼)釋道㲀輯　清同治十一年(1872)金陵刻經處刻本　一冊

330000－1701－0087223　G004627　史部/傳記類/科舉録之屬/歷科登科録
[光緒甲午恩科]會試硃卷一卷　(清)謝元洪撰　清光緒刻本　一冊

330000－1701－0087224　G606500　子部/醫家類/方書之屬/單方驗方
外治壽世方初編四卷　(清)鄒存淦輯　清光緒三年(1877)杭州勤藝堂刻本　一冊　存二卷(三至四)

330000－1701－0087227　G004628　史部/傳記類/科舉録之屬/歷科鄉試録
光緒丁未科舉貢會考卷一卷　(清)馮鼇颺撰　清光緒刻本　一冊

330000－1701－0087229　M005740　子部/宗教類/佛教之屬/諸宗
華嚴原人論合解二卷　(唐)釋宗密撰論　(元)釋圓覺注　(明)楊嘉祚刪合　清末上海有正書局鉛印本　一冊

330000－1701－0087232　G602169　史部/地理類
問影樓輿地叢書第一集十五種　胡思敬編　清光緒三十四年(1908)新昌胡氏京師鉛印本　一冊　存一種

330000－1701－0087233　G004629　史部/傳記類/科舉録之屬/歷科鄉試録
光緒乙巳年科試卷一卷　(清)堵福曜撰　清光緒刻本　一冊

330000－1701－0087235　G004630　史部/傳記類/科舉録之屬/歷科鄉試録
[光緒戊子科]浙江鄉試硃卷一卷　(清)夏曾佑撰　清光緒刻本　一冊

330000－1701－0087238　G004631　史部/傳記類/科舉録之屬/歷科鄉試録
[光緒壬寅補行庚子辛丑恩正科]江南鄉試卷一卷　(清)鄭景僑撰　清光緒刻本　一冊

330000－1701－0087242　G004822　子部/醫家類/方書之屬
類方準繩八卷　(明)王肯堂輯　清刻本　一冊　存一卷(四)

330000－1701－0087243　G602170　經部/小學類/文字之屬/說文/專著
六書叚借經徵四卷　(清)朱駿聲撰　清光緒十八年(1892)元和朱氏金陵刻本　三冊

330000－1701－0087245　G004632　史部/傳記類/科舉録之屬/歷科登科録
[同治戊辰科]會試硃卷一卷　(清)蔡以瑺撰　清同治刻本　一冊

330000－1701－0087247　G605310　類叢部/叢書類/郡邑之屬
永嘉叢書十三種　(清)孫衣言編　清同治至光緒瑞安孫氏詒善祠塾刻本　十冊　存一種

330000－1701－0087248　G004633　史部/傳記類/科舉録之屬/歷科鄉試録
[光緒庚子辛丑恩正併科]浙江鄉試卷一卷　(清)馬絅章撰　清光緒刻本　鶴跋　一冊

330000－1701－0087249　G603805　類叢部/叢書類/彙編之屬
古今說部叢書二百七十二種　國學扶輪社編　清宣統二年至民國二年(1910－1913)上海國學扶輪社鉛印本　一冊　存三種

330000－1701－0087250　G004752　經部/四書類/總義之屬/傳說
四書集註十九卷　(宋)朱熹撰　**疑字辨一卷**　清光緒三年(1877)永康胡氏退補齋刻本　一冊　存二卷(大學、中庸)

330000－1701－0087252　G004823　集部/曲

類/曲韻曲譜曲律之屬
審音鑑古録不分卷六十六折 清道光十四年(1834)東鄉王繼善刻本 一册 存八折(鳴鳳記一至四、鐵冠圖一至四)

330000－1701－0087254 G004634 史部/傳記類/科舉録之屬/歷科登科録
[光緒庚寅恩科]會試硃卷一卷 夏曾佑撰 清光緒刻本 一册

330000－1701－0087256 G004635 史部/傳記類/科舉録之屬/歷科鄉試録
[同治十二年癸酉科帶補甲子科]貴州鄉試硃卷一卷 (清)趙福均撰 清光緒刻本 一册

330000－1701－0087257 G602171 史部/紀傳類/正史之屬
二十四史 清同治至光緒五省官書局據汲古閣本等合刻光緒五年(1879)湖北書局彙印本 五册 存一種

330000－1701－0087259 G004636 史部/傳記類/科舉録之屬/歷科鄉試録
[光緒壬午科]浙江鄉試硃卷一卷 (清)陳鋆撰 清光緒刻本 一册

330000－1701－0087260 G004753 集部/總集類/課藝之屬
歷科狀元策不分卷 清光緒刻朱墨套印本 一册

330000－1701－0087261 G004637 史部/傳記類/科舉録之屬/歷科鄉試録
[光緒癸卯恩科]浙江鄉試卷一卷 余重耀撰 清光緒刻本 一册

330000－1701－0087263 G004638 史部/傳記類/科舉録之屬/歷科鄉試録
[光緒丁未科]會考硃卷一卷 余重耀撰 清光緒刻本 一册

330000－1701－0087264 G603806 子部/叢編
二十五子彙函 (清)鴻文書局編 清上海育文書局石印本 一册 存一種

330000－1701－0087266 G004639 史部/傳記類/科舉録之屬/歷科鄉試録
[道光己亥科]浙江鄉試硃卷一卷 (清)蔡葵撰 清道光刻本 一册

330000－1701－0087268 G004641 類叢部/叢書類/自著之屬
楚蒙山房集六種 (清)晏斯盛撰 清乾隆新喻晏氏刻道光二十一年(1841)補修本 三十三册 存四種

330000－1701－0087270 G602172 史部/地理類/方志之屬/郡縣志
[同治]續纂揚州府志二十四卷 (清)方濬頤修 (清)晏端書 (清)錢振倫等纂 清同治十三年(1874)刻本 八册

330000－1701－0087272 G004642 集部/曲類/寶卷之屬
九品蓮臺記二卷九回 (清)蓮航居士輯 清同治十三年(1874)錢塘許靈虛刻本 一册 存一卷(上)

330000－1701－0087273 G004824 子部/儒家類/儒學之屬/蒙學
雜字包舉一卷 清抄本 一册

330000－1701－0087274 G004643 經部/叢編
五經備旨 (清)鄒聖脉纂輯 清光緒十二年(1886)上海點石齋石印本 十二册 存一種

330000－1701－0087276 G004644 集部/小說類/長篇之屬
第一才子書(繪圖三國演義)六十卷首一卷一百二十回 (明)羅本撰 (清)毛宗崗評 清光緒三十二年(1906)上海同文晉記書局鉛印本 十三册 存四十九卷(首、一至四、十三至三十二、三十七至六十)

330000－1701－0087279 G004645 史部/傳記類/總傳之屬/仕宦
歷代名臣言行錄二十四卷 (清)朱桓輯 清光緒二十八年(1902)上海煥文書局石印本 八册

330000－1701－0087281　G004646、G006860　集部/小說類/長篇之屬

七俠五義傳六卷一百二十回　（清）石玉昆撰　（清）俞樾重編　清光緒石印本　五冊　存二十一卷（四至二十四）

330000－1701－0087282　G004647　子部/藝術類/書畫之屬/畫譜

芥子園畫傳初集六卷二集九卷三集六卷　（清）王槩　（清）王蓍　（清）王臬輯　清末石印本　四冊　存四卷（二集九、三集四至六）

330000－1701－0087283　G004648　子部/天文曆算類/算書之屬

算術遊戲二卷　彪蒙編譯所編譯　清宣統元年（1909）上海彪蒙書室石印本　一冊　存一卷（下）

330000－1701－0087284　G004649　集部/別集類/清別集

漁洋山人精華錄箋注十二卷補一卷附年譜一卷　（清）王士禛撰　（清）金榮箋注　（清）徐淮纂輯　清康熙五十一年（1712）鳳翽堂刻重修本　十二冊

330000－1701－0087289　G603807　類叢部/叢書類/彙編之屬

新斠平津館叢書十集三十四種　（清）孫星衍編　清光緒十年至十一年（1884－1885）吳縣朱氏槐廬家塾刻十五年至十七年（1889－1891）補刻本　七冊　存三種

330000－1701－0087291　G004754　史部/傳記類/科舉録之屬

殿試策不分卷（己丑科丙戌科癸未科庚辰科）　清光緒刻三色套印本　一冊

330000－1701－0087301　G004755　史部/地理類/輿圖之屬

五洲地理志略坿圖不分卷　清宣統二年（1910）石印本　一冊

330000－1701－0087307　G004825　史部/傳記類/別傳之屬

卓青天□□卷　清刻本　一冊　存一卷（下）

330000－1701－0087310　G004756　經部/四書類/論語之屬/專著

鄉黨圖考十卷　（清）江永撰　清刻本　三冊　存七卷（一至七）

330000－1701－0087314　G603809　史部/雜史類

宋遼金元別史五種　（清）席世臣輯　清乾隆至嘉慶南沙席氏掃葉山房刻本　五冊　存一種

330000－1701－0087318　G605410　子部/儒家類/儒學之屬/性理

淛啰存愚二卷　（清）李清植撰　清光緒十八年（1892）浙江書局刻本　一冊

330000－1701－0087319　G004757　集部/小說類/長篇之屬

繡像後續南北兩宋文武曲星包公狄青演義初傳十四卷六十八回　（清）李雨堂撰　清刻本　二冊　存二卷（十三至十四）

330000－1701－0087320　G004826　史部/政書類/公牘檔冊之屬

湖北調查局法制科第一次調查各目不分卷　（清）湖北全省調查局編　清宣統湖北全省調查局鉛印本　二冊

330000－1701－0087326　G603810　史部/雜史類

宋遼金元別史五種　（清）席世臣輯　清乾隆至嘉慶南沙席氏掃葉山房刻本　十二冊　存一種

330000－1701－0087327　M607867、M603672　史部/地理類/方志之屬/郡縣志

[光緒]嚴州府志三十八卷首一卷　（清）吳士進原本　（清）吳世榮續修　（清）鄒柏森　（清）馬斯臧等續纂　清光緒八年至九年（1882－1883）刻十六年（1890）鶴山增刻二十三年（1897）賀良樾再增刻民國二十六年（1937）重印本　十五冊　存二十五卷（九至三十二、三十六）

330000－1701－0087328　G004827　集部/別集類/清別集
寒松堂全集四卷庸言一卷　(清)魏象樞撰　清光緒二十五年(1899)刻本　忠恕齋主人題記　二冊　存二卷(一至二)

330000－1701－0087331　G606503　類叢部/類書類/通類之屬
玉海二百卷辭學指南四卷詩攷一卷詩地理攷六卷漢蓺文志攷證十卷通鑑地理通釋十四卷周書王會補注一卷漢制攷四卷踐阼篇集解一卷急就篇補注四卷姓氏急就篇二卷小學紺珠十卷六經天文編二卷周易鄭康成注一卷通鑑答問五卷　(宋)王應麟撰　**校補玉海瑣記二卷王深寧先生[應麟]年譜一卷**　(清)張大昌撰　清光緒九年至十六年(1883－1890)浙江書局刻本　一冊　存一卷(周書王會補注)

330000－1701－0087337　G004758　經部/小學類/音韻之屬/韻書
詩韻合璧五卷　(清)湯祥瑟輯　**分韻文選題解擇要不分卷　虚字韻藪五卷補遺一卷**　(清)潘維城輯　清刻本　一冊　缺四卷(一至四)

330000－1701－0087338　G603811　子部/宗教類/佛教之屬/經
楞伽阿跋多羅寶經四卷　(南朝宋)釋求那跋陀羅譯　清同治九年(1870)金陵刻經處刻本　二冊

330000－1701－0087341　G606504　類叢部/叢書類/郡邑之屬
武林掌故叢編一百八十七種　(清)丁丙編　清光緒三年至二十六年(1877－1900)錢塘丁氏嘉惠堂刻本　十冊　存六種

330000－1701－0087343　G004828　經部/小學類/音韻之屬/韻書
增註字類標韻六卷　(清)華綱撰　(清)范多玨重訂　清刻本　一冊　存三卷(四至六)

330000－1701－0087345　G004829、G006170、G006844　經部/詩類/傳說之屬
詩經類記四卷　清末抄本　四冊

330000－1701－0087353　G603812　類叢部/叢書類/彙編之屬
嘯園叢書五十七種　(清)葛元煦編　清光緒二年至七年(1876－1881)仁和葛氏刻本　一冊　存二種

330000－1701－0087354　G004830　子部/兵家類/兵法之屬
揭子宣先生兵法百言三卷　(清)揭暄撰　清光緒三十四年(1908)鉛印本　一冊

330000－1701－0087356　G605311　史部/雜史類/斷代之屬
國語二十一卷　(三國吳)韋昭注　**校刊明道本韋氏解國語札記一卷**　(清)黄丕烈撰　**國語明道本攷異四卷**　(清)汪遠孫撰　清光緒三年(1877)永康胡氏退補齋刻本　一冊　存四卷(一至四)

330000－1701－0087357　G004760、G010409　子部/藝術類/篆刻之屬/印譜
觀月聽琴室印存不分卷　(清)陳洵篆刻　清光緒十三年(1887)鈐印本　四冊

330000－1701－0087367　G004831　子部/農家農學類/農藝之屬/作物種植
檇李譜一卷　(清)王逢辰撰　清咸豐七年(1857)竹里槐花吟館王氏刻本　一冊

330000－1701－0087370　G603813　集部/小說類/短篇之屬
繪圖後聊齋志異十二卷　(清)王韜撰　清光緒三十四年(1908)上海鐵馬路玉麟局石印本　一冊　存二卷(七至八)

330000－1701－0087374　G004832　經部/小學類/文字之屬/字書/字典
康熙字典十二集三十六卷總目一卷檢字一卷辨似一卷等韻一卷補遺一卷備考一卷　(清)張玉書等纂修　清光緒三十年(1904)上海錦章書局石印本　六冊

330000－1701－0087381　G004650、G006713　經部/春秋左傳類/傳說之屬
讀左補義五十卷首一卷　(清)姜炳璋輯　清

乾隆三十七年至三十八年(1772－1773)尊行堂刻本　十六冊

330000－1701－0087384　G004761　子部/藝術類/書畫之屬/畫譜

芥子園畫傳初集六卷二集九卷三集六卷　(清)王槩　(清)王蓍　(清)王臬輯　清光緒石印本　一冊　存一卷(初集三)

330000－1701－0087388　G004834　史部/目録類/專録之屬

詳註近科館閣詩鈔目錄二十四卷首一卷　清抄本　一冊

330000－1701－0087393　G004835　經部/四書類/論語之屬/傳說

論語筆解二卷　(唐)韓愈　(唐)李翺撰　(明)鄭鄤評　清抄本　一冊

330000－1701－0087395　G004762　史部/金石類/石之屬/目録

莫高窟石室祕錄一卷　羅振玉輯　清宣統元年(1909)武進董康誦芬室鉛印本　吳昌綬題記　一冊

330000－1701－0087396　G004836　史部/傳記類/别傳之屬

清河君設續放生會於西溪徵求詩文以韻語代啓一卷　清同治十二年(1873)刻本　一冊

330000－1701－0087401　G004837　新學/礦務/礦學

中國礦產志略一卷　(清)曹礨室輯　**鐵路簡明表一卷**　清光緒鉛印本　一冊

330000－1701－0087403　G004838　集部/别集類/清别集

雲梯書屋試草一卷　(清)楊應鱣撰　清刻本　一冊

330000－1701－0087406　G004763　子部/雜著類/雜纂之屬

卧游錄一卷　(宋)呂祖謙撰　清抄本　一冊

330000－1701－0087409　G004839　集部/别集類/清别集

祈山書屋試艸一卷　(清)莫校撰　清刻本　一冊

330000－1701－0087411　G004840　集部/别集類/清别集

祈山書屋試艸一卷　(清)陳元鼎撰　清刻本　一冊

330000－1701－0087412　G606505　子部/醫家類/方書之屬/單方驗方

外治壽世方初編四卷　(清)鄒存淦輯　清光緒三年(1877)杭州勤藝堂刻本　二冊

330000－1701－0087413　G004841　集部/别集類/清别集

餘青軒試卷一卷　(清)鮑德玉撰　清刻本　一冊

330000－1701－0087414　G004764　集部/總集類/選集之屬/通代

駢體文鈔三十一卷　(清)李兆洛輯　清道光元年(1821)合河康氏家塾刻本　八冊

330000－1701－0087417　G004842　史部/傳記類/科舉録之屬/歷科鄉試録

[道光癸卯科]浙江鄉試硃卷一卷　(清)張利犖撰　**[道光癸卯科]浙江鄉試硃卷一卷**　(清)張利森撰　清道光刻本　一冊

330000－1701－0087421　G004843　史部/傳記類/科舉録之屬/歷科鄉試録

[光緒乙酉科]浙江鄉試硃卷一卷　(清)喻鯨華撰　清光緒刻本　一冊

330000－1701－0087425　G004765　子部/藝術類/遊藝之屬/聯語

對類便讀六卷首一卷　(清)程錫類編輯　(清)葉良儀刪訂　(清)汪熙珙等音注　清同治至光緒蘇州綠慎堂刻本　四冊　缺一卷(六)

330000－1701－0087427　G004844　子部/小說家類/異聞之屬

挑燈新錄六卷　(清)吳荆園撰　清光緒二十年(1894)上海福記書局石印本　一冊　存二卷(一至二)

330000－1701－0087428　G602173　集部/楚辭類

楚辭章句十七卷　(漢)王逸撰　(宋)洪興祖補注　清同治十一年(1872)金陵書局刻本　四冊

330000－1701－0087436　G602174　集部/曲類/彈詞之屬

娯萱草彈詞三十二卷　(清)橘道人撰　清光緒二十年(1894)刻本　四冊　存二十卷(一至二十)

330000－1701－0087440　M607873　類叢部/叢書類/彙編之屬

百尺樓叢書　陳去病編　清光緒至民國鉛印本　二冊　存一種

330000－1701－0087447　G004846　集部/別集類/清別集

彭剛直公詩集八卷　(清)彭玉麟撰　(清)俞樾編　清光緒十九年(1893)上海管可壽齋鉛印本　一冊

330000－1701－0087448　G004766　新學/議論/論政

文學興國策二卷　(美國)林樂知譯　清光緒二十二年(1896)圖書集成局鉛印本　一冊　存一卷(二)

330000－1701－0087449　G004847　經部/小學類/音韻之屬/韻書

詩韻合璧五卷　(清)湯祥瑟輯　**虚字韻藪一卷**　(清)潘維城輯　清光緒十三年(1887)廣百宋齋鉛印本　四冊　存五卷(一、三至五、虚字韻藪)

330000－1701－0087451　G606506　子部/醫家類/方書之屬/單方驗方

外治壽世方初編四卷　(清)鄒存淦輯　清光緒三年(1877)杭州勤藝堂刻本　二冊

330000－1701－0087452　G602176　史部/地理類/方志之屬/郡縣志

[同治]廣豐縣志十卷首一卷　(清)雙全等修　(清)顧蘭生等纂　清光緒元年(1875)刻本　五冊　存八卷(一至八)

330000－1701－0087454　G606507　類叢部/叢書類/彙編之屬

半厂叢書初編十種　(清)譚獻編　清同治至光緒仁和譚氏刻本　一冊　存一種

330000－1701－0087456　G606508　類叢部/叢書類/彙編之屬

半厂叢書初編十種　(清)譚獻編　清同治至光緒仁和譚氏刻本　一冊　存一種

330000－1701－0087458　G606509　類叢部/叢書類/彙編之屬

半厂叢書初編十種　(清)譚獻編　清同治至光緒仁和譚氏刻本　一冊　存一種

330000－1701－0087464　G606510　集部/別集類/清別集

缾水齋詩集十七卷別集二卷詩話一卷附錄一卷　(清)舒位撰　清光緒十二年(1886)邊保樞刻十七年(1891)增修本　八冊

330000－1701－0087469　G606511　經部/小學類/文字之屬/說文/專著

說文辨字正俗八卷　(清)李富孫撰　清嘉慶二十三年(1818)嘉興李富孫校經廎刻本　四冊

330000－1701－0087472　G606512　集部/別集類/清別集

茗柯文初編一卷二編二卷三編一卷四編一卷　(清)張惠言撰　清光緒七年(1881)刻本　二冊

330000－1701－0087477　G602177　類叢部/叢書類/自著之屬

正誼堂全集八種　(清)董沛撰　清同治至光緒刻本　二冊　存一種

330000－1701－0087478　G606513　集部/別集類/清別集

述學内篇三卷補遺一卷外篇一卷別錄一卷附錄一卷校勘記一卷　(清)汪中撰　(清)汪喜孫編　清同治八年(1869)揚州書局刻本　二冊

330000－1701－0087479　G004767　史部/史評類/史論之屬

上古三代史論畧二卷　何琪編　清光緒二十七年(1901)紹興會文堂刻本　一冊

330000－1701－0087484　G004768　史部/金石類/郡邑之屬

湖北金石詩一卷　(清)嚴觀撰　清光緒元年(1875)衢西張氏二銘草堂刻本　一冊

330000－1701－0087486　G606514　子部/叢編

二十二子(二十二子彙函)　(清)浙江書局編　清光緒元年至三年(1875－1877)浙江書局刻本　十三冊　存五種

330000－1701－0087490　G004769　子部/宗教類/道教之屬/戒律

太上感應篇直講一卷首一卷附錄一卷　清光緒十一年(1885)越郡近文齋刻本　一冊

330000－1701－0087498　G606515　子部/儒家類/儒學之屬/性理

儒門法語輯要一卷　(清)彭定求撰　(清)湯金釗輯　清光緒十六年(1890)浙江書局刻本　一冊

330000－1701－0087500　G004848、G006518、G010906　集部/曲類/曲韻曲譜曲律之屬

陶情室曲譜□□卷　清光緒十四年(1888)梁壽人抄本　三冊　存三卷(一、三、六)

330000－1701－0087503　G606516　子部/農家農學類/園藝之屬/總志

佩文齋廣羣芳譜一百卷目錄二卷　(清)汪灝等撰　清同治七年(1868)姑蘇亦西齋刻本　二十七冊　存八十七卷(十四至一百)

330000－1701－0087509　G606517、G606522　類叢部/叢書類/彙編之屬

半厂叢書初編十種　(清)譚獻編　清同治至光緒仁和譚氏刻本　三冊　存二種

330000－1701－0087513　G606518　類叢部/叢書類/彙編之屬

半厂叢書初編十種　(清)譚獻編　清同治至光緒仁和譚氏刻本　一冊　存一種

330000－1701－0087518　G606519　類叢部/叢書類/自著之屬

曾文正公全集十六種　(清)曾國藩撰　清同治至光緒傳忠書局刻本　三十八冊　存七種

330000－1701－0087523　G602178　類叢部/叢書類/彙編之屬

增訂漢魏叢書八十六種　(清)王謨編　清乾隆五十六年(1791)金谿王氏刻本　三冊　存一種

330000－1701－0087526　G004849　史部/傳記類/別傳之屬/墓誌

誥授奉政大夫同治銜特用江蘇知縣丁君松生[丙]墓誌銘一卷　(清)石中玉撰　清末刻本　一冊

330000－1701－0087530　G004850　史部/紀事本末類/斷代之屬

左傳分國紀事本末正十六卷　(清)張問達輯　清康熙刻本　七冊　存十四卷(一至十二、十五至十六)

330000－1701－0087531　G606520　史部/紀傳類/正史之屬

遼史拾遺補五卷　(清)楊復吉撰　清道光五年(1825)錢塘汪氏振綺堂刻本　二冊

330000－1701－0087535　G004651、G006727　經部/詩類/傳說之屬

詩經集傳八卷　(宋)朱熹撰　清同治三年(1864)浙江撫署刻本　八冊

330000－1701－0087538　G004652、G611168、G608747　類叢部/叢書類/彙編之屬

崇文書局彙刻書三十一種　(清)崇文書局編　清光緒元年至三年(1875－1877)湖北崇文書局刻本　九冊　存七種

330000－1701－0087542　G004851、G006914、G007519　史部/政書類/邦計之屬

銅政便覽八卷　清刻本　六冊

330000－1701－0087544　M006006　子部/

醫家類/方書之屬/單方驗方

良方不分卷 清刻本 一册

330000－1701－0087546 G605317 經部/小學類/文字之屬/說文

說文解字注十五卷附六書音均表五卷 (清)段玉裁撰 **說文部目分韻一卷** (清)陳煥編 清乾隆至嘉慶段氏經韻樓刻同治六年至十一年(1867－1872)蘇州保息局補刻本 十五册 存十六卷(一至十五、說文部目分韻)

330000－1701－0087551 G004770 史部/政書類/律令之屬/律例

督捕則例二卷 (清)徐本等修 (清)唐紹祖等纂 清乾隆刻本 二册

330000－1701－0087555 G605333、G006863 集部/小說類/長篇之屬

紅樓夢一百二十卷一百二十回 (清)曹霑(清)高鶚撰 (清)王希廉評 清道光十二年(1832)吳縣王氏刻本 五册 存二十二卷(十五至十九、五十二至五十六、八十八至九十三、一百十至一百十五)

330000－1701－0087556 G603824 史部/傳記類/別傳之屬

先聖生卒年月日考二卷 (清)孔廣牧撰 清光緒十九年(1893)浙江書局刻本 一册

330000－1701－0087558 G605332 子部/醫家類/綜合之屬/通論

御纂醫宗金鑑九十卷首一卷 (清)吳謙等撰 清刻本 一册 存三卷(二十五至二十七)

330000－1701－0087559 G606521 史部/紀傳類/正史之屬

二十四史 清同治至光緒五省官書局據汲古閣本等合刻光緒五年(1879)湖北書局彙印本 十五册 存一種

330000－1701－0087562 G605321 史部/雜史類/斷代之屬

養吉齋叢錄二十六卷餘錄十卷 (清)吳振棫撰 清光緒二十二年(1896)刻本 六册 存二十六卷(一至二十六)

330000－1701－0087563 G605335 子部/醫家類/婦科之屬/通論

竹林寺婦科秘方一卷 (清)竹林寺僧撰 清光緒十六年(1890)顧海洲刻本 一册

330000－1701－0087567 G605336 子部/醫家類/婦科之屬/通論

竹林寺婦科秘方一卷 (清)竹林寺僧撰 清光緒十六年(1890)顧海洲刻本 一册

330000－1701－0087571 G606523 類叢部/叢書類/自著之屬

曾文正公全集十六種 (清)曾國藩撰 清同治至光緒傳忠書局刻本 二十册 存一種

330000－1701－0087572 G603814、G604014 集部/小說類/短篇之屬

聊齋志異新評十六卷 (清)蒲松齡撰 (清)王士禛評 (清)呂湛恩注 (清)但明倫批 清道光二十二年(1842)廣順但氏刻朱墨套印本 四册 存四卷(一、三至四、十四)

330000－1701－0087573 G605344 史部/紀傳類/正史之屬

二十四史 清同治至光緒五省官書局據汲古閣本等合刻光緒五年(1879)湖北書局彙印本 十六册 存一種

330000－1701－0087574 G605337 子部/醫家類/婦科之屬/通論

竹林寺婦科秘方一卷 (清)竹林寺僧撰 清光緒十六年(1890)顧海洲刻本 一册

330000－1701－0087576 G603815 集部/小說類/短篇之屬

聊齋志異新評十六卷 (清)蒲松齡撰 (清)王士禛評 (清)呂湛恩注 (清)但明倫批 清道光二十二年(1842)廣順但氏刻朱墨套印本 詹志題記 一册 存一卷(十四)

330000－1701－0087577 G606524 類叢部/叢書類/自著之屬

曾文正公全集十六種 (清)曾國藩撰 清同治至光緒傳忠書局刻本 二十册 存一種

330000－1701－0087579 G605338 子部/醫

家類/婦科之屬/通論

竹林寺婦科秘方一卷　(清)竹林寺僧撰　清光緒十六年(1890)顧海洲刻本　一册

330000－1701－0087580　G605339　子部/醫家類/婦科之屬/通論

竹林寺婦科秘方一卷　(清)竹林寺僧撰　清光緒十六年(1890)顧海洲刻本　一册

330000－1701－0087581　G605334　史部/地理類/方志之屬/通志

[嘉慶]四川通志二百四卷首二十二卷　(清)常明等修　(清)楊芳燦等纂　清嘉慶二十一年(1816)刻本　三十一册　存四十一卷(一百至一百二十二、一百三十至一百三十一、一百三十三至一百四十八)

330000－1701－0087582　G605340　子部/醫家類/婦科之屬/通論

竹林寺婦科秘方一卷　(清)竹林寺僧撰　清光緒十六年(1890)顧海洲刻本　一册

330000－1701－0087584　G605341　子部/醫家類/婦科之屬/通論

竹林寺婦科秘方一卷　(清)竹林寺僧撰　清光緒十六年(1890)顧海洲刻本　一册

330000－1701－0087587　G004772　子部/雜著類/雜纂之屬

增廣古今秘苑四卷　(清)十二桐樓主人輯　清光緒二十一年(1895)刻本　四册

330000－1701－0087588　G602179　類叢部/叢書類/彙編之屬

振綺堂叢刊八種　(清)□□輯　清嘉慶至光緒汪氏振綺堂刻本　二册　存一種

330000－1701－0087589　G606525　類叢部/叢書類/自著之屬

曾文正公全集十六種　(清)曾國藩撰　清同治至光緒傳忠書局刻本　三十三册　存四種

330000－1701－0087592　G605318　經部/小學類/文字之屬/説文

説文解字十五卷標目一卷　(漢)許慎撰　(宋)徐鉉等校定　清嘉慶十二年(1807)額勒布藤花榭刻本　二册

330000－1701－0087593　G603818　子部/醫家類/類編之屬

陳修園醫書五十種　(清)陳念祖等撰　清光緒三十一年(1905)上海商務印書館鉛印本　三册　存二種

330000－1701－0087596　G603819　子部/醫家類/類編之屬

陳修園醫書五十種　(清)陳念祖等撰　清光緒三十一年(1905)上海商務印書館鉛印本　五册　存十種

330000－1701－0087597　G602180　史部/地理類/方志之屬/郡縣志

[光緒]永嘉縣志三十八卷首一卷　(清)張寶琳修　(清)王棻　(清)孫詒讓纂　清光緒八年(1882)溫州維新書局刻本　二册　存二十卷(首、一至十九)

330000－1701－0087599　G605342　子部/雜著類/雜考之屬

困學紀聞注二十卷　(清)翁元圻撰　清道光五年(1825)餘姚翁氏守福堂刻本　十二册

330000－1701－0087601　G605322　經部/春秋穀梁傳類/傳説之屬

春秋穀梁經傳補注二十四卷首一卷末一卷　(清)鍾文烝補注　清光緒二年(1876)嘉善鍾氏信美室刻本　八册

330000－1701－0087605　G605326　史部/政書類

九通　(清)□□輯　清光緒八年至二十二年(1882－1896)浙江書局刻本　二册　存一種

330000－1701－0087608　G605328　經部/書類/傳説之屬

書傳音釋六卷首一卷末一卷　(宋)蔡沈集傳　(元)鄒季友音釋　清咸豐五年(1855)浦城與古齋祝氏刻本　六册

330000－1701－0087609　G603820　子部/醫家類/類編之屬

吴氏醫學述　(清)吳儀洛輯　清刻本　一册

存一種

330000－1701－0087610　G602182　史部/地理類/方志之屬/郡縣志
[同治]南康府志二十四卷首一卷　(清)盛元等纂修　清同治十一年(1872)刻本　十二册

330000－1701－0087612　G603821　子部/叢編
二十二子(二十二子彙函)　(清)浙江書局編　清光緒元年至三年(1875－1877)浙江書局刻本　三册　存一種

330000－1701－0087613　G602183、G602357　史部/地理類/方志之屬/郡縣志
[光緒]諸暨縣志六十一卷　陳遹聲修　(清)蔣鴻藻纂　清宣統二年(1910)刻本　十八册

330000－1701－0087617　G603822　史部/傳記類/别傳之屬
先聖生卒年月日考二卷　(清)孔廣牧撰　清光緒十九年(1893)浙江書局刻本　一册

330000－1701－0087618　G603823　史部/傳記類/别傳之屬
先聖生卒年月日考二卷　(清)孔廣牧撰　清光緒十九年(1893)浙江書局刻本　一册

330000－1701－0087621　G004773　集部/小説類/短篇之屬
覺世名言十二樓十二卷三十八回　(清)李漁撰　清末上海書局石印本　一册　存三卷(一至三)

330000－1701－0087624　G603825　類叢部/叢書類/彙編之屬
武英殿聚珍版書一百四十八種　清乾隆四十二年(1777)福建刻道光至同治遞修光緒二十一年(1895)增刻本　四册　存一種

330000－1701－0087625　G606527　史部/傳記類/别傳之屬
求闕齋弟子記三十二卷　(清)王定安撰　清光緒二年(1876)都門刻本　十六册

330000－1701－0087628　G607387、G602186、G608417、G607584　史部/地理類/方志之屬/郡縣志
[同治]鄞縣志七十五卷　(清)戴枚修　(清)張恕　(清)董沛等纂　清光緒三年(1877)刻四年(1878)增刻本　二十五册　存五十五卷(十至三十二、四十一至五十七、六十一至七十五)

330000－1701－0087630　G602187　史部/地理類/方志之屬/郡縣志
[宣統]臨安縣志八卷首一卷末一卷　(清)彭循堯修　(清)董運昌　(清)周鼎纂　清宣統二年(1910)木活字印本　一册　存二卷(六至七)

330000－1701－0087632　G004774　子部/醫家類/針灸之屬/經絡腧穴
奇經八脉考一卷　(明)李時珍撰　清末芥子園刻本　一册

330000－1701－0087633　G602188　子部/藝術類/書畫之屬/畫譜
李躍門百蝶圖四卷　(清)李國龍繪並輯　清道光刻本　一册

330000－1701－0087634　G004775　子部/醫家類/方書之屬/單方驗方
驗方新編新增□□卷　(清)鮑相璈輯　清末刻本　一册　存二卷(二十至二十一)

330000－1701－0087639　G606528　集部/别集類/清别集
望溪先生文集十八卷集外文十卷集外文補遺二卷　(清)方苞撰　**方望溪先生[苞]年譜一卷附錄一卷**　(清)蘇惇元輯　清咸豐元年(1851)戴鈞衡刻二年(1852)增刻本　五册　存十卷(文集五至十四)

330000－1701－0087643　G603826　類叢部/叢書類/彙編之屬
武英殿聚珍版書五十三種　清同治十三年(1874)江西書局刻本　八册　存一種

330000－1701－0087644　G004776　子部/醫家類/本草之屬/歷代綜合本草

本草求真九卷主治二卷脈理求真一卷 （清）黄宫繡撰 清刻本 熊小雲題記 一册 存一卷(脈理求真)

330000－1701－0087646 G606529 經部/小學類
雷刻四種 （清）雷浚輯 清光緒二年至十年(1876－1884)吳縣雷氏刻本 四册 存一種

330000－1701－0087648 G605330 類叢部/叢書類/自著之屬
蘇齋叢書十八種 （清）翁方綱撰 清乾隆至嘉慶刻彙印本 八册 存一種

330000－1701－0087652 G004778 集部/詩文評類
試策便覽十六卷 （清）王統 （清）王誥纂 清刻本 一册 存三卷(一至三)

330000－1701－0087654 G606530 類叢部/叢書類/郡邑之屬
武林掌故叢編一百八十七種 （清）丁丙編 清光緒三年至二十六年(1877－1900)錢塘丁氏嘉惠堂刻本 二册 存五種

330000－1701－0087662 G004779 史部/政書類/律令之屬/治獄
新鐫法家透膽寒十六卷 （明）補相子撰 清懷德堂刻本 二册

330000－1701－0087665 G605323 經部/春秋穀梁傳類/傳説之屬
春秋穀梁經傳補注二十四卷首一卷末一卷 （清）鍾文烝補注 清光緒二年(1876)嘉善鍾氏信美室刻本 八册

330000－1701－0087667 G606531 集部/别集類/清别集
陸善泉先生遺稿十卷 （清）陸灝撰 清光緒二十一年(1895)刻本 四册

330000－1701－0087670 G004653 集部/曲類/彈詞之屬
繪圖新編時調大雙蝴蝶四卷三十回 （清）杏橋主人撰 清光緒二十一年(1895)上海肇記書局石印本 二册 存二卷(一、四)

330000－1701－0087671 G004780 子部/醫家類/方書之屬/單方驗方
驗方傳信三卷 （清）□□輯 清咸豐刻本 一册 存一卷(中)

330000－1701－0087672 G603828 史部/政書類/邦計之屬
江南籌欵總局整頓稅契章程一卷 清光緒木活字印本 一册

330000－1701－0087673 G004654 史部/傳記類/科舉録之屬/歷科鄉試録
新政直省魁墨大全四卷 （清）魏錫蘭輯 清光緒二十八年(1902)翰香居士石印本 四册

330000－1701－0087675 G603829 史部/政書類/公牘檔册之屬
浙江武備學堂資料一卷創設錢江救生公所章程一卷 清末石印本暨刻本 一册 存一卷(創設錢江救生公所章程)

330000－1701－0087677 G004655 史部/政書類/通制之屬
廣治平畧三十六卷補編八卷 （清）蔡方炳撰 清光緒十三年(1887)大同書局石印本 四册

330000－1701－0087678 G605343 子部/雜著類/雜考之屬
困學紀聞注二十卷 （清）翁元圻撰 清道光五年(1825)餘姚翁氏守福堂刻本 十二册

330000－1701－0087680 G004781 子部/醫家類/方書之屬/歷代方書
醫方集解三卷 （清）汪昂撰 清芥子園刻本 一册 存一卷(上)

330000－1701－0087681 G603830 新學/兵制/海軍
外國師船圖表八卷雜説三卷圖一卷 （清）許景澄等編 清光緒二十二年(1896)浙江官書局石印本 一册 存三卷(圖表一至三)

330000－1701－0087684 G606533、G606768 集部/别集類/明别集
宋文憲公全集八十卷 （明）宋濂撰 **年譜二**

卷附録一卷 (清)朱興悌 (清)戴殿江纂 孫鏘增輯 **潛溪録六卷首一卷** 丁立中編輯 孫鏘增補 清宣統二年至民國五年(1910－1916)四明孫氏成都刻本 三冊 存十一卷(六十九至七十九)

330000－1701－0087688 G603831、G603843、G604137 史部/政書類

九通 (清)□□輯 清光緒八年至二十二年(1882－1896)浙江書局刻本 四十二冊 存一種

330000－1701－0087690 G004782、G005892、G006419 子部/宗教類/道教之屬/戒律

太上寶筏圖說八卷 (清)黄正元纂 清光緒十八年(1892)上海竹簡齋書局石印本 三冊 存三卷(孝、忠、恥)

330000－1701－0087692 G004656 集部/曲類/彈詞之屬

繡像落金扇全傳八卷五十回 (清)夏斐文撰 清光緒十一石印本 一冊 存一卷(四)

330000－1701－0087694 G606534 類叢部/叢書類/彙編之屬

廣漢魏叢書九十六種 (明)何允中編 明刻本 一冊 存一種

330000－1701－0087698 G004657 集部/小説類/長篇之屬

繡像三續七劍十三俠六卷六十回 (清)唐芸洲撰 清光緒二十七年(1901)上海申江書局石印本 五冊 存五卷(一至五)

330000－1701－0087699 G603832 類叢部/叢書類/彙編之屬

湖海樓叢書十二種 (清)陳春編 清嘉慶蕭山陳氏湖海樓刻二十四年(1819)彙印本 二十七冊 存十種

330000－1701－0087700 G606535 類叢部/類書類/通類之屬

玉海二百卷辭學指南四卷詩攷一卷詩地理攷六卷漢藝文志攷證十卷通鑑地理通釋十四卷周書王會補注一卷漢制攷四卷踐阼篇集解一卷急就篇補注四卷姓氏急就篇二卷小學紺珠十卷六經天文編二卷周易鄭康成注一卷通鑑答問五卷 (宋)王應麟撰 **校補玉海瑣記二卷王深寧先生[應麟]年譜一卷** (清)張大昌撰 清光緒九年至十六年(1883－1890)浙江書局刻本 七冊 存十八卷(詩攷、漢藝文志攷證一至十、周書王會補注、漢制攷一至四、踐阼篇集解、周易鄭康成注)

330000－1701－0087703 G004783 史部/政書類/公牘檔冊之屬

關外前後藏六台兵數餉數支應情形稟帖一卷 稿本 一冊

330000－1701－0087706 G004658 經部/小學類/文字之屬/字書/字典

康熙字典十二集三十六卷總目一卷檢字一卷辨似一卷等韻一卷補遺一卷備考一卷 (清)張玉書等纂修 清末石印本 一冊 存一卷(午集下)

330000－1701－0087708 G605329 類叢部/叢書類/彙編之屬

廣漢魏叢書八十種 (明)何允中編 清嘉慶刻本 五冊 存一種

330000－1701－0087709 G004784 子部/醫家類/綜合之屬/通論

醫學實在易八卷 (清)陳念祖撰 清刻本 一冊 存一卷(三)

330000－1701－0087710 G004659、G011468 史部/金石類/金之屬/文字

積古齋鐘鼎彝器款識十卷 (清)阮元 (清)朱爲弼撰 清光緒二十三年(1897)上海醉六堂石印本 五冊

330000－1701－0087711 G606536 類叢部/類書類/通類之屬

玉海二百卷辭學指南四卷詩攷一卷詩地理攷六卷漢藝文志攷證十卷通鑑地理通釋十四卷周書王會補注一卷漢制攷四卷踐阼篇集解一卷急就篇補注四卷姓氏急就篇二卷小學紺珠十卷六經天文編二卷周易鄭康成注一卷通鑑答問五卷 (宋)王應麟撰 **校補玉海瑣記二**

卷王深寧先生[應麟]年譜一卷 (清)張大昌撰 清光緒九年至十六年(1883－1890)浙江書局刻本 一册 存五卷(漢蓺文志攷證六至十)

330000－1701－0087713 G004660 集部/小說類/長篇之屬

後水滸蕩平四大寇傳六卷四十九回 (明)陳忱撰 清末石印本 二册 存二卷(五至六)

330000－1701－0087714 G004785 子部/醫家類/綜合之屬/通論

醫學從衆八卷 (清)陳念祖撰 清刻本 一册 存二卷(二至三)

330000－1701－0087715 G606537 類叢部/類書類/通類之屬

玉海二百卷辭學指南四卷詩攷一卷詩地理攷六卷漢蓺文志攷證十卷通鑑地理通釋十四卷周書王會補注一卷漢制攷四卷踐阼篇集解一卷急就篇補注四卷姓氏急就篇二卷小學紺珠十卷六經天文編二卷周易鄭康成注一卷通鑑答問五卷 (宋)王應麟撰 **校補玉海瑣記二卷王深寧先生[應麟]年譜一卷** (清)張大昌撰 清光緒九年至十六年(1883－1890)浙江書局刻本 四册 存十二卷(漢蓺文志攷證卷六至十、周書王會補注、漢制攷一至四、踐阼篇集解、周易鄭康成注)

330000－1701－0087716 SZB0311 子部/法家類

管子二十四卷 (唐)房玄齡注 清光緒五年(1879)影宋刻本 張宗祥過錄諸家校跋 四册

330000－1701－0087717 G605327 類叢部/叢書類/自著之屬

平湖顧氏遺書五種 (清)顧廣譽撰 清光緒三年(1877)顧鴻昇刻本 九册 存一種

330000－1701－0087718 G004661 子部/藝術類/遊藝之屬/雜藝

鵝幻彙編十二卷 (清)唐再豐撰 清末石印本 二册 存四卷(七至八、十一至十二)

330000－1701－0087719 G606538、G606564 類叢部/類書類/通類之屬

玉海二百卷辭學指南四卷詩攷一卷詩地理攷六卷漢蓺文志攷證十卷通鑑地理通釋十四卷周書王會補注一卷漢制攷四卷踐阼篇集解一卷急就篇補注四卷姓氏急就篇二卷小學紺珠十卷六經天文編二卷周易鄭康成注一卷通鑑答問五卷 (宋)王應麟撰 **校補玉海瑣記二卷王深寧先生[應麟]年譜一卷** (清)張大昌撰 清光緒九年至十六年(1883－1890)浙江書局刻本 五册 存十三卷(詩攷、漢蓺文志攷證卷六至十、周書王會補注、漢制攷一至四、踐阼篇集解、周易鄭康成注)

330000－1701－0087720 G004786 子部/醫家類/傷寒金匱之屬/傷寒論

長沙方歌括六卷 (清)陳念祖撰 清刻本 一册 存二卷(四至五)

330000－1701－0087722 G004662 集部/小說類/長篇之屬

增訂精忠演義說本全傳二十卷八十回 (清)錢彩編 (清)金豐增訂 清刻本 十七册 存十七卷(二至八、十至十一、十三至二十)

330000－1701－0087723 G606539 史部/傳記類/總傳之屬/斷代

國朝先正事略六十卷 (清)李元度撰 清同治五年至八年(1866－1869)循陔草堂刻本 二十三册

330000－1701－0087726 G603833 類叢部/叢書類/彙編之屬

武英殿聚珍版書一百三十八種 清乾隆武英殿木活字印本 三册 存一種

330000－1701－0087727 G004663 子部/醫家類/醫經之屬/内經

重訂駱龍吉内經拾遺方論四卷 (宋)駱龍吉撰 (明)劉浴德 (明)朱練訂 清末石印本 二册 存二卷(二、四)

330000－1701－0087728 G602189 史部/地理類/總志之屬

歷代輿地沿革險要圖一卷 楊守敬 饒敦秩

撰　清光緒五年(1879)東湖饒氏刻朱墨套印本　一冊

330000－1701－0087729　G004787　子部/醫家類/醫案之屬
臨證指南醫案十卷　(清)葉桂撰　(清)徐大椿評　清光緒刻本　一冊　存一卷(九)

330000－1701－0087730　G603834　經部/詩類/傳說之屬
詩經集傳八卷　(宋)朱熹撰　清光緒十九年(1893)浙江書局刻本　四冊

330000－1701－0087732　G004665　子部/醫家類/方書之屬/單方驗方
名醫方論四卷　(清)羅美　(清)柯琴輯並評　清末石印本　一冊　存一卷(三)

330000－1701－0087733　SZB0308　史部/地理類/山川之屬
太行山考一卷渤澥記一卷　清抄本　張宗祥題記　一冊

330000－1701－0087735　G603836　經部/周禮類/傳說之屬
周禮政要二卷　(清)孫詒讓撰　清光緒二十八年(1902)鉛印本　二冊

330000－1701－0087736　G004788　集部/小說類/長篇之屬
繡像續小五義六卷一百二十四回　清光緒簡青齋書局石印本　一冊　存一卷(五)

330000－1701－0087738　G606540　子部/叢編
二十二子(二十二子彙函)　(清)浙江書局編　清光緒元年至三年(1875－1877)浙江書局刻本　二十三冊　存十一種

330000－1701－0087739　G004666　子部/醫家類/綜合之屬/雜著
筆花醫鏡四卷　(清)江涵暾撰　清刻本　一冊　存二卷(一至二)

330000－1701－0087740　G004789　子部/小說家類/異聞之屬
繪圖諧鐸十二卷　(清)沈起鳳撰　清光緒二十一年(1895)海上書局石印本　一冊　存三卷(七至九)

330000－1701－0087742　SZB0309　史部/傳記類/總傳之屬/姓名
元和姓纂十卷　(唐)林寶撰　(清)孫星衍　(清)洪瑩補　清光緒六年(1880)金陵書局刻本　張宗祥題記並過錄余嘉錫校補及跋　四冊

330000－1701－0087743　G004667、G006731　子部/醫家類/方書之屬/歷代方書
醫方集解六卷　(清)汪昂撰　清維經堂刻本　六冊

330000－1701－0087747　G605345　經部/小學類/文字之屬/說文
說文解字注十五卷附六書音均表五卷　(清)段玉裁撰　**說文部目分韻一卷**　(清)陳煥編　清光緒元年(1875)湖北崇文書局刻本　十五冊

330000－1701－0087748　G004790　類叢部/叢書類/自著之屬
簾舫先生四種　(清)劉衡撰　清咸豐三年(1853)雲海樓刻本　一冊　存一種

330000－1701－0087751　G004669　子部/醫家類/類編之屬
陳修園公餘醫錄五種合刻　(清)陳念祖撰　清刻本　六冊　存二種

330000－1701－0087752　G603854　類叢部/叢書類/郡邑之屬
武林掌故叢編一百八十七種　(清)丁丙編　清光緒三年至二十六年(1877－1900)丁氏嘉惠堂刻本　四十七冊　存五十四種

330000－1701－0087753　SZB0312　史部/地理類/山川之屬/水志
水經注四十卷首一卷　(北魏)酈道元撰　王先謙校　**水經注附錄二卷**　(清)趙一清輯　清光緒二十三年(1897)新化三味書室刻本　張宗祥批校並跋　十六冊

330000－1701－0087754　G606541　子部/叢編

二十二子(二十二子彙函)　(清)浙江書局編　清光緒元年至三年(1875－1877)浙江書局刻本　六冊　存三種

330000－1701－0087756　G602190　史部/傳記類/别傳之屬/事狀

曾文正公大事記四卷　(清)王定安撰　清光緒三十一年(1905)上海商務印書館鉛印本　一冊

330000－1701－0087762　G602191　類叢部/叢書類/彙編之屬

弢園叢書　(清)王韜編　清光緒鉛印本　一冊　存一種

330000－1701－0087764　G004791　集部/小說類/長篇之屬

第一才子書(校正全圖三國志演義)六十卷首一卷一百二十回　(明)羅本撰　(清)毛宗崗評　清光緒鉛印本　一冊　存四卷(三十三至三十六)

330000－1701－0087768　G602192、G612050　史部/編年類/通代之屬

資治通鑑補正二百九十四卷首一卷　(明)嚴衍撰　清光緒二十八年(1902)上海益智書局石印本　四十八冊

330000－1701－0087770　G605324　經部/小學類/文字之屬/說文/傳說

段氏說文注訂八卷　(清)鈕樹玉撰　清道光三年(1823)吳縣鈕樹玉非石居刻同治五年(1866)碧螺山館補刻本　二冊

330000－1701－0087771　G606542　子部/儒家類/儒學之屬/禮教

五種遺規十七卷　(清)陳弘謀輯並撰　清光緒二十一年(1895)浙江書局刻本　七冊　存三種

330000－1701－0087773　G004792　子部/藝術類/書畫之屬/畫譜

芥子園畫傳四集四卷　(清)丁皐等撰輯

芥子園圖章會纂一卷　(清)李漁撰　清末石印本　四冊　缺一卷(芥子園圖章會纂)

330000－1701－0087774　G606543　子部/儒家類/儒學之屬/禮教

五種遺規十七卷　(清)陳弘謀輯並撰　清光緒二十一年(1895)浙江書局刻本　二冊　存一種

330000－1701－0087775　G606544　子部/儒家類/儒學之屬/禮教

五種遺規十七卷　(清)陳弘謀輯並撰　清光緒二十一年(1895)浙江書局刻本　一冊　存一種

330000－1701－0087776　G606545、G606983　子部/儒家類/儒學之屬/禮教

五種遺規十七卷　(清)陳弘謀輯並撰　清光緒二十一年(1895)浙江書局刻本　九冊　缺二卷(訓俗遺規四、補編)

330000－1701－0087777　G606546、G608024　子部/儒家類/儒學之屬/禮教

五種遺規十七卷　(清)陳弘謀輯並撰　清光緒二十一年(1895)浙江書局刻本　二冊　存一種

330000－1701－0087778　G606547、G608366　子部/儒家類/儒學之屬/禮教

五種遺規十七卷　(清)陳弘謀輯並撰　清光緒二十一年(1895)浙江書局刻本　二冊　存一種

330000－1701－0087780　G605331　經部/小學類/文字之屬/說文

說文解字注十五卷附六書音均表五卷　(清)段玉裁撰　**說文部目分韻一卷**　(清)陳煥編　清乾隆至嘉慶段氏經韻樓刻同治六年至十一年(1867－1872)蘇州保息局補刻本　二十冊

330000－1701－0087782　G606548　子部/儒家類/儒學之屬/禮教

五種遺規十七卷　(清)陳弘謀輯並撰　清光緒二十一年(1895)浙江書局刻本　一冊　存

一種

330000－1701－0087785　G606549　史部/傳記類/總傳之屬/儒林

儒林宗派十六卷　(清)萬斯同撰　清宣統三年(1911)浙江圖書館刻本　一册　存八卷(九至十六)

330000－1701－0087787　G606550　史部/傳記類/總傳之屬/儒林

儒林宗派十六卷　(清)萬斯同撰　清宣統三年(1911)浙江圖書館刻本　一册　存八卷(九至十六)

330000－1701－0087789　G605346　經部/三禮總義類/通論之屬

禮書通故五十卷　(清)黄以周撰　清光緒十九年(1893)黄氏試館刻本　三十二册

330000－1701－0087790　G606972　子部/宗教類/佛教之屬/總録

釋迦如來應化事跡不分卷　(清)釋永珊撰並繪　清光緒七年(1881)刻本　四册

330000－1701－0087791　G004852　史部/史抄類

廿四史約編八卷首一卷　(清)鄭元慶撰　清光緒二十二年(1896)焕文書局石印本　六册　存七卷(首、金、絲、竹、匏、土、革)

330000－1701－0087792　G605348　史部/地理類/水利之屬

山東運河備覽十二卷圖説一卷　(清)陸耀纂　清乾隆四十一年(1776)吴江陸耀切問齋刻本　五册

330000－1701－0087794　G605350　集部/别集類/清别集

述學内篇三卷補遺一卷外篇一卷别録一卷附録一卷校勘記一卷　(清)汪中撰　(清)汪喜孫編　清同治八年(1869)揚州書局刻本　二册

330000－1701－0087795　G605394　集部/總集類/選集之屬/斷代

宋文鑑一百五十卷目録三卷　(宋)吕祖謙輯　清光緒十二年(1886)江蘇書局刻本　二十三册　缺七卷(七十二至七十八)

330000－1701－0087797　G004793、G006306　子部/醫家類/傷寒金匱之屬/金匱要略

金匱方歌括六卷　(清)陳念祖撰　清道光十六年(1836)南雅堂刻本　三册

330000－1701－0087799　G611085　類叢部/叢書類/彙編之屬

洪氏唐石經館叢書十九種　(清)洪汝奎編　清光緒涇縣洪氏公善堂刻並彙印六安涂氏求我齋等刻本　一册　存一種

330000－1701－0087800　G606973　子部/宗教類/佛教之屬/總録

釋迦如來應化事跡不分卷　(清)釋永珊撰並繪　清光緒七年(1881)刻本　清釋静塵、清釋國傳題記　三册

330000－1701－0087801　G004794　史部/傳記類/職官録之屬/總録

同寅錄一卷　清末木活字印本　一册

330000－1701－0087802　G004795　集部/别集類/清别集

養雲仙館試帖不分卷　稿本　一册

330000－1701－0087803　G605353　子部/雜著類/雜纂之屬

經餘必讀續編八卷　(清)雷琳　(清)錢樹棠　(清)錢樹立輯　清刻本　四册

330000－1701－0087804　G611086、G612317、G612352　史部/地理類/輿圖之屬/全國

大清中外壹統輿圖(皇朝中外壹統輿圖)三十一卷首一卷　(清)鄒世詒　(清)晏啓鎮編　(清)李廷簫　(清)汪士鐸增訂　清同治二年(1863)湖北撫署刻本　三十一册　缺一卷(北卷二十)

330000－1701－0087806　G004796　子部/醫家類/診法之屬/脈經脈訣

四言脈訣一卷　清抄本　一册

330000－1701－0087808　G605320、G605275

經部/小學類/文字之屬/說文
說文解字注十五卷附六書音均表五卷 （清）段玉裁撰 **說文部目分韻一卷** （清）陳煥編 清乾隆至嘉慶段氏經韻樓刻同治六年至十一年（1867－1872）蘇州保息局補刻本 十六冊

330000－1701－0087809 G602193 史部/史評類/詠史之屬
十國宮詞一卷 （清）吳省蘭撰 清同治十二年（1873）淮南書局刻本 一冊

330000－1701－0087810 G004797、G006152、G006340、G006189 集部/小說類/長篇之屬
四大奇書第一種十九卷一百二十回首一卷 （明）羅本撰 （清）毛宗崗評 清刻本 七冊 存七卷（首、二至四、七至九）

330000－1701－0087812 G606974、G608864 史部/目録類/總録之屬/官修
欽定四庫全書簡明目錄二十卷首一卷 （清）紀昀等撰 清同治七年（1868）廣東書局刻本 十六冊

330000－1701－0087815 G004854 史部/傳記類/總傳之屬/斷代
國朝尚友錄八卷 （清）李佩芳 （清）孫鼎輯 清末石印本 一冊 存二卷（七至八）

330000－1701－0087820 G606975 史部/地理類/方志之屬/郡縣志
［道光］長清縣志十六卷首四卷末二卷 （清）舒化民等修 （清）徐德城等纂 清道光十五年（1835）刻本 六冊 存十六卷（一至十六）

330000－1701－0087821 G004855、G006247 子部/醫家類/兒科之屬/通論
鼎鍥幼幼集成六卷 （清）陳復正輯 清刻本 五冊 存四卷（三至六）

330000－1701－0087822 G602195 集部/戲劇類/總集之屬/傳奇
惺齋新曲六種 （清）夏綸撰 （清）徐夢元評 清乾隆十八年（1753）夏氏世光堂刻本 三冊 存三種

330000－1701－0087823 M005924 集部/總集類/酬唱之屬
其㹀集二卷 （清）高鵬年輯 **春燕唱和詩一卷** 秦滌塵輯 **百和香集一卷** 周慶雲編 清光緒二十八年（1902）、民國三年（1914）夢坡室刻本 一冊

330000－1701－0087824 G605349 集部/別集類/清別集
述學内篇三卷補遺一卷外篇一卷別錄一卷附錄一卷校勘記一卷 （清）汪中撰 （清）汪喜孫編 清同治八年（1869）揚州書局刻本 沈允昌題記 二冊

330000－1701－0087825 G004798 集部/別集類/清別集
竹雪亭詩草一卷 （清）金師文撰 清宣統二年（1910）刻本 一冊

330000－1701－0087826 G605366 子部/醫家類/方書之屬/單方驗方
急救應驗良方一卷 （清）費山壽輯 清光緒六年（1880）醴陵刻本 一冊

330000－1701－0087828 M006028 子部/宗教類/佛教之屬
天台三聖詩集一卷 （唐）釋寒山 （唐）釋石得 （唐）釋豐干撰 （明）釋梵琦輯 明末刻本 一冊

330000－1701－0087829 G004856 子部/醫家類/眼科之屬
傅氏眼科審視瑤函六卷首一卷 （明）傅仁宇撰 （明）林長生校補 清刻本 三冊 存五卷（二至六）

330000－1701－0087830 G004799 類叢部/叢書類/彙編之屬
津河廣仁堂叢書八十四種 （清）□□編 清光緒津河廣仁堂刻本 一冊 存一種

330000－1701－0087831 G606976 子部/小說家類/異聞之屬
山海經十八卷 （晉）郭璞傳 清乾隆刻本 二冊

330000－1701－0087833　G004857　集部/小說類/長篇之屬
新刻濟顛大師醉菩提全傳四卷二十回　(清)天花藏舉人撰　清光緒二十年(1894)刻本　一冊　存二卷(一至二)

330000－1701－0087835　G004800　子部/儒家類/儒學之屬/性理
教科藥言二卷　(清)吳寶年輯　清宣統二年(1910)上海中國圖書公司石印本　一冊　存一卷(二)

330000－1701－0087839　G605368　史部/地理類/專志之屬/園林
滄浪小志二卷　(清)宋犖輯　清光緒十年(1884)江蘇書局刻本　一冊

330000－1701－0087841　G004801　集部/詞類/總集之屬
詞選不分卷　清咸豐十一年(1861)抄本　一冊

330000－1701－0087843　G004858　集部/小說類/長篇之屬
新刻按鑑編纂開闢衍繹通俗志傳六卷八十回　(明)周游撰　(明)王黌釋　清道光十年(1830)刻本　四冊　存四卷(一至四)

330000－1701－0087844　G605367　史部/目録類/專録之屬
皇清經解檢目八卷通用表一卷　(清)蔡啓盛編　清光緒十二年(1886)武林刻本　二冊

330000－1701－0087845　G004802　史部/傳記類/科舉録之屬/諸貢録
[光緒十一年乙酉科]廣西選優貢卷不分卷　(清)林禧徵撰　清光緒刻本　一冊

330000－1701－0087851　G004803　子部/藝術類/遊藝之屬/聯語
聯萃不分卷　稿本　一冊

330000－1701－0087852　G606978　集部/總集類/選集之屬/斷代
湖海文傳七十五卷　(清)王昶輯　清道光十七年(1837)經訓堂刻本　清姚燮題記　十六冊

330000－1701－0087853　G610022、G611091　集部/別集類/清別集
煙霞萬古樓文集六卷　(清)王曇撰　清道光二十年(1840)刻本　二冊

330000－1701－0087855　G004859　子部/雜著類/雜纂之屬
兩般秋雨盦隨筆八卷　(清)梁紹壬撰　清大文堂刻本　五冊　存五卷(一至二、六至八)

330000－1701－0087856　G602196　史部/政書類/通制之屬
吾學錄初編二十四卷　(清)吳榮光撰　清道光二十九年(1849)湘西高國榮刻本　六冊

330000－1701－0087857　G004860　子部/雜著類/雜纂之屬
兩般秋雨盦隨筆八卷　(清)梁紹壬撰　清大文堂刻本　五冊　存五卷(四至八)

330000－1701－0087858　G602197　子部/雜著類/雜說之屬
榆巢雜識二卷　(清)趙慎畛撰　清光緒浙江官紙總局鉛印本　一冊

330000－1701－0087860　G602198　集部/總集類/題詠之屬
題江南曾文正公祠百詠一卷　朱孔彰撰　清光緒十三年(1887)金陵刻民國二十四年(1935)朱師轍補刻本　一冊

330000－1701－0087861　G004804　子部/醫家類/類編之屬
古今醫統正脈全書四十四種　(明)王肯堂編　清刻本　七冊　存四種

330000－1701－0087864　G606979　史部/地理類/方志之屬/郡縣志
[乾隆]平原縣志十卷首一卷　(清)黄懷祖修　(清)黄兆熊纂　清乾隆十四年(1749)刻本　三冊　存十卷(首、一至九)

330000－1701－0087865　G606980　集部/詩文評類/詩評之屬

緝雅堂詩話二卷 （清）潘衍桐撰 清光緒十七年（1891）杭州刻本 朱克明題記 一册

330000－1701－0087866 G611092 子部/醫家類/綜合之屬/通論

御纂醫宗金鑑九十卷首一卷 （清）吳謙等撰 清刻本 一册 存一卷（編輯外科心法要訣一）

330000－1701－0087867 G605351 集部/別集類/清別集

述學内篇三卷補遺一卷外篇一卷別錄一卷附錄一卷校勘記一卷 （清）汪中撰 （清）汪喜孫編 清同治八年（1869）揚州書局刻本 四册

330000－1701－0087868 G606982 史部/地理類

李氏五種 （清）李兆洛撰 清同治九年至十一年（1870－1872）合肥李鴻章刻本 九册 存二種

330000－1701－0087869 G603839 子部/宗教類/佛教之屬

佛教初學課本一卷註一卷 （清）楊文會撰 清光緒三十二年（1906）金陵刻經處刻本 一册

330000－1701－0087871 G605354 子部/叢編

二十二子（二十二子彙函） （清）浙江書局編 清光緒元年至三年（1875－1877）浙江書局刻本 六册 存一種

330000－1701－0087872 G611093 史部/紀事本末類

歷朝紀事本末七種 （清）陳如升 （清）朱記榮輯 清光緒二十一年（1895）上海積山書局石印本 二册 存一種

330000－1701－0087873 G603840 史部/政書類/公牘檔冊之屬

浙江諮議局議決案不分卷 （清）浙江諮議局編 清宣統鉛印本 一册

330000－1701－0087874 G004805 子部/醫家類/診法之屬/脈經脈訣

新刻校定脉訣指掌病式圖說一卷丹溪先生金匱鈎玄三卷 （元）朱震亨撰 清刻本 一册

330000－1701－0087875 G603841 子部/宗教類/佛教之屬/論

十二門論宗致義記三卷 （唐）釋法藏撰 清光緒二十一年（1895）金陵刻經處刻本 一册

330000－1701－0087876 G606551 經部/叢編

鄭氏佚書二十三種 （漢）鄭玄撰 （清）袁鈞輯 清光緒十四年（1888）浙江書局刻本 十册

330000－1701－0087878 G004806 集部/戲劇類/傳奇之屬

玉搔頭傳奇二卷三十齣 （清）李漁撰 （清）睡鄉祭酒（杜濬）批評 清刻本 一册 存一卷（一）

330000－1701－0087880 G603842 類叢部/叢書類/彙編之屬

二酉堂叢書（張氏叢書）二十一種 （清）張澍輯 清道光元年（1821）武威張氏二酉堂刻本 九册 存二十種

330000－1701－0087884 G611094、G609858 經部/四書類/總義之屬/傳說

四書人物類典串珠四十卷 （清）臧志仁輯 清光緒六年（1880）刻本 四册 存十三卷（十九至二十五、三十至三十五）

330000－1701－0087890 G004807 子部/醫家類/類編之屬

士材三書九卷 （明）李中梓等撰 （清）尤乘編 清康熙刻本 一册 存一卷（診家正眼一）

330000－1701－0087891 G004861 集部/曲類/彈詞之屬

新刻時調唱口真本九絲縧全傳三十六集一百四十四回 （清）郁惠嘉評 清瑞雲閣三秀堂刻本 一册 存六集（七至十二）

330000－1701－0087892 G605355 子部/叢編

二十二子(二十二子彙函)　(清)浙江書局編　清光緒元年至三年(1875－1877)浙江書局刻本　六册　存一種

330000－1701－0087894　G605356　子部/農家農學類/蠶桑之屬

蠶桑萃編十五卷首一卷　(清)衛杰撰　清光緒二十六年(1900)浙江書局刻本　七册　存十四卷(首、一至十三)

330000－1701－0087896　G606552、G608659　子部/天文曆算類/算書之屬

算法大成上編十卷下編十卷首一卷末一卷　(清)陳杰撰　清光緒二十四年(1898)浙江官書局刻本(下編十卷末一卷原缺)　十册

330000－1701－0087898　G611095、G612044　類叢部/叢書類/彙編之屬

嘯園叢書五十七種　(清)葛元煦編　清光緒二年至七年(1876－1881)仁和葛氏刻本　二十三册　存十七種

330000－1701－0087900　G603844　子部/藝術類/書畫之屬/法帖

淳化祕閣法帖考正十卷附二卷　(清)王澍撰　清雍正詩鼎齋刻本　三册　存九卷(一至九)

330000－1701－0087901　G606984　子部/叢編

二十二子(二十二子彙函)　(清)浙江書局編　清光緒元年至三年(1875－1877)浙江書局刻本　三册　存一種

330000－1701－0087905　G004808　集部/別集類/清別集

瞑琴唫館試草一卷　(清)章世齊撰　清刻本　一册

330000－1701－0087907　G605319　經部/小學類/文字之屬/説文

説文解字注十五卷附六書音均表五卷　(清)段玉裁撰　**説文部目分韻一卷**　(清)陳焕編　清乾隆至嘉慶段氏經韻樓刻同治六年至十一年(1867－1872)蘇州保息局補刻本　十五册　缺五卷(六書音均表一至五)

330000－1701－0087909　G603845　類叢部/叢書類/彙編之屬

武英殿聚珍版書一百四十八種　清乾隆四十二年(1777)福建刻道光至同治遞修光緒二十一年(1895)增刻本　一册　存一種

330000－1701－0087911　G004671、G006251　子部/醫家類/本草之屬/歷代綜合本草

增訂童氏本草備要八卷圖説一卷　(清)汪昂撰　(清)李保常增輯　清光緒三十年(1904)上海六藝書局石印本　四册

330000－1701－0087913　G606985　史部/地理類/方志之屬/郡縣志

[道光]重修寶應縣志二十八卷首一卷　(清)孟毓蘭修　(清)喬載繇等纂　清道光二十年(1840)湯氏沐華堂刻本　十册

330000－1701－0087915　G602199　集部/別集類/宋別集

林和靖詩集四卷拾遺一卷酬唱題詠附錄一卷　(宋)林逋撰　清同治十二年(1873)長洲朱氏刻本　一册

330000－1701－0087916　G004809　史部/傳記類/科舉録之屬/諸貢録

[咸豐辛酉科]選拔貢卷不分卷　(清)蔣汝縉撰　清咸豐刻本　一册

330000－1701－0087919　G605357　子部/雜著類/雜考之屬

十駕齋養新録二十卷餘録三卷　(清)錢大昕撰　**錢辛楣先生年譜一卷**　(清)錢大昕編　(清)錢慶曾校注　**竹汀居士[大昕]年譜續編一卷**　(清)錢慶曾撰　清光緒二年(1876)浙江書局刻本　八册

330000－1701－0087920　G606553　子部/宗教類/佛教之屬/經疏

佛説阿彌陀經疏鈔四卷事義四卷　(明)釋袾宏撰　清同治五年(1866)刻本　一册　存二卷(四、事義四)

330000－1701－0087922　G004862　集部/小

說類/長篇之屬

品花寶鑑八卷六十回　(清)陳森撰　清末石印本　七册　存七卷(二至八)

330000－1701－0087923　G004810　史部/傳記類/科舉録之屬/諸貢録

[宣統己酉科]浙江優貢卷一卷　(清)朱邦彥撰　清宣統鉛印本　一册

330000－1701－0087928　G607151、G606554、G605417　史部/地理類/方志之屬/通志

[嘉慶]四川通志二百四卷首二十二卷　(清)常明等修　(清)楊芳燦等纂　清嘉慶二十一年(1816)刻本　十九册　存三十六卷(三至四、三十八至四十一、四十五、五十二至五十五、九十一至九十二、九十八至一百三、一百六至一百十一、一百八十五至一百九十五)

330000－1701－0087930　G603846　類叢部/叢書類/彙編之屬

湖海樓叢書十二種　(清)陳春編　清嘉慶蕭山陳氏湖海樓刻二十四年(1819)彙印本　一册　存一種

330000－1701－0087932　G602200　類叢部/叢書類/彙編之屬

思賢書局刊書十九種　(清)思賢書局編　清光緒至宣統思賢書局刻本　三册　存一種

330000－1701－0087933　G004811　子部/宗教類/道教之屬

道書十二種(指南針)　(清)劉一明撰　清嘉慶二十四年(1819)常郡護國庵刻本　三册　存十一種

330000－1701－0087934　G605358　子部/兵家類/兵法之屬

金湯借箸十二籌十二卷　(明)李盤等撰　清咸豐五年(1855)淮南李氏琉璃廠刻本　八册

330000－1701－0087939　G603848　類叢部/叢書類/自著之屬

曾惠敏公全集四種　(清)曾紀澤撰　清光緒二十年(1894)上海石印本　一册　存一種

330000－1701－0087945　G603850　子部/醫家類/外科之屬/通論

外證醫案彙編四卷　(清)余景和輯　清光緒二十年(1894)會稽孫氏刻本　三册　存三卷(二至四)

330000－1701－0087946　G004812　子部/醫家類/傷寒金匱之屬/傷寒論

增注類證活人書二十二卷釋音一卷藥性一卷　(宋)朱肱撰　清刻本　一册　存五卷(一至三、釋音、藥性)

330000－1701－0087949　G004673　集部/別集類/清別集

百一山房詩拾遺不分卷附先名無題詩三十首不分卷　(清)應時良撰　清光緒二十七年(1901)吴趨程抄本　一册

330000－1701－0087953　G602202　經部/小學類/文字之屬/說文/專著

六書叚借經徵四卷　(清)朱駿聲撰　清光緒十八年(1892)元和朱氏金陵刻本　三册

330000－1701－0087955　G603851　史部/史評類/詠史之屬

讀史碎金六卷註八十卷　(清)胡文炳輯　清光緒元年(1875)蘭石齋刻本　四册　存五卷(註十至十四)

330000－1701－0087962　G004674　集部/曲類/彈詞之屬

聽月樓彈詞□□卷　清末抄本　二册　存十六卷(十七至三十二)

330000－1701－0087963　G004864、G009482、G011063　子部/雜著類/雜說之屬

盛世危言五卷　鄭觀應輯撰　清光緒二十一年(1895)古香閣鉛印本　四册　存三卷(三至五)

330000－1701－0087964　G603852、G602463、G602615、G608137　子部/醫家類/類編之屬

韡園醫學六種　(清)潘霨編　清光緒九年至十年(1883－1884)江西書局刻本　五册　存二種

330000－1701－0087967　G602203　經部/春

秋左傳類/傳說之屬

春秋大事表五十卷讀春秋偶筆一卷輿圖一卷附錄一卷 (清)顧棟高輯　清乾隆十三年至十四年(1748－1749)錫山顧氏萬卷樓刻本　十四冊

330000－1701－0087968　G004675、G005030　集部/小說類/長篇之屬

第一才子書(繡像三國志演義)六十卷首一卷一百二十回 (明)羅本撰　(清)毛宗崗評　清末上海會文堂書局石印本　八冊　存八卷(三、五至六、九至十、十二、十四至十五)

330000－1701－0087971　G605393　子部/叢編

二十二子(二十二子彙函) (清)浙江書局編　清光緒元年至三年(1875－1877)浙江書局刻本　六冊　存一種

330000－1701－0087974　G611099　類叢部/叢書類/彙編之屬

嘯園叢書五十七種 (清)葛元煦編　清光緒二年至七年(1876－1881)仁和葛氏刻本　四冊　存四種

330000－1701－0087975　G611096　類叢部/叢書類/彙編之屬

嘯園叢書五十七種 (清)葛元煦編　清光緒二年至七年(1876－1881)仁和葛氏刻本　十二冊　存九種

330000－1701－0087979　G004865　史部/雜史類/斷代之屬

拳匪紀略八卷前編二卷後編二卷圖一卷 (清)楊鳳藻等輯　清光緒二十七年(1901)上海石印本　一冊　存一卷(圖)

330000－1701－0087980　G603853　子部/醫家類/方書之屬/成方藥目

胡慶餘堂丸散膏丹全集不分卷續增一卷 (清)胡光墉編　清光緒三年(1877)胡慶餘堂雪記刻本　一冊

330000－1701－0087981　G602204　類叢部/叢書類/彙編之屬

微波榭叢書十一種 (清)孔繼涵編　清孔氏刻彙印本　一冊　存一種

330000－1701－0087983　G004676　子部/藝術類/書畫之屬/畫譜

芥子園畫傳初集六卷二集九卷三集六卷 (清)王槩　(清)王蓍　(清)王臬輯　清光緒石印本　四冊　存六卷(三集一至六)

330000－1701－0087985　G605361　集部/詞類/總集之屬

宋六十一家詞選十二卷 馮煦輯　清宣統二年(1910)上海掃葉山房石印本　四冊

330000－1701－0087991　G602205、G609492　子部/雜著類/雜說之屬

嗇庵隨筆六卷末一卷 (清)陸文衡撰　清光緒二十三年(1897)吳江陸同壽木活字印本　二冊

330000－1701－0087994　G611097　類叢部/叢書類/彙編之屬

嘯園叢書五十七種 (清)葛元煦編　清光緒二年至七年(1876－1881)仁和葛氏刻本　十一冊　存八種

330000－1701－0087996　M006047　子部/術數類/雜術之屬

燒餅歌一卷 (明)劉基撰　**黃蘗禪師偈語一卷**　清光緒十三年(1887)丁卯齋主人抄本　一冊

330000－1701－0087997　G004677　子部/藝術類/書畫之屬/畫譜

芥子園畫傳初集六卷二集九卷三集六卷 (清)王槩　(清)王蓍　(清)王臬輯　清光緒二十三年(1897)上海順成書局石印本　一冊　存二卷(初集一至二)

330000－1701－0087998　G004866　子部/醫家類/類編之屬

陳修園醫書二十八種 (清)陳念祖等撰　清末石印本　一冊　存一種

330000－1701－0088000　G611098　類叢部/叢書類/彙編之屬

嘯園叢書五十七種 （清）葛元煦編　清光緒二年至七年(1876－1881)仁和葛氏刻本　八冊　存八種

330000－1701－0088002　G602206　集部/詞類/別集之屬

夢窗甲乙丙丁稿四卷補遺一卷 （宋）吳文英撰　**重校夢窗詞札記一卷**　朱祖謀撰　清光緒三十四年(1908)歸安朱祖謀無著盦刻本　朱師轍批並跋　一冊

330000－1701－0088005　G603856　子部/術數類/數學之屬

集注太玄十卷 （宋）司馬光撰　清光緒元年(1875)湖北崇文書局刻本　二冊

330000－1701－0088006　G004678　子部/藝術類/遊藝之屬/棋弈

四子譜二卷 （清）過百齡輯　清宣統三年(1911)上海千頃堂石印本　一冊　存一卷(下)

330000－1701－0088008　G606986　集部/詞類/別集之屬

消愁集二卷附詩一卷 （清）沈蔣英撰　郭鑒編　清光緒三十三年至三十四年(1907－1908)刻本　一冊

330000－1701－0088009　M006050　子部/天文曆算類/曆法之屬

國朝長曆一卷　清光緒抄本　一冊

330000－1701－0088010　G004867　集部/別集類/清別集

定盦全集 （清）龔自珍撰　清末石印本　初高題記　一冊　存八卷[古今體詩上(定盦文集)、古今體詩下(定盦餘集)、定盦續集(乙亥雜詩)、定盦別集一至五(無著詞選、懷人館詞選、影事詞選、小奢摩詞選、庚子雅詞)]

330000－1701－0088012　G004679　子部/藝術類/書畫之屬

新增百美圖說二卷 （清）李世捷輯　清光緒十三年(1887)上海積山書局石印本　二冊

330000－1701－0088017　G606987　史部/金石類/總志之屬

九鐘精舍金石跋尾甲編一卷乙編一卷　吳士鑑撰　清宣統二年(1910)刻本　一冊　存一卷(乙編)

330000－1701－0088020　G602207、G608200、G609961　集部/總集類/郡邑之屬

國朝天台詩存十四卷補遺一卷 （清）金文田輯　清光緒三十四年(1908)木活字印本　四冊

330000－1701－0088023　G606988　史部/金石類/總志之屬

九鐘精舍金石跋尾甲編一卷乙編一卷　吳士鑑撰　清宣統二年(1910)刻本　一冊　存一卷(甲編)

330000－1701－0088025　G605363、G605364　史部/傳記類/總傳之屬/仕宦

貳臣傳十二卷逆臣傳四卷 （清）國史館撰　清都城琉璃廠半松居士刻本　八冊

330000－1701－0088026　G004680　經部/小學類/文字之屬/說文

說文解字舊音一卷　清末抄本　一冊

330000－1701－0088028　G606989、G606832　集部/別集類/清別集

息耕草堂詩集十六卷 （清）黃安濤撰　清道光二十四年(1844)刻本　四冊

330000－1701－0088029　G004868　類叢部/叢書類/自著之屬

隨園三十種 （清）袁枚撰　清刻本　一冊　存一種

330000－1701－0088032　G611100　類叢部/叢書類/彙編之屬

嘯園叢書五十七種 （清）葛元煦編　清光緒二年至七年(1876－1881)仁和葛氏刻本　二冊　存二種

330000－1701－0088036　G611101　類叢部/叢書類/彙編之屬

嘯園叢書五十七種 （清）葛元煦編　清光緒二年至七年(1876－1881)仁和葛氏刻本　二

冊　存二種

330000－1701－0088038　G611102　類叢部/叢書類/彙編之屬

嘯園叢書五十七種　(清)葛元煦編　清光緒二年至七年(1876－1881)仁和葛氏刻本　三冊　存三種

330000－1701－0088041　G005053　史部/史評類/史論之屬

史論約選不分卷　清木活字印本　二冊

330000－1701－0088043　G004949　集部/別集類/清別集

定盦全集　(清)龔自珍撰　清末石印本　五冊　存十五卷(定盦文集下、定盦續集一至四、定盦文集補續錄、定盦文集補古今體詩上下、定盦文集補雜詩、定盦文集補詞選、定盦文集補詞錄、定盦文集補編一至四)

330000－1701－0088045　G603857　子部/農家農學類/蠶桑之屬

喝茫蠶書八卷　(法國)喝茫勒窩滂撰　(清)鄭守箴譯　清光緒二十四年(1898)杭州蠶學館石印本　一冊

330000－1701－0088046　G005054　子部/醫家類/類編之屬

世補齋醫書六種　(清)陸懋修撰輯　清光緒十年(1884)刻十二年(1886)山左書局印本　七冊　存四種

330000－1701－0088047　G004682　史部/政書類/公牘檔冊之屬

浙路拒款始末記不分卷　費有容編　清光緒三十三年(1907)杭州外交政典編輯處鉛印本　一冊

330000－1701－0088050　G603858　子部/農家農學類/蠶桑之屬

喝茫蠶書八卷　(法國)喝茫勒窩滂撰　(清)鄭守箴譯　清光緒二十四年(1898)杭州蠶學館石印本　一冊

330000－1701－0088051　G611103　類叢部/叢書類/彙編之屬

嘯園叢書五十七種　(清)葛元煦編　清光緒二年至七年(1876－1881)仁和葛氏刻本　一冊　存一種

330000－1701－0088053　G611104　類叢部/叢書類/彙編之屬

嘯園叢書五十七種　(清)葛元煦編　清光緒二年至七年(1876－1881)仁和葛氏刻本　一冊　存一種

330000－1701－0088054　G611105　類叢部/叢書類/彙編之屬

嘯園叢書五十七種　(清)葛元煦編　清光緒二年至七年(1876－1881)仁和葛氏刻本　一冊　存一種

330000－1701－0088055　G603859　史部/地理類/山川之屬/山志

新輯雁山便覽一卷　(清)釋道融撰　清同治七年(1868)刻本　清旭林氏題記　一冊

330000－1701－0088056　G005055　史部/史評類/史論之屬

史記論文一百三十卷　(清)吳見思撰　清康熙刻本　八冊

330000－1701－0088057　G611106　類叢部/叢書類/彙編之屬

嘯園叢書五十七種　(清)葛元煦編　清光緒二年至七年(1876－1881)仁和葛氏刻本　一冊　存一種

330000－1701－0088058　G004683　子部/醫家類/類編之屬

喻氏醫書三種　(清)喻昌撰　清光緒二十六年(1900)上海校經山房刻本　五冊　存十四卷(醫門法律三至六,尚論篇首、一至四、後篇一至四,寓意草)

330000－1701－0088059　G611107　類叢部/叢書類/彙編之屬

嘯園叢書五十七種　(清)葛元煦編　清光緒二年至七年(1876－1881)仁和葛氏刻本　一冊　存一種

330000－1701－0088060　G603860　子部/宗

教類/佛教之屬/經

阿唎多羅陀羅尼阿嚕力經一卷佛說救拔焰口餓鬼陀羅尼經一卷 (唐)釋不空譯 **佛說迴向輪經一卷** (唐)尸羅達摩譯 **無垢淨光大陀羅尼經一卷** (唐)釋彌陀山譯 清光緒刻本 一册

330000－1701－0088061 G611108 類叢部/叢書類/彙編之屬

嘯園叢書五十七種 (清)葛元煦編 清光緒二年至七年(1876－1881)仁和葛氏刻本 一册 存一種

330000－1701－0088064 G611109 類叢部/叢書類/彙編之屬

嘯園叢書五十七種 (清)葛元煦編 清光緒二年至七年(1876－1881)仁和葛氏刻本 一册 存一種

330000－1701－0088066 G004684 史部/政書類/公牘檔冊之屬

因利局章程一卷 清光緒四年(1878)因利局刻本 一册

330000－1701－0088069 G004950 集部/戲劇類/總集之屬

新綴白裘第一集 清永興寅半生刻本 一册 存三種

330000－1701－0088071 G603862 子部/宗教類/佛教之屬

賢首五教儀開蒙增註五卷 (清)釋通理撰 清宣統元年(1909)揚州藏經院刻本 五册

330000－1701－0088074 G603863 子部/宗教類/佛教之屬

賢首五教儀開蒙增註五卷 (清)釋通理撰 清宣統元年(1909)揚州藏經院刻本 五册

330000－1701－0088076 G603864 子部/宗教類/佛教之屬

賢首五教儀開蒙增註五卷 (清)釋通理撰 清宣統元年(1909)揚州藏經院刻本 五册

330000－1701－0088078 G603865 子部/宗教類/佛教之屬

賢首五教儀開蒙增註五卷 (清)釋通理撰 清宣統元年(1909)揚州藏經院刻本 五册

330000－1701－0088079 G606993、G611089 類叢部/叢書類/彙編之屬

經策通纂二種 (清)吳潁炎 (清)陳通聲等纂 清光緒十三年(1887)上海點石齋石印本 二十二册 存一種

330000－1701－0088080 G603866 子部/宗教類/佛教之屬

賢首五教儀開蒙增註五卷 (清)釋通理撰 清宣統元年(1909)揚州藏經院刻本 五册

330000－1701－0088082 G004951 子部/醫家類/類編之屬

薛氏醫按二十四種 (明)吳琯編 明萬曆刻本 三册 存一種

330000－1701－0088084 G603867、G602330 史部/地理類/方志之屬/郡縣志

[同治]貴溪縣志十卷首一卷 (清)楊長杰等修 (清)黃聯珏等纂 清同治十年(1871)刻本 四册 存四卷(一至三、八)

330000－1701－0088086 G603868 子部/宗教類/佛教之屬/論

大智度論一百卷 (天竺)龍樹菩薩造 (後秦)釋鳩摩羅什譯 清光緒九年(1883)姑蘇刻經處刻本 二十五册

330000－1701－0088087 G605369 史部/傳記類/總傳之屬/技藝

墨林今話十八卷 (清)蔣寶齡撰 **墨林今話續編一卷** (清)蔣茝生撰 清咸豐二年(1852)刻本 六册

330000－1701－0088088 G004952 新學/全體學

省身指掌九卷 (美國)博恒理撰 清光緒三十年(1904)上海美華書館鉛印本 一册

330000－1701－0088093 G602212 史部/目録類/總録之屬/史志

八史經籍志十種三十卷 (日本)□□輯 清光緒八年至九年(1882－1883)鎮海張壽榮刻

本　十六冊

330000－1701－0088094　G606995　類叢部/叢書類/彙編之屬
唐代叢書一百六十四種　(清)王文誥編　清嘉慶十一年(1806)弁山樓刻本　十七冊　存七十七種

330000－1701－0088095　G004953　類叢部/叢書類/彙編之屬
廣漢魏叢書九十六種　(明)何允中編　明刻本　一冊　存一種

330000－1701－0088097　G005057　集部/別集類/清別集
漁洋山人精華錄箋注十二卷補一卷附年譜一卷　(清)王士禛撰　(清)金榮箋注　(清)徐淮纂輯　清康熙五十一年(1712)鳳翽堂刻本　六冊

330000－1701－0088100　G005162　子部/宗教類/其他宗教之屬/其他
觀音十二圓覺一卷　(清)彭德源撰　清光緒九年(1883)瑪瑙經房刻本　一冊

330000－1701－0088101　G005058　子部/儒家類/儒學之屬/蒙學
三字經一卷　(宋)王應麟撰　清光緒五年(1879)刻本　一冊

330000－1701－0088102　G005059　集部/總集類/選集之屬/斷代
唐詩啓蒙二卷　(清)吳淦輯　清光緒十四年(1888)康勝齋刻本　一冊

330000－1701－0088103　G603869　子部/宗教類/佛教之屬/經疏
因明入正理論疏八卷　(唐)釋窺基撰　清光緒二十二年(1896)金陵刻經處刻本　二冊

330000－1701－0088105　G603870　子部/宗教類/佛教之屬/經疏
因明入正理論疏八卷　(唐)釋窺基撰　清光緒二十二年(1896)金陵刻經處刻本　二冊

330000－1701－0088107　G005163　子部/宗教類/佛教之屬/經
佛說八大人覺經一卷　(漢)釋安清譯　**佛說八大人覺經疏一卷**　(清)釋續法撰　**二林居唱和詩一卷**　(清)彭紹升等撰　清光緒二十三年(1897)江北刻經處刻本　一冊

330000－1701－0088108　G005060　類叢部/叢書類/彙編之屬
武英殿聚珍版書一百三十八種　清刻本　一冊　存一種

330000－1701－0088109　G603871　子部/宗教類/佛教之屬/經疏
因明入正理論疏八卷　(唐)釋窺基撰　清光緒二十二年(1896)金陵刻經處刻本　二冊

330000－1701－0088110　G603872　子部/宗教類/佛教之屬/經疏
因明入正理論疏八卷　(唐)釋窺基撰　清光緒二十二年(1896)金陵刻經處刻本　二冊

330000－1701－0088112　G005164　子部/宗教類/佛教之屬/諸宗
六妙門輯一卷　(隋)釋智顗說　**唯心訣一卷**　(宋)釋智覺撰　清同治八年至九年(1869－1870)如臯刻經處刻本　一冊

330000－1701－0088114　G603873　子部/宗教類/佛教之屬/經疏
無量壽經起信論三卷觀無量壽佛經約論一卷阿彌陀經約論一卷　(清)彭紹升撰　清同治十一年(1872)如臯刻經處刻本　二冊

330000－1701－0088116　G605389　類叢部/叢書類/自著之屬
漢孳室箸書　(清)陶方琦撰　清光緒湘南使院刻本　三冊　存一種

330000－1701－0088117　G603874　子部/宗教類/佛教之屬
賢愚因緣經十三卷　(北魏)釋慧覺等譯　清光緒許靈虛等刻本　四冊

330000－1701－0088119　G603875　集部/曲類/寶卷之屬
九品蓮臺記二卷九回　(清)蓮航居士輯　清

同治十三年(1874)錢塘許靈虛刻本　一册　存一卷(上)

330000－1701－0088120　G005061　史部/傳記類/别傳之屬/事狀

誥授光禄大夫吏部左侍郎吳公[存義]行狀一卷　(清)譚廷獻撰　清同治刻本　一册

330000－1701－0088123　G603876　子部/宗教類/佛教之屬/律

毘尼止持會集十六卷首一卷　(清)釋讀體集　清光緒十八年(1892)刻本　五册　存十一卷(首、一至十)

330000－1701－0088124　G605428　類叢部/類書類/專類之屬

子史精華一百六十卷　(清)吳士玉　(清)吳襄等輯　清道光十八年(1838)刻本　三十五册　存一百五十五卷(一至一百五十五)

330000－1701－0088125　G005062　集部/總集類/課藝之屬

青雲集分韻試帖詳註四卷　(清)楊逢春　(清)蕭應櫆輯　(清)沈品華等註　清刻本　二册　存二卷(三至四)

330000－1701－0088126　G603877　子部/宗教類/佛教之屬/律

毘尼止持會集十六卷首一卷　(清)釋讀體集　清光緒十八年(1892)刻本　二册　存四卷(五至八)

330000－1701－0088130　G603878　集部/别集類/明别集

紫栢老人集二十九卷首一卷　(明)釋真可撰　清刻本　十册

330000－1701－0088131　G606996　類叢部/叢書類/彙編之屬

唐人説薈一百六十五種　(清)陳世熙編　清刻本　二十二册　存九十九種

330000－1701－0088133　G005165　經部/三禮總義類/通禮雜禮之屬

四禮翼八卷　(明)吕坤撰　清光緒二十一年(1895)湖北官書處刻本　一册

330000－1701－0088134　G605388　子部/叢編

二十二子(二十二子彙函)　(清)浙江書局編　清光緒元年至三年(1875－1877)浙江書局刻本　六册　存一種

330000－1701－0088137　G005166　子部/儒家類/儒學之屬/禮教

最樂編正集六卷　(明)高道淳輯　**最樂編續集二卷**　(清)錢煥輯　清同治十三年(1874)杭州舒氏刻本　一册

330000－1701－0088140　G605384　類叢部/叢書類/彙編之屬

心矩齋叢書十一種　(清)蔣鳳藻編　清光緒長洲蔣氏刻本　四册　存一種

330000－1701－0088141　G005064、G008106　子部/藝術類

美術叢書　鄧實輯　清宣統三年(1911)上海神州國光社鉛印本　五册　存第三集二種第七集八種

330000－1701－0088142　G605429　類叢部/叢書類/彙編之屬

嘯園叢書五十七種　(清)葛元煦編　清光緒二年至七年(1876－1881)仁和葛氏刻本　四册　存四種

330000－1701－0088146　G603879　集部/别集類/明别集

紫栢老人集二十九卷首一卷　(明)釋真可撰　清刻本　十册

330000－1701－0088147　G606997　類叢部/叢書類/彙編之屬

武英殿聚珍版書三十九種　清乾隆浙江刻本　八册　存七種

330000－1701－0088150　G004873　集部/小説類/長篇之屬

繪圖增像第五才子書水滸全傳八卷七十回　(元)施耐庵撰　(清)金人瑞評　清末石印本　二册　存二卷(二、八)

330000－1701－0088151　G005065　史部/傳

記類/别傳之屬/事狀

李鴻章(中國四十年來大事記)十二章　梁啓超撰　清末鉛印本　一册

330000－1701－0088152　G603881　史部/傳記類/科舉録之屬/歷科鄉試録

[道光己酉科]廣東鄉試硃卷一卷　(清)李毓瑛撰　清道光刻本　一册

330000－1701－0088153　G603882　史部/傳記類/科舉録之屬/歷科鄉試録

[道光己亥科]浙江鄉試硃卷一卷　(清)蔡葵撰　清道光刻本　一册

330000－1701－0088154　G603883　子部/雜著類/雜考之屬

蘿藦亭札記八卷　(清)喬松年撰　清同治十二年(1873)刻本　三册　存四卷(一至二、六至七)

330000－1701－0088155　G606998　類叢部/叢書類/彙編之屬

申報館叢書正集五十七種附録三種續集一百四十二種　(清)尊聞閣主編　蔡爾康編續集　清同治至光緒上海申報館鉛印本　七册　存一種

330000－1701－0088156　G005168　史部/政書類/公牘檔册之屬

樊山政書二十卷　樊增祥撰　清宣統二年(1910)金陵湯明林聚珍書局鉛印本　十册

330000－1701－0088157　G005066　史部/傳記類/科舉録之屬/歷科鄉試録

歷科鄉會硃卷不分卷(光緒戊子科、壬午科、乙酉科、癸未科、丙戌科、己丑恩科)　(清)徐秀鍾等撰　清光緒刻本　一册

330000－1701－0088158　G004874　集部/曲類/曲藝之屬

紅樓夢鼓詞□□卷□□回　清末石印本　七册　存七卷(二至八)

330000－1701－0088159　G005067　集部/小説類/長篇之屬

鴛鴦湖十六回　清末抄本　一册

330000－1701－0088160　G606999　類叢部/叢書類/彙編之屬

申報館叢書正集五十七種附録三種續集一百四十二種　(清)尊聞閣主編　蔡爾康編續集　清同治至光緒上海申報館鉛印本　四册　存一種

330000－1701－0088162　G005068　新學/醫學/衛生學

化學衛生論四卷　(英國)真司騰撰　(英國)傅蘭雅口譯　清光緒十六年(1890)上海格致書室刻本　一册　存一卷(四)

330000－1701－0088164　G004876　集部/曲類/曲韻曲譜曲律之屬

西樓記不分卷　清抄本　一册

330000－1701－0088168　G603884　類叢部/叢書類/彙編之屬

知不足齋叢書一百九十五種　(清)鮑廷博編　(清)鮑士恭續編　清乾隆三十七年至道光三年(1772－1823)長塘鮑氏刻彙印本　二十六册　存二十種

330000－1701－0088170　G607001　子部/宗教類/道教之屬/戒律

太上寶筏圖説八卷　(清)黄正元纂　清末石印本　二册　存二卷(弟、信)

330000－1701－0088171　G605391　新學/理學/理學

天演論二卷　(英國)赫胥黎撰　嚴復譯　清光緒二十七年(1901)富文書局石印本　一册

330000－1701－0088172　G005069　史部/傳記類/總傳之屬

高氏闔門殉難十二圖説一卷高履堂知事遺墨一卷　(清)高德泰口述　(清)邱鼎輯　清光緒十一年(1885)刻本　一册

330000－1701－0088174　G005070　集部/詩文評類/文法之屬/函牘格式

函牘規則一卷　清光緒木活字印本　一册

330000－1701－0088175　G605431、G611694　史部/傳記類/總傳之屬/斷代

國朝先正事略六十卷首一卷 （清）李元度撰　清光緒十二年(1886)鉛印本　十冊

330000－1701－0088176　G005071　史部/傳記類/總傳之屬/列女
兩浙彙造請旌事實清冊不分卷　清抄本　一冊

330000－1701－0088177　G005169　史部/紀傳類/正史之屬
後漢書九十卷　（南朝宋）范曄撰　（唐）李賢注　**續漢志三十卷**　（晉）司馬彪撰　（南朝梁）劉昭注　清韓江書局刻本　二冊

330000－1701－0088182　G607002　類叢部/叢書類/彙編之屬
國粹叢書四十九種　（清）國學保存會編　清光緒至宣統鉛印本　二冊　存二種

330000－1701－0088183　G005170　史部/傳記類/別傳之屬/事狀
先考兵科掌印給事中記名繁缺道張公[嘉祿]行狀一卷　張壽鏞撰　清宣統三年(1911)刻本　一冊

330000－1701－0088188　G005072　史部/編年類/斷代之屬
兩漢紀六十卷　（宋）王銍輯　**兩漢紀字句異同考一卷**　（清）蔣國祚撰　清康熙三十五年(1696)襄平蔣氏刻本　小隱題記　十四冊　缺四卷(前漢紀十五、二十八至三十)

330000－1701－0088189　G605432　子部/農家農學類/蠶桑之屬
喝茫蠶書八卷　（法國）喝茫勒窩滂撰　（清）鄭守箴譯　清光緒二十四年(1898)杭州蠶學館石印本　一冊

330000－1701－0088190　G606555　子部/雜著類/雜考之屬
困學紀聞注二十卷　（清）翁元圻撰　清道光五年(1825)餘姚翁氏守福堂刻本　十五冊　缺二卷(十二至十三)

330000－1701－0088192　G005171、G006952　子部/宗教類/佛教之屬/經
大般涅槃經四十卷　（晉）釋曇無讖譯　**大般涅槃經後分二卷**　（唐）釋若那跋陀羅　（唐）釋會寧等譯　清同治十三年(1874)杭省西湖昭慶慧空經房刻本　十一冊

330000－1701－0088194　G605433　子部/農家農學類/蠶桑之屬
喝茫蠶書八卷　（法國）喝茫勒窩滂撰　（清）鄭守箴譯　清光緒二十四年(1898)杭州蠶學館石印本　一冊

330000－1701－0088196　G606556　子部/雜著類/雜考之屬
困學紀聞注二十卷　（清）翁元圻撰　清道光五年(1825)餘姚翁氏守福堂刻本　二冊　存四卷(十一至十四)

330000－1701－0088198　G605437　類叢部/叢書類/郡邑之屬
武林往哲遺箸五十二種後編十種　（清）丁丙編　清光緒二十年至二十六年(1894－1900)錢塘丁氏嘉惠堂刻本　一冊　存一種

330000－1701－0088199　G605434　子部/農家農學類/蠶桑之屬
喝茫蠶書八卷　（法國）喝茫勒窩滂撰　（清）鄭守箴譯　清光緒二十四年(1898)杭州蠶學館石印本　一冊

330000－1701－0088202　G606557　子部/雜著類/雜考之屬
困學紀聞二十卷　（宋）王應麟撰　（清）閻若璩箋　清乾隆三年(1738)馬氏叢書樓刻本　十一冊　存十五卷(一、七至二十)

330000－1701－0088203　G605435　子部/農家農學類/蠶桑之屬
喝茫蠶書八卷　（法國）喝茫勒窩滂撰　（清）鄭守箴譯　清光緒二十四年(1898)杭州蠶學館石印本　一冊

330000－1701－0088205　G605370　子部/叢編
二十二子(二十二子彙函)　（清）浙江書局編　清光緒元年至三年(1875－1877)浙江書局

刻本　八冊　存一種

330000－1701－0088206　G605436　子部/農家農學類/蠶桑之屬

喝茫蠶書八卷　(法國)喝茫勒窩滂撰　(清)鄭守箴譯　清光緒二十四年(1898)杭州蠶學館石印本　一冊

330000－1701－0088207　G606558　史部/政書類

九通　(清)□□輯　清光緒八年至二十二年(1882－1896)浙江書局刻本　四十二冊　存一種

330000－1701－0088208　G005172　子部/宗教類/佛教之屬/經

大方廣佛華嚴經八十卷　(唐)釋實叉難陀譯　**大方廣佛華嚴經入不思議解脱境界普賢行願品一卷**　(唐)釋般若譯　**修華嚴懺九會請佛結壇儀式一卷**　**華嚴普賢行願懺儀一卷**　(宋)釋淨源編集　**復菴和尚華嚴綸貫一卷**　(宋)釋復菴撰　清光緒十八年(1892)刻本　二十六冊　存七十八卷(四至八十、華嚴經普賢行願品)

330000－1701－0088209　G603885　類叢部/叢書類/彙編之屬

知不足齋叢書一百九十五種　(清)鮑廷博編　(清)鮑士恭續編　清乾隆三十七年至道光三年(1772－1823)長塘鮑氏刻彙印本　五冊　存四種

330000－1701－0088210　G611110　類叢部/叢書類/彙編之屬

嘯園叢書五十七種　(清)葛元煦編　清光緒二年至七年(1876－1881)仁和葛氏刻本　三冊　存三種

330000－1701－0088213　G004877　子部/醫家類/本草之屬/歷代綜合本草

本草彙十八卷補遺一卷　(清)郭佩蘭撰　清康熙五年(1666)吳門郭氏梅花嶼刻本　一冊　存三卷(四至六)

330000－1701－0088215　G606559　史部/傳記類/别傳之屬/事狀

慈闈瑣記二卷　(清)孫仁述撰　清光緒三十三年(1907)刻本　一冊

330000－1701－0088216　G606560　集部/别集類/清别集

陳文恭公手札節要三卷　(清)陳弘謀撰　清同治七年(1868)湖北崇文書局刻本　一冊

330000－1701－0088218　G606561　史部/傳記類/總傳之屬/文苑

國朝名家詩鈔小傳四卷　(清)鄭方坤撰　清光緒十二年(1886)萬山草堂刻本　一冊　存二卷(一至二)

330000－1701－0088219　G611111　類叢部/叢書類/彙編之屬

讀畫齋叢書四十六種　(清)顧修編　清嘉慶四年至十六年(1799－1811)桐川顧氏刻本　八冊　存四種

330000－1701－0088221　G605443、G606651　集部/别集類/唐五代别集

白香山詩長慶集二十卷後集十七卷别集一卷補遺二卷　(唐)白居易撰　(清)汪立名編訂　**白香山[居易]年譜舊本一卷**　(宋)陳振孫撰　**白香山[居易]年譜一卷**　(清)汪立名撰　清康熙四十一年至四十二年(1702－1703)汪立名一隅草堂刻本　十二冊

330000－1701－0088222　G606562　類叢部/叢書類/自著之屬

春在堂全書(德清俞蔭甫所著書)三十六種　(清)俞樾撰　清同治至光緒刻光緒末彙印本　二冊　存一種

330000－1701－0088225　G603887　子部/藝術類/書畫之屬/法帖

唐顧升瘞琴銘不分卷　(唐)顧升撰並書　清宣統影印本　一冊

330000－1701－0088226　G005073　子部/醫家類/綜合之屬/通論

紹興醫學會課藝四卷　(清)何炳元評　清宣統二年(1910)浙江紹城太和春藥水店鉛印本

二册

330000－1701－0088228　G004878　新學/學校

肄業要覽一卷　(英國)史本守撰　(清)顏永京譯　清光緒二十一年(1895)上海格致書室鉛印本　一册

330000－1701－0088229　G603888　子部/藝術類/書畫之屬/法帖

唐顧升瘞琴銘不分卷　(唐)顧升撰並書　清宣統影印本　一册

330000－1701－0088230　G603889　子部/藝術類/書畫之屬/法帖

唐顧升瘞琴銘不分卷　(唐)顧升撰並書　清宣統影印本　一册

330000－1701－0088232　G605390　新學/理學/理學

天演論二卷　(英國)赫胥黎撰　嚴復譯　清光緒二十七年(1901)富文書局石印本　一册

330000－1701－0088233　G606563　史部/政書類

九通　(清)□□輯　清光緒八年至二十二年(1882－1896)浙江書局刻本　十八册　存一種

330000－1701－0088236　G603890　集部/小說類/短篇之屬

聊齋志異新評十六卷　(清)蒲松齡撰　(清)王士禛評　(清)呂湛恩注　(清)但明倫批　清道光二十二年(1842)廣順但氏刻朱墨套印本　二册　存二卷(一至二)

330000－1701－0088238　G005074　子部/術數類/命書相書之屬

窮通寶鑑欄江網二卷　(清)余春臺編　**增補月談賦一卷**　清抄本　一册

330000－1701－0088239　G004879　集部/小說類/長篇之屬

評註圖像水滸傳七十五卷七十回首一卷　(元)施耐庵撰　(清)金人瑞評　清末同文書局石印本　二册　存十七卷(七至十二、六十五至七十五)

330000－1701－0088241　G605438　類叢部/叢書類/郡邑之屬

武林掌故叢編一百八十七種　(清)丁丙編　清光緒三年至二十六年(1877－1900)錢塘丁氏嘉惠堂刻本　三册　存三種

330000－1701－0088242　G005173　史部/地理類/遊記之屬/紀行

漫遊紀略(瓠園集)四卷　(清)王澐撰　清光緒上海申報館鉛印申報館叢書本　露外跋　一册

330000－1701－0088244　G606565、G602486　類叢部/叢書類/彙編之屬

函海一百五十二種　(清)李調元編　清乾隆綿州李氏萬卷樓刻嘉慶十四年(1809)李鼎元、道光五年(1825)李朝夔重校補刻本　二册　存八種

330000－1701－0088245　G603891　類叢部/叢書類/彙編之屬

晨風閣叢書第一集(國學粹編)五十二種　沈宗畸等編　清光緒三十四年至宣統三年(1908－1911)國學萃編社鉛印本　二册　存四種

330000－1701－0088246　G611111/1　子部/藝術類/篆刻之屬

印人傳三卷　(清)周亮工撰　清刻本　一册

330000－1701－0088248　G004880　子部/醫家類/醫案之屬

續名醫類案三十六卷　(清)魏之琇撰　清宣統元年(1909)上海書局石印本　一册　存二卷(一至二)

330000－1701－0088249　G603892　子部/醫家類/綜合之屬/通論

御纂醫宗金鑑九十卷首一卷　(清)吳謙等撰　清乾隆刻本　三册　存六卷(編輯外科心法要訣五至七、十四至十六)

330000－1701－0088252　G606567　史部/地理類/外紀之屬

歐游隨筆二卷　(清)錢德培撰　清光緒木活字印本　二册

330000－1701－0088257　G004881　子部/宗教類/佛教之屬

無隱禪師略錄一卷　(清)釋□燾撰　(清)普願居士集校　清光緒十六年(1890)金陵刻經處刻本　一册

330000－1701－0088258　G606568　類叢部/叢書類/自著之屬

心齋十種　(清)任兆麟撰　清乾隆五十年至五十五年(1785－1790)震澤任氏忠敏家塾刻本　一册　存二種

330000－1701－0088260　G004882　集部/小說類/長篇之屬

繪圖增像第五才子書水滸全傳十卷七十回　(元)施耐庵撰　(清)金人瑞評　清末石印本　一册　存一卷(十)

330000－1701－0088261　G605383　子部/叢編

二十二子(二十二子彙函)　(清)浙江書局編　清光緒元年至三年(1875－1877)浙江書局刻本　四册　存一種

330000－1701－0088262　G603893　集部/別集類/清別集

蘭雪集八卷　(清)柯振嶽撰　清嘉慶二十三年(1818)藏修齋刻本　八册

330000－1701－0088263　G611113　類叢部/叢書類/彙編之屬

知不足齋叢書一百九十五種　(清)鮑廷博編　(清)鮑士恭續編　清乾隆三十七年至道光三年(1772－1823)長塘鮑氏刻彙印本　李次九題記　三十九册　存三十種

330000－1701－0088264　G606569　經部/四書類/總義之屬/傳說

四書經註集證十九卷　(清)吳昌宗撰　清嘉慶三年(1798)江都汪廷機刻本　十六册

330000－1701－0088266　G004883　新學/算學/數學

金華府師範學堂數學講義二卷九編　朱藻編　清末石印本　一册　存一卷(下)

330000－1701－0088267　G606570　類叢部/叢書類/彙編之屬

廣漢魏叢書八十種　(明)何允中編　清嘉慶刻本　三册　存四種

330000－1701－0088271　G603894　子部/藝術類/書畫之屬/畫譜

點石齋畫報初集十卷二集十二卷三集八卷四集六卷五集四卷六集四卷後附淞隱漫錄十二卷續錄五卷漫遊隨錄三卷風箏誤一卷閨媛叢錄一卷點石齋叢鈔一卷乘龍佳話一卷藹園謎賸一卷　(清)尊聞閣主人輯　清光緒二十三年(1897)石印本　六册　存七卷(初集一至二、六,二集二至四、十一)

330000－1701－0088272　G005174　子部/醫家類/方書之屬

摘要不分卷　清光緒二十四年(1898)湯益生抄本　一册

330000－1701－0088273　G603895　經部/小學類/文字之屬/字書/字典

書契原恉十四卷　(清)陳致熿撰　清咸豐五年(1855)刻北涇艸堂印本　一册　存八卷(七至十四)

330000－1701－0088274　G005175　子部/醫家類/綜合之屬

廖誠庵先生經驗錄一卷　清抄本　一册

330000－1701－0088275　G603896　類叢部/叢書類/郡邑之屬

武林掌故叢編一百八十七種　(清)丁丙編　清光緒三年至二十六年(1877－1900)錢塘丁氏嘉惠堂刻本　三册　存一種

330000－1701－0088276　G607004　類叢部/叢書類/彙編之屬

武英殿聚珍版書一百三十八種　清乾隆浙江刻本　二册　存四種

330000－1701－0088278　G603897　子部/醫家類/傷寒金匱之屬/傷寒論

增注類證活人書二十二卷釋音一卷藥性一卷　(宋)朱肱撰　清光緒十年(1884)江南機器製造總局刻本　二册　存十二卷(五至十六)

330000－1701－0088279　G004884　集部/戲劇類/傳奇之屬

繡刻演劇十本六十種　(明)毛晉編　明末毛氏汲古閣刻清修補本　二册　存一種

330000－1701－0088281　G005176　類叢部/叢書類/彙編之屬

武英殿聚珍版書三十九種　清乾隆浙江刻本　八册　存一種

330000－1701－0088282　G603898　子部/藝術類/書畫之屬/畫録

虚齋名畫録十六卷　龐元濟輯　清宣統元年(1909)烏程龐氏申江刻本　八册　存八卷(九至十六)

330000－1701－0088283　G606571　子部/宗教類/佛教之屬/諸宗

淨土津梁十三種　(清)釋了慰輯　清乾隆四十九年至五十年(1784－1785)京都衍法寺刻本　一册　存三種

330000－1701－0088284　G603899　類叢部/叢書類/郡邑之屬

金華叢書六十八種　(清)胡鳳丹編　清同治七年至光緒八年(1868－1882)永康胡氏退補齋刻民國補刻本　淑鄉批校　四册　存三種

330000－1701－0088285　G004885、G004886　集部/總集類/郡邑之屬

武陵文徵□□卷武陵詩徵□□卷　清刻本　三册　存四卷(武陵文徵一至二、武陵詩徵一至二)

330000－1701－0088287　G606572　子部/藝術類/遊藝之屬/棋弈

奕妙一卷　(清)吴峻輯　**奕妙二編一卷**　(清)吴駉輯　清乾隆二十九年(1764)崇雅堂刻本　一册

330000－1701－0088288　G606573　類叢部/叢書類/家集之屬

洪氏晦木齋叢書二十種　(清)洪汝奎編　清同治八年至宣統元年(1869－1909)刻本　一册　存一種

330000－1701－0088289　G603900　類叢部/叢書類/郡邑之屬

金華叢書六十八種　(清)胡鳳丹編　清同治七年至光緒八年(1868－1882)永康胡氏退補齋刻民國補刻本　一册　存一種

330000－1701－0088290　G606574　類叢部/叢書類/自著之屬

沈歸愚詩文全集十四種　(清)沈德潛撰　清乾隆教忠堂刻本　一册　存一種

330000－1701－0088291　G603901　類叢部/叢書類/自著之屬

任氏遺書八種　(清)任啓運撰　清光緒十四年(1888)荆溪任氏家塾刻本　二册　存三種

330000－1701－0088292　G603902　經部/易類/傳説之屬

周易傳義音訓八卷首一卷　(宋)吕祖謙撰　**易學啓蒙一卷**　(宋)朱熹撰　清咸豐六年(1856)浦城與古齋祝鳳喈金陵刻本　七册　缺一卷(易學啓蒙)

330000－1701－0088293　G606575　史部/政書類

九通　(清)□□輯　清光緒八年至二十二年(1882－1896)浙江書局刻本　九十七册　存一種

330000－1701－0088294　G603903　經部/易類/傳説之屬

周易傳義音訓八卷首一卷　(宋)吕祖謙撰　**易學啓蒙一卷**　(宋)朱熹撰　清咸豐六年(1856)浦城與古齋祝鳳喈金陵刻本　八册

330000－1701－0088295　G004887　子部/醫家類/類編之屬

吴氏醫學述　(清)吴儀洛輯　清刻本　五册　存一種

330000－1701－0088296　G607006　子部/醫家類/類編之屬

陳修園公餘醫録五種合刻　(清)陳念祖撰　清刻本　二冊　存一種

330000－1701－0088299　G607007　子部/醫家類/類編之屬

陳修園公餘醫録五種合刻　(清)陳念祖撰　清刻本　一冊　存一種

330000－1701－0088300　G005177　子部/雜著類/雜品之屬

樂邑勸民説一卷附歷任雜文一卷　(清)胡惟賢撰　清光緒三十三年(1907)撫州官書局鉛印本　一冊

330000－1701－0088301　G605439　經部/群經總義類/傳説之屬

經訓比義三卷　(清)黄以周撰　清光緒二十二年(1896)南菁講舍刻本　三冊

330000－1701－0088302　G005075　子部/宗教類/佛教之屬/經

悲華經十卷　(晉)釋曇無讖譯　清光緒四年(1878)金陵刻經處刻本　三冊

330000－1701－0088303　G607008　子部/醫家類/類編之屬

陳修園公餘醫録五種合刻　(清)陳念祖撰　清刻本　四冊　存一種

330000－1701－0088304　G605440　史部/傳記類/别傳之屬/年譜

孔孟編年三種　(清)狄子奇輯　清光緒十三年(1887)浙江書局刻本　一冊　存一種

330000－1701－0088306　G005076　子部/宗教類/佛教之屬/總録

釋迦如來應化事蹟不分卷　(清)釋永珊撰並繪　清光緒二十三年(1897)石印本　四冊

330000－1701－0088307　G004888　子部/醫家類/綜合之屬/合刻、合抄

景岳全書六十四卷　(明)張介賓撰　清刻本　十冊　存十九卷(四十六至六十四)

330000－1701－0088309　G005179　史部/政書類/公牘檔冊之屬

農工商部農事試驗場第一期報告不分卷　(清)葉基楨等撰　清宣統元年(1909)南洋印刷官廠鉛印本　一冊

330000－1701－0088310　G605445、G611350　史部/傳記類/别傳之屬/事狀

鄂國金陀稡編二十八卷續編三十卷　(宋)岳珂編　清光緒九年(1883)浙江書局刻本　十二冊

330000－1701－0088311　G605444　集部/别集類/清别集

半巖廬遺詩二卷　(清)邵懿辰撰　清同治十年(1871)潘祖蔭刻本　一冊

330000－1701－0088314　G607011　類叢部/叢書類/彙編之屬

申報館叢書正集五十七種附録三種續集一百四十二種　(清)尊聞閣主編　蔡爾康編續集　清同治至光緒上海申報館鉛印本　一冊　存一種

330000－1701－0088315　G005077　類叢部/叢書類/彙編之屬

武英殿聚珍版書一百三十八種　清木活字印本　十八冊　存一種

330000－1701－0088316　G005180　史部/編年類/斷代之屬

東華節録□□卷　王先謙撰　陳璧節録　清光緒三十三年(1907)五城學堂刻本　二冊　存二卷(一至二)

330000－1701－0088317　G607012　類叢部/叢書類/彙編之屬

藝苑捃華四十八種　(清)顧之逵編　清同治七年(1868)刻本　一冊　存三種

330000－1701－0088318　G611114　史部/地理類/雜志之屬

天咫偶聞十卷　震鈞撰　清光緒三十三年(1907)甘棠轉舍刻本　八冊

330000－1701－0088319　G605387　子部/叢編

二十二子(二十二子彙函)　(清)浙江書局編

清光緒元年至三年(1875－1877)浙江書局刻本　六册　存一種

330000－1701－0088320　G605441　子部/叢編

二十二子(二十二子彙函)　(清)浙江書局編　清光緒元年至三年(1875－1877)浙江書局刻本　三册　存一種

330000－1701－0088321　G603904　經部/小學類/音韻之屬/韻書

詩韻全璧五卷　(清)湯祥瑟輯　**虛字韻藪一卷**　(清)潘維城輯　**初學檢韻袖珍一卷**　(清)姚文登撰　清末石印本　一册　存一卷(詩韻全璧一)

330000－1701－0088322　G005181　集部/別集類/清別集

獨擇訂益甫大人來函一卷　丁謙撰　洪仁訂　清宣統三年(1911)稿本　一册

330000－1701－0088324　G607013　子部/雜著類/雜考之屬

日知錄集釋三十二卷刊誤二卷續刊誤二卷　(清)黄汝成撰　清光緒三年(1877)刻本　十四册　存三十卷(一至十二、十五至三十二)

330000－1701－0088325　G005078　子部/醫家類/方書之屬/單方驗方

本草萬方鍼線八卷　(清)蔡烈先輯　清宣統三年(1911)上海商務印書館石印本　一册　存六卷(一至六)

330000－1701－0088327　G005182　集部/總集類/尺牘之屬

致吏部尚書徐桐等尺牘一卷　清末稿本　一册

330000－1701－0088328　G005183　集部/總集類/尺牘之屬

來件留踪不分卷　清末抄本　二册

330000－1701－0088329　G611115　史部/地理類/遊記之屬/紀勝

湖山便覽十二卷　(清)翟灝等撰　清光緒元年(1875)杭州王維翰槐蔭堂刻本　六册

330000－1701－0088330　G607014　類叢部/叢書類/彙編之屬

申報館叢書正集五十七種附録三種續集一百四十二種　(清)尊聞閣主編　蔡爾康編續集　清同治至光緒上海申報館鉛印本　一册　存一種

330000－1701－0088331　G005079　集部/小説類/短篇之屬

燕山外史註釋二卷　(清)陳球撰　(清)若騤子輯注　清末石印本　一册　存一卷(一)

330000－1701－0088332　G005184　集部/別集類/清別集

録函留底不分卷　清末抄本　二册

330000－1701－0088333　G005185　子部/宗教類/佛教之屬/經疏

金光明經玄義拾遺記□□卷　(宋)釋知禮述　清刻本　一册　存五卷(一至五)

330000－1701－0088334　G602214　史部/傳記類/別傳之屬/事狀

義民包立身事略一卷附録一卷　(清)包祖清編　清宣統三年(1911)鉛印本　一册

330000－1701－0088335　G608860　類叢部/叢書類/彙編之屬

申報館叢書正集五十七種附録三種續集一百四十二種　(清)尊聞閣主編　蔡爾康編續集　清同治至光緒上海申報館鉛印本　一册　存一種

330000－1701－0088336　G611116　史部/地理類/遊記之屬/紀勝

湖山便覽十二卷　(清)翟灝等撰　清光緒元年(1875)杭州王維翰槐蔭堂刻本　六册

330000－1701－0088337　G603905　史部/金石類/金之屬/文字

積古齋鐘鼎彝器款識十卷　(清)阮元　(清)朱爲弼撰　清光緒二十三年(1897)上海醉六堂石印本　一册　存二卷(一至二)

330000－1701－0088338　G005186　子部/宗教類/佛教之屬/諸宗

欒邦文類五卷　(宋)釋宗曉輯　清刻本　五冊

330000－1701－0088339　G611117　史部/地理類/遊記之屬/紀勝

湖山便覽十二卷　(清)翟灝等撰　清光緒元年(1875)杭州王維翰槐蔭堂刻本　六冊

330000－1701－0088340　G005080　子部/術數類/相宅相墓之屬

地理青囊經天玉心印奥語續編註解八卷首一卷　(清)王宗臣撰　清善成堂刻本　一冊　存五卷(首、一至四)

330000－1701－0088341　G611118　子部/雜著類/雜說之屬

天則百話不分卷　(日本)加藤弘之撰　吳建常譯　清光緒二十八年(1902)上海廣智書局鉛印本　一冊

330000－1701－0088342　G607015　類叢部/叢書類/彙編之屬

申報館叢書正集五十七種附錄三種續集一百四十二種　(清)尊聞閣主編　蔡爾康編續集　清同治至光緒上海申報館鉛印本　二冊　存一種

330000－1701－0088343　G602215　史部/傳記類

歸顧朱三先生年譜合刻　(清)金吳瀾輯　清光緒六年(1880)嘉興金氏刻本　三冊　存一種

330000－1701－0088344　G605446　子部/雜著類/雜說之屬

墨子閒詁十五卷目錄一卷附錄一卷後語二卷　(清)孫詒讓撰　清宣統二年(1910)瑞安孫氏刻本　八冊

330000－1701－0088345　G004889　類叢部/叢書類/家集之屬

左海續集十一種　(清)陳壽祺　(清)陳喬樅撰　清道光至同治刻本　一冊　存一種

330000－1701－0088346　G608861、G007802、G610043、G611998　史部/政書類/儀制之屬/典禮

南巡盛典一百二十卷　(清)高晉等纂修　清光緒八年(1882)上海點石齋石印本　六冊　存八十七卷(一至十六、三十四至一百四)

330000－1701－0088347　G005081　史部/地理類/雜志之屬

成都通覽不分卷　傅崇榘輯　清宣統元年(1909)通俗報社石印本　三冊

330000－1701－0088348　G603907　類叢部/叢書類/彙編之屬

融經館叢書十一種　(清)徐友蘭編　清光緒六年至十一年(1880－1885)會稽徐氏八杉齋刻本　三冊　存一種

330000－1701－0088349　G611119　史部/傳記類/總傳之屬/技藝

歷代畫史彙傳七十二卷首一卷總目三卷附錄二卷　(清)彭蘊璨輯　清道光五年(1825)吳門彭氏尚志堂刻本　十冊　存四十一卷(三十四至七十二、附錄一至二)

330000－1701－0088352　G607016、G610473　史部/傳記類/總傳之屬/斷代

漁洋感舊集小傳四卷補遺一卷　(清)盧見曾輯　清光緒四年(1878)上海淞隱閣鉛印本　二冊

330000－1701－0088353　G005082　集部/曲類/曲評曲話曲目之屬

日下梨園百詠不分卷　(清)醉薇居士撰　清光緒十七年(1891)石印書屋石印本　一冊

330000－1701－0088354　G608862、G607662、G610602、G612013、G610273　集部/總集類/郡邑之屬

粵十三家集　(清)伍元薇輯　清道光二十年(1840)南海伍氏詩雪軒刻本　十九冊　存七種

330000－1701－0088355　G602216　類叢部/叢書類/彙編之屬

刻鵠齋叢書十六種　(清)胡念修編　清光緒二十三年至二十七年(1897－1901)刻鵠齋刻

本　一冊　存一種

330000－1701－0088357　G005187　子部/宗教類/佛教之屬/諸宗
宗範八卷首一卷　(清)錢伊庵輯　清光緒十二年(1886)金陵刻經處刻本　二冊　存六卷(三至八)

330000－1701－0088359　G602217　經部/小學類/音韻之屬/古今韻説
古今中外音韻通例不分卷　(清)胡垣撰　清光緒十四年(1888)刻本　清鏡研齋主人題記　一冊

330000－1701－0088360　G005083　類叢部/叢書類/彙編之屬
武英殿聚珍版書三十九種　清乾隆浙江刻本　十一冊　存六種

330000－1701－0088361　G603908　集部/總集類/彙編之屬
南宋羣賢小集七十四種　(宋)陳起編　(清)顧修重輯　清嘉慶六年(1801)石門顧氏讀畫齋刻本　五冊　存八種

330000－1701－0088362　G607017　類叢部/叢書類/彙編之屬
申報館叢書正集五十七種附錄三種續集一百四十二種　(清)尊聞閣主編　蔡爾康編續集　清同治至光緒上海申報館鉛印本　二冊　存一種

330000－1701－0088363　G605372　史部/地理類/山川之屬/水志
南湖考一卷　(明)陳紛學撰　**節錄餘杭縣南湖事略一卷南湖誌考一卷**　(清)陳善撰　清光緒五年(1879)浙江官書局刻本　滌齋題記　一冊

330000－1701－0088364　G602218　史部/政書類/儀制之屬/典禮
文廟丁祭譜一卷　(清)藍鍾瑞等撰　清同治七年(1868)江蘇書局刻本　一冊

330000－1701－0088365　G608863　類叢部/叢書類/彙編之屬
知不足齋叢書一百九十五種　(清)鮑廷博編　(清)鮑士恭續編　清乾隆三十七年至道光三年(1772－1823)長塘鮑氏刻彙印本　十四冊　存十五種

330000－1701－0088368　G605449　史部/雜史類/斷代之屬
湘軍志十六卷首一卷　王闓運撰　清光緒十一年(1885)斠微齋刻本　四冊

330000－1701－0088369　G605450　子部/雜著類/雜考之屬
札迻十二卷　(清)孫詒讓撰　清光緒二十年(1894)籀廎刻二十一年(1895)重修本　四冊

330000－1701－0088370　G611120　史部/傳記類/總傳之屬/技藝
無聲詩史七卷　(清)姜紹書撰　清康熙五十九年(1720)嘉興李光暎觀妙齋刻本　四冊

330000－1701－0088378　G611121　類叢部/叢書類/自著之屬
隨園三十六種　(清)袁枚撰　清光緒十九年(1893)倉山舊主石印本　一冊　存一種

330000－1701－0088379　G004890　史部/地理類/方志之屬/郡縣志
[康熙]河南府志二十八卷　(清)張聖業修　(清)董正纂　清康熙三十四年(1695)刻雍正重修本　六冊　存七卷(二十二至二十八)

330000－1701－0088380　G607020、G609798　類叢部/叢書類/彙編之屬
申報館叢書正集五十七種附錄三種續集一百四十二種　(清)尊聞閣主編　蔡爾康編續集　清同治至光緒上海申報館鉛印本　三冊　存一種

330000－1701－0088381　G004891　史部/傳記類/別傳之屬/年譜
宋本韓柳二先生年譜八卷　(清)馬曰璐編　清光緒元年(1875)隸釋齋刻本　一冊

330000－1701－0088395　G611122　史部/職官類/官箴之屬
宦游紀略二卷　(清)高廷瑤撰　清光緒九年

(1883)桐鄉嚴錫康刻本　二册

330000－1701－0088403　G607021　類叢部/叢書類/彙編之屬

申報館叢書正集五十七種附錄三種續集一百四十二種　(清)尊聞閣主編　蔡爾康編續集　清同治至光緒上海申報館鉛印本　一册　存一種

330000－1701－0088407　G606576　史部/政書類

九通　(清)□□輯　清光緒八年至二十二年(1882－1896)浙江書局刻本　五十六册　存一種

330000－1701－0088410　G603909　集部/總集類/彙編之屬

南宋羣賢小集七十四種　(宋)陳起編　(清)顧修重輯　清嘉慶六年(1801)石門顧氏讀畫齋刻本　一册　存一種

330000－1701－0088412　G605448　類叢部/叢書類/彙編之屬

半厂叢書初編十種　(清)譚獻編　清同治至光緒仁和譚氏刻本　一册　存一種

330000－1701－0088413　G005189　類叢部/叢書類/彙編之屬

廣漢魏叢書九十六種　(明)何允中編　明刻本　二册　存一種

330000－1701－0088414　G603910　子部/藝術類/書畫之屬

新增百美圖説二卷　(清)李世捷輯　清光緒十三年(1887)上海積山書局石印本　一册　存一卷(下)

330000－1701－0088415　G606578　史部/政書類

九通　(清)□□輯　清光緒八年至二十二年(1882－1896)浙江書局刻本　二十一册　存一種

330000－1701－0088416　G608865、G609372　類叢部/類書類/通類之屬

增補事類統編九十三卷首一卷　(清)黄葆真輯　清光緒十四年(1888)上海積山書局石印本　十二册

330000－1701－0088418　G606579、G608326　史部/政書類

九通　(清)□□輯　清光緒八年至二十二年(1882－1896)浙江書局刻本　二十二册　存一種

330000－1701－0088419　G603911　子部/醫家類/方書之屬/單方驗方

四科簡效方四卷　(清)王士雄撰　清光緒十一年(1885)越州徐氏刻本　一册　存一卷(甲集)

330000－1701－0088421　G607022　子部/雜著類/雜品之屬

弦雪居重訂遵生八牋十九卷目錄一卷　(明)高濂撰　清光緒十年(1884)刻本　五册　存六卷(二至五、十、十八)

330000－1701－0088424　G605377　類叢部/叢書類/自著之屬

振綺堂遺書五種　(清)汪遠孫撰　清道光刻民國十一年(1922)錢唐汪氏彙印本　五册　存一種

330000－1701－0088426　G608866、G602284　史部/地理類/遊記之屬/紀勝

湖山便覽十二卷　(清)翟灝等撰　清光緒元年(1875)杭州王維翰槐蔭堂刻本　五册　存十卷(一至十)

330000－1701－0088435　G605386　子部/儒家類/儒學之屬/性理

近思錄集注十四卷考訂朱子世家一卷　(清)江永撰　**校勘記一卷**　(清)王炳撰　清同治八年(1869)江蘇書局刻本　四册　缺一卷(校勘記)

330000－1701－0088438　G603913　子部/宗教類/佛教之屬/諸宗

靈峰蕅益大師選定淨土十要十卷　(清)釋智旭輯　(清)釋成時評點節略　清同治六年(1867)刻本　四册

330000－1701－0088439　G005190　子部/宗教類/佛教之屬/經疏

大方廣圓覺修多羅了義經略疏二卷　(唐)釋宗密撰　清同治四年(1865)湖北漢陽府歸元寺刻本　一册

330000－1701－0088445　G608867　史部/史評類/史論之屬

澂景堂史測十四卷　(清)施鴻撰　清光緒二十八年(1902)刻知聖教齋叢書本　胡穎之題記　一册　存六卷(一至六)

330000－1701－0088447　G004892　子部/醫家類/類編之屬

吳氏醫學述　(清)吳儀洛輯　清刻本　一册　存一種

330000－1701－0088448　G004898、G007602　史部/雜史類/斷代之屬

中外大事彙記十二卷首四卷末一卷　(清)倚劍生編　清光緒二十四年(1898)廣智報局鉛印本　八册

330000－1701－0088451　G603914　子部/宗教類/佛教之屬/諸宗

靈峰蕅益大師選定淨土十要十卷　(清)釋智旭輯　(清)釋成時評點節略　清同治六年(1867)杭州昭慶寺經房刻本　一册　存一卷(十)

330000－1701－0088452　G005084　子部/藝術類/篆刻之屬/印譜

削觚廬印存不分卷　吳昌碩篆刻　清末鈐印本　一册

330000－1701－0088455　G603915　子部/宗教類/佛教之屬/經

金光明經四卷　(晉)釋曇無讖譯　清同治八年(1869)釋古株刻本　一册

330000－1701－0088458　G605378　類叢部/叢書類/自著之屬

振綺堂遺書五種　(清)汪遠孫撰　清道光刻民國十一年(1922)錢唐汪氏彙印本　五册　存一種

330000－1701－0088459　G005191　史部/政書類/邦計之屬/賦稅

浙海鈔關徵收稅銀則例一卷　清刻本　一册

330000－1701－0088461　G603916　子部/宗教類/佛教之屬/經

金光明經四卷　(晉)釋曇無讖譯　清同治八年(1869)釋古株刻本　一册

330000－1701－0088462　G603917　子部/宗教類/佛教之屬/經

金光明經四卷　(晉)釋曇無讖譯　清同治八年(1869)釋古株刻本　一册

330000－1701－0088464　G606580　史部/政書類

九通　(清)□□輯　清光緒八年至二十二年(1882－1896)浙江書局刻本　三十二册　存一種

330000－1701－0088465　G603918　子部/宗教類/佛教之屬/經

金光明經四卷　(晉)釋曇無讖譯　清同治八年(1869)釋古株刻本　一册

330000－1701－0088468　G603919　子部/宗教類/佛教之屬/經

金光明經四卷　(晉)釋曇無讖譯　清同治八年(1869)釋古株刻本　一册

330000－1701－0088469　民 925.17/4043.8　史部/傳記類/别傳之屬/墓誌

清甲午中東之役戰歿李將軍傳誌彙編一卷附張夫人事略一卷　李寅賓　李寅恭輯　清光緒安徽官紙局鉛印本　一册

330000－1701－0088470　G004893　子部/醫家類/類編之屬

古今醫統正脈全書四十四種　(明)王肯堂編　清刻本　一册　存一種

330000－1701－0088471　G606581　史部/政書類

九通　(清)□□輯　清光緒八年至二十二年(1882－1896)浙江書局刻本　二十二册　存一種

330000－1701－0088472　G603920　子部/宗教類/佛教之屬/經
金光明經四卷　（晉）釋曇無讖譯　清同治八年（1869）釋古株刻本　一冊

330000－1701－0088473　G005192　史部/傳記類/雜傳之屬
武侯内編□□卷　（清）諸葛麒纂輯　清初刻本　六冊　存六卷（一至六）

330000－1701－0088475　G606583、G607729　類叢部/叢書類/彙編之屬
正誼堂全書六十三種續刻五種　（清）張伯行編　（清）楊浚重編　清同治五年（1866）福州正誼書院刻同治八年至光緒十三年（1869－1887）續刻本　一百三冊　存四十六種

330000－1701－0088476　G603921　子部/宗教類/佛教之屬/經
金光明經四卷　（晉）釋曇無讖譯　清同治八年（1869）釋古株刻本　一冊

330000－1701－0088477　G005086　子部/儒家類/儒學之屬/蒙學
三字經註解備要一卷　（清）賀興思注解　清光緒二十五年（1899）上海埽葉山房鉛印本　一冊

330000－1701－0088478　G603922　子部/雜著類/雜考之屬
翁注困學紀聞二十卷首一卷　（宋）王應麟撰　（清）翁元圻輯　清光緒十五年（1889）上海點石齋石印本　六冊

330000－1701－0088480　G606582　類叢部/叢書類/彙編之屬
稗海四十八種續集二十二種　（明）商濬編　明萬曆商氏半埜堂刻清康熙至乾隆修補重訂本　七十九冊　存六十九種

330000－1701－0088481　G608869、G610484　類叢部/叢書類/郡邑之屬
粟香室叢書五十九種　金武祥編　清光緒至民國江陰金氏刻本　十冊　存二十二種

330000－1701－0088483　G610080、G611126　類叢部/叢書類/彙編之屬
仰視千七百二十九鶴齋叢書四十種　（清）趙之謙編　清光緒會稽趙氏刻本　二十二冊　存二十四種

330000－1701－0088484　G005087　史部/傳記類/總傳之屬/仕宦
歷代名臣言行錄二十四卷　（清）朱桓輯　清末石印本　七冊　存二十一卷（四至二十四）

330000－1701－0088486　G005193　類叢部/叢書類/彙編之屬
惜陰軒叢書三十四種續編一種　（清）李錫齡編　清光緒十四年（1888）長沙惜陰書局刻本　二冊　存一種

330000－1701－0088491　G603923　類叢部/叢書類/彙編之屬
知不足齋叢書一百九十五種　（清）鮑廷博編　（清）鮑士恭續編　清乾隆三十七年至道光三年（1772－1823）長塘鮑氏刻彙印本　二十五冊　存二十種

330000－1701－0088496　G005088　史部/雜史類/斷代之屬
湘亂雜錄一卷附錄一卷　清末刻本　一冊

330000－1701－0088497　G004894　集部/別集類/清別集
詩賦全集不分卷　（漢）班固等撰　清抄本　一冊

330000－1701－0088499　G005089　子部/醫家類/綜合之屬/合刻合抄
心身藥四卷　（清）靜緣子尚清虛輯　**呂新吾先生閨戒一卷**　（清）呂新吾撰　清刻本　一冊　存四卷（二至四、呂新吾先生閨戒）

330000－1701－0088502　G004895、G006621　子部/藝術類/音樂之屬/樂譜
琴譜諧聲六卷　（清）周顯祖撰　清道光元年（1821）刻本　二冊　存二卷（一、三）

330000－1701－0088504　G005194　史部/地理類/雜志之屬
濱海紀畧二卷　周憩南撰　清宣統元年

(1909)稿本　二册

330000－1701－0088507　G005090　集部/别集類/清别集
浮玉山房賦鈔不分卷浮玉山房試帖不分卷　(清)丁紹周撰　清同治十年(1871)刻本　一册

330000－1701－0088510　G607023、G607241　史部/地理類/山川之屬/山志
京口三山志　(清)□□輯　清同治至光緒刻本　十册　存二種

330000－1701－0088512　G005195　史部/政書類/邦計之屬/荒政
許氏義莊事略不分卷　清光緒十三年(1887)刻本　一册

330000－1701－0088514　G004896　集部/曲類/寶卷之屬
目連卷全集不分卷　清光緒三年(1877)杭州瑪瑙寺經房刻本　一册

330000－1701－0088524　G607024、G607827　集部/别集類/清别集
攜雪堂文集四卷　(清)吳可讀撰　(清)郭嵐　(清)李崇洸輯　(清)楊慶生箋注　清光緒二十六年(1900)浙江書局刻本　四册

330000－1701－0088527　G004897　子部/雜著類/雜説之屬
續嘐嘐言四卷　(清)郭柏蔭撰　清光緒二十三年(1897)刻本　一册

330000－1701－0088528　G005197　集部/總集類/尺牘之屬
致誠民信札集不分卷　清末稿本　一册

330000－1701－0088529　G608870　子部/宗教類/佛教之屬
大乘無爲歸空指路寶卷二卷　(清)姚廷福輯　(清)孫漱纂修　清光緒二十六年(1900)廣聖堂刻本　一册　存一卷(下)

330000－1701－0088530　G607025　集部/别集類/清别集
樊榭山房全集(樊榭山房集十卷續集十卷文集八卷游仙百詠三卷秋林琴雅四卷集外曲二卷集外詩一卷集外詞一卷集外文一卷附輓辭一卷軼事一卷)四十二卷　(清)厲鶚撰　清光緒十年(1884)汪氏振綺堂刻本　二册　存十二卷(文集五至八、秋林琴雅一至四、游仙百詠一至三、集外詩)

330000－1701－0088533　G608871、G609530　史部/詔令奏議類/奏議之屬
李文忠公奏議二十卷　(清)李鴻章撰　(清)章洪鈞　(清)吳汝綸編輯　清光緒蓮池石印本　二十册

330000－1701－0088535　G605373　集部/别集類/清别集
蠡城吟草四卷　傅崇黻撰　清宣統元年(1909)鉛印本　一册

330000－1701－0088541　G005199　子部/宗教類/其他宗教之屬/基督教
新約全書二卷　清同治五年(1866)香港英華書院刻本　二册

330000－1701－0088543　G608872　類叢部/叢書類/彙編之屬
武英殿聚珍版書三十九種　清乾隆浙江刻本　一册　存一種

330000－1701－0088545　G607026　類叢部/叢書類/彙編之屬
崧岱山館叢鈔　清宣統鉛印本　六册　存一種

330000－1701－0088546　G005092、G006592、G007851、G008604、G010552　子部/小説家類/瑣語之屬
勉戒切要録十卷首一卷末一卷　(清)孫廷鍔編　清同治十二年(1873)刻本　五册　缺二卷(三至四)

330000－1701－0088547　G005200　史部/傳記類/别傳之屬/事狀
皇清增貢生鄂士府君[戴邦棣]行狀一卷　(清)戴以恒　(清)戴其恒撰　清末武林寶晉

齋刻本　一册

330000－1701－0088548　G606584、G609266、G609289、G611588、G607823、G609748　類叢部/叢書類/自著之屬

春在堂全書三十六種　(清)俞樾撰　清同治至光緒刻光緒末彙印本　五十一册　存七種

330000－1701－0088549　G607027　史部/史評類/詠史之屬

南宋雜事詩七卷　(清)沈嘉轍等撰　清同治十一年(1872)淮南書局刻本　一册　存一卷(一)

330000－1701－0088552　G608873　史部/史評類/史論之屬

史億一卷　(清)汪㰂撰　清同治七年(1868)刻本　一册

330000－1701－0088554　G005201　史部/傳記類/别傳之屬/事狀

哀啓(王文韶哀啓)不分卷　清宣統元年(1909)石印本　一册

330000－1701－0088555　G607028　子部/叢編

二十二子(二十二子彙函)　(清)浙江書局編　清光緒元年至三年(1875－1877)浙江書局刻本　六册　存一種

330000－1701－0088557　G607029　子部/叢編

二十二子(二十二子彙函)　(清)浙江書局編　清光緒元年至三年(1875－1877)浙江書局刻本　六册　存一種

330000－1701－0088558　G606585、G609061　類叢部/叢書類/郡邑之屬

武林掌故叢編一百八十七種　(清)丁丙編　清光緒三年至二十六年(1877－1900)錢塘丁氏嘉惠堂刻本　十六册　存三種

330000－1701－0088562　G605374　集部/别集類/清别集

述學内篇三卷補遺一卷外篇一卷别録一卷附録一卷校勘記一卷　(清)汪中撰　(清)汪喜孫編　清同治八年(1869)揚州書局刻本　二册

330000－1701－0088564　G004899　集部/曲類/寶卷之屬

潘公免災救難寶卷三卷前一卷　(清)潘曾沂撰　清同治二年(1863)刻本　一册

330000－1701－0088568　G606586　類叢部/叢書類/郡邑之屬

武林掌故叢編一百八十七種　(清)丁丙編　清光緒三年至二十六年(1877－1900)錢塘丁氏嘉惠堂刻本　十册　存二種

330000－1701－0088569　G611129　子部/藝術類/書畫之屬/總論

庚子銷夏記八卷　(清)孫承澤撰　清宣統三年(1911)掃葉山房石印本　四册

330000－1701－0088570　G607030　經部/小學類/音韻之屬/古今韻説

古今韻略五卷　(清)邵長蘅撰　清刻本　五册

330000－1701－0088571　G005093　子部/宗教類/其他宗教之屬/其他

天道講臺三卷　(美國)杜步西撰　清宣統元年(1909)上海美華書館鉛印本　一册

330000－1701－0088572　G602219　史部/傳記類/别傳之屬/事狀

國史儒林黄仲弢先生傳一卷　伍銓萃撰　清光緒湖北漢川劉洪烈刻本　一册

330000－1701－0088573　G606587　類叢部/叢書類/彙編之屬

風雨樓叢書二十三種　鄧實編　清宣統順德鄧氏鉛印本　五册　存一種

330000－1701－0088574　G605442　類叢部/叢書類/彙編之屬

武英殿聚珍版書一百四十八種　清乾隆四十二年(1777)福建刻道光至同治遞修光緒二十一年(1895)增刻本　八册　存一種

330000－1701－0088575　G607031　經部/小

學類/文字之屬/說文/專著

說文引經例辨三卷 (清)雷浚撰 清光緒八年(1882)吳縣雷氏刻雷刻四種本 傅雲岑題記 一冊

330000－1701－0088577 G602220 類叢部/叢書類/自著之屬

林文忠公遺集四種 (清)林則徐撰 清光緒三山林氏刻本 一冊 存一種

330000－1701－0088578 G005094 集部/別集類/清別集

息柯居士集二十六卷 (清)楊翰撰 清同治九年(1870)羊城九曜山房刻十二年(1873)增修本 一冊 存二卷(息柯白牋一至二)

330000－1701－0088580 G602221 類叢部/叢書類/彙編之屬

二老閣叢書四十二種 (清)鄭風編 清康熙至嘉慶刻本 一冊 存二種

330000－1701－0088581 G005099、G005774、G007227、G010218 子部/醫家類/醫案之屬

臨證醫案筆記六卷 (清)吳篪撰 清道光十六年(1836)樹滋堂刻本 五冊

330000－1701－0088583 G606588 子部/雜著類/雜纂之屬

兩般秋雨盦隨筆八卷 (清)梁紹壬撰 清大文堂刻本 四冊 存四卷(五至八)

330000－1701－0088584 G607032 類叢部/叢書類/郡邑之屬

永嘉叢書十三種 (清)孫衣言編 清同治至光緒瑞安孫氏詒善祠塾刻本 一冊 存一種

330000－1701－0088585 G005095、G011321 集部/別集類/清別集

尊聞居士集八卷附尊聞居士遺稿一卷 (清)羅有高撰 (清)彭紹升編 清光緒七年(1881)寧都韓聰甫瑞金刻本 二冊 缺四卷(一至四)

330000－1701－0088586 G005202 史部/傳記類/總傳之屬/家乘

嘉興吳氏聯合宗譜五世家傳精楷圖繪未刊孤本不分卷 清末抄本 一冊

330000－1701－0088587 G606589 史部/政書類

九通 (清)□□輯 清光緒八年至二十二年(1882－1896)浙江書局刻本 三冊 存一種

330000－1701－0088589 G004900 集部/曲類/寶卷之屬

湖廣荊州府永慶縣修行梅氏花綢寶卷二卷 清刻本 一冊 存一卷(下)

330000－1701－0088590 G606590 集部/別集類/清別集

依舊草堂遺稿一卷 (清)費丹旭撰 (清)汪鉽編 清同治七年(1868)錢塘汪氏振綺堂刻本 一冊

330000－1701－0088591 G607033 子部/儒家類/儒學之屬/經濟

大學衍義四十三卷 (宋)真德秀撰 清同治十一年(1872)浙江書局刻民國十八年(1929)補刻本 十冊

330000－1701－0088592 G608875、G602438 類叢部/叢書類/彙編之屬

嘯園叢書五十七種 (清)葛元煦編 清光緒二年至七年(1876－1881)仁和葛氏刻本 十五冊 存十四種

330000－1701－0088593 G005203 史部/傳記類/總傳之屬/郡邑

諸暨縣節孝錄二卷 清末木活字印本 二冊

330000－1701－0088594 G004901 子部/宗教類/佛教之屬

參學知津二卷首一卷 (清)釋顯承撰 **地輿名目一卷** (清)釋儀潤撰 清光緒二年(1876)杭州西湖瑪瑙寺經房刻本 一冊 存二卷(二、地輿名目)

330000－1701－0088595 G602222 集部/別集類/清別集

未灰齋文集八卷外集一卷 (清)徐鼒撰 清咸豐十一年(1861)福寧郡齋刻本 四冊

330000－1701－0088596　G607034　類叢部/叢書類/郡邑之屬
永嘉叢書十三種　(清)孫衣言編　清同治至光緒瑞安孫氏詒善祠塾刻本　一册　存一種

330000－1701－0088597　G005205　子部/宗教類/佛教之屬/論疏
大乘百法明門論一卷八識規矩頌一卷　(明)釋廣益纂釋　清咸豐八年(1858)杭州西湖昭慶寺、光緒四年(1878)釋蓮實刻本　一册

330000－1701－0088598　G605381　子部/叢編
二十二子(二十二子彙函)　(清)浙江書局編　清光緒元年至三年(1875－1877)浙江書局刻本　四册　存一種

330000－1701－0088599　G602223　經部/書類/傳説之屬
尚書後案三十卷附後辨一卷　(清)王鳴盛撰　清乾隆四十五年(1780)禮堂刻本　十册

330000－1701－0088600　G607035　經部/小學類/文字之屬/説文
説文解字義證五十卷　(清)桂馥撰　清同治九年(1870)湖北崇文書局刻本　三册　存六卷(四十二至四十七)

330000－1701－0088601　G004902　集部/别集類/清别集
柏梘山房文集十六卷文續集一卷詩集十卷詩續集二卷駢體文二卷　(清)梅曾亮撰　清咸豐六年(1856)楊以增、楊紹穀等慎修書屋刻同治三年(1864)補刻本　四册　存十五卷(文續集、詩集一至十、詩續集一至二、駢體文一至二)

330000－1701－0088602　G605379　類叢部/叢書類/彙編之屬
邵武徐氏叢書二集八種　(清)徐幹編　清光緒邵武徐氏刻本　四册　存三種

330000－1701－0088603　G005096　子部/儒家類/儒學之屬/禮教
聽訓齋語二卷恒産瑣言一卷飯有十二合説一卷　(清)張英撰　清光緒九年(1883)資州實硯齋刻本　一册

330000－1701－0088604　G605455　集部/總集類/郡邑之屬
金陵詩徵四十四卷　(清)朱緒曾編　清光緒十八年(1892)刻本　十册

330000－1701－0088605　G608877　史部/傳記類/科舉録之屬/歷科鄉試録
[光緒]壬午科十八省正副榜同年全録不分卷　清光緒八年(1882)刻本　二册

330000－1701－0088607　G005097　新學/船政/行船事宜
内港行輪原定補續章程不分卷　清光緒鉛印本　一册

330000－1701－0088608　G607647、G608878、G609864　史部/傳記類/總傳之屬/郡邑
婺書八卷　(明)吴之器撰　清光緒二十六年(1900)刻本　四册

330000－1701－0088614　G607649、G608879、G609804　子部/術數類/陰陽五行之屬
奇門遁甲元靈經二十四卷　(清)隱溪居士輯　清光緒九年(1883)甬上朱氏刻本　四册

330000－1701－0088615　G603924　子部/雜著類/雜編之屬
古香齋鑒賞袖珍春明夢餘録七十卷　(清)孫承澤撰　清光緒九年(1883)刻本　十二册　存三十六卷(一至三十六)

330000－1701－0088616　G005100　類叢部/叢書類/自著之屬
讀易樓合刻十種　(清)倪元坦撰　清嘉慶至道光刻本　一册　存二種

330000－1701－0088617　G605452　史部/編年類
資治通鑑彙刻　清同治至光緒江蘇書局刻本　十册　存一種

330000－1701－0088619　G605456　集部/總集類/郡邑之屬

國朝金陵詩徵四十八卷 (清)朱緒曾編 清光緒十三年(1887)德清俞樾刻本 十六册

330000－1701－0088620 G605375 集部/別集類/清別集
周文忠公尺牘二卷雜文附錄一卷 (清)周天爵撰 清同治七年(1868)蘇松太道署刻本 清芸舫氏題記 一册

330000－1701－0088621 G607038、G606915 經部/小學類/文字之屬/說文
說文通訓定聲十八卷分部柬韻一卷說雅一卷古今韻準一卷 (清)朱駿聲撰 (清)朱鏡蓉參訂 **皇清敕授文林郎國子監博士銜揀選知縣揚州府學教授允倩府君[朱駿聲]行述一卷** 朱孔彰撰 清光緒十三年(1887)上海積山書局石印本 八册

330000－1701－0088622 G603925 子部/醫家類/類編之屬
黃氏醫書八種 (清)黃元御撰 清光緒二十年(1894)上海圖書集成印書局鉛印本 八册 存六種

330000－1701－0088623 G608880、G609382、G607675 類叢部/叢書類/自著之屬
施愚山先生全集五種附一種 (清)施閏章撰 清宣統二年至三年(1910－1911)上海國學扶輪社石印本 十二册 存二種

330000－1701－0088624 G005207 史部/傳記類/總傳之屬/家乘
[浙江奉化]胡氏宗譜一卷 (清)胡壽震等參訂 清光緒十年(1884)刻本 一册

330000－1701－0088625 G004903 子部/宗教類/道教之屬/方法
吕祖降乩摘要一卷 清乾隆二十七年(1762)毘陵四恩堂刻嘉慶十四年(1809)補刻本 一册

330000－1701－0088627 G005101、G007711、G008778、G009134、G010037 集部/詞類/總集之屬
國朝詞綜四十八卷二集八卷 (清)王昶輯 清同治四年(1865)亦西齋刻本 十二册

330000－1701－0088631 G607039 子部/醫家類/類編之屬
潛齋醫書五種 (清)王士雄撰 清光緒二十二年(1896)上海圖書集成局鉛印本 一册 存一種

330000－1701－0088632 G603926 類叢部/叢書類/郡邑之屬
武林掌故叢編一百八十七種 (清)丁丙編 清光緒三年至二十六年(1877－1900)錢塘丁氏嘉惠堂刻本 三册 存四種

330000－1701－0088634 G005102 子部/醫家類/綜合之屬/雜著
三德堂詳校醫宗必讀十卷 (明)李中梓撰 清刻本 一册 存二卷(七至八)

330000－1701－0088636 G005208 史部/傳記類/別傳之屬/年譜
李天山夫子[登瀛]年譜一卷 (清)潘安禮編次 **天山公遺訓一卷** (清)李登瀛撰 清末木活字印本 一册

330000－1701－0088637 G005209 集部/別集類/清別集
鈍齋雞肋一卷 (清)盧廷幹撰 清木活字印本 一册

330000－1701－0088639 G605457 子部/叢編
子書百家 (清)崇文書局編 清光緒元年(1875)湖北崇文書局刻本 六十三册 存六十二種

330000－1701－0088641 G004904 子部/宗教類/佛教之屬/諸宗
續指月錄二十卷首一卷尊宿集一卷 (清)聶先輯 清光緒十二年(1886)金陵刻經處刻本 六册

330000－1701－0088642 G603927 子部/宗教類/佛教之屬/諸宗
龍舒淨土文十卷 (宋)王日休撰 **龍舒淨土文卷首一卷** (明)釋袾宏等撰 **龍舒淨土文**

卷末一卷　（宋）劉章等撰　清光緒九年(1883)金陵刻經處刻本　一册

330000－1701－0088644　G607040　史部/地理類/山川之屬/山志

虎丘山志十卷首一卷　（清）顧湄撰　清宣統三年(1911)集羣圖書館鉛印本　一册　缺六卷(五至十)

330000－1701－0088646　G005103　類叢部/叢書類/彙編之屬

紀載彙編　清光緒刻本　一册　存四種

330000－1701－0088647　G603928　子部/宗教類/佛教之屬/諸宗

龍舒淨土文十卷　（宋）王日休撰　**龍舒淨土文卷首一卷**　（明）釋袾宏等撰　**龍舒淨土文卷末一卷**　（宋）劉章等撰　清光緒九年(1883)金陵刻經處刻本　一册

330000－1701－0088648　G607041　類叢部/叢書類/自著之屬

曾惠敏公全集四種　（清）曾紀澤撰　清光緒二十年(1894)上海石印本　一册　存一種

330000－1701－0088649　G005210　史部/史評類/史學之屬

辯章三卷　（清）王棻撰　清光緒十二年(1886)稿本　一册

330000－1701－0088650　G603929　子部/叢編

二十二子(二十二子彙函)　（清）浙江書局編　清光緒元年至三年(1875－1877)浙江書局刻本　四册　存一種

330000－1701－0088651　G605380　子部/叢編

二十二子(二十二子彙函)　（清）浙江書局編　清光緒元年至三年(1875－1877)浙江書局刻本　四册　存一種

330000－1701－0088653　G005211　類叢部/類書類/專類之屬

香閨鞋襪典略一卷補遺一卷　（清）蘇馥編　清咸豐七年(1857)鄒儷笙抄本　一册

330000－1701－0088654　G603930　子部/農家農學類/園藝之屬/花卉

秘傳花鏡六卷圖一卷　（清）陳淏子撰　清光緒三十年(1904)上海書局石印本　四册　存四卷(三至六)

330000－1701－0088656　G607042　子部/藝術類/遊藝之屬/棋弈

弈潛齋集譜初編十五種二編三種三編五種　（清）鄧元鏸輯　清光緒弈潛齋刻本　一册　存三種

330000－1701－0088657　G602225　史部/地理類/雜志之屬

藤陰雜記十二卷　（清）戴璐撰　清光緒三年(1877)浙江吳興會館刻本　二册

330000－1701－0088658　G608884　集部/別集類

栩園芰膹草六卷　陳栩撰　清宣統三年(1911)平昌刻本　一册　存三卷(詩一、詩二、文一)

330000－1701－0088659　G606591　集部/別集類/清別集

依舊草堂遺稿一卷　（清）費丹旭撰　（清）汪鉽編　清同治七年(1868)錢塘汪氏振綺堂刻本　一册

330000－1701－0088660　G004905　集部/曲類/寶卷之屬

江南松江府華亭縣白沙郈孝修回郎寶卷一卷七七寶卷一卷喫齋經一卷花名寶卷一卷法船經一卷　清光緒二十年(1894)蘇城瑪瑙經房刻本　一册

330000－1701－0088661　G603931　集部/曲類/彈詞之屬

綉像九龍陣十六卷十六回　清刻本　二册　存九卷(一至九)

330000－1701－0088662　G605376　史部/地理類/山川之屬/水志

南湖考一卷　（明）陳幼學撰　**節錄餘杭縣南湖事略一卷南湖誌考一卷**　（清）陳善撰　清

光緒五年(1879)浙江官書局刻本　一册

330000－1701－0088663　G606592　史部/傳記類/總傳之屬/列女

越女表微録五卷　(清)汪輝祖撰　清光緒十八年(1892)杭州浙江學院刻本　一册

330000－1701－0088666　G602226　經部/易類/易占之屬

易隱八卷首一卷　(清)曹九錫輯　(明)曹璿演　清刻本　四册

330000－1701－0088667　G603932　集部/曲類/彈詞之屬

綉像鬧盧莊十六卷十六回　清刻本　二册　存十回(一至四、十一至十六)

330000－1701－0088668　G611132　經部/小學類/文字之屬/字書/字典

康熙字典十二集三十六卷總目一卷檢字一卷辨似一卷等韻一卷補遺一卷備考一卷　(清)張玉書等纂修　清光緒九年(1883)上海同文書局石印本　五册　缺十卷(子集上中下、丑集上中下、總目、檢字、辨似、等韻)

330000－1701－0088669　G607043　集部/曲類/彈詞之屬

娱萱草彈詞三十二卷　(清)橘道人撰　清光緒二十年(1894)刻本　一册　存四卷(一至四)

330000－1701－0088670　G005212　子部/宗教類/佛教之屬

野客問難記一卷　西教士撰　清宣統三年(1911)上海中國聖教書會鉛印本　一册

330000－1701－0088671　G004906　史部/金石類/石之屬

奇觚室樂石文述二卷　(清)劉心源撰　清光緒二十五年(1899)劉心源刻本　一册　存一卷(一)

330000－1701－0088672　G606593　集部/小説類

潛園集録　(清)屠倬輯　清道光二年(1822)刻本　一册　存二種

330000－1701－0088673　G602227　集部/曲類/曲韻曲譜曲律之屬

一笠菴北詞廣正譜十八卷附南戲北詞正謬一卷　(明)徐廣卿撰　(清)鈕少雅樂句　(清)李玉更定　清康熙青蓮書屋刻文靖書院印本(卷十二至十三、十五原缺)　四册

330000－1701－0088674　G608886、G604072　集部/小説類/長篇之屬

紅樓夢類聯集要一卷補遺一卷　(清)話石主人編　**紅樓夢對語一卷**　(清)拜石山人編　清末刻本　葛麟觀款　二册

330000－1701－0088675　G607044　子部/道家類

九天開化主宰元皇司録宏仁文昌帝君陰騭文註案四卷　(明)顔正注釋　(清)顔文瑞補案　清歐陽積福刻本　一册　存二卷(一至二)

330000－1701－0088676　G005213　經部/小學類/訓詁之屬/譯語

和文漢譯讀本八卷　(日本)坪内雄藏編　(清)張肇熊譯　清光緒上海商務印書館石印本　二册　存二卷(一、四)

330000－1701－0088678　G611133　子部/雜著類/雜説之屬

浪跡叢談十一卷浪跡續談八卷　(清)梁章鉅撰　清刻本　八册

330000－1701－0088680　G005104　集部/别集類/清别集

退補樓集五卷　(清)王承煦撰　**漱石亭賸稾不分卷**　(清)王騊撰　清光緒二十一年(1895)芝城趙德馨木活字印本　一册　存二卷(續吟草、漱石亭賸稾)

330000－1701－0088681　G004907　經部/四書類/大學之屬/傳説

大學衍義補會要不分卷　清抄本　一册

330000－1701－0088683　G005105　子部/藝術類/音樂之屬/琴學

卧雲樓琴譜八卷指法二卷　(清)馬兆辰撰　清刻本　三册　存八卷(一至六、指法一至

二）

330000－1701－0088684　G608888、G608273、G610052、G611957、G612361　類叢部/類書類/專類之屬
事物異名錄四十卷　（清）厲荃輯　（清）關槐增輯　清乾隆四十一年（1776）四明古歡堂望江縣署刻本　十二册

330000－1701－0088686　G611134　子部/醫家類/方書之屬/單方驗方
外治壽世方初編四卷　（清）鄒存淦輯　清光緒三年（1877）杭州勤藝堂刻本　二册

330000－1701－0088687　G607045　史部/傳記類/别傳之屬/事狀
新出張文襄公事畧一卷　（清）聽雨樓主人撰　清末石印本　一册

330000－1701－0088688　G005214　經部/小學類/訓詁之屬/譯語
中等日本文典譯釋三卷　（日本）三土忠造撰　（清）丁福同譯釋　清光緒二十九年（1903）上海文明書局鉛印本　一册

330000－1701－0088692　G611135　經部/叢編
四經精華　（清）薛嘉穎輯　清光緒二年（1876）浙寧簡香齋刻本　三册　存一種

330000－1701－0088693　G607046　經部/群經總義類/傳説之屬
皇朝五經彙解二百七十卷　（清）朱鏡清輯　清光緒十四年（1888）鴻文書局石印本　一册　存五卷（易經一至五）

330000－1701－0088694　G611136　史部/政書類/邦交之屬
西畺交涉志要六卷　鍾鏞撰　清宣統三年（1911）鉛印本　二册

330000－1701－0088695　G608889、G609746　子部/天文曆算類/天文之屬
高厚蒙求四集八種　（清）徐朝俊撰　清嘉慶十二年至二十年（1807－1815）雲間徐氏刻本　四册

330000－1701－0088697　G607048　集部/别集類/清别集
曠觀樓詩存八卷　（清）朱霖撰　清光緒六年（1880）如臯朱氏刻十六年（1890）補刻本　四册

330000－1701－0088698　G611137　集部/總集類/題詠之屬
梅嶺課子圖題辭七卷　（清）傅振海編　清光緒刻本　一册　存二卷（三至四）

330000－1701－0088699　G607049　集部/總集類/氏族之屬
藤溪朱氏文略八卷　朱承業輯　清宣統三年（1911）刻本　三册　存五卷（四至八）

330000－1701－0088701　G005106、G010243、G011320　子部/宗教類/佛教之屬/諸宗
法界聖凡水陸普度大齋勝會儀軌會本六卷　（南朝梁）釋寶誌等撰　（宋）釋志磐重訂　（明）釋袾宏補儀　（清）釋儀潤彙刊　清同治八年（1869）杭州昭慶寺慧空經房刻藍印本　三册

330000－1701－0088702　G605454　子部/叢編
子書百家　（清）崇文書局編　清光緒元年（1875）湖北崇文書局刻本　一册　存二種

330000－1701－0088703　G607050、G606718　子部/雜著類/雜説之屬
定香亭筆談四卷　（清）阮元撰　清光緒十年（1884）瀨江宋氏刻本　四册

330000－1701－0088705　G603935　子部/藝術類/書畫之屬/畫譜
芥子園畫傳初集六卷二集九卷三集六卷　（清）王槩　（清）王蓍　（清）王臯輯　清光緒十三年至十四年（1887－1888）鴻文書局石印本　六册　存八卷（初集三至四、三集一至六）

330000－1701－0088707　G606594　集部/别集類/清别集
劫餘存稿一卷　（清）吳受藻撰　（清）吳積鑑

編　**劫餘存稿一卷**　（清）王鼎詩撰　（清）朱世篔編　清同治七年（1868）錢唐汪氏振綺堂刻本　一册

330000－1701－0088709　善009094　史部/目録類/總録之屬/官修
欽定四庫全書簡明目錄二十卷　（清）紀昀等撰　清乾隆六十年（1795）浙江刻本　十册

330000－1701－0088710　G605414　類叢部/叢書類/彙編之屬
邵武徐氏叢書初刻十四種　（清）徐幹編　清光緒邵武徐氏刻本　十三册　存十種

330000－1701－0088711　G603936　集部/總集類/氏族之屬
藤溪朱氏文略八卷　朱承業輯　清宣統三年（1911）刻本　四册

330000－1701－0088712　G603938　集部/總集類/氏族之屬
藤溪朱氏文略八卷　朱承業輯　清宣統三年（1911）刻本　四册

330000－1701－0088714　G005107　史部/雜史類/斷代之屬
從征圖記不分卷　（清）唐訓方撰　（清）廖筠繪圖　清同治六年（1867）西山草堂刻本　一册

330000－1701－0088715　G607051　史部/地理類/方志之屬/郡縣志
［嘉慶］昌樂縣志三十二卷首一卷　（清）魏禮焯　（清）時銘修　（清）閻學夏　（清）黃方遠纂　清嘉慶十四年（1809）刻本　六册

330000－1701－0088716　G005215　子部/醫家類/本草之屬/歷代綜合本草
本草綱目五十二卷圖二卷　（明）李時珍撰　**本草綱目拾遺十卷**　（清）趙學敏輯　**本草萬方鍼線八卷**　（清）蔡烈先輯　清光緒三十三年（1907）上海華商集成圖書公司鉛印本　十三册　存三十九卷（三至十八上、二十三至三十八、五十下至五十二，萬方鍼線五至八）

330000－1701－0088717　G603937　集部/總集類/氏族之屬
藤溪朱氏文略八卷　朱承業輯　清宣統三年（1911）刻本　四册

330000－1701－0088718　G005329、G005755、G007122　史部/地理類/專志之屬/祠墓
忠武祠墓志七卷首一卷末一卷　（清）李復心編　清刻本　三册　存七卷（二至七、末）

330000－1701－0088719　G606595　類叢部/叢書類/郡邑之屬
武林往哲遺箸五十二種後編十種　（清）丁丙編　清光緒二十年至二十六年（1894－1900）錢塘丁氏嘉惠堂刻本　十册　存五種

330000－1701－0088721　G004908　類叢部/叢書類/彙編之屬
武英殿聚珍版書一百三十八種　清木活字印本　五册　存二種

330000－1701－0088722　G605385　類叢部/叢書類/彙編之屬
正誼堂全書六十三種續刻五種　（清）張伯行編　（清）楊浚重編　清同治五年（1866）福州正誼書院刻同治八年至光緒十三年（1869－1887）續刻本　一册　存一種

330000－1701－0088724　G605165、G607891　類叢部/叢書類/郡邑之屬
金華叢書六十八種　（清）胡鳳丹編　清同治七年至光緒八年（1868－1882）永康胡氏退補齋刻民國補刻本　王張威題記　十九册　存四種

330000－1701－0088725　G607052　集部/別集類/清別集
劫餘存稿一卷　（清）吳受藻撰　（清）吳積鑑編　**劫餘存稿一卷**　（清）王鼎詩撰　（清）朱世篔編　清同治七年（1868）錢唐汪氏振綺堂刻本　一册

330000－1701－0088726　G611139、G612302　類叢部/叢書類/彙編之屬
昭代叢書合刻十集五百六十種附一種　（清）張潮　（清）張漸編　（清）楊復吉　（清）沈

懋悳續編　清道光吴江沈氏世楷堂刻本　四冊　存甲集補十六種

330000－1701－0088728　G607053　子部/雜著類/雜説之屬

定香亭筆談四卷　(清)阮元撰　清光緒二十五年(1899)浙江書局刻本　三冊　存三卷(一至三)

330000－1701－0088729　SBC2948　史部/金石類/石之屬/通考

語石十卷　葉昌熾撰　清宣統元年(1909)刻本　王存善題記　四冊

330000－1701－0088732　G004909　子部/醫家類/醫經之屬/内經

類經三十二卷　(明)張介賓類注　**類經圖翼十一卷附翼四卷**　(明)張介賓撰　清刻本　一冊　存二卷(圖翼四至五)

330000－1701－0088733　G004954　經部/群經總義類/傳説之屬

羣經大義述二十五卷　(清)京師大學堂輯　清末鉛印本　查猛濟跋　一冊

330000－1701－0088734　G607054、G607832、G609604　經部/叢編

御纂七經五種　(清)李光地等撰　清同治六年至九年(1867－1870)浙江書局刻本　二十八冊　存一種

330000－1701－0088736　G611140　類叢部/叢書類/彙編之屬

昭代叢書合刻十集五百六十種附一種　(清)張潮　(清)張漸編　(清)楊復吉　(清)沈懋悳續編　清道光吴江沈氏世楷堂刻本　四冊　存十五種

330000－1701－0088737　G005108　子部/宗教類/佛教之屬/諸宗

異方便淨土傳燈歸元鏡三祖實錄二卷　(清)釋智達撰　清宣統二年(1910)武林雲棲禪寺刻本　二冊

330000－1701－0088740　G606596　類叢部/叢書類/郡邑之屬

武林往哲遺箸五十二種後編十種　(清)丁丙編　清光緒二十年至二十六年(1894－1900)錢塘丁氏嘉惠堂刻本　八冊　存二種

330000－1701－0088741　SBC2947　類叢部/叢書類/彙編之屬

夷門廣牘一百七種　(元)釋明本撰　明萬曆二十五年(1597)金陵荆山書林刻本　一冊　存一種

330000－1701－0088743　G005109　子部/藝術類/書畫之屬/畫法畫品

天下有山堂畫藝不分卷　(清)汪之元述　清雍正刻本　一冊

330000－1701－0088744　G004910　類叢部/叢書類/彙編之屬

真意堂三種　(清)吳志忠編　清嘉慶十六年(1811)璜川吳氏木活字印本　一冊　存一種

330000－1701－0088747　G607055　史部/史評類/詠史之屬

南宋雜事詩七卷　(清)沈嘉轍等撰　清同治十一年(1872)淮南書局刻本　三冊　存五卷(三至七)

330000－1701－0088749　G004955　子部/宗教類/其他宗教之屬/伊斯蘭教

真功發微二卷　(清)余浩洲輯　清刻本　一冊　存一卷(下)

330000－1701－0088752　G005216　集部/總集類/彙編之屬

中學國文讀本十卷　林紓評選　清宣統三年(1911)上海商務印書館鉛印本　一冊　存一卷(六)

330000－1701－0088754　G603939　子部/醫家類/類編之屬

六醴齋醫書十種　(清)程永培編　清刻本　五冊　存三種

330000－1701－0088755　G611141　類叢部/叢書類/自著之屬

頤志齋叢書二十二種　(清)丁晏撰　清道光至同治山陽丁氏六藝堂刻同治元年(1862)彙

印本　四冊　存四種

330000－1701－0088756　G004911、G006624　子部/醫家類/綜合之屬/合刻、合抄
景岳全書六十四卷　(明)張介賓撰　清刻本　六冊　存十一卷(五十至五十一、五十三至五十四、五十七至六十一、六十三至六十四)

330000－1701－0088758　G004956　史部/地理類/輿圖之屬/坤輿
世界各國險要維新輿圖一卷　(清)蔡麟繪　清光緒石印本　一冊

330000－1701－0088759　G609238、G607056　史部/紀傳類/正史之屬
漢書疏證三十六卷後漢書疏證三十卷　(清)沈欽韓撰　清光緒二十六年(1900)浙江官書局刻本　九冊　存十六卷(後漢書疏證一至四、七至八、十一至十二、十五至十六、十九至二十、二十二至二十四、二十七)

330000－1701－0088760　G602228　子部/醫家類
合鐫士材三書　(明)李中梓等撰　(清)尤乘編　清嘉慶九年(1804)金閶書業堂刻本　五冊

330000－1701－0088762　G606597　類叢部/類書類/通類之屬
玉海二百卷辭學指南四卷詩攷一卷詩地理攷六卷漢藝文志攷證十卷通鑑地理通釋十四卷周書王會補注一卷漢制攷四卷踐阼篇集解一卷急就篇補注四卷姓氏急就篇二卷小學紺珠十卷六經天文編二卷周易鄭康成注一卷通鑑答問五卷　(宋)王應麟撰　**校補玉海瑣記二卷王深寧先生[應麟]年譜一卷**　(清)張大昌撰　清光緒九年至十六年(1883－1890)浙江書局刻本　一冊　存一卷(王深寧先生年譜)

330000－1701－0088765　G607079、G607057、G607841　史部/傳記類/總傳之屬/列女
杭女表微錄十六卷首一卷　(清)孫樹禮輯　清光緒三十二年(1906)刻本　八冊

330000－1701－0088766　G603940　類叢部/叢書類/家集之屬
左海續集十一種　(清)陳壽祺　(清)陳喬樅撰　清道光至同治刻本　二十二冊　存四種

330000－1701－0088767　G606598、G608699　類叢部/叢書類/郡邑之屬
永嘉叢書十三種　(清)孫衣言編　清同治至光緒瑞安孫氏詒善祠塾刻本　二冊　存二種

330000－1701－0088769　G005217　集部/總集類/彙編之屬
中學國文讀本十卷　林紓評選　清宣統三年(1911)上海商務印書館鉛印本　一冊　存一卷(七)

330000－1701－0088770　G606599　類叢部/叢書類/郡邑之屬
永嘉叢書十三種　(清)孫衣言編　清同治至光緒瑞安孫氏詒善祠塾刻本　一冊　存一種

330000－1701－0088772　G606600、G611165、G608345　經部/叢編
御纂七經五種　(清)李光地等撰　清同治六年至九年(1867－1870)浙江書局刻本　二十一冊　存一種

330000－1701－0088773　G004957　經部/小學類/文字之屬/字書/訓蒙
澄衷蒙學堂字課圖說四卷檢字一卷類字一卷　(清)劉樹屏撰　(清)吳子城繪圖　清光緒三十二年(1906)澄衷蒙學堂石印本　一冊　存二卷(檢字、類字)

330000－1701－0088774　G611142　子部/儒家類/儒學之屬/勸學
先正遺規四卷　(清)汪正輯　清光緒十九年(1893)浙江書局刻本　二冊

330000－1701－0088775　G603941　史部/政書類/邦計之屬
商辦全浙鐵路有限公司第三屆帳畧不分卷　(清)商辦全浙鐵路有限公司編　清宣統元年(1909)鉛印本　一冊

330000－1701－0088776　G611143　集部/別集類/清別集

少保公遺書一卷 （清）柴大紀撰 清光緒二十五年（1899）柴之藩木活字印本 一冊

330000－1701－0088777 G602229 類叢部/叢書類/自著之屬

敝帚齋遺書四種四十四卷 （清）徐鼒撰 清咸豐十一年（1861）刻本 四冊 存一種

330000－1701－0088778 G603942 史部/地理類/方志之屬/郡縣志

［光緒］縉雲縣志十六卷首一卷末一卷 （清）何乃容 （清）葛華修 （清）潘樹棠纂 清光緒二年至七年（1876－1881）刻本 九冊 存十七卷（首、一至六、八至十六、末）

330000－1701－0088779 G606601 類叢部/叢書類/彙編之屬

正誼堂全書六十三種續刻五種 （清）張伯行編 （清）楊浚重編 清同治五年（1866）福州正誼書院刻同治八年至光緒十三年（1869－1887）續刻本 二冊 存一種

330000－1701－0088782 G004958 史部/政書類/公牘檔冊之屬

謹擬財政統一辦法草案一卷 清宣統石印本 一冊

330000－1701－0088784 G608851 史部/紀事本末類

紀事本末五種 （清）□□輯 清同治十二年至十三年（1873－1874）江西書局刻本 二十七冊 存一種

330000－1701－0088785 G611144 集部/別集類/清別集

少保公遺書一卷 （清）柴大紀撰 清光緒二十五年（1899）柴之藩木活字印本 一冊

330000－1701－0088786 G603943 史部/地理類/方志之屬/郡縣志

同治上江兩縣志二十九卷首一卷 （清）莫祥芝 （清）甘紹盤修 （清）汪士鐸等纂 清同治十三年（1874）刻本 十二冊

330000－1701－0088787 G602230 集部/別集類/清別集

凝齋先生遺集八卷制義二卷末一卷 （清）陳道撰 （清）魯士驥輯 清光緒四年（1878）陳同恩刻本 二冊 存八卷（一至八）

330000－1701－0088790 G611145 子部/宗教類/佛教之屬/經

佛說長阿含經二十二卷 （後秦）釋佛陀耶舍 （後秦）釋竺佛念譯 清光緒十三年（1887）姑蘇刻經處刻本 六冊

330000－1701－0088795 G605415 史部/地理類/山川之屬/水志

水道提綱二十八卷 （清）齊召南撰 清乾隆四十年至四十一年（1775－1776）浦江戴殿海刻本 八冊

330000－1701－0088799 G005218 子部/醫家類/類編之屬

醫門棒喝二種 （清）章楠撰 清刻本 一冊 存一種

330000－1701－0088801 G608857、G610640 史部/編年類/斷代之屬

明紀六十卷 （清）陳鶴輯 （清）陳克家補 清同治十年（1871）江蘇書局刻本 二十冊

330000－1701－0088804 G605412、G605382 子部/叢編

二十二子（二十二子彙函） （清）浙江書局編 清光緒元年至三年（1875－1877）浙江書局刻本 四冊 存一種

330000－1701－0088807 G005219 史部/史鈔類/通代之屬

綱鑑摘錦不分卷 清末抄本 二冊

330000－1701－0088808 G004959 子部/醫家類/診法之屬/脈經脈訣

瀕湖脈學一卷奇經八脈攷一卷脈訣攷證一卷 （明）李時珍撰 清光緒二十八年（1902）刻本 一冊

330000－1701－0088811 G608893 集部/別集類/清別集

清華館詩稿一卷 （清）郭沈昶撰 清同治郭華刻本 一冊

330000－1701－0088812　G603944　類叢部/叢書類/郡邑之屬

武林掌故叢編一百八十七種　(清)丁丙編　清光緒三年至二十六年(1877－1900)錢塘丁氏嘉惠堂刻本　二十四册　存二十二種

330000－1701－0088813　G005220　史部/傳記類/科舉録之屬

[光緒庚子辛丑科]湖南闈墨一卷　(清)賓玉瓚等撰　清光緒衡鑑堂刻本　一册

330000－1701－0088814　G611147　史部/地理類/雜志之屬

常州賦一卷　(清)褚邦慶撰　清光緒四年(1878)刻本　一册

330000－1701－0088815　G608894　集部/别集類/清别集

清華館詩稿一卷　(清)郭沈昶撰　清同治郭華刻本　一册

330000－1701－0088818　G004938　史部/傳記類/科舉録之屬

[光緒戊子科]浙江闈墨不分卷　(清)錢桂森等撰　清光緒聚奎堂刻本　一册

330000－1701－0088821　G608895　集部/别集類/清别集

夢柰詩稿一卷　(清)馮桂芬撰　清光緒二年(1876)吳縣馮氏校邠廬刻本　一册

330000－1701－0088823　G607058　集部/總集類/彙編之屬

琴臺正續合刻　(清)汪守正輯　清光緒十五年(1889)刻本　一册　存二種

330000－1701－0088824　G602232、G602250　史部/地理類/方志之屬/通志

[雍正]敕修浙江通志二百八十卷首三卷　(清)李衛　(清)嵇曾筠等修　(清)沈翼機　(清)傅王露等纂　清光緒二十五年(1899)浙江書局刻本　七十五册　存一百八十二卷(首一至三,二至一百三十八、二百二至二百四十三)

330000－1701－0088825　G608852　類叢部/類書類/通類之屬

玉海二百卷辭學指南四卷詩攷一卷詩地理攷六卷漢蓺文志攷證十卷通鑑地理通釋十四卷周書王會補注一卷漢制攷四卷踐阼篇集解一卷急就篇補注四卷姓氏急就篇二卷小學紺珠十卷六經天文編二卷周易鄭康成注一卷通鑑答問五卷　(宋)王應麟撰　**校補玉海瑣記二卷王深寧先生[應麟]年譜一卷**　(清)張大昌撰　清光緒九年至十六年(1883－1890)浙江書局刻本　一册　存二卷(校補玉海瑣記一至二)

330000－1701－0088827　G611148、G609344、G612174　類叢部/叢書類/自著之屬

彭居士法集　(清)彭紹升撰　清同治至民國刻本　十册　存六種

330000－1701－0088833　G608896　史部/政書類/律令之屬/律例

刪除律例一卷　沈家本輯　清光緒三十一年(1905)浙江官書局刻本　一册

330000－1701－0088838　G005222　子部/醫家類/綜合之屬/通論

證治合參十八卷　(清)葉盛撰　清刻本　一册　存六卷(九至十四)

330000－1701－0088839　G608853　類叢部/類書類/通類之屬

玉海二百卷辭學指南四卷詩攷一卷詩地理攷六卷漢蓺文志攷證十卷通鑑地理通釋十四卷周書王會補注一卷漢制攷四卷踐阼篇集解一卷急就篇補注四卷姓氏急就篇二卷小學紺珠十卷六經天文編二卷周易鄭康成注一卷通鑑答問五卷　(宋)王應麟撰　**校補玉海瑣記二卷王深寧先生[應麟]年譜一卷**　(清)張大昌撰　清光緒九年至十六年(1883－1890)浙江書局刻本　一册　存二卷(校補玉海瑣記一至二)

330000－1701－0088841　G607059　史部/地理類/方志之屬/郡縣志

[光緒]重修天津府志五十四卷首一卷末一卷　沈家本　(清)榮銓修　(清)徐宗亮

(清)蔡啓盛纂　清光緒二十五年(1899)刻本　十四册　存二十九卷(首、一至二十八)

330000－1701－0088842　G608897、G609769　類叢部/叢書類/家集之屬

富陽夏氏叢刻七種　夏震武　夏鼎武撰　清光緒至民國刻民國九年(1920)彙印本　三册　存六種

330000－1701－0088843　G005223　史部/政書類/律令之屬/刑制

論刑法一卷　清末抄本　一册

330000－1701－0088844　G608854　類叢部/類書類/通類之屬

玉海二百卷辭學指南四卷詩攷一卷詩地理攷六卷漢蓺文志攷證十卷通鑑地理通釋十四卷周書王會補注一卷漢制攷四卷踐阼篇集解一卷急就篇補注四卷姓氏急就篇二卷小學紺珠十卷六經天文編二卷周易鄭康成注一卷通鑑答問五卷　(宋)王應麟撰　**校補玉海瑣記二卷王深寧先生[應麟]年譜一卷**　(清)張大昌撰　清光緒九年至十六年(1883－1890)浙江書局刻本　一册　存二卷(校補玉海瑣記一至二)

330000－1701－0088845　G005224　子部/醫家類/綜合之屬

精心揣摩不分卷　清末香山氏抄本　一册

330000－1701－0088846　G004913　子部/藝術類/書畫之屬/總論

畫學真傳不分卷　清光緒三十年(1904)抄本　一册

330000－1701－0088848　G005485　集部/小説類/長篇之屬

增評加批金玉緣圖説十六卷一百二十回首一卷　(清)曹霑　(清)高鶚撰　(清)蝶薌仙史評訂　清末石印本　二册　存二卷(九、十三)

330000－1701－0088851　G005225　史部/傳記類/總傳之屬/姓名

八旗滿洲氏族通譜八十卷目録二卷　(清)呂熾等纂　清唐齋抄本　一册　存一卷(十一)

330000－1701－0088853　G608855　類叢部/類書類/通類之屬

玉海二百卷辭學指南四卷詩攷一卷詩地理攷六卷漢蓺文志攷證十卷通鑑地理通釋十四卷周書王會補注一卷漢制攷四卷踐阼篇集解一卷急就篇補注四卷姓氏急就篇二卷小學紺珠十卷六經天文編二卷周易鄭康成注一卷通鑑答問五卷　(宋)王應麟撰　**校補玉海瑣記二卷王深寧先生[應麟]年譜一卷**　(清)張大昌撰　清光緒九年至十六年(1883－1890)浙江書局刻本　一册　存二卷(校補玉海瑣記一至二)

330000－1701－0088856　G004914　子部/雜著類

純陽子忠孝經二卷純陽帝君讚忠孝誥二卷　清乾隆三十三年(1768)刻本　一册

330000－1701－0088864　G602234　子部/藝術類/遊藝之屬/聯語

西湖楹聯四卷　清光緒十五年(1889)曁陽周慶祺知正軒刻十六年(1890)增刻本　二册

330000－1701－0088865　G603945　類叢部/叢書類/郡邑之屬

武林掌故叢編一百八十七種　(清)丁丙編　清光緒三年至二十六年(1877－1900)錢塘丁氏嘉惠堂刻本　一册　存一種

330000－1701－0088866　G004915　子部/宗教類/佛教之屬

西天目山水吾禪師語録□□卷　(清)釋達鏡　(清)釋真泰等編　清刻本　一册　存二卷(三至四)

330000－1701－0088871　G611150　子部/宗教類/佛教之屬

西方公據一卷　清光緒三十三年(1907)刻本　一册

330000－1701－0088872　G602235、G602586　集部/小説類/長篇之屬

繪圖施公案全集四十六卷五百三十八回　清

光緒三十四年(1908)上海章福記石印本　二冊　存八卷(三傳一至四、四傳一至四)

330000－1701－0088873　G608899、G612198　類叢部/叢書類/自著之屬

林文忠公遺集四種　(清)林則徐撰　清光緒三山林氏刻本　四冊　存一種

330000－1701－0088875　G605404　史部/地理類/雜志之屬

揚州畫舫錄十八卷　(清)李斗撰　清乾隆六十年(1795)自然盦刻本　八冊

330000－1701－0088877　G608848　集部/別集類/清別集

道古堂文集四十八卷詩集二十六卷集外文一卷集外詩一卷　(清)杭世駿撰　**軼事一卷**　(清)汪曾唯輯　清乾隆四十一年(1776)刻光緒十四年(1888)汪曾唯振綺堂增修本　十六冊

330000－1701－0088878　G607060　史部/地理類/山川之屬/山志

武夷山志二十四卷首一卷　(清)董天工撰　清道光二十七年(1847)五夫尺木軒刻本　八冊

330000－1701－0088881　G611151　類叢部/叢書類/彙編之屬

津河廣仁堂叢書八十四種　(清)□□編　清光緒津河廣仁堂刻本　一冊　存一種

330000－1701－0088883　G004916　類叢部/叢書類/彙編之屬

佚存叢書十七種　(日本)林衡編　清光緒八年(1882)上海黃氏木活字印本　十四冊　存五種

330000－1701－0088886　G611152　子部/宗教類/佛教之屬

西齋淨土詩四卷　(明)釋梵琦撰　清末金陵刻經處刻本　一冊

330000－1701－0088899　G005110　史部/地理類/外紀之屬

安南小志二卷　姚文棟撰　清光緒十年(1884)鉛印本　一冊

330000－1701－0088901　G603947　集部/別集類/清別集

倚晴樓集　(清)黃燮清撰　清咸豐至光緒刻本　二冊　存一種

330000－1701－0088902　G608849、G607900　集部/別集類/清別集

道古堂文集四十八卷詩集二十六卷集外文一卷集外詩一卷　(清)杭世駿撰　**軼事一卷**　(清)汪曾唯輯　清乾隆四十一年(1776)刻光緒十四年(1888)汪曾唯振綺堂增修本　十六冊

330000－1701－0088905　G603948　史部/紀事本末類/斷代之屬

皇清開國方略三十二卷首一卷　(清)阿桂等撰　清光緒十三年(1887)廣百宋齋鉛印本　七冊　存二十九卷(首、一至十五、二十至三十二)

330000－1701－0088906　G005114　子部/小說家類/雜事之屬

金壺七墨六種　(清)黃鈞宰撰　清同治十二年(1873)刻本　八冊

330000－1701－0088908　G603949　類叢部/叢書類/自著之屬

曾惠敏公全集四種　(清)曾紀澤撰　清光緒二十年(1894)上海石印本　一冊　存一種

330000－1701－0088909　G005115　集部/別集類

嚴侯官全集十二卷　嚴復撰　清末石印本　十一冊　存十一卷(二至十二)

330000－1701－0088910　G608901　史部/雜史類/斷代之屬

鴉片事略二卷　(清)李圭撰　清光緒二十一年(1895)海寧州署刻本　二冊

330000－1701－0088912　G603950　子部/農家農學類/畜牧之屬

畜產叢書八種　(清)黃毅輯　清光緒三十三年(1907)上海新學會社石印本　一冊　存

三種

330000－1701－0088913　G004961　子部/醫家類/眼科之屬

古歙槐塘程松崖眼科一卷　（明）程玠撰　清光緒十四年（1888）刻本　一冊

330000－1701－0088915　G608850　史部/編年類/通代之屬

資治通鑑後編一百八十四卷　（清）徐乾學撰　清光緒二十四年（1898）富陽夏氏刻本　三十九冊　存一百五十三卷（一至八十八、九十二至一百五十六）

330000－1701－0088916　G603951　史部/編年類/斷代之屬

南明綱目五卷　（朝鮮）鄭喬編撰　清光緒三十四年（1908）漢城普文社鉛印本　二冊

330000－1701－0088917　G608902　集部/楚辭類

屈騷心印五卷首一卷　（清）夏大霖撰　清雍正十二年（1734）一本堂刻本　一冊

330000－1701－0088919　G007403、G004962　集部/戲劇類/傳奇之屬

桃花扇傳奇二卷四十齣　（清）孔尚任撰　清石印本　二冊

330000－1701－0088920　G005116、G008306、G008383、G009588、G011133、G011519　集部/總集類/課藝之屬

仁在堂全集十一集續刻三集　（清）路德輯　清道光刻本　十一冊　存六種

330000－1701－0088921　G603953　史部/傳記類/總傳之屬

圖繪寶鑑八卷　（元）夏文彥撰　（明）毛大倫增補　清康熙借綠草堂刻本　二冊

330000－1701－0088925　G611153　子部/宗教類/佛教之屬/諸宗

永覺和尚洞上古轍二卷　（清）釋元賢撰　（清）釋道霖重編　清光緒刻本　一冊

330000－1701－0088926　G004917　集部/別集類/清別集

午亭文編五十卷　（清）陳廷敬撰　（清）林佶輯錄　清康熙四十七年（1708）林佶刻乾隆四十三年（1778）印本　十三冊　存二十五卷（一至六、九至二十、二十五至二十八、四十四至四十六）

330000－1701－0088929　G603954　類叢部/叢書類/彙編之屬

邵武徐氏叢書初刻十四種　（清）徐榦編　清光緒邵武徐氏刻本　五冊　存四種

330000－1701－0088930　G004964　子部/醫家類/婦科之屬/產科

達生保赤三卷　（清）劉峰泰纂輯　清同治十三年（1874）黔垣如愚堂刻本　一冊　缺一卷（下）

330000－1701－0088931　G602236　集部/曲類/彈詞之屬

繪圖筆生花十六卷三十二回　（清）邱心如撰　清末石印本　五冊　存十卷（五至十四）

330000－1701－0088932　G608905　類叢部/叢書類/自著之屬

正誼堂全集八種　（清）董沛撰　清同治至光緒刻本　一冊　存一種

330000－1701－0088936　G005226、G005601　子部/醫家類/方書之屬/單方驗方

增廣驗方新編十六卷　（清）鮑相璈輯　**痧症全書三卷**　（清）王凱輯　**咽喉秘集二卷**　（清）海山仙館輯　清末上海廣益書局石印本　七冊　缺一卷（十）

330000－1701－0088938　G603955　類叢部/叢書類/彙編之屬

邵武徐氏叢書初刻十四種　（清）徐榦編　清光緒邵武徐氏刻本　二冊　存二種

330000－1701－0088939　G005117　集部/曲類/寶卷之屬

螟蛉寶卷不分卷　清同治十一年（1872）抄本　一冊

330000－1701－0088940　G005118　集部/曲

類/寶卷之屬

節義寶卷不分卷　清光緒五年(1879)抄本　一冊

330000－1701－0088942　G603956　類叢部/叢書類/彙編之屬

邵武徐氏叢書初刻十四種　(清)徐榦編　清光緒邵武徐氏刻本　一冊　存一種

330000－1701－0088943　G611154、G610861　子部/天文曆算類/算書之屬

算學十書　(清)賈步緯輯　清同治至光緒江南機器製造總局刻本暨鉛印本　十四冊　缺二卷(躔離引蒙下、對數表四)

330000－1701－0088944　G005119　集部/曲類/寶卷之屬

雙鶴寶卷不分卷　清光緒四年(1878)抄本　一冊

330000－1701－0088946　G603957　類叢部/叢書類/彙編之屬

邵武徐氏叢書初刻十四種　(清)徐榦編　清光緒邵武徐氏刻本　一冊　存一種

330000－1701－0088948　G602237、G610061　子部/小說家類/異聞之屬

埋憂集十卷續集二卷　(清)朱翊清撰　清同治十三年(1874)杭州文元堂刻本　三冊　存六卷(五至十)

330000－1701－0088949　G603958　類叢部/叢書類/彙編之屬

邵武徐氏叢書初刻十四種　(清)徐榦編　清光緒邵武徐氏刻本　一冊　存一種

330000－1701－0088950　G005227　類叢部/叢書類/彙編之屬

平津館叢書六集三十五種　(清)孫星衍編　清嘉慶蘭陵孫氏刻本　四冊　存十二種

330000－1701－0088951　G005120　集部/曲類/寶卷之屬

嬌鳳寶卷不分卷　清抄本　一冊

330000－1701－0088955　G004966、G608107　史部/金石類/總志之屬/題跋

清儀閣題跋不分卷　(清)張廷濟撰　清光緒刻本　四冊

330000－1701－0088956　G603959　類叢部/叢書類/彙編之屬

邵武徐氏叢書初刻十四種　(清)徐榦編　清光緒邵武徐氏刻本　一冊　存一種

330000－1701－0088957　G608906、G607464　類叢部/類書類/通類之屬

玉海二百卷辭學指南四卷詩攷一卷詩地理攷六卷漢藝文志攷證十卷通鑑地理通釋十四卷周書王會補注一卷漢制攷四卷踐阼篇集解一卷急就篇補注四卷姓氏急就篇二卷小學紺珠十卷六經天文編二卷周易鄭康成注一卷通鑑答問五卷　(宋)王應麟撰　**校補玉海瑣記二卷王深寧先生[應麟]年譜一卷**　(清)張大昌撰　清光緒九年至十六年(1883－1890)浙江書局刻本　十冊　存二十一卷(八十二至一百二)

330000－1701－0088958　G005228、G005364　史部/紀傳類/正史之屬

二十一史　明刻明清遞修本　二十四冊　存一種

330000－1701－0088959　G603960　史部/地理類/方志之屬/郡縣志

嘉慶太平縣志十八卷首一卷　(清)慶霖修　(清)戚學標等纂　清光緒二十二年(1896)古閩陳其昌刻本　十冊

330000－1701－0088960　G005121　集部/戲劇類

玉蜻蜓不分卷龍虎鬪不分卷玉麒麟不分卷　清抄本　一冊

330000－1701－0088961　G004967　子部/宗教類/佛教之屬

十八空論一卷　(南朝陳)釋真諦譯　**百論二卷**　(後秦)釋鳩摩羅什譯　**廣百論本一卷**　(唐)釋玄奘譯　清宣統三年(1911)揚州張肇昌刻本　一冊

330000－1701－0088964　G005229　史部/傳記類/總傳之屬/通代
增訂廣日記故事詳註二卷　（清）王相撰　清末李光明莊刻本　一冊　存一卷（一）

330000－1701－0088966　G603961　類叢部/叢書類/彙編之屬
知不足齋叢書一百九十五種　（清）鮑廷博編　（清）鮑士恭續編　清乾隆三十七年至道光三年（1772－1823）長塘鮑氏刻彙印本　四十冊　存三十四種

330000－1701－0088967　G005122　子部/宗教類
五洲教務問答一卷　（英國）李提摩太撰　清光緒二十八年（1902）上海美華書館鉛印本　一冊

330000－1701－0088969　G608908　類叢部/叢書類/彙編之屬
半厂叢書初編十種　（清）譚獻編　清同治至光緒仁和譚氏刻本　一冊　存一種

330000－1701－0088970　G607061　子部/叢編
二十二子（二十二子彙函）　（清）浙江書局編　清光緒元年至三年（1875－1877）浙江書局刻本　彙泉題記　四冊　存三種

330000－1701－0088973　G005230　史部/傳記類/科舉録之屬
［光緒十一年乙酉正科］浙江闈墨不分卷　（清）許應鑅等撰　清光緒十一年（1885）聚奎堂刻本　一冊

330000－1701－0088974　G607062　子部/叢編
二十二子（二十二子彙函）　（清）浙江書局編　清光緒元年至三年（1875－1877）浙江書局刻本　九冊　存六種

330000－1701－0088975　G004968　史部/傳記類/總傳之屬
浙江法政同學錄一卷　清光緒三十三年（1907）刻本　一冊

330000－1701－0088978　G607378、G608910、G609467　類叢部/叢書類/彙編之屬
漸學廬叢書第一集十五種　（清）胡祥鑅編　清光緒元和胡氏石印本　六冊　存一種

330000－1701－0088979　G602240　史部/目録類/總録之屬/彙刻
彙刻書目二十卷　（清）顧修輯　（清）朱學勤補　清光緒十二年至十五年（1886－1889）上海福瀛書局刻本　十九冊　缺一卷（十一）

330000－1701－0088981　G005231、G005859　子部/藝術類/書畫之屬/畫譜
芥子園畫傳五卷　（清）王槩輯　清康熙十八年（1679）芥子園甥館刻彩色套印本　邵欽權跋　二冊　存二卷（四至五）

330000－1701－0088982　G004969　類叢部/叢書類/自著之屬
石泉書屋全集六種　（清）李佐賢撰　清咸豐至光緒利津李氏刻本　九冊　存一種

330000－1701－0088983　G005123　子部/儒家類/儒學之屬/禮教
坔室録感一卷　（清）李顒撰　清同治八年（1869）蘇垣毋自欺齋刻本　一冊

330000－1701－0088984　G005232　子部/工藝類/觀賞之屬
自流井風物名實說一卷附同治八年觀光記畧一卷　（清）吳鼎立撰　清同治思源堂刻本　一冊

330000－1701－0088985　G602241　史部/傳記類/職官録之屬
安徽宦浙同官錄不分卷　清光緒二十一年（1895）刻朱墨套印本　一冊

330000－1701－0088987　G607063　史部/地理類/方志之屬/郡縣志
同治徐州府志二十五卷　（清）吳世熊　（清）朱忻修　（清）劉庠　（清）方駿謨纂　清同治十三年（1874）刻本　十二冊

330000－1701－0088988　G608912　子部/小說家類/雜事之屬

癸辛雜識前集一卷後集一卷續集二卷別集二卷　(宋)周密撰　明萬曆刻清補刻本　三册

330000－1701－0088992　G004919　子部/儒家類/儒學之屬/經濟

皇朝經世文三編八十卷　(清)陳忠倚輯　清末石印本　一册　存五卷(十六至二十)

330000－1701－0088993　G608846　集部/別集類/清別集

漁洋山人精華錄箋注十二卷補一卷年譜一卷附錄一卷　(清)王士禛撰　(清)金榮箋注　(清)徐淮纂輯　清刻本　八册

330000－1701－0088994　G611155　子部/儒家類/儒學之屬/勸學

輶軒語七卷　(清)張之洞撰　清光緒三年(1877)濠上書齋刻本　一册

330000－1701－0088997　G004920　史部/金石類

學古齋金石叢書四集十二種　(清)葛元煦輯　清光緒崇川葛氏學古齋刻本　六册　存三種

330000－1701－0089001　G004921、G608571　子部/儒家類/儒學之屬/經濟

皇朝經世文續編一百二十卷　(清)葛士濬輯　清光緒二十二年(1896)寶善書局石印本　九册　存五十七卷(一至十七、二十六至三十一、四十九至八十二)

330000－1701－0089003　G611156　類叢部/叢書類/彙編之屬

半厂叢書初編十種　(清)譚獻編　清同治至光緒仁和譚氏刻本　二册　存五種

330000－1701－0089005　G004971、G005828　子部/醫家類/傷寒金匱之屬/傷寒論

傷寒證治準繩八卷　(明)王肯堂輯　清刻本　三册　存三卷(一、三至四)

330000－1701－0089011　G608847　集部/別集類/清別集

漁洋山人精華錄箋注十二卷補一卷年譜一卷附錄一卷　(清)王士禛撰　(清)金榮箋注　(清)徐淮纂輯　清康熙五十一年(1712)鳳翽堂刻乾隆二年(1737)印本　六册

330000－1701－0089014　G004972　史部/地理類/雜志之屬

羊城古鈔八卷首一卷　(清)仇池石輯　清嘉慶十一年(1806)刻本　二册　存三卷(首、一、六)

330000－1701－0089015　G607065　集部/總集類/選集之屬/通代

漁洋山人古詩選三十二卷　(清)王士禛選　清同治七年(1868)湘鄉曾氏刻本　十二册

330000－1701－0089018　G005125、G006161　類叢部/叢書類/彙編之屬

武英殿聚珍版書一百三十八種　清木活字印本　八册　存八種

330000－1701－0089019　G603962　類叢部/類書類/通類之屬

玉海二百卷辭學指南四卷詩攷一卷詩地理攷六卷漢藝文志攷證十卷通鑑地理通釋十四卷周書王會補注一卷漢制攷四卷踐阼篇集解一卷急就篇補注四卷姓氏急就篇二卷小學紺珠十卷六經天文編二卷周易鄭康成注一卷通鑑答問五卷　(宋)王應麟撰　清嘉慶十一年(1806)江寧藩署刻本　一百册

330000－1701－0089021　G608915　經部/樂類/律呂之屬

樂律表微八卷　(清)胡彥昇撰　清乾隆二十八年(1763)耆學齋刻本　四册

330000－1701－0089029　G004973　集部/別集類/元別集

雁門集六卷附一卷　(元)薩都剌撰　清宣統元年(1909)鉛印本　四册

330000－1701－0089031　G607066　集部/總集類/課藝之屬

學海堂集十六卷　(清)阮元輯　清道光五年(1825)啓秀山房刻本　六册

330000－1701－0089034　G005126　集部/總集類/選集之屬/通代

文選課虛四卷 (清)杭世駿撰 清光緒十年(1884)上海同文書局石印本 一冊

330000－1701－0089038 G004923 史部/政書類/邦交之屬
各國和約新編六卷首一卷 (清)望炊輯 清光緒二十二年(1896)上洋多文閣石印本 一冊 存二卷(首、一)

330000－1701－0089040 G608916 史部/史評類/史論之屬
史通削繁四卷 (清)紀昀撰 清翰墨園刻朱墨套印本 四冊

330000－1701－0089041 G005127 史部/傳記類/科舉録之屬/歷科鄉試録
[光緒癸卯恩科]江西闈墨一卷 清末圖書集成局石印本 一冊

330000－1701－0089043 G611157、G612268 類叢部/叢書類/彙編之屬
半厂叢書初編十種 (清)譚獻編 清同治至光緒仁和譚氏刻本 七冊 存二種

330000－1701－0089047 G608917 類叢部/叢書類/自著之屬
陶樓雜著四種 (清)黄彭年撰 清光緒十五年(1889)貴筑黄氏刻本 一冊 存一種

330000－1701－0089048 G605413 類叢部/叢書類/彙編之屬
邵武徐氏叢書二集八種 (清)徐榦編 清光緒邵武徐氏刻本 十二冊 存四種

330000－1701－0089049 G611158 集部/總集類/選集之屬/通代
御選唐宋文醇五十八卷目錄一卷 (清)高宗弘曆輯 清光緒三年(1877)浙江書局刻本 二十冊

330000－1701－0089051 G005128 子部/術數類/相宅相墓之屬
何公理氣一卷 (五代)何令通撰 (清)孫景堂注 **測字隱語一卷** (清)程懋政撰 清道光二十六年(1846)刻本 一冊

330000－1701－0089056 G608918 子部/儒家類/儒學之屬/經濟
實學文導二卷 (清)傅雲龍撰 清光緒二十一年(1895)石印本 二冊

330000－1701－0089061 G611159 集部/總集類/選集之屬/通代
御選唐宋文醇五十八卷目錄一卷 (清)高宗弘曆輯 清光緒三年(1877)浙江書局刻本 二十冊

330000－1701－0089063 G603963 類叢部/叢書類/彙編之屬
廣漢魏叢書八十種 (明)何允中編 清嘉慶刻本 四冊 存六種

330000－1701－0089066 G608828 類叢部/叢書類/彙編之屬
邵武徐氏叢書初刻十四種 (清)徐榦編 清光緒邵武徐氏刻本 二冊 存一種

330000－1701－0089067 G602244 類叢部/叢書類/彙編之屬
後知不足齋叢書四十七種 (清)鮑廷爵編 清同治至光緒常熟鮑氏刻本 一冊 存一種

330000－1701－0089070 G005129 集部/別集類/清別集
註釋水竹居賦一卷 (清)盛觀潮撰 清光緒五年(1879)刻本 一冊

330000－1701－0089072 G004974 子部/醫家類/類編之屬
證治準繩六種(醫書六種) (明)王肯堂撰 清刻本 一冊 存一種

330000－1701－0089074 G602245 類叢部/叢書類/彙編之屬
後知不足齋叢書四十七種 (清)鮑廷爵編 清同治至光緒常熟鮑氏刻本 一冊 存一種

330000－1701－0089078 G608920 子部/雜著類/雜說之屬
履園叢話二十四卷 (清)錢泳撰 清道光刻同治九年(1870)錢曰壽補刻本 一冊 存三卷(十六至十八)

330000－1701－0089079　G005130　子部/藝術類/書畫之屬/畫譜
太平歡樂圖一卷　（清）方薰繪　清光緒十四年（1888）積山書局石印本　一冊

330000－1701－0089080　G611160、G611991　集部/總集類/選集之屬/通代
御選唐宋文醇五十八卷目錄一卷　（清）高宗弘曆輯　清光緒三年（1877）浙江書局刻本　二十冊

330000－1701－0089084　G608829　史部/傳記類/總傳之屬/釋道
佛祖正宗道影四卷　（清）釋守一編　清光緒六年（1880）蘇州瑪瑙經房刻本　一冊　存一卷（三）

330000－1701－0089089　G004975　子部/宗教類/佛教之屬/總録
釋教三字經一卷　（明）釋廣真撰　（清）釋敏修注　清同治十一年（1872）刻本　一冊

330000－1701－0089091　G603964　集部/總集類/彙編之屬
漢魏六朝一百三家集（漢魏六朝百三名家集）　（明）張溥編　清光緒三年（1877）滇南唐氏壽考堂刻本　九冊　存十種

330000－1701－0089095　G005131　子部/天文曆算類/算書之屬
學彊恕齋筆算十卷　（清）梅啓照輯　清光緒二十二年（1896）學彊恕齋石印本　三冊　存九卷（一至三上、五下至十）

330000－1701－0089097　G602247　類叢部/叢書類/家集之屬
影山草堂六種　（清）莫與儔　（清）莫友芝撰　清咸豐至光緒刻本　一冊　存一種

330000－1701－0089101　G004976、G010981　子部/宗教類/佛教之屬/大藏
徑山藏　明萬曆十七年（1589）至清嘉慶五臺、嘉興、徑山等地刻本　六冊　存一種

330000－1701－0089103　G005132　集部/總集類/尺牘之屬
普通應用白話尺牘初編二卷　清末石印本　一冊

330000－1701－0089105　G005139　集部/別集類/清別集
趙忠節公遺墨一卷　（清）趙景賢撰　清光緒十六年（1890）歸安趙氏刻本　一冊

330000－1701－0089109　G005133　子部/藝術類/遊藝之屬/聯語
楹聯叢話十二卷續話四卷　（清）梁章鉅輯　清道光二十五年（1845）長沙刻本　二冊

330000－1701－0089110　G603965　子部/醫家類/溫病之屬/瘟疫
瘟疫條辨摘要不分卷　（清）呂田輯　清光緒十五年（1889）浙江書局刻本　一冊

330000－1701－0089112　G603966　子部/醫家類/溫病之屬/瘟疫
瘟疫條辨摘要不分卷　（清）呂田輯　清光緒十五年（1889）浙江書局刻本　一冊

330000－1701－0089115　G603967　子部/醫家類/溫病之屬/瘟疫
瘟疫條辨摘要不分卷　（清）呂田輯　清光緒十五年（1889）浙江書局刻本　一冊

330000－1701－0089116　G603968　子部/醫家類/溫病之屬/瘟疫
瘟疫條辨摘要不分卷　（清）呂田輯　清光緒十五年（1889）浙江書局刻本　一冊

330000－1701－0089117　G603969　子部/醫家類/溫病之屬/瘟疫
瘟疫條辨摘要不分卷　（清）呂田輯　清光緒十五年（1889）浙江書局刻本　一冊

330000－1701－0089119　G603970　子部/醫家類/溫病之屬/瘟疫
瘟疫條辨摘要不分卷　（清）呂田輯　清光緒十五年（1889）浙江書局刻本　一冊

330000－1701－0089122　G603971、G610768　史部/傳記類/總傳之屬/列女
杭女表微錄十六卷首一卷　（清）孫樹禮輯

清光緒三十二年(1906)刻本　二册　存四卷(首、一至三)

330000－1701－0089124　G603972　史部/地理類/專志之屬/祠墓

汪王廟志畧一卷　(清)汪文炳撰　清光緒三十一年(1905)刻本　一册

330000－1701－0089125　G608830　類叢部/叢書類/彙編之屬

漸西村舍彙刊(漸西村舍叢刻)四十四種　(清)袁昶編　清光緒十六年至二十四年(1890－1898)桐廬袁氏刻本　一册　存一種

330000－1701－0089126　G004977　子部/儒家類/儒學之屬/禮教

讀書做人譜一卷　(清)龍炳垣輯　清光緒二十七年(1901)内自訟齋刻本　一册

330000－1701－0089129　G004926　史部/地理類/外紀之屬

日本國志四十卷首一卷　(清)黄遵憲輯　清光緒二十七年(1901)上海書局石印本　四册

330000－1701－0089130　G603973　集部/小説類/短篇之屬

淞隱漫録十二卷　(清)王韜撰　清光緒石印本　一册　存三卷(七至九)

330000－1701－0089134　G004978　集部/別集類/明別集

何大復先生集三十八卷　(明)何景明撰　**附録一卷**　清宣統元年(1909)厚生印書館石印本　八册

330000－1701－0089135　G005135　史部/政書類/儀制之屬

喪服用古衣冠考一卷　(清)勞山老人撰　清末石印本　一册

330000－1701－0089137　G606602、G612089　經部/叢編

御纂七經五種　(清)李光地等撰　清同治六年至九年(1867－1870)浙江書局刻本　十三册　存一種

330000－1701－0089139　G608832　類叢部/叢書類/彙編之屬

漸西村舍彙刊(漸西村舍叢刻)四十四種　(清)袁昶編　清光緒十六年至二十四年(1890－1898)桐廬袁氏刻本　一册　存一種

330000－1701－0089142　G603974　類叢部/叢書類/彙編之屬

郋園先生全書一百二十九種　葉啓倬編　清光緒至民國刻民國二十四年(1935)長沙中國古書刻印社彙印本　三册　存五種

330000－1701－0089144　G608831　集部/總集類/郡邑之屬

兩浙輶軒録四十卷補遺十卷姓氏韻編二卷　(清)阮元輯　清同治六年(1867)刻本　一册　存二卷(十八至十九)

330000－1701－0089145　G606603　類叢部/叢書類/彙編之屬

後知不足齋叢書四十七種　(清)鮑廷爵編　清同治至光緒常熟鮑氏刻本　二册　存一種

330000－1701－0089146　G004979　集部/別集類/清別集

心太平室詩鈔再出玉門草一卷　(清)薩迎阿撰　清道光十三年(1833)刻本　一册

330000－1701－0089148　G004927、G010450　子部/醫家類/外科之屬/通論

外科大成四卷　(清)祁坤撰　清抄本　三册　缺一卷(二)

330000－1701－0089149　G607068、G607824　史部/政書類/邦計之屬/荒政

欽定康濟録四卷　(清)陸曾禹撰　(清)倪國璉釐正　清同治三年(1864)浙江撫署刻民國印本　三册

330000－1701－0089156　G605416　子部/藝術類/遊藝之屬/聯語

楹聯叢話十二卷續話四卷　(清)梁章鉅輯　清道光二十六年(1846)刻本　四册　存十卷(一至六、續話一至四)

330000－1701－0089157　G608833　集部/別

集類/清别集
椒生詩草六卷　（清）王之春撰　清光緒十年（1884）上洋文藝齋刻本　二册

330000－1701－0089160　G004980　子部/醫家類/傷寒金匱之屬/傷寒論
尚論張仲景傷寒論重編三百九十七法二卷後四卷首一卷　（清）喻昌撰　清刻本　一册　存一卷（下）

330000－1701－0089164　G004928　子部/醫家類/綜合之屬/通論
扁鵲心書三卷種子療病丸方一卷　（宋）竇材輯　清抄本　清鳳考題記　一册

330000－1701－0089165　G004981　子部/醫家類/傷寒金匱之屬/傷寒論
注解傷寒論十卷圖解運氣圖一卷　（漢）張仲景述　（晉）王叔和撰次　（金）成無己注　清刻本　三册　存九卷（注解傷寒論二至十）

330000－1701－0089168　G603975　史部/地理類/外紀之屬
日本國志四十卷首一卷　（清）黄遵憲輯　清光緒二十四年（1898）浙江書局刻本　十册

330000－1701－0089172　G608834、G607542　集部/總集類/郡邑之屬
國朝杭郡詩續輯四十六卷姓氏韻編一卷　（清）吴振棫輯　清光緒二年（1876）錢塘丁氏刻本　六册　存十卷（三十七至四十六）

330000－1701－0089173　G606604　類叢部/叢書類/彙編之屬
説鈴前集三十七種後集十六種　（清）吴震方編　清嘉慶四年（1799）刻本　七册　存十六種

330000－1701－0089175　G607069　類叢部/叢書類/彙編之屬
昭代叢書合刻十集五百六十種附一種　（清）張潮　（清）張漸編　（清）楊復吉　（清）沈懋悳續編　清道光吴江沈氏世楷堂刻本　一册　存二種

330000－1701－0089179　G004982　子部/醫家類/傷寒金匱之屬/傷寒論
傷寒明理論四卷　（金）成無己撰　清刻本　一册　存二卷（一至二）

330000－1701－0089180　G008175、G009162　史部/政書類/儀制之屬/專志/科舉校規
學部奏咨輯要四卷續編四卷　（清）學部總務司案牘科編　清宣統元年（1909）鉛印本　八册

330000－1701－0089183　G608835　集部/别集類/清别集
古春軒詩鈔二卷　（清）梁德繩撰　清咸豐二年（1852）鳳城刻本　巢南題記　二册

330000－1701－0089184　SZD0013　子部/天文曆算類/曆法之屬
天學札記二卷　（清）朱駿聲撰　稿本　二册

330000－1701－0089186　G607070　類叢部/叢書類/自著之屬
振綺堂遺書五種　（清）汪遠孫撰　清道光刻民國十一年（1922）錢唐汪氏彙印本　一册　存一種

330000－1701－0089187　G004930　史部/傳記類/科舉録之屬/歷科鄉試録
[光緒癸卯恩科]浙江鄉試第五房同門試卷不分卷　（清）柴錫堂等撰　清光緒刻本　一册

330000－1701－0089188　G606605　類叢部/叢書類/彙編之屬
説鈴前集三十七種後集十六種　（清）吴震方編　清嘉慶四年（1799）刻本　七册　存十五種

330000－1701－0089189　G004983　子部/醫家類/溫病之屬/其他溫疫病證
溫病條辨六卷首一卷　（清）吴瑭撰　清道光十五年（1835）鶴皋葉氏刻本　六册

330000－1701－0089192　G004984　子部/醫家類/類編之屬
武昌醫學館叢書　（清）柯逢時編　清光緒三十年至民國元年（1904－1912）武昌醫學館刻本　四册　存一種

330000－1701－0089193　G004931　史部/傳記類/科舉録之屬/硃卷

浙江鄉試硃卷不分卷　(清)江燿南等撰　清刻本　清灌畦子題記　一册

330000－1701－0089194　G605395　經部/小學類/音韻之屬/韻書

佩文詩韻釋要五卷　(清)周兆基輯　清光緒十八年(1892)浙江書局刻本　二册

330000－1701－0089195　G608837、G609519　類叢部/叢書類/彙編之屬

半厂叢書初編十種　(清)譚獻編　清同治至光緒仁和譚氏刻本　十二册　存八種

330000－1701－0089196　SZD0015　子部/天文曆算類/算書之屬

數度衍不分卷　(清)方中通撰　(清)朱駿聲校補　稿本　一册

330000－1701－0089198　G608924　史部/地理類/遊記之屬/紀行

節相壯游日錄二卷　(清)李鴻章撰　(清)桃谿漁隱　(清)惺新盦主輯　清光緒二十三年(1897)上海石印本　章嶔題記　一册　存一卷(上)

330000－1701－0089201　G004985　集部/別集類/清別集

小芋香館遺集十二卷　(清)李杭撰　清刻本　三册　缺三卷(一至三)

330000－1701－0089202　G005235　史部/紀傳類/正史之屬

五代史記七十四卷　(宋)歐陽修撰　(宋)徐無黨注　(清)彭元瑞增注　(清)劉鳳誥排次　清嘉慶二十年(1815)萍鄉劉氏雲牲書屋刻道光八年(1828)重修本　四十册

330000－1701－0089203　G004987　集部/別集類/清別集

劉武慎公全集三十卷　(清)劉長佑撰　清刻本　一册　存一卷(二十九)

330000－1701－0089204　G004932　史部/傳記類/科舉録之屬/歷科鄉試録

[光緒癸卯恩科]浙江鄉試第拾肆房同門試卷不分卷　(清)莫永貞等撰　清光緒刻本　一册

330000－1701－0089207　G611161　類叢部/叢書類/彙編之屬

邵武徐氏叢書初刻十四種　(清)徐榦編　清光緒邵武徐氏刻本　十三册　存八種

330000－1701－0089208　SZD0022　子部/雜著類/雜說之屬

臨嘯閣筆記一卷　(清)朱駿聲撰　稿本　二册

330000－1701－0089209　G004933　類叢部/叢書類/自著之屬

西堂全集四種附一種　(清)尤侗撰　清刻本　一册　存一種

330000－1701－0089210　G606606　類叢部/叢書類/彙編之屬

說鈴前集三十七種後集十六種　(清)吳震方編　清嘉慶四年(1799)刻本　五册　存六種

330000－1701－0089211　G004988　史部/傳記類/總傳之屬/列女

永康邑貞孝節烈各婦女姓氏清冊一卷　清抄本　一册

330000－1701－0089212　G607071　類叢部/叢書類/郡邑之屬

台州叢書續編十三種　(清)王棻等編　清光緒王棻等刻本　八册　存一種

330000－1701－0089213　G004989　史部/傳記類/總傳之屬

壽序壽詩不分卷　清抄本　一册

330000－1701－0089214　G602248　子部/雜著類/雜考之屬

援鶉堂筆記五十卷　(清)姚範撰　**援鶉堂筆記桀誤一卷補遺一卷**　(清)方東樹撰　清道光十五年(1835)姚氏刻本　十二册　存四十卷(一至五、九至十四、十八至四十四、四十九至五十)

330000－1701－0089215　G606607　類叢部/

叢書類/彙編之屬
說鈴前集三十七種後集十六種　（清）吳震方編　清嘉慶四年(1799)刻本　六冊　存六種

330000－1701－0089216　G004990　子部/醫家類/外科之屬
瘍醫準繩六卷　（明）王肯堂輯　清刻本　三冊　存三卷(二至三、五)

330000－1701－0089217　G611162　類叢部/叢書類/彙編之屬
邵武徐氏叢書初刻十四種　（清）徐榦編　清光緒邵武徐氏刻本　九冊　存六種

330000－1701－0089218　G608926、G609800、G611664、G607666　史部/紀事本末類/通代之屬
繹史一百六十卷附世系圖一卷年表一卷　（清）馬驌撰　清光緒二十三年(1897)武林尚友齋石印本　二十一冊　存一百二十八卷(十六至七十、七十二至一百、一百十九至一百六十,世系圖、年表)

330000－1701－0089219　G607072　史部/地理類/專志之屬/祠墓
曹江孝女廟誌八卷首一卷末一卷補遺一卷　（清）金廷棟輯　（清）唐煦春增輯　清光緒八年(1882)五社公所刻本　二冊

330000－1701－0089220　G004934　史部/傳記類/科舉録之屬
[光緒壬午正科]浙江闈墨不分卷　（清）陳翊清等撰　清光緒聚奎堂刻本　一冊

330000－1701－0089221　G605421　集部/別集類/清別集
缾水齋詩集十七卷別集二卷詩話一卷附錄一卷　（清）舒位撰　清光緒十二年(1886)邊保樞刻十七年(1891)增修本　六冊

330000－1701－0089222　G608927、G609836　新學/雜著/叢編
西學大成五十六種　（清）王西清　（清）盧梯青編　清光緒十四年(1888)上海大同書局石印本　二冊　存七種

330000－1701－0089223　G605396　新學/醫學
儒門醫學三卷附一卷　（英國）海得蘭撰　（英國）傅蘭雅口譯　（清）趙元益筆述　清光緒江南製造總局刻本　三冊

330000－1701－0089224　G606608　類叢部/叢書類/自著之屬
曾惠敏公全集四種　（清）曾紀澤撰　清光緒二十年(1894)上海石印本　四冊

330000－1701－0089225　G607155、G607073　史部/地理類/方志之屬/郡縣志
嘉慶海州直隸州志三十二卷首一卷　（清）唐仲冕修　（清）汪梅鼎等纂　清嘉慶十年(1805)刻十六年(1811)補修本　老蕙題記　十冊

330000－1701－0089227　G004992　子部/醫家類/本草之屬/歷代綜合本草
本草綱目五十二卷　（明）李時珍撰　清刻本　十二冊　存十五卷(三至四上、十五、十七下、二十二至二十三、二十六、三十四、三十七至三十八、四十一至四十三、四十九至五十上)

330000－1701－0089228　G611163　類叢部/叢書類/彙編之屬
邵武徐氏叢書初刻十四種　（清）徐榦編　清光緒邵武徐氏刻本　十七冊　存十三種

330000－1701－0089229　G606609　集部/別集類/清別集
有正味齋駢體文二十四卷首一卷　（清）吳錫麟撰　（清）王廣業箋　（清）葉聯芬注　清光緒十五年(1889)上海蜚英館石印本　四冊　缺一卷(十七)

330000－1701－0089230　G608840　史部/傳記類/別傳之屬/年譜
朱子年譜四卷考異四卷　（清）王懋竑撰　**朱子論學切要語二卷**　（清）王懋竑輯　清乾隆十七年(1752)寶應王氏白田草堂刻清末浙江書局補刻本　三冊　缺二卷(年譜三至四)

330000－1701－0089231　G608928　史部/目録類/總録之屬/官修

四庫未收書目提要五卷　(清)阮元撰　清光緒四年(1878)上海淞隱閣鉛印本　一册

330000－1701－0089232　G607074、G606888、G608119　史部/地理類/方志之屬/郡縣志

[同治]長興縣志三十二卷　(清)趙定邦修　(清)周學濬　(清)丁寶書纂　**[光緒]長興志拾遺二卷首一卷**　(清)朱鎮纂　清同治十三年至光緒元年(1874－1875)刻十八年(1892)邵同珩、孫德祖增補重校刻本{[光緒]長興志拾遺爲清光緒二十三年(1897)刻本}　十三册　存二十七卷(一至二十七)

330000－1701－0089237　G004935　史部/傳記類/科舉録之屬

[光緒辛卯科]浙江闈墨不分卷　(清)王萬懷等撰　清光緒聚奎堂刻本　一册

330000－1701－0089240　G004936、G008079　類叢部/叢書類/彙編之屬

麗廔叢書九種　葉德輝編　清光緒三十二年至宣統元年(1906－1909)長沙葉氏刻本　五册　存七種

330000－1701－0089241　G608841、G609895　集部/别集類/明别集

止止堂集五卷(横槊稿三卷愚愚稿二卷)　(明)戚繼光撰　清光緒十四年(1888)山東書局刻本　四册

330000－1701－0089244　G608842　史部/目録類/總録之屬/私撰

宋元舊本書經眼録三卷附録二卷　(清)莫友芝撰　清同治十二年(1873)獨山莫繩孫刻本　一册

330000－1701－0089245　G005136　經部/群經總義類/文字音義之屬

經典釋文三十卷　(唐)陸德明撰　**經典釋文攷證三十卷**　(清)盧文弨撰　清刻本　清朱駿聲觀款　二册　存三十卷(攷證一至三十)

330000－1701－0089248　G004937　集部/總集類/課藝之屬

[同治癸酉科]浙江闈墨不分卷　(清)顧文彬等撰　清同治聚奎堂刻本　一册

330000－1701－0089250　G608843　史部/紀事本末類/通代之屬

通鑑長編紀事本末一百五十卷　(宋)楊仲良撰　清光緒廣雅書局刻紀事本末彙刻本　章嶔題簽並記　十四册　存六十七卷(一至四、八至七十)

330000－1701－0089251　G005137　類叢部/叢書類/自著之屬

徐靈胎先生雜著五種　(清)徐大椿撰　清光緒十四年(1888)江左書林刻本　一册　存一種

330000－1701－0089254　G005138　史部/政書類/公牘檔册之屬

諮議局章程及選舉章程解釋彙鈔不分卷　(清)憲政編查館撰　清宣統元年(1909)鉛印本　一册

330000－1701－0089259　G607075　史部/地理類/方志之屬/郡縣志

[乾隆]襄陽府志四十卷首一卷　(清)陳鍔纂修　清乾隆二十五年(1760)刻本　二十四册

330000－1701－0089260　G004994　類叢部/類書類/通類之屬

太平御覽一千卷目録十五卷　(宋)李昉等輯　清嘉慶十一年(1806)木活字印本　二十四册　存一百九十二卷(三百四十五至五百三十六)

330000－1701－0089261　G611164、G612204　經部/叢編

御纂七經五種　(清)李光地等撰　清同治六年至九年(1867－1870)浙江書局刻本　二十四册　存一種

330000－1701－0089263　G608845、G611531、G609369、G609902　史部/紀傳類/正史之屬

二十四史附考證　清刻本　六十九册　存一種

330000－1701－0089264　G004939　史部/傳記類/總傳之屬/斷代

國史列傳不分卷　清末鉛印本　一冊

330000－1701－0089266　G005141　集部/總集類/酬唱之屬

大梁留別唱和集一卷　陳夔龍輯　清末鉛印本　一冊

330000－1701－0089267　G607076　史部/地理類/方志之屬/郡縣志

[光緒]黃巖縣志四十卷首一卷附黃巖集三十二卷首一卷　(清)陳寶善　(清)孫憙修　(清)王棻纂　(清)陳鍾英　(清)鄭錫滜續修　(清)王詠霓續纂　**黃巖志校議二卷**　(清)王棻撰　清光緒三年(1877)刻六年(1880)校補刻本　十五冊　存三十九卷(首、一、四至四十)

330000－1701－0089269　G005142　集部/別集類/清別集

老雲齋詩刪十卷首一卷末一卷　(清)沈不負撰　清乾隆六年(1741)沈方蕙刻本　二冊　缺一卷(首)

330000－1701－0089270　G608929、G612250　史部/傳記類/職官録之屬/總録

[清光緒二十四年]大清搢紳全書四卷　清光緒二十四年(1898)榮錄堂刻本　三冊　存三卷(一至三)

330000－1701－0089271　G004940　史部/政書類/公牘檔冊之屬

各省學務官制並勸學所章程一卷　(清)學部編　清光緒三十二年(1906)浙江官書局刻本　一冊

330000－1701－0089272　G005143　集部/別集類/清別集

補讀樓詩稿六卷雜著一卷　(清)張濤撰　清同治七年(1868)刻本　一冊

330000－1701－0089274　G004996、G010423　史部/史鈔類/通代之屬

綱鑑擇語十卷　(清)司徒修輯　清刻本　四冊

330000－1701－0089275　G608931　新學/地學/地理學

中等地理學舉隅一卷　(日本)中村五六撰　(清)浙江官書局譯　清末刻本　一冊

330000－1701－0089276　G004997　史部/傳記類/別傳之屬/事狀

皇清誥授光祿大夫兵部右侍郎贈尚書謚文節戴公[熙]行狀一卷　清刻本　一冊

330000－1701－0089277　G608800　集部/別集類/明別集

陶菴集二十二卷首一卷末一卷　(明)黃淳燿撰　清光緒五年至七年(1879－1881)童式穀、宋道南刻本　三冊　存十二卷(首、三至六、十至十六)

330000－1701－0089278　G608932　新學/地學/地理學

中等地理學舉隅一卷　(日本)中村五六撰　(清)浙江官書局譯　清末刻本　一冊

330000－1701－0089279　M005838　新學/雜著

湖北學生界不分卷　(清)湖北學生界社編　清光緒鉛印本　一冊

330000－1701－0089280　G607077　史部/地理類/方志之屬/郡縣志

[同治]續纂揚州府志二十四卷　(清)方濬頤修　(清)晏端書　(清)錢振倫等纂　清同治十三年(1874)刻本　八冊

330000－1701－0089281　G005144　史部/地理類/遊記之屬/紀行

放遊錄一卷　(清)蔡希邠撰　清光緒二十五年(1899)奎文堂刻本　一冊

330000－1701－0089282　G608933　新學/地學/地理學

中等地理學舉隅一卷　(日本)中村五六撰　(清)浙江官書局譯　清末刻本　一冊

330000－1701－0089283　G608934　新學/地

學/地理學

中等地理學舉隅一卷 (日本)中村五六撰 (清)浙江官書局譯 清末刻本 一册

330000－1701－0089284 G004941 史部/政書類/通制之屬

湖南地方自治研究所講義一卷 (清)楊樹穀輯 清末木活字印本 一册 存一卷(一)

330000－1701－0089285 G611166 經部/叢編

御纂七經五種 (清)李光地等撰 清同治六年至九年(1867－1870)浙江書局刻本 二十八册 存一種

330000－1701－0089287 G004942 史部/政書類/公牘檔册之屬

諸暨同鄉學會簡章一卷 清末刻本 一册

330000－1701－0089291 G607078 經部/春秋左傳類/傳說之屬

春秋左氏傳賈服註輯述二十卷 (清)李貽德撰 清同治五年(1866)餘姚朱蘭金陵書局刻本 六册 存十七卷(一至十二、十六至二十)

330000－1701－0089292 G605400 子部/天文曆算類/算書之屬

幾何原本十五卷 (意大利)利瑪竇 (英國)偉烈亞力口譯 (明)徐光啓 (清)李善蘭筆受 清同治四年(1865)金陵刻本 八册

330000－1701－0089293 G611167 經部/三禮總義類/通論之屬

讀禮志疑不分卷 (清)陸隴其撰 清嘉慶二十一年(1816)華亭張應時刻本 一册

330000－1701－0089296 G004998 史部/傳記類/别傳之屬/事狀

朱一新哀輓録一卷 (清)□□輯 清光緒二十年(1894)刻本 一册

330000－1701－0089297 G608937、G609843 類叢部/叢書類/彙編之屬

古今說部叢書二百七十二種 國學扶輪社編 清宣統二年至民國二年(1910－1913)上海國學扶輪社鉛印本 五册 存一種

330000－1701－0089298 G004943 史部/政書類/公牘檔册之屬

奏定學務綱要一卷附管理通則一卷 清末鉛印本 一册

330000－1701－0089300 G004944 史部/傳記類/科舉録之屬/歷科鄉試録

[光緒八年壬午正科]浙江鄉試錄不分卷 (清)陳翊清等撰 清光緒刻本 一册

330000－1701－0089302 G004999 子部/醫家類/溫病之屬/瘟疫

補註瘟疫論四卷 (明)吳有性撰 (清)洪天錫補注 清乾隆四十九年(1784)晚翠堂刻光緒二十九年(1903)天津寶森堂重修本 一册 存一卷(一)

330000－1701－0089306 G005236 集部/别集類/清别集

寄青齋詩稿一卷詞稿一卷 (清)徐虔復撰
綠雲館吟草一卷賦鈔一卷 (清)程芙亭撰 清道光二十六年(1846)瀟湘吟館、光緒十三年(1887)徐煥章留餘堂刻本 一册 缺一卷(詩稿)

330000－1701－0089310 G608938 史部/目録類

葉氏存古叢書四種 葉銘輯 清宣統二年(1910)西泠印社鉛印本 一册 存一種

330000－1701－0089311 G005000 子部/醫家類/醫經之屬/内經

黄帝内經靈樞十二卷素問遺編一卷重廣補註黄帝内經素問二十四卷 清光緒十年(1884)刻本 六册

330000－1701－0089312 G607080、G608549、G609573 史部/傳記類/總傳之屬/列女

杭女表微錄十六卷首一卷 (清)孫樹禮輯 清光緒三十二年(1906)刻本 七册 存十三卷(首、一至十二)

330000－1701－0089317 G608939 新學/政治法律/政治

中國新政始基一卷　何啓　胡禮垣撰　清光緒二十四年(1898)香港中華印務總局鉛印本　一册

330000－1701－0089319　G005145　類叢部/叢書類/自著之屬
千一齋全書　程先甲撰　清光緒至民國江寧程氏千一齋刻本　一册　存一種

330000－1701－0089324　G607081　史部/傳記類/總傳之屬/列女
杭女表微録十六卷首一卷　(清)孫樹禮輯　清光緒三十二年(1906)刻本　七册　存十三卷(首、一至十二)

330000－1701－0089326　G608940、G609563　史部/政書類/邦交之屬
十九世紀外交史不分卷　(日本)平田久撰　(清)張相譯　清光緒二十八年(1902)杭州史學齋刻本　四册

330000－1701－0089330　G005237、G009069、G009833　子部/天文曆算類/算書之屬
靈憲書屋算草八卷　(清)張鴻勛學衍　清光緒二十八年(1902)綿竹山房刻本　四册

330000－1701－0089331　G004945　史部/傳記類/別傳之屬
皇清誥授光禄大夫雲貴總督仲雲吴公[振棫]崇祀鄉賢録一卷　清光緒刻本　一册

330000－1701－0089335　G608941、G607682　史部/目録類/專録之屬
皇清經解敬修堂編目十六卷　(清)陶治元編　清光緒十二年(1886)石印本　四册

330000－1701－0089336　G004946、G010648　新學/兵制/陸軍
野外要務令二卷　(日本)陸軍省編　(清)盧永銘譯　清末南洋公學譯書院鉛印本　三册

330000－1701－0089339　G607405、G607082、G606895　史部/傳記類/總傳之屬/斷代
國朝先正事略六十卷　(清)李元度撰　清同治五年至八年(1866－1869)循陔草堂刻本　二十册　存四十卷(六至七、十二至十三、二十至二十四、二十七至二十八、三十二至六十)

330000－1701－0089347　G005146　史部/地理類/外紀之屬
地輿圖考一卷亞細亞洲圖考四卷　龔柴撰　清光緒二十七年(1901)益聞書館鉛印本　一册

330000－1701－0089350　G004947　史部/政書類/邦計之屬/貿易
光緒十八年通商各關華洋貿易總册不分卷　(清)上海通商海關造册處編譯　清光緒上海通商海關造册處鉛印本　一册

330000－1701－0089351　G005239、G610260、G009421　類叢部/叢書類/彙編之屬
廣雅書局叢書一百五十九種　徐紹棨編　清光緒廣雅書局刻民國九年(1920)番禺徐紹棨彙編重印本　四册　存二種

330000－1701－0089353　G611170　集部/別集類/清別集
無不宜齋未定稾四卷　(清)翟灝撰　清乾隆十七年(1752)刻本　四册

330000－1701－0089355　G607083　史部/目録類/專録之屬
經義考三百卷　(清)朱彝尊撰　**經義考總目二卷**　(清)盧見曾編　清康熙秀水朱氏曝書亭刻乾隆十九年至二十年(1754－1755)德州盧見曾續刻乾隆四十二年(1777)汪汝瑮重印本(卷二八六、二九九至三百原缺)　四十册　存二百六十四卷(總目一至二、一至二百六十二)

330000－1701－0089357　G005147　史部/傳記類/別傳之屬/年譜
安我素先生[希范]年譜一卷　(清)安紹傑輯　(清)安吉增輯　**賓娥臺唱和詩詞一卷**　(明)安我素等撰　清乾隆木活字印本(賓娥臺唱和詩詞爲刻本)　一册

330000－1701－0089358　G602253　史部/地理類/方志之屬/郡縣志

[乾隆]天津縣志二十四卷 (清)張志奇 (清)朱奎揚修 (清)吴廷華等纂 清乾隆四年(1739)刻本 四册 存九卷(一、七至十四)

330000－1701－0089362 G004948 子部/小説家類/異聞之屬
太平廣記五百卷目録十卷 (宋)李昉等輯 清嘉慶十一年(1806)姑蘇聚文堂刻本 六十一册 存四百九十一卷(一至四百八十三、四百九十三至五百)

330000－1701－0089369 G005149 史部/目録類/總録之屬/私撰
退補齋書目一卷 清末刻本 一册

330000－1701－0089370 G608943、G008003 史部/目録類/總録之屬/彙刻
彙刻書目初編十卷 (清)顧修輯 **續編五卷新編一卷補編一卷** (清)陳光照輯 清光緒元年(1875)長洲陳氏無夢園刻本 二册 存六卷(續編一至二、四至五,新編,補編)

330000－1701－0089373 G005151 類叢部/叢書類/彙編之屬
申報館叢書正集五十七種附録三種續集一百四十二種 (清)尊聞閣主編 蔡爾康編續集 清同治至光緒上海申報館鉛印本 一册 存一種

330000－1701－0089375 G005240 子部/儒家類/儒學之屬/經濟
大學衍義四十三卷 (宋)真德秀撰 **大學衍義補一百六十卷首一卷** (明)丘濬撰 清初刻本 六册 存四十三卷(一至四十三)

330000－1701－0089376 G611171 集部/别集類/清别集
缾水齋詩集十七卷别集二卷詩話一卷附録一卷 (清)舒位撰 清光緒十二年(1886)邊保樞刻十七年(1891)增修本 四册

330000－1701－0089377 G608801 類叢部/叢書類/自著之屬
潛廬全集五種附一種 金蓉鏡撰 清光緒三十四年(1908)、宣統二年(1910)刻本 一册 存一種

330000－1701－0089379 G005152 類叢部/叢書類/彙編之屬
申報館叢書正集五十七種附録三種續集一百四十二種 (清)尊聞閣主編 蔡爾康編續集 清同治至光緒上海申報館鉛印本 一册 存一種

330000－1701－0089380 G005241 經部/四書類/論語之屬/傳説
論語正義二十四卷 (清)劉寶楠撰 (清)劉恭冕述 清光緒十八年(1892)黄岡嘯園范氏刻本 八册

330000－1701－0089381 G611172 子部/醫家類/綜合之屬/通論
醫宗備要三卷 (清)曾鼎撰 清同治八年(1869)楚北崇文書局刻本 一册

330000－1701－0089382 G608944 類叢部/叢書類/彙編之屬
知不足齋叢書一百九十五種 (清)鮑廷博編 (清)鮑士恭續編 清乾隆三十七年至道光三年(1772－1823)長塘鮑氏刻彙印本 十一册 存八種

330000－1701－0089383 G611173 史部/紀事本末類/斷代之屬
聖武記十四卷 (清)魏源撰 清道光二十二年(1842)古微堂刻本 十一册

330000－1701－0089386 G606610 子部/藝術類/遊藝之屬
蘭閨清玩一卷 清光緒上海同文書局石印本 一册

330000－1701－0089388 G005242 集部/别集類
喁于館詩草二卷 言敦源 (清)丁毓瑛撰 清光緒三十四年(1908)言氏鉛印本 一册

330000－1701－0089389 G605397 史部/金石類/總志之屬
九鐘精舍金石跋尾甲編一卷乙編一卷 吴士

鑑撰　清宣統二年(1910)刻本　一冊　存一卷(甲編)

330000－1701－0089392　G611174　史部/傳記類/別傳之屬/年譜
朱子年譜四卷考異四卷　(清)王懋竑撰　**朱子論學切要語二卷**　(清)王懋竑輯　清乾隆十七年(1752)寶應王氏白田草堂刻清末浙江書局補刻本　四冊

330000－1701－0089393　G606611　經部/群經總義類/傳説之屬
皇朝五經彙解二百七十卷　(清)朱鏡清輯　清光緒十四年(1888)鴻文書局石印本　二十九冊　存二百四十九卷(六至二百四十一、二百五十八至二百七十)

330000－1701－0089395　G005243　集部/別集類/清別集
禪餘吟稿一卷　(清)釋隱禪撰　清同治刻本　一冊

330000－1701－0089396　G608802、G609479　類叢部/叢書類/自著之屬
亦園亭全集五種　(清)孟超然撰　清嘉慶二十年(1815)刻本　四冊　存一種

330000－1701－0089399　G005244　集部/別集類/明別集
楊忠愍公集四卷附靈驗記一卷　(明)楊繼盛撰　清光緒十一年(1885)刻本　一冊

330000－1701－0089401　G606612　史部/叢編
痛史二十一種附九種　樂天居士輯　清宣統至民國上海商務印書館鉛印本　二十冊　存十三種

330000－1701－0089402　G005158　子部/雜著類/雜説之屬
七修類藁五十一卷續藁七卷　(明)郎瑛撰　清乾隆四十年(1775)耕烟草堂刻本　二冊　存七卷(續稾一至七)

330000－1701－0089403　G611175　子部/宗教類/佛教之屬/經
佛説菩薩念佛三昧經六卷　(南朝宋)釋功德直　(南朝宋)釋玄暢譯　清同治十一年(1872)常熟刻經處刻本　二冊

330000－1701－0089405　G611176　子部/宗教類/佛教之屬
大乘起信論一卷　(天竺)馬鳴菩薩造　(南朝陳)釋真諦譯　清光緒二十四年(1898)金陵刻經處刻本　一冊

330000－1701－0089406　G608803、G607363、G609666　類叢部/叢書類/彙編之屬
洪氏唐石經館叢書十九種　(清)洪汝奎編　清光緒涇縣洪氏公善堂刻並彙印六安涂氏求我齋等刻本　五冊　存一種

330000－1701－0089407　G005159　經部/小學類/文字之屬/字書/訓蒙
四千字文一卷　清末石印本　一冊

330000－1701－0089408　G611177　類叢部/叢書類/自著之屬
林文忠公遺集四種　(清)林則徐撰　清光緒三山林氏刻本　一冊　存三種

330000－1701－0089410　G608804　集部/別集類/清別集
夢薐樓詩草一卷詩餘一卷　(清)傅霖撰　清同治四年(1865)敦敘堂刻本　一冊

330000－1701－0089411　G005001　經部/四書類/總義之屬/傳説
四書古人典林十二卷　(清)江永輯　清同治元年(1862)慈水鋤經閣銅版印本　一冊　存六卷(七至十二)

330000－1701－0089413　G608805　史部/雜史類/斷代之屬
行素齋雜記二卷　(清)繼昌撰　清光緒二十七年(1901)湖南臬署刻本　二冊

330000－1701－0089414　G005274　類叢部/叢書類/彙編之屬
武英殿聚珍版書一百四十八種　清乾隆四十二年(1777)福建刻道光至同治遞修光緒二十一年(1895)增刻本　三冊　存一種

330000－1701－0089415　G608946、G607498　新學/史志/戰記

中國六十年戰史十三章　(英國)艾特華斯撰　史悠明　程履祥譯校　清光緒二十九年(1903)上海美華書館鉛印本　二册　存八章(一至八)

330000－1701－0089417　G605399　子部/雜著類/雜考之屬

札迻十二卷　(清)孫詒讓撰　清光緒二十年(1894)籀高刻二十一年(1895)重修本　四册

330000－1701－0089418　G605398　史部/目録類/總録之屬/史志

補晉書經籍志四卷　吳士鑑撰　清光緒二十一年(1895)刻本　二册

330000－1701－0089421　G005002　子部/藝術類/遊藝之屬/聯語

春聯分類四卷　(清)嚴國佐輯　清末李光明家刻本　一册

330000－1701－0089422　G005245　史部/政書類/公牘檔册之屬

蕭山平糶建倉徵信錄不分卷　清光緒鉛印本　一册

330000－1701－0089425　G005246　集部/曲類/散曲之屬

新鐫古今大雅南宫詞紀六卷　(明)陳所聞選　(明)陳邦泰輯　明萬曆三十三年(1605)秣陵陳所聞繼志齋刻本　四册　存五卷(一至二、四至六)

330000－1701－0089426　G606613　史部/叢編

痛史二十一種附九種　樂天居士輯　清宣統至民國上海商務印書館鉛印本　九册　存七種

330000－1701－0089427　G005275　經部/易類/傳說之屬

易經注疏大全合纂　(明)張溥纂　明崇禎七年(1634)李可衛刻本　一册　存二種

330000－1701－0089429　G005003、G006818、G010111　史部/傳記類/科舉録之屬

兩浙校士錄初編不分卷　清刻本　三册

330000－1701－0089431　G606614　史部/叢編

痛史二十一種附九種　樂天居士輯　清宣統至民國上海商務印書館鉛印本　三册　存四種

330000－1701－0089433　G005247、G011102　子部/天文曆算類/算書之屬

數度衍二十三卷首三卷　(清)方中通撰　清光緒十六年(1890)成都太原王氏志古堂刻本　八册　存二十卷(首一至三、四至二十)

330000－1701－0089434　G607084　子部/術數類/相宅相墓之屬

楊曾地理元文四種附二種　(清)端木國瑚注　清道光五年(1825)刻本　一册　存一種

330000－1701－0089435　G608808　史部/目録類/總録之屬/私撰

天一閣見存書目四卷首一卷末一卷　(清)薛福成撰　清光緒十五年(1889)無錫薛福成甬上崇實書院刻本　一册　存一卷(末)

330000－1701－0089438　G005004、G009480　史部/傳記類/科舉録之屬/歷科登科録

[光緒]己卯鄉試庚辰會試鄉會墨宗一卷　(清)茹古軒主人編　清光緒六年(1880)刻本　三册

330000－1701－0089440　G602254　史部/地理類/方志之屬/郡縣志

[乾隆]黄州府志二十卷　(清)王勍修　(清)靖道謨纂　清乾隆十四年(1749)刻本　五册　存六卷(十五至二十)

330000－1701－0089441　G605401　子部/叢編

二十二子(二十二子彙函)　(清)浙江書局編　清光緒元年至三年(1875－1877)浙江書局刻本　六册　存一種

330000－1701－0089442　G607085　子部/術數類/相宅相墓之屬

青囊心印二卷續編一卷 （清）王宗臣撰 **天玉經內傳心印三卷外編心印一卷** （清）王宗臣注 清刻本 二冊

330000－1701－0089444 G005276 類叢部/叢書類/彙編之屬
武英殿聚珍版書一百三十八種 清木活字印本 七冊 存一種

330000－1701－0089445 G608809、G610254 類叢部/叢書類/彙編之屬
十萬卷樓叢書五十一種 （清）陸心源編 清光緒歸安陸氏刻本（歲時廣記卷六原缺） 四冊 存一種

330000－1701－0089447 G611178 史部/職官類/官箴之屬
牧令全書二十三卷 （清）丁日昌輯 清同治七年（1868）江蘇書局刻本 一冊 存六卷（劉籛舫先生吏治三書）

330000－1701－0089448 G606615 子部/藝術類/書畫之屬
玉臺書史五卷別錄一卷 （清）湯漱玉輯 清道光十七年（1837）錢塘汪氏振綺堂刻本 一冊

330000－1701－0089449 G602255 史部/地理類/方志之屬/郡縣志
[道光]遵義府志四十八卷首一卷 （清）平翰等修 （清）鄭珍 （清）莫友芝纂 清道光二十一年（1841）刻本 九冊 存二十卷（二十七至三十八、四十一至四十八）

330000－1701－0089450 G606616、G602467、G602651、G610235 集部/總集類/選集之屬/通代
御選古文淵鑒六十四卷 （清）徐乾學等輯注 清同治十二年（1873）浙江書局刻本 十三冊 存二十七卷（五至十三、二十至二十二、四十三至四十八、五十六至六十四）

330000－1701－0089451 G611179、G602466 類叢部/叢書類/自著之屬
庸盦全集十種 （清）薛福成撰 清光緒十年至二十四年（1884－1898）無錫薛氏刻本 六冊 存二種

330000－1701－0089454 G608947 類叢部/叢書類/彙編之屬
海山仙館叢書五十六種 （清）潘仕成編 清道光二十五年至咸豐元年（1845－1851）番禺潘氏刻光緒十一年（1885）增刻彙印本 二冊 存二種

330000－1701－0089455 G005006 集部/詞類/別集之屬
金梁夢月詞二卷懷夢詞一卷 （清）周之琦撰 清光緒三年（1877）上海印書局鉛印本 一冊

330000－1701－0089456 G611180 子部/宗教類/佛教之屬/諸宗
淨土四經四卷 （清）魏源輯 清同治五年（1866）金陵書局刻本 一冊

330000－1701－0089457 G607613、G606617 類叢部/叢書類/彙編之屬
邵武徐氏叢書初刻十四種 （清）徐榦編 清光緒邵武徐氏刻本 二冊 存一種

330000－1701－0089459 G005277、G006379、G006636、G007021 類叢部/叢書類/彙編之屬
武英殿聚珍版書一百三十八種 清木活字印本 五十冊 存三十三種

330000－1701－0089461 G602256 史部/地理類/方志之屬/郡縣志
[同治]續天津縣志二十卷首一卷 （清）吳惠元修 （清）蔣玉虹 （清）俞樾纂 清同治九年（1870）刻本 四冊 存七卷（十四至二十）

330000－1701－0089463 G606618 類叢部/叢書類/彙編之屬
邵武徐氏叢書初刻十四種 （清）徐榦編 清光緒邵武徐氏刻本 一冊 存一種

330000－1701－0089464 G005007 集部/詞類/總集之屬
絕妙好詞箋七卷 （宋）周密輯 （清）查爲仁

（清）厲鶚箋　**絕妙好詞續鈔一卷**　（清）余集輯　**絕妙好詞又續鈔一卷**　（清）徐楙補録　清宣統元年(1909)慎修堂石印本　三册　存六卷(一至六)

330000－1701－0089465　G608792、G611791、G610616　類叢部/叢書類/自著之屬

劉端臨先生遺書八種　（清）劉台拱撰　清道光十四年(1834)揚州阮恩海刻本　四册

330000－1701－0089466　G611181　子部/宗教類/佛教之屬/經疏

佛説四十二章經解一卷　（清）釋智旭撰　清光緒十一年(1885)金陵刻經處刻本　一册

330000－1701－0089467　G606619　史部/紀傳類/正史之屬

二十四史　清同治至光緒五省官書局據汲古閣本等合刻光緒五年(1879)湖北書局彙印本　四十册　存一種

330000－1701－0089469　G607086　子部/叢編

二十二子(二十二子彙函)　（清）浙江書局編　清光緒元年至三年(1875－1877)浙江書局刻本　五册　存四種

330000－1701－0089470　G608793、G607715　類叢部/叢書類/自著之屬

蕙風叢書七種附一種　況周頤撰　清光緒刻民國十四年(1925)上海中國書店彙印本　二册　存一種

330000－1701－0089471　G005009、G005392、G006450、G007747、G008902、G009494、G010590、G011374　史部/史抄類

史緯三百三十卷首一卷　（清）陳允錫輯　清光緒二十九年(1903)文來書局石印本　二十七册　存一百四十四卷(二十六至三十、五十七至六十二、六十八至九十、一百七十一至一百七十八、一百八十四至一百九十一、二百六至二百十、二百十八至二百三十七、二百四十四至二百五十八、二百六十四至二百六十九、二百七十六至三百十七、三百二十五至三百三十)

330000－1701－0089472　G005248　子部/宗教類/佛教之屬/總録

雲棲法彙二十九種　（明）釋袾宏撰　（明）王宇春等輯　清揚州藏經院刻本　二册　存二種

330000－1701－0089473　G606620　集部/戲劇類/總集之屬/傳奇

紅雪樓九種曲　（清）蔣士銓撰　清乾隆蔣氏紅雪樓刻本　一册　存一種

330000－1701－0089475　G605411　集部/詞類/别集之屬

曝書亭集詞註七卷　（清）朱彝尊撰　（清）李富孫注　清嘉慶十九年(1814)嘉興李氏校經廎刻道光九年(1829)補刻本　四册

330000－1701－0089477　G608794、G609947　史部/傳記類/總傳之屬/文苑

廣陵詩事十卷　（清）阮元撰　清光緒十六年(1890)京師揚州老館刻本　二册

330000－1701－0089479　G611169　子部/宗教類/佛教之屬/大藏

徑山藏　明萬曆十七年(1589)至清嘉慶五臺、嘉興、徑山等地刻本　一册　存一種

330000－1701－0089480　M006245　子部/宗教類/道教之屬

唱道真言五卷　（清）鶴臞子輯　清宣統元年(1909)許昭然刻民國八年(1919)惺惺子印本　一册

330000－1701－0089481　G606621　子部/儒家類/儒學之屬/經濟

明夷待訪録一卷　（清）黄宗羲撰　清光緒二十三年(1897)上海鴻文局石印本　一册

330000－1701－0089482　G005010、G007891、G010863　新學/議論/論政

新政真詮六卷　何啓　胡禮垣撰　清光緒二十七年(1901)浙江書局石印本　六册　存四卷(一至三、六)

330000－1701－0089483　G608795　子部/雜著類/雜考之屬

癸巳存稿十五卷　(清)俞正燮撰　清光緒十年(1884)李宗烱武林刻本　五册

330000－1701－0089484　G606622　集部/總集類/彙編之屬
二趙公文集二種五十四卷　(清)趙侗斆編　清光緒十八年至十九年(1892－1893)浙江書局刻本　十一册　存一種

330000－1701－0089486　G607087　子部/叢編
二十二子(二十二子彙函)　(清)浙江書局編　清光緒元年至三年(1875－1877)浙江書局刻本　六册　存四種

330000－1701－0089488　G608796、G608140、G610083　經部/三禮總義類/通禮雜禮之屬
朱子家禮八卷首一卷　(宋)朱熹撰　(明)丘濬輯　(明)楊廷筠補　**四禮初稿四卷**　(明)宋纁輯　**四禮約言四卷**　(明)吕維祺撰　清康熙四十年(1701)刻本　四册　存九卷(首、一至八)

330000－1701－0089489　G606623　史部/地理類/方志之屬/通志
[嘉慶]四川通志二百四卷首二十二卷　(清)常明等修　(清)楊芳燦等纂　清嘉慶二十一年(1816)刻本　十九册　存二十四卷(四十六至五十三、一百四十九至一百六十四)

330000－1701－0089490　G005249　史部/傳記類/科舉録之屬/歷科鄉試録
光緒元年舉行乙亥恩科浙江鄉試題名錄不分卷　清光緒抄本　一册

330000－1701－0089494　M006247　史部/政書類/邦計之屬/荒政
欽定康濟錄四卷　(清)陸曾禹撰　(清)倪國璉釐正　清同治三年(1864)浙江撫署刻民國印本　三册

330000－1701－0089495　G608949　史部/傳記類/總傳之屬/釋道
衆仙傳七卷　(清)幻雲子輯　清光緒二十七年(1901)雲岫山房刻本　一册　存三卷(一至三)

330000－1701－0089496　G606624　類叢部/叢書類/彙編之屬
鐵華館叢書六種　(清)蔣鳳藻編　清光緒九年至十年(1883－1884)長洲蔣氏刻本　五册　存五種

330000－1701－0089497　G607088　子部/叢編
二十二子(二十二子彙函)　(清)浙江書局編　清光緒元年至三年(1875－1877)浙江書局刻本　八册　存三種

330000－1701－0089499　G608950　子部/小說家類/雜事之屬
稗販八卷　(清)曹斯棟輯　清乾隆五十九年(1794)曹氏飯顆山房刻本　一册　存二卷(七至八)

330000－1701－0089502　G005250、G005567　類叢部/叢書類/自著之屬
白石道人七種　(宋)姜夔撰　清乾隆八年(1743)江都陸氏刻二十一年(1756)歙縣江春補刻本　四册　存六種

330000－1701－0089504　G607089　子部/儒家類/儒學之屬/禮教
五種遺規十七卷　(清)陳弘謀輯並撰　清光緒二十一年(1895)浙江書局刻本　二册　存一種

330000－1701－0089506　G005251　子部/宗教類/佛教之屬
賢刧千佛號二卷　(清)□□輯　清刻本　二册

330000－1701－0089507　G608799　類叢部/叢書類/自著之屬
舊雨草堂叢書　清光緒刻本　一册　存一種

330000－1701－0089509　G605405　子部/叢編
二十二子(二十二子彙函)　(清)浙江書局編　清光緒元年至三年(1875－1877)浙江書局刻本　八册　存三種

330000－1701－0089510　G607090　子部/儒家類/儒學之屬/性理
淵鑒齋御纂朱子全書六十六卷　(宋)朱熹撰　(清)李光地等輯　清康熙五十三年(1714)武英殿刻本　二十九冊　存六十卷(七至六十六)

330000－1701－0089512　G005012、G010115、G007778、G008943、G010872、G009506、G011627　史部/編年類/通代之屬
尺木堂綱鑑易知錄九十二卷　(清)吳乘權　(清)周之炯　(清)周之燦輯　清道光二十八年(1848)刻本　二十七冊　存五十五卷(一、三至九、十七至三十、三十三至四十一、四十九至六十、六十七至七十六、九十一至九十二)

330000－1701－0089513　G608817　子部/藝術類/書畫之屬
前塵夢影錄二卷　(清)徐康撰　清光緒二十三年(1897)元和江氏湖南使院刻本　佚名題簽並記　一冊

330000－1701－0089515　G608952　集部/總集類/彙編之屬
南宋羣賢小集七十四種　(宋)陳起編　(清)顧修重輯　清嘉慶六年(1801)石門顧氏讀畫齋刻本　一冊　存二種

330000－1701－0089516　G602257　史部/地理類/方志之屬/郡縣志
[乾隆]江陵縣志五十八卷首一卷　(清)崔龍見修　(清)魏耀　(清)黄義尊纂　清乾隆五十九年(1794)刻本　十二冊　存三十五卷(首、八至二十二、二十七、三十三至三十八、四十二至四十四、四十七至四十九、五十二至五十七)

330000－1701－0089517　G005278　史部/紀傳類/正史之屬
四史　清同治十一年(1872)成都書局刻本　六冊　存一種

330000－1701－0089518　G005013、G010116、G007777、G009559、G011645　史部/編年類/斷代之屬
御撰資治通鑑綱目三編二十卷　(清)張廷玉等撰　清刻本　六冊

330000－1701－0089519　G602258　史部/地理類/方志之屬/郡縣志
[乾隆]江陵縣志五十八卷首一卷　(清)崔龍見修　(清)魏耀　(清)黄義尊纂　清乾隆五十九年(1794)刻本　五冊　存十三卷(十四至十六、三十三至四十、四十七至四十八)

330000－1701－0089520　G005014、G007751、G010595、G009691　史部/編年類/通代之屬
新刻陳宏謀批評記史通鑑三十九卷　(清)徐衢述　清刻本　十六冊　存三十一卷(一至七、十至二十一、二十四至三十三、三十八至三十九)

330000－1701－0089521　M005855　集部/別集類/明別集
眉庵詩集(楊孟載手錄眉庵集)二卷　(明)楊基撰　清光緒三十四年(1908)有正書局石印本　二冊

330000－1701－0089525　G608811、G610100　類叢部/叢書類/自著之屬
古歡室全集四種　(清)曾懿撰　清光緒三十年至三十三年(1904－1907)刻本　三冊　存一種

330000－1701－0089526　G005015　集部/曲類/曲藝之屬
新刻瓦車蓬血書牙痕記三十卷　清盛德堂刻本　四冊　缺一卷(三十)

330000－1701－0089528　G005355　史部/紀傳類/正史之屬
二十四史附考證　清光緒十四年(1888)上海蜚英館石印本　四十八冊　存四種

330000－1701－0089531　G608812　集部/別集類/清別集
紀文達公遺集三十二卷　(清)紀昀撰　(清)紀樹馨編　清嘉慶十七年(1812)紀樹馥刻本　一冊　存三卷(文十三至十五)

330000－1701－0089533　G607091　經部/四書類/總義之屬/傳說

四書釋地補一卷續補一卷又續補一卷三續補一卷　(清)閻若璩撰　(清)樊廷枚校補　清嘉慶二十一年(1816)梅陽海涵堂刻本　四冊　缺一卷(四書釋地補)

330000－1701－0089535　G611182　史部/傳記類/總傳之屬/列女

越女表微錄五卷　(清)汪輝祖撰　清光緒十八年(1892)杭州浙江學院刻本　一冊

330000－1701－0089537　G608814　史部/傳記類/日記之屬

北行日記一卷(清光緒六年七月十三日至十月二十一日)　(清)薛寶田撰　清光緒六年(1880)刻本　一冊

330000－1701－0089538　G611183　史部/紀事本末類/斷代之屬

三朝北盟會編二百五十卷首一卷　(宋)徐夢莘撰　**三朝北盟會編校勘記二卷補遺一卷**　(清)袁祖安等撰　清光緒三年至五年(1877－1879)如皋袁祖安越東鉛印本　章嶔題記　四十冊

330000－1701－0089540　G608815　子部/雜著類/雜說之屬

戊戌新政芻言一卷　(清)江峯青撰　清光緒二十六年(1900)刻本　一冊

330000－1701－0089541　G607092　類叢部/叢書類/郡邑之屬

武林掌故叢編一百八十七種　(清)丁丙編　清光緒三年至二十六年(1877－1900)錢塘丁氏嘉惠堂刻本　十一冊　存九種

330000－1701－0089545　G005016、G007426　類叢部/叢書類/彙編之屬

申報館叢書正集五十七種附錄三種續集一百四十二種　(清)尊聞閣主編　蔡爾康編續集　清同治至光緒上海申報館鉛印本　四冊　存一種

330000－1701－0089547　G608810、G609510、G610258　史部/目録類/總録之屬/私撰

天一閣書目四卷　(清)阮元、范邦甸等編　**附碑目一卷續增一卷**　(清)錢大昕編　(清)范懋敏續編　清嘉慶十三年(1808)揚州阮元文選樓刻本　九冊　存四卷(一至四)

330000－1701－0089548　G005252　史部/紀傳類/正史之屬

三國志六十五卷　(晉)陳壽撰　(南朝宋)裴松之注　清刻本　四冊　存二十一卷(吳志一至二十、考證)

330000－1701－0089550　G603976　經部/群經總義類/傳說之屬

經義述聞三十二卷　(清)王引之撰　清光緒七年(1881)上海文瑞樓鉛印本　十六冊

330000－1701－0089551　G606625　史部/編年類/斷代之屬

明紀六十卷　(清)陳鶴輯　(清)陳克家補　清同治十年(1871)江蘇書局刻本　二十冊

330000－1701－0089552　G005253　子部/宗教類/佛教之屬/經疏

金剛經集註四卷心經註一卷　(後秦)釋鳩摩羅什譯　(明)成祖朱棣集註　清道光二十六年(1846)寶華堂刻本　四冊

330000－1701－0089553　G005018　子部/宗教類/道教之屬/戒律

功過格一卷　清光緒八年(1882)含經樓刻本　一冊

330000－1701－0089555　G603977　類叢部/叢書類/彙編之屬

嘯園叢書五十七種　(清)葛元煦編　清光緒二年至七年(1876－1881)仁和葛氏刻本　四冊　存五種

330000－1701－0089556　G611184　史部/傳記類/總傳之屬/釋道

善慧大士傳錄四卷　(宋)樓穎輯　清光緒三年至六年(1877－1880)刻本　二冊

330000－1701－0089557　G608816　經部/小學類

雷刻四種　(清)雷浚輯　清光緒二年至十年(1876－1884)吳縣雷氏刻本　五冊　缺三卷(說文外編十二至十四)

330000－1701－0089559　G606626　史部/政書類
九通　(清)□□輯　清光緒八年至二十二年(1882－1896)浙江書局刻本　四十冊　存一種

330000－1701－0089560　G606627、G607712　史部/編年類/通代之屬
綱鑑正史約三十六卷附記一卷　(明)顧錫疇撰　(清)陳弘謀增訂　甲子紀元一卷　(清)陳弘謀撰　清同治八年(1869)浙江書局刻本　十八冊　缺二卷(三十六、甲子紀元)

330000－1701－0089562　G603978　類叢部/叢書類/彙編之屬
嘯園叢書五十七種　(清)葛元煦編　清光緒二年至七年(1876－1881)仁和葛氏刻本　二冊　存三種

330000－1701－0089563　G611185　史部/史評類/詠史之屬
廿一史提綱歌二卷　(清)李兆洛編　清同治十年(1871)刻本　一冊

330000－1701－0089564　G005019　類叢部/叢書類/彙編之屬
申報館叢書正集五十七種附錄三種續集一百四十二種　(清)尊聞閣主編　蔡爾康編續集　清同治至光緒上海申報館鉛印本　一冊　存一種

330000－1701－0089567　G005357　史部/傳記類/總傳之屬/列女
海上中外青樓春影圖說一卷　清光緒十三年(1887)大同書局石印本　一冊

330000－1701－0089568　G607094　集部/別集類/清別集
退思軒詩集六卷補遺一卷　(清)張百熙撰　清宣統三年(1911)王式通京師鉛印本　一冊
330000－1701－0089569　G603979　類叢部/叢書類/彙編之屬
嘯園叢書五十七種　(清)葛元煦編　清光緒二年至七年(1876－1881)仁和葛氏刻本　一冊　存一種

330000－1701－0089571　G005020　集部/戲劇類/傳奇之屬
桃花扇傳奇四卷四十齣首一卷　(清)孔尚任撰　清乾隆七年(1742)刻本　二冊　存二卷(一至二)

330000－1701－0089572　G005255　類叢部/叢書類/自著之屬
介亭全集九種　(清)江濬源撰　清同治十三年(1874)江潮刻本　一冊　存三種

330000－1701－0089573　G607095　集部/別集類/清別集
退思軒詩集六卷補遺一卷　(清)張百熙撰　清宣統三年(1911)王式通京師鉛印本　一冊

330000－1701－0089574　G005280、G006819、G007170、G007448、G011187　類叢部/類書類/專類之屬
子史精華一百六十卷　(清)吳士玉　(清)吳襄等輯　清光緒十七年(1891)上海書局石印本　七冊　缺二十卷(一百二十一至一百四十)

330000－1701－0089575　G603980　集部/別集類/清別集
白榆村舍記事稿四卷　(清)馬承昭撰　清末綺春閣鉛印本　一冊　存一卷(四)

330000－1701－0089577　G005021　集部/總集類/彙編之屬
漸聲集一卷　清末稿本　一冊

330000－1701－0089578　G608955　史部/地理類
臺灣雜詠合刻三卷　(清)楊希閔輯　清光緒七年(1881)刻本　一冊

330000－1701－0089579　G607096　集部/別集類/清別集
清華館詩稿一卷　(清)郭沈昶撰　清同治郭

華刻本　一冊

330000－1701－0089580　G611186　類叢部/類書類/通類之屬
三才紀要三卷　(清)蔣德鈞輯　**讀史論略一卷**　(清)杜詔撰　清末江南機器製造總局刻本　一冊

330000－1701－0089581　G603981　史部/金石類/總志之屬
金石萃編一百六十卷　(清)王昶撰　**金石續編二十一卷首一卷**　(清)陸耀遹撰　清光緒十九年(1893)上海醉六堂石印本　六冊　存五十六卷(一至五十六)

330000－1701－0089582　G608956　史部/地理類
臺灣雜詠合刻三卷　(清)楊希閔輯　清光緒七年(1881)刻本　一冊

330000－1701－0089583　G608824、G609898　集部/別集類/清別集
夢南雷齋文鈔二卷　黃壽衮撰　清宣統三年(1911)石印本　二冊

330000－1701－0089584　G607097　集部/別集類/清別集
清華館詩稿一卷　(清)郭沈昶撰　清同治郭華刻本　一冊

330000－1701－0089586　G005358　集部/小說類/長篇之屬
東周列國志二十七卷首一卷一百八回　(清)蔡奡評點　清光緒十七年(1891)石印本　一冊　存四卷(三至六)

330000－1701－0089587　G611187　子部/宗教類/佛教之屬/諸宗
徹悟禪師遺稿二卷　(清)釋際醒撰　(清)釋了亮　(清)釋了梅等輯　清同治七年(1868)刻本　一冊

330000－1701－0089588　G603982　子部/小說家類/瑣語之屬
青泥蓮花記十三卷　(明)梅鼎祚撰　清宣統二年(1910)北平古槐書屋石印本　四冊

330000－1701－0089590　G607098　集部/別集類/清別集
錢南園先生遺集五卷　(清)錢灃撰　清光緒十九年(1893)保山劉樹堂浙江書局刻本　二冊

330000－1701－0089591　G005359　類叢部/叢書類/彙編之屬
申報館叢書正集五十七種附錄三種續集一百四十二種　(清)尊聞閣主編　蔡爾康編續集　清同治至光緒上海申報館鉛印本　一冊　存一種

330000－1701－0089592　G603983　子部/醫家類/類編之屬
喻氏醫書三種　(清)喻昌撰　清光緒三十一年(1905)新化三味書局刻本　五冊　存一種

330000－1701－0089593　G608957、G611961　集部/總集類/選集之屬/通代
古文未曾有集八卷　(清)王復禮評選　清康熙刻本　二冊　存四卷(一至四)

330000－1701－0089595　G005022、G007979、G011510　類叢部/類書類/通類之屬
天地人物掌故海四部六卷　(清)□□輯　清光緒十一年(1885)知足知不足齋刻本　五冊

330000－1701－0089596　G005281　子部/農家農學類/鳥獸蟲之屬
四生譜　(清)金文錦撰　清康熙五十四年(1715)刻本　一冊　存一種

330000－1701－0089597　G611188　史部/傳記類/總傳之屬/釋道
禪林僧寶傳三十卷首一卷臨濟宗旨一卷　(宋)釋惠洪撰　**補禪林僧寶傳一卷**　(宋)釋慶老撰　清光緒五年至六年(1879－1880)常熟刻經處刻本　三冊

330000－1701－0089599　G005360　子部/醫家類/本草之屬/歷代綜合本草
本草綱目五十二卷圖三卷瀕湖脈學一卷奇經八脈攷一卷脈訣攷證一卷　(明)李時珍撰　**本草萬方鍼線八卷**　(清)蔡烈先輯　**本草綱**

目拾遺十卷　(清)趙學敏輯　清光緒十四年(1888)上海鴻寶齋石印本　十六册

330000－1701－0089600　G602259　史部/地理類/方志之屬/郡縣志

[乾隆]直隸通州志二十二卷　(清)王繼祖修　(清)夏之蓉等纂　清乾隆二十年(1755)刻本　十二册　存十八卷(一至十八)

330000－1701－0089601　G005258　集部/詞類/詞話之屬

樂府指迷一卷　(宋)沈義父撰　**詞旨一卷**　(元)陸行直撰　清末刻本　一册

330000－1701－0089602　G607099　集部/別集類/清別集

冬暄艸堂遺詩二卷　(清)陳豪撰　清宣統三年(1911)刻本　二册

330000－1701－0089603　G608958、G610834　子部/小説家類/雜事之屬

吳門畫舫録二卷　(清)西溪山人撰　清嘉慶紅樹山房刻本　二册　存一卷(二)

330000－1701－0089604　G608825　史部/傳記類/別傳之屬/事狀

多忠勇公[隆阿]勤勞録四卷　(清)雷正綰撰　清光緒元年(1875)固原提署刻本　一册　存一卷(一)

330000－1701－0089605　G611189　史部/地理類/遊記之屬/紀行

丙午日本游記一卷附録一卷　程淯撰　清光緒三十三年(1907)鉛印本　一册

330000－1701－0089606　G603984　類叢部/叢書類/彙編之屬

邵武徐氏叢書初刻十四種　(清)徐榦編　清光緒邵武徐氏刻本　一册　存一種

330000－1701－0089607　G005259　集部/別集類/清別集

雙棠書屋存稿二卷　(清)丁壽祺撰　**潄經齋散文賸稿一卷潄經齋詩鈔一卷潄經齋雜記一卷春雨唱酬集一卷**　(清)丁壽恒撰　清光緒十三年(1887)鉛印本　一册

330000－1701－0089609　G607100　集部/別集類/清別集

邃懷堂全集三十八卷　(清)袁翼撰　清光緒十三年至十四年(1887－1888)袁鎮嵩刻本　六册　存七卷(文集一至四、哀忠集一至三)

330000－1701－0089610　G005024　史部/政書類

政藝叢書癸卯全書十六種　鄧實編　清光緒二十九年(1903)政藝通報館石印本　一册　存一種

330000－1701－0089612　G602261　類叢部/叢書類/彙編之屬

武英殿聚珍版書三十九種　清乾隆浙江刻本　一册　存一種

330000－1701－0089614　G607101　類叢部/叢書類/自著之屬

元遺山先生全集七種　(金)元好問撰　清光緒七年(1881)讀書山房刻本　十册　存四種

330000－1701－0089615　G603986　史部/金石類/郡邑之屬

東甌金石志十二卷　(清)戴咸弼撰　(清)孫詒讓校補　清光緒二十五年(1899)石印本　四册　存七卷(一至二、七至十一)

330000－1701－0089616　G608960、G610222　類叢部/叢書類/彙編之屬

邵武徐氏叢書二集八種　(清)徐榦編　清光緒邵武徐氏刻民國六年(1917)、十五年(1926)浙江圖書館補刻本　二册　存一種

330000－1701－0089619　G611190　子部/宗教類/佛教之屬/經

千手千眼觀世音菩薩廣大圓滿無礙大悲心陀羅尼經一卷　(唐)釋伽梵達摩譯　**穢跡金剛説神通大滿陀羅尼法術靈要門經一卷**　(唐)釋無能勝譯　清同治八年(1869)、光緒八年(1882)金陵刻經處刻本　二册

330000－1701－0089620　G603987　子部/雜著類/雜説之屬

榆巢雜識二卷　(清)趙慎畛撰　清光緒浙江

官紙總局鉛印本　一册

330000－1701－0089621　G005025　史部/詔令奏議類/奏議之屬
奏疏錄要二卷　(清)友竹齋主人輯　清光緒二十一年(1895)上海書局石印本　一册　存一卷(下)

330000－1701－0089623　G603988　史部/地理類/總志之屬/斷代
皇朝直省府廳州縣歌括一卷　(清)蔣升撰　清光緒二十四年(1898)上海慈母堂印書局鉛印本　一册

330000－1701－0089625　G611191　史部/政書類/邦計之屬
兩浙宦游紀畧四種　(清)戴槃撰　清同治七年(1868)刻本　一册　存一種

330000－1701－0089627　G607102、G606961　集部/別集類/清別集
壯悔堂文集十卷遺稿一卷四憶堂詩集六卷　(清)侯方域撰　(清)賈開宗等評點　清光緒四年(1878)舊學山房刻本　七册　缺六卷(詩集一至六)

330000－1701－0089629　G005260　史部/地理類/遊記之屬/紀行
南行日記一卷　(清)吳廣霈撰　清光緒十六年(1890)弢園鉛印本　一册

330000－1701－0089641　G005026、G009583　子部/藝術類/遊藝之屬/謎語
隱林四卷　(清)鄭永禧輯　清光緒十七年(1891)三衢鄭氏刻本　二册　存二卷(一至二)

330000－1701－0089642　G608821　集部/別集類/清別集
袁忠節公遺詩三卷　(清)袁昶撰　清宣統元年(1909)上海時中書局等鉛印本　一册

330000－1701－0089643　G005282、G009477　史部/政書類/邦交之屬
通商始末記二十卷　(清)王之春編　清光緒二十八年(1902)上海書局石印本　六册

330000－1701－0089644　G611192　經部/書類/分篇之屬
禹貢因一卷　(清)沈練撰　清光緒十八年(1892)溧陽沈氏歸安縣署刻本　一册

330000－1701－0089645　G607103　集部/別集類/清別集
陳檢討集二十卷　(清)陳維崧撰　(清)程師恭注　清刻本　四册

330000－1701－0089646　G603989　子部/儒家類/儒學之屬/禮教
人範須知六卷　(清)盛隆輯　清同治二年(1863)武昌石竹山房刻本　六册

330000－1701－0089647　G611193　子部/宗教類/佛教之屬
黃檗傳心法要二卷　(唐)釋希運說　(唐)裴休輯　清光緒十年(1884)金陵刻經處刻本　一册

330000－1701－0089648　G603990　史部/傳記類/科舉録之屬
[道光乙酉科]浙江魁卷不分卷　(清)徐光簡等撰　清道光五年(1825)聚奎堂刻本　一册

330000－1701－0089649　G607104　集部/別集類/清別集
陳檢討集二十卷　(清)陳維崧撰　(清)程師恭注　清康熙三十二年(1693)有美堂刻本　四册

330000－1701－0089650　G611194　子部/宗教類/佛教之屬
黃檗傳心法要二卷　(唐)釋希運說　(唐)裴休輯　清光緒十年(1884)金陵刻經處刻本　一册

330000－1701－0089651　G603991　子部/宗教類/佛教之屬
明州定應大師布袋和尚傳一卷　(元)釋曇噩撰　清同治十三年(1874)釋開慧刻本　一册

330000－1701－0089652　G611195　集部/總集類/彙編之屬
二趙公文集二種五十四卷　(清)趙侗斆編

清光緒十八年至十九年(1892－1893)浙江書局刻本　四册　存一種

330000－1701－0089654　G603992　子部/叢編

子書百家　(清)崇文書局編　清光緒元年(1875)湖北崇文書局刻本　一册　存一種

330000－1701－0089655　G607105、G606904　集部/别集類/清别集

頻羅庵遺集十六卷　(清)梁同書撰　清嘉慶二十二年(1817)仁和陸貞一杭州刻本　八册

330000－1701－0089656　G611196　史部/雜史類/斷代之屬

養吉齋叢錄二十六卷餘錄十卷　(清)吳振棫撰　清光緒二十二年(1896)刻本　八册

330000－1701－0089657　G608827、G610106　集部/别集類/明别集

新喻梁石門先生集十卷首一卷末一卷　(明)梁寅撰　清光緒十五年(1889)射洪鍾體志刻本　六册

330000－1701－0089658　G603993　類叢部/叢書類/彙編之屬

聚學軒叢書六十種　劉世珩編　清光緒貴池劉氏刻本　一册　存第五集一種

330000－1701－0089659　G611197　史部/雜史類/斷代之屬

養吉齋叢錄二十六卷餘錄十卷　(清)吳振棫撰　清光緒二十二年(1896)刻本　八册

330000－1701－0089660　G605420　類叢部/叢書類/彙編之屬

文選樓叢書三十三種　(清)阮亨編　清嘉慶至道光阮元刻道光二十二年(1842)阮亨彙印本　四册　存一種

330000－1701－0089661　G606628　經部/周禮類/傳説之屬

周禮六卷　(漢)鄭玄注　(唐)陸德明音義　清嘉慶十一年(1806)張青選清芬閣刻本　六册

330000－1701－0089662　G005027　類叢部/叢書類/彙編之屬

香艷叢書三百二十八種　(清)蟲天子輯　清末鉛印本　一册　存一種

330000－1701－0089663　G611198　子部/宗教類/佛教之屬/諸宗

續指月錄二十卷首一卷尊宿集一卷　(清)聶先輯　清光緒十二年(1886)金陵刻經處刻本　六册

330000－1701－0089664　G603995　類叢部/叢書類/彙編之屬

粤雅堂叢書一百八十五種　(清)伍崇曜編　清道光二十九年至光緒十一年(1849－1885)南海伍氏刻彙印本　一册　存一種

330000－1701－0089666　G607106　史部/地理類

臺灣雜詠合刻三卷　(清)楊希閔輯　清光緒七年(1881)刻本　一册

330000－1701－0089667　G611199　集部/總集類/彙編之屬

二趙公文集二種五十四卷　(清)趙侗斆編　清光緒十八年至十九年(1892－1893)浙江書局刻本　四册　存一種

330000－1701－0089668　G603996　史部/地理類/雜志之屬

湖墅小志四卷　(清)高鵬年輯　清光緒二十二年(1896)石印本　二册

330000－1701－0089669　G603997　史部/地理類/雜志之屬

湖墅小志四卷　(清)高鵬年輯　清光緒二十二年(1896)石印本　二册

330000－1701－0089670　G606629　類叢部/叢書類/彙編之屬

廣雅書局叢書一百五十九種　徐紹棨編　清光緒廣雅書局刻民國九年(1920)番禺徐紹棨彙編重印本　十册　存一種

330000－1701－0089673　G005284　史部/雜史類/斷代之屬

臺戰真正再續實紀二卷　清末石印本　二册

330000－1701－0089674　G607107　集部/别集類/明别集
汲古堂集二十八卷　(明)何白撰　清道光十六年(1836)東甌梅嶼守直堂刻本　十册

330000－1701－0089675　G608819　類叢部/叢書類/彙編之屬
滂喜齋叢書五十種　(清)潘祖蔭編　清同治至光緒吴縣潘氏京師刻本　一册　存一種

330000－1701－0089676　G603998　類叢部/叢書類/自著之屬
隨園三十八種　(清)袁枚撰　清光緒十八年(1892)勤裕堂鉛印本　一册　存一種

330000－1701－0089677　G005261　子部/小説家類/雜事之屬
敝帚千金一卷　英斂之、劉孟揚輯　清光緒大公報鉛印本　一册

330000－1701－0089678　G606630　集部/戲劇類/傳奇之屬
桃谿雪二卷　(清)黄燮清撰　(清)李光溥評文　清光緒元年(1875)雲鶴僊館刻本　一册

330000－1701－0089681　G005361、G010625　經部/小學類/訓詁之屬/群雅
邇言六卷　(清)錢大昭撰　清光緒四年(1878)仁和葛氏嘯園刻本　二册

330000－1701－0089682　G606631　集部/别集類/宋别集
蘇文忠詩合註五十卷首一卷　(宋)蘇軾撰　(清)馮應榴輯　清乾隆五十八年(1793)桐鄉馮氏踵息齋刻同治九年(1870)補修本　二十二册　缺六卷(二十一至二十三、四十八至五十)

330000－1701－0089683　G005028、G010147、G007807、G008958、G009554　子部/儒家類/儒學之屬/經濟
皇朝經濟文新編　(清)宜今室主人輯　清光緒二十七年(1901)上海宜今室石印本　二十册　存二十一種

330000－1701－0089685　G611201、G009339　史部/地理類/山川之屬/水志
西湖志四十八卷　(清)李衛　(清)程元章修　(清)傅王露纂　清光緒四年(1878)浙江書局刻本　二十册

330000－1701－0089686　G608961、G609538　集部/别集類/唐五代别集
分類補註李太白詩二十五卷　(唐)李白撰　(宋)楊齊賢集註　(元)蕭士贇補註　**唐翰林李太白[白]年譜一卷**　(宋)薛仲邕撰　明雲林五雲堂刻本　三册　存四卷(一至三、唐翰林李太白年譜)

330000－1701－0089687　G607108　史部/傳記類/别傳之屬
先聖生卒年月日考二卷　(清)孔廣牧撰　清光緒十九年(1893)浙江書局刻本　一册

330000－1701－0089688　G005262　集部/總集類/課藝之屬
若溪課蓺不分卷　(清)孫德祖編　清光緒二十八年(1902)古越州刻本　一册

330000－1701－0089689　G604000　子部/天文曆算類/算書之屬
翠薇山房數學十四種　(清)張作楠撰　清嘉慶至道光金華張氏翠薇山房刻光緒五年(1879)重修本　四册　存二種

330000－1701－0089690　G005263　子部/藝術類/篆刻之屬
篆學瑣著二十八種　(清)顧湘輯　清道光二十年(1840)海虞顧氏刻本　二册　存一種

330000－1701－0089691　G608820　史部/目録類/總録之屬
學古堂藏書目不分卷捐藏書目一卷　(清)□□撰　清光緒刻本　一册

330000－1701－0089692　G606632　集部/别集類/宋别集
蘇文忠詩合註五十卷首一卷　(宋)蘇軾撰　(清)馮應榴輯　清乾隆五十八年(1793)桐鄉馮氏踵息齋刻同治九年(1870)補修本　一册

存二卷(二十至二十一)

330000－1701－0089693　G607109　史部/傳記類/别傳之屬

先聖生卒年月日考二卷　(清)孔廣牧撰　清光緒十九年(1893)浙江書局刻本　一册

330000－1701－0089695　G005362　經部/四書類/論語之屬/專著

鄉黨俟正一卷　(清)陳㯳撰　清道光六年(1826)刻本　一册

330000－1701－0089696　G005029　子部/醫家類/醫案之屬

王氏醫案二卷　(清)王士雄撰　(清)周鑅輯　**醫案續編八卷**　(清)王士雄撰　(清)張鴻輯　清光緒二十六年(1900)上海書局石印本　二册　存八卷(續編一至八)

330000－1701－0089697　G604001　子部/天文曆算類/算書之屬

李氏遺書十一種　(清)李鋭撰　清道光三年(1823)儀徵阮元刻本　一册　存三種

330000－1701－0089698　G606633　史部/編年類/通代之屬

尺木堂綱鑑易知錄二十卷　(清)吳乘權　(清)周之炯　(清)周之燦輯　清光緒十三年(1887)上海點石齋石印本　六册　缺九卷(十二至二十)

330000－1701－0089699　G607110　集部/别集類/清别集

船山詩草二十卷　(清)張問陶撰　清同治十三年(1874)刻本　八册

330000－1701－0089700　G611202　子部/宗教類/佛教之屬/經

解深密經五卷　(唐)釋玄奘譯　清同治十年(1871)金陵刻經處刻本　一册

330000－1701－0089703　G604002　子部/藝術類/音樂之屬/樂譜

自遠堂琴譜十二卷　(清)吳灴輯　清嘉慶七年(1802)廣陵吳灴自遠堂吳中刻本　七册　存七卷(五至十一)

330000－1701－0089705　G608962　集部/别集類/清别集

可園詩存二卷詩續存一卷詞存一卷　陳作霖撰　清光緒刻本　二册

330000－1701－0089706　G602263　類叢部/叢書類/彙編之屬

説鈴前集三十七種後集十六種　(清)吳震方編　清嘉慶四年(1799)刻本　四册　存八種

330000－1701－0089707　G611203　子部/宗教類/佛教之屬/經疏

大方廣圓覺修多羅了義經略疏二卷　(唐)釋宗密撰　清光緒三十年(1904)揚州藏經院刻本　二册

330000－1701－0089708　G005265　子部/醫家類/類編之屬

薛氏醫按二十四種　(明)吳琯編　清嘉慶十四年(1809)書業堂刻本　十九册　存二十二種

330000－1701－0089709　G005031　子部/醫家類/養生之屬

疾病補救錄一卷　(清)杜時彰輯　清光緒三十一年(1905)松鶴山房刻本　一册

330000－1701－0089710　G604003　子部/天文曆算類

兼濟堂纂刻梅勿庵先生曆算全書二十八種　(清)梅文鼎撰　(清)魏荔彤輯　(清)楊作枚訂補　清雍正元年(1723)栢鄉魏荔彤刻乾隆十四年(1749)梅汝培、咸豐九年(1859)梅體萱遞修本　四册　存四種

330000－1701－0089711　G611204　子部/宗教類/佛教之屬/諸宗

原人論一卷　(唐)釋宗密撰　清同治十三年(1874)春雞園刻經處刻本　一册

330000－1701－0089712　G608963、G610532　史部/史評類/史論之屬

史通通釋二十卷附録一卷　(清)浦起龍撰　清光緒十一年(1885)刻本　八册

330000－1701－0089713　G606635、G611610

類叢部/叢書類/自著之屬

儆居遺書十一種　(清)黃式三撰　清同治至光緒刻本　四冊　存一種

330000－1701－0089714　G606636　類叢部/叢書類/自著之屬

儆居遺書十一種　(清)黃式三撰　清同治至光緒刻本　一冊　存一種

330000－1701－0089715　G005287　史部/編年類/通代之屬

尺木堂綱鑑易知録九十二卷　(清)吴乘權　(清)周之炯　(清)周之燦輯　清刻本　一冊　存二卷(四十五至四十六)

330000－1701－0089716　G005032　史部/傳記類/科舉録之屬

浙江鄉試薦卷硃卷不分卷(道光辛己科、乙酉科、丙午科、乙未科、丁酉科、己亥科)　清刻本(道光丙午科金紹寅硃卷配抄本)　一冊

330000－1701－0089718　G602264　史部/地理類/方志之屬/郡縣志

[光緒]黃巖縣志四十卷首一卷附黃巖集三十二卷首一卷　(清)陳寶善　(清)孫憙修　(清)王棻纂　(清)陳鍾英　(清)鄭錫滜續修　(清)王詠霓續纂　**黃巖志校議二卷**　(清)王棻撰　清光緒三年(1877)刻六年(1880)校補刻本　八冊　存二十卷(首、一至十九)

330000－1701－0089720　G604004　集部/戲劇類/雜劇之屬

貫華堂註釋第六才子書六卷　(元)王德信　(元)關漢卿撰　(清)金人瑞評　清初刻本　一冊　存一卷(一)

330000－1701－0089721　G606637　類叢部/叢書類/自著之屬

儆居遺書十一種　(清)黃式三撰　清同治至光緒刻本　一冊　存一種

330000－1701－0089723　G005033　集部/總集類/酬唱之屬

謙山鴻印集一卷　(清)江峰青輯　清光緒二十三年(1897)刻本　一冊

330000－1701－0089724　G611205　史部/紀傳類/正史之屬

漢書疏證三十六卷後漢書疏證三十卷　(清)沈欽韓撰　清光緒二十六年(1900)浙江官書局刻本　二十三冊　存三十五卷(一至十二、十四至三十六)

330000－1701－0089726　G608964　集部/别集類/清别集

棣懷堂隨筆十一卷　(清)李象鵾撰　清道光湖南文蔚堂刻本　一冊　存一卷(二)

330000－1701－0089727　G604005　集部/小説類/長篇之屬

東周列國全志二十三卷一百八回　(清)蔡奡評點　清漢口森寶齋刻朱墨套印本　三冊　存三卷(十四、十七、二十)

330000－1701－0089728　G606638　子部/叢編

二十二子(二十二子彙函)　(清)浙江書局編　清光緒元年至三年(1875－1877)浙江書局刻本　一冊　存一種

330000－1701－0089730　G005034　史部/政書類/通制之屬

馬氏文獻通考自序一卷邵位西先生忼行錄一卷　清光緒十七年(1891)抄本　一冊

330000－1701－0089732　G602265　集部/别集類/清别集

湖唐林館駢體文二卷　(清)李慈銘撰　清光緒十年(1884)刻本　一冊

330000－1701－0089734　G005035　史部/傳記類/科舉録之屬

齒錄一卷　清末刻本　一冊

330000－1701－0089735　G606639　集部/别集類/清别集

周文忠公尺牘二卷雜文附錄一卷　(清)周天爵撰　清同治七年(1868)蘇松太道署刻本　一冊

330000－1701－0089736　G604007　子部/藝術類/書畫之屬/題跋

習苦齋畫絜十卷　(清)戴熙撰　(清)惠年編輯　清光緒十九年(1893)刻本　二册　存五卷(三至七)

330000－1701－0089738　G005036　史部/傳記類/科舉録之屬

兩廣方言學堂同學錄不分卷　清光緒三十三年(1907)裕和堂鉛印本　一册

330000－1701－0089741　G604008　集部/總集類/選集之屬/通代

御定歷代題畫詩類一百二十卷　(清)陳邦彥輯　清康熙四十六年(1707)内府刻本　一册　存五卷(一百五至一百九)

330000－1701－0089743　G608965　子部/醫家類/方書之屬/單方驗方

驗方新編二十四卷　(清)鮑相璈輯　清光緒四年(1878)杭州東璧齋刻民國十年(1921)印本　六册　存九卷(一至五、十八至十九、二十三至二十四)

330000－1701－0089744　G005037　史部/雜史類/斷代之屬

國朝惲敬三代因革論一卷國語齊語一卷國語吴語一卷國語越語一卷　清木活字印本　一册

330000－1701－0089745　G604009　新學/工藝/雜藝

造洋漆法不分卷續編一卷　(日本)田原良純撰　(日本)藤田豐八譯　清光緒二十九年(1903)江南製造局刻本　一册

330000－1701－0089747　G606640　類叢部/類書類/通類之屬

玉海二百卷辭學指南四卷詩考一卷詩地理考六卷漢藝文志考證十卷通鑑地理通釋十四卷漢制考四卷踐阼篇集解一卷周易鄭康成注一卷姓氏急就篇二卷急就篇補注四卷周書王會補注一卷小學紺珠十卷六經天文篇二卷通鑑答問五卷　(宋)王應麟撰　清嘉慶十一年(1806)江寧藩署刻本　一册　存二卷(姓氏急就篇一至二)

330000－1701－0089748　G005289、G009097　史部/傳記類/日記之屬

節相壯游日錄二卷(清光緒二十二年正月至九月)　(清)李鴻章撰　(清)方受穀等輯　清光緒二十二年(1896)刻本　三册

330000－1701－0089749　G005038、G006040、G007097　類叢部/類書類/專類之屬

子史精華一百六十卷　(清)吴士玉　(清)吴襄等輯　清刻本　四册　存十五卷(二十四至三十一、五十六至五十九、一百四十六至一百四十八)

330000－1701－0089750　G602267、G608399　集部/别集類/清别集

巢雲閣詩鈔二卷續鈔一卷附集陶律一卷　(清)何綸錦撰　清嘉慶刻本　二册　存二卷(一至二)

330000－1701－0089751　G608966　子部/儒家類/儒學之屬/經濟

皇朝經世文編一百二十卷姓名總目二卷　(清)賀長齡輯　清光緒十三年(1887)上海點石齋石印本　一册　存十一卷(一百至一百十)

330000－1701－0089752　G604010　子部/叢編

子書百家　(清)崇文書局編　清光緒元年(1875)湖北崇文書局刻民國元年(1912)鄂官書處重印本　十册　存五種

330000－1701－0089753　G005039　集部/曲類/曲韻曲譜曲律之屬

鈞天樂二卷三十二齣　(清)尤侗撰　清刻本　二册

330000－1701－0089756　G606641　史部/地理類/方志之屬/郡縣志

[嘉定]剡錄十卷　(宋)史安之修　(宋)高似孫纂　清道光八年(1828)李式圃刻本　一册　存五卷(六至十)

330000－1701－0089758　G607676　史部/政

書類/公牘檔冊之屬
南洋勸業會審查得獎名冊不分卷 清宣統二年(1910)上海商務印書館鉛印本 一册

330000－1701－0089759 G005040 集部/總集類/尺牘之屬
國初名公尺牘彙編一卷 清光緒五年(1879)抄本 一册

330000－1701－0089761 G602268、G602481 集部/總集類/尺牘之屬
昭代名人尺牘續集二十四卷 陶湘輯 清宣統三年(1911)天寶石印局影印本 十七册 存十七卷(一、七至九、十二至二十四)

330000－1701－0089762 G005041、G007709、G008885、G010768、G009439 類叢部/類書類/專類之屬
四書典制類聯音註三十三卷 (清)閻其淵輯 清嘉慶十年(1805)當湖披雲閣刻本 十二册

330000－1701－0089764 G607113 集部/別集類/清別集
冬暄艸堂遺詩二卷 (清)陳豪撰 清宣統三年(1911)刻本 二册

330000－1701－0089766 G602269 集部/戲劇類/傳奇之屬
揚州夢二卷三十二齣 (清)嵇永仁撰 清同治十一年(1872)永州刻本 二册

330000－1701－0089767 G606642 類叢部/叢書類/彙編之屬
廣漢魏叢書八十種 (明)何允中編 清嘉慶刻本 三册 存四種

330000－1701－0089768 G005049 集部/別集類/元別集
貞素齋集八卷附錄一卷 (元)舒頔撰 清道光十八年(1838)刻本 二册

330000－1701－0089769 G005293 類叢部/叢書類/彙編之屬
申報館叢書正集五十七種附錄三種續集一百四十二種 (清)尊聞閣主編 蔡爾康編續集 清同治至光緒上海申報館鉛印本 二册 存一種

330000－1701－0089770 G605423 類叢部/叢書類/自著之屬
庸盦全集十種 (清)薛福成撰 清光緒十年至二十四年(1884－1898)無錫薛氏刻本 五册 存一種

330000－1701－0089772 G605402 類叢部/叢書類/自著之屬
振綺堂遺書五種 (清)汪遠孫撰 清道光刻民國十一年(1922)錢唐汪氏彙印本 六册 存一種

330000－1701－0089774 G005042 子部/醫家類/類編之屬
世補齋醫書六種 (清)陸懋修撰輯 清刻本 五册 存四種

330000－1701－0089776 G005290、G609837 史部/傳記類/總傳之屬/通代
增廣古今人物論續編十二卷 (清)願學齋同人輯 清光緒石印本 四册

330000－1701－0089778 G607111 史部/地理類/外紀之屬
環遊地球新錄四卷 (清)李圭撰 清光緒四年(1878)鉛印本 四册

330000－1701－0089780 G602270 子部/術數類/相宅相墓之屬
菊逸山房地理正書三種 (清)寇宗編 清京都琉璃廠刻本 四册

330000－1701－0089783 G005043 集部/曲類/寶卷之屬
江南松江府華亭縣白沙邨孝修回郎寶卷一卷七七寶卷一卷喫齋經一卷花名寶卷一卷法船經一卷 清刻本 一册

330000－1701－0089786 G604011 類叢部/叢書類/自著之屬
汪雙池先生叢書二十種附浙刻雙池遺書十二種 (清)汪紱撰 清道光至光緒刻光緒二十三年(1897)長安趙舒翹等彙印本 八册 存

一種

330000－1701－0089787　G607112　集部/別集類/清別集

冬暄艸堂遺詩二卷　（清）陳豪撰　清宣統三年（1911）刻民國五年（1916）印本　二冊

330000－1701－0089789　G005291　類叢部/叢書類/彙編之屬

申報館叢書正集五十七種附錄三種續集一百四十二種　（清）尊聞閣主編　蔡爾康編續集　清同治至光緒上海申報館鉛印本　二冊　存一種

330000－1701－0089790　G611206　集部/別集類/明別集

太師誠意伯劉文成公集二十卷首一卷　（明）劉基撰　清康熙四十六年（1707）劉元奇刻雍正八年（1730）萬里補刻本　十二冊

330000－1701－0089791　G005044　子部/天文曆算類/算書之屬

九數通考十一卷首一卷末一卷　（清）屈曾發撰　清刻本　一冊　存二卷（五至六）

330000－1701－0089797　G005045　類叢部/叢書類/自著之屬

陶樓雜著四種　（清）黄彭年撰　清光緒十五年（1889）貴筑黄氏刻本　一冊　存一種

330000－1701－0089798　G005266　史部/史抄類

廿一史約編八卷首一卷　（清）鄭元慶撰　清光緒十三年（1887）上海鴻文書局石印本　四冊

330000－1701－0089799　G607114　集部/別集類/清別集

冬暄艸堂遺詩二卷　（清）陳豪撰　清宣統三年（1911）刻本　二冊

330000－1701－0089801　G005046　經部/小學類/音韻之屬/韻書

射聲小譜一卷小書舟樂府三卷　（清）程定謨撰　清道光十八年（1838）程瑞楷刻十九年（1839）詒陶閣刻光緒四年（1878）補刻本　一冊

330000－1701－0089803　G604012　類叢部/叢書類/自著之屬

汪雙池先生叢書二十種附浙刻雙池遺書十二種　（清）汪紱撰　清道光至光緒刻光緒二十三年（1897）長安趙舒翹等彙印本　十二冊　存三種

330000－1701－0089804　G005047、G008808、G009376　子部/儒家類/儒學之屬/性理

呻吟語六卷　（明）呂坤撰　清乾隆五十九年（1794）呂燕昭江寧刻本　五冊　存五卷（一至五）

330000－1701－0089806　G608788　類叢部/叢書類/彙編之屬

校經山房叢書二十七種　（清）朱記榮編　清光緒三十年（1904）孫谿朱氏槐廬家塾重編印式訓堂叢書本　十冊　存九種

330000－1701－0089807　G607115　集部/詞類/別集之屬

曝書亭集詞註七卷　（清）朱彝尊撰　（清）李富孫注　清嘉慶十九年（1814）嘉興李氏校經廎刻道光九年（1829）補刻本　四冊

330000－1701－0089809　G005365　史部/地理類/專志之屬/書院

鄞縣月湖書院經費交代清冊一卷　清末抄本　一冊

330000－1701－0089810　G005048　子部/醫家類/傷科之屬

青田先生秘傳接骨賽青囊一卷　（明）劉基撰　清抄本　一冊

330000－1701－0089813　G606643　類叢部/叢書類/彙編之屬

廣漢魏叢書八十種　（明）何允中編　清嘉慶刻本　一冊　存二種

330000－1701－0089814　G611207、G611559　集部/別集類/清別集

白茅堂集四十六卷　（清）顧景星撰　**耳提錄一卷**　（清）顧昌輯　清康熙四十三年（1704）

刻乾隆二十年(1755)白茅堂續刻光緒二十八年(1902)補刻本　十八册　存四十二卷(三至二十、二十四至四十六,耳提錄)

330000－1701－0089816　G607116　集部/總集類/選集之屬/通代

文選六十卷　(南朝梁)蕭統輯　(唐)李善注　(清)何焯評　清乾隆三十七年(1772)長洲葉樹藩海錄軒刻朱墨套印本　十六册

330000－1701－0089817　G606644　類叢部/叢書類/自著之屬

西堂全集四種附一種　(清)尤侗撰　清康熙刻本　一册　存一種

330000－1701－0089818　G605422　子部/醫家類/兒科之屬/通論

錢氏小兒藥證直訣三卷　(宋)錢乙撰　(宋)閻孝忠輯　**附方一卷**　(宋)閻孝忠撰　**錢仲陽傳一卷**　(宋)劉跂撰　**董氏小兒斑疹備急方論一卷**　(宋)董汲撰　清光緒十八年(1892)姚江黄氏五桂樓刻本　二册

330000－1701－0089820　G005050　史部/地理類/雜志之屬

會稽風俗賦一卷　(宋)王十朋撰　清抄本　一册

330000－1701－0089821　G005051　史部/紀事本末類/斷代之屬

宋史紀事本末十卷　(明)馮琦撰　(明)陳邦瞻補　明刻本　八册　缺二卷(九至十)

330000－1701－0089822　G607117　集部/别集類/清别集

松夢寮詩稿六卷　(清)丁丙撰　清光緒二十五年(1899)丁氏刻本　二册

330000－1701－0089823　G005366　子部/宗教類/佛教之屬/經

金剛般若波羅蜜經一卷　(後秦)釋鳩摩羅什譯　**金剛經講義□□卷首一卷**　(清)徐夢元講義　清乾隆三十六年(1771)鳳巢閣刻本　二册　存七卷(金剛般若波羅蜜經,金剛經講義首、一至五)

330000－1701－0089824　G005295、G005394　集部/小說類/長篇之屬

新刻天花藏批評平山冷燕四卷二十回　(清)荻岸散人編次　清刻本　四册

330000－1701－0089828　G005367　集部/戲劇類/傳奇之屬

繡刻演劇十本六十種　(明)毛晉編　明末毛氏汲古閣刻本　六十二册　存三十九種

330000－1701－0089831　G005267　子部/醫家類/外科之屬/外科方

外科證治全生不分卷　葛坤編　清光緒四年(1878)稿本　一册

330000－1701－0089833　G005297　史部/金石類/金之屬/文字

積古齋鐘鼎彝器款識十卷　(清)阮元(清)朱爲弼撰　清光緒十年(1884)廣州鑑古書局影印本　四册

330000－1701－0089835　G005268　子部/醫家類/綜合之屬/通論

御纂醫宗金鑑九十卷首一卷　(清)吳謙等撰　清刻本　二册　存三卷(首、編輯外科心法要訣一至二)

330000－1701－0089838　G608789、G607515、G610348　類叢部/叢書類/自著之屬

潛園總集十七種　(清)陸心源撰　清同治至光緒刻本　二十册　存一種

330000－1701－0089839　G605430　類叢部/叢書類/彙編之屬

嘯園叢書五十七種　(清)葛元煦編　清光緒二年至七年(1876－1881)仁和葛氏刻本　一册　存一種

330000－1701－0089843　G604013　子部/醫家類/醫案之屬

臨證指南醫案十卷　(清)葉桂撰　(清)徐大椿評　清刻本　三册　存三卷(四至五、八)

330000－1701－0089844　G606645　子部/宗教類/佛教之屬/諸宗

秘藏指南二卷　(清)趙鉞編　清同治八年

(1869)杭州昭慶經房刻本　一冊

330000－1701－0089846　G611208　史部/傳記類/總傳之屬/釋道
神僧傳九卷　(明)成祖朱棣撰　清宣統元年(1909)常州天寧寺刻本　三冊　存七卷(一至七)

330000－1701－0089847　G604015　子部/儒家類/儒學之屬/經濟
皇朝經世文新編二十一卷　麥仲華輯　清光緒上海大同譯書局石印本　五冊　存八卷(一上、六至九、十下至十二)

330000－1701－0089849　G608969　經部/叢編
重刊宋本十三經注疏四百十六卷　附十三經注疏校勘記四百十六卷　(清)阮元撰　(清)盧宣旬摘錄　**校勘記識語四卷**　(清)汪文臺撰　清光緒十三年(1887)上海脈望仙館石印本　六冊　缺七種

330000－1701－0089851　G005269　子部/醫家類/方書之屬
不借集不分卷　(清)吳中皋編　清宣統三年(1911)朱哲存抄本　一冊

330000－1701－0089854　G606646　類叢部/叢書類/彙編之屬
廣漢魏叢書九十六種　(明)何允中編　明刻本　六冊　存三種

330000－1701－0089858　G611209　集部/別集類/清別集
退思軒詩集六卷補遺一卷　(清)張百熙撰　清宣統三年(1911)王式通京師鉛印本　一冊

330000－1701－0089860　G607118　集部/別集類/清別集
伏敔堂詩錄十五卷續錄四卷首一卷附錄一卷　(清)江湜撰　清同治元年至五年(1862－1866)長洲江氏刻本　四冊

330000－1701－0089862　G609082、G609750、G611210　史部/地理類/雜志之屬
津門雜記三卷　(清)張燾撰　清光緒十年(1884)刻本　三冊

330000－1701－0089864　G604017、G606740、G608570　子部/儒家類/儒學之屬/經濟
皇朝經世文續編一百二十卷　(清)葛士濬輯　清光緒十四年(1888)上海圖書集成局鉛印本　九冊　存三十五卷(八至二十七、九十至一百四)

330000－1701－0089865　G604018　集部/小說類/短篇之屬
燕山外史註釋八卷　(清)陳球撰　(清)若騤子輯注　清光緒三十二年(1906)上海海左書局石印本　一冊　存二卷(七至八)

330000－1701－0089869　G608791、G611871、G609784　新學/格致總
格致彙編不分卷　(英國)傅蘭雅輯　清光緒二年至十八年(1876－1892)上海格致書室鉛印本　十冊

330000－1701－0089870　G005270　史部/職官類/官箴之屬
學仕遺規四卷補四卷　(清)陳弘謀輯　清同治七年(1868)福州正誼書院刻本　五冊

330000－1701－0089873　G607119　類叢部/叢書類/自著之屬
覆瓿集十三種附一種　(清)張文虎撰　清同治至光緒刻本　十冊

330000－1701－0089874　G606647　類叢部/叢書類/彙編之屬
增訂漢魏叢書八十六種　(清)王謨編　清乾隆五十六年(1791)金谿王氏刻本　二十三冊　存二十五種

330000－1701－0089875　G604019　史部/傳記類/總傳之屬/儒林
宋元學案一百卷首一卷　(清)黃宗羲撰　(清)黃百家纂輯　(清)全祖望修定　清光緒五年(1879)上海文瑞樓石印本　一冊　存二卷(四十九至五十)

330000－1701－0089881　G604020　子部/藝術類/書畫之屬/畫譜

芥子園畫傳初集六卷二集九卷三集六卷 (清)王槩 (清)王蓍 (清)王臬輯 清光緒十四年(1888)上海天寶書局石印本 一册 存六卷(初集一至六)

330000－1701－0089882 G611212 類叢部/叢書類/彙編之屬
清風室叢書二十種 (清)錢保塘編 清同治十年至民國二十五年(1871－1936)海寧錢氏清風室刻本 二册 存三種

330000－1701－0089883 G005271、G005272 集部/曲類/曲韻曲譜曲律之屬
納書楹曲譜全集二十二卷 (清)葉堂撰 清道光二十八年(1848)刻本 三册 存四卷(南柯記一至二、紫釵記一至二)

330000－1701－0089884 G604021 新學/醫學
西醫熱症總論一卷 (清)孔慶高筆譯 清光緒七年(1881)刻本 二册

330000－1701－0089885 M006295 史部/傳記類/總傳之屬/列女
浙女表微錄□□卷 清刻本 一册 存一卷(一)

330000－1701－0089887 G608970 集部/別集類/清別集
古春軒詩鈔二卷 (清)梁德繩撰 清咸豐二年(1852)鳳城刻本 一册 存一卷(下)

330000－1701－0089889 G604022 子部/叢編
二十二子(二十二子彙函) (清)浙江書局編 清光緒元年至三年(1875－1877)浙江書局刻本 一册 存一種

330000－1701－0089891 G608971 集部/別集類/清別集
密齋文集不分卷 (清)程同文撰 清程氏密齋家刻本 一册

330000－1701－0089892 G604023 類叢部/叢書類/彙編之屬
晨風閣叢書二十二種 沈宗畸編 清宣統元年(1909)番禺沈氏刻本 一册 存一種

330000－1701－0089893 G005299 集部/別集類/清別集
湖海樓全集五十一卷 (清)陳維崧撰 清乾隆六十年(1795)浩然堂刻本 十二册 存二十六卷(詞集一至二十、文集一至六)

330000－1701－0089894 G607120 史部/地理類/方志之屬/郡縣志
[嘉慶]高郵州志十二卷首一卷 (清)楊宜崙修 (清)夏之蓉 (清)沈之本纂 (清)馮馨增修 (清)王念孫等增纂 清道光二十五年(1845)刻本 八册

330000－1701－0089896 G611213 新學/史志/諸國史
歐洲十九世紀史不分卷 (美國)軒利普格質頓撰 (清)麥鼎華譯 清光緒二十八年(1902)上海廣智書局鉛印本 一册

330000－1701－0089897 G606648 類叢部/叢書類/彙編之屬
增訂漢魏叢書八十六種 (清)王謨編 清乾隆五十六年(1791)金谿王氏刻本 六册 存四種

330000－1701－0089898 G005428 子部/宗教類/佛教之屬
萬竹浄土集要四卷 清重慶府羅漢寺刻本 三册

330000－1701－0089899 G005052 集部/詩文評類/詩評之屬
葯坡詩話十卷 (清)王潯輯 清光緒十八年(1892)木活字印本 四册

330000－1701－0089900 G608972、G609507、G610915 集部/總集類/彙編之屬
國朝文錄續編四十九種附一種 (清)李祖陶編 清同治七年(1868)敖陽李氏刻本 五册 存三種

330000－1701－0089902 G604024 類叢部/叢書類/彙編之屬
雲自在龕叢書五集十九種 繆荃孫輯 清光

緒江陰繆氏刻本　一册　存二種

330000－1701－0089903　G005273、G006664　史部/紀事本末類/通代之屬
通鑑紀事本末二百三十九卷　(宋)袁樞撰　明末刻本　三十五册　存二百三十六卷(四至二百三十九)

330000－1701－0089904　G608973　史部/史評類/詠史之屬
樹經堂詠史詩八卷　(清)謝啓昆撰　清嘉慶刻本　二册

330000－1701－0089906　G607121　史部/職官類/官箴之屬
實政錄七卷　(明)呂坤撰　清同治十一年(1872)浙江書局刻本　五册　存五卷(一至五)

330000－1701－0089907　G005300、G007688、G010231、G009361　類叢部/叢書類/自著之屬
潛園總集十七種　(清)陸心源撰　清同治至光緒刻本　九册　存一種

330000－1701－0089909　G606649、G606712、G608058　類叢部/類書類/專類之屬
佩文韻府一百六卷　(清)張玉書　(清)蔡升元等輯　**韻府拾遺一百六卷**　(清)汪灝　(清)何焯等輯　清刻本　八十八册　存九十七卷(佩文韻府一至二、四至十一、十三至三十七、六十至一百六,韻府拾遺一至十五)

330000－1701－0089911　G005469　史部/金石類/陶之屬
浙江磚錄四卷　(清)馮登府撰　清道光十六年(1836)鄞縣鄭淳刻本　一册　存一卷(一)

330000－1701－0089914　G607122　子部/雜著類/雜說之屬
定香亭筆談四卷　(清)阮元撰　清光緒二十五年(1899)浙江書局刻本　一册　存一卷(四)

330000－1701－0089915　G611214　類叢部/叢書類/彙編之屬
稗海四十六種續稗海二十四種　(明)商濬編　明萬曆商氏半埜堂刻本　四册　存四種

330000－1701－0089919　G607123　集部/別集類/清別集
白田草堂存稿二十四卷　(清)王懋竑撰　**先考王公府君[懋竑]行狀一卷**　(清)王箴聽等撰　**崇祀鄉賢錄一卷**　清乾隆十七年(1752)刻本　二册　存八卷(十至十三、十九至二十二)

330000－1701－0089921　G604025　類叢部/叢書類/彙編之屬
晨風閣叢書第一集(國學粹編)五十二種　沈宗畸等編　清光緒三十四年至宣統三年(1908－1911)國學萃編社鉛印本　長仁曾題記　一册　存十二種

330000－1701－0089922　G005470　子部/宗教類/佛教之屬/論
十二門論宗致義記四卷　(唐)釋法藏撰　清宣統三年(1911)江西刻經處刻本　二册

330000－1701－0089924　G007638、G608975、G607881、G610130　子部/醫家類/綜合之屬/合刻、合抄
景岳全書六十四卷　(明)張介賓撰　清刻本　二十三册　存四十七卷(一至三十八、四十至四十七、六十一)

330000－1701－0089927　G607124　集部/別集類/清別集
白田草堂存稿二十四卷　(清)王懋竑撰　**先考王公府君[懋竑]行狀一卷**　(清)王箴聽等撰　**崇祀鄉賢錄一卷**　清乾隆十七年(1752)刻本　三册　存十二卷(一至四、十至十三、十九至二十二)

330000－1701－0089928　G005301　類叢部/叢書類/自著之屬
傳經堂叢書十二種　(清)洪頤煊撰　清嘉慶至道光臨海洪氏刻本　二册　存一種

330000－1701－0089929　G005368　集部/總集類/選集之屬/通代

古文觀止十二卷 （清）吳乘權 （清）吳大職輯 清光緒南京李光明莊刻本 六冊

330000－1701－0089931 G611215 類叢部/叢書類/彙編之屬
平津館叢書六集三十五種 （清）孫星衍編 清嘉慶蘭陵孫氏刻本 三冊 存四種

330000－1701－0089933 G005471 子部/宗教類/佛教之屬/總録
御選語錄十九卷 （清）世宗胤禛輯 清光緒四年(1878)金陵刻經處刻本 十四冊

330000－1701－0089934 G602272 史部/叢編
痛史二十一種附九種 樂天居士輯 清宣統至民國上海商務印書館鉛印本 五冊 存二種

330000－1701－0089939 G005472 子部/小說家類/異聞之屬
閱微草堂筆記二十四卷 （清）紀昀撰 清宣統元年(1909)上海廣百宋齋鉛印本 四冊 存十七卷(一至五、十三至二十四)

330000－1701－0089941 G005419 子部/宗教類/佛教之屬/諸宗
萬松老人評唱天童覺和尚拈古請益錄六卷 （宋）釋正覺拈古 （元）釋行秀評唱 （元）釋從隆輯 清末福德因緣堂刻本 二冊

330000－1701－0089942 G607125 集部/總集類/酬唱之屬
清尊集十六卷 （清）汪遠孫撰輯 清道光十九年(1839)錢塘汪氏振綺堂刻本 四冊

330000－1701－0089943 G005473 子部/宗教類/佛教之屬/經疏
大佛頂首楞嚴經疏解蒙鈔六十卷首一卷 （清）錢謙益撰 清末蘇州瑪瑙經房刻本 二十冊

330000－1701－0089944 G005369 子部/宗教類/佛教之屬/諸宗
肇論三卷寶藏論一卷 （後秦）釋僧肇撰 清同治九年(1870)杭省刻經處刻本 一冊

330000－1701－0089946 G607126 新學/醫學/藥品
西藥大成十卷首一卷 （英國）來拉 （英國）海得蘭撰 （英國）傅蘭雅口譯 （清）趙元益筆述 清光緒十年(1884)江南製造總局刻本 一冊 存一卷(十)

330000－1701－0089947 G005420 子部/宗教類/佛教之屬
增集人天眼目二卷 （宋）釋智昭撰 （清）釋仁岠增輯 清光緒七年(1881)長沙刻經處刻本 二冊

330000－1701－0089948 G602273 史部/叢編
痛史二十一種附九種 樂天居士輯 清宣統至民國上海商務印書館鉛印本 一冊 存一種

330000－1701－0089949 SZD0029 經部/詩類/三家詩之屬
毛詩異文一卷 （清）朱駿聲撰 稿本 朱師轍題簽 一冊

330000－1701－0089951 G602274 子部/藝術類/書畫之屬/畫録
虛齋名畫錄十六卷 龐元濟輯 清宣統元年(1909)烏程龐氏申江刻本 八冊 存八卷(一至二、四至六、十一、十三、十六)

330000－1701－0089952 G005474 子部/宗教類/佛教之屬/經疏
楞伽阿跋多羅寶經三卷 （南朝宋）釋求那跋陀羅譯 （清）釋智旭疏義 **楞伽阿跋多羅寶經玄義一卷** （清）釋智旭撰 明末刻本 四冊

330000－1701－0089953 G607127 史部/政書類/律令之屬/法驗
法律醫學二十四卷首一卷附卷一卷 （英國）該惠連 （英國）弗里愛撰 （英國）傅蘭雅口譯 （清）徐壽 （清）趙元益筆述 清光緒二十五年(1899)江南製造局刻本 四冊 存十四卷(六至十四、二十一至二十四,附卷)

330000－1701－0089954　G611216　類叢部/叢書類/自著之屬

留書種閣集九種　(清)黄炳垕撰　清同治六年至光緒二十年(1867－1894)餘姚黄氏留書種閣刻本　一册　存一種

330000－1701－0089955　G606650、G610485　集部/總集類/選集之屬/通代

文選六十卷　(南朝梁)蕭統輯　(唐)李善注　**文選考異十卷**　(清)胡克家撰　清光緒六年(1880)四明林氏刻本　五册　存十三卷(五十八至六十、考異一至十)

330000－1701－0089957　SZD0030　經部/詩類/詩序之屬

詩序異同彙參不分卷　(清)朱駿聲撰　稿本　朱師轍題簽　一册

330000－1701－0089958　G611217　史部/政書類/儀制之屬/典禮

文廟丁祭譜一卷　(清)藍鍾瑞等撰　清同治七年(1868)江蘇書局刻本　一册

330000－1701－0089959　M005985　史部/傳記類/總傳之屬/家乘

謝氏宗譜不分卷　稿本　一册

330000－1701－0089960　G005475　子部/宗教類/佛教之屬/律

十誦律六十五卷　(後秦)釋鳩摩羅什譯　明崇禎六年(1633)徑山化城寺刻本　二册　存十卷(一至五、二十六至三十)

330000－1701－0089961　G606652　類叢部/叢書類/彙編之屬

湖海樓叢書十二種　(清)陳春編　清嘉慶蕭山陳氏湖海樓刻二十四年(1819)彙印本　五册　存二種

330000－1701－0089964　G611218　類叢部/叢書類/自著之屬

亭林遺書十種　(清)顧炎武撰　清刻本　三册　存一種

330000－1701－0089968　G607128　史部/地理類/方志之屬/通志

[嘉慶]四川通志二百四卷首二十二卷　(清)常明等修　(清)楊芳燦等纂　清嘉慶二十一年(1816)刻本　三册　存六卷(一至六)

330000－1701－0089970　G606653　集部/别集類/清别集

寄青齋詩稿一卷詞稿一卷　(清)徐虔復撰　**綠雲館吟草一卷賦鈔一卷**　(清)程芙亭撰　**附悼亡詩一卷**　(清)徐鼎梅撰　清道光二十六年(1846)瀟湘吟館、光緒十三年(1887)徐煥章留餘堂刻本　一册　缺二卷(詩稿、詞稿)

330000－1701－0089971　G005305、G010200、G008726、G009140　經部/禮記類/傳説之屬

全本禮記體註十卷　(清)徐瑄撰　清刻本　九册

330000－1701－0089973　G005421　子部/宗教類/佛教之屬/經疏

大佛頂如來密因修證了義諸菩薩萬行首楞嚴經宗通十卷　(明)曾鳳儀撰　清道光十年(1830)刻本　九册　存八卷(二至九)

330000－1701－0089977　G606654　史部/政書類/公牘檔册之屬

浙江諮議局第一屆常年會議事錄不分卷　(清)浙江諮議局編　清宣統鉛印本　一册

330000－1701－0089978　G607129　集部/戲劇類/總集之屬/雜劇

清容外集九種　(清)蔣士銓撰　清乾隆蔣氏紅雪樓刻本　一册　存一種

330000－1701－0089982　G606655　類叢部/叢書類/彙編之屬

振綺堂叢刊八種　(清)□□輯　清嘉慶至光緒汪氏振綺堂刻本　一册　存一種

330000－1701－0089984　G005476　子部/宗教類/佛教之屬/論疏

選佛譜六卷　(清)釋智旭撰　明末刻本　二册

330000－1701－0089985　G608978、G610629　子部/雜著類/雜考之屬

康熙幾暇格物編二卷 (清)聖祖玄燁撰 (清)盛昱錄 清光緒石印本 二册

330000－1701－0089987 G606656 類叢部/叢書類/彙編之屬
振綺堂叢刊八種 (清)□□輯 清嘉慶至光緒汪氏振綺堂刻本 一册 存一種

330000－1701－0089989 G606657 類叢部/叢書類/彙編之屬
振綺堂叢刊八種 (清)□□輯 清嘉慶至光緒汪氏振綺堂刻本 一册 存一種

330000－1701－0089992 G005422 子部/宗教類/佛教之屬/總録
裕遠禪師語錄一卷 (清)海槎錄 清刻本 一册

330000－1701－0089994 G606658、G609206、G607356、G608419、G609751、G610217 集部/總集類/選集之屬/通代
古詩箋三十二卷 (清)王士禛輯 (清)聞人倓箋 清乾隆三十一年(1766)芷蘭堂刻本 十册 存十九卷(五言詩一至六,七言詩歌行鈔一至三、五至九上、十一至十五)

330000－1701－0089995 G604026 集部/別集類/清別集
四憶堂詩集六卷遺稿一卷 (清)侯方域撰 清刻本 二册 存三卷(一、六、遺稿)

330000－1701－0089996 G608979 集部/總集類/彙編之屬
立憲紀念吟社選稿二卷 (清)畢鸝盦輯 清光緒三十二年(1906)石印本 一册

330000－1701－0089997 G005423 史部/傳記類/總傳之屬/釋道
蓮宗九祖傳畧一卷 (清)釋悟開編 清同治十一年(1872)昭慶經房刻本 一册

330000－1701－0089998 G607131 集部/別集類/清別集
蘇鄰遺詩二卷 (清)李鴻裔撰 清光緒十四年(1888)遵義黎氏日本刻本 一册

330000－1701－0090001 G606659 子部/醫家類/類編之屬
證治準繩六種(醫書六種) (明)王肯堂撰 明萬曆三十年至三十六年(1602－1608)刻清康熙三十一年(1692)金壇虞氏重修本 二册 存一種

330000－1701－0090002 G607132 集部/詩文評類/詩評之屬
緝雅堂詩話二卷 (清)潘衍桐撰 清光緒十七年(1891)杭州刻本 一册

330000－1701－0090003 G005424 子部/宗教類/佛教之屬/論疏
大乘百法明門論一卷八識規矩頌一卷 (明)釋廣益纂釋 清咸豐八年(1858)杭州西湖昭慶寺、光緒四年(1878)釋蓮寶刻本 一册

330000－1701－0090004 G005477 集部/曲類/寶卷之屬
太華山紫金嶺兩世修行劉香寶卷全集二卷 (清)□□撰 清刻本 二册

330000－1701－0090005 G611219、G609110 經部/叢編
通志堂經解一百四十種 (清)納蘭成德輯 清刻本 十五册 存七種

330000－1701－0090006 G608980 集部/總集類/彙編之屬
詩詞雜俎十二種 (明)毛晉輯 明天啓至崇禎海虞毛氏汲古閣刻本 二册 存一種

330000－1701－0090007 G005306 史部/地理類/遊記之屬/紀行
河朔訪古記三卷 (元)納新撰 清光緒二十一年(1895)刻本 一册

330000－1701－0090010 G607133 史部/金石類/總志之屬/文字
藝風堂金石文字目十八卷 繆荃孫撰 清光緒三十二年(1906)王先謙湖南刻本 陳錫鈞校並跋 六册

330000－1701－0090012 G604027 子部/醫家類/傷寒金匱之屬/金匱要略

金匱心典三卷　(清)尤怡撰　清刻本　二册　存二卷(上、中)

330000－1701－0090013　G606660、G608634、G608095、G610364　史部/紀傳類/正史之屬

漢書疏證三十六卷後漢書疏證三十卷　(清)沈欽韓撰　清光緒二十六年(1900)浙江官書局刻本　三十八册　存六十二卷(一至三十六,後漢書疏證三至二十三、二十五至二十六、二十八至三十)

330000－1701－0090014　G005425　子部/宗教類/佛教之屬

溈山警策句釋記二卷　(清)釋弘贊註　(清)釋開詷記　清同治十年(1871)刻本　一册

330000－1701－0090015　G005478　子部/宗教類/佛教之屬/諸宗

揞黑豆集八卷首一卷　(清)平聖臺輯並頌注　(清)心圓拈頌別並注　清刻本　二册　缺四卷(五至八)

330000－1701－0090019　G005426　子部/宗教類/佛教之屬/諸宗

高峯大師語錄一卷　(元)釋原妙撰　清光緒二年(1876)福德因緣堂刻本　一册

330000－1701－0090021　G005479　子部/宗教類/佛教之屬/經疏

觀經義疏妙宗鈔證義二卷　(明)釋廣承撰　清同治十三年(1874)昭慶慧空經房刻本　一册

330000－1701－0090022　G604028　子部/醫家類/類編之屬

黃氏醫書(昌邑黃先生醫書)八種　(清)黃元御撰　清咸豐十年(1860)徐樹銘燮龢精舍刻本　二册　存一種

330000－1701－0090023　G606661　集部/總集類/選集之屬/斷代

湖海文傳七十五卷　(清)王昶輯　清道光十七年(1837)經訓堂刻同治五年(1866)印本　二册　存十卷(八至十二、五十八至六十二)

330000－1701－0090024　G608981　類叢部/叢書類/彙編之屬

昭代叢書甲集五十種乙集四十種丙集五十六種　(清)張潮　(清)張漸輯　清康熙三十六年至四十二年(1697－1703)刻本　六册　存甲集五十種

330000－1701－0090026　G005427　子部/宗教類/佛教之屬

曇無德部四分律刪補隨機羯磨十五卷　(清)釋道宣撰　清光緒華山律堂刻本　七册

330000－1701－0090028　G005480　子部/宗教類/佛教之屬/諸宗

蓮宗輯要二卷　(清)釋達淨輯　**徹悟禪師遺稿一卷**　(清)釋了梅　(清)釋了亮輯　清光緒十二年(1886)瑪瑙經房刻本　二册

330000－1701－0090030　G607134　史部/地理類/山川之屬/山志

峨山圖志二卷　(清)黃錫燾纂　清光緒十七年(1891)刻本　二册

330000－1701－0090031　G005481　子部/宗教類/佛教之屬

大明三藏法數五十卷　(明)釋一如等集註　清刻本　十六册

330000－1701－0090032　G604029　子部/醫家類/類編之屬

當歸草堂醫學叢書初編十種　(清)丁丙編　清光緒四年(1878)錢塘丁氏當歸草堂刻本　一册　存二種

330000－1701－0090035　G005482、G007447、G011512　集部/小說類/長篇之屬

都市新談八卷六十回　(清)陳森撰　清光緒三十一年(1905)上海書局石印本　三册　存四卷(一至三、七)

330000－1701－0090039　G604030　類叢部/叢書類/彙編之屬

二老閣叢書四十二種　(清)鄭風編　清康熙至嘉慶刻本　一册　存一種

330000－1701－0090042　G005483　子部/小說家類/諧謔之屬

笑得好不分卷 (清)指迷道人撰 清光緒刻本 一冊

330000－1701－0090045 G005307 子部/術數類/相宅相墓之屬
陰陽指正四卷 (清)姚承輿撰 **圖書奥義一卷** (清)梁同新撰 清咸豐二年(1852)刻本 董奎垣跋 二冊

330000－1701－0090046 G608982 類叢部/叢書類/自著之屬
潛研堂全書十六種 (清)錢大昕撰 清乾隆至嘉慶刻本 三冊 存一種

330000－1701－0090050 G607136 經部/小學類/訓詁之屬/爾雅
爾雅音圖三卷 (晉)郭璞注 (清)姚之麟摹圖 清嘉慶六年(1801)南城曾燠藝學軒影宋刻本 一冊

330000－1701－0090052 SZD0035 經部/春秋左傳類/傳說之屬
春秋左傳識小錄不分卷 (清)朱駿聲撰 稿本 一冊

330000－1701－0090054 G608983、G609377、G607689 史部/紀傳類/正史之屬
二十四史附考證 清光緒十八年(1892)武林竹簡齋石印本 四冊 存一種

330000－1701－0090055 G604031 集部/別集類/清別集
四憶堂詩集六卷遺稿一卷 (清)侯方域撰 清刻本 三冊 存五卷(一、四至六、遺稿)

330000－1701－0090057 G602275 集部/別集類/清別集
笠翁偶集六卷 (清)李漁撰 清康熙十年(1671)芥子園刻本 六冊

330000－1701－0090058 G005484 集部/總集類/選集之屬/斷代
國朝名媛詩繡鍼五卷 (清)蔣機秀輯評 (清)莊友棟參訂 清嘉慶二年(1797)刻本 一冊

330000－1701－0090061 G604032 集部/別集類/清別集
四憶堂詩集六卷遺稿一卷 (清)侯方域撰 清刻本 一冊 存二卷(四至五)

330000－1701－0090063 G604033 集部/別集類/清別集
四憶堂詩集六卷遺稿一卷 (清)侯方域撰 清刻本 一冊 存三卷(五至六、遺稿)

330000－1701－0090064 G611220 集部/總集類/氏族之屬
三蘇全集四種 (清)弓翊清等編 清道光七年至十二年(1827－1832)眉州三蘇祠刻本 二冊 存一種

330000－1701－0090065 G604034 史部/政書類/邦計之屬
兩浙宦游紀畧四種 (清)戴槃撰 清同治七年(1868)刻本 一冊 存三種

330000－1701－0090067 SZD0036 經部/春秋左傳類/傳說之屬
春秋左傳識小錄二卷 (清)朱駿聲撰 清抄本 朱師轍題簽 一冊

330000－1701－0090068 G607137 史部/地理類/山川之屬/水志
西湖志四十八卷 (清)李衛 (清)程元章修 (清)傅王露纂 清光緒四年(1878)浙江書局刻本 十六冊 存三十九卷(三至六、十至二十九、三十二至四十四、四十七至四十八)

330000－1701－0090069 G604035 子部/醫家類/類編之屬
醫門棒喝二種 (清)章楠撰 清同治六年(1867)聚文堂刻本 一冊 存一種

330000－1701－0090071 G608984、G607514 集部/總集類/選集之屬/斷代
宋十五家詩選 (清)陳訏輯 清康熙三十二年(1693)刻本 六冊 存六種

330000－1701－0090077 SZD0037 經部/春秋左傳類/傳說之屬
春秋左傳識小錄一卷 (清)朱駿聲撰 清抄

本　朱師轍題簽　一冊

330000－1701－0090078　G604036　類叢部/叢書類/郡邑之屬

武林往哲遺箸五十二種後編十種　(清)丁丙編　清光緒二十年至二十六年(1894－1900)錢塘丁氏嘉惠堂刻本　一冊　存一種

330000－1701－0090082　G608985、G610201　類叢部/類書類/專類之屬

巾經纂二十卷　(清)宋宗元撰　清同治十年(1871)陸川李廷樟刻本　四冊　存十六卷(五至二十)

330000－1701－0090084　G604037　集部/總集類/郡邑之屬

西泠五布衣遺箸五種　(清)丁丙輯　清同治至光緒錢塘丁氏當歸草堂刻本　一冊　存一種

330000－1701－0090088　G611221　經部/小學類/文字之屬/字書/字典

康熙字典十二集三十六卷總目一卷檢字一卷辨似一卷等韻一卷補遺一卷備考一卷　(清)張玉書等纂修　清康熙刻本　一冊　存一卷(戌集中)

330000－1701－0090091　G604038　子部/藝術類/音樂之屬/樂譜

琴譜新聲六卷　(清)曹尚絅等撰　(清)祝鳳喈評　清嘉慶六年(1801)春草堂刻本　一冊　存一卷(三)

330000－1701－0090092　SZD0038　經部/春秋總義類

春秋平議一卷春秋三家異文覈一卷春秋亂賊考一卷附讀韓非子札記一卷　(清)朱駿聲撰　稿本　朱師轍題簽　一冊

330000－1701－0090095　G608986、G607720、G610167　子部/小說家類/雜事之屬

蕉軒隨錄十二卷　(清)方濬師撰　清同治十一年(1872)退一步齋刻本　十二冊

330000－1701－0090096　G005308、G005309、G005310　子部/宗教類/道教之屬

古書隱樓藏書三十八種　(清)閔一得輯　清湖州金蓋山書隱樓刻本　三冊　存三種

330000－1701－0090098　G608987、G609956　集部/别集類

養源山房詩鈔七卷附錄一卷　徐士霖撰　清光緒三十四年(1908)武林刻本　二冊

330000－1701－0090100　G602276　史部/金石類/郡邑之屬

濟南金石志四卷　(清)馮雲鵷撰　清道光二十年(1840)刻本　三冊　存三卷(二至四)

330000－1701－0090101　G611222　集部/别集類/清别集

述學内篇三卷補遺一卷外篇一卷别錄一卷附錄一卷校勘記一卷　(清)汪中撰　(清)汪喜孫編　清同治八年(1869)揚州書局刻本　二冊

330000－1701－0090104　G608988、G602557　集部/别集類/清别集

如何是可齋外集二卷　(清)范濂撰　(清)羅傳珍編　清光緒二十二年(1896)刻本　二冊

330000－1701－0090105　SZD0039　經部/春秋總義類

春秋平議一卷春秋三家異文覈一卷春秋亂賊考一卷附左傳識小錄一卷　(清)朱駿聲撰　稿本　朱師轍題簽　一冊

330000－1701－0090107　G611223　史部/雜史類/斷代之屬

明季稗史彙編十六種　(清)留雲居士輯　清都城琉璃廠刻本　七冊　存十一種

330000－1701－0090112　G608989　史部/政書類/律令之屬/治獄

爽鳩要錄二卷　(清)蔣超伯輯　清同治五年(1866)刻本　一冊

330000－1701－0090117　G005429　子部/宗教類/佛教之屬/諸宗

淨土論三卷　(唐)釋迦才撰　清光緒金陵刻經處刻本　一冊

330000－1701－0090121　G611224　史部/目録類/專録之屬
小學考五十卷　(清)謝啓昆撰　清光緒十四年(1888)浙江書局刻本　二十册

330000－1701－0090122　M605528　史部/地理類/方志之屬/郡縣志
[光緒]嚴州府志三十八卷首一卷　(清)吳士進原本　(清)吳世榮續修　(清)鄒柏森　(清)馬斯臧等續纂　清光緒八年至九年(1882－1883)刻十六年(1890)鶴山增刻二十三年(1897)賀良樾再增刻民國二十六年(1937)重印本　十七册　存三十四卷(三至十八、二十一至三十八)

330000－1701－0090123　G005430、G006327　子部/術數類/占卜之屬
占驗圖說四卷　石室世外人刪　清初抄本　沈同祖題記　四册

330000－1701－0090124　G602277　集部/別集類/清別集
歸愚文續十二卷黃山遊草一卷台山遊草一卷南巡詩一卷說詩晬語二卷浙江通省志圖說一卷歸田集一卷　(清)沈德潛撰　清乾隆刻本　一册　存三卷(說詩晬語一至二、浙江通省志圖說)

330000－1701－0090125　SZD0041　經部/春秋總義類
春秋闕文考一卷　(清)朱駿聲撰　稿本　朱師轍題簽　一册

330000－1701－0090126　G005431　子部/宗教類/佛教之屬/諸宗
禪源諸詮集都序四卷　(唐)釋宗密撰　清光緒十八年(1892)金陵刻經處刻本　一册

330000－1701－0090128　G005432　史部/地理類/外紀之屬
地球韻言四卷　(清)張士瀛撰　清光緒文奎堂刻本　二册

330000－1701－0090129　G602278　史部/傳記類/總傳之屬/斷代
明史列傳稿二百八卷目錄三卷　(清)王鴻緒撰　清康熙敬慎堂刻本　三十一册　存一百二十五卷(四至七十七、九十八至一百三十、一百三十五至一百五十二)

330000－1701－0090130　G005311、G606919　集部/戲劇類/雜劇之屬
增像第六才子書五卷首一卷　(元)王德信　(元)關漢卿撰　(清)金人瑞評　清末石印本　三册　存三卷(二、四至五)

330000－1701－0090132　G608991　子部/雜著類/雜纂之屬
窺豹集二卷　(清)蔣超伯輯　清刻本　一册

330000－1701－0090143　G005312　集部/總集類/尺牘之屬
增註分類飲香尺牘四卷首一卷　(清)飲香居士編　(清)白下慵隱子箋釋　清光緒十八年(1892)上海圖書集成印書局鉛印本　四册

330000－1701－0090145　G005313、G011075　類叢部/叢書類/彙編之屬
申報館叢書正集五十七種附錄三種續集一百四十二種　(清)尊聞閣主編　蔡爾康編續集　清同治至光緒上海申報館鉛印本　二册　存一種

330000－1701－0090148　G604039　史部/傳記類/別傳之屬/年譜
弇山畢公[沅]年譜一卷　(清)史善長編　清同治十一年(1872)畢長慶等刻本　一册

330000－1701－0090150　G605425　經部/小學類/訓詁之屬/爾雅
爾雅正郭三卷　(清)潘衍桐撰　清光緒十七年(1891)刻本　一册

330000－1701－0090152　G606662　集部/別集類/唐五代別集
李長吉歌詩四卷外集一卷首一卷　(唐)李賀撰　(清)王琦彙解　清乾隆王氏寶笏樓刻本　四册

330000－1701－0090153　G604040　集部/別集類/清別集

虚白山房詩集四卷一簾花影樓試律詩一卷一簾花影樓律賦一卷 (清)朱鳳毛撰 清光緒十五年(1889)刻本 一册 存二卷(簾花影樓試律詩、簾花影樓律賦)

330000－1701－0090155 G604041 史部/傳記類/總傳之屬/郡邑

四明人鑑不分卷 (清)劉慈孚輯 (清)虞琴繪圖 清光緒十二年(1886)石印本 一册

330000－1701－0090156 G604042 集部/詞類/類編之屬

宋名家詞六十一種 (明)毛晉編 清光緒十四年(1888)錢塘汪氏刻本 一册 存一種

330000－1701－0090158 G606664、G606665、G611298、G609213、G611753、G609854 史部/紀傳類/正史之屬

十七史 (明)毛晉編 明崇禎元年至十七年(1628－1644)毛氏汲古閣刻本 十三册 存二種

330000－1701－0090160 G607138 史部/地理類/山川之屬/水志

西湖志四十八卷 (清)李衛 (清)程元章修 (清)傅王露纂 清光緒四年(1878)浙江書局刻本 十八册 缺四卷(三至四、十四至十五)

330000－1701－0090163 G005315 子部/小説家類/異聞之屬

諧鐸十二卷 (清)沈起鳳撰 清光緒二十一年(1895)上海廣百宋齋鉛印本 二册 存三卷(七至九)

330000－1701－0090164 G611227 集部/總集類/選集之屬/通代

漁洋山人古詩選三十二卷 (清)王士禛選 清同治七年(1868)湘鄉曾氏刻本 一册 存四卷(五言詩一至四)

330000－1701－0090166 G604043 類叢部/叢書類/彙編之屬

武英殿聚珍版書一百三十八種 清木活字印本 一册 存一種

330000－1701－0090167 SZD0044 經部/小學類/文字之屬/字書

周易説文字校一卷 朱孔彰輯 稿本 一册

330000－1701－0090172 G607139 子部/農家農學類/蠶桑之屬

蠶桑萃編十五卷首一卷 (清)衛杰撰 清光緒二十六年(1900)浙江書局刻本 六册 缺三卷(三、十四至十五)

330000－1701－0090175 G611228 子部/儒家類/儒學之屬/性理

儒門法語輯要一卷 (清)彭定求撰 (清)湯金釗輯 清光緒十六年(1890)浙江書局刻本 一册

330000－1701－0090182 G611229 類叢部/叢書類/彙編之屬

證鄦社叢刻 清光緒證鄦社鉛印本 一册 存一種

330000－1701－0090183 G607140、G607826 集部/别集類/清别集

攜雪堂文集四卷 (清)吳可讀撰 (清)郭嵐 (清)李崇洸輯 (清)楊慶生箋注 清光緒二十六年(1900)浙江書局刻本 四册

330000－1701－0090189 G607141、G608738、G607793 史部/地理類/方志之屬/郡縣志

光緒太平續志十八卷首一卷 (清)陳汝霖修 (清)王棻等纂 清光緒二十二年(1896)刻本 七册 存十七卷(二至十八)

330000－1701－0090191 G604049 類叢部/叢書類/郡邑之屬

武林往哲遺箸五十二種後編十種 (清)丁丙編 清光緒二十年至二十六年(1894－1900)錢塘丁氏嘉惠堂刻本 七册 存一種

330000－1701－0090192 G602279 類叢部/叢書類/家集之屬

江都陳氏叢書七種 (清)陳本禮 (清)陳逢衡撰 清嘉慶至道光刻本 二十四册 存一種

330000－1701－0090194 G606668 集部/總

集類/郡邑之屬

兩浙輶軒録四十卷補遺十卷姓氏韻編二卷 (清)阮元輯 清光緒十六年(1890)浙江書局刻本 三十二册

330000－1701－0090195 G608766 史部/目録類/總録之屬/私撰

五桂樓書目四卷 (清)黄澄量撰 清光緒二十一年(1895)姚江黄安瀾刻本 二册

330000－1701－0090201 G611230 子部/儒家類/儒學之屬/性理

儒門法語一卷 (清)彭定求撰 (清)湯金釗輯 清同治四年(1865)刻本 一册

330000－1701－0090202 G607142 集部/别集類/清别集

知非齋詩鈔一卷 (清)陳鍾英撰 清同治十一年(1872)杭州刻本 一册

330000－1701－0090205 G604050 子部/醫家類/類編之屬

證治準繩六種(醫書六種) (明)王肯堂撰 明萬曆三十年至三十六年(1602－1608)刻清康熙三十一年(1692)金壇虞氏重修本 四册 存一種

330000－1701－0090208 G005317 子部/藝術類/遊藝之屬/聯語

偶句集古不分卷偶句集古續編不分卷 (清)劉庠編 清刻本 二册

330000－1701－0090210 G607143、G006595 類叢部/叢書類/彙編之屬

廣漢魏叢書八十種 (明)何允中編 清嘉慶刻本(伽藍記卷一至五配明刻本) 五册 存九種

330000－1701－0090211 G602280 子部/藝術類/書畫之屬/法帖

淳化祕閣法帖考正十卷附二卷 (清)王澍撰 清雍正詩鼎齋刻本 四册

330000－1701－0090212 G604051 子部/叢編

二十二子(二十二子彙函) (清)浙江書局編 清光緒元年至三年(1875－1877)浙江書局刻本 一册 存一種

330000－1701－0090213 G606669 集部/總集類/郡邑之屬

兩浙輶軒續録五十四卷補遺六卷姓氏韻編二卷 (清)潘衍桐輯 清光緒十七年(1891)浙江書局刻本 四十册

330000－1701－0090215 G605424 類叢部/叢書類/彙編之屬

崇文書局彙刻書三十一種 (清)崇文書局編 清光緒元年至三年(1875－1877)湖北崇文書局刻本 四册 存一種

330000－1701－0090216 G608768 集部/别集類/清别集

滑疑集八卷 (清)韓錫胙撰 (清)宗稷辰重編 清咸豐五年(1855)石門山房刻本 一册 存二卷(一至二)

330000－1701－0090217 G605426 類叢部/叢書類/彙編之屬

士禮居叢書二十種 (清)黄丕烈編 清嘉慶至道光黄氏士禮居刻本 一册 存一種

330000－1701－0090218 SZD0047 經部/小學類/文字之屬/説文

説文通訓續補遺不分卷 (清)朱駿聲撰 朱孔彰輯 **沈文肅公[葆楨]别傳一卷** 朱孔彰撰 稿本 一册

330000－1701－0090219 G602281 子部/藝術類/書畫之屬/法帖

淳化祕閣法帖考正十卷附二卷 (清)王澍撰 清雍正詩鼎齋刻本 二册 存六卷(一至三、十至十二)

330000－1701－0090220 G611232 類叢部/叢書類/彙編之屬

雲自在龕叢書五集十九種 繆荃孫輯 清光緒江陰繆氏刻本 一册 存一種

330000－1701－0090221 G604052 史部/金石類/總志之屬

香南精舍金石契二卷 (清)崇恩撰 清光緒

二十六年(1900)影印本　一册

330000－1701－0090222　G606670　集部/總集類/郡邑之屬
兩浙輶軒錄四十卷補遺十卷姓氏韻編二卷　(清)阮元輯　清光緒十六年(1890)浙江書局刻本　十二册　存十九卷(三十三至四十、補遺一至十、補遺姓氏韻編)

330000－1701－0090224　G604053　類叢部/叢書類/自著之屬
思益堂集四種　(清)周壽昌撰　清光緒十四年(1888)王先謙等刻本　三册　缺十卷(詩鈔一至三、日札一至七)

330000－1701－0090225　G611233　子部/宗教類/佛教之屬/諸宗
靈峰蕅益大師梵室偶談一卷　(清)釋智旭撰　**徹悟禪師語錄二卷**　(清)釋際醒說　(清)釋了亮輯　清同治十年(1871)金陵刻本　一册　存一卷(靈峰蕅益大師梵室偶談)

330000－1701－0090227　G605418　史部/目録類/總録之屬/史志
補晉書經籍志四卷　吳士鑑撰　清光緒二十一年(1895)刻本　一册

330000－1701－0090228　G602282　集部/别集類/清别集
韞山堂文集八卷詩集十六卷　(清)管世銘撰　清光緒二十年(1894)吳炳讀雪山房刻本　五册

330000－1701－0090231　SZD0050　經部/小學類/文字之屬/說文/專著
六書叚借經徵四卷　(清)朱駿聲撰　稿本　一册

330000－1701－0090232　G604054、G612388　史部/政書類
九通　(清)□□輯　清光緒八年至二十二年(1882－1896)浙江書局刻本　五册　存一種

330000－1701－0090234　G606672　集部/總集類/郡邑之屬
兩浙輶軒續錄五十四卷補遺六卷姓氏韻編二卷　(清)潘衍桐輯　清光緒十七年(1891)浙江書局刻本　二十册　存十二卷(三十一至三十二、四十一、四十七至五十四,姓氏韻編一)

330000－1701－0090237　G608770　集部/詞類/别集之屬
心盦詞存四卷　(清)何兆瀛撰　清同治十二年(1873)江寧何氏武林刻本　雲峯主人題記　一册　存二卷(一至二)

330000－1701－0090238　G604055　史部/傳記類/别傳之屬/年譜
太常公[錢薇]年譜一卷　(清)錢泰吉輯　清光緒三十年(1904)錢志澄刻本　一册

330000－1701－0090239　G005319　子部/叢編
二十二子(二十二子彙函)　(清)浙江書局編　清光緒元年至三年(1875－1877)浙江書局刻本　一册　存一種

330000－1701－0090240　G604056　類叢部/叢書類/自著之屬
靈芬館集十種　(清)郭麐撰　清嘉慶至道光刻本　一册　存一種

330000－1701－0090241　G608771　集部/别集類/清别集
心盦詩存三卷詩外一卷　(清)何兆瀛撰　清光緒二年至八年(1876－1882)刻本　谷道人題簽並記　一册

330000－1701－0090242　G005433　子部/儒家類/儒學之屬/蒙學
繪圖蒙學課本四卷　(清)王亨統輯　清光緒二十八年(1902)美華書館鉛印本　一册　存一卷(三)

330000－1701－0090243　G609121、G609766、G611234　集部/别集類/清别集
退宜堂詩集六卷　(清)孫垓撰　清光緒十五年(1889)刻本　四册

330000－1701－0090244　G604057　集部/總集類/選集之屬/斷代

元文類七十卷目錄三卷　(元)蘇天爵輯　清光緒十五年(1889)江蘇書局刻本　十冊

330000－1701－0090247　G005434　史部/職官類/官箴之屬
學治臆說二卷　(清)汪輝祖撰　清道光刻本　一冊

330000－1701－0090248　G005320　史部/政書類/公牘檔冊之屬
驛前河勘徵信錄不分卷　(清)張邦典等編　清光緒刻本　一冊

330000－1701－0090249　G604058　類叢部/叢書類/彙編之屬
廣雅書局叢書一百五十九種　徐紹棨編　清光緒廣雅書局刻民國九年(1920)番禺徐紹棨彙編重印本　十冊　存一種

330000－1701－0090252　G611235　史部/金石類/總志之屬
退庵金石書畫跋二十卷　(清)梁章鉅撰　清道光二十五年(1845)刻本　一冊　存二卷(一至二)

330000－1701－0090253　G005435　子部/宗教類/佛教之屬/經
雜阿含經五十卷　(南朝宋)釋求那跋陀羅譯　清光緒十年至十四年(1884－1888)常熟刻經處刻本　十二冊

330000－1701－0090254　G604059　經部/小學類/文字之屬/字書/字典
康熙字典十二集三十六卷總目一卷檢字一卷辨似一卷等韻一卷補遺一卷備考一卷　(清)張玉書等纂修　清末上海商務印書館石印本　六冊

330000－1701－0090256　G602283　集部/別集類/清別集
賞雨茅屋詩集十五卷外集一卷　(清)曾燠撰　清嘉慶十五年(1810)刻本　六冊

330000－1701－0090257　G005321　史部/史抄類
讀史地理備忘一卷　清澤民抄本　一冊

330000－1701－0090258　G611236、G611329　集部/總集類/酬唱之屬
鴛鴦湖櫂歌五卷　(清)朱彝尊　(清)譚吉璁撰　(清)陸以誠　(清)張燕昌續　清刻本　二冊

330000－1701－0090259　G005322　集部/總集類/選集之屬/通代
古唐詩合解十二卷古詩四卷　(清)王堯衢注　清刻本　一冊　存三卷(八至十)

330000－1701－0090261　G607145　史部/政書類/公牘檔冊之屬
浙江諮議局文牘第一編不分卷　清宣統元年(1909)鉛印本　一冊

330000－1701－0090262　G607146　史部/雜史類/斷代之屬
兩淮戡亂記一卷附中興樂府二十八首一卷　(清)張端塀撰　清宣統元年(1909)北京國學萃編社鉛印本　一冊

330000－1701－0090263　G605419　史部/目録類/總録之屬/史志
補晉書經籍志四卷　吳士鑑撰　清光緒二十一年(1895)刻本　一冊

330000－1701－0090264　SZD0058　經部/四書類/總義之屬/文字音義
四書塙解四卷　(清)朱駿聲撰　稿本　一冊

330000－1701－0090265　G608786　類叢部/叢書類/郡邑之屬
金華叢書六十八種　(清)胡鳳丹編　清同治七年至光緒八年(1868－1882)永康胡氏退補齋刻民國補刻本　四冊　存一種

330000－1701－0090269　G005323　子部/儒家類/儒學之屬/性理
朱子語類一百四十卷　(宋)朱熹撰　(宋)黎靖德輯　清同治十一年(1872)應元書院刻本　三冊　存十五卷(一百十一至一百二十一、一百三十七至一百四十)

330000－1701－0090272　SZD0063　經部/小學類/訓詁之屬/爾雅

爾雅漢注不分卷　朱孔彰編　稿本　二册

330000－1701－0090275　G605409　子部/儒家類/儒學之屬/性理
渹喥存愚二卷　(清)李清植撰　清光緒十八年(1892)浙江書局刻本　一册

330000－1701－0090278　G604065　子部/宗教類/佛教之屬/諸宗
唯心五種　(宋)釋延壽等撰　清光緒七年(1881)金陵刻經處刻本　一册

330000－1701－0090279　G607147　集部/別集類/清別集
金源紀事詩八卷　(清)湯運泰撰　(清)湯顯業　(清)湯顯榦注　清同治十二年(1873)淮南書局刻本　四册

330000－1701－0090288　G607148　類叢部/叢書類/自著之屬
養晦堂集五種　(清)劉蓉撰　清光緒三年(1877)、十一年(1885)思賢講舍刻本　六册　存二種

330000－1701－0090293　G005324　集部/別集類/清別集
仿六一居士詩集一卷　(越南)仿六一居士撰　清刻本　一册

330000－1701－0090294　G604060　史部/傳記類/別傳之屬
清河君設續放生會於西溪徵求詩文以韻語代啓一卷　清同治十二年(1873)刻本　一册

330000－1701－0090295　G606673　集部/別集類/清別集
養知書屋遺集(養知書屋文集二十八卷詩集十五卷郭侍郎奏疏十二卷)　(清)郭嵩燾撰　王先謙編　清光緒十八年(1892)養知書屋刻本　十二册　存二十八卷(文集一至二十八)

330000－1701－0090297　G604061　史部/傳記類/別傳之屬
清河君設續放生會於西溪徵求詩文以韻語代啓一卷　清同治十二年(1873)刻本　一册

330000－1701－0090298　SZD0064　經部/四書類/論語之屬/傳說
論語漢注不分卷　朱孔彰編　稿本　二册

330000－1701－0090300　G604062　史部/傳記類/別傳之屬
清河君設續放生會於西溪徵求詩文以韻語代啓一卷　清同治十二年(1873)刻本　一册

330000－1701－0090301　G005325　子部/藝術類/書畫之屬/畫譜
芥子園畫傳二集八卷　(清)王槩　(清)王蓍　(清)王臬輯　清刻本　一册　存一卷(梅譜一)

330000－1701－0090302　G604063　史部/傳記類/別傳之屬
清河君設續放生會於西溪徵求詩文以韻語代啓一卷　清同治十二年(1873)刻本　一册

330000－1701－0090303　G604064　史部/傳記類/別傳之屬
清河君設續放生會於西溪徵求詩文以韻語代啓一卷　清同治十二年(1873)刻本　一册

330000－1701－0090305　G607149　類叢部/叢書類/彙編之屬
漢魏叢書九十四種　明末刻本　一册　存一種

330000－1701－0090306　G606674　類叢部/叢書類/彙編之屬
崇文書局彙刻書三十一種　(清)崇文書局編　清光緒元年至三年(1875－1877)湖北崇文書局刻本　四册　存一種

330000－1701－0090307　G605407　子部/儒家類/儒學之屬/蒙學
小學纂註六卷　(清)高愈撰　**文公朱夫子[熹]年譜一卷**　題(宋)李方子撰　清同治十一年(1872)浙江書局刻本　二册

330000－1701－0090308　G604066　新學/化學/化學
化學分原八卷　(英國)蒲陸山撰　(英國)傅蘭雅口譯　(清)徐建寅筆述　(清)曹鍾秀畫

繪　清末刻本　一册　存三卷(六至八)

330000－1701－0090310　SZD0065　經部/四書類/孟子之屬

孟子漢注不分卷　朱孔彰編　稿本　七册

330000－1701－0090312　G005436　子部/宗教類/佛教之屬/律

毘尼關要十六卷毘尼關要事義一卷　(清)釋德基輯　清光緒三十二年(1906)華山律堂刻本　九册

330000－1701－0090316　G604067　史部/金石類/總志之屬/文字

隨軒金石文字九種　(清)徐渭仁輯　清道光十七年(1837)刻同治七年(1868)補刻本　一册　存二種

330000－1701－0090319　G606676　集部/别集類/清别集

印雪軒詩鈔十六卷　(清)俞鴻漸撰　清道光二十七年(1847)萱蔭山房刻本　一册　存八卷(九至十六)

330000－1701－0090323　G005437　史部/地理類/專志之屬/寺觀

忍草菴志四卷　(清)劉繼增撰　清光緒十三年(1887)錫山尤氏遂初堂木活字印本　一册

330000－1701－0090324　G604068　史部/雜史類/斷代之屬

勦逆圖考二卷　清光緒十八年(1892)上海書局石印本　一册　存一卷(一)

330000－1701－0090325　G607150　集部/别集類/清别集

漁洋山人精華録箋注十二卷補一卷年譜一卷　(清)王士禛撰　(清)金榮箋注　(清)徐淮纂輯　清刻本　六册

330000－1701－0090326　G005438　子部/宗教類/佛教之屬/論

金剛般若波羅蜜經破空論一卷心經釋要一卷波羅蜜經觀心釋一卷　(清)釋智旭撰　清同治十年(1871)如皋刻經處刻本　一册

330000－1701－0090327　G604069　史部/傳記類/總傳之屬/仕宦

滿洲名臣傳四十八卷漢名臣傳三十二卷　(清)國史館撰　清京都琉璃廠榮錦書坊刻本　一册　存一卷(漢名臣傳二)

330000－1701－0090328　G608774　子部/雜著類/雜説之屬

鴻苞節録十卷　(明)屠隆撰　(清)屠繼烈輯　清咸豐七年(1857)章丘保硯齋刻本　七册　存七卷(二至八)

330000－1701－0090330　G604070　史部/目録類/總録之屬/私撰

申報館書目不分卷　(清)尊聞閣主編　**續集不分卷**　蔡爾康編　清光緒三年至五年(1877－1879)上海申報館鉛印本　一册

330000－1701－0090331　G005439　子部/宗教類/佛教之屬/諸宗

淨土古佚十書　金陵刻經處編　清光緒十九年至民國三年(1893－1914)金陵刻經處刻本　四册　存二種

330000－1701－0090333　G604071、G607984、G612031　類叢部/叢書類/彙編之屬

申報館叢書正集五十七種附録三種續集一百四十二種　(清)尊聞閣主編　蔡爾康編續集　清同治至光緒上海申報館鉛印本　五册　存一種

330000－1701－0090336　G606678　史部/政書類/邦計之屬

兩浙宦游紀畧四種　(清)戴槃撰　清同治七年(1868)刻本　一册　存一種

330000－1701－0090338　G005440　史部/目録類/專録之屬

大清重刻龍藏彙記一卷　清同治九年(1870)金陵刻經處刻本　一册

330000－1701－0090340　G606679　集部/别集類/清别集

通雅齋叢稿八卷　(清)成本璞撰　清宣統元年(1909)武林刻本　四册

330000－1701－0090341　G005441　子部/宗教類/佛教之屬/經疏

大佛頂如來密因修證了義諸菩薩萬行首楞嚴經玄義二卷文句十卷　（清）釋智旭撰　清同治十三年(1874)金陵刻經處刻本　十冊

330000－1701－0090343　G604073　類叢部/叢書類/彙編之屬

刻鵠齋叢書十六種　（清）胡念修編　清光緒二十三年至二十七年(1897－1901)刻鵠齋刻本　一冊　存一種

330000－1701－0090344　G608752、G607339　史部/目録類/總録之屬/彙刻

觀古堂書目叢刻十五種　葉德輝編　清光緒二十八年(1902)至民國湘潭葉氏刻本　四冊

330000－1701－0090345　SZD0075　經部/小學類/文字之屬/說文

說文重文約箋三卷　朱孔彰撰　稿本　二冊

330000－1701－0090346　G005442　史部/傳記類/總傳之屬/釋道

佛法金湯編十六卷　（明）釋心泰撰　清光緒十二年(1886)長沙刻經處刻本　二冊　存十卷(七至十六)

330000－1701－0090347　G606680　集部/別集類/清別集

通雅齋叢稿八卷　（清）成本璞撰　清宣統元年(1909)武林刻本　四冊

330000－1701－0090349　G005443　子部/宗教類/佛教之屬

顓愚和尚語錄三十卷　（明）釋觀衡撰　清光緒二十一年(1895)安愚、竟翹刻本　六冊

330000－1701－0090351　SZD0076　經部/小學類/文字之屬/說文

說文重文約箋二卷　朱孔彰撰　稿本　一冊

330000－1701－0090352　G607153　類叢部/叢書類/彙編之屬

文選樓叢書三十三種　（清）阮亨編　清嘉慶至道光阮元刻道光二十二年(1842)阮亨彙印本　八冊　存一種

330000－1701－0090359　G608753、G607587、G609429、G609962　史部/傳記類/總傳之屬/儒林

闕里文獻考一百卷首一卷末一卷　（清）孔繼汾撰　清光緒十七年(1891)湘陰李氏刻本　八冊　存七十二卷(三十至一百、末)

330000－1701－0090360　G607154　史部/地理類/方志之屬/郡縣志

[光緒]餘姚縣志二十七卷首一卷末一卷　（清）周炳麟修　（清）邵友濂　（清）孫德祖纂　清光緒二十五年(1899)刻本　十五冊　存二十八卷(一至二十七、末)

330000－1701－0090364　SZD0079　子部/雜家類

經史答問不分卷　（清）朱駿聲撰　稿本　朱師轍題簽並記　一冊

330000－1701－0090365　G605403　集部/別集類/清別集

述學內篇三卷補遺一卷外篇一卷別錄一卷附錄一卷校勘記一卷　（清）汪中撰　（清）汪喜孫編　清同治八年(1869)揚州書局刻本　一冊

330000－1701－0090366　G606682　集部/別集類/唐五代別集

李太白文集三十六卷　（唐）李白撰　（清）王琦輯注　清乾隆寶笏樓刻二十五年(1760)增刻本　十六冊

330000－1701－0090368　G608754　史部/政書類/公牘檔冊之屬

條議存稿一卷　吳宗濂撰　清光緒二十七年(1901)壽萱室鉛印本　一冊

330000－1701－0090371　G611237　類叢部/叢書類/自著之屬

求是齋雜存六種　（清）彭崧毓撰　清同治刻本　一冊　存一種

330000－1701－0090373　G608755　史部/編年類/通代之屬

司馬溫公稽古錄二十卷附校勘記一卷　（宋）

司馬光撰　清光緒五年(1879)江蘇書局刻本　四冊

330000－1701－0090374　G611238　子部/宗教類/佛教之屬/諸宗
淨土古佚十書　金陵刻經處編　清光緒十九年至民國三年(1893－1914)金陵刻經處刻本　一冊　存一種

330000－1701－0090375　G608756、G610001　史部/金石類/金之屬/圖像
陶齋吉金錄八卷　(清)端方撰　清光緒三十四年(1908)上海有正書局石印本　三冊　存三卷(二、五至六)

330000－1701－0090378　SZD0074　經部/小學類/文字之屬/說文
說文重文校不分卷　朱孔彰撰　稿本　二冊

330000－1701－0090381　SZD0077　經部/小學類/文字之屬/說文
說文重文集訓一卷　朱孔彰撰　稿本　一冊

330000－1701－0090382　G005444　子部/宗教類/佛教之屬/經
金光明經四卷　(晉)釋曇無讖譯　清刻本　一冊

330000－1701－0090385　G005445　子部/宗教類/佛教之屬/經疏
首楞嚴經義海三十卷　(宋)釋咸輝輯　清光緒二十六年至二十九年(1900－1903)浙寧江東崇壽庭記經房刻本　六冊

330000－1701－0090386　G611239　集部/別集類/清別集
夢坡室試草不分卷　周延礽撰　清光緒二十八年(1902)刻本　一冊

330000－1701－0090387　G611240　集部/別集類/清別集
夢坡室試草不分卷　周延礽撰　清光緒二十八年(1902)刻本　一冊

330000－1701－0090388　G005327　子部/宗教類/道教之屬/戒律
陰隲文圖解四卷　(清)趙如升撰　清光緒二十四年(1898)雅溪張氏刻本　二冊　存二卷(二、四)

330000－1701－0090391　G611241　集部/別集類/清別集
梅花吟一卷　(清)陶方琯撰　清光緒二十八年(1902)刻本　一冊

330000－1701－0090399　G005328　子部/宗教類/道教之屬/戒律
陰隲文圖註二卷　(明)顔正注　(清)黃正元圖說　清道光六年(1826)刻本　一冊　存一卷(一)

330000－1701－0090401　G611242　集部/別集類/清別集
夢蘐樓詩草一卷詩餘一卷　(清)傅霖撰　清同治四年(1865)敦敘堂刻本　一冊

330000－1701－0090403　G611243　子部/儒家類/儒學之屬/性理
儒門法語輯要一卷　(清)彭定求撰　(清)湯金釗輯　清光緒十六年(1890)浙江書局刻本　一冊

330000－1701－0090404　G005370　類叢部/叢書類/自著之屬
田園雜著八種　(清)丁午撰　清光緒錢唐丁氏刻本　一冊　存一種

330000－1701－0090405　G607156　史部/傳記類/總傳之屬/儒林
儒林宗派十六卷　(清)萬斯同撰　清宣統三年(1911)浙江圖書館刻本　一冊　存八卷(一至八)

330000－1701－0090406　G005371　子部/宗教類/佛教之屬
破邪論二卷　(唐)釋法琳撰　清光緒三十四年(1908)揚州藏經院刻本　一冊

330000－1701－0090407　M608044　集部/別集類/明別集
眉庵詩集(楊孟載手錄眉庵集)二卷　(明)楊基撰　清光緒三十四年(1908)有正書局石印

本　一册　存一卷(下)

330000－1701－0090408　G607157　子部/儒家類/儒學之屬/性理

近思錄集注十四卷考訂朱子世家一卷　(清)江永撰　**校勘記一卷**　(清)王炳撰　清同治八年(1869)江蘇書局刻本　二册　缺十卷(三至十二)

330000－1701－0090410　G608758　類叢部/叢書類/家集之屬

瑞安南堤項氏叢書　清光緒刻本　一册　存一種

330000－1701－0090411　G005372　經部/書類/分篇之屬

禹貢註節讀一卷　(清)馬俊良撰　清乾隆五十四年(1789)端溪書院刻本　一册

330000－1701－0090412　G611244　子部/工藝類/文房四寶之屬/墨

論墨絕句詩一卷　(清)謝崧岱撰　清光緒十九年(1893)湘鄉謝氏犖經榭刻本　一册

330000－1701－0090414　G607158　類叢部/類書類/專類之屬

佩文韻府一百六卷　(清)張玉書　(清)蔡升元等輯　**韻府拾遺一百六卷**　(清)汪灝　(清)何焯等輯　清刻本　二册　存三卷(佩文韻府二至三、二十七)

330000－1701－0090416　G005373　史部/紀傳類/正史之屬

二十一史　明刻明清遞修本　九册　存一種

330000－1701－0090418　G005446　子部/宗教類/佛教之屬/諸宗

禪門日誦不分卷　清光緒三十年(1904)刻本　一册

330000－1701－0090419　G607159　集部/別集類/明別集

宋文憲公全集八十卷　(明)宋濂撰　**年譜二卷附錄一卷**　(清)朱興悌　(清)戴殿江纂　孫鏘增輯　**潛溪錄六卷首一卷**　丁立中編輯　孫鏘增補　清宣統二年至民國五年(1910－1916)四明孫氏成都刻本　一册　存三卷(年譜上下、附錄)

330000－1701－0090420　G608761、G607612、G609662　子部/雜著類/雜說之屬

鷗陂漁話六卷吹網錄六卷　(清)葉廷琯撰　清同治八年至九年(1869－1870)刻本　六册　存六卷(鷗陂漁話一至六)

330000－1701－0090422　G604074、G609037、G607388、G609290、G609680　類叢部/叢書類/自著之屬

曾文正公全集十六種　(清)曾國藩撰　清同治至光緒傳忠書局刻本　三十册　存八種

330000－1701－0090423　G005447　子部/宗教類/佛教之屬/諸宗

百丈叢林清規證義記九卷首一卷　(唐)釋懷海撰　(清)釋儀潤證義　**地輿名目一卷**　(清)釋儀潤輯　清同治十年(1871)刻本　四册

330000－1701－0090426　G005330、G006483　史部/政書類/邦交之屬

約章成案匯覽甲篇十卷乙篇四十二卷　(清)北洋洋務局輯　清光緒三十一年(1905)上海點石齋石印本　四十六册

330000－1701－0090427　G005448　子部/宗教類/佛教之屬/諸宗

重梓歸元直指集三卷　(五代)釋宗本撰　清同治十年(1871)杭省昭慶禪寺慧空經房刻本　三册

330000－1701－0090430　G005449　子部/宗教類/佛教之屬/諸宗

往生集三卷附普勸爲人必修淨土一卷　(明)釋袾宏輯　清同治七年(1868)刻本　一册

330000－1701－0090431　G005374　集部/小說類/長篇之屬

綉像載陽堂意外緣四卷十八回　(清)周竹安撰　清末石印本　四册

330000－1701－0090432　G604075　集部/別集類/清別集

釣魚篷山館集六卷寓杭日記一卷瞻雲録一卷 （清）劉佳撰 **附録一卷** （清）劉履芬撰 清同治十三年（1874）蘇州刻本 一册 存二卷（寓杭日記、瞻雲録）

330000－1701－0090434 G605408 子部/儒家類/儒學之屬/性理

澍㗐存愚二卷 （清）李清植撰 清光緒十八年（1892）浙江書局刻本 一册

330000－1701－0090435 G607160 集部/總集類/郡邑之屬

國朝杭郡詩續輯四十六卷姓氏韻編一卷 （清）吴振棫輯 清光緒二年（1876）錢塘丁氏刻本 二十四册

330000－1701－0090437 G611246、G607706 史部/傳記類/科舉録之屬/歷科登科録

國朝歷科題名碑録初集不分卷附明洪武至崇禎各科題名録不分卷 （清）李周望等輯 清康熙五十九年（1720）刻雍正乾隆遞增刻本 八册

330000－1701－0090439 G604076 集部/小説類/短篇之屬

劍俠傳四卷 續劍俠傳四卷 （清）鄭官應輯 清光緒五年（1879）刻本 一册 存圖

330000－1701－0090440 G005375 子部/醫家類/本草之屬/歷代綜合本草

本草簡明圖説不分卷 （清）高承炳撰 清光緒十八年（1892）上海古香閣石印本 四册

330000－1701－0090441 G606683 集部/别集類/清别集

天岳山館文鈔四十卷 （清）李元度撰 清光緒六年（1880）爽溪精舍刻本 十六册

330000－1701－0090443 G608764 集部/别集類/清别集

蠡城吟草四卷 傅崇黻撰 清宣統元年（1909）鉛印本 一册

330000－1701－0090444 G005450 子部/宗教類/佛教之屬

童蒙止觀二卷覺意三昧一卷 （隋）釋智顗説 （清）陳緘記 清光緒十六年（1890）紅羅山刻本 一册

330000－1701－0090445 G602285 史部/地理類/水利之屬

浙西水利備考不分卷 （清）王鳳生撰 清光緒四年（1878）浙江書局刻本 一册

330000－1701－0090446 G611247 集部/别集類/清别集

天鑒堂一集二卷首一卷 （清）沈近思撰 清光緒二十五年（1899）刻本 一册

330000－1701－0090447 G604077 史部/政書類

九通 （清）□□輯 清光緒八年至二十二年（1882－1896）浙江書局刻本 二册 存一種

330000－1701－0090449 G605406 史部/紀傳類/正史之屬

三國志證聞三卷 （清）錢儀吉撰 清光緒十一年（1885）江蘇書局刻本 二册

330000－1701－0090450 G005451 子部/宗教類/佛教之屬/經

觀佛三昧海經十卷 （南朝宋）釋佛陀跋陀羅譯 清光緒十七年（1891）金陵刻經處刻本 二册

330000－1701－0090454 G005376 集部/總集類/選集之屬/通代

重訂文選集評十五卷首一卷末一卷 （清）于光華輯 清乾隆四十六年（1781）心簡齋刻本 十六册

330000－1701－0090455 G005452 子部/宗教類/佛教之屬/諸宗

萬松老人評唱天童覺和尚頌古從容庵録十卷 （宋）釋正覺頌古 （元）釋行秀評唱 （元）釋離知録 清光緒七年（1881）姑蘇刻經處刻本 三册

330000－1701－0090459 G611248、G609197 集部/總集類/選集之屬/通代

阮亭選古詩三十二卷 （清）王士禛輯 清刻本 四册 存十五卷（七言詩歌行鈔一至十

五）

330000－1701－0090461 G608993 集部/別集類/清別集
曾文正公雜著四卷 （清）曾國藩撰 （清）李瀚章輯 清光緒四年（1878）上海醉六堂刻本 二册 存二卷（一、四）

330000－1701－0090463 G607161 經部/四書類/總義之屬/傳說
四書集註十九卷 （宋）朱熹撰 清光緒十八年（1892）浙江書局刻本 一册 存三卷（孟子一至三）

330000－1701－0090464 G604078 子部/藝術類/書畫之屬/畫法畫品
寫竹簡明法二卷 （清）蔣和撰並繪 清咸豐六年（1856）廣州兩廣督蜀刻本 一册

330000－1701－0090466 G611249 史部/政書類/儀制之屬/專志/科舉校規
日遊彙編四卷 繆荃孫輯 清光緒二十九年（1903）高等學堂刻本 一册

330000－1701－0090468 G602286 史部/傳記類/總傳之屬/仕宦
碧血錄五卷 （清）莊仲方撰 （清）夏鸞翔繪圖 清光緒八年（1882）上海同文書局石印本 五册

330000－1701－0090470 G608994 集部/別集類/唐五代別集
重刊五百家註音辯昌黎先生文集四十卷 （唐）韓愈撰 （宋）魏仲舉輯注 清刻本 十册

330000－1701－0090471 G607162、G609068 經部/四書類/總義之屬/傳說
四書集註十九卷 （宋）朱熹撰 清光緒十八年（1892）浙江書局刻本 七册

330000－1701－0090472 G611250 集部/別集類/漢魏六朝別集
陶淵明詩一卷雜文一卷 （晉）陶潛撰 清光緒元年（1875）影宋紹熙曾集刻本 一册

330000－1701－0090474 G604079 史部/政書類
九通 （清）□□輯 清光緒八年至二十二年（1882－1896）浙江書局刻本 三册 存一種

330000－1701－0090476 G611251、G607305、G609366 集部/別集類/清別集
道古堂文集四十八卷詩集二十六卷集外文一卷集外詩一卷 （清）杭世駿撰 **軼事一卷** （清）汪曾唯輯 清乾隆四十一年（1776）刻光緒十四年（1888）汪曾唯振綺堂增修本 十六册

330000－1701－0090478 G005331 史部/傳記類/總傳之屬/斷代
昭代名人尺牘小傳二十四卷 （清）吳修撰 清光緒七年（1881）刻本 二册

330000－1701－0090479 G607163 子部/藝術類/書畫之屬/畫譜
名家畫譜不分卷 清刻本 一册

330000－1701－0090481 G608776 類叢部/叢書類/自著之屬
兼山堂集四種 （清）沈楳撰 清光緒十二年（1886）沈申祐刻本 二册

330000－1701－0090482 G602287 集部/別集類/清別集
稷山文集 陶濬宣撰 清光緒刻本 一册 存一種

330000－1701－0090483 G608995、G607879 集部/別集類/清別集
樊山集二十八卷續集二十八卷公牘三卷批判十五卷時文一卷 樊增祥撰 **二家詠古詩一卷二家試帖二卷二家詞鈔五卷** 樊增祥編 清光緒十九年至三十二年（1893－1906）刻本 四册 存十一卷（公牘一至二、批判一至九）

330000－1701－0090486 G005332 集部/別集類/清別集
鐵橋漫稿十三卷 （清）嚴可均撰 清抄本 一册 存四卷（一至四）

330000－1701－0090488　G602288　子部/術數類/相宅相墓之屬

楊曾地理元文四種附二種　(清)端木國瑚注　清道光五年(1825)刻本　三冊　存五種

330000－1701－0090492　G005333　集部/詩文評類/文評之屬

文章精義一卷　(元)李塗撰　**修辭鑑衡二卷**　(元)王構編　**文說一卷**　(元)陳繹曾撰　清抄本　一冊　缺一卷(修辭鑑衡上)

330000－1701－0090493　G005334　集部/詩文評類/文評之屬

餘師錄不分卷　(宋)王正德撰　清抄本　一冊

330000－1701－0090495　G005377　集部/小說類/長篇之屬

新鐫古本批評繡像三世報隔簾花影四十八卷四十八回　(清)□□撰　清康熙刻本　八冊

330000－1701－0090497　G005335　類叢部/類書類/通類之屬

鑄史駢言十二卷　(清)孫玉田編　清光緒十一年(1885)上海同文書局石印本　二冊

330000－1701－0090498　G005378　集部/總集類/氏族之屬

胥溪朱氏文會堂詩鈔八卷　(清)朱美鏐纂　清咸豐元年(1851)胥溪朱氏刻本　二冊

330000－1701－0090499　G005336、G005694　史部/史評類/史論之屬

史事論甲編十卷乙編六卷丙編四卷丁編四卷戊編十卷　(清)雷瑨輯　清光緒二十九年(1903)石印本　十四冊　存十八卷(甲編一至十、丙編一至四、丁編一至四)

330000－1701－0090501　G005379　史部/傳記類/總傳之屬/姓名

百家姓考略一卷　(清)王相箋注　清末南京李光明莊刻本　一冊

330000－1701－0090502　G604080　史部/政書類

九通　(清)□□輯　清光緒八年至二十二年(1882－1896)浙江書局刻本　七冊　存一種

330000－1701－0090504　G005380、G009463　集部/曲類/彈詞之屬

巧姻緣十二卷　清雲小姐抄本　十二冊

330000－1701－0090505　G604081　子部/叢編

二十二子(二十二子彙函)　(清)浙江書局編　清光緒元年至三年(1875－1877)浙江書局刻本　四冊　存一種

330000－1701－0090506　G606684　集部/總集類/題詠之屬

李翰林姑孰遺蹟題詠類鈔六卷首二卷　(清)曹笙南輯　清光緒八年(1882)退藏道院木活字印本　二冊

330000－1701－0090507　G005387　集部/小說類/長篇之屬

繪圖天緣巧配十二卷　清末上海文宜書局石印本　三冊　存九卷(一至九)

330000－1701－0090508　G604082　子部/叢編

二十二子(二十二子彙函)　(清)浙江書局編　清光緒元年至三年(1875－1877)浙江書局刻本　四冊　存一種

330000－1701－0090510　G604083　子部/叢編

二十二子(二十二子彙函)　(清)浙江書局編　清光緒元年至三年(1875－1877)浙江書局刻本　二冊　存一種

330000－1701－0090511　G608997、G610196、G611910　類叢部/叢書類/彙編之屬

如不及齋叢書十三種　(清)陳坤編　清同治至光緒錢塘陳氏粵東刻本　六冊　存一種

330000－1701－0090514　G005337　史部/傳記類/科舉録之屬

康熙朝科舉名錄不分卷　清抄本　二冊

330000－1701－0090515　G604084、G612122　經部/小學類/文字之屬/字書/字體

隸辨八卷　(清)顧藹吉撰　清乾隆八年(1743)天都黄晟刻本　八册

330000－1701－0090517　G608998、G609941　類叢部/叢書類/自著之屬

沈歸愚詩文全集十四種　(清)沈德潛撰　清乾隆教忠堂刻本　二册　存一種

330000－1701－0090519　G607165　集部/總集類/郡邑之屬

兩浙輶軒續錄五十四卷補遺六卷姓氏韻編二卷　(清)潘衍桐輯　清光緒十七年(1891)浙江書局刻本　四册　存七卷(補遺一至六、姓氏韻編二)

330000－1701－0090521　G604085　類叢部/叢書類/彙編之屬

湖海樓叢書十二種　(清)陳春編　清嘉慶蕭山陳氏湖海樓刻二十四年(1819)彙印本　二十四册

330000－1701－0090522　G005338　經部/春秋總義類/傳說之屬

春秋辨疑四卷　(宋)蕭楚撰　清光緒十八年(1892)蕭氏閒餘軒刻本　一册　存二卷(一至二)

330000－1701－0090525　G608999、G607592、G609572、G612396　新學/算學/代數

代數難題解法十六卷　(英國)倫德輯　(英國)傅蘭雅口譯　(清)華蘅芳筆述　清末江南製造總局刻本　六册

330000－1701－0090526　G602289　類叢部/叢書類/郡邑之屬

武林掌故叢編一百八十七種　(清)丁丙編　清光緒三年至二十六年(1877－1900)錢塘丁氏嘉惠堂刻本　二册　存一種

330000－1701－0090528　G611253　類叢部/叢書類/郡邑之屬

嶺南遺書五十九種　(清)伍元薇　(崇曜)編　清道光十一年至同治二年(1831－1863)南海伍氏粤雅堂文字歡娛室刻光緒三十三年(1907)彙印本　六册　存三種

330000－1701－0090529　G608778、G611839　集部/總集類/選集之屬/通代

駢體文鈔三十一卷　(清)李兆洛輯　清光緒八年(1882)上海刻本　十一册　存二十九卷(三至三十一)

330000－1701－0090531　G609000、G610185　經部/書類/傳說之屬

尚書古文疏證八卷　(清)閻若璩撰　**朱子古文書疑一卷**　(清)閻詠輯　清乾隆十年(1745)眷西堂刻本(卷三原缺)　三册　存三卷(四至五上、六上)

330000－1701－0090533　M006550　集部/别集類/清别集

呂晚村詩集□□卷　(清)呂留良撰　清光緒十三年(1887)石印本　一册　存一卷(萬感集)

330000－1701－0090534　G606685　史部/傳記類/别傳之屬/年譜

朱子年譜四卷考異四卷　(清)王懋竑撰　**朱子論學切要語二卷**　(清)王懋竑輯　清乾隆十七年(1752)寶應王氏白田草堂刻清末浙江書局補刻本　三册　缺二卷(朱子論學切要語一至二)

330000－1701－0090535　G604086　經部/小學類/文字之屬/說文

苗氏說文四種　(清)苗夔撰　清道光至咸豐壽陽祁氏漢專亭刻本　一册　存二種

330000－1701－0090536　G609002、G609001　類叢部/叢書類/彙編之屬

廣雅書局叢書一百五十九種　徐紹棨編　清光緒廣雅書局刻民國九年(1920)番禺徐紹棨彙編重印本　二册　存二種

330000－1701－0090539　G005339　集部/别集類/清别集

吳詩集覽二十卷　(清)吳偉業撰　(清)靳榮藩輯　清蘇州江左書林刻本　十册

330000－1701－0090540　G607167　史部/地理類/山川之屬/水志

西湖志四十八卷 (清)李衛 (清)程元章修 (清)傅王露纂 清光緒四年(1878)浙江書局刻本 一册 存二卷(十四至十五)

330000－1701－0090541 G602291、G609577、G610409 史部/地理類/山川之屬/水志
太湖備考十六卷首一卷 (清)金友理撰 **湖程紀略一卷** (清)吳曾撰 清乾隆十五年(1750)藝蘭圃刻本 八册

330000－1701－0090542 G606686 子部/天文曆算類/算書之屬
翠薇山房數學十四種 (清)張作楠撰 清嘉慶至道光金華張氏翠薇山房刻光緒五年(1879)重修本 一册 存一種

330000－1701－0090543 G604087 類叢部/叢書類/自著之屬
存齋雜纂 (清)陸心源撰 清光緒吳興陸氏十萬卷樓刻本 二册 存一種

330000－1701－0090545 G607168 子部/叢編
二十二子(二十二子彙函) (清)浙江書局編 清光緒元年至三年(1875－1877)浙江書局刻本 四册 存二種

330000－1701－0090546 G604088 類叢部/叢書類/彙編之屬
滂喜齋叢書五十種 (清)潘祖蔭編 清同治至光緒吳縣潘氏京師刻本 一册 存一種

330000－1701－0090547 G611254 集部/總集類/彙編之屬
六朝四家全集 (清)胡鳳丹輯 清同治九年(1870)永康胡氏退補齋刻本 二册 存一種

330000－1701－0090549 G607169 子部/叢編
二十二子(二十二子彙函) (清)浙江書局編 清光緒元年至三年(1875－1877)浙江書局刻本 二册 存二種

330000－1701－0090550 G604089 類叢部/叢書類/郡邑之屬
武林掌故叢編一百八十七種 (清)丁丙編 清光緒三年至二十六年(1877－1900)錢塘丁氏嘉惠堂刻本 十八册 存二十二種

330000－1701－0090551 M605717 子部/宗教類/佛教之屬/大藏
頻伽精舍校刊大藏經 釋宗仰等輯 清宣統元年至民國二年(1909－1913)迦陵羅詩氏頻伽精舍上海鉛印本 一百六十五册 存一千三百三種

330000－1701－0090552 G611255 史部/傳記類/總傳之屬/斷代
東林列傳二十四卷末二卷 (清)陳鼎撰 清康熙五十年(1711)刻本 五册 存十卷(十一至十八、末一至二)

330000－1701－0090554 G602293 類叢部/叢書類/自著之屬
養餘齋全集四種附三種 (清)柳樹芳撰 清道光勝溪草堂刻本 一册 存一種

330000－1701－0090555 G609003 類叢部/叢書類/自著之屬
施氏著書四種 (清)施國祁撰 清刻本 三册

330000－1701－0090557 SZD0121 子部/雜著類/雜考之屬
葭厓考古錄四卷 (清)鍾褢撰 清抄本 一册

330000－1701－0090563 G607170 子部/叢編
二十二子(二十二子彙函) (清)浙江書局編 清光緒元年至三年(1875－1877)浙江書局刻本 十二册 存四種

330000－1701－0090569 G611256 類叢部/叢書類/自著之屬
鹿洲全集七種 (清)藍鼎元撰 清刻本 八册 存一種

330000－1701－0090570 G607171 子部/宗教類/其他宗教之屬/基督教
使徒行傳註釋不分卷 (美國)倪維思譯 清宣統三年(1911)上海美華館鉛印本 一册

330000－1701－0090571　G608780、G610647　子部/雜著類/雜考之屬

義門讀書記五十八卷　(清)何焯撰　(清)蔣維鈞輯　清乾隆三十四年(1769)刻本　三冊　存十四卷(三國志一至三、五代史一、河東集一至三、歐陽文忠公文一至二、元豐類稿一至五)

330000－1701－0090580　G607172　經部/小學類/文字之屬/字書

字學舉隅不分卷　(清)黄本驥　(清)龍啓瑞撰　清道光二十六年(1846)刻本　一冊

330000－1701－0090581　G005382　子部/宗教類/佛教之屬/總録

雅俗通用釋門疏式十卷　(明)釋如德輯　清刻本　一冊　存三卷(六至八)

330000－1701－0090584　G609004、G610152　史部/地理類/山川之屬/水志

西湖志四十八卷　(清)李衛　(清)程元章修　(清)傅王露纂　清光緒四年(1878)浙江書局刻本　十冊　存二十三卷(一至二十三)

330000－1701－0090586　G005383　子部/宗教類/佛教之屬/律

沙彌尼十戒相一卷　沙彌尼律儀要畧一卷毘尼日用切要一卷　(清)釋讀體輯　清同治八年(1869)昭慶寺慧空經房刻本　一冊

330000－1701－0090590　G607365、G608782、G609470、G610255　經部/三禮總義類/通禮雜禮之屬

朱子家禮八卷首一卷　(宋)朱熹撰　(明)丘濬輯　(明)楊廷筠補　**四禮初稿四卷**　(明)宋纁輯　**四禮約言四卷**　(明)吕維祺撰　清康熙四十年(1701)刻本　十四冊

330000－1701－0090593　SZD0125　子部/雜著類/雜説之屬

荔村漫筆不分卷　(清)譚宗浚撰　稿本　一冊

330000－1701－0090594　G609005　集部/別集類/清別集

十華小築詩鈔四卷　(清)余本愚撰　清光緒十一年(1885)休寧余遠驅刻本　二冊

330000－1701－0090599　G005384　子部/宗教類/佛教之屬

禮佛發願文畧釋一卷　(清)釋怡山撰　清光緒六年(1880)刻本　一冊

330000－1701－0090604　G606688　史部/雜史類/斷代之屬

中西紀事二十四卷首一卷　(清)夏燮撰　清同治七年(1868)刻本　六冊

330000－1701－0090605　G608783　類叢部/叢書類/彙編之屬

廣雅書局叢書一百五十九種　徐紹棨編　清光緒廣雅書局刻民國九年(1920)番禺徐紹棨彙編重印本　一冊　存一種

330000－1701－0090606　G005340　子部/雜著類/雜説之屬

元穆日記三卷　(清)杜俞撰　清光緒十二年(1886)杜氏成都刻本　一冊

330000－1701－0090608　G609006　集部/別集類/唐五代別集

昌黎先生詩增注証訛十一卷　(唐)韓愈撰　(清)黄鉞增注証訛　**昌黎先生[韓愈]年譜一卷**　(清)黄鉞編　清道光二十八年(1848)黄中民刻咸豐七年(1857)四明鮑氏二客軒印本　二冊

330000－1701－0090609　SZD0126　子部/雜著類/雜説之屬

荔村漫筆不分卷　(清)譚宗浚撰　清抄本　二冊

330000－1701－0090610　G607173、G609139　史部/傳記類/別傳之屬/年譜

朱子年譜四卷考異四卷　(清)王懋竑撰　**朱子論學切要語二卷**　(清)王懋竑輯　清乾隆十七年(1752)寶應王氏白田草堂刻清末浙江書局補刻民國十八年(1929)補刻本　四冊

330000－1701－0090611　G606689　史部/編年類/通代之屬

御批歷代通鑑輯覽一百二十卷 （清）傅恒等撰 清同治十年（1871）浙江書局刻朱墨套印本 四十八册

330000－1701－0090612 G005385 子部/宗教類/佛教之屬/經咒
瑜伽燄口施食要集一卷 清同治七年（1868）武林崇文堂范記刻本 一册

330000－1701－0090615 G609007 類叢部/叢書類/彙編之屬
榆園叢刻十五種附一種 （清）許增編 清同治至光緒刻本 一册 存一種

330000－1701－0090616 G608784、G610425 類叢部/叢書類/彙編之屬
小石山房叢書三十八種 （清）顧湘編 清道光刻同治十三年（1874）虞山顧氏補刻本 十六册

330000－1701－0090617 G005386 子部/宗教類/佛教之屬/經咒
瑜伽燄口施食要集一卷 清同治十二年（1873）刻本 一册

330000－1701－0090618 G005341 子部/宗教類/佛教之屬/經
坐禪三昧法門經二卷 （印度）僧伽羅刹造（後秦）鳩摩羅什譯 清光緒刻本 一册

330000－1701－0090619 G611257 集部/別集類/唐五代別集
樊南文集補編十二卷 （唐）李商隱撰 （清）錢振倫 （清）錢振常箋注 **玉谿生［李商隱］年譜訂誤一卷** （清）錢珍倫撰 清同治五年（1866）吴氏望三益齋刻本 錢恂題記 四册

330000－1701－0090620 G607174 子部/宗教類/佛教之屬
金剛般若經註解全集五種 （明）王源静重集 清同治八年（1869）刻本 三册 存一種

330000－1701－0090624 G604090 集部/曲類/曲韻曲譜曲律之屬
納書楹曲譜全集二十二卷 （清）葉堂撰 清乾隆五十七年至五十九年（1792－1794）納書楹刻本 八册 存十卷（正集二至四、續集三至四、外集一至二、補遺二至四）

330000－1701－0090626 G005342 子部/宗教類/佛教之屬/律
毘尼日用錄一卷 （明）釋性衹撰 清康熙十年（1671）刻本 一册

330000－1701－0090627 M006557 史部/地理類/方志之屬/郡縣志
［宣統］湖南鄉土地理教科書不分卷 辜天祐編 清宣統二年（1910）長沙群益書社石印本 三册

330000－1701－0090629 SZD0127 子部/雜著類/雜說之屬
止菴筆語不分卷 （清）譚宗浚撰 清抄本 朱孔彰題簽 一册

330000－1701－0090630 G611258、G008613、G610120 集部/總集類/彙編之屬
漢魏六朝一百三家集（漢魏六朝百三名家集） （明）張溥編 清光緒十八年（1892）善化章經濟堂刻本 三十一册 存二十九種

330000－1701－0090631 G005388、G011286 集部/小說類/長篇之屬
繡像七星六煞征南傳四卷四十回後傳四卷四十回 清光緒二十六年至二十七年（1900－1901）文宜書局石印本 六册 存六卷（一至二、四、後傳一至三）

330000－1701－0090634 G005343 子部/宗教類/佛教之屬/律
菩薩戒本經箋要一卷 （晉）釋曇無讖譯（清）釋智旭箋要 清光緒六年（1880）金陵刻經處刻本 一册

330000－1701－0090636 G604092 史部/金石類/金之屬/文字
歷代鐘鼎彝器款識法帖二十卷 （宋）薛尚功撰 清嘉慶二年（1797）儀徵阮元小琅環僊館刻本 二册 存十卷（六至十五）

330000－1701－0090637 G604093 類叢部/叢書類/自著之屬

船山遺書五十八種 (清)王夫之撰 清同治四年(1865)湘鄉曾國荃金陵刻本 十三册 存二種

330000－1701－0090640 G005344 子部/宗教類/佛教之屬/諸宗

脩習止觀坐禪法要一卷六妙門一卷 (隋)釋智顗撰 清同治十年(1871)武林善書局刻本 一册

330000－1701－0090641 G005389 集部/小説類/長篇之屬

繡像野草閒花臭姻緣四卷四十回 (清)月湖漁隱撰 清末石印本 二册 存二卷(三至四)

330000－1701－0090644 G609009 史部/史表類/通代之屬

四裔編年表四卷 (清)李鳳苞輯 清光緒江南製造總局刻本 四册

330000－1701－0090645 G005390 經部/四書類/孟子之屬/傳說

孟子正義三十卷首一卷 (清)焦循撰 清末石印本 一册 存十六卷(首、一至十五)

330000－1701－0090647 G609010、G607272、G609295 史部/編年類/斷代之屬

續資治通鑑長編五百二十卷目錄二卷 (宋)李燾撰 清光緒七年(1881)浙江書局刻本 四十七册 存二百五卷(一百四十四至一百六十一、一百八十三至一百八十七、二百至二百四、二百九至二百十二、二百十七至二百二十、二百二十五至二百三十四、二百三十八至二百六十三、二百六十八至二百九十、二百九十七至三百十、三百五十五至三百七十二、三百七十六至三百八十二、三百八十七至三百九十一、四百十六至四百四十三、四百五十七至四百六十一、四百六十六至四百六十九、四百七十九至四百八十三、四百八十九至四百九十二、四百九十七至四百九十九、五百四至五百二十)

330000－1701－0090648 SZD0129 史部/傳記類/别傳之屬

孔子紀年不分卷 (清)朱駿聲撰 稿本 一册

330000－1701－0090650 G005345 集部/别集類/清别集

不櫛吟二卷續刻一卷 (清)潘素心撰 清嘉慶五年(1800)、十三年(1808)刻本 一册

330000－1701－0090651 G611260 類叢部/叢書類/自著之屬

任氏遺書八種 (清)任啓運撰 清光緒十四年(1888)荆溪任氏家塾刻本 二册 存三種

330000－1701－0090655 G005393 類叢部/叢書類/彙編之屬

申報館叢書正集五十七種附錄三種續集一百四十二種 (清)尊聞閣主編 蔡爾康編續集 清同治至光緒上海申報館鉛印本 一册 存一種

330000－1701－0090656 SZD0130 史部/傳記類/别傳之屬/年譜

重訂朱子[熹]年譜一卷 (清)褚寅亮編 清抄本 一册

330000－1701－0090659 G611261 類叢部/叢書類/自著之屬

任氏遺書八種 (清)任啓運撰 清光緒十四年(1888)荆溪任氏家塾刻本 二册 存三種

330000－1701－0090661 SZD0131 子部/儒家類/儒學之屬

陽明輯朱子晚年定論辨一卷 (清)朱澤澐輯 清抄本 一册

330000－1701－0090662 G005346 集部/總集類/題詠之屬

竹居錄存一卷續編一卷 張士珩輯 清光緒二十三年(1897)冶山竹居刻本 一册

330000－1701－0090663 G005395 經部/叢編

七經精義七種 (清)黄淦撰 清嘉慶九年至十二年(1804－1807)慈溪養正堂掃葉山房刻本 二册 存一種

330000－1701－0090665　G611262　類叢部/叢書類/自著之屬
任氏遺書八種　(清)任啓運撰　清光緒十四年(1888)荆溪任氏家塾刻本　一册　存一種

330000－1701－0090666　SZD0132　史部/地理類/總志之屬/斷代
秦漢郡國考一卷　(清)朱駿聲撰　稿本　一册

330000－1701－0090667　G611263　史部/紀傳類/正史之屬
漢書一百卷　(漢)班固撰　(唐)顔師古注　清同治八年(1869)金陵書局刻二十四史本　章嶔題記　九册　存五十卷(十五至二十、二十六至五十四、八十三至九十七)

330000－1701－0090668　G005396　集部/總集類/課藝之屬
時文雜稿不分卷　清抄本　一册

330000－1701－0090669　G606690　史部/傳記類/總傳之屬/斷代
國朝先正事略六十卷　(清)李元度撰　清同治五年至八年(1866－1869)循陔草堂刻本　二十四册

330000－1701－0090670　G005397　經部/詩類/專著之屬
毛詩品物圖攷七卷　(日本)岡元鳳纂輯　(日本)橘國雄繪圖　清光緒十二年(1886)上海積山書局石印本　一册

330000－1701－0090672　G606691、G608101　史部/傳記類/總傳之屬/斷代
國朝先正事略六十卷　(清)李元度撰　清同治五年至八年(1866－1869)循陔草堂刻本　二十四册

330000－1701－0090673　G005398　集部/別集類/清別集
音註小倉山房尺牘八卷　(清)袁枚撰　(清)胡光斗箋釋　清咸豐九年(1859)刻本　三册　存六卷(一至六)

330000－1701－0090674　G005347　子部/宗教類/佛教之屬/律
四分戒本一卷　(後秦)釋佛陀耶舍　(後秦)釋竺佛念譯　清光緒十八年(1892)金陵刻經處刻本　一册

330000－1701－0090675　SZD0133　史部/傳記類/總傳之屬/通代
名人占籍今釋一卷　(清)朱駿聲撰　稿本　與330000－1701－0090666合册

330000－1701－0090677　G606692　集部/戲劇類/總集之屬/傳奇
紅雪樓九種曲　(清)蔣士銓撰　清乾隆蔣氏紅雪樓刻本　一册　存二種

330000－1701－0090679　G606693　類叢部/叢書類/彙編之屬
崧岱山館叢鈔　清宣統鉛印本　六册　存一種

330000－1701－0090683　G005348　子部/宗教類/佛教之屬/諸宗
西歸直指五卷　(清)周夢顔輯　清刻本　一册

330000－1701－0090684　G604094　類叢部/叢書類/自著之屬
船山遺書五十八種　(清)王夫之撰　清同治四年(1865)湘鄉曾國荃金陵刻本　二十册　存十五種

330000－1701－0090685　G606694　類叢部/叢書類/彙編之屬
崧岱山館叢鈔　清宣統鉛印本　六册　存一種

330000－1701－0090686　SZD0143　經部/書類/文字音義之屬
尚書古注便讀不分卷　(清)朱駿聲撰　稿本　朱師轍題簽　一册

330000－1701－0090687　M006565　類叢部/叢書類/自著之屬
宗月鋤先生遺著八種　(清)宗廷輔撰　清光緒刻民國六年(1917)徐兆瑋重印本　三册　存六種

330000－1701－0090689　G005349　子部/術數類/陰陽五行之屬

奇門遁甲秘笈大全三十卷　(明)劉基校訂

諸葛武侯行兵遁甲金函玉鏡六卷　題(三國蜀)諸葛亮撰　清光緒二十二年(1896)上海大成書局石印本　一冊　存九卷(一至七、諸葛武侯行兵遁甲金函玉鏡一至二)

330000－1701－0090690　G606695　子部/宗教類/道教之屬

道貫真源十八種　(清)董德寧輯　清乾隆至嘉慶古越集陽樓刻本　二冊　存一種

330000－1701－0090694　G606696、G612340　集部/詞類/類編之屬

詞苑英華八種　(明)毛晉編　明末毛氏汲古閣刻本　三冊　存二種

330000－1701－0090695　G604096、G607653　子部/雜著類/雜纂之屬

兩般秋雨盦隨筆八卷　(清)梁紹壬撰　清大文堂刻本　四冊　存四卷(一至四)

330000－1701－0090697　G005350　集部/別集類/明別集

胡繩集詩鈔三卷　(明)范壼貞撰　清乾隆三十年(1765)天游閣刻光緒五年(1879)印本　一冊　存一卷(一)

330000－1701－0090698　G604097　類叢部/叢書類/彙編之屬

知不足齋叢書一百九十五種　(清)鮑廷博編　(清)鮑士恭續編　清乾隆三十七年至道光三年(1772－1823)長塘鮑氏刻彙印本　五冊　存七種

330000－1701－0090699　G606697　史部/地理類/輿圖之屬/全國

大清中外壹統輿圖(皇朝中外壹統輿圖)三十一卷首一卷　(清)鄒世詒　(清)晏啓鎮編　(清)李廷簫　(清)汪士鐸增訂　清同治二年(1863)湖北撫署刻本　二十五冊　缺七卷(中卷、南卷一至四、北卷十九至二十)

330000－1701－0090700　SZD0146　史部/傳記類/總傳之屬/家乘

績溪胡氏先德錄不分卷　清抄本　一冊

330000－1701－0090701　G606698　史部/地理類/輿圖之屬/全國

大清中外壹統輿圖(皇朝中外壹統輿圖)三十一卷首一卷　(清)鄒世詒　(清)晏啓鎮編　(清)李廷簫　(清)汪士鐸增訂　清同治二年(1863)湖北撫署刻本　六冊　存六卷(首、中卷、南卷一至四)

330000－1701－0090702　M608111　子部/宗教類/佛教之屬/大藏

頻伽精舍校刊大藏經　釋宗仰等輯　清宣統元年至民國二年(1909－1913)迦陵羅詩氏頻伽精舍上海鉛印本　六十三冊　存一百四十八種

330000－1701－0090703　G606699　史部/地理類/輿圖之屬/全國

大清中外壹統輿圖(皇朝中外壹統輿圖)三十一卷首一卷　(清)鄒世詒　(清)晏啓鎮編　(清)李廷簫　(清)汪士鐸增訂　清同治二年(1863)湖北撫署刻本　三十一冊　缺一卷(北卷二十)

330000－1701－0090704　SZD0147　經部/易類/正文之屬

周易二卷　清宣統元年(1909)朱孔彰寫本　二冊

330000－1701－0090706　G005351　類叢部/叢書類/自著之屬

古歡室全集四種　(清)曾懿撰　清光緒三十年至三十三年(1904－1907)刻本　一冊　存一種

330000－1701－0090707　G611267　集部/總集類/選集之屬/通代

六朝文絜四卷　(清)許槤輯並評　清光緒三年(1877)馮氏讀有用書齋刻朱墨套印本　三冊　存三卷(二至四)

330000－1701－0090709　G606700　史部/紀傳類/正史之屬

四史　清同治十一年(1872)成都書局刻本　一册　存一種

330000－1701－0090711　G606701　經部/小學類/訓詁之屬/爾雅
爾雅音圖三卷　(晉)郭璞注　(清)姚之麟摹圖　清嘉慶六年(1801)南城曾燠藝學軒影宋刻本　一册　存一卷(下前)

330000－1701－0090712　SZD0148　經部/易類/正文之屬
周易二卷　清宣統元年(1909)朱孔彰寫本　二册

330000－1701－0090713　G005353　集部/别集類/清别集
二垞詩稿四卷詞稿一卷　(清)朱楝撰　清嘉慶十一年(1806)踵息山莊刻本　二册

330000－1701－0090714　G604098、G604099、G604100、G604101　類叢部/叢書類/彙編之屬
古今說部叢書二百七十二種　國學扶輪社編　清宣統二年至民國二年(1910－1913)上海國學扶輪社鉛印本　六册　存十九種

330000－1701－0090715　SZD0149　經部/孝經類/正文之屬
孝經一卷　清末抄本　朱孔彰題記並過録清吴大澂跋　一册

330000－1701－0090716　G606702、G608102　史部/雜史類/斷代之屬
中西紀事二十四卷首一卷　(清)夏燮撰　清同治七年(1868)刻本　六册

330000－1701－0090717　G005354　類叢部/叢書類/家集之屬
繡水王氏家藏集　(清)王相輯　清咸豐五年(1855)王棨之刻本　二册　存一種

330000－1701－0090718　G611268、G610006、G612243　史部/政書類/通制之屬
欽定大清會典事例九百二十卷目録八卷　(清)托津等撰　清嘉慶二十五年(1820)武英殿刻本　七册　存十七卷(六百八十五至六百九十二、六百九十三至七百一)

330000－1701－0090719　SZD0150　經部/書類/傳說之屬
尚書漢注不分卷　朱孔彰撰　稿本　一册

330000－1701－0090721　G606703　集部/别集類/清别集
吴詩集覽二十卷　(清)吴偉業撰　(清)靳榮藩輯　清蘇州江左書林刻本　三册　存四卷(一、十八至二十)

330000－1701－0090722　G606704　集部/别集類/清别集
吴詩集覽二十卷　(清)吴偉業撰　(清)靳榮藩輯　清蘇州江左書林刻本　三册　存五卷(二至四、十七至十八)

330000－1701－0090723　G604102　集部/小說類/長篇之屬
第一才子書(繪圖三國演義)六十卷首一卷一百二十回　(明)羅本撰　(清)毛宗崗評　清光緒三十二年(1906)上海同文晉記書局鉛印本　一册　存四卷(二十五至二十八)

330000－1701－0090724　SZD0151　經部/易類/傳說之屬
六十四卦經解不分卷　(清)朱駿聲撰　稿本　朱師轍題簽並記　一册

330000－1701－0090725　G606705　集部/别集類/清别集
吴詩集覽二十卷　(清)吴偉業撰　(清)靳榮藩輯　清蘇州江左書林刻本　十二册　缺八卷(一至四、十七至二十)

330000－1701－0090726　G005401　集部/小說類/短篇之屬
繪圖後聊齋志異十二卷　(清)王韜撰　清光緒三十四年(1908)上海鐵馬路玉麟局石印本　二册　存四卷(七至八、十至十一)

330000－1701－0090734　G005402　集部/曲類/曲韻曲譜曲律之屬
曲譜一卷　清抄本　一册

330000－1701－0090735　G606706、G611921　史部/紀傳類/正史之屬

二十四史　清同治至光緒五省官書局據汲古閣本等合刻光緒五年(1879)湖北書局彙印本　三十冊　存二種

330000－1701－0090736　G005403　子部/宗教類/佛教之屬/諸宗

寶藏論一卷　(後秦)釋僧肇撰　清光緒二十三年(1897)金陵刻經處刻本　一冊

330000－1701－0090737　G005405　集部/別集類/清別集

寶蓮山房詩草□□卷　(清)平江秉葆子撰　清光緒二十年(1894)稿本　一冊　存一卷(一)

330000－1701－0090738　G005404　集部/別集類/清別集

依綠軒詩鈔不分卷　(清)吳榮森撰　稿本　一冊

330000－1701－0090739　G606707　集部/總集類/選集之屬/斷代

湖海文傳七十五卷　(清)王昶輯　清道光十七年(1837)經訓堂刻同治五年(1866)印本　十五冊　存三十八卷(一至三十三、五十一至五十五)

330000－1701－0090740　G606708　集部/總集類/選集之屬/斷代

湖海文傳七十五卷　(清)王昶輯　清道光十七年(1837)經訓堂刻同治五年(1866)印本　九冊　缺三十一卷(一至二、二十二至二十四、三十至三十三、四十四至四十七、五十八至七十五)

330000－1701－0090741　G606710、G608060　類叢部/類書類/通類之屬

淵鑑類函四百五十卷目錄四卷　(清)張英(清)王士禛等纂　清康熙清吟堂刻本　八十九冊　存二百八卷(五十七至六十四、七十五至八十九、一百三十五至一百三十七、一百六十至一百八十九、一百九十至二百二十一、三百二十一至三百二十三、三百二十七至三百二十九、三百三十七至四百五十)

330000－1701－0090742　G606709　集部/總集類/選集之屬/斷代

湖海文傳七十五卷　(清)王昶輯　清道光十七年(1837)經訓堂刻同治五年(1866)印本　四冊　存十九卷(十六至二十四、二十六至三十五)

330000－1701－0090744　G608785　類叢部/叢書類/郡邑之屬

金華叢書六十八種　(清)胡鳳丹編　清同治七年至光緒八年(1868－1882)永康胡氏退補齋刻民國補刻本　十二冊　存七種

330000－1701－0090745　G606711　類叢部/類書類/專類之屬

佩文韻府一百六卷　(清)張玉書　(清)蔡升元等輯　**韻府拾遺一百六卷**　(清)汪灝(清)何焯等輯　清刻本　一百五十八冊　缺二卷(佩文韻府二至三)

330000－1701－0090746　G005406　集部/別集類/清別集

漚寄廬詩稿一卷　(清)鍾道生撰　清宣統稿本　一冊

330000－1701－0090748　G005407　集部/詩文評類/制藝之屬

山西擬墨一卷附詩一卷　(清)謝焦杭等撰
山西闈墨一卷附詩一卷　(清)段成章等撰
清刻本　一冊

330000－1701－0090749　G005408　子部/兵家類/兵法之屬

趙註孫子二卷　(明)趙本學撰　清末廣東軍事研究社鉛印本　一冊

330000－1701－0090750　G005531　子部/小說家類/雜事之屬

繪圖酒地花天三卷附名花尺牘一卷各書場名妓唱書一卷　(清)惜花主人編　清末上海月壽齋石印本　四冊

330000－1701－0090752　G005409　子部/儒家類/儒學之屬/勸學

陳確菴先生小學日程一卷大學日程一卷内訓日程一卷　（清）陳瑚撰　清咸豐三年（1853）馬起升麗澤精舍刻本　一册

330000－1701－0090753　G604103　子部/小説家類/異聞之屬
閲微草堂筆記二十四卷首一卷　（清）紀昀撰　清道光二十七年（1847）小蓬萊山館刻本　一册　存四卷（首、一至三）

330000－1701－0090755　G005410　經部/叢編
演孔叢書　康有爲撰　清末中國圖書公司鉛印本　一册　存一種

330000－1701－0090756　M006577　集部/别集類/清别集
夢鷗閣詩鈔一卷　（清）許銓撰　**夢鷗閣題詞一卷**　（清）吴家騏等撰　清道光二十六年（1846）刻民國九年（1920）印本　一册

330000－1701－0090758　G604104、G606938　集部/總集類/氏族之屬
藤溪朱氏文略八卷　朱承業輯　清宣統三年（1911）刻本　三册　存五卷（四至八）

330000－1701－0090759　G005411　類叢部/叢書類
香雪巢叢書　清光緒三十三年（1907）福州刻本　二册　存一種

330000－1701－0090760　G604105　子部/醫家類/内科之屬/其他内科病證
琅嬛青囊要四卷　（清）陳太初輯　清嘉慶九年（1804）雲門抱蘭軒木活字印本　一册　存一卷（三）

330000－1701－0090761　G604106　子部/藝術類/遊藝之屬/聯語
漢碑集聯二卷　（清）張清藻撰　清光緒十八年（1892）錢塘張氏刻本　一册

330000－1701－0090762　G005412　史部/雜史類/斷代之屬
盾鼻隨聞録八卷　（清）汪堃撰　清抄本　一册

330000－1701－0090765　G005413　經部/三禮總義類/通論之屬
讀禮志疑不分卷　（清）陸隴其撰　清嘉慶二十一年（1816）華亭張應時刻本　一册

330000－1701－0090766　G604107　類叢部/叢書類/自著之屬
戚鶴泉所著書十一種　（清）戚學標撰　清乾隆至嘉慶刻本　一册　存一種

330000－1701－0090767　G005533　子部/儒家類/儒學之屬/勸學
輶軒語七卷　（清）張之洞撰　清光緒二十三年（1897）新化三味堂刻本　一册

330000－1701－0090768　G005486　子部/儒家類/儒學之屬/蒙學
小學千家詩人生必讀二卷　（清）余晦齋輯　清上海宏大善書局石印本　一册

330000－1701－0090769　G604108　史部/地理類/方志之屬/郡縣志
吴地記一卷　（唐）陸廣微撰　**吴地記後集一卷**　（宋）□□輯　清同治十二年（1873）江蘇書局刻本　一册

330000－1701－0090771　G604109　集部/别集類/清别集
缾水齋詩集十七卷别集二卷詩話一卷附録一卷　（清）舒位撰　清光緒十二年（1886）邊保樞刻十七年（1891）增修本　八册

330000－1701－0090774　G005417　子部/術數類/命書相書之屬
璇璣抉微五卷　（清）華善繼撰　清刻本　素蔓題記　一册

330000－1701－0090775　G005487、G007187、G008541　類叢部/叢書類/彙編之屬
掊秀山房叢書十一種　（清）朱克敬編　清同治至光緒刻光緒十年（1884）掊秀山房湘南彙印本　十三册　存六種

330000－1701－0090776　G604111　類叢部/叢書類/自著之屬
沈歸愚詩文全集十四種　（清）沈德潛撰　清

乾隆教忠堂刻本　一冊　存一種

330000－1701－0090777　G005418　子部/藝術類/書畫之屬/法帖

海内孤本宋拓唐房梁公碑一卷　(唐)房玄齡書　清宣統元年(1909)上海神州國光社影印本　一冊

330000－1701－0090779　G604112　集部/曲類/寶卷之屬

清源寶卷二卷　清光緒三十年(1904)杭州瑪瑙經房刻本　二冊

330000－1701－0090780　G604113　史部/地理類/方志之屬/郡縣志

[光緒]上虞縣志校續五十卷首一卷末一卷　(清)儲家藻修　(清)徐致靖纂　清光緒二十四年至二十五年(1898－1899)刻本　一冊　存三卷(三十至三十二)

330000－1701－0090782　G604114　子部/宗教類/佛教之屬/論

頓悟入道要門論一卷　(唐)釋慧海撰　**大珠和尚諸方門人參問語錄一卷**　**方聚成禪師語錄禪淨合要一卷**　(清)釋悟成撰　清宣統二年(1910)刻本　一冊　缺一卷(大珠和尚諸方門人參問語錄)

330000－1701－0090784　G604116、G610766　集部/别集類/清别集

敦艮吉齋文存四卷詩存二卷　(清)徐子苓撰　**劫餘小錄一卷**　(清)徐元叔撰　清光緒十二年(1886)刻本　三冊　存四卷(二至四、劫餘小錄)

330000－1701－0090787　G005488　子部/儒家類/儒學之屬/蒙學

便蒙四書　(宋)朱熹章句　清光緒二十一年(1895)刻本　三冊　存二種

330000－1701－0090788　G005534　子部/宗教類/佛教之屬/經疏

楞伽阿跋多羅寶經註解四卷　(南朝宋)釋求那跋多羅譯　(明)釋宗泐　(明)釋如玘注　清光緒四年(1878)長沙刻經處刻本　釋慧山題記　二冊

330000－1701－0090789　G005489　史部/傳記類/别傳之屬/事狀

金孝女[爾英]傳一卷　(清)方德驥撰　**金孝女[爾英]銘一卷**　(清)吳鈞金撰　清末刻本　一冊

330000－1701－0090791　G602295　子部/雜著類/雜考之屬

點勘記二卷省堂筆記一卷　(清)歐陽泉撰　清光緒四年(1878)江蘇書局刻本　二冊

330000－1701－0090795　G604118　集部/總集類/選集之屬/斷代

古賦識小錄八卷　(清)王芑孫輯　清嘉慶二十二年(1817)長洲彭氏衣言堂刻本　二冊

330000－1701－0090796　G005535、G007681　史部/職官類/官箴之屬

平平言四卷　(清)方大湜撰　清光緒十三年(1887)常德府署刻本　二冊　存二卷(一、四)

330000－1701－0090798　G604119　史部/地理類/遊記之屬/紀行

凝香室鴻雪因緣圖記二卷　(清)麟慶撰　**鴻雪因緣圖記題詞二卷**　(清)戈載撰　清道光十八年(1838)雲蔭堂刻本　一冊　存二卷(圖記一、題詞一)

330000－1701－0090799　G005536　子部/宗教類/佛教之屬/諸宗

天隱禪師語錄二十卷　(明)釋圓修說　(清)釋通琇輯　清宣統元年(1909)常州天寧寺刻本　五冊

330000－1701－0090803　G604120　類叢部/叢書類/郡邑之屬

武林往哲遺箸五十二種後編十種　(清)丁丙編　清光緒二十年至二十六年(1894－1900)錢塘丁氏嘉惠堂刻本　一冊　存一種

330000－1701－0090804　G604121　史部/政書類/邦交之屬

各國立約始末記三十卷首二卷　(清)陸元鼎

編　清光緒三十二年(1906)上海商務印書館鉛印本　二十一册　存三十卷(首上下、一至九、十二至三十)

330000－1701－0090806　G604122　史部/傳記類/總傳之屬/技藝
無聲詩史七卷　(清)姜紹書撰　清康熙五十九年(1720)嘉興李光暎觀妙齋刻本　二册

330000－1701－0090809　G005597　集部/小說類/長篇之屬
圖像鏡花緣二十卷一百回首一卷　(清)李汝珍撰　清光緒十七年(1891)上海廣百宋齋鉛印本　五册　存十七卷(首、一至十三、十八至二十)

330000－1701－0090810　G604123、G608090　經部/小學類/文字之屬/說文
苗氏說文四種　(清)苗夔撰　清道光至咸豐壽陽祁氏漢專亭刻本　三册

330000－1701－0090812　G604124　子部/叢編
子書百家　(清)崇文書局編　清光緒元年(1875)湖北崇文書局刻本　二册　存一種

330000－1701－0090815　G005598　子部/藝術類/書畫之屬/畫譜
畫譜初刻□□　清刻本　一册　存二卷(一至二)

330000－1701－0090816　G604125　子部/叢編
子書百家　(清)崇文書局編　清光緒元年(1875)湖北崇文書局刻本　三十一册　存三十種

330000－1701－0090817　G005599　子部/醫家類/傷寒金匱之屬/傷寒論
傷寒總病論六卷附札記一卷　(清)龐安時撰　清末上海千頃堂影印本　四册

330000－1701－0090820　G606713　經部/小學類/音韻之屬/等韻
切韻指掌圖一卷　(宋)司馬光撰　清光緒九年(1883)上海同文書局石印本　一册

330000－1701－0090823　G005600　史部/地理類/遊記之屬/紀行
航海瑣記四種　(清)余思詒撰　清光緒二十七年(1901)石印本　二册　存一種

330000－1701－0090824　G611269、G610370　子部/醫家類/類編之屬
六醴齋醫書十種　(清)程永培編　清刻本　八册　存四種

330000－1701－0090825　G606715、G606747　子部/藝術類/書畫之屬/畫譜
芥子園畫傳初集六卷二集九卷三集六卷　(清)王槩　(清)王蓍　(清)王臬輯　清光緒十三年至十四年(1887－1888)鴻文書局石印本　三册　存四卷(初集三至六)

330000－1701－0090826　M006597　史部/政書類/律令之屬/判牘
樊山判牘四卷　樊增祥撰　清宣統法政學社石印本　四册

330000－1701－0090828　G005537　子部/宗教類/佛教之屬/經疏
大佛頂首楞嚴經疏解蒙鈔六十卷首一卷　(清)錢謙益撰　清末蘇州瑪瑙經房刻本　二十册

330000－1701－0090833　G606716　子部/儒家類/儒學之屬/經濟
盱江經濟一斑十六卷　(宋)李覯撰　清光緒二十九年(1903)文來書局石印本　二册

330000－1701－0090834　SZD0102　集部/詞類/别集之屬
臨嘯閣詞四卷　(清)朱駿聲撰　稿本　朱師轍題簽　一册

330000－1701－0090835　G607656、G606717、G602370　類叢部/叢書類/自著之屬
隨園三十八種　(清)袁枚撰　清光緒十八年(1892)勤裕堂鉛印本　九册　存七種

330000－1701－0090837　M006749　史部/地理類/雜志之屬
白下瑣言十卷　(清)甘熙撰　清光緒十六年

(1890)築野堂刻民國十五年(1926)江寧甘氏修補重印本　王煥鑣題記　一冊　存三卷(一至三)

330000－1701－0090838　G611271　子部/儒家類/儒學之屬/性理

儒門法語輯要一卷　(清)彭定求撰　(清)湯金釗輯　清光緒十六年(1890)浙江書局刻本　一冊

330000－1701－0090840　G005602、G010271、G011324　集部/别集類/清别集

駱蓮橋時文不分卷　(清)駱奎祺撰　清咸豐二年(1852)刻本　四冊

330000－1701－0090843　G005538　史部/政書類/公牘檔冊之屬

作吏舊藁偶存一卷附襄垣紳士公製錦屏送行詩　(清)徐光照撰　清道光十四年(1834)刻本　一冊

330000－1701－0090846　G005603　類叢部/類書類/通類之屬

三才畧三卷　(清)蔣德鈞輯　**讀史論略一卷**　(清)杜詔撰　清光緒五年(1879)狀元閣刻本　一冊

330000－1701－0090854　M608112　子部/宗教類/佛教之屬/大藏

頻伽精舍校刊大藏經　釋宗仰等輯　清宣統元年至民國二年(1909－1913)迦陵羅詩氏頻伽精舍上海鉛印本　三十冊　存一百七十五種

330000－1701－0090855　G606719　集部/戲劇類/傳奇之屬

藏園九種曲　(清)蔣士銓撰　清乾隆漁古堂刻本　六冊　存四種

330000－1701－0090856　G604126　子部/藝術類/書畫之屬/法帖

唐顧升瘞琴銘不分卷　(唐)顧升撰並書　清宣統影印本　一冊

330000－1701－0090857　G604127　史部/傳記類/科舉録之屬

[光緒己丑恩科]浙江闈墨不分卷　清光緒十五年(1889)聚奎堂刻本　一冊

330000－1701－0090858　SZD0108　集部/别集類/清别集

環筠吟館詩集不分卷　(清)朱綬撰　稿本　一冊

330000－1701－0090860　G604128　集部/戲劇類/傳奇之屬

梅花夢二卷　(清)張道撰　清光緒二十年(1894)錢塘張預長沙刻本　二冊

330000－1701－0090861　G606720　集部/戲劇類/總集之屬/傳奇

玉獅堂傳奇十種　(清)陳烺撰　清光緒十一年(1885)武林刻十七年(1891)徐光瑩增刻本　二冊　存二種

330000－1701－0090865　G604129　子部/小說家類/異聞之屬

閱微草堂筆記二十四卷　(清)紀昀撰　清嘉慶二十一年(1816)北平盛氏刻本　一冊　存二卷(十七至十八)

330000－1701－0090869　G604130　史部/政書類/邦計之屬

江南籌欵總局整頓税契章程一卷　清光緒木活字印本　一冊

330000－1701－0090870　G611274、G609484　類叢部/叢書類/自著之屬

柏堂遺書(方柏堂全集)八種附一種　(清)方宗誠撰　清光緒元年至十二年(1875－1886)桐城方氏刻本　五冊　存一種

330000－1701－0090872　G602296　類叢部/叢書類/自著之屬

汪雙池先生叢書二十種附浙刻雙池遺書十二種　(清)汪紱撰　清道光至光緒刻光緒二十三年(1897)長安趙舒翹等彙印本　十冊　存一種

330000－1701－0090873　G606721　集部/别集類/清别集

潤玉堂詩草五卷　(清)李麟吉撰　清刻本

一册

330000－1701－0090874　G604131　史部/詔令奏議類/奏議之屬

憲政編查館核覆自治研究所章程奏摺一卷　(清)奕劻等撰　清宣統元年(1909)兼理地方自治浙江諮議局籌辦處鉛印本　一册

330000－1701－0090876　G604132　史部/政書類

浙江省新建安徽會館紀事不分卷　清光緒刻本　一册

330000－1701－0090878　G602297　類叢部/叢書類/自著之屬

洪北江全集　(清)洪亮吉撰　清乾隆至嘉慶刻本　一册　存一種

330000－1701－0090879　G005539　史部/傳記類/總傳之屬

鏡影簫聲初集不分卷　(清)掄花館主人編　(清)徐虎朗繪圖　(清)莫釐不過分齋主人輯艷　(清)司花老人填詞　清光緒十三年(1887)日本銅版印本　一册

330000－1701－0090880　G604133　類叢部/叢書類/彙編之屬

文選樓叢書三十三種　(清)阮亨編　清嘉慶至道光阮元刻道光二十二年(1842)阮亨彙印本　三册　存一種

330000－1701－0090883　G604134　史部/傳記類/别傳之屬/事狀

皇清誥授光禄大夫兵部尚書都察院右都御史雲貴總督先考仲雲府君[吴振棫]行狀一卷　(清)吴春杰撰　清末刻本　一册

330000－1701－0090884　G611276、G607929、G610414　集部/别集類/明别集

王文成公全書三十八卷　(明)王守仁撰　清光緒浙江書局刻本　二十三册

330000－1701－0090886　G606725　集部/戲劇類/傳奇之屬

梅花夢二卷　(清)張道撰　清光緒二十年(1894)錢塘張預長沙刻本　一册　存一卷(上)

330000－1701－0090888　G606726　集部/别集類/清别集

真息齋詩鈔四卷續鈔一卷　(清)陸費瑔撰　清同治九年(1870)陸費履厚堂刻光緒二十七年(1901)重修本　二册　存三卷(一至三)

330000－1701－0090889　G611277　集部/總集類/彙編之屬

二趙公文集二種五十四卷　(清)趙侗斅編　清光緒十八年至十九年(1892－1893)浙江書局刻本　四册　存一種

330000－1701－0090890　G602298　集部/别集類/清别集

悲盦居士詩賸一卷文存一卷　(清)趙之謙撰　清光緒十六年(1890)刻本　一册　存一卷(詩賸)

330000－1701－0090891　G611278　史部/地理類/專志之屬/祠墓

岳廟志略十卷首一卷　(清)馮培輯　清光緒五年(1879)浙江書局刻本　四册

330000－1701－0090892　G611279　史部/地理類/專志之屬/祠墓

岳廟志略十卷首一卷　(清)馮培輯　清光緒五年(1879)浙江書局刻本　四册

330000－1701－0090893　G005604　子部/雜著類/雜纂之屬

國粹常談一卷　(清)歐陽述輯　清宣統元年(1909)鉛印本　一册

330000－1701－0090895　G005605　史部/編年類/通代之屬

綱鑑總論一卷附唐古詩絶句目録一卷　清抄本　一册

330000－1701－0090898　G607175　集部/總集類/選集之屬/通代

文選六十卷　(南朝梁)蕭統輯　(唐)李善注　**文選考異十卷**　(清)胡克家撰　清光緒六年(1880)四明林氏刻本　二十四册

330000－1701－0090900　G005606　集部/總集類/彙編之屬
永明石屋幻居詩三卷　清光緒十一年(1885)江北刻經處刻本　一冊

330000－1701－0090903　G611280　史部/地理類/專志之屬/祠墓
岳廟志略十卷首一卷　(清)馮培輯　清光緒五年(1879)浙江書局刻本　四冊

330000－1701－0090904　G611281　史部/地理類/專志之屬/祠墓
岳廟志略十卷首一卷　(清)馮培輯　清光緒五年(1879)浙江書局刻本　四冊

330000－1701－0090905　G005540　史部/編年類/通代之屬
通鑑綱目分注補遺四卷書法存疑一卷　(清)芮長恤撰　(清)繆德棻校正　清光緒十六年(1890)溧陽繆氏小峄山館刻本　二冊　存三卷(三至四、書法存疑)

330000－1701－0090906　G607176　集部/總集類/選集之屬/斷代
湖海文傳七十五卷　(清)王昶輯　清道光十七年(1837)經訓堂刻本　十六冊

330000－1701－0090907　G609060、G611282　類叢部/叢書類/自著之屬
振綺堂遺書五種　(清)汪遠孫撰　清道光刻民國十一年(1922)錢唐汪氏彙印本　四冊　存一種

330000－1701－0090908　G005607　集部/總集類/課藝之屬
時文雜稿不分卷　清抄本　一冊

330000－1701－0090909　G005541　子部/宗教類/佛教之屬/諸宗
淨土津梁十三種　(清)釋了慰輯　清乾隆四十九年至五十年(1784－1785)京都衍法寺刻本　二冊　存一種

330000－1701－0090911　G611283　子部/儒家類/儒學之屬/性理
漢學商兑三卷　(清)方東樹撰　清光緒二十六年(1900)浙江書局刻本　四冊

330000－1701－0090912　G005608、G009440　集部/別集類/清別集
知止齋遺編三卷附錄一卷　(清)任重光撰　(清)徐葆辰編　**知止堂外編一卷**　(清)任重光輯　清光緒十八年(1892)任元濬刻本　四冊

330000－1701－0090913　G611284　類叢部/叢書類/彙編之屬
荔牆叢刻十三種　(清)汪曰楨編　清同治至光緒烏程汪氏刻本　一冊　存五種

330000－1701－0090914　G607177　集部/詩文評類/詩評之屬
緝雅堂詩話二卷　(清)潘衍桐撰　清光緒十七年(1891)杭州刻本　一冊

330000－1701－0090916　G607178　集部/詩文評類/詩評之屬
緝雅堂詩話二卷　(清)潘衍桐撰　清光緒十七年(1891)杭州刻本　一冊

330000－1701－0090917　G005609　子部/宗教類/佛教之屬/諸宗
永嘉禪宗集註二卷　(明)釋傳燈重編並註　清同治十年(1871)刻本　一冊

330000－1701－0090919　G611285　集部/別集類/清別集
因寄軒文初集十卷二集六卷補遺一卷　(清)管同撰　**埘刻小異遺文一卷**　(清)管嗣復撰　清光緒五年(1879)顧雲等刻本　四冊

330000－1701－0090921　G607179　集部/別集類/清別集
大雲山房文稾初集四卷二集四卷　(清)惲敬撰　清光緒十四年(1888)官書處刻本　四冊　存四卷(二集一至四)

330000－1701－0090923　G005610　子部/宗教類/佛教之屬/諸宗
淨土津梁十三種　(清)釋了慰輯　清乾隆四十九年至五十年(1784－1785)京都衍法寺刻本　一冊　存二種

330000－1701－0090924　G607180　類叢部/叢書類/家集之屬

陸氏傳家集十六種附一種　(清)陸迺普編　清同治十一年(1872)羲經堂刻本　四册　缺附一種

330000－1701－0090926　G005611　史部/政書類/通制之屬

文獻通考紀要二卷　清乾隆刻本　二册

330000－1701－0090927　G606727　集部/總集類/酬唱之屬

雲圃秋吟一卷　(清)戴青等撰　清光緒十三年(1887)刻本　一册

330000－1701－0090929　G611286　子部/叢編

二十二子(二十二子彙函)　(清)浙江書局編　清光緒元年至三年(1875－1877)浙江書局刻本　五册　存二種

330000－1701－0090932　G607548、G602299、G609924　類叢部/叢書類/彙編之屬

振綺堂叢書初集十種二集十二種　(清)□□輯　清光緒二十年(1894)、宣統二年(1910)泉唐汪氏刻朱印本暨鉛印本　六册　存二集八種

330000－1701－0090933　G607181　集部/別集類/清別集

胡文忠公遺集八十六卷首一卷　(清)胡林翼撰　(清)鄭敦謹　(清)曾國荃輯　清同治三年(1864)武昌節署刻本　三十一册

330000－1701－0090935　G611287　史部/地理類/遊記之屬/紀行

東游日記一卷(清光緒十九年五月初四至七月初四)　(清)黄慶澄撰　清光緒二十年(1894)刻本　一册

330000－1701－0090936　G602300　集部/別集類/清別集

玉井山館集二十三卷(玉井山館文略五卷文續二卷詩十五卷詩餘一卷)　(清)許宗衡撰　清同治刻本　五册

330000－1701－0090937　G607182　史部/雜史類/斷代之屬

戰國策三十三卷　(漢)高誘注　**重刻剡川姚氏本戰國策札記三卷**　(清)黄丕烈撰　清光緒三年(1877)永康胡氏退補齋刻本　四册　存二十六卷(八至三十三)

330000－1701－0090938　G611288　子部/雜著類/雜纂之屬

寄園寄所寄十二卷　(清)趙吉士輯　清康熙三十五年(1696)刻本　一册　存二卷(九至十)

330000－1701－0090940　G606728　子部/藝術類/書畫之屬/書法書品

張文襄公手劄不分卷　(清)張之洞書　清宣統二年(1910)敦藝廬影印本　一册

330000－1701－0090941　G005490　史部/雜史類/斷代之屬

龍邱戢匪紀畧一卷　(清)楊葆光撰　清末刻本　一册

330000－1701－0090943　G602306、G609558、G611289、G609103　史部/雜史類/斷代之屬

養吉齋叢錄二十六卷餘錄十卷　(清)吳振棫撰　清光緒二十二年(1896)刻本　六册　存二十六卷(一至二十六)

330000－1701－0090944　G005612　史部/傳記類/科舉録之屬/歷科登科録

[光緒癸未科、庚辰科、丁丑科、丙子恩科、甲戌科]歷科狀元策不分卷　清光緒刻朱墨套印本　一册

330000－1701－0090945　G607183　史部/地理類

小方壺齋輿地叢鈔十二帙　(清)王錫祺輯　清光緒十七年(1891)上海著易堂鉛印本　二十二册　存四百八十七種

330000－1701－0090948　G005544　子部/宗教類/佛教之屬/諸宗

潮音旭禪師語錄五卷　(清)釋通旭撰　(清)釋廣明等錄　**普陀列祖錄一卷**　(清)釋通旭

輯　**潮音旭禪師隨錄一卷**　（清）釋心明記錄　清光緒二十四年（1898）南海普陀山普濟寺刻本　二册

330000－1701－0090950　G611290　子部/雜著類/雜説之屬

嘐嘐言六卷首一卷末一卷　（清）郭柏蔭撰　清道光三十年（1850）刻本　一册

330000－1701－0090951　G005613　子部/宗教類/佛教之屬/總録

省庵法師語錄二卷　（清）釋實賢撰　（清）彭紹升重訂　**西方發願文註一卷**　（明）釋袾宏撰　**東海若解一卷**　（唐）柳宗元撰　清同治七年（1868）刻本　一册

330000－1701－0090955　G005614　子部/宗教類/佛教之屬/諸宗

淨土證心集三卷　（清）釋曉柔撰　清光緒元年（1875）古杭昭慶寺刻本　一册

330000－1701－0090956　G005491、G008537　類叢部/類書類/通類之屬

省軒考古類編十二卷　（清）柴紹炳撰　（清）姚廷謙評　清乾隆二十三年（1758）刻本　八册　存八卷（一、五至十一）

330000－1701－0090957　G005615　子部/宗教類/佛教之屬

彌陀要解輔註一卷附後一卷　（清）釋慕蓮撰　清光緒二十二年（1896）刻本　一册

330000－1701－0090958　G611291　史部/政書類/邦計之屬

山東清理財政局編訂全省財政説明書不分卷　（清）山東清理財政局編　清宣統山東清理財政局鉛印本　三册

330000－1701－0090959　G005492　子部/藝術類/書畫之屬/畫譜

點石齋畫報第六十九號一卷　清光緒十二年（1886）上海申報館石印本　一册

330000－1701－0090961　M006615、M007430、M007730　類叢部/叢書類/自著之屬

陶廬叢刻二十種　王樹枏撰　清光緒至民國新城王氏刻本　四册　存一種

330000－1701－0090962　G005493　子部/藝術類/書畫之屬/畫譜

點石齋畫報第一百七十七號一卷　清光緒十五年（1889）上海申報館石印本　一册

330000－1701－0090963　G611292　子部/宗教類/佛教之屬/論

頓悟入道要門論一卷諸方門人參問語錄一卷　（唐）釋慧海撰　**方聚成禪師語錄禪淨合要一卷**　（清）釋悟成撰　清宣統二年（1910）刻本　一册

330000－1701－0090964　G005494　史部/地理類/方志之屬/郡縣志

［乾隆］廣濟縣志二十二卷　（清）虞學灝纂修　清乾隆十七年（1752）刻本　二册　存二卷（十二、十九）

330000－1701－0090965　G005617　史部/地理類/山川之屬/山志

明州阿育王山志十卷　（明）郭子章撰　**明州阿育王山續志六卷**　（清）釋畹荃撰　明萬曆刻清乾隆續刻本　六册

330000－1701－0090968　G005618　子部/宗教類/佛教之屬

地藏菩薩本願經科注三卷　（清）釋靈乘輯　**地藏菩薩本願經綸貫一卷地藏經科一卷**　清光緒七年至八年（1881－1882）杭州慧空經房刻本　六册

330000－1701－0090969　G005619　子部/宗教類/佛教之屬/經疏

觀楞伽阿跋多羅寶經記四卷畧科一卷　（南朝宋）釋求那跋陀羅譯　（明）釋德清筆記　清光緒三年（1877）刻本　四册

330000－1701－0090973　G611293　類叢部/叢書類/彙編之屬

高安朱文端公校輯藏書（朱文端公藏書）十三種　（清）朱軾撰輯　清康熙至乾隆刻彙印本　二册　存一種

330000－1701－0090975　G611294　集部/別集類/宋別集
屏山全集二十卷　(宋)劉子翬撰　清道光十八年(1838)溫陵李廷鈺秋柯草堂刻本　五册　存十七卷(一至十七)

330000－1701－0090976　G602301　史部/地理類/遊記之屬/紀行
凝香室鴻雪因緣圖記三集六卷　(清)麟慶撰　清道光二十七年(1847)揚州刻本　四册

330000－1701－0090979　G609292、G611295　類叢部/叢書類/彙編之屬
雅雨堂藏書十三種　(清)盧見曾編　清乾隆二十一年(1756)德州盧氏雅雨堂刻增修本　二十二册

330000－1701－0090980　G602302　史部/政書類/公牘檔册之屬
南洋勸業會審查得獎名册不分卷　清宣統二年(1910)上海商務印書館鉛印本　二册

330000－1701－0090981　G005495　子部/醫家類/類編之屬
證治大還六種　(清)陳治輯　清康熙雲貞白堂刻本　一册　存一種

330000－1701－0090983　G611296　史部/地理類/方志之屬/通志
[道光]蜀典十二卷　(清)張澍纂　清光緒二年(1876)尊經書院刻本　四册

330000－1701－0090986　M006619　史部/目録類/總録之屬/私撰
書目答問五卷別錄一卷國朝著述諸家姓名略一卷　(清)張之洞撰　清光緒四年(1878)上海淞隱閣鉛印本　二册　存五卷(子部、集部、叢書、別錄、國朝箸述諸家姓名略)

330000－1701－0090989　G611297　子部/醫家類/綜合之屬/通論
御纂醫宗金鑑九十卷首一卷　(清)吳謙等撰　清刻本　一册　存二卷(三十八至三十九)

330000－1701－0090990　G602303　子部/藝術類/書畫之屬/畫譜
點石齋畫報初集十卷二集十二卷三集八卷四集六卷五集四卷六集四卷後附淞隱漫錄十二卷續錄五卷漫遊隨錄三卷風箏誤一卷閨媛叢錄一卷點石齋叢鈔一卷乘龍佳話一卷藹園謎賸一卷　(清)尊聞閣主人輯　清光緒二十三年(1897)石印本　七册　存七卷(初集一至二、五至六,二集九至十,淞隱漫錄一)

330000－1701－0090992　SZD0156　集部/總集類/選集之屬/斷代
唐詩類韻不分卷　清抄本　八册

330000－1701－0090994　G602304　子部/藝術類/書畫之屬/畫譜
點石齋畫報初集十卷二集十二卷三集八卷四集六卷五集四卷六集四卷後附淞隱漫錄十二卷續錄五卷漫遊隨錄三卷風箏誤一卷閨媛叢錄一卷點石齋叢鈔一卷乘龍佳話一卷藹園謎賸一卷　(清)尊聞閣主人輯　清光緒二十三年(1897)石印本　三册　存三卷(初集二、五,二集九)

330000－1701－0090995　G005496　史部/傳記類/科舉録之屬/歷科登科録
四川鄉試第三房同門姓氏試卷光緒壬寅補行庚子恩正兩科不分卷　清光緒刻本　一册

330000－1701－0090996　G609012　子部/雜著類/雜纂之屬
勸戒近錄初二三四合編十七卷　(清)梁恭辰撰　清光緒二十年(1894)衢城三餘堂書坊刻本　一册　存五卷(十三至十七)

330000－1701－0090998　G005545　史部/傳記類/總傳之屬/釋道
神僧傳九卷　(明)成祖朱棣撰　清宣統元年(1909)常州天寧寺刻本　四册

330000－1701－0090999　G609013　集部/總集類/選集之屬/通代
古文辭類纂十五卷　(清)姚鼐輯　**續古文辭類纂十卷**　王先謙輯　清光緒二十年(1894)上海圖書集成印書局鉛印本　十册

330000－1701－0091000　G611299　史部/紀

事本末類/斷代之屬
聖武記十四卷 (清)魏源撰 清道光二十六年(1846)古微堂刻本 十二冊

330000－1701－0091002 G005497 史部/傳記類/科舉録之屬/歷科登科録
四川鄉闈第十房同門姓氏試卷光緒壬寅補行庚子恩科不分卷 清光緒刻本 二冊

330000－1701－0091003 G005498、G011399 史部/地理類/方志之屬/郡縣志
[康熙]公安縣志六卷 (清)楊之騂纂修 清刻本 六冊 存五卷(二至六)

330000－1701－0091004 G609014、G608294 集部/別集類/明別集
總纂升菴合集二百四十卷 (明)楊慎著 (清)鄭寶琛纂輯 (清)王文林編次 清光緒八年(1882)新都王鴻文堂刻本 一百冊

330000－1701－0091006 G611300 類叢部/叢書類/彙編之屬
小石山房叢書三十八種 (清)顧湘編 清道光刻同治十三年(1874)虞山顧氏補刻本 七冊 存二十一種

330000－1701－0091007 G005499 史部/傳記類/科舉録之屬/硃卷
光緒乙亥恩科浙江鄉試第十陸房硃卷一卷 (清)徐琪撰 清光緒刻本 一冊

330000－1701－0091009 G609015 集部/別集類/清別集
湘中草六卷 (清)湯傳楹撰 清康熙刻本 金石壽題簽、題記並跋 一冊

330000－1701－0091010 SZD0160 經部/讖緯類/總義之屬
集緯不分卷 (清)殷元正輯 (清)陸明睿增訂 清抄本 朱師轍校並跋 四冊

330000－1701－0091012 G005546 集部/別集類/元別集
雲松巢詩集五卷 (元)朱希晦撰 (明)朱諫輯 清道光十三年(1833)木活字印本 一冊

330000－1701－0091013 G005500 史部/傳記類/科舉録之屬/硃卷
光緒乙亥恩科浙江鄉試第十五房硃卷一卷 (清)陳邦瑞撰 清光緒刻本 一冊

330000－1701－0091014 M006781 集部/別集類/清別集
茗柯文初編一卷二編二卷三編一卷四編一卷 (清)張惠言撰 清宣統三年(1911)上海掃葉山房石印本 一冊 存三卷(二編下、三編、四編)

330000－1701－0091016 SZD0161 子部/雜著類
靈檀誌錄不分卷 清抄本 朱師轍題簽 四冊

330000－1701－0091017 G005501 史部/傳記類/科舉録之屬/歷科鄉試録
會試硃卷光緒庚辰科一卷 (清)湯繩和撰 清光緒刻本 一冊

330000－1701－0091019 G005502 子部/天文曆算類/曆法之屬
大清咸豐五年歲次乙卯時憲書不分卷 清咸豐刻本 一冊

330000－1701－0091020 G611301 類叢部/叢書類/彙編之屬
咫進齋叢書三十七種 (清)姚覲元編 清光緒九年(1883)歸安姚氏刻本 十二冊 存十八種

330000－1701－0091021 G005547 子部/宗教類/佛教之屬/諸宗
天童密雲禪師語錄二十二卷 (清)釋道忞編 清光緒二十五年(1899)甬江墨畊齋刻本 四冊

330000－1701－0091022 G602307 類叢部/叢書類/自著之屬
隨園三十種 (清)袁枚撰 清乾隆至嘉慶刻本 一冊 存一種

浙江圖書館古籍普查登記目録

（八）

全國古籍普查登記目録・浙江

國家圖書館出版社
National Library of China Publishing House

330000－1701－0091025　G005548　子部/宗教類/佛教之屬/經疏

十不二門指要鈔詳解二卷　（唐）釋湛然釋籤（宋）釋可度詳解　（明）釋正謐分會　清福德因緣堂刻本　四册

330000－1701－0091026　G609016、G609536、G610526　類叢部/叢書類/彙編之屬

槐廬叢書四十六種　（清）朱記榮編　清光緒三年至十五年（1877－1889）吳縣朱氏槐廬家塾刻本　九册　存四種

330000－1701－0091027　G005549　子部/宗教類/佛教之屬/經疏

大佛頂如來密因修證了義諸菩薩萬行首楞嚴經合轍十卷　（明）釋通潤撰　清咸豐五年（1855）刻本　十册

330000－1701－0091028　G602308　類叢部/叢書類/自著之屬

簡松草堂全集　（清）張雲璈撰　清道光簡松草堂刻本　一册　存一種

330000－1701－0091030　G005621、G007498　子部/宗教類/佛教之屬

靈隱具德禪師語錄十八卷　（清）嗣法門人編　清初刻本　六册

330000－1701－0091033　G005503　子部/醫家類/方書之屬/歷代方書

原病集六卷　（明）唐椿撰　明崇禎六年（1633）唐敏學刻本　二册　存二卷（利類鈐法下、貞類鈐方上）

330000－1701－0091035　G005622　子部/兵家類/操練之屬

練兵實紀九卷雜集六卷　（明）戚繼光撰　清光緒京都琉璃廠刻本　五册　存十二卷（一、五至九、雜集一至六）

330000－1701－0091037　G607344、G609017、G608422　類叢部/叢書類/郡邑之屬

湖北叢書三十種　（清）趙尚輔編　清光緒十七年（1891）三餘草堂刻本　三册　存一種

330000－1701－0091040　G606729　史部/政書類/儀制之屬/典禮

皇朝祭器樂舞錄二卷附關帝文昌樂舞譜一卷　（清）徐暢達輯　清同治十年（1871）楚北崇文書局刻本　二册　缺一卷（關帝文昌樂舞譜）

330000－1701－0091041　G609018、G611900　子部/醫家類/傷寒金匱之屬/傷寒論

傷寒附翼二卷　（清）柯琴撰　清刻本　二册

330000－1701－0091042　G608698、G009561　新學/政治法律/政治

國民讀本二卷　朱樹人編　清光緒二十九年（1903）上海文明書局鉛印本　二册

330000－1701－0091043　G005623、G005897　子部/宗教類/佛教之屬/諸宗

禪林重刻寶訓筆說三卷　（清）釋智祥撰　清同治八年（1869）刻本　三册

330000－1701－0091045　G606730　集部/別集類/清別集

賸馥吟二卷　（清）胡傑人撰　清光緒四年（1878）賽竹樓木活字印本　一册

330000－1701－0091047　G005624　子部/宗教類/佛教之屬/諸宗

列祖提綱錄四十二卷首一卷　（清）釋行悅輯　清同治十三年（1874）西湖昭慶慧空經房刻本　九册　存三十六卷（一至三十六）

330000－1701－0091049　G606731　集部/別集類/清別集

朱強甫集三卷　（清）朱克柔撰　清光緒三十二年（1906）心不滅齋武昌刻本　一册

330000－1701－0091050　G609019　類叢部/叢書類/自著之屬

瑞安項氏遺書　（清）項霽撰　清咸豐三年（1853）刻民國二十五年（1936）補刻本　二册　存一種

330000－1701－0091052　G005504　史部/金石類/總志之屬/目録

攈古錄二十卷　（清）吳式芬撰　清刻本　二册　存二卷（一至二）

330000－1701－0091054　SZD0167　史部/地理類
海國紀聞一卷　(清)李兆洛撰　清抄本　一冊

330000－1701－0091055　G005625　經部/叢編
御纂七經五種　(清)李光地等撰　清刻本　十一冊　存一種

330000－1701－0091056　G606732　史部/金石類/總志之屬
金石索十二卷首一卷　(清)馮雲鵬　(清)馮雲鵷輯　清道光元年至十五年(1821－1835)紫琅馮氏邃古齋滋陽刻本　十冊　缺二卷(金索三、石索四)

330000－1701－0091058　G005550　經部/書類/傳說之屬
芥子園重訂監本書經六卷　(宋)蔡沈撰　清同治三年(1864)緯文堂刻本　三冊

330000－1701－0091059　G005506　經部/小學類/文字之屬/說文
說文解字部目一卷　(清)胡澍書　清光緒十三年(1887)慈谿童氏大鄮山館刻本　一冊

330000－1701－0091060　SZD0168　集部/詞類/別集之屬
憶拙詞一卷　(清)朱駿聲撰　稿本　一冊

330000－1701－0091062　G005551　子部/宗教類/佛教之屬/諸宗
省齋法鐘和尚九會畧錄十卷首一卷　(清)釋湛碧等編　清康熙二十三年(1684)玉几松堂刻本　二冊

330000－1701－0091065　G609021　子部/藝術類/書畫之屬/法帖
淳化帖釋文十卷　(清)徐朝弼撰　清刻本　一冊

330000－1701－0091067　G005507　子部/藝術類/遊藝之屬/棋弈
受子譜選二卷首一卷　(清)李汝珍輯　清刻本　一冊　存一卷(上)

330000－1701－0091070　G602309　類叢部/叢書類/自著之屬
舊雨草堂叢書　清光緒刻本　四冊　存一種

330000－1701－0091072　G606733　史部/金石類/總志之屬
金石圖說二卷　(清)牛運震集說　(清)褚峻摹圖　劉世珩編補　清光緒十九年至二十二年(1893－1896)貴池劉氏聚學軒刻本　二冊

330000－1701－0091073　G608700　經部/叢編
通志堂經解一百四十種　(清)納蘭成德輯　清康熙十九年(1680)納蘭成德刻本　二冊　存二種

330000－1701－0091075　G609022、G609915　史部/地理類/雜志之屬
藤陰雜記十二卷　(清)戴璐撰　清光緒三年(1877)浙江吳興會館刻本　王修跋　二冊

330000－1701－0091076　SZD0172　史部/傳記類/別傳之屬/年譜
孟子紀年不分卷　(清)朱駿聲撰　稿本　一冊

330000－1701－0091077　G005508　子部/藝術類/遊藝之屬/棋弈
仙機武庫八卷　(明)陸玄宇輯　明崇禎二年(1629)西陵碧雲書屋刻本　三冊

330000－1701－0091080　G005626　史部/地理類/專志之屬/寺觀
鳳凰山聖果寺志一卷　(清)釋超乾輯　清抄本　一冊

330000－1701－0091081　G609023、G608172　類叢部/叢書類/郡邑之屬
武林掌故叢編一百八十七種　(清)丁丙編　清光緒三年至二十六年(1877－1900)錢塘丁氏嘉惠堂刻本　二冊　存一種

330000－1701－0091082　G602310　集部/別集類/清別集
查浦詩鈔十二卷　(清)查嗣瑮撰　清康熙六十一年(1722)刻本　三冊　存九卷(一至六、

十至十二）

330000－1701－0091083　G005627　子部/宗教類/佛教之屬/經疏

入楞伽心玄義一卷　（唐）釋法藏撰　清光緒十八年(1892)金陵刻經處刻本　一冊

330000－1701－0091084　M006641　類叢部/叢書類/自著之屬

寂園叢書　陳瀏撰　清宣統至民國鉛印本　一冊　存一種

330000－1701－0091085　G005509　史部/雜史類/斷代之屬

平定廉欽節略一卷　（清）華桐等撰　清光緒三十二年(1906)刻本　一冊

330000－1701－0091086　G005552、G005896、G005794、G006238　子部/宗教類/佛教之屬/經疏

大方廣佛華嚴經疏鈔八十卷　（唐）釋實叉難陀譯　（唐）釋澄觀撰　清刻本　十九冊　存二十五卷（一、七、十至十一、十三至十五、二十四至二十六、三十四、三十六至三十七、三十八之二至三、四十二至四十三、五十二至五十八、六十五至六十六）

330000－1701－0091087　M006642　類叢部/叢書類/自著之屬

重訂六譯館叢書七十八種　廖平撰　清光緒至民國刻民國十年(1921)四川存古書局彙印二十三年(1934)王兆榮等重訂編印本　一冊　存一種

330000－1701－0091088　G005628　子部/宗教類/佛教之屬/論

中論六卷　（天竺）龍樹菩薩造　（天竺）釋青目釋　（後秦）釋鳩摩羅什譯　清光緒刻本　二冊

330000－1701－0091089　G608689、G610036　類叢部/叢書類/彙編之屬

說鈴前集三十三種後集十九種續集七種　（清）吳震方編　清道光五年(1825)聚秀堂刻本　十冊　存十三種

330000－1701－0091090　SZD0174　集部/總集類/選集之屬/斷代

李杜韓蘇詩評選六卷　（清）朱駿聲撰　稿本　朱師轍跋　三冊

330000－1701－0091091　G602311　史部/地理類/方志之屬/郡縣志

[乾隆]鄞縣志三十卷首一卷　（清）錢維喬修　（清）錢大昕等纂　清乾隆五十三年(1788)刻本　二十冊

330000－1701－0091093　G005629　經部/叢編

沈穀成先生易學四種　（清）沈善登撰　清光緒桐鄉沈氏豫恕堂刻本　三冊　存二種

330000－1701－0091095　G602312　類叢部/叢書類/彙編之屬

說鈴前集三十七種後集十六種　（清）吳震方編　清嘉慶四年(1799)刻本　三冊　存九種

330000－1701－0091099　G005553　子部/宗教類/佛教之屬/經

大方廣佛華嚴經八十卷　（唐）釋實叉難陀譯　清康熙七年(1668)鼓山湧泉寺刻本　二十冊

330000－1701－0091106　G005630　子部/宗教類/佛教之屬/律

四分律藏六十卷　（後秦）釋佛陀耶舍　（後秦）釋竺佛念譯　清末刻本　二十冊

330000－1701－0091107　G005631　子部/宗教類/佛教之屬/經疏

金剛新眼疏經偈合釋二卷　（清）釋通理撰　清末刻本　二冊

330000－1701－0091108　G607184、G608141　子部/雜著類/雜說之屬

定香亭筆談四卷　（清）阮元撰　清光緒十年(1884)瀨江宋氏刻本　四冊　存三卷（二至四）

330000－1701－0091109　G607185　集部/別集類/清別集

秣陵集六卷金陵歷代紀年事表一卷圖考一卷

（清）陳文述撰　清光緒十年（1884）淮南書局刻本　三冊

330000－1701－0091110　G611302　史部/政書類/通制之屬

吾學錄初編二十四卷　（清）吳榮光撰　清同治九年（1870）江蘇書局刻本　六冊

330000－1701－0091111　G005510　集部/總集類/選集之屬/通代

萃林詩賦不分卷　（清）張端卿等撰　（清）戴彬元等書　清光緒十二年（1886）刻本　一冊

330000－1701－0091113　G005511　史部/傳記類/總傳之屬/通代

增訂繪像日記故事二卷　清刻本　一冊

330000－1701－0091114　G005453　類叢部/叢書類/自著之屬

王漁洋遺書三十八種　（清）王士禛撰　清刻本　五冊　存一種

330000－1701－0091115　G607186　集部/別集類/清別集

秣陵集六卷金陵歷代紀年事表一卷圖考一卷　（清）陳文述撰　清光緒十年（1884）淮南書局刻本　二冊　缺二卷（五至六）

330000－1701－0091119　G607187　集部/別集類/清別集

秣陵集六卷金陵歷代紀年事表一卷圖考一卷　（清）陳文述撰　清光緒十年（1884）淮南書局刻本　清仲衡題記　一冊　存二卷（五至六）

330000－1701－0091121　G611304　類叢部/叢書類/自著之屬

四錄堂類集九種　（清）嚴可均撰　清嘉慶至道光刻本　二冊　存一種

330000－1701－0091123　G607188　集部/別集類/清別集

太鶴山人集十三卷　（清）端木國瑚撰　清道光二十年（1840）瑞安洪坤刻本　四冊

330000－1701－0091127　G005512　子部/儒家類/儒學之屬/蒙學

新千字文一卷　（清）夏雲集編　清光緒十二年（1886）刻本　一冊

330000－1701－0091131　G005454　子部/宗教類/佛教之屬

溈山警策句釋記二卷　（清）釋弘贊註　（清）釋開詗記　清廣州海幢寺經坊刻本　一冊

330000－1701－0091132　G005634　子部/宗教類/佛教之屬

穿珠集二卷　（清）釋隆範撰　清宣統三年（1911）杭州瑪瑙經房刻本　一冊　存一卷（二）

330000－1701－0091133　G602313　子部/小說家類/雜事之屬

豔史叢鈔十二種　（清）王韜編　清光緒四年（1878）弢園鉛印本　一冊　存二種

330000－1701－0091134　G607189、G607255　集部/別集類/清別集

白華山人詩集十六卷詩說二卷　（清）厲志撰　清光緒九年（1883）厲學潮刻民國二十五年（1936）浙江省立圖書館印本　四冊

330000－1701－0091135　G005455　子部/宗教類/佛教之屬/律

沙彌律儀要略一卷　（明）釋袾宏輯　**昆尼日用切要一卷**　（清）釋讀體輯　清刻本　一冊

330000－1701－0091136　G005513　集部/曲類/寶卷之屬

何仙姑寶卷二卷　（清）□□撰　清末刻本　一冊

330000－1701－0091137　G608687　類叢部/叢書類/彙編之屬

藝苑捃華四十八種　（清）顧之逵編　清同治七年（1868）刻本　三冊　存二種

330000－1701－0091139　G005554　類叢部/叢書類/彙編之屬

國聞彙編　清光緒二十三年（1897）鉛印本　一冊　存九種

330000－1701－0091141　G005461　子部/宗教類/佛教之屬/諸宗

閱藏隨筆二卷　(清)釋元度撰　(清)釋太穆節解　**續閱藏隨筆一卷**　(清)釋太穆撰　清光緒九年(1883)刻本　二册

330000－1701－0091145　G005514　子部/宗教類/其他宗教之屬/基督教

以士喇紀註釋十章尼希米紀註釋十三章以士帖記註釋十章約百記註釋四十二章詩篇註釋一百五十篇不分卷　(英國)慕雅德撰　清宣統二年(1910)鉛印本　一册

330000－1701－0091146　G607190、G608612　集部/别集類/清别集

白華山人詩集十六卷詩說二卷　(清)厲志撰　清光緒九年(1883)厲學潮刻本　四册

330000－1701－0091147　G611306　集部/總集類/酬唱之屬

魏塘南浦吟一卷　(清)江峯青輯　清光緒二十六年(1900)刻本　一册

330000－1701－0091150　G005456　史部/叢編

斠經室集初刻五種　(清)尹彭壽撰　清光緒二十一年(1895)尚志堂刻本　四册　存一種

330000－1701－0091153　G607191、G608611　集部/别集類/清别集

白華山人詩集十六卷詩說二卷　(清)厲志撰　清光緒九年(1883)厲學潮刻本　四册

330000－1701－0091155　G611307、G609262、G612379　集部/别集類/清别集

香屑集十八卷首一卷末一卷　(清)黄之雋撰　(清)陳邦直注　清雍正十二年(1734)陳邦直刻本　四册

330000－1701－0091156　G607192、G608617　集部/别集類/清别集

白華山人詩集十六卷詩說二卷　(清)厲志撰　清光緒九年(1883)厲學潮刻本　四册

330000－1701－0091158　G607193、G608618　集部/别集類/清别集

白華山人詩集十六卷詩說二卷　(清)厲志撰　清光緒九年(1883)厲學潮刻本　四册

330000－1701－0091160　G607194、G608525　集部/别集類/清别集

白華山人詩集十六卷詩說二卷　(清)厲志撰　清光緒九年(1883)厲學潮刻民國二十五年(1936)浙江省立圖書館印本　四册

330000－1701－0091162　G611308　集部/别集類/清别集

顯志堂稿十二卷　(清)馮桂芬撰　清光緒二年(1876)吴縣馮氏校邠廬刻本　七册

330000－1701－0091163　G607195　類叢部/叢書類/自著之屬

春在堂全書三十六種　(清)俞樾撰　清同治至光緒刻光緒末彙印本　六册　存一種

330000－1701－0091165　G608688　類叢部/叢書類/彙編之屬

藝苑捃華四十八種　(清)顧之逵編　清同治七年(1868)刻本　二十三册　存三十九種

330000－1701－0091166　G602316、G609270、G609471、G610438　類叢部/叢書類/自著之屬

陸子全書九種　(清)陸隴其撰　清光緒許仁沐刻本　九册　存六種

330000－1701－0091168　G607196　集部/别集類/清别集

劫餘存稿一卷　(清)吴受藻撰　(清)吴積鑑編　**劫餘存稿一卷**　(清)王鼎詩撰　(清)朱世篁編　清同治七年(1868)錢唐汪氏振綺堂刻本　一册　存一卷(吴受藻劫餘存稿)

330000－1701－0091170　G607197　集部/别集類/清别集

補松廬詩録六卷　吴慶坻撰　清宣統三年(1911)湖南學務公所鉛印本　二册

330000－1701－0091171　SZD0184　史部/傳記類/日記之屬

朱駿聲日記一卷　(清)朱駿聲撰　稿本　一册

330000－1701－0091210　G005521　子部/宗教類/佛教之屬/諸宗

淨土晨鐘十卷　(清)周克復撰　清同治三年(1864)錢唐許氏積厚軒刻本　二冊

330000－1701－0091211　G607208　史部/地理類/方志之屬/郡縣志

[同治]樂平縣志十卷首一卷　(清)董萼榮　(清)梅毓翰修　(清)汪元祥　(清)陳謨纂　清同治九年(1870)翥山書院刻本　五冊　存六卷(一至三、五至七)

330000－1701－0091212　G005522　子部/宗教類/佛教之屬/諸宗

天童和尚闢妄救略說十卷　(明)釋圓悟撰　(明)釋真啓編　明崇禎刻本　三冊　存七卷(一至七)

330000－1701－0091215　G602318　史部/地理類/方志之屬/郡縣志

[同治]續輯漢陽縣志二十八卷　(清)黄式度　(清)王庭楨修　(清)王柏心纂　清同治七年(1868)刻本　一冊　存一卷(二十)

330000－1701－0091216　G005523　子部/宗教類/佛教之屬/諸宗

教觀綱宗釋義紀三卷　(清)釋智旭撰　**始終心要一卷**　(唐)釋湛然撰　(宋)釋從義注　**三千有門頌畧解一卷**　(宋)陳瓘撰　(明)釋真覺畧解　清光緒二十七年(1901)刻本　三冊

330000－1701－0091217　G611315　類叢部/叢書類/郡邑之屬

武林掌故叢編一百八十七種　(清)丁丙編　清光緒三年至二十六年(1877－1900)錢塘丁氏嘉惠堂刻本　十八冊　存十七種

330000－1701－0091218　G005524　子部/宗教類/佛教之屬/諸宗

慧日永明寺智覺禪師自行錄一卷　(宋)釋延壽撰　(宋)釋文冲編集　清光緒七年(1881)瑪瑙明臺經房刻本　一冊

330000－1701－0091219　G602319　史部/地理類/方志之屬/郡縣志

[道光]貴陽府志八十八卷冠編二卷餘編二十卷　(清)周作楫修　(清)蕭琯等纂　清咸豐二年(1852)博白朱德璲綬堂刻本　一冊　存四卷(三十至三十三)

330000－1701－0091221　G611316、G612157　類叢部/叢書類/自著之屬

春融堂集三種　(清)王昶撰　清嘉慶青浦王氏塾南書舍刻本　二冊　存一種

330000－1701－0091225　G005459　子部/宗教類/佛教之屬

永明心賦註四卷　(宋)釋延壽撰　清光緒三年(1877)杭州昭慶寺慧空經房刻本　二冊

330000－1701－0091226　G005525　子部/宗教類/佛教之屬

禪淨切要一卷牧牛圖頌序一卷歌偈讚詠一卷　(清)鄉野世休輯　清末瑪瑙經房刻本　一冊

330000－1701－0091228　G005460　新學/格致總

增訂格物入門七卷首一卷　(美國)丁韙良撰　清光緒十五年(1889)同文館刻本　六冊　存六卷(二至七)

330000－1701－0091231　G005526　子部/宗教類/佛教之屬

弘明集十四卷　(南朝梁)釋僧祐輯　清光緒二十二年(1896)金陵刻經處刻本　四冊

330000－1701－0091232　G604135、G006176　史部/金石類/石之屬/文字

望堂金石文字初集三十一種二集十八種　楊守敬輯　清同治至宣統宜都楊氏飛青閣刻本　四冊　存十五種

330000－1701－0091233　G005462　子部/宗教類/佛教之屬/諸宗

閱藏隨筆二卷　(清)釋元度撰　(清)釋太穆節解　**續閱藏隨筆一卷**　(清)釋太穆撰　清宣統元年(1909)揚州天寧寺刻本　二冊

330000－1701－0091235　M006810　子部/

天文曆算類/曆法之屬

七政臺曆全書不分卷　(清)楊天爵攷訂　清光緒三十年(1904)刻宣統民國增刻本　徐朗仙題記　二冊

330000－1701－0091236　G005527、G006156、G006377、G007183、G007629、G009274　子部/醫家類/綜合之屬/通論

御纂醫宗金鑑九十卷首一卷　(清)吳謙等撰　清刻本　五十九冊　缺二卷(三十八至三十九)

330000－1701－0091237　G005555　經部/書類/傳說之屬

書經集註六卷　(宋)蔡沈撰　清光緒二十五年(1899)友文堂刻本　一冊　存一卷(一)

330000－1701－0091238　G005463　子部/宗教類/佛教之屬/總録

雲水直道法寶輪宗誌四卷　清光緒四年(1878)聚奎堂刻本　二冊

330000－1701－0091239　G606739　集部/戲劇類/傳奇之屬

長生殿傳奇四卷　(清)洪昇撰　清光緒鉛印本　一冊　存二卷(三至四)

330000－1701－0091240　G602320　史部/地理類/方志之屬/郡縣志

[光緒]常山縣志六十八卷首一卷末一卷　(清)李瑞鍾修　(清)朱昌泰等纂　清光緒十二年(1886)刻本　一冊　存八卷(二至九)

330000－1701－0091243　G602321　史部/地理類/方志之屬/通志

[乾隆]貴州通志四十六卷首一卷　(清)鄂爾泰等修　(清)靖道謨等纂　清乾隆六年(1741)刻本　一冊　存一卷(三十四)

330000－1701－0091244　G005528　集部/詩文評類/詩評之屬

漁洋詩話三卷　(清)王士禛撰　清康熙刻後印本　一冊

330000－1701－0091246　G606741　史部/地理類

小方壺齋輿地叢鈔十二帙　(清)王錫祺輯　清光緒十七年(1891)上海著易堂鉛印本　三冊　存三十八種

330000－1701－0091248　G602322　史部/地理類/方志之屬/郡縣志

[光緒]六合縣志八卷附錄一卷　(清)謝延庚等修　(清)賀廷壽等纂　清光緒十年(1884)刻本　三冊　存四卷(一至四)

330000－1701－0091254　G611309　史部/地理類/山川之屬/水志

中國江海險要圖誌二十二卷首一卷補編五卷附圖五卷　(英國)海軍海圖官局編　陳壽彭譯　清光緒二十七年(1901)上海經世文社石印本　九冊　存二十六卷(首、一至二十、補編一至五)

330000－1701－0091257　G604136　史部/傳記類/科舉録之屬

[光緒甲午科]浙江闈墨不分卷　清光緒二十年(1894)聚奎堂刻本　一冊

330000－1701－0091258　G005556　史部/雜史類/通代之屬

廣陵妖亂志一卷　(唐)羅隱撰　清抄本　汪德振題記　一冊

330000－1701－0091262　G005465　子部/宗教類/佛教之屬/經疏

大佛頂首楞嚴經正脈疏四十卷首一卷　(明)釋真鑑撰　清光緒二十二年(1896)金陵刻經處刻本　十四冊

330000－1701－0091263　SZD0190　集部/別集類/清別集

思莪詩稿一卷　(清)思莪撰　稿本　一冊

330000－1701－0091266　G005466　子部/宗教類/佛教之屬

明州定應大師布袋和尚傳一卷　(元)釋曇噩撰　清同治十三年(1874)釋開慧刻本　一冊

330000－1701－0091267　G005557　新學/學校

東北地理講義一卷　清末稿本　一冊

330000－1701－0091268　G604139　史部/紀事本末類/斷代之屬

續明紀事本末十八卷首一卷　(清)倪在田輯　清光緒二十九年(1903)育英學社鉛印本　六册

330000－1701－0091269　G005530　史部/編年類/通代之屬

續資治通鑑二百二十卷　(清)畢沅撰　清光緒二十五年(1899)上海蜚英館石印本　三十册

330000－1701－0091270　G005467　子部/宗教類/佛教之屬/諸宗

佛祖心髓三卷　(清)釋達如輯　清光緒十七年(1891)杭州昭慶寺刻本　三册

330000－1701－0091272　G611317　史部/傳記類/總傳之屬/列女

越女表微錄五卷　(清)汪輝祖撰　清光緒十八年(1892)杭州浙江學院刻本　一册

330000－1701－0091274　G604140　史部/金石類/總志之屬

金石萃編一百六十卷　(清)王昶撰　**金石續編二十一卷首一卷**　(清)陸耀遹撰　清光緒十九年(1893)上海醉六堂石印本　六册　存二十二卷(續編首、一至二十一)

330000－1701－0091276　G005468　子部/宗教類/佛教之屬/諸宗

大覺普濟玉林禪師語錄十二卷　(清)釋通琇撰　(清)釋音緯等輯　(清)釋超琦彙　**大覺普濟能仁國師[釋能琇]年譜二卷**　(清)釋超琦輯　清同治十三年(1874)杭城昭慶寺慧空經房刻本　六册

330000－1701－0091277　G611318、G609026、G610054　經部/四書類/總義之屬/傳說

四書講義困勉錄三十七卷續困勉錄六卷附錄一卷　(清)陸隴其撰　(清)陸公鏐編　清刻本　五册　存十三卷(大學、中庸一至二、論語一至十)

330000－1701－0091278　G005558　子部/宗教類/佛教之屬/諸宗

佛祖心燈一卷五家宗派一卷　清慧空經房刻本　一册

330000－1701－0091280　G604141　史部/詔令奏議類/奏議之屬

曾文正公奏議十卷首一卷末一卷補編四卷　(清)曾國藩撰　(清)薛福成編　清同治十三年(1874)上海醉六堂刻本　十四册

330000－1701－0091284　G604142　史部/目録類/總録之屬/彙刻

彙刻書目初編十卷補編一卷　(清)顧修輯　清同治九年(1870)羣玉齋木活字印本　八册　存八卷(一至三、五、七至十)

330000－1701－0091285　SZD0194　子部/雜著類

釋讖一卷　朱孔彰撰　稿本　一册

330000－1701－0091286　G604143　類叢部/叢書類/彙編之屬

小石山房叢書三十八種　(清)顧湘編　清道光刻同治十三年(1874)虞山顧氏補刻本　十二册

330000－1701－0091289　G604138　類叢部/叢書類/彙編之屬

藝苑捃華四十八種　(清)顧之逵編　清同治七年(1868)刻本　十六册

330000－1701－0091290　SZD0196　集部/總集類/尺牘之屬

朱孔彰尺牘一卷　朱孔彰撰　稿本　一册

330000－1701－0091291　G611319、G607329、G609267、G608440、G612296　集部/總集類/選集之屬/斷代

湖海文傳七十五卷　(清)王昶輯　清道光十七年(1837)經訓堂刻同治五年(1866)印本　二十册

330000－1701－0091292　G005710、G008616　子部/宗教類/佛教之屬/經

大方廣佛華嚴經□□卷　(唐)釋實叉難陀譯　清抄本　六十册　存六十卷(二至四、六至

十、十二至十九、二十一至二十七、三十、三十四、三十六至三十八、四十至四十二、四十四至六十、六十二、六十五至六十六、六十八至七十二、七十四、七十七至七十九）

330000－1701－0091293　G005560　集部/總集類/尺牘之屬

汝梅友朋信札一卷　清稿本　一册

330000－1701－0091294　G611320　史部/地理類/山川之屬/水志

西湖志四十八卷　（清）李衛　（清）程元章修　（清）傅王露纂　清光緒四年（1878）浙江書局刻本　二十册

330000－1701－0091295　SZD0100　集部/別集類/清別集

傳經室詩存四卷五言律一卷　（清）朱駿聲撰　稿本　二册

330000－1701－0091297　G005641　史部/史表類/通代之屬

歷代帝王年表三卷　（清）齊召南撰　（清）阮福續　清光緒二十八年（1902）上海焕文書局石印本　三册

330000－1701－0091299　G611321、G611322　類叢部/叢書類/自著之屬

儆居遺書十一種　（清）黄式三撰　清同治至光緒刻本　六册　存二種

330000－1701－0091301　SZD0097　集部/別集類/清別集

傳經室文集不分卷　（清）朱駿聲撰　稿本　朱師轍題簽並記　二册

330000－1701－0091302　M608113、M606014　子部/宗教類/佛教之屬/大藏

頻伽精舍校刊大藏經　釋宗仰等輯　清宣統元年至民國二年（1909－1913）迦陵羅詩氏頻伽精舍上海鉛印本　釋應慈題簽　二十八册　存四百三十四種

330000－1701－0091306　G611324　集部/總集類/彙編之屬

二趙公文集二種五十四卷　（清）趙侗斆編　清光緒十八年至十九年（1892－1893）浙江書局刻本　四册　存一種

330000－1701－0091307　G005642　新學/史志/別國史

日本維新三十年史十二編附錄一卷　（日本）博文館輯　（清）上海廣智書局譯　清光緒二十八年（1902）上海廣智書局鉛印本　四册　存十編（一至二、五至十二）

330000－1701－0091308　G602324　史部/地理類/方志之屬/郡縣志

[光緒]鄞都縣志四卷首一卷　（清）田秀栗　（清）徐濬鏞修　（清）徐昌緒纂　（清）蔣履泰增纂　清同治八年（1869）刻光緒十九年（1893）增刻本　一册　存一卷（四）

330000－1701－0091309　G005561　子部/宗教類/佛教之屬/諸宗

淨土救生船詩註三卷　（清）釋寬量撰　（清）釋源海注　清光緒二十四年（1898）揚州磚橋刻經處刻本　三册

330000－1701－0091310　G005643　集部/別集類/清別集

紅蕾吟館詩草一卷　（清）鎖瑞芝撰　清道光十二年（1832）刻本　一册

330000－1701－0091311　G602325　史部/地理類/方志之屬/郡縣志

[道光]樂至縣志十六卷首一卷　（清）裴顯忠修　（清）劉碩輔纂　清道光二十年（1840）刻本　五册　存十四卷（三至十六）

330000－1701－0091313　G005562　子部/宗教類/佛教之屬/經疏

佛説觀無量壽佛經疏妙宗鈔四卷　（宋）釋智顗疏　（宋）釋知禮輯　清同治十二年（1873）西湖慧空經房刻本　三册

330000－1701－0091315　G611325　類叢部/叢書類/彙編之屬

昭代叢書合刻十集五百六十種附一種　（清）張潮　（清）張漸編　（清）楊復吉　（清）沈懋悳續編　清道光吳江沈氏世楷堂刻光緒二

年(1876)印本　四册　存甲集三十四種

330000－1701－0091317　SZD0198　史部/地理類/方志之屬/郡縣志
光緒鳳陽府志稿□□卷　稿本　二册　存一卷(二十一)

330000－1701－0091318　G005563　子部/宗教類/佛教之屬
玄籤證釋十卷　(清)釋智銓撰　清光緒十七年(1891)刻民國十八年(1929)重修本　二册　存八卷(三至十)

330000－1701－0091323　SZD0199　集部/詞類/總集之屬
詞選一卷　(清)朱駿聲輯　稿本　一册

330000－1701－0091324　G005711　子部/小説家類/雜事之屬
南浦秋波錄三卷附刻一卷　(清)華胥大夫撰　清刻本(卷一配抄本)　二册

330000－1701－0091325　G005564　子部/宗教類/佛教之屬
阿育王傳五卷　(晉)釋安法欽譯　清嘉慶二十年(1815)吳門文星閣刻本　一册

330000－1701－0091326　M603114　子部/宗教類/佛教之屬/大藏
頻伽精舍校刊大藏經　釋宗仰等輯　清宣統元年至民國二年(1909－1913)迦陵羅詩氏頻伽精舍上海鉛印本　八十六册　存二百五十四種

330000－1701－0091327　SZD0200　史部/地理類/專志之屬/祠墓
刱建驪山老母祠議一卷　(清)俞樾撰　清包纘甫篆書抄本　朱孔彰題簽並記　一册

330000－1701－0091328　G005565　子部/宗教類/佛教之屬/經疏
楞伽阿跋多羅寶經心印四卷科文一卷　(南朝宋)釋求那跋陀羅譯　(清)釋函昰注　清刻本　四册

330000－1701－0091330　SZD0201　史部/傳記類/總傳之屬/姓名
國朝名人姓氏韻編不分卷　朱孔彰撰　稿本　朱師轍題簽　二册

330000－1701－0091332　G005713　子部/醫家類/方書之屬/成方藥目
胡慶餘堂丸散膏丹全集不分卷續增一卷　(清)胡光墉編　清光緒三年(1877)胡慶餘堂雪記刻本　一册　缺一卷(續增)

330000－1701－0091333　SZD0202　史部/傳記類/總傳之屬/仕宦
中興將帥褋記一卷　朱孔彰撰　稿本　朱師轍題簽　一册

330000－1701－0091334　G005714　集部/別集類/清別集
拜筆樓詩集□□卷　(清)魏熊撰　稿本　一册　存二卷(一至二)

330000－1701－0091335　SZD0203　集部/總集類/彙編之屬
經濟時務古文選鈔不分卷　清抄本　朱師轍題簽　三册

330000－1701－0091337　G005715　集部/別集類/清別集
浣花居詩鈔十卷　(清)嚴昌鈺撰　清刻本　二册

330000－1701－0091338　G612333、G611326　類叢部/叢書類/彙編之屬
昭代叢書合刻十集五百六十種附一種　(清)張潮　(清)張漸編　(清)楊復吉　(清)沈懋悳續編　清道光吳江沈氏世楷堂刻本　五册　存甲集三十四種

330000－1701－0091340　G005716　子部/宗教類/其他宗教之屬/基督教
使徒行傳註釋不分卷　(美國)倪維思譯　清宣統三年(1911)上海美華館鉛印本　一册

330000－1701－0091341　G611327　新學/史志/諸國史
節本泰西新史攬要八卷　(英國)李提摩太譯　周慶雲節錄　清光緒二十七年(1901)周慶

雲夢坡室刻本　二册

330000－1701－0091342　SZD0204　史部/傳記類/別傳之屬
左文襄公別傳一卷　朱孔彰撰　稿本　一册

330000－1701－0091343　G005717　集部/別集類/清別集
唫秋樓詩鈔續集二卷　（清）鄔鶴徵撰　清道光二十九年(1849)刻本　一册

330000－1701－0091344　G612173、G611328　子部/藝術類/書畫之屬/總論
畫禪室隨筆四卷　（明）董其昌撰　清乾隆三十三年(1768)董紹敏刻本　六册

330000－1701－0091346　SZD0205　集部/總集類/酬唱之屬
濠梁送行集不分卷　朱孔彰等撰　稿本　朱師轍題簽　一册

330000－1701－0091347　G005718　子部/宗教類/佛教之屬/律
大方便佛報恩經七卷　清同治十一年(1872)刻本　二册

330000－1701－0091349　SZD0206　經部/孝經類/傳説之屬
孝經漢注一卷　朱孔彰輯　稿本　一册

330000－1701－0091350　SZD0207　經部/孝經類/傳説之屬
孝經漢注一卷　朱孔彰輯　稿本　一册

330000－1701－0091351　SZD0208　經部/詩類/傳説之屬
毛詩漢注不分卷　朱孔彰輯　稿本　七册

330000－1701－0091352　G611330　史部/目録類/專録之屬
小學考五十卷　（清）謝啓昆撰　清光緒十四年(1888)浙江書局刻本　十九册　缺二卷(三至四)

330000－1701－0091353　SZD0209　經部/易類
周易漢注不分卷　朱孔彰輯　稿本　五册

330000－1701－0091356　SZD0211　經部/小學類/文字之屬/説文
説文雜録第二種一卷　朱孔彰撰　稿本　一册

330000－1701－0091357　G607233　類叢部/叢書類/彙編之屬
結一廬朱氏賸餘叢書四種　（清）朱澂編　清光緒三十年至三十一年(1904－1905)仁和朱氏刻三十二年(1906)印本　四册　存一種

330000－1701－0091358　G005568　史部/地理類/方志之屬/郡縣志
[乾隆]曲阜縣志一百卷　（清）潘相等纂修　清乾隆三十九年(1774)刻本　五册　存四十三卷(十五至二十八、四十六至五十二、七十九至一百)

330000－1701－0091361　G005719　史部/傳記類/別傳之屬/事狀
節孝鍾貞婦徵詩啓一卷　（清）王朝鏡等撰　清光緒刻本　一册

330000－1701－0091362　G609028　類叢部/叢書類/郡邑之屬
武林掌故叢編一百八十七種　（清）丁丙編　清光緒三年至二十六年(1877－1900)錢塘丁氏嘉惠堂刻本　一册　存一種

330000－1701－0091364　G005720　史部/傳記類/總傳之屬/家乘
至德志十卷首一卷吴氏世系圖一卷　（清）吳鼎科輯　清光緒二年(1876)刻本　二册　存四卷(一至四)

330000－1701－0091366　G005569　子部/宗教類/道教之屬/經文
三聖經 三卷　清光緒十六年(1890)紹城許廣記刻十七年(1891)印本　一册

330000－1701－0091367　G606742、G607754　子部/醫家類/類編之屬
徐氏醫書八種　（清）徐大椿撰　清光緒二十二年(1896)珍藝書局鉛印本　四册　存三種

330000－1701－0091368　G609029　類叢部/

類書類/通類之屬

玉海二百卷辭學指南四卷詩攷一卷詩地理攷六卷漢藝文志攷證十卷通鑑地理通釋十四卷周書王會補注一卷漢制攷四卷踐阼篇集解一卷急就篇補注四卷姓氏急就篇二卷小學紺珠十卷六經天文編二卷周易鄭康成注一卷通鑑答問五卷 (宋)王應麟撰 **校補玉海瑣記二卷王深寧先生[應麟]年譜一卷** (清)張大昌撰 清光緒九年至十六年(1883－1890)浙江書局刻本 二册 存四卷(急就篇補注一至四)

330000－1701－0091370 G005721 子部/宗教類/佛教之屬

漢鎮磐溪棲隱海若弘禪師語錄四卷 (清)釋澄廣等編 清刻本 一册

330000－1701－0091372 SZD0214 經部/小學類/文字之屬/說文

說文重文補箋三卷 朱孔彰撰 稿本 二册

330000－1701－0091373 G606743 集部/別集類/清別集

尋源詩草一卷 (清)倪錫麒撰 清光緒十四年(1888)春及書屋刻本 一册

330000－1701－0091374 G005722 經部/書類/傳說之屬

書經直解十三卷 (明)張居正等撰 明萬曆十八年(1590)刻本 三册 存六卷(一至六)

330000－1701－0091377 G606744 史部/傳記類/日記之屬

東瀛觀兵紀事一卷(清光緒二十七年) (清)程恩培撰 清光緒二十七年(1901)武林鉛印本 一册

330000－1701－0091378 G607209 史部/地理類/山川之屬/山志

雲臺新志十八卷首一卷末一卷 (清)謝元淮修 (清)許喬林纂 清道光十七年(1837)郁洲書院刻本 六册

330000－1701－0091379 G609030、G608621 子部/儒家類/儒學之屬/禮教

五種遺規十七卷 (清)陳弘謀輯並撰 清光緒二十一年(1895)浙江書局刻本 五册 存四種

330000－1701－0091381 G606745、G607397 子部/儒家類/儒學之屬/經濟

盱江經濟一斑十六卷 (宋)李覯撰 清光緒二十九年(1903)文來書局石印本 二册

330000－1701－0091384 G607210 史部/地理類/方志之屬/郡縣志

[光緒]餘姚縣志二十七卷首一卷末一卷 (清)周炳麟修 (清)邵友濂 (清)孫德祖纂 清光緒二十五年(1899)刻本 十五册 存二十八卷(一至二十七、末)

330000－1701－0091386 G609031、G607469、G602602、G610562 子部/醫家類/醫案之屬

臨證指南醫案十卷 (清)葉桂撰 (清)徐大椿評 清乾隆三十三年(1768)衛生堂刻本 陶承杏批 九册 存九卷(一至五、七至十)

330000－1701－0091387 G005723 子部/道家類

内篇齊物論一卷 (戰國)莊周撰 **漁樵問對一卷** (宋)邵雍撰 清抄本 一册

330000－1701－0091389 G005724、G006239 子部/宗教類/佛教之屬/經

大方廣佛華嚴經八十卷 (唐)釋實叉難陀譯 **大方廣佛華嚴經入不思議解脫境界普賢行願品一卷** (唐)釋般若譯 清雍正九年至十一年(1731－1733)刻本(卷十三至十六、華嚴經普賢行願品配清刻本) 二十二册

330000－1701－0091390 G606746、G010862 史部/地理類/外紀之屬

俄游彙編十二卷 (清)繆祐孫撰 清光緒二十一年(1895)上海江左書林石印本 五册 存八卷(一至八)

330000－1701－0091394 G005570 史部/地理類/方志之屬/郡縣志

[道光]沙縣誌二十卷首一卷末一卷 (清)孫大焜 (清)王庚修 (清)徐逢盛等纂 清道

光十四年(1834)刻本　二册　存二卷(十七至十八)

330000－1701－0091397　G609032　子部/宗教類/佛教之屬/諸宗

一乘決疑論一卷　(清)彭紹升撰　清同治至民國刻彭居士法集本　劍衡題記　一册

330000－1701－0091399　G611331　史部/雜史類/通代之屬

華陽國志十二卷　(晉)常璩撰　**補三州郡縣目錄一卷**　(清)廖寅撰　清嘉慶十九年(1814)廖寅題襟館刻本　四册

330000－1701－0091402　G611332　史部/雜史類/通代之屬

華陽國志十二卷　(晉)常璩撰　**補三州郡縣目錄一卷**　(清)廖寅撰　清嘉慶十九年(1814)廖寅題襟館刻本　四册

330000－1701－0091403　G005571、G005680　史部/地理類/方志之屬/郡縣志

[同治]巴縣志四卷　(清)霍爲棻等修　(清)熊家彦等纂　清同治六年(1867)刻本　三册　存二卷(二至三)

330000－1701－0091404　SZD0221　集部/別集類/清別集

庚午女史百咏稿一卷懷古詩一卷　(清)朱駿聲撰　稿本　一册

330000－1701－0091405　G611333　史部/雜史類/通代之屬

華陽國志十二卷　(晉)常璩撰　**補三州郡縣目錄一卷**　(清)廖寅撰　清嘉慶十九年(1814)廖寅題襟館刻本　四册

330000－1701－0091406　G609033、G608089　經部/小學類/文字之屬/字書/字典

廣金石韻府五卷附玉篇字畧一卷　(明)朱時望撰　(清)林尚葵廣輯　(清)張鳳藻增注　清咸豐七年(1857)巴郡張氏理董軒刻本　五册　缺一卷(玉篇字畧)

330000－1701－0091407　G611334　史部/地理類/水利之屬

浙西水利備考不分卷　(清)王鳳生撰　清光緒四年(1878)浙江書局刻本　四册

330000－1701－0091408　SZD0222　經部/書類

周書集訓校釋補一卷　(清)朱駿聲撰　稿本　一册

330000－1701－0091409　G607211　經部/叢編

十三經古注　(明)葛鼒　(明)金蟠校　明崇禎十二年(1639)金蟠刻清同治八年(1869)浙江書局重修本　八册　存三種

330000－1701－0091410　G606748　類叢部/叢書類/彙編之屬

申報館叢書正集五十七種附錄三種續集一百四十二種　(清)尊聞閣主編　蔡爾康編續集　清同治至光緒上海申報館鉛印本　一册　存一種

330000－1701－0091414　G611335　集部/總集類/選集之屬/通代

御選唐宋文醇五十八卷目錄一卷　(清)高宗弘曆輯　清光緒三年(1877)浙江書局刻本　二十册

330000－1701－0091415　G607214　經部/叢編

御纂七經五種　(清)李光地等撰　清同治六年至九年(1867－1870)浙江書局刻本　十二册　存一種

330000－1701－0091416　G611336　史部/傳記類/總傳之屬/斷代

文獻徵存錄十卷　(清)錢林撰　(清)王藻編　清咸豐八年(1858)有嘉樹軒刻本　十册

330000－1701－0091417　G606750　類叢部/叢書類/彙編之屬

小方壺齋叢書三十六種　(清)王錫祺編　清光緒十二年至二十一年(1886－1895)南清河王氏鉛印本　一册　存一種

330000－1701－0091418　G609036　類叢部/叢書類/自著之屬

王漁洋遺書三十八種　(清)王士禛撰　清刻本　一册　存二種

330000－1701－0091419　G606751　集部/小説類/短篇之屬

詳註聊齋志異圖詠十六卷首一卷　(清)蒲松齡撰　(清)呂湛恩注　(清)徐潤編　清光緒三十年(1904)上海錦章書局石印本　一册　存二卷(十三至十四)

330000－1701－0091421　G005573　史部/地理類/方志之屬/郡縣志

[光緒]寧遠縣志八卷　(清)張大煦修　(清)歐陽澤闓纂　清光緒二年(1876)崇正書院刻本　四册

330000－1701－0091422　G606752、G608025　集部/别集類/清别集

錢南園先生遺集五卷　(清)錢灃撰　清光緒十九年(1893)保山劉樹堂浙江書局刻本　二册

330000－1701－0091423　G607215　經部/叢編

御纂七經五種　(清)李光地等撰　清同治六年至九年(1867－1870)浙江書局刻本　十一册　存一種

330000－1701－0091424　G611337、G612285　類叢部/叢書類/自著之屬

汪雙池先生叢書二十種附浙刻雙池遺書十二種　(清)汪紱撰　清道光至光緒刻光緒二十三年(1897)長安趙舒翹等彙印本　十册　存一種

330000－1701－0091425　G606753　史部/編年類/斷代之屬

續資治通鑑長編拾補六十卷　(清)秦緗業等輯注　清光緒九年(1883)浙江書局刻本　八册　缺二十六卷(一至二十六)

330000－1701－0091426　G005726　子部/藝術類/遊藝之屬/棋弈

棋譜一卷　(清)翁嵩年編繪　清刻本　一册

330000－1701－0091427　G606754　集部/總集類/選集之屬/通代

樂府詩集一百卷目錄二卷　(宋)郭茂倩輯　清同治十三年(1874)湖北崇文書局刻本　四册　存十八卷(目錄一至二、一至三、十六至二十一、四十九至五十五)

330000－1701－0091428　G611338　子部/宗教類/佛教之屬/諸宗

樂邦文類五卷　(宋)釋宗曉輯　清刻本　五册

330000－1701－0091429　G005727　子部/藝術類/書畫之屬/畫譜

畫譜一卷　(清)張熊等繪　清末石印本　一册

330000－1701－0091430　G609075、G607216　經部/叢編

御纂七經五種　(清)李光地等撰　清同治六年至九年(1867－1870)浙江書局刻本　十二册　存一種

330000－1701－0091431　G612156、G611339　子部/醫家類/方書之屬/單方驗方

平易方四卷　(清)葉香侣輯　清嘉慶九年(1804)武林葉敦善刻本　四册

330000－1701－0091432　G611340　集部/總集類/選集之屬/斷代

神交集三卷　(清)趙潤等撰　清光緒三十三年(1907)金陵湯明林印書局鉛印本　一册

330000－1701－0091433　G606756、G608031　集部/别集類/明别集

王文成公全書三十八卷　(明)王守仁撰　清光緒浙江書局刻民國十七年(1928)浙江圖書館補刻本　二十一册　缺五卷(四至八)

330000－1701－0091434　G005728、G006032、G007213　史部/紀傳類/正史之屬

四史　清同治十一年(1872)成都書局刻本　二十七册　存一種

330000－1701－0091435　G609038　類叢部/叢書類/家集之屬

江都陳氏叢書七種　(清)陳本禮　(清)陳逢

衡撰　清嘉慶至道光刻本　四册　存一種

330000－1701－0091436　G607217、G607227、G609240　經部/叢編
御纂七經五種　(清)李光地等撰　清同治六年至九年(1867－1870)浙江書局刻本　十七册　存二種

330000－1701－0091439　G606757　類叢部/叢書類/彙編之屬
邵武徐氏叢書二集八種　(清)徐榦編　清光緒邵武徐氏刻本　一册　存一種

330000－1701－0091441　G607218　經部/叢編
御纂七經五種　(清)李光地等撰　清同治六年至九年(1867－1870)浙江書局刻本　五册　存一種

330000－1701－0091442　G606758、G608328　類叢部/叢書類/郡邑之屬
武林掌故叢編一百八十七種　(清)丁丙編　清光緒三年至二十六年(1877－1900)錢塘丁氏嘉惠堂刻本　十三册　存六種

330000－1701－0091444　G607219　經部/叢編
御纂七經五種　(清)李光地等撰　清同治六年至九年(1867－1870)浙江書局刻本　三册　存一種

330000－1701－0091445　G005574、G010079　集部/別集類/唐五代別集
杜工部集二十卷首一卷　(唐)杜甫撰　(明)王世貞等評　(清)盧坤輯評　清光緒二年(1876)粤東翰墨園刻六色套印本　九册　存十九卷(首、一至十八)

330000－1701－0091446　G607220　經部/叢編
御纂七經五種　(清)李光地等撰　清同治六年至九年(1867－1870)浙江書局刻本　一册　存一種

330000－1701－0091447　SZD0223　集部/別集類/清別集
朱駿聲文集補遺一卷　(清)朱駿聲撰　清抄本　一册

330000－1701－0091450　G611341　類叢部/叢書類/自著之屬
雙節堂襍錄六種　(清)汪輝祖撰　清乾隆至嘉慶雙節堂刻本　一册　存一種

330000－1701－0091451　G607221　經部/四書類/總義之屬/傳說
四書集註十九卷　(宋)朱熹撰　清光緒十八年(1892)浙江書局刻本　三册　存七卷(大學、中庸、論語一至五)

330000－1701－0091452　G606759　類叢部/叢書類/郡邑之屬
武林掌故叢編一百八十七種　(清)丁丙編　清光緒三年至二十六年(1877－1900)錢塘丁氏嘉惠堂刻本　五册　存三種

330000－1701－0091453　G606760、G608311　類叢部/叢書類/郡邑之屬
武林掌故叢編一百八十七種　(清)丁丙編　清光緒三年至二十六年(1877－1900)錢塘丁氏嘉惠堂刻本　四册　存二種

330000－1701－0091454　SZD0226　子部/天文曆算類/曆法之屬
歲星表一卷　(清)朱駿聲撰　清抄本　一册

330000－1701－0091455　G607222　經部/四書類/總義之屬/傳說
四書集註十九卷　(宋)朱熹撰　清光緒十八年(1892)浙江書局刻本　一册　存一卷(大學)

330000－1701－0091457　G607223　經部/四書類/總義之屬/傳說
四書集註十九卷　(宋)朱熹撰　清光緒十八年(1892)浙江書局刻本　一册　存一卷(大學)

330000－1701－0091458　G606761　類叢部/叢書類/郡邑之屬
武林掌故叢編一百八十七種　(清)丁丙編　清光緒三年至二十六年(1877－1900)錢塘丁

氏嘉惠堂刻本　二冊　存一種

330000－1701－0091459　G607224　經部/四書類/總義之屬/傳說

四書集註十九卷　(宋)朱熹撰　清光緒十八年(1892)浙江書局刻本　一冊　存一卷(大學)

330000－1701－0091460　SZD0227　集部/别集類/清别集

傳經室詩稿試帖一卷　(清)朱駿聲撰　清抄本　一冊

330000－1701－0091462　SZD0229　集部/總集類/選集之屬/通代

如話詩鈔不分卷　(清)朱駿聲輯　稿本　一冊

330000－1701－0091467　G607225　經部/叢編

御纂七經五種　(清)李光地等撰　清同治六年至九年(1867－1870)浙江書局刻本　十六冊　存一種

330000－1701－0091468　G005635　子部/宗教類/佛教之屬/諸宗

原人論一卷　(唐)釋宗密撰　清同治十三年(1874)春雞園刻經處刻本　一冊

330000－1701－0091470　G005636　子部/宗教類/佛教之屬/經疏

佛說觀無量壽佛經疏妙宗鈔四卷　(宋)釋智顗疏　(宋)釋知禮輯　清末刻本　二冊

330000－1701－0091471　G608696　史部/叢編

痛史二十一種附九種　樂天居士輯　清宣統至民國上海商務印書館鉛印本　九冊　存五種

330000－1701－0091472　G005644　集部/總集類/課藝之屬

魏塘漱芳集不分卷　(清)江峯青輯　清光緒二十一年(1895)刻本　四冊

330000－1701－0091473　G005575　史部/紀傳類/正史之屬

二十一史　明刻明清遞修本　三十六冊　存一種

330000－1701－0091474　G005637　史部/地理類/專志之屬/寺觀

雲門顯聖寺志十六卷　(清)趙甸編輯　清順治十六年(1659)釋淨斯刻乾隆增修本　三冊

330000－1701－0091475　G607226　經部/叢編

御纂七經五種　(清)李光地等撰　清同治六年至九年(1867－1870)浙江書局刻本　十六冊　存一種

330000－1701－0091476　G005729　子部/藝術類/篆刻之屬/印譜

玉連環室印存不分卷　(清)徐氏輯　清光緒九年(1883)崇川徐氏金石齋鈐印本　一冊

330000－1701－0091478　G005823　子部/宗教類/佛教之屬

法鐘覺禪師語録四卷　(清)釋明道等編　**法鐘覺大師語録一卷**　(清)釋湛碧記録　清刻本　一冊

330000－1701－0091479　G606762　集部/總集類/選集之屬/通代

文選六十卷　(南朝梁)蕭統輯　(唐)李善注　(清)何焯評　清乾隆三十七年(1772)長洲葉樹藩海録軒刻本　十五冊　缺四卷(三十三至三十六)

330000－1701－0091481　G005638　子部/宗教類/佛教之屬/經疏

大佛頂如來密因修證了義諸菩薩萬行首楞嚴經圓通疏十卷　(元)釋惟則會解　(明)釋傳燈疏　清光緒三年(1877)杭州昭慶寺慧空經房刻本　十冊

330000－1701－0091482　G005731、G010827、G009714　集部/總集/課藝之屬

增補分類試策問對十卷　(清)王統　(清)王諧纂　(清)徐樹蔓續纂　清光緒五年(1879)會稽徐氏八杉齋鉛印本　十二冊

330000－1701－0091485　G005639　子部/宗教類/佛教之屬/諸宗

靈峰蕅益大師選定淨土十要十卷　(清)釋智旭輯　(清)釋成時評點節略　清同治六年(1867)錢塘許氏刻本　二册

330000－1701－0091486　G607228　集部/別集類/清別集

樊榭山房全集四十二卷(樊榭山房集十卷續集十卷文集八卷游仙百詠三卷秋林琴雅四卷集外曲二卷集外詩一卷集外詞一卷集外文一卷附輓辭一卷軼事一卷)　(清)厲鶚撰　清光緒十年(1884)汪氏振綺堂刻本　二册　存八卷(文集一至八)

330000－1701－0091487　G606763　集部/總集類/彙編之屬

宋詩鈔初集八十四種　(清)吕留良　(清)吳之振　(清)吳爾堯編　清康熙十年(1671)洲錢吳氏鑑古堂刻本　二十四册　存五十三種

330000－1701－0091488　G007840、G608716、G609034、G611131、G612254　子部/叢編

萬國政治藝學全書四十一種三百八十卷　(清)朱大文　(清)凌賡揚編　清光緒二十八年(1902)上海鴻文書局石印本　二十八册　存二十五種

330000－1701－0091489　G607229、G609200　經部/春秋左傳類/傳說之屬

春秋左傳杜注三十卷首一卷　(清)姚培謙撰　清光緒十九年(1893)浙江書局刻民國浙江圖書館補刻本　十册

330000－1701－0091490　G005732、G006444、G007271　史部/目録類/總録之屬/官修

欽定四庫全書簡明目錄二十卷　(清)紀昀等撰　清末八杉齋鉛印本　八册　存十四卷(七至十七、十八至二十)

330000－1701－0091491　G005640、G007746　類叢部/叢書類/彙編之屬

古香齋袖珍十種　清同治至光緒南海孔氏刻本　一百三十一册　存一種

330000－1701－0091492　G607230、G609199　經部/春秋左傳類/傳說之屬

春秋左傳杜注三十卷首一卷　(清)姚培謙撰　清光緒十九年(1893)浙江書局刻民國浙江圖書館補刻本　十册

330000－1701－0091493　G005645　集部/別集類/清別集

君子求諸己一卷　(清)陸懋廷撰　稿本　清汪德振跋　一册

330000－1701－0091494　G607231　子部/雜著類/雜說之屬

墨子閒詁十五卷目錄一卷附錄一卷後語二卷　(清)孫詒讓撰　清宣統二年(1910)瑞安孫氏刻本　八册

330000－1701－0091496　G608691　類叢部/叢書類/彙編之屬

海山仙館叢書五十六種　(清)潘仕成編　清道光二十五年至咸豐元年(1845－1851)番禺潘氏刻光緒十一年(1885)增刻彙印本　六十九册　存三十五種

330000－1701－0091497　G005733、G007749、G008645、G008906、G009486、G010592、G011628　史部/史評類/史論之屬

論海四種　(清)蔡和鏘輯　清光緒二十八年(1902)石印本　四十五册　存一百五十九卷(歷代人物論海一至七十一、七十五至一百,歷代政治論海一至十三、二十一至四十四,歷朝時勢論海一至十四,中外掌故論海一至七、十一至十四)

330000－1701－0091498　G611342　子部/宗教類/佛教之屬/諸宗

淨土論三卷　(唐)釋迦才撰　清光緒金陵刻經處刻本　一册

330000－1701－0091499　G005734　子部/宗教類/佛教之屬/總録

讚詞偈語雜錄不分卷　清末稿本　一册

330000－1701－0091501　G005735　史部/地理類/遊記之屬/紀行

汴試紀行一卷　稿本　一冊

330000－1701－0091502　G005736　集部/曲類/寶卷之屬
白蛇祭塔寶卷前集一卷　清末抄本　一冊

330000－1701－0091505　G602326　新學/交涉/交涉
英俄印度交涉書一卷續編一卷　(英國)馬文撰　(英國)羅亨利　(清)瞿昂來譯　清光緒江南製造總局刻本　一冊

330000－1701－0091508　G005737、G008932、G010157　史部/傳記類/日記之屬
幻蜨山房日記不分卷　(清)笪世基撰　清同治四年至五年(1865－1866)稿本　三冊

330000－1701－0091510　G005738　經部/群經總義類/傳說之屬
諸經選解六卷補遺一卷　清末抄本　一冊　存一卷(易經)

330000－1701－0091512　G607232　類叢部/叢書類/彙編之屬
崇文書局彙刻書三十一種　(清)崇文書局編　清光緒元年至三年(1875－1877)湖北崇文書局刻本　四冊　存一種

330000－1701－0091513　G611343　史部/傳記類/總傳之屬/忠孝
欽定勝朝殉節諸臣錄十二卷首一卷　(清)高宗弘曆敕撰　清嘉慶二年(1797)謝啓昆刻本　五冊

330000－1701－0091514　G602327　集部/總集類/選集之屬/斷代
註釋唐詩三百首六卷　(清)孫洙編　清刻本　二冊

330000－1701－0091515　G005739　子部/醫家類/婦科之屬
婦科方一卷　清末抄本　一冊

330000－1701－0091519　G602328　史部/地理類/方志之屬/郡縣志
[光緒]餘姚縣志二十七卷首一卷末一卷　(清)周炳麟修　(清)邵友濂　(清)孫德祖纂　清光緒二十五年(1899)刻本　九冊　存十四卷(首、一至二、十至十一、十六至二十四)

330000－1701－0091523　G602329　史部/地理類/方志之屬/郡縣志
[乾隆]蘇州府志八十卷首一卷　(清)雅爾哈善　(清)傅椿修　(清)習寯　(清)王峻等纂　清乾隆十三年(1748)刻本　九冊　存二十二卷(三至六、十二至十六、十九至三十一)

330000－1701－0091528　G611344　子部/宗教類/佛教之屬/諸宗
淨土古佚十書　金陵刻經處編　清光緒十九年至民國三年(1893－1914)金陵刻經處刻本　四冊　存二種

330000－1701－0091529　G005646　經部/周禮類/傳說之屬
周官參證二卷夏小正戴氏傳訓四卷攷異一卷通論一卷　(清)王寶仁輯　清道光十五年(1835)六安學署刻本　一冊

330000－1701－0091532　G005647　史部/傳記類/總傳之屬/仕宦
清朝十九名臣傳一卷　清抄本　一冊

330000－1701－0091533　G609040　經部/詩類/傳說之屬
附釋音毛詩注疏七十卷附校勘記七十卷　(漢)毛亨傳　(漢)鄭玄箋　(唐)陸德明音義　(唐)孔穎達疏　清嘉慶二十年(1815)江西南昌府學刻道光六年(1826)盱江朱華臨重校印重刊宋本十三經注疏附校勘記本　屈疆題記　一冊　存二卷(一、附校勘記一)

330000－1701－0091536　G005800　類叢部/叢書類/彙編之屬
申報館叢書正集五十七種附錄三種續集一百四十二種　(清)尊聞閣主編　蔡爾康編續集　清同治至光緒上海申報館鉛印本　一冊　存一種

330000－1701－0091540　G609041　史部/政

書類/儀制之屬/典禮
明宮史八卷 (明)劉若愚編 清宣統二年(1910)上海國學扶輪社鉛印本 二冊

330000－1701－0091542 G005740 集部/詩文評類/詩評之屬
詩話雜錄一卷 稿本 一冊

330000－1701－0091543 G005648 子部/宗教類/佛教之屬/諸宗
淨土津梁十三種 (清)釋了慰輯 清乾隆四十九年至五十年(1784－1785)京都衍法寺刻本 二冊 存一種

330000－1701－0091544 G608690 類叢部/叢書類/彙編之屬
嘯園叢書五十七種 (清)葛元煦編 清光緒二年至七年(1876－1881)仁和葛氏刻本 四十三冊 存五十三種

330000－1701－0091547 G005741 新學/政治法律/律例
法學通論不分卷 清末鉛印本 一冊

330000－1701－0091548 G609043 類叢部/叢書類/彙編之屬
抱經堂叢書十六種 (清)盧文弨編 清乾隆至嘉慶刻彙印本 二冊 存一種

330000－1701－0091550 G005801 子部/儒家類/儒學之屬
閑家類纂二卷 (清)彭紹謙輯 清刻本 一冊

330000－1701－0091551 G609044 集部/別集類/清別集
椒生續草三卷 (清)王之春撰 清光緒十四年(1888)上洋文藝齋刻本 一冊

330000－1701－0091552 M608120 類叢部/叢書類/彙編之屬
風雨樓祕笈留真十種 鄧實編 清宣統元年至民國六年(1909－1917)順德鄧氏風雨樓影印本 一冊 存一種

330000－1701－0091553 G005649、G011339 子部/宗教類/佛教之屬/大藏
徑山藏 明萬曆十七年(1589)至清嘉慶五臺、嘉興、徑山等地刻本 二冊 存一種

330000－1701－0091554 G606764 經部/小學類/文字之屬/說文
說文解字義證五十卷 (清)桂馥撰 清同治九年(1870)湖北崇文書局刻本 三十二冊

330000－1701－0091555 M608121 類叢部/叢書類/彙編之屬
風雨樓祕笈留真十種 鄧實編 清宣統元年至民國六年(1909－1917)順德鄧氏風雨樓影印本 一冊 存一種

330000－1701－0091556 G609045 類叢部/叢書類/彙編之屬
望三益齋叢書十八種 (清)吳棠編 清咸豐至光緒吳氏望三益齋刻本 一冊 存一種

330000－1701－0091557 G005742 子部/藝術類/篆刻之屬/印譜
佚名印譜一卷 清鈐印本 一冊

330000－1701－0091558 G005802 集部/總集類/彙編之屬
肄城輿頌一卷增江輿頌一卷 清光緒鉛印本 一冊

330000－1701－0091560 G606765 類叢部/叢書類/彙編之屬
邵武徐氏叢書初刻十四種 (清)徐榦編 清光緒邵武徐氏刻本 十冊 存九種

330000－1701－0091561 G609046 子部/藝術類/音樂之屬/琴學
琴學入門二卷 (清)張鶴輯 清刻本 二冊 存一卷(下)

330000－1701－0091564 G005804 子部/宗教類/佛教之屬/諸宗
禪門鍛鍊說一卷 (清)釋戒顯撰 清同治十一年(1872)如皋刻經處刻本 一冊

330000－1701－0091565 G005743 子部/醫家類/方書之屬

備用方一卷　清抄本　一册

330000－1701－0091570　G609047　類叢部/叢書類/彙編之屬

漸西村舍彙刊(漸西村舍叢刻)四十四種　(清)袁昶編　清光緒十六年至二十四年(1890－1898)桐廬袁氏刻本　一册　存一種

330000－1701－0091571　G005744　子部/藝術類/篆刻之屬/印譜

佚名印譜一卷　清鈐印本　一册

330000－1701－0091572　G602331　史部/地理類/方志之屬/郡縣志

[乾隆]潼川府志十二卷首一卷　(清)張松孫等纂修　清乾隆五十一年(1786)刻本　一册　存一卷(六)

330000－1701－0091574　G609048　集部/總集類/彙編之屬

宋詩鈔初集八十四種　(清)吕留良　(清)吴之振　(清)吴爾堯編　清康熙十年(1671)洲錢吴氏鑑古堂刻本　一册　存一種

330000－1701－0091575　G606766　類叢部/叢書類/彙編之屬

邵武徐氏叢書初刻十四種　(清)徐幹編　清光緒邵武徐氏刻本　一册　存一種

330000－1701－0091577　G602332　史部/地理類/方志之屬/郡縣志

[同治]景寧縣志十四卷首一卷末一卷　(清)周杰修　(清)嚴用光等纂　清同治十一年至十二年(1872－1873)刻本　八册

330000－1701－0091578　G611345　類叢部/叢書類/彙編之屬

湖海樓叢書十二種　(清)陳春編　清嘉慶蕭山陳氏湖海樓刻光緒八年(1882)印本　三十一册　存十一種

330000－1701－0091581　G609049　類叢部/叢書類/彙編之屬

武英殿聚珍版書一百四十八種　清乾隆四十二年(1777)福建刻道光至同治遞修光緒二十一年(1895)增刻本　三册　存二種

330000－1701－0091583　G005581　子部/醫家類/醫案之屬/温病之屬

種福堂公選温熱論醫案四卷　(清)葉桂撰　清維揚文富堂刻本　一册　存二卷(一至二)

330000－1701－0091584　G606767　類叢部/叢書類/彙編之屬

邵武徐氏叢書二集八種　(清)徐幹編　清光緒邵武徐氏刻本　七册　存五種

330000－1701－0091587　G005650、G006138　子部/宗教類/佛教之屬/諸宗

天童和尚闢妄救略説十卷　(明)釋圓悟撰　(明)釋真啓編　明崇禎刻本　四册

330000－1701－0091589　G005651　子部/宗教類/佛教之屬/大藏

徑山藏　明萬曆十七年(1589)至清嘉慶五臺、嘉興、徑山等地刻本　三册　存一種

330000－1701－0091590　G602333　史部/地理類/方志之屬/郡縣志

[同治]麗水縣志十五卷　(清)彭潤章等纂修　清同治十三年(1874)刻本　七册　缺一卷(一)

330000－1701－0091591　G005582　史部/政書類/邦計之屬

田租錢糧册式不分卷　清抄本　一册

330000－1701－0091593　G005652　子部/宗教類/佛教之屬/諸宗

佛祖心髓十卷　(清)釋達如輯　清光緒十三年(1887)木活字印本　四册

330000－1701－0091594　G611346　史部/政書類/儀制之屬/專志/謚法

皇朝謚法考五卷續編一卷補編一卷　(清)鮑康輯　**皇朝謚法考續補編一卷**　(清)徐士鑾輯　清同治三年至十一年(1864－1872)刻本　二册

330000－1701－0091595　G005583　集部/總集類/選集之屬/通代

選篇撮要一卷　清抄本　一册

330000－1701－0091600　G005584　集部/別集類/清別集
葛湄日劄七卷　(清)徐樊撰　清木活字印本　汪德振題記並批　一冊　存一卷(二)

330000－1701－0091603　G005653　史部/傳記類/總傳之屬/釋道
隋天台智者大師[釋智顗]別傳一卷　(隋)釋灌頂撰　清光緒五年(1879)刻本　一冊

330000－1701－0091605　G602334　類叢部/叢書類/彙編之屬
申報館叢書正集五十七種附錄三種續集一百四十二種　(清)尊聞閣主編　蔡爾康編續集　清同治至光緒上海申報館鉛印本　一冊　存一種

330000－1701－0091606　G611347　子部/宗教類/佛教之屬/諸宗
相宗八要解八種　(明)釋明昱撰　清光緒二十八年(1902)金陵刻經處刻本　三冊

330000－1701－0091607　G609051、G610183、G609645　類叢部/叢書類/彙編之屬
刻鵠齋叢書十六種　(清)胡念修編　清光緒二十三年至二十七年(1897－1901)刻鵠齋刻本　四冊　存二種

330000－1701－0091608　G607234　史部/編年類/通代之屬
資治通鑑二百九十四卷目錄三十卷　(宋)司馬光撰　(元)胡三省音注　清光緒二十六年(1900)圖書集成局鉛印本　十六冊　存一百十二卷(目錄八至十四、二十三至三十,一至三十五、一百五十六至一百六十一、一百八十三至一百九十七、二百十一至二百二十四、二百三十二至二百五十八)

330000－1701－0091609　G005585　經部/三禮總義類/通禮雜禮之屬
文公家禮儀節八卷　(宋)朱熹編　(明)楊慎輯　清五雲樓刻本　四冊

330000－1701－0091611　G611348　集部/總集類/選集之屬/斷代
唐文粹補遺二十六卷　(清)郭麐輯　清嘉慶二十四年(1819)金勇刻本　七冊　存二十二卷(一至五、十至二十六)

330000－1701－0091612　G606769　集部/總集類/選集之屬/通代
五七言今體詩鈔十八卷　(清)姚鼐輯　清同治七年(1868)湘鄉曾氏刻本　二冊

330000－1701－0091613　G609052、G609657、G609658、G007675　集部/別集類/清別集
木雞書屋文鈔四卷文二集六卷三集八卷四集六卷五集六卷　(清)黃金臺撰　清道光五年至咸豐元年(1825－1851)刻同治十年(1871)黃晉馚心窗樓補刻本　五冊　存十八卷(一至四、三集一至八、四集一至三、五集一至三)

330000－1701－0091614　G607235　史部/編年類/通代之屬
續資治通鑑二百二十卷　(清)畢沅撰　清光緒二十六年(1900)圖書集成局鉛印本　十四冊　存一百五卷(三十八至五十二、九十二至一百十二、一百三十至一百四十四、一百六十至二百十三)

330000－1701－0091615　G609053　史部/傳記類/別傳之屬/事狀
長沙張文達公榮哀錄四卷　陳毅輯　清宣統元年(1909)鉛印本　一冊

330000－1701－0091616　G606770　集部/詩文評類/文評之屬
文心雕龍十卷　(南朝梁)劉勰撰　(清)黃叔琳輯注　(清)紀昀評　清道光十三年(1833)盧坤兩廣節署刻朱墨套印本　守愚題記　四冊

330000－1701－0091617　G609054　集部/別集類/清別集
姚鏡塘先生全集十卷　(清)姚學塽撰　清光緒九年(1883)東陽學署尊經閣刻本　一冊　存二卷(竹素齋古文遺稿二至三)

330000－1701－0091618　G602335　史部/雜史類/斷代之屬

李秀成供一卷　（太平天國）李秀成撰　清同治刻本　二冊

330000－1701－0091619　G005654　子部/宗教類/佛教之屬
寶鏡三昧本義一卷附本文　（清）釋行策撰
寶鏡三昧原宗辨謬說一卷　（清）釋淨訥撰
清光緒三十年（1904）刻本　一冊

330000－1701－0091620　G611349　集部/別集類/清別集
板橋集六卷　（清）鄭燮撰　清清暉書屋刻本　一冊　存一卷（板橋詩鈔一）

330000－1701－0091621　G607236　史部/編年類/通代之屬
資治通鑑二百九十四卷目錄三十卷　（宋）司馬光撰　（元）胡三省音注　清光緒二十六年（1900）圖書集成局鉛印本　一冊　存八卷（目錄二十三至三十）

330000－1701－0091624　G609055　類叢部/叢書類/彙編之屬
別下齋叢書初集二十三種　（清）蔣光煦編　清道光海昌蔣氏別下齋刻本　四冊　存一種

330000－1701－0091625　G606771　子部/雜著類/雜考之屬
讀書雜志八十二卷餘編二卷　（清）王念孫撰　清同治九年（1870）金陵書局刻本　十六冊　存五十三卷（漢書一至十三，墨子一至六，荀子一至八、補遺，淮南内篇一至二十二、補遺，漢隸拾遺一至二）

330000－1701－0091626　G005745　集部/總集類/選集之屬/通代
日一卷月一卷　（清）□□撰　稿本　一冊

330000－1701－0091628　G608693　史部/地理類/雜志之屬
湖墅小志四卷　（清）高鵬年輯　清光緒二十二年（1896）石印本　一冊　存二卷（一至二）

330000－1701－0091629　G607237　子部/藝術類/書畫之屬/總論
庚子銷夏記八卷　（清）孫承澤撰　清宣統三年（1911）掃葉山房石印本　四冊

330000－1701－0091630　G005746　集部/曲類/寶卷之屬
白蛇傳不分卷　清抄本　一冊

330000－1701－0091631　G005655　子部/宗教類/佛教之屬/經
楞嚴正脉十卷懸示一卷　（明）釋真鑑撰　明崇禎六年（1633）刻本　六冊

330000－1701－0091632　G608694、G610044、G612154　史部/編年類/斷代之屬
[咸豐朝]東華續錄六十九卷　潘頤福編　清光緒十八年（1892）上海圖書集成印書局鉛印本　十六冊

330000－1701－0091634　G005944　史部/目録類
古越徐氏所刻書目一卷　（清）徐樹蘭編　清末墨潤堂刻本　一冊

330000－1701－0091636　G607238　史部/編年類/通代之屬
資治通鑑二百九十四卷目錄三十卷　（宋）司馬光撰　（元）胡三省音注　清光緒二十六年（1900）圖書集成局鉛印本　二十二冊　存一百六十三卷（目錄一至三十、五十一至一百二十七、二百三十二至二百三十八、二百四十六至二百九十四）

330000－1701－0091638　G606772　史部/紀傳類/正史之屬
明史分稿殘編二卷　（清）方象瑛撰　清光緒二十年（1894）泉唐汪氏刻朱印本　一冊　存一卷（下）

330000－1701－0091640　G606773　集部/總集類/選集之屬/通代
重訂文選集評十五卷首一卷末一卷　（清）于光華輯　清乾隆四十六年（1781）心簡齋刻本　一冊　存二卷（八至九）

330000－1701－0091641　G005586　集部/小說類/短篇之屬
黃孝子萬里尋親紀程一卷　（清）歸莊撰　清

抄本　一册

330000－1701－0091642　G611352　史部/政書類/邦計之屬
兩浙宦游紀畧四種　(清)戴槃撰　清同治七年(1868)刻本　一册　存三種

330000－1701－0091643　G005690　子部/宗教類/佛教之屬/經
雜阿含經五十卷　(南朝宋)釋求那跋陀羅譯　清光緒十年至十四年(1884－1888)常熟刻經處刻民國二十二年(1933)金陵刻經處重修本　十二册

330000－1701－0091644　M006871　經部/叢編
十三經古注　(明)葛鼒　(明)金蟠校　清同治十一年(1872)山東書局刻民國十四年(1925)印本　三册　存一種

330000－1701－0091648　G005587　經部/四書類/總義之屬/傳說
四書集註十九卷　(宋)朱熹撰　清慎詒堂刻本　一册　存五卷(論語一至五)

330000－1701－0091649　G608692、G609521　類叢部/叢書類/家集之屬
左海續集十一種　(清)陳壽祺　(清)陳喬樅撰　清道光至同治刻本　十一册　存二種

330000－1701－0091650　G607239　類叢部/類書類/通類之屬
淵鑑類函四百五十卷　(清)張英　(清)王士禎等纂　清光緒九年(1883)上海點石齋石印本　十册

330000－1701－0091651　G005805　子部/宗教類/佛教之屬/經
金剛般若波羅蜜經一卷　清光緒二十二年(1896)抄本　一册

330000－1701－0091652　G005806　子部/宗教類/佛教之屬/經
佛說大阿彌陀經二卷　(宋)王日休校正　明末刻本　一册

330000－1701－0091654　G005807　子部/醫家類/診法之屬/脈經脈訣
瀕湖脈學一卷奇經八脈攷一卷　(明)李時珍撰　清刻本　一册

330000－1701－0091655　G005588、G008689、G011041、G009838　新學/史志/臣民傳記
華盛頓傳八卷七十六章　(清)黎汝謙　(清)蔡國昭譯　清光緒十二年(1886)鉛印本　八册

330000－1701－0091657　M603116　子部/宗教類/佛教之屬/大藏
頻伽精舍校刊大藏經　釋宗仰等輯　清宣統元年至民國二年(1909－1913)迦陵羅詩氏頻伽精舍上海鉛印本　四十册　存一百四十六種

330000－1701－0091659　G609056　史部/編年類/通代之屬
資治通鑑綱目全書四種　(明)陳仁錫評閱　清刻本　一册　存一種

330000－1701－0091660　G005657　類叢部/叢書類/彙編之屬
說鈴前集三十七種後集十六種　(清)吳震方編　清嘉慶四年(1799)刻本　一册　存二種

330000－1701－0091661　G005808　子部/宗教類/佛教之屬/諸宗
龍舒淨土文十卷　(宋)王日休撰　清刻本　一册

330000－1701－0091665　G608697　類叢部/叢書類/彙編之屬
讀畫齋叢書四十六種　(清)顧修編　清嘉慶四年至十六年(1799－1811)桐川顧氏刻本　五十六册　存四十三種

330000－1701－0091666　G005658、G008283、G009055　史部/政書類/邦計之屬/錢幣
錢穀備要十卷　(清)王又槐輯　清刻本　三册　存三卷(六至七、九)

330000－1701－0091669　G005589　經部/四書類/總義之屬/傳說

四書集註十九卷 (宋)朱熹撰 清末鉛印本 一册 存二卷(孟子四至五)

330000－1701－0091672 G607347、G609057 史部/地理類/水利之屬

安瀾紀要二卷 (清)徐端撰 清道光九年(1829)刻本 二册

330000－1701－0091673 G005659 集部/别集類/清别集

集百家姓全字雜詠四卷 (清)李日爔撰 清同治七年(1868)竹素山房刻本 一册

330000－1701－0091674 M006873 子部/宗教類/道教之屬/戒律

古佛應驗明聖經三卷 (清)胡萬安注 清刻民國十年(1921)補刻本 一册

330000－1701－0091677 G005809 子部/醫家類/類編之屬

本草醫方合編 (清)汪昂編 清刻本 五册 缺一卷(醫方集解一)

330000－1701－0091679 G609058、G607708 子部/雜著類/雜考之屬

讀書雜志八十二卷餘編二卷 (清)王念孫撰 清同治九年(1870)金陵書局刻本 二十四册

330000－1701－0091680 G602340 史部/目録類

葉氏存古叢書四種 葉銘輯 清宣統二年(1910)西泠印社鉛印本 二册

330000－1701－0091681 G005810 子部/雜著類/雜纂之屬

盤錄選二卷 清抄本 一册

330000－1701－0091684 G602341 史部/目録類

葉氏存古叢書四種 葉銘輯 清宣統二年(1910)西泠印社鉛印本 一册 存二種

330000－1701－0091686 G606775 集部/别集類/清别集

遜學齋文鈔十二卷首一卷末一卷續鈔五卷詩鈔十卷續鈔五卷 (清)孫衣言撰 清同治三年(1864)、十二年(1873)刻光緒增刻本 十二册

330000－1701－0091688 G607242 史部/地理類/山川之屬/山志

京口三山志 (清)□□輯 清同治至光緒刻本 二册 存一種

330000－1701－0091692 G607244、G607243 史部/地理類/山川之屬/山志

京口三山志 (清)□□輯 清同治至光緒刻本 十册 存二種

330000－1701－0091694 G606776 集部/總集類/郡邑之屬

兩浙輶軒續錄五十四卷補遺六卷姓氏韻編二卷 (清)潘衍桐輯 清光緒十七年(1891)浙江書局刻本 三十二册 存四十九卷(一至二十八、三十五至五十四,姓氏韻編一)

330000－1701－0091695 G607245 史部/地理類/山川之屬/山志

京口三山志 (清)□□輯 清同治至光緒刻本 六册 存一種

330000－1701－0091699 G609059 經部/叢編

十三經古注 (明)葛鼒 (明)金蟠校 明崇禎十二年(1639)金蟠刻清同治八年(1869)浙江書局重修本 八册 存一種

330000－1701－0091700 G607646、G602343、G609808 集部/别集類/清别集

弢園文錄八卷文錄外編十二卷 (清)王韜撰 清光緒二十三年(1897)長洲王氏滬上鉛印本 六册 存十二卷(外編一至十二)

330000－1701－0091704 G607246 集部/總集類/選集之屬/通代

文選六十卷 (南朝梁)蕭統輯 (唐)李善注 **文選考異十卷** (清)胡克家撰 清光緒六年(1880)四明林氏刻本 二十四册

330000－1701－0091707 G607247 類叢部/類書類/專類之屬

子史精華一百六十卷　(清)吳士玉　(清)吳襄等輯　清刻本　四十七册　缺三卷(八十九至九十一)

330000－1701－0091708　G609062、G609185　類叢部/叢書類/郡邑之屬

武林掌故叢編一百八十七種　(清)丁丙編　清光緒三年至二十六年(1877－1900)錢塘丁氏嘉惠堂刻本　十六册　存十二種

330000－1701－0091712　G005811　子部/宗教類/佛教之屬/論

唯識二十論一卷　(天竺)世親菩薩造　(唐)釋玄奘譯　**唯識二十論述記四卷**　(唐)釋窺基撰　清宣統二年(1910)江西刻經處刻本　一册　存二卷(唯識二十論述記三至四)

330000－1701－0091716　G607248　史部/地理類

小方壺齋輿地叢鈔十二帙　(清)王錫祺輯　清光緒十七年(1891)上海著易堂鉛印本　四十九册　存一千七百七十五種

330000－1701－0091727　G611353、G609239　史部/傳記類/别傳之屬/年譜

孔孟編年三種　(清)狄子奇輯　清光緒十三年(1887)浙江書局刻本　二册　存二種

330000－1701－0091730　G606777　集部/總集類/郡邑之屬

兩浙輶軒續錄五十四卷補遺六卷姓氏韻編二卷　(清)潘衍桐輯　清光緒十七年(1891)浙江書局刻本　四十册

330000－1701－0091732　民 813.57/6500　集部/小説類/長篇之屬

立憲後之新國民初編二卷十回　(清)嘯廬主人撰　清光緒三十二年(1906)點石齋石印本　一册

330000－1701－0091734　G611354　史部/傳記類/别傳之屬/年譜

孔孟編年三種　(清)狄子奇輯　清光緒十三年(1887)浙江書局刻本　一册　存一種

330000－1701－0091738　G611355　史部/史抄類

南史識小錄十四卷北史識小錄十四卷　(清)沈名蓀　(清)朱昆田輯　(清)張應昌補正　清同治十年(1871)武林吳氏清來堂刻本　章嶔題記　十二册

330000－1701－0091741　G606778　集部/别集類/清别集

韻山堂詩集七卷補遺一卷　(清)王文誥撰　清光緒十四年(1888)浙江書局刻本　一册

330000－1701－0091742　G005590　集部/别集類/清别集

滑疑集八卷　(清)韓錫胙撰　(清)宗稷辰重編　清咸豐五年(1855)石門山房刻光緒十六年(1890)補修本　三册　存六卷(三至八)

330000－1701－0091744　G606779　子部/藝術類/遊藝之屬/聯語

楹聯叢話十二卷續話四卷　(清)梁章鉅輯　清刻本　二册　存六卷(四至九)

330000－1701－0091745　G611356、G612297　集部/别集類/清别集

邃懷堂全集三十八卷　(清)袁翼撰　清光緒十三年至十四年(1887－1888)袁鎮嵩刻本　十八册　缺四卷(駢文箋註一至四)

330000－1701－0091747　G606780　集部/别集類/清别集

劫餘存稿一卷　(清)吳受藻撰　(清)吳積鑑編　**劫餘存稿一卷**　(清)王鼎詩撰　(清)朱世篁編　清同治七年(1868)錢唐汪氏振綺堂刻本　一册

330000－1701－0091748　G005836　子部/宗教類/佛教之屬/經疏

佛説觀無量壽佛經圖頌一卷附錄一卷　(南朝宋)釋畺良耶舍譯　(明)釋傳燈圖並頌　清刻本　一册

330000－1701－0091750　G005747　史部/傳記類/别傳之屬

壽文祭文雜抄不分卷　(清)□□輯　清抄本　一册

330000－1701－0091751　G606781　集部/別集類/清別集
劫餘存稿一卷　(清)吳受藻撰　(清)吳積鑑編　**劫餘存稿一卷**　(清)王鼎詩撰　(清)朱世篁編　清同治七年(1868)錢唐汪氏振綺堂刻本　一册

330000－1701－0091752　G606782　集部/別集類/清別集
劫餘存稿一卷　(清)吳受藻撰　(清)吳積鑑編　**劫餘存稿一卷**　(清)王鼎詩撰　(清)朱世篁編　清同治七年(1868)錢唐汪氏振綺堂刻本　一册

330000－1701－0091755　G005591　子部/宗教類/佛教之屬/諸宗
教觀綱宗一卷教觀綱宗釋義一卷　(清)釋智旭撰　清光緒刻本　一册

330000－1701－0091756　G005663　史部/地理類/山川之屬/山志
廣雁蕩山誌二十八卷首一卷末一卷　(清)曾唯輯　清乾隆五十五年(1790)曾唯依緑園刻本　一册　存一卷(首)

330000－1701－0091758　G609063　史部/地理類/方志之屬/郡縣志
同治上海縣志三十二卷首一卷末一卷　(清)應寶時等修　(清)俞樾　(清)方宗誠纂　清同治十年(1871)吳門臬署刻十一年(1872)南園志局重校光緒八年(1882)補版印本　十六册

330000－1701－0091759　G606783　集部/總集類/選集之屬/通代
漢魏六朝女子文選二卷　張維輯　清宣統三年(1911)海鹽朱是刻本　一册

330000－1701－0091764　G611357　類叢部/叢書類/自著之屬
槐軒全集二十一種附九種　(清)劉沅撰　清咸豐至民國刻彙印本　一册　存一種

330000－1701－0091765　G005813　集部/別集類/清別集
碧落壺遺稿一卷　(清)沈洪禧撰　**六廉耕墅題翰一卷**　(清)沈秀甲輯　清同治十年(1871)刻本　一册

330000－1701－0091766　G611358　類叢部/叢書類/自著之屬
槐軒全集二十一種附九種　(清)劉沅撰　清咸豐至民國刻彙印本　一册　存一種

330000－1701－0091767　G005748　集部/別集類/清別集
可園遺稿一卷　稿本　一册

330000－1701－0091769　G606784　子部/醫家類/綜合之屬/通論
映雪堂詳校醫宗必讀十卷　(明)李中梓撰　清嘉慶六年(1801)刻本　一册　存二卷(一至二)

330000－1701－0091772　G609064、G607478　集部/總集類/選集之屬/通代
古文淵鑒六十四卷　(清)徐乾學等輯注　清同治十二年(1873)浙江書局刻本　三十一册　存六十二卷(一至六十二)

330000－1701－0091773　G005592　子部/宗教類/佛教之屬/經疏
大佛頂如來密因修證了義諸菩薩萬行首楞嚴經合轍十卷　(明)釋通潤撰　清光緒刻本　七册　存七卷(三至九)

330000－1701－0091774　G005664　史部/傳記類/總傳之屬/仕宦
歷代名臣言行錄二十四卷　(清)朱桓輯　清光緒二十一年(1895)上海宏文閣石印本　一册　存三卷(一至三)

330000－1701－0091777　G606785　集部/別集類/清別集
梅菴遺集三卷　(清)王維祺撰　(清)王棻編　**清芬集續集一卷**　(清)王召修編　清光緒十七年(1891)臨海葉氏蔭玉閣木活字印本　一册

330000－1701－0091779　G005665　史部/政書類/通制之屬

文獻通考詳節二十四卷　（元）馬端臨撰　（清）嚴虞惇輯　清光緒二十五年（1899）上海著易堂書局鉛印本　三冊　存十七卷（一至十七）

330000－1701－0091781　G005749　史部/傳記類/日記之屬
茹古齋日記不分卷（清光緒三十一年至三十四年）　清光緒三十一年至三十四年（1905－1908）稿本　四冊

330000－1701－0091782　G005814　類叢部/叢書類/家集之屬
長洲彭氏家集九種　（清）彭祖賢編　清同治至光緒刻本　一冊　存一種

330000－1701－0091786　G606786　集部/別集類/清別集
錢南園先生遺集五卷　（清）錢灃撰　清光緒十九年（1893）保山劉樹堂浙江書局刻本　二冊

330000－1701－0091788　G609065　集部/總集類/選集之屬/斷代
湖海文傳七十五卷　（清）王昶輯　清道光十七年（1837）經訓堂刻同治五年（1866）印本　二十冊

330000－1701－0091789　G005666　史部/紀傳類/正史之屬
欽定二十四史　清光緒十四年（1888）上海圖書集成印書局鉛印本　六冊　存一種

330000－1701－0091791　G606787　集部/別集類/清別集
大梅山館集四種五十五卷　（清）姚燮撰　清道光十三年至咸豐六年（1833－1856）大梅山館刻本　四冊　存一種

330000－1701－0091792　G005750　集部/總集類/選集之屬/通代
詩本不分卷　（清）雲龍氏編　清抄本　二冊

330000－1701－0091793　G005593、G005679　經部/春秋左傳類/傳說之屬
春秋左傳杜注三十卷首一卷　（清）姚培謙撰　清道光刻朱墨套印本　十二冊　存二十九卷（首、一至十二、十五至三十）

330000－1701－0091794　G005815　子部/宗教類/佛教之屬
體常壽禪師語錄三卷首一卷　（清）釋真林等編　清道光元年（1821）刻本　一冊

330000－1701－0091798　G606788、G607936　類叢部/類書類/通類之屬
通俗編三十八卷　（清）翟灝撰　清乾隆十六年（1751）仁和翟灝無不宜齋刻本　十二冊

330000－1701－0091801　G005667、G010657　經部/易類/傳說之屬
新刻來瞿唐先生易註十五卷首一卷末一卷　（明）來知德撰　（明）凌夫惇圈點　（清）高奣映校　清石印本　八冊

330000－1701－0091802　G609066　類叢部/叢書類/自著之屬
瑞安項氏遺書　（清）項霽撰　清咸豐三年（1853）刻民國二十五年（1936）補刻本　二冊　存一種

330000－1701－0091805　G606789　集部/別集類/清別集
綠雪堂遺集二十卷　（清）王衍梅撰　（清）汪雲任輯　清道光二十年（1840）盱眙汪雲任刻本　六冊

330000－1701－0091806　G005817　子部/藝術類/篆刻之屬/印譜
顧芸閣集古印譜殘頁　明鈐印本　一冊　存葉十

330000－1701－0091807　G611359　類叢部/叢書類/彙編之屬
武英殿聚珍版書一百四十八種　清乾隆四十二年（1777）福建刻道光至同治遞修光緒二十一年（1895）增刻本　四冊　存二種

330000－1701－0091810　G005818　子部/宗教類/佛教之屬/經疏
金剛般若波羅蜜經直解一卷附錄一卷　清同治十年（1871）刻本　一冊

330000－1701－0091811　G005691　史部/地理類/方志之屬/郡縣志

[光緒]餘姚縣志二十七卷首一卷末一卷　(清)周炳麟修　(清)邵友濂　(清)孫德祖纂　清光緒二十五年(1899)刻民國二十四年(1935)重印本　十四册　存二十四卷(首、一至二十三)

330000－1701－0091813　G005819　子部/宗教類/佛教之屬/經

金剛般若波羅蜜經一卷摩訶般若波羅蜜大明咒經一卷　(後秦)釋鳩摩羅什譯　**龍樹山珍全心經註二卷**　(後秦)釋鳩摩羅什　(唐)雲海癯蓮譯　清光緒七年(1881)浙紹山陰縣陡亹寄生氏刻本　一册

330000－1701－0091814　G606790　集部/別集類/清別集

船山詩草二十卷　(清)張問陶撰　清嘉慶二十年(1815)刻本　五册

330000－1701－0091816　G005751、G011654　子部/小説家類/異聞之屬

綴紅簃叢譚四卷　(清)春影詞人手錄　稿本　二册

330000－1701－0091817　G611360　史部/雜史類/斷代之屬

平浙紀略十六卷　(清)秦緗業　(清)陳鍾英撰　清同治十二年(1873)浙江書局刻本　四册

330000－1701－0091821　G611361　子部/天文曆算類/算書之屬

矩齋籌算六種附一種　勞乃宣撰　清光緒刻本　二册　存附一種

330000－1701－0091822　G005752　史部/史抄類

史學綱領一卷　(明)顧充編　(清)蕭承煊增訂　(清)顧先澤　(清)顧先芝音註　清抄本　二册

330000－1701－0091823　G005753　子部/儒家類/儒學之屬/勸學

輶軒語七卷　(清)張之洞撰　清光緒三年(1877)濠上書齋刻本　一册

330000－1701－0091825　G612140、G611362　史部/傳記類/別傳之屬/年譜

孔子編年五卷　(宋)胡仔編　清同治九年(1870)胡湛刻本　二册

330000－1701－0091826　M603117、M606056　子部/宗教類/佛教之屬/大藏

頻伽精舍校刊大藏經　釋宗仰等輯　清宣統元年至民國二年(1909－1913)迦陵羅詩氏頻伽精舍上海鉛印本　十二册　存五種

330000－1701－0091827　G606791　類叢部/叢書類/彙編之屬

式訓堂叢書四十一種　(清)章壽康編　清光緒會稽章氏刻本　清戴穗孫題記　二册　存二種

330000－1701－0091828　G609211、G611363、G612258　新學/史志/諸國史

萬國史畧六卷　(美國)彼德巴利撰　(清)陳壽彭譯　清光緒三十二年(1906)江楚編譯官書局石印本　四册

330000－1701－0091831　G611364　子部/宗教類/佛教之屬/諸宗

大乘止觀法門釋要六卷　(清)釋智旭撰　清光緒二十二年(1896)揚州藏經禪院刻本　二册

330000－1701－0091833　G606792　類叢部/叢書類/郡邑之屬

名家西湖遊記十四種　清光緒錢塘丁氏刻本　一册　存四種

330000－1701－0091835　G010849　史部/傳記類/科舉録之屬/歷科鄉試録

道光庚子鄉試同年錄一卷殿試儀注一卷狀元卷一卷會員卷一卷朝員卷一卷　清道光刻本　一册

330000－1701－0091837　G611365　子部/宗教類/佛教之屬/經疏

大方廣佛華嚴經著述集要二十三種　(清)楊

文會輯　清同治八年至民國六年(1869－1917)如皋刻經處、雞園刻經處、長沙刻經處、金陵刻經處等刻本　一冊　存一種

330000－1701－0091839　G606793　類叢部/叢書類/郡邑之屬
金華叢書六十八種　(清)胡鳳丹編　清同治七年至光緒八年(1868－1882)永康胡氏退補齋刻民國補刻本　六冊　存一種

330000－1701－0091843　G005668　集部/總集類/選集之屬/通代
慧眼山房原本古今文小品八卷　(明)陳天定輯並評　清雍正萬我堂刻本　一冊　存一卷(一)

330000－1701－0091846　G611366　子部/宗教類/佛教之屬/經疏
楞伽阿跋多羅寶經註解四卷　(南朝宋)釋求那跋多羅譯　(明)釋宗泐　(明)釋如玘注　清光緒四年(1878)長沙刻經處刻本　四冊

330000－1701－0091849　G606794　史部/雜史類/斷代之屬
吳中平寇記八卷　(清)錢勖撰　清同治刻本　二冊

330000－1701－0091851　G608728　史部/地理類/方志之屬/郡縣志
[光緒]餘姚縣志二十七卷首一卷末一卷　(清)周炳麟修　(清)邵友濂　(清)孫德祖纂　清光緒二十五年(1899)刻本　一冊　存一卷(首)

330000－1701－0091854　G606795　史部/傳記類/別傳之屬/年譜
朱子年譜四卷考異四卷　(清)王懋竑撰　**朱子論學切要語二卷**　(清)王懋竑輯　清乾隆十七年(1752)寶應王氏白田草堂刻本　一冊　存四卷(考異一至四)

330000－1701－0091857　G005669　史部/傳記類/別傳之屬/事狀
先通議大夫春山公軼事一卷　(清)陳瀚撰　清光緒三十年(1904)鋤經齋刻字店刻本　一冊

330000－1701－0091861　G609070　集部/別集類/清別集
培遠堂手札節存三卷　(清)陳弘謀撰　清光緒二十五年(1899)浙江官書局刻朱墨套印本　二冊　存二卷(一至二)

330000－1701－0091863　G606796　類叢部/叢書類/自著之屬
曾文正公全集十六種　(清)曾國藩撰　清同治至光緒傳忠書局刻本　一冊　存一種

330000－1701－0091866　G609071　子部/宗教類/佛教之屬/諸宗
高峯大師語錄一卷　(元)釋原妙撰　清光緒二年(1876)福德因緣堂刻本　一冊

330000－1701－0091872　G606797　類叢部/叢書類/郡邑之屬
永嘉叢書十三種　(清)孫衣言編　清同治至光緒瑞安孫氏詒善祠塾刻本　五冊　存二種

330000－1701－0091873　G609072　經部/叢編
御纂七經五種　(清)李光地等撰　清同治六年至九年(1867－1870)浙江書局刻本　十二冊　存一種

330000－1701－0091877　G609073　經部/叢編
御纂七經五種　(清)李光地等撰　清同治六年至九年(1867－1870)浙江書局刻本　十冊　存一種

330000－1701－0091879　G606798　類叢部/叢書類/自著之屬
章氏遺書二種　(清)章學誠撰　清道光十二年至十三年(1832－1833)會稽章華紱刻浙江書局補刻本　一冊　存一種

330000－1701－0091884　G606799　史部/地理類/總志之屬
歷代輿地沿革險要圖說一卷　楊守敬　饒敦秩撰　王尚德繪　清光緒二十四年(1898)上海鑄記書局石印本　一冊

330000－1701－0091890　G005820　集部/別集類/清別集
樂研田齋遺詩一卷　(清)邵希棠撰　清光緒十五年(1889)刻本　一册

330000－1701－0091892　G608729、G609457、G611723、G610454　類叢部/叢書類/彙編之屬
暢園叢書甲函六種　(清)張邁編　清光緒二十年(1894)始豐張氏四明刻本　五册

330000－1701－0091893　G005670　史部/地理類/方志之屬/郡縣志
[乾隆]曲阜縣志一百卷　(清)潘相等纂修　清乾隆三十九年(1774)刻本　二册　存十一卷(一至二、五十三至六十一)

330000－1701－0091894　M603115　子部/宗教類/佛教之屬/大藏
頻伽精舍校刊大藏經　釋宗仰等輯　清宣統元年至民國二年(1909－1913)迦陵羅詩氏頻伽精舍上海鉛印本　三十一册　存一百二十一種

330000－1701－0091897　G005672　史部/傳記類/日記之屬
南遊日記一卷(清道光二十年三月初八至六月初六)南遊詩草一卷　(清)胡佳楠撰　清道光二十一年(1841)時雨山房刻本　一册

330000－1701－0091898　G608731　集部/別集類/清別集
適安廬詩鈔二卷附詞鈔一卷　(清)王汝鼎撰　清光緒二十一年(1895)刻本　二册

330000－1701－0091899　G604827　集部/別集類/清別集
石笥山房集二十四卷　(清)胡天游撰　清咸豐二年(1852)山陰胡鳴泰刻本　四册　存八卷(石笥山房文集卷二至六、補遺一、石笥山房詩集一至二)

330000－1701－0091900　G005757　子部/宗教類/佛教之屬/諸宗
慧日永明智覺壽禪師山居詩一卷　(宋)釋延壽撰　(宋)布衲雍禪師　(宋)鏡中圓禪師次韻　**中峯和尚懷淨土詩一卷**　(元)釋明本撰　清光緒二十五年(1899)天寧禪寺刻本　一册

330000－1701－0091904　G005759　集部/總集類/選集之屬/斷代
雜詩一卷　稿本　一册

330000－1701－0091910　G005760　子部/宗教類/佛教之屬/諸宗
淨土生無生論會集不分卷　(明)釋傳燈撰　(清)釋達默集　清道光二十九年(1849)刻本　一册

330000－1701－0091912　G005824　史部/目録類/總録之屬/私撰
書目答問五卷別錄一卷國朝著述諸家姓名略一卷輶軒語一卷　(清)張之洞撰　清光緒刻本　清孟晉齋居士題記　二册

330000－1701－0091914　G611369、G612176　史部/地理類/方志之屬/郡縣志
[同治]南康縣志十四卷首一卷　(清)沈恩華修　(清)盧鼎峋纂　清同治十一年(1872)刻本　六册

330000－1701－0091916　G608720、G609265　類叢部/叢書類/彙編之屬
新斠平津館叢書十集三十四種　(清)孫星衍編　清光緒十年至十一年(1884－1885)吳縣朱氏槐廬家塾刻十五年至十七年(1889－1891)補刻本　二册　存二種

330000－1701－0091919　G611370　子部/宗教類/佛教之屬/經
楞伽阿跋多羅寶經會譯四卷　(南朝宋)釋求那跋陀羅初譯　(北魏)釋菩提留支再譯　(唐)釋實叉難陀後譯　(明)釋員珂會合　清光緒三十四年(1908)金陵刻經處刻本　四册

330000－1701－0091921　G005761　史部/金石類/石之屬/文字
景完碑一卷　清同伯氏抄本　一册

330000－1701－0091929　G005762　集部/別

集類/清別集
醉菊山人詩草一卷 (清)醉菊山人撰 清光緒二十六年(1900)稿本 一册

330000－1701－0091931 G608721、G609506 史部/目録類/總録之屬/私撰
華延年室題跋二卷殘明大統曆一卷殘明宰輔年表一卷 (清)傅以禮撰 **藹廬題跋一卷** (清)傅栻撰 清宣統元年(1909)餘杭俞人蔚鉛印本 三册

330000－1701－0091933 G005884 子部/宗教類/道教之屬
悟性窮原一卷 (清)涵谷子撰 清刻本 一册

330000－1701－0091936 G005763 集部/總集類/選集之屬/通代
歷代金石詩錄□□卷 周慶雲撰 清末刻藍印本 一册 存一卷(十七)

330000－1701－0091939 G611371 類叢部/叢書類/彙編之屬
文選樓叢書三十三種 (清)阮亨編 清嘉慶至道光阮元刻道光二十二年(1842)阮亨彙印本 二册 存一種

330000－1701－0091941 G005764 史部/史評類/史論之屬
讀史論贊一卷 清光緒刻本 一册

330000－1701－0091946 G609074 經部/叢編
御纂七經五種 (清)李光地等撰 清同治六年至九年(1867－1870)浙江書局刻本 七册 存一種

330000－1701－0091948 G609076 經部/叢編
御纂七經五種 (清)李光地等撰 清同治六年至九年(1867－1870)浙江書局刻本 二册 存一種

330000－1701－0091949 G606800 子部/藝術類/書畫之屬/畫譜
玲瓏雪月山房畫譜不分卷 (清)鮑瑩繪 清光緒三十三年(1907)石印本 一册

330000－1701－0091951 G608722 子部/兵家類
中國歷史戰爭形勢圖說附論二卷 盧彤撰 清宣統二年(1910)武昌同倫學社鉛印本 一册

330000－1701－0091952 G609077 經部/叢編
御纂七經五種 (清)李光地等撰 清同治六年至九年(1867－1870)浙江書局刻本 四册 存一種

330000－1701－0091954 G608723 史部/目録類/總録之屬/官修
杭州藏書樓書目一卷 邵章編 清光緒二十八年(1902)刻朱印本 一册

330000－1701－0091955 G611372 類叢部/叢書類/自著之屬
煙嶼樓集四種 (清)徐時棟撰 清同治至光緒刻彙印本 四册 存二種

330000－1701－0091956 G005886 子部/宗教類/佛教之屬/經
佛頂尊勝陀羅尼經一卷 (唐)釋佛陀波利譯 **穢跡金剛說神通大滿陀羅尼法術靈要門經一卷** (天竺)釋無能勝譯 清同治九年(1870)、光緒八年(1882)金陵刻經處刻本 一册

330000－1701－0091958 G005765 史部/傳記類/别傳之屬
吴興陳善士竹坪先生百歲仙壽啓一卷 劉錦藻等啓 **朝議大夫覃恩誥封中議大夫卹贈光禄寺卿銜三品封典知府銜候選郎中陳公[竹坪]行狀一卷** 李經方撰 **贈光禄陳公竹坪傳一卷** 嚴廷楨撰 清宣統三年(1911)鉛印本 一册

330000－1701－0091959 G608724、G607894、G609788 集部/詞類/總集之屬
御選歷代詩餘一百二十卷 (清)聖祖玄燁定 (清)沈辰垣等輯 清康熙四十六年(1707)

内府刻本　四十册

330000－1701－0091960　G005826　子部/雜著類

消夏叢鈔三卷　清光緒抄本　一册

330000－1701－0091961　G611373　史部/目録類/專録之屬

經義考三百卷　(清)朱彝尊撰　**經義考總目二卷**　(清)盧見曾編　清光緒二十三年(1897)浙江書局刻本(卷二八六、二九九至三百原缺)　五十册

330000－1701－0091969　G005766　集部/别集類/清别集

詩稿一卷　稿本　二册

330000－1701－0091975　G005888　集部/總集類/選集之屬/通代

古文翼八卷　(清)唐德宜編　清光緒十二年(1886)刻本　七册　存七卷(一至七)

330000－1701－0091976　G005827　子部/藝術類/書畫之屬/畫譜

芥子園畫傳二集九卷三集六卷　(清)王槩　(清)王蓍　(清)王臬輯　清末上海千頃堂石印本　八册

330000－1701－0091977　G005889　集部/詩文評類/文法之屬/文法

初學題類文法合編二卷　(清)楊紀元撰　清光緒五年(1879)刻本　一册

330000－1701－0091978　G005890　子部/宗教類/佛教之屬/經疏

大佛頂如來密因修證了義諸菩薩萬行首楞嚴經十卷　(唐)釋般剌密帝譯　(唐)釋彌伽釋迦譯語　(唐)房融筆受　(元)釋惟則會解　明刻本　五册　存五卷(一至五)

330000－1701－0091981　G609078、G607590、G609972、G610420　史部/政書類

三通　清乾隆十二年至十四年(1747－1749)武英殿刻本　八十八册　存一種

330000－1701－0091982　G611374　子部/天文曆算類/算書之屬

上虞算學堂課藝二卷　(清)支寶枏選　清光緒二十七年(1901)紹興經正書院刻本　二册

330000－1701－0091983　G608725　類叢部/叢書類/自著之屬

曾文正公全集十六種　(清)曾國藩撰　清同治至光緒傳忠書局刻本　三册　存二種

330000－1701－0091984　G609079　史部/編年類/斷代之屬

續資治通鑑長編五百二十卷目録二卷　(宋)李燾撰　清光緒七年(1881)浙江書局刻本　一百二十册

330000－1701－0091985　G005891　史部/傳記類/總傳之屬/忠孝

孝友圖説一卷　清同治十年(1871)旌孝廬刻朱墨套印本　一册

330000－1701－0091987　G005767　子部/宗教類/佛教之屬/經

大方廣佛華嚴經八十卷　(唐)釋實叉難陀譯　**大方廣佛華嚴經入不思議解脱境界普賢行願品一卷**　(唐)釋般若譯　**修華嚴懺九會請佛結壇儀式一卷**　**華嚴普賢行願懺儀一卷**　(宋)釋淨源編集　**復菴和尚華嚴綸貫一卷**　(宋)釋復菴撰　清光緒四年(1878)江右廬山歸宗寺刻本　二十二册

330000－1701－0091990　G608726、G610501　經部/三禮總義類/通禮雜禮之屬

禮書一百五十卷　(宋)陳祥道撰　清嘉慶九年(1804)福清韶溪郭龍光校經堂刻本　二十四册

330000－1701－0091991　G611375、G612149　史部/政書類/通制之屬

吾學録初編二十四卷　(清)吳榮光撰　清同治九年(1870)江蘇書局刻本　六册

330000－1701－0091994　G611376、G612148　子部/儒家類/儒學之屬/蒙學

小學集解六卷　(明)吳訥撰　清同治八年(1869)江蘇書局刻本　四册

330000－1701－0091995　G005673、G008411　集部/總集類/選集之屬/斷代

諸暨詩存十六卷續編四卷附詩餘一卷　（清）酈滋德評選　（清）郭肇增編　**東埭詩鈔一卷**　（清）郭肇撰　（清）戴蘭疇選　（清）酈琮編　清光緒十七年（1891）諸暨酈氏摭古堂刻本　二册　存四卷（續編一至四）

330000－1701－0091998　G005829　集部/別集類/清別集

讀杜略鈔不分卷　清抄本　一册

330000－1701－0091999　G608704、G602579　史部/史表類/斷代之屬

元史氏族表三卷　（清）錢大昕撰　清江蘇書局刻本　二册

330000－1701－0092000　G005830　類叢部/叢書類/自著之屬

陸桴亭先生遺書二十二種　（清）陸世儀撰　（清）唐受祺編　**尊道先生［陸世儀］年譜一卷**　（清）淩錫祺編輯　**桴亭先生［陸世儀］行狀行實一卷**　（清）陳瑚　（清）陸允正撰　清光緒二十五年至二十六年（1899－1900）太倉唐受祺京師刻本　十六册

330000－1701－0092003　G611377　史部/政書類/通制之屬

五代會要三十卷　（宋）王溥撰　清光緒十二年（1886）江蘇書局刻本　章嶔題記　六册

330000－1701－0092005　G005768　集部/別集類/宋別集

潛齋先生文集十一卷末一卷目錄二卷　（宋）何夢桂撰　清光緒十九年（1893）何啓培木活字印本　三册　存十二卷（目錄一至二、一至二、五至十一、末）

330000－1701－0092011　G611378　史部/編年類/通代之屬

資治通鑑後編校勘記十五卷　夏震武撰　清光緒二十四年（1898）浙江書局刻本　三册　存十一卷（五至十五）

330000－1701－0092012　G005831　史部/傳記類/別傳之屬/事狀

胡築巖傳一卷　（清）吳全昌撰　清抄本　一册

330000－1701－0092018　G005674　集部/別集類

浙江課吏館試程不分卷　（清）程銘敬撰　稿本　四册

330000－1701－0092019　G608707　類叢部/叢書類/彙編之屬

經訓堂叢書二十一種　（清）畢沅編　清乾隆至嘉慶鎮洋畢氏刻本　三册　存一種

330000－1701－0092021　G005832　史部/叢編

入幕須知五種附一種　（清）張廷驤輯　清光緒刻本　一册　存二種

330000－1701－0092026　G005833　經部/小學類/文字之屬/說文

說文解字注十五卷附六書音均表五卷　（清）段玉裁撰　**說文部目分韻一卷**　（清）陳煥編　清乾隆至嘉慶段氏經韻樓刻同治六年至十一年（1867－1872）蘇州保息局補刻本　六册　存十二卷（一至十二）

330000－1701－0092029　G005893　集部/總集類/氏族之屬

吳興長橋沈氏家集五種　沈家本編　清宣統元年（1909）刻本　十册　缺六卷（星匏館隨筆三至八）

330000－1701－0092030　G611379　子部/叢編

子書百家　（清）崇文書局編　清光緒元年（1875）湖北崇文書局刻本　十册　存六種

330000－1701－0092032　G005675　新學/學校

浙江教育統計圖表一卷　（清）學務公所編　清宣統元年（1909）鉛印本　一册

330000－1701－0092037　G607249　類叢部/叢書類/彙編之屬

祕書廿一種　（清）汪士漢編　清嘉慶九年

(1804)敬書堂刻本　一册　存二種

330000－1701－0092038　G005676　集部/曲類/寶卷之屬

九品蓮臺記二卷九回　(清)釋法彙記述　(清)范珍輯並演詞　清同治十年(1871)常郡金鑑堂刻本　二册

330000－1701－0092041　G005894、G008751　類叢部/叢書類/彙編之屬

郎園先生全書一百二十九種　葉啓倬編　清光緒至民國刻民國二十四年(1935)長沙中國古書刻印社彙印本　二册　存一種

330000－1701－0092043　G611380　史部/地理類/總志之屬/斷代

楚漢諸侯疆域志三卷　(清)劉文淇撰　清光緒二年(1876)金陵刻本　一册

330000－1701－0092046　G607250　集部/詞類/總集之屬

絕妙好詞箋七卷　(宋)周密輯　(清)查爲仁　(清)厲鶚箋　**絕妙好詞續鈔一卷**　(清)余集輯　**絕妙好詞又續鈔一卷**　(清)徐楙補錄　清道光八年(1828)徐楙杭州愛日軒刻本　四册

330000－1701－0092048　G602355　集部/別集類/清別集

倚晴樓集　(清)黄燮清撰　清咸豐至光緒刻本　一册　存一種

330000－1701－0092051　G607251　類叢部/叢書類/彙編之屬

邵武徐氏叢書初刻十四種　(清)徐榦編　清光緒邵武徐氏刻本　二册　存一種

330000－1701－0092052　G606803　子部/雜著類/雜說之屬

能改齋漫錄十八卷　(宋)吳曾撰　清嘉慶臨嘯書屋木活字印本　一册　存二卷(一至二)

330000－1701－0092053　G602351　子部/術數類/陰陽五行之屬

推背圖詳解一卷　**推背圖說一卷**　(周)姜子牙撰　(漢)嚴子陵續輯　**李淳風藏頭詩一卷**　(唐)李淳風撰　**劉伯溫燒餅歌一卷**　(明)劉基撰　**透天玄機一卷**　(明)張貞常　(明)劉伯溫撰　**黄蘖禪師詩一卷迴文碑一卷**　清末東京廣豐書局石印本　一册

330000－1701－0092054　G608732　新學/格致總

便蒙叢書初二集十七種　張一鵬輯　清光緒刻本　一册　存一種

330000－1701－0092055　G607252　類叢部/叢書類/彙編之屬

邵武徐氏叢書初刻十四種　(清)徐榦編　清光緒邵武徐氏刻本　二册　存一種

330000－1701－0092056　G606804　史部/紀傳類/正史之屬

二十四史　清同治至光緒五省官書局據汲古閣本等合刻光緒五年(1879)湖北書局彙印本　一册　存一種

330000－1701－0092058　G602352　史部/傳記類/總傳之屬

國朝畫家書小傳四卷附荔香室小傳一卷　葉銘輯　清宣統元年(1909)西泠印社鉛印本　一册

330000－1701－0092059　G607253、G608367　集部/別集類/明別集

太師誠意伯劉文成公集二十卷首一卷　(明)劉基撰　清光緒二十六年(1900)浙江書局刻民國五年(1916)印本　十册

330000－1701－0092062　G608733　經部/大戴禮記類/分篇之屬

夏小正通釋一卷　(清)梁章鉅撰　清光緒十三年(1887)浙江書局刻本　一册

330000－1701－0092063　G602353　史部/政書類/軍政之屬/兵制

杭州八旗駐防營志略二十五卷　(清)張大昌輯　清光緒十九年(1893)浙江書局刻本　一册　存三卷(十九至二十一)

330000－1701－0092065　G608734、G609487　子部/雜著類/雜說之屬

椒生隨筆八卷詩草六卷續草六卷　(清)王之春撰　清光緒七年(1881)上海文藝齋刻本　三册　存六卷(隨筆一至六)

330000－1701－0092066　G607254　集部/別集類/清別集
顯志堂稿十二卷　(清)馮桂芬撰　清光緒二年(1876)吳縣馮氏校邠廬刻本　四册

330000－1701－0092068　G005769　集部/別集類/唐五代別集
杜甫詩集不分卷　(唐)杜甫撰　清抄本　一册

330000－1701－0092069　G608736　經部/群經總義類/傳說之屬
十三經札記二十二卷附十六卷　(清)朱亦棟撰　清光緒四年(1878)武林竹簡齋刻本　一册　存二種

330000－1701－0092071　G005770　子部/儒家類/儒學之屬/禮教/家訓
傅氏家訓二卷附知事公家傳一卷　(清)傅超撰　清光緒十八年(1892)演慎齋刻本　一册

330000－1701－0092074　G005835　子部/雜著類/雜說之屬
除欲究本六卷指婬斷色篇一卷　(清)董清奇撰　清嘉慶十八年(1813)盡心齋刻本　六册　缺一卷(指婬斷色篇)

330000－1701－0092075　G608737　經部/四書類/總義之屬/傳說
四書考異七十二卷　(清)翟灝撰　清乾隆三十四年(1769)無不宜齋刻本　二册　存十七卷(總考一至十七)

330000－1701－0092076　G005771　史部/政書類/公牘檔册之屬
續纂籌餉事例册不分卷　清咸豐二年(1852)刻本　一册

330000－1701－0092077　G005895　類叢部/叢書類/彙編之屬
平津館叢書八集三十九種　(清)孫星衍編　清嘉慶蘭陵孫氏刻本　一册　存一種

330000－1701－0092078　G005772　集部/總集類/選集之屬/斷代
清四人詩選一卷　(清)佘坤等撰　清抄本　一册

330000－1701－0092079　G005773　史部/政書類/公牘檔册之屬
上虞楊氏捐助鄉試費章程簿一卷　清末刻本　一册

330000－1701－0092080　G005837　子部/儒家類/儒學之屬/性理
思辨錄輯要前集二十二卷後集十三卷附先儒陸子從祀一卷　(清)陸世儀撰　清宣統三年(1911)刻本　八册

330000－1701－0092081　G608739　類叢部/叢書類/自著之屬
所願學齋書鈔四種附一種　(清)沈夢蘭撰　清光緒五年至八年(1879－1882)刻本　一册　存一種

330000－1701－0092084　G005775　子部/醫家類/方書之屬/單方驗方
神驗良方一卷　(清)四勿主人錄　清嘉慶二十三年(1818)四勿主人抄本　一册

330000－1701－0092086　G005776　子部/儒家類/儒學之屬/禮教
陸清獻公治嘉格言一卷　(清)陸隴其撰　清同治七年(1868)上海道署刻本　一册

330000－1701－0092088　G005777　集部/別集類/清別集
望溪先生文集十八卷集外文十卷集外文補遺二卷　(清)方苞撰　**方望溪先生[苞]年譜一卷附錄一卷**　(清)蘇惇元輯　清咸豐元年(1851)戴鈞衡刻二年(1852)增刻本　一册　存二卷(補遺一至二)

330000－1701－0092089　G005898　子部/宗教類/佛教之屬/經
歷朝金剛經持驗紀一卷　(清)沈明哉輯　清光緒十九年(1893)刻本　一册

330000－1701－0092091　G609081、G611759、

G610643　類叢部/叢書類/自著之屬

葵園四種　王先謙撰　清光緒至民國長沙王氏刻本　六冊　存一種

330000－1701－0092098　G611382　史部/金石類/總志之屬

金石存十五卷　(清)吳玉搢撰　清末石印本　三冊　缺五卷(一至五)

330000－1701－0092102　G606805　集部/別集類/清別集

冬暄艸堂遺詩二卷　(清)陳豪撰　清宣統三年(1911)刻本　二冊

330000－1701－0092103　G608740　史部/史評類/詠史之屬

明宮雜詠四卷　(清)毛遇順撰　清道光十九年(1839)刻本　清吳思藻、清少青題記　二冊

330000－1701－0092104　G611383　類叢部/叢書類/彙編之屬

申報館叢書正集五十七種附錄三種續集一百四十二種　(清)尊聞閣主編　蔡爾康編續集　清同治至光緒上海申報館鉛印本　五冊　存一種

330000－1701－0092106　G005899　史部/目錄類/總錄之屬/私撰

觀海堂書目不分卷　楊守敬編　清抄本　二冊

330000－1701－0092107　G606806　史部/傳記類/別傳之屬/事狀

沈文節公事實一卷　(清)沈守廉輯　清光緒八年(1882)京師刻本　一冊

330000－1701－0092109　G609083　集部/別集類/清別集

香葉草堂詩存一卷　(清)羅聘撰　清嘉慶元年(1796)刻道光十四年(1834)印本　一冊

330000－1701－0092111　G611384、G610269　史部/目錄類/書志之屬/題跋

士禮居藏書題跋記六卷　(清)黃丕烈撰　清末石印本　二冊

330000－1701－0092113　G606807　史部/金石類/金之屬/圖像

陶齋吉金錄八卷　(清)端方撰　清光緒三十四年(1908)上海有正書局石印本　一冊　存一卷(六)

330000－1701－0092114　G602356　史部/傳記類/總傳之屬/通代

百將圖傳二卷　(清)丁日昌編　清同治八年(1869)江蘇書局刻本　二冊

330000－1701－0092115　G611385　類叢部/叢書類/彙編之屬

申報館叢書正集五十七種附錄三種續集一百四十二種　(清)尊聞閣主編　蔡爾康編續集　清同治至光緒上海申報館鉛印本　一冊　存一種

330000－1701－0092116　G005838　子部/宗教類/佛教之屬/經

大方廣佛華嚴經八十卷　(唐)釋實叉難陀譯　**大方廣佛華嚴經入不思議解脫境界普賢行願品一卷**　(唐)釋般若譯　清同治七年(1868)刻本　二十八冊

330000－1701－0092117　G608741　史部/政書類/邦計之屬/俸餉

增修籌餉事例條款不分卷籌餉事例一卷增修現行常例一卷　清同治刻本　一冊

330000－1701－0092118　G602358　類叢部/叢書類/彙編之屬

知不足齋叢書一百九十五種　(清)鮑廷博編　(清)鮑士恭續編　清乾隆三十七年至道光三年(1772－1823)長塘鮑氏刻彙印本　三冊　存一種

330000－1701－0092119　G609085　史部/金石類/郡邑之屬/題跋

關中漢唐存碑跋不分卷　(清)王志沂輯　清道光七年(1827)刻本　一冊

330000－1701－0092122　G609086　史部/政書類/儀制之屬/典禮

文廟丁祭譜一卷　(清)藍鍾瑞等撰　清同治

七年(1868)江蘇書局刻本　眉甫題簽　一册

330000－1701－0092125　G005900　子部/儒家類/儒學之屬/蒙學
家塾條規三卷　(清)約盦居士輯　清光緒十五年(1889)石印本　一册

330000－1701－0092126　G609087　史部/政書類/儀制之屬/典禮
文廟丁祭譜一卷　(清)藍鍾瑞等撰　清同治七年(1868)江蘇書局刻本　一册

330000－1701－0092127　G611387　子部/雜著類
遊戲錄二卷　(清)程景沂撰　清刻本　一册

330000－1701－0092128　G606808　經部/小學類/訓詁之屬/爾雅
爾雅三卷　(晉)郭璞注　清光緒九年(1883)黎庶昌日本東京使署刻古逸叢書本　清諸樂三跋　三册

330000－1701－0092133　G608742、G609346、G609885　類叢部/叢書類/自著之屬
柏堂遺書(方柏堂全集)八種附一種　(清)方宗誠撰　清光緒元年至十二年(1875－1886)桐城方氏刻本　六册　存三種

330000－1701－0092137　G609322、G611388　子部/雜著類/雜編之屬
塵談拾雅十種　(清)劉節卿輯　清同治八年(1869)藏修書屋刻本　二册

330000－1701－0092138　G005901　類叢部/叢書類/自著之屬
隨園三十種　(清)袁枚撰　清刻本　十一册　存六種

330000－1701－0092139　G609089、G607355、G608059、G610361　類叢部/類書類/專類之屬
子史精華一百六十卷　(清)吴士玉　(清)吴襄等輯　清刻本　二十册　存六十四卷(十三至十六、二十一至二十三、三十一至五十五、六十四至八十五、八十九至九十二、一百九至一百十一、一百十五至一百十九)

330000－1701－0092142　G602361　集部/小說類/長篇之屬
增像小五義傳二十五卷一百二十四回　(清)石玉崑撰　清光緒十六年(1890)廣百宋齋鉛印本　三册　存十三卷(五至十七)

330000－1701－0092145　G602362、G607490　類叢部/叢書類/自著之屬
歸查叢刻七種　(清)謝希傅撰　清光緒二十四年(1898)東山草堂鉛印本　三册　存六種

330000－1701－0092146　G005778　類叢部/叢書類/郡邑之屬
永嘉叢書十三種　(清)孫衣言編　清同治至光緒瑞安孫氏詒善祠塾刻本　十册　存一種

330000－1701－0092147　G602363、G607500　集部/小說類/短篇之屬
聊齋志異新評十六卷　(清)蒲松齡撰　(清)王士禛評　(清)呂湛恩注　(清)但明倫批　清道光二十二年(1842)廣順但氏刻朱墨套印本　十五册　存十五卷(一至九、十一至十六)

330000－1701－0092149　SZD0232　子部/小說家類
郭景純山海經圖讚一卷　(晉)郭璞撰　清朱駿聲抄本　一册

330000－1701－0092150　G005902　子部/術數類/陰陽五行之屬
推背圖一卷　題(唐)袁天罡撰　(唐)李淳風注　清抄本　一册

330000－1701－0092151　SZD0233　史部/傳記類/總傳之屬/家乘
吳中朱氏史傳一卷　(清)朱駿聲撰　稿本　朱師轍批　一册

330000－1701－0092152　G005839　子部/藝術類/書畫之屬/畫譜
古今名人畫稿初集不分卷二集不分卷三集不分卷　(清)陳伯子輯　清光緒十六年(1890)上海育文書局石印本　四册

330000－1701－0092155　G005840　史部/地

理類/雜志之屬

都門紀略四卷 (清)楊士安編 清同治三年(1864)榮錄堂刻本 一冊 存一卷(都門會館)

330000－1701－0092156 SZD0235 史部/傳記類/别傳之屬/年譜

石隱山人[朱駿聲]自訂年譜一卷 (清)朱駿聲撰 (清)程朝儀續編 清抄本 朱師轍補注並跋 一冊

330000－1701－0092157 G005903 集部/曲類/寶卷之屬

龍圖寶卷一卷 清抄本 一冊

330000－1701－0092158 G611390 子部/小説家類/異聞之屬

見聞隨筆二十六卷 (清)齊學裘撰 清同治十年(1871)天空海闊之居刻本 四冊

330000－1701－0092159 G606809 史部/傳記類/總傳之屬/郡邑

浙江忠義録十卷表八卷又一卷續編二卷續表九卷 (清)浙江采訪忠義總局編 清同治六年(1867)浙江采訪忠義總局刻光緒元年(1875)續刻本 六冊 缺一卷(表八)

330000－1701－0092160 G005779 子部/宗教類/佛教之屬/諸宗

密雲圓悟禪師天童直説九卷 (清)釋道忞 (清)釋通雲 (清)釋通門編 清刻本 四冊

330000－1701－0092161 G609090 類叢部/叢書類/彙編之屬

十萬卷樓叢書五十一種 (清)陸心源編 清光緒歸安陸氏刻本(歲時廣記卷六原缺) 二冊 存一種

330000－1701－0092162 G611391 類叢部/類書類/通類之屬

角山樓增補類腋六十七卷 (清)姚培謙輯 (清)趙克宜增輯 清咸豐七年(1857)丹徒趙克宜角山樓刻十年(1860)重修本 二十冊

330000－1701－0092164 G606810 子部/雜著類/雜纂之屬

格言聯璧二卷 (清)金纓輯 清同治二年(1863)長沙張延珂刻本 二冊

330000－1701－0092165 G005841 子部/藝術類/書畫之屬/畫譜

紉齋畫賸不分卷 (清)陳允升繪 清光緒刻本 一冊

330000－1701－0092167 G005780 史部/傳記類/總傳之屬/家乘

[浙江海寧]朱氏花園支家乘述畧八卷 (清)朱一是纂修 (清)朱朝恩補輯 清刻本 二冊 存五卷(四至八)

330000－1701－0092168 G005781 史部/傳記類/總傳之屬/家乘

[浙江蕭山]蕭山新林周氏宗譜十六卷首二卷 (清)周法等纂修 清咸豐七年(1857)蕭山敬思堂木活字印本 一冊 存一卷(首下)

330000－1701－0092170 G609091、G611645 史部/地理類/雜志之屬

越郡闡幽録十一種 (清)杜寶霨等輯 清同治至宣統刻本 十三冊

330000－1701－0092174 SZD0237 子部/醫家類

軒岐至理不分卷 (清)朱駿聲撰 稿本 朱師轍題簽 一冊

330000－1701－0092175 G606811 集部/别集類/清别集

吴詩集覽二十卷補註二十卷吴詩談藪二卷拾遺一卷 (清)吴偉業撰 (清)靳榮藩注並輯 清乾隆刻本 八冊

330000－1701－0092176 G005842 集部/别集類/明别集

歸震川先生尺牘二卷 (明)歸有光撰 清末中華圖書館石印本 二冊

330000－1701－0092180 G005782 子部/宗教類/佛教之屬/諸宗

大慧普覺禪師語録三十卷 (宋)釋宗杲撰 (宋)釋蘊聞輯 明刻本 一冊 存五卷(一至五)

330000－1701－0092182　G602364　子部/宗教類/佛教之屬/總録
雲棲法彙二十九種　(明)釋袾宏撰　(明)王宇春等輯　清光緒十八年至二十五年(1892－1899)金陵刻經處刻本　一册　存一種

330000－1701－0092183　SZD0238　類叢部/叢書類/自著之屬
安溪李文貞公解義(安溪先生解義三種)三種　(清)李光地撰　清朱駿聲抄本　朱師轍題簽　一册

330000－1701－0092185　G611392　經部/書類/傳說之屬
尚書後案三十卷　(清)王鳴盛撰　清光緒十三年(1887)大同書局石印本　二册

330000－1701－0092186　G606812　集部/詞類/别集之屬
曝書亭集詞註七卷　(清)朱彝尊撰　(清)李富孫注　清嘉慶十九年(1814)嘉興李氏校經廎刻道光九年(1829)補刻本　三册

330000－1701－0092188　G608750、G609419、G612080　類叢部/叢書類/彙編之屬
稗海四十六種續稗海二十四種　(明)商濬編　明萬曆商氏半埜堂刻本　四册　存一種

330000－1701－0092193　G611393　史部/詔令奏議類/奏議之屬
林文忠公政書三集三十七卷　(清)林則徐撰　清光緒二年(1876)鉛印本　八册

330000－1701－0092194　G005783　子部/宗教類/佛教之屬/諸宗
百丈叢林清規證義記九卷首一卷　(唐)釋懷海撰　(清)釋儀潤證義　**地輿名目一卷**　(清)釋儀潤輯　清同治十年(1871)刻本　六册

330000－1701－0092196　G005843　子部/術數類/陰陽五行之屬
參星秘要諏吉便覽不分卷　(清)俞榮寛輯　**選擇備要一卷**　清光緒十四年(1888)刻朱墨套印本　三册

330000－1701－0092197　G005904　集部/詞類/别集之屬
二鄉亭詞註一卷　(清)宋琬撰　清抄本　一册

330000－1701－0092198　SZD0240　類叢部/類書類/通類之屬
漢書雋語四卷　(清)朱駿聲輯　稿本　一册　存一册(所存卷次不詳)

330000－1701－0092200　G611394　子部/雜著類/雜考之屬
覺非盦筆記八卷　(清)顧堃撰　清光緒八年(1882)刻本　一册　存四卷(一至四)

330000－1701－0092204　G005784　史部/地理類/輿圖之屬
南康府輿圖一卷　清末石印本　一册

330000－1701－0092205　G005905　子部/宗教類/佛教之屬/律
毘尼珍敬錄二卷附一卷　(明)釋廣成輯錄　(清)釋智旭會補　清光緒二年(1876)維揚藏經禪院刻本　二册

330000－1701－0092206　G602365　類叢部/叢書類/彙編之屬
邵武徐氏叢書初刻十四種　(清)徐幹編　清光緒邵武徐氏刻本　一册　存二種

330000－1701－0092207　G005785　史部/政書類/邦計之屬/賦稅
財政賦稅一卷　清抄本　一册

330000－1701－0092208　G608745　經部/小學類/文字之屬/說文
說文新附攷六卷續攷一卷　(清)鈕樹玉撰　清同治十三年(1874)湖北崇文書局刻本　一册　缺三卷(一至三)

330000－1701－0092209　G611395、G607671　子部/雜著類/雜說之屬
七修類藁五十一卷續藁七卷　(明)郎瑛撰　清乾隆四十年(1775)耕烟草堂刻本　十一册　存四十三卷(二至二十四、二十八至三十一、三十六至五十一)

330000－1701－0092210　G609093　史部/傳記類/日記之屬

入都日記一卷(清光緒十三年六月十九日至十五年)　(清)李圭撰　清光緒刻本　一册

330000－1701－0092213　G005906　子部/宗教類/佛教之屬/經

入楞伽經十卷　(北魏)釋菩提留支譯　清宣統元年(1909)常州天寧寺刻本　三册

330000－1701－0092215　G005907　子部/宗教類/佛教之屬

護法論一卷　(宋)張商英撰　清光緒九年(1883)長沙刻經處刻本　一册

330000－1701－0092217　SZD0242　子部/雜著類/雜説之屬

學禮瑣録一卷讀史劄記一卷　(清)朱駿聲撰　稿本　一册

330000－1701－0092220　SZD0243　類叢部/叢書類/自著之屬

豐芑先生遺稿五卷　(清)朱駿聲撰　稿本　朱師轍題簽　一册

330000－1701－0092221　G005908　子部/宗教類/佛教之屬/經

過去現在因果經四卷　(南朝宋)釋求那跋陀羅譯　清光緒十年(1884)江北刻經處刻本　二册

330000－1701－0092227　G611396　新學/格致總

格致須知二十八種　(英國)傅蘭雅編　清光緒八年至二十四年(1882－1898)刻本　一册　存一種

330000－1701－0092229　SZD0244　史部/傳記類/總傳之屬/家乘

朱氏宗譜不分卷　(清)朱駿聲編　稿本　一册

330000－1701－0092231　G602367　集部/曲類/彈詞之屬

綉像蘊香丸四卷二十回　清嘉慶雅賢堂刻本　四册

330000－1701－0092236　SZD0245　史部/傳記類/總傳之屬/家乘

朱氏家譜一卷　(清)朱德垣撰　清活字印本　朱師轍題簽並跋　一册

330000－1701－0092240　G608748、G608709　子部/叢編

十子全書　(清)王子興編　清嘉慶九年(1804)姑蘇王氏聚文堂刻本　四册　存三種

330000－1701－0092242　G602368　子部/工藝類/文房四寶之屬/硯

端溪硯史三卷　(清)吴蘭修撰　清咸豐九年(1859)古歙葉硯農刻本　一册

330000－1701－0092249　G005786　集部/别集類/唐五代别集

御選妙覺普度和聖寒山大士詩一卷　(唐)釋寒山子撰　**御選圓覺慈度合聖拾得大士詩一卷**　(唐)釋拾得撰　**中峰淨土詩一卷**　(唐)釋明本撰　清光緒二年(1876)揚州藏經院刻本　一册

330000－1701－0092252　G602369　類叢部/叢書類/彙編之屬

武英殿聚珍版書三十九種　清乾隆浙江刻本　二册　存一種

330000－1701－0092258　G005787　史部/地理類/方志之屬/郡縣志

[嘉慶]硤川續志二十卷　(清)王德浩纂　(清)曹宗載重訂　清嘉慶十七年(1812)刻本　五册　存十七卷(一至三、七至二十)

330000－1701－0092261　G005788　新學/雜著

千奇萬妙不分卷　(比利時)赫爾瞻輯　(清)朱飛輯　清光緒二十九年(1903)滬城土山灣慈母堂印書局鉛印本　一册

330000－1701－0092263　G005909　子部/宗教類/佛教之屬/論

十二門論一卷　(後秦)釋鳩摩羅什譯　清光緒二十一年(1895)金陵刻經處刻本　一册

330000－1701－0092264　SZD0248　集部/别

集類/清別集

臨嘯閣文集補遺一卷 (清)朱駿聲撰 稿本 朱師轍題簽 一冊

330000－1701－0092266 G005789 史部/傳記類/科舉録之屬/歷科鄉試録

[光緒庚子辛丑恩正併科]浙江鄉試卷一卷 (清)劉焜撰 清光緒刻本 一冊

330000－1701－0092270 G611398 類叢部/叢書類/彙編之屬

說鈴前集三十七種後集十六種 (清)吳震方編 清刻本 八冊 存二十五種

330000－1701－0092271 G005790 子部/藝術類/書畫之屬/畫譜

芥子園畫傳五卷 (清)王槩輯 清刻本 二冊 存二卷(二至三)

330000－1701－0092273 SZD0250 經部/小學類/文字之屬/字書/訓蒙

聲母千文一卷 (清)朱駿聲撰 清末石印本 一冊

330000－1701－0092274 G005910 史部/政書類/公牘檔冊之屬

調查福州府閩縣民事習慣問答□□編 清宣統抄本 二冊 存二編(二至三)

330000－1701－0092276 SZD0251 經部/小學類/文字之屬/字書/訓蒙

聲母千文一卷 (清)朱駿聲撰 清刻說文通訓定聲本 朱孔彰批校 一冊

330000－1701－0092277 G005911 子部/宗教類/佛教之屬/論

阿毘達磨俱舍論三十卷 (天竺)世親菩薩造 (唐)釋玄奘譯 清宣統三年(1911)常州天寧寺刻本 二冊 存十卷(一至十)

330000－1701－0092286 G005912 集部/別集類/清別集

朔風吟略十一卷 (清)劉秉琳撰 清光緒二年(1876)津門道署刻本 二冊

330000－1701－0092290 G005844 子部/叢編

指南歸宗錄 清咸豐元年(1851)刻本 二冊

330000－1701－0092291 G606813 集部/總集類/酬唱之屬

清尊集十六卷 (清)汪遠孫撰輯 清道光十九年(1839)錢塘汪氏振綺堂刻本 四冊

330000－1701－0092292 M608185、M603818 類叢部/叢書類/彙編之屬

鐵琴銅劍樓叢書十三種 瞿啓甲編 清光緒至民國刻本暨影印本 四冊 存一種

330000－1701－0092302 G606814 集部/別集類/清別集

蠡城吟草四卷 傅崇黻撰 清宣統元年(1909)鉛印本 一冊

330000－1701－0092306 G606815、G607726 集部/總集類/選集之屬/斷代

唐詩諧律二卷 (清)沈寶青選 清光緒十六年(1890)溧陽沈氏刻本 二冊

330000－1701－0092308 G608710 類叢部/叢書類/彙編之屬

榆園叢刻十五種附一種 (清)許增編 清同治至光緒刻本 一冊 存一種

330000－1701－0092311 G005845 子部/儒家類/儒學之屬/禮教

人生必讀書十二卷前一卷首一卷末一卷後一卷 (清)鄒祖堂輯 清同治十年(1871)周氏刻本 一冊 存四卷(前、首、一至二)

330000－1701－0092312 G606816 集部/別集類/清別集

曼志堂遺稿二卷 (清)曹壽銘撰 清同治九年(1870)甬上鐵耕齋刻本 一冊

330000－1701－0092313 G005914 子部/宗教類/佛教之屬/經疏

佛說四十二章經註一卷佛遺教經註一卷 (宋)釋守遂註 (明)釋了童補註 清光緒五年(1879)長沙刻經處刻本 一冊

330000－1701－0092314 G608714 集部/小

說類/短篇之屬

聊齋志異新評十六卷 (清)蒲松齡撰 (清)王士禛評 (清)呂湛恩注 (清)但明倫批 清道光二十二年(1842)廣順但氏刻朱墨套印本 一冊 存一卷(十)

330000－1701－0092316 G606817 子部/叢編

二十二子(二十二子彙函) (清)浙江書局編 清光緒元年至三年(1875－1877)浙江書局刻本 一冊 存一種

330000－1701－0092318 G609095 類叢部/叢書類/自著之屬

儆居遺書十一種 (清)黄式三撰 清同治至光緒刻本 一冊 存一種

330000－1701－0092319 G602371 史部/地理類/雜志之屬

繪圖上海雜記八卷 (清)吴友如繪 (清)藜牀卧讀生 (管斯駿)撰 清光緒三十一年(1905)上海文寶書局石印本 三冊 存五卷(一至五)

330000－1701－0092323 G606818 子部/叢編

子書百家 (清)崇文書局編 清光緒元年(1875)湖北崇文書局刻本 十二冊 存十三種

330000－1701－0092326 G602372 集部/別集類/清別集

御製避暑山莊詩一卷 (清)聖祖玄燁撰 (清)揆敘等注 **御製圓明園詩一卷** (清)世宗胤禛撰 (清)鄂爾泰 (清)張廷玉等注 清末大同書局石印本 二冊

330000－1701－0092328 G609096、G611602 集部/別集類/清別集

姜先生全集三十三卷首一卷附錄二卷 (清)姜宸英撰 (清)馮保燮 (清)王定祥重編 清光緒十五年(1889)慈谿馮氏毋自欺齋刻本(附錄二卷原缺) 十五冊 缺二卷(湛園未定稿六至七)

330000－1701－0092331 G005915 子部/宗教類/佛教之屬/經

出曜經二十卷 (天竺)法救尊者造 (後秦)釋竺佛念譯 清光緒十五年(1889)江北刻經處刻本 七冊

330000－1701－0092335 G606819 集部/別集類/清別集

韻山堂詩集七卷補遺一卷 (清)王文誥撰 清光緒十四年(1888)浙江書局刻本 一冊

330000－1701－0092337 G602373 集部/別集類/清別集

潛研堂文集五十卷 (清)錢大昕撰 清嘉慶十一年(1806)瞿中溶刻本 十六冊

330000－1701－0092338 G609097 史部/傳記類/總傳之屬/技藝

藝林悼友錄初集一卷二集一卷附錄一卷 (清)郭容光編 清光緒十八年(1892)鐵如意室刻本 二冊

330000－1701－0092339 G606820、G607714 集部/總集類/選集之屬/通代

文選六十卷 (南朝梁)蕭統輯 (唐)李善注 (清)何焯評 清乾隆三十七年(1772)長洲葉樹藩海錄軒刻朱墨套印本 十二冊

330000－1701－0092343 G005916 史部/地理類/專志之屬

浙江八旗奉直會館志稾□□卷 清抄本 二冊 存一卷(三)

330000－1701－0092344 G608712 類叢部/叢書類/彙編之屬

粤雅堂叢書一百八十五種 (清)伍崇曜編 清道光二十九年至光緒十一年(1849－1885)南海伍氏刻彙印本 三冊 存二種

330000－1701－0092347 G005846 子部/宗教類/道教之屬/戒律

文昌帝君陰騭文摘要詩一卷 清光緒二十一年(1895)刻本 一冊

330000－1701－0092348 G606821 集部/總集類/選集之屬/斷代

元文類七十卷目錄三卷　(元)蘇天爵輯　清光緒十五年(1889)江蘇書局刻本　十冊

330000－1701－0092350　G005847　史部/傳記類/科舉録之屬/歷科鄉試録
[同治丁卯科並補行甲子科]浙江鄉試硃卷不分卷　(清)陳欽等撰　清同治刻本　一冊

330000－1701－0092352　G606822　集部/別集類/清別集
綺窗吟草一卷　(清)申志廉撰　清光緒十八年(1892)刻本　一冊

330000－1701－0092353　G005791　子部/宗教類/佛教之屬
參學知津二卷首一卷　(清)釋顯承撰　**地輿名目一卷**　(清)釋儀潤撰　清光緒二年(1876)杭州西湖瑪瑙寺經房刻本　清休庵常住題記　二冊

330000－1701－0092354　G005848　史部/傳記類/科舉録之屬/歷科鄉試録
[同治丁卯科並補行甲子科]浙江鄉試硃卷不分卷　(清)汪熙敬等撰　清同治刻本　一冊

330000－1701－0092355　G005917　史部/傳記類/科舉録之屬/歷科登科録
[光緒甲午恩科、壬辰科、庚寅科、己丑科]歷科狀元策不分卷　清光緒刻朱墨套印本　一冊

330000－1701－0092357　G602375、G602624　類叢部/叢書類/彙編之屬
小石山房叢書三十八種　(清)顧湘編　清道光刻同治十三年(1874)虞山顧氏補刻本　二冊　存三種

330000－1701－0092358　G606823　子部/叢編
子書百家　(清)崇文書局編　清光緒元年(1875)湖北崇文書局刻民國元年(1912)鄂官書處重印本　一冊　存一種

330000－1701－0092360　G609099　子部/儒家類/儒學之屬/性理
儒門法語輯要一卷　(清)彭定求撰　(清)湯金釗輯　清光緒十六年(1890)浙江書局刻本　一冊

330000－1701－0092361　G005849　史部/傳記類/科舉録之屬/歷科鄉試録
[同治丁卯科並補行甲子科]浙江鄉試硃卷不分卷　(清)周鳴春等撰　清同治刻本　一冊

330000－1701－0092364　G606824　史部/史評類/史論之屬
東萊先生音註唐鑑二十四卷　(宋)范祖禹撰　(宋)呂祖謙注　清光緒十八年(1892)浙江書局刻本　四冊

330000－1701－0092365　G608718　類叢部/叢書類/自著之屬
儆季雜著五種附二種　(清)黄以周撰　清光緒二十年至二十一年(1894－1895)江蘇南菁講舍刻本　一冊　存附一種

330000－1701－0092366　G005850　史部/傳記類/科舉録之屬/歷科鄉試録
[同治丁卯科並補行甲子科]浙江鄉試硃卷不分卷　(清)胡壽頤等撰　清同治刻本　一冊

330000－1701－0092367　G602376　史部/地理類/山川之屬/水志
西湖志四十八卷　(清)李衛　(清)程元章修　(清)傅王露纂　清光緒四年(1878)浙江書局刻本　二十冊

330000－1701－0092368　G609100　史部/政書類/儀制之屬/典禮
文廟通考六卷首一卷　(清)牛樹梅撰　清同治十一年(1872)浙江書局刻本　一冊　存三卷(四至六)

330000－1701－0092369　G606825　集部/別集類/清別集
松聲池館詩存四卷　(清)汪璐撰　清光緒十五年(1889)錢塘汪曾唯振綺堂刻本　一冊

330000－1701－0092370　G611399　類叢部/叢書類/彙編之屬
武英殿聚珍版書三十九種　清乾隆浙江刻本　五十六冊　存十二種

330000－1701－0092371　G606826　集部/別集類/清別集

松聲池館詩存四卷　(清)汪璐撰　清光緒十五年(1889)錢塘汪曾唯振綺堂刻本　一冊

330000－1701－0092372　G005792　子部/宗教類/佛教之屬

大明三藏法數五十卷　(明)釋一如等集註　清刻本　十五冊　存四十七卷(四至五十)

330000－1701－0092374　G606827　集部/總集類/酬唱之屬

雲圃秋吟一卷　(清)戴青等撰　清光緒十三年(1887)刻本　一冊

330000－1701－0092375　G005918、G008615　子部/宗教類/佛教之屬/經

大方廣佛華嚴經八十卷　(唐)釋實叉難陀譯　清抄本　三十五冊　存三十五卷(四至五、七至八、十五至十九、三十三、三十九至四十、四十三、四十六至四十八、五十八、六十至六十二、六十五至七十一、七十三至八十)

330000－1701－0092376　G609101　子部/儒家類/儒學之屬/禮教

齊家寶要二卷　(清)張文嘉撰　清光緒七年(1881)山陰朱氏刻本　一冊　存一卷(上)

330000－1701－0092377　G005793　史部/政書類/律令之屬/治獄

刑案匯覽六十卷首一卷末一卷拾遺備考一卷　(清)祝慶祺輯　清道光刻本　二十五冊　存二十五卷(首、一至二十二、四十九至五十)

330000－1701－0092379　G005851　經部/春秋總義類/專著之屬

春秋算解□□卷　清末石印本　一冊　存一卷(六)

330000－1701－0092380　G005795　史部/傳記類/別傳之屬/事狀

朱朵山先生行述一卷　(清)朱元慶述　清刻本　一冊

330000－1701－0092381　G005852、G006368、G006616、G006915　史部/史評類/詠史之屬

增定二十一史韻四卷首一卷末一卷續編四卷　(明)趙南星撰　(清)仲弘道續　清康熙蘭雪堂刻本　四冊　存四卷(續編一至四)

330000－1701－0092382　G005796、G008629　子部/宗教類/佛教之屬/經

大方廣佛華嚴經八十卷　(唐)釋實叉難陀譯　清初刻本　三十五冊　存三十五卷(四十一至七十五)

330000－1701－0092383　G608708　子部/雜著類/雜說之屬

墨子閒詁十五卷目錄一卷附錄一卷後語二卷　(清)孫詒讓撰　清光緒二十一年(1895)蘇州毛上珍木活字印本　八冊

330000－1701－0092385　G607333、G609102、G608554、G609634、G610294　子部/天文曆算類/天文之屬

管窺輯要八十卷　(清)黃鼎撰　清順治九年(1652)刻本　二十六冊　存六十二卷(一至三十八、四十五至六十五、六十九至七十一)

330000－1701－0092388　SZD0256　經部/小學類/文字之屬/說文

說文談助一卷釋說文讀若例一卷　朱孔彰撰　稿本　一冊

330000－1701－0092389　G606828　集部/別集類/清別集

金源紀事詩八卷　(清)湯運泰撰　(清)湯顯業　(清)湯顯榦注　清同治十二年(1873)淮南書局刻本　四冊

330000－1701－0092392　G005853、G007524　經部/叢編

古經解彙函十六種附小學彙函十四種　(清)鍾謙鈞等輯　清刻本　十七冊　存小學彙函四種

330000－1701－0092394　G005797、G008624　子部/宗教類/佛教之屬/經

妙法蓮華經七卷　(後秦)釋鳩摩羅什譯　清刻本暨抄本　六冊　存六卷(二至七)

330000－1701－0092395　SZD0257　集部/別

集類

仲我協修代江寧藩司許振禕函稿不分卷　朱孔彰撰　稿本　朱師轍題簽並記　二冊

330000－1701－0092399　G609104　經部/小學類/文字之屬/字書/字體

復古編二卷　（宋）張有撰　**復古編校正一卷**　（清）葛鳴陽撰　**復古編附録一卷**　（清）葛鳴陽輯　**曾樂軒稿一卷**　（宋）張維撰　**安陸集一卷**　（宋）張先撰　清光緒八年（1882）淮南書局刻本　一冊　缺二卷（一至二）

330000－1701－0092402　G611400、G612070　史部/目録類/總録之屬/彙刻

彙刻書目二十卷　（清）顧修輯　（清）朱學勤補　清光緒十二年至十五年（1886－1889）上海福瀛書局刻本　十九冊　缺一卷（二）

330000－1701－0092404　G606829　集部/別集類/清別集

崇蘭堂詩初存十卷　（清）張預撰　清光緒二十年（1894）刻本　二冊

330000－1701－0092406　G606830　集部/別集類/清別集

大吉羊室遺稿一卷　（清）張振凡撰　清光緒五年（1879）張聲匏刻本　一冊

330000－1701－0092407　G609105　史部/雜史類/斷代之屬

先撥志始二卷　（明）文秉撰　清同治二年（1863）當塗夏燮江西省寓刻本　二冊

330000－1701－0092410　SZD0259　集部/別集類/清別集

半隱叢談二卷　朱孔彰輯撰　稿本　朱師轍題簽　一冊

330000－1701－0092411　G611401　類叢部/叢書類/彙編之屬

嘯園叢書五十七種　（清）葛元煦編　清光緒二年至七年（1876－1881）仁和葛氏刻本　一冊　存一種

330000－1701－0092413　G609106、G610369　史部/雜史類/斷代之屬

金陵兵事彙畧四卷　（清）李圭撰　清光緒十三年（1887）甬上寓齋刻本　二冊

330000－1701－0092415　G606831　集部/別集類/清別集

大吉羊室遺稿一卷　（清）張振凡撰　清光緒五年（1879）張聲匏刻本　一冊

330000－1701－0092421　G609107　集部/別集類/清別集

長春花館詩集十二卷　（清）張恕撰　**長春花館詩集附編一卷**　（清）張鼎輔撰　**長春花館詩集附一卷**　（清）張庭學撰　清同治七年（1868）刻本　一冊　缺七卷（一至七）

330000－1701－0092422　G606833　史部/雜史類/斷代之屬

湘軍記二十卷　（清）王定安撰　清光緒十五年（1889）江南書局刻本　八冊

330000－1701－0092423　G611403　史部/詔令奏議類/奏議之屬

公車上書記一卷　康有爲撰　清光緒二十一年（1895）上海石印書局石印本　一冊

330000－1701－0092426　G611404　類叢部/叢書類/彙編之屬

正覺樓叢刻（正覺樓叢書）二十九種　（清）崇文書局編　清光緒崇文書局刻本　一冊　存一種

330000－1701－0092427　G609108　類叢部/叢書類/彙編之屬

式訓堂叢書四十一種　（清）章壽康編　清光緒會稽章氏刻本　一冊　存一種

330000－1701－0092429　G608685　子部/雜著類/雜説之屬

七修類藁五十一卷續藁七卷　（明）郎瑛撰　清乾隆四十年（1775）耕烟草堂刻本　十冊　存二十八卷（一至二十八）

330000－1701－0092432　SZD0261　史部/傳記類/別傳之屬/墓誌

太子少保劉尚書神道碑銘一卷　朱孔彰撰　稿本　一冊

330000－1701－0092436　G608686、G611454　類叢部/叢書類/彙編之屬

申報館叢書正集五十七種附錄三種續集一百四十二種　(清)尊聞閣主編　蔡爾康編續集　清同治至光緒上海申報館鉛印本　十冊　存一種

330000－1701－0092440　G608683　史部/史評類/史論之屬

千百年眼十二卷　(明)張燧撰　清光緒十四年(1888)四明王氏日本東京銅板縮刻本　二冊

330000－1701－0092472　G609111　集部/總集類/題詠之屬

滄浪亭圖題詠二卷　(清)梁章鉅輯　清道光五年(1825)刻本　一冊　存一卷(下)

330000－1701－0092500　G609114、G611071、G609642　集部/別集類

湘綺樓全集三十卷(湘綺樓文集八卷詩集十四卷箋啓八卷)　王闓運撰　清光緒三十三年(1907)墨莊劉氏長沙刻本　九冊　存十八卷(文集三、六至八,詩集一至十四)

330000－1701－0092504　G608684　類叢部/類書類/通類之屬

策府統宗六十五卷目錄一卷　(清)劉昌齡輯　清光緒十九年(1893)上海積山書局石印本　一冊　存四卷(三十四至三十七)

330000－1701－0092505　G607259　集部/別集類/清別集

圭盦詩錄一卷　(清)吳觀禮撰　清光緒五年(1879)張佩綸刻本　丁腥鶴題記　一冊

330000－1701－0092511　G005920、G005976　類叢部/叢書類/彙編之屬

海粟樓叢書九種　(清)華焯編　清崇仁華氏刻本　八冊　存四種

330000－1701－0092512　G609116、G607331、G609950　集部/別集類/清別集

曝書亭集八十卷附錄一卷　(清)朱彝尊撰

笛漁小稾十卷　(清)朱昆田撰　清刻本　十一冊

330000－1701－0092514　M006414　子部/叢編

二十二子(二十二子彙函)　(清)浙江書局編　清光緒元年至三年(1875－1877)浙江書局刻民國浙江圖書館重修本　二冊　存一種

330000－1701－0092515　G608680　類叢部/叢書類/自著之屬

船山遺書五十八種　(清)王夫之撰　清同治四年(1865)湘鄉曾國荃金陵刻光緒十三年(1887)船山書院補刻本　五十七冊　存二十七種

330000－1701－0092516　G607256　集部/別集類/清別集

蠡城吟草四卷　傅崇黻撰　清宣統元年(1909)鉛印本　一冊

330000－1701－0092517　G607257　集部/別集類/清別集

蠡城吟草四卷　傅崇黻撰　清宣統元年(1909)鉛印本　一冊

330000－1701－0092518　G005921　子部/醫家類

失血大法不分卷　清抄本　一冊

330000－1701－0092520　G609117　集部/別集類/清別集

邃懷堂全集三十八卷　(清)袁翼撰　清光緒十三年至十四年(1887－1888)袁鎮嵩刻本　二冊　存四卷(詩集後編一至四)

330000－1701－0092523　G005922　集部/別集類/清別集

紅葉讀書樓詩草八卷　(清)孫殿齡撰　清道光刻本　一冊　存二卷(一至二)

330000－1701－0092524　G607258、G609920　史部/政書類/邦計之屬/俸餉

增修籌餉事例條款不分卷籌餉事例一卷增修現行常例一卷　清同治刻本　四冊

330000－1701－0092526　G005924、G607527、

G609401、G610347　集部/別集類/清別集

噉蔗全集文八卷詩八卷附喪禮詳考一卷周官隨筆一卷　（清）張羲年撰　（清）錢大昕　（清）陳以綱評輯　清光緒十九年（1893）上海著易堂鉛印本　六冊

330000－1701－0092527　G609118、G611975　集部/別集類/清別集

筱雲詩集二卷　（清）陸應宿撰　清嘉慶十二年（1807）刻本　二冊

330000－1701－0092531　G609119　子部/儒家類/儒學之屬/性理

三魚堂賸言十二卷　（清）陸隴其撰　（清）陳濟編　清同治七年（1868）武林薇署刻本　一冊

330000－1701－0092532　G607260　集部/別集類/清別集

萃堂詩錄一卷詞錄一卷　（清）潘鴻撰　清光緒三十三年（1907）刻本　一冊

330000－1701－0092534　G005925　史部/政書類/律令之屬/律例

督捕則例附纂二卷　清刻本　一冊

330000－1701－0092535　G607261　集部/別集類/清別集

緗芸館詩鈔一卷　（清）許之雯撰　清光緒二十五年（1899）吳下刻本　一冊

330000－1701－0092536　G609120　史部/雜史類/斷代之屬

思痛記二卷　（清）李圭撰　清光緒六年（1880）師一齋刻十三年（1887）補刻本　一冊

330000－1701－0092537　G607262　集部/別集類/清別集

拙吾詩稾四卷首一卷末一卷文稾一卷　（清）高鼎撰　清光緒八年（1882）刻本　四冊

330000－1701－0092538　G005926　集部/別集類/清別集

瘦唫廬詩鈔四卷　（清）沈焯撰　清道光二十二年（1842）刻本　一冊

330000－1701－0092540　G609122、G611604　史部/傳記類/總傳之屬/郡邑

浙省節孝全錄十一卷　（清）高念曾輯　清光緒十九年（1893）刻本　三冊

330000－1701－0092541　G607263　類叢部/叢書類/自著之屬

振綺堂遺書五種　（清）汪遠孫撰　清道光刻民國十一年（1922）錢唐汪氏彙印本　一冊　存一種

330000－1701－0092543　G608678、G610966　集部/總集類/郡邑之屬

兩浙輶軒續錄五十四卷補遺六卷姓氏韻編二卷　（清）潘衍桐輯　清光緒十七年（1891）浙江書局刻本　章嶔題簽並記　十三冊　存二十四卷（二至三、六至七、十二至十三、四十二至四十六、四十八至五十三、補遺一至六、姓氏韻編一）

330000－1701－0092545　G005927　集部/別集類/清別集

鴛水聯唫集二十卷　（清）岳鴻慶撰　清道光刻本（卷十一至十四配抄本）　一冊　存十四卷（一至十四）

330000－1701－0092548　G607264　集部/總集類/彙編之屬

琴臺正續合刻　（清）汪守正輯　清光緒十五年（1889）刻本　二冊　存六種

330000－1701－0092549　G608681、G611754、G610339　史部/目録類/專録之屬

經義考三百卷　（清）朱彝尊撰　**經義考總目二卷**　（清）盧見曾編　清康熙秀水朱氏曝書亭刻乾隆十九年至二十年（1754－1755）德州盧見曾續刻乾隆四十二年（1777）汪汝瑮重印本（卷二八六、二九九至三百原缺）　四十冊　存二百九十七卷（總目一至二，一至三、六至二百八十五、二百八十七至二百九十八）

330000－1701－0092551　G005929　子部/小說家類/異聞之屬

山海經廣注十八卷讀山海經語一卷山海經雜述一卷圖五卷　（清）吳任臣撰　清乾隆五十

一年(1786)金閶書業堂刻本　六冊

330000－1701－0092552　G609123　類叢部/叢書類/彙編之屬
武英殿聚珍版書一百三十八種　清刻本　二冊　存二種

330000－1701－0092555　G607265　集部/總集類/彙編之屬
琴臺正續合刻　(清)汪守正輯　清光緒十五年(1889)刻本　二冊　存六種

330000－1701－0092558　G609124　集部/總集類/選集之屬/斷代
明三十家詩選初集八卷二集八卷　(清)汪端輯　清同治十二年(1873)蘊蘭吟館刻本　八冊

330000－1701－0092560　G005930　子部/農家農學類/農藝之屬
嘉應州興山利說帖章程一卷　(清)黄錫銓撰　清光緒二十五年(1899)白土堡梁毓芳刻本　一冊

330000－1701－0092562　G005931　子部/宗教類/道教之屬
太上洞玄靈寶梓潼本願真經一卷　清光緒二年(1876)刻本　一冊

330000－1701－0092564　G607266　集部/別集類/唐五代別集
唐陸宣公集二十二卷　(唐)陸贄撰　清雍正元年(1723)年龔堯刻本　六冊

330000－1701－0092566　G609126　集部/別集類/清別集
六行堂詩鈔三卷　(清)朱山撰　**六行堂詩鈔四卷**　(清)朱湋撰　清道光三年(1823)刻本　一冊　存一卷(朱湋撰六行堂詩鈔二)

330000－1701－0092568　G609127　類叢部/叢書類/自著之屬
王漁洋遺書三十八種　(清)王士禛撰　清刻本　一冊　存一種

330000－1701－0092573　G005932　史部/政書類/通制之屬
文獻通考詳節二十四卷　(元)馬端臨撰　(清)嚴虞惇輯　清光緒十五年(1889)上海珍藝書局鉛印本　六冊

330000－1701－0092575　G005933　集部/詞類/詞譜之屬
白香詞譜一卷　(清)舒夢蘭輯　清刻本　一冊

330000－1701－0092577　G005934　子部/宗教類/佛教之屬/經
妙法蓮華經品目提要一卷　(清)清平山人輯　清光緒二十二年(1896)油印本　一冊

330000－1701－0092578　G611405　子部/雜著類/雜說之屬
中國魂二卷　梁啓超編　清光緒二十九年(1903)上海廣智書局鉛印本　一冊

330000－1701－0092580　G607269　集部/總集類/選集之屬/斷代
國朝詩鐸二十六卷首一卷　(清)張應昌輯　清同治八年(1869)永康應氏秀芝堂刻本　十六冊

330000－1701－0092581　G608679　集部/總集類/選集之屬/斷代
明詩綜一百卷　(清)朱彝尊輯　(清)汪森等評　清康熙刻乾隆西泠吳氏清來堂印本　三十六冊

330000－1701－0092585　G611406　史部/編年類/通代之屬
御批歷代通鑑輯覽一百二十卷　(清)傅恒等撰　清光緒二十七年(1901)慎記書莊石印本　四冊　存二十七卷(六十三至七十三、八十五至一百)

330000－1701－0092587　G607270　史部/地理類/方志之屬/郡縣志
[同治]長興縣志三十二卷　(清)趙定邦修　(清)周學濬　(清)丁寶書纂　清同治十三年至光緒元年(1874－1875)刻本　十六冊

330000－1701－0092592　G005935　新學/

幼學

蒙學珠算實在易不分卷 （清）彪蒙編譯所編輯　清宣統元年(1909)上海彪蒙書室石印本　一册

330000－1701－0092594　G607271　類叢部/叢書類/自著之屬

曾文正公全集十六種 （清）曾國藩撰　清同治至光緒傳忠書局刻本　四十一册　存六種

330000－1701－0092596　G005936　子部/醫家類/類編之屬

南雅堂醫書全集 （清）陳念祖撰　清光緒六年(1880)經國堂刻本　三十七册　存七種

330000－1701－0092597　G005855　子部/宗教類/道教之屬/戒律

陰隲文註釋一卷 （清）傅延年撰　清光緒十九年(1893)會稽傅氏刻本　一册

330000－1701－0092603　G611408、G611411　類叢部/叢書類/彙編之屬

弢園叢書 （清）王韜編　清光緒鉛印本　四册　存二種

330000－1701－0092606　G005856　子部/宗教類/其他宗教之屬/基督教

民數紀略註釋一卷 （英國）翟雅各註　清宣統元年(1909)中國聖教書會鉛印本　一册

330000－1701－0092608　G005857　子部/雜著類/雜說之屬

宣南夢憶二卷 （清）楊懋建撰　清宣統刻本　二册

330000－1701－0092609　G611409　類叢部/叢書類/自著之屬

隨園三十六種 （清）袁枚撰　清光緒十八年(1892)上海圖書集成印書局鉛印本　一册　存二種

330000－1701－0092611　G609128　子部/雜著類/雜考之屬

讀書脞錄七卷續編四卷 （清）孫志祖撰　清嘉慶四年(1799)仁和孫志祖刻七年(1802)孫同元續刻本　一册　存三卷(一至三)

330000－1701－0092614　G005858　子部/藝術類/書畫之屬/畫譜

芥子園畫傳□□卷 （清）王槩　（清）王蓍　（清）王臬輯　清末石印本　一册　存一卷(一)

330000－1701－0092615　G005937　集部/曲類/曲韻曲譜曲律之屬

議本一卷矯旨一卷 清宣統三年(1911)病俠抄本　一册

330000－1701－0092618　G609129　子部/宗教類/佛教之屬

憨山大師夢遊摘要二卷附東遊集法語三則一卷 （明）釋德清撰　（明）釋福善錄　清光緒二十五年(1899)釋楚禪、釋醒徹刻本　一册

330000－1701－0092620　G611410　史部/雜史類/斷代之屬

兩宮大行記一卷 清末石印本　一册

330000－1701－0092622　G609130、G608465　子部/宗教類/佛教之屬/諸宗

異方便淨土傳燈歸元鏡三祖實錄二卷 （清）釋智達撰　清虞邑旌教寺刻本　二册

330000－1701－0092626　G609131、G607362、G610200　類叢部/叢書類/彙編之屬

月河精舍叢鈔五種 （清）丁寶書編　清光緒四年至十二年(1878－1886)苕溪丁氏刻本　六册　存一種

330000－1701－0092628　G005938　集部/戲劇類

京都三慶班京調脚本□□集 清末上海文宜書局石印本　二册　存二集十種

330000－1701－0092629　G005861　史部/傳記類/總傳之屬/家乘

［浙江海寧］海昌洛溪許氏宗譜□□卷 （清）許廷楨纂修　清光緒九年(1883)刻本　一册　存一卷(十)

330000－1701－0092631　G005939　集部/曲類/曲評曲話曲目之屬

校正京調選 清末甯波王文正鉛印本　二册

存七種

330000－1701－0092634　G005940　集部/戲劇類

繪圖京都三慶班京調四集　清末上海文宜書局石印本　二冊　存八種

330000－1701－0092636　G005862　經部/孝經類/傳說之屬

孝經一卷　(唐)玄宗李隆基注　(唐)陸德明音義　清同治九年(1870)揚州書局刻本　一冊

330000－1701－0092637　G611413　史部/詔令奏議類/奏議之屬

林文忠公政書三集三十七卷　(清)林則徐撰　清光緒二十四年(1898)天津文德堂石印本　一冊　存一卷(荷戈紀程)

330000－1701－0092638　G609133　類叢部/叢書類/自著之屬

槐軒全集二十一種附九種　(清)劉沅撰　清咸豐至民國刻彙印本　十冊　存一種

330000－1701－0092639　G611414　經部/小學類/音韻之屬/韻書

詩韻全璧五卷　(清)湯祥瑟輯　**初學檢韻袖珍一卷**　(清)姚文登撰　**虚字韻藪一卷**　(清)潘維城輯　清光緒十七年(1891)上海錦章圖書局石印本　六冊

330000－1701－0092641　SZD0027　經部/小學類/訓詁之屬

五釋一卷　(清)朱駿聲撰　**釋禮一卷**　(清)陳鱣撰　稿本　一冊

330000－1701－0092642　G609134　類叢部/類書類/通類之屬

玉海二百卷辭學指南四卷詩攷一卷詩地理攷六卷漢蓺文志攷證十卷通鑑地理通釋十四卷周書王會補注一卷漢制攷四卷踐阼篇集解一卷急就篇補注四卷姓氏急就篇二卷小學紺珠十卷六經天文編二卷周易鄭康成注一卷通鑑答問五卷　(宋)王應麟撰　**校補玉海瑣記二卷王深寧先生[應麟]年譜一卷**　(清)張大昌撰　清光緒九年至十六年(1883－1890)浙江書局刻本　二冊　存七卷(漢制攷一至四、踐阼篇集解、校補玉海瑣記一至二)

330000－1701－0092644　G005863　子部/藝術類/書畫之屬/畫譜

芥子園畫傳四集四卷　(清)丁臯等撰輯　**芥子園圖章會纂一卷**　(清)李漁撰　清芥子園刻本　清春榮居士題簽並記　二冊　缺二卷(三至四)

330000－1701－0092645　G609135　類叢部/類書類/通類之屬

玉海二百卷辭學指南四卷詩攷一卷詩地理攷六卷漢蓺文志攷證十卷通鑑地理通釋十四卷周書王會補注一卷漢制攷四卷踐阼篇集解一卷急就篇補注四卷姓氏急就篇二卷小學紺珠十卷六經天文編二卷周易鄭康成注一卷通鑑答問五卷　(宋)王應麟撰　**校補玉海瑣記二卷王深寧先生[應麟]年譜一卷**　(清)張大昌撰　清光緒九年至十六年(1883－1890)浙江書局刻本　一冊　存二卷(校補玉海瑣記一至二)

330000－1701－0092646　G611415　史部/政書類/律令之屬/律例

大清光緒新法令十三卷附錄一卷　商務印書館編譯所編纂　清宣統二年(1910)上海商務印書館鉛印本　六冊　存四卷(七至八、十、附錄)

330000－1701－0092647　G609136　類叢部/類書類/通類之屬

玉海二百卷辭學指南四卷詩攷一卷詩地理攷六卷漢蓺文志攷證十卷通鑑地理通釋十四卷周書王會補注一卷漢制攷四卷踐阼篇集解一卷急就篇補注四卷姓氏急就篇二卷小學紺珠十卷六經天文編二卷周易鄭康成注一卷通鑑答問五卷　(宋)王應麟撰　**校補玉海瑣記二卷王深寧先生[應麟]年譜一卷**　(清)張大昌撰　清光緒九年至十六年(1883－1890)浙江書局刻本　一冊　存二卷(校補玉海瑣記一至二)

330000－1701－0092648　G005872、G005942　史部/傳記類/總傳之屬/技藝
歷代畫史彙傳七十二卷首一卷總目三卷附録二卷　(清)彭蘊璨輯　清道光五年(1825)吴門彭氏尚志堂刻本　三十二冊

330000－1701－0092650　G609137　類叢部/類書類/通類之屬
玉海二百卷辭學指南四卷詩攷一卷詩地理攷六卷漢蓺文志攷證十卷通鑑地理通釋十四卷周書王會補注一卷漢制攷四卷踐阼篇集解一卷急就篇補注四卷姓氏急就篇二卷小學紺珠十卷六經天文編二卷周易鄭康成注一卷通鑑答問五卷　(宋)王應麟撰　**校補玉海瑣記二卷王深寧先生[應麟]年譜一卷**　(清)張大昌撰　清光緒九年至十六年(1883－1890)浙江書局刻本　一冊　存二卷(校補玉海瑣記一至二)

330000－1701－0092652　G611416　類叢部/叢書類/彙編之屬
輿學叢書　清光緒上海日新書所鉛印本　一冊　存一種

330000－1701－0092653　G609138、G607816　集部/總集類/選集之屬/斷代
文粹一百卷　(宋)姚鉉輯　**文粹補遺二十六卷**　(清)郭麐輯　清光緒十六年(1890)杭州許增榆園刻本　二十冊

330000－1701－0092658　G611417　史部/職官類/官箴之屬
爲政忠告四卷　(元)張養浩撰　清光緒三十二年(1906)驪山顧氏石印本　一冊

330000－1701－0092660　G607273　子部/叢編
子書百家　(清)崇文書局編　清光緒元年(1875)湖北崇文書局刻民國元年(1912)鄂官書處重印本　二十一冊　存十五種

330000－1701－0092664　G005943　子部/宗教類/道教之屬
金華宗旨一卷金華闡幽問答一卷　(清)柳守元撰　清刻本　一冊

330000－1701－0092665　G005865　集部/小說類/短篇之屬
新選今古奇聞二十二卷　(清)王寅撰　清末石印本　一冊　存六卷(十一至十六)

330000－1701－0092672　G005866、G009481　史部/雜史類/斷代之屬
畫圖中法和戰曲直記不分卷　清光緒十年(1884)上海王氏刻本　三冊

330000－1701－0092675　G607274　集部/別集類/清別集
漁洋山人精華録箋注十二卷補一卷年譜一卷附録一卷　(清)王士禛撰　(清)金榮箋注　(清)徐淮纂輯　清刻本　十五冊　存十四卷(箋注一至十二、年譜、附録)

330000－1701－0092681　G005678　集部/總集類/選集之屬/通代
賦則四卷首一卷　(清)鮑桂星評選　清光緒九年(1883)湖北督學節署刻本　二冊

330000－1701－0092682　G606834　子部/雜著類/雜說之屬
墨子閒詁十五卷目録一卷附録一卷後語二卷　(清)孫詒讓撰　清宣統二年(1910)瑞安孫氏刻本　八冊

330000－1701－0092685　G005945　集部/別集類/清別集
海南雜著二卷　(清)蔡廷蘭撰　清道光十七年(1837)刻本　一冊　存一卷(上)

330000－1701－0092686　G608666　類叢部/叢書類/彙編之屬
十萬卷樓叢書五十一種　(清)陸心源編　清光緒歸安陸氏刻本(歲時廣記卷六原缺)　一冊　存三種

330000－1701－0092687　G606835　類叢部/叢書類/自著之屬
振綺堂遺書五種　(清)汪遠孫撰　清道光刻民國十一年(1922)錢唐汪氏彙印本　五冊　存一種

330000－1701－0092689　G005946　集部/別

集類/清別集

弇山集杜四卷　(清)王霖撰　清乾隆刻本　一冊

330000－1701－0092691　G606836　集部/別集類/清別集

樊山集二十八卷續集二十八卷公牘三卷批判十五卷時文一卷　樊增祥撰　**二家詠古詩一卷二家試帖二卷二家詞鈔五卷**　樊增祥編　清光緒十九年至三十二年(1893－1906)刻本　五冊　存二十四卷(一至二十四)

330000－1701－0092694　G607275　集部/別集類/清別集

茗柯文初編一卷二編二卷三編一卷四編一卷　(清)張惠言撰　清光緒七年(1881)刻本　二冊

330000－1701－0092695　G609160　集部/詩文評類/詩評之屬

緝雅堂詩話二卷　(清)潘衍桐撰　清光緒十七年(1891)杭州刻本　一冊

330000－1701－0092697　G606837　經部/小學類/文字之屬/字書/字典

康熙字典十二集三十六卷總目一卷檢字一卷辨似一卷等韻一卷補遺一卷備考一卷　(清)張玉書等纂修　清康熙刻本　三十四冊　缺六卷(巳集中、午集中下、未集上中、亥集下)

330000－1701－0092698　G607276、G609201　經部/禮記類/傳說之屬

續禮記集說一百卷　(清)杭世駿撰　清光緒二十一年至三十年(1895－1904)浙江書局刻本　二十一冊　存五十四卷(一至五十四)

330000－1701－0092699　G606838　經部/書類/傳說之屬

書傳音釋六卷首一卷末一卷　(宋)蔡沈集傳　(元)鄒季友音釋　清咸豐五年(1855)浦城與古齋祝氏刻本　六冊

330000－1701－0092700　G005948　子部/宗教類/道教之屬

常清靜經闡幽一卷　(宋)朱元育口授　(清)潘靜觀　(清)劉靜源紀錄　清道光十九年(1839)費陽熙刻本　一冊

330000－1701－0092701　G607277、G608518　經部/春秋左傳類/傳說之屬

春秋左傳杜注三十卷首一卷　(清)姚培謙撰　清光緒十九年(1893)浙江書局刻本　十冊

330000－1701－0092702　G606839　經部/書類/傳說之屬

書傳音釋六卷首一卷末一卷　(宋)蔡沈集傳　(元)鄒季友音釋　清咸豐五年(1855)浦城與古齋祝氏刻本　五冊　缺一卷(三)

330000－1701－0092704　G607278　史部/地理類/山川之屬/水志

水經注圖一卷附錄一卷　(清)汪士鐸撰　清咸豐十一年(1861)刻同治元年(1862)重修本　一冊

330000－1701－0092705　G608667　經部/叢編

十三經古注　(明)葛鼒　(明)金蟠校　明崇禎十二年(1639)金蟠刻清同治八年(1869)浙江書局重修本　四冊　存二種

330000－1701－0092707　G606840、G607967、G610406　經部/詩類/傳說之屬

詩經集傳八卷　(宋)朱熹撰　清光緒十九年(1893)浙江書局刻本　四冊

330000－1701－0092709　G606841　史部/紀事本末類/通代之屬

繹史一百六十卷世系圖一卷年表一卷　(清)馬驌撰　清光緒三十年(1904)浙江書局刻本　三十六冊　缺四十二卷(一百二十一至一百六十、世系圖、年表)

330000－1701－0092710　G005949　子部/宗教類/道教之屬

玄妙鏡入道真詮三卷　(清)李昌仁撰　清光緒三十一年(1905)蘇城瑪瑙經房刻本　一冊

330000－1701－0092712　G005869　史部/金石類/金之屬/文字

歷代鐘鼎彝器款識法帖二十卷　(宋)薛尚功

撰　清末石印本　三冊　存三卷(五、九、十二)

330000－1701－0092714　G607326、G607279、G608461、G608029　史部/紀傳類/正史之屬
二十四史　清同治至光緒五省官書局據汲古閣本等合刻光緒五年(1879)湖北書局彙印本　十八冊　存一種

330000－1701－0092715　G005950　集部/曲類/彈詞之屬
彈詞選輯不分卷　清抄本　一冊

330000－1701－0092716　G606842　集部/別集類/唐五代別集
昌黎先生集四十卷外集十卷遺文一卷　(唐)韓愈撰　(宋)廖瑩中校正　**朱子校昌黎先生集傳一卷**　(宋)朱熹撰　**韓集點勘四卷**　(清)陳景雲撰　清同治八年至九年(1869－1870)江蘇書局刻本　十一冊

330000－1701－0092718　G607280　史部/金石類/總志之屬/圖像
求古精舍金石圖四卷　(清)陳經撰　清嘉慶十八年至二十二年(1813－1817)烏程陳經說劍樓刻本　二冊

330000－1701－0092724　G005951　經部/四書類/總義之屬/傳說
四書大全四十六卷　(清)陸隴其輯　清刻本　二十二冊

330000－1701－0092725　G602377　子部/儒家類/儒學之屬/性理
思辨錄輯要前集二十二卷後集十三卷附先儒陸子從祀一卷　(清)陸世儀撰　清光緒三年(1877)江蘇書局刻本　八冊

330000－1701－0092727　G005871　集部/別集類/清別集
枕善堂尺牘一隅二十卷　(清)陳大溶撰　清光緒十年(1884)刻本　四冊

330000－1701－0092732　G607281　史部/地理類/方志之屬/郡縣志
光緒順天府志一百三十卷附錄一卷　(清)萬青藜　(清)周家楣修　(清)張之洞　繆荃孫纂　清光緒十二年(1886)刻本　六十四冊

330000－1701－0092733　G602378　子部/藝術類/篆刻之屬
西泠印社印學叢書　清宣統至民國刻本暨木活字印本　葉舟題記　三冊　存一種

330000－1701－0092734　G005873　集部/總集類/尺牘之屬
名賢手札八種　(清)郭慶藩輯　清光緒十一年(1885)上海同文書局石印本　四冊

330000－1701－0092738　G608668　集部/總集類/酬唱之屬
清尊集十六卷　(清)汪遠孫撰輯　清道光十九年(1839)錢塘汪氏振綺堂刻本　四冊

330000－1701－0092741　G609159　子部/儒家類/儒學之屬/勸學
先正遺規四卷　(清)汪正輯　清光緒十九年(1893)浙江書局刻本　二冊

330000－1701－0092743　G606843　集部/總集類/選集之屬/通代
文選六十卷　(南朝梁)蕭統輯　(唐)李善注　(清)何焯評　清乾隆三十七年(1772)長洲葉樹藩海錄軒刻本　十二冊　缺五卷(五十六至六十)

330000－1701－0092746　G005952　子部/宗教類/佛教之屬
修設瑜伽集要施食壇儀一卷　(明)釋袾宏輯　清刻本　一冊

330000－1701－0092748　G609161、G609717　史部/史評類/史論之屬
欽定古今儲貳金鑑六卷　(清)高宗弘曆等撰　清光緒二十一年(1895)浙江官書局刻本　二冊　存二卷(三至四)

330000－1701－0092749　G005874　子部/宗教類/佛教之屬/經咒
大悲懺儀合節一卷　清光緒十七年(1891)刻本　一冊

330000－1701－0092752　G005875　子部/宗教類/佛教之屬/經

妙法蓮華經觀世音菩薩普門品一卷　（後秦）釋鳩摩羅什譯　清刻本　一册

330000－1701－0092753　G611418　類叢部/叢書類/輯佚之屬

玉函山房輯佚書五百九十三種附一種　（清）馬國翰輯　清光緒十年（1884）楚南湘遠堂刻本　九十九册　存三百七十九種

330000－1701－0092754　G609162　子部/宗教類/佛教之屬/諸宗

淨土三經　清同治七年（1868）刻本　一册　存一種

330000－1701－0092757　G005876　子部/宗教類/佛教之屬/經

大方廣佛華嚴經入不思議解脱境界普賢行願品一卷　（唐）釋般若譯　清光緒刻本　一册

330000－1701－0092758　G609163　子部/藝術類/書畫之屬/畫譜

芥子園畫傳五卷　（清）王槩輯　清康熙刻本　一册　存一卷（三）

330000－1701－0092761　G608675　史部/傳記類/别傳之屬/年譜

朱子年譜四卷考異四卷　（清）王懋竑撰　**朱子論學切要語二卷**　（清）王懋竑輯　清乾隆十七年（1752）寶應王氏白田草堂刻清末浙江書局補刻本　二册　存四卷（年譜三至四、要語一至二）

330000－1701－0092762　G005877、G008622　子部/宗教類/佛教之屬/經

大方廣佛華嚴經八十卷　（唐）釋實叉難陀譯　清刻本　七册　存七卷（七十四至八十）

330000－1701－0092764　G607282　史部/編年類/通代之屬

御批歷代通鑑輯覽一百二十卷　（清）傅恒等撰　清同治十年（1871）浙江書局刻朱墨套印本　三十四册　存八十卷（三至五、四十二至五十六、五十九至一百二十）

330000－1701－0092766　G005878　子部/宗教類/佛教之屬/經

大方廣佛華嚴經八十卷　（唐）釋實叉難陀譯　清抄本　一册　存一卷（七十三）

330000－1701－0092768　G609165、G608470　集部/别集類/清别集

鳴鶴堂詩集十一卷文集十卷　（清）任源祥撰　（清）瞿源洙集評　（清）任道鎔彙輯　清光緒十五年（1889）刻本　三册　缺七卷（文集一至七）

330000－1701－0092769　G005954　經部/三禮總義類/通禮雜禮之屬

司馬氏書儀十卷　（宋）司馬光撰　清刻本　一册

330000－1701－0092770　G005879　子部/藝術類/書畫之屬/畫譜

芥子園畫傳初集五卷二集不分卷三集不分卷　（清）王槩　（清）王蓍　（清）王臬輯　清乾隆四十七年（1782）金閶書業堂刻本　一册　存三集

330000－1701－0092771　G608669　子部/宗教類/佛教之屬/論

唯識二十論一卷　（天竺）世親菩薩造　（唐）釋玄奘譯　**唯識二十論述記四卷**　（唐）釋窺基撰　清宣統二年（1910）江西刻經處刻本　二册

330000－1701－0092772　G609166、G609167、G609168、G609169、G609170、G612107　集部/别集類/清别集

樂道堂集十種　（清）奕訢撰　清咸豐至光緒刻本　十册　存五種

330000－1701－0092774　G608671　集部/别集類/清别集

思退堂詩鈔十二卷青琅軒吟館詞鈔一卷　（清）陳祖望撰　清道光三十年（1850）刻本　二册

330000－1701－0092775　G005880　子部/宗教類/佛教之屬

釋迦如來密行化蹟全譜四卷　(清)釋永珊繪　清光緒十四年(1888)刻本　四冊

330000－1701－0092777　G005955　子部/宗教類/其他宗教之屬/基督教
聖教功效論略　(英國)韋廉臣撰　清光緒二十八年(1902)上海廣學會鉛印本　一冊

330000－1701－0092778　G608672　類叢部/叢書類/自著之屬
曹月川先生遺書十種　(明)曹端撰　清道光十二年(1832)刻本　一冊　存一種

330000－1701－0092781　G005956　集部/總集類/選集之屬/斷代
同聲吟草一卷　(清)任筱沅等撰　清抄本　一冊

330000－1701－0092784　G005957　子部/宗教類/佛教之屬/律
毘尼日用切要一卷　(清)釋讀體輯　**沙彌尼律儀要略一卷**　(明)釋袾宏輯　清華山律堂刻本　一冊

330000－1701－0092785　G606844　經部/書類/傳說之屬
書傳音釋六卷首一卷末一卷　(宋)蔡沈集傳　(元)鄒季友音釋　清咸豐五年(1855)浦城與古齋祝氏刻本　六冊

330000－1701－0092786　G609171　新學/重學/重學
重學二十卷圜錐曲線說三卷　(英國)艾約瑟口譯　(清)李善蘭筆述　清同治五年(1866)刻本　四冊　存十六卷(五至二十)

330000－1701－0092787　G608670、G607581、G610105、G611742　經部/小學類/文字之屬/說文
說文解字義證五十卷　(清)桂馥撰　清同治九年(1870)湖北崇文書局刻本　十七冊　存二十八卷(十一至二十六、二十七至三十八)

330000－1701－0092789　G005881　子部/宗教類/佛教之屬/總録
釋迦如來應化事蹟四卷　(清)釋永珊撰並繪　清光緒七年(1881)刻本　四冊

330000－1701－0092791　G005958　子部/雜著類/雜纂之屬
免忘記録不分卷　清抄本　一冊

330000－1701－0092793　G005959　子部/宗教類/佛教之屬/諸宗
西歸直指四卷首一卷　(清)周夢顏輯　清光緒十二年(1886)金陵刻經處刻本　一冊

330000－1701－0092794　G606845　經部/小學類/文字之屬/說文/傳說
繫傳四十卷　(五代)徐鍇撰　(五代)朱翺反切　**說文解字繫傳校勘記三卷**　(清)苗夔等撰　清道光十九年(1839)祁寯藻影刻影宋抄本　七冊

330000－1701－0092795　G609172　經部/四書類/總義之屬/傳說
四書集註十九卷　(宋)朱熹撰　清光緒十八年(1892)浙江書局刻本　二冊　存二卷(大學、中庸)

330000－1701－0092798　G608673、G609367　集部/總集類/選集之屬/通代
歷朝詩約選九十二卷　(清)劉大櫆輯　清光緒二十一年至二十三年(1895－1897)文徵閣刻本　二十二冊

330000－1701－0092799　G609173　經部/四書類/總義之屬/傳說
四書集註十九卷　(宋)朱熹撰　清光緒十八年(1892)浙江書局刻本　三冊　存七卷(大學、中庸、論語六至十)

330000－1701－0092800　G606846　史部/地理類/方志之屬/郡縣志
[嘉慶]松江府志八十四卷首二卷圖一卷　(清)宋如林修　(清)孫星衍　(清)莫晉　(清)朱涂纂　清嘉慶二十三年(1818)松江府學明倫堂刻本　三十七冊　缺八卷(五至十二)

330000－1701－0092801　G005960　集部/總集類/氏族之屬

閒燕齋詩彙存十四卷　（清）王以衡輯　清嘉慶二十一年（1816）敬儀堂刻本　五冊

330000－1701－0092803　G609174、G607745、G609900、G610614　類叢部/叢書類/自著之屬

真西山全集（西山真文忠公全集、真文忠公全集）七種　（宋）真德秀撰　清康熙真氏家祠刻乾隆至同治三年（1864）遞修本　二十七冊　存一種

330000－1701－0092806　G005961　類叢部/叢書類/家集之屬

如臯冒氏叢書三十四種附二種　冒廣生輯　清光緒至民國如臯冒氏刻本　二冊　存一種

330000－1701－0092810　G609140　史部/紀傳類/正史之屬

南北史補志十四卷附贊一卷　（清）汪士鐸撰　清光緒四年（1878）淮南書局刻本　六冊

330000－1701－0092814　G607283　集部/別集類/清別集

蘇盦文録二卷駢文録五卷詩録八卷詞録一卷　（清）楊葆光撰　清光緒九年（1883）杭州刻本　二冊　缺九卷（詩録一至八、詞録）

330000－1701－0092819　G606847　史部/編年類/斷代之屬

續資治通鑑長編五百二十卷目録二卷　（宋）李燾撰　清光緒七年（1881）浙江書局刻本　六冊　存二十七卷（二百六十四至二百六十七、二百九十一至二百九十六、三百八十三至三百八十六、四百四十四至四百五十六）

330000－1701－0092820　G607284、G609176　子部/天文曆算類/算書之屬

御製數理精藴上編五卷下編四十卷表八卷　（清）聖祖玄燁撰　清光緒八年（1882）江寧藩署刻本　三十二冊　存四十二卷（上編一至五，下編一至三、六至十一、十四至三十一、三十四、三十八至四十，表一至二、五至八）

330000－1701－0092822　G608676、G610627　集部/別集類/清別集

漁洋山人精華録箋注十二卷補一卷年譜一卷附録一卷　（清）王士禛撰　（清）金榮箋注　（清）徐淮纂輯　清刻本　十二冊

330000－1701－0092823　G609143　史部/史評類/詠史之屬

樹經堂詠史詩八卷　（清）謝啓昆撰　清嘉慶刻本　四冊

330000－1701－0092826　G606848　史部/史抄類

新舊唐書合鈔二百六十卷首一卷　（清）沈炳震輯　**唐書宰相世系表訂譌十二卷**　（清）沈炳震撰　**唐書合鈔補正六卷**　（清）丁子復撰　清嘉慶海昌查氏刻同治十年（1871）武林吴氏清來堂補刻本　四十九冊　存一百五十六卷（首、一至一百、二百十二至二百四十六、二百五十九至二百六十，唐書宰相世系表訂譌一至十二，補正一至六）

330000－1701－0092827　G602380　集部/戲劇類/總集之屬/傳奇

容居堂三種曲六卷　（清）周稺廉撰　清嘉慶十二年（1807）刻本　二冊　存二卷（珊瑚玦傳奇一至二）

330000－1701－0092828　G608661　集部/別集類/清別集

白田草堂存稿二十四卷　（清）王懋竑撰　**先考王公府君［懋竑］行狀一卷**　（清）王箴聽等撰　**崇祀鄉賢録一卷**　清乾隆十七年（1752）刻本　四冊　缺八卷（十至十三、十九至二十二）

330000－1701－0092829　G609144　集部/別集類/漢魏六朝別集

陶淵明集八卷首一卷末一卷　（晉）陶潛撰　清光緒五年（1879）廣州翰墨園刻朱墨套印本　二冊

330000－1701－0092830　G608662　集部/別集類/清別集

白田草堂存稿二十四卷　（清）王懋竑撰　**先考王公府君［懋竑］行狀一卷**　（清）王箴聽等撰　**崇祀鄉賢録一卷**　清乾隆十七年（1752）

刻本　三册　缺十二卷(一至四、十至十三、十九至二十二)

330000－1701－0092831　G005962　經部/三禮總義類

三禮約編啙鳳十九卷　(清)汪基編　清刻本　三册　存六卷(禮記約編三至四、七至十)

330000－1701－0092832　G602381　子部/叢編

二十二子(二十二子彙函)　(清)浙江書局編　清光緒元年至三年(1875－1877)浙江書局刻本　一册　存一種

330000－1701－0092835　G608677　類叢部/叢書類/自著之屬

曾文正公全集十六種　(清)曾國藩撰　清同治至光緒傳忠書局刻本　一册　存一種

330000－1701－0092837　G005964　子部/宗教類/佛教之屬/經

佛說如幻三昧經三卷太子刷護經一卷　(晉)釋竺法護譯　**太子和休經一卷　人法界體性經一卷**　(隋)釋闍那崛多譯　清光緒六年(1880)常熟刻經處刻民國八年(1919)印本　一册

330000－1701－0092839　G005965　集部/别集類/清别集

靜庵文集一卷詩稿一卷　王國維撰　清光緒三十一年(1905)鉛印本　一册

330000－1701－0092841　G005966　史部/地理類/雜志之屬

廣東便覽一卷廣西便覽一卷　(清)李應玨撰　清光緒三十年(1904)鏤雲閣刻本　二册

330000－1701－0092842　G608656　史部/地理類/山川之屬/山志

萬山綱目二十一卷　(清)李誠撰　清光緒二十六年(1900)長沙刻本　八册

330000－1701－0092843　G606849　經部/叢編

皇清經解一千四百八卷　(清)阮元輯　清道光九年(1829)廣東學海堂刻咸豐十一年(1861)補刻本　二百九十一册　存一百四十二種

330000－1701－0092844　G609145、G607591、G610259　史部/紀傳類/正史之屬

二十四史　清同治至光緒五省官書局據汲古閣本等合刻光緒五年(1879)湖北書局彙印本　二十三册　存一種

330000－1701－0092845　G005967、G007060　集部/别集類/清别集

慶芝堂詩集十八卷　(清)戴亨撰　清道光十五年(1835)荆道復刻本　四册

330000－1701－0092846　G005974、G008909　經部/小學類/音韻之屬/韻書

詩韻集成十卷　(清)余照輯　**詞林典腋一卷**　清光緒七年(1881)文英堂銅板刻本　四册

330000－1701－0092848　G602382　經部/叢編

萬充宗先生經學五書　(清)萬斯大撰　清乾隆二十四年至二十六年(1759－1761)辨志堂刻本　五册

330000－1701－0092850　G005969　類叢部/類書類/通類之屬

錦繡萬花谷前集四十卷後集四十卷續集四十卷　明嘉靖刻本　二册　存四卷(前集十七至二十)

330000－1701－0092851　G608674　經部/書類/分篇之屬

禹貢錐指二十卷略例一卷圖一卷　(清)胡渭撰　清康熙四十四年(1705)漱六軒刻本　八册

330000－1701－0092852　G609146、G607465　子部/雜著類/雜說之屬

野獲編三十卷補遺四卷　(明)沈德符撰　(清)錢枋輯　清道光七年(1827)錢塘姚氏羊城扶荔山房刻同治八年(1869)補刻本　四册　存四卷(補遺一至四)

330000－1701－0092853　G005970　史部/金石類/總志之屬/雜著

清儀閣餘話一卷　(清)張廷濟撰　清咸豐八年(1858)海槎氏抄本　一冊

330000－1701－0092855　G602383、G607608　類叢部/叢書類/自著之屬
魯氏遺著四種附二種　(清)魯一同撰　清咸豐山陽魯氏刻本　六冊　存二種

330000－1701－0092856　G005975　集部/曲類/彈詞之屬
綉像九美圖全傳十二卷七十五回　(清)曹春江編　清道光二十三年(1843)四友軒刻本　十二冊

330000－1701－0092857　G005971　類叢部/叢書類/自著之屬
王寬甫全集九種附刊六種　(清)王敬之撰　清道光二十一年(1841)至咸豐王氏家刻本　三冊　存五種

330000－1701－0092859　G005972　類叢部/叢書類/自著之屬
汪雙池先生叢書二十種附浙刻雙池遺書十二種　(清)汪紱撰　清道光至光緒刻光緒二十三年(1897)長安趙舒翹等彙印本　一冊　存一種

330000－1701－0092860　G602384　集部/戲劇類/傳奇之屬
儒酸福傳奇二卷　(清)魏熙元撰　(清)汪繩武正譜　(清)倪星垣評文　清光緒十年(1884)杭州魏氏玉玲瓏館刻本　一冊

330000－1701－0092862　G005681　集部/曲類/曲評曲話曲目之屬
閫腔快字一卷　(清)力捷三撰　清光緒二十二年(1896)武昌刻本　一冊

330000－1701－0092863　G005682　史部/政書類/軍政之屬/邊政
籌海圖編十三卷　(明)鄭若曾撰　明天啓四年(1624)胡維極刻本　三冊　存五卷(一、五至八)

330000－1701－0092864　G005683　類叢部/叢書類/彙編之屬
廣雅書局叢書一百五十九種　徐紹棨編　清光緒廣雅書局刻民國九年(1920)番禺徐紹棨彙編重印本　二冊　存一種

330000－1701－0092865　G005684　史部/傳記類/總傳之屬/家乘
[浙江海寧]海昌朱氏宗譜□□卷　(清)□□纂修　清刻本　一冊　存一卷(三)

330000－1701－0092866　G609147、G607813　類叢部/叢書類/自著之屬
藝風所著書　繆荃孫撰　清光緒至民國刻本　四冊　存一種

330000－1701－0092867　SZD0173　史部/傳記類/總傳之屬/家乘
朱氏傳譜不分卷　(清)朱駿聲撰　朱師轍補　稿本　一冊

330000－1701－0092868　G608663、G602644　經部/叢編
皇清經解一千四百八卷　(清)阮元輯　清道光九年(1829)廣東學海堂刻咸豐十一年(1861)補刻本　十五冊　存六十卷(八十六至九十五、二百四十四至二百五十、二百八十八至三百三十)

330000－1701－0092869　G609148、G611898　子部/術數類/占卜之屬
大六壬大全十三卷　(清)郭載騋編　清康熙懷慶楊衙刻本　十三冊

330000－1701－0092873　G609149、G607521　史部/金石類/石之屬/義例
碑版文廣例十卷　(清)王芑孫撰　清道光二十一年(1841)長洲王氏刻本　三冊　存八卷(一至八)

330000－1701－0092880　G609150　子部/醫家類/方書之屬/單方驗方
串雅内編四卷　(清)趙學敏輯　清光緒十四年(1888)榆園刻本　二冊

330000－1701－0092881　G602386　集部/別集類/明別集
六如居士全集六種　(明)唐寅撰　清嘉慶六

年(1801)長沙唐仲冕果克山房刻本　一冊　存二種

330000－1701－0092884　G608664、G610303　經部/禮記類/傳說之屬
禮記集解六十一卷尚書顧命解一卷　(清)孫希旦撰　清咸豐十年至同治七年(1860－1868)瑞安孫氏盤谷草堂刻本　三十一冊　存五十九卷(一至五十九)

330000－1701－0092885　G609151　集部/總集類/選集之屬/通代
桐城吴氏古文讀本十三卷　(清)吴汝綸評選　清光緒三十一年(1905)上海文明書局鉛印本　四冊

330000－1701－0092887　G602389　新學/史志/戰記
新譯日清海陸戰爭史一卷　(日本)松井廣吉撰　(清)范枕石譯　清光緒二十八年(1902)上洋會文編譯社石印本　一冊

330000－1701－0092888　G609152　類叢部/叢書類/家集之屬
篤素堂全集四種　(清)張英　(清)張廷玉撰　清光緒五年至十七年(1879－1891)刻彙印本　二冊　存一種

330000－1701－0092890　G607533、G609153、G609676　集部/别集類/清别集
曝書亭集詩註二十四卷　(清)朱彝尊撰　(清)楊謙注　**朱竹垞先生[彝尊]年譜一卷**　(清)楊謙撰　清楊氏木山閣刻本(卷二十三至二十四原缺)　七冊　存二十二卷(一至二十二)

330000－1701－0092891　G608665　經部/易類/傳說之屬
御纂周易折中二十二卷首一卷　(清)李光地等纂　清同治六年(1867)浙江書局刻清、民國補刻本　十冊

330000－1701－0092892　G609154、G602555　類叢部/叢書類/自著之屬
葵園四種　王先謙撰　清光緒至民國長沙王氏刻本　三冊　存一種

330000－1701－0092893　G609155、G610467　類叢部/叢書類/自著之屬
章氏遺書二種　(清)章學誠撰　清光緒三年至四年(1877－1878)貴陽章氏刻十九年(1893)補刻本　三冊　存一種

330000－1701－0092898　G602391　史部/目録類/總録之屬/官修
各省官局書目一卷　清光緒二十一年(1895)黔省提督學署刻本　一冊

330000－1701－0092899　G609156　類叢部/叢書類/彙編之屬
新斠平津館叢書十集三十四種　(清)孫星衍編　清光緒十年至十一年(1884－1885)吴縣朱氏槐廬家塾刻十五年至十七年(1889－1891)補刻本　一冊　存四種

330000－1701－0092902　G608657、G612074　經部/叢編
御纂七經五種　(清)李光地等撰　清同治六年至九年(1867－1870)浙江書局刻本　二十一冊　存一種

330000－1701－0092905　G608660　類叢部/叢書類/自著之屬
煙嶼樓集四種　(清)徐時棟撰　清同治至光緒刻彙印本　六冊　存一種

330000－1701－0092906　G609157　集部/别集類/清别集
北征詩草一卷　陶鏞撰　清光緒陶園刻本　一冊

330000－1701－0092908　G609158、G610448　經部/小學類/音韻之屬/韻書
初學審音二卷　(清)葉庭鑾輯　清光緒三年(1877)武林刻本　二冊

330000－1701－0092909　G608658　經部/春秋左傳類/傳說之屬
春秋左氏傳賈服註輯述二十卷　(清)李貽德撰　清同治五年(1866)餘姚朱蘭金陵書局刻本　六冊

330000－1701－0092910　G609175、G612127　集部/總集類/選集之屬/通代

古文淵鑒六十四卷　(清)徐乾學等輯注　清康熙刻五色套印本　四十冊

330000－1701－0092913　G607286　史部/編年類

資治通鑑彙刻　清同治至光緒江蘇書局刻本　七冊　存一種

330000－1701－0092915　G607287　史部/編年類

資治通鑑彙刻　清同治至光緒江蘇書局刻本　四十五冊　存一種

330000－1701－0092916　G606851　集部/別集類/清別集

泳川草堂詩鈔六卷　(清)陳溥撰　清嘉慶八年(1803)興詩堂刻本　一冊　存三卷(一至三)

330000－1701－0092918　G606852　子部/術數類/命書相書之屬

新鐫神峰張先生通考闢謬命理正宗大全六卷　(明)張楠撰　清刻本　二冊　存二卷(二至三)

330000－1701－0092919　G606853　子部/醫家類/綜合之屬/通論

新刊醫林狀元壽世保元十集十卷　(明)龔廷賢撰　清光緒三十四年(1908)上海校經山房刻本　一冊　存一卷(八)

330000－1701－0092920　G607288　類叢部/叢書類/彙編之屬

湘淥館叢書　清光緒刻本　一冊　存一種

330000－1701－0092921　G606854　子部/醫家類/類編之屬

壽世彙編五種　(清)祝寶森編　清光緒十一年(1885)金陵楊鍾琛刻本　一冊　存四種

330000－1701－0092923　G607289　子部/藝術類/篆刻之屬

印人傳三卷　(清)周亮工撰　清宣統順德鄧氏鉛印風雨樓叢書本　周大輔題記　一冊

330000－1701－0092924　G608630、G609682、G610184　經部/書類/傳說之屬

尚書古文疏證八卷　(清)閻若璩撰　**朱子古文書疑一卷**　(清)閻詠輯　清乾隆十年(1745)眷西堂刻本(卷三原缺)　六冊　存六卷(四至八、朱子古文書疑)

330000－1701－0092925　G606855　集部/別集類/清別集

霥盦遺稾一卷　(清)潘衍鋆撰　**移華書塾試帖二卷**　(清)潘元復撰　清光緒十五年(1889)刻本　一冊

330000－1701－0092926　G608639　集部/別集類/清別集

崇蘭堂詩初存十卷　(清)張預撰　清光緒二十年(1894)刻本　二冊

330000－1701－0092930　G607291　子部/藝術類/篆刻之屬

篆學瑣著二十八種　(清)顧湘輯　清道光二十年(1840)海虞顧氏刻本　三冊　存六種

330000－1701－0092933　G607290　子部/儒家類/儒學之屬/蒙學

小學纂註六卷　(清)高愈撰　**文公朱夫子[熹]年譜一卷**　題(宋)李方子撰　清同治十一年(1872)浙江書局刻本　二冊

330000－1701－0092937　M608246、M606016　子部/宗教類/佛教之屬/大藏

頻伽精舍校刊大藏經　釋宗仰等輯　清宣統元年至民國二年(1909－1913)迦陵羅詩氏頻伽精舍上海鉛印本　二百七十冊　存一千二百七十六種

330000－1701－0092939　G608640　類叢部/叢書類/彙編之屬

靈峯草堂叢書十一種　陳矩編　清光緒貴陽陳氏刻本　一冊　存一種

330000－1701－0092941　G608641　子部/儒家類/儒學之屬/蒙學

人範六卷首一卷滄村文存一卷　(清)蔣元輯　(清)顧廣譽增輯　清光緒十六年(1890)平

湖學署刻本　二冊

330000－1701－0092945　G608642　類叢部/叢書類/郡邑之屬
武林往哲遺箸五十二種後編十種　(清)丁丙編　清光緒二十年至二十六年(1894－1900)錢塘丁氏嘉惠堂刻本　三冊　存二種

330000－1701－0092946　G607292　子部/雜著類/雜考之屬
癸巳類稿十五卷　(清)俞正燮撰　清道光十三年(1833)王藻求日益齋刻本　八冊

330000－1701－0092949　G607293　子部/叢編
二十二子(二十二子彙函)　(清)浙江書局編　清光緒元年至三年(1875－1877)浙江書局刻本　十冊　存二種

330000－1701－0092950　G608643　類叢部/叢書類/郡邑之屬
武林往哲遺箸五十二種後編十種　(清)丁丙編　清光緒二十年至二十六年(1894－1900)錢塘丁氏嘉惠堂刻本　四冊　存四種

330000－1701－0092951　G607294　子部/叢編
子書百家　(清)崇文書局編　清光緒元年(1875)湖北崇文書局刻民國元年(1912)鄂官書處重印本　一冊　存三種

330000－1701－0092953　G608635　經部/群經總義類/傳說之屬
經訓比義三卷　(清)黄以周撰　清光緒二十二年(1896)南菁講舍刻本　三冊

330000－1701－0092955　G607295、G609659　經部/叢編
鄭氏佚書二十三種　(漢)鄭玄撰　(清)袁鈞輯　清光緒十四年(1888)浙江書局刻本　三冊　存十二種

330000－1701－0092956　G608636　史部/傳記類/別傳之屬/年譜
朱子年譜四卷考異四卷　(清)王懋竑撰　**朱子論學切要語二卷**　(清)王懋竑輯　清乾隆十七年(1752)寶應王氏白田草堂刻清末浙江書局補刻民國十八年(1929)補刻本　三冊　缺二卷(年譜一至二)

330000－1701－0092957　G606856　史部/地理類/雜志之屬
揚州畫舫録十八卷　(清)李斗撰　清乾隆六十年(1795)自然盦刻本　一冊　存五卷(十四至十八)

330000－1701－0092960　G609177　經部/四書類/總義之屬/傳說
四書集註十九卷　(宋)朱熹撰　清光緒十八年(1892)浙江書局刻本　七冊

330000－1701－0092961　G608637　集部/別集類/清別集
樊榭山房全集(樊榭山房集十卷續集十卷文集八卷游仙百詠三卷秋林琴雅四卷集外曲二卷集外詩一卷集外詞一卷集外文一卷附輓辭一卷軼事一卷)四十二卷　(清)厲鶚撰　清光緒十年(1884)汪氏振綺堂刻本　十冊

330000－1701－0092963　G607296　經部/四書類/總義之屬/傳說
四書釋地補一卷續補一卷又續補一卷三續補一卷　(清)閻若璩撰　(清)樊廷枚校補　清嘉慶二十一年(1816)梅陽海涵堂刻本　一冊　存一卷(又續補)

330000－1701－0092966　G606859　子部/醫家類/方書之屬
丹溪先生治法心要八卷　(元)朱震亨撰　清宣統元年(1909)武林蕭澍霖鉛印本　一冊　存四卷(五至八)

330000－1701－0092968　G608638、G611569、G609752、G612196　史部/職官類/官箴之屬
牧令全書二十三卷　(清)丁日昌輯　清同治七年(1868)江蘇書局刻本　十一冊　存十四卷(牧令書輯要一至十、保甲書輯要一至四)

330000－1701－0092969　G607297　經部/孝經類/傳說之屬
孝經傳說圖解二卷　(清)金柘巖　(清)戴蓮

洲撰　(清)黃紫眉繪圖　清同治十年(1871)梅溪書院東甌師古齋刻本　一冊　存一卷(一)

330000－1701－0092971　G609178、G609618　經部/小學類/文字之屬/字書/字典

康熙字典十二集三十六卷總目一卷檢字一卷辨似一卷等韻一卷補遺一卷備考一卷　(清)張玉書等纂修　清康熙刻本　三十八冊　存三十八卷(子集上中下、丑集上中下、寅集上中下、卯集上中下、辰集上中下、巳集上中下、午集上中下、未集上中下、申集上中下、酉集上中下、戌集上中下、亥集上中下、補遺、備考)

330000－1701－0092972　G602393　經部/小學類/文字之屬/字書

小學答問一卷　章炳麟撰　清宣統元年(1909)刻本　一冊

330000－1701－0092974　G609179　集部/別集類/清別集

半巖廬遺詩二卷　(清)邵懿辰撰　清同治十年(1871)潘祖蔭刻本　一冊

330000－1701－0092975　G602394、G609556　集部/總集類/氏族之屬

海虞三陶先生集合刻三種　(清)楊沂孫輯　清光緒七年(1881)海虞楊同福貴池縣署刻本　四冊　存一種

330000－1701－0092976　G609180　集部/別集類/清別集

半巖廬遺詩二卷　(清)邵懿辰撰　清同治十年(1871)潘祖蔭刻本　一冊

330000－1701－0092977　G609181　集部/別集類/清別集

半巖廬遺詩二卷　(清)邵懿辰撰　清同治十年(1871)潘祖蔭刻本　一冊

330000－1701－0092979　G609182　集部/別集類/清別集

培遠堂手札節存三卷　(清)陳弘謀撰　清光緒二十五年(1899)浙江官書局刻朱墨套印本　三冊

330000－1701－0092980　G606860　類叢部/叢書類/彙編之屬

廣漢魏叢書九十六種　(明)何允中編　明刻本　一冊　存一種

330000－1701－0092981　G609183　集部/總集類/選集之屬/通代

古文淵鑒六十四卷　(清)徐乾學等輯注　清同治十二年(1873)浙江書局刻本　三十冊　存六十卷(三至六十二)

330000－1701－0092982　G602395　類叢部/叢書類/彙編之屬

漸西村舍彙刊(漸西村舍叢刻)四十四種　(清)袁昶編　清光緒十六年至二十四年(1890－1898)桐廬袁氏刻本　一冊　存四種

330000－1701－0092984　G602396　史部/地理類/方志之屬/郡縣志

[光緒]餘姚縣志二十七卷首一卷末一卷　(清)周炳麟修　(清)邵友濂　(清)孫德祖纂　清光緒二十五年(1899)刻本　十六冊

330000－1701－0092985　G602397　集部/總集類/課藝之屬

紹興府學堂課藝不分卷　(清)徐錫麟選　清末府學堂石印本　一冊

330000－1701－0092986　G608651　集部/別集類/清別集

變雅堂文集四卷詩集十卷　(清)杜濬撰　**變雅堂遺集附錄一卷**　(清)方苞等撰　清同治九年(1870)劉維楨鄂垣刻本　一冊　缺四卷(一至四)

330000－1701－0092987　G611419　集部/別集類/明別集

雪鴻堂詩蒐逸三卷附錄一卷　(明)謝三秀撰　清咸豐元年(1851)王介臣遵義刻本　一冊

330000－1701－0092989　G602398　子部/宗教類/佛教之屬

佛教初學課本一卷註一卷　(清)楊文會撰　清光緒三十二年(1906)金陵刻經處刻本

一冊

330000－1701－0092990　G607298、G608427、G611911　經部/四書類/總義之屬/傳說
四書經註集證十九卷　(清)吳昌宗撰　清嘉慶三年(1798)江都汪廷機刻本　十三冊

330000－1701－0092991　G608647　子部/醫家類/喉科口齒之屬/白喉
時疫白喉捷要一卷附各種經驗良方一卷　(清)張紹修撰　清光緒三十年(1904)浙江官書局刻本　一冊

330000－1701－0092992　G608648　類叢部/叢書類/自著之屬
儆季雜著五種附二種　(清)黄以周撰　清光緒二十年至二十一年(1894－1895)江蘇南菁講舍刻本　六冊　存四種附一種

330000－1701－0092996　G608649　經部/叢編
御纂七經五種　(清)李光地等撰　清同治六年至九年(1867－1870)浙江書局刻本　十五冊　存一種

330000－1701－0092998　G006038　經部/叢編
御纂七經五種　(清)李光地等撰　清同治六年至九年(1867－1870)浙江書局刻本　十六冊　存一種

330000－1701－0092999　G608652　子部/雜著類
宣講金鍼四卷　清光緒三十四年(1908)經元書室刻本　一冊　存一卷(三)

330000－1701－0093000　G611421　史部/傳記類/科舉録之屬/歷科鄉試録
[光緒癸卯恩科]浙江鄉試卷一卷　(清)沈企彭撰　清光緒刻本　一冊

330000－1701－0093001　G006039　集部/別集類/清別集
粤遊草一卷　(清)陸敦倫撰　清光緒八年(1882)胡灃刻本　一冊

330000－1701－0093003　G005977　子部/小說家類/異聞之屬
稽神録六卷拾遺一卷　(宋)徐鉉撰　清宣統三年(1911)上海藜光社鉛印本　一冊

330000－1701－0093004　G608645　子部/叢編
二十二子(二十二子彙函)　(清)浙江書局編　清光緒元年至三年(1875－1877)浙江書局刻本　十二冊　存四種

330000－1701－0093005　G611422　新學/船政/行船事宜
航海章程一卷附初議紀錄一卷　(美國)弗蘭克林纂　(清)鳳儀口譯　(清)徐家實筆述　清光緒江南機器製造總局刻本　一冊

330000－1701－0093007　G005978　子部/宗教類/其他宗教之屬/基督教
庚子教會受難記二卷　(加拿大)季理斐譯　(清)任廷旭述　清光緒二十七年(1901)上海美華書館鉛印本　二冊

330000－1701－0093013　G005979　史部/地理類/雜志之屬
石門鄉土歷史一卷　楊圭章撰　清宣統元年(1909)鉛印本　一冊

330000－1701－0093015　SZD0277　史部/傳記類/別傳之屬/墓誌
石隱山人墓表一卷　(清)馬恩溥撰　清抄本　一冊

330000－1701－0093019　G602399　子部/儒家類/儒學之屬/俗訓
益世良歌一卷　(清)金治守輯　清末鉛印本　一冊

330000－1701－0093021　M006989　類叢部/叢書類/彙編之屬
風雨樓祕笈留真十種　鄧實編　清宣統元年至民國六年(1909－1917)順德鄧氏風雨樓影印本　一冊　存一種

330000－1701－0093022　G608646　子部/醫家類/喉科口齒之屬/白喉

時疫白喉捷要一卷附各種經驗良方一卷 (清)張紹修撰 清光緒三十年(1904)浙江官書局刻本 一冊

330000-1701-0093023 G005980 經部/小學類/音韻之屬/等韻
傳聲正宗一卷字母切韻要法一卷 (清)俞國琛輯 清嘉慶刻本 一冊

330000-1701-0093026 G608650、G610355 集部/別集類/清別集
邃懷堂全集三十八卷 (清)袁翼撰 清光緒十三年至十四年(1887-1888)袁鎮嵩刻本 十五冊 缺十一卷(駢文箋註一至四、十一至十六、補箋)

330000-1701-0093027 G006043 史部/目録類/總録之屬/地方
台獻徵目錄初編一卷 金嗣獻編 清宣統三年(1911)浙太平金氏鴻遠書屋木活字印本 一冊

330000-1701-0093029 G005981 史部/政書類/律令之屬/治獄
命案開參不分卷 清抄本 一冊

330000-1701-0093030 G006044 經部/詩類/傳說之屬
詩經集傳八卷 (宋)朱熹撰 清蕭邑吳裕順書紙刻本 三冊 缺一卷(五)

330000-1701-0093031 G611424 類叢部/叢書類/自著之屬
魏稼孫先生全集三種 (清)魏錫曾撰 清光緒九年(1883)羊城刻本 二冊 存一種

330000-1701-0093032 SZD0280 子部/藝術類/遊藝之屬/酒令
六色譜飲例六卷 清抄本 清朱駿聲題記 朱師轍題簽 一冊

330000-1701-0093034 G005982 子部/藝術類/書畫之屬
御題西湖名勝圖一卷 清同治十年(1871)刻朱墨套印本 一冊

330000-1701-0093036 G005983 子部/叢編
萬國政治藝學全書四十一種三百八十卷 (清)朱大文 (清)凌賡揚編 清光緒二十八年(1902)上海鴻文書局石印本 四十冊

330000-1701-0093037 G611425 史部/金石類/總志之屬
九鐘精舍金石跋尾甲編一卷乙編一卷 吳士鑑撰 清宣統二年(1910)刻本 一冊 存一卷(甲編)

330000-1701-0093039 G006045 史部/目録類/專録之屬
經義考三百卷 (清)朱彝尊撰 **經義考總目二卷** (清)盧見曾編 清康熙秀水朱氏曝書亭刻乾隆十九年至二十年(1754-1755)德州盧見曾續刻乾隆四十二年(1777)汪汝瑮重印本(卷二八六、二九九至三百原缺) 四十冊

330000-1701-0093041 SZD0281 類叢部/叢書類/彙編之屬
佚存叢書十七種 (日本)林衡編 清抄本 一冊 存二種

330000-1701-0093042 G611426 子部/儒家類/儒學之屬/性理
時敏學堂修身科講義一卷 (清)龍志澤撰 清光緒二十八年(1902)時敏書局鉛印本 一冊

330000-1701-0093046 G608655 集部/總集類/課藝之屬
學海堂集十六卷 (清)阮元輯 清道光五年(1825)啓秀山房刻本 六冊

330000-1701-0093047 G611427 子部/叢編
子書百家 (清)崇文書局編 清光緒元年(1875)湖北崇文書局刻本 一冊 存一種

330000-1701-0093048 G609184 類叢部/叢書類/彙編之屬
式訓堂叢書四十一種 (清)章壽康編 清光緒會稽章氏刻本 一冊 存一種

330000－1701－0093049　G608654、G610639　集部/別集類/清別集
鑑止水齋集二十卷　（清）許宗彥撰　清咸豐八年（1858）德清許延穀刻本　六冊

330000－1701－0093056　G611428　史部/政書類/邦交之屬
中瑞通商條約一卷　清宣統刻本　一冊

330000－1701－0093057　G608631　類叢部/叢書類/自著之屬
春在堂全書三十六種　（清）俞樾撰　清同治至光緒刻光緒末彙印本　十冊　存一種

330000－1701－0093059　G609186　集部/詩文評類/詩評之屬
緝雅堂詩話二卷　（清）潘衍桐撰　清光緒十七年（1891）杭州刻本　一冊

330000－1701－0093062　SZD0282　集部/別集類/清別集
茉花館古文雜鈔□□卷　（清）朱綬撰　清抄本　一冊　存一卷（三）

330000－1701－0093063　G609187、G609555　集部/別集類/清別集
蕉影齋詩集四卷補遺一卷　（清）謝照撰　（清）謝福恒編　清光緒二年（1876）謝榮埭刻本　四冊

330000－1701－0093064　G611429　史部/紀傳類/正史之屬
後漢書九十卷　（南朝宋）范曄撰　（唐）李賢注　**續漢志三十卷**　（晉）司馬彪撰　（南朝梁）劉昭注　清韓江書局刻本　二冊

330000－1701－0093065　G602403　史部/金石類/石之屬/義例
碑版文廣例十卷　（清）王芑孫撰　清道光二十一年（1841）長洲王氏刻本　一冊　存二卷（九至十）

330000－1701－0093069　G608632、G611834、G610422　史部/地理類/山川之屬/水志
西湖志四十八卷　（清）李衛　（清）程元章修　（清）傅王露纂　清光緒四年（1878）浙江書局刻本　章崟題簽　二十冊

330000－1701－0093071　G006046　經部/小學類/文字之屬/說文/傳說
繫傳四十卷　（五代）徐鍇撰　（五代）朱翺反切　**說文解字繫傳校勘記三卷**　（清）苗夔等撰　清道光十九年（1839）祁寯藻影刻影宋抄本　伯貞跋　八冊

330000－1701－0093073　SZD0283　集部/別集類/唐五代別集
杜審言詩集三卷　（唐）杜審言撰　清抄本　一冊

330000－1701－0093074　G608633　史部/傳記類/別傳之屬
宜堂類編二十五卷　（清）丁中立編　清光緒二十六年（1900）錢塘丁氏嘉惠堂刻本　十冊

330000－1701－0093078　SZD0285　經部/四書類/總義之屬
四書巵言五卷　（清）金學詩輯　清抄本　一冊　存三卷（一至三）

330000－1701－0093079　G005686　集部/總集類/尺牘之屬
誠民友朋書札不分卷　（清）范士麒輯　稿本　一冊

330000－1701－0093080　G005985　史部/目録類/專録之屬
經義考三百卷　（清）朱彝尊撰　**經義考總目二卷**　（清）盧見曾編　清康熙秀水朱氏曝書亭刻乾隆十九年至二十年（1754－1755）德州盧見曾續刻嘉慶二十二年（1817）秀水朱氏重印本（卷二八六、二九九至三百原缺）　四十八冊

330000－1701－0093082　G609190、G609525　子部/叢編
子書百家　（清）崇文書局編　清光緒元年（1875）湖北崇文書局刻本　二十二冊　存十六種

330000－1701－0093084　G607301、G611573、G608420、G609970　集部/總集類/郡邑之屬

國朝杭郡詩三輯一百卷姓氏韻編一卷 （清）丁申 （清）丁丙編 清光緒十九年(1893)錢塘丁氏刻本 十八冊 存四十五卷(十八至五十、八十五至八十六、八十九至九十六、九十九至一百)

330000－1701－0093085 SZD0286 類叢部/叢書類/自著之屬

艮園先生文集 （清）年貴行撰 清抄本 一冊 存四種

330000－1701－0093087 G611430 集部/別集類/明別集

王陽明先生全集二十二卷首一卷 （明）王守仁撰 （清）俞嶙輯 清康熙十二年(1673)餘姚俞嶙自公堂刻本 十二冊 存十二卷(八至十七、十九至二十)

330000－1701－0093088 G005687 史部/傳記類/科舉録之屬

鄉試試卷第壹貳叁場一卷 清末抄本 一冊

330000－1701－0093089 G005688 史部/傳記類/科舉録之屬

鄉試試卷第貳場一卷 清末抄本 一冊

330000－1701－0093093 G606861 子部/藝術類/音樂之屬/琴學

琴學入門二卷 （清）張鶴輯 清同治六年(1867)張鶴刻本 二冊

330000－1701－0093097 G611431 史部/金石類/總志之屬/圖像

求古精舍金石圖四卷 （清）陳經撰 清嘉慶十八年至二十二年(1813－1817)烏程陳經說劍樓刻本 三冊 存三卷(二至四)

330000－1701－0093098 G606862 子部/藝術類/音樂之屬/琴學

琴學入門二卷 （清）張鶴輯 清同治十三年(1874)心響往齋刻本 二冊 存一卷(下)

330000－1701－0093101 G608653 類叢部/叢書類/郡邑之屬

武林往哲遺箸五十二種後編十種 （清）丁丙編 清光緒二十年至二十六年(1894－1900)錢塘丁氏嘉惠堂刻本 十七冊 存五種

330000－1701－0093110 G602404 類叢部/叢書類/彙編之屬

咫進齋叢書三十七種 （清）姚覲元編 清光緒九年(1883)歸安姚氏刻本 一冊 存三種

330000－1701－0093113 G611432 類叢部/叢書類/彙編之屬

誦芬室叢刊二十二種 董康編 清光緒三十四年至民國十四年(1908－1925)武進董氏刻本 四冊 存二種

330000－1701－0093114 G005693、G006960 子部/醫家類/方書之屬/歷代方書

增訂醫方易簡十卷 （清）龔自璋 （清）黄統輯 清光緒九年(1883)揚州刻本 二冊 存二卷(九至十)

330000－1701－0093116 SZD0288 集部/別集類/清別集

廣輿吟稿三卷 （清）宋思仁撰 稿本 一冊

330000－1701－0093125 G606863 集部/總集類/氏族之屬

壎箎初集二卷 （清）朱若水 （清）朱森桂撰 清乾隆刻本 二冊

330000－1701－0093126 SZD0292 集部/別集類/清別集

揚州懷古詩一卷 （清）褚邦慶撰 稿本 一冊

330000－1701－0093127 SZD0293 史部/地理類

各省州縣沿革□□卷 清抄本 四冊 存五卷(盛京、直隸省、雲南省、福建省、河南省)

330000－1701－0093130 G606864 集部/戲劇類/總集之屬/傳奇

紅雪樓九種曲 （清）蔣士銓撰 清乾隆蔣氏紅雪樓刻本 二冊 存三種

330000－1701－0093133 G606865 經部/大戴禮記類/傳說之屬

大戴禮記補注十三卷序錄一卷 （清）孔廣森

撰　清同治十三年(1874)淮南書局刻本　一冊　存四卷(一至三、序錄)

330000－1701－0093135　G606866　子部/藝術類/書畫之屬/總論

清河書畫舫十二卷鑒古百一詩一卷　(明)張丑輯　清乾隆二十八年(1763)池北草堂刻本　八冊　存八卷(鶯字號、嘴字號、啄字號、花字號、紅字號、溜字號、燕字號、尾字號)

330000－1701－0093137　G609191、G607810、G607953　類叢部/叢書類/自著之屬

嘉定錢氏潛研堂全書二十一種　(清)錢大昕撰　清光緒十年(1884)長沙龍氏家塾刻本　十二冊　存六種

330000－1701－0093138　G611433　類叢部/叢書類/彙編之屬

武英殿聚珍版書一百四十八種　清乾隆四十二年(1777)福建刻道光至同治遞修光緒二十一年(1895)增刻本　一百四十七冊　存三十一種

330000－1701－0093140　G606867、G608088　類叢部/類書類/專類之屬

五經類編二十八卷　(清)周世樟撰　清雍正二年(1724)穀詒堂刻本　八冊

330000－1701－0093143　G607302　集部/總集類/選集之屬/斷代

明文在一百卷　(清)薛熙輯　清光緒十五年(1889)江蘇書局刻本　十冊

330000－1701－0093144　G609192、G612128　史部/編年類/斷代之屬

欽定明鑑二十四卷首一卷　(清)胡敬等輯　清嘉慶二十三年(1818)刻本　五冊　存十卷(十五至二十四)

330000－1701－0093148　G607303　集部/詞類/詞譜之屬

詞律二十卷　(清)萬樹撰　**詞律拾遺八卷**　(清)徐本立撰　**詞律補遺一卷**　(清)杜文瀾撰　清同治十二年(1873)、光緒二年(1876)吳下刻本　十六冊

330000－1701－0093150　G606868　子部/雜著類/雜考之屬

日知錄三十二卷　(清)顧炎武撰　清康熙三十四年(1695)潘耒遂初堂刻本　十冊

330000－1701－0093153　G609194　經部/叢編

仿宋相臺五經附考證　清乾隆四十八年(1783)武英殿刻本　八冊　存一種

330000－1701－0093156　G607304、G609483、G610212　史部/傳記類/總傳之屬/儒林

理學宗傳二十六卷　(清)孫奇逢撰　(清)魏一鼇等編　清光緒六年(1880)浙江書局刻本　十一冊　存二十三卷(一至二、六至二十六)

330000－1701－0093160　G609195　類叢部/叢書類/家集之屬

洪氏晦木齋叢書二十種　(清)洪汝奎編　清同治八年至宣統元年(1869－1909)刻本　四冊　存二種

330000－1701－0093163　G609196　類叢部/叢書類/彙編之屬

邵武徐氏叢書初刻十四種　(清)徐榦編　清光緒邵武徐氏刻本　二冊　存一種

330000－1701－0093168　G607306　史部/政書類/邦計之屬

浙江財政說明書二卷　(清)浙江清理財政局編　清末石印本　一冊　存一卷(下)

330000－1701－0093170　G609198　史部/紀傳類/正史之屬

二十四史　清同治至光緒五省官書局據汲古閣本等合刻光緒五年(1879)湖北書局彙印本　十冊　存一種

330000－1701－0093171　G606869　史部/地理類/方志之屬/郡縣志

[光緒]海鹽縣志二十二卷首一卷末一卷　(清)王彬修　(清)徐用儀纂　清光緒三年(1877)蔚文書院刻本　十五冊　缺三卷(首、一至二)

330000－1701－0093175　G602407　集部/曲類/彈詞之屬

新刻玉釧緣全傳三十二卷　（清）西湖居士撰　清道光二十二年（1842）刻本　四十三冊　存二十二卷（一至八、十七至二十四、二十七至三十二）

330000－1701－0093180　G607307　史部/編年類

資治通鑑彙刻　清同治至光緒江蘇書局刻本　一冊　存一種

330000－1701－0093181　G005697　史部/傳記類/總傳之屬/通代

涵芬樓古今文鈔小傳四卷首一卷附錄一卷　商務印書館編譯所編　清宣統三年（1911）上海商務印書館鉛印本　胡栗長題記　一冊

330000－1701－0093182　G606870　史部/地理類/方志之屬/郡縣志

［咸豐］南潯鎮志四十卷首一卷　（清）汪曰楨纂　清咸豐九年至同治二年（1859－1863）刻本　九冊

330000－1701－0093185　G607308　史部/傳記類/總傳之屬/文苑

西湖三祠名賢考畧三卷首一卷　戴啓文撰　清光緒三十年（1904）丹徒戴啓文刻本　一冊　存二卷（首、一）

330000－1701－0093186　G005699　新學/理學/理學

天演論二卷　（英國）赫胥黎撰　嚴復譯　清光緒二十八年（1902）成都志古堂刻本　一冊

330000－1701－0093187　G005700　史部/傳記類/總傳之屬/郡邑

三不朽圖贊不分卷　（清）張岱輯　清乾隆五年（1740）鳳嬉堂刻本　一冊

330000－1701－0093189　G005701　史部/地理類/專志之屬/書院

重修龍游鳳梧書院徵信錄不分卷　清光緒刻本　二冊

330000－1701－0093190　G005702　史部/政書類/公牘檔冊之屬

龍游官紳經理公租徵信錄二卷　清光緒三十一年（1905）刻本　余紹宋題記　一冊

330000－1701－0093191　G005703　子部/藝術類/總論之屬

金玉古玩圖譜不分卷　清末抄本　一冊

330000－1701－0093192　G005705　子部/藝術類/書畫之屬/畫譜

芥子園畫傳四集四卷　（清）丁臯等撰輯　**芥子園圖章會纂一卷**　（清）李漁撰　清芥子園刻本　一冊　缺二卷（三至四）

330000－1701－0093193　G005706　類叢部/叢書類/彙編之屬

尹氏三種　（清）尹彭壽編　清光緒十五年至十九年（1889－1893）諸城尹氏斠經室刻本　一冊　存二種

330000－1701－0093194　G005707　史部/傳記類/日記之屬

西遊日記一卷（光緒二十九年四月初四日至六月二十五日）　（清）蔣煦撰　清光緒三十一年（1905）鉛印本　一冊

330000－1701－0093195　G005709　史部/地理類/專志之屬/寺觀

天童寺志十卷首一卷　（清）德介　（清）聞性道撰　清康熙刻咸豐元年（1851）重修本　三冊　存七卷（一至七）

330000－1701－0093196　G608626　集部/別集類/清別集

翠螺閣詩稾四卷詞稾一卷　（清）凌祉媛撰　**舞鏡集一卷**　（清）丁丙撰　清咸豐四年（1854）丁氏延慶堂刻本　一冊　缺一卷（詞稾）

330000－1701－0093197　G608627　類叢部/叢書類/彙編之屬

滂喜齋叢書五十種　（清）潘祖蔭編　清同治至光緒吳縣潘氏京師刻本　一冊　存五種

330000－1701－0093198　G609202、G607901　經部/叢編

十三經古注　(明)葛鼒　(明)金蟠校　明崇禎十二年(1639)金蟠刻清同治八年(1869)浙江書局重修本　十八册　存四種

330000－1701－0093199　G607309　史部/傳記類/總傳之屬/文苑

東軒吟社畫像一卷附記傳題詞一卷　(清)費丹旭繪　(清)黄士珣記　(清)諸可寶傳　(清)汪曾唯輯　清光緒二年(1876)泉唐汪氏振綺堂刻清末增刻本　一册

330000－1701－0093200　G608615　經部/叢編

鄭氏佚書二十三種　(漢)鄭玄撰　(清)袁鈞輯　清光緒十四年(1888)浙江書局刻本　二册　存一種

330000－1701－0093201　G608616　類叢部/叢書類/彙編之屬

五朝小說五百二十三種　(明)□□編　清刻本　徐來庭題記　一册　存二種

330000－1701－0093202　G607320、G607310、G607942、G608028　史部/紀傳類/正史之屬

二十四史　清同治至光緒五省官書局據汲古閣本等合刻光緒五年(1879)湖北書局彙印本　三十册　存一種

330000－1701－0093203　G609203、G608198　集部/戲劇類/雜劇之屬

帝女花二卷二十齣　(清)黄燮清撰　清道光十三年(1833)刻本　章總卿批並題記　二册

330000－1701－0093204　G607311　史部/目録類/總録之屬/史志

補晉書經籍志四卷　吳士鑑撰　清光緒二十一年(1895)刻朱印本　二册

330000－1701－0093209　SZD0304　史部/目録類/總録之屬/私撰

臨嘯閣書目不分卷　清抄本　一册

330000－1701－0093210　G608619　集部/別集類/清別集

白華山人詩集十六卷詩說二卷　(清)厲志撰　清光緒九年(1883)厲學潮刻本　四册

330000－1701－0093211　G608629　集部/別集類/清別集

培遠堂手札節存三卷　(清)陳弘謀撰　清光緒二十五年(1899)浙江官書局刻朱墨套印本　三册

330000－1701－0093214　G607313　史部/地理類/方志之屬/郡縣志

[嘉慶]干巷志六卷首一卷　(清)朱棟纂　清嘉慶六年(1801)柘湖丁氏種松山房刻民國二十二年(1933)印本　二册

330000－1701－0093215　G608620、G610302　史部/雜史類/外紀之屬

皇朝藩部要略十八卷　(清)祁韻士纂　(清)毛嶽生編　**皇朝藩部世系表四卷**　(清)祁韻士纂　(清)宋景昌增輯　清光緒十年(1884)浙江書局刻本　八册

330000－1701－0093216　G607314　史部/地理類/方志之屬/郡縣志

[光緒]增修甘泉縣志二十四卷首一卷圖一卷　(清)徐成敷等修　(清)陳浩恩等纂　(清)范用賓重纂　清光緒十一年(1885)刻本　二十册

330000－1701－0093217　G609205、G608507、G611582　集部/別集類/宋別集

施註蘇詩四十二卷總目二卷　(宋)蘇軾撰　(宋)施元之　(宋)顧禧注　(清)顧嗣立　(清)邵長蘅　(清)宋至删補　**王註正譌一卷**　(清)邵長蘅撰　**東坡先生[蘇軾]年譜一卷**　(宋)王宗稷編　**蘇詩續補遺二卷**　(清)馮景補註　清康熙刻本　十二册

330000－1701－0093218　G005986　經部/叢編

御纂七經五種　(清)李光地等撰　清同治六年至九年(1867－1870)浙江書局刻本　二十册　存一種

330000－1701－0093219　G608622　集部/詩文評類/詩評之屬

緝雅堂詩話二卷　(清)潘衍桐撰　清光緒十七年(1891)杭州刻本　一册

330000－1701－0093220　G608623　集部/詩文評類/詩評之屬
緝雅堂詩話二卷　（清）潘衍桐撰　清光緒十七年（1891）杭州刻本　一册

330000－1701－0093222　G608624　集部/詩文評類/詩評之屬
緝雅堂詩話二卷　（清）潘衍桐撰　清光緒十七年（1891）杭州刻本　一册

330000－1701－0093223　G608604　集部/曲類/散曲之屬
蘇隄漁唱一卷附録一卷　（元）張可久撰　清光緒二十七年（1901）錢塘丁氏嘉惠堂刻本　一册

330000－1701－0093227　G608607　集部/别集類/清别集
依舊草堂遺稿一卷　（清）費丹旭撰　（清）汪鉽編　清同治七年（1868）錢塘汪氏振綺堂刻本　一册

330000－1701－0093228　G005987　史部/傳記類/别傳之屬
南山佳話二卷　鄔慶時輯　清光緒三十四年（1908）耕雲别墅刻本　一册

330000－1701－0093230　G602408　類叢部/叢書類/彙編之屬
正覺樓叢刻（正覺樓叢書）二十九種　（清）崇文書局編　清光緒崇文書局刻本　二册　存一種

330000－1701－0093233　G608608　集部/别集類/清别集
依舊草堂遺稿一卷　（清）費丹旭撰　（清）汪鉽編　清同治七年（1868）錢塘汪氏振綺堂刻本　一册

330000－1701－0093234　G608609　集部/别集類/清别集
依舊草堂遺稿一卷　（清）費丹旭撰　（清）汪鉽編　清同治七年（1868）錢塘汪氏振綺堂刻本　一册

330000－1701－0093235　G609207　子部/宗教類/佛教之屬/諸宗
靈峰蕅益大師梵室偶談一卷　（清）釋智旭撰　**徹悟禪師語録二卷**　（清）釋際醒説　（清）釋了亮輯　清同治十年（1871）金陵刻本　一册

330000－1701－0093237　G608610　集部/詩文評類/詩評之屬
緝雅堂詩話二卷　（清）潘衍桐撰　清光緒十七年（1891）杭州刻本　一册

330000－1701－0093238　G602409　新學/天學
天文揭要二卷　（美國）赫士口譯　（清）周文源筆述　清光緒二十四年（1898）上海美華書館鉛印本　一册

330000－1701－0093239　G609208　子部/醫家類/溫病之屬/瘟疫
瘟疫條辨摘要不分卷　（清）呂田輯　清光緒十五年（1889）浙江書局刻本　一册

330000－1701－0093241　G609209　經部/小學類/訓詁之屬/爾雅
爾雅正郭三卷　（清）潘衍桐撰　清光緒十七年（1891）刻本　一册

330000－1701－0093242　G609210　經部/小學類/訓詁之屬/爾雅
爾雅正郭三卷　（清）潘衍桐撰　清光緒十七年（1891）刻本　一册

330000－1701－0093243　G602410　類叢部/叢書類/郡邑之屬
武林往哲遺箸五十二種後編十種　（清）丁丙編　清光緒二十年至二十六年（1894－1900）錢塘丁氏嘉惠堂刻本　一册　存一種

330000－1701－0093245　SZD0306　史部/目録類/總録之屬/私撰
傳經室書目一卷　清抄本　一册

330000－1701－0093261　SZD0310　集部/别集類/清别集
詩稿一卷　清抄本　一册

330000－1701－0093266　SZD0315　集部/别集類/清别集

迴文花鳥吟一卷　(清)汪士杰撰　**附梅窓咏美人迴文八首一卷**　(清)桂時颺撰　清蘭森堂刻本　朱師轍題記　一册

330000－1701－0093268　G608613　類叢部/叢書類/彙編之屬

武英殿聚珍版書三十九種　清乾隆浙江刻本　一册　存一種

330000－1701－0093270　G609215、G609940、G610754　類叢部/叢書類/彙編之屬

郋園先生全書一百二十九種　葉啓倬編　清光緒至民國刻民國二十四年(1935)長沙中國古書刻印社彙印本　十二册　存十一種

330000－1701－0093271　G608614　集部/總集類/課藝之屬

紹興府學堂課藝不分卷　(清)徐錫麟選　清末府學堂石印本　一册

330000－1701－0093272　SZD0316　史部/傳記類/科舉録之屬

[道光壬午恩科]會試硃卷一卷　(清)朱栻之撰　清道光刻本　一册

330000－1701－0093275　G607315　史部/紀傳類/正史之屬

二十四史　清同治至光緒五省官書局據汲古閣本等合刻光緒五年(1879)湖北書局彙印本　十册　存二種

330000－1701－0093282　G607316　經部/小學類/文字之屬/說文

說文解字義證五十卷　(清)桂馥撰　清同治九年(1870)湖北崇文書局刻本　四十一册　存四十三卷(二、六至七、九至二十六、二十八至三十六、三十八至五十)

330000－1701－0093286　G609216　類叢部/叢書類/彙編之屬

漸西村舍彙刊(漸西村舍叢刻)四十四種　(清)袁昶編　清光緒十六年至二十四年(1890－1898)桐廬袁氏刻本　一册　存一種

330000－1701－0093287　G608625　史部/地理類/方志之屬/郡縣志

[道光]平望志十八卷首一卷　(清)翁廣平纂　清光緒十三年(1887)吴江黄兆檉刻本　六册

330000－1701－0093290　G609217　史部/傳記類/别傳之屬/事狀

愍孝錄不分卷　王繼香輯　清光緒十年(1884)刻本　一册

330000－1701－0093291　G608628　史部/傳記類/别傳之屬

宜堂類編二十五卷　(清)丁中立編　清光緒二十六年(1900)錢塘丁氏嘉惠堂刻本　八册

330000－1701－0093297　G609219　史部/地理類/雜志之屬

新坂土風一卷　(清)陳鱣撰　清光緒十八年(1892)海昌羊氏傳卷樓粵東刻海昌叢載本　在新批並題記　一册

330000－1701－0093299　G608602　經部/叢編

御纂七經五種　(清)李光地等撰　清同治六年至九年(1867－1870)浙江書局刻本　四册　存一種

330000－1701－0093302　G005993　子部/醫家類/婦科之屬/產科

達生編三卷　(清)亟齋居士撰　清光緒二十六年(1900)錢塘周慶祥刻民國十年(1921)許寶祥重印本　一册

330000－1701－0093304　G608599　經部/叢編

御纂七經五種　(清)李光地等撰　清同治六年至九年(1867－1870)浙江書局刻本　十六册　存一種

330000－1701－0093305　SZD0319　集部/總集類/選集之屬/斷代

唐人五言長律清麗集六卷　(清)徐曰璉　(清)沈士駿輯　清乾隆二十二年(1757)刻本　一册　存二卷(五至六)

330000－1701－0093306　G007679、G005994　類叢部/叢書類/自著之屬

湘綺樓全書　王闓運撰　清光緒至宣統刻本　九册　存二種

330000－1701－0093309　SZD0320　經部/春秋左傳類/正文之屬

春秋十七卷　(明)秦鏷訂正　清觀成堂刻九經本　一册　存二卷(十至十一)

330000－1701－0093312　G608600、G610381　經部/叢編

御纂七經五種　(清)李光地等撰　清同治六年至九年(1867－1870)浙江書局刻本　五册　存一種

330000－1701－0093315　G602411　類叢部/叢書類/彙編之屬

張氏適園叢書初集七種　張鈞衡編　清宣統三年(1911)上海國學扶輪社鉛印本　十册

330000－1701－0093319　G608601　經部/叢編

御纂七經五種　(清)李光地等撰　清同治六年至九年(1867－1870)浙江書局刻本　八册　存一種

330000－1701－0093325　SZD0321　史部/傳記類/總傳之屬/仕宦

中興將帥別傳三十卷　朱孔彰撰　清光緒二十三年(1897)江寧刻本　一册　存一卷(二十一)

330000－1701－0093326　G005995　史部/金石類/錢幣之屬

泉布泉范不分卷　(清)張廷濟藏　清末石印本　二册

330000－1701－0093327　G608605　經部/小學類/文字之屬/說文

說文解字義證五十卷　(清)桂馥撰　清同治九年(1870)湖北崇文書局刻本　二十七册　存四十二卷(四至五、七至四十一、四十四至四十五、四十八至五十)

330000－1701－0093330　G602412　集部/別集類/清別集

靜便齋集十卷　(清)王曾祥撰　清乾隆二十八年(1763)刻本　二册

330000－1701－0093332　G609223　子部/宗教類/佛教之屬/諸宗

龍舒淨土文十卷　(宋)王日休撰　**龍舒淨土文卷首一卷**　(明)釋袾宏等撰　**龍舒淨土文卷末一卷**　(宋)劉章等撰　清光緒九年(1883)金陵刻經處刻本　一册

330000－1701－0093334　G608603　類叢部/叢書類/自著之屬

船山遺書五十八種　(清)王夫之撰　清同治四年(1865)湘鄉曾國荃金陵刻本　四十册　存二十二種

330000－1701－0093336　G607322　集部/別集類/清別集

邃懷堂全集三十八卷　(清)袁翼撰　清光緒十三年至十四年(1887－1888)袁鎮嵩刻本　六册　存十二卷(駢文箋註五至六、十一至十六,哀忠集一至三)

330000－1701－0093337　G602413　史部/地理類/方志之屬/郡縣志

[光緒]定海廳志三十卷首一卷　(清)史致馴修　(清)陳重威　(清)黄以恭　(清)黄以周纂　清光緒十一年(1885)黄樹藩刻本　一册　存三卷(十八至二十)

330000－1701－0093338　SZD0322　史部/傳記類/別傳之屬/事狀

皇清敕授文林郎國子監博士銜揀選知縣揚州府學教授允倩府君[朱駿聲]行述一卷　朱孔彰撰　清刻本　一册

330000－1701－0093341　G609221　類叢部/叢書類/彙編之屬

平津館叢書六集三十五種　(清)孫星衍編　清嘉慶蘭陵孫氏刻本　六册　存一種

330000－1701－0093342　G602414　史部/地理類/方志之屬/郡縣志

[光緒]定海廳志三十卷首一卷　(清)史致馴

修 （清）陳重威 （清）黄以恭 （清）黄以周纂 清光緒十一年（1885）黄樹藩刻本 八册 存二十一卷（六至十一、十六至三十）

330000－1701－0093343 G005996 經部/小學類/文字之屬/字書/字體

六書通十卷 （清）閔齊伋撰 （清）畢弘述篆訂 清乾隆六十年（1795）刻本 清銑凫師父題記 十册

330000－1701－0093346 SZD0323 經部/小學類/文字之屬/説文

釋説文讀若例一卷 朱孔彰撰 清刻朱印本 一册

330000－1701－0093348 G005997 子部/醫家類/類編之屬

東垣十書 明末刻本 一册 存一種

330000－1701－0093350 G602415 史部/地理類/山川之屬/水志

水經注四十卷首一卷 （北魏）酈道元撰 王先謙校 **水經注附錄二卷** （清）趙一清輯 清光緒十八年（1892）思賢講舍刻本 十六册

330000－1701－0093351 G005998 史部/傳記類/别傳之屬/事狀

皇清例贈修職郎杭州府學生勅封儒林郎詹事府左春坊左贊善誥封朝議大夫例晉資政大夫日講官起居注翰林院侍講學士戴府君［道峻］行狀一卷 （清）張廷濟撰 （清）趙之琛書 清刻本 一册

330000－1701－0093352 G609224、G610645 子部/宗教類/佛教之屬/經疏

大方廣佛華嚴經疏鈔會本二百二十卷 （唐）釋實叉難陀譯 （唐）釋澄觀撰 清末刻本 六册 存二十三卷（七十五至七十八、八十九至九十二、一百二十二至一百二十五、一百四十三至一百四十六、一百七十至一百七十六）

330000－1701－0093354 SZD0326 經部/小學類/文字之屬/説文/傳説

説文答問疏證六卷 （清）錢大昕撰 （清）薛傳均疏證 **説文經字攷一卷** （清）陳壽祺撰 清末石印本 一册 存二卷（三至四）

330000－1701－0093355 G607323 經部/易類/傳説之屬

周易本義四卷圖説一卷新增圖説一卷卦歌一卷 （宋）朱熹撰 清光緒十九年（1893）浙江書局刻本 二册

330000－1701－0093357 G607324 集部/别集類/清别集

韻山堂詩集七卷補遺一卷 （清）王文誥撰 清光緒十四年（1888）浙江書局刻本 一册

330000－1701－0093358 G609799、G609225 史部/政書類/律令之屬/律例

大清律七言集成二卷 （清）程熙春輯 清光緒二十九年（1903）刻本 二册

330000－1701－0093360 G607325 集部/别集類/清别集

韻山堂詩集七卷補遺一卷 （清）王文誥撰 清光緒十四年（1888）浙江書局刻本 一册

330000－1701－0093369 G611434 類叢部/叢書類/自著之屬

錢頤壽中丞全集正編三種續編二種 （清）錢寶琛撰 清同治七年至光緒六年（1868－1880）錢鼎銘刻本 四册 存一種

330000－1701－0093370 G609226、G610071 史部/詔令奏議類/奏議之屬

奏議初編十二卷 （清）張之洞撰 （清）仰止廬主輯 清光緒二十七年（1901）上海圖書集成印書局鉛印本 六册 存十卷（一至十）

330000－1701－0093372 G602416 子部/藝術類/書畫之屬/畫譜

芥子園畫傳初集六卷二集九卷三集六卷 （清）王槩 （清）王蓍 （清）王臬輯 清光緒石印本 一册 存三卷（三集一至三）

330000－1701－0093373 M605970 類叢部/叢書類/自著之屬

楊仁山居士遺著十四種 （清）楊文會撰 清光緒至民國金陵刻經處刻本 一册 存一種

330000－1701－0093374　G607327　類叢部/叢書類/自著之屬

古桐書屋六種　(清)劉熙載撰　清同治至光緒刻本　二冊　存一種

330000－1701－0093375　G611435　經部/小學類/文字之屬/說文/傳說

繫傳四十卷　(五代)徐鍇撰　(五代)朱翺反切　**說文解字繫傳校勘記三卷**　(清)苗夔等撰　清道光十九年(1839)祁寯藻影刻影宋抄本　八冊

330000－1701－0093376　G006122、G006361、G006668　類叢部/類書類/專類之屬

增刪韻府羣玉定本二十卷　(元)陰時夫編輯　(元)陰中夫編註　(清)徐可先訂正　(清)徐人鳳增刪　清康熙十九年(1680)晉陵徐可先刻本　十九冊　存十九卷(一至六、八至二十)

330000－1701－0093379　M007177　類叢部/叢書類/自著之屬

藝風所著書　繆荃孫撰　清光緒至民國刻本　四冊　存一種

330000－1701－0093380　G609227　集部/詩文評類/詩評之屬

古今詩話選雋二卷　(清)盧衍仁輯　清乾隆刻本　二冊

330000－1701－0093386　G608585　子部/天文曆算類/算書之屬

九章算術細草圖說九卷海島算經細草圖說一卷　(三國魏)劉徽注　(唐)李淳風等注釋　(清)李潢細草　(清)沈欽裴補草　清嘉慶二十五年(1820)語鴻堂刻本　九冊　缺一卷(九章算術細草圖說一)

330000－1701－0093389　M608247、M606015、M610509　子部/宗教類/佛教之屬/大藏

頻伽精舍校刊大藏經　釋宗仰等輯　清宣統元年至民國二年(1909－1913)迦陵羅詩氏頻伽精舍上海鉛印本　九十五冊　存二百四十七種

330000－1701－0093391　G608586、G607473　集部/總集類/選集之屬/通代

御選唐宋文醇五十八卷目錄一卷　(清)高宗弘曆輯　清光緒三年(1877)浙江書局刻本　二十冊

330000－1701－0093393　G608587　子部/宗教類/佛教之屬/經疏

大佛頂如來密因修證了義諸菩薩萬行首楞嚴經文句十卷　(清)釋智旭撰　清同治十三年(1874)金陵刻經處刻本　九冊

330000－1701－0093396　G608588　經部/叢編

十三經古注　(明)葛鼒　(明)金蟠校　明崇禎十二年(1639)金蟠刻清同治八年(1869)浙江書局重修本　六冊　存二種

330000－1701－0093403　G611436　史部/政書類

三通　清咸豐九年(1859)崇仁謝氏刻本　三十八冊　存一種

330000－1701－0093405　G602417　子部/雜著類/雜考之屬

巾箱小品初集十三種　清乾隆華韻軒刻本　一冊　存一種

330000－1701－0093408　G608589、G607475　集部/總集類/選集之屬/通代

御選唐宋詩醇四十七卷目錄二卷　(清)高宗弘曆輯　清光緒七年(1881)浙江書局刻本　二十冊

330000－1701－0093409　M605978　類叢部/叢書類/自著之屬

楊仁山居士遺著十四種　(清)楊文會撰　清光緒至民國金陵刻經處刻本　一冊　存一種

330000－1701－0093414　G608591　類叢部/叢書類/彙編之屬

小石山房叢書三十八種　(清)顧湘編　清道光刻同治十三年(1874)虞山顧氏補刻本　七冊　存十五種

330000－1701－0093417　G611437　類叢部/

叢書類/彙編之屬

武英殿聚珍版書一百四十八種 清乾隆四十二年(1777)福建刻道光至同治遞修光緒二十一年(1895)增刻本 五十七册 存十種

330000－1701－0093424 G602418 子部/藝術類/遊藝之屬/博戲

牌譜一卷 (明)胡文煥輯 清光緒九年(1883)清和刻本 一册

330000－1701－0093427 G607334 子部/儒家類/儒學之屬/性理

荆園小語一卷進語一卷 (清)申涵光撰 清同治十三年(1874)金華府署刻本 一册

330000－1701－0093428 G602419 類叢部/叢書類/彙編之屬

申報館叢書正集五十七種附録三種續集一百四十二種 (清)尊聞閣主編 蔡爾康編續集 清同治至光緒上海申報館鉛印本 一册 存一種

330000－1701－0093431 G602421 類叢部/叢書類/彙編之屬

申報館叢書正集五十七種附録三種續集一百四十二種 (清)尊聞閣主編 蔡爾康編續集 清同治至光緒上海申報館鉛印本 二十五册 存四種

330000－1701－0093433 G005999、G006950 史部/傳記類/總傳之屬/家乘

[浙江德清]德清傅氏宗譜十二卷 (清)傅雲龍纂修 清光緒十二年(1886)刻本 二册 存八卷(一至四、七至八、十、十二)

330000－1701－0093436 G609228 類叢部/叢書類/自著之屬

留書種閣集九種 (清)黄炳垕撰 清同治六年至光緒二十年(1867－1894)餘姚黄氏留書種閣刻本 一册 存一種

330000－1701－0093438 G610227、G609229、G608560 集部/别集類/清别集

因樹書屋詩稿十二卷 (清)沈寶森撰 清光緒二十三年(1897)刻本 八册

330000－1701－0093443 G607336 新學/學校

内外教育小史二卷 (日本)原亮三郎編 (清)沈紘譯 清光緒二十年(1894)教育世界社刻本 一册

330000－1701－0093445 G006000 經部/小學類/音韻之屬/古今韻説

六書音均表五卷 (清)段玉裁撰 清乾隆四十一年(1776)富順官廨刻同治六年至十一年(1867－1872)蘇州保息局補刻本 一册

330000－1701－0093447 G609232、G607619 類叢部/叢書類/自著之屬

柏堂遺書(方柏堂全集)八種附一種 (清)方宗誠撰 清光緒元年至十二年(1875－1886)桐城方氏刻本 二十三册 存一種

330000－1701－0093450 G607338 類叢部/叢書類/彙編之屬

漸學廬叢書第一集十五種 (清)胡祥鑅編 清光緒元和胡氏石印本 一册 存四種

330000－1701－0093451 G607379、G609233、G608434、G609671 史部/雜史類/斷代之屬

湘軍記二十卷 (清)王定安撰 清光緒十五年(1889)江南書局刻本 十二册

330000－1701－0093452 G006001 史部/金石類/石之屬/文字

小蓬萊閣金石文字十卷 (清)黄易輯 清刻本 一册 存四卷(故廬江太守范府君之碑附殘石、三公山碑、武梁祠像唐榻本、漢故圉令趙君之碑)

330000－1701－0093456 G609235 子部/雜著類/雜纂之屬

國粹常談一卷 (清)歐陽述輯 清宣統元年(1909)鉛印本 一册

330000－1701－0093457 G609236 類叢部/叢書類/彙編之屬

雙楳景闇叢書十六種 葉德輝編 清光緒至宣統長沙葉氏郎園刻本 一册 存一種

330000－1701－0093458 G006002 史部/地

理類/專志之屬/祠墓

墓記不分卷　清末刻本　一册

330000－1701－0093461　G602422　子部/雜著類/雜考之屬

丹鉛總録二十七卷　(明)楊慎撰　清乾隆三十年至三十九年(1765－1774)在涓書屋刻本　二册　存四卷(一至二、十八至十九)

330000－1701－0093463　G607341、G609876　集部/别集類/清别集

灌園未定稿二卷　(清)傳懷祖撰　清光緒十三年(1887)山陰傳氏蘇州刻本　二册

330000－1701－0093465　G608597　類叢部/叢書類/彙編之屬

邵武徐氏叢書初刻十四種　(清)徐榦編　清光緒邵武徐氏刻本　九册　存十三種

330000－1701－0093466　G607342、G007952　經部/四書類/總義之屬/傳説

四書集註十九卷　(宋)朱熹撰　清光緒十八年(1892)浙江書局刻本　三册　存七卷(孟子一至七)

330000－1701－0093467　G609237　集部/别集類/明别集

王文成公全書三十八卷　(明)王守仁撰　清光緒浙江書局刻本　一册　存序、序説、姓氏、誥命、目録

330000－1701－0093468　G006003、G008000　子部/醫家類/類編之屬

中西匯通醫書五種　唐宗海撰　清光緒三十四年(1908)上海千頃堂書局石印本　二册　存一種

330000－1701－0093470　G607343、G610194　類叢部/叢書類/自著之屬

二思堂叢書六種五十一卷　(清)梁章鉅撰　清同治十二年至光緒元年(1873－1875)福州梁氏刻本　二册　存一種

330000－1701－0093472　G006004、G011634　子部/醫家類/綜合之屬/通論

醫宗説約五卷首一卷　(清)蔣示吉撰　清刻本　三册　存三卷(首、一、三)

330000－1701－0093474　G602423　史部/地理類/雜志之屬

湖墅小志四卷　(清)高鵬年輯　清光緒二十二年(1896)石印本　二册

330000－1701－0093475　G006005　經部/四書類/總義之屬/傳説

四書反身録八卷首一卷　(清)李顒撰　清道光十一年(1831)浙江書局刻本　三册　存六卷(三至八)

330000－1701－0093477　G608590、G607474　集部/總集類/選集之屬/通代

御選唐宋詩醇四十七卷目録二卷　(清)高宗弘曆輯　清光緒七年(1881)浙江書局刻本　二十册

330000－1701－0093479　G602424　子部/藝術類/篆刻之屬/印譜

補羅迦室印譜不分卷　(清)趙之琛篆刻　清宣統二年(1910)西泠印社鈐印本　二册

330000－1701－0093480　G006006　集部/别集類/清别集

百美新詠一卷集詠一卷圖傳一卷　(清)顔希源撰　清嘉慶刻本　二册　存一卷(圖傳)

330000－1701－0093483　G609241　史部/傳記類/别傳之屬

陶公匱記不分卷　(清)張榮澤等撰　清光緒刻本　一册

330000－1701－0093484　G608595　子部/宗教類/佛教之屬/經

大方等大集經三十卷　(晉)釋曇無讖譯　清光緒八年(1882)常熟刻經處刻本　八册

330000－1701－0093488　G006007　集部/别集類/清别集

天寥遺稿三卷　(清)釋空明撰　清嘉慶二十四年(1819)刻本　一册

330000－1701－0093489　G608596、G008499　類叢部/叢書類/自著之屬

平湖顧氏遺書五種 (清)顧廣譽撰 清光緒三年(1877)顧鴻昇刻本 四冊 存二種

330000－1701－0093491 G602425 史部/紀事本末類
九朝紀事本末(歷朝紀事本末)九種 (清)陳如升 (清)朱記榮輯 (清)慎記主人增輯 清光緒二十八年(1902)上海書局石印本 一冊 存一種

330000－1701－0093492 G006008 子部/儒家類/儒學之屬/蒙學
初學導先集一卷 (清)木犀香館居士編 清光緒二十年(1894)刻本 一冊

330000－1701－0093493 G608598 史部/地理類/方志之屬/郡縣志
[光緒]平湖縣志二十五卷首一卷末一卷 (清)彭潤章等修 (清)葉廉鍔等纂 **平湖殉難錄一卷** (清)彭潤章輯 清光緒十二年(1886)刻本 浙東布衣題記 十二冊 缺一卷(平湖殉難錄)

330000－1701－0093494 G609243 類叢部/叢書類/自著之屬
京塵雜錄四種 (清)楊懋建撰 清光緒十二年(1886)上海同文書局石印本 二冊

330000－1701－0093496 G006010 史部/傳記類/科舉録之屬/歷科登科録
[光緒壬辰科]會試硃卷一卷 (清)張聯駿撰 清光緒刻本 一冊

330000－1701－0093497 G607345 集部/曲類/寶卷之屬
圓明十報恩卷三卷 清同治七年(1868)紹城刻本 一冊

330000－1701－0093500 G607346 史部/傳記類/日記之屬
精印曾文正公日記手蹟樣本一卷 中國圖書公司輯 清宣統元年(1909)中國圖書公司石印本 一冊

330000－1701－0093501 G609245、G007781、G609822、G010604、G009692 類叢部/叢書類/自著之屬
鹿洲全集七種 (清)藍鼎元撰 清刻本 二十二冊 存三十七卷(東征集一至六,鹿洲公案一至二,鹿洲初集一至七、九至十六,棉陽學準一至五,女學一至六,脩史試筆上、下,平臺紀略)

330000－1701－0093502 G609246 類叢部/叢書類/彙編之屬
申報館叢書正集五十七種附錄三種續集一百四十二種 (清)尊聞閣主編 蔡爾康編續集 清同治至光緒上海申報館鉛印本 一冊 存一種

330000－1701－0093503 G607348 史部/地理類/方志之屬/郡縣志
[光緒]諸暨縣志六十一卷 陳遹聲修 (清)蔣鴻藻纂 清宣統二年(1910)刻本 六冊 存十八卷(二十一至二十六、三十三至四十、五十一至五十三、六十一)

330000－1701－0093505 G608592 類叢部/叢書類/自著之屬
儆季雜著五種附二種 (清)黃以周撰 清光緒二十年至二十一年(1894－1895)江蘇南菁講舍刻本 十冊

330000－1701－0093506 M608248、M606017 子部/宗教類/佛教之屬/大藏
頻伽精舍校刊大藏經 釋宗仰等輯 清宣統元年至民國二年(1909－1913)迦陵羅詩氏頻伽精舍上海鉛印本 二十冊 存五十四種

330000－1701－0093508 G006011 史部/地理類/總志之屬/通代
歷代州域形勢一卷 (清)顧祖禹撰 (清)趙齊嬰節錄 清羊城□文齋刻本 一冊

330000－1701－0093512 G602426 集部/曲類/寶卷之屬
河南開封府花枷良愿龍圖寶卷全集二卷 清光緒刻本 二冊

330000－1701－0093513 G608593 集部/總集類/課藝之屬

學海堂二集二十二卷　(清)吳蘭修輯　清道光十八年(1838)啓秀山房刻本　十六册

330000－1701－0093515　G607349、G609450　子部/農家農學類/總論之屬

撫郡農產攷畧二卷　何剛德　黄維翰撰　**種田雜説一卷**　(清)江召棠撰　清光緒三十三年(1907)蘇省刷印局鉛印本　二册

330000－1701－0093517　G006012、G006721　類叢部/叢書類/彙編之屬

武英殿聚珍版書一百四十八種　清乾隆四十二年(1777)福建刻道光至同治遞修光緒二十一年(1895)增刻本　五册　存一種

330000－1701－0093519　G602427　史部/政書類/公牘檔冊之屬

杭州八旗駐防調查報告一卷　金梁編　清光緒八旗調查會鉛印本　一册

330000－1701－0093520　G609249　類叢部/叢書類/自著之屬

篑喜廬所箸書　(清)傅雲龍撰　清光緒烏程李瑞臨紅餘籀室刻本　一册　存一種

330000－1701－0093521　G006013、G006014　子部/醫家類/本草之屬/歷代綜合本草

珍珠囊指掌補遺藥性賦四卷　(金)李杲輯　**雷公炮製藥性解六卷**　(明)李中梓輯　清羣玉山房刻本　二册　存五卷(珍珠囊指掌補遺藥性賦三至四、雷公炮製藥性解四至六)

330000－1701－0093522　G611438　史部/目録類/總録之屬/彙刻

續彙刻書目十二卷　(清)傅雲龍編　**補遺一卷**　(清)胡俊章補　清光緒二年至四年(1876－1878)味腴藝圃刻本　一册　存一卷(四)

330000－1701－0093523　G608594　類叢部/叢書類/彙編之屬

半厂叢書初編十種　(清)譚獻編　清同治至光緒仁和譚氏刻本　章嶔題簽　二十册

330000－1701－0093524　G609251　集部/詩文評類/詩評之屬

平等閣詩話二卷　狄葆賢撰　清宣統上海有正書局鉛印本　二册

330000－1701－0093525　G607351　類叢部/叢書類/彙編之屬

崇文書局彙刻書三十一種　(清)崇文書局編　清光緒元年至三年(1875－1877)湖北崇文書局刻本　一册　存一種

330000－1701－0093527　G006015　子部/醫家類/方書之屬

太醫院增補醫方捷徑□□卷　題曉星樵人輯　(明)羅必煒訂　清刻本　二册　存四卷(七至十)

330000－1701－0093528　G607636、G609252、G609866　史部/紀傳類/別史之屬

清朝史畧十一卷　(日本)佐藤楚材編輯　清光緒二十八年(1902)上海書局石印本　五册　存九卷(一至四、七至十一)

330000－1701－0093533　G607352、G608484、G607788　史部/編年類/斷代之屬

續資治通鑑長編五百二十卷目錄二卷　(宋)李燾撰　清光緒七年(1881)浙江書局刻本　六十七册　存二百九十卷(目錄一至二、一至一百四十三、一百六十二至一百八十二、一百八十八至一百九十九、二百五至二百八、二百十三至二百十六、二百二十一至二百二十四、二百三十五至二百三十七、三百十一至三百五十四、三百七十三至三百七十五、三百九十二至四百十五、四百六十二至四百六十五、四百七十至四百七十八、四百八十四至四百八十八、四百九十三至四百九十六、五百至五百三)

330000－1701－0093537　G607353、G606939　集部/總集類/氏族之屬

藤溪朱氏文略八卷　朱承業輯　清宣統三年(1911)刻本　四册

330000－1701－0093541　G006018、G006019　子部/醫家類/類編之屬

六科證治準繩七種　(明)王肯堂撰　明刻本　三册　存二種

330000－1701－0093543　G611439　類叢部/叢書類/自著之屬
春在堂全書三十種　(清)俞樾撰　清光緒二十三年(1897)石印本　二冊　存四種

330000－1701－0093546　M603217　集部/詞類/總集之屬
景刊宋金元明本詞四十種　吳昌綬編　陶湘續編　清宣統三年至民國六年(1911－1917)仁和吳氏雙照樓刻民國六年至十三年(1917－1924)武進陶氏涉園續刻本　一冊　存敘錄一卷

330000－1701－0093549　G006020　集部/詩文評類/詩評之屬
唐人五言排律詩論三卷　(清)蔣鵬翮編釋　清古越尺木堂刻本　二冊

330000－1701－0093556　G006021、G010377　子部/叢編
二十二子(二十二子彙函)　(清)浙江書局編　清光緒元年至三年(1875－1877)浙江書局刻本　三冊　存一種

330000－1701－0093559　G607357　史部/雜史類/斷代之屬
明季稗史彙編十六種　(清)留雲居士輯　清都城琉璃廠刻本　一冊　存一種

330000－1701－0093560　G609253　類叢部/叢書類/自著之屬
春在堂全書三十種　(清)俞樾撰　清光緒二十三年(1897)石印本　二十八冊　存十九種

330000－1701－0093561　G006022　子部/醫家類/傷寒金匱之屬/傷寒論
傷寒準繩八卷　(明)王肯堂輯　清刻本　一冊　存一卷(一)

330000－1701－0093562　G607358　類叢部/叢書類/自著之屬
元遺山先生全集七種　(金)元好問撰　清光緒七年(1881)讀書山房刻本　五冊　存四種

330000－1701－0093565　G006023　集部/總集類/選集之屬/斷代
克復回疆四城紀畧一卷葉爾羌守城記一卷西征雜志一卷寄生草廬酒器記一卷贈陳作甫一卷聊齋百美五十韻一卷　清抄本　一冊

330000－1701－0093568　G006024　子部/醫家類/類編之屬
醫林指月十二種　(清)王琦編　清乾隆刻本　四冊　存一種

330000－1701－0093569　G006051、G006972　集部/小說類/長篇之屬
第一才子書(增像全圖三國志演義)六十卷首一卷一百二十回　(明)羅本撰　(清)毛宗崗評　清光緒三十年(1904)上海同文升記書局鉛印本　十六冊

330000－1701－0093572　G607359　子部/醫家類/養生之屬
衛生雜錄一卷　(清)澹然居士輯　清光緒九年(1883)新安余氏刻本　一冊

330000－1701－0093573　G607360　集部/別集類/清別集
募梅精舍詩存三卷　(清)釋徹凡撰　清咸豐七年(1857)南湖興教禪院刻本　一冊

330000－1701－0093574　G006048　子部/小說家類/瑣語之屬
奇言可笑錄□□卷　(清)悟癡生編　清末刻本　一冊　存一卷(二)

330000－1701－0093577　G006049　類叢部/叢書類/彙編之屬
説部叢書　清宣統元年(1909)年上海改良小說社石印本　二冊　存一種

330000－1701－0093579　G609254　史部/雜史類/通代之屬
最近支那史二卷　(日本)河野通之　(日本)石村貞一輯　清光緒上海振東室學社影印本　二冊

330000－1701－0093580　G006025　子部/醫家類/類編之屬
丹溪附餘六種　(元)朱震亨撰　清慎修堂刻本　一冊　存一種

330000－1701－0093581　G006050　史部/雜史類/斷代之屬
戰國策補註三十三卷　吴曾祺撰　清宣統三年(1911)上海商務印書館鉛印本　四冊

330000－1701－0093583　M007375　集部/別集類/清別集
絳雪齋學詩試筆初稿一卷　愨如撰　清同治六年(1867)稿本　一冊

330000－1701－0093584　G006026　子部/醫家類/溫病之屬/瘟疫
隨息居重訂霍亂論四卷　(清)王士雄撰　清同治二年(1863)刻本　一冊　存二卷(一至二)

330000－1701－0093585　G602428　史部/地理類/雜志之屬
譚黔一卷　(清)陳明遠撰　清光緒鉛印本　一冊

330000－1701－0093586　G006052　類叢部/類書類/專類之屬
藤香館小品二卷　(清)薛時雨撰　清末刻本　一冊

330000－1701－0093587　G006027　子部/醫家類/本草之屬/歷代綜合本草
本草綱目五十二卷　(明)李時珍撰　清刻本　一冊　存二卷(四十一至四十二)

330000－1701－0093588　G609255　史部/地理類
小方壺齋輿地叢鈔十二帙　(清)王錫祺輯　清光緒十七年(1891)上海著易堂鉛印本　十九冊　存三百一種

330000－1701－0093592　G611441、G609846、G612401　集部/別集類/明別集
陳臥子先生安雅堂稿十五卷兵垣奏議二卷　(明)陳子龍撰　**陳臥子先生傳一卷**　(清)高燮撰　清宣統二年(1910)上海時中書局鉛印本　六冊　存十五卷(一至十五)

330000－1701－0093595　G608577　史部/地理類/山川之屬/水志
峽江救生船志一卷圖攷一卷　(清)程以輔等編　**行川必要一卷**　(清)羅縉紳輯　清光緒三年至五年(1877－1879)水師新副中營刻本　一冊　存一卷(峽江圖攷)

330000－1701－0093597　G611442、G609374、G610599　史部/目録類/總録之屬/私撰
行素堂目睹書錄十卷　(清)朱記榮編　**汲古閣珍藏秘本書目一卷**　(清)毛扆輯　清光緒十年至十一年(1884－1885)吳縣朱記榮槐廬刻本　七冊　存八卷(乙編、丙編、已編、庚編、辛編、壬編、癸編、汲古閣珍藏秘本書目)

330000－1701－0093600　G006028　集部/別集類/宋別集
晞髮集十卷遺集二卷遺集補一卷　(宋)謝翱撰　**天地間集一卷**　(宋)謝翱輯　**冬青樹引註一卷登西臺慟哭記註一卷**　(宋)謝翱撰　(明)張丁註　清康熙刻本　一冊　存二卷(冬青樹引註、登西臺慟哭記註)

330000－1701－0093603　G608575　子部/宗教類/佛教之屬/論
唯識二十論一卷　(天竺)世親菩薩造　(唐)釋玄奘譯　**唯識二十論述記四卷**　(唐)釋窺基撰　清宣統二年(1910)江西刻經處刻本　二冊

330000－1701－0093605　G611443　史部/紀傳類/正史之屬
二十四史附考證　清光緒二十九年(1903)五洲同文局石印本　一冊　存一種

330000－1701－0093606　G006029　子部/藝術類/書畫之屬/畫譜
芥子園畫傳二集八卷　(清)王槩　(清)王蓍　(清)王臬輯　清金陵文光堂刻彩色套印本　一冊　存二卷(梅譜一至二)

330000－1701－0093608　G608573　子部/宗教類/佛教之屬/論
唯識二十論一卷　(天竺)世親菩薩造　(唐)釋玄奘譯　**唯識二十論述記四卷**　(唐)釋窺基撰　清宣統二年(1910)江西刻經處刻本　二冊

330000－1701－0093610　G602429　經部/小學類/文字之屬/說文

說文新附攷六卷續攷一卷　(清)鈕樹玉撰　清同治十三年(1874)湖北崇文書局刻本　二冊

330000－1701－0093617　G006029/1　子部/藝術類/書畫之屬/畫譜

芥子園畫傳二集八卷　(清)王槩　(清)王蓍　(清)王臬輯　清乾隆四十七年(1782)金閶書業堂刻彩色套印本　一冊　存二卷(竹譜一至二)

330000－1701－0093620　G602430　集部/別集類/宋別集

林和靖先生詩集四卷詩話一卷酬唱題詠一卷梅花詩三十首續刻一卷　(宋)林逋撰　清光緒二十一年至二十二年(1895－1896)婺原俞氏清蔭堂刻本　二冊

330000－1701－0093624　G006031　史部/傳記類/別傳之屬/事狀

關聖帝君聖蹟圖誌全集五卷　(清)盧湛輯　清康熙三十二年(1693)刻嘉慶二年(1797)吉州蘭第錫重修本　五冊

330000－1701－0093626　G006053　子部/醫家類/綜合之屬/通論

古吳童氏重校醫宗必讀十卷　(明)李中梓撰　清光緒三十二年(1906)上海書局石印本　一冊　存二卷(五至六)

330000－1701－0093628　G006054　史部/傳記類/科舉録之屬/歷科鄉試録

[光緒乙酉科]浙江鄉試第九房同門硃卷不分卷　(清)孫模等撰　清光緒刻本　一冊

330000－1701－0093630　G006056　史部/傳記類/科舉録之屬/歷科鄉試録

[同治丁卯科並補行甲子科]浙江鄉試硃卷不分卷　(清)朱壽熊等撰　清同治刻本　一冊

330000－1701－0093631　G006033　集部/別集類/清別集

有正味齋試帖詩注八卷　(清)吳錫麒撰　(清)吳清皋等注　清道光二十七年(1847)婺源孫氏刻本　三冊　存六卷(三至八)

330000－1701－0093632　G611445　類叢部/叢書類/彙編之屬

武英殿聚珍版書一百三十八種　清江蘇刻本(帝範配清乾隆浙江刻本)　二冊　存二種

330000－1701－0093633　G006055　史部/傳記類/科舉録之屬/歷科鄉試録

[同治丁卯科並補行甲子科]浙江鄉試第肆房同門硃卷不分卷　(清)曾廷熾等撰　清同治刻本　一冊

330000－1701－0093636　G006034　集部/總集類/尺牘之屬

名賢書札□□卷　(清)李鴻章等撰　清光緒石印本　一冊　存三卷(十至十二)

330000－1701－0093637　G607366　類叢部/類書類/通類之屬

玉海二百卷辭學指南四卷詩攷一卷詩地理攷六卷漢蓺文志攷證十卷通鑑地理通釋十四卷周書王會補注一卷漢制攷四卷踐阼篇集解一卷急就篇補注四卷姓氏急就篇二卷小學紺珠十卷六經天文編二卷周易鄭康成注一卷通鑑答問五卷　(宋)王應麟撰　**校補玉海瑣記二卷王深寧先生[應麟]年譜一卷**　(清)張大昌撰　清光緒九年至十六年(1883－1890)浙江書局刻本　一冊　存二卷(急就篇三至四)

330000－1701－0093638　G006057　史部/傳記類/科舉録之屬/歷科鄉試録

[同治丁卯科並補行甲子科]浙江鄉試第玖房同門硃卷不分卷　(清)王棻等撰　清同治刻本　一冊

330000－1701－0093640　G006035　集部/別集類/清別集

棣圃時藝不分卷　(清)夏景宸撰　清刻本　一冊

330000－1701－0093641　G006058　史部/傳記類/科舉録之屬/歷科鄉試録

[同治丁卯科並補甲子科]浙江鄉試硃卷不分

卷　(清)陳兆霖等撰　清同治刻本　一册

330000－1701－0093643　G607367　類叢部/叢書類/彙編之屬

校經山房叢書二十七種　(清)朱記榮編　清光緒三十年(1904)孫谿朱氏槐廬家塾重編印式訓堂叢書本　一册　存一種

330000－1701－0093644　G006036　集部/别集類/清别集

萍蹤集六卷　(清)吳蘭森撰　清咸豐元年(1851)刻本　一册

330000－1701－0093645　M608249　子部/宗教類/佛教之屬/大藏

頻伽精舍校刊大藏經　釋宗仰等輯　清宣統元年至民國二年(1909－1913)迦陵羅詩氏頻伽精舍上海鉛印本　十六册　存八十六種

330000－1701－0093647　G006059　史部/傳記類/科舉録之屬/歷科鄉試録

[同治丁卯科並補甲子科]浙江鄉試硃卷不分卷　(清)許癸身等撰　清同治刻本　一册

330000－1701－0093648　G611446　類叢部/叢書類/郡邑之屬

粟香室叢書五十九種　金武祥編　清光緒至民國江陰金氏刻本　二册　存三種

330000－1701－0093649　G006060　史部/傳記類/科舉録之屬/歷科鄉試録

[同治四年補行辛酉科並壬戌恩科]浙江鄉試硃卷不分卷　(清)張大任等撰　清同治刻本　一册

330000－1701－0093650　G607368、G608298　子部/儒家類/儒學之屬/蒙學

父師善誘法二卷讀書作文譜十二卷　(清)唐彪撰　清文成堂刻本　四册

330000－1701－0093651　G006061　史部/傳記類/科舉録之屬/歷科鄉試録

[同治四年補行咸豐辛酉科並壬戌恩科]浙江鄉試硃卷不分卷　(清)胡康齡等撰　清同治刻本　一册

330000－1701－0093652　G006062　史部/傳記類/科舉録之屬/歷科鄉試録

[同治丁卯科並補行甲子科]浙江鄉試硃卷不分卷　(清)鍾慈生等撰　清同治刻本　一册

330000－1701－0093653　G006063　史部/傳記類/科舉録之屬/歷科鄉試録

[同治丁卯科並補甲子科]浙江鄉試第拾貳房同門硃卷不分卷　(清)孫德祖等撰　清同治刻本　一册

330000－1701－0093654　G006064　史部/傳記類/科舉録之屬/歷科鄉試録

[光緒甲午科]浙江鄉試硃卷不分卷　(清)陳達鵬等撰　清光緒刻本　一册

330000－1701－0093655　G607370、G609284、G602483　集部/别集類/清别集

味諫果齋詩集六卷文集二卷别集二卷外集一卷詩餘一卷　(清)王汝金撰　(清)戴元謙編　清光緒八年(1882)錢江刻本　六册　存六卷(詩集一至六)

330000－1701－0093656　G006065　史部/傳記類/科舉録之屬/歷科鄉試録

[光緒甲午科]浙江鄉試第貳房同門硃卷不分卷　(清)陳修榆等撰　清光緒刻本　一册

330000－1701－0093657　G607372、G609488　集部/總集類/選集之屬/通代

漁洋山人古詩選三十二卷　(清)王士禛選　清同治七年(1868)湘鄉曾氏刻本　四册　存十六卷(五言詩一至三、五至十七)

330000－1701－0093658　G607371　類叢部/叢書類/彙編之屬

心矩齋叢書十一種　(清)蔣鳳藻編　清光緒長洲蔣氏刻本　二册　存一種

330000－1701－0093659　G006066　史部/傳記類/科舉録之屬/歷科鄉試録

[光緒丁酉科]四川鄉試第拾房同門姓氏硃卷不分卷　(清)沈崇垣等撰　清光緒刻本　一册

330000－1701－0093660　G006240　子部/宗

教類/佛教之屬
飲峯法約四卷　(清)釋大覺撰　清光緒二十五年(1899)刻本　二冊

330000－1701－0093661　G006067　史部/傳記類/科舉録之屬/歷科鄉試録
[光緒壬寅補行庚子恩正辛丑兩科]四川鄉試硃卷不分卷　(清)沈崇垣等撰　清光緒刻本　一冊

330000－1701－0093662　G006241　子部/宗教類/佛教之屬/經
大方等大集經三十卷　(晉)釋曇無讖譯　清光緒八年(1882)常熟刻經處刻本　八冊

330000－1701－0093663　G607373　類叢部/叢書類/自著之屬
留書種閣集九種　(清)黃炳垕撰　清同治六年至光緒二十年(1867－1894)餘姚黃氏留書種閣刻本　一冊　存一種

330000－1701－0093664　G006124　史部/雜史類/外紀之屬
日本新政考二卷　(清)顧厚焜撰　清光緒鉛印本　一冊

330000－1701－0093665　G608576　子部/宗教類/佛教之屬/論
唯識二十論一卷　(天竺)世親菩薩造　(唐)釋玄奘譯　**唯識二十論述記四卷**　(唐)釋窺基撰　清宣統二年(1910)江西刻經處刻本　二冊

330000－1701－0093667　G608574　子部/宗教類/佛教之屬/論
唯識二十論一卷　(天竺)世親菩薩造　(唐)釋玄奘譯　**唯識二十論述記四卷**　(唐)釋窺基撰　清宣統二年(1910)江西刻經處刻本　二冊　缺一卷(唯識二十論)

330000－1701－0093668　G006131　史部/地理類/水利之屬
寧郡河工局徵信錄不分卷　(清)寧郡河工局編　清光緒二十八年(1902)河工局鉛印本　一冊

330000－1701－0093669　G006125　史部/目録類/總録之屬/禁燬
清江寧違礙書書目一卷　清末抄本　一冊

330000－1701－0093671　G608572　集部/戲劇類/總集之屬/雜劇
清容外集九種　(清)蔣士銓撰　清乾隆蔣氏紅雪樓刻本　三冊　存四種

330000－1701－0093672　G602431　子部/雜著類/雜纂之屬
翼教叢編六卷附一卷　蘇輿輯　清光緒二十四年(1898)武昌刻本　清中鼎題記　三冊

330000－1701－0093674　G611448　新學/史志/戰記
新譯日清海陸戰爭史一卷　(日本)松井廣吉撰　(清)范枕石譯　清光緒二十八年(1902)上洋會文編譯社石印本　一冊

330000－1701－0093675　G006126　子部/儒家類/儒學之屬/禮教
最樂編六卷　(明)高道淳輯　清同治二年(1863)符離張景賢刻本　一冊

330000－1701－0093677　G006068　新學/理學/理學
天演論二卷　(英國)赫胥黎撰　嚴復譯　清光緒二十四年(1898)侯官嗜奇精舍石印本　松陰次郎題記　一冊

330000－1701－0093680　G006069　史部/傳記類/總傳之屬/列女
列女傳八卷　(漢)劉向撰　清刻本　一冊　存一卷(八)

330000－1701－0093682　G609291、G607369、G604637、G609773、G612238　類叢部/叢書類/自著之屬
王漁洋遺書三十八種　(清)王士禛撰　清刻本　八冊　存一種

330000－1701－0093683　G608569　子部/小說家類/雜事之屬
耐冷譚十六卷　(清)宋咸熙撰　清道光九年(1829)武林亦西齋刻本　一冊　存四卷(一

至四)

330000－1701－0093685　G611449　經部/小學類/文字之屬/說文

說文通訓定聲十八卷分部柬韻一卷說雅一卷古今韻準一卷　(清)朱駿聲撰　(清)朱鏡蓉參訂　**皇清敕授文林郎國子監博士銜揀選知縣揚州府學教授允倩府君[朱駿聲]行述一卷**　朱孔彰撰　清光緒十三年(1887)上海積山書局石印本　八冊

330000－1701－0093686　G006127　子部/宗教類/道教之屬/雜著

玅海心珠二卷　(清)鶴洞子輯　清刻本　一冊

330000－1701－0093687　G602432　經部/書類/專著之屬

晚書訂疑三卷　(清)程廷祚撰　清道光二十七年(1847)方之湜刻本　一冊

330000－1701－0093689　G607374　集部/別集類/清別集

曾文正公詩鈔四卷　(清)曾國藩撰　清光緒二年(1876)上海醉六堂刻本　二冊

330000－1701－0093691　G006128　類叢部/類書類/通類之屬

新刻註釋故事白眉十卷　(明)許以忠輯　清康熙二十八年(1689)文芸館刻本　一冊　存三卷(三至五)

330000－1701－0093692　G611450、G609848　子部/小說家類/瑣語之屬

瓏璱僊館彙輯二十世紀奇書　(清)陳琰編輯　清宣統三年(1911)上海六藝書局石印本　二冊　存一種

330000－1701－0093693　G602433　經部/周禮類/傳說之屬

九旗古義述一卷　(清)孫詒讓撰　清光緒二十八年(1902)瑞安孫氏刻本　一冊

330000－1701－0093694　G607376　類叢部/叢書類/彙編之屬

百尺樓叢書　陳去病編　清光緒至民國鉛印本　一冊　存一種

330000－1701－0093695　G006129　史部/地理類/專志之屬/寺觀

上海清眞寺成立董事會誌不分卷　馬廷樹等編　清宣統三年(1911)鉛印本　一冊

330000－1701－0093700　G607377　集部/總集類/尺牘之屬

瑤華集一卷　(清)張邁輯　清光緒二十八年(1902)始豐傳是樓木活字印本　漁邨題簽　一冊

330000－1701－0093702　G006071　集部/曲類/曲選之屬

偶訂綴白裘補編□□集□□卷　清刻本　一冊　存第十二集卷一

330000－1701－0093706　G006072　集部/別集類/清別集

素庵吟稿二卷　(清)鄔熊卜撰　清嘉慶八年(1803)雙桂書屋刻本　一冊

330000－1701－0093707　G006073　新學/學校

倫敦魁盈斯女大學堂章程一卷　(清)陳秉濂譯　清末湖北洋務譯書局刻本　一冊

330000－1701－0093708　G611452、G609821　類叢部/類書類/通類之屬

策學備纂續集四卷首一卷　(清)宋徽猷等輯　清光緒二十年(1894)上海點石齋石印本　六冊

330000－1701－0093710　G607380、G611912　集部/總集類/選集之屬/通代

古文淵鑒六十四卷　(清)徐乾學等輯注　清同治十二年(1873)浙江書局刻本　六冊　存十五卷(十七至十九、二十三至二十五、三十一至三十二、四十八至四十九、六十至六十四)

330000－1701－0093711　G006074　子部/醫家類/本草之屬/歷代綜合本草

珍珠囊指掌補遺藥性賦四卷　(金)李杲輯

雷公炮製藥性解六卷　(明)李中梓輯　清羣

玉山房刻本　一冊　存二卷(珍珠囊指掌補遺藥性賦三至四)

330000－1701－0093712　M608250　子部/宗教類/佛教之屬/大藏
頻伽精舍校刊大藏經　釋宗仰等輯　清宣統元年至民國二年(1909－1913)迦陵羅詩氏頻伽精舍上海鉛印本　一冊　存一種

330000－1701－0093715　M608251　子部/宗教類/佛教之屬/大藏
頻伽精舍校刊大藏經　釋宗仰等輯　清宣統元年至民國二年(1909－1913)迦陵羅詩氏頻伽精舍上海鉛印本　三冊　存二種

330000－1701－0093716　M606019　子部/宗教類/佛教之屬/大藏
頻伽精舍校刊大藏經　釋宗仰等輯　清宣統元年至民國二年(1909－1913)迦陵羅詩氏頻伽精舍上海鉛印本　一冊　存總目

330000－1701－0093717　G607381　經部/小學類/文字之屬/說文
說文引經攷證七卷說文引經互異說一卷　(清)陳瑑撰　清同治十三年(1874)湖北崇文書局刻本　一冊　存四卷(一至四)

330000－1701－0093719　M608252　子部/宗教類/佛教之屬/大藏
頻伽精舍校刊大藏經　釋宗仰等輯　清宣統元年至民國二年(1909－1913)迦陵羅詩氏頻伽精舍上海鉛印本　十二冊　存四十九種

330000－1701－0093723　M606018　子部/宗教類/佛教之屬/大藏
頻伽精舍校刊大藏經　釋宗仰等輯　清宣統元年至民國二年(1909－1913)迦陵羅詩氏頻伽精舍上海鉛印本　一冊　存總目

330000－1701－0093725　G607383　子部/儒家類/儒學之屬/勸學
輶軒語九卷　(清)張之洞撰　清光緒二年(1876)退補齋刻本　一冊

330000－1701－0093726　G602434　史部/傳記類/科舉録之屬/歷科鄉試録
[光緒二十八年補行庚子辛丑恩正併科]浙江鄉試錄一卷　清光緒刻本　一冊

330000－1701－0093728　G006242　子部/宗教類/佛教之屬/諸宗
天台四教儀集註十卷　(元)釋蒙潤撰　清光緒三十四年(1908)揚州藏經院刻本　四冊

330000－1701－0093731　G006243　子部/宗教類/佛教之屬
大明三藏法數五十卷　(明)釋一如等集註　清光緒六年(1880)刻本　十六冊

330000－1701－0093732　G611455、G611675、G612382　類叢部/叢書類/彙編之屬
經策通纂二種　(清)吳頴炎　(清)陳通聲等纂　清光緒十四年(1888)上海點石齋石印本　七冊　存一種

330000－1701－0093733　G607384、G609935、G610424　集部/總集類/郡邑之屬
青南輿頌六卷首一卷續刻一卷　(清)南匯芸香草堂諸子輯　清咸豐八年(1858)、同治元年(1862)刻本　七冊　存七卷(首、一至六)

330000－1701－0093738　G607385　類叢部/叢書類/彙編之屬
張氏適園叢書　張鈞衡編　清宣統三年(1911)上海國學扶輪社鉛印本　一冊　存一種

330000－1701－0093743　G006076　類叢部/叢書類/彙編之屬
祕書廿一種　(清)汪士漢編　清刻本　二冊　存一種

330000－1701－0093744　G006244　集部/詞類/詞譜之屬
詞鏡平仄圖譜三卷　(清)賴以邠撰　(清)查繼超輯　清光緒八年(1882)上海刻朱墨套印本　二冊

330000－1701－0093746　G006077　類叢部/叢書類/自著之屬
郝氏遺書三十三種　(清)郝懿行撰　清嘉慶至光緒刻彙印本　四冊　存一種

330000－1701－0093747　G607386　類叢部/類書類/專類之屬
格致鏡原一百卷　(清)陳元龍撰　清刻本　一册　存五卷(一至五)

330000－1701－0093748　G602435　經部/小學類/文字之屬/字書/字典
字彙十二集首一卷末一卷韻法直圖一卷　(明)梅膺祚撰　**韻法橫圖一卷**　(明)李世澤撰　清刻本　一册　存三卷(末、韻法直圖、韻法橫圖)

330000－1701－0093749　G006078　史部/編年類/斷代之屬
御撰資治通鑑綱目三編二十卷　(清)張廷玉等撰　清刻本　八册

330000－1701－0093750　G006079　新學/理學/理學
天演論二卷　(英國)赫胥黎撰　嚴復譯　清光緒二十七年(1901)富文書局石印本　一册

330000－1701－0093751　G006080　子部/法家類
管子地員篇注四卷　(清)王紹蘭撰　清光緒十七年(1891)蕭山胡熺棻寄虹山館刻本　四册

330000－1701－0093755　G006245、G006832　子部/醫家類/兒科之屬/通論
鼎鍥幼幼集成六卷　(清)陳復正輯　清同治二年(1863)刻本　五册　缺一卷(二)

330000－1701－0093756　G006246　子部/醫家類/兒科之屬/通論
鼎鍥幼幼集成六卷　(清)陳復正輯　清務本堂刻本　五册　存五卷(一、三至六)

330000－1701－0093757　G611456、G602458、G608009、G609844　史部/編年類/斷代之屬
兩漢紀六十卷　(宋)王銍輯　**兩漢紀校記二卷**　(清)陳璞撰　清光緒二年(1876)嶺南學海堂刻本　七册　存三十卷(後漢紀一至三十)

330000－1701－0093758　G006081　經部/詩類/傳說之屬
詩經集傳八卷　(宋)朱熹撰　清光緒十九年(1893)浙江書局刻本　四册

330000－1701－0093762　G006082　類叢部/叢書類/彙編之屬
崇文書局彙刻書三十一種　(清)崇文書局編　清光緒元年至三年(1875－1877)湖北崇文書局刻本　一册　存一種

330000－1701－0093763　G611457　集部/别集類/清别集
巴里客餘生詩草六卷首一卷末一卷　(清)延清撰　清光緒二十七年(1901)石印本　二册　缺一卷(末)

330000－1701－0093767　G006083　經部/小學類/文字之屬/説文/傳説
繫傳四十卷　(五代)徐鍇撰　(五代)朱翺反切　**説文解字繫傳校勘記三卷**　(清)苗夔等撰　清光緒元年(1875)歸安姚覲元川東刻本　八册

330000－1701－0093770　G006249　子部/醫家類/兒科之屬/痘疹
中西痘科合璧十二卷　(清)張琰編輯　清光緒三十二年(1906)上海書局石印本　一册　存五卷(一至五)

330000－1701－0093771　M608253、M608254、M606054　子部/宗教類/佛教之屬/大藏
頻伽精舍校刊大藏經　釋宗仰等輯　清宣統元年至民國二年(1909－1913)迦陵羅詩氏頻伽精舍上海鉛印本　五册　存十一種

330000－1701－0093774　G607389、G609423　史部/職官類/官箴之屬
求牧芻言八卷　(清)阮本焱撰　清光緒十三年(1887)刻本　二册

330000－1701－0093775　G006084　集部/詞類
桂林霜二卷二十四齣　(清)蔣士銓撰　清刻本　一册　存一卷(下)

330000－1701－0093778　G006085、G006642

史部/紀事本末類/斷代之屬
聖武記十四卷 (清)魏源撰 清末和記書莊鉛印本 六冊

330000－1701－0093784 M608255、M606055 子部/宗教類/佛教之屬/大藏
頻伽精舍校刊大藏經 釋宗仰等輯 清宣統元年至民國二年(1909－1913)迦陵羅詩氏頻伽精舍上海鉛印本 二冊 存一種

330000－1701－0093792 G607391 類叢部/叢書類/自著之屬
求志居全集十種附一種 (清)陳世鎔撰 清道光至光緒獨秀山莊刻本 一冊 存二種

330000－1701－0093793 G006250 子部/醫家類/綜合之屬/通論
古吴童氏重校醫宗必讀十卷 (明)李中梓撰 清光緒三十二年(1906)上海書局石印本 三冊 存六卷(一至二、五至六、九至十)

330000－1701－0093794 G608579 史部/政書類
九通全書 (清)□□輯 清光緒二十七年至二十八年(1901－1902)貫吾齋石印本 十四冊 存一種

330000－1701－0093799 G006086 史部/目録類
汲古閣珍藏秘本書目一卷 (清)毛扆藏並撰 清抄本 許心安題記 一冊

330000－1701－0093803 G608580 史部/政書類
九通全書 (清)□□輯 清光緒二十七年至二十八年(1901－1902)貫吾齋石印本 二十四冊 存一種

330000－1701－0093809 G607392、G008483 集部/總集類/選集之屬/通代
文選六十卷 (南朝梁)蕭統輯 (唐)李善注 **文選考異十卷** (清)胡克家撰 清同治八年(1869)湖北崇文書局刻本 四冊 存十卷(考異一至十)

330000－1701－0093815 G609256 子部/小說家類/雜事之屬
莊諧選錄十二卷 (清)汪康年輯 清光緒三十年(1904)上海中外日報館鉛印本 十一冊 缺一卷(一)

330000－1701－0093817 G611459、G009043 史部/政書類/律令之屬/律例
大清法規大全一百六十八卷 清光緒二十七年至宣統元年(1901－1909)北京政學社石印本 二冊 存八卷(三、十三至十九)

330000－1701－0093820 G006088、G006269 類叢部/叢書類/自著之屬
楊仁山居士遺著十四種 (清)楊文會撰 清光緒至民國金陵刻經處刻本 四冊 存五種

330000－1701－0093822 G608578 史部/詔令奏議類/詔令之屬
硃批諭旨不分卷 (清)鄂爾泰等輯 清光緒十三年(1887)上海點石齋石印本 六十冊

330000－1701－0093827 G609257、G610498 子部/小說家類/異聞之屬
科場異聞錄五種 (清)呂相燮輯 清光緒二十四年(1898)順成書局石印本 四冊

330000－1701－0093833 G006087 子部/雜著類/雜考之屬
十駕齋養新錄二十卷餘錄三卷 (清)錢大昕撰 **錢辛楣先生年譜一卷** (清)錢大昕編 (清)錢慶曾校注 **竹汀居士[大昕]年譜續編一卷** (清)錢慶曾撰 清光緒二年(1876)浙江書局刻本 一冊 缺二十卷(一至二十)

330000－1701－0093834 G609258 史部/地理類/遊記之屬/紀行
南行日記一卷 (清)吳廣霈撰 清光緒十六年(1890)弢園鉛印本 一冊

330000－1701－0093835 G602436 類叢部/叢書類/彙編之屬
漢魏叢書三十八種 (明)程榮編 明萬曆二十年(1592)新安程氏刻本 一冊 存一種

330000－1701－0093836 M603262 集部/別集類/清別集

甌香館集十二卷補遺詩一卷補遺畫跋一卷附錄一卷 （清）惲格撰 （清）蔣光煦增輯 清光緒元年（1875）湖北崇文書局刻民國元年（1912）鄂官書處重印本 四冊

330000－1701－0093838 G609259 史部/史評類/史論之屬
讀通鑑論十六卷附宋論十五卷 （清）王夫之撰 清光緒三十一年（1905）上海商務印書館鉛印本 一冊 存八卷（宋論八至十五）

330000－1701－0093841 G602437 子部/藝術類/書畫之屬/畫譜
任渭長先生畫傳四種 （清）任熊繪 清光緒十二年（1886）上海同文書局石印本 一冊 存一種

330000－1701－0093842 G607394 史部/紀傳類/正史之屬
史記一百三十卷 （漢）司馬遷撰 （南朝宋）裴駰集解 （唐）司馬貞索隱 （唐）張守節正義 清同治五年至九年（1866－1870）金陵書局刻本 二十冊

330000－1701－0093843 G006253 集部/別集類/清別集
佚名詩集一卷 稿本 一冊

330000－1701－0093847 G611462 集部/別集類/清別集
有正味齋詩集十六卷續集八卷駢體文二十四卷續集八卷詞集八卷續集二卷外集五卷南北曲二卷 （清）吳錫麒撰 清嘉慶十三年（1808）刻本 四冊 存十六卷（詩集一至十二、詞集五至八）

330000－1701－0093850 G607635、G609261 史部/地理類/外紀之屬
續瀛環志略初編不分卷 （清）薛福成鑒定 （清）瞿昂來譯 清光緒二十八年（1902）無錫傳經樓石印本 三冊 存十三種

330000－1701－0093854 G006089 類叢部/叢書類/自著之屬
王船山先生經史論八種 （清）王夫之撰 清光緒二十八年（1902）上海文林石印本 五冊 存四種

330000－1701－0093856 G602439 類叢部/叢書類/彙編之屬
讀畫齋叢書四十六種 （清）顧修編 清嘉慶四年至十六年（1799－1811）桐川顧氏刻本 一冊 存一種

330000－1701－0093858 G607395 類叢部/叢書類/彙編之屬
郋園先生全書一百二十九種 葉啓倬編 清光緒至民國刻民國二十四年（1935）長沙中國古書刻印社彙印本 四冊 存四種

330000－1701－0093862 G006090 新學/政治法律/政治
民約通義九章 （法國）戎雅屈婁騷撰 （日本）中江篤介譯解 清光緒上海大同譯書局石印本 一冊

330000－1701－0093863 G602440 史部/地理類/遊記之屬/紀行
丙午日本游記一卷附錄一卷 程淯撰 清光緒三十三年（1907）鉛印本 一冊

330000－1701－0093865 G609263、G608000 類叢部/叢書類/彙編之屬
岱南閣叢書二十一種 （清）孫星衍編 清光緒六年至七年（1880－1881）刻本 二冊 存一種

330000－1701－0093866 G608582 子部/宗教類/佛教之屬/經
雜阿含經五十卷 （南朝宋）釋求那跋陀羅譯 清光緒十年至十四年（1884－1888）常熟刻經處刻民國二十二年（1933）金陵刻經處重修本 四冊 存十六卷（二十六至四十一）

330000－1701－0093869 G609264、G610357 類叢部/叢書類/彙編之屬
岱南閣叢書二十種 （清）孫星衍編 清乾隆五十年至嘉慶十四年（1785－1809）蘭陵孫氏刻本 二冊 存一種

330000－1701－0093870 G006091 子部/藝

術類/遊藝之屬/聯語
香港醮會聯珠全集一卷 （清）劉鑑墀撰（清）呂仙曹彙輯 清宣統三年(1911)省城堤岸啓文鉛印本 一冊

330000－1701－0093873 G608583 子部/宗教類/佛教之屬/總録
高峰大師語錄一卷 （元）釋元妙撰 清光緒十五年(1889)金陵刻經處刻本 一冊

330000－1701－0093875 G611463 史部/地理類/山川之屬/山志
重修南海普陀山志二十卷首一卷 （清）許琰撰 清乾隆五年(1740)刻釋圓仁重修本 一冊 存八卷(七至十四)

330000－1701－0093876 G602441 子部/醫家類/兒科之屬/通論
生生福幼編五種附論一種 （清）莊一夔等撰 清光緒二十四年(1898)景文齋刻本 一冊

330000－1701－0093878 G607396 史部/目録類/總録之屬/私撰
埽葉山房書目一卷 （清）埽葉山房主人編 清光緒八年(1882)埽葉山房刻本 一冊

330000－1701－0093881 G608584 類叢部/叢書類/郡邑之屬
武林往哲遺箸五十二種後編十種 （清）丁丙編 清光緒二十年至二十六年(1894－1900)錢塘丁氏嘉惠堂刻本 三十六冊 存二十五種

330000－1701－0093882 G006254、G006780 集部/戲劇類/傳奇之屬
桃花扇傳奇二卷四十齣 （清）孔尚任撰 清刻本 六冊

330000－1701－0093885 M608279、M602325 類叢部/叢書類/彙編之屬
崇文書局彙刻書三十一種 （清）崇文書局編 清光緒元年至三年(1875－1877)湖北崇文書局刻民國元年(1912)鄂官書處重印本 二冊 存一種

330000－1701－0093886 G607398 子部/儒家類/儒學之屬/經濟
盱江經濟一斑十六卷 （宋）李覯撰 清光緒二十九年(1903)文來書局石印本 二冊

330000－1701－0093888 G006092 集部/小說類/長篇之屬
繪圖風流天子傳八卷四十回 （明）齊東野人編演 清光緒二十一年(1895)石印本 四冊

330000－1701－0093889 G006130、G006390、G007521 史部/政書類/公牘檔冊之屬
浙江諮議局第一屆常年會議事錄不分卷 （清）浙江諮議局編 清宣統鉛印本 王佩劍題簽並記 三冊

330000－1701－0093890 G602443 史部/地理類/方志之屬/郡縣志
[乾隆]鄞縣志三十卷首一卷 （清）錢維喬修（清）錢大昕等纂 清道光二十六年(1846)刻本 五冊 存十卷(二至六、九至十、十九至二十、二十四)

330000－1701－0093891 G006093 史部/傳記類/總傳之屬
湖南武備學堂職員姓氏表一卷教員幫教姓氏表一卷第一期畢業同學姓氏表一卷 清光緒湖南武備學堂學務處鉛印本 一冊

330000－1701－0093892 G006255 子部/小說家類/雜事之屬
上海社會之現象一卷 清末石印本 一冊

330000－1701－0093893 G602444 集部/戲劇類/傳奇之屬
梅花夢二卷 （清）張道撰 清光緒二十年(1894)錢塘張預長沙刻本 二冊

330000－1701－0093894 G006256 史部/政書類/公牘檔冊之屬
清釐春江書院劄記一卷 （清）吳鳳前編 清咸豐三年至四年(1853－1854)刻本 一冊

330000－1701－0093899 G006132 子部/宗教類/佛教之屬/經疏
大方廣佛華嚴經著述集要二十三種 （清）楊文會輯 清同治八年至民國六年(1869－

1917)如臯刻經處、雞園刻經處、長沙刻經處、金陵刻經處等刻本　一册　存一種

330000－1701－0093901　G607401　集部/別集類/清別集

板橋集六卷　(清)鄭燮撰　清清暉書屋刻本　四册

330000－1701－0093903　G006133　子部/農家農學類/總論之屬

種植彙要一卷　(清)鄒辛垣撰　清光緒三十一年(1905)鄒裕元堂刻本　一册

330000－1701－0093905　G006134　子部/藝術類/書畫之屬/法帖

詩話集錦一卷　潘齡臯書　清宣統石印本　一册

330000－1701－0093906　G006135　子部/醫家類/養生之屬

養生法一卷　清末抄本　一册

330000－1701－0093908　G006137　史部/地理類/方志之屬/郡縣志

[嘉慶]羅江縣志三十六卷　(清)李桂林修　(清)鄧林等纂　**[同治]續修羅江縣志二十四卷**　(清)馬傳業修　(清)劉正慧等纂　清嘉慶二十年(1815)刻同治四年(1865)續刻本　二册

330000－1701－0093909　G006139　子部/工藝類/觀賞之屬/雜賞

品泉一卷畜金魚七法一卷建蘭法一卷建蘭十法一卷種花法一卷　稿本　一册

330000－1701－0093910　G006140　子部/藝術類/書畫之屬/畫譜

茹煙吐緥不分卷　(清)陳允升繪　清光緒二年(1876)石印本　一册

330000－1701－0093914　G607402　史部/地理類/方志之屬/郡縣志

[乾隆]濟源縣志十六卷首一卷末一卷　(清)蕭應植纂修　清乾隆二十六年(1761)刻本　十二册

330000－1701－0093920　G607403　史部/傳記類/總傳之屬/郡邑

兩浙名賢錄六十二卷　(明)徐象梅撰　清光緒二十六年(1900)浙江書局刻本　四十册　存四十卷(一至三、五至四十一)

330000－1701－0093925　M608281　史部/傳記類/總傳之屬/列女

浙女表微錄□□卷　清刻本　一册　存一卷(一)

330000－1701－0093935　G602446、G607516　史部/地理類/方志之屬/郡縣志

[光緒]施南府志續編十卷　(清)王庭楨　(清)李謙修　(清)雷春沼　(清)尹壽衡纂　清光緒十一年(1885)刻本　四册

330000－1701－0093944　G006094　史部/政書類/軍政之屬

站崗巡邏規矩一卷　清光緒三十四年(1908)浙江警察總局鉛印本　一册

330000－1701－0093946　G006095　史部/詔令奏議類/奏議之屬

恩詔條款一卷　清光緒三十四年(1908)鉛印本　一册

330000－1701－0093948　G609268　類叢部/叢書類/自著之屬

林文忠公遺集四種　(清)林則徐撰　清光緒三山林氏刻本　一册　存一種

330000－1701－0093952　G006096　新學/商務

理財節畧一卷　(英國)戴樂爾撰　清光緒鉛印本　一册

330000－1701－0093953　G006097　史部/政書類/公牘檔册之屬

奏辦上海大達輪步有限公司文牘章程一卷　清光緒鉛印本　一册

330000－1701－0093956　G609269　子部/醫家類/兒科之屬/通論

生生福幼編五種附論一種　(清)莊一夔等撰　清光緒二十四年(1898)景文齋刻本　一册

330000－1701－0093959　G608511　史部/政書類/邦交之屬
中瑞通商條約一卷　清宣統刻本　一冊

330000－1701－0093960　G611466　子部/儒家類/儒學之屬/性理
御纂性理精義十二卷　(清)李光地等纂修　清刻本　六冊

330000－1701－0093963　G608512　史部/政書類/邦交之屬
中瑞通商條約一卷　清宣統刻本　一冊

330000－1701－0093964　G006098　史部/政書類/公牘檔冊之屬
農工商部現行章程二十一種　清宣統元年(1909)鉛印本　一冊　存一種

330000－1701－0093967　G608513　經部/小學類/文字之屬/字書
小學答問一卷　章炳麟撰　清宣統元年(1909)刻本　一冊

330000－1701－0093968　G006099　史部/政書類/邦計之屬
奏定厘訂各種銀行則例摺一卷　清光緒三十四年(1908)浙江石印所石印本　頌遠題記　一冊

330000－1701－0093971　G608514　集部/別集類/清別集
半巖廬遺集二卷　(清)邵懿辰撰　清光緒三十四年(1908)邵章等刻本　二冊

330000－1701－0093972　SZD0357　經部/春秋總義類
春秋講義不分卷　(清)朱師轍撰　稿本　一冊

330000－1701－0093974　G006101　史部/政書類/邦交之屬
中英會訂保工章程不分卷　清光緒刻本　一冊

330000－1701－0093976　M603283　類叢部/叢書類/彙編之屬
鐵琴銅劍樓叢書十三種　瞿啓甲編　清光緒至民國刻本暨影印本　一冊　存一種

330000－1701－0093977　G606871　經部/四書類/論語之屬/傳說
論語古訓十卷附一卷　(清)陳鱣撰　清光緒九年(1883)浙江書局刻本　二冊

330000－1701－0093980　G006102　子部/儒家類/儒學之屬/俗訓
改良風俗教科書不分卷　(清)梁溪漁隱輯　清光緒三十二年(1906)譯書公會石印本　一冊

330000－1701－0093981　G608555、G609469、G610241　集部/詩文評類/詩評之屬
射鷹樓詩話二十四卷　(清)林昌彝撰　清咸豐元年(1851)刻本　八冊

330000－1701－0093984　G606872　史部/雜史類/斷代之屬
李秀成供一卷　(太平天國)李秀成撰　清同治刻本　一冊

330000－1701－0093985　G006103　集部/總集類/選集之屬/通代
涵芬樓古今文鈔文體芻言樣本不分卷　商務印書館編　清宣統二年(1910)上海商務印書館鉛印本　一冊

330000－1701－0093987　SZD0358　集部/別集類/清別集
上張制軍書一卷　(清)朱師轍撰　清抄本　一冊

330000－1701－0093988　G606873　集部/總集類/選集之屬/通代
經史百家雜鈔二十六卷　(清)曾國藩輯　清光緒三十二年(1906)上海商務印書館鉛印本　十二冊

330000－1701－0093990　SZD0359　集部/別集類/清別集
朱駿聲雜稿不分卷　(清)朱駿聲撰　稿本　四冊

330000－1701－0093991　G606874　史部/編年類/通代之屬

資治通鑑二百九十四卷　（宋）司馬光撰（元）胡三省音注　**通鑑釋文辯誤十二卷**（元）胡三省撰　**資治通鑑外紀十卷**　（宋）劉恕撰　**續資治通鑑二百二十卷**　（清）畢沅撰　**明紀六十卷**　（清）陳鶴撰　清光緒二十八年（1902）上海積山書局石印本　八冊　存八十卷（續資治通鑑十一至二十、五十一至八十、一百四十一至一百六十、一百七十一至一百八十、一百九十一至二百）

330000－1701－0093993　G606875　集部/總集類/彙編之屬

琴臺正續合刻　（清）汪守正輯　清光緒十五年（1889）刻本　二冊　存六種

330000－1701－0093995　G608557　類叢部/叢書類/自著之屬

曾文正公全集十六種　（清）曾國藩撰　清同治至光緒傳忠書局刻本　一冊　存一種

330000－1701－0093996　SZD0362　集部/別集類/清別集

傳經室駢體文存一卷　（清）朱駿聲撰　稿本　一冊

330000－1701－0093997　G609272　集部/總集類/尺牘之屬

明代名人尺牘（江曲書莊所藏明人尺牘）七種　鄧實輯　清光緒上海國學保存會影印本　一冊　存一種

330000－1701－0093998　G606876　集部/總集類/彙編之屬

琴臺正續合刻　（清）汪守正輯　清光緒十五年（1889）刻本　一冊　存五種

330000－1701－0093999　G006104　經部/小學類/文字之屬/字書/字典

普通百科新大詞典樣本不分卷文科大詞典樣本不分卷　國學扶輪社編　清宣統三年（1911）上海國學扶輪社石印本暨鉛印本　一冊

330000－1701－0094001　G608537　集部/別集類/清別集

韻山堂詩集七卷補遺一卷　（清）王文誥撰　清光緒十四年（1888）浙江書局刻本　一冊

330000－1701－0094003　G006106、G008270　子部/宗教類/其他宗教之屬/基督教

性理真詮四卷　（法國）孫璋撰　清光緒十五年（1889）上海慈母堂鉛印本　三冊　缺一卷（二）

330000－1701－0094004　G006107　史部/政書類/律令之屬

司法統計表式解說二卷　清末鉛印本　一冊

330000－1701－0094007　G606877　集部/別集類/唐五代別集

杜詩集說二十卷末一卷　（唐）杜甫撰　（清）江浩然輯　**杜工部[甫]年譜一卷**　（清）朱鶴齡撰　清乾隆四十三年（1778）本立堂刻本　十七冊　缺五卷（九至十、二十、末、年譜）

330000－1701－0094008　G608538　經部/四書類/總義之屬/傳說

四書集註十九卷　（宋）朱熹撰　清光緒十八年（1892）浙江書局刻本　四冊　缺十卷（論語一至五，孟子一至三、六至七）

330000－1701－0094011　G611467　集部/別集類/清別集

硯林詩集四卷　（清）丁敬撰　**北墅金先生遺集一卷**　（清）金淳撰　清嘉慶杭州愛日軒陸貞一刻本　清錫曾題記　一冊

330000－1701－0094012　G609273、G009841　史部/目録類/通論之屬/掌故瑣記

藏書紀事詩六卷　葉昌熾撰　清光緒二十三年（1897）元和江標長沙學使署刻元和江氏靈鶼閣叢書本　陶承杏校並題記　六冊

330000－1701－0094014　G606878　集部/別集類/清別集

板橋集六卷　（清）鄭燮撰　清清暉書屋刻本　四冊

330000－1701－0094015　G006108　史部/政

書類/邦計之屬
蘇省牙釐總局勸誡條約十則一卷　清光緒刻本　一冊

330000－1701－0094017　G602448　類叢部/叢書類/彙編之屬
式訓堂叢書四十一種　(清)章壽康編　清光緒會稽章氏刻本　一冊　存一種

330000－1701－0094018　G608539　集部/總集類/選集之屬/通代
樂府詩集一百卷目錄二卷　(宋)郭茂倩輯　清同治十三年(1874)湖北崇文書局刻本　一冊　存六卷(三十一至三十六)

330000－1701－0094021　G602449　集部/別集類/清別集
曼志堂遺稿二卷　(清)曹壽銘撰　清同治九年(1870)甬上鐵耕齋刻本　一冊

330000－1701－0094022　G602450　史部/地理類/方志之屬/郡縣志
[乾隆]臯蘭縣志二十卷　(清)吳鼎新修　(清)黄建中纂　清乾隆四十三年(1778)刻本　三冊　存十五卷(一至十五)

330000－1701－0094023　G608541　集部/別集類/清別集
坐花書屋詩錄二卷　(清)諸鎮撰　**誥授中憲大夫晉授通奉大夫署理山東登萊青兵備道登州府知府卓異候陞加一級軍功隨帶加三級例贈翰林院編修加三級錢塘諸府君[諸鎮]行狀一卷**　(清)諸可寶撰　清光緒十六年(1890)諸氏刻本　一冊

330000－1701－0094024　G006109　史部/雜史類/斷代之屬
守蒙紀略一卷　(清)賀緒蕃撰　清同治三年(1864)刻本　一冊

330000－1701－0094025　M606057　子部/宗教類/佛教之屬/諸宗
法界安立圖三卷　(明)釋仁潮輯　清刻本　二冊

330000－1701－0094026　G006110　史部/詔令奏議類
憲政編查館奏續訂統計表式并附解說摺一卷　(清)奕劻等撰　清宣統元年(1909)鉛印本　一冊

330000－1701－0094028　G611468　新學/工藝/工學
考工記要十七卷附圖一卷　(英國)瑪體生撰　(英國)傅蘭雅譯　(清)鍾天緯譯　清光緒七年(1881)江南製造局刻本　八冊

330000－1701－0094030　G006111　集部/小說類/短篇之屬
繪圖古今眼前報四卷　(清)吳鑑芳輯　清光緒二十一年(1895)上海文宜書局石印本　一冊　存一卷(一)

330000－1701－0094031　SZD0364　經部/小學類/文字之屬/說文
說文雜記不分卷　朱孔彰撰　稿本　一冊

330000－1701－0094032　G609276、G609635　類叢部/叢書類/自著之屬
橘蔭軒全集七種　(清)陳錦撰　清光緒山陰陳氏橘蔭軒刻本　二冊　存一種

330000－1701－0094033　G609277　子部/醫家類/醫經之屬/内經
黄帝内經素問校義一卷　(清)胡澍撰　清光緒五年(1879)世澤樓刻本　一冊

330000－1701－0094034　SZD0365　史部/目録類/專録之屬
三國志裴注引用書目一卷　朱孔彰撰　稿本　朱師轍題簽　一冊

330000－1701－0094035　G006112　史部/編年類/通代之屬
尺木堂綱鑑易知錄九十二卷　(清)吳乘權　(清)周之炯　(清)周之燦輯　清刻本　二冊　存四卷(三十二至三十三、六十七至六十八)

330000－1701－0094038　G006114、G006640　集部/曲類/彈詞之屬
再生緣全傳十卷　(清)陳端生撰　清刻本

四冊　存四卷(一、三、六、九)

330000－1701－0094045　G608542、G609568　類叢部/叢書類/彙編之屬

學津討原一百七十三種　(清)張海鵬編　清嘉慶十年(1805)虞山張氏照曠閣刻本　四冊　存一種

330000－1701－0094048　G006115　子部/藝術類/書畫之屬

董文敏書眼不分卷　(明)董其昌撰　清刻本　一冊

330000－1701－0094050　G607404　經部/四書類/總義之屬/傳說

四書考異七十二卷　(清)翟灝撰　清乾隆三十四年(1769)無不宜齋刻本　六冊　存三十九卷(總考一至十六、條考一至二十三)

330000－1701－0094051　G006116　集部/小說類/長篇之屬

新刻痴人福四卷八回　清刻本　一冊　存二卷(三至四)

330000－1701－0094054　G606879　集部/別集類/清別集

板橋集六卷　(清)鄭燮撰　清清暉書屋刻本　二冊

330000－1701－0094056　G006117、G007597　集部/小說類/長篇之屬

錦香亭四卷十六回　(清)素庵主人撰　清刻本　五冊

330000－1701－0094058　G606880　集部/別集類/清別集

雪門詩草十四卷　(清)許瑤光撰　清同治十三年(1874)刻本　五冊　缺二卷(五至六)

330000－1701－0094059　G609278　經部/書類/文字音義之屬

尚書釋音二卷　(唐)陸德明撰　清影印本　一冊

330000－1701－0094062　G006118　集部/曲類/寶卷之屬

白蛇傳不分卷　清抄本　一冊

330000－1701－0094064　G608544　集部/別集類/清別集

知非齋古文錄一卷　(清)沈湛鈞撰　(清)劉明祺編訂　清光緒三十二年(1906)木活字印本　一冊

330000－1701－0094066　G608546　集部/別集類/清別集

春郊詩集四卷　(清)徐畿撰　清嘉慶刻本　一冊　存二卷(一至二)

330000－1701－0094067　G611469　史部/政書類/邦計之屬/貿易

各國通商條約稅則章程二十種　(清)總理各國事務衙門輯　清光緒刻本　一冊　存一種

330000－1701－0094069　G606881　集部/總集類/選集之屬/通代

御選唐宋文醇五十八卷　(清)高宗弘曆輯　清刻本　三冊

330000－1701－0094075　G611460　新學/兵制/陸軍

步兵操典不分卷　(日本)陸軍省編　孟森譯述　清光緒南洋公學譯書院鉛印本　二冊

330000－1701－0094076　G006120　史部/地理類/雜志之屬

海上冶遊備覽四卷　(清)指迷生輯　清光緒十七年(1891)寄月軒主刻本　二冊

330000－1701－0094077　G608545、G610172　類叢部/叢書類/彙編之屬

心矩齋叢書十一種　(清)蔣鳳藻編　清光緒長洲蔣氏刻本　九冊　存三種

330000－1701－0094079　SZD0371　子部/雜著類

學術雜錄不分卷　清抄本　朱師轍題簽　四冊

330000－1701－0094083　G607407　子部/叢編

二十二子(二十二子彙函)　(清)浙江書局編

清光緒元年至三年(1875－1877)浙江書局刻本　三十八冊　存九種

330000－1701－0094085　G606882、G607847　類叢部/叢書類/彙編之屬

半厂叢書初編十種　(清)譚獻編　清同治至光緒仁和譚氏刻民國九年(1920)、十七年(1928)補刻本　十四冊　存八種

330000－1701－0094087　G609280　類叢部/叢書類/家集之屬

傅氏先世遺書　(清)傅以禮編　清同治至光緒大興傅氏刻本　一冊　存一種

330000－1701－0094091　G611461　史部/傳記類/總傳之屬/釋道

善慧大士傳錄四卷　(宋)樓穎輯　清光緒三年至六年(1877－1880)刻本　二冊

330000－1701－0094092　SZD0372　子部/雜著類

雜鈔不分卷　清抄本　一冊

330000－1701－0094098　G611470　集部/別集類/清別集

壽間齋吟草八卷　(清)朱葵之撰　清光緒十年(1884)古義安郡署刻本　二冊

330000－1701－0094101　M606069　子部/宗教類/佛教之屬/諸宗

法界安立圖三卷　(明)釋仁潮輯　清慧空經房刻本　二冊

330000－1701－0094102　G609281、G609643　集部/詞類/總集之屬

明詞綜十二卷　(清)王昶輯　清嘉慶刻本　二冊

330000－1701－0094106　G611471、G010945　史部/紀傳類/正史之屬

隋書八十五卷　(唐)魏徵等撰　清同治十年(1871)淮南書局刻二十四史本　清陽湖史批校並跋　十六冊

330000－1701－0094110　G609282　集部/總集類/彙編之屬

漢魏六朝一百三家集(漢魏六朝百三名家集)　(明)張溥編　明婁東張氏刻本　四冊　存三種

330000－1701－0094112　G611472　史部/地理類/水利之屬

浙西水利備考不分卷　(清)王鳳生撰　清光緒四年(1878)浙江書局刻本　四冊

330000－1701－0094115　G608550　子部/宗教類/佛教之屬/論疏

大乘起信論疏解彙集八種　清光緒十一年至民國十五年(1885－1926)金陵刻經處刻本　一冊　存一種

330000－1701－0094117　G609283　子部/宗教類/佛教之屬/諸宗

徑中徑又徑徵義三卷首一卷　(清)張師誠輯　(清)徐槐廷注　清光緒二十五年(1899)陸智性刻本　一冊

330000－1701－0094118　G608551　子部/醫家類/方書之屬/單方驗方

急救應驗良方一卷　(清)費山壽輯　清光緒六年(1880)醴陵刻本　一冊

330000－1701－0094120　M007238、M007715　史部/傳記類/日記之屬

寄龕日記不分卷(清光緒二十一年元月至四月、二十二年正月至六月)　稿本　二冊

330000－1701－0094121　G611473　子部/天文曆算類/算書之屬

算學十書　(清)賈步緯輯　清同治至光緒江南機器製造總局刻本暨鉛印本　二冊　存二種

330000－1701－0094123　G607408　子部/叢編

二十二子(二十二子彙函)　(清)浙江書局編　清光緒元年至三年(1875－1877)浙江書局刻民國浙江圖書館重修本　二十一冊　存七種

330000－1701－0094131　G606883　史部/地理類/專志之屬/祠墓

曹江孝女廟誌八卷首一卷末一卷補遺一卷 (清)金廷棟輯 (清)唐煦春增輯 清光緒八年(1882)五社公所刻本 一冊 存四卷(首、一至三)

330000－1701－0094133 G606884 史部/地理類/專志之屬/祠墓

曹江孝女廟誌八卷首一卷末一卷補遺一卷 (清)金廷棟輯 (清)唐煦春增輯 清光緒八年(1882)五社公所刻本 一冊 缺三卷(首、一至二)

330000－1701－0094136 G606885 子部/小說家類/異聞之屬

山海經十八卷 (晉)郭璞傳 清刻本 一冊

330000－1701－0094137 G609285 子部/儒家類/儒學之屬

孔叢二卷 (漢)孔鮒撰 清刻本 來玉批校 一冊

330000－1701－0094138 M603291 集部/總集類/彙編之屬

簡學齋清夜齋手書詩稿合印二卷 (清)陳沆 (清)魏源撰 清宣統三年(1911)影印本 一冊

330000－1701－0094139 G606886 類叢部/類書類/通類之屬

增補註釋故事白眉十卷 (明)許以忠輯 清光緒二年(1876)經濟堂刻本 十冊

330000－1701－0094142 G606887 集部/總集類/彙編之屬

宋詩鈔初集八十四種 (清)吕留良 (清)吳之振 (清)吳爾堯編 清康熙十年(1671)洲錢吳氏鑑古堂刻本 二十三冊 存七十八種

330000－1701－0094144 G609286 類叢部/叢書類/自著之屬

潛園總集十七種 (清)陸心源撰 清同治至光緒刻本 四冊 存一種

330000－1701－0094147 G608552、G609463 類叢部/叢書類/自著之屬

魯氏遺著四種附二種 (清)魯一同撰 清咸豐山陽魯氏刻本 二冊 存一種

330000－1701－0094150 G609287 子部/儒家類/儒學之屬/俗訓

訓俗遺規摘鈔四卷 (清)陳弘謀撰 (清)劉肇紳輯 清同治七年(1868)崇文書局刻本 一冊 存二卷(三至四)

330000－1701－0094152 G607409 子部/叢編

二十二子(二十二子彙函) (清)浙江書局編 清光緒元年至三年(1875－1877)浙江書局刻本 十一冊 存五種

330000－1701－0094158 G611474、G011279 史部/紀傳類/正史之屬

二十四史附考證 清光緒十八年(1892)武林竹簡齋石印本 六冊 存一種

330000－1701－0094161 G006295、G006296、G006297 子部/醫家類/類編之屬

公餘醫錄六種 (清)陳念祖撰 清稽古堂刻本 四冊 存三種

330000－1701－0094164 G607410 子部/叢編

二十二子(二十二子彙函) (清)浙江書局編 清光緒元年至三年(1875－1877)浙江書局刻本 二冊 存一種

330000－1701－0094165 G608515 類叢部/叢書類/自著之屬

西堂全集四種附一種 (清)尤侗撰 清康熙刻本 一冊 存一種

330000－1701－0094166 G609288 類叢部/叢書類/自著之屬

周孟侯先生全書五種附錄一卷 (明)周拱辰撰 清道光二十七年(1847)刻光緒元年(1875)補刻本 十二冊 存二種

330000－1701－0094169 G607411 集部/別集類/清別集

崇蘭堂詩初存十卷 (清)張預撰 清光緒二十年(1894)刻本 二冊

330000－1701－0094173　G608559　史部/傳記類/別傳之屬

清河君設續放生會於西溪徵求詩文以韻語代啓一卷　清同治十二年(1873)刻本　一册

330000－1701－0094174　G607412　集部/别集類/清别集

願學堂詩鈔二十八卷　(清)王宗燿撰　清咸豐十年(1860)鄞縣王氏刻本　六册

330000－1701－0094175　G602457　經部/叢編

重刊宋本十三經注疏四百十六卷　附十三經注疏校勘記四百十六卷　(清)阮元撰　(清)盧宣旬摘録　**校勘記識語四卷**　(清)汪文臺撰　清光緒十三年(1887)上海脈望仙館石印本　三册　存二種

330000－1701－0094176　G006299、G006298　子部/醫家類/類編之屬

南雅堂醫書全集　(清)陳念祖撰　清光緒二年(1876)懿惠堂刻本　四册　存二種

330000－1701－0094177　G608516　類叢部/叢書類/自著之屬

振綺堂遺書五種　(清)汪遠孫撰　清道光刻民國十一年(1922)錢唐汪氏彙印本　一册　存一種

330000－1701－0094178　G006300　子部/醫家類/傷寒金匱之屬/金匱要略

金匱要略淺注十卷　(清)陳念祖撰　清刻本　三册　缺二卷(一至二)

330000－1701－0094180　G607413　集部/别集類/清别集

寄龕文存四卷　(清)孫德祖撰　清光緒十年(1884)鄞縣翰墨林刻本　四册

330000－1701－0094181　G006301　子部/醫家類/類編之屬

陳修園先生晚餘三書　(清)陳念祖撰　清味根齋刻本　一册　存一種

330000－1701－0094182　G611476　史部/紀傳類/别史之屬

金源劄記二卷又劄一卷史論五答一卷吉貝居暇唱一卷　(清)施國祁撰　清嘉慶十七年(1812)、二十一年(1816)潯溪施國祁吉貝居刻本　一册　存一卷(吉貝居暇唱)

330000－1701－0094185　G602459　集部/别集類/清别集

半巖廬遺詩二卷　(清)邵懿辰撰　清同治十年(1871)潘祖蔭刻本　一册

330000－1701－0094186　G006302　子部/醫家類/綜合之屬/通論

醫學實在易八卷　(清)陳念祖撰　清刻本　一册　存一卷(一)

330000－1701－0094191　G006303　子部/醫家類/傷寒金匱之屬/金匱要略

金匱方歌括六卷　(清)陳念祖撰　清文林堂刻本　一册　存二卷(一至二)

330000－1701－0094193　G006304　史部/傳記類/别傳之屬

清芬錄二卷　(清)陳文騄輯　清光緒十六年(1890)刻本　二册

330000－1701－0094199　G006257　子部/藝術類/書畫之屬/總論

倪氏雜記筆法一卷　(明)倪後瞻撰　(清)黄文燮輯　清聽香室刻本　一册

330000－1701－0094200　G608517、G612320　集部/總集類/郡邑之屬

續金陵詩徵六卷首一卷　(清)朱紹亭等輯　清光緒二十年(1894)刻本　六册

330000－1701－0094202　G006305　子部/醫家類/類編之屬

南雅堂醫書全集　(清)陳念祖撰　清光緒三年(1877)漁古山房刻本　十六册　存七種

330000－1701－0094203　G608565、G010214、G609937　集部/總集類/選集之屬/斷代

林嚴文鈔四卷　林紓　嚴復撰　清宣統元年(1909)上海國學扶輪社鉛印本　四册

330000－1701－0094205　G006258　經部/小

學類
臨文便覽 (清)龍光甸 (清)龍啓瑞輯 清刻本 一冊 存二種

330000－1701－0094206 G607414 集部/詩文評類/詩評之屬
緝雅堂詩話二卷 (清)潘衍桐撰 清光緒十七年(1891)杭州刻本 一冊

330000－1701－0094208 G607415 集部/別集類/清別集
顯志堂稿十二卷 (清)馮桂芬撰 清光緒二年(1876)吳縣馮氏校邠廬刻本 四冊

330000－1701－0094210 G006259 子部/宗教類/道教之屬
文昌孝經一卷 清同治三年(1864)楊蔚文堂刻本 一冊

330000－1701－0094212 G608567 集部/總集類/郡邑之屬
國朝嚴州詩錄八卷 (清)宗源瀚輯 清光緒二年(1876)刻本 二冊

330000－1701－0094213 G607416 類叢部/叢書類/郡邑之屬
武林往哲遺箸五十二種後編十種 (清)丁丙編 清光緒二十年至二十六年(1894－1900)錢塘丁氏嘉惠堂刻本 二冊 存二種

330000－1701－0094214 G006260 史部/政書類/公牘檔冊之屬
新採十年以内南湖工程平糶章程一卷 清光緒稿本 一冊

330000－1701－0094218 G608562 史部/地理類/雜志之屬
廣陵通典十卷 (清)汪中撰 清同治八年(1869)揚州書局刻本 一冊 存五卷(六至十)

330000－1701－0094220 G607417 類叢部/叢書類/自著之屬
留書種閣集九種 (清)黃炳垕撰 清同治六年至光緒二十年(1867－1894)餘姚黃氏留書種閣刻本 一冊 存一種

330000－1701－0094222 G006261 集部/別集類/明別集
幽溪文集十二卷 (明)釋傳燈撰 (明)釋受教記編 清刻本 二冊 存四卷(三至六)

330000－1701－0094224 G602461 經部/叢編
鄭氏佚書二十三種 (漢)鄭玄撰 (清)袁鈞輯 清光緒十四年(1888)浙江書局刻本 二冊 存六種

330000－1701－0094225 G006262 子部/宗教類/佛教之屬
徑山藏 明萬曆十七年(1589)至清嘉慶五臺、嘉興、徑山等地刻本 一冊 存一種

330000－1701－0094226 G607418 類叢部/叢書類/自著之屬
留書種閣集九種 (清)黃炳垕撰 清同治六年至光緒二十年(1867－1894)餘姚黃氏留書種閣刻本 一冊 存一種

330000－1701－0094231 G607419 集部/別集類/清別集
湘麋閣遺詩四卷蘭當詞二卷 (清)陶方琦撰 清光緒十六年(1890)鄂局刻本 一冊 缺二卷(蘭當詞一至二)

330000－1701－0094233 G608563 子部/藝術類/書畫之屬/書法書品
絳帖目錄一卷 王存善編 清光緒三十二年(1906)仁和王氏鉛印本 一冊

330000－1701－0094234 G006263 子部/宗教類/佛教之屬/大藏
徑山藏 明萬曆十七年(1589)至清嘉慶五臺、嘉興、徑山等地刻本 一冊 存一種

330000－1701－0094235 G607420 集部/別集類/清別集
衎石齋記事稾十卷續稾十卷刻楮集四卷旅逸小稾二卷 (清)錢儀吉撰 清道光刻咸豐四年(1854)蔣光焴增刻本 五冊

330000－1701－0094238 G006307 集部/別

集類/清別集

胡文忠公遺集八十六卷首一卷　（清）胡林翼撰　（清）鄭敦謹　（清）曾國荃輯　（清）胡鳳丹重編　清光緒十四年（1888）上海著易堂鉛印本　一冊　存十四卷（十七至三十）

330000－1701－0094240　G006264　經部/小學類/文字之屬/字書/字體

汗簡七卷　（宋）郭忠恕撰　清抄本　一冊　存二卷（上之二、中之一）

330000－1701－0094241　G609294　集部/總集類/彙編之屬

漢魏六朝一百三家集（漢魏六朝百三名家集）　（明）張溥編　清光緒三年（1877）滇南唐氏壽考堂刻本　二冊　存一種

330000－1701－0094244　G607421　集部/別集類/清別集

補讀書齋遺稾十卷　（清）沈維鐈撰　清光緒元年（1875）廣州刻本　四冊

330000－1701－0094247　G607422　集部/別集類/清別集

冬暄艸堂遺詩二卷　（清）陳豪撰　清宣統三年（1911）刻民國五年（1916）印本　二冊

330000－1701－0094248　G608564、G611558、G607551　史部/傳記類/總傳之屬/仕宦

史外三十二卷　（清）汪有典撰　清乾隆十四年（1749）刻本　八冊

330000－1701－0094249　G006308　集部/別集類/明別集

徐文長文集三十卷　（明）徐渭撰　（明）袁宏道評點　明刻本　六冊

330000－1701－0094251　G607423　集部/別集類/清別集

滑疑集八卷　（清）韓錫胙撰　（清）宗稷辰重編　清同治十三年（1874）浙江處州府署刻本　三冊　缺二卷（一至二）

330000－1701－0094253　G607424　集部/別集類/清別集

劉孟塗集四十四卷　（清）劉開撰　清道光六年（1826）姚氏檗山草堂刻本　八冊　缺一卷（後集八）

330000－1701－0094256　G608519　子部/宗教類/佛教之屬

一切經音義二十五卷　（唐）釋玄應撰　**補訂新譯大方廣佛華嚴經音義二卷**　（唐）釋慧苑撰　**華嚴經音義敘錄一卷**　（清）臧庸輯　**刻華嚴經音義校勘記一卷**　（清）曹籀撰　清同治八年（1869）武林張氏寶晉齋刻本　六冊

330000－1701－0094259　G006309　集部/別集類/清別集

敦古堂擬古雜文三卷　（清）李舜臣撰　清乾隆敦古堂刻本　五冊

330000－1701－0094283　G606889、G608442　史部/編年類/通代之屬

綱鑑正史約三十六卷附記一卷　（明）顧錫疇撰　（清）陳弘謀增訂　**甲子紀元一卷**　（清）陳弘謀撰　清同治八年（1869）浙江書局刻本　十五冊　缺八卷（九至十、二十一至二十二、三十一至三十二、三十五，甲子紀元）

330000－1701－0094289　G606890　集部/別集類/清別集

好深湛思室詩存二十二卷　（清）孫義鈞撰　清同治十二年（1873）武林孫憙刻本　四冊

330000－1701－0094291　G006273　子部/藝術類/書畫之屬/法帖

長恨歌一卷　（唐）白居易撰　張謇書　清末石印本　一冊

330000－1701－0094293　G606891　類叢部/叢書類/家集之屬

洪氏晦木齋叢書二十種　（清）洪汝奎編　清同治八年至宣統元年（1869－1909）刻本　四冊　存二種

330000－1701－0094294　G608520　子部/醫家類/傷寒金匱之屬/傷寒論

增注類證活人書二十二卷釋音一卷藥性一卷　（宋）朱肱撰　清光緒十年（1884）江南機器製造總局刻本　四冊

330000－1701－0094302　G606892　集部/別集類/唐五代別集

樊南文集詳註八卷　(唐)李商隱撰　(清)馮浩注　清乾隆四十五年(1780)馮氏德聚堂刻同治七年(1868)桐鄉馮寶圻重修醉六堂印本　四冊

330000－1701－0094305　G606893　類叢部/叢書類/自著之屬

儆居遺書十一種　(清)黃式三撰　清同治至光緒刻本　四冊　存一種

330000－1701－0094306　G006312　新學/學校

高等商務學堂課程一卷　羅懋勲譯　清末湖北洋務譯書局刻朱印本　一冊

330000－1701－0094310　G606894　史部/傳記類/總傳之屬/技藝

墨林今話十八卷　(清)蔣寶齡撰　**墨林今話續編一卷**　(清)蔣茝生撰　清咸豐二年(1852)刻本　六冊

330000－1701－0094311　G602464　類叢部/叢書類/自著之屬

饕喜廬所著書　(清)傅雲龍撰　清光緒鉛印本暨石印本　一冊　存一種

330000－1701－0094312　G006274　新學/交涉/案牘

法國黃皮書滇省交涉公文一卷　(清)曾仰東譯　清光緒湖北洋務譯書局刻朱印本　一冊

330000－1701－0094316　G602465　史部/職官類/官箴之屬

治梟善後芻議二卷　(清)蕭文昭撰　清光緒三十四年(1908)杭州文彙書局石印本　一冊

330000－1701－0094317　G606896　經部/四書類/總義之屬/傳說

四書釋地補一卷續補一卷又續補一卷三續補一卷　(清)閻若璩撰　(清)樊廷枚校補　清嘉慶二十一年(1816)梅陽海涵堂刻本　三冊　缺一卷(三續補)

330000－1701－0094320　G006314　子部/藝術類/遊藝之屬/棋弈

桃花泉奕譜二卷　(清)范世勳撰　清刻本　一冊　存一卷(上)

330000－1701－0094321　G608521　子部/宗教類/佛教之屬

一切經音義二十五卷　(唐)釋玄應撰　**補訂新譯大方廣佛華嚴經音義二卷**　(唐)釋慧苑撰　**華嚴經音義敘錄一卷**　(清)臧庸輯　**刻華嚴經音義校勘記一卷**　(清)曹籀撰　清同治八年(1869)武林張氏寶晉齋刻本　四冊

330000－1701－0094322　G006275　子部/宗教類/佛教之屬/律

毘尼日用切要香乳記二卷　(清)釋書玉箋記　清光緒五年(1879)華山律堂刻本　二冊

330000－1701－0094324　G006315　子部/藝術類/書畫之屬/畫録

俞氏畫稿不分卷　(清)俞禮繪　清光緒二十年(1894)文林書局石印本　一冊

330000－1701－0094325　G006316　子部/雜著類

敬信錄不分卷　(清)俞嘉森纂訂　清宣統元年(1909)山陰陳尚禮、沈世煥石印本　一冊

330000－1701－0094326　G608522　新學/天學

談天十八卷首一卷附表一卷　(英國)侯失勒撰　(英國)偉烈亞力口譯　(清)李善蘭筆述　清光緒江南製造總局刻本　四冊

330000－1701－0094327　G006276　子部/宗教類/佛教之屬

成唯識論俗詮十卷　(明)釋明昱撰　清末刻本　三冊　存三卷(五、七、十)

330000－1701－0094328　G606897　史部/傳記類/總傳之屬/儒林

理學宗傳二十六卷　(清)孫奇逢撰　(清)魏一鼇等編　清光緒六年(1880)浙江書局刻本　四冊　存八卷(一至三、六至七、十至十一、二十一)

330000－1701－0094330　G607472、G606898

集部/别集類/清别集

豸華堂文鈔二十卷首一卷 （清）金應麟撰　清光緒元年（1875）刻本　六册

330000－1701－0094331　G608523　集部/總集類/選集之屬/斷代

文粹一百卷 （宋）姚鉉輯　**文粹補遺二十六卷** （清）郭麐輯　清光緒十六年（1890）杭州許增榆園刻本　四册　存二十六卷（補遺一至二十六）

330000－1701－0094332　G006317　子部/術數類/相宅相墓之屬

秘旨不分卷　清抄本　一册

330000－1701－0094333　G006278、G011617　史部/編年類/通代之屬

資治通鑑地理今釋十六卷 （清）吴熙載撰　清末影印本　三册

330000－1701－0094334　G606899、G608426　史部/傳記類/總傳之屬/斷代

國朝先正事略六十卷 （清）李元度撰　清同治五年至八年（1866－1869）循陔草堂刻本　二十册　缺九卷（十九至二十、三十至三十六）

330000－1701－0094335　G006277　子部/宗教類/佛教之屬/論

成唯識論十卷 （清）釋明善隨注　（清）釋慧善繼述　清嘉慶十五年（1810）刻本　七册　存七卷（一至四、六、八至九）

330000－1701－0094337　G006318　史部/政書類/邦計之屬/地政

續刻變通墾務章程一卷　清末刻本　一册

330000－1701－0094338　G006319　子部/小説家類/異聞之屬

坐花誌果八卷 （清）汪道鼎撰　（清）鶩峯樵者音釋　清光緒八年（1882）越州徐氏刻本　一册　存四卷（一至四）

330000－1701－0094340　G006320　集部/總集類/氏族之屬

家學瓣香集三種　清光緒九年（1883）刻本　二册

330000－1701－0094341　G606900　集部/别集類/唐五代别集

昌黎先生集四十卷外集十卷遺文一卷 （唐）韓愈撰　（宋）廖瑩中校正　**朱子校昌黎先生集傳一卷** （宋）朱熹撰　**韓集點勘四卷** （清）陳景雲撰　清同治八年至九年（1869－1870）江蘇書局刻本　十册　缺四卷（韓集點勘一至四）

330000－1701－0094342　G006321　史部/傳記類/日記之屬

西江續記不分卷（清光緒十七年正月初一至五月初一） （清）吴㭎林撰　清光緒十七年（1891）稿本　一册

330000－1701－0094345　G608526　史部/傳記類/科舉録之屬/諸貢録

明貢舉考畧二卷 （清）黄崇蘭輯　清道光五年（1825）金閶經義堂刻本　一册

330000－1701－0094346　G006322　子部/術數類/陰陽五行之屬

董公擇日不分卷 （明）董濳撰　清抄本　一册

330000－1701－0094349　G607425　集部/别集類/明别集

正志稿十卷 （明）林貴兆撰　清宣統二年（1910）太平陳氏木活字印本　二册

330000－1701－0094350　G006279、G006641　類叢部/叢書類/彙編之屬

武英殿聚珍版書三十九種　清乾隆浙江刻本　二十八册　存八種

330000－1701－0094351　G606901　類叢部/叢書類/彙編之屬

增訂漢魏叢書八十六種 （清）王謨編　清乾隆五十六年（1791）金谿王氏刻本　三册　存一種

330000－1701－0094352　G608527　集部/總集類

浙江校士錄不分卷 （清）潘鴻等撰　清刻本

一冊

330000－1701－0094354　G006323、G007337　史部/史評類/史論之屬

策問鑒題不分卷　清抄本　三冊

330000－1701－0094355　G607426　集部/別集類/清別集

花宜館詩鈔十六卷續存一卷無腔村笛二卷　(清)吳振棫撰　清同治四年(1865)京師刻本　六冊

330000－1701－0094359　G607427　類叢部/類書類/通類之屬

省軒考古類編十二卷　(清)柴紹炳撰　(清)姚廷謙評　清雍正刻本　四冊

330000－1701－0094362　G606902　類叢部/叢書類/自著之屬

振綺堂遺書五種　(清)汪遠孫撰　清道光刻民國十一年(1922)錢唐汪氏彙印本　一冊　存一種

330000－1701－0094364　G608528　類叢部/叢書類/自著之屬

振綺堂遺書五種　(清)汪遠孫撰　清道光刻民國十一年(1922)錢唐汪氏彙印本　一冊　存一種

330000－1701－0094365　G606903、G607699　史部/傳記類/總傳之屬/儒林

理學宗傳二十六卷　(清)孫奇逢撰　(清)魏一鼇等編　清光緒六年(1880)浙江書局刻本　十冊　存二十三卷(一至五、八至二十、二十二至二十六)

330000－1701－0094369　G608529　新學/全體學/附心靈學

心靈學一卷　(美國)海文撰　(清)顏永京譯　清光緒十五年(1889)上海益智書會刻本　一冊

330000－1701－0094370　G606905　類叢部/叢書類/自著之屬

陸放翁全集六種　(宋)陸游撰　明末海虞毛氏汲古閣刻清初毛扆增刻彙印本　四冊　存一種

330000－1701－0094371　G609296　類叢部/叢書類/自著之屬

橘蔭軒全集七種　(清)陳錦撰　清光緒山陰陳氏橘蔭軒刻本　八冊　存一種

330000－1701－0094372　G608530　子部/儒家類/儒學之屬/禮教/家訓

治家格言句證一卷　(清)朱用純撰　清同治十三年(1874)蕭山東橋東首聚奎齋刻本　一冊

330000－1701－0094373　G607429　史部/地理類/方志之屬/郡縣志

[嘉慶]續濟源縣志十二卷　(清)何荇芳修　(清)劉大觀纂　清嘉慶十八年(1813)刻本　六冊

330000－1701－0094374　G606906　史部/編年類/通代之屬

綱鑑正史約三十六卷附記一卷　(明)顧錫疇撰　(清)陳弘謀增訂　**甲子紀元一卷**　(清)陳弘謀撰　清同治八年(1869)浙江書局刻本　二十冊

330000－1701－0094375　G006280　類叢部/叢書類/彙編之屬

武英殿聚珍版書三十九種　清乾隆浙江刻本　三十四冊　存六種

330000－1701－0094379　G006324　子部/雜著類

千人鏡一卷　(清)南屏老衲　(清)白石道人撰　清光緒三十一年(1905)杭州萃利公司石印本　一冊

330000－1701－0094380　G607430　集部/別集類/清別集

白華山人詩集十六卷詩說二卷　(清)厲志撰　清道光十六年(1836)刻本　四冊

330000－1701－0094381　G609297　集部/總集類/選集之屬/斷代

瀛海採驪集八卷　(清)朱埏之輯　(清)馮泉　(清)毛寅初　(清)田栴註　清嘉慶十九年

(1814)蓴怡山館刻本　一冊　存二卷(七至八)

330000－1701－0094383　G608532　類叢部/叢書類/彙編之屬

漸西村舍彙刊(漸西村舍叢刻)四十四種　(清)袁昶編　清光緒十六年至二十四年(1890－1898)桐廬袁氏刻本　七冊　存六種

330000－1701－0094388　G607431　集部/戲劇類/傳奇之屬

梅花夢二卷　(清)張道撰　清光緒二十年(1894)錢塘張預長沙刻本　二冊

330000－1701－0094391　G607432　集部/總集類/郡邑之屬

竹里詩萃十六卷　(清)李道悠編　清光緒二十一年(1895)蔣十詠廬刻本　四冊

330000－1701－0094392　G006326　集部/詞類/别集之屬

瑞雲詞一卷　(清)徐其志撰　清咸豐四年(1854)管城李鑾揚刻本　一冊

330000－1701－0094395　G607433、G610911　集部/别集類/明别集

白沙子全集六卷首一卷附錄一卷　(明)陳獻章撰　(清)何九疇重編　清康熙四十九年(1710)何九疇、顧嗣協刻本　六冊　缺一卷(附錄)

330000－1701－0094397　G608533　類叢部/叢書類/彙編之屬

漸西村舍彙刊(漸西村舍叢刻)四十四種　(清)袁昶編　清光緒十六年至二十四年(1890－1898)桐廬袁氏刻本　一冊　存二種

330000－1701－0094398　G609301　類叢部/叢書類/彙編之屬

嘯園叢書五十七種　(清)葛元煦編　清光緒二年至七年(1876－1881)仁和葛氏刻本　九冊　存十二種

330000－1701－0094401　G611478　子部/宗教類/佛教之屬/經

佛說阿彌陀經一卷　(後秦)釋鳩摩羅什譯

佛說阿彌陀經直解正行一卷　(清)釋了根纂注　清光緒三年(1877)刻本　一冊

330000－1701－0094402　G608534　集部/别集類/清别集

琴游集二卷　(清)鄔佩之撰　清光緒二十九年(1903)刻本　一冊

330000－1701－0094408　G606908　史部/雜史類

荆駝逸史　(清)陳湖逸士輯　清刻本　二十六冊　存四十三種

330000－1701－0094409　G607736、G608535　類叢部/叢書類/彙編之屬

刻鵠齋叢書十六種　(清)胡念修編　清光緒二十三年至二十七年(1897－1901)刻鵠齋刻本　三冊　存一種

330000－1701－0094410　G607434　類叢部/叢書類/彙編之屬

廣漢魏叢書八十種　(明)何允中編　清嘉慶刻本　一冊　存一種

330000－1701－0094411　G006282　類叢部/叢書類/自著之屬

朱近漪所著書　(清)朱楓撰　清刻彙印本　二冊　存一種

330000－1701－0094413　G006329、G006676　子部/醫家類/方書之屬/單方驗方

蘭臺軌範八卷　(清)徐大椿撰　清抄本　二冊　存四卷(三至四、七至八)

330000－1701－0094414　G608536　集部/詞類/别集之屬

射雕詞二卷續鈔一卷　(清)應寶時撰　清光緒十年(1884)吳中、十四年(1888)古越刻本　一冊

330000－1701－0094418　G609302、G607996、G610034　史部/地理類/遊記之屬/紀勝

滬游雜記四卷　(清)葛元煦編　清光緒二年(1876)刻本　黃花瘦生題記　四冊

330000－1701－0094419　G006330、G006685、

G006496　經部/春秋左傳類/傳說之屬

春秋大事表五十卷讀春秋偶筆一卷輿圖一卷附錄一卷　(清)顧棟高輯　清刻本　二十一冊　存四十八卷(一至三、六至十一、十三至五十,輿圖)

330000－1701－0094421　G611479　類叢部/叢書類/彙編之屬

榆園叢刻十五種附一種　(清)許增編　清同治至光緒刻本　三冊　存四種

330000－1701－0094422　G608531　類叢部/叢書類/自著之屬

潛園總集十七種　(清)陸心源撰　清同治至光緒刻本　三冊　存一種

330000－1701－0094423　G607435　子部/天文曆算類/天文之屬

天文問答一卷天文名目華法英德文合表一卷　(清)佘賓王輯　清光緒二十九年(1903)上海慈母堂印書館鉛印本　一冊

330000－1701－0094425　G006283　史部/詔令奏議類/詔令之屬

三朝聖諭一卷　清晝禪山房刻本　一冊

330000－1701－0094426　G607436　子部/雜著類/雜考之屬

札迻十二卷　(清)孫詒讓撰　清光緒二十年(1894)籀膏刻二十一年(1895)重修本　四冊

330000－1701－0094431　G006284　史部/詔令奏議類/詔令之屬

清雍正帝上諭一卷　清同治八年(1869)刻本　一冊

330000－1701－0094432　G606909　集部/總集類/彙編之屬

國朝文錄四十種　(清)李祖陶編　清道光十九年(1839)瑞州府鳳儀書院刻本　一冊　存二種

330000－1701－0094433　G607437　史部/傳記類/總傳之屬/儒林

儒林宗派十六卷　(清)萬斯同撰　清宣統三年(1911)浙江圖書館刻民國十七年(1928)補刻本　一冊　存八卷(一至八)

330000－1701－0094436　G006331　史部/目録類/總録之屬/彙刻

彙刻書目二十卷　(清)顧修輯　(清)朱學勤補　清光緒十二年至十五年(1886－1889)上海福瀛書局刻本　二十冊

330000－1701－0094442　G606910　史部/地理類/方志之屬/郡縣志

[光緒]平湖縣志二十五卷首一卷末一卷　(清)彭潤章等修　(清)葉廉鍔等纂　**平湖殉難錄一卷**　(清)彭潤章輯　清光緒十二年(1886)刻本　十三冊

330000－1701－0094447　G607438　經部/叢編

面城樓叢刊三種　(清)曾釗撰　清嘉慶至道光南海曾氏面城樓刻本　二冊　存一種

330000－1701－0094448　G606911　類叢部/叢書類/彙編之屬

漸西村舍彙刊(漸西村舍叢刻)四十四種　(清)袁昶編　清光緒十六年至二十四年(1890－1898)桐廬袁氏刻本　二冊　存一種

330000－1701－0094451　G607446、G611480　史部/地理類/方志之屬/郡縣志

[光緒]江陰縣志三十卷首一卷　(清)盧思誠　(清)馮壽鏡修　(清)季念詒　(清)夏煒如纂　清光緒四年(1878)刻本　十六冊　存二十六卷(四至十二、十四至三十)

330000－1701－0094458　G607439、G610403　集部/別集類/清別集

培遠堂手札節存三卷　(清)陳弘謀撰　清光緒二十五年(1899)浙江官書局刻朱墨套印本　三冊

330000－1701－0094462　G606912　集部/詩文評類/詩評之屬

隨園詩話十六卷補遺十卷　(清)袁枚撰　清刻本　二冊　存六卷(三至八)

330000－1701－0094465　G607440　經部/詩類/傳說之屬

詩經集傳八卷　(宋)朱熹撰　清光緒十九年(1893)浙江書局刻本　四册

330000－1701－0094469　G606913　集部/詩文評類/詩評之屬

隨園詩話十六卷補遺四卷　(清)袁枚撰　清刻本　一册　存二卷(隨園詩話一至二)

330000－1701－0094470　G006332　史部/史評類/史論之屬

歷代史論十二卷宋史論三卷元史論一卷　(明)張溥撰　**明史論四卷**　(清)谷應泰撰　**左傳史論二卷**　(清)高士奇撰　清刻本　七册　存十四卷(歷代史論四至七、十一至十二,宋史論一至三,元史論,明史論三至四,左傳史論一至二)

330000－1701－0094471　G609304　經部/群經總義類/傳說之屬

皇朝五經彙解二百七十卷　(清)朱鏡清輯　清石印本　一册　存七卷(二百五十八至二百六十四)

330000－1701－0094472　G607441　經部/詩類/傳說之屬

詩經集傳八卷　(宋)朱熹撰　清光緒十九年(1893)浙江書局刻本　四册

330000－1701－0094475　G606914　史部/傳記類/總傳之屬/仕宦

歷代名臣言行錄二十四卷　(清)朱桓輯　清光緒十三年(1887)上海廣百宋齋鉛印本　十一册　缺二卷(一至二)

330000－1701－0094476　G607442　史部/史評類/史論之屬

史通削繁四卷　(清)紀昀撰　清道光十三年(1833)涿州盧坤兩廣節署刻朱墨套印本　四册

330000－1701－0094477　G609305　史部/詔令奏議類/奏議之屬

罪言存略一卷　(清)郭嵩燾撰　清光緒十四年(1888)天津時報館鉛印本　一册

330000－1701－0094478　G006287　史部/政書類/邦交之屬

交涉叢編□□卷　余乾耀撰　清光緒二十三年(1897)刻本　一册　存二卷(一至二)

330000－1701－0094486　G006288　史部/地理類/遊記之屬/紀行

閩行日記一卷閩行續記一卷　(清)周榮撰　清末虞山周大輔鴿峰草堂抄本　一册

330000－1701－0094487　G609306　經部/小學類/音韻之屬/等韻

李氏音鑑六卷首一卷　(清)李汝珍撰　清嘉慶十五年(1810)寶善堂刻同治七年(1868)木樨山房印本　一册　存二卷(首、一)

330000－1701－0094489　G607443　經部/小學類/文字之屬/說文

說文解字十五卷標目一卷　(漢)許慎撰　(宋)徐鉉等校定　清刻本　六册

330000－1701－0094495　G606916　經部/小學類/文字之屬/說文

說文通訓定聲十八卷分部柬韻一卷說雅一卷古今韻準一卷　(清)朱駿聲撰　(清)朱鏡蓉參訂　**皇清敕授文林郎國子監博士銜揀選知縣揚州府學教授允倩府君[朱駿聲]行述一卷**　朱孔彰撰　清光緒十三年(1887)上海積山書局石印本　八册

330000－1701－0094499　G006289　經部/周禮類/傳說之屬

周禮經疏摘要不分卷　清末張步青抄本　一册

330000－1701－0094500　G611482　經部/小學類/文字之屬/字書

小學答問一卷　章炳麟撰　清宣統元年(1909)刻本　一册

330000－1701－0094501　G606917、G607774　史部/編年類/通代之屬

資治通鑑二百九十四卷目錄三十卷　(宋)司馬光撰　(元)胡三省音注　**續資治通鑑二百二十卷**　(清)畢沅撰　清光緒十四年(1888)上海蜚英館石印本　十二册　存一百

三十四卷(續資治通鑑一至一百三十四)

330000-1701-0094502 G609307、G609824 史部/目録類/總録之屬/彙刻

彙刻書目初編十卷 (清)顧修輯 清刻本 七冊 存七卷(二至七、十)

330000-1701-0094504 G602468 類叢部/叢書類/彙編之屬

雅雨堂藏書十三種 (清)盧見曾編 清乾隆二十一年(1756)德州盧氏雅雨堂刻增修本 一冊 存一種

330000-1701-0094505 G006334 子部/宗教類/道教之屬/戒律

陰隲彙編六卷 清刻本 一冊 存一卷(五)

330000-1701-0094506 G611483 經部/小學類/文字之屬/字書

小學答問一卷 章炳麟撰 清宣統元年(1909)刻本 一冊

330000-1701-0094508 G611484 經部/小學類/文字之屬/字書

小學答問一卷 章炳麟撰 清宣統元年(1909)刻本 一冊

330000-1701-0094510 G607444 經部/小學類/文字之屬/說文

說文解字十五卷標目一卷 (漢)許慎撰 (宋)徐鉉等校定 清刻本 四冊

330000-1701-0094511 G609308 類叢部/叢書類/彙編之屬

申報館叢書正集五十七種附錄三種續集一百四十二種 (清)尊聞閣主編 蔡爾康編續集 清同治至光緒上海申報館鉛印本 一冊 存一種

330000-1701-0094515 G006335 集部/別集類/清別集

蔭餘軒試帖一卷 (清)馬寶琛撰 清光緒刻本 一冊

330000-1701-0094516 G607445 集部/別集類/唐五代別集

昌黎先生詩增注証訛十一卷 (唐)韓愈撰 (清)黃鉞增注証訛 **昌黎先生[韓愈]年譜一卷** (清)黃鉞編 清道光二十八年(1848)黃中民刻咸豐七年(1857)四明鮑氏二客軒印本 四冊

330000-1701-0094517 G006292 子部/藝術類/書畫之屬/法帖

吳縠人手書有正味齋續集之九未刊詩稿不分卷 (清)吳錫麒書 清末上海有正書局石印本 一冊

330000-1701-0094522 G609309 經部/小學類/文字之屬/說文

說文釋例二十卷 (清)王筠撰 清光緒十三年(1887)上海積山書局石印本 六冊

330000-1701-0094523 G609311 集部/別集類/清別集

煙霞萬古樓文集六卷 (清)王曇撰 清道光二十年(1840)刻本 二冊

330000-1701-0094524 G006293 子部/藝術類/書畫之屬

張殿撰教育手牒一卷 張殿撰 清宣統元年(1909)上海中國圖書公司石印本 一冊

330000-1701-0094527 G611485 史部/地理類/雜志之屬

甌江竹枝詞一卷 (清)郭鍾岳撰 清同治十一年(1872)和天倪齋刻本 一冊

330000-1701-0094529 G006294 子部/醫家類/綜合之屬/合刻、合抄

景岳全書六十四卷 (明)張介賓撰 清聚奎堂刻本 五冊 存十五卷(十三至十八、四十至四十二、五十八至六十三)

330000-1701-0094530 G006336、G008493、G010664 史部/紀傳類/正史之屬

欽定二十四史 清光緒二十八年(1902)上海文瀾書局石印本 十九冊 存六種

330000-1701-0094533 G006337 集部/曲類/寶卷之屬

奶娘傳二卷 清抄本 一冊

330000－1701－0094535　G006338　集部/別集類/清別集

豐樂園八詠一卷　江峯青等撰　清光緒二十三年(1897)刻本　一冊

330000－1701－0094536　G611486　史部/地理類/防務之屬/海防

洋防輯要二十四卷　(清)嚴如熤撰　清道光十八年(1838)刻本　八冊　存十一卷(一至十一)

330000－1701－0094538　G607447　史部/地理類/方志之屬/郡縣志

咸淳臨安志一百卷　(宋)潛説友纂　**校栞咸淳臨安志札記三卷**　(清)黄士珣撰　清道光十年(1830)錢塘汪氏振綺堂刻同治六年(1867)補刻本(卷九十、九十八至一百原缺)　十二冊　存五十一卷(一至五十一)

330000－1701－0094542　G609314、G607680　史部/地理類/總志之屬/通代

讀史方輿紀要一百三十卷方輿全圖總説四卷　(清)顧祖禹撰　清光緒二十九年(1903)上海益吾齋石印本　十七冊　存一百十四卷(一至四十五、五十二至七十四、八十九至一百三十、方輿全圖總説一至四)

330000－1701－0094545　G006339　子部/宗教類/佛教之屬/律

大方便佛報恩經七卷　清同治十一年(1872)金陵刻經處刻本　一冊　存四卷(一至四)

330000－1701－0094551　G607448　史部/地理類/方志之屬/郡縣志

咸淳臨安志一百卷　(宋)潛説友纂　**校栞咸淳臨安志札記三卷**　(清)黄士珣撰　清道光十年(1830)錢塘汪氏振綺堂刻本(卷九十、九十八至一百原缺)　十二冊　缺五十卷(一至五十)

330000－1701－0094562　G606920、G006813　集部/小説類/短篇之屬

西湖佳話古今遺蹟十六卷　(清)墨浪子撰　清光緒十八年(1892)上海文選局石印本　四冊

330000－1701－0094566　M608362　類叢部/叢書類/郡邑之屬

三怡堂叢書二十種　張鳳臺編　清光緒三十二年至民國十二年(1906－1923)河南官書局刻本　六冊　存一種

330000－1701－0094568　G006341、G006723　子部/宗教類/佛教之屬/經

大般若波羅蜜多經六百卷　(唐)釋玄奘譯　清同治十三年(1874)雞園刻經處刻本　十一冊　存五十五卷(二十一至四十、八十一至一百、一百五十一至一百五十五、一百九十一至二百)

330000－1701－0094571　G602469　類叢部/叢書類/彙編之屬

崇文書局彙刻書三十一種　(清)崇文書局編　清光緒元年至三年(1875－1877)湖北崇文書局刻本　一冊　存一種

330000－1701－0094572　G607449、G609333　經部/小學類/訓詁之屬/方言

越言釋一卷　(清)茹敦和撰　清道光二十九年(1849)周氏刻本　二冊

330000－1701－0094574　G607450　史部/地理類/雜志之屬

越郡闡幽錄十一種　(清)杜寶霱等輯　清同治至宣統刻本　一冊　存一種

330000－1701－0094579　G006343　子部/宗教類/佛教之屬/諸宗

蓮修必讀一卷　(清)釋觀如輯　清光緒十二年(1886)揚州藏經院刻本　一冊

330000－1701－0094585　G006344　子部/醫家類/診法之屬/歷代脈學

脉訣考證一卷蘋湖脉學一卷　清刻本　一冊

330000－1701－0094588　G006345、G010521　子部/雜著類/雜説之屬

一斑錄五卷附編三卷雜述八卷　(清)鄭光祖撰　清道光二十五年(1845)琴川鄭氏青玉山房刻咸豐五年(1855)遞修同治三年(1864)印本　五冊　存十一卷(一至三、雜述一至八)

330000－1701－0094589　G611487、G610552　史部/地理類/專志之屬/祠墓
曹江孝女廟誌八卷首一卷末二卷補遺一卷　(清)金廷棟輯　(清)唐煦春增輯　清光緒八年(1882)五社公所刻本　二冊

330000－1701－0094590　G006346　史部/傳記類/總傳之屬/儒林
學宫譜一卷　(清)孫錫疇撰　(清)孫篤之補　清同治十一年(1872)常州顧孝子專祠刻本　二冊

330000－1701－0094593　G602473　子部/術數類/相宅相墓之屬
楊曾地理元文四種附二種　(清)端木國瑚注　清道光五年(1825)刻本　一冊　存一種

330000－1701－0094594　M606118　子部/宗教類/佛教之屬/經疏
觀楞伽阿跋多羅寶經記十八卷首一卷補遺一卷　(南朝宋)釋求那跋陀羅譯　(明)釋德清筆記　清光緒三十一年(1905)金陵刻經處刻民國三年(1914)增刻本　六冊

330000－1701－0094596　G606922　類叢部/叢書類/彙編之屬
經策通纂二種　(清)顧炎武　(清)陳通聲等纂　清光緒十三年(1887)上海點石齋石印本　七冊　存一種

330000－1701－0094597　M606119　子部/宗教類/佛教之屬/經疏
觀楞伽阿跋多羅寶經記十八卷首一卷補遺一卷　(南朝宋)釋求那跋陀羅譯　(明)釋德清筆記　清光緒三十一年(1905)金陵刻經處刻民國三年(1914)增刻本　六冊

330000－1701－0094601　G006386　類叢部/叢書類/彙編之屬
聚學軒叢書六十種　劉世珩編　清光緒貴池劉氏刻本　一冊　存第二集一種

330000－1701－0094605　G006387　子部/兵家類/兵法之屬
重訂批點類輯練兵諸書十八卷　(明)戚繼光撰　(明)董承詔輯　(明)陳士縝批點　**傳畧一卷**　(明)董承詔等撰　明天啓二年(1622)董承詔刻本　九冊　存十七卷(二至十八)

330000－1701－0094611　G606923　史部/編年類/通代之屬
尺木堂綱鑑易知錄九十二卷　(清)吳乘權　(清)周之炯　(清)周之燦輯　清光緒三十年(1904)上海校經山房鉛印本　二冊　存十四卷(四十七至五十三、六十七至七十三)

330000－1701－0094612　G006388　子部/雜著類/雜考之屬
日知錄三十二卷　(清)顧炎武撰　清康熙三十四年(1695)潘耒遂初堂刻本　次雲題簽並記　八冊

330000－1701－0094614　G606925　類叢部/叢書類/彙編之屬
武英殿聚珍版書　清江蘇刻本　一冊　存一種

330000－1701－0094616　G006347　集部/別集類/清別集
甌魯詩草偶存二卷　(清)費俊撰　清康熙刻本　一冊

330000－1701－0094617　G609316　史部/政書類/公牘檔冊之屬
學界罪言三卷　(清)知恥同人輯　清光緒三十三年(1907)石印本　一冊

330000－1701－0094618　G611488　類叢部/叢書類/彙編之屬
玉海堂景宋元本叢書　劉世珩編　清光緒至民國貴池劉氏玉海堂影刻本　六冊　存一種

330000－1701－0094620　G611489　集部/總集類/酬唱之屬
甲午大吉詩編一卷續編一卷　(清)許郊編　清光緒二十年(1894)刻本　一冊

330000－1701－0094623　G607451　類叢部/叢書類/自著之屬
龍莊遺書四種　(清)汪輝祖撰　清光緒江蘇書局刻本　一冊　存一種

330000－1701－0094624　G006348　類叢部/叢書類/彙編之屬

申報館叢書正集五十七種附錄三種續集一百四十二種　（清）尊聞閣主編　蔡爾康編續集　清同治至光緒上海申報館鉛印本　四冊　存一種

330000－1701－0094626　G609318、G610049　集部/别集類/清别集

定山堂古文小品二卷　（清）龔鼎孳撰　清宣統二年（1910）上海國學昌明社石印本　二冊

330000－1701－0094627　G006389　子部/藝術類/書畫之屬

歐陽書考十二卷首一卷末一卷　（清）袁繼翰輯　清光緒二十年（1894）述歐之室刻本　四冊

330000－1701－0094628　G602475、G609080、G607508　史部/傳記類/總傳之屬/技藝

墨林今話十八卷　（清）蔣寶齡撰　**墨林今話續編一卷**　（清）蔣茝生撰　清咸豐二年（1852）刻本　三冊　存九卷（九至十四、十七至十八、續編）

330000－1701－0094629　G606926　類叢部/叢書類/郡邑之屬

粟香室叢書五十九種　金武祥編　清光緒至民國江陰金氏刻本　一冊　存一種

330000－1701－0094630　G006349　子部/宗教類/佛教之屬/經

大乘密嚴經三卷　（唐）釋不空譯　清同治十一年（1872）常熟刻經處刻本　一冊

330000－1701－0094631　G006350　子部/宗教類/佛教之屬/經

解深密經五卷　（唐）釋玄奘譯　清同治十年（1871）金陵刻經處刻本　一冊

330000－1701－0094632　G006141　子部/藝術類/遊藝之屬/棋弈

清棋譜一卷　清抄本　一冊

330000－1701－0094634　G606927　新學/雜著/叢編

西學輯存六種　（清）王韜編　清光緒十六年（1890）淞隱廬鉛印本　二冊　存二種

330000－1701－0094635　G006142　子部/宗教類/道教之屬/神符

請仙箕法一卷　清抄本　一冊

330000－1701－0094636　G006143　集部/詞類/詞譜之屬

嘯餘譜十卷　（明）程明善撰　明萬曆刻本　一冊　存一卷（九）

330000－1701－0094637　G006391　集部/别集類/清别集

吉石齋集二卷　（清）汪彝銘撰　清嘉慶九年（1804）刻本　一冊

330000－1701－0094638　G006144　子部/天文曆算類

兼濟堂纂刻梅勿庵先生曆算全書二十八種　（清）梅文鼎撰　（清）魏荔彤輯　（清）楊作枚訂補　清雍正元年（1723）栢鄉魏荔彤刻乾隆十四年（1749）梅汝培、咸豐九年（1859）梅體萱遞修本　二冊　存三種

330000－1701－0094639　G006392　子部/宗教類/佛教之屬/經疏

佛說梵網經菩薩心地品合註七卷　（後秦）釋鳩摩羅什譯　（清）釋智旭註　（清）釋道昉訂　**佛說梵網經菩薩心地品玄義一卷**　（清）釋智旭述　（清）釋道昉訂　**菩薩戒羯磨文釋一卷**　（唐）釋玄奘譯　（清）釋智旭釋　**菩薩戒本經一卷**　（晉）釋曇無讖譯　**重定授菩薩戒法一卷學菩薩戒法一卷梵網經懺悔行法一卷毘尼後集問辨一卷**　（清）釋智旭述　清同治十三年（1874）金陵刻經處刻本　四冊　缺六卷（菩薩戒羯磨文釋、菩薩戒本經、重定授菩薩戒法、學菩薩戒法、梵網經懺悔行法、毘尼後集問辨）

330000－1701－0094641　G006146　子部/術數類/命書相書之屬

西法星命一卷　（清）陳松輯　稿本　一冊

330000－1701－0094642　G006147　子部/醫

家類/方書之屬/單方驗方

蘭臺軌範八卷 （清）徐大椿撰　清抄本　一冊　存二卷（五至六）

330000－1701－0094643　G006148　集部/别集類/清别集

丁未秋日姑蘇懷人詩一卷 （清）趙濬撰　清宣統元年（1909）鉛印本　一冊

330000－1701－0094646　G006351　集部/别集類/清别集

夢楳齋遺藁二卷 （清）錢百祿撰　清道光十年（1830）刻本　一冊

330000－1701－0094648　G006352　經部/詩類/傳説之屬

詩經集傳八卷 （宋）朱熹撰　清文奎堂刻本　幼巢題記　三冊　存四卷（一至四）

330000－1701－0094649　G006353、G006682　經部/四書類/孟子之屬/傳説

孟子集註七卷 （宋）朱熹撰　清嘉慶十三年（1808）泰寧鄒氏一鑑齋刻本　三冊

330000－1701－0094650　G607452　史部/地理類/專志之屬/寺觀

阿育王舍利瑞應集一卷 （清）釋妙然輯　**舍利塔號畧註一卷** （清）釋元賢撰　清光緒元年（1875）刻本　一冊

330000－1701－0094653　G006393　子部/宗教類/佛教之屬/經疏

妙法蓮華經玄義釋籤四十卷 （隋）釋智顗説　（隋）釋灌頂記　（唐）釋湛然釋　**法華玄義序釋籤一卷** （隋）釋灌頂述　（唐）釋湛然釋　清光緒七年（1881）昭慶律寺經房刻本　十八冊　存三十六卷（三至三十六、三十九至四十）

330000－1701－0094657　G607453　類叢部/叢書類/彙編之屬

式訓堂叢書四十一種 （清）章壽康編　清光緒會稽章氏刻本　二冊　存二種

330000－1701－0094658　G006394　子部/宗教類/佛教之屬/經疏

妙法蓮華經玄義釋籤四十卷 （隋）釋智顗説　（隋）釋灌頂記　（唐）釋湛然釋　**法華玄義序釋籤一卷** （隋）釋灌頂述　（唐）釋湛然釋　清光緒七年（1881）昭慶律寺經房刻本　十九冊　存三十九卷（一至二、五至四十、法華玄義序釋籤）

330000－1701－0094662　G006355　子部/藝術類/書畫之屬/法帖

歷代帝王法帖釋文十卷 （宋）劉次莊撰　（清）徐朝弼集釋　清刻本　紫東題記　二冊

330000－1701－0094666　G006395　子部/農家農學類/園藝之屬/總志

二如亭群芳譜四十二卷 （明）王象晉撰　明末刻清康熙重修本　二十冊

330000－1701－0094667　G607454　類叢部/叢書類/彙編之屬

式訓堂叢書四十一種 （清）章壽康編　清光緒會稽章氏刻本　二冊　存一種

330000－1701－0094669　G607455、G610363　集部/别集類/清别集

樂志堂詩略二卷文略四卷附録一卷 （清）譚瑩撰　清光緒元年（1875）南海譚氏刻本　三冊

330000－1701－0094670　G608486　類叢部/叢書類/彙編之屬

申報館叢書正集五十七種附録三種續集一百四十二種 （清）尊聞閣主編　蔡爾康編續集　清同治至光緒上海申報館鉛印本　一冊　存一種

330000－1701－0094671　G609320、G607761　史部/金石類/總志之屬

金石萃編一百六十卷 （清）王昶撰　**金石續編二十一卷首一卷** （清）陸耀遹撰　清光緒十九年（1893）上海醉六堂石印本　六冊　存二十二卷（續編首、一至二十一）

330000－1701－0094672　G006356　子部/雜著類/雜説之屬

呂氏春秋二十六卷 （漢）高誘注　明雨錢館

刻本　六冊

330000－1701－0094676　G609321、G610059、G611683　子部/小說家類/雜事之屬
寄蝸殘贅十六卷　(清)汪堃撰　清同治十一年(1872)不懼無悶齋刻本　八冊

330000－1701－0094678　G611491　類叢部/叢書類/自著之屬
藕圃十種　(清)胡重撰　清嘉慶十六年(1811)秀水金氏月香書屋刻本　一冊　存一種

330000－1701－0094680　G006358　集部/小說類/長篇之屬
繪圖增像第五才子書水滸全傳十卷七十回　(元)施耐庵撰　(清)金人瑞評　清末石印本　一冊　存五卷(一至五)

330000－1701－0094682　G608492　類叢部/叢書類/家集之屬
得一山房四種　(清)唐景崧等撰　清光緒十九年(1893)刻本　一冊　存一種

330000－1701－0094685　G006359、G007959、G009781　史部/政書類/公牘檔冊之屬
新文牘十卷　(清)陸春霖輯　清光緒三十二年(1906)石印本　十冊

330000－1701－0094686　G608493　史部/地理類
臺灣雜詠合刻三卷　(清)楊希閔輯　清光緒七年(1881)刻本　一冊

330000－1701－0094687　G609324、G610598　史部/詔令奏議類/奏議之屬
皇朝道咸同光奏議六十四卷　(清)王延熙　(清)王樹敏輯　清光緒二十八年(1902)上海久敬齋石印本　二十八冊

330000－1701－0094689　G607456　集部/別集類/清別集
寄龕詩質十二卷　(清)孫德祖撰　清光緒二十五年(1899)會稽孫氏刻本　散木題記　四冊

330000－1701－0094691　G006360　子部/醫家類/綜合之屬/通論
增補醫方一盤珠全集十卷　(清)洪金鼎纂　清宣統二年(1910)上海淵明書莊石印本　一冊　存二卷(一至二)

330000－1701－0094694　G608494　史部/地理類
臺灣雜詠合刻三卷　(清)楊希閔輯　清光緒七年(1881)刻本　一冊

330000－1701－0094696　G607457　類叢部/叢書類/自著之屬
授堂遺書七種附錄二卷　(清)武億撰　清道光二十三年(1843)偃師武氏刻本　二冊　存一種

330000－1701－0094707　G006544　經部/群經總義類/文字音義之屬
羣經字詁七十二卷檢字一卷　(清)段諤廷撰　(清)黃本驥編訂　清道光二十九年(1849)黔陽楊氏刻本　十三冊　存五十六卷(十三至十六、二十一至七十二)

330000－1701－0094708　G602478　類叢部/叢書類/彙編之屬
晨風閣叢書第一集(國學粹編)五十二種　沈宗畸等編　清光緒三十四年至宣統三年(1908－1911)國學萃編社鉛印本　一冊　存一種

330000－1701－0094709　G608495　子部/醫家類/溫病之屬/瘟疫
瘟疫條辨摘要不分卷　(清)呂田輯　清光緒十五年(1889)浙江書局刻本　一冊

330000－1701－0094711　G006396　子部/農家農學類/園藝之屬/總志
二如亭群芳譜四十二卷　(明)王象晉撰　清刻本　二十八冊

330000－1701－0094713　G609326、G610538　子部/雜著類/雜說之屬
寄龕甲志四卷乙志四卷丙志四卷丁志四卷　(清)孫德祖撰　清光緒二十年至二十二年

(1894－1896)刻寄龕雜著本　童鼎批並題記　三冊　存十二卷(甲志一至四、乙志一至四、丙志一至四)

330000－1701－0094714　G602479　史部/傳記類/總傳之屬

浙江高等學堂同學錄一卷　清宣統元年(1909)鉛印本　一冊

330000－1701－0094715　民940.097/3610　新學/史志/諸國史

最新中等西洋歷史教科書不分卷　祝震編　清光緒三十二年(1906)上海南洋官書局鉛印本　四冊

330000－1701－0094721　G608496　史部/傳記類/總傳之屬/仕宦

貳臣傳十二卷逆臣傳四卷　(清)國史館撰　清都城琉璃廠半松居士刻本　二冊　存四卷(逆臣傳一至四)

330000－1701－0094726　G611493　史部/地理類/山川之屬/水志

水經注圖四十卷補一卷　楊守敬撰　清光緒三十一年(1905)宜都楊氏觀海堂刻朱墨套印本　徐韶跋　五冊　存首冊及首葉分別題"北一東四"、"南一東五"、"南三東一"、"南六東一"四冊

330000－1701－0094730　G006397　子部/宗教類/道教之屬/經文

刪定全書十二卷首一卷　(清)法因等輯　清刻本　十二冊

330000－1701－0094736　G607459　史部/地理類/方志之屬/郡縣志

[光緒]平湖縣志二十五卷首一卷末一卷　(清)彭潤章等修　(清)葉廉鍔等纂　**平湖殉難錄一卷**　(清)彭潤章輯　清光緒十二年(1886)刻本　一冊　存一卷(平湖殉難錄)

330000－1701－0094741　G607460　集部/別集類/清別集

堅香小隱遺詩選本一卷　(清)祝有琳撰　清同治三年(1864)海寧張士寬刻本　一冊

330000－1701－0094743　G609327　類叢部/叢書類/彙編之屬

粵雅堂叢書一百八十五種　(清)伍崇曜編　清道光二十九年至光緒十一年(1849－1885)南海伍氏刻彙印本　七冊　存五種

330000－1701－0094748　G607461　集部/別集類/清別集

觀河集四卷　(清)彭紹升撰　清道光三年(1823)刻同治元年(1862)合肥劉朝侍印本　一冊

330000－1701－0094752　G006363　子部/宗教類/道教之屬/戒律

文昌帝君覺世鴻文圖說四卷　(清)沈維基撰　清末石印本　一冊　存一卷(四)

330000－1701－0094757　G006364　子部/醫家類/外科之屬/外科方

外科正宗十二卷　(明)陳實功撰　(清)徐大椿評　清光緒二十七年(1901)上洋煥文書局石印本　三冊　存六卷(三至六、十一至十二)

330000－1701－0094759　G006398　子部/道家類

老子道德經二卷　清同治七年(1868)杭省慧空經房刻本　一冊

330000－1701－0094762　G006365　史部/傳記類/科舉録之屬

[道光丙午科]新科鄉墨衡裁一卷　(清)宋清壽　(清)吳鍾駿選　清道光二十六年(1846)刻本　一冊

330000－1701－0094767　G607463、G609960　經部/小學類/文字之屬/說文

苗氏說文四種　(清)苗夔撰　清道光至咸豐壽陽祁氏漢專亭刻本　二冊　存一種

330000－1701－0094770　G608497　集部/別集類/清別集

笠翁偶集六卷　(清)李漁撰　清康熙十年(1671)芥子園刻本　四冊

330000－1701－0094771　M603361　類叢

部/叢書類/彙編之屬

峭帆樓叢書十八種　趙詒琛編　清宣統三年至民國八年(1911－1919)新陽趙氏峭帆樓刻本　一册　存三種

330000－1701－0094773　G006366　集部/别集類/清别集

張太史塾課八卷　(清)張江撰　清刻本　三册　存七卷(二至八)

330000－1701－0094774　G006399　子部/宗教類/佛教之屬

金剛般若經註解全集五種　(明)王源靜重集　清同治八年(1869)刻本　十六册

330000－1701－0094775　G606929　集部/小説類/長篇之屬

繡像繪圖國朝名臣陸公案十四回　(清)黄漢傑編輯　清宣統二年(1910)上海小説圖書館石印本　一册

330000－1701－0094776　G611494　經部/樂類/律吕之屬

樂律全書十五種　(明)朱載堉撰　明萬曆鄭藩刻增修本　一册　存一種

330000－1701－0094779　G006367　集部/别集類/清别集

瑕瑜集不分卷　稿本　一册

330000－1701－0094781　G609328　類叢部/叢書類/彙編之屬

知不足齋叢書一百九十五種　(清)鮑廷博編　(清)鮑士恭續編　清乾隆三十七年至道光三年(1772－1823)長塘鮑氏刻彙印本　十六册　存十二種

330000－1701－0094790　G006369　子部/醫家類/傷寒金匱之屬/金匱要略

金匱心典三卷　(清)尤怡撰　清光緒七年(1881)崇德書院刻本　三册

330000－1701－0094791　G611495　經部/小學類/音韻之屬/等韻

音學辨微一卷　(清)江永撰　清宣統元年(1909)國學保存會據江氏自寫本影印本　一册

330000－1701－0094797　G607466　類叢部/叢書類/彙編之屬

蕅園叢書十一種　(清)平步青編　清同治至光緒山陰平氏安越堂刻本　一册　存一種

330000－1701－0094801　G006370　子部/雜著類/雜説之屬

西歸日札一卷　(清)王弘撰撰　清康熙三十七年(1698)刻本　二册

330000－1701－0094806　G006371　史部/地理類/方志之屬/郡縣志

[光緒]丹徒縣志六十卷首四卷　(清)何紹章　(清)馮壽鏡修　(清)吕耀斗等纂　**京口八旗志二卷**　(清)鍾瑞修　(清)春元纂　清光緒五年(1879)刻本　二册　存二卷(京口八旗志一至二)

330000－1701－0094809　G607467　集部/總集類/氏族之屬

三蘇全集四種　(清)弓翊清等編　清道光七年至十二年(1827－1832)眉州三蘇祠刻本　三册　存一種

330000－1701－0094810　G602482　子部/儒家類/儒學之屬/性理

藥言四卷藥言賸稿四卷　(清)李惺撰　清光緒三十三年(1907)江蘇提學署刻本　一册　存四卷(藥言賸稿一至四)

330000－1701－0094815　G006373　經部/詩類/傳説之屬

詩經集傳八卷　(宋)朱熹撰　清刻本　二册　存五卷(三至四、六至八)

330000－1701－0094818　G006374　經部/詩類/傳説之屬

詩經集傳八卷　(宋)朱熹撰　清刻本　二册　存三卷(三至五)

330000－1701－0094820　G606931　類叢部/叢書類/彙編之屬

申報館叢書正集五十七種附録三種續集一百四十二種　(清)尊聞閣主編　蔡爾康編續集

清同治至光緒上海申報館鉛印本　四冊　存一種

330000－1701－0094821　G607468　新學/格致總

格致彙編不分卷　(英國)傅蘭雅輯　清光緒二年至十八年(1876－1892)上海格致書室鉛印本　二十冊

330000－1701－0094822　G608487　類叢部/叢書類/彙編之屬

嘯園叢書五十七種　(清)葛元煦編　清光緒二年至七年(1876－1881)仁和葛氏刻本　九冊　存十種

330000－1701－0094825　G606932　子部/藝術類/書畫之屬/總論

佩文齋書畫譜一百卷　(清)孫岳頒等輯　清光緒九年(1883)上海同文書局石印本　一冊　存七卷(四十三至四十九)

330000－1701－0094826　G611496　集部/詞類/類編之屬

詞學全書四種　(清)查培繼編　清乾隆刻本　二冊　存一種

330000－1701－0094829　G609330　經部/叢編

重刊宋本十三經注疏四百十六卷　附十三經注疏校勘記四百十六卷　(清)阮元撰　(清)盧宣旬摘錄　**校勘記識語四卷**　(清)汪文臺撰　清光緒十三年(1887)上海脈望仙館石印本　二冊　存三種

330000－1701－0094832　G606933　史部/傳記類/總傳之屬/技藝

國朝畫徵錄三卷續錄二卷　(清)張庚撰　**明人附錄一卷**　清光緒十九年(1893)上海積山書局石印本　一冊　存三卷(三、續錄一至二)

330000－1701－0094835　G607651、G609329、G610497　集部/總集類/選集之屬/斷代

全唐詩三十二卷　(清)曹寅　(清)彭定求等輯　清光緒十三年(1887)上海同文書局石印本　二十二冊　存二十二卷(一至十七、二十、二十五、二十七、二十九至三十)

330000－1701－0094839　G611497　史部/地理類/方志之屬/郡縣志

[同治]長興縣志三十二卷　(清)趙定邦修　(清)周學濬　(清)丁寶書纂　清同治十三年至光緒元年(1874－1875)刻本　三冊　存九卷(二至四、十一至十六)

330000－1701－0094840　G611498　集部/總集類/氏族之屬

三蘇全集四種　(清)弓翊清等編　清道光七年至十二年(1827－1832)眉州三蘇祠刻本　三冊　存一種

330000－1701－0094841　G609331　集部/別集類/清別集

棗林詩集一卷　(明)談遷撰　清宣統三年(1911)上海國學扶輪社鉛印張氏適園叢書本　振志批校　一冊

330000－1701－0094842　G607470　類叢部/叢書類/彙編之屬

振綺堂叢刊八種　(清)□□輯　清嘉慶至光緒汪氏振綺堂刻本　一冊　存二種

330000－1701－0094844　G006375、G007015　集部/總集類/彙編之屬

唐宋八大家文鈔　(明)茅坤編　明刻本　四冊　存一種

330000－1701－0094845　G611499　史部/政書類/邦交之屬

十九世紀外交史不分卷　(日本)平田久撰　(清)張相譯　清光緒二十八年(1902)杭州史學齋刻本　四冊

330000－1701－0094846　G006376　集部/總集類/彙編之屬

唐宋八大家文鈔　(明)茅坤編　明崇禎四年(1631)茅著刻本　五冊　存一種

330000－1701－0094848　G611500、G612300　史部/政書類/邦交之屬

十九世紀外交史不分卷　(日本)平田久撰

(清)張相譯　清光緒二十八年(1902)杭州史學齋刻本　四冊

330000－1701－0094849　G607471　史部/金石類/總志之屬/題跋

清儀閣題跋不分卷　(清)張廷濟撰　清光緒十七年(1891)丁立誠刻本　四冊

330000－1701－0094853　G606935　類叢部/叢書類/彙編之屬

龍威秘書十集　(清)馬俊良編　清乾隆五十九年至嘉慶元年(1794－1796)浙江石門馬氏大西山房刻本　五冊　存一種

330000－1701－0094857　G611501　類叢部/叢書類/自著之屬

曾文正公全集十六種　(清)曾國藩撰　清同治至光緒傳忠書局刻本　五冊　存四種

330000－1701－0094858　G006549　子部/宗教類/佛教之屬/經

楞伽阿跋多羅寶經會譯四卷　(南朝宋)釋求那跋陀羅初譯　(北魏)釋菩提留支再譯　(唐)釋實叉難陀後譯　(明)釋員珂會合　清光緒三十四年(1908)金陵刻經處刻本　四冊

330000－1701－0094860　G006378　史部/政書類/律令之屬/法驗

補註洗冤錄集證四卷附刊檢骨圖格一卷　(清)王又槐輯　(清)李觀瀾補輯　(清)阮其新補注　(清)童濂刪　**作吏要言一卷**　(清)葉鎮撰　(清)朱椿增　清道光二十三年(1843)江都鍾淮刻三色套印本　四冊　缺一卷(作吏要言)

330000－1701－0094861　G006550　子部/宗教類/佛教之屬/諸宗

大慧普覺禪師宗門武庫一卷　(宋)釋宗杲說　(宋)釋道謙輯　**雪堂行和尚拾遺錄一卷**　(宋)釋道行輯　清光緒七年(1881)常熟刻經處刻本　一冊

330000－1701－0094863　SZD0384　新學/學校

擬存古學堂課程一卷　清抄本　一冊

330000－1701－0094865　G608488　類叢部/叢書類/彙編之屬

嘯園叢書五十七種　(清)葛元煦編　清光緒二年至七年(1876－1881)仁和葛氏刻本　三冊　存三種

330000－1701－0094868　G006547　子部/術數類/相宅相墓之屬

地理三會集三卷　(明)張亘撰　清道光十四年(1834)餘杭汪應恭刻清末上海江左書林印本　一冊　存一卷(上)

330000－1701－0094870　G606936　史部/傳記類/總傳之屬/姓名

歷代畫家姓氏便覽六卷首一卷　(清)馮津編　清道光六年(1826)德聚堂刻本　一冊　存二卷(首、一)

330000－1701－0094874　G608489　集部/總集類/彙編之屬

漢魏六朝名家集初刻四十種　丁福保編　清宣統三年(1911)無錫丁氏鉛印本　一冊　存一種

330000－1701－0094875　G611502　集部/總集類/題詠之屬

繡鐙問字圖題詞一卷　(清)陳方瀛輯　**敕封太孺人誥贈太淑人旌表節孝顯祖妣倪太淑人行狀一卷**　(清)陳方瀛撰　清同治十三年(1874)刻本　一冊

330000－1701－0094877　G006554　集部/別集類/清別集

據梧詩集十五卷　(清)管棆撰　清康熙刻本　四冊

330000－1701－0094878　G602484　史部/傳記類/科舉録之屬

嘉善入泮題名錄二卷　(清)程兼善輯　清光緒三年(1877)嘉善林氏本立堂刻十四年(1888)補刻本　一冊　存一卷(上)

330000－1701－0094879　G608491　史部/雜史類/斷代之屬

國語二十一卷　(三國吴)韋昭注　**校刊明道**

本韋氏解國語札記一卷 （清）黄丕烈撰 清光緒二十二年(1896)上海鴻寶齋石印本 二册 存十四卷(一至十四)

330000－1701－0094880 G608508、G610305 集部/别集類/唐五代别集

昌黎先生集四十卷外集十卷遺文一卷 （唐）韓愈撰 （宋）廖瑩中校正 **朱子校昌黎先生集傳一卷** （宋）朱熹撰 **韓集點勘四卷** （清）陳景雲撰 清同治八年至九年(1869－1870)江蘇書局刻本 十一册

330000－1701－0094881 G608505 集部/别集類/明别集

紫栢老人集二十九卷首一卷 （明）釋真可撰 清刻本 一册 存二卷(一至二)

330000－1701－0094883 G608506 經部/小學類/文字之屬/説文

説文新附攷六卷續攷一卷 （清）鈕樹玉撰 清嘉慶六年(1801)非石居刻同治七年(1868)碧螺山館補刻本 二册

330000－1701－0094884 G006457、G008011 史部/傳記類/職官録之屬/總録

[清光緒三十年夏季]大清搢紳全書四卷 清光緒三十年(1904)榮禄堂刻本 四册

330000－1701－0094887 G006545 子部/宗教類/佛教之屬/經

慧上菩薩問大善權經二卷 （西晉）釋竺法護譯 **大乘顯識經二卷** （唐）釋地婆訶羅等譯 清光緒六年(1880)常熟刻經處刻本 一册

330000－1701－0094891 G611504 集部/總集類/氏族之屬

寧都三魏全集八十三卷 （清）林時益編 清道光二十五年(1845)寧都謝庭綬紱園書塾刻本 一册 存二卷(魏季子文集一至二)

330000－1701－0094892 G602485 類叢部/叢書類/彙編之屬

雅雨堂藏書十三種 （清）盧見曾編 清乾隆二十一年(1756)德州盧氏雅雨堂刻增修本 朱師轍批校 一册 存一種

330000－1701－0094894 G006551 子部/宗教類/佛教之屬/經疏

佛説金剛般若波羅密經略疏二卷 （唐）釋智儼撰 **般若波羅密多心經略疏一卷** （唐）釋法藏述 清同治八年(1869)、光緒二十六年(1900)金陵刻經處刻本 一册

330000－1701－0094896 G608509 類叢部/叢書類/自著之屬

赤堇詩海 （清）葉元堦輯 清道光二十五年(1845)刻本 二册 存二種

330000－1701－0094901 G609334 類叢部/叢書類/彙編之屬

張氏適園叢書初集七種 張鈞衡編 清宣統三年(1911)上海國學扶輪社鉛印本 一册 存一種

330000－1701－0094905 G602487 子部/宗教類/佛教之屬/諸宗

福源石屋珙禪師語録二卷 （元）釋清珙撰 （元）釋至柔等編 清光緒十三年(1887)刻本 一册

330000－1701－0094907 G602488 集部/詞類/詞譜之屬

詞律二十卷 （清）萬樹撰 **詞律拾遺八卷** （清）徐本立撰 **詞律補遺一卷** （清）杜文瀾撰 清同治十二年(1873)、光緒二年(1876)吳下刻本 十六册

330000－1701－0094911 G006458 史部/傳記類/職官録之屬/總録

[清宣統元年]大清搢紳全書四卷 清宣統元年(1909)榮禄堂刻本 三册 缺一卷(三)

330000－1701－0094912 G006461 史部/目録類/總録之屬

守山閣叢書樣本不分卷 （清）義興書莊編 清光緒十四年(1888)上海義興書莊石印本 一册

330000－1701－0094913 G006462 集部/曲類/彈詞之屬

繡像義妖全傳二十八卷五十四回 （清）陳遇

乾撰　(清)陳士奇　(清)俞秀山評　清光緒二年(1876)刻本　一册　存四卷(二十一至二十四)

330000－1701－0094914　G006463　集部/小說類/長篇之屬

新鐫全像武穆精忠傳八卷　(明)余應鼇編　(明)李贄評　清經文堂刻本　八册

330000－1701－0094915　G006464、G006962　集部/曲類/彈詞之屬

天雨花三十回　(清)陶貞懷撰　清道光二十一年(1841)刻本　三十二册

330000－1701－0094918　G006546　子部/宗教類/佛教之屬/諸宗

龍池幻有禪師語錄十卷　(明)釋正傳撰　(明)釋圓悟等輯　清宣統二年(1910)常州天寧寺刻本　四册

330000－1701－0094919　G006380　類叢部/叢書類/彙編之屬

廣雅書局叢書一百五十九種　徐紹棨編　清光緒廣雅書局刻民國九年(1920)番禺徐紹棨彙編重印本　一册　存一種

330000－1701－0094920　G006552　子部/宗教類/佛教之屬/經

地藏菩薩本願經三卷　(唐)釋實叉難陀譯　清光緒三十年(1904)金陵刻經處刻本　一册

330000－1701－0094924　G006381　子部/宗教類/佛教之屬/經疏

占察善惡業報經疏二卷　(隋)釋菩提登譯　(清)釋智旭述　**占察善惡業報經玄義一卷占察善惡業報經行法一卷**　(清)釋智旭輯　清同治七年(1868)清芬堂刻本　二册

330000－1701－0094925　G006382　子部/宗教類/佛教之屬/經疏

大方廣圓覺經大疏十六卷首一卷　(唐)釋宗密撰　清宣統元年(1909)金陵刻經處刻本　四册

330000－1701－0094928　G006383　集部/別集類/清別集

常惺惺齋文集十卷　(清)錢世瑞撰　清道光三十年(1850)刻本　十册

330000－1701－0094929　G611505、G609561、G608057　類叢部/叢書類/自著之屬

王漁洋遺書三十八種　(清)王士禛撰　清刻本　十三册　存四種

330000－1701－0094933　G609335　子部/儒家類/儒學之屬/禮教/家訓

治家畧八卷　(清)胡煒輯　清乾隆二十六年(1761)青陽彝敘堂刻嘉慶印本　一册　存四卷(一至四)

330000－1701－0094935　G607476　集部/別集類/清別集

古春軒詩鈔二卷　(清)梁德繩撰　清咸豐二年(1852)鳳城刻本　一册

330000－1701－0094937　G609336　子部/兵家類/兵法之屬

軍禮司馬灋攷徵二卷　(清)黄以周撰　清光緒十八年(1892)黄氏試館刻本　一册

330000－1701－0094938　G006558　子部/藝術類/遊藝之屬/棋弈

圍棋譜不分卷　清刻本　一册

330000－1701－0094939　G607477　集部/總集類/郡邑之屬

國朝嚴州詩錄八卷　(清)宗源瀚輯　清光緒二年(1876)刻本　二册

330000－1701－0094940　G006465　子部/雜著類/雜纂之屬

勸戒七錄六卷　(清)梁恭辰撰　清光緒四年(1878)刻民國十三年(1924)紹興鍾聚珍齋刻字鋪印本　一册　存三卷(一至三)

330000－1701－0094941　G006400　史部/史評類/史論之屬

讀史論畧二卷　(清)杜詔撰　清同治七年(1868)刻本　一册　存一卷(上)

330000－1701－0094943　G608510　類叢部/叢書類/彙編之屬

武英殿聚珍版書五十三種 清同治十三年(1874)江西書局刻本 二册 存一種

330000－1701－0094946 G006384 經部/群經總義類/傳說之屬
羣經補義五卷 (清)江永撰 (清)江鴻緒編 清書業堂刻本 二册

330000－1701－0094951 G609338、G007676 類叢部/叢書類/自著之屬
岣嶁叢書九種 (清)曠敏本撰 清乾隆刻彙印本 二册 存二種

330000－1701－0094956 G609339、G607876 史部/地理類/遊記之屬/紀行
辛卯侍行記六卷 (清)陶保廉撰 清光緒二十三年(1897)養樹山房刻本 六册

330000－1701－0094960 G006385 經部/四書類/總義之屬/傳說
四書朱子本義匯參四十三卷首四卷 (清)王步青輯 清刻本 二十四册

330000－1701－0094962 G607479 類叢部/叢書類/彙編之屬
拜經樓叢書(愚谷叢書)二十三種 (清)吳騫編 清乾隆至嘉慶海昌吳氏刻彙印本 二册 存一種

330000－1701－0094968 G609340 類叢部/叢書類/郡邑之屬
武林掌故叢編一百八十七種 (清)丁丙編 清光緒三年至二十六年(1877－1900)錢塘丁氏嘉惠堂刻本 一册 存一種

330000－1701－0094971 G006402 子部/醫家類/外科之屬/癰疽、疔瘡
洞天奥旨十六卷 (清)陳士鐸撰 (清)陶式玉評 清乾隆五十五年(1790)陳鳳輝大雅堂刻本 四册

330000－1701－0094972 G006556 子部/儒家類/儒學之屬/禮教/家訓
增訂安樂銘箴便讀一卷 (清)季似亭撰 (清)徐紹裴增訂 清光緒二十四年(1898)刻本 一册

330000－1701－0094973 G006467 子部/醫家類/方書之屬/單方驗方
驗方新編二十四卷 (清)鮑相璈輯 清光緒四年(1878)杭州東壁齋刻民國十年(1921)印本 十一册 存十六卷(一至十一、二十至二十四)

330000－1701－0094978 G609341 子部/雜著類/雜說之屬
求己録三卷 陶葆廉編 清光緒二十六年(1900)杭州求是書院石印本 一册

330000－1701－0094979 G607480 集部/別集類/清別集
半巖廬遺詩二卷 (清)邵懿辰撰 清同治十年(1871)潘祖蔭刻本 一册

330000－1701－0094980 G006557、G010744、G009639 史部/傳記類/別傳之屬
祭輓分編十四卷 (清)□□輯 **樸村徐公[士脩]傳一卷** (清)趙青藜撰 清乾隆刻本 四册

330000－1701－0094981 G006560 子部/宗教類/佛教之屬/諸宗
淨土文鈔二卷 清刻本 一册

330000－1701－0094984 G611506 經部/叢編
通志堂經解一百四十種 (清)納蘭成德輯 清康熙十九年(1680)納蘭成德刻本 十五册 存七種

330000－1701－0094989 G608498 史部/編年類
資治通鑑彙刻 清同治至光緒江蘇書局刻本 三十册 存一種

330000－1701－0094992 G006403 子部/醫家類/溫病之屬/瘧痢
痢證匯參十卷 (清)吳道源輯 清刻本 一册 存三卷(六至八)

330000－1701－0094996 G607481 子部/叢編
二十二子(二十二子彙函) (清)浙江書局編

清光緒元年至三年(1875－1877)浙江書局刻本　一册　存一種

330000－1701－0094999　G609343　類叢部/叢書類/自著之屬
志學齋集七種　(清)徐壽基撰　清光緒武進徐氏刻本　一册　存一種

330000－1701－0095004　G006646　集部/曲類/曲韻曲譜曲律之屬
九宫譜定十二卷總論一卷　(清)查繼佐　(清)鴛湖逸者輯　清順治金閶緑蔭堂刻本　三册　存十二卷(一至十二)

330000－1701－0095006　G006404　類叢部/叢書類/彙編之屬
申報館叢書正集五十七種附錄三種續集一百四十二種　(清)尊聞閣主編　蔡爾康編續集　清同治至光緒上海申報館鉛印本　三册　存一種

330000－1701－0095007　G006468　子部/儒家類/儒學之屬/經濟
皇朝經世文編一百二十卷姓名總目二卷　(清)賀長齡輯　清末上海江左書林鉛印本　二十四册

330000－1701－0095008　G607482　類叢部/叢書類/彙編之屬
榆園叢刻十五種附一種　(清)許增編　清同治至光緒刻本　二册　存二種

330000－1701－0095012　G006628　史部/政書類/邦交之屬
光緒三十二年通商各關華洋貿易論略不分卷　(清)上海通商海關造册處譯　清光緒三十三年(1907)上海通商海關造册處鉛印本　一册

330000－1701－0095022　G006405　集部/曲類/曲藝之屬
拱璧緣傳奇二十四回　(清)陸怡安編　(清)王柱臣評　清刻本　一册　存三回(十六至十八)

330000－1701－0095023　G006470　子部/宗教類/道教之屬/表章讚頌
雜表全集不分卷　清光緒十一年(1885)刻本　一册

330000－1701－0095025　G006562、G006754　子部/道家類
珍重廬山一瓣香十三卷　(清)鶴洞子輯　清咸豐九年(1859)四香草堂刻本　八册　存九卷(一至四、六至十)

330000－1701－0095028　G611507　史部/傳記類/别傳之屬/事狀
欽旌節烈樓母李太宜人家傳題辭一卷　(清)樓壽康輯　清光緒二十五年(1899)刻本　一册

330000－1701－0095031　G607484、G610011　史部/傳記類/總傳之屬/斷代
皇朝尚友録八卷　(清)李佩芳　(清)孫鼎輯　清光緒二十八年(1902)上海書局石印本　五册　存五卷(一、三至四、六至七)

330000－1701－0095034　G006406　類叢部/類書類/通類之屬
策學備纂續集四卷首一卷　(清)宋徽猷等輯　清光緒二十年(1894)上海點石齋石印本　五册　存三卷(二至四)

330000－1701－0095035　G607485　史部/目録類/總録之屬/私撰
申報館書目不分卷　(清)尊聞閣主編　**續集不分卷**　蔡爾康編　清光緒三年至五年(1877－1879)上海申報館鉛印本　一册

330000－1701－0095036　G006471　子部/雜著類
性理真説一卷　清咸豐十年(1860)刻本　一册

330000－1701－0095042　G006472　史部/地理類/雜志之屬
吴興合璧四卷首一卷　(清)陳文煜撰　清光緒五年(1879)歸安張宗煥玉照山房刻本　一册

330000－1701－0095043　G006555　子部/雜

著類/雜纂之屬
鴻雪齋官商便覽五百種不分卷　清末上海點石齋石印本　一冊

330000－1701－0095045　M606192　史部/地理類/方志之屬/郡縣志
[嘉慶]西安縣志四十八卷首一卷　(清)姚寶煃修　(清)范崇楷等纂　清嘉慶十六年(1811)刻民國六年(1917)蘄春桂鑄西重修本　一冊　存五卷(首、一至四)

330000－1701－0095046　G006553　子部/宗教類/佛教之屬/總録
雲棲法彙二十九種　(明)釋袾宏撰　(明)王宇春等輯　清光緒十八年至二十五年(1892－1899)金陵刻經處刻本　五冊　存一種

330000－1701－0095048　G006473　新學/學校
杭州美國浸禮會蕙蘭書院學生退校始末記一卷　清末石印本　一冊

330000－1701－0095050　G006643　史部/雜史類/斷代之屬
長毛軍餉公案八卷　(清)陳昌輯　清末上海理文軒書局石印本　一冊

330000－1701－0095054　G609348　集部/別集類/清別集
訒齋文鈔二卷詩鈔一卷手札四卷附錄一卷　(清)褚維垕撰　清光緒二十七年(1901)刻本　二冊

330000－1701－0095055　G006474　子部/儒家類/儒學之屬/蒙學
訓蒙新學三字解一卷　(蒙古)鳳瑞臣撰　清光緒二十八年(1902)嘉定日新書所鉛印本　一冊

330000－1701－0095056　G006644　子部/雜著類/雜纂之屬
不可錄一卷　(清)陳海曙輯　**富陽張逸帆先生奉勸士子文二則一卷**　(清)張逸帆撰　清光緒十八年(1892)刻本　一冊

330000－1701－0095062　G006408　子部/醫家類/綜合之屬/通論
慈恩玉歷彙錄五卷首一卷續補一卷　清同治九年(1870)琴東小石山房刻本　二冊

330000－1701－0095064　G609351　新學/天學
天文圖說四卷　(英國)柯雅各撰　(美國)摩嘉立　(清)薛承恩譯　清光緒九年(1883)上海益智書會刻本　一冊

330000－1701－0095070　G607488　類叢部/叢書類/彙編之屬
融經館叢書十一種　(清)徐友蘭編　清光緒六年至十一年(1880－1885)會稽徐氏八杉齋刻本　二冊　存一種

330000－1701－0095071　G006564　子部/宗教類/道教之屬/戒律
文昌帝君孝經一卷　清刻本　一冊

330000－1701－0095072　G608485　集部/別集類/清別集
歸愚文鈔十二卷歸愚文續十二卷浙江通省志圖說一卷　(清)沈德潛撰　清乾隆三年(1738)刻本　四冊　存十八卷(一至十二、文續七至十二)

330000－1701－0095073　G006475　史部/目録類/總録之屬/彙刻
彙刻書目不分卷　(清)顧修輯　清嘉慶刻本　十冊

330000－1701－0095074　G006565　史部/政書類/儀制之屬/專志/科舉校規
科名金鍼不分卷　(清)毛昶熙輯　清光緒元年(1875)刻本　一冊

330000－1701－0095076　G006563　史部/史評類/史論之屬
讀史論畧一卷　(清)杜詔撰　清光緒元年(1875)刻本　一冊

330000－1701－0095079　G006645　集部/別集類/清別集
拜竹厂詩艸一卷　稿本　一冊

330000－1701－0095087　G608499　子部/宗教類/佛教之屬/經疏

佛說阿彌陀經疏鈔擷一卷　（後秦）釋鳩摩羅什譯　（明）釋袾宏疏鈔　（清）徐槐廷擷　清同治六年（1867）徐氏刻本　一冊

330000－1701－0095089　G006647　集部/別集類/清別集

巢青閣集十卷付雪詞三集一卷紅么集一卷悼亡詞一卷　（清）陸進撰　**巢青閣學言六卷**　（清）陸曾禹撰　清康熙刻本　四冊

330000－1701－0095093　M603398　類叢部/叢書類/自著之屬

藝風所著書　繆荃孫撰　清光緒至民國刻本　四冊　存一種

330000－1701－0095099　G611509、G607946　集部/別集類/清別集

豸華堂文鈔二十卷首一卷　（清）金應麟撰　清光緒元年（1875）刻本　四冊　缺八卷（乙部駢文一至八）

330000－1701－0095100　G006566　經部/小學類/文字之屬/字書

字學舉隅不分卷　（清）黃本驥　（清）龍啓瑞撰　清光緒八年（1882）京都琉璃廠懿文齋刻本　一冊

330000－1701－0095102　G608500、G611719　子部/宗教類/佛教之屬

法苑珠林一百卷　（唐）釋道世撰　清道光七年（1827）蔣氏燕園刻本　十七冊　存五十卷（三至十九、三十二至六十四）

330000－1701－0095106　G607491　類叢部/叢書類/彙編之屬

說鈴前集三十七種後集十六種　（清）吳震方編　清刻本　一冊　存二種

330000－1701－0095107　G608501　子部/宗教類/佛教之屬

法苑珠林一百卷　（唐）釋道世撰　清道光七年（1827）蔣氏燕園刻本　六冊　存二十六卷（四十六至七十一）

330000－1701－0095109　G611510　子部/術數類/陰陽五行之屬

董公選要覽一卷附錄一卷　（明）董潛撰　清光緒二十四年（1898）浙江官書局刻本　一冊

330000－1701－0095112　G006411、G007760、G008973、G009581　史部/傳記類/總傳之屬/仕宦

歷代名臣言行錄二十四卷　（清）朱桓輯　清光緒二十六年（1900）文瀾書局石印本　七冊　存二十一卷（一至十一、十五至二十四）

330000－1701－0095116　G006477　史部/史抄類

史記菁華錄六卷　（清）姚祖恩輯　清光緒八年（1882）扶荔山房刻朱墨套印本　六冊

330000－1701－0095122　G006478　新學/幼學/附體操學

幼學操身圖說一卷　（英國）慶丕　（清）翟汝舟編　清光緒二十二年（1896）北洋官書局刻本　一冊

330000－1701－0095123　G611511、G008854　集部/別集類/清別集

歸愚文續十二卷黃山遊草一卷台山遊草一卷南巡詩一卷說詩晬語二卷浙江通省志圖說一卷歸田集一卷　（清）沈德潛撰　清乾隆刻本　七冊　存九卷（一至八、十）

330000－1701－0095126　SZD0405　集部/詞類/別集之屬

臨嘯閣詞選不分卷　（清）朱駿聲撰　稿本　清椒花館主跋　一冊　存勺藥詞、對影詞

330000－1701－0095135　G006480　子部/宗教類/道教之屬/戒律

太上寶筏圖說八卷　（清）黃正元纂　清末石印本　一冊　存一卷（禮）

330000－1701－0095136　SZD0406　經部/易類/傳說之屬

六十四卦經解不分卷　（清）朱駿聲撰　清抄本　一冊

330000－1701－0095137　G608503　類叢部/

叢書類/自著之屬
儆居遺書十一種 (清)黄式三撰 清同治至光緒刻本 一冊 存一種

330000-1701-0095138 SZD0407 史部/地理類/外紀之屬
紅毛番英吉利考略一卷 (清)汪文泰撰 清抄本 清朱駿聲批校 一冊

330000-1701-0095139 G608504 集部/别集類/清别集
懶雲樓詩草四卷 (清)釋與宏撰 清道光七年(1827)小雲棲刻本 一冊

330000-1701-0095140 G006481 子部/宗教類/道教之屬/戒律
太上感應篇圖説八卷 (清)黄正元纂 (清)毛金蘭補 清末石印本 四冊 存四卷(四至五、七至八)

330000-1701-0095141 G006412 集部/小説類/短篇之屬
繪圖今古奇觀六卷四十回 (明)抱甕老人輯 清末天寶書局石印本 一冊

330000-1701-0095143 G006413 新學/學校
法國建造學堂指南一卷 (清)李孟實譯 清光緒湖北洋務譯書局刻朱印本 一冊

330000-1701-0095145 G006482 子部/宗教類/道教之屬
道書二十三種 (清)劉一明撰 清光緒三年至六年(1877-1880)上海翼化堂刻本 二十四冊

330000-1701-0095149 G006414 史部/傳記類/科舉録之屬/歷科鄉試録
光緒二十年舉行甲午正科浙江鄉試題名錄一卷 清光緒刻本 一冊

330000-1701-0095154 G608474 類叢部/類書類/通類之屬
玉海二百卷辭學指南四卷詩攷一卷詩地理攷六卷漢蓺文志攷證十卷通鑑地理通釋十四卷周書王會補注一卷漢制攷四卷踐阼篇集解一卷急就篇補注四卷姓氏急就篇二卷小學紺珠十卷六經天文編二卷周易鄭康成注一卷通鑑答問五卷 (宋)王應麟撰 **校補玉海瑣記二卷王深寧先生[應麟]年譜一卷** (清)張大昌撰 清光緒九年至十六年(1883-1890)浙江書局刻本 三冊 存十四卷(通鑑地理通釋一至十四)

330000-1701-0095159 G006415 史部/傳記類/科舉録之屬/歷科鄉試録
[光緒壬午科]浙江鄉試硃卷一卷 (清)朱秉成撰 清光緒刻本 一冊

330000-1701-0095160 G608475 史部/傳記類/日記之屬
道西齋日記二卷(清光緒十三年) 王詠霓撰 清光緒二十二年(1896)上海書局石印本 一冊

330000-1701-0095161 G008767、G609353 集部/總集類/課藝之屬
體用學堂課藝二卷 (清)黄槐森編 清光緒二十七年(1901)蔣存遠堂刻本 二冊

330000-1701-0095164 G006416 史部/傳記類/科舉録之屬/歷科登科録
[光緒庚寅恩科]會試硃卷一卷 (清)何敬釗撰 清光緒刻本 一冊

330000-1701-0095165 G607492 類叢部/叢書類/彙編之屬
知不足齋叢書一百九十五種 (清)鮑廷博編 (清)鮑士恭續編 清乾隆三十七年至道光三年(1772-1823)長塘鮑氏刻彙印本(夢粱録配清沈德鴻介石樓刻本) 三十八冊 存二十九種

330000-1701-0095168 G608476 集部/别集類/清别集
長安宫詞一卷 (清)胡延撰 清光緒二十八年(1902)刻本 一冊

330000-1701-0095170 G006417、G007145 集部/總集類/選集之屬/斷代
唐詩歸三十六卷 (明)鍾惺 (明)譚元春輯

清間氣布衣慎今諸子抄本　七冊　存七卷（一至六、八）

330000－1701－0095172　G608477、G609402　經部/小學類/文字之屬/說文

說文經字考辨證四卷　（清）陳壽祺撰　（清）郭慶藩辨證　清光緒二十一年（1895）岵瞻堂郭氏維揚刻本　二冊

330000－1701－0095174　G006648　集部/戲劇類/總集之屬/雜劇

清容外集九種　（清）蔣士銓撰　清乾隆蔣氏紅雪樓刻本　一冊　存一種

330000－1701－0095175　G006649　子部/宗教類/佛教之屬/經

佛說貝多樹下思惟十二因緣經一卷　（三國吳）釋支謙譯　**佛說緣起聖道經一卷**　（唐）釋玄奘譯　**佛說稻稈經一卷**　（晉）□□譯　**大乘舍黎娑擔摩經一卷**　（宋）釋施護譯　清光緒三年（1877）金陵刻經處刻本　一冊

330000－1701－0095176　SZD0411　集部/別集類/宋別集

晦庵先生朱文公詩選鈔一卷　（宋）朱熹撰　清朱駿聲抄本　一冊

330000－1701－0095181　G006418　經部/小學類/音韻之屬

丁西圃叢書三種十九卷　（清）丁顯撰　清光緒刻本　一冊　存一種

330000－1701－0095183　G006650　子部/宗教類/佛教之屬/經疏

大方廣圓覺修多羅了義經近釋六卷　（明）釋通潤撰　清光緒十二年（1886）金陵刻經處刻本　二冊

330000－1701－0095185　G006651　經部/小學類/文字之屬/字書

字學舉隅續編一卷字學舉隅辨音一卷　（清）王維珍撰　清光緒八年（1882）京都琉璃廠懿文齋刻本　一冊

330000－1701－0095187　G609355、G607578、G609758　集部/別集類/清別集

忠雅堂文集十二卷　（清）蔣士銓撰　清嘉慶刻本　七冊　存十卷（三至十二）

330000－1701－0095189　G006569　集部/別集類/清別集

餘慶堂詩文集十卷　（清）陳美訓撰　清餘慶堂刻本　四冊

330000－1701－0095190　G608478　史部/紀傳類/正史之屬

二十四史附考證　清光緒十八年（1892）武林竹簡齋石印本　八冊　存一種

330000－1701－0095193　G611512　子部/宗教類/其他宗教之屬/民間教會

正信除疑無修証自在寶卷四卷　（明）羅夢鴻撰　清刻本　一冊　存一卷（四）

330000－1701－0095194　G609356　集部/總集類/題詠之屬

肖園詩集四卷　羅燦麟輯　清光緒二十四年（1898）木活字印本　二冊

330000－1701－0095197　G609357　類叢部/叢書類/家集之屬

丹徒戴氏叢刻七種　（清）戴肇辰編　清同治至光緒刻本　一冊　存一種

330000－1701－0095198　G608479　類叢部/叢書類/彙編之屬

半厂叢書初編十種　（清）譚獻編　清同治至光緒仁和譚氏刻本　十四冊　存八種

330000－1701－0095200　G006575　史部/政書類/公牘檔冊之屬

常年地漕錢糧解給各項欵目底簿不分卷　稿本　一冊

330000－1701－0095201　G006652　子部/宗教類/佛教之屬

慈悲血湖寶懺法三卷　清末武林弼教坊瑪瑙寺明臺南房刻本　一冊

330000－1701－0095206　G611513　類叢部/叢書類/自著之屬

衎石齋合稾　（清）錢儀吉撰　清光緒三年

(1877)嘉興錢氏羊城刻本　一冊　存一種

330000－1701－0095207　G006420　史部/傳記類/科舉録之屬/歷科鄉試録
[光緒甲午科]浙江鄉試硃卷不分卷　(清)任壽彭等撰　清光緒刻本　一冊

330000－1701－0095210　G608482　集部/總集類/選集之屬/斷代
明文在一百卷　(清)薛熙輯　清光緒十五年(1889)江蘇書局刻本　十冊

330000－1701－0095211　G006421　子部/天文曆算類/曆法之屬
大清光緒二十一年歲次乙未時憲書不分卷　清光緒刻朱墨套印本　一冊

330000－1701－0095214　G006570　子部/宗教類/佛教之屬/經
佛教西來玄化應運略錄一卷　(宋)程輝編　**佛說四十二章經一卷**　(漢)釋迦葉摩騰(漢)釋竺法蘭譯　**佛遺教經一卷**　(後秦)釋鳩摩羅什譯　**八大人覺經一卷**　(漢)釋安清譯　清同治九年(1870)金陵刻經處刻本　一冊

330000－1701－0095215　G006567　子部/宗教類/佛教之屬/經疏
金剛般若波羅蜜經直解二卷　題(唐)呂洞賓降乩撰　清同治四年(1865)邵氏金陵一得齋刻光緒九年(1883)印本　一冊

330000－1701－0095216　G602490、G610069　集部/別集類/清別集
曠觀樓詩存八卷題詞二卷　(清)朱霦撰　清光緒六年(1880)如皋朱氏刻十六年(1890)補刻本　四冊

330000－1701－0095217　G006422　史部/傳記類/科舉録之屬/歷科鄉試録
[光緒甲午科]浙江鄉試硃卷一卷　(清)朱鳳儀撰　清光緒刻本　一冊

330000－1701－0095218　G608480　史部/傳記類/總傳之屬/仕宦
宋名臣言行錄前集十卷後集十四卷續集八卷別集二十六卷外集十七卷　(宋)□□輯　清道光元年(1821)歙縣洪氏績學堂刻本　十二冊

330000－1701－0095219　G006576　子部/術數類/陰陽五行之屬
指南針羅經解二卷　(清)黎之綱撰集　清乾隆五年(1740)雲岡稼芸堂刻本　一冊

330000－1701－0095220　G611514　史部/政書類/邦計之屬/鹽法
續纂兩浙鹽法備考八卷　(清)世杰撰　清光緒二十五年(1899)刻本　八冊

330000－1701－0095221　G006423　史部/傳記類/科舉録之屬/歷科鄉試録
[光緒甲午科]浙江鄉試硃卷一卷　(清)胡錫書撰　清光緒刻本　一冊

330000－1701－0095223　G609360、G609893　類叢部/叢書類/自著之屬
北江全集七種　(清)洪亮吉撰　清乾隆至嘉慶刻彙印本　十冊　存一種

330000－1701－0095225　G006424　史部/傳記類/科舉録之屬/歷科鄉試録
[光緒戊子科]浙江鄉試硃卷一卷　(清)何洤撰　清光緒刻本　一冊

330000－1701－0095229　G006425　史部/傳記類/科舉録之屬/歷科鄉試録
[光緒甲午科]浙江鄉試硃卷一卷　(清)朱鴻頡撰　清光緒刻本　一冊

330000－1701－0095231　SZD0413　集部/別集類/清別集
半隱山人詩稿一卷　朱孔彰撰　稿本　一冊

330000－1701－0095232　G608481　類叢部/叢書類/彙編之屬
榆園叢刻十五種附一種　(清)許增編　清同治至光緒刻本　十一冊　存十三種

330000－1701－0095234　G006426　史部/傳記類/科舉録之屬/歷科鄉試録
[光緒壬午科]浙江鄉試硃卷一卷　(清)何楙

撰　清光緒刻本　一册

330000－1701－0095236　G602492　集部/曲類/寶卷之屬

達磨祖卷一卷　清末通濟禪院釋緣明刻本　一册

330000－1701－0095237　G006655　史部/傳記類/總傳之屬/忠孝

新刻女日記故事二十四孝圖說一卷　（清）寄雲山人編　清瑪瑙經房刻本　一册

330000－1701－0095238　G006427　史部/傳記類/科舉録之屬/歷科鄉試録

[光緒乙酉科]浙江鄉試硃卷一卷　（清）程良馭撰　清光緒刻本　一册

330000－1701－0095240　G006428　史部/政書類/邦計之屬/貿易

各國通商條約稅則章程十四種　（清）總理各國事務衙門輯　清同治刻本　一册　存一種

330000－1701－0095241　G006656　子部/宗教類/佛教之屬/諸宗

華嚴寶鏡一卷　（清）釋道獨述　清抄本　一册

330000－1701－0095242　G006429　子部/宗教類/佛教之屬/律

菩薩戒羯磨文釋一卷　（唐）釋玄奘譯　（清）釋智旭釋　**重定授菩薩戒法一卷學菩薩戒法一卷梵網經懺悔行法一卷毘尼後集問辯一卷**　（清）釋智旭述　**菩薩戒本經一卷**　（北凉）釋曇無讖譯　清同治九年（1870）、十三年（1874）金陵刻經處刻本　一册

330000－1701－0095244　G006657　集部/別集類/清別集

有獲堂詩稿一卷　（清）胡笠峯撰　清抄本　一册

330000－1701－0095245　G006430　子部/宗教類/道教之屬

修道真言一卷　（宋）玉蟾子輯　清光緒二十二年（1896）凝道堂刻本　一册

330000－1701－0095247　G006658、G008166　子部/醫家類/本草之屬/食療本草

食物本草會纂十二卷圖六卷　（清）沈李龍撰　清嘉慶八年（1803）金陵致和堂刻本　六册

330000－1701－0095248　G006431　集部/別集類/清別集

清燕堂詩存一卷　（清）陸潢撰　清宣統三年（1911）葉存養刻本　一册

330000－1701－0095251　G006432　集部/總集類/尺牘之屬

明代名人尺牘（江曲書莊所藏明人尺牘）七種　鄧實輯　清光緒上海國學保存會影印本　一册　存一種

330000－1701－0095253　G006577　子部/兵家類

兵卒須知一卷　清末刻本　一册

330000－1701－0095254　G611515　類叢部/叢書類/彙編之屬

御製律曆淵源三種　（清）允祿　（清）允祉等纂修　清雍正內府刻乾隆增刻本　十六册　存一種

330000－1701－0095256　G006433　子部/藝術類/書畫之屬

藝粟齋墨錄不分卷　清宣統元年（1909）上海時中書局影印本　一册

330000－1701－0095259　G006659　集部/別集類/清別集

賀各友秋節一卷　清抄本　一册

330000－1701－0095260　G006660　子部/天文曆算類/曆法之屬

大清光緒三十四年歲次戊申時憲書不分卷　清光緒三十三年（1907）刻朱墨套印本　一册

330000－1701－0095261　G006580　子部/宗教類/佛教之屬/諸宗

箬菴和尚語錄十卷附南澗箬菴問禪師塔銘一卷　清光緒二十七年（1901）釋清鎔刻本　二册

330000－1701－0095262　G006434　經部/小學類/音韻之屬
音學五書二種十三卷　(清)顧炎武撰　清道光林春祺福田書海銅活字印本　十一冊　缺一卷(詩本音十)

330000－1701－0095263　G609361　集部/總集類/選集之屬/斷代
明詩綜一百卷　(清)朱彝尊輯　(清)汪森等評　清康熙刻本　二十六冊　存八十六卷(八至十二、二十至一百)

330000－1701－0095266　G611516　子部/天文曆算類/天文之屬
欽定儀象考成三十卷首二卷　(清)允祿等撰　清乾隆刻本　十二冊　缺四卷(二十七至三十)

330000－1701－0095273　G006435　子部/藝術類/書畫之屬/法帖
真草十七帖一卷　(清)米襄陽書　(清)米長文詩　清光緒十二年(1886)寧波一言堂石印本　一冊

330000－1701－0095276　G006436　子部/藝術類/書畫之屬/法帖
樂飢齋詩草一卷　(清)傅山撰並書　清宣統元年(1909)上海國學保存會影印本　一冊

330000－1701－0095280　G609363、G609963　集部/別集類/唐五代別集
溫飛卿詩集七卷別集一卷集外詩一卷附錄諸家詩評一卷　(唐)溫庭筠撰　(明)曾益注　(清)顧予咸補注　(清)顧嗣立續注　清康熙三十六年(1697)長洲顧氏秀野草堂刻本　四冊

330000－1701－0095283　G609364　類叢部/叢書類/自著之屬
曾文正公全集十六種　(清)曾國藩撰　清同治至光緒傳忠書局刻本　三冊　存一種

330000－1701－0095287　G006661　子部/雜著類/雜考之屬
通雅五十二卷首三卷　(清)方以智撰　**通雅刊誤補遺一卷**　(清)張裕業撰　清光緒十一年(1885)桐城方氏刻本　十六冊

330000－1701－0095289　G006662　子部/醫家類/綜合之屬/通論
醫學源流論二卷　(清)徐大椿撰　清抄本　二冊

330000－1701－0095290　G006572　子部/宗教類/佛教之屬/諸宗
念佛百問一卷　(清)釋悟開撰　清同治五年(1866)刻本　一冊

330000－1701－0095291　G609365　集部/總集類/郡邑之屬
國朝杭郡詩三輯一百卷姓氏韻編一卷　(清)丁申　(清)丁丙編　清光緒十九年(1893)錢塘丁氏刻本　二十七冊　缺三十二卷(五十三至五十五、七十二至一百)

330000－1701－0095294　G611517　史部/傳記類/總傳之屬
鶴徵錄八卷首一卷　(清)李集輯　(清)李富孫　(清)李遇孫續輯　**鶴徵後錄十二卷首一卷**　(清)李富孫輯　清嘉慶漾葭老屋刻同治十一年(1872)補刻本　六冊

330000－1701－0095299　G006149　史部/傳記類/科舉録之屬/歷科鄉試録
[光緒丁酉科]四川鄉試第五房同門姓氏硃卷不分卷　(清)高僖等撰　清光緒刻本　一冊

330000－1701－0095300　G006437　子部/藝術類/書畫之屬/法帖
鄧石如隸書張子西銘一卷　(清)鄧石如書　清宣統元年(1909)上海文明書局石印本　一冊

330000－1701－0095301　G602493、G602605　集部/別集類/清別集
青櫺山房詩鈔十一卷附刻一卷　(清)馬士龍撰　清光緒元年(1875)刻本　四冊

330000－1701－0095305　G611518　史部/目録類/總録之屬/彙刻
江刻書目三種　(清)江標輯　清光緒元和江

氏師鄦室刻蘇州振新書社印本　二冊

330000－1701－0095306　G006150　史部/傳記類/科舉録之屬/歷科鄉試録

［光緒丁酉科］四川鄉試第十三房同門姓氏硃卷不分卷　（清）譚均蔚等撰　清光緒刻本　一冊

330000－1701－0095308　G006151　史部/傳記類/科舉録之屬

嘉善入泮題名錄二卷　（清）程兼善輯　清光緒三年（1877）嘉善林氏本立堂刻十四年（1888）補刻本　一冊　存一卷（下）

330000－1701－0095310　G602495　子部/儒家類/儒學之屬/經濟

實學文導二卷　（清）傅雲龍撰　清光緒二十一年（1895）石印本　二冊

330000－1701－0095313　G006582　史部/政書類/邦交之屬

中外交涉類要表四卷光緒通商綜覈表十六卷附中西紀年周始表一卷　（清）錢學嘉撰　清光緒二十年（1894）上海醉六堂刻本　二冊

330000－1701－0095314　G609368　子部/叢編

二十二子（二十二子彙函）　（清）浙江書局編　清光緒元年至三年（1875－1877）浙江書局刻本　六冊　存五種

330000－1701－0095315　G006438　子部/術數類/相宅相墓之屬

地理陰陽合纂二卷　（清）鄧士松纂輯　清抄本　二冊

330000－1701－0095317　G006581　子部/醫家類/外科之屬/外科方

外科正宗十二卷附錄一卷　（明）陳實功撰（清）徐大椿評　清咸豐十年（1860）海寧蔣光焴刻本　三冊　存七卷（一至四、九至十、附錄）

330000－1701－0095318　G602496　類叢部/叢書類/彙編之屬

漸西村舍彙刊（漸西村舍叢刻）四十四種　（清）袁昶編　清光緒十六年至二十四年（1890－1898）桐廬袁氏刻本　三冊　存三種

330000－1701－0095319　G006439　集部/別集類/清別集

內自訟齋詩鈔八卷　（清）周凱撰　清道光刻本　二冊

330000－1701－0095322　G006440　子部/藝術類/書畫之屬/法帖

包安吳手書詩文稿一卷　（清）包世臣書　清宣統二年（1910）湖北官書處影印本　一冊

330000－1701－0095323　G611519　經部/小學類/文字之屬/說文

說文解字注十五卷附六書音均表五卷　（清）段玉裁撰　**說文部目分韻一卷**　（清）陳煥編　清乾隆至嘉慶段氏經韻樓刻同治六年至十一年（1867－1872）蘇州保息局補刻本　一冊　存二卷（十五、說文部目分韻）

330000－1701－0095325　G006441　子部/宗教類/佛教之屬/諸宗

宗鑑法林七十二卷　（清）釋性音輯　清康熙五十七年（1718）刻民國十八年（1929）補刻本　十六冊

330000－1701－0095327　G602497　類叢部/叢書類/彙編之屬

漸西村舍彙刊（漸西村舍叢刻）四十四種　（清）袁昶編　清光緒十六年至二十四年（1890－1898）桐廬袁氏刻本　二冊　存一種

330000－1701－0095329　G608483　類叢部/叢書類/自著之屬

番禺陳氏東塾叢書初函四種附一種　（清）陳澧撰　清咸豐至光緒刻本　十二冊

330000－1701－0095333　G602498　集部/戲劇類/傳奇之屬

碧聲吟館叢書六種　（清）許善長撰　清光緒仁和許善長碧聲吟館刻本　一冊　存一種

330000－1701－0095336　G006666、G006182、G007310　史部/政書類/通制之屬

石渠餘紀六卷　（清）王慶雲撰　清光緒十六

年(1890)攸縣龍璋刻本　六册

330000－1701－0095337　G006667、G007792　經部/小學類/音韻之屬/等韻

等音歸韻十卷傳聲四拍一卷　(清)李蘭臺編　清道光元年(1821)刻本　四册　存五卷(二、八至十、傳聲四拍)

330000－1701－0095346　G006442　類叢部/叢書類/彙編之屬

文選四種　(清)徐叔蓓輯　清光緒二十年(1894)上海文盛書局石印本　一册　存一種

330000－1701－0095347　G602499　史部/地理類/方志之屬/郡縣志

[嘉慶]於潛縣志十六卷首一卷末一卷　(清)蔣光弼修　(清)張燮　(清)李江纂　清嘉慶十七年(1812)刻本　三册　存九卷(首、一至三、七至十一)

330000－1701－0095348　G006443　集部/戲劇類/雜劇之屬

增像第六才子書五卷　(元)王德信　(元)關漢卿撰　(清)金人瑞評　清末石印本　五册

330000－1701－0095349　G006571　史部/政書類/公牘檔册之屬

戲殺誤殺改減流徒應追埋銀章程一卷　清宣統鉛印本　一册

330000－1701－0095350　G006669　史部/傳記類/别傳之屬

小螺盦病榻憶語一卷　(清)孫道乾撰　清同治十三年(1874)刻本　一册

330000－1701－0095351　G006670　史部/傳記類/職官録之屬

安徽宦浙同官錄不分卷　清光緒八年至十年(1882－1884)刻朱墨套印本　一册

330000－1701－0095353　G006671　史部/傳記類/職官録之屬/總録

浙省江右同官錄一卷　清同治十三年(1874)刻光緒七年(1881)增刻朱墨套印本　一册

330000－1701－0095355　G006672　史部/傳記類/職官録之屬/總録

浙省蘇郡同官錄一卷　清同治十三年(1874)刻光緒五年(1879)增刻朱墨套印本　一册

330000－1701－0095356　G602501　子部/醫家類/方書之屬/成方藥目

胡慶餘堂丸散膏丹全集不分卷續增一卷　(清)胡光墉編　清光緒三年(1877)胡慶餘堂雪記刻本　一册

330000－1701－0095358　G602502　集部/總集類/選集之屬/通代

樂府廣序三十卷詩集廣序十卷　(清)朱嘉徵撰　清康熙清遠堂刻本　三册　存三十卷(樂府廣序一至三十)

330000－1701－0095364　民 362/4458　新學/議論

社會主義一卷　(日本)村井知至撰　羅大維譯　清光緒二十九年(1903)上海廣智書局鉛印本　一册

330000－1701－0095375　G607493　類叢部/叢書類/郡邑之屬

江陰叢書三十二種　金武祥編　清光緒至宣統江陰金氏粟香室嶺南刻本　二册　存四種

330000－1701－0095376　G006583　史部/地理類/方志之屬/郡縣志

[康熙]河陰縣志四卷　(清)申奇彩修　(清)毛泰徵纂　清刻本　二册　存二卷(一、三)

330000－1701－0095378　G006446　類叢部/叢書類/彙編之屬

文選四種　(清)徐叔蓓輯　清光緒二十年(1894)上海寶文書局石印本　六册

330000－1701－0095379　SZD0434　經部/孝經類/傳說之屬

潘毅遠孝經鄭氏解疏序一卷　朱孔彰撰　稿本　一册

330000－1701－0095380　G607494　史部/目録類/總録之屬/彙刻

彙刻書目二十卷　(清)顧修輯　(清)朱學勤

補　清光緒十二年至十五年(1886－1889)上海福瀛書局刻本　一册　存一卷(十八)

330000－1701－0095382　SZD0436　史部/詔令奏議類/奏議之屬

朱孔彰等呈請稿一卷　朱孔彰撰　稿本　一册

330000－1701－0095383　G607495　經部/易類/傳說之屬

周易集解十七卷　(唐)李鼎祚撰　清同治十二年(1873)成都敦怡堂刻本　二册

330000－1701－0095384　G611520、G607937、G612416　集部/別集類/清別集

雙佩齋詩集八卷　(清)王友亮撰　清嘉慶十年(1805)刻本　四册　存七卷(一至七)

330000－1701－0095386　SZD0438　史部/政書類/公牘檔册之屬

山東巡撫呈稿不分卷　清光緒十年(1884)稿本　二册

330000－1701－0095387　G006447、G007815　子部/小說家類/異聞之屬

山海經箋疏十八卷圖讚一卷訂譌一卷敘錄一卷　(清)郝懿行撰　清光緒十七年(1891)上海五彩公司石印本　六册

330000－1701－0095391　G006448、G006226、G008345　類叢部/類書類/通類之屬

策學備纂三十二卷首一卷　(清)蔡啓盛　(清)吳潁炎等輯　清光緒十三年(1887)上海點石齋石印本　十一册　存十七卷(二至三、六至七、十四至二十四、二十七、三十一)

330000－1701－0095394　G006673　子部/天文曆算類/算書之屬

算學十書　(清)賈步緯輯　清同治至光緒江南機器製造總局刻本暨鉛印本　一册　存三種

330000－1701－0095395　M606234　史部/地理類/方志之屬/郡縣志

[嘉慶]西安縣志四十八卷首一卷　(清)姚寶煃修　(清)范崇楷等纂　清嘉慶十六年(1811)刻民國六年(1917)蘄春桂鑄西重修本　一册　存六卷(十四至十九)

330000－1701－0095398　G006449　史部/傳記類/科舉録之屬/歷科登科録

[光緒]己丑科會試闈墨不分卷　(清)許葉芬等撰　清光緒申報館鉛印本　一册

330000－1701－0095399　G006674　集部/別集類/清別集

濮水書屋詩集一卷　(清)□□輯　稿本　一册

330000－1701－0095401　G006675、G007023、G007155　子部/天文曆算類/曆法之屬

新鐫曆法便覽象吉備要通書大全二十九卷　(清)魏鑑撰　清聚盛堂刻本　六册　存十二卷(一至二、六至八、十一、十五至二十)

330000－1701－0095402　G607496、G610499　經部/小學類/音韻之屬/等韻

李氏音鑑六卷首一卷　(清)李汝珍撰　清嘉慶十五年(1810)寶善堂刻本　三册　存五卷(二至六)

330000－1701－0095404　G006585　子部/醫家類/方書之屬/單方驗方

本草萬方鍼線八卷　(清)蔡烈先輯　清刻本　一册　缺五卷(一至五)

330000－1701－0095405　G006452　史部/傳記類/科舉録之屬/歷科登科録

[光緒十四年]戊子直省闈墨不分卷　清末鉛印本　一册

330000－1701－0095406　G006578　子部/叢編

徐氏三種　(清)徐士業編　清上海大文堂刻本　一册

330000－1701－0095407　G607497　史部/傳記類/總傳之屬/技藝

墨林今話十八卷　(清)蔣寶齡撰　**墨林今話續編一卷**　(清)蔣茝生撰　清宣統三年(1911)掃葉山房石印本　四册　缺五卷(十四至十八)

330000－1701－0095408　G006677　類叢部/叢書類/自著之屬
魯氏遺著四種附二種　(清)魯一同撰　清咸豐山陽魯氏刻本　八册　存四種

330000－1701－0095409　G611521　集部/總集類/選集之屬/斷代
切問齋文鈔三十卷　(清)陸燿輯　清乾隆四十年(1775)刻本　一册　存三卷(一至三)

330000－1701－0095411　G006678　子部/宗教類/其他宗教之屬/其他
護國佑民伏魔寶卷四卷二十四品　(明)悟空撰　清光緒二十八年(1902)刻本　四册

330000－1701－0095414　G606946　史部/雜史類/斷代之屬
三朝聞見錄一卷　朱孔彰撰　清木活字印本　一册

330000－1701－0095415　G611522　類叢部/叢書類/彙編之屬
崇文書局彙刻書三十一種　(清)崇文書局編　清光緒元年至三年(1875－1877)湖北崇文書局刻本　一册　存一種

330000－1701－0095418　G607499　史部/傳記類/别傳之屬/事狀
日本近世豪傑小史四卷　商務印書館編譯所編　清光緒二十九年(1903)上海商務印書館鉛印本　一册

330000－1701－0095419　普813.57/5514.071/2/c2　集部/小説類/長篇之屬
石頭記評贊不分卷　(清)王希廉撰　清同治十三年(1874)金陵刻本　一册

330000－1701－0095424　G611523　子部/儒家類/儒學之屬/禮教/家訓
傅氏家訓二卷　(清)傅超撰　清光緒十八年(1892)演慎齋刻本　一册

330000－1701－0095426　G006454　集部/曲類/寶卷之屬
定國誌安邦中集二十卷　清刻本　七册　存七卷(一至七)

330000－1701－0095430　G006579　子部/藝術類/書畫之屬/法帖
靈飛經一卷　(清)馮文蔚書　清末石印本　一册

330000－1701－0095431　G006586　集部/别集類/清别集
西湖雜詠集古上下平韻三十首一卷　(清)黄鶴山人撰　稿本　一册

330000－1701－0095432　G006455、G009518　史部/傳記類/職官録之屬/總録
[清宣統二年夏季]大清搢紳全書四卷　清宣統二年(1910)榮禄堂刻本　四册

330000－1701－0095435　G006584　史部/傳記類/别傳之屬
周耕崖遺照徵題一卷　稿本　一册

330000－1701－0095440　G006456　史部/傳記類/職官録之屬/總録
[清光緒三十年春季]大清搢紳全書四卷　清光緒三十年(1904)榮禄堂刻本　二册　存二卷(一至二)

330000－1701－0095441　G611524　類叢部/叢書類/彙編之屬
榆園叢刻十五種附一種　(清)許增編　清同治至光緒刻本　一册　存一種

330000－1701－0095444　G006587　史部/地理類/方志之屬/郡縣志
[道光]陸涼州志十卷　(清)繆闐修　(清)施映衮等纂　清道光二十五年(1845)刻本　二册　存三卷(七至九)

330000－1701－0095445　G611525　子部/宗教類/佛教之屬/經疏
金剛般若波羅蜜經講義一卷　(清)雲峯道人撰　(清)王何功輯　**金剛經受持靈驗記一卷**　(清)吴尚采輯　**心經合參一卷**　(清)王何功輯　清光緒二年(1876)化山傳燈寺釋松溪刻本　一册

330000－1701－0095446　G006588　史部/政書類/邦計之屬/賦稅

浙江通省膏捐章程一卷　清光緒刻本　一冊

330000－1701－0095451　G006679　史部/金石類/璽印之屬/通考

印文考畧一卷附漢隸辨異歌一卷　(清)鞠履厚撰　**印文輯畧二卷**　(清)劉紹藜撰　清宣統二年至民國二年(1910－1913)葉舟抄本　葉舟題記　一冊

330000－1701－0095452　M608456　類叢部/叢書類/郡邑之屬

三怡堂叢書二十種　張鳳臺編　清光緒三十二年至民國十二年(1906－1923)河南官書局刻本　六冊　存一種

330000－1701－0095453　G611527　類叢部/叢書類/彙編之屬

玉海堂景宋元本叢書　劉世珩編　清光緒至民國貴池劉氏玉海堂影刻本　三冊　存一種

330000－1701－0095455　G606947　類叢部/叢書類/自著之屬

古桐書屋六種　(清)劉熙載撰　清同治至光緒刻本　一冊　存一種

330000－1701－0095458　G606948、G607752　子部/叢編

子書百家　(清)崇文書局編　清光緒元年(1875)湖北崇文書局刻本　八冊　存十一種

330000－1701－0095460　G607504、G609669　類叢部/叢書類/彙編之屬

文選樓叢書三十三種　(清)阮亨編　清嘉慶至道光阮元刻道光二十二年(1842)阮亨彙印本　四冊　存一種

330000－1701－0095464　G611528　類叢部/叢書類/自著之屬

阮盦筆記五種　況周頤撰　清光緒刻民國十四年(1925)上海中國書店彙印蕙風叢書本　章和、章毓寄題記　二冊

330000－1701－0095468　G006590　子部/術數類/相宅相墓之屬

宅譜不分卷　(清)鍾之模撰　清康熙五十七年(1718)墨妙山房刻本　一冊

330000－1701－0095470　G606949　子部/叢編

子書百家　(清)崇文書局編　清光緒元年(1875)湖北崇文書局刻民國元年(1912)鄂官書處重印本　五十冊　存五十五種

330000－1701－0095479　G607503　史部/地理類/雜志之屬

甌江小記一卷　(清)郭鍾岳撰　清光緒四年(1878)和天倪齋刻本　一冊

330000－1701－0095486　G006589　集部/別集類/清別集

鄉味雜咏五十首北味雜咏三十首不分卷　(清)謝墉撰　清抄本　張鳳天批並跋　一冊

330000－1701－0095487　G006591　類叢部/叢書類/自著之屬

呂新吾全集二十二種　(明)呂坤撰　明萬曆刻清同治至光緒修補印本　一冊　存二種

330000－1701－0095491　G606937　史部/傳記類/職官録之屬/總録

浙省蘇郡同官錄一卷　清同治十一年(1872)刻本　一冊

330000－1701－0095496　G006681、G007358　集部/總集類/選集之屬/通代

阮亭選古詩三十二卷　(清)王士禛輯　清康熙天藜閣刻本　八冊　存十五卷(七言詩歌行鈔一至十五)

330000－1701－0095499　G611529　子部/叢編

子書百家　(清)崇文書局編　清光緒元年(1875)湖北崇文書局刻本　七冊　存五種

330000－1701－0095502　G606943　類叢部/叢書類/彙編之屬

漢魏叢書三十八種　(明)程榮編　明萬曆二十年(1592)新安程氏刻本　一冊　存一種

330000－1701－0095504　G607505　類叢部/叢書類/自著之屬

東海褰冥氏三十以前舊學四種　(清)譚嗣同撰　清光緒二十八年(1902)石印本　一冊

存一種

330000－1701－0095506　G606941、G608303　集部/别集類/清别集

望溪先生文集十八卷集外文十卷集外文補遺二卷　(清)方苞撰　**方望溪先生[苞]年譜一卷附録一卷**　(清)蘇惇元輯　清咸豐元年(1851)戴鈞衡刻二年(1852)增刻本　十册　缺十三卷(文集六至十八)

330000－1701－0095508　G006683　史部/傳記類/總傳之屬/姓名

内閣漢票簽中書舍人題名一卷續編一卷補遺一卷續補遺一卷　(清)鮑康等輯　清咸豐至光緒刻本　二册　存三卷(題名、續編、補遺)

330000－1701－0095509　G607506　史部/地理類/雜志之屬

粤東葺勝記八卷首二卷　(清)徐琪撰　清光緒二十五年(1899)刻本　一册　存一卷(首一)

330000－1701－0095510　G006684　子部/宗教類/道教之屬/戒律

陰隲文圖證不分卷　(清)費丹旭繪圖　(清)許光清集證　清同治七年(1868)上海待鶴齋刻本　二册

330000－1701－0095511　G606942　類叢部/叢書類/彙編之屬

昭代叢書合刻十集五百六十種附一種　(清)張潮　(清)張漸編　(清)楊復吉　(清)沈楙悳續編　清道光吴江沈氏世楷堂刻本　一册　存三種

330000－1701－0095512　G611530　史部/傳記類/總傳之屬/仕宦

高安三傳合編三種　(清)朱軾　(清)蔡世遠輯　清光緒二十一年(1895)江蘇書局刻本　四册　存一種

330000－1701－0095513　G606944　史部/政書類

不礙軒讀律六種　(清)王有孚輯　清嘉慶十二年(1807)刻本　一册　存二種

330000－1701－0095515　G606945　史部/編年類/通代之屬

綱鑑正史約三十六卷附記一卷　(明)顧錫疇撰　(清)陳弘謀增訂　**甲子紀元一卷**　(清)陳弘謀撰　清同治八年(1869)浙江書局刻本　二十册

330000－1701－0095517　G006593　類叢部/叢書類/彙編之屬

祕書廿一種　(清)汪士漢編　清康熙七年(1668)新安汪氏重編印古今逸史本　一册　存一種

330000－1701－0095519　G606950　史部/編年類/通代之屬

御批歷代通鑑輯覽一百二十卷　(清)傅恒等撰　清光緒三十一年(1905)上海商務印書館鉛印本　四十册

330000－1701－0095520　G607510　集部/别集類/清别集

味諫果齋詩集六卷文集二卷别集二卷外集一卷詩餘一卷　(清)王汝金撰　(清)戴元謙編　清光緒八年(1882)錢江刻本　四册　存四卷(詩集三至六)

330000－1701－0095525　G606951　史部/政書類

九通　(清)□□輯　清光緒八年至二十二年(1882－1896)浙江書局刻本　四十册　存一種

330000－1701－0095526　G602504　集部/别集類/清别集

晚聞居士遺集九卷首一卷　(清)王宗炎撰　清道光十年至十一年(1830－1831)杭州陸貞一愛日軒刻本　六册

330000－1701－0095528　G607511　集部/總集類/選集之屬/通代

選註六朝唐賦二卷　(清)馬傳庚選註　清光緒十八年(1892)希樸齋刻本　二册

330000－1701－0095530　G606952　子部/叢編

二十二子(二十二子彙函)　(清)浙江書局編　清光緒元年至三年(1875－1877)浙江書局刻本　八冊　存三種

330000－1701－0095534　G006601　子部/術數類/占卜之屬

河洛精蘊九卷　(清)江永撰　清乾隆三十九年(1774)旌德黄聖謙蘊真書屋刻五十年(1785)印本　六冊

330000－1701－0095535　G602505　史部/地理類/專志之屬/祠墓

曹江孝女廟誌八卷首一卷末一卷補遺一卷　(清)金廷棟輯　(清)唐煦春增輯　清光緒八年(1882)五社公所刻本　四冊

330000－1701－0095538　G606953　子部/叢編

二十二子(二十二子彙函)　(清)浙江書局編　清光緒元年至三年(1875－1877)浙江書局刻民國浙江圖書館重修本　二十九冊　存十一種

330000－1701－0095539　G006594　類叢部/叢書類/彙編之屬

廣漢魏叢書八十種　(明)何允中編　清嘉慶刻本　一冊　存一種

330000－1701－0095541　G607512　史部/地理類/總志之屬

地學歌略一卷　葉瀚　葉瀾撰　清刻本　一冊

330000－1701－0095553　G602506　史部/政書類/邦計之屬/貿易

國朝柔遠記十八卷附編二卷　(清)王之春輯　清光緒十七年(1891)廣雅書局刻本　五冊　存十八卷(一至十八)

330000－1701－0095560　G602507　集部/曲類/寶卷之屬

太華山紫金嶺兩世修行劉香寶卷全集二卷　(清)□□撰　清杭城瑪瑙經房刻本　二冊

330000－1701－0095563　G611532、G008757　子部/術數類

選擇叢書集要五種二十九卷　(明)江之棟輯　清康熙三十九年(1700)刻本　十二冊

330000－1701－0095570　G607517　類叢部/叢書類/郡邑之屬

武林往哲遺箸五十二種後編十種　(清)丁丙編　清光緒二十年至二十六年(1894－1900)錢塘丁氏嘉惠堂刻本　一冊　存一種

330000－1701－0095571　G611050　經部/群經總義類/傳説之屬

經訓比義三卷　(清)黄以周撰　清光緒二十二年(1896)南菁講舍刻本　三冊

330000－1701－0095572　G611533　經部/小學類/訓詁之屬/群雅

駢雅訓纂十六卷首一卷　(明)朱謀㙔撰　(清)魏茂林訓纂　清光緒七年(1881)成都淪雅齋刻本　八冊

330000－1701－0095574　G607518、G610155　集部/别集類/清别集

御賜齊年堂文集四卷　(清)王晦撰　清乾隆九年(1744)刻本　四冊

330000－1701－0095577　G006602　類叢部/叢書類/彙編之屬

學古堂日記四十種　(清)雷浚　(清)汪之昌編　清末抄本　一冊　存四種

330000－1701－0095579　G611051　經部/群經總義類/傳説之屬

經訓比義三卷　(清)黄以周撰　清光緒二十二年(1896)南菁講舍刻本　三冊

330000－1701－0095581　G607519　類叢部/叢書類/家集之屬

丹徒戴氏叢刻七種　(清)戴肇辰編　清同治至光緒刻本　一冊　存一種

330000－1701－0095583　G611534　子部/儒家類/儒家之屬

荀子二十卷校勘補遺一卷　(唐)楊倞注　(清)盧文弨　(清)謝墉輯校並補遺　清乾隆五十一年(1786)嘉善謝墉安雅堂刻本　四冊

330000－1701－0095591　G006596　類叢部/叢書類/彙編之屬

廣漢魏叢書八十種　(明)何允中編　清嘉慶刻本　一冊　存一種

330000－1701－0095596　G611535　子部/宗教類/佛教之屬/諸宗

古庭祖師語錄輯畧四卷附錄一卷　(明)釋善堅撰　清光緒二十六年(1900)刻民國二十三年(1934)補版重印本　四冊

330000－1701－0095601　G006603　史部/傳記類/總傳之屬/家乘

[浙江海寧]花園朱氏宗譜□□卷　(清)□□纂修　清刻本　一冊　存一卷(二十下)

330000－1701－0095602　G006687　類叢部/叢書類/自著之屬

北江全集七種　(清)洪亮吉撰　清乾隆至嘉慶刻彙印本　四冊　存一種

330000－1701－0095603　G611052　類叢部/叢書類/彙編之屬

邵武徐氏叢書初刻十四種　(清)徐幹編　清光緒邵武徐氏刻本　八冊　存五種

330000－1701－0095604　G611536　經部/小學類

澤存堂五種　(清)張士俊輯　清康熙吳郡張士俊澤存堂刻本　八冊　存一種

330000－1701－0095607　G606954　子部/叢編

二十二子(二十二子彙函)　(清)浙江書局編　清光緒元年至三年(1875－1877)浙江書局刻本　十一冊　存四種

330000－1701－0095608　G607522　子部/宗教類/佛教之屬/諸宗

天目中峯和尚廣錄三十卷　(元)釋明本撰　(元)釋慈寂輯　清光緒七年(1881)姑蘇刻經處刻本　六冊

330000－1701－0095609　G006688　子部/宗教類/佛教之屬

佛說能淨一切眼疾病陀羅尼經一卷佛說除一切疾病陀羅尼經一卷　(唐)釋不空譯　**佛說療痔病經一卷**　(唐)釋義淨譯　清光緒六年(1880)刻本　一冊

330000－1701－0095610　G006689　新學/學校

浙江官立法政學堂章程一卷　(清)浙江官立法政學堂編　清宣統二年(1910)鉛印本　一冊

330000－1701－0095611　G006604　子部/宗教類/佛教之屬/經

大方廣佛華嚴經八十卷　(唐)釋實叉難陀譯　**華嚴大經處會品目卷帙總要之圖一卷　復菴和尚華嚴綸貫一卷**　(宋)釋復菴撰　**華嚴普賢行願懺儀一卷**　(宋)釋淨源編集　清光緒十八年(1892)杭州瑪瑙經房刻本　二冊　缺七十七卷(四至八十)

330000－1701－0095612　G006605　子部/宗教類/佛教之屬/經疏

大方廣圓覺修多羅了義經略疏二卷　(唐)釋宗密撰　清光緒十二年(1886)浙寧釋得本、釋淨果等刻本　二冊

330000－1701－0095613　G611537、G612132　子部/宗教類/佛教之屬/諸宗

大覺普濟玉林禪師語錄十二卷　(清)釋通琇撰　(清)釋音綽等輯　(清)釋超琦彙　**大覺普濟能仁國師[釋能琇]年譜二卷**　(清)釋超琦輯　清同治十三年(1874)杭城昭慶寺慧空經房刻本　六冊

330000－1701－0095615　G006690　子部/醫家類/外科之屬/通論

外科大成四卷　(清)祁坤撰　清康熙古雪堂刻本　一冊　存一卷(三)

330000－1701－0095617　G606955　子部/叢編

二十二子(二十二子彙函)　(清)浙江書局編　清光緒元年至三年(1875－1877)浙江書局刻本　九冊　存三種

330000－1701－0095618　G006691　史部/傳

記類/總傳之屬/列女
繡像古今賢女傳九卷 (清)魏息園撰 清光緒三十四年(1908)石印本 一册 存一卷(七)

330000－1701－0095620 G611538、G612130 子部/宗教類/佛教之屬/諸宗
大覺普濟玉林禪師語録十二卷 (清)釋通琇撰 (清)釋音緯等輯 (清)釋超琦彙 **大覺普濟能仁國師[釋能琇]年譜二卷** (清)釋超琦輯 清同治十三年(1874)杭城昭慶寺慧空經房刻本 六册

330000－1701－0095621 G611053 史部/政書類/軍政之屬/兵制
杭州八旗駐防營志略二十五卷 (清)張大昌輯 清光緒十九年(1893)浙江書局刻本 六册

330000－1701－0095624 G006692 子部/天文曆算類/曆法之屬
大清宣統二年歲次庚戌時憲書一卷 清宣統元年(1909)刻朱墨套印本 一册

330000－1701－0095625 G611539 史部/地理類/方志之屬/郡縣志
[嘉慶]重修延安府志八十卷 (清)洪蕙纂修 清嘉慶七年(1802)刻本 七册 存四十二卷(九至五十)

330000－1701－0095628 G611054 史部/政書類/律令之屬/律例
律例便覽八卷諸圖一卷 (清)蔡嵩年 (清)蔡逢年編 清同治四年(1865)刻本 四册

330000－1701－0095629 G006693 子部/儒家類/儒學之屬/經濟
明夷待訪録一卷 (清)黄宗羲撰 清同治五年(1866)文江官廨刻本 二册

330000－1701－0095630 G608439 史部/傳記類/總傳之屬/釋道
比丘尼傳四卷 (南朝梁)釋寶唱撰 清光緒十一年(1885)金陵刻經處刻本 一册

330000－1701－0095633 G606956 類叢部/類書類/專類之屬
五經類編二十八卷 (清)周世樟撰 清康熙刻本 八册

330000－1701－0095634 G006694 史部/地理類/山川之屬/水志
後湖誌不分卷 王作棫 錢福臻撰 清宣統二年(1910)鉛印本 一册

330000－1701－0095636 G602508 子部/藝術類/書畫之屬/畫録
嶽雪樓書畫錄五卷 (清)孔廣陶編 清光緒十五年(1889)三十三萬卷堂刻本 五册

330000－1701－0095638 G611540 子部/醫家類/温病之屬/瘟疫
瘟疫條辨摘要不分卷 (清)吕田輯 清光緒十五年(1889)浙江書局刻本 一册

330000－1701－0095640 G611541 子部/醫家類/温病之屬/瘟疫
瘟疫條辨摘要不分卷 (清)吕田輯 清光緒十五年(1889)浙江書局刻本 一册

330000－1701－0095641 G608441 子部/宗教類/佛教之屬/諸宗
禪源諸詮集都序四卷 (唐)釋宗密撰 清光緒十八年(1892)金陵刻經處刻本 一册

330000－1701－0095642 G006607 史部/政書類/邦計之屬/貿易
各國通商條約十六卷 (清)浙江通商洋務總局編 清光緒二十八年(1902)浙江官書局刻本 一册 存三卷(秘國條約、巴西國條約、葡國條款)

330000－1701－0095645 G611542 子部/藝術類/遊藝之屬/聯語
莫愁湖楹聯便覽一卷 (清)釋壽安編 清光緒五年(1879)刻本 一册

330000－1701－0095646 G611543 史部/叢編
入幕須知五種附一種 (清)張廷驤輯 清光緒十八年(1892)浙江書局刻本 六册

330000－1701－0095647　G602509　經部/群經總義類/文字音義之屬
經籍籑詁五卷首一卷　（清）阮元撰　清光緒九年（1883）上海點石齋石印本　十冊

330000－1701－0095648　G006609　經部/書類/傳說之屬
書經集傳六卷　（宋）蔡沈撰　清光緒三年（1877）永康胡氏退補齋刻本　四冊

330000－1701－0095649　G611544　史部/雜史類/外紀之屬
東方兵事紀略五卷　（清）姚錫光撰　清光緒二十三年（1897）武昌刻本　五冊

330000－1701－0095651　G608443　類叢部/叢書類/郡邑之屬
永嘉叢書十三種　（清）孫衣言編　清同治至光緒瑞安孫氏詒善祠塾刻本　一冊　存一種

330000－1701－0095652　G006695　史部/傳記類/別傳之屬
清河節孝詩不分卷　（清）張泓輯　清乾隆二十八年（1763）刻本　二冊

330000－1701－0095654　G006696　史部/雜史類/斷代之屬
遼陽防守記一卷　（清）徐慶璋撰　清光緒刻本　一冊

330000－1701－0095657　G607621、G602510　史部/地理類/方志之屬
［乾隆］西域聞見錄八卷首一卷　（清）七十一撰　清刻本　二冊

330000－1701－0095659　G611545　史部/金石類/金之屬/文字
從古堂款識學十六卷　（清）徐同柏撰　（清）徐士燕輯　清光緒三十二年（1906）蒙學報館石印本　八冊　存八卷（九至十六）

330000－1701－0095660　G607524、G609757　史部/政書類/邦交之屬
越事備考諭旨一卷奏議三卷芻言六卷案署二卷愚說一卷　（清）劉名譽輯　清光緒二十一年（1895）桂林劉名譽刻本（愚說一卷原缺）六冊　存十卷（諭旨、奏議一至三、芻言一至六）

330000－1701－0095661　G609373　子部/小說家類/異聞之屬
埋憂集十卷續集二卷　（清）朱翊清撰　清光緒元年（1875）文元堂刻本　二冊　存四卷（三至四、續集一至二）

330000－1701－0095662　G611055　子部/天文曆算類/算書之屬
算法大成上編十卷下編十卷首一卷末一卷　（清）陳杰撰　清光緒二十四年（1898）浙江官書局刻本（下編十卷末一卷原缺）　十冊

330000－1701－0095665　G611056　子部/天文曆算類/算書之屬
算法大成上編十卷下編十卷首一卷末一卷　（清）陳杰撰　清光緒二十四年（1898）浙江官書局刻本（下編十卷末一卷原缺）　十冊

330000－1701－0095671　G608445　類叢部/叢書類/彙編之屬
漢魏叢書三十八種　（明）程榮編　明萬曆二十年（1592）新安程氏刻本　一冊　存一種

330000－1701－0095672　G611057　經部/大戴禮記類/分篇之屬
夏小正一卷　（清）王筠撰　清咸豐二年（1852）刻本　一冊

330000－1701－0095675　G609375　史部/叢編
痛史二十一種附九種　樂天居士輯　清宣統至民國上海商務印書館鉛印本　二冊　存二種

330000－1701－0095676　G608446　集部/別集類/清別集
醉月居詩鈔一卷詞鈔一卷　（清）葉世熊撰　清光緒三十年（1904）刻本　一冊

330000－1701－0095680　G608447　集部/別集類/清別集
醉月居詩鈔一卷詞鈔一卷　（清）葉世熊撰　清光緒三十年（1904）刻本　一冊

330000－1701－0095684　G607526　新學/圖學/測繪
繪地法原一卷附表一卷圖一卷　（美國）金楷理口譯　（清）王德均筆述　清光緒江南製造局刻本　一冊

330000－1701－0095685　G608448　集部/別集類/清別集
醉月居詩鈔一卷詞鈔一卷　（清）葉世熊撰　清光緒三十年（1904）刻本　一冊

330000－1701－0095686　G611058　子部/儒家類/儒學之屬/禮教/家訓
詒穀堂家訓二卷　（清）王子堅編　清光緒二十四年（1898）杭州任有容齋刻本　一冊

330000－1701－0095690　G608449　類叢部/叢書類/自著之屬
澤古齋全集五種　（清）吳士模撰　清光緒十九年（1893）刻本　一冊　存一種

330000－1701－0095692　G608450　類叢部/叢書類/自著之屬
澤古齋全集五種　（清）吳士模撰　清光緒十九年（1893）刻本　一冊　存一種

330000－1701－0095693　G608451　集部/別集類/清別集
萬山草堂詩集四卷　李登雲撰　清光緒三十三年（1907）武林刻本　一冊　缺二卷（五至六）

330000－1701－0095694　G607528　集部/別集類/清別集
湘麋閣遺詩四卷蘭當詞二卷　（清）陶方琦撰　清光緒十六年（1890）鄂局刻本　一冊　缺二卷（蘭當詞一至二）

330000－1701－0095701　民 915/3570　史部/地理類/外紀之屬
亞細亞洲志一卷新志一卷　（清）學部編譯圖書局編　清光緒三十四年（1908）學部編譯圖書局鉛印本　一冊

330000－1701－0095702　民 612.63/5122　子部/醫家類/婦科之屬
精訂攝生種子秘剖二卷　清刻本　二冊

330000－1701－0095713　民 813.58/7440.2、民 813.58/74401　類叢部/叢書類/彙編之屬
說部叢書　清末改良小說社石印本　六冊　存二種

330000－1701－0095715　民 574/23410/c2　子部/天文曆算類/天文之屬
天擇篇一卷　（英國）達爾文撰　馬君武譯　清末石印本　一冊

330000－1701－0095716　民 916.87/3570　史部/地理類/外紀之屬
英領開浦殖民地志一卷新誌一卷　（清）學部編譯圖書局編　清光緒三十四年（1908）學部編譯圖書局鉛印本　一冊

330000－1701－0095718　民 379.48941/1730　新學/幼學
蒙學女子衛生體操教科書一卷　譚孑良編　孑蒙書室編譯　清光緒三十二年（1906）孑蒙書室、文明書局、昌明公司石印本　一冊

330000－1701－0095720　G602513　類叢部/叢書類/彙編之屬
續知不足齋叢書（續鮑叢書）十七種　（清）高承勳編　清渤海高氏刻本　五冊　存一種

330000－1701－0095721　G611059　類叢部/叢書類/彙編之屬
漸西村舍彙刊（漸西村舍叢刻）四十四種　（清）袁昶編　清光緒十六年至二十四年（1890－1898）桐廬袁氏刻本　一冊　存一種

330000－1701－0095722　G608452　類叢部/叢書類/彙編之屬
觀古堂彙刻書　葉德輝編　清光緒至民國長沙葉氏刻本　一冊　存一種

330000－1701－0095725　G607530　集部/別集類/清別集
越縵堂集十卷　（清）李慈銘撰　清光緒十六年（1890）王繼香刻本　一冊　存四卷（七至十）

330000－1701－0095726　G602514　集部/總集類/題詠之屬

題江南曾文正公祠百詠一卷　朱孔彰撰　清光緒十三年（1887）金陵刻民國二十四年（1935）朱師轍補刻本　一冊

330000－1701－0095728　G602515　集部/總集類/題詠之屬

題江南曾文正公祠百詠一卷　朱孔彰撰　清光緒十三年（1887）金陵刻民國二十四年（1935）朱師轍補刻本　一冊

330000－1701－0095730　G607531　集部/別集類/清別集

萃堂詩錄一卷詞錄一卷　（清）潘鴻撰　清光緒三十三年（1907）刻本　一冊

330000－1701－0095731　G006697　史部/傳記類/科舉録之屬/歷科鄉試録

［光緒壬寅補行庚子恩科並庚子正科］四川鄉試闈墨不分卷　（清）樓藜然等撰　清光緒衡文堂刻本　一冊

330000－1701－0095732　G602516　集部/總集類/題詠之屬

題江南曾文正公祠百詠一卷　朱孔彰撰　清光緒十三年（1887）金陵刻民國二十四年（1935）朱師轍補刻本　一冊

330000－1701－0095733　G602517　集部/總集類/題詠之屬

題江南曾文正公祠百詠一卷　朱孔彰撰　清光緒十三年（1887）金陵刻民國二十四年（1935）朱師轍補刻本　一冊

330000－1701－0095736　G608453　史部/政書類

三通　清乾隆十二年至十四年（1747－1749）武英殿刻本　九冊　存一種

330000－1701－0095737　G602518　集部/總集類/題詠之屬

題江南曾文正公祠百詠一卷　朱孔彰撰　清光緒十三年（1887）金陵刻民國二十四年（1935）朱師轍補刻本　一冊

330000－1701－0095741　G602519　集部/總集類/題詠之屬

題江南曾文正公祠百詠一卷　朱孔彰撰　清光緒十三年（1887）金陵刻民國二十四年（1935）朱師轍補刻本　一冊

330000－1701－0095743　G611060　經部/叢編

古經解彙函十六種附小學彙函十四種　（清）鍾謙鈞等輯　清同治十二年（1873）粵東書局刻本　十二冊　存古經解彙函三種、小學彙函一種

330000－1701－0095745　G602520　集部/總集類/題詠之屬

題江南曾文正公祠百詠一卷　朱孔彰撰　清光緒十三年（1887）金陵刻民國二十四年（1935）朱師轍補刻本　一冊

330000－1701－0095748　G602521　集部/總集類/題詠之屬

題江南曾文正公祠百詠一卷　朱孔彰撰　清光緒十三年（1887）金陵刻民國二十四年（1935）朱師轍補刻本　一冊

330000－1701－0095749　G602522　集部/總集類/題詠之屬

題江南曾文正公祠百詠一卷　朱孔彰撰　清光緒十三年（1887）金陵刻民國二十四年（1935）朱師轍補刻本　一冊

330000－1701－0095751　G602523　集部/總集類/題詠之屬

題江南曾文正公祠百詠一卷　朱孔彰撰　清光緒十三年（1887）金陵刻民國二十四年（1935）朱師轍補刻本　一冊

330000－1701－0095752　G602524　集部/總集類/題詠之屬

題江南曾文正公祠百詠一卷　朱孔彰撰　清光緒十三年（1887）金陵刻民國二十四年（1935）朱師轍補刻本　一冊

330000－1701－0095754　G602525　集部/總集類/題詠之屬

題江南曾文正公祠百詠一卷　朱孔彰撰　清光緒十三年（1887）金陵刻民國二十四年（1935）朱師轍補刻本　一册

330000－1701－0095756　G602526　集部/總集類/題詠之屬

題江南曾文正公祠百詠一卷　朱孔彰撰　清光緒十三年（1887）金陵刻民國二十四年（1935）朱師轍補刻本　一册

330000－1701－0095758　G607534　史部/雜史類/斷代之屬

二申野錄八卷　（清）孫之騄撰　清道光二十一年（1841）吟香館刻光緒二十七年（1901）印本　四册

330000－1701－0095759　G602527　集部/總集類/題詠之屬

題江南曾文正公祠百詠一卷　朱孔彰撰　清光緒十三年（1887）金陵刻民國二十四年（1935）朱師轍補刻本　一册

330000－1701－0095760　G602528　集部/總集類/題詠之屬

題江南曾文正公祠百詠一卷　朱孔彰撰　清光緒十三年（1887）金陵刻民國二十四年（1935）朱師轍補刻本　一册

330000－1701－0095762　G602529　集部/總集類/題詠之屬

題江南曾文正公祠百詠一卷　朱孔彰撰　清光緒十三年（1887）金陵刻民國二十四年（1935）朱師轍補刻本　一册

330000－1701－0095763　G602530　集部/總集類/題詠之屬

題江南曾文正公祠百詠一卷　朱孔彰撰　清光緒十三年（1887）金陵刻民國二十四年（1935）朱師轍補刻本　一册

330000－1701－0095764　G602531　集部/總集類/題詠之屬

題江南曾文正公祠百詠一卷　朱孔彰撰　清光緒十三年（1887）金陵刻民國二十四年（1935）朱師轍補刻本　一册

330000－1701－0095765　G602532　集部/總集類/題詠之屬

題江南曾文正公祠百詠一卷　朱孔彰撰　清光緒十三年（1887）金陵刻民國二十四年（1935）朱師轍補刻本　一册

330000－1701－0095766　G602533　集部/總集類/題詠之屬

題江南曾文正公祠百詠一卷　朱孔彰撰　清光緒十三年（1887）金陵刻民國二十四年（1935）朱師轍補刻本　一册

330000－1701－0095767　G602534　集部/總集類/題詠之屬

題江南曾文正公祠百詠一卷　朱孔彰撰　清光緒十三年（1887）金陵刻民國二十四年（1935）朱師轍補刻本　一册

330000－1701－0095768　G602535　集部/總集類/題詠之屬

題江南曾文正公祠百詠一卷　朱孔彰撰　清光緒十三年（1887）金陵刻民國二十四年（1935）朱師轍補刻本　一册

330000－1701－0095769　G602536　集部/總集類/題詠之屬

題江南曾文正公祠百詠一卷　朱孔彰撰　清光緒十三年（1887）金陵刻民國二十四年（1935）朱師轍補刻本　一册

330000－1701－0095770　G602537　集部/總集類/題詠之屬

題江南曾文正公祠百詠一卷　朱孔彰撰　清光緒十三年（1887）金陵刻民國二十四年（1935）朱師轍補刻本　一册

330000－1701－0095771　G602538　集部/總集類/題詠之屬

題江南曾文正公祠百詠一卷　朱孔彰撰　清光緒十三年（1887）金陵刻民國二十四年（1935）朱師轍補刻本　一册

330000－1701－0095772　G602539　集部/總集類/題詠之屬

題江南曾文正公祠百詠一卷　朱孔彰撰　清

光緒十三年(1887)金陵刻民國二十四年(1935)朱師轍補刻本　一册

330000－1701－0095773　G611547　類叢部/叢書類/彙編之屬
振綺堂叢刊八種　(清)□□輯　清嘉慶至光緒汪氏振綺堂刻本　一册　存二種

330000－1701－0095774　G611548　子部/醫家類/喉科口齒之屬
重樓玉鑰一卷　(清)鄭宏綱撰　**洞主仙師白喉治法忌表抉微一卷**　(清)徐鄂輯並注　清光緒二十六年(1900)杭州刻本　一册

330000－1701－0095777　G611549　子部/宗教類/佛教之屬/論疏
大宗地玄文本論略註四卷首一卷　(南朝陳)釋真諦譯　(清)楊文會略注　清光緒三十二年(1906)金陵刻經處刻本　一册

330000－1701－0095779　G611061　史部/雜史類/斷代之屬
養吉齋叢錄二十六卷餘錄十卷　(清)吳振棫撰　清光緒二十二年(1896)刻本　八册

330000－1701－0095780　G608454　史部/編年類/通代之屬
御批歷代通鑑輯覽一百二十卷　(清)傅恒等撰　清同治十年(1871)浙江書局刻朱墨套印本　三册　存七卷(七十九至八十五)

330000－1701－0095782　G611062　史部/雜史類/斷代之屬
養吉齋叢錄二十六卷餘錄十卷　(清)吳振棫撰　清光緒二十二年(1896)刻本　八册

330000－1701－0095784　G611552　子部/儒家類/儒學之屬/蒙學
小學集解六卷　(明)吳訥撰　清同治八年(1869)江蘇書局刻本　二册

330000－1701－0095785　G608455　類叢部/叢書類/自著之屬
顧亭林先生遺書十種　(清)顧炎武撰　清蓬瀛閣刻本　八册

330000－1701－0095786　G609378　新學/地學/地志學
中國歷代疆域沿革考不分卷　(日本)重野安繹　(日本)河田羆撰　(清)滌盦居士譯　清光緒二十八年(1902)上海商務印書館鉛印本　一册

330000－1701－0095787　G611553　集部/詞類/别集之屬
聽秋聲館詞一卷　(清)吳恩埰撰　清光緒三十四年(1908)錢塘吳承湜長沙鉛印本　一册

330000－1701－0095789　G611063　史部/雜史類/斷代之屬
養吉齋叢錄二十六卷餘錄十卷　(清)吳振棫撰　清光緒二十二年(1896)刻本　章嶔題簽　八册

330000－1701－0095790　M603450　子部/藝術類/書畫之屬/法帖
墨池堂選帖五卷　(明)章藻輯　清末影印本　一册　存一卷(二)

330000－1701－0095792　G608456　類叢部/叢書類/彙編之屬
半厂叢書初編十種　(清)譚獻編　清同治至光緒仁和譚氏刻本　十六册

330000－1701－0095794　G611555　史部/傳記類/總傳之屬/釋道
居士傳五十六卷　(清)彭紹升撰　清光緒金陵刻經處刻本　四册

330000－1701－0095795　G608457　類叢部/叢書類/彙編之屬
靈峯草堂叢書十一種　陳矩編　清光緒貴陽陳氏刻本　一册　存一種

330000－1701－0095796　G608458　類叢部/叢書類/彙編之屬
靈峯草堂叢書十一種　陳矩編　清光緒貴陽陳氏刻本　一册　存一種

330000－1701－0095798　G608459　類叢部/叢書類/彙編之屬
靈峯草堂叢書十一種　陳矩編　清光緒貴陽

陳氏刻本　一冊　存一種

330000－1701－0095800　G608460　集部/詞類/別集之屬
射雕詞二卷續鈔一卷　(清)應寶時撰　清光緒十年(1884)吳中、十四年(1888)古越刻本　一冊

330000－1701－0095803　G609381、G009555　類叢部/叢書類/彙編之屬
通學齋叢書五十三種　(清)鄒淩沅編　清光緒二十五年(1899)通學齋鉛印本　八冊　存十種

330000－1701－0095804　G608462、G609451、G610653　集部/別集類/宋別集
苕溪集五十五卷　(宋)劉一止撰　清宣統三年(1911)歸安朱祖謀刻本　四冊

330000－1701－0095807　G611557　史部/金石類/郡邑之屬/文字
兩浙金石志十八卷補遺一卷　(清)阮元撰　清光緒十六年(1890)浙江書局刻本　十二冊

330000－1701－0095808　G607538　經部/群經總義類/傳說之屬
稽古日鈔八卷　(清)郁文等輯　清乾隆三十年(1765)秋曉山房刻本　二冊

330000－1701－0095817　G607540　集部/別集類/清別集
雪船吟初稿六卷　(清)謝秀嵐撰　清宣統二年(1910)木活字印本　一冊　存四卷(一至四)

330000－1701－0095820　G607541　史部/目録類/總録之屬/私撰
普通學書錄四卷　(清)黄慶澄撰　清光緒二十七年(1901)杭州小學堂刻本　一冊

330000－1701－0095821　G609383、G610283　經部/群經總義類/傳說之屬
新學僞經考十四卷　康有爲撰　清光緒十七年(1891)武林望雲樓石印本　五冊　存八卷(一至三、七至十一)

330000－1701－0095829　G611064　經部/小學類/文字之屬/說文/專著
唐寫本說文解字木部箋異一卷　(清)莫友芝撰　**仿唐寫本說文解字木部一卷**　(漢)許慎撰　清同治二年(1863)刻本　章嶔題簽　二冊

330000－1701－0095830　G609384　史部/目録類/專録之屬
皇清經解縮版編目十六卷　(清)陶治元編　清光緒十七年(1891)上海鴻寶齋石印本　一冊　存十卷(七至十六)

330000－1701－0095833　G607544　類叢部/叢書類/彙編之屬
申報館叢書正集五十七種附錄三種續集一百四十二種　(清)尊聞閣主編　蔡爾康編續集　清同治至光緒上海申報館鉛印本　一冊　存一種

330000－1701－0095836　G611560　史部/詔令奏議類/奏議之屬
同治中興京外奏議約編八卷　(清)陳弢輯　清光緒元年(1875)篋劍囊琴之室刻本　八冊

330000－1701－0095838　G609385、G607626、G609869　史部/編年類/斷代之屬
同治東華續錄一百卷　王先謙編　清光緒二十四年(1898)文瀾書局石印本　二十一冊　存八十八卷(一至十七、二十一至六十二、七十二至一百)

330000－1701－0095840　G611561　子部/宗教類/其他宗教之屬/其他
觀音十二圓覺一卷　(清)彭德源撰　清光緒九年(1883)瑪瑙經房刻本　一冊

330000－1701－0095841　G611562　類叢部/叢書類/自著之屬
振綺堂遺書五種　(清)汪遠孫撰　清道光刻民國十一年(1922)錢唐汪氏彙印本　一冊　存一種

330000－1701－0095842　G609386　集部/總集類/尺牘之屬

名賢手札八種　(清)郭慶藩輯　清光緒十一年(1885)上海同文書局石印本　一册

330000－1701－0095843　G607546　經部/群經總義類/傳說之屬

經義述聞十五卷　(清)王引之撰　清嘉慶二十二年(1817)刻本　六册

330000－1701－0095850　G609387、G610070　類叢部/叢書類/彙編之屬

正覺樓叢刻(正覺樓叢書)二十九種　(清)崇文書局編　清光緒崇文書局刻本　二册　存一種

330000－1701－0095859　G611563　類叢部/叢書類/自著之屬

振綺堂遺書五種　(清)汪遠孫撰　清道光刻民國十一年(1922)錢唐汪氏彙印本　一册　存一種

330000－1701－0095860　G608463　史部/編年類/通代之屬

資治通鑑外紀十卷目録五卷　(宋)劉恕撰　清嘉慶十六年(1811)吴郡山淵堂刻本　一册　存二卷(目録四至五)

330000－1701－0095862　G611564　類叢部/叢書類/自著之屬

振綺堂遺書五種　(清)汪遠孫撰　清道光刻民國十一年(1922)錢唐汪氏彙印本　一册　存一種

330000－1701－0095867　G611565　集部/別集類/清別集

退思軒詩集六卷補遺一卷　(清)張百熙撰　清宣統三年(1911)王式通京師鉛印本　一册

330000－1701－0095869　G608464、G610558　史部/編年類

資治通鑑彙刻　清同治至光緒江蘇書局刻本　六册　存一種

330000－1701－0095871　G607547　類叢部/叢書類/自著之屬

柏堂遺書(方柏堂全集)八種附一種　(清)方宗誠撰　清光緒元年至十二年(1875－1886)桐城方氏刻本　一册　存一種

330000－1701－0095872　G609388、G612319　史部/目録類

葉氏存古叢書四種　葉銘輯　清宣統二年(1910)西泠印社鉛印本　五册　存二種

330000－1701－0095874　G611566　史部/地理類/遊記之屬/紀行

辛卯侍行記六卷　(清)陶保廉撰　清光緒二十三年(1897)養樹山房刻本　六册

330000－1701－0095876　G608466　史部/編年類/通代之屬

資治通鑑後編一百八十四卷　(清)徐乾學撰　**資治通鑑後編校勘記十五卷**　夏震武撰　清光緒浙江書局刻本　三十二册　存一百二十二卷(一至八、十九至一百二十二,校勘記一至十)

330000－1701－0095879　G608467　經部/小學類/文字之屬/字書/字體

隸辨八卷　(清)顧藹吉撰　清同治十二年(1873)漁古山房刻本　四册

330000－1701－0095888　G602540　史部/地理類/山川之屬/合志

京口山水志十八卷首一卷末一卷　(清)楊棨撰　清道光二十四年(1844)鎮江善化書局刻本　五册　存十六卷(首、一至十五)

330000－1701－0095890　G611567　類叢部/叢書類/郡邑之屬

武林掌故叢編一百八十七種　(清)丁丙編　清光緒三年至二十六年(1877－1900)錢塘丁氏嘉惠堂刻本　九册　存六種

330000－1701－0095891　G608469　類叢部/叢書類/自著之屬

洪北江全集二十一種　(清)洪亮吉撰　清光緒三年至五年(1877－1879)洪用懃授經堂刻本　一册　存一種

330000－1701－0095894　G607535　類叢部/叢書類/自著之屬

田園雜著八種　(清)丁午撰　清光緒錢唐丁

氏刻本　二册　存一種

330000－1701－0095895　G606957　史部/地理類/山川之屬/山志
廣雁蕩山誌二十八卷首一卷末一卷　(清)曾唯輯　清乾隆二十五年(1760)東甌郭博古齋刻同治補刻本　七册　缺四卷(二十二至二十五)

330000－1701－0095900　G606958　類叢部/類書類/通類之屬
增廣留青新集二十四卷　(清)伊□□重編　(清)沈鼎銘　(清)馮善長校讎　清末上海源記書局石印本　十册　存十七卷(五至十九、二十三至二十四)

330000－1701－0095901　G006698、G007314　子部/宗教類/佛教之屬
賢愚因緣經十三卷　(北魏)釋慧覺等譯　清杭州慧林寺釋大圓刻本　四册　存八卷(一至二、六至七、十至十三)

330000－1701－0095902　G608471　經部/小學類/音韻之屬/韻書
佩文詩韻釋要五卷　(清)周兆基輯　清光緒十八年(1892)浙江書局刻本　一册

330000－1701－0095903　G606959　類叢部/類書類/通類之屬
增廣留青新集二十四卷　(清)伊□□重編　(清)沈鼎銘　(清)馮善長校讎　清末上海源記書局石印本　一册　存三卷(二十一至二十三)

330000－1701－0095904　G006699　子部/雜著類/雜考之屬
天祿識餘□□卷　(清)高士奇撰　清康熙刻本　四册　存十卷(一至十)

330000－1701－0095905　G611065　類叢部/叢書類/彙編之屬
石研齋校刻書七種　(清)秦恩復編　清嘉慶至道光秦氏石研齋刻本　一册　存一種

330000－1701－0095906　G611567/1　類叢部/叢書類/郡邑之屬
武林往哲遺箸五十二種後編十種　(清)丁丙編　清光緒二十年至二十六年(1894－1900)錢塘丁氏嘉惠堂刻本　三册　存一種

330000－1701－0095914　G611066　經部/四書類/總義之屬/傳說
四書約旨二十卷　(清)任啓運撰　清光緒二十年(1894)浙江官書局刻本　十二册

330000－1701－0095917　G602541　類叢部/叢書類/郡邑之屬
武林掌故叢編一百八十七種　(清)丁丙編　清光緒三年至二十六年(1877－1900)錢塘丁氏嘉惠堂刻本　三十四册　存十六種

330000－1701－0095918　G611568　史部/史抄類
廿一史約編八卷首一卷　(清)鄭元慶撰　清刻本　一册　存二卷(首、金)

330000－1701－0095920　G606960　集部/別集類/清別集
緗芸館詩鈔一卷　(清)許之雯撰　清光緒二十五年(1899)吳下刻本　一册

330000－1701－0095922　G006700、G007486　集部/小說類/長篇之屬
肉蒲團小說六卷二十回　(清)情癡反正道人編次　(清)情死還魂社友批評　清木活字印本　四册　存四卷(一至四)

330000－1701－0095923　G006701、G007259、G009941　史部/傳記類/日記之屬
樂其樂齋日記不分卷(清光緒二十九年至三十一年)　(清)樂其樂齋主人撰　清光緒二十九年至三十一年(1903－1905)稿本　四册

330000－1701－0095924　G006702　史部/地理類/雜志之屬
杭城新婚百咏一卷　(清)夏曾傳撰　清光緒二十四年(1898)北平文圖氏抄本　一册

330000－1701－0095926　G611067　史部/政書類/律令之屬/法驗
重刊補註洗冤錄集證六卷　(清)王又槐輯　(清)李觀瀾補輯　(清)阮其新補註　(清)

張錫蕃重訂 (清)文晟續輯 清光緒三年至五年(1877－1879)浙江書局刻四色套印本 四冊

330000－1701－0095927 G006703 子部/醫家類/本草之屬
李東垣先生用藥法象一卷 (元)李杲撰 清抄本 一冊

330000－1701－0095929 G606962 史部/地理類/方志之屬/郡縣志
[乾隆]直隸通州志二十二卷 (清)王繼祖修 (清)夏之蓉等纂 清乾隆二十年(1755)刻本 八冊

330000－1701－0095933 G611570 類叢部/叢書類/彙編之屬
南菁書院叢書四十一種 王先謙 繆荃孫編 清光緒十四年(1888)江陰南菁書院刻本 一冊 存一種

330000－1701－0095934 G611068 集部/總集類/選集之屬/斷代
金文雅十六卷作者考一卷 (清)莊仲方輯 清光緒十七年(1891)江蘇書局刻本 四冊

330000－1701－0095936 G606963 集部/總集類/選集之屬/通代
御選唐宋文醇五十八卷 (清)高宗弘曆輯 清乾隆刻本 十七冊 存五十三卷(六至五十八)

330000－1701－0095939 G611571 經部/四書類/論語之屬/傳說
朱子論語集注訓詁攷二卷 (清)潘衍桐輯 清光緒十七年(1891)浙江書局刻本 一冊

330000－1701－0095940 G006704 集部/別集類/清別集
思綺堂文集十卷 (清)章藻功撰 清康熙六十一年(1722)聚錦堂刻本 十冊

330000－1701－0095941 G611572、G609544 集部/別集類/清別集
莫宧草文一卷詩一卷 黄壽衮撰 清光緒二十五年(1899)刻本 二冊 存一卷(文)

330000－1701－0095943 G006705 子部/醫家類/方書之屬
濟世良方不分卷 清抄本 一冊

330000－1701－0095944 M007676 子部/宗教類/道教之屬/戒律
陰隲文圖證不分卷 (清)費丹旭繪圖 (清)許光清集證 清末據清道光二十四年(1844)海昌蔣光煦別下齋刻本影印本 一冊

330000－1701－0095945 G607554 經部/書類/傳說之屬
尚書古文疏證八卷 (清)閻若璩撰 **朱子古文書疑一卷** (清)閻詠輯 清乾隆十年(1745)眷西堂刻本(卷三原缺) 五冊 存四卷(五下、六至八)

330000－1701－0095948 G006706 史部/傳記類/總傳之屬/忠孝
二十四悌圖一卷 (清)吳嘉猷繪圖 清末石印本 一冊

330000－1701－0095953 G006707、G007073 類叢部/類書類/通類之屬
精選黃眉故事十卷 (明)鄧志謨輯 清刻本 三冊 存六卷(三至八)

330000－1701－0095954 G608385 子部/工藝類/文房四寶之屬/硯
端石擬三卷附藝閣十硯銘一卷 (清)陳齡撰 清同治十二年(1873)海鹽陳方瀛刻本 一冊

330000－1701－0095957 G006708 子部/宗教類/佛教之屬
大乘起信論一卷 (天竺)馬鳴菩薩造 (唐)釋實叉難陀譯 清刻本 一冊

330000－1701－0095961 G611049 類叢部/叢書類/郡邑之屬
武林掌故叢編一百八十七種 (清)丁丙編 清光緒三年至二十六年(1877－1900)錢塘丁氏嘉惠堂刻本 二十四冊 存十二種

330000－1701－0095963 G611574 子部/儒家類/儒學之屬

二程全書六十七卷 （宋）程顥 （宋）程頤撰 清刻本 二冊 存二卷（伊川易傳三至四）

330000－1701－0095966 G611556、G608078 集部/別集類/明別集
王文成公全書三十八卷 （明）王守仁撰 清光緒浙江書局刻本 二十二冊 存三十七卷（一至三十七）

330000－1701－0095970 G606964 集部/別集類/清別集
樊山集二十八卷續集二十八卷公牘三卷批判十五卷時文一卷 樊增祥撰 **二家詠古詩一卷二家試帖二卷二家詞鈔五卷** 樊增祥編 清光緒十九年至三十二年（1893－1906）刻本 六冊 存二十四卷（一至二十四）

330000－1701－0095972 G606965 集部/別集類/清別集
滑疑集八卷 （清）韓錫胙撰 （清）宗稷辰重編 清咸豐五年（1855）石門山房刻本 四冊

330000－1701－0095974 G606966 史部/地理類/山川之屬/山志
石鐘山志十六卷首一卷 （清）李成謀 （清）丁義方撰 清光緒九年（1883）聽濤眺雨軒刻本 六冊 缺二卷（十五至十六）

330000－1701－0095975 G608386 集部/別集類/清別集
曾文正公雜著四卷 （清）曾國藩撰 （清）李瀚章輯 清光緒四年（1878）上海醉六堂刻本 三冊 存三卷（一至三）

330000－1701－0095976 G006709 子部/醫家類/外科之屬/通論
外科圖說六卷 （清）高文晉輯 清咸豐六年（1856）上洋大魁楨記刻本 一冊 存一卷（一）

330000－1701－0095977 G606967 史部/地理類/山川之屬/山志
石鐘山志十六卷首一卷 （清）李成謀 （清）丁義方撰 清光緒九年（1883）聽濤眺雨軒刻本 八冊

330000－1701－0095978 G606968 史部/地理類/山川之屬/山志
石鐘山志十六卷首一卷 （清）李成謀 （清）丁義方撰 清光緒九年（1883）聽濤眺雨軒刻本 八冊

330000－1701－0095980 G608387 集部/別集類/清別集
曾文正公詩鈔四卷 （清）曾國藩撰 清光緒二年（1876）上海醉六堂刻本 二冊

330000－1701－0095981 G606969、G608327 類叢部/叢書類/自著之屬
儆季雜著五種附二種 （清）黃以周撰 清光緒二十年至二十一年（1894－1895）江蘇南菁講舍刻本 六冊 存五種附一種

330000－1701－0095982 G006710 子部/宗教類/佛教之屬/經
大方廣圓覺修多羅了義經二卷 （唐）釋佛陀多羅譯 清同治八年（1869）金陵刻經處刻本 一冊

330000－1701－0095983 G006711 子部/宗教類/佛教之屬/經
佛般泥洹經二卷 （晉）釋白法祖譯 **佛說人本欲生經一卷佛說尸迦羅越六方禮經一卷** （漢）釋安清譯 **佛說梵網六十二見經一卷** （三國吳）釋支謙譯 清宣統元年（1909）常州天寧寺刻本 一冊

330000－1701－0095985 G608388 史部/目錄類/書志之屬/提要
愛日精廬藏書志三十六卷續志四卷 （清）張金吾藏並撰 清道光七年（1827）昭文張氏愛日精廬刻本 十二冊

330000－1701－0095986 G611554 類叢部/叢書類/彙編之屬
津逮祕書十五集一百四十種 （明）毛晉編 明崇禎虞山毛氏汲古閣刻本 二冊 存六種

330000－1701－0095987 G607558 史部/傳記類/總傳之屬/通代
中西人物通攷一百卷 （清）葉逢時輯 清光

緒二十九年(1903)杭州史學齋石印本　八冊　存四十卷(一至五、十一至二十、三十一至三十五、四十六至六十、七十六至八十)

330000－1701－0095988　G606970　類叢部/叢書類/自著之屬
陸放翁全集六種　(宋)陸游撰　明末海虞毛氏汲古閣刻清初毛扆增刻彙印本　十七冊　存一種

330000－1701－0095989　G006712　集部/別集類/清別集
畊暇堂詩選一卷詞選一卷　(清)鄒存淦撰　清同治四年(1865)稿本　一冊

330000－1701－0095990　G606971　子部/宗教類/佛教之屬/總録
釋迦如來應化事蹟四卷　(清)釋永珊撰並繪　清光緒七年(1881)刻本　四冊

330000－1701－0095991　G611069　集部/別集類/清別集
志隱齋詩鈔八卷　(清)王文瑋撰　清咸豐六年(1856)刻本　一冊　存四卷(一至四)

330000－1701－0095993　G608389　類叢部/叢書類/自著之屬
章氏遺書二種　(清)章學誠撰　清道光十二年至十三年(1832－1833)會稽章華紱刻浙江書局補刻本　二冊　存一種

330000－1701－0095994　G611070、G609742　集部/詞類/別集之屬
香銷酒醒詞一卷附曲一卷　(清)趙慶熺撰　清同治七年(1868)西泠王氏刻本　二冊

330000－1701－0095996　G607559　類叢部/叢書類/彙編之屬
嘯園叢書五十七種　(清)葛元煦編　清光緒二年至七年(1876－1881)仁和葛氏刻本　十冊　存十二種

330000－1701－0095998　G609392　史部/地理類/水利之屬
畿輔水利初案一卷二案一卷三案一卷四案一卷補一卷附錄一卷　(清)潘錫恩輯　清道光三年(1823)刻本　六冊

330000－1701－0096000　G611072　經部/書類/傳說之屬
寫定尚書不分卷　(清)吳汝綸寫　清光緒十八年(1892)桐城吳氏家塾石印本　一冊

330000－1701－0096005　G602542　子部/藝術類/書畫之屬/畫譜
芥子園畫傳初集六卷二集九卷三集六卷　(清)王槩　(清)王蓍　(清)王臬輯　清光緒十三年至十四年(1887－1888)鴻文書局石印本　十二冊

330000－1701－0096010　G611073　子部/宗教類/佛教之屬/諸宗
宗範八卷首一卷　(清)錢伊庵輯　清光緒十二年(1886)金陵刻經處刻本　三冊

330000－1701－0096013　G602543　子部/藝術類/書畫之屬/畫譜
芥子園畫傳初集六卷二集九卷三集六卷　(清)王槩　(清)王蓍　(清)王臬輯　清光緒十三年至十四年(1887－1888)鴻文書局石印本　四冊　存六卷(初集一至六)

330000－1701－0096014　G608390　類叢部/叢書類/自著之屬
曾文正公全集十六種　(清)曾國藩撰　清同治至光緒傳忠書局刻本　十一冊　存七種

330000－1701－0096015　G609393　子部/醫家類/醫經之屬/内經
黄帝内經素問集注九卷　(清)張志聰撰　清光緒十六年(1890)浙江書局刻本　六冊

330000－1701－0096017　G611074　子部/天文曆算類/算書之屬
求一得齋算學七種　(清)陳志堅撰　清光緒三十年(1904)新陽陳志堅刻本　二冊　存五種

330000－1701－0096019　G611551　類叢部/叢書類/自著之屬
西堂全集四種附一種　(清)尤侗撰　清康熙刻本　二冊　存一種

330000－1701－0096022　G609394　集部/總集類/選集之屬/斷代
句餘嗣響不分卷　(清)李梅輯　清宣統二年(1910)天門山館木活字印本　清梅五題記　一冊

330000－1701－0096033　G006714　史部/地理類/遊記之屬/紀勝
西湖百詠一卷　(清)許崇恩撰　清光緒十五年(1889)宗唐薇署刻本　一冊

330000－1701－0096035　G607560　集部/總集類/選集之屬/通代
古文筆法(古文筆法百篇)八卷　(清)李扶九輯　(清)黃黼注　清光緒二十七年(1901)上海書局石印本　一冊　存一卷(一)

330000－1701－0096038　G006715　集部/總集類/題詠之屬
月沛園詩鈔三卷文鈔一卷　(清)黃本驥輯　清道光二十一年(1841)刻本　一冊

330000－1701－0096040　G609395、G612335　史部/雜史類/斷代之屬
國朝事略八卷　(清)金陵江楚編譯官書局輯　清光緒三十二年(1906)金陵江楚編譯官書局石印本　二冊　缺二卷(七至八)

330000－1701－0096044　G006716　史部/傳記類/總傳之屬/姓名
古今萬姓統譜一百四十卷歷代帝王姓系統譜六卷氏族博攷十四卷　(明)凌迪知輯　明萬曆刻本　九冊　存七十五卷(八十至一百四十、氏族博攷一至十四)

330000－1701－0096046　G609396　經部/小學類/音韻之屬/韻書
佩文詩韻釋要五卷　(清)周兆基輯　清光緒十八年(1892)浙江書局刻本　一冊

330000－1701－0096050　G607561　子部/雜著類/雜考之屬
日知錄集釋三十二卷刊誤二卷續刊誤二卷　(清)黃汝成撰　清光緒三年(1877)刻本　二冊　存五卷(十二至十六)

330000－1701－0096053　G611075　史部/地理類/外紀之屬
適可齋記言四卷記行六卷　(清)馬建忠撰　清光緒二十二年(1896)刻本　四冊

330000－1701－0096054　G609397　集部/別集類/清別集
二十七年風雲夢詩略一卷　趙濬撰　清宣統三年(1911)鉛印本　一冊

330000－1701－0096055　G611546　集部/別集類/清別集
思綺堂文集十卷　(清)章藻功撰　清康熙六十一年(1722)善成堂刻本　一冊　存一卷(一)

330000－1701－0096058　G611076　集部/別集類/清別集
依舊草堂遺稿一卷　(清)費丹旭撰　(清)汪鉽編　清同治七年(1868)錢塘汪氏振綺堂刻本　一冊

330000－1701－0096062　G602544　類叢部/類書類/通類之屬
宋人小說類編四卷補鈔一卷　(清)吳爲楫輯　清同治十年(1871)刻本　四冊

330000－1701－0096063　G611077　集部/別集類/清別集
依舊草堂遺稿一卷　(清)費丹旭撰　(清)汪鉽編　清同治七年(1868)錢塘汪氏振綺堂刻本　一冊

330000－1701－0096064　G611078　集部/別集類/清別集
依舊草堂遺稿一卷　(清)費丹旭撰　(清)汪鉽編　清同治七年(1868)錢塘汪氏振綺堂刻本　一冊

330000－1701－0096066　G609398　經部/群經總義類/傳說之屬
稽古日鈔八卷　(清)郁文等輯　清乾隆三十年(1765)秋曉山房刻本　二冊

330000－1701－0096072　G611079　類叢部/叢書類/彙編之屬

振綺堂叢刊八種　（清）□□輯　清嘉慶至光緒汪氏振綺堂刻本　一冊　存二種

330000－1701－0096074　G611080　類叢部/叢書類/彙編之屬
振綺堂叢刊八種　（清）□□輯　清嘉慶至光緒汪氏振綺堂刻本　一冊　存二種

330000－1701－0096076　G611081　類叢部/叢書類/彙編之屬
振綺堂叢刊八種　（清）□□輯　清嘉慶至光緒汪氏振綺堂刻本　一冊　存二種

330000－1701－0096080　G609399　子部/雜著類/雜考之屬
札樸十卷　（清）桂馥撰　清光緒九年（1883）長洲蔣氏刻心矩齋叢書本　清戴采孫題記　五冊

330000－1701－0096082　G611082　經部/四書類/總義之屬/傳說
四書反身錄八卷首一卷　（清）李顒撰　清道光十一年（1831）浙江書局刻本　二冊　缺四卷（五至八）

330000－1701－0096084　G611083　子部/雜著類/雜考之屬
十駕齋養新錄二十卷餘錄三卷　（清）錢大昕撰　**錢辛楣先生年譜一卷**　（清）錢大昕編　（清）錢慶曾校注　**竹汀居士［大昕］年譜續編一卷**　（清）錢慶曾撰　清光緒二年（1876）浙江書局刻本　八冊

330000－1701－0096085　G611575　史部/傳記類/總傳之屬/儒林
宋元學案一百卷首一卷考畧一卷　（清）黄宗羲撰　（清）全祖望修定　（清）王梓材　（清）馮雲濠校並考　清光緒五年（1879）長沙寄廬刻本　三冊　存八卷（九十三至一百）

330000－1701－0096086　G608395　經部/叢編
鄭氏佚書二十三種　（漢）鄭玄撰　（清）袁鈞輯　清光緒十四年（1888）浙江書局刻本　一冊　存二種

330000－1701－0096089　G611084　子部/雜著類/雜考之屬
十駕齋養新錄二十卷餘錄三卷　（清）錢大昕撰　**錢辛楣先生年譜一卷**　（清）錢大昕編　（清）錢慶曾校注　**竹汀居士［大昕］年譜續編一卷**　（清）錢慶曾撰　清光緒二年（1876）浙江書局刻本　八冊

330000－1701－0096090　G006718　經部/詩類/傳說之屬
草木疏校正二卷　（清）趙佑撰　清乾隆五十六年（1791）刻本　二冊

330000－1701－0096091　G608396　類叢部/叢書類/彙編之屬
清風室叢書二十種　（清）錢保塘編　清同治十年至民國二十五年（1871－1936）海寧錢氏清風室刻本　一冊　存一種

330000－1701－0096092　G608397　類叢部/叢書類/郡邑之屬
武林往哲遺箸五十二種後編十種　（清）丁丙編　清光緒二十年至二十六年（1894－1900）錢唐丁氏嘉惠堂刻本　一冊　存二種

330000－1701－0096093　G611576　類叢部/叢書類/郡邑之屬
湖州叢書十二種　（清）陸心源編　清光緒湖城義塾刻本　一冊　存一種

330000－1701－0096094　G608398　類叢部/叢書類/郡邑之屬
武林往哲遺箸五十二種後編十種　（清）丁丙編　清光緒二十年至二十六年（1894－1900）錢唐丁氏嘉惠堂刻本　一冊　存二種

330000－1701－0096098　G602546　經部/書類/分篇之屬
禹貢因一卷　（清）沈練撰　清光緒十八年（1892）溧陽沈氏歸安縣署刻本　一冊

330000－1701－0096099　G006719　集部/總集類/酬唱之屬
古希集七卷首一卷　（清）王言慎輯　清康熙霞舉堂刻本　余靖齋題記　一冊

330000－1701－0096102　G608400、G609449　類叢部/叢書類/郡邑之屬

武林掌故叢編一百八十七種　（清）丁丙編　清光緒三年至二十六年(1877－1900)錢塘丁氏嘉惠堂刻本　五册　存六種

330000－1701－0096104　G006153　史部/傳記類/總傳之屬/通代

[江蘇儀徵]楊氏先德錄二卷　（清）楊希閔纂修　清光緒七年(1881)福州刻本　一册

330000－1701－0096106　G611577　子部/雜著類/雜考之屬

讀書雜志八十二卷餘編二卷　（清）王念孫撰　清同治九年(1870)金陵書局刻本　二册　存二卷(餘編一至二)

330000－1701－0096107　G006720　子部/雜著類/雜説之屬

簷曝雜記七卷　（清）趙翼撰　清刻本　一册

330000－1701－0096110　G006154　子部/醫家類/喉科口齒之屬/喉痧

爛喉痧痧輯要一卷　（清）金德鑑撰　清光緒十七年(1891)刻本　一册

330000－1701－0096111　G602547　史部/金石類

金石全例　（清）朱記榮輯　清光緒刻十八年(1892)吳縣朱氏彙印本　四册　存一種

330000－1701－0096113　G607562　子部/小説家類/異聞之屬

對山書屋墨餘錄十六卷　（清）毛祥麟撰　清同治十年(1871)杭州文元堂楊氏刻本　六册　存十二卷(五至十六)

330000－1701－0096117　G006722　子部/醫家類/傷寒金匱之屬/傷寒論

長沙方歌括一卷　（清）陳念祖撰　清抄本　一册

330000－1701－0096121　G609404、G607594　集部/總集類/酬唱之屬

是程堂倡和投贈集二十卷　（清）屠倬輯　清道光五年(1825)刻本　十册　存十五卷(一至十五)

330000－1701－0096124　G607563、G603800、G604470　類叢部/叢書類/彙編之屬

申報館叢書正集五十七種附錄三種續集一百四十二種　（清）尊聞閣主編　蔡爾康編續集　清同治至光緒上海申報館鉛印本　四册　存一種

330000－1701－0096125　G006155　經部/小學類/文字之屬/字書

字林便覽二卷　（清）林春溥撰　清抄本　一册

330000－1701－0096126　G006157　子部/醫家類/醫經之屬/内經

素問元機原病式二卷　（金）劉完素撰　（清）孫洛訂　清抄本　一册

330000－1701－0096127　G006158　子部/藝術類/書畫之屬/畫譜

芥子園畫傳二集八卷　（清）王槩　（清）王蓍　（清）王臬輯　清刻本　一册　存二卷(梅譜一至二)

330000－1701－0096128　G006597、G006598、G006599、G006600　類叢部/叢書類/彙編之屬

廣漢魏叢書九十六種　（明）何允中編　明刻本　六册　存九種

330000－1701－0096132　G608401　集部/别集類/清別集

邃懷堂全集三十八卷　（清）袁翼撰　清光緒十三年至十四年(1887－1888)袁鎮嵩刻本　一册　存二卷(詩集前編五至六)

330000－1701－0096135　G609405　經部/叢編

十三經古注　（明）葛鼒　（明）金蟠校　明崇禎十二年(1639)金蟠刻清同治八年(1869)浙江書局、民國浙江公立圖書館重修本　三册　存一種

330000－1701－0096137　G608402、G007641　史部/政書類/公牘檔册之屬

長興縣學文牘不分卷附刻一卷 (清)孫德祖輯 清光緒十六年至二十七年(1890－1901)山陰許純模刻本 二册

330000－1701－0096142 G608403、G610165、G612193 集部/别集類/清别集
寶德堂詩鈔十卷附存二卷 (清)周衡撰 清光緒二年(1876)刻本 五册

330000－1701－0096147 G607564 類叢部/叢書類/彙編之屬
申報館叢書正集五十七種附録三種續集一百四十二種 (清)尊聞閣主編 蔡爾康編續集 清同治至光緒上海申報館鉛印本 一册 存一種

330000－1701－0096150 G608404 類叢部/叢書類/自著之屬
中復堂全集九種附一種 (清)姚瑩撰 清同治六年(1867)姚濬昌安福縣署刻本 四册 存四種

330000－1701－0096154 M603480 集部/曲類/彈詞之屬
繪圖十八國説唱鼓詞四卷二十六回 清末上海錦章圖書局石印本 一册

330000－1701－0096156 G609406 集部/别集類/清别集
大雲山房文稾初集四卷二集四卷言事二卷 (清)惲敬撰 清同治二年(1863)惲世臨刻本 七册 缺一卷(二集三)

330000－1701－0096158 G006610 集部/别集類/清别集
道古堂文集四十八卷詩集二十六卷集外文一卷集外詩一卷 (清)杭世駿撰 **軼事一卷** (清)汪曾唯輯 清乾隆四十一年(1776)刻光緒十四年(1888)汪曾唯振綺堂增修本 三册 存十三卷(詩集七至十一、十七至二十一,集外文,集外詩,軼事)

330000－1701－0096163 G608406 集部/總集類/課藝之屬
若溪課蓺不分卷 (清)孫德祖編 清光緒二十八年(1902)古越州刻本 一册

330000－1701－0096164 G006724 子部/醫家類/婦科之屬/通論
濟陰綱目十四卷 (明)武之望撰 (清)汪淇箋釋 **保生碎事一卷** (清)汪淇輯 清雍正天德堂刻本 四册 存七卷(九至十四、保生碎事)

330000－1701－0096168 G609407 集部/别集類/清别集
鮚埼亭集三十八卷首一卷全謝山先生經史問答十卷 (清)全祖望撰 清嘉慶九年(1804)餘姚史夢蛟借樹山房刻本 十四册

330000－1701－0096170 G607567 類叢部/叢書類/彙編之屬
申報館叢書正集五十七種附録三種續集一百四十二種 (清)尊聞閣主編 蔡爾康編續集 清同治至光緒上海申報館鉛印本 一册 存一種

330000－1701－0096171 G006725 史部/傳記類/科舉録之屬/歷科鄉試録
[光緒己卯科]浙江鄉試硃卷一卷 (清)吳錦綬撰 清光緒刻本 一册

330000－1701－0096175 G006726 集部/總集類/課藝之屬
春暉書屋試卷一卷 (清)朱鴻頡等撰 清春暉書屋刻本 一册

330000－1701－0096177 G006611 子部/醫家類/溫病之屬/瘧痢
痎瘧論疏一卷 (明)盧之頤撰 清抄本 一册

330000－1701－0096179 G608410 經部/群經總義類/文字音義之屬
十三經注疏校勘記識語四卷 (清)汪文臺撰 清光緒三年(1877)江西書局刻本 一册 存二卷(三至四)

330000－1701－0096182 G607569 類叢部/叢書類/彙編之屬
申報館叢書正集五十七種附録三種續集一百

四十二種　(清)尊聞閣主編　蔡爾康編續集　清同治至光緒上海申報館鉛印本　一冊　存一種

330000－1701－0096183　G611034　子部/儒家類/儒學之屬/經濟

繹志十九卷　(清)胡承諾撰　清同治十一年(1872)浙江書局刻本　八冊

330000－1701－0096184　G608411、G612112　史部/史評類/史論之屬

欽定古今儲貳金鑑六卷　(清)高宗弘曆等撰　清光緒二十一年(1895)浙江官書局刻本　四冊

330000－1701－0096186　G611579　集部/別集類/清別集

望溪先生文集十八卷集外文十卷集外文補遺二卷　(清)方苞撰　**方望溪先生[苞]年譜一卷附録一卷**　(清)蘇惇元輯　清咸豐元年(1851)戴鈞衡刻二年(1852)增刻本　八冊　存十六卷(文集十五至十八,集外文一至五、八至十,補遺一至二,年譜、附録)

330000－1701－0096187　G006728　類叢部/叢書類/彙編之屬

武英殿聚珍版書一百三十八種　清木活字印本　一冊　存一種

330000－1701－0096189　G608412、G611860　史部/史評類/史論之屬

欽定古今儲貳金鑑六卷　(清)高宗弘曆等撰　清光緒二十一年(1895)浙江官書局刻本　四冊

330000－1701－0096191　G611035　子部/儒家類/儒學之屬/經濟

繹志十九卷　(清)胡承諾撰　清同治十一年(1872)浙江書局刻本　七冊　存十六卷(四至十九)

330000－1701－0096192　G602549　史部/目録類/總録之屬/官修

欽定四庫全書簡明目録二十卷　(清)紀昀等撰　清乾隆刻本　一冊　存四卷(一至四)

330000－1701－0096193　G609408、G610224　集部/別集類/清別集

鮚埼亭集外編五十卷　(清)全祖望撰　(清)董秉純編　(清)蔣學鏞審訂　(清)汪繼培重編　清嘉慶十六年(1811)刻本　十六冊

330000－1701－0096195　G611036　子部/儒家類/儒學之屬/經濟

繹志十九卷　(清)胡承諾撰　清同治十一年(1872)浙江書局刻本　七冊　存十六卷(一至三、七至十九)

330000－1701－0096197　G608413　經部/小學類/文字之屬/字書

小學答問一卷　章炳麟撰　清宣統元年(1909)刻本　一冊

330000－1701－0096199　G602550　史部/金石類

學古齋金石叢書四集十二種　(清)葛元煦輯　清光緒崇川葛氏學古齋刻本　二冊　存一種

330000－1701－0096200　G006729　類叢部/叢書類/彙編之屬

武英殿聚珍版書　清刻本　一冊　存一種

330000－1701－0096202　G006730、G007250　集部/小説類/長篇之屬

施案奇聞八卷九十七回　清刻本　四冊

330000－1701－0096203　G607571　集部/別集類/唐五代別集

昌黎先生集四十卷外集十卷遺文一卷　(唐)韓愈撰　(宋)廖瑩中校正　**朱子校昌黎先生集傳一卷**　(宋)朱熹撰　**韓集點勘四卷**　(清)陳景雲撰　清宣統二年(1910)上海埽葉山房石印本　八冊　缺十卷(一至十)

330000－1701－0096204　G608414　類叢部/叢書類/自著之屬

沈歸愚詩文全集十四種　(清)沈德潛撰　清乾隆教忠堂刻本　二冊　存三種

330000－1701－0096205　G611037　類叢部/叢書類/彙編之屬

邵武徐氏叢書初刻十四種　(清)徐榦編　清光緒邵武徐氏刻本　二十冊

330000－1701－0096210　G602551　類叢部/叢書類/彙編之屬

申報館叢書正集五十七種附錄三種續集一百四十二種　(清)尊聞閣主編　蔡爾康編續集　清同治至光緒上海申報館鉛印本　一冊　存一種

330000－1701－0096211　G608415　類叢部/叢書類/彙編之屬

蕅園叢書十一種　(清)平步青編　清同治至光緒山陰平氏安越堂刻本　一冊　存一種

330000－1701－0096213　G006732　史部/政書類/邦計之屬/賦稅

秋成交代欵式不分卷　清光緒稿本　一冊

330000－1701－0096214　G607572　史部/雜史類/斷代之屬

談浙四卷　(清)許瑤光撰　清光緒十四年(1888)刻本　二冊

330000－1701－0096216　G602552　子部/雜著類/雜說之屬

寓廬日記十卷　(清)張景燾撰　張福鎬編訂　清宣統三年(1911)鉛印本　二冊

330000－1701－0096219　G607573　類叢部/類書類/通類之屬

蠹存二卷　(清)方旭撰　清光緒二十四年(1898)刻本　二冊

330000－1701－0096221　G611580　史部/詔令奏議類/奏議之屬

堅正堂摺稿二卷附錄一卷　(清)褚成博撰　清光緒三十一年(1905)刻本　二冊

330000－1701－0096222　G611038　類叢部/叢書類/彙編之屬

邵武徐氏叢書初刻十四種　(清)徐榦編　清光緒邵武徐氏刻本　二十冊

330000－1701－0096223　G611581　史部/詔令奏議類/奏議之屬

堅正堂摺稿二卷附錄一卷　(清)褚成博撰　清光緒三十一年(1905)刻本　二冊

330000－1701－0096226　G006734　子部/藝術類/篆刻之屬/印譜

小長蘆館搨存七家印譜(七家印譜彙存)　(清)嚴信厚輯　清末石印本　二冊　存三種

330000－1701－0096227　G006612　集部/總集類/選集之屬/斷代

明詩綜一百卷　(清)朱彝尊輯　(清)汪森等評　清康熙刻雍正朱氏六峯閣印本　二十八冊

330000－1701－0096229　G602554　史部/地理類/方志之屬/郡縣志

[光緒]諸暨縣志六十一卷　陳遹聲修　(清)蔣鴻藻纂　清宣統二年(1910)刻本　十六冊　存五十四卷(首、二至八、十三至二十三、二十七至六十一)

330000－1701－0096230　G006736　子部/宗教類/佛教之屬/經

楞伽阿跋多羅寶經四卷　(南朝宋)釋求那跋陀羅譯　清同治九年(1870)金陵刻經處刻光緒七年(1881)印本　二冊

330000－1701－0096231　G006737　子部/宗教類/佛教之屬/大藏

徑山藏　明萬曆十七年(1589)至清嘉慶五臺、嘉興、徑山等地刻本　一冊　存二種

330000－1701－0096234　G608416　類叢部/叢書類/自著之屬

振綺堂遺書五種　(清)汪遠孫撰　清道光刻民國十一年(1922)錢唐汪氏彙印本　一冊　存一種

330000－1701－0096235　G611039　類叢部/叢書類/彙編之屬

邵武徐氏叢書初刻十四種　(清)徐榦編　清光緒邵武徐氏刻本　十九冊　存十三種

330000－1701－0096237　G607576　集部/別集類/清別集

且樸齋詩稿六卷茶贊吟一卷　(清)徐懋曙撰

（清）姚子莊輯　清光緒二十五年(1899)刻本　一册

330000－1701－0096239　G006159　子部/宗教類/佛教之屬

大乘修行菩薩行門諸經要集三卷　（唐）釋智嚴譯　清光緒二十一年(1895)江北刻經處刻本　一册

330000－1701－0096242　G607577、G609957　集部/别集類/清别集

柈湖文集十二卷　（清）吴敏樹撰　清光緒十九年(1893)思賢講舍刻本　四册

330000－1701－0096244　G608418　集部/别集類/清别集

大雲山房文稾初集四卷二集四卷　（清）惲敬撰　清光緒十四年(1888)官書處刻本　五册　缺三卷(初集一至三)

330000－1701－0096246　G611040、G611041　類叢部/叢書類/自著之屬

振綺堂遺書五種　（清）汪遠孫撰　清道光刻民國十一年(1922)錢唐汪氏彙印本　六册　存二種

330000－1701－0096248　G006160　子部/宗教類/佛教之屬/經疏

大方廣圓覺修多羅了義經直解二卷　（唐）釋佛陀多羅譯　（明）釋德清解　清光緒十年(1884)杭州昭慶寺刻本　二册

330000－1701－0096251　G611583　類叢部/叢書類/彙編之屬

漢魏叢書九十四種　明末刻本　一册　存一種

330000－1701－0096260　G611042　類叢部/叢書類/自著之屬

振綺堂遺書五種　（清）汪遠孫撰　清道光刻民國十一年(1922)錢唐汪氏彙印本　三册　存一種

330000－1701－0096265　G611043、G612261　類叢部/叢書類/自著之屬

振綺堂遺書五種　（清）汪遠孫撰　清道光刻民國十一年(1922)錢唐汪氏彙印本　五册　存一種

330000－1701－0096267　G006613　史部/傳記類/科舉録之屬/歷科鄉試録

補行咸豐辛酉科並同治壬戌恩科浙江鄉試硃卷不分卷　（清）許仁杰等撰　清同治刻本　一册

330000－1701－0096271　G607579　史部/紀事本末類/斷代之屬

平定粵匪紀略十八卷附記四卷　（清）杜文瀾撰　清同治十年(1871)京都聚珍齋木活字印本　八册　存十六卷(三至十八)

330000－1701－0096272　G609411　子部/叢編

桐城吴先生點勘諸子七種　（清）吴汝綸評點　清宣統二年(1910)衍星社鉛印本　程耿題記　九册　存五種

330000－1701－0096274　G006162、G006633　史部/編年類/通代之屬

新鐫通鑑節要十卷　（明）蘇文韓輯　明萬曆刻本　六册　存七卷(四至十)

330000－1701－0096275　G611584　子部/醫家類/本草之屬/歷代綜合本草

本草綱目五十二卷圖三卷　（明）李時珍撰　清順治十五年(1658)張朝璘刻本　二册　存二卷(一至二)

330000－1701－0096277　G006738　史部/紀傳類/正史之屬

二十四史　清同治至光緒五省官書局據汲古閣本等合刻光緒五年(1879)湖北書局彙印本　八册　存一種

330000－1701－0096280　G611044　集部/總集類/彙編之屬

漢魏六朝一百三家集(漢魏六朝百三名家集)　（明）張溥編　清光緒十八年(1892)善化章經濟堂刻本　十册　存五種

330000－1701－0096292　G006163、G006951　經部/春秋左傳類/傳說之屬

春秋左氏傳地名補注十二卷 （清）沈欽韓撰　清光緒長洲蔣鳳藻心矩齋刻民國十七年(1928)吳中丁志偉適存廬補刻本　四册

330000－1701－0096298　G609412　類叢部/叢書類/郡邑之屬

畿輔叢書 （清）王灝編　清光緒五年至十八年(1879－1892)定州王氏謙德堂刻三十二年(1906)彙印本(元和郡縣圖志卷十九至二十、二十三至二十四、三十五至三十六)　二十五册　存十三種

330000－1701－0096300　G006615　史部/傳記類/科舉録之屬/歷科鄉試録

[光緒壬寅補行庚子恩正兩科]四川鄉試卷不分卷 （清）顔楷等撰　清光緒刻本　一册

330000－1701－0096301　G611045　類叢部/叢書類/自著之屬

潛研堂全書十六種 （清）錢大昕撰　清乾隆至嘉慶刻本　十二册　存十一種

330000－1701－0096302　G611578、G607924、G610771、G611971、G609969　類叢部/叢書類/彙編之屬

説郛一百二十弓 （明）陶宗儀編　（明）陶珽等重編　明末刻清順治三年(1646)兩浙督學周南李際期宛委山堂印本(卷一百十一配抄本)　八十七册　存九百四十七種

330000－1701－0096303　G006614　集部/戲劇類/傳奇之屬

暗香樓樂府三種 （清）鄭由熙撰　清光緒十六年(1890)暗香樓刻本　一册　存一種

330000－1701－0096304　G006177、G006739　史部/史評類/史論之屬

史論正鵠初集四卷二集四卷三集八卷 （清）王樹敏評點　清光緒二十七年(1901)上海久敬齋石印本　三册　存三卷(初集一至二、四)

330000－1701－0096305　M603503　類叢部/叢書類/自著之屬

槐軒全集二十一種附九種 （清）劉沅撰　清咸豐至民國刻彙印本　一册　存一種

330000－1701－0096307　G006741　子部/工藝類/日用器物之屬

機器錄一卷 （清）彭湘纂　清光緒五年(1879)適龕刻本　陳作霖題記　一册

330000－1701－0096310　G006165　新學/學校

攷察日本學校記十六卷 李宗棠編譯　清光緒石印本　五册　存五卷(十一至十五)

330000－1701－0096311　G006742　類叢部/叢書類/彙編之屬

武英殿聚珍版書一百三十八種 清乾隆浙江刻本　一册　存一種

330000－1701－0096312　G608421　類叢部/叢書類/自著之屬

王漁洋遺書三十八種 （清）王士禛撰　清刻本　一册　存一種

330000－1701－0096313　G006743　集部/曲類/彈詞之屬

綉像荊釵全傳六卷二十回　荊釵新詠一卷 （清）黄彥撰　清光緒二年(1876)古虞喜雨山房刻本　六册

330000－1701－0096315　G609414　類叢部/叢書類/彙編之屬

荔牆叢刻十三種 （清）汪曰楨編　清同治至光緒烏程汪氏刻本　一册　存二種

330000－1701－0096317　G608423　經部/叢編

沈穀成先生易學四種 （清）沈善登撰　清光緒桐鄉沈氏豫恕堂刻本　一册　存二種

330000－1701－0096318　G608424　集部/曲類/寶卷之屬

圓明十報恩卷三卷 清同治七年(1868)紹城刻本　二册

330000－1701－0096319　G006745　集部/曲類/彈詞之屬

新刻雅調唱口平陽傳金臺全集十二卷六十回

（清）汪澍堂撰　清光緒三年（1877）靈蘭堂刻本　十二册

330000－1701－0096320　G609416　經部/小學類/音韻之屬/韻書

詩韻辨字增註五卷　（清）張澐卿輯　清光緒七年（1881）張澐卿刻本　一册

330000－1701－0096322　G608425　類叢部/叢書類/自著之屬

讀易樓合刻十種　（清）倪元坦撰　清嘉慶至道光刻本　一册　存一種

330000－1701－0096323　G006617　史部/傳記類/科舉録之屬/歷科鄉試録

［光緒壬寅補行庚子恩科］四川鄉試同門錄不分卷　（清）李萬鐘等撰　清光緒刻本　一册

330000－1701－0096324　G006746　集部/別集類/清別集

松花菴遊草一卷　（清）吳鎮撰　清乾隆刻本　一册

330000－1701－0096325　G607582、G607583　類叢部/叢書類/自著之屬

清吟堂全集十四種　（清）高士奇撰　清康熙刻本　四册　存二種

330000－1701－0096326　G006748　史部/政書類/公牘檔册之屬

通行通飭不分卷　清末抄本　一册

330000－1701－0096327　G006167　新學/學校

便蒙識字課本不分卷　清光緒上海彪蒙書室石印本　三册

330000－1701－0096329　G006749　史部/傳記類/日記之屬

鍾開壽日記不分卷（清光緒二十一年二月十一日至二十二年二月初五日）　（清）鍾開壽撰　清光緒二十一年至二十二年（1895－1896）稿本　一册

330000－1701－0096330　G006750　集部/別集類/唐五代別集

韓昌黎詩集編年箋注十二卷　（唐）韓愈撰　（清）方世舉考訂　（清）盧見曾刪定　清宣統二年（1910）海寧陳氏石印本　十二册

330000－1701－0096331　G611586　史部/地理類/方志之屬/郡縣志

［道光］南海縣志四十四卷首一卷末一卷　（清）潘尚楫等修　（清）鄧士憲等纂　清同治八年（1869）刻本　四册　存十卷（首、一、八至十一、二十一至二十四）

330000－1701－0096332　G608428　史部/政書類/公牘檔册之屬

浙江諮議局文牘第一編不分卷　清宣統元年（1909）鉛印本　一册

330000－1701－0096333　G006168　新學/學校

私塾改良識字課本不分卷　清光緒上海彪蒙書室石印本　二十八册

330000－1701－0096335　G608429　子部/天文曆算類/算書之屬

算學十書　（清）賈步緯輯　清同治至光緒江南機器製造總局刻本暨鉛印本　一册　存四種

330000－1701－0096336　G608430　史部/傳記類/別傳之屬

曼鋒三十自述一卷　汪嶔撰　清宣統二年（1910）鉛印本　一册

330000－1701－0096337　G611585　類叢部/叢書類/自著之屬

惜抱軒全集十種　（清）姚鼐撰　清同治五年（1866）省心閣刻本　八册　存一種

330000－1701－0096339　G006169　史部/政書類/律令之屬/律例

憲政編查館奏彙案會議禁革買賣人口舊習酌擬辦法摺一卷　（清）奕劻等撰　清光緒三十二年（1906）鉛印本　一册

330000－1701－0096340　G611587　經部/周禮類/傳說之屬

周禮政要二卷　（清）孫詒讓撰　清光緒二十

八年(1902)瑞安普通學堂刻本　一册　存一卷(下)

330000－1701－0096341　G010358　史部/傳記類/總傳之屬/姓名
百家姓考略一卷　(清)王相箋注　清文富堂刻本　一册

330000－1701－0096342　G006171　史部/目録類/總録之屬/私撰
行素堂目睹書録十卷　(清)朱記榮編　**汲古閣珍藏秘本書目一卷**　(清)毛扆輯　清光緒十年至十一年(1884－1885)吳縣朱記榮槐廬刻本　五册　存六卷(甲編、乙編、丙編、壬編、癸編、汲古閣珍藏秘本書目)

330000－1701－0096345　G610210、G611589　集部/别集類/清别集
伏敔堂詩録十五卷續録一卷首一卷附録一卷　(清)江湜撰　清同治元年至二年(1862－1863)長洲江氏刻本　九册　缺一卷(十四)

330000－1701－0096346　G608432、G609518　集部/别集類/清别集
因寄軒文初集十卷二集六卷補遺一卷　(清)管同撰　**坩刻小異遺文一卷**　(清)管嗣復撰　清光緒五年(1879)顧雲等刻本　二册　存十卷(初集一至十)

330000－1701－0096349　G608433　新學/算學/形學
形學備旨十卷開端一卷　(美國)狄考文選譯　(清)鄒立文筆述　清光緒二十八年(1902)上海美華書館鉛印本　一册　存四卷(一至四)

330000－1701－0096350　G611048　類叢部/叢書類/郡邑之屬
武林掌故叢編一百八十七種　(清)丁丙編　清光緒三年至二十六年(1877－1900)錢塘丁氏嘉惠堂刻本　十二册　存五種

330000－1701－0096352　G611046　類叢部/叢書類/郡邑之屬
武林掌故叢編一百八十七種　(清)丁丙編　清光緒三年至二十六年(1877－1900)錢塘丁氏嘉惠堂刻本　五册　存二種

330000－1701－0096353　G006751　類叢部/叢書類/彙編之屬
唐人説薈一百六十五種　(清)陳世熙編　清乾隆五十八年(1793)挹秀軒刻本　二册　存十八種

330000－1701－0096354　G608435　史部/政書類/邦計之屬/荒政
永康胡氏試費義田記一卷　清同治四年(1865)退補齋刻本　一册

330000－1701－0096355　G608436　類叢部/叢書類/彙編之屬
邵武徐氏叢書初刻十四種　(清)徐幹編　清光緒邵武徐氏刻本　二册　存二種

330000－1701－0096356　G602556　類叢部/叢書類/彙編之屬
當歸草堂叢書八種　(清)丁丙編　清同治二年至五年(1863－1866)錢塘丁氏刻本　一册　存一種

330000－1701－0096357　G611047　類叢部/叢書類/郡邑之屬
武林掌故叢編一百八十七種　(清)丁丙編　清光緒三年至二十六年(1877－1900)錢塘丁氏嘉惠堂刻本　十册　存二種

330000－1701－0096358　G006752　史部/傳記類/别傳之屬
悼語集録一卷　清宣統二年(1910)上海著易堂書局鉛印本　一册

330000－1701－0096359　G006618　史部/傳記類/科舉録之屬/歷科鄉試録
[光緒丁酉科]四川鄉試硃卷不分卷　(清)鄭濤中等撰　清光緒刻本　一册

330000－1701－0096360　G608437　類叢部/叢書類/郡邑之屬
海昌叢載三十二種　(清)羊復禮編　清光緒海昌羊氏傳卷樓粵東刻本　二册　存一種

330000－1701－0096361　G602558、G610395　類叢部/叢書類/自著之屬
高文恪公集十一種　(清)高士奇撰　清康熙刻本　二冊　存一種

330000－1701－0096362　G006753　史部/政書類/邦計之屬/荒政
災賑全書□□卷　(清)楊西明輯　清抄本　二冊　存四卷(一至四)

330000－1701－0096363　G608438　子部/雜著類/雜説之屬
恩福堂筆記二卷　(清)英和撰　清刻本　一冊

330000－1701－0096364　G006755　子部/藝術類/書畫之屬/畫譜
董米山水畫譜二卷　(清)陳允升繪　清光緒四年(1878)刻本　一冊　存一卷(天)

330000－1701－0096365　G611590　子部/術數類/陰陽五行之屬
永寧通書十二卷　(清)王維德輯　清嘉慶五年(1800)金閶書業堂刻本　四冊

330000－1701－0096366　G006622　子部/藝術類/書畫之屬/法帖
清愛堂法帖不分卷　(清)劉墉書　清宣統元年(1909)石印本　四冊

330000－1701－0096367　G006756　子部/藝術類/書畫之屬/法帖
鄭蘇戡書蒙求字樣五卷　鄭孝胥書　清光緒三十四年(1908)上海商務印書館影印本　三冊　存三卷(二至四)

330000－1701－0096368　G611591　經部/三禮總義類/名物制度之屬
四禘通釋三卷　崔適撰　清光緒二十年(1894)刻本　一冊

330000－1701－0096369　G006619　史部/傳記類/科舉録之屬/歷科鄉試録
[同治庚午科第拾壹房]浙江鄉試硃卷一卷　(清)朱一新撰　**[同治庚午科第壹房]浙江鄉試硃卷一卷**　(清)朱懷新撰　清同治刻本　一冊

330000－1701－0096370　G006757　史部/傳記類/別傳之屬
湘水懷清集[俞廉三]一卷　(清)□□輯　清光緒二十九年(1903)刻本　一冊

330000－1701－0096371　G611592　子部/天文曆算類/算書之屬
算學十書　(清)賈步緯輯　清同治至光緒江南機器製造總局刻本暨鉛印本　二冊　存二種

330000－1701－0096372　G006758　史部/史評類/詠史之屬
十六國宮詞二卷　(清)周昇撰並註　清道光十四年(1834)櫻西書屋刻本　二冊

330000－1701－0096373　G006759　史部/政書類/邦計之屬
紹郡平糶徵信錄不分卷　清光緒二十四年(1898)刻本　一冊

330000－1701－0096376　G006760　子部/宗教類/其他宗教之屬/其他
十二圓覺一卷　(清)彭德源撰　清同治四年(1865)福建延平將樂縣儒坊壽山庵刻本　一冊

330000－1701－0096380　G006761　集部/別集類/清別集
緩雅堂詩十卷　(清)王詒壽撰　清末抄本　二冊

330000－1701－0096382　G611593　類叢部/叢書類/自著之屬
惜抱軒全集十種　(清)姚鼐撰　清嘉慶至道光刻本　三冊　存一種

330000－1701－0096383　G006762　集部/別集類/清別集
江聲草堂詩集八卷　(清)金志章撰　清乾隆十九年(1754)刻本　徐行恭題記　四冊

330000－1701－0096385　G611594　史部/地理類/方志之屬/郡縣志

[光緒]縉雲縣志十六卷首一卷末一卷　(清)何乃容　(清)葛華修　(清)潘樹棠纂　清光緒二年至七年(1876－1881)刻本　三册　存六卷(一、十三至十六、末)

330000－1701－0096387　G006763　集部/總集類/選集之屬/斷代

百老吟一卷　錢溯耆輯　清宣統二年(1910)太倉錢氏聽邠館刻本　一册

330000－1701－0096388　G006573　新學/報章

申報論說一卷　清末鉛印剪貼本　一册

330000－1701－0096389　G006764　經部/春秋總義類/傳說之屬

春秋君臣世系圖考一卷　(清)周曰年　(清)章深編輯　清嘉慶十五年(1810)蕭山周氏聽雪樓刻本　一册

330000－1701－0096391　G607589　史部/傳記類/總傳之屬/家乘

[浙江紹興]會稽陶氏族譜三十二卷附文節公殉難事蹟一卷　(清)陶在銘等纂修　清光緒二十九年(1903)刻本　五册　存六卷(二、十、二十八、三十至三十二)

330000－1701－0096392　G611595　子部/農家農學類/農藝之屬/農曆農諺

卜歲恒言二卷　(清)吳鵠撰　清光緒四年(1878)淑園刻本　二册

330000－1701－0096394　G611596　集部/總集類/選集之屬/通代

佩文齋詠物詩選四百八十六卷　(清)汪霦等輯　清康熙四十六年(1707)內府刻本　六册　存七十五卷(十四至二十、五十至六十六、一百九十三至二百十八、三百三十六至三百四十六、三百七十四至三百八十七)

330000－1701－0096396　G006766　史部/金石類/郡邑之屬

湖北金石詩一卷　(清)嚴觀撰　清光緒元年(1875)衢西張氏二銘草堂刻本　二册

330000－1701－0096397　G006768　類叢部/叢書類/自著之屬

楊仁山居士遺著十四種　(清)楊文會撰　清光緒至民國金陵刻經處刻本　十一册

330000－1701－0096401　G611597、G610204　經部/春秋左傳類/傳說之屬

左繡三十卷首一卷　(清)馮李驊　(清)陸浩評輯　清華川書屋刻本　十二册

330000－1701－0096405　G611598　史部/傳記類/總傳之屬/儒林

理學宗傳二十六卷　(清)孫奇逢撰　(清)魏一鼇等編　清光緒六年(1880)浙江書局刻本　十二册

330000－1701－0096408　G608377　史部/政書類

九通　(清)□□輯　清光緒八年至二十二年(1882－1896)浙江書局刻本　二十册　存一種

330000－1701－0096415　G608378　史部/政書類

九通　(清)□□輯　清光緒八年至二十二年(1882－1896)浙江書局刻本　十九册　存一種

330000－1701－0096417　G607593　史部/編年類/斷代之屬

御撰資治通鑑綱目三編四十卷　(清)舒赫德等修　(清)朱珪等纂　清同治十一年(1872)江西書局刻本　三册　存九卷(一至九)

330000－1701－0096418　G602559　經部/小學類/文字之屬/字書/通論

增補字學舉隅不分卷　(清)黃本驥　(清)龍啓瑞　(清)龍光甸輯　清光緒二年(1876)刻本　一册

330000－1701－0096423　G006769　經部/三禮總義類/通論之屬

禮書通故五十卷　(清)黃以周撰　清光緒十九年(1893)黃氏試館刻本　八册　存三卷(四十八至五十)

330000－1701－0096424　G608376　史部/政

書類

九通 (清)□□輯 清光緒八年至二十二年(1882－1896)浙江書局刻本 二十三冊 存一種

330000－1701－0096429 G006620 史部/傳記類/科舉録之屬/歷科鄉試録

[光緒庚子辛丑恩正併科第捌房]浙江鄉試卷一卷[光緒癸卯補行辛丑壬寅恩正併科]會試卷一卷 (清)周蘊良撰 **[同治丁卯科帶補壬戌恩科]四川鄉試硃卷一卷** (清)傅鼎撰 清同治至光緒刻本 一冊

330000－1701－0096430 G608379 史部/政書類

九通 (清)□□輯 清光緒八年至二十二年(1882－1896)浙江書局刻本 六十七冊 存一種

330000－1701－0096435 G610998 集部/別集類/清別集

二金蜨堂尺牘一卷 (清)趙之謙撰 清光緒三十一年(1905)嚴氏小長蘆館石印本 一冊

330000－1701－0096437 G608380 史部/政書類

九通 (清)□□輯 清光緒八年至二十二年(1882－1896)浙江書局刻本 三十五冊 存一種

330000－1701－0096438 G607595 集部/別集類/明別集

劉蕺山文粹二卷 (明)劉宗周撰 清光緒二十一年(1895)海天旭日硯齋刻本 一冊 存一卷(上)

330000－1701－0096439 G006626 經部/書類/傳說之屬

書經集傳六卷 (宋)蔡沈撰 清光緒十九年(1893)浙江書局刻本 四冊

330000－1701－0096444 G608381、G610678 史部/政書類

九通 (清)□□輯 清光緒八年至二十二年(1882－1896)浙江書局刻本 二十四冊 存一種

330000－1701－0096446 G006770 子部/術數類/占候之屬

天星選擇纂要三卷 (清)吕士清參訂 清光緒三十四年(1908)兩儀堂刻本 三冊

330000－1701－0096447 G006771 經部/小學類/文字之屬/字書/訓蒙

同聲千字文十卷續六卷 (清)朱紫集 清嘉慶十六年(1811)莊敬堂刻本 五冊 存八卷(一至六,續四、六)

330000－1701－0096448 G608382 史部/目録類/總録之屬/官修

直隸津局運售各省書籍總目一卷 (清)天津海防支應局編 清光緒九年(1883)刻本 一冊

330000－1701－0096449 G607596 新學

江南製造局譯書 (清)江南製造局編 清光緒江南製造局鉛印本 四冊 存一種

330000－1701－0096452 G602560、G602598 類叢部/叢書類/自著之屬

龍莊遺書四種 (清)汪輝祖撰 清光緒江蘇書局刻本 三冊 存一種

330000－1701－0096454 G607597 類叢部/叢書類/自著之屬

率祖堂叢書(金仁山先生遺書、婺學十四種)八種附六種 (宋)金履祥撰 清雍正至乾隆金華金氏刻光緒十三年(1887)鎮海謝駿德補刻本 十冊 存附一種

330000－1701－0096455 G608383、G608324 子部/儒家類/儒學之屬/禮教

五種遺規十七卷 (清)陳弘謀輯並撰 清光緒二十一年(1895)浙江書局刻本 五冊 存四種

330000－1701－0096458 G610999 新學/學校

教育叢書初集十一種二集十五種三集十一種 (清)教育世界社編譯 清光緒教育世界出版所刻本暨石印本 一冊 存一種

330000－1701－0096459　G006772　集部/別集類/宋別集

唐荆川選輯朱文公全集十五卷　(宋)朱熹撰　(明)唐順之選輯　明刻本　六册　存十二卷(四至十五)

330000－1701－0096460　G602561　史部/雜史類/斷代之屬

鴉片事略二卷　(清)李圭撰　清光緒二十一年(1895)海寧州署刻本　二册

330000－1701－0096461　G607598、G610122　子部/宗教類/佛教之屬/經疏

首楞嚴經疏二十卷　(宋)釋子璿輯　清光緒三十二年(1906)揚州藏經院刻本　八册

330000－1701－0096463　G602562　類叢部/叢書類/自著之屬

羅忠節公遺集八種　(清)羅澤南撰　清咸豐至同治刻本　一册　存一種

330000－1701－0096464　G607599　史部/政書類/邦計之屬

理財攷鏡十卷　孫德全撰　清宣統二年(1910)鉛印本　二册　存五卷(六至十)

330000－1701－0096465　G608384　類叢部/叢書類/自著之屬

春在堂全書三十六種　(清)俞樾撰　清同治至光緒刻光緒末彙印本　二册　存四種

330000－1701－0096468　G006774　史部/政書類/邦計之屬/貿易

國朝柔遠記十八卷附編二卷　(清)王之春輯　清光緒十七年(1891)廣雅書局刻本　一册　存二卷(十九至二十)

330000－1701－0096470　G006773　史部/政書類/律令之屬

理信存稿五卷　(清)黎士弘撰　(清)黎文選　(清)黎翰遠編　清康熙八年(1669)春風堂刻本　二册　存三卷(詳文、告示、審語上)

330000－1701－0096472　G607600　子部/藝術類/篆刻之屬

篆學瑣著二十八種　(清)顧湘輯　清道光二十年(1840)海虞顧氏刻本　八册

330000－1701－0096475　G602563　子部/叢編

二十二子(二十二子彙函)　(清)浙江書局編　清光緒元年至三年(1875－1877)浙江書局刻本　五册　存一種

330000－1701－0096481　G006775　子部/宗教類/佛教之屬

讀誦佛母大孔雀明王經前啓請法三卷　(唐)釋不空譯　清光緒十四年(1888)常熟刻經處刻本　一册

330000－1701－0096482　G602565　史部/傳記類/職官録之屬/總録

浙省同官錄不分卷　清光緒木活字印本　三册

330000－1701－0096484　G611599、G609489、G609850　史部/傳記類/總傳之屬/釋道

歷代仙史八卷　(清)王建章輯　清光緒七年(1881)常熟抱芳閣刻本　六册

330000－1701－0096485　G607601　子部/宗教類/道教之屬/戒律

太上寶筏圖說八卷　(清)黄正元纂　清光緒十八年(1892)上海鴻文書局石印本　八册

330000－1701－0096486　G006776　子部/宗教類/道教之屬

闡化錄四種　清嘉慶十七年(1812)刻本　一册

330000－1701－0096487　G006777　集部/詞類/總集之屬

花間正集二卷　(五代)趙崇祚輯　**花間續集一卷**　(清)卓長齡　(清)金張　(清)吳卜雄　(清)卓松齡輯　清康熙十七年(1678)刻本　一册

330000－1701－0096488　G611600　子部/儒家類/儒學之屬/禮教

齊家寶要二卷　(清)張文嘉撰　清光緒七年(1881)山陰朱氏刻本　一册　存一卷(下)

330000－1701－0096489　G602566　類叢部/叢書類/彙編之屬
懷豳雜俎十二種　徐乃昌編　清光緒至宣統南陵徐氏刻本　一册　存一種

330000－1701－0096490　G611601　集部/別集類/清別集
續東軒遺集四卷　(清)高均儒撰　清光緒七年(1881)刻本　二册　存二卷(詩、策問)

330000－1701－0096491　G006778　子部/術數類/占卜之屬
卜筮正宗十四卷　(清)王維德撰　清刻本　五册　存十二卷(三至十四)

330000－1701－0096492　G006779　集部/別集類/明別集
周文忠公集七卷首一卷附錄一卷　(明)周鳳翔撰　清嘉慶十八年(1813)山陰周源刻本　四册

330000－1701－0096493　G602568　子部/宗教類/佛教之屬/律
法海觀瀾五卷　(清)釋智旭輯　清光緒二十三年(1897)揚州藏經院刻本　二册

330000－1701－0096494　G611603、G610584　類叢部/叢書類/彙編之屬
十萬卷樓叢書五十一種　(清)陸心源編　清光緒歸安陸氏刻本(歲時廣記卷六原缺)　十册　存二種

330000－1701－0096498　G611606　史部/紀傳類/正史之屬
三國志六十五卷　(晉)陳壽撰　(南朝宋)裴松之注　明崇禎十七年(1644)毛氏汲古閣刻十七史本　彥衡題記　十四册

330000－1701－0096499　G602569　史部/目録類/總録之屬/私撰
海源閣藏書目一卷　(清)楊紹和撰　清光緒十四年(1888)元和江標師鄦室刻本　一册

330000－1701－0096500　G611000　集部/總集類/選集之屬/通代
駢體文鈔三十一卷　(清)李兆洛輯　清道光元年(1821)合河康氏家塾刻同治六年(1867)婁江徐氏補刻本　一册　存二卷(一至二)

330000－1701－0096501　G006781　集部/別集類/明別集
海叟集四卷附錄一卷集外詩一卷　(明)袁凱撰　清康熙六十一年(1722)曹炳曾城書室刻本　二册

330000－1701－0096502　G611001　子部/兵家類
江南陸師學堂武備課程八種附課藝二卷　(清)錢德培等纂輯　清光緒二十五年(1899)南京江南陸師學堂刻本　一册　存一種

330000－1701－0096503　G611607　子部/雜著類/雜說之屬
郎潛紀聞十四卷　(清)陳康祺撰　清光緒十年(1884)琴川刻民國三十一年(1942)重校印本　五册

330000－1701－0096504　G006782　集部/別集類/清別集
依舊草堂遺稿一卷　(清)費丹旭撰　(清)汪鉽編　清抄本　一册

330000－1701－0096505　G611608　集部/別集類/清別集
曾文正公雜著四卷　(清)曾國藩撰　(清)李瀚章輯　清光緒四年(1878)上海醉六堂刻本　四册

330000－1701－0096506　G006783　集部/總集類/選集之屬/斷代
唐詩三百首旁訓二卷　(清)孫洙輯　(清)夢僑氏輯　清光緒二十三年(1897)成都刻本　二册

330000－1701－0096507　G611609　類叢部/叢書類/自著之屬
儆季雜著五種附二種　(清)黃以周撰　清光緒二十年至二十一年(1894－1895)江蘇南菁講舍刻本　十册

330000－1701－0096508　G006784　集部/戲劇類/傳奇之屬

粲花齋三種曲 （清）萬樹撰 清康熙二十五年（1686）粲花別墅刻保元堂印本 朱苗孫題記 五冊 缺一卷（風流棒傳奇下）

330000－1701－0096513 G006785 子部/術數類/占卜之屬
增刪卜易六卷 （清）野鶴老人撰 （清）李文輝增刪 清乾隆五十年（1785）金閶綠蔭堂刻本 四冊

330000－1701－0096517 G006786 子部/雜著類
回天寶鑑不分卷 清光緒五年（1879）刻本 四冊

330000－1701－0096518 G611611 經部/四書類/總義之屬/傳說
四書反身錄八卷首一卷 （清）李顒撰 清道光十一年（1831）浙江書局刻本 一冊 缺六卷（三至八）

330000－1701－0096519 G611003 集部/總集類/課藝之屬
學海堂四集二十八卷 （清）金錫齡輯 清光緒十二年（1886）啓秀山房刻本 一冊 存二卷（二十七至二十八）

330000－1701－0096520 G611612 經部/四書類/總義之屬/傳說
四書反身錄八卷首一卷 （清）李顒撰 清道光十一年（1831）浙江書局刻本 四冊

330000－1701－0096521 G006787 史部/叢編
入幕須知五種附一種 （清）張廷驤輯 清光緒七年（1881）刻本 二冊 存二種

330000－1701－0096523 G607604 史部/詔令奏議類/奏議之屬
林文忠公政書三集三十七卷 （清）林則徐撰 清光緒刻本 二冊 存七卷（東河奏稿一、江蘇奏稿一至二、使粵奏稿五至八）

330000－1701－0096525 G611004 類叢部/類書類/通類之屬
類林新咏三十六卷 （清）姚之駰撰 清文暎書屋刻本 十一冊 存三十三卷（一至三十、三十四至三十六）

330000－1701－0096526 G006788 史部/政書類/公牘檔冊之屬
長興縣學文牘不分卷 （清）孫德祖輯 清光緒十六年（1890）山陰許純模刻本 一冊

330000－1701－0096527 G611613 子部/儒家類/儒學之屬/性理
金華理學粹編十卷 （清）戴殿江輯 清光緒十五年（1889）永康應寶時越中刻本 四冊

330000－1701－0096531 G006789 集部/別集類/清別集
枕善堂雜著二卷詩鈔二卷尺牘一隅二十卷 （清）陳大溶撰 清道光六年至十六年（1826－1836）刻本 二冊 存二卷（雜著一至二）

330000－1701－0096534 G006790 集部/別集類/清別集
悔少集一卷 （清）厲鶚撰 清光緒二十二年（1896）山陰范廉刻本 一冊

330000－1701－0096535 G611005 經部/書類/傳說之屬
尚書古文疏證八卷 （清）閻若璩撰 **朱子古文書疑一卷** （清）閻詠輯 清乾隆十年（1745）眷西堂刻同治六年（1867）錢塘汪氏振綺堂、民國十二年（1923）、十八年（1929）補刻本（卷三原缺） 八冊

330000－1701－0096536 G607606、G610417 類叢部/叢書類/自著之屬
求志居全集十種附一種 （清）陳世鎔撰 清道光至光緒獨秀山莊刻本 二冊 存一種

330000－1701－0096538 G611614 經部/叢編
十三經古注 （明）葛鼒 （明）金蟠校 明崇禎十二年（1639）金蟠刻清同治八年（1869）浙江書局、民國浙江公立圖書館重修本 五冊 存二種

330000－1701－0096541 G607607 類叢部/叢書類/彙編之屬

武英殿聚珍版書一百三十八種 清木活字印本 一冊 存一種

330000－1701－0096542 G006791 子部/宗教類/道教之屬
文昌帝君寶訓一卷 清道光十六年(1836)合川會善堂慈善會刻本 一冊

330000－1701－0096543 G006792 集部/别集類/清别集
小書巢詩課偶存四卷 (清)陸以莊撰 清嘉慶刻本 一冊

330000－1701－0096546 G611006 類叢部/叢書類/彙編之屬
當歸草堂叢書八種 (清)丁丙編 清同治二年至五年(1863－1866)錢塘丁氏刻本 四冊 存五種

330000－1701－0096548 G611616 子部/儒家類/儒學之屬/蒙學
小學纂註六卷 (清)高愈撰 **文公朱夫子[熹]年譜一卷** 題(宋)李方子撰 清同治十一年(1872)浙江書局刻本 二冊

330000－1701－0096549 G611617 子部/儒家類/儒學之屬/蒙學
小學纂註六卷 (清)高愈撰 **文公朱夫子[熹]年譜一卷** 題(宋)李方子撰 清同治十一年(1872)浙江書局刻本 二冊

330000－1701－0096550 G006793 類叢部/叢書類/自著之屬
王菉友著述九種 (清)王筠撰 清道光至咸豐刻本 一冊 存一種

330000－1701－0096551 G611618 子部/儒家類/儒學之屬/蒙學
小學纂註六卷 (清)高愈撰 **文公朱夫子[熹]年譜一卷** 題(宋)李方子撰 清同治十一年(1872)浙江書局刻本 二冊

330000－1701－0096552 G608356 類叢部/叢書類/彙編之屬
武英殿聚珍版書一百四十八種 清乾隆四十二年(1777)福建刻道光至同治遞修光緒二十一年(1895)增刻本 二十一冊 存九種

330000－1701－0096553 G611007 子部/宗教類/佛教之屬/經疏
般若心經五家註五種五卷附紫柏老人心經說一卷 金陵刻經處輯 清同治至民國金陵刻經處、長沙刻經處刻金陵刻經處印本 一冊

330000－1701－0096554 G611619 子部/儒家類/儒學之屬/蒙學
小學纂註六卷 (清)高愈撰 **文公朱夫子[熹]年譜一卷** 題(宋)李方子撰 清同治十一年(1872)浙江書局刻本 二冊

330000－1701－0096555 G602570、G602600 子部/叢編
子書百家 (清)崇文書局編 清光緒元年(1875)湖北崇文書局刻本 二冊 存二種

330000－1701－0096556 G611620 子部/儒家類/儒學之屬/蒙學
小學纂註六卷 (清)高愈撰 **文公朱夫子[熹]年譜一卷** 題(宋)李方子撰 清同治十一年(1872)浙江書局刻本 二冊

330000－1701－0096557 G611621 子部/儒家類/儒學之屬/蒙學
小學纂註六卷 (清)高愈撰 **文公朱夫子[熹]年譜一卷** 題(宋)李方子撰 清同治十一年(1872)浙江書局刻本 二冊

330000－1701－0096558 G611622 子部/儒家類/儒學之屬/蒙學
小學纂註六卷 (清)高愈撰 **文公朱夫子[熹]年譜一卷** 題(宋)李方子撰 清同治十一年(1872)浙江書局刻本 一冊 缺二卷(五至六)

330000－1701－0096559 G602571 類叢部/叢書類/彙編之屬
廣雅書局叢書一百五十九種 徐紹棨編 清光緒廣雅書局刻民國九年(1920)番禺徐紹棨彙編重印本 一冊 存一種

330000－1701－0096560 G006629 史部/政書類/邦計之屬/貿易

光緒二十五年通商各關華洋貿易總冊二卷 (清)上海通商海關造冊處編譯 清光緒上海通商海關造冊處鉛印本 一冊

330000－1701－0096561 G611623 經部/群經總義類/傳說之屬
經訓比義三卷 (清)黄以周撰 清光緒二十二年(1896)南菁講舍刻本 三冊

330000－1701－0096563 G607609 類叢部/叢書類/自著之屬
陸子全書九種 (清)陸隴其撰 清光緒許仁沐刻本 二冊 存三種

330000－1701－0096565 G006794 子部/農家農學類/總論之屬
農政全書六十卷 (明)徐光啓撰 清道光十七年(1837)貴州刻本 七冊 存二十七卷(三十至四十二、四十七至六十)

330000－1701－0096566 G602572 史部/地理類/方志之屬/郡縣志
乾道臨安志十五卷 (宋)周淙纂 清光緒二十年(1894)孫氏壽松堂刻本(卷四至十五原缺) 一冊

330000－1701－0096567 G611624 經部/群經總義類/傳說之屬
經訓比義三卷 (清)黄以周撰 清光緒二十二年(1896)南菁講舍刻本 三冊

330000－1701－0096568 G611625 經部/群經總義類/傳說之屬
經訓比義三卷 (清)黄以周撰 清光緒二十二年(1896)南菁講舍刻本 三冊

330000－1701－0096569 G602573 史部/地理類/方志之屬/郡縣志
乾道臨安志十五卷 (宋)周淙纂 清光緒二十年(1894)孫氏壽松堂刻本(卷四至十五原缺) 一冊

330000－1701－0096570 G607610 類叢部/叢書類/郡邑之屬
武林掌故叢編一百八十七種 (清)丁丙編 清光緒三年至二十六年(1877－1900)錢塘丁氏嘉惠堂刻本 二冊 存一種

330000－1701－0096572 G006796 集部/總集類/選集之屬/通代
東萊集註類編觀瀾文集甲集二十五卷乙集二十五卷丙集二十卷 (宋)林之奇編 (宋)呂祖謙注 **東萊集註古文觀瀾文集甲集附攷一卷乙集附攷一卷丙集附攷一卷續攷一卷** (清)方功惠撰 清光緒十年(1884)方氏碧琳瑯館刻本 十二冊

330000－1701－0096573 G611626 經部/四書類/論語之屬/傳說
論語古訓十卷附一卷 (清)陳鱣撰 清光緒九年(1883)浙江書局刻本 二冊

330000－1701－0096574 G006630 類叢部/類書類/通類之屬
群書集事淵海四十七卷 明正德八年(1513)慎獨齋刻本 一冊 存一卷(二十)

330000－1701－0096575 G607611 集部/別集類/清別集
湖東第一山詩鈔五卷 (清)宋棠撰 清同治八年(1869)刻本 一冊

330000－1701－0096577 G611627 經部/四書類/論語之屬/傳說
論語古訓十卷附一卷 (清)陳鱣撰 清光緒九年(1883)浙江書局刻本 二冊

330000－1701－0096578 G602574 史部/史表類/通代之屬
四裔編年表四卷 (清)李鳳苞輯 清光緒江南製造總局刻本 四冊

330000－1701－0096579 G611628 經部/四書類/論語之屬/傳說
論語古訓十卷附一卷 (清)陳鱣撰 清光緒九年(1883)浙江書局刻本 二冊

330000－1701－0096580 G611629 經部/四書類/論語之屬/傳說
論語古訓十卷附一卷 (清)陳鱣撰 清光緒九年(1883)浙江書局刻本 二冊

330000－1701－0096581　G611630　經部/四書類/論語之屬/傳說
論語古訓十卷附一卷　(清)陳鱣撰　清光緒九年(1883)浙江書局刻本　二冊

330000－1701－0096582　G602575　子部/藝術類/書畫之屬/畫譜
惲南田花卉冊不分卷　(清)惲格繪　清宣統元年(1909)上海文明書局影印本　一冊

330000－1701－0096583　G608357　史部/傳記類/總傳之屬/儒林
儒林宗派十六卷　(清)萬斯同撰　清宣統三年(1911)浙江圖書館刻民國十七年(1928)補刻本　二冊

330000－1701－0096584　G006797　集部/總集類/選集之屬/斷代
唐詩三百首註疏六卷　(清)孫洙編　(清)章燮注　清咸豐十年(1860)集文堂刻本　筱洲題簽　六冊

330000－1701－0096585　G006798　集部/別集類/清別集
有棠梨館筆記一卷　(清)何兆瀛撰　**水仙花唱和詩一卷**　(清)何兆瀛等撰　清光緒十五年(1889)刻本　一冊

330000－1701－0096586　G611631　經部/四書類/論語之屬/傳說
論語古訓十卷附一卷　(清)陳鱣撰　清光緒九年(1883)浙江書局刻本　二冊

330000－1701－0096587　G611008　集部/總集類/域外之屬
和文釋例一卷　吳啓孫輯　清光緒二十九年(1903)上海文明書局鉛印本　吳芳五題記　二冊

330000－1701－0096588　G611632　史部/地理類/水利之屬
浙西水利備考不分卷　(清)王鳳生撰　清光緒四年(1878)浙江書局刻本　四冊

330000－1701－0096591　G608358　類叢部/叢書類/郡邑之屬
武林掌故叢編一百八十七種　(清)丁丙編　清光緒三年至二十六年(1877－1900)錢塘丁氏嘉惠堂刻本　一冊　存一種

330000－1701－0096592　G611633　類叢部/叢書類/彙編之屬
當歸草堂叢書八種　(清)丁丙編　清同治二年至五年(1863－1866)錢塘丁氏刻本　二冊　存一種

330000－1701－0096593　G006632　子部/藝術類/書畫之屬/畫譜
新繪百美圖詠一卷　(清)沈心海繪　清光緒二十七年(1901)天津文美齋石印本　二冊

330000－1701－0096595　G006799　集部/別集類/元別集
趙文敏公松雪齋全集十卷外集一卷續集一卷　(元)趙孟頫撰　清康熙五十二年(1713)海上曹培廉城書室刻本　四冊

330000－1701－0096597　G608359　新學/史志/別國史
日本史綱二卷　(清)江楚編譯局編　清光緒三十二年(1906)金陵江楚編譯官書局石印本　一冊

330000－1701－0096598　G607615、G611716/1　史部/目録類/書志之屬/提要
善本書室藏書志四十卷附録一卷　(清)丁丙輯　清光緒二十五年至二十七年(1899－1901)錢唐丁立中鄂中刻本　十六冊

330000－1701－0096599　G611009　類叢部/叢書類/郡邑之屬
武林往哲遺箸五十二種後編十種　(清)丁丙編　清光緒二十年至二十六年(1894－1900)錢塘丁氏嘉惠堂刻本　十一冊　存六種

330000－1701－0096600　G006800　集部/別集類/清別集
久自芬室八韻詩鈔四卷　(清)沈兆霖撰　清咸豐三年(1853)刻本　二冊

330000－1701－0096601　G006802　集部/總集類/選集之屬/斷代

國朝三家文鈔三十二卷　（清）宋犖　（清）許汝霖編　清康熙三十三年(1694)刻本　十冊

330000－1701－0096602　G611635　經部/小學類/文字之屬/字書/字體

隸辨八卷　（清）顧藹吉撰　清乾隆八年(1743)天都黄晟刻本　賀揚靈題記　八冊

330000－1701－0096603　G608360　類叢部/叢書類/自著之屬

頤志齋叢書二十二種　（清）丁晏撰　清道光至同治山陽丁氏六藝堂刻同治元年(1862)彙印本　一冊　存三種

330000－1701－0096604　G611636　史部/政書類/律令之屬/律例

律例便覽八卷諸圖一卷　（清）蔡嵩年　（清）蔡逢年編　**處分則例圖要六卷**　（清）蔡逢年編　清刻本　四冊　缺六卷(處分則例圖要一至六)

330000－1701－0096605　G607616、G607738　集部/總集類/選集之屬/通代

古文淵鑒六十四卷　（清）徐乾學等輯注　清刻本　五冊　存十四卷(八至十、十四至十六、三十三至三十五、四十二至四十三、五十七至五十九)

330000－1701－0096606　G608361　集部/別集類/清別集

一鐙精舍甲部藁五卷　（清）何秋濤撰　清光緒五年(1879)淮南書局刻本　一冊

330000－1701－0096609　G608362　子部/儒家類/儒學之屬/禮教

陸清獻公治嘉格言一卷　（清）陸隴其撰　清同治七年(1868)上海道署刻本　一冊

330000－1701－0096612　G006631　史部/傳記類/科舉録之屬/歷科鄉試録

[光緒乙亥至己丑科]硃卷不分卷　（清）朱本等撰　清光緒刻本　一冊

330000－1701－0096614　G608363　子部/宗教類/佛教之屬/經

悲華經十卷　（晉）釋曇無讖譯　清光緒四年(1878)金陵刻經處刻本　三冊

330000－1701－0096615　G611637　史部/雜史類/斷代之屬

養吉齋叢錄二十六卷餘錄十卷　（清）吳振棫撰　清光緒二十二年(1896)刻本　八冊

330000－1701－0096616　G608364　集部/戲劇類/傳奇之屬

儒酸福傳奇二卷　（清）魏熙元撰　（清）汪繩武正譜　（清）倪星垣評文　清光緒十年(1884)杭州魏氏玉玲瓏館刻本　一冊

330000－1701－0096620　G608365　集部/別集類/清別集

鳴鶴堂詩集十一卷文集十卷　（清）任源祥撰　（清）瞿源洙集評　（清）任道鎔彙輯　清光緒十五年(1889)刻本　五冊　缺三卷(文集八至十)

330000－1701－0096624　G006635　類叢部/叢書類/彙編之屬

武英殿聚珍版書一百三十八種　清木活字印本　二冊　存一種

330000－1701－0096625　G611638　子部/宗教類/道教之屬

呂祖金華宗旨一卷　清刻本　一冊

330000－1701－0096628　G611010、G609504　類叢部/叢書類/郡邑之屬

武林往哲遺箸五十二種後編十種　（清）丁丙編　清光緒二十年至二十六年(1894－1900)錢塘丁氏嘉惠堂刻本　五冊　存六種

330000－1701－0096629　G006807　史部/政書類/律令之屬/律例

欽定吏部則例　清刻本　二十七冊　存七種

330000－1701－0096631　G611639　類叢部/叢書類/彙編之屬

漸西村舍彙刊(漸西村舍叢刻)四十四種　（清）袁昶編　清光緒十六年至二十四年(1890－1898)桐廬袁氏刻本　四冊　存三種

330000－1701－0096633　G006634　子部/宗

教類/佛教之屬
佛頂尊勝陀羅尼經一卷附大寶廣博樓閣善住秘密陀羅尼一卷 (唐)釋佛陀波利譯 清光緒十九年(1893)金陵卧佛寺刻本 一册

330000－1701－0096637 G608368 史部/政書類/公牘檔册之屬
浙江諮議局第一屆常年會議事錄不分卷 (清)浙江諮議局編 清宣統鉛印本 三册

330000－1701－0096639 G608369 史部/政書類/公牘檔册之屬
浙江諮議局文牘第一編不分卷 清宣統元年(1909)鉛印本 一册

330000－1701－0096640 M008036 史部/傳記類/日記之屬
羅景山臺灣海防並開山日記不分卷 (清)羅大春撰 清末石印本 一册

330000－1701－0096641 G611011 史部/地理類/專志之屬/祠墓
岳廟志略十卷首一卷 (清)馮培輯 清光緒五年(1879)浙江書局刻本 四册

330000－1701－0096642 G611640 史部/地理類/方志之屬/郡縣志
咸淳臨安志一百卷 (宋)潛說友纂 **校栞咸淳臨安志札記三卷** (清)黄士珣撰 清道光十年(1830)錢塘汪氏振綺堂刻同治六年(1867)補刻光緒十七年(1891)重修本(卷九十、九十八至一百原缺) 二十三册 缺二卷(一至二)

330000－1701－0096643 G607620 類叢部/叢書類/彙編之屬
申報館叢書正集五十七種附錄三種續集一百四十二種 (清)尊聞閣主編 蔡爾康編續集 清同治至光緒上海申報館鉛印本 一册 存一種

330000－1701－0096644 G608370 類叢部/叢書類/自著之屬
潛廬全集五種附一種 金蓉鏡撰 清光緒三十四年(1908)、宣統二年(1910)刻本 二册 存一種

330000－1701－0096648 G611012 史部/地理類/專志之屬/祠墓
岳廟志略十卷首一卷 (清)馮培輯 清光緒五年(1879)浙江書局刻本 四册

330000－1701－0096650 G611013 史部/地理類/專志之屬/祠墓
岳廟志略十卷首一卷 (清)馮培輯 清光緒五年(1879)浙江書局刻本 四册

330000－1701－0096651 G611014 史部/地理類/專志之屬/祠墓
岳廟志略十卷首一卷 (清)馮培輯 清光緒五年(1879)浙江書局刻本 四册

330000－1701－0096653 G608371 經部/叢編
御纂七經五種 (清)李光地等撰 清同治六年至九年(1867－1870)浙江書局刻本 十二册 存一種

330000－1701－0096655 G611015 史部/地理類/專志之屬/祠墓
岳廟志略十卷首一卷 (清)馮培輯 清光緒五年(1879)浙江書局刻本 四册

330000－1701－0096657 G607622 史部/傳記類/職官録之屬/總録
[清宣統二年]大清搢紳全書四卷 清宣統二年(1910)榮祿堂刻本 三册 缺一卷(三)

330000－1701－0096658 G611016、G612326 史部/地理類/專志之屬/祠墓
岳廟志略十卷首一卷 (清)馮培輯 清光緒五年(1879)浙江書局刻本 四册

330000－1701－0096660 G611641 經部/小學類/訓詁之屬/方言
新方言十一卷嶺外三州語一卷 章炳麟撰 清光緒三十四年(1908)日本鉛印本 一册

330000－1701－0096662 G611017 經部/書類/傳說之屬
尚書考異六卷 (明)梅鷟撰 清光緒十八年

(1892)浙江書局刻本　四冊

330000－1701－0096663　G607623　史部/傳記類/職官録之屬/總録

[清光緒三十年]大清搢紳全書四卷　清光緒三十年(1904)榮禄堂刻本　四冊

330000－1701－0096664　G006809　集部/曲類/彈詞之屬

繡像説唱八美圖初集四卷二十回　清光緒二十一年(1895)上海書局石印本　二冊

330000－1701－0096667　G611018、G611747　經部/書類/傳説之屬

尚書考異六卷　(明)梅鷟撰　清光緒十八年(1892)浙江書局刻本　四冊

330000－1701－0096668　G611642　集部/別集類/唐五代別集

白香山詩長慶集二十卷後集十七卷別集一卷補遺二卷　(唐)白居易撰　(清)汪立名編訂　**白香山[居易]年譜舊本一卷**　(宋)陳振孫撰　**白香山[居易]年譜一卷**　(清)汪立名撰　清康熙四十一年至四十二年(1702－1703)汪立名一隅草堂刻本　一冊　存二卷(白香山年譜、年譜舊本)

330000－1701－0096670　G006810　集部/戲劇類/雜劇之屬

增像第六才子書五卷首一卷　(元)王德信(元)關漢卿撰　(清)金人瑞評　清光緒十五年(1889)上海書局石印本　十七冊　存五卷(首、一、三至五)

330000－1701－0096671　G607624　史部/傳記類/職官録之屬/總録

[清宣統二年]憲政最新搢紳全書四卷　清宣統二年(1910)榮寶齋刻本　一冊　存一卷(四)

330000－1701－0096673　G611644　類叢部/叢書類/郡邑之屬

台州叢書(名山堂叢書)九種　(清)宋世犖編　清嘉慶至道光臨海宋氏刻本　三冊　存二種

330000－1701－0096674　G602577　類叢部/叢書類/自著之屬

敝帚齋遺書四種四十四卷　(清)徐鼒撰　清咸豐十一年(1861)刻本　三冊　存一種

330000－1701－0096675　G006811　集部/戲劇類/雜劇之屬

增像第六才子書五卷首一卷　(元)王德信(元)關漢卿撰　(清)金人瑞評　清光緒十五年(1889)上海文寶齋石印本　五冊　存五卷(首、一至四)

330000－1701－0096676　G611643　史部/編年類/通代之屬

綱鑑正史約三十六卷附記一卷　(明)顧錫疇撰　(清)陳弘謀增訂　**甲子紀元一卷**　(清)陳弘謀撰　清同治八年(1869)浙江書局刻本　一冊　存二卷(一至二)

330000－1701－0096681　G602580　類叢部/叢書類/家集之屬

得一山房四種　(清)唐景崧等撰　清光緒十九年(1893)刻本　一冊　存一種

330000－1701－0096682　G006815　集部/小説類/短篇之屬

覺世名言十二樓十二卷三十八回　(清)李漁撰　清末石印本　一冊　存三卷(一至三)

330000－1701－0096683　G006816、G009539　集部/小説類/短篇之屬

覺世名言十二樓十二卷三十八回　(清)李漁撰　清末石印本　四冊

330000－1701－0096684　G608372　類叢部/叢書類/自著之屬

琴志樓叢書　易順鼎撰　清光緒刻本　二冊　存一種

330000－1701－0096685　G602583　史部/地理類/方志之屬/郡縣志

嘉慶海州直隸州志三十二卷首一卷　(清)唐仲冕修　(清)汪梅鼎等纂　清嘉慶十年(1805)刻十六年(1811)補修本　一冊　存三卷(首、一至二)

330000－1701－0096686　G608373　經部/叢編

御纂七經五種　(清)李光地等撰　清同治六年至九年(1867－1870)浙江書局刻本　八册　存一種

330000－1701－0096687　G602584　史部/金石類/總志之屬

金石錄三十卷　(宋)趙明誠撰　清乾隆二十七年(1762)德州盧見曾雅雨堂刻本　清緘齋跋　十册

330000－1701－0096688　G608374　經部/叢編

御纂七經五種　(清)李光地等撰　清同治六年至九年(1867－1870)浙江書局刻本　五册　存一種

330000－1701－0096694　G006637　子部/宗教類/佛教之屬/經疏

藥師七佛供養儀軌如意王經一卷　(清)釋工布查布譯　(清)釋巴爾藏嘉磋譯　清末刻本　一册

330000－1701－0096699　G006484　子部/宗教類/佛教之屬/經

大乘三聚懺悔經一卷　(隋)釋闍那崛多　(隋)釋笈多等譯　**佛說迦葉禁戒經一卷**　(南朝宋)沮渠京聲譯　**佛說犯戒罪輕重經一卷**　(漢)釋安清譯　**佛說戒消災經一卷**　(三國吳)釋支謙譯　**佛說優婆塞五戒相經一卷**　(南朝宋)釋求那跋摩譯　清同治十年(1871)常熟刻經處刻本　一册

330000－1701－0096701　G006623　史部/傳記類/科舉録之屬/歷科登科録

[道光己亥科]同門齒錄不分卷　清道光刻本　一册

330000－1701－0096708　G006485　子部/宗教類/佛教之屬/論

金剛般若波羅蜜經破空論一卷心經釋要一卷波羅蜜經觀心釋一卷　(清)釋智旭撰　清同治十年(1871)如皋刻經處刻本　一册

330000－1701－0096711　G006627　經部/易類/傳說之屬

周易本義四卷圖說一卷新增圖說一卷卦歌一卷　(宋)朱熹撰　清光緒十九年(1893)浙江書局刻本　二册

330000－1701－0096720　G006486　子部/宗教類/佛教之屬/經

佛說四諦七經七卷　清光緒六年(1880)金陵刻經處刻本　一册

330000－1701－0096728　G006487　子部/宗教類/佛教之屬/經

藥師琉璃光如來本願功德經一卷　(唐)釋玄奘譯　清同治十一年(1872)如皋刻經處刻本　一册

330000－1701－0096729　G006638　集部/别集類/宋别集

蘇東坡詩集注三十二卷失編一卷　(宋)蘇軾撰　(宋)吕祖謙編　(宋)王十朋集注　**東坡先生[蘇軾]年譜一卷**　(宋)王宗諤編　清刻本　十六册

330000－1701－0096730　G006488　子部/宗教類/佛教之屬/經

佛說觀無量壽佛經一卷　(南朝宋)釋畺良耶舍譯　**佛說阿彌陀經一卷**　(後秦)釋鳩摩羅什譯　**稱讚淨土佛攝受經一卷**　(唐)釋玄奘譯　**拔一切業障根本得生淨土神咒一卷**　(南朝宋)釋求那跋陀羅重譯　**後出阿彌陀佛偈經一卷**　(漢)□□譯　**阿彌陀鼓音聲王陀羅尼經一卷**　(南朝梁)□□譯　**觀世音菩薩得大勢菩薩受記經一卷**　(南朝宋)釋曇無竭譯　**無量壽經優波提舍一卷**　(北魏)釋菩提留支譯　**佛說阿彌陀經疏一卷**　(唐)釋元曉撰　清同治十年至光緒八年(1871－1882)金陵刻經處刻本　一册

330000－1701－0096733　G608355　經部/叢編

重刊宋本十三經注疏四百十六卷　附十三經注疏校勘記四百十六卷　(清)阮元撰　(清)盧宣旬摘錄　**校勘記識語四卷**　(清)汪文臺

撰　清光緒十三年(1887)上海脈望仙館石印本　二十八册　缺一種

330000－1701－0096734　G006489　子部/宗教類/佛教之屬/經

佛説造塔功德經一卷　(唐)釋地婆訶羅譯　**右繞佛塔功德經一卷**　(唐)釋實叉難陀等譯　**佛説不增不減經一卷**　(北魏)釋菩提流支譯　**佛説金剛三昧本性清淨不壞不滅經一卷**　**佛説妙色王因緣經一卷**　(唐)釋義淨譯　清末刻本　一册

330000－1701－0096737　G006490　子部/宗教類/佛教之屬/經

佛説彌勒下生經一卷　(後秦)釋鳩摩羅什譯　**佛説觀彌勒菩薩上生兜率陀天經一卷**　(南朝宋)釋沮渠京聲譯　**佛説觀彌勒菩薩下生經一卷**　(晉)釋竺法護譯　清末刻本　一册

330000－1701－0096740　G611020　史部/地理類/防務之屬/海防

防海紀略二卷　(清)王之春編　清光緒六年(1880)上洋文藝齋刻本　二册

330000－1701－0096742　G006491　史部/詔令奏議類/奏議之屬

奏爭金幣摺一卷　(清)張之洞撰　清光緒刻本　一册

330000－1701－0096744　G611021　子部/宗教類/佛教之屬/經咒

佛頂光明摩訶薩怛多般怛囉無上神咒一卷附密宗綱要譯釋陀羅尼九章　(清)釋續法輯　清三峯寺刻本　一册

330000－1701－0096747　G602587　集部/曲類/寶卷之屬

珠塔寶卷全集一卷　清宣統元年(1909)杭州聚元堂石印本　一册

330000－1701－0096748　G006492　子部/天文曆算類/天文之屬

詠梅軒仰觀錄二卷　(清)謝蘭生撰　清咸豐十年(1860)刻本　一册

330000－1701－0096749　G602589　史部/金石類/總志之屬

金石萃編一百六十卷　(清)王昶撰　清嘉慶十年(1805)青浦王氏經訓堂刻本　十一册　存十七卷(一、一百至一百三、一百六至一百十七)

330000－1701－0096750　G602590　史部/雜史類/斷代之屬

平定關隴紀畧十三卷　(清)易孔昭等撰　清光緒十三年(1887)刻本　八册

330000－1701－0096751　G607625、G609976、G611669、G612253　史部/目録類/總録之屬/彙刻

彙刻書目初編十卷　(清)顧修輯　**續編五卷新編一卷補編一卷**　(清)陳光照輯　清光緒元年(1875)長洲陳氏無夢園刻本　十册　存十卷(一至十)

330000－1701－0096752　G611022　子部/儒家類/儒學之屬/蒙學

新刻續千家詩二卷　(清)晦齋學人輯　清光緒刻本　一册

330000－1701－0096754　G611024、G608145　新學/兵制/槍炮

鎗礮算法從新三卷　(清)焦震福撰　清光緒二十二年(1896)武昌自強學舍刻本　二册

330000－1701－0096756　G609424、G607777　類叢部/叢書類/彙編之屬

説郛一百二十弓　(明)陶宗儀編　(明)陶珽等重編　明末刻清順治三年(1646)兩浙督學周南李際期宛委山堂印本　二册　存一種

330000－1701－0096758　G611025　類叢部/叢書類/彙編之屬

式訓堂叢書四十一種　(清)章壽康編　清光緒會稽章氏刻本　章嶔題簽　五册　存六種

330000－1701－0096760　G608349　類叢部/叢書類/彙編之屬

十萬卷樓叢書五十一種　(清)陸心源編　清光緒歸安陸氏刻本(歲時廣記卷六原缺)　四

十六册　存十六種

330000－1701－0096761　G607627　史部/紀傳類/正史之屬
二十四史附考證　清光緒二十八年(1902)竢實齋石印本　七册　存一種

330000－1701－0096763　G611646　類叢部/叢書類/自著之屬
張師筠著述三種　(清)張燮承撰　清咸豐九年至同治十一年(1859－1872)刻本　二册　存一種

330000－1701－0096768　G611647　史部/詔令奏議類/奏議之屬
明胡端敏公奏議十卷　(明)胡世寧撰　**胡端敏公奏議校勘記十卷**　(清)孫樹禮　孫峻撰　清光緒十九年(1893)浙江書局刻本　四册

330000－1701－0096771　G611648　史部/詔令奏議類/奏議之屬
明胡端敏公奏議十卷　(明)胡世寧撰　**胡端敏公奏議校勘記十卷**　(清)孫樹禮　孫峻撰　清光緒十九年(1893)浙江書局刻本　四册

330000－1701－0096773　G607628、G610488　史部/紀事本末類
歷朝紀事本末九種　(清)陳如升　(清)朱記榮輯　(清)慎記主人增輯　清光緒二十八年(1902)上海書局石印本　三册　存三種

330000－1701－0096774　SBC2949　子部/宗教類/佛教之屬/大藏
大藏經　明刻本　一百七十二册　存一百九十五種

330000－1701－0096775　G608350　集部/别集類/宋别集
廬陵周益國文忠公集二百卷附録五卷　(宋)周必大撰　**周益國文忠公[必大]年譜一卷**　(宋)周綸編　清道光二十八年(1848)廬陵歐陽棨瀛塘别墅刻咸豐元年(1851)續刻本　二十一册　存一百五卷(承明集一至十、玉堂類稾一至二十、雜著述一至二十三、書稾一至十五、政府應制稿、歷官表奏一至十二、奏議一至十二、奉詔録一至七、附録一至五)

330000－1701－0096777　G611649　類叢部/叢書類/自著之屬
槐軒全集二十一種附九種　(清)劉沅撰　清咸豐至民國刻彙印本　一册　存一種

330000－1701－0096780　G611650　子部/雜著類/雜説之屬
輟耕録三十卷　(明)陶宗儀撰　明刻清初廣文堂印本　八册

330000－1701－0096781　G611026　子部/宗教類/佛教之屬/經疏
因明入正理論疏八卷　(唐)釋窺基撰　清光緒二十二年(1896)金陵刻經處刻本　二册

330000－1701－0096784　G611027　子部/宗教類/佛教之屬/論疏
大乘起信論疏二卷首一卷　(南朝陳)釋真諦譯　(唐)釋法藏疏　(唐)釋宗密注　清光緒三年(1877)長沙刻經處刻本　二册

330000－1701－0096787　G608351　新學/工藝/工學
考工記要十七卷附圖一卷　(英國)瑪體生撰　(英國)傅蘭雅譯　(清)鍾天緯譯　清光緒七年(1881)江南製造局刻本　八册

330000－1701－0096788　G607629　集部/曲類/寶卷之屬
河南開封府花枷良愿龍圖寶卷全集二卷　清光緒刻本　一册　存一卷(上)

330000－1701－0096791　G607630　史部/政書類/邦計之屬/錢幣
光緒會計表四卷　劉嶽雲撰　清光緒二十七年(1901)教育世界社石印本　二册　存二卷(一至二)

330000－1701－0096792　G608352　史部/編年類/斷代之屬
續資治通鑑長編五百二十卷目録二卷　(宋)李燾撰　清光緒七年(1881)浙江書局刻本　六十一册　存二百四十九卷(三至十一、十八至二十一、二十六至五十、五十五至五十八、

六十三至六十六、七十二至七十四、八十至八十三、八十八至九十一、一百三十二至一百三十五、一百四十至一百四十三、一百四十九至一百五十一、一百五十七至一百六十一、一百六十七至一百七十、一百七十五至一百七十八、一百八十三至一百八十七、一百九十二至二百四、二百九至二百十二、二百十七至二百二十、二百三十五至二百三十七、二百四十二至二百四十六、二百五十一至二百五十四、二百六十至二百六十三、二百六十八至二百七十一、二百七十七至二百八十、二百八十六至二百九十、二百九十七至三百、三百六至三百十、三百十六至三百二十、三百二十七至三百二十九、三百三十五至三百三十七、三百四十四至三百四十八、三百五十五至三百五十九、三百六十四至三百七十五、三百八十至三百八十二、三百八十七至三百九十一、三百九十五至三百九十八、四百四至四百七、四百十二至四百十五、四百二十一至四百二十五、四百三十一至四百三十五、四百四十至四百四十三、四百四十八至四百五十一、四百五十七至四百六十一、四百六十六至四百六十九、四百七十四至四百七十八、四百八十九至四百九十二、四百九十七至四百九十九、五百四至五百七、五百十三至五百十六、五百十七至五百二十)

330000－1701－0096797　G006493　子部/小說家類/異聞之屬

西京雜記六卷　題(晉)葛洪撰　清刻本　一冊

330000－1701－0096798　G608353　類叢部/叢書類/自著之屬

振綺堂遺書五種　(清)汪遠孫撰　清道光刻民國十一年(1922)錢唐汪氏彙印本　一冊　存一種

330000－1701－0096800　G611652　集部/別集類/漢魏六朝別集

陶淵明集十卷　(晉)陶潛撰　清光緒二年(1876)桐城徐氏刻本　一冊　存三卷(三至五)

330000－1701－0096803　G609426　集部/總集類/選集之屬/通代

御選古文淵鑒六十四卷　(清)徐乾學等輯注　清刻本　四冊　存十一卷(五至七、十一至十三、二十六至二十八、五十二至五十三)

330000－1701－0096804　G608354、G609806　集部/別集類/明別集

青湖先生文集十四卷首一卷末二卷　(明)汪應軫撰　清同治十三年(1874)汪瑔廣州刻本　十一冊　缺一卷(首)

330000－1701－0096809　G006639　類叢部/叢書類/自著之屬

節甫老人雜著五種　(清)江藩撰　清道光九年(1829)刻江順銘重修本　二冊　存一種

330000－1701－0096813　G006494　史部/政書類/律令之屬

欽定磨勘條例四卷續條例一卷　清刻本　二冊

330000－1701－0096814　G611028、G612074/1　經部/叢編

御纂七經五種　(清)李光地等撰　清同治六年至九年(1867－1870)浙江書局刻本　二十八冊　存一種

330000－1701－0096815　G609427　集部/別集類/清別集

是程堂二集四卷　(清)屠倬撰　清道光元年(1821)屠氏潛園刻本　二冊

330000－1701－0096817　G611653、G607983　史部/傳記類/總傳之屬/技藝

疇人傳四十六卷　(清)阮元撰　**疇人傳續六卷**　(清)羅士琳撰　清光緒八年(1882)海鹽張氏常惺齋刻本　十二冊

330000－1701－0096819　G607632　子部/醫家類/眼科之屬

林氏眼科簡便驗方□□卷　(清)林士綸撰　清光緒十九年(1893)林敬堂刻本　一冊　存一卷(上)

330000－1701－0096821　G609428　史部/雜

史類/斷代之屬

海東逸史十八卷 （清）翁洲老民撰　清光緒十年（1884）慈谿楊泰亨經畬塾刻民國二十一年（1932）慈谿張英望雲草堂重印本　一冊

330000－1701－0096822　G611029　史部/傳記類/總傳之屬/郡邑

海寧鄉賢錄一卷附錄一卷 （清）許湝祥輯　清光緒二十九年（1903）刻本　二冊

330000－1701－0096823　G607633、G608967、G611695　史部/政書類

政藝叢書癸卯全書十六種 鄧實編　清光緒二十九年（1903）政藝通報館石印本　五冊　存六種

330000－1701－0096826　G611030　類叢部/叢書類/彙編之屬

二酉堂叢書（張氏叢書）二十一種 （清）張澍輯　清道光元年（1821）武威張氏二酉堂刻本　一冊　存六種

330000－1701－0096827　G607634、G610075　史部/史評類/史論之屬

讀通鑑論十六卷附宋論十五卷 （清）王夫之撰　清光緒三十年（1904）上海商務印書館鉛印本　三冊　存六卷（一至四、七至八）

330000－1701－0096830　G611655　史部/叢編

史學叢書四十三種 （清）□□輯　清光緒二十八年（1902）上海煥文書局點石齋石印本　一冊　存一種

330000－1701－0096833　G006495　新學/格致總

物理入門一卷 （清）鄭汝成輯　清光緒木活字印本　一冊

330000－1701－0096844　G608323　經部/叢編

十三經古注 （明）葛鼒　（明）金蟠校　明崇禎十二年（1639）金蟠刻本　一冊　存一種

330000－1701－0096848　G006497　子部/宗教類/佛教之屬/大藏

徑山藏 明萬曆十七年（1589）至清嘉慶五臺、嘉興、徑山等地刻本　一冊　存三十四種

330000－1701－0096851　G611031　類叢部/叢書類/自著之屬

振綺堂遺書五種 （清）汪遠孫撰　清道光刻民國十一年（1922）錢唐汪氏彙印本　一冊　存一種

330000－1701－0096854　G607639　史部/政書類/公牘檔冊之屬

樊山政書二十卷 樊增祥撰　清末上海政學社石印本　十冊

330000－1701－0096857　G006501　史部/詔令奏議類/奏議之屬

丙午七月上官制局條陳一卷 清光緒鉛印本　一冊

330000－1701－0096859　G611032　子部/儒家類/儒學之屬/經濟

繹志十九卷 （清）胡承諾撰　清同治十一年（1872）浙江書局刻本　八冊

330000－1701－0096861　G608325　類叢部/叢書類/彙編之屬

邵武徐氏叢書二集八種 （清）徐幹編　清光緒邵武徐氏刻本　十冊　存五種

330000－1701－0096862　G611033　子部/儒家類/儒學之屬/經濟

繹志十九卷 （清）胡承諾撰　清同治十一年（1872）浙江書局刻本　八冊

330000－1701－0096863　G607640　類叢部/類書類/通類之屬

策學備纂續集四卷首一卷 （清）宋徽獻等輯　清光緒二十年（1894）上海點石齋石印本　二冊　存一卷（三）

330000－1701－0096866　G607641　集部/小說類/長篇之屬

臺灣外記三十卷 （清）江日昇撰　清光緒四年（1878）上海申報館鉛印申報館叢書本　履信題簽　一冊　存五卷（一至五）

330000－1701－0096869　G006174　子部/醫家類/綜合之屬/通論

訂正東醫寶鑑二十三卷目錄二卷　（朝鮮）許浚撰　清光緒上海校經山房石印本　何琳生題簽並記　九冊　存十五卷（雜病篇一至十一、湯液篇一至三、鍼灸篇一）

330000－1701－0096870　G006498　經部/書類/傳說之屬

古文尚書釋難二卷　（清）洪良品撰　清光緒十四年（1888）鉛印本　一冊

330000－1701－0096872　G607642、G609979　類叢部/叢書類/彙編之屬

申報館叢書正集五十七種附錄三種續集一百四十二種　（清）尊聞閣主編　蔡爾康編續集　清同治至光緒上海申報館鉛印本　四冊　存一種

330000－1701－0096873　G611657　集部/總集類/選集之屬/通代

文選課虛四卷　（清）杭世駿撰　清光緒十年（1884）上海同文書局石印本　一冊

330000－1701－0096874　G006499　史部/傳記類/別傳之屬/事狀

崇祀錄一卷附行述一卷　（清）紀運亹等輯　清道光刻本　一冊

330000－1701－0096875　G609430　經部/小學類/文字之屬/說文

說文解字韻譜十卷　（宋）徐鍇撰　（清）馮桂芬校訂　清同治三年（1864）吳縣馮桂芬縮摹篆文刻同治六年（1867）補刻本　二冊

330000－1701－0096877　G006175　集部/總集類/課藝之屬

時文雜稿不分卷　清抄本　一冊

330000－1701－0096878　G611658　類叢部/叢書類/彙編之屬

經策通纂二種　（清）吳頴炎　（清）陳通聲等纂　清光緒十三年（1887）上海點石齋石印本　九冊　存一種

330000－1701－0096881　G604349、G607643　類叢部/叢書類/彙編之屬

申報館叢書正集五十七種附錄三種續集一百四十二種　（清）尊聞閣主編　蔡爾康編續集　清同治至光緒上海申報館鉛印本　五冊　存一種

330000－1701－0096884　G006500　史部/職官類/官箴之屬

宦游紀略二卷　（清）高廷瑤撰　清光緒九年（1883）資中官廨刻本　一冊

330000－1701－0096886　G611659　經部/小學類/文字之屬/說文

說文外編十五卷補遺一卷　（清）雷浚撰　**劉氏碎金一卷**　（清）劉禧延撰　清光緒十四年（1888）上海同文書局石印本　章嶔題簽　二冊

330000－1701－0096889　G611660　史部/編年類/斷代之屬

清史攬要六卷　（日本）增田貢撰　清光緒二十七年（1901）杭州白話報館石印本　二冊　存二卷（一、三）

330000－1701－0096893　G006502　子部/雜著類/雜說之屬

菜根談一卷　（明）洪應明撰　清光緒三年（1877）刻本　一冊

330000－1701－0096898　G611661　史部/傳記類/總傳之屬/通代

於越先賢像傳贊二卷　（清）王齡撰　（清）任熊繪像　清光緒五年（1879）上海點石齋石印本　一冊　存一卷（下）

330000－1701－0096903　G611662　史部/雜史類/斷代之屬

拳匪紀略八卷前編二卷後編二卷圖一卷　（清）楊鳳藻等輯　清光緒二十九年（1903）上洋書局石印本　六冊

330000－1701－0096905　G607644　類叢部/叢書類/彙編之屬

申報館叢書正集五十七種附錄三種續集一百四十二種　（清）尊聞閣主編　蔡爾康編續集

清同治至光緒上海申報館鉛印本　六冊　存一種

330000－1701－0096911　G006503　子部/儒家類/儒學之屬
楊墨佚書一卷　清宣統二年(1910)抄本　一冊

330000－1701－0096912　M603584　史部/雜史類/斷代之屬
汴圍濕襟録一卷　(明)白愚撰　清宣統上海有正書局鉛印本　一冊

330000－1701－0096916　G609431　集部/別集類/唐五代別集
昌黎先生詩增注証訛十一卷　(唐)韓愈撰　(清)黄鉞增注証訛　**昌黎先生[韓愈]年譜一卷**　(清)黄鉞編　清道光二十八年(1848)黄中民刻咸豐七年(1857)四明鮑氏二客軒印本　二冊　存六卷(二至七)

330000－1701－0096919　G611665　集部/總集類/選集之屬/斷代
普天忠憤全集十四卷首一卷　(清)孔廣德編　清末石印本　八冊　存十卷(四至九、十一至十四)

330000－1701－0096922　G609432　類叢部/叢書類/彙編之屬
廣雅書局叢書一百五十九種　徐紹棨編　清光緒廣雅書局刻民國九年(1920)番禺徐紹棨彙編重印本　一冊　存一種

330000－1701－0096924　G006178　集部/小說類/長篇之屬
東周列國全志二十三卷一百八回　(清)蔡奡評點　清刻本　三冊　存四卷(十三至十四、二十一至二十二)

330000－1701－0096925　G611666　集部/總集類/選集之屬/斷代
普天忠憤全集十四卷首一卷　(清)孔廣德編　清末石印本　七冊　存九卷(四至十、十三至十四)

330000－1701－0096926　G602593、G609977、G610603　史部/地理類/遊記之屬/紀行
出使英法義比四國日記六卷(清光緒十六年正月十一日至十七年二月三十日)　(清)薛福成撰　清光緒十八年(1892)石印本　三冊

330000－1701－0096929　G609433　類叢部/叢書類/彙編之屬
廣雅書局叢書一百五十九種　徐紹棨編　清光緒廣雅書局刻民國九年(1920)番禺徐紹棨彙編重印本　一冊　存一種

330000－1701－0096930　G006817　集部/小說類/長篇之屬
綉像載陽堂意外緣四卷十八回　(清)周竹安撰　清光緒二十一年(1895)上海書局石印本　一冊　存一卷(一)

330000－1701－0096931　G611667　子部/藝術類/遊藝之屬/博戲
牌譜一卷　(明)胡文煥輯　清光緒九年(1883)清和刻本　一冊

330000－1701－0096932　G006179　子部/醫家類/方書之屬
彙選良方□□卷　清刻本　一冊　存五卷(五至九)

330000－1701－0096934　G607648　類叢部/叢書類/彙編之屬
正覺樓叢刻(正覺樓叢書)二十九種　(清)崇文書局編　清光緒崇文書局刻本　十一冊　存九種

330000－1701－0096937　G006180　史部/史評類/史論之屬
古今史論大觀前編十五卷後編十七卷　(清)雷瑨輯　清光緒二十七年(1901)硯耕山莊石印本　一冊　存二卷(前編十一至十二)

330000－1701－0096939　G006820　集部/別集類/清別集
綠香山館彙編六種附二種　(清)來鴻瑨撰　清光緒二十三年(1897)杭州竹簡齋石印本　十一冊

330000－1701－0096940　G608329　集部/別

雞牕百二稾八卷杏春詞賸一卷續稾十二卷瘵餘錄一卷三續稾十卷四續稾二卷 （清）宋樋撰　清道光元年至二十六年(1821－1846)刻本　二册　存四卷(雞牕百二稾一至四)

330000－1701－0096943　G006504　子部/宗教類/佛教之屬/經

金剛般若波羅密經一卷妙法蓮華經觀世音菩薩普門品一卷 （後秦)釋鳩摩羅什譯　**藥師瑠璃光如來本願功德經一卷** （唐)釋玄奘譯　清同治十一年(1872)刻本　一册

330000－1701－0096944　G611670　史部/目録類/總録之屬/彙刻

續彙刻書目十二卷 （清)傅雲龍編　**補遺一卷** （清)胡俊章補　清光緒二年至四年(1876－1878)味腴藝圃刻本　十六册　缺一卷(補遺)

330000－1701－0096946　G608331　子部/農家農學類

農學叢書 （清)上海農學會　(清)江南總農會輯　清光緒上海農學會、江南總農會石印本　七册　存第一集四十五種

330000－1701－0096947　G006183　史部/地理類/雜志之屬

三版改良廣東鄉土地理教科書二卷　蔡鑄編　清光緒三十四年(1908)粵東編譯公司鉛印本　一册　存一卷(一)

330000－1701－0096948　G006505　類叢部/叢書類/郡邑之屬

武林掌故叢編一百八十七種 （清)丁丙編　清光緒三年至二十六年(1877－1900)錢塘丁氏嘉惠堂刻本　一册　存一種

330000－1701－0096949　G608330　類叢部/叢書類/自著之屬

潛園總集十七種 （清)陸心源撰　清同治至光緒刻本　一册　存一種

330000－1701－0096950　G006821　集部/小說類/長篇之屬

繪圖第二奇書八卷六十四回 （清)隨緣下士撰　(清)寄旅散人評　清光緒二十年(1894)上海復古書齋石印本　六册　存六卷(一、三、五至八)

330000－1701－0096951　G006506　子部/宗教類/佛教之屬/經

佛說五苦章句經一卷附孛經一卷 （晉)釋竺曇無蘭譯　清光緒十一年(1885)刻本　一册

330000－1701－0096952　G610997　類叢部/叢書類/彙編之屬

邵武徐氏叢書二集八種 （清)徐榦編　清光緒邵武徐氏刻本　八册　存四種

330000－1701－0096953　G006507　子部/宗教類/佛教之屬/經

金剛般若波羅密經一卷妙法蓮華經觀世音菩薩普門品一卷 （後秦)釋鳩摩羅什譯　**藥師瑠璃光如來本願功德經一卷** （唐)釋玄奘譯　清同治十一年(1872)刻本　一册

330000－1701－0096956　G006508　子部/宗教類/佛教之屬

經律異相二卷 （南朝梁)釋僧旻　(南朝梁)釋寶唱等撰　(清)釋古崑摘錄　清同治十三年(1874)刻本　一册

330000－1701－0096957　G608332　子部/農家農學類

農學叢書 （清)上海農學會　(清)江南總農會輯　清光緒上海農學會、江南總農會石印本　三册　存第二集十二種

330000－1701－0096959　G006184　史部/史評類/史論之屬

歷代史論十二卷宋史論三卷元史論一卷 （明)張溥撰　**明史論四卷** （清)谷應泰撰　**左傳史論二卷** （清)高士奇撰　清光緒十三年(1887)洪州文盛堂刻朱墨套印本　八册　缺五卷(明史論二至四、左傳史論一至二)

330000－1701－0096960　G611671　子部/小說家類/瑣語之屬

花間笑語五卷 （清)釀花使者撰　清咸豐九

年(1859)刻本　二冊　存三卷(一至三)

330000－1701－0096961　G608333　新學/農政/農務

湖北農學十二種　(清)農務局譯　清光緒農務局石印本　一冊　存三種

330000－1701－0096962　G006822　經部/小學類/音韻之屬/韻書

增補詩韻合璧五卷詩腋不分卷詞林典腋不分卷賦彙錄要不分卷文選題解擇要不分卷　(清)湯祥瑟輯　**虚字韻藪一卷**　(清)潘維城輯　清光緒十年(1884)四明暢懷書屋鉛印本　五冊

330000－1701－0096963　G006509　子部/宗教類/佛教之屬

大悲咒註像一卷　清道光二十六年(1846)刻本　一冊

330000－1701－0096965　G006510　子部/宗教類/佛教之屬/經

大方廣佛華嚴經八十卷　(唐)釋實叉難陀譯　**大方廣佛華嚴經入不思議解脱境界普賢行願品一卷**　(唐)釋般若譯　明刻本[卷八十、普賢行願品配清同治九年(1870)如皋刻經處刻本]　九冊　存四十二卷(一至四十、八十,大方廣佛華嚴經入不思議解脱境界普賢行願品)

330000－1701－0096966　G006185　經部/小學類/訓詁之屬/譯語

法字入門一卷　(清)龔渭琳編譯　清光緒十三年(1887)上海美華書館鉛印本　一冊

330000－1701－0096968　G608334　集部/別集類/清別集

曾文正公詩鈔四卷　(清)曾國藩撰　清光緒二年(1876)上海醉六堂刻本　二冊

330000－1701－0096971　G610996　類叢部/叢書類/彙編之屬

邵武徐氏叢書二集八種　(清)徐榦編　清光緒邵武徐氏刻本　九冊　存四種

330000－1701－0096974　G608335　類叢部/類書類/通類之屬

玉海二百卷辭學指南四卷詩攷一卷詩地理攷六卷漢蓺文志攷證十卷通鑑地理通釋十四卷周書王會補注一卷漢制攷四卷踐阼篇集解一卷急就篇補注四卷姓氏急就篇二卷小學紺珠十卷六經天文編二卷周易鄭康成注一卷通鑑答問五卷　(宋)王應麟撰　**校補玉海瑣記二卷王深寧先生[應麟]年譜一卷**　(清)張大昌撰　清光緒九年至十六年(1883－1890)浙江書局刻本　三冊　存五卷(周書王會補注、姓氏急就篇一至二、校補玉海瑣記一至二)

330000－1701－0096976　G611672、G609834　類叢部/叢書類/彙編之屬

國朝名人著述叢編十三種　(清)□□編　清光緒五年(1879)上海淞隱閣鉛印本　四冊　存九種

330000－1701－0096978　G607650　經部/小學類/文字之屬/字書/字典

康熙字典十二集三十六卷總目一卷檢字一卷辨似一卷等韻一卷補遺一卷備考一卷　(清)張玉書等纂修　清光緒三十年(1904)上海錦章書局石印本　一冊　存九卷(寅集上中下、卯集上中下、辰集上中下)

330000－1701－0096979　M008172、M008170　類叢部/叢書類/彙編之屬

崇文書局彙刻書三十一種　(清)崇文書局編　清光緒元年至三年(1875－1877)湖北崇文書局刻民國元年(1912)鄂官書處重印本　二冊　存三種

330000－1701－0096980　G610995　類叢部/叢書類/彙編之屬

邵武徐氏叢書二集八種　(清)徐榦編　清光緒邵武徐氏刻本　一冊　存一種

330000－1701－0096983　G006188　新學/地學/地志學

日本地理志一卷　(日本)中村五六撰　(日本)頓野廣太郎補　王國維譯　清光緒二十七年(1901)上海金粟齋鉛印本　一冊

330000－1701－0096985　G602594　類叢部/

叢書類/彙編之屬

申報館叢書正集五十七種附錄三種續集一百四十二種　（清）尊聞閣主編　蔡爾康編續集　清同治至光緒上海申報館鉛印本　一册　存一種

330000－1701－0096987　G610994　類叢部/叢書類/彙編之屬

邵武徐氏叢書二集八種　（清）徐幹編　清光緒邵武徐氏刻本　二册　存二種

330000－1701－0096994　G602596、G608717、G610082　子部/藝術類/遊藝之屬/聯語

西湖楹聯四卷　清光緒十五年（1889）暨陽周慶祺知正軒刻十六年（1890）增刻本　三册　存三卷（二至四）

330000－1701－0096995　G609438　子部/雜著類

濟世慈航一卷　清宣統三年（1911）上海宏大善書局石印本　一册

330000－1701－0096998　G611674　類叢部/叢書類/彙編之屬

正覺樓叢刻（正覺樓叢書）二十九種　（清）崇文書局編　清光緒崇文書局刻本　一册　存一種

330000－1701－0096999　G610993　集部/總集類/選集之屬/通代

御選唐宋文醇五十八卷目錄一卷　（清）高宗弘曆輯　清光緒三年（1877）浙江書局刻本　二十册

330000－1701－0097000　G006190　子部/天文曆算類/曆法之屬

日用指明一卷　（美國）赫顯理撰　清宣統元年（1909）鉛印本　一册

330000－1701－0097003　G006823　類叢部/類書類/專類之屬

文選類雋十四卷　（清）何松編　清光緒二十年（1894）上海文盛書局石印文選四種本　焯然題記　一册　存一種

330000－1701－0097004　G602599　史部/地理類/方志之屬/通志

［道光］蜀典十二卷　（清）張澍纂　清光緒二年（1876）尊經書院刻本　一册　存四卷（一至四）

330000－1701－0097008　M608648　子部/醫家類/類編之屬

汪氏醫學叢書八種　（明）汪機等撰　清刻本　一册　存一種

330000－1701－0097011　G006824　集部/戲劇類/雜劇之屬

增像第六才子書五卷首一卷　（元）王德信（元）關漢卿撰　（清）金人瑞評　清光緒十五年（1889）上海文寶齋石印本　六册

330000－1701－0097015　G610989　集部/別集類/清別集

聽桐廬殘草一卷　（清）王繼穀撰　清光緒六年（1880）宗源瀚刻本　一册

330000－1701－0097018　G609440　史部/政書類/律令之屬/律例

刪除律例一卷　沈家本輯　清光緒三十一年（1905）浙江官書局刻本　一册

330000－1701－0097020　G609441　史部/政書類/律令之屬/律例

刪除律例一卷　沈家本輯　清光緒三十一年（1905）浙江官書局刻本　一册

330000－1701－0097021　G607654　子部/小說家類/雜事之屬

水窗春囈二卷　（清）□□撰　清光緒三年（1877）上海機器印書局鉛印本　二册

330000－1701－0097022　G609442　史部/政書類/律令之屬/律例

刪除律例一卷　沈家本輯　清光緒三十一年（1905）浙江官書局刻本　一册

330000－1701－0097024　G602601　類叢部/叢書類/郡邑之屬

海昌叢載三十二種　（清）羊復禮編　清光緒海昌羊氏傳卷樓粵東刻民國印本　一册　存二種

330000－1701－0097027　G609443　史部/政書類/律令之屬/律例
刪除律例一卷　沈家本輯　清光緒三十一年(1905)浙江官書局刻本　一冊

330000－1701－0097028　G609444　史部/政書類/律令之屬/律例
刪除律例一卷　沈家本輯　清光緒三十一年(1905)浙江官書局刻本　一冊

330000－1701－0097029　G006825　子部/術數類/相宅相墓之屬
地理五訣八卷陽宅三要四卷　(清)趙廷棟撰　清光緒三十四年(1908)上海海左書局石印本　一冊　存二卷(陽宅三要一至二)

330000－1701－0097031　G006191　子部/宗教類/道教之屬/雜著
西泠仙詠三卷　(清)陳文述撰　清道光七年(1827)西湖懷仙閣刻本　一冊

330000－1701－0097032　G607655　子部/藝術類/書畫之屬/畫譜
泛槎圖六集六卷　(清)張寶繪　清光緒六年(1880)上海點石齋石印本　四冊

330000－1701－0097033　G609445　子部/醫家類/兒科之屬/痘疹
麻疹全書四卷　(元)滑壽撰　清光緒三十一年(1905)湯鼎烜刻本　二冊　存二卷(三至四)

330000－1701－0097035　G610990　經部/叢編
十三經古注　(明)葛鼒　(明)金蟠校　明崇禎十二年(1639)金蟠刻清同治八年(1869)浙江書局重修本　三冊　存一種

330000－1701－0097036　G006826　史部/地理類/專志之屬/古跡
湖南考古畧十二卷　(清)盧峻　(清)成業襄輯　清光緒二年(1876)讀我書室刻本　健菴氏題簽　四冊

330000－1701－0097037　G006192　史部/政書類/公牘檔冊之屬
刪減司書房費數目一卷　清刻本　一冊

330000－1701－0097039　G006193　史部/政書類/律令之屬/律例
江西課吏館章程一卷　(清)江西課吏館撰　清光緒二十七年(1901)刻本　一冊

330000－1701－0097040　G611676　類叢部/叢書類/彙編之屬
申報館叢書正集五十七種附錄三種續集一百四十二種　(清)尊聞閣主編　蔡爾康編續集　清同治至光緒上海申報館鉛印本　六冊　存二種

330000－1701－0097041　G608336　類叢部/類書類/通類之屬
玉海二百卷辭學指南四卷詩攷一卷詩地理攷六卷漢藝文志攷證十卷通鑑地理通釋十四卷周書王會補注一卷漢制攷四卷踐阼篇集解一卷急就篇補注四卷姓氏急就篇二卷小學紺珠十卷六經天文編二卷周易鄭康成注一卷通鑑答問五卷　(宋)王應麟撰　**校補玉海瑣記二卷王深寧先生[應麟]年譜一卷**　(清)張大昌撰　清光緒九年至十六年(1883－1890)浙江書局刻本　一冊　存二卷(校補玉海瑣記一至二)

330000－1701－0097042　G006827　集部/戲劇類/傳奇之屬
牡丹亭還魂記二卷五十五齣　(明)湯顯祖撰　清光緒十二年(1886)同文書局石印本　四冊

330000－1701－0097043　G610991　經部/叢編
十三經古注　(明)葛鼒　(明)金蟠校　明崇禎十二年(1639)金蟠刻清同治八年(1869)浙江書局重修本　三冊　存一種

330000－1701－0097044　G006511　子部/宗教類/佛教之屬/經
大方廣佛華嚴經八十卷　(唐)釋實叉難陀譯　清刻本　十二冊　存六十卷(一至二十、二十六至六十五)

330000－1701－0097045　G006194　子部/醫家類/傷寒金匱之屬/傷寒論

傷寒論十六卷　清抄本　一冊　存七卷(一至七)

330000－1701－0097047　G608337　類叢部/類書類/通類之屬

玉海二百卷辭學指南四卷詩攷一卷詩地理攷六卷漢藝文志攷證十卷通鑑地理通釋十四卷周書王會補注一卷漢制攷四卷踐阼篇集解一卷急就篇補注四卷姓氏急就篇二卷小學紺珠十卷六經天文編二卷周易鄭康成注一卷通鑑答問五卷　(宋)王應麟撰　**校補玉海瑣記二卷王深寧先生[應麟]年譜一卷**　(清)張大昌撰　清光緒九年至十六年(1883－1890)浙江書局刻本　一冊　存二卷(校補玉海瑣記一至二)

330000－1701－0097049　G608338　類叢部/類書類/通類之屬

玉海二百卷辭學指南四卷詩攷一卷詩地理攷六卷漢藝文志攷證十卷通鑑地理通釋十四卷周書王會補注一卷漢制攷四卷踐阼篇集解一卷急就篇補注四卷姓氏急就篇二卷小學紺珠十卷六經天文編二卷周易鄭康成注一卷通鑑答問五卷　(宋)王應麟撰　**校補玉海瑣記二卷王深寧先生[應麟]年譜一卷**　(清)張大昌撰　清光緒九年至十六年(1883－1890)浙江書局刻本　一冊　存二卷(校補玉海瑣記一至二)

330000－1701－0097050　G610992　經部/叢編

十三經古注　(明)葛鼒　(明)金蟠校　明崇禎十二年(1639)金蟠刻清同治八年(1869)浙江書局重修本　十冊　存四種

330000－1701－0097051　G602603　類叢部/叢書類/彙編之屬

稗海四十六種續稗海二十四種　(明)商濬編　明萬曆商氏半埜堂刻本　四冊　存一種

330000－1701－0097052　G006195　史部/傳記類/總傳之屬/釋道

高僧傳四集九十三卷　(清)楊文會輯　清光緒十年至十八年(1884－1892)金陵刻經處、江北刻經處刻本　清西航道人題簽並記　八冊　存三十一卷(三集首、一至三十)

330000－1701－0097053　G608339　類叢部/類書類/通類之屬

玉海二百卷辭學指南四卷詩攷一卷詩地理攷六卷漢藝文志攷證十卷通鑑地理通釋十四卷周書王會補注一卷漢制攷四卷踐阼篇集解一卷急就篇補注四卷姓氏急就篇二卷小學紺珠十卷六經天文編二卷周易鄭康成注一卷通鑑答問五卷　(宋)王應麟撰　**校補玉海瑣記二卷王深寧先生[應麟]年譜一卷**　(清)張大昌撰　清光緒九年至十六年(1883－1890)浙江書局刻本　一冊　存二卷(校補玉海瑣記一至二)

330000－1701－0097056　G608340　類叢部/叢書類/彙編之屬

漸西村舍彙刊(漸西村舍叢刻)四十四種　(清)袁昶編　清光緒十六年至二十四年(1890－1898)桐廬袁氏刻本　二冊　存一種

330000－1701－0097057　G006828　史部/史評類/史論之屬

歷代史論一編四卷　(明)張溥撰　清光緒二十七年(1901)上海書局石印本　一冊

330000－1701－0097058　G006196　史部/傳記類/總傳之屬/釋道

高僧傳四集九十三卷　(清)楊文會輯　清光緒十年至十八年(1884－1892)金陵刻經處、江北刻經處刻本　二冊　存六卷(四集一至六)

330000－1701－0097059　G611677　類叢部/叢書類/彙編之屬

申報館叢書正集五十七種附錄三種續集一百四十二種　(清)尊聞閣主編　蔡爾康編續集　清同治至光緒上海申報館鉛印本　四冊　存一種

330000－1701－0097063　G609448　類叢部/叢書類/彙編之屬

函海一百五十二種　(清)李調元編　清乾隆綿州李氏萬卷樓刻嘉慶十四年(1809)李鼎元、道光五年(1825)李朝夔重校補刻本　十八册　存七種

330000－1701－0097064　G611678　類叢部/叢書類/彙編之屬
申報館叢書正集五十七種附録三種續集一百四十二種　(清)尊聞閣主編　蔡爾康編續集　清同治至光緒上海申報館鉛印本　一册　存一種

330000－1701－0097067　G006197　史部/地理類/山川之屬/山志
焦山志十二卷宸翰一卷　(清)盧見曾撰　清乾隆盧氏雅雨堂刻本　四册

330000－1701－0097068　G608341　經部/叢編
御纂七經五種　(清)李光地等撰　清同治六年至九年(1867－1870)浙江書局刻本　十二册　存一種

330000－1701－0097079　G006512　經部/叢編
五經體註大全七十二卷　(清)嚴氏家塾主人輯　清同治五年(1866)刻本　十册　存五十卷(易經大全會一至四,書經體註大全合參五至六,詩經融註大全體要一至三、六至八,漱芳軒合纂禮記體註四,春秋左傳一至十四、二十八至五十)

330000－1701－0097085　G006198　子部/宗教類/佛教之屬/經疏
維摩詰所説經無我疏十二卷　(明)釋傳燈撰　清光緒二十三年(1897)天台山真覺寺刻本　六册

330000－1701－0097088　G006830　史部/傳記類/科舉録之屬
[光緒辛卯科]浙江闈墨不分卷　(清)王萬懷等撰　清光緒申報館鉛印本　一册

330000－1701－0097093　G006513　集部/總集類/酬唱之屬
紫雲峰唱和集一卷　(清)江峯青撰　清刻本　一册

330000－1701－0097095　G006831　子部/儒家類/儒學之屬/禮教/家訓
家庭講話三卷　(清)陸一亭撰　清光緒十八年(1892)上海著易堂書局鉛印本　一册

330000－1701－0097100　G006514　子部/藝術類/書畫之屬
得碑圖一卷　清末影印本　一册

330000－1701－0097101　G006199　子部/宗教類/佛教之屬/諸宗
列祖提綱錄四十二卷首一卷　(清)釋行悦輯　清同治十三年(1874)西湖昭慶慧空經房刻本　十册

330000－1701－0097106　G006515　集部/别集類/清别集
岸舫詩九卷　(清)宋俊撰　清康熙二十四年(1685)刻本　二册　存四卷(一至四)

330000－1701－0097108　G607657　史部/政書類/儀制之屬/典禮
南巡盛典一百二十卷　(清)高晉等纂修　清光緒八年(1882)上海點石齋石印本　八册

330000－1701－0097112　G602604　史部/地理類/方志之屬/郡縣志
[宣統]富陽縣新志補正二卷　(清)朱壽保纂　清宣統三年(1911)溫州翰墨林石印本　一册

330000－1701－0097114　G006834　經部/四書類/總義之屬/傳說
四書人物類典串珠四十卷　(清)臧志仁輯　清光緒六年(1880)刻本　八册

330000－1701－0097115　G608342　經部/叢編
御纂七經五種　(清)李光地等撰　清同治六年至九年(1867－1870)浙江書局刻本　十三册　存一種

330000－1701－0097118　G610988　類叢部/

叢書類/郡邑之屬

武林掌故叢編一百八十七種 (清)丁丙編 清光緒三年至二十六年(1877－1900)錢塘丁氏嘉惠堂刻本 十一册 存三種

330000－1701－0097121 G006200 子部/術數類/雜術之屬

破獄儀範一卷 清光緒十年(1884)抄本 一册

330000－1701－0097123 G608343 經部/叢編

御纂七經五種 (清)李光地等撰 清同治六年至九年(1867－1870)浙江書局刻本 二十一册 存一種

330000－1701－0097124 G006517 子部/藝術類/書畫之屬/畫譜

南陵先生無雙譜一卷 (清)金古良撰並繪 清刻本 一册

330000－1701－0097126 G006835 集部/別集類/清別集

信札留底不分卷 稿本 一册

330000－1701－0097128 G608344 經部/叢編

御纂七經五種 (清)李光地等撰 清同治六年至九年(1867－1870)浙江書局刻本 十一册 存一種

330000－1701－0097130 G602606 史部/地理類/方志之屬/郡縣志

[光緒]富陽縣新舊志校記二卷 (清)朱壽保纂 清光緒三十三年(1907)溫州翰墨林石印本 一册

330000－1701－0097131 G607660 史部/傳記類/總傳之屬

二十四史人物類考四十六卷 (清)程維周輯 清光緒二十九年(1903)上海緯文閣石印本 七册 存三十九卷(八至四十六)

330000－1701－0097132 G006201 子部/宗教類/佛教之屬/經疏

大方廣佛華嚴經疏鈔會本二百二十卷 (唐)釋實叉難陀譯 (唐)釋澄觀撰 清刻本 二十六册 存九十五卷(三十三至五十四、五十九至一百十、一百十五至一百二十一、一百三十六至一百四十六、一百七十至一百七十二)

330000－1701－0097144 G006202 子部/宗教類/佛教之屬

十界畧解一卷 (清)訥堂老人撰述 (清)釋杲鑑箋釋 清光緒十五年(1889)杭城瑪瑙經房刻本 一册

330000－1701－0097153 G006836 集部/總集類/課藝之屬

日新富有不分卷 清抄本 采葳主人題簽 一册

330000－1701－0097154 G006203 子部/宗教類/佛教之屬/諸宗

見祖傳戒正範四卷 (清)釋讀體撰 **寶華傳戒秘本三卷** 清同治九年(1870)杭城海潮寺刻本 五册

330000－1701－0097155 G609452、G608097、G610171 史部/目録類/總録之屬/私撰

天一閣見存書目四卷首一卷末一卷 (清)薛福成撰 清光緒十五年(1889)無錫薛福成甬上崇實書院刻本 四册

330000－1701－0097156 G608347 經部/叢編

御纂七經五種 (清)李光地等撰 清同治六年至九年(1867－1870)浙江書局刻本 七册 存一種

330000－1701－0097157 G006837 集部/總集類/課藝之屬

銘池齋不分卷 清抄本 一册

330000－1701－0097159 G610987 類叢部/叢書類/郡邑之屬

武林掌故叢編一百八十七種 (清)丁丙編 清光緒三年至二十六年(1877－1900)錢塘丁氏嘉惠堂刻本 十一册 存九種

330000－1701－0097160 G608348 史部/傳記類/總傳之屬/歷代

歷代名賢齒譜九卷歷代名媛齒譜三卷　（清）易宗涒輯　清雍正三年（1725）賜書堂刻乾隆六十年（1795）補刻本　十八冊　缺一卷（五）

330000－1701－0097162　G006838　集部/詩文評類/文評之屬

論文錄要不分卷　（清）郁熙灝編　清光緒十四年（1888）少江抄本　一冊

330000－1701－0097163　G006519　子部/雜著類

劬勞詩一卷　（清）胡炳奎鑒定　清光緒十七年（1891）刻本　一冊

330000－1701－0097165　G609453、G608109、G610156、G610190　史部/目録類/總録之屬/私撰

開有益齋讀書志六卷續志一卷金石文字記一卷　（清）朱緒曾撰　清光緒六年（1880）金陵翁氏茹古閣刻本　六冊

330000－1701－0097166　G006839、G007328、G007978　子部/雜著類/雜編之屬

鶴皋瑣記不分卷　（清）笠生氏編　清光緒十四年（1888）笠生氏抄本　三冊

330000－1701－0097167　G006520　集部/總集類/題詠之屬

壽泉紀頌一卷附錄一卷　（清）陳有慶等撰　清光緒六年（1880）文峯書院刻本　一冊

330000－1701－0097168　G006204　子部/宗教類/佛教之屬/經疏

妙法蓮華經演義七卷　（後秦）釋鳩摩羅什譯　（清）釋一松講錄　（清）釋曉柔編定　**妙法蓮華經演義科文一卷**　（清）釋曉柔撰　清光緒五年（1879）武林瑪瑙寺刻本　二十冊

330000－1701－0097169　G611682　集部/總集類/選集之屬/斷代

瀛海探驪集八卷　（清）朱埏之輯　（清）馮泉　（清）毛寅初　（清）田枏註　清浙省三益堂刻本　三冊　存五卷（一至四、六）

330000－1701－0097173　G006521　子部/醫家類/傷寒金匱之屬/傷寒論

東垣先生此事難知集二卷　（金）李杲撰　明刻本　一冊

330000－1701－0097174　G602607　經部/叢編

重刊宋本十三經注疏四百十六卷　附十三經注疏校勘記四百十六卷　（清）阮元撰　（清）盧宣旬摘錄　清嘉慶二十年（1815）南昌府學刻本　八冊　存四種

330000－1701－0097177　G006522、G007012　集部/總集類/選集之屬/通代

文苑英華辨證十卷　（宋）彭叔夏撰　清抄本　二冊　存四卷（一至二、九至十）

330000－1701－0097178　G608269　子部/宗教類/佛教之屬/諸宗

天台四教儀集註十卷　（元）釋蒙潤撰　清光緒三十四年（1908）揚州藏經院刻本　四冊

330000－1701－0097179　G607665　類叢部/叢書類/彙編之屬

融經館叢書十一種　（清）徐友蘭編　清光緒六年至十一年（1880－1885）會稽徐氏八杉齋刻本　一冊　存一種

330000－1701－0097180　G006840　子部/醫家類/綜合之屬/通論

御纂醫宗金鑑九十卷首一卷　（清）吳謙等撰　清刻本　三十四冊　缺四卷（二十二、二十五至二十七）

330000－1701－0097181　G006523　集部/別集類/清別集

醉吟草　王繼香撰　清抄本　三冊　存五種

330000－1701－0097182　G608270　經部/叢編

御纂七經五種　（清）李光地等撰　清同治六年至九年（1867－1870）浙江書局刻本　十七冊　存一種

330000－1701－0097183　G006205　集部/戲劇類/傳奇之屬

夢中緣四卷四十齣　（清）李修行撰　清光緒刻本　一冊　存一卷（一）

330000－1701－0097184　G611684　類叢部/叢書類/彙編之屬
益雅堂叢書十八種　(清)傅世洵編　清光緒九年(1883)文選樓刻本　二冊　存二種

330000－1701－0097185　G609456　史部/地理類/雜志之屬
藤陰雜記十二卷　(清)戴璐撰　清光緒三年(1877)浙江吳興會館刻本　二冊

330000－1701－0097187　G611685　類叢部/叢書類/彙編之屬
嘯園叢書五十七種　(清)葛元煦編　清光緒二年至七年(1876－1881)仁和葛氏刻本　二冊　存二種

330000－1701－0097189　G611686　類叢部/叢書類/彙編之屬
嘯園叢書五十七種　(清)葛元煦編　清光緒二年至七年(1876－1881)仁和葛氏刻本　二冊　存二種

330000－1701－0097190　G607667　類叢部/叢書類/彙編之屬
埽葉山房叢鈔二十六種　(清)席威編　清同治至光緒刻光緒九年(1883)彙印本　一冊　存二種

330000－1701－0097191　G006524　集部/別集類/清別集
天鑒堂一集二卷首一卷　(清)沈近思撰　清光緒二十五年(1899)刻本　一冊

330000－1701－0097193　G611687　類叢部/叢書類/彙編之屬
嘯園叢書五十七種　(清)葛元煦編　清光緒二年至七年(1876－1881)仁和葛氏刻本　一冊　存一種

330000－1701－0097195　G006525　類叢部/叢書類/自著之屬
赤堇詩海　(清)葉元堦輯　清道光二十五年(1845)刻本　二冊　存二種

330000－1701－0097197　G610986　類叢部/叢書類/郡邑之屬
武林掌故叢編一百八十七種　(清)丁丙編　清光緒三年至二十六年(1877－1900)錢塘丁氏嘉惠堂刻本　四十一冊　存二十一種

330000－1701－0097199　G006526　集部/別集類/清別集
半野塘詩鈔一卷　(清)吳椝撰　清乾隆元年(1736)刻本　一冊

330000－1701－0097205　G609458　集部/別集類/清別集
湘麋閣遺詩四卷蘭當詞二卷　(清)陶方琦撰　清光緒十六年(1890)鄂局刻本　一冊　缺二卷(蘭當詞一至二)

330000－1701－0097207　G607669　史部/史抄類
鑑撮四卷　(清)曠敏本撰　**使奉紀勝一卷**　(清)陳階平撰　**讀史論略一卷**　(清)杜詔撰　清道光十九年(1839)陳階平四宜堂刻本　七冊　存四卷(鑑撮一至四)

330000－1701－0097210　G006527　集部/別集類/清別集
行餘集二卷　(清)張邦慶撰　清道光八年(1828)刻本　一冊

330000－1701－0097217　G006528　集部/別集類/清別集
青珊瑚館剩稿一卷附輓詩一卷　(清)唐備銈撰　清嘉慶二十二年(1817)刻本　一冊

330000－1701－0097221　G607670　類叢部/叢書類/彙編之屬
粵雅堂叢書一百八十五種　(清)伍崇曜編　清道光二十九年至光緒十一年(1849－1885)南海伍氏刻彙印本　十三冊　存七種

330000－1701－0097225　G007036、G006529　子部/雜著類
文帝丹桂籍註案四卷附梓潼帝君勸孝文一卷勸孝歌一卷鍾離祖師戒淫歌一卷戒淫十戒一卷　(清)秦潮校定　清康熙二十八年(1689)刻本　四冊

330000－1701－0097229　G006530　集部/曲

類/寶卷之屬

山東初度一卷縉雲舟轉一卷慶元三復一卷 清光緒元年(1875)刻本 一冊

330000－1701－0097231 G602608 史部/地理類/方志之屬/郡縣志

[同治]長興縣志三十二卷 (清)趙定邦修 (清)周學濬 (清)丁寶書纂 清同治十三年至光緒元年(1874－1875)刻本 四冊 存七卷(一、十至十四、二十)

330000－1701－0097234 G609461 集部/總集類/彙編之屬

雙瓣香編四卷 (清)仲錕編 清咸豐五年(1855)仲錕刻本 一冊

330000－1701－0097240 G006532 類叢部/類書類/通類之屬

新刻註釋故事白眉十卷 (明)許以忠輯 清康熙二十八年(1689)文芸館刻本 三冊 存七卷(一至二、六至十)

330000－1701－0097242 G611688 類叢部/叢書類/彙編之屬

嘯園叢書五十七種 (清)葛元煦編 清光緒二年至七年(1876－1881)仁和葛氏刻本 一冊 存一種

330000－1701－0097243 G611689 類叢部/叢書類/彙編之屬

嘯園叢書五十七種 (清)葛元煦編 清光緒二年至七年(1876－1881)仁和葛氏刻本 一冊 存一種

330000－1701－0097245 G006533 子部/宗教類/佛教之屬/經

佛説長阿含經二十二卷 (後秦)釋佛陀耶舍 (後秦)釋竺佛念譯 清光緒十三年(1887)姑蘇刻經處刻本 六冊

330000－1701－0097247 G611690 集部/詩文評類/詩評之屬

古今詩話探奇二卷 (清)蔣鳴珂撰 清乾隆四十九年(1784)杭州蔣鳴珂刻朱墨套印本 一冊

330000－1701－0097250 G608274、G610903 史部/金石類/總志之屬

金石萃編一百六十卷 (清)王昶撰 清嘉慶十年(1805)青浦王氏經訓堂刻本 三十一冊 存七十二卷(一至二十二、六十九至九十、九十五至一百二十二)

330000－1701－0097252 G006534 子部/藝術類/書畫之屬/法帖

墨池堂選帖五卷 (明)章藻輯 清宣統元年(1909)啓新書社影印本 五冊

330000－1701－0097257 G608275 子部/叢編

二十二子(二十二子彙函) (清)浙江書局編 清光緒元年至三年(1875－1877)浙江書局刻本 九冊 存五種

330000－1701－0097258 G006841、G007429 史部/編年類/通代之屬

尺木堂綱鑑易知錄九十二卷明鑑易知錄十五卷 (清)吳乘權 (清)周之炯 (清)周之燦輯 清光緒十七年(1891)上海廣百宋齋鉛印本 十一冊 存七十二卷(一至二十八、三十五至五十二、五十九至八十四)

330000－1701－0097259 G006535 史部/地理類/雜志之屬

義烏全縣村名簿一卷 稿本 一冊

330000－1701－0097260 G607672、G610063 子部/雜著類/雜説之屬

桐陰清話八卷 (清)倪鴻撰 清同治十三年(1874)申江刻本 二冊 存四卷(一至四)

330000－1701－0097261 G611691、G607995 史部/政書類/邦計之屬/戶政

光緒會計錄三卷 (清)李希聖纂 清上海時務報館據清光緒二十二年(1896)京師刻本影印本 二冊

330000－1701－0097265 G611692、G608015、G609803 集部/別集類/清別集

弢園尺牘十二卷 (清)王韜撰 清光緒十三年(1887)大文書局鉛印本 四冊

330000－1701－0097266　G006842、G007402　史部/編年類/通代之屬
尺木堂綱鑑易知錄九十二卷　(清)吳乘權　(清)周之炯　(清)周之燦輯　清光緒三十年(1904)上海校經山房鉛印本　十二冊　存七十八卷(一至三十九、五十四至九十二)

330000－1701－0097269　G608276　類叢部/叢書類/自著之屬
傚季雜著五種附二種　(清)黃以周撰　清光緒二十年至二十一年(1894－1895)江蘇南菁講舍刻本　六冊　存四種附一種

330000－1701－0097273　G006843　史部/編年類/通代之屬
尺木堂綱鑑易知錄九十二卷　(清)吳乘權　(清)周之炯　(清)周之燦輯　清光緒三十年(1904)上海校經山房鉛印本　十一冊　存七十二卷(一至三十九、四十七至六十六、七十四至八十六)

330000－1701－0097274　G611693　類叢部/叢書類/自著之屬
隨園三十八種　(清)袁枚撰　清光緒十八年(1892)勤裕堂鉛印本　二冊　存二種

330000－1701－0097277　G607674　史部/詔令奏議類/奏議之屬
南海先生四上書記四卷　康有爲撰　清光緒二十一年(1895)上海時務報館石印本　一冊

330000－1701－0097278　G608277　類叢部/叢書類/自著之屬
傚季雜著五種附二種　(清)黃以周撰　清光緒二十年至二十一年(1894－1895)江蘇南菁講舍刻本　四冊　存三種附一種

330000－1701－0097285　G006206　子部/宗教類/佛教之屬/經疏
淨土古佚十書　金陵刻經處編　清光緒十九年至民國四年(1893－1915)金陵刻經處刻本　一冊　存一種

330000－1701－0097287　G611696　經部/群經總義類/傳說之屬
皇朝五經彙解二百七十卷　(清)朱鏡清輯　清光緒十四年(1888)鴻文書局石印本　六冊　存四十四卷(易經一至十三、二十三至三十一,書經一至八,禮記二十九至三十六、四十四至四十九)

330000－1701－0097289　G607677　子部/雜著類/雜說之屬
庸書内篇二卷外篇二卷　(清)陳熾撰　清光緒二十三年(1897)上海書局石印本　八冊

330000－1701－0097290　G006207　子部/宗教類/佛教之屬/經
發覺淨心經二卷　(隋)釋闍那崛多譯　**佛說優填王經**　(晉)釋法炬譯　**佛說須摩提經**　(晉)釋竺法護譯　**佛說須摩提菩薩經**　(後秦)釋鳩摩羅什譯　清光緒六年(1880)常熟刻經處刻本　一冊

330000－1701－0097291　G608278　子部/雜著類/雜考之屬
日知錄三十二卷　(清)顧炎武撰　清康熙三十四年(1695)潘耒遂初堂刻本　十冊

330000－1701－0097292　G609466、G610096　類叢部/叢書類/自著之屬
壺盦類稿五種　(清)胡念修撰　清光緒刻彙印本　三冊　存一種

330000－1701－0097294　G608280　子部/雜著類/雜考之屬
日知錄三十二卷　(清)顧炎武撰　清康熙三十四年(1695)潘耒遂初堂刻本　八冊

330000－1701－0097296　G610985　類叢部/叢書類/郡邑之屬
武林掌故叢編一百八十七種　(清)丁丙編　清光緒三年至二十六年(1877－1900)錢塘丁氏嘉惠堂刻本　五十冊　存二十九種

330000－1701－0097299　G608279　類叢部/叢書類/彙編之屬
式訓堂叢書四十一種　(清)章壽康編　清光緒會稽章氏刻本　十冊　存九種

330000－1701－0097300　G611697　類叢部/

叢書類/輯佚之屬
玉函山房輯佚書五百九十三種附一種 (清)馬國翰輯 清光緒十年(1884)楚南湘遠堂刻本 二十三册 存一百二十二種

330000－1701－0097302 G608281 子部/叢編
二十二子(二十二子彙函) (清)浙江書局編 清光緒元年至三年(1875－1877)浙江書局刻本 三册 存二種

330000－1701－0097303 G608282 子部/醫家類/婦科之屬/產科
濟生集六卷 (清)王上達輯 清光緒二十二年(1896)明州咏古齋刻本 一册 存二卷(一至二)

330000－1701－0097304 G611698 新學/雜著/叢編
西學富强叢書七十七種 (清)張蔭桓編 清光緒二十二年(1896)上海鴻文書局石印本 七册 存三種

330000－1701－0097306 G607678 類叢部/類書類/通類之屬
鑄史駢言十二卷 (清)孫玉田編 清光緒二年(1876)四明陳氏銀藤花館刻本 一册 存三卷(三至五)

330000－1701－0097308 G607679 史部/地理類/總志之屬/通代
讀史方輿紀要一百三十卷方輿全圖總説四卷 (清)顧祖禹撰 清光緒二十九年(1903)上海益吾齋石印本 二十四册

330000－1701－0097312 G611699 史部/詔令奏議類/奏議之屬
南海先生五上書記一卷 康有爲撰 清光緒二十三年(1897)上海大同譯書局石印本 一册

330000－1701－0097315 G611700 史部/史表類/通代之屬
歷代統系録六卷 (清)黄本騏撰 清光緒二十八年(1902)上海鴻寶齋石印本 二册

330000－1701－0097316 G608285 史部/政書類/軍政之屬/團練
團練事宜一卷寧鄉勸誡士民條約一卷 (清)朱孫詒輯 清光緒二十四年(1898)石印本 一册

330000－1701－0097318 G611701 史部/史表類/通代之屬
歷代統系録六卷 (清)黄本騏撰 清光緒二十八年(1902)上海鴻寶齋石印本 二册

330000－1701－0097319 G608286 集部/總集類/彙編之屬
南宋羣賢小集七十四種 (宋)陳起編 (清)顧修重輯 清嘉慶六年(1801)石門顧氏讀畫齋刻本 三册 存十種

330000－1701－0097320 G611702 子部/雜著類/雜纂之屬
宋稗類鈔三十六卷 (清)潘永因輯 清宣統三年(1911)上海藜光社石印本 十二册

330000－1701－0097321 G602610、G608122 史部/地理類/方志之屬/郡縣志
[光緒]寶山縣志十四卷首一卷 (清)梁蒲貴 (清)吴康壽修 (清)朱延射 (清)潘履祥纂 清光緒八年(1882)學海書院刻本 八册

330000－1701－0097322 G608287 新學/地學/地理學
中等地理學舉隅一卷 (日本)中村五六撰 (清)浙江官書局譯 清末刻本 一册

330000－1701－0097323 G611703 新學/雜著/叢編
西學輯存六種 (清)王韜編 清光緒十六年(1890)淞隱盧鉛印本 一册 存三種

330000－1701－0097324 G607681、G609815 子部/雜著類/雜纂之屬
古諷籀齋目耕媵録三十二卷 (清)鄭霞逸輯 清同治十二年(1873)古諷籀齋刻本 九册 存二十八卷(一至二十五、三十至三十二)

330000－1701－0097326 G608288 新學/地

學/地理學

中等地理學舉隅一卷　（日本）中村五六撰　（清）浙江官書局譯　清末刻本　一册

330000－1701－0097327　G608289　新學/地學/地理學

中等地理學舉隅一卷　（日本）中村五六撰　（清）浙江官書局譯　清末刻本　一册

330000－1701－0097328　G608290　新學/地學/地理學

中等地理學舉隅一卷　（日本）中村五六撰　（清）浙江官書局譯　清末刻本　一册

330000－1701－0097384　G006536　類叢部/類書類/專類之屬

坊表録十六卷　（清）蘇宗經輯　清光緒十六年（1890）鬱林蘇氏刻本　一册　存六卷（一至六）

330000－1701－0097386　G608331/1　子部/農家農學類

農學叢書　（清）上海農學會　（清）江南總農會輯　清光緒上海農學會、江南總農會石印本　一册　存八種

330000－1701－0097387　G006537　新學/算學/形學

形學備旨十卷開端一卷　（美國）狄考文選譯　（清）鄒立文筆述　清光緒三十一年（1905）上海美華書館鉛印本　二册

330000－1701－0097395　G006845、G006846　類叢部/叢書類/彙編之屬

藝苑捃華四十八種　（清）顧之逵編　清同治七年（1868）刻本　二册　存四種

330000－1701－0097396　G006538　子部/宗教類/道教之屬

三丰丹訣三卷　（明）張三丰撰　清刻本　一册

330000－1701－0097398　G006539　類叢部/類書類/通類之屬

增補萬寶全書三十卷　（明）陳繼儒撰　（清）毛焕文增補　清道光八年（1828）刻本　一册　存三卷（一至三）

330000－1701－0097405　G006208　子部/宗教類/佛教之屬/經

佛説大乘十法經一卷　（南朝梁）釋僧伽婆羅譯　**佛説普門品經一卷文殊師利佛土嚴淨經二卷**　（晉）釋竺法護譯　清光緒五年至六年（1879－1880）常熟刻經處刻本　一册

330000－1701－0097407　G610952　類叢部/叢書類/自著之屬

觀古堂所著書二十種　葉德輝撰　清光緒長沙葉氏刻本　六册　存七種

330000－1701－0097408　G006854　史部/傳記類/職官録之屬/總録

［清道光二十七年］大清中樞備覽二卷　清道光二十七年（1847）榮録堂刻本　二册

330000－1701－0097411　G608264　史部/政書類

九通　（清）□□輯　清光緒八年至二十二年（1882－1896）浙江書局刻本　二十册　存一種

330000－1701－0097414　G611705　集部/別集類/明別集

六如居士全集六種　（明）唐寅撰　清嘉慶六年（1801）長沙唐仲冕果克山房刻本　一册　存二種

330000－1701－0097415　G609473　史部/目録類/總録之屬/官修

杭州藏書樓書目一卷　邵章編　清光緒二十八年（1902）刻朱印本　一册

330000－1701－0097420　G611706　子部/宗教類/佛教之屬/經

佛教西來玄化應運略録一卷　（宋）程輝編　**佛説四十二章經一卷**　（漢）釋迦葉摩騰　（漢）釋竺法蘭譯　**佛遺教經一卷**　（後秦）釋鳩摩羅什譯　**八大人覺經一卷**　（漢）釋安清譯　清同治九年（1870）金陵刻經處刻本　一册

330000－1701－0097421　G609474　史部/政

書類/公牘檔冊之屬

長興縣學文牘不分卷附刻一卷 (清)孫德祖輯 清光緒十六年至二十七年(1890－1901)山陰許純模刻本 二冊

330000－1701－0097423 G006847 史部/地理類/雜志之屬

都門紀略四卷 (清)楊士安編 清同治三年(1864)榮録堂刻本 一冊 存一卷(路程輯要)

330000－1701－0097424 G006542 史部/地理類/專志之屬/祠墓

西湖林公祠墓誌一卷 (清)程鍾瑞輯 清同治八年(1869)刻本 一冊

330000－1701－0097425 G006209 子部/宗教類/道教之屬

敬竈全書不分卷 (清)愓心憫世道人編 清光緒二年(1876)刻本 一冊

330000－1701－0097426 G610953 類叢部/叢書類/自著之屬

王菉友著述九種 (清)王筠撰 清道光至咸豐刻本 一冊 存一種

330000－1701－0097427 G611707 子部/儒家類/儒學之屬/蒙學

小學集注六卷 (明)陳選撰 清光緒二十三年(1897)金陵書局刻本 二冊

330000－1701－0097431 G611708 集部/別集類/清別集

皇華草箋注三卷 (清)陶澍撰 (清)鄭際昌箋注 (清)謝元淮補注 (清)趙宜梅補箋 清道光九年(1829)吳門刻本 一冊

330000－1701－0097432 G602611 史部/目録類/專録之屬

皇清經解敬修堂編目十六卷 (清)陶治元編 清光緒十二年(1886)石印本 三冊 存十三卷(四至十六)

330000－1701－0097433 G006543 史部/金石類/郡邑之屬/文字

濬縣金石錄二卷 (清)熊象階纂 清刻本 一冊

330000－1701－0097435 G006210 子部/醫家類/類編之屬

婦嬰至寶三種六卷 (清)徐尚慧編 清同治五年(1866)刻本 一冊

330000－1701－0097437 M606517 子部/儒家類/儒學之屬

孔氏家語十卷 (三國魏)王肅注 清光緒上海同文書局石印本 四冊

330000－1701－0097438 G611709 集部/總集類/選集之屬/通代

古唐詩合解十二卷古詩四卷 (清)王堯衢注 清道光二十五年(1845)德華堂刻本 一冊 存四卷(古詩一至四)

330000－1701－0097442 G611710 集部/總集類/選集之屬/通代

古唐詩合解十二卷古詩四卷 (清)王堯衢注 清道光二十五年(1845)德華堂刻本 一冊 存四卷(古詩一至四)

330000－1701－0097443 G006211 子部/醫家類/婦科之屬/產科

達生編三卷 (清)亟齋居士撰 清光緒二十六年(1900)錢塘周慶祥刻本 一冊

330000－1701－0097444 M606518 子部/儒家類/儒學之屬

孔氏家語十卷 (三國魏)王肅注 清光緒上海同文書局石印本 五冊

330000－1701－0097445 G611711 史部/政書類/律令之屬/律例

刪除律例一卷 沈家本輯 清光緒三十一年(1905)浙江官書局刻本 一冊

330000－1701－0097447 G611712 史部/政書類/律令之屬/律例

刪除律例一卷 沈家本輯 清光緒三十一年(1905)浙江官書局刻本 一冊

330000－1701－0097449 G611713 史部/政書類/律令之屬/律例

刪除律例一卷　沈家本輯　清光緒三十一年(1905)浙江官書局刻本　一冊

330000－1701－0097450　G006212　子部/宗教類/道教之屬

崔公入藥鏡註解一卷青天歌註釋一卷　(五代)崔希範撰　(元)王玠注　清光緒十二年(1886)錢唐魏氏刻本　一冊

330000－1701－0097451　G611714　集部/別集類/清別集

松夢寮詩稿六卷　(清)丁丙撰　清光緒二十五年(1899)丁氏刻本　二冊

330000－1701－0097452　G607685、G609831、G612061　經部/叢編

五經合纂大成四十四卷首五卷　(清)同文書局主人輯　清光緒十一年(1885)上海同文書局石印本　九冊　存二十卷(周易合纂大成首、一,詩經合纂大成一至四、七至八,春秋合纂大成一至七,禮記合纂大成四至八)

330000－1701－0097455　G611715　子部/宗教類/佛教之屬/總録

重訂教乘法數十二卷　(清)釋超海等輯　清光緒三十四年(1908)常州天寧寺刻本　六冊

330000－1701－0097458　G006848　子部/術數類/占卜之屬

牙牌神數不分卷　(清)何汝樫撰　清同源堂刻本　一冊

330000－1701－0097460　G006213　子部/宗教類/佛教之屬

香首目錄文儀一卷　清光緒十年(1884)抄本　一冊

330000－1701－0097461　G602612、G612152　類叢部/叢書類/彙編之屬

融經館叢書十一種　(清)徐友蘭編　清光緒六年至十一年(1880－1885)會稽徐氏八杉齋刻本　八冊　存二種

330000－1701－0097464　M603633　類叢部/叢書類/彙編之屬

鐵琴銅劍樓叢書十三種　瞿啓甲編　清光緒至民國刻本暨影印本　九冊　存一種

330000－1701－0097465　G006214　子部/宗教類/佛教之屬

主秉疏儀一卷　清光緒十年(1884)栢子堂抄本　一冊

330000－1701－0097467　G607687、G610020　集部/別集類/唐五代別集

唐陸宣公集二十二卷　(唐)陸贄撰　清光緒十三年(1887)上海積山書局石印本　四冊

330000－1701－0097471　G602613、G602620　類叢部/叢書類/彙編之屬

粤雅堂叢書一百八十五種　(清)伍崇曜編　清道光二十九年至光緒十一年(1849－1885)南海伍氏刻彙印本　二冊　存三種

330000－1701－0097473　G006215　子部/宗教類/佛教之屬/論

阿毘達磨俱舍論三十卷　(天竺)世親菩薩造　(唐)釋玄奘譯　清宣統三年(1911)常州天寧寺刻本　六冊

330000－1701－0097474　G607688、G602654　子部/雜著類/雜説之屬

寓廬日記十卷　(清)張景燾撰　張福鎬編訂　清宣統三年(1911)鉛印本　二冊

330000－1701－0097476　G006849　子部/術數類/占卜之屬

牙牌神數圖註詳解不分卷　(清)何汝樫撰　清光緒三年(1877)姑蘇敦古堂刻本　一冊

330000－1701－0097480　G610954　類叢部/叢書類/彙編之屬

靈峯草堂叢書十一種　陳矩編　清光緒貴陽陳氏刻本　一冊　存一種

330000－1701－0097483　G610955　類叢部/叢書類/彙編之屬

靈峯草堂叢書十一種　陳矩編　清光緒貴陽陳氏刻本　一冊　存一種

330000－1701－0097484　G609480　史部/政書類/邦計之屬

掩埋備覽一卷集證一卷　(清)談熊江撰　清光緒十年(1884)刻本　清捺甦題記　一册

330000－1701－0097485　G006216　子部/醫家類/方書之屬/單方驗方
醫方湯頭歌訣一卷經絡歌訣一卷　(清)汪昂撰　清光緒二年(1876)浙紹墨潤堂刻本　源智題簽並記　一册

330000－1701－0097487　G610956　類叢部/叢書類/自著之屬
古桐書屋六種　(清)劉熙載撰　清同治至光緒刻本　一册　存一種

330000－1701－0097489　G006850　經部/四書類/總義之屬/傳説
四書人物類典串珠四十卷　(清)臧志仁輯　清光緒六年(1880)刻本　一册　存一卷(二十五)

330000－1701－0097490　G607690、G610596　集部/别集類/清别集
石笥山房文集六卷補遺一卷詩集十二卷詩餘一卷補遺二卷續補遺二卷　(清)胡天游撰　**先考穉威公[胡天游]年譜紀畧一卷**　(清)胡元琢撰　清宣統二年(1910)上海國學扶輪社石印本　八册　缺五卷(詩集五至八、詩餘)

330000－1701－0097491　G006217　子部/醫家類/本草之屬/歷代綜合本草
本草備要八卷　(清)汪昂撰　清光緒十年(1884)學庫山房刻本　四册

330000－1701－0097492　G006851　集部/别集類/清别集
信札留底不分卷　稿本　一册

330000－1701－0097493　G006852　類叢部/類書類/通類之屬
續廣事類賦三十卷　(清)王鳳喈撰並注　清經綸堂刻本　十四册　缺九卷(二十二至三十)

330000－1701－0097494　G006922　集部/别集類/清别集
帶經堂集九十二卷　(清)王士禛撰　(清)程哲編　清康熙四十九年至五十一年(1710－1712)程哲七略書堂刻本　二十册

330000－1701－0097495　G006218　子部/醫家類/傷寒金匱之屬/金匱要略
張仲景金匱要畧論註二十四卷　(清)徐彬撰　清刻本　一册　存三卷(十至十二)

330000－1701－0097496　G609481　子部/醫家類/方書之屬/單方驗方
良方集腋二卷　(清)謝元慶輯　清同治二年(1863)留耕堂刻本　一册　存一卷(上)

330000－1701－0097497　G607691　新學/地學/地志學
中國歷代疆域沿革考不分卷　(日本)重野安繹　(日本)河田羆撰　(清)滌盦居士譯　清光緒二十八年(1902)上海商務印書館鉛印本　一册

330000－1701－0097499　G006219　子部/儒家類/儒學之屬/蒙學
寄傲山房塾課新增幼學故事瓊林四卷首一卷　(清)程登吉撰　(清)鄒聖脈增補　清姑蘇綠蔭鑑記刻本　二册　缺二卷(三至四)

330000－1701－0097500　G607692、G009415、G610177　類叢部/叢書類/郡邑之屬
越中文獻輯存書十種　紹興公報社編　清宣統二年至民國元年(1910－1912)紹興公報社鉛印本　三册　存六種

330000－1701－0097501　G609482　史部/史評類/史論之屬
重刊讀史論畧一卷　(清)杜詔撰　清同治五年(1866)永康胡氏退補齋刻本　一册

330000－1701－0097503　G610958、G612087/1　類叢部/叢書類/郡邑之屬
金華叢書六十八種　(清)胡鳳丹編　清同治七年至光緒八年(1868－1882)永康胡氏退補齋刻民國補刻印本　二十册　存九種

330000－1701－0097505　G006853、G011191　子部/雜著類/雜纂之屬
傳家寶初集八卷　(清)石成金撰　清光緒二

十一年(1895)上海書局石印本　三冊

330000－1701－0097508　G608293　集部/總集類/選集之屬/通代

文選六十卷　(南朝梁)蕭統輯　(唐)李善注　**文選考異十卷**　(清)胡克家撰　清宣統三年(1911)上海會文堂粹記石印本　十六冊

330000－1701－0097512　G611718　子部/雜著類/雜考之屬

十駕齋養新錄二十卷餘錄三卷　(清)錢大昕撰　**錢辛楣先生年譜一卷**　(清)錢大昕編　(清)錢慶曾校注　**竹汀居士[大昕]年譜續編一卷**　(清)錢慶曾撰　清光緒二年(1876)浙江書局刻本　八冊

330000－1701－0097516　G006221　子部/宗教類/佛教之屬/論

般若燈論十五卷　(天竺)龍樹菩薩造偈　(天竺)釋分別明釋論　(唐)釋波羅頗迦羅密多羅譯　清光緒二十四年(1898)金陵刻經處刻本　慧山觀款　三冊

330000－1701－0097519　G006855、G006856、G007485　類叢部/叢書類/彙編之屬

申報館叢書正集五十七種附錄三種續集一百四十二種　(清)尊聞閣主編　蔡爾康編續集　清同治至光緒上海申報館鉛印本　三冊　存二種

330000－1701－0097521　G608295、G610416　史部/地理類/方志之屬/郡縣志

[同治]南安府志三十二卷首一卷　(清)黃鳴珂修　(清)石景芬　(清)徐福炘纂　清同治七年(1868)刻本　十九冊　存三十卷(三至三十二)

330000－1701－0097522　G006924　子部/儒家類/儒學之屬/蒙學

養正遺規二卷補編一卷　(清)陳弘謀編　清光緒二十二年(1896)經綸元記刻本　二冊

330000－1701－0097525　G006925　子部/醫家類/溫病之屬/其他溫疫病證

溫熱經緯五卷　(清)王士雄撰　(清)楊照藜(清)汪曰楨評　清同治十三年(1874)湖北崇文書局刻本　三冊　存四卷(一至四)

330000－1701－0097526　G608296　史部/政書類/律令之屬/刑制

明刑管見錄一卷　(清)穆翰撰　清光緒三十年(1904)浙江官書局刻本　一冊

330000－1701－0097532　G608297　史部/政書類/律令之屬/刑制

明刑管見錄一卷　(清)穆翰撰　清光緒三十年(1904)浙江官書局刻本　一冊

330000－1701－0097535　G607693　類叢部/叢書類/彙編之屬

武英殿聚珍版書一百四十八種　清乾隆四十二年(1777)福建刻道光至同治遞修光緒二十一年(1895)增刻本　十五冊　存四種

330000－1701－0097536　G006926　子部/宗教類/佛教之屬/經

三千諸佛名經三卷　(南朝宋)釋畺良耶舍譯　清光緒元年(1875)金陵刻經處刻本　一冊

330000－1701－0097541　G006222　子部/宗教類/佛教之屬

玄籖證釋十卷　(清)釋智銓撰　清光緒十七年(1891)杭城慧空經房刻本　一冊　存二卷(一至二)

330000－1701－0097545　G608299　類叢部/叢書類/自著之屬

郝氏遺書三十三種　(清)郝懿行撰　清嘉慶至光緒刻彙印本　三冊　存一種

330000－1701－0097546　G611720　經部/小學類

雷刻四種　(清)雷浚輯　清光緒二年至十年(1876－1884)吳縣雷氏刻本　一冊　存一種

330000－1701－0097548　G006927　子部/藝術類/書畫之屬/法帖

景蘇園帖四卷　清光緒三十四年(1908)文新書局石印本　四冊

330000－1701－0097549　G006223　子部/宗

教類/佛教之屬/諸宗
淨土津梁十三種 （清）釋了慰輯　清乾隆四十九年至五十年(1784－1785)京都衍法寺刻本　一冊　存一種

330000－1701－0097552　G006857　集部/小說類/長篇之屬
第五才子書水滸全傳七十回 （元）施耐庵撰　（清）金人瑞評　清末鉛印本　五冊　存四十七回(六至二十四、四十三至七十)

330000－1701－0097554　G607694　集部/別集類/明別集
滄溟先生集十四卷附錄一卷 （明）李攀龍撰　清光緒二十一年(1895)長沙張氏湘雨樓刻本　四冊

330000－1701－0097557　G006928　子部/術數類/相宅相墓之屬
水龍經五卷 （清）蔣平階輯　清咸豐五年(1855)刻本　四冊

330000－1701－0097561　G608301　史部/政書類/邦計之屬/荒政
欽定康濟錄四卷 （清）陸曾禹撰　（清）倪國璉釐正　清同治三年(1864)浙江撫署刻本　三冊

330000－1701－0097562　G006224　史部/地理類/雜志之屬
揚州畫舫錄十八卷 （清）李斗撰　清乾隆六十年(1795)自然盦刻同治十一年(1872)重修本　四冊

330000－1701－0097563　G610957　類叢部/叢書類/郡邑之屬
金華叢書六十八種 （清）胡鳳丹編　清同治七年至光緒八年(1868－1882)永康胡氏退補齋刻民國補刻印本　六冊　存六種

330000－1701－0097565　G608302　經部/三禮總義類/名物制度之屬
求古錄禮說十六卷補遺一卷 （清）金鶚撰　**校勘記三卷** （清）王士駿輯　清光緒二年(1876)吳縣孫憙刻本　十冊

330000－1701－0097567　G006930　子部/醫家類/類編之屬
沈氏尊生書五種 （清）沈金鰲撰輯　清同治十三年(1874)湖北崇文書局刻本　八冊　存三種

330000－1701－0097570　G006225　子部/宗教類/道教之屬/經文
金碧古文龍虎上經一卷 （明）彭好古解　清抄本　一冊

330000－1701－0097572　G611722　子部/宗教類/佛教之屬/經
仁王護國般若波羅密多經二卷 （唐）釋不空譯　清同治九年(1870)金陵刻經處刻本　一冊

330000－1701－0097574　G607696　經部/小學類/文字之屬/說文
說文解字注十五卷附六書音均表五卷 （清）段玉裁撰　**說文部目分韻一卷** （清）陳煥編　清乾隆至嘉慶段氏經韻樓刻同治六年至十一年(1867－1872)蘇州保息局補刻本　一冊　存五卷(六書音均表一至五)

330000－1701－0097575　G608304　史部/政書類
九通 （清）□□輯　清光緒八年至二十二年(1882－1896)浙江書局刻本　六十冊　存一種

330000－1701－0097576　G611724　子部/天文曆算類/天文之屬
高厚蒙求四集八種 （清）徐朝俊撰　清嘉慶十二年至二十年(1807－1815)雲間徐氏刻本　三冊　存五種

330000－1701－0097581　G607697　史部/史抄類
新舊唐書合鈔二百六十卷首一卷 （清）沈炳震輯　**唐書宰相世系表訂譌十二卷** （清）沈炳震撰　**唐書合鈔補正六卷** （清）丁子復撰　清嘉慶海昌查氏刻同治十年(1871)武林吳氏清來堂補刻本　九冊　存二十六卷(二百一至二百十四、二百四十七至二百五十八)

330000－1701－0097585　G607698　集部/總集類/氏族之屬

胥溪朱氏文會堂詩鈔八卷　(清)朱美鏐纂　清咸豐元年(1851)胥溪朱氏刻本　四冊

330000－1701－0097592　G611725　子部/宗教類/佛教之屬/諸宗

蓮修必讀一卷　(清)釋觀如輯　清光緒十二年(1886)揚州藏經院刻本　一冊

330000－1701－0097597　G006858　子部/醫家類/方書之屬/單方驗方

驗方新編□□卷　(清)鮑相璈輯　清刻本　二冊　存三卷(十一、十五至十六)

330000－1701－0097599　G611726　子部/宗教類/佛教之屬/經疏

大華嚴經略策一卷三聖圓融觀門一卷　(唐)釋澄觀撰　**答順宗心要法門一卷**　(唐)釋澄觀撰　(唐)釋宗密注　**原人論一卷**　(唐)釋宗密撰　**華嚴念佛三昧論一卷**　(清)彭紹升撰　清同治十三年(1874)雞園刻經處、光緒二十一年(1895)、二十三年(1897)金陵刻經處刻本　一冊　缺二卷(原人論、華嚴念佛三昧論)

330000－1701－0097603　G602618　類叢部/類書類/專類之屬

佩文韻府一百六卷　(清)張玉書　(清)蔡升元等輯　**韻府拾遺一百六卷**　(清)汪灝　(清)何焯等輯　清光緒十五年(1889)上海點石齋石印本　十八冊　存九十七卷(佩文韻府十至一百六)

330000－1701－0097607　G609486、G608215　集部/別集類/清別集

孟晉齋文集五卷　(清)顧壽楨撰　**孟晉齋[顧壽楨]年譜一卷**　(清)顧家相撰　清同治五年(1866)見素抱樸齋刻本　三冊

330000－1701－0097609　G611727　集部/總集類/彙編之屬

國朝八家四六文鈔(八家四六文鈔)八種　(清)吳鼒編　清刻本　一冊　存四種

330000－1701－0097616　G611728　子部/宗教類/佛教之屬/諸宗

唯心五種　(宋)釋延壽等撰　清光緒七年(1881)金陵刻經處刻本　一冊　存三種

330000－1701－0097623　G611729　子部/宗教類/佛教之屬

破邪論二卷　(唐)釋法琳撰　清光緒三十四年(1908)揚州藏經院刻本　一冊

330000－1701－0097624　G610951　集部/總集類/選集之屬/通代

古文淵鑒六十四卷　(清)徐乾學等輯注　清同治十二年(1873)浙江書局刻本　二十冊　存四十二卷(一至四十、六十三至六十四)

330000－1701－0097626　G610959　類叢部/叢書類/彙編之屬

後知不足齋叢書四十七種　(清)鮑廷爵編　清同治至光緒常熟鮑氏刻本　二冊　存一種

330000－1701－0097628　G006932　子部/醫家類/兒科之屬/通論

幼科證治準繩集九卷　(明)王肯堂撰　明刻本　十冊　存八卷(二至九)

330000－1701－0097629　G611730　子部/宗教類/佛教之屬/經疏

占察善惡業報經疏二卷　(隋)釋菩提登譯　(清)釋智旭述　**占察善惡業報經玄義一卷占察善惡業報經行法一卷**　(清)釋智旭輯　清同治七年(1868)清芬堂刻本　二冊

330000－1701－0097630　G006227　子部/宗教類/佛教之屬

靈寶解厄度關科儀一卷　清光緒十年(1884)抄本　一冊

330000－1701－0097631　G602619、G610474　子部/小說家類/異聞之屬

剪燈新話二卷　(明)瞿祐撰　**覓燈因話二卷**　(明)邵景詹撰　清咸豐元年(1851)刻本　二冊　存二卷(剪燈新話一至二)

330000－1701－0097632　G006228　子部/宗教類/佛教之屬

大堂要儀一卷　清光緒十年(1884)栢子堂抄本　一冊

330000－1701－0097633　G006229　子部/農家農學類/園藝之屬/花卉
蘭言述畧四卷首一卷　(清)袁世俊撰　清光緒抄本　一冊

330000－1701－0097634　G006230　子部/農家農學類/園藝之屬/花卉
蘭蕙真傳一卷附逐月安置建蘭法一卷　清光緒十年(1884)栢子堂抄本　一冊

330000－1701－0097635　G006231　子部/宗教類/佛教之屬
秉文科儀一卷　清光緒十年(1884)抄本　一冊

330000－1701－0097636　G006232　子部/宗教類/佛教之屬
皈戒津儀一卷　清光緒十年(1884)栢子堂抄本　一冊

330000－1701－0097637　G006233　子部/宗教類/佛教之屬
華山演儀全集一卷　清光緒十年(1884)栢子堂抄本　一冊

330000－1701－0097638　G006234　子部/宗教類/佛教之屬
天寧規約一卷　清光緒十年(1884)栢子堂抄本　一冊

330000－1701－0097640　G006235　子部/宗教類/佛教之屬
佛七規則一卷　清光緒十年(1884)栢子堂抄本　一冊

330000－1701－0097641　G006933　子部/醫家類/傷寒金匱之屬/傷寒論
增輯傷寒類方四卷　(清)潘霨增輯　(清)徐大椿編釋　清刻本　一冊　存一卷(四)

330000－1701－0097642　G607700　子部/醫家類/方書之屬/單方驗方
串雅內編四卷　(清)趙學敏輯　清光緒十四年(1888)榆園刻本　一冊　存二卷(三至四)

330000－1701－0097643　G607701　集部/別集類/清別集
小睡足寮詩錄四卷　(清)秦敏樹撰　清光緒十三年(1887)刻本　一冊

330000－1701－0097644　G006934　子部/藝術類/書畫之屬/法帖
戴文節公書諭祭葬文一卷　(清)戴熙書　清光緒三十四年(1908)拙廬石印本　一冊

330000－1701－0097645　G006935　集部/曲類/寶卷之屬
明宗孝義達本寶卷二卷　(清)善明居士翻譯　清刻本　一冊

330000－1701－0097646　G608305　史部/政書類
九通　(清)□□輯　清光緒八年至二十二年(1882－1896)浙江書局刻本　六十一冊　存二種

330000－1701－0097647　G609491　史部/傳記類/別傳之屬/事狀
皇清誥授光禄大夫贈太子少保予諡勤肅頭品頂戴兵部尚書都察院右都御史兩廣總督顯考方之府君[陶勤肅]行述一卷　陶葆廉　陶保霖撰　清光緒刻本　一冊

330000－1701－0097648　G006236　子部/宗教類/佛教之屬
山暉旭禪師語錄□□卷　(清)釋德悟等記錄　清刻本　一冊　存四卷(一至四)

330000－1701－0097649　G006936　子部/術數類/陰陽五行之屬
推背圖說一卷　題(唐)袁天罡撰　(唐)李淳風注　**附錄燒餅歌一卷**　(明)劉基撰　清抄本　四冊

330000－1701－0097650　G608306　史部/政書類
九通　(清)□□輯　清光緒八年至二十二年(1882－1896)浙江書局刻本　十六冊　存一種

330000－1701－0097651　G006937　子部/宗教類/佛教之屬/經疏

般若心經五家註五種五卷附紫柏老人心經說一卷　金陵刻經處輯　清同治至民國金陵刻經處、長沙刻經處刻金陵刻經處印本　一册

330000－1701－0097652　G608307　史部/政書類

九通　(清)□□輯　清光緒八年至二十二年(1882－1896)浙江書局刻本　四册　存一種

330000－1701－0097653　G607702、G606675、G610084　集部/别集類/清别集

遜學齋文鈔十二卷首一卷末一卷續鈔五卷詩鈔十卷續鈔五卷　(清)孫衣言撰　清同治三年(1864)、十二年(1873)刻光緒增刻本　四册　存二十卷(文續鈔一至五、詩鈔一至十、詩續鈔一至五)

330000－1701－0097654　G006938　集部/别集類/清别集

得樹軒詩存一卷　(清)胡玉藻撰　清刻本　一册

330000－1701－0097656　G006939　集部/總集類/選集之屬/斷代

道咸同光四朝詩史一斑錄□□卷　孫雄輯　清光緒三十四年至宣統二年(1908－1910)油印本　二十六册　存十五卷(一、三至十六)

330000－1701－0097657　G608308　史部/政書類

九通　(清)□□輯　清光緒八年至二十二年(1882－1896)浙江書局刻本　三十册　存一種

330000－1701－0097659　G609493　子部/藝術類/書畫之屬/畫譜

夢跡圖一卷　(清)寶琳繪　清光緒元年(1875)上海點石齋石印本　二册

330000－1701－0097661　G608309、G610927　史部/金石類/郡邑之屬

越中金石記十卷越中金石目二卷　(清)杜春生撰　清道光十年(1830)山陰杜春生詹波館刻本　八册

330000－1701－0097662　G609494　史部/地理類/外紀之屬

適可齋記言四卷記行六卷　(清)馬建忠撰　清光緒二十二年(1896)刻本　四册

330000－1701－0097665　G608310　類叢部/叢書類/彙編之屬

南菁書院叢書四十一種　王先謙　繆荃孫編　清光緒十四年(1888)江陰南菁書院刻本　一册　存一種

330000－1701－0097667　G607705　史部/傳記類/總傳之屬/郡邑

吴郡名賢圖傳贊二十卷　(清)顧沅輯　(清)孔繼垚繪　清道光九年(1829)長洲顧氏刻本　二册　存五卷(十一至十二、十八至二十)

330000－1701－0097668　G611731　子部/宗教類/佛教之屬/經

出曜經二十卷　(天竺)法救尊者造　(後秦)釋竺佛念譯　清光緒十五年(1889)江北刻經處刻本　四册　存十三卷(八至二十)

330000－1701－0097670　G610962　史部/政書類/邦交之屬

中瑞通商條約一卷　清宣統刻本　一册

330000－1701－0097671　G610960　史部/政書類/邦交之屬

中瑞通商條約一卷　清宣統刻本　一册

330000－1701－0097673　G608312　類叢部/叢書類/郡邑之屬

名家西湖遊記十四種　清光緒錢塘丁氏刻本　一册　存五種

330000－1701－0097674　G610961　史部/政書類/邦交之屬

中瑞通商條約一卷　清宣統刻本　一册

330000－1701－0097676　G611732　經部/群經總義類/傳說之屬

十三經札記二十二卷附十六卷　(清)朱亦棟撰　清光緒四年(1878)武林竹簡齋刻本　三

册　存一種

330000－1701－0097678　G608313　類叢部/叢書類/郡邑之屬
名家西湖遊記十四種　清光緒錢塘丁氏刻本　一册　存三種

330000－1701－0097680　G602621　子部/藝術類/書畫之屬/畫譜
增刻紅樓夢圖詠一卷　(清)王墀繪並輯　**紅樓夢紀畧一卷廣義一卷**　(清)青山山農撰　**紅樓夢論贊一卷**　(清)讀花人撰　清光緒八年(1882)上海點石齋石印本　二册

330000－1701－0097682　G608314　集部/別集類/清別集
養一齋文集二十卷　(清)李兆洛撰　清光緒四年(1878)刻本　八册

330000－1701－0097683　G607707　集部/別集類/清別集
聊齋先生文集二卷　(清)蒲松齡撰　清宣統二年(1910)國學扶輪社鉛印本　一册　存一卷(下)

330000－1701－0097685　G611733　類叢部/叢書類/自著之屬
潛園總集十七種　(清)陸心源撰　清同治至光緒刻本　一册　存一種

330000－1701－0097686　G610963　史部/政書類/邦交之屬
中瑞通商條約一卷　清宣統刻本　一册

330000－1701－0097687　G602622　史部/雜史類
陸沈叢書四種　(清)□□輯　清光緒二十九年(1903)石印本　一册

330000－1701－0097688　G609495　集部/曲類/寶卷之屬
目連卷全集不分卷　清光緒三年(1877)杭州瑪瑙寺經房刻本　一册

330000－1701－0097689　G608315　子部/宗教類/佛教之屬/經疏
大佛頂如來密因修證了義諸菩薩萬行首楞嚴經宗通十卷　(明)曾鳳儀撰　清道光浙寧太白山天童寺刻本　十册

330000－1701－0097693　G610967　集部/總集類/氏族之屬
壎篪集十卷　(清)劉沅輯　清咸豐二年(1852)豫誠堂刻本　四册

330000－1701－0097694　G611734　子部/宗教類/佛教之屬
法苑珠林一百卷　(唐)釋道世撰　清道光七年(1827)蔣氏燕園刻本　一册　存三卷(一至三)

330000－1701－0097695　G608316　集部/別集類/清別集
錢南園先生遺集五卷　(清)錢灃撰　清光緒十九年(1893)保山劉樹堂浙江書局刻本　二册

330000－1701－0097696　G609496　類叢部/叢書類/自著之屬
潛廬全集五種附一種　金蓉鏡撰　清光緒三十四年(1908)、宣統二年(1910)刻本　香巖題記　一册　存一種

330000－1701－0097699　G607709　集部/別集類/清別集
靜妙山房遺集三卷詩集補遺一卷　(清)錢鈞伯撰　清光緒十六年(1890)刻本　一册

330000－1701－0097700　G608317　子部/儒家類/儒學之屬/禮教
五種遺規十七卷　(清)陳弘謀輯並撰　清光緒二十一年(1895)浙江書局刻本　二册　存一種

330000－1701－0097704　G611735　類叢部/叢書類/彙編之屬
曼陀羅華閣叢書十六種　(清)杜文瀾編　清咸豐至光緒秀水杜氏刻光緒十八年(1892)上海掃葉山房修補印本　八册　存一種

330000－1701－0097706　G609497　集部/曲類/寶卷之屬

湖廣荊州府永慶縣修行梅氏花嫺寶卷二卷　清末刻本　一冊　存一卷(下)

330000－1701－0097707　G608318　子部/儒家類/儒學之屬/禮教

五種遺規十七卷　(清)陳弘謀輯並撰　清光緒二十一年(1895)浙江書局刻本　二冊　存一種

330000－1701－0097708　G607710　集部/別集類/清別集

半巖廬遺詩二卷　(清)邵懿辰撰　清同治十年(1871)潘祖蔭刻本　一冊

330000－1701－0097711　G607711　集部/總集類/選集之屬/通代

六朝文絜四卷　(清)許槤輯並評　清光緒三年(1877)馮氏讀有用書齋刻朱墨套印本　一冊

330000－1701－0097713　G608319　子部/儒家類/儒學之屬/禮教

五種遺規十七卷　(清)陳弘謀輯並撰　清光緒二十一年(1895)浙江書局刻本　一冊　存一種

330000－1701－0097714　G608320　子部/儒家類/儒學之屬/禮教

五種遺規十七卷　(清)陳弘謀輯並撰　清光緒二十一年(1895)浙江書局刻本　一冊　存一種

330000－1701－0097715　G611736　集部/別集類/清別集

濂亭文集八卷　(清)張裕釗撰　(清)查燕緒編　清光緒八年(1882)查氏木漸齋蘇州刻本　二冊

330000－1701－0097717　G608321　新學/兵制/陸軍

戰術學三卷　(日本)細田謙藏譯述　(日本)稻村新六參訂　清光緒南洋公學譯書院鉛印本　三冊　存二卷(一至二)

330000－1701－0097718　G611737　類叢部/叢書類/彙編之屬

張氏適園叢書　張鈞衡編　清宣統三年(1911)上海國學扶輪社鉛印本　二冊　存三種

330000－1701－0097720　G610968　集部/總集類/氏族之屬

壎篪集十卷　(清)劉沅輯　清咸豐二年(1852)豫誠堂刻本　四冊

330000－1701－0097721　G611739　類叢部/叢書類/彙編之屬

漸西村舍彙刊(漸西村舍叢刻)四十四種　(清)袁昶編　清光緒十六年至二十四年(1890－1898)桐廬袁氏刻本　八冊　存一種

330000－1701－0097722　G607713　子部/天文曆算類/曆法之屬

大清光緒三十四年歲次戊申時憲書不分卷　清光緒三十三年(1907)刻朱墨套印本　一冊

330000－1701－0097723　G611738、G610327　子部/儒家類/儒學之屬/勸學

程氏家塾讀書分年日程三卷綱領一卷　(元)程端禮撰　清同治七年(1868)湖北崇文書局刻本　二冊

330000－1701－0097724　G608322　類叢部/叢書類/彙編之屬

望三益齋叢書十八種　(清)吳棠編　清咸豐至光緒吳氏望三益齋刻本　四冊　存一種

330000－1701－0097725　G609501、G610164　集部/總集類/氏族之屬

袁氏家集八種　(清)袁鎮嵩輯　清光緒十六年(1890)邃懷堂刻本　二冊　存二種

330000－1701－0097726　G006940　子部/儒家類/儒學之屬/蒙學

小學韻語一卷　(清)羅澤南撰　清刻本　一冊

330000－1701－0097727　G611740　類叢部/叢書類/彙編之屬

漸西村舍彙刊(漸西村舍叢刻)四十四種　(清)袁昶編　清光緒十六年至二十四年(1890－1898)桐廬袁氏刻本　十一冊　存

五種

330000－1701－0097728　G610969　史部/傳記類/職官録之屬/總録

[清光緒十二年]浙江同官錄不分卷　(清)許應鑅編　清光緒十二年(1886)刻本　四册

330000－1701－0097730　G006941　子部/宗教類/佛教之屬/經

金剛般若經六譯本六卷　(後秦)釋鳩摩羅什等譯　清同治八年(1869)、十一年(1872)金陵刻經處刻本　一册

330000－1701－0097732　G006942　子部/術數類/相宅相墓之屬

陽宅要覽三卷　(清)弁山念道人輯　清刻本　一册

330000－1701－0097733　G610970　經部/三禮總義類/名物制度之屬

天子肆獻祼饋食禮三卷　(清)任啓運撰　清光緒十一年(1885)浙江書局刻本　一册

330000－1701－0097735　G607716、G609629　類叢部/叢書類/彙編之屬

虛霩居叢書　(清)曾之編　清光緒刻本　四册　存一種

330000－1701－0097737　G006943　集部/別集類/清別集

潘少白先生文集八卷詩集五卷常語二卷　(清)潘諮撰　清末抄本　陶濬宣題記　六册

330000－1701－0097739　G610971　類叢部/叢書類/自著之屬

槐軒全集二十一種附九種　(清)劉沅撰　清咸豐至民國刻彙印本　一册　存一種

330000－1701－0097741　M603662　類叢部/叢書類/自著之屬

陶廬叢刻第二集十種　王樹枏撰　清光緒九年至民國十四年(1883－1925)新城王氏刻本暨鉛印本　一册　存二種

330000－1701－0097743　G610972　類叢部/叢書類/自著之屬

槐軒全集二十一種附九種　(清)劉沅撰　清咸豐至民國刻彙印本　一册　存一種

330000－1701－0097751　G611741　史部/地理類/雜志之屬

藤陰雜記十二卷　(清)戴璐撰　清光緒三年(1877)浙江吳興會館刻本　二册

330000－1701－0097752　G006944　子部/雜著類/雜說之屬

晨鐘錄一卷　(清)沈椁復重校　清光緒三年(1877)項晉蕃等刻本　一册

330000－1701－0097755　G006979　集部/別集類/清別集

煮夢庵詩一卷詞一卷　(清)許增撰　**煮夢庵填詞圖題詞一卷榆園老人聯語一卷**　清抄本　一册

330000－1701－0097756　G608252　類叢部/類書類/通類之屬

玉海二百卷辭學指南四卷詩攷一卷詩地理攷六卷漢蓺文志攷證十卷通鑑地理通釋十四卷周書王會補注一卷漢制攷四卷踐阼篇集解一卷急就篇補注四卷姓氏急就篇二卷小學紺珠十卷六經天文編二卷周易鄭康成注一卷通鑑答問五卷　(宋)王應麟撰　**校補玉海瑣記二卷王深寧先生[應麟]年譜一卷**　(清)張大昌撰　清光緒九年至十六年(1883－1890)浙江書局刻本　十八册　存五十卷(詩攷、詩地理攷一至六、漢蓺文志攷證一至十、通鑑地理通釋五至十四、周書王會補注、漢制攷一至四、踐阼篇集解、急就篇一至四、姓氏急就篇一至二、六經天文編一至二、周易鄭康成注、通鑑答問一至五、校補玉海瑣記一至二、王深寧先生年譜)

330000－1701－0097761　G611743　經部/叢編

石齋先生經傳九種　(明)黃道周撰　清康熙三十二年(1693)晉安鄭開極刻道光二十八年(1848)長洲彭蘊章補刻本　二册　存一種

330000－1701－0097763　G006980　史部/金石類/總志之屬

金石索十二卷首一卷 （清）馮雲鵬 （清）馮雲鵷輯 清光緒十九年（1893）上海積山書局石印本 二十二册

330000－1701－0097767 G608253 類叢部/類書類/通類之屬

玉海二百卷辭學指南四卷詩攷一卷詩地理攷六卷漢藝文志攷證十卷通鑑地理通釋十四卷周書王會補注一卷漢制攷四卷踐阼篇集解一卷急就篇補注四卷姓氏急就篇二卷小學紺珠十卷六經天文編二卷周易鄭康成注一卷通鑑答問五卷 （宋）王應麟撰 **校補玉海瑣記二卷王深寧先生［應麟］年譜一卷** （清）張大昌撰 清光緒九年至十六年（1883－1890）浙江書局刻本 八册 存二十一卷（詩地理攷一至六、周書王會補注、漢制攷一至四、踐阼篇集解、急就篇一至四、姓氏急就篇一至二、六經天文編一至二、周易鄭康成注）

330000－1701－0097768 G607719 史部/目録類/總録之屬/私撰

天一閣書目四卷 （清）阮元、范邦甸等編 **附碑目一卷續增一卷** （清）錢大昕編 （清）范懋敏續編 清嘉慶十三年（1808）揚州阮元文選樓刻本 十册 存四卷（一至四）

330000－1701－0097769 G602625 子部/宗教類/佛教之屬/諸宗

安樂集二卷 （唐）釋道綽撰 清光緒二十三年（1897）金陵刻經處刻本 清寬師過錄道綽大師傳 一册

330000－1701－0097773 G608254 集部/別集類/清別集

道古堂文集四十八卷詩集二十六卷集外文一卷集外詩一卷 （清）杭世駿撰 **軼事一卷** （清）汪曾唯輯 清乾隆四十一年（1776）刻光緒十四年（1888）汪曾唯振綺堂增修本 九册 存四十三卷（文集一至十三、十九至二十三、二十九至三十三、四十至四十三，詩集一至六、十二至十六、二十二至二十六）

330000－1701－0097774 G006861 子部/醫家類/婦科之屬

傅青主女科二卷產後編二卷 （清）傅山撰 清刻本 一册 存一卷（二）

330000－1701－0097776 G610964 類叢部/叢書類/彙編之屬

榆園叢刻十五種附一種 （清）許增編 清同治至光緒刻本 七册 存五種

330000－1701－0097778 G006981 經部/小學類/文字之屬/字書/訓蒙

三千字文一卷 清寧波刻本 一册

330000－1701－0097780 G611744 史部/地理類/方志之屬/通志

［雍正］敕修浙江通志二百八十卷首三卷 （清）李衛 （清）嵇曾筠等修 （清）沈翼機 （清）傅王露等纂 清光緒二十五年（1899）浙江書局刻本 八十三册 存二百六卷（首一至三，一至一百三十八、一百六十七至二百一、二百三十一至二百六十）

330000－1701－0097781 G608255 類叢部/叢書類/自著之屬

曾文正公全集十六種 （清）曾國藩撰 清同治至光緒傳忠書局刻本 二册 存一種

330000－1701－0097784 G006982 子部/術數類/占卜之屬

靈棋經二卷 （晉）顏幼明 （南朝宋）何承天 （元）陳師凱 （明）劉基注解 清抄本 一册 存一卷（上）

330000－1701－0097787 G607721 類叢部/叢書類/自著之屬

潛廬全集五種附一種 金蓉鏡撰 清光緒三十四年（1908）、宣統二年（1910）刻本 一册 存一種

330000－1701－0097789 G608256、G610845 史部/地理類

李氏五種 （清）李兆洛撰 清同治九年至十一年（1870－1872）合肥李鴻章刻本 十册 存二種

330000－1701－0097795 G006983 子部/雜著類/雜纂之屬

雜鈔一卷　清抄本　一冊

330000－1701－0097798　G608257　集部/別集類/清別集
萃堂詩錄一卷詞錄一卷　(清)潘鴻撰　清光緒三十三年(1907)刻本　一冊

330000－1701－0097800　G607722　集部/別集類/宋別集
蘇文忠詩合註五十卷首一卷　(宋)蘇軾撰　(清)馮應榴輯　清乾隆五十八年(1793)桐鄉馮氏踵息齋刻同治九年(1870)補修本　一冊　存三卷(四十八至五十)

330000－1701－0097802　G006984、G010515　集部/別集類/清別集
攬青閣詩鈔二卷　(清)李貽德撰　清同治六年(1867)刻本　二冊

330000－1701－0097803　G608258　史部/傳記類/別傳之屬
先聖生卒年月日考二卷　(清)孔廣牧撰　清光緒十九年(1893)浙江書局刻本　一冊

330000－1701－0097806　G609502　集部/總集類/尺牘之屬
名賢手札八種　(清)郭慶藩輯　清光緒十年(1884)湘陰郭氏岵瞻堂刻本　一冊　存一種

330000－1701－0097809　G607723　史部/傳記類/別傳之屬/事狀
欽旌孝婦孝女二傳不分卷　(清)陶方琦撰　清光緒刻本　一冊

330000－1701－0097810　G608259、G612408　新學/商務/商學
原富八卷　(英國)斯密亞丹撰　嚴復譯　清光緒二十八年(1902)上海南洋公學譯書院鉛印本　八冊

330000－1701－0097812　G006985　子部/雜著類/雜說之屬
清語不分卷　清抄本　一冊

330000－1701－0097814　G006862　子部/醫家類/婦科之屬/產科
產後編二卷　(清)傅山撰　清刻本　二冊

330000－1701－0097815　G608260　子部/儒家類/儒學之屬/勸學
謝退谷先生教諭語一卷　(清)謝金鑾撰　**王罕皆先生步青小題八法一卷**　(清)王步青撰　**費畊亭先生庚吉墨訣四則一卷**　(清)費庚吉撰　**徐廉峰先生寶善試帖巵言一卷**　(清)徐寶善撰　清同治十一年(1872)培槐軒刻本　一冊

330000－1701－0097817　G609503　史部/目録類/通論之屬/掌故瑣記
曝書雜記三卷　(清)錢泰吉撰　清同治七年(1868)刻本　清戴穗孫跋　一冊

330000－1701－0097821　G006986　新學/政治法律
憲政芻議不分卷　羅希倫撰　稿本　一冊

330000－1701－0097823　G608261　子部/宗教類/佛教之屬
四念處四卷　(隋)釋智顗說　(唐)釋灌頂記　清光緒三年(1877)江北刻經處刻本　一冊

330000－1701－0097827　G608262　類叢部/叢書類/自著之屬
振綺堂遺書五種　(清)汪遠孫撰　清道光刻民國十一年(1922)錢唐汪氏彙印本　一冊　存一種

330000－1701－0097831　G006987　史部/傳記類/日記之屬
日記(清光緒二十年正月初一至九月十六日)不分卷　(清)惜餘主人撰　稿本　一冊

330000－1701－0097832　G608263　史部/政書類/公牘檔冊之屬
浙江諮議局文牘第二編不分卷第三編二卷　清宣統二年(1910)鉛印本　二冊　存二卷(第三編一至二)

330000－1701－0097835　G006988　史部/政書類/邦計之屬
金穀一覽不分卷　(清)錢天受編　清宣統二年(1910)稿本　一冊

330000－1701－0097836　G607725　類叢部/叢書類/彙編之屬

榆園叢刻十五種附一種　(清)許增編　清同治至光緒刻本　謝龍望題記　一册　存一種

330000－1701－0097837　G006945　史部/傳記類/日記之屬

戊辰日記□□卷　稿本　一册　存一卷(一)

330000－1701－0097840　G602626　經部/四書類/總義之屬/傳説

四書小參一卷四書問答一卷　(明)朱斯行撰　清光緒三年(1877)姑蘇刻經處刻本　一册

330000－1701－0097843　G006989　史部/地理類/遊記之屬

章兆春游記一卷　(清)章兆春撰　稿本　一册

330000－1701－0097844　G006864　集部/小説類/長篇之屬

增像全圖三國演義十六卷一百二十回　(明)羅本撰　(清)毛宗崗評　清光緒二十五年(1899)美華賓記石印本　楊濟昌題簽　一册　存二卷(十五至十六)

330000－1701－0097846　G602627　子部/宗教類/佛教之屬/諸宗

相宗八要解八種　(明)釋明昱撰　清光緒二十八年(1902)金陵刻經處刻本　一册　存四種

330000－1701－0097849　G607727　子部/宗教類/佛教之屬/經

金光明經四卷　(晉)釋曇無讖譯　清同治八年(1869)釋古株刻本　一册

330000－1701－0097851　G006865　子部/宗教類/道教之屬

敬竈全書不分卷　(清)惕心憫世道人編　清光緒九年(1883)積善堂陶刻本　一册

330000－1701－0097853　G607728　集部/別集類/清別集

璞齋集詩四卷詞一卷　(清)諸可寶撰　清光緒十四年(1888)長洲黄氏流芳閣木活字印本　二册

330000－1701－0097857　G006946　子部/藝術類/書畫之屬/畫譜

芥子園畫傳四集四卷　(清)丁臯等撰輯　**芥子園圖章會纂一卷**　(清)李漁撰　清芥子園刻本　三册　存四卷(二至四、芥子園圖章會纂)

330000－1701－0097861　G610973　史部/傳記類/科舉録之屬/諸貢録

明貢舉考畧二卷　(清)黄崇蘭輯　清道光五年(1825)金閶經義堂刻本　一册

330000－1701－0097866　G609505、G610539　類叢部/叢書類/彙編之屬

觀古堂彙刻書　葉德輝編　清光緒至民國長沙葉氏刻本　二册　存一種

330000－1701－0097872　G610974　史部/傳記類/別傳之屬

先聖生卒年月日考二卷　(清)孔廣牧撰　清光緒十九年(1893)浙江書局刻本　一册

330000－1701－0097879　G610975　史部/傳記類/別傳之屬

先聖生卒年月日考二卷　(清)孔廣牧撰　清光緒十九年(1893)浙江書局刻本　一册

330000－1701－0097880　G602628　子部/宗教類/佛教之屬/經疏

妙法蓮華經台宗會義十六卷　(清)釋智旭撰　清光緒十九年(1893)江北刻經處刻本　七册　存十四卷(三至十六)

330000－1701－0097883　G610976　史部/傳記類/別傳之屬

先聖生卒年月日考二卷　(清)孔廣牧撰　清光緒十九年(1893)浙江書局刻本　一册

330000－1701－0097886　G610977　史部/傳記類/別傳之屬

先聖生卒年月日考二卷　(清)孔廣牧撰　清光緒十九年(1893)浙江書局刻本　一册

330000－1701－0097895　G610978　類叢部/

叢書類/自著之屬

振綺堂遺書五種　(清)汪遠孫撰　清道光刻民國十一年(1922)錢唐汪氏彙印本　一册　存一種

330000－1701－0097896　G609508　類叢部/叢書類/自著之屬

滇南四種　姚文棟撰　清光緒刻本　一册　存一種

330000－1701－0097897　G610979　類叢部/叢書類/自著之屬

振綺堂遺書五種　(清)汪遠孫撰　清道光刻民國十一年(1922)錢唐汪氏彙印本　一册　存一種

330000－1701－0097898　G607730　集部/別集類/清別集

劉葆真太史遺稾二卷　(清)劉可毅撰　清宣統二年(1910)刻本　一册

330000－1701－0097899　G610980　類叢部/叢書類/自著之屬

振綺堂遺書五種　(清)汪遠孫撰　清道光刻民國十一年(1922)錢唐汪氏彙印本　一册　存一種

330000－1701－0097900　G609509　類叢部/叢書類/彙編之屬

十萬卷樓叢書五十一種　(清)陸心源編　清光緒歸安陸氏刻本(歲時廣記卷六原缺)　四册　存一種

330000－1701－0097901　G006990　類叢部/叢書類/彙編之屬

增訂漢魏叢書八十六種　(清)王謨編　清乾隆五十六年(1791)金谿王氏刻本　一册　存二種

330000－1701－0097903　G608265　集部/別集類/漢魏六朝別集

曹集銓評十卷　(三國魏)曹植撰　(清)丁晏詮評　**曹集逸文一卷**　(清)丁晏輯　**魏陳思王[曹植]年譜一卷附錄一卷**　(清)丁晏撰　清同治十一年(1872)金陵書局刻本　二册

330000－1701－0097904　G006866　史部/政書類/儀制之屬/典禮

攝政王之禮節一卷　清末鉛印本　一册

330000－1701－0097906　G006991、G009180　子部/醫家類/類編之屬

陳修園醫書二十三種　(清)陳念祖等撰　清光緒二十七年(1901)新化三味書局刻本　二册　存三種

330000－1701－0097908　G006867　子部/小說家類/異聞之屬

醒園雜記二卷　(清)賀盛撰　清同治九年(1870)刻本　一册

330000－1701－0097909　G006992　集部/曲類/寶卷之屬

三鳳緣寶卷一卷　清抄本　一册

330000－1701－0097910　G006993　子部/醫家類/診法之屬/脈經脈訣

四診抉微八卷附管窺附餘一卷　(清)林之翰撰　清雍正四年(1726)玉映堂刻本　一册　存一卷(管窺附餘)

330000－1701－0097911　G006869　子部/宗教類/道教之屬/雜著

呂祖師編年詩集年譜七卷　(清)火西月編　清末上海江左書林石印本　一册　存三卷(一至三)

330000－1701－0097913　G006994　子部/醫家類/類編之屬

周氏醫學叢書(周澂之評注醫書、周氏彙刻醫學叢書)初集十二種二集十一種三集六種　(清)周學海編　清光緒至宣統池陽周氏刻宣統三年(1911)福慧雙修館彙印本　一册　存初集一種

330000－1701－0097914　G006995　子部/醫家類/推拿按摩外治之屬

幼科秘書推拿廣意三卷　(清)熊應雄纂輯　(清)陳世凱重訂　清刻本　一册　存二卷(二至三)

330000－1701－0097916　G006996　集部/別

集類/清別集
逸廬詩集一卷　(清)陳長吉撰　清光緒十五年(1889)刻本　一冊

330000－1701－0097918　G006997　集部/總集類/選集之屬/通代
靜觀室三蘇文選十六卷　(宋)蘇洵　(宋)蘇軾　(宋)蘇轍撰　(明)錢穀輯　明萬曆刻本　一冊　存四卷(一至四)

330000－1701－0097921　G006998　集部/總集類/選集之屬/斷代
唐詩三百首六卷　(清)孫洙編　清刻本　一冊　缺二卷(一至二)

330000－1701－0097923　G006999　集部/戲劇類/傳奇之屬
長生殿傳奇二卷五十折　(清)洪昇撰　清刻本　一冊　存一卷(一)

330000－1701－0097927　G007000　集部/總集類/彙編之屬
漢魏六朝一百三家集(漢魏六朝百三名家集)　(明)張溥編　明婁東張氏刻本　十二冊　存九種

330000－1701－0097928　G006870　子部/儒家類/儒學之屬/禮教
醒世圖歌一卷　醒世道人等繪輯　清末石印本　一冊

330000－1701－0097929　G007001　子部/宗教類/佛教之屬/諸宗
淨土津梁十三種　(清)釋了慰輯　清乾隆四十九年至五十年(1784－1785)京都衍法寺刻本　一冊　存一種

330000－1701－0097932　G006871　子部/藝術類/書畫之屬/畫譜
芥子園畫傳初集六卷二集九卷三集六卷　(清)王槩　(清)王蓍　(清)王臬輯　清光緒十四年(1888)上海天寶書局石印本　二冊　缺六卷(初集一至六)

330000－1701－0097933　G006872　子部/術數類/陰陽五行之屬
參星秘要諏吉便覽不分卷　(清)俞榮寬輯　**選擇備要一卷　貴登天門時定局一卷**　清光緒元年(1875)刻朱墨套印本　二冊

330000－1701－0097935　G608266　經部/叢編
御纂七經五種　(清)李光地等撰　清同治六年至九年(1867－1870)浙江書局刻本　十六冊　存一種

330000－1701－0097936　G610981　類叢部/叢書類/自著之屬
儆季雜著五種附二種　(清)黃以周撰　清光緒二十年至二十一年(1894－1895)江蘇南菁講舍刻本　十冊

330000－1701－0097939　G007002　集部/小說類/長篇之屬
東周列國志□□卷　(清)蔡奡評點　清刻本　一冊　存一卷(九)

330000－1701－0097940　G608267　史部/政書類
九通　(清)□□輯　清光緒八年至二十二年(1882－1896)浙江書局刻本　二十一冊　存一種

330000－1701－0097941　G006947　子部/雜著類
見聞雜錄不分卷　清抄本　一冊

330000－1701－0097942　G609511　子部/藝術類/篆刻之屬
西泠印社印學叢書　清宣統至民國刻本暨木活字印本　二冊　存一種

330000－1701－0097946　G006948　經部/春秋總義類/傳說之屬
春秋胡傳不分卷　(宋)胡安國撰　清抄本　一冊

330000－1701－0097948　G608268　史部/政書類
九通　(清)□□輯　清光緒八年至二十二年(1882－1896)浙江書局刻本　二十冊　存一種

330000－1701－0097949　G007003　史部/傳記類/别傳之屬/事狀

明太師張文忠公世家初編四卷首一卷末一卷　（明）李思誠　（明）姜應麟輯　清道光二十四年（1844）刻本　二冊

330000－1701－0097955　G006949　子部/宗教類/佛教之屬/經

佛説梵網經二卷　（後秦）釋鳩摩羅什譯　清刻本　一冊

330000－1701－0097963　G007004　子部/宗教類/佛教之屬

國清耀冶禪師語錄二卷　（清）釋耀冶説　（清）釋會空錄　清嘉慶刻本　一冊　存一卷（二）

330000－1701－0097966　G006873　子部/醫家類/喉科口齒之屬/白喉

洞主仙師白喉治法忌表抉微一卷　（清）耐修子輯並注　清光緒二十七年（1901）武林同人石印本　一冊

330000－1701－0097969　G609512　類叢部/叢書類/自著之屬

槐軒全集二十一種附九種　（清）劉沅撰　清咸豐至民國刻彙印本　四冊　存三種

330000－1701－0097970　G607731　類叢部/叢書類/彙編之屬

郎園先生全書一百二十九種　葉啓倬編　清光緒至民國刻民國二十四年（1935）長沙中國古書刻印社彙印本　二冊　存二種

330000－1701－0097972　G602629　新學/史志/諸國史

節本泰西新史攬要八卷　（英國）李提摩太譯　周慶雲節錄　清光緒二十七年（1901）周慶雲夢坡室刻本　一冊

330000－1701－0097974　G007005　集部/别集類/清别集

懷白軒詩鈔十卷文鈔二卷　（清）陸初望撰　清同治五年（1866）皖城刻本　六冊　缺一卷（文鈔一）

330000－1701－0097977　G610982　類叢部/叢書類/自著之屬

儆季雜著五種附二種　（清）黄以周撰　清光緒二十年至二十一年（1894－1895）江蘇南菁講舍刻本　十冊

330000－1701－0097980　G607732　類叢部/叢書類/彙編之屬

靈峯草堂叢書十一種　陳矩編　清光緒貴陽陳氏刻本　一冊　存一種

330000－1701－0097983　G006953　子部/宗教類/佛教之屬

賢愚因緣經十三卷　（北魏）釋慧覺等譯　清杭州慧林寺釋大圓刻本　三冊　存七卷（三至九）

330000－1701－0097984　G607733　類叢部/叢書類/自著之屬

亭林先生遺書彙輯二十三種附錄三種　（清）顧炎武撰　（清）席威　（清）朱記榮編　清光緒十一年至三十二年（1885－1906）吴縣朱氏槐廬家塾刻本　一冊　存一種

330000－1701－0097985　G602630　集部/别集類/明别集

紫栢老人集二十九卷首一卷　（明）釋真可撰　清刻本　十冊

330000－1701－0097987　G007006　類叢部/叢書類/彙編之屬

廣漢魏叢書八十種　（明）何允中編　清嘉慶刻本　二冊　存五種

330000－1701－0097988　G610983　子部/儒家類/儒學之屬/性理

御纂性理精義課本四卷　勞乃宣編　清光緒二十八年（1902）鉛印本　二冊

330000－1701－0097989　G006954　史部/傳記類/總傳之屬

顯忠錄七卷　（清）戴嘉珍輯　清光緒六年（1880）忠裔堂木活字印本　一冊

330000－1701－0097993　G602631　集部/曲類/寶卷之屬

延壽寶卷一卷 清宣統元年(1909)上海翼化堂善書局刻本 一册

330000－1701－0097994 G610984 集部/别集類/清别集
陶園文集八卷詩集二十四卷詩餘二卷六如亭傳奇二卷 (清)張九鉞撰 清道光二十三年(1843)張氏賜錦樓刻本 一册 存一卷(六如亭傳奇二)

330000－1701－0097997 G607734 子部/儒家類/儒學之屬/蒙學
小學纂註六卷 (清)高愈撰 **文公朱夫子[熹]年譜一卷** 題(宋)李方子撰 清同治十一年(1872)浙江書局刻本 二册

330000－1701－0097999 G007007 集部/詞類/别集之屬
黍薌詞一卷 (清)周郇雨撰 清光緒二十五年(1899)刻朱印本 一册

330000－1701－0098001 G602632 類叢部/叢書類/郡邑之屬
酌古準今十五種 清道光至光緒刻本 二册 存二種

330000－1701－0098002 G607735 集部/詞類/别集之屬
聽秋聲館詞一卷 (清)吳恩埰撰 清光緒三十四年(1908)錢塘吳承湜長沙鉛印本 一册

330000－1701－0098003 G006874 子部/藝術類/篆刻之屬/印譜
西泠六家印存六卷 (清)傅栻輯 清光緒七年至十年(1881－1884)刻藍印鈐印本 二册 存三卷(二至三、六)

330000－1701－0098015 G607737 類叢部/叢書類/彙編之屬
振綺堂叢刊八種 (清)□□輯 清嘉慶至光緒汪氏振綺堂刻本 一册 存一種

330000－1701－0098019 G007008 子部/藝術類/篆刻之屬/印論
續三十五舉一卷 (清)桂馥撰 清刻本 一册

330000－1701－0098027 G609514 集部/别集類/清别集
錢牧齋先生尺牘三卷 (清)錢謙益撰 清康熙顧氏如月樓刻本 二册

330000－1701－0098033 G607740 集部/别集類/清别集
韻山堂詩集七卷補遺一卷 (清)王文誥撰 清光緒十四年(1888)浙江書局刻本 一册

330000－1701－0098037 G006875 子部/宗教類/道教之屬/戒律
太上寶筏圖說八卷 (清)黄正元纂 清末石印本 三册 存三卷(弟、忠、信)

330000－1701－0098038 G607741 集部/詩文評類/詩評之屬
緝雅堂詩話二卷 (清)潘衍桐撰 清光緒十七年(1891)杭州刻本 一册

330000－1701－0098039 G610936 類叢部/叢書類/彙編之屬
邵武徐氏叢書二集八種 (清)徐榦編 清光緒邵武徐氏刻民國六年(1917)、十五年(1926)浙江圖書館補刻本 十四册 存七種

330000－1701－0098042 G607773、G607742 集部/總集類/選集之屬/斷代
文粹一百卷 (宋)姚鉉輯 **文粹補遺二十六卷** (清)郭麐輯 清光緒十六年(1890)杭州許增榆園刻本 二十册

330000－1701－0098043 G608203 集部/别集類/清别集
揅經室一集十四卷二集八卷三集五卷四集二卷四集詩十一卷續集十一卷再續集六卷外集五卷 (清)阮元撰 (清)阮亨輯 清道光刻本 五册 存十四卷(一集一至十四)

330000－1701－0098048 G608204 集部/别集類/清别集
劫餘存稿一卷 (清)吳受藻撰 (清)吳積鑑編 **劫餘存稿一卷** (清)王鼎詩撰 (清)朱世篁編 清同治七年(1868)錢唐汪氏振綺堂刻本 一册

330000－1701－0098052　G609515　子部/小說家類/異聞之屬

酉陽雜俎二十卷續集十卷　（唐）段成式撰　清道光二十九年（1849）小嫏嬛山館刻本　一册　存五卷（續集四至五、八至十）

330000－1701－0098054　G608205　集部/總集類/郡邑之屬

國朝湖州詩錄三十四卷　（清）陳焯輯　**國朝湖州詩錄補編二卷**　（清）鄭祖琛輯　**國朝湖州詩續錄十六卷**　（清）鄭佶輯　清道光十年至十一年（1830－1831）小谷口刻本　一册　存三卷（國朝湖州詩續錄三至五）

330000－1701－0098055　G006877　類叢部/叢書類/彙編之屬

武英殿聚珍版書三十九種　清乾隆浙江刻本　二册　存一種

330000－1701－0098058　G006955　子部/醫家類/兒科之屬/痘疹

種痘新書十二卷　（清）張琰輯　清道光十二年（1832）桂芳齋刻本　二册　存三卷（一至三）

330000－1701－0098060　G610937　類叢部/叢書類/彙編之屬

邵武徐氏叢書二集八種　（清）徐榦編　清光緒邵武徐氏刻民國六年（1917）、十五年（1926）浙江圖書館補刻本　十三册　存七種

330000－1701－0098061　G007076　集部/別集類/清別集

胡壽鼎試卷一卷　（清）胡壽鼎撰　清同治十三年（1874）稿本　一册

330000－1701－0098063　G608207　集部/總集類/選集之屬/斷代

湖海詩傳四十六卷　（清）王昶輯　清嘉慶八年（1803）青浦王氏三泖漁莊刻本　一册　存六卷（一至六）

330000－1701－0098064　G611745　史部/地理類/方志之屬/郡縣志

咸淳臨安志一百卷　（宋）潛說友纂　**校栞咸淳臨安志札記三卷**　（清）黄士珣撰　清道光十年（1830）錢塘汪氏振綺堂刻同治六年（1867）、光緒十六年（1890）補刻本（卷九十、九十八至一百原缺）　二十四册

330000－1701－0098068　G006956　集部/小說類/長篇之屬

繪圖遇仙奇緣六卷　（清）琴雅仙館撰　清光緒二十年（1894）上海琴雅仙館石印本　一册

330000－1701－0098069　G006957　子部/醫家類/婦科之屬/廣嗣

靈效求嗣得孕秘說一卷　（清）王維德撰（清）馬文植評閱　（清）巴溪逸士錄　**求嗣必讀一卷**　（清）雙星居士編　清光緒十一年（1885）刻本　一册

330000－1701－0098071　G609516　經部/小學類/文字之屬/說文

澂園叢書二種十五卷　（清）楊廷瑞撰　清光緒十七年（1891）善化楊廷瑞澂園刻本　二册

330000－1701－0098073　G608208　集部/別集類/清別集

雪門詩草十四卷　（清）許瑤光撰　清同治十三年（1874）刻本　留香館主人題記　一册　存二卷（五至六）

330000－1701－0098075　G610938　類叢部/叢書類/彙編之屬

邵武徐氏叢書初刻十四種　（清）徐榦編　清光緒邵武徐氏刻本　十九册　缺三卷（韻補一至三）

330000－1701－0098076　G607746　集部/別集類/唐五代別集

玉谿生詩詳註三卷首一卷樊南文集詳註八卷首一卷　（唐）李商隱撰　（清）馮浩編訂　清乾隆四十五年（1780）德聚堂刻嘉慶元年（1796）增刻本　四册　存四卷（玉谿生詩詳註首、一至三）

330000－1701－0098078　G609517、G610307　史部/紀傳類/正史之屬

舊唐書二百卷　（後晉）劉昫撰　**舊唐書逸文**

十二卷　（清）岑建功輯　**舊唐書校勘記六十六卷**　（清）羅士琳等校勘　清道光二十三年至二十六年（1843－1846）懼盈齋刻同治十一年（1872）定遠方氏補刻本　二冊　存九卷（逸文四至十二）

330000－1701－0098079　G006878　集部/小說類/長篇之屬

圖像鏡花緣二十卷一百回首一卷　（清）李汝珍撰　清光緒十七年（1891）上海廣百宋齋鉛印本　一冊　存四卷（十四至十七）

330000－1701－0098083　G610926、G611746　史部/史評類/史論之屬

欽定古今儲貳金鑑六卷　（清）高宗弘曆等撰　清光緒二十一年（1895）浙江官書局刻本　四冊

330000－1701－0098084　G608209　集部/別集類/清別集

吟翠樓詩稿一卷附刻一卷　（清）孫佩蘭撰　清光緒十四年至十五年（1888－1889）刻本　一冊

330000－1701－0098087　G607747　史部/地理類/方志之屬/郡縣志

咸淳臨安志一百卷　（宋）潛說友纂　**校栞咸淳臨安志札記三卷**　（清）黄士珣撰　清道光十年（1830）錢塘汪氏振綺堂刻同治六年（1867）補刻本（卷九十、九十八至一百原缺）　一冊　存二卷（一至二）

330000－1701－0098088　G006879　子部/藝術類/篆刻之屬/印譜

印譜不分卷　清鈐印本　一冊

330000－1701－0098089　G607748　集部/別集類/清別集

虛白山房詩集四卷一簾花影樓試律詩一卷一簾花影樓律賦一卷　（清）朱鳳毛撰　清光緒十五年（1889）刻本　一冊　存二卷（簾花影樓試律詩、簾花影樓律賦）

330000－1701－0098090　G007009　史部/地理類/專志之屬/寺觀

［清光緒庚子春期］敕賜埜山佛川禪寺同戒錄一卷　清光緒二十六年（1900）刻本　一冊

330000－1701－0098091　G611748　經部/書類/傳說之屬

尚書考異六卷　（明）梅鷟撰　清光緒十八年（1892）浙江書局刻本　四冊

330000－1701－0098092　G006880　集部/別集類/清別集

賦不分卷　清抄本　一冊

330000－1701－0098093　G608210　集部/別集類/清別集

緗芸館詩鈔一卷　（清）許之雯撰　清光緒二十五年（1899）吴下刻本　一冊

330000－1701－0098095　G007010　史部/傳記類/總傳之屬/釋道

［清光緒辛丑春期］敕建護聖萬壽禪寺同戒錄一卷　清光緒二十七年（1901）刻本　一冊

330000－1701－0098098　G609520、G607814、G610264　史部/編年類/通代之屬

資治通鑑後編一百八十四卷　（清）徐乾學撰　**資治通鑑後編校勘記十五卷**　夏震武撰　清光緒浙江書局刻本　五十冊　缺八卷（後編一至八）

330000－1701－0098099　G607749　類叢部/叢書類/彙編之屬

經訓堂叢書二十一種　（清）畢沅編　清乾隆至嘉慶鎮洋畢氏刻本　六冊　存三種

330000－1701－0098100　G611749、G609739　集部/別集類/清別集

介軒詩鈔十卷文鈔八卷外集二卷　（清）張振夔撰　清同治九年（1870）刻本　八冊

330000－1701－0098102　G007011　史部/政書類/公牘檔冊之屬

湘鄉陳氏呼籲錄一卷　清末鉛印本　一冊

330000－1701－0098103　G608211　集部/別集類/清別集

吴詩集覽二十卷補註二十卷吴詩談藪二卷拾

遺一卷　(清)吳偉業撰　(清)靳榮藩注並輯　清乾隆刻本　一冊　存序、狀、表、目

330000－1701－0098106　G006882　史部/雜史類/斷代之屬
歐陽氏遺書一卷　(清)歐陽直撰　清光緒二十六年(1900)廣安歐陽氏刻本　一冊

330000－1701－0098107　G608212　集部/別集類/清別集
醉月居詩鈔一卷詞鈔一卷　(清)葉世熊撰　清光緒三十年(1904)刻本　一冊

330000－1701－0098110　G607750　集部/總集類/選集之屬/通代
漢魏六朝女子文選二卷　張維輯　清宣統三年(1911)海鹽朱是刻本　一冊

330000－1701－0098112　G607751　集部/總集類/酬唱之屬
甲午大吉詩編一卷續編一卷　(清)許郊編　清光緒二十年(1894)刻本　一冊

330000－1701－0098118　G006958　集部/小說類/長篇之屬
第八才子書白圭志四卷首一卷十六回　(清)崔象川撰　清盛德堂刻本　二冊　存三卷(首、一至二)

330000－1701－0098119　G006959　集部/小說類/長篇之屬
第八才子書白圭志四卷首一卷十六回　(清)崔象川撰　清盛德堂刻本　二冊　存三卷(首、一、三)

330000－1701－0098122　G006961　集部/總集類/尺牘之屬
昭代名人尺牘二十四卷小傳二十四卷　(清)吳修輯　清光緒三十四年(1908)西泠印社影印本　二冊　存二十四卷(小傳一至二十四)

330000－1701－0098128　G006964　史部/傳記類/日記之屬
無齋日記不分卷(清光緒十三年十一月十九日至光緒十四年十二月二十九日)　清光緒稿本　一冊

330000－1701－0098132　G608213　集部/別集類/清別集
靜妙山房遺集三卷詩集補遺一卷　(清)錢鈞伯撰　清光緒十六年(1890)刻本　一冊

330000－1701－0098137　G006965　集部/總集類/選集之屬/通代
千家詩二卷　清墨潤堂刻本　一冊　存一卷(上)

330000－1701－0098142　G608214　集部/別集類/清別集
薝蔔花館詩集二卷補遺一卷詞集一卷補遺一卷　(清)徐鴻謨撰　清光緒十一年(1885)徐琪刻本　一冊

330000－1701－0098143　G006966　集部/小說類/長篇之屬
續兒女英雄全傳八卷三十二回　(清)趙子衡撰　清光緒二十四年(1898)京都宏文書局石印本　四冊　存七卷(一至二、四至八)

330000－1701－0098148　G602635　子部/醫家類/類編之屬
太原傳科　清光緒三十年(1904)京師刻本　一冊　存一種

330000－1701－0098151　G006967　集部/戲劇類/傳奇之屬
長生殿傳奇四卷五十折　(清)洪昇撰　清宣統二年(1910)上海文瑞樓鉛印本　一冊　存二卷(三至四)

330000－1701－0098153　G609523　集部/詩文評類/制藝之屬
制義叢話二十四卷題名一卷　(清)梁章鉅撰　清咸豐九年(1859)知足知不足齋刻本　二冊　存七卷(一至七)

330000－1701－0098157　G608216　集部/別集類/清別集
邃懷堂全集三十八卷　(清)袁翼撰　清光緒十三年至十四年(1887－1888)袁鎮嵩刻本　二冊　存二卷(文集二、四)

330000－1701－0098161　G602636　集部/別

集類/清別集

函雅堂集四十卷 王詠霓撰 清光緒二十二年(1896)刻本 四册 存十六卷(一至十六)

330000－1701－0098167 G608217 集部/詩文評類/詩評之屬

唐人五言排律詩論三卷 (清)蔣鵬翮編釋 清古越尺木堂刻本 三册

330000－1701－0098171 G607753 類叢部/叢書類/彙編之屬

國粹叢書四十九種 (清)國學保存會編 清光緒至宣統鉛印本 一册 存一種

330000－1701－0098177 G006968 集部/總集類/課藝之屬

近科館賦鴛鍼四卷 (清)蔣圻編 清咸豐四年(1854)掃葉山房刻本 四册

330000－1701－0098178 G007013 史部/傳記類/總傳之屬/釋道

[清光緒庚辰春期]敕賜杭城長慶禪寺護國戒壇同戒錄一卷 (清)釋顯寂撰 清光緒六年(1880)路橋金師古木活字印本 一册

330000－1701－0098182 G007014 史部/傳記類/總傳之屬/釋道

[清光緒甲申春期]敕賜杭城長慶禪寺護國戒壇同戒錄一卷 (清)釋顯寂撰 清光緒十年(1884)浙台黄邑潞橋金師古齋木活字印本 一册

330000－1701－0098183 G607756 經部/小學類/音韻之屬/韻書

字類標韻六卷 (清)華綱輯 清光緒八年(1882)刻本 二册

330000－1701－0098188 G607758、G610030 子部/小説家類/異聞之屬

埋憂集十卷續集二卷 (清)朱翊清撰 清光緒元年(1875)文元堂刻本 六册

330000－1701－0098190 G607759 類叢部/叢書類/彙編之屬

申報館叢書正集五十七種附錄三種續集一百四十二種 (清)尊聞閣主編 蔡爾康編續集 清同治至光緒上海申報館鉛印本 一册 存一種

330000－1701－0098191 G608219 集部/別集類/清別集

暾蔗全集文八卷詩八卷附喪禮詳考一卷周官隨筆一卷 (清)張羲年撰 (清)錢大昕 (清)陳以綱評輯 清光緒十九年(1893)上海著易堂鉛印本 一册 存六卷(詩一至六)

330000－1701－0098194 G608220 集部/別集類/清別集

抱泉山館詩集十卷文集三卷首一卷 (清)王蒔蕙撰 **榮鞠詩鈔一卷** (清)王予齡撰 清光緒二十七年(1901)寧波鈞和公司鉛印本 一册 存三卷(九至十、榮鞠詩鈔)

330000－1701－0098195 G607760 集部/別集類/清別集

定盦文集三卷續集四卷補編四卷定盦續錄一卷餘集一卷 (清)龔自珍撰 清光緒二十八年(1902)浙省文彙書局鉛印本 一册 存三卷(一至三)

330000－1701－0098196 G610939 類叢部/叢書類/自著之屬

任氏遺書八種 (清)任啓運撰 清光緒十四年(1888)荆溪任氏家塾刻本 二册 存三種

330000－1701－0098199 G608221、G610239 類叢部/類書類/通類之屬

玉海二百卷辭學指南四卷詩攷一卷詩地理攷六卷漢藝文志攷證十卷通鑑地理通釋十四卷漢制攷四卷踐阼篇集解一卷急就篇補注四卷小學紺珠十卷姓氏急就篇二卷六經天文編二卷周易鄭康成注一卷周書王會補注一卷通鑑答問五卷 (宋)王應麟撰 清嘉慶十一年(1806)江寧藩署刻本 六册 存十一卷(急就篇補註一至四、六經天文編一至二、通鑑答問一至五)

330000－1701－0098202 G610940 經部/叢編

仿宋相臺五經附考證 清乾隆四十八年(1783)武英殿刻本 三册 存一種

330000－1701－0098203　G007017　子部/醫家類/類編之屬
經驗四種　(清)年希堯編　清刻本　一冊　存二種

330000－1701－0098204　G006969　集部/總集類/題詠之屬
偶園小記一卷　(清)金安清等撰　清末鉛印本　一冊

330000－1701－0098205　G607762　史部/編年類/通代之屬
御批歷代通鑑輯覽一百二十卷　(清)傅恒等撰　清光緒二十七年(1901)慎記書莊石印本　九冊　存一百九卷(一至六十二、七十四至一百二十)

330000－1701－0098206　M603713　類叢部/叢書類/自著之屬
蘉蒔山莊遺著四種　(清)吳修祜撰　清光緒十年至十五年(1884－1889)木活字印本　一冊　存一種

330000－1701－0098209　G608222　類叢部/叢書類/彙編之屬
半厂叢書初編十種　(清)譚獻編　清同治至光緒仁和譚氏刻本　六冊　存三種

330000－1701－0098212　G007018　子部/宗教類/道教之屬/戒律
太上寶筏圖説八卷　(清)黃正元纂　清末石印本　三冊　存三卷(弟、義、恥)

330000－1701－0098213　G607763　類叢部/叢書類/彙編之屬
敦懷堂洋務叢鈔十一種十九卷　(清)張樹聲編　清光緒十年(1884)敦懷書屋刻本　一冊　存一種

330000－1701－0098215　G006971、G007251　集部/小説類/長篇之屬
第一才子書(三國志全圖演義)六十卷首一卷一百二十回　(明)羅本撰　(清)毛宗崗評　清光緒九年(1883)築野書屋刻本　十八冊　存五十五卷(首、一至二十七、三十一至三十九、四十三至六十)

330000－1701－0098216　G609526　集部/總集類/彙編之屬
唐詩二種　(清)費念慈編　清光緒十九年(1893)武進費氏刻本　一冊

330000－1701－0098218　G610941、G607987、G611955　集部/總集類/選集之屬/斷代
國朝詩鐸二十六卷首一卷　(清)張應昌輯　清同治八年(1869)永康應氏秀芝堂刻本　清翁同龢、陳通聲題簽　清戴兆春題簽並記　十四冊

330000－1701－0098219　G608223　類叢部/叢書類/彙編之屬
半厂叢書初編十種　(清)譚獻編　清同治至光緒仁和譚氏刻本　四冊　存三種

330000－1701－0098221　G007019　子部/雜著類/雜考之屬
通雅五十二卷首三卷　(清)方以智撰　清康熙五年(1666)龍眠姚文燮浮山此藏軒刻本　十二冊　存四十二卷(一至二十八、三十九至五十二)

330000－1701－0098222　G607764　史部/詔令奏議類/奏議之屬
彭剛直公奏稿八卷　(清)彭玉麟撰　(清)俞樾輯　清末鉛印本　二冊　存四卷(五至八)

330000－1701－0098224　G608224　類叢部/叢書類/彙編之屬
半厂叢書初編十種　(清)譚獻編　清同治至光緒仁和譚氏刻本　二冊　存二種

330000－1701－0098225　G608225　類叢部/叢書類/彙編之屬
半厂叢書初編十種　(清)譚獻編　清同治至光緒仁和譚氏刻本　二冊　存二種

330000－1701－0098226　G006973　集部/曲類/彈詞之屬
來生福彈詞三十六回　(清)橘中逸叟撰　清刻本　二十一冊　存二十三回(十至二十、二十三至三十四)

330000－1701－0098227　G607765、G610032　史部/地理類/遊記之屬/紀行

李傅相歷聘歐美記二卷　(美國)林樂知譯　蔡爾康輯　清光緒二十五年(1899)上海廣學會譯著圖書集成局鉛印本　二冊

330000－1701－0098228　G608226　子部/醫家類/類編之屬

徐氏醫書六種　(清)徐大椿撰　清刻本　一冊　存一種

330000－1701－0098229　G007020　史部/傳記類/科舉録之屬/歷科鄉試録

[光緒甲午科]浙江鄉試第陸房同門硃卷不分卷　(清)包延青等撰　清光緒刻本　一冊

330000－1701－0098230　G006974　集部/總集類/選集之屬/通代

御選唐宋詩醇四十七卷目錄二卷　(清)高宗弘曆輯　清刻本　八冊　存三十卷(一至四、十至十一、十三至十八、二十二至二十六、三十至三十二)

330000－1701－0098232　G006975　類叢部/叢書類/彙編之屬

申報館叢書正集五十七種附錄三種續集一百四十二種　(清)尊聞閣主編　蔡爾康編續集　清同治至光緒上海申報館鉛印本　十冊　存一種

330000－1701－0098233　G607770　史部/傳記類/總傳之屬/仕宦

歷代名臣言行錄二十四卷　(清)朱桓輯　清光緒二十一年(1895)上海宏文閣石印本　一冊　存三卷(一至三上)

330000－1701－0098234　G607767　史部/雜史類

陸沈叢書四種　(清)□□輯　清光緒二十九年(1903)石印本　一冊

330000－1701－0098235　G608228　史部/傳記類/總傳之屬/通代

百將圖傳二卷　(清)丁日昌編　清同治八年(1869)江蘇書局刻本　一冊

330000－1701－0098237　G610942　類叢部/叢書類/彙編之屬

漢魏叢書三十八種　(明)程榮編　明萬曆二十年(1592)新安程氏刻本　張宗祥批校並記　三十五冊　存二十二種

330000－1701－0098240　G006976　子部/宗教類/道教之屬/譜籙

呂祖師年譜仙蹟詩選六卷　(清)火西月編　清宣統三年(1911)鉛印本　六冊

330000－1701－0098241　G609527　類叢部/叢書類/彙編之屬

榆園叢刻十五種附一種　(清)許增編　清同治至光緒刻本　五冊　存四種

330000－1701－0098243　G006977、G009576、G011378　子部/醫家類/兒科之屬/痘疹

萬氏家傳痘疹心法二十三卷　(明)萬全撰　清刻本　四冊　存十四卷(五至八、十二至十三、十六至十九、二十至二十三)

330000－1701－0098244　G007024　類叢部/類書類/通類之屬

山堂肆考二百四十卷　(明)彭大翼撰　(明)張幼學編　明萬曆刻本　三十六冊　存一百十七卷(宮集一至三、九至二十九、四十一至四十五,商集四十二至四十八,角集七至三十九,徵集九至二十七、三十二至四十八,羽集三十七至四十八)

330000－1701－0098247　G007025　史部/目録類/專録之屬

說郛正續合刊一卷　清抄本　一冊

330000－1701－0098250　G607772　史部/編年類/斷代之屬

欽定明鑑二十四卷首一卷　(清)胡敬等輯　清嘉慶二十三年(1818)刻本　二十一冊　存二十二卷(首、一至二、四、六至二十三)

330000－1701－0098252　G007026　子部/醫家類/綜合之屬/通論

御纂醫宗金鑑九十卷首一卷　(清)吳謙等撰　清刻本　十二冊　存三十七卷(一至二十

三、三十五至四十八）

330000－1701－0098256　G609528　類叢部/叢書類/彙編之屬
榆園叢刻十五種附一種　（清）許增編　清同治至光緒刻本　九册　存十七種

330000－1701－0098262　G007027　集部/別集類/明別集
陶菴文集七卷陶菴詩集八卷補遺三卷吾師錄一卷陶菴自監錄四卷首一卷末一卷　（明）黄淳燿撰　（清）陶應鯤輯　清乾隆二十六年（1761）刻本　三册　存十五卷（詩集一至八、補遺三、吾師錄、陶菴自監錄一至四、末）

330000－1701－0098268　G602638　類叢部/叢書類/彙編之屬
函海一百五十二種　（清）李調元編　清乾隆綿州李氏萬卷樓刻嘉慶十四年（1809）李鼎元、道光五年（1825）李朝夔重校補刻本　一册　存一種

330000－1701－0098271　G607775　史部/編年類/通代之屬
資治通鑑二百九十四卷　（宋）司馬光撰　（元）胡三省音注　**通鑑釋文辯誤十二卷**　（元）胡三省撰　**資治通鑑外紀十卷**　（宋）劉恕撰　**續資治通鑑二百二十卷**　（清）畢沅撰　**明紀六十卷**　（清）陳鶴撰　清光緒二十八年（1902）上海積山書局石印本　一册　存十卷（一百七十一至一百八十）

330000－1701－0098275　G602639　子部/宗教類/道教之屬/威儀
玄都律壇威儀品三卷　（清）陸道和編集　清末成都二仙菴刻本　三册

330000－1701－0098276　G602640　子部/宗教類/道教之屬/威儀
玄都律壇威儀品三卷　（清）陸道和編集　清末成都二仙菴刻本　三册

330000－1701－0098287　G007077　子部/宗教類/佛教之屬/經
佛說大方廣十輪經八卷　（晉）□□譯　清刻本　一册　存五卷（一至五）

330000－1701－0098288　G006883　集部/小說類/長篇之屬
花月痕全書十六卷五十二回　（清）魏秀仁撰　（清）棲霞居士評　清光緒十八年（1892）上海圖書集成印書局鉛印本　一册　存五卷（十二至十六）

330000－1701－0098290　G007078　子部/宗教類/佛教之屬/大藏
徑山藏　明萬曆十七年（1589）至清嘉慶五臺、嘉興、徑山等地刻本　一册　存一種

330000－1701－0098292　G608230　集部/別集類/清別集
趙裘萼公賸藳四卷　（清）趙熊詔撰　清光緒二十三年（1897）浙江書局刻本　二册

330000－1701－0098294　G007079　子部/術數類/陰陽五行之屬
陽遁一卷陰遁一卷　清刻朱墨套印本　一册

330000－1701－0098295　G608229　集部/別集類/清別集
趙裘萼公賸藳四卷　（清）趙熊詔撰　清光緒二十三年（1897）浙江書局刻本　二册

330000－1701－0098301　G608231　集部/曲類/散曲之屬
蘇隄漁唱一卷附錄一卷　（元）張可久撰　清光緒二十七年（1901）錢塘丁氏嘉惠堂刻本　一册

330000－1701－0098303　G607776　子部/儒家類/儒學之屬/禮教
五種遺規十七卷　（清）陳弘謀輯並撰　清光緒二十一年（1895）浙江書局刻本　七册　存三種

330000－1701－0098305　G007081　子部/雜著類/雜纂之屬
雜抄一卷　清末抄本　一册

330000－1701－0098306　G609532　史部/傳記類/別傳之屬/年譜

孔子編年五卷 （宋）胡仔編 清同治九年(1870)胡湛刻本 二册

330000－1701－0098308 G007082、G007338、G008126 史部/政書類/律令之屬/治獄

成案不分卷 清抄本 四册

330000－1701－0098309 G608232 集部/别集類/清别集

劫餘存稿一卷 （清）吴受藻撰 （清）吴積鑑編 **劫餘存稿一卷** （清）王鼎詩撰 （清）朱世篁編 清同治七年(1868)錢唐汪氏振綺堂刻本 一册

330000－1701－0098310 G609533 史部/雜史類/斷代之屬

平浙紀略十六卷 （清）秦緗業 （清）陳鍾英撰 清同治十二年(1873)浙江書局刻本 四册

330000－1701－0098311 G610943、G609786 集部/總集類/選集之屬/通代

古文淵鑒六十四卷 （清）徐乾學等輯注 清同治十二年(1873)浙江書局刻本 三册 存七卷(一至四、五十四至五十六)

330000－1701－0098312 G608233 集部/别集類/清别集

劫餘存稿一卷 （清）吴受藻撰 （清）吴積鑑編 **劫餘存稿一卷** （清）王鼎詩撰 （清）朱世篁編 清同治七年(1868)錢唐汪氏振綺堂刻本 一册

330000－1701－0098316 G007083 史部/政書類/公牘檔册之屬

各項告示一卷 （清）章如琛録 清抄本 一册

330000－1701－0098317 G610944 類叢部/類書類/通類之屬

玉海二百卷辭學指南四卷詩攷一卷詩地理攷六卷漢蓺文志攷證十卷通鑑地理通釋十四卷周書王會補注一卷漢制攷四卷踐阼篇集解一卷急就篇補注四卷姓氏急就篇二卷小學紺珠十卷六經天文編二卷周易鄭康成注一卷通鑑答問五卷 （宋）王應麟撰 **校補玉海瑣記二卷王深寧先生[應麟]年譜一卷** （清）張大昌撰 清光緒九年至十六年(1883－1890)浙江書局刻本 二册 存七卷(漢制攷一至四、踐阼篇集解、校補玉海瑣記一至二)

330000－1701－0098319 G608234 集部/别集類/清别集

錢南園先生遺集五卷 （清）錢灃撰 清光緒十九年(1893)保山劉樹堂浙江書局刻本 二册

330000－1701－0098322 G608235 集部/别集類/清别集

錢南園先生遺集五卷 （清）錢灃撰 清光緒十九年(1893)保山劉樹堂浙江書局刻本 二册

330000－1701－0098324 G609534 新學

科學叢書第一集八種 樊炳清編 清光緒二十七年(1901)教育世界出板所石印本 一册 存二種

330000－1701－0098325 G608236 集部/别集類/清别集

錢南園先生遺集五卷 （清）錢灃撰 清光緒十九年(1893)保山劉樹堂浙江書局刻本 二册

330000－1701－0098326 G610945 類叢部/類書類/通類之屬

玉海二百卷辭學指南四卷詩攷一卷詩地理攷六卷漢蓺文志攷證十卷通鑑地理通釋十四卷周書王會補注一卷漢制攷四卷踐阼篇集解一卷急就篇補注四卷姓氏急就篇二卷小學紺珠十卷六經天文編二卷周易鄭康成注一卷通鑑答問五卷 （宋）王應麟撰 **校補玉海瑣記二卷王深寧先生[應麟]年譜一卷** （清）張大昌撰 清光緒九年至十六年(1883－1890)浙江書局刻本 二册 存七卷(漢制攷一至四、踐阼篇集解、校補玉海瑣記一至二)

330000－1701－0098327 G007084 史部/地理類/雜志之屬

越郡闡幽録十一種 （清）杜寶霈等輯 清抄

本　一册　存一種

330000－1701－0098329　G608237　類叢部/類書類/通類之屬

玉海二百卷辭學指南四卷詩攷一卷詩地理攷六卷漢蓺文志攷證十卷通鑑地理通釋十四卷周書王會補注一卷漢制攷四卷踐阼篇集解一卷急就篇補注四卷姓氏急就篇二卷小學紺珠十卷六經天文編二卷周易鄭康成注一卷通鑑答問五卷　(宋)王應麟撰　**校補玉海瑣記二卷王深寧先生[應麟]年譜一卷**　(清)張大昌撰　清光緒九年至十六年(1883－1890)浙江書局刻本　五册　存十一卷(周書王會補注、漢制攷一至四、踐阼篇集解、姓氏急就篇一至二、六經天文編一至二、周易鄭康成注)

330000－1701－0098332　G007085　集部/別集類/唐五代別集

白香山詩鈔一卷　(唐)白居易撰　(清)童馴選　清抄本　一册

330000－1701－0098334　G007028　集部/別集類/清別集

清心園月槎詩稿一卷　(清)程丕纘撰　**清心園續和詩稿一卷**　(清)鄒禮耕等撰　清道光刻本　一册

330000－1701－0098335　G607778　史部/編年類/斷代之屬

欽定明鑑二十四卷首一卷　(清)胡敬等輯　清嘉慶二十三年(1818)刻本　二册　存八卷(十三至二十)

330000－1701－0098337　G608238　類叢部/類書類/通類之屬

玉海二百卷辭學指南四卷詩攷一卷詩地理攷六卷漢蓺文志攷證十卷通鑑地理通釋十四卷周書王會補注一卷漢制攷四卷踐阼篇集解一卷急就篇補注四卷姓氏急就篇二卷小學紺珠十卷六經天文編二卷周易鄭康成注一卷通鑑答問五卷　(宋)王應麟撰　**校補玉海瑣記二卷王深寧先生[應麟]年譜一卷**　(清)張大昌撰　清光緒九年至十六年(1883－1890)浙江書局刻本　四册　存十卷(漢制攷一至四、踐阼篇集解、姓氏急就篇一至二、六經天文編一至二、周易鄭康成注)

330000－1701－0098338　G609535　子部/醫家類/方書之屬/單方驗方

經驗方二卷　(清)沈善兼輯　清光緒二十二年(1896)柞谿沈氏擇古齋刻本　一册

330000－1701－0098341　G007086　集部/總集類/氏族之屬

歸安前邱吳氏詩存□□卷　稿本　一册　存五卷(十六至二十)

330000－1701－0098342　G610946　類叢部/類書類/通類之屬

玉海二百卷辭學指南四卷詩攷一卷詩地理攷六卷漢蓺文志攷證十卷通鑑地理通釋十四卷周書王會補注一卷漢制攷四卷踐阼篇集解一卷急就篇補注四卷姓氏急就篇二卷小學紺珠十卷六經天文編二卷周易鄭康成注一卷通鑑答問五卷　(宋)王應麟撰　**校補玉海瑣記二卷王深寧先生[應麟]年譜一卷**　(清)張大昌撰　清光緒九年至十六年(1883－1890)浙江書局刻本　二册　存五卷(一百八十四至一百八十六、校補玉海瑣記一至二)

330000－1701－0098343　G608239　類叢部/類書類/通類之屬

玉海二百卷辭學指南四卷詩攷一卷詩地理攷六卷漢蓺文志攷證十卷通鑑地理通釋十四卷周書王會補注一卷漢制攷四卷踐阼篇集解一卷急就篇補注四卷姓氏急就篇二卷小學紺珠十卷六經天文編二卷周易鄭康成注一卷通鑑答問五卷　(宋)王應麟撰　**校補玉海瑣記二卷王深寧先生[應麟]年譜一卷**　(清)張大昌撰　清光緒九年至十六年(1883－1890)浙江書局刻本　三册　存八卷(漢制攷一至四、踐阼篇集解、姓氏急就篇一至二、周易鄭康成注)

330000－1701－0098345　G607779　經部/書類/傳說之屬

書傳音釋六卷首一卷末一卷　(宋)蔡沈集傳　(元)鄒季友音釋　清咸豐五年(1855)浦

城與古齋祝氏刻本　六册

330000－1701－0098347　G610947　類叢部/叢書類/郡邑之屬

畿輔叢書　（清）王灝編　清光緒五年至十八年（1879－1892）定州王氏謙德堂刻三十二年（1906）彙印本（元和郡縣圖志卷十九至二十、二十三至二十四、三十五至三十六）　三册　存一種

330000－1701－0098348　G608240　類叢部/類書類/通類之屬

玉海二百卷辭學指南四卷詩攷一卷詩地理攷六卷漢蓺文志攷證十卷通鑑地理通釋十四卷周書王會補注一卷漢制攷四卷踐阼篇集解一卷急就篇補注四卷姓氏急就篇二卷小學紺珠十卷六經天文編二卷周易鄭康成注一卷通鑑答問五卷　（宋）王應麟撰　**校補玉海瑣記二卷王深寧先生［應麟］年譜一卷**　（清）張大昌撰　清光緒九年至十六年（1883－1890）浙江書局刻本　三册　存七卷（漢制攷一至四、姓氏急就篇一至二、周易鄭康成注）

330000－1701－0098352　G607780　史部/編年類/通代之屬

資治通鑑地理今釋十六卷　（清）吳熙載撰　清光緒八年（1882）江蘇書局刻本　二册

330000－1701－0098353　G608241　類叢部/類書類/通類之屬

玉海二百卷辭學指南四卷詩攷一卷詩地理攷六卷漢蓺文志攷證十卷通鑑地理通釋十四卷周書王會補注一卷漢制攷四卷踐阼篇集解一卷急就篇補注四卷姓氏急就篇二卷小學紺珠十卷六經天文編二卷周易鄭康成注一卷通鑑答問五卷　（宋）王應麟撰　**校補玉海瑣記二卷王深寧先生［應麟］年譜一卷**　（清）張大昌撰　清光緒九年至十六年（1883－1890）浙江書局刻本　一册　存二卷（姓氏急就篇一至二）

330000－1701－0098355　G007029　史部/政書類/邦計之屬/荒政

欽定康濟錄四卷　（清）陸曾禹撰　（清）倪國璉釐正　清乾隆五十八年（1793）魏禮焯刻本　六册

330000－1701－0098356　G608242　類叢部/類書類/通類之屬

玉海二百卷辭學指南四卷詩攷一卷詩地理攷六卷漢蓺文志攷證十卷通鑑地理通釋十四卷周書王會補注一卷漢制攷四卷踐阼篇集解一卷急就篇補注四卷姓氏急就篇二卷小學紺珠十卷六經天文編二卷周易鄭康成注一卷通鑑答問五卷　（宋）王應麟撰　**校補玉海瑣記二卷王深寧先生［應麟］年譜一卷**　（清）張大昌撰　清光緒九年至十六年（1883－1890）浙江書局刻本　一册　存二卷（姓氏急就篇一至二）

330000－1701－0098357　G007087　集部/詩文評類/詩評之屬

甌北詩話十卷續詩話二卷　（清）趙翼撰　清刻本　二册

330000－1701－0098359　G608243　類叢部/類書類/通類之屬

玉海二百卷辭學指南四卷詩攷一卷詩地理攷六卷漢蓺文志攷證十卷通鑑地理通釋十四卷周書王會補注一卷漢制攷四卷踐阼篇集解一卷急就篇補注四卷姓氏急就篇二卷小學紺珠十卷六經天文編二卷周易鄭康成注一卷通鑑答問五卷　（宋）王應麟撰　**校補玉海瑣記二卷王深寧先生［應麟］年譜一卷**　（清）張大昌撰　清光緒九年至十六年（1883－1890）浙江書局刻本　七册　存十七卷（周書王會補注、漢制攷一至四、踐阼篇集解、小學紺珠一至十、周易鄭康成注）

330000－1701－0098360　G607781　經部/書類/傳說之屬

書傳音釋六卷首一卷末一卷　（宋）蔡沈集傳　（元）鄒季友音釋　清咸豐五年（1855）浦城與古齋祝氏刻本　六册

330000－1701－0098361　G608244　類叢部/類書類/通類之屬

玉海二百卷辭學指南四卷詩攷一卷詩地理攷

六卷漢蓺文志攷證十卷通鑑地理通釋十四卷周書王會補注一卷漢制攷四卷踐阼篇集解一卷急就篇補注四卷姓氏急就篇二卷小學紺珠十卷六經天文編二卷周易鄭康成注一卷通鑑答問五卷 (宋)王應麟撰 **校補玉海瑣記二卷王深寧先生[應麟]年譜一卷** (清)張大昌撰 清光緒九年至十六年(1883－1890)浙江書局刻本 六冊 存十六卷(周書王會補注、漢制攷一至四、踐阼篇集解、小學紺珠一至十)

330000－1701－0098363 G608245 類叢部/類書類/通類之屬

玉海二百卷辭學指南四卷詩攷一卷詩地理攷六卷漢蓺文志攷證十卷通鑑地理通釋十四卷周書王會補注一卷漢制攷四卷踐阼篇集解一卷急就篇補注四卷姓氏急就篇二卷小學紺珠十卷六經天文編二卷周易鄭康成注一卷通鑑答問五卷 (宋)王應麟撰 **校補玉海瑣記二卷王深寧先生[應麟]年譜一卷** (清)張大昌撰 清光緒九年至十六年(1883－1890)浙江書局刻本 五冊 存十四卷(漢制攷一至四、小學紺珠一至十)

330000－1701－0098365 G007030 子部/雜著類/雜纂之屬

雜抄一卷 清抄本 一冊

330000－1701－0098366 G610948 史部/政書類/律令之屬/刑制

明刑管見錄一卷 (清)穆翰撰 清光緒三十年(1904)浙江官書局刻本 一冊

330000－1701－0098367 G607782 史部/地理類/方志之屬/郡縣志

[同治]湖州府志九十六卷首一卷 (清)宗源瀚 (清)楊榮緒 (清)郭式昌修 (清)周學濬 (清)陸心源 (清)汪曰楨纂 清同治十一年至十三年(1872－1874)愛山書院刻本 二十冊 存五十卷(首、一至四十九)

330000－1701－0098369 G610949 類叢部/叢書類/彙編之屬

崇文書局彙刻書三十一種 (清)崇文書局編 清光緒元年至三年(1875－1877)湖北崇文書局刻本 章嶔題簽並記 九冊 存三種

330000－1701－0098371 G007031 史部/傳記類/科舉録之屬/歷科登科録

歷科硃卷彙編不分卷(光緒壬午科、光緒癸未科、光緒乙酉科、光緒戊子科、光緒己丑恩科) (清)張鎮元等撰 清光緒刻本 一冊

330000－1701－0098372 G608246 類叢部/叢書類/自著之屬

振綺堂遺書五種 (清)汪遠孫撰 清道光刻民國十一年(1922)錢唐汪氏彙印本 三冊 存一種

330000－1701－0098374 G006884、G010811 史部/傳記類/别傳之屬/事狀

槐卿政蹟六卷 (清)沈衍慶撰 清同治元年(1862)刻本 二冊

330000－1701－0098375 G007032 史部/傳記類/科舉録之屬/硃卷

浙江鄉試歷科硃卷彙編不分卷 (清)孫晉寧等撰 清刻本 一冊

330000－1701－0098381 G608247 史部/傳記類/總傳之屬/列女

越女表微錄五卷 (清)汪輝祖撰 清光緒十八年(1892)杭州浙江學院刻本 一冊

330000－1701－0098382 G007033 史部/傳記類/科舉録之屬/歷科登科録

歷科硃卷彙編不分卷(乙丑科、戊辰科、光緒壬戌科、光緒丁酉科) (清)吳舒蕙等撰 清刻本 一冊

330000－1701－0098384 G608248 史部/傳記類/總傳之屬/列女

越女表微錄五卷 (清)汪輝祖撰 清光緒十八年(1892)杭州浙江學院刻本 一冊

330000－1701－0098387 G610950 經部/三禮總義類/通論之屬

禮經通論一卷 (清)邵懿辰撰 清同治三年(1864)望三益齋刻本 二冊

330000－1701－0098388　G007034　史部/目録類/總録之屬

江蘇書局各書價目一卷　清光緒刻本　一冊

330000－1701－0098390　G608249　經部/叢編

十三經古注　(明)葛鼒　(明)金蟠校　明崇禎十二年(1639)金蟠刻清同治八年(1869)浙江書局重修本　二冊　存一種

330000－1701－0098391　G608250　史部/紀傳類/正史之屬

漢書補注一百卷首一卷　王先謙撰　清光緒二十六年(1900)長沙王氏虛受堂刻本　十三冊　存三十三卷(首、一至十七、二十二至二十三、二十六至二十八、三十一至三十六、四十九至五十二)

330000－1701－0098392　G608251　經部/小學類/文字之屬/字書

小學答問一卷　章炳麟撰　清宣統元年(1909)刻本　一冊

330000－1701－0098393　G006886　子部/藝術類/音樂之屬/樂譜

五知齋琴譜八卷　(清)徐祺撰　(清)周魯封輯　清雍正二年(1724)刻本　一冊　存一卷(八)

330000－1701－0098394　G006887　子部/宗教類/佛教之屬/經疏

金剛經旁解一卷　(清)湯肇召　(清)朱濟撰　清同治十三年(1874)刻光緒三年(1877)印本　一冊

330000－1701－0098395　G006888　經部/四書類/總義之屬/傳說

四書集註十九卷　(宋)朱熹撰　清光緒二年(1876)一鑑齋刻本　三冊　存十二卷(大學、中庸、論語一至十)

330000－1701－0098396　G007088　史部/地理類/方志之屬/郡縣志

新城鄉土志一卷新城鄉土地理教科書一卷　清末石印本　一冊

330000－1701－0098397　G610935　類叢部/叢書類/彙編之屬

增訂漢魏叢書八十六種　(清)王謨編　清乾隆五十六年(1791)金谿王氏刻本　十冊　存四種

330000－1701－0098398　G007089　類叢部/叢書類/彙編之屬

有福讀書堂叢刻四種　吳引孫編　清光緒二十三年至二十七年(1897－1901)儀徵吳氏刻彙印本　二冊

330000－1701－0098400　G007035　子部/宗教類/道教之屬

重鐫清靜經圖註不分卷　混然子繪圖　水精子註解　清光緒三十年(1904)古繙吳玉泉刻本　一冊

330000－1701－0098402　G609537、G610240　史部/詔令奏議類/奏議之屬

林文忠公政書三集三十七卷　(清)林則徐撰　清光緒刻本　九冊　缺二卷(江蘇奏稿一至二)

330000－1701－0098404　G007090　子部/儒家類/儒學之屬/勸學

勸學篇二卷　(清)張之洞撰　清光緒二十四年(1898)兩湖書院刻本　一冊

330000－1701－0098405　G610934　子部/宗教類/佛教之屬/諸宗

肇論略注六卷　(明)釋德清撰　清光緒十四年(1888)金陵刻經處刻本　二冊

330000－1701－0098406　G007091　子部/天文曆算類/算書之屬

新編筭學啓蒙三卷總括一卷　(元)朱世傑撰　清刻本　一冊　存一卷(下)

330000－1701－0098407　G007037　子部/宗教類/佛教之屬/諸宗

淨土四經四卷　(清)魏源輯　清同治五年(1866)金陵書局刻本　一冊

330000－1701－0098408　G007092　子部/天文曆算類/算書之屬

新編筭學啓蒙三卷總括一卷 (元)朱世傑撰 清刻本 一冊 缺一卷(下)

330000－1701－0098410 G610907、G611811 史部/政書類/儀制之屬/典禮
幸魯盛典四十卷 (清)孔毓圻等纂修 清康熙五十年(1711)刻本 四冊 存十六卷(一至十六)

330000－1701－0098411 G006889、G010925 集部/總集類/選集之屬/斷代
御訂全金詩增補中州集七十二卷首二卷 (金)元好問輯 (清)郭元釪補輯 清康熙五十年(1711)内府刻乾隆五十四年(1789)西爽閣重修本 清曲溪棘人批校 二十三冊 缺三卷(三十三至三十五)

330000－1701－0098412 G007038 子部/宗教類/其他宗教之屬/基督教
摩西五經註釋 清宣統二年(1910)上海中國聖教書會鉛印本 一冊

330000－1701－0098413 G607783 集部/別集類/清別集
讀書堂綵衣全集四十六卷 (清)趙士麟撰 (清)梁永淳等輯 (清)趙宸黼編 清光緒十九年(1893)浙江書局刻本 十二冊

330000－1701－0098414 G609540 類叢部/叢書類/自著之屬
郝氏遺書三十三種 (清)郝懿行撰 清嘉慶至光緒刻彙印本 二冊 存四種

330000－1701－0098416 G602641 子部/宗教類/道教之屬/威儀
玄都律壇傳戒引禮規則不分卷 清末成都二仙菴刻本 一冊

330000－1701－0098419 G006890 集部/別集類/清別集
靜廉齋詩集二十四卷 (清)金甡撰 清嘉慶二十五年(1820)今雨堂姚祖恩刻本(卷六至二十配抄本) 十五冊 缺一卷(一)

330000－1701－0098420 G607784 史部/地理類/山川之屬/山志
京口三山志 (清)□□輯 清同治至光緒刻本 八冊 存一種

330000－1701－0098422 G007039 子部/宗教類/道教之屬
文昌玉局啓懺眞言一卷文昌延嗣眞經一卷 清乾隆五十七年(1792)杭城芝秀軒許氏刻本 一冊

330000－1701－0098423 G602642 子部/藝術類/書畫之屬/法帖
古鑑閣藏周石鼓文集聯拓本不分卷 秦文錦編集 清光緒二十九年(1903)影印本 一冊

330000－1701－0098424 G607785 史部/地理類/山川之屬/山志
京口三山志 (清)□□輯 清同治至光緒刻本 八冊 存一種

330000－1701－0098425 G007040 集部/別集類/清別集
知止堂詩錄十二卷文集八卷文集補遺一卷詞錄三卷 (清)朱綬撰 清道光二十年至二十二年(1840－1842)董國華等刻本 八冊

330000－1701－0098426 G610908 類叢部/叢書類/自著之屬
西堂全集四種附一種 (清)尤侗撰 清刻本 五冊 存二種

330000－1701－0098428 G607786 經部/四書類/總義之屬/傳說
四書集註十九卷 (宋)朱熹撰 清光緒十八年(1892)浙江書局刻本 五冊 缺七卷(論語六至十、孟子四至五)

330000－1701－0098429 G007093 集部/別集類/清別集
思綺堂文集十卷 (清)章藻功撰 清抄本 一冊 存一卷(四)

330000－1701－0098431 G007094 類叢部/叢書類/自著之屬
寄龕襍著 (清)孫德祖撰 清光緒刻本 四冊 存一種

330000－1701－0098432　G609541　子部/藝術類/書畫之屬/畫譜

吴友如畫寶十二集不分卷　（清）吴嘉猷繪　清宣統元年(1909)上海璧園會社石印本　二冊　存二集

330000－1701－0098433　G610909　子部/宗教類/佛教之屬/經疏

大佛頂首楞嚴經正脈疏四十卷首一卷　（明）釋真鑑撰　清光緒二十二年(1896)金陵刻經處刻本　八冊　存二十三卷(十八至四十)

330000－1701－0098434　G007041　子部/宗教類/佛教之屬

金剛般若經註解全集五種　（明）王源靜重集　清同治八年(1869)刻本　十四冊　存四種

330000－1701－0098436　G609542　子部/兵家類/兵法之屬

軍禮司馬灋攷徵二卷　（清）黄以周撰　清光緒十八年(1892)黄氏試館刻本　一冊

330000－1701－0098437　G610910　集部/總集類/彙編之屬

漢魏六朝一百三家集(漢魏六朝百三名家集)　（明）張溥編　清光緒十八年(1892)善化章經濟堂刻本　一冊　存一種

330000－1701－0098438　G007042　集部/總集類/尺牘之屬

尺牘不分卷　清抄本　一冊

330000－1701－0098440　G602645　子部/宗教類/佛教之屬/總録

雲棲法彙二十九種　（明）釋袾宏撰　（明）王宇春等輯　清光緒十八年至二十五年(1892－1899)金陵刻經處刻本　九冊　存四種

330000－1701－0098441　G610919　史部/地理類/山川之屬/山志

黄山志定本七卷首一卷　（清）閔麟嗣撰　清康熙十八年(1679)刻本　四冊　存五卷(首、一至四)

330000－1701－0098444　G607787　類叢部/叢書類/彙編之屬

學津討原一百七十三種　（清）張海鵬編　清嘉慶十年(1805)虞山張氏照曠閣刻本　八冊　存一種

330000－1701－0098446　G007043　集部/詩文評類/文評之屬

時令尺牘一卷　清嘉慶抄本　一冊

330000－1701－0098448　G007044　集部/總集類/選集之屬

雜鈔一卷　清抄本　一冊

330000－1701－0098450　G609545、G608193　集部/别集類/清别集

顯志堂稿十二卷　（清）馮桂芬撰　清光緒二年(1876)吴縣馮氏校邠廬刻本　六冊　存十一卷(一至十一)

330000－1701－0098452　G602646　子部/宗教類/佛教之屬/諸宗

肇論略注六卷　（明）釋德清撰　清光緒十四年(1888)金陵刻經處刻本　二冊

330000－1701－0098454　G007045　集部/别集類/清别集

張煥祚詩集一卷　（清）張煥祚撰　清抄本　一冊

330000－1701－0098455　G610912　類叢部/叢書類/彙編之屬

木犀軒叢書二十七種　李盛鐸編　清光緒德化李氏木犀軒刻本　二冊　存一種

330000－1701－0098458　G610913　子部/小説家類/異聞之屬

閱微草堂筆記擇要二卷　（清）紀昀撰　（清）籜園居士選訂　清光緒十五年(1889)泉唐沈氏刻本　二冊

330000－1701－0098460　G007046　集部/總集類/尺牘之屬

名媛尺牘一卷　（清）李松輯　稿本　一冊

330000－1701－0098462　G602647　子部/宗教類/佛教之屬/經疏

大華嚴經略策一卷三聖圓融觀門一卷　（唐）

釋澄觀撰 **答順宗心要法門一卷** (唐)釋澄觀撰 (唐)釋宗密注 **原人論一卷** (唐)釋宗密撰 **華嚴念佛三昧論一卷** (清)彭紹升撰 清同治十三年(1874)雞園刻經處、光緒二十一年(1895)、二十三年(1897)金陵刻經處刻本 一冊 存一卷(華嚴念佛三昧論)

330000－1701－0098464 G007095 子部/醫家類/本草之屬/歷代綜合本草
增訂本草備要□□卷 (清)汪昂撰 清積慶堂刻本 四冊 存四卷(一至四)

330000－1701－0098465 G007047 集部/別集類/清別集
佚名尺牘一卷 清抄本 一冊

330000－1701－0098471 G007048 史部/傳記類/科舉録之屬/歷科鄉試録
[同治丁卯科並補行甲子科]浙江鄉試第拾陸房硃卷不分卷 (清)高雲麟等撰 清同治刻本 一冊

330000－1701－0098474 G007049、G010812 集部/別集類/清別集
槐卿遺稾六卷坿錄一卷 (清)沈衍慶撰 清同治元年(1862)刻本 二冊

330000－1701－0098476 G609548 類叢部/叢書類/家集之屬
董氏叢書十六種 (清)董金鑑編 清光緒三十二年(1906)會稽董氏取斯家塾刻本 一冊 存一種

330000－1701－0098477 G602649 子部/宗教類/佛教之屬/諸宗
法界宗五祖略記一卷賢首五教儀開蒙一卷 (清)釋續法輯 清光緒二年(1876)、二十二年(1896)金陵刻經處刻本 一冊

330000－1701－0098480 G007050 集部/總集類/酬唱之屬
山陰贈行詩錄一卷 (清)茹蘂等撰 清道光六年(1826)武林淵雅堂刻本 一冊

330000－1701－0098481 G609549、G610243 類叢部/叢書類/自著之屬
抗希堂十六種(抗希堂全集) (清)方苞撰 清康熙至嘉慶刻彙印本 十六冊 存三種

330000－1701－0098488 G607789 集部/總集類/選集之屬/通代
文選六十卷 (南朝梁)蕭統輯 (唐)李善注 明末海虞毛氏汲古閣刻本 八冊

330000－1701－0098492 G607790 子部/儒家類/儒學之屬/禮教/家訓
晚邨先生家訓真蹟四卷 (清)呂留良撰 清光緒三十四年(1908)漢口裕記石印本 二冊

330000－1701－0098493 G602650 子部/宗教類/佛教之屬/經疏
大佛頂如來密因修證了義諸菩薩萬行首楞嚴經玄義二卷文句十卷 (清)釋智旭撰 清同治十三年(1874)金陵刻經處刻本 一冊 存二卷(一至二)

330000－1701－0098495 M007906 集部/別集類/清別集
三十二蘭亭室存稿二卷 (清)劉湝年撰 稿本 一冊

330000－1701－0098496 G602652 類叢部/叢書類/彙編之屬
邵武徐氏叢書二集八種 (清)徐幹編 清光緒邵武徐氏刻本 四冊 存一種

330000－1701－0098501 G602653 史部/地理類/方志之屬/郡縣志
咸淳臨安志一百卷 (宋)潛說友纂 **校栞咸淳臨安志札記三卷** (清)黃士珣撰 清道光十年(1830)錢塘汪氏振綺堂刻同治六年(1867)補刻本(卷九十、九十八至一百原缺) 二十四冊

330000－1701－0098506 G007096 集部/別集類/清別集
雙紅豆館遺稿一卷 (清)王潔撰 清光緒元年(1875)刻本 一冊

330000－1701－0098507 G609551 史部/地理類/水利之屬
重修淮郡文渠志一卷 (清)陸元鼎撰 清光

緒三十年(1904)善後局刻本　一冊

330000－1701－0098508　G610914　類叢部/叢書類/自著之屬
甌北全集八種　(清)趙翼撰　清乾隆至嘉慶湛貽堂刻本　一冊　存一種

330000－1701－0098509　G007098　史部/紀傳類/正史之屬
二十四史　清同治至光緒五省官書局據汲古閣本等合刻光緒五年(1879)湖北書局彙印本　十三冊　存一種

330000－1701－0098510　G006891　集部/別集類/清別集
拙學齋論詩絶句一卷　(清)廖鼎聲著　(清)張建南填諱　清同治七年(1868)廣州刻本　一冊

330000－1701－0098512　G007099　集部/小説類/長篇之屬
俠女奇緣八卷四十回首一卷　(清)燕北閒人撰　(清)還讀我書室主人評　清光緒二十四年(1898)上海蘇報館鉛印本　二冊　存二卷(六至七)

330000－1701－0098515　G006892　集部/別集類/清別集
寄屐草二卷續集一卷　(清)唐庸撰　清道光刻本　一冊

330000－1701－0098519　G006893　子部/醫家類/本草之屬/歷代綜合本草
本草從新十八卷　(清)吳儀洛輯　清刻本　一冊　存三卷(三至五)

330000－1701－0098521　G007100　集部/別集類/清別集
思綺堂文集十卷　(清)章藻功撰　清康熙六十一年(1722)刻本　十冊

330000－1701－0098524　G609553、G610110　子部/雜著類/雜考之屬
格致古微五卷表一卷　王仁俊撰　清光緒二十二年(1896)吳縣王氏籀鄦誃刻本　三冊　存四卷(三至六)

330000－1701－0098525　G610916　史部/傳記類/別傳之屬/事狀
胡母施太淑人輓言不分卷　(清)胡鳳林等編　清同治二年(1863)韞玉山房刻本　一冊

330000－1701－0098529　G007101　集部/別集類/清別集
楓谿櫂歌一卷附雜詠一卷　(清)程兼善撰　清光緒二十年(1894)刻本　一冊

330000－1701－0098532　G006894、G007853　子部/醫家類/本草之屬/歷代綜合本草
本草從新十八卷　(清)吳儀洛輯　清刻本　二冊　存五卷(一、十三至十六)

330000－1701－0098534　G610917　經部/四書類/總義之屬/傳説
四書集註十九卷　(宋)朱熹撰　清光緒三十二年(1906)上海商務印書館鉛印本　五冊　缺二卷(孟子六至七)

330000－1701－0098539　G006895　子部/醫家類/本草之屬/歷代綜合本草
本草從新十八卷　(清)吳儀洛輯　清刻本　四冊　存十四卷(二至八、十二至十八)

330000－1701－0098540　G609554　子部/醫家類/類編之屬
醫林指月十二種　(清)王琦編　清乾隆刻本　一冊　存一種

330000－1701－0098541　G608134　子部/雜著類/雜説之屬
定香亭筆談四卷　(清)阮元撰　清光緒二十五年(1899)浙江書局刻本　四冊

330000－1701－0098542　G007103　史部/政書類/公牘檔冊之屬
杭州永康試舘將賓興田畝籌款建造工竣詳銷案稿一卷　清光緒三十四年(1908)木活字印本　一冊

330000－1701－0098548　G610918　類叢部/叢書類/自著之屬
橘蔭軒全集七種　(清)陳錦撰　清光緒山陰陳氏橘蔭軒刻本　二冊　存一種

330000－1701－0098549　G607792　集部/別集類/清別集
依舊草堂遺稿一卷　(清)費丹旭撰　(清)汪鉽編　清同治七年(1868)錢塘汪氏振綺堂刻本　一冊

330000－1701－0098551　G607795　類叢部/叢書類/彙編之屬
漸西村舍彙刊(漸西村舍叢刻)四十四種　(清)袁昶編　清光緒十六年至二十四年(1890－1898)桐廬袁氏刻本　一冊　存一種

330000－1701－0098553　G006896　集部/別集類/清別集
竹榭詞稿一卷　(清)胡嗣福撰　清光緒二十一年(1895)桐城胡氏家刻本　一冊

330000－1701－0098555　G006897　集部/詞類/別集之屬
藕絲詞四卷　(清)汪淵撰　清光緒七年(1881)新安茹古堂刻本　一冊

330000－1701－0098556　G608136　子部/小說家類/雜事之屬
稗販八卷　(清)曹斯棟輯　清乾隆五十九年(1794)曹氏飯顆山房刻本　三冊

330000－1701－0098558　G006898　集部/別集類/清別集
託素齋詩集四卷文集六卷附仁恕堂筆記一卷　(清)黎士弘撰　清光緒二十五年(1899)汀州東壁軒木活字印本　一冊　存一卷(仁恕堂筆記)

330000－1701－0098561　G007051　史部/傳記類/總傳之屬/家乘
皇宋第十五世係孝宗之長孫派一卷　清抄本　一冊

330000－1701－0098562　G007104　經部/叢編
御纂七經五種　(清)李光地等撰　清刻本　十二冊　存一種

330000－1701－0098563　G007052　子部/宗教類/道教之屬
呂祖金華宗旨一卷　清刻本　一冊

330000－1701－0098564　G602657　子部/藝術類/書畫之屬/題跋
書畫跋跋三卷續三卷　(明)孫鑛撰　清乾隆五年(1740)孫氏居業堂刻本　二冊　缺四卷(三、續一至三)

330000－1701－0098566　G610920、G612277　類叢部/叢書類/彙編之屬
武英殿聚珍版書一百四十八種　清乾隆四十二年(1777)福建刻道光至同治遞修光緒二十一年(1895)增刻本　二十四冊　存四種

330000－1701－0098567　G609557　集部/別集類/清別集
蕉雨山房詩鈔六種　(清)丁堯臣撰　清光緒會稽丁氏刻本　二冊　存一種

330000－1701－0098570　G007053　子部/儒家類/儒學之屬
陶龕語錄二卷　(清)羅信南撰　(清)羅信北編審　清光緒三十二年(1906)吳門刻本　一冊

330000－1701－0098574　G602658　集部/別集類/清別集
存吾春軒集十卷附錄一卷　(清)周大樞撰　清光緒八年(1882)刻十八年(1892)會稽陶闇補刻本　二冊　存四卷(一至四)

330000－1701－0098575　G608138　子部/叢編
韓晏合編　(清)吳鼒編　清嘉慶全椒吳氏刻本　一冊　存四卷(晏子春秋一至四)

330000－1701－0098578　G607796　子部/藝術類/書畫之屬/法帖
靈飛經一卷　(清)馮文蔚書　清末石印本　一冊

330000－1701－0098579　G608139　子部/儒家類/儒學之屬/性理
上蔡先生語錄三卷　(宋)謝良佐撰　(宋)朱熹輯　(清)張伯行重訂　清道光古歙洪錫謙刻本　一冊

330000－1701－0098580　G609559　集部/總集類/郡邑之屬

西泠五布衣遺箸五種　(清)丁丙輯　清同治至光緒錢塘丁氏當歸草堂刻本　一册　存一種

330000－1701－0098581　G007054　子部/醫家類/外科之屬/通論

重訂外科正宗十二卷　(明)陳實功撰　(清)張鷟翼重訂　清刻本　一册　存二卷(十一至十二)

330000－1701－0098584　G607797　集部/別集類/清別集

半巖廬遺詩二卷　(清)邵懿辰撰　清同治十年(1871)潘祖蔭刻本　一册

330000－1701－0098585　G006899　集部/別集類/清別集

許玉峯先生集三卷附錄一卷　(清)許鼎撰　(清)劉元佐　(清)方宗誠輯　**陳松田遺文一卷**　(清)陳紀撰　(清)許鼎纂抄　清同治五年(1866)方宗誠刻本　清吳大廷批　一册

330000－1701－0098586　G007055　史部/傳記類/科舉録之屬/歷科鄉試録

[光緒戊子科]浙江鄉試第九房同門硃卷一卷　(清)黃之霖等撰　清光緒刻本　一册

330000－1701－0098587　G610921　集部/總集類/選集之屬/通代

古文苑二十一卷　(宋)章樵注　清光緒十二年(1886)江蘇書局刻本　四册

330000－1701－0098588　G610922　集部/別集類/明別集

歐陽南野先生文集五卷　(明)歐陽德撰　(明)李春芳選　清道光十五年(1835)蜀江書室刻本　四册

330000－1701－0098589　G607798、G609627、G610657　集部/別集類/清別集

紀文達公遺集三十二卷　(清)紀昀撰　(清)紀樹馨編　清嘉慶十七年(1812)紀樹馥刻本　六册　存十三卷(文十六、詩一至十二)

330000－1701－0098590　G007056　類叢部/叢書類/家集之屬

董氏遺書四種　(清)董若洵編　清咸豐至同治刻彙印本　一册　存一種

330000－1701－0098594　G006900　集部/別集類/清別集

抱膝吟廬文集七卷詩集五卷　(清)孫瑞文撰　清末木活字印本　三册

330000－1701－0098596　G007057　集部/總集類/彙編之屬

漢魏名文乘(漢魏六十名家)　(明)張運泰　(明)余元熹輯　明末刻本　一册　存一種

330000－1701－0098598　G610923　子部/天文曆算類/算書之屬

算學十書　(清)賈步緯輯　清同治至光緒江南機器製造總局刻本暨鉛印本　一册　存一種

330000－1701－0098604　G608143　子部/醫家類/傷寒金匱之屬/傷寒論

傷寒古方通六卷　(清)王子接註　清末上海樂善堂刻本　二册

330000－1701－0098605　G006901　子部/宗教類/佛教之屬/經疏

佛說梵網經菩薩心地品合註七卷　(後秦)釋鳩摩羅什譯　(清)釋智旭註　(清)釋道昉訂　**佛說梵網經菩薩心地品玄義一卷**　(清)釋智旭述　(清)釋道昉訂　**菩薩戒羯磨文釋一卷**　(唐)釋玄奘譯　(清)釋智旭釋　**菩薩戒本經一卷**　(晉)釋曇無讖譯　**重定授菩薩戒法一卷學菩薩戒法一卷梵網經懺悔行法一卷毘尼後集問辨一卷**　(清)釋智旭述　清同治十三年(1874)金陵刻經處刻本　五册

330000－1701－0098606　G007105　史部/傳記類/科舉録之屬/歷科鄉試録

同治四年補行辛酉正科並壬戌恩科浙江鄉試題名錄一卷　清同治刻本　一册

330000－1701－0098608　G610925　史部/史評類/史論之屬

欽定古今儲貳金鑑六卷　（清）高宗弘曆等撰　清光緒二十一年（1895）浙江官書局刻本　四冊

330000－1701－0098609　G607800　類叢部/叢書類/自著之屬
曾文正公全集十六種　（清）曾國藩撰　清同治至光緒傳忠書局刻本　五冊　存五種

330000－1701－0098610　G608144　子部/醫家類/傷寒金匱之屬/傷寒論
傷寒古方通六卷　（清）王子接註　清末上海樂善堂刻本　二冊

330000－1701－0098611　G007058　子部/宗教類/佛教之屬/經疏
大方廣佛華嚴經著述集要二十三種　（清）楊文會輯　清同治八年至民國六年（1869－1917）如皋刻經處、雞園刻經處、長沙刻經處、金陵刻經處等刻本　一冊　存一種

330000－1701－0098613　G006903　史部/傳記類/科舉録之屬/歷科鄉試録
[光緒壬寅補行庚子恩正兩科]四川鄉試卷不分卷　（清）宋元熙等撰　清光緒刻本　一冊

330000－1701－0098614　G608146　子部/農家農學類/蠶桑之屬
蠶桑萃編十五卷首一卷　（清）衛杰撰　清光緒二十六年（1900）刻本　八冊

330000－1701－0098616　G007106　史部/雜史類/斷代之屬
國語二十一卷　（三國吳）韋昭注　（宋）宋庠補音　**戰國策十卷**　（宋）鮑彪校注　清乾隆二十七年（1762）刻本　四冊　存二十一卷（一至二十一）

330000－1701－0098617　G007059　子部/宗教類/佛教之屬/經疏
佛説四十二章經解一卷佛遺教經解一卷八大人覺經略解一卷　（清）釋智旭撰　清光緒十一年（1885）金陵刻經處刻本　一冊

330000－1701－0098618　G607801　集部/别集類/清别集
吴摯甫詩集一卷　（清）吴汝綸撰　清宣統二年（1910）上海國學扶輪社石印本　一冊

330000－1701－0098620　G608147　子部/雜著類/雜考之屬
札迻十二卷　（清）孫詒讓撰　清光緒二十年（1894）籀膏刻本　四冊

330000－1701－0098621　G006902　史部/傳記類/科舉録之屬/歷科鄉試録
[光緒壬寅補行庚子恩科並庚子正科]四川鄉試闈墨不分卷　（清）樓藜然等撰　清光緒衡文堂刻本　一冊

330000－1701－0098623　G607802　類叢部/叢書類/彙編之屬
半厂叢書初編十種　（清）譚獻編　清同治至光緒仁和譚氏刻本　四冊　存二種

330000－1701－0098624　G610928　史部/政書類/邦計之屬
兩浙宦游紀畧四種　（清）戴槃撰　清同治七年（1868）刻本　一冊　存一種

330000－1701－0098626　G608148、G612000　子部/雜著類/雜説之屬
泖東草堂筆記二十卷　（清）沈宗袿撰　清宣統二年（1910）上海時中書局鉛印本　二冊

330000－1701－0098628　G610929　子部/天文曆算類/算書之屬
測圓海鏡細草十二卷　（元）李冶撰　清光緒二年（1876）上海同文館鉛印本　四冊

330000－1701－0098631　G607803　集部/别集類/清别集
缶廬詩四卷别存三卷　吴昌碩撰　清光緒十九年（1893）刻本　一冊

330000－1701－0098632　G007107　子部/法家類
弟子職一卷儀禮大要二卷　（清）任兆麟集註　**天子肆獻祼饋食禮三卷**　（清）任啓運纂　清乾隆刻本　一冊

330000－1701－0098633　M603744　子部/

藝術類/篆刻之屬/印譜
春暉堂印始八卷　(清)吳蒼雷篆刻　清末石印本　三冊　存三卷(二至四)

330000－1701－0098635　G607804　類叢部/叢書類/自著之屬
潛廬全集五種附一種　金蓉鏡撰　清光緒三十四年(1908)、宣統二年(1910)刻本　一冊　存一種

330000－1701－0098637　G007061　子部/術數類/相宅相墓之屬
新刻石函平砂玉尺經全書真機六卷後集四卷　(元)劉秉忠撰　(明)劉基解　(明)賴從謙發揮　清道光十二年(1832)綠蔭堂刻本　三冊

330000－1701－0098638　G006904　史部/傳記類/科舉録之屬/歷科鄉試録
[光緒壬寅補行庚子恩正兩科]四川鄉試卷不分卷　(清)蕭澤溥等撰　清光緒刻本　一冊

330000－1701－0098639　G610933　子部/宗教類/佛教之屬/諸宗
肇論略注六卷　(明)釋德清撰　清光緒十四年(1888)金陵刻經處刻本　二冊

330000－1701－0098640　G602659　集部/別集類/清別集
月壺題畫詩一卷　(清)瞿應紹撰　清道光三十年(1850)刻本　一冊

330000－1701－0098642　G608151　子部/雜著類/雜考之屬
十駕齋養新録二十卷餘録三卷　(清)錢大昕撰　**錢辛楣先生年譜一卷**　(清)錢大昕編　(清)錢慶曾校注　**竹汀居士[大昕]年譜續編一卷**　(清)錢慶曾撰　清光緒二年(1876)浙江書局刻本　八冊

330000－1701－0098643　G610930　史部/職官類/官箴之屬
牧令全書二十三卷　(清)丁日昌輯　清同治七年(1868)江蘇書局刻本　一冊　存四卷(保甲書輯要一至四)

330000－1701－0098644　G006905　史部/傳記類/科舉録之屬/歷科鄉試録
[光緒丁酉科]四川鄉試硃卷不分卷　(清)萬學先等撰　清光緒刻本　一冊

330000－1701－0098645　G007108　類叢部/叢書類/自著之屬
朱子遺書初刻八種二刻七種　(宋)朱熹撰　清康熙禦兒呂氏寶誥堂刻本　三冊　存四種

330000－1701－0098646　G610931　經部/小學類/文字之屬/說文
說文解字韻譜十卷　(宋)徐鍇撰　(清)馮桂芬校訂　清同治三年(1864)吳縣馮桂芬縮摹篆文刻同治六年(1867)補刻本　二冊

330000－1701－0098648　G007062　集部/總集類/酬唱之屬
羅陽紀別十詠一卷　(清)意園主人輯　清光緒八年(1882)甌城曾氏怡園刻本　一冊

330000－1701－0098649　G608152、G610340　史部/政書類/通制之屬
吾學録初編二十四卷　(清)吳榮光撰　清道光二十九年(1849)湘西高國榮刻本　八冊

330000－1701－0098651　G007063　經部/小學類/文字之屬/字書/字體
繆篆分韻五卷補一卷　(清)桂馥輯　清抄本　一冊　存一卷(一)

330000－1701－0098652　G608153　子部/術數類/命書相書之屬
精刻看命一掌金一卷　(唐)釋一行撰　清末刻本　一冊

330000－1701－0098653　G006906　史部/傳記類/科舉録之屬/歷科鄉試録
[光緒壬寅補行庚子恩正兩科]四川鄉試第三房同門姓氏試卷不分卷　(清)姚弼憲等撰　清光緒刻本　一冊

330000－1701－0098655　G608154　子部/醫家類/方書之屬/單方驗方
串雅内編四卷　(清)趙學敏輯　清光緒十四年(1888)榆園刻本　二冊

330000－1701－0098656　G610932　子部/宗教類/佛教之屬/諸宗

肇論略注六卷　（明）釋德清撰　清光緒十四年（1888）金陵刻經處刻本　二冊

330000－1701－0098657　G608155　類叢部/叢書類/彙編之屬

宜稼堂叢書七種　（清）郁松年編　清道光二十年至二十二年（1840－1842）上海郁氏刻本　二冊　存一種

330000－1701－0098661　G609564　史部/傳記類/日記之屬

入都日記一卷（清光緒十三年）　（清）李圭撰　清光緒刻本　一冊

330000－1701－0098663　G007109　子部/儒家類/儒學之屬/性理

近思錄集注十四卷考訂朱子世家一卷　（清）江永撰　**校勘記一卷**　（清）王炳撰　清同治八年（1869）江蘇書局刻本　二冊　存十卷（三至十二）

330000－1701－0098664　G007064　集部/總集類/選集之屬/通代

文選六十卷　（南朝梁）蕭統輯　（唐）李善注　清乾隆十一年（1746）懷德堂刻本　一冊　存四卷（一至四）

330000－1701－0098666　G007110　史部/雜史類/斷代之屬

養吉齋叢錄二十六卷餘錄十卷　（清）吳振棫撰　清光緒二十二年（1896）刻本　二冊　存十卷（餘錄一至十）

330000－1701－0098667　G007065　集部/別集類/清別集

定盦文集三卷續集四卷續錄一卷古今體詩二卷己亥雜詩一卷庚子雅詞一卷　（清）龔自珍撰　清同治七年（1868）吳煦刻本　陶濬宣跋　三冊

330000－1701－0098668　G609565　經部/小學類/音韻之屬

矩齋所學　勞乃宣撰　清光緒至民國刻本　一冊　存一種

330000－1701－0098670　G602661　集部/別集類/清別集

璇璣碎錦二卷　（清）萬樹撰　清光緒十四年（1888）似靜齋刻本　二冊

330000－1701－0098672　G007111　子部/雜著類/雜考之屬

校訂困學紀聞集證二十卷　（宋）王應麟撰　（清）閻若璩等箋　（清）屠繼序較補　（清）萬希槐集證　清嘉慶二十二年（1817）檢香齋刻本　四冊　存五卷（二至六）

330000－1701－0098673　M609739、M608864　史部/叢編

痛史二十一種附九種　樂天居士輯　清宣統至民國上海商務印書館鉛印本　三冊　存一種

330000－1701－0098674　G609566、G610231　子部/宗教類/道教之屬/雜著

抱朴子内篇二十卷外篇五十卷　（晉）葛洪撰　**校勘記一卷内篇佚文一卷外篇佚文一卷**　（清）繼昌等輯　清嘉慶十八年至二十二年（1813－1817）繼昌金陵道署刻本　八冊　存七十卷（一至二十、外篇一至五十）

330000－1701－0098675　G006907　子部/醫家類/本草之屬/歷代綜合本草

本草綱目五十二卷圖三卷　（明）李時珍撰　清順治十五年（1658）張朝璘刻本　八冊　存二十二卷（十八至三十七、四十三至四十四）

330000－1701－0098678　G007067　集部/別集類/清別集

芸香館遺詩二卷　（清）那遜蘭保撰　清同治十三年（1874）盛昱刻本　一冊

330000－1701－0098679　G609567　經部/小學類/文字之屬/說文

說文引經攷證七卷說文引經互異說一卷　（清）陳瑑撰　清同治十三年（1874）湖北崇文書局刻本　二冊

330000－1701－0098681　G610893　子部/宗

教類/佛教之屬/總録

省庵法師語録二卷 (清)釋實賢撰 (清)彭紹升重訂 **西方發願文註一卷** (明)釋袾宏撰 **東海若解一卷** (唐)柳宗元撰 清同治七年(1868)刻本 清邱震題記 一册

330000－1701－0098687 G608156 子部/術數類/命書相書之屬

增訂五星集腋十卷續編一卷 (清)廖冀亨輯 (清)程枚增訂 清同治十二年(1873)刻本 一册 存一卷(續編)

330000－1701－0098690 G607805 類叢部/叢書類/家集之屬

新城王氏家集四十種 (清)□□編 明崇禎至清康熙刻彙印本 一册 存一種

330000－1701－0098692 G007068 集部/别集類/清别集

北居文稿一卷 (清)毛錫垣撰 (清)潘順之等評 (清)毛治編 稿本 一册

330000－1701－0098699 G007069 集部/總集類/選集之屬/斷代

唐詩鈔不分卷 清抄本 二册

330000－1701－0098705 G608158 子部/醫家類/方書之屬/單方驗方

種福堂公選良方四卷 (清)葉桂撰 清刻本 一册 存二卷(三至四)

330000－1701－0098706 G607806 子部/藝術類/書畫之屬/畫譜

任渭長四種 (清)任熊繪 清咸豐至光緒蕭山王氏養龢堂刻本 二册 存一種

330000－1701－0098708 G007070 子部/儒家類/儒學之屬/俗訓

人譜一卷人譜類記二卷 (明)劉宗周撰 清同治七年(1868)蕺山書院刻紹興裘氏印本 一册 存一卷(人譜類記下)

330000－1701－0098711 G610894 子部/宗教類/佛教之屬/經疏

妙法蓮華經七卷 (後秦)釋鳩摩羅什譯 清光緒二十六年(1900)刻本 三册 存五卷(一至五)

330000－1701－0098721 G007071 類叢部/叢書類/彙編之屬

湘淥館叢書 清刻本 二册 存二種

330000－1701－0098727 G608160、G608727、G009079、G610362 子部/儒家類/儒學之屬/性理

近思録集注十四卷考訂朱子世家一卷 (清)江永撰 **校勘記一卷** (清)王炳撰 清同治八年(1869)江蘇書局刻本 清孫德祖批、題記並跋 四册

330000－1701－0098732 G609569 史部/雜史類

宋遼金元别史五種 (清)席世臣輯 清乾隆至嘉慶南沙席氏掃葉山房刻本 二册 存一種

330000－1701－0098734 G007072 子部/醫家類/本草之屬/歷代綜合本草

本草從新十八卷 (清)吳儀洛輯 清刻本 一册 存四卷(五至八)

330000－1701－0098737 G602663、G610601 子部/小説家類/雜事之屬

水窗春囈二卷 (清)□□撰 清光緒三年(1877)上海機器印書局鉛印本 二册

330000－1701－0098740 G609570 類叢部/叢書類/家集之屬

影山草堂六種 (清)莫與儔 (清)莫友芝撰 清咸豐至光緒刻本 一册 存一種

330000－1701－0098741 G607808 類叢部/叢書類/自著之屬

彭居士法集 (清)彭紹升撰 清同治至民國刻本 一册 存一種

330000－1701－0098745 G609571 集部/别集類/清别集

越縵堂集十卷 (清)李慈銘撰 清光緒十六年(1890)王繼香刻本 四册

330000－1701－0098748 G007074 子部/儒

家類/儒學之屬/性理
朱子原訂近思錄集注十四卷　(清)江永撰　清光緒二十五年(1899)浙江官書局刻本　四冊

330000－1701－0098750　G607809　經部/四書類/總義之屬/傳說
四書集註十九卷　(宋)朱熹撰　清刻本　一冊　存二卷(孟子四至五)

330000－1701－0098751　G007075　類叢部/類書類/通類之屬
玉海二百卷辭學指南四卷詩攷一卷詩地理攷六卷漢蓺文志攷證十卷通鑑地理通釋十四卷周書王會補注一卷漢制攷四卷踐阼篇集解一卷急就篇補注四卷姓氏急就篇二卷小學紺珠十卷六經天文編二卷周易鄭康成注一卷通鑑答問五卷　(宋)王應麟撰　清刻本　五冊　存十卷(小學紺珠一至十)

330000－1701－0098760　M007936　子部/醫家類/喉科口齒之屬/喉痧
疫痧草三卷　(清)陳耕道撰　**時疫白喉捷要一卷**　(清)張邵修撰　清光緒六年(1880)江都劉卓齋刻本　一冊

330000－1701－0098762　G006908　類叢部/叢書類/彙編之屬
新陽趙氏叢刊十四種　(清)趙元益編　清光緒十一年至二十八年(1885－1902)新陽趙氏刻本　一冊　存一種

330000－1701－0098763　G608161　子部/宗教類/佛教之屬/總録
雲棲法彙二十九種　(明)釋祩宏撰　(明)王宇春等輯　清光緒十八年至二十五年(1892－1899)金陵刻經處刻本　一冊　存一種

330000－1701－0098764　G610895　類叢部/叢書類/自著之屬
任氏遺書八種　(清)任啓運撰　清光緒十四年(1888)荊溪任氏家塾刻本　二冊　存三種

330000－1701－0098765　G610896　類叢部/叢書類/自著之屬
任氏遺書八種　(清)任啓運撰　清光緒十四年(1888)荊溪任氏家塾刻本　一冊　存二種

330000－1701－0098766　G608166　子部/醫家類/類編之屬
保赤彙編　(清)朱之榛編　清光緒五年(1879)蘇州刻本　一冊　存一種

330000－1701－0098767　G610897　經部/三禮總義類/名物制度之屬
天子肆獻祼饋食禮三卷　(清)任啓運撰　清光緒十一年(1885)浙江書局刻本　一冊

330000－1701－0098771　G610899　子部/宗教類/佛教之屬/經疏
妙法蓮華經科註七卷首一卷　(後秦)釋鳩摩羅什譯　(明)釋一如集註　清同治十一年(1872)刻本　三冊　存三卷(五至七)

330000－1701－0098772　G608164、G609621　類叢部/類書類/通類之屬
蠹存二卷　(清)方旭撰　清光緒二十四年(1898)刻本　二冊

330000－1701－0098774　G006909　子部/宗教類/佛教之屬/大藏
徑山藏　明萬曆十七年(1589)至清嘉慶五臺、嘉興、徑山等地刻本　一冊　存一種

330000－1701－0098775　M608875　子部/藝術類/篆刻之屬
西泠印社印學叢書　清宣統至民國刻本暨木活字印本　一冊　存一種

330000－1701－0098781　G006910　集部/總集類/彙編之屬
戴段合刻二種　(清)張壽榮輯　清光緒十年(1884)鎮海張氏刻本　八冊　缺四卷(經韵樓集九至十二)

330000－1701－0098788　G609574　集部/總集類/選集之屬/通代
續古文苑二十卷　(清)孫星衍輯　清光緒九年(1883)江蘇書局刻本　一冊　存三卷(十一至十三)

330000－1701－0098793　G006911　經部/小學類/文字之屬/說文/傳說

說文古籀疏證六卷原目一卷　(清)莊述祖撰　清光緒二十年(1894)武進莊殿華津郡明文堂刻民國十五年(1926)修補印本　六冊

330000－1701－0098797　G608165　子部/宗教類/道教之屬

黃庭内景經詳註一卷太上黃庭外景經一卷黃庭經徵驗一卷　(清)李涵虛撰　清浙杭西湖慧空經房刻本　一冊

330000－1701－0098799　G602664　經部/四書類/總義之屬/傳說

四書襯十九卷　(清)駱培撰　清泰和堂刻本　六冊

330000－1701－0098800　G608167　集部/別集類/清別集

師竹軒詩集四卷　(清)劉樹堂撰　清光緒十五年(1889)天津書局石印本　一冊

330000－1701－0098805　G007112　集部/別集類/漢魏六朝別集

庾子山集十六卷總釋一卷　(北周)庾信撰　(清)倪璠注　**庾子山[信]年譜一卷**　(清)倪璠撰　清刻本　四冊　存五卷(一、九至十二)

330000－1701－0098810　G007113　集部/別集類/漢魏六朝別集

庾子山集十六卷總釋一卷　(北周)庾信撰　(清)倪璠注　**庾子山[信]年譜一卷**　(清)倪璠撰　清刻本　二冊　存三卷(二、十六，總釋)

330000－1701－0098811　G006912　子部/醫家類/婦科之屬

傅青主女科二卷產後編二卷　(清)傅山撰　清刻本　一冊　存一卷(二)

330000－1701－0098812　G007114　集部/別集類/漢魏六朝別集

庾子山集十六卷總釋一卷　(北周)庾信撰　(清)倪璠注　**庾子山[信]年譜一卷**　(清)倪璠撰　清刻本　七冊　存十卷(三至九、十三至十五)

330000－1701－0098814　G602667　子部/小說家類/雜事之屬

閒處光陰二卷　(清)彭邦鼎撰　清光緒二十四年(1898)石印本　二冊

330000－1701－0098815　G607812　類叢部/類書類/通類之屬

省軒考古類編十二卷　(清)柴紹炳撰　(清)姚廷謙評　清雍正刻本　四冊

330000－1701－0098820　G602668　史部/政書類/通制之屬

二十四史九通政典類要合編三百二十卷　(清)黃書霖輯　清光緒二十八年(1902)約雅堂石印本　三十九冊　存一百九十八卷(七十四至二百二十六、二百七十至三百十四)

330000－1701－0098821　G007184　類叢部/叢書類/彙編之屬

漢魏叢書三十八種　(明)程榮編　明萬曆二十年(1592)新安程氏刻本　一冊　存一種

330000－1701－0098823　G006916　子部/醫家類/綜合之屬/通論

御纂醫宗金鑑九十卷首一卷　(清)吳謙等撰　清刻本　四冊　存五卷(二十一至二十五)

330000－1701－0098826　G006917　史部/紀傳類/正史之屬

十七史　(明)毛晉編　明崇禎元年至十七年(1628－1644)毛氏汲古閣刻本　六冊　存一種

330000－1701－0098831　G610900　子部/叢編

子書百家　(清)崇文書局編　清光緒元年(1875)湖北崇文書局刻本　清邱震題記　十九冊　存十三種

330000－1701－0098834　G007115　集部/總集類/選集之屬/通代

古文析義六卷二編八卷　(清)林雲銘輯注　清刻本　八冊　存八卷(二編一至八)

330000－1701－0098838　G007116　類叢部/類書類/專類之屬
格致鏡原一百卷　(清)陳元龍撰　清乾隆刻本　二十四册

330000－1701－0098841　G007149　經部/小學類/文字之屬/字書/字體
六書通十卷　(清)閔齊伋撰　(清)畢弘述篆訂　清乾隆六十年(1795)刻本　五册

330000－1701－0098843　G607815　史部/傳記類/總傳之屬/家乘
[浙江紹興]山陰前梅周氏宗譜三十四卷　(清)周鼎等纂修　清光緒二十年(1894)木活字印本　九册　存十七卷(十八至三十四)

330000－1701－0098844　G609575、G611896　子部/醫家類/方書之屬/單方驗方
外治壽世方初編四卷　(清)鄒存淦輯　清光緒三年(1877)杭州勤藝堂刻本　二册

330000－1701－0098846　G006918　類叢部/類書類/通類之屬
事類賦三十卷　(宋)吳淑撰並注　清刻本　四册

330000－1701－0098849　G007150　經部/小學類/音韻之屬/古今韻説
韻目表一卷　(清)錢學嘉撰　清光緒七年(1881)歸安錢氏刻朱印本　一册

330000－1701－0098850　G608168　集部/别集類/清别集
靈峯存稿不分卷　夏震武撰　清宣統二年(1910)鉛印本　一册

330000－1701－0098851　G007117　子部/醫家類/方書之屬/單方驗方
湛廬醫筏二卷　(清)鄭洤選録　清木活字印本　一册　存一卷(一)

330000－1701－0098852　G007151　史部/傳記類/科舉録之屬/歷科登科録
歷科硃卷彙編不分卷(同治壬戌恩科、同治庚午科並補行壬戌恩科、光緒辛卯科、光緒壬午科、光緒丙戌科、光緒己卯科)　(清)嚴正煒等撰　清刻本　一册

330000－1701－0098854　G608169　集部/别集類/清别集
湘麋閣遺詩四卷蘭當詞二卷　(清)陶方琦撰　清光緒十六年(1890)鄂局刻本　嘯園主人題記　一册　存二卷(蘭當詞一至二)

330000－1701－0098856　G007118　史部/政書類/儀制之屬/專志/科舉校規
武場條例八卷首一卷　(清)兵部纂　清光緒刻本　二册

330000－1701－0098858　G608170、G610101　集部/總集類/氏族之屬
海虞三陶先生集合刻三種　(清)楊沂孫輯　清光緒七年(1881)海虞楊同福貴池縣署刻本　四册　存二種

330000－1701－0098859　G006919　史部/政書類/邦交之屬
長江通商總共章程一卷通商各口通共章程五條一卷　清光緒刻本　一册

330000－1701－0098861　G007152　史部/傳記類/科舉録之屬
[光緒甲午科]浙江鄉試第拾貳房同門硃卷不分卷　(清)姚鳳鳴等撰　清光緒刻本　一册

330000－1701－0098864　G007153　史部/傳記類/科舉録之屬/歷科鄉試録
[同治丁卯科並補行甲子科]浙江鄉試第十五房同門硃卷不分卷　(清)鄭鈁等撰　清光緒刻本　一册

330000－1701－0098872　G007154　子部/宗教類/佛教之屬/經疏
金剛經解義二卷心經解義一卷　(清)徐槐廷撰　清同治十年(1871)浙江臬署刻本　一册

330000－1701－0098876　G608171、G609647　史部/傳記類/總傳之屬/家乘
[浙江紹興]後郁周氏淵源録十三卷　(清)周源纂修　清道光十二年(1832)引碧齋刻本　三册　存十卷(四至十三)

330000－1701－0098877　G610901　新學/政治法律/政治
東方時局論略一卷　(朝鮮)鄧鏗撰　清光緒十五年(1889)鉛印本　一冊

330000－1701－0098879　G006920　史部/傳記類/總傳之屬/釋道
敕建大興國萬壽龍華講寺護國戒壇同戒錄一卷　清光緒刻本　一冊

330000－1701－0098881　G610902　集部/總集類/彙編之屬
國朝文錄四十種　(清)李祖陶編　清道光十九年(1839)瑞州府鳳儀書院刻本　七冊　存十三種

330000－1701－0098885　G609578　子部/叢編
二十二子(二十二子彙函)　(清)浙江書局編　清光緒元年至三年(1875－1877)浙江書局刻本　二冊　存二種

330000－1701－0098887　G007156　史部/傳記類/科舉録之屬
[光緒甲午科]浙江鄉試第七房同門硃卷不分卷　(清)周鍾麟等撰　清光緒刻本　一冊

330000－1701－0098888　G608174　子部/宗教類/其他宗教之屬/其他
觀音十二圓覺一卷　(清)彭德源撰　清光緒九年(1883)瑪瑙經房刻本　一冊

330000－1701－0098890　G609579　子部/叢編
二十二子(二十二子彙函)　(清)浙江書局編　清光緒元年至三年(1875－1877)浙江書局刻本　二冊　存二種

330000－1701－0098891　G007157　子部/術數類/命書相書之屬
增補星平會海命學全書十卷首一卷　(清)水中龍撰　清道光八年(1828)天祿齋刻本　二冊　存四卷(一至三、首)

330000－1701－0098894　G608175　集部/別集類/清別集
倚晴樓集　(清)黃燮清撰　清咸豐至同治海鹽黃氏拙宜園刻本　二冊　存一種

330000－1701－0098897　G609580　子部/叢編
二十二子(二十二子彙函)　(清)浙江書局編　清光緒元年至三年(1875－1877)浙江書局刻本　一冊　存一種

330000－1701－0098900　G608176　類叢部/叢書類/彙編之屬
振綺堂叢刊八種　(清)□□輯　清嘉慶至光緒汪氏振綺堂刻本　一冊　存二種

330000－1701－0098903　G609581　子部/叢編
二十二子(二十二子彙函)　(清)浙江書局編　清光緒元年至三年(1875－1877)浙江書局刻本　一冊　存一種

330000－1701－0098907　G608177、G610102、G612372　集部/別集類/清別集
味諫果齋詩集六卷文集二卷別集二卷外集一卷詩餘一卷　(清)王汝金撰　(清)戴元謙編　清光緒八年(1882)錢江刻本　五冊　存五卷(詩集一至二、四至六)

330000－1701－0098909　G609582　子部/叢編
二十二子(二十二子彙函)　(清)浙江書局編　清光緒元年至三年(1875－1877)浙江書局刻本　二冊　存二種

330000－1701－0098911　G607819、G610617　類叢部/叢書類/自著之屬
曾文正公全集十六種　(清)曾國藩撰　清同治至光緒傳忠書局刻本　十冊　存三種

330000－1701－0098912　G608178　集部/別集類/清別集
心影樓詩集一卷　(清)陶方琯撰　清光緒二年(1876)刻本　一冊

330000－1701－0098915　G608179　集部/別集類/清別集
冬暄艸堂遺詩二卷　(清)陳豪撰　清宣統三

年(1911)刻本　二册

330000－1701－0098916　G607817　經部/小學類/文字之屬/字書/字典

康熙字典十二集三十六卷總目一卷檢字一卷辨似一卷等韻一卷補遺一卷備考一卷　(清)張玉書等纂修　清康熙刻本　二十二册　缺十八卷(午集下、未集上中下、申集上中下、酉集上中下、戌集上中下、亥集上中下、備考、補遺)

330000－1701－0098923　G608180　集部/别集類/清别集

劫餘存稿一卷　(清)吴受藻撰　(清)吴積鑑編　**劫餘存稿一卷**　(清)王鼎詩撰　(清)朱世篁編　清同治七年(1868)錢唐汪氏振綺堂刻本　一册

330000－1701－0098926　G608181　類叢部/叢書類/自著之屬

南江邵氏遺書十四種　(清)邵晉涵撰　清乾隆至嘉慶邵氏家刻本　四册　存四卷(南江文鈔一至四)

330000－1701－0098930　G608182　集部/詞類/别集之屬

寄龕詞問六卷　(清)孫德祖撰　清光緒二十六年(1900)長興王承湛古綏述廬刻本　一册

330000－1701－0098931　G007158　子部/宗教類/佛教之屬

最上一乘慧命經一卷　(清)柳華陽撰　清道光二十六年(1846)福省安瀾會館刻本　一册

330000－1701－0098933　G607818、G609612　史部/紀事本末類

紀事本末五種　(清)□□輯　清同治十二年至十三年(1873－1874)江西書局刻本　八十册　存一種

330000－1701－0098934　G610905　經部/群經總義類/文字音義之屬

經典釋文三十卷　(唐)陸德明撰　**經典釋文攷證三十卷**　(清)盧文弨撰　清光緒十五年(1889)湘南書局刻本　一册　存六卷(二十六至二十八、攷證二十六至二十八)

330000－1701－0098936　G608183　集部/總集類/彙編之屬

唐四家詩集四種附二種　(清)胡鳳丹輯　清同治九年(1870)永康胡氏退補齋刻本　二册　存一種

330000－1701－0098937　G007159、G008792　子部/術數類/相宅相墓之屬

心眼指要四卷　(清)章仲山輯　清道光十六年(1836)可久堂刻同治十二年(1873)印本　二册

330000－1701－0098941　G007160　集部/詞類/别集之屬

江山風月譜一卷　(清)許光治撰　清抄本　一册

330000－1701－0098946　G610906　類叢部/叢書類/彙編之屬

平津館叢書八集三十九種　(清)孫星衍編　清嘉慶蘭陵孫氏刻本　八册　存二種

330000－1701－0098948　G607821　子部/叢編

二十二子(二十二子彙函)　(清)浙江書局編　清光緒元年至三年(1875－1877)浙江書局刻本　六册　存一種

330000－1701－0098951　G007119　經部/群經總義類/傳説之屬

七經精義　(清)黄淦撰　清嘉慶七年至十二年(1802－1807)尊德堂刻本　十四册

330000－1701－0098955　G007161　集部/總集類/選集之屬/通代

文選六十卷　(南朝梁)蕭統輯　(唐)李善注　清乾隆刻本　一册　存六卷(三十三至三十八)

330000－1701－0098959　G007162　史部/傳記類/科舉録之屬/歷科鄉試録

[光緒庚子辛丑恩正併科]浙江鄉試卷一卷　(清)徐建基撰　清光緒刻本　一册

330000－1701－0098960　G007120　集部/別集類/清別集
味經齋文集六卷　(清)葛其仁撰　清道光三十年(1850)歙縣學署刻本　二冊

330000－1701－0098962　G608185　集部/詞類/總集之屬
明詞綜十二卷　(清)王昶輯　清同治四年(1865)亦西齋刻本　四冊

330000－1701－0098964　G007121　史部/地理類/方志之屬
[乾隆]西域記八卷　(清)七十一撰　清嘉慶十九年(1814)盧浙味經堂刻本　一冊　存一卷(一)

330000－1701－0098965　G609584　集部/別集類
自怡吟初稿四卷　謝元壽撰　清宣統三年(1911)石印本　二冊

330000－1701－0098969　G610870　子部/天文曆算類/算書之屬
幾何原本十五卷　(意大利)利瑪竇　(英國)偉烈亞力口譯　(明)徐光啓　(清)李善蘭筆受　清同治四年(1865)金陵刻本　八冊

330000－1701－0098971　G607825　集部/別集類/清別集
攜雪堂文集四卷　(清)吳可讀撰　(清)郭嵐　(清)李崇洸輯　(清)楊慶生箋注　清光緒二十六年(1900)浙江書局刻本　四冊

330000－1701－0098973　G609585　集部/別集類/清別集
重桂堂集十一卷　(清)許正綬撰　清光緒十年(1884)許傳霈、許傳霨刻本　二冊

330000－1701－0098975　G608187　集部/詞類/別集之屬
濯絳宧存稾一卷　劉毓盤撰　清宣統元年(1909)刻本　一冊

330000－1701－0098976　G007123　類叢部/類書類/通類之屬
精選黃眉故事十卷　(明)鄧志謨輯　清刻本　四冊

330000－1701－0098977　G007163　經部/春秋左傳類/傳說之屬
規過三卷　(隋)劉炫撰　(清)薛承宣輯　清刻本　一冊

330000－1701－0098981　G608188　集部/別集類/清別集
聽月樓遺稿二卷　(清)嚴恒撰　清光緒二十八年(1902)上海小長蘆館石印本　一冊

330000－1701－0098984　G007124、G009178　史部/地理類/雜志之屬
會稽三賦四卷　(宋)王十朋撰　(明)南逢吉注　(明)尹壇補注　清同治十二年(1873)會稽章氏刻本　二冊

330000－1701－0098986　G608189、G610079　集部/別集類/清別集
笠翁一家言全集十六卷　(清)李漁撰　清末上海會文堂石印本　二冊　存四卷(笠翁偶集三至六)

330000－1701－0098990　G007125　子部/宗教類/道教之屬
參同契分節解三卷　(元)陳致虛撰　**參同契箋註分節解三卷**　題(漢)徐景休撰　(元)陳致虛解　**參同契三相類二卷**　題(漢)淳于叔通撰　(元)陳致虛解　清刻本　二冊

330000－1701－0098991　G007164　集部/別集類/明別集
升庵先生文集八十一卷目錄四卷　(明)楊慎撰　(明)焦竑輯　明萬曆二十九年(1601)江陽王藩臣、內江蕭如松刻本　一冊　存十一卷(八至十八)

330000－1701－0098992　G609586　史部/地理類/專志之屬/祠墓
越中先賢祠目一卷　(清)李慈銘撰　清光緒十一年(1885)都門越祠刻本　一冊

330000－1701－0098996　G609587　史部/政書類/邦交之屬
布國條款一卷布國稅則一卷　清末刻本

一册

330000－1701－0098998　G608190　集部/總集類/彙編之屬

琴臺正續合刻　(清)汪守正輯　清同治十三年(1874)刻本　一册　存二種

330000－1701－0099000　G610871、G610005　集部/别集類/漢魏六朝别集

陶淵明文集十卷　(晉)陶潛撰　清光緒五年(1879)番禺俞秀山刻本　希齋題記　四册

330000－1701－0099003　G607828　集部/别集類/清别集

擕雪堂文集四卷　(清)吴可讀撰　(清)郭嵐　(清)李崇洸輯　(清)楊慶生箋注　清光緒二十六年(1900)浙江書局刻本　四册

330000－1701－0099005　G007126　史部/地理類/遊記之屬/紀行

西行日紀一卷(清道光二年正月十三日至三月初一)　(清)陳景初撰　清抄本　一册

330000－1701－0099006　G007165　史部/地理類/山川之屬/山志

石虎山志不分卷　(清)黄楚珩纂　清道光二十一年(1841)刻本　一册

330000－1701－0099007　G607829、G610312　史部/傳記類/總傳之屬/仕宦

碧血録五卷　(清)莊仲方撰　(清)夏鸞翔繪圖　清光緒八年(1882)上海同文書局石印本　清莊儆脅題記　五册

330000－1701－0099009　G608191　集部/别集類/清别集

湖海樓全集五十一卷　(清)陳維崧撰　清光緒十七年至十九年(1891－1893)弇山鐸署刻本　章嶔題記　十六册

330000－1701－0099012　G609588　史部/政書類/邦交之屬

法國條款一卷法國税則一卷法國條款續增一卷通商章程善後條約一卷法國照會一卷　清末刻本　一册

330000－1701－0099015　G610873、G612087　類叢部/叢書類/郡邑之屬

金華叢書六十八種　(清)胡鳳丹編　清同治七年至光緒八年(1868－1882)永康胡氏退補齋刻民國補刻印本　二十九册　存十一種

330000－1701－0099016　G007166　子部/宗教類/佛教之屬/論

唐玄奘法師八識規矩母頌一卷　(唐)釋玄奘撰頌　(清)釋性起論釋　(清)釋善漳等録　清光緒三年(1877)刻本　一册

330000－1701－0099018　G607830　類叢部/叢書類/彙編之屬

當歸草堂叢書八種　(清)丁丙編　清同治二年至五年(1863－1866)錢塘丁氏刻本　六册

330000－1701－0099019　G608192　集部/總集類/選集之屬/通代

近光集二十八卷　(清)汪士鋐輯　(清)徐修仁注　清康熙五十八年(1719)刻本　二册　存七卷(十五至十七、二十四至二十七)

330000－1701－0099021　G609589　史部/政書類/邦計之屬/貿易

各國通商條約税則章程二十種　(清)總理各國事務衙門輯　清光緒刻本　一册　存一種

330000－1701－0099024　G007148、G007167、G007168、G007169、G007495、G007496　子部/宗教類/佛教之屬/大藏

徑山藏　明萬曆十七年(1589)至清嘉慶五臺、嘉興、徑山等地刻本　六册　存十三種

330000－1701－0099025　G607831　史部/傳記類/總傳之屬/儒林

理學宗傳二十六卷　(清)孫奇逢撰　(清)魏一鼇等編　清光緒六年(1880)浙江書局刻本　十二册

330000－1701－0099029　G609590　史部/政書類/邦交之屬

中法新約一卷　清光緒刻本　一册

330000－1701－0099033　G609591　史部/政書類/邦交之屬

新修英國條約章程稅則一卷附照會　清末刻本　一冊

330000－1701－0099035　G007214　史部/紀事本末類

歷朝紀事本末七種　(清)陳如升　(清)朱記榮輯　清光緒二十一年(1895)上海積山書局石印本　三十五冊　存三種

330000－1701－0099039　G609592　史部/政書類/邦交之屬

德商三聯報單章程一卷　清光緒刻本　一冊

330000－1701－0099042　G608194、G609626、G610176　集部/總集類/郡邑之屬

會稽掇英總集二十卷　(宋)孔延之輯　**校正會稽掇英總集札記一卷**　(清)杜丙杰撰　清道光元年(1821)山陰杜氏浣花宗塾刻本　四冊　存二十卷(一至二十)

330000－1701－0099043　G007127　類叢部/叢書類/彙編之屬

祕書廿一種　(清)汪士漢編　清刻本　二冊　存一種

330000－1701－0099045　G609593　史部/政書類/邦交之屬

美國續增條約一卷　清末刻本　一冊

330000－1701－0099048　G609594　史部/政書類/邦交之屬

美國續修條約一卷　清光緒刻本　一冊

330000－1701－0099050　G609595　史部/金石類/總志之屬

九鐘精舍金石跋尾甲編一卷乙編一卷　吳士鑑撰　清宣統二年(1910)刻本　一冊　存一卷(甲編)

330000－1701－0099051　G610874　類叢部/叢書類/郡邑之屬

金華叢書六十八種　(清)胡鳳丹編　清同治七年至光緒八年(1868－1882)永康胡氏退補齋刻民國補刻印本　八冊　存五種

330000－1701－0099054　G607833　史部/地理類/雜志之屬

蒙古游牧記十六卷　(清)張穆撰　(清)何秋濤補　清同治六年(1867)壽陽祁氏刻本　四冊

330000－1701－0099057　G609596　史部/政書類/邦交之屬

義國和約章程一卷義國通商章程一卷義國稅則一卷附義國照會　清末刻本　一冊

330000－1701－0099060　G609597　史部/政書類/邦交之屬

義國和約章程一卷義國通商章程一卷義國稅則一卷附義國照會　清末刻本　一冊

330000－1701－0099061　G610875　史部/紀傳類/別史之屬

尚史七十二卷　(清)李鍇撰　清嘉慶十九年(1814)晚香艸堂刻本　十二冊　存三十二卷(列傳二十一至三十八、表一至四、志一至十)

330000－1701－0099062　G609598　史部/政書類/邦交之屬

大清國大巴西國會訂和好通商條約一卷　清光緒刻本　一冊

330000－1701－0099063　G607834　史部/地理類/方志之屬/郡縣志

[同治]星子縣志十四卷首一卷　(清)藍煦　(清)徐鳴皋修　(清)曹徵甲等纂　清同治十年(1871)刻本　六冊　存八卷(首、一至七)

330000－1701－0099065　G007215　類叢部/叢書類/彙編之屬

增訂漢魏叢書八十六種　(清)王謨編　清乾隆五十六年(1791)金谿王氏刻本　五十四冊　存五十二種

330000－1701－0099067　G609599　史部/政書類/邦交之屬

美國條款一卷美國稅則一卷通商章程善後條約一卷美國照會一卷　清末刻本　一冊

330000－1701－0099068　G007128　集部/別集類/清別集

犀禪山館集不分卷　(清)汪和撰　(清)劉壽

曾輯　清光緒元年(1875)金陵刻本　一册

330000－1701－0099073　G607835　集部/别集類/清别集

居東集二卷　蔣智由撰　清宣統二年(1910)上海文明書局鉛印本　一册

330000－1701－0099074　G610876、G611842　集部/總集類/彙編之屬

金元明八大家文選　(清)李祖陶編　清道光二十五年(1845)吉安刻本　三册　存一種

330000－1701－0099076　G609600　史部/政書類/邦交之屬

大㗩嗹國哪㖞國條約一卷　清末刻本　一册

330000－1701－0099079　G607836　集部/别集類/清别集

居東集二卷　蔣智由撰　清宣統二年(1910)上海文明書局鉛印本　一册

330000－1701－0099082　G610877　史部/職官類/官箴之屬

學治體行錄二卷　(清)王鳳生撰　清道光刻本　一册

330000－1701－0099084　G608196　集部/别集類/清别集

滑疑集八卷　(清)韓錫胙撰　(清)宗稷辰重編　清同治十三年(1874)浙江處州府署刻本　一册　存二卷(一至二)

330000－1701－0099085　G609601　史部/政書類/邦交之屬

大㗩嗹國哪㖞國條約一卷　清末刻本　一册

330000－1701－0099086　G609602　史部/政書類/公牘檔册之屬

交還奉天省南邊地方條約一卷　清光緒刻本　一册

330000－1701－0099090　G608197　類叢部/叢書類/自著之屬

寄龕襍著　(清)孫德祖撰　清光緒刻本　一册　存一種

330000－1701－0099092　G007129　經部/易類/傳說之屬

周易集註四卷　(宋)朱熹撰　清刻本　一册　存三卷(二至四)

330000－1701－0099093　G609603　史部/政書類/邦交之屬

奥國通商條款一卷奥國税則一卷奥國通商章程一卷附奥國照會　清末刻本　一册

330000－1701－0099096　G607837　集部/總集類/選集之屬/通代

漢魏六朝女子文選二卷　張維輯　清宣統三年(1911)海鹽朱是刻本　一册

330000－1701－0099100　G610878　子部/宗教類/佛教之屬

顯密圓通成佛心要集二卷　(遼)釋道㲀輯　清同治十一年(1872)金陵刻經處刻本　一册

330000－1701－0099104　G607838　集部/總集類/酬唱之屬

清尊集十六卷　(清)汪遠孫撰輯　清道光十九年(1839)錢塘汪氏振綺堂刻本　三册　存十二卷(五至十六)

330000－1701－0099105　G610879　經部/小學類/訓詁之屬/方言

輶軒使者絕代語釋别國方言十三卷　(漢)揚雄撰　(清)戴震疏證　清光緒八年(1882)汗青簃刻本　章嶔題簽並記　四册

330000－1701－0099111　G607839　史部/目録類/書志之屬/提要

善本書室藏書志四十卷附錄一卷　(清)丁丙輯　清光緒二十五年至二十七年(1899－1901)錢唐丁立中鄂中刻本　十六册

330000－1701－0099115　G608199　集部/别集類/清别集

佩珊珊室詩存一卷　(清)王紉佩撰　清光緒十九年(1893)刻本　一册

330000－1701－0099118　G610880　類叢部/類書類/通類之屬

省軒考古類編十二卷　(清)柴紹炳撰　(清)姚廷謙評　清雍正四年(1726)鐵嶺高氏雲間

刻本　二册

330000－1701－0099127　G610881　子部/宗教類/道教之屬

道貫真源十八種　(清)董德寧輯　清乾隆至嘉慶古越集陽樓刻本　二册　存一種

330000－1701－0099128　G007171　史部/目録類/專録之屬

西學書目表三卷附一卷　梁啓超撰　清光緒二十二年(1896)時務報館石印本　一册

330000－1701－0099132　G608201　集部/别集類/清别集

燕游集一卷留月軒文鈔一卷三冬消夜詩一卷　(清)朱國華撰　清光緒二十八年(1902)天台齊品亭堂木活字印本　二册

330000－1701－0099133　G610882　類叢部/叢書類/家集之屬

玉山朱氏遺書二種　(清)諸可寶編　清光緒二十六年(1900)玉山書院刻民國四年(1915)印本　二册　存一種

330000－1701－0099137　G608202　集部/别集類/清别集

清華館詩稿一卷　(清)郭沈昶撰　清同治郭華刻本　一册

330000－1701－0099140　G610883、G611872　史部/紀傳類/正史之屬

遼史拾遺二十四卷　(清)厲鶚撰　**遼史紀年表一卷西遼紀年表一卷**　(清)汪遠孫撰　清道光元年至二年(1821－1822)錢塘汪氏振綺堂刻本　五册　存十三卷(三至十五)

330000－1701－0099144　G007172　集部/總集類/郡邑之屬

容城三賢集十二卷　(清)張斐然　(清)楊苣編　清康熙十八年(1679)刻本　十一册　缺二卷(容城忠愍楊先生文集三至四)

330000－1701－0099148　G610884　類叢部/類書類/通類之屬

玉海二百卷辭學指南四卷詩攷一卷詩地理攷六卷漢蓺文志攷證十卷通鑑地理通釋十四卷周書王會補注一卷漢制攷四卷踐阼篇集解一卷急就篇補注四卷姓氏急就篇二卷小學紺珠十卷六經天文編二卷周易鄭康成注一卷通鑑答問五卷　(宋)王應麟撰　**校補玉海瑣記二卷王深寧先生[應麟]年譜一卷**　(清)張大昌撰　清光緒九年至十六年(1883－1890)浙江書局刻本　八册　存十七卷(周書王會補注、漢制攷一至四、踐阼篇集解、急就篇補注一至四、姓氏急就篇一至二、六經天文編一至二、校補玉海瑣記一至二、王深寧先生年譜)

330000－1701－0099151　G007173　史部/政書類/儀制之屬/典禮

文廟丁祭譜一卷　(清)藍鍾瑞等撰　清光緒十六年(1890)上海學洒掃局刻本　一册

330000－1701－0099153　G007130　經部/群經總義類/傳說之屬

羣經補義五卷　(清)江永撰　(清)江鴻緒編　清乾隆三十八年(1773)刻本　一册

330000－1701－0099157　G007174　集部/小説類/長篇之屬

富翁傳四卷十六回　(清)落魄道人撰　清光緒十九年(1893)上海文宜書局石印本　一册

330000－1701－0099158　G007131　新學/政治法律/律例

憲法精理二卷　周逵編譯　清光緒二十九年(1903)上海廣智書局鉛印本　一册　存一卷(二)

330000－1701－0099160　G007132　子部/醫家類/兒科之屬/痘疹

增補痘疹玉髓金鏡録真本三卷　(明)翁仲仁撰　清刻本　一册　存二卷(中、下)

330000－1701－0099161　G007175　類叢部/叢書類/彙編之屬

説鈴前集三十七種後集十六種　(清)吴震方編　清刻本　一册　存三種

330000－1701－0099164　G007133　集部/曲類/寶卷之屬

潘公免災救難寶卷三卷　(清)潘曾沂撰　般

若波羅密多心經一卷　清同治六年(1867)刻本　一冊

330000－1701－0099166　G007176　新學/醫學
最新女子衛生學不分卷　(清)沈福保譯述　清宣統元年(1909)上海中國圖書公司等鉛印本　一冊

330000－1701－0099170　G007177　史部/政書類/儀制之屬/典禮
光緒大婚禮儀一卷　(清)恭辦大婚禮儀處編　清光緒刻本　一冊

330000－1701－0099174　G007178　子部/醫家類/綜合之屬/通論
映雪堂詳校醫宗必讀十卷　(明)李中梓撰　清嘉慶六年(1801)刻本　二冊　存四卷(五至八)

330000－1701－0099182　G007179　集部/別集類/清別集
撰異遺文一卷　(清)田曾撰　(清)張士珩編　清光緒十五年(1889)合肥張氏竹居刻本　一冊

330000－1701－0099188　G007180　子部/藝術類/遊藝之屬/聯語
楹聯叢話十二卷續話四卷　(清)梁章鉅輯　清道光二十年(1840)環碧軒刻本　二冊　存六卷(一至三、十至十二)

330000－1701－0099189　G607842　經部/小學類/訓詁之屬/爾雅
爾雅正郭三卷　(清)潘衍桐撰　清光緒十七年(1891)刻本　一冊

330000－1701－0099194　G007134　子部/醫家類/類編之屬
家居醫錄　明嘉靖刻本　二冊　存三種

330000－1701－0099195　G607843　類叢部/類書類/通類之屬
通俗編三十八卷　(清)翟灝撰　清乾隆十六年(1751)仁和翟灝無不宜齋刻本　十冊

330000－1701－0099199　G609605　集部/別集類/明別集
高季迪先生大全集十八卷　(明)高啓撰　清康熙許氏竹素園刻本　八冊

330000－1701－0099204　G007181　集部/別集類/清別集
恩綸紀寵詩一卷　(清)徐琪撰　清刻本　一冊

330000－1701－0099210　G007182　史部/地理類/外紀之屬
環遊地球新錄四卷　(清)李圭撰　清光緒四年(1878)鉛印本　四冊

330000－1701－0099212　G607844　子部/叢編
二十二子(二十二子彙函)　(清)浙江書局編　清光緒元年至三年(1875－1877)浙江書局刻本　三十一冊　存十一種

330000－1701－0099245　G007135　子部/宗教類/佛教之屬
龐居士語錄三卷　(唐)龐藴撰　(唐)于頔編　清咸豐元年(1851)刻本　一冊

330000－1701－0099247　G007136　子部/儒家類/儒學之屬/禮教/家訓
溫氏母訓一卷　(明)溫璜述　清光緒二十四年(1898)抄本　一冊

330000－1701－0099248　G610885　類叢部/類書類/通類之屬
玉海二百卷辭學指南四卷詩攷一卷詩地理攷六卷漢蓺文志攷證十卷通鑑地理通釋十四卷周書王會補注一卷漢制攷四卷踐阼篇集解一卷急就篇補注四卷姓氏急就篇二卷小學紺珠十卷六經天文編二卷周易鄭康成注一卷通鑑答問五卷　(宋)王應麟撰　**校補玉海瑣記二卷王深寧先生[應麟]年譜一卷**　(清)張大昌撰　清光緒九年至十六年(1883－1890)浙江書局刻本　四冊　存十卷(周書王會補注、漢制攷一至四、踐阼篇集解、六經天文編一至二、校補玉海瑣記一至二)

330000－1701－0099251　G610886　類叢部/類書類/通類之屬

玉海二百卷辭學指南四卷詩攷一卷詩地理攷六卷漢蓺文志攷證十卷通鑑地理通釋十四卷周書王會補注一卷漢制攷四卷踐阼篇集解一卷急就篇補注四卷姓氏急就篇二卷小學紺珠十卷六經天文編二卷周易鄭康成注一卷通鑑答問五卷　(宋)王應麟撰　**校補玉海瑣記二卷王深寧先生[應麟]年譜一卷**　(清)張大昌撰　清光緒九年至十六年(1883－1890)浙江書局刻本　二册　存三卷(周書王會補注、校補玉海瑣記一至二)

330000－1701－0099253　G007216、G007846　類叢部/叢書類/彙編之屬

玲瓏山館叢書七十種　(清)□□編　清光緒十五年(1889)葄林山房刻本　三册　存一種

330000－1701－0099255　G610887　類叢部/類書類/通類之屬

玉海二百卷辭學指南四卷詩攷一卷詩地理攷六卷漢蓺文志攷證十卷通鑑地理通釋十四卷周書王會補注一卷漢制攷四卷踐阼篇集解一卷急就篇補注四卷姓氏急就篇二卷小學紺珠十卷六經天文編二卷周易鄭康成注一卷通鑑答問五卷　(宋)王應麟撰　**校補玉海瑣記二卷王深寧先生[應麟]年譜一卷**　(清)張大昌撰　清光緒九年至十六年(1883－1890)浙江書局刻本　二册　存三卷(周書王會補注、校補玉海瑣記一至二)

330000－1701－0099258　G610888　經部/小學類/文字之屬/字書

小學答問一卷　章炳麟撰　清宣統元年(1909)刻本　一册

330000－1701－0099259　G610889　經部/小學類/文字之屬/字書

小學答問一卷　章炳麟撰　清宣統元年(1909)刻本　一册

330000－1701－0099264　G007137　類叢部/類書類/通類之屬

玉海二百卷辭學指南四卷詩攷一卷詩地理攷六卷漢藝文志攷證十卷通鑑地理通釋十四卷漢制攷四卷踐阼篇集解一卷急就篇補注四卷小學紺珠十卷姓氏急就篇二卷六經天文編二卷周易鄭康成注一卷周書王會補注一卷通鑑答問五卷　(宋)王應麟撰　清嘉慶十一年(1806)江寧藩署刻本　八册　存十卷(漢藝文志攷證一至十)

330000－1701－0099271　G007138　集部/小說類/長篇之屬

四大奇書第一種十九卷一百二十回首一卷　(明)羅本撰　(清)毛宗崗評　清刻本　十七册　存十七卷(首、二至四、七至十九)

330000－1701－0099279　G610891　類叢部/叢書類/彙編之屬

古棠書屋叢書十八種　(清)孫澍　(清)孫錤編　清道光鵝溪孫氏刻本　四册　存一種

330000－1701－0099284　G610892　子部/宗教類/佛教之屬/諸宗

念佛四大要訣一卷專修法門解謗一卷　(清)釋古崑撰　清光緒七年(1881)杭州昭慶慧空經房刻本　一册

330000－1701－0099286　G007218　史部/目録類/總録之屬/私撰

埽葉山房書目一卷　(清)埽葉山房主人編　清光緒八年(1882)埽葉山房刻本　一册

330000－1701－0099289　G007139　集部/戲劇類/傳奇之屬

一笠庵四種曲　(清)李玉編　清乾隆五十九年(1794)寶研齋刻本　二册　存二種

330000－1701－0099291　G609606　子部/天文曆算類/天文之屬

御製曆象考成表十六卷　(清)允祿等纂修　清刻本　十二册

330000－1701－0099293　G007219　子部/小說家類/瑣語之屬

情天寶鑑一卷　清稿本　周熾夏題記　一册

330000－1701－0099294　G607845　子部/叢編

二十二子(二十二子彙函) (清)浙江書局編 清光緒元年至三年(1875－1877)浙江書局刻二十七年(1901)重修本 三十七册 存十六種

330000－1701－0099295 M603819、G010197、G009029 史部/地理類/總志之屬/通代
歷代地理志韻編今釋二十卷皇朝輿地圖一卷皇朝輿地韻編二卷 (清)李兆洛撰 清光緒上海蜚英館石印本 四册

330000－1701－0099298 G007140 子部/宗教類/道教之屬
重刊道藏輯要 (清)蔣予蒲輯 (清)閻永和增輯 清光緒三十二年(1906)成都二仙庵刻本 一册 存四種

330000－1701－0099299 G609607 子部/叢編
二十二子(二十二子彙函) (清)浙江書局編 清光緒元年至三年(1875－1877)浙江書局刻本 十七册 存七種

330000－1701－0099304 G608094 史部/地理類/遊記之屬/紀行
河海崑崙録四卷 裴景福撰 清宣統元年(1909)上海文明書局鉛印本 一册 存一卷(四)

330000－1701－0099305 G007220 子部/醫家類/類編之屬
脉草經絡五種會編 (清)刁鳳嚴編 清光緒七年(1881)京都老二酉堂刻本 一册 存一種

330000－1701－0099306 G607846 經部/小學類/文字之屬/説文
説文解字義證五十卷 (清)桂馥撰 清同治九年(1870)湖北崇文書局刻本 三十册 存四十六卷(三至四十三、四十六至五十)

330000－1701－0099307 G007221 新學/學校
最新國文教科書不分卷 莊俞 蔣維喬 楊瑜統編纂 清光緒三十三年(1907)上海商務印書館鉛印本 一册

330000－1701－0099308 G007185 子部/儒家類/儒學之屬/禮教
五種遺規十七卷 (清)陳弘謀輯並撰 清乾隆八年(1743)南昌李安民刻本 二册 存一種

330000－1701－0099309 G007222 子部/醫家類/醫案之屬
名醫類案十二卷 (明)江瓘輯 清宣統元年(1909)上海書局石印本 一册 存二卷(十一至十二)

330000－1701－0099310 G007141 史部/傳記類/别傳之屬/事狀
南潯水利分府大老爺訃告一卷 王鈺孫等述 清末石印本 一册

330000－1701－0099311 G610843 經部/四書類/總義之屬/傳説
四書反身録八卷首一卷 (清)李顒撰 清道光十一年(1831)浙江書局刻本 四册

330000－1701－0099314 G007186 集部/曲類/寶卷之屬
真修寶卷不分卷 清同治九年(1870)刻本 一册

330000－1701－0099315 G608096 史部/編年類/通代之屬
綱鑑正史約三十六卷附記一卷 (明)顧錫疇撰 (清)陳弘謀增訂 **甲子紀元一卷** (清)陳弘謀撰 清同治八年(1869)浙江書局刻本 十册 存十九卷(三至六、九至十二、十六至十八、二十一至二十二、二十八至二十九、三十一至三十二、三十五、甲子紀元)

330000－1701－0099317 G007223 子部/醫家類/方書之屬/單方驗方
濟世經驗彙編 (清)毛世洪輯 清光緒三十二年(1906)蕭山願賢堂丁刻本 一册 存三種

330000－1701－0099320 G007142 史部/目

録類/總録之屬/官修

欽定四庫全書簡明目錄二十卷　(清)紀昀等撰　清乾隆刻本　十一冊　存十八卷(一至十三、十五至十六、十八至二十)

330000－1701－0099323　G610844　史部/傳記類/總傳之屬/斷代

文獻徵存錄十卷　(清)錢林撰　(清)王藻編　清咸豐八年(1858)有嘉樹軒刻本　十冊

330000－1701－0099328　G608098　史部/地理類/方志之屬/郡縣志

[正德]武功縣志三卷首一卷　(明)康海纂　(清)孫景烈評註　清乾隆二十六年(1761)長白瑪星阿刻本　一冊

330000－1701－0099338　G608099　史部/地理類/方志之屬/郡縣志

同治上海縣志三十二卷首一卷末一卷　(清)應寶時等修　(清)俞樾　(清)方宗誠纂　清同治十年(1871)吳門臬署刻十一年(1872)南園志局重校光緒八年(1882)補版印本　二冊　存六卷(首、一至二、十一至十三)

330000－1701－0099342　G007188　史部/地理類/方志之屬/郡縣志

[元豐]吴郡圖經續記三卷附校勘記一卷　(宋)朱長文纂修　清乾隆二十四年(1759)刻本　二冊

330000－1701－0099347　G610846　史部/傳記類/總傳之屬/列女

越女表微錄五卷　(清)汪輝祖撰　清光緒十八年(1892)杭州浙江學院刻本　一冊

330000－1701－0099348　G007143、G009926　史部/政書類/律令之屬/治獄

命案不分卷　清抄本　三冊

330000－1701－0099352　G007226　集部/別集類/清別集

梅庵詩鈔五卷　(清)鐵保撰　清嘉慶十年(1805)刻本　一冊

330000－1701－0099353　G608100、G609916　史部/傳記類/總傳之屬/釋道

神僧傳九卷　(明)成祖朱棣撰　清宣統元年(1909)常州天寧寺刻本　四冊

330000－1701－0099354　G610847　經部/春秋左傳類/傳說之屬

左通補釋三十二卷　(清)梁履繩撰　清道光九年(1829)錢塘汪氏振綺堂刻光緒元年(1875)補刻本　十二冊

330000－1701－0099356　G607848　史部/編年類/通代之屬

御批歷代通鑑輯覽一百二十卷　(清)傅恒等撰　清同治十年(1871)浙江書局刻朱墨套印本　四十七冊　存一百十八卷(一至八十、八十三至一百二十)

330000－1701－0099358　G007144、G009927　子部/雜著類/雜說之屬

餘年閒話四卷　(清)葉良儀撰　清光緒十年(1884)抄本　二冊　存二卷(三至四)

330000－1701－0099361　G007189　集部/別集類/清別集

䎯塘試律五卷　(清)張景燾撰　清抄本　一冊

330000－1701－0099365　G007190　集部/別集類/清別集

三衢留別八首一卷　(清)劉宗標撰　清刻本　一冊

330000－1701－0099366　M606834　史部/叢編

痛史二十一種附九種　樂天居士輯　清宣統至民國上海商務印書館鉛印本　三十一冊　存二十種

330000－1701－0099368　G609608　集部/總集類/選集之屬/斷代

雪鴻偶鈔詩四卷詞一卷　(清)倪世珍錄　清光緒四年(1878)吳縣倪氏刻本　黃澹心題記　一冊　存三卷(三至四、詞)

330000－1701－0099371　G007191　類叢部/叢書類/彙編之屬

平津館叢書六集三十五種　(清)孫星衍編

清抄本　一册　存三種

330000－1701－0099372　G007228　子部/醫家類/婦科之屬/通論

新增女科書不分卷　清抄本　一册

330000－1701－0099373　G608103　史部/地理類/雜志之屬

瀛壖雜志六卷　（清）王韜撰　清光緒元年(1875)刻本　二册

330000－1701－0099376　G608104　類叢部/叢書類/彙編之屬

增訂漢魏叢書八十六種　（清）王謨編　清乾隆五十六年(1791)金谿王氏刻本　一册　存一種

330000－1701－0099377　G007229　史部/地理類/總志之屬/斷代

皇朝一統輿地全圖一卷　（清）六承如輯　（清）馮焌光增補　（清）欸乃軒主人續增　清光緒二十年(1894)上海鴻寶齋石印本　二册

330000－1701－0099378　G609609　類叢部/叢書類/彙編之屬

廣雅書局叢書一百五十九種　徐紹棨編　清光緒廣雅書局刻民國九年(1920)番禺徐紹棨彙編重印本　一册　存一種

330000－1701－0099380　G007192　史部/目録類/總録之屬/私撰

絳雲樓藏書目二卷　（清）錢謙益藏並撰　清抄本　清傅以禮跋　二册

330000－1701－0099382　G608105　史部/地理類/遊記之屬/紀行

藟盦東游日記一卷(清光緒三十三年三月二十一日至六月十九日)　樓藜然撰　清光緒三十三年(1907)鉛印本　一册

330000－1701－0099384　G007193　史部/地理類/雜志之屬

瀛洲竹枝詞一卷　（清）吳澂編　清刻本　一册

330000－1701－0099386　G609610　類叢部/叢書類/自著之屬

汪雙池先生叢書二十種附浙刻雙池遺書十二種　（清）汪紱撰　清道光至光緒刻光緒二十三年(1897)長安趙舒翹等彙印本　四册　存一種

330000－1701－0099392　G609611　史部/地理類/水利之屬

淮揚水利圖說一卷淮揚治水論一卷　（清）馮道立撰　清光緒二年(1876)淮南書局刻本　一册

330000－1701－0099397　G007194　類叢部/類書類/通類之屬

精選黄眉故事十卷　（明）鄧志謨輯　清乾隆七年(1742)刻本　二册　存四卷(一至四)

330000－1701－0099401　G007147、G609880　類叢部/類書類/專類之屬

子史精華一百六十卷　（清）吳士玉　（清）吳襄等輯　清刻本　二十六册　存一百卷(六至八十四、八十九至一百六、一百十二至一百十四)

330000－1701－0099408　G007195　集部/總集類/選集之屬/通代

古詩歸十五卷　（明）鍾惺　（明）譚元春輯　清抄本　三册　存三卷(一至三)

330000－1701－0099420　G610848　史部/史表類/通代之屬

歷代甲子紀元表一卷　（清）董醇撰　清咸豐五年(1855)東阜書堂刻本　一册

330000－1701－0099422　G007231　史部/史評類/詠史之屬

廿一史彈詞註十卷　（明）楊慎撰　（清）張三異增定　（清）張仲璜註　**明史彈詞註一卷**　（清）張三異撰　（清）張仲璜註　清乾隆五十一年(1786)張任佐視履堂刻本　二册　存四卷(一至二、八至九上)

330000－1701－0099423　G007197　史部/地理類/專志之屬/祠墓

吳山伍公廟志六卷首一卷　（清）金文淳等纂

輯　清乾隆刻本　一冊

330000－1701－0099430　G610849　史部/史表類/通代之屬
歷代甲子紀元表一卷　(清)董醇撰　清咸豐五年(1855)東阜書堂刻本　一冊

330000－1701－0099431　G610851　類叢部/叢書類/彙編之屬
靈峯草堂叢書十一種　陳矩編　清光緒貴陽陳氏刻本　一冊　存一種

330000－1701－0099433　G610850　類叢部/叢書類/彙編之屬
靈峯草堂叢書十一種　陳矩編　清光緒貴陽陳氏刻本　一冊　存一種

330000－1701－0099434　G609613　史部/雜史類/斷代之屬
晉畧六十五卷序目一卷　(清)周濟撰　清光緒二年(1876)味雋齋刻本　十冊

330000－1701－0099435　G007198　類叢部/叢書類/自著之屬
中山集(中山郝中丞全集)四種　(清)郝浴撰　清康熙刻本　三冊　存三種

330000－1701－0099438　G610852　史部/傳記類/别傳之屬/年譜
閻潛丘先生[若璩]年譜一卷　(清)張穆編　清道光二十七年(1847)祁氏刻本　一冊

330000－1701－0099443　G610853、G612131　經部/叢編
篆文六經四書十種　(清)張照校　清康熙内府刻本　十一冊　缺三卷(周禮一至三)

330000－1701－0099444　G609614　史部/傳記類/總傳之屬/釋道
佛祖正宗道影四卷　(清)釋守一編　清光緒六年(1880)蘇州瑪瑙經房刻本　三冊　存三卷(一至二、四)

330000－1701－0099448　G007232　子部/雜著類/雜考之屬
野記四卷　(明)祝允明撰　清同治十三年(1874)元和祝氏刻本　一冊　存二卷(三至四)

330000－1701－0099449　G007199　集部/别集類/清别集
愛月軒女史遺稿一卷續集二卷試帖一卷詞一卷　(清)胡凱姒撰　清光緒刻本　三冊

330000－1701－0099454　G007233　子部/藝術類/書畫之屬/書法書品
國朝名人題朱孝子傳墨蹟不分卷　清光緒三十四年(1908)均益圖書公司石印本　一冊

330000－1701－0099456　G007200　集部/别集類/清别集
間味軒詩鈔十卷詞鈔二卷　(清)韓欽撰　清光緒二十二年(1896)刻本　二冊

330000－1701－0099462　M602016　史部/地理類/山川之屬/山志
重修南海普陀山志二十卷首一卷　(清)秦耀曾輯　清道光十二年(1832)刻民國四年(1915)趙希伊補刻民國六年(1917)佛經流通處印本　四冊

330000－1701－0099463　G007201、G008187　史部/傳記類/總傳之屬/斷代
國朝先正事略六十卷　(清)李元度撰　清同治五年至八年(1866－1869)循陔草堂刻本　三十二冊

330000－1701－0099464　G609615　史部/政書類/邦計之屬/荒政
許氏義莊事略不分卷　清光緒十三年(1887)刻本　一冊

330000－1701－0099471　M602019　史部/叢編
痛史二十一種附九種　樂天居士輯　清宣統至民國上海商務印書館鉛印本　二冊

330000－1701－0099473　G609616　集部/總集類/氏族之屬
寧都三魏全集八十三卷　(清)林時益編　清道光二十五年(1845)寧都謝庭綬紱園書塾刻本　八冊　存十二卷(魏季子文集一至二、七

至十六)

330000－1701－0099476　G007202　子部/儒家類/儒學之屬/經濟

大學衍義四十三卷　(宋)真德秀撰　**大學衍義補一百六十卷首一卷**　(明)丘濬撰　清刻本　十冊　存五十六卷(大學衍義補一百五至一百六十)

330000－1701－0099478　M007960　類叢部/叢書類/彙編之屬

崇文書局彙刻書三十一種　(清)崇文書局編　清光緒元年至三年(1875－1877)湖北崇文書局刻民國元年(1912)鄂官書處重印本　二冊　存一種

330000－1701－0099491　G007235　新學/天學

談天十八卷首一卷附表一卷　(英國)侯失勒撰　(英國)偉烈亞力口譯　(清)李善蘭筆述　清光緒江南製造總局刻本　四冊

330000－1701－0099492　G007265　集部/曲類/彈詞之屬

繪圖前笑中緣金如意全傳四卷二十二回　清光緒十九年(1893)上海書局石印本　二冊

330000－1701－0099493　G007203　子部/術數類/相宅相墓之屬

雪心賦正解四卷　(唐)卜應天撰　(清)孟浩註　**辯論三十篇一卷**　(清)孟浩撰　清體元堂刻本　一冊　存一卷(辯論三十篇)

330000－1701－0099501　G007266　集部/曲類/彈詞之屬

綉像蘊香丸全傳四卷二十二回　清光緒二十二年(1896)上海書局石印本　二冊　存二卷(一、三)

330000－1701－0099502　G007204　史部/地理類/雜志之屬

荆南高山大川攷　(清)滎錫勳撰　清刻本　二冊　存八種

330000－1701－0099504　M606853　史部/叢編

痛史二十一種附九種　樂天居士輯　清宣統至民國上海商務印書館鉛印本　二冊　存二種

330000－1701－0099508　G608108　史部/傳記類/總傳之屬/列女

胡氏三烈誌言二卷續錄一卷　清光緒二十八年(1902)嘉松分司刻本　一冊

330000－1701－0099509　G610854　經部/書類/傳說之屬

尚書考異六卷　(明)梅鷟撰　清光緒十八年(1892)浙江書局刻本　四冊

330000－1701－0099510　G007267　集部/小說類/長篇之屬

繪圖夢中五美緣四卷十五回　清光緒十九年(1893)石印本　四冊

330000－1701－0099514　G007205　子部/儒家類/儒學之屬/蒙學

小學順文直解四卷　(宋)朱熹撰　**標題備旨衍義合叅**　(清)汪憺漪原輯　清康熙三十六年(1697)刻本　二冊

330000－1701－0099516　G007268　集部/戲劇類/傳奇之屬

繪圖後西廂記四卷十六齣首一卷　(清)湯世瀠撰　(清)胡來照評點　清光緒二十年(1894)上海奎光閣石印本　四冊

330000－1701－0099519　G610855　經部/小學類/文字之屬/字書/字體

隸韻十卷碑目一卷　(宋)劉球撰　**碑目攷證一卷隸韻攷證二卷**　(清)翁方綱撰　清嘉慶十五年(1810)秦恩復刻本　四冊　存七卷(二至五、八至十)

330000－1701－0099523　G008459、G007206　史部/政書類

九通　(清)□□輯　清光緒八年至二十二年(1882－1896)浙江書局刻本　四十冊　存一種

330000－1701－0099524　G608110　史部/金石類

抱殘守缺齋所藏三代文字 （清）劉鶚輯 清光緒劉氏抱殘守缺齋石印本 三冊 存二種

330000－1701－0099529 M606859 類叢部/叢書類/彙編之屬

增訂漢魏叢書九十六種 （清）王謨編 清宣統三年(1911)上海大通書局石印本 八冊 存十一種

330000－1701－0099531 G007269 集部/戲劇類/雜劇之屬

增像第六才子書六卷 （元）王德信 （元）關漢卿撰 （清）金人瑞評 清末石印本 五冊 存四卷(一至四)

330000－1701－0099534 G007270 集部/曲類/散曲之屬

喬夢符小令一卷 （元）喬吉撰 （明）李開先輯 清刻本 一冊

330000－1701－0099539 G007207 史部/地理類/方志之屬/郡縣志

蕪湖縣志□□卷 清乾隆刻本 四冊 存十五卷(三至十七)

330000－1701－0099544 G007208 子部/宗教類/佛教之屬/諸宗

禪關策進一卷 （明）釋袾宏輯 清刻本 一冊

330000－1701－0099547 G610856 經部/叢編

御纂七經五種 （清）李光地等撰 清同治六年至九年(1867－1870)浙江書局刻本 二十冊 存一種

330000－1701－0099552 G007209 類叢部/類書類/專類之屬

佩文韻府一百六卷 （清）張玉書 （清）蔡升元等輯 **韻府拾遺一百六卷** （清）汪灝 （清）何焯等輯 清刻本 一冊 存一卷(韻府拾遺四)

330000－1701－0099554 G608112 史部/史評類/考訂之屬

廿二史劄記三十六卷補遺一卷 （清）趙翼撰 清刻本 十三冊

330000－1701－0099556 G007272 集部/小說類/長篇之屬

第一美女錦香亭四卷十六回 （清）素菴主人編 清末石印本 一冊 存一卷(二)

330000－1701－0099562 G007210 集部/別集類/清別集

蓉湖草堂存稿一卷 （清）陳滋撰 清光緒三年(1877)刻本 一冊

330000－1701－0099563 G610857 經部/春秋左傳類/傳說之屬

春秋大事表五十卷讀春秋偶筆一卷輿圖一卷附錄一卷 （清）顧棟高輯 清乾隆十三年至十四年(1748－1749)錫山顧氏萬卷樓刻本 十六冊

330000－1701－0099564 G608113 史部/政書類/律令之屬/法驗

重刊補註洗冤錄集證六卷 （清）王又槐輯 （清）李觀瀾補輯 （清）阮其新補註 （清）張錫蕃重訂 （清）文晟續輯 清光緒三年至五年(1877－1879)浙江書局刻四色套印本 五冊

330000－1701－0099567 G007273 集部/小說類/長篇之屬

繡像夢遊上海名妓爭風傳四卷三十二回 （清）曾經涉足人撰 清光緒二十六年(1900)石印本 一冊 存一卷(一)

330000－1701－0099570 G610858 類叢部/叢書類/彙編之屬

半厂叢書初編十種 （清）譚獻編 清同治至光緒仁和譚氏刻本 六冊 存四種

330000－1701－0099571 G609619 史部/目錄類/總錄之屬/私撰

書目答問五卷別錄一卷國朝著述諸家姓名略一卷 （清）張之洞撰 清光緒刻本 一冊

330000－1701－0099573 G007239、G007240 史部/傳記類/科舉錄之屬

宋紹興十八年戊辰科題名錄一卷附錄一卷宋

寶祐四年丙辰科題名錄二卷　清乾隆四十八年(1783)康樂官署木活字印本　二冊

330000－1701－0099574　G007211　子部/宗教類/佛教之屬/諸宗
淨月輝禪師語錄四卷　(清)釋淨月撰　(清)釋方藏等編　清乾隆五十四年(1789)刻本　一冊

330000－1701－0099576　G608114　類叢部/叢書類/自著之屬
潛研堂全書十六種　(清)錢大昕撰　清乾隆至嘉慶刻本　六冊　存二種

330000－1701－0099587　G608115　類叢部/叢書類/郡邑之屬
名家西湖遊記十四種　清光緒錢塘丁氏刻本　四冊

330000－1701－0099591　G608116　史部/雜史類/斷代之屬
小腆紀年坿攷二十卷　(清)徐鼒撰　清光緒十二年(1886)扶桑使廨鉛印本　九冊　存十五卷(一至十五)

330000－1701－0099593　G007274　類叢部/類書類/通類之屬
玉海纂二十二卷　(宋)王應麟輯　(明)劉鴻訓纂　清光緒五年(1879)會稽徐氏八杉齋刻本　十六冊

330000－1701－0099605　G007275　子部/醫家類/綜合之屬/通論
御纂醫宗金鑑九十卷首一卷　(清)吳謙等撰　清刻本　一冊　存一卷(六十八)

330000－1701－0099606　G007276　新學/農政/農務
農務化學問答二卷　(英國)仲斯敦撰　(英國)秀耀春口譯　(清)范熙庸筆述　清光緒二十七年(1901)石印本　一冊　存一卷(上)

330000－1701－0099608　G609620　集部/別集類/清別集
壽花堂詩集八卷夏小正分箋四卷夏小正異義二卷國語補韋四卷　(清)黄模撰　清嘉慶二十五年(1820)杭城愛日軒刻本　一冊　存六卷(夏小正分箋一至四、夏小正異義一至二)

330000－1701－0099609　G007277　子部/小說家類/異聞之屬
奇聞隨筆四卷　(清)梁章鉅撰　清光緒二十六年(1900)石印本　二冊　存二卷(一、四)

330000－1701－0099611　G007278　類叢部/叢書類/彙編之屬
申報館叢書正集五十七種附錄三種續集一百四十二種　(清)尊聞閣主編　蔡爾康編續集　清同治至光緒上海申報館鉛印本　二冊　存一種

330000－1701－0099613　G007241　經部/易類/傳說之屬
周易本義經二卷傳十卷易圖一卷五贊一卷筮儀一卷　(宋)朱熹撰　清康熙至雍正内府影刻宋咸淳吳革本　六冊　缺一卷(筮儀)

330000－1701－0099615　G608117　子部/儒家類/儒學之屬/蒙學
人範六卷首一卷澹村文存一卷　(清)蔣元輯　(清)顧廣譽增輯　清光緒十六年(1890)平湖學署刻本　二冊

330000－1701－0099616　G609622、G611783、G610651　集部/別集類/清別集
函雅堂集四十卷　王詠霓撰　清光緒二十二年(1896)刻本　八冊　存二十四卷(一至二十四)

330000－1701－0099619　G608118　史部/政書類/邦計之屬/俸餉
增修籌餉事例條款不分卷籌餉事例一卷增修現行常例一卷　清同治刻本　四冊

330000－1701－0099628　G007279　史部/史評類/史論之屬
明史論四卷　(清)谷應泰撰　清刻本　一冊　存三卷(二至四)

330000－1701－0099633　G007280、G010637　經部/小學類/音韻之屬/韻書
詩韻合璧五卷　(清)湯祥瑟輯　**虛字韻藪一**

卷　(清)潘維城輯　**賦彙錄要不分卷分韻文選題解不分卷**　清光緒十二年(1886)石印本　二冊　缺三卷(一至三)

330000－1701－0099636　G610859　類叢部/叢書類/彙編之屬

雙楳景闇叢書十六種　葉德輝編　清光緒至宣統長沙葉氏郎園刻本　二冊　存六種

330000－1701－0099640　G609625　類叢部/叢書類/郡邑之屬

武林掌故叢編一百八十七種　(清)丁丙編　清光緒三年至二十六年(1877－1900)錢塘丁氏嘉惠堂刻本　李紫東題記　七冊　存十二種

330000－1701－0099641　G007400　子部/小說家類/異聞之屬

咫聞錄十二卷　(清)慵訥居士撰　清道光九年(1829)刻本　十一冊　缺一卷(二)

330000－1701－0099642　G007242　新學/雜著/叢編

富強叢書正集七十七種續集一百二十一種　(清)袁俊德編　清光緒二十五年(1899)、二十七年(1901)小倉山房石印本　四冊　存一種

330000－1701－0099643　M603866　類叢部/叢書類/彙編之屬

峭帆樓叢書十八種　趙詒琛編　清宣統三年至民國八年(1911－1919)新陽趙氏峭帆樓刻本　一冊　存一種

330000－1701－0099647　G007281　史部/傳記類/總傳之屬/仕宦

大理院堂司履歷表一卷　清宣統元年(1909)鉛印本　一冊

330000－1701－0099650　G007243　子部/醫家類/兒科之屬/通論

鼎鍥幼幼集成六卷　(清)陳復正輯　清乾隆十六年(1751)翰墨園刻本　六冊

330000－1701－0099652　G007401　集部/小說類/長篇之屬

繡像京本雲合奇蹤玉茗英烈全傳十卷八十回　(明)徐渭編　清刻本　一冊　存一卷(十)

330000－1701－0099654　G610860　史部/地理類/水利之屬

上虞塘工紀畧二卷續一卷三續一卷　(清)連仲愚撰　清光緒四年(1878)古虞連氏敬睦堂刻本　一冊

330000－1701－0099656　G007282　子部/宗教類/道教之屬

敬竈全書不分卷　(清)惕心憫世道人編　清同治三年(1864)刻本　一冊

330000－1701－0099657　M008454　類叢部/叢書類/家集之屬

鄔家初集十種　鄔慶時編　清光緒三十四年至民國十七年(1908－1928)刻二十年(1931)廣州鄔氏彙印本　一冊　存一種

330000－1701－0099662　G007244、G008277　集部/別集類/清別集

湖海樓全集五十一卷　(清)陳維崧撰　清乾隆六十年(1795)浩然堂刻本　十冊　存二十八卷(詩集一至十二、補遺,詞集十六至二十,文集一至六,儷體文一至四)

330000－1701－0099663　G608121　史部/地理類/外紀之屬

英法俄德四國志略四卷　(清)沈敦和輯譯　清光緒二十二年(1896)上海圖書集成印書局鉛印本　一冊

330000－1701－0099667　G609625/1　類叢部/叢書類/郡邑之屬

武林掌故叢編一百八十七種　(清)丁丙編　清光緒三年至二十六年(1877－1900)錢塘丁氏嘉惠堂刻本　一冊　存一種

330000－1701－0099673　G608123　史部/政書類/律令之屬/治獄

折獄龜鑑八卷首一卷　(宋)鄭克撰　清光緒八年(1882)刻本　一冊　存四卷(五至八)

330000－1701－0099674　G610862　史部/金石類/郡邑之屬/文字

海東金石苑四卷 （清）劉喜海撰　清光緒七年（1881）張德容二銘草堂刻本　四册

330000－1701－0099678　G610863　經部/小學類/音韻之屬/韻書

佩文詩韻釋要五卷 （清）周兆基輯　清光緒十八年（1892）浙江書局刻本　一册

330000－1701－0099683　G610864　子部/宗教類/道教之屬/戒律

文昌帝君孝經一卷 （明）邱濬原註　（明）吳雲莊補註　（清）徐餌珊旁註　清光緒三年（1877）半部堂刻本　一册

330000－1701－0099685　G007245　集部/别集類/清别集

陳迦陵文集六卷湖海樓詩集八卷陳迦陵儷體文集十卷迦陵詞全集三十卷 （清）陳維崧撰　**書事七則一卷山陽錄一卷秋園雜佩一卷** （清）陳貞慧撰　**亦山草堂遺稿六卷亦山草堂遺詞二卷** （清）陳維嵋撰　**花萼倡和一卷紀序傳表一卷** （清）陳維岳等撰　**崇祀鄉賢錄一卷**　清康熙二十八年（1689）陳宗石患立堂刻本　三册　存十六卷（湖海樓詩集一至八、迦陵詞全集十六至二十三）

330000－1701－0099686　G608125　子部/儒家類/儒學之屬/性理

朱子語類日鈔五卷 （宋）朱熹撰　（清）陳澧輯　清光緒二十二年（1896）皖江節署木活字印本　一册

330000－1701－0099689　G608126　史部/地理類/雜志之屬

粤西筆述一卷 （清）張祥河輯　清光緒二十二年（1896）大興謝光綺刻本　一册

330000－1701－0099690　G007404　子部/小説家類/雜事之屬

蓉湖春色四卷 （清）安拙生撰　清光緒刻本　二册

330000－1701－0099691　M603875、M604601　類叢部/類書類/通類之屬

增補事類統編九十三卷首一卷 （清）黄葆真輯　清光緒十四年（1888）上海積山書局石印本　六册　存五十一卷（九至十七上、三十五至五十、五十九至七十五、八十五至九十三）

330000－1701－0099694　G608127　史部/政書類/儀制之屬/典禮

文廟丁祭譜一卷 （清）藍鍾瑞等撰　清同治七年（1868）江蘇書局刻本　一册

330000－1701－0099697　G608128　子部/農家農學類/總論之屬

農事私議二卷附墾荒裕國策一卷　羅振玉撰　清光緒刻本　一册

330000－1701－0099701　G608129　史部/傳記類/總傳之屬/郡邑

越中觀感錄一卷 （清）陳錦撰　清光緒九年（1883）刻本　一册

330000－1701－0099703　G610865　子部/宗教類/道教之屬/戒律

文昌帝君孝經一卷 （明）邱濬原註　（明）吳雲莊補註　（清）徐餌珊旁註　清光緒三年（1877）半部堂刻本　一册

330000－1701－0099705　G610866　子部/宗教類/道教之屬/戒律

文昌帝君孝經一卷 （明）邱濬原註　（明）吳雲莊補註　（清）徐餌珊旁註　清光緒三年（1877）半部堂刻本　一册

330000－1701－0099706　G610867　子部/宗教類/道教之屬/戒律

文昌帝君孝經一卷 （明）邱濬原註　（明）吳雲莊補註　（清）徐餌珊旁註　清光緒三年（1877）半部堂刻本　一册

330000－1701－0099708　G608130　史部/紀事本末類/斷代之屬

平定粤匪紀略十八卷附記四卷 （清）杜文瀾撰　清同治十年（1871）京都聚珍齋木活字印本　二册　存六卷（一至二、附記一至四）

330000－1701－0099709　G610868　子部/宗教類/道教之屬/戒律

文昌帝君孝經一卷 （明）邱濬原註　（明）吳

雲莊補註　(清)徐餌珊旁註　清光緒三年(1877)半部堂刻本　一册

330000－1701－0099710　G610869　史部/地理類/山川之屬/水志

水經注圖一卷附錄一卷　(清)汪士鐸撰　清咸豐十一年(1861)刻同治元年(1862)重修本　一册

330000－1701－0099721　G608132　史部/傳記類/别傳之屬

德風亭紀一卷　清光緒二十三年(1897)刻本　一册

330000－1701－0099726　G608133　子部/雜著類/雜考之屬

癸巳類稿十五卷　(清)俞正燮撰　清道光十三年(1833)王藻求日益齋刻本　八册

330000－1701－0099727　G007406　子部/醫家類/類編之屬

徐氏十三種醫書　(清)徐大椿撰　清光緒十九年(1893)上海圖書集成印書局鉛印本　七册　存五種

330000－1701－0099742　G007407　新學/學校

最新國文教科書不分卷　莊俞　蔣維喬　楊瑜統編纂　清光緒三十二年(1906)上海商務印書館鉛印本　一册

330000－1701－0099753　G007408　新學/雜著/叢編

西學輯存六種　(清)王韜編　清光緒十六年(1890)淞隱廬鉛印本　一册　存三種

330000－1701－0099762　G007409　子部/醫家類/類編之屬

古今醫統正脈全書四十四種　(明)王肯堂編　明刻本　三册　存一種

330000－1701－0099765　G007410　子部/醫家類/綜合之屬

各種講稿不分卷　(清)念萱手訂　稿本　一册

330000－1701－0099771　G007413　史部/地理類/專志之屬/古跡

平山堂圖志十卷首一卷　(清)趙之壁纂　清光緒九年(1883)歐陽利見刻二十一年(1895)釋心悟印本　四册

330000－1701－0099772　G007246、G008491　子部/儒家類/儒學之屬/經濟

皇朝經世文編一百二十卷姓名總目三卷　(清)賀長齡輯　清光緒十二年(1886)思補樓石印本　三十五册　存七十三卷(總目一至三、一至十四、十九至五十六、六十四至七十九、八十八至八十九)

330000－1701－0099773　G607849　類叢部/叢書類/自著之屬

曾文正公全集十六種　(清)曾國藩撰　清同治至光緒傳忠書局刻本　一百十六册　存十種

330000－1701－0099774　G007286　史部/目録類/專録之屬

教育用品目錄一卷　(清)上海科學儀器館股份有限公司編　清宣統元年(1909)上海科學儀器館股份有限公司鉛印本　一册

330000－1701－0099775　G007284　子部/醫家類/方書之屬/單方驗方

驗方新編□□卷　(清)鮑相璈輯　清刻本　二册　存四卷(十一至十四)

330000－1701－0099776　G007411　集部/別集類/清別集

先中丞公順天乙卯元墨一卷附山左擬墨一卷　(清)薛福辰撰　清光緒二十五年(1899)蘭谿朱三餘堂刻本　一册

330000－1701－0099777　G007412　集部/別集類/清別集

𠯈蔗全集文八卷詩八卷附喪禮詳考一卷周官隨筆一卷　(清)張義年撰　(清)錢大昕　(清)陳以綱評輯　清光緒十九年(1893)上海著易堂鉛印本　六册

330000－1701－0099780　G609628　史部/傳

記類/總傳之屬/家乘
[浙江紹興]會稽陶氏族譜三十二卷附文節公殉難事蹟一卷 (清)陶在銘等纂修 清光緒二十九年(1903)刻本 七冊 存八卷(三至八、二十九至三十)

330000－1701－0099783 G007248 類叢部/叢書類/自著之屬
香海閣叢刊三種 (清)張義澍撰 清光緒二十三年(1897)楊氏香海閣刻本 一冊 存二種

330000－1701－0099784 G007414 子部/宗教類/佛教之屬/總録
釋迦如來應化事跡不分卷 (清)釋永珊撰並繪 清嘉慶十三年(1808)和碩豫親王裕豐刻同治八年(1869)後印本 一冊

330000－1701－0099786 G007287 集部/戲劇類/雜劇之屬
四聲猿四卷 (明)徐渭撰 明刻本 一冊

330000－1701－0099787 G609630 類叢部/叢書類/彙編之屬
漸西村舍彙刊(漸西村舍叢刻)四十四種 (清)袁昶編 清光緒十六年至二十四年(1890－1898)桐廬袁氏刻本 三冊 存四種

330000－1701－0099792 G610806 經部/三禮總義類/通論之屬
禮書通故五十卷 (清)黄以周撰 清光緒十九年(1893)黄氏試館刻本 三十二冊

330000－1701－0099794 G007249 集部/小說類/長篇之屬
繡像海國春秋演義四卷十一回 (清)汪寄撰 清光緒二十八年(1902)漱石軒石印本 一冊 存一卷(一)

330000－1701－0099795 G007415 集部/曲類/彈詞之屬
庚子國變彈詞四十卷四十回 (清)李寶嘉撰 清光緒二十九年(1903)上海世界繁華報館鉛印本 四冊 存二十五卷(一至十八、二十六至三十二)

330000－1701－0099796 G007288 子部/小說家類/異聞之屬
三教源流搜神大全七卷 清刻本 一冊 存二卷(一至二)

330000－1701－0099803 G607850 史部/傳記類/職官録之屬/總録
憲政增補最新職官全錄不分卷 清光緒三十三年(1907)榮寶齋刻本 一冊

330000－1701－0099805 G007289 子部/醫家類/醫案之屬
吴醫彙講十一卷 (清)唐大烈輯 清乾隆五十七年(1792)吳門唐氏問心草堂刻本 一冊 存二卷(四至五)

330000－1701－0099808 G610807 經部/四書類/總義之屬/傳說
四書反身錄八卷首一卷 (清)李顒撰 清道光十一年(1831)浙江書局刻本 四冊

330000－1701－0099810 G007416 子部/醫家類/方書之屬/單方驗方
景岳新方砭四卷 (清)陳念祖撰 清嘉慶九年(1804)刻本 二冊

330000－1701－0099811 G610808 經部/四書類/總義之屬/傳說
四書反身錄八卷首一卷 (清)李顒撰 清道光十一年(1831)浙江書局刻本 四冊

330000－1701－0099815 G610809 經部/四書類/總義之屬/傳說
四書反身錄八卷首一卷 (清)李顒撰 清道光十一年(1831)浙江書局刻本 四冊

330000－1701－0099817 G607851 史部/傳記類/職官録之屬/總録
[清宣統元年]憲政最新搢紳全書四卷 清宣統元年(1909)榮寶齋刻本 一冊 存一卷(四)

330000－1701－0099818 G007290 子部/宗教類/道教之屬
養真集二卷 題養真子撰 (清)王士端注 清刻本 一冊

330000－1701－0099820　G007424、G007417　類叢部/叢書類/彙編之屬

申報館叢書正集五十七種附録三種續集一百四十二種　(清)尊聞閣主編　蔡爾康編續集　清同治至光緒上海申報館鉛印本　二冊　存二種

330000－1701－0099821　G610810　經部/四書類/總義之屬/傳説

四書反身録八卷首一卷　(清)李顒撰　清道光十一年(1831)浙江書局刻本　四冊

330000－1701－0099826　G610811　子部/儒家類/儒學之屬/蒙學

小學韻語一卷　(清)羅澤南撰　清末浙江書局刻本　一冊

330000－1701－0099829　G610812　子部/儒家類/儒學之屬/蒙學

小學韻語一卷　(清)羅澤南撰　清末浙江書局刻本　一冊

330000－1701－0099830　G007291　集部/別集類/清別集

芷衫詩鈔二卷芷衫少作録存一卷　(清)俞銈撰　清道光刻本　一冊

330000－1701－0099831　G607852　史部/傳記類/職官録之屬/總録

[清光緒二十八年]大清搢紳全書四卷　清光緒二十八年(1902)榮祿堂刻本　一冊　存一卷(三)

330000－1701－0099833　G007252　集部/小説類/長篇之屬

第一才子書(繡像三國志演義)六十卷首一卷一百二十回　(明)羅本撰　(清)毛宗崗評　清光緒七年(1881)常熟顧氏刻本　一冊　存三卷(四十二至四十四)

330000－1701－0099838　G610813　子部/儒家類/儒學之屬/蒙學

小學韻語一卷　(清)羅澤南撰　清末浙江書局刻本　一冊

330000－1701－0099839　G007292　經部/春秋左傳類/傳説之屬

讀左小記二卷　(清)薛承宣輯　清道光刻本　一冊

330000－1701－0099840　G607853　史部/傳記類/職官録之屬/總録

[清光緒二十四年]大清搢紳全書四卷　清光緒二十四年(1898)榮録堂刻本　二冊　存二卷(一、四)

330000－1701－0099846　G610814　子部/儒家類/儒學之屬/蒙學

小學韻語一卷　(清)羅澤南撰　清末浙江書局刻本　一冊

330000－1701－0099847　G007418　史部/傳記類/職官録之屬/總録

[清光緒十六年秋季]大清搢紳全書四卷　清光緒十六年(1890)榮録堂刻本　一冊　存一卷(一)

330000－1701－0099849　M608973　子部/宗教類/佛教之屬/大藏

頻伽精舍校刊大藏經　釋宗仰等輯　清宣統元年至民國二年(1909－1913)迦陵羅詩氏頻伽精舍上海鉛印本　一冊　存總目

330000－1701－0099850　G007253　史部/編年類/斷代之屬

東華録天命朝四卷天聰朝十一卷崇德朝八卷順治朝三十六卷康熙朝一百十卷雍正朝二十六卷東華續録乾隆朝一百二十卷嘉慶朝五十卷道光朝六十卷　王先謙編　清光緒十七年(1891)廣百宋齋鉛印本　四冊　存二十三卷(天命朝一至四、天聰朝一至十一、崇德朝一至八)

330000－1701－0099851　G610815　子部/儒家類/儒學之屬/蒙學

小學纂註六卷　(清)高愈撰　**文公朱夫子[熹]年譜一卷**　題(宋)李方子撰　清同治十一年(1872)浙江書局刻本　二冊

330000－1701－0099854　G607854　史部/傳記類/職官録之屬/總録

[清宣統二年]大清搢紳全書四卷　清宣統二年(1910)榮禄堂刻本　五册

330000－1701－0099858　G610816　子部/儒家類/儒學之屬/蒙學

小學纂註六卷　(清)高愈撰　**文公朱夫子[熹]年譜一卷**　題(宋)李方子撰　清同治十一年(1872)浙江書局刻本　二册

330000－1701－0099859　G007254　子部/醫家類/方書之屬/單方驗方

種福堂公選良方四卷　(清)葉桂撰　清刻本　一册　存二卷(三至四)

330000－1701－0099860　G610817　子部/儒家類/儒學之屬/蒙學

小學纂註六卷　(清)高愈撰　**文公朱夫子[熹]年譜一卷**　題(宋)李方子撰　清同治十一年(1872)浙江書局刻本　二册

330000－1701－0099862　G007255　子部/醫家類/方書之屬/單方驗方

種福堂公選良方四卷　(清)葉桂撰　清刻本　一册　存二卷(三至四)

330000－1701－0099863　G007293、G010233　集部/總集類/選集之屬/斷代

唐人應試賦選八卷　(清)劉文蔚　(清)姚亢宗箋輯　清乾隆二十五年(1760)劉文蔚探珠樓刻本　四册

330000－1701－0099864　G607855　史部/傳記類/職官録之屬/總録

[清宣統二年]大清搢紳全書四卷　清宣統二年(1910)榮禄堂刻本　三册　存三卷(二至四)

330000－1701－0099866　G007420　集部/戲劇類

新刻三奏本全本一卷　清仁和翔石印本　一册

330000－1701－0099867　G610818　子部/儒家類/儒學之屬/蒙學

小學纂註六卷　(清)高愈撰　**文公朱夫子[熹]年譜一卷**　題(宋)李方子撰　清同治十一年(1872)浙江書局刻本　二册

330000－1701－0099869　G007256　子部/醫家類/醫案之屬

臨證指南醫案十卷種福堂公選溫熱論醫案四卷　(清)葉桂撰　(清)徐大椿評　清末著易堂鉛印本　一册　存四卷(種福堂公選溫熱論醫案一至四)

330000－1701－0099871　G007421　集部/戲劇類

新刻漁樵會真本全集一卷　清仁和翔石印本　一册

330000－1701－0099874　G607856　史部/傳記類/職官録之屬/總録

[清光緒三十年]大清搢紳全書四卷　清光緒三十年(1904)榮禄堂刻本　四册

330000－1701－0099875　G007422　集部/戲劇類/雜劇之屬

新刻鈔本高平關全集一卷　清仁和翔石印本　一册

330000－1701－0099880　G609631　類叢部/叢書類/彙編之屬

昭代叢書合刻十集五百六十種附一種　(清)張潮　(清)張漸編　(清)楊復吉　(清)沈楙悳續編　清道光吴江沈氏世楷堂刻本　十四册　存二十八種

330000－1701－0099884　G007423　集部/小説類/短篇之屬

繪圖今古奇觀六卷四十回　(明)抱甕老人輯　清石印本　一册　存一卷(五)

330000－1701－0099885　G007257　子部/醫家類/類編之屬

婦嬰至寶二種五卷　清道光三年(1823)宜爾軒刻本　一册

330000－1701－0099894　G611750　史部/地理類/方志之屬/郡縣志

[同治]鉛山縣志三十卷　(清)張廷珩修　(清)華祝三纂　清同治十二年(1873)刻本　一册　存二卷(二十九至三十)

330000－1701－0099897　G608074、G610223　類叢部/叢書類/郡邑之屬

武林往哲遺箸五十二種後編十種　(清)丁丙編　清光緒二十年至二十六年(1894－1900)錢塘丁氏嘉惠堂刻本　二十八册　存十七種

330000－1701－0099898　G611751　集部/別集類/清別集

述學内篇三卷補遺一卷外篇一卷別録一卷附録一卷校勘記一卷　(清)汪中撰　(清)汪喜孫編　清同治八年(1869)揚州書局刻本　二册

330000－1701－0099899　G607857　史部/傳記類/職官録之屬/總録

[清宣統元年]大清搢紳全書四卷　清宣統元年(1909)榮禄堂刻本　一册　存一卷(三)

330000－1701－0099900　G608075　類叢部/叢書類/彙編之屬

佚存叢書十七種　(日本)林衡編　清光緒八年(1882)上海黄氏木活字印本　五册　存一種

330000－1701－0099901　G607858　史部/傳記類/總傳之屬/通代

於越先賢像傳贊二卷　(清)王齡撰　(清)任熊繪像　清光緒五年(1879)上海點石齋石印本　二册

330000－1701－0099905　G607859　類叢部/叢書類/彙編之屬

唐人説薈一百六十五種　(清)陳世熙編　清同治三年(1864)緯文堂刻本　一册　存一種

330000－1701－0099906　G611752、G610542　集部/詩文評類/詩評之屬

詩人玉屑二十卷　(宋)魏慶之撰　清古松堂刻本　八册

330000－1701－0099909　G608076　類叢部/叢書類/彙編之屬

藕香零拾三十九種　繆荃孫編　清光緒二十二年至宣統二年(1896－1910)刻本　二十九册　存三十三種

330000－1701－0099913　G610819　子部/儒家類/儒學之屬/蒙學

小學纂註六卷　(清)高愈撰　**文公朱夫子[熹]年譜一卷**　題(宋)李方子撰　清同治十一年(1872)浙江書局刻本　二册

330000－1701－0099914　G007425　子部/醫家類/本草之屬/食療本草

增補藥性雷公炮製十卷　(清)張光斗撰　清書林陳國旺刻本　一册　存一卷(二)

330000－1701－0099915　G607860　史部/目録類/總録之屬/彙刻

彙刻書目初編十卷　(清)顧修輯　**續編五卷新編一卷補編一卷**　(清)陳光照輯　清光緒元年(1875)長洲陳氏無夢園刻本　二册　存二卷(八至九)

330000－1701－0099917　G608077　類叢部/叢書類/彙編之屬

新斠平津館叢書十集三十四種　(清)孫星衍編　清光緒十年至十一年(1884－1885)吴縣朱氏槐廬家塾刻十五年至十七年(1889－1891)補刻本　二册　存五種

330000－1701－0099918　G610820　子部/儒家類/儒學之屬/蒙學

小學纂註六卷　(清)高愈撰　**文公朱夫子[熹]年譜一卷**　題(宋)李方子撰　清同治十一年(1872)浙江書局刻本　二册

330000－1701－0099922　G610821　子部/儒家類/儒學之屬/蒙學

小學纂註六卷　(清)高愈撰　**文公朱夫子[熹]年譜一卷**　題(宋)李方子撰　清同治十一年(1872)浙江書局刻本　二册

330000－1701－0099924　G610822　子部/儒家類/儒學之屬/蒙學

小學纂註六卷　(清)高愈撰　**文公朱夫子[熹]年譜一卷**　題(宋)李方子撰　清同治十一年(1872)浙江書局刻本　一册　存二卷(五至六)

330000－1701－0099927　G609632　史部/史

表類/通代之屬
歷代帝王年表一卷紀元同異攷略一卷 黃大華撰 清光緒二十六年(1900)夢紅豆邨刻本 一册

330000－1701－0099929 G607861 類叢部/叢書類/彙編之屬
知不足齋叢書一百九十五種 (清)鮑廷博編 (清)鮑士恭續編 清乾隆三十七年至道光三年(1772－1823)長塘鮑氏刻彙印本 五册 存二種

330000－1701－0099932 G610823 史部/雜史類/外紀之屬
皇朝藩部要略十八卷 (清)祁韻士纂 (清)毛嶽生編 **皇朝藩部世系表四卷** (清)祁韻士纂 (清)宋景昌增輯 清光緒十年(1884)浙江書局刻本 八册

330000－1701－0099942 G007427 子部/醫家類/綜合之屬/通論
醫學程式四卷 (清)黃鎬撰 清石印本 二册

330000－1701－0099944 G610824 史部/雜史類/外紀之屬
皇朝藩部要略十八卷 (清)祁韻士纂 (清)毛嶽生編 **皇朝藩部世系表四卷** (清)祁韻士纂 (清)宋景昌增輯 清光緒十年(1884)浙江書局刻本 章嶔題簽並記 八册

330000－1701－0099946 G007294 類叢部/叢書類/自著之屬
曾文正公全集十六種 (清)曾國藩撰 清同治至光緒傳忠書局刻本 四册 存一種

330000－1701－0099949 G007428 類叢部/叢書類/自著之屬
隨園三十種 (清)袁枚撰 清刻本 一册 存二種

330000－1701－0099950 G607862 史部/史表類/通代之屬
四裔編年表四卷 (清)李鳳苞輯 清光緒二十三年(1897)石印本 四册

330000－1701－0099951 G007296 集部/别集類/漢魏六朝别集
曹集銓評十卷 (三國魏)曹植撰 (清)丁晏詮評 **曹集逸文一卷** (清)丁晏輯 **魏陳思王[曹植]年譜一卷附錄一卷** (清)丁晏撰 清同治十一年(1872)金陵書局刻本 二册

330000－1701－0099954 G607863 集部/總集類/尺牘之屬
名賢手札八種 (清)郭慶藩輯 清光緒十一年(1885)上海同文書局石印本 一册 存四種

330000－1701－0099958 G007297 集部/總集類/彙編之屬
唐宋八大家文鈔 (明)茅坤編 明崇禎金閶黃玉堂刻本 三册 存一種

330000－1701－0099959 G007430 子部/術數類/占卜之屬
新刻增定邵康節先生梅花观梅拆字數全集五卷 (宋)邵雍撰 清文奎堂刻本 一册 存一卷(一)

330000－1701－0099961 M008497 類叢部/叢書類/郡邑之屬
貴池先哲遺書(唐石簃叢書、唐石簃彙刻貴池先哲遺書)十七種附刻一種續刊一種附一種 劉世珩編 清光緒二十四年至民國九年(1898－1920)貴池劉氏唐石簃刻民國十五年(1926)續刻彙印本 一册 存一種

330000－1701－0099963 G607864 集部/總集類/課藝之屬
詁經精舍三集經解二卷辭賦三卷戊辰己巳庚午年官師課合刻六卷 (清)俞樾編 清同治六年至九年(1867－1870)刻本 四册 缺四卷(戊辰年上下、庚午年上下)

330000－1701－0099964 G611755 史部/職官類/官箴之屬
牧令全書二十三卷 (清)丁日昌輯 清同治七年(1868)江蘇書局刻本 一册 存六卷(劉簾舫先生吏治三書)

330000－1701－0099966　G007431　類叢部/類書類/通類之屬

居家必用事類全集十卷　明刻本　一冊　存一卷(九)

330000－1701－0099967　G611756　集部/總集類/選集之屬/斷代

漢鐃歌釋文箋正一卷　王先謙撰　清同治十一年(1872)王氏虛受堂刻本　一冊

330000－1701－0099969　G007259　子部/醫家類/溫病之屬/瘟疫

瘟疫明辨四卷末一卷　(清)鄭奠一撰　清刻本　三冊　存四卷(一至四)

330000－1701－0099971　G611757　史部/傳記類/總傳之屬/列女

越女表微錄五卷　(清)汪輝祖撰　清光緒十八年(1892)杭州浙江學院刻本　一冊

330000－1701－0099975　G007432　經部/小學類/訓詁之屬/譯語

東文典問答不分卷東文提要一卷東文雜記一卷　丁福保撰　清光緒二十八年(1902)上海文明書局鉛印本　一冊

330000－1701－0099976　G611758　史部/政書類/律令之屬/律例

刪除律例一卷　沈家本輯　清光緒三十一年(1905)浙江官書局刻本　一冊

330000－1701－0099981　G611760　子部/雜著類/雜考之屬

讀書證疑六卷　(清)陳詩庭撰　清刻本　一冊　存三卷(一至三)

330000－1701－0099982　G607866　經部/小學類/文字之屬/說文

說文解字十五卷標目一卷　(漢)許慎撰　(宋)徐鉉等校定　**說文校字記一卷**　(清)陳昌治撰　**說文通檢十四卷首一卷末一卷**　(清)黎永椿編　清同治十二年(1873)番禺陳昌治刻光緒五年(1879)常桂潤增修本　二冊　存十六卷(說文通檢首、一至十四、末)

330000－1701－0099984　G007260　類叢部/類書類/專類之屬

新鐫校正評註分類百子金丹全書十卷　(明)郭偉選注　(明)郭中吉編　(明)王星聚校訂　清光緒二十九年(1903)上海書局石印本　三冊

330000－1701－0099985　G007261、G008488　子部/儒家類/儒學之屬/經濟

皇朝經世文編一百二十卷姓名總目二卷　(清)賀長齡輯　清末上海江左書林鉛印本　二十四冊

330000－1701－0099987　G007433　史部/傳記類/別傳之屬/年譜

全氏世譜一卷　(清)董秉純輯　清抄本　一冊

330000－1701－0099989　G007262　子部/術數類/陰陽五行之屬

參星秘要諏吉便覽不分卷　(清)俞榮寬輯　**選擇備要一卷**　清同治九年(1870)刻朱墨套印本　一冊

330000－1701－0099992　G007298　集部/總集類/選集之屬/斷代

道咸同光四朝詩史一斑錄續編不分卷　孫雄輯　清光緒三十四年(1908)油印本　二冊

330000－1701－0099993　G007435　集部/小說類/長篇之屬

繪圖增像第五才子書水滸全傳三十五卷七十回　(元)施耐庵撰　(清)金人瑞評　清末石印本　一冊　存五卷(三十一至三十五)

330000－1701－0099997　G007264、G008489　子部/儒家類/儒學之屬/經濟

皇朝經世文編一百二十卷姓名總目二卷　(清)賀長齡輯　清光緒十六年(1890)上海廣百宋齋鉛印本　十一冊　存五十九卷(姓名總目一至二、一至九、十五至十九、三十至三十四、五十四至六十四、九十至九十九、一百四至一百二十)

330000－1701－0099999　G008991　史部/金石類/總志之屬/目録

天一閣碑目一卷附續增一卷　（清）范懋敏編　清乾隆五十二年（1787）刻本　一册

330000－1701－0100001　G007436　子部/醫家類/推拿按摩外治之屬
幼科秘書推拿廣意三卷　（清）熊應雄纂輯　（清）陳世凱重訂　清末上海萃英書局石印本　一册　存一卷（三）

330000－1701－0100004　G610825　史部/政書類/律令之屬/法驗
重刊補註洗冤録集證六卷　（清）王又槐輯　（清）李觀瀾補輯　（清）阮其新補註　（清）張錫蕃重訂　（清）文晟續輯　清光緒三年至五年（1877－1879）浙江書局刻四色套印本　五册

330000－1701－0100006　G609633、G609783、G610561　類叢部/叢書類/自著之屬
正誼堂全集八種　（清）董沛撰　清同治至光緒刻本　五册　存一種

330000－1701－0100008　G611762　子部/兵家類/兵法之屬
武備輯要六卷　（清）許學范撰　清刻本　二册

330000－1701－0100010　G610826　史部/政書類/律令之屬/法驗
重刊補註洗冤録集證六卷　（清）王又槐輯　（清）李觀瀾補輯　（清）阮其新補註　（清）張錫蕃重訂　（清）文晟續輯　清光緒三年至五年（1877－1879）浙江書局刻四色套印本　五册

330000－1701－0100011　G007299、G010168　類叢部/類書類/通類之屬
玉海二百卷辭學指南四卷詩攷一卷詩地理攷六卷漢藝文志攷證十卷通鑑地理通釋十四卷漢制攷四卷踐阼篇集解一卷急就篇補注四卷姓氏急就篇二卷小學紺珠十卷六經天文編二卷周易鄭康成注一卷周書王會補注一卷通鑑答問五卷　（宋）王應麟撰　元刻明清遞修本　九册　存二十五卷（六經天文編一至二、周易鄭康成注、通鑑答問一至五、姓氏急就篇一至二、漢藝文志考證一至十、踐阼篇集解、急就篇一至四）

330000－1701－0100015　G007300　類叢部/類書類/專類之屬
子史精華一百六十卷　（清）吴士玉　（清）吴襄等輯　清刻本　十九册　存七十六卷（八十五至一百六十）

330000－1701－0100018　G611763、G610356　類叢部/叢書類/自著之屬
亦園亭全集五種　（清）孟超然撰　清嘉慶二十年（1815）刻本　二册　存一種

330000－1701－0100020　G607868、G610158　集部/别集類/清别集
忍樓詩鈔二卷　（清）潘一心撰　清道光十九年（1839）刻本　二册

330000－1701－0100023　G607869　類叢部/叢書類/自著之屬
潛廬全集五種附一種　金蓉鏡撰　清光緒三十四年（1908）、宣統二年（1910）刻本　一册　存一種

330000－1701－0100024　G611764　類叢部/叢書類/自著之屬
呂新吾全集二十二種　（明）呂坤撰　明萬曆刻清同治至光緒修補印本　一册　存一種

330000－1701－0100025　G608079、G611861　類叢部/叢書類/彙編之屬
崇文書局彙刻書三十一種　（清）崇文書局編　清光緒元年至三年（1875－1877）湖北崇文書局刻本　三册　存二種

330000－1701－0100026　G607870　史部/傳記類/總傳之屬/儒林
學案小識十四卷首一卷末一卷　（清）唐鑑撰　清光緒十年（1884）刻本　九册　存十三卷（首、一至十二）

330000－1701－0100030　G609637　新學/學校
東國觀學記一卷　（清）朱錦綬等撰　清宣統元年（1909）江蘇學務公所鉛印本　一册

330000－1701－0100031　G611765　集部/別集類/清別集

一鐙精舍甲部藁五卷　(清)何秋濤撰　清光緒五年(1879)淮南書局刻本　一册

330000－1701－0100032　G608080　類叢部/叢書類/彙編之屬

張氏適園叢書　張鈞衡編　清宣統三年(1911)上海國學扶輪社鉛印本　二册　存二種

330000－1701－0100034　G611766　新學/議論/通論

中西關繫略論四卷續編一卷　(美國)林樂知撰　清光緒十八年(1892)上海格致書室鉛印本　一册

330000－1701－0100035　G608081　類叢部/叢書類/郡邑之屬

武林掌故叢編一百八十七種　(清)丁丙編　清光緒三年至二十六年(1877－1900)錢塘丁氏嘉惠堂刻本　十一册　存六種

330000－1701－0100037　G007511　子部/農家農學類/總論之屬

農政全書六十卷　(明)徐光啓撰　清道光二十三年(1843)王壽康曙海樓刻本　二十一册　存五十三卷(一至三十、三十四至四十、四十三至四十六、四十九至六十)

330000－1701－0100039　G007301　子部/藝術類/遊藝之屬/聯語

楹聯叢話十二卷續話四卷　(清)梁章鉅輯　清刻本　六册

330000－1701－0100040　G007512、G008165　類叢部/叢書類/彙編之屬

申報館叢書正集五十七種附錄三種續集一百四十二種　(清)尊聞閣主編　蔡爾康編續集　清同治至光緒上海申報館鉛印本　十四册　存一種

330000－1701－0100041　G608082　類叢部/叢書類/郡邑之屬

武林掌故叢編一百八十七種　(清)丁丙編　清光緒三年至二十六年(1877－1900)錢塘丁氏嘉惠堂刻本　五册　存二種

330000－1701－0100046　G608083　類叢部/叢書類/自著之屬

古愚老人消夏錄十七種　(清)汪汲撰輯　清乾隆至嘉慶古愚山房刻本　九册　存十五種

330000－1701－0100048　G609639　集部/別集類/唐五代別集

白香山詩長慶集二十卷後集十七卷別集一卷補遺二卷　(唐)白居易撰　(清)汪立名編訂　**白香山[居易]年譜舊本一卷**　(宋)陳振孫撰　**白香山[居易]年譜一卷**　(清)汪立名撰　清康熙四十一年至四十二年(1702－1703)汪立名一隅草堂刻本　十二册

330000－1701－0100052　G007304　子部/宗教類/其他宗教之屬/其他

天帝發明宗旨一卷　(清)博愛者撰　清末鉛印本　一册

330000－1701－0100053　G007513　類叢部/叢書類/彙編之屬

思賢書局刊書十九種　(清)思賢書局編　清光緒至宣統思賢書局刻本　十二册　存一種

330000－1701－0100054　G007305　史部/傳記類/職官録之屬/總録

[清宣統元年]憲政最新搢紳全書四卷新增直省候補同官祿一卷　清宣統元年(1909)榮寶齋刻本　五册

330000－1701－0100056　G607872、G610434、G009896　集部/別集類/清別集

樊榭山房全集(樊榭山房集十卷續集十卷文集八卷游仙百詠三卷秋林琴雅四卷集外曲二卷集外詩一卷集外詞一卷集外文一卷附輓辭一卷軼事一卷)四十二卷　(清)厲鶚撰　清光緒十年(1884)汪氏振綺堂刻本　四册　缺二十卷(一至十、續集一至十)

330000－1701－0100060　G007514　史部/地理類/遊記之屬/紀行

雲南運銅水陸路途一卷　稿本　一册

330000－1701－0100061　G607873　子部/儒家類/儒學之屬/蒙學

小學韻語一卷　（清）羅澤南撰　清末浙江書局刻本　一册

330000－1701－0100062　G608084　類叢部/叢書類/自著之屬

船山遺書五十八種　（清）王夫之撰　清同治四年（1865）湘鄉曾國荃金陵刻本　七册　存三種

330000－1701－0100064　G607874　史部/傳記類/總傳之屬/斷代

周列士傳一卷　（清）顧壽楨撰　清同治五年（1866）見素抱樸齋刻本　一册

330000－1701－0100065　G007515　集部/曲類/寶卷之屬

勸善寶卷一卷　清抄本　一册

330000－1701－0100068　G007306　子部/雜著類

醒世愚蒙不分卷　清光緒三十二年（1906）鎮江善化堂刻本　一册

330000－1701－0100069　G609640　集部/別集類/清別集

恥白集一卷附一卷　（清）周光祖撰　清光緒五年（1879）古虞連氏刻本　一册

330000－1701－0100073　G608085　類叢部/叢書類/自著之屬

春在堂全書三十六種　（清）俞樾撰　清同治至光緒刻光緒末彙印本　七册　存二種

330000－1701－0100076　G608086　集部/別集類

偕園吟草五卷雜詠一卷　許禧身撰　清宣統元年（1909）鉛印本　一册　存二卷（偕園吟草一、雜詠）

330000－1701－0100077　G007517　子部/宗教類/佛教之屬

樓閣叢書　（清）釋妙空子　（鄭學川）編　清咸豐至同治宗鏡堂刻民國三年（1914）印本　一册　存一種

330000－1701－0100080　G007307、G007755、G008436、G009428　史部/地理類/總志之屬/斷代

皇朝輿地通考二十三卷　（清）通文書局主人輯　清光緒二十九年（1903）上海通文書局石印本　二十二册　缺一卷（三）

330000－1701－0100083　G608087　經部/小學類/文字之屬/說文

說文解字十五卷標目一卷　（漢）許慎撰（宋）徐鉉等校定　**說文校字記一卷**　（清）陳昌治撰　**說文通檢十四卷首一卷末一卷**　（清）黎永椿編　清同治十二年（1873）番禺陳昌治刻本　十册　缺十六卷（說文通檢首、一至十四、末）

330000－1701－0100084　G607877　類叢部/叢書類/郡邑之屬

武林掌故叢編一百八十七種　（清）丁丙編　清光緒三年至二十六年（1877－1900）丁氏嘉惠堂刻本　三十一册　存二十五種

330000－1701－0100085　G609641、G610503　史部/地理類/山川之屬/山志

盋山志八卷　（清）顧雲撰　清光緒九年（1883）金陵盋山精舍刻本　三册

330000－1701－0100086　G007437　史部/傳記類/別傳之屬

綠滿廬壽言續集一卷　（清）徐士琛編　清宣統二年（1910）鉛印本　一册

330000－1701－0100093　G007309　子部/藝術類/書畫之屬/書法書品

詞林墨妙不分卷　（清）馮文蔚等書　清光緒十八年（1892）石印本　一册

330000－1701－0100096　G007520　集部/曲類/寶卷之屬

七眞寶卷一卷　清光緒三十三年（1907）刻本　一册

330000－1701－0100097　G007438　集部/別集類/清別集

冬青館遺稿二卷　（清）王韶撰　清抄本

二册

330000－1701－0100102　G007439　集部/詞類/别集之屬

濯絳宧存稾一卷　劉毓盤撰　清宣統元年(1909)刻本　一册

330000－1701－0100105　G007311　類叢部/叢書類/彙編之屬

小金山房叢書　清宣統二年(1910)鉛印本　一册　存一種

330000－1701－0100114　G610827　史部/政書類/律令之屬/法驗

重刊補註洗冤録集證六卷　(清)王又槐輯　(清)李觀瀾補輯　(清)阮其新補註　(清)張錫蕃重訂　(清)文晟續輯　清光緒三年至五年(1877－1879)浙江書局刻四色套印本　五册

330000－1701－0100120　G610828　史部/政書類/律令之屬/法驗

重刊補註洗冤録集證六卷　(清)王又槐輯　(清)李觀瀾補輯　(清)阮其新補註　(清)張錫蕃重訂　(清)文晟續輯　清光緒三年至五年(1877－1879)浙江書局刻四色套印本　五册

330000－1701－0100123　G610829　經部/春秋左傳類/傳説之屬

左通補釋三十二卷　(清)梁履繩撰　清道光九年(1829)錢塘汪氏振綺堂刻光緒元年(1875)補刻本　十二册

330000－1701－0100127　G608091　經部/叢編

通志堂經解一百四十種　(清)納蘭成德輯　清康熙十九年(1680)納蘭成德刻本　三册　存一種

330000－1701－0100131　G608092　經部/春秋左傳類/傳説之屬

左通補釋三十二卷　(清)梁履繩撰　清道光九年(1829)錢塘汪氏振綺堂刻光緒元年(1875)補刻本　十册

330000－1701－0100135　G610830　類叢部/叢書類/彙編之屬

武英殿聚珍版書三十九種　清乾隆浙江刻本　四册　存四種

330000－1701－0100147　G610831　經部/小學類/文字之屬/字書/字體

隸辨八卷　(清)顧藹吉撰　清乾隆八年(1743)天都黄晟刻本　八册

330000－1701－0100152　G610832　史部/紀傳類/别史之屬

建康實録二十卷　(唐)許嵩撰　清光緒二十八年(1902)江寧甘氏桑泊草堂刻本　五册　存十六卷(一至十六)

330000－1701－0100155　G609644　類叢部/叢書類/彙編之屬

説郛一百二十弓　(明)陶宗儀編　(明)陶珽等重編　**説郛續四十六弓**　(明)陶珽編　(清)李際期重訂　明末刻清順治三年(1646)兩浙督學周南李際期宛委山堂印本　二册　存六種

330000－1701－0100159　G610833　集部/别集類/清别集

平川櫂歌一卷　(清)陸炳琦撰　清光緒三十四年(1908)石印本　一册

330000－1701－0100168　G007312　類叢部/類書類/通類之屬

古今圖書集成一萬卷目録四十卷　(清)蔣廷錫　(清)陳夢雷等輯　清雍正四年(1726)内府銅活字印本　一册　存方輿彙編職方典、邊裔典,明倫彙編官常典、氏族典、人事典、閨媛典,博物彙編神異典,理學彙編經籍典殘葉

330000－1701－0100172　G610835　子部/宗教類/佛教之屬/經疏

金剛經直解一卷　題(唐)吕洞賓撰　清光緒二十三年(1897)陽湖惲氏賜福堂刻本　一册

330000－1701－0100176　G607878　經部/小學類/文字之屬/説文/專著

説文辨字正俗八卷　(清)李富孫撰　清同治

九年(1870)校經廎刻本　二册

330000－1701－0100181　G610836　類叢部/叢書類/彙編之屬
當歸草堂叢書八種　(清)丁丙編　清同治二年至五年(1863－1866)錢塘丁氏刻本　一册　存一種

330000－1701－0100183　G007674、G007441　子部/醫家類/醫經之屬/内經
靈素集註節要十二卷　(清)陳念祖集註　清三味堂刻本　三册　存九卷(四至十二)

330000－1701－0100187　G610837　子部/宗教類/佛教之屬/總録
慧命經一卷　(清)柳華陽撰　清光緒八年(1882)杭州瑪瑙寺經房刻本　一册

330000－1701－0100189　G007313　子部/宗教類/佛教之屬/諸宗
長慶空隱獨和尚語錄二卷　(清)釋道獨撰　(清)釋今釋輯　清初刻本　一册

330000－1701－0100190　G610838　子部/宗教類/佛教之屬/總録
慧命經一卷　(清)柳華陽撰　清光緒八年(1882)杭州瑪瑙寺經房刻本　病維摩題簽並記　一册

330000－1701－0100192　G007442　子部/叢編
二十二子(二十二子彙函)　(清)浙江書局編　清光緒元年至三年(1875－1877)浙江書局刻二十七年(1901)重修本　一册　存一種

330000－1701－0100193　G611767　類叢部/叢書類/彙編之屬
金峨山館叢書(望三益齋叢書)十一種　(清)郭傳璞編　清光緒八年至十六年(1882－1890)鄞郭氏刻二十年(1894)鎮海邵氏彙印本　一册　存二種

330000－1701－0100195　G609646　集部/別集類/清別集
真意齋詩存一卷詩外一卷　(清)許楣撰　清同治五年至六年(1866－1867)刻本　一册

330000－1701－0100197　G610839　子部/宗教類/佛教之屬
最上一乘慧命經一卷　(清)柳華陽撰　清同治六年(1867)刻本　一册

330000－1701－0100198　G611768　集部/別集類/清別集
損窽詩鈔二卷補遺一卷　(清)凌煥撰　(清)顧元爵編　清光緒十八年(1892)清馨榭刻本　一册　缺一卷(補遺)

330000－1701－0100199　G007443　史部/地理類/方志之屬/郡縣志
[光緒]泰興縣志二十六卷首一卷末一卷　(清)楊激雲修　(清)顧曾烜纂　清光緒十二年(1886)刻本　十册

330000－1701－0100200　G607880　子部/宗教類/佛教之屬/經
千手千眼觀世音菩薩廣大圓滿無礙大悲心陀羅尼經一卷　(唐)釋伽梵達摩譯　清光緒二十九年(1903)河南佛學社刻經處刻本　一册

330000－1701－0100202　G007315　子部/藝術類/書畫之屬/法帖
古鑑閣藏漢禮器碑集聯拓本一卷　秦文錦編集　清宣統二年(1910)石印本　一册

330000－1701－0100204　G610840　類叢部/叢書類/自著之屬
儆居遺書十一種　(清)黄式三撰　清同治至光緒刻本　三册　存一種

330000－1701－0100205　G611769　集部/總集類/選集之屬/通代
古文淵鑒六十四卷　(清)徐乾學等輯注　清同治十二年(1873)浙江書局刻本　六册　存十一卷(四十一至四十二、四十九至五十五、六十三至六十四)

330000－1701－0100208　G007316　新學/全體學
萬國輿圖一卷新增萬國總說一卷　(清)陳兆桐撰　(清)李節齋繪　清光緒石印本　一册

330000－1701－0100209　G007444　史部/地

理類/方志之屬/郡縣志

[康熙]孝感縣志二十四卷 (清)梁鳳翔修 (清)李湘 (清)程維祉纂 清康熙三十四年(1695)刻本 七冊 存十七卷(一、六至二十一)

330000－1701－0100216 G611770 子部/儒家類/儒學之屬/禮教/家訓

義門規範一卷 (元)鄭太和 (元)鄭欽 (元)鄭鉉撰 清宣統二年(1910)成都文倫書局鉛印本 一冊

330000－1701－0100217 G609648、G610325 子部/藝術類/遊藝之屬/聯語

楹聯叢話十二卷續話四卷 (清)梁章鉅輯 清道光二十三年(1843)南浦凛齋刻本 二冊 存四卷(續話一至四)

330000－1701－0100220 G611771 子部/宗教類/佛教之屬

勸發菩提心文一卷 (清)釋實賢撰 清光緒刻本 一冊

330000－1701－0100222 G609649 類叢部/叢書類/自著之屬

庸盦全集十種 (清)薛福成撰 清光緒十年至二十四年(1884－1898)無錫薛氏刻本 一冊 存一種

330000－1701－0100223 G610841 類叢部/叢書類/自著之屬

儆居遺書十一種 (清)黄式三撰 清同治至光緒刻本 四冊 存一種

330000－1701－0100224 G611772 史部/詔令奏議類/奏議之屬

明胡端敏公奏議十卷 (明)胡世寧撰 **胡端敏公奏議校勘記十卷** (清)孫樹禮 孫峻撰 清光緒十九年(1893)浙江書局刻本 四冊

330000－1701－0100227 G610842 類叢部/叢書類/自著之屬

儆居遺書十一種 (清)黄式三撰 清同治至光緒刻本 三冊 存一種

330000－1701－0100228 G607882 子部/宗教類/佛教之屬/經疏

大方廣佛華嚴經疏鈔懸談二十八卷首一卷 (唐)釋澄觀撰 清光緒三十三年(1907)金陵刻經處刻本 一冊 存四卷(三至六)

330000－1701－0100229 G611773 子部/儒家類/儒學之屬/性理

御纂性理精義課本四卷 勞乃宣編 清光緒二十八年(1902)鉛印本 二冊

330000－1701－0100230 G609650、G610142 史部/雜史類/斷代之屬

二申野錄八卷 (清)孫之騄撰 清道光二十一年(1841)吟香館刻同治六年(1867)印本 四冊

330000－1701－0100232 G611774 類叢部/叢書類/自著之屬

槐軒全集二十一種附九種 (清)劉沅撰 清咸豐至民國刻彙印本 二冊 存一種

330000－1701－0100233 G607883 類叢部/叢書類/彙編之屬

張氏適園叢書 張鈞衡編 清宣統三年(1911)上海國學扶輪社鉛印本 一冊 存二種

330000－1701－0100235 G007317 史部/政書類/公牘檔冊之屬

鹽案底不分卷 (清)姚秉勳等撰 清宣統元年(1909)抄本 一冊

330000－1701－0100236 G607884 類叢部/叢書類/彙編之屬

金峨山館叢書(望三益齋叢書)十一種 (清)郭傳璞編 清光緒八年至十六年(1882－1890)鄞郭氏刻二十年(1894)鎮海邵氏彙印本 一冊 存二種

330000－1701－0100237 G007445 史部/地理類/方志之屬/郡縣志

同治上江兩縣志二十九卷首一卷 (清)莫祥芝 (清)甘紹盤修 (清)汪士鐸等纂 清同治十三年(1874)刻本 十一冊

330000－1701－0100240 G007318 集部/别

集類/唐五代別集

玉谿生詩詳註三卷首一卷樊南文集詳註八卷首一卷 （唐）李商隱撰 （清）馮浩編訂 清乾隆四十五年（1780）德聚堂刻嘉慶元年（1796）增刻同治七年（1868）馮寶圻補刻本 八冊

330000－1701－0100243 G611775 類叢部/叢書類/自著之屬

槐軒全集二十一種附九種 （清）劉沅撰 清咸豐至民國刻彙印本 二冊 存一種

330000－1701－0100247 G611776 經部/春秋左傳類/傳說之屬

左傳事緯十二卷左傳字釋一卷 （清）馬驌撰 清光緒四年（1878）吴縣潘氏敏德堂刻本 二冊

330000－1701－0100249 G607886、G609677 集部/詞類/别集之屬

曝書亭集詞註七卷 （清）朱彝尊撰 （清）李富孫注 清嘉慶十九年（1814）嘉興李氏校經廎刻道光九年（1829）補刻本 四冊

330000－1701－0100253 G607887 集部/總集類/酬唱之屬

宣南鴻雪集二卷 （清）潘介繁 （清）潘誠貴輯 清同治十年（1871）金華胡氏退補齋刻本 一冊

330000－1701－0100258 G007446 集部/詞類/總集之屬

詞選二卷 （清）張惠言輯 **附錄一卷** （清）鄭善長輯 **續詞選二卷** （清）董毅輯 **詞源二卷** （宋）張炎編 **詞旨一卷** （元）陸輔之撰 **樂府指迷一卷** （宋）沈義父撰 清刻本 二冊

330000－1701－0100262 G609651 集部/别集類/清别集

通藝堂詩錄一卷庚子雜詩序一卷陶墓塘阡表一卷 陶濬宣撰 清光緒刻本 一冊

330000－1701－0100263 G611777 集部/别集類/清别集

彝壽軒詩鈔十二卷寄庵雜著二卷煙波漁唱四卷 （清）張應昌撰 **聞妙香室詞一卷** （清）陸珊撰 **青藜精舍詩鈔一卷** （清）張應鼎撰 **話雨齋詩鈔一卷** （清）張興仁撰 清同治二年（1863）南昌旅舍刻增刻本 一冊 存二卷（寄庵雜著一至二）

330000－1701－0100266 G607889 子部/儒家類/儒學之屬/勸學

勸學篇二卷 （清）張之洞撰 清光緒二十四年（1898）兩湖書院刻本 一冊

330000－1701－0100269 G611778 類叢部/叢書類/家集之屬

富陽夏氏叢刻七種 夏震武 夏鼎武撰 清光緒至民國刻民國九年（1920）彙印本 一冊 存四種

330000－1701－0100271 G609652 類叢部/叢書類/彙編之屬

當歸草堂叢書八種 （清）丁丙編 清同治二年至五年（1863－1866）錢塘丁氏刻本 一冊 存一種

330000－1701－0100272 G611779 類叢部/叢書類/彙編之屬

邵武徐氏叢書二集八種 （清）徐幹編 清光緒邵武徐氏刻民國六年（1917）、十五年（1926）浙江圖書館補刻本 九冊 存四種

330000－1701－0100273 G607890 史部/傳記類/總傳之屬/郡邑

浙江忠義錄十卷表八卷又一卷續編二卷續表九卷 （清）浙江采訪忠義總局編 清同治六年（1867）浙江采訪忠義總局刻光緒元年（1875）續刻本 一冊 存一卷（駐防續表）

330000－1701－0100275 G007449 集部/詩文評類/詩評之屬

餘墨偶談八卷續集八卷 （清）孫橒編 清光緒七年（1881）刻本 八冊

330000－1701－0100276 G007319 子部/天文曆算類

天文算學纂要二十卷附萬年書二卷推測易知

四卷 （清）陳松撰　清光緒十三年（1887）永新樹德堂刻朱印本　一冊　存二卷（萬年書一至二）

330000－1701－0100278　G007523、G009385　史部/編年類/通代之屬

資治通鑑綱目五十九卷　（明）陳仁錫評　**資治通鑑綱目續編一卷**　（明）陳桱撰　（明）陳仁錫評　**資治通鑑綱目前編二十五卷**　（明）南軒撰　（明）陳仁錫評　**續資治通鑑綱目二十七卷**　（明）商輅等撰　（明）陳仁錫評　清刻本　四十四冊　存四十三卷（一、六、二十一、二十四、二十九、三十一、三十六、三十八、三十九、四十一至四十四、四十六至五十八，前編一至六、二十至二十一，續資治通鑑綱目三、五、八、十一至十三、十五、二十、二十六）

330000－1701－0100279　G609654　集部/總集類/選集之屬/斷代

註釋唐詩三百首六卷　（清）孫洙編　清刻本　二冊

330000－1701－0100280　G611780　類叢部/叢書類/自著之屬

徐位山先生六種　（清）徐文靖撰　清雍正至乾隆刻志寧堂彙印本　五冊　存一種

330000－1701－0100281　G007320　子部/天文曆算類/曆法之屬

御定萬年書不分卷　（清）欽天監編　清道光刻本　一冊

330000－1701－0100284　G007321　子部/天文曆算類/曆法之屬

校正萬年書（清嘉慶甲子年至光緒癸亥年）不分卷　（清）李泅推算　清光緒醉月山房活字印本　一冊

330000－1701－0100285　G007450　集部/戲劇類/雜劇之屬

繡像第七才子琵琶記六卷　（元）高明撰　清光緒石印本　四冊　存四卷（三至六）

330000－1701－0100286　G610787　史部/政書類

九通　（清）□□輯　清光緒八年至二十二年（1882－1896）浙江書局刻本　六十二冊　存三種

330000－1701－0100287　G609655　子部/醫家類/類編之屬

喻氏醫書三種　（清）喻昌撰　清刻本　一冊　存一種

330000－1701－0100289　G007451　新學/報章

新民叢報全編不分卷　（清）新民叢報社編　清末石印本　十二冊

330000－1701－0100290　G611781、G610770　子部/雜著類/雜說之屬

瀛舟筆談十二卷首一卷　（清）阮亨撰　清嘉慶二十五年（1820）刻本　六冊

330000－1701－0100292　G609656　史部/傳記類/總傳之屬/郡邑

越中觀感錄一卷　（清）陳錦撰　清光緒九年（1883）會稽徐氏刻會稽徐氏鑄學齋叢書本　胡栗長題簽　穎之題記　一冊

330000－1701－0100294　G611782　經部/叢編

古經解彙函十六種附小學彙函十四種　（清）鍾謙鈞等輯　清同治十二年（1873）粵東書局刻本　六冊　存小學彙函二種

330000－1701－0100295　G007452　類叢部/叢書類/彙編之屬

申報館叢書正集五十七種附錄三種續集一百四十二種　（清）尊聞閣主編　蔡爾康編續集　清同治至光緒上海申報館鉛印本　七冊　存一種

330000－1701－0100296　G007453　史部/地理類/外紀之屬

泰西各國采風記五卷紀程感事詩一卷　宋育仁撰　清光緒二十二年（1896）袖海山房石印本　三冊

330000－1701－0100298　G007525　史部/編年類/通代之屬

資治通鑑綱目舉觀四十卷首一卷 (明)吳震元撰 明崇禎十年(1637)鄭雲堂刻本 三十一册 存三十七卷(首、一下至三十二、三十五至三十八)

330000－1701－0100303 G007322、G010043 新學/兵制/陸軍

奏定陸軍衣制圖說一卷 (清)奕劻等修 (清)練兵處編繪 清光緒三十一年(1905)石印本 三册

330000－1701－0100304 G007323 子部/叢編

徐氏三種 (清)徐士業編 清刻本 一册

330000－1701－0100305 G007543 史部/編年類/通代之屬

資治通鑑綱目五十九卷首一卷 (宋)朱熹撰 (宋)尹起莘發明 (元)劉友益書法 (元)汪克寬考異 (元)徐昭文考證 (元)王幼學集覽 (明)陳濟正誤 (明)馮智舒質實 **續資治通鑑綱目二十七卷** (明)商輅等撰 明刻本 四十册 存四十卷(二十八至三十七、四十八至五十九、續資治通鑑綱目一至十八)

330000－1701－0100306 G608033 類叢部/叢書類/彙編之屬

邵武徐氏叢書初刻十四種 (清)徐幹編 清光緒邵武徐氏刻本 五册 存四種

330000－1701－0100308 G007324 集部/總集類/氏族之屬

作朋集三卷附錄一卷 (明)嚴調御 (明)嚴武順 (明)嚴敕撰 清道光元年(1821)書福樓刻本 一册

330000－1701－0100309 G610788 集部/總集類/選集之屬/斷代

漢鐃歌釋文箋正一卷 王先謙撰 清同治十一年(1872)王氏虛受堂刻本 一册

330000－1701－0100312 G610789 史部/雜史類/斷代之屬

養吉齋叢錄二十六卷餘錄十卷 (清)吳振棫撰 清光緒二十二年(1896)刻本 二册 存十卷(餘錄一至十)

330000－1701－0100314 G007526 史部/編年類/通代之屬

資治通鑑綱目五十九卷 (明)陳仁錫評 **資治通鑑綱目續編一卷** (明)陳桱撰 (明)陳仁錫評 **資治通鑑綱目前編二十五卷** (明)南軒撰 (明)陳仁錫評 **續資治通鑑綱目二十七卷** (明)商輅等撰 (明)陳仁錫評 清刻本 十六册 存十四卷(四十七至四十九、五十二,續編,續資治通鑑綱目一至八、二十)

330000－1701－0100315 G611784 史部/傳記類/別傳之屬/年譜

朱子年譜四卷考異四卷 (清)王懋竑撰 **朱子論學切要語二卷** (清)王懋竑輯 清乾隆十七年(1752)寶應王氏白田草堂刻清末浙江書局補刻本 四册

330000－1701－0100316 G608034 史部/目錄類/專錄之屬

大清重刻龍藏彙記一卷 清同治九年(1870)金陵刻經處刻本 一册

330000－1701－0100317 G007325 子部/天文曆算類/曆法之屬

日用指明一卷 (美國)赫顯理撰 清宣統二年(1910)鉛印本 一册

330000－1701－0100318 G607892 經部/易類/傳說之屬

周易傳義音訓八卷首一卷 (宋)呂祖謙撰 **易學啓蒙一卷** (宋)朱熹撰 清咸豐六年(1856)浦城與古齋祝鳳喈金陵刻本 一册 存一卷(三)

330000－1701－0100319 G608035 子部/儒家類/儒學之屬/蒙學

父師善誘法二卷讀書作文譜十二卷 (清)唐彪撰 清刻本 四册

330000－1701－0100321 G607893 集部/別集類/清別集

一鐙精舍甲部藁五卷 (清)何秋濤撰 清光

緒五年(1879)淮南書局刻本　一冊

330000－1701－0100322　G610790　類叢部/叢書類/彙編之屬

武英殿聚珍版書一百四十八種　清乾隆四十二年(1777)福建刻道光至同治遞修光緒二十一年(1895)增刻本　二冊　存二種

330000－1701－0100323　G611785　子部/宗教類/佛教之屬/經

妙法蓮華經七卷　(後秦)釋鳩摩羅什譯　清刻本　一冊　存二卷(六至七)

330000－1701－0100324　G007327　集部/別集類/清別集

大梅山館集四種五十五卷　(清)姚燮撰　清道光十三年至咸豐六年(1833－1856)大梅山館刻本　十冊　存一種

330000－1701－0100326　G611786　史部/史評類/史論之屬

東萊先生音註唐鑑二十四卷　(宋)范祖禹撰　(宋)呂祖謙注　清光緒十八年(1892)浙江書局刻本　四冊

330000－1701－0100327　G610791　類叢部/類書類/專類之屬

王先生十七史蒙求十六卷　(宋)王令撰　清康熙四十九年(1710)海陽程宗璵刻本　一冊　存二卷(十五至十六)

330000－1701－0100329　G610792　子部/宗教類/佛教之屬/諸宗

靈峰蕅益大師選定淨土十要十卷　(清)釋智旭輯　(清)釋成時評點節略　清同治十一年(1872)刻本　一冊　存一卷(一)

330000－1701－0100330　G007329　集部/總集類/選集之屬/通代

詩文賦雜抄不分卷　清抄本　一冊

330000－1701－0100331　G608037　類叢部/類書類/通類之屬

玉海二百卷辭學指南四卷詩攷一卷詩地理攷六卷漢藝文志攷證十卷通鑑地理通釋十四卷周書王會補注一卷漢制攷四卷踐阼篇集解一卷急就篇補注四卷姓氏急就篇二卷小學紺珠十卷六經天文編二卷周易鄭康成注一卷通鑑答問五卷　(宋)王應麟撰　**校補玉海瑣記二卷王深寧先生[應麟]年譜一卷**　(清)張大昌撰　清光緒九年至十六年(1883－1890)浙江書局刻本　四冊　存十二卷(詩攷、漢藝文志攷證一至五、周書王會補注、漢制攷一至四、踐阼篇集解)

330000－1701－0100332　G007330　史部/政書類/公牘檔冊之屬

二十一世祖允文公祭簿一卷　清光緒抄本　一冊

330000－1701－0100333　G007455　經部/小學類/文字之屬/說文/專著

說文古籀補十四卷補遺一卷附錄一卷　(清)吳大澂撰　清光緒十二年(1886)上海點石齋石印本　一冊　存十一卷(一至十一)

330000－1701－0100334　G608038　類叢部/類書類/通類之屬

玉海二百卷辭學指南四卷詩攷一卷詩地理攷六卷漢藝文志攷證十卷通鑑地理通釋十四卷周書王會補注一卷漢制攷四卷踐阼篇集解一卷急就篇補注四卷姓氏急就篇二卷小學紺珠十卷六經天文編二卷周易鄭康成注一卷通鑑答問五卷　(宋)王應麟撰　**校補玉海瑣記二卷王深寧先生[應麟]年譜一卷**　(清)張大昌撰　清光緒九年至十六年(1883－1890)浙江書局刻本　四冊　存十二卷(詩攷、漢藝文志攷證一至五、周書王會補注、漢制攷一至四、踐阼篇集解)

330000－1701－0100335　G608039　類叢部/類書類/通類之屬

玉海二百卷辭學指南四卷詩攷一卷詩地理攷六卷漢藝文志攷證十卷通鑑地理通釋十四卷周書王會補注一卷漢制攷四卷踐阼篇集解一卷急就篇補注四卷姓氏急就篇二卷小學紺珠十卷六經天文編二卷周易鄭康成注一卷通鑑答問五卷　(宋)王應麟撰　**校補玉海瑣記二卷王深寧先生[應麟]年譜一卷**　(清)張大昌撰　清光緒九年至十六年(1883－1890)浙江

書局刻本　二冊　存六卷(詩攷、漢制攷一至四、踐阼篇集解)

330000－1701－0100337　G007331　集部/曲類/彈詞之屬

綉像萬花樓全傳六卷三十六回　清光緒二年(1876)刻本　一冊　存四卷(一至四)

330000－1701－0100338　G608040　類叢部/類書類/通類之屬

玉海二百卷辭學指南四卷詩攷一卷詩地理攷六卷漢蓺文志攷證十卷通鑑地理通釋十四卷周書王會補注一卷漢制攷四卷踐阼篇集解一卷急就篇補注四卷姓氏急就篇二卷小學紺珠十卷六經天文編二卷周易鄭康成注一卷通鑑答問五卷　(宋)王應麟撰　**校補玉海瑣記二卷王深寧先生[應麟]年譜一卷**　(清)張大昌撰　清光緒九年至十六年(1883－1890)浙江書局刻本　二冊　存六卷(詩攷、漢制攷一至四、踐阼篇集解)

330000－1701－0100339　G611787　史部/史評類/史論之屬

東萊先生音註唐鑑二十四卷　(宋)范祖禹撰　(宋)呂祖謙注　清光緒十八年(1892)浙江書局刻本　四冊

330000－1701－0100340　G608041　類叢部/類書類/通類之屬

玉海二百卷辭學指南四卷詩攷一卷詩地理攷六卷漢蓺文志攷證十卷通鑑地理通釋十四卷周書王會補注一卷漢制攷四卷踐阼篇集解一卷急就篇補注四卷姓氏急就篇二卷小學紺珠十卷六經天文編二卷周易鄭康成注一卷通鑑答問五卷　(宋)王應麟撰　**校補玉海瑣記二卷王深寧先生[應麟]年譜一卷**　(清)張大昌撰　清光緒九年至十六年(1883－1890)浙江書局刻本　一冊　存五卷(漢制攷一至四、踐阼篇集解)

330000－1701－0100342　G608042　類叢部/類書類/通類之屬

玉海二百卷辭學指南四卷詩攷一卷詩地理攷六卷漢蓺文志攷證十卷通鑑地理通釋十四卷周書王會補注一卷漢制攷四卷踐阼篇集解一卷急就篇補注四卷姓氏急就篇二卷小學紺珠十卷六經天文編二卷周易鄭康成注一卷通鑑答問五卷　(宋)王應麟撰　**校補玉海瑣記二卷王深寧先生[應麟]年譜一卷**　(清)張大昌撰　清光緒九年至十六年(1883－1890)浙江書局刻本　一冊　存五卷(漢制攷一至四、踐阼篇集解)

330000－1701－0100343　G607896、G610207　類叢部/叢書類/郡邑之屬

畿輔叢書　(清)王灝編　清光緒五年至十八年(1879－1892)定州王氏謙德堂刻三十二年(1906)彙印本(元和郡縣圖志卷十九至二十、二十三至二十四、三十五至三十六)　四十九冊　存二十二種

330000－1701－0100344　G611788　史部/詔令奏議類/奏議之屬

張大司馬奏稿四卷　(清)張亮基撰　清刻本　四冊

330000－1701－0100345　G007333　集部/總集類/酬唱之屬

尖义酬唱集一卷　(清)戴啓文等撰　清抄本　一冊

330000－1701－0100347　G610793、G610795　史部/金石類/總志之屬

九鐘精舍金石跋尾甲編一卷乙編一卷　吳士鑑撰　清宣統二年(1910)刻本　二冊

330000－1701－0100348　G609663　史部/地理類/雜志之屬

杭俗遺風一卷　(清)范祖述撰　清同治六年(1867)刻本　一冊

330000－1701－0100349　G007334　集部/總集類/選集之屬

祭奠文鈔一卷　清抄本　一冊

330000－1701－0100350　G007456、G009093　類叢部/類書類/通類之屬

策海全書六卷　(宋)馬貴與撰　(清)瞿曾輯　清咸豐十一年(1861)刻本　四冊　存四卷

（一至二、五至六）

330000－1701－0100351　G610794　史部/金石類/總志之屬

九鐘精舍金石跋尾甲編一卷乙編一卷　吳士鑑撰　清宣統二年（1910）刻本　一册　存一卷（甲編）

330000－1701－0100352　G007335　子部/醫家類/診法之屬/其他診法

傷寒舌鑑一卷　（清）張登輯　清抄本　一册

330000－1701－0100354　G611789　史部/政書類

九通　（清）□□輯　清光緒八年至二十二年（1882－1896）浙江書局刻本　十六册　存一種

330000－1701－0100356　G007527、G008691　史部/編年類/通代之屬

御批歷代通鑑輯覽一百二十卷　（清）傅恒等撰　清末刻本　二十七册　存五十四卷（三至十二、七十七至一百二十）

330000－1701－0100357　G007457　類叢部/叢書類/彙編之屬

申報館叢書正集五十七種附錄三種續集一百四十二種　（清）尊聞閣主編　蔡爾康編續集　清同治至光緒上海申報館鉛印本　二册　存一種

330000－1701－0100359　G610796　史部/傳記類/總傳之屬/儒林

理學宗傳二十六卷　（清）孫奇逢撰　（清）魏一鼇等編　清光緒六年（1880）浙江書局刻本　十二册

330000－1701－0100360　G007528　類叢部/叢書類/彙編之屬

崇文書局彙刻書三十一種　（清）崇文書局編　清光緒元年至三年（1875－1877）湖北崇文書局刻本　二册　存一種

330000－1701－0100362　G610797　經部/叢編

十三經古注　（明）葛鼒　（明）金蟠校　明崇禎十二年（1639）金蟠刻清同治八年（1869）浙江書局、民國浙江公立圖書館重修印本　十四册　存三種

330000－1701－0100363　G007458　集部/別集類/清別集

魏昭士文集十卷　（清）魏世傚撰　（清）魏禧評點　清刻本　四册

330000－1701－0100364　G007529　集部/別集類/清別集

樊榭山房全集（樊榭山房集十卷續集十卷文集八卷游仙百詠三卷秋林琴雅四卷集外曲二卷集外詩一卷集外詞一卷集外文一卷附輓辭一卷軼事一卷）四十二卷　（清）厲鶚撰　清光緒十年（1884）汪氏振綺堂刻本　二册　存八卷（文集一至八）

330000－1701－0100365　G608043　類叢部/類書類/通類之屬

玉海二百卷辭學指南四卷詩攷一卷詩地理攷六卷漢藝文志攷證十卷通鑑地理通釋十四卷周書王會補注一卷漢制攷四卷踐阼篇集解一卷急就篇補注四卷姓氏急就篇二卷小學紺珠十卷六經天文編二卷周易鄭康成注一卷通鑑答問五卷　（宋）王應麟撰　**校補玉海瑣記二卷王深寧先生［應麟］年譜一卷**　（清）張大昌撰　清光緒九年至十六年（1883－1890）浙江書局刻本　一册　存五卷（漢制攷一至四、踐阼篇集解）

330000－1701－0100366　G608044　類叢部/類書類/通類之屬

玉海二百卷辭學指南四卷詩攷一卷詩地理攷六卷漢藝文志攷證十卷通鑑地理通釋十四卷周書王會補注一卷漢制攷四卷踐阼篇集解一卷急就篇補注四卷姓氏急就篇二卷小學紺珠十卷六經天文編二卷周易鄭康成注一卷通鑑答問五卷　（宋）王應麟撰　**校補玉海瑣記二卷王深寧先生［應麟］年譜一卷**　（清）張大昌撰　清光緒九年至十六年（1883－1890）浙江書局刻本　一册　存四卷（漢制攷一至四）

330000－1701－0100367　G608045　類叢部/

類書類/通類之屬

玉海二百卷辭學指南四卷詩攷一卷詩地理攷六卷漢藝文志攷證十卷通鑑地理通釋十四卷周書王會補注一卷漢制攷四卷踐阼篇集解一卷急就篇補注四卷姓氏急就篇二卷小學紺珠十卷六經天文編二卷周易鄭康成注一卷通鑑答問五卷 （宋）王應麟撰 **校補玉海瑣記二卷王深寧先生［應麟］年譜一卷** （清）張大昌撰 清光緒九年至十六年（1883－1890）浙江書局刻本 二冊 存九卷（漢藝文志攷證一至五、漢制攷一至四）

330000－1701－0100368 G611790 集部/詩文評類/詩評之屬

緝雅堂詩話二卷 （清）潘衍桐撰 清光緒十七年（1891）杭州刻本 一冊

330000－1701－0100369 G607897 集部/别集類/清别集

道古堂文集四十八卷詩集二十六卷集外文一卷集外詩一卷 （清）杭世駿撰 **軼事一卷** （清）汪曾唯輯 清乾隆四十一年（1776）刻光緒十四年（1888）汪曾唯振綺堂增修本 十六冊

330000－1701－0100370 G608046 史部/叢編

入幕須知五種附一種 （清）張廷驤輯 清光緒十八年（1892）浙江書局刻本 六冊

330000－1701－0100371 G007459 史部/目録類/總録之屬/彙刻

彙刻書目二十卷 （清）顧修輯 （清）朱學勤補 清刻本 三冊 存十二卷（一至七、九至十、十五至十七）

330000－1701－0100372 G608047 史部/職官類

吴門從政錄一卷 陳光淞撰 清宣統三年（1911）江寧印刷廠鉛印本 一冊

330000－1701－0100374 G007336 集部/總集類/尺牘之屬

尺牘備查不分卷 （清）婁榮錄 清抄本 一冊

330000－1701－0100375 G608048 集部/别集類/清别集

白田草堂存稿二十四卷 （清）王懋竑撰 **先考王公府君［懋竑］行狀一卷** （清）王箴聽等撰 **崇祀鄉賢錄一卷** 清乾隆刻本 六冊

330000－1701－0100376 G007460、G010139、G008972 史部/地理類/外紀之屬

日本國志四十卷首一卷 （清）黄遵憲輯 清光緒二十七年（1901）上海書局石印本 十冊

330000－1701－0100377 G607898、G610352 集部/别集類/清别集

道古堂文集四十八卷詩集二十六卷集外文一卷集外詩一卷 （清）杭世駿撰 **軼事一卷** （清）汪曾唯輯 清乾隆四十一年（1776）刻光緒十四年（1888）汪曾唯振綺堂增修本 十六冊

330000－1701－0100378 G609667 集部/曲類/寶卷之屬

目連卷全集不分卷 清光緒三年（1877）杭州瑪瑙寺經房刻本 一冊

330000－1701－0100380 G611792 類叢部/叢書類/自著之屬

浙刻雙池遺書八種 （清）汪紱撰 清光緒二十年至二十二年（1894－1896）長安趙舒翹刻本 一冊 存一種

330000－1701－0100381 G007461 類叢部/叢書類/彙編之屬

國粹叢書四十九種 （清）國學保存會編 清光緒至宣統鉛印本 二冊 存一種

330000－1701－0100383 G607899、G610330 集部/别集類/清别集

道古堂文集四十八卷詩集二十六卷集外文一卷集外詩一卷 （清）杭世駿撰 **軼事一卷** （清）汪曾唯輯 清乾隆四十一年（1776）刻光緒十四年（1888）汪曾唯振綺堂增修本 九冊 存四十三卷（一至十三、十九至四十八）

330000－1701－0100389 G611793、G610537 經部/三禮總義類/通論之屬

禮書通故五十卷 （清）黄以周撰　清光緒十九年(1893)黄氏試館刻本　二十八冊　存四十八卷(三至五十)

330000－1701－0100390　G609670　子部/雜著類/雜考之屬
四寸學六卷 （清）張雲璈撰　清道光十一年(1831)簡松草堂刻本　二冊

330000－1701－0100393　G608049　類叢部/叢書類/彙編之屬
昭代叢書合刻十集五百六十種附一種 （清）張潮 （清）張漸編 （清）楊復吉 （清）沈懋悳續編　清道光吴江沈氏世楷堂刻本　九冊　存癸集二十種

330000－1701－0100397　G007462　集部/別集類/清別集
三餘齋文稿一卷詩草一卷 （清）江得符撰　清乾隆五十一年(1786)汲古書屋刻本　一冊

330000－1701－0100400　G609672　集部/別集類/清別集
募梅精舍詩存三卷 （清）釋徹凡撰　清咸豐七年(1857)南湖興教禪院刻本　一冊

330000－1701－0100403　G611794　史部/傳記類/別傳之屬/事狀
庸閒老人自敘一卷 （清）陳其元撰　清光緒刻本　一冊

330000－1701－0100404　G607902　集部/別集類/清別集
退思軒詩集六卷補遺一卷 （清）張百熙撰　清宣統三年(1911)王式通京師鉛印本　一冊

330000－1701－0100410　G607903　經部/書類/傳說之屬
書傳音釋六卷首一卷末一卷 （宋）蔡沈集傳 （元）鄒季友音釋　清咸豐五年(1855)浦城與古齋祝氏刻本　六冊

330000－1701－0100411　G007463　集部/別集類/清別集
有正味齋駢文箋注十六卷補注一卷 （清）吳錫麒撰 （清）葉聯芬注　清道光二十年(1840)慈谿葉氏刻本　八冊

330000－1701－0100413　G610798　經部/叢編
十三經古注 （明）葛鼒 （明）金蟠校　明崇禎十二年(1639)金蟠刻清同治八年(1869)浙江書局、民國浙江公立圖書館重修印本　八冊　存三種

330000－1701－0100417　G007464　子部/醫家類/兒科之屬/痘疹
黄帝逸典十三卷　清欣賞書屋刻本　二冊

330000－1701－0100420　G607904　集部/別集類/清別集
彭剛直公詩集八卷 （清）彭玉麟撰 （清）俞樾編　清光緒十七年(1891)德清俞樾吳下刻本　二冊

330000－1701－0100422　G610799　經部/叢編
十三經古注 （明）葛鼒 （明）金蟠校　明崇禎十二年(1639)金蟠刻清同治八年(1869)浙江書局重修印本　八冊　存三種

330000－1701－0100427　G607905　集部/別集類/清別集
擕雪堂文集四卷 （清）吳可讀撰 （清）郭嵐 （清）李崇洸輯 （清）楊慶生箋注　清光緒二十六年(1900)浙江書局刻本　四冊

330000－1701－0100428　G007465　子部/雜著類/雜纂
安樂銘不分卷 （清）王正朋輯　**應驗藥方一卷** （清）王文選錄　清同治二年(1863)刻本　一冊

330000－1701－0100429　G608050　類叢部/叢書類/彙編之屬
昭代叢書合刻十集五百六十種附一種 （清）張潮 （清）張漸編 （清）楊復吉 （清）沈懋悳續編　清道光吴江沈氏世楷堂刻本　十一冊　存別集六十種附一種

330000－1701－0100432　G609674　類叢部/叢書類/彙編之屬

彙刻錢牧齋五種　(清)鄧實輯　清宣統二年(1910)順德鄧氏風雨樓鉛印本　一冊　存一種

330000－1701－0100438　G607906　史部/傳記類/别傳之屬/年譜
朱子年譜四卷考異四卷　(清)王懋竑撰　**朱子論學切要語二卷**　(清)王懋竑輯　清乾隆十七年(1752)寶應王氏白田草堂刻清末浙江書局補刻民國十八年(1929)補刻本　二冊　存四卷(年譜一至二、朱子論學切要語一至二)

330000－1701－0100445　G610800　集部/别集類/明别集
歐陽南野先生文集五卷　(明)歐陽德撰　(明)李春芳選　清道光十五年(1835)蜀江書室刻民國六年(1917)印本　四冊

330000－1701－0100449　G610801　史部/目録類/專録之屬
小學考五十卷　(清)謝啓昆撰　清光緒十四年(1888)浙江書局刻本　二十冊

330000－1701－0100453　G610802、G612304、G011051、G612415　子部/醫家類/方書之屬/歷代方書
雞峯普濟方三十卷　(宋)張鋭撰　清道光八年(1828)長洲汪士鐘藝芸書舍刻本(卷二至三、六、八原缺)　二十二冊　缺二卷(七、九)

330000－1701－0100454　G007467　史部/金石類/總志之屬/通考
重定金石契不分卷　(清)張燕昌撰　清乾隆三十六年(1771)刻四十三年(1778)重定本　四冊

330000－1701－0100463　G007468　集部/别集類/清别集
武庭詩草六卷　(清)方乾武撰　清光緒二十八年(1902)刻本　一冊

330000－1701－0100468　G608051　類叢部/叢書類/自著之屬
章氏遺書二種　(清)章學誠撰　清道光十二年至十三年(1832－1833)會稽章華紱刻浙江書局補刻、民國浙江圖書館補刻本　五冊

330000－1701－0100471　G609679　集部/别集類/清别集
南湖草堂詩集六卷　(清)楊伯潤撰　清光緒八年(1882)滬上語石齋刻本　二冊

330000－1701－0100472　G608052　類叢部/叢書類/自著之屬
章氏遺書二種　(清)章學誠撰　清道光十二年至十三年(1832－1833)會稽章華紱刻浙江書局補刻本　章嶔題記　五冊

330000－1701－0100478　G610803　史部/政書類/律令之屬/律例
律例便覽八卷諸圖一卷　(清)蔡嵩年　(清)蔡逢年編　**處分則例圖要六卷**　(清)蔡逢年編　清同治九年(1870)江蘇書局刻本　四冊　缺六卷(處分則例圖要一至六)

330000－1701－0100479　G007469　集部/總集類/題詠之屬
湘江送别圖詠不分卷　(清)□□輯　清光緒十五年(1889)刻本　一冊

330000－1701－0100480　G611795　子部/儒家類/儒學之屬/禮教/女範
女四書四卷　(清)王相箋註　清光緒十三年(1887)上海江左書林刻本　二冊

330000－1701－0100490　G608053　類叢部/叢書類/自著之屬
章氏遺書二種　(清)章學誠撰　清道光十二年至十三年(1832－1833)會稽章華紱刻浙江書局補刻本　五冊

330000－1701－0100492　G608054　類叢部/叢書類/自著之屬
章氏遺書二種　(清)章學誠撰　清道光十二年至十三年(1832－1833)會稽章華紱刻浙江書局補刻本　四冊　存九卷(文史通義一至三、六至八,校讎通義一至三)

330000－1701－0100497　G608055　類叢部/叢書類/自著之屬

章氏遺書二種　(清)章學誠撰　清道光十二年至十三年(1832－1833)會稽章華紱刻浙江書局補刻、民國浙江圖書館補刻本　一册　存一種

330000－1701－0100498　G611796、G610315　類叢部/叢書類/輯佚之屬
十種古逸書三十卷　(清)茆泮林輯　清道光十四年(1834)梅瑞軒刻二十二年(1842)重印本　章嶔題記　十册

330000－1701－0100500　G610804　子部/天文曆算類/算書之屬
算法大成上編十卷下編十卷首一卷末一卷　(清)陳杰撰　清光緒二十四年(1898)浙江官書局刻本(下編十卷末一卷原缺)　十册

330000－1701－0100502　G610805、G611942　子部/天文曆算類/算書之屬
算法大成上編十卷下編十卷首一卷末一卷　(清)陳杰撰　清光緒二十四年(1898)浙江官書局刻本(下編十卷末一卷原缺)　十册

330000－1701－0100511　G611797　集部/詞類/詞譜之屬
詞律二十卷　(清)萬樹撰　清康熙二十六年(1687)萬氏堆絮園刻本　四册　存九卷(六至八、十三至十四、十七至二十)

330000－1701－0100517　G611798　類叢部/叢書類/自著之屬
敝帚齋遺書四種四十四卷　(清)徐鼒撰　清光緒三年(1877)六合徐氏刻本　一册　存一種

330000－1701－0100519　G611799　類叢部/叢書類/自著之屬
振綺堂遺書五種　(清)汪遠孫撰　清道光刻民國十一年(1922)錢唐汪氏彙印本　一册　存一種

330000－1701－0100521　G007474　史部/地理類/山川之屬/山志
南海普陀山志十五卷首一卷　(清)陳璿等輯　清康熙刻雍正增補刻本　一册　存六卷(首、一至五)

330000－1701－0100522　G007544　經部/春秋總義類/傳說之屬
春秋三卷　王闓運輯　清光緒七年(1881)尊經書院刻本　一册

330000－1701－0100523　G611800　子部/宗教類/佛教之屬/諸宗
性相通說一卷　(明)釋德清撰　清同治十二年(1873)金陵刻經處刻本　一册

330000－1701－0100524　G609683　集部/別集類/清別集
譎廔堂遺集四卷　(清)戴望撰　清光緒元年(1875)會稽趙之謙刻本　一册

330000－1701－0100525　G007545、G009075　經部/小學類/文字之屬/字書/字體
汗簡七卷　(宋)郭忠恕撰　清光緒十一年(1885)朱氏槐廬家塾刻本　二册

330000－1701－0100527　G007475　類叢部/叢書類/自著之屬
孫夏峰全集十二種附一種　(清)孫奇逢撰　清康熙刻道光至光緒遞刻重印本　一册　存一種

330000－1701－0100528　G607907　子部/天文曆算類/天文之屬
御製曆象考成後編十卷　(清)允祿等纂修　清乾隆七年(1742)武英殿刻本　十一册

330000－1701－0100529　G007546　子部/工藝類/文房四寶之屬/裝潢
裝潢志一卷　(清)周嘉胄撰　清抄本　一册

330000－1701－0100530　G611802　集部/別集類/清別集
二十七年風雲夢詩略一卷　趙濬撰　清宣統三年(1911)鉛印本　一册

330000－1701－0100531　G007476、G010024　經部/易類/傳說之屬
周易後傳八卷易互卦圖一卷　(清)朱兆熊撰　清刻本　二册　缺三卷(四至六)

330000－1701－0100532　G611803　類叢部/叢書類/彙編之屬
新斠平津館叢書十集三十四種　(清)孫星衍編　清光緒十年至十一年(1884－1885)吳縣朱氏槐廬家塾刻十五年至十七年(1889－1891)補刻本　八冊　存一種

330000－1701－0100544　G607908　類叢部/叢書類/彙編之屬
稗海四十八種續集二十二種　(明)商濬編　明萬曆商氏半埜堂刻清康熙至乾隆修補重訂本　三冊　存四種

330000－1701－0100546　G007548　類叢部/叢書類/自著之屬
蘋香書屋全集　(清)鄒文柏撰　清光緒三十四年(1908)文苑閣木活字印本　二冊　存一種

330000－1701－0100548　G007530　史部/編年類
御批資治通鑑綱目全書一百九卷　清光緒十三年(1887)上海同文書局石印本　八冊　存三十八卷(御批資治通鑑綱目前編一至十八、舉要一至三,御批資治通鑑綱目前編外紀,御批續資治通鑑綱目十至二十七)

330000－1701－0100551　G607909　經部/小學類/文字之屬/字書/字典
康熙字典十二集三十六卷總目一卷檢字一卷辨似一卷等韻一卷補遺一卷備考一卷　(清)張玉書等纂修　清光緒元年(1875)湖北崇文書局刻本　二冊　存四卷(總目、檢字、辨似、等韻)

330000－1701－0100552　G007549　史部/地理類/雜志之屬
吳門雜咏不分卷　(清)朱方藹撰　(清)朱昂注　清聽蕉公抄本　一冊

330000－1701－0100553　G007550　集部/戲劇類/傳奇之屬
鳴鳳記寫本考證不分卷　清抄本　一冊

330000－1701－0100554　G607910、G610338　類叢部/類書類/專類之屬
分類字錦六十四卷　(清)何焯等纂　清刻本　五十七冊　存五十七卷(一至三十六、三十九至四十六、四十九、五十一至五十二、五十四至五十九、六十一至六十四)

330000－1701－0100555　G007551　類叢部/叢書類
坦園叢書　清光緒鉛印本　一冊　存一種

330000－1701－0100557　G007552　史部/政書類/儀制之屬/專志/科舉校規
浙江紹郡中西學堂章程一卷　清光緒刻本　一冊

330000－1701－0100561　G007553　史部/目録類/總録之屬
祕書省續編到四庫闕書目二卷　(宋)□□編　清光緒二十八年(1902)丁氏八千卷樓刻本　鴿峯居士題記　一冊

330000－1701－0100563　G607911　史部/地理類/方志之屬/郡縣志
[康熙]寧化縣志七卷　(清)祝文郁修　(清)李世熊纂　清同治八年(1869)湘南蔣澤沅刻本　八冊

330000－1701－0100567　G007554　史部/地理類/雜志之屬
王梅溪先生會稽三賦四卷　(宋)王十朋撰　(明)南逢吉註　(清)周炳曾增註　清抄本　一冊

330000－1701－0100568　G607912　集部/別集類/清別集
思綺堂文集十卷　(清)章藻功撰　清康熙六十一年(1722)刻本　十冊

330000－1701－0100570　G007477　史部/傳記類/別傳之屬/事狀
水佳胤傳不分卷　清刻本　一冊

330000－1701－0100574　G607913、G610298　經部/小學類/文字之屬/説文
説文通訓定聲十八卷分部柬韻一卷説雅一卷古今韻準一卷　(清)朱駿聲撰　(清)朱鏡蓉

參訂　**皇清敕授文林郎國子監博士銜揀選知縣揚州府學教授允倩府君[朱駿聲]行述一卷**　朱孔彰撰　清道光二十九年(1849)刻同治九年(1870)朱孔彰臨嘯閣補刻本　二十四冊

330000－1701－0100577　G007532　史部/雜史類/斷代之屬
勝國文徵四卷　(清)楊家麟輯　清光緒上海申報館鉛印申報館叢書本　耔叟氏題簽　二冊

330000－1701－0100578　G007478　史部/地理類/專志之屬/寺觀
吳山城隍廟志八卷首一卷　(清)朱文藻等輯　清乾隆五十四年(1789)襄平盧崧刻道光二年(1822)補刻本　四冊

330000－1701－0100584　M610500　類叢部/叢書類/家集之屬
半帆樓叢書(鄔氏家集)二十七種　鄔慶時編　清光緒至民國刻本　一冊　存一種

330000－1701－0100585　G007556　類叢部/叢書類/自著之屬
東海褰冥氏三十以前舊學四種　(清)譚嗣同撰　清光緒二十八年(1902)上海石印本　一冊　存一種

330000－1701－0100586　G607913/1　經部/小學類/文字之屬/說文
說文通訓定聲十八卷分部柬韻一卷說雅一卷古今韻準一卷　(清)朱駿聲撰　(清)朱鏡蓉參訂　**皇清敕授文林郎國子監博士銜揀選知縣揚州府學教授允倩府君[朱駿聲]行述一卷**　朱孔彰撰　清道光二十九年(1849)刻同治九年(1870)朱孔彰臨嘯閣補刻本　三冊　存二卷(古今韻準、分部檢韻)

330000－1701－0100588　G007534　集部/小說類/長篇之屬
英雲夢傳八卷　(清)九容樓主人松雲氏撰　(清)掃花頭陀剩齋氏評　清刻本　一冊　存一卷(六)

330000－1701－0100589　G611804　史部/地理類/遊記之屬/紀勝
南越遊記三卷　(清)陳徽言撰　清咸豐七年(1857)章門刻本　一冊

330000－1701－0100590　G007479　集部/別集類/明別集
白沙子全集十卷古詩教解二卷首一卷末一卷　(明)陳獻章撰　(明)湛若水輯解　清乾隆三十六年(1771)陳氏碧玉樓刻本　十冊

330000－1701－0100591　G608056　類叢部/叢書類/彙編之屬
武英殿聚珍版書一百四十八種　清乾隆四十二年(1777)福建刻道光至同治遞修光緒二十一年(1895)增刻本　二冊　存二種

330000－1701－0100595　G610759　經部/叢編
十三經古注　(明)葛鼒　(明)金蟠校　明崇禎十二年(1639)金蟠刻清同治八年(1869)浙江書局重修本　十四冊　存三種

330000－1701－0100596　G609686　類叢部/叢書類/彙編之屬
振綺堂叢刊八種　(清)□□輯　清嘉慶至光緒汪氏振綺堂刻本　四冊　存一種

330000－1701－0100597　G607918　經部/叢編
古經解彙函十六種附小學彙函十四種　(清)鍾謙鈞等輯　清同治十二年(1873)粵東書局刻本　十四冊　存古經解彙函七種

330000－1701－0100598　G007535　集部/別集類/清別集
傳清堂試藝一卷　(清)王秉槐撰　清光緒十六年(1890)刻本　一冊

330000－1701－0100599　G007480　集部/別集類/清別集
白華山人詩集十六卷詩說二卷　(清)厲志撰　清道光十六年(1836)刻本　四冊

330000－1701－0100602　G611806　類叢部/類書類/通類之屬
宋人小說類編四卷補鈔一卷　(清)吳爲楫輯

清同治十年(1871)刻本　一册　存一卷(二)

330000－1701－0100603　G007536　集部/别集類/清别集

枕石聽松齋詩存一卷　(清)醉陶初稿　稿本　一册

330000－1701－0100604　G007481　子部/術數類/相宅相墓之屬

葬經要訣不分卷　(清)蔣平階撰　清抄本　二册

330000－1701－0100605　G007537、G007378　集部/詞類/總集之屬

詞選二卷　(清)張惠言輯　**附録一卷**　(清)鄭善長輯　**續詞選二卷**　(清)董毅輯　清同治六年(1867)刻本　二册

330000－1701－0100606　G611807、G611830、G611988　史部/目録類/總録之屬/彙刻

觀古堂書目叢刻十五種　葉德輝編　清光緒二十八年(1902)至民國湘潭葉氏刻本　十八册　存十種

330000－1701－0100611　G611808　類叢部/類書類/通類之屬

玉海二百卷辭學指南四卷詩攷一卷詩地理攷六卷漢藝文志攷證十卷通鑑地理通釋十四卷周書王會補注一卷漢制攷四卷踐阼篇集解一卷急就篇補注四卷姓氏急就篇二卷小學紺珠十卷六經天文編二卷周易鄭康成注一卷通鑑答問五卷　(宋)王應麟撰　**校補玉海瑣記二卷王深寧先生[應麟]年譜一卷**　(清)張大昌撰　清光緒九年至十六年(1883－1890)浙江書局刻本　五册　存二十卷(詩地理攷一至六、漢制攷一至四、踐阼篇集解、急就篇卷三至四、通鑑答問一至五、校補玉海瑣記一至二)

330000－1701－0100612　G007557　集部/總集類/選集之屬/斷代

黄公度詩一卷　(清)黄遵憲撰　**施均父詩一卷**　(清)施補華撰　**王六譚詩一卷**　王詠霓撰　**于湖題襟集文一卷**　(清)袁昶輯　清光緒二十一年(1895)刻本　一册

330000－1701－0100614　G610760　經部/叢編

十三經古注　(明)葛鼒　(明)金蟠校　明崇禎十二年(1639)金蟠刻清同治八年(1869)浙江書局重修本　二册　存一種

330000－1701－0100616　G610761　經部/易類/傳說之屬

易憲四卷卦歌一卷圖說一卷　(清)沈泓撰　清光緒十四年(1888)泉唐卓德徵刻民國十二年至十九年(1923－1930)圖書館補刻本　三册

330000－1701－0100617　G609689、G008341　史部/詔令奏議類/奏議之屬

沈文肅公政書七卷首一卷　(清)沈葆楨撰　清光緒六年(1880)吳門節署刻本　五册　存五卷(一至五)

330000－1701－0100618　G607914、G610329　集部/别集類/清别集

養一齋文集二十卷　(清)李兆洛撰　清光緒四年(1878)刻本　八册

330000－1701－0100619　G609690　史部/目録類/總録之屬/史志

補晉書經籍志四卷　吳士鑑撰　清光緒二十一年(1895)刻本　一册

330000－1701－0100620　G611809　史部/地理類/方志之屬/通志

[光緒]山西通志一百八十四卷首一卷　(清)曾國荃　(清)張煦等修　(清)王軒　(清)楊篤等纂　清光緒十八年(1892)刻本　一册　存二卷(七十五至七十六)

330000－1701－0100621　G607915　集部/别集類/清别集

清華館詩稿一卷　(清)郭沈昶撰　清同治郭華刻本　一册

330000－1701－0100622　G610762　經部/易類/傳說之屬

易憲四卷卦歌一卷圖說一卷　(清)沈泓撰

清光緒十四年(1888)泉唐卓德徵刻本　三册

330000－1701－0100623　G609691　經部/儀禮類/傳說之屬

儀禮經注一隅二卷　(清)朱駿聲撰　清道光二十九年(1849)朱氏家塾刻本　一册

330000－1701－0100624　G607916　集部/别集類/清别集

清華館詩稿一卷　(清)郭沈昶撰　清同治郭華刻本　一册

330000－1701－0100625　G607917　集部/别集類/清别集

清華館詩稿一卷　(清)郭沈昶撰　清同治郭華刻本　一册

330000－1701－0100626　G611810　史部/傳記類/科舉録之屬/諸貢録

海昌科名錄一卷恩貢錄一卷拔貢錄一卷歲貢錄一卷優貢錄一卷　(清)汪以莊輯　清光緒九年(1883)刻本　二册

330000－1701－0100627　G607919　集部/總集類/選集之屬/通代

漢魏六朝女子文選二卷　張維輯　清宣統三年(1911)海鹽朱是刻本　一册

330000－1701－0100628　G609693　集部/總集類/彙編之屬

琴臺正續合刻　(清)汪守正輯　清光緒十五年(1889)刻本　二册　存六種

330000－1701－0100629　G007482　子部/術數類/相宅相墓之屬

新刻石函平砂玉尺經全書真機六卷後集四卷　(元)劉秉忠撰　(明)劉基解　(明)賴從謙發揮　**新刊地理五經四書解義郭朴葬經一卷**　(明)吳徵刪定　(明)鄭謐註釋　清道光十二年(1832)綠蔭堂刻同治十年(1871)補刻本　四册

330000－1701－0100630　G607920　史部/傳記類/總傳之屬/列女

越女表微錄五卷　(清)汪輝祖撰　清光緒十八年(1892)杭州浙江學院刻本　一册

330000－1701－0100633　G607921　集部/總集類/課藝之屬

學海堂三集二十四卷　(清)張維屏輯　清咸豐九年(1859)啓秀山房刻本　八册

330000－1701－0100634　G611812、G610594　經部/叢編

仿宋相臺五經附考證　清刻本　十七册　缺八卷(禮記十三至二十)

330000－1701－0100635　G007483　子部/術數類/相宅相墓之屬

青囊心印二卷續編一卷　(清)王宗臣撰　**天玉經內傳心印三卷外編心印一卷**　(清)王宗臣注　清刻本　二册

330000－1701－0100637　G007558　子部/天文曆算類/曆法之屬

御定萬年書不分卷　(清)欽天監編　清道光刻本　一册

330000－1701－0100638　G608061　類叢部/叢書類/彙編之屬

嘯園叢書五十七種　(清)葛元煦編　清光緒二年至七年(1876－1881)仁和葛氏刻本　三册　存五種

330000－1701－0100640　G607922、G610306　集部/總集類/郡邑之屬

國朝杭郡詩輯三十二卷姓氏韻編一卷　(清)吳顥輯　(清)吳振棫重輯　清同治十三年(1874)錢塘丁氏刻本　十二册

330000－1701－0100643　G007484　類叢部/叢書類/自著之屬

隨園三十六種　(清)袁枚撰　清光緒十八年(1892)上海圖書集成印書局鉛印本　一册　存三種

330000－1701－0100645　G607923　類叢部/類書類/通類之屬

玉海二百卷辭學指南四卷詩攷一卷詩地理攷六卷漢蓺文志攷證十卷通鑑地理通釋十四卷周書王會補注一卷漢制攷四卷踐阼篇集解一卷急就篇補注四卷姓氏急就篇二卷小學紺珠

十卷六經天文編二卷周易鄭康成注一卷通鑑答問五卷　(宋)王應麟撰　**校補玉海瑣記二卷王深寧先生[應麟]年譜一卷**　(清)張大昌撰　清光緒九年至十六年(1883－1890)浙江書局刻本　五冊　存十六卷(詩攷、漢蓺文志攷證一至十、周書王會補注、漢制攷一至四)

330000－1701－0100647　G009457　子部/宗教類/道教之屬
濟一子證道秘書十七種　(清)傅金銓輯　清善成堂刻本　一冊　存二種

330000－1701－0100648　G608062　類叢部/叢書類/彙編之屬
龍威秘書十集　(清)馬俊良編　清乾隆五十九年至嘉慶元年(1794－1796)浙江石門馬氏大酉山房刻本　十六冊　存九十種

330000－1701－0100650　G608063　類叢部/叢書類/彙編之屬
雅雨堂藏書十三種　(清)盧見曾編　清乾隆二十一年(1756)德州盧氏雅雨堂刻增修本　一冊　存二種

330000－1701－0100651　G610763　經部/易類/傳說之屬
易憲四卷卦歌一卷圖說一卷　(清)沈泓撰　清光緒十四年(1888)泉唐卓德徵刻本　三冊

330000－1701－0100652　G611813　類叢部/叢書類/彙編之屬
琳琅秘室叢書三十種　(清)胡珽編　清光緒十四年(1888)會稽董氏取斯家塾木活字印本　一冊　存一種

330000－1701－0100653　G608064　類叢部/叢書類/彙編之屬
晨風閣叢書二十二種　沈宗畸編　清宣統元年(1909)番禺沈氏刻本　一冊　存一種

330000－1701－0100655　G610764　經部/易類/傳說之屬
易憲四卷卦歌一卷圖說一卷　(清)沈泓撰　清光緒十四年(1888)泉唐卓德徵刻本　三冊

330000－1701－0100658　G007562　集部/別集類/清別集
秋蘗庵詩集□卷　(清)馬履泰撰　清乾隆五十九年(1794)刻本　一冊　存二卷(一至二)

330000－1701－0100660　G610765　類叢部/叢書類/彙編之屬
說郛續四十六弓　(明)陶宗儀編　(明)陶珽等重編　明末刻清順治三年(1646)兩浙督學周南李際期宛委山堂印本　三十二冊　存四百十二種

330000－1701－0100661　G608065　史部/傳記類/別傳之屬/年譜
延平四先生年譜四種　(清)毛念恃編　清乾隆十年(1745)滏陽張坦刻本　二冊

330000－1701－0100662　G007487　集部/別集類/清別集
佚名詩集一卷　稿本　一冊

330000－1701－0100665　G007488　子部/儒家類/儒學之屬/蒙學
初學文引一卷　(清)葉廉鍔選注　清同治十二年(1873)慈南古草堂刻本　貽孫氏觀款一冊

330000－1701－0100666　G609694　集部/詞類/別集之屬
清真集二卷補遺一卷　(宋)周邦彥撰　**清真詞校後錄要一卷**　鄭文焯撰　清光緒二十六年(1900)北海鄭文焯刻本　二冊

330000－1701－0100668　G611814　類叢部/叢書類/家集之屬
如皋冒氏叢書三十四種附二種　冒廣生輯　清光緒至民國如皋冒氏刻本　一冊　存一種

330000－1701－0100669　G008592、G007564　史部/傳記類/總傳之屬/忠孝
碧血錄二卷附錄一卷　(明)黃煜輯　(清)傅以禮重編　清光緒二十二年(1896)七林書堂刻本　二冊

330000－1701－0100671　G608066　類叢部/叢書類/彙編之屬
滂喜齋叢書五十種　(清)潘祖蔭編　清同治

至光緒吳縣潘氏京師刻本　一册　存二種

330000－1701－0100673　G007489　子部/宗教類/佛教之屬/經疏

大般涅槃經玄義二卷　(唐)釋灌頂撰　清光緒八年(1882)金陵刻經處刻本　一册

330000－1701－0100674　G611815　史部/政書類/邦交之屬

中瑞通商條約一卷　清宣統刻本　一册

330000－1701－0100676　G608067　類叢部/叢書類/彙編之屬

暢園叢書甲函六種　(清)張邁編　清光緒二十年(1894)始豐張氏四明刻本　一册　存一種

330000－1701－0100677　G611816　史部/政書類/邦交之屬

中瑞通商條約一卷　清宣統刻本　一册

330000－1701－0100678　G007490　子部/術數類/相宅相墓之屬

理氣圖說二卷　(清)周惇庸撰　清嘉慶二年(1797)刻本　四册

330000－1701－0100679　G007566、G008363、G011029　類叢部/類書類/通類之屬

群書備考六卷　(明)袁黄撰　明刻本　六册

330000－1701－0100680　G611817　史部/政書類/邦交之屬

中瑞通商條約一卷　清宣統刻本　一册

330000－1701－0100681　G007491　集部/別集類/清別集

蘇盦文録二卷駢文録五卷詩録八卷詞録一卷　(清)楊葆光撰　清光緒九年(1883)杭州刻本　五册

330000－1701－0100682　G608068　類叢部/叢書類/彙編之屬

湖海樓叢書十二種　(清)陳春編　清嘉慶蕭山陳氏湖海樓刻二十四年(1819)彙印本　二册　存二種

330000－1701－0100683　G611818　史部/政書類/邦交之屬

中瑞通商條約一卷　清宣統刻本　一册

330000－1701－0100685　G611819　史部/政書類/邦交之屬

中瑞通商條約一卷　清宣統刻本　一册

330000－1701－0100686　G611820　史部/政書類/邦交之屬

中瑞通商條約一卷　清宣統刻本　一册

330000－1701－0100688　G007567、G008826、G009200、G009616　子部/儒家類/儒學之屬/經濟

大學衍義四十三卷　(宋)真德秀撰　明刻本　八册　存三十六卷(三至十二、十八至四十三)

330000－1701－0100689　G608069　類叢部/叢書類/彙編之屬

增訂漢魏叢書八十六種　(清)王謨編　清乾隆五十六年(1791)金谿王氏刻本　一册　存一種

330000－1701－0100690　G007492　類叢部/叢書類/彙編之屬

廣漢魏叢書八十種　(明)何允中編　清嘉慶刻本　一册　存一種

330000－1701－0100693　G007568　史部/史抄類

史鑑節要便讀六卷　(清)鮑東里撰　清同治十二年(1873)台郡培元局刻本　一册　存三卷(一至三)

330000－1701－0100694　G007493　史部/史抄類

兩晉南北史合纂四十卷　(明)錢岱輯　明萬曆刻本　一册　存五卷(北魏纂一至五)

330000－1701－0100695　G608070　類叢部/叢書類/彙編之屬

靈鶼閣叢書五十六種　(清)江標編　清光緒元和江氏湖南使院刻蘇州振新書社印本　一册　存一種

330000－1701－0100696　G009241、G010098　經部/春秋左傳類/傳說之屬

太史張天如詳節春秋綱目左傳句解六卷　(明)張溥重訂　(清)韓菼重編　清崇文堂刻本　六冊

330000－1701－0100698　G007569　子部/宗教類/其他宗教之屬

巍巍不動太山深根結果寶卷一卷　(明)羅夢鴻撰　清光緒八年(1882)木活字印本　一冊

330000－1701－0100701　G009003、G010125　史部/紀事本末類

歷朝紀事本末九種　(清)陳如升　(清)朱記榮輯　(清)慎記主人增輯　清光緒二十九年(1903)上海文林書局石印本　六冊　存四種

330000－1701－0100703　G010128　子部/術數類/占候之屬

大唐開元占經一百二十卷　(唐)瞿曇悉達等撰　清光緒恒德堂刻本　八冊

330000－1701－0100706　G607925　經部/小學類/文字之屬/說文/專著

說文辨字正俗八卷　(清)李富孫撰　清嘉慶二十三年(1818)嘉興李富孫校經廎刻本　四冊

330000－1701－0100707　G007497　史部/目録類/專録之屬

國朝史學叢書目錄一卷　陶濬宣訂　稿本　一冊

330000－1701－0100708　G607926　集部/別集類/清別集

善卷堂四六十卷　(清)陸繁弨撰　(清)吳自高注　清乾隆三十五年(1770)陳明善亦園刻本　一冊　存二卷(一至二)

330000－1701－0100709　G608072　新學/雜著/叢編

中西學門徑書七種　梁啓超編　清光緒二十四年(1898)上海大同譯書局石印本　一冊　存四種

330000－1701－0100710　G010131　史部/政書類/通制之屬

熙朝紀政八卷　(清)王慶雲撰　清光緒二十四年(1898)宛平許葉芬石印本　六冊

330000－1701－0100712　G609698　集部/別集類/清別集

邃懷堂全集三十八卷　(清)袁翼撰　清光緒十三年至十四年(1887－1888)袁鎮嵩刻本　二冊　存二卷(文集一、三)

330000－1701－0100713　G010138　史部/紀事本末類

九朝紀事本末(歷朝紀事本末)九種　(清)陳如升　(清)朱記榮輯　(清)捷記主人增輯　清光緒二十九年(1903)文盛書局石印本　八冊　存四種

330000－1701－0100715　G608073　類叢部/叢書類/彙編之屬

漸西村舍彙刊(漸西村舍叢刻)四十四種　(清)袁昶編　清光緒十六年至二十四年(1890－1898)桐廬袁氏刻本　六冊　存四種

330000－1701－0100716　G607927、G610367　集部/總集類/選集之屬/通代

御選唐宋詩醇四十七卷目錄二卷　(清)高宗弘曆輯　清光緒七年(1881)浙江書局刻本　十九冊　存四十七卷(一至四、七至四十七)

330000－1701－0100718　G007571　子部/雜著類/雜纂之屬

兩般秋雨盦隨筆八卷　(清)梁紹壬撰　清文德堂刻本　一冊　存一卷(一)

330000－1701－0100722　G010140、G011126　集部/總集類/選集之屬/通代

古文淵鑒六十四卷　(清)徐乾學等輯注　清石印本　八冊　缺三十二卷(一至三十二)

330000－1701－0100724　G007572　集部/別集類/唐五代別集

溫飛卿詩集七卷別集一卷集外詩一卷附錄諸家詩評一卷　(唐)溫庭筠撰　(明)曾益注　(清)顧予咸補注　(清)顧嗣立續注　清宣統二年(1910)石印本　四冊

330000－1701－0100726　G010143　經部/小學類/訓詁之屬/字詁

普通百科新大詞典十二卷總目錄一卷分類目錄一卷異名一卷補遺一卷表一卷　（清）黄人編輯　清宣統三年（1911）上海國學扶輪社鉛印本　十三册

330000－1701－0100728　G007499　子部/宗教類/佛教之屬/經

金剛般若波羅蜜經一卷般若波羅蜜多心經一卷大悲心陀羅尼咒一卷　（後秦）釋鳩摩羅什譯　清光緒二十三年（1897）石印本　一册

330000－1701－0100729　G609700、G610430、G610431　類叢部/叢書類/自著之屬

橘蔭軒全集七種　（清）陳錦撰　清光緒山陰陳氏橘蔭軒刻本　七册　存二種

330000－1701－0100730　G010176　史部/傳記類/科舉録之屬/歷科登科録

[嘉慶己巳科至同治甲戌科]歷科狀元策不分卷　清光緒刻本　九册

330000－1701－0100732　G607928　類叢部/叢書類/郡邑之屬

永嘉叢書十三種　（清）孫衣言編　清同治至光緒瑞安孫氏詒善祠塾刻本　二册　存二種

330000－1701－0100734　G010146　史部/傳記類/總傳之屬/仕宦

國朝名臣言行錄三十卷首一卷　（清）董壽輯　清光緒二十九年（1903）上海順成書局石印本　八册

330000－1701－0100736　G609701　經部/小學類/文字之屬/字書/字體

名原二卷　（清）孫詒讓撰　清光緒三十一年（1905）瑞安孫氏刻本　一册

330000－1701－0100739　G010153、G008377、G011094　史部/編年類/通代之屬

增補綱鑑輯要四十卷首一卷　（明）袁黄編　清光緒十三年（1887）澹雅山房刻本　二十二册

330000－1701－0100740　G007500　子部/宗教類/佛教之屬

佛遺教經一卷　（後秦）釋鳩摩羅什譯　**八大人覺經一卷**　（漢）釋安清譯　清光緒十五年至十六年（1889－1890）刻本　一册

330000－1701－0100741　G010177　史部/傳記類/科舉録之屬/歷科鄉試録

補行咸豐辛酉科並同治壬戌恩科浙江鄉試硃卷不分卷　（清）張德瑜等撰　清同治刻本　六册

330000－1701－0100742　G010178　史部/傳記類/科舉録之屬/歷科鄉試録

[光緒庚子辛丑恩正併科]浙江鄉試卷一卷　（清）汪清麒等撰　清光緒刻本　十五册

330000－1701－0100743　G010186、G611877　經部/叢編

十三經註疏附考證　（清）□□輯　清乾隆四年（1739）武英殿刻本　二十五册　存三種

330000－1701－0100744　G609702　史部/政書類/邦計之屬

兩浙宦游紀畧四種　（清）戴槃撰　清同治七年（1868）刻本　一册　存一種

330000－1701－0100745　G007574　子部/天文曆算類/算書之屬

毖緯瑣言一卷　（清）厲之鍔撰　清嘉慶五年（1800）邢壽恭刻本　一册

330000－1701－0100747　G007576　經部/詩類/傳說之屬

詩經集傳八卷　（宋）朱熹撰　清刻本　一册　存二卷（一至二）

330000－1701－0100748　G609703　集部/總集類/題詠之屬

紅葉館話別圖題詞一卷　（日本）副島種臣撰　**附錄紅葉館留別詩一卷**　（清）陳明遠等撰　清光緒刻本　一册

330000－1701－0100749　G007578　子部/術數類/相宅相墓之屬

風水圖不分卷　清抄本　一册

330000－1701－0100750　G611822　史部/政書類/律令之屬/治獄

棠陰比事一卷　(宋)桂萬榮撰　清同治六年(1867)臨汝桂嵩慶木樨山房木活字印本　一冊

330000－1701－0100751　G609704　史部/傳記類/日記之屬

入都日記一卷(清光緒十三年)　(清)李圭撰　清光緒刻本　一冊

330000－1701－0100752　G007579　經部/詩類/文字音義之屬

毛詩古音攷五卷　(明)陳第編輯　**屈宋古音義三卷**　(明)陳第撰　清光緒六年(1880)武昌張裕釗刻本　二冊　存三卷(屈宋古音義一至三)

330000－1701－0100753　G007501　子部/小說家類/異聞之屬

山海經十八卷　(晉)郭璞撰　明鄭熜刻本　一冊　存十五卷(二至十六)

330000－1701－0100754　G609705　新學/史志/諸國史

少年世界史二卷　何琪編　清光緒二十七年(1901)山會北鄉義塾東湖通藝學堂刻本　一冊　存一卷(下)

330000－1701－0100755　G607930、G610662　集部/別集類/宋別集

蘇文忠詩合註五十卷首一卷　(宋)蘇軾撰　(清)馮應榴輯　清乾隆五十八年(1793)桐鄉馮氏踵息齋刻同治九年(1870)補修本　十六冊

330000－1701－0100757　G611823　集部/別集類/清別集

尊聞居士集八卷　(清)羅有高撰　(清)彭紹升編　清光緒七年(1881)寧都韓聰甫瑞金刻本　二冊　存四卷(一至四)

330000－1701－0100758　G007580、G009070　子部/雜著類

潛皖偶錄十一卷　錢麟書撰　清宣統元年(1909)皖垣鉛印本　閬屏題簽　四冊

330000－1701－0100760　G609706　史部/傳記類/總傳之屬/家乘

[浙江海寧]海昌小桃源朱氏三世九節錄不分卷　(清)朱寶篪纂修　清光緒七年(1881)刻本　一冊

330000－1701－0100761　G007581、G008560、G009607　類叢部/叢書類/自著之屬

湯文正公全集七種　(清)湯斌撰　清同治九年(1870)蘇廷魁等刻本　十二冊　存一種

330000－1701－0100762　G609707　類叢部/叢書類/彙編之屬

清風室叢書二十種　(清)錢保塘編　清同治十年至民國二十五年(1871－1936)海寧錢氏清風室刻本　一冊　存二種

330000－1701－0100763　G611824　史部/紀傳類/正史之屬

唐書釋音二卷　(宋)董衝撰　清同治十二年(1873)浙江書局刻本　一冊

330000－1701－0100765　G609708　集部/別集類/清別集

囊翠樓詩稿二卷　(清)陳鴻逵撰　清光緒二十一年(1895)山陰陳氏刻本　一冊

330000－1701－0100766　G607931　集部/總集類/彙編之屬

宋詩鈔初集八十四種　(清)呂留良　(清)吳之振　(清)吳爾堯編　清康熙十年(1671)洲錢吳氏鑑古堂刻本　二十三冊　存六十種

330000－1701－0100768　G609709　史部/史評類/史論之屬

歷代史論十二卷宋史論三卷元史論一卷　(明)張溥撰　**明史論四卷**　(清)谷應泰撰　**左傳史論二卷**　(清)高士奇撰　清光緒五年(1879)西江裴氏刻本　一冊　存四卷(明史論一至四)

330000－1701－0100769　G007503　集部/總集類/尺牘之屬

清代名人尺牘不分卷　(清)林正青輯　清抄

本　一冊

330000－1701－0100770　G007583、G009398　子部/雜著類

丹泉海島錄四卷　(清)徐景福撰　清光緒四年(1878)遂昌徐氏家塾刻本　二冊

330000－1701－0100771　G611825　子部/宗教類/佛教之屬/經

地藏菩薩本願經三卷　(唐)釋實叉難陀譯　清同治五年(1866)刻本　一冊

330000－1701－0100772　G610769　集部/總集類/氏族之屬

三朱遺編　(清)楊伯潤輯　清光緒十五年(1889)嘉興楊氏刻本　一冊

330000－1701－0100773　G007504　史部/地理類/總志之屬

皇清地理圖一卷　(清)董祐誠繪　清咸豐六年(1856)長沙胡錫燕廣州刻本　一冊

330000－1701－0100775　G609711　集部/別集類/清別集

越縵堂集十卷　(清)李慈銘撰　清光緒十六年(1890)王繼香刻本　童鼎璜跋　一冊　存六卷(一至六)

330000－1701－0100776　G611826　史部/政書類/儀制之屬/專志/科舉校規

奏定學堂章程不分卷　(清)張百熙　(清)榮慶　(清)張之洞纂　清光緒湖北學務處刻本　五冊

330000－1701－0100777　G609714　集部/別集類/清別集

留園詩鈔二卷　(清)吳榮撰　清咸豐六年(1856)刻本　一冊

330000－1701－0100778　G007585、G008804　史部/職官類/官箴之屬

風憲忠告一卷廟堂忠告一卷牧民忠告一卷　(元)張養浩撰　清味菜廬木活字印本　二冊

330000－1701－0100779　G007505　子部/藝術類/書畫之屬/法帖

褚遂良書法二種　(唐)褚遂良書　清石印本　一冊

330000－1701－0100780　G007586　新學/兵制/海軍

水師操練十八卷首一卷附一卷　(英國)戰船部撰　(清)徐建寅譯　清光緒江南機器製造總局刻本　二冊　存九卷(首、一至七、附)

330000－1701－0100781　M610516、M604340　類叢部/叢書類/自著之屬

玉津閣叢書甲集十二種乙集十二種　(清)胡薇元撰　清光緒至民國刻本　二冊　存一種

330000－1701－0100782　G007588　子部/天文曆算類/曆法之屬

御定萬年書不分卷　(清)欽天監編　清刻本　一冊

330000－1701－0100783　G007506　史部/政書類/公牘檔冊之屬

陸軍小學堂造報光緒三十四年頭二班學生全年衣履紙張筆墨燈油雜費等項額支數目清冊一卷　清光緒三十四年(1908)抄本　一冊

330000－1701－0100784　G609712　集部/別集類/元別集

鐵厓樂府註十卷咏史註八卷逸編註八卷　(元)楊維楨撰　(清)樓卜瀍註　清乾隆三十九年(1774)聯桂堂刻本　二冊　存八卷(逸編註一至八)

330000－1701－0100785　G007589　子部/天文曆算類/曆法之屬

趨避合參通書不分卷　清宣統二年(1910)鈞和印刷公司石印本　一冊

330000－1701－0100786　G007590　子部/天文曆算類/曆法之屬

趨避合參通書不分卷　清宣統元年(1909)寧波汲綆齋、秀文齋石印本　一冊

330000－1701－0100787　G007507　子部/藝術類/書畫之屬

明季名人書畫扇册一卷　清宣統二年(1910)石印本　一冊

330000－1701－0100789　G609713　類叢部/叢書類/自著之屬

王漁洋遺書三十八種　(清)王士禛撰　清刻本　一冊　存一種

330000－1701－0100790　G007591　子部/天文曆算類/曆法之屬

羅傳烈曾孫明星通書不分卷　(清)羅明星撰　清光緒十五年(1889)崇道堂刻本　一冊

330000－1701－0100791　G007592　子部/術數類/相宅相墓之屬

地理參贊玄機僊婆集十三卷　(明)張鳴鳳編集　(明)呂元　(明)杜詩評選　(明)張希堯參補　清三元堂刻本　十二冊

330000－1701－0100792　民915.6/3570　史部/地理類/外紀之屬

小亞細亞志一卷　(清)學部編譯圖書局編　清光緒三十三年(1907)學部編譯圖書局鉛印本　一冊

330000－1701－0100796　G007509、G009327　集部/總集類/選集之屬/通代

古文辭類纂七十四卷　(清)姚鼐輯　**續古文辭類纂三十四卷**　王先謙輯　清光緒二十八年(1902)蜀東善成堂刻本　二十冊

330000－1701－0100797　G007594　子部/天文曆算類/曆法之屬

洪潮和授男彬淮孫正信曾孫堂燕通書一卷　(清)洪堂燕選　清光緒十四年(1888)繼成堂刻本　一冊

330000－1701－0100798　G607931/1　集部/總集類/彙編之屬

宋詩鈔初集八十四種　(清)呂留良　(清)吳之振　(清)吳爾堯編　清康熙十年(1671)洲錢吳氏鑑古堂刻本　一冊　存五種

330000－1701－0100799　G007595　子部/藝術類/遊藝之屬/聯語

西湖楹聯四卷　清光緒十五年(1889)暨陽周慶祺知正軒刻本　一冊

330000－1701－0100800　G007510　史部/編年類/通代之屬

御批歷代通鑑輯覽一百二十卷　(清)傅恒等撰　清刻本　二十二冊　存四十二卷(六至十、十五至十七、二十至二十七、二十九至四十六、五十五、九十一至九十二、九十九至一百三)

330000－1701－0100801　G611827　經部/小學類/音韻之屬/古今韻說

韻目表一卷　(清)錢學嘉撰　清光緒七年(1881)歸安錢氏刻本　一冊

330000－1701－0100802　G611828　經部/小學類/音韻之屬/古今韻說

韻目表一卷　(清)錢學嘉撰　清光緒七年(1881)歸安錢氏刻本　一冊

330000－1701－0100803　G611829　經部/小學類/音韻之屬/古今韻說

韻目表一卷　(清)錢學嘉撰　清光緒七年(1881)歸安錢氏刻本　一冊

330000－1701－0100805　G007596　集部/小說類/短篇之屬

聊齋志異新評十六卷　(清)蒲松齡撰　(清)王士禛評　(清)呂湛恩注　(清)但明倫批　清末石印本　三冊　存十四卷(三至十六)

330000－1701－0100806　G607932　集部/詞類/別集之屬

聽秋聲館詞一卷　(清)吳恩埰撰　清光緒三十四年(1908)錢塘吳承湜長沙鉛印本　一冊

330000－1701－0100808　G010089　子部/藝術類/遊藝之屬/棋弈

周嬾予先生圍棋譜一卷　(清)周嘉錫編　清同治十二年(1873)上海江左書林刻本　一冊

330000－1701－0100809　G010090　新學/報章

實學報選粹一卷求是報選粹一卷格致益聞滙報選粹一卷　清末抄本　一冊

330000－1701－0100811　G010091、G007856、G011338　子部/儒家類/儒學之屬/蒙學

課子隨筆節鈔六卷　(清)張師載輯　(清)徐

桐節鈔　**課子隨筆續編一卷**　(清)徐桐輯　清光緒十四年(1888)刻本　四冊

330000－1701－0100812　G010092　類叢部/叢書類/郡邑之屬
學海堂叢刻十二種　(清)□□編　清光緒三年(1877)、十二年(1886)刻本　一冊　存一種

330000－1701－0100813　G010093　類叢部/叢書類/自著之屬
彭文敬公集五種　(清)彭蘊章撰　清道光至同治刻同治彙印本　一冊　存一種

330000－1701－0100814　G010094、G610250　集部/總集類/彙編之屬
唐宋八大家文鈔　(明)茅坤編　明崇禎金閶黃玉堂刻本　七冊　存一種

330000－1701－0100815　G010095　子部/術數類/占候之屬
六壬奧妙登雲歌一卷　清抄本　一冊

330000－1701－0100816　G010096、G010522、G008794　子部/儒家類/儒學之屬/蒙學
小學纂註六卷　(清)高愈撰　**文公朱夫子[熹]年譜一卷**　題(宋)李方子撰　清刻本　四冊　缺一卷(年譜)

330000－1701－0100817　G010097　集部/詞類/總集之屬
心日齋十六家詞錄二卷　(清)周之琦輯　清道光二十四年(1844)刻本　二冊

330000－1701－0100820　G607933　集部/詞類/別集之屬
聽秋聲館詞一卷　(清)吳恩埰撰　清光緒三十四年(1908)錢塘吳承湜長沙鉛印本　一冊

330000－1701－0100821　G607934、G610344　集部/別集類/清別集
邃懷堂全集三十八卷　(清)袁翼撰　清光緒十三年至十四年(1887－1888)袁鎮嵩刻本　二十冊

330000－1701－0100822　G607935　集部/別集類/清別集
道古堂文集四十六卷詩集二十六卷　(清)杭世駿撰　清乾隆五十五年至五十七年(1790－1792)杭賓仁長沙黃甲書院刻本　十冊　存四十六卷(一至四十六)

330000－1701－0100823　G611831　類叢部/叢書類/自著之屬
授堂遺書七種附錄二卷　(清)武億撰　清道光二十三年(1843)偃師武氏刻本　二冊　存一種

330000－1701－0100824　G610772　經部/四書類/論語之屬/傳說
論語古訓十卷附一卷　(清)陳鱣撰　清光緒九年(1883)浙江書局刻本　二冊

330000－1701－0100826　G610773　子部/農家農學類/蠶桑之屬
柞蠶雜誌一卷　增韞撰　清光緒三十二年(1906)浙江官書局刻本　一冊

330000－1701－0100827　G611832　史部/傳記類/總傳之屬/仕宦
宋名臣言行錄前集十卷後集十四卷續集八卷別集二十六卷外集十七卷　(宋)□□輯　清道光元年(1821)歙縣洪氏續學堂刻本　十六冊

330000－1701－0100828　G610774　子部/農家農學類/蠶桑之屬
柞蠶雜誌一卷　增韞撰　清光緒三十二年(1906)浙江官書局刻本　一冊

330000－1701－0100829　G610775　類叢部/叢書類/自著之屬
槐軒全集二十一種附九種　(清)劉沅撰　清咸豐至民國刻彙印本　一冊　存一種

330000－1701－0100830　G610776　類叢部/叢書類/自著之屬
槐軒全集二十一種附九種　(清)劉沅撰　清咸豐至民國刻彙印本　一冊　存一種

330000－1701－0100832　G609719　子部/儒家類/儒學之屬/勸學

勸學篇二卷 (清)張之洞撰 清光緒二十四年(1898)兩湖書院刻本 一册

330000－1701－0100834 G610777 經部/書類/傳說之屬

尚書考異六卷 (明)梅鷟撰 清光緒十八年(1892)浙江書局刻本 四册

330000－1701－0100835 G610778 經部/書類/傳說之屬

尚書考異六卷 (明)梅鷟撰 清光緒十八年(1892)浙江書局刻本 四册

330000－1701－0100837 G610779 類叢部/叢書類/自著之屬

儆居遺書十一種 (清)黄式三撰 清同治至光緒刻本 四册 存一種

330000－1701－0100840 G611833 史部/政書類/軍政之屬

海防事例不分卷 清光緒刻本 一册

330000－1701－0100841 G610780 子部/醫家類/溫病之屬/瘟疫

瘟疫條辨摘要不分卷 (清)吕田輯 清光緒十五年(1889)浙江書局刻本 一册

330000－1701－0100842 G609720 子部/儒家類/儒學之屬/勸學

勸學篇二卷 (清)張之洞撰 清光緒二十四年(1898)兩湖書院刻本 一册

330000－1701－0100844 G609721 子部/儒家類/儒學之屬/勸學

勸學篇二卷 (清)張之洞撰 清光緒二十四年(1898)兩湖書院刻本 一册

330000－1701－0100845 G007598 子部/雜著類/雜說之屬

勸愛國財以還外債之血話一卷 (清)徐烈哉撰 清末刻本 一册

330000－1701－0100846 G610781 子部/醫家類/溫病之屬/瘟疫

瘟疫條辨摘要不分卷 (清)吕田輯 清光緒十五年(1889)浙江書局刻本 一册

330000－1701－0100849 G610782 子部/醫家類/溫病之屬/瘟疫

瘟疫條辨摘要不分卷 (清)吕田輯 清光緒十五年(1889)浙江書局刻本 一册

330000－1701－0100850 G609722 子部/儒家類/儒學之屬/勸學

勸學篇二卷 (清)張之洞撰 清光緒二十四年(1898)兩湖書院刻本 一册

330000－1701－0100851 G007599 史部/地理類/外紀之屬

五大洲百一十國秘笈四卷首一卷 (清)浙東明鏡里人編 清光緒二十八年(1902)鉛印本 二册

330000－1701－0100852 G610783 子部/醫家類/溫病之屬/瘟疫

瘟疫條辨摘要不分卷 (清)吕田輯 清光緒十五年(1889)浙江書局刻本 一册

330000－1701－0100853 G610784 子部/醫家類/溫病之屬/瘟疫

瘟疫條辨摘要不分卷 (清)吕田輯 清光緒十五年(1889)浙江書局刻本 一册

330000－1701－0100854 G609723 子部/儒家類/儒學之屬/勸學

勸學篇二卷 (清)張之洞撰 清光緒二十四年(1898)兩湖書院刻本 一册

330000－1701－0100856 G609724 子部/儒家類/儒學之屬/勸學

勸學篇二卷 (清)張之洞撰 清光緒二十四年(1898)兩湖書院刻本 一册

330000－1701－0100857 G610785 子部/醫家類/溫病之屬/瘟疫

瘟疫條辨摘要不分卷 (清)吕田輯 清光緒十五年(1889)浙江書局刻本 一册

330000－1701－0100859 G609725 子部/儒家類/儒學之屬/勸學

勸學篇二卷 (清)張之洞撰 清光緒二十四年(1898)兩湖書院刻本 一册

330000－1701－0100861　G610786　子部/醫家類/溫病之屬/瘟疫
瘟疫條辨摘要不分卷　(清)呂田輯　清光緒十五年(1889)浙江書局刻本　一冊

330000－1701－0100862　G609726　子部/儒家類/儒學之屬/勸學
勸學篇二卷　(清)張之洞撰　清光緒二十四年(1898)兩湖書院刻本　一冊

330000－1701－0100863　G007600　子部/天文曆算類/曆法之屬
大清光緒十二年日用便覽不分卷　清光緒十二年(1886)繼成堂刻本　一冊

330000－1701－0100864　G609727　子部/儒家類/儒學之屬/勸學
勸學篇二卷　(清)張之洞撰　清光緒二十四年(1898)兩湖書院刻本　一冊

330000－1701－0100866　G609728　子部/儒家類/儒學之屬/勸學
勸學篇二卷　(清)張之洞撰　清光緒二十四年(1898)兩湖書院刻本　一冊

330000－1701－0100870　G007601　子部/天文曆算類/曆法之屬
大清光緒十年通書不分卷　清光緒十年(1884)敬時堂刻本　一冊

330000－1701－0100871　G609729　子部/醫家類/方書之屬/單方驗方
隨山宇方鈔一卷　(清)汪曰楨撰　清光緒八年(1882)紹興安越堂刻本　一冊

330000－1701－0100880　G607939　經部/小學類/音韻之屬/等韻
切音蒙引不分卷　(清)陳錦撰　清光緒九年(1883)刻會稽徐氏鑄學齋叢書本　章嶔題記　一冊

330000－1701－0100882　G609731　類叢部/叢書類/彙編之屬
崇文書局彙刻書三十一種　(清)崇文書局編　清光緒元年至三年(1875－1877)湖北崇文書局刻本　五冊　存二種

330000－1701－0100884　G007605　子部/宗教類/佛教之屬/經
大乘理趣六波羅密多經十卷　(唐)釋般若譯　清光緒十九年(1893)金陵刻經處刻本　二冊

330000－1701－0100885　G007603　集部/總集類/選集之屬/通代
古唐詩合解十二卷古詩四卷　(清)王堯衢注　清刻本　一冊　存二卷(古詩三至四)

330000－1701－0100886　G610738　子部/儒家類/儒學之屬/蒙學
小學纂註六卷　(清)高愈撰　**文公朱夫子[熹]年譜一卷**　題(宋)李方子撰　清同治十一年(1872)浙江書局刻本　二冊

330000－1701－0100890　G007604、G008184　類叢部/叢書類/彙編之屬
增訂漢魏叢書八十六種　(清)王謨編　清乾隆五十六年(1791)金谿王氏刻本　八冊　存三種

330000－1701－0100894　G007606　集部/總集類/選集之屬/通代
古唐詩合解十二卷古詩四卷　(清)王堯衢注　清寶寧堂刻本　五冊　存十二卷(一至十二)

330000－1701－0100896　G007607　史部/政書類/邦計之屬
同治二年兩淮改票全案一卷臯園續稧詩錄一卷建中探本論一卷半野樓歌一卷杭游述懷七律四首一卷津門大水行一卷　清末刻本　一冊

330000－1701－0100899　G007608　集部/別集類
藝芳館詩集二卷　郭筠撰　清宣統元年(1909)中國圖書公司鉛印本　一冊

330000－1701－0100903　G007609　集部/別集類/清別集
得清淨理齋遺稿四卷　(清)程福增撰　清同治五年(1866)刻本　一冊

330000－1701－0100905　G609732　史部/職官類/官箴之屬

自歷言一卷　（清）文海撰　清光緒五年（1879）延苐軒刻本　一册

330000－1701－0100907　G007611　集部/詞類/總集之屬

絶妙好詞箋七卷　（宋）周密輯　（清）查爲仁　（清）厲鶚箋　**絶妙好詞續鈔一卷**　（清）余集輯　**絶妙好詞又續鈔一卷**　（清）徐楙補錄　清道光八年（1828）徐楙杭州愛日軒刻本　四册

330000－1701－0100908　G007610　類叢部/叢書類/彙編之屬

廣漢魏叢書八十種　（明）何允中編　清嘉慶刻本　二册　存一種

330000－1701－0100910　G609733　類叢部/叢書類/自著之屬

紀慎齋先生全集十二種續集七種　（清）紀大奎撰　清嘉慶十三年至咸豐二年（1808－1852）刻本　六册　存續集一種

330000－1701－0100912　G609734　類叢部/叢書類/彙編之屬

半厂叢書初編十種　（清）譚獻編　清同治至光緒仁和譚氏刻本　六册　存九種

330000－1701－0100913　G007612　子部/天文曆算類/曆法之屬

大清道光二十六年歲次丙午日用便覽不分卷　清道光二十六年（1846）刻本　一册

330000－1701－0100914　G611835　子部/宗教類/佛教之屬/諸宗

西歸直指四卷首一卷　（清）周夢顔輯　清光緒十二年（1886）金陵刻經處刻本　一册

330000－1701－0100916　G007613　史部/地理類/山川之屬/山志

寶華山志十五卷首一卷　（清）釋德基輯　（清）劉名芳纂　清同治釋印宗刻本　四册

330000－1701－0100917　G611836　經部/春秋公羊傳類/傳説之屬

春秋公羊經傳解詁十二卷　（漢）何休撰　（唐）陸德明音義　**重刊宋紹熙公羊傳注附音本校記一卷**　（清）魏彦撰　清道光四年（1824）揚州汪氏問禮堂影刻宋紹熙本　二册　缺一卷（校記）

330000－1701－0100922　G007614　集部/别集類/清别集

秣陵集六卷金陵歷代紀年事表一卷圖考一卷　（清）陳文述撰　清道光三年（1823）刻本　四册

330000－1701－0100931　G611838　集部/總集類/氏族之屬

寧都三魏全集八十三卷　（清）林時益編　清道光二十五年（1845）寧都謝庭綬紱園書塾刻本　八册　存十二卷（魏季子文集三至四、七至十六）

330000－1701－0100936　G610739　子部/雜著類/雜説之屬

定香亭筆談四卷　（清）阮元撰　清光緒二十五年（1899）浙江書局刻本　四册

330000－1701－0100940　G007615　史部/地理類/方志之屬/郡縣志

[嘉慶]東臺縣志四十卷　（清）周右修　（清）蔡復午等纂　清嘉慶二十二年（1817）刻道光十年（1830）增刻本　十册

330000－1701－0100943　G610740　類叢部/叢書類/自著之屬

洪北江全集二十一種　（清）洪亮吉撰　清光緒三年至五年（1877－1879）洪用懃授經堂刻本　四册　存六種

330000－1701－0100945　G007616　子部/雜著類/雜考之屬

東塾讀書記二十五卷　（清）陳澧撰　清光緒三十四年（1908）山西師範學堂鉛印本　二册　存十卷（八至十、十五至二十一）

330000－1701－0100948　G007617　子部/儒家類/儒學之屬

五子近思錄十四卷　（清）汪佑輯　清刻本

嘯秋居士題記　六册

330000－1701－0100949　G610741　經部/四書類/論語之屬/傳説

論語古注集箋十卷論語考一卷附一卷　(清)潘維城撰　清光緒七年(1881)江蘇書局刻本　六册

330000－1701－0100951　G007618　經部/小學類

雷刻四種　(清)雷浚輯　清光緒二年至十年(1876－1884)吳縣雷氏刻本　五册　存三種

330000－1701－0100956　G007339　史部/政書類/律令之屬/治獄

成案不分卷　稿本　一册

330000－1701－0100958　G007538、G007386　史部/編年類/通代之屬

資治通鑑綱目五十九卷　(明)陳仁錫評　**資治通鑑綱目續編一卷**　(明)陳桱撰　(明)陳仁錫評　**資治通鑑綱目前編二十五卷**　(明)南軒撰　(明)陳仁錫評　**續資治通鑑綱目二十七卷**　(明)商輅等撰　(明)陳仁錫評　清刻本　二十一册　存二十三卷(續資治通鑑綱目二至十三、十六至二十六)

330000－1701－0100959　G007340　史部/地理類/專志之屬/古跡

新刻黃鶴樓銘楹聯詩賦一卷　(清)畢沅等撰　清光緒二年(1876)自修山人刻本　一册

330000－1701－0100963　G007341　子部/小説家類/瑣語之屬

果報見聞錄□□卷　清抄本　一册　存二卷(一至二)

330000－1701－0100964　G007342　集部/别集類/清别集

天倫樂事五卷　(清)陶章煥撰　清嘉慶元年(1796)刻本　一册

330000－1701－0100972　G007344　類叢部/叢書類/彙編之屬

增訂漢魏叢書八十六種　(清)王謨編　清乾隆五十六年(1791)金谿王氏刻本　四册　存三種

330000－1701－0100975　G607941　子部/雜著類/雜説之屬

定香亭筆談四卷　(清)阮元撰　清光緒二十五年(1899)浙江書局刻本　四册

330000－1701－0100979　G007345　集部/總集類/彙編之屬

雲屏晴峰詩鈔合刻　(清)陳錦編　清道光二十六年(1846)刻本　一册

330000－1701－0100980　G007620　集部/别集類/清别集

晚晴軒詩鈔四卷續集一卷　(清)蔣廷恩撰　清刻本　二册　存二卷(二至三)

330000－1701－0100984　G007539　經部/叢編

十三經讀本　(清)□□編　清同治金陵書局刻本　十册　存一種

330000－1701－0100986　G609735　新學/史志/諸國史

歷史叢書　清光緒上海商務印書館鉛印本　二册　存一種

330000－1701－0100987　G007621　史部/政書類/律令之屬

德儒赫氏中國新刑律論一卷　(德國)赫善心撰　清宣統二年(1910)鉛印本　一册

330000－1701－0100991　G609736　集部/别集類/清别集

甘泉鄉人稿二十四卷　(清)錢泰吉撰　**可讀書齋校書譜一卷**　(清)唐兆榴編　清咸豐四年(1854)讀舊書室刻本　一册　存四卷(二十一至二十四)

330000－1701－0100992　G007622、G009842　新學/議論/通論

自西徂東五卷　(德國)花之安撰　清光緒二十三年(1897)上海廣學會鉛印本　四册　存四卷(一至四)

330000－1701－0100995　G007623　新學/議

論/通論
自西徂東五卷　(德國)花之安撰　清光緒十年(1884)刻本　四册　缺一卷(五)

330000－1701－0100997　G007540　類叢部/叢書類/彙編之屬
廣漢魏叢書九十六種　(明)何允中編　明刻本　七册　存九種

330000－1701－0100998　G611840　類叢部/叢書類/自著之屬
奧簃朝鮮三種　(清)周家祿撰　清光緒二十五年(1899)吳保初刻本　一册

330000－1701－0101000　G607985　子部/雜家類
天花亂墜八卷二集八卷三集八卷　(清)寅半生編　清光緒二十九年至三十三年(1903－1907)杭州崇寔齋刻本　四册　存八卷(天花亂墜一至八)

330000－1701－0101003　G607986　新學/格致總
西學關鍵八卷　(英國)勃利物撰　(法國)馬雅嫋增　(清)李杕譯　清光緒二十九年(1903)鴻寶齋石印本　四册

330000－1701－0101005　G007346　子部/雜著類
玉歷鈔傳警世不分卷　清刻本　一册

330000－1701－0101007　G007541　史部/編年類/通代之屬
御批歷代通鑑輯覽一百二十卷　(清)傅恒等撰　清刻本　十册　存二十卷(六十二至八十一)

330000－1701－0101008　G007347　史部/金石類/總志之屬/題跋
清儀閣題跋不分卷　(清)張廷濟撰　清光緒刻本　一册

330000－1701－0101009　G007542　史部/地理類/方志之屬/通志
[雍正]陝西通志一百卷首一卷　(清)劉於義等修　(清)沈青崖纂　清雍正十三年(1735)刻清末補版後印本　一百册

330000－1701－0101010　G007348　子部/醫家類/綜合之屬/通論
一盤珠全集十卷首一卷　(清)洪金鼎撰　清刻本　一册　存三卷(六至八)

330000－1701－0101011　G007625、G010236　集部/別集類/清別集
忠定堂尺牘二卷　(清)孫榮榜撰　(清)陳戍鵰選　清光緒十九年(1893)刻本　二册

330000－1701－0101012　G611841　經部/小學類/音韻之屬/古今韻說
韻目表一卷　(清)錢學嘉撰　清光緒七年(1881)歸安錢氏刻本　一册

330000－1701－0101015　G607988　類叢部/叢書類/輯佚之屬
玉函山房輯佚書五百九十三種附一種　(清)馬國翰輯　清光緒九年(1883)長沙嫏嬛館刻本　一册　存十三種

330000－1701－0101017　G007349　新學/格致總
博物新編初集一卷二集一卷三集一卷　(英國)合信氏撰　清咸豐五年(1855)江蘇上海墨海書館刻本　一册

330000－1701－0101018　G611843　集部/別集類/清別集
雙白燕堂集唐詩二卷　(清)陸耀遹撰　清同治六年(1867)刻本　三册

330000－1701－0101020　G007626　經部/易類/傳說之屬
周易本義四卷易圖一卷卦歌一卷筮儀一卷　(宋)朱熹撰　清同治十三年(1874)江南書局刻本　二册

330000－1701－0101021　G007350　類叢部/類書類/通類之屬
蠹存二卷　(清)方旭撰　清光緒二十四年(1898)刻本　二册

330000－1701－0101022　G611844　新學/理

學/文學

讀新學書法一卷 (日本)矢野文雄撰 (清)張枏譯 清光緒三十二年(1906)金陵江楚編譯局石印本 一冊

330000－1701－0101023 G007627 類叢部/類書類/專類之屬

格致譜二十四卷 (清)屠仁守輯 清光緒二十八年(1902)秦中刻本 三冊 存八卷(一至八)

330000－1701－0101025 G611845 史部/地理類/雜志之屬

越詠二卷 (清)周調梅撰 清咸豐四年(1854)刻本 一冊 存一卷(上)

330000－1701－0101028 G007351 子部/醫家類/兒科之屬/痘疹

痘疹慢驚秘訣二卷 (清)莊一夔撰 **經驗方一卷** (清)蔡松汀撰 **救吞鴉片煙毒一卷** (清)盱黎補過堂主人撰 清光緒元年(1875)賀笏臣刻本 一冊

330000－1701－0101031 G007352 子部/宗教類/佛教之屬/經

地藏菩薩本願經二卷 (唐)釋實叉難陀譯 清同治八年(1869)刻本 一冊

330000－1701－0101033 G007619、G009084、G010933、G009598、G010045 史部/政書類/律令之屬/律例

大清律例增修統纂集成四十卷督捕則例附纂二卷 (清)姚潤輯 (清)陶駿 (清)陶念霖增輯 清光緒刻本 十五冊 存二十五卷(六至十九、二十三至二十八、三十一至三十五)

330000－1701－0101034 G007628 集部/別集類/清別集

抱膝山房詩稿七卷又二卷又二卷駢體文一卷駢體文續稿二卷散體文二卷 (清)尹恭保撰 清光緒刻本 十六冊

330000－1701－0101036 G611847 經部/小學類/文字之屬/字書/訓蒙

文字蒙求四卷 (清)王筠撰 清同治四年(1865)刻本 一冊

330000－1701－0101037 G007353 集部/別集類/清別集

石庵樵唱七卷 (清)柯煜撰 清刻本 二冊 存四卷(二至三、六至七)

330000－1701－0101041 G007354 經部/書類/文字音義之屬

尚書隸古定釋文八卷 (清)李遇孫撰 清嘉慶九年(1804)刻本 一冊

330000－1701－0101051 G607989、G610476 類叢部/叢書類/彙編之屬

申報館叢書正集五十七種附錄三種續集一百四十二種 (清)尊聞閣主編 蔡爾康編續集 清同治至光緒上海申報館鉛印本 二冊 存一種

330000－1701－0101052 G611848 類叢部/叢書類/彙編之屬

崇文書局彙刻書三十一種 (清)崇文書局編 清光緒元年至三年(1875－1877)湖北崇文書局刻本 一冊 存一種

330000－1701－0101053 G007355 集部/總集類/酬唱之屬

吟艸一卷 清光緒抄本 一冊

330000－1701－0101057 G610742 經部/詩類/傳說之屬

御纂詩義折中二十卷 (清)高宗弘曆敕撰 (清)傅恒 (清)陳兆崙等纂 清道光長蘆鹽運使如山刻本 六冊

330000－1701－0101060 G007356 子部/醫家類/方書之屬/單方驗方

種福堂公選良方兼刻古吴名醫精論四卷 (清)葉桂撰 清刻本 一冊 存二卷(一至二)

330000－1701－0101064 G607990 史部/傳記類/職官録之屬/總録

憲政增補最新職官全錄不分卷 清光緒三十三年(1907)榮寶齋刻本 一冊

330000－1701－0101068　G611849　經部/小學類/文字之屬/字書/訓蒙
文字蒙求四卷　(清)王筠撰　清同治四年(1865)刻本　一册

330000－1701－0101069　M602106　類叢部/叢書類/自著之屬
夢紅豆村全集　(清)黄大華撰　清光緒至民國刻本暨鉛印本　一册　存一種

330000－1701－0101070　G007357　集部/總集類/課藝之屬
詰一卷　(清)周白山　(清)趙之謙撰　清咸豐四年(1854)刻本　一册

330000－1701－0101073　G611850　史部/金石類/金之屬
奇觚室吉金文述二十卷首一卷　(清)劉心源撰　清光緒二十八年(1902)石印本　一册　存二卷(十五至十六)

330000－1701－0101074　M602107　類叢部/叢書類/自著之屬
夢紅豆村全集　(清)黄大華撰　清光緒至民國刻本暨鉛印本　一册　存一種

330000－1701－0101076　G007630　史部/編年類/通代之屬
御批續資治通鑑綱目二十七卷　(明)商輅等撰　(清)聖祖玄燁批　清刻本　十四册　存十四卷(十四至二十七)

330000－1701－0101077　G609737　集部/別集類/清別集
豐儉堂燼餘存稿一卷　(清)邵丙魁撰　**憩園存稿一卷**　(清)邵世恩撰　清光緒二十六年(1900)刻本　一册

330000－1701－0101079　G607991　史部/傳記類/職官録之屬/總録
[清光緒二十三年]大清搢紳全書四卷　清光緒二十三年(1897)松竹齋榮寶齋刻本　二册　存二卷(二至三)

330000－1701－0101080　M609147　集部/總集類/氏族之屬
陽湖錢氏家集　錢振鍠輯　清光緒三十三年(1907)木活字印本　一册　存三種

330000－1701－0101082　G611851　史部/傳記類/別傳之屬/事狀
太常袁公[袁昶]行畧一卷附一卷　袁允橚等撰　清光緒三十一年(1905)商務印書館石印本　一册

330000－1701－0101086　G611852　史部/地理類/方志之屬/郡縣志
[同治]鄞縣志七十五卷　(清)戴枚修　(清)張恕　(清)董沛等纂　清光緒三年(1877)刻四年(1878)增刻本　五册　存十二卷(一至九、七十一至七十三)

330000－1701－0101087　G007631　史部/金石類/總志之屬/通考
重定金石契不分卷　(清)張燕昌撰　清光緒二十二年(1896)貴池劉氏聚學軒刻本　四册

330000－1701－0101089　G007359　子部/術數類/命書相書之屬
新鐫神峯張先生通考闢謬命理正宗大全六卷　(明)張楠撰　清光緒十二年(1886)掃葉山房刻本　一册　存一卷(五)

330000－1701－0101092　G607992　類叢部/叢書類/彙編之屬
說鈴前集三十三種後集十九種續集七種　(清)吴震方編　清道光五年(1825)聚秀堂刻本　一册　存一種

330000－1701－0101097　G609738　類叢部/叢書類/彙編之屬
武英殿聚珍版書五十三種　清同治十三年(1874)江西書局刻本　一册　存一種

330000－1701－0101100　G007360　子部/術數類/命書相書之屬
新鐫神峯張先生通考闢謬命理正宗大全六卷　(明)張楠撰　清刻本　三册　存三卷(一至三)

330000－1701－0101101　G610743　經部/四書類/總義之屬/傳說

四書釋地補一卷續補一卷又續補一卷三續補一卷　(清)閻若璩撰　(清)樊廷枚校補　清嘉慶二十一年(1816)梅陽海涵堂刻本　六冊

330000－1701－0101103　G007632　史部/金石類/總志之屬
二銘草堂金石聚十六卷　(清)張德容輯　清同治十一年(1872)衢州張氏二銘草堂刻聚秀堂印本　十六冊

330000－1701－0101105　G610744　經部/小學類/音韻之屬/韻書
佩文詩韻釋要五卷　(清)周兆基輯　清光緒十八年(1892)浙江書局刻本　一冊

330000－1701－0101106　G607994　類叢部/叢書類/彙編之屬
知不足齋叢書一百九十五種　(清)鮑廷博編　(清)鮑士恭續編　清乾隆三十七年至道光三年(1772－1823)長塘鮑氏刻彙印本　二冊　存二種

330000－1701－0101108　G611853　經部/叢編
仿宋相臺五經附考證　清刻本　三冊　存一種

330000－1701－0101110　G610745　經部/小學類/音韻之屬/韻書
佩文詩韻釋要五卷　(清)周兆基輯　清光緒十八年(1892)浙江書局刻本　一冊

330000－1701－0101116　G610746　經部/叢編
御纂七經五種　(清)李光地等撰　清同治六年至九年(1867－1870)浙江書局刻本　二十四冊　存一種

330000－1701－0101119　G007633　史部/編年類/通代之屬
綱鑑會纂三十九卷首一卷　(明)王世貞編
甲子紀元一卷　(清)陳弘謀輯　清光緒二十五年(1899)上海埽葉山房鉛印本　十八冊

330000－1701－0101122　G610747　經部/周禮類/傳說之屬
周禮政要二卷　(清)孫詒讓撰　清光緒二十八年(1902)瑞安普通學堂刻本　二冊

330000－1701－0101125　G611854　類叢部/叢書類/彙編之屬
文選樓叢書三十三種　(清)阮亨編　清嘉慶至道光阮元刻道光二十二年(1842)阮亨彙印本　四冊　存一種

330000－1701－0101127　G007634　史部/政書類/公牘檔冊之屬
歲修仁海壖閘徵信錄一卷　清宣統刻本　一冊

330000－1701－0101130　G611855　子部/儒家類/儒學之屬/性理
儒門法語一卷　(清)彭定求撰　(清)湯金釗輯　清光緒元年(1875)江蘇學政署刻本　一冊

330000－1701－0101133　G607997　集部/總集類/彙編之屬
南宋羣賢小集七十四種　(宋)陳起編　(清)顧修重輯　清嘉慶六年(1801)石門顧氏讀畫齋刻本　一冊　存三種

330000－1701－0101134　G610748　史部/政書類/邦交之屬
支那教案論不分卷　(英國)宓克撰　嚴復譯　清光緒南洋公學譯書院鉛印本　一冊

330000－1701－0101138　G610749　類叢部/叢書類/自著之屬
耐安類稿五種　(清)陳偉撰　清光緒二十二年(1896)梅叔瀚等刻本　六冊

330000－1701－0101140　G609740、G610648　子部/藝術類/音樂之屬/琴學
琴學叢書十種續刻五種　楊宗稷輯　清宣統三年至民國二十年(1911－1931)楊氏刻本　十三冊　缺三卷(琴鏡七至九)

330000－1701－0101141　G007361　集部/小說類/長篇之屬
新刻六直注舜儀評訂神仙鑑二十二卷　(清)徐衜撰　(清)程毓奇續撰　清刻本　一冊

存一卷(十四)

330000－1701－0101143　G007362　子部/醫家類/綜合之屬/通論
瀛經堂詳校醫宗必讀十卷　(明)李中梓撰　清刻本　一册　存二卷(三至四)

330000－1701－0101144　G611856、G610563　集部/詞類/類編之屬
詞苑英華八種　(明)毛晉編　明末毛氏汲古閣刻本　三册　存二種

330000－1701－0101145　G007635　集部/別集類/清別集
嬾仙自定詩正集一卷別集一卷　(清)周鳳章撰　清道光二十二年(1842)刻本　二册

330000－1701－0101149　G611857　子部/雜著類/雜考之屬
讀書脞錄七卷續編四卷　(清)孫志祖撰　清嘉慶四年(1799)仁和孫志祖刻七年(1802)孫同元續刻本　三册　存三卷(一至三)

330000－1701－0101151　G007363　史部/詔令奏議類/詔令之屬
除獘彙編不分卷　清刻本　一册

330000－1701－0101153　G007636　子部/宗教類/佛教之屬/經
金剛般若波羅密經一卷　(後秦)釋鳩摩羅什譯　清抄本　王元懷觀款　一册

330000－1701－0101155　G007364　子部/雜著類/雜說之屬
科皇極真道七科全部儒門代天行化儀替佛助功清規萬法歸一論一卷　清抄本　一册

330000－1701－0101156　G609741　子部/藝術類/篆刻之屬
篆學瑣著二十八種　(清)顧湘輯　清道光二十年(1840)海虞顧氏刻本　一册　存十種

330000－1701－0101157　G610750　類叢部/類書類/專類之屬
王先生十七史蒙求十六卷　(宋)王令撰　清道光九年(1829)京口敦經堂刻本　二册

330000－1701－0101159　G007365　史部/傳記類/别傳之屬
姚中書善行孝友備乘一卷　清光緒七年(1881)石印本　一册

330000－1701－0101160　G607998　史部/詔令奏議類/奏議之屬
南海先生七上書記一卷俄彼得變政記一卷　康有爲撰　清光緒二十四年(1898)上海大同譯書局石印本　一册

330000－1701－0101161　G611858　史部/地理類/方志之屬/郡縣志
[嘉慶]山陰縣志三十卷首一卷　(清)徐元梅修　(清)朱文翰等纂　清嘉慶八年(1803)刻本　四册　存十三卷(十七至二十九)

330000－1701－0101162　G007637　集部/曲類
悔嫁一卷走雨一卷　清抄本　一册

330000－1701－0101163　G610751　經部/周禮類/傳說之屬
九旗古義述一卷　(清)孫詒讓撰　清光緒二十八年(1902)瑞安孫氏刻本　一册

330000－1701－0101166　G607999　類叢部/叢書類/郡邑之屬
粟香室叢書五十九種　金武祥編　清光緒至民國江陰金氏刻本　一册　存一種

330000－1701－0101167　G010099　集部/別集類/清別集
睫巢塾課六卷　(清)吳顥撰　清嘉慶二十四年(1819)錢塘吳氏守惇堂刻本　二册

330000－1701－0101168　G007366　子部/宗教類/佛教之屬
觀音大士救劫經一卷　清光緒石印本　一册

330000－1701－0101170　G010101　集部/別集類/清別集
籥雲書屋詩鈔六卷附紅蕪詞鈔二卷　(清)鍾景撰　清咸豐八年(1858)刻本　一册　存二卷(紅蕪詞鈔一至二)

330000－1701－0101171　G611859　子部/天文曆算類/算書之屬

算學十書　(清)賈步緯輯　清同治至光緒江南機器製造總局刻本暨鉛印本　四册　存一種

330000－1701－0101172　G010102　集部/戲劇類/傳奇之屬

太守桑傳奇一卷　(清)吳寶鎔填譜　清光緒二十二年(1896)長沙李瀚昌澧陽刻本　一册

330000－1701－0101174　M602220　子部/醫家類/醫案之屬

臨證指南醫案八卷　(清)葉桂撰　(清)徐大椿評　清光緒龍文書局石印本　四册　存四卷(二至五)

330000－1701－0101176　G610752　經部/小學類/音韻之屬

今韻三辨三種　(清)孫同元撰輯　清道光十九年至二十三年(1839－1843)刻本　四册

330000－1701－0101177　M602121　子部/醫家類/醫案之屬

臨證指南醫案八卷　(清)葉桂撰　(清)徐大椿評　清光緒龍文書局石印本　一册　存一卷(二)

330000－1701－0101180　G010103　經部/群經總義類/文字音義之屬

十三經集字一卷　(清)李鴻藻輯　清嘉慶十八年(1813)道東書屋刻本　一册

330000－1701－0101181　G010104　子部/雜著類/雜説之屬

聞見雜錄一卷　(清)稽樵漢輯　稿本　一册

330000－1701－0101182　G608001　類叢部/叢書類/自著之屬

春在堂全書三十六種　(清)俞樾撰　清同治至光緒刻光緒末彙印本　一册　存一種

330000－1701－0101184　G010106　史部/詔令奏議類/奏議之屬

易順鼎奏稿一卷　易順鼎撰　清末木活字印本　一册

330000－1701－0101185　G610753　經部/小學類/音韻之屬

今韻三辨三種　(清)孫同元撰輯　清道光十九年至二十三年(1839－1843)刻本　三册

330000－1701－0101186　G010107　史部/地理類/雜志之屬

越詠二卷　(清)周調梅撰　清咸豐四年(1854)稿本　二册

330000－1701－0101189　G010112、G010848　類叢部/類書類/通類之屬

藝林類擷十六卷　(清)謝輔坫編　清咸豐五年(1855)慈谿馮汝霆循陔書屋刻本　二册　存四卷(一至二、九至十)

330000－1701－0101191　G010113、G007779、G008911、G010589　類叢部/類書類/專類之屬

文典類函二十八卷　(清)周世樟撰　清刻本　七册　存十六卷(三至七、十一至十四、二十至二十六)

330000－1701－0101192　G010114　史部/傳記類/科舉録之屬/歷科鄉試録

光緒二年丙子科十八省鄉試不分卷　清光緒二年(1876)刻本　一册

330000－1701－0101200　G010190　史部/政書類/軍政之屬/邊政

籌海圖編十三卷　(明)鄭若曾撰　明天啓四年(1624)胡維極刻本　八册

330000－1701－0101206　G007685　史部/編年類/斷代之屬

御撰資治通鑑綱目三編二十卷　(清)張廷玉等撰　清末石印本　一册　存二卷(三至四)

330000－1701－0101215　G007686、G009394　集部/别集類

湘綺樓全集三十卷(湘綺樓文集八卷詩集十四卷箋啓八卷)　王闓運撰　清光緒三十三年(1907)墨莊劉氏長沙刻本　三册　存四卷(箋啓一至五)

330000－1701－0101216　G609743　子部/藝

術類/書畫之屬/法帖

國朝畫家書四卷荔香室石刻二卷　(清)蔡載福輯　清宣統元年(1909)西泠印社石印本　一冊　存一卷(四)

330000－1701－0101219　G608003　史部/目録類/總録之屬/私撰

書目答問五卷別錄一卷　(清)張之洞撰　清宣統三年(1911)上海掃葉山房石印本　一冊　存二卷(經部、史部)

330000－1701－0101220　G007689　史部/雜史類/斷代之屬

國朝掌故不分卷　(清)陳鴻緒編　清光緒三十年(1904)北洋武備研究所石印本　一冊

330000－1701－0101222　G611862　子部/天文曆算類/算書之屬

九數存古九卷　(清)顧觀光撰　清光緒十八年(1892)江蘇書局刻本　四冊

330000－1701－0101224　G010191、G009311、G010762　經部/春秋左傳類/傳說之屬

欽定春秋左傳讀本三十卷　(清)英和等撰　清道光二年(1822)武英殿刻本　八冊　存十六卷(一至十六)

330000－1701－0101225　G007691　類叢部/叢書類/自著之屬

李竹嬾先生說部全書八種　(明)李日華撰　明天啓至崇禎刻本　一冊　存四種

330000－1701－0101229　G608004　史部/編年類/通代之屬

御批歷代通鑑輯覽一百二十卷　(清)傅恒等撰　清光緒三十年(1904)文通書局石印本　一冊　存四卷(一至四)

330000－1701－0101230　G010192　類叢部/類書類/專類之屬

子史精華一百六十卷　(清)吴士玉　(清)吴襄等輯　清光緒十三年(1887)上海同文書局石印本　二冊　存四十卷(六十一至一百)

330000－1701－0101232　G007692　集部/別集類/清別集

嘯古堂文集八卷　(清)蔣敦復撰　清同治七年(1868)應寶時上海道署刻本　四冊

330000－1701－0101234　G608005　史部/編年類/通代之屬

御批歷代通鑑輯覽一百二十卷　(清)傅恒等撰　清光緒三十一年(1905)上海商務印書館鉛印本　一冊　存二卷(二十五至二十六)

330000－1701－0101238　G010193、G010194、G007942、G008656　新學/格致總

格致須知二十八種　(英國)傅蘭雅編　清光緒八年至二十四年(1882－1898)刻本　七冊　存七種

330000－1701－0101241　G007369、G008028、G010682、G009521　史部/傳記類/職官録之屬/總録

[清光緒三十二年]大清搢紳全書四卷　清光緒三十二年(1906)榮祿堂刻本　四冊

330000－1701－0101246　G007642　新學/政治法律

湖北法政學堂講義　清宣統元年(1909)湖北法政學堂鉛印本　一冊　存一種

330000－1701－0101250　G611863　經部/小學類/文字之屬/說文

說文解字十五卷標目一卷　(漢)許慎撰　(宋)徐鉉等校定　**汲古閣說文解字校記一卷**　(清)張行孚撰　清光緒七年(1881)淮南書局刻本　二冊　缺十卷(一至十)

330000－1701－0101252　G609747　新學

質學叢書初集三十種　(清)武昌質學會編　清光緒二十二年至二十三年(1896－1897)武昌質學會刻本　一冊　存一種

330000－1701－0101253　G007368　子部/宗教類/佛教之屬/大藏

徑山藏　明萬曆十七年(1589)至清嘉慶五臺、嘉興、徑山等地刻本　一冊　存一種

330000－1701－0101254　G608006　子部/宗教類/佛教之屬/經

金剛般若波羅蜜經一卷　(後秦)釋鳩摩羅什

譯　**般若波羅蜜多心經一卷**　(唐)釋玄奘譯　清刻本　一冊

330000－1701－0101258　G611864　史部/地理類/總志之屬/斷代
楚漢諸侯疆域志三卷　(清)劉文淇撰　清光緒二年(1876)金陵刻本　一冊

330000－1701－0101260　G007643、G008772　集部/總集類/課藝之屬
崇文書院課藝不分卷　(清)徐恩綬　(清)高人驥　(清)孫詒紳編　清同治六年至七年(1867－1868)刻本　六冊

330000－1701－0101262　G007370　史部/傳記類/職官録之屬/總録
[清光緒三十三年]大清搢紳全書四卷　清光緒三十三年(1907)京都榮寶齋刻本　四冊

330000－1701－0101266　G007694、G008390、G009656、G010994　史部/編年類/通代之屬
御批歷代通鑑輯覽一百二十卷　(清)傅恒等撰　清刻本　五十一冊　存一百九卷(六至十四、十五至七十八、八十五至一百二十)

330000－1701－0101271　G010195　經部/小學類/訓詁之屬/爾雅
爾雅三卷　(宋)鄭樵注　清末刻本　一冊

330000－1701－0101273　G007644、G009603　史部/傳記類/總傳之屬/郡邑
桐城耆舊傳十二卷　馬其昶撰　清宣統三年(1911)刻本　六冊

330000－1701－0101275　G007371　史部/傳記類/職官録之屬/總録
[清光緒二十九年]大清搢紳全書四卷　清光緒二十九年(1903)榮祿堂刻本　三冊　存三卷(一、三至四)

330000－1701－0101279　G007695　子部/兵家類/兵法之屬
火龍經三卷　(明)焦玉撰　清道光二十年(1840)袖石軒刻本　三冊

330000－1701－0101281　G007645　史部/傳記類/科舉録之屬
[光緒癸巳恩科]浙江鄉試第拾房硃卷一卷　(清)鍾鏞生撰　清光緒刻本　一冊

330000－1701－0101283　G609749、G609782　經部/群經總義類/傳說之屬
十三經札記二十二卷附十六卷　(清)朱亦棟撰　清光緒四年(1878)武林竹簡齋刻本　六冊　存一種

330000－1701－0101286　G007646　集部/別集類/清別集
居易堂詩鈔十卷　(清)李天英撰　清嘉慶六年(1801)刻本　四冊

330000－1701－0101288　G611865　類叢部/叢書類/彙編之屬
經訓堂叢書二十一種　(清)畢沅編　清乾隆至嘉慶鎮洋畢氏刻本　一冊　存一種

330000－1701－0101291　G007696　經部/小學類/訓詁之屬/爾雅
爾雅三卷　(晉)郭璞注　(唐)陸德明音釋　清光緒三年(1877)永康胡氏退補齋刻本　三冊

330000－1701－0101294　G611866　史部/史評類/史論之屬
東萊先生音註唐鑑二十四卷　(宋)范祖禹撰　(宋)呂祖謙注　清光緒十八年(1892)浙江書局刻本　四冊

330000－1701－0101296　G007647　類叢部/叢書類/彙編之屬
十萬卷樓叢書五十一種　(清)陸心源編　清光緒歸安陸氏刻本(歲時廣記卷六原缺)　一冊　存一種

330000－1701－0101301　G608008、G611958　史部/史評類/史論之屬
四千年史論驚奇十二卷　(清)□□輯　清光緒至宣統鉛印本　二冊

330000－1701－0101302　G007648　子部/藝術類/音樂之屬/琴學
琴學入門二卷　(清)張鶴輯　清刻本　一冊

存一卷（下）

330000－1701－0101303　G007697　史部/政書類/公牘檔冊之屬
秀山公牘五卷　（清）吳光耀撰　清光緒二十九年（1903）刻本　四冊

330000－1701－0101306　G010198、G008298、G009005　類叢部/類書類/專類之屬
詩韻類錦十一卷　（清）郭化霖編　清道光二十七年（1847）刻本　八冊

330000－1701－0101307　G007372　史部/傳記類/職官録之屬/總録
[清光緒二十三年]大清搢紳全書四卷　清光緒二十三年（1897）松竹齋榮寶齋刻本　四冊

330000－1701－0101310　G007373　史部/傳記類/職官録之屬/總録
[清光緒三十年]大清搢紳全書四卷　清光緒三十年（1904）榮禄堂刻本　四冊

330000－1701－0101311　G007650、G009795　子部/宗教類/佛教之屬/諸宗
禪林寶訓筆說三卷　（清）釋智祥撰　清乾隆十五年（1750）北京潭柘寺刻本　三冊

330000－1701－0101313　G007651　史部/傳記類/科舉録之屬/歷科登科録
[光緒癸卯補行辛丑壬寅恩正併科]會試墨卷一卷　（清）孫智敏撰　清光緒刻本　一冊

330000－1701－0101315　G010199　子部/小說家類/瑣語之屬
瓏瓓僊館彙輯二十世紀奇書　（清）陳琰編輯　清宣統三年（1911）上海六藝書局石印本　四冊　存一種

330000－1701－0101316　G007698、G009086　集部/總集類/選集之屬/斷代
元詩選初集一百十四卷二集一百三卷三集一百三卷首一卷　（清）顧嗣立輯　清康熙長洲顧嗣立秀野草堂刻本　三十三冊

330000－1701－0101317　G007652　子部/雜著類/雜說之屬
黃學廬雜述三卷　（清）陳士芑撰　清宣統元年（1909）鉛印本　一冊

330000－1701－0101325　G007374　經部/小學類/文字之屬/字書/訓蒙
詞林分類次韻便讀三字錦九卷末一卷　（清）趙暄輯　清咸豐元年（1851）刻本　六冊

330000－1701－0101328　M609198　新學/氣學/氣學
氣學叢談二卷　（英國）傅蘭雅口譯　（清）華蘅芳筆述　清末上海時務報館石印本　二冊

330000－1701－0101329　G007375　史部/地理類/專志之屬/祠墓
曹江孝女廟誌八卷首一卷末一卷補遺一卷　（清）金廷棟輯　（清）唐煦春增輯　清末影印本　二冊

330000－1701－0101333　G007699　集部/詞類/類編之屬
詞苑英華八種　（明）毛晉編　明末毛氏汲古閣刻本　二冊　存三種

330000－1701－0101334　G610755　經部/叢編
御纂七經五種　（清）李光地等撰　清同治六年至九年（1867－1870）浙江書局刻本　二十冊　存一種

330000－1701－0101341　G007376　子部/宗教類/道教之屬/方法
靈寶畢法三卷　（漢）鍾離權撰　（唐）呂嵒傳　清刻本　一冊

330000－1701－0101342　G609753　類叢部/叢書類/自著之屬
寄龕襍箸　（清）孫德祖撰　清光緒刻本　三冊　存一種

330000－1701－0101347　G007377　經部/群經總義類/文字音義之屬
十三經字約審音辨同十二卷　（清）華振撰　清光緒二年（1876）刻本　一冊　存四卷（一至四）

330000－1701－0101348　G611867　類叢部/叢書類/郡邑之屬
金華叢書六十八種　(清)胡鳳丹編　清同治七年至光緒八年(1868－1882)永康胡氏退補齋刻民國補刻本　三十七冊　存十一種

330000－1701－0101349　G007700、G010221、G009136、G010815　經部/小學類/文字之屬/字書/字典
正字通十二卷　(明)張自烈撰　(清)廖文英輯　**字彙舊本首一卷**　(明)梅膺祚音釋　清康熙刻本　三十六冊

330000－1701－0101354　G610756　類叢部/叢書類/彙編之屬
半厂叢書初編十種　(清)譚獻編　清同治至光緒仁和譚氏刻民國九年(1920)、十七年(1928)補刻本　十六冊　存九種

330000－1701－0101356　G608012　集部/詩文評類/詩評之屬
芳菲菲堂詩話一卷　(清)畢希卓撰　清宣統元年(1909)海上瑯嬛社鉛印本　一冊

330000－1701－0101362　G007388　集部/詩文評類/詩評之屬
隨園詩話十六卷補遺十卷　(清)袁枚撰　清刻本　四冊　存八卷(九至十六)

330000－1701－0101363　G609755　類叢部/叢書類/彙編之屬
藝海珠塵一百六十四種　(清)吳省蘭輯　清嘉慶南匯吳氏聽彝堂刻本　三冊　存十五種

330000－1701－0101364　G608013　史部/地理類/遊記之屬/紀行
南行日記一卷　(清)吳廣霈撰　清光緒十六年(1890)弢園鉛印本　一冊

330000－1701－0101366　G010202　類叢部/叢書類/彙編之屬
鍾山別業叢書　(清)陳澧編　清番禺陳氏刻本　一冊　存一種

330000－1701－0101368　G608014　經部/小學類/文字之屬/說文
說文聲母歌括四卷　(清)宣澍甘撰　湯壽潛鑑定　清宣統元年(1909)石印本　二冊

330000－1701－0101369　G007379　集部/別集類/清別集
訒齋文鈔二卷詩鈔一卷手札四卷附錄一卷　(清)褚維垕撰　清光緒二十七年(1901)刻本　一冊　存二卷(文鈔一至二)

330000－1701－0101371　G007380　史部/政書類/儀制之屬/專志/科舉校規
校士隅說不分卷　清同治刻本　一冊

330000－1701－0101374　G608016、G609801　子部/雜著類/雜說之屬
寓廬日記十卷　(清)張景燾撰　張福鎬編訂　清宣統三年(1911)鉛印本　二冊

330000－1701－0101375　G010203、G009122　子部/天文曆算類/曆法之屬
新鐫曆法便覽象吉備要通書大全二十九卷　(清)魏鑑撰　清刻本　三冊　存六卷(十一、十五至十七、二十三至二十四)

330000－1701－0101377　G007382　史部/金石類/錢幣之屬
清儀閣古泉題跋一卷　(清)張廷濟編　清末石印本　一冊

330000－1701－0101379　G608017　子部/叢編
子書二十八種彙函　(清)文瑞樓編　清光緒二十二年至三十四年(1896－1908)鉛印本　一冊　存一種

330000－1701－0101381　G007383　史部/傳記類/總傳之屬/列女
兩浙彙造請旌事實清冊不分卷　清末抄本　一冊

330000－1701－0101384　G007384　史部/傳記類/總傳之屬/列女
奉化剡源鄉節孝請旌冊底一卷　清光緒二十四年(1898)稿本　一冊

330000－1701－0101385　M609203　類叢

部/叢書類/彙編之屬
擇是居叢書初集十九種　張鈞衡編　清光緒至民國刻民國十五年(1926)吳興張氏彙印本　一冊　存一種

330000－1701－0101387　G007704　集部/總集類/選集之屬/斷代
唐詩便讀四卷　清光緒二十七年(1901)幼蘭刻本　一冊

330000－1701－0101390　G010204、G008749　史部/政書類/邦計之屬/荒政
籌濟編三十二卷首一卷　(清)楊景仁撰　清光緒四年(1878)楊氏詒硯齋刻本　六冊

330000－1701－0101391　G007705、G008872　子部/天文曆算類/算書之屬
算牖四卷　(清)許桂林撰　清道光十年(1830)刻本　二冊

330000－1701－0101394　G610757　類叢部/叢書類/彙編之屬
半厂叢書初編十種　(清)譚獻編　清同治至光緒仁和譚氏刻本　十三冊　存八種

330000－1701－0101396　G611868　史部/傳記類/總傳之屬/忠孝
百孝圖說四卷首一卷末一卷　(清)俞葆真編　(清)何雲梯繪圖　清同治十年(1871)河間俞氏刻本　一冊　存三卷(三至四、末)

330000－1701－0101397　G007706　類叢部/叢書類/家集之屬
新城王氏家集四十種　(清)□□編　明崇禎至清康熙刻彙印本　二冊　存一種

330000－1701－0101399　G608018　史部/政書類/律令之屬/治獄
夜城腥浪一卷　(清)聞棒大覺生編　清光緒刻本　一冊

330000－1701－0101400　G610758　集部/別集類/宋別集
劍南詩鈔六卷　(宋)陸游撰　(清)楊大鶴選　清康熙二十四年(1685)毗陵楊氏刻本　七冊

330000－1701－0101401　G007707、G609926、G009081　類叢部/叢書類/自著之屬
悔餘菴集三種　(清)何栻撰　清同治四年(1865)鳩江戎幄刻本　八冊　存二種

330000－1701－0101407　G007708、G007660、G010036　集部/別集類/清別集
式古訓齋文集二卷外集一卷八指詩存二卷　(清)閔萃祥撰　清光緒三十四年(1908)上海刻本　丁敬題記　三冊　存三卷(文集一至二、外集)

330000－1701－0101408　G609760　類叢部/叢書類/彙編之屬
式訓堂叢書四十一種　(清)章壽康編　清光緒會稽章氏刻本　三冊　存四種

330000－1701－0101409　G609759　史部/傳記類/別傳之屬
曼鋒三十自述一卷　汪嶔撰　清宣統二年(1910)鉛印本　一冊

330000－1701－0101411　G010205　史部/傳記類/總傳之屬/仕宦
高安三傳合編三種　(清)朱軾　(清)蔡世遠輯　清光緒二十一年(1895)江蘇書局刻本　八冊　缺四卷(歷代名臣傳五至八)

330000－1701－0101413　G007710、G009066　經部/小學類/文字之屬/字書/訓蒙
倉頡篇三卷　(清)孫星衍輯　**倉頡篇續本一卷**　(清)任大椿輯　**倉頡篇補本二卷**　(清)陶方琦輯　清光緒十六年(1890)江蘇書局刻本　二冊

330000－1701－0101414　G611869　史部/政書類/儀制之屬/典禮
[同治]大婚禮節一卷　(清)禮部輯　清同治刻本　一冊

330000－1701－0101420　G608020　子部/叢編
二十二子(二十二子彙函)　(清)浙江書局編　清光緒元年至三年(1875－1877)浙江書局刻二十七年(1901)重修本　三十一冊　存

十種

330000－1701－0101428　G007714　集部/總集類/選集之屬
回文賦彙五卷　清光緒二十三年(1897)湘鄉謝氏掔經榭刻本　一冊

330000－1701－0101431　G010206　類叢部/叢書類/自著之屬
曾文正公全集十六種　(清)曾國藩撰　清同治至光緒傳忠書局刻本　一冊　存一種

330000－1701－0101433　G608021　子部/儒家類/儒學之屬/禮教
五種遺規十七卷　(清)陳弘謀輯並撰　清光緒二十一年(1895)浙江書局刻本　二冊　存一種

330000－1701－0101435　G007385　子部/儒家類/儒學之屬/禮教
續小學六卷首一卷　(清)葉鈔輯並注　清初刻本　清徐來庭題簽並記　二冊

330000－1701－0101436　G608022　子部/儒家類/儒學之屬/禮教
五種遺規十七卷　(清)陳弘謀輯並撰　清光緒二十一年(1895)浙江書局刻本　二冊　存一種

330000－1701－0101438　G608023　子部/儒家類/儒學之屬/禮教
五種遺規十七卷　(清)陳弘謀輯並撰　清光緒二十一年(1895)浙江書局刻本　二冊　存一種

330000－1701－0101439　G007715、G009659　經部/春秋左傳類/傳說之屬
曲江書屋新訂批註左傳快讀十八卷首一卷　(清)李紹崧輯　清刻本　十冊　存十卷(九至十八)

330000－1701－0101441　G610737　子部/叢編
二十二子(二十二子彙函)　(清)浙江書局編　清光緒元年至三年(1875－1877)浙江書局刻二十七年(1901)重修本　三十一冊　存十種

330000－1701－0101445　G007716、G008576、G009214　史部/政書類/律令之屬/律例
大清律例增修統纂集成四十卷督捕則例附纂二卷　(清)姚潤輯　(清)陶駿　(清)陶念霖增輯　清刻本　二十冊　缺六卷(一、四、九至十、三十六至三十七)

330000－1701－0101450　G609761　史部/地理類/總志之屬
圖史提綱三卷　(清)胡宣慶編　清同治九年(1870)刻本　一冊

330000－1701－0101453　G611870　史部/政書類/儀制之屬/典禮
[同治]大婚禮節一卷　(清)禮部輯　清同治刻本　一冊

330000－1701－0101455　G010207　史部/傳記類/科舉録之屬
陳冠生殿撰殿試策一卷　(清)陳冕撰　清光緒九年(1883)刻朱印本　一冊

330000－1701－0101460　G010209　史部/目録類/總録之屬/官修
福省重刻武英殿聚珍版書目一卷　清同治十年(1871)福建刻本　一冊

330000－1701－0101461　M604048、M609526、M610210　史部/金石類/總志之屬/文字
金石文鈔八卷續鈔二卷　(清)趙紹祖撰　清光緒二年(1876)涇縣趙氏刻民國海寧陳氏慎初堂印本　十冊

330000－1701－0101466　M604050、M610613、M609532　類叢部/叢書類/自著之屬
藝風所著書　繆荃孫撰　清光緒至民國刻本　四冊　存一種

330000－1701－0101470　G007387　史部/金石類/金之屬/文字
焦山鼎銘考一卷　(清)翁方綱撰　清乾隆刻本　趙不騫題記　一冊

330000－1701－0101472　G010210、G008610

集部/别集類/清別集
閒味軒詩鈔十卷詞鈔二卷　(清)韓欽撰　清光緒二十二年(1896)刻民國六年(1917)重印本　陳龍題記　二册

330000－1701－0101476　G608026　類叢部/叢書類/彙編之屬
嘯園叢書五十七種　(清)葛元煦編　清光緒二年至七年(1876－1881)仁和葛氏刻本　一册　存一種

330000－1701－0101477　G611873　經部/春秋穀梁傳類/傳說之屬
春秋穀梁經傳補注二十四卷首一卷末一卷　(清)鍾文烝補注　清光緒二年(1876)嘉善鍾氏信美室刻本　八册

330000－1701－0101478　G608027、G610433　經部/書類/傳說之屬
書傳音釋六卷首一卷末一卷　(宋)蔡沈集傳　(元)鄒季友音釋　清咸豐五年(1855)浦城與古齋祝氏刻本　六册

330000－1701－0101483　G611874　史部/政書類/通制之屬
文獻通考紀要二卷　清刻本　二册

330000－1701－0101484　G007717　集部/總集類/選集之屬/斷代
應試唐詩類釋十九卷　(清)臧岳編　清乾隆三十三年(1768)三樂齋刻本　六册

330000－1701－0101486　G007389　子部/儒家類/儒學之屬/禮教/家訓
溫氏母訓一卷　(明)溫璜述　清光緒石印本　一册

330000－1701－0101488　G010117　類叢部/類書類/通類之屬
新義錄一百卷首一卷　(清)孫璧文撰　清光緒八年(1882)漱石山房刻本　三册　存七卷(二十一至二十三、八十一至八十二、九十三至九十四)

330000－1701－0101489　G007718　集部/别集類/唐五代别集
唐陸宣公集二十二卷　(唐)陸贄撰　清咸豐元年(1851)閬中縣署刻本　十二册

330000－1701－0101490　G010213　史部/傳記類/科舉録之屬/歷科鄉試録
[光緒己丑恩科第十五房]浙江鄉試硃卷一卷　吳士鑑撰　清光緒刻本　一册

330000－1701－0101491　G608030　類叢部/叢書類/彙編之屬
後知不足齋叢書四十七種　(清)鮑廷爵編　清同治至光緒常熟鮑氏刻本　二册　存一種

330000－1701－0101492　G010118、G008286、G011158　新學/格致總
藝學通纂十六卷　(清)胡兆鸞等輯　清光緒二十七年(1901)上海書局石印本　四册

330000－1701－0101493　M610274　史部/叢編
痛史二十一種附九種　樂天居士輯　清宣統至民國上海商務印書館鉛印本　一册　存一種

330000－1701－0101495　G010119　經部/小學類/文字之屬/字書/字典
康熙字典十二集三十六卷總目一卷檢字一卷辨似一卷等韻一卷補遺一卷備考一卷　(清)張玉書等纂修　清光緒十八年(1892)上洋點石齋石印本　一册　存十卷(子集上中下、丑集上中下、總日、檢字、辨似、等韻)

330000－1701－0101496　G609762　子部/兵家類/兵法之屬
軍禮司馬灋攷徵二卷　(清)黄以周撰　清光緒十八年(1892)黄氏試館刻本　一册

330000－1701－0101497　G611875　史部/紀事本末類/通代之屬
繹史一百六十卷世系圖一卷年表一卷　(清)馬驌撰　清刻本　一册　存四卷(二十四至二十七)

330000－1701－0101498　G007719　子部/術數類/相宅相墓之屬
陽宅都天發用全書一卷　(清)瞿天賚校　清

同治元年(1862)刻本　一册

330000－1701－0101503　G010215　類叢部/叢書類/彙編之屬
貸園叢書初集十二種四十九卷　(清)周永年編　清乾隆五十四年(1789)歷城周氏竹西書屋重編印益都李文藻等刻本　一册　存一種

330000－1701－0101504　G010122　史部/雜史類/斷代之屬
國朝掌故不分卷　(清)陳鴻緒編　清光緒北洋武備研究所鉛印本　一册

330000－1701－0101508　G010123　子部/醫家類/方書之屬/單方驗方
綠槐堂痧症方論不分卷　(清)鄞西老圃伯子訂　清光緒九年(1883)四明茹古齋鉛印本　一册

330000－1701－0101512　G010216　史部/政書類/邦計之屬
奏定釐訂各種銀行則例摺一卷　清益森印刷公司鉛印本　一册

330000－1701－0101514　G611876　新學/學校
日本學校源流一卷　(美國)路義思撰　(美國)衛理譯　(清)范熙庸筆述　清光緒二十五年(1899)江南製造局刻本　一册

330000－1701－0101519　G010127　史部/政書類/邦交之屬
皇朝八賢文編　(美國)哈門脫輯　清末石印本暨鉛印本　一册　存一種

330000－1701－0101520　G010129　史部/政書類/掌故瑣記之屬
贊幕指掌二卷　清末抄本　二册

330000－1701－0101522　G010217　集部/别集類/清别集
陳文肅公遺集二卷　(清)陳大受撰　清光緒十六年(1890)、二十一年(1895)、二十六年(1900)刻本　一册

330000－1701－0101523　G608032　類叢部/叢書類/彙編之屬
邵武徐氏叢書初刻十四種　(清)徐榦編　清光緒邵武徐氏刻本　六册　存五種

330000－1701－0101529　G007720　集部/總集類/氏族之屬
湖墅錢氏家集四十七種　(清)錢錫賓　(清)錢錫鉒輯　清光緒二十二年(1896)刻本　十七册　缺十卷(澄碧齋别集三、五,玉山草堂十九至二十六)

330000－1701－0101531　G007390　子部/雜著類/雜纂之屬
格言聯璧一卷　(清)金纓輯　**經驗良方一卷**　清光緒十年(1884)常郡府廟樂善堂善書局刻本　一册

330000－1701－0101536　G007653　集部/曲類/寶卷之屬
矣孝寶卷一卷　清抄本　一册

330000－1701－0101538　G007391　類叢部/叢書類/自著之屬
元遺山先生全集七種　(金)元好問撰　清光緒七年(1881)讀書山房刻本　一册　存一種

330000－1701－0101539　G007654、G008740、G009316、G009798　史部/政書類/律令之屬/刑制
名法指掌新纂四卷　(清)黄魯溪輯　清道光十年(1830)刻本　四册

330000－1701－0101550　G611878　史部/地理類/水利之屬
續浚南湖圖志一卷　清光緒三十一年(1905)浙江官書局刻三十三年(1907)增刻本　一册

330000－1701－0101551　G611879　史部/地理類/水利之屬
續浚南湖圖志一卷　清光緒三十一年(1905)浙江官書局刻三十三年(1907)增刻本　一册

330000－1701－0101552　G007392　子部/雜著類/雜說之屬
菜根談一卷　(明)洪應明撰　清光緒十七年(1891)刻本　一册

330000－1701－0101553　G611880　史部/地理類/水利之屬

續浚南湖圖志一卷　清光緒三十一年(1905)浙江官書局刻三十三年(1907)增刻本　一册

330000－1701－0101555　G611881　史部/地理類/水利之屬

續浚南湖圖志一卷　清光緒三十一年(1905)浙江官書局刻三十三年(1907)增刻本　一册

330000－1701－0101556　G609764、G611889　類叢部/叢書類/自著之屬

中復堂全集九種附一種　(清)姚瑩撰　清同治六年(1867)姚濬昌安福縣署刻本　九册　存六種

330000－1701－0101558　G007655、G008817　經部/春秋左傳類/傳說之屬

左繡三十卷首一卷　(清)馮李驊　(清)陸浩評輯　清三槐書屋刻本　四册　存九卷(首、一至三、七至九、十三至十四)

330000－1701－0101559　G007393　史部/地理類/方志之屬/郡縣志

[嘉慶]黎里志十六卷首一卷　(清)徐達源纂　清嘉慶十年(1805)吳江徐氏孚遠堂刻本　四册

330000－1701－0101565　G007394　子部/宗教類/道教之屬

關聖帝君覺世真經集證二卷　(清)淩毓瑞輯　清光緒六年(1880)刻本　一册

330000－1701－0101566　G609765、G610388　集部/别集類/清别集

悔餘菴集九種　(清)何栻撰　清咸豐至同治江陰何氏刻本　二册　存一種

330000－1701－0101571　G611882　史部/地理類/方志之屬/郡縣志

[光緒]通州直隸州志十六卷首一卷末一卷訂訛一卷　(清)梁悦馨　(清)莫祥芝修　(清)季念詒　(清)沈鍠纂　清光緒元年(1875)刻本　十一册　存十三卷(首、一至十二)

330000－1701－0101573　G007656　經部/周禮類/傳說之屬

周禮節訓六卷　(清)黄叔琳輯　(清)姚培謙重訂　清乾隆三十二年(1767)刻本　二册

330000－1701－0101575　G007395　集部/别集類/清别集

憤語一卷　(清)王抱一撰　清光緒二十一年(1895)稿本　章炳業題記　一册

330000－1701－0101576　G007721　史部/傳記類/職官録之屬/總録

[清宣統二年秋季]大清搢紳全書四卷　清宣統二年(1910)榮禄堂刻本　五册

330000－1701－0101581　G007396　集部/别集類/清别集

桐雲閣試帖輯註二卷　(清)楊庚撰　(清)張熙宇輯評　(清)王植輯注　清刻本　二册

330000－1701－0101587　G609767、G610226　史部/詔令奏議類/奏議之屬

唐陸宣公奏議讀本四卷首一卷　(唐)陸贄撰　(清)汪銘謙輯　(清)馬傳庚評點　清宣統元年(1909)石印本　二册

330000－1701－0101588　G610697　類叢部/叢書類/郡邑之屬

武林掌故叢編一百八十七種　(清)丁丙編　清光緒三年至二十六年(1877－1900)錢塘丁氏嘉惠堂刻本　六册　存五種

330000－1701－0101590　G007657　子部/藝術類/篆刻之屬/印譜

鐵耕齋印譜一卷　雷悦篆刻　清光緒三十年(1904)長沙葉氏鈐印本　一册

330000－1701－0101592　G007397　經部/易類/傳說之屬

易憲四卷卦歌一卷圖說一卷　(清)沈泓撰　清刻本　三册

330000－1701－0101594　G007722　史部/傳記類/職官録之屬/總録

[清宣統三年夏季]大清最新搢紳録四卷　清宣統三年(1911)榮禄堂刻本　二册　存二卷

(一、四)

330000－1701－0101598　G007723　史部/傳記類/職官録之屬/總録

[清宣統三年秋季]大清最新搢紳錄四卷　清宣統三年(1911)榮祿堂刻本　二册　存二卷(一至二)

330000－1701－0101599　G611883　類叢部/叢書類/彙編之屬

半厂叢書初編十種　(清)譚獻編　清同治至光緒仁和譚氏刻本　一册　存一種

330000－1701－0101600　G609768　史部/目録類/總録之屬/私撰

書目答問五卷別錄一卷國朝著述諸家姓名略一卷　(清)張之洞撰　清光緒五年(1879)刻本　二册

330000－1701－0101601　G007724　史部/傳記類/職官録之屬/總録

[清光緒三十一年冬季]大清中樞備覽二卷　清光緒三十一年(1905)榮錄堂刻本　一册　存一卷(下)

330000－1701－0101603　G007398　子部/術數類/命書相書之屬

曆府鈎玄不分卷　明末刻本　一册

330000－1701－0101606　G007725　史部/傳記類/職官録之屬/總録

[清宣統元年冬季]憲政最新搢紳全書四卷　清宣統元年(1909)京都榮寶齋刻本　三册　存三卷(一至二、四)

330000－1701－0101609　G007659　史部/職官類/官制之屬

捐輸條例一卷　清刻本　一册

330000－1701－0101610　G007399　集部/總集類/郡邑之屬

兩浙輶軒錄四十卷姓氏韻編一卷　(清)阮元輯　清嘉慶仁和朱氏碧溪草堂、錢塘陳氏種榆仙館刻本　二十四册

330000－1701－0101612　G611884　史部/政書類/儀制之屬/典禮

直省釋奠禮樂記六卷首一卷末一卷　(清)應寶時等輯　清同治十二年(1873)仁和吴恒、長洲顧澐刻本　四册　缺一卷(末)

330000－1701－0101613　G007726　史部/傳記類/職官録之屬/總録

[清光緒三十四年春季]大清搢紳全書四卷　清光緒三十四年(1908)京都榮寶齋刻本　二册　存二卷(二至三)

330000－1701－0101616　G007727　史部/傳記類/職官録之屬/總録

[清光緒三十二年夏季]大清搢紳全書四卷　清光緒三十二年(1906)京都榮寶齋刻本　一册　存一卷(二)

330000－1701－0101619　G007728、G011346　史部/傳記類/職官録之屬/總録

[清光緒二十二年冬季]大清搢紳全書四卷　清光緒二十二年(1896)榮祿堂刻本　三册　缺一卷(三)

330000－1701－0101620　G007661　集部/總集類/選集之屬/通代

古文觀止十二卷　(清)吳乘權　(清)吴大職輯　清石印本　一册　存六卷(七至十二)

330000－1701－0101621　G611885　子部/天文曆算類/算書之屬

幾何原本十五卷　(意大利)利瑪竇　(英國)偉烈亞力口譯　(明)徐光啓　(清)李善蘭筆受　清同治四年(1865)金陵刻本　八册

330000－1701－0101622　G007729　史部/傳記類/職官録之屬/總録

[清光緒三十年春季]大清搢紳全書四卷　清光緒三十年(1904)榮祿堂刻本　一册　存一卷(四)

330000－1701－0101623　G007730、G011349　史部/傳記類/職官録之屬/總録

[清光緒十五年冬季]大清搢紳全書四卷　清光緒十五年(1889)京都榮祿堂刻本　四册

330000－1701－0101624　G611886、G611990

類叢部/叢書類/郡邑之屬

武林往哲遺箸五十二種後編十種　(清)丁丙編　清光緒二十年至二十六年(1894－1900)錢塘丁氏嘉惠堂刻本　十二册　存二種

330000－1701－0101628　G007731、G008713　史部/傳記類/職官録之屬/總録

[清光緒十七年夏季]大清搢紳全書四卷　清光緒十七年(1891)榮禄堂刻本　三册　存三卷(一、三至四)

330000－1701－0101632　G007732、G010013　史部/傳記類/職官録之屬/總録

[清光緒十六年春季]大清搢紳全書四卷　清光緒十六年(1890)榮禄堂刻本　二册　存二卷(二、四)

330000－1701－0101637　G610698　類叢部/叢書類/郡邑之屬

武林掌故叢編一百八十七種　(清)丁丙編　清光緒三年至二十六年(1877－1900)錢塘丁氏嘉惠堂刻本　六册　存五種

330000－1701－0101638　G610699　類叢部/叢書類/郡邑之屬

武林掌故叢編一百八十七種　(清)丁丙編　清光緒三年至二十六年(1877－1900)錢塘丁氏嘉惠堂刻本　三册　存二種

330000－1701－0101639　G611887　子部/宗教類/佛教之屬/總録

翻譯名義集二十卷　(宋)釋法雲編　清光緒四年(1878)金陵刻經處刻本　六册

330000－1701－0101645　G007663　類叢部/叢書類/彙編之屬

蓼園叢書十一種　(清)平步青編　清同治至光緒山陰平氏安越堂刻本　一册　存三種

330000－1701－0101650　G609770　史部/政書類/邦計之屬

兩浙宦游紀畧四種　(清)戴槃撰　清同治七年(1868)刻本　一册　存一種

330000－1701－0101656　G610700　類叢部/叢書類/郡邑之屬

武林掌故叢編一百八十七種　(清)丁丙編　清光緒三年至二十六年(1877－1900)錢塘丁氏嘉惠堂刻本　三册　存二種

330000－1701－0101661　G610701　類叢部/叢書類/彙編之屬

邵武徐氏叢書初刻十四種　(清)徐榦編　清光緒邵武徐氏刻本　十三册　存九種

330000－1701－0101667　G007664　集部/總集類/課藝之屬

鴻文擷勝二卷　(清)陳覲彤選　清光緒二年(1876)詠霓館刻本　二册

330000－1701－0101676　G007733　史部/傳記類/職官録之屬/總録

[清光緒二十四年秋季]大清搢紳全書四卷　清光緒二十四年(1898)榮禄堂刻本　三册　存三卷(一至三)

330000－1701－0101680　G609771　史部/地理類/雜志之屬

永嘉聞見錄二卷　(清)孫同元撰　清光緒十四年(1888)端安孫氏刻本　二册

330000－1701－0101683　G007734　史部/傳記類/職官録之屬/總録

[清同治四年□季]大清搢紳全書二卷　清同治四年(1865)榮禄堂刻本　一册　存一卷(下)

330000－1701－0101686　G007735、G011342　史部/傳記類/職官録之屬/總録

[清光緒十九年春季]大清搢紳全書四卷　清光緒十九年(1893)榮禄堂刻本　四册

330000－1701－0101687　G610702　類叢部/叢書類/彙編之屬

邵武徐氏叢書初刻十四種　(清)徐榦編　清光緒邵武徐氏刻本　五册　存四種

330000－1701－0101690　G007757、G008637、G009111　史部/政書類/通制之屬

五大洲政治通考四十八卷　題急先務齋主人等編　清末石印本　八册　存三十二卷(十至十六、二十至三十一、三十六至四十八)

330000－1701－0101692　G610703　類叢部/叢書類/彙編之屬

邵武徐氏叢書初刻十四種　（清）徐榦編　清光緒邵武徐氏刻本　五册　存五種

330000－1701－0101693　G007736　史部/傳記類/職官録之屬/總録

[清光緒十一年]大清搢紳全書四卷　清光緒十一年（1885）榮禄堂刻本　三册　存三卷（一至三）

330000－1701－0101694　G007758　集部/別集類/清別集

退思存稿五卷附仕隱圖題詞一卷木犀香館詩草一卷都門唱和詩一卷　（清）范志熙撰　清光緒十四年（1888）木犀香館刻本　一册　缺五卷（存稿一至五）

330000－1701－0101695　G007737　史部/傳記類/職官録之屬/總録

[清光緒三十四年夏季]大清搢紳全書四卷　清光緒三十四年（1908）榮禄堂刻本　一册　存一卷（二）

330000－1701－0101696　G007738、G009523　史部/傳記類/職官録之屬/總録

[清光緒五年冬季]大清搢紳全書四卷　清光緒五年（1879）榮禄堂刻本　四册

330000－1701－0101700　G007667　子部/農家農學類/農藝之屬/茶酒

二十四酒品一卷　（清）顧鳳起撰　清道光二十四年（1844）刻本　一册

330000－1701－0101701　G007739、G011361　史部/傳記類/職官録之屬/總録

[清宣統元年夏季]大清最新搢紳録四卷　清宣統元年（1909）榮禄堂刻本　三册　存三卷（一至二、四）

330000－1701－0101702　G610704　類叢部/叢書類/彙編之屬

邵武徐氏叢書初刻十四種　（清）徐榦編　清光緒邵武徐氏刻本　一册　存一種

330000－1701－0101705　G610705　類叢部/叢書類/彙編之屬

邵武徐氏叢書初刻十四種　（清）徐榦編　清光緒邵武徐氏刻本　一册　存一種

330000－1701－0101707　G007740　史部/傳記類/職官録之屬/總録

[清宣統三年春季]憲政增補最新職官全錄一卷　清宣統三年（1911）京都榮寶齋刻本　一册

330000－1701－0101708　G610706　類叢部/叢書類/彙編之屬

邵武徐氏叢書初刻十四種　（清）徐榦編　清光緒邵武徐氏刻本　一册　存一種

330000－1701－0101710　G610707　類叢部/叢書類/彙編之屬

邵武徐氏叢書初刻十四種　（清）徐榦編　清光緒邵武徐氏刻本　六册　存四種

330000－1701－0101711　G611888　子部/宗教類/佛教之屬

賢首五教儀六卷　（清）釋續法輯　清末刻本　二册

330000－1701－0101714　G007741、G009529　史部/傳記類/職官録之屬/總録

[清宣統三年夏季]憲政最新搢紳全書四卷　清宣統三年（1911）京都榮寶齋刻本　三册　存三卷（一至二、四）

330000－1701－0101715　G609776　集部/別集類/清別集

浮玉山房時文鈔一卷　（清）丁紹周撰　清同治九年（1870）刻本　一册

330000－1701－0101716　G007669　集部/總集類/彙編之屬

山曉閣文選十五種　（清）孫琮編　清康熙山曉閣刻本　五册　存一種

330000－1701－0101718　G007742、G008016、G010014　史部/傳記類/職官録之屬/總録

[清光緒三十三年冬季]大清搢紳全書四卷　清光緒三十三年（1907）榮寶齋刻本　三册　存三卷（一、三至四）

330000－1701－0101719　G607968　史部/紀傳類/正史之屬
校刊史記集解索隱正義札記五卷　(清)張文虎撰　清同治十一年(1872)金陵書局刻本　二册

330000－1701－0101722　G007670　類叢部/叢書類/自著之屬
鄭子尹遺書五種　(清)鄭珍撰　清咸豐至同治刻本　一册　存一種

330000－1701－0101723　G610713　史部/地理類/專志之屬/祠墓
吴山伍公廟志六卷首一卷附一卷　(清)金文淳等纂輯　清光緒二年(1876)刻本　一册

330000－1701－0101724　G607969　類叢部/叢書類/自著之屬
邃雅堂全集九種　(清)姚文田撰　清嘉慶至光緒歸安姚氏刻本　二册　存一種

330000－1701－0101726　G007743、G009524　史部/傳記類/職官録之屬/總録
[清光緒八年秋季]大清搢紳全書四卷　清光緒八年(1882)斌陞堂刻本　三册　存三卷(一至二、四)

330000－1701－0101728　G607970　經部/小學類/文字之屬/字書
小學答問一卷　章炳麟撰　清宣統元年(1909)刻本　一册

330000－1701－0101729　G007671、G008565、G011418　集部/總集類/課藝之屬
明文才調集不分卷　(清)許振禕輯　清光緒十八年(1892)江西書局刻本　四册

330000－1701－0101730　G007744　史部/傳記類/職官録之屬/總録
[清光緒十九年夏季]大清縉紳全書四卷　清光緒十九年(1893)刻本　二册　存二卷(二至三)

330000－1701－0101731　G607971　經部/小學類/文字之屬/字書
小學答問一卷　章炳麟撰　清宣統元年(1909)刻本　一册

330000－1701－0101732　G610714　史部/地理類/專志之屬/祠墓
吴山伍公廟志六卷首一卷附一卷　(清)金文淳等纂輯　清光緒二年(1876)刻本　一册

330000－1701－0101734　G607972　類叢部/叢書類/彙編之屬
振綺堂叢刊八種　(清)□□輯　清嘉慶至光緒汪氏振綺堂刻本　一册　存一種

330000－1701－0101735　G610715　史部/地理類/專志之屬/祠墓
吴山伍公廟志六卷首一卷附一卷　(清)金文淳等纂輯　清光緒二年(1876)刻本　一册

330000－1701－0101736　G007745、G008715　史部/傳記類/職官録之屬/總録
[清光緒二十年秋季]大清縉紳全書四卷　清光緒二十年(1894)刻本　四册

330000－1701－0101737　G609777　子部/天文曆算類/算書之屬
白芙堂算學叢書　(清)丁取忠輯　清同治至光緒長沙古荷花池精舍刻本　十六册　存十二種

330000－1701－0101738　G007672　集部/別集類/清別集
慎思居存稿二卷　(清)湯修撰　清同治十一年(1872)刻本　一册

330000－1701－0101739　G607973、G610460　經部/春秋穀梁傳類/傳説之屬
春秋穀梁經傳補注二十四卷首一卷末一卷　(清)鍾文烝補注　清光緒二年(1876)嘉善鍾氏信美室刻本　八册

330000－1701－0101740　G610716　史部/地理類/專志之屬/祠墓
吴山伍公廟志六卷首一卷附一卷　(清)金文淳等纂輯　清光緒二年(1876)刻本　一册

330000－1701－0101741　G610717　史部/地理類/專志之屬/祠墓

吴山伍公廟志六卷首一卷附一卷　(清)金文淳等纂輯　清光緒二年(1876)刻本　一册

330000－1701－0101743　G610718　史部/地理類/專志之屬/祠墓

吴山伍公廟志六卷首一卷附一卷　(清)金文淳等纂輯　清光緒二年(1876)刻本　一册

330000－1701－0101744　G610719　史部/地理類/專志之屬/祠墓

吴山伍公廟志六卷首一卷附一卷　(清)金文淳等纂輯　清光緒二年(1876)刻本　一册

330000－1701－0101747　G007673　子部/宗教類/佛教之屬/經疏

大方廣佛華嚴經疏鈔會本二百二十卷　(唐)釋實叉難陀譯　(唐)釋澄觀撰　清末刻本　三册　存十二卷(七十一至七十四、一百三十二至一百三十五、一百八十六至一百八十九)

330000－1701－0101748　G610720　史部/地理類/專志之屬/祠墓

吴山伍公廟志六卷首一卷附一卷　(清)金文淳等纂輯　清光緒二年(1876)刻本　一册

330000－1701－0101749　G607974　子部/叢編

子書百家　(清)崇文書局編　清光緒元年(1875)湖北崇文書局刻本　一册　存一種

330000－1701－0101750　G610721　史部/地理類/專志之屬/祠墓

吴山伍公廟志六卷首一卷附一卷　(清)金文淳等纂輯　清光緒二年(1876)刻本　一册

330000－1701－0101753　G610722　史部/地理類/專志之屬/祠墓

吴山伍公廟志六卷首一卷附一卷　(清)金文淳等纂輯　清光緒二年(1876)刻本　一册

330000－1701－0101754　G610723　史部/地理類/專志之屬/祠墓

吴山伍公廟志六卷首一卷附一卷　(清)金文淳等纂輯　清光緒二年(1876)刻本　一册

330000－1701－0101757　G611891　經部/小學類/文字之屬/說文

說文徐氏未詳說一卷　(清)許溎祥輯　清光緒十六年(1890)海寧許氏古均閣刻本　一册

330000－1701－0101759　G007759　史部/雜史類/斷代之屬

熙朝新語十六卷　(清)余金輯　清嘉慶二十三年(1818)刻本　一册　存二卷(十一至十二)

330000－1701－0101760　G610724　史部/地理類/專志之屬/祠墓

吴山伍公廟志六卷首一卷附一卷　(清)金文淳等纂輯　清光緒二年(1876)刻本　一册

330000－1701－0101761　G607976　子部/叢編

子書百家　(清)崇文書局編　清光緒元年(1875)湖北崇文書局刻本　二册　存二種

330000－1701－0101762　G610725　史部/地理類/專志之屬/祠墓

吴山伍公廟志六卷首一卷附一卷　(清)金文淳等纂輯　清光緒二年(1876)刻本　一册

330000－1701－0101765　G610726　史部/地理類/專志之屬/祠墓

吴山伍公廟志六卷首一卷附一卷　(清)金文淳等纂輯　清光緒二年(1876)刻本　一册

330000－1701－0101766　G609778　集部/別集類/清別集

鶴巢詩存一卷　(清)顧淳慶撰　**皇清誥授奉政大夫守陝西潼關廳同知浙江紹興府會稽縣石潼坊顧府君[淳慶]年五十七行述一卷**　(清)顧壽楨等撰　**介卿遺艸一卷**　(清)顧家樹撰　清光緒十二年(1886)顧家相刻本　一册

330000－1701－0101767　G610727　史部/地理類/專志之屬/祠墓

吴山伍公廟志六卷首一卷附一卷　(清)金文淳等纂輯　清光緒二年(1876)刻本　一册

330000－1701－0101768　G610728　史部/地理類/專志之屬/祠墓

吴山伍公廟志六卷首一卷附一卷 (清)金文淳等纂輯 清光緒二年(1876)刻本 一冊

330000－1701－0101769 G607977 子部/叢編

子書百家 (清)崇文書局編 清光緒元年(1875)湖北崇文書局刻本 二冊 存二種

330000－1701－0101770 G610729 史部/地理類/專志之屬/祠墓

吴山伍公廟志六卷首一卷附一卷 (清)金文淳等纂輯 清光緒二年(1876)刻本 一冊

330000－1701－0101773 G607975 子部/叢編

子書百家 (清)崇文書局編 清光緒元年(1875)湖北崇文書局刻本 清邱震題記 二冊 存二種

330000－1701－0101774 G610730 史部/地理類/專志之屬/祠墓

吴山伍公廟志六卷首一卷附一卷 (清)金文淳等纂輯 清光緒二年(1876)刻本 一冊

330000－1701－0101776 G007761、G009115 集部/别集類/清别集

堯峰文鈔四十卷 (清)汪琬撰 (清)林佶編 清宣統二年(1910)圖書集成公司石印本 六冊 存三十卷(一至三十)

330000－1701－0101778 G610731 史部/地理類/專志之屬/祠墓

吴山伍公廟志六卷首一卷附一卷 (清)金文淳等纂輯 清光緒二年(1876)刻本 一冊

330000－1701－0101780 G610732 史部/地理類/專志之屬/祠墓

吴山伍公廟志六卷首一卷附一卷 (清)金文淳等纂輯 清光緒二年(1876)刻本 一冊

330000－1701－0101781 G610733 史部/地理類/專志之屬/祠墓

吴山伍公廟志六卷首一卷附一卷 (清)金文淳等纂輯 清光緒二年(1876)刻本 一冊

330000－1701－0101783 G610734 史部/地理類/專志之屬/祠墓

吴山伍公廟志六卷首一卷附一卷 (清)金文淳等纂輯 清光緒二年(1876)刻本 一冊

330000－1701－0101785 G610735 史部/地理類/專志之屬/祠墓

吴山伍公廟志六卷首一卷附一卷 (清)金文淳等纂輯 清光緒二年(1876)刻本 一冊

330000－1701－0101786 G007750、G011072 史部/編年類/斷代之屬

清史攬要六卷 (日本)增田貢撰 清光緒二十七年(1901)杭州白話報館石印本 四冊 存四卷(二、四至六)

330000－1701－0101789 G611893 類叢部/叢書類/彙編之屬

惜陰軒叢書三十四種續編一種 (清)李錫齡編 清光緒二十二年(1896)長沙刻本 五冊 存一種

330000－1701－0101790 G610736 史部/地理類/專志之屬/祠墓

吴山伍公廟志六卷首一卷附一卷 (清)金文淳等纂輯 清光緒二年(1876)刻本 一冊

330000－1701－0101793 G609780 類叢部/叢書類/彙編之屬

慎始基齋叢書十一種 盧靖編 清光緒沔陽盧氏刻民國十二年(1923)彙印本 一冊 存三種

330000－1701－0101794 G610708 史部/傳記類/總傳之屬/列女

杭女表微錄十六卷首一卷 (清)孫樹禮輯 清光緒三十二年(1906)刻本 七冊 缺二卷(二至三)

330000－1701－0101795 G007762、G008955、G010674、G009505 史部/編年類/斷代之屬

十朝東華錄五百二十五卷 王先謙、潘頤福撰 清光緒二十年(1894)上海積山書局石印本 二十一冊 存一百五十一卷(天命東華錄一至四,天聰東華錄一至十一,崇德東華錄一至八,嘉慶東華錄三十至五十,道光東華錄

一至十、四十三至六十，咸豐東華續錄一至七十六、九十八至一百）

330000－1701－0101796　G010134　史部/紀事本末類/斷代之屬

金史紀事本末五十二卷首一卷　（清）李有棠撰　清光緒石印本　四冊

330000－1701－0101799　G010135、G009015、G010663、G009552　新學/議論/通論

經濟實學考八卷　（清）江標撰　清光緒上海博濟書局石印本　八冊

330000－1701－0101800　G610709　集部/別集類/清別集

有正味齋詩集十六卷續集八卷駢體文二十四卷續集八卷詞集八卷續集二卷外集五卷南北曲二卷　（清）吳錫麒撰　清嘉慶十三年（1808）刻本　二冊　存九卷（詞集五至八、外集一至五）

330000－1701－0101803　G010136　史部/政書類/通制之屬

城鎮鄉地方自治章程并選舉章程不分卷　清末鉛印本　一冊

330000－1701－0101806　G008007、G010137、G011224　史部/政書類/邦交之屬

約章成案匯覽甲篇十卷乙篇四十二卷　（清）北洋洋務局輯　清光緒三十一年（1905）上海點石齋石印本　三十六冊　存四十二卷（乙篇一至四十二）

330000－1701－0101807　G607978　史部/紀傳類/正史之屬

二十四史　清同治至光緒五省官書局據汲古閣本等合刻光緒五年（1879）湖北書局彙印本　一冊　存一種

330000－1701－0101809　G007763　史部/雜史類/斷代之屬

畿南濟變紀略一卷　（清）劉春堂撰　清光緒二十七年（1901）石印本　一冊

330000－1701－0101811　G007678　子部/宗教類/道教之屬/雜著

惕慮集句四卷惕慮續集句四卷　清刻本　二冊

330000－1701－0101814　G611895　子部/醫家類/方書之屬/單方驗方

外治壽世方初編四卷　（清）鄒存淦輯　清光緒三年（1877）杭州勤藝堂刻本　二冊

330000－1701－0101815　G610710　史部/金石類/郡邑之屬/文字

兩浙金石志十八卷補遺一卷　（清）阮元撰　清光緒十六年（1890）浙江書局刻本　十二冊

330000－1701－0101816　G010141　子部/醫家類/婦科之屬/產科

詳要胎產問答一卷　（清）亟齋居士原編　（清）三農老人附注　清光緒二十八年（1902）上海管可壽齋鉛印本　一冊

330000－1701－0101818　G010142　子部/醫家類/兒科之屬

管氏兒女至寶一卷　（清）管斯駿編輯　清光緒十九年（1893）上海管可壽齋鉛印本　一冊

330000－1701－0101819　G607979　史部/地理類/方志之屬/郡縣志

咸淳臨安志一百卷　（宋）潛說友纂　**校栞咸淳臨安志札記三卷**　（清）黃士珣撰　清道光十年（1830）錢塘汪氏振綺堂刻本（卷九十、九十八至一百原缺）　二十三冊　缺二卷（一至二）

330000－1701－0101822　G610711　史部/金石類/郡邑之屬/文字

兩浙金石志十八卷補遺一卷　（清）阮元撰　清光緒十六年（1890）浙江書局刻本　十二冊

330000－1701－0101824　G010144　新學/理學/理學

天演論二卷　（英國）赫胥黎撰　嚴復譯　清光緒二十四年（1898）鉛印本　一冊

330000－1701－0101825　G609787　集部/總集類/氏族之屬

寧都三魏全集八十三卷　（清）林時益編　清道光二十五年（1845）寧都謝庭綬紱園書塾刻

本　十三册　存十三卷(魏叔子文集外篇五至十七)

330000－1701－0101826　G610712　史部/金石類/郡邑之屬/文字
兩浙金石志十八卷補遺一卷　(清)阮元撰　清光緒十六年(1890)浙江書局刻本　十二册

330000－1701－0101829　G008147、G010145　集部/總集類/選集之屬/通代
經史百家雜鈔二十六卷　(清)曾國藩輯　清光緒鉛印本　九册　存二十卷(七至二十六)

330000－1701－0101830　G611897　類叢部/叢書類/彙編之屬
式訓堂叢書四十一種　(清)章壽康編　清光緒會稽章氏刻本　二册　存一種

330000－1701－0101832　G607980　史部/政書類/通制之屬
唐會要一百卷　(宋)王溥撰　清光緒十年(1884)江蘇書局刻本　二十三册　存九十六卷(一至七十一、七十六至一百)

330000－1701－0101834　G008525、G010148　史部/傳記類/日記之屬
鍾毓龍日記不分卷(清光緒三十四年六月十九日至宣統二年九月十三日)　鍾毓龍撰　清光緒三十四年至宣統二年(1908－1910)稿本　四册

330000－1701－0101837　G607981、G610544　類叢部/叢書類/自著之屬
蘇齋叢書十八種　(清)翁方綱撰　清乾隆至嘉慶刻彙印本　八册　存一種

330000－1701－0101838　G007680、G009908　類叢部/叢書類/彙編之屬
崇文書局彙刻書三十一種　(清)崇文書局編　清光緒元年至三年(1875－1877)湖北崇文書局刻本　二册　存一種

330000－1701－0101839　G008934、G010150　史部/傳記類/日記之屬
四毋齋日記不分卷(清光緒二十七年六月十五至民國七年七月二十九日)　嘘廛撰　清光緒二十七年至民國七年(1901－1918)稿本　二册

330000－1701－0101840　G010151　類叢部/叢書類/彙編之屬
會稽徐氏鑄學齋叢書十三種　徐維則編　清咸豐至光緒會稽徐氏刻光緒二十六年(1900)彙印本　一册　存一種

330000－1701－0101842　G607982　史部/地理類/方志之屬/通志
[道光]重纂福建通志二百七十八卷首六卷補採福建全省列女附志一卷　(清)孫爾準等修　(清)陳壽祺纂　(清)程祖洛等續修　(清)魏敬中續纂　清同治七年至十年(1868－1871)正誼書院刻本　三十八册　存七十九卷(七十五至九十一、九十五至一百三、一百三十三至一百三十六、一百五十三至一百七十六、二百二十八至二百五十一、補採福建全省列女附志)

330000－1701－0101846　G007752　集部/別集類/清別集
惜餘芳館詩稿一卷詞稿一卷牙慧集一卷　(清)苗生撰　稿本　一册

330000－1701－0101847　G007753　集部/別集類/清別集
代伸衷曲一卷　(清)□□撰　稿本　一册

330000－1701－0101849　G611899　子部/藝術類/遊藝之屬/博戲
漢官儀三卷　(宋)劉攽撰　清道光四年(1824)歙縣鮑崇城影刻宋紹興九年(1139)臨安府刻本　耀先題記　一册

330000－1701－0101851　G007682　子部/雜著類/雜說之屬
養疴囈語一卷　(清)法嘉蓀撰　清宣統三年(1911)楊程祖鉛印本　憶盦題記　一册

330000－1701－0101853　G007764　子部/雜著類/雜考之屬
日知錄集釋三十二卷刊誤二卷續刊誤二卷　(清)黃汝成撰　清末刻本　一册　存六卷

（六至十一）

330000－1701－0101854　G007754、G008524、G010617、G009103、G009749　新學/雜著/叢編

西政叢書三十二種　梁啓超編　清光緒二十三年（1897）上海慎記書莊石印本　三十二冊

330000－1701－0101858　G007765、G009717　類叢部/類書類/專類之屬

五經類典囊括六十四卷　（清）吟香主人輯　清刻本　五冊　存三十五卷（十四至四十二、四十九至五十四）

330000－1701－0101866　G007766　史部/地理類/遊記之屬/紀勝

湖廣名勝詩集一卷　清抄本　一冊

330000－1701－0101868　G007684　史部/編年類/通代之屬

資治通鑑綱目五十九卷　（宋）朱熹撰　（明）陳仁錫評　**資治通鑑綱目續編一卷**　（明）陳桱撰　（明）陳仁錫評　**資治通鑑綱目前編二十五卷**　（明）南軒撰　（明）陳仁錫評　**續資治通鑑綱目二十七卷**　（明）商輅等撰　（明）陳仁錫評　清嘉慶十三年（1808）忠信堂刻本　一百三十三冊　存八十四卷（一至十、二十五至四十八，前編一至二十五，續資治通鑑綱目二、四至二十七）

330000－1701－0101871　G007767　子部/雜著類/雜纂之屬

古諷籀齋目耕脞錄三十二卷　（清）鄭霞逸輯　清同治十二年（1873）古諷籀齋刻本　十冊

330000－1701－0101872　G611901、G008332、G009450　子部/醫家類/婦科之屬/產科

閻誠齋先生胎產心法三卷　（清）閻純璽撰　（清）李廷璋編訂　清光緒二十一年（1895）上海文瑞樓刻本　六冊

330000－1701－0101876　G609789　集部/別集類/清別集

徐烈婦詩鈔二卷附報素聞書并回文一卷　（清）吳宗愛撰　（清）楊晉藩　（清）許楣評　**同心梔子圖續編一卷**　（清）應瑩撰　清同治十三年（1874）桐城吳氏雲鶴仙館刻本　一冊

330000－1701－0101877　G611902、G610571　集部/別集類/清別集

時習編六卷　（清）周炳琦撰　（清）周巖輯　清光緒十六年（1890）詒經堂刻本　二冊

330000－1701－0101879　G007756　子部/藝術類/書畫之屬

安吳先生藝舟雙楫六卷　（清）包世臣撰　清咸豐十一年（1861）觀樂堂刻本　清邁翁、公之束題記　二冊

330000－1701－0101883　G007768　史部/目録類/總録之屬/官修

欽定四庫全書簡明目錄二十卷　（清）紀昀等撰　清光緒十年（1884）上海同文書局石印本　四冊

330000－1701－0101887　G007769　類叢部/叢書類/彙編之屬

文選四種　（清）徐叔蓓輯　清光緒二十年（1894）上海文盛書局石印本　一冊　存一種

330000－1701－0101893　G611904　集部/詞類/類編之屬

詞學叢書六種　（清）秦恩復編　清嘉慶至道光江都秦恩復享帚精舍刻本　一冊　存一種

330000－1701－0101898　G611905　子部/雜著類/雜纂之屬

魏塘署齋隨筆一卷　（清）江峯青撰　清刻本　一冊

330000－1701－0101899　G007770　集部/總集類/選集之屬/斷代

國朝四大家詩鈔四種　清刻本　一冊　存一種

330000－1701－0101902　G611906　集部/總集類/酬唱之屬

魏塘南浦吟一卷　（清）江峯青輯　清光緒二十六年（1900）刻本　一冊

330000－1701－0101906　G007771、G008908、G009760　史部/傳記類/總傳之屬/通代
增廣古今人物論三十六卷　(明)鄭賢撰　清光緒二十五年(1899)杭州衢尊書局石印本　八册

330000－1701－0101907　G007882　集部/總集類/課藝之屬
金鈴集初集四卷二集四卷　(清)張綸編　(清)張維城箋注　清同治九年(1870)刻本　七册　缺一卷(初集二)

330000－1701－0101910　G611907　子部/宗教類/佛教之屬/總録
御選語錄十九卷　(清)世宗胤禛輯　清光緒四年(1878)金陵刻經處刻本　十四册

330000－1701－0101912　G007883　集部/總集類/課藝之屬
雪鴻社墨選不分卷附試帖一卷　(清)葉和聲等評輯　(清)吳丙燮編校　清光緒二年(1876)刻本　四册

330000－1701－0101915　G611908、G610377　子部/雜著類/雜考之屬
困學紀聞注二十卷　(清)翁元圻撰　清道光五年(1825)餘姚翁氏守福堂刻本　十二册

330000－1701－0101916　G609790　史部/傳記類/職官録之屬/總録
[清光緒五年冬季]大清搢紳全書四卷　清光緒五年(1879)大文堂刻本　一册　存一卷(四)

330000－1701－0101917　G007773、G009019、G011153　集部/小說類/長篇之屬
雲鍾雁三鬧太平莊全傳五十四回　清同治三年(1864)一笑軒刻本　八册

330000－1701－0101919　G007884　類叢部/類書類/通類之屬
策學大全四種　(清)方懋朝編　(清)李京枚補輯　清同治六年(1867)刻本　四册

330000－1701－0101926　G007776　史部/目録類/總録之屬/私撰
嘯園書目一卷　(清)袁祖志編次　清光緒四年(1878)仁和葛元煦刻本　一册

330000－1701－0101929　G607943　經部/詩類/三家詩之屬
韓詩遺說二卷訂訛一卷　(清)臧庸撰　清光緒六年(1880)會稽趙氏刻仰視千七百二十九鶴齋叢書本　清石芝題記　一册

330000－1701－0101932　G007885　集部/總集類/課藝之屬
格致書院課藝不分卷　(清)王韜編　清光緒二十四年(1898)埽葉山房石印本　十三册　存丙戌至癸巳年

330000－1701－0101933　G611909　史部/雜史類/斷代之屬
明季稗史彙編十六種　(清)留雲居士輯　清都城琉璃廠刻本　十二册　存七種

330000－1701－0101937　G609791　史部/傳記類/職官録之屬/總録
[清光緒二十三年]大清搢紳全書四卷　清光緒二十三年(1897)松竹齋榮寶齋刻本　一册　存一卷(三)

330000－1701－0101944　G609792　史部/傳記類/職官録之屬/總録
[清光緒二十九年冬季]大清搢紳全書四卷　清光緒二十九年(1903)榮祿堂刻本　四册

330000－1701－0101946　G607944　史部/地理類/水利之屬
上虞塘工紀畧二卷續一卷三續一卷　(清)連仲愚撰　清光緒四年(1878)古虞連氏敬睦堂刻本　一册

330000－1701－0101952　G609793　史部/傳記類/職官録之屬/總録
[清光緒五年冬季]大清中樞備覽二卷　清光緒五年(1879)大文堂刻本　一册　存一卷(下)

330000－1701－0101955　G607945　經部/書類/傳說之屬
尚書古文疏證八卷　(清)閻若璩撰　**朱子古**

文書疑一卷 （清）閻詠輯 清乾隆十年(1745)眷西堂刻同治六年(1867)錢塘汪氏振綺堂補刻本(卷三原缺) 一冊 存二卷(一至二)

330000－1701－0101957 G609794 史部/傳記類/總傳之屬/通代

中西人物通玫一百卷 （清）葉逢時輯 清光緒二十九年(1903)杭州史學齋石印本 八冊 存四十卷(六至十、二十一至三十五、四十一至四十五、八十六至一百)

330000－1701－0101960 G609795、G609796 類叢部/叢書類/彙編之屬

經策通纂二種 （清）吳潁炎 （清）陳通聲等纂 清光緒十三年(1887)上海點石齋石印本 三十八冊 缺一百五十五卷(儀禮正義一至十三,禮記訓纂十三至四十九,說文通訓定聲一至五、十至十二、十五至十八、檢韻、韻準、行述、補遺、說雅,經部八至十六,史部十七至五十二、六十三至七十一,方輿四至十五,帝學五至八,兵制一至十二、十七至二十二)

330000－1701－0101961 G007886、G009509 經部/群經總義類

四書五經類典集成三十四卷 （清）戴兆春輯 清光緒二十二年(1896)慎記書莊石印本 二十三冊 存三十一卷(一至四、八至三十四)

330000－1701－0101965 G007887、G008684、G011064 集部/總集類/彙編之屬

一百二十名家全稿一百二十卷 （清）俞長城輯 清末石印本 十二冊 存一百十八卷(一至一百十八)

330000－1701－0101967 G007925 史部/傳記類/總傳之屬/郡邑

越中觀感錄一卷 （清）陳錦撰 清光緒九年(1883)刻本 一冊

330000－1701－0101970 G607948 子部/儒家類/儒學之屬/性理

延平李先生師弟子荅問一卷後錄一卷 （宋）朱熹輯 **延平答問補錄一卷** （明）周木輯 清光緒五年(1879)延平府署刻本 二冊

330000－1701－0101973 G007780 類叢部/叢書類/彙編之屬

鐵香室叢刻初集四種續集六種 （清）李世勛編 清光緒刻本 一冊 存一種

330000－1701－0101978 G607949 集部/總集類/選集之屬/斷代

切問齋文鈔三十卷 （清）陸燿輯 清同治八年(1869)金陵錢氏刻本 六冊 存二十三卷(五至十九、二十三至三十)

330000－1701－0101979 G007890、G011065 史部/雜史類/斷代之屬

隨聞錄十卷 （清）樗園退叟輯 清同治二年(1863)刻本 四冊

330000－1701－0101980 G007927、G008539、G011245 集部/別集類/清別集

葆淳閣集二十四卷附易說二卷 （清）王杰撰 **王文端公[杰]年譜一卷** （清）阮元編 清嘉慶刻本 十冊 存二十三卷(一至十三、十七至二十四,易說一至二)

330000－1701－0101984 G007928 集部/別集類/清別集

扁善齋文存三卷詩存二卷 （清）鄧嘉緝撰 清光緒二十七年(1901)江寧鄧氏刻本 四冊

330000－1701－0101985 G607950 史部/史評類/史論之屬

欽定古今儲貳金鑑六卷 （清）高宗弘曆等撰 清光緒二十一年(1895)浙江官書局刻本 三冊 存四卷(上諭、御製文、一至二、五至六)

330000－1701－0101987 G607960、G610665 史部/紀傳類/正史之屬

二十四史 清同治至光緒五省官書局據汲古閣本等合刻光緒五年(1879)湖北書局彙印本 十六冊 存一種

330000－1701－0101990 G607951 史部/傳記類/總傳之屬/家乘

［湖南桂陽］**桂陽大灣夏氏三修譜九卷**　（清）夏佑簡纂修　清光緒十年（1884）崇校堂刻本　一冊　存二卷（八至九）

330000－1701－0101992　G007782　子部/術數類/陰陽五行之屬
諏吉便覽寶鏡圖一卷　清同治刻本　一冊

330000－1701－0101995　G611913　史部/傳記類/總傳之屬/仕宦
宋名臣言行錄前集十卷後集十四卷續集八卷別集二十六卷外集十七卷　（宋）□□輯　清道光元年（1821）歙縣洪氏績學堂刻本　二冊　存十四卷（後集一至十四）

330000－1701－0101996　G610666、G610670　子部/叢編
子書百家　（清）崇文書局編　清光緒元年（1875）湖北崇文書局刻本　九冊　存二種

330000－1701－0101997　G007783、G008666　子部/雜著類/雜纂之屬
勸戒錄五錄六卷六錄六卷七錄六卷八錄六卷九錄六卷　（清）梁恭辰撰　清光緒刻本　三冊　存九卷（五錄一至三、六錄一至三、八錄四至六）

330000－1701－0101999　G607952　子部/藝術類/篆刻之屬
篆學瑣著二十八種　（清）顧湘輯　清道光二十年（1840）海虞顧氏刻本　一冊　存四種

330000－1701－0102002　G007784　經部/小學類/訓詁之屬/譯語
續方言二卷　（清）杭世駿撰　清刻本　一冊

330000－1701－0102003　G007894、G008905、G009020、G009487、G011119、G011500　類叢部/叢書類/彙編之屬
融經館叢書十一種　（清）徐友蘭編　清光緒六年至十一年（1880－1885）會稽徐氏八杉齋刻本　二十三冊　存七種

330000－1701－0102004　G007929　子部/叢編
十子全書　（清）王子興編　清嘉慶九年（1804）姑蘇王氏聚文堂刻本　一冊　存一種

330000－1701－0102005　G610667　集部/別集類/清別集
賡獻集一卷　（清）奕訢撰　清同治元年（1862）刻本　一冊

330000－1701－0102008　G007785、G008918、G009491、G011124　子部/儒家類/儒學之屬
同善錄十卷首一卷末一卷前一卷後一卷　（清）李承福輯　清同治六年（1867）刻本　十冊

330000－1701－0102009　G007895　集部/總集類/尺牘之屬
尺牘集錦不分卷　（清）陳薰等撰　清末抄本　一冊

330000－1701－0102011　G611914　經部/易類/傳說之屬
周易集解十七卷　（唐）李鼎祚撰　清嘉慶二十三年（1818）木瀆周孝垓枕經樓刻本　一冊

330000－1701－0102012　G610668　史部/雜史類/斷代之屬
國語校注本三種　（清）汪遠孫撰　清道光二十六年（1846）刻振綺堂遺書本　章嶔題簽並記　六冊

330000－1701－0102013　G007896、G009467、G011157　子部/醫家類/方書之屬/單方驗方
校正增廣驗方新編二十四卷　（清）鮑相璈輯　（清）張紹棠增輯　清末上洋珍藝書局鉛印本　十冊　缺四卷（二十至二十三）

330000－1701－0102016　G007931、G010626　史部/政書類/律令之屬/治獄
新輯刑案彙編十六卷　（清）周守赤輯　清光緒二十三年（1897）上海圖書集成局鉛印本　六冊　存十二卷（一至十二）

330000－1701－0102020　G611915　經部/大戴禮記類/分篇之屬
夏小正一卷　（清）王筠撰　清咸豐二年（1852）刻本　一冊

330000－1701－0102022　G007897　史部/詔令奏議類/奏議之屬

丁曾洋務奏議合稿　清光緒二十八年(1902)雲間麗澤學會石印本　一册　存一種

330000－1701－0102023　G007932　經部/小學類/文字之屬/字書/訓蒙

讀書正音四卷　(清)吳震方輯　(清)孫湄重訂　清康熙刻乾隆二十四年(1759)石門孫濤重修本　二册

330000－1701－0102025　G010154、G008707　集部/總集類/課藝之屬

聽雨軒讀本前集二卷今集不分卷　(清)陳鍾麟選　清同治七年(1868)緯文堂刻本　二册　存二卷(前集一至二)

330000－1701－0102026　G010155　集部/總集類/選集之屬/通代

宮閨豔集六卷　(清)唐桂輯　清光緒三十二年(1906)山西濬文書局鉛印本　一册

330000－1701－0102027　G007898、G009466　史部/政書類/通制之屬

熙朝紀政八卷　(清)王慶雲撰　清光緒二十八年(1902)石印本　四册

330000－1701－0102028　G010156、G008542　史部/編年類/斷代之屬

御撰資治通鑑綱目三編二十卷　(清)張廷玉等撰　清末刻本　二册　存十四卷(一至十四)

330000－1701－0102029　G007933　史部/編年類/通代之屬

資治通鑑綱目五十九卷　(宋)朱熹撰　(明)陳仁錫評　**資治通鑑綱目續編一卷**　(明)陳桱撰　(明)陳仁錫評　**資治通鑑綱目前編二十五卷**　(明)南軒撰　(明)陳仁錫評　**續資治通鑑綱目二十七卷**　(明)商輅等撰　(明)陳仁錫評　清刻本　五册　存四卷(二、三十六至三十八)

330000－1701－0102032　G010158　子部/宗教類/道教之屬

崔公入藥鏡註解二卷　(清)樂山道人注　清康熙元年(1662)刻本　一册

330000－1701－0102034　G010159、G008942、G009435　史部/傳記類/總傳之屬/文苑

西湖三祠名賢考畧三卷首一卷　戴啓文撰　清光緒三十年(1904)稿本　三册

330000－1701－0102035　G611916　集部/別集類/清別集

樊榭山房集外詩三卷　(清)厲鶚撰　清同治十三年(1874)錢塘丁氏當歸草堂刻本　一册

330000－1701－0102037　G010160、G008242　集部/別集類/清別集

懶梅軒吟稾三卷　(清)孏孏道人撰　清光緒二年(1876)稿本　三册

330000－1701－0102038　G007900、G008563　類叢部/叢書類/彙編之屬

武英殿聚珍版書一百三十八種　清木活字印本　一百二十九册　存十八種

330000－1701－0102039　G010161　史部/傳記類/日記之屬

丁卯日記一卷　(清)孫德祖撰　清同治六年(1867)稿本　一册

330000－1701－0102040　G010162　子部/農家農學類/農藝之屬/土壤耕作

區田種法一卷　(清)賀長齡撰　**區田輯說一卷**　(清)楊蔚本輯　清道光十七年(1837)、光緒刻本　一册

330000－1701－0102041　G610669　子部/儒家類/儒學之屬/勸學

勸學篇二卷　(清)張之洞撰　清光緒二十四年(1898)兩湖書院刻本　一册

330000－1701－0102042　G010163　史部/目錄類/總錄之屬/私撰

退補齋書目一卷　清末刻本　一册

330000－1701－0102044　G007934　經部/小學類/文字之屬/說文

說文通訓定聲十八卷分部柬韻一卷說雅一卷

古今韻準一卷 （清）朱駿聲撰 （清）朱鏡蓉參訂 清道光二十八年（1848）黟縣學署刻本 二十一册 存十八卷（一至十八）

330000－1701－0102045 G010164、G008984 集部/别集類/清别集

曉嵐閣吟藁八卷 （清）趙鉞撰 清乾隆刻本 四册

330000－1701－0102046 G010165 經部/叢編

許學叢書十四種 張炳翔輯 清光緒長洲張炳翔儀鄦廬刻本 二册 存一種

330000－1701－0102048 G010166 史部/傳記類/科舉録之屬/歷科鄉試録

光緒八年壬午科江南鄉試題名錄一卷 清光緒八年（1882）刻本 一册

330000－1701－0102049 G611917 集部/總集類/郡邑之屬

西泠五布衣遺箸五種 （清）丁丙輯 清同治至光緒錢塘丁氏當歸草堂刻本 八册

330000－1701－0102050 G010167 子部/宗教類/道教之屬/雜著

長春祖師語錄一卷 清光緒五年（1879）謝宇壽刻本 一册

330000－1701－0102053 G007935 史部/詔令奏議類/奏議之屬

臺垣疏稿一卷 （清）丁壽昌撰 清同治四年（1865）刻本 一册

330000－1701－0102054 G607954、G610635 類叢部/叢書類/彙編之屬

高安朱文端公校輯藏書（朱文端公藏書）十三種 （清）朱軾撰輯 清光緒二十三年（1897）朱衡等刻本 八册 存二種

330000－1701－0102055 G010169 史部/傳記類/别傳之屬/事狀

［安徽宣州］宣城李氏述德錄一卷 （清）李梀纂輯 清光緒九年（1883）刻本 一册

330000－1701－0102058 G609797 集部/别集類/漢魏六朝别集

陶淵明集十卷 （晉）陶潛撰 清光緒二年（1876）桐城徐氏刻本 一册 存五卷（六至十）

330000－1701－0102059 G010170 史部/政書類/邦交之屬

和好要言一卷 （美國）李佳白撰 清光緒三十二年（1906）上海商務印書館鉛印本 一册

330000－1701－0102061 G010171 類叢部/叢書類/自著之屬

哭盦叢書 易順鼎撰 清光緒刻本 一册 存一種

330000－1701－0102062 G007936 史部/雜史類

三江戰事錄一卷 （清）顧苓撰 清光緒十年（1884）刻本 一册

330000－1701－0102064 G008800 史部/地理類/專志之屬/祠墓

兩浙鄉祠徵信錄一卷 （清）鄭學嶟輯 清光緒二十二年（1896）刻本 一册

330000－1701－0102065 G607955 經部/詩類/傳說之屬

詩集傳音釋二十卷詩圖一卷詩傳綱領一卷詩序一卷 （宋）朱熹集傳 （元）許謙音釋 （元）羅復纂輯 **校刻詩集傳音釋札記一卷** （清）蔣光煦撰 清咸豐五年至七年（1855－1857）海昌蔣氏衍芬草堂刻本 三册 存二十二卷（一至二十、詩圖、詩傳綱領）

330000－1701－0102066 G610672 類叢部/叢書類/自著之屬

榕村全書三十二種附十種 （清）李光地撰 清道光九年（1829）安溪李維迪刻本 一册 存一種

330000－1701－0102067 G010172 史部/金石類/總志之屬

九鐘精舍金石跋尾甲編一卷乙編一卷 吳士鑑撰 清宣統二年（1910）刻藍印本 一册 存一卷（乙編）

330000－1701－0102068　G007937、G008667　經部/小學類/音韻之屬/韻書
詩韻集成十卷附詞林典腋一卷　(清)余照輯　清咸豐五年(1855)務本堂刻本　二册　存十卷(一至十)

330000－1701－0102070　G611918　集部/別集類/清別集
璇璣碎錦二卷　(清)萬樹撰　清乾隆五年(1740)揚州江氏柏香堂刻本　二册

330000－1701－0102071　G007938　經部/書類/傳説之屬
尚書後案三十卷　(清)王鳴盛撰　清光緒十三年(1887)大同書局石印本　二册

330000－1701－0102073　G611919　史部/政書類/通制之屬
吾學錄初編二十四卷　(清)吳榮光撰　清同治九年(1870)江蘇書局刻本　六册

330000－1701－0102074　G611920　史部/政書類/通制之屬
文獻通考詳節二十四卷　(元)馬端臨撰　(清)嚴虞惇輯　清乾隆二十九年(1764)巖有禧繩武堂刻本　二十册

330000－1701－0102076　G609802　集部/總集類/尺牘之屬
玉餘尺牘續編四卷　(清)莊士敏撰　清光緒十年(1884)刻本　一册　存一卷(四)

330000－1701－0102078　G607956　類叢部/叢書類/彙編之屬
半厂叢書初編十種　(清)譚獻編　清同治至光緒仁和譚氏刻本　一册　存一種

330000－1701－0102080　G007940　經部/小學類/文字之屬/字書/字典
六一山房重校石印攷正字彙二卷　(清)陳淏子撰　清末石印本　一册

330000－1701－0102081　G609805　史部/地理類/方志之屬/通志
各省府州廳縣異名錄一卷　(清)管斯駿錄　清光緒十二年(1886)管可壽齋刻本　一册

330000－1701－0102082　G010174、G008680　子部/術數類/相宅相墓之屬
新刻重校秘傳鬼靈經通天竅十卷　(明)楊益等撰　清刻本　二册

330000－1701－0102083　G607957　集部/別集類/清別集
頻羅庵遺集十六卷　(清)梁同書撰　清嘉慶二十二年(1817)仁和陸貞一杭州刻本　五册

330000－1701－0102085　G010175　史部/政書類/公牘檔册之屬
通益公紡織有限新公司往來文牘輯要一卷　(清)通益公紡織有限新公司董事局輯　清宣統元年(1909)鉛印本　一册

330000－1701－0102086　G007902　史部/編年類/斷代之屬
明紀六十卷　(清)陳鶴輯　(清)陳克家補　清同治十年(1871)江蘇書局刻本　十六册　存四十八卷(七至五十四)

330000－1701－0102087　G010181　子部/雜著類/雜説之屬
勸漢人婦女勿再纏足説一卷　(清)端方撰　清末鉛印本　一册

330000－1701－0102090　G010180　史部/時令類
月令精鈔二卷　(清)鄭泰　(清)吳振纂輯　清康熙三十五年(1696)刻乾隆三十六年(1771)尺木堂印本　二册

330000－1701－0102091　G010182、G009411　子部/醫家類/綜合之屬/通論
醫方捷徑指南全書二卷　(清)王宗顯輯　清善成堂刻本　二册

330000－1701－0102094　G007903　史部/編年類/通代之屬
資治通鑑綱目五十九卷首一卷　(宋)朱熹撰　明萬曆刻本　五十三册　存五十卷(首、一至四、十、十二至二十六、四十二至四十八、五十四至五十五)

330000－1701－0102095　G010183　經部/四

書類/總義之屬/傳說

四書便蒙十九卷 (宋)朱熹注 清乾隆五十二年(1787)自怡軒刻本 清姚儼批 一冊 存二卷(大學、中庸)

330000－1701－0102099 G010184 史部/詔令奏議類/奏議之屬

考察政治館核定京内官制原奏清單一卷 清末鉛印本 一冊

330000－1701－0102100 G010185 史部/詔令奏議類/奏議之屬

考察政治館核定京内官制原奏清單不分卷 清光緒三十三年(1907)鉛印本 二冊

330000－1701－0102103 G010187 史部/傳記類/科舉録之屬/總録

太學進士題名碑錄不分卷 清乾隆十一年(1746)刻本 一冊

330000－1701－0102104 G010188 集部/詞類/别集之屬

佩蘅詞一卷補遺一卷 (清)金泰撰 清光緒十一年(1885)武林邊保樞空青館刻本 清許增題記 一冊

330000－1701－0102105 G010189 子部/天文曆算類/算書之屬

觀我生室匯稿十種 (清)羅士琳撰 清道光刻本 二冊 存二種

330000－1701－0102107 G610673 類叢部/叢書類/彙編之屬

新斠平津館叢書十集三十四種 (清)孫星衍編 清光緒十年至十一年(1884－1885)吴縣朱氏槐廬家塾刻十五年至十七年(1889－1891)補刻本 一冊 存五種

330000－1701－0102108 G609811 類叢部/叢書類/自著之屬

施愚山先生全集五種附一種 (清)施閏章撰 清宣統二年至三年(1910－1911)上海國學扶輪社石印本 七冊 存五種

330000－1701－0102111 G007904、G009507 集部/總集類/課藝之屬

三江文緜初編不分卷 (清)沈定年輯 清末鉛印本 二冊

330000－1701－0102113 G607958 類叢部/叢書類/彙編之屬

榆園叢刻十五種附一種 (清)許增編 清同治至光緒刻本 二冊 存四種

330000－1701－0102116 G007906 史部/傳記類/别傳之屬/墓誌

陳女繡君墓志銘輓詞等不分卷 (清)俞樾等撰 清光緒鉛印本 一冊

330000－1701－0102118 G007787、G009024、G009763 子部/醫家類/綜合之屬/通論

御纂醫宗金鑑九十卷首一卷 (清)吳謙等撰 清升記刻本 十一冊 存十五卷(編輯外科心法要訣二至十六)

330000－1701－0102120 G007907 史部/地理類/專志之屬/寺觀

玉皇山廟誌不分卷 (清)卓炳森輯 清光緒七年(1881)刻朱印本 一冊

330000－1701－0102122 G007908 集部/别集類/清别集

眉閣詩草五卷 (清)張烜撰 清道光刻本 黄裳題記 一冊

330000－1701－0102123 G607959 集部/别集類/清别集

棣懷堂隨筆十一卷 (清)李象鵾撰 清道光湖南文蔚堂刻本 一冊 存一卷(一)

330000－1701－0102124 G611922 史部/史評類/史論之屬

浙江四大家史論合編四卷 (清)杭世駿等撰 (清)李蔭鑾輯 清光緒二十八年(1902)刻本 一冊

330000－1701－0102127 G609812 類叢部/叢書類/自著之屬

春在堂全書三十種 (清)俞樾撰 清光緒二十三年(1897)石印本 九冊 存六種

330000－1701－0102130 G007909 史部/政

書類/律令之屬

讀例存疑五十四卷 (清)薛允升撰 清光緒三十一年(1905)京師刻本 二十八冊 存三十七卷(十八至五十四)

330000－1701－0102133 G607961 史部/地理類/方志之屬/郡縣志

[嘉慶]東臺縣志四十卷 (清)周右修 (清)蔡復午等纂 清嘉慶二十二年(1817)刻本 一冊 存四卷(一至四)

330000－1701－0102139 G007789 子部/天文曆算類/曆法之屬

多福通書不分卷 (清)羅傳烈選 清崇道堂刻本 一冊

330000－1701－0102140 G607962 史部/地理類/水利之屬

續浚南湖圖志一卷 清光緒三十一年(1905)浙江官書局刻三十三年(1907)增刻本 一冊

330000－1701－0102146 G007790 集部/總集類/選集之屬/斷代

精印全唐詩預約樣本一卷 清末上海校經山房書局石印本 一冊

330000－1701－0102149 G607963、G610658 集部/別集類/清別集

存悔齋集二十八卷外集四卷 (清)劉鳳誥撰 清道光十年至十七年(1830－1837)刻本 八冊

330000－1701－0102151 G610674 類叢部/叢書類/彙編之屬

津逮祕書十五集一百四十種 (明)毛晉編 明崇禎虞山毛氏汲古閣刻本 四冊 存一種

330000－1701－0102152 G007791、G008718 史部/政書類/律令之屬/法驗

重刊補註洗冤録集證六卷 (清)王又槐輯 (清)李觀瀾補輯 (清)阮其新補註 (清)張錫蕃重訂 (清)文晟續輯 清末上海文盛書局石印本 四冊 缺一卷(二)

330000－1701－0102155 G007912、G009794 史部/目録類/總録之屬/私撰

皕宋樓藏書志一百二十卷續志四卷 (清)陸心源撰 清光緒八年(1882)歸安陸心源十萬卷樓刻潛園總集本 周大輔題記 三十二冊

330000－1701－0102160 G607964 史部/地理類/山川之屬/水志

洞庭湖志十四卷 (清)綦世基撰 (清)夏大觀補輯 (清)萬年淳再訂 清道光五年(1825)刻本 十冊

330000－1701－0102162 G007913 子部/儒家類/儒學之屬

呰窳子集證五卷 (清)江順詒撰 清光緒刻本 一冊

330000－1701－0102165 G609813 史部/傳記類/總傳之屬/通代

尚友錄二十二卷補遺一卷 (明)廖用賢輯 (清)張伯琮補輯 清光緒二十六年(1900)著易堂書局鉛印本 一冊 存四卷(四至七)

330000－1701－0102168 G007793 子部/藝術類/書畫之屬/書法書品

精印翰苑分書小楷一卷 (清)夏同善等書 清末石印本 一冊

330000－1701－0102170 G607965、G610664、G612418 史部/地理類/方志之屬/郡縣志

光緒順天府志一百三十卷附錄一卷 (清)萬青藜 (清)周家楣修 (清)張之洞 繆荃孫纂 清光緒十二年(1886)刻本 六十三冊 存一百二十九卷(一至一百八、一百十一至一百三十,附錄)

330000－1701－0102171 G609814 集部/別集類/清別集

拙尊園叢稿六卷 (清)黎庶昌撰 清光緒二十三年(1897)石印本 六冊

330000－1701－0102178 G607966 集部/別集類/清別集

紫竹山房詩集十二卷文集二十卷 (清)陳兆崙撰 **[陳星齋]年譜一卷** (清)陳玉繩撰 清乾隆刻本 一冊 存一卷(年譜)

330000－1701－0102186 G611924 子部/宗

教類/佛教之屬/諸宗

相宗八要直解八卷 （清）釋智旭撰　清同治九年（1870）金陵刻經處刻本　二冊

330000－1701－0102187　G611925　子部/儒家類/儒學之屬/性理

儒門法語輯要一卷 （清）彭定求撰　（清）湯金釗輯　清光緒十六年（1890）浙江書局刻本　一冊

330000－1701－0102188　G611926　史部/叢編

入幕須知五種附一種 （清）張廷驤輯　清光緒十八年（1892）浙江書局刻本　六冊

330000－1701－0102192　G610675　類叢部/叢書類/彙編之屬

靈鶼閣叢書五十六種 （清）江標編　清光緒元和江氏湖南使院刻本　二冊　存二種

330000－1701－0102197　G007795　子部/天文曆算類/曆法之屬

御定萬年書一卷 （清）欽天監編　清光緒刻本　一冊

330000－1701－0102199　G610676　子部/宗教類/佛教之屬/諸宗

宗鏡錄一百卷附音釋 （宋）釋延壽輯　清雍正十三年（1735）武英殿刻本　二冊　存十卷（六至十、四十六至五十）

330000－1701－0102203　G611927/1　類叢部/叢書類/郡邑之屬

武林往哲遺箸五十二種後編十種 （清）丁丙編　清光緒二十年至二十六年（1894－1900）錢塘丁氏嘉惠堂刻本　五冊　存一種

330000－1701－0102205　G610677　類叢部/叢書類/自著之屬

顧端文公遺書十五種附一種 （明）顧憲成撰　清光緒三年（1877）涇里顧氏宗祠刻本　一冊　存六種

330000－1701－0102208　G609817　集部/總集類/彙編之屬

南宋羣賢小集七十四種 （宋）陳起編　（清）顧修重輯　清嘉慶六年（1801）石門顧氏讀畫齋刻本　十三冊　存二十八種

330000－1701－0102209　G611927　類叢部/叢書類/郡邑之屬

武林掌故叢編一百八十七種 （清）丁丙編　清光緒三年至二十六年（1877－1900）錢塘丁氏嘉惠堂刻本　二十三冊　存十六種

330000－1701－0102211　G007797　子部/醫家類/方書之屬/單方驗方

良方輯要一卷 （清）吳其泰輯　**外科醫鏡一卷** （清）張正撰　**附太上感應篇一卷文帝陰騭文一卷武帝覺世經一卷**　清光緒九年（1883）刻本　一冊

330000－1701－0102214　G007914、G008825　集部/總集類/選集之屬/斷代

切問齋文鈔三十卷 （清）陸燿輯　清乾隆四十年（1775）刻本　三冊　存八卷（十九至二十六）

330000－1701－0102227　G007798　類叢部/叢書類/自著之屬

春在堂全書三十六種 （清）俞樾撰　清同治至光緒刻光緒末彙印本　十冊　存五種

330000－1701－0102228　G007915　子部/儒家類/儒學之屬/經濟

大學衍義四十三卷 （宋）真德秀撰　明崇禎八年（1635）武陵楊鶚刻清乾隆二年（1737）重修本　一冊　存二卷（一至二）

330000－1701－0102230　G610679　史部/政書類/律令之屬/律例

刪除律例一卷 沈家本輯　清光緒三十一年（1905）浙江官書局刻本　一冊

330000－1701－0102232　G610680　史部/政書類/律令之屬/律例

刪除律例一卷 沈家本輯　清光緒三十一年（1905）浙江官書局刻本　一冊

330000－1701－0102235　G610681　史部/政書類/律令之屬/律例

刪除律例一卷 沈家本輯　清光緒三十一年

(1905)浙江官書局刻本　一册

330000－1701－0102236　G610682　史部/政書類/律令之屬/律例

删除律例一卷　沈家本輯　清光緒三十一年(1905)浙江官書局刻本　一册

330000－1701－0102255　G007916　史部/地理類/遊記之屬/紀勝

永寧祗謁筆記一卷　(清)董恂撰　清同治十一年(1872)獲芬書屋刻本　一册

330000－1701－0102257　G611928　子部/宗教類/佛教之屬

續原教論二卷　(明)沈士榮撰　清光緒元年(1875)金陵刻經處刻本　一册

330000－1701－0102261　G611929　類叢部/叢書類/彙編之屬

十萬卷樓叢書五十一種　(清)陸心源編　清光緒歸安陸氏刻本(歲時廣記卷六原缺)　二册　存一種

330000－1701－0102263　G007917　經部/春秋總義類/傳說之屬

春秋世族譜二卷　(清)陳厚耀撰　**補一卷**　(清)葉蘭撰　清光緒二十五年(1899)兩湖書院正學堂刻本　一册

330000－1701－0102269　G611930　子部/儒家類/儒學之屬/經濟

大學衍義四十三卷　(宋)真德秀撰　清同治十一年(1872)浙江書局刻民國十八年(1929)補刻本　十册

330000－1701－0102274　G007918　史部/傳記類/别傳之屬

挽左宗棠不分卷　清末刻本　二册

330000－1701－0102278　G611931　集部/總集類/選集之屬/通代

阮亭選古詩三十二卷　(清)王士禛輯　清康熙天藜閣刻本　一册　存五卷(五言詩一至五)

330000－1701－0102279　G610683　集部/别集類/清别集

時習編六卷　(清)周炳琦撰　(清)周巖輯　清光緒十六年(1890)詒經堂刻本　一册

330000－1701－0102282　G610684　子部/宗教類/佛教之屬/諸宗

修習止觀坐禪法要二卷六妙法門一卷　(隋)釋智顗撰　清光緒十八年(1892)、二十九年(1903)金陵刻經處刻本　一册

330000－1701－0102284　G610685　類叢部/叢書類/彙編之屬

小石山房叢書三十八種　(清)顧湘編　清道光刻同治十三年(1874)虞山顧氏補刻本　一册　存四種

330000－1701－0102285　G007919　集部/别集類/清别集

率性篇二卷　(清)李慎修撰　清宣統三年(1911)留芬室鉛印本　一册

330000－1701－0102290　G611932　類叢部/叢書類/家集之屬

影山草堂六種　(清)莫與儔　(清)莫友芝撰　清咸豐至光緒刻本　一册　存一種

330000－1701－0102291　G609818　史部/政書類

政藝叢書癸卯全書十六種　鄧實編　清光緒二十九年(1903)政藝通報館石印本　六册　存七種

330000－1701－0102297　G610686　子部/宗教類/佛教之屬/論

般若燈論十五卷　(天竺)龍樹菩薩造偈　(天竺)釋分别明釋論　(唐)釋波羅頗迦羅密多羅譯　清光緒二十四年(1898)金陵刻經處刻本　三册

330000－1701－0102300　G007922　子部/醫家類/婦科之屬

家傳之秘二卷　清宣統三年(1911)郭恩煦抄本　二册

330000－1701－0102301　G610687　類叢部/叢書類/自著之屬

石遺室叢書十九種　陳衍撰　清光緒至民國刻本　一冊　存一種

330000－1701－0102304　G007923、G010323、G008574、G009814　類叢部/叢書類/彙編之屬

武英殿聚珍版書一百四十八種　清乾隆四十二年(1777)福建刻道光至同治遞修光緒二十一年(1895)增刻本　十一冊　存二種

330000－1701－0102305　G610688　子部/道家類

道德經轉語二卷　(元)陳致虛撰　**道德經古今本考正二卷**　(清)牟目源撰　**道德經釋義二卷金玉經一卷**　(唐)呂嵒撰　(清)牟目源訂　**常清靜經一卷**　(清)牟目源訂　清嘉慶十四年(1809)鄒學鯤羊城刻本　一冊　缺三卷(道德經釋義一至二、常清靜經)

330000－1701－0102307　G611933　子部/宗教類/佛教之屬/論

高等佛學教科書　清光緒三十年(1904)武昌廬陵黃氏刻本　一冊　存一種

330000－1701－0102310　G007799　史部/編年類/通代之屬

袁王綱鑑合編三十九卷首一卷　(明)袁黃輯　(明)王世貞編　**御撰明紀綱目二十卷**　(清)張廷玉等編次　清光緒三十年(1904)上海商務印書館鉛印本　一冊　存四卷(袁王綱鑑合編十七至二十)

330000－1701－0102315　G007924　子部/儒家類/儒學之屬/性理

御纂性理精義十二卷　(清)李光地等纂修　清刻本　六冊

330000－1701－0102317　G007800　史部/傳記類/別傳之屬

媿室先生哀輓錄不分卷　高而謙　高鳳謙編　清宣統元年(1909)鉛印本　一冊

330000－1701－0102318　G609820　類叢部/叢書類/彙編之屬

續知不足齋叢書(續鮑叢書)十七種　(清)高承勳編　清渤海高氏刻本　六冊　存一種

330000－1701－0102319　G610689　類叢部/叢書類/自著之屬

振綺堂遺書五種　(清)汪遠孫撰　清道光刻民國十一年(1922)錢唐汪氏彙印本　一冊　存一種

330000－1701－0102323　G611934　史部/地理類/外紀之屬

游歷英屬地加納大圖經八卷　(清)傅雲龍撰　清光緒二十八年(1902)石印本　二冊

330000－1701－0102324　G610690　類叢部/叢書類/自著之屬

振綺堂遺書五種　(清)汪遠孫撰　清道光刻民國十一年(1922)錢唐汪氏彙印本　一冊　存一種

330000－1701－0102326　G610691　類叢部/叢書類/自著之屬

振綺堂遺書五種　(清)汪遠孫撰　清道光刻民國十一年(1922)錢唐汪氏彙印本　一冊　存一種

330000－1701－0102329　G009468、G007801　集部/別集類/清別集

荃香館遺稿一卷　(清)朱冕羣撰　清光緒十三年(1887)吳門刻本　二冊

330000－1701－0102330　G611935　集部/別集類/清別集

夢巢詩草一卷　(清)許秉辰撰　清光緒四年(1878)刻本　一冊

330000－1701－0102332　G610692　史部/地理類/山川之屬/水志

南湖考一卷　(明)陳紡學撰　**節錄餘杭縣南湖事略一卷南湖誌考一卷**　(清)陳善撰　清光緒五年(1879)浙江官書局刻本　一冊

330000－1701－0102336　G611936、G611937　類叢部/叢書類/彙編之屬

國學叢刊　國學叢刊社編　清宣統三年(1911)石印本　二冊　存十一種

330000－1701－0102339　G610696　類叢部/叢書類/郡邑之屬

武林掌故叢編一百八十七種　(清)丁丙編　清光緒三年至二十六年(1877－1900)錢塘丁氏嘉惠堂刻本　六册　存五種

330000－1701－0102349　G609823　集部/總集類/彙編之屬

南宋羣賢小集七十四種　(宋)陳起編　(清)顧修重輯　清嘉慶六年(1801)石門顧氏讀畫齋刻本　二十九册　存五十種

330000－1701－0102350　G610695　類叢部/叢書類/郡邑之屬

武林掌故叢編一百八十七種　(清)丁丙編　清光緒三年至二十六年(1877－1900)錢塘丁氏嘉惠堂刻本　九册　存六種

330000－1701－0102364　G610694　類叢部/叢書類/郡邑之屬

武林掌故叢編一百八十七種　(清)丁丙編　清光緒三年至二十六年(1877－1900)錢塘丁氏嘉惠堂刻本　十二册　存八種

330000－1701－0102372　G611938　類叢部/叢書類/郡邑之屬

金華叢書六十八種　(清)胡鳳丹編　清同治七年至光緒八年(1868－1882)永康胡氏退補齋刻民國補刻本　二十三册　存十二種

330000－1701－0102379　G008063　子部/小說家類/異聞之屬

陶齋誌果八卷　(清)鄭官應輯　清光緒二十六年(1900)皖江容忍居刻本　一册　存一卷(一)

330000－1701－0102381　G007804　經部/四書類/論語之屬/傳說

論語集注旁證二十卷　(清)梁章鉅撰　清光緒十七年(1891)廣百宋齋鉛印本　四册

330000－1701－0102382　G008065　集部/別集類/清別集

觀河集四卷　(清)彭紹升撰　清道光三年(1823)刻本　一册

330000－1701－0102385　G008066　史部/傳記類/總傳之屬/家乘

[湖南湘潭]胡氏世典十二卷　(清)胡元儀纂修　清光緒三十一年(1905)刻本　一册

330000－1701－0102387　G008067　集部/別集類/清別集

曾文正公雜著四卷　(清)曾國藩撰　(清)李瀚章輯　清光緒四年(1878)上海醉六堂刻本　三册　存三卷(二至四)

330000－1701－0102396　G007944　史部/地理類/遊記之屬/紀行

航海瑣記四種　(清)余思詒撰　清光緒三十二年(1906)鉛印本　三册　存二種

330000－1701－0102398　G609825　類叢部/叢書類/彙編之屬

粤雅堂叢書一百八十五種　(清)伍崇曜編　清道光二十九年至光緒十一年(1849－1885)南海伍氏刻彙印本　十四册　存八種

330000－1701－0102401　G007945　史部/傳記類/日記之屬

留學玫試日記一卷(清宣統二年三月二十三日至六月三十日)　(清)□□編　清宣統二年(1910)稿本　一册

330000－1701－0102406　G610693　類叢部/叢書類/郡邑之屬

武林掌故叢編一百八十七種　(清)丁丙編　清光緒三年至二十六年(1877－1900)錢塘丁氏嘉惠堂刻本　十六册　存八種

330000－1701－0102409　G010219　經部/春秋左傳類/傳說之屬

春秋左傳五十卷　(晉)杜預　(宋)林堯叟註釋　(唐)陸德明音義　(明)鍾惺　(明)孫鑛　(明)韓范評點　清刻本　一册　存二卷(一至二)

330000－1701－0102411　G007946、G007990　史部/叢編

鄉土教科書　清光緒鄉土教科書總發行所鉛印本　五册　存四種

330000－1701－0102413　G007808　集部/總集類/選集之屬/通代
文選五卷首一卷　(南朝梁)蕭統輯　(唐)李善注　**文選考異一卷**　(清)胡克家撰　清光緒十四年(1888)同文書局石印本　六冊

330000－1701－0102419　G008069　集部/總集類/選集之屬/斷代
切問齋文鈔三十卷　(清)陸燿輯　清乾隆四十年(1775)刻本　十冊

330000－1701－0102422　G010220、G008174　史部/傳記類/別傳之屬
象臺[胡夢昱]首末七卷　(宋)胡知柔輯　(清)胡宗元重訂　清同治刻本　二冊

330000－1701－0102424　G609826　類叢部/叢書類/彙編之屬
正覺樓叢刻(正覺樓叢書)二十九種　(清)崇文書局編　清光緒崇文書局刻本　四冊　存四種

330000－1701－0102426　G010222　集部/別集類/清別集
木雁齋詩鈔二卷　(清)梁夢善撰　清乾隆刻本　一冊

330000－1701－0102429　G008070　經部/叢編
省吾堂四種　(清)蔣光弼輯　清常熟蔣氏省吾堂刻本　二冊　存一種

330000－1701－0102431　G609827　集部/總集類/選集之屬/斷代
遺民詩十六卷　(清)卓爾堪選輯　**近青堂詩一卷**　(清)卓爾堪撰　清末有正書局石印本　八冊

330000－1701－0102432　G010223　史部/傳記類/別傳之屬/事狀
襃芳錄[高熊舉]一卷　(清)高德泰輯　清同治十三年(1874)刻本　一冊

330000－1701－0102433　G611939　史部/地理類/方志之屬/郡縣志
[乾隆]嚴州府志三十五卷首一卷　(清)吳士進修　(清)胡書源等纂　清乾隆二十一年(1756)刻本　五冊　存十三卷(三至九、十五至十六、二十八至三十一)

330000－1701－0102435　G007947　集部/詩文評類/文法之屬/函牘格式
最新應用女子尺牘教科書二卷　杜芝庭撰　清光緒三十三年(1907)上海會文學社石印本　一冊　存一卷(下)

330000－1701－0102437　G008071　子部/雜著類/雜考之屬
識小編二卷　(清)董豐垣撰　清刻本　一冊

330000－1701－0102439　G611940　子部/儒家類/儒學之屬/經濟
中說十卷　(隋)王通撰　(宋)阮逸注　清光緒十六年(1890)貴陽陳氏影宋刻本　一冊

330000－1701－0102440　G008072　子部/雜著類/雜考之屬
儉德堂讀書隨筆二卷　(清)劉庠撰　劉孚京輯　劉淇編　清宣統二年(1910)鉛印本　二冊

330000－1701－0102442　G010224　集部/別集類/清別集
賫詞一卷　(清)陸敬修撰　清光緒三十四年(1908)萍鄉龍文雅堂木活字印本　一冊

330000－1701－0102443　G010225　類叢部/叢書類/自著之屬
南槎二十二種　(清)姚文棟撰　清光緒刻本　一冊　存一種

330000－1701－0102444　G008073　類叢部/叢書類/家集之屬
毘陵徐氏家集　(清)徐堉輯　清光緒六年(1880)濟上刻本　二冊　存一種

330000－1701－0102446　G010227、G008690、G009456　史部/政書類/通制之屬
資治新書十四卷首一卷　(清)李漁輯　清翼聖堂刻本　六冊

330000－1701－0102450　G010229　集部/別

集類

湘綺樓全集三十卷(湘綺樓文集八卷詩集十四卷箋啓八卷) 王闓運撰 清光緒三十三年(1907)墨莊劉氏長沙刻本 二冊 存四卷(文集一至二、箋啓五至六)

330000-1701-0102451 G007810、G009562 集部/小說類/長篇之屬

精訂綱鑑廿四史通俗衍義六卷四十四回首一卷 (清)呂撫撰 清光緒二十一年(1895)珍藝書局鉛印本 五冊 缺一卷(五)

330000-1701-0102454 G007811、G010824、G009713、G011624 史部/政書類/通制之屬

文獻通考詳節二十四卷 (元)馬端臨撰 (清)嚴虞惇輯 清光緒五年(1879)八杉齋鉛印本 十冊 存十八卷(五至十五、十八至二十四)

330000-1701-0102457 G010230 集部/別集類/清別集

天瘦閣詩卷二卷 (清)李士棻撰 清光緒十年(1884)刻本 一冊

330000-1701-0102459 G007948、G011276、G011659 經部/易類/傳說之屬

易經註疏大全合纂六十四卷首一卷圖說一卷周易繫辭註疏大全合纂四卷 (明)張溥纂 明崇禎七年(1634)刻本 十九冊

330000-1701-0102460 G007812 經部/四書類/孟子之屬/傳說

孟子文椒不分卷 清刻本 三冊

330000-1701-0102461 G611941 集部/總集類/選集之屬/通代

古文淵鑒六十四卷 (清)徐乾學等輯注 清同治十二年(1873)浙江書局刻本 二十三冊 存四十四卷(一至二、十四至五十一、六十一至六十四)

330000-1701-0102469 G007813 子部/儒家類/儒學之屬/禮教/家訓

安陽馬氏四種條規一卷 (清)馬丕瑤撰 清光緒十五年(1889)粵西撫署石印本 一冊 存家廟條規

330000-1701-0102470 G008076 類叢部/叢書類/自著之屬

求志居全集十種附一種 (清)陳世鎔撰 清道光至光緒獨秀山莊刻本 二冊 存三種

330000-1701-0102472 G007949 類叢部/叢書類/自著之屬

分法小題濬靈秘書 (清)樓渢撰 清乾隆刻本 一冊 存五種

330000-1701-0102475 G010235 子部/醫家類/兒科之屬/通論

育嬰彙講不分卷 (清)陳宗彝編 清光緒三十一年(1905)刻本 一冊

330000-1701-0102476 G611943 史部/政書類/律令之屬/法驗

重刊補註洗冤錄集證六卷 (清)王又槐輯 (清)李觀瀾補輯 (清)阮其新補註 (清)張錫蕃重訂 (清)文晟續輯 清光緒三年至五年(1877-1879)浙江書局刻四色套印本 五冊

330000-1701-0102480 G010237 類叢部/叢書類/自著之屬

汪雙池先生叢書二十種附浙刻雙池遺書十二種 (清)汪紱撰 清道光至光緒刻光緒二十三年(1897)長安趙舒翹等彙印本 五冊 存一種

330000-1701-0102484 G007816、G010851 集部/總集類/課藝之屬

試帖玉芙蓉集四卷 (清)同文書局主人選輯 清光緒十三年(1887)上海書局刻本 三冊 存三卷(一、三至四)

330000-1701-0102485 G008078 史部/政書類/儀制之屬/典禮

文廟從祀位次考一卷附鄒縣孟廟從祀位次考一卷 (清)陳錦輯 清光緒十二年(1886)枯蔭軒刻本 一冊

330000-1701-0102486 G010238 子部/叢編

武備新書十種　(清)廖壽豐輯　清光緒二十三年(1897)浙江書局刻本　四册　存八種

330000－1701－0102492　G611944　史部/政書類/律令之屬/法驗
重刊補註洗冤錄集證六卷　(清)王又槐輯　(清)李觀瀾補輯　(清)阮其新補註　(清)張錫蕃重訂　(清)文晟續輯　清光緒三年至五年(1877－1879)浙江書局刻四色套印本　五册

330000－1701－0102496　G007950　集部/別集類/宋別集
游廌山先生集四卷首一卷末一卷附一卷　(宋)游酢撰　清刻本　四册　缺三卷(二至四)

330000－1701－0102499　G610663　史部/史抄類
新舊唐書合鈔二百六十卷首一卷　(清)沈炳震輯　**唐書宰相世系表訂譌十二卷**　(清)沈炳震撰　**唐書合鈔補正六卷**　(清)丁子復撰　清嘉慶海昌查氏刻同治十年(1871)武林吳氏清來堂補刻本　八十册

330000－1701－0102500　G611945　史部/政書類/律令之屬/法驗
重刊補註洗冤錄集證六卷　(清)王又槐輯　(清)李觀瀾補輯　(清)阮其新補註　(清)張錫蕃重訂　(清)文晟續輯　清光緒三年至五年(1877－1879)浙江書局刻四色套印本　五册

330000－1701－0102503　G010240　集部/別集類/元別集
仇山村遺集一卷　(元)仇遠撰　**仇山村遺集附錄一卷**　(清)項夢昶輯　清乾隆五年(1740)古歙項夢昶古香書屋刻本　一册

330000－1701－0102504　G007951　經部/易類/傳說之屬
陳氏易説四卷附錄一卷　(清)陳壽熊撰　(清)諸福坤　(清)陶惟坻輯　清光緒二十一年(1895)陶惟坻木活字印本　二册

330000－1701－0102506　G007817　集部/別集類/清別集
吳聖徵祭酒尺牘二卷　(清)吳錫麒撰　羅傳珍注　清末石印本　二册

330000－1701－0102508　G010241　史部/史表類/通代之屬
廿一史四譜五十四卷　(清)沈炳震撰　清同治十年(1871)武林吳氏清來堂刻本　二十册

330000－1701－0102517　G010242　子部/宗教類/道教之屬/威儀
登壇發奏遣將儀□□卷　(清)祝蒼真錄　清乾隆十四年(1749)抄本　一册

330000－1701－0102518　G609829　子部/叢編
二十二子摘錦三十卷　(清)孫灝輯　(清)施崇恩編校　清光緒二十三年(1897)積山書局石印本　三册　存十六卷(一至四、八、十五至二十五)

330000－1701－0102521　G010255　類叢部/叢書類/彙編之屬
香艷叢書三百二十八種　(清)蟲天子輯　清宣統上海國學扶輪社鉛印本　一册　存十四種

330000－1701－0102523　M611429　類叢部/叢書類/家集之屬
番禺鄔氏所刻書二十種　鄔慶時編　清宣統元年至民國十九年(1909－1930)刻本　一册　存一種

330000－1701－0102525　G008081　集部/別集類/清別集
御製詩初集四十四卷目錄四卷二集九十卷目錄十卷三集一百卷目錄十二卷　(清)高宗弘曆撰　清乾隆武英殿刻本　二十一册　存六十二卷(二集二十二至五十六、六十八至九十,三集四十五至四十八)

330000－1701－0102526　G007953　類叢部/叢書類/彙編之屬
廣漢魏叢書八十種　(明)何允中編　清嘉慶

刻本　二册　存一種

330000－1701－0102529　G010244　史部/傳記類/别傳之屬/事狀

先繼妣汪宜人行述一卷　清末刻本　一册

330000－1701－0102535　G010245　子部/儒家類/儒學之屬/蒙學

六藝綱目二卷　（元）舒天民撰　（元）舒恭注　（明）趙宜中附注　清光緒二十八年（1902）紹興府學堂刻本　二册

330000－1701－0102540　G610644　子部/工藝類/文房四寶之屬/硯

寶硯堂硯辨一卷　（清）何傳瑶撰　（清）黄培芳繪圖　清道光十七年（1837）仁和寶硯堂刻本　一册

330000－1701－0102547　G010246、G009183　史部/政書類/律令之屬/刑制

大清現行刑律三十六卷首一卷附禁煙條例一卷秋審條款一卷　沈家本等編　清宣統二年（1910）鉛印本　十一册　缺二卷（禁煙條例、秋審條款）

330000－1701－0102549　G008082、G008555　類叢部/叢書類/自著之屬

甌北全集八種　（清）趙翼撰　清光緒三年（1877）滇南唐氏刻本　六十三册　缺三卷（廿二史劄記十一至十三）

330000－1701－0102555　G010247　類叢部/類書類/專類之屬

子史精華一百六十卷　（清）吴士玉　（清）吴襄等輯　清刻本　十六册　缺三十卷（一至三十）

330000－1701－0102556　G007954　類叢部/叢書類/彙編之屬

武英殿聚珍版書　清江蘇刻本　二十八册　存十七種

330000－1701－0102559　G010248　類叢部/叢書類/自著之屬

儀衛軒全集四種　（清）方東樹撰　清同治方宗誠刻本　二册　存一種

330000－1701－0102562　G008083、G010029　類叢部/叢書類/彙編之屬

高安朱文端公校輯藏書（朱文端公藏書）十三種　（清）朱軾撰輯　清康熙至乾隆刻彙印本　二十册　存三種

330000－1701－0102574　G010249　集部/總集類/域外之屬

和文釋例一卷　吴啓孫輯　清光緒二十九年（1903）上海文明書局鉛印本　二册

330000－1701－0102577　G610646　集部/别集類/清别集

木雞書屋文鈔四卷文二集六卷三集八卷四集六卷五集六卷　（清）黄金臺撰　清道光五年至咸豐元年（1825－1851）刻同治十年（1871）黄晉豰心窗樓補刻本　三册　存十二卷（二集一至六、四集一至六）

330000－1701－0102578　G609832　類叢部/類書類/專類之屬

通天秘書要覽五卷附江湖切口要訣一卷續集六卷附生產合纂一卷　（清）王纏堂編　清光緒三十二年（1906）校經山房石印本　一册　存三卷（要覽四至五、江湖切口要訣）

330000－1701－0102580　G611947　經部/群經總義類/傳說之屬

經書算學天文攷一卷　（清）陳懋齡撰　清嘉慶二年（1797）刻本　一册

330000－1701－0102581　M602214　子部/醫家類/醫案之屬

臨證指南醫案八卷　（清）葉桂撰　（清）徐大椿評　清光緒龍文書局石印本　三册　存三卷（二、七至八）

330000－1701－0102582　G611948　史部/紀傳類/正史之屬

唐書釋音二卷　（宋）董衝撰　清同治十二年（1873）浙江書局刻本　一册

330000－1701－0102584　G611949　史部/政書類/邦交之屬

中瑞通商條約一卷　清宣統刻本　一册

330000－1701－0102585　G007819、G009724　史部/紀傳類/正史之屬

元史譯文證補三十卷　(清)洪鈞撰　清末鉛印本(卷七至八、十三、十六至十七、十九至二十一、二十五、二十八原缺)　二册　存十六卷(二至六、九至十二、十四至十五、十八、二十六下至二十七、二十九至三十)

330000－1701－0102587　G008084、G008828　集部/别集類/清别集

東潛文稿二卷　(清)趙一清撰　清乾隆五十九年(1794)仁和趙氏小山堂刻本　六册

330000－1701－0102588　G008085　經部/小學類/文字之屬/説文/傳説

段氏説文注訂八卷　(清)鈕樹玉撰　清道光三年(1823)吴縣鈕樹玉非石居刻同治五年(1866)碧螺山館補刻重印本　王存善題記並過録清陳澧批　二册

330000－1701－0102589　G007955、G010893、G009766　類叢部/類書類/專類之屬

子史精華一百六十卷　(清)吴士玉　(清)吴襄等輯　清光緒十二年(1886)上海同文書局石印本　六册　存一百二十卷(一至六十、一百一至一百六十)

330000－1701－0102590　G008086　集部/别集類

畏廬文集一卷　林紓撰　清宣統二年(1910)上海商務印書館鉛印本　一册

330000－1701－0102591　G008087　集部/别集類/清别集

擕雪堂文集四卷　(清)吴可讀撰　(清)郭嵐　(清)李崇洸輯　(清)楊慶生箋注　清光緒二十六年(1900)浙江書局刻本　四册

330000－1701－0102593　G008088　集部/别集類/清别集

北山詩鈔五卷　(清)姜文衡撰　清咸豐八年(1858)刻本　一册

330000－1701－0102594　M610399　類叢部/叢書類/自著之屬

夢紅豆村全集　(清)黄大華撰　清光緒至民國刻本暨鉛印本　一册　存一種

330000－1701－0102596　G008089　類叢部/叢書類/自著之屬

曾忠襄公全集四種附二種　(清)曾國荃撰　清光緒二十九年(1903)刻本　十四册　存一種

330000－1701－0102598　G007820、G009957　經部/四書類/總義之屬/傳説

四書味根録三十七卷　(清)金澂撰　清末石印本　三册　缺十一卷(大學、中庸、孟子六至十四)

330000－1701－0102599　G008090　子部/道家類

太上混元道德真經一卷　題孚佑上帝闡義題八洞仙祖合注　清宣統三年(1911)上海中正輔元堂刻本　一册

330000－1701－0102600　M609349　類叢部/叢書類/郡邑之屬

剡上遺書輯存二種　清光緒刻民國補刻本　二册　存一種

330000－1701－0102601　G609833　史部/傳記類/别傳之屬

花甲閒談十六卷　(清)張維屏輯　清光緒十年(1884)上海同文書局石印本　四册

330000－1701－0102602　G008091　類叢部/叢書類/彙編之屬

正誼齋叢書十種　(清)汪昌序編　清康熙至道光二十年(1840)汪氏刻彙印本　三册　存一種

330000－1701－0102605　G007822　集部/别集類/清别集

唫香閣殘草一卷　(清)謝愛蓮撰　**念珠記一卷**　(清)王詠霓撰　清末抄本　一册

330000－1701－0102608　G007957　集部/别集類/清别集

登岱詩一卷西湖詩一卷　(清)汪志伊撰　(清)錢大昕評　清嘉慶元年(1796)永嘉周懋

曾刻本　一册

330000－1701－0102614　G610649　集部/别集類/清别集

寄青齋詩稿一卷詞稿一卷　(清)徐虔復撰　**緑雲館吟草一卷賦鈔一卷**　(清)程芙亭撰　清道光二十六年(1846)瀟湘吟館、光緒十三年(1887)徐焕章留餘堂刻本　一册　缺一卷(詩稿)

330000－1701－0102617　G007958、G010060　新學/報章

知新報選編不分卷　清光緒二十九年(1903)石印本　六册

330000－1701－0102621　G010250　史部/地理類/山川之屬/山志

補陁洛迦山傳一卷　(元)盛熙明撰　清光緒吴縣蔣氏雙唐碑館刻本　一册

330000－1701－0102622　G010251　子部/醫家類/綜合之屬/通論

刪補頤生微論四卷　(明)李中梓撰　明崇禎十五年(1642)沈頲刻本　五册　存三卷(一至三)

330000－1701－0102623　G610650　史部/詔令奏議類/奏議之屬

江楚會奏變法摺三卷　(清)劉坤一　(清)張之洞撰　清光緒刻本　一册

330000－1701－0102624　G010252　子部/儒家類/儒學之屬/性理

下學指南一卷　(清)周思誠撰　清光緒十六年(1890)刻本　一册

330000－1701－0102632　G010253　史部/職官類/官箴之屬

官幕同舟錄三卷附急救應驗良方一卷　(清)費山壽撰　清同治六年(1867)笠澤三省書屋刻光緒十二年(1886)增刻本　四册

330000－1701－0102633　G007960　集部/總集類/題詠之屬

載酒乞詩圖一卷　(清)夏曾傳等撰　清抄本　一册

330000－1701－0102638　G007961　子部/醫家類/方書之屬

璧璉集誌□□卷　清抄本　一册　存一卷(一)

330000－1701－0102639　G010254、G008697　史部/編年類/通代之屬

資治通鑑綱目五十九卷　(宋)朱熹撰　(明)陳仁錫評　**資治通鑑綱目續編一卷**　(明)陳桱撰　(明)陳仁錫評　**資治通鑑綱目前編二十五卷**　(明)南軒撰　(明)陳仁錫評　**續資治通鑑綱目二十七卷**　(明)商輅等撰　(明)陳仁錫評　清光緒二十九年(1903)善成堂刻本　五十三册　缺四十七卷(一至二十三、三十二至三十五、四十至五十九)

330000－1701－0102640　G609835　史部/傳記類/科舉録之屬/諸貢録

國朝貢舉年表三卷　(清)陳國霖　(清)顧錫中編　清光緒十四年(1888)上海積山書局石印本　一册　存二卷(一至二)

330000－1701－0102644　G007823　集部/曲類/曲韻曲譜曲律之屬

仲子一折　清抄本　一册

330000－1701－0102645　G007824　史部/傳記類/職官録之屬/總録

[清光緒二十三年]大清搢紳全書四卷　清光緒二十三年(1897)松竹齋榮寶齋刻本　一册　存一卷(一)

330000－1701－0102647　G007962、G009006、G010662　史部/政書類/邦交之屬

通商條約章程成案彙編三十卷　(清)李鴻章編　清光緒鉛印本　十二册

330000－1701－0102649　G008092　經部/群經總義類/傳說之屬

十三經校刊記不分卷　清末刻本　一册

330000－1701－0102650　G007825、G009096、G010879、G009739　集部/總集類/選集之屬/通代

雞跖賦續刻二十八卷擬古二卷　(清)應泰泉

輯　清同治十三年(1874)蘭言室刻本　五冊　存十三卷(四至九、十三至十九)

330000－1701－0102656　G007828　子部/醫家類/喉科口齒之屬/通論
喉科秘鑰二卷　(清)鄭塵撰　清光緒十六年(1890)刻本　一冊

330000－1701－0102657　G007965　史部/目録類/專録之屬
七千卷書目存畧不分卷　稿本　一冊

330000－1701－0102659　G007829　史部/傳記類/科舉録之屬/歷科鄉試録
[光緒二十九年]癸卯恩科十八省同年全錄不分卷　清光緒二十九年(1903)刻本　一冊

330000－1701－0102661　G007966　子部/藝術類/書畫之屬/畫法畫品
戴用伯先生學畫捷法一卷　(清)戴以恒撰　清寄靜軒主人抄本　一冊

330000－1701－0102665　G007830　史部/傳記類/科舉録之屬/歷科鄉試録
[光緒二十年]甲午科鄉試十八省同年全錄不分卷　清光緒二十年(1894)刻本　二冊

330000－1701－0102669　G007831、G011130　史部/政書類/律令之屬/刑制
刑錢必覽十卷錢穀備要十卷　(清)王又槐輯　清光緒十二年(1886)紹興墨潤堂刻本　五冊　存十卷(一至七,錢穀備要一至二、十)

330000－1701－0102671　G007967　子部/雜著類/雜考之屬
下官雜攷一卷　(清)□□撰　清抄本　一冊

330000－1701－0102678　G611950　史部/傳記類/職官録之屬/總録
[清宣統元年]憲政最新搢紳全書四卷新增直省候補同官祿一卷　清宣統元年(1909)榮寶齋刻本　二冊　存二卷(二、五)

330000－1701－0102682　G008094　集部/總集類/彙編之屬
漢魏六朝一百三家集(漢魏六朝百三名家集)　(明)張溥編　清光緒十八年(1892)長沙謝氏翰墨山房刻本　一冊　存二種

330000－1701－0102688　G008095　史部/傳記類/别傳之屬
名宦鄉賢錄一卷江夏陳氏義莊條規一卷　(清)陳慶涵輯　清光緒十四年(1888)都門刻本　一冊　存一卷(江夏陳氏義莊條規)

330000－1701－0102690　G611951　類叢部/叢書類/彙編之屬
申報館叢書正集五十七種附錄三種續集一百四十二種　(清)尊聞閣主編　蔡爾康編續集　清同治至光緒上海申報館鉛印本　一冊　存一種

330000－1701－0102700　G008096　類叢部/叢書類
鄭龕遺書　清光緒二十四年(1898)刻本　一冊　存一種

330000－1701－0102705　G008097　子部/宗教類/佛教之屬/經
金光明經四卷　(晉)釋曇無讖譯　清同治八年(1869)蘇城瑪瑙經房刻本　一冊

330000－1701－0102706　G611953　子部/醫家類/綜合之屬/通論
醫師祕笈二卷　濕熱條辨一卷　(清)薛雪撰　清光緒七年(1881)浙甯簡香齋刻本　二冊

330000－1701－0102707　G007969　子部/雜著類
玉歷鈔傳警世不分卷　清同治六年(1867)會稽百福堂沈桂刻本　一冊

330000－1701－0102708　G610655　史部/傳記類/别傳之屬/年譜
朱子年譜四卷考異四卷　(清)王懋竑撰　**朱子論學切要語二卷**　(清)王懋竑輯　清乾隆十七年(1752)寶應王氏白田草堂刻清末浙江書局補刻本　三冊　缺二卷(朱子論學切要語一至二)

330000－1701－0102711　G008098　新學
江南製造局譯書　(清)江南製造局編　清光

緒江南製造局鉛印本　三冊　存一種

330000－1701－0102715　G007832　子部/小說家類/雜事之屬
里乘十卷　(清)許奉恩撰　清光緒五年(1879)常熟抱芳閣刻本　十冊

330000－1701－0102718　G611954　集部/總集類/彙編之屬
南宋羣賢小集七十四種　(宋)陳起編　(清)顧修重輯　清嘉慶六年(1801)石門顧氏讀畫齋刻本　三冊　存四種

330000－1701－0102721　G610656　類叢部/叢書類/彙編之屬
滂喜齋叢書五十種　(清)潘祖蔭編　清同治至光緒吳縣潘氏京師刻本　二冊　存三種

330000－1701－0102722　G007833、G008652　子部/雜著類/雜編之屬
文變三卷　蔡元培選輯　清光緒二十八年(1902)上海商務印書館鉛印本　二冊

330000－1701－0102723　G008099　集部/別集類/清別集
花宜館文略一卷　(清)吳振棫撰　清光緒二十六年(1900)錢塘吳氏刻本　一冊

330000－1701－0102727　G008100　子部/儒家類/儒學之屬/禮教
修齊瑣語一卷　(清)沈貞撰　清光緒十一年(1885)半讀書屋木活字印本　一冊

330000－1701－0102728　G007834　史部/傳記類/别傳之屬
增像劉忠誠[坤一]事略一卷　清光緒二十九年(1903)石印本　一冊

330000－1701－0102730　G008101　集部/曲類/寶卷之屬
妙英寶卷全集一卷　清瑪瑙經房刻本　一冊

330000－1701－0102731　G008102　子部/雜著類/雜說之屬
西溪叢語二卷　(宋)姚寬撰　明嘉靖二十七年(1548)錫山俞憲鴸鳴館刻本　二冊

330000－1701－0102734　G008103　史部/傳記類/别傳之屬/年譜
丹魁堂[季芝昌]自訂年譜一卷感遇錄一卷　(清)季芝昌撰　清同治三年(1864)季念詒刻本　一冊

330000－1701－0102735　G008104　類叢部/叢書類/彙編之屬
岱南閣叢書十八種　(清)孫星衍編　清乾隆五十年至嘉慶十六年(1785－1811)蘭陵孫氏刻本　四冊　存一種

330000－1701－0102736　G010256　史部/傳記類/别傳之屬/年譜
歷代名人年譜十卷附存疑及生卒年月無攷一卷　(清)吳榮光撰　清光緒二年(1876)京都寶經書坊刻本　十冊

330000－1701－0102738　G008105　經部/春秋左傳類/傳說之屬
御案春秋左傳經解備旨十二卷　(明)鍾惺　(明)孫鑛　(明)韓范評　(清)鄒聖脈輯　(清)鄒可庭編　清光緒五年(1879)海陵書室刻本　二冊　存二卷(九至十)

330000－1701－0102740　G010257　集部/總集類/尺牘之屬
尺牘不分卷　清末稿本　一冊

330000－1701－0102742　G008108　史部/地理類/方志之屬/通志
各省府州廳縣異名錄一卷　(清)管斯駿錄　清光緒十二年(1886)管可壽齋刻本　一冊

330000－1701－0102743　M610041　子部/醫家類/醫話醫論之屬
醫學辨正四卷　(清)張學醇撰　清光緒二十二年(1896)紹興裘氏刻民國九年(1920)紹興醫藥學報社印本　四冊

330000－1701－0102745　G007836　史部/目録類/總録之屬/私撰
行素堂目睹書錄十卷　(清)朱記榮編　清光緒十年至十一年(1884－1885)吳縣朱記榮槐廬刻本　十二冊

330000－1701－0102748　G611956　子部/小說家類/雜事之屬

金壺七墨六種　(清)黄鈞宰撰　清光緒二十一年(1895)上海掃葉山房石印本　一册　存四種

330000－1701－0102749　G007970　集部/總集類/氏族之屬

海寧孫氏家集　清光緒刻本　二册　存三種

330000－1701－0102750　M609373　子部/藝術類/書畫之屬/總論

佩文齋書畫譜一百卷　(清)孫岳頒等輯　清光緒九年(1883)上海同文書局石印本　三册　存十七卷(五十至五十四、七十五至八十、九十五至一百)

330000－1701－0102756　G611959　子部/儒家類/儒學之屬/蒙學

蒙養百詠一卷　(清)王贊元輯　清同治元年(1862)刻本　一册

330000－1701－0102757　G611960　集部/别集類/清别集

瓊華詩集四卷詞集二卷　(清)俞廷瑛撰　清光緒九年(1883)刻本　二册

330000－1701－0102760　G610659/1　史部/紀事本末類/通代之屬

繹史一百六十卷世系圖一卷年表一卷　(清)馬驌撰　清光緒三十年(1904)浙江書局刻本　一册　存九卷(一至九)

330000－1701－0102761　G010258　集部/别集類/清别集

山舍偶考一卷山舍偶存一卷　(清)張鳴喈撰　清康熙刻本　一册

330000－1701－0102762　G007837　子部/宗教類/佛教之屬/經

金剛般若波羅蜜經一卷　(後秦)釋鳩摩羅什譯　**般若波羅蜜多心經一卷**　(唐)釋玄奘譯　清刻本　一册

330000－1701－0102766　G610659　史部/紀事本末類/通代之屬

繹史一百六十卷世系圖一卷年表一卷　(清)馬驌撰　清康熙刻本　三十四册　存九十八卷(十至二十二、七十八至一百六十、世系圖、年表)

330000－1701－0102767　G010259、G011050　子部/儒家類/儒學之屬/性理

性理標題綜要二十二卷　(明)詹淮撰　(明)陳仁錫訂正　明末豹雯齋刻本　十一册　缺二卷(二十一至二十二)

330000－1701－0102768　G008109　子部/雜著類

遊戲文章不分卷　清宣統抄本　一册

330000－1701－0102772　G008110、G009783　類叢部/叢書類/郡邑之屬

檇李遺書二十六種　(清)孫福清編　清光緒四年至五年(1878－1879)秀水孫氏望雲仙館刻本　二十一册　存二十四種

330000－1701－0102774　G007971　子部/兵家類/兵法之屬

兵書十二種　清光緒二十四年(1898)杭省衢樽局石印本　一册　存二種

330000－1701－0102775　G010260　集部/總集類/選集之屬/通代

斯文精萃不分卷　(清)尹繼善輯　清乾隆二十九年(1764)刻本　胡穎之跋　一册

330000－1701－0102776　G609839　類叢部/叢書類/彙編之屬

嘯園叢書五十七種　(清)葛元煦編　清光緒二年至七年(1876－1881)仁和葛氏刻本　六册　存七種

330000－1701－0102777　G611962　類叢部/叢書類/自著之屬

東海褰冥氏三十以前舊學四種　(清)譚嗣同撰　清光緒二十八年(1902)石印本　一册

330000－1701－0102785　G010261　子部/儒家類/儒學之屬/性理

呂子節錄補遺二卷　(明)呂坤撰　(清)陳弘謀評輯　清道光二年(1822)劉肇紳刻本

一冊

330000－1701－0102786　G007972　史部/詔令奏議類/奏議之屬

奏議初編十二卷　(清)張之洞撰　(清)仰止廬主輯　清光緒二十七年(1901)上海圖書集成印書局鉛印本　六冊

330000－1701－0102791　G010262　子部/儒家類/儒學之屬/性理

續心影集四卷　(清)李士麟緝　清光緒二年(1876)蘭州郡署刻本　四冊

330000－1701－0102792　G611963、G610351　子部/雜著類/雜說之屬

危言四卷　湯震　(湯壽潛)撰　清光緒二十一年(1895)石印本　二冊　存二卷(一至二)

330000－1701－0102793　G610660　史部/史評類/史論之屬

史通削繁四卷　(清)紀昀撰　清道光十三年(1833)涿州盧坤兩廣節署刻朱墨套印本　四冊

330000－1701－0102796　G008111　子部/醫家類/方書之屬/單方驗方

集驗良方拔萃二卷癸卯年續補集驗拔萃良方一卷　(清)恬素氏輯　清刻本　一冊

330000－1701－0102798　G010263　類叢部/類書類/專類之屬

王先生十七史蒙求十六卷　(宋)王令撰　清道光九年(1829)京口敦經堂刻本　二冊

330000－1701－0102800　G008114　子部/天文曆算類/曆法之屬

徐儒林堂通書不分卷(光緒二十九年)　(清)徐連登校證　清光緒二十八年(1902)福建浦城儒林堂書坊刻本　一冊

330000－1701－0102802　G611964　經部/小學類/音韻之屬/注音

重刊官話合聲字母序例及關係論說一卷　(清)王照撰　清刻本　一冊

330000－1701－0102803　G007973　史部/史評類/考訂之屬

廿二史劄記三十六卷補遺一卷　(清)趙翼撰　清光緒二十六年(1900)上海書局石印本　八冊

330000－1701－0102805　G010264　史部/政書類/軍政之屬/邊政

議海防捐輸新章一卷　清光緒刻本　一冊

330000－1701－0102806　G610661　類叢部/叢書類/自著之屬

杭大宗七種叢書　(清)杭世駿撰　清乾隆杭賓仁羊城刻本　一冊　存一種

330000－1701－0102811　G007974　史部/政書類/律令之屬/律例

大清律例增修統纂集成四十卷督捕則例附纂二卷　(清)姚潤輯　(清)陶駿　(清)陶念霖增輯　清光緒二十五年(1899)上海文淵山房鉛印本　九冊　存十五卷(四至十八)

330000－1701－0102812　G611965　史部/雜史類/斷代之屬

周書斠補四卷　(清)孫詒讓撰　清光緒二十六年(1900)刻本　一冊

330000－1701－0102814　G010265　子部/雜著類

晉賑捐冊一卷　(清)姚孟起書　(清)田琳繪圖　清光緒五年(1879)桃花塢晉賑公寓刻本　丁叔丹題記　一冊

330000－1701－0102818　G609841　集部/總集類/尺牘之屬

管可壽齋尺牘二卷　(清)管斯駿輯　清光緒十二年(1886)刻本　一冊　存一卷(二)

330000－1701－0102819　G611966　類叢部/叢書類/彙編之屬

花雨樓叢鈔十一種續鈔十一種附一種　(清)張壽榮編　清光緒八年至十四年(1882－1888)蛟川張氏花雨樓刻本　四冊　存三種續鈔一種

330000－1701－0102822　G008112、G010843　類叢部/類書類/通類之屬

文腋類編十卷 （清）劉燕 （清）劉愼樞訂 清同治十一年（1872）刻本 七册 缺四卷（三、五至六、九）

330000－1701－0102823 G611967 史部/政書類/通制之屬
欽定大清會典一百卷 （清）張廷玉等纂修 清光緒十九年（1893）上海圖書集成印書局鉛印本 八册

330000－1701－0102824 G609842 史部/詔令奏議類/奏議之屬
袁太常戊戌條陳一卷 （清）袁昶撰 清光緒二十八年（1902）鉛印本 一册

330000－1701－0102828 M604260 子部/宗教類/佛教之屬/大藏
頻伽精舍校刊大藏經 釋宗仰等輯 清宣統元年至民國二年（1909－1913）迦陵羅詩氏頻伽精舍上海鉛印本 一册 存五種

330000－1701－0102829 G008113、G010859、G009498 史部/傳記類/總傳之屬
海國名人類類韻編二十四卷首二卷 （清）阮丙炎等輯 清光緒二十九年（1903）文來書局石印本 六册 缺七卷（一至二、十五至十九）

330000－1701－0102832 G611968 子部/雜著類/雜考之屬
羣書拾補初編三十七種 （清）盧文弨撰 清光緒十三年（1887）上海蜚英館石印本 八册

330000－1701－0102835 G007975 子部/醫家類/方書之屬/單方驗方
驗方新編十六卷 （清）鮑相璈輯 清刻本 一册 存一卷（一）

330000－1701－0102836 G008115 史部/傳記類/日記之屬
日記不分卷（清光緒十年至十一年） 清光緒十年至十一年（1884－1885）稿本 一册

330000－1701－0102840 G010266、G010267、G010268 子部/藝術類/書畫之屬/畫譜
芥子園畫傳二集八卷 （清）王槩 （清）王蓍 （清）王臬輯 清刻彩色套印本 三册 存六卷（竹譜一至二、梅譜一至二、菊譜一至二）

330000－1701－0102842 G007976 子部/醫家類/方書之屬/單方驗方
驗方新編十六卷 （清）鮑相璈輯 清刻本 一册 存一卷（一）

330000－1701－0102848 G008812、G010269 集部/總集類/課藝之屬
格致課存二編不分卷 清光緒十七年（1891）湖北刻本 二册

330000－1701－0102851 G007977、G009034 子部/小説家類/異聞之屬
剪燈叢話 （明）李禎撰 清同治十年（1871）鎮江三星堂刻本 三册 存一種

330000－1701－0102857 G010270 經部/小學類/文字之屬/説文
説文解字注十五卷附六書音均表五卷 （清）段玉裁撰 **説文部目分韻一卷** （清）陳煥編 清乾隆至嘉慶段氏經韻樓刻同治六年至十一年（1867－1872）蘇州保息局補刻本 十六册 缺一卷（説文部目分韻）

330000－1701－0102861 G008116 子部/術數類/陰陽五行之屬
欽定協紀辨方書三十六卷 （清）允祿 （清）張照等纂修 清刻朱墨套印本 一册 存一卷（十四）

330000－1701－0102866 G008118 經部/小學類/音韻之屬/韻書
韻字類編四卷 （清）林守淳輯 清末刻本 一册 存一卷（一）

330000－1701－0102868 G611969 類叢部/叢書類/彙編之屬
國粹叢書四十九種 （清）國學保存會編 清光緒至宣統鉛印本 三册 存二種

330000－1701－0102869 G008119 集部/詞類/别集之屬
翦紅詞草一卷 （清）惲毓巽撰 清宣統二年（1910）刻本 一册

330000－1701－0102871　G010272　新學/雜著/叢編
時事報彙訂不分卷　清末石印本　一冊

330000－1701－0102874　G008120　史部/政書類/律令之屬/治獄
大清週流年例便覽一卷　（清）程夢元編　**折獄便覽一卷**　（明）善熙仲編　**讀律要略一卷**　清末胡鳳丹退補齋刻本　一冊

330000－1701－0102875　G010273　子部/宗教類/佛教之屬/經疏
金剛經直解一卷　題（唐）呂洞賓撰　清光緒二十三年（1897）陽湖惲氏賜福堂刻本　一冊

330000－1701－0102877　G010274　子部/小說家類/異聞之屬
剪燈新話一卷　（明）瞿祐撰　（清）松龕二十三樵少菴氏抄存　清光緒十二年（1886）抄本　一冊

330000－1701－0102878　G008121　集部/別集類/清別集
寒翠山房百花詩集一卷　（清）王景鐘撰　清同治七年（1868）刻本　一冊

330000－1701－0102883　G611970　史部/傳記類/總傳之屬/仕宦
歷代名臣言行錄二十四卷　（清）朱桓輯　清光緒二十六年（1900）文瀾書局石印本　二冊　存八卷（四至十一）

330000－1701－0102885　G010276　子部/宗教類/佛教之屬/諸宗
蓮宗十一祖往生正傳一卷　（清）釋悟開編　清光緒三十年（1904）溫州劉慶潤經房刻本　一冊

330000－1701－0102887　G609851　經部/大戴禮記類/傳說之屬
大戴禮記十三卷　（漢）戴德撰　（北周）盧辯注　清刻本　二冊

330000－1701－0102888　G007981、G009547　史部/編年類/通代之屬
通鑑綱目釋地補註六卷　（清）張庚撰　清光緒十二年（1886）上海還讀樓刻本　二冊

330000－1701－0102890　G010277　子部/宗教類/佛教之屬
最上一乘慧命經一卷　（清）柳華陽撰　清同治六年（1867）上海翼化堂刻本　一冊

330000－1701－0102891　G007982　子部/醫家類/診法之屬/歷代脈學
㕩學祕藏不分卷　清抄本　一冊

330000－1701－0102892　G008122、G009637　集部/別集類/清別集
夢南雷齋文鈔二卷　黃壽衮撰　清宣統三年（1911）石印本　二冊

330000－1701－0102893　G007841、G009010、G009587　子部/醫家類/綜合之屬/通論
張氏醫通十六卷本經逢原四卷石頑老人診宗三昧一卷傷寒纘論二卷傷寒緒論二卷　（清）張璐纂述　**傷寒舌鑑一卷**　（清）張登輯　**傷寒兼證析義一卷**　（清）張倬撰　清光緒三十三年（1907）上海書局石印本　五冊　存九卷（本經逢原三至四、石頑老人診宗三昧、傷寒舌鑑、傷寒兼證析義、張氏醫通三至四、傷寒纘論上、傷寒緒論下）

330000－1701－0102895　G609852　類叢部/叢書類/彙編之屬
漸西村舍彙刊（漸西村舍叢刻）四十四種　（清）袁昶編　清光緒十六年至二十四年（1890－1898）桐廬袁氏刻本　二冊　存三種

330000－1701－0102896　G007842、G010404、G008945、G008946、G008947、G008948、G008949、G007879、G009742、G009751　子部/醫家類/類編之屬
萬密齋醫書十種　（明）萬全撰　清忠信堂刻本　十三冊　存六種

330000－1701－0102897　G610609　史部/傳記類
豫章先賢九家年譜　（清）楊希閔輯　清光緒四年（1878）刻本　六冊　存五種

330000－1701－0102898　G008123　子部/農

家農學類/蠶桑之屬

蠶桑答問二卷 (清)朱祖榮輯 **蠶桑答問續編一卷** (清)蔣斧重編 清末石印本 一册

330000－1701－0102899 G008124 史部/地理類

襄陽四略 (清)吳慶燾撰 清光緒刻本 二册 存一種

330000－1701－0102901 G007843、G008636、G009676 子部/雜著類/雜考之屬

孔子改制考二十一卷 康有爲撰 清光緒上海大同譯書局石印本 十册

330000－1701－0102904 G007845 新學/學校

精神之教育二卷 (日本)隅谷己三郎撰 趙必振譯 清光緒二十八年(1902)上海廣智書局鉛印本 二册

330000－1701－0102905 G008125 經部/小學類/訓詁之屬/群雅

廣雅疏證十卷 (清)王念孫撰 **博雅音十卷** (隋)曹憲撰 清嘉慶元年(1796)刻本 十二册

330000－1701－0102906 G610610 經部/易類/傳說之屬

周易傳義音訓八卷首一卷 (宋)吕祖謙撰 **易學啓蒙一卷** (宋)朱熹撰 清咸豐六年(1856)浦城與古齋祝鳳喈金陵刻本 八册

330000－1701－0102907 G609853 經部/小學類/音韻之屬

諧聲譜二卷 (清)丁顯撰 清光緒二十六年(1900)刻丁西圃叢書本 徐恕題記 二册

330000－1701－0102908 G610611 史部/傳記類/别傳之屬

求闕齋弟子記三十二卷 (清)王定安撰 清光緒二年(1876)都門刻本 八册 存十六卷(一至十六)

330000－1701－0102909 G007847 子部/天文曆算類/曆法之屬

大清咸豐元年新本日用便覽一卷 清咸豐元年(1851)刻本 一册

330000－1701－0102911 G610612 集部/别集類/清别集

邃懷堂全集三十八卷 (清)袁翼撰 清光緒十三年至十四年(1887－1888)袁鎮嵩刻本 二十册

330000－1701－0102912 G007848 子部/天文曆算類/曆法之屬

大清咸豐二年新本日用便覽一卷 清咸豐二年(1852)刻本 一册

330000－1701－0102914 G008127 史部/傳記類/日記之屬

僩齋紀事不分卷(清光緒二十九年至三十年) 清光緒二十九年至三十年(1903－1904)稿本 一册

330000－1701－0102916 G007849 子部/宗教類/佛教之屬/經

大乘本生心地觀經八卷 (唐)釋般若等譯 清刻本 二册

330000－1701－0102920 G008128 集部/别集類/清别集

小窗香雪詩鈔不分卷 (清)曹學詩撰 稿本 二册 存册五至六

330000－1701－0102925 G008129 子部/術數類/相宅相墓之屬

地學真傳不分卷 清抄本 一册

330000－1701－0102926 G007850、G008553、G009227、G009828 史部/編年類/通代之屬

通鑑前編十八卷舉要二卷 (宋)金履祥撰 **首一卷** (明)陳桱撰 明末刻本 十一册

330000－1701－0102928 G008130 史部/目録類/總録之屬/私撰

畲硯山房書目四卷 (清)李□編 清末稿本 一册

330000－1701－0102931 G007983、G009674 子部/術數類/雜術之屬

新刻萬法歸宗五卷 (唐)李淳風撰 (唐)袁

天罡補　清刻本　四册　存四卷(一至二、四至五)

330000－1701－0102934　G008131　子部/醫家類/方書之屬
醫書不分卷　清抄本　一册

330000－1701－0102942　G609855　史部/雜史類/斷代之屬
經略洪承疇奏對筆記二卷　(清)洪承疇撰　清光緒十五年(1889)上海點石齋石印本　一册

330000－1701－0102947　G609856　史部/地理類/遊記之屬/紀行
節相壯游日錄二卷　(清)李鴻章撰　(清)桃谿漁隱　(清)惺新盦主輯　清光緒二十三年(1897)上海石印本　一册　存一卷(上)

330000－1701－0102949　G007852　經部/小學類/訓詁之屬/爾雅
爾雅蒙求二卷　(清)李拔式撰　清嘉慶三年(1798)姑蘇七映堂刻本　一册　存一卷(二)

330000－1701－0102953　G007985　史部/傳記類/别傳之屬
望杏樓志痛編二卷　(清)錢福蓀輯　清光緒二十二年(1896)木活字印本　一册

330000－1701－0102958　G008132　史部/政書類/律令之屬/治獄
成案不分卷　清抄本　一册

330000－1701－0102964　G007986、G009504　集部/别集類/清别集
百柱堂尺牘四卷家書二卷　(清)王柏心撰　清光緒十二年(1886)刻本　四册

330000－1701－0102967　G007987、G011502　新學/報章
湘報類纂六集　(清)覺睡齋主人彙編　清光緒二十八年(1902)上海編譯印書館鉛印本　五册　存三集(甲乙、丙)

330000－1701－0102970　G008133　類叢部/類書類/通類之屬
玉海二百卷辭學指南四卷詩攷一卷詩地理攷六卷漢藝文志攷證十卷通鑑地理通釋十四卷漢制攷四卷踐阼篇集解一卷急就篇補注四卷姓氏急就篇二卷小學紺珠十卷六經天文編二卷周易鄭康成注一卷周書王會補注一卷通鑑答問五卷　(宋)王應麟撰　元刻明清遞修本　二册　存五卷(漢制考一至四、周易鄭康成注)

330000－1701－0102975　G010660　子部/藝術類/書畫之屬/畫譜
芥子園畫傳初集六卷二集九卷三集六卷　(清)王槩　(清)王蓍　(清)王臬輯　清末上海章福記書局石印本　十二册

330000－1701－0102976　G008134　子部/宗教類/佛教之屬/經疏
大方廣圓覺修多羅了義經直解二卷　(唐)釋佛陀多羅譯　(明)釋德清解　清乾隆四十七年(1782)刻本　四册

330000－1701－0102983　G609861　子部/醫家類/綜合之屬/通論
醫醇賸義四卷醫方論四卷　(清)費伯雄撰　清光緒二十七年(1901)上海書局石印本　一册　存四卷(醫醇賸義一至四)

330000－1701－0102995　G609863、G008156　史部/雜史類/外紀之屬
地球十五大戰紀十五卷　賴鴻翰譯　清光緒上海大同譯書局石印本　二册

330000－1701－0102996　G611972　類叢部/叢書類/彙編之屬
心矩齋叢書十一種　(清)蔣鳳藻編　清光緒長洲蔣氏刻本　一册　存一種

330000－1701－0102998　G007991　集部/總集類/課藝之屬
時藝引階不分卷　(清)路德輯　清刻本　一册

330000－1701－0102999　G610620　類叢部/叢書類/自著之屬
曾文正公全集十六種　(清)曾國藩撰　清同

治至光緒傳忠書局刻本　四册　存三種

330000－1701－0103000　G008136　集部/總集類/酬唱之屬
小隱園集八卷　(清)□□輯　清抄本　一册

330000－1701－0103011　G007992、G009770　集部/别集類/清别集
寒支集摘鈔不分卷　(清)李世熊撰　清光緒二十六年(1900)抄本　二册

330000－1701－0103012　G609865　子部/藝術類/遊藝之屬
蘭閨清玩一卷　清光緒上海同文書局石印本　一册

330000－1701－0103023　G007855　經部/小學類/音韻之屬
八矢注字圖説一卷　(清)顧陳垿撰　清味菜廬木活字印本　一册

330000－1701－0103026　G008138　史部/傳記類/科舉録之屬/歷科鄉試録
[光緒壬寅]江南闈墨一卷　清光緒二十八年(1902)衡鑒堂石印本　一册

330000－1701－0103029　G007993　史部/政書類/律令之屬/法驗
續增洗冤録辨正三卷補刊一卷　(清)瞿中溶撰　(清)李璋煜重訂　清光緒三十三年(1907)上海書局石印本　一册　存二卷(一至二)

330000－1701－0103033　G609867　史部/編年類/通代之屬
續資治通鑑二百二十卷　(清)畢沅撰　清光緒二十六年(1900)圖書集成局鉛印本　一册　存八卷(一百九十一至一百九十八)

330000－1701－0103035　G611973　史部/政書類
九通　(清)□□輯　清光緒八年至二十二年(1882－1896)浙江書局刻本　三十一册　存一種

330000－1701－0103036　G007857、G009832　新學/圖學/測繪
測繪坤輿新説六卷　蕭開泰撰　清光緒十九年(1893)求實濟齋刻本　二册　存二卷(一至二)

330000－1701－0103037　G007995、G008956　子部/小説家類/異聞之屬
耳食録十二卷二編八卷　(清)樂鈞撰　清同治十年(1871)敦仁堂刻本　五册

330000－1701－0103039　G611974　類叢部/叢書類/郡邑之屬
武林掌故叢編一百八十七種　(清)丁丙編　清光緒三年至二十六年(1877－1900)錢塘丁氏嘉惠堂刻本　一册　存一種

330000－1701－0103043　G007860　子部/天文曆算類/曆法之屬
大清道光二十一年新本日用便覽一卷　清道光二十一年(1841)刻本　一册

330000－1701－0103044　G007861　子部/天文曆算類/曆法之屬
大清道光三十年通書一卷　清道光二十九年(1849)刻本　一册

330000－1701－0103047　G007862　子部/天文曆算類/曆法之屬
大清光緒三十三年歲次丁未時憲書不分卷　清光緒刻朱墨套印本　一册

330000－1701－0103048　G611976　子部/藝術類/書畫之屬/畫譜
蘭譜一卷竹譜一卷　(清)王寅繪　清光緒八年(1882)合肥李氏東瀛刻本　一册　存一卷(竹譜)

330000－1701－0103051　G007863　史部/目録類/總録之屬/私撰
蘭味軒藏書目録一卷　清末稿本　一册

330000－1701－0103052　G611977　子部/農家農學類/蠶桑之屬
蠶桑萃編十五卷首一卷　(清)衛杰撰　清光緒二十六年(1900)浙江書局刻本　八册

330000－1701－0103054　G007864　集部/總集類/選集之屬/通代
文選六十卷　(南朝梁)蕭統輯　(唐)李善注　(清)何焯評　清乾隆刻本　十冊

330000－1701－0103055　G611978　子部/農家農學類/蠶桑之屬
蠶桑萃編十五卷首一卷　(清)衛杰撰　清光緒二十六年(1900)浙江書局刻本　八冊

330000－1701－0103057　G611979　子部/儒家類/儒學之屬/經濟
繹志十九卷　(清)胡承諾撰　清同治十一年(1872)浙江書局刻本　二冊　存六卷(一至六)

330000－1701－0103058　M602237　類叢部/叢書類/彙編之屬
蟫隱廬叢書十八種　羅振常編　清宣統二年至民國二十五年(1910－1936)上虞羅氏謄寫及鉛印本三十三年(1944)吳興周延年彙印本　一冊　存一種

330000－1701－0103059　G611980　史部/詔令奏議類/奏議之屬
李肅毅伯奏議十三卷　(清)李鴻章撰　(清)章洪鈞　(清)吳汝綸輯　清光緒石印本　十三冊

330000－1701－0103062　G008002　子部/藝術類/篆刻之屬/印譜
壽石齋袖珍印存一卷　(清)芝泉氏製　清鈐印本　一冊

330000－1701－0103064　G007865、G010928　類叢部/叢書類/自著之屬
湯文正公全集七種　(清)湯斌撰　清同治九年(1870)蘇廷魁等刻本　十四冊　存二種

330000－1701－0103066　G611981　史部/政書類
九通　(清)□□輯　清光緒八年至二十二年(1882－1896)浙江書局刻本　九十三冊　存一種

330000－1701－0103069　G610621　集部/總集類/選集之屬/斷代
欽定全唐文一千卷目錄三卷　(清)董誥等輯　清嘉慶十九年(1814)內府刻本　二冊　存四卷(六百一至六百二、六百八至六百九)

330000－1701－0103073　G610622、G612279　史部/雜史類
宋遼金元別史五種　(清)席世臣輯　清乾隆至嘉慶南沙席氏掃葉山房刻本　八冊　存一種

330000－1701－0103077　G609871　子部/術數類/陰陽五行之屬
董公選要覽一卷附錄一卷　(明)董潛撰　清光緒二十四年(1898)浙江官書局刻本　一冊

330000－1701－0103079　G610623　集部/別集類/清別集
韻山堂詩集七卷補遺一卷　(清)王文誥撰　清光緒十四年(1888)浙江書局刻本　一冊

330000－1701－0103080　G610624　集部/別集類/清別集
韻山堂詩集七卷補遺一卷　(清)王文誥撰　清光緒十四年(1888)浙江書局刻本　一冊

330000－1701－0103081　G609872　集部/戲劇類/傳奇之屬
雨花臺傳奇二卷三十二齣　(清)徐昆撰　(清)崔桂林評點　清乾隆平水劉育槐貯書樓刻本　一冊　存一卷(上)

330000－1701－0103082　G008004　集部/別集類/清別集
心寫一卷　(清)□成甫撰　清光緒二十一年(1895)稿本　清章韡題簽並記　一冊

330000－1701－0103086　G008005、G010412　新學/算學/數學
筆算數學三卷　(美國)狄考文輯　(清)鄒立文述　清光緒二十七年(1901)上海美華書館鉛印本　三冊

330000－1701－0103089　G609873　類叢部/叢書類/彙編之屬
半厂叢書初編十種　(清)譚獻編　清同治至

光緒仁和譚氏刻本　九册　存四種

330000－1701－0103090　G007868　經部/小學類/文字之屬/說文

繫傳四十卷　(五代)徐鍇撰　(五代)朱翺反切　**說文解字繫傳校勘記三卷**　(清)苗夔等撰　清道光十九年(1839)祁寯藻影刻影宋抄本　一册　存三卷(校勘記一至三)

330000－1701－0103091　G610626　史部/傳記類/别傳之屬/事狀

葉公澄衷榮哀錄不分卷　清光緒二十八年(1902)懷德堂鉛印本　一册

330000－1701－0103093　G007869　史部/地理類/遊記之屬

增廣浙江形勝詩不分卷　(清)莫夢華撰　清光緒十四年(1888)上海書局石印本　一册

330000－1701－0103096　G609874　史部/傳記類/日記之屬

道西齋日記二卷(清光緒十三年)　王詠霓撰　清光緒十三年(1887)青陽曹獻之、甯修刻本　一册

330000－1701－0103100　G611982　史部/政書類/律令之屬/刑制

明刑管見錄一卷　(清)穆翰撰　清光緒三十年(1904)浙江官書局刻本　一册

330000－1701－0103101　G007870　集部/總集類/尺牘之屬

歷朝名媛尺牘二卷　(清)陳韶輯　清同治十二年(1873)申江刻本　一册　存一卷(上)

330000－1701－0103104　G609875　史部/地理類/專志之屬/祠墓

曹江孝女廟誌八卷首一卷末一卷補遺一卷　(清)金廷棟輯　(清)唐煦春增輯　清光緒八年(1882)五社公所刻本　二册

330000－1701－0103115　G611984、G612305　子部/儒家類/儒學之屬/禮教/女範

女四書四卷　(清)王相箋註　清光緒十三年(1887)上海江左書林刻本　二册

330000－1701－0103117　G008008　史部/傳記類/職官録之屬/總録

[清光緒二十三年春季]大清中樞備覽二卷　清光緒二十三年(1897)松竹齋、榮寶齋刻本　一册　存一卷(上)

330000－1701－0103120　G611985　史部/地理類/山川之屬/山志

金山志十卷　(清)盧見曾撰　**續金山志二卷**　(清)釋秋崖撰　清光緒二十七年(1901)刻本　一册　存一卷(續金山志二)

330000－1701－0103121　G008009　史部/傳記類/職官録之屬/總録

[清光緒十九年秋季]大清縉紳全書四卷　清光緒十九年(1893)刻本　一册　存一卷(四)

330000－1701－0103123　G610628　史部/金石類/石之屬/文字

石鼓文釋存一卷補注一卷　(清)張燕昌撰　清光緒二十八年(1902)貴池劉世珩刻本　一册

330000－1701－0103127　G008010　史部/傳記類/職官録之屬/總録

[清光緒十六年]大清縉紳全書四卷　清光緒十六年(1890)榮錄堂刻本　二册　存二卷(一、四)

330000－1701－0103154　G008012　史部/傳記類/職官録之屬/總録

[清宣統二年春季]憲政最新搢紳全書四卷　清宣統二年(1910)京都榮寶齋刻本　四册

330000－1701－0103156　G610630　類叢部/叢書類/自著之屬

杭大宗七種叢書　(清)杭世駿撰　清乾隆杭賓仁羊城刻本　一册　存一種

330000－1701－0103162　G609877　子部/醫家類/醫案之屬

三家醫案合刻附二種　(清)吳金壽編　清道光十一年(1831)吳氏貯春僊館刻本　二册　存附一種

330000－1701－0103170　G008013　史部/傳

記類/職官録之屬/總録

[清光緒二十五年夏季]大清縉紳全書四卷附一卷 清光緒二十五年(1899)榮錄堂刻本 五冊

330000－1701－0103172 G610632 集部/別集類/清別集

倚晴樓集 (清)黄燮清撰 清咸豐至同治海鹽黄氏拙宜園刻本 一冊 存一種

330000－1701－0103178 G007871 類叢部/叢書類/自著之屬

船山遺書五十八種 (清)王夫之撰 清光緒二十六年(1900)山西書業昌書莊石印本 四冊 存二種

330000－1701－0103180 G008014 史部/傳記類/職官録之屬/總録

[清宣統元年秋季]大清搢紳全書四卷 清宣統元年(1909)榮祿堂刻本 四冊

330000－1701－0103187 G007872、G009485、G010587 新學/史志/別國史

日本全史二十二卷 (日本)中村正直撰 清末上海教育世界社石印本 八冊 存十四卷(一至十四)

330000－1701－0103192 G007873、G010391 集部/曲類/曲韻曲譜曲律之屬

六也曲譜初集不分卷 張芬編 清光緒三十四年(1908)蘇州振新書社石印本 四冊

330000－1701－0103199 G609878 史部/政書類/通制之屬

蓮池四種 (清)□□輯 清同治至光緒刻本 一冊 存一種

330000－1701－0103207 G010278 史部/傳記類/科舉録之屬/歷科鄉試録

[光緒癸卯恩科第八房]順天鄉試卷一卷 沈鈞儒撰 清光緒刻本 一冊

330000－1701－0103210 G007877 集部/別集類/清別集

庸盦文外編四卷庸盦海外文編四卷 (清)薛福成撰 清末石印本 三冊 存五卷(四、海外文編一至四)

330000－1701－0103215 G010279 子部/醫家類/綜合之屬

藥書簿不分卷 清末稿本 一冊

330000－1701－0103218 G610634 經部/小學類/文字之屬/字書

小學答問一卷 章炳麟撰 清宣統元年(1909)刻本 一冊

330000－1701－0103219 G007881、G009106、G009584 史部/紀事本末類

歷朝紀事本末七種 (清)陳如升 (清)朱記榮輯 清光緒二十一年(1895)上海積山書局石印本 三十九冊 存四百四十三卷(左傳紀事本末十二至五十三,通鑑紀事本末一至六十一、八十五至一百十、一百二十三至一百六十五、一百六十七至一百九十九、二百十至二百三十九,宋史紀事本末一至八十、九十三至一百九,西夏紀事本末首一至二、一至三十六,元史紀事本末一至二十七,明史紀事本末卷四十六至五十五、六十七至八十,三藩紀事本末二十二卷)

330000－1701－0103223 G008396 類叢部/叢書類/彙編之屬

矚遠樓叢書 清光緒二十二年(1896)刻本 二冊 存一種

330000－1701－0103225 G008146、G008692 集部/總集類/通代之屬

古今人物論三十六卷 (明)鄭賢輯 清同治十年(1871)養真堂木活字印本 十冊

330000－1701－0103228 G010280 類叢部/叢書類/彙編之屬

拜經樓叢書(愚谷叢書)二十三種 (清)吳騫編 清乾隆至嘉慶海昌吳氏刻彙印本 一冊 存二種

330000－1701－0103232 G609879 集部/別集類/唐五代別集

御選妙覺普度和聖寒山大士詩一卷 (唐)釋寒山子撰 **御選圓覺慈度合聖拾得大士詩一**

卷 (唐)釋拾得撰 **中峰淨土詩一卷** (唐)釋明本撰 清光緒二年(1876)揚州藏經院刻本 二册

330000－1701－0103235 G010281 子部/法家類

韓子二十卷 明萬曆六年(1578)刻朱墨套印本 三册 存四卷(七、十至十一、十七)

330000－1701－0103237 G609881 子部/醫家類/兒科之屬/通論

生生福幼編五種附論一種 (清)莊一夔等撰 清光緒二十四年(1898)景文齋刻本 一册

330000－1701－0103238 G610637 集部/別集類/清別集

味燈草堂詠古人詩一卷 (清)查光華撰 清宣統元年(1909)鉛印本 一册

330000－1701－0103239 G611987 類叢部/叢書類/郡邑之屬

武林掌故叢編一百八十七種 (清)丁丙編 清光緒三年至二十六年(1877－1900)錢塘丁氏嘉惠堂刻本 一册 存一種

330000－1701－0103240 G609882 子部/雜著類/雜說之屬

辟火珠一卷附禳避火災妙法一卷 (清)高宗元撰 清道光八年(1828)刻本 一册

330000－1701－0103243 G010282 子部/宗教類/道教之屬

感應篇箋注二卷 (清)惠棟撰 清光緒十二年(1886)紅蝠山房刻本 一册

330000－1701－0103245 G609883 類叢部/叢書類/彙編之屬

惜陰軒叢書三十四種續編一種 (清)李錫齡編 清光緒二十二年(1896)長沙刻本 一册 存一種

330000－1701－0103246 G008015 史部/傳記類/職官録之屬/總録

憲政增補最新職官全錄不分卷 清光緒三十三年(1907)榮寶齋刻本 一册

330000－1701－0103247 G010283 子部/宗教類/佛教之屬

佛說大乘通玄法華眞經十卷 清光緒二十三年(1897)刻本 一册 存四卷(一至四)

330000－1701－0103248 G609884 子部/雜著類/雜考之屬

洨民叢稿一卷 (清)孫傳鳳撰 清光緒二十二年(1896)孫氏味經廬刻本 一册

330000－1701－0103251 G010284 子部/天文曆算類/算書之屬

算學十書 (清)賈步緯輯 清同治至光緒江南機器製造總局刻本暨鉛印本 四册 存一種

330000－1701－0103253 G610638 子部/農家農學類

農學叢書 (清)上海農學會 (清)江南總農會輯 清光緒上海農學會、江南總農會石印本 一册 存八種

330000－1701－0103254 G010285 新學/地學/地理學

琉球地理小志一卷補遺一卷說畧一卷 姚文棟譯 清光緒九年(1883)刻本 一册 缺一卷(補遺)

330000－1701－0103257 G010313 子部/儒家類/儒學之屬/禮教/鑑戒

童子範圍一卷 清刻本 一册

330000－1701－0103258 G010314 子部/宗教類/其他宗教之屬/伊斯蘭教

天方典禮擇要解二十卷後編一卷 (清)劉智撰 清刻本 六册

330000－1701－0103260 G609886 集部/別集類/清別集

時習編六卷 (清)周炳琦撰 (清)周巖輯 清光緒十六年(1890)詒經堂刻本 一册 存三卷(一至三)

330000－1701－0103261 G008017 史部/傳記類/職官録之屬/總録

[清光緒二十五年春季]大清搢紳全書四卷

清光緒二十五年(1899)京都榮寶齋刻本　三冊　存三卷(一至二、四)

330000－1701－0103262　G010286　子部/宗教類/道教之屬/戒律
太上感應篇圖説八卷首一卷　(清)黃正元纂　清同治十二年(1873)崇善堂刻本　一冊　存二卷(首、一)

330000－1701－0103263　G010316　子部/宗教類/佛教之屬/經疏
妙法蓮華經通義二十卷　(明)釋德清撰　清光緒三十四年(1908)金陵刻經處刻本　五冊

330000－1701－0103264　G008018　史部/傳記類/職官録之屬/總録
[清宣統元年冬季]憲政最新搢紳全書四卷　清宣統元年(1909)京都榮寶齋刻本　二冊　存二卷(一至二)

330000－1701－0103265　G010317　史部/傳記類/别傳之屬/事狀
歐陽母朱太宜人生西瑞應一卷　歐陽柱輯　清宣統二年(1910)石印本　一冊

330000－1701－0103266　G609887　集部/别集類/清别集
越縵堂集十卷　(清)李慈銘撰　清光緒十六年(1890)王繼香刻本　一冊　存四卷(七至十)

330000－1701－0103268　G008019、G008711　史部/傳記類/職官録之屬/總録
[清光緒二十六年春季]大清搢紳全書四卷　清光緒二十六年(1900)京都榮寶齋刻本　四冊

330000－1701－0103269　G610641　經部/書類/傳説之屬
書傳音釋六卷首一卷末一卷　(宋)蔡沈集傳　(元)鄒季友音釋　清咸豐五年(1855)浦城與古齋祝氏刻本　六冊

330000－1701－0103270　G008020　史部/傳記類/職官録之屬/總録
[清光緒二十年]大清搢紳全書二卷　清光緒二十年(1894)刻本　一冊　存一卷(下)

330000－1701－0103272　G610642　史部/政書類/儀制之屬/典禮
大清通禮五十四卷　(清)來保等纂修　(清)穆克登額等續纂　清光緒九年(1883)江蘇書局刻本　六冊　存十八卷(一至十八)

330000－1701－0103276　G010287　子部/宗教類/佛教之屬/總録
瑜伽施食儀註一卷瑜伽施食儀觀一卷瑜伽施食儀軌一卷　(明)釋袾宏補註　清釋福聚刻本　二冊　存二卷(瑜伽施食儀註、瑜伽施食儀觀)

330000－1701－0103278　G008021　史部/傳記類/職官録之屬/總録
[清光緒三十一年夏季]大清搢紳全書四卷　清光緒三十一年(1905)京都榮寶齋刻本　一冊　存一卷(一)

330000－1701－0103281　G010288　集部/别集類/清别集
水仙花唱和詩一卷有棠梨館筆記一卷　(清)何兆瀛撰　**三十六春聲一卷**　(清)楊振鎬撰　清光緒二十年(1894)刻本　一冊　存一卷(三十六春聲)

330000－1701－0103284　G008022　史部/傳記類/職官録之屬/總録
[清光緒三十三年]大清搢紳全書二卷　清光緒三十三年(1907)榮寶齋刻本　一冊　存一卷(下)

330000－1701－0103286　M609439　類叢部/叢書類/郡邑之屬
剡上遺書輯存二種　清光緒刻民國補刻本　二冊　存一種

330000－1701－0103290　G010289　集部/總集類/酬唱之屬
菉竹集二卷　(清)何鑑清撰　清末木活字印本　一冊

330000－1701－0103292　G008023　史部/傳記類/職官録之屬/總録

[清光緒二十六年春季]大清搢紳全書四卷 清光緒二十六年(1900)京都榮寶齋刻本 二冊 存二卷(一至二)

330000－1701－0103297 G010290 經部/叢編

篆文六經四書十種 (清)張照校 清康熙内府刻本 十六冊 缺一卷(周易十)

330000－1701－0103301 G008024、G009989 史部/傳記類/職官録之屬/總録

[清光緒二十六年春季]大清中樞備覽二卷 清光緒二十六年(1900)京都榮寶齋刻本 二冊

330000－1701－0103306 G008148、G010413 史部/政書類/律令之屬/刑制

核訂現行刑律不分卷 沈家本編 清宣統元年(1909)鉛印本 四冊

330000－1701－0103310 G008142 子部/儒家類/儒學之屬/性理

御纂性理精義十二卷 (清)李光地等纂修 清咸豐二年(1852)蘇州緑蔭堂刻本 一冊 存一卷(一)

330000－1701－0103313 G008025 史部/傳記類/職官録之屬/總録

憲政增補最新職官全錄不分卷 清宣統二年(1910)榮寶齋刻本 一冊

330000－1701－0103319 G008026 史部/傳記類/職官録之屬/總録

[清光緒十五年]大清搢紳全書四卷 清光緒十五年(1889)榮錄堂刻本 四冊

330000－1701－0103323 G008144、G009727 史部/地理類/遊記之屬/紀勝

重修滬游雜記四卷 (清)葛元煦編 (清)袁祖志重修 清光緒十五年(1889)刻本 二冊 存二卷(一至二)

330000－1701－0103326 G008151 子部/小說家類/雜事之屬

續謚名錄一卷補遺一卷續小名錄一卷 清抄本 一冊

330000－1701－0103329 G008149 史部/政書類/邦交之屬

外交辯難二卷 (清)蔡鈞撰 清光緒三十一年(1905)鉛印本 一冊

330000－1701－0103331 G008027、G011360 史部/傳記類/職官録之屬/總録

[清光緒二十八年]大清搢紳全書四卷 清光緒二十八年(1902)榮禄堂刻本 三冊 缺一卷(二)

330000－1701－0103333 G008029 史部/傳記類/職官録之屬/總録

[清光緒十七年]大清中樞備覽二卷 清光緒十七年(1891)榮禄堂刻本 一冊 存一卷(上)

330000－1701－0103334 G008145 史部/雜史類/斷代之屬

靖逆記六卷 (清)盛大士撰 清刻本 清子□題記 二冊

330000－1701－0103338 G008150 新學/學校

初等小學讀本二編一卷 (清)陳懋治 (清)杜嗣程編譯 清光緒二十八年(1902)南洋公學師範院石印本 一冊

330000－1701－0103343 G609889 集部/總集類/選集之屬/通代

佩文齋詠物詩選四百八十六卷 (清)汪霦等輯 清康熙四十六年(1707)内府刻本 四冊 存四十一卷(一百十二至一百十八、三百四十至三百七十三)

330000－1701－0103346 G008030 史部/傳記類/職官録之屬/總録

[清光緒二十七年]大清搢紳全書四卷 清光緒二十七年(1901)榮禄堂刻本 一冊 存一卷(一)

330000－1701－0103352 G609890 集部/別集類/清別集

湖唐林館駢體文二卷 (清)李慈銘撰 清光緒十年(1884)刻本 一冊

330000－1701－0103353　G008031、G011354、G011614　史部/傳記類/職官録之屬/總録
[清光緒三十年冬季]大清搢紳全書四卷　清光緒三十年(1904)榮禄堂刻本　四册

330000－1701－0103355　G610607　類叢部/叢書類/彙編之屬
龍威秘書十集　(清)馬俊良編　清乾隆五十九年至嘉慶元年(1794－1796)浙江石門馬氏大西山房刻本　六十册　存八十二種

330000－1701－0103356　G008152　類叢部/類書類/專類之屬
四書典制類聯音註三十三卷　(清)閻其淵輯　清刻本　一册　存六卷(二十五至三十)

330000－1701－0103359　G008032　史部/傳記類/職官録之屬/總録
[清光緒十三年冬季]大清搢紳全書四卷　清光緒十三年(1887)榮禄堂刻本　一册　存一卷(三)

330000－1701－0103360　G609891　類叢部/叢書類/自著之屬
柏堂遺書(方柏堂全集)八種附一種　(清)方宗誠撰　清光緒元年至十二年(1875－1886)桐城方氏刻本　二册　存二種

330000－1701－0103363　G008033　史部/傳記類/職官録之屬/總録
[清光緒二十四年]大清搢紳全書四卷　清光緒二十四年(1898)榮禄堂刻本　一册　存一卷(四)

330000－1701－0103365　G010291　集部/詩文評類/制藝之屬
制義叢話二十四卷題名一卷　(清)梁章鉅撰　清咸豐九年(1859)刻本　章嶔題記　八册

330000－1701－0103371　G008034　史部/傳記類/職官録之屬/總録
[清光緒三十三年]大清搢紳全書四卷　清光緒三十三年(1907)榮錄堂刻本　四册

330000－1701－0103374　G008035　史部/傳記類/職官録之屬/總録
[清光緒二十九年冬季]大清搢紳全書四卷　清光緒二十九年(1903)榮禄堂刻本　二册　存二卷(二至三)

330000－1701－0103380　G008036、G010018、G011359　史部/傳記類/職官録之屬/總録
[清光緒二十一年冬季]大清搢紳全書四卷　清光緒二十一年(1895)松竹齋、榮寶齋刻本　四册

330000－1701－0103382　G008155　子部/雜著類/雜說之屬
寄學速成法一卷附錄一卷　林文潛撰　清光緒二十七年(1901)溫州瑞安虹橋寄社刻本　一册　缺一卷(附錄)

330000－1701－0103383　G609892　類叢部/叢書類/自著之屬
曾文正公全集十六種　(清)曾國藩撰　清同治至光緒傳忠書局刻本　二册　存一種

330000－1701－0103386　G010292　集部/別集類/明別集
調象居士外集二卷　(明)沈獅撰　清抄本　張崟批　六册

330000－1701－0103387　G008037　史部/傳記類/職官録之屬/總録
[清光緒二十八年春季]大清搢紳全書四卷　清光緒二十八年(1902)榮禄堂刻本　三册　存三卷(二至四)

330000－1701－0103391　G008038　史部/傳記類/職官録之屬/總録
[清光緒二十八年]大清中樞備覽二卷　清光緒二十八年(1902)榮禄堂刻本　一册　存一卷(下)

330000－1701－0103393　G008039、G011363　史部/傳記類/職官録之屬/總録
[清光緒十五年]大清中樞備覽二卷　清光緒十五年(1889)榮禄堂刻本　二册

330000－1701－0103395　G609894　類叢部/叢書類/自著之屬
香雪崦叢書　(清)平步青撰　清光緒刻本

二册　存五種

330000－1701－0103396　G008040　史部/傳記類/職官録之屬/總録
[清光緒十三年夏季]大清中樞備覽二卷　清光緒十三年(1887)榮錄堂刻本　二册

330000－1701－0103402　G008157　史部/政書類/邦交之屬
中外交涉辯論記略一卷　(清)蔡鈞撰　清光緒二十年(1894)上海弢園老民鉛印本　一册

330000－1701－0103404　G008041　史部/傳記類/職官録之屬/總録
[清光緒三十一年冬季]大清搢紳全書四卷　清光緒三十一年(1905)榮錄堂刻本　三册　存三卷(一至三)

330000－1701－0103405　G008158　類叢部/叢書類/彙編之屬
臨海葉氏蔭玉閣叢書　(清)葉書輯　清光緒臨海葉氏木活字印本　一册　存一種

330000－1701－0103407　G008042、G008712　史部/傳記類/職官録之屬/總録
[清光緒二十七年冬季]大清搢紳全書四卷　清光緒二十七年(1901)榮錄堂刻本　三册　存三卷(二至四)

330000－1701－0103412　G008043　史部/傳記類/職官録之屬/總録
[清宣統三年夏季]大清搢紳全書四卷　清宣統三年(1911)榮錄堂刻本　一册　存一卷(一)

330000－1701－0103415　G008044　史部/傳記類/職官録之屬/總録
[清宣統元年秋季]大清搢紳全書四卷　清宣統元年(1909)榮錄堂刻本　一册　存一卷(四)

330000－1701－0103416　G008159、G008679、G008978、G009681　子部/儒家類/儒學之屬/蒙學
國朝歷科發蒙小品六卷　(清)唐惟懋編　(清)吳鳳儀注　清刻本　四册

330000－1701－0103419　G008045　史部/傳記類/職官録之屬/總録
[清宣統二年春季]大清中樞備覽二卷　清宣統二年(1910)京都榮寶齋刻本　一册　存一卷(上)

330000－1701－0103421　G010293　子部/儒家類/儒學之屬
朱子抄十卷　(明)孫應奎　(明)劉教輯　明嘉靖十八年(1539)陳鶴刻本　六册

330000－1701－0103422　G008046　史部/傳記類/職官録之屬/總録
[清同治十三年]大清搢紳全書四卷　清同治十三年(1874)榮錄堂刻本　一册　存一卷(四)

330000－1701－0103424　G008160　史部/地理類/雜志之屬
三晉見聞錄一卷　(清)齊翀撰　清光緒六年(1880)天空海闊之居刻本　一册

330000－1701－0103425　G008047　史部/傳記類/職官録之屬/總録
[清光緒十九年秋季]大清中樞備覽二卷　清光緒十九年(1893)善成堂刻本　二册

330000－1701－0103426　G008048　史部/傳記類/職官録之屬/總録
[清光緒二十九年]大清搢紳全書四卷　清光緒二十九年(1903)榮禄堂刻本　四册

330000－1701－0103427　G008161　子部/宗教類/道教之屬
濟一子證道秘書十七種　(清)傅金銓輯　清刻本　二册　存一種

330000－1701－0103428　G010294　集部/總集類/彙編之屬
漢魏六朝一百三家集(漢魏六朝百三名家集)　(明)張溥編　明婁東張氏刻本　四册　存四種

330000－1701－0103429　G609896　集部/別集類/清別集
半巖廬遺集二卷　(清)邵懿辰撰　清光緒三

十四年(1908)邵章等刻本　二册

330000－1701－0103431　G008051　史部/傳記類/職官録之屬/總録

[清光緒三十二年夏季]大清中樞備覽二卷　清光緒三十二年(1906)榮録堂刻本　一册　存一卷(下)

330000－1701－0103432　G008049　史部/傳記類/職官録之屬/總録

[清光緒二十五年秋季]大清搢紳全書四卷　清光緒二十五年(1899)榮録堂刻本　四册

330000－1701－0103434　G008162、G009459　類叢部/叢書類/彙編之屬

古棠書屋叢書十八種　(清)孫澍　(清)孫錤編　清道光鵝溪孫氏刻本　八册　存一種

330000－1701－0103435　G008050、G009511　史部/傳記類/職官録之屬/總録

[清光緒五年冬季]大清中樞備覽二卷　清光緒五年(1879)榮録堂刻本　二册

330000－1701－0103436　G010295　集部/別集類/唐五代別集

唐柳河東集四十五卷外集五卷遺文一卷附録一卷　(唐)柳宗元撰　(明)蔣之翹輯注　清乾隆五十三年(1788)楊廷理雙梧居刻嘉慶十三年(1808)補刻本　章欽題記　二十册

330000－1701－0103438　G610588　經部/小學類

澤存堂五種　(清)張士俊輯　清康熙吴郡張士俊澤存堂刻本　三册　存二種

330000－1701－0103440　G008052　史部/傳記類/職官録之屬/總録

[清光緒二十四年]大清搢紳全書四卷　清光緒二十四年(1898)榮録堂刻本　三册　存三卷(二至四)

330000－1701－0103443　G008053　史部/傳記類/職官録之屬/總録

[清光緒十一年]大清中樞備覽二卷　清光緒十一年(1885)榮録堂刻本　一册　存一卷(下)

330000－1701－0103444　G008295　子部/兵家類/兵法之屬

混成協戰術一卷　清末鉛印本　一册

330000－1701－0103445　G008170　史部/政書類/儀制之屬/專志/科舉校規

增補貢舉考畧(明貢舉考畧二卷國朝貢舉考畧三卷)五卷　(清)黄崇蘭輯　(清)趙學曾續輯　清道光刻本　三册　存三卷(國朝貢舉考畧一至三)

330000－1701－0103448　G008054　史部/傳記類/職官録之屬/總録

浙省同官錄不分卷　(清)□□編　稿本　一册

330000－1701－0103449　G010296　子部/宗教類/佛教之屬/經疏

大佛頂如來密因修證了義諸菩薩萬行首楞嚴經(楞嚴意解)十卷　(唐)釋智通撰　明末刻本　十册

330000－1701－0103450　G008296、G008657、G010638　集部/小説類/長篇之屬

品花寶鑑六十回　(清)陳森撰　清刻本　三十册　存五十六回(三至十六、十九至六十)

330000－1701－0103451　G008055　史部/傳記類/職官録之屬/總録

[清光緒十二年]大清搢紳全書四卷　清光緒十二年(1886)刻本　一册　存一卷(四)

330000－1701－0103453　G008056　史部/傳記類/職官録之屬/總録

[清宣統三年秋季]大清搢紳全書四卷　清宣統三年(1911)榮録堂刻本　五册

330000－1701－0103454　G008297、G011080　子部/術數類/占卜之屬

靈棋經二卷　(晉)顔幼明　(南朝宋)何承天　(元)陳師凱　(明)劉基注解　清刻本　二册

330000－1701－0103455　G611989　類叢部/叢書類/郡邑之屬

武林往哲遺箸五十二種後編十種　(清)丁丙

編　清光緒二十年至二十六年(1894－1900)錢塘丁氏嘉惠堂刻本　三册　存一種

330000－1701－0103460　G008057　史部/傳記類/職官録之屬/總録
[清光緒三十一年]大清搢紳全書四卷　清光緒三十一年(1905)榮録堂刻本　一册　存一卷(三)

330000－1701－0103462　G008058、G008061　史部/傳記類/職官録之屬/總録
[清光緒二十年冬季]爵秩全覽四卷　清光緒二十年(1894)松竹齋、榮寶齋刻本　三册　存三卷(二至四)

330000－1701－0103463　G008163　子部/宗教類/佛教之屬/經
妙法蓮華經七卷　(後秦)釋鳩摩羅什譯　清光緒九年(1883)刻本　清邱震題記　四册

330000－1701－0103466　G008059　史部/傳記類/職官録之屬/總録
[清光緒二十年冬季]大清中樞備覽二卷　清光緒二十年(1894)松竹齋、榮寶齋刻本　二册

330000－1701－0103467　G611992　經部/四書類/論語之屬/傳說
論語古訓十卷附一卷　(清)陳鱣撰　清光緒九年(1883)浙江書局刻本　二册

330000－1701－0103470　G611993　經部/四書類/論語之屬/傳說
論語古訓十卷附一卷　(清)陳鱣撰　清光緒九年(1883)浙江書局刻本　二册

330000－1701－0103471　G008060　史部/傳記類/職官録之屬/總録
[清光緒二十九年]大清中樞備覽二卷　清光緒二十九年(1903)榮録堂刻本　一册　存一卷(下)

330000－1701－0103474　G611994　子部/儒家類/儒學之屬/經濟
繹志十九卷　(清)胡承諾撰　清同治十一年(1872)浙江書局刻本　八册

330000－1701－0103478　G611995　子部/醫家類/類編之屬
醫署六書三十二卷　(清)徐大椿撰　清光緒二十九年(1903)上海趙翰香居鉛印本　十五册　存二十四卷(傷寒約編一至八、雜病證治一至九、女科指要一至七)

330000－1701－0103483　G609897　集部/別集類/清別集
半巖廬遺集二卷　(清)邵懿辰撰　清光緒三十四年(1908)邵章等刻本　二册

330000－1701－0103487　G610590　類叢部/叢書類/自著之屬
振綺堂遺書五種　(清)汪遠孫撰　清道光刻民國十一年(1922)錢唐汪氏彙印本　五册　存一種

330000－1701－0103488　G611996　經部/小學類/音韻之屬/韻書
詩韻集成十卷附詞林典腋一卷　(清)余照輯　清咸豐五年(1855)務本堂刻本　一册　存六卷(五至十)

330000－1701－0103490　G008300、G009001、G010895、G009580　史部/政書類/律令之屬/治獄
刑案匯覽六十卷首一卷末一卷拾遺備考一卷續增十六卷　(清)祝慶祺輯　**新增刑案匯覽十六卷首一卷**　(清)潘文舫輯　清光緒十二年(1886)上海圖書集成局鉛印本　四十册

330000－1701－0103492　G008299、G008880、G009878　史部/政書類
九通全書　(清)□□輯　清光緒二十七年至二十八年(1901－1902)貫吾齋石印本　四十八册　存七種

330000－1701－0103494　G010105　集部/別集類/清別集
百一草堂集唐初刻二卷二刻二卷三刻二卷　(清)柴才撰　(清)顧大本　(清)邱甸編　清乾隆二十五年(1760)百一草堂刻本　四册

330000－1701－0103496　G010298　子部/宗

教類/佛教之屬/諸宗
石屋語錄二卷 (元)釋清珙撰 (元)釋至柔輯 清同治十二年(1873)釋宗仁刻本 一冊

330000-1701-0103500 G609901 集部/別集類/清別集
樂道堂集十種 (清)奕訢撰 清咸豐至光緒刻本 二冊 存一種

330000-1701-0103503 G008302 子部/雜著類/雜說之屬
青龍偃月刀四卷首一卷 清光緒二十八年(1902)木活字印本 二冊 存三卷(首、一至二)

330000-1701-0103504 G010299 類叢部/叢書類/彙編之屬
津河廣仁堂叢書八十四種 (清)□□編 清光緒津河廣仁堂刻本 三冊 存二種

330000-1701-0103506 G008167 集部/總集類/選集之屬/斷代
朋舊遺詩合鈔二十二卷 (清)曾燠輯 清嘉慶十年(1805)賞雨茆屋刻本 四冊

330000-1701-0103507 G008168 史部/政書類/儀制之屬/典禮
直省釋奠禮樂記六卷首一卷 (清)應寶時等輯 清抄本 一冊

330000-1701-0103512 G610591 集部/別集類/唐五代別集
樊南文集詳註八卷 (唐)李商隱撰 (清)馮浩注 清乾隆四十五年(1780)馮氏德聚堂刻同治七年(1868)桐鄉馮寶圻重修醉六堂印本 四冊

330000-1701-0103514 G008171 史部/編年類/通代之屬
御批歷代通鑑輯覽一百二十卷 (清)傅恒等撰 清刻本 三冊 存七卷(七至九、二十一至二十四)

330000-1701-0103516 G610592 集部/詞類/類編之屬
小檀欒室彙刻閨秀詞十集一百種 徐乃昌編 清光緒二十一年至二十二年(1895-1896)南陵徐乃昌刻本 八冊 存四十七種

330000-1701-0103519 G008172 史部/詔令奏議類/奏議之屬
龔端毅公奏疏八卷附一卷 (清)龔鼎孳撰 清刻本 二冊

330000-1701-0103523 G609903 類叢部/叢書類/彙編之屬
申報館叢書正集五十七種附錄三種續集一百四十二種 (清)尊聞閣主編 蔡爾康編續集 清同治至光緒上海申報館鉛印本 一冊 存一種

330000-1701-0103526 G010300 子部/宗教類/佛教之屬/經
地藏菩薩本願經三卷 (唐)釋實叉難陀譯 清同治五年(1866)刻本 一冊

330000-1701-0103527 G610593 史部/地理類/山川之屬/山志
天台山方外志三十卷 (明)釋傳燈撰 清光緒二十年(1894)佛隴真覺寺刻本 七冊 存二十六卷(一至二十六)

330000-1701-0103528 G010301 子部/宗教類/佛教之屬/經
大方廣圓覺修多羅了義經二卷 (唐)釋佛陀多羅譯 清同治十二年(1873)釋宗仁刻本 一冊

330000-1701-0103529 G008173 史部/傳記類/總傳之屬/家乘
[浙江德清]德清傅氏宗譜十二卷 (清)傅雲龍纂修 清光緒十二年(1886)刻本 一冊 存一卷(十二)

330000-1701-0103532 G609904 類叢部/叢書類/彙編之屬
知不足齋叢書一百九十五種 (清)鮑廷博編 (清)鮑士恭續編 清乾隆三十七年至道光三年(1772-1823)長塘鮑氏刻彙印本 二十七冊 存二十四種

330000-1701-0103535 G010302 經部/四

書類/總義之屬/傳說

四書考輯要二十卷 （清）陳弘謀輯　清乾隆三十六年（1771）陳氏培遠堂刻本　十册

330000－1701－0103537　G010303　子部/宗教類/道教之屬

彙纂功過格十二卷首一卷末一卷 清同治十一年（1872）鐵華山館刻本　七册　存十一卷（首、一、五至十二、末）

330000－1701－0103547　G612001、G612002　新學/政治法律/律例

日本法規大全二十五卷首一卷 （清）劉崇傑等譯　**日本法規解字一卷**　錢恂　董鴻禕編　清宣統二年（1910）上海商務印書館鉛印本　七十七册　缺一卷（二）

330000－1701－0103548　G008177　類叢部/叢書類/彙編之屬

惜陰軒叢書三十四種續編一種 （清）李錫齡編　清光緒刻本　四册　存一種

330000－1701－0103553　G610595　經部/叢編

仿宋相臺五經附考證 清光緒二年（1876）江南書局刻本　一册　存一種

330000－1701－0103556　G008485、G010305　子部/宗教類/佛教之屬/諸宗

指月錄三十二卷 （明）瞿汝稷輯　清同治十一年（1872）杭州昭慶寺慧空經房刻本　十册　存三十一卷（一至九、十一至三十二）

330000－1701－0103557　M609487、M610008　類叢部/叢書類/彙編之屬

峭帆樓叢書十八種 趙詒琛編　清宣統三年至民國八年（1911－1919）新陽趙氏峭帆樓刻本　三册　存三種

330000－1701－0103560　G010306　新學/交涉/公法

公法總論一卷 （英國）羅伯村撰　（英國）傅蘭雅　（清）汪振聲譯　清光緒江南製造總局鉛印本　一册

330000－1701－0103563　G010307　子部/術數類/占卜之屬

觀音靈課不分卷 清抄本　一册

330000－1701－0103564　G010308　類叢部/叢書類/彙編之屬

高安朱文端公校輯藏書（朱文端公藏書）十三種 （清）朱軾撰輯　清康熙至乾隆刻彙印本　四册　存一種

330000－1701－0103576　G609905　類叢部/叢書類/彙編之屬

知不足齋叢書一百九十五種 （清）鮑廷博編　（清）鮑士恭續編　清乾隆三十七年至道光三年（1772－1823）長塘鮑氏刻彙印本　二十册　存十五種

330000－1701－0103578　G010309　子部/儒家類/儒學之屬/蒙學

六藝綱目二卷附發原一卷字原一卷 （元）舒天民撰　（元）舒恭注　（明）趙宜中附注　**重刊六藝綱目札記一卷**　（清）管禮耕撰　清光緒八年（1882）汪鳴鑾籀書誃刻本　二册

330000－1701－0103579　G008179　史部/政書類/邦計之屬

浙江省試辦宣統四年預算説明書不分卷 清宣統三年（1911）浙江清理財政局石印本　一册

330000－1701－0103581　G010310　類叢部/叢書類/彙編之屬

海源閣叢書六種續刊一種 （清）楊以增編　清咸豐二年至五年（1852－1855）聊城楊氏海源閣刻本　二册　存一種

330000－1701－0103588　G610605　史部/政書類/通制之屬

石渠餘紀六卷 （清）王慶雲撰　清光緒十四年（1888）寧鄉黃氏刻本　六册

330000－1701－0103593　G010311、G010444、G010445、G010446、G010447、G010448、G010449　子部/宗教類/佛教之屬/大藏

徑山藏 明萬曆十七年（1589）至清嘉慶五臺、嘉興、徑山等地刻本　三十五册　存六種

330000－1701－0103596　G008182、G009621　類叢部/叢書類/家集之屬

得一山房四種　(清)唐景崧等撰　清光緒十九年(1893)刻本　八冊　存三種

330000－1701－0103608　G010318　集部/總集類/選集之屬/通代

高等學堂國文講義八卷　唐文治輯　清宣統元年(1909)上海文明書局鉛印本　二冊　存二卷(一至二)

330000－1701－0103611　G010319　子部/術數類/相宅相墓之屬

山家肪玉十二種十二卷　(清)清瑤館主人輯　清刻本　二冊

330000－1701－0103617　G010320　子部/宗教類/佛教之屬/諸宗

西方樂四十八詠一卷總詠一卷附刊一卷　(清)釋德輝述　清光緒二十六年(1900)釋傳道等刻本　一冊

330000－1701－0103619　G010321、G008573　子部/宗教類/佛教之屬/經

悲華經十卷　(晉)釋曇無讖譯　清同治十年(1871)刻本　三冊

330000－1701－0103620　G010322　史部/政書類/律令之屬/律例

欽定吏部處分則例五十二卷　清嘉慶刻本　十六冊

330000－1701－0103631　G610570　史部/傳記類/總傳之屬/郡邑

海寧鄉賢錄一卷附錄一卷　(清)許湘祥輯　清光緒二十九年(1903)刻本　二冊

330000－1701－0103637　G008185　史部/傳記類/總傳之屬/斷代

方氏崇祀鄉賢錄□□卷　清末刻本　一冊　存一卷(二)

330000－1701－0103640　G010385、G009534　經部/讖緯類/總義之屬

古微書三十六卷　(明)孫瑴輯　清光緒二十一年(1895)上海鴻文書局石印本　三冊　存二十八卷(九至三十六)

330000－1701－0103644　G010386　新學/醫學

保全生命論一卷附一卷　(英國)古蘭肥勒撰　(英國)秀耀春口譯　(清)趙元益筆述　清光緒二十七年(1901)上海石印本　一冊

330000－1701－0103646　G609906　子部/醫家類/婦科之屬/通論

女科仙方四卷　(清)傅山撰　清刻本　一冊　存二卷(三至四)

330000－1701－0103648　G008188　史部/政書類/公牘檔冊之屬

諮議局章程不分卷　石泉撰　清末石印本　一冊

330000－1701－0103649　G010387　集部/詞類/詞韻之屬

榕園詞韻一卷發凡一卷附欽定四庫全書詞集目一卷　(清)吴寧撰　清抄本　二冊

330000－1701－0103651　G609907　史部/史表類/通代之屬

歷代統系錄六卷　(清)黄本騏撰　清光緒二十八年(1902)上海鴻寶齋石印本　二冊

330000－1701－0103652　G610572　類叢部/類書類/專類之屬

李氏蒙求補注六卷　(唐)李瀚撰　(清)金三俊補注　清末刻本　二冊

330000－1701－0103653　G008189　史部/政書類/公牘檔冊之屬

莊暴錄一卷辛亥鬧荒記一卷　清末抄本　一冊

330000－1701－0103656　G008391、G009454　集部/總集類/課藝之屬

紫陽書院課藝不分卷　(清)高學治　(清)駱金藻　(清)陸宗翰編次　**紫陽書院課藝續編不分卷**　(清)吴以同　(清)秦恩溥　(清)鄒在寅編次　清同治六年(1867)、十年(1871)刻本　七冊

330000－1701－0103658　G010388　子部/小說家類/諧謔之屬
笑話奇談四卷　（清）天然癡道人撰　清末石印本　二册

330000－1701－0103659　G610573　子部/宗教類/佛教之屬/總録
雲棲法彙二十九種　（明）釋祩宏撰　（明）王宇春等輯　清光緒十八年至二十五年（1892－1899）金陵刻經處刻本　二册　存一種

330000－1701－0103661　G009733、G010389、G011190　子部/醫家類/綜合之屬/通論
古吳童氏重校醫宗必讀十卷　（明）李中梓撰　清光緒二十四年（1898）石印本　三册　存六卷（一至二、七至十）

330000－1701－0103664　G609908、G612018　史部/地理類
小方壺齋輿地叢鈔十二帙　（清）王錫祺輯　清光緒十七年（1891）上海著易堂鉛印本　十四册　存二百五十五種

330000－1701－0103666　G610574　類叢部/叢書類/彙編之屬
振綺堂叢刊八種　（清）□□輯　清嘉慶至光緒汪氏振綺堂刻本　一册　存二種

330000－1701－0103667　G010390　類叢部/叢書類/自著之屬
曾文正公四種　（清）曾國藩撰　清光緒三十一年（1905）上海商務印書館鉛印本　一册　存一種

330000－1701－0103670　G610575　類叢部/叢書類/彙編之屬
振綺堂叢刊八種　（清）□□輯　清嘉慶至光緒汪氏振綺堂刻本　一册　存二種

330000－1701－0103671　G610576　類叢部/叢書類/彙編之屬
振綺堂叢刊八種　（清）□□輯　清嘉慶至光緒汪氏振綺堂刻本　一册　存二種

330000－1701－0103673　G610577　子部/雜著類/雜說之屬
定香亭筆談四卷　（清）阮元撰　清光緒二十五年（1899）浙江書局刻本　四册

330000－1701－0103674　G010392　集部/戲劇類/傳奇之屬
四聲猿四卷　（明）徐渭撰　（明）澂道人評點　清道光元年（1821）刻本　一册

330000－1701－0103676　G610578　子部/雜著類/雜說之屬
定香亭筆談四卷　（清）阮元撰　清光緒二十五年（1899）浙江書局刻本　四册

330000－1701－0103677　G610579　經部/禮記類/傳說之屬
續禮記集說一百卷　（清）杭世駿撰　清光緒二十一年至三十年（1895－1904）浙江書局刻本　四十册

330000－1701－0103679　G010394　子部/小說家類/異聞之屬
埋憂集十卷續集二卷　（清）朱翊清撰　清同治十二年（1873）刻本　一册　缺十卷（三至十、續集一至二）

330000－1701－0103680　M604373　子部/宗教類/佛教之屬/大藏
頻伽精舍校刊大藏經　釋宗仰等輯　清宣統元年至民國二年（1909－1913）迦陵羅詩氏頻伽精舍上海鉛印本　九十六册　存一百九十九種

330000－1701－0103682　G010395　類叢部/叢書類/彙編之屬
鐵香室叢刻初集四種續集六種　（清）李世勖編　清光緒刻本　一册　存續集一種

330000－1701－0103688　G010396、G009546　史部/編年類/通代之屬
通鑑綱目釋地糾謬六卷　（清）張庚撰　清光緒十二年（1886）上海還讀樓刻本　二册

330000－1701－0103690　G010397　經部/叢編
重刊宋本十三經注疏四百十六卷　附十三經注疏校勘記四百十六卷　（清）阮元撰　（清）

盧宣旬摘錄　**校勘記識語四卷**　(清)汪文臺撰　清光緒三十年(1904)上海同文升記石印本　三十一册　缺一百十七卷(毛詩注疏二十一至七十、校勘記二十一至七十,禮記注疏二十七至四十三)

330000－1701－0103691　G008394　類叢部/叢書類/自著之屬
香禪精舍集十種附一種另附四種　(清)潘鍾瑞撰　清光緒長洲潘氏香禪精舍刻本　一册　存一種

330000－1701－0103698　G612003　類叢部/叢書類/彙編之屬
申報館叢書正集五十七種附錄三種續集一百四十二種　(清)尊聞閣主編　蔡爾康編續集　清同治至光緒上海申報館鉛印本　一册　存一種

330000－1701－0103700　G008395　子部/宗教類/道教之屬
關聖帝君覺世經一卷文昌帝君陰騭文一卷太上感應篇一卷　清光緒杭州瑪瑙經房刻本　一册

330000－1701－0103701　G612004　史部/傳記類/總傳之屬/忠孝
規復兩浙節孝總祠事蹟一卷鄉賢崇祀錄一卷　(清)□□輯　清末刻本　一册

330000－1701－0103704　G612006　史部/傳記類/總傳之屬/忠孝
規復兩浙節孝總祠事蹟一卷鄉賢崇祀錄一卷　(清)□□輯　清末刻本　一册

330000－1701－0103707　G008397　史部/政書類/公牘檔冊之屬
靜軒公暨涵清公祭祀章程簿不分卷　清光緒三十年(1904)董慶堧抄本　一册

330000－1701－0103710　G008192、G011036　史部/政書類/儀制之屬/專志/謚法
國朝館選爵里謚法考六卷　(清)吳鼎雯輯　(清)勞崇光等續輯　清道光至咸豐刻本　三册　存三卷(一至三)

330000－1701－0103711　G008398　史部/政書類/公牘檔冊之屬
漢宿公暨舜颺公祭祀章程簿不分卷　清光緒三十年(1904)董慶堧抄本　一册

330000－1701－0103713　G612007　類叢部/叢書類/彙編之屬
說鈴前集三十七種後集十六種　(清)吳震方編　清刻本　一册　存三種

330000－1701－0103714　G609911　子部/農家農學類/蠶桑之屬
喝茫蠶書八卷　(法國)喝茫勒窩滂撰　(清)鄭守箴譯　清光緒二十四年(1898)杭州蠶學館石印本　一册

330000－1701－0103718　G008193　史部/詔令奏議類/奏議之屬
法部奏秋審案内可矜各項人犯分別改爲流徒摺不分卷　清光緒三十二年(1906)刻本　一册

330000－1701－0103719　G008399、G610310　子部/農家農學類/獸醫之屬
新刊纂圖元亨療馬集六卷圖像水黃牛經大全二卷駝經一卷　(明)喻仁　(明)喻傑撰　清乾隆元年(1736)刻本　五册　存五卷(一至二、四至六)

330000－1701－0103721　G610031、G612008　類叢部/叢書類/彙編之屬
申報館叢書正集五十七種附錄三種續集一百四十二種　(清)尊聞閣主編　蔡爾康編續集　清同治至光緒上海申報館鉛印本　二册　存一種

330000－1701－0103722　G612009　類叢部/叢書類/彙編之屬
正覺樓叢刻(正覺樓叢書)二十九種　(清)崇文書局編　清光緒崇文書局刻本　一册　存一種

330000－1701－0103723　G008400、G009645　史部/傳記類/總傳之屬/通代
船山師友記十七卷首一卷　羅正鈞纂　清光

緒三十三年(1907)刻本　清陳三立跋　三册

330000－1701－0103724　G609912　子部/雜著類/雜編之屬
人海記二卷　(清)查慎行撰　清宣統二年(1910)掃葉山房石印本　一册　存一卷(下)

330000－1701－0103726　G610580　類叢部/叢書類/彙編之屬
漸西村舍彙刊(漸西村舍叢刻)四十四種　(清)袁昶編　清光緒十六年至二十四年(1890－1898)桐廬袁氏刻本　八册　存一種

330000－1701－0103728　G609913　史部/傳記類/總傳之屬
二十四史人物類考四十六卷　(清)程維周輯　清光緒二十九年(1903)上海緯文閣石印本　一册　存七卷(一至七)

330000－1701－0103729　G008401　類叢部/叢書類
書帶草堂叢書　清光緒刻本　一册　存一種

330000－1701－0103731　G612011　史部/政書類/律令之屬/律例
大清光緒新法令十三卷附錄一卷　商務印書館編譯所編纂　清宣統元年(1909)上海商務印書館鉛印本　施伯恒題記　十四册　存十一卷(一至六、九、十一至十三,附錄)

330000－1701－0103732　G610581　子部/宗教類/佛教之屬/經
觀佛三昧海經十卷　(南朝宋)釋佛陀跋陀羅譯　清光緒十七年(1891)金陵刻經處刻本　二册

330000－1701－0103733　G008195　史部/雜史類/外紀之屬
東瀛紀事不分卷　(清)楊廷理輯　清刻本　一册

330000－1701－0103735　G610582　集部/總集類/選集之屬/通代
歷朝賦格三集十五卷　(清)陸棻輯並評　清康熙二十五年(1686)刻本　十册

330000－1701－0103736　G609914、G008765　子部/小說家類/雜事之屬
豆棚談助四卷　(清)鈍盦　(清)憨齋撰　清末上海蘇報館鉛印本　四册

330000－1701－0103738　G008402　史部/傳記類/日記之屬
籥盦東游日記一卷　凌文淵撰　清光緒三十年(1904)江南商務總局鉛印本　一册

330000－1701－0103739　G610583　子部/叢編
子書百家　(清)崇文書局編　清光緒元年(1875)湖北崇文書局刻本　四册　存三種

330000－1701－0103743　G008403　集部/別集類/清別集
慨世贅詞一卷　(清)守拙子撰　清光緒二十六年(1900)刻朱印本　一册

330000－1701－0103744　G008196　史部/目録類/總録之屬/彙刻
彙刻書目二十卷　清抄本　四册　存四卷(四、八至十)

330000－1701－0103746　G609917　集部/總集類/選集之屬/通代
古文近道集八卷　(清)王贊元輯　清同治七年(1868)山陰王氏培槐軒刻本　一册　存四卷(一至四)

330000－1701－0103748　G008197　史部/政書類/律令之屬/律例
地方官承緝接緝準例不分卷　清光緒抄本　一册

330000－1701－0103752　G609918　新學/農政/蠶務
最新養蠶學八卷　(日本)針塚長太郎撰　(日本)野浦齋譯　清光緒三十年(1904)浙江官書局鉛印本　一册

330000－1701－0103756　G008404　子部/宗教類/佛教之屬/經
佛頂尊勝陀羅尼經一卷　(唐)佛陀波利譯　清刻本　一册

330000－1701－0103757　G008198　史部/政書類/律令之屬/律例

大清律例增修統纂集成四十卷督捕則例附纂二卷　(清)姚潤輯　(清)陶駿　(清)陶念霖增輯　清光緒十一年(1885)浙省聚文堂刻本　一册　存一卷(一)

330000－1701－0103761　G010398　經部/小學類/文字之屬/字書/字典

康熙字典十二集三十六卷總目一卷檢字一卷辨似一卷等韻一卷補遺一卷備考一卷　(清)張玉書等纂修　清刻本　一册　存一卷(丑集中)

330000－1701－0103762　G609919　類叢部/叢書類/自著之屬

煙嶼樓集四種　(清)徐時棟撰　清同治至光緒刻彙印本　四册　存二種

330000－1701－0103764　G008199　集部/總集類/選集之屬

越中鉗不分卷　清抄本　一册

330000－1701－0103766　G010399　史部/政書類/通制之屬

廣治平畧三十六卷　(清)蔡方炳撰　清刻本　夏定域題簽　七册　缺五卷(一至五)

330000－1701－0103767　G008405　集部/總集類/尺牘之屬

賴古堂尺牘新鈔一卷　(清)高阜　(清)羅燈選　清抄本　一册

330000－1701－0103768　G609921　史部/編年類/通代之屬

御批歷代通鑑輯覽一百二十卷　(清)傅恒等撰　清同治十三年(1874)湖南書局刻本　一册　存二卷(一至二)

330000－1701－0103769　G008200　史部/傳記類/科舉録之屬

齒録不分卷　清末刻本　一册

330000－1701－0103772　G010400　類叢部/叢書類/彙編之屬

武英殿聚珍版書三十九種　清乾隆浙江刻本　九册　存七種

330000－1701－0103774　G610585　類叢部/叢書類/彙編之屬

十萬卷樓叢書五十一種　(清)陸心源編　清光緒歸安陸氏刻本(歲時廣記卷六原缺)　二十三册　存十九種

330000－1701－0103776　G612014　類叢部/叢書類/彙編之屬

粤雅堂叢書一百八十五種　(清)伍崇曜編　清道光二十九年至光緒十一年(1849－1885)南海伍氏刻彙印本　七册　存四種

330000－1701－0103778　G008201　新學/學校

教育叢書初集十一種二集十五種三集十一種　(清)教育世界社編譯　清光緒教育世界出板所刻本暨石印本　六册　存六種

330000－1701－0103783　G612015　子部/藝術類/書畫之屬/總論

清河書畫舫十二卷鑒古百一詩一卷　(明)張丑輯　清乾隆二十八年(1763)池北草堂刻本　十二册

330000－1701－0103785　G609922　集部/別集類/清別集

倚柁吟遺稾二卷　(清)任塍撰　清宣統元年(1909)鉛印本　一册

330000－1701－0103786　G610586　類叢部/叢書類/彙編之屬

十萬卷樓叢書五十一種　(清)陸心源編　清光緒歸安陸氏刻本(歲時廣記卷六原缺)　十九册　存八種

330000－1701－0103789　G008407　史部/傳記類/總傳之屬

辛未紹郡公車齒錄一卷　清同治十年(1871)刻本　清胡穎之題記　一册

330000－1701－0103792　G609923　史部/傳記類/職官録之屬/總録

[清光緒十二年]浙江同官錄不分卷　(清)許應鑅編　清光緒十二年(1886)刻本　八册

330000－1701－0103794　G010405　史部/政書類/通制之屬
廣治平畧補編八卷　(清)蔡方炳撰　清末鉛印本　夏定域題記　二冊

330000－1701－0103799　G612016　類叢部/叢書類/彙編之屬
武英殿聚珍版書三十九種　清乾隆浙江刻本　九冊　存二種

330000－1701－0103801　G609925　子部/農家農學類/蠶桑之屬
蠶桑說一卷　(清)沈練撰　清光緒十四年(1888)溧陽沈氏歸安縣署刻本　一冊

330000－1701－0103803　G010406　子部/儒家類/儒學之屬/經濟
皇朝經世文編初續一百二十卷姓名總目二卷生存姓名一卷　(清)饒玉成輯　清刻本　九冊　存三十三卷(一至三、三十六至四十八、七十二至八十八)

330000－1701－0103805　G612017　子部/雜著類/雜編之屬
文變三卷　蔡元培選輯　清光緒二十八年(1902)上海商務印書館鉛印本　一冊

330000－1701－0103807　G610587　子部/叢編
意林逸子　清光緒刻本　二冊　存一種

330000－1701－0103809　G010407　新學/算學/代數
代數備旨全草不分卷　(清)徐錫麟編　清光緒二十九年(1903)上海支那新書局石印本　六冊

330000－1701－0103810　G609927　類叢部/叢書類/自著之屬
寄龕襍箸　(清)孫德祖撰　清光緒十六年(1890)刻本　一冊　存一種

330000－1701－0103812　G612019　類叢部/叢書類/彙編之屬
國粹叢書四十九種　(清)國學保存會編　清光緒至宣統鉛印本　四冊　存四種

330000－1701－0103815　M609525　子部/宗教類/佛教之屬/大藏
頻伽精舍校刊大藏經　釋宗仰等輯　清宣統元年至民國二年(1909－1913)迦陵羅詩氏頻伽精舍上海鉛印本　一冊　存總目

330000－1701－0103818　G010408　集部/小說類/短篇之屬
詳註聊齋志異圖詠十六卷　(清)蒲松齡撰　(清)吕湛恩注　(清)徐潤編　清末石印本　三冊　存六卷(十一至十六)

330000－1701－0103820　G609929　類叢部/叢書類/彙編之屬
稗海四十六種續稗海二十四種　(明)商濬編　明萬曆商氏半埜堂刻本　一冊　存一種

330000－1701－0103824　G008410　史部/目録類/總録之屬/禁燬
禁書總目一卷　清刻本　一冊

330000－1701－0103827　G010411　類叢部/叢書類/自著之屬
隨園三十六種　(清)袁枚撰　清光緒十八年(1892)上海圖書集成印書局鉛印本　五冊　存三種

330000－1701－0103828　G008205、G008883、G011561　史部/詔令奏議類/奏議之屬
沈文肅公政書七卷首一卷　(清)沈葆楨撰　清光緒六年(1880)吳門節署刻本　八冊　缺一卷(八)

330000－1701－0103831　G008412　集部/曲類/寶卷之屬
如如老祖化度眾生指往西方寶卷全集一卷　清刻本　一冊

330000－1701－0103836　G008413　子部/雜著類
樂善錄十卷首一卷　(清)丁丙撰　清光緒二十七年(1901)錢塘丁氏刻本　一冊　存一卷(十)

330000－1701－0103838　G610568　類叢部/叢書類/彙編之屬

武英殿聚珍版書一百四十八種 清乾隆四十二年(1777)福建刻道光至同治遞修光緒二十一年(1895)增刻本 一百四十二冊 存四十一種

330000－1701－0103840 G612020 類叢部/叢書類/彙編之屬

仰視千七百二十九鶴齋叢書四十種 (清)趙之謙編 清光緒會稽趙氏刻本 三冊 存三種

330000－1701－0103841 G008414 子部/宗教類/佛教之屬/總録

雲棲法彙二十九種 (明)釋袾宏撰 (明)王宇春等輯 清光緒十八年至二十五年(1892－1899)金陵刻經處刻本 一冊 存二種

330000－1701－0103842 G609930、G008504 史部/地理類/雜志之屬

會稽三賦四卷 (宋)王十朋撰 (明)南逢吉注 (明)尹壇補注 清同治十二年(1873)會稽章氏刻本 二冊 存二卷(一、三)

330000－1701－0103843 M604374 子部/宗教類/佛教之屬/大藏

頻伽精舍校刊大藏經 釋宗仰等輯 清宣統元年至民國二年(1909－1913)迦陵羅詩氏頻伽精舍上海鉛印本 十冊 存一百六十種

330000－1701－0103844 G010414 史部/政書類/律令之屬/治獄

恩將讎報録一卷 (清)程柱撰 清光緒三十二年(1906)虞易謫仙館石印本 一冊

330000－1701－0103846 G609931 類叢部/叢書類/自著之屬

振綺堂遺書五種 (清)汪遠孫撰 清道光刻民國十一年(1922)錢唐汪氏彙印本 一冊 存一種

330000－1701－0103847 G008415 集部/總集類

浙江校士錄不分卷 (清)潘鴻等撰 清刻本 四冊

330000－1701－0103848 G010415、G011220 史部/編年類/通代之屬

御批歷代通鑑輯覽一百二十卷 (清)傅恒等撰 清光緒二十八年(1902)上海藻文書局石印本 十七冊 存一百五卷(一至八十四、一百至一百二十)

330000－1701－0103853 G609932 子部/宗教類/道教之屬/經文

陰符經發隱一卷道德經發隱一卷沖虛經發隱一卷南華經發隱一卷 (清)楊文會注 清光緒二十二年至三十年(1896－1904)金陵刻經處刻本 一冊

330000－1701－0103857 G612022、G610077 史部/紀傳類/正史之屬

二十四史附考證 清石印本 二冊 存一種

330000－1701－0103860 G008207 集部/別集類/明別集

漱玉齋文集三卷 (明)鄧雲霄撰 清同治十一年(1872)刻本 二冊 存二卷(一、三)

330000－1701－0103863 G008208 集部/總集類/題詠之屬

萍因蕉夢十二圖題辭二卷松陰詩逸圖題辭一卷 (清)金鰲廷撰 清光緒五年(1879)刻本 二冊

330000－1701－0103867 G612023 集部/詞類/類編之屬

天籟軒五種 (清)葉申薌撰 清道光閩中葉氏天籟軒刻本 三冊 存一種

330000－1701－0103870 G008417、G009397 子部/宗教類/佛教之屬/經疏

大方廣佛華嚴經疏鈔會本二百二十卷 (唐)釋實叉難陀譯 (唐)釋澄觀撰 清光緒九年(1883)常昭刻經處刻本 十二冊 存四十五卷(一至七、十八至二十、二十六至三十二、四十至四十三、五十五至五十八、八十二至八十五、一百十九至一百二十一、一百四十七至一百五十、一百七十七至一百八十五)

330000－1701－0103873 G008418 子部/醫家類/傷寒金匱之屬/綜合

軒轅碑記醫學祝由十三科二卷　清刻朱墨套印本　二冊

330000－1701－0103874　G612024　史部/金石類
學古齋金石叢書四集十二種　(清)葛元煦輯　清光緒崇川葛氏學古齋刻本　一冊　存一種

330000－1701－0103876　G609934　集部/總集類/謠諺之屬
杭諺詩一卷　(清)邵懿辰輯　清光緒三十四年(1908)刻本　一冊

330000－1701－0103877　G008419、G008803、G009605　史部/地理類/雜志之屬
廣東新語二十八卷　(清)屈大均撰　清文匯堂刻本　九冊　存二十五卷(一至二十五)

330000－1701－0103884　G612025　類叢部/類書類/通類之屬
角山樓增補類腋六十七卷　(清)姚培謙輯　(清)趙克宜增輯　清咸豐七年(1857)丹徒趙克宜角山樓刻十年(1860)重修本　五冊　存十二卷(物部五至十六)

330000－1701－0103886　G008420　集部/別集類/清別集
栖雲閣詩十六卷拾遺三卷　(清)高珩撰　**留畊堂遺詩四卷**　(清)高瑋撰　清乾隆刻本　一冊　存三卷(拾遺一至三)

330000－1701－0103909　G612026　史部/史抄類
史記選六卷　(清)儲欣選評　清雍正元年(1723)受祉堂刻本　四冊

330000－1701－0103914　G609936　經部/叢編
通志堂經解一百四十種　(清)納蘭成德輯　清康熙十九年(1680)納蘭成德刻本　三冊　存二種

330000－1701－0103915　G008422　經部/禮記類/傳說之屬
禮記旁訓辨體合訂六卷　(清)徐立綱輯　清循陔堂刻本　一冊　存一卷(六)

330000－1701－0103917　G008423　集部/別集類/清別集
也吟集不分卷　(清)董秉忠撰　清光緒二十七年(1901)董錫齡刻本　一冊

330000－1701－0103919　G612028　子部/天文曆算類/算書之屬
龔傑讀句股六術一卷附一卷　(清)龔傑撰　清光緒二十六年(1900)算學書局石印本　一冊

330000－1701－0103920　G612029　類叢部/類書類/通類之屬
策學備纂續集四卷首一卷　(清)宋徽猷等輯　清光緒二十年(1894)上海點石齋石印本　一冊　存一卷(四)

330000－1701－0103921　G008424、G008816　子部/術數類/相宅相墓之屬
陰陽寶海三元玉鏡奇書三卷　(元)釋幕講撰　(明)江之楝輯　清初尚白齋刻本　三冊

330000－1701－0103923　G008426　集部/別集類/清別集
榕堂詩抄一卷　(清)馮愷愈撰　清康熙刻本　一冊

330000－1701－0103925　G008427　集部/別集類/清別集
天真閣集五十四卷外集六卷　(清)孫原湘撰　**長真閣集七卷詩餘一卷**　(清)席佩蘭撰　清光緒十七年(1891)強至善南阜草廬刻本　十冊　缺二十八卷(天真閣集三十三至五十四、外集一至六)

330000－1701－0103926　M604375　子部/宗教類/佛教之屬/大藏
頻伽精舍校刊大藏經　釋宗仰等輯　清宣統元年至民國二年(1909－1913)迦陵羅詩氏頻伽精舍上海鉛印本　十一冊　存四種

330000－1701－0103927　G008210、G610447　集部/別集類/清別集
敦艮吉齋詩存二卷　(清)徐子苓撰　清光緒

十二年(1886)刻本　二冊

330000－1701－0103928　G008428　類叢部/叢書類/彙編之屬

蓼園叢書十一種　(清)平步青編　清同治至光緒山陰平氏安越堂刻本　二冊　存一種

330000－1701－0103929　M604376　子部/宗教類/佛教之屬/大藏

頻伽精舍校刊大藏經　釋宗仰等輯　清宣統元年至民國二年(1909－1913)迦陵羅詩氏頻伽精舍上海鉛印本　十冊　存十七種

330000－1701－0103930　G008211　集部/曲類/寶卷之屬

虱子一卷　清抄本　一冊

330000－1701－0103931　G008212　集部/別集類/清別集

洞庭吟草二卷　(清)蔡運豐撰　清同治九年(1870)霞城官廨刻本　一冊

330000－1701－0103932　G010416　史部/政書類

九通全書　(清)□□輯　清光緒二十七年至二十八年(1901－1902)貫吾齋石印本　十一冊　存一種

330000－1701－0103934　M604377　子部/宗教類/佛教之屬/大藏

頻伽精舍校刊大藏經　釋宗仰等輯　清宣統元年至民國二年(1909－1913)迦陵羅詩氏頻伽精舍上海鉛印本　五冊　存六種

330000－1701－0103936　G008213　集部/別集類/明別集

六如先生文韻一卷　(明)祝枝山評　(明)念菴居士輯　清康熙六十年(1721)秋水閣刻本　一冊

330000－1701－0103937　G612030　史部/地理類/雜志之屬

楚庭稗珠錄六卷　(清)檀萃撰　(清)黃燾編　清乾隆三十八年(1773)刻本　二冊　存四卷(一至四)

330000－1701－0103941　G010418　子部/醫家類/本草之屬/神農本草經

神農本經原旨貫註一卷　(清)胡薌函串註　(清)何筠錄訂　清抄本　一冊

330000－1701－0103942　G008429　子部/宗教類/佛教之屬

二十八經同函一百四十四卷　(清)世宗胤禛敕編　清雍正十三年(1735)內府刻本　十二冊　存六種

330000－1701－0103943　G008215、G010478、G008806　集部/別集類/明別集

張忠敏公遺集十卷首一卷附錄六卷　(明)張國維撰　(清)張振珂輯　清咸豐十年(1860)刻本　八冊　缺三卷(附錄四至六)

330000－1701－0103944　G010419　新學/學校

重訂惠蘭學堂章程一卷　清光緒二十八年(1902)鉛印本　一冊

330000－1701－0103945　G010420　子部/藝術類/遊藝之屬/酒令

酒令叢鈔四卷　(清)俞敦培輯　清末海寧蔣鴻抄本　一冊

330000－1701－0103948　G008216　集部/總集類/彙編之屬

韓柳文一百卷　(明)游居敬編　明嘉靖十六年(1537)南平游居敬刻本　一冊　存八卷(韓文二十至二十七)

330000－1701－0103949　G010421　史部/傳記類/總傳之屬/家乘

吳興姚氏家譜不分卷　稿本　一冊

330000－1701－0103952　G010422　史部/職官類/官箴之屬

欽定訓飭州縣規條一卷　(清)田文鏡　(清)李衛撰　清光緒元年(1875)湖南荷池書局刻本　一冊

330000－1701－0103955　G612033　史部/傳記類/總傳之屬/姓名

史姓韻編六十四卷　(清)汪輝祖撰　清光緒

十年(1884)石印本　十二冊

330000－1701－0103957　G008217、G011110　類叢部/叢書類/自著之屬

一粟廬合集三種　(清)于源撰　清道光至咸豐刻本　二冊　存一種

330000－1701－0103958　G008430　史部/編年類/通代之屬

資治通鑑綱目五十九卷凡例一卷　(宋)朱熹撰　清光緒二年(1876)劉氏述荆堂刻本　十冊　存二十卷(一至十九、凡例)

330000－1701－0103961　G008218　集部/別集類/清別集

耨雲軒詩鈔四卷　(清)馬汾撰　清道光刻本　一冊　存二卷(三至四)

330000－1701－0103962　G612034　子部/小說家類/異聞之屬

夷堅志十集二十卷　(宋)洪邁撰　清乾隆四十三年(1778)刻本　六冊　存六集(丙、丁、庚、辛、壬、癸)

330000－1701－0103963　G010424、G009863　史部/史抄類

澹雅局增定課讀鑑略妥註善本五卷　(清)李廷機撰　清光緒二十一年(1895)學庫第刻本　二冊

330000－1701－0103965　G609938　類叢部/叢書類

書帶草堂叢書　清光緒刻本　二冊　存一種

330000－1701－0103969　G008431　子部/宗教類/佛教之屬

天台三聖詩集一卷　(唐)釋寒山　(唐)釋石得　(唐)釋豐干撰　(明)釋梵琦輯　清咸豐三年(1853)刻本　一冊

330000－1701－0103970　G008219　集部/詞類/別集之屬

寄龕詞問六卷　(清)孫德祖撰　清光緒二十六年(1900)長興王承湛古綏述廬刻本　一冊　存三卷(一至三)

330000－1701－0103975　G612035　子部/兵家類

戰法地形兵語字彙草案二卷　清光緒三十三年(1907)南洋砲隊營刻本　一冊

330000－1701－0103976　G008220　集部/別集類/清別集

紫竹山房遺稿一卷　(清)朱承勳撰　清同治五年(1866)朱蘭皖城使院刻本　一冊

330000－1701－0103978　G008432　集部/總集類/郡邑之屬

東皋詩存四十八卷詩餘四卷　(清)汪之珩輯　清嘉慶二十四年(1819)刻本　八冊　存二十二卷(二十七至四十八)

330000－1701－0103979　G010426、G011450　子部/宗教類/佛教之屬/論疏

選佛譜六卷　(清)釋智旭撰　清光緒十七年(1891)金陵刻經處刻本　二冊

330000－1701－0103982　G612036　子部/雜著類/雜考之屬

日知錄集釋三十二卷刊誤二卷續刊誤二卷　(清)黄汝成撰　清光緒三年(1877)刻本　七冊　存十四卷(三至十六)

330000－1701－0103983　G609939　集部/別集類/清別集

暢園遺稿十卷(大野草堂詩八卷白癡詞二卷)　(清)張邁撰　清光緒三十年(1904)刻本　一冊

330000－1701－0103984　G010427　子部/醫家類/診法之屬/其他診法

傷寒舌鑑一卷　(清)張登輯　清光緒四年(1878)刻本　一冊

330000－1701－0103986　G008433　子部/儒家類/儒學之屬/禮教/女範

女學正宗一卷　(清)田澤深撰　清光緒二十九年(1903)刻本　一冊

330000－1701－0103988　G010428　子部/道家類

八字覺原一卷　(清)滄洲子注　清刻本

一冊

330000－1701－0103990　G010429　子部/宗教類/佛教之屬

西方公據一卷　清光緒三十三年(1907)刻本　一冊

330000－1701－0103991　G008221　集部/別集類/清別集

倭文端公遺書十一卷首二卷　(清)倭仁撰　清同治刻本　二冊　存四卷(一至四)

330000－1701－0103994　G008222　集部/別集類/清別集

重訂少嵒賦草四卷　(清)夏思沺撰　清光緒二十二年(1896)湖南書局刻本　二冊

330000－1701－0104004　G008223、G011030　集部/別集類/清別集

引玉編二卷　(清)孫瑞撰　清宣統二年(1910)蜜陀華閣鉛印本　二冊

330000－1701－0104006　G010430、G011426　新學/學校

教育叢書初集十一種二集十五種三集十一種　(清)教育世界社編譯　清光緒教育世界出板所刻本暨石印本　九冊　存十種

330000－1701－0104010　G008224、G010537　集部/總集類/選集之屬/通代

西山先生真文忠公文章正宗讀本不分卷西山先生真文忠公續文章正宗讀本不分卷　(宋)真德秀輯　(清)李翰熙編校　清康熙殖學堂刻本　十九冊

330000－1701－0104012　G612037　類叢部/叢書類/彙編之屬

知不足齋叢書一百九十五種　(清)鮑廷博編　(清)鮑士恭續編　清乾隆三十七年至道光三年(1772－1823)長塘鮑氏刻彙印本　七冊　存五種

330000－1701－0104024　G008225　子部/雜著類/雜說之屬

勸燬淫書徵信集一卷　(清)右汾山人撰　**戒演淫戲福慶集一卷**　(清)棲禪結善緣山人撰　(清)心常惺惺齋增訂　清光緒八年(1882)武林姚氏刻本　一冊

330000－1701－0104034　G010432　集部/總集類/選集之屬/斷代

霄崢集八卷　(清)宮國苞輯　清乾隆三十三年(1768)刻本　菊影題記　二冊　存四卷(一至四)

330000－1701－0104036　G008226　集部/戲劇類/傳奇之屬

安天會二齣祝髮記一齣千忠戮一齣玉簪記一齣虎囊彈一齣水滸記二齣鐵冠圖七齣　清抄本　一冊

330000－1701－0104039　M611262　集部/詞類/詞譜之屬

詞律二十卷　(清)萬樹撰　**詞律拾遺八卷**　(清)徐本立撰　**詞律補遺一卷**　(清)杜文瀾撰　清光緒石印本　七冊　存十七卷(十至二十、詞律拾遺一至六)

330000－1701－0104040　G010433　子部/醫家類/養生之屬/導引、氣功

太極圖說一卷　(宋)朱熹註　(清)吳日慎翼　清初刻本　一冊

330000－1701－0104041　G008227　集部/總集類/選集之屬/通代

欽定四書文鈔不分卷　(清)方苞輯　清抄本　一冊

330000－1701－0104046　G612039　類叢部/叢書類/彙編之屬

嘯園叢書五十七種　(清)葛元煦編　清光緒二年至七年(1876－1881)仁和葛氏刻本　十三冊　存十種

330000－1701－0104051　G008228　集部/別集類/宋別集

塗鴉詩學二卷　(清)吳乃阜撰　清道光十年(1830)醉墨堂刻本　一冊　存一卷(一)

330000－1701－0104053　G010434　史部/政書類/儀制之屬

制服成誦編一卷附制服表一卷喪服通釋一卷

（清）周保珪撰　清光緒二十一年(1895)武林王氏紅蝠山房石印本　一冊　存二卷(制服成誦編、制服表)

330000－1701－0104057　G612040　類叢部/叢書類/彙編之屬
嘯園叢書五十七種　（清）葛元煦編　清光緒二年至七年(1876－1881)仁和葛氏刻本　九冊　存六種

330000－1701－0104058　G010436　史部/政書類/邦計之屬/荒政
荒政備覽二卷　（清）王鳳生撰　清道光三年(1823)刻本　一冊

330000－1701－0104059　G612041　類叢部/叢書類/彙編之屬
嘯園叢書五十七種　（清）葛元煦編　清光緒二年至七年(1876－1881)仁和葛氏刻本　八冊　存五種

330000－1701－0104062　G612042　類叢部/叢書類/彙編之屬
嘯園叢書五十七種　（清）葛元煦編　清光緒二年至七年(1876－1881)仁和葛氏刻本　七冊　存四種

330000－1701－0104064　G010437　史部/政書類/律令之屬/律例
大清律例增修統纂集成四十卷督捕則例附纂二卷　（清）姚潤輯　（清）陶駿　（清）陶念霖增輯　清光緒刻本　五冊　存十一卷(四、九至十、二十至二十二、三十六至四十)

330000－1701－0104065　G612043　類叢部/叢書類/彙編之屬
嘯園叢書五十七種　（清）葛元煦編　清光緒二年至七年(1876－1881)仁和葛氏刻本　六冊　存三種

330000－1701－0104068　G610553、G610002　類叢部/叢書類/家集之屬
洪氏晦木齋叢書二十種　（清）洪汝奎編　清同治八年至宣統元年(1869－1909)刻本　八冊　存二種

330000－1701－0104069　G010438　子部/宗教類/佛教之屬/經
佛說觀無量壽佛經一卷　（南朝宋）釋畺良耶舍譯　清同治十年(1871)刻本　一冊

330000－1701－0104071　G008435　類叢部/叢書類/彙編之屬
增訂漢魏叢書八十六種　（清）王謨編　清光緒二十年(1894)湖南藝文書局刻本　二冊　存一種

330000－1701－0104074　G008589、G010439、G011307　集部/别集類/宋别集
梁谿先生文集一百八十卷附録一卷年譜一卷行狀三卷　（宋）李綱撰　清道光十四年(1834)刻本　三十九冊　缺四卷(二十二至二十五)

330000－1701－0104075　G612044/1　類叢部/叢書類/彙編之屬
嘯園叢書五十七種　（清）葛元煦編　清光緒二年至七年(1876－1881)仁和葛氏刻本　一冊　存一種

330000－1701－0104076　G610554　集部/别集類/唐五代别集
杜詩鏡銓二十卷附諸家論杜一卷　（清）楊倫撰　**讀書堂杜工部文集註解二卷**　（清）張溍撰　**杜工部[甫]年譜一卷**　清同治十一年(1872)望三益齋刻本　十冊　存十九卷(一至十八、年譜)

330000－1701－0104078　G609943　類叢部/叢書類/自著之屬
拙盦叢稿五種　（清）朱一新撰　清光緒二十二年(1896)順德龍氏葆真堂刻本　十六冊

330000－1701－0104079　G612045　類叢部/叢書類/彙編之屬
嘯園叢書五十七種　（清）葛元煦編　清光緒二年至七年(1876－1881)仁和葛氏刻本　一冊　存一種

330000－1701－0104080　G612046　類叢部/叢書類/彙編之屬

嘯園叢書五十七種 （清）葛元煦編　清光緒二年至七年（1876－1881）仁和葛氏刻本　一冊　存一種

330000－1701－0104083　G010440　子部/宗教類/佛教之屬/經疏
金剛般若波羅蜜經宗通九卷 （後秦）釋鳩摩羅什譯　（明）曾鳳儀宗通　清光緒十一年（1885）金陵刻經處刻本　二冊

330000－1701－0104084　G008437　史部/政書類/公牘檔冊之屬
邸鈔全錄不分卷（清光緒二十一年十月初一日至十二月初七日） 清字林滬報館鉛印本　一冊

330000－1701－0104085　G610555　經部/小學類/文字之屬/字書/字體
名原二卷 （清）孫詒讓撰　清光緒三十一年（1905）瑞安孫氏刻本　一冊

330000－1701－0104089　G610556　經部/小學類/文字之屬/字書/字體
名原二卷 （清）孫詒讓撰　清光緒三十一年（1905）瑞安孫氏刻本　一冊

330000－1701－0104090　G010441、G011337　經部/群經總義類/傳說之屬
經窺十六卷 （清）蔡啓盛撰　清光緒十七年（1891）諸暨蔡氏刻本　四冊

330000－1701－0104092　G008438、G008787、G009860　新學/格致總
便蒙叢書初二集十七種 張一鵬輯　清光緒刻本　五冊　存十一種

330000－1701－0104097　G010442　史部/詔令奏議類/奏議之屬
卞制軍奏議十二卷 （清）卞寶第撰　清光緒二十年（1894）刻本　十二冊

330000－1701－0104099　G008439　集部/別集類/清別集
林皋間集古文六卷詩五卷常語二卷 （清）潘諮撰　清道光十六年（1836）京師廠肆刻本　一冊　存三卷（古文四至六）

330000－1701－0104102　G610557　子部/天文曆算類/算書之屬
則古昔齋算學十三種 （清）李善蘭編　清同治六年（1867）海寧李善蘭金陵刻本　一冊　存一種

330000－1701－0104103　G010443　史部/編年類/通代之屬
資治通鑑綱目五十九卷 （明）陳仁錫評　**資治通鑑綱目續編一卷** （明）陳桱撰　（明）陳仁錫評　**資治通鑑綱目前編二十五卷** （明）南軒撰　（明）陳仁錫評　**續資治通鑑綱目二十七卷** （明）商輅等撰　（明）陳仁錫評　清刻本　一冊　存一卷（四十五）

330000－1701－0104104　G008440　子部/天文曆算類/曆法之屬
大清光緒二十年歲次甲午時憲書不分卷 清光緒十九年（1893）刻本　一冊

330000－1701－0104106　G008441　子部/天文曆算類/曆法之屬
大清光緒二十四年歲次戊戌時憲書不分卷 清光緒二十三年（1897）刻本　一冊

330000－1701－0104107　G609945　集部/別集類/清別集
寶彝堂文存二卷 （清）傅澤鴻撰　清宣統元年（1909）壺天傅氏刻本　一冊

330000－1701－0104108　G008442　子部/天文曆算類/曆法之屬
大清光緒三十二年歲次丙午時憲書一卷 清光緒三十一年（1905）欽天監刻朱墨套印本　一冊

330000－1701－0104115　M602320　類叢部/叢書類/家集之屬
半帆樓叢書（鄔氏家集）二十七種 鄔慶時編　清光緒至民國刻本　一冊　存一種

330000－1701－0104116　G008443　子部/醫家類/喉科口齒之屬/喉痧
疫痧草三卷 （清）陳耕道撰　**時疫白喉捷要一卷** （清）張紹修撰　**嘉興徐子默先生吊腳**

痧論一卷 (清)徐子默撰 清光緒二十八年(1902)刻本 一冊

330000－1701－0104117 G610559 史部/紀傳類/正史之屬

漢書一百卷 (漢)班固撰 (唐)顔師古注 清同治八年(1869)金陵書局刻二十四史本 章嶔題簽並記 二十四冊

330000－1701－0104124 G609946 史部/雜史類/斷代之屬

皇朝紀略一卷 (清)何琪輯 清光緒二十七年(1901)越郡北鄉學堂刻本 一冊

330000－1701－0104125 G008444 類叢部/類書類/專類之屬

錦字箋四卷 (清)黄澐撰 清雍正刻本 四冊

330000－1701－0104128 G008445、G008876、G610311 集部/詩文評類/詩評之屬

唐人五言排律詩論三卷 (清)蔣鵬翮編釋 清康熙寒三草堂刻本 三冊

330000－1701－0104131 G008446 集部/別集類/清別集

寒香館文鈔八卷詩鈔四卷 (清)賀熙齡撰 **皇清誥授朝議大夫掌四川道監察御史加二級前翰林院編修京畿道監察御史提督湖北學政賀蔗農先生[熙齡]崇祀鄉賢録一卷** 清道光二十八年(1848)刻本 一冊 存二卷(詩鈔一至二)

330000－1701－0104134 G008447 新學/商務

大美國欽命會議銀價大臣條議中國新圜法覺書一卷 (美國)精琪撰 清光緒二十九年(1903)上海商務印書館鉛印本 一冊

330000－1701－0104136 G610560 集部/別集類/清別集

姜先生全集三十三卷首一卷附録二卷 (清)姜宸英撰 (清)馮保燮 (清)王定祥重編 清光緒十五年(1889)慈谿馮氏毋自欺齋刻本(附録二卷原缺) 十六冊

330000－1701－0104144 G609949 史部/史評類/史論之屬

上古三代史論畧二卷 何琪編 清光緒二十七年(1901)紹興會文堂刻本 一冊

330000－1701－0104150 G008448 集部/總集類/課藝之屬

九峯精舍文集六卷首二卷 (清)王棻編 清光緒二十三年(1897)名山閣刻本 一冊 存二卷(首上下)

330000－1701－0104153 M602330 類叢部/類書類/通類之屬

增補事類統編九十三卷首一卷 (清)黄葆真輯 清光緒十四年(1888)上海積山書局石印本 二冊 存十一卷(十七至二十七)

330000－1701－0104159 G008449 集部/別集類/清別集

匪莪草一卷 (清)甯錡撰 清乾隆刻本 一冊

330000－1701－0104162 G010431 史部/傳記類/職官録之屬

湖南實缺候補道府同通州縣同官錄不分卷 稿本 一冊

330000－1701－0104163 G609951 集部/別集類/清別集

紅藕山莊詩存一卷 (清)周錫榮撰 清光緒二十六年(1900)浙江山陰周氏刻本 一冊

330000－1701－0104164 G008451 集部/詩文評類/文法之屬

文法心傳二卷初學一隅類編一卷 (清)曹宮纂 清咸豐石倉山館刻本 一冊

330000－1701－0104168 G008229 集部/詞類/總集之屬

詞選二卷 (清)張惠言輯 **附録一卷** (清)鄭善長輯 **續詞選二卷** (清)董毅輯 **茗柯詞一卷** (清)張惠言撰 **立山詞一卷** (清)張琦撰 清道光官書處刻本 二冊

330000－1701－0104173 G008452 集部/別集類/清別集

硯卿别咏四卷 （清）王晉升撰 清嘉慶刻本 一冊

330000－1701－0104174 G609954 集部/别集類/清别集

補松廬詩録六卷 吴慶坻撰 清宣統三年(1911)湖南學務公所鉛印本 二冊

330000－1701－0104175 G008305、G011396 史部/政書類/律令之屬/律例

大清光緒新法令十三卷附録一卷 商務印書館編譯所編纂 清宣統元年(1909)上海商務印書館鉛印本 二十冊

330000－1701－0104177 G609955 集部/别集類/清别集

三雁紀遊一卷東甌紀遊一卷 （清）戴啓文撰 清光緒二十五年(1899)刻本 一冊

330000－1701－0104178 G008454 類叢部/叢書類

怡怡軒叢書 清光緒二十九年(1903)刻本 五冊 存一種

330000－1701－0104181 G008230 集部/總集類/選集之屬/斷代

唐詩三百首六卷 （清）孫洙編 清刻本 一冊

330000－1701－0104185 G008231 子部/術數類/相宅相墓之屬

簡能集一卷 （清）宣元仁校批 清刻本 一冊

330000－1701－0104186 G008455 集部/别集類/清别集

左文襄公詩集一卷文集五卷聯語一卷 （清）左宗棠撰 清宣統元年(1909)鉛印本 二冊

330000－1701－0104193 M602336 類叢部/叢書類/彙編之屬

申報館叢書正集五十七種附録三種續集一百四十二種 （清）尊聞閣主編 蔡爾康編續集 清同治至光緒上海申報館鉛印本 一冊 存一種

330000－1701－0104194 G008456 史部/地理類/水利之屬

湘湖攷略一卷附録一卷 （清）於士達撰 清嘉慶六年(1801)汪輝祖學忍堂刻道光二十七年(1847)王延祥補刻本 一冊

330000－1701－0104197 G008461 史部/目録類/總録之屬/私撰

榆園今雨樓架上各書目不分卷 稿本 一冊

330000－1701－0104200 G609958、G610423 集部/總集類/氏族之屬

寧都三魏全集八十三卷 （清）林時益編 清康熙易堂刻本 三冊 存四卷[魏季子文集二(第十九至六十六葉)至三(第一至十三葉)、四、九]

330000－1701－0104206 G008457 史部/傳記類/别傳之屬

先府君[黎兆祺]家傳一卷先妣蕭恭人事略一卷母弟幹生哀辭一卷 （清）黎汝謙撰 清刻本 一冊

330000－1701－0104212 G008458 史部/職官類/官箴之屬

事宜須知四卷續增八條一卷 （清）延昌撰 清光緒十三年(1887)刻二十三年(1897)補刻本 一冊

330000－1701－0104214 G008307 史部/雜史類/斷代之屬

濕襟集一卷 （清）白愚撰 （清）樊斯評 清抄本 一冊

330000－1701－0104215 G010451 史部/傳記類/科舉録之屬/諸貢録

[光緒乙酉科]各省選拔同年明經通譜不分卷 清光緒十二年(1886)刻本 四冊

330000－1701－0104218 G008308 集部/總集類/選集之屬/通代

古文未曾有集八卷 （清）王復禮評選 清抄本 一冊 存一卷(五)

330000－1701－0104220 G609959 集部/總集類/彙編之屬

三宋人集　(清)方功惠編　清光緒七年(1881)巴陵方氏碧琳琅館刻本　一冊　存一種

330000－1701－0104227　G008234、G008983、G009822　子部/醫家類/綜合之屬/通論

辨證奇聞十五卷　(清)陳士鐸撰　(清)文守江述　清同治六年(1867)經元堂刻本　巢庵題簽　八冊

330000－1701－0104229　G010452　子部/宗教類/佛教之屬

林間錄二卷後集一卷　(宋)釋德洪撰　清光緒二十七年(1901)揚州藏經院刻本　二冊

330000－1701－0104232　G610566　史部/傳記類/科舉録之屬/諸貢録

[光緒乙酉科]浙江會覆拔貢卷不分卷　(清)鄭在德撰　清光緒刻本　一冊

330000－1701－0104233　G008460　史部/目録類/總録之屬/私撰

佚名書目不分卷　稿本　一冊

330000－1701－0104236　G010453、G008328　史部/政書類

芻論二卷　(清)孫鼎臣撰　清咸豐十年(1860)武昌節署刻本　三冊

330000－1701－0104237　G610567　集部/別集類/清別集

翠螺閣詩稾四卷詞稾一卷　(清)凌祉媛撰

舞鏡集一卷　(清)丁丙撰　清咸豐四年(1854)丁氏延慶堂刻本　二冊

330000－1701－0104239　G008462　新學/地學/地理學

地球歌略二卷　(清)闞木撰　清光緒三十一年(1905)刻本　一冊　存一卷(上)

330000－1701－0104240　G010454　史部/政書類/律令之屬/治獄

去舊染污錄一卷　(清)汪曾唯撰　清光緒十一年(1885)刻本　一冊

330000－1701－0104241　G008492　史部/雜史類/斷代之屬

記義和團事不分卷　清光緒二十六年至二十七年(1900－1901)稿本　一冊

330000－1701－0104242　G010455　類叢部/叢書類/郡邑之屬

學海堂叢刻十二種　(清)□□編　清光緒三年(1877)、十二年(1886)刻本　一冊　存一種

330000－1701－0104243　G609965　史部/目録類/總録之屬/官修

廣雅書局書目一卷　(清)廣雅書局編　清宣統元年(1909)廣雅書局刻本　一冊

330000－1701－0104244　G008310　集部/小説類/長篇之屬

百年一覺二十八章　(美國)畢拉宓撰　(英國)李提摩太譯　清光緒二十四年(1898)上海廣學會鉛印本　一冊

330000－1701－0104245　G609966　子部/宗教類/其他宗教之屬/基督教

道原精萃七種　(清)倪懷綸編　清光緒十三年(1887)上海慈母堂鉛印本　一冊　存一種

330000－1701－0104247　G612047　史部/傳記類/總傳之屬/姓名

史姓韻編二十四卷　(清)汪輝祖撰　清光緒二十九年(1903)上海文瀾書局石印本　八冊

330000－1701－0104248　G010456　史部/史評類/史論之屬

宋陳亮酌古論一卷　(宋)陳亮撰　清光緒木活字印本　一冊

330000－1701－0104252　G612048　經部/叢編

許學叢書十四種　張炳翔輯　清光緒長洲張炳翔儀鄦廬刻本　一冊　存二種

330000－1701－0104253　G010457、G011334　子部/醫家類/方書之屬/單方驗方

絳雪園古方選註不分卷附得宜本草一卷　(清)王子接輯　清雍正九年(1731)綠蔭堂刻本　四冊

330000－1701－0104255　G008311　集部/總集類/選集之屬/通代

御選唐宋詩醇四十七卷目錄二卷　(清)高宗弘曆輯　清刻本　十冊　存二十三卷(八至十、十九至二十一、二十七至二十九、三十三至四十四,目錄一至二)

330000－1701－0104259　G010458　經部/四書類/總義之屬/傳說

四書閑筆講義四卷　(清)鄧逢光撰　清道光二十七年(1847)刻本　四冊

330000－1701－0104265　G612049　集部/總集類/選集之屬/斷代

國朝駢體正宗十二卷　(清)曾燠輯　清光緒二十三年(1897)上海文淵山房石印本　二冊

330000－1701－0104267　G008313　新學/史志/諸國史

萬國史記二十卷　(日本)岡本監輔撰　清光緒二十三年(1897)上海六先書局鉛印本　六冊

330000－1701－0104268　G008236　子部/道家類

南華真經正義三十三卷識餘一卷　(清)陳壽昌輯　清光緒十九年(1893)怡顏齋刻本　一冊　存一卷(識餘)

330000－1701－0104270　G008495　子部/宗教類/佛教之屬/論

唯識二十論一卷　(天竺)世親菩薩造　(唐)釋玄奘譯　**唯識二十論述記四卷**　(唐)釋窺基撰　清宣統二年(1910)江西刻經處刻本　二冊

330000－1701－0104274　G008238　子部/術數類/占候之屬

邵康節先生一撮金先天易數一卷　(清)邵雍撰　清刻本　一冊

330000－1701－0104276　G612051　新學/史志/別國史

東洋史要二卷　(日本)桑元隲藏撰　樊炳清譯　清光緒二十五年(1899)東文學社石印本　一冊　存一卷(下)

330000－1701－0104278　G008239　類叢部/叢書類/彙編之屬

抱經堂叢書十六種　(清)盧文弨編　清乾隆至嘉慶刻彙印本　二冊　存一種

330000－1701－0104280　G612052　類叢部/叢書類/彙編之屬

江陰季氏叢刻八種　(清)季倫全編　清光緒江陰季氏栩園刻本　一冊　存一種

330000－1701－0104282　G010459　類叢部/叢書類/彙編之屬

抱經堂叢書十六種　(清)盧文弨編　清乾隆至嘉慶刻彙印本　六冊　存一種

330000－1701－0104283　G609967　集部/總集類/選集之屬/通代

阮亭選古詩三十二卷　(清)王士禛輯　**惜抱軒今體詩選十八卷**　(清)姚鼐輯　清同治五年(1866)金陵書局刻本　五冊　缺十八卷(五言詩六至八、七言詩歌行鈔一至十五)

330000－1701－0104286　G612053　類叢部/叢書類/彙編之屬

江陰季氏叢刻八種　(清)季倫全編　清光緒江陰季氏栩園刻本　一冊　存一種

330000－1701－0104288　G008240　子部/醫家類/綜合之屬

神醫彙編□□卷　清刻本　九冊　存八卷(一至三、六至七、九至十、閔目)

330000－1701－0104290　G612054　類叢部/叢書類/彙編之屬

江陰季氏叢刻八種　(清)季倫全編　清光緒江陰季氏栩園刻本　一冊　存一種

330000－1701－0104291　G610541　類叢部/叢書類/彙編之屬

漢魏叢書三十八種　(明)程榮編　明萬曆二十年(1592)新安程氏刻本　一冊　存一種

330000－1701－0104292　G008316　子部/儒家類/儒學之屬/經濟

皇朝經世文新編二十一卷　麥仲華輯　清光緒上海書局石印本　十六册

330000－1701－0104295　G612055　類叢部/叢書類/自著之屬
王弢園叢書二種　(清)王韜撰　清光緒十五年至十六年(1889－1890)鉛印本　四册　存一種

330000－1701－0104296　G008318　經部/詩類/傳説之屬
詩瀋二十卷　(清)范家相撰　清乾隆三十九年(1774)古趣亭刻本　四册

330000－1701－0104298　G010460、G010025　集部/别集類/清别集
葛莊分體詩鈔十二卷　(清)劉廷璣撰　清康熙刻本　四册

330000－1701－0104301　G008317　史部/史表類/斷代之屬
大清一統志表不分卷　(清)徐午撰　**朝代紀元表一卷**　(清)萬廷蘭撰　清刻本　六册

330000－1701－0104303　G610545　史部/傳記類/總傳之屬/文苑
東軒吟社畫像一卷附記傳題詞一卷　(清)費丹旭繪　(清)黄士珣記　(清)諸可寶傳　(清)汪曾唯輯　清光緒二年(1876)泉唐汪氏振綺堂刻清末增刻本　章嶔題簽並記　一册

330000－1701－0104307　G612056　集部/總集類/選集之屬/通代
名雋初集八卷　(清)戴咸弼編　清光緒五年(1879)嘉善愛暉書屋刻本　四册

330000－1701－0104310　G010461　類叢部/叢書類/彙編之屬
增訂漢魏叢書八十六種　(清)王謨編　清乾隆五十六年(1791)金谿王氏刻本　貞逸氏題記　二册　存一種

330000－1701－0104315　G612057　史部/地理類/總志之屬/通代
天下郡國利病書一百二十卷　(清)顧炎武撰　清光緒二十七年(1901)上海圖書集成印書局鉛印本　二十四册　存一百三卷(十一至十三、二十一至一百二十)

330000－1701－0104318　G010462　子部/宗教類/佛教之屬
佛爾雅八卷　(清)周春撰　清宣統二年(1910)上海國學扶輪社鉛印本　二册

330000－1701－0104319　G008319　經部/春秋左傳類/傳説之屬
春秋大事表摘要四卷　(清)顧楝高輯　清光緒二十九年(1903)曉雲山房刻本　四册

330000－1701－0104322　G008463　史部/政書類/邦計之屬
試辦宣統三年地方行政經費歲出預算案一卷　(清)浙江諮議局編　清宣統三年(1911)鉛印本　一册

330000－1701－0104324　G008464　子部/天文曆算類/曆法之屬
大清光緒二十三年歲次丁酉時憲書不分卷　清光緒二十二年(1896)刻本　一册

330000－1701－0104325　G612058　史部/地理類/總志之屬/通代
天下郡國利病書一百二十卷　(清)顧炎武撰　清光緒二十七年(1901)上海圖書集成印書局鉛印本　五册　存二十一卷(一至十、十三至二十三)

330000－1701－0104327　G008321　經部/易類/傳説之屬
周易集解十七卷　(唐)李鼎祚撰　清嘉慶二十三年(1818)木瀆周孝垓枕經樓刻本　鳳翔題記　三册

330000－1701－0104328　G610546　類叢部/叢書類/郡邑之屬
金華叢書六十八種　(清)胡鳳丹編　清同治七年至光緒八年(1868－1882)永康胡氏退補齋刻民國補刻本　王張威題記　三十三册　存十四種

330000－1701－0104330　G612059　史部/地理類/總志之屬/通代

天下郡國利病書一百二十卷 （清）顧炎武撰 清光緒二十七年(1901)上海圖書集成印書局鉛印本 四册 存十七卷(六至二十二)

330000－1701－0104331 G010463 子部/宗教類/道教之屬/經文
道德經釋義二卷 （唐）呂嵒撰 （清）牟目源訂 **常清靜經一卷** （清）牟目源訂 清嘉慶十四年(1809)鄒學鯤羊城刻本 二册

330000－1701－0104332 G008465 新學/史志/諸國史
增補普通新歷史十一卷歷代帝王總紀一卷 (清)施勛頌增編 清光緒二十八年(1902)刻本 一册

330000－1701－0104333 G008496 子部/宗教類/佛教之屬
大文禪師語錄一卷 （清）釋傳宗編錄 **祖南宗禪師語錄一卷** （清）釋圓本記錄 清刻本 一册

330000－1701－0104336 G010464 子部/宗教類/佛教之屬/經咒
瑜伽燄口施食要集一卷 清刻本 一册

330000－1701－0104337 G008467 類叢部/叢書類/彙編之屬
正覺樓叢刻(正覺樓叢書)二十九種 （清）崇文書局編 清光緒崇文書局刻本 一册 存二種

330000－1701－0104341 G010465 子部/宗教類/佛教之屬/經疏
佛說阿彌陀經疏鈔擷一卷 （後秦）釋鳩摩羅什譯 （明）釋袾宏疏鈔 （清）徐槐廷擷 清光緒二年(1876)刻本 一册

330000－1701－0104346 G008497 子部/叢編
二十二子(二十二子彙函) （清）浙江書局編 清光緒元年至三年(1875－1877)浙江書局刻本 一册 存一種

330000－1701－0104347 M611302 類叢部/叢書類/彙編之屬
風雨樓祕笈留真十種 鄧實編 清宣統元年至民國六年(1909－1917)順德鄧氏風雨樓影印本 一册 存一種

330000－1701－0104348 G008322 經部/周禮類/傳說之屬
周禮精華六卷 （清）陳龍標輯 清同治三年(1864)寶文堂刻本 五册 存五卷(一至五)

330000－1701－0104349 G010466 新學/化學/化學
無機化學教科書三卷 （英國）瓊司撰 （清）徐兆熊譯述 清光緒三十四年(1908)江南機器製造總局刻本 三册

330000－1701－0104350 G008241 子部/農家農學類/獸醫之屬
牛詩一卷 （清）南山鐵產道人傳錄 清抄本 一册

330000－1701－0104352 G008323 集部/別集類/清別集
越游鴻雪一卷 清宣統三年(1911)稿本 一册

330000－1701－0104354 G008498 子部/宗教類/佛教之屬/經
佛說守護大千國土經三卷 （宋）釋施護譯 清同治十三年(1874)雞園刻經處刻本 一册

330000－1701－0104357 G010467 史部/政書類/通制之屬
吾學錄初編二十四卷 （清）吳榮光撰 清道光十五年(1835)陟慕居刻本 八册

330000－1701－0104359 G008324 子部/術數類/相宅相墓之屬
地理集要時行卷春不分卷 （清）拙安輯 清乾隆十三年(1748)稿本 一册

330000－1701－0104369 G612062、G612397 史部/目錄類/總錄之屬/官修
欽定四庫全書總目二百卷首一卷 （清）紀昀等撰 **四庫未收書目提要五卷** （清）阮元撰 清光緒十四年(1888)上海漱六山莊石印本 五册 存五十六卷(一百七至一百六十

二）

330000－1701－0104376　G612063　類叢部/叢書類/彙編之屬
申報館叢書正集五十七種附錄三種續集一百四十二種　（清）尊聞閣主編　蔡爾康編續集　清同治至光緒上海申報館鉛印本　二冊　存一種

330000－1701－0104379　G008244　子部/術數類/命書相書之屬
風水不分卷　清抄本　一冊

330000－1701－0104382　M609595　類叢部/叢書類/彙編之屬
香艷叢書三百二十八種　（清）蟲天子輯　清宣統上海國學扶輪社鉛印本　一冊　存一種

330000－1701－0104383　G612064、G610268　類叢部/叢書類/彙編之屬
申報館叢書正集五十七種附錄三種續集一百四十二種　（清）尊聞閣主編　蔡爾康編續集　清同治至光緒上海申報館鉛印本　二冊　存一種

330000－1701－0104384　G008245　子部/雜著類/雜纂之屬
言行類集二卷　（清）李白華編　清光緒刻本　二冊

330000－1701－0104388　G008246　子部/天文曆算類/曆法之屬
大清咸豐丙辰六年通書不分卷　清咸豐五年（1855）刻本　一冊

330000－1701－0104389　G008325　史部/政書類/儀制之屬/專志/科舉校規
學部酌訂改良私塾章程一卷　（清）學部編　清宣統鉛印本　一冊

330000－1701－0104390　M611311　類叢部/叢書類/彙編之屬
崇文書局彙刻書三十一種　（清）崇文書局編　清光緒元年至三年（1875－1877）湖北崇文書局刻民國元年（1912）鄂官書處重印本　四冊　存一種

330000－1701－0104395　G008247　子部/天文曆算類/曆法之屬
大清光緒二十九年歲次癸卯時憲書不分卷　清光緒二十八年（1902）欽天監刻朱墨套印本　一冊

330000－1701－0104396　G008326　史部/傳記類/總傳之屬/家乘
［浙江淳安］續蕭江希堯公新安支譜四卷　（清）江家鼎纂修　稿本　一冊

330000－1701－0104400　G008471　集部/總集類/課藝之屬
惜陰書院課藝一卷　（清）褚成博編　清光緒二十七年（1901）刻本　一冊

330000－1701－0104406　G612065　史部/紀事本末類
歷朝紀事本末七種　（清）陳如升　（清）朱記榮輯　清光緒二十一年（1895）上海積山書局石印本　一冊　存一種

330000－1701－0104409　G612066　新學
社會學二卷　（日本）岸本能武太撰　章炳麟譯　清光緒二十八年（1902）上海廣智書局鉛印本　一冊

330000－1701－0104414　G008472　子部/宗教類/佛教之屬
新譯大威德金剛怖畏三經　（清）工布查布譯　（清）釋巴爾藏嘉磋補譯並釐定　清抄本　三冊

330000－1701－0104415　G612067　史部/政書類/通制之屬
廣治平畧三十六卷　（清）蔡方炳撰　清刻本　一冊　存五卷（一至五）

330000－1701－0104419　G008473　集部/別集類/清別集
韙芬室近詩一卷　何震彝撰　清宣統元年（1909）天津行館鉛印本　一冊

330000－1701－0104422　G008327　集部/別集類/清別集
南遊草二卷　（清）彭瑄撰　清刻本（卷下原

缺）一册

330000－1701－0104424　G008474　史部/傳記類/總傳之屬/儒林

孔孟圖歌二卷　（清）江鍾秀撰　清光緒刻本　二册

330000－1701－0104426　G008475　子部/醫家類/方書之屬/單方驗方

經驗方二卷　（清）沈善兼輯　清光緒二十二年(1896)柞谿沈氏擇古齋刻本　一册

330000－1701－0104431　G008248　子部/天文曆算類/曆法之屬

大清道光二十九年日用便覽不分卷　清道光二十八年(1848)刻本　一册

330000－1701－0104432　M610151　集部/别集類/清别集

巢經巢詩鈔九卷　（清）鄭珍撰　清咸豐刻民國二十九年(1940)貴州省政府彙印巢經巢全集本　吳世炳題記　二册

330000－1701－0104433　G008249　子部/天文曆算類/曆法之屬

大清道光貳拾叁年新本日用便覽不分卷　清道光二十二年(1842)刻本　一册

330000－1701－0104435　G008250　子部/天文曆算類/曆法之屬

大清道光貳拾肆年新本日用便覽不分卷　清道光二十三年(1843)刻本　一册

330000－1701－0104437　G008251　子部/天文曆算類/曆法之屬

大清道光貳拾伍年新本日用便覽不分卷　清道光二十四年(1844)刻本　一册

330000－1701－0104438　G008329、G009082　史部/政書類/邦交之屬

許竹篔先生出使函稿十四卷　（清）許景澄撰　清末鉛印本　四册

330000－1701－0104440　G008330　史部/史抄類

史學綱領四卷　（明）顧充編　（清）蕭承煊增訂　（清）顧先澤　（清）顧先芝音註　清光緒十五年(1889)刻本　一册　存一卷（四）

330000－1701－0104441　G610547　類叢部/叢書類/郡邑之屬

金華叢書六十八種　（清）胡鳳丹編　清同治七年至光緒八年(1868－1882)永康胡氏退補齋刻民國補刻本　章嶔題簽並記　三十册　存十四種

330000－1701－0104443　G008252　子部/天文曆算類/曆法之屬

大清道光貳拾柒年新本日用便覽不分卷　清道光二十六年(1846)刻本　一册

330000－1701－0104447　G008253　子部/天文曆算類/曆法之屬

大清咸豐叁年新本日用便覽不分卷　清咸豐二年(1852)刻本　一册

330000－1701－0104452　G008254　子部/天文曆算類/曆法之屬

大清咸豐肆年新本日用便覽不分卷　清咸豐三年(1853)刻本　一册

330000－1701－0104454　G008255　子部/天文曆算類/曆法之屬

大清咸豐乙卯五年通書不分卷　清咸豐四年(1854)刻本　一册

330000－1701－0104458　G008256　子部/天文曆算類/曆法之屬

大清咸豐丁巳七年通書不分卷　清咸豐六年(1856)刻本　一册

330000－1701－0104459　G008258　子部/天文曆算類/曆法之屬

浦城縣吳文錦堂通書不分卷　清刻本　一册

330000－1701－0104463　G008257　子部/天文曆算類/曆法之屬

大清咸豐戊午捌年通書不分卷　清咸豐七年(1857)刻本　一册

330000－1701－0104464　G008259　子部/天文曆算類/曆法之屬

大清道光二十二年歲次壬寅日用便覽不分卷　清道光二十一年(1841)刻本　一册

330000－1701－0104465　G008333　類叢部/叢書類/家集之屬
汪氏傳家集五種　(清)汪琬撰並編　清康熙十四年至二十四年(1675－1685)刻本　二册　存一種

330000－1701－0104468　G008334　集部/總集類/選集之屬/通代
文集鈔不分卷　清抄本　一册

330000－1701－0104475　G008335　子部/藝術類/書畫之屬/書法書品
廣藝舟雙楫六卷　康有爲撰　清光緒十九年(1893)南海康氏萬木草堂刻本　二册

330000－1701－0104479　G610548　類叢部/叢書類/郡邑之屬
金華文萃　(清)胡鳳丹編　清同治七年至光緒八年(1868－1882)永康胡氏退補齋刻民國補刻本　一册　存二種

330000－1701－0104481　M609620　類叢部/叢書類/自著之屬
宗月鋤先生遺著八種　(清)宗廷輔撰　清光緒刻民國六年(1917)徐兆瑋重印本　一册　存二種

330000－1701－0104488　G008260　子部/道家類
太上混元道德真經一卷　題孚佑上帝闡義　題八洞仙祖合注　清刻本　一册

330000－1701－0104490　G612069　集部/别集類/清别集
愚荃敝帚二卷　(清)李文安撰　清光緒九年(1883)同文書局石印本　一册

330000－1701－0104492　G008338　集部/别集類/清别集
陶文毅公全集六十四卷首一卷末一卷　(清)陶澍撰　清道光二十年(1840)淮北士民刻本　七册　存十七卷(十九至三十五)

330000－1701－0104497　G008262　新學/算學/代數
代數備旨不分卷總答一卷　(美國)狄考文選譯　(清)鄒立文　(清)生福維筆述　清光緒三十三年(1907)上海美華書館鉛印本　一册

330000－1701－0104501　G610549　類叢部/叢書類/郡邑之屬
金華文萃　(清)胡鳳丹編　清同治七年至光緒八年(1868－1882)永康胡氏退補齋刻民國補刻本　一册　存二種

330000－1701－0104506　G610550　史部/金石類/總志之屬/目録
竹崦盦金石目錄五卷　(清)趙魏藏並撰　清宣統元年(1909)錢塘吳士鑑長沙刻本　四册

330000－1701－0104511　G008263　子部/雜著類/雜纂之屬
江南鐵淚圖新編一卷附編一卷　(清)寄雲山人編　清同治九年(1870)蘇城元妙觀得見齋刻本　一册

330000－1701－0104516　G008340　子部/小說家類/異聞之屬
山海經十八卷　(晉)郭璞傳　明刻本　二册

330000－1701－0104519　G610551　史部/地理類/總志之屬/斷代
輿地紀勝二百卷首一卷　(宋)王象之撰　清咸豐五年(1855)南海伍崇曜粵雅堂刻十年(1860)重修本(卷五十四、一百三十六、一百四十至一百四十四、一百七十二、一百九十四、二百原缺)　二十二册

330000－1701－0104539　G008265　類叢部/叢書類/彙編之屬
問經堂叢書二十七種　(清)孫馮翼編　清嘉慶承德孫氏刻本　一册　存一種

330000－1701－0104543　G008342　新學/醫學/衛生學
化學衛生論四卷　(英國)真司騰撰　(英國)傅蘭雅口譯　清光緒十六年(1890)上海格致書室刻本　四册

330000－1701－0104548　G008266　類叢部/叢書類/彙編之屬
增訂漢魏叢書八十六種　(清)王謨編　清乾隆五十六年(1791)金谿王氏刻本　一册　存二種

330000－1701－0104552　G008267　子部/天文曆算類/曆法之屬
大清道光貳拾捌年新本日用便覧不分卷　清道光二十七年(1847)刻本　一册

330000－1701－0104560　G008343、G008777　類叢部/叢書類/彙編之屬
文選樓叢書三十三種　(清)阮亨編　清嘉慶至道光阮元刻道光二十二年(1842)阮亨彙印本　二十五册　存三種

330000－1701－0104566　M609637　類叢部/叢書類/自著之屬
大鶴山房全書十種　鄭文焯撰　清光緒至民國刻民國九年(1920)蘇州交通圖書館彙印本　一册　存一種

330000－1701－0104568　G612081　史部/政書類/邦交之屬
支那教案論不分卷　(英國)宓克撰　嚴復譯　清光緒南洋公學譯書院鉛印本　一册

330000－1701－0104576　M603013　集部/總集類/氏族之屬
慎行堂三世詩存三種　徐寶炘　徐寶華輯　清咸豐九年(1859)、民國九年(1920)刻民國九年(1920)彙印本　一册　存一種

330000－1701－0104578　G610536　史部/紀傳類/正史之屬
二十四史　清同治至光緒五省官書局據汲古閣本等合刻光緒五年(1879)湖北書局彙印本　四十册　存一種

330000－1701－0104583　G612072　史部/編年類/通代之屬
鼎鍥趙田了凡袁先生編纂古本歷史大方綱鑑補三十九卷首一卷　(明)袁黄纂　**御撰資治通鑑綱目三編二十卷鑑綱補一卷**　(清)張廷玉等撰　清刻本　一册　存七卷(御撰資治通鑑綱目三編十五至二十、綱鑑補)

330000－1701－0104587　M609640　類叢部/叢書類/彙編之屬
鐵琴銅劍樓叢書十三種　瞿啓甲編　清光緒至民國刻本暨影印本　三册　存一種

330000－1701－0104589　G008344　經部/讖緯類/易緯之屬
易緯通卦驗二卷　(漢)鄭玄注　清刻本　一册

330000－1701－0104592　G612073　史部/目録類/總録之屬/彙刻
彙刻書目二十卷　(清)顧修輯　(清)朱學勤補　清光緒十二年至十五年(1886－1889)上海福瀛書局刻本　十册

330000－1701－0104601　G008346、G008879、G011499　子部/術數類/相宅相墓之屬
重訂五種秘竅全書　(明)甘霖撰　清善成堂刻本　十六册　存四種

330000－1701－0104604　G612075　史部/地理類/方志之屬/郡縣志
[光緒]丹徒縣志六十卷首四卷　(清)何紹章　(清)馮壽鏡修　(清)呂耀斗等纂　**京口八旗志二卷**　(清)鍾瑞修　(清)春元纂　清光緒五年(1879)刻本　一册　存二卷(四十五至四十六)

330000－1701－0104607　G612076　子部/儒家類/儒學之屬/勸學
教諭語一卷　(清)謝金鑾撰　清光緒二十二年(1896)寧郡學刻二十四年(1898)孫補三印本　一册

330000－1701－0104608　G612077　集部/别集類/清别集
蘿村詩選六卷　(清)余懋棅撰　清乾隆三十六年(1771)刻本　二册

330000－1701－0104610　G008268　類叢部/叢書類/自著之屬
羅忠節公遺集八種　(清)羅澤南撰　清咸豐

至同治刻本　一册　存一種

330000－1701－0104615　G008348、G009693　史部/編年類/通代之屬

鼎鍥趙田了凡袁先生編纂古本歷史大方綱鑑補三十九卷首一卷　(明)袁黄纂　**御撰資治通鑑綱目三編二十卷鑑綱補一卷**　(清)張廷玉等撰　清刻本　二十四册　缺一卷(綱目三編鑑綱補)

330000－1701－0104616　G612078　類叢部/叢書類/彙編之屬

經訓堂叢書二十一種　(清)畢沅編　清乾隆至嘉慶鎮洋畢氏刻本　五册　存一種

330000－1701－0104619　G008349　集部/别集類/清别集

佚名尺牘不分卷　清抄本　一册

330000－1701－0104621　G008269　子部/儒家類/儒學之屬/性理

呻吟語六卷黄帝陰符經一卷救命書一卷　(明)吕坤撰　清同治七年(1868)思補山房刻本　一册　缺五卷(一至五)

330000－1701－0104623　G008350　史部/傳記類/科舉録之屬/歷科登科録

國朝歷科題名碑錄初集不分卷附明洪武至崇禎各科題名錄不分卷　(清)李周望等輯　清康熙五十九年(1720)刻雍正乾隆嘉慶道光同治光緒遞增刻本　五册

330000－1701－0104626　G612079　類叢部/叢書類/自著之屬

王漁洋遺書三十八種　(清)王士禛撰　清刻本　一册　存一種

330000－1701－0104627　G008351　經部/小學類/音韻之屬

矩齋所學　勞乃宣撰　清光緒至民國刻本　一册　存一種

330000－1701－0104629　G008271　子部/儒家類/儒學之屬/性理

習是編二卷　(清)屈成霖輯　**屈肖巖[成霖]年譜一卷**　(清)屈成霖撰　清光緒二年(1876)刻本　四册

330000－1701－0104631　G010325　史部/地理類/外紀之屬

北海道拓殖概觀一卷附錄一卷　(日本)北海道廳編　(清)楊成能　(清)謝蔭昌譯　清宣統鉛印本　一册

330000－1701－0104632　G008352　史部/職官類/官箴之屬

學治體行錄二卷　(清)王鳳生撰　清道光四年(1824)刻本　一册

330000－1701－0104635　G010324　新學/化學/化學

化學鑑原續編二十四卷　(英國)蒲陸山撰　(英國)傅蘭雅口譯　(清)徐壽筆述　清末刻本　五册　存二十二卷(三至二十四)

330000－1701－0104638　G612082　類叢部/叢書類/郡邑之屬

畿輔叢書　(清)王灝編　清光緒五年至十八年(1879－1892)定州王氏謙德堂刻三十二年(1906)彙印本(元和郡縣圖志卷十九至二十、二十三至二十四、三十五至三十六)　一册　存一種

330000－1701－0104639　G010326　子部/儒家類/儒學之屬/禮教/家訓

家訓鈔一卷　(清)石成金訂集　清刻本　一册

330000－1701－0104640　G612083　類叢部/叢書類/家集之屬

學壽堂叢書十二種　徐紹楨編　清咸豐至光緒番禺徐氏梧州刻本　二册　存一種

330000－1701－0104642　G612084　經部/小學類/文字之屬/字書/古文

古籀餘論三卷　(清)孫詒讓撰　清光緒二十九年(1903)籀經樓刻本　二册

330000－1701－0104644　G010327　史部/職官類/官箴之屬

保甲書四卷　(清)徐棟輯　清道光二十八年(1848)刻本　二册

330000－1701－0104646　G612085　子部/儒家類/儒學之屬/性理

渊哸存愚二卷　(清)李清植撰　清光緒十八年(1892)浙江書局刻本　一冊

330000－1701－0104651　G612086　子部/宗教類/道教之屬

感應篇箋注二卷　(清)惠棟撰　清光緒十二年(1886)紅蝠山房刻本　一冊

330000－1701－0104653　G008355、G009345　子部/小說家類/雜事之屬

昨非錄十二卷　(明)鄭諠明輯　清光緒十一年(1885)石印本　二冊

330000－1701－0104654　G010328、G009187、G011336　史部/政書類/律令之屬/刑制

重修名法指掌圖四卷　(清)沈辛田撰　(清)徐灝重訂　清同治九年(1870)湖北崇文書局刻本　四冊

330000－1701－0104656　G010329　史部/政書類/邦計之屬

秦晉實官捐輸章程不分卷　岑春煊撰　清光緒杭州紅蝠山房刻本　一冊

330000－1701－0104657　G010330　子部/儒家類/儒學之屬/俗訓

訓俗遺規四卷　(清)陳弘謀撰　清嘉慶二十四年(1819)京都琉璃廠雕藻齋刻本　二冊

330000－1701－0104658　G010331　類叢部/叢書類/彙編之屬

天壤閣叢書二十種增刊六種　(清)王祖源　(清)王懿榮編　清同治至光緒福山王氏刻民國十六年(1927)姚氏一雲精舍彙印本　三冊　存二種

330000－1701－0104659　G010332　集部/別集類/清別集

漁洋山人精華錄訓纂補十卷首一卷　(清)王士禛撰　(清)惠棟注補　清乾隆惠氏紅豆齋刻本　二冊

330000－1701－0104660　G010333　史部/地理類/水利之屬

迴瀾紀要二卷安瀾紀要二卷　(清)徐端撰　清同治十二年(1873)河署刻本　四冊

330000－1701－0104661　G010334　史部/政書類/邦計之屬/漕運

行船防備碰撞條款一卷　清同治七年(1868)刻本　一冊

330000－1701－0104663　G610524　類叢部/叢書類/家集之屬

安吉施氏遺著五種　(清)戴翊清　(清)朱廷燮編　清光緒十七年(1891)刻本　一冊　存二種

330000－1701－0104664　G008272　子部/術數類/相宅相墓之屬

地理啖蔗錄八卷　(清)袁守定著并釋　清乾隆刻本　五冊　存五卷(一至五)

330000－1701－0104665　G010468　類叢部/叢書類/彙編之屬

廣雅書局叢書一百五十九種　徐紹棨編　清光緒廣雅書局刻民國九年(1920)番禺徐紹棨彙編重印本　七冊　存五種

330000－1701－0104666　G008275　集部/總集類/課藝之屬

體用學堂課藝二卷　(清)黄槐森編　清光緒二十七年(1901)蔣存遠堂刻本　二冊

330000－1701－0104668　G008273　集部/別集類/清別集

澗東集三卷　(清)彭蘊章撰　清道光刻本　二冊　存二卷(一至二)

330000－1701－0104670　G008274　集部/別集類/清別集

四悔草堂別集一卷　清光緒抄本　一冊

330000－1701－0104671　G610525　類叢部/叢書類/彙編之屬

文選樓叢書三十三種　(清)阮亨編　清嘉慶至道光阮元刻道光二十二年(1842)阮亨彙印本　二冊　存二種

330000－1701－0104673　G008364　史部/政

書類/儀制之屬/專志/科舉校規
欽定學政全書八十六卷首一卷 （清）童璜等撰 清嘉慶刻本 十冊

330000－1701－0104674 G008276 集部/別集類/清別集
念詒軒窗稿不分卷 稿本 一冊

330000－1701－0104680 G008476 子部/術數類/相宅相墓之屬
嚴陵張九儀增釋地理琢玉斧巒頭歌括不分卷 （清）張鳳藻撰 清道光八年(1828)宏道堂刻本 一冊

330000－1701－0104689 G610527、G612202 類叢部/叢書類/郡邑之屬
海昌叢載三十二種 （清）羊復禮編 清光緒海昌羊氏傳卷樓粵東刻本 二冊 存一種

330000－1701－0104690 G008477 子部/天文曆算類/算書之屬
方子壯數學五種 （清）方克猷撰 清光緒三十二年(1906)刻本 二冊

330000－1701－0104695 G610528 集部/別集類/清別集
半巖廬遺集二卷 （清）邵懿辰撰 清光緒三十四年(1908)邵章等刻本 二冊

330000－1701－0104698 G008478、G007560、G009455 集部/別集類/清別集
韞山堂時文初集一卷二集二卷三集一卷 （清）管世銘撰 清光緒六年(1880)湖南書局刻本 三冊 存三卷(初集、二集二、三集)

330000－1701－0104701 G008278 集部/總集類/郡邑之屬
江左三大家詩鈔 （清）顧有孝 （清）趙澐編 清康熙七年(1668)刻本 一冊 存一種

330000－1701－0104704 G610529 類叢部/叢書類/自著之屬
李文恭公遺集三種 （清）李星沅撰 清同治四年(1865)芋香山館刻本 一冊 存一種

330000－1701－0104707 G008480 子部/儒家類/儒學之屬/俗訓
人譜一卷人譜類記二卷 （明）劉宗周撰 清同治七年(1868)蕺山書院刻本 一冊 存一卷(人譜類記上)

330000－1701－0104712 G010469 集部/總集類/選集之屬/通代
文苑英華律賦選四卷 （清）錢陸燦輯 清康熙二十五年(1686)吹藜閣銅活字印本 二冊

330000－1701－0104713 G008280 集部/總集類/彙編之屬
八代文鈔 （明）李賓編 清刻本 一冊 存一種

330000－1701－0104715 G010470 類叢部/叢書類/自著之屬
燕禧堂五種 （清）任大椿輯撰 清乾隆刻本 二冊 存一種

330000－1701－0104716 G008281、G009124 子部/宗教類/道教之屬
關聖帝君全書十卷 題(清)霞谷道人纂輯 清光緒三十四年(1908)夫夷霞谷道人刻本 十冊

330000－1701－0104719 G008482 史部/政書類/律令之屬/律例
欽定法院編制法不分卷附法官考試任用司法區域分劃及初級暨地方審判廳管轄案件各暫行章程不分卷 清宣統元年(1909)官印刷局鉛印本 一冊

330000－1701－0104720 G008357 史部/雜史類/斷代之屬
歸廬譚往錄二卷 （清）徐宗亮撰 清光緒刻本 一冊

330000－1701－0104722 G010471 史部/詔令奏議類/詔令之屬
十朝聖訓九百二十二卷 清刻本 十二冊 存六十卷(大清聖祖仁皇帝聖訓一至六十)

330000－1701－0104727 G010472 子部/儒家類/儒學之屬/性理
呂語集粹四卷首一卷 （清）陳弘謀評輯 清

光緒五年(1879)顧景濂龍城刻本　四冊　缺一卷(四)

330000－1701－0104728　G610530　集部/別集類/清別集
樊山集二十八卷續集二十八卷公牘三卷批判十五卷時文一卷　樊增祥撰　**二家詠古詩一卷二家試帖二卷二家詞鈔五卷**　樊增祥編　清光緒十九年至三十二年(1893－1906)刻本　六冊　存二十六卷(續集一至二十二、二十五至二十八)

330000－1701－0104730　G008282　子部/兵家類
江南陸師學堂武備課程八種附課藝二卷　(清)錢德培等纂輯　清光緒二十五年(1899)南京江南陸師學堂刻本　二冊　存二卷(課藝一至二)

330000－1701－0104731　M602385　子部/儒家類/儒學之屬
孔氏家語十卷　(三國魏)王肅注　清光緒上海同文書局石印本　五冊

330000－1701－0104732　G008484　類叢部/叢書類/自著之屬
黃雀谿西軒四種　(清)黃燡照撰　清韶陽書院刻本　二冊　存一種

330000－1701－0104734　G010473　史部/政書類/通制之屬
欽定工部則例一百十六卷首一卷　(清)文煜等修　(清)岳琪等纂　清光緒刻本　四十冊

330000－1701－0104737　G008359　史部/地理類/防務之屬/海防
洋防說略二卷　(清)徐家幹撰　清光緒十三年(1887)刻本　一冊　存一卷(上)

330000－1701－0104740　G008486　集部/別集類/清別集
金陵舉義文存一卷　(清)張繼庚撰　(清)張承豫輯　清光緒五年(1879)刻本　一冊

330000－1701－0104748　G610531　類叢部/叢書類/彙編之屬
二老閣叢書四十二種　(清)鄭風編　清康熙至嘉慶刻本　四冊　存一種

330000－1701－0104749　G008360　集部/別集類/清別集
泰雲堂文集二卷駢體文集二卷詩集十八卷詞集三卷　(清)孫爾準撰　清道光十三年(1833)刻本　一冊　存三卷(詞集一至三)

330000－1701－0104753　G612088、G610464　集部/別集類/清別集
白田草堂存稿二十四卷　(清)王懋竑撰　**先考王公府君[懋竑]行狀一卷**　(清)王箴聽等撰　**崇祀鄉賢錄一卷**　清乾隆十七年(1752)刻本　五冊　存二十二卷(一至十八、二十三至二十四、崇祀鄉賢錄、先考王公府君行狀)

330000－1701－0104759　G008361、G010746　集部/曲類/散曲之屬
棣蕚香詞二卷　(明)宋存標輯　清順治刻本　二冊

330000－1701－0104762　G610533　類叢部/叢書類/彙編之屬
榆園叢刻十五種附一種　(清)許增編　清同治至光緒刻本　一冊　存一種

330000－1701－0104764　G008487　子部/儒家類/儒學之屬/經濟
皇朝經世文編一百二十卷姓名總目二卷　(清)賀長齡輯　清末鉛印本　九冊　存四十三卷(二十七至三十一、六十五至八十九、一百三至一百十五)

330000－1701－0104768　G008362、G011327　集部/別集類/清別集
愈愚集六卷續集四卷後集四卷　(清)孫燮撰　清道光十一年至十八年(1831－1838)怡顏堂刻本　二冊　存六卷(一至六)

330000－1701－0104769　G610534　史部/史抄類
新舊唐書合鈔二百六十卷首一卷　(清)沈炳震輯　**唐書宰相世系表訂譌十二卷**　(清)沈炳震撰　**唐書合鈔補正六卷**　(清)丁子復撰

清嘉慶海昌查氏刻同治十年(1871)武林吳氏清來堂補刻本　十冊　存二十五卷(首、一至二十四)

330000－1701－0104772　G609975　類叢部/叢書類/彙編之屬

申報館叢書正集五十七種附錄三種續集一百四十二種　(清)尊聞閣主編　蔡爾康編續集　清同治至光緒上海申報館鉛印本　二冊　存一種

330000－1701－0104776　G008490　子部/儒家類/儒學之屬/經濟

皇朝經世文編一百二十卷姓名總目二卷　(清)賀長齡輯　清光緒十六年(1890)上海廣百宋齋鉛印本　二十冊　存一百卷(十至二十九、三十五至一百三、一百十至一百二十)

330000－1701－0104778　G612090　類叢部/叢書類/自著之屬

任氏遺書八種　(清)任啓運撰　清光緒十四年(1888)荊溪任氏家塾刻本　二冊　存三種

330000－1701－0104779　G610535　史部/紀傳類/正史之屬

二十四史　清同治至光緒五省官書局據汲古閣本等合刻光緒五年(1879)湖北書局彙印本　二十六冊　存二種

330000－1701－0104785　G008284　史部/目録類/總録之屬/彙刻

彙刻書目不分卷　(清)顧修輯　清刻本　十冊

330000－1701－0104789　G612091　類叢部/叢書類/自著之屬

任氏遺書八種　(清)任啓運撰　清光緒十四年(1888)荊溪任氏家塾刻本　二冊　存三種

330000－1701－0104793　G612092　類叢部/叢書類/自著之屬

任氏遺書八種　(清)任啓運撰　清光緒十四年(1888)荊溪任氏家塾刻本　二冊　存三種

330000－1701－0104795　G612093　類叢部/叢書類/自著之屬

任氏遺書八種　(清)任啓運撰　清光緒十四年(1888)荊溪任氏家塾刻本　二冊　存三種

330000－1701－0104796　G609971　類叢部/叢書類/郡邑之屬

金華叢書六十八種　(清)胡鳳丹編　清同治七年至光緒八年(1868－1882)永康胡氏退補齋刻民國補刻本　十二冊　存一種

330000－1701－0104797　G010474　子部/宗教類/佛教之屬/經

大方廣佛華嚴經八十卷　(唐)釋實叉難陀譯　清刻本　八冊　存四十卷(一至四十)

330000－1701－0104798　G612094　類叢部/叢書類/自著之屬

任氏遺書八種　(清)任啓運撰　清光緒十四年(1888)荊溪任氏家塾刻本　二冊　存三種

330000－1701－0104801　G612095　類叢部/叢書類/自著之屬

任氏遺書八種　(清)任啓運撰　清光緒十四年(1888)荊溪任氏家塾刻本　二冊　存三種

330000－1701－0104802　G612096　類叢部/叢書類/自著之屬

任氏遺書八種　(清)任啓運撰　清光緒十四年(1888)荊溪任氏家塾刻本　二冊　存三種

330000－1701－0104803　G010475　類叢部/類書類/通類之屬

省軒考古類編十二卷　(清)柴紹炳撰　(清)姚廷謙評　清乾隆二十三年(1758)刻本　四冊

330000－1701－0104804　G612097　類叢部/叢書類/自著之屬

任氏遺書八種　(清)任啓運撰　清光緒十四年(1888)荊溪任氏家塾刻本　二冊　存三種

330000－1701－0104806　G008365　史部/詔令奏議類/奏議之屬

法部議奏禁革官媒名目申明舊章摺一卷　(清)法部撰　清末浙江書局刻本　一冊

330000－1701－0104807　G612098　類叢部/

叢書類/自著之屬

任氏遺書八種 (清)任啓運撰 清光緒十四年(1888)荊溪任氏家塾刻本 二册 存三種

330000－1701－0104809 G612099 類叢部/叢書類/自著之屬

任氏遺書八種 (清)任啓運撰 清光緒十四年(1888)荊溪任氏家塾刻本 二册 存三種

330000－1701－0104811 G010476 新學/格致總

便蒙叢書初二集十七種 張一鵬輯 清光緒二十八年(1902)蘇州開智書室刻本 四册 存六種

330000－1701－0104812 G008366、G008850、G009805 子部/藝術類/書畫之屬/畫録

丁亥燼遺錄四卷 (清)桂馥輯 清光緒二十二年(1896)黔垣刻本 四册

330000－1701－0104813 G008289 史部/目録類/總録之屬/私撰

書目答問五卷別錄一卷 (清)張之洞撰 清宣統三年(1911)上海掃葉山房石印本 二册

330000－1701－0104814 G612100 類叢部/叢書類/自著之屬

任氏遺書八種 (清)任啓運撰 清光緒十四年(1888)荊溪任氏家塾刻本 二册 存三種

330000－1701－0104817 G612101 類叢部/叢書類/自著之屬

任氏遺書八種 (清)任啓運撰 清光緒十四年(1888)荊溪任氏家塾刻本 二册 存三種

330000－1701－0104819 G612102 類叢部/叢書類/自著之屬

任氏遺書八種 (清)任啓運撰 清光緒十四年(1888)荊溪任氏家塾刻本 二册 存三種

330000－1701－0104820 M602400 子部/儒家類/儒學之屬

孔氏家語十卷 (三國魏)王肅注 清光緒上海同文書局石印本 五册

330000－1701－0104822 G612103 類叢部/叢書類/自著之屬

任氏遺書八種 (清)任啓運撰 清光緒十四年(1888)荊溪任氏家塾刻本 二册 存三種

330000－1701－0104823 G010477 子部/儒家類/儒學之屬/俗訓

人譜類記二卷 (明)劉宗周撰 清光緒教忠堂刻本 一册 存一卷(二)

330000－1701－0104824 G008367 集部/別集類/清別集

樊榭山房全集(樊榭山房集十卷續集十卷文集八卷游仙百詠三卷秋林琴雅四卷集外曲二卷集外詩一卷集外詞一卷集外文一卷附輓辭一卷軼事一卷)四十二卷 (清)厲鶚撰 清光緒十年(1884)汪氏振綺堂刻本 六册 存二十一卷(一至十、續集一至十,軼事)

330000－1701－0104825 G612104 類叢部/叢書類/自著之屬

任氏遺書八種 (清)任啓運撰 清光緒十四年(1888)荊溪任氏家塾刻本 二册 存三種

330000－1701－0104826 G612105 類叢部/叢書類/自著之屬

任氏遺書八種 (清)任啓運撰 清光緒十四年(1888)荊溪任氏家塾刻本 二册 存三種

330000－1701－0104829 G612106 類叢部/叢書類/自著之屬

任氏遺書八種 (清)任啓運撰 清光緒十四年(1888)荊溪任氏家塾刻本 二册 存三種

330000－1701－0104832 G008368 史部/史抄類

韻史二卷 (清)許遯翁撰 **韻史補一卷** (清)朱玉岑撰 清同治十一年(1872)貴州臬署刻本 一册

330000－1701－0104833 G008564、G009250 集部/別集類/清別集

寸心知室全書六卷隨筆一卷續編二卷首一卷 (清)湯金釗撰 清同治七年至八年(1868－1869)湯修刻本 六册

330000－1701－0104836 G609973 史部/地

理類
李氏五種　(清)李兆洛撰　清同治九年至十一年(1870－1872)合肥李鴻章刻本　十冊

330000－1701－0104837　G008285　子部/醫家類/本草之屬/歷代綜合本草
本草綱目五十二卷圖三卷瀕湖脈學一卷奇經八脈攷一卷脈訣考證一卷　(明)李時珍撰　**本草萬方鍼線八卷藥品總目一卷**　(清)蔡烈先輯　**本草綱目拾遺十卷正誤一卷**　(清)趙學敏輯　清光緒二十年(1894)上海圖書集成印書局鉛印本　二十四冊

330000－1701－0104838　G612108　新學/兵制/陸軍
列國陸軍制不分卷　(美國)歐潑登撰　(美國)林樂知　(清)瞿昂來譯　清光緒江南機器製造總局刻本　三冊

330000－1701－0104840　G008566、G009273　類叢部/叢書類/郡邑之屬
越中文獻輯存書十種　紹興公報社編　清宣統二年至民國元年(1910－1912)紹興公報社鉛印本　二冊　存二種

330000－1701－0104842　G008370　子部/儒家類/儒學之屬/禮教/鑑戒
得頤堂範言二卷切近詮說一卷　(清)鄒湘倜撰　清同治五年(1866)、十年(1871)新化鄒氏刻本　一冊

330000－1701－0104843　G010479　集部/總集類/選集之屬/斷代
甘霖頌三卷　清刻本　二冊

330000－1701－0104845　G008287　集部/別集類/清別集
存我軒偶錄不分卷　(清)陸鍾渭撰　清光緒二十七年(1901)文彙書局鉛印本　一冊

330000－1701－0104848　G612109　史部/地理類/雜志之屬
御製盛京賦一卷　(清)高宗弘曆撰　清乾隆刻朱墨套印本　一冊

330000－1701－0104849　G008371　子部/儒家類/儒學之屬/禮教/家訓
治家格言句證一卷　(清)朱用純撰　清同治十三年(1874)蕭山東橋東首聚奎齋刻本　一冊

330000－1701－0104852　G609974　類叢部/叢書類/彙編之屬
十萬卷樓叢書五十一種　(清)陸心源編　清光緒歸安陸氏刻本(歲時廣記卷六原缺)　十八冊　存四種

330000－1701－0104853　G010480　子部/宗教類/佛教之屬/總録
印光法師嘉言錄一卷　李圓淨編　清光緒二十九年(1903)刻本　一冊

330000－1701－0104855　G010481　史部/傳記類/科舉録之屬/諸貢録
[宣統己酉科]浙江選拔貢卷一卷　任蔚撰　清宣統刻本　一冊

330000－1701－0104857　G008372、G009634　經部/書類/傳說之屬
書經精華六卷　(清)薛嘉穎撰　清咸豐八年(1858)拾芥園刻本　二冊

330000－1701－0104859　G008292　史部/編年類/通代之屬
御批歷代通鑑輯覽一百二十卷　(清)傅恒等撰　清光緒二十七年(1901)慎記書莊石印本　二十冊

330000－1701－0104860　G010482　史部/傳記類/科舉録之屬/歷科鄉試録
[光緒庚子辛丑恩正併科]浙江鄉試卷一卷　(清)俞玉書等撰　清光緒刻本　一冊

330000－1701－0104861　G008374　集部/別集類/清別集
寶彝堂文存二卷　(清)傅澤鴻撰　清宣統元年(1909)壺天傅氏刻本　一冊

330000－1701－0104863　G010152　史部/地理類/外紀之屬
西史綱目三十五卷　(清)周維翰撰　清光緒二十八年至二十九年(1902－1903)經世文社

石印本　七冊　存十三卷(二十一、二十四至三十五)

330000－1701－0104864　G612110　史部/傳記類/總傳之屬/文苑
東軒吟社畫像一卷附記傳題跋一卷　(清)費丹旭繪　(清)黄士珣記　(清)諸可寶傳　(清)汪曾唯輯　清光緒二年(1876)泉唐汪氏振綺堂刻本　一冊

330000－1701－0104865　G010483　集部/別集類/清別集
遺錦書屋試藝一卷　(清)邱鎔綸撰　清光緒二十九年(1903)刻本　一冊

330000－1701－0104866　M611153　類叢部/叢書類/自著之屬
宗月鋤先生遺著八種　(清)宗廷輔撰　清光緒刻民國六年(1917)徐兆瑋重印本　一冊　存一種

330000－1701－0104868　G010484　集部/別集類/清別集
怡顔書屋試藝一卷　(清)張乃熊撰　清光緒三十一年(1905)刻本　一冊

330000－1701－0104870　G008290、G010902、G009788　史部/編年類/通代之屬
御批歷代通鑑輯覽一百二十卷　(清)傅恒等撰　清末石印本　十九冊　存一百四卷(七至一百二十)

330000－1701－0104871　G612111　史部/傳記類/總傳之屬/文苑
東軒吟社畫像一卷附記傳題跋一卷　(清)費丹旭繪　(清)黄士珣記　(清)諸可寶傳　(清)汪曾唯輯　清光緒二年(1876)泉唐汪氏振綺堂刻本　一冊

330000－1701－0104872　G010485　集部/別集類/清別集
夢坡室試草不分卷　周延礽撰　清光緒二十八年(1902)刻本　一冊

330000－1701－0104874　G008291、G009027　史部/編年類/通代之屬
御批歷代通鑑輯覽一百二十卷　(清)傅恒等撰　清光緒三十年(1904)上海經藝書局石印本　二冊　存八卷(五十四至五十七、九十一至九十四)

330000－1701－0104875　G008567　集部/別集類/清別集
澼俗軒詩鈔二卷　(清)趙鏡仙撰　**澼俗軒詩閨秀題詞一卷**　清道光十七年(1837)刻本　一冊　缺一卷(二)

330000－1701－0104876　G008375　史部/政書類/邦計之屬/賦稅
藥材章程一卷釐金章程一卷　清光緒二年(1876)漢鎮牙釐局刻本　一冊

330000－1701－0104878　G010486　集部/總集類/課藝之屬
味腴齋同懷試草不分卷　(清)周延紳等撰　清光緒二十八年(1902)刻本　一冊

330000－1701－0104880　G010487　子部/宗教類/佛教之屬/經疏
佛説阿彌陀經疏一卷　(新羅)釋元曉撰　清光緒七年(1881)金陵刻經處刻本　一冊

330000－1701－0104886　G612113　史部/史評類/史論之屬
欽定古今儲貳金鑑六卷　(清)高宗弘曆等撰　清光緒二十一年(1895)浙江官書局刻本　四冊

330000－1701－0104890　G612114　史部/史評類/史論之屬
欽定古今儲貳金鑑六卷　(清)高宗弘曆等撰　清光緒二十一年(1895)浙江官書局刻本　四冊

330000－1701－0104893　G008376、G009007　集部/曲類/彈詞之屬
來生福彈詞三十六回　(清)橘中逸叟撰　清刻本　三冊　存五回(五至六、三十一、三十三至三十四)

330000－1701－0104894　G612115　類叢部/叢書類/彙編之屬

漢魏叢書三十八種 (明)程榮編 明萬曆二十年(1592)新安程氏刻本 一册 存一種

330000－1701－0104896 G010335 史部/傳記類/别傳之屬/事狀
離鴻集不分卷 (清)王瀚輯 清咸豐二年(1852)烏程王氏刻本 一册

330000－1701－0104897 G010336 史部/政書類/儀制之屬/典禮
皇朝禮器圖式十八卷 (清)允祿等撰 清抄本暨剪貼本 一册 存一卷(六)

330000－1701－0104899 G008570 史部/傳記類/總傳之屬/文苑
東軒吟社圖記傳題跋一卷 (清)黄士珣記 (清)諸可寶傳 (清)汪曾唯輯 稿本 一册

330000－1701－0104902 G010338 史部/詔令奏議類/奏議之屬
李肅毅伯奏議十三卷 (清)李鴻章撰 (清)章洪鈞 (清)吴汝綸輯 清光緒石印本 十三册

330000－1701－0104903 G010339 集部/戲劇類/雜劇之屬
倚晴樓七種曲 (清)黄燮清撰 清光緒七年(1881)海鹽馮肇曾刻三十三年(1907)海鹽開通新書局印本 五册 存三種

330000－1701－0104904 G010340 子部/雜著類/雜説之屬
池北偶談二十六卷 (清)王士禛撰 清康熙文粹堂刻本 六册

330000－1701－0104905 G010341 史部/傳記類/科舉録之屬/歷科鄉試録
道光壬辰科浙江鄉試硃卷不分卷 (清)程志篚等撰 清道光刻本 十五册

330000－1701－0104907 G010343 史部/傳記類/科舉録之屬/歷科鄉試録
補行咸豐辛酉科並同治壬戌恩科浙江鄉試同年齒錄不分卷 清光緒刻本 四册

330000－1701－0104912 G008614 子部/宗教類/佛教之屬/經
大方廣佛華嚴經八十卷 (唐)釋實叉難陀譯 明刻本 一册 存一卷(十一)

330000－1701－0104916 G008571 集部/别集類/清别集
桐蔭堂詩鈔八卷補輯一卷詩餘一卷别集一卷 (清)駱復旦撰 清康熙刻本 一册

330000－1701－0104922 M609691 類叢部/叢書類/自著之屬
槐軒全集二十一種附九種 (清)劉沅撰 清咸豐至民國刻彙印本 十册 存一種

330000－1701－0104926 G008617 子部/宗教類/佛教之屬
大乘無爲歸空指路寶卷二卷 (清)姚廷福輯 (清)孫漱纂修 清光緒二十六年(1900)廣聖堂刻本 一册 存一卷(下)

330000－1701－0104929 G008618 子部/宗教類/其他宗教之屬
嘆世無爲卷一卷 (明)羅祖撰 清光緒八年(1882)刻本 一册

330000－1701－0104933 G008619 子部/宗教類/其他宗教之屬
嘆世無爲卷一卷 (明)羅祖撰 清光緒八年(1882)刻本 一册

330000－1701－0104938 G008620 子部/宗教類/其他宗教之屬
破邪顯證鑰匙卷二卷 (明)羅夢鴻撰 清光緒八年(1882)刻本 一册 存一卷(上)

330000－1701－0104939 G008575 集部/别集類/清别集
天瘦閣詩半六卷天補樓行記一卷 (清)李士棻撰 清光緒十一年(1885)木活字印本 一册 存一卷(天補樓行記)

330000－1701－0104944 M602916 類叢部/叢書類/自著之屬
新訂六譯館叢書八十九種 廖平撰 清光緒至民國刻民國十年(1921)四川存古書局彙印本 二册 存一種

330000－1701－0104945　G008621　子部/宗教類/其他宗教之屬

破邪顯證鑰匙卷二卷　(明)羅夢鴻撰　清光緒八年(1882)刻本　二册

330000－1701－0104956　G609978　類叢部/叢書類/彙編之屬

申報館叢書正集五十七種附錄三種續集一百四十二種　(清)尊聞閣主編　蔡爾康編續集　清同治至光緒上海申報館鉛印本　二册　存一種

330000－1701－0104958　G609980　子部/儒家類/儒學之屬/經濟

明夷待訪錄一卷　(清)黄宗羲撰　清光緒二十三年(1897)上海鴻文局石印本　一册

330000－1701－0104962　G008623　子部/宗教類/佛教之屬/經

大方廣佛華嚴經□□卷　(唐)釋實叉難陀譯　明抄本　一册　存一卷(二十五)

330000－1701－0104964　G609981　子部/小説家類/雜事之屬

白門新柳記一卷　(清)許豫撰　**白門新柳補記一卷詞一卷**　(清)楊亨輯　**白門衰柳附記一卷**　(清)盞嬾雲撰　**秦淮燈舫曲一卷**　清同治十一年(1872)姑蘇清華齋刻本　一册

330000－1701－0104972　G008625　史部/詔令奏議類/詔令之屬

欽頒護道榜文一卷　清末朱墨套印本　一册

330000－1701－0104973　G609982、G009105　類叢部/叢書類

維新學叢書　清光緒二十九年(1903)上海鴻寶書局石印本　二册　存一種

330000－1701－0104975　G008626　子部/宗教類/佛教之屬/經咒

大悲懺儀合節一卷　清同治十三年(1874)刻本　一册

330000－1701－0104987　G008578　子部/叢編

無一是齋叢鈔　(清)□□輯　清宣統元年(1909)夢梅仙館刻本　一册　存二種

330000－1701－0104989　G008627　子部/宗教類/佛教之屬/經咒

大悲懺儀合節一卷　清刻本　一册

330000－1701－0104995　G612116　類叢部/叢書類/自著之屬

槐軒全集二十一種附九種　(清)劉沅撰　清咸豐至民國刻彙印本　二册　存一種

330000－1701－0104998　G008579　集部/總集類/郡邑之屬

歷朝天台詩補遺二卷後補一卷　(清)曹希璨輯　清抄本　二册

330000－1701－0105004　G612117　類叢部/叢書類/自著之屬

槐軒全集二十一種附九種　(清)劉沅撰　清咸豐至民國刻彙印本　二册　存一種

330000－1701－0105007　G008628　子部/宗教類/佛教之屬/經

大般若波羅蜜多經六百卷　(唐)釋玄奘譯　清刻本　一册　存一卷(二百四十九)

330000－1701－0105008　G008580、G009864　史部/政書類/公牘檔册之屬

北洋公牘類纂續編二十四卷　(清)甘厚慈輯　清宣統二年(1910)絳雪齋書局鉛印本　十三册　存十四卷(一、八至二十)

330000－1701－0105009　G612118　史部/政書類/律令之屬/律例

故唐律疏議三十卷附釋文　(唐)長孫無忌等撰　(元)王元亮重編釋文　**律音義一卷**　(宋)孫奭等撰　**宋提刑洗冤集錄五卷**　(宋)宋慈編　清光緒十七年(1891)江蘇書局刻本　八册

330000－1701－0105016　G612119　新學/圖學/測繪

行軍測繪十卷首一卷附圖一卷　(英國)連提撰　(英國)傅蘭雅口譯　(清)趙元益筆述　清光緒江南製造總局刻本　二册

330000－1701－0105018　G008581　類叢部/叢書類/彙編之屬
抱經堂叢書十六種　(清)盧文弨編　清乾隆至嘉慶刻彙印本　一冊　存一種

330000－1701－0105020　G612120　史部/地理類/雜志之屬
浙江沿海圖說一卷附海島表一卷　(清)朱正元撰　清光緒二十五年(1899)上海鉛印本　一冊

330000－1701－0105024　G610480　類叢部/叢書類/彙編之屬
申報館叢書正集五十七種附録三種續集一百四十二種　(清)尊聞閣主編　蔡爾康編續集　清同治至光緒上海申報館鉛印本　二冊　存一種

330000－1701－0105025　G612121　子部/藝術類/遊藝之屬/聯語
聖教集對一卷續集一卷　(清)鹿仙舊史(張炳堃)撰　清同治湖北崇文書局刻本　一冊

330000－1701－0105028　G008583　史部/傳記類/職官録之屬
同官錄□□卷　清末刻本暨木活字印本　一冊　存一卷(上)

330000－1701－0105033　G008500　子部/宗教類/佛教之屬/諸宗
禪林重刻寶訓筆說三卷　(清)釋智祥撰　清同治十年(1871)鄂城正覺寺刻本　三冊

330000－1701－0105034　G610482　史部/紀事本末類
歷朝紀事本末九種　(清)陳如升　(清)朱記榮輯　(清)慎記主人增輯　清光緒二十五年(1899)上海慎記書莊石印本　七冊　存三種

330000－1701－0105037　G609983　類叢部/叢書類/家集之屬
如皋冒氏叢書三十四種附二種　冒廣生輯　清光緒至民國如皋冒氏刻本　一冊　存一種

330000－1701－0105039　G612123　類叢部/叢書類/彙編之屬
靈鶼閣叢書五十六種　(清)江標編　清光緒元和江氏湖南使院刻本　四冊　存三種

330000－1701－0105040　G008584　史部/雜史類/斷代之屬
江南北大營紀事本末二卷　(清)杜文瀾編　清同治八年(1869)金山錢氏文富樓鉛印本　一冊

330000－1701－0105043　G008585　史部/職官類/官箴之屬
牧令全書二十三卷　(清)丁日昌輯　清同治七年(1868)江蘇書局刻本　一冊　存一卷(欽頒州縣事宜)

330000－1701－0105045　民 940.28/5128　新學/史志/諸國史
歐洲十九世紀史不分卷　(美國)軒利普格質頓撰　(清)麥鼎華譯　清光緒二十八年(1902)上海廣智書局鉛印本　一冊

330000－1701－0105046　G610483　類叢部/叢書類/郡邑之屬
江陰叢書三十二種　金武祥編　清光緒至宣統江陰金氏粟香室嶺南刻本　一冊　存一種

330000－1701－0105048　G612124　類叢部/叢書類/自著之屬
錢頤壽中丞全集正編三種續編二種　(清)錢寶琛撰　清同治七年至光緒六年(1868－1880)錢鼎銘刻本　一冊　存一種

330000－1701－0105049　G008587、G009644　史部/傳記類/別傳之屬/事狀
彭剛直公[玉麟]榮哀錄不分卷　清光緒十六年(1890)衡州茹古齋刻本　二冊

330000－1701－0105050　G008631、G009100、G011202　子部/儒家類/儒學之屬
同善錄十卷首一卷末一卷前一卷後一卷　(清)李承福輯　清道光二十四年(1844)刻本　十冊

330000－1701－0105051　G612125　集部/總集類/選集之屬/通代

漢魏六朝女子文選二卷 張維輯 清宣統三年(1911)海鹽朱是刻本 一册

330000－1701－0105052 G612126 經部/三禮總義類/通論之屬

讀禮志疑不分卷 (清)陸隴其撰 清嘉慶二十一年(1816)華亭張應時刻本 一册

330000－1701－0105057 G008633 類叢部/叢書類/彙編之屬

申報館叢書正集五十七種附録三種續集一百四十二種 (清)尊聞閣主編 蔡爾康編續集 清同治至光緒上海申報館鉛印本 一册 存一種

330000－1701－0105059 G008588 類叢部/叢書類/自著之屬

古歡室全集四種 (清)曾懿撰 清光緒三十年至三十三年(1904－1907)刻本 二册 存一種

330000－1701－0105060 G609985 集部/別集類/清別集

懶雲樓詩草四卷 (清)釋與宏撰 清道光七年(1827)小雲棲刻本 二册

330000－1701－0105062 M609710 子部/宗教類/佛教之屬/大藏

頻伽精舍校刊大藏經 釋宗仰等輯 清宣統元年至民國二年(1909－1913)迦陵羅詩氏頻伽精舍上海鉛印本 十八册 存一百六十四種

330000－1701－0105064 G609986 類叢部/叢書類/彙編之屬

邵武徐氏叢書初刻十四種 (清)徐榦編 清光緒邵武徐氏刻本 二册 存一種

330000－1701－0105065 G610486 經部/禮記類/傳說之屬

禮記集說十卷 (元)陳澔撰 清恕堂刻本 十册

330000－1701－0105066 G612129 集部/別集類/清別集

有正味齋詩集十六卷續集八卷駢體文二十四卷續集八卷詞集八卷續集二卷外集五卷南北曲二卷 (清)吳錫麒撰 清嘉慶十三年(1808)刻本 八册 存三十六卷(詩集一至十二、駢體文一至二十四)

330000－1701－0105069 G610487 史部/紀事本末類

歷朝紀事本末七種 (清)陳如升 (清)朱記榮輯 清光緒二十一年(1895)上海積山書局石印本 三册 存二種

330000－1701－0105070 G008590、G010803 集部/別集類/清別集

榕蔭盦詩鈔十一卷 (清)傅錫齡撰 (清)金鑑輯 清道光刻本 二册

330000－1701－0105071 G008501 類叢部/叢書類/自著之屬

王漁洋遺書三十八種 (清)王士禛撰 清刻本 一册 存一種

330000－1701－0105074 G008593 類叢部/叢書類/彙編之屬

抱經堂叢書七種 朱遂翔編 清刻民國杭州朱氏抱經堂補刻印本 一册 存一種

330000－1701－0105075 G010344 史部/傳記類/職官録之屬/總録

江蘇同官録不分卷 (清)許廷鑅輯 清光緒刻本 五册

330000－1701－0105076 G010345 史部/傳記類/職官録之屬/總録

浙省同官録不分卷 清末稿本 二册

330000－1701－0105077 G010346 史部/傳記類/科舉録之屬/歷科鄉試録

[光緒戊子科]浙江鄉試同年齒録不分卷 清光緒刻本 二册

330000－1701－0105078 G010347 史部/傳記類/科舉録之屬/歷科鄉試録

[光緒辛卯科]浙江鄉試同年齒録不分卷 清光緒刻本 三册

330000－1701－0105079 G010348、G011269

史部/傳記類/科舉録之屬/歷科鄉試録
[光緒己丑恩科]浙江鄉試硃卷不分卷 (清)汪鵬年等撰 清光緒刻本 十六册

330000－1701－0105080 G010349 子部/術數類/相宅相墓之屬
地理辨正五卷 (清)蔣平階補傳 (清)姜垚辨正 (清)章仲山增補直解 清可久堂刻本 四册

330000－1701－0105081 G010350 史部/傳記類/總傳之屬/姓名
姓名錄五卷 清末鉛印暨石印本 一册

330000－1701－0105082 G010351 類叢部/叢書類/自著之屬
孫夏峰全集十二種附一種 (清)孫奇逢撰 清康熙刻道光至光緒遞刻重印本 一册 存二種

330000－1701－0105083 G010352 新學/政治法律/制度
英國警察不分卷附各國警察大綱一卷 (清)何元瀚譯 清光緒三十二年(1906)金陵江楚編譯官書局石印本 一册

330000－1701－0105084 G008635、G010600 集部/别集類/清别集
曾文正公家書十卷家訓二卷 (清)曾國藩撰 清光緒上海申報館鉛印本 十二册

330000－1701－0105087 G610003 史部/紀傳類/正史之屬
四史 清同治十一年(1872)成都書局刻本 二十册 存一種

330000－1701－0105089 G008642、G009589 類叢部/叢書類/自著之屬
蝶訪居所輯書 (清)徐士鑾撰 清光緒津門徐氏蝧園刻本 四册 存一種

330000－1701－0105092 G610004、G612135 集部/别集類/漢魏六朝别集
陶淵明文集十卷 (晉)陶潛撰 清光緒十四年(1888)會稽陶濬宣稷山樓影宋刻本 二册

330000－1701－0105100 M611183 史部/傳記類/别傳之屬
陸春江中丞哀輓錄一卷 清宣統二年(1910)鉛印本 一册

330000－1701－0105116 G610490 史部/史評類/史論之屬
評選船山史論二卷 (清)王夫之撰 林紓評選 清宣統二年(1910)上海商務印書館鉛印本 一册 存一卷(一)

330000－1701－0105118 G610007 史部/金石類/總志之屬
二銘草堂金石聚十六卷 (清)張德容輯 清同治十一年(1872)衢州張氏二銘草堂刻本 十六册

330000－1701－0105124 G610491 子部/醫家類/類編之屬
陳修園醫書五十種 (清)陳念祖等撰 清光緒三十一年(1905)上海商務印書館鉛印本 一册 存二種

330000－1701－0105129 G008644 史部/傳記類/科舉録之屬/歷科登科録
國朝歷科會元鼎甲全錄一卷 清光緒上海點石齋石印本 一册

330000－1701－0105131 G609987 子部/宗教類/道教之屬/威儀
祈雨科一卷 (清)紀慎齋撰 清光緒三十二年(1906)成都刻本 一册

330000－1701－0105133 M609726 類叢部/叢書類/家集之屬
半帆樓叢書(鄔氏家集)二十七種 鄔慶時編 清光緒至民國刻本 一册 存一種

330000－1701－0105135 G008502 集部/别集類/清别集
碧珊詩草一卷 清抄本 一册

330000－1701－0105136 G609988 子部/宗教類/道教之屬/威儀
祈雨科一卷 (清)紀慎齋撰 清光緒三十二年(1906)成都刻本 一册

330000－1701－0105138　G609989　類叢部/叢書類/彙編之屬
榆園叢刻十五種附一種　(清)許增編　清同治至光緒刻本　三冊　存三種

330000－1701－0105140　G008648　史部/傳記類/日記之屬
北行日記一卷南還日記二卷癸卯北行日記一卷乙巳南還日記一卷(清道光十五年至十六年、二十三年、二十五年)　(清)楊廷桂撰　清同治六年(1867)芸香堂刻本　一冊　存一卷(北行日記)

330000－1701－0105141　G610496　集部/別集類/唐五代別集
杜詩鏡銓二十卷附諸家論杜一卷　(清)楊倫撰　**讀書堂杜工部文集註解二卷**　(清)張溍撰　清光緒十八年(1892)上海著易堂鉛印本　清天馬題記　六冊

330000－1701－0105144　G612133　史部/地理類/專志之屬/祠墓
曹江孝女廟誌八卷首一卷末二卷補遺一卷　(清)金廷棟輯　(清)唐煦春增輯　清光緒八年(1882)五社公所刻本　二冊

330000－1701－0105149　G008505　新學/格致總
形性學要十卷　(比利時)赫師慎輯　(清)李杕譯　清光緒二十五年(1899)上海徐匯匯報館鉛印本　三冊　存八卷(一至八)

330000－1701－0105156　G008506　子部/宗教類/道教之屬/戒律
陰隲文說証彙纂八卷末一卷　清光緒九年至十年(1883－1884)刻本　八冊

330000－1701－0105157　G609990　集部/詞類/詞話之屬
蓮子居詞話四卷　(清)吳衡照輯　清道光十二年(1832)錢唐汪氏振綺堂刻同治六年(1867)重修本　一冊　存二卷(一至二)

330000－1701－0105158　G008650　集部/別集類/清別集
通甫類稿四卷　(清)魯一同撰　清光緒三年(1877)酉腴仙館鉛印本　无厂跋　一冊

330000－1701－0105163　G008595　集部/詩文評類
中國文學史三卷　來裕恂編　清抄本　一冊

330000－1701－0105165　G008651　集部/別集類/清別集
新疆賦一卷　(清)徐松撰　清光緒讀有用書齋刻本　一冊

330000－1701－0105166　G609991　史部/編年類/通代之屬
通鑑注辯正二卷　(清)錢大昕撰　清光緒十年(1884)長沙龍氏家塾刻嘉定錢氏潛研堂全書本　章嶔題簽　一冊

330000－1701－0105174　G610504　子部/兵家類/兵法之屬
軍禮司馬灋攷徵二卷　(清)黃以周撰　清光緒十八年(1892)黃氏試館刻本　一冊

330000－1701－0105182　G609992　類叢部/叢書類/彙編之屬
靈鶼閣叢書五十六種　(清)江標編　清光緒元和江氏湖南使院刻本　二冊　存一種

330000－1701－0105183　G610505　類叢部/叢書類/郡邑之屬
永嘉叢書十三種　(清)孫衣言編　清同治至光緒瑞安孫氏詒善祠塾刻本　二冊　存二種

330000－1701－0105186　G612134　史部/地理類/雜志之屬
浙江全省輿圖並水陸道里記不分卷　(清)宗源瀚等纂　清光緒二十年(1894)石印本　十七冊

330000－1701－0105188　G609993　史部/傳記類/總傳之屬/文苑
東軒吟社畫像一卷附記傳題詞一卷　(清)費丹旭繪　(清)黃士珣記　(清)諸可寶傳　(清)汪曾唯輯　清光緒二年(1876)泉唐汪氏振綺堂刻本　一冊

330000－1701－0105192　G610506　集部/别集類/清别集
湖唐林館駢體文二卷　(清)李慈銘撰　清光緒十年(1884)刻本　一册

330000－1701－0105197　G610507　集部/别集類/清别集
劫餘存稿一卷　(清)吳受藻撰　(清)吳積鑑編　**劫餘存稿一卷**　(清)王鼎詩撰　(清)朱世篁編　清同治七年(1868)錢唐汪氏振綺堂刻本　一册

330000－1701－0105199　G609994　史部/目録類/總録之屬
涵芬樓藏書目錄不分卷　涵芬樓編　清宣統三年(1911)鉛印本　谷翁題記　一册

330000－1701－0105201　G610509　史部/傳記類/總傳之屬/列女
越女表微録五卷　(清)汪輝祖撰　清光緒十八年(1892)杭州浙江學院刻本　一册

330000－1701－0105202　G008653　子部/藝術類/遊藝之屬/謎語
隱語萃菁一卷　(清)吳鈺輯　清光緒三十四年(1908)刻本　一册

330000－1701－0105203　G008597　新學/政治法律/政治
國民讀本二卷　朱樹人編　清光緒二十九年(1903)上海文明書局鉛印本　一册　存一卷(上)

330000－1701－0105206　G609995　類叢部/叢書類/郡邑之屬
紹興先正遺書十五種　(清)徐友蘭輯　清光緒會稽徐氏鑄學齋刻本　三册　存二種

330000－1701－0105207　G610510　類叢部/類書類/通類之屬
玉海二百卷辭學指南四卷詩攷一卷詩地理攷六卷漢蓺文志攷證十卷通鑑地理通釋十四卷周書王會補注一卷漢制攷四卷踐阼篇集解一卷急就篇補注四卷姓氏急就篇二卷小學紺珠十卷六經天文編二卷周易鄭康成注一卷通鑑答問五卷　(宋)王應麟撰　**校補玉海瑣記二卷王深寧先生[應麟]年譜一卷**　(清)張大昌撰　清光緒九年至十六年(1883－1890)浙江書局刻本　四册　存十六卷(通鑑地理通釋一至十四、校補玉海瑣記一至二)

330000－1701－0105208　G008654　集部/總集類/課藝之屬
佚名課藝一卷　(清)馮懋等撰　清末抄本　一册

330000－1701－0105209　G610511　類叢部/類書類/通類之屬
玉海二百卷辭學指南四卷詩攷一卷詩地理攷六卷漢蓺文志攷證十卷通鑑地理通釋十四卷周書王會補注一卷漢制攷四卷踐阼篇集解一卷急就篇補注四卷姓氏急就篇二卷小學紺珠十卷六經天文編二卷周易鄭康成注一卷通鑑答問五卷　(宋)王應麟撰　**校補玉海瑣記二卷王深寧先生[應麟]年譜一卷**　(清)張大昌撰　清光緒九年至十六年(1883－1890)浙江書局刻本　二册　存三卷(周書王會補注、校補玉海瑣記一至二)

330000－1701－0105210　G008598　子部/叢編
二十五子彙函　(清)鴻文書局編　清光緒十九年(1893)上海鴻文書局石印本　三册　存十一種

330000－1701－0105213　G008655　史部/地理類/雜志之屬
東三省地理志一卷　(清)曹廷杰撰　清光緒二十八年(1902)强自學齋鉛印本　一册

330000－1701－0105215　G610512　類叢部/叢書類/彙編之屬
邵武徐氏叢書二集八種　(清)徐幹編　清光緒邵武徐氏刻民國六年(1917)、十五年(1926)浙江圖書館補刻本　九册　存五種

330000－1701－0105220　G609996　史部/金石類/石之屬
漢沙南侯獲刻石雙鉤本一卷　(清)吳大澂鉤摹　**沙南侯獲刻石釋文一卷**　(清)張之洞撰

清同治十二年(1873)吳縣潘氏滂喜齋刻本　一冊

330000－1701－0105223　G008508　子部/宗教類/佛教之屬/經

佛説無量壽經二卷　(三國魏)釋康僧鎧譯　清刻本　一冊

330000－1701－0105226　G610513　類叢部/叢書類/彙編之屬

武英殿聚珍版書一百四十八種　清乾隆四十二年(1777)福建刻道光至同治遞修光緒二十一年(1895)增刻本　一冊　存一種

330000－1701－0105227　G008658　史部/政書類/公牘檔冊之屬

告示集錦一卷　清抄本　一冊

330000－1701－0105229　G609997　經部/小學類/文字之屬/字書/字體

名原二卷　(清)孫詒讓撰　清光緒三十一年(1905)瑞安孫氏刻本　一冊

330000－1701－0105231　G612138　子部/醫家類/婦科之屬/產科

胎產心法三卷　(清)閻純璽撰　清同治四年(1865)敬敷堂刻本　二冊　存一卷(上)

330000－1701－0105232　G609998　集部/總集類/尺牘之屬

名賢手札八種　(清)郭慶藩輯　清光緒十年(1884)湘陰郭氏岵瞻堂刻本　三冊　存七種

330000－1701－0105234　G610514　史部/紀傳類/正史之屬

漢書疏證三十六卷後漢書疏證三十卷　(清)沈欽韓撰　清光緒二十六年(1900)浙江官書局刻本　九冊　存十八卷(一至二、五至六、九至十、十三至十四、十七至十八、二十一、二十四至三十)

330000－1701－0105235　G008509　史部/傳記類/日記之屬

松石齋日記不分卷(清光緒三十一年九月十二日至三十二年正月初九日)　邵恒撰　清光緒三十一年至三十二年(1905－1906)稿本　一冊

330000－1701－0105239　G008599　新學/氣學/氣學

氣象學一卷　(清)祈宣撰　清光緒三十年(1904)抄本　一冊

330000－1701－0105242　G612139　史部/地理類/山川之屬/山志

廬山志十五卷首一卷　(清)毛德琦撰　清康熙五十九年(1720)順德堂刻本　六冊　存十一卷(一至四、七至十一、十三至十四)

330000－1701－0105243　G610515　史部/紀傳類/正史之屬

史記探源八卷　(清)崔適撰　清宣統二年(1910)崔適觶廬刻本　四冊

330000－1701－0105244　G010355　史部/傳記類/科舉録之屬/歷科鄉試録

[咸豐玖年己未恩科]浙江鄉試錄一卷　清咸豐九年(1859)刻本　一冊

330000－1701－0105245　G609999　類叢部/叢書類/彙編之屬

怡蘭堂叢書八種　唐鴻學編　清光緒至民國大關唐氏怡蘭堂刻本　一冊　存一種

330000－1701－0105246　G008510　新學/游記

長城游記一卷　(日本)大鳥圭介撰　(清)黄守恒譯　清光緒二十九年(1903)上海日新書所鉛印本　趙萬里題簽並記　一冊

330000－1701－0105247　G610516　子部/宗教類/佛教之屬/經

大方廣圓覺修多羅了義經二卷　(唐)釋佛陀多羅譯　清同治八年(1869)金陵刻經處刻本　一冊

330000－1701－0105249　G610517　類叢部/叢書類/自著之屬

振綺堂遺書五種　(清)汪遠孫撰　清道光刻民國十一年(1922)錢唐汪氏彙印本　一冊　存一種

330000－1701－0105250　G008601　集部/總集類/酬唱之屬
山陰贈別集三卷　(清)陳光鑾等撰　清嘉慶十四年(1809)刻本　一冊

330000－1701－0105255　G008602　集部/別集類/清別集
閱苣草堂遺草四卷　(清)王柘撰　(清)魏燮均編　(清)劉杞評　清同治十二年(1873)銘安刻本　二冊

330000－1701－0105256　G612141　子部/儒家類/儒學之屬/蒙學
蒙訓一卷　(清)劉沅撰　清道光二十四年(1844)刻本　一冊

330000－1701－0105259　G612142　類叢部/叢書類/自著之屬
張師筠著述三種　(清)張燮承撰　清咸豐九年至同治十一年(1859－1872)刻本　一冊　存一種

330000－1701－0105261　G612143　經部/孝經類/傳說之屬
孝經集註一卷弟子職集註一卷　(清)任兆麟撰　清杭城文光堂刻本　一冊

330000－1701－0105263　G010353　史部/傳記類/別傳之屬/年譜
丹魁堂[季芝昌]自訂年譜一卷感遇錄一卷　(清)季芝昌撰　清咸豐十一年(1861)江陰季氏崇川刻本　一冊

330000－1701－0105265　G008606、G009253　史部/目録類/總録之屬/私撰
書目答問五卷別錄一卷國朝著述諸家姓名略一卷　(清)張之洞撰　清刻本　三冊

330000－1701－0105266　G010354　子部/儒家類/儒學之屬/禮教
讀書做人譜一卷　(清)龍炳垣輯　清光緒十年(1884)津河廣仁堂刻本　一冊

330000－1701－0105271　G008607　集部/總集類/彙編之屬
漢魏六朝一百三家集(漢魏六朝百三名家集)　(明)張溥編　清光緒五年(1879)彭懋謙信述堂刻本　一冊　存一種

330000－1701－0105272　G010356　類叢部/叢書類/自著之屬
左文襄公全集七種附二種首一卷　(清)左宗棠撰　清光緒刻本　三冊　存附一種

330000－1701－0105273　G010357　史部/政書類/軍政之屬
欽定軍器則例二十四卷　(清)董誥　等修　(清)特通保等纂　清嘉慶二十一年(1816)刻本　二十四冊

330000－1701－0105274　G008512　史部/傳記類/日記之屬
再到珠江不分卷(清光緒十六年七月十八日至十七年三月十三日)　振翰撰　清光緒十六年至十七年(1890－1891)稿本　二冊

330000－1701－0105275　G008659、G011081　子部/儒家類/儒學之屬/經濟
皇朝經世文新編二十一卷　麥仲華輯　清光緒二十四年(1898)上海譯書局石印本　二十四冊

330000－1701－0105276　G008513　子部/雜著類/雜纂之屬
倘湖樵書初編六卷二編六卷　(清)來集之撰　清乾隆五十三年(1788)來廷楫等倘湖小築刻本　九冊　缺三卷(一、三、七)

330000－1701－0105277　G008660　子部/宗教類/其他宗教之屬/基督教
聖教鑑略三卷　清光緒二十四年(1898)甬江七苦堂鉛印本　一冊　存一卷(二)

330000－1701－0105278　G008609　史部/目録類/總録之屬/官修
廣雅書局書目一卷　(清)廣雅書局編　清宣統元年(1909)廣雅書局刻本　一冊

330000－1701－0105280　G008514　子部/醫家類/類編之屬
黃氏醫書八種　(清)黃元御撰　清同治元年(1862)左繼明刻本　一冊　存一種

330000－1701－0105281　G010488　集部/別集類/清別集

金陵舉義文存一卷　(清)張繼庚撰　(清)張承豫輯　清宣統二年(1910)上海著易堂書局鉛印本　章嶔題記　一冊

330000－1701－0105282　G008664　類叢部/類書類/通類之屬

策海□□卷　(宋)馬貴與撰　(清)瞿曾輯　清刻本　二冊　存二卷(前集三至四)

330000－1701－0105284　G008515　子部/藝術類/書畫之屬/畫譜

芥子園畫傳二集八卷　(清)王槩　(清)王蓍　(清)王臬輯　清刻本　二冊　存二卷(竹譜一至二)

330000－1701－0105285　G008611　史部/傳記類/别傳之屬/年譜

宋本韓柳二先生年譜八卷　(清)馬曰璐編　清雍正七年(1729)廣陵馬氏小玲瓏山館刻本　一冊

330000－1701－0105289　G010489　類叢部/叢書類/家集之屬

海昌俞氏叢刻四種　(清)俞承德輯　清咸豐六年(1856)平江三德堂刻本　一冊　存一種

330000－1701－0105290　G008516　集部/別集類/清別集

松圃詩草黔遊集一卷二集一卷　(清)松圃撰　清乾隆刻本　一冊

330000－1701－0105292　G008665　子部/兵家類/操練之屬

野外勤務書二卷　清光緒三十二年(1906)湖北教練處印本　一冊

330000－1701－0105293　G008378　集部/總集類/郡邑之屬

越郡詩選不分卷　(清)□□輯　稿本　一冊

330000－1701－0105294　G008379　集部/別集類/清別集

佚名詩課一卷　(清)□□撰　(清)□□評　稿本　一冊

330000－1701－0105297　M609753　子部/小説家類/雜事之屬

豔史叢鈔十二種　(清)王韜編　清光緒四年(1878)弢園鉛印本　一冊　存一種

330000－1701－0105299　G010490　類叢部/叢書類/自著之屬

厚庵鄧夫子遺書十九種　(清)鄧逢光撰　清刻本　二冊　存一種

330000－1701－0105301　G008380　史部/傳記類/總傳之屬/隱逸

紹陶錄二卷　(宋)王質撰　清光緒十年(1884)桐友氏抄本　一冊

330000－1701－0105302　G008612、G011045、G009967　集部/總集類/彙編之屬

漢魏六朝一百三家集(漢魏六朝百三名家集)　(明)張溥編　清光緒十八年(1892)善化章經濟堂刻本　二十六冊　存二十一種

330000－1701－0105303　G008517　經部/小學類/訓詁之屬/譯語

英話註解一卷　清咸豐十年(1860)刻本　一冊

330000－1701－0105307　G008381　經部/小學類/音韻之屬

切音便讀一卷　(清)鄺珩輯　清抄本　一冊

330000－1701－0105309　G008518　子部/宗教類/道教之屬

清微齋法三卷　清抄本　一冊　存一卷(中)

330000－1701－0105315　G008382　史部/傳記類/别傳之屬

小螺盦病榻憶語一卷　(清)孫道乾撰　清同治十三年(1874)刻本　一冊

330000－1701－0105319　G610518　集部/別集類/清別集

補松廬詩錄六卷　吳慶坻撰　清宣統三年(1911)湖南學務公所鉛印本　二冊

330000－1701－0105320　G008519、G010665　史部/詔令奏議類/奏議之屬

左恪靖侯奏稿初編三十八卷續編七十六卷三編六卷　(清)左宗棠撰　清光緒十二年(1886)刻本　六十四册

330000－1701－0105321　G010491　集部/别集類/清别集

桃花山館吟稿十四卷　(清)郎葆辰撰　清道光十一年(1831)刻本　一册　存四卷(十一至十四)

330000－1701－0105323　G010492　子部/術數類/陰陽五行之屬

陽樞按索集不分卷　清抄本　一册

330000－1701－0105324　G008384　史部/政書類/律令之屬/刑制

刑臺秦鏡二卷新刻法筆新春一卷新刻法筆驚天雷一卷　清刻本　二册

330000－1701－0105325　G010493　類叢部/叢書類/自著之屬

何宫贊遺書六種　(清)何若瑶撰　清光緒八年(1882)何雲旭刻本　四册

330000－1701－0105326　G610519　類叢部/叢書類/自著之屬

槐軒全集二十一種附九種　(清)劉沅撰　清咸豐至民國刻彙印本　一册　存一種

330000－1701－0105331　G008385　子部/宗教類/道教之屬

養真集二卷　題養真子撰　(清)王士端注　清光緒三十一年(1905)抄本　一册

330000－1701－0105333　G008520　子部/雜著類/雜記之屬

夢乞記一卷　沈窳黄撰　清末抄本　陳璞題簽　一册

330000－1701－0105336　M602864　類叢部/叢書類/彙編之屬

房山山房叢書十一種十八卷　陳洙編　清宣統至民國江浦陳氏刻民國九年(1920)彙印本　愚僧題簽並記　一册　存六種

330000－1701－0105340　G008386　集部/總集類/選集之屬/斷代

國朝别裁詩選不分卷　(清)佚名輯　清抄本　一册

330000－1701－0105346　G008388　史部/政書類/邦交之屬

中美續議通商行船條約一卷　清光緒刻本　一册

330000－1701－0105347　G010494、G008724、G011333　史部/編年類/通代之屬

新鐫通鑑會纂十卷新刻陳眉公訂正通紀會纂四卷　(明)王世貞撰　(明)諸燮輯　明末書林慎餘齋刻本　十二册

330000－1701－0105348　G008389　集部/别集類/清别集

溪南小草三卷壬午游草一卷浣谿游草一卷　(清)施彰撰　清嘉慶二十二年至道光二年(1817－1822)稿本　一册

330000－1701－0105350　G008521、G009790　集部/總集類/課藝之屬

蓬萊仙館詩課初編二卷　(清)彭年等撰　清光緒十七年(1891)刻本　二册

330000－1701－0105352　G610521　史部/雜史類/斷代之屬

養吉齋叢錄二十六卷餘錄十卷　(清)吴振棫撰　清光緒二十二年(1896)刻本　八册

330000－1701－0105353　G010495　集部/别集類/清别集

甪西吟榭詩鈔一卷　(清)陸超陞撰　清宣統三年(1911)華雲閣鉛印本　一册

330000－1701－0105354　G610522　集部/總集類/氏族之屬

寧都三魏全集八十三卷　(清)林時益編　清道光二十五年(1845)寧都謝庭綬紱園書塾刻本　八册　存十一卷(魏叔子文集外篇十七至二十二、魏季子文集三至七)

330000－1701－0105355　G010496　集部/别集類/明别集

園居草一卷北游草一卷西山紀遊一卷賀軺吟

草一卷 (明)陶允嘉撰 明刻本 一冊

330000－1701－0105356 G010497 子部/雜著類

醒迷警夢錄一卷飛鸞詩訓輯參一卷 (清)守善居士編 清光緒二十三年(1897)刻本 清鄭常齡題記 一冊

330000－1701－0105357 G008522 史部/政書類/通制之屬

欽定大清會典一百卷 (清)崑岡等撰 清宣統三年(1911)上海商務印書館石印本 九冊 缺七卷(一至七)

330000－1701－0105359 G008668 新學/議論

報紙論浙撫誅秋瑾辯一卷 (清)周巖撰 **論徐錫麟秋瑾案一卷** (清)朱淇撰 清末鉛印本 一冊

330000－1701－0105361 G008696 新學/商務

廣東省出品協會出品說明書不分卷 清宣統二年(1910)鉛印本 五冊

330000－1701－0105369 G010498 子部/醫家類/診法之屬/其他診法

傷寒舌鑑一卷 (清)張登輯 清刻本 一冊

330000－1701－0105372 G610008 類叢部/叢書類/彙編之屬

玉海堂景宋元本叢書 劉世珩編 清光緒至民國貴池劉氏玉海堂影刻本 二冊 存一種

330000－1701－0105379 G612144 子部/宗教類/佛教之屬/律

法海觀瀾五卷梵室偶談一卷 (清)釋智旭撰 清光緒二十三年(1897)揚州藏經禪院刻本 二冊

330000－1701－0105384 G010499 集部/總集類/酬唱之屬

碧蘿吟館唱和詩詞三卷 (清)朱文治編 清道光三年(1823)刻本 一冊 存一卷(一)

330000－1701－0105390 G610009 史部/目録類/總録之屬/私撰

書目答問五卷別錄一卷國朝著述諸家姓名略一卷輶軒語一卷 (清)張之洞撰 清光緒刻本 二冊

330000－1701－0105391 G008672、G011124 經部/春秋左傳類/傳說之屬

讀左傳論六卷 (清)馬驌撰 清光緒二十九年(1903)武林印刷所鉛印本 二冊

330000－1701－0105393 G610463 史部/史抄類

史記菁華錄六卷 (清)姚祖恩輯 清道光四年(1824)吳興姚氏扶荔山房刻朱墨套印本 章嶔題簽並記 六冊

330000－1701－0105401 G008675、G011135 新學/議論/通論

洋務經濟通考十六卷 (清)應祖錫撰 清光緒二十七年(1901)鴻寶齋石印本 四冊 存五卷(三、六、八、十三至十四)

330000－1701－0105402 G610010 類叢部/叢書類/彙編之屬

崇文書局彙刻書三十一種 (清)崇文書局編 清光緒元年至三年(1875－1877)湖北崇文書局刻本 二冊 存一種

330000－1701－0105407 G008526 經部/四書類/總義之屬/傳說

大文堂較正監韻分章分節四書正文 清末佛山正同文銅版印本 一冊 存一種

330000－1701－0105408 G612145 子部/醫家類/類編之屬

古今醫統正脈全書四十四種 (明)王肯堂編 明萬曆二十九年(1601)新安吳勉學刻本 二冊 存一種

330000－1701－0105409 G010500 集部/詩文評類/文法之屬/公文程式

奏摺條件輯覽四卷 (清)張守誠輯 清光緒十六年(1890)皖江節署刻本 一冊

330000－1701－0105413 G008676 史部/傳記類/總傳之屬/列女

歷代女師表一卷　(清)葉逢時輯　(清)沈邦達補輯　清光緒二十八年(1902)石印本　一册

330000－1701－0105415　G010501　經部/小學類/文字之屬/字書
偏旁舉略一卷　(清)姚文田輯　清刻本　一册

330000－1701－0105418　G008771、G009632　類叢部/類書類/專類之屬
新纂氏族箋釋八卷　(清)熊峻運輯　清文光堂刻本　五册　存五卷(一至五)

330000－1701－0105419　G008677　類叢部/叢書類/彙編之屬
通學齋叢書五十三種　(清)鄒淩沅編　清光緒二十五年(1899)通學齋鉛印本　二册　存二種

330000－1701－0105420　G008527　史部/政書類/邦計之屬/錢幣
錢穀津梁二卷　清礪堂抄本　一册　存一卷(二)

330000－1701－0105422　G612146　集部/別集類/清別集
塞上吟四卷　(清)方聯甲撰　清同治十二年(1873)武昌郡廨刻本　一册

330000－1701－0105423　G610465　子部/儒家類/儒學之屬/勸學
程氏家塾讀書分年日程三卷綱領一卷　(元)程端禮撰　清同治八年(1869)江蘇書局刻本　一册

330000－1701－0105424　G010502　集部/別集類/清別集
紉蘭室詩鈔三卷　(清)嚴永華撰　清光緒刻本　一册

330000－1701－0105426　G008700　新學/算學/數學
代形合參三卷附一卷　(美國)羅密士撰　(美國)潘慎文譯　謝洪賚筆述　清光緒二十四年(1898)上海美華書館鉛印本　一册

330000－1701－0105427　G610466　經部/易類/傳說之屬
讀易傳心十二卷圖說三卷　(清)韓怡撰　清嘉慶十三年(1808)木存堂刻本　一册　存六卷(七至十二)

330000－1701－0105428　G008528　史部/政書類/公牘檔冊之屬
世忠堂儀注不分卷　清程紫垣抄本　一册

330000－1701－0105430　G008529　史部/傳記類/科舉録之屬
殿試策不分卷　清末石印本　一册

330000－1701－0105432　G008773　子部/醫家類/類編之屬
徐氏醫書八種　(清)徐大椿撰　清光緒十五年(1889)上海江左書林刻本　一册　存一種

330000－1701－0105434　G612147　子部/宗教類/佛教之屬/諸宗
淨土三經　清同治七年(1868)刻本　一册　存一種

330000－1701－0105435　G008530　史部/地理類/方志之屬/郡縣志
[崇禎]仙潭後志不分卷　(明)胡道傳　(清)沈戠穀纂修　清同治十一年(1872)抄本　一册

330000－1701－0105436　G008701　集部/總集類/彙編之屬
八代文鈔　(明)李賓編　清刻本　二册　存一種

330000－1701－0105438　G610468　經部/春秋左傳類/傳說之屬
春秋大事表五十卷讀春秋偶筆一卷輿圖一卷附錄一卷　(清)顧棟高輯　清乾隆十三年至十四年(1748－1749)錫山顧氏萬卷樓刻本　二十册

330000－1701－0105439　G010504　集部/別集類/清別集
鷗社集一卷　(清)黄嗣東撰　清宣統二年(1910)石印本　一册

330000－1701－0105441　G008774　經部/詩類/傳說之屬

詩經講義一卷　清末石印本　一冊

330000－1701－0105443　G008775　經部/小學類/文字之屬/字書

字林便覽二卷　(清)黄培杰釐訂　清道光十七年(1837)維風書院刻本　一冊

330000－1701－0105445　G010505　史部/傳記類/別傳之屬/事狀

范梁行狀一卷　清末刻本　一冊

330000－1701－0105447　G008776　集部/總集類/郡邑之屬

南園前五先生詩五卷首一卷　(明)葛徵奇輯　**南園後五先生詩二十五卷首一卷**　(清)陳文藻輯　**附刻南園花信詩一卷**　(明)黎遂球輯　清同治九年(1870)南海陳氏刻本　五冊

330000－1701－0105448　G610012　子部/小說家類/異聞之屬

山海經箋疏十八卷圖讚一卷訂譌一卷敘錄一卷　(清)郝懿行撰　清光緒十七年(1891)上海五彩公司石印本　五冊　存十八卷(一至十八)

330000－1701－0105451　G008531　子部/農家農學類/鳥獸蟲之屬

蟋蟀全譜一卷　清抄本　一冊

330000－1701－0105452　G010506　集部/別集類/清別集

怡園集不分卷　(清)陳汾撰　稿本　一冊

330000－1701－0105453　G612150　史部/政書類/邦計之屬/荒政

籌濟編三十二卷首一卷　(清)楊景仁撰　清光緒四年(1878)楊氏詒硯齋刻本　五冊　存二十二卷(十一至三十二)

330000－1701－0105456　G010507　子部/藝術類/遊藝之屬/聯語

楹聯叢話一卷　稿本　一冊

330000－1701－0105458　G008532　史部/傳記類/科舉録之屬/歷科鄉試録

[光緒乙亥恩科]江南鄉試硃卷一卷　(清)薛培樹撰　清光緒刻本　一冊

330000－1701－0105460　G008533　子部/術數類/相宅相墓之屬

水鉗三十六法一卷　(明)唐朝生　(明)董遇元撰　清抄本　一冊

330000－1701－0105461　G010508　集部/別集類/清別集

唫秋詩艸一卷　(清)沈滄園撰　稿本　一冊

330000－1701－0105465　G008703　史部/編年類/通代之屬

御批歷代通鑑輯覽一百二十卷　(清)傅恒等撰　清石印本　一冊　存五卷(七十二至七十六)

330000－1701－0105466　G010509　子部/工藝類/日用器物之屬/陶瓷

曼生壺銘不分卷　(清)陳鴻壽撰　清末抄本　一冊

330000－1701－0105470　G610469　經部/四書類/總義之屬/傳說

四書約旨二十卷　(清)任啓運撰　清光緒二十年(1894)浙江官書局刻本　十二冊

330000－1701－0105475　G008704　史部/詔令奏議類/奏議之屬

林文忠公政書三集三十七卷　(清)林則徐撰　清光緒二十四年(1898)天津文德堂石印本　一冊　存一卷(政書蒐遺)

330000－1701－0105476　G612136　類叢部/叢書類/郡邑之屬

武林掌故叢編一百八十七種　(清)丁丙編　清光緒三年至二十六年(1877－1900)錢塘丁氏嘉惠堂刻本　十九冊　存十二種

330000－1701－0105478　G010510　集部/別集類/清別集

汴遊冰玉稾四卷　(清)朱寯瀛撰　清光緒三十三年(1907)鉛印本　一冊

330000－1701－0105479　G008705、G009773　史部/地理類/山川之屬/水志

歷代黄河變遷圖考四卷　(清)劉鶚撰　清光緒十九年(1893)袖海山房石印本　四册

330000－1701－0105482　G610014、G610015　類叢部/叢書類/彙編之屬

經策通纂二種　(清)吴潁炎　(清)陳通聲等纂　清光緒十四年(1888)上海點石齋石印本　二十三册　缺六十八卷(毛詩傳箋通釋一至二十二,禮記訓纂一至十二,爾雅郭注義疏一,説文通訓定聲一至十四、十七至十八、檢韻、韻準、行述、補遺、附説雅,兵制十三至二十二,藝文八至九)

330000－1701－0105486　G610470　史部/地理類/方志之屬/通志

[道光]重纂福建通志二百七十八卷首六卷補採福建全省列女附志一卷　(清)孫爾準等修　(清)陳壽祺纂　(清)程祖洛等續修　(清)魏敬中續纂　清同治七年至十年(1868－1871)正誼書院刻本　九十一册　存一百八十三卷(首一至六、一至二十八、五十一至七十四、九十二至九十四、一百四至一百三十二、一百三十七至一百五十二、一百七十七至二百二十七、二百五十二至二百六十、二百六十二至二百七十八)

330000－1701－0105487　G612151　史部/政書類

九通　(清)□□輯　清光緒八年至二十二年(1882－1896)浙江書局刻本　四十四册　存一種

330000－1701－0105488　G008706　子部/醫家類/婦科之屬/產科

小蓬萊山館方鈔二卷外科一卷　(清)馬二泉輯　清光緒十五年(1889)退補齋刻本　一册

330000－1701－0105498　M609779　子部/儒家類/儒學之屬/蒙學

浙紹奎照樓新增繪圖幼學故事瓊林四卷首一卷　(清)程登吉撰　(清)鄒聖脈增補　(清)石韞玉重校評點　清光緒二十三年(1897)浙紹奎照樓石印本　一册

330000－1701－0105502　G010514　子部/宗教類/佛教之屬/論疏

因明正理門論解六卷　(清)吴樹虚撰　清刻本　一册

330000－1701－0105503　G612137　類叢部/叢書類/郡邑之屬

武林掌故叢編一百八十七種　(清)丁丙編　清光緒三年至二十六年(1877－1900)錢塘丁氏嘉惠堂刻本　一册　存一種

330000－1701－0105513　G010516　子部/醫家類/類編之屬

圖註脈訣難經二種附三種　清刻本　五册

330000－1701－0105517　G008708　子部/醫家類/外科之屬/癰疽、疔瘡

洞天奥旨十六卷圖一卷　(清)陳士鐸撰　(清)陶式玉評　清刻本　三册

330000－1701－0105523　G010517　經部/四書類/總義之屬/傳説

四書集註十九卷　(宋)朱熹撰　清刻本　一册　存一卷(中庸)

330000－1701－0105530　G008709　集部/別集類/清別集

聊園詩存九卷詞存一卷　(清)王增祺撰　清光緒十七年(1891)韓城刻本　三册

330000－1701－0105536　G010519　子部/儒家類/儒學之屬/禮教/家訓

朱子家訓衍義一卷　(清)朱鳳鳴註　(清)張氏增改　清光緒二十五年(1899)勉善堂刻本　一册

330000－1701－0105539　G010359　史部/傳記類/科舉録之屬/歷科鄉試録

[同治癸酉科]浙江鄉試硃卷一卷　(清)李治鈞等撰　清刻本　一册

330000－1701－0105542　G010360　子部/宗教類/道教之屬

濟一子證道秘書十七種　(清)傅金銓輯　清

刻本　一冊　存二種

330000－1701－0105544　G612153　子部/宗教類/道教之屬/經文

三聖經靈驗圖注一卷　清光緒二十四年(1898)上海鴻寶齋書局石印本　一冊

330000－1701－0105546　G008710　類叢部/叢書類/自著之屬

王漁洋遺書三十八種　(清)王士禛撰　清刻本　十冊　存八種

330000－1701－0105548　G010361　集部/總集類/選集之屬/通代

高等學堂國文講義八卷　唐文治輯　清光緒三十四年(1908)上海文明書局鉛印本　二冊　存二卷(一至二)

330000－1701－0105550　G008782　史部/雜史類/外紀之屬

各國瑣紀一卷　(清)東山小隱輯　清抄本　一冊

330000－1701－0105554　G010362　子部/天文曆算類/算書之屬

董方立遺書八種　(清)董祐誠撰　清同治八年(1869)董貽清成都刻本　一冊

330000－1701－0105555　G010363　類叢部/叢書類/彙編之屬

振綺堂叢書　清汪氏振綺堂刻本　一冊　存一種

330000－1701－0105556　G008681　新學/商務/商學

貿易指南一卷傳家至寶一卷　(清)王秉元撰　清光緒十七年(1891)石印本　一冊

330000－1701－0105557　G008682　類叢部/類書類/通類之屬

增補事類統編九十三卷首一卷　(清)黃葆真輯　清光緒十二年(1886)石印本　十二冊

330000－1701－0105564　G008683、G010837　史部/史評類/史論之屬

通鑑論三卷　(清)王夫之撰　清光緒二十八年(1902)上海書局石印本　三冊

330000－1701－0105565　G008714　史部/傳記類/職官録之屬/總録

[清光緒二十八年春季]大清搢紳全書四卷新增二卷　清光緒二十八年(1902)京都榮寶齋刻本　三冊　缺三卷(一至三)

330000－1701－0105566　G008685　史部/雜史類/斷代之屬

西巡大事本末記六卷　(日本)吉田良太郎譯　(清)八詠樓主人錄　清光緒二十七年(1901)上海書局石印本　六冊

330000－1701－0105570　G008686、G011155　史部/史評類/史論之屬

新輯分類史論大成十九卷首一卷　(清)海濱行素生輯　清光緒二十八年(1902)上海醉六堂石印本　九冊　缺三卷(十二至十四)

330000－1701－0105576　G008687　子部/醫家類/醫案之屬

洄溪醫案一卷　(清)徐大椿撰　清光緒刻本　一冊

330000－1701－0105577　G008534　集部/別集類/清別集

餘園詩稿二卷　汪述祖撰　清光緒刻餘園叢藁本　肇祖題記　一冊

330000－1701－0105581　G610442　集部/別集類/清別集

道援堂詩集十三卷　(清)屈大均撰　清刻本　八冊

330000－1701－0105582　G008716　集部/總集類/選集之屬/通代

繪圖對韻千家詩詳注不分卷　清宣統元年(1909)上海章福記石印本　一冊

330000－1701－0105583　G008688　史部/政書類/通制之屬

廣治平略補編八卷　(清)蔡方炳撰　清刻本　四冊

330000－1701－0105587　G008536　類叢部/

叢書類/自著之屬
得一齋雜著四種 （清）黄楙材撰　清光緒二十二年（1896）桐城江召棠刻本　一册　存一種

330000－1701－0105588　G010523　集部/别集類/明别集
楊椒山先生集四卷椒山先生［楊繼盛］自著年譜一卷 （明）楊繼盛撰　清康熙三十七年（1698）胡范刻本　二册

330000－1701－0105591　G008717　史部/傳記類/别傳之屬/年譜
延清館主［戴兆春］自訂年譜一卷 （清）戴兆春撰　稿本　一册

330000－1701－0105594　G610443　史部/地理類/方志之屬/郡縣志
［乾隆］溫州府志三十卷首一卷 （清）李琬修（清）齊召南（清）汪沆纂　清乾隆二十七年（1762）刻同治四年（1865）修版印本　一册　存一卷（二十）

330000－1701－0105599　G610444　經部/小學類/訓詁之屬/爾雅
爾雅正郭三卷 （清）潘衍桐撰　清光緒十七年（1891）刻本　一册

330000－1701－0105600　G008785　史部/傳記類/日記之屬
翁潭谿先生典試江南紀程册不分卷 （清）翁方綱撰　清乾隆四十四年（1779）稿本　清任淇、清伊念曾題簽並記　一册

330000－1701－0105602　G610445　經部/小學類/訓詁之屬/爾雅
爾雅正郭三卷 （清）潘衍桐撰　清光緒十七年（1891）刻本　一册

330000－1701－0105603　G010524　類叢部/叢書類/彙編之屬
武英殿聚珍版書一百三十八種 清乾隆武英殿木活字印本　一册　存二種

330000－1701－0105604　G610446　集部/别集類/清别集
邃懷堂全集三十八卷 （清）袁翼撰　清光緒十三年至十四年（1887－1888）袁鎮嵩刻本　十八册　存三十三卷（文集一至二、四、詩集前編一至六、後編一至四、駢文箋註一至十六、補箋、哀忠集一至三）

330000－1701－0105606　G008693　史部/地理類/雜志之屬
閩政領要三卷 （清）德福纂輯　清末刻本　一册

330000－1701－0105607　G008538、G009618　類叢部/叢書類/自著之屬
真西山全集（西山真文忠公全集、真文忠公全集）七種 （宋）真德秀撰　清康熙真氏家祠刻乾隆至同治三年（1864）遞修本　十二册　存一種

330000－1701－0105611　G008694　史部/目録類/總録之屬/私撰
如園架上書鈔目五卷補一卷 （清）蕭名湖撰（清）蕭士恒　補　清光緒二十四年（1898）益陽蕭氏如園刻本　二册

330000－1701－0105612　G008786　類叢部/叢書類/自著之屬
東海褰冥氏三十以前舊學四種 （清）譚嗣同撰　清光緒二十八年（1902）石印本　一册

330000－1701－0105618　G010526　史部/傳記類/科舉録之屬/總録
太學進士題名碑錄不分卷 清乾隆十一年（1746）刻本　二册

330000－1701－0105622　G008719　史部/目録類
葉氏存古叢書四種 葉銘輯　清宣統二年（1910）西泠印社鉛印本　楊寶鏞批校、題記並跋　一册　存二種

330000－1701－0105633　G610449、G610450　類叢部/叢書類/自著之屬
平湖顧氏遺書五種 （清）顧廣譽撰　清光緒三年（1877）顧鴻昇刻本　十册　存二種

330000－1701－0105640　G008720　子部/兵

家類/兵法之屬

第三版改訂步兵偵探一卷　賀忠良撰　清光緒三十三年(1907)浙江參謀處石印所石印本　一册

330000－1701－0105641　G610451　類叢部/叢書類/自著之屬

平湖顧氏遺書五種　(清)顧廣譽撰　清光緒三年(1877)顧鴻昇刻本　六册　存一種

330000－1701－0105642　G008721　類叢部/叢書類/自著之屬

儆季雜著五種附二種　(清)黄以周撰　清光緒二十年至二十一年(1894－1895)江蘇南菁講舍刻本　二册　存一種

330000－1701－0105644　G010527　集部/總集類/酬唱之屬

壺園十六詠一卷　(清)壺園主人等撰　**也園十六詠一卷**　(清)葉青撰　清抄本　一册

330000－1701－0105646　G008788　集部/別集類/清別集

待焚草一卷　(清)范澍撰　清道光二十四年(1844)刻本　一册

330000－1701－0105647　G010528　史部/傳記類/科舉録之屬

國朝太鎮諸生譜二卷　(清)王鈞照輯　清光緒十七年(1891)刻朱墨套印本　二册

330000－1701－0105654　G008543　史部/政書類/公牘檔冊之屬

雜録存案一卷　清光緒抄本　一册

330000－1701－0105655　G008544　子部/宗教類/道教之屬

修仙口訣雜綴九卷　(清)王同鈞輯　清光緒二十一年(1895)稿本　一册

330000－1701－0105656　G010529　史部/政書類/儀制之屬/專志/謚法

皇朝謚法考五卷續編一卷補編一卷　(清)鮑康輯　清光緒三年(1877)永康胡氏退補齋刻本　二册

330000－1701－0105657　M604608　集部/別集類/清別集

曾文正公家書十卷附家訓二卷榮哀錄一卷大事記四卷　(清)曾國藩撰　清宣統元年(1909)章福記書局石印本　三册　缺十卷(家書一至六、大事記一至四)

330000－1701－0105658　G008789、G010571、G009089、G009181、G010081　類叢部/類書類/專類之屬

壹是紀始二十二卷補遺一卷　(清)魏崧撰　清道光二十二年(1842)刻本　十二册　存二十一卷(一至二十一)

330000－1701－0105659　G010530　集部/總集類/課藝之屬

戊午墨選一卷　(清)杜聯選　清咸豐九年(1859)刻本　一册

330000－1701－0105660　G008722　集部/別集類/清別集

六行堂詩鈔三卷　(清)朱山撰　**六行堂詩鈔四卷**　(清)朱澐撰　清道光三年(1823)刻本　四册　存六卷(朱山撰六行堂詩鈔一至二、朱澐撰六行堂詩鈔一至四)

330000－1701－0105661　G010531　子部/小說家類/異聞之屬

談助偶錄一卷　(清)嘯吟居士撰　稿本　一册

330000－1701－0105663　G010532　史部/載記類

九國志校勘記二卷　(清)沈裕詵撰　清末抄本　一册

330000－1701－0105664　G010533、G009821　類叢部/叢書類/彙編之屬

挹秀山房叢書十一種　(清)朱克敬編　清同治至光緒刻光緒十年(1884)挹秀山房湘南彙印本　五册　存三種

330000－1701－0105666　G008723、G009372　類叢部/叢書類/自著之屬

小謨觴館全集三種　(清)彭兆蓀撰　(清)孫

元培　（清）孫長熙注　清同治十三年（1874）吳縣潘氏滂喜齋刻本　四冊　存一種

330000－1701－0105668　G612155　類叢部/叢書類/自著之屬

傳經堂叢書十二種　（清）洪頤煊撰　清嘉慶至道光臨海洪氏刻本　一冊　存一種

330000－1701－0105669　G010364　子部/儒家類/儒學之屬/禮教/女範

女誡淺釋一卷附校勘記一卷　（漢）班昭撰（清）勞紡釋　清光緒二十五年（1899）秀水陶葆廉守拙之居刻本　一冊

330000－1701－0105672　G010365　子部/宗教類/佛教之屬/諸宗

淨業知津一卷闢邪一卷　（清）釋悟開撰　清同治十三年（1874）金陵刻經處刻本　一冊

330000－1701－0105673　G610016　類叢部/叢書類/彙編之屬

經策通纂二種　（清）吳頴炎　（清）陳通聲等纂　清光緒十三年（1887）上海點石齋石印本　四冊　存一種

330000－1701－0105674　G010534　史部/詔令奏議類/奏議之屬

出使俄奧國大臣楊儒議覆奏摺稿一卷　（清）楊儒撰　清末抄本　一冊

330000－1701－0105679　G010535　史部/政書類/邦計之屬

長山欵目一卷　清末稿本　一冊

330000－1701－0105680　G010366　子部/儒家類/儒學之屬/蒙學

弟子規一卷　（清）李毓秀撰　清刻本　一冊

330000－1701－0105682　M611137　類叢部/叢書類/家集之屬

番禺鄔氏所刻書二十種　鄔慶時編　清宣統元年至民國十九年（1909－1930）刻本　二冊　存二種

330000－1701－0105683　G010536　集部/總集類/郡邑之屬

虞山七家試律鈔七卷　（清）錢祿泰輯　清同治十二年（1873）常熟錢氏刻本　一冊　存二種

330000－1701－0105684　G008857　類叢部/叢書類/郡邑之屬

武林掌故叢編一百八十七種　（清）丁丙編　清光緒三年至二十六年（1877－1900）錢塘丁氏嘉惠堂刻本　二冊　存一種

330000－1701－0105685　G008547　子部/雜著類/雜纂之屬

晴帆雜錄一卷　清抄本　一冊

330000－1701－0105688　G612158　類叢部/叢書類/自著之屬

槐軒全集二十一種附九種　（清）劉沅撰　清咸豐至民國刻彙印本　一冊　存一種

330000－1701－0105690　G008725　子部/術數類/相宅相墓之屬

近見錄一卷　（清）高雲龍輯　清咸豐六年（1856）抄本　一冊

330000－1701－0105691　G612159　類叢部/叢書類/自著之屬

槐軒全集二十一種附九種　（清）劉沅撰　清咸豐至民國刻彙印本　一冊　存一種

330000－1701－0105693　G612160　類叢部/叢書類/自著之屬

槐軒全集二十一種附九種　（清）劉沅撰　清咸豐至民國刻彙印本　一冊　存一種

330000－1701－0105694　G610453　史部/地理類/雜志之屬

日下舊聞四十二卷附補遺　（清）朱彝尊輯（清）朱昆田補遺　清康熙二十六年至二十七年（1687－1688）刻本　六冊　存六卷（三十六至三十七、三十九至四十二）

330000－1701－0105695　G612161　類叢部/叢書類/自著之屬

槐軒全集二十一種附九種　（清）劉沅撰　清咸豐至民國刻彙印本　一冊　存一種

330000－1701－0105696　G612162　類叢部/叢書類/自著之屬
槐軒全集二十一種附九種　(清)劉沅撰　清咸豐至民國刻彙印本　一册　存一種

330000－1701－0105702　G612163　子部/宗教類/佛教之屬/經
大般涅槃經四十卷　(晉)釋曇無讖譯　**大般涅槃經後分二卷**　(唐)釋若那跋陀羅　(唐)釋會寧等譯　清光緒五年(1879)善成妙湛刻本　十一册

330000－1701－0105703　G008793　集部/總集類/選集之屬/斷代
槐軒解湯海若先生纂輯名家詩二卷　(清)夏世欽輯　清經元升刻本　一册

330000－1701－0105704　G010368　史部/傳記類/總傳之屬/釋道
居士傳五十六卷　(清)彭紹升撰　**二林居唱和詩一卷**　(清)彭紹升等撰　清光緒四年(1878)錢塘許靈虛刻本　三册

330000－1701－0105706　G610017　集部/總集類/選集之屬/通代
文選課虛四卷　(清)杭世駿撰　清光緒十年(1884)上海同文書局石印本　一册

330000－1701－0105708　G008727、G009090　集部/别集類/宋别集
黄詩全集五十八卷　(宋)黄庭堅撰　清光緒二年(1876)敘郡山谷祠刻本　二册　存四卷(山谷詩内集注一、山谷詩外集補一至三)

330000－1701－0105710　G612164　史部/政書類/邦計之屬/荒政
欽定康濟録四卷　(清)陸曾禹撰　(清)倪國璉釐正　清同治三年(1864)浙江撫署刻民國印本　一册

330000－1701－0105713　G610018　史部/傳記類/總傳之屬/通代
中西人物通攷一百卷　(清)葉逢時輯　清光緒二十九年(1903)杭州史學齋石印本　六册　存三十卷(十六至二十、二十六至三十、八十一至一百)

330000－1701－0105714　G008549　集部/别集類/清别集
集翠軒詩稿二卷　(清)陳鵾撰　清末刻本　一册　存一卷(下)

330000－1701－0105715　G010369　史部/政書類/律令之屬/刑制
三流道里表不分卷　(清)徐本等纂修　清同治十一年(1872)江蘇書局刻本　二册

330000－1701－0105716　G612165　子部/雜著類/雜考之屬
攷辨隨筆二卷　(清)黄定宜撰　清道光二十七年(1847)萍鄉文晟刻本　一册

330000－1701－0105719　G008728　史部/政書類/公牘檔册之屬
松陵書院總簿一卷　(清)連蘅編　清光緒刻本　一册

330000－1701－0105720　G010370、G011268　集部/别集類/清别集
論山詩選十五卷詩餘一卷　(清)鮑之鍾撰　清道光十二年(1832)詠真堂刻本　四册

330000－1701－0105721　G008859、G009419　史部/編年類/通代之屬
資治通鑑綱目五十九卷　(宋)朱熹撰　(明)陳仁錫評　**資治通鑑綱目續編一卷**　(明)陳桱撰　(明)陳仁錫評　**資治通鑑綱目前編二十五卷**　(明)南軒撰　(明)陳仁錫評　**續資治通鑑綱目二十七卷**　(明)商輅等撰　(明)陳仁錫評　清刻本　三十八册　存二十五卷(一至七、十一至二十三、三十二至三十四、五十九)

330000－1701－0105726　G008729　子部/兵家類/兵法之屬
戰術學教程三卷　清宣統元年(1909)北洋陸軍編譯局鉛印本　三册

330000－1701－0105727　G610455　經部/禮記類/分篇之屬
内則章句一卷　(清)顧陳垿撰　清味菜廬木

活字印本　一册

330000－1701－0105731　G610456　經部/書類/傳說之屬
書傳音釋六卷首一卷末一卷　（宋）蔡沈集傳　（元）鄒季友音釋　清咸豐五年（1855）浦城與古齋祝氏刻本　六册

330000－1701－0105733　G008552、G009364　子部/雜著類
宣講福報四卷　清光緒三十四年（1908）經元書室刻本　四册

330000－1701－0105735　G008731　史部/地理類/遊記之屬/紀行
乘槎筆記二卷　（清）斌椿撰　清同治十三年（1874）刻本　一册

330000－1701－0105736　G610457　子部/儒家類/儒學之屬/性理
御纂性理精義十二卷　（清）李光地等纂修　清刻本　八册　存十卷（三至十二）

330000－1701－0105737　G612166　史部/地理類/方志之屬/郡縣志
［道光］永康縣志十二卷首一卷　（清）廖重機　（清）彭元海修　（清）應曙霞　（清）潘國詔纂　清道光十七年（1837）刻本　一册　存二卷（十至十一）

330000－1701－0105740　G008554　子部/藝術類/書畫之屬/法帖
集古法書　清宣統二年（1910）新學會社石印本　一册　存一種

330000－1701－0105741　G008797　集部/詩文評類
藝槩六卷　（清）劉熙載撰　清宣統三年（1911）山西兩級師範學堂鉛印本　二册

330000－1701－0105743　G610458　類叢部/叢書類/自著之屬
藝風所著書　繆荃孫撰　清光緒至民國刻本　二册　存一種

330000－1701－0105744　G008732　子部/雜著類/雜纂之屬
格言聯璧一卷　（清）金纓輯　清同治十年（1871）烏程顧氏刻本　一册

330000－1701－0105745　G612167　子部/宗教類/佛教之屬/經
大方等如來藏經一卷　（南朝宋）釋佛陀跋陀羅譯　**莊嚴菩提心經一卷**　（後秦）釋鳩摩羅什譯　**寶授菩薩菩提行經一卷**　（宋）釋法賢譯　**佛說長者女庵提遮獅子吼了義經一卷**　（南朝梁）釋□□譯　**佛說老女人經一卷**　（三國吳）釋支謙譯　**稱讚大乘功德經一卷**　（唐）釋玄奘譯　**佛說長者法志妻經一卷**　（晉）釋□□譯　**佛說堅固女經一卷**　（隋）釋那連提耶舍譯　清光緒二十二年至二十三年（1896－1897）金陵刻經處刻本　一册

330000－1701－0105746　G612168　史部/金石類/金之屬/文字
積古齋鐘鼎彝器款識十卷　（清）阮元　（清）朱爲弼撰　清刻本　一册　存二卷（八至十）

330000－1701－0105747　G008733　子部/雜著類/雜纂之屬
格言聯璧一卷附一卷　（清）金纓輯　清同治四年（1865）刻八年（1869）印本　一册

330000－1701－0105749　G610459　經部/小學類/文字之屬/說文/傳說
繫傳四十卷　（五代）徐鍇撰　（五代）朱翺反切　**說文解字繫傳校勘記三卷**　（清）苗夔等撰　清道光十九年（1839）祁寯藻影刻影宋抄本　八册

330000－1701－0105750　G008798　類叢部/叢書類/自著之屬
不遠復齋遺書六種　（清）潘士瑛輯　清光緒六年（1880）潘遵祁刻本　五册　存五種

330000－1701－0105753　G008860、G009703　史部/地理類/總志之屬/通代
天下郡國利病書一百二十卷　（清）顧炎武撰　清道光十四年（1834）山東省城雅鑒齋刻本　七十四册

330000－1701－0105754　M602781　集部/詞類/別集之屬
雨屋深鐙詞一卷續稿一卷　汪兆鏞撰　清宣統三年(1911)、民國十七年(1928)鉛印本　一冊

330000－1701－0105755　G612169　史部/地理類/方志之屬/郡縣志
[光緒]上虞縣志四十八卷首一卷末一卷附錄一卷　(清)唐煦春修　(清)朱士黻纂　清光緒十七年(1891)刻本　一冊　存三卷(十八至二十)

330000－1701－0105757　G008734、G008736　類叢部/叢書類/彙編之屬
武英殿聚珍版書三十九種　清乾隆浙江刻本　五十三冊　存十九種

330000－1701－0105761　G612170　子部/雜著類/雜考之屬
灤源問答十二卷　(清)沈可培撰　清嘉慶二十年(1815)嘉興沈銘彝雪浪齋刻道光七年(1827)重印本　三冊　存九卷(一至九)

330000－1701－0105762　G610461　集部/總集類/選集之屬/斷代
國朝常州駢體文錄三十一卷　屠寄輯　**結一宧駢體文一卷**　屠寄撰　清光緒十六年(1890)刻本　章嶔題簽並記　六冊

330000－1701－0105766　G008558　集部/別集類/清別集
紅豆花館詩鈔一卷　(清)龔懋黃撰　清同治四年(1865)徐受廛刻本　一冊

330000－1701－0105767　M602787　類叢部/叢書類/彙編之屬
蟫隱廬叢書十八種　羅振常编　清宣統二年至民國二十五年(1910－1936)上虞羅氏謄寫及鉛印本三十三年(1944)吳興周延年彙印本　一冊　存一種

330000－1701－0105768　G008735　史部/傳記類/科舉録之屬/歷科鄉試録
[光緒癸巳恩科]十八省正副榜同年全錄不分卷　清光緒十九年(1893)刻本　二冊

330000－1701－0105772　G008562、G009614　類叢部/類書類/專類之屬
五經類編二十八卷　(清)周世樟撰　清雍正二年(1724)刻文元堂印本　十冊

330000－1701－0105773　G008799　類叢部/叢書類/自著之屬
黄陵散人集八種　(清)杜俞撰　清光緒刻彙印本　一冊　存二種

330000－1701－0105774　G612171　子部/宗教類/佛教之屬/諸宗
永覺和尚寱言一卷續一卷　(清)釋元賢撰　(清)釋道霈輯　清錢塘許靈虛刻本　一冊

330000－1701－0105776　G612172　子部/宗教類/佛教之屬/經疏
大方廣圓覺經大疏十六卷首一卷　(唐)釋宗密撰　清宣統元年(1909)金陵刻經處刻本　三冊　存十二卷(五至十六)

330000－1701－0105777　G008737、G009194　子部/術數類/相宅相墓之屬
地理孝思集□□卷　(清)舒鳳儀著　清善成堂刻本　六冊　存十四卷(首、楊公青囊經註解、古青囊經註解、法古羅經詳解正義、補註平砂玉尺經一至十)

330000－1701－0105781　G008801　類叢部/叢書類/自著之屬
闇學廬稿　(清)胡元吉撰　清宣統三年(1911)石印本　一冊　存一種

330000－1701－0105784　G008738　新學/學校
寧郡益智學堂章程一卷　清光緒二十八年(1902)上海商務印書館鉛印本　一冊

330000－1701－0105786　G612175　子部/雜著類/雜說之屬
辟火珠一卷附禳避火災妙法一卷　(清)高宗元撰　清道光八年(1828)刻本　一冊

330000－1701－0105789　G010371　史部/傳

記類/别傳之屬/事狀
皇太后萬壽全章一卷　清乾隆十六年(1751)刻本　一册

330000－1701－0105790　G008894、G009663、G010749　集部/總集類/選集之屬/通代
古文奇賞二十二卷　(明)陳仁錫輯　明萬曆四十六年(1618)刻本　十四册

330000－1701－0105791　G008805　子部/醫家類/外科之屬
外科理例七卷附方一卷　(明)汪機撰　明刻本[附方一卷配清道光四年(1824)趙淇抄本]　三册　存三卷(六至七、附方)

330000－1701－0105793　G612177　集部/别集類/清别集
邵位西遺文一卷　(清)邵懿辰撰　清同治四年(1865)望三益齋刻本　二册

330000－1701－0105795　G008895　類叢部/叢書類/自著之屬
期不負齋全集二種　(清)周家楣撰　清光緒二十一年(1895)刻本　一册　存一種

330000－1701－0105796　G008807　類叢部/叢書類/自著之屬
啖蔗軒全集四種附二種　(清)方士淦撰　清同治十一年(1872)兩淮運署刻本　一册　存三種

330000－1701－0105798　G008896、G011021　子部/天文曆算類/算書之屬
九數通考十一卷首一卷末一卷　(清)屈曾發撰　清刻本　五册　缺一卷(首)

330000－1701－0105799　G610408　史部/紀傳類/正史之屬
二十四史　清同治至光緒五省官書局據汲古閣本等合刻光緒五年(1879)湖北書局彙印本　二十二册　存一種

330000－1701－0105802　G610033　史部/地理類/遊記之屬/紀行
李傅相歷聘歐美記二卷　(美國)林樂知譯　蔡爾康輯　清光緒二十五年(1899)上海廣學會譯著圖書集成局鉛印本　二册

330000－1701－0105805　G008897　集部/詩文評類
朱飲山千金譜二十九卷三韻易知十卷　(清)朱燮撰　清乾隆五十五年(1790)治怒齋刻本　十一册　缺五卷(三韻易知六至十)

330000－1701－0105807　G610410　子部/醫家類/本草之屬/歷代綜合本草
本草從新十八卷　(清)吴儀洛輯　清光緒六年(1880)埽葉山房刻本　四册　存十二卷(一至十二)

330000－1701－0105810　G612179　經部/叢編
御纂七經五種　(清)李光地等撰　清刻本　四册　存一種

330000－1701－0105811　G610411　集部/别集類/清别集
樊山集二十八卷續集二十八卷公牘三卷批判十五卷時文一卷　樊增祥撰　**二家詠古詩一卷二家試帖二卷二家詞鈔五卷**　樊增祥編　清光緒十九年至三十二年(1893－1906)刻本　七册　存二十八卷(續集一至二十八)

330000－1701－0105818　G008898　史部/編年類
御批資治通鑑綱目全書一百九卷　清刻本　十六册　存二十七卷(御批續資治通鑑綱目一至二十七)

330000－1701－0105819　G008810　史部/傳記類/别傳之屬
須江銀瑄錄一卷　(清)張效曾編　(清)毛自强總輯　清光緒十年(1884)木活字印本　一册

330000－1701－0105821　G612180、G011297　類叢部/叢書類/彙編之屬
古逸叢書二十六種　(清)黎庶昌編　清光緒八年至十年(1882－1884)黎庶昌日本東京使署影刻本　四册　存三種

330000－1701－0105824　G008811　子部/儒

家類/儒學之屬/性理

六事箴言一卷 (清)葉玉屏輯 **六事箴言續錄一卷** (清)伍光瑜輯 清刻本 一冊

330000－1701－0105825 G610035 史部/紀事本末類/斷代之屬

皇清開國方略三十二卷首一卷 (清)阿桂等撰 清光緒十三年(1887)廣百宋齋鉛印本 六冊

330000－1701－0105830 G008739 經部/群經總義類/傳說之屬

素行室經説二卷 楊譽龍撰 清光緒二十三年(1897)刻本 一冊

330000－1701－0105832 G610412 類叢部/叢書類/自著之屬

春在堂全書(德清俞蔭甫所著書)三十六種 (清)俞樾撰 清同治至光緒刻光緒末彙印本 六冊 存一種

330000－1701－0105835 G008813 史部/政書類/軍政之屬

借箸籌防論略一卷附礮概淺説一卷 (德國)來春石泰撰 沈敦和譯 清光緒二十一年(1895)金陵刻本 一冊

330000－1701－0105840 G612181 史部/目録類/總録之屬/私撰

書目答問五卷別錄一卷國朝著述諸家姓名略一卷輶軒語一卷 (清)張之洞撰 清光緒四年(1878)吳縣潘霨刻本 二冊

330000－1701－0105842 G008815 集部/別集類/清別集

白湖小稿二卷 (清)姚珽撰 清乾隆四十年(1775)刻本 二冊

330000－1701－0105845 G612182 史部/目録類/總録之屬/私撰

書目答問五卷別錄一卷國朝著述諸家姓名略一卷輶軒語一卷 (清)張之洞撰 清光緒四年(1878)吳縣潘霨刻本 一冊

330000－1701－0105846 G008741、G009161 子部/宗教類/道教之屬

全人矩矱摘鈔四卷首一卷末一卷 (清)孫念劬輯 清同治七年(1868)槐蔭書屋刻本 二冊

330000－1701－0105847 G612183 史部/金石類/總志之屬

二銘草堂金石聚十六卷 (清)張德容輯 清同治十一年(1872)衢州張氏二銘草堂刻本 二冊 存二卷(十五至十六)

330000－1701－0105851 G008742 類叢部/叢書類/彙編之屬

古今説海一百三十五種 (明)陸楫等編 清道光元年(1821)苕溪邵氏酉山堂刻本 一冊 存三種

330000－1701－0105852 G612184 史部/金石類/石之屬

寶刻類編八卷 (宋)□□撰 清道光十八年(1838)東武劉氏十七樹梅花山館臨汀郡齋刻本 三冊 存七卷(一至三、五至八)

330000－1701－0105853 G610413 類叢部/叢書類/郡邑之屬

台州叢書(名山堂叢書)九種 (清)宋世犖編 清嘉慶至道光臨海宋氏刻本 四冊 存二種

330000－1701－0105854 G008818 集部/別集類/清別集

聖駕南巡賦一卷聖駕重幸江浙詩一卷平定西域頌一卷聖壽無疆詞一卷恭慶聖母崇慶慈宣康惠敦和裕壽淳禧恭懿安祺皇太后八旬萬壽詩一卷平定兩金川大功告成恭紀一卷聖駕五巡江浙恭紀一卷聖駕六巡江浙恭頌一卷乾隆聖典恭賦一卷 (清)□光鼎撰 清刻本 四冊

330000－1701－0105855 G008743 史部/地理類/外紀之屬

東隅瑣記一卷 李濬之撰 清鉛印本 一冊

330000－1701－0105856 G008744 史部/傳記類/總傳之屬/列女

海烈婦祠錄一卷 (清)陸鼎翰編次 清光緒

十四年(1888)鉛印本　一册

330000－1701－0105857　G008745　史部/傳記類/别傳之屬/事狀
元和相國七旬雙慶壽言不分卷　(清)程宗伊輯　清宣統京師京華印書局鉛印本　一册

330000－1701－0105860　G610038　集部/總集類/選集之屬/斷代
國朝二十四家文鈔二十四卷　(清)徐斐然輯　清道光十年(1830)文光堂刻本　八册

330000－1701－0105861　G008746　集部/總集類/彙編之屬
唐宋八大家文鈔　(明)茅坤編　清刻本　二册　存一種

330000－1701－0105863　G008819　子部/藝術類/書畫之屬/法帖
屈原賦二十五篇不分卷　(清)王仁堪等書　清光緒十六年(1890)退想齋石印本　一册

330000－1701－0105866　G008747、G009805　子部/儒家類/儒學之屬/蒙學
小學纂註六卷　(清)高愈撰　**文公朱夫子[熹]年譜一卷**　題(宋)李方子撰　清光緒三十一年(1905)成都兩儀堂刻本　四册

330000－1701－0105869　G008820　集部/别集類/清别集
寶文堂遺稿二卷附叢篠龕畫跋一卷　(清)陸修潔撰　清光緒十五年(1889)許文勳刻本　一册

330000－1701－0105871　G610039　子部/叢編
萬國政治藝學全書四十一種　(清)朱大文(清)凌賡揚編　清光緒二十八年(1902)上海鴻文書局石印本　二十一册　存二十二種

330000－1701－0105873　G612186　類叢部/叢書類/郡邑之屬
金華叢書六十八種　(清)胡鳳丹編　清同治七年至光緒八年(1868－1882)永康胡氏退補齋刻民國補刻本　一册　存一種

330000－1701－0105874　G008748　子部/道家類
列子釋文二卷　(唐)殷敬順撰　(宋)陳景元補遺　清乾隆刻燕禧堂五種本　周銘鼎題記　一册

330000－1701－0105875　G008821　集部/詩文評類/詩評之屬
橫河草堂筆記一卷　(清)余宣撰　清同治四年(1865)刻本　一册

330000－1701－0105878　G008822　集部/總集類/選集之屬/斷代
焦桐集四卷　(清)徐石麟　(清)吳全昌(清)汪熙　(清)徐祖欣撰　(清)張元吉輯　**焦桐附集一卷**　(清)李日曦輯　清光緒十九年(1893)無錫文苑閣木活字印本　一册

330000－1701－0105879　G612187　子部/宗教類/佛教之屬/經疏
佛說阿彌陀經疏鈔擷一卷　(後秦)釋鳩摩羅什譯　(明)釋袾宏疏鈔　(清)徐槐廷擷　清同治六年(1867)徐氏刻本　一册

330000－1701－0105884　G008750　集部/别集類/清别集
甘泉鄉人稿二十四卷餘稿二卷　(清)錢泰吉撰　**皇清敕授修職郎誥封朝議大夫顯考警石府君[錢泰吉]年譜一卷**　(清)錢應溥編　**四水子遺著一卷**　(清)錢友泗撰　**邠農偶吟稿一卷**　(清)錢炳森撰　清同治七年(1868)、十一年(1872)鍾氏刻光緒七年(1881)、十一年(1885)錢氏青溪官舍增刻本　一册　存三卷(餘稿一至二、年譜)

330000－1701－0105887　G612188　史部/傳記類/總傳之屬/仕宦
貳臣傳十二卷逆臣傳四卷　(清)國史館撰　清都城琉璃廠半松居士刻本　二册　存四卷(逆臣傳一至四)

330000－1701－0105892　G008823　集部/别集類/漢魏六朝别集
陶靖節集十卷總論一卷　(晉)陶潛撰　(宋)湯漢箋注　明刻本　任兆鯨跋　一册　存七

卷(四至十)

330000－1701－0105896　G612189　子部/醫家類/喉科口齒之屬/白喉

時疫白喉捷要一卷附各種經驗良方一卷　(清)張紹修撰　清光緒三十年(1904)浙江官書局刻本　一册

330000－1701－0105901　M602486　集部/別集類/唐五代別集

李太白文集三十卷　(唐)李白撰　清光緒十四年(1888)湖北官書處刻民國元年(1912)印本　四册

330000－1701－0105902　G612190　類叢部/叢書類/自著之屬

振綺堂遺書五種　(清)汪遠孫撰　清道光刻民國十一年(1922)錢唐汪氏彙印本　一册　存一種

330000－1701－0105904　G008753　類叢部/叢書類/自著之屬

西堂全集四種附一種　(清)尤侗撰　清刻本　一册　存一種

330000－1701－0105911　G008824　子部/宗教類/佛教之屬/經疏

大佛頂如來密因修證了義諸菩薩萬行首楞嚴經會解十卷　(唐)釋般剌密帝譯　(唐)釋彌伽釋迦譯語　(唐)房融筆受　(元)釋惟則會解　清戴京曾刻本　五册　存五卷(六至十)

330000－1701－0105915　G010538　集部/詞類/別集之屬

魏塘竹枝詞一卷　(清)曹信賢撰　清道光十七年(1837)聞鶴樓刻本　一册

330000－1701－0105916　G008755　子部/儒家類/儒學之屬/禮教/家訓

金殿撰家戒詩註釋一卷　(清)金甡撰　(清)昇寅注釋　清光緒二年(1876)刻本　一册

330000－1701－0105922　G610040　集部/別集類/宋別集

象山先生全集三十六卷　(宋)陸九淵撰　附**録少湖徐先生學則辯一卷**　(明)徐階撰　清宣統二年(1910)江左書林鉛印本　八册

330000－1701－0105923　G008827　類叢部/叢書類/自著之屬

藝風所著書　繆荃孫撰　清光緒至民國刻本　二册　存一種

330000－1701－0105925　G612195　類叢部/叢書類/彙編之屬

晨風閣叢書第一集(國學粹編)五十二種　沈宗畸等編　清光緒三十四年至宣統三年(1908－1911)國學萃編社鉛印本　一册　存一種

330000－1701－0105926　G008756　史部/傳記類/別傳之屬/事狀

彭剛直公[玉麟]行狀一卷　(清)王闓運撰　清抄本　一册

330000－1701－0105928　G008829、G009308　子部/兵家類/兵法之屬

登壇必究四十卷　(明)王鳴鶴編輯　清刻本　四十册

330000－1701－0105932　G008830　史部/政書類/邦計之屬/戶政

戶部奏稿一卷　清光緒浙江書局刻本　一册

330000－1701－0105946　G008831　史部/傳記類/總傳之屬

河神事蹟紀略不分卷　清光緒十九年(1893)山東河防總局刻本　一册

330000－1701－0105948　G010539、G009757　集部/詞類/類編之屬

詞學全書四種　(清)查培繼編　清乾隆刻本　四册　存二種

330000－1701－0105952　G008832　史部/政書類/通制之屬

續修大清會典四卷　(清)托津等撰　清同治十一年(1872)湖北崇文書局刻本　四册

330000－1701－0105955　G008758　史部/目録類/總録之屬/私撰

靜惕堂藏書目一卷　(清)曹寅撰　清抄本

陶承杏題記　一册

330000－1701－0105956　G610041　史部/詔令奏議類/奏議之屬
南海先生七上書記一卷俄彼得變政記一卷　康有爲撰　清光緒二十四年(1898)上海大同譯書局石印本　一册

330000－1701－0105958　G008833　史部/政書類/通制之屬
欽定三通考證七卷　清光緒二十年(1894)浙江書局刻本　六册

330000－1701－0105963　G010540、G008877、G009393、G009872　集部/總集類/選集之屬/通代
同館賦鈔二集□□卷首□□卷　(明)徐經　(清)吴鍾駿　(清)龍瑛輯　清刻本　三十五册　存十八卷(首上、十七至二十五、二十九、三十至三十六)

330000－1701－0105964　G008759　史部/傳記類/科舉録之屬
殿試策一卷　(清)陳冕撰　清刻本　一册

330000－1701－0105965　G610042　類叢部/叢書類/郡邑之屬
粟香室叢書五十九種　金武祥編　清光緒至民國江陰金氏刻本　一册　存一種

330000－1701－0105968　G008834　集部/别集類/清别集
寶雲山館詩稿一卷　(清)畢長豫撰　清宣統三年(1911)畢光祖刻本　一册

330000－1701－0105970　G008835　集部/總集類/選集之屬/斷代
切問齋文鈔三十卷　(清)陸燿輯　清光緒十九年(1893)合肥李氏刻本　一册　存四卷(一至四)

330000－1701－0105972　G612197　集部/總集類/氏族之屬
范文正公忠宣公全集七十三卷　(宋)范仲淹　(宋)范純仁撰　清康熙四十六年(1707)吴郡范氏歲寒堂刻本　一册　存二卷(范文正公褒賢集四至五)

330000－1701－0105976　G008760　經部/易類/專著之屬
周易姚氏學十六卷首一卷　(清)姚配中撰　清光緒三年(1877)湖北崇文書局刻崇文書局彙刻書本　程震批　六册

330000－1701－0105979　G008899、G009867　子部/宗教類/佛教之屬/經疏
楞嚴經指掌疏十卷懸示一卷事義十卷　(清)釋通理撰　清光緒二十七年(1901)維揚藏經院刻本　十二册

330000－1701－0105984　G008761　子部/術數類/相宅相墓之屬
地學二卷　(清)沈鎬撰　清康熙五十二年(1713)刻本　二册

330000－1701－0105991　G610046　子部/天文曆算類/天文之屬
步天歌一卷輿地畧一卷括地畧一卷讀史論畧一卷　清末石印本　一册

330000－1701－0105994　G008762　子部/雜著類/雜纂之屬
經餘必讀八卷二編八卷　(清)雷琳　(清)錢樹棠　(清)錢樹立輯　**經餘必讀三編四卷**　(清)趙在翰輯　清光緒二年(1876)汲綆齋刻本　十册

330000－1701－0105996　G008901　子部/宗教類/佛教之屬/總録
釋迦譜十卷　(齊)釋僧祐輯　清光緒三十四年(1908)武昌刻本　四册

330000－1701－0105998　G010541　子部/宗教類/道教之屬
返性圖纂正六卷首一卷末一卷　清光緒二十二年(1896)刻本　六册

330000－1701－0106007　G610047　子部/醫家類/類編之屬
徐洄谿先生十三種　(清)徐大椿撰　清光緒二十二年(1896)珍藝書局石印本　十二册

330000－1701－0106009　G010542、G011230　史部/傳記類/科舉録之屬/歷科鄉試録

[咸豐戊午科]浙江鄉試同年齒錄不分卷　清咸豐刻本　九册

330000－1701－0106014　G010543、G011257　類叢部/叢書類/自著之屬

孫夏峰全集十二種附一種　(清)孫奇逢撰　清康熙刻道光至光緒遞刻重印本　五册　存一種

330000－1701－0106016　G610048　經部/叢編

重刊宋本十三經注疏四百十六卷　附十三經注疏校勘記四百十六卷　(清)阮元撰　(清)盧宣旬摘錄　**校勘記識語四卷**　(清)汪文臺撰　清光緒十三年(1887)上海脈望仙館石印本　八册　存五種

330000－1701－0106019　G612199　集部/别集類/清别集

招隱山房詩鈔八卷末一卷　戴啓文撰　清宣統元年(1909)鉛印本　一册　存四卷(一至四)

330000－1701－0106020　G008904　史部/地理類/雜志之屬

北上備覽一卷　(清)畢鍾沅輯　清光緒十四年(1888)鴻寶齋石印本　一册

330000－1701－0106022　G612200　經部/叢編

重刊宋本十三經注疏四百十六卷　附十三經注疏校勘記四百十六卷　(清)阮元撰　(清)盧宣旬摘錄　清嘉慶二十年(1815)南昌府學刻本　一册　存一種

330000－1701－0106023　G010544　新學/報章

湘學報類編不分卷　(清)湘督學使署編　清光緒二十四年(1898)刻本　八册

330000－1701－0106028　G010545　集部/别集類/清别集

誦芬室詩鈔一卷　(清)於昕撰　清末稿本　一册

330000－1701－0106031　G010546　集部/總集類/課藝之屬

尊道書院課藝不分卷　(清)姚鵬圖等撰　稿本　一册

330000－1701－0106032　G008766　子部/宗教類/佛教之屬

梵音集六種六卷　(清)馮忠林撰　清光緒刻本　一册

330000－1701－0106034　G008836　子部/宗教類/佛教之屬

佛祖心要節錄二卷　清同治五年(1866)杭省昭慶寺慧空經房刻本　一册

330000－1701－0106035　G008861　類叢部/叢書類/自著之屬

曾文正公全集十六種　(清)曾國藩撰　清同治至光緒傳忠書局刻本　三册　存一種

330000－1701－0106036　G008910　子部/小説家類/異聞之屬

豔異新編五卷　(清)俞宗駿輯　清光緒九年(1883)上海王氏刻本　四册

330000－1701－0106038　G008912　集部/總集類/選集之屬/斷代

瀛海探驪集八卷　(清)朱埏之輯　(清)馮泉　(清)毛寅初　(清)田枏註　清嘉慶十九年(1814)蕚怡山館刻本　五册　存五卷(一至二、五、七至八)

330000－1701－0106041　G008863　史部/紀傳類/正史之屬

四史　清同治十一年(1872)成都書局刻本　十二册　存一種

330000－1701－0106043　G008837　集部/别集類/清别集

樂道堂集十種　(清)奕訢撰　清咸豐至光緒刻本　二册　存一種

330000－1701－0106044　M602679　類叢部/叢書類/彙編之屬

蟫隱廬叢書十八種　羅振常編　清宣統二年至民國二十五年(1910－1936)上虞羅氏謄寫及鉛印本三十三年(1944)吳興周延年彙印本　一冊　存一種

330000－1701－0106049　G008914、G009984　史部/傳記類/職官録之屬/總録
[清光緒十四年秋季]大清搢紳全書四卷　清光緒十四年(1888)榮祿堂刻本　四冊

330000－1701－0106051　G008839　子部/術數類/占卜之屬
錢代籤圖一卷　清刻本　一冊

330000－1701－0106052　G612201　子部/天文曆算類/算書之屬
算學十書　(清)賈步緯輯　清同治至光緒江南機器製造總局刻本暨鉛印本　二冊　存二種

330000－1701－0106055　G008915　史部/傳記類/職官録之屬/總録
[清光緒十一年秋季]大清搢紳全書四卷　清光緒十一年(1885)榮祿堂刻本　四冊

330000－1701－0106058　G008840　史部/政書類/律令之屬/律例
讀律心得三卷　(清)劉衡撰　清光緒三年(1877)歸安姚覲元刻本　一冊

330000－1701－0106062　G010547　集部/別集類/清別集
晦明軒稿不分卷壬癸金石跋一卷己庚金石跋一卷丁戊金石跋一卷　楊守敬撰　清光緒二十七年至三十三年(1901－1907)楊氏鄰蘇園刻本　一冊　缺一卷(己庚金石跋)

330000－1701－0106064　G008864　集部/總集類/選集之屬/通代
文選六十卷　(南朝梁)蕭統輯　(唐)李善注　**文選考異十卷**　(清)胡克家撰　清末上海著易堂石印本　二冊　存十卷(考異一至十)

330000－1701－0106066　G008916　史部/傳記類/職官録之屬/總録
[清光緒二十四年春季]大清搢紳全書四卷　清光緒二十四年(1898)松竹齋、榮寶齋刻本　一冊　存一卷(四)

330000－1701－0106070　G008842、G008843、G008844　集部/總集類/彙編之屬
七家試帖輯註彙鈔　(清)張熙宇輯評　(清)王植桂輯註　清光緒十六年(1890)石渠山房刻本　三冊　存三種

330000－1701－0106073　G008917　經部/周禮類/傳說之屬
宋葉文康公禮經會元節本四卷　(宋)葉時撰　(清)陸隴其點定　(清)許元淮刪節並評　清刻本　一冊　存一卷(四)

330000－1701－0106076　G008866　子部/雜著類/雜說之屬
容軒筆譚不分卷　清末稿本　一冊

330000－1701－0106078　G008867　史部/傳記類/別傳之屬/事狀
善化蔣烈婦傳畧不分卷　清末抄本　一冊

330000－1701－0106084　G610418　史部/雜史類/斷代之屬
守蒙紀略一卷　(清)賀緒蕃撰　清同治三年(1864)刻本　一冊

330000－1701－0106086　G610419　集部/別集類/清別集
三雁紀遊一卷東甌紀遊一卷　(清)戴啓文撰　清光緒二十五年(1899)刻本　一冊

330000－1701－0106087　G008769　集部/總集類/課藝之屬
四書義初集不分卷　清刻本　二冊

330000－1701－0106089　G010548　子部/宗教類/佛教之屬/論疏
大乘起信論裂網疏六卷　(清)釋智旭撰　清光緒金陵書局刻本　一冊

330000－1701－0106090　G612207　子部/宗教類/佛教之屬/經疏
般若綱要十卷首一卷　(清)葛鼒撰　清光緒二十三年(1897)揚州藏經院刻本　四冊

330000－1701－0106093　G610421　經部/周禮類/傳說之屬

周禮六卷　(漢)鄭玄注　(唐)陸德明音義　清嘉慶十一年(1806)張青選清芬閣刻本　二冊　存二卷(一、六)

330000－1701－0106094　G010549　集部/別集類/清別集

賜書樓嶢山集四卷補刻一卷詩集一卷　(清)田從典撰　清雍正九年(1731)三晉田氏賜書樓刻本　一冊　存二卷(上孟、下孟)

330000－1701－0106095　G010550　子部/醫家類/方書之屬/單方驗方

集驗良方□□卷續增良方一卷　清刻本　一冊　存二卷(集驗良方下、續增良方)

330000－1701－0106096　G610173、G612208　集部/別集類/清別集

南蘭文集六卷　(清)張恕撰　清光緒五年(1879)刻本　二冊

330000－1701－0106097　G008844　經部/春秋左傳類/傳說之屬

太史張天如詳節春秋綱目句解左傳彙雋六卷　(明)張溥重訂　(清)韓菼重編　清刻本　一冊　存一卷(五)

330000－1701－0106098　G008919　集部/總集類/選集之屬/斷代

九家詩讀本一卷　(清)孫理輯並評注　清道光元年(1821)埽葉山房刻本　一冊

330000－1701－0106099　G010551　子部/儒家類/儒學之屬/性理

程氏性理字訓一卷　(宋)程端蒙撰　(宋)程若庸補輯　清同治八年(1869)永康應寶時上海榷署刻本　一冊

330000－1701－0106100　G008845　集部/曲類/寶卷之屬

純陽祖師說三世因果寶卷一卷　(清)□□撰　清刻本　一冊

330000－1701－0106101　G008920　集部/別集類/清別集

雲在軒詩集一卷筆記一卷　錢希撰　清末木活字印本　一冊

330000－1701－0106102　G010554　子部/宗教類/佛教之屬/諸宗

萬善同歸集六卷　(宋)釋延壽撰　清同治十一年(1872)金陵刻經處刻本　三冊

330000－1701－0106103　G008868　史部/金石類/總志之屬/目録

金石續編目錄一卷　(清)陸耀遹撰　(清)陸增祥校訂　清同治抄本　一冊

330000－1701－0106106　G010555　子部/儒家類/儒學之屬

安士全書四種　(清)周夢顏撰　清同治三年至光緒十三年(1864－1887)刻本　六冊

330000－1701－0106107　G008846　集部/曲類/寶卷之屬

彌勒佛說地藏十王寶卷二卷　清光緒二十四年(1898)木活字印本　一冊　存一卷(上)

330000－1701－0106110　G008921　史部/傳記類/職官録之屬/總録

[清光緒十二年夏季]大清搢紳全書四卷　清光緒十二年(1886)榮錄堂刻本　二冊　存二卷(二至三)

330000－1701－0106114　G008869　史部/傳記類/日記之屬

需次日事瑣記不分卷(清光緒五年四月十九日至七年巳四月十二日)　清光緒稿本　一冊

330000－1701－0106117　G008870　子部/儒家類/儒學之屬/禮教/家訓

金殿撰家戒詩註釋一卷　(清)金甡撰　(清)昇寅注釋　清道光二十六年(1846)長白金氏刻本　一冊

330000－1701－0106119　G008848　經部/周禮類/傳說之屬

周官古經舉例一卷　宋育仁撰　清刻本　一冊

330000－1701－0106120　G008922　子部/小說家類/諧謔之屬

嘻談錄二卷嘻談續錄二卷　(清)小石道人撰　清光緒刻本　一册　存一卷(嘻談錄上)

330000－1701－0106128　G010556　類叢部/叢書類/彙編之屬

漸西村舍彙刊(漸西村舍叢刻)四十四種　(清)袁昶編　清光緒十六年至二十四年(1890－1898)桐廬袁氏刻本　一册　存一種

330000－1701－0106129　G008849　子部/小說家類/雜事之屬

漁洋說部精華十二卷　(清)王士禛撰　(清)劉堅輯　清乾隆刻本　四册

330000－1701－0106130　G010557　子部/藝術類/書畫之屬/題跋

快雨堂題跋八卷　(清)王文治撰　清道光十一年(1831)刻本　二册

330000－1701－0106131　G008924、G010598、G009729　子部/儒家類/儒學之屬/經濟

皇代經濟文編三十二卷　(清)顧炎武纂輯　清光緒二十四年(1898)浙紹會文堂石印本　學海題記　十三册　存二十卷(一至二、十至二十七)

330000－1701－0106132　M610753　類叢部/叢書類/家集之屬

番禺鄔氏所刻書二十種　鄔慶時編　清宣統元年至民國十九年(1909－1930)刻本　一册　存一種

330000－1701－0106139　G008855　史部/雜史類/斷代之屬

養吉齋叢錄二十六卷餘錄十卷　(清)吳振棫撰　清光緒二十二年(1896)刻本　吳秉澂題記　八册

330000－1701－0106140　G008925、G009682　子部/儒家類/儒學之屬/經濟

皇代經濟文編三十二卷　(清)顧炎武纂輯　清光緒二十四年(1898)浙紹會文堂石印本　十四册　存二十九卷(一至二、六至十四、十五至三十二)

330000－1701－0106143　G010558　類叢部/叢書類/自著之屬

龍莊遺書四種　(清)汪輝祖撰　清光緒江蘇書局刻本　一册　存一種

330000－1701－0106145　G612209　類叢部/叢書類/彙編之屬

重校拜經樓叢書七種　(清)吳騫原編　(清)□□重編　清光緒十一年(1885)會稽章氏鄂渚刻本　一册　存一種

330000－1701－0106147　G008926　子部/醫家類/綜合之屬

諸症雜辨不分卷　清抄本　一册

330000－1701－0106150　G010559　子部/宗教類/道教之屬

濟一子證道秘書十七種　(清)傅金銓輯　清善成堂刻本　一册　存一種

330000－1701－0106151　G610426　類叢部/叢書類/彙編之屬

漸西村舍彙刊(漸西村舍叢刻)四十四種　(清)袁昶編　清光緒十六年至二十四年(1890－1898)桐廬袁氏刻本　一册　存一種

330000－1701－0106152　G008927　集部/總集類/課藝之屬

逸情雲不分卷　王犖編輯　清光緒二十八年(1902)稿本　一册

330000－1701－0106155　G008874　集部/總集類/課藝之屬

小題六種文鈔不分卷　清末抄本　二册

330000－1701－0106156　G612210　集部/別集類/清別集

棣懷堂隨筆十一卷　(清)李象鵾撰　清道光湖南文蔚堂刻本　二册　存四卷(三至六)

330000－1701－0106157　G010560　史部/雜史類/斷代之屬

明季北略二十四卷　(清)計六奇撰　清刻本　十册

330000－1701－0106159　G008928　集部/曲類/曲藝之屬

公暇錄與便錄時調不分卷　(清)靜盦軒主輯　稿本　一冊

330000－1701－0106161　G008929　史部/政書類/律令之屬

處分摘要不分卷　清抄本　一冊

330000－1701－0106162　G008875　史部/傳記類/别傳之屬/事狀

先室熊孺人事蹟不分卷　(清)陳儒修輯　清末抄本　一冊

330000－1701－0106163　G010561　史部/政書類/律令之屬/治獄

疑獄集前一卷　(五代)和凝撰　**疑獄集後一卷**　(五代)和𡼏撰　**疑獄集續二卷**　(明)張景增輯　**許襄毅公異政十條一卷**　(明)遲鳳祥輯　清嘉慶二十一年(1816)陳鴻壽種榆仙館刻本　一冊

330000－1701－0106164　G612211　類叢部/叢書類/郡邑之屬

武林往哲遺箸五十二種後編十種　(清)丁丙編　清光緒二十年至二十六年(1894－1900)錢塘丁氏嘉惠堂刻本　六冊　存一種

330000－1701－0106165　G010373　史部/政書類/公牘檔冊之屬

謹擬京師大學堂章程一卷　(清)王鵬運撰　清光緒刻本　一冊

330000－1701－0106166　G008930　史部/傳記類/日記之屬

潛廬日記一卷(清光緒二十八年六月初一至十二月三十日)　金蓉鏡撰　清光緒二十八年(1902)稿本　一冊

330000－1701－0106167　G010562　集部/詩文評類/文法之屬/文法

玉玲瓏四卷　(清)徐瑄撰　清光緒十一年(1885)皖省聚文堂刻本　二冊

330000－1701－0106169　G610427　史部/地理類/總志之屬/通代

讀史方輿紀要歷代州域形勢九卷　(清)顧祖禹撰　清嘉慶十年(1805)友蘭堂刻本　七冊　存四卷(一至四)

330000－1701－0106173　G008931　史部/傳記類/科舉録之屬/歷科鄉試録

杭郡鄉試科名備查不分卷　清末稿本　一冊

330000－1701－0106174　G612212　類叢部/叢書類/郡邑之屬

武林往哲遺箸五十二種後編十種　(清)丁丙編　清光緒二十年至二十六年(1894－1900)錢塘丁氏嘉惠堂刻本　七冊　存四種

330000－1701－0106176　G610428　子部/儒家類/儒學之屬/勸學

勸學篇二卷　(清)張之洞撰　清光緒二十四年(1898)浙江刻本　一冊

330000－1701－0106177　G010569　類叢部/叢書類/自著之屬

隨園三十種　(清)袁枚撰　清乾隆至嘉慶刻本　六冊　存一種

330000－1701－0106178　G010563、G011264　集部/總集類/郡邑之屬

西江風雅十二卷補編一卷　(清)金德瑛選　(清)沈瀾編　清乾隆十八年(1753)刻本　五冊

330000－1701－0106179　G610429　子部/儒家類/儒學之屬/勸學

勸學篇二卷　(清)張之洞撰　清光緒二十四年(1898)浙江刻本　一冊

330000－1701－0106180　G010374　經部/四書類/總義之屬

朱柏廬先生大學講義一卷中庸講義二卷　(清)朱用純撰　清光緒二年(1876)江蘇書局刻本　二冊　缺一卷(大學講義)

330000－1701－0106181　G612213　類叢部/叢書類/郡邑之屬

武林往哲遺箸五十二種後編十種　(清)丁丙編　清光緒二十年至二十六年(1894－1900)錢塘丁氏嘉惠堂刻本　三冊　存三種

330000－1701－0106185　G010564　子部/儒家類/儒學之屬/禮教/女範

女四書四卷　(清)王相箋註　清光緒十三年(1887)上海江左書林刻本　二冊

330000－1701－0106188　G612214　類叢部/叢書類/郡邑之屬

武林往哲遺箸五十二種後編十種　(清)丁丙編　清光緒二十年至二十六年(1894－1900)錢塘丁氏嘉惠堂刻本　三冊　存三種

330000－1701－0106191　G010565　類叢部/叢書類/家集之屬

虞山潘氏叢書　(清)徐元霖輯　清光緒徐元霖刻本　一冊　存一種

330000－1701－0106192　G010570、G011046　子部/宗教類/道教之屬

濟一子證道秘書十七種　(清)傅金銓輯　清刻本　二冊　存三種

330000－1701－0106194　G612215　類叢部/叢書類/郡邑之屬

武林往哲遺箸五十二種後編十種　(清)丁丙編　清光緒二十年至二十六年(1894－1900)錢塘丁氏嘉惠堂刻本　一冊　存一種

330000－1701－0106195　G008933　史部/政書類/律令之屬/治獄

成案不分卷　清抄本　一冊

330000－1701－0106199　G612216　史部/地理類/專志之屬/祠墓

岳廟志略十卷首一卷　(清)馮培輯　清光緒五年(1879)浙江書局刻本　四冊

330000－1701－0106201　G010566　子部/宗教類/佛教之屬/經

無量壽如來會二卷　(唐)釋菩提流志譯　清光緒二十二年(1896)金陵刻經處刻本　一冊

330000－1701－0106202　G612217　史部/地理類/專志之屬/祠墓

岳廟志略十卷首一卷　(清)馮培輯　清光緒五年(1879)浙江書局刻本　章嶔題簽　四冊

330000－1701－0106207　G612218　集部/詞類/别集之屬

竹石居詞草一卷川雲集一卷　(清)童華撰　清光緒十三年(1887)刻本　一冊

330000－1701－0106208　G610432　類叢部/叢書類/彙編之屬

邵武徐氏叢書初刻十四種　(清)徐榦編　清光緒邵武徐氏刻本　十冊　存七種

330000－1701－0106212　M602705　集部/詩文評類/詩評之屬

星湄詩話二卷　(清)徐傳詩撰　清宣統三年(1911)峭帆樓刻峭帆樓叢書本　大石題記　一冊

330000－1701－0106215　G010567　子部/宗教類/佛教之屬

辯僞録六卷　(元)釋祥邁撰　清光緒三十三年(1907)揚州藏經院刻本　二冊

330000－1701－0106218　G612219　子部/宗教類/佛教之屬/經疏

般若心經五家註五種五卷附紫柏老人心經說一卷　金陵刻經處輯　清同治至民國金陵刻經處、長沙刻經處刻金陵刻經處印本　一冊　存一種

330000－1701－0106219　G010572　經部/四書類/論語之屬/傳說

增訂二論詳解四卷　(清)劉忠輯　清乾隆四十一年(1776)文奎堂刻本　四冊

330000－1701－0106220　G010568　史部/金石類/郡邑之屬/目録

寰宇訪碑録十二卷　(清)孫星衍　(清)邢澍撰　清光緒九年(1883)江蘇書局刻本　四冊

330000－1701－0106222　G008935　子部/農家農學類/農藝之屬/土壤耕作

肥料論不分卷　清光緒樓卓立西湖蠶學館抄本　清樓卓立題簽並記　一冊

330000－1701－0106227　G008936　子部/農家農學類/農藝之屬/土壤耕作

植物學不分卷　清光緒三十年(1904)樓卓立

西湖抄本　清樓卓立題簽並記　一册

330000－1701－0106236　G008937　集部/別集類/清別集

塗鴉偶存一卷　（清）王維新撰　稿本　一册

330000－1701－0106238　G612220　子部/儒家類/儒學之屬/性理

御纂性理精義十二卷　（清）李光地等纂修　清刻本　四册

330000－1701－0106241　G008938　集部/總集類/課藝之屬

玉振金聲一卷　清末抄本　一册

330000－1701－0106243　G008939　史部/詔令奏議類/奏議之屬

許大宗伯明白回奏并請斥逐工部主事康有爲摺一卷文御史嚴參康有爲摺一卷　清末抄本　一册

330000－1701－0106245　G010573　新學/雜著

名學部首一卷名學部甲八卷　（英國）穆勒約翰撰　嚴復翻譯　清光緒三十一年（1905）金粟齋鉛印本　二册

330000－1701－0106246　G008940　史部/政書類/邦計之屬/鹽法

淮鹺紀畧一卷附瓜洲總棧稟定開棧章程十條　（清）杜文瀾撰　清末抄本　一册

330000－1701－0106248　G612221　史部/傳記類/總傳之屬/儒林

理學宗傳二十六卷　（清）孫奇逢撰　（清）魏一鼇等編　清光緒六年（1880）浙江書局刻本　十二册

330000－1701－0106255　G008941　子部/藝術類/遊藝之屬/聯語

招隱山房楹聯一卷壺翁自述一卷　戴啓文撰　清光緒三十一年至民國六年（1905－1917）稿本　一册

330000－1701－0106256　G612222　集部/總集類/酬唱之屬

擊鉢吟偶存二卷二集二卷三集二卷四集二卷五集二卷六集二卷七集二卷　（清）曾元海等輯　清道光二十五年至同治九年（1845－1870）刻本　十二册

330000－1701－0106258　G010574　新學/算學/代數

代數備旨不分卷總答一卷　（美國）狄考文選譯　（清）鄒立文　（清）生福維筆述　清光緒三十年（1904）上海美華書館鉛印本　一册

330000－1701－0106259　G612223　類叢部/叢書類/彙編之屬

邵武徐氏叢書二集八種　（清）徐榦編　清光緒邵武徐氏刻民國六年（1917）、十五年（1926）浙江圖書館補刻本　六册　存二種

330000－1701－0106263　G612224　類叢部/叢書類/彙編之屬

邵武徐氏叢書二集八種　（清）徐榦編　清光緒邵武徐氏刻民國六年（1917）、十五年（1926）浙江圖書館補刻本　六册　存二種

330000－1701－0106265　G008878　史部/雜史類/斷代之屬

熙朝新語十六卷　（清）余金輯　清嘉慶二十三年（1818）刻本　四册　存八卷（三至十）

330000－1701－0106266　G612225　類叢部/叢書類/彙編之屬

邵武徐氏叢書二集八種　（清）徐榦編　清光緒邵武徐氏刻民國六年（1917）、十五年（1926）浙江圖書館補刻本　六册　存二種

330000－1701－0106267　G610435　類叢部/叢書類/彙編之屬

振綺堂叢刊八種　（清）□□輯　清嘉慶至光緒汪氏振綺堂刻本　一册　存一種

330000－1701－0106269　G010575　史部/地理類/專志之屬/祠墓

賣字脩祠序一卷附輯畧一卷　（清）任鼇瓚撰　清光緒刻本　一册

330000－1701－0106271　G612226　類叢部/叢書類/彙編之屬

邵武徐氏叢書二集八種 （清）徐幹編 清光緒邵武徐氏刻民國六年（1917）、十五年（1926）浙江圖書館補刻本 四冊 存一種

330000－1701－0106272 G610436 集部/別集類/清別集
振綺堂詩存一卷 （清）汪憲撰 清光緒十五年（1889）刻振綺堂叢刊本 章嶔題簽 一冊

330000－1701－0106274 G612227 類叢部/叢書類/彙編之屬
邵武徐氏叢書二集八種 （清）徐幹編 清光緒邵武徐氏刻民國六年（1917）、十五年（1926）浙江圖書館補刻本 二冊 存一種

330000－1701－0106275 G610437 集部/總集類/選集之屬/通代
漢魏六朝女子文選二卷 張維輯 清宣統三年（1911）海鹽朱是刻本 一冊

330000－1701－0106277 G612228 類叢部/叢書類/彙編之屬
邵武徐氏叢書二集八種 （清）徐幹編 清光緒邵武徐氏刻民國六年（1917）、十五年（1926）浙江圖書館補刻本 四冊 存一種

330000－1701－0106280 G612229 類叢部/叢書類/彙編之屬
邵武徐氏叢書二集八種 （清）徐幹編 清光緒邵武徐氏刻本 二冊 存一種

330000－1701－0106286 G612230 史部/地理類/方志之屬/郡縣志
[道光]黟縣續志十六卷首一卷 （清）呂子珏修 （清）詹錫齡纂 清道光五年（1825）刻本 一冊 存一卷（十五）

330000－1701－0106287 G010576 子部/儒家類/儒學之屬/禮教
聖諭廣訓一卷 （清）世宗胤禛撰 清嘉慶五年（1800）廣仁堂刻本 一冊

330000－1701－0106288 G612231 類叢部/叢書類/郡邑之屬
武林往哲遺箸五十二種後編十種 （清）丁丙編 清光緒二十年至二十六年（1894－1900）錢塘丁氏嘉惠堂刻本 十冊 存六種

330000－1701－0106289 G010577 子部/農家農學類/園藝之屬
菌譜一卷 （宋）陳仁玉撰 **讀書錄存遺一卷** （宋）潘音撰 **田間書一卷** （元）林昉撰 清宣統元年（1909）陳樹鈞刻本 一冊 缺一卷（菌譜）

330000－1701－0106290 G010375 史部/傳記類/總傳之屬/儒林
明儒學案六十二卷師說一卷 （清）黃宗羲撰 清康熙三十年（1691）萬言、三十二年（1693）賈樸、雍正十三年至乾隆四年（1735－1739）慈溪鄭性二老閣刻本 十冊 存五卷（一至四、師說）

330000－1701－0106291 G010376 子部/雜著類/雜考之屬
札迻十二卷 （清）孫詒讓撰 清光緒二十年（1894）籀膏刻二十一年（1895）重修本 四冊

330000－1701－0106292 G010378 子部/宗教類/佛教之屬/經
金剛般若經六譯本六卷 （後秦）釋鳩摩羅什等譯 清同治八年（1869）、十一年（1872）金陵刻經處刻本 一冊

330000－1701－0106293 G612232 經部/群經總義類/傳說之屬
經訓比義三卷 （清）黃以周撰 清光緒二十二年（1896）南菁講舍刻本 三冊

330000－1701－0106294 G010379 史部/傳記類/別傳之屬/事狀
丁立誠哀輓錄一卷 清宣統三年（1911）鉛印本 一冊

330000－1701－0106295 G612233 經部/群經總義類/傳說之屬
經訓比義三卷 （清）黃以周撰 清光緒二十二年（1896）南菁講舍刻本 三冊

330000－1701－0106296 G010380 類叢部/叢書類/自著之屬
汪龍莊先生遺書四種 （清）汪輝祖撰 清同

治十一年(1872)刻本　一冊　存一種

330000－1701－0106297　G010578　類叢部/叢書類/自著之屬
式馨堂全集八種　(清)魯之裕撰　清康熙至雍正刻本　二冊　存二種

330000－1701－0106298　G612234　經部/群經總義類/傳說之屬
經訓比義三卷　(清)黄以周撰　清光緒二十二年(1896)南菁講舍刻本　三冊

330000－1701－0106299　G010381　史部/職官類/官箴之屬
牧令全書二十三卷　(清)丁日昌輯　清同治七年(1868)江蘇書局刻本　十四冊

330000－1701－0106300　G612235　經部/群經總義類/傳說之屬
經訓比義三卷　(清)黄以周撰　清光緒二十二年(1896)南菁講舍刻本　三冊

330000－1701－0106301　G010383　子部/醫家類/醫經之屬/内經
黃帝内經素問二十四卷　(明)吳崑注　明萬曆三十七年(1609)刻本　八冊

330000－1701－0106302　G010384　類叢部/叢書類/自著之屬
張宣公全集三種　(宋)張栻撰　清道光二十九年(1849)緜邑洗墨池刻咸豐四年(1854)緜邑南軒祠補刻本　五冊　存一種

330000－1701－0106303　G005968　經部/春秋左傳類/傳說之屬
音註全文春秋括例始末左傳句讀直解七十卷　(宋)林堯叟撰　元刻本　一冊　存二卷(六十三至六十四)

330000－1701－0106304　G010579　集部/總集類/題詠之屬
樂天園山池記一卷　(清)冀以龢輯　清光緒二十年(1894)刻本　一冊

330000－1701－0106306　G008881　史部/目録類/專録之屬
三國志注引書目一卷　清末稿本　一冊

330000－1701－0106307　G008882、G010659　子部/儒家類/儒學之屬/經濟
皇朝經世文續編一百二十卷　(清)葛士濬輯　清末鉛印本　十四冊　存六十九卷(九至十四、三十一至六十、八十八至一百二十)

330000－1701－0106309　G010580　子部/儒家類/儒學之屬/蒙學
小學纂註六卷　(清)高愈撰　**文公朱夫子[熹]年譜一卷**　題(宋)李方子撰　清刻本　一冊

330000－1701－0106310　G008884　史部/政書類/邦計之屬/賦税
安徽清釐田賦條議酌存四卷　(清)于蔭霖編　清光緒二十二年(1896)木活字印本　二冊

330000－1701－0106311　G612236　經部/春秋總義類/專著之屬
春秋識小録初刻三書十卷　(清)程廷祚撰　清乾隆八年(1743)三近堂刻本　二冊　存四卷(春秋地名辨異一至三、附晉書地理志證)

330000－1701－0106312　G010581　子部/天文曆算類/算書之屬
算學啓蒙述義三卷總括一卷後記一卷望海島述一卷　(元)朱世傑撰　(清)王鑒述義　清光緒刻本　三冊

330000－1701－0106313　G008886　子部/醫家類/婦科之屬/廣嗣
宜麟策一卷續編一卷　題(明)張介賓撰　清同治十三年(1874)刻本　一冊

330000－1701－0106315　G610050　集部/總集類/尺牘之屬
國朝名人書札二卷　吳曾祺輯　清宣統元年(1909)上海商務印書館鉛印本　三冊

330000－1701－0106316　G010670　子部/醫家類/傷寒金匱之屬/傷寒論
尚論張仲景傷寒論重編三百九十七法二卷首一卷後四卷　(清)喻昌撰　清刻本　二冊　存四卷(後一至四)

330000－1701－0106317　G010582　子部/天文曆算類/算書之屬

五經算術二卷　(北周)甄鸞撰　(唐)李淳風等注釋　清嘉慶十年(1805)紅館刻本　二册

330000－1701－0106318　G612237　經部/小學類/文字之屬/說文/專著

六書叚借經徵四卷　(清)朱駿聲撰　清光緒十八年(1892)元和朱氏金陵刻本　一册　存一卷(三)

330000－1701－0106322　G010671　史部/傳記類/職官録之屬/總録

官浙候補道府廳州縣同官錄不分卷　稿本　一册

330000－1701－0106323　G008889　史部/傳記類/科舉録之屬

李殿林御試硃卷一卷　(清)李殿林撰　清同治刻本　一册

330000－1701－0106324　G010583　新學/天學

御風要術三卷　(英國)白爾特撰　(日耳曼)金楷理口譯　(清)華蘅芳筆述　清江南製造總局刻本　二册

330000－1701－0106325　G010672　經部/小學類/文字之屬/字書/字典

校正攷正字彙二卷　(清)陳淏子撰　清末石印本　君山氏題記　一册

330000－1701－0106327　G008890　集部/總集類/氏族之屬

家珍集一卷　(清)鄭錫祺輯　清咸豐稿本　一册

330000－1701－0106329　G010584　子部/小說家類/雜事之屬

世說新語補四卷名字異稱一卷　(明)何良俊撰　明萬曆刻本　一册

330000－1701－0106333　G008891　史部/地理類/遊記之屬/紀行

南粵郵程記一卷　清光緒稿本　一册

330000－1701－0106334　G612239　集部/總集類/選集之屬/通代

新鐫千家詩四卷　笠翁對韻二卷　唐司空圖詩品詳註一卷　敬避字樣一卷　清刻本　一册　缺三卷(新鐫千家詩一至二、笠翁對韻上)

330000－1701－0106338　G010673　子部/術數類/陰陽五行之屬

推背圖說一卷　題(唐)袁天罡撰　(唐)李淳風注　**帝師問答燒餅歌一卷透天玄機一卷**　(明)劉基撰　**李淳風藏頭詩一卷**　(唐)李淳風撰　清末石印本　一册

330000－1701－0106340　G610051　集部/總集類/尺牘之屬

國朝名人書札二卷　吳曾祺輯　清宣統元年(1909)上海商務印書館鉛印本　一册　存一卷(二)

330000－1701－0106341　G612240　子部/雜著類/雜考之屬

東塾讀書記二十五卷　(清)陳澧撰　清光緒刻本(卷十三至十四、十七至二十、二十二至二十五原缺)　四册

330000－1701－0106346　G010586　集部/戲劇類

誦荻齋曲　(清)徐鄂撰　清光緒石印本　二册　存一種

330000－1701－0106349　G610053　經部/群經總義類/傳說之屬

素行室經說二卷　楊譽龍撰　清光緒二十三年(1897)刻本　一册

330000－1701－0106355　G612241　子部/宗教類/佛教之屬/諸宗

大覺普濟玉林禪師語錄十二卷　(清)釋通琇撰　(清)釋音綽等輯　(清)釋超琦彙　**大覺普濟能仁國師[釋能琇]年譜二卷**　(清)釋超琦輯　清同治十三年(1874)杭城昭慶寺慧空經房刻本　六册

330000－1701－0106357　G010588　類叢部/

叢書類/彙編之屬

申報館叢書正集五十七種附錄三種續集一百四十二種　(清)尊聞閣主編　蔡爾康編續集　清同治至光緒上海申報館鉛印本　一冊　存一種

330000－1701－0106358　G612242　史部/目録類/總録之屬/私撰

書目答問五卷別錄一卷國朝著述諸家姓名略一卷輶軒語一卷　(清)張之洞撰　清光緒四年(1878)吳縣潘霨刻本　二冊

330000－1701－0106360　G010675　集部/曲類/曲韻曲譜曲律之屬

曲譜不分卷　清光緒元年(1875)抄本　一冊

330000－1701－0106364　M604687　類叢部/叢書類/彙編之屬

申報館叢書正集五十七種附錄三種續集一百四十二種　(清)尊聞閣主編　蔡爾康編續集　清同治至光緒上海申報館鉛印本　一冊　存一種

330000－1701－0106365　G612244　史部/史表類/通代之屬

四裔編年表四卷　(清)李鳳苞輯　清光緒江南製造總局刻本　四冊

330000－1701－0106371　G612245　史部/雜史類/斷代之屬

湘軍志十六卷　王闓運撰　清刻本　四冊

330000－1701－0106373　G009732、G010591　史部/政書類/通制之屬

熙朝紀政六卷　(清)王慶雲撰　清光緒二十八年(1902)同文仁記石印本　四冊　存四卷(一至四)

330000－1701－0106374　M604690　史部/地理類/山川之屬/山志

重修南海普陀山志二十卷首一卷　(清)秦耀曾輯　清道光十二年(1832)刻民國四年(1915)趙希伊補刻民國六年(1917)佛經流通處印本　四冊

330000－1701－0106376　G610055　類叢部/類書類/通類之屬

策學備纂續集四卷首一卷　(清)宋徽獻等輯　清光緒二十年(1894)上海點石齋石印本　一冊　存一卷(三)

330000－1701－0106377　G610056　史部/目録類/總録之屬/官修

欽定四庫全書簡明目錄二十卷　(清)紀昀等撰　清光緒十四年(1888)上海漱六山莊石印本　一冊　存五卷(十一至十五)

330000－1701－0106378　G010676、G009782　史部/詔令奏議類/奏議之屬

皇清奏議六十八卷首一卷　(清)琴川居士編　清光緒二十八年(1902)雲間麗澤學會石印本　八冊

330000－1701－0106382　G612246　史部/金石類/金之屬/圖像

陶齋吉金續錄二卷　(清)端方撰　清宣統元年(1909)石印本　一冊　存一卷(一)

330000－1701－0106383　G610057　類叢部/叢書類/彙編之屬

粵雅堂叢書一百八十五種　(清)伍崇曜編　清道光二十九年至光緒十一年(1849－1885)南海伍氏刻彙印本　一冊　存一種

330000－1701－0106385　G612247　史部/地理類/總志之屬

歷代輿地沿革險要圖說一卷　楊守敬　饒敦秩撰　王尚德繪　清光緒二十四年(1898)上海文賢閣石印本　一冊

330000－1701－0106388　G612248　子部/儒家類/儒學之屬/性理

御製勸善要言一卷　(清)世祖福臨撰　清刻本　一冊

330000－1701－0106392　G610440　類叢部/類書類/通類之屬

玉海二百卷辭學指南四卷詩攷一卷詩地理攷六卷漢蓺文志攷證十卷通鑑地理通釋十四卷周書王會補注一卷漢制攷四卷踐阼篇集解一卷急就篇補注四卷姓氏急就篇二卷小學紺珠

十卷六經天文編二卷周易鄭康成注一卷通鑑答問五卷 （宋）王應麟撰 **校補玉海瑣記二卷王深寧先生[應麟]年譜一卷** （清）張大昌撰 清光緒九年至十六年(1883－1890)浙江書局刻本 一冊 存一卷(王深寧先生年譜)

330000－1701－0106394 G612249 新學/礦務/礦學
開礦器法圖說十卷 （美國）俺特累撰 （美國）傅蘭雅口譯 （清）王樹善筆述 清光緒二十五年(1899)江南製造局石印本 六冊

330000－1701－0106396 G610441 史部/地理類/山川之屬/山志
雲臺新志十八卷首一卷末一卷 （清）謝元淮修 （清）許喬林纂 清道光十七年(1837)郁洲書院刻本 六冊 存十六卷(首、一至十五)

330000－1701－0106401 G610060 類叢部/叢書類/彙編之屬
嘯園叢書五十七種 （清）葛元煦編 清光緒二年至七年(1876－1881)仁和葛氏刻本 十冊 存十四種

330000－1701－0106403 G009004 史部/傳記類/别傳之屬/事狀
潞河白大司空[鎔]軼事一卷潞河白母劉太夫人軼事一卷 （清）張炳撰 清刻本 一冊

330000－1701－0106404 G612251 史部/傳記類/職官録之屬/總録
[清宣統二年秋季]大清搢紳全書四卷 清宣統二年(1910)榮祿堂刻本 一冊 存一卷(一)

330000－1701－0106411 G010677 集部/曲類/曲韻曲譜曲律之屬
工尺總講不分卷 清同治九年(1870)金栽卿抄本 一冊

330000－1701－0106414 G612252 史部/傳記類/職官録之屬/總録
[清宣統元年]憲政最新搢紳全書四卷新增直省候補同官祿一卷 清宣統元年(1909)榮寶齋刻本 五冊

330000－1701－0106415 G010679 子部/藝術類/遊藝之屬
史隱□□卷 （清）鄭永禧編 清刻本 一冊

330000－1701－0106416 G010597 新學/議論/論政
中國宜改革新政論議二卷 何啓 胡禮垣撰 清光緒二十一年(1895)石印本 二冊

330000－1701－0106418 G009130、G009131、G011603 集部/總集類/氏族之屬
范文正公忠宣公全集七十三卷 （宋）范仲淹 （宋）范純仁撰 清康熙四十六年(1707)吳郡范氏歲寒堂刻道光十年(1830)印本 十七冊 缺二十卷(范文正公褒賢集四至五、范忠宣公全集八至二十五)

330000－1701－0106419 G009008 史部/傳記類/總傳之屬/仕宦
國朝名臣言行錄三十卷首一卷 （清）董壽輯 清光緒二十九年(1903)石印本 八冊

330000－1701－0106421 G010599 子部/術數類
古贒桃花女周公講論鎮書四卷 （清）王東山撰 **繪圖陰陽三元備用百鎮三卷繪圖陰陽護救千鎮厭法經四卷** 清宣統二年(1910)校經山房石印本 二冊

330000－1701－0106422 G610373 集部/别集類/清别集
韻山堂詩集七卷補遺一卷 （清）王文誥撰 清光緒十四年(1888)浙江書局刻本 一冊

330000－1701－0106423 G610374 集部/别集類/清别集
韻山堂詩集七卷補遺一卷 （清）王文誥撰 清光緒十四年(1888)浙江書局刻本 一冊

330000－1701－0106426 G010680 史部/編年類/斷代之屬
十一朝東華錄樣本一卷 清末鉛印本 一冊

330000－1701－0106427 G610375 類叢部/

叢書類/彙編之屬
當歸草堂叢書八種　(清)丁丙編　清同治二年至五年(1863－1866)錢塘丁氏刻本　二册　存二種

330000－1701－0106428　G009011　集部/別集類/清別集
航海吟草一卷　(清)奕譞撰　清光緒十三年(1887)上海鴻文書局石印本　一册

330000－1701－0106429　G010681　新學/商務/商學
歐洲商業史三卷　(英國)器賓撰　(日本)永田健助譯補　(清)沈紘譯　清末南洋公學譯書院鉛印本　二册　存二卷(上、中)

330000－1701－0106431　G010683　史部/傳記類/職官録之屬/總録
[清光緒三十一年冬季]大清搢紳全書四卷　清光緒三十一年(1905)榮録堂刻本　一册　存一卷(二)

330000－1701－0106432　G009012　子部/醫家類/方書之屬
時方妙用四卷　(清)陳念祖撰　清刻本　一册　存一卷(三)

330000－1701－0106434　G610379　經部/小學類/文字之屬/説文
説文解字十五卷標目一卷　(漢)許慎撰　(宋)徐鉉等校定　**説文校字記一卷**　(清)陳昌治撰　**説文通檢十四卷首一卷末一卷**　(清)黎永椿編　清同治十二年(1873)番禺陳昌治刻光緒五年(1879)常桂潤增修本　二册　存十六卷(説文通檢首、一至十四、末)

330000－1701－0106435　G010684、G011367　史部/傳記類/職官録之屬/總録
[清光緒二十年春季]大清搢紳全書四卷　清光緒二十年(1894)刻本　四册

330000－1701－0106436　G010685　史部/傳記類/職官録之屬/總録
[清光緒二十年夏季]大清搢紳全書四卷　清光緒二十年(1894)刻本　三册　缺一卷(二)

330000－1701－0106440　G010686　史部/傳記類/職官録之屬/總録
[清光緒二十年秋季]大清搢紳全書四卷　清光緒二十年(1894)刻本　二册　存二卷(一、四)

330000－1701－0106441　G009013　子部/醫家類/醫案之屬
洄溪醫案一卷慎疾芻言一卷　(清)徐大椿撰　清末石印本　一册

330000－1701－0106444　G010687　史部/傳記類/職官録之屬/總録
[清光緒二十一年冬季]大清搢紳全書四卷　清光緒二十一年(1895)松竹齋、榮寶齋刻本　三册　缺一卷(四)

330000－1701－0106445　G009014、G010678、G009785　子部/醫家類/方書之屬/單方驗方
蘭臺軌範八卷　(清)徐大椿撰　清末石印本　三册

330000－1701－0106449　G010688、G011368　史部/傳記類/職官録之屬/總録
[清光緒二十一年秋季]大清搢紳全書四卷　清光緒二十一年(1895)松竹齋、榮寶齋刻本　四册

330000－1701－0106453　G010689、G011371　史部/傳記類/職官録之屬/總録
[清光緒二十四年秋季]爵秩全覽四卷　清光緒二十四年(1898)京都榮寶齋刻本　四册

330000－1701－0106456　G010690、G011372　史部/傳記類/職官録之屬/總録
[清宣統元年春季]爵秩全覽四卷　清宣統元年(1909)榮禄堂刻本　四册

330000－1701－0106459　G010691　史部/傳記類/職官録之屬/總録
[清宣統二年□季]大清搢紳全書四卷　清宣統二年(1910)京都榮寶齋刻本　四册

330000－1701－0106462　G010601　類叢部/叢書類/自著之屬
曾文正公四種　(清)曾國藩撰　清光緒上海

商務印書館鉛印本　一册　存一種

330000－1701－0106463　G610064　類叢部/叢書類/彙編之屬
知不足齋叢書一百九十五種　(清)鮑廷博編　(清)鮑士恭續編　清乾隆三十七年至道光三年(1772－1823)長塘鮑氏刻彙印本　十九册　存十七種

330000－1701－0106465　G010692　史部/傳記類/職官録之屬/總録
[清宣統二年春季]大清中樞備覽二卷　清宣統二年(1910)京都榮寶齋刻本　二册

330000－1701－0106469　G010602、G009469　子部/宗教類/道教之屬/戒律
太上感應篇圖說八卷首一卷　(清)黄正元纂　清光緒十六年(1890)上海鴻寶齋石印本　七册　缺一卷(八)

330000－1701－0106475　G010695　子部/醫家類/類編之屬
潛齋醫學叢書　(清)王士雄編　清光緒三十一年(1905)紹興奎照樓石印本　一册　存一種

330000－1701－0106476　G009133、G009891　集部/詩文評類/詩評之屬
五代詩話十二卷　(清)王士禛輯　清乾隆十三年(1748)北平黄叔琳養素堂刻本　四册

330000－1701－0106477　G610380　經部/叢編
御纂七經五種　(清)李光地等撰　清同治六年至九年(1867－1870)浙江書局刻本　十二册　存一種

330000－1701－0106479　G010696　史部/詔令奏議類/詔令之屬
諭摺彙存不分卷(清光緒二十九年七月二十三至二十九日)　清光緒鉛印本　一册

330000－1701－0106481　G010697　史部/詔令奏議類/詔令之屬
諭摺彙存不分卷(清光緒二十八年)　清光緒鉛印本　十八册

330000－1701－0106484　M602678　類叢部/叢書類/彙編之屬
抱經堂叢書七種　朱遂翔編　清刻民國杭州朱氏抱經堂補刻印本　四册　存一種

330000－1701－0106485　G010698　集部/總集類/課藝之屬
館律分韻初編六卷　(清)春暉閣主人輯　清光緒十八年(1892)延氏錦官堂石印本　六册

330000－1701－0106486　G009135　子部/醫家類/綜合之屬/合刻、合抄
景岳全書六十四卷　(明)張介賓撰　清刻本　七册　存九卷(三十九、四十八、五十七至六十、六十二至六十四)

330000－1701－0106487　G010723　子部/宗教類/佛教之屬/經咒
瑜伽燄口施食要集一卷　清同治七年(1868)昭慶經房刻本　一册

330000－1701－0106488　G610065　子部/小說家類/雜事之屬
里乘十卷　(清)許奉恩撰　清光緒五年(1879)常熟抱芳閣刻本　一册　存一卷(一)

330000－1701－0106489　G010699　子部/藝術類
美術叢書　鄧實輯　清宣統三年(1911)上海神州國光社鉛印本　二十三册　存七十種

330000－1701－0106490　G010606　經部/春秋左傳類/傳說之屬
春秋大事表不分卷　(明)顧棟高撰　清抄本　一册

330000－1701－0106491　G010724、G009152　史部/紀傳類/正史之屬
二十一史　明刻明清遞修本　三册　存一種

330000－1701－0106492　G610066　子部/藝術類
美術叢書　鄧實輯　清宣統三年(1911)上海神州國光社鉛印本　一册　存第三集二種

330000－1701－0106494　G610382　經部/書

類/傳説之屬

書傳音釋六卷首一卷末一卷 （宋）蔡沈集傳 （元）鄒季友音釋 清咸豐五年(1855)浦城與古齋祝氏刻本 六冊

330000－1701－0106496 G010607、G010055 類叢部/叢書類/自著之屬

隨園三十種 （清）袁枚撰 清刻本 十六冊 存六種

330000－1701－0106497 G009018 經部/小學類/訓詁之屬/群雅

駢雅訓纂十六卷首一卷 （明）朱謀㙔撰 （清）魏茂林訓纂 清光緒二十年(1894)上海萬選書局石印本 四冊

330000－1701－0106498 G010725 子部/藝術類/遊藝之屬/棋弈

弈理指歸二卷 （清）施紹闇撰 清乾隆二十八年(1763)三賢祠刻本 二冊

330000－1701－0106499 G612255 史部/金石類/總志之屬/文字

藝風堂金石文字目十八卷 繆荃孫撰 清光緒三十二年(1906)王先謙湖南刻本 莫棠跋 毛春翔批校 五冊

330000－1701－0106501 G610067、G612393 史部/雜史類/斷代之屬

二申野錄八卷 （清）孫之騄撰 清道光二十一年(1841)吟香館刻同治六年(1867)印本 四冊

330000－1701－0106508 G010727 子部/藝術類/遊藝之屬/棋弈

兼山堂弈譜一卷 （清）徐星友撰 清光緒六年(1880)刻本 一冊

330000－1701－0106509 G010728 子部/藝術類/遊藝之屬/棋弈

桃花泉奕譜二卷 （清）范世勳撰 清末抄本 二冊

330000－1701－0106510 G010729 集部/總集類/尺牘之屬

信札留底不分卷 稿本 一冊

330000－1701－0106511 G010730 史部/政書類/律令之屬/治獄

祥刑古鑑二卷附編一卷 （清）宋邦僡輯 清同治二年(1863)刻本 二冊

330000－1701－0106512 G010731 集部/別集類/清別集

硯食齋詩鈔四卷 （清）彭定灂撰 清同治二年(1863)刻紫印本 三冊

330000－1701－0106513 G010732 類叢部/叢書類/自著之屬

陸庵所著書三種 羅振玉撰 清光緒刻本 一冊 存一種

330000－1701－0106514 G010733 集部/別集類/清別集

旅游小草四卷 （清）華振撰 **甃餘剩草一卷** （清）華持撰 清光緒刻本 一冊 缺二卷(一至二)

330000－1701－0106515 G010734 子部/雜著類/雜説之屬

郎潛紀聞十四卷 （清）陳康祺撰 清光緒十年(1884)琴川刻民國三十一年(1942)重校印本 四冊

330000－1701－0106516 G010735 史部/政書類/邦計之屬/賦稅

道光九年重修賦役全書一卷 清道光刻本 一冊 存揚州府高郵州

330000－1701－0106517 G008950 新學/史志/諸國史

萬國通典輯要四卷 （日本）岡本監輔撰 清光緒二十八年(1902)四明攻媿軒石印本 四冊

330000－1701－0106518 G610068 類叢部/叢書類/自著之屬

隨園三十八種 （清）袁枚撰 清光緒十八年(1892)勤裕堂鉛印本 四冊 存三種

330000－1701－0106519 G009141 集部/詩文評類/詩評之屬

求是齋叢書 清末刻本 二冊 存一種

330000－1701－0106520　G009021、G009756、G011505　集部/總集類/尺牘之屬
國朝名人書札二卷　吳曾祺輯　清宣統三年(1911)上海商務印書館鉛印本　三冊

330000－1701－0106521　G009022　子部/雜著類/雜說之屬
東山談苑八卷　(清)余懷編　清光緒三年(1877)西腴仙館鉛印本　一冊

330000－1701－0106522　G009023　史部/目録類/總録之屬/官修
欽定四庫全書簡明目錄二十卷　(清)紀昀等撰　清光緒二十年(1894)上海點石齋石印本　一冊　存四卷(一至四)

330000－1701－0106524　M611000　子部/宗教類/佛教之屬/大藏
頻伽精舍校刊大藏經　釋宗仰等輯　清宣統元年至民國二年(1909－1913)迦陵羅詩氏頻伽精舍上海鉛印本　二十一冊　存五十四種

330000－1701－0106525　G610372　史部/傳記類/總傳之屬/儒林
宋元學案一百卷首一卷考畧一卷　(清)黃宗羲撰　(清)全祖望修定　(清)王梓材(清)馮雲濠校並考　清光緒五年(1879)長沙寄廬刻本　四十冊

330000－1701－0106526　G009026　史部/紀傳類/正史之屬
二十四史附考證　清光緒十四年(1888)上海圖書集成印書局鉛印本　二冊　存一種

330000－1701－0106527　G610383　集部/別集類/清別集
退思軒詩集六卷補遺一卷　(清)張百熙撰　清宣統三年(1911)王式通京師鉛印本　一冊

330000－1701－0106528　G008951　子部/兵家類/兵法之屬
中倭戰略□□集　(清)關奕基輯　清末關玉麟、關玉堂、關玉堅刻本　一冊　存一集(四)

330000－1701－0106530　G610384　集部/詩文評類/詩評之屬
緝雅堂詩話二卷　(清)潘衍桐撰　清光緒十七年(1891)杭州刻本　一冊

330000－1701－0106531　G610385　子部/醫家類/溫病之屬/其他溫疫病證
溫熱贅言一卷　(清)寄瓢子撰　清吳氏靈鶴山房刻本　一冊

330000－1701－0106532　G008952　集部/別集類/清別集
通藝堂詩錄一卷庚子雜詩序一卷陶墓塘阡表一卷　陶濬宣撰　清光緒刻本　一冊

330000－1701－0106534　G610386　集部/總集類/氏族之屬
寧都三魏全集八十三卷　(清)林時益編　清道光二十五年(1845)寧都謝庭綬紱園書塾刻本　二冊　存三卷(魏叔子日錄一至三)

330000－1701－0106536　G610387　史部/史評類/史論之屬
東萊先生音註唐鑑二十四卷　(宋)范祖禹撰　(宋)呂祖謙注　清光緒十八年(1892)浙江書局刻本　四冊

330000－1701－0106537　G008953　史部/編年類/通代之屬
紀元編三卷末一卷　(清)李兆洛撰　(清)六承如輯　**皇朝輿地圖一卷**　清末石印本　一冊

330000－1701－0106538　G009139、G009797　集部/總集類/選集之屬/斷代
白下愚園集八卷首一卷　(清)胡光國　(清)胡恩燮輯　清光緒二十年(1894)刻本　六冊

330000－1701－0106540　G610389　子部/醫家類/兒科之屬/通論
生生福幼編五種附論一種　(清)莊一夔等撰　清光緒二十四年(1898)景文齋刻本　一冊

330000－1701－0106541　G009030　史部/職官類/官箴之屬
新編吏治懸鏡八卷　(清)徐文弼輯　清同治五蔭山房刻本　七冊

330000－1701－0106542　G610390　子部/醫家類/兒科之屬/通論

生生福幼編五種附論一種　(清)莊一夔等撰　清光緒二十四年(1898)景文齋刻本　一冊

330000－1701－0106543　G010700　史部/傳記類/總傳之屬/仕宦

歷代名臣言行錄二十四卷　(清)朱桓輯　清光緒二十八年(1902)上海書局石印本　八冊

330000－1701－0106544　G010608　史部/編年類/通代之屬

綱鑑易知錄九十二卷明鑑易知錄十五卷　(清)吳乘權　(清)周之炯　(清)周之燦輯　清浙省經香樓刻本　二冊　存十五卷(一至七、明鑑易知錄八至十五)

330000－1701－0106546　G009142　集部/總集類/彙編之屬

漢魏六朝一百三家集(漢魏六朝百三名家集)　(明)張溥編　清光緒三年(1877)滇南唐氏壽考堂刻本　三冊　存三種

330000－1701－0106547　G009032　子部/儒家類/儒學之屬/蒙學

蘊園課蒙草初編一卷二編一卷　童琮編訂　(清)童鎔評注　清光緒二十九年(1903)石印本　一冊　存一卷(二編)

330000－1701－0106548　G610074　子部/小說家類

古今說部精華　(清)陳琰編輯　清末石印本　一冊　存一種

330000－1701－0106550　G610392　類叢部/叢書類/自著之屬

林文忠公遺集四種　(清)林則徐撰　清光緒三山林氏刻本　二冊　存一種

330000－1701－0106551　G010609　集部/總集類/選集之屬/通代

文章游戲初編八卷二編八卷三編八卷四編八卷　(清)繆艮輯　清嘉慶二十五年至道光五年(1820－1825)藕花館刻本　七冊　存十七卷(初編一至八、二編一至八、三編一)

330000－1701－0106552　G010701　史部/政書類/律令之屬/律例

大清法規大全續編□□卷　清宣統北京政學社石印本　二十二冊　存一百五十七卷(憲政部一至六、首,吏政部一至十七、首,行政綱目,民政部一至十一、首,財政部一至十三、首,教育部一至二十,禮制部一至三,軍政部一至九、首,法律部三至七,現行刑律一至三十六、首,實業部一至十一、首,交通部一至五、首,旗藩部一至二,外交部一至十)

330000－1701－0106554　G010610　集部/總集類/選集之屬/斷代

雲樣集八卷　(清)高陳謨編　清嘉慶四年(1799)玉軸樓刻本　四冊

330000－1701－0106556　G010702　史部/政書類/律令之屬/律例

大清法規大全一百六十八卷　清光緒二十七年至宣統元年(1901－1909)北京政學社石印本　四十一冊　存一百六十六卷(憲政部一至七、首,吏政部一至二十三、首,民政部一至十五、首,財政部一至十四、首,教育部一至三十一、首,禮制部一至九、首,軍政部一至十二、首,法律部一至十三、首,實業部一至十五、首,交通部一至五、首,旗藩部一至二、首,外交部一至八、首)

330000－1701－0106557　G008957　新學/學校

游日本學校筆記不分卷附酌擬學堂辦法一卷　(清)項文瑞撰　清光緒二十九年(1903)鉛印本　一冊

330000－1701－0106559　G009036　史部/紀事本末類/斷代之屬

續編綏寇紀略五卷　(清)葉夢珠撰　清同治至光緒上海申報館鉛印本　清傅以禮批、題記並跋　二冊

330000－1701－0106560　G008959、G009745、G008960　史部/史抄類

前漢書菁華錄四卷後漢書菁華錄二卷　(清)高嵣撰　清光緒二十六年(1900)上海書局石

印本　張宗祥題簽　六冊

330000－1701－0106561　G009037　集部/曲類/曲藝之屬
閨豔秦聲一卷　(清)西山樵子譜　(清)外餅倫氏批　**歷代史畧鼓兒詞一卷**　清末石印本　一冊

330000－1701－0106562　G009038　集部/別集類/清別集
虞山詩鈔一卷　清光緒二十五年(1899)以盦抄本　清以盦題記　一冊

330000－1701－0106563　G008961　史部/史抄類
前漢書菁華錄四卷後漢書菁華錄二卷　(清)高塘撰　清末石印本　雲程題簽　二冊　存二卷(後漢書菁華錄上、下)

330000－1701－0106564　G008962　史部/紀傳類/正史之屬
二十四史附考證　清光緒三十三年(1907)上海華商集成圖書公司鉛印本　四冊　存一種

330000－1701－0106565　G008964　史部/地理類/雜志之屬
[光緒]臺灣小志一卷　(清)龔柴纂　清光緒十年(1884)管可壽齋刻本　一冊

330000－1701－0106566　G610078　經部/小學類/文字之屬/說文
說文解字注十五卷附六書音均表五卷　(清)段玉裁撰　**說文通檢十四卷首一卷末一卷**　(清)黎永椿編　**說文解字注匡謬八卷**　(清)徐承慶撰　清光緒三十四年(1908)上海江左書林石印本　六冊　缺六卷(一至六)

330000－1701－0106568　G009144　史部/地理類/專志之屬/寺觀
孝通祖廟誌一卷　(清)王士瀚修　清嘉慶二十一年(1816)刻本　一冊

330000－1701－0106570　G009145　史部/地理類/山川之屬/山志
黃州大崎山即禹貢大別山說一卷　(清)劉寶書撰　清光緒刻本　一冊

330000－1701－0106572　G010612　子部/天文曆算類/曆法之屬
御定萬年書不分卷　(清)欽天監編　清同治七年(1868)刻本　一冊

330000－1701－0106573　G008966　史部/雜史類/外紀之屬
地球十五大戰紀十五卷　賴鴻翰譯　清光緒上海大同譯書局石印本　二冊

330000－1701－0106576　G009039　新學/學校
學堂罪言一卷　(清)華子茂撰　清光緒三十一年(1905)鉛印本　一冊

330000－1701－0106578　G009146　史部/地理類/山川之屬/水志
歷代河流決徙表一卷　(清)喻蓍撰　清宣統元年(1909)刻本　一冊

330000－1701－0106579　G008967　經部/小學類/音韻之屬/韻書
新編詩韻五卷　(清)湯祥瑟輯　(清)華鋁重編　**初學檢韻袖珍一卷**　(清)姚文登輯　**虛字韻藪一卷**　(清)潘維城輯　清末煥文書局石印本　二冊　缺四卷(一至三、五)

330000－1701－0106588　G610397　集部/別集類/清別集
通雅齋叢稿八卷　(清)成本璞撰　清宣統元年(1909)武林刻本　一冊　存三卷(六至八)

330000－1701－0106592　G612256　史部/目録類/專録之屬
西學書目表三卷附一卷　梁啓超撰　清光緒二十二年(1896)時務報館石印本　一冊

330000－1701－0106593　G009040　經部/小學類/音韻之屬
簡字一卷　(清)馮竟任編輯　清光緒三十二年(1906)上海時中書局等石印本　一冊

330000－1701－0106594　G008968　類叢部/叢書類/郡邑之屬
涇川叢書四十四種續七種　(清)趙紹祖　(清)趙繩祖編　清嘉慶至道光涇縣趙氏古墨

齋刻本　十三冊　存二十九種

330000－1701－0106596　G009147　類叢部/叢書類/自著之屬
萬青閣全集二十種　（清）趙吉士撰　清康熙趙繼抃等刻本　一冊　存一種

330000－1701－0106597　G612257　子部/藝術類/遊藝之屬/聯語
西湖楹聯四卷　清光緒十五年（1889）暨陽周慶祺知正軒刻本　味農題簽、批並記　一冊

330000－1701－0106598　G009042　經部/群經總義類/傳說之屬
十三經札記二十二卷附十六卷　（清）朱亦棟撰　清光緒四年（1878）武林竹簡齋刻本　三冊　存六種

330000－1701－0106599　G009750、G010615　子部/醫家類/醫案之屬
醫案夢記二卷附案一卷　（清）徐守愚撰　清光緒二十三年（1897）刻本　二冊

330000－1701－0106600　G610398　集部/別集類/清別集
玉鑑堂詩存一卷櫟寄詩存一卷　（清）汪曰楨撰　清光緒十五年（1889）刻本　一冊

330000－1701－0106601　G009148　史部/政書類/公牘檔冊之屬
譯學館開辦章程一卷　清末鉛印本　一冊

330000－1701－0106606　G008969、G011082　史部/紀事本末類/斷代之屬
續明紀事本末十八卷首一卷　（清）倪在田輯　清光緒二十九年（1903）上海書局鉛印本　三冊　缺八卷（八至十五）

330000－1701－0106607　G612259　類叢部/叢書類/自著之屬
槐軒全集二十一種附九種　（清）劉沅撰　清咸豐至民國刻彙印本　一冊　存一種

330000－1701－0106608　G009044　子部/醫家類/類編之屬
丹溪附餘六種　（元）朱震亨撰　清慎修堂刻本　一冊　存一種

330000－1701－0106609　G612260　子部/宗教類/佛教之屬
勸發菩提心文一卷　（清）釋實賢撰　清光緒刻本　一冊

330000－1701－0106610　G009149　類叢部/叢書類/彙編之屬
增訂漢魏叢書八十六種　（清）王謨編　清乾隆五十六年（1791）金谿王氏刻本　四冊　存一種

330000－1701－0106612　G009048、G009775　史部/地理類/水利之屬
荆州萬城隄志十卷首一卷末一卷　（清）倪文蔚纂　清光緒十一年（1885）兩彊勉齋刻本　三冊　存六卷（五至十）

330000－1701－0106613　G009049　集部/總集類/選集之屬/通代
文選摘錦一卷　清光緒二十年（1894）稿本　一冊

330000－1701－0106614　G010707　史部/政書類/公牘檔冊之屬
寧津爪印一卷遼東小印一卷　（清）程穌撰　清光緒石印本　一冊

330000－1701－0106617　G010703　史部/政書類/邦交之屬
辛丑和約文件彙錄一卷　（清）上海新聞報館編　清光緒二十七年（1901）上海新聞報館鉛印本　一冊

330000－1701－0106619　G010618　類叢部/類書類/通類之屬
三才畧三卷　（清）蔣德鈞輯　**讀史論略一卷**　（清）杜詔撰　清光緒二十七年（1901）上海書局石印本　一冊

330000－1701－0106620　G009150、G010978、G011267　類叢部/叢書類/自著之屬
小謨觴館全集三種　（清）彭兆蓀撰　（清）孫元培　（清）孫長熙注　清光緒鎮洋繆朝荃刻三十二年（1906）彙印本　二十冊

330000－1701－0106621　G010705　子部/雜著類/雜考之屬

東塾讀書記二十五卷　(清)陳澧撰　清光緒二十七年(1901)邵州勸學書舍刻本(卷十三至十四、十七至二十、二十二至二十五原缺)　六冊

330000－1701－0106623　G612262　集部/別集類/清別集

漁洋山人精華錄訓纂補十卷首一卷　(清)王士禛撰　(清)惠棟注補　清乾隆惠氏紅豆齋刻本　二冊

330000－1701－0106624　G010704　集部/別集類/明別集

重鐫心齋王先生全集六卷　(明)王艮撰　清王世豐刻本　胡適題記　五冊　存三卷(一至三)

330000－1701－0106625　G610081　類叢部/類書類/專類之屬

新增日用雜字一卷文武官階品級一卷服制一卷　(清)天祿閣輯　清光緒十三年(1887)刻本　一冊

330000－1701－0106626　G010619　新學/史志/臣民傳記

地球一百名人傳三卷　(英國)李提摩太譯　林朝圻述　清光緒二十九年(1903)上海廣學會鉛印本　三冊

330000－1701－0106628　G008975　子部/兵家類/操練之屬

訓練操法詳晰圖說二十二卷　袁世凱撰　清光緒二十八年(1902)昌言報館石印本　十二冊

330000－1701－0106629　G010706　集部/總集類/選集之屬/斷代

學彊恕齋吟草一卷　(清)梅啓照撰　**冬日百詠一卷**　(清)徐琪撰　**滬上雜詠一卷**　(清)徐維城撰　**夢蘭草堂詩集一卷**　(清)俞世球撰　清光緒刻本　一冊　存一卷(夢蘭草堂詩集)

330000－1701－0106630　G010627　集部/小說類/長篇之屬

鐫玉茗堂批點殘唐五代史演義傳二卷六十回　(明)羅本撰　(明)湯顯祖評　清經綸元記刻本　二冊

330000－1701－0106631　G610401　集部/詞類/別集之屬

采香詞二卷　(清)杜文瀾撰　清咸豐十一年(1861)曼陀羅華閣刻本　一冊

330000－1701－0106633　G010620　經部/詩類/傳說之屬

詩毛氏傳疏三十卷　(清)陳奐撰　清光緒十一年(1885)上海點石齋石印本　一冊

330000－1701－0106634　G612263　集部/別集類/清別集

樊榭山房全集(樊榭山房集十卷續集十卷文集八卷游仙百詠三卷秋林琴雅四卷集外曲二卷集外詩一卷集外詞一卷集外文一卷附輓辭一卷軼事一卷)四十二卷　(清)厲鶚撰　清光緒十年(1884)汪氏振綺堂刻本　十冊

330000－1701－0106635　G008977　子部/雜著類/雜說之屬

新廣東不分卷　太平洋客撰　清末鉛印本　一冊

330000－1701－0106637　G009050　經部/群經總義類/傳說之屬

僞經考答問一卷　譚濟騫輯　清光緒二十四年(1898)上海大同譯書局石印本　一冊

330000－1701－0106638　G612264、G612265　類叢部/叢書類/彙編之屬

振綺堂叢刊八種　(清)□□輯　清嘉慶至光緒汪氏振綺堂刻本　二冊　存二種

330000－1701－0106640　G010708　史部/詔令奏議類/奏議之屬

江楚會奏變法摺三卷　(清)劉坤一　(清)張之洞撰　清光緒刻本　一冊

330000－1701－0106641　G009051　集部/詩文評類/詩評之屬

古今詩話探奇二卷　(清)蔣鳴珂撰　清乾隆四十九年(1784)杭州蔣鳴珂刻朱墨套印本　友驥題簽並記　冠樵氏跋　一册

330000－1701－0106642　G010709　史部/地理類/雜志之屬

增補武林舊事八卷　(元)周密撰　(明)朱廷煥增補　清康熙四十三年(1704)單父朱氏寧澹堂刻本　四册

330000－1701－0106643　G610085　集部/別集類/清別集

鷗堂遺稾三卷　(清)馬賡良撰　清光緒十五年(1889)會稽馬氏刻本　一册

330000－1701－0106645　G010622、G011640　子部/術數類/陰陽五行之屬

太乙數統宗大全四十卷　(清)李自明輯　清凌雲山房朱墨套印本　十一册　缺三卷(二十九至三十一)

330000－1701－0106646　G010710　子部/宗教類/道教之屬

文昌孝經旁訓一卷　清光緒十五年(1889)求復初學堂刻本　一册

330000－1701－0106648　G009053　新學/學校

漢文教授法不分卷　戴懋哉編　清光緒二十八年(1902)鉛印本　一册

330000－1701－0106651　G612266　史部/政書類/邦交之屬

十九世紀外交史不分卷　(日本)平田久撰　(清)張相譯　清光緒二十八年(1902)杭州史學齋刻本　四册

330000－1701－0106652　G010711　子部/天文曆算類/算書之屬

梅氏叢書輯要六十二卷首一卷　(清)梅文鼎撰　(清)梅㲄成重編　清末刻本　一册　存二卷(赤水遺珍、操縵巵言)

330000－1701－0106654　G008979　集部/總集類/彙編之屬

七家試帖輯註彙鈔　(清)張熙宇輯評　(清)王植桂輯註　清光緒六年(1880)掃葉山房刻本　一册　存一種

330000－1701－0106655　G010623　集部/小說類/長篇之屬

東周列國志二十七卷首一卷一百八回　(清)蔡奡評點　清光緒十八年(1892)五彩公司石印本　七册　存二十五卷(一至二十四、首)

330000－1701－0106656　G612267　子部/儒家類/儒學之屬/禮教/女範

女學六卷　(清)藍鼎元撰　**明呂近溪先生女小兒語一卷**　(清)呂得勝撰　清光緒二十三年(1897)京師刻本　二册

330000－1701－0106657　G009151　史部/傳記類/別傳之屬

洪廬江[矩]祀典徵實二卷　(清)章世溶等輯　清同治八年(1869)刻本　一册

330000－1701－0106658　G010712　史部/政書類/邦計之屬/貿易

德國續修條約一卷續修條約善後章程一卷　(清)總理各國事務衙門輯　清光緒刻本　一册

330000－1701－0106662　G008982　集部/戲劇類/雜劇之屬

不垂楊一卷皇華小詠一卷簾外秋光一卷　(清)汪應培撰　清刻本　一册

330000－1701－0106663　G008985　集部/別集類

吳越行吟草一卷　戴啓文撰　清光緒九年(1883)稿本　一册

330000－1701－0106666　G612269　子部/儒家類/儒學之屬/禮教/女範

女四書四卷　(清)王相箋註　清光緒十三年(1887)上海江左書林刻本　二册

330000－1701－0106667　G010713　史部/政書類/邦交之屬

大清國大美國續定限禁華工條款一卷　清末刻本　一册

330000－1701－0106668　G612270　子部/儒家類/儒學之屬/禮教/女範
女四書四卷　(清)王相箋註　清光緒十三年(1887)上海江左書林刻本　藴珠題記　一冊

330000－1701－0106669　G610088　子部/醫家類/推拿按摩外治之屬
幼科秘書推拿廣意三卷　(清)熊應雄纂輯　(清)陳世凱重訂　清刻本　一冊　存二卷(二至三)

330000－1701－0106670　G010714　新學
江南製造局譯書　(清)江南製造局編　清光緒江南製造局鉛印本　二冊　存一種

330000－1701－0106671　G009052　史部/地理類/外紀之屬
續瀛環志略初編不分卷　(清)薛福成鑒定　(清)瞿昂來譯　清光緒二十八年(1902)無錫傳經樓石印本　一冊　存六種

330000－1701－0106672　G610089　子部/藝術類/遊藝之屬/聯語
邵子擘壤集摘聯六卷　(清)邵雍撰　(清)邵同珩輯　清光緒二十三年(1897)經世山房刻本　一冊

330000－1701－0106673　G010715　子部/天文曆算類/算書之屬
六九軒算書六種　(清)劉衡撰　清咸豐五年(1855)陝西長安縣署刻本　四冊

330000－1701－0106674　G010624　經部/群經總義類/傳說之屬
經義不分卷　清光緒二十四年(1898)蘭雪堂刻本　一冊

330000－1701－0106675　G009153　經部/詩類/傳說之屬
詩經集傳八卷　(宋)朱熹撰　清刻本　二冊　存五卷(四至八)

330000－1701－0106676　G010716　子部/藝術類/書畫之屬
賞奇軒四種合編　清刻本　四冊

330000－1701－0106681　G610405　類叢部/叢書類/自著之屬
蕙風叢書七種附一種　況周頤撰　清光緒刻民國十四年(1925)上海中國書店彙印本　一冊　存一種

330000－1701－0106682　G610091　史部/目録類/總録之屬/地方
江南圖書舘書目九卷　(清)江南圖書館編　清末鉛印本　七冊　缺一卷(經部)

330000－1701－0106683　G009057　集部/別集類/清別集
得蔭軒賸稾二卷　(清)鄭湘撰　清道光十年(1830)刻本　一冊

330000－1701－0106684　G009059　史部/政書類/儀制之屬/雜禮
家禮應酬揭要不分卷　(□)江集訂　清抄本　一冊

330000－1701－0106685　G010628　經部/小學類/訓詁之屬/方言
京話中國歷史不分卷　(清)蘆中窮士撰　清光緒三十三年(1907)石印本　一冊

330000－1701－0106686　G009060、G009792　子部/兵家類/兵法之屬
戰術學教程三卷　清光緒石印本　三冊

330000－1701－0106687　G009061、G009793　集部/總集類/郡邑之屬
臨泉華袞集八卷　(清)劉玉璋輯　清文采堂刻本　四冊

330000－1701－0106691　G008986　史部/政書類/邦計之屬
望龍閣啓蒙　清光緒二十四年(1898)經世文社刻本　一冊　存一種

330000－1701－0106692　G010629　集部/總集類/選集之屬
覺世經試帖詩不分卷　清光緒二十二年(1896)鴻文書局石印本　一冊

330000－1701－0106693　G009154　史部/傳

記類/别傳之屬
陶公匱記不分卷 (清)張榮澤等撰 清末抄本 一册

330000－1701－0106694 G009062 類叢部/叢書類/自著之屬
今白華堂集六種附一種 (清)童槐撰 清同治刻本 一册 存一種

330000－1701－0106695 G610094 集部/别集類/清别集
寄青齋詩稿一卷詞稿一卷 (清)徐虔復撰
綠雲館吟草一卷賦鈔一卷 (清)程芙亭撰
清道光二十六年(1846)瀟湘吟館、光緒十三年(1887)徐煥章留餘堂刻本 一册 存一卷(詩稿)

330000－1701－0106696 G009155 史部/傳記類/别傳之屬/事狀
績谿章沈氏孝烈録一卷 清光緒二十五年(1899)聽濤書屋刻本 一册

330000－1701－0106697 G008987 子部/醫家類/類編之屬
韓園醫學六種 (清)潘霨編 清光緒吴縣潘氏敏德堂刻蘇州振新書社印本 四册 存一種

330000－1701－0106698 G009063 史部/政書類
奏定陸軍營制餉章不分卷 (清)奕劻等撰 清光緒鉛印本 一册

330000－1701－0106699 G008988 子部/雜著類/雜説之屬
天禄閣外史八卷 題(漢)黄憲撰 清刻本 二册 存七卷(二至八)

330000－1701－0106701 G610095 子部/宗教類/道教之屬
關聖帝君覺世真經集證二卷 (清)淩毓瑞輯 清光緒六年(1880)刻本 一册

330000－1701－0106702 G010630 史部/傳記類/别傳之屬/事狀
合肥相國七十賜壽圖一卷附壽言一卷 (清)楊宗濂 (清)盛宣懷等輯 清光緒十八年(1892)海軍石印書局石印本 一册 缺一卷(壽言)

330000－1701－0106703 G009064 史部/政書類/儀制之屬/專志/科舉校規
告誡士子條約一卷 (清)浙江巡撫部院製 清光緒二十八年(1902)刻本 一册

330000－1701－0106705 G612271 子部/術數類/占卜之屬
河洛精蘊九卷 (清)江永撰 清乾隆三十九年(1774)兩儀堂刻本 四册

330000－1701－0106706 G009157 史部/目録類/總録之屬/官修
京師廣東學堂書藏捐書目錄十六卷 (清)□□撰 清宣統元年(1909)湖北官刷局鉛印本 一册

330000－1701－0106708 G010631 子部/小説家類/異聞之屬
新齋諧五卷續新齋諧三卷 (清)袁枚撰 清宣統元年(1909)上海萃英書坊石印本 七册 缺一卷(一)

330000－1701－0106712 G009158 史部/地理類/遊記之屬/紀行
乙巳東瀛游記一卷 周錫璋撰 清光緒三十一年(1905)鉛印本 一册

330000－1701－0106715 G010717 類叢部/叢書類/自著之屬
焦氏叢書九種附一種 (清)焦循撰 清嘉慶至道光江都焦氏雕菰樓刻本 二十八册 存八種

330000－1701－0106716 G610407 集部/總集類/郡邑之屬
兩浙輶軒續錄五十四卷補遺六卷姓氏韻編二卷 (清)潘衍桐輯 清光緒十七年(1891)浙江書局刻本 十七册 存二十五卷(三十七至五十四、補遺一至六、姓氏韻編一)

330000－1701－0106717 G009235 子部/儒家類/儒學之屬/禮教/女範

女學一卷　(清)錢保塘編　清光緒刻本　一冊

330000－1701－0106718　G010632　史部/雜史類/斷代之屬
兩宮大行記一卷　清末石印本　一冊

330000－1701－0106721　G009067　集部/別集類/清別集
虞東先生文錄八卷　(清)顧鎮撰　清抄本　二冊

330000－1701－0106724　G009159　集部/別集類/清別集
餘三堂草不分卷　(清)徐金位撰　清刻本　一冊

330000－1701－0106725　G612272　子部/儒家類/儒學之屬/勸學
勸學篇二卷　(清)張之洞撰　清光緒二十四年(1898)浙江刻本　一冊

330000－1701－0106728　G009068　集部/別集類/清別集
咸豐乙卯科浙闈擬墨和章一卷　(清)戴槃撰　清咸豐六年(1856)刻本　一冊

330000－1701－0106729　G010633　史部/地理類/外紀之屬
西史綱目三十五卷　(清)周維翰撰　清光緒二十八年至二十九年(1902－1903)經世文社石印本　十五冊　存二十九卷(一至二十七、三十四至三十五)

330000－1701－0106730　G009160　史部/政書類/邦計之屬
籌餉事例不分卷　清光緒刻本　一冊

330000－1701－0106731　G612273　史部/政書類/邦計之屬/荒政
欽定康濟錄四卷　(清)陸曾禹撰　(清)倪國璉釐正　清同治三年(1864)浙江撫署刻本　三冊

330000－1701－0106733　G612274　史部/政書類/邦計之屬/荒政
欽定康濟錄四卷　(清)陸曾禹撰　(清)倪國璉釐正　清同治三年(1864)浙江撫署刻本　三冊

330000－1701－0106735　G612275　史部/政書類/邦計之屬/荒政
欽定康濟錄四卷　(清)陸曾禹撰　(清)倪國璉釐正　清同治三年(1864)浙江撫署刻本　三冊

330000－1701－0106736　G610097　新學/史志/諸國史
節本泰西新史攬要八卷　(英國)李提摩太譯　周慶雲節錄　清光緒二十七年(1901)周慶雲夢坡室刻本　二冊

330000－1701－0106737　G612276　史部/政書類/邦計之屬/荒政
欽定康濟錄四卷　(清)陸曾禹撰　(清)倪國璉釐正　清同治三年(1864)浙江撫署刻本　三冊

330000－1701－0106741　G010634　新學/雜著
天地奇異志一卷　(英國)華立熙撰　清宣統三年(1911)上海廣學會鉛印本　一冊

330000－1701－0106743　G010719　子部/宗教類/佛教之屬/經
佛說阿彌陀經一卷　(後秦)釋鳩摩羅什譯
佛說阿彌陀經直解正行一卷　(清)釋了根纂注　清光緒三年(1877)刻本　一冊

330000－1701－0106745　G009071　史部/職官類/官箴之屬
仕學苦言一卷　清光緒十年(1884)吳光漢刻本　一冊

330000－1701－0106746　G009237　子部/雜著類/雜說之屬
求己錄三卷　陶葆廉編　清光緒二十五年(1899)石印本　三冊

330000－1701－0106747　G010635　新學/格致總
格致啓蒙四卷　(英國)羅斯古纂　(美國)林

欒知譯　(清)鄭昌棪譯　清光緒二十二年(1896)上海著易堂書局鉛印本　四冊

330000－1701－0106749　G010720　史部/地理類/方志之屬/郡縣志

[康熙]臨海縣志十五卷首一卷　(清)洪若皋纂　清抄本　四冊　存六卷(十至十五)

330000－1701－0106751　G610098　史部/地理類/專志之屬/祠墓

兩浙防護陵寢祠墓錄不分卷　(清)阮元輯　清光緒十五年(1889)浙江書局刻本　二冊

330000－1701－0106753　G610099　史部/地理類/專志之屬/祠墓

兩浙防護陵寢祠墓錄不分卷　(清)阮元輯　清光緒十五年(1889)浙江書局刻本　一冊

330000－1701－0106754　G009238　史部/傳記類/日記之屬

日記不分卷(清光緒十八年正月至十九年十二月三十日)　(清)惜餘山館撰　稿本　仲密題簽　一冊

330000－1701－0106756　G009072　史部/傳記類/別傳之屬/事狀

欽贈太僕寺卿署湖北黃州府事安陸府知府金果毅公行狀一卷　(清)黃鈺撰　清同治刻本　一冊

330000－1701－0106757　G010721　集部/總集類/課藝之屬

欽定殿試策不分卷　清松竹齋刻本　一冊

330000－1701－0106761　G010722　類叢部/叢書類/自著之屬

重訂汪子遺書　(清)汪烜撰　(清)李承超編　清同治十二年(1873)曲水書局木活字印本　四冊　存一種

330000－1701－0106762　G010636　子部/雜著類/雜說之屬

現世支那鏡不分卷　(日本)立作太郎譯輯　(清)丁志譯　清光緒二十八年(1902)上海文明書局鉛印本　一冊

330000－1701－0106765　G612278　子部/天文曆算類/算書之屬

割圜通解一卷代數術二十五卷末款詳解一卷　(清)吳誠撰　清光緒二十四年(1898)江蘇書局刻本　一冊

330000－1701－0106769　G009074　史部/職官類/官制之屬

報捐貢監封典虛銜例銀數目不分卷　清刻本　一冊

330000－1701－0106771　G009239　集部/別集類/清別集

梅氏遺書　(清)梅鍾澍撰　**禮部君[梅鍾澍]年譜一卷**　梅英杰撰　清宣統三年(1911)莓田古屋刻本　三冊

330000－1701－0106773　G009163　經部/小學類

書學彙編四種　(清)王贈芳撰　清道光十五年(1835)刻本　一冊

330000－1701－0106774　G612280　子部/雜著類/雜說之屬

求己錄三卷　陶葆廉編　清光緒二十六年(1900)杭州求是書院石印本　三冊

330000－1701－0106775　G010639　子部/儒家類/儒學之屬/蒙學

童子問路四卷　(清)鄭之琮輯　清同治九年(1870)杭州文元堂刻本　二冊

330000－1701－0106776　G610103　史部/雜史類/斷代之屬

張文襄幕府紀聞二卷　辜鴻銘撰　清宣統二年(1910)鉛印本　二冊

330000－1701－0106777　G610104　集部/總集類/選集之屬/通代

詩比興箋四卷　(清)陳沆輯　清光緒九年(1883)長洲彭祖賢武昌刻本　二冊

330000－1701－0106778　G010640　新學/政治法律/律例

憲法精理二卷　周逵編譯　清光緒二十九年(1903)上海廣智書局鉛印本　一冊

330000－1701－0106779　G009078　子部/雜著類/雜纂之屬
媿林漫錄二卷　(明)瞿式耜輯　清光緒十六年(1890)江蘇書局刻本　一冊　存一卷(二)

330000－1701－0106780　G009242　子部/天文曆算類/算書之屬
勾股演代五卷　(清)王錫恩撰　清光緒二十九年(1903)上海美華書館鉛印本　一冊

330000－1701－0106781　G009243、G009905　史部/編年類/通代之屬
御批歷代通鑑輯覽一百二十卷　(清)傅恒等撰　清光緒二十七年(1901)上海經香閣石印本　八冊

330000－1701－0106782　G010641　史部/傳記類/科舉録之屬/歷科登科録
[光緒丙戌科]會試硃卷一卷　(清)曾福謙撰　清光緒刻本　一冊

330000－1701－0106783　G009164　集部/總集類/課藝之屬
甲申歲大題窗課不分卷　稿本　厚仁題記　二冊

330000－1701－0106784　G009244　集部/總集類/選集之屬/通代
二十一史文選一百卷　(明)周鍾輯　明刻本　五冊　存十一卷(一至十一)

330000－1701－0106785　G009165　經部/春秋公羊傳類/傳說之屬
公羊劄記一卷　(清)陳賜第撰　清光緒稿本　一冊

330000－1701－0106787　G009080　史部/政書類/公牘檔冊之屬
金知事手諭錄一卷　金梁撰　清光緒三十三年(1907)京華印書局鉛印本　一冊

330000－1701－0106788　G009166　集部/別集類/清別集
更生齋文集一卷　(清)洪亮吉撰　清抄本　一冊

330000－1701－0106790　G009167　史部/傳記類/總傳之屬/家乘
皇甫莊遷居霞川世系抄一卷　(清)范桂齡錄　清光緒稿本　一冊

330000－1701－0106792　G612281　子部/雜著類/雜說之屬
求己錄三卷　陶葆廉編　清光緒二十六年(1900)杭州求是書院石印本　三冊

330000－1701－0106793　G009168　集部/別集類/清別集
詩文集不分卷　清宣統三年(1911)稿本　一冊

330000－1701－0106794　G010642　史部/政書類
白塔信畷章程不分卷　清抄本　二冊

330000－1701－0106796　G009083　史部/職官類/官箴之屬
居官鏡一卷　(清)剛毅輯　清光緒十八年(1892)刻本　一冊

330000－1701－0106797　G612282　類叢部/叢書類/自著之屬
振綺堂遺書五種　(清)汪遠孫撰　清道光刻民國十一年(1922)錢唐汪氏彙印本　五冊　存一種

330000－1701－0106798　G009245　集部/總集類/選集之屬/斷代
明詩綜一百卷　(清)朱彝尊輯　(清)汪森等評　清康熙刻乾隆西泠吳氏清來堂印本　六冊　存十四卷(一至七、十三至十九)

330000－1701－0106802　G009169　史部/雜史類/斷代之屬
雜史一卷　稿本　一冊

330000－1701－0106803　G009170　集部/戲劇類/傳奇之屬
白狐裘一卷　清末抄本　一冊

330000－1701－0106804　G009085　集部/總集類/氏族之屬

重鐫清河五先生詩選八卷　（清）朱爲弼選錄　**續補清河一先生詩選二卷**　（清）徐申錫選錄　清光緒二年(1876)刻本　二冊

330000－1701－0106805　G010643　類叢部/叢書類/彙編之屬

文選樓叢書三十三種　（清）阮亨編　清嘉慶至道光阮元刻道光二十二年(1842)阮亨彙印本　一冊　存一種

330000－1701－0106806　G009171　史部/傳記類/別傳之屬

誥授資政大夫湖南巡撫杏莊左公崇祀賢良錄一卷　（清）左元鼎等撰　清光緒二十年(1894)木活字印本　一冊

330000－1701－0106807　G612283　類叢部/叢書類/自著之屬

振綺堂遺書五種　（清）汪遠孫撰　清道光刻民國十一年(1922)錢唐汪氏彙印本　三冊　存一種

330000－1701－0106808　G009172　子部/醫家類/婦科之屬/廣嗣

宜麟策一卷續編一卷達生編二卷　題（明）張介賓撰　清光緒元年(1875)刻本　一冊

330000－1701－0106810　G010644　史部/傳記類/科舉録之屬

題名碑錄不分卷　清抄本　一冊

330000－1701－0106811　G010931　子部/儒家類/儒學之屬/禮教/家訓

袁了凡先生四訓一卷　（明）袁黄撰　**經驗良方一卷**　清光緒十九年(1893)鎮江善化堂刻本　一冊

330000－1701－0106812　G009087　類叢部/叢書類/自著之屬

徐位山先生六種　（清）徐文靖撰　清光緒刻彙印本　一冊　存一種

330000－1701－0106815　G010645　史部/政書類/邦計之屬/貿易

國政貿易相關書二卷　（英國）法拉撰　（英國）傅蘭雅口譯　（清）徐家寶筆述　清光緒江南製造局刻本　二冊

330000－1701－0106816　G612284　經部/書類/傳說之屬

尚書大傳四卷　（漢）鄭玄注　**尚書大傳補遺一卷**　（清）盧見曾撰　**尚書大傳考異一卷續補遺一卷**　（清）盧文弨撰　清嘉慶五年(1800)山陰沈氏刻愛日艸廬印本　一冊

330000－1701－0106819　G610107　經部/書類/傳說之屬

尚書古文疏證八卷　（清）閻若璩撰　**朱子古文書疑一卷**　（清）閻詠輯　清乾隆十年(1745)眷西堂刻同治六年(1867)錢塘汪氏振綺堂補刻本(卷三原缺)　六冊　存七卷(一至二、五至八、朱子古文書疑)

330000－1701－0106820　G009088　史部/傳記類/日記之屬

北行日記一卷(清康熙十九年六月廿一日至七月二十六日)　（清）許承宣撰　清康熙衣德堂刻本　一冊

330000－1701－0106821　G009246　子部/醫家類/傷寒金匱之屬/傷寒論

傷寒大成五種　（清）張璐等撰　清康熙六年(1667)金閶書業堂刻本　四冊　存一種

330000－1701－0106822　G010823　集部/曲類/曲藝之屬

繪圖新鮮時調不分卷　清末海左書局石印本　一冊

330000－1701－0106823　G010825、G009716　經部/詩類/傳說之屬

五經鴻寶不分卷　清末石印本　六冊

330000－1701－0106825　G612286　類叢部/叢書類/輯佚之屬

十種古逸書三十卷　（清）茆泮林輯　清道光十四年(1834)梅瑞軒刻二十二年(1842)重印本　六冊

330000－1701－0106835　G009248　史部/傳記類/日記之屬

瑯琊訪古錄一卷(清宣統三年九月二十九日

至民國二年八月廿一日) 稿本 一冊

330000－1701－0106836 M604742 類叢部/叢書類/自著之屬

玉津閣叢書甲集十二種乙集十二種 (清)胡薇元撰 清光緒至民國刻本 一冊 存一種

330000－1701－0106837 G009091 史部/地理類/專志之屬/祠墓

盤瓠之語一卷 清光緒二十六年(1900)雷有宸抄本 一冊

330000－1701－0106838 G010647 史部/職官類/官箴之屬

風憲約一卷獄政一卷 (明)吕坤撰 清光緒十九年(1893)長沙臬署刻本 一冊

330000－1701－0106843 G009092、G009835 子部/農家農學類/園藝之屬/總志

二如亭群芳譜四十二卷 (明)王象晉撰 明刻本 八冊 存二十三卷(茶譜首、茶譜,竹譜首、竹譜,桑麻葛譜,棉譜,藥譜首、一至三,木譜首、一至二,花譜首、一至四,卉譜首、一至二,鶴魚譜首、鶴魚譜)

330000－1701－0106846 G009094 集部/別集類/清別集

意園詩集二卷 (清)周錫榮撰 清末鉛印本 一冊

330000－1701－0106848 G009095 類叢部/叢書類/彙編之屬

申報館叢書正集五十七種附錄三種續集一百四十二種 (清)尊聞閣主編 蔡爾康編續集 清同治至光緒上海申報館鉛印本 一冊 存一種

330000－1701－0106849 G010649 史部/政書類/邦計之屬

萬家密電一卷 (清)羅醒塵編 清光緒二十五年(1899)南海縣署刻朱墨套印本 一冊

330000－1701－0106850 G009249 經部/春秋總義類/傳說之屬

春秋世族譜一卷 (清)陳厚耀撰 清道光二十年(1840)寶翰樓刻本 一冊

330000－1701－0106851 G010828 子部/雜著類/雜說之屬

玉琯鐫新十二卷 (清)王廷學撰 清光緒十四年(1888)刻本 十二冊

330000－1701－0106852 G010650 經部/易類/傳說之屬

易經傳八卷 (宋)程頤撰 清光緒九年(1883)江南書局刻本 四冊

330000－1701－0106854 G612288 子部/叢編

釋氏十三經註疏 清同治至光緒三十四年(1908)金陵刻經處刻本 二冊 存一種

330000－1701－0106855 G010651 子部/儒家類/儒學之屬/蒙學

課子隨筆節鈔六卷 (清)張師載輯 (清)徐桐節鈔 **課子隨筆續編一卷** (清)徐桐輯 清同治十二年(1873)刻本 八冊

330000－1701－0106856 G009173 子部/術數類/相宅相墓之屬

地理末學二卷首一卷 (清)紀大奎撰 清刻本 四冊

330000－1701－0106858 G010830 類叢部/叢書類/自著之屬

西河合集一百十九種 (清)毛奇齡撰 清末石印本 一冊 存一種

330000－1701－0106860 G010831 經部/群經總義類/傳說之屬

雪樵經解三十卷附錄三卷 (清)馮世瀛輯 清末修文書館鉛印本 一冊 存六卷(十九至二十四)

330000－1701－0106862 G009251 子部/儒家類/儒學之屬/性理

儒門法語一卷 (清)彭定求撰 (清)湯金釗輯 清光緒二十七年(1901)經畬書屋刻本 一冊

330000－1701－0106863 G612289 子部/宗教類/佛教之屬/經

大乘理趣六波羅密多經十卷 (唐)釋般若譯

清光緒十九年(1893)金陵刻經處刻本　二册

330000－1701－0106865　G009174　子部/術數類/陰陽五行之屬
通德類情擇鈔不分卷　清抄本　一册

330000－1701－0106866　G010832　子部/小說家類/雜事之屬
海上花天酒地傳二種　(清)鄒弢撰　清光緒十年(1884)二石軒刻本　二册　存一種

330000－1701－0106868　G009252　史部/傳記類/别傳之屬
陳忠肅公[文龍]墓錄一卷　孫峻輯　清光緒二十一年(1895)八千卷樓刻民國十九年(1930)重印本　一册

330000－1701－0106870　G010833　集部/小說類/長篇之屬
繡像南唐演義薛家將十卷一百回　(清)如蓮居士編　清末石印本　一册　存一卷(四)

330000－1701－0106871　G009175　子部/醫家類/醫話醫論之屬
存存齋醫話藁二卷　(清)趙彦暉撰　清光緒刻本　一册　存一卷(二)

330000－1701－0106872　G010653　史部/政書類/邦交之屬
升恭勤公藏印邊務錄二卷　(清)升泰撰　清末鉛印本　二册

330000－1701－0106876　G009102　經部/小學類/音韻之屬/韻書
初學檢韻袖珍十二卷附檢字一卷佩文詩韻一卷　(清)姚文登輯　清刻本　二册　存六卷(八至十二、佩文詩韻)

330000－1701－0106877　G010834　集部/總集類/尺牘之屬
初學指南尺牘新編二卷　(清)丁洪辰纂輯　清光緒十九年(1893)水竹居士鉛印本　陶承杏題記　一册

330000－1701－0106879　G610349　史部/地理類
李氏五種　(清)李兆洛撰　清同治九年至十一年(1870－1872)合肥李鴻章刻本　八册　存二種

330000－1701－0106881　G009176　子部/儒家類/儒學之屬
呰窳子三卷越俎卮言二卷　(清)江順詒撰　清光緒刻本　一册

330000－1701－0106883　G612290　子部/宗教類/佛教之屬/經
摩訶般若波羅蜜經三十卷　(後秦)釋鳩摩羅什　(後秦)釋僧叡譯　清光緒十五年(1889)如皋刻經處刻本　八册

330000－1701－0106885　G009723、G010835　史部/傳記類/總傳之屬/通代
二十四史尚友錄八卷附國朝尚友錄一卷　(清)劉樹屏輯　清光緒二十九年(1903)上海文記書莊石印本　四册

330000－1701－0106886　G010654　子部/儒家類/儒學之屬/經濟
賈子新書十卷　(漢)賈誼撰　清光緒二十三年(1897)文瑞樓鉛印本　一册

330000－1701－0106887　G009254　集部/别集類/清别集
珠泉草廬詩鈔四卷　(清)廖樹蘅撰　清光緒二十七年(1901)烝陽刻本　二册

330000－1701－0106888　G010836、G009720　子部/雜著類/雜纂之屬
任兆麟述記三卷　(清)任兆麟撰　清末上海文林堂石印本　三册

330000－1701－0106890　G612291　類叢部/叢書類/郡邑之屬
武林掌故叢編一百八十七種　(清)丁丙編　清光緒三年至二十六年(1877－1900)錢塘丁氏嘉惠堂刻本　一册　存一種

330000－1701－0106891　G010655　子部/天文曆算類/曆法之屬
通書秘竅□□卷　清刻本　一册　存一卷

(下)

330000－1701－0106892　G010656　子部/小說家類/雜事之屬

我法集二卷　(清)紀昀撰　(清)紀樹馨編錄　清乾隆六十年(1795)河間紀氏閱微草堂刻本　二冊

330000－1701－0106893　G009255　史部/傳記類/日記之屬

甲辰考察日本商務日記一卷(清光緒三十年八月十三日至十月十三日)　(清)許炳榛撰　清光緒鉛印本　一冊

330000－1701－0106895　G612292　子部/儒家類/儒學之屬/蒙學

蒙訓一卷　(清)劉沅撰　清道光二十四年(1844)刻本　一冊

330000－1701－0106897　G612293　類叢部/叢書類/自著之屬

古桐書屋六種　(清)劉熙載撰　清同治至光緒刻本　二冊　存一種

330000－1701－0106900　G612294　子部/宗教類/佛教之屬/諸宗

淨土三經　清同治七年(1868)刻本　一冊

330000－1701－0106901　G010839　子部/術數類/命書相書之屬

繪圖神相鐵關刀四卷　清末石印本　一冊　存二卷(一至二)

330000－1701－0106903　G010840　史部/雜史類/斷代之屬

李秀成供□□卷李秀成續供一卷　(太平天國)李秀成撰　清末石印本　一冊　存二卷(下、續供)

330000－1701－0106906　G009256　新學/格致總

物理推原一卷　(法國)羅第愛撰　(清)李杕譯　清光緒二十二年(1896)上海徐匯書館石印本　一冊

330000－1701－0106909　G010841　集部/小說類/長篇之屬

民族小說繡像洪秀全演義四集八卷五十四回　(清)黃世仲撰　清末石印本　七冊　缺二集下

330000－1701－0106910　G010658　新學/算學/數學

格物測算八卷　(清)丁韙良撰　清光緒九年(1883)石印本　七冊　缺一卷(二)

330000－1701－0106912　G010842　史部/傳記類/總傳之屬/仕宦

滿洲名臣傳四十八卷漢名臣傳三十二卷　(清)國史館撰　清京都琉璃廠榮錦書坊刻本　四十七冊　存四十七卷(滿洲名臣傳一至三十八、四十至四十八)

330000－1701－0106913　G612295、G010796　經部/易類

周易函書四種　(清)胡煦撰　清乾隆至嘉慶胡季堂刻本　二十八冊　存三種

330000－1701－0106914　G009108　子部/藝術類/篆刻之屬/印譜

漢燈一卷　(清)薛銓手鐫　(清)吳廷康鈎橅　清道光十二年(1832)雙鉤本　清憶仙樓主題記　清任晉謙跋　一冊

330000－1701－0106915　G009109　子部/藝術類/音樂之屬

改良唱歌教科書一卷　(清)文明學社編輯　清光緒三十二年(1906)刻本　一冊

330000－1701－0106916　G009110　集部/總集類/選集之屬/斷代

後八家四六文鈔八卷　(清)張壽榮輯　清光緒七年(1881)刻本　胡栗長題記　二冊

330000－1701－0106917　G010736　史部/地理類/山川之屬/合志

寰瀛山水畧四卷首一卷　(清)葛銘撰　清光緒五年(1879)東陽葛氏家塾木活字印本　一冊　缺二卷(三至四)

330000－1701－0106918　G010737　子部/小說家類/雜事之屬

稷山漫錄□□卷　陶濬宣撰　稿本　一冊　存一卷(上)

330000－1701－0106919　G010738　史部/職官類/官箴之屬
問心齋學治雜錄二卷續錄四卷　(清)張聯桂撰　清光緒十一年(1885)刻本　六冊

330000－1701－0106920　G010739　集部/別集類/清別集
石羊生詩藁六卷　(明)胡應麟撰　(清)徐肇元輯　清初嘉興徐氏研露齋刻本　二冊

330000－1701－0106921　G010740　經部/小學類/文字之屬/字書/字體
字林古今正俗異同通攷四卷附六書辨異二卷補遺一卷　(清)湯容煟輯　清嘉慶二年(1797)四明滋德堂刻道光五年(1825)修補印本　三冊　存四卷(字林古今正俗異同通攷一至四)

330000－1701－0106922　G010741　集部/總集類/彙編之屬
合諸名家點評古文鴻藻十二卷　(明)黃士京輯　明末刻本　毛春翔批　八冊

330000－1701－0106923　G009179　集部/詞類/別集之屬
蠡龕遺詞二卷　(清)岑應麐撰　清光緒元年(1875)刻本　一冊

330000－1701－0106924　G009260　集部/別集類/唐五代別集
杜工部集二十卷附錄一卷少陵先生[杜甫]年譜一卷諸家詩話一卷唱酬題詠附錄一卷　(唐)杜甫撰　(清)錢謙益箋註　清康熙六年(1667)季氏靜思堂刻本　八冊

330000－1701－0106925　G009182　子部/雜著類/雜說之屬
斯未信齋雜錄一卷　(清)徐宗幹撰　清咸豐九年(1859)刻本　一冊

330000－1701－0106928　G009261　子部/術數類/相宅相墓之屬
地學形勢集八卷　(清)倪化南輯　(清)倪令望等編次　清乾隆三十八年(1773)金陵倪氏保合堂刻本　八冊

330000－1701－0106929　G008990　新學/算學/數學
對數表一卷　(美國)路密司編　(美國)赫士口譯　(清)朱葆琛筆述　清光緒二十五年(1899)上海美華書館鉛印本　一冊

330000－1701－0106930　G009114　史部/傳記類/別傳之屬
新刊袁世凱事略一卷　(清)□□撰　清宣統元年(1909)石印本　一冊

330000－1701－0106932　G009184　子部/藝術類/書畫之屬/法帖
羣仙高會賦一卷　(元)趙孟頫書　清末影印本　一冊

330000－1701－0106934　G008992、G010748　集部/別集類/清別集
天香閣文集八卷詩集十卷詞集六卷　(清)唐之鳳撰　**碎玉合編二卷**　(清)唐雲禎　(清)唐德遠撰　清康熙四十三年(1704)刻本　四冊　存十二卷(詩集一至十、碎玉合編一至二)

330000－1701－0106935　G009185　集部/別集類/清別集
塵不到齋詩稿一卷　(清)須彌保撰　清刻本　一冊

330000－1701－0106936　G009117　經部/禮記類/傳說之屬
禮記約編十卷　(清)汪基撰　清光緒鑄記書局石印本　六冊

330000－1701－0106937　G009186　集部/別集類/清別集
水山詩草二卷　(清)陳秀撰　清刻本　一冊

330000－1701－0106938　G610354　史部/傳記類/總傳之屬/通代
帝鑑圖排律詩二卷　(清)劉國光撰　清光緒七年(1881)玉橋書屋刻本　二冊

330000－1701－0106939　G009262　集部/別集類/清別集
攜雪堂全集五種七卷　(清)吴可讀撰　清光緒十九年(1893)刻本　四册

330000－1701－0106942　G009118　史部/編年類/通代之屬
綱鑑總論二卷　(清)周道卿輯　清光緒三十年(1904)上海書局石印本　一册

330000－1701－0106943　G008993　類叢部/叢書類/彙編之屬
廣雅書局叢書一百五十九種　徐紹棨編　清光緒廣雅書局刻民國九年(1920)番禺徐紹棨彙編重印本　一册　存一種

330000－1701－0106944　G009188　集部/詞類/詞話之屬
蓮子居詞話四卷　(清)吴衡照輯　清道光十二年(1832)錢唐汪氏振綺堂刻同治六年(1867)重刻民國十二年(1923)補刻本　二册

330000－1701－0106945　M604757　類叢部/叢書類/彙編之屬
申報館叢書正集五十七種附録三種續集一百四十二種　(清)尊聞閣主編　蔡爾康編續集　清同治至光緒上海申報館鉛印本　八册　存一種

330000－1701－0106946　G009119　子部/雜著類/雜説之屬
思補齋筆記八卷　(清)潘世恩撰　清會文齋刻本　二册

330000－1701－0106947　G009120　類叢部/叢書類/彙編之屬
曼陀羅華閣叢書十六種　(清)杜文瀾編　清咸豐至光緒秀水杜氏刻光緒十八年(1892)上海掃葉山房修補印本　八册　存一種

330000－1701－0106948　G009263　集部/別集類/清別集
板橋集五種　(清)鄭燮撰　清刻本　一册　存一種

330000－1701－0106949　G009189、G009856　集部/別集類/清別集
天愚山人詩集十二卷文集十六卷　(清)謝泰宗撰　**附録一卷**　(清)吴偉業撰　清光緒六年(1880)謝駿德靈蕤館刻本　四册　存十二卷(詩集一至十二)

330000－1701－0106950　G008994　子部/術數類/相宅相墓之屬
地理正宗十二卷　(清)蔣國輯　清嘉慶十九年(1814)刻本　六册

330000－1701－0106951　G009121　經部/三禮總義類
三禮約編喈鳳十九卷　(清)汪基編　清嘉慶汪氏敬堂家塾刻本　一册　存二卷(禮記約編五至六)

330000－1701－0106952　G009264　集部/總集類/選集之屬/斷代
鄂不齋詩艸題評一卷　(清)唐贊衮等撰　清光緒刻本　一册

330000－1701－0106953　G610358　集部/詞類/詞話之屬
蓮子居詞話四卷　(清)吴衡照輯　清道光十二年(1832)錢唐汪氏振綺堂刻同治六年(1867)重修本　二册

330000－1701－0106954　G610359　類叢部/叢書類/彙編之屬
式訓堂叢書四十一種　(清)章壽康編　清光緒會稽章氏刻本　四册　存四種

330000－1701－0106955　G008995、G010917　集部/別集類/唐五代別集
杜詩鏡銓二十卷附諸家論杜一卷　(清)楊倫撰　**杜工部[甫]年譜一卷**　清乾隆九柏山房刻本　清王詒壽過録清何焯評語　八册

330000－1701－0106957　G009265　史部/傳記類/別傳之屬/事狀
皇清誥授光禄大夫兵部尚書兼都察院右都御史雲貴總督予謚武慎劉公[長佑]行狀一卷　(清)王定安撰　清末刻本　一册

330000－1701－0106958　G009190、G010799、

G009823　集部/總集類/課藝之屬
崇文書院課藝四集不分卷　(清)孫詒紳　(清)胡鳳昌　(清)沈燦編　清光緒元年(1875)刻本　五册

330000－1701－0106959　G009123　子部/術數類/命書相書之屬
相批逐年一卷　雲遊子撰　清光緒二十五年(1899)抄本　一册

330000－1701－0106960　G010845　新學/算學/代數
代數難題解法十六卷　(英國)倫德輯　(英國)傅蘭雅口譯　(清)華蘅芳筆述　清末石印本　一册　存三卷(十四至十六)

330000－1701－0106962　G010847　子部/天文曆算類/天文之屬
御製曆象考成上編十六卷下編十卷後編十卷　(清)允祿等纂修　清光緒二十四年(1898)杭州德記書莊富強齋石印本　十六册　存十六卷(上編一至十六)

330000－1701－0106963　G008996/1、G009461　集部/别集類/清别集
御製詩初集四十四卷目録四卷二集九十卷目録十卷三集一百卷目録十二卷　(清)高宗弘曆撰　清乾隆武英殿刻本　四十七册　存一百十二卷(二集一至九、十一至二十一,三集一至四十、四十九至一百)

330000－1701－0106964　G008997　經部/易類/傳説之屬
周易程朱傳義十卷易説綱領一卷　(宋)程頤　(宋)朱熹撰　**上下篇義一卷**　(宋)程頤撰　**易圖集録一卷易五贊一卷筮儀一卷**　(宋)朱熹撰　明刻本　一册　存二卷(一至二)

330000－1701－0106965　G008998　集部/别集類/清别集
隱拙齋集二十六卷文鈔六卷詞科試卷一卷　(清)沈廷芳撰　清乾隆刻本　八册

330000－1701－0106967　G009127　集部/别集類/清别集
珠泉草廬文録二卷　(清)廖樹蘅撰　清宣統二年(1910)長沙刻本　二册

330000－1701－0106969　G009128　集部/别集類/唐五代别集
杜工部集二十卷附録一卷唱酬題詠附録一卷諸家詩話一卷　(唐)杜甫撰　(清)錢謙益箋註　清宣統二年(1910)上海鉛印本　四册

330000－1701－0106970　G010850　新學/格致總
物理學算法八卷　(美國)丁韙良撰　清光緒三十年(1904)石印本　八册

330000－1701－0106972　G009266　集部/别集類/清别集
紉蘭室詩鈔三卷鰈硯廬詩鈔二卷鰈硯廬聯吟集一卷　(清)嚴永華撰　清光緒十七年(1891)沈秉成刻本　二册

330000－1701－0106973　G009191　類叢部/叢書類/彙編之屬
指海一百四十種　(清)錢熙祚編　(清)錢培讓　(清)錢培杰續編　清道光十六年至二十二年(1836－1842)金山錢氏重編增刻借月山房彙鈔本　一册　存一種

330000－1701－0106974　G610360　子部/宗教類/佛教之屬/諸宗
宗鏡録一百卷附音釋　(宋)釋延壽輯　清雍正十三年(1735)武英殿刻本　七册　存三十五卷(十一至四十五)

330000－1701－0106975　G010852　經部/叢編
袖珍十三經註　(清)萬青銓校　清同治十二年(1873)稽古樓刻本　六十九册　存七種

330000－1701－0106976　G009267　子部/宗教類/佛教之屬
了凡聖禪師語録六卷首一卷　(清)釋際聖撰　(清)釋了弘　(清)釋了貞輯　清乾隆二十四年(1759)刻本　一册　缺三卷(四至六)

330000－1701－0106978　G009192　集部/總集類/選集之屬/斷代

篆江樓排律詩鈔四卷 (清)鄭爾齡編 清道光五年(1825)刻本 一册 存二卷(一至二)

330000－1701－0106980 G610186 集部/曲類/寶卷之屬
達磨祖卷一卷 清末通濟禪院釋緣明刻本 一册

330000－1701－0106982 G009193 史部/傳記類/總傳之屬/通代
人壽金鑑二十二卷 (清)程得齡輯 清嘉慶二十四年至二十五年(1819－1820)安東程氏柳衣園刻本 五册

330000－1701－0106983 G010853、G009683 史部/史抄類
史畧八十七卷 (清)朱堃輯 清光緒十三年(1887)上海積山書局石印本 六册

330000－1701－0106986 G009268 子部/宗教類/佛教之屬/諸宗
雄聖惟極禪師語錄三卷 (清)釋行致撰 (清)釋超越錄 清康熙九年(1670)刻本 一册

330000－1701－0106987 G610365 史部/紀傳類/正史之屬
漢書疏證三十六卷後漢書疏證三十卷 (清)沈欽韓撰 清光緒二十六年(1900)浙江官書局刻本 二十四册 存三十六卷(一至三十六)

330000－1701－0106988 G010854 集部/總集類/課藝之屬
小雲林山館時文不分卷 清抄本 蘭序題簽 一册

330000－1701－0106989 G610188 集部/別集類/清別集
莫宦文草一卷詩草一卷 黄壽袞撰 清光緒三十四年(1908)山陰黄璟石印本 二册

330000－1701－0106990 G010855 類叢部/叢書類/彙編之屬
申報館叢書正集五十七種附錄三種續集一百四十二種 (清)尊聞閣主編 蔡爾康編續集 清同治至光緒上海申報館鉛印本 一册 存一種

330000－1701－0106992 G009269 子部/宗教類/佛教之屬
趙州和尚語錄三卷 (唐)釋從諗撰 (唐)釋文遠輯 **趙州真際禪師行狀一卷** 清刻本 一册

330000－1701－0106993 G009195 集部/別集類/清別集
小滄浪館文存一卷 (清)何汝霖撰 清同治七年(1868)刻本 一册

330000－1701－0106995 G010856 史部/史評類/史論之屬
讀通鑑論十卷末一卷 (清)王夫之撰 清光緒二十四年(1898)上海書局鉛印本 八册

330000－1701－0106996 G610366 集部/總集類/彙編之屬
唐四家詩集四種附二種 (清)胡鳳丹輯 清同治九年(1870)永康胡氏退補齋刻本 三册 存四種

330000－1701－0106997 G010666 史部/地理類/外紀之屬
巴西國地理兵要一卷巴西政治攷一卷 (清)顧厚焜撰 (清)鄭之驎譯 清末石印本 一册

330000－1701－0106998 G010857 類叢部/叢書類/彙編之屬
清英草堂叢書 清光緒石印本 一册

330000－1701－0106999 G009196、G009699 史部/政書類/儀制之屬/專志/科舉校規
欽定學政全書八十六卷首一卷 (清)童璜等撰 清嘉慶刻本 十六册

330000－1701－0107000 G010858 史部/地理類/方志之屬/郡縣志
[乾隆]新疆輿圖風土攷五卷 (清)七十一纂 清光緒八年(1882)上海點石齋石印本 一册

330000－1701－0107001　G010667　子部/醫家類/綜合之屬/雜著
筆花醫鏡二卷　(清)江涵暾撰　清刻本　一冊　存一卷(上)

330000－1701－0107002　G009197　史部/地理類/雜志之屬
浙江遺記不分卷　稿本　二冊

330000－1701－0107003　G010860、G009730　子部/雜著類/雜考之屬
日知録集釋三十二卷首一卷刊誤二卷續刊誤二卷　(清)黄汝成撰　**策學纂要正續編十六卷**　(清)萬年茂　(清)戴第元撰　清光緒十三年(1887)上海大同書局石印本　三冊　存四十一卷(八至三十二、刊誤一至二、續刊誤一至二、策學纂要正續編五至十六)

330000－1701－0107004　G009198　子部/儒家類/儒學之屬
訓戒一卷　清末刻本　一冊

330000－1701－0107005　G010668　史部/政書類
自強學齋治平十議　(清)自強學齋主人輯　清光緒十九年至二十三年(1893－1897)文瑞樓石印本　一冊　存一種

330000－1701－0107006　G009270　集部/詞類/類編之屬
浙西六家詞七種　(清)龔翔麟編　清康熙龔氏玉玲瓏閣刻本　六冊　存五種

330000－1701－0107008　G009199　子部/宗教類/佛教之屬/經
楞伽阿跋多羅寶經會譯四卷　(南朝宋)釋求那跋陀羅初譯　(北魏)釋菩提留支再譯　(唐)實叉難陀後譯　(明)釋員珂會合　明萬曆刻本　一冊　存一卷(一)

330000－1701－0107010　G010861　新學/議論/通論
中西新學大全　(清)求志齋主人輯　清光緒二十三年(1897)上海鴻文書局石印本　七冊

330000－1701－0107011　M610949　子部/藝術類/書畫之屬/法帖
常熟翁相國手札一卷　(清)翁同龢撰並書　清光緒三十四年(1908)上海有正書局石印本　一冊

330000－1701－0107015　G009271　集部/別集類/清別集
尺牘三節稿不分卷　稿本　一冊

330000－1701－0107026　G610191　經部/小學類/文字之屬/說文
澂園叢書二種十五卷　(清)楊廷瑞撰　清光緒十七年(1891)善化楊廷瑞澂園刻本　一冊

330000－1701－0107028　G003173、G009272　子部/醫家類/綜合之屬/通論
石室秘籙六卷　(清)陳士鐸撰　清金玉樓刻本　六冊

330000－1701－0107030　G610335　子部/儒家類/儒學之屬/蒙學
小學纂註六卷　(清)高愈撰　**文公朱夫子[熹]年譜一卷**　題(宋)李方子撰　清同治十一年(1872)浙江書局刻本　二冊

330000－1701－0107032　G610193　子部/儒家類/儒學之屬/勸學
勸學篇二卷　(清)張之洞撰　清光緒二十四年(1898)浙江刻本　一冊

330000－1701－0107033　G612301　子部/醫家類/傷寒金匱之屬/傷寒論
注解傷寒論十卷圖解運氣圖一卷　(漢)張機撰　(晉)王叔和輯　(金)成無己注　清光緒六年(1880)掃葉山房刻本　一冊　存二卷(傷寒明理論一至二)

330000－1701－0107035　G610195　集部/別集類/清別集
百美新詠一卷集詠一卷圖傳一卷　(清)顧希源撰　清嘉慶十年(1805)集腋軒刻本　一冊　存一卷(百美新詠)

330000－1701－0107036　G010932　史部/傳記類/科舉録之屬/歷科鄉試録
[光緒庚子辛丑恩正併科]浙江鄉試卷一卷

(清)裘頌筠等撰　清光緒刻本　一册

330000－1701－0107037　G610202　類叢部/叢書類/彙編之屬

風雨樓叢書二十三種　鄧實編　清宣統順德鄧氏鉛印本　二册　存一種

330000－1701－0107039　G010934　集部/總集類/選集之屬/斷代

唐駢體文鈔十七卷　(清)陳均纂　清嘉慶二十五年(1820)海昌陳氏刻本　三册　存十三卷(一至九、十四至十七)

330000－1701－0107040　G009276　史部/政書類/邦交之屬

大清國大秘魯國條約章程不分卷　清末刻本　一册

330000－1701－0107043　G009277　史部/政書類/邦交之屬

法國條欵不分卷　清末刻本　一册

330000－1701－0107047　G009278　史部/政書類/邦交之屬

中法商務界務條約原奏照會章程一卷　清光緒刻本　一册

330000－1701－0107049　G009279　史部/政書類/邦計之屬/貿易

各國通商條約税則章程二十種　(清)總理各國事務衙門輯　清光緒刻本　一册　存一種

330000－1701－0107050　G009280　史部/政書類/邦交之屬

中法新約一卷　清光緒刻本　一册

330000－1701－0107051　G009281　史部/政書類/邦交之屬

重慶通商停止行輪章程一卷　清光緒刻本　一册

330000－1701－0107052　G610368　史部/政書類/邦交之屬

支那教案論不分卷　(英國)宓克撰　嚴復譯　清光緒南洋公學譯書院鉛印本　一册

330000－1701－0107053　G610205　類叢部/叢書類/彙編之屬

雅雨堂藏書十三種　(清)盧見曾編　清乾隆二十一年(1756)德州盧氏雅雨堂刻增修本　八册　存三種

330000－1701－0107054　G009282　史部/政書類/邦交之屬

免碰船隻章程一卷　清光緒刻本　一册

330000－1701－0107056　G009283　史部/政書類/邦交之屬

修好條規一卷通商章程一卷中國海關税則一卷　清末刻本　一册

330000－1701－0107057　G610371　經部/叢編

御纂七經五種　(清)李光地等撰　清同治六年至九年(1867－1870)浙江書局刻本　九册　存一種

330000－1701－0107058　G009284　史部/政書類/邦交之屬

比國通商條約税則章程四卷　清末刻本　一册

330000－1701－0107059　G009002、G009321、G011427　類叢部/叢書類/彙編之屬

藝海珠塵一百六十四種　(清)吳省蘭輯　清嘉慶南匯吳氏聽彝堂刻道光三十年(1850)金山錢氏漱石軒增刻重印本　十五册　存三十七種

330000－1701－0107060　G009285　史部/政書類/邦計之屬/貿易

通商行船條約一卷　清光緒刻本　一册

330000－1701－0107061　G009286　史部/政書類/邦交之屬

美國續增條約一卷　清末刻本　一册

330000－1701－0107062　G009201　子部/宗教類/佛教之屬/經疏

應菴和尚語錄十卷　(宋)釋守詮等編　清刻本　一册

330000－1701－0107063　G009287　史部/政

書類/邦交之屬

美國續修條約一卷　清光緒刻本　一册

330000－1701－0107064　G009288　史部/政書類/邦交之屬

新修英國條約章程税則一卷附照會　清末刻本　一册

330000－1701－0107065　G009202　子部/宗教類/佛教之屬/諸宗

昭覺丈雪醉禪師語録十卷　(清)釋通醉撰　(清)釋徹綱等輯　清刻本　一册　存五卷(六至十)

330000－1701－0107066　G009289　史部/政書類/邦交之屬

續議商務專條附約一卷　清光緒刻本　一册

330000－1701－0107067　G010935　子部/儒家類/儒學之屬/禮教

棠棣録四卷　(清)孫汝遐編輯　清道光四年(1824)刻本　一册　存二卷(一至二)

330000－1701－0107068　G009203　子部/宗教類/佛教之屬/諸宗

山容波禪師寶壽録五卷　(清)釋德傳記録　清刻本　一册

330000－1701－0107069　G009290　史部/政書類/邦計之屬/貿易

各國通商條約税則章程二十種　(清)總理各國事務衙門輯　清光緒刻本　一册　存一種

330000－1701－0107070　G010936　集部/别集類/清别集

萬年保泰鴻謨一卷　(清)趙永孝撰　清光緒二十四年(1898)常熟趙氏承啓堂刻本　一册

330000－1701－0107071　G009291　史部/政書類/邦交之屬

葡萄牙國條款(葡國條款)一卷　清光緒刻本　一册

330000－1701－0107072　G010865　史部/傳記類/科舉録之屬

[光緒庚子辛丑科]浙江闈墨不分卷　清光緒二十八年(1902)石印本　一册

330000－1701－0107073　G610209　集部/詩文評類/詩評之屬

詩問二卷　(清)王士禛撰　(清)洪楠雲録　清乾隆四十二年(1777)春暉草堂刻本　一册

330000－1701－0107074　G009292　史部/政書類/邦交之屬

大清國大英國會議條款一卷　清光緒刻本　一册

330000－1701－0107075　G009205　子部/宗教類/佛教之屬

禮佛發願文畧釋一卷　(清)釋怡山撰　清光緒刻本　一册

330000－1701－0107076　G010937　史部/職官類/官箴之屬

牧令書四種　(清)□□輯　清同治湖北崇文書局刻本　一册　存一種

330000－1701－0107078　G009322　史部/地理類/方志之屬/郡縣志

光緒餘杭縣志稿不分卷　(清)褚成博纂　清光緒三十二年(1906)刻本　一册

330000－1701－0107079　G010866　新學/史志/别國史

日祕史二卷　(日本)新井君美撰　清末石印本　一册

330000－1701－0107080　G009293　史部/政書類/邦交之屬

英德國行船免碰章程一卷附中國所定内港江河各船行停免碰及救護賠償審斷五項專章　清光緒刻本　一册

330000－1701－0107081　G009323　集部/别集類/宋别集

湖山類槀五卷水雲集一卷附録三卷　(宋)汪元量撰　**亡宋舊宫人詩一卷**　(宋)汪元量輯　清乾隆三十年(1765)錢塘鮑廷博知不足齋刻本　一册　存三卷(水雲集、附録上下)

330000－1701－0107082　G009206、G009702

史部/史評類/史論之屬
史通削繁四卷 (清)紀昀撰 清光緒元年(1875)湖北崇文書局刻本 四册

330000－1701－0107083 G010938 類叢部/類書類/專類之屬
初學行文語類三卷 (清)孫埏編 清乾隆刻本 一册

330000－1701－0107085 G009207 集部/别集類/清别集
孑遺堂集四卷 (清)戈志熙撰 清嘉慶十一年(1806)刻本 一册

330000－1701－0107087 G010867、G009964 史部/政書類/通制之屬
皇朝文獻通考輯要二十六卷 (清)張羅澄輯 清末石印本 五册

330000－1701－0107088 G610211 史部/政書類/邦計之屬
兩浙宦游紀畧四種 (清)戴槃撰 清同治七年(1868)刻本 一册 存一種

330000－1701－0107089 G009208 子部/雜著類
樂善録十卷首一卷 (清)丁丙撰 清光緒二十七年(1901)錢塘丁氏刻本 五册 存七卷(首、一至二、五、八、九至十)

330000－1701－0107090 G009294 史部/政書類/邦交之屬
英國條欵不分卷 清末刻本 一册

330000－1701－0107091 G010939 類叢部/叢書類/自著之屬
槐軒全集二十一種附九種 (清)劉沅撰 清咸豐至民國刻彙印本 二册 存一種

330000－1701－0107093 G610213 子部/藝術類/書畫之屬/畫譜
夢跡圖一卷 (清)寶琳繪 清光緒元年(1875)上海點石齋石印本 一册

330000－1701－0107095 G009209、G010819 經部/四書類/總義之屬/文字音義
四書不二字音釋不分卷 (清)楊昕撰 清刻本 二册

330000－1701－0107096 G010868 經部/小學類/音韻之屬/韻書
詩韻含英十八卷 (清)劉文蔚輯 清刻本 四册

330000－1701－0107098 G010940 經部/叢編
拜經堂叢書十種 (清)臧琳 (清)臧庸撰 清乾隆至嘉慶武進臧氏同述觀刻本 二册 存六種

330000－1701－0107099 G009295 史部/政書類/邦交之屬
美國條欵一卷 清末刻本 一册

330000－1701－0107100 G610214 史部/傳記類/别傳之屬/墓誌
皇清誥授奉直大夫議敘員外郎海寧蔣君[望曾]墓志銘一卷 (清)查燕緒撰 清末刻本 一册

330000－1701－0107103 G009296 史部/政書類/邦交之屬
俄國條欵不分卷 清末刻本 一册

330000－1701－0107104 G010869 集部/戲劇類/雜劇之屬
李雲英風送梧桐葉一卷 (明)李唐賓撰 清抄本 一册

330000－1701－0107105 G010870 子部/小説家類/雜事之屬
漁磯漫鈔十卷 (清)汪琇瑩 (清)雷琳 (清)莫劍光輯 清同治十年(1871)刻本 琴道人題簽 四册

330000－1701－0107106 G009297 史部/政書類/邦計之屬/貿易
各國通商條約税則章程二十種 (清)總理各國事務衙門輯 清光緒刻本 一册 存一種

330000－1701－0107107 G010871、G009735 子部/雜著類/雜纂之屬

經餘秘書必讀八卷　(清)雷琳　(清)錢樹棠　(清)錢樹立輯　清刻本　八册

330000－1701－0107108　G009298　史部/政書類/邦交之屬
往來照會一卷　清光緒刻本　一册

330000－1701－0107109　G010876　子部/兵家類
戰法地形兵語字彙草案二卷　清光緒三十三年(1907)南洋砲隊營刻本　一册

330000－1701－0107110　G010941　子部/雜著類/雜纂之屬
陳刻二種　(清)陳世修輯　清康熙四十七年(1708)海鹽陳世修漱六閣刻本　二册　存一種

330000－1701－0107111　G009299　史部/政書類/邦交之屬
德商三聯報單章程一卷　清光緒刻本　一册

330000－1701－0107112　G009300　史部/政書類/邦交之屬
續議界務專條附約一卷　清光緒刻本　一册

330000－1701－0107113　G010942　集部/別集類/清別集
且甌歌一卷附楠溪竹枝詞一卷五十述懷一卷　(清)石方洛著　清光緒十七年(1891)葉懷古齋刻本　一册　缺一卷(五十述懷)

330000－1701－0107114　G010875、G009671　史部/政書類/通制之屬
續策海全書六卷　(明)王洪洲撰　(清)瞿曾輯纂　清刻本　二册

330000－1701－0107115　G009301　史部/政書類/邦計之屬/貿易
會議瓊州北海各關試辦出口土貨三聯報單章程一卷　清末刻本　一册

330000－1701－0107116　G009326　集部/別集類/清別集
漁洋山人詩集二十二卷　(清)王士禛撰　清康熙八年(1669)吳郡沂詠堂刻後印本　四册

330000－1701－0107117　G010877　子部/小說家類/雜事之屬
秦淮聞見錄二卷　(清)雪樵居士輯　清道光十八年(1838)一枝山房刻本　二册

330000－1701－0107118　G009302　史部/政書類/邦計之屬/貿易
各國通商條約稅則章程二十種　(清)總理各國事務衙門輯　清光緒刻本　一册　存一種

330000－1701－0107119　G010943　經部/小學類/文字之屬
十三經文字偏旁考略二卷　(清)吳熙撰　清道光二十五年(1845)得弍齋刻本　三册

330000－1701－0107120　G009303　史部/政書類/邦交之屬
俄國條欵不分卷　清末刻本　一册

330000－1701－0107121　G009304　史部/政書類/邦交之屬
奏准外國交出中國逃往人犯辦理章程一卷　清光緒刻本　一册

330000－1701－0107122　G009448　類叢部/叢書類/彙編之屬
平津館叢書六集三十五種　(清)孫星衍編　清嘉慶蘭陵孫氏刻本　六册　存二種

330000－1701－0107123　G009305　新學/格致總
外國人雇搭華船事宜一卷　清光緒七年(1881)刻本　一册

330000－1701－0107124　G009212　子部/醫家類/類編之屬
珍珠囊醫方捷徑指南合編　清宏道堂刻本　二册　存一種(新刻校正大字李東垣先生珍珠囊二卷)

330000－1701－0107125　G009306　史部/政書類/邦交之屬
俄國新改陸路通商章程一卷　清末刻本　一册

330000－1701－0107127　G009213　史部/政

書類/邦計之屬
濟大濟通濟順三典大總一卷 清末抄本 一册

330000－1701－0107128 G009329 集部/曲類/寶卷之屬
珠塔寶卷全集不分卷 清瑪瑙經房刻本 一册

330000－1701－0107129 G610328 集部/別集類/清別集
養一齋文集二十卷 (清)李兆洛撰 清光緒四年(1878)刻本 八册

330000－1701－0107131 G009330 史部/政書類/公牘檔册之屬
詳定省河堤岸築成後商民繳價承領地段埗頭章程一卷 清末刻本 一册

330000－1701－0107132 G009449 史部/史評類/史論之屬
史餘二十卷補錄一卷 (清)陳堯松撰 (清)陳慶颺注並補 清同治三年(1864)刻本 二册

330000－1701－0107133 G010944 經部/周禮類/分篇之屬
考工記車制圖解二卷 (清)阮元撰 清乾隆七錄書館刻本 一册

330000－1701－0107134 G009331 子部/醫家類/内科之屬/虚勞
理虛元鑑二卷 (明)汪綺石撰 (清)柯懷祖訂 清光緒二十二年(1896)蕭山陳氏刻本 一册

330000－1701－0107136 G610218 史部/政書類/公牘檔册之屬
續纂籌餉事例册不分卷 清咸豐二年(1852)刻本 一册

330000－1701－0107137 G009332 集部/別集類/清別集
庚子窗文不分卷 (清)徐季蓀撰 (清)徐伯蓀筆削 清光緒二十六年(1900)稿本 清徐季蓀題記 一册

330000－1701－0107138 G009307 史部/政書類/邦交之屬
西洋國議定通商章程條款一卷 清末刻本 一册

330000－1701－0107139 G009216 集部/總集類/選集之屬/斷代
漢鐃歌釋文箋正一卷 王先謙撰 清同治十一年(1872)王氏虛受堂刻本 一册

330000－1701－0107141 G009217 集部/別集類/清別集
吴歈百絕一卷 (清)蔡雲撰 清光緒十年(1884)影印本 一册

330000－1701－0107142 G009333 集部/別集類/清別集
蒙山仙館詩鈔不分卷 (清)掃花散人撰 清光緒刻本 一册 存天女散花詞、秋菊吟、百丈竹枝詞

330000－1701－0107145 G009218 史部/傳記類/別傳之屬/事狀
贈資政大夫前舒城縣知縣羅公崇祀名宦錄一卷 清末鉛印本 一册

330000－1701－0107146 G009334 史部/傳記類/總傳之屬/家乘
[浙江蕭山]蕭山管氏宗譜四卷 (清)管廷元纂修 清光緒元年(1875)敦睦堂木活字印本 一册 存一卷(一)

330000－1701－0107147 G009335 集部/別集類/清別集
鶴廬詩草一卷 (清)戴振聲撰 清光緒二十八年(1902)稿本 平子題簽 一册

330000－1701－0107149 G009451 類叢部/叢書類/自著之屬
黄梨洲先生遺書二種 (清)黄宗羲撰 (清)黄承乙校 清光緒五年(1879)餘姚黄氏五桂樓刻本 一册

330000－1701－0107150 G009219 經部/群經總義類
經説總要□□卷 (清)王應鵑編 清道光十

四年(1834)刻本　一册　存五卷(一至五)

330000－1701－0107154　G009220　史部/政書類/公牘檔册之屬

合同分書一卷　清道光稿本　一册

330000－1701－0107157　G610331　子部/儒家類/儒學之屬/蒙學

小學韻語一卷　(清)羅澤南撰　清末浙江書局刻本　一册

330000－1701－0107158　G009453　史部/政書類/律令之屬/刑制

古刑法質疑一卷攷工記論文二卷首一卷　(清)章震福撰　清光緒三十四年(1908)農工商部印刷科鉛印本　一册

330000－1701－0107159　G009221　子部/宗教類/佛教之屬/經

御製大雲輪請雨經一卷圖說一卷　(隋)釋那連提耶舍譯　清嘉慶十一年(1806)刻本　一册

330000－1701－0107160　G009337　集部/别集類/清别集

壽萱閣唫草一卷詞一卷　(清)王鳳芝撰　清宣統三年(1911)石印本　一册

330000－1701－0107161　G610332　子部/儒家類/儒學之屬/蒙學

小學韻語一卷　(清)羅澤南撰　清末浙江書局刻本　一册

330000－1701－0107162　G009338　新學/兵制/陸軍

戰法學二卷　(日本)石井忠利撰　清末博聞館鉛印本　一册

330000－1701－0107163　G010882　集部/曲類/彈詞之屬

綉像還金鐲傳八卷五十四回　清道光十三年(1833)刻本　四册　存四卷(一至四)

330000－1701－0107164　G610333　子部/儒家類/儒學之屬/蒙學

小學韻語一卷　(清)羅澤南撰　清末浙江書局刻本　一册

330000－1701－0107166　G610334　子部/儒家類/儒學之屬/蒙學

小學纂註六卷　(清)高愈撰　**文公朱夫子[熹]年譜一卷**　題(宋)李方子撰　清同治十一年(1872)浙江書局刻本　二册

330000－1701－0107167　G009222　類叢部/叢書類/彙編之屬

漸西村舍彙刊(漸西村舍叢刻)四十四種　(清)袁昶編　清光緒十六年至二十四年(1890－1898)桐廬袁氏刻本　一册　存一種

330000－1701－0107168　G010883　子部/小說家類/異聞之屬

天涯聞見録四卷　(清)魏祝亭撰　清刻本　三册　缺一卷(四)

330000－1701－0107170　G010884　子部/儒家類/儒學之屬/勸學

輶軒語六卷　(清)張之洞撰　清光緒四年(1878)葛氏嘯園刻本　二册

330000－1701－0107171　G610336　類叢部/叢書類/自著之屬

春在堂全書三十六種　(清)俞樾撰　清同治至光緒刻光緒末彙印本　八册　存一種

330000－1701－0107172　G009223　經部/小學類/音韻之屬/音韻

字類標韻六卷　(清)華綱輯　清光緒二十二年(1896)文林書局石印本　一册

330000－1701－0107176　G010946　類叢部/叢書類/彙編之屬

武英殿聚珍版書一百三十八種　清木活字印本　七册　存三種

330000－1701－0107180　G009225　類叢部/叢書類/自著之屬

李竹嬾先生説部全書八種　(明)李日華撰　明天啓至崇禎刻本　一册　存一種

330000－1701－0107181　G010885　經部/小學類/音韻之屬/韻書

詩韻合璧五卷 (清)湯祥瑟輯 **詩腋一卷詞林典腋一卷** 清刻本 五册

330000－1701－0107183 G610337 類叢部/叢書類/自著之屬
耐安類稿五種 (清)陳偉撰 清光緒二十二年(1896)梅叔瀚等刻本 六册

330000－1701－0107185 G009340 類叢部/叢書類/家集之屬
香海盦叢書 (清)徐琪輯 清仁和徐氏刻光緒二十年(1894)彙印本 一册 存一種

330000－1701－0107187 G009341 子部/儒家類/儒學之屬/性理
又問一卷 (清)劉沅撰 清咸豐三年(1853)豫誠堂刻本 一册

330000－1701－0107188 G009226 史部/金石類/石之屬/文字
唐程夫人塔銘雙句本一卷 清光緒五年(1879)刻本 一册

330000－1701－0107189 G010947 類叢部/類書類/通類之屬
類書不分卷 清抄本 一册

330000－1701－0107190 G009342 史部/政書類/律令之屬/治獄
棠陰比事一卷 (宋)桂萬榮撰 清光緒三十年(1904)山陰陳慶綬刻本 一册

330000－1701－0107191 G010886 類叢部/叢書類/彙編之屬
文選樓叢書十五種 (清)萩林山房編 清光緒七年(1881)萩林山房刻本 一册 存一種

330000－1701－0107195 G010948 集部/別集類/清別集
祭文不分卷 稿本 一册

330000－1701－0107199 G009228 集部/詞類/總集之屬
樽酒銷寒詞一卷附錄一卷續錄一卷 (清)邵廣銓等撰 清光緒十一年(1885)刻本 一册

330000－1701－0107200 G010887 史部/地理類/山川之屬/水志
岷江源委三卷 (漢)桑欽撰 (後魏)酈道元注 **春秋提要一卷** (清)張璞撰 清光緒十五年(1889)樂道齋刻本 一册

330000－1701－0107202 G010950 集部/總集類/尺牘之屬
嘿盦友朋信札不分卷 稿本 一册

330000－1701－0107203 G612306 子部/宗教類/佛教之屬/經
金剛般若經六譯本六卷 (後秦)釋鳩摩羅什等譯 清同治八年(1869)、十一年(1872)金陵刻經處刻本 一册

330000－1701－0107205 G010951 史部/目録類/專録之屬
醫學書目不分卷 (清)淩奂撰 清光緒二十六年(1900)抄本 一册

330000－1701－0107206 G010888 子部/醫家類/方書之屬
時方歌括二卷景岳新方砭四卷 (清)陳念祖撰 清光緒二十二年(1896)珍藝書局鉛印本 一册

330000－1701－0107207 G610341 類叢部/叢書類/自著之屬
方學博全集五種 (清)方垌撰 清光緒元年(1875)王大經武昌藩署刻本 八册

330000－1701－0107208 G610230 集部/別集類/清別集
塞上吟四卷 (清)方聯甲撰 清同治十二年(1873)武昌郡廨刻本 一册

330000－1701－0107210 G009229 子部/醫家類/傷寒金匱之屬/傷寒論
傷寒論類方四卷 (清)徐大椿輯 (清)潘蔚增輯 **長沙方歌括一卷** (清)陳念祖撰 (清)蕭庭滋 (清)潘霨增輯 清同治五年(1866)古吴潘氏刻本 四册

330000－1701－0107212 G010952 史部/政書類/公牘檔册之屬
稟帖一卷 清抄本 一册

330000－1701－0107213　G010889　子部/醫家類/養生之屬
男女交合秘要新論一卷　(美國)法烏羅撰　(清)憂亞子譯　清光緒二十八年(1902)香港書局石印本　一册

330000－1701－0107214　G612307　史部/政書類/律令之屬/刑制
明刑管見録一卷　(清)穆翰撰　清光緒十三年(1887)陝西臬署刻本　一册

330000－1701－0107215　G010953　集部/總集類/選集之屬/通代
賦詩抄選不分卷　清抄本　一册

330000－1701－0107217　G009231　類叢部/叢書類/彙編之屬
廣雅書局叢書一百五十九種　徐紹棨編　清光緒廣雅書局刻民國九年(1920)番禺徐紹棨彙編重印本　一册　存一種

330000－1701－0107218　G610232　類叢部/叢書類/自著之屬
湯文正公全集七種　(清)湯斌撰　清同治九年(1870)蘇廷魁等刻本　三册　存一種

330000－1701－0107220　G010891　子部/醫家類/兒科之屬
萬氏醫貫六卷　(明)萬咸撰　清宣統二年(1910)上海商務印書館鉛印本　三册　缺二卷(一至二)

330000－1701－0107221　G010954　史部/傳記類/科舉録之屬
殿試策不分卷　(清)張澂等撰　清光緒刻本　一册

330000－1701－0107222　G009232　集部/詞類/別集之屬
耶溪漁隱詞二卷　(清)屠倬撰　清嘉慶刻本　一册

330000－1701－0107224　G009344　經部/儀禮類/分篇之屬
喪服表一卷殤服表一卷　(清)孔繼汾輯　清光緒三十年(1904)江陰季氏栩園刻本　一册

330000－1701－0107225　G610342　史部/編年類/通代之屬
資治通鑑綱目五十九卷　(明)陳仁錫評　**資治通鑑綱目續編一卷**　(明)陳桱撰　(明)陳仁錫評　**資治通鑑綱目前編二十五卷**　(明)南軒撰　(明)陳仁錫評　**續資治通鑑綱目二十七卷**　(明)商輅等撰　(明)陳仁錫評　清刻本　十六册　存十二卷(三十九至五十)

330000－1701－0107226　G010955　集部/別集類/清別集
去件留底不分卷　(清)□□撰　稿本　一册

330000－1701－0107227　G612308　子部/宗教類/佛教之屬/諸宗
大慧普覺禪師宗門武庫一卷　(宋)釋宗杲說　(宋)釋道謙輯　**雪堂行和尚拾遺録一卷**　(宋)釋道行輯　清光緒七年(1881)常熟刻經處刻本　一册

330000－1701－0107229　G610234　史部/目録類/總録之屬/私撰
書目答問五卷別録一卷國朝著述諸家姓名略一卷　(清)張之洞撰　清刻本　一册　存四卷(子部、集部、別録、叢書)

330000－1701－0107230　G009346　史部/雜史類/斷代之屬
海東逸史十八卷　(清)翁洲老民撰　清光緒十年(1884)慈谿楊泰亨經畬塾刻本　一册　存九卷(一至九)

330000－1701－0107231　G612309　子部/宗教類/佛教之屬/經
佛教西來玄化應運略録一卷　(宋)程輝編　**佛說四十二章經一卷**　(漢)釋迦葉摩騰　(漢)釋竺法蘭譯　**佛遺教經一卷**　(後秦)釋鳩摩羅什譯　**八大人覺經一卷**　(漢)釋安清譯　清同治九年(1870)金陵刻經處刻本　一册

330000－1701－0107232　G010956　集部/總集類/尺牘之屬
尺牘不分卷　清抄本　一册

330000－1701－0107233　G610343　集部/别集類/清别集

遂懷堂全集三十八卷　(清)袁翼撰　清光緒十三年至十四年(1887－1888)袁鎮嵩刻本　九冊　存十九卷(文集三,詩集後編五至六,小清容山館詞鈔一至二,駢文箋註一至四、十一至十六、補箋,哀忠集一至三)

330000－1701－0107235　G009347　類叢部/叢書類/自著之屬

王漁洋遺書三十八種　(清)王士禛撰　清刻本　一冊　存一種

330000－1701－0107236　G010926　經部/禮記類/傳說之屬

禮記集說十卷　(元)陳澔撰　明末汲古閣刻本　十冊

330000－1701－0107242　G010896　新學/史志/别國史

增補支那通史十卷　(日本)那珂通世編　(日本)狩野良知補　清光緒三十年(1904)文學圖書公司石印本　六冊

330000－1701－0107243　G009348　集部/總集類/彙編之屬

十種唐詩選　(清)王士禛編　清蘿延齋刻本　二冊　存八種

330000－1701－0107246　G009462、G010750　集部/總集類/選集之屬/通代

奇賞齋廣文苑英華二十六卷　(明)陳仁錫輯　明奇賞齋刻本　十三冊

330000－1701－0107247　G010957　子部/宗教類/佛教之屬

大乘起信論一卷　(天竺)馬鳴菩薩造　(南朝陳)釋真諦譯　清光緒二十四年(1898)金陵刻經處刻本　一冊

330000－1701－0107248　G612311　史部/政書類/邦交之屬

德國船廠免税章程一卷　清末刻本　一冊

330000－1701－0107249　G610346　集部/總集類/選集之屬/斷代

唐詩諧律二卷　(清)沈寶青選　清光緒十六年(1890)溧陽沈氏刻本　二冊

330000－1701－0107251　G010958　子部/藝術類/書畫之屬/畫譜

人物畫稿不分卷　稿本　一冊

330000－1701－0107252　G610237　集部/别集類/清别集

小謨觴館詩集八卷詩餘附録一卷文集四卷　(清)彭兆蓀撰　**小謨觴館詩集注八卷詩餘注一卷文集注四卷**　(清)彭兆蓀撰　(清)孫元培　(清)孫長熙纂輯　清嘉慶十一年(1806)韓江寓舍刻本　一冊　存四卷(詩集一至二、詩集注一至二)

330000－1701－0107254　G010959　史部/傳記類/科舉録之屬/歷科鄉試録

[道光己酉科]浙江鄉試硃卷不分卷　(清)謝聯桂等撰　**[道光己酉科]硃卷不分卷**　(清)張上策等撰　清道光刻本　一冊

330000－1701－0107255　G009350　類叢部/叢書類/彙編之屬

昭代叢書合刻十集五百六十種附一種　(清)張潮　(清)張漸編　(清)楊復吉　(清)沈楙悳續編　清道光吳江沈氏世楷堂刻光緒二年(1876)蘇州振新書社印本　五冊　存甲集三十四種

330000－1701－0107256　G610238　集部/詞類/類編之屬

薇省同聲集五卷　(清)彭鑾編　清光緒十六年(1890)刻本　一冊

330000－1701－0107257　G009349　類叢部/叢書類/彙編之屬

昭代叢書合刻十集五百六十種附一種　(清)張潮　(清)張漸編　(清)楊復吉　(清)沈楙悳續編　清道光吳江沈氏世楷堂刻本　一冊　存附一種

330000－1701－0107259　G010960　子部/藝術類/書畫之屬/畫譜

木刻飾物鞋服花樣圖案不分卷　清刻本

一冊

330000－1701－0107260　G010961　集部/別集類/清別集
鹿洲文鈔一卷　(清)藍鼎元撰　清光緒十一年(1885)章慶瀾抄本　一冊

330000－1701－0107262　G010962　史部/傳記類/科舉録之屬
硃卷不分卷　稿本　一冊

330000－1701－0107263　G009351　集部/總集類/彙編之屬
漢魏六朝一百三家集(漢魏六朝百三名家集)　(明)張溥編　清光緒十八年(1892)善化章經濟堂刻本　十六冊　存十六種

330000－1701－0107265　G010963　子部/術數類/陰陽五行之屬
增廣玉匣記通書六卷　清光緒七年(1881)寧城羣玉山房堂刻本　二冊

330000－1701－0107267　G010742　子部/宗教類/佛教之屬/經
大方廣佛華嚴經八十卷　(唐)釋實叉難陀譯　**華嚴大經處會品目卷帙總要之圖一卷　復菴和尚華嚴綸貫一卷**　(宋)釋復菴撰　**華嚴普賢行願懺儀一卷**　(宋)釋淨源編集　清光緒十八年(1892)杭城昭慶慧空經房刻本　十七冊　存五十卷(一至十二、四十至七十五,復菴和尚華嚴綸貫,華嚴普賢行願懺儀)

330000－1701－0107268　G010743　子部/宗教類/佛教之屬/經
大方廣佛華嚴經八十卷　(唐)釋實叉難陀譯　明刻本　八冊　存四十卷(一至四十)

330000－1701－0107270　G010964　集部/別集類/清別集
瑤華館褋著一卷　(清)王成瑞撰　清木活字印本　一冊

330000－1701－0107272　G010745　集部/曲類/曲藝之屬
西廂記一折打圍一折洞房一折追狄一折路遇張青一折　清末抄本　一冊

330000－1701－0107273　G010747　經部/小學類/訓詁之屬
五雅四十一卷　(明)郎奎金編　明天啓六年(1626)武林郎氏堂策檻刻本　二冊　存二種

330000－1701－0107275　G610108　集部/別集類/清別集
松齋憶存草一卷　(清)王誠撰　清光緒十二年(1886)刻本　一冊

330000－1701－0107276　G610109　史部/史評類/詠史之屬
南宋雜事詩七卷　(清)沈嘉轍等撰　清武林芹香齋刻本　二冊

330000－1701－0107277　G009508　新學/雜著
分類各國藝學策二十八卷　清光緒二十七年(1901)上海中西譯書會石印本　十六冊

330000－1701－0107278　G010897　新學/史志/諸國史
泰西新史攬要二十四卷　(英國)馬懇西撰　(英國)李提摩太釋　清光緒二十四年(1898)上海美華書館鉛印本　八冊

330000－1701－0107280　G010898　新學/算學/形學
行學十卷首一卷附圜錐曲線三卷　(美國)魯米斯撰　(美國)狄考文譯　清末烏程徐氏刻本　六冊

330000－1701－0107281　G610112　子部/叢編
二十二子(二十二子彙函)　(清)浙江書局編　清光緒元年至三年(1875－1877)浙江書局刻本　二十冊　存七種

330000－1701－0107282　G009464　子部/小說家類/異聞之屬
山海經箋疏十八卷圖讚一卷訂譌一卷敘錄一卷　(清)郝懿行撰　清光緒十九年(1893)上海仿古齋石印本　六冊

330000－1701－0107283　G010899　子部/天文曆算類/算書之屬

四元玉鑑細草三卷四象細草假令之圖一卷附補增一卷　(清)羅士琳撰　**四元釋例一卷**　(清)易之瀚撰　清末石印本　六冊　缺一卷(附補增)

330000－1701－0107284　G009510　史部/傳記類/職官録之屬/總録
[清光緒二十九年夏季]大清中樞備覽四卷　清光緒二十九年(1903)榮録堂刻本　一冊　存一卷(三)

330000－1701－0107285　G010900　子部/小説家類/諧謔之屬
增補一夕話新集六卷　(清)咄咄夫撰　清金閶寶仁堂刻本　一冊

330000－1701－0107286　G009512　史部/傳記類/職官録之屬/總録
[清同治十一年秋季]大清中樞備覽二卷　清同治十一年(1872)斌陞堂刻本　二冊

330000－1701－0107288　G009309、G009416　類叢部/叢書類/彙編之屬
蕁園叢書十一種　(清)平步青編　清同治至光緒山陰平氏安越堂刻本　二冊　存二種

330000－1701－0107289　G009513　史部/傳記類/職官録之屬/總録
[清光緒五年冬季]大清中樞備覽二卷　清光緒五年(1879)大文堂刻本　二冊

330000－1701－0107290　G009310　新學/算學/數學
格物入門七卷　(美國)丁韙良撰　清同治七年(1868)京都同文館刻本　六冊　存一卷(四)

330000－1701－0107291　G010903　史部/紀事本末類/斷代之屬
前蒙古紀事本末二卷後蒙古紀事本末二卷　(清)韓善徵輯　清光緒三十一年(1905)上海春記石印本　四冊

330000－1701－0107292　G009514、G009999　史部/傳記類/職官録之屬/總録
[清光緒九年秋季]爵秩全函四卷　清光緒九年(1883)刻本　三冊　存三卷(二至四)

330000－1701－0107293　G009354　集部/總集類/選集之屬/通代
古唐詩合解十二卷古詩四卷　(清)王堯衢注　清光緒南京李光明莊刻本　一冊　存四卷(古詩一至四)

330000－1701－0107294　G010904　子部/術數類/相宅相墓之屬
地理辨正疏五卷首一卷　(清)張心言撰　清光緒四年(1878)文盛堂刻本　一冊　缺三卷(四至六)

330000－1701－0107296　G009356　集部/詩文評類/詩評之屬
韻聯詳註詩學津梁四卷　(清)歐達徹輯　(清)李天淇注　(清)李瓊飛編　清末廣東佛山寶華閣書局石印本　一冊

330000－1701－0107297　G009515　史部/傳記類/職官録之屬/總録
[清同治四年]大清搢紳全書四卷　清同治四年(1865)榮録堂刻本　一冊　存一卷(二)

330000－1701－0107298　G010905　史部/雜史類/斷代之屬
三守衢州紀略一卷　(清)吳艾生撰　清末刻本　一冊

330000－1701－0107299　G010965　史部/傳記類/科舉録之屬/諸貢録
[光緒丁酉科]浙江選拔貢卷不分卷　(清)吳錫衔等撰　清光緒刻本　一冊

330000－1701－0107300　G610304　類叢部/類書類/通類之屬
淵鑑類函四百五十卷目錄四卷　(清)張英　(清)王士禛等纂　清康熙清吟堂刻本　一百十七冊　存三百七十七卷(目錄一至四,一至二十七、九十九至一百二十六、一百三十至一百三十四、一百三十八至四百五十)

330000－1701－0107301　G009357、G009955　子部/醫家類/綜合之屬/通論
諸症歌訣不分卷　清抄本　三冊

330000－1701－0107302　G009312　史部/傳記類/總傳之屬/通代

增廣古今人物論三十六卷　(明)鄭賢撰　清光緒二十八年(1902)富文書局石印本　八冊

330000－1701－0107305　G010966　經部/三禮總義類

确山所著書二種　(清)宋世犖撰　清光緒四年(1878)刻六年(1880)津門徐士鑾補刻印本　一冊　存一種

330000－1701－0107307　G009313　集部/別集類/清別集

張學院經史策論刻入致用書院課藝前集二卷　(清)張亨嘉撰　清光緒二十八年(1902)刻本　一冊　存一卷(上)

330000－1701－0107308　G009470　集部/詞類/總集之屬

秘本蘇黃詞鈔　(宋)蘇軾　(宋)黃庭堅撰　清宣統元年(1909)上海中華圖書館石印本　一冊　存一種

330000－1701－0107309　G010907　集部/曲類/曲韻曲譜曲律之屬

艾唐唱本不分卷　清末抄本　一冊

330000－1701－0107310　G009314　子部/醫家類/方書之屬/單方驗方

應驗單方摘記不分卷　清抄本　一冊

330000－1701－0107311　G010908　子部/藝術類/音樂之屬/樂譜

小橋書舍琴譜不分卷　(清)雨農居士撫本　清末抄本　一冊

330000－1701－0107312　G009471　史部/政書類

三通典輯要　蔣麟振輯　清光緒二十八年(1902)上海編譯局石印本　三冊　存一種

330000－1701－0107313　G010909　史部/詔令奏議類/奏議之屬

直督奏議不分卷(清光緒廿四年四月初一至五月初一)　清光緒二十四年(1898)抄本　一冊

330000－1701－0107314　G009473　子部/小說家類/異聞之屬

異聞益智叢錄三十四卷　(清)種蕉藝蘭生撰　清光緒二十六年(1900)江南書局鉛印本　四冊

330000－1701－0107315　G610253　子部/醫家類/養生之屬/導引、氣功

衛生要術不分卷　(清)潘霨輯　清咸豐刻本　一冊

330000－1701－0107316　G009315　子部/藝術類/書畫之屬/書法書品

論書賸語一卷　(清)王澍撰　清抄本　一冊

330000－1701－0107317　G009358　史部/政書類/公牘檔冊之屬

浙江地方自治籌辦處文報不分卷　(清)浙江地方自治籌辦處編　清宣統鉛印本　四冊

330000－1701－0107318　G003757　史部/政書類/公牘檔冊之屬

浙江地方自治籌辦處文報不分卷　(清)浙江地方自治籌辦處編　清宣統鉛印本　二冊

330000－1701－0107320　G009317　新學

科學叢書第二集　清光緒二十九年(1903)教育世界出板所石印本　二冊　存二種

330000－1701－0107321　G610113　集部/別集類/清別集

淵雅堂全集五十六卷(淵雅堂編年詩藁二十卷愓甫未定藁二十六卷淵雅堂詩外集二卷瑤想詞一卷讀賦卮言一卷淵雅堂文外集四卷淵雅堂編年詩續稾一卷淵雅堂文續稾一卷)　(清)王芑孫撰　**波餘遺藁一卷首一卷附錄二卷**　(清)王翼孫撰　**寫韻軒小藁二卷**　(清)曹貞秀撰　清嘉慶八年至二十五年(1803－1820)刻增修本　一冊　存四卷(波餘遺稿、首、附錄一至二)

330000－1701－0107323　G009359　子部/宗教類/道教之屬/雜著

率性闡微玄洲老人素陽子著西江月調十六首一卷　(□)素陽子撰　(清)日新氏自然子注

清刻本　一册

330000－1701－0107324　G610244　子部/藝術類/書畫之屬/總論
澄蘭室古緣萃錄十八卷　邵松年輯　清光緒三十年(1904)上海鴻文書局石印本　六册

330000－1701－0107326　G010910　子部/儒家類/儒學之屬/禮教/家訓
朱子家訓衍義一卷　(清)朱鳳鳴註　(清)張氏增改　清光緒二十五年(1899)勉善堂刻民國十三年(1924)陸氏印本　一册

330000－1701－0107327　G610245　史部/政書類/儀制之屬/典禮
明宫史八卷　(明)劉若愚編　清宣統二年(1910)上海國學扶輪社鉛印本　二册

330000－1701－0107329　G610246　史部/政書類/儀制之屬/典禮
明宫史八卷　(明)劉若愚編　清宣統二年(1910)上海國學扶輪社鉛印本　一册　存六卷(三至八)

330000－1701－0107331　G610247　集部/别集類/清别集
倚柁吟遺稾二卷　(清)任塍撰　清宣統元年(1909)鉛印本　一册

330000－1701－0107332　G610248　集部/别集類/清别集
倚柁吟遺稾二卷　(清)任塍撰　清宣統元年(1909)鉛印本　一册

330000－1701－0107333　G009360　集部/總集類/彙編之屬
漢魏六朝一百三家集(漢魏六朝百三名家集)　(明)張溥編　明金閶徐參微刻嘉顯堂印本　一册　存二種

330000－1701－0107334　G009318　集部/曲類/曲韻曲譜曲律之屬
曲譜六十四折　清抄本　四册

330000－1701－0107336　G010911　經部/小學類/音韻之屬/韻書
詩韻辨字略五卷　(清)秦端厓輯　清光緒四年(1878)浙江督學使者黄倬刻本　一册

330000－1701－0107337　G010912　集部/别集類/清别集
小睡足寮詩録四卷補録二卷續録四卷散叟倦稾一卷　(清)秦敏樹撰　清光緒十三年至宣統二年(1887－1910)刻本　一册　存六卷(續録一至四、補録一至二)

330000－1701－0107338　M610801、M610802　類叢部/叢書類/自著之屬
陶廬叢刻第二集十種　王樹枏撰　清光緒九年至民國十四年(1883－1925)新城王氏刻本暨鉛印本　二册　存三種

330000－1701－0107339　G010913　子部/宗教類/道教之屬/方法
瑶池金母成仙法一卷　清光緒六年(1880)刻本　一册

330000－1701－0107341　G009319　新學/史志/諸國史
歐羅巴通史四卷　(日本)箕作元八　(日本)峰岸米撰　(清)胡景伊　(清)徐有成　(清)唐人傑譯　清光緒二十六年(1900)東亞譯書會鉛印本　四册

330000－1701－0107342　G010914　子部/儒家類/儒學之屬/俗訓
人譜正篇一卷續編二卷人譜類記增訂五卷　(明)劉宗周撰　清光緒二十七年(1901)刻本　一册

330000－1701－0107343　G009365　經部/春秋左傳類/傳説之屬
評點春秋綱目左傳句解彙雋六卷　(清)韓菼重訂　清末上海錦章圖書局石印本　五册　存五卷(二至六)

330000－1701－0107344　G610308　類叢部/叢書類/自著之屬
壺盦類稿五種　(清)胡念修撰　清光緒刻彙印本　四册　存一種

330000－1701－0107345　G009366　史部/政

書類/律令之屬

大學士直隸總督一等勇侯曾核定直隸清訟事宜十條一卷 （清）曾國藩撰 清同治八年(1869)黎培敬刻本 一冊

330000－1701－0107346 G610249 類叢部/叢書類/自著之屬

王漁洋遺書三十八種 （清）王士禛撰 清刻本 四冊 存一種

330000－1701－0107347 G010922 史部/目録類/總録之屬/官修

浙江採集遺書總錄十一卷 （清）沈初等輯 清末抄本 一冊 存一卷（閏集）

330000－1701－0107348 G610114 子部/叢編

十子全書 （清）王子興編 清嘉慶九年(1804)姑蘇王氏聚文堂刻本 一冊 存一種

330000－1701－0107349 G009475 經部/群經總義類/傳說之屬

經解入門八卷 （清）江藩撰 清光緒十六年(1890)上海鴻寶齋石印本 一冊 存四卷（一至四）

330000－1701－0107351 G009476 子部/藝術類/遊藝之屬/聯語

自怡軒對聯綴語二卷 （清）王堃撰 清光緒十二年(1886)同文書局石印本 二冊

330000－1701－0107352 G009516 史部/傳記類/職官録之屬/總録

[清光緒五年冬季]大清搢紳全書四卷 清光緒五年(1879)大文堂刻本 四冊

330000－1701－0107353 G610309 史部/政書類

九通 （清）□□輯 清光緒八年至二十二年(1882－1896)浙江書局刻本 三十二冊 存一種

330000－1701－0107354 G010915 類叢部/叢書類/家集之屬

求可堂兩世遺書五種 （清）廖冀亨 （清）廖鴻章撰 清光緒永定廖氏刻本 一冊 存一種

330000－1701－0107355 G610251 集部/詩文評類/制藝之屬

制義叢話二十四卷題名一卷 （清）梁章鉅撰 清咸豐九年(1859)刻本 六冊 存十八卷（一至三、七至二十一）

330000－1701－0107356 G009367 史部/傳記類/科舉録之屬/歷科登科録

朝考卷一卷 夏曾佑撰 清光緒石印本 一冊

330000－1701－0107357 G009517 史部/傳記類/職官録之屬/總録

[清宣統二年]大清中樞備覽二卷 清宣統二年(1910)榮祿堂刻本 一冊 存一卷（下）

330000－1701－0107358 G610116 集部/別集類/清別集

己亥雜詩一卷 （清）龔自珍撰 清光緒二十三年(1897)元和江標刻朱印本 一冊

330000－1701－0107359 G010916 子部/雜著類/雜纂之屬

雜抄不分卷 清末稿本 一冊

330000－1701－0107360 G009320、G010977 史部/傳記類/總傳之屬/家乘

[浙江紹興]會稽陶氏族譜三十二卷 （清）陶元藻纂修 （清）陶際堯增修 清乾隆刻道光十年(1830)增修本 十四冊 存二十三卷（一、五至六、八至二十七）

330000－1701－0107361 G610117 經部/春秋左傳類/傳說之屬

左通補釋三十二卷 （清）梁履繩撰 清道光九年(1829)錢塘汪氏振綺堂刻光緒元年(1875)補刻本 五冊 存十七卷（十六至三十二）

330000－1701－0107362 G009370 集部/別集類/清別集

知止盦詩錄六卷詩餘一卷聯語一卷 （清）黃宗起撰 **退齋詩存一卷** 黃世礽撰 清宣統二年(1910)試金石室刻本 一冊 存四卷

(一至四)

330000－1701－0107363　G009519　史部/傳記類/職官録之屬/總録
[清光緒三十年夏季]大清搢紳全書四卷　清光緒三十年(1904)榮錄堂刻本　二冊　存二卷(一至二)

330000－1701－0107365　G010918　子部/宗教類/佛教之屬/諸宗
摩訶止觀輔行傳弘決四十卷　(唐)釋湛然撰　清光緒許靈虛刻本　一冊　存一卷(一)

330000－1701－0107366　G610313　子部/叢編
二十二子(二十二子彙函)　(清)浙江書局編　清光緒元年至三年(1875－1877)浙江書局刻二十七年(1901)重修本　十七冊　存六種

330000－1701－0107368　G610256　經部/小學類/訓詁之屬/爾雅
爾雅正郭三卷　(清)潘衍桐撰　清光緒十七年(1891)刻本　一冊

330000－1701－0107369　G009371　史部/地理類/總志之屬/通代
歷代定域史綱四卷　(清)張印西撰　清光緒二十九年(1903)藁碧軒石印本　一冊

330000－1701－0107371　G010919　子部/醫家類/針灸之屬/通論
鍼灸大成十卷　(明)楊繼洲撰　清道光十三年(1833)崇德書院刻本　十冊

330000－1701－0107372　G009520　史部/傳記類/職官録之屬/總録
[清光緒三年秋季]大清搢紳全書四卷　清光緒三年(1877)榮錄堂刻本　三冊　存三卷(一至二、四)

330000－1701－0107375　G010920　子部/宗教類/佛教之屬/經
佛說大乘無量壽莊嚴經一卷　(唐)釋法賢譯　楊文會分章　清光緒二十二年(1896)金陵刻經處刻本　一冊

330000－1701－0107377　G009522　史部/傳記類/職官録之屬/總録
[清光緒三十二年秋季]大清搢紳全書四卷
清光緒三十二年(1906)榮錄堂刻本　三冊　存三卷(一至二、四)

330000－1701－0107378　G610314　類叢部/叢書類/自著之屬
春在堂全書(德清俞蔭甫所著書)三十六種
(清)俞樾撰　清同治至光緒刻光緒末彙印本　七冊　存二種

330000－1701－0107379　G010921　集部/別集類/清別集
小山泉閣詩存八卷　(清)汪爲霖撰　清道光二十年(1840)如臯汪承鏞文園刻本　二冊　存四卷(一至四)

330000－1701－0107381　G610261　類叢部/叢書類/彙編之屬
蒻園叢書十一種　(清)平步青編　清同治至光緒山陰平氏安越堂刻本　一冊　存一種

330000－1701－0107382　G610263　集部/總集類/郡邑之屬
兩浙輶軒錄四十卷補遺十卷姓氏韻編二卷
(清)阮元輯　清光緒十六年(1890)浙江書局刻本　八冊　存十一卷(補遺一至十、姓氏韻編一)

330000－1701－0107383　G010923　子部/儒家類/儒學之屬/性理
呻吟語六卷　(明)呂坤撰　清抄本　四冊

330000－1701－0107386　G010924　子部/雜著類/雜考之屬
東塾讀書記二十五卷　(清)陳澧撰　清光緒二十七年(1901)湖南官書局刻本(卷十三至十四、十七至二十、二十二至二十五原缺)　六冊

330000－1701－0107388　G009375　史部/地理類/雜志之屬
山北鄉風集一卷　(清)范蓮洲夫子撰　清抄本　一冊

330000－1701－0107390　G009479　史部/傳記類/科舉録之屬

求是齋墨醇不分卷　(清)杜聯選評　清同治三年(1864)刻本　三册

330000－1701－0107393　G010929　史部/傳記類/別傳之屬/事狀

皇清誥授朝議大夫四品頂戴華陽縣知縣顯考薌墀府君[陳枝蓮]行述一卷　(清)陳鑾光撰　**四品頂戴華陽知縣陳君[枝蓮]墓表一卷**　(清)董沛表　清末刻本　一册

330000－1701－0107394　G009378　史部/傳記類/總傳之屬/列女

彤管清芬錄不分卷　(清)輿論時事報編繪　清宣統二年(1910)輿論時事報石印本　一册

330000－1701－0107395　G010930　子部/宗教類/佛教之屬

金剛般若經因果錄一卷　(清)姚子莊編　清康熙六年(1667)姚子莊刻本　一册

330000－1701－0107396　G009379　集部/別集類/清別集

且閒亭初編□卷　(清)葛松撰　清刻本　一册　存二卷(三至四)

330000－1701－0107397　G009380　子部/術數類/相宅相墓之屬

新編楊曾地理家傳心法捷訣一貫堪輿八卷　(明)唐世友編輯　(明)朱弘訂釋　清務本書局刻本　十册

330000－1701－0107398　G010967　史部/編年類/通代之屬

湯睡菴先生歷朝綱鑑全史七十卷首一卷　(明)湯賓尹撰　(明)陳繼儒注　明萬曆刻本　一册　存四卷(四至七)

330000－1701－0107400　G009525　史部/傳記類/職官録之屬/總録

[清同治十二年秋季]大清搢紳全書四卷　清同治十二年(1873)斌陞堂刻本　四册

330000－1701－0107402　G009526、G011355　史部/傳記類/職官録之屬/總録

[清光緒二十九年秋季]大清搢紳全書四卷　清光緒二十九年(1903)榮錄堂刻本　四册

330000－1701－0107403　G010968　類叢部/叢書類/郡邑之屬

武林掌故叢編一百八十七種　(清)丁丙編　清光緒三年至二十六年(1877－1900)錢塘丁氏嘉惠堂刻本　一册　存三種

330000－1701－0107405　G009527　史部/傳記類/職官録之屬/總録

[清光緒二十九年□季]大清搢紳全書四卷　清光緒二十九年(1903)榮錄堂刻本　二册　存二卷(一至二)

330000－1701－0107407　G009528　史部/傳記類/職官録之屬/總録

[清光緒二十九年夏季]大清搢紳全書二卷　清光緒二十九年(1903)榮錄堂刻本　二册

330000－1701－0107408　G010969、G011464、G011637　史部/政書類/通制之屬

文獻通考三百四十八卷　(元)馬端臨撰　明刻本　三十二册　存一百八卷(一至五、三十一至三十三、四十三至四十六、八十五至八十七、九十至九十二、九十六至九十七、一百七至一百五十、二百六十七至二百六十九、二百七十三至二百七十四、二百九十四至三百一、三百七至三百十、三百十八至三百三十九、三百四十至三百四十四)

330000－1701－0107410　G009530　史部/傳記類/職官録之屬/總録

[清光緒三十四年秋季]大清搢紳全書四卷　清光緒三十四年(1908)榮錄堂刻本　一册　存一卷(四)

330000－1701－0107412　G009531　史部/傳記類/職官録之屬/總録

[清光緒二十年夏季]大清搢紳全書四卷　清光緒二十年(1894)刻本　一册　存一卷(二)

330000－1701－0107414　G009532　史部/傳記類/職官録之屬/總録

[清光緒二十年□季]大清搢紳全書四卷　清

光緒二十年(1894)刻本　一冊　存一卷(三)

330000－1701－0107418　G010970　子部/儒家類/儒學之屬/蒙學
純正蒙求三卷　(元)胡炳文撰　清嘉慶十九年(1814)古黟愛日軒刻本　一冊

330000－1701－0107419　G009383　史部/傳記類/日記之屬
日記不分卷(清光緒三十二年十一月初一日至三十三年五月廿四日)　清光緒三十二年至三十三年(1906－1907)稿本　一冊

330000－1701－0107420　G011018　子部/天文曆算類/算書之屬
弧三角闡微五卷　(愛爾蘭)歐禮斐譯　清光緒二十四年(1898)同文館鉛印本　五冊

330000－1701－0107421　G011019、G009599　子部/儒家類/儒學之屬/性理
習是編二卷　(清)屈成霖輯　**屈肖巖[成霖]年譜一卷**　(清)屈成霖撰　清同治十三年(1874)屈氏刻本　四冊

330000－1701－0107422　G009582　集部/詩文評類/文評之屬
中國文學指南二卷　邵伯棠編　清宣統二年(1910)上海會文堂粹記石印本　一冊　存一卷(下)

330000－1701－0107423　G010971　史部/政書類/通制之屬
文獻通考鈔二十四卷　(宋)馬端臨撰　(清)史以遇輯　**續文獻通考鈔三十卷**　(明)王圻撰　(清)史以甲輯　清康熙二年(1663)史以遇、史以甲刻本　八冊　存二十四卷(文獻通考鈔一至二十四)

330000－1701－0107424　G009650　史部/地理類/專志之屬/祠墓
[安徽歙縣]唐氏三族祖塋祭祀譜四卷　(清)唐必桂編　清光緒八年(1882)木活字印本　一冊

330000－1701－0107427　G009651　集部/別集類/清別集
誰與庵文鈔二卷孫氏先德傳一卷　(清)孫世均撰　清光緒十五年(1889)歸安孫氏守恆堂刻本　一冊

330000－1701－0107428　G610121　集部/別集類/清別集
紅杏詞二卷附天台紀游一卷　(清)李方湛撰　清嘉慶九年(1804)刻本　一冊

330000－1701－0107430　G011020　經部/群經總義類/文字音義之屬
重校十三經不貳字一卷　(清)李鴻藻輯　清光緒三年(1877)京都琉璃廠敬業堂刻本　一冊

330000－1701－0107432　G610123　史部/政書類/儀制之屬/典禮
文廟丁祭譜一卷　(清)藍鍾瑞等撰　清同治七年(1868)江蘇書局刻本　一冊

330000－1701－0107433　G009387　集部/詩文評類/詩評之屬
老當益壯齋詩話一卷　(清)王端履撰　清同治三年(1864)陶定山抄本　一冊

330000－1701－0107434　G610124　史部/傳記類/總傳之屬/忠孝
向張二公傳忠錄二卷　(清)過鑄輯　清光緒梁溪過氏刻本　一冊

330000－1701－0107435　G009388　集部/別集類/清別集
倉海君庚戌羅浮游草一卷　邱逢甲撰　清宣統二年(1910)鉛印本　一冊

330000－1701－0107436　G010751　史部/傳記類/別傳之屬/事狀
皇清誥授榮祿大夫顯考止菴府君[何勉]家傳一卷　(清)何思敬　(清)何思謙　(清)何思和撰　清乾隆三十二年(1767)刻本　一冊

330000－1701－0107437　G610126　類叢部/叢書類/彙編之屬
式訓堂叢書四十一種　(清)章壽康編　清光緒會稽章氏刻本　一冊　存一種

330000－1701－0107438　G010752　集部/總集類/選集之屬/斷代
唐詩選七卷　(明)李攀龍輯　(清)吳逸注　清康熙刻本　二冊

330000－1701－0107439　G009483　史部/傳記類/總傳之屬/通代
增廣古今人物論續編十二卷　(清)願學齋同人輯　清光緒石印本　四冊

330000－1701－0107441　G011022、G009845　史部/地理類/總志之屬/通代
讀史方輿紀要一百三十卷輿圖要覽四卷　(清)顧祖禹撰　清光緒二十五年(1899)新化三味書室刻本　五冊　存九卷(一至九)

330000－1701－0107442　G009652　史部/史評類/史論之屬
讀史提要錄十二卷　(清)夏之蓉編　清乾隆三十七年(1772)秦郵半舫齋刻同治十一年(1872)補刻本　二冊　存七卷(一至七)

330000－1701－0107443　G010753　子部/宗教類/佛教之屬
自若深禪師語錄四卷　(清)釋智義等編　清刻本　四冊

330000－1701－0107444　G009653　經部/書類/分篇之屬
禹貢翼傳便蒙一卷　(清)袁自超輯　清光緒五年(1879)金陵李光明家書莊刻本　一冊

330000－1701－0107445　G009585　子部/醫家類/婦科之屬/產科
新編女科指掌五卷　(清)葉其蓁撰　清末海左書局石印本　一冊　存三卷(一至三)

330000－1701－0107446　G010972　史部/傳記類/總傳之屬
聖諭像解二十卷　(清)梁延年撰　清光緒二十九年(1903)江蘇撫署石印本　十冊

330000－1701－0107447　G610127　子部/藝術類/書畫之屬/書法書品
分隸偶存二卷　(清)萬經撰　清乾隆三十四年(1769)辨志堂刻本　一冊

330000－1701－0107448　G011023　集部/曲類/寶卷之屬
如如寶卷一卷　清光緒二十三年(1897)嵊邑隱修庵刻本　一冊

330000－1701－0107449　G009390　子部/兵家類/兵法之屬
兵鼠七卷　(清)尹賓商撰　清光緒三十三年(1907)湖北國學編輯社鉛印本　一冊

330000－1701－0107450　G010754　類叢部/叢書類/自著之屬
潘文勤公雜著六種附一種　(清)潘祖蔭撰　清吳縣潘氏刻本　一冊　存一種

330000－1701－0107451　G009654　史部/傳記類/別傳之屬/事狀
先兄子重(左孝威)行略一卷附墓志奏疏輓聯一卷　(清)左孝寬等撰　清刻本　一冊

330000－1701－0107452　G009391　子部/儒家類/儒學之屬/性理
儒門法語一卷　(清)彭定求撰　(清)湯金釗輯　清光緒元年(1875)江蘇學政署刻本　一冊

330000－1701－0107453　G009586　子部/術數類/占卜之屬
牙牌數五卷　清光緒十八年(1892)江陰季綸全刻本　一冊

330000－1701－0107454　G011024　子部/醫家類/類編之屬
萬密齋醫書十種　(明)萬全撰　清刻本　二冊　存一種

330000－1701－0107455　G009655　類叢部/叢書類/自著之屬
楊氏全書八種三十七卷　(清)楊名時撰　清光緒三十四年至宣統元年(1908－1909)南菁高等學堂刻本　四冊　存十六卷(程功録一至四、文集一至十二)

330000－1701－0107456　G010973　類叢部/叢書類/彙編之屬
上海製造局譯印圖書　(清)上海製造局繙譯

館编　清光緒製造局圖書處鉛印本　一冊　存一種

330000－1701－0107457　G009535　集部/別集類/清別集

胡稚威先生制藝一卷　(清)胡天游撰　清光緒十一年(1885)石笥山房刻本　二冊

330000－1701－0107458　G009392　集部/別集類/清別集

浮玉山房時文鈔一卷　(清)丁紹周撰　清同治九年(1870)刻本　一冊

330000－1701－0107459　G010755　經部/小學類/文字之屬/說文/專著

許氏說文解字雙聲疊韻譜一卷　(清)鄧廷楨撰　清道光刻本　一冊

330000－1701－0107461　G011025　新學/全體學

全體圖說二卷　(英國)稻惟德譯　清光緒十年(1884)益智書會刻本　一冊

330000－1701－0107462　G010974　經部/禮記類/傳說之屬

禮記說義纂訂二十四卷　(明)楊梧撰　清康熙十四年(1675)楊昌齡等刻本　九冊　存十一卷(一至十一)

330000－1701－0107463　G009657　集部/總集類/選集之屬/通代

古文翼八卷　(清)唐德宜編　清光緒十二年(1886)刻本　八冊

330000－1701－0107464　G011026　子部/儒家類/儒學之屬/俗訓

增廣好生錄六卷　(清)周思義原輯　(清)高觀海增纂　清嘉慶七年(1802)執玉堂高觀海刻本　一冊

330000－1701－0107465　G010756　類叢部/叢書類/彙編之屬

洪氏公善堂叢書九種　(清)洪汝奎編　清光緒涇縣洪氏刻本　三冊　存一種

330000－1701－0107467　G009537　新學/重學/重學

重學二十卷附曲線圖說三卷　(英國)艾約瑟口譯　(清)李善蘭筆述　清末石印本　一冊　缺十卷(一至十)

330000－1701－0107468　G011028　類叢部/叢書類/自著之屬

新刻讀書先務四種　(清)姚思贊輯　清刻本　一冊

330000－1701－0107469　G009395　史部/政書類/律令之屬

法部通行瘋病殺人寬免緣坐專條一卷　清光緒三十一年(1905)刻本　一冊

330000－1701－0107470　G009396　史部/政書類/律令之屬/律例

憲政編查館奏遵旨議覆國籍條例伏候欽定頒行摺併清單一卷　(清)奕劻等撰　清宣統元年(1909)鉛印本　一冊

330000－1701－0107471　G010757　子部/天文曆算類/算書之屬

算法全能集二卷　(明)賈亨撰　**算法全能集識誤一卷**　(清)裘翰興撰　清裘翰興抄本　張宗祥題簽　一冊

330000－1701－0107472　G009488　史部/政書類/通制之屬

吾學錄初編二十四卷　(清)吳榮光撰　清光緒二十年(1894)寶善書局石印本　四冊

330000－1701－0107473　G009661　集部/別集類/清別集

寄園新又堂詩一卷　(清)趙吉士撰　清康熙刻本　一冊

330000－1701－0107474　G009590　史部/傳記類/日記之屬

澹靜齋巡軺百日記一卷(清道光八年七月二十日至十月三十日)　(清)吳傑撰　清道光三十年(1850)刻本　一冊

330000－1701－0107475　G011031　史部/傳記類/科舉録之屬/歷科鄉試録

[光緒丙子科]浙江鄉試同年齒錄不分卷

清光緒刻本　二冊

330000－1701－0107477　G009540　史部/史評類/史論之屬

歷代史論十二卷宋史論三卷元史論一卷歷代史論正編四卷　(明)張溥撰　**左傳史論二卷**　(清)高士奇撰　**明史論四卷**　(清)谷應泰撰　清光緒二十四年(1898)煥文書局石印本　一冊　存四卷(歷代史論一至四)

330000－1701－0107479　G009662　類叢部/叢書類/自著之屬

呂新吾全集二十二種　(明)呂坤撰　明萬曆刻清同治至光緒修補印本　五冊　存十一種

330000－1701－0107480　G009591　經部/四書類

四書白文滿漢對照　清刻本　五冊　存二種

330000－1701－0107481　G010758　子部/天文曆算類/算書之屬

臺錐積演一卷附存一卷　(清)羅士琳撰　清末抄本　一冊

330000－1701－0107482　G009490　類叢部/叢書類/自著之屬

隨園三十種　(清)袁枚撰　清刻本　十二冊　存三種

330000－1701－0107484　G010759　史部/傳記類/總傳之屬

富陽節孝全錄不分卷　(清)李瑞鐘輯　清光緒二十四年(1898)木活字印本　二冊

330000－1701－0107485　G610131　經部/書類/傳說之屬

書經精華六卷　(清)薛嘉穎撰　清咸豐八年(1858)拾芥園刻本　一冊　存三卷(四至六)

330000－1701－0107486　G011033　集部/別集類/清別集

蒿菴集三卷　(清)張爾岐撰　**附錄一卷**　清乾隆三十八年(1773)胡德琳刻本　三冊　缺一卷(附錄)

330000－1701－0107487　G009592　集部/別集類/清別集

菊照山房近稿五卷　(清)岳鴻振撰　清道光十七年(1837)留蓋堂刻本　一冊

330000－1701－0107488　G011034　史部/政書類/律令之屬/刑制

名法指掌新例增訂四卷　(清)沈辛田撰　(清)鈕大煒增訂　清道光四年(1824)廣東遠安堂刻本　四冊

330000－1701－0107489　G610132　經部/詩類/傳說之屬

詩經精華十卷　(清)薛嘉穎輯　清光緒二年(1876)刻浙寧簡香齋印本　三冊　存七卷(一至七)

330000－1701－0107490　G009542　史部/傳記類/日記之屬

蕉雨盦筆記一卷　(清)鍾開壽撰　清光緒稿本　一冊

330000－1701－0107492　G011101　子部/雜著類

惕吉錄一卷　(清)思退居士撰　清同治十三年(1874)思退居士刻本　一冊

330000－1701－0107493　G009492/1　子部/雜著類/雜纂之屬

記聞類編十四卷　蔡爾康輯　清光緒三年(1877)上海印書局鉛印本　二冊　存五卷(十至十四)

330000－1701－0107494　G009412　集部/詩文評類/文評之屬

論文偶記一卷　(清)劉大櫆撰　**惜抱軒語一卷**　(清)廉泉輯　清光緒十八年(1892)金匱廉氏木活字印本　一冊

330000－1701－0107495　G610133　子部/儒家類/儒學之屬/性理

儒門法語輯要一卷　(清)彭定求撰　(清)湯金釗輯　清光緒十六年(1890)浙江書局刻本　一冊

330000－1701－0107496　G010979　子部/小說家類/雜事之屬

世説新語八卷名字異稱一卷 （南朝宋）劉義慶撰 （南朝梁）劉孝標注 明萬曆刻本 三冊

330000－1701－0107497 G009665 類叢部/叢書類/彙編之屬

武英殿聚珍版書一百三十八種 清木活字印本 三十八冊 存九種

330000－1701－0107498 G009593 類叢部/叢書類/彙編之屬

國魂叢編 清光緒三十四年（1908）麗則社鉛印本 一冊 存一種

330000－1701－0107499 G011037 子部/雜著類/雜纂之屬

媿林漫錄二卷 （明）瞿式耜輯 清光緒十六年（1890）江蘇書局刻本 二冊

330000－1701－0107500 G009493、G011125 史部/地理類/山川之屬/水志

水經注圖一卷附錄一卷 （清）汪士鐸撰 清末石印本 二冊

330000－1701－0107501 G610134 子部/儒家類/儒學之屬/性理

儒門法語輯要一卷 （清）彭定求撰 （清）湯金釗輯 清光緒十六年（1890）浙江書局刻本 一冊

330000－1701－0107502 G011038 史部/政書類/儀制之屬/專志/謚法

皇朝謚法考五卷續編一卷 （清）鮑康輯 清同治三年（1864）刻本 章嶔題簽 四冊

330000－1701－0107503 G009400 史部/政書類/邦計之屬

籌晝糧餉局辦法一卷 清宣統石印本 一冊

330000－1701－0107504 G010760 史部/傳記類/總傳之屬/釋道

［清光緒癸卯春期］敕建護國萬壽戒壇大昭慶律寺同戒錄一卷 清光緒二十九年（1903）刻本 一冊

330000－1701－0107505 G011103 經部/四書類/論語之屬/傳說

論語集註十卷 （宋）朱熹撰 清刻本 一冊 存五卷（一至五）

330000－1701－0107506 G011040 經部/四書類/總義之屬/傳說

四書左國輯要四卷 （清）周龍官輯 清乾隆二十三年（1758）山陽周龍官刻本 一冊 存二卷（一至二）

330000－1701－0107507 G011104 史部/傳記類/職官録之屬/總録

浙省江右同官錄一卷 清光緒二十七年（1901）刻朱墨套印本 一冊

330000－1701－0107508 G009403 子部/小說家類/雜事之屬

豆棚談助四卷 （清）鈍盦 （清）憨齋撰 清末上海蘇報館鉛印本 五畝邨翁題簽 一冊

330000－1701－0107509 G011042 子部/儒家類/儒學之屬/勸學

家塾準繩不分卷 （清）莊毓鋐輯 清同治十三年（1874）刻本 一冊

330000－1701－0107510 G009595 子部/農家農學類/園藝之屬

菌譜一卷 （宋）陳仁玉撰 **讀書錄存遺一卷** （宋）潘音撰 **田間書一卷** （元）林昉撰 清宣統元年（1909）陳樹鈞刻本 一冊 存一卷（讀書錄存遺）

330000－1701－0107511 G011105 經部/儀禮類/傳說之屬

儀禮蒙求一卷補鈔一卷 （清）唐仲冕鈔 （清）王述曾補鈔 清嘉慶六年（1801）刻本 清枕星題記 一冊

330000－1701－0107512 G010980 子部/宗教類/佛教之屬/大藏

徑山藏 明萬曆十七年（1589）至清嘉慶五臺、嘉興、徑山等地刻本 二冊 存一種

330000－1701－0107513 G010761 史部/傳記類/總傳之屬/釋道

［清光緒甲辰春期］敕建護國萬壽戒壇大昭慶

律寺同戒錄一卷　清光緒三十年(1904)刻本　一册

330000－1701－0107514　G009495　子部/天文曆算類/天文之屬
御製曆象考成上編十六卷下編十卷後編十卷　(清)允祿等纂修　清光緒二十四年(1898)杭州德記書莊石印本　十册　存十卷(後編一至十)

330000－1701－0107515　G011106　集部/别集類/清别集
味經堂外集四卷　(清)曹樹翹撰　清抄本　二册

330000－1701－0107516　G610135　子部/儒家類/儒學之屬/性理
儒門法語輯要一卷　(清)彭定求撰　(清)湯金釗輯　清光緒十六年(1890)浙江書局刻本　一册

330000－1701－0107517　G610136　子部/儒家類/儒學之屬/性理
儒門法語輯要一卷　(清)彭定求撰　(清)湯金釗輯　清光緒十六年(1890)浙江書局刻本　一册

330000－1701－0107518　G009544　史部/編年類/通代之屬
御批通鑑合編□□卷　(清)張羅澄編　清末夢孔山房石印本　六册　存十四卷(御批資治通鑑綱目前編外紀首、御批通鑑綱目前編選、御批通鑑綱目正編、御批通鑑綱目續編選、御批通鑑輯覽選三至十二)

330000－1701－0107519　G610137　子部/儒家類/儒學之屬/性理
儒門法語輯要一卷　(清)彭定求撰　(清)湯金釗輯　清光緒十六年(1890)浙江書局刻本　一册

330000－1701－0107520　G011107　類叢部/叢書類/自著之屬
鹿洲全集八種　(清)藍鼎元撰　清雍正十年(1732)刻光緒六年(1880)藍佐修補刻本　八册　存一種

330000－1701－0107521　G011052　史部/政書類/邦計之屬
富文書舍洋務權輿二卷附夷務續記一卷　(清)李德庵撰　(清)李鳳翎編輯　清同治八年(1869)富文書舍刻本　一册

330000－1701－0107523　G009496　史部/傳記類/科舉録之屬/歷科鄉試録
[光緒二十九年]癸卯恩科山東闈墨一卷　清光緒上海書局石印本　一册

330000－1701－0107524　G009597　子部/儒家類/儒學之屬/性理
儒門法語一卷　(清)彭定求撰　(清)湯金釗輯　清同治四年(1865)刻本　一册

330000－1701－0107525　G011043　子部/儒家類/儒學之屬/蒙學
小學全解□□卷　(宋)朱熹撰　(明)陳選註　(明)陳仁錫解　明末刻本　一册　存四卷(一至四)

330000－1701－0107526　G009667　子部/儒家類/儒學之屬
出新課士錄不分卷　(清)兩浙采辦書報處編　清末石印本　一册

330000－1701－0107527　G009404、G011540　集部/别集類/清别集
越縵堂課藝鈔不分卷　(清)李慈銘撰　稿本　三册

330000－1701－0107528　G009545　類叢部/叢書類/彙編之屬
申報館叢書正集五十七種附錄三種續集一百四十二種　(清)尊聞閣主編　蔡爾康編續集　清同治至光緒上海申報館鉛印本　一册　存一種

330000－1701－0107530　G612310　史部/政書類/邦交之屬
丹國條約一卷丹國税則一卷　清末刻本　一册

330000－1701－0107531　G010982　經部/小學類/訓詁之屬/爾雅

爾雅三卷　（晉）郭璞注　（唐）陸德明音釋　**爾雅校刊記一卷**　清光緒五年（1879）山西濬文書局刻本　三冊

330000－1701－0107533　G009406　類叢部/叢書類/自著之屬

孫夏峰全集十二種附一種　（清）孫奇逢撰　清康熙刻道光至光緒遞刻重印本　一冊　存一種

330000－1701－0107534　G009407　集部/戲劇類/傳奇之屬

水巖宮樂府二卷二十二齣　（清）洪炳文撰　清光緒二十五年（1899）石印本　一冊　存一卷（上）

330000－1701－0107535　G610316　史部/傳記類/別傳之屬

先聖生卒年月日考二卷　（清）孔廣牧撰　清光緒十九年（1893）浙江書局刻本　一冊

330000－1701－0107536　G612312　史部/政書類/邦計之屬/貿易

各國通商條約稅則章程十四種　（清）總理各國事務衙門輯　清同治刻本　一冊　存一種

330000－1701－0107537　G011108　經部/周禮類/傳說之屬

周禮疑義舉要七卷　（清）江永撰　清刻本　三冊

330000－1701－0107538　G009669　新學/交涉/交涉

中俄交涉一卷中法交涉一卷　（清）張香濤奏疏　清光緒二十一年（1895）上海書局石印本　一冊

330000－1701－0107539　G010763　子部/術數類/陰陽五行之屬

萬全玉匣記一卷　清刻本　一冊

330000－1701－0107540　G610317　史部/雜史類/斷代之屬

平浙紀略十六卷　（清）秦緗業　（清）陳鍾英撰　清同治十二年（1873）浙江書局刻本　四冊

330000－1701－0107542　G010983　史部/政書類/邦計之屬

關於預算及劃分稅項之部父不分卷　清石印本暨抄本　一冊

330000－1701－0107543　G612313　史部/政書類/邦交之屬

大清國大秘魯國條約章程不分卷　清末刻本　一冊

330000－1701－0107545　G612314　史部/政書類/邦交之屬

大清國大巴西國會訂和好通商條約一卷　清光緒刻本　一冊

330000－1701－0107546　G010984　子部/天文曆算類/算書之屬

萬象一原演式九卷首一卷　（清）夏紫笙　（清）盧靖撰　清光緒二十八年（1902）石印本　一冊

330000－1701－0107547　G009549　史部/地理類/遊記之屬/紀勝

奉使紀勝一卷讀史論略一卷　（清）陳階平撰　清道光刻本　一冊

330000－1701－0107548　G610318　史部/雜史類/斷代之屬

平浙紀略十六卷　（清）秦緗業　（清）陳鍾英撰　清同治十二年（1873）浙江書局刻本　三冊　存十二卷（五至十六）

330000－1701－0107551　G612315　史部/政書類/邦交之屬

日國條款一卷古巴華工條款一卷換約憑單一卷照會一卷　清末刻本　一冊　存一卷（日國條款）

330000－1701－0107552　G009408　史部/傳記類/別傳之屬

陳母夏孺人節孝詩一卷　（清）徐驊輯　清光緒刻本　一冊

330000－1701－0107553　G011111　史部/傳記類/科舉録之屬/歷科鄉試録
[光緒癸卯恩科]浙江鄉試卷一卷　(清)沈企彭撰　清光緒刻本　一册

330000－1701－0107554　G010985、G009914　集部/別集類/清別集
紉佩僊館吟鈔一卷文鈔一卷　(清)趙瀛撰　清光緒十三年(1887)木活字印本　八册

330000－1701－0107555　G610319　史部/傳記類/總傳之屬/列女
杭女表微錄十六卷首一卷　(清)孫樹禮輯　清光緒三十二年(1906)刻本　八册

330000－1701－0107556　G009672　集部/總集類/選集之屬/斷代
瀛海探驪集八卷　(清)朱埏之輯　(清)馮泉　(清)毛寅初　(清)田梓註　清嘉慶十九年(1814)蕚怡山館刻本　二册　存四卷(三至六)

330000－1701－0107557　G612316　史部/政書類/邦交之屬
英國條欵不分卷　清末刻本　一册

330000－1701－0107558　G009600　集部/詩文評類/文法之屬
文法一卷　(清)郝朝昇撰　清光緒十三年(1887)莊毓鋐刻本　一册

330000－1701－0107559　G011047　類叢部/叢書類/彙編之屬
天壤閣叢書二十種　(清)王祖源　(清)王懿榮編　清同治至光緒福山王氏刻彙印本　二册　存一種

330000－1701－0107561　G009409　子部/宗教類/道教之屬/戒律
梓潼帝君陰騭文註證新編四卷　(清)馮勸撰　(清)陳元駿編輯　清康熙三十一年(1692)馮沅、陳元駿刻本　余紹宋題記　二册

330000－1701－0107562　G010986、G011308　子部/醫家類/類編之屬
萬密齋醫書十種　(明)萬全撰　清敷文堂刻本　四册　存二種

330000－1701－0107563　G009673　新學/雜著/叢編
西學大成五十六種　(清)王西清　(清)盧梯青編　清光緒十四年(1888)上海大同書局石印本　六册　存二十一種

330000－1701－0107564　G610320　子部/儒家類/儒學之屬/禮教
五種遺規十七卷　(清)陳弘謀輯並撰　清光緒二十一年(1895)浙江書局刻本　二册　存一種

330000－1701－0107565　G011112　集部/總集類/課藝之屬
湘中試牘不分卷　(清)胡瑞瀾輯　清同治十二年(1873)四明茹古齋鉛印本　一册

330000－1701－0107567　G011048　子部/宗教類/佛教之屬/經
大乘密嚴經三卷　(唐)釋不空譯　清光緒二十三年(1897)金陵刻經處刻本　一册

330000－1701－0107570　G011049　類叢部/叢書類/家集之屬
董氏遺書四種　(清)董若洵編　清咸豐至同治刻彙印本　六册　存三種

330000－1701－0107572　G011113　集部/曲類/曲藝之屬
新刻滴血珠龍公結案四卷　清刻本　一册　存一卷(四)

330000－1701－0107573　G010987　經部/書類/傳說之屬
書經精華六卷　(清)薛嘉穎撰　清道光七年(1827)姑蘇會文堂刻本　一册　存三卷(一至三)

330000－1701－0107574　G610321　類叢部/叢書類/自著之屬
儆居遺書十一種　(清)黃式三撰　清同治至光緒刻本　四册　存一種

330000－1701－0107576　G009601　史部/目

録類/總録之屬/私撰

國朝著述未栞書目一卷 鄭文焯輯 清光緒十三年(1887)蘇州書局刻本 一冊

330000－1701－0107578 G010988 經部/小學類/文字之屬/字書/字典

正字略一卷 (清)王筠撰 清光緒二年(1876)松竹齋刻本 一冊

330000－1701－0107579 G612318 史部/政書類/儀制之屬/專志/科舉校規

司鐸箴言一卷附札文一卷 (清)黃體芳撰 清光緒八年(1882)刻本 一冊

330000－1701－0107581 G610322 類叢部/叢書類/彙編之屬

平津館叢書八集三十九種 (清)孫星衍編 清嘉慶蘭陵孫氏刻本 三冊 存二種

330000－1701－0107583 G011116 集部/總集類/彙編之屬

增廣詩句題解彙編四卷姓氏考一卷 (清)同文書局編 清光緒上海同文書局石印本 四冊

330000－1701－0107584 G009675 史部/傳記類/總傳之屬/儒林

國朝漢學師承記八卷經師經義目錄一卷宋學淵源記二卷附記一卷 (清)江藩撰 清刻本 四冊

330000－1701－0107585 G009501 史部/職官類/官箴之屬

福惠全書三十二卷 (清)黃六鴻撰 清同文堂刻本 一冊 存二卷(一至二)

330000－1701－0107586 G010989 史部/詔令奏議類/奏議之屬

林文忠公政書三集三十七卷 (清)林則徐撰 清光緒刻本 一冊 存一卷(政書蒐遺)

330000－1701－0107587 G009602 集部/詩文評類/制藝之屬

制義叢話二十四卷題名一卷 (清)梁章鉅撰 清咸豐九年(1859)刻本 三冊 存八卷(八至十二、十六至十八)

330000－1701－0107588 G009677 新學/學校

繪圖列表簡明講義初等經學教科書十六卷 (清)儲星遠輯 清光緒三十二年(1906)上海震東學社石印本 四冊

330000－1701－0107589 G010765 類叢部/叢書類/彙編之屬

懷遠堂叢書(挹秀山房叢書)十種 清同治至光緒刻光緒十年(1884)挹秀山房湘南彙印本 一冊 存二種

330000－1701－0107590 G010766 經部/春秋總義類

春秋摘要不分卷 稿本 一冊

330000－1701－0107591 G009413 史部/政書類/邦交之屬

支那教案論不分卷 (英國)宓克撰 嚴復譯 清光緒南洋公學譯書院鉛印本 一冊

330000－1701－0107592 G009551 子部/雜著類/雜纂之屬

勸戒十錄三卷 (清)梁恭辰撰 清光緒十三年(1887)刻本 一冊

330000－1701－0107593 G009414 史部/傳記類/科舉録之屬/歷科鄉試録

[光緒癸卯恩科]浙江鄉試卷一卷 (清)朱冕英撰 清光緒刻本 一冊

330000－1701－0107594 G009679 集部/詩文評類/制藝之屬

增選加註能與集不分卷 (清)李秬香改本 (清)金研香評 清光緒六年(1880)浙紹墨潤堂刻本 二冊

330000－1701－0107595 G009553 類叢部/叢書類/彙編之屬

士禮居黃氏叢書十九種附四種 (清)黃丕烈編 清光緒十三年(1887)上海蜚英館石印本 四冊 存一種

330000－1701－0107596 G009680 集部/詩文評類/制藝之屬

增選加註能與集不分卷 (清)李秬香改本

(清)金研香評　清光緒七年(1881)綠蔭堂刻本　二册

330000－1701－0107597　G010991　史部/地理類/方志之屬/郡縣志
海寧州一卷　清刻本　一册

330000－1701－0107598　G009417　史部/金石類/石之屬/文字
石鼓文釋存一卷補注一卷　(清)張燕昌撰　清乾隆五十三年(1788)石鼓亭刻本　一册

330000－1701－0107599　G010992　集部/總集類/氏族之屬
治書堂詩存五卷　(清)孫繩武等撰　清咸豐七年(1857)善化孫氏刻本　一册

330000－1701－0107600　G009418　集部/別集類/清別集
湖海詩瓢一卷　(清)張元吉撰　清光緒十九年(1893)無錫文苑閣木活字印本　一册

330000－1701－0107601　G009695　史部/政書類/通制之屬
文獻通考二十四卷首一卷　(元)馬端臨撰　清光緒二十年(1894)上海點石齋石印本　二十三册　存二十卷(五至二十四)

330000－1701－0107602　G612321　史部/傳記類/科舉録之屬/歷科登科録
[光緒丙戌科]會試硃卷一卷　(清)曾福謙撰　清光緒刻本　一册

330000－1701－0107603　G010993　類叢部/叢書類/自著之屬
息柯居士全集十二種　(清)楊翰撰　清同治至光緒刻本　二册　存一種

330000－1701－0107604　G610141　類叢部/叢書類/自著之屬
紀慎齋先生全集十二種續集七種　(清)紀大奎撰　清嘉慶十三年至咸豐二年(1808－1852)刻本　程耿批並題記　二册　存一種

330000－1701－0107605　G612322　子部/天文曆算類/曆法之屬
大清宣統二年歲次庚戌時憲書一卷　清宣統元年(1909)刻朱墨套印本　一册

330000－1701－0107606　G010995　子部/儒家類/儒學之屬/禮教/女範
閨訓圖說二卷　(清)俞增光編繪　清光緒四年(1878)錢塘俞氏敬義堂刻本　一册

330000－1701－0107607　G009420　史部/傳記類/別傳之屬
瑞春殉難事略一卷　清末刻本　一册

330000－1701－0107608　G612323　類叢部/叢書類/彙編之屬
半厂叢書初編十種　(清)譚獻編　清同治至光緒仁和譚氏刻本　三册　存一種

330000－1701－0107609　G009685　集部/詞類/總集之屬
絕妙好詞箋七卷　(宋)周密輯　(清)查爲仁　(清)厲鶚箋　**絕妙好詞續鈔一卷**　(清)余集輯　**絕妙好詞又續鈔一卷**　(清)徐楙補錄　清末著易堂石印本　一册　缺六卷(一至六)

330000－1701－0107611　G612324　類叢部/叢書類/自著之屬
頤志齋叢書二十二種　(清)丁晏撰　清道光至同治山陽丁氏六藝堂刻同治元年(1862)彙印本　三册　存四種

330000－1701－0107612　G010996　子部/藝術類/遊藝之屬/聯語
集句楹帖一卷　(清)曾興仁編　清道光二十五年(1845)樂山堂刻本　一册

330000－1701－0107613　G009604　集部/別集類/清別集
半山先生一無長詩稿三卷　(明)來汝剛撰　清刻本　一册

330000－1701－0107614　G011117　子部/術數類/相宅相墓之屬
琅嬛地理書四卷　(清)陳太初編　清嘉慶八年(1803)雲門抱蘭軒木活字印本　四册

330000－1701－0107615　G612325　史部/地理類/專志之屬/祠墓

岳廟志略十卷首一卷　(清)馮培輯　清光緒五年(1879)浙江書局刻本　四册

330000－1701－0107616　G010767　子部/宗教類/道教之屬/戒律

太上感應篇八卷　(宋)李昌齡傳　(宋)鄭清之贊　清嘉慶刻本　二册　存四卷(一至二、七至八)

330000－1701－0107617　G011053　史部/傳記類/科舉録之屬

殿試策一卷　(清)趙以炯　(清)鄒福保　(清)馮煦年撰　**西湖載鶴圖序一卷**　張謇撰　清末石印本　一册

330000－1701－0107618　G009556　子部/醫家類/綜合之屬/通論

御纂醫宗金鑑九十卷首一卷　(清)吳謙等撰　清三讓堂刻本　二十三册　存四十八卷(二至四、六至十五、十七至二十、二十三至二十八、三十一至三十四、四十六至四十九、五十二至五十三、六十五至六十七、七十二至七十四,編輯外科心法要訣一、三至四、九至十二、十五至十六)

330000－1701－0107619　G009425　史部/地理類/水利之屬

經野規畧二卷正卷一卷後集劉公政略一卷　(明)劉光復撰　清同治五年(1866)梁溪華學烈木活字印本　一册　存一卷(上)

330000－1701－0107620　G009687　集部/總集類/課藝之屬

國朝文才調集不分卷　(清)許振禕輯　清光緒二十年(1894)海上復古書齋石印本　五册

330000－1701－0107621　G011118　史部/詔令奏議類/奏議之屬

奏議初編十二卷　(清)張之洞撰　(清)仰止廬主輯　清刻本　六册

330000－1701－0107622　G010997　子部/宗教類/佛教之屬

慈悲道場懺法十卷　(南朝梁)武帝蕭衍撰　清刻本　一册　存一卷(一)

330000－1701－0107623　G009557、G011074　史部/目録類/總録之屬/彙刻

續彙刻書目十二卷　(清)傅雲龍編　**補遺一卷**　(清)胡俊章補　清光緒二年至四年(1876－1878)味腴藝圃刻本　七册

330000－1701－0107624　G009606　史部/政書類/公牘檔册之屬

張宫保奏議政務處復奏江南製造局移設蕪湖各疏稿不分卷　清光緒二十九年(1903)鉛印本　一册

330000－1701－0107625　G009688　經部/四書類/總義之屬

四書古註羣義彙解九種　清光緒石印本　一册　存一種

330000－1701－0107626　G011054　史部/傳記類/别傳之屬/墓誌

古魏刁遵墓志一卷　清光緒三十四年(1908)石印本　一册

330000－1701－0107627　G010769　史部/政書類/律令之屬

遵議滿漢通行刑律一卷　沈家本　俞廉三輯　清光緒三十四年(1908)浙江官書局刻本　一册

330000－1701－0107628　G010770　史部/職官類/官箴之屬

學治臆説二卷　(清)汪輝祖撰　清末刻本　一册

330000－1701－0107629　G009430　子部/天文曆算類/算書之屬

算法指掌大全四卷　清光緒三十三年(1907)汲綆書莊石印本　一册

330000－1701－0107630　G610324　史部/傳記類/總傳之屬/列女

越女表微錄五卷　(清)汪輝祖撰　清光緒十八年(1892)杭州浙江學院刻本　一册

330000－1701－0107631　G011120　類叢部/類書類/通類之屬
增補事類統編九十三卷首一卷　(清)黄葆真輯　清道光二十九年(1849)丹陽黄葆真粤東敦好堂刻本　二册　缺十三卷(二十八至二十九、五十二至五十三、五十七至六十五)

330000－1701－0107632　G011055　類叢部/叢書類/彙編之屬
能史閣類稿　清光緒三十三年(1907)正誼書局鉛印本　一册　存一種

330000－1701－0107633　G009608、G011543　類叢部/類書類/通類之屬
廣廣事類賦三十二卷　(清)吴世旃撰　清嘉慶元年(1796)巖經堂刻本　三册　存十七卷(一至十一、二十二至二十七)

330000－1701－0107634　G009431　經部/小學類/音韻之屬/古今韻説
韻目表一卷　(清)錢學嘉撰　清光緒七年(1881)歸安錢氏刻本　一册

330000－1701－0107635　G009560　史部/地理類/水利之屬
曹江下沙四明義亭碑示一卷會稽下沙牙行過塘夫價章程一卷創建義亭碑示一卷驛亭壩車價碑示一卷錢江潮期附錄一卷慈谿潮汛一卷浙江省城至寧屬水陸路程一卷補刊寧波船由青浦渡曹娥江過何家埠路程一卷　清光緒刻本　一册

330000－1701－0107636　G610326　經部/詩類/傳説之屬
詩集傳音釋二十卷詩圖一卷詩傳綱領一卷詩序一卷　(宋)朱熹集傳　(元)許謙音釋　(元)羅復纂輯　**校刻詩集傳音釋札記一卷**　(清)蔣光煦撰　清咸豐五年至七年(1855－1857)海昌蔣氏衍芬草堂刻本　六册

330000－1701－0107637　G009689　新學/雜著/叢編
西學啓蒙十六種　(英國)赫德編　(英國)艾約瑟譯　清光緒二十四年(1898)上海盈記書莊石印本　一册　存一種

330000－1701－0107638　G009432　集部/别集類/清别集
江户竹枝詞一卷　郭則澐撰　清光緒三十三年(1907)瀋陽鉛印本　一册

330000－1701－0107639　G010771　史部/傳記類/科舉録之屬/歷科登科録
道光己酉科浙江鄉試同榜年齒錄不分卷　清道光刻本　一册

330000－1701－0107640　G011056　集部/别集類/清别集
鋤月軒學吟一卷　(清)徐莘芝撰　清光緒十八年(1892)海寧蔣氏茹實齋蘇州刻本　一册

330000－1701－0107641　G011122　集部/别集類/清别集
香草集一卷　(清)祝慶雲編輯　清光緒九年(1883)蘇州管家園鉛印本　一册

330000－1701－0107642　G010772　史部/地理類/遊記之屬/紀行
乘查筆記一卷　(清)斌椿撰　清同治七年至八年(1868－1869)刻本　一册

330000－1701－0107643　G009433　史部/政書類/公牘檔册之屬
未信續編二卷　(清)孫桐生撰　清同治四年(1865)刻本　一册　存一卷(一)

330000－1701－0107644　G009610　史部/傳記類/日記之屬
治郢百日記一卷　姜繼襄撰　清末刻本　一册

330000－1701－0107645　G009434　經部/四書類/總義之屬/傳説
四書釋地一卷續一卷又續一卷三續一卷　(清)閻若璩撰　清刻本　二册　存三卷(四書釋地、續、又續)

330000－1701－0107646　G011057　子部/儒家類/儒學之屬/蒙學
鑑撮蒙求不分卷　(清)曹維籓輯　(清)王維夏音註　清嘉慶二十年(1815)六書齋刻本　謝半閣題簽　一册

330000－1701－0107647　G010773　史部/傳記類/職官録之屬/總録

浙省江右同官錄一卷　清同治十三年(1874)刻朱墨套印本　一册

330000－1701－0107648　G009566　新學/史志

普通新歷史十章附歷代帝王總紀一卷　(清)普通學書室編　清宣統二年(1910)上海商務印書館鉛印本　一册

330000－1701－0107651　G009436　史部/政書類/律令之屬

徒罪彙咨不分卷　清抄本　一册

330000－1701－0107652　G610144　類叢部/叢書類/彙編之屬

廣漢魏叢書八十種　(明)何允中編　清嘉慶刻本　一册　存一種

330000－1701－0107653　G009437　史部/傳記類/總傳之屬/家乘

李氏世紀一卷　清末稿本　一册

330000－1701－0107654　G011061　集部/總集類/課藝之屬

近科分韻館詩二集九卷　王先謙編　清光緒三年(1877)茹古齋刻本　一册　存一卷(下平)

330000－1701－0107655　G009438　集部/曲類/彈詞之屬

重刊增定廿一史彈詞二卷　(明)楊慎編　(明)王起隆增定　明崇禎十四年(1641)朱茂時刻本　一册

330000－1701－0107656　G009696　類叢部/叢書類/彙編之屬

新陽趙氏叢刊十四種　(清)趙元益編　清光緒十一年至二十八年(1885－1902)新陽趙氏刻本　一册　存一種

330000－1701－0107657　G009690　史部/金石類/總志之屬

金石續編二十一卷首一卷　(清)陸耀遹撰　(清)陸增祥校訂　清光緒十九年(1893)上海寶善書局石印本　六册

330000－1701－0107658　G010774　子部/醫家類/方書之屬/單方驗方

應驗簡便良方二卷　(清)孫克任輯　清同治八年(1869)梅花閣刻本　一册　存一卷(上)

330000－1701－0107659　G009697　集部/總集類/選集之屬/斷代

神交集三卷　(清)趙潤等撰　清光緒三十三年(1907)金陵湯明林印書局鉛印本　一册

330000－1701－0107660　G009441　新學/政治法律/律例

日本法規解字一卷　錢恂　董鴻禕撰　清宣統二年(1910)上海商務印書館鉛印本　斌章題記　一册

330000－1701－0107661　G011062　集部/別集類/清別集

韞山堂時文初集一卷二集二卷三集一卷　(清)管世銘撰　清光緒十四年(1888)上海石印本　一册　存一卷(初集)

330000－1701－0107662　G612327　經部/三禮總義類/通論之屬

禮書通故五十卷　(清)黄以周撰　清光緒十九年(1893)黄氏試館刻本　三册　存二卷(四十八至四十九)

330000－1701－0107663　G011127　史部/政書類/公牘檔册之屬

章程□集□□卷　清末鉛印本　一册　存二卷(丁集上、下)

330000－1701－0107664　G009612　集部/別集類/清別集

秋塍三州詩鈔四卷　(清)魯曾煜撰　清乾隆刻本　二册

330000－1701－0107665　G009442　類叢部/叢書類/自著之屬

彭文敬公集五種　(清)彭蘊章撰　清道光至同治刻同治彙印本　一册　存一種

330000－1701－0107666　G009443　史部/政

書類/邦交之屬

一九零四年禁止販賣白奴公約一卷　清末鉛印本　一冊

330000－1701－0107667　G009444　史部/傳記類/别傳之屬

卓蓮生政德一卷　清咸豐八年(1858)刻本　一冊

330000－1701－0107668　G612328　子部/天文曆算類/曆法之屬

大清咸豐五年歲次乙卯時憲書不分卷　清咸豐刻本　一冊

330000－1701－0107669　G010998　史部/政書類/律令之屬/律例

律例便覽八卷諸圖一卷　(清)蔡嵩年　(清)蔡逢年編　**處分則例圖要六卷**　(清)蔡逢年編　清同治九年(1870)江蘇書局刻本　二冊　存六卷(處分則例圖要一至六)

330000－1701－0107670　G011128　史部/職官類/官箴之屬

公門果報録一卷　(清)陳弘謀撰　清光緒二十三年(1897)普始堂刻本　一冊

330000－1701－0107671　G009613　經部/小學類/文字之屬/字書/古文

摭古遺文二卷　(明)李登輯　**再增摭古遺文一卷**　(明)姚履旋增補　明萬曆二十二年(1594)姚履旋等刻本　二冊

330000－1701－0107672　G010999　史部/政書類/邦計之屬/貿易

各國通商條約税則章程二十種　(清)總理各國事務衙門輯　清光緒刻本　一冊　存一種

330000－1701－0107673　G010776　子部/宗教類/佛教之屬/律

大方便佛報恩經七卷　清同治十一年(1872)金陵刻經處刻本　二冊

330000－1701－0107674　G011129　子部/雜著類/雜纂之屬

格言聯璧一卷　(清)金纓輯　清同治七年(1868)刻本　一冊

330000－1701－0107675　G009700　集部/别集類/清别集

秋塍書屋文鈔二卷詩鈔八卷　(清)王斯年撰　清道光刻本　二冊

330000－1701－0107676　G011000　集部/總集類/選集之屬/斷代

柳堂師友詩錄初編　(清)李長榮編　清同治至光緒刻本　一冊　存七種

330000－1701－0107677　G010777　子部/雜著類/雜説之屬

及將子一卷　(清)許雨田撰　清宣統元年(1909)鉛印本　一冊

330000－1701－0107678　G011066　類叢部/類書類/通類之屬

增廣試帖玉芙蓉五卷韻目一卷類目一卷續集二卷韻目一卷類目一卷　(清)同文書局主人輯　清光緒十三年(1887)同文書局石印本　八冊

330000－1701－0107679　G010778　子部/宗教類/佛教之屬/經疏

大華嚴經略策一卷三聖圓融觀門一卷　(唐)釋澄觀撰　**答順宗心要法門一卷**　(唐)釋澄觀撰　(唐)釋宗密注　**原人論一卷**　(唐)釋宗密撰　**華嚴念佛三昧論一卷**　(清)彭紹升撰　清同治十三年(1874)雞園刻經處、光緒二十一年(1895)、二十三年(1897)金陵刻經處刻本　一冊　存一卷(華嚴念佛三昧論)

330000－1701－0107680　G009615　集部/總集類/選集之屬/通代

詩紀一百三十卷前集十卷附録一卷外集四卷别集十二卷　(明)馮惟訥輯　明萬曆四十一年(1613)黄承玄、馮琦刻本　一冊　存十卷(一至十)

330000－1701－0107681　G010779　史部/雜史類/外紀之屬

東方兵事紀略五卷　(清)姚錫光撰　清光緒二十三年(1897)武昌刻本　五冊

330000－1701－0107682　G011001　集部/别

集類/清別集

歸愚文續十二卷黄山遊草一卷台山遊草一卷南巡詩一卷說詩晬語二卷浙江通省志圖說一卷歸田集一卷 (清)沈德潛撰　清乾隆刻本　一册　存三卷(十至十二)

330000－1701－0107683　G010780　類叢部/叢書類/自著之屬

湯文正公全集七種 (清)湯斌撰　清同治九年(1870)蘇廷魁等刻本　一册　存一種

330000－1701－0107684　G009446　子部/藝術類/音樂之屬

雙忽雷本事一卷 (清)劉世珩輯　清宣統三年(1911)貴池劉氏雙忽雷閣天津石印本　一册

330000－1701－0107685　G011068　子部/醫家類/本草之屬/食療本草

食鑑本草一卷 (清)費伯雄撰　清光緒刻本　一册

330000－1701－0107686　G009569　經部/小學類/訓詁之屬/群雅

駢雅訓纂十六卷首一卷 (明)朱謀㙔撰 (清)魏茂林訓纂　清光緒二十年(1894)上海積山書局石印本　四册　存八卷(首、一至七)

330000－1701－0107687　G009447　史部/目録類/總録之屬/私撰

師竹廬藏書價目底簿一卷補錄一卷 (清)鄒淦撰　清咸豐五年(1855)稿本　一册

330000－1701－0107688　G009701　子部/宗教類/佛教之屬/總録

圓明百問答一卷 (清)吳光耀撰　清光緒二十四年(1898)刻本　一册

330000－1701－0107689　G011002　子部/宗教類/佛教之屬/總録

省庵法師語錄二卷 (清)釋實賢撰 (清)彭紹升重訂　**西方發願文註一卷** (明)釋袾宏撰　**東海若解一卷** (唐)柳宗元撰　清咸豐元年(1851)慧空經房刻本　一册

330000－1701－0107690　G610146　子部/叢編

子書百家 (清)崇文書局編　清光緒元年(1875)湖北崇文書局刻本　三册　存二種

330000－1701－0107691　G010781　子部/宗教類/佛教之屬

台教源流傳讃譜系一卷 (清)翠隆山人樵弃集　清道光十年(1830)刻本　一册

330000－1701－0107692　G011070　史部/政書類/邦計之屬/鹽法

鹽法議略二卷 (清)王守基撰　清光緒十九年(1893)廣百宋齋鉛印本　一册

330000－1701－0107694　G011003　史部/傳記類/科舉録之屬/歷科登科録

朝考卷不分卷 (清)楊泗孫等撰　清光緒石印本　一册

330000－1701－0107695　G010782　集部/總集類/選集之屬/斷代

宋四名家詩 (清)周之鱗 (清)柴升編　清刻本　一册　存一種

330000－1701－0107696　G011004　經部/小學類/訓詁之屬/爾雅

爾雅三卷 (晉)郭璞注　清嘉慶十一年(1806)吳門顧廣圻思適齋刻本　一册

330000－1701－0107697　G610293　集部/總集類/選集之屬/斷代

明詩綜一百卷 (清)朱彝尊輯 (清)汪森等評　清康熙刻雍正朱氏六峯閣印本　二十七册

330000－1701－0107698　G009570　史部/雜史類/通代之屬

庚子京津拳匪紀略八卷前編二卷後編二卷 (清)僑析生輯　清末石印本　三册　存八卷(一至八)

330000－1701－0107699　G009762　集部/詩文評類/詩評之屬

說詩樂趣類編二十卷附偶咏草續集一卷 (清)伍涵芬輯　清道光二十六年(1846)刻本

何永德題記　一册

330000－1701－0107701　G009704　子部/雜著類/雜說之屬
菜根談一卷　(明)洪應明撰　清常州天寧寺刻本　一册

330000－1701－0107703　G011005　子部/藝術類/書畫之屬/畫譜
胡蜨秋齋藏冊一卷　(清)蝴蜨秋齋主人編　清光緒五年(1879)刻本　一册

330000－1701－0107704　G610147　類叢部/叢書類/自著之屬
曾文正公全集十六種　(清)曾國藩撰　清同治至光緒傳忠書局刻本　二十七册　存六種

330000－1701－0107705　G610295　史部/編年類/通代之屬
綱鑑正史約三十六卷附記一卷　(明)顧錫疇撰　(清)陳弘謀增訂　**甲子紀元一卷**　(清)陳弘謀撰　清同治八年(1869)浙江書局刻本　二十册

330000－1701－0107706　G610296　史部/編年類/通代之屬
綱鑑正史約三十六卷附記一卷　(明)顧錫疇撰　(清)陳弘謀增訂　**甲子紀元一卷**　(清)陳弘謀撰　清同治八年(1869)浙江書局刻本　二十册

330000－1701－0107708　G009705　子部/雜著類/雜說之屬
瀫里集二卷　(清)張衢撰　清刻本　一册

330000－1701－0107709　G010784　新學/理學/文學
讀新學書法一卷　(日本)矢野文雄撰　(清)張相譯　清光緒三十二年(1906)金陵江楚編譯局石印本　一册

330000－1701－0107710　G011006　史部/傳記類/別傳之屬/事狀
皇清誥授中憲大夫例授通議大夫江西吉南贛寧兵備道前山東按察使翰林院編修顯考芥舟府君[孫廷槐]行述一卷　(清)孫悅祖等撰　清乾隆刻藍印本　一册

330000－1701－0107711　G011007　子部/宗教類/道教之屬/戒律
古佛應驗明聖經三卷　(清)胡萬安注　**關聖帝君訓孝文一卷求籤祝詞一卷**　清光緒十六年(1890)刻本　一册

330000－1701－0107713　G010785　子部/宗教類/佛教之屬/總録
省庵法師語錄二卷　(清)釋實賢撰　(清)彭紹升重訂　**西方發願文註一卷**　(明)釋袾宏撰　**東海若解一卷**　(唐)柳宗元撰　清光緒二十六年(1900)揚州藏經院刻本　二册

330000－1701－0107714　G009706　史部/地理類/雜志之屬
赤雅三卷　(明)鄺露撰　清道光五年(1825)恬淡山堂刻本　一册

330000－1701－0107716　G610297　集部/別集類/清別集
道古堂文集四十八卷詩集二十六卷集外文一卷集外詩一卷　(清)杭世駿撰　**軼事一卷**　(清)汪曾唯輯　清乾隆四十一年(1776)刻光緒十四年(1888)汪曾唯振綺堂增修本　十八册

330000－1701－0107718　G009707　經部/春秋總義類/傳說之屬
春秋例表二十八篇　(清)王代豐撰　清刻本　一册　存四篇(一至四)

330000－1701－0107719　G009573　經部/小學類/文字之屬/字書/字體
篆訣辯釋不分卷　(明)陳鍾鰲撰　(清)甘受和訂定　清菽林山房刻本　一册

330000－1701－0107720　G011008　經部/小學類/文字之屬/字書/訓蒙
千字文注一卷歷朝千字文彙攷一卷　(清)王開漢撰　(清)趙希璜編　**三字經心解一卷**　(宋)王應麟撰　(清)孫聯捷解　清乾隆五十八年(1793)趙希璜刻本　一册

330000－1701－0107721　G011073　類叢部/

類書類/專類之屬

新刻通用尺素見心集四卷 （清）汪文芳輯 清刻本 一册

330000－1701－0107722 G612330 類叢部/叢書類/彙編之屬

知不足齋叢書一百九十五種 （清）鮑廷博編 （清）鮑士恭續編 清乾隆三十七年至道光三年(1772－1823)長塘鮑氏刻彙印本 一册 存二種

330000－1701－0107723 G010786 經部/四書類/大學之屬/傳說

大學翼真七卷 （清）胡渭輯著 清乾隆德清戴上鏞刻嘉慶二十五年(1820)震无咎齋印本 二册

330000－1701－0107724 G009574 子部/雜著類/雜纂之屬

勸戒近錄初二三編合鈔十六卷四編摘抄一卷五錄六卷六錄六卷七錄六卷八錄六卷九錄六卷十錄六卷 （清）梁恭辰撰 清光緒六年(1880)許閒山館刻民國四年(1915)紹城龍山誠一社重印本 三册 存十二卷(一至十二)

330000－1701－0107725 G610299 子部/儒家類/儒學之屬/蒙學

小學纂註六卷 （清）高愈撰 **文公朱夫子[熹]年譜一卷** 題(宋)李方子撰 清同治十一年(1872)浙江書局刻本 二册

330000－1701－0107726 G010787 新學/算學/數學

平立方根表一卷 清光緒二十五年(1899)正學堂刻朱印本 一册

330000－1701－0107727 G610300 經部/四書類/論語之屬/傳說

論語古訓十卷附一卷 （清）陳鱣撰 清光緒九年(1883)浙江書局刻本 二册

330000－1701－0107728 G011009 史部/傳記類/科舉録之屬/歷科登科録

朝考卷一卷 吳慶坻撰 **殿試策一卷** 吳士鑑撰 清光緒刻本 一册

330000－1701－0107729 G011131、G009778 子部/雜著類/雜品之屬

游戲世界□□集 （清）寅半生編輯 清末杭州崇寔齋書莊刻本 四册 存四集(一至二、五、七)

330000－1701－0107730 G011010 史部/傳記類/科舉録之屬

殿試策一卷 （清）吳士鑑撰 清光緒刻本 一册

330000－1701－0107731 G610301 史部/雜史類/外紀之屬

皇朝藩部要略十八卷 （清）祁韻士纂 （清）毛嶽生編 **皇朝藩部世系表四卷** （清）祁韻士纂 （清）宋景昌增輯 清光緒十年(1884)浙江書局刻本 八册

330000－1701－0107732 G010788 史部/政書類/律令之屬/刑制

三流道里表不分卷 （清）阿桂等纂修 清刻本 四册

330000－1701－0107733 G011011 子部/藝術類/遊藝之屬/棋弈

棋譜一卷 （清）金榭志編 清康熙五十五年(1716)刻本 一册

330000－1701－0107734 G009575 集部/詩文評類/詩評之屬

說詩晬語二卷 （清）沈德潛撰 清刻本 一册

330000－1701－0107735 G011012 集部/總集類/題詠之屬

餘芬集二卷 （清）董明倫編 清道光十三年(1833)木活字印本 一册 存一卷(一)

330000－1701－0107736 G009577 新學/工藝

工藝叢書第一集 （日本）伊達道太郎等編 沈紘譯 清光緒二十七年(1901)南匯奚氏石印本 四册

330000－1701－0107737 M610913 類叢部/叢書類/自著之屬

玉津閣叢書甲集十二種乙集十二種　(清)胡薇元撰　清光緒至民國刻本　一册　存一種

330000－1701－0107738　G612331　集部/別集類/清別集

覺顛冥齋内言四卷　(清)唐才常撰　清光緒二十八年(1902)吳門鉛印本　四册

330000－1701－0107739　G011013　子部/術數類/占卜之屬

河洛精蘊九卷　(清)江永撰　清乾隆三十九年(1774)兩儀堂刻本　四册

330000－1701－0107740　G010372　史部/傳記類/總傳之屬

常郡宦浙同官錄不分卷　清光緒二十三年(1897)刻朱墨套印本　一册

330000－1701－0107741　G011132　子部/儒家類/儒學之屬/禮教/家訓

楊忠愍公傳家寶訓三卷　(明)楊繼盛撰　清光緒二十六年(1900)婺東金盤德芳堂刻本　王福貽題記　一册　存三卷(一至三)

330000－1701－0107742　G010372/1　史部/傳記類/總傳之屬

常郡宦浙同官錄不分卷　清光緒二十五年(1899)刻朱墨套印本　一册

330000－1701－0107743　G612332　集部/小說類/短篇之屬

聊齋志異十六卷　(清)蒲松齡撰　(清)王士禛評　清乾隆三十一年(1766)趙起杲清柯亭刻本　一册　存二卷(七至八)

330000－1701－0107746　G011086　子部/雜著類

晨鐘集二卷　(清)程琳輯　清乾隆五十一年(1786)刻本　一册

330000－1701－0107747　G011014　子部/儒家類/儒學之屬/禮教/鑑戒

臣鑒錄二十卷　(清)蔣伊輯　清刻本　十册　存十八卷(一至十八)

330000－1701－0107749　G009579　史部/政書類/律令之屬/治獄

新刻法家二卷新刻法筆六卷　清刻本　一册　缺三卷(新刻法筆四至六)

330000－1701－0107750　G009769　子部/宗教類/其他宗教之屬/基督教

救世教成全儒教一卷附廣學會書目一卷　(德國)安保羅撰　清光緒二十五年(1899)美華書館鉛印本　一册

330000－1701－0107751　G011078　子部/醫家類/方書之屬/單方驗方

咽喉秘集二卷　(清)海山仙館輯　清同治元年(1862)海山仙館刻本　一册

330000－1701－0107752　G612334　史部/傳記類/總傳之屬/郡邑

四明人鑑不分卷　(清)劉慈孚輯　(清)虞琴繪圖　清光緒十二年(1886)石印本　一册

330000－1701－0107754　G009768　子部/儒家類/儒學之屬/俗訓

萬應靈方集七卷　(清)費梧撰　清光緒十九年(1893)仙潭居敬齋刻本　一册　存一卷(七)

330000－1701－0107755　G011135　新學/雜著

雜錄□□集□□卷　清末鉛印本　一册　存二卷(己集上、下)

330000－1701－0107756　G612336　子部/宗教類/佛教之屬/經疏

大方廣圓覺經大疏十六卷首一卷　(唐)釋宗密撰　清宣統元年(1909)金陵刻經處刻本　四册

330000－1701－0107757　G010789　子部/宗教類/佛教之屬/經

大方廣佛華嚴經六十卷　(南朝宋)釋佛陀跋陀羅等譯　清光緒七年(1881)常熟刻經處刻本　十六册

330000－1701－0107758　G612337　集部/詩文評類

藝槩六卷　(清)劉熙載撰　清同治光緒刻古

桐書屋六種本　清余任天跋　一册

330000－1701－0107759　G011079　史部/目録類/總録之屬/禁燬
江寧布政司刊刻抽燬違礙書目一卷　(清)英廉等編　清乾隆四十七年(1782)刻本　一册

330000－1701－0107760　G009617　類叢部/叢書類/自著之屬
真西山全集(西山真文忠公全集、真文忠公全集)七種　(宋)真德秀撰　清康熙真氏家祠刻乾隆至同治三年(1864)遞修本　一册　存一種

330000－1701－0107761　G011016　集部/别集類/清别集
小萬卷齋詩藁三十二卷　(清)朱琦撰　清道光九年(1829)涇縣朱氏刻本　八册

330000－1701－0107762　G011136　集部/别集類/唐五代别集
顔魯公文集十四卷　(唐)顔真卿撰　清宣統三年(1911)文盛書局石印本　二册

330000－1701－0107763　G011137　集部/詩文評類/文評之屬
中國文學指南二卷　邵伯棠編　清宣統二年(1910)上海會文堂粹記石印本　二册

330000－1701－0107764　G612339　史部/政書類/公牘檔册之屬
興源啚一卷　清末木活字印本　一册

330000－1701－0107765　G011138　史部/編年類/通代之屬
袁王綱鑑合編三十九卷首一卷　(明)袁黄輯　(明)王世貞編　清光緒三十一年(1905)上海育文書局石印本　一册　存三卷(首、一至二)

330000－1701－0107766　G011083　新學/地學/地志學
日本地理志一卷　(日本)中村五六撰　(日本)頓野廣太郎補　王國維譯　清光緒二十八年(1902)上海金粟齋鉛印本　一册

330000－1701－0107767　G009771　子部/小説家類/異聞之屬
慕耕詭談□□卷　(清)忻園居士録　清末抄本　一册　存二卷(三至四)

330000－1701－0107768　G009708　史部/紀傳類/正史之屬
四史　清同治十一年(1872)成都書局刻本　三十册　存一種

330000－1701－0107769　G011139　史部/史抄類
南北史捃華八卷　(清)周嘉猷輯　清刻本　四册

330000－1701－0107770　G011084　子部/儒家類/儒學之屬/禮教
陳文恭公五種遺規　(清)陳弘謀輯並撰　清光緒二十九年(1903)上海文來書局石印本　八册

330000－1701－0107771　G011140　史部/詔令奏議類/奏議之屬
新政奏議一卷　清末鉛印本　一册

330000－1701－0107772　G009619　史部/地理類/專志之屬/祠墓
[浙江上虞]偁章前宅宗祠誌一卷義田誌一卷　(清)章天明等輯　清道光元年(1821)刻光緒二十三年至二十七年(1897－1901)續刻本　二册

330000－1701－0107773　G610148　經部/小學類/文字之屬/字書/字典
字典考證十二集三十六卷　(清)王引之等撰　清光緒二年(1876)湖北崇文書局刻本　六册

330000－1701－0107774　G011085　子部/雜著類/雜説之屬
香祖筆記十二卷　(清)王士禛撰　清宣統二年(1910)上海掃葉山房石印本　華振跋　四册

330000－1701－0107775　G003698　經部/四書類/總義之屬/傳説

四書或問三十九卷　(宋)朱熹撰　**四書或問考異一卷**　(清)劉啓發等撰　清同治十二年(1873)霍山劉氏五忠堂刻本　一册　存十卷(論語十一至二十)

330000－1701－0107776　G011141　集部/小說類/長篇之屬
增評補像全圖金玉緣一百二十回首一卷　(清)曹霑　(清)高鶚撰　(清)王希廉　(清)張新之　(清)姚燮評　清末石印本　六册　存四十八回(七十三至一百二十)

330000－1701－0107777　G011142　史部/政書類/律令之屬/刑制
大清宣統新法令不分卷　商務印書館輯　清宣統元年至二年(1909－1910)上海商務印書館鉛印本　二册　存册一至二

330000－1701－0107778　G011087　新學/商務
理財節畧一卷　(英國)戴樂爾撰　清光緒石印本　一册

330000－1701－0107779　G009857　子部/雜著類/雜說之屬
郋園論學書札一卷　葉德輝撰　清光緒刻本　一册

330000－1701－0107780　G011143　史部/政書類/律令之屬/刑制
大清宣統新法令不分卷　商務印書館輯　清宣統元年至二年(1909－1910)上海商務印書館鉛印本　二册　存册三、五

330000－1701－0107781　G010790　子部/雜著類/雜說之屬
螢窗雜說一卷螢窗率筆吟詩集一卷　(清)張平江撰　清同治六年(1867)張恩捷刻本　一册

330000－1701－0107782　G610149　類叢部/叢書類/自著之屬
羅忠節公遺集八種　(清)羅澤南撰　清咸豐至同治刻本　三册　存四種

330000－1701－0107783　G009858　類叢部/叢書類/家集之屬
如臯冒氏叢書三十四種附二種　冒廣生輯　清光緒至民國如臯冒氏刻本　一册　存三種

330000－1701－0107784　G011088　子部/雜著類/雜說之屬
中國腦二卷　寅半生輯　清光緒二十八年(1902)杭州味新學社刻本　一册　存一卷(下)

330000－1701－0107785　G011144　史部/政書類/律令之屬/刑制
大清宣統新法令不分卷　商務印書館輯　清宣統元年至二年(1909－1910)上海商務印書館鉛印本　六册　存册四、六至七、九至十一

330000－1701－0107786　G011145　史部/政書類/律令之屬/刑制
大清宣統新法令不分卷　商務印書館輯　清宣統二年至三年(1910－1911)上海商務印書館鉛印本　十七册　存册八至十、十二至二十五

330000－1701－0107787　G009970　類叢部/類書類/專類之屬
佩文韻府一百六卷　(清)張玉書　(清)蔡升元等輯　**韻府拾遺一百六卷**　(清)汪灝　(清)何焯等輯　清末石印本　三十册　存一百五十卷(佩文韻府六十三至一百六、韻府拾遺一至一百六)

330000－1701－0107788　G010791　集部/別集類/清別集
六宜樓遺稿六卷　(清)黄焯撰　清道光六年(1826)刻本　一册　存三卷(一至三)

330000－1701－0107789　G010792　史部/地理類
李氏五種　(清)李兆洛撰　清光緒十四年(1888)掃葉山房刻本　六册　存一種

330000－1701－0107790　G011090　史部/政書類/公牘檔册之屬
公牘□□集□□卷　清末鉛印本　一册　存三卷(戊集一至三)

330000－1701－0107792　G009971　集部/別集類/唐五代別集

杜詩鏡銓二十卷附諸家論杜一卷　(清)楊倫撰　**讀書堂杜工部文集註解二卷**　(清)張溍撰　清光緒十八年(1892)上海著易堂鉛印本　六冊

330000－1701－0107793　G011091　子部/宗教類/其他宗教之屬/伊斯蘭教

天主降生言行紀畧八卷　(意大利)艾儒畧撰　清光緒二十九年(1903)慈母堂鉛印本　一冊

330000－1701－0107794　G009976　史部/傳記類/職官録之屬/總録

[清光緒三十年□季]大清中樞備覽二卷　清光緒三十年(1904)京都榮寶齋刻本　一冊　存一卷(一)

330000－1701－0107795　G009861　史部/雜史類/斷代之屬

蜀碧四卷附記一卷　(清)彭遵泗撰　清刻本　一冊　存二卷(三至四)

330000－1701－0107798　G010793　經部/春秋左傳類/傳說之屬

東萊先生左氏博議二十五卷　(宋)吕祖謙撰　**虛字註釋備考六卷**　(清)張文炳點定　清道光十九年(1839)錢唐瞿氏清吟閣刻本　四冊　缺六卷(虛字註釋備考一至六)

330000－1701－0107799　G011092　子部/小說家類/諧謔之屬

一夕話六卷　(清)咄咄夫撰　清刻本　一冊　存三卷(四至六)

330000－1701－0107801　G009620　史部/雜史類

西巡回鑾始末記六卷　(日本)吉田良太郎口譯　(清)八詠樓主人筆述　清光緒三十一年(1905)上海書局石印本　二冊　存二卷(一、四)

330000－1701－0107803　G009772　史部/地理類/外紀之屬

出洋瑣記一卷附錄一卷出使須知一卷　(清)蔡鈞撰　清光緒十一年(1885)弢園王氏木活字印本　一冊

330000－1701－0107804　M610920　類叢部/叢書類/彙編之屬

鐵琴銅劍樓叢書十三種　瞿啓甲編　清光緒至民國刻本暨影印本　一冊　存一種

330000－1701－0107805　G011210　史部/地理類/外紀之屬

日本國志四十卷首一卷　(清)黃遵憲輯　清光緒二十四年(1898)上海圖書集成印書局鉛印本　十冊

330000－1701－0107806　G009779　史部/政書類

政藝叢書壬寅全書二十一種　鄧實編　清光緒二十八年(1902)政藝通報館鉛印本　九冊　存二十種

330000－1701－0107809　G009973　史部/政書類/律令之屬/律例

欽定吏部則例官階品級一卷欽定吏部則例赴任憑限一卷欽定大清會典驛站路程一卷欽定職官總目一卷欽定禮部則例王公百官接見禮儀一卷　清刻本　一冊

330000－1701－0107811　G009622　子部/醫家類/兒科之屬/痘疹

秘傳驗方三種　清末鉛印本　一冊

330000－1701－0107812　G011095　集部/總集類/課藝之屬

目耕齋讀本不分卷　(清)徐楷評註　(清)沈叔眉選刊　清道光二十一年(1841)刻本　二冊

330000－1701－0107813　G009974　史部/傳記類/職官録之屬/總録

[清光緒二十五年□季]大清中樞備覽二卷　清光緒二十五年(1899)京都榮寶齋刻本　二冊

330000－1701－0107814　G011096　經部/春秋總義類/傳說之屬

春秋善惡議四卷　清末抄本　四册

330000－1701－0107815　G009975　史部/傳記類/職官録之屬/總録

[清光緒二十九年□季]大清中樞備覽二卷　清光緒二十九年(1903)京都榮寶齋刻本　二册

330000－1701－0107817　G010795　子部/天文曆算類/曆法之屬

新鐫曆法便覽象吉備要通書大全二十九卷　(清)魏鑑撰　清刻本　六册　存十二卷(三至十一、十八至二十)

330000－1701－0107818　G009777　子部/醫家類/方書之屬

陣方一卷　(清)□□撰　清抄本　一册

330000－1701－0107819　G011211　集部/小説類/長篇之屬

繡像新世界飛跎子全傳三十二回　(清)已趣齋主人撰　清宣統石印本　一册

330000－1701－0107820　G610265　史部/傳記類/職官録之屬/總録

[清宣統三年夏季]大清搢紳全書四卷　清宣統三年(1911)榮録堂刻本　一册　存一卷(四)

330000－1701－0107821　G009623　史部/地理類/山川之屬

輿地問答二卷　清末當淂巽書齋石印本　一册

330000－1701－0107823　G011212　子部/藝術類/書畫之屬/畫譜

芥子園畫傳初集六卷二集九卷三集六卷　(清)王槩　(清)王蓍　(清)王臬輯　清末石印本　五册　缺六卷(初集一至六)

330000－1701－0107824　G009624　史部/地理類/總志之屬/通代

天下郡國利病書一百二十卷　(清)顧炎武撰　清光緒二十五年(1899)上海二林齋石印本　一册　存四卷(一至四)

330000－1701－0107826　G610151　類叢部/叢書類/彙編之屬

半厂叢書初編十種　(清)譚獻編　清同治至光緒仁和譚氏刻本　十五册　存五種

330000－1701－0107827　G009866　子部/術數類/相宅相墓之屬

堪輿經二卷　(明)蕭克撰　清雍正七年(1729)墨妙山房刻本　二册

330000－1701－0107829　G612341　集部/别集類/清别集

歸盦文稾八卷　(清)葉裕仁撰　清光緒八年(1882)蔣銘勳校刻本　四册

330000－1701－0107830　G011213　子部/醫家類/傷寒金匱之屬/傷寒論

醫效秘傳三卷　(清)葉桂撰　**溫熱贅言一卷**　(清)寄瓢子撰　清末石印本　一册

330000－1701－0107831　G009977　史部/傳記類/職官録之屬/總録

[清光緒三十年春季]大清搢紳全書四卷　清光緒三十年(1904)榮録堂刻本　四册

330000－1701－0107832　G009871　史部/政書類/公牘檔册之屬

交河爪印一卷　(清)程龢撰　清末石印本　一册

330000－1701－0107834　G011147　集部/總集類/課藝之屬

小題三萬選不分卷　(清)求是齋主人編　清光緒二十一年(1895)芸碧山房石印本　周漢方題記　九册　存册一、五、十七至十九、二十三至二十五、二十七、二十九

330000－1701－0107835　G009978　史部/傳記類/職官録之屬/總録

[清光緒二十九年冬季]大清搢紳全書四卷　清光緒二十九年(1903)榮禄堂刻本　四册

330000－1701－0107836　G011214　子部/醫家類/類編之屬

南雅堂醫書全集　(清)陳念祖撰　清刻本　一册　存一種

330000－1701－0107837　G011099　史部/詔令奏議類/詔令之屬

十朝聖訓九百二十二卷　清光緒石印本　六十七册　存五百九十二卷(大清聖祖仁皇帝聖訓一至六十,大清高宗純皇帝聖訓一至二百二十二、二百三十一至三百,大清仁宗睿皇帝聖訓一至一百十,大清宣宗成皇帝聖訓一至一百三十)

330000－1701－0107838　G009628　集部/詩文評類/詩評之屬

漁洋山人詩問二卷律詩定體一卷然燈記聞一卷　(清)王士禛撰　清宣統三年(1911)上海埽葉山房石印本　一册

330000－1701－0107839　G009874　史部/政書類/邦計之屬/地政

丈量事宜不分卷　清刻本　一册

330000－1701－0107840　G011148　子部/農家農學類/鳥獸蟲之屬

畫眉解一卷　(清)下厂撰　清刻本　一册

330000－1701－0107841　G011215　新學/天學

測候叢談四卷　(美國)金楷理口譯　(清)華蘅芳筆述　清光緒二十三年(1897)璣衡堂石印本　一册

330000－1701－0107842　G011216　子部/術數類/數學之屬

二百八十四數不分卷　清抄本　一册

330000－1701－0107843　G011149　子部/雜著類/雜纂之屬

瑯嬛獺祭十二種　清光緒二十年(1894)文選樓石印本　一册　存一種

330000－1701－0107844　G010797　子部/醫家類/類編之屬

黄氏醫書八種　(清)黄元御撰　清同治元年(1862)左繼明刻本　一册　存一種

330000－1701－0107845　G009876　史部/政書類/公牘檔册之屬

荆南書院日記不分卷　清光緒二十二年(1896)刻本　一册

330000－1701－0107846　G011217　新學/政治法律/律例

憲法精理二卷　周逵編譯　清光緒二十八年(1902)上海廣智書局鉛印本　一册

330000－1701－0107847　G010798　子部/工藝類

漢甘林瓦研題辭二卷　(清)李成蹊撰　清光緒二十五年(1899)李廬鉛印本　一册

330000－1701－0107848　G011218　史部/目録類/總録之屬/私撰

臨海洪氏所著書目不分卷　清抄本　一册

330000－1701－0107849　G011150　史部/政書類/邦計之屬/貿易

各國通商始末記二十卷　(清)王之春編　清光緒二十一年(1895)寶善書局石印本　一册　存五卷(一至五)

330000－1701－0107850　G612343　經部/小學類

小學類編六種附三種　(清)李祖望編　清咸豐至光緒江都李氏半畝園刻本　一册　存一種附一種

330000－1701－0107851　G010800　集部/別集類/清別集

四此堂稿十卷　(清)魏際瑞撰　清木活字印本　四册

330000－1701－0107852　G011219　集部/別集類/清別集

先大夫文鈔不分卷　清抄本　一册

330000－1701－0107853　M610820　類叢部/叢書類/彙編之屬

抱經堂叢書七種　朱遂翔編　清刻民國杭州朱氏抱經堂補刻印本　一册　存一種

330000－1701－0107854　G011151　史部/地理類

無鄭學廬地理叢刊四種　(清)施世杰輯　清光緒二十三年(1897)會稽施氏無鄭學廬刻本

一册　存二種

330000－1701－0107855　G009979　史部/傳記類/職官録之屬/總録

[清光緒二十五年冬季]大清中樞備覽四卷　清光緒二十五年(1899)京都榮寶齋刻本　一册　存一卷(一)

330000－1701－0107856　G010801　集部/別集類/清別集

洞簫樓詩紀十三卷　(清)宋翔鳳撰　清道光刻本　王存善題記　二册

330000－1701－0107857　G009980　史部/傳記類/職官録之屬/總録

[清光緒二十五年冬季]大清搢紳全書四卷　清光緒二十五年(1899)京都榮寶齋刻本　二册　存二卷(一至二)

330000－1701－0107858　G011221　史部/編年類/通代之屬

御批歷代通鑑輯覽一百二十卷　(清)傅恒等撰　清光緒二十八年(1902)上海寶文書局石印本　一册　存六卷(一至六)

330000－1701－0107861　G612344　類叢部/叢書類/彙編之屬

抱經堂叢書十六種　(清)盧文弨編　清乾隆至嘉慶刻彙印本　一册　存一種

330000－1701－0107862　G010804　集部/別集類/清別集

初學吟草不分卷　稿本　展初批　一册

330000－1701－0107863　G610153　新學/議論/通論

自西徂東五卷　(德國)花之安撰　清光緒二十三年(1897)上海廣學會鉛印本　一册　存一卷(四)

330000－1701－0107864　G610266　史部/傳記類/職官録之屬/總録

[清光緒五年冬季]大清搢紳全書四卷　清光緒五年(1879)大文堂刻本　一册　存一卷(四)

330000－1701－0107865　G612345　史部/地理類/專志之屬/書院

重修南溪書院志四卷首一卷　(清)楊毓健等撰　清同治九年(1870)刻本　一册　存一卷(四)

330000－1701－0107866　G011222　子部/雜著類/雜纂之屬

格言聯璧一卷　(清)金纓輯　清光緒十九年(1893)石印本　一册

330000－1701－0107868　G612346　史部/金石類/錢幣之屬

泉布泉范不分卷　(清)張廷濟藏　清末石印本　一册

330000－1701－0107870　G010805　集部/詞類/別集之屬

漚寄廬詞稿一卷　(清)鍾道生撰　清抄本　一册

330000－1701－0107871　G610267　經部/四書類/孟子之屬/傳説

孟子正義三十卷首一卷　(清)焦循撰　清末石印本　一册　存五卷(六至十)

330000－1701－0107872　G009709、G011604　類叢部/叢書類/自著之屬

太虚齋存稿二十三種　(清)蔡廷弼撰　清嘉慶至道光刻本　三册　存十五種

330000－1701－0107877　G612347　史部/雜史類/斷代之屬

援黔録十二卷　(清)唐炯撰　清末刻本　二册　存六卷(四、八至十二)

330000－1701－0107878　G011223　史部/傳記類/總傳之屬/忠孝

二十四孝原編一卷二十四孝別集一卷　清同治五年(1866)粤東撫幕刻本　一册

330000－1701－0107879　G610270　類叢部/叢書類/彙編之屬

士禮居黄氏叢書十九種附四種　(清)黄丕烈編　清光緒十三年(1887)上海蜚英館石印本　一册　存一種

330000－1701－0107880　G009630　子部/醫家類/本草之屬/本草藥性

太醫院增補青囊藥性賦直解二卷增補醫方捷徑二卷　(明)太醫院編　(明)羅必煒訂　清文光堂刻本　一冊

330000－1701－0107881　G612348　類叢部/叢書類/彙編之屬

仰視千七百二十九鶴齋叢書四十種　(清)趙之謙編　清光緒會稽趙氏刻本　一冊　存三種

330000－1701－0107882　G010806　史部/傳記類/總傳之屬

浙江留京同學録一卷　清光緒三十三年(1907)京師京華書局鉛印本　一冊

330000－1701－0107883　G009981　史部/傳記類/職官録之屬/總録

[清光緒二十五年冬季]爵秩全覽四卷　清光緒二十五年(1899)京都榮寶齋刻本　三冊　存三卷(二至四)

330000－1701－0107885　G612349　經部/孝經類/傳說之屬

孝經一卷　(唐)玄宗李隆基注　(唐)陸德明音義　清同治九年(1870)揚州書局刻本　一冊

330000－1701－0107886　G009982　史部/傳記類/職官録之屬/總録

[清光緒□年□季]爵秩全覽不分卷　清光緒刻本　四冊

330000－1701－0107887　G009631　子部/藝術類/遊藝之屬/謎語

春燈新集不分卷　(清)魏湘洲輯　清嘉慶十四年(1809)賞心堂刻本　一冊

330000－1701－0107888　G612350　經部/孝經類/傳說之屬

孝經一卷　(唐)玄宗李隆基注　(唐)陸德明音義　清同治九年(1870)揚州書局刻本　一冊

330000－1701－0107889　G612351　經部/小學類/文字之屬/字書/字體

六書通十卷　(清)閔齊伋撰　(清)畢弘述篆訂　清乾隆六十年(1795)刻本　二冊　存四卷(七至十)

330000－1701－0107890　G010808　子部/宗教類/佛教之屬

續編意旨集四卷　清同治十年(1871)朱永泉等刻本　一冊

330000－1701－0107891　G011225　史部/目録類/專録之屬

大清重刻龍藏彙記一卷　清刻本　一冊

330000－1701－0107892　G009983　史部/傳記類/職官録之屬/總録

[清同治十二年冬季]大清搢紳全書四卷　清同治十二年(1873)榮祿堂刻本　三冊　存三卷(一至二、四)

330000－1701－0107893　G009786　史部/史表類/通代之屬

歷代帝王世系紀元攷一卷　(清)陳夔齡輯　清光緒十一年(1885)杭州季綸全栩園刻本　一冊

330000－1701－0107894　G011226　經部/春秋左傳類/傳說之屬

左傳選十四卷　(清)儲欣評選　清刻本　五冊　存九卷(六至十四)

330000－1701－0107895　G011156　集部/總集類/郡邑之屬

湖墅叢書六種　(清)王麟輯　清光緒五年(1879)錢塘王氏刻本　一冊　存一種

330000－1701－0107896　G010809　類叢部/叢書類/自著之屬

琴志樓政書　易順鼎撰　清末鉛印本　一冊　存一種

330000－1701－0107897　G009787　子部/宗教類/道教之屬/戒律

陰隲文試帖詩一卷　清道光十二年(1832)刻本　一冊

330000－1701－0107898　G011227　集部/别集類/清別集
甌山手書詩句不分卷　（清）甌山撰　清宣統二年（1910）稿本　一册

330000－1701－0107899　G612353　史部/金石類/總志之屬/文字
隨軒金石文字九種　（清）徐渭仁輯　清道光十七年（1837）刻同治七年（1868）補刻本　一册　存二種

330000－1701－0107900　G011159　史部/雜史類/斷代之屬
熙朝新語十六卷　（清）余金輯　清道光二年（1822）刻本　八册

330000－1701－0107902　G011289　史部/地理類/外紀之屬
瀛環志略十卷　（清）徐繼畬撰　清光緒二十一年（1895）上海寶文局石印本　四册

330000－1701－0107903　G010810　子部/醫家類/方書之屬/歷代方書
萬氏家抄濟世良方六卷　（明）萬表輯　（明）萬邦孚增補　明萬曆三十年（1602）萬邦孚刻本　二册　存四卷（三至六）

330000－1701－0107904　G011228　子部/雜著類/雜纂之屬
幽夢影二卷　（清）張潮撰　清同治十三年（1874）遲雲樓主人刻本　黎溤觀款　二册

330000－1701－0107905　G610157　集部/别集類/清別集
飄香室文詩遺稿一卷　（清）駱樹英撰　清光緒鉛印本　一册

330000－1701－0107906　G009789　子部/雜著類/雜説之屬
滇鐸一卷　（清）□□撰　清刻本　李榮懷題記　一册

330000－1701－0107907　G612354　經部/小學類/文字之屬/字書/字體
隸篇十五卷續十五卷再續十五卷金石目一卷部目一卷字目一卷　（清）翟云升撰　清道光十七年至十八年（1837－1838）五經歲徧齋刻本　一册　存二卷（隸篇十至十一）

330000－1701－0107908　G011160　子部/小説家類/異聞之屬
池上草堂筆記八卷　（清）梁恭辰撰　清同治十二年（1873）金陵刻本　八册

330000－1701－0107909　G610274　子部/雜著類/雜説之屬
大東合邦新義不分卷　（日本）森本藤吉撰　清光緒二十四年（1898）上海大同譯書局石印本　一册

330000－1701－0107910　G009636　子部/醫家類/方書之屬
匯刊經驗方十二種　（清）毛世洪等輯　清海寧蔣氏別下齋刻本　一册　存四種

330000－1701－0107911　G009791　子部/術數類/相宅相墓之屬
金光斗臨經一卷　（明）周繼撰　（清）金文鎔注　清抄本　一册

330000－1701－0107912　G011161、G009916　集部/曲類/曲韻曲譜曲律之屬
文記曲譜不分卷　清文記抄本　九册

330000－1701－0107913　G010813　子部/藝術類/遊藝之屬/聯語
楹聯集錦八卷　（清）胡鳳丹輯　清同治六年（1867）退補齋刻本　二册

330000－1701－0107914　G610275　史部/目録類/總録之屬/私撰
古越藏書樓書目二十卷首一卷　（清）徐樹蘭撰　清光緒三十年（1904）崇實書局石印本　一册　存三卷（首、一至二）

330000－1701－0107915　G011291　類叢部/類書類/通類之屬
增補事類統編九十三卷首一卷　（清）黄葆真輯　清道光二十六年（1846）文選樓刻本［卷二十配清道光二十九年（1849）丹陽黄葆真粤東敦好堂刻本］　四十八册

330000－1701－0107917　G011229　子部/雜著類/雜纂之屬

幽夢影二卷　(清)張潮撰　清同治十三年(1874)遲雲樓主人刻本　二册

330000－1701－0107918　G612355　子部/宗教類/佛教之屬/總録

釋迦如來應化事跡四卷　(清)釋永珊撰並繪　清嘉慶十三年(1808)和碩豫親王裕豐刻本　四册

330000－1701－0107919　G610276　經部/春秋左傳類/專著之屬

春秋地形五禮詩合訂不分卷　(清)顧復初撰　(清)汪韶舉集　清同治九年(1870)刻本　一册

330000－1701－0107920　G010814　子部/宗教類/佛教之屬

永嘉真覺大師證道歌一卷　(唐)釋玄覺撰　(宋)釋彦琪注　清光緒二十二年(1896)刻本　一册

330000－1701－0107921　G610277　集部/總集類/課藝之屬

格致書院課藝不分卷　(清)王韜編　清光緒弢園鉛印本　一册　存辛卯年上

330000－1701－0107922　G009796　類叢部/叢書類/彙編之屬

書三味樓叢書六十五種　(清)張應時編　清嘉慶十年至道光五年(1805－1825)張氏書三味樓刻本　一册　存二種

330000－1701－0107923　G011163　史部/傳記類/日記之屬

客蘇日記不分卷(清光緒十九年正月二十六日至四月初五)　清光緒十九年(1893)稿本　一册

330000－1701－0107924　G011294　子部/宗教類/道教之屬

象言破疑二卷　(清)劉一明撰　清嘉慶二十二年(1817)湖南常德府護國庵熊來中刻本　一册

330000－1701－0107925　G010816　子部/儒家類/儒學之屬/禮教/女範

女學六卷　(清)藍鼎元撰　**明呂近溪先生女小兒語一卷**　(清)呂得勝撰　清光緒二十三年(1897)京師刻本　二册

330000－1701－0107926　G011231　子部/醫家類/本草之屬/神農本草經

神農本草經百種録一卷　(清)徐大椿撰　清刻本　一册

330000－1701－0107927　G011295　子部/宗教類/佛教之屬/經

大般涅槃經四十卷　(晉)釋曇無讖譯　**大般涅槃經後分二卷**　(唐)釋若那跋陀羅　(唐)釋會寧等譯　清光緒五年(1879)善成妙湛刻本　十一册

330000－1701－0107928　G011164　集部/别集類/清别集

信札留底不分卷　清末抄本　一册

330000－1701－0107930　G010817　子部/天文曆算類/天文之屬

高厚蒙求五集九種　(清)徐朝俊撰　清嘉慶至道光雲間徐氏刻本　五册

330000－1701－0107931　G011232　史部/政書類/邦計之屬/俸餉

增修籌餉事例條款不分卷籌餉事例一卷增修現行常例一卷　清同治刻本　一册　存一卷(增修現行常例)

330000－1701－0107932　G011296　史部/傳記類/别傳之屬

聖蹟圖記不分卷　(清)孔憲蘭摹　清同治十三年(1874)山東曲阜孔氏刻本　一册

330000－1701－0107933　G011165　集部/别集類/清别集

琅環仙館詩鈔□□卷客中吟次集一卷琅環仙館詞抄一卷　(清)徐張琳撰　清抄本　一册　存二卷(客中吟次集、琅環仙館詞抄)

330000－1701－0107934　G610160　集部/别集類/清别集

竹生吟館墨竹詩草二卷 （清）周師濂撰　清光緒十一年（1885）會稽周氏刻本　一冊　存一卷（二）

330000－1701－0107935　G009710　子部/儒家類/儒學之屬/性理
御製勸善要言一卷 （清）世祖福臨撰　清刻本　一冊

330000－1701－0107937　G009985、G011362　史部/傳記類/職官録之屬/總録
［清光緒十三年春季］大清搢紳全書四卷 清光緒十三年（1887）榮錄堂刻本　二冊　存二卷（二至三）

330000－1701－0107938　G009711　史部/政書類/通制之屬
廣治平畧三十六卷補編八卷 （清）蔡方炳撰　清光緒二十年（1894）上海石齋石印本　一冊　存十二卷（一至十二）

330000－1701－0107939　G010815/1　經部/小學類/文字之屬/字書/字典
正字通十二卷 （明）張自烈撰　（清）廖文英輯　**字彙舊本首一卷** （明）梅膺祚音釋　清康熙刻本　一冊　存一卷（首）

330000－1701－0107940　G009986　史部/傳記類/職官録之屬/總録
［清宣統三年夏季］大清最新搢紳錄五卷 清宣統三年（1911）榮祿堂刻本　四冊　缺一卷（二）

330000－1701－0107942　G009879　史部/政書類/公牘檔冊之屬
懲辦逃兵章程一卷 清同治刻本　一冊

330000－1701－0107943　G009880　史部/政書類/公牘檔冊之屬
拔貢分發知縣考試章程例冊一卷 清同治三年（1864）刻本　一冊

330000－1701－0107944　G009987　史部/傳記類/職官録之屬/總録
［清光緒二十七年冬季］大清搢紳全書四卷 清光緒二十七年（1901）榮錄堂刻本　四冊

330000－1701－0107945　G009881　史部/政書類/公牘檔冊之屬
山東清理積案章程一卷 清同治八年（1869）刻本　一冊

330000－1701－0107946　G009800　史部/政書類/軍政之屬
海防事例一卷海防事例簡明條款一卷海防新例一卷 清光緒刻本　一冊

330000－1701－0107947　G610280　子部/雜著類/雜說之屬
七修類藁五十一卷續藁七卷 （明）郎瑛撰　清光緒六年（1880）廣州翰墨園刻本　一冊　存四卷（三十六至三十九）

330000－1701－0107948　G009882　史部/政書類/公牘檔冊之屬
頒發崇儉禁奢簡明規條章程一卷 清同治三年（1864）刻本　一冊

330000－1701－0107949　G009988　史部/傳記類/職官録之屬/總録
［清光緒二十九年夏季］大清搢紳全書四卷 清光緒二十九年（1903）榮寶齋刻本　二冊　存二卷（三至四）

330000－1701－0107950　G009883　經部/春秋左傳類/傳說之屬
方氏左傳評點二卷 （清）方苞撰　（清）廉泉輯　清光緒十九年（1893）金匱廉泉刻本　二冊

330000－1701－0107951　G009802　集部/別集類/清別集
補石山房文集四卷 （清）曹光詔撰　清光緒二十一年（1895）長沙刻本　四冊

330000－1701－0107952　G610282　類叢部/叢書類/彙編之屬
通學齋叢書五十三種 （清）鄒淩沅編　清光緒二十五年（1899）通學齋鉛印本　三冊　存九種

330000－1701－0107953　G009884　史部/詔令奏議類/奏議之屬

嚴定查拿糧船水手留藏匪徒滋事章程奏摺一卷　(清)恩特亨額撰　清末刻本　一册

330000－1701－0107954　G009990　史部/傳記類/職官録之屬/總録
[清光緒三十四年秋季]大清搢紳全書四卷　清光緒三十四年(1908)榮禄堂刻本　三册　缺一卷(二)

330000－1701－0107955　G009715　類叢部/類書類/通類之屬
增廣策學總纂大成四十六卷　(清)蔡壽祺輯　清光緒十四年(1888)聞見齋石印本　一册　存十卷(二十三至三十二)

330000－1701－0107956　G009991　史部/傳記類/職官録之屬/總録
[清光緒三十四年秋季]大清中樞備覽二卷　清光緒三十四年(1908)榮録堂刻本　二册

330000－1701－0107957　G011298　集部/總集類/彙編之屬
七家試帖輯註彙鈔　(清)張熙宇輯評　(清)王植桂輯註　清光緒六年(1880)掃葉山房刻本　二册　存二種

330000－1701－0107958　G011233　集部/別集類/宋別集
晁具茨先生詩集十五卷　(宋)晁沖之撰　清乾隆鮑氏知不足齋刻本　二册

330000－1701－0107959　G009992　史部/傳記類/職官録之屬/總録
[清宣統三年夏季]大清中樞備覽二卷　清宣統三年(1911)榮録堂刻本　二册

330000－1701－0107960　G009885　史部/傳記類/別傳之屬/事狀
皇清誥授奉直大夫晉封朝議大夫鹽提舉銜議敘加二級四川補用通判兼襲雲騎尉先考馬公[廷培]行狀一卷皇清誥封宜人晉封恭人先妣何恭人[定珠]事述一卷二姊事述[馬明珪]一卷　馬福田撰　清末石印本　一册

330000－1701－0107961　G011299　子部/儒家類/儒學之屬/禮教
勸孝詞曲三體三卷附録勸婦女盡孝俗歌一卷　清光緒二十三年(1897)孫壽祺抄本　一册

330000－1701－0107962　G009886　史部/職官類/官制之屬
現任候補候選官員丁憂服滿起復出繼終養增刪條例一卷　清道光二十三年(1843)刻本　一册

330000－1701－0107963　G009993　史部/傳記類/職官録之屬/總録
[清宣統三年夏季]大清搢紳全書四卷　清宣統三年(1911)榮録堂刻本　五册

330000－1701－0107964　G009887　史部/政書類/律令之屬
聽訟弭盜各法一卷　(清)鍾祥輯　清刻本　一册

330000－1701－0107965　G009994　史部/傳記類/職官録之屬/總録
[清宣統三年春季]大清搢紳全書四卷　清宣統三年(1911)榮録堂刻本　四册　存三卷(一、三至四)

330000－1701－0107966　G009888　新學/學校
通藝學堂章程一卷　張元濟等撰　清光緒二十三年(1897)鉛印本　一册

330000－1701－0107967　G009641　經部/小學類/文字之屬/說文
說文解字注十五卷附六書音均表五卷　(清)段玉裁撰　**說文部目分韻一卷**　(清)陳煥編　清乾隆至嘉慶段氏經韻樓刻同治六年至十一年(1867－1872)蘇州保息局補刻本　十三册　存十三卷(一、三至十四)

330000－1701－0107968　G009806　子部/醫家類/醫案之屬
馬氏醫案並附祁案王案一卷　(清)馬俶等撰　(清)葉萬青輯　清道光十六年(1836)葉樗刻本　一册

330000－1701－0107969　G010815/2　經部/小學類/文字之屬/字書/字典

正字通十二卷 （明）張自烈撰 （清）廖文英輯 **字彙舊本首一卷** （明）梅膺祚音釋 清刻本 二册 存二卷（子集上、亥集下）

330000－1701－0107970 G011300 經部/易類/圖說之屬
易學啓蒙一卷 （宋）朱熹撰 清咸豐六年（1856）浦城與古齋祝鳳喈金陵刻本 一册

330000－1701－0107971 G011234 子部/天文曆算類/算書之屬
緝古筭經一卷 （唐）王孝通撰 清刻本 一册

330000－1701－0107972 G610284 史部/政書類/儀制之屬/典禮
文廟通考六卷首一卷 （清）牛樹梅撰 清同治十一年（1872）浙江書局刻本 二册

330000－1701－0107973 G610285 史部/政書類/儀制之屬/典禮
文廟通考六卷首一卷 （清）牛樹梅撰 清同治十一年（1872）浙江書局刻本 二册

330000－1701－0107974 G010818 新學/議論/通論
羣學肄言不分卷 （英國）斯賓塞爾撰 嚴復譯 清光緒二十九年（1903）上海文明書局鉛印本 四册

330000－1701－0107975 G009642 類叢部/叢書類/家集之屬
沈端恪公遺書二種 （清）沈曰富編 清同治十二年（1873）浙江書局刻本 一册 存一種

330000－1701－0107976 G610286 史部/政書類/儀制之屬/典禮
文廟通考六卷首一卷 （清）牛樹梅撰 清同治十一年（1872）浙江書局刻本 二册

330000－1701－0107977 G011235 子部/天文曆算類/算書之屬
緝古算經一卷 （唐）王孝通撰並注 **緝古算經細草一卷圖解三卷音義一卷** （清）陳杰撰 清道光二十年（1840）斐文堂刻本 二册

330000－1701－0107978 G610287 集部/總集類/彙編之屬
宋詩鈔初集八十四種 （清）吕留良 （清）吳之振 （清）吳爾堯編 清康熙十年（1671）洲錢吳氏鑑古堂刻本 七册 存二十三種

330000－1701－0107979 G011301 史部/史鈔類/通代之屬
綱鑑擇語十卷 （清）司徒修輯 清刻本 一册 存一卷（七）

330000－1701－0107980 G011236 經部/易類/傳說之屬
易研八卷首一卷圖一卷 （清）胡翹元撰 清乾隆五十七年（1792）刻本 一册 存三卷（首、一、圖）

330000－1701－0107981 G011302 史部/史抄類
史鑑節要便讀六卷 （清）鮑東里撰 清同治七年（1868）刻本 一册 存三卷（四至六）

330000－1701－0107982 G010820 史部/地理類/外紀之屬
真臘風土記一卷 （元）周達觀撰 清刻本 張楊校並跋 一册

330000－1701－0107986 G010821 子部/雜著類/雜考之屬
訂譌雜錄十卷 （清）胡鳴玉撰 清乾隆二十三年（1758）青浦胡鳴玉戢箴書屋刻本 二册

330000－1701－0107987 G011303 史部/政書類/邦計之屬/通紀
成規拾遺不分卷 （清）萬維翰輯 清乾隆三十九年（1774）刻本 四册

330000－1701－0107988 G610291 類叢部/叢書類/自著之屬
惜抱軒全集十種 （清）姚鼐撰 清同治五年（1866）省心閣刻本 二十八册

330000－1701－0107989 G009995 史部/傳記類/職官録之屬/總録
[清宣統二年夏季]大清搢紳全書四卷 清宣統二年（1910）京都榮寶齋刻本 一册 存一

卷(四)

330000－1701－0107990　G011304　子部/宗教類/道教之屬/戒律
陰騭文註證輯条二卷　(清)同善堂撰　清光緒二十三年(1897)儀徵護卷艸堂刻本　一册

330000－1701－0107991　G009996　史部/傳記類/職官録之屬/總録
[清光緒十三年夏季]大清搢紳全書四卷　清光緒十三年(1887)榮録堂刻本　二册　存二卷(一、四)

330000－1701－0107992　G610292　類叢部/叢書類/自著之屬
惜抱軒全集十種　(清)姚鼐撰　清同治五年(1866)省心閣、同治九年(1870)刻本　二十四册

330000－1701－0107993　G010822　子部/宗教類/佛教之屬
佛祖心要節録二卷　清同治五年(1866)杭省昭慶寺慧空經房刻本　一册

330000－1701－0107994　G011166　類叢部/類書類/通類之屬
廣事類賦四十卷　(清)華希閔撰　清刻本　六册

330000－1701－0107995　G009889　類叢部/叢書類/彙編之屬
靈劍鷯閣叢書五十六種　(清)江標編　清光緒元和江氏湖南使院刻本　一册　存一種

330000－1701－0107996　G009997　史部/傳記類/職官録之屬/總録
[清光緒三十一年春季]大清搢紳全書四卷　清光緒三十一年(1905)榮録堂刻本　二册　存二卷(一至二)

330000－1701－0107997　G011306　子部/宗教類/道教之屬/雜著
覺岸心鐙二種　清刻本　二册

330000－1701－0107998　G009998　史部/傳記類/職官録之屬/總録
[清光緒十五年夏季]大清搢紳全書四卷　清光緒十五年(1889)榮録堂刻本　三册　存三卷(一、三至四)

330000－1701－0107999　G009890　史部/政書類/公牘檔冊之屬
仙居社倉章程一卷　清末木活字印本　一册

330000－1701－0108000　G011167　史部/地理類/專志之屬/古跡
吴趨訪古録九卷　(清)姚承緒撰　清道光十九年(1839)刻本　一册　存五卷(五至九)

330000－1701－0108001　G009646　史部/政書類/邦計之屬/衡制
中西度量權衡表一卷　清光緒二十一年(1895)鄞縣沈氏刻本　一册

330000－1701－0108002　G610288　類叢部/叢書類/郡邑之屬
武林掌故叢編一百八十七種　(清)丁丙編　清光緒三年至二十六年(1877－1900)錢塘丁氏嘉惠堂刻本　九册　存四種

330000－1701－0108003　G009809　子部/小説家類/雜事之屬
明僮合録二卷　(清)碧里生編　清同治六年(1867)擷芷館刻本　一册

330000－1701－0108005　G011238　經部/小學類/文字之屬
楊顒若小學二種　(清)楊錫觀撰　清雍正至乾隆遞刻彙印本　一册　存一種

330000－1701－0108006　G009810　子部/儒家類/儒學之屬/禮教
可約録三卷　(清)次榍編輯　清同治七年(1868)長無極室刻本　一册

330000－1701－0108007　G009718　史部/傳記類/别傳之屬
劉大事記□□集　清末石印本　一册　存一集(維)

330000－1701－0108008　G009892　子部/藝術類/遊藝之屬/聯語

對類便讀六卷首一卷 (清)程錫類編輯 (清)葉良儀刪訂 (清)汪熙珙等音注 清同治至光緒蘇州緑慎堂刻本 一册 存四卷(首、一至三)

330000－1701－0108009 G009811 子部/雜著類/雜説之屬
科名捷訣一卷 (清)丁守存撰 清同治八年(1869)刻本 一册

330000－1701－0108010 G011311 集部/別集類/清別集
月田賸草一卷 (清)沈渼撰 清嘉慶二十年(1815)西安刻本 一册

330000－1701－0108011 G610289 類叢部/叢書類/郡邑之屬
武林掌故叢編一百八十七種 (清)丁丙編 清光緒三年至二十六年(1877－1900)錢塘丁氏嘉惠堂刻本 十九册 存七種

330000－1701－0108012 G009719 史部/雜史類/斷代之屬
中安法和戰曲直記一卷 (清)有心時事人編 清末刻本 一册

330000－1701－0108013 G011312 史部/政書類/儀制之屬/專志/科舉校規
試辦杭州府中學堂章程一卷 清光緒二十八年(1902)上海商務印書館鉛印本 一册

330000－1701－0108014 G011239 子部/宗教類/佛教之屬/經
佛説無量壽經二卷 (三國魏)釋康僧鎧譯 清刻本 一册

330000－1701－0108016 G011313 類叢部/叢書類/自著之屬
古桐書屋續刻三種 (清)劉熙載撰 清光緒十三年(1887)刻本 一册

330000－1701－0108017 G011168 子部/儒家類/儒學之屬/經濟
南海先生最近政見書一卷致康有爲書一卷 清末鉛印本 一册

330000－1701－0108018 G009893 史部/目録類/總録之屬/私撰
善成堂書目一卷 清末鉛印本 一册

330000－1701－0108019 G009812 子部/藝術類/書畫之屬
忠孝節義不分卷 (清)王仁堪等書 清末京都秀文齋刻本 一册

330000－1701－0108020 G011240 子部/宗教類/佛教之屬/諸宗
法界安立圖三卷 (明)釋仁潮輯 清康熙十八年(1679)曾光達刻本 六册

330000－1701－0108022 G610168 經部/四書類/總義之屬/傳説
四書反身錄八卷首一卷 (清)李顒撰 清道光十一年(1831)浙江書局刻本 四册

330000－1701－0108023 G009721 經部/四書類/總義之屬
張謇批選四書新義六卷續六卷 張謇選 清末石印本 一册 存一卷(續四)

330000－1701－0108024 G011314 集部/別集類/清別集
冷齋彙集四卷附壽序雜説 (清)吳韶生撰 清宣統元年(1909)鉛印本 一册

330000－1701－0108025 G011169 子部/藝術類/篆刻之屬/印譜
竹禪和尚陰騭文印譜不分卷 (清)釋竹禪篆 清光緒二年(1876)鈐印本 一册

330000－1701－0108027 G011315 集部/別集類/清別集
蔗查集六卷 (清)釋實乘撰 清刻本 一册

330000－1701－0108028 G610170 子部/宗教類/佛教之屬/諸宗
異方便淨土傳燈歸元鏡三祖實録二卷 (清)釋智達撰 清虞邑旌教寺刻本 二册

330000－1701－0108030 G011241 子部/宗教類/佛教之屬/經
大佛頂如來密因修證了義諸菩薩萬行首楞嚴

經十卷　(唐)釋般剌密帝譯　**金剛般若波羅蜜經一卷**　(後秦)釋鳩摩羅什譯　**大方廣圓覺修多羅了義經一卷**　(唐)釋佛陀多羅譯　清刻本　一冊

330000－1701－0108031　G011170　史部/地理類/外紀之屬
泰西風土記一卷　(英國)立溫斯敦撰　(清)史錦鏞譯　清光緒上海時務書局鉛印本　一冊

330000－1701－0108032　G009648　類叢部/叢書類/彙編之屬
微波榭叢書十一種　(清)孔繼涵編　清孔氏刻彙印本　三十六冊　存七種

330000－1701－0108033　G011171　史部/紀傳類/正史之屬
二十四史附考證　清光緒二十三年(1897)慎記書莊石印本　一冊　存一種

330000－1701－0108035　G610290　經部/小學類/文字之屬/說文/專著
說文辨字正俗八卷　(清)李富孫撰　清嘉慶二十三年(1818)嘉興李富孫校經廎刻本　二冊

330000－1701－0108036　G009722　子部/藝術類/遊藝之屬/聯語
西湖楹聯四卷　清光緒二十七年(1901)浙省文彙書局鉛印本　四冊

330000－1701－0108037　G011242　子部/天文曆算類/算書之屬
割圓術輯要一卷附三角法公式一覽表　(清)盧靖輯　清末石印本　一冊

330000－1701－0108038　G011375　史部/詔令奏議類/奏議之屬
恪靖奏稿續編七十六卷　(清)左宗棠撰　清末刻本　六冊　存十卷(七至八、十一至十六、二十九至三十)

330000－1701－0108039　JG60001　史部/傳記類/總傳之屬/家乘
[江西萬載]白良袁氏寬房譜八卷首一卷　(清)袁浩纂修　清宣統元年(1909)汝南堂木活字印本　二冊　存二卷(四至五)

330000－1701－0108040　G011172　史部/紀傳類/正史之屬
二十四史附考證　清末石印本　四冊　存一種

330000－1701－0108043　G011376　經部/小學類/文字之屬/說文
說文通訓定聲十八卷分部柬韻一卷說雅一卷古今韻準一卷　(清)朱駿聲撰　(清)朱鏡蓉參訂　**皇清敕授文林郎國子監博士銜揀選知縣揚州府學教授允倩府君[朱駿聲]行述一卷**　朱孔彰撰　清末石印本　一冊　存二卷(說雅、古今韻準)

330000－1701－0108045　G011243　類叢部/叢書類/自著之屬
李文襄公文集二種附一種　(清)李之芳撰　(清)李鍾麟編　清康熙刻彤錫堂彙印本　六冊　存一種

330000－1701－0108046　G009894　史部/政書類/律令之屬/刑制
核訂現行刑律不分卷　沈家本編　清宣統元年(1909)鉛印本　二冊

330000－1701－0108048　G011377　史部/政書類
校邠廬抗議二卷　(清)馮桂芬撰　清光緒鉛印本　一冊　存一卷(下)

330000－1701－0108049　G610175　集部/總集類/郡邑之屬
西泠五布衣遺箸五種　(清)丁丙輯　清同治至光緒錢塘丁氏當歸草堂刻本　三冊　存二種

330000－1701－0108050　G011244　史部/傳記類/總傳之屬
聖諭像解二十卷首一卷　(清)梁延年撰　清光緒十三年(1887)湖南寶善堂刻本　十冊

330000－1701－0108052　G009815　子部/藝術類/書畫之屬

桐城靜嫻女史臨本瘞鶴銘依陳氏玉煙堂帖一卷　(清)吳芝瑛書　清光緒二十五年(1899)石印本　一冊

330000－1701－0108053　G011173　史部/編年類

御批資治通鑑綱目全書一百九卷　清光緒二十八年(1902)美華書局石印本　四冊　存二十二卷(御批資治通鑑綱目前編一至十八、舉要一至三,御批資治通鑑綱目前編外紀)

330000－1701－0108055　G009816　子部/藝術類/書畫之屬/書法書品

小萬柳堂摹古不分卷　吳芝瑛書　清末石印本　一冊

330000－1701－0108057　G011246　子部/雜著類/雜說之屬

公餘瑣言一卷　(清)王懿德著　清同治刻本　一冊

330000－1701－0108058　G009817　子部/藝術類/書畫之屬/法帖

王夢樓行書一卷　(清)王文治書　清末上海有正書局石印本　一冊

330000－1701－0108059　G011380　集部/曲類/寶卷之屬

龐公寶卷不分卷　(清)□□撰　清光緒二十一年(1895)刻本　一冊

330000－1701－0108062　G011247　子部/儒家類/儒學之屬/性理

御製勸善要言一卷　(清)世祖福臨撰　清刻本　一冊

330000－1701－0108063　G009818　子部/藝術類/書畫之屬/題跋

墨緣小録一卷　(清)潘曾瑩撰　清刻本　一冊

330000－1701－0108064　G610178　類叢部/叢書類/自著之屬

惜抱軒遺書三種　(清)姚鼐撰　清光緒五年(1879)桐城徐宗亮刻本　二冊　存一種

330000－1701－0108067　G011381　子部/宗教類/佛教之屬/經

御製大雲輪請雨經一卷圖說一卷　(隋)釋那連提耶舍譯　清咸豐五年(1855)許道身刻本　一冊

330000－1701－0108068　G011174　類叢部/叢書類/彙編之屬

鄉嬛雜志　(清)寶山悔間居士輯　清宣統元年(1909)鉛印本　一冊　存一種

330000－1701－0108071　G009819　類叢部/叢書類/彙編之屬

蓦園叢書十一種　(清)平步青編　清同治至光緒山陰平氏安越堂刻本　一冊　存三種

330000－1701－0108072　G011248　子部/藝術類/書畫之屬/總論

胡氏書畫攷三種　(清)胡敬撰　清嘉慶二十一年(1816)刻本　一冊　存一種

330000－1701－0108073　G610179、G610180、G010078　類叢部/叢書類/彙編之屬

藝海珠塵二百六種　(清)吳省蘭輯　(清)錢熙輔增編　清嘉慶南匯吳氏聽彝堂刻道光三十年(1850)金山錢氏漱石軒增刻重印本　三冊　存八種

330000－1701－0108074　G011382　史部/地理類/方志之屬/郡縣志

[乾隆]廣信府志二十六卷首一卷　(清)連柱等纂修　清乾隆四十八年(1783)刻本　一冊　存二卷(七至八)

330000－1701－0108075　G011175　經部/小學類/訓詁之屬/字詁

繪圖速通虛字法續編八卷　(清)施崇恩編　清光緒三十四年(1908)上海彪蒙書室石印本　一冊

330000－1701－0108077　G011249　子部/儒家類/儒學之屬/蒙學

歷史歌謠一卷　清抄本　一冊

330000－1701－0108079　G010000　史部/傳記類/職官録之屬/總録

[清光緒三十一年夏季]大清搢紳全書四卷 清光緒三十一年(1905)榮錄堂刻本 一冊 存一卷(四)

330000－1701－0108080 G011176 史部/雜史類/斷代之屬
爲宣佈張黃趙藍葉罪狀通告海内書一卷 清末鉛印本 一冊

330000－1701－0108082 G010001 史部/傳記類/職官録之屬/總録
[清光緒三年□季]大清搢紳全書四卷 清光緒三年(1877)榮錄堂刻本 一冊 存一卷(三)

330000－1701－0108085 G011250 子部/天文曆算類/算書之屬
吳氏方程舉隅一卷 (清)吳傳綺著 清光緒二十四年(1898)真實館刻本 一冊

330000－1701－0108086 G010002 史部/傳記類/職官録之屬/總録
[清光緒二十八年□季]大清搢紳全書四卷 清光緒二十八年(1902)榮錄堂刻本 一冊 存一卷(三)

330000－1701－0108087 G011177 史部/雜史類/斷代之屬
熙朝新語十六卷 (清)余金輯 清道光二年(1822)刻本 一冊 存二卷(一至二)

330000－1701－0108089 G009898 子部/醫家類/綜合之屬/通論
醫學心悟五卷附外科十法一卷 (清)程國彭撰 清刻本 一冊 存一卷(三)

330000－1701－0108091 G011178 子部/天文曆算類/算書之屬
董方立遺書 (清)董祐誠撰 清徐樹勳刻本 一冊 存五種

330000－1701－0108092 G009899 集部/別集類/清別集
知非齋文鈔一卷 (清)陳鍾英撰 清同治十一年(1872)杭州刻本 一冊

330000－1701－0108093 M604799 類叢部/叢書類/自著之屬
玉津閣叢書甲集十二種乙集十二種 (清)胡薇元撰 清光緒至民國刻本 三冊 存四種

330000－1701－0108094 G009900 經部/四書類/總義之屬/傳說
四書經史摘證七卷 (清)宋繼穜輯 清同治十年(1871)紫文館刻本 四冊

330000－1701－0108096 G011179 子部/藝術類/遊藝之屬/詩鐘
百衲琴二卷 (清)秦雲 (清)秦敏樹撰 清光緒十二年(1886)管可壽齋刻本 一冊

330000－1701－0108098 G011180 子部/醫家類/綜合之屬/通論
醫說十卷 (宋)張杲撰 **續醫說十卷** (清)俞弁撰 清宣統三年(1911)上海文明書局鉛印本 六冊

330000－1701－0108099 G011251 史部/政書類/律令之屬/律例
大清律例四十七卷督捕則例二卷 (清)徐本等纂 清道光刻本 二十冊

330000－1701－0108101 G011181 史部/編年類/通代之屬
資治通鑑目錄三十卷 (宋)司馬光撰 清末石印本 三冊 缺七卷(八至十四)

330000－1701－0108102 G011182、G011183、G011184 史部/紀傳類/正史之屬
四史 清光緒二十九年(1903)上海點石齋石印本 二十冊 存三種

330000－1701－0108104 G009824 史部/地理類/專志之屬
浙江藏書樓志略一卷 (清)張亨嘉輯 清光緒三十三年(1907)杭州華豐書局鉛印本 一冊

330000－1701－0108105 G011253 史部/詔令奏議類/奏議之屬
楊司農交收東三省疏與俄廷問答語不分卷 清抄本 一冊

330000－1701－0108106　G011185　史部/史表類/通代之屬

歷代帝王年表三卷　(清)齊召南撰　(清)阮福續　清光緒十二年(1886)蘇州掃葉山房刻本　三册

330000－1701－0108107　G011254　集部/别集類/清别集

雪鴻軒尺牘一卷　(清)龔萼撰　**雨農尺牘一卷**　(明)宗聖垣撰　清抄本　一册

330000－1701－0108108　G011187　史部/地理類/山川之屬/水志

西湖志四十八卷　(清)李衛　(清)程元章修　(清)傅王露纂　清松貞堂刻本　一册　存二卷(九至十)

330000－1701－0108109　G011255　史部/傳記類/總傳之屬/家乘

趙氏族譜不分卷　清抄本　一册

330000－1701－0108111　G010003　史部/傳記類/職官録之屬/總録

[清光緒二十九年□季]大清搢紳全書四卷　清光緒二十九年(1903)榮録堂刻本　一册　存一卷(三)

330000－1701－0108113　G010004　史部/傳記類/職官録之屬/總録

[清光緒□年□季]大清搢紳全書四卷　清光緒榮録堂刻本　一册　存一卷(二)

330000－1701－0108114　G009901　史部/政書類/公牘檔册之屬

調查福州府侯官縣民事習慣條件分缺先用典史調查員楊艾報告一卷　清刻本　一册

330000－1701－0108116　G011258　史部/傳記類/别傳之屬

誥授光禄大夫太子太保兵部尚書雲貴總督賞戴花翎賞穿黄馬褂世襲一等輕車都尉加一云騎尉贈太子太傅予謚襄勤顯考岑府君[毓英]行狀一卷　(清)岑春榮等撰　清刻本　一册

330000－1701－0108117　G009825　子部/藝術類/篆刻之屬/印譜

敬恕齋印譜一卷　(清)金純篆　清鈐印本　一册

330000－1701－0108118　G009902　集部/别集類/清别集

彊恕堂文稿不分卷制藝不分卷　(清)李道融撰　清咸豐刻本　一册

330000－1701－0108119　G011316　史部/政書類/公牘檔册之屬

率眾朝山告示一卷持齋結會及學習拳棒告示一卷　清光緒九年(1883)刻本　一册

330000－1701－0108121　G011317　集部/别集類/清别集

詩草一卷　稿本　一册

330000－1701－0108122　G011188　史部/地理類/外紀之屬

俄羅斯大政記一卷　(英國)麥丁富得力編纂　(美國)林樂知口譯　(清)鄭昌棪筆述　**俄羅斯志一卷**　(清)沈敦和輯　**中俄交界續記一卷**　(清)王錫祺輯　**俄羅斯境内分部表一卷俄羅斯亞美里加屬地考一卷俄羅斯方域一卷**　(清)姚瑩撰　**俄羅斯互市始末一卷**　清末石印本　二册

330000－1701－0108123　G009826　史部/政書類/律令之屬/刑制

大清現行刑律案語不分卷　沈家本　俞廉三輯　清宣統元年(1909)法律館鉛印本　四册　存祭祀、禮制、人命、廄牧、郵驛、宮衛、軍政、關津

330000－1701－0108124　G009736　類叢部/叢書類/自著之屬

隨園三十種　(清)袁枚撰　清刻本　一册　存一種

330000－1701－0108125　G010005　史部/傳記類/職官録之屬/總録

[清光緒□年□季]大清搢紳全書四卷　清光緒榮録堂刻本　一册　存一卷(三)

330000－1701－0108127　G011189　史部/雜史類

蕩平髮逆圖記二十二卷首一卷　(清)杜文瀾撰　清末鉛印本　四册

330000－1701－0108128　G011318　經部/小學類/文字之屬/字書

藤花筱舫字學不分卷　(清)龍啓瑞　(清)王維珍輯　清光緒二年(1876)京都懿文齋刻本　二册

330000－1701－0108129　G011259　集部/總集類/課藝之屬

課藝不分卷　稿本　一册

330000－1701－0108130　G009737　類叢部/叢書類/彙編之屬

申報館叢書正集五十七種附錄三種續集一百四十二種　(清)尊聞閣主編　蔡爾康編續集　清同治至光緒上海申報館鉛印本　二册　存一種

330000－1701－0108131　G010006　史部/傳記類/職官録之屬/總録

[清宣統三年□季]大清中樞備覽二卷　清宣統三年(1911)榮錄堂刻本　一册　存一卷(一)

330000－1701－0108132　G011260　子部/醫家類/兒科之屬

秘授救嬰全書不分卷　清抄本　一册

330000－1701－0108133　G011385　子部/藝術類/書畫之屬/畫譜

青在堂翎毛花菓譜□□卷　清刻彩色套印本　一册

330000－1701－0108134　G009903　子部/儒家類/儒學之屬/性理

御纂性理精義課本四卷　勞乃宣編　清光緒二十八年(1902)鉛印本　二册

330000－1701－0108135　G010007、G011356　史部/傳記類/職官録之屬/總録

[清光緒三十二年□季]大清中樞備覽二卷　清光緒三十二年(1906)榮錄堂刻本　二册

330000－1701－0108136　G011261　集部/總集類/彙編之屬

詒安堂全集　(清)王慶勳輯　清道光咸豐上海王氏刻本　一册　存一種

330000－1701－0108137　G009904　集部/總集類/選集之屬/通代

詩倫二卷　(清)汪薇輯　清光緒二十四年(1898)刻本　二册　存一卷(下)

330000－1701－0108138　G009829　史部/目録類/書志之屬/提要

求實濟齋書目提要一卷　(清)蕭開泰撰　清光緒十二年(1886)刻本　一册

330000－1701－0108139　G010008　史部/傳記類/職官録之屬/總録

[清光緒二十五年□季]大清搢紳全書四卷　清光緒二十五年(1899)榮錄堂刻本　一册　存一卷(一)

330000－1701－0108140　G010009　史部/傳記類/職官録之屬/總録

[清光緒二十三年秋季]大清搢紳全書四卷　清光緒二十三年(1897)榮錄堂刻本　一册　存一卷(四)

330000－1701－0108141　G009741　類叢部/叢書類/彙編之屬

嘯園叢書五十七種　(清)葛元煦編　清光緒二年至七年(1876－1881)仁和葛氏刻本　二册　存一種

330000－1701－0108142　G010010　史部/傳記類/職官録之屬/總録

[清宣統二年□季]大清搢紳全書四卷　清宣統二年(1910)榮錄堂刻本　二册　存一卷(一)

330000－1701－0108144　G011262　子部/天文曆算類/曆法之屬

大清光緒十二年時憲書一卷　清光緒十一年(1885)刻本　一册

330000－1701－0108145　M610839　子部/儒家類/儒學之屬

孔氏家語十卷　(三國魏)王肅注　清光緒上

海同文書局石印本　五册

330000－1701－0108147　G009830　子部/儒家類/儒學之屬/俗訓

四訓八戒一卷　(明)來勵撰　清刻本　一册

330000－1701－0108148　G010011　史部/傳記類/職官録之屬/總録

[清宣統二年夏季]大清搢紳全書四卷　清宣統二年(1910)榮禄堂刻本　一册　存一卷(四)

330000－1701－0108149　G011322　子部/術數類/占卜之屬

卜易秘要一卷　清抄本　一册

330000－1701－0108151　G011323　子部/雜著類/雜纂之屬

兩般秋雨盦隨筆八卷　(清)梁紹壬撰　清大文堂刻本　八册

330000－1701－0108152　G011263　集部/總集類/選集之屬/斷代

雲蘿仙館試帖彙刊二卷　(清)陸我嵩輯　清道光刻本　二册

330000－1701－0108153　G011386　史部/傳記類/總傳之屬/釋道

金蓋心燈八卷　(清)閔苕旉撰　(清)鮑廷博注　(清)鮑錕評　**金蓋山純陽宫古今蹟畧一卷**　(清)閔苕旉述　清光緒二年(1876)雲巢古書隱樓刻本　六册

330000－1701－0108154　G009906　集部/別集類/清別集

筠廊偶筆二卷二筆二卷怪石贊一卷漫堂墨品一卷　(清)宋犖撰　**雪堂墨品一卷**　(清)張仁熙撰　清康熙刻本　二册　缺二卷(二筆一至二)

330000－1701－0108155　G010012　史部/傳記類/職官録之屬/總録

[清光緒三十四年夏季]大清搢紳全書四卷　清光緒三十四年(1908)榮録堂刻本　二册　存二卷(一至二)

330000－1701－0108160　G011325　集部/總集類/課藝之屬

中州試牘約選一卷　清光緒二十六年(1900)刻本　一册

330000－1701－0108161　G011266　子部/儒家類/儒家之屬

荀子二十卷　(唐)楊倞注　(明)虞九章　(明)王震亨訂正　明刻本　七册　存十二卷(一至二、七至十、十三至十四、十七至二十)

330000－1701－0108162　G010015　史部/傳記類/職官録之屬/總録

[清光緒三十二年□季]大清搢紳全書四卷　清光緒三十二年(1906)榮録堂刻本　一册　存一卷(三)

330000－1701－0108163　G011326　史部/傳記類/別傳之屬/事狀

皇清敕授文林郎山東邱縣知縣加三級顯考壺山府君[孫士美]行述一卷　(清)孫澍撰　清道光刻本　王修批　一册

330000－1701－0108166　G011192　史部/傳記類/總傳之屬/歷代

歷代名將事略二卷　(清)陳光憲輯　清光緒三十二年(1906)北洋陸軍編譯局鉛印本　二册

330000－1701－0108167　G009743　子部/天文曆算類/算書之屬

務民義齋算學　(清)徐有壬撰　(清)徐震翰編輯　清徐震翰刻本　一册　存一種

330000－1701－0108168　G011387　史部/政書類/儀制之屬/專志/科舉校規

司鐸箴言一卷附札文一卷　(清)黃體芳撰　清光緒八年(1882)刻本　一册

330000－1701－0108169　G009834　子部/雜著類/雜纂之屬

偶見隨録不分卷　清光緒二年(1876)小逋仙抄本　二册

330000－1701－0108170　G011328　類叢部/叢書類/彙編之屬

天台張氏兩銘樓叢書　(清)張廷琛編　清光緒至宣統木活字印本　一册　存一種

330000－1701－0108171　G011388　史部/政書類/邦計之屬
貴州省財政沿革利弊說明書不分卷　(清)貴州清理財政局編　清宣統鉛印本暨石印本　四册

330000－1701－0108172　G009907　集部/別集類/清別集
定盦文集三卷續集四卷文集補九卷文集補編四卷　(清)龔自珍撰　清光緒二十三年(1897)萬本書堂刻本　一册　存三卷(文集補一至三)

330000－1701－0108173　G009744　子部/天文曆算類/天文之屬
步天歌一卷輿地畧一卷括地畧一卷讀史論畧一卷　清末石印本　一册

330000－1701－0108174　G009746　史部/傳記類/總傳之屬
繪圖歷史修心教科書一卷　清末石印本　一册

330000－1701－0108175　G009747　史部/政書類
政藝叢書壬寅全書二十一種　鄧實編　清光緒二十八年(1902)政藝通報館鉛印本　一册　存一種

330000－1701－0108176　G011329　史部/叢編
四史疑年錄七卷　(清)阮劉文如撰　清宣統元年(1909)刻本　四册

330000－1701－0108178　G011390　集部/別集類/清別集
卓廬初草十卷　(清)陳墉撰　清抄本　一册

330000－1701－0108181　G011330　子部/術數類/相宅相墓之屬
地理述八卷　(清)陳詵撰　清乾隆十四年(1749)陳世倌信學齋刻本　二册

330000－1701－0108186　G009909　史部/政書類/公牘檔冊之屬
山陰縣魚鱗圖冊不分卷　清刻本　一册

330000－1701－0108188　G011391　子部/儒家類/儒學之屬/性理
御製勸善要言一卷　(清)世祖福臨撰　清刻本　一册

330000－1701－0108189　G009752　集部/詩文評類/詩評之屬
梅村詩話一卷　(清)吳偉業撰　清宣統三年(1911)上海埽葉山房石印本　一册

330000－1701－0108191　G009910　史部/目録類/總録之屬/私撰
壽松堂進呈書目一卷　清緜絳書屋刻朱印本　一册

330000－1701－0108192　G011392　子部/儒家類/儒學之屬/性理
御製勸善要言一卷　(清)世祖福臨撰　清刻本　一册

330000－1701－0108193　G009911　史部/傳記類/別傳之屬/事狀
誥封朝議大夫步齋朱公[靖宣]行狀一卷　(清)朱靖旬撰　清光緒石印本　清俞樾題簽　一册

330000－1701－0108195　G009753　新學/雜著/叢編
西學啓蒙十六種　(英國)赫德編　(英國)艾約瑟譯　清光緒二十四年(1898)石印本　一册　存一種

330000－1701－0108198　G010016　史部/傳記類/職官録之屬/總録
[清光緒三十二年冬季]大清搢紳全書四卷　清光緒三十二年(1906)京都榮寶齋刻本　一册　存一卷(一)

330000－1701－0108201　G009836　集部/總集類/彙編之屬
漢魏六朝一百三家集(漢魏六朝百三名家集)　(明)張溥編　清光緒十八年(1892)善化章

經濟堂刻本　三十七册　存三十二種

330000－1701－0108202　G011393　史部/政書類/儀制之屬/專志/科舉校規

□□□贅言一卷　清同治七年(1868)刻本　一册

330000－1701－0108203　G010017　史部/傳記類/職官録之屬/總録

[清光緒二十八年夏季]大清搢紳全書四卷　清光緒二十八年(1902)榮錄堂刻本　二册　存二卷(三至四)

330000－1701－0108204　G009912　子部/儒家類/儒學之屬/蒙學

小學韻語二卷　(清)羅澤南撰　清光緒十二年(1886)合肥李懋勳東甌刻本　二册

330000－1701－0108206　G011335　史部/政書類/邦計之屬/賦稅

閔行捐釐總卡抽收貨釐章程一卷　清咸豐三年(1853)茗城子沂氏抄本　一册

330000－1701－0108208　G011195　子部/醫家類/綜合之屬/通論

御纂醫宗金鑑九十卷首一卷　(清)吳謙等撰　清刻本　三册　存三卷(二十二、二十四、五十三)

330000－1701－0108209　G009754　經部/群經總義類/文字音義之屬

重校十三經不貳字一卷　(清)李鴻藻輯　清光緒二十二年(1896)秀記書莊石印本　一册

330000－1701－0108210　G011394　史部/傳記類/别傳之屬/事狀

蘐闈課讀圖一卷　(清)薛葆槤輯　**薛母郭太恭人家傳一卷**　(清)俞樾撰　清光緒石印本　一册　存一卷(薛母郭太恭人家傳)

330000－1701－0108212　G010019　史部/傳記類/職官録之屬/總録

[清光緒十七年春季]大清搢紳全書四卷　清光緒十七年(1891)松竹齋刻本　四册

330000－1701－0108214　G010020　史部/傳記類/職官録之屬/總録

[清光緒三十一年秋季]大清搢紳全書四卷　清光緒三十一年(1905)榮錄堂刻本　二册　存二卷(三至四)

330000－1701－0108215　G009913　類叢部/叢書類/自著之屬

真西山全集(西山真文忠公全集、真文忠公全集)七種　(宋)真德秀撰　清乾隆刻本　二册　存二種

330000－1701－0108216　G010021　史部/傳記類/職官録之屬/總録

[清光緒十五年春季]大清中樞備覽二卷　清光緒十五年(1889)刻本　一册　存一卷(二)

330000－1701－0108217　G011196　子部/藝術類/書畫之屬

紅樓夢像一卷　清刻本　一册

330000－1701－0108219　G011197　子部/藝術類/遊藝之屬/謎語

謎語不分卷　清抄本　一册

330000－1701－0108221　G011395　經部/小學類/訓詁之屬/爾雅

爾雅音圖三卷　(晉)郭璞注　清刻本　一册　存一卷(下前)

330000－1701－0108222　G011198　史部/傳記類/日記之屬

日記不分卷(清光緒十二年正月初一日至十三年十月初三日)　清光緒十二年至十三年(1886－1887)稿本　一册

330000－1701－0108223　G011270　史部/政書類/邦計之屬/漕運

運鏁一卷　清抄本　一册

330000－1701－0108224　G011271　子部/宗教類/佛教之屬/諸宗

揞黑豆集八卷首一卷　(清)平聖臺輯並頌注　(清)心圓拈頌別並注　清刻本　四册

330000－1701－0108226　G009839　史部/政書類/儀制之屬/典禮

奏摺譜一卷　(清)饒旬宣撰　清光緒十九年(1893)京都榮錄堂刻本　一册

330000－1701－0108227　G011199　史部/史評類/史論之屬
史事褋集一卷　(清)照古氏撰　清光緒二十九年(1903)稿本　一册

330000－1701－0108228　G011200　經部/周禮類/傳說之屬
周禮論要一卷　(清)照古氏輯　清光緒三十一年(1905)稿本　一册

330000－1701－0108229　G011201　集部/戲劇類
毛龍出京選段不分卷　清抄本　一册

330000－1701－0108230　G011397　經部/四書類/總義之屬/傳說
四書章句集註十九卷　(宋)朱熹撰　清浙蘭慎言堂刻本　六册

330000－1701－0108232　G011341　史部/傳記類/職官録之屬/總録
[清光緒七年秋季]大清搢紳全書四卷　清光緒七年(1881)榮祿堂刻本　四册

330000－1701－0108234　G011398　子部/宗教類/佛教之屬/經疏
觀楞伽阿跋多羅寶經記四卷畧科一卷　(南朝宋)釋求那跋陀羅譯　(明)釋德清筆記　明刻本　一册　存二卷(一、畧科)

330000－1701－0108235　G011272　史部/地理類/山川之屬/山志
廬山志十五卷首一卷　(清)毛德琦撰　清康熙五十九年(1720)順德堂刻本　二册　存二卷(六至七)

330000－1701－0108237　G011203　集部/曲類/散曲之屬
哀江南曲一卷　清末抄本　一册

330000－1701－0108238　G011204　集部/小說類/長篇之屬
綠野仙踪八十回　(清)李百川撰　清道光十年(1830)刻本　六册　存二十二回(一至二十二)

330000－1701－0108239　G009755　集部/總集類/尺牘之屬
國朝名人書札二卷　吳曾祺輯　清宣統三年(1911)上海商務印書館鉛印本　四册

330000－1701－0108240　G011343、G011474　史部/傳記類/職官録之屬/總録
[清光緒二十三年]大清搢紳全書四卷　清光緒二十三年(1897)松竹齋、榮寶齋刻本　二册　存二卷(一至二)

330000－1701－0108241　G011205　史部/政書類/公牘檔册之屬
中華國貨維持會章程文牘彙録一卷　清宣統三年(1911)鉛印本　一册

330000－1701－0108242　G009840　史部/目録類/通論之屬/義例
校栞例略一卷栞字樣略一卷　清光緒刻本　一册

330000－1701－0108243　G011206　集部/小說類/長篇之屬
新刊繡像評演濟公傳十二卷一百二十回　郭廣瑞撰　清末石印本　一册　存一卷(二)

330000－1701－0108244　G011344　史部/傳記類/職官録之屬/總録
[清光緒三十三年春季]大清搢紳全書四卷　清光緒三十三年(1907)榮錄堂刻本　三册　缺一卷(三)

330000－1701－0108245　G011275　子部/儒家類/儒學之屬/性理
新刊性理集要八卷　(明)詹淮輯　明刻本　二册　存二卷(一至二)

330000－1701－0108246　G011207　史部/傳記類/日記之屬
壬寅日記不分卷(清光緒二十八年正月十四日至八月初五日)　(清)鵜廬氏撰　清光緒二十八年(1902)稿本　一册

330000－1701－0108247　G011345　史部/傳記類/職官録之屬/總録

[清宣統三年夏季]大清搢紳全書五卷　清宣統三年(1911)榮禄堂刻本　一册　存一卷(一)

330000－1701－0108248　G011208　集部/總集類

雜稿不分卷　清抄本　一册

330000－1701－0108249　G010022　經部/易類/傳說之屬

周易闡真四卷首一卷孔易闡真二卷　(清)劉一明撰　清嘉慶二十四年(1819)常郡護國菴刻本　一册　存二卷(周易闡真一至二)

330000－1701－0108250　G011400　子部/宗教類/佛教之屬/經疏

佛説阿彌陀經畧解一卷　(明)釋大佑撰　清同治十三年(1874)刻本　一册

330000－1701－0108251　G011209　史部/詔令奏議類/詔令之屬

内閣撰擬文字二卷　(清)鮑康輯　清同治十一年(1872)傳光抄本　清張蓀題記　一册

330000－1701－0108252　G009843　子部/農家農學類/農藝之屬/作物種植

江南催耕課稻編一卷　(清)李彦章輯　清道光刻榕園全集本　一册

330000－1701－0108253　G011401　史部/傳記類/總傳之屬/家乘

萃禧堂舊譜之首篇不分卷　清光緒二十二年(1896)抄本　一册

330000－1701－0108254　G010023　史部/地理類/總志之屬/通代

讀史方輿紀要一百三十卷輿圖要覽四卷　(清)顧祖禹撰　清當塗彭萬程刻本　八册　存六卷(四至九)

330000－1701－0108255　G011347　史部/傳記類/職官録之屬/總録

[清光緒十七年冬季]大清搢紳全書四卷　清光緒十七年(1891)榮禄堂刻本　三册　缺一卷(三)

330000－1701－0108256　G009759　子部/儒家類/儒學之屬/勸學

勸學篇二卷　(清)張之洞撰　清光緒二十四年(1898)兩湖書院石印本　一册

330000－1701－0108257　G009844　經部/書類/傳說之屬

書經精華六卷　(清)薛嘉穎撰　清同治七年(1868)蘇州緑潤堂刻本　四册

330000－1701－0108258　G011402　經部/春秋左傳類/傳說之屬

春秋左氏古經漢義補證□□卷　(清)廖平撰　稿本　一册　存一卷(四)

330000－1701－0108259　G011278　類叢部/叢書類/彙編之屬

螯園叢刻五種　(清)吳丙湘編　清光緒十一年(1885)儀徵吳氏刻本　一册　存四種

330000－1701－0108261　G011277、G011643　子部/法家類

管子校正二十四卷　(清)戴望撰　清同治十一年(1872)刻本　三册　存十八卷(一至十八)

330000－1701－0108263　G011404　集部/總集類/題詠之屬

迦陵先生填詞圖題詞一卷　(清)陳药洲輯　清乾隆五十九年(1794)刻本　一册

330000－1701－0108265　G011280　集部/總集類/選集之屬/通代

謝疊山先生文章軌範七卷　(宋)謝枋得輯　清光緒二十一年(1895)湖北官書處刻三色套印本　二册

330000－1701－0108266　G011406　集部/別集類/宋別集

蘇長公合作内外篇不分卷　(宋)蘇軾撰　(明)鄭圭輯　明書林余憲成刻本　四册

330000－1701－0108267　G010026　子部/醫家類/方書之屬/歷代方書

蘇沈内翰良方十卷　(宋)蘇軾　(宋)沈括撰　清刻本　一册　存三卷(一至三)

330000－1701－0108268　G009847　子部/儒家類/儒學之屬/蒙學

六藝綱目二卷附字原一卷發原一卷　(元)舒天民撰　(元)舒恭注　(明)趙宜中附注　清光緒十七年(1891)思賢書局刻本　二册

330000－1701－0108269　G011281　子部/宗教類/佛教之屬/經

金剛般若波羅蜜經一卷　(後秦)釋鳩摩羅什譯　(宋)釋道肯集篆　清刻本　一册

330000－1701－0108270　G010027　史部/政書類/公牘檔冊之屬

虞東文告一卷　(清)陳康祺撰　清光緒五年(1879)昭文縣署刻本　一册

330000－1701－0108271　G009848　經部/小學類/文字之屬/字書

臨文便覽二種　(清)張啓泰輯　清同治十三年(1874)松竹齋刻本　一册

330000－1701－0108272　G010028　史部/地理類/專志之屬/宫殿

御製圓明園圖詠二卷　(清)高宗弘曆撰　(清)鄂爾泰等注　清光緒十三年(1887)天津石印書屋石印本　二册

330000－1701－0108273　G011282　經部/詩類/傳説之屬

讀風臆補十五卷　(明)戴君恩輯　(清)陳繼揆補輯　稿本　二册

330000－1701－0108274　G009850　史部/目録類/通論之屬/考訂

古今僞書考一卷　(清)姚際恒撰　清光緒十五年(1889)善化章恭斌經濟書堂刻本　一册

330000－1701－0108275　G010030　集部/總集類/選集之屬/斷代

元詩選初集一百十四卷二集一百三卷三集一百三卷首一卷　(清)顧嗣立輯　清康熙長洲顧嗣立秀野草堂刻本　七册　存二十八卷(初集甲集十六卷、乙集三卷、丙集四卷、丁集五卷)

330000－1701－0108276　G011283　史部/地理類/總志之屬/通代

歷代疆域表三卷　(清)段長基撰　(清)段肇基　(清)段望基參注　清小西山房刻本　三册

330000－1701－0108277　G011408　史部/傳記類/總傳之屬/仕宦

歷代名臣言行録二十四卷　(清)朱桓輯　清嘉慶刻本　二十四册

330000－1701－0108278　G011284　史部/政書類/邦計之屬/賦税

山東省籌欵局經徵税捐事宜一卷山東省勸業道經管礦税事宜一卷山東省濟寧州經管落地税事宜一卷山東省河防局經管船捐事宜一卷　清宣統二年(1910)抄本　一册

330000－1701－0108279　G009852　集部/詞類/别集之屬

勝朝宫詞便讀一卷　(清)趙炳藜撰　清光緒八年(1882)刻本　一册

330000－1701－0108280　G011285　史部/傳記類/别傳之屬

風木集一卷　(清)許鳴遠　(清)許鳴逵編輯　**風木集續編一卷**　(清)許鴻文撰　清光緒二十九年(1903)木活字印本　一册

330000－1701－0108281　G009854　集部/總集類/選集之屬/通代

六朝文絜四卷　(清)許槤輯並評　清道光五年(1825)海昌許氏享金寶石齋刻朱墨套印本　一册　存一卷(一)

330000－1701－0108282　G009855　子部/藝術類/書畫之屬/畫録

似昇所收書畫録一卷　周嵩堯撰　清宣統三年(1911)京華印書局刻本　一册

330000－1701－0108283　G010031　子部/儒家類/儒學之屬/蒙學

小學集解六卷　(清)張伯行輯注　清同治十一年(1872)江西撫署刻本　三册

330000－1701－0108284　G011409　集部/戲劇類/傳奇之屬

大賜福一卷封相一卷後寶蓮燈一卷紫玉壺一卷三奏本一卷請壽一卷萬里侯一卷高平關一卷通天蕭一卷斬貂一卷　清抄本　一册

330000－1701－0108285　G009915　集部/總集類/尺牘之屬

集時尺牘□□卷　清末抄本　一册　存一卷(一)

330000－1701－0108286　G009917　子部/雜著類/雜說之屬

日日新不分卷　清光緒三十年(1904)抄本　一册

330000－1701－0108287　G009918　集部/總集類/課藝之屬

聽雨居課藝□□卷　清抄本　一册　存一卷(五)

330000－1701－0108288　G009919　子部/醫家類/養生之屬

延壽丹方一卷　(明)董其昌輯　清光緒二十二年(1896)鏡研齋主人抄本　一册

330000－1701－0108289　G011348　史部/傳記類/職官録之屬/總録

[清光緒十一年冬季]大清搢紳全書四卷　清光緒十一年(1885)榮禄堂刻本　一册　存一卷(四)

330000－1701－0108290　G009920　子部/醫家類/兒科之屬

保赤編雜症驗方不分卷　清浙紹陳嵩雲抄本　一册

330000－1701－0108291　G009921　集部/詩文評類/文法之屬

尺牘指掌一卷　清末抄本　一册

330000－1701－0108292　G011350　史部/傳記類/職官録之屬/總録

[清光緒九年夏季]大清搢紳全書四卷　清光緒九年(1883)松竹齋刻本　四册

330000－1701－0108293　G009922　史部/政書類/公牘檔冊之屬

徐案草錄不分卷　清末抄本　三冊

330000－1701－0108294　G009923　史部/詔令奏議類/奏議之屬

六條密奏一卷　(清)李鴻章等撰　清末抄本　一冊

330000－1701－0108295　G010034　集部/別集類/清別集

蘅皐詩鈔八卷　(清)萬化成撰　清乾隆刻本　四冊　缺一卷(八)

330000－1701－0108296　G009924　史部/傳記類/日記之屬

日記不分卷(清咸豐十一年八月二十六日至同治元年二月初七日)　(清)□□撰　清咸豐十一年至同治元年(1861－1862)稿本　一冊

330000－1701－0108297　G011351　史部/傳記類/職官録之屬/總録

[清宣統元年秋季]大清搢紳全書四卷　清宣統元年(1909)榮祿堂刻本　一冊　存一卷(二)

330000－1701－0108298　G009925　子部/醫家類/綜合之屬

醫經脈訣不分卷　清光緒十三年(1887)龍常抄本　一冊

330000－1701－0108299　G011352　史部/傳記類/職官録之屬/總録

[清光緒三十四年春季]大清中樞備覽二卷　清光緒三十四年(1908)京都榮寶齋刻本　一冊　存一卷(上)

330000－1701－0108300　G010035　子部/農家農學類/園藝之屬/瓜果

水蜜桃譜一卷　(清)褚華撰　清道光三年(1823)刻本　一冊

330000－1701－0108301　G011353　史部/傳記類/職官録之屬/總録

[清光緒九年夏季]大清搢紳全書四卷　清光

緒九年(1883)榮禄堂刻本　二册　存二卷(一至二)

330000－1701－0108302　G011581　經部/小學類/文字之屬/字書/字體
六書通十卷　(清)閔齊伋撰　(清)畢弘述篆訂　清刻本　一册　存二卷(二至三)

330000 － 1701 － 0108303　TW70001 － TW70009　類叢部/叢書類/彙編之屬
文瀾閣四庫全書誤抄九種　(清)永瑢　(清)紀昀等纂修　清乾隆内府寫本(清光緒、民國補抄)　七十一册

330000－1701－0108304　G009928　集部/别集類/清别集
王孟翁札後本不分卷　(清)王孟翁撰　清末抄本　一册

330000－1701－0108305　G011357　史部/傳記類/職官録之屬/總録
[清光緒二十四年]大清搢紳全書四卷　清光緒二十四年(1898)榮禄堂刻本　一册　存一卷(二)

330000－1701－0108306　G009929　史部/傳記類/日記之屬
王繼香日記不分卷(清同治九年)　王繼香撰　清同治九年(1870)稿本　一册

330000－1701－0108307　G011358　史部/傳記類/職官録之屬/總録
[清光緒三十二年]大清搢紳全書四卷　清光緒三十二年(1906)榮録堂刻本　一册　存一卷(一)

330000－1701－0108308　G011582　經部/小學類/文字之屬/字書/字體
六書辨異二卷補遺一卷　(清)湯容焆輯　清刻本　一册

330000－1701－0108309　G009930　子部/醫家類/婦科之屬
女科祕旨一卷　清末抄本　一册

330000－1701－0108310　G009931　史部/政書類/儀制之屬/典禮
舞譜一卷　清抄本　一册

330000－1701－0108311　G011410　子部/雜著類/雜說之屬
新志備採不分卷　稿本　一册

330000－1701－0108312　G011411　子部/藝術類/總論之屬
清秘藏二卷　(明)張應文撰　清光緒三十年(1904)嘉善金鼇抄本　清金鼇跋　天方題記　一册

330000－1701－0108313　G011462　子部/雜著類/雜考之屬
東塾讀書記不分卷　(清)陳澧撰　清刻本　二册

330000－1701－0108314　G009932　史部/傳記類/日記之屬
八玆精舍日記不分卷(清宣統二年九月初九至三年二月初七)　袁天庚撰　清宣統二年至三年(1910－1911)稿本　一册

330000－1701－0108315　G011463　史部/地理類/雜志之屬
白下瑣言十卷　(清)甘熙撰　清光緒十六年(1890)築野堂刻本　三册

330000－1701－0108316　G009933　經部/小學類/文字之屬/說文
說文解字通論三卷　(五代)徐鍇撰　清光緒元年(1875)顧鵬霄抄本　一册

330000－1701－0108317　G011583　集部/别集類/清别集
賀稟底稿一卷　(清)□□撰　清末稿本　一册

330000－1701－0108318　G011364　史部/傳記類/職官録之屬/總録
[清光緒十七年]大清搢紳全書四卷　清光緒十七年(1891)榮禄堂刻本　二册　存二卷(二至三)

330000－1701－0108320　G011412　子部/宗

教類/道教之屬/經文

陰符經註一卷黃庭經解一卷　(清)劉一明撰　清光緒十年(1884)刻本　一册

330000－1701－0108321　G011365　史部/傳記類/職官録之屬/總録

[清光緒十七年]大清中樞備覽二卷　清光緒十七年(1891)榮禄堂刻本　一册　存一卷(下)

330000－1701－0108322　G011585　子部/宗教類/佛教之屬

天界覺浪盛禪師全錄三十三卷別錄一卷　(明)釋道盛撰　明末清初刻本　一册　存六卷(十三至十八)

330000－1701－0108323　G011366　史部/傳記類/職官録之屬/總録

[清光緒二十年秋季]大清中樞備覽二卷　清光緒二十年(1894)榮禄堂刻本　一册　存一卷(下)

330000－1701－0108324　G011413　新學/算學/三角八綫

八線備旨四卷學總習問一卷　(美國)羅密士撰　(美國)潘慎文選譯　清宣統元年(1909)上海美華書館鉛印本　一册

330000－1701－0108325　G011587　史部/地理類/寺觀之屬

鶴林寺志一卷　(明)釋明賢撰　清宣統元年(1909)釋楚泉、釋福登刻本　一册

330000－1701－0108326　G011465　集部/曲類/曲藝之屬

新刊小尼姑下山鳳陽調一卷　清同治六年(1867)刻本　一册

330000－1701－0108327　G011369　史部/傳記類/職官録之屬/總録

[清光緒二十一年春季]大清搢紳全書四卷　清光緒二十一年(1895)榮錄堂刻本　三册　存三卷(二至四)

330000－1701－0108328　G010038　子部/醫家類/傷寒金匱之屬/傷寒論

傷寒來蘇集三種　(清)柯琴撰　清宣統元年(1909)同文會刻本　四册

330000－1701－0108329　TW80001　史部/目録類

文瀾閣書目清冊五卷　清嘉慶抄本　五册

330000－1701－0108331　G011466　經部/叢編

五經備旨　(清)鄒聖脉纂輯　清石印本　二册　存二種

330000－1701－0108332　G011504　集部/別集類/清別集

策論一卷　稿本　一册

330000－1701－0108333　G011506　子部/雜著類/雜說之屬

萬國公政說一卷國朝六大可惜論一卷治始於鄉說一卷　(清)韓文舉撰　**地運趨於亞東論一卷地球六大罪案考總序一卷論暹王出游一卷**　(清)劉楨麟撰　**愛同類說一卷論今之時局與戰國大異一卷**　(清)何樹齡撰　**春秋存中國說序一卷**　(清)徐勤撰　**論中國變法之害一卷**　(清)孔昭焱撰　清末石印本　一册

330000－1701－0108334　G011588　史部/地理類/專志之屬/古跡

廣陵名勝圖一卷　(清)阮亨撰　清刻本　二册

330000－1701－0108335　G011467　集部/戲劇類/傳奇之屬

紫釵記四卷　(明)湯顯祖撰　清刻本　一册　存一卷(四)

330000－1701－0108336　G010039　經部/春秋總義類/傳說之屬

春秋世族譜一卷　(清)陳厚耀撰　清乾隆四十三年(1778)刻本　一册

330000－1701－0108337　G011507　經部/孝經類/傳說之屬

孝經一卷　(唐)玄宗李隆基注　清石印本　一册

330000－1701－0108338　G010040　集部/别集類/清别集

鐵如意庵詩稿六卷　(清)袁鴻撰　清道光六年(1826)刻本　二册　存三卷(一至三)

330000－1701－0108339　G011469　子部/雜著類

玉歷鈔傳警世不分卷　清同治十二年(1873)刻本　一册

330000－1701－0108340　G011508　子部/術數類/命書相書之屬

新鐫神峯張先生通考闢謬命理正宗大全四卷　(明)張楠撰　清宣統二年(1910)鑄記書局石印本　四册

330000－1701－0108341　G011509　史部/傳記類/日記之屬

日記不分卷(清咸豐二年三月初一日至咸豐三年五月廿四日)　(清)□□撰　清咸豐二年至三年(1852－1853)稿本　一册

330000－1701－0108342　G011589　子部/雜著類

至聖先賢小像一卷御製百家姓一卷敬闡聖諭廣訓黜異端以崇正學韻文一卷聖教治世明心易學正本清源經一卷孝經一卷　清末刻本　一册

330000－1701－0108343　G011470　史部/詔令奏議類/奏議之屬

皖撫王覆奏條陳變法一卷皖撫王奏請廣設算學專門學堂摺一卷皖撫王覆奏條陳洋務第二摺一卷署浙撫余覆奏條陳變法摺一卷御史陳奏陳治要摺一卷　清末石印本　一册

330000－1701－0108344　G009935　史部/目録類/總録之屬

萬宜樓藏書目不分卷　稿本　一册

330000－1701－0108345　G010042　子部/農家農學類/園藝之屬/花卉

菊譜一卷　(清)弘晈撰　清乾隆刻本　一册

330000－1701－0108346　G011590　子部/雜著類/雜纂之屬

雜纂不分卷　稿本　一册

330000－1701－0108347　G011511　集部/總集類/選集之屬/斷代

繪圖唐詩三百首四卷增註字類標韻六卷　(清)蘅塘退士編　清宣統元年(1909)上海錦文堂、龍文局石印本　二册　存五卷(繪圖唐詩三百首一至二、增註字類標韻一至三)

330000－1701－0108348　G011471　經部/小學類/音韻之屬/韻書

袁濤燕手篆韻書不分卷　(清)袁濤燕手篆　稿本　一册

330000－1701－0108350　G011472　史部/傳記類/總傳之屬/人表

歷代帝王名臣先儒先賢表不分卷　(清)□□撰　稿本　一册

330000－1701－0108351　G011592　經部/群經總義類/圖說之屬

六經圖　清道光十一年(1831)慕古堂刻本　一册

330000－1701－0108352　G010044　史部/政書類/律令之屬/治獄

顧恕齋先生山右讞獄記一卷　(清)顧麟趾撰　清光緒二十四年(1898)羅山方氏木活字印本　一册

330000－1701－0108353　G011473　史部/地理類/雜志之屬

贛閩粵湘鄂豫蘇浙魯等路程表不分卷　(清)□□撰　稿本　一册

330000－1701－0108354　G011414　經部/小學類/音韻之屬

矩齋所學　勞乃宣撰　清光緒至民國刻本　一册　存一種

330000－1701－0108355　G009937　史部/政書類/公牘檔册之屬

分書不分卷　(清)□藹堂撰　清光緒十三年(1887)稿本　一册

330000－1701－0108356　G011475　史部/傳

記類/職官録之屬/總録

大清搢紳全書四卷　清松竹齋榮寶齋刻本　一冊　存一卷(二)

330000－1701－0108357　G010046　經部/春秋總義類/傳說之屬

稡擷諸經百種十二卷　(清)楊世英輯　清嘉慶二十二年(1817)刻本　一冊　存一卷(一)

330000－1701－0108358　G011415　子部/宗教類/佛教之屬/經

先天混沌無極五母陰律陀羅金剛寶經一卷　清抄本　一冊

330000－1701－0108359　G011476　史部/傳記類/職官録之屬/總録

大清中樞備覽二卷　清松竹齋榮寶齋刻本　一冊　存一卷(下)

330000－1701－0108360　G009938　子部/術數類/相宅相墓之屬

地理指迷不分卷　(明)周景一撰　清道光元年(1821)高陽峯抄本　二冊

330000－1701－0108361　G011477　史部/傳記類/職官録之屬/總録

大清搢紳全書四卷　清榮寶齋刻本　一冊　存一卷(二)

330000－1701－0108362　G010048　類叢部/叢書類/彙編之屬

聖譯樓叢書三種　李祖年編　清光緒三十二年至三十四年(1906－1908)武進李氏刻本　一冊　存一種

330000－1701－0108363　G010049　史部/地理類/遊記之屬/紀勝

各省名勝不分卷　清末抄本　一冊

330000－1701－0108364　G009939　子部/醫家類/兒科之屬/痘疹

小兒痘症始終總要治法不分卷　清末抄本　一冊

330000－1701－0108365　G011478　史部/傳記類/職官録之屬/總録

大清搢紳全書四卷　清榮寶齋刻本　一冊　存一卷(三)

330000－1701－0108366　G009940　史部/傳記類/日記之屬

白駒過隙不分卷(清光緒二十九年閏五月十六日至十一月二十五日)　清光緒二十九年(1903)稿本　一冊

330000－1701－0108367　G011416　史部/政書類/公牘檔冊之屬

銅陵縣捐修江壩公牘一卷　清光緒同仁局刻本　一冊

330000－1701－0108368　G010050　子部/藝術類/遊藝之屬/謎語

謎語不分卷　清抄本　一冊

330000－1701－0108369　G011479　史部/傳記類/職官録之屬/總録

大清搢紳全書四卷　清榮寶齋刻本　一冊　存一卷(三)

330000－1701－0108370　G011593　史部/傳記類/總傳之屬/儒林

明儒學案六十二卷師說一卷　(清)黃宗羲撰　清雍正十三年(1735)紫筠齋刻本　十六冊

330000－1701－0108371　G010051　集部/别集類/清别集

信札留底不分卷　清光緒稿本　一冊

330000－1701－0108372　G011417　史部/政書類/儀制之屬/典禮

文昌廟樂章不分卷　清刻本　一冊

330000－1701－0108373　G009943　子部/醫家類/婦科之屬/廣嗣

廣嗣要語一卷增附婦人胎産應驗良方一卷　蘭谷老人輯　清末抄本　一冊

330000－1701－0108374　G009944　子部/醫家類/方書之屬

神方輯要四卷　清末抄本　一冊

330000－1701－0108375　G010052　集部/詞類/詞韻之屬

學宋齋詞韻一卷　(清)吳烺等輯　清道光二十年(1840)汲郡張涓刻本　一冊

330000－1701－0108376　G009945　子部/小說家類/雜事之屬
近事有徵錄□□卷　(清)芙溪老人撰　清咸豐七年(1857)稿本　三冊　存三卷(一、□、四)

330000－1701－0108377　G011513　史部/政書類
政書不分卷　清刻本　二冊

330000－1701－0108378　G011514　子部/雜著類/雜説之屬
勸善故事一卷　清刻本　一冊

330000－1701－0108379　G009946　集部/別集類/清別集
琳青書館詩稾二卷　(清)陶方琦撰　**道咸同光四朝詩□□卷**　孫雄編　清末稿本　一冊　存三卷(琳青書館詩稾一至二、道咸同光四朝詩五)

330000－1701－0108380　G011370　史部/傳記類/職官録之屬/總録
[清光緒二十四年夏季]大清搢紳全書四卷　清光緒二十四年(1898)榮錄堂刻本　二冊　存二卷(一至二)

330000－1701－0108381　G010054　子部/儒家類/儒學之屬/禮教
元宰必讀書不分卷　(清)彭定求撰　清光緒五年(1879)刻本　一冊

330000－1701－0108382　G011515　子部/術數類/陰陽五行之屬
通書秘笈不分卷　清刻朱墨套印本　一冊

330000－1701－0108383　G011480　史部/傳記類/職官録之屬/總録
大清搢紳全書四卷　清榮寶齋刻本　一冊　存一卷(二)

330000－1701－0108384　G011516　子部/術數類/陰陽五行之屬
通書秘笈不分卷　清刻朱墨套印本　一冊

330000－1701－0108385　G009947　集部/別集類/清別集
來倬生夫子文稿一卷　(清)來倬生撰　清抄本　稚塘題簽　一冊

330000－1701－0108386　G011517　子部/術數類/陰陽五行之屬
通書秘笈不分卷　清刻朱墨套印本　一冊

330000－1701－0108387　G011419　子部/宗教類/佛教之屬/諸宗
念佛警策二卷　(清)彭紹升撰　清同治十三年(1874)許靈虛刻本　一冊

330000－1701－0108388　G011481　史部/傳記類/職官録之屬/總録
[清光緒二十八年夏季]大清搢紳全書四卷　清光緒二十八年(1902)京都榮寶齋刻本　一冊　存一卷(一)

330000－1701－0108389　G011518　子部/術數類/陰陽五行之屬
通書秘笈不分卷　清刻朱墨套印本　一冊

330000－1701－0108390　G009949　子部/雜著類/雜説之屬
雜稿不分卷　稿本　一冊

330000－1701－0108391　G009948　史部/傳記類/科舉録之屬/諸貢録
海昌科名錄一卷　清末戴耕耘抄本　吳昶跋　一冊

330000－1701－0108392　G011373　史部/傳記類/職官録之屬/總録
[清光緒三十四年冬季]大清搢紳全書四卷　清光緒三十四年(1908)京都榮寶齋刻本　四冊

330000－1701－0108393　G011482　史部/傳記類/職官録之屬/總録
大清搢紳全書四卷　清刻本　二冊　存二卷(二至三)

330000－1701－0108394　G011483　史部/傳

記類/職官録之屬/總録

大清搢紳全書四卷 清刻本 一册 存一卷(三)

330000－1701－0108395 G011484 史部/傳記類/職官録之屬/總録

大清搢紳全書四卷 清榮禄堂刻本 一册 存一卷(二)

330000－1701－0108396 G011420 子部/宗教類/道教之屬/雜著

邱祖全書一卷 (元)丘處機撰 清刻本 一册

330000－1701－0108397 G011520 子部/藝術類/遊藝之屬/聯語

朱士恒集聯一卷 (清)朱升輔集 清光緒二十四年(1898)稿本 一册

330000－1701－0108398 G009950 史部/政書類/公牘檔册之屬

稟啓彙存不分卷 清末抄本 一册

330000－1701－0108399 G009951 集部/別集類/清別集

吴幕府稿不分卷 (清)吴其康撰 稿本 一册

330000－1701－0108400 G011485 史部/傳記類/職官録之屬/總録

[清宣統二年夏季]大清最新搢紳錄四卷 清宣統二年(1910)榮禄堂刻本 一册 存一卷(四)

330000－1701－0108401 G011521 子部/藝術類/書畫之屬

邵鄂庭書東坡文一卷 (清)邵韡書 清抄本 一册

330000－1701－0108402 G009952 集部/別集類/清別集

詩稿不分卷 清末稿本 一册

330000－1701－0108403 G011486 史部/傳記類/職官録之屬/總録

大清搢紳全書四卷 清榮錄堂刻本 一册 存一卷(二)

330000－1701－0108404 G011421 集部/別集類/清別集

翠微吟館詩集二卷 (清)湯岬撰 清光緒六年(1880)刻本 一册

330000－1701－0108405 G011487 史部/傳記類/職官録之屬/總録

大清搢紳全書四卷 清榮錄堂刻本 一册 存一卷(三)

330000－1701－0108406 G009953 集部/別集類/清別集

賦鈔不分卷 稿本 一册

330000－1701－0108407 G011562 集部/總集類/課藝之屬

時文不分卷 清末稿本 一册

330000－1701－0108408 G011488 史部/傳記類/職官録之屬/總録

大清搢紳全書四卷 清榮錄堂刻本 一册 存一卷(三)

330000－1701－0108409 G011489 史部/傳記類/職官録之屬/總録

大清搢紳全書四卷 清榮錄堂刻本 一册 存一卷(二)

330000－1701－0108410 G009954 子部/藝術類/書畫之屬

唐人法楷不分卷 清抄本 一册

330000－1701－0108411 G011422 子部/宗教類/道教之屬/戒律

太上感應篇直講註釋不分卷 清道光三十年(1850)芹香齋刻本 一册

330000－1701－0108412 G011563 集部/別集類/宋別集

蘇詩諸家註輯錄□□卷 (宋)蘇軾撰 (宋)施元之 (清)查慎行 (清)王文誥 (清)馮應榴註 稿本 一册 存四卷(四十二至四十五)

330000－1701－0108413 G011490 史部/傳

記類/職官録之屬/總録
大清搢紳全書四卷 清榮錄堂刻本 一册
存一卷(三)

330000-1701-0108414 G011564 史部/金石類/璽印之屬
周秦古鉨不分卷 吴隱輯 清光緒二十一年(1895)西泠印社鈐印本 二册

330000-1701-0108415 G011565 子部/宗教類/佛教之屬
護生篇一卷 (明)趙宧光撰 **雲棲大師戒殺文七條一卷** 清乾隆十九年(1754)山陽聞思寺釋聚用、釋涵空刻本 一册

330000-1701-0108416 G011522 子部/宗教類/道教之屬
女丹經一卷 清光緒十三年(1887)刻本 一册

330000-1701-0108417 G011491 史部/傳記類/職官録之屬/總録
大清搢紳全書四卷 清榮祿堂刻本 一册
存一卷(二)

330000-1701-0108418 G011492 史部/傳記類/職官録之屬/總録
大清搢紳全書四卷 清榮祿堂刻本 一册
存一卷(三)

330000-1701-0108419 G009956 集部/別集類/清別集
碧桃花館偶唫不分卷 (清)岑應麐撰 稿本 陶濬宣、賀揚靈題記 一册

330000-1701-0108420 G011523 集部/總集類/尺牘之屬
琴齋先生尺牘□□不分卷 清末抄本 一册

330000-1701-0108421 G011493 史部/傳記類/職官録之屬/總録
大清搢紳全書四卷 清榮祿堂刻本 一册
存一卷(三)

330000-1701-0108422 G011494 史部/傳記類/職官録之屬/總録
大清中樞備覽二卷 清榮錄堂刻本 一册
存一卷(下)

330000-1701-0108423 G011524 子部/小說家類/雜事之屬
筆記小說不分卷 清抄本 一册

330000-1701-0108424 G011566 子部/儒家類/儒學之屬
立命說一卷 (明)袁黃撰 **準提咒受持宜規一卷功過格一卷** 清乾隆二十年(1755)釋聚用刻本 二册

330000-1701-0108425 G009958 經部/小學類/音韻之屬/韻書
增註字類標韻六卷 (清)華綱撰 (清)范多玨重訂 清刻本 一册

330000-1701-0108426 G011495 子部/小說家類/雜事之屬
釋辭雜纂不分卷 清抄本 一册

330000-1701-0108427 G011525 子部/雜著類/雜說之屬
語錄摘抄一卷 (清)李光地 (清)孫襄等撰 清抄本 一册

330000-1701-0108428 G011526 類叢部/叢書類/彙編之屬
名物彙考一卷 稿本 一册

330000-1701-0108429 G011496 子部/宗教類/道教之屬
日夜無黎明道教唱詞一卷 清同治元年(1862)抄本 一册

330000-1701-0108430 TW90001-TW90269 類叢部/叢書類/彙編之屬
文瀾閣四庫全書補抄零本二百五十三種 (清)永瑢 (清)紀昀等纂修 清光緒、民國抄本 五百六十六册

330000-1701-0108431 G011424 史部/地理類/方志之屬/郡縣志
[光緒]西充縣志十四卷圖一卷 (清)高培穀修 (清)劉藻纂 清光緒二年(1876)刻本

六冊

330000－1701－0108432　G011527　史部/政書類/公牘檔冊之屬

同治浙江省府縣職官表不分卷　清同治稿本　一冊

330000－1701－0108433　G011497　史部/傳記類/總傳之屬/通代

釋道儒三教人物聖誕得道表不分卷　清刻本　一冊

330000－1701－0108434　G009959　集部/別集類/清別集

有正味齋尺牘二卷　（清）吴錫麒撰　清光緒二年(1876)西齋別墅刻本　一冊

330000－1701－0108435　G011498　子部/藝術類/篆刻之屬/印譜

壽言印譜一卷　清鈐印本　一冊

330000－1701－0108436　G011528　集部/別集類/清別集

手談一卷　（清）嚚嚚老人撰　清道光四年(1824)刻本　一冊

330000－1701－0108437　G011567　子部/雜著類/雜纂之屬

勸戒續録六卷　（清）梁恭辰撰　清光緒二十年(1894)歸安施氏刻本　一冊　存三卷(一至三)

330000－1701－0108438　G010056　新學/算學/數學

格物雜抄不分卷　清末抄本　一冊

330000－1701－0108439　G011568　集部/總集類/選集之屬/通代

古文讀□□卷　清刻本　一冊　存二卷(二至三)

330000－1701－0108440　G011425　類叢部/叢書類/彙編之屬

津河廣仁堂叢書八十四種　（清）□□編　清光緒津河廣仁堂刻本　一冊　存二種

330000－1701－0108441　G010057　子部/醫家類/方書之屬

藥方不分卷　清抄本　一冊

330000－1701－0108442　G009961　史部/傳記類/總傳之屬

滬上百美新詠一卷附滬上評花新録一卷壬午花朝豔榜一卷二十四鬟果然品味録一卷續二十四女花品一卷　（清）湘湖仙史録　清末刻朱墨套印本　一冊

330000－1701－0108444　G010058　史部/紀傳類/正史之屬

史記一百三十卷　（漢）司馬遷撰　（南朝宋）裴駰集解　（唐）司馬貞索隱　（唐）張守節正義　清末石印本　一冊　存五卷(三十七至四十一)

330000－1701－0108445　G011569　史部/目録類/總録之屬/私撰

書目答問補正五卷國朝著述諸家姓名略一卷　（清）張之洞撰　清末鉛印本　二冊

330000－1701－0108446　G010062　史部/政書類/公牘檔冊之屬

會稽嵊縣稟文不分卷　清光緒抄本　一冊

330000－1701－0108448　G011570　子部/叢編

二十二子(二十二子彙函)　（清）浙江書局編　清光緒元年至三年(1875－1877)浙江書局刻本　一冊　存一種

330000－1701－0108449　G010064　子部/藝術類/遊藝之屬/聯語

楹聯彙存一卷　（清）蔣鴻藻撰　清末稿本　一冊

330000－1701－0108450　G010065　子部/小説家類/雜事之屬

夢蕉漫記不分卷　稿本　一冊

330000－1701－0108451　G010066　史部/政書類/律令之屬

奉爲圭臬不分卷　清抄本　一冊

330000－1701－0108452　G011572　子部/農

家農學類/蠶桑之屬

泰西育蠶新法十卷附一卷 （清）張坤德譯　清光緒二十四年(1898)強齋石印本　一冊

330000－1701－0108453　G010067　集部/總集類/尺牘之屬

竹齋友朋信札不分卷　清末抄本　一冊

330000－1701－0108454　G011573　子部/儒家類/儒學之屬/性理

近思續錄十四卷　（宋）蔡模輯　清康熙二十八年(1689)呂氏天蓋樓刻本　一冊

330000－1701－0108455　G009963　史部/時令類

增廣詳註月令粹編二十四卷圖說一卷　（清）秦嘉謨輯　（清）管斯駿增編　清光緒十五年(1889)吳縣管氏管可壽齋鉛印本　四冊　存五卷(二十至二十四)

330000－1701－0108456　G011529　史部/詔令奏議類/奏議之屬

科場條例奏摺一卷　（清）禮部撰　清光緒刻本　一冊

330000－1701－0108457　G011530　史部/政書類/儀制之屬/典禮

臨水尊經閣祀典錄二卷　（清）金衍宗輯　清咸豐三年(1853)甌江學舍刻本　一冊

330000－1701－0108458　G011531　子部/儒家類/儒學之屬/禮教

五種遺規輯要　（清）陳弘謀輯並撰　（清）楊恩澍等輯　清同治九年(1870)龍山書院刻本　一冊　存一種

330000－1701－0108459　G011532　子部/藝術類/書畫之屬/畫譜

點石齋畫報初集十卷二集十二卷三集八卷四集六卷五集四卷六集四卷後附淞隱漫錄十二卷續錄五卷漫遊隨錄三卷風箏誤一卷閨媛叢錄一卷點石齋叢鈔一卷乘龍佳話一卷藹園謎賸一卷　（清）尊聞閣主人輯　清光緒二十三年(1897)石印本　三冊　存三卷(初集二、七至八)

330000－1701－0108460　G011533　集部/總集類/課藝之屬

時文選不分卷　（清）卓雲祥等撰　清抄本　一冊

330000－1701－0108461　G011534　新學/報章

申報論一卷　清光緒十三年(1887)鉛印本　一冊

330000－1701－0108462　G011428　經部/小學類/文字之屬/說文/傳說

汲古閣說文訂一卷　（清）段玉裁撰　清光緒九年(1883)歸安姚氏刻咫進齋叢書本　清公蓼、清知同題記　一冊

330000－1701－0108463　G011574　子部/天文曆算類/算書之屬

八線對數表不分卷　清刻朱墨套印本　三冊

330000－1701－0108464　G011575　史部/傳記類/科舉録之屬/歷科登科録

[光緒丁丑科]會試硃卷一卷　（清）戴兆春撰　清光緒刻本　一冊

330000－1701－0108465　G011535　子部/術數類/占卜之屬

占卜書不分卷　清抄本　一冊

330000－1701－0108466　G011576　史部/地理類/輿圖之屬

圓圖橫圖一卷海國沿革圖一卷漢魏唐西域沿革圖一卷元代疆域圖一卷　清末刻本　一冊

330000－1701－0108467　G011430　集部/別集類/明別集

凝翠集五卷　（明）王元翰撰　清嘉慶五年(1800)寧州王文煥樹德堂刻本　楊化中觀款　一冊　存一卷(詩集)

330000－1701－0108468　G011577　史部/地理類/方志之屬/郡縣志

廣德志不分卷　稿本　一冊

330000－1701－0108469　G011536　子部/雜著類/雜纂之屬

勸戒近録六卷續録六卷三録六卷四録六卷 (清)梁恭辰撰 清同治六年(1867)刻本 五冊 缺九卷(續録一至三、三録一至三、四録一至三)

330000-1701-0108470 G011578 子部/雜著類/雜纂之屬
雜纂不分卷 稿本 一冊

330000-1701-0108471 G009965 史部/雜史類/斷代之屬
皇朝紀略一卷 (清)何琪輯 清光緒二十七年(1901)上海普通學書室鉛印本 一冊

330000-1701-0108472 G011579 集部/別集類/清別集
詩稿不分卷 稿本 一冊

330000-1701-0108473 G011537 子部/儒家類/儒學之屬/禮教
童子禮一卷 (明)屠羲英撰 清抄本 一冊

330000-1701-0108474 G011431 子部/雜著類/雜說之屬
辟火珠一卷附禳避火災妙法一卷 (清)高宗元撰 清道光八年(1828)刻咸豐二年(1852)印本 一冊

330000-1701-0108475 G011580 集部/別集類/清別集
詩文稿不分卷 稿本 一冊

330000-1701-0108476 G010068 集部/戲劇類/傳奇之屬
戲劇彙抄不分卷 清末抄本 一冊

330000-1701-0108477 G011552 史部/政書類/公牘檔冊之屬
興源畐一卷 清末木活字印本 一冊

330000-1701-0108478 G011538 子部/宗教類/佛教之屬
蓮花筏四卷 (清)陳文述撰 清道光十六年(1836)刻本 二冊

330000-1701-0108479 G011432 類叢部/叢書類/郡邑之屬
海昌叢載三十二種 (清)羊復禮編 清光緒海昌羊氏傳卷樓粤東刻本 一冊 存一種

330000-1701-0108480 G011553 史部/政書類/公牘檔冊之屬
東洲賓興堂冊□□卷 清道光木活字印本 一冊 存一卷(一)

330000-1701-0108481 G011539 子部/儒家類/儒學之屬/禮教/家訓
家庭講話三卷 (清)陸一亭撰 清道光九年(1829)姑蘇朱文軒、錢塘李郇雨刻本 一冊

330000-1701-0108482 G010069 史部/地理類/雜志之屬
禹川版籍一卷 清末抄本 一冊

330000-1701-0108483 G011554 史部/政書類/公牘檔冊之屬
重光義學志□□卷 清末木活字印本 二冊 存二卷(三至四)

330000-1701-0108484 G010070 史部/政書類/公牘檔冊之屬
邸報不分卷(清光緒三十三年) 清光緒木活字印本 一冊

330000-1701-0108485 G011433 史部/詔令奏議類/奏議之屬
出使經費摺一卷 清光緒鉛印本 一冊

330000-1701-0108486 G011555 史部/政書類/公牘檔冊之屬
東洲敬教堂冊不分卷 清咸豐九年(1859)木活字印本 二冊

330000-1701-0108487 G010071 子部/雜著類/雜說之屬
雜稿不分卷 清抄本 一冊

330000-1701-0108488 G011556 史部/政書類/公牘檔冊之屬
中學登瀛堂冊三卷 清光緒三十三年(1907)木活字印本 二冊

330000-1701-0108489 G010072 史部/政書類/公牘檔冊之屬

浙省兵餉蠲卹雜支章程不分卷　清末抄本　一册

330000－1701－0108490　G011557　史部/政書類/公牘檔册之屬

中學登瀛堂册三卷　清光緒三十三年(1907)木活字印本　二册

330000－1701－0108491　G010073　集部/别集類/清别集

糊塗夢隱詩稿不分卷　(清)糊塗夢隱撰　清光緒二十五年(1899)稿本　一册

330000－1701－0108492　G011541　史部/目録類/總録之屬/私撰

書目答問五卷别錄一卷别目一卷國朝著述諸家姓名略一卷　(清)張之洞撰　清刻本　一册　存六卷(子部、集部、叢目、别錄、别目、國朝箸述諸家姓名略)

330000－1701－0108493　G011434　子部/儒家類/儒學之屬/蒙學

三字經訓詁一卷　(清)王相撰　清上海大魁堂楨記刻本　一册

330000－1701－0108494　G011558　史部/政書類/公牘檔册之屬

興源圖册□□卷　(清)張元統等撰　清光緒七年(1881)木活字印本　一册　存一卷(一)

330000－1701－0108495　G010074　集部/别集類/清别集

安禪隨筆不分卷　(清)糊塗夢隱撰　清末稿本　一册

330000－1701－0108496　G011559　史部/傳記類/總傳之屬/家乘

[江西宜春]袁郡蕭氏祠册不分卷　(清)□□纂修　清道光二十六年(1846)積厚堂木活字印本　一册

330000－1701－0108497　G010075　集部/别集類/清别集

還淳餘韻不分卷　(清)糊塗夢隱撰　清末稿本　一册

330000－1701－0108498　G010076　集部/總集類/課藝之屬

江漢炳靈集五集□□卷　(清)張之洞輯　清同治九年(1870)刻本　二册　存二卷(第一集上、下)

330000－1701－0108499　G011560　史部/傳記類/總傳之屬/家乘

[湖南]湖南黃氏祠館紀略五卷首一卷末一卷　(清)黃運昌等纂修　**黃氏總祠己酉後維護始末記一卷**　清光緒十七年(1891)黃氏總祠刻本　四册

330000－1701－0108500　G009968　子部/宗教類/道教之屬/戒律

太上寶筏圖說八卷首一卷　(清)黃正元纂　(清)毛金蘭補　清光緒十八年(1892)上海同文書局石印本　八册

330000－1701－0108501　G011435　子部/宗教類/道教之屬/神符

文昌大洞治瘟寶籙二卷辟禳瘟疫驗方一卷　(清)劉體恕輯　清同治三年(1864)刻本　一册

330000－1701－0108502　G010077　集部/總集類/課藝之屬

江漢炳靈集五集□□卷　(清)張之洞輯　清同治九年(1870)刻本　三册　存一卷(第一集上)

330000－1701－0108503　G011542　史部/傳記類/總傳之屬/家乘

□氏家乘不分卷　清末抄本　一册

330000－1701－0108504　G009969　史部/紀事本末類

歷朝紀事本末九種　(清)陳如升　(清)朱記榮輯　(清)慎記主人增輯　清末上海玉麟書局石印本　五十三册　缺十八卷(宋史紀事本末一至十八)

330000－1701－0108505　G011436　子部/宗教類/佛教之屬

大方廣圓覺修多羅了義經一卷　(唐)釋佛陀

多羅譯　清康熙十九年(1680)刻本　一冊

330000－1701－0108506　G011544　子部/宗教類/佛教之屬
紫梅淑安周禪師盋盂柄一卷　(□)釋智教、釋智孔編　明末刻本　一冊

330000－1701－0108507　G011545　子部/小說家類/雜事之屬
剪桐載筆一卷　(明)王象晉纂　明崇禎毛晉汲古閣刻本　一冊

330000－1701－0108508　G011437　子部/宗教類/佛教之屬/經
佛說阿彌陀經二卷　(三國吳)釋支謙譯　清光緒五年(1879)常熟刻經處刻本　一冊

330000－1701－0108509　G011546　子部/儒家類/儒學之屬/性理
御纂性理精義十二卷　(清)李光地等纂修　清刻本　六冊

330000－1701－0108510　G011547　史部/目録類/書志之屬/提要
可廬著述十種敘例一卷　(清)錢大昭撰　**既勤著述七種敘例一卷**　(清)錢東垣撰　清道光錢氏得自怡齋刻本　一冊

330000－1701－0108511　G011438　子部/宗教類/佛教之屬/經
阿彌陀鼓音聲王陀羅尼經一卷　清光緒八年(1882)金陵刻經處刻本　一冊

330000－1701－0108512　G011548　集部/別集類/清別集
懶雲樓詩艸一卷　稿本　一冊

330000－1701－0108513　G011549　集部/別集類/清別集
鼎翰詩草一卷　(清)□鼎翰撰　稿本　清程運達、清桂徵題記　一冊

330000－1701－0108514　G011439　子部/雜著類/雜說之屬
畫□筆餘一卷宦遊漫錄一卷　稿本　一冊

330000－1701－0108515　G011452　子部/雜著類/雜說之屬
除欲究本六卷指姪斷色篇一卷　(清)董清奇撰　清嘉慶十八年(1813)刻本　一冊　存一卷(指姪斷色篇)

330000－1701－0108516　G011440　史部/政書類/邦計之屬
續義田記一卷　(清)湯元裕撰　清抄本　一冊

330000－1701－0108517　G010082　子部/宗教類/佛教之屬/律
方廣大莊嚴經十二卷　(唐)釋地婆訶羅譯　清刻本　一冊　存三卷(一至三)

330000－1701－0108518　G011551　集部/戲劇類
戲劇節抄不分卷　清抄本　一冊

330000－1701－0108519　G010083　集部/別集類/清別集
默齋詩草二卷　(清)左賡虞撰　(清)左兆薇　(清)左元履編　清光緒十一年(1885)刻本　二冊

330000－1701－0108520　G011453　子部/宗教類/道教之屬/戒律
太上感應篇直講一卷　參刻善過格鸞訓一卷　清末刻本　一冊

330000－1701－0108521　G010084　史部/目録類/總録之屬/私撰
小書巢藏書記不分卷　清光緒七年(1881)稿本　一冊

330000－1701－0108522　G011454　子部/宗教類/佛教之屬/經疏
大方廣佛華嚴經著述集要二十三種　(清)楊文會輯　清同治八年至民國六年(1869－1917)如皋刻經處、雞園刻經處、長沙刻經處、金陵刻經處等刻本　二冊　存十一種

330000－1701－0108523　G011441　子部/宗教類/佛教之屬/經疏
金剛經註釋一卷　(清)延陵青山子編　清同治四年(1865)刻本　一冊

330000－1701－0108524　G010085　集部/總集類/郡邑之屬
紹郡詩目不分卷　清抄本　二冊

330000－1701－0108525　G010086　史部/傳記類/別傳之屬
報答生平冊題詞不分卷　清宣統三年(1911)石印本　一冊

330000－1701－0108526　G010087　集部/別集類/清別集
蘇甘廊手翰不分卷　(清)杜煦撰　徐維則編　稿本　一冊

330000－1701－0108527　G011442　子部/儒家類/儒學之屬
孔氏家語十卷　(三國魏)王肅注　清吳郡寶翰樓刻本　二冊

330000－1701－0108528　G011455　子部/藝術類/遊藝之屬/棋弈
近弈存抄不分卷　稿本　一冊

330000－1701－0108529　G010088　類叢部/叢書類/彙編之屬
廣雅書局叢書一百五十九種　徐紹棨編　清光緒廣雅書局刻民國九年(1920)番禺徐紹棨彙編重印本　八冊　存四種

330000－1701－0108530　G011456　子部/藝術類/書畫之屬/法帖
偶園主人墨妙一卷　清宣統元年(1909)京華書局石印本　一冊

330000－1701－0108531　G011457　新學/報章
湘學報類編不分卷　(清)湘督學使署編　清光緒二十四年(1898)刻本　一冊

330000－1701－0108532　G011458　史部/傳記類/別傳之屬/事狀
皇清誥授榮祿大夫按察使銜加三級禮學館纂修官浙江候補道翰林院庶吉士先考⿱木⿱去皿府君[孫鼎烈]事狀一卷　(清)孫藩圻撰　清宣統二年(1910)石印本　一冊

330000－1701－0108533　G011443　史部/政書類/邦交之屬
德國船廠免稅章程一卷　清末刻本　一冊

330000－1701－0108534　G011444　史部/政書類/邦交之屬
大清國大英國續議滇緬界務商務條款一卷　清末刻本　一冊

330000－1701－0108535　G011459　子部/雜著類/雜說之屬
簷曝雜記六卷　(清)趙翼撰　清刻本　一冊

330000－1701－0108536　G011445　史部/政書類/邦交之屬
摘錄各國條約一卷　清末刻本　一冊

330000－1701－0108538　G011446　史部/政書類/邦交之屬
中日馬關新約一卷　清光緒刻本　一冊

330000－1701－0108539　G011447　子部/宗教類/道教之屬/戒律
太上感應篇集傳四卷　(清)惠棟箋　(清)俞樾纘義　(清)姚學塽注　清光緒二十五年(1899)刻本　二冊

330000－1701－0108540　G011460　史部/紀傳類/別史之屬
東都事略一百三十卷　(宋)王偁撰　清光緒九年(1883)淮南書局刻本　八冊

330000－1701－0108541　G011448　類叢部/叢書類/自著之屬
桐閣全書二十四種　(清)李元春撰　清道光至咸豐刻本　二冊　存一種

330000－1701－0108542　G011461　經部/四書類/總義之屬/傳說
正蒙四書　(宋)朱熹集註　清刻本　六冊

330000－1701－0108543　G011449　史部/政書類/儀制之屬/典禮
聖廟祀典圖考五卷首一卷附崇聖祠攷一卷聖蹟圖一卷孟子聖蹟圖一卷　(清)顧沅撰　清道光六年(1826)刻本　一冊　存三卷(崇聖

祠攷、聖蹟圖、孟子聖蹟圖）

330000－1701－0108544　SBC2950　子部/宗教類/佛教之屬/大藏

永樂南藏　明永樂刻明清續刻本　八百三十九册　存二百八十五種

330000－1701－0108545　G011451　子部/醫家類/婦科之屬/產科

胎產秘書三卷附保嬰要訣一卷續集小兒諸方一卷　（清）錢□□撰　清光緒元年（1875）長沙馮卓懷木活字印本　一册

330000－1701－0108546　G612359　史部/詔令奏議類/奏議之屬

南海先生五上書記一卷　康有爲撰　清光緒二十三年（1897）上海大同譯書局石印本　一册

330000－1701－0108547　G011594　史部/叢編

史學小叢書　清光緒上海廣智書局鉛印本　一册　存一種

330000－1701－0108548　G612360　史部/詔令奏議類/奏議之屬

南海先生五上書記一卷　康有爲撰　清光緒二十三年（1897）上海大同譯書局石印本　一册

330000－1701－0108550　G011596　集部/別集類/清別集

潛研堂文集□□卷　（清）錢大昕撰　清刻本　二册　存五卷（卷端題"傳一"、"傳"、"書一"、"書二"、"書三"者）

330000－1701－0108551　G612362　類叢部/叢書類/自著之屬

王漁洋遺書三十八種　（清）王士禛撰　清刻本　一册　存一種

330000－1701－0108552　G612363　類叢部/叢書類/自著之屬

王漁洋遺書三十八種　（清）王士禛撰　清刻本　一册　存一種

330000－1701－0108553　G612364　經部/小學類/文字之屬/說文/專著

六書叚借經徵四卷　（清）朱駿聲撰　清光緒十八年（1892）元和朱氏金陵刻本　一册　存一卷（三）

330000－1701－0108554　G612365　集部/別集類/清別集

愚谷文存續編二卷　（清）吳騫撰　清嘉慶十九年（1814）刻本　高振書題簽並記　一册

330000－1701－0108555　G011598　類叢部/叢書類/自著之屬

道古堂外集十種　（清）杭世駿撰　清乾隆五十三年（1788）補史亭刻本　一册　存一種

330000－1701－0108556　G612366　史部/地理類/方志之屬/郡縣志

[光緒]寧遠縣志八卷　（清）張大煦修　（清）歐陽澤闓纂　清光緒二年（1876）崇正書院刻本　四册

330000－1701－0108557　G612367　史部/地理類/方志之屬/郡縣志

[光緒]寧遠縣志八卷　（清）張大煦修　（清）歐陽澤闓纂　清光緒二年（1876）崇正書院刻本　三册　存三卷（一至三）

330000－1701－0108558　G011600　史部/地理類/方志之屬/郡縣志

[道光]直隸靖州志十二卷首一卷　（清）魏德畹纂修　（清）隆恩續修　（清）汪尚友續纂　清道光十七年（1837）刻本　十四册

330000－1701－0108562　SBC2951　子部/宗教類/佛教之屬/經

大方廣佛華嚴經八十卷　（唐）釋實叉難陀譯　明萬曆刻本　六十四册　存六十五卷（一至七、九至二十五、三十一至三十二、三十四、三十六至四十、四十二至五十、五十六至六十五、六十七至八十）

330000－1701－0108567　普 017.43/3239.2/c3　史部/目録類/總録之屬/官修

浙江藏書樓甲編書目不分卷乙編書目不分卷

楊復編　清光緒三十三年(1907)鉛印本　三冊

330000－1701－0108568　SBC2952　子部/宗教類/佛教之屬/經

大方廣佛華嚴經八十卷　(唐)釋實叉難陀譯　明刻本　四十五冊　存四十五卷(五、七、十、十二、十四、十六、十九、二十一至二十三、二十五、二十七至三十、三十三、三十六至三十八、四十二至四十五、四十七至四十八、五十、五十三至五十四、五十六至六十二、六十四、六十七至七十、七十三至七十六、七十九)

330000－1701－0108569　SBC2953　子部/宗教類/佛教之屬/經

大方廣佛華嚴經八十卷　(唐)釋實叉難陀譯　明刻本　七冊　存五卷(十六、二十二、二十五、七十四至七十五)

330000－1701－0108570　SBC2954　子部/宗教類/佛教之屬/經

大方廣佛華嚴經八十卷　(唐)釋實叉難陀譯　**復菴和尚華嚴綸貫一卷**　(宋)釋復菴撰　明刻本　清釋瑞宏跋　清金定慧題記　七十冊　存六十卷(一至五、八至九、十一至十六、十八至十九、二十一至三十四、三十六至四十三、四十五至四十七、六十至七十二、七十四至七十七、七十九至八十、復菴和尚華嚴綸貫)

330000－1701－0108571　SBC2960　子部/宗教類/佛教之屬/經

大方廣佛華嚴經八十卷　(唐)釋實叉難陀譯　清道光二十七年(1847)抄本　十六冊　存十六卷(一、十至十一、十七、十九至二十、三十九、四十四至四十五、四十八、五十、五十七、六十、六十三、六十九、七十五)

330000－1701－0108572　SBC2955　子部/宗教類/佛教之屬/經

大方廣佛華嚴經八十卷　(唐)釋實叉難陀譯　**復菴和尚華嚴綸貫一卷**　(宋)釋復菴撰　明刻本　三十八冊　存三十八卷(五、八、十二至十五、二十一至二十六、二十八、三十、三十三至三十五、三十七、四十至四十二、四十七至四十八、五十至五十二、五十五至五十六、六十至六十一、六十三、六十六、七十至七十一、七十五、七十七、八十、復菴和尚華嚴綸貫)

330000－1701－0108573　SBC2959　子部/宗教類/佛教之屬/經

大方廣佛華嚴經八十卷　(唐)釋實叉難陀譯　**復菴和尚華嚴綸貫一卷**　(宋)釋復菴撰　清抄本　四十冊　存四十卷(一至二、五、八、十至十一、十三、十五、二十至二十一、二十四至二十七、三十二、三十五至三十六、三十九至四十、四十二、四十五、四十七至五十一、五十七至五十八、六十二至六十三、六十五至六十六、六十八、七十一、七十三、七十五至七十七、七十九、復菴和尚華嚴綸貫)

330000－1701－0108574　SBC2956　子部/宗教類/佛教之屬/經

大方廣佛華嚴經八十卷　(唐)釋實叉難陀譯　**復菴和尚華嚴綸貫一卷**　(宋)釋復菴撰　明刻本　十五冊　存十六卷(十五、二十一至二十六、三十、三十四、四十一至四十二、五十二、六十至六十一、七十一、復菴和尚華嚴綸貫)

330000－1701－0108575　SBC2957　子部/宗教類/佛教之屬/經

大方廣佛華嚴經八十卷　(唐)釋實叉難陀譯　明刻本　四冊　存四卷(二十一、二十五至二十六、七十一)

330000－1701－0108576　SBC2958　子部/宗教類/佛教之屬/經

大方廣佛華嚴經八十卷　(唐)釋實叉難陀譯　明刻本　三冊　存三卷(二十五至二十六、六十)

330000－1701－0108577　SBC2961　子部/宗教類/佛教之屬/經

大方廣佛華嚴經八十卷　(唐)釋實叉難陀譯　明刻本　十八冊　存十八卷(二十六至三十二、五十七至六十一、六十四至六十七、七

十至七十一)

330000－1701－0108578 SBC2962 子部/宗教類/佛教之屬

慈悲道場懺法十卷 (南朝梁)武帝蕭衍撰 明刻本 七册 存七卷(二、四至七、九至十)

330000－1701－0108579 SBC2963 子部/宗教類/佛教之屬/經

大乘本生心地觀經八卷 (唐)釋般若等譯 明刻本 明趙良相題記 三册 存三卷(二至三、六)

330000－1701－0108580 SBC2964 子部/宗教類/佛教之屬/經

大般涅槃經四十卷 (晉)釋曇無讖譯 清刻本 三十册 存三十卷(一、四至五、七至八、十二、十四至十七、十九至二十八、三十至三十四、三十六至四十)

330000－1701－0108581 SBC2965 子部/宗教類/佛教之屬/經

大佛頂如來密因修證了義諸菩薩萬行首楞嚴經十卷 (唐)釋般刺密帝譯 (唐)釋彌伽釋迦譯語 (唐)房融筆受 明刻本 七册 存七卷(一至四、六至八)

330000－1701－0108582 SBC2966 子部/宗教類/佛教之屬/經

大佛頂如來密因修證了義諸菩薩萬行首楞嚴經十卷 (唐)釋般刺密帝譯 (唐)釋彌伽釋迦譯語 (唐)房融筆受 清抄本 一册 存一卷(二)

330000－1701－0108583 G011601 史部/紀傳類/正史之屬

三國志辨誤三卷 清光緒秀水莊氏蘭味軒抄本 清莊祖基題記 一册

330000－1701－0108584 G612374 史部/紀傳類/正史之屬

十七史 (明)毛晉編 明崇禎元年至十七年(1628－1644)毛氏汲古閣刻本 一册 存一種

330000－1701－0108586 SBC2967 子部/宗教類/佛教之屬

慈悲道場懺法十卷 (南朝梁)武帝蕭衍撰 明刻本 九册 缺一卷(六)

330000－1701－0108587 SBC2968 子部/宗教類/佛教之屬

慈悲道場懺法十卷 (南朝梁)武帝蕭衍撰 明刻本 四册 存四卷(二至四、七)

330000－1701－0108589 G011610 史部/地理類/輿圖之屬/郡縣

蘇省輿地圖說不分卷 (清)丁日昌修 (清)褚成績等纂 清同治刻本 四册

330000－1701－0108590 G612375 集部/別集類/清別集

春臥庵詩稿二卷 (清)袁河撰 清光緒二十年(1894)刻本 二册

330000－1701－0108591 SBC2980 子部/宗教類/佛教之屬/經

千佛名經三卷 清刻本 一册 存一卷(下)

330000－1701－0108592 SBC2981 子部/宗教類/佛教之屬/經

千佛名經三卷 清刻本 一册 存一卷(上)

330000－1701－0108593 G612371 子部/藝術類/書畫之屬/畫譜

詩品畫譜不分卷 (清)諸乃方輯 清光緒十三年(1887)晚翠草堂石印本 一册

330000－1701－0108594 SBC2969 子部/宗教類/佛教之屬

慈悲道場懺法十卷 (南朝梁)武帝蕭衍撰 明刻本 二册 存二卷(二至三)

330000－1701－0108595 G011609 子部/宗教類/佛教之屬/經

大方廣佛華嚴經入不思議解脱境界普賢行願品一卷 (唐)釋般若譯 清抄本 一册

330000－1701－0108596 SBC2982 子部/宗教類/佛教之屬/經

千佛名經三卷 清刻本 一册 存一卷(上)

330000－1701－0108597 G612370 子部/宗

教類/佛教之屬/經咒
大悲懺儀合節一卷　清刻本　一冊

330000－1701－0108598　SBC2970　子部/宗教類/佛教之屬
慈悲道場懺法十卷　（南朝梁）武帝蕭衍撰　清刻本　六冊　存六卷（二至四、六至七、十）

330000－1701－0108599　SBC2983　子部/宗教類/佛教之屬/經
千佛名經三卷　清刻本　一冊　存一卷（下）

330000－1701－0108601　G011608　子部/宗教類/佛教之屬
復菴和尚華嚴綸貫一卷　（宋）釋復菴撰　清光緒四年（1878）刻本　一冊

330000－1701－0108602　SBC2971　子部/宗教類/佛教之屬
慈悲道場懺法十卷　（南朝梁）武帝蕭衍撰　清刻本　七冊　存八卷（二至六、八至十）

330000－1701－0108603　SBC2984　子部/宗教類/佛教之屬/經
未來星宿劫千佛名經一卷　清刻本　一冊

330000－1701－0108604　SBC2972　子部/宗教類/佛教之屬
慈悲道場懺法十卷　（南朝梁）武帝蕭衍撰　清刻本　二冊　存二卷（五、十）

330000－1701－0108605　SBC2985　子部/宗教類/佛教之屬/經
金剛經一卷　清刻本　一冊

330000－1701－0108606　G011607　集部/總集類/題詠之屬
海槎圖題辭一卷　（清）曹大經輯　稿本　周通彥題簽　鄭曰章跋　一冊

330000－1701－0108607　SBC2973　子部/宗教類/佛教之屬
慈悲道場懺法十卷　（南朝梁）武帝蕭衍撰　清刻本　三冊　存三卷（一、三、五）

330000－1701－0108608　SBC2986　子部/宗教類/佛教之屬
慈悲水懺法三卷　（唐）釋知玄撰　清刻本　靜機題記　一冊　存一卷（下）

330000－1701－0108609　G011606　集部/別集類/清別集
襟上酒痕集一卷　（清）曹大經撰　稿本　清汪澍觀款　鄭曰章跋　一冊

330000－1701－0108611　M611460　類叢部/叢書類/彙編之屬
崇文書局彙刻書三十一種　（清）崇文書局編　清光緒元年至三年（1875－1877）湖北崇文書局刻民國元年（1912）鄂官書處重印本　一冊　存一種

330000－1701－0108612　SBC2974　子部/宗教類/佛教之屬
慈悲道場懺法十卷　（南朝梁）武帝蕭衍撰　清刻本　一冊　存一卷（三）

330000－1701－0108613　G011605　子部/宗教類/佛教之屬
大方廣佛華嚴經一卷　（唐）釋實叉難陀譯　清石印本　一冊

330000－1701－0108614　SBC2987　子部/宗教類/佛教之屬
慈悲金剛般若懺法三卷　清光緒三年（1877）昭慶慧空經房刻本　一冊

330000－1701－0108615　G612377　類叢部/叢書類/彙編之屬
崇文書局彙刻書三十一種　（清）崇文書局編　清光緒元年至三年（1875－1877）湖北崇文書局刻本　一冊　存一種

330000－1701－0108616　SBC2975　子部/宗教類/佛教之屬
慈悲道場懺法十卷　（南朝梁）武帝蕭衍撰　清刻本　八冊　存八卷（三至十）

330000－1701－0108618　SBC2988　子部/宗教類/佛教之屬
慈悲金剛般若懺法三卷　清光緒三年（1877）昭慶慧空經房刻本　一冊　存一卷（上）

330000－1701－0108619　SBC2976　子部/宗教類/佛教之屬

慈悲道場懺法十卷　(南朝梁)武帝蕭衍撰　清刻本　三册　存三卷(四至五、八)

330000－1701－0108620　G011611　史部/傳記類/總傳之屬/姓名

歷代畫家姓氏便覽不分卷　稿本　十册

330000－1701－0108621　G612373　集部/別集類/清別集

有正味齋駢體文二十四卷詩集十六卷詞集八卷外集五卷　(清)吳錫麒撰　清嘉慶十三年(1808)刻本　一册　存六卷(駢體文一至六)

330000－1701－0108622　G612376　史部/地理類/方志之屬/通志

[道光]重纂福建通志二百七十八卷首六卷補採福建全省列女附志一卷　(清)孫爾準等修　(清)陳壽祺纂　(清)程祖洛等續修　(清)魏敬中續纂　清同治七年至十年(1868－1871)正誼書院刻本　十册　存二十三卷(二十九至五十、二百六十一)

330000－1701－0108623　SBC2977　子部/宗教類/佛教之屬

慈悲道場懺法十卷　(南朝梁)武帝蕭衍撰　清刻本　四册　存四卷(三、五、七至八)

330000－1701－0108624　SBC2978　子部/宗教類/佛教之屬

慈悲道場懺法十卷　(南朝梁)武帝蕭衍撰　清刻本　一册　存一卷(八)

330000－1701－0108625　G011612　史部/金石類/總志之屬/文字

金石文字考不分卷　清抄本　一册

330000－1701－0108626　SBC2979　子部/宗教類/佛教之屬

慈悲道場懺法十卷　(南朝梁)武帝蕭衍撰　清刻本　一册　存一卷(八)

330000－1701－0108627　G011613　史部/雜史類/斷代之屬

平定粵匪功臣戰蹟圖不分卷　(清)吳嘉猷繪　清光緒二十年(1894)石印本　一册

330000－1701－0108628　SBC2989　子部/宗教類/佛教之屬

施食□□卷　清刻本　靜機題記　一册　存一卷(上)

330000－1701－0108629　SBC2990　子部/宗教類/佛教之屬/經

本行經三卷　清刻本　一册　存一卷(中)

330000－1701－0108630　SBC2991　子部/宗教類/佛教之屬/經

妙法蓮華經七卷　(後秦)釋鳩摩羅什譯　清刻本　二册　存二卷(一、六)

330000－1701－0108631　SBC2995　子部/宗教類/佛教之屬/經

地藏經□□卷　清刻本　一册　存一卷(下)

330000－1701－0108632　SBC2992　子部/宗教類/佛教之屬/經

妙法蓮華經七卷　(後秦)釋鳩摩羅什譯　清刻本　一册　存一卷(四)

330000－1701－0108633　G011615　經部/小學類/文字之屬/字書/字典

康熙字典十二集三十六卷總目一卷檢字一卷辨似一卷等韻一卷補遺一卷備考一卷　(清)張玉書等纂修　清刻本　二册　存二卷(戌集中、酉集上)

330000－1701－0108634　G011616　史部/傳記類/職官録之屬/總録

[清光緒二十三年]大清中樞備覽二卷　清光緒二十三年(1897)松竹齋、榮寶齋刻本　二册

330000－1701－0108635　SBC2993　子部/宗教類/佛教之屬/經

妙法蓮華經七卷　(後秦)釋鳩摩羅什譯　清抄本　七册　存四卷(一、三、五至六)

330000－1701－0108637　G011648　新學/史志/別國史

支那文明史論一卷　(日本)中西牛郎撰　清

光緒二十八年(1902)普通學書室石印本 一册

330000－1701－0108638 SBC2996 子部/宗教類/佛教之屬/經
佛母大孔雀明王經三卷 (唐)釋不空譯 清刻本 二册 缺一卷(上)

330000－1701－0108639 SBC2997 子部/宗教類/佛教之屬/經
金光明經□□卷 清刻本 一册 存一卷(四)

330000－1701－0108640 G011618 史部/傳記類/職官録之屬/總録
[清光緒二十三年冬季]爵秩全覽四卷 清光緒二十三年(1897)松竹齋、榮寶齋刻本 一册 存一卷(一)

330000－1701－0108641 SBC2998 子部/宗教類/佛教之屬/經疏
大方廣圓覺經略疏科二卷 (唐)釋宗密撰 清刻本 一册

330000－1701－0108642 G011619 史部/傳記類/職官録之屬/總録
[清光緒二十三年]大清搢紳全書四卷 清光緒二十三年(1897)松竹齋、榮寶齋刻本 三册 存三卷(一至二、四)

330000－1701－0108643 SBC2999 子部/宗教類/佛教之屬/經疏
大方廣圓覺修多羅了義經略疏註二卷 (唐)釋宗密撰 明刻本 三册

330000－1701－0108644 G011620 類叢部/叢書類/彙編之屬
微波榭叢書十一種 (清)孔繼涵編 清孔氏刻彙印本 九册 存七種

330000－1701－0108646 SBC3000 子部/宗教類/佛教之屬/經
大方廣佛華嚴經□□卷 (唐)釋實叉難陀譯 清刻本 一册 存十卷(一至十)

330000－1701－0108647 G612378 新學/史志/諸國史
泰西新史攬要二十四卷 (英國)馬懇西撰 (英國)李提摩太釋 清光緒鉛印本 九册 存二十卷(一至六、八至十二、十四至二十二)

330000－1701－0108648 SBC3001 子部/宗教類/佛教之屬/經
妙法蓮華經七卷 (後秦)釋鳩摩羅什譯 清刻本 一册 存一卷(二)

330000－1701－0108649 SBC3003 子部/宗教類/佛教之屬
梵網經菩薩戒一卷 (後秦)釋鳩摩羅什譯 清刻朱印本 一册

330000－1701－0108650 SBC3002 子部/宗教類/佛教之屬/經
藥師經一卷 清刻本 一册

330000－1701－0108651 SBC2994 子部/宗教類/佛教之屬/經
藥師琉璃光如來本願功德經一卷 (唐)釋玄奘譯 清刻本 一册

330000－1701－0108652 G612381 集部/總集類/選集之屬/通代
詠物詩選八卷 (清)俞琰輯 清雍正刻本 一册 存二卷(五至六)

330000－1701－0108655 G011622 子部/藝術類/篆刻之屬/印譜
滂喜齋印集一卷 清鈐拓本 一册

330000－1701－0108656 G011623 子部/雜著類/雜編之屬
時文雜編不分卷 (清)許奉恩等撰 清鉛印本 一册

330000－1701－0108657 G011625 類叢部/叢書類/彙編之屬
融經館叢書十一種 (清)徐友蘭編 清光緒六年至十一年(1880－1885)會稽徐氏八杉齋刻本 一册 存一種

330000－1701－0108658 G011635 史部/傳

記類/職官録之屬/總録

大清搢紳全書四卷　清榮禄堂刻本　一册　存一卷(三)

330000－1701－0108659　G612384　子部/小説家類/雜事之屬

剪燈餘話三卷　(明)李禎撰　清咸豐元年(1851)刻本　一册　存一卷(二)

330000－1701－0108661　G612383　類叢部/叢書類/彙編之屬

申報館叢書正集五十七種附録三種續集一百四十二種　(清)尊聞閣主編　蔡爾康編續集　清同治至光緒上海申報館鉛印本　一册　存二種

330000－1701－0108665　G011630　史部/傳記類/總傳之屬/家乘

[浙江湖州]竹溪沈氏家乘二十卷首一卷　(清)沈秉成等纂修　清光緒十年(1884)刻本　一册　存四卷(十五、十八至二十)

330000－1701－0108666　G612390　類叢部/叢書類/彙編之屬

微波榭叢書十一種　(清)孔繼涵編　清孔氏刻彙印本　三册　存一種

330000－1701－0108669　G011638　史部/傳記類/職官録之屬/總録

大清搢紳全書不分卷　清末刻本　三册

330000－1701－0108670　G011636　史部/傳記類/職官録之屬/總録

大清搢紳全書不分卷　清刻本　一册

330000－1701－0108671　G011631　類叢部/類書類/通類之屬

欽定古今圖書集成一萬卷目録四十卷　(清)蔣廷錫　(清)陳夢雷等輯　清雍正四年(1726)内府銅活字印本　一册　存一卷(明倫彙編閨媛典三百六十九)

330000－1701－0108672　G011632　集部/别集類/清别集

審是齋詩鈔一卷　(清)楊知撰　清乾隆刻本　一册

330000－1701－0108673　G612386　史部/傳記類/日記之屬

道西齋日記二卷(清光緒十三年)　王詠霓撰　清光緒十三年(1887)青陽曹獻之、甯修刻本　一册

330000－1701－0108674　G011633　史部/傳記類/别傳之屬/事狀

奉化縣貞孝節烈婦女表微録不分卷　清抄本　一册

330000－1701－0108678　G612389　子部/醫家類/方書之屬/單方驗方

經驗方二卷　(清)沈善兼輯　清光緒二十二年(1896)柞谿沈氏擇古齋刻本　一册

330000－1701－0108684　SNB0430　子部/藝術類/書畫之屬

陶齋珍藏名人書畫扇面集七卷　清宣統三年(1911)上海商務印書館影印本　一册　存一卷(五)

330000－1701－0108686　HJHB228　子部/宗教類/佛教之屬/論疏

成唯識論觀心法要十卷　(清)釋智旭撰　清光緒二十六年(1900)揚州藏經院刻本　四册　存四卷(一、三、六、八)

330000－1701－0108689　HJHB229　子部/儒家類/儒學之屬/蒙學

普通學歌訣註□□卷　清刻本　一册　存三卷(一至三)

330000－1701－0108691　HJHB224　集部/别集類/清别集

心遠書屋小題不分卷　稿本　三册

330000－1701－0108692　HJHB230　經部/三禮總義類

三禮約編啥鳳十九卷　(清)汪基編　清刻本　一册　存三卷(周禮約編四至六)

330000－1701－0108694　HJHB239　子部/儒家類/儒學之屬/蒙學

簡明修身教科書不分卷　陸費逵　沈頤　戴克敦編纂　清宣統二年(1910)上海商務印書

館石印本　一册

330000－1701－0108700　HJHB231　子部/雜著類

玉歷鈔傳警世不分卷　清道光十五年(1835)刻本　一册

330000－1701－0108701　HJHB235　子部/宗教類/道教之屬

感應篇評註□□卷首二卷　清刻本　一册　存二卷(首一至二)

330000－1701－0108702　HJHB232　子部/宗教類/佛教之屬/經

地藏菩薩本願經一卷往生淨土要法一卷　清刻本　一册

330000－1701－0108704　HJHB236　子部/宗教類/佛教之屬/論疏

唯識開蒙問答二卷　(元)釋雲峰集　清宣統三年(1911)揚州藏經禪院刻本　一册　存一卷(一)

330000－1701－0108706　HJHB237　子部/宗教類/佛教之屬/諸宗

相宗八要直解八卷　(清)釋智旭撰　清同治九年(1870)金陵刻經處刻本　二册

330000－1701－0108713　HJLB249　新學/史志/諸國史

歷史叢書　清光緒上海商務印書館鉛印本　一册　存一種

330000－1701－0108714　HJHB263　子部/宗教類/道教之屬

感應篇經史摘典養正集評註八卷首一卷　(清)朱溶輯　(清)朱國榮續輯　(清)楊際春訂　清刻本　二册　存二卷(二至三)

330000－1701－0108720　HJHB253　類叢部/叢書類/郡邑之屬

湖州叢書十二種　(清)陸心源編　清光緒湖城義塾刻本　一册　存一種

330000－1701－0108721　HJHB251　經部/叢編

通志堂經解一百三十九種　(清)納蘭成德輯　清同治十二年(1873)粵東書局刻本　八册　存六種

330000－1701－0108723　HJHB265　經部/四書類/總義之屬/傳說

漱芳軒合纂四書體註□□卷　(清)范翔粂訂　清刻本　一册　存二卷(孟子四至五)

330000－1701－0108724　HJHB268　類叢部/叢書類/彙編之屬

貸園叢書初集十二種四十九卷　(清)周永年編　清乾隆五十四年(1789)歷城周氏竹西書屋重編印益都李文藻等刻本　一册　存一種

330000－1701－0108726　HJHB269　類叢部/類書類/通類之屬

增廣試帖玉芙蓉五卷韻目一卷類目一卷續集二卷韻目一卷類目一卷　(清)鴻寶齋主人輯　清光緒十四年(1888)上海鴻寶齋石印本　一册　存一卷(增廣試帖玉芙蓉韻目)

330000－1701－0108728　HJHB266　子部/宗教類/佛教之屬/經疏

藥師琉璃光如來本願功德經智燈疏二卷　(清)釋智生撰　清刻本　一册

330000－1701－0108730　G011639　類叢部/叢書類/自著之屬

重訂汪子遺書　(清)汪烜撰　(清)李承超編　清同治十二年(1873)曲水書局木活字印本　一册　存一種

330000－1701－0108732　HJHB255　子部/宗教類/佛教之屬/經

妙法蓮華經殘一卷　(後秦)釋鳩摩羅什譯　清宣統元年(1909)石印本　一册

330000－1701－0108735　HJHB275　集部/總集類/課藝之屬

課藝不分卷　清末抄本　四册

330000－1701－0108741　HJLB277　集部/別集類/清別集

渠亭山人半部稾四種　(清)張貞撰　清康熙

刻雍正印本　一冊　存一種

330000－1701－0108742　HJHB257　子部/醫家類/眼科之屬

啓矇真諦二種　(清)胡崧輯　清光緒二十七年(1901)嘉興許鼒龢姚賓炘刻本　一冊

330000－1701－0108743　HJLB279　子部/天文曆算類/算書之屬

偏緯校表一卷　(清)兩湖書院編　清光緒二十五年(1899)兩湖書院刻本　一冊

330000－1701－0108744　HJHB280　集部/總集類/課藝之屬

課藝不分卷　清末抄本　二冊

330000－1701－0108745　HJHB295　子部/儒家類/儒學之屬/性理

下學指南一卷　(清)周思誠撰　清同治二年(1863)湖州書隱樓刻本　一冊

330000－1701－0108746　HJHB292　新學/算學/代數

代數通藝錄十六卷　(清)方愷撰　清末石印本　一冊　存四卷(五至八)

330000－1701－0108747　HJHB291　子部/雜著類/雜說之屬

古今四大家策論十卷　(宋)何去非等撰　(清)南浦子編　清光緒二十八年(1902)上海書局石印本　一冊　存二卷(一至二)

330000－1701－0108749　HJHB281　經部/小學類/音韻之屬/等韻

四聲切韻表一卷凡例一卷　(清)江永編　清乾隆三十六年(1771)恩平縣衙刻本　一冊

330000－1701－0108750　G612392　類叢部/叢書類/自著之屬

啖蔗軒全集四種附二種　(清)方士淦撰　清同治十一年(1872)兩淮運署刻本　一冊　存一種

330000－1701－0108751　HJHB282　經部/小學類/音韻之屬/古今韻說

古韻標準四卷詩韻舉例一卷　(清)江永編　(清)戴震參定　清乾隆三十六年(1771)潮陽縣衙刻本　一冊　存三卷(二至四)

330000－1701－0108755　HJHB294　經部/書類/傳說之屬

申文定公書經講義會編十二卷　(明)申時行撰　清刻本　一冊　存一卷(四)

330000－1701－0108757　G011641　子部/儒家類/儒學之屬/禮教

最樂編正集六卷　(明)高道淳輯　**最樂編續集二卷**　(清)錢煥輯　清道光四年(1824)錢唐濮氏刻本　一冊

330000－1701－0108758　G011642　集部/總集類/課藝之屬

清代科舉考卷選不分卷　(清)孔曜等撰　清刻本　三十六冊

330000－1701－0108760　SCM0002　子部/宗教類/佛教之屬/大藏

頻伽精舍校刊大藏經　釋宗仰等輯　清宣統元年至民國二年(1909－1913)迦陵羅詩氏頻伽精舍上海鉛印本　一冊　存總目

330000－1701－0108763　SCM0003　子部/宗教類/佛教之屬/大藏

頻伽精舍校刊大藏經　釋宗仰等輯　清宣統元年至民國二年(1909－1913)迦陵羅詩氏頻伽精舍上海鉛印本　一冊　存總目

330000－1701－0108765　SCM0012　史部/目録類/書志之屬/提要

愛日精廬藏書志三十六卷續志四卷　(清)張金吾藏並撰　清光緒十三年(1887)吳縣徐氏靈芬閣木活字印本　十冊

330000－1701－0108771　SCM0005　史部/目録類/總録之屬/私撰

宋元舊本書經眼錄三卷附錄二卷　(清)莫友芝撰　清同治十二年(1873)獨山莫繩孫刻本　二冊

330000－1701－0108772　HJHB296　子部/藝術類/遊藝之屬/雜藝

益智圖二卷　(清)童叶庚撰　清末虎林任有

容齋刻本　二册

330000－1701－0108774　G612394　子部/醫家類/綜合之屬/通論

御纂醫宗金鑑九十卷首一卷　(清)吳謙等撰　清刻本　一册　存一卷(五十三)

330000－1701－0108775　G612395　集部/總集類/選集之屬/通代

漢魏六朝女子文選二卷　張維輯　清宣統三年(1911)海鹽朱是刻本　一册

330000－1701－0108777　HJHB297　子部/宗教類/佛教之屬

西方確指一卷　題(清)覺明妙行菩薩降筆　(清)釋常攝輯　清乾隆三十八年(1773)昭慶寺慧空經房刻本　一册

330000－1701－0108779　HJHB298　子部/雜著類/雜説之屬

庸書内篇二卷外篇二卷　(清)陳熾撰　清刻本　一册　存一卷(外篇上)

330000－1701－0108783　G612398　經部/群經總義類/傳説之屬

新學僞經考十四卷　康有爲撰　清光緒十七年(1891)武林望雲樓石印本　一册　存一卷(十二)

330000－1701－0108784　HJHB300　子部/雜著類/雜纂之屬

雜鈔不分卷　清末抄本　一册

330000－1701－0108785　HJHB301　類叢部/叢書類/自著之屬

安吴四種　(清)包世臣撰　清道光二十六年(1846)白門倦游閣木活字印本　一册　存尾册校正誤字

330000－1701－0108789　G612400　類叢部/類書類/專類之屬

藤香館小品二卷續二卷　(清)薛時雨撰　清光緒二十三年(1897)刻本　一册

330000－1701－0108790　HJHB311　子部/雜著類/雜纂之屬

雜纂不分卷　清末上海掃葉山房石印本　一册

330000－1701－0108791　SCM0015　類叢部/叢書類/自著之屬

半巖廬所箸書九種　(清)邵懿辰撰　清宣統三年至民國二十年(1911－1931)仁和邵氏家祠刻本　六册　存一種

330000－1701－0108793　SCM0022　類叢部/叢書類/彙編之屬

鐵琴銅劍樓叢書十三種　瞿啓甲編　清光緒至民國刻本暨影印本　十册　存一種

330000－1701－0108797　HJHB302　子部/儒家類/儒學之屬/性理

呻吟語節錄三卷　(明)吕坤撰　(清)董儁翰輯　**藥言節錄一卷**　(明)姚舜牧撰　(清)董儁翰輯　清光緒八年(1882)荆南官廨刻本　一册

330000－1701－0108799　G612399　史部/雜史類/斷代之屬

戰國策補註三十三卷　吳曾祺撰　清宣統三年(1911)上海商務印書館鉛印本　一册

330000－1701－0108802　SCM0035　類叢部/類書類/專類之屬

新增詩句題解彙編二十二卷　(清)陳劍芝　(清)葉湘秋　(清)顧芷卿編　(清)朱春舫增輯　**增廣詩選歷代詩家姓氏備考一卷**　清光緒五年(1879)京都琉璃廠刻本　二十二册

330000－1701－0108806　SCM0038　類叢部/叢書類/郡邑之屬

武林掌故叢編一百八十七種　(清)丁丙編　清光緒三年至二十六年(1877－1900)錢塘丁氏嘉惠堂刻本　一册　存一種

330000－1701－0108808　G612402　子部/雜著類/雜編之屬

麈談拾雅十種　(清)劉節卿輯　清同治八年(1869)藏修書屋刻本　二册

330000－1701－0108810　G011644　子部/雜著類/雜説之屬

旁觀論一卷續論一卷 清光緒二十四年(1898)通變齋石印本 一册

330000－1701－0108814 G011646 子部/藝術類/書畫之屬/畫譜

紉齋畫賸不分卷 (清)陳允升繪 清光緒二年(1876)刻本 一册

330000－1701－0108816 G011647 史部/地理類/山川之屬/水志

蜀水考四卷 (清)陳登龍撰 (清)朱錫穀補注 (清)陳一津分疏 清刻本 一册

330000－1701－0108817 SCM0019 史部/目録類/總録之屬/地方

杭州藝文志十卷 吳慶坻編 清光緒三十四年(1908)錢塘吳慶坻長沙刻本 章嶔題記 四册

330000－1701－0108819 HJHB312 新學/史志/别國史

東洋史要二卷 (日本)桑元隲藏撰 樊炳清譯 清光緒二十五年(1899)東文學社石印本 一册 存一卷(上)

330000－1701－0108822 HJLB234 類叢部/叢書類/家集之屬

篤素堂全集四種 (清)張英 (清)張廷玉撰 清光緒五年至十七年(1879－1891)刻彙印本 二册 存一種

330000－1701－0108824 HJHB314 子部/宗教類/佛教之屬/論

唯識二十論一卷 (天竺)世親菩薩造 (唐)釋玄奘譯 **唯識二十論述記四卷** (唐)釋窺基撰 清宣統二年(1910)江西刻經處刻本 一册 缺二卷(唯記二十論述記三至四)

330000－1701－0108827 HJHB315 集部/總集類/選集之屬/通代

古文析義□□卷 (清)林雲銘輯註 清刻本 二册 存二卷(五至六)

330000－1701－0108828 G612403 史部/傳記類/别傳之屬/年譜

孔孟編年三種 (清)狄子奇輯 清光緒十三年(1887)浙江書局刻本 一册 存一種

330000－1701－0108829 G612404 子部/雜著類/雜考之屬

癸巳類稿十五卷 (清)俞正燮撰 清道光十三年(1833)王藻求日益齋刻本 五册

330000－1701－0108831 HJHB316 子部/宗教類/佛教之屬/經

金剛般若波羅蜜經二卷 (後秦)釋鳩摩羅什譯 清咸豐八年(1858)刻本 一册

330000－1701－0108833 G011649 史部/政書類/邦計之屬

廣東各廠上下水貨物抽厘例則一卷 (清)廣東釐務總局訂 清同治五年(1866)刻本 一册

330000－1701－0108834 G011650 類叢部/叢書類/彙編之屬

申報館叢書正集五十七種附録三種續集一百四十二種 (清)尊聞閣主編 蔡爾康編續集 清同治至光緒上海申報館鉛印本 二册 存四種

330000－1701－0108835 G612406 類叢部/叢書類/彙編之屬

三長物齋叢書二十五種 (清)黄本驥編 清道光二十二年至二十八年(1842－1848)湘陰蔣瓌刻本 一册 存一種

330000－1701－0108836 G612405 類叢部/叢書類/自著之屬

朱氏羣書六種 (清)朱駿聲撰 清光緒八年(1882)臨嘯閣刻本 一册 存一種

330000－1701－0108839 G011651 經部/群經總義類/文字音義之屬

重校十三經不貳字一卷 (清)李鴻藻輯 清刻本 一册

330000－1701－0108840 G612407 類叢部/叢書類/自著之屬

鹿洲全集八種 (清)藍鼎元撰 清雍正十年(1732)刻光緒五年(1879)藍謙修補刻本 一册 存一種

330000－1701－0108843　G612410　子部/宗教類/佛教之屬/諸宗

龍舒淨土文十卷　(宋)王日休撰　**龍舒淨土文卷首一卷**　(明)釋袾宏等撰　**龍舒淨土文卷末一卷**　(宋)劉章等撰　清光緒九年(1883)金陵刻經處刻本　一冊

330000－1701－0108844　G612411　類叢部/叢書類

知聖教齋叢書　清光緒山陰杜氏刻本　一冊　存一種

330000－1701－0108847　HJHB307　集部/總集類/課藝之屬

時文不分卷　清抄本　一冊

330000－1701－0108848　G612412　子部/宗教類/佛教之屬/諸宗

永覺和尚寱言一卷續一卷　(清)釋元賢撰　(清)釋道霈輯　清錢塘許靈虛刻本　朱中翰題記　一冊

330000－1701－0108851　G612414　子部/宗教類/佛教之屬/諸宗

大慧普覺禪師宗門武庫一卷　(宋)釋宗杲說　(宋)釋道謙輯　**雪堂行和尚拾遺錄一卷**　(宋)釋道行輯　清光緒七年(1881)常熟刻經處刻本　一冊

330000－1701－0108852　G612413　集部/別集類/清別集

雙佩齋詩集八卷文集四卷駢體文集一卷　(清)王友亮撰　**補梅書屋詩草一卷**　(清)王麟生撰　清嘉慶刻本　三冊　存四卷(詩集八,補梅書屋詩草一,文集一、四)

330000－1701－0108853　G011652　集部/別集類/清別集

琴廂吟草六卷　(清)孫清撰　清光緒十八年(1892)芳潤閣刻本　一冊

330000－1701－0108854　HJHB308　子部/儒家類/儒學之屬/蒙學

繪圖課本不分卷　清末石印本　一冊

330000－1701－0108859　G011653　類叢部/叢書類/自著之屬

隨園三十種　(清)袁枚撰　清刻本　一冊　存一種

330000－1701－0108860　G011658　史部/政書類

浙政鑑十六卷首一卷　(清)裘瀛先撰　清抄本　十七冊

330000－1701－0108862　G612417　經部/叢編

御纂七經五種　(清)李光地等撰　清同治六年至九年(1867－1870)浙江書局刻本　六冊　存一種

330000－1701－0108865　G612419　史部/政書類/邦計之屬

浙江絲捐酌定章程一卷　清刻本　一冊

330000－1701－0108867　G011656　史部/政書類/公牘檔冊之屬

嘉善縣議會組織不分卷　清宣統油印本　一冊

330000－1701－0108868　G612420　集部/別集類

萬物炊累室文　沈同芳撰　清光緒三十四年(1908)上海中國圖書公司鉛印本　一冊　存一種

330000－1701－0108869　G011657　集部/詞類/總集之屬

詞選二卷　(清)張惠言輯　**附錄一卷**　(清)鄭善長輯　**續詞選二卷**　(清)董毅輯　清抄本　一冊

330000－1701－0108871　HJHB321　類叢部/叢書類/彙編之屬

紫藤書屋叢刻六種　(清)陳□編　清乾隆五十七年(1792)秀水陳氏刻本　一冊　存三種

330000－1701－0108873　HJHB323　集部/別集類/清別集

詩草不分卷　(清)□□撰　稿本　一冊

330000－1701－0108877　G011662　子部/天

文曆算類/曆法之屬

大清光緒十七年歲次辛卯時憲書一卷 清光緒十六年(1890)刻本 一冊

330000－1701－0108878 G011661 經部/詩類/傳說之屬

詩經集傳八卷 (宋)朱熹撰 清刻本 一冊 存二卷(三至四)

330000－1701－0108880 HJLB325 子部/藝術類/書畫之屬/法帖

御刻三希堂石渠寶笈法帖不分卷 (清)梁詩正等輯 清末影印本 十六冊

330000－1701－0108881 HJLB346 子部/藝術類/書畫之屬/書法書品

松禪老人遺墨不分卷 (清)翁同龢書 清光緒三十一年(1905)石印本 一冊

330000－1701－0108884 HJLB366 子部/雜著類/雜說之屬

墨子經說解二卷 (清)張惠言撰 清宣統元年(1909)國學保存會據手稿本影印本 一冊

330000－1701－0108885 HJLB326 集部/總集類/尺牘之屬

昭代名人尺牘二十四卷小傳二十四卷 (清)吳修輯 清光緒三十四年(1908)上海集古齋石印本 十四冊

330000－1701－0108887 HJLB327 集部/總集類/尺牘之屬

昭代名人尺牘續編六卷 (清)抶隱主人輯 清宣統元年(1909)抶隱室影印本 六冊

330000－1701－0108901 HJLB373 子部/藝術類/書畫之屬/法帖

蔣拙存書姜白石書譜一卷 (清)蔣衡書 清宣統元年(1909)國學保存會影印本 一冊

330000－1701－0108910 HJLB401 史部/金石類/石之屬/文字

明拓史晨饗孔廟碑不分卷 清末有正書局影印本 一冊

330000－1701－0108924 HJHB354 子部/藝術類/書畫之屬/法帖

王可莊太史墨寶一卷 (清)王仁堪書 清光緒三十三年(1907)石印本 楊石甫題記 一冊

330000－1701－0108928 HJLB395 子部/藝術類/書畫之屬/法帖

明代名人手蹟□□卷明代名臣墨寶□□卷 清光緒有正書局影印本 八冊 存八卷(明代名人手蹟一至四、明代名臣墨寶五至八)

330000－1701－0108931 HJLB356 史部/金石類/石之屬/文字

甘肅寧靈廳劉忠壯公堂碑文一卷 (清)周壽昌撰 清光緒十六年(1890)刻本 一冊

330000－1701－0108940 HJLB397 子部/藝術類/書畫之屬/法帖

三希堂米南宮法書帖二卷 (宋)米芾書 清光緒有正書局影印本 二冊

330000－1701－0108948 HJLB399 子部/藝術類/書畫之屬/書法書品

張文襄公手劄不分卷 (清)張之洞書 清宣統二年(1910)敦藝廬影印本 一冊

330000－1701－0108953 HJLB400 史部/金石類/石之屬/文字

明拓史晨饗孔廟碑不分卷 清末有正書局影印本 一冊

330000－1701－0108966 HJLB404 集部/總集類/尺牘之屬

明代名人尺牘七種 鄧實輯 清光緒上海國學保存會影印本 一冊 存一種

330000－1701－0108972 HJLB430 子部/藝術類/書畫之屬/法帖

國朝名人手蹟八集 有正書局輯 清光緒至宣統上海有正書局影印本 七冊 缺一集(七)

330000－1701－0108973 HJLB343 子部/藝術類/書畫之屬/法帖

顏魯公書郭家廟碑一卷 (唐)顏真卿撰并書 清宣統元年(1909)閑邪齋主影印本 一冊

330000－1701－0108977　HJLB344　子部/藝術類/書畫之屬/法帖

御跋趙孟頫十札法帖不分卷　（元）趙孟頫撰　清光緒三十四年（1908）影印本　一冊

330000－1701－0108979　HJLB432　子部/藝術類/書畫之屬/法帖

三希堂續刻法帖四卷　（清）褚遂良等書　（清）蔣溥等輯　清宣統二年（1910）上海存古堂影印本　四冊

330000－1701－0108993　HJLB466　集部/總集類/尺牘之屬

明代名人尺牘（江曲書莊所藏明人尺牘）七種　鄧實輯　清光緒上海國學保存會影印本　一冊　存一種

330000－1701－0108996　HJLB436　子部/藝術類/書畫之屬

藝粟齋墨錄不分卷　清宣統元年（1909）上海時中書局影印本　一冊

330000－1701－0109010　HJLB491　子部/藝術類/書畫之屬/法帖

渤海藏真帖八卷　（明）陳甫伸編　（明）吳章鏞摹勒　清宣統元年（1909）影印本　八冊

330000－1701－0109011　HJLB471　子部/藝術類/書畫之屬/法帖

翁相國手札八集　（清）翁同龢書　清至民國上海有正書局影印本　五冊　存五集（二至六）

330000－1701－0109019　HJHB473　集部/總集類/彙編之屬

簡學齋清夜齋手書詩稿合印二卷　（清）陳沆　（清）魏源撰　清宣統三年（1911）影印本　一冊

330000－1701－0109020　HJLB450　子部/儒家類/儒學之屬/禮教

呂晚邨先生家書真蹟四卷　（清）呂留良撰　清光緒三十四年（1908）澄衷學堂石印本　一冊　存二卷（三至四）

330000－1701－0109022　HJLB474　子部/藝術類/書畫之屬/法帖

翁相國手臨漢隸三種合冊不分卷　（清）翁同龢書　清光緒三十四年（1908）上海有正書局石印本　一冊

330000－1701－0109023　HJLB497　子部/藝術類/書畫之屬/法帖

何子貞臨黃庭經一卷　（清）何紹基書　清宣統元年（1909）上海商務印書館影印本　一冊

330000－1701－0109027　HJLB475　子部/藝術類/書畫之屬/書法書品

虞山翁相國遺墨一卷　（清）翁同龢撰　清光緒三十三年（1907）小停雲館石印本　一冊

330000－1701－0109032　HJLB501　集部/別集類/清別集

陽湖史氏家藏左文襄公手札不分卷　（清）左宗棠撰　清光緒三十三年（1907）石印本　二冊

330000－1701－0109036　HJLB441　史部/金石類/石之屬/文字

二百蘭亭齋溫虞公碑宋搨本一卷　（清）吳雲雙鉤　清同治二年（1863）刻本　一冊

330000－1701－0109040　HJLB477　子部/藝術類/書畫之屬/書法書品

董文敏公墨蹟一卷　（明）董其昌書　清宣統二年（1910）影印本　一冊

330000－1701－0109044　HJHB443　子部/藝術類/書畫之屬/法帖

墨池堂選帖五卷　（明）章藻輯　清末影印本　一冊　存一卷（二）

330000－1701－0109046　HJLB458　集部/總集類/尺牘之屬

明代名人尺牘（江曲書莊所藏明人尺牘）七種　鄧實輯　清光緒上海國學保存會影印本　一冊　存一種

330000－1701－0109047　HJLB444　史部/金石類/石之屬

集衛公碑一卷　清光緒十四年（1888）刻本　一冊

浙江圖書館古籍普查登記目録

（九）

索引上

全國古籍普查登記目録·浙江

國家圖書館出版社
National Library of China Publishing House

書名筆畫字頭索引

一畫

二畫

三畫

四畫

五畫

六畫

七畫

八畫

九畫

十畫

十一畫

十二畫

十三畫

十四畫

十五畫

十六畫

十七畫

十八畫

十九畫

二十畫

二十一畫

二十二畫

二十三畫

二十四畫

二十五畫

二十六畫

二十七畫

二十九畫

其他

書名筆畫索引

一畫

二畫

三畫

四畫

五畫

六畫

七畫

八畫

九畫

浙江圖書館古籍普查登記目録

（十）

索引下

全國古籍普查登記目録·浙江

國家圖書館出版社
National Library of China Publishing House

書名筆畫索引

十畫

十一畫

十二畫

十三畫

十四畫

十五畫

十六畫

十七畫

十八畫

十九畫

二十畫

二十一畫

二十二畫

二十三畫

二十四畫

二十五畫

二十六畫

二十七畫

二十九畫

其他